Bestandsverzeichnisnummer
25981-3
6112-37[8]
Ausländerrecht

Renner
Ausländerrecht

Ausländerrecht

Ausländergesetz und Freizügigkeitsgesetz/EU
Artikel 16 a GG und Asylverfahrensgesetz
sowie arbeits- und sozialrechtliche Vorschriften

Kommentar

von

Prof. Dr. Günter Renner †
Vors. Richter am VGH a. D.

8., neu bearbeitete und erweiterte Auflage
des von Dr. Werner Kanein †
begründeten Werks

Verlag C. H. Beck München 2005

Verlag C.H. Beck im Internet:
beck. de

ISBN 3 406 52635 7

© 2005 Verlag C. H. Beck oHG
Wilhelmstraße 9, 80801 München
Satz und Druck: Druckerei C. H. Beck, Nördlingen

Gedruckt auf säurefreiem, alterungsbeständigem Papier
(hergestellt aus chlorfrei gebleichtem Zellstoff)

Wir sind alle Ausländer – fast überall

Geleitwort des Verlages

Herr Professor Dr. Günter Renner, Vorsitzender Richter am Hessischen VGH a. D., hat diesen Kommentar seit der fünften Auflage bearbeitet. Nachdem er das Manuskript für die aktuelle Auflage vollständig verfasst und das Werk abschließend Korrektur gelesen hatte, ist er am 19. August 2005 im Alter von 66 Jahren plötzlich und unerwartet in Melsungen verstorben.

Das vorliegende Werk ist damit zum Vermächtnis eines Autors geworden, der das Ausländerrecht in Deutschland wie kaum ein anderer geprägt hat. Der Verlag wird ihm ein ehrendes Andenken bewahren.

München, im September 2005 Verlag C. H. Beck

Vorwort zur achten Auflage

Nun ist endlich gelungen, was lange verhindert und dann doch begonnen worden ist: Das alte deutsche Ausländerrecht ist zu einem neuen Zuwanderungsrecht entwickelt worden.

Nach der Reform des deutschen Staatsangehörigkeitsrechts in den Jahren 1999 und 2000 hat sich zunächst in zahlreichen gesellschaftlichen Gruppen und dann bei dem Gesetzgeber die Erkenntnis durchgesetzt, dass auch das Ausländerrecht reformiert werden sollte. Die These vom Nichteinwanderungsland Deutschland konnte nicht länger die allfällige Anpassung an grundlegend geänderte Verhältnisse hindern. Zunehmende wirtschaftliche Schwierigkeiten und demografische Defizite hatten Grundlagen und System des Ausländergesetzes von 1990 schneller als erwartet altern lassen. Die vielfältigen Bestrebungen auf europäischer Ebene, die Bausteine für ein zukunftstaugliches Migrationsrecht zu schaffen, brachten Deutschland in Zugzwang. Die Europäische Union machte von den ihr neu übertragenen Kompetenzen in den Bereichen Visa und Zuwanderung sowie Asyl und Flüchtlinge zügig Gebrauch.

Nachdem die Unabhängige Kommission „Zuwanderung" in ihrem Bericht „Zuwanderung gestalten – Integration fördern" im Juli 2001 festgestellt hatte: „Deutschland braucht Zuwanderinnen und Zuwanderer", entschied sich der Gesetzgeber für eine Umgestaltung des Ausländerrechts in ein modernes Zuwanderungsrecht. Nach langen parlamentarischen Auseinandersetzungen und der Nichtigerklärung des ersten Zuwanderungsgesetzes von 2002 wegen einer verfassungswidrigen Zustimmung des Bundesrats konnte das Zuwanderungsgesetz (ZuwG) über drei Jahre nach Einbringung des ersten Entwurfs schließlich am 1. Januar 2005 in Kraft treten.

Das ZuwG enthält das Aufenthaltsgesetz (AufenthG), das an die Stelle des AuslG tritt, und das Freizügigkeitsgesetz/EU, mit dem das Aufenthaltsgesetz/EWG abgelöst wird. Außerdem sind die AsylVfG, das AZR-Gesetz, das StAG, das BVFG und das AsylbLG sowie andere Gesetze geändert. Die früheren Rechtsverordnungen sind ebenfalls durch neue Normen ersetzt. Die DVAuslG, die AAV, die IT-AV, die AuslDatV und die AuslDÜV sowie die AuslGebV sind durch die Aufenthaltsverordnung (AufenthV) ersetzt. An die Stelle der ArGV, der ASAV und der IT-ArGV sind die Ausländerbeschäftigungsverordnung (ABeschV) und die Ausländerbeschäftigungsverfahrensverordnung (AuslBeschVerfV) getreten. Neu hinzugekommen ist die Integrationskursverordnung (IntV).

Die wichtigsten Neuerungen formeller Art bestehen in Folgendem: strikte Ausrichtung der Zuzugsregeln an den unterschiedlichen Aufenthaltszwecken; Verringerung der Aufent-

Vorwort

haltstitel; Konzentration der Zulassungen zum Aufenthalt und der Erwerbstätigkeit in der Hand der Ausländerbehörde; Verbesserung des Flüchtlingsschutzes; Förderung der Integration auf Bundesebene; Anpassung des Freizügigkeitsrechts an das EU-Recht; Überführung der Einbürgerungsbestimmungen des AuslG in das StAG (vgl. dazu Hailbronner/Renner, Staatsangehörigkeitsrecht, 4. Aufl., Januar 2005). Zudem sind dem Bundesamt in Nürnberg – früher: für die Anerkennung ausländischer Flüchtlinge und jetzt: für Migration und Flüchtlinge – außer dem Asylverfahren wichtige Leitungs-, Steuerungs- und Beratungsaufgaben übertragen worden, u. a. auch für die Integrationskurse für Ausländer und Spätaussiedler. In materieller Hinsicht ist der Anwerbestopp aufrechterhalten, die Ausnahmen sind aber vereinfacht, und neue Regeln für die Zuwanderung von Selbständigen und von Hochqualifizierten sollen der Wirtschaft bessere Chancen im „Kampf um die besten Köpfe der Welt" geben. Der Versuch eines begrenzten Auswahlverfahrens mit einem Punktesystem nach dem erfolgreichen Vorbild anderer Industriestaaten ist ebenso am Widerstand der Opposition gescheitert wie die Einrichtung eines Sachverständigenrats für Migration und Integration. Der hohe Stand der Arbeitslosigkeit hat jedes Experiment verhindert, dem massiv drohenden Mangel an jungen und qualifizierten Arbeitskräften entgegenzuwirken. Schon bald wird sich im Wettbewerb mit anderen europäischen Staaten zeigen, ob der Wirtschaftsstandort Deutschland durch das neue Zuwanderungsrecht an Attraktivität gewonnen und neue Impulse erhalten hat. Es wird nicht nur darauf ankommen, ob das One-stop-government mit der neuen Zusammenarbeit von Ausländer- und Arbeitsbehörden die Zulassung von Erwerbstätigen vereinfacht und erleichtert, sondern auch darauf, ob es gelingt, den Anteil von Qualifizierten unter den Angeworbenen von derzeit kaum einem Zehntel zumindest zu verfünffachen.

Die vielfachen Herausforderungen für die deutsche Zuwanderungspolitik sind mit diesem Gesetz angenommen, aber nicht gemeistert. Während die Ausländerpolizeiverordnung von 1938 und das Ausländergesetz von 1965 jeweils ein Vierteljahrhundert und das Ausländergesetz 1990 fast 15 Jahre gegolten haben, wird das Aufenthaltsgesetz schon in fünf Jahren grundlegend verändert sein. Unabhängig von den ohnehin notwendigen Nachbesserungen wird die noch ausstehende Umsetzung einiger EU-Richtlinien schon in den nächsten zwei Jahren für wesentliche Veränderungen sorgen. Vor allem die folgenden Bereiche werden davon betroffen sein: Freizügigkeit der Unionsbürger, Familienzusammenführung zu Drittstaatsangehörigen, Daueraufenthalts- und Weiterwanderungsrecht von Drittstaatsangehörigen, Asyl- und Flüchtlingsstatus und Asylverfahren.

Die Neuauflage versucht, den daraus erwachsenden besonderen Anforderungen durch eine Ausweitung der Kommentierung und durch eine Neuordnung des Textteils gerecht zu werden. Das Freizügigkeitsgesetz/EU ist gesondert erläutert, wobei teilweise die Neuerungen berücksichtigt sind, die sich aufgrund der (Unionsbürger-)RL 2004/38/EG ergeben. Bei den asyl- und flüchtlingsrechtlichen Bestimmungen (Art. 16 a GG und § 60 AufenthG) ist darauf eingegangen, dass nach den jetzt erreichten Definitionen der nichtstaatlichen und der geschlechtsbezogenen Verfolgung bei der bevorstehenden Umsetzung der RL 2004/83/EG eine Neuordnung des gesamten Schutzsystems zur Diskussion steht. Im Textteil sind die europarechtlichen Grundlagen für Zuwanderung und Flüchtlingsschutz ihrer zunehmenden Bedeutung wegen vorangestellt. Auch die Texte der noch umzusetzenden Richtlinien sind für die Feststellung des geltenden Rechts unerlässlich. Schließlich sind den Erläuterungen des AufenthG und des FreizügigG/EU jeweils die Vorläufigen Anwendungshinweise des Bundesministeriums des Innern in der Fassung vom Dezember 2004 vorangestellt. Diese sind zwar weder endgültig noch verbindlich noch können sie Allgemeine Verwaltungsvorschriften ersetzen, sie fußen aber auf den entsprechenden Verwaltungsvorschriften zum AuslG und auf der Begründung des AufenthG und können deshalb wichtige Hinweise auf die voraussichtliche Entwicklung der Praxis in den nächsten Monaten geben. Ihre Kenntnis kann viel zu einem besseren Verständnis des Verwaltungshandelns und zu einer fruchtbaren Kommunikation zwischen Rechtsuchenden und Beratern einerseits und Rechtsanwendern andererseits beitragen.

Vorwort

Den Lesern danke ich wiederum sehr für die zahlreichen Hinweise und Anregungen und bitte um Verständnis dafür, dass nicht jede Zuschrift individuell beantwortet werden kann. Angesichts der gewandelten Informationsmöglichkeiten ist auf die Fortführung des Entscheidungsregisters verzichtet. Die Entscheidungen sind meist mit zwei Fundstellen versehen und können damit in den gängigen digitalisierten Informationssystemen unschwer mit Volltexten und anderweitigen Veröffentlichungsstellen gefunden werden. Die ersten Änderungen aufgrund der Gesetze vom 14. März und 21. Juni 2005 sind berücksichtigt. Im Übrigen wird, nicht zuletzt wegen der in den nächsten Monaten bevorstehenden weiteren Veränderungen des geltenden Rechts darauf hingewiesen, dass die aktuelle Entwicklung von Gesetzgebung und Rechtsprechung in den einschlägigen Datenbanken, vor allem unter www.beck-online.de und www.migrationsrecht.net, jeweils sehr zeitnah nachgezeichnet und in zahlreichen praxisbezogenen Beiträgen in der Neuen Zeitschrift für Verwaltungsrecht und in der Zeitschrift für Ausländerrecht und Ausländerpolitik begleitet wird.

Melsungen, im Juni 2005 Günter Renner

Aus dem Vorwort zur siebenten Auflage

Fast neun Jahre sind seit der Wiedervereinigung Deutschlands und dem Zusammenbruch des Ostblocks vergangen, seit über acht Jahren gilt das neue Ausländergesetz, und vor annähernd sechs Jahren wurde das Asylgrundrecht durch die neue Drittstaatenklausel sehr weitgehend beschnitten. Die europäische Einigung schreitet fort. Der Vertrag von Amsterdam wird nach seinem Inkrafttreten wesentliche ausländerrechtliche Kompetenzen auf die Europäische Union verlagern. Zuzug und Aufenthalt von Drittstaatsangehörigen werden dem Einfluß der Mitgliedstaaten entzogen werden. Mit den Europa-Abkommen ist der Weg für eine Erweiterung der Union um mittel- und osteuropäische Reformstaaten geebnet und vorgezeichnet. Damit erweist sich an der Schwelle zu einem neuen Jahrhundert und Jahrtausend der enge Zusammenhang zwischen der Globalisierung der Lebens- und Arbeitsverhältnisse und dem zunehmenden Bedarf an einer zeitgerechten Ausgestaltung des Migrationsrechts im weiteren Sinne.

Geblieben ist ein nicht unbeträchtlicher Reformstau. Die Aufrechterhaltung der These vom Nichteinwanderungsland verhinderte aber die notwendigen Schlußfolgerungen aus der Tatsache, daß Deutschland die Einwanderung zahlreicher Ausländer durch Gewährung eines Daueraufenthalts und durch Einbürgerung in der Vergangenheit rechtlich und tatsächlich zugelassen hat und weiter zuläßt. Das beständige Leugnen der millionenfachen Einwanderungssituation hat es verhindert, die Regelung des Aufenthalts von Ausländern in Deutschland endlich als einen Teil der gemeinsamen Daseinsvorsorge zu begreifen, statt Nichtdeutsche ausschließlich oder vorwiegend als Quelle polizeilicher Gefahren anzusehen und zu behandeln. Nicht zuletzt die beharrlich verweigerte Bereitschaft zur Anerkennung mehr oder weniger unabänderlicher Fakten ist verantwortlich für das allenthalben festzustellende Fehlen system- und sachgerechter Vorschriften – und damit auch für den Mangel an Akzeptanz des gesetzten Rechts in der deutschen wie in der nichtdeutschen Bevölkerung.

Melsungen, im Februar 1999 Günter Renner

Vorwort

Aus dem Vorwort zur sechsten Auflage

Die ersten Jahre nach dem Zusammenbruch der kommunistischen Staaten Ost- und Südosteuropas und der Wiedervereinigung Deutschlands waren geprägt von hoffnungsvoller Aufbruchstimmung einerseits und unsicheren Zukunftserwartungen andererseits. Ungeachtet zwischenzeitlicher Enttäuschungen und Rückschläge, nicht nur wegen des Kriegs im ehemaligen Jugoslawien, hat die Öffnung von Grenzen, Märkten und Systemen den Wanderungsbewegungen neuen Auftrieb verliehen. Der von Grenzkontrollen freie europäische Binnenmarkt kann den Austausch von Waren, Dienstleistungen und Arbeitskräften sowie die allgemeine Freizügigkeit weiter fördern. Dabei liegen die möglichen Gefahren fehlender Steuerung der über die EG-Freizügigkeit hinausgehenden Zuwanderung auf der Hand.

Ein grundlegender Wandel hat sich innerhalb weniger Monate im Asylrecht vollzogen. Das neue Asylverfahrensgesetz vom Juli 1992 wurde bereits kurz nach seinem – teilweisen – Inkrafttreten für ungenügend erachtet und mit der Änderung der grundgesetzlichen Gewährleistung des Asylrechts einer erneuten Revision unterzogen. Die mit der Drittstaatenklausel beabsichtigte Beschränkung der Aufnahme auf mit dem Flugzeug einreisende politisch Verfolgte beendet eine asylrechtliche Tradition, die mit den Verfolgungserfahrungen Deutscher während des Zweiten Weltkriegs begann. In Zukunft wird der Reiseweg und nicht mehr die erlittene oder drohende Verfolgung über das Asylrecht in Deutschland entscheiden.

Die ausländerfeindlichen Ausschreitungen und Morde in den Jahren 1992 und 1993 sind nicht auf unzureichende Gesetze zurückzuführen, eher schon auf eine vernachlässigte Aufklärung der Bevölkerung über Ursachen und Folgen von Zuwanderung. Gegen politischen Fanatismus von Sektierern und dessen teilweise Billigung durch einen Teil der deutschen Bevölkerung kann nur sachgerechte und wahrheitsgemäße Information helfen. Einseitige Tatsachendarstellungen schaden der Akzeptanz von Ausländern bei Deutschen ebenso wie undifferenzierte Werturteile gleich welcher Art. Nur Rechtssicherheit und klare Perspektiven für die ausländische Wohnbevölkerung können die Grundlagen für ein friedliches Zusammenleben in Deutschland bilden.

Melsungen, im August 1993   Günter Renner

Aus dem Vorwort zur fünften Auflage

Über 25 Jahre lang hat das Ausländergesetz vom April 1965 gegolten. Seither haben sich die Verhältnisse in und um Deutschland grundlegend gewandelt. Die europäische Einigung ist fortgeschritten, die internationale Verflechtung der Wirtschaft verstärkt die Wanderungsbewegungen der Arbeitnehmer, und das weltweite Flüchtlingselend wächst trotz aller Bemühungen um Frieden und Sicherung der Menschenrechte. Der Zusammenbruch des Kommunismus in Osteuropa wird zusätzlich Menschen zum Verlassen einer Heimat bewegen, die ihnen schon lange keine Heimat mehr war. Die Vereinigung Deutschlands schafft Hoffnungen im Innern wie im Ausland. Trotz aller Anfangsschwierigkeiten werden mit steigender Wirtschaftskraft noch mehr Ausländer nach Deutschland drängen und hier auch benötigt werden und willkommen sein.

In dieser Zeit des Umbruchs ist ein neues Ausländerrecht geschaffen worden, das den Anforderungen der Zukunft gewachsen sein soll. Die Eile, mit der es konzipiert, beraten und verabschiedet wurde, hat ihm nicht immer und überall gut getan. Doch bei näherer Betrachtung scheint es besser zu sein als sein anfänglicher Ruf.

Melsungen, im Juli 1991   Günter Renner

Vorwort

Aus dem Vorwort zur vierten Auflage

Etwa viereinhalb Millionen Ausländer leben in der Bundesrepublik Deutschland. Anzeichen einer Ausländerfeindlichkeit sind unverkennbar. Spektakuläre Ereignisse jüngerer Zeit sind Warnzeichen.

Es ist unzutreffend, von „ausländischen Mitbürgern" und „Gastarbeitern" zu sprechen. Diese beschönigende, unbegründete, Illusionen hervorrufende Terminologie sollte aufgegeben werden. Der Staatsfremde, Staatenlose oder Ausländer ist Einwohner, Gebietszugehöriger. Der „Gastarbeiter" ist alles andere als ein Gast, nicht selten ein minderberechtigter ausländischer Arbeitnehmer.

München/Feilnbach, im Mai 1986   Werner Kanein

Aus dem Vorwort zur dritten Auflage

Das deutsche Fremdenrecht ist nach wie vor in Bewegung. Die jüngere und jüngste Zeit haben einschneidende Änderungen durch Gesetze, Ausführungsvorschriften und höchstrichterliche Entscheidungen gebracht. Vor allem der Rechtsprechung ist zu danken, daß gegenüber weitgehend restriktiver und schematischer Vollzugspraxis der eigentliche Wille des Gesetzgebers zu weltoffener, liberaler und humaner Fremdenpolitik zunehmend zur Durchsetzung gelangt. Die durch die Rezession bewirkte Konsolidierung der Verhältnisse auf dem Gebiet des Ausländerrechts kommt diesem Ziel zugute.

München/Feilnbach, im Oktober 1979   Werner Kanein

Aus dem Vorwort zur zweiten Auflage

Bei Inkrafttreten des Ausländergesetzes befanden sich rund eine Million ausländische Arbeiter im Bundesgebiet. Man ging davon aus, daß deren Beschäftigung vorübergehend sein werde.

Zwar verfügen in allen Staaten der Welt Inländer über eine privilegierte Rechtsstellung gegenüber Staatsfremden, die grundsätzlich keinen Anspruch auf Aufenthalt besitzen. Doch darf der ausländerbehördliche Vollzug des Fremdenrechts weniger als Aufgabe des Polizeirechts, aus dem es rechtssystematisch hervorgegangen ist, begriffen werden. Vielmehr sollte es in der liberalen und humanen Weise gehandhabt werden, die den Absichten des Gesetzgebers ebenso wie der in der neueren höchstrichterlichen Rechtsprechung des Bundesverfassungsgerichts und Bundesverwaltungsgerichts sich abzeichnenden Auffassung entspricht. Damit können die von Anbeginn gegen das Gesetz laut gewordene Kritik verstummen, die Ausländer das Gefühl der Unsicherheit verlieren, die behördliche Arbeit erleichtert, die Gerichte entlastet und beträchtlicher politischer Zündstoff beseitigt werden.

München, im Juni 1974   Werner Kanein

Vorwort

Aus dem Vorwort zur ersten Auflage

Die bis zum 30. September 1965 maßgebende Rechtsgrundlage des Deutschen Fremdenrechts, die Ausländerpolizeiverordnung vom 22. August 1938 (RGBl. I S. 1053), ist durch das Ausländergesetz vom 28. April 1965, verkündet am 8. Mai 1965 (BGBl. I S. 353), abgelöst worden. Das Ausländergesetz ist seit 1. Oktober 1965 in Kraft. Es enthält nicht unbeträchtliche Neuerungen. Während die Ausländerpolizeiverordnung im wesentlichen nur das Aufenthaltsrecht der Ausländer regelte, geht das Ausländergesetz darüber hinaus und enthält neben der Regelung der Einreise und des Aufenthalts, die nunmehr rechtlich als einheitlicher Vorgang betrachtet werden, Bestimmungen über das Paß- und Ausweiswesen der Ausländer, die politische Betätigung, das Asylrecht u. dgl. Der gesteigerten Bedeutung des Fremdenrechts entsprechend hat der Gesetzgeber das Rechtsgebiet eingehender geregelt.

München, im Juli 1967　　　　　　　　　　　　　　　　　　　　　　　　Werner Kanein

Inhaltsübersicht

Inhaltsverzeichnis ... XV
Benutzungshinweise ... XXIX
Abkürzungsverzeichnis ... XXXI

Erster Teil. Aufenthaltsgesetz ... 1

Vorbemerkung ... 1
Kapitel 1. Allgemeine Bestimmungen ... 8
Kapitel 2. Einreise und Aufenthalt im Bundesgebiet ... 29
Kapitel 3. Förderung der Integration ... 378
Kapitel 4. Ordnungsrechtliche Vorschriften ... 399
Kapitel 5. Beendigung des Aufenthalts ... 424
Kapitel 6. Haftung und Gebühren ... 584
Kapitel 7. Verfahrensvorschriften ... 610
Kapitel 8. Beauftragte für Migration, Flüchtlinge und Integration ... 696
Kapitel 9. Straf- und Bußgeldvorschriften ... 701
Kapitel 10. Verordnungsermächtigungen; Übergangs- und Schlussvorschriften ... 715

Zweiter Teil. Freizügigkeitsgesetz/EU ... 729

Dritter Teil. Artikel 16 a Grundgesetz ... 769

Vierter Teil. Asylverfahrensgesetz ... 809

Vorbemerkung ... 809
Erster Abschnitt. Allgemeine Bestimmungen ... 820
Zweiter Abschnitt. Asylverfahren ... 866
Dritter Abschnitt. Unterbringung und Verteilung ... 1023
Vierter Abschnitt. Recht des Aufenthalts während des Asylverfahrens ... 1050
Fünfter Abschnitt. Folgeantrag, Zweitantrag ... 1088
Sechster Abschnitt. Erlöschen der Rechtsstellung ... 1105
Siebenter Abschnitt. Gerichtsverfahren ... 1125
Achter Abschnitt. Straf- und Bußgeldvorschriften ... 1181
Neunter Abschnitt. Übergangs- und Schlußvorschriften ... 1192

Fünfter Teil. Texte ... 1201

Sachregister ... 1773

Inhaltsverzeichnis

Benutzungshinweise XXIX
Abkürzungsverzeichnis XXXI

Erster Teil. Aufenthaltsgesetz

Gesetz über den Aufenthalt, die Erwerbstätigkeit und die Integration von Ausländern im Bundesgebiet (Aufenthaltsgesetz – AufenthG) vom 31. Juli 2004 (BGBl. I 1950), zuletzt geändert durch Art. 23 Gesetz vom 21. Juni 2005 (BGBl. I 1818)

Vorbemerkung 1

Kapitel 1. Allgemeine Bestimmungen 8
§ 1 Zweck des Gesetzes; Anwendungsbereich 8
§ 2 Begriffsbestimmungen 17

Kapitel 2. Einreise und Aufenthalt im Bundesgebiet 29

Abschnitt 1. Allgemeines 29
§ 3 Passpflicht 29
§ 4 Erfordernis eines Aufenthaltstitels 40
§ 5 Allgemeine Erteilungsvoraussetzungen 92
§ 6 Visum 115
§ 7 Aufenthaltserlaubnis 127
§ 8 Verlängerung der Aufenthaltserlaubnis 138
§ 9 Niederlassungserlaubnis 144
§ 10 Aufenthaltstitel bei Asylantrag 157
§ 11 Einreise- und Aufenthaltsverbot 161
§ 12 Geltungsbereich; Nebenbestimmungen 168

Abschnitt 2. Einreise 175
§ 13 Grenzübertritt 175
§ 14 Unerlaubte Einreise; Ausnahme-Visum 178
§ 15 Zurückweisung 189
§ 15a Verteilung unerlaubt eingereister Ausländer 198

Abschnitt 3. Aufenthalt zum Zweck der Ausbildung 203
§ 16 Studium; Sprachkurse; Schulbesuch 203
§ 17 Sonstige Ausbildungszwecke 217

Abschnitt 4. Aufenthalt zum Zweck der Erwerbstätigkeit 220
§ 18 Beschäftigung 220
§ 19 Niederlassungserlaubnis für Hochqualifizierte 225
§ 20 (weggefallen) 228
§ 21 Selbständige Tätigkeit 229

Abschnitt 5. Aufenthalt aus völkerrechtlichen, humanitären oder politischen Gründen 235
§ 22 Aufnahme aus dem Ausland 235
§ 23 Aufenthaltsgewährung durch die obersten Landesbehörden 239
§ 23a Aufenthaltsgewährung in Härtefällen 242
§ 24 Aufenthaltsgewährung zum vorübergehenden Schutz 246
§ 25 Aufenthalt aus humanitären Gründen 249
§ 26 Dauer des Aufenthalts 261

Inhalt

Abschnitt 6. Aufenthalt aus familiären Gründen	266
§ 27 Grundsatz des Familiennachzugs	266
§ 28 Familiennachzug zu Deutschen	278
§ 29 Familiennachzug zu Ausländern	285
§ 30 Ehegattennachzug	294
§ 31 Eigenständiges Aufenthaltsrecht der Ehegatten	300
§ 32 Kindernachzug	312
§ 33 Geburt eines Kindes im Bundesgebiet	322
§ 34 Aufenthaltsrecht der Kinder	324
§ 35 Eigenständiges, unbefristetes Aufenthaltsrecht der Kinder	326
§ 36 Nachzug sonstiger Familienangehöriger	333
Abschnitt 7. Besondere Aufenthaltsrechte	340
§ 37 Recht auf Wiederkehr	340
§ 38 Aufenthaltstitel für ehemalige Deutsche	349
Abschnitt 8. Beteiligung der Bundesagentur für Arbeit	357
§ 39 Zustimmung zur Ausländerbeschäftigung	357
§ 40 Versagungsgründe	364
§ 41 Widerruf der Zustimmung	365
§ 42 Verordnungsermächtigung und Weisungsrecht	365

Kapitel 3. Förderung der Integration ... 378

§ 43 Integrationskurs	378
§ 44 Berechtigung zur Teilnahme an einem Integrationskurs	388
§ 44a Verpflichtung zur Teilnahme an einem Integrationskurs	393
§ 45 Integrationsprogramm	397

Kapitel 4. Ordnungsrechtliche Vorschriften ... 399

§ 46 Ordnungsverfügungen	399
§ 47 Verbot und Beschränkung der politischen Betätigung	404
§ 48 Ausweisrechtliche Pflichten	408
§ 49 Feststellung und Sicherung der Identität	414
§ 49a Fundpapier-Datenbank	421
§ 49b Inhalt der Fundpapier-Datenbank	422

Kapitel 5. Beendigung des Aufenthalts ... 424

Abschnitt 1. Begründung der Ausreisepflicht	424
§ 50 Ausreisepflicht	424
§ 51 Beendigung der Rechtmäßigkeit des Aufenthalts; Fortgeltung von Beschränkungen	433
§ 52 Widerruf	440
§ 53 Zwingende Ausweisung	447
§ 54 Ausweisung im Regelfall	458
§ 54a Überwachung ausgewiesener Ausländer aus Gründen der inneren Sicherheit	467
§ 55 Ermessensausweisung	469
§ 56 Besonderer Ausweisungsschutz	499
Abschnitt 2. Durchsetzung der Ausreisepflicht	508
§ 57 Zurückschiebung	508
§ 58 Abschiebung	511
§ 58a Abschiebungsanordnung	520
§ 59 Androhung der Abschiebung	528
§ 60 Verbot der Abschiebung	538
§ 60a Vorübergehende Aussetzung der Abschiebung (Duldung)	558
§ 61 Räumliche Beschränkung; Ausreiseeinrichtungen	567
§ 62 Abschiebungshaft	570

Inhalt

Kapitel 6. Haftung und Gebühren 584

§ 63 Pflichten der Beförderungsunternehmer 584
§ 64 Rückbeförderungspflicht der Beförderungsunternehmer 588
§ 65 Pflichten der Flughafenunternehmer 593
§ 66 Kostenschuldner; Sicherheitsleistung 595
§ 67 Umfang der Kostenhaftung 599
§ 68 Haftung für Lebensunterhalt 602
§ 69 Gebühren 605
§ 70 Verjährung 608

Kapitel 7. Verfahrensvorschriften 610

Abschnitt 1. Zuständigkeiten 610
§ 71 Zuständigkeit 610
§ 72 Beteiligungserfordernisse 620
§ 73 Sonstige Beteiligungserfordernisse im Visumverfahren und bei der Erteilung von Aufenthaltstiteln 623
§ 74 Beteiligung des Bundes; Weisungsbefugnis 626

Abschnitt 2. Bundesamt für Migration und Flüchtlinge 628
§ 75 Aufgaben 628
§ 76 (weggefallen) 630

Abschnitt 3. Verwaltungsverfahren 631
§ 77 Schriftform; Ausnahme von Formerfordernissen 631
§ 78 Vordrucke für Aufenthaltstitel, Ausweisersatz und Bescheinigungen 634
§ 79 Entscheidung über den Aufenthalt 635
§ 80 Handlungsfähigkeit Minderjähriger 639
§ 81 Beantragung des Aufenthaltstitels 642
§ 82 Mitwirkung des Ausländers 652
§ 83 Beschränkung der Anfechtbarkeit 658
§ 84 Wirkungen von Widerspruch und Klage 659
§ 85 Berechnung von Aufenthaltszeiten 663

Abschnitt 4. Datenübermittlung und Datenschutz 665
§ 86 Erhebung personenbezogener Daten 665
§ 87 Übermittlungen an Ausländerbehörden 667
§ 88 Übermittlungen bei besonderen gesetzlichen Verwendungsregelungen ... 679
§ 89 Verfahren bei identitätssichernden und -feststellenden Maßnahmen 682
§ 89 a Verfahrensvorschriften für die Fundpapier-Datenbank 684
§ 90 Übermittlungen durch Ausländerbehörden 686
§ 91 Speicherung und Löschung personenbezogener Daten 689
§ 91 a Register zum vorübergehenden Schutz 690
§ 91 b Datenübermittlung durch das Bundesamt für Migration und Flüchtlinge als nationale Kontaktstelle 694

Kapitel 8. Beauftragte für Migration, Flüchtlinge und Integration 696

§ 92 Amt der Beauftragten 696
§ 93 Aufgaben 697
§ 94 Amtsbefugnisse 699

Kapitel 9. Straf- und Bußgeldvorschriften 701

§ 95 Strafvorschriften 701
§ 96 Einschleusen von Ausländern 708
§ 97 Einschleusen mit Todesfolge; gewerbs- und bandenmäßiges Einschleusen ... 711
§ 98 Bußgeldvorschriften 712

XVII

Inhalt

Kapitel 10. Verordnungsermächtigungen; Übergangs- und Schlussvorschriften 715

§ 99 Verordnungsermächtigung 715
§ 100 Sprachliche Anpassung 717
§ 101 Fortgeltung bisheriger Aufenthaltsrechte 717
§ 102 Fortgeltung ausländerrechtlicher Maßnahmen und Anrechnung 720
§ 103 Anwendung bisherigen Rechts 722
§ 104 Übergangsregelungen 723
§ 105 Fortgeltung von Arbeitsgenehmigungen 725
§ 106 Einschränkung von Grundrechten 726
§ 107 Stadtstaatenklausel 727

Zweiter Teil. Freizügigkeitsgesetz/EU

Gesetz über die allgemeine Freizügigkeit von Unionsbürgern
(Freizügigkeitsgesetz/EU – FreizügG/EU) vom 30. Juli 2004 (BGBl. I 1950, 1986),
geändert durch Art. 25 Gesetz vom 21. Juni 2005 (BGBl. I 1818)

Vorbemerkung 729
§ 1 Anwendungsbereich 731
§ 2 Recht auf Einreise und Aufenthalt 734
§ 3 Familienangehörige 741
§ 4 Nicht erwerbstätige Freizügigkeitsberechtigte 745
§ 5 Bescheinigung über das gemeinschaftsrechtliche Aufenthaltsrecht, Aufenthaltserlaubnis-EU .. 747
§ 6 Verlust des Rechts auf Einreise und Aufenthalt 753
§ 7 Ausreisepflicht 759
§ 8 Ausweispflicht 761
§ 9 Strafvorschriften 762
§ 10 Bußgeldvorschriften 762
§ 11 Anwendung des Aufenthaltsgesetzes 763
§ 12 Staatsangehörige der EWR-Staaten 765
§ 13 Staatsangehörige der Beitrittsstaaten 765

Dritter Teil. Artikel 16 a Grundgesetz

Übersicht 769
I. Entstehungsgeschichte 770
II. Allgemeines 771
III. Rechtsstellung politisch Verfolgter 773
IV. Politisch Verfolgter 775
V. Verfolgungsfreier Herkunftsstaat 788
VI. Anderweitiger Verfolgungsschutz 793
VII. Verfahrensrecht 800
VIII. Genfer Flüchtlingskonvention 800
IX. Asylabkommen 802
X. Europäisches Asylrecht 803

Vierter Teil. Asylverfahrensgesetz

Gesetz über das Asylverfahren (Asylverfahrensgesetz – AsylVfG) idF d. Bek. vom 27. Juli 1993
(BGBl. I 1361), zuletzt geändert durch Art. 6 Gesetz vom 14. März 2005 (BGBl. I 721)

Vorbemerkung 809

Inhaltsübersicht 817

Erster Abschnitt. Allgemeine Bestimmungen 820

§ 1 Geltungsbereich 820
§ 2 Rechtsstellung Asylberechtigter 826

Inhalt

§ 3 Rechtsstellung sonstiger politisch Verfolgter	832
§ 4 Verbindlichkeit asylrechtlicher Entscheidungen	835
§ 5 Bundesamt	839
§ 6 *(aufgehoben)*	845
§ 7 Erhebung personenbezogener Daten	846
§ 8 Übermittlung personenbezogener Daten	849
§ 9 Hoher Flüchtlingskommissar der Vereinten Nationen	852
§ 10 Zustellungsvorschriften	854
§ 11 Ausschluß des Widerspruchs	862
§ 11 a Vorübergehende Aussetzung von Entscheidungen	863
Zweiter Abschnitt. Asylverfahren	**866**
Erster Unterabschnitt. Allgemeine Verfahrensvorschriften	866
§ 12 Handlungsfähigkeit Minderjähriger	866
§ 13 Asylantrag	869
§ 14 Antragstellung	875
§ 14 a Familieneinheit	881
§ 15 Allgemeine Mitwirkungspflichten	883
§ 16 Sicherung der Identität	887
§ 17 Sprachmittler	893
Zweiter Unterabschnitt. Einleitung des Asylverfahrens	895
§ 18 Aufgaben der Grenzbehörde	895
§ 18 a Verfahren bei Einreise auf dem Luftwege	904
§ 19 Aufgaben der Ausländerbehörde und der Polizei	915
§ 20 Weiterleitung an eine Aufnahmeeinrichtung	917
§ 21 Verwahrung und Weitergabe von Unterlagen	919
§ 22 Meldepflicht	920
§ 22 a Übernahme zur Durchführung eines Asylverfahrens	923
Dritter Unterabschnitt. Verfahren beim Bundesamt	924
§ 23 Antragstellung bei der Außenstelle	924
§ 24 Pflichten des Bundesamtes	926
§ 25 Anhörung	930
§ 26 Familienasyl und Familienabschiebungsschutz	936
§ 26 a Sichere Drittstaaten	944
§ 27 Anderweitige Sicherheit vor Verfolgung	947
§ 28 Nachfluchttatbestände	963
§ 29 Unbeachtliche Asylanträge	968
§ 29 a Sicherer Herkunftsstaat	973
§ 30 Offensichtlich unbegründete Asylanträge	977
§ 31 Entscheidung des Bundesamtes über Asylanträge	983
§ 32 Entscheidung bei Antragsrücknahme oder Verzicht	986
§ 32 a Ruhen des Verfahrens	988
§ 33 Nichtbetreiben des Verfahrens	989
Vierter Unterabschnitt. Aufenthaltsbeendigung	992
§ 34 Abschiebungsandrohung	992
§ 34 a Abschiebungsanordnung	996
§ 35 Abschiebungsandrohung bei Unbeachtlichkeit des Asylantrages	998
§ 36 Verfahren bei Unbeachtlichkeit und offensichtlicher Unbegründetheit	1000
§ 37 Weiteres Verfahren bei stattgebender gerichtlicher Entscheidung	1009
§ 38 Ausreisefrist bei sonstiger Ablehnung und bei Rücknahme des Asylantrages	1011
§ 39 Abschiebungsandrohung nach Aufhebung der Anerkennung	1013
§ 40 Unterrichtung der Ausländerbehörde	1015
§ 41 *(aufgehoben)*	1016
§ 42 Bindungswirkung ausländerrechtlicher Entscheidungen	1017

Inhalt

§ 43 Vollziehbarkeit und Aussetzung der Abschiebung 1019
§ 43 a *(aufgehoben)* 1021
§ 43 b *(aufgehoben)* 1021

Dritter Abschnitt. Unterbringung und Verteilung 1023

§ 44 Schaffung und Unterhaltung von Aufnahmeeinrichtungen 1023
§ 45 Aufnahmequoten 1024
§ 46 Bestimmung der zuständigen Aufnahmeeinrichtung 1025
§ 47 Aufenthalt in Aufnahmeeinrichtungen 1028
§ 48 Beendigung der Verpflichtung, in einer Aufnahmeeinrichtung zu wohnen 1029
§ 49 Entlassung aus der Aufnahmeeinrichtung 1031
§ 50 Landesinterne Verteilung 1032
§ 51 Länderübergreifende Verteilung 1039
§ 52 Quotenanrechnung 1041
§ 53 Unterbringung in Gemeinschaftsunterkünften 1042
§ 54 Unterrichtung des Bundesamtes 1049

Vierter Abschnitt. Recht des Aufenthalts während des Asylverfahrens 1050

§ 55 Aufenthaltsgestattung 1050
§ 56 Räumliche Beschränkung 1058
§ 57 Verlassen des Aufenthaltsbereichs einer Aufnahmeeinrichtung 1060
§ 58 Verlassen eines zugewiesenen Aufenthaltsbereichs 1065
§ 59 Durchsetzung der räumlichen Beschränkung 1069
§ 60 Auflagen 1071
§ 61 Erwerbstätigkeit 1075
§ 62 Gesundheitsuntersuchung 1077
§ 63 Bescheinigung über die Aufenthaltsgestattung 1077
§ 64 Ausweispflicht 1079
§ 65 Herausgabe des Passes 1080
§ 66 Ausschreibung zur Aufenthaltsermittlung 1083
§ 67 Erlöschen der Aufenthaltsgestattung 1084
§ 68 *(aufgehoben)* 1086
§ 69 *(aufgehoben)* 1087
§ 70 *(aufgehoben)* 1087

Fünfter Abschnitt. Folgeantrag, Zweitantrag 1088

§ 71 Folgeantrag 1088
§ 71 a Zweitantrag 1102

Sechster Abschnitt. Erlöschen der Rechtsstellung 1105

§ 72 Erlöschen 1105
§ 73 Widerruf und Rücknahme 1113
§ 73 a Ausländische Anerkennung als Flüchtling 1123

Siebenter Abschnitt. Gerichtsverfahren 1125

§ 74 Klagefrist; Zurückweisung verspäteten Vorbringens 1125
§ 75 Aufschiebende Wirkung der Klage 1139
§ 76 Einzelrichter 1140
§ 77 Entscheidung des Gerichts 1147
§ 78 Rechtsmittel 1149
§ 79 Besondere Vorschriften für das Berufungsverfahren 1165
§ 80 Ausschluss der Beschwerde 1166
§ 80 a Ruhen des Verfahrens 1168
§ 81 Nichtbetreiben des Verfahrens 1169

Inhalt

§ 82 Akteneinsicht in Verfahren des vorläufigen Rechtsschutzes 1175
§ 83 Besondere Spruchkörper 1175
§ 83a Unterrichtung der Ausländerbehörde 1177
§ 83b Gerichtskosten, Gegenstandswert 1178

Achter Abschnitt. Straf- und Bußgeldvorschriften 1181

§ 84 Verleitung zur missbräuchlichen Asylantragstellung 1181
§ 84a Gewerbs- und bandenmäßige Verleitung zur mißbräuchlichen Asylantragstellung 1185
§ 85 Sonstige Straftaten 1185
§ 86 Bußgeldvorschriften 1190

Neunter Abschnitt. Übergangs- und Schlußvorschriften 1192

§ 87 Übergangsvorschriften 1192
§ 87a Übergangsvorschriften aus Anlaß der am 1. Juli 1993 in Kraft getretenen Änderungen 1195
§ 87b Übergangsvorschrift aus Anlass der am 1. September 2004 in Kraft getretenen Änderungen 1197
§ 88 Verordnungsermächtigungen 1198
§ 89 Einschränkung von Grundrechten 1199
§ 90 *(aufgehoben)* 1200
Anlagen I und II 1200

Fünfter Teil. Texte

1. bis 6. Einreise und Aufenthalt

Unionsbürger und Gleichgestellte

1.1. Vertrag über die **Europäische Union** vom 7. Februar 1992 (BGBl. II 1251), geändert durch Vertrag vom 24. Juni 1994 (BGBl. II 2022) in der Fassung des Beschlusses vom 1. Januar 1995 (ABl. L 1 S. 1), konsolidierte Fassung (ABl. C 325 vom 24. 12. 2002 S. 5) – Auszug – mit Prot. Nr. 2 (Schengen-Besitzstand) und Nr. 29 (Asylgewährung) sowie Erklärung zur Staatsangehörigkeit 1201
1.2. Vertrag zur Gründung der **Europäischen Gemeinschaft** vom 25. März 1957 (BGBl. II 766) in der Fassung des Vertrags über die Europäische Union vom 7. Februar 1992 (BGBl. II 1253, 1256), in der konsolidierten Fassung (ABl. C 325 vom 24. 12. 2002 S. 33) – Auszug – mit Satzung des Europäischen Gerichtshofs 1206
1.3. Akte über die Bedingungen des **Beitritts** der Tschechischen Republik, der Republik Estland, der Republik Zypern, der Republik Lettland, der Republik Litauen, der Republik Ungarn, der Republik Malta, der Republik Polen, der Republik Slowenien und der Slowakischen Republik zur **Europäischen Union** (ABl. L 236 vom 23. 9. 2003 S. 1; Anlagen in ABl. C 227 E vom 23. 9. 2003) – Auszug – mit Anhängen über Schengen-Besitzstand sowie Malta und Polen 1221
1.4. Abkommen über den **Europäischen Wirtschaftsraum** (EWR-Abkommen) vom 2. Mai 1992 (BGBl. 1993 II 266, 1294) – Auszug – 1229
1.5. Abkommen zwischen der Europäischen Gemeinschaft und ihren Mitgliedstaaten einerseits und der **Schweizerischen Eidgenossenschaft** andererseits über die Freizügigkeit vom 21. Juni 1999 (ABl. L 114 vom 30. 4. 2002 S. 6) 1233
1.6. **RL 64/221/EWG** vom 25. Februar 1964 zur Koordinierung der Sondervorschriften für die Einreise und den Aufenthalt von Ausländern, soweit sie aus Gründen der öffentlichen Ordnung, Sicherheit oder Gesundheit gerechtfertigt sind (ABl. 56 vom 4. 4. 1964 S. 850), aufgehoben durch Art. 38 II RL 2004/38/EG zum 30. April 2006 1247
1.7. **VO/EWG 1612/68** vom 15. Oktober 1968 über die Freizügigkeit der Arbeitnehmer innerhalb der Gemeinschaft (ABl. L 257 vom 19. 10. 1968 S. 2), zuletzt geändert durch VO/EG 2434/92 (ABl. L 245 vom 26. 8. 1992), Art. 10 und 11 durch Art. 38 I RL 2004/38/EG zum 30. April 2006 – Auszug – 1248

Inhalt

1.8. **RL 68/360/EWG** vom 15. Oktober 1968 zur Aufhebung der Reise- und Aufenthaltsbeschränkungen für Arbeitnehmer der Mitgliedstaaten und ihre Familienangehörigen innerhalb der Gemeinschaft (ABl. L 257 vom 19. 10. 1968 S. 13), aufgehoben durch Art. 38 II RL 2004/38/EG zum 30. April 2006 1251

1.9. **VO/EWG 1251/70** vom 29. Juni 1970 über das Recht der Arbeitnehmer, nach Beendigung einer Beschäftigung im Hoheitsgebiet eines Mitgliedstaats zu verbleiben (ABl. L 142 vom 30. 6. 1970 S. 24; ber. ABl. 1975 L 324 S. 31) 1254

1.10. **RL 72/194/EWG** vom 18. Mai 1972 über die Erweiterung des Geltungsbereichs der Richtlinie vom 25. Februar 1964 zur Koordinierung der Sondervorschriften für die Einreise und den Aufenthalt von Ausländern, soweit sie aus Gründen der öffentlichen Ordnung, Sicherheit oder Gesundheit gerechtfertigt sind, auf die Arbeitnehmer, die von dem Recht, nach Beendigung einer Beschäftigung im Hoheitsgebiet eines Mitgliedstaats verbleiben zu können, Gebrauch machen (ABl. L 121 vom 26. 5. 1972 S. 32), aufgehoben durch Art. 38 II RL 2004/38/EG zum 30. April 2006.. 1255

1.11. **RL 73/148/EWG** vom 21. Mai 1973 zur Aufhebung der Reise- und Aufenthaltsbeschränkungen für Staatsangehörige der Mitgliedstaaten innerhalb der Gemeinschaft auf dem Gebiet der Niederlassung und des Dienstleistungsverkehrs (ABl. L 172 vom 28. 6. 1973 S. 14), aufgehoben durch Art. 38 II RL 2004/38/EG zum 30. April 2006 1256

1.12. **RL 75/34/EWG** vom 17. Dezember 1974 über das Recht der Staatsangehörigen eines Mitgliedstaats, nach Beendigung der Ausübung einer selbständigen Tätigkeit im Hoheitsgebiet eines anderen Mitgliedstaats zu verbleiben (ABl. L 14 vom 20. 1. 1975 S. 10), aufgehoben durch Art. 38 II RL 2004/38/EG zum 30. April 2006 1258

1.13. **RL 75/35/EWG** vom 17. Dezember 1974 zur Erweiterung des Geltungsbereichs der Richtlinie 64/221/EWG zur Koordinierung der Sondervorschriften für die Einreise und den Aufenthalt von Ausländern, soweit sie aus Gründen der öffentlichen Ordnung, Sicherheit oder Gesundheit gerechtfertigt sind, auf die Staatsangehörigen eines Mitgliedstaats, die von dem Recht, nach Beendigung einer selbständigen Tätigkeit im Hoheitsgebiet eines Mitgliedstaats zu verbleiben, Gebrauch machen (ABl. L 14 vom 20. 1. 1975 S. 14), aufgehoben durch Art. 38 II RL 2004/38/EG zum 30. April 2006................... 1260

1.14. **RL 90/364/EWG** vom 28. Juni 1990 über das Aufenthaltsrecht (ABl. L 180 vom 13. 7. 1990 S. 26), aufgehoben durch Art. 38 II RL 2004/38/EG zum 30. April 2006 1260

1.15. **RL 90/365/EWG** vom 28. Juni 1990 über das Aufenthaltsrecht der aus dem Erwerbsleben ausgeschiedenen Arbeitnehmer und selbständig Erwerbstätigen (ABl. L 180 vom 13. 7. 1990 S. 28), aufgehoben durch Art. 38 II RL 2004/38/EG zum 30. April 2006 1261

1.16. **RL 93/96/EWG** vom 29. Oktober 1993 über das Aufenthaltsrecht der Studenten (ABl. L 317 vom 18. 12. 1993 S. 59), aufgehoben durch Art. 38 II RL 2004/38/EG zum 30. April 2006.. 1262

1.17. **RL 96/71/EWG** vom 16. Dezember 1996 über die **Entsendung von Arbeitnehmern** im Rahmen der Erbringung von Dienstleistungen (ABl. 1997 L 18 vom 21. 1. 1997 S. 1) .. 1263

1.18. **RL 2004/38/EG** vom 29. April 2004 über das Recht der **Unionsbürger** und ihrer Familienangehörigen, sich im Hoheitsgebiet der Mitgliedstaaten frei zu bewegen und aufzuhalten, zur Änderung der VO/EWG 1612/68 und zur Aufhebung der RL 64/221/EWG, 68/360/EWG, 72/194/EWG, 73/148/EWG, 75/34/EWG, 75/35/EWG, 90/364/EWG, 90/365/EWG und 93/96/EWG (ABl. L 158 vom 30. 4. 2004 S. 77; ber. ABl. L 229 vom 29. 6. 2004 S. 35).. 1267

2.1. Gesetz über die allgemeine Freizügigkeit von Unionsbürgern (**Freizügigkeitsgesetz/ EU** – FreizügG/EU) vom 30. Juli 2004 (BGBl. I 1950, 1986), zuletzt geändert durch Gesetz vom 21. Juni 2005 (BGBl. I 1818).. 1278

Drittstaatsangehörige

3.1. Abkommen zur Gründung einer **Assoziation** zwischen der Europäischen Wirtschaftsgemeinschaft und der **Türkei** vom 12. September 1963 (Gesetz vom 13. Mai 1964, BGBl. II 509) – Auszug – 1281

3.2. **Zusatzprotokoll** vom 19. Mai 1972 (BGBl. II 385) – Auszug – 1282

3.3. **Beschluß Nr. 1/80 des Assoziationsrats** (ANBA 1981, 4) – Auszug – 1282

3.4. Europa-Mittelmeer-Abkommen zur Gründung einer Assoziation zwischen den Europäischen Gemeinschaften und ihren Mitgliedstaaten einerseits und dem Haschemitischen Königreich **Jordanien** andererseits (ABl. L 129 vom 15. 5. 2002, S. 3) – Auszug –......... 1284

Inhalt

3.5. Europa-Abkommen zur Gründung einer Assoziation zwischen den Europäischen Gemeinschaften sowie ihren Mitgliedstaaten und der Republik **Bulgarien** vom 8. März 1993 (BGBl. 1994 II 2754) – Auszug –. 1286

3.6. Beschluss des Rates vom 30. November 1994 über die vom Rat aufgrund von Art. K.3 Abs. 2 Bst. b des Vertrags über die Europäische Union beschlossene Gemeinsame Maßnahme über **Reiseerleichterungen** für **Schüler** von Drittstaaten mit Wohnsitz in einem Mitgliedstaat (ABl. L 327 vom 19. 12. 1994 S. 1) 1292

3.7. Übereinkommen zwischen den Regierungen der Staaten der Benelux-Wirtschaftsunion, der Bundesrepublik Deutschland und der Französischen Republik betreffend den schrittweisen Abbau der **Kontrollen an den gemeinsamen Grenzen** vom 14. Juni 1985 (Bek. vom 29. Januar 1986, GMBl. S. 79) – „Schengener Übereinkommen" – Auszug – 1293

3.8. Übereinkommen zur **Durchführung des Übereinkommens** vom 19. Juni 1990 (BGBl. 1993 II 1013), Gesetz vom 15. Juli 1993 (BGBl. II 1010), geändert durch Gesetz vom 1. Juli 1997 (BGBl. I 1606) – „Schengener Durchführungsübereinkommen" – Auszug – ... 1294

3.9. Beschluss 1999/435/EG des Rates vom 20. Mai 1999 zur Bestimmung des **Schengen-Besitzstands** (ABl. L 176 vom 10. 7. 1999 S. 1) 1303

3.10. Beschluss 1999/436/EG des Rates vom 20. Mai 1999 zur Festlegung der **Rechtsgrundlagen** für die einzelnen Bestimmungen (ABl. L 176 vom 10. 7. 1999 S. 17) 1307

3.11. **VO/EG 1683/95** vom 29. Mai 1995 über eine einheitliche **Visagestaltung** (ABl. L 164 vom 14. 7. 1995 S. 1), zuletzt geändert durch VO/EG 334/2002 vom 18. 2. 2002 (ABl. L 53 vom 23. 2. 2002 S. 7) 1308

3.12. **VO/EG 2725/2000** vom 11. Dezember 2000 über die Einrichtung von „**Eurodac**" für den Vergleich von Fingerabdrücken zum Zwecke der effektiven Anwendung des Dubliner Übereinkommens (ABl. L 316 vom 15. 12. 2000 S. 1) 1311

3.13. **VO/EG 539/2001** vom 15. März 2001 zur Aufstellung der Liste der Drittländer, deren Staatsangehörige beim Überschreiten der Außengrenzen im Besitz eines Visums sein müssen, sowie der Liste der Drittländer, deren Staatsangehörige von dieser **Visumpflicht** befreit sind (ABl. L 81 vom 21. 3. 2001 S. 1), zuletzt geändert durch VO/EG 851/2005 vom 2. Juni 2005 (ABl. L 141 vom 4. 6. 2005 S. 3) 1321

3.14. **VO/EG 790/2001** vom 24. April 2001 zur Übertragung von Durchführungsbefugnissen an den Rat im Hinblick auf bestimmte detaillierte Vorschriften und praktische Verfahren für die Durchführung der **Grenzkontrollen** und die Überwachung der Grenzen (ABl. L 116 vom 26. 4. 2001 S. 5) 1324

3.15. **VO/EG 1091/2001** vom 28. Mai 2001 über den freien Personenverkehr mit einem **Visum** für den **längerfristigen Aufenthalt** (ABl. L 150 vom 6. 6. 2001 S. 4) 1325

3.16. **RL 2001/40/EG** vom 28. Mai 2001 über die gegenseitige Anerkennung von Entscheidungen über die **Rückführung** von Drittstaatsangehörigen (ABl. L 149 vom 2. 6. 2001 S. 34)... 1326

3.17. **RL 2001/51** vom 28. 6. 2001 zur Ergänzung der Regelungen nach Artikel 26 des Übereinkommens zur **Durchführung** des Übereinkommens von **Schengen** vom 14. Juni 1985 (ABl. L 187 vom 10. 7. 2001 S. 45) 1328

3.18. **VO/EG 2424/2001** vom 6. Dezember 2001 über die Entwicklung des **Schengener Informationssystems** der zweiten Generation (SIS II) (ABl. L 328 vom 13. 12. 2001 S. 4).. 1329

3.19. **VO/EG 333/2002** vom 18. Februar 2002 über die einheitliche Gestaltung des Formblatts für die Anbringung eines Visums, das die Mitgliedstaaten den Inhabern eines von dem betreffenden Mitgliedstaat **nicht anerkannten Reisedokuments** erteilen (ABl. L 53 vom 23. 2. 2002 S. 4) 1330

3.20. **VO/EG 407/2002** vom 28. Februar 2002 zur Festlegung von Durchführungsbestimmungen zur VO/EG 2725/2000 über die Einrichtung von „**Eurodac**" für den Vergleich von Fingerabdrücken zum Zwecke der effektiven Anwendung des Dubliner Übereinkommens (ABl. L 62 vom 5. 3. 2002 S. 1) 1331

3.21. **VO/EG 415/2003** vom 27. Februar 2003 über die Erteilung von **Visa an der Grenze**, einschließlich der Erteilung derartiger Visa an Seeleute auf der Durchreise (ABl. L 64 vom 7. 3. 2003 S. 1) 1333

3.22. **RL 2003/86/EG** vom 22. September 2003 betreffend das Recht auf **Familienzusammenführung** (ABl. L 251 vom 3. 10. 2003 S. 12) 1337

3.23. **RL 2003/109/EG** vom 25. November 2003 betreffend die Rechtsstellung der **langfristig aufenthaltsberechtigten Drittstaatsangehörigen** (ABl. L 16 vom 23. 1. 2004 S. 44) 1343

XXIII

Inhalt

3.24. **RL 2003/110/EG** vom 25. November 2003 über die Unterstützung bei der Durchbeförderung im Rahmen von **Rückführungsmaßnahmen** auf dem Luftweg (ABl. L 321 vom 6. 12. 2003 S. 26) 1352

3.25. **RL 2004/81/EG** vom 29. April 2004 über die Erteilung von **Aufenthaltstiteln** für Drittstaatsangehörige, die **Opfer des Menschenhandels** sind oder denen Beihilfe zur illegalen Einwanderung geleistet wurde und die mit den zuständigen Behörden kooperieren (ABl. L 261 vom 6. 8. 2004 S. 19)... 1355

3.26. **RL 2004/82/EG** vom 29. April 2004 über die Verpflichtung von **Beförderungsunternehmen**, Angaben über die beförderten Personen zu übermitteln (ABl. L 261 vom 6. 8. 2004 S. 24) 1359

3.27. **VO/EG 2007/2004** vom 26. Oktober 2004 zur Errichtung einer **Europäischen Agentur** für die operative Zusammenarbeit an den Außengrenzen der Mitgliedstaaten der Europäischen Union (ABl. L 349 vom 25. 11. 2004 S. 1).. 1361

3.28 **RL 2004/114/EG** vom 13. Dezember 2004 über die Bedingungen für die Zulassung von Drittstaatsangehörigen zur Absolvierung eines **Studiums** oder zur Teilnahme an einem Schüleraustausch, einer unbezahlten Ausbildungsmaßnahme oder einem Freiwilligendienst (ABl. L 375 vom 23. 12. 2004 S. 12) 1369

4.1. Gesetz über den Aufenthalt, die Erwerbstätigkeit und die Integration von Ausländern im Bundesgebiet vom 30. Juli 2004 (**Aufenthaltsgesetz** – AufenthG) (BGBl. I 1950), zuletzt geändert durch Gesetz vom 21. Juni 2005 (BGBl. I 1818) 1374

4.2 **Aufenthaltsverordnung** (AufenthV) vom 25. November 2004 (BGBl. I 2945), zuletzt geändert durch Gesetz vom 21. Juni 2005 (BGBl. I 1818) 1421

4.3. Gesetz über das **Ausländerzentralregister** (AZR-Gesetz) vom 2. September 1994 (BGBl. I 2265), zuletzt geändert durch Gesetz vom 21. Juni 2005 (BGBl. I 1818)............ 1449

4.4. Verordnung zur Durchführung des Gesetzes über das Ausländerzentralregister (**AZRG-Durchführungsverordnung** – AZRG-DV) vom 17. Mai 1995 (BGBl. I 695), zuletzt geändert durch Gesetz vom 21. Juni 2005 (BGBl. I 1818) 1463

Flüchtlinge und Staatenlose

5.1. Abkommen über die **Rechtsstellung der Flüchtlinge** (Genfer Konvention – GK) vom 28. Juli 1951 (BGBl. 1953 II 559) – mit Anhang.. 1471

5.2. Übereinkommen über die **Rechtsstellung der Staatenlosen** vom 28. September 1954 (BGBl. 1976 II 473) – mit Anhang 1481

5.3. Ausführungsgesetz zu dem Übereinkommen zur Verminderung der Staatenlosigkeit vom 30. August 1961 und zu dem Übereinkommen zur Verringerung der Fälle von Staatenlosigkeit vom 13. September 1973 (**Gesetz zur Verminderung der Staatenlosigkeit**) vom 29. Juni 1977 (BGBl. I 1101) – Auszug – 1489

5.4. Vereinbarung über **Flüchtlingsseeleute** vom 23. November 1957 (BGBl. 1961 II 828)... 1490

5.5. Übereinkommen über den Übergang der **Verantwortung für Flüchtlinge** vom 16. Oktober 1980 (Gesetz vom 30. September 1994, BGBl. II 2645) 1493

5.6. Europäisches Übereinkommen über die **Aufhebung des Sichtvermerkszwangs für Flüchtlinge** vom 20. April 1959 (BGBl. 1961 II 1097).. 1496

5.7. **RL 2001/55/EG** vom 20. Juli 2001 über Mindestnormen für die Gewährung vorübergehenden Schutzes im Falle eines **Massenzustroms** von Vertriebenen und Maßnahmen zur Förderung einer ausgewogenen Verteilung der Belastungen, die mit der Aufnahme dieser Personen verbunden sind, auf die Mitgliedstaaten (ABl. L 212 vom 7. 8. 2001 S. 12).. 1498

5.8. **RL 2003/9/EG** vom 27. Januar 2003 zur Festlegung von **Mindestnormen** für die **Aufnahme** von Asylbewerbern in den Mitgliedstaaten (ABl. L 31 vom 6. 2. 2003 S. 18).. 1505

5.9. **VO/EG 343/2003** vom 18. Februar 2003 zur Festlegung der Kriterien und Verfahren zur Bestimmung des Mitgliedstaats, der für die Prüfung eines von einem Drittstaatsangehörigen in einem Mitgliedstaat gestellten Asylantrags zuständig ist (ABl. L 50 vom 25. 2. 2003 S. 1)... 1512

5.10. **VO/EG 1560/2003** vom 2. September 2003 mit **Durchführungsbestimmungen** zur VO/EG 343/2003 des Rates zur Festlegung der Kriterien und Verfahren zur Bestimmung des Mitgliedstaats, der für die Prüfung eines von einem Drittstaatsangehörigen in einem Mitgliedstaat gestellten Asylantrags **zuständig** ist (ABl. L 222 vom 5. 9. 2003 S. 3) 1522

Inhalt

5.11. **RL 2004/83/EG** vom 29. April 2004 über **Mindestnormen** für die Anerkennung und den **Status** von Drittstaatsangehörigen oder Staatenlosen als Flüchtlinge oder als Personen, die anderweitig internationalen Schutz benötigen, und über den Inhalt des zu gewährenden Schutzes (ABl. L 304 vom 30. 9. 2004 S. 12).. 1528

5.12. Entscheidung **2004/904** vom 2. Dezember 2004 über die Errichtung des Europäischen **Flüchtlingsfonds** für den Zeitraum 2005–2010 (ABl. L 381 vom 28. 12. 2004 S. 52) 1539

6.1. **Asylverfahrensgesetz** (idF d. Bek. vom 27. Juli 1993, BGBl. I 1361), zuletzt geändert durch Gesetz vom 14. März 2005 (BGBl. I 721) 1548

6.2. Gesetz über die Rechtsstellung **heimatloser Ausländer** im Bundesgebiet (HAG) vom 25. April 1951 (BGBl. I 269), zuletzt geändert durch Gesetz vom 30. Juli 2004 (BGBl. I 1950).. 1573

6.3. Verordnung über die Zuständigkeit für die Ausführung des Dubliner Übereinkommens (**Asylzuständigkeitsbestimmungsverordnung** – AsylZBV) vom 4. Dezember 1997 (BGBl. I 2852), zuletzt geändert durch Gesetz vom 21. Juni 2005 (BGBl. I 1818) 1577

7. Übernahme und Rückübernahme

7.1. Übereinkommen zwischen den Regierungen des Königreichs Belgien, der Bundesrepublik Deutschland, der Französischen Republik, der Italienischen Republik, des Großherzogtums Luxemburg, des Königreichs der Niederlande und der Republik Polen betreffend die **Rückübernahme von Personen mit unbefugtem Aufenthalt** vom 29. März 1991 (BGBl. 1993 II 1100).. 1578

7.2. Abkommen zwischen der Regierung der Bundesrepublik Deutschland und den Regierungen des Königreichs Belgien, des Großherzogtums Luxemburg und des Königreichs der Niederlande über die **Übernahme von Personen an der Grenze** vom 17. Mai 1966 (GMBl. S. 339)... 1582

7.3. Abkommen zwischen der Regierung der Bundesrepublik Deutschland und der Regierung von **Bosnien und Herzegowina** über die Rückführung und Rückübernahme von Personen vom 20. November 1996 (BGBl. 1997 II 742)... 1586

7.4. Abkommen zwischen der Regierung der Bundesrepublik Deutschland und der Regierung der Republik **Bulgarien** über die Rückübernahme von deutschen und bulgarischen Staatsangehörigen vom 9. September 1994 (BGBl. 1995 II 99) 1590

7.5. Abkommen zwischen der Regierung der Bundesrepublik Deutschland und der Königlich Dänischen Regierung zur Regelung der Frage der Abschiebung von Personen von der Bundesrepublik Deutschland nach Dänemark und von **Dänemark** in die Bundesrepublik Deutschland vom 22. Juni 1954 (BAnz. 1954 Nr. 120)... 1592

7.6. Abkommen zwischen der Regierung der Bundesrepublik Deutschland und der Regierung der **Französischen Republik** über die Übernahme von Personen an der Grenze vom 23. März 1960 (BAnz. 1960 Nr. 63) 1594

7.7. Abkommen zwischen der Regierung der Bundesrepublik Deutschland und der Regierung der Republik **Kroatien** über die Rückübernahme von Personen vom 25. April 1994 (BGBl. 1998 II 9).. 1597

7.8. Abkommen zwischen der Regierung der Bundesrepublik Deutschland und der Regierung der Republik **Österreich** über die Rückübernahme von Personen an der Grenze vom 16. Dezember 1997 (BGBl. 1998 II 80) 1599

7.9. Vereinbarung zwischen dem Bundesminister des Innern der Bundesrepublik Deutschland und dem Innenminister von **Rumänien** über die Rückübernahme von deutschen und rumänischen Staatsangehörigen vom 24. September 1992 (BGBl. 1993 II 220) 1603

7.10. Abkommen zwischen der Regierung der Bundesrepublik Deutschland und der Königlich Schwedischen Regierung zur Regelung der Frage der Abschiebung von Personen von der Bundesrepublik Deutschland nach **Schweden** und von Schweden in die Bundesrepublik Deutschland vom 31. Mai 1954 (BAnz. 1954 Nr. 120)............................... 1604

7.11. Abkommen zwischen der Regierung der Bundesrepublik Deutschland und dem **Schweizerischen Bundesrat** über die Rückübernahme von Personen mit unbefugtem Aufenthalt vom 20. Dezember 1993 (BGBl. 1996 II 945) 1606

7.12. Abkommen zwischen der Regierung der Bundesrepublik Deutschland und der Regierung der **Tschechischen Republik** über die Rückübernahme von Personen an der gemeinsamen Staatsgrenze vom 3. November 1994 (BGBl. 1995 II 134) 1609

Inhalt

7.13. Abkommen zwischen der Regierung der Bundesrepublik Deutschland und der Regierung der Sozialistischen Republik **Vietnam** über die Rückübernahme von vietnamesischen Staatsangehörigen vom 21. Juli 1995 (BGBl. II 743) 1612

8. und 9. Menschenrechte und Auslieferung

8.1. Europäische Konvention zum Schutze der Menschenrechte und Grundfreiheiten **(EMRK)** vom 4. November 1950 (BGBl. 1952 II 685, 953) – Auszug – 1614
8.2. Protokoll Nr. 4 vom 16. September 1963 (BGBl. 1968 II 422) – Auszug – 1619
8.3. Protokoll Nr. 6 vom 28. April 1983 (BGBl. 1988 II 662) – Auszug – 1620
8.4. Übereinkommen gegen **Folter** und andere grausame oder erniedrigende Behandlung oder Strafe vom 10. Dezember 1984 (BGBl. 1990 II 246) – Auszug – 1620
8.5. Übereinkommen über die **Rechte des Kindes** vom 20. November 1989 (BGBl. 1992 II 122) samt Bekanntmachung vom 10. Juli 1992 (BGBl. II 990) – Auszug – 1623
8.6. Europäisches **Auslieferungsübereinkommen** vom 13. Dezember 1957 (BGBl. 1964 II 1369, 1976 II 1778, 1982 I 2071, 1994 II 299) 1629
9.1. Gesetz über die **internationale Rechtshilfe in Strafsachen (IRG)** vom 23. Dezember 1982 (BGBl. I 2071) idF der Bekanntmachung vom 27. Juni 1994 (BGBl. I 1537), zuletzt geändert durch Gesetz vom 24. August 2004 (BGBl. I 2198) – Auszug – 1635
9.2. Gesetz über das **gerichtliche Verfahren bei Freiheitsentziehungen (FEVG)** vom 29. Juni 1956 (BGBl. I 599), idF des Gesetzes vom 16. März 1976 (BGBl. I 581), zuletzt geändert durch Gesetz vom 30. Juli 2004 (BGBl. I 1950) 1648

10. und 11. Arbeit und Soziales

10.1. **Europäisches Fürsorgeabkommen (EFA)** vom 11. Dezember 1953 (BGBl. 1956 II 563) 1651
10.2. Abkommen zwischen der Bundesrepublik Deutschland und der Republik Österreich über **Fürsorge und Jugendwohlfahrtspflege** vom 17. Januar 1966 (BGBl. 1969 II 2) ... 1654
10.3. Vereinbarung zwischen der Bundesrepublik Deutschland und der Schweizerischen Eidgenossenschaft über die **Fürsorge für Hilfsbedürftige** vom 14. Juli 1952 (BGBl. 1953 II 31) .. 1659
10.4. Beschluss Nr. 3/80 des Assoziationsrats EWG/Türkei vom 19. September 1980 über die Anwendung der Systeme der **sozialen Sicherheit** der Mitgliedstaaten der Europäischen Gemeinschaften auf die **türkischen Arbeitnehmer** und auf deren Familienangehörige (ABl. C 110 S. 60) 1660
11.1. Gesetz über zwingende Arbeitsbedingungen bei grenzüberschreitenden Dienstleistungen (Arbeitnehmer-**Entsendegesetz** – AEntG) vom 26. Februar 1996 (BGBl. I 227), zuletzt geändert durch Gesetz vom 23. Juli 2004 (BGBl. I 1842) 1667
11.2. Sozialgesetzbuch (SGB) Drittes Buch (III) – **Arbeitsförderung** – vom 24. März 1997 (BGBl. I 594, 595), zuletzt geändert durch Gesetz vom 8. Juni 2005 (BGBl. I 1530) – Auszug – 1671
11.3. Verordnung über die Arbeitsgenehmigung für ausländische Arbeitnehmer (**Arbeitsgenehmigungsverordnung – ArGV**) vom 17. September 1998 (BGBl. I 2899), zuletzt geändert durch Gesetz vom 23. Juli 2004 (BGBl. I 1842) 1674
11.4. Verordnung über die Zulassung von neueinreisenden Ausländern zur Ausübung einer Beschäftigung (**Beschäftigungsverordnung** – BeschV) vom 22. November 2004 (BGBl. I 2937) 1679
11.5. Verordnung über das Verfahren und die Zulassung von im Inland lebenden Ausländern zur Ausübung einer Beschäftigung (**Beschäftigungsverfahrensverordnung** – BeschVerfV) vom 22. November 2004 (BGBl. I 2934) 1687
11.6. Sozialgesetzbuch (SGB) Zwölftes Buch (XII) – **Sozialhilfe** – vom 27. Dezember 2003 (BGBl. I 3022), zuletzt geändert durch Gesetz vom 21. März 2005 (BGBl. I 818) – Auszug – 1690
11.7. **Asylbewerberleistungsgesetz (AsylbLG)** idF der Bekanntmachung vom 5. August 1997 (BGBl. I 2022), zuletzt geändert durch Gesetz vom 21. Juni 2005 (BGBl. I 1666).... 1690
11.8. **Einkommensteuergesetz** idF der Bekanntmachung vom 19. Oktober 2002 (BGBl. 2002 I 4210, 2003 I 179), zuletzt geändert durch Gesetz vom 21. Juni 2005 (BGBl. I 1818) – Auszug – 1696

Inhalt

11.9. **Bundeskindergeldgesetz** (BKGG) idF der Bekanntmachung vom 22. Februar 2005 (BGBl. I 458) – Auszug – 1700

11.10. Gesetz zum Erziehungsgeld und zur Elternzeit (**Bundeserziehungsgeldgesetz** – BErzGG) idF der Bekanntmachung vom 9. Februar 2004 (BGBl. I 206), zuletzt geändert durch Gesetz vom 27. Dezember 2004 (BGBl. I 3852) – Auszug – 1700

11.11. Bundesgesetz über individuelle Förderung der Ausbildung (**Bundesausbildungsförderungsgesetz** – BAföG) idF der Bekanntmachung vom 6. Juni 1983 (BGBl. I 645), zuletzt geändert durch Gesetz vom 2. Dezember 2004 (BGBl. I 3127) – Auszug – 1702

11.12. **Unterhaltsvorschussgesetz** idF der Bekanntmachung vom 2. Januar 2002 (BGBl. I 2, ber. 615), geändert durch Gesetz vom 30. Juli 2004 (BGBl. I 1950) – Auszug – 1703

11.13. Verordnung über die Durchführung von Integrationskursen für Ausländer und Spätaussiedler (**Integrationskursverordnung** – IntV) vom 13. Dezember 2004 (BGBl. I 3370).. 1703

12. Handel, Niederlassung und Diplomaten

12.1. **Europäisches Niederlassungsabkommen** (ENA) vom 13. Dezember 1955 (BGBl. 1959 II 997) mit Protokoll.. 1710

12.2. Protokoll über den **Handel** zwischen der Bundesrepublik Deutschland und **Ceylon** betreffend allgemeine Fragen vom 22. November 1952 mit Ergänzungsprotokoll vom 29. Januar 1954 (BGBl. 1955 II 189) – Auszug – 1718

12.3. Freundschafts-, Handels- und Schiffahrtsvertrag zwischen der Bundesrepublik Deutschland und der **Dominikanischen Republik** vom 23. Dezember 1957 (BGBl. 1959 II 1468) mit Protokoll – Auszug – 1719

12.4. Handels- und Schiffahrtsvertrag zwischen dem Deutschen Reich und **Japan** vom 20. Juli 1927 (RGBl. II 1078) – Auszug – 1723

12.5. Freundschaftsvertrag und Niederlassungsabkommen zwischen dem Deutschen Reich und dem **Kaiserreich Persien** vom 17. Februar 1929 (RGBl. 1930 II 1002) mit Bekanntmachung über die Fortgeltung der Verträge (BGBl. 1955 II 829) – Auszug –
Freundschaftsvertrag 1724
Niederlassungsabkommen – Auszug – 1724
Bekanntmachung über deutsch-iranische Vorkriegsverträge 1726

12.6. Übereinkunft zwischen der Regierung der Bundesrepublik Deutschland und der Regierung der Republik der **Philippinen** über Einwanderungs- und Visafragen vom 3. März 1964 (BAnz. Nr. 89 vom 15. Mai 1964) 1727

12.7. Niederlassungsabkommen zwischen dem Deutschen Reich und der **Türkischen Republik** vom 12. Januar 1927 (RGBl. II 76) mit Zeichnungsprotokoll – Auszug – 1728

12.8. Freundschafts-, Handels- und Schiffahrtsvertrag zwischen der Bundesrepublik Deutschland und den **Vereinigten Staaten von Amerika** vom 29. Oktober 1954 (BGBl. 1956 II 487) mit Protokoll – Auszug – 1730

12.9. Wiener Übereinkommen über **diplomatische Beziehungen** vom 18. April 1961 (BGBl. 1964 II 959) 1737

12.10. Wiener Übereinkommen über **konsularische Beziehungen** vom 24. April 1963 (BGBl. 1969 II 1585) 1741

13. Sonstiges

13.1. **Grundgesetz** für die Bundesrepublik Deutschland vom 23. Mai 1949 (BGBl. S. 1), zuletzt geändert durch Gesetz vom 26. Juli 2002 (BGBl. I 2863) – Auszug – 1757

13.2. **Staatsangehörigkeitsgesetz** (StAG) vom 22. Juli 1913 (RGBl. S. 583), zuletzt geändert durch Gesetz vom 14. März 2005 (BGBl. I 721) 1758

13.3. Gesetz über die Angelegenheiten der Vertriebenen und Flüchtlinge (**Bundesvertriebenengesetz** – BVFG) i.d.F der Bekanntmachung vom 2. Juni 1993 (BGBl. I 829), zuletzt geändert durch Gesetz vom 30. Juli 2004 (BGBl. I 1950) – Auszug – 1765

13.4. Gesetz zur Regelung des öffentlichen Vereinsrechts (**Vereinsgesetz – VereinsG**) vom 5. August 1964 (BGBl. I 593), zuletzt geändert durch Gesetz vom 22. August 2002 (BGBl. I 3390) – Auszug – 1770

Sachregister 1773

XXVII

Benutzungshinweise

Der Kommentar ist in fünf Teile gegliedert: Aufenthaltsgesetz, Freizügigkeitsgesetz/EU, Art. 16 a GG, Asylverfahrensgesetz und Texte. Vorangestellt ist ein Abkürzungsverzeichnis, und dem Textteil folgt ein Sachregister.

Kommentiert sind die Vorschriften des AufenthG, des FreizügigkeitsG/EU, des Art. 16 a GG und des AsylVfG. Arbeits- und sozialrechtliche Vorschriften (insbesondere aus SGB II, III und XII, AsylbLG, BKGG, BErzGG) sind in die Erläuterungen einbezogen.

Die Absätze der Paragraphen sind mit römischen u. die Sätze mit arabischen Ziffern bezeichnet (zB § 16 III 2 = § 16 Absatz 3 Satz 2). Veröffentlichte Gerichtsentscheidungen sind in der Kommentierung meist mit zwei Fundstellen angegeben; dabei ist möglichst diejenige in der jeweiligen „amtlichen" Sammlung ausgewählt oder diejenige in NJW, NVwZ oder EZAR.

Im Sachregister bedeuten die fettgedruckte **1: AufenthG**, die fettgedruckte **2: FeizügG/EU,** die fettgedruckte **3:** Art. **16 a GG,** die fettgedruckte **4: AsylVfG** und die fettgedruckte **5: Textteil.** Die nachfolgenden mageren Ziffern bezeichnen für Teil 1, 2 und 4 die Vorschrift (§) und für Teil 5 die Nummer des Gesetzes, der Rechtsverordnung oder des Vertrags. Die in Klammern gesetzten Ziffern geben für Teil 1 bis 4 die Randnummern wieder.

Hinweise auf das Lehrbuch „Ausländerrecht in Deutschland" sind wie folgt gefasst: „Renner, AiD Rn 6/200". Damit ist die Rn 200 im 6. Kapitel gemeint.

Abkürzungsverzeichnis

aA	anderer Ansicht
AA	Auswärtiges Amt
AAG	Gesetz zur Regelung des Aufnahmeverfahrens für Aussiedler (Aussiedleraufnahmegesetz – AAG) vom 28. 6. 1990 (BGBl. I 1221)
AAH-ARB 1/80	Allgemeine Anwendungshinweise des BMI zum ARB 1/80 des Assoziationsrats EWG/Türkei vom 1. 10. 1998 (Text in Renner, Verwaltungsvorschriften, 2001)
AAH-SDÜ	Allgemeine Anwendungshinweise zum Schengener Durchführungsübereinkommen (Text in Renner, Verwaltungsvorschriften, 2001)
aaO	am angegebenen Ort
AAV	Verordnung über Aufenthaltsgenehmigungen zur Ausübung einer unselbständigen Erwerbstätigkeit (Arbeitsaufenthalteverordnung – AAV) vom 18. 12. 1990 (BGBl. I 2994), geändert durch Gesetz vom 24. 12. 2003 (BGBl. I 2954)
abl	ablehnend
ABl	Amtsblatt der EU
Abk	Abkommen
Abs	Absatz
Abschn	Abschnitt
AE	Aufenthaltserlaubnis (nach AufenthG)
ÄndG	Änderungsgesetz
ÄndVO	Änderungsverordnung
AEinr	Aufnahmeeinrichtung
AEntG	Arbeitnehmerentsendegesetz vom 26. 2. 1996 (BGBl. I 227), zuletzt geändert durch Gesetz vom 23. 7. 2004 (BGBl. I 1842)
AEVO	Verordnung über die Arbeitserlaubnis für nichtdeutsche Arbeitnehmer (Arbeitserlaubnisverordnung – AEVO) idF der Bek. vom 12. 9. 1980 (BGBl. I 1754, 1981 I 1245), zuletzt geändert durch VO vom 17. 12. 1997 (BGBl. I 3195)
aF	alte Fassung
AFG	Arbeitsförderungsgesetz vom 25. 6. 1969 (BGBl. I 582), zuletzt geändert durch Gesetz vom 16. 12. 1997 (BGBl. I 2970)
AFIS	Automatisiertes Fingerabdruckidentifizierungssystem
AG	Amtsgericht
Alleweldt	Schutz vor Abschiebung bei drohender Folter oder unmenschlicher oder erniedrigender Behandlung oder Strafe, 1996
allg	allgemein
Alt	Alternative
ANBA	Amtliche Nachrichten der Bundesanstalt für Arbeit
Anm	Anmerkung
AnwBl	Anwaltsblatt
AnwStAusnVO	Verordnung über Ausnahmeregelungen für die Erteilung einer Arbeitserlaubnis an neueinreisende ausländische Arbeitnehmer (Anwerbestoppausnahmeverordnung – ASAV) vom 17. 9. 1998 (BGBl. I 2893)
AP	Arbeitsrechtliche Praxis
ARB	Beschluss des Assoziationsrats EWG/Türkei
ArbBer	Arbeitsberechtigung
ArbErl	Arbeitserlaubnis
ArbErlR	Arbeitserlaubnisrecht
arberlr	arbeitserlaubnisrechtlich
ArbGen	Arbeitsgenehmigung
ArGV	Verordnung über die Arbeitsgenehmigung für ausländische Arbeitnehmer (Arbeitsgenehmigungsverordnung – ArGV) vom 17. 9. 1998 (BGBl. I 2899), zuletzt geändert durch Gesetz vom 23. 7. 2004 (BGBl. I 1842)
Art	Artikel
AS	Amtliche Sammlung von Entscheidungen der Oberverwaltungsgerichte Rheinland-Pfalz und Saarland
Ast	Antragsteller
AssAbk	Assoziationsabkommen

XXXI

Abkürzungen

AssAbk EWG/Türkei	Abkommen zur Gründung einer Assoziation zwischen der Europäischen Wirtschaftsgemeinschaft und der Türkei vom 12. 9. 1963, Gesetz vom 13. 5. 1964 (BGBl. II 509)
Asylber.	Asylberechtigter
Asylbew	Asylbewerber
AsylbLG	Asylbewerberleistungsgesetz (AsylbLG) idF der Bek vom 5. 8. 1997 (BGBl. I 2022), zuletzt geändert durch Gesetz vom 21. 6. 2005 (BGBl. I 1666)
AsylR	Asylrecht
asylr	asylrechtlich
AsylVfÄndG 1984	1. Gesetz zur Änderung des Asylverfahrensgesetzes vom 11. 7. 1984 (BGBl. I 874)
AsylVfÄndG 1987	Gesetz zur Änderung asylverfahrensrechtlicher, arbeitserlaubnisrechtlicher und ausländerrechtlicher Vorschriften vom 6. 1. 1987 (BGBl. I 89)
AsylVfÄndG 1988	Gesetz zur Änderung asylverfahrensrechtlicher und ausländerrechtlicher Vorschriften vom 20. 12. 1988 (BGBl. I 2362)
AsylVfÄndG 1992	vgl AsylVfNG
AsylVfÄndG 1993	Gesetz zur Änderung asylverfahrens-, ausländer- und staatsangehörigkeitsrechtlicher Vorschriften vom 30. 6. 1993 (BGBl. I 1062)
AsylVfBG	Gesetz zur Beschleunigung des Asylverfahrens vom 25. 7. 1978 (BGBl. I 1108)
2. AsylVfBG	2. Gesetz zur Beschleunigung des Asylverfahrens vom 16. 8. 1980 (BGBl. I 1437)
AsylVfG	Asylverfahrensgesetz vom 26. 6. 1992 (BGBl. I 1126), zuletzt geändert durch Gesetz vom 14. 3. 2005 (BGBl. I 721)
AsylVfG 1982	Gesetz über das Asylverfahren (Asylverfahrensgesetz – AsylVfG) idF der Bek vom 9. 4. 1991 (BGBl. I 869)
AsylVfG-E 1982	Entwurf eines Gesetzes über das Asylverfahren (BT-Drs 9/875)
AsylVfG-E	Entwurf für ein Gesetz zur Änderung asylverfahrens-, ausländer- und staatsangehörigkeitsrechtlicher Vorschriften (BT-Drs 12/4450)
AsylVfNG	Gesetz zur Neuregelung des Asylverfahrens vom 26. 6. 1992 (BGBl. I 1126)
AsylVfR	Asylverfahrensrecht
asylvfr	asylverfahrensrechtlich
AsylVO	Verordnung über die Anerkennung und die Verteilung von ausländischen Flüchtlingen (Asylverordnung) vom 6. 1. 1953 (BGBl. I 3)
AsylVO-DDR	Durchführungsverordnung zum Gesetz über die Gewährung des Aufenthalts für Ausländer in der Deutschen Demokratischen Republik – Ausländergesetz – über die Gewährung von Asyl (Asylverordnung) vom 11. 7. 1990 (GBl. DDR I 868)
AsylZBV	Asylzuständigkeitsbestimmungsverordnung (AsylZBV) vom 4. 12. 1997 (BGBl. I 2852), zuletzt geändert durch Gesetz vom 21. 6. 2005 (BGBl. I 1818)
AÜG	Arbeitnehmerüberlassungsgesetz idF d. Bek vom 3. 2. 1995 (BGBl. I 158), zuletzt geändert durch Gesetz vom 29. 8. 1998 (BGBl. I 1694)
AufBef	Aufenthaltsbefugnis
AufBer	Aufenthaltsberechtigung
AufBew	Aufenthaltsbewilligung
AufenthG	Aufenthaltsgesetz vom 30. 7. 2004 (BGBl. I 1950), zuletzt geändert durch Gesetz vom 21. 6. 2005 (BGBl. I 1818)
AufenthG/EWG	Gesetz über Einreise und Aufenthalt von Staatsangehörigen der Mitgliedstaaten der Europäischen Wirtschaftsgemeinschaft (Aufenthaltsgsetz/EWG-AufenthG/EWG) vom 31. 1. 1980 (BGBl. I 116), zuletzt geändert durch Gesetz vom 23. 12. 2003 (BGBl. I 2848)
AufenthV	Aufenthaltsverordnung vom 25. 11. 2004 (BGBl. I 2945), geändert durch Gesetz vom 21. 6. 2005 (BGBl. I 1818)
AufErl	Aufenthaltserlaubnis
AufGen	Aufenthaltsgenehmigung
AufGest	Aufenthaltsgestattung
Aufl	Auflage
Ausl	Ausländer(in, innen)
ausl	ausländisch
AuslBeh	Ausländerbehörde
auslbeh	ausländerbehördlich
AuslDatV	Verordnung über die Führung von Ausländerdateien durch die Ausländerbehörden und die Auslandsvertretungen (Ausländerdateienverordnung – AuslDatV) vom 18. 12. 1990 (BGBl. I 2999), geändert durch Gesetz vom 9. 1. 2002 (BGBl. I 2999)
AuslDÜV	Verordnung über Datenübermittlung an die Ausländerbehörden (Ausländerdatenübermittlungsverordnung – AuslDÜV) vom 18. 12. 1990 (BGBl. I 2997, ber. 1991 I 1216), zuletzt geändert durch Gesetz vom 23. 12. 2003 (BGBl. I 2848)

und der abgekürzt zitierten Literatur **Abkürzungen**

AuslG 1965	Ausländergesetz (AuslG) vom 28. 4. 1965 (BGBl. I 353), zuletzt geändert durch Gesetz vom 26. 6. 1990 (BGBl. I 1163)
AuslG	Gesetz über die Einreise und den Aufenthalt von Ausländern im Bundesgebiet (Ausländergesetz – AuslG) vom 9. 7. 1990 (BGBl. I 1354, 1356), zuletzt geändert durch Gesetz vom 23. 7. 2004 (BGBl. I 2584)
AuslGebV	Gebührenverordnung zum Ausländergesetz (AuslGebV) vom 19. 12. 1990 (BGBl. I 3002), zuletzt geändert durch Gesetz vom 24. 12. 2003 (BGBl. I 2954)
AuslVertr	Auslandesvertretung(en)
AuslG-VwV-E	Entwurf für eine Allgemeine Verwaltungsvorschrift zum Ausländergesetz (AuslG-VwV) vom 9. 7. 1998 (BR-Drs 672/98)
AuslR	Ausländerrecht
auslr	ausländerrechtlich
AuslRNG	Gesetz zur Neuregelung des Ausländerrechts vom 9. 7. 1990 (BGBl. I 1354)
AuslRNÄndG	Gesetz zur Änderung des Gesetzes zur Neuregelung des Ausländerrechts vom 12. 10. 1990 (BGBl. I 2170)
AuslVwV 1965	Allgemeine Verwaltungsvorschrift zur Ausführung des Ausländergesetzes vom 7. 7. 1967 (GMBl. S. 231), zuletzt geändert am 7. 7. 1978 (GMBl. S. 368)
AZR	Ausländerzentralregister
AZRG	Gesetz über das Ausländerzentralregister (AZR-Gesetz) vom 2. 9. 1994 (BGBl. I 2265), zuletzt geändert durch Gesetz vom 21. 6. 2005 (BGBl. I 1818)
AZRG-DV	Verordnung zur Durchführung des Gesetzes über das Ausländerzentralregister (AZRG-Durchführungsverordnung – AZRG-DV) vom 17. 5. 1995 (BGBl. I 695), zuletzt geändert durch Gesetz vom 21. 6. 2005 (BGBl. I 1818)
BA	Bundesagentur für Arbeit
BAFl	Bundesamt für die Anerkennung ausländischer Flüchtlinge
BAföG	Bundesausbildungsförderungsgesetz (BAföG) idF der Bek vom 6. 6. 1983 (BGBl. I 645, 1680), zuletzt geändert durch Gesetz vom 2. 12 2004 (BGBl. I 3127)
BAG	Bundesarbeitsgericht
BAGE	Entscheidungssammlung des Bundesarbeitsgerichts
BAMF	Bundesamt für Migration und Flüchtlinge
BAnz	Bundesanzeiger
Barwig, AuslR	Barwig/Huber/Lörcher/Schumacher/Sieveking (Hrsg), Das neue Ausländerrecht, 1991
Barwig, Ausweisung	Barwig/Brinkmann/Huber/Lörcher/Schumacher (Hrsg), Ausweisung im demokratischen Rechtsstaat, 1996
Barwig AsylR	Barwig/Lörcher/Schumacher (Hrsg), Asylrecht im Binnenmarkt, 1989
Barwig, Bürger	Barwig/Brinkmann/Huber/Lörcher/Schumacher (Hrsg), Vom Ausländer zum Bürger, 1994
Barwig, Sozialer Schutz	Barwig/Sieveking/Brinkmann/Lörcher/Röseler (Hrsg), Sozialer Schutz von Ausländern in Deutschland, 1997
BauR	Baurecht
Bay	Bayern, bayerisch
BayVBl	Bayerische Verwaltungsblätter
BayObLG	Bayerisches Oberstes Landesgericht
BayObLGZ	Entscheidungen des BayObLG in Zivilsachen
BayVGH	Bayerischer Verwaltungsgerichtshof
BB	Bundesbeauftragter für Asylangelegenheiten
BB	Betriebs-Berater
Bd	Band
BDSG	Bundesdatenschutzgesetz (BDSG) idF der Bek vom 14. 1. 2003 (BGBl. I 66)
BDVR	Bund deutscher Verwaltungsrichter
Becker/Brasch	Recht der ausländischen Arbeitnehmer, 2. Aufl., 1983
Beitz/Wollenschläger (Hrsg)	Handbuch des Asylrechts, 1980/81
Bek	Bekanntmachung
Begr	Begründung
ber	berichtigt
Bergmann/Kenntner	Bergmann/Kenntner (Hrsg), Deutsches Verwaltungsrecht unter europäischem Einfluss, 2002
BErzGG	Gesetz über die Gewährung von Erziehungsgeld und Erziehungsurlaub (Bundeserziehungsgeldgesetz – BErzGG) idF der Bek vom 31. 1. 1994 (BGBl. I 180), zuletzt geändert durch Gesetz vom 21. 12. 2004 (BGBl. I 3852)
bestr	bestritten
betr	betreffend

Abkürzungen
Verzeichnis der Abkürzungen

BetrVG	Betriebsverfassungsgesetz idF der Bek vom 31. 1. 1994 (BGBl. I 180), zuletzt geändert durch Gesetz vom 18. 5. 2004 (BGBl. I 974)
BGB	Bürgerliches Gesetzbuch, zuletzt geändert durch Gesetz vom 21. 4. 2005 (BGBl. I 1073)
BGBl.	Bundesgesetzblatt
BGH	Bundesgerichtshof
BGHSt	Entscheidungssammlung des Bundesgerichtshofs in Strafsachen
BGHZ	Entscheidungssammlung des Bundesgerichtshofs in Zivilsachen
BGSG	Bundesgrenzschutzgesetz vom 19. 10. 1994 (BGBl. I 2978), zuletzt geändert durch Gesetz vom 21. 6. 2005 (BGBl. I 1818)
Bh	Buchholz (Sammlung von Entscheidungen des Bundesverwaltungsgerichts)
BK	Bonner Kommentar zum Grundgesetz
BKGG	Bundeskindergeldgesetz idF der Bek vom 23. 1. 1997 (BGBl. I 46), zuletzt geändert durch Gesetz vom 22. 2. 2005 (BGBl. I 458)
BMWA	Bundesminister (Bundesministerium) für Wirtschaft und Arbeit
BMI	Bundesminister (Bundesministerium) des Innern
BMV	Bundesminister (Bundesministerium) für Verkehr
BPolG	Gesetz über die Bundespolizei (Bundespolizeigesetz) vom 19. 10. 1994 (BGBl. I 2978), zuletzt geändert durch Gesetz vom 21. 6. 2005 (BGBl. I 1818)
BR	Bundesrat
BR Deutschland	Bundesrepublik Deutschland
BReg	Bundesregierung
Breithaupt	Sammlung von Entscheidungen aus dem Gebiet der Sozialversicherung, Versorgung und Arbeitslosenversicherung, hrsg von Breithaupt
BSG	Bundessozialgericht
BSGE	Entscheidungssammlung des Bundessozialgerichts
BSHG	Bundessozialhilfegesetz idF der Bek vom 10. 1. 1990 (BGBl. I 94), zuletzt geändert durch Gesetz vom 21. 3. 2005 (BGBl. I 818)
Bst.	Buchstabe
BT	Bundestag
BtMG	Betäubungsmittelgesetz vom 28. 7. 1981 (BGBl. I 691, 1187), idF der Bek vom 1. 3. 1989 (BGBl. I 358), zuletzt geändert durch Gesetz vom 10. 3. 2005 (BGBl. I 757)
BUrlG	Bundesurlaubsgesetz vom 8. 1. 1963 (BGBl. I 2), zuletzt geändert durch Gesetz vom 7. 5. 2002 (BGBl. I 1529)
BVerfG	Bundesverfassungsgericht
BVerfG-A	Richterausschuss des Bundesverfassungsgerichts
BVerfGE	Entscheidungssammlung des Bundesverfassungsgerichts
BVerfG-K	Kammer des Bundesverfassungsgerichts
BVerwG	Bundesverwaltungsgericht
BVerwGE	Entscheidungssammlung des Bundesverwaltungsgerichts
BVFG	Gesetz über die Angelegenheiten der Vertriebenen und Flüchtlinge (Bundesvertriebenengesetz) vom 19. 5. 1953 (BGBl. I 201) idF der Bek vom 2. 6. 1993 (BGBl. I 829), zuletzt geändert durch Gesetz vom 30. 7. 2004 (BGBl. I 1950)
BW	Baden-Württemberg
bw	baden-württembergisch
BWVPr.	Baden-Württembergische Verwaltungspraxis
BZRG	Gesetz über das Zentralregister und das Erziehungsregister (Bundeszentralregistergesetz) idF der Bek vom 21. 9. 1984 (BGBl. I 1229; ber. 1985 I 195), zuletzt geändert durch Gesetz vom 21. 6. 2005 (BGBl. I 1818)
bzw	beziehungsweise
CDU	Christlich Demokratische Union
CSU	Christlich Soziale Union
DAG	Deutsches Auslieferungsgesetz vom 23. 12. 1929 (RGBl. I 239)
DAVorm	Der Amtsvormund
DB	Der Betrieb
DDR	Deutsche Demokratische Republik
Dienelt	Freizügigkeit nach der EU-Osterweiterung, 2004
dh	das heißt
DÖV	Die Öffentliche Verwaltung
DRiG	Deutsches Richtergesetz idF der Bek vom 19. 4. 1972 (BGBl. I 713), zuletzt geändert durch Gesetz vom 22. 3. 2005 (BGBl. I 837)
DRiZ	Deutsche Richterzeitung
Drs.	Drucksache

und der abgekürzt zitierten Literatur **Abkürzungen**

Dt	Deutscher
dt	deutsch
DÜ	Übereinkommen über die Bestimmung des zuständigen Staates für die Prüfung eines in einem Mitgliedstaat der Europäischen Gemeinschaften gestellten Asylantrags vom 15. 6. 1990 (BGBl. 1994 II 791) – Dubliner Übk
Dürig	Beweismaß und Beweislast im Asylrecht, 1990
DVAuslG	Verordnung zur Durchführung des Ausländergesetzes (DVAuslG) vom 18. 12. 1990 (BGBl. I 2983), zuletzt geändert durch VO vom 23. 12. 2003 (BGBl. I 2848)
DVBl	Deutsches Verwaltungsblatt
DVO	Durchführungsverordnung
ebd	ebenda
EbRL	Einbürgerungsrichtlinien vom 1. 7. 1977 (GMBl. 1978, 16), zuletzt geändert am 7. 3. 1989 (GMBl. S. 195)
ECRE	European Consultation on Refugees and Exiles
EDV	Elektronische Datenverarbeitung
EFA	Europäisches Fürsorgeabkommen vom 11. 12. 1953 (Gesetz vom 15. 5. 1956, BGBl. II 563), in Kraft seit 1. 9. 1956 (Bek vom 8. 1. 1958, BGBl. II 18)
EFTA	Europäisches Freihandelsabkommen
EFZG	Entgeltfortzahlungsgesetz vom 26. 5. 1994 (BGBl. I 1014), zuletzt geändert durch Gesetz vom 23. 12. 2003 (BGBl. I 2848)
EG	Europäische Gemeinschaften
EGBGB	Einführungsgesetz zum Bürgerlichen Gesetzbuch idF der Bek vom 21. 9. 1994 (BGBl. I 2494, 1997 I 1061), zuletzt geändert durch Gesetz vom 21. 4. 2005 (BGBl. I 1073)
EGV	Vertrag zur Gründung der Europäischen Gemeinschaft vom 25. 3. 1957 (BGBl. II 766) idF d. EUV (BGBl. 1992 II 1253), konsolidierte Fassung (ABl C 169 vom 18. 7. 2003)
Einl	Einleitung
einschl	einschließlich
ENA	Europäisches Niederlassungsabkommen vom 13. 9. 1955 (Gesetz vom 30. 9. 1959, BGBl. II 997), in Kraft seit 23. 2. 1965 (Bek vom 30. 7. 1965, BGBl. II 1099)
Einigungsvertrag	Einigungsvertrag vom 31. 8. 1990 (BGBl. II 889); Vertragsgesetz vom 23. 9. 1990 (BGBl. II 885)
EMRK	Konvention zum Schutz der Menschenrechte und Grundfreiheiten vom 4. 11. 1950 (BGBl. 1952 II 686; Gesetz vom 7. 8. 1952, BGBl. II 685, 953), zuletzt geändert am 19. 3. 1985 (BGBl. 1989 II 546, 991)
Entw	Entwurf
Erbs/Kohlhaas	Erbs/Kohlhaas (Hrsg), Strafrechtliche Nebengesetze
Erl	Erläuterung
EStG	Einkommensteuergesetz idF der Bek vom 16. 4. 1997 (BGBl. I 821), zuletzt geändert durch Gesetz vom 21. 6. 2005 (BGBl. I 1818)
ESVGH	Entscheidungssammlung des Hessischen Verwaltungsgerichtshofs und des Verwaltungsgerichtshofs Baden-Württemberg mit Entscheidungen der Staatsgerichtshöfe beider Länder
EuGH	Europäischer Gerichtshof
EuGHE	Entscheidungssammlung des Europäischen Gerichtshofs
EuGRZ	Europäische Grundrechte-Zeitschrift
EU-Stp	Gemeinsamer Standpunkt des Rats der EU vom 4. 3. 1996 betreffend die harmonisierte Anwendung der Definition des Begriffs „Flüchtling" in Art. 1 GK (ABl L 63 S. 2)
EUV	Vertrag über die Europäische Union vom 7. 2. 1992 (BGBl. II 1251), konsolidierte Fassung (ABl C 325 vom 24. 12. 2002)
evtl	eventuell
EWG	Europäische Wirtschaftsgemeinschaft
EWGV	Vertrag zur Gründung der Europäischen Wirtschaftsgemeinschaft vom 25. 3. 1957 (BGBl. II 766; Gesetz vom 27. 7. 1957, BGBl. II 753)
EWR	Europäischer Wirtschaftsraum
Eyermann	Eyermann, Verwaltungsgerichtsordnung, 11. Aufl., 2000
EzA	Entscheidungssammlung zum Arbeitsrecht
EZAR	Entscheidungssammlung zum Ausländer- und Asylrecht
EZAR NF	Entscheidungssammlung zum Ausländer- und Asylrecht, neue Folge ab 2005
f	folgende
FamRZ	Zeitschrift für das gesamte Familienrecht

Abkürzungen

FDP	Freie Demokratische Partei
FEVG	Gesetz über das gerichtliche Verfahren bei Freiheitsentziehungen vom 29. 6. 1956 (BGBl. I 599) idF des Gesetz vom 16. 3. 1976 (BGBl. I 581), zuletzt geändert durch Gesetz vom 30. 7. 2004 (BGBl. I 1950)
FEVS	Sammlung fürsorgerechtlicher Entscheidungen
ff	fortfolgende
Finkelnburg/Jank	Vorläufiger Rechtsschutz im Verwaltungsstreitverfahren, 4. Aufl, 1998
Fn	Fußnote
FGG	Gesetz über Angelegenheiten der freiwilligen Gerichtsbarkeit, zuletzt geändert durch Gesetz vom 21. 4. 2005 (BGBl. I 1073)
Fraenkel	Einführende Hinweise zum neuen Ausländergesetz, 1991
FreizügG/EU	Gesetz über die allgemeine Freizügigkeit von Unionsbürgern (Freizügigkeitsgesetz/EU – FreizügG/EU) vom 30. 7. 2004 (BGBl. I 1950, 1986)
FreizügV/EG	Verordnung über die allgemeine Freizügigkeit von Staatsangehörigen der Mitgliedstaaten der Europäischen Union (Freizügigkeitsverordnung/EG – FreizügV/EG) vom 17. 7. 1997 (BGBl. I 1810), zuletzt geändert durch Gesetz vom 27. 12. 2003 (BGBl. I 3022)
Frings	Frauen und Ausländerrecht, 1997
Fschr	Festschrift
Fschr ZDWF	Festschrift zum zehnjährigen Bestehen der ZDWF, „Flüchtlinge in der Bundesrepublik Deutschland, 1990
Fschr Zeidler	Festschrift für Wolfgang Zeidler, hrsg von Fürst, Herzog, Umbach, 1987
FV	Freundschaftsvertrag
G 10	Gesetz zur Beschränkung des Brief-, Post- und Fernmeldegeheimnisses – Artikel 10-Gesetz vom 26. 6. 2001 (BGBl. I 1254), zuletzt geändert durch Gesetz vom 11. 2. 2005 (BGBl. I 239)
GBl	Gesetzblatt
gem	gemäß
GemUnt	Gemeinschaftsunterkunft
Ges	Gesetz
ges	gesetzlich
GesEntw	Gesetzentwurf
GewArch	Gewerbearchiv
GewO	Gewerbeordnung idF der Bek vom 1. 1. 1987 (BGBl. I 425), zuletzt geändert durch Gesetz vom 30. 7. 2004 (BGB. I 2014)
GG	Grundgesetz für die Bundesrepublik Deutschland vom 23. 5. 1949 (BGBl. S. 1), zuletzt geändert durch Gesetz vom 26. 7. 2002 (BGBl. I 2863)
ggf	gegebenenfalls
GK	Abkommen über die Rechtsstellung der Flüchtlinge vom 28. 7. 1951 (BGBl. 1953 II 559) idF vom 31. 1. 1967 (BGBl. 1969 II 1293, 1970 II 194); inoffiziell: Genfer Flüchtlingskonvention
GK-AsylVfG	Gemeinschaftskommentar zum Asylverfahrensgesetz, hrsg von Fritz/Vormeier, 1986 ff
GK-AuslR	Gemeinschafts-Kommentar zum Ausländerrecht, hrsg von Fritz/Vormeier, 1992 ff
GKG	Gerichtskostengesetz idF der Bek vom 15. 12. 1975 (BGBl. I 3047), zuletzt geändert durch Gesetz vom 22. 3. 2005 (BGBl. I 837)
GMBl	Gemeinsames Ministerialblatt
Gutmann	Die Assoziationsfreizügigkeit türkischer Staatsangehöriger, 2. Aufl, 2000
GVBl	Gesetz- und Verordnungsblatt
GVG	Gerichtsverfassungsgesetz idF der Bek vom 9. 5. 1975 (BGBl. I 1077), zuletzt geändert durch Gesetz vom 22. 3. 2005 (BGBl. I 837)
Haberland	Eingliederung von Aussiedlern, 6. Aufl, 1994
HAG	Gesetz über die Rechtsstellung heimatloser Ausländer im Bundesgebiet vom 25. 4. 1951 (BGBl. I 269), zuletzt geändert durch Gesetz vom 30. 7. 2004 (BGBl. I 1950)
Hailbronner	Ausländerrecht, 1992 ff
Hailbronner, Einbürgerung	Einbürgerung von Wanderarbeitnehmern und doppelte Staatsangehörigkeit, 1996
Hailbronner, Rückübernahme	Rückübernahme eigener und fremder Staatsangehöriger, 1996
Hailbronner/Renner	Staatsangehörigkeitsrecht, 4. Aufl, 2005
Hambüchen	Das Arbeitserlaubnisrecht, 1991
Hdb	Handbuch
Heldmann	Ausländergesetz, 2. Aufl, 1993

und der abgekürzt zitierten Literatur **Abkürzungen**

Hess.	Hessen
hess	hessisch
HessVGH.	Hessischer Verwaltungsgerichtshof
HessAGVwGO.	Hessisches Ausführungsgesetz zur Verwaltungsgerichtsordnung idF der Bek vom 14. 7. 1997 (GVBl I 214), zuletzt geändert durch Gesetz vom 21. 3. 2005 (GVBl I 229)
HessVGRspr.	Rechtsprechung der hessischen Verwaltungsgerichte
HessVwVG.	Hessisches Verwaltungsvollstreckungsgesetz
hM	herrschende Meinung
HmbJMBl.	Hamburgisches Justizministerialblatt
Hrsg.	Herausgeber
hrsg	herausgegeben
Hs.	Halbsatz
HSV	Handels- und Schifffahrtsvertrag
Huber	Huber (Hrsg), Handbuch des Ausländer- und Asylrechts, 1994 ff
HumAG.	Gesetz über Maßnahmen für im Rahmen humanitärer Hilfsaktionen aufgenommene Flüchtlinge vom 22. 7. 1980 (BGBl. I 1057), zuletzt geändert durch Gesetz vom 29. 10. 1997 (BGBl. I 2584)
IA	Innenausschuss
idF	in der Fassung
idR	in der Regel
IHK	Industrie- und Handelskammer
ILO	International Labour Organization
IM	Minister(ium) des Innern
IMK.	Konferenz der Innenminister und -senatoren der Länder
InfAuslR	Informationsbrief Ausländerrecht
info also	Informationen für Arbeitslosen- und Sozialhilfe
insb	insbesondere
IPR	Internationales Privatrecht
IPrax	Praxis des IPR
IPRspr.	Rechtsprechung zum IPR
IRG.	Gesetz über die internationale Rechtshilfe in Strafsachen idF vom 27. 6. 1994 (BGBl. I 1537), zuletzt geändert durch Gesetz vom 24. 8. 2004 (BGBl. I 2198)
IRO.	International Refugee Organization
iSd.	im Sinne des
iSv.	im Sinne von
iÜ	im Übrigen
iVm	in Verbindung mit
iwS	im weiteren Sinne
Jarass/Pieroth	Grundgesetz, 7. Aufl, 2004
JGG.	Jugendgerichtsgesetz idF der Bek vom 11. 12. 1974 (BGBl. I 3427), zuletzt geändert durch Gesetz vom 21. 12. 2004 (BGBl. I 3599)
JR	Juristische Rundschau
JurBüro	Das juristische Büro
JuS.	Juristische Schulung
Justiz	Justiz
JZ	Juristenzeitung
Kap	Kapitel
KfbG.	Gesetz zur Bereinigung von Kriegsfolgengesetzen vom 21. 12. 1992 (BGBl. I 2094)
KG	Kammergericht (Berlin)
Kimminich, Rechtsstatus	Der internationale Rechtsstatus des Flüchtlings, 1962
Kimminich, Aufenthalt	Der Aufenthalt von Ausländern in der Bundesrepublik Deutschland, 1980
Kimminich, Asylrecht	Grundprobleme des Asylrechts, 1983
KJHG	Kinder- und Jugendhilfegesetz, vgl SGB VIII
Kloesel/Christ	Deutsches Ausländerrecht, 2. Aufl, 1980 ff
Kloesel/Christ/Häußer	Deutsches Ausländerrecht, 5. Aufl, 2004 ff
Köfner/Nicolaus.	Grundlagen des Asylrechts in der Bundesrepublik Deutschland, 1986
krit	kritisch
KRK	Übereinkommen über die Rechte des Kindes vom 20. 11. 1989 (BGBl. 1992 II 121)
KSchG.	Kündigungsschutzgesetz idF der Bek vom 25. 8. 1969 (BGBl. I 1317), zuletzt geändert durch Gesetz vom 19. 11. 2004 (BGBl. I 2902)

Abkürzungen

Verzeichnis der Abkürzungen

LAG	Landesarbeitsgericht
LdReg	Landesregierung
LFZG	Lohnfortzahlungsgesetz vom 27. 7. 1969 (BGBl. I 946), zuletzt geändert durch Gesetz vom 23. 3. 2005 (BGBl. I 931)
LG	Landgericht
Lit	Literatur
Ls	Leitsatz
LSG	Landessozialgericht
m	mit
Marx	Asylverfahrensgesetz, 4. Aufl, 1999
MDR	Monatsschrift für deutsches Recht
MstÜbk	Übereinkommen über die Verringerung der Mehrstaatigkeit und über die Wehrpflicht von Mehrstaatern vom 6. 5. 1963 (BGBl. 1969 II 1953)
MuSchG	Mutterschutzgesetz idF der Bek vom 17. 1. 1997 (BGBl. I 22, 293), geändert durch Gesetz vom 14. 11. 2003 (BGBl. I 2190)
mwN	mit weiteren Nachweisen
NAK	Niederlassungsabkommen
NATO	Nordatlantikpakt
NDV	Nachrichten des Deutschen Vereins
NE	Niederlassungserlaubnis
nF	neue Fassung
NJ	Neue Justiz
NJW	Neue Juristische Wochenschrift
NJW-RR	Neue Juristische Wochenschrift – Rechtsprechungsreport
Nr	Nummer
NRW	Nordrhein-Westfalen
NStZ	Neue Zeitschrift für Strafrecht
NVwZ	Neue Zeitschrift für Verwaltungsrecht
NVwZ-RR	Neue Zeitschrift für Verwaltungsrecht – Rechtsprechungsreport
NWVBl	Nordrhein-Westfälische Verwaltungsblätter
NZA	Neue Zeitschrift für Arbeitsrecht
oa	oder anders
oä	oder ähnlich
OBS	Otto Benecke Stiftung
og	oben genannt
OLG	Oberlandesgericht
OVG	Oberverwaltungsgericht
OWiG	Gesetz über Ordnungswidrigkeiten idF der Bek vom 19. 2. 1987 (BGBl. I 602), zuletzt geändert durch Gesetz vom 22. 3. 2005 (BGBl. I 837)
Palandt	Bürgerliches Gesetzbuch, 64. Aufl, 2005
PaßG	Paßgesetz vom 19. 4. 1986 (BGBl. I 537), zuletzt geändert durch Gesetz vom 21. 8. 2002 (BGBl. I 3322)
PAuswG	Gesetz über Personalausweise idF der Bek vom 21. 4. 1986 (BGBl. I 548), zuletzt geändert durch Gesetz vom 25. 3. 2002 (BGBl. I 1186)
Plenarprot	Plenarprotokoll
PKH	Prozesskostenhilfe
Quaritsch	Recht auf Asyl, 1985
RA	Rechtsausschuss
RdErl	Runderlass
Redeker/von Oertzen	Verwaltungsgerichtsordnung, 14. Aufl, 2004
RegEntw	Regierungsentwurf
Reichel	Das staatliche Asylrecht im Rahmen des Völkerrechts, 1987
Renner	Ausländerrecht in Deutschland, 1998 (zit.: Renner, AiD)
RGBl	Reichsgesetzblatt
RhPf	Rheinland-Pfalz
RIW/AWD	Recht der internationalen Wirtschaft/Außenwirtschaftsdienst
rkr	rechtskräftig
RL	Richtlinie
Rn	Randnummer

und der abgekürzt zitierten Literatur **Abkürzungen**

ROW	Recht in Ost und West
RPfl	Der Rechtspfleger
Rspr	Rechtsprechung
RuStAG	Reichs- und Staatsangehörigkeitsgesetz vom 22. 7. 1912 (RGBl. S. 583), zuletzt geändert durch Gesetz vom 15. 7. 1999 (BGBl. I 1618)
RVO	Rechtsverordnung
S	Satz/Seite
s	siehe
Schenk	Asylrecht und Asylverfahrensrecht, 1993
Schiedermair/Wollenschläger	Handbuch des Ausländerrechts der Bundesrepublik Deutschland, 1985 ff
Schlewig	Schlewig/Schuhmann/Heinz, Ausländische Arbeitnehmer, 1998
SDÜ	Übereinkommen zur Durchführung des Übereinkommens von Schengen vom 14. Juni 1985 betreffend den schrittweisen Abbau der Kontrollen an den gemeinsamen Grenzen vom 19. 6. 1990 (Gesetz vom 15. 7. 1993, BGBl. II 1010, geändert durch Gesetz vom 1. 7. 1997, BGBl. I 1606)
Selk	Asylrecht und Verfassung, 1990
SG	Sozialgericht
SGb	Die Sozialgerichtsbarkeit
SGB I	Sozialgesetzbuch (SGB) Erstes Buch (I) – Allgemeiner Teil vom 11. 12. 1975 (BGBl. I 3015), zuletzt geändert durch Gesetz vom 30. 7. 2004 (BGBl. I 2014)
SGB III	Sozialgesetzbuch (SGB) Drittes Buch (III) Arbeitsförderung vom 24. 3. 1997 (BGBl. I 594), zuletzt geändert durch Gesetz vom 21. 3. 2005 (BGBl. I 818)
SGB IV	Sozialgesetzbuch (SGB) Viertes Buch (IV) – Gemeinsame Vorschriften vom 23. 12. 1976 (BGBl. I 3845), zuletzt geändert durch Gesetz vom 23. 7. 2004 (BGBl. I 1842)
SGB V	Sozialgesetzbuch (SGB) Fünftes Buch (V) – Gesetzliche Krankenversicherung vom 20. 12. 1988 (BGBl. I 2477), zuletzt geändert durch Gesetz vom 30. 7. 2004 (BGBl. I 2477)
SGB VI	Sozialgesetzbuch (SGB) Sechstes Buch (VI) – Gesetzliche Rentenversicherung vom 18. 12. 1989 (BGBl. I 2261, 1990 I 1337), zuletzt geändert durch Gesetz vom 30. 7. 2004 (BGBl. I 754, 1404, 3384)
SGB VIII	Sozialgesetzbuch (SGB) Achtes Buch (VIII) – Kinder- und Jugendhilfe vom 26. 6. 1990 (BGBl. I 1166) idF der Bekanntmachung vom 30. 7. 2004 (BGBl. I 2014)
SGB X	Sozialgesetzbuch (SGB) Zehntes Buch (X) – Verwaltungsverfahren vom 18. 8. 1980 (BGBl. I 1469, 2218), zuletzt geändert durch Gesetz vom 30. 7. 2004 (BGBl. I 1950)
SGB XI	Sozialgesetzbuch (SGB) Elftes Buch (XI) – Soziale Pflegeversicherung vom 26. 5. 1994 (BGBl. I 1014), zuletzt geändert durch Gesetz vom 27. 12. 2003 (BGBl. I 3022)
SGB XII	Sozialgesetzbuch (SGB) Zwölftes Buch (XII) – Sozialhilfe vom 27. 12. 2003 (BGBl. I 3022), zuletzt geändert durch Gesetz vom 30. 7. 2004 (BGBl. I 1950)
SGG	Sozialgerichtsgesetz idF der Bek vom 23. 12. 1975 (BGBl. I 2535), zuletzt geändert durch Gesetz vom 22. 3. 2005 (BGBl. I 837)
SIS	Schengener Informationssystem
s. o.	siehe oben
sog.	sogenannt
SozR	Sozialrecht, Rechtsprechung und Schrifttum
SozVers	Die Sozialversicherung
SPD	Sozialdemokratische Partei Deutschlands
st	ständig
staatl.	staatlich
StAG	Staatsangehörigkeitsgesetz vom 22. 7. 1913 (RGBl. S. 583), zuletzt geändert durch Gesetz vom 14. 3. 2005 (BGBl. I 721)
StAng	Staatsangehörigkeit/Staatsangehöriger
StAngR	Staatsangehörigkeitsrecht
stangr	staatsangehörigkeitsrechtlich
StAngRegG	Gesetz zur Regelung von Fragen der Staatsangehörigkeit vom 22. 2. 1955 (BGBl. I 65), zuletzt geändert durch Gesetz vom 18. 7. 1979 (BGBl. I 1061)
StAngGebV	Staatsangehörigkeits-Gebührenverordnung vom 28. 3. 1974 (BGBl. I 809) idF der Bek vom 24. 9. 1991 (BGBl. I 1915)
StAnz	Staatsanzeiger

Abkürzungen

Verzeichnis der Abkürzungen

Statusdt	Statusdeutscher
StAZ	Das Standesamt
StGB	Strafgesetzbuch idF der Bek vom 13. 11. 1998 (BGBl. I 3322), zuletzt geändert durch Gesetz vom 24. 3. 2005 (BGBl. I 969)
StlÜbk	Übereinkommen über die Rechtsstellung der Staatenlosen vom 28. 9. 1954 (Gesetz vom 12. 4. 1976, BGBl. II 473), in Kraft getreten am 24. 1. 1977 (Bek vom 10. 2. 1977, BGBl. II 235)
StPO	Strafprozessordnung idF der Bek vom 7. 4. 1987 (BGBl. I 1074, 1319), zuletzt geändert durch Gesetz vom 22. 3. 2005 (BGBl. I 837)
str	streitig
TVG	Tarifvertragsgesetz idF der Bek vom 25. 8. 1969 (BGBl. I 1323), zuletzt geändert durch Gesetz vom 29. 10. 1974 (BGBl. I 2879)
u.	und
ua	und andere
Übk	Übereinkommen
umstr	umstritten
UN	United Nations (Vereinte Nationen)
UN-Folterkonv	Konvention gegen Folter und andere grausame, unmenschliche oder erniedrigende Behandlung oder Strafe vom 10. 12. 1984 (BGBl. 1990 II 247; Bek über Inkrafttreten vom 23. 5. 1991, BGBl. II 491)
UNHCR	Hoher Flüchtlingskommissar der Vereinten Nationen
UNHCR, Beschlüsse	UNHCR (Hrsg.), Beschlüsse des Exekutivkomitees, 1988 ff
UNHCR, Hdb.	UNHCR (Hrsg.), Handbuch über Verfahren und Kriterien zur Feststellung der Flüchtlingseigenschaft, 1979
USA	Vereinigte Staaten von Nordamerika
usw	und so weiter
uU	unter Umständen
VA	Verwaltungsakt
VAH	Vorläufige Anwendungshinweise des Bundesministeriums des Innern zum Aufenthaltsgesetz und zum Freizügigkeitsgesetz/EU (Stand: 22. 12. 2004)
VBlBW	Verwaltungsblätter für Baden-Württemberg
VereinsG	Vereinsgesetz vom 5. 8. 1964 (BGBl. I 593), zuletzt geändert durch Gesetz vom 22. 8. 2002 (BGBl. I 3390)
Verf	Verfahren
VerfR	Verfahrensrecht
VersammlungsG	Gesetz über Versammlungen und Aufzüge (Versammlungsgesetz) idF der Bek. vom 15. 11. 1978 (BGBl. I 1790), zuletzt geändert durch Gesetz vom 24. 3. 2005 (BGBl. I 969)
VersR	Versicherungsrecht
VerwArch	Verwaltungsarchiv
VerwRdsch	Verwaltungsrundschau
VerwRspr	Verwaltungsrechtsprechung in Deutschland
VG	Verwaltungsgericht
VGH	Verwaltungsgerichtshof
VGHE	Entscheidungssammlung des Bayerischen Verwaltungsgerichtshofs und des Bayerischen Verfassungsgerichtshofs
vgl	vergleiche
VO	Verordnung
Vorbem	Vorbemerkung
VwGO	Verwaltungsgerichtsordnung (VwGO) idF der Bek vom 19. 3. 1991 (BGBl. I 686), zuletzt geändert durch Gesetz vom 22. 3. 2005 (BGBl. I 837)
VwKostG	Verwaltungskostengesetz (VwKostG) vom 23. 6. 1970 (BGBl. I 821), zuletzt geändert durch Gesetz vom 5. 5. 2004 (BGBl. I 718)
VwV	Verwaltungsvorschrift
VwV-AuslG	Allgemeine Verwaltungsvorschrift zum Ausländergesetz (AuslG-VwV) vom 7. 6. 2000 (GMBl. S. 618)
VwVG	Verwaltungsvollstreckungsgesetz vom 27. 4. 1953 (BGBl. I 157), zuletzt geändert durch Gesetz vom 17. 12. 1997 (BGBl. I 3039)
VwVfG	Verwaltungsverfahrensgesetz idF der Bek vom 23. 1. 2003 (BGBl. I 102), geändert durch Gesetz vom 5. 5. 2004 (BGBl. I 718)
VwZG	Verwaltungszustellungsgesetz vom 3. 7. 1952 (BGBl. I 379), zuletzt geändert durch Gesetz vom 25. 6. 2001 (BGBl. I 1206)

und der abgekürzt zitierten Literatur **Abkürzungen**

Weber	Weber (Hrsg), Einwanderungsland Bundesrepublik Deutschland in der Europäischen Union, 1997
Weberndörfer	Schutz vor Abschiebung nach dem neuen Ausländergesetz, 1992
Westphal/Stoppa	Ausländerrecht für die Polizei, 2. Aufl, 2001
WoBindG	Wohnungsbindungsgesetz idF der Bek vom 13. 9. 2001 (BGBl. I 2404)
WoGG	Wohngeldgesetz idF der Bek vom 23. 1. 2002 (BGBl. I 474), zuletzt geändert durch Gesetz vom 21. 3. 2005 (BGBl. I 818)
WPflG	Wehrpflichtgesetz idF der Bek vom 20. 2. 2002 (BGBl. I 954), geändert durch Gesetz vom 22. 4. 2005 (BGBl. I 1106)
WÜD	Wiener Übereinkommen über diplomatische Beziehungen vom 18. 4. 1961 (BGBl. 1964 II 959)
WÜK	Wiener Übereinkommen über konsularische Beziehungen vom 24. 4. 1963 (BGBl. 1969 I 1589)
ZAR	Zeitschrift für Ausländerrecht und Ausländerpolitik
ZAR AKTUELL	Aktueller Informationsdienst der ZAR
zB	zum Beispiel
ZDWF	Zentrale Dokumentationsstelle der Freien Wohlfahrtspflege für Flüchtlinge
ZfSH/SGB	Zeitschrift für Sozialhilfe und Sozialgesetzbuch
Ziff	Ziffer
Zimmermann	Das neue Grundrecht auf Asyl, 1994
ZPO	Zivilprozessordnung idF vom 12. 9. 1950 (BGBl. I 455, 512, 533), zuletzt geändert durch Gesetz vom 21. 4. 2005 (BGBl. I 1073)
ZRP	Zeitschrift für Rechtspolitik
zT	zum Teil
zust	zustimmend

Erster Teil
Aufenthaltsgesetz

Gesetz über den Aufenthalt, die Erwerbstätigkeit und die Integration von Ausländern im Bundesgebiet (Aufenthaltsgesetz – AufenthG) vom 30. Juli 2004 (BGBl. I 1950), geändert durch Art 1 Gesetz zur Änderung des Aufenthaltsgesetzes und weiterer Gesetze vom 14. März 2005 (BGBl. I 721) und durch Art 23 Gesetz zur Umbenennung des Bundesgrenzschutzes in Bundespolizei vom 21. Juni 2005 (BGBl. I 1818).

Vorbemerkung

Übersicht

	Rn
I. Ausländerpolizeiverordnung und Ausländergesetz 1965.	1
II. Ausländergesetz 1990	3
III. DDR.	6
IV. Rechtsänderungen von 1992 bis 2004	7
V. Zuwanderungsrechtsreform.	14
VI. Europäisierung.	23

I. Ausländerpolizeiverordnung und Ausländergesetz 1965

Nach Inkrafttreten des Grundgesetzes am 23. 5. 1949 galten zunächst das Ges über das Pass-, Ausländerpolizei- u. das Meldewesen sowie über das Ausweiswesen vom 11. 5. 1937 (RGBl. I 589) u. die **Ausländerpolizeiverordnung** vom 22. 8. 1938 (RGBl. I 1053) als Bundesrecht fort, soweit letztere nicht den Rechtsweg ausschloss (dazu BVerwGE 3, 58 u. 235). Nach dem wirtschaftlichen Aufschwung im Anschluss an die Währungsreform in den drei westlichen Besatzungszonen („Wirtschaftswunder") u. der gezielten Anwerbung ausl Arbeitnehmer seit Mitte der 1950er Jahre erwiesen sich diese Rechtsgrundlagen des Aufenthalts von Ausl im Bundesgebiet als zunehmend weniger tragfähig. Deshalb wurde nach umfangreichen Vorbereitungen das **AuslG** vom 28. 4. 1965 (BGBl. I 353) geschaffen, das am 1. 10. 1965 **in Kraft** trat. 1

Das **AuslG 1965** wurde mehrfach geändert, insb im Zusammenhang mit dem asylr Verf; so wurden mit Inkrafttreten des AsylVfG am 1. 8. 1982 die §§ 28 bis 45 aufgehoben (§ 39 Nr 4 AsylVfG). Dennoch blieb das Ges in den folgenden 25 Jahren im Wesentlichen unverändert. Die notwendigen Korrekturen wurden ganz überwiegend im Wege von Ländererlassen vorgenommen (dazu u. zur weiteren Entwicklung Renner in Fschr Zeidler, S. 1003). Vor allem der Anwerbestopp für Arbeitnehmer aus Staaten außerhalb der EG u. die gravierenden Beschränkungen des Familiennachzugs im Jahre 1981 (dazu Bericht in ZAR 1981, 159 u. später BVerfGE 76, 1) erfolgten ohne Mitwirkung des Gesetzgebers. 2

II. Ausländergesetz 1990

Mitte der 1980er Jahre wurde der Ruf nach einem neuen AuslR stärker. Mit den Regeln des AuslG 1965 konnten die notwendigen Differenzierungen bei der Zulassung von Ausl für Einreise u. Daueraufenthalt („**Einwanderungsland** BR Deutschland") nach rechtsstaatlich befriedigenden Kriterien nicht vorgenommen werden. Die ausländerpolitischen Ziele der Begrenzung weiteren Zuzugs u. der Integration der auf Dauer hier 3 lebenden Ausl sowie des Offenhaltens der BR Deutschland für dt Volkszugehörige aus den „Ostblockstaaten" u. für die Freizügigkeit innerhalb der (erweiterten) EG (zur Politik der BReg vgl Berichte in ZAR 1982, 61, 166; 1987, 50; 1990, 101) bedurften neuer Maßstäbe u. rechtlicher Formen. Nach zahlreichen Vorstößen in Politik u. Wissenschaft wurden Ende der 1980er Jahre erste konkrete Vorstellungen über ein neues AuslR geäußert. Abgesehen vom reinen AufR spielten auch Fragen des Wahlrechts, der Einbürgerung u. der Teilhabe am sozialen u. kulturellen Leben eine wichtige Rolle (dazu Nw in 7. Aufl, Vorbem AuslG Rn 4).

4   Nach Veröffentlichung eines internen Entw des BMI für eine **Reform** des AuslR (dazu Bericht in ZAR 1988, 143) äußerten sich Parteien, Verbände u. Interessengruppen sowie Wissenschaftler u. Praktiker zur Neugestaltung der Bestimmungen über Einreise, Aufenthalt, Aufenthaltsverfestigung (Nw aaO Rn 5). Auf parlamentarischer Ebene wurden zahlreiche GesEntw zum Aufenthalts- u. Niederlassungsrecht vorgelegt (Nw aaO Rn 6). Zu dem am 27. 1. 1990 eingebrachten RegEntw (BT-Drs 11/6321; außerdem 11/4732 zur Änderung des AuslG) nahm der BR am 16. 2. 1990 Stellung u. schlug zahlreiche Änderungen vor; die BReg stimmte diesen in ihrer Gegenäußerung zT zu (BT-Drs 11/6541). Auf der Grundlage weiterer Änderungen durch den BT-IA (BT-Drs 11/6955; 11/6960) verabschiedete der BT das AuslRNG am 26. 4. 1990; der BR stimmte am 18. 5. 1990 zu.

5   Das **AuslRNG** wurde am 9. 7. 1990 ausgefertigt u. am 14. 7. 1990 im BGBl. Nr 34 verkündet. Es enthielt in Art 1 das neue AuslG u. in Art 2 bis 12 Änderungen vor allem folgender Ges: AufenthG/EWG, AsylVfG, HAG, HumAG, AFG, BSHG, SGB X, BKGG, BErzGG, G 10. Das AuslRNG – u. damit auch das neue AuslG – trat im Wesentlichen am 1. 1. 1991 in Kraft u. wurde überwiegend als Fortschritt gewertet (dazu Nw aaO Rn 7). Zusammen mit dem AuslG traten insgesamt sieben **Verordnungen** zum AufR u. zum ArbErlR in Kraft (Bericht in ZAR 1991, 2): DVAuslG, AAV, AnwStAusnVO, 9. AEVO-ÄndVO, AuslGebV, AuslDÜV u. AuslDatV.

III. DDR

6   Auf dem Gebiet der **DDR** war bis zur Herstellung der dt Einheit eine besondere auslr u. ausländerpolitische Entwicklung zu verzeichnen (dazu Berger, ZAR 1990, 155; Elsner, ZAR 1990, 157; Haedrich, LKV 1993, 83; Thomä-Venske, ZAR 1990, 125; Zschalich, ZAR 1990, 163). Dort war das AuslR zuletzt im AuslG vom 28. 6. 1979, der Ausländeranordnung vom 28. 6. 1979, der Wohnsitzverordnung vom 11. 7. 1990 u. der AsylVO vom 11. 7. 1990 geregelt. Diese traten mit Ablauf des 31. 12. 1990 außer Kraft; bis dahin galten sie zT u. ua mit der Maßgabe weiter, dass die Ausländerdefinition des § 1 II AuslG 1965 übernommen wurde, eine AufGen nur unter den Voraussetzungen der §§ 10, 11 AuslG 1965 entzogen werden durfte u. sich das gerichtlichen Verf nach der VwGO u. dem FEVG richtete (Anl. II Kap. II Sachgebiet B Abschn. III Nrn 1 bis 3 Einigungsvertrag). Ansonsten wurden diese Vorschriften sofort durch Bundesrecht abgelöst, allerdings ua mit der Maßgabe, dass ein nicht von § 94 erfasstes AufR in die entsprechende AufGen nach § 5 überführt wurde (Anl. I Kap. II Sachgebiet B Abschn. III Nr 3 bis 6 Einigungsvertrag; vgl Bericht in ZAR 1990, 198).

IV. Rechtsänderungen von 1992 bis 2004

7   In der Folgezeit wurden zunächst mit den **Asylnovellen** vom Juni 1992 (BGBl. I 1126) u. Juni 1993 (BGBl. I 1062) mehrere Bestimmungen des AuslG grundlegend geändert (vor allem §§ 50, 57) u. andere eingefügt (§§ 32 a, 74 a; Nw über Lit hierzu: Art 16 a GG Rn 4 u. Vorbem AsylVfG Rn 18). Gleichzeitig wurden die Behördenbezeichnungen von „Minis-

Vorbemerkung **AufenthG 1**

ter" in „Ministerium" geändert. Außerdem wurden Ergänzungen im AuslG im Zusammenhang mit dem SDÜ vorgenommen (Ges vom 15. 7. 1993, BGBl. I 1010). Sodann wurden durch das **Verbrechensbekämpfungsges** vom 28. 10. 1994 (BGBl. I 3186) mit Wirkung vom 1. 12. 1994 insb Ausweisungsbestimmungen u. Strafvorschriften verschärft (Bericht in ZAR 1995, 48). Weitere Änderungen betrafen die Verteilung von Flüchtlingen (Ges vom 24. 2. 1997, BGBl. I 310), das Verhältnis zum Arbeitserlaubnisrecht (Ges vom 24. 3. 1997, BGBl. I 594) u. Mitteilungen an die für das AsylbLG zuständigen Behörden (Ges vom 26. 5. 1997, BGBl. I 1130). Schließlich wurden zum 1. 11. 1997 einzelne Bestimmungen über Familiennachzug, eigenständiges AufR des **Ehegatten** u. AufGen für **Kinder** aus ehemaligen Anwerbestaaten verbessert u. die Rechtsstellung der Ausländerbeauftragten der BReg geregelt; gleichzeitig wurden Ausweisung u. Abschiebung erleichtert u. Strafvorschriften verschärft (Ges vom 29. 10. 1997, BGBl. I 2584; dazu Berichte in ZAR 1996, 102 u. 1997, 152).

Im Zuge der StAngR-Reform 2000 wurden die **Einbürgerungsvorschriften** der 8 §§ 85 ff AuslG grundlegend novelliert (Art 2 Ges vom 15. 7. 1999, BGBl. I 1618). Im Jahre 2000 folgten Änderungen des selbständigen **Ehegattenaufenthalts** (Art 1 Ges vom 25. 5. 2000, BGBl. I 742) u. der Datenübermittlung (Art 9 a Ges vom 2. 8. 200, BGBl. I 1253). Im Jahre 2001 wurden eingetragene **Lebenspartnerschaften** der Ehe gleichgestellt (Art 3 § 11 Ges vom 16. 2. 2001, BGBl. I 266), Zuständigkeiten angepasst (Art 85 Ges vom 29. 10. 2001, BGBl. I 2785) u. DM-Beträge in Euro-Beträge umgestellt (Art 27 Ges vom 3. 12. 2001, BGBl. I 3306) sowie Ausweisung u. Abschiebung von **Opferzeugen** geregelt (Art 3 Ges vom 11. 12. 2001, BGBl. I 3510). Nach den Terrorangriffen in USA im September 2001 wurden zahlreiche Vorschriften mit dem **Terrorismusbekämpfungsges** verschärft (Ges vom 9. 1. 2002, BGBl. I 361).

Auf der **VO-Ebene** wurde meist weniger bedeutsamen, zT aber auch gewichtigeren 9 politischen u. wirtschaftlichen Entwicklungen durch ein rasches Vorgehen Rechnung getragen. Zunächst wurde das Erfordernis der AufGen für polnische, kroatische u. slowenische Staatsbürger unter bestimmten Voraussetzungen aufgegeben (VO vom 5. 4. 1991, BGBl. I 852; VO vom 7. 1. 1992, BGBl. I 11); dann wurden Polen, Kroatien u. Slowenien in die Anlage I zur DVAuslG aufgenommen (1. DVAuslGÄndVO vom 28. 6. 1991, BGBl. I 1432; 2. DVAuslGÄndVO vom 9. 4. 1992, BGBl. I 865) u. Jugoslawien in dieser Anlage gestrichen (VO vom 26. 10. 1992, BGBl. I 807; 4. DVAuslGÄndVO vom 23. 2. 1993, BGBl. I 266). Später wurde die Tschechoslowakei durch die Tschechische u. die Slowakische Republik ersetzt (3. DVAuslGÄndVO vom 26. 1. 1993, BGBl. I 96; 4. DVAuslGÄndVO, aaO). Ab Februar 1993 wurde Nepal in der Anlage I zur DVAuslG gestrichen, Bulgarien wurde in die Anlage II u. einige weitere Gebiete wurden in die Anlage III eingefügt, u. außerdem wurden weitere Personengruppen vom Erfordernis der AufGen befreit oder zur Antragstellung nach der Einreise befugt (4. DVAuslGÄndVO, aaO). Im November 1994 wurden auch Benin, Burkina Faso, Côte d'Ivoire, Niger und Togo aus der Liste der **Positivstaaten** (Anlage I zur DVAuslG) herausgenommen (VO vom 29. 11. 1994, BGBl. I 3546; 5. DVAuslGÄndVO vom 14. 3. 1995, BGBl. I 326). Schüler aus Drittstaaten konnten ab Mitte 1995 aufgrund Gemeinschaftsrechts (dazu Rn 23 ff) seit Juli 1995 ohne Visum an **Klassenfahrten** in andere Unionsstaaten teilnehmen (VO vom 4. 7. 1995, BGBl. I 905; 6. DVAuslGÄndVO vom 26. 10. 1995, BGBl. I 1488). Schließlich wurde § 12 DVAuslG den neuen Begriffen der ArbGen u. ArbErl angepasst (Art 35 AFRG vom 24. 3. 1997, BGBl. I 594).

Mit Wirkung vom 1. 10. 1994 wurde erstmals eine ges Grundlage für die Einrichtung u. 10 den Betrieb des **Ausländerzentralregisters** geschaffen (Ges vom 2. 9. 1994, BGBl. I 2265). Durchführungsbestimmungen hierzu wurden im Mai 1995 erlassen (AZRG-DV vom 17. 5. 1995, BGBl. I 695). Die Vorschriften über Datenübermittlungen wurden zweimal anlässlich anderweitiger Gesetzesvorhaben geändert (Art 34 Ges vom 24. 3. 1997, BGBl. I 594; 1. AsylbLGÄndG vom 26. 5. 1997, BGBl. I 1130).

1 AufenthG   1. Teil. Aufenthaltsgesetz

11   Im August 1994 wurden die Bestimmungen über den **Arbeitsaufenthalt** für Schausteller u. Lehrkräfte geändert (1. AAVÄndVO vom 15. 8. 1994, BGBl. I 2115) u. im März 1997 mit den neuen Begriffen des ArbGenR in Einklang gebracht (Ges vom 24. 3. 1997, BGBl. I 594). Vom 1. 9. 1993 an geändert wurden die Voraussetzungen für die **ArbErl** ua in Saisonbetrieben u. im Sport (10. AEVOÄndVO vom 1. 9. 1993, BGBl. I 1527) sowie für Werkvertragsarbeitnehmer (1. ASAVÄndVO vom 1. 9. 1993, BGBl. I 1528). Weitergehende Veränderungen erfuhren die Bestimmungen über die erstmalige Erteilung der ArbErl. u. das Verhältnis zum AufR im Oktober 1994 (11. AEVOÄndVO vom 30. 9. 1994, BGBl. I 2792). Zur selben Zeit veränderten sich die Voraussetzungen für die Anwerbung zum Zwecke der Aus- u. Weiterbildung, für Schausteller u. Hausangestellte sowie für Grenzgänger (2. AnwStAusnVOÄndVO vom 30. 9. 1994, BGBl. I 2794). Im September 1996 wurden die Voraussetzungen für Saisonarbeiter sowie für fahrendes u. fliegendes Personal verändert; gleichzeitig wurden neue Möglichkeiten der Saison-Beschäftigung ansässiger wie entsandter Bauarbeiter eröffnet (Änderungen der AEVO u. der AnwStAusnVO durch VO vom 30. 9. 1996, BGBl. I 1491).

12   Die rechtlichen Grundlagen für die Gestattung der unselbständigen Erwerbstätigkeit wurden mit der Ablösung des AFG durch das **SGB III** mit Wirkung vom 1. 1. 1998 umgestaltet (AFRG vom 24. 3. 1997, BGBl. I 594; 1. SGB III-ÄndGes vom 16. 12. 1997, BGBl. I 2970). Auf dieser Basis wurden die Voraussetzungen der ArbErl für Saisonarbeiter in bestimmten Branchen mit Wirkung vom 1. 1. 1998 an erneut verändert (12. AEVOÄndVO vom 17. 12. 1997, BGBl. I 3195). Schließlich wurden die Vorschriften über die Genehmigung der nichtselbständigen Erwerbstätigkeit aufgrund der neuen Ermächtigungen in § 288 I Nr 1 u. 2 sowie Nr 4–8 SGB III iVm Art 81 S. 1 AFRG an das neue System der ArbGen angepasst, indem die AEVO mit Wirkung vom 25. 9. 1998 aufgehoben u. durch die VO über die ArbGen für ausl Arbeitnehmer vom 17. 9. 1998 (ArGV, BGBl. I 2899) ersetzt wurde. Gleichzeitig wurde die ASAV aufgrund § 288 I Nr 3 SGB III iVm Art 81 S. 1 AFRG durch die in großen Teilen inhaltsgleiche (neue) Anwerbestoppausnahmeverordnung – ASAV – vom 17. 9. 1998 (BGBl. I 2983, in Kraft seit 1. 10. 1998, zT seit 25. 9. 1998) abgelöst.

13   Der Aufenthalt freizügigkeitsberechtigter **Unionsbürger** u. **EWR-Staater** (dazu näher Rn 23 ff) war Gegenstand weiterer das Gemeinschaftsrecht deklarierender Neuregelungen. Vor allem wurde das Ges über Einreise u. Aufenthalt von Staatsangehörigen der EWG-Mitgliedstaaten (AufenthG/EWG idF vom 31. 1. 1980, BGBl. I 116) aufgrund einer neuen Ermächtigung für die Umsetzung zwischenzeitlich erlassener EG-Richtlinien (Ges vom 27. 4. 1993, BGBl. I 512; Ges vom 24. 1. 1997, BGBl. I 51) durch eine VO über die allg Freizügigkeit außerhalb des Personenkreises von § 1 I u. II AufenthG/EWG ergänzt (FreizügV/EG vom 17. 7. 1997, BGBl. I 1810). Nach kleineren Änderungen in den Jahren 2000 u. 2001 (dazu Vorbem FreizügG/EU Rn 4) wurden AufenthG u. FreizügV/EG zunächst durch Art 15 III Nr 2 des später für nichtig erklärten ZuwG 2002 (BGBl. I 1946) u. zum 1. 1. 2001 durch Art 15 III Nr 2 des ZuwG 2004 aufgehoben u. durch das FreizügG/EU ersetzt (dazu Vorbem FreizügG/EU Rn 6).

V. Zuwanderungsrechtsreform

14   Im Zuge der Vorbereitung eines modernen Zuwanderungsrechts wurden vor allem grundlegende Neuorientierungen der Steuerung der Zuwanderung mit dem Ziel einer Aufgabe des Anwerbestopps u. einer Neuausrichtung der Zuzugsregeln diskutiert. Die vom BMI berufene **Unabhängige Kommission „Zuwanderung"** hat festgestellt, Deutschland sei zum Einwanderungsland geworden u. benötige qualifizierte Zuwanderer auf Dauer schon im eigenen Interesse. Sie hat in ihrem Bericht vom Juli 2001 in dem Kapitel „Langfristig Wohlstand sichern" nach einer umfassenden Darstellung des rapiden demografischen Wan-

Vorbemerkung   **AufenthG 1**

dels u. der äußerst ungünstigen Entwicklung des Arbeitsmarkts konkrete Empfehlungen für eine verbesserte Ausschöpfung der vorhandenen Ressourcen u. für eine gezielte Anwerbung gegeben (ZuwBer S. 23 ff; dazu ZAR 2001, 146; Renner, ZAR 2001, 147). Neben den unstreitig zu erfüllenden internationalen Verpflichtungen Deutschlands im humanitären Bereich wurden Schwerpunkte in der Gewinnung qualifizierter Erwerbspersonen u. der gezielten u. besser organisierten Integration der neu zuziehenden wie der bereits in Deutschland lebenden Ausl gesetzt.

Das BMI hat alsbald nach Vorlage des ZuwBer den Entw für ein **ZuwG** vorgelegt (dazu 15
ZAR 2001, 194). Dabei wurden einige Empfehlungen der Kommission, zB hinsichtlich neuer Grundsätze für die Zulassung von Selbständigen u. Arbeitnehmern sowie der gleichzeitigen Zulassung zum Aufenthalt u. zur Erwerbstätigkeit, aufgegriffen u. auch weitere Änderungen des Aufenthaltsrechts (AufenthG statt AuslG) vorgeschlagen. Der Entw der BReg u. der Regierungsfraktionen vom November 2001 (Art 1 ZuwG-E; BR-Drs 921/01; BT-Drs 14/7387; dazu ZAR 2002, 2) wurde zT während der Beratungen in BR u. BT ergänzt u. modifiziert (BT-Drs 14/8395, 14/8414; dazu ZAR 2002, 122).

Das **ZuwG 2002** u. die mit ihm vorgenommenen asylr Neuregelungen (dazu Duchrow, 16
ZAR 2002, 269) wurden am 1. 3. 2002 im BT u. am 22. 3. 2002 im BR gebilligt (dazu ZAR 2002, 122). Das Ges vom 20. 6. 2002 wurde, nachdem es der Bundespräsident trotz Bedenken wegen des Abstimmungsverf im BR unterzeichnet hatte (dazu ZAR 2002, 210), am 25. 6. 2002 im BGBl. verkündet (BGBl. I 1946) u. trat teilweise bereits am 26. 6. 2002 u. am 1. 7. 2002 in Kraft (Art 15 I u. II; dazu ZAR 2002, 258). Aufgrund von Unstimmigkeiten bei der Stimmenbewertung im BR kam es zu einem Normenkontrollverf vor dem BVerfG, in dem das BVerfG mit Urteil vom 18. 12. 2002 (BGBl. 2003 I 126; NJW 2003, 339; dazu Renner, NJW 2003, 332) feststellte, dass das ZuwG nicht verfassungskonform zustande gekommen war u. deshalb nichtig ist (dazu ZAR 2004, 2).

Alsbald danach wurde der ZuwG-E im Januar 2003 von der BReg erneut u. unver- 17
ändert in das Gesetzgebungsverf eingebracht (BR-Drs 22/03 = BT-Drs 15/420; dazu ZAR 2003, 42) u. im Februar u. März 2003 in BR u. BT beraten (ZAR 2003, 122). Entsprechend der Empfehlung u. dem Bericht des BT-Innenausschusses vom 7. 7. 2003 (BT-Drs 15/955) stimmte der BT am 9. 5. 2003 diesem Entwurf ohne Änderungen zu u. lehnte den Vorschlag der FDP für ein Gesetz zur Steuerung u. Begrenzung der Zuwanderung (BT-Drs 15/538) ab (Plenarprot 15/44; dazu ZAR 2003, 162). Daraufhin rief die BReg den Vermittlungsausschuss an (BT-Drs 15/365). Dieser hat nach langen Beratungen schließlich eine Lösung gefunden (BT-Drs 15/3479), die am 1. 7. 2004 vom BT u. am 9. 7. 2004 vom BR angenommen wurde (dazu ZAR 2004, 214). Mit dem am 5. 8. 2004 verkündeten **ZuwG 2004** (BGBl. I 1950) wurden auch zahlreiche Vorschriften des AsylVfG, u. des StAG geändert, vor allem im Hinblick auf die neuen aufr Regeln (Art 3, 5 ZuwG), u. zwar zT schon zum 5. 8. 2004 u. 1. 9. 2004 u. ansonsten zum 1. 1. 2005 (Art 15 I u. II ZuwG). Vor allem aber wurden die Regeln über Einreise, Aufenthalt u. Erwerbstätigkeit erstmals in einem Ges, dem AufenthG, zusammengefasst. Außerdem wurden das AufenthG/EWG u. die FreizügV durch das FreizügG/EU ersetzt (vgl dort Vorbem Rn 4–6).

Die **wesentlichen Neuerungen** des neuen Aufenthaltsrechts gegenüber dem AuslG sind 18
in Folgendem zu sehen (vgl auch Bericht in ZAR, 2004, 214): Reduzierung der Aufenthaltstitel; Zusammenfassung der Zulassung zu Aufenthalt u. Erwerbstätigkeit; Verbesserungen für Selbständige, Hochqualifizierte, Hochschulabsolventen u. anerkannte GK-Flüchtlinge sowie ehemalige Deutsche; Einrichtung u. Förderung von Integrationskursen; zusätzliche Maßnahmen zum Schutz von Sicherheitsinteressen; Bündelung zahlreicher alter u. neuer Aufgaben bei dem Bundesamt für Migration u. Flüchtlinge (BAMF).

Zur **Durchführung** des AufenthG sind die dafür notwendigen RVO noch im Jahre 2004 19
erlassen worden. Mit der AufenthV (vom 25. 11. 2004, BGBl. I 2945; vgl Textteil Nr 4.2) sind die Bestimmungen über Befreiungen von der Visum- u. der Passpflicht (früher DVAuslG), über Einreise u. Aufenthalt außerhalb des Anwerbestopps (AAV, IT-AV), über

5

Datenerhebung u. -übermittlung früher (AuslDatV u. AuslDÜV) sowie über Gebühren (früher AuslGebV) ersetzt. Mit der BeschV (vom 22. 11. 2004, BGBl. I 2937; vgl Textteil Nr 11.4) u. der BeschVerfV (vom 22. 11. 2004, BGBl. I 2934; vgl Textteil Nr 11.5) ist der Zugang zum Arbeitsmarkt für neu einreisende u. für bereits in Deutschland lebende Ausl geregelt. Abgelöst sind damit die Vorschriften der §§ 284 ff SGB III sowie der ArGV, ASAV u. IT-ArGV. § 284 SGB III nF (vgl Textteil Nr 11.2) u. § 12 a ArGV (vgl Textteil Nr 11.3) enthält nunmehr für Angehörige der neuen EU-Staaten auf der Grundlage des Beitrittsvertrags die Regeln für den Zugang zum Arbeitsmarkt, soweit er ihnen trotz sonst bestehender Beschränkungen offen steht. Schließlich sind in der IntV (vom 13. 12. 2004, BGBl. I 3370; vgl Textteil Nr 11.3) die inhaltlichen Grundsätze u. die Durchführung der Integrationskurse durch das BAMF in Zusammenarbeit mit AuslBeh, Bundesverwaltungsamt, Kommunen u. sonstigen Trägern geregelt.

20   In **Parteien, Verbänden** u. anderen gesellschaftlichen Gruppen wurden die neuen Zuwanderungsregeln überwiegend zustimmend aufgenommen u. begrüßt (Berichte in ZAR 2004, 251, 293, 294). Auch im **Schrifttum** wurden sie meist zustimmend kommentiert u. zumindest als Beginn einer neuen deutschen Migrationspolitik gewertet, zugleich wurde aber auf Versäumnisse des Gesetzgebers u. auf Schwächen hingewiesen (Braun, ZAR 2002, 197; Davy, ZAR 2003, 171; Deibel, ZAR 2004, 321; Dienelt, ZAR 2005, 120; Duchrow, ZAR 2003, 269 u. 2004, 339; Griesbeck, ZAR 2003, 303; Groß, ZAR 2005, 61; Hauschild, ZAR 2004, 83 u. 2005, 56; Henkel, ZAR 2003, 124; John, ZAR 2002, 211; Kippels, InfAuslR 2005, 1; Landsberg, ZAR 2003, 85; Lüke, ZAR 2004, 397; Marx, ZAR 2004, 275 u. 403 sowie 2005, 48 u. 177; Peter, ZAR 2005, 11; Pfaff, ZAR 2005, 38; Putzhammer, ZAR 2002, 204; Raabe, ZAR 2004, 410; Renner, ZAR 2002, 127 u. 2004, 266; Schindler/Ryfisch, ZAR 2004, 319; Schliesky, ZAR 2005, 106; Schönenbroicher, ZAR 2004, 351; Weber, ZAR 2005, 203). In dem Jahresgutachten 2004 des Zuwanderungsrats wurden die neuen Zugangsregeln zT begrüßt, zT aber als verbesserungsfähig angesehen. So wurde anstelle des im Vermittlungsverf gestrichenen Auswahlverf für qualifizierte Arbeitskräfte (§ 20 AufenthG-E) ein indikatorengestütztes auf Engpässe ausgerichtetes Anwerbeverf vorgeschlagen (S. 220 ff). Dieser Vorschlag wurde aber weder im AufenthG selbst noch in den RVO über die Beschäftigung aufgegriffen.

21   Bereits Anfang September 2004 unternahm die BReg erste Bemühungen um **Änderungen** des ZuwG. Die neuen Vorschriften sollten den inzwischen erfolgten Arbeits- u. Sozialrechtsreformen angepasst, außerdem sollten auch einige Korrekturen inhaltlicher Art vorgenommen werden (BT-Drs 15/3784 = BR-Drs 662/04; BT-Drs 15/3984; BT-IA: BR-Drs 15/4173). Der BR stimmte diesem Novellierungsvorhaben nur mit Änderungen zu u. rief den Vermittlungsausschuss an (BR-Drs 918/04; BT-Drs 15/4378). Als dieser auch in der Sitzung vom 15. 12. 2004 keine Einigung gefunden hatte, erteilte der BR keine Zustimmung (BT-Drs 4576). Sodann legte die BReg einen neuen Entw vor, der nicht des Zustimmung des BR bedurfte (BT-Drs 15/4491). Während dessen Behandlung im BT rief die BReg ihrerseits am 26. 1. 2005 den Vermittlungsausschuss an (BT-Drs 15/4755), der daraufhin am 16. 2. 2005 Änderungen des am 11. 11. 2004 beschlossenen ÄndGes nach Maßgabe der zwischenzeitlichen Beschlüsse empfahl (BR-Drs 11/05 = BT-Drs 15/4870). Dieser Empfehlung stimmten der BT am 17. 2. 2005 (Plenarprot 15/157) u. der BR am 18. 2. 2005 (Plenarprot 808) zu. Das ÄndGes vom 14. 3. 2005 wurde am 17. 3. 2005 verkündet (BGBl. I 721) u. trat zum großen Teil am darauf folgenden Tag in Kraft; die Bestimmungen über die Fundpapierdatenbank werden am 1. 10. 2005 in Kraft treten.

22   Allg **Verwaltungsvorschriften** sind bisher nicht erlassen. Der Kommentierung werden daher die Vorläufigen Anwendungshinweise des BMI vom 22. 12. 2004 vorangestellt, in den die amtl Begründungen des ZuwG, die AuslG-VwV (zu den inhaltsgleichen Bestimmungen) u. zwischenzeitlich aufgekommene Zweifelsfragen berücksichtigt sind. Sie sind lediglich als Hinweise zu verstehen u. nicht als verbindliche Verwaltungsanweisungen, werden aber gleichwohl aufgrund des Gleichbehandlungsgrundsatzes bei einer einheitlichen Beachtung in der Praxis Verbindlichkeit erlangen.

Vorbemerkung   **AufenthG 1**

VI. Europäisierung

Auf europäischer Ebene (dazu näher auch Vorbem FreizügG/EU) wurde die Entwick- 23
lung eines einheitlichen Rechtsraums für den Aufenthalt von Ausl zunächst durch die
Ausdehnung der Freizügigkeit auf die dem **EWR** beigetretenen EFTA-Staaten (außer
Schweiz) fortgesetzt (BGBl. 1993 II 266 u. 1294). Für **Finnland, Österreich** u. **Schweden** wurde dieser Prozess mit deren EG-Beitritt zu Beginn des Jahres 1995 abgeschlossen
(Ges vom 2. 9. 1994 u. Beitrittsvertrag vom 24. 6. 1994, BGBl. II 2022). Mit der
Schweiz wurde aufgrund des Freizügigkeitsabkommens EU/Schweiz (ABl. EG Nr L 112
vom 30. 4. 2002) die grundsätzlich unbeschränkte gegenseitige Freizügigkeit vom 1. 6.
2002 an hergestellt. Schließlich führte die **EU-Erweiterung** um zehn Staaten vom 1. 5.
2004 zur Ausdehnung der Freizügigkeit auf die Staatsangehörigen der neuen Mitglieds-
länder, wobei die Personenverkehrsfreiheiten nur übergangsweise u. im Verhältnis zu
einigen Staaten u. für wenige Aufenthaltszwecke beschränkt sind (Näheres bei Vorbem
FreizügG/EU § 13).

Solange die EG keine weitergehenden Kompetenzen im Bereich der Migration von 24
Drittstaatsangehörigen besaß, ergingen vorwiegend Empfehlungen u. ähnliche Beschlüsse u.
nur wenige Rechtsakte mit unmittelbarer Verbindlichkeit (vgl dazu die Texte in der 7. Aufl,
S. 962–998). Allerdings wurden schon damals aufgrund Art K.3 II Bst. b EUV Reiseerleich-
terungen für **Schüler** aus Drittstaaten beschlossen (Beschluss des Rats vom 30. 11. 1994,
ABl. EG Nr L 327), u. gemäß Art 100 c EGV ergingen VO über visumpflichtige Drittstaater
(VO/EG Nr 2317/95, ABl. EG Nr L 234) u. über eine einheitliche Visamarke (VO/EG
Nr 1683/95, ABl. EG Nr L 164).

Entscheidende Fortschritte bei der Europäisierung wurden erst aufgrund des **Vertrags** 25
von Amsterdam vom 2. 10. 1997 erreicht, der über den früheren Stand weit hinaus-
reichende Kompetenzen der EG für Einreise, Aufenthalt u. Asyl enthält (dazu Lang,
ZAR 1998, 59; Tettinger, DVBl. 1997, 341; Welte, ZAR 1998, 67). Inzwischen sind auf
dieser Grundlage zahlreiche Rechtsakte für Einreise u. Aufenthalt sowie den humanitären
Schutz von **Drittstaatsangehörigen** erlassen worden, die allerdings zT noch in mitglied-
staatliches Recht umgesetzt werden müssen (näher dazu Vorbem FreizügG/EU Rn 6).
Die für das Aufenthaltsrecht bedeutendsten sind: VO/EG 539/2001 betr Visumpflicht,
RL 2003/86/EG betr Familienzusammenführung, RL 2003/109/EG betr Daueraufenthalt u. RL 2004/114/EG betr Studium u. ähnliche Zwecke. Im Wesentlichen fehlt es zur
Zeit nur noch an einer RL über Einreise u. Aufenthalt zum Zwecke einer selbständigen
oder unselbständigen Erwerbstätigkeit (dazu Vorschlag der Kommission KOM/2001/386
endg, ABl. EG Nr C 332 E vom 27. 11. 2001 S. 248). Die Regeln für **Unionsbürger**
u. ihre drittstaatsangehörigen Familienangehörigen sind nunmehr vereinfacht u, zusammengefasst in der RL 2004/38/EG (ABl. EG Nr L 229 vom 29. 6. 2004 S. 35), die in
dem FreizügG/EU bereits zT berücksichtigt, aber noch nicht endgültig umgesetzt ist.

Eine Sonderstellung nehmen die **türkischen Arbeitnehmer** u. ihre Familienangehöri- 26
gen ein. Ihr Zugang zu Aufenthalt u. Beschäftigung unterliegt den Regeln des Art 6 oder 7
ARB 1/80 u. damit dem Gemeinschaftsrecht, sie stehen damit aber nicht den Unionsbürgern gleich u. genießen vor allem keine unionsweite Freizügigkeit (dazu § 1 Rn 17, § 4
Rn 82 ff). Lediglich auf Vertragsrecht können sich die Angehörigen derjenigen europäischen
Staaten berufen, die mit der EG u. ihren Mitgliedstaaten sog. **Europa-Abkommen**
geschlossen haben. Nach dem EU-Beitritt der meisten Vertragsstaaten ab Mai 2004 gelten
diese Abk vor allem noch hinsichtlich Rumänien u. Bulgarien (betr Bulgarien vgl Textteil
Nr 3.5). Die Angehörigen dieser Vertragsstaaten nehmen nicht an den EU-Personenver-
kehrsfreiheiten teil, ihnen sind aber Zugangsrechte als Selbständige eingeräumt (dazu § 4
Rn 15).

Kapitel 1. Allgemeine Bestimmungen

§ 1 Zweck des Gesetzes; Anwendungsbereich

(1) [1]Das Gesetz dient der Steuerung und Begrenzung des Zuzugs von Ausländern in die Bundesrepublik Deutschland. [2]Es ermöglicht und gestaltet Zuwanderung unter Berücksichtigung der Aufnahme- und Integrationsfähigkeit sowie der wirtschaftlichen und arbeitsmarktpolitischen Interessen der Bundesrepublik Deutschland. [3]Das Gesetz dient zugleich der Erfüllung der humanitären Verpflichtungen der Bundesrepublik Deutschland. [4]Es regelt hierzu die Einreise, den Aufenthalt, die Erwerbstätigkeit und die Förderung der Integration von Ausländern. [5]Die Regelungen in anderen Gesetzen bleiben unberührt.

(2) Dieses Gesetz findet keine Anwendung auf Ausländer,
1. deren Rechtsstellung von dem Gesetz über die allgemeine Freizügigkeit von Unionsbürgern geregelt ist, soweit nicht durch Gesetz etwas anderes bestimmt ist,
2. die nach Maßgabe der §§ 18 bis 20 des Gerichtsverfassungsgesetzes nicht der deutschen Gerichtsbarkeit unterliegen,
3. soweit sie nach Maßgabe völkerrechtlicher Verträge für den diplomatischen und konsularischen Verkehr und für die Tätigkeit internationaler Organisationen und Einrichtungen von Einwanderungsbeschränkungen, von der Verpflichtung, ihren Aufenthalt der Ausländerbehörde anzuzeigen und dem Erfordernis eines Aufenthaltstitels befreit sind und wenn Gegenseitigkeit besteht, sofern die Befreiungen davon abhängig gemacht werden können.

Vorläufige Anwendungshinweise

1 Zu § 1 Zweck des Gesetzes; Anwendungsbereich

1.1 Gesetzeszweck
1.1.1 § 1 Abs. 1 Sätze 1 bis 3 enthalten eine Zielbestimmung des Gesetzes, an der sich die Ausfüllung von Ermessenstatbeständen zu orientieren hat. Vorrangiges Ziel ist die Steuerung und Begrenzung der Zuwanderung. Dabei sind Aufnahme- und Integrationsfähigkeit sowie die wirtschaftlichen und arbeitsmarktpolitischen Interessen der Bundesrepublik Deutschland zu berücksichtigen.
1.1.2 Nach § 1 Abs. 1 Satz 4 regelt das Gesetz die Einreise und den Aufenthalt von Ausländern. Das Flughafengelände ist auch vor Erreichen der Grenzkontrollstellen Teil des Staatsgebietes der Bundesrepublik Deutschland. Der Transitbereich des Flughafengeländes unterliegt in vollem Umfang dem Zugriffsbereich staatlicher Hoheitsgewalt.
1.1.3 Im Gegensatz zum Ausländergesetz wird in Satz 4 auch die Erwerbstätigkeit von Ausländern in den Anwendungsbereich des Gesetzes aufgenommen. Die Berechtigung zur Erwerbstätigkeit ergibt sich künftig aus dem Aufenthaltstitel des Ausländers.
1.1.4 Das Aufenthaltsgesetz regelt auch das übergeordnete ausländerpolitische Ziel der Integrationsförderung, das als wesentlicher Gesetzeszweck im Rahmen der verfassungsrechtlichen Kompetenzen Berücksichtigung findet und damit zu einer Handlungsmaxime für die mit den ausländerrechtlichen Entscheidungen betrauten Behörden wird. Die Grundsätze der staatlichen Integrationsmaßnahmen sind in den §§ 43 bis 45 AufenthG niedergelegt. Sie werden ergänzt durch die Verordnung über die Durchführung von Integrationskursen für Ausländer und Spätaussiedler (IntV).
1.1.5 Andere Gesetze i. S. d. § 1 Abs. 1 Satz 5, die Vorrang vor dem Aufenthaltsgesetz haben, sind derzeit das
– Freizügigkeitsgesetz/EU (FreizügG/EU),
– Asylverfahrensgesetz (AsylVfG),
– Gesetz über die Rechtsstellung heimatloser Ausländer im Bundesgebiet,
– Streitkräfteaufenthaltsgesetz.

Zweck des Gesetzes; Anwendungsbereich § 1 **AufenthG 1**

1.1.5.1 Für die Einreise von Asylsuchenden sind insbesondere Artikel 16 a GG sowie §§ 18, 18 a, 19 Abs. 3 AsylVfG maßgebend.
1.1.5.2 Völkerrechtliche Verträge sind nur dann andere Gesetze i. S. d. § 1 Abs. 1 Satz 5, wenn sie im Wege eines Vertragsgesetzes nach Artikel 59 Abs. 2 Satz 1 Grundgesetz (GG) ratifiziert worden sind und wenn die in ihnen enthaltenen Vorschriften keine bloßen Staatenverpflichtungen begründen, sondern nach ihrem Inhalt und Zweck für eine unmittelbare Anwendung bestimmt und geeignet sind (z. B. Genfer Flüchtlingskonvention, Staatenlosenübereinkommen, Schengener Durchführungsübereinkommen). Eine unmittelbare Anwendbarkeit ist generell zu bejahen bei Bestimmungen, die Befreiungen vom Erfordernis der Aufenthaltstitel vorsehen (z. B. NATO-Truppenstatut), zur Ausstellung von Passersatzpapieren verpflichten (Artikel 28 Genfer Flüchtlingskonvention, Artikel 28 Staatenlosenübereinkommen) oder bestimmte Einreise-, Durchreise- und Kurzaufenthaltsrechte einräumen (z. B. Artikel 5 Abs. 3, Artikel 18, 19 und 21 SDÜ).
1.1.5.3 Für nach dem Europäischen Gemeinschaftsrecht freizügigkeitsberechtigte Unionsbürger und deren freizügigkeitsberechtigte Familienangehörige gilt § 1 Abs. 2 Nr 1.
1.1.5.3.1 Das Europäische Gemeinschaftsrecht hat Vorrang vor dem Aufenthaltsgesetz. Die Verordnungen und Entscheidungen des Rates und der Kommission haben eine unmittelbare Geltung (Artikel 249 EGV). Die EG-Richtlinien bedürfen der Umsetzung in innerstaatliches Recht. Sind Richtlinien nicht oder nicht ausreichend in innerstaatliches Recht umgesetzt worden, gelten sie nach Ablauf der Umsetzungsfrist und unter der Voraussetzung, dass sie unbedingt und hinreichend genau bestimmt sind, als unmittelbar anwendbar. Die mit der Ausführung des Aufenthaltsgesetzes beauftragten Behörden haben das durch die Richtlinien zu erreichende Ziel im Rahmen bestehender Auslegungs- oder Ermessensspielräume zu berücksichtigen.
1.1.5.3.2 Soweit die Rechtsstellung der nach dem Europäischen Gemeinschaftsrecht freizügigkeitsberechtigten Personen im Aufenthaltsgesetz günstiger geregelt ist, gelten diese Bestimmungen (vgl. § 11 Abs. 1 Satz 2 FreizügG/EU).

1.2 Anwendungsbereich
1.2.1 Freizügigkeitsgesetz/EU
1.2.1.1 Ausländer, deren Rechtsstellung von dem Gesetz über die allgemeine Freizügigkeit von Unionsbürgern (Freizügigkeitgesetz/EU – FreizügG/EU) geregelt ist, sind gemäß § 1 FreizügG/EU Staatsangehörige anderer Mitgliedstaaten der Europäischen Union (Unionsbürger) und ihre Familienangehörigen.
1.2.1.2 Aufgrund der fortschreitenden Einigung Europas und der weit reichenden Sonderstellung des Freizügigkeitsrechts werden Unionsbürger und ihre Familienangehörigen grundsätzlich aus dem Anwendungsbereich des Aufenthaltsgesetzes herausgenommen. Es ist auf diese Personen nur anwendbar, wenn die Anwendbarkeit ausdrücklich durch ein anderes Gesetz bestimmt ist. § 11 FreizügG/EU erklärt in drei Fällen das Aufenthaltsgesetz für anwendbar:
– Entsprechende Anwendung der in § 11 Abs. 1 Satz 1 FreizügG/EU genannten Vorschriften auf Freizügigkeitsberechtigte,
– entsprechende Anwendung des Aufenthaltsgesetzes, wenn dieses eine günstigere Rechtsstellung vermittelt als das FreizügG/EU (§ 11 Abs. 1 Satz 2 FreizügG/EU),
– generelle Anwendung des Aufenthaltsgesetzes nach Feststellung des Nichtbestehens oder des Verlustes des Freizügigkeitsrechts (§ 11 Abs. 2 FreizügG/EU).
1.2.2 Völkerrechtliche Ausnahmen
1.2.2.1 Die Einreise und der Aufenthalt von Ausländern, auf die gemäß § 1 Abs. 2 Nr 1 das Aufenthaltsgesetz keine Anwendung findet, werden im Rahmen des Völkerrechts vom Auswärtigen Amt im Einvernehmen mit dem Bundesministerium des Innern durch besondere Bestimmungen geregelt. Soweit diese Bestimmungen für die Einreise und den Aufenthalt eine besondere Erlaubnis vorsehen, sind für ihre Erteilung, Versagung, Verlängerung oder Entziehung das Auswärtige Amt einschließlich der deutschen Auslandsvertretungen oder die vom Auswärtigen Amt bezeichneten ausländischen Behörden zuständig. Einer Beteiligung der Ausländerbehörde bedarf es nicht, es sei denn, dass dies ausdrücklich vorgeschrieben ist. Bei der besonderen Erlaubnis, die etwa aufgrund internationaler Gepflogenheiten oder zur Wahrung der Gegenseitigkeit für die Einreise beispielsweise in der Form eines Visums erteilt wird (sog. diplomatisches Visum), handelt es sich nicht um einen Aufenthaltstitel i. S. v. § 4.
1.2.2.2 Die aufenthaltsrechtliche, ausweisrechtliche und sonstige Behandlung von Diplomaten und anderen bevorrechtigten Personen in der Bundesrepublik Deutschland findet auf der Grundlage des Rundschreibens des Bundesministeriums des Innern über Diplomaten und andere bevorrechtigte Personen in der jeweils geltenden und im GMBl veröffentlichten Fassung statt.

1.2.2.3 Verzeichnisse über die diplomatischen Missionen und die konsularischen Vertretungen in der Bundesrepublik Deutschland sind auf der Internetseite des Auswärtigen Amtes aufgelistet (www.auswaertiges-amt.de).
1.2.2.4 Eine Zusammenstellung der völkerrechtlichen Übereinkommen und der damit in Zusammenhang stehenden Rechtsvorschriften, aufgrund derer Personen, insbesondere Bedienstete aus anderen Staaten in der Bundesrepublik Deutschland besondere Vorrechte und Immunitäten genießen, ist in dem vom Bundesministerium der Justiz jährlich als Beilage zum Bundesgesetzblatt Teil II herausgegebenen Fundstellennachweis B sowie in den vom Bundesministerium der Justiz jährlich als Beilage zum Bundesgesetzblatt Teil I herausgegebenen Fundstellennachweis A enthalten.
1.2.2.5 Hinsichtlich der Rechtsstellung der Streitkräfte aus den Vertragsstaaten des Nordatlantikvertrages und der im Rahmen des Nordatlantikvertrages errichteten internationalen militärischen Hauptquartiere (Mitglieder der Truppe und ziviles Gefolge sowie Angehörige) wird auf Abschnitt XII des Rundschreibens des Bundesministeriums des Innern über Diplomaten und andere bevorrechtigte Personen verwiesen (siehe Nummer 1.2.2.2).
1.2.2.6 Hinsichtlich der Vorrechte und Befreiungen von Soldaten anderer Staaten wird auf das Übereinkommen vom 19. Juni 1995 zwischen den Vertragsstaaten des Nordatlantikvertrages und den anderen an der Partnerschaft für den Frieden teilnehmenden Staaten über die Rechtsstellung ihrer Truppen sowie dem Zusatzprotokoll (PfP-Truppenstatut, BGBl. 1998 II S. 1338), die aufgrund des Streitkräfteaufenthaltsgesetzes vom 20. Juli 1995 (BGBl. II S. 554) abgeschlossenen Vereinbarungen sowie auf das Rundschreiben des Bundesministeriums des Innern über Diplomaten und andere bevorrechtigte Personen verwiesen (siehe Nummer 1.2.2.2).
1.2.2.7 Das Aufenthaltsgesetz findet auf den gemäß § 27 AufenthV vom Erfordernis eines Aufenthaltstitels befreiten Personenkreis Anwendung (Personen bei Vertretungen ausländischer Staaten), soweit völkerrechtliche Vereinbarungen nicht entgegenstehen. Diese Ausländer unterfallen § 12 Abs. 4. Außerdem sind Angehörige bestimmter Personengruppen, insbesondere wenn sie ständig im Bundesgebiet ansässig sind, nicht von der Anwendung des Aufenthaltsgesetzes und dem Erfordernis eines Aufenthaltstitels befreit (Rundschreiben des Bundesministeriums des Innern über Diplomaten und andere bevorrechtigte Personen, siehe Nummer 1.2.2.2).

Übersicht

	Rn
I. Entstehungsgeschichte	1
II. Allgemeines	2
III. Zwecke, Ziele und Gegenstände des Gesetzes	4
IV. Geltungsbereich und Inkrafttreten	13
V. Personenkreise	15
1. Vorrangregelungen und Anwendungsausnahmen	15
2. Unionsbürger und Gleichgestellte	16
3. Vorrangig geregelte Personengruppen	18
4. Völkerrechtliche Ausnahmen	19
5. Staatenlose	26

I. Entstehungsgeschichte

1   Die Vorschrift entspricht dem **GesEntw** (AufenthG-E; BT-Drs 15/420 S. 6); nur die Erwähnung der Aufnahmekapazität in Abs 1 wurde vom Vermittlungsausschuss eingefügt (BT-Drs 15/3479 S. 2). Sie stimmt mit §§ 1 I, 2 AuslG 1990 im Wesentlichen überein.

II. Allgemeines

2   Abs 1 umschreibt den **Zweck u. Ziele** des Ges. In den ersten drei Sätzen sind die Zielbestimmungen enthalten u. in S. 4 die Gegenstände beschrieben; in S. 5 ist klargestellt, dass auch in anderen Ges Bestimmungen über Aufenthalt u. Einreise enthalten sind. Insgesamt enthält Abs 1 vorwiegend Feststellungen, den ersten drei Sätzen kommt aber nicht

Zweck des Gesetzes; Anwendungsbereich § 1 **AufenthG** 1

lediglich eine programmatische Bedeutung zu, sie bilden vielmehr wichtige Richtpunkte für Auslegung u. Anwendung des gesamten Ges.

Abs 2 umschreibt zusammen mit § 2 I den **personellen Geltungsbereich** des Ges, 3 wobei in § 2 I der eigentliche Anwendungsbereich bestimmt u. in Abs 2 (ähnlich wie in § 2 I AuslG) die Ausnahmen genannt sind.

III. Zwecke, Ziele und Gegenstände des Gesetzes

Der Beschreibung von Zwecken, Zielen u. Gegenständen des Ges in Abs 1 liegt 4 zugrunde, dass Einreise u. Aufenthalt für Ausl **nicht frei** sind. Weder Völker- noch Verfassungsrecht gewähren kosmopolitische Freizügigkeit. Das Völkerrecht garantiert einen gewissen fremdenrechtlichen Mindeststandard (zB Freiheitsrechte, Rechtsschutz; näher Renner, AiD Rn 2/1 ff). Da das dt innerstaatliche Recht diese Mindestbedingungen erfüllt, haben allg Grundsätze des Völkerrechts (über Art 25 GG) keine praktischen Auswirkungen auf das dt AuslR. Einreisefreiheit für Staatsfremde gibt es weder nach Völkervertrags- noch nach Völkergewohnheitsrecht. Ebenso verhält es sich nach dem GG, das auf Ausl in Deutschland zT anwendbar ist, soweit Grundrechte nicht Dt vorbehalten sind (zu Art 2 GG vgl BVerfGE 75, 1 u. 49, 168; zu Art 6 GG vgl BVerfGE 76, 1; zu Art 19 IV GG vgl BVerfGE 67, 43), ihnen aber keine allg Einreisefreiheit gewährt (näher Renner, AiD Rn 2/28 ff). Eine Ausnahme bildet nur Art 16 a I GG zugunsten politisch Verfolgter; ihnen ist Schutz vor Verfolgung verheißen, was jedwede Überstellung an den Verfolgerstaat ausschließt u. damit Nichtabweisung an der Grenze u. anschließenden Aufenthalt einbezieht (BVerfGE 54, 341; 56, 216; BVerwGE 49, 202; Art 16a GG Rn 7 ff; § 55 AsylVfG Rn 2 ff).

Auf dieser Grundlage ist Abs 1, ohne dass dort ausdrücklich erwähnt ist, als **Verdeutli-** 5 **chung** zu verstehen, dass Ausl in den Genuss von Einreise u. Aufenthalt nur nach dem AufenthG – u. anderen einschlägigen Rechtsvorschriften – gelangen können, ihnen also eine davon unabhängige entsprechende Rechtsposition nicht zukommt. Abs 1 ist nicht die Magna Charta der Staatsfremden oder einer liberalen Einwanderungspolitik, als die er erscheinen mag. Im Gegenteil: zusammen mit § 4 I 1 unterwirft er Ausl einer Genehmigungsbedürftigkeit, die ungeachtet der Konstruktion im Einzelnen als Sperre wirkt. Daran ändert nichts der Umstand, dass zugunsten von Angehörigen bestimmter Staaten aufgrund Völkervertragsrechts Erleichterungen u. Vergünstigungen bei Einreise u. Aufenthalt vereinbart sind u. das Ges selbst Ausnahmen u. Befreiungen anordnet oder vorsieht. Aus der UN-Kinderkonvention (Ges vom 17. 2. 1992, BGBl. II 121) ergibt sich ein Einreise- u. Aufenthaltsrecht für Deutschland freilich nicht; die BReg hat hierzu bei Hinterlegung der Ratifikationsurkunde eine entsprechende Erklärung abgegeben (BT-Drs 12/42 S. 54; Renner, AiD Rn 6/122 ff). Gerade die Besonderheiten des Aufenthaltsrechts für Angehörige von EU-Staaten (Rn 16) belegen, dass iÜ allg Freizügigkeit zwischen den Staaten nicht herrscht. Dessen ungeachtet wurde u. wird eine Einwanderung bestimmter Gruppen (zB Unionsbürger, Asylber, Familienangehörige) mittels Verfestigung des AufR bis hin zur Einbürgerung rechtlich u. faktisch zugelassen. Obwohl Deutschland damit nicht als klassisches Einwanderungsland bezeichnet werden kann (näher Renner, AiD Rn 3/47 f, 5/502 ff), hat es in den letzten Jahrzehnten faktisch Einwanderung geduldet, gebilligt u. gefördert, indem es Verfestigungen des Aufenthalts bis hin zur Einbürgerung zunehmend wirksamer unterstützt hat (Zuwanderungsbericht S. 13 ff).

Die **Ziele u. Zwecke** des Ges können mit fünf Begriffspaaren zusammengefasst skizziert 6 werden: Steuerung u. Begrenzung, Ermöglichen u. Gestalten von Zuwanderung, Aufnahme- u. Integrationskapazität, Wirtschaft u. Arbeitsmarkt, Gestaltung u. Pflichterfüllung. Die Erwähnung dieser Begriffe dient nicht lediglich einem programmatischen Bedürfnis zur schlagwortartigen Kennzeichnung des gesetzgeberischen Gestaltungswillens. Mit der Verwendung mehrerer ganz unterschiedlicher Begriffe sollen vielmehr Grundregeln für die Auslegung u. Anwendung der nachfolgenden Normen aufgestellt werden. Es sollen keine unverbindlichen Generalaussagen getroffen, sondern Richtpunkte für die Gesetzesausführung fest vorgegeben werden. Der Gesetzgeber will Grundsätze vor allem für die Auslegung von unbestimmten Rechtsbegriffen u. die Ausübung behördlichen Ermessens vorschreiben. Das Ges enthält zwar eine Vielzahl von Rechtsansprüchen u. klaren Tatbestandsvoraussetzungen. Soweit aber Voraussetzungen der Auslegung bedürfen u. Ermessen ohne nähere Bindung eingeräumt ist, sollen die im Einzelnen genannten Ziele u. Zwecke beachtet werden. Dabei geht es nicht in erster Linie nur um eine möglichst bundesweit einheitliche Ermessenspraxis, die auch durch Verwaltungsrichtlinien gesteuert werden könnte, sondern um zwingende ges Vorgaben, deren Beachtung nicht dem behördliche Ermessen anheimgegeben ist (ähnlich Hailbronner, § 1 AufenthG Rn 6 f).

7 Wenn Steuerung u. Begrenzung als Zweck des Ges ausdrücklich genannt ist, dann ist dies im Zusammenhang mit dem ebenfalls erwähnten Ermöglichen u. Gestalten von Zuwanderung zu sehen. Alles dies könnte auch mit dem allgemeineren Begriff der **Regelung** umschrieben werden. Der Gesetzgeber hat die beiden Begriffspaare aber bewusst gewählt, um zu verdeutlichen: Zuwanderung soll nicht nur allg geregelt, sondern sie soll aktiv gestaltet u. gesteuert, u. sie soll vor allem begrenzt werden. Das Ziel der Begrenzung ist letztlich den anderen Ziel- u. Zweckbestimmungen vorgeordnet, wie aus deren Inhalten hervorgeht. Wirtschaft u. Arbeitsmarkt vertragen nämlich nach Überzeugung des Gesetzgebers jedenfalls derzeit eine Öffnung Deutschlands für Zuwanderung ebenso wenig wie die Aufnahme- u. Integrationskapazitäten. **Begrenzung** bedeutet allerdings nicht Verringerung der Zuzugszahlen im Vergleich mit den Verhältnissen unter der Geltung der AuslG 1965 u. 1990. Für die Beurteilung der danach anzustrebenden Arten, Ausmaßen u. Nettowerten können allerdings demografische Gesichtspunkte nur mittelbar berücksichtigt werden (dazu Rn 11).

8 In erster Linie sollen die Möglichkeiten u. Fähigkeiten Deutschlands zur **Aufnahme u. zur Integration** von nichtdt Zuwanderern beachtet werden. Damit werden einerseits generelle Grenzen der Zuwanderung beschrieben, andererseits aber auch die Absichten des Gesetzgebers ausgedrückt, die Zuwanderung nicht ausnahmslos zu unterbinden u. unter das Maß der in den letzten Jahren erreichten Nettozuwanderung zurückzuführen. Der Schwerpunkt liegt eher auf dem Gestalten u. Steuern als auf Beschränkung im Sinne von absoluter Verringerung. Im Vordergrund stehen Steuern u. Gestalten im Gegensatz zu einer bloßen Hinnahme. Damit ist zwar nicht die These vertreten, die Zuwanderung sei in der Vergangenheit ungeregelt vonstatten gegangen u. nur passiv hingenommen worden (zur Unrichtigkeit dieser Annahme ausführlich das Jahresgutachten 2004 S. 125 ff). Es wird aber die Erkenntnis des Gesetzgebers deutlich, dass eine aktive Steuerung im Interesse Deutschlands nötig ist u. auch lohnt. Die Kapazitäten für Aufnahme u. Integration (dazu auch Rn 11) sind neben einander aufgeführt, weil sie sich von einander unterscheiden. Die bloße Aufnahme ist meist einfacher u. schneller zu bewerkstelligen als die nicht nur auf eine vorübergehenden Zeitraum ausgerichtete Integration. Wie zB die Aufnahme von Flüchtlingen aus dem zerfallenden Jugoslawien zeigt u. die Möglichkeit der vorübergehenden Schutzgewährung nach § 24 bestätigt, stellt die BR Deutschland notfalls die Erfordernisse einer schnellen u. wirksamen Eingliederung in dt Lebensverhältnisse zurück u. gewährt dem humanitär dringenden Schutz den Vorrang.

9 Die Interessen von **Wirtschaft u. Arbeitsmarkt** bilden wichtige Bezugspunkte für die Zuwanderung. Das gesamte Zuwanderungsrecht wurde unter dem Eindruck der gewaltigen weltwirtschaftlichen Umwälzungen der letzten beiden Jahrzehnte in Angriff genommen. Es soll ua auch eine Antwort auf die zunehmende Globalisierung u. die damit verbundene Flexibilisierung der Arbeitsmärkte geben. Im Zuge der fortschreitenden Liberalisierung der Märkte u. der gleichzeitigen Mobilisierung der Arbeitskräfte sollen Lösungen gefunden werden, die der dt Wirtschaft u. dem dt Arbeitsmarkt nützen. Anzeichen für eine ökonomische Erholung sind derzeit ebenso wenig erkennbar wie Patentrezepte zur Überwindung der

Zweck des Gesetzes; Anwendungsbereich § 1 **AufenthG 1**

wirtschaftlichen Rezession. Unter diesen Umständen ist bemerkenswert, dass der Gesetzgeber jedenfalls nicht eine vollständige Abschottung für notwendig erachtet, sondern Zuwanderung im Grundsatz auch bei der gegenwärtigen desolaten Wirtschaftslage für vertretbar gehalten hat. Dennoch: Der **Anwerbestopp** ist aufrechterhalten u. wie die Einzelregelungen für Selbständige, Hochqualifizierte u. sonstige Erwerbstätige belegen, tendenziell verstärkt worden. Insb sind auch für die Zukunft zusätzliche Möglichkeiten der aktiven Anwerbung von ausgewählten Spitzenkräften im Wege eines auf einem Punktesystem aufbauenden Auswahlverf (§ 20 GesEntw; Zuwanderungsbericht 2001 S. 83 ff) oder eines gezielten Engpassverf (Jahresgutachten S. 220 ff) ausgeschlossen.

Neben dem aktiven Gestalten von Zuwanderung im Interesse Deutschlands steht gleichberechtigt die Erfüllung der **humanitären Verpflichtungen.** Damit sind nicht nur die einschlägigen Pflichten gemeint, die sich aus Gemeinschaftsrecht u. völkerrechtlichen Verträgen, insb der GK, der EMRK u. der KRK, ergeben sondern auch die aus dem dt Verfassungsrecht für den Schutz von Ausl zu ziehenden Folgerungen, zB bei der Familienzusammenführung u. der Aufenthaltsbeendigung hier geborener oder aufgewachsener Jugendlicher u. Heranwachsender. **10**

In der Aufzählung der ges Ziele u. Zwecke fehlt das Interesse an einer Verbesserung der **demografischen Verhältnisse** in Deutschland. Die Entwicklung der Bevölkerung in Deutschland kann in der Feststellung zusammengefasst werden: Die dt Bevölkerung schrumpft u. altert (dazu ausführlich u. überzeugend Birg, ZAR 1999, 195; Schnapp/Kostorz, ZAR 2002, 163; Zuwanderungsbericht 2001 S. 26 ff; Jahresgutachten 2004 S. 115 ff). Die Geburtenzahlen sind in den letzten drei Jahrzehnten erheblich zurückgegangen u. verharren auf einem für die Regeneration völlig unzureichendem Stand. Das durchschnittlich erreichte Lebensalter hat sich deutlich erhöht u. steigt weiter. Die Alterspyramide zeigt deutliche Defizite u. lässt eine Besserung nicht erkennen. Selbst massive Fördermaßnahmen für Familie u. Zuwanderung könnten eine schnelle u. merkliche Umkehrung der äußerst negativen Tendenzen nicht bewirken. Zusätzliche Geburten sind in den nächsten zwei Jahrzehnten auf der Grundlage der Geburten in den ersten Jahren diese Jahrhunderts kaum zu erwarten. Vor diesem Hintergrund erscheint es jedenfalls bemerkenswert, dass der Gesetzgeber die seit langem offensichtliche demografische Fehlentwicklung weder in einzelnen Normen noch bei der ges Zielbestimmung berücksichtigt hat. Gleichwohl dürfen die Defizite in der arbeits- u. auch sonst leistungsfähigen Bevölkerung bei der Durchführung des Ges nicht außer Betracht bleiben. Sie sind bei der Aufnahme- u. Integrationsfähigkeit ebenso zu berücksichtigen wie bei den wirtschaftlichen Interessen. Daher können u. müssen demografische Interessen zB bei der Begriffsauslegung u. bei der Ermessensausübung im Rahmen der Zulassung von Erwerbstätigen, Familienangehörigen u. Flüchtlingen in die Überlegungen einbezogen werden. **11**

Die **Gegenstände** der ges Regelung sind gegenüber den AuslG 1965 u. 1990 erheblich erweitert. Zu Einreise u. Aufenthalt hinzugekommen sind Erwerbstätigkeit u. Integration, wobei letztere gänzlich neu in den Kreis der Regelungsgegenstände aufgenommen ist. Die **Erwerbstätigkeit** unterlag auch früher schon dem AuslG u. den dafür zuständigen Behörden, nämlich AuslBeh, Grenzbehörden u. AuslVertr. Materiell war der Zugang zur unselbständigen Erwerbstätigkeit aber auf der Grundlage der Ermächtigung in § 10 AuslG ausschließlich in RVO geregelt (AAV, ASAV, IT-AV, ArGV, IT-ArGV) u. materiell wie formell nach Aufenthalt u. Arbeitsmarkt gespalten: hier die Ordnungs- u. dort die Arbeitsverwaltung. Nunmehr hat der Gesetzgeber auch Einzelheiten der Zulassung zu Erwerbstätigkeiten selbst geregelt u. die Mitwirkung der Arbeitsverwaltung auf ein behördeninternes Zustimmungsverf beschränkt. Die Aufgabe der **Integration** ist erstmals umfassender auslr geregelt. Zuvor hatte der Bundesgesetzgeber Hilfen nur in Teilbereichen der Förderung von Spätaussiedlern, Asylber u. Jugendlichen aus den ehemaligen Anwerbestaaten vorgesehen. Nunmehr sind sowohl Spätaussiedler als auch Ausl erfasst, aber nicht auf allen Feldern der Eingliederung, sondern nur für den Besuch von Integrationskursen, die dem Erwerb von Kenntnissen der dt Sprache u. Bildung dienen. **12**

IV. Geltungsbereich und Inkrafttreten

13 Die **räumliche Geltung** des AufenthG erstreckt sich auf das gesamte Gebiet der BR Deutschland. Die frühere Erwähnung (West-)Berlins u. die Berlin-Klausel in § 106 AuslG sind nach der Vereinigung Deutschlands durch Beitritt der DDR zur BR Deutschland am 3. 10. 1990 nicht mehr erforderlich.

14 **In Kraft** getreten ist das AuslG grundsätzlich am 1. 1. 2005; die Ermächtigungen zum Erlass von RVO sind seit 6. 8. 2004, dem Tag nach der Verkündung des ZuwG, in Kraft u. die Abschaffung des BB u. der Weisungsunabhängigkeit der Entscheider des BAMF seit 1. 9. 2004 (Art 15 ZuwG).

V. Personenkreise

1. Vorrangregelungen und Anwendungsausnahmen

15 Der Anwendungsbereich in persönlicher Hinsicht wird mittelbar durch § 2 I bestimmt: Ausl, nämlich Personen ohne den Status eines Dt nach Art 116 I GG. Damit sind sowohl Angehörige anderer Staaten als auch Staatenlose erfasst. Dieser **Personenkreis** ist aber in zweifacher Hinsicht weiter **eingeschränkt:** durch vorrangige andere ges Regelungen (Abs 1 S. 5) u. durch Ausnahmen von der Anwendung (Abs 2). Das Verhältnis beider Begrenzungen ist unklar, wie das Beispiel der Unionsbürger jedenfalls bei oberflächlicher Betrachtung (genauer Rn 16) zeigt: Für sie bleiben die Regelungen des FreizügG/EU unberührt, da das dort verlautbarte Gemeinschaftsrecht Vorrang vor dem dt Recht genießt, u. gleichzeitig sind sie von der Anwendung des AufenthG ausgenommen, soweit nicht § 11 FreizügG/EU eine entsprechende Anwendung anordnet. Unterschiede bestehen aber insofern, als die erste Beschränkung eine ges Grundlage erfordert, während die zweite auch auf bestimmten vr Verträgen beruhen kann. Angesichts der eben daraus herrührenden Überschneidungen können beide Gruppen gemeinsam dargestellt werden. Im Ergebnis gilt das AufenthG für sie nicht, weil sie ihm entweder wegen des Vorrangs anderer nicht weiter beschriebener Regelungen oder wegen einer der einzeln bezeichneten Anwendungsausnahmen nicht unterliegen.

2. Unionsbürger und Gleichgestellte

16 Den weitestgehenden Vorrang genießt das **Gemeinschaftsrecht.** Die von ihm begünstigten Angehörigen anderer Mitgliedstaaten u. EWR-Staaten sowie der Schweiz unterliegen samt ihren Familienangehörigen in erster Linie den EU-Normen. Dt Recht ist auf sie nur anwendbar, wenn u. soweit diese Personen nicht freizügigkeitsberechtigt oder umgekehrt nach dt Recht zusätzlich begünstigt oder in Umsetzung des EU-Rechts dem innerstaatl dt Recht unterworfen sind (dazu § 11 FreizügG/EU). Daher ist für sie die Anwendung des AufenthG grundsätzlich ausgeschlossen. Der Vorrang des FreizügG/EU gründet generell nicht auf dessen Spezialität gegenüber dem AufenthG, sondern auf dem Vorrang des primären u. sekundären Gemeinschaftsrechts, also der Verträge, VO u. RL der EU (vgl Art 249 EG). Unionsbürger u. ihnen Gleichgestellte sind daher nicht aufgrund vorrangiger ges Regelungen iSd Abs 1 S. 5 von der Anwendung ausgeschlossen (missverständlich daher die Nennung des FreizügG/EU zusammen mit AsylVfG u. HAG in Nr 1.1.5 VAH), u. ihre Rechtsstellung ist auch nicht „von dem" FreizügG/EU geregelt iSd Abs 2 Nr 1, sondern beruht unmittelbar auf Gemeinschaftsrecht. Nur hinsichtlich darüber hinausgehender Vergünstigungen stellt das FreizügG/EU die unmittelbare Rechtsgrundlage dar (vgl dort § 11 I 2). Diese Sonderstellung als Inländern gleichstehende Angehörige anderer Mitgliedstaaten kommt sinnfällig dadurch zum Ausdruck, dass freizügigkeitsberechtigten Unionsbürgern

Zweck des Gesetzes; Anwendungsbereich § 1 **AufenthG 1**

kein AufTit, sondern eine Bescheinigung über ihr AufR u. ihren drittstaatsangehörigen Familienangehörigen eine AE-EU ausgestellt wird (§ 5 I, II FreizügG/EU).

Drittstaatsangehörige unterliegen zT ebenfalls aufr EU-Regeln (Vorbem Rn 25 f). So partizipieren türkische Arbeitnehmer u. ihre Familienangehörige am Gemeinschaftsrecht, wenn u. soweit sie die Voraussetzungen der Art 6 oder 7 ARB 1/80 erfüllen. Damit stehen sie Unionsbürgern nicht gleich, die ihnen zustehende AE dient aber ebenfalls nur als Nachweis des gemeinschaftsrechtlich begründeten AufR. Allg wird der Grenzübertritt von Nicht-Unionsbürgern durch die Visumvorschriften der VO/EG 539/2001 geregelt u. ihr weiterer Aufenthalt in dem ausstellenden wie in anderen EU-Staaten durch Art 5 III, 18, 19, 21 SDÜ. Die letzteren Bestimmungen stellen aber kein Völkervertragsrecht mehr dar, sondern sind in Gemeinschaftsrecht übergeführt (dazu Prot Nr 2 zum EUV u. weitere Normen im Textteil Nr 1.1, 3.9, 3.10). Hierbei handelt es sich also nicht (mehr) um unmittelbar anwendbares Völkervertragsrecht, sondern um unmittelbar geltendes Gemeinschaftsrecht (zutreffend Nr 4.1.2 VAH; anders aber Nr 1.1.5.2 VAH) **17**

3. Vorrangig geregelte Personengruppen

Als ges Regelungen, die unberührt bleiben, kommen in Betracht: AsylVfG, HAG u. Streitkräfteaufenthaltsges. Asylbew, Asylber u. **GK-Flüchtlinge** unterliegen (abgesehen von dem ohnehin vorrangigen Art 16 a GG) den speziellen Vorschriften des AsylVfG, sind aber ansonsten dem allg AuslR unterworfen. **Heimatlose** Ausl können sich in erster Linie auf die privilegierenden Vorschriften des HAG berufen (dazu näher § 1 AsylVfG Rn 19 ff). Bis zur Aufhebung des HumAG Ende 2004 (Art 15 III Nr 3 ZuwG) waren auch **Kontingentflüchtlinge** vorrangig von den Normen des HumAG erfasst (§§ 1 ff HumAG; § 1 AsylVfG Rn 27 ff). Zum großen Teil privilegiert sind auch Angehörige von **Streitkräften** (Streitkräfteaufenthaltsges vom 20. 7. 1995, BGBl. II 554; vgl Art III NATO-Truppenstatut u. Art 5 ff Zusatzabkommen, Texte in 6. Aufl, S. 994 ff; vgl auch PfP-Truppenstatut vom 19. 6. 1995 mit Zusatzprot u. Ges vom 9. 7. 1998, BGBl. 1998 II 1338, 1340). Für Unionsbürger u. mit ihnen gleichstehende Personen geht das FreizügG/EU nur insoweit vor, als sie keine Freizügigkeit genießen oder danach besser gestellt sind (dazu Rn 16). Zu Staatenlosen Rn 26 f. **18**

4. Völkerrechtliche Ausnahmen

Aus vr **Verträgen** können sich Abweichungen nur ergeben, wenn sie durch Ges ratifiziert (Art 59 II GG) u. hinreichend bestimmt sind (BVerwGE 87, 11 u. 80, 233) u. nicht nur die Vertragsparteien binden, sondern unmittelbar Rechte u. Pflichten der betr StAng begründen (vgl BVerwGE 80, 233; BVerwG, EZAR 103 Nr 16). Früher war der Vorrang vr Verträge ges bestimmt (§ 55 III AuslG 1965), nunmehr ergibt er sich aus deren Charakter als leges speciales oder uU leges posteriores. Teilweise ist der Vorrang vr Verträge durch entsprechende Ges abgesichert u. damit in Abs 1 S. 5 berücksichtigt (Rn 18). Von Abs 2 Nr 3 sind nur solche Verträge erfasst, die den dort genannten diplomatischen, konsularischen u. sonstigen internationalen Personenverkehr betreffen u. ihn teilweise freistellen (partielle Exemtion). Überschneidungen ergeben sich mit Abs 2 Nr 2, weil die dort genannten ges Regelungen über die vollständige Exemtion zT auf Völkervertragsrecht beruhen. **19**

Die von §§ 18 bis 20 GVG iVm WÜD u. WÜK erfassten Personen unterliegen nicht der dt Gerichtsbarkeit u. sind daher schon nach allg VR von auslr Vorschriften **freigestellt** (vgl dazu u. zu Folgendem RdSchr. des BMI in der neuesten Fassung jew im GMBl u. Listen des AA über ausländische Vertretungen, Staatennamen ua auf www.auswaertiges-amt.de; näher Westphal/Stoppa, 10.1 bis 10.8). Bei den in Abs 2 Nr 3 genannten Personen kommt es auf die jew Vertragsgrundlage an, ob u. in welcher Hinsicht die Anwendung aufr Vorschriften ausgeschlossen ist. **20**

Vollständig freigestellt sind danach zunächst: Repräsentanten anderer Staaten u. deren Begleitung (betr Staatenvertreter mit besonderem Auftrag BGH, EuGRZ 1984, 273); Leiter u. Mitglieder der akkreditierten diplomatischen Vertretungen sowie deren nicht ständig im **21**

Bundesgebiet ansässigen Familienmitglieder; das nicht ständig im Bundesgebiet ansässige Geschäftspersonal (Verwaltungs- u. technischer Dienst) dieser Diplomaten und dessen im gemeinsamen Haushalt lebenden Familienangehörigen; das dienstliche Hauspersonal der diplomatischen Missionen. Hinzu kommen: Leiter, Berufskonsularbeamte u. nicht ständig im Bundesgebiet ansässige Mitglieder des Geschäftspersonals berufskonsularischer Vertretungen; Berufskonsularbeamte der von Honorarkonsuln geleiteten Vertretungen; Berufskonsuln (nicht also allg Wahl- oder Honorarkonsuln, auch nicht das Hauspersonal der Berufskonsuln). Ständig im Bundesgebiet ansässig ist, wer sich schon vor Aufnahme seines Dienstes gewöhnlich hier aufhielt u. erwerbstätig war („Ortskraft").

22 Die Ausnahmen für **sonstige** im diplomatischen oder konsularischen Verkehr u. in internationalen Einrichtungen tätige **Personen** (Abs 2 Nr 2) sind enger gefasst als nach § 49 I Nr 3 AuslG 1965 u. zudem je nach der vr Grundlage inhaltlich begrenzt („soweit sie"). Vorausgesetzt sind die genannten Befreiungen u. die Verbürgung der Gegenseitigkeit, soweit dies nach den zugrundeliegenden Verträgen zulässig ist. Begünstigt sind Vertreter der UN-Mitgliedstaaten u. der UN-Sonderorganisationen, Bedienstete der UN u. deren Sonderorganisationen sowie Sachverständige im Auftrag der UN oder deren Sonderorganisationen.

23 Die nach Abs 2 Nr 2 u. 3 ganz oder teilweise befreiten Personen werden beim Auswärtigen Amt (diplomatischer Dienst) oder den Staats- oder Senatskanzleien (konsularischer Dienst) registriert. Über die **Registrierung** wird eine Bescheinigung ausgestellt. Im Falle von Zweifeln sind Rückfragen bei den Ausstellungsbehörden möglich. Aufgrund langer Übung wird ihnen häufig ein „**Diplomaten-Visum**" ausgestellt, hierfür fehlt es aber an einer tragfähigen Grundlage (so auch Westphal/Stoppa, 10.4.3). Diese Personen unterliegen nämlich nicht dem dt AufR u. damit auch nicht der Visumpflicht. Familienangehörige benötigen auch bei erlaubter selbständiger oder unselbständiger Erwerbstätigkeit keinen AufTit, falls Gegenseitigkeit gewährleistet ist (§ 27 II AufenthV).

24 **Nicht** vom AuslG u. dem Erfordernis des AufTit **befreit** sind: ständig im Bundesgebiet ansässige Familienangehörige der ebenfalls ständig hier ansässigen Mitglieder des diplomatischen Personals; ständig im Bundesgebiet ansässige Mitglieder des diplomatischen oder konsularischen Geschäftspersonals u. deren im gemeinsamen Haushalt lebenden Familienangehörigen; ständig im Bundesgebiet ansässige Mitglieder des dienstlichen Hauspersonals diplomatischer Missionen oder berufskonsularischer Vertretungen u. deren im gemeinsamen Haushalt lebenden Familienangehörigen; ständig im Bundesgebiet ansässige u. im Familienhaushalt lebende Angehörige der Leiter u. Berufskonsularbeamten konsularischer Vertretungen; private Hausangestellte des diplomatischen oder konsularischen Personals. Die Befreiungen nach § 27 I Nr 2 u. 3 AufenthV betreffen nur Personen, die ausschließlich zu Beschäftigungszwecken einreisen u. danach das Bundesgebiet wieder verlassen (BR-Drs 13/93 S. 6).

25 Wer als Angehöriger oder Bediensteter des diplomatischen oder konsularischen Dienstes oder internationaler Organisationen oder Einrichtungen nicht ganz oder teilweise von der Anwendung des AufenthG ausgenommen ist, kann **in anderer Weise privilegiert** sein. Diese Personen sind nämlich zT von der Verpflichtung zum Besitz eines Passes oder eines AufTit befreit (§§ 3, 19, 20, 27 AufenthV).

5. Staatenlose

26 Staatenlose genießen eine ähnliche Rechtsstellung wie ausl Flüchtlinge nach der GK (Art 12 ff StlÜbk). Unter den **Begriff** des Staatenlosen nach Art 1 I StlÜbk fällt jede Person, die kein Staat aufgrund seines Rechts als StAng ansieht. Staatenlos ist danach allein, wer von Rechts wegen von keinem völkerrechtlich existenten Staat als StAng anerkannt wird (Hailbronner/Renner, Einl F Rn 58). Hierzu zählen zumindest dem Wortlaut nach nicht die folgenden Fälle von **De-facto-Staatenlosigkeit:** (1) wenn der Heimatstaat die StAng anerkennt, aber keine effektive Regierung besitzt, die zur Schutzgewährung imstande ist,

Begriffsbestimmungen § 2 **AufenthG** 1

oder (2) wenn der Heimatstaat diplomatischen Schutz zu gewähren nicht bereit ist oder der Einzelne diesen Schutz etwa aus Gründen politischer Verfolgung nicht in Anspruch nimmt (dazu Bleckmann/Helm, ZAR 1989, 147). Die StAng „ungeklärt" gibt es nicht; eine Person gehört entweder einem bestimmten Staat (oder mehreren) oder keinem Staat an. Unerheblich ist der Grund der Staatenlosigkeit; staatenlos ist auch, wer auf seine StAng verzichtet hat u. sie wiedererwerben könnte (BVerwGE 101, 295). Für die Anwendbarkeit des AufenthG ist es unerheblich, ob eine Person de iure oder nur de facto staatenlos ist; sie darf nur nicht Dt sein. Die Rechtsstellung nach dem StlÜbk setzt De-iure-Staatenlosigkeit voraus (BVerwGE 92, 116). De-facto-Staatenlose der og Art werden aber innerstaatlich gleichbehandelt (BT-Drs 8/13 S. 5 f; Bleckmann/Helm aaO; BVerwG, StAZ 1960, 12; BVerwG, NVwZ 1986, 759; VGH BW, EZAR 250 Nr 1).

Die **Rechtsstellung** der Staatenlosen, die unmittelbar aus dem StlÜbk folgt (BVerwG, 27 EZAR 252 Nr 5), knüpft zT an die Rechtmäßigkeit des Aufenthalts (Art 23, 24 StlÜbk) u. zT an den tatsächlichen Aufenthalt an (Art 4, 14, 32 StlÜbk); zT wird nicht einmal der Aufenthalt vorausgesetzt (Art 2 bis 4 StlÜbk). Die besonders wertvollen Rechtspositionen verlangen einen **rechtmäßigen Aufenthalt**, zB Fürsorge, Sozialrechte, Freizügigkeit, Reiseausweis (dazu näher Renner, AiD Rn 5/57 ff: Rspr. in EZAR 252 Nr 1 bis 10) u. Nichtabschiebung nach Art 23, 24, 26, 28, 31 S. 1 StlÜbk. Maßgeblich hierfür ist die Zulassung des Aufenthalts nach der innerstaatlichen Rechtsordnung des Vertragsstaats. In der BR Deutschland ist grundsätzlich eine Zulassung des Aufenthalts erforderlich; Duldung, AufGest oder ein fiktives AufR genügen nicht (BVerwG, EZAR 252 Nr 5; VGH BW, EZAR 252 Nr 2; VGH BW, InfAuslR 1987, 191; OVG NRW, EZAR 252 Nrn 1, 3; aA Bleckmann/ Helm, ZAR 1989, 147, 153; Rossen, ZAR 1988, 20), ebenso wenig ein bloßer Anspruch auf einen AufTit (betr AufGen BVerwGE 101, 295). Die erforderliche besondere Beziehung zu dem Vertragsstaat u. dessen Zustimmung zum Aufenthalt brauchen nicht von vornherein auf einen unbegrenzten Daueraufenthalt gerichtet zu sein. Verlangt ist nur das Eingehen auf die besondere Lage des Staatenlosen, u. dies kann durch einen AufTit gleich welcher Art zum Ausdruck gelangen. Es genügt auch die Befreiung von der Genehmigungspflicht (BVerwG, EZAR 252 Nr 5).

§ 2 Begriffsbestimmungen

(1) Ausländer ist jeder, der nicht Deutscher im Sinne des Artikels 116 Abs. 1 des Grundgesetzes ist.

(2) Erwerbstätigkeit ist die selbständige Tätigkeit und die Beschäftigung im Sinne von § 7 des Vierten Buches Sozialgesetzbuch.

(3) [1] Der Lebensunterhalt eines Ausländers ist gesichert, wenn er ihn einschließlich ausreichenden Krankenversicherungsschutzes ohne Inanspruchnahme öffentlicher Mittel bestreiten kann. [2] Dabei bleiben das Kindergeld und Erziehungsgeld sowie öffentliche Mittel außer Betracht, die auf Beitragsleistungen beruhen oder die gewährt werden, um den Aufenthalt im Bundesgebiet zu ermöglichen. [3] Bei der Erteilung oder Verlängerung einer Aufenthaltserlaubnis zum Familiennachzug werden Beiträge der Familienangehörigen zum Haushaltseinkommen berücksichtigt.

(4) [1] Als ausreichender Wohnraum wird nicht mehr gefordert, als für die Unterbringung eines Wohnungssuchenden in einer öffentlich geförderten Sozialmietwohnung genügt. [2] Der Wohnraum ist nicht ausreichend, wenn er den auch für Deutsche geltenden Rechtsvorschriften hinsichtlich Beschaffenheit und Belegung nicht genügt. Kinder bis zur Vollendung des zweiten Lebensjahres werden bei der Berechnung des für die Familienunterbringung ausreichenden Wohnraumes nicht mitgezählt.

(5) Ein Schengen-Visum ist der einheitliche Sichtvermerk nach Maßgabe der als Schengen-Besitzstand in das Gemeinschaftsrecht überführten Bestimmungen (ABl. EG 2000 Nr. L 239 S. 1) und der nachfolgend ergangenen Rechtsakte.

(6) Vorübergehender Schutz im Sinne dieses Gesetzes ist die Aufenthaltsgewährung in Anwendung der Richtlinie 2001/55/EG des Rates vom 20. Juli 2001 über Mindestnormen für die Gewährung vorübergehenden Schutzes im Falle eines Massenzustroms von Vertriebenen und Maßnahmen zur Förderung einer ausgewogenen Verteilung der Belastungen, die mit der die Aufnahme dieser Personen und den Folgen dieser Aufnahme verbunden sind, auf die Mitgliedstaaten (ABl. EG Nr. L 212 S. 12).

Vorläufige Anwendungshinweise

Zu § 2 Begriffsbestimmungen

2.0 Die in § 2 enthaltenen Begriffsbestimmungen gelten für das gesamte AufenthG und die auf seiner Grundlage erlassenen Rechtsverordnungen.

2.1 Begriff des Ausländers

2.1.1 Ausländer ist jede natürliche Person, die weder die deutsche Staatsangehörigkeit besitzt noch als Flüchtling oder Vertriebener deutscher Volkszugehörigkeit oder als dessen Ehegatte oder Abkömmling im Gebiet des Deutschen Reiches nach dem Stand vom 31. Dezember 1937 Aufnahme gefunden hat (Deutsche ohne deutsche Staatsangehörigkeit) oder diesen Status durch Abstammung oder – bis 31. März 1953 – durch Eheschließung erworben hat.

2.1.2 Sonstige deutsche Volkszugehörige sind Ausländer. Besitzen sie einen Aufnahmebescheid, ggf. eine Übernahmegenehmigung, und einen Registrierschein, werden sie nach einer Einreise, die der ständigen Wohnsitznahme im Bundesgebiet dient – also nicht nach einer Einreise zu reinen Besuchsaufenthalten –, vorläufig als Deutsche behandelt. Ob eine Einreise der ständigen Wohnsitznahme dient, kann anhand des beantragten und ausgestellten Visums indiziert werden. Ebenfalls vorläufig als Deutsche behandelt werden Personen, die als Ehegatten oder Abkömmlinge nach § 27 Abs. 1 Bundesvertriebenengesetz in den Aufnahmebescheid eines Spätaussiedlers einbezogen wurden und einen Registrierschein erhalten haben, Ehegatten jedoch nur, wenn die Ehe zum Zeitpunkt des Verlassens der Aussiedlungsgebiete mindestens drei Jahre bestanden hat. Eine ausländerrechtliche Erfassung findet nicht statt. Das Aufenthaltsgesetz findet Anwendung, sobald der Aufnahmebescheid zurückgenommen, ein deutscher Personalausweis oder Reisepass eingezogen werden oder die Vertriebenen bzw. die Staatsangehörigkeitsbehörde oder das Bundesverwaltungsamt feststellt, dass sie keine Deutschen i. S. d. Artikels 116 Abs. 1 GG sind; auf die Unanfechtbarkeit entsprechender Verfügungen ist grundsätzlich nicht abzustellen.

2.1.3 Deutsche, die zugleich eine oder mehrere fremde Staatsangehörigkeiten besitzen, sind keine Ausländer i. S. d. Aufenthaltsgesetzes (inländischer Mehrstaater). Bestehen Zweifel, ob jemand Deutscher ist, obliegt die Klärung der Staatsangehörigkeitsbehörde. Bis zur Klärung ist er als Ausländer zu behandeln. Beruft sich ein Ausländer darauf, Deutscher zu sein, hat er dies gemäß § 82 Abs. 1 nachzuweisen (z. B. durch Staatsangehörigkeitsurkunde).

2.1.4 Ist ein Ausländer eingebürgert worden, wird sein Aufenthaltstitel gegenstandslos. Die Staatsangehörigkeitsbehörde wird einen vorhandenen Aufenthaltstitel „ungültig" stempeln und die zuständige Ausländerbehörde unterrichten (§ 73 Nr 1 AufenthV). § 36 Abs. 2 und 3 AZRG ist zu beachten. Einem unter Hinnahme der Mehrstaatigkeit Eingebürgerten kann zur Vermeidung von Schwierigkeiten bei einer Reise in seinen Herkunftsstaat im ausländischen Pass oder Passersatz der Stempelaufdruck angebracht werden:

„Der Passinhaber besitzt Aufenthaltsrecht in der Bundesrepublik Deutschland ...
(Datum, Dienstsiegel)."

2.1.5 Die Behandlung der Pässe und Passersatzpapiere eingebürgerter Personen bzw. die ausländerbehördlichen Eintragungen in diesen Dokumenten bestimmt sich nach den Richtlinien des Bundesministeriums des Innern über die Behandlung ausländischer Pässe, Passersatzpapiere und Personalausweise in der jeweils geltenden Fassung.

2.1.6 Heimatlose Ausländer sind kraft Gesetzes (§ 12 HAG) zum Aufenthalt im Bundesgebiet berechtigt. In ihre Pässe oder Reiseausweise ist folgender Vermerk einzutragen:

„Der Inhaber dieses Passes/Reiseausweises ist heimatloser Ausländer nach dem Gesetz
über die Rechtsstellung heimatloser Ausländer im Bundesgebiet vom 25. April 1951
und zum Aufenthalt im Gebiet der Bundesrepublik Deutschland berechtigt."

2.1.7 Dem Erwerb der Staatsbürgerschaft der Deutschen Demokratischen Republik ist für die Rechtsordnung der Bundesrepublik Deutschland in den Grenzen des ordre public die Rechtswirkung des Erwerbs der deutschen Staatsangehörigkeit i. S. d. Artikels 16 Abs. 1 und des Artikels 116 Abs. 1 GG beizumessen.

Begriffsbestimmungen § 2 AufenthG 1

2.2 Erwerbstätigkeit
2.2.1 Erwerbstätigkeit ist ein Oberbegriff. Er umfasst sowohl die selbständige Erwerbstätigkeit als auch die Beschäftigung im Sinne des § 7 SGB IV. Die Definition in § 7 Abs. 1 SGB IV lautet: „Beschäftigung ist die nichtselbständige Arbeit, insbesondere in einem Arbeitsverhältnis. Anhaltspunkte für eine Beschäftigung sind eine Tätigkeit nach Weisungen und eine Eingliederung in die Arbeitsorganisation des Weisungsgebers."
2.2.2 Als Beschäftigung gilt auch der Erwerb beruflicher Kenntnisse, Fertigkeiten oder Erfahrungen im Rahmen betrieblicher Berufsbildung (§ 7 Abs. 2 SGB IV).
2.2.3 Der Begriff der Selbständigkeit ist gesetzlich nicht definiert. Er ergibt sich aus der Umkehr der Kennzeichnungsmerkmale einer abhängigen Beschäftigung. Die Abgrenzung zwischen selbständiger Erwerbstätigkeit und Beschäftigung ist anhand der Kriterien in § 7 Abs. 4 SGB IV vorzunehmen. Die Erteilung einer Aufenthaltserlaubnis zum Zweck der selbständigen Erwerbstätigkeit bestimmt sich nach § 21.
2.2.4 Tätigkeiten, die in den §§ 2 und 4 bis 13 der BeschV genannt sind, gelten nach § 16 Satz 1 BeschV nicht als Beschäftigung im Sinne des Aufenthaltsgesetzes, sofern sie nur für bis zu drei Monate innerhalb eines Zeitraums von zwölf Monaten im Bundesgebiet ausgeübt werden. Dasselbe gilt nach § 16 Satz 2 BeschV für Tätigkeiten von Personen, die nach den §§ 23 bis 30 AufenthV vom Erfordernis eines Aufenthaltstitels befreit sind. Die Folge dieser Ausnahme von der Pflicht zum Besitz eines Aufenthaltstitels, die insbesondere visumrechtliche Auswirkungen hat, ist unter anderem in § 17 Abs. 2 Satz 1 AufenthV geregelt. Sofern entsprechende Tätigkeiten selbständig ausgeübt werden, findet ebenfalls § 17 Abs. 2 AufenthV Anwendung. Vgl. näher unten Nr. 4.1.1.7.

2.3 Sicherung des Lebensunterhalts
2.3.1 Eine Sicherung des Lebensunterhalts ohne Inanspruchnahme öffentlicher Mittel ist gegeben, wenn der Lebensunterhalt entweder aus eigenen Mitteln des Ausländers oder aus Mitteln Dritter, die keine öffentlichen Mittel sind, bestritten wird. Eine Sicherungsmöglichkeit besteht auch im Rahmen einer Verpflichtungserklärung nach § 68. Bei der Prüfung der Leistungsfähigkeit des Erklärenden sind insbesondere die Pfändungsfreigrenzen nach der Zivilprozessordnung zu berücksichtigen, weil auf Einkommen unterhalb dieser Freigrenzen bei der Vollstreckung von Verpflichtungen nach § 68 regelmäßig nicht zugegriffen werden kann.
2.3.2 Die Fähigkeit zur Bestreitung des Lebensunterhalts ohne Inanspruchnahme öffentlicher Mittel darf nicht nur vorübergehend sein. Demnach ist eine Prognoseentscheidung zu treffen, ob die öffentlichen Haushalte durch die Pflicht, den Lebensunterhalt des Ausländers zu sichern, nur vorübergehend belastet werden. Zu befristeten Arbeitsverträgen kann wegen der Vielschichtigkeit des Wirtschaftslebens keine strikt formale Handhabe erfolgen. Es ist insbesondere zu berücksichtigen, ob – wie in einigen Wirtschaftszweigen üblich – der kettenartige Abschluss neuer Verträge mit demselben Arbeitgeber und ständig neue Abschlüsse mit verschiedenen Vertragspartnern zu erwarten sind, oder ob die Gefahr der Erwerbslosigkeit nach Auslaufen des Vertrages nahe liegt. Gegebenenfalls sind entsprechende Nachweise zu fordern. Kann nachgewiesen werden, dass es bereits in der Vergangenheit kettenartig zu neuen Vertragsabschlüssen gekommen ist, kann dies indizieren, dass sich diese Handhabe auch in Zukunft fortsetzen wird. Im Zweifel kann auch eine Auskunft bei der Bundesagentur für Arbeit oder den Berufs- oder Wirtschaftsverbänden der entsprechenden Branche herangezogen werden. Führen diese Ermittlungen zu keinem konkreten Ergebnis, ist im Zweifel zu entscheiden, dass die Voraussetzung der Sicherung des Lebensunterhalts nicht erfüllt ist.
2.3.3.0 Der Bedarf für den Lebensunterhalt ist nach den besonderen Umständen des Einzelfalles unter dem Gesichtspunkt eines menschenwürdigen Daseins und der persönlichen Lebenssituation wie Alter, Beruf und Familienstand sowie Gesundheitszustand zu ermitteln. Dabei sind Unterbringungskosten (z. B. Miete, Heizkosten) und die Kosten für die Teilnahme an einem Integrationskurs zu berücksichtigen. Als Anhaltspunkt für die Bedarfsermittlung kann der Regelsatz der Sozialhilfe zuzüglich eines Aufschlages für Sonderbedarfe herangezogen werden. Die genauere Handhabe kann anhand der obergerichtliche Rechtsprechung der verschiedenen Bundesländer festgelegt werden.
2.3.3.1 Leistungen für Familienangehörige sind nicht anzusetzen, da sich § 2 Abs. 3 lediglich auf den Lebensunterhalt des einzelnen Ausländers bezieht. Der Umstand, dass Familienangehörige auf Sozialhilfeleistungen angewiesen sind, begründet jedoch für den Ausländer einen Ausweisungstatbestand nach § 55 Abs. 1 Nr. 6.
2.3.3.2 Zu dem in § 2 Abs. 3 geforderten Krankenversicherungsschutz gehört nicht die Pflegeversicherung, die einen besonderen Sicherungsgrund darstellt (§ 68 Abs. 1 Satz 1) und daher nach den besonderen Umständen des Einzelfalles im Ermessenswege gefordert werden kann (§ 7 Abs. 1 S. 2, § 36 Satz 1, § 21 Abs. 3).

2.3.3.3 Der Lebensunterhalt kann auch durch Unterhaltsleistungen von Familienangehörigen oder Dritten gesichert werden. Der Nachweis, dass im Bundesgebiet eine zum gesetzlichen Unterhalt verpflichtete Person vorhanden ist, reicht für sich allein nicht aus. Durch Unterhaltsleistungen eines anderen ist der Lebensunterhalt gesichert, wenn und solange sich auch die andere Person rechtmäßig im Bundesgebiet aufhält und den Lebensunterhalt ohne Inanspruchnahme öffentlicher Mittel leisten kann. Hält sich die andere Person nicht im Bundesgebiet auf, hat der Ausländer gemäß § 82 Abs. 1 den Nachweis zu erbringen, dass entsprechende Mittel bis zum Ablauf der Geltungsdauer des Aufenthaltstitels verfügbar sind. Hinsichtlich der Sicherstellung des Lebensunterhalts im Rahmen eines Ausbildungs- oder Studienaufenthalts siehe Nummer 16.0.8.
Soweit der Lebensunterhalt aus Unterhaltsleistungen nichtunterhaltspflichtiger Personen bestritten wird, ist von diesen eine schriftliche Verpflichtungserklärung gemäß § 68 zu fordern.
Berücksichtigungsfähig sind Geldleistungen und geldwerte Leistungen, die entweder zu einer Erhöhung des der Familie als Wirtschaftseinheit zur Verfügung stehenden Einkommens führen (etwa Geldüberweisungen) oder zu einer Verringerung der Ausgabenhöhe führen (etwa kostenloses oder deutlich vergünstigtes Wohnen). Der Familienangehörige, der die Unterhaltsleistungen erbringt, muss nicht mit den Begünstigten zusammenleben. Familienangehörige ist jeder zum Familienkreis Zählende, der gerade aufgrund der familiären Verbundenheit die Unterhaltsleistungen erbringt (etwa auch ein Stiefelternteil oder Geschwister).
2.3.4 Öffentliche Mittel, die auf Beitragsleistungen beruhen, sind z. B. Leistungen aus der Kranken- oder Rentenversicherung und das Arbeitslosengeld I. Hingegen sind Leistungen nach dem 2. und 12. Buch Sozialgesetzbuch sowie das Wohngeld keine auf einer Beitragsleistung beruhende öffentliche Mittel.
2.3.5 Öffentliche Mittel, die gewährt werden, um den Aufenthalt im Bundesgebiet zu ermöglichen, sind z. B. Stipendien. Bei Aufenthalten, die nach § 16 zu Studienzwecken gewährt werden, sind Leistungen nach dem Bundesausbildungsförderungsgesetz (BAFöG), insbesondere in den tatbestandlich engen Fällen des § 8 Abs. 2 BAFöG, als Leistungen anzusehen, die gerade der Verwirklichung des genehmigten Aufenthaltszwecks dienen.

2.4 Ausreichender Wohnraum
2.4.0 Der Wohnraum muss einer menschenwürdigen Unterbringung dienen. Eine abgeschlossene Wohnung wird jedoch nicht verlangt. Das Wohnraumerfordernis ist bei einer Gemeinschaftsunterkunft oder einer Obdachlosenunterbringung nicht erfüllt, da in diesem Fall die Unterbringung nur dazu dienen soll, vorübergehend Abhilfe zu schaffen.
2.4.1 Die Voraussetzung „ausreichend" bezieht sich auf zwei Faktoren: die Beschaffenheit und Belegung, d. h. die Größe der Wohnung im Hinblick auf die Zahl der Bewohner. Die Obergrenze bildet das Sozialwohnungsniveau, d. h. es darf keine bessere Ausstattung verlangt werden, als sie auch Sozialwohnungen aufweisen, und es darf keine größere Wohnung gefordert werden, als die Familie (ohne die Kinder unter zwei Jahren) nach den landesrechtlichen Bestimmungen zu § 5 des Zweiten Wohnungsbindungsgesetzes beanspruchen könnte. Die Untergrenze bilden die auch für Deutsche geltenden Rechtsvorschriften der Länder, also z. B. die Wohnungsaufsichtsgesetze oder in Ermangelung solcher Gesetze das allgemeine Polizei- bzw. Ordnungsrecht.
2.4.2 Ausreichender Wohnraum ist, unbeschadet landesrechtlicher Regelungen, stets vorhanden, wenn für jedes Familienmitglied über sechs Jahren zwölf Quadratmeter und für jedes Familienmitglied unter sechs Jahren zehn Quadratmeter Wohnfläche zur Verfügung stehen und Nebenräume (Küche, Bad, WC) in angemessenem Umfang mitbenutzt werden können. Wohnräume, die von Dritten mit benutzt werden, bleiben grundsätzlich außer Betracht; mitbenutzte Nebenräume können berücksichtigt werden.
2.4.3 Eine abgeschlossene Wohnung mit Küche, Bad, WC ist stets als ausreichend anzusehen, wenn für jede Person über sechs Jahren zwölf Quadratmeter und für jede Person unter sechs Jahren zehn Quadratmeter zur Verfügung stehen. Maßgebend ist nicht die für jede Person zur Verfügung stehende Wohnfläche, sondern die Wohnungsgröße einschließlich der Nebenräume insgesamt. Eine Unterschreitung dieser Wohnungsgröße um etwa 10% ist unschädlich.

2.5 Schengen-Visum
2.5.1 Ein Schengen-Visum benötigen für die Einreise in das gemeinsame Gebiet der Schengen-Staaten die Staatsangehörigen eines Staates, der in Anhang I der Verordnung (EG) Nr 539/2001 des Rates vom 15. März 2001 zur Aufstellung der Liste der Drittländer, deren Staatsangehörige beim Überschreiten der Außengrenzen im Besitz eines Visums sein müssen, sowie der Liste der Drittländer, deren Staatsangehörige von der Visumpflicht befreit sind (ABl. EG Nr. L 81 S. 1), in der jeweils geltenden Fassung aufgeführt ist. Die Staatsangehörigen der in Anhang II der Verordnung aufgeführten Staaten

Begriffsbestimmungen § 2 **AufenthG 1**

sind für einen Kurzaufenthalt für bis zu drei Monaten innerhalb einer Frist von sechs Monaten vom Tag der ersten Einreise an von der Visumpflicht befreit.
2.5.2 Das Schengen-Visum wird für den zweckgebundenen Kurzaufenthalt bis zu drei Monaten ausgestellt (z. B. für Touristenreisen, Besuchsaufenthalte, Geschäftsreisen) und berechtigt nach Maßgabe der Artikel 10, 11 und 19 SDÜ zum freien Reiseverkehr im Hoheitsgebiet der Schengen-Staaten. Für die Erteilung von Schengen-Visa mit dem Hauptreiseziel Deutschland sind grundsätzlich die deutschen Auslandsvertretungen zuständig (vgl. Artikel 12 Abs. 2 SDÜ); solche Visa können jedoch auch von den Auslandsvertretungen der anderen Schengen-Staaten mit Wirkung für Deutschland ausgestellt werden.
2.5.3 Die nach Artikel 21 SDÜ begünstigten Ausländer bedürfen für einen Kurzaufenthalt bis zu drei Monaten im Bundesgebiet keines Visums. Artikel 21 SDÜ sieht im Gegensatz zu Art. 19 Abs. 1 und Art. 20 Abs. 1 SDÜ einen Bezugszeitraum von sechs Monaten nicht vor. Eine flexible Handhabung ist somit möglich. Zur Vermeidung von Missbrauch der kontrollfreien Aufenthaltsmöglichkeit sollte nur ein Aufenthalt bis zu drei Monaten jährlich ermöglicht werden. Eine strafrechtliche Verfolgung weiter gehender Aufenthalte, die jeweils einen Zeitraum von drei Monaten nicht überschreiten – kurze, nur formale Unterbrechungen (z. B. Ausreise für nur wenige Tage) sind unerheblich – ist mangels Bestimmtheit der Vorschrift nicht möglich. Im Zweifel kann dem betreffenden Ausländer bei Vorliegen der Tatbestandsvoraussetzungen der Erteilung angeboten werden, neben dem Aufenthaltstitel eines anderen Schengen-Staates einen deutschen Aufenthaltstitel zu erteilen. Dies kommt etwa in Fällen in Betracht, in denen ein Drittausländer mit Wohnsitz in einem anderen Schengen-Staat eine Ferienwohnung in Deutschland unterhält, in der er sich häufiger aufhält.

2.6 Richtlinien zum vorübergehenden Schutz
2.6.1 Die Richtlinie zum vorübergehenden Schutz wird durch das AufenthG und die AufenthV in das innerstaatliche Recht umgesetzt. § 24 regelt den Aufenthaltsstatus, § 29 Abs. 4 die Familienzusammenführung und § 56 Abs. 3 den besonderen Ausweisungsschutz. §§ 42 und 43 AufenthV regeln die Verlegung des Wohnsitzes, §§ 77 bis 83 AufenthV das Register über die Personen, denen nach der Richtlinie vorübergehender Schutz gewährt wird.

Übersicht

	Rn
I. Entstehungsgeschichte	1
II. Begriffe	2
1. Ausländer	3
2. Erwerbstätigkeit	8
3. Gesicherter Lebensunterhalt	13
4. Ausreichender Wohnraum	23
5. Schengen-Visum	27
6. Vorübergehender Schutz	30

I. Entstehungsgeschichte

Die Vorschrift stimmt im Wesentlichen mit dem **GesEntw** überein (BT-Drs 15/420 S. 7). **1** Während des Vermittlungsverf wurden in Abs 3 in S. 2 das „Erziehungsgeld" eingefügt u. S. 3 angefügt (BT-Drs 15/3479 S. 2). Abs 1 entspricht § 1 II AuslG u. Abs 4 dem früheren § 7 IV AuslG. Abs 3 ist ähnlich formuliert wie § 7 II Nr 2 AuslG. Die Definition der unselbständigen Tätigkeit in Abs 2 (iVm § 7 SGB IV) weicht von der des § 12 DVAuslG ab. Die Begriffe in Abs 5 u. 6 waren früher nicht ges bestimmt.

II. Begriffe

Die Vorschrift nennt den **Geltungsbereich** der Definitionen nicht. Trotz des Fehlens **2** einer dahingehenden Einschränkung gelten diese nur für die Anwendung des AufenthG u. damit verbundene RVO. Die Definitionen sind nämlich augenscheinlich nicht für die gesamte dt Rechtsordnung bestimmt, sondern sollen nur im Zusammenhang mit der Anwendung des für Ausl geschaffenen Rechts verbindlich sein. Ausgenommen ist vor allem das FreizügG/EU, weil sich die dortigen Bestimmungen ausschließlich an gemeinschaftsrechtlichen Begriffen ausrichten. Dies wird zB an dem Begriff der Erwerbstätigkeit deutlich, der nach der Rspr des EuGH vor allem auf den Austausch von Leistungen abstellt (dazu § 2 FreizügG/EU Rn 7).

1. Ausländer

3   Der erfasste Personenkreis ist wie in § 2 I AuslG 1990 (dazu Silagi, StAZ 2001, 225) **negativ formuliert**. Dt unterliegen dem Ges nicht. Die frühere Pflicht zur Anzeige einer fremden StAng durch Dt (§ 27 AuslG 1965) besteht nicht mehr. Mittelbar können die Vorschriften des AufenthG auch für Dt Bedeutung erlangen, etwa beim Nachweis der Voraussetzungen für den Familiennachzug zu Dt (§ 28) oder bei Ausweisung von Familienangehörigen Dt (§ 56 I Nr 4). Den verfahrensrechtlichen Beschränkungen des AufenthG (u. des AsylVfG) unterliegen auch Dt, wenn sie etwa aus eigenem Recht Rechtsschutz gegen auslbeh Maßnahmen gegenüber ausl Familienangehörigen in Anspruch nehmen (§ 55 Rn 95).

3 a   Unter Dt sind nach der **Definition des Art 116 I GG** sowohl dt StAng als auch aufgenommene dt Volkszugehörige sowie deren Ehegatten u. Kinder zu verstehen (Rn 5 f). Solange die Dt-Eigenschaft nicht feststeht, wird die betr Person grundsätzlich als Ausl behandelt. Dennoch darf sie vor der Klärung der StAng nicht uneingeschränkt abgeschoben oder ausgeliefert werden, wenn dadurch der Rechtsstatus des (evtl) Dt gefährdet würde (HessVGH, EZAR 270 Nr 6 mwN). Ein Dt darf nämlich weder ans Ausland ausgeliefert (Art 16 II GG) noch dorthin abgeschoben werden. Diese Garantie wäre verletzt, wenn bei bloßen Zweifeln an der Dt-Eigenschaft oder bei Unklarheiten ohne weiteres die Ausl-Eigenschaft anzunehmen wäre. Die Berufung auf den Dt-Status allein vermittelt zwar kein Bleiberecht (BVerfG-K, InfAuslR 1990, 297; VGH BW, EZAR 040 Nr 1), kann aber aufenthaltsbeendenden Maßnahmen entgegenstehen, wenn er dadurch faktisch vernichtet würde. Es kommt also maßgeblich auf den Grad an Sicherheit für die Feststellung der Dt-Eigenschaft einerseits u. auf die möglichen Folgen einer vorläufigen Ausreise für den Erhalt des Status andererseits an.

4   Kann auch im StAng-Feststellungsverf die Dt-Eigenschaft nicht endgültig positiv geklärt werden, ist die betr Person als Nichtdt zu behandeln. Die Negativdefinition des Abs 1 sagt aber noch nichts über die Darlegungs- u. Beweislast aus. Die Dt zukommende Grundrechtsstellung u. die allg der Auslbeh obliegende Amtsermittlungspflicht (§§ 24, 26 VwVfG) zwingen diese erforderlichenfalls zu eigenen Feststellungen über die Ausl-Eigenschaft, wenn auch auf der Grundlage der Angaben der betr Person zu ihrer Herkunft (HessVGH, EZAR 270 Nr 6). Ist eine **abschließende Klärung** zunächst nicht möglich, darf eine Ausreisepflicht nur begründet u. durchgesetzt werden, wenn der Betroffene trotz Ausreise zur Fortführung des Feststellungsverf imstande bleibt u. ihm außerdem die Rückkehr im Erfolgsfalle nicht unzumutbar erschwert oder unmöglich gemacht wird (BVerfG-A, NVwZ 1985, 33; OVG Hamburg, EZAR 100 Nr 27; HessVGH, EZAR 622 Nr 10; weitergehend Sachs, NVwZ 1985, 323). Im Auslieferungsverf sind Staatsanwaltschaft u. Gerichte zu noch weitergehender Amtsaufklärung verpflichtet u. an der Auslieferung gehindert, falls nicht die Ausl-Eigenschaft sicher feststeht (BVerfG-K, NJW 1990, 2193).

5   Dt ist vor allem, wer die **dt StAng** durch Abstammung (ius sanguinis), Geburt in Deutschland (ius soli), Erklärung, Adoption oder Einbürgerung sowie als Statusdt erworben hat (§§ 1 ff StAG; zu anderen Erwerbsnormen Hailbronner/Renner, § 3 StAG Rn 5 ff). Dt ist auch der **Statusdt**, der als Flüchtling oder Vertriebener dt Volkszugehörigkeit oder als dessen Ehegatte oder Kind Aufnahme in Deutschland gefunden hat (dazu im Einzelnen Hailbronner/Renner, Art 116 GG Rn 21 ff; Haberland, Komm. d. BVFG im Dt Bundesrecht V F 10 S. 37 ff). Die Statusdt-Eigenschaft ist an drei Voraussetzungen geknüpft: dt Volkszugehörigkeit, Vertreibung oder Flucht u. Aufnahme. Dt Volkszugehörigkeit erfordert ein subjektives Bekenntnis zum dt Volkstum, das durch objektive Merkmale wie Abstam-

mung, Sprache, Erziehung u. Kultur bestätigt wird (§ 6 I BVFG). Nach dem 31. 12. 1923 geborene Personen müssen besondere Voraussetzungen erfüllen; ua müssen sie von einem dt StAng oder dt Volkszugehörigen abstammen, sich nur zum dt Volkstum bekannt haben u. über aktuelle familienvermittelte Deutschkenntnisse verfügen (§ 6 II BVFG). Als Aufnahme genügt nicht die Zulassung zum Staatsgebiet als Ausl, sie muss vielmehr dem Vertriebenen dt Volkszugehörigen gelten. Seit 1. 7. 1990 ist für Aussiedler ein förmlicher Aufnahmebescheid vorgeschrieben, der grundsätzlich nur den noch im Ausland lebenden (potentiellen) Aussiedlern erteilt wird (§§ 26 ff. BVFG; näher Hailbronner/Renner, Art 116 GG Rn 71 ff). Mit Wirkung vom 1. 1. 1993 wird jährlich nur noch einer begrenzten Zahl von Personen die Aufnahme zugesagt (§ 27 III BVFG), derzeit höchstens 103 080. Wer mit einem Aufnahmebescheid einreist, erwirbt den Status nach Art 116 I GG ohne weiteren Aufnahmeakt (Renner, AiD Rn 6/88 ff; BVerwG, EZAR 270 Nr 8; ebenso Nr 2.1.2 VAH: „vorläufig als Dt behandelt").

Der Vertriebenenausweis war u. ist hinsichtlich der Vertriebeneneigenschaft u. damit auch **6** der dt Volkszugehörigkeit für alle Behörden verbindlich (§ 15 V BVFG aF, § 100 I BVFG), ist also auch von der StAng- u. der Auslbeh zu beachten. Seit 1. 1. 1993 werden nur noch **Spätaussiedlerbescheinigungen** ausgestellt, die ebenfalls allgemeinverbindlich sind (§ 15 I BVFG). In den Aufnahmebescheid aufgenommene Familienangehörige mit Grundkenntnissen der dt Sprache (§§ 7 II, 27 I 2 BVFG) erhalten eine entsprechende Bescheinigung, die ebenfalls allg verbindlich ist (§ 15 II BVFG). Über die Statusdt-Eigenschaft wird auf Antrag eine Urkunde erteilt. Seit der Reform des StAngR 1999/2000 vermitteln die Bescheinigungen nach § 15 I, II BVFG unmittelbar die dt StAng (§ 7 StAG); der frühere Einbürgerungsanspruch nach § 6 StAngRegG ist entfallen. Wer am 1. 8. 1999 Statusdt war, hat mit diesem Tag die dt StAng erworben, Spätaussiedler u. deren Ehegatten u. Abkömmlinge aber nur im Falle des Besitzes einer Bescheinigung nach § 15 I oder II BVFG (§ 40 a StAG).

Ausl ist nach der negativen Begriffsbestimmung weder der dt Mehrstaater (dazu Hail- **7** bronner/Renner, Einl D Rn 11) noch der **Staatenlose,** wobei der Statusdt des Art 116 I GG nicht als staatenlos anzusehen ist (§ 1 Rn 26 f; Hailbronner/Renner, Art 116 GG Rn 6). Staatenlosigkeit kann rechtlich oder faktisch begründet sein. Auch wer tatsächlich entgegen der Rechtslage nicht von seinem Heimatstaat als StAng anerkannt wird, befindet sich in der typischen schutzlosen Situation des Staatenlosen (dazu im Einzelnen § 1 Rn 26 f). Ausl ist danach jede Person, deren fremde StAng oder Staatenlosigkeit feststeht. Ist die Zugehörigkeit zu einem oder mehreren Staaten ungeklärt oder Staatenlosigkeit nicht sicher festzustellen u. gleichzeitig der Tatbestand des Art 116 I GG auszuschließen, ist die Person als Ausl anzusehen.

2. Erwerbstätigkeit

Bei der „Erwerbstätigkeit" handelt es sich um einen **Oberbegriff,** der sonst nicht durch **8** eine Legaldefinition festgelegt ist. Für die Zwecke des AufenthG u. der darauf bezogenen RVO ist in Abs 2 eine Bestimmung dahin getroffen, dass sowohl die selbständige als auch die nichtselbständige Erwerbstätigkeit gemeint sind. Wenn der Begriff also ohne Zusatz verwandt wird (zB in § 28 V), dann sind beide Arten gemeint. Während hier für letztere auf die Definition des § 7 SGB IV Bezug genommen wird (früher anders in § 12 DVAuslG), wird die selbständige Tätigkeit (früher im Ges nicht erwähnt; vgl Renner, ZAR 1995, 13) nicht näher bestimmt. Gemeint sind jew nur Erwerbstätigkeiten, also auf Gewinn ausgerichtete Betätigungen, nicht bloße Liebhabereien oder Hobby-Beschäftigungen. Ausgenommen bleibt auch die Mithilfe im Haushalt von Angehörigen einschl deren Pflege. Anders verhält es sich, wenn der Ausl in den Haushalt als Betrieb eingegliedert ist u. eine echte bare oder unbare Gegenleistung erhält u. nicht nur ein Taschengeld oder eine ähnliche Anerkennung. Die Unterscheidung zwischen Selbständigen u. Beschäftigten ist nicht nur für die jew besonderen Aufenthaltszwecke der §§ 18, 19, 21 wichtig, sondern auch im Rahmen der

EU-Freizügigkeit (dazu § 2 FreizügG/EU Rn 6) u. der in vr Verträgen meist für Selbständige enthaltene Privilegierungen (zu MOE-Abk vgl § 4 Rn 13 ff).

9 Mit der **selbständigen Tätigkeit** ist die Erwerbstätigkeit gemeint, die nicht als Beschäftigung, sondern selbständig ausgeübt wird. Da es eine allg Definition des Selbständigen u. seiner auf Gewinn ausgerichteten Tätigkeit nicht gibt, bleibt nur eine negative Bestimmung: Wer nicht beschäftigt iSd § 7 SGB IV ist, ist selbständiger Erwerbstätiger (ebenso Hailbronner, § 2 AufenthG Rn 16). Die Bezugnahme auf § 7 IV SGB IV (Nr 2.2.3 VAH) wirkt nur in begrenztem Umfang, weil diese Bestimmung nur eine widerlegbare Vermutung für die Selbständigkeit von Personen enthält, die einen Zuschuss nach § 421l SGB III oder eine Leistung nach § 16 SGB II beantragen.

10 Allg sprechen für die Selbständigkeit: persönliche Unabhängigkeit; Verpflichtung zum Erbringen eines Erfolgs, nicht bloß zum Einsatz der Arbeitskraft; freie Wahl von Zeit, Ort u. Dauer der Arbeit; freie Wahl der Art der Durchführung der Aufgabe; fehlende Eingliederung in einen Betrieb; Einsatz eigenen Kapitals; eigenes finanzielles Erfolgsrisiko. Wie im Steuer- u. Sozialrecht ist auch hier das **Gesamtbild** ausschlaggebend, jedenfalls nicht die jew benutzten Bezeichnungen u. die Art der Behandlung durch Gewähren von „Honorar" oder „Vergütung" statt „Lohn" oder „Gehalt". Selbständigkeit ist nicht allein dadurch indiziert, dass weder Lohnsteuer noch Sozialversicherungsbeiträge abgeführt werden.

11 Die unselbständige Erwerbstätigkeit bezeichnet das AufenthG meist als **„Ausübung einer Beschäftigung"** (zB in §§ 18 II, 39 I 1). Unter Beschäftigung wird also nicht nur (transitiv) die Tätigkeit des Arbeitgebers verstanden, sondern (intransitiv) auch die Tätigkeit des Arbeitnehmers, wobei beide Begriffe nicht identisch sein sollen. Die für maßgeblich erklärte Bestimmungen in § 7 SGB IV (dazu Berndt, NJW 2000, 464) lauten:
„(1) Beschäftigung ist die nichtselbständige Arbeit, insbesondere in einem Arbeitsverhältnis. Anhaltspunkte für eine Beschäftigung sind eine Tätigkeit nach Weisung und eine Eingliederung in die Arbeitsorganisation des Weisungsgebers.
(2) Als Beschäftigung gilt auch der Erwerb beruflicher Kenntnisse, Fertigkeiten und Erfahrungen im Rahmen betrieblicher Berufsbildung."
Damit sind indes nur einige der Kriterien genannt, die insgesamt das allein maßgebliche Gesamtbild der nichtselbständigen Beschäftigung ergeben (zur Selbständigkeit Rn 10). Danach sind Beschäftigte auch Praktikanten, Volontäre u. Auszubildende, falls sie wie üblich eine Gegenleistung nicht unerheblichen Umfangs erhalten, nicht aber Stipendiaten, deren Stipendium allein der Ausbildung u. dem Unterhalt dient, nicht als Entgelt für Arbeit. Hilfe im Haushalt u. bei der Kindererziehung ist auch dann als Erwerbstätigkeit anzusehen, wenn sie für Verwandte oder Bekannte erbracht u. nur mit Kost u. Logis belohnt wird. Anders kann es sich verhalten, wenn die Tätigkeit einerseits u. die Unterhaltsgewährung andererseits auf familienrechtlichen Verpflichtungen beruhen (BVerwG, EZAR 101 Nr 3).

12 Die **Abgrenzung,** ob die notwendige Eingliederung in einen Betrieb u. dessen Organisation u. Weisungsstruktur gegeben ist u. deswegen ein Arbeitsverhältnis vorliegt u. der Tätigkeit nicht ein Dienstverhältnis zugrundeliegt, kann gerade dann schwer fallen, wenn die wahren Verhältnisse verschleiert werden sollen. Die in § 7 IV SGB IV aF versuchte Negativmethode zur Bestimmung der Scheinselbständigkeit (drei von fünf Kriterien mussten erfüllt sein) konnte nicht aufrechterhalten werden, die dort genannten Indizien können aber trotzdem weiter in positiver Weise verwandt werden. Für die Selbständigkeit sprechen danach ua: Beschäftigung sozialversicherungspflichtiger Arbeitnehmer; Tätigkeit für mehr als einen Auftraggeber; Werbemaßnahmen.

3. Gesicherter Lebensunterhalt

13 Die Sicherung des Lebensunterhalts gehört zu den wichtigsten Voraussetzungen für die Zuwanderung von Unionsbürgern u. Drittstaatsangehörigen, aber auch für die Einbürgerung. Daher kann eine **einheitliche Definition** für das AufenthG u. die auf ihm beruhenden RVO einen großen Beitrag für eine einheitliche Gesetzesanwendung leisten. Hieran

mangelte es bisher schon deswegen, weil die Unterhaltssicherung für einzelne Aufenthaltszwecke ohne Rückgriff auf eine allg Definition unterschiedlich bestimmt war, zB in §§ 7 II Nr 2, 17 II Nr 3, 18 III, 25 II, 27 II Nr 2 AuslG. Nunmehr ist die Sicherung des Lebensunterhalts allg für die AE u. die NE vorausgesetzt (§§ 5 I 1 Nr 1, 9 II 1 Nr 2), u. abweichende Bestimmungen sind nur vereinzelt getroffen, zB in § 27 III, 28 I, 29 II u. IV, 30 III, 31 III u. IV.

Die eigenständige Sicherung des Lebensunterhalts ist grundlegende Voraussetzung für die Aufenthaltsgewährung. Öffentl Mittel sollen hierfür grundsätzlich nicht eingesetzt werden müssen. Gesichert ist der Unterhalt deshalb nur, wenn der Unterhaltsbedarf **ohne Inanspruchnahme öffentl Mittel** gedeckt ist. Wann dies angenommen werden kann, richtet sich nach der Höhe des Bedarfs, nach Art u. Umfang der zur Verfügung stehenden Eigenmittel einschließlich der hierzu zählenden öffentl Leistungen u. nach dem insoweit maßgeblichen Prognosemaßstab u. -zeitraum. 14

Der notwendige **Lebensunterhalt** richtet sich nach den individuellen Bedürfnissen. Eine feste Untergrenze ist nicht vorgegeben. Sozialhilfesätze können für die Bemessung herangezogen werden, sind aber nicht allein verbindlich (vgl Philippsohn, ZAR 2005, 143). Die Kosten für Ernährung, Wohnraum, Bekleidung u. die sonstige Versorgung mit den zum Leben notwendigen Waren u. Dienstleistungen im Einzelfall werden eher durch Alter, Gesundheitszustand, Beruf u. Familienstand beeinflusst als durch pauschalierte generelle Mindest- u. Durchschnittswerte. Ebenso individuell verschieden können die Aufwendungen für kulturelle Zwecke sein Die Kosten für einen Integrationskurs gehören dazu, wenn Teilnahmepflicht (§ 44 a) besteht. Steht dem Ausl weniger zur Verfügung als der Mindestsatz der Sozialhilfe, ist dies unerheblich, solange er die Sozialhilfe nicht in Anspruch nimmt; erst dann verwirklicht er einen Ausweisungsgrund (§ 55 II Nr 6) 15

Der Unterhaltsbedarf umfasst kraft ausdrücklicher ges Bestimmung auch einen ausreichenden **Krankenversicherungsschutz.** Als ausreichend ist ein Versicherungsschutz nur anzusehen, wenn er die üblichen Risiken mit den üblichen Leistungen abdeckt. Grundsätzlich müssen die in der ges Sozialversicherung geltenden Bedingungen eingehalten sein, also die dort versicherten Risiken abgesichert u. die dort vorgesehenen Leistungen wenigstens der Art nach gewährleistet sein. Unschädlich sind zB Leistungsausschlüsse für besondere Krankheiten u. Eigenbeiträge für bestimmte Grund- oder Sonderleistungen. Dagegen reicht nicht die Reisekrankenversicherung aus, die lediglich Risiken während der Reise absichert, nicht aber während eines ständigen Aufenthalts. Grundsätzlich nicht versichert sein müssen andere Wechselfälle des Lebens, zB das Pflegefallrisiko, auch wenn die Pflegeversicherung für große Bevölkerungsgruppen inzwischen vorgeschrieben oder üblich ist. Die Pflegeversicherung ist nur einbezogen, wenn sie besonders erwähnt ist wie in § 68 I 1. 16

Nur der notwendige Unterhalt für den Ausl selbst muss gedeckt sein. Der Bedarf von unterhaltsberechtigten oder anderen **Familienangehörigen** ist nicht zusätzlich anzusetzen. Unterhaltsansprüche zählen nicht zu dem notwendigen eigenen Unterhalt des Verpflichteten, sondern gehen der Deckung des eigenen Existenzminimums nach. Die Inanspruchnahme von Jugendhilfeleistungen kann uU die Ermessensausweisung rechtfertigen (§ 55 II Nr 7). Es ist aber schon zweifelhaft, ob solche Leistungen überhaupt jew zum Lebensunterhalt des Elternteils oder des Jugendlichen gehören. 17

Die für die Bedarfsdeckung **notwendigen Mittel** kann der Ausl aus eigener Erwerbstätigkeit, aus anderen Einkünften oder aus eigenem Vermögen, aber auch aus anderen Quellen beziehen. Es dürfen nur keine öffentl Mittel sein. Finanzielle Leistungen Dritter sind daher ohne Rücksicht auf den Zahlungsgrund als Eigenmittel anzusetzen, solange sie die Inanspruchnahme öffentl Mittel erübrigen. Es kommen also auch freiwillige Zahlungen nicht zum Unterhalt verpflichteter Personen in Ansatz. Herkunft der Mittel u. Leistungsgrund können allerdings für die Frage der Sicherung auf Dauer relevant werden (dazu Rn 19). Die Leistungen können entweder den Bestand an verfügbarem Vermögen erhöhen (zB durch Zuschüsse) oder den Bedarf senken (zB durch kostenloses Bereitstellen von Nahrung oder Wohnraum). Für den Fall der Erteilung oder Verlängerung einer Nachzugs-AE ist ausdrück- 18 lich bestimmt, dass Beiträge der Familienangehörigen zum Haushaltseinkommen berücksichtigt werden.

19 Für die Berechnung u. den Ansatz eigenen Einkommens u. Vermögens in dem dargestellten erweiterten Sinne kommt es zunächst nur auf die gegenwärtigen Verhältnisse an; gleichwohl ist eine **Prognose** über die Sicherung auf gewisse Dauer notwendig. Öffentl Interessen sprechen nämlich gegen den (erstmaligen oder weiteren) Aufenthalt, wenn der Einsatz öffentl Mittel ohne eigene Beitragsleistung bereits absehbar ist. Abzustellen ist auf die Fähigkeit zur Selbstversorgung mit dem notwendigen Unterhalt („bestreiten kann"), nicht auf die Inanspruchnahme von Fremdmitteln (zur Haftung Dritter vgl § 68; Brunner, ZAR 1991, 23). Eigenmittel u. Leistungen Dritter müssen nicht nur gelegentlich verfügbar sein, sondern jew bei Bedarf, also regelmäßig. Dies setzt sowohl die Leistungsfähigkeit u. -bereitschaft des Dritten als auch die jew Liquidität voraus.

20 Ein ungekündigtes **Arbeitsverhältnis** genügt grundsätzlich ebenso wie eine Verpflichtungserklärung nach § 68. Die Befristung des Arbeitsvertrags des Ausl oder des Dritten ist unschädlich, weil inzwischen Kettenzeitverträge nicht unüblich sind. Als ungesichert müssen dagegen die daraus herrührenden Leistungen dann angesehen werden, wenn bei einer Einzelfallbetrachtung nicht mit einer Verlängerung zu rechnen ist u. erfahrungsgemäß ein anderer Arbeitsplatz nicht beschafft werden kann. Bonität u. Leistungswillen des **Dritten** lassen sich durch verbindliche Erklärungen u. Zahlungsbelege nachweisen. Schutz gegen plötzlichen Vermögensverfall oder andere Unwägbarkeiten ist damit nicht geboten, aber auch nicht erforderlich. Ebenso wenig bedarf es in allen Fällen einer förmlichen Verpflichtung nach § 68. Diese kann aber den Leistungswillen bekräftigen u. beim Aufenthalt im Inland auch die Vollstreckung wegen fälliger Zahlungen erleichtern.

21 Die im Ges genannten **öffentl Leistungen** sind deswegen den Eigenmitteln gleichgestellt, weil sie entweder dem Sonderbedarf von Kindern dienen oder auf eigener Beitragleistung des Ausl beruhen oder gerade den Unterhaltsbedarf während des Aufenthalts im Bundesgebiet abdecken sollen. Zur ersten Gruppe zählen Kinder- u. Erziehungsgeld, zur dritten zB Stipendien u. in den Fällen des § 8 II BAföG auch die finanzielle Ausbildungsförderung nach diesem Ges. Zur zweiten Gruppe gehören Renten- u. Krankenversicherungsleistungen sowie Arbeitslosengeld I, u. zwar ohne Rücksicht darauf, ob u. ggf in welchem Umfang der Staat Zuschüsse zu den einzelnen Versicherungszweigen (zB Knappschaft) zahlt. Die sonstigen öffentl Leistungen brauchen nicht vollständig oder überwiegend durch Beiträge finanziert zu sein; es genügt, dass die Eigenleistung einen Grund für die Leistungsgewährung abgibt. **Schädlich** ist danach der Bezug von Leistungen nach dem SGB II u. SGB XI (Sozialhilfe u. Arbeitslosengeld II), von Wohngeld u. idR von Ausbildungsbeihilfen.

22 Soweit nach alledem die Inanspruchnahme öffentl Mittel verhindert werden soll, ist allg auf Folgendes hinzuweisen: Hilfsbedürftigkeit ist bei Österreichern nach einem Aufenthalt von einem Jahr kein Grund für Aufenthaltsbeendigung (Art 8 I dt-österr Fürsorgeabk.) u. bei Schweizern nur bedingt (Art 5 dt-schweiz Fürsorgevereinbarung). Art 6 EFA soll dagegen bei Hilfsbedürftigkeit der Nichtverlängerung des AufTit nicht entgegenstehen (keine „Rückschaffung": BVerwGE 66, 29; BVerwG, EZAR 104 Nr 5). Hiergegen erhobenen Bedenken kann durch eine großzügige Handhabung der Ausnahmemöglichkeit Rechnung getragen werden.

4. Ausreichender Wohnraum

23 Der teilweise erforderliche Nachweis ausreichenden Wohnraums (§§ 9 II Nr 9, 29 I Nr 2) kann den Zuzug erheblich beeinträchtigen. Dennoch bestehen gegen diese Voraussetzung nicht von vornherein grundsätzliche **verfassungsrechtliche Bedenken** (so betr Familiennachzug wohl auch BVerfGE 76, 1; betr öffentl Interessen Zimmermann, DÖV 1991, 46). Zweifel an der Verhältnismäßigkeit wären nur angebracht, wenn das Wohnraumerfordernis prohibitiv wirkte. Wohnraumknappheit trifft unterprivilegierte Schichten,

zu denen Ausl überwiegend gehören, am ehesten. Dazu kommt, dass großer Mangel an Wohnraum gerade dort herrscht, wo besonderer Bedarf an ausl Arbeitskräften besteht, in Ballungsgebieten. Aus ähnlichen Gründen dürften auch keine durchgreifenden Zweifel an der Vereinbarkeit mit Art 8 EMRK bestehen, solange das Wohnraumerfordernis das familiäre Zusammenleben nicht unverhältnismäßig behindert.

Für das Wohnraumerfordernis nennt das Ges zwei **Qualifikationsmerkmale,** nämlich 24 Beschaffenheit u. Belegung, sowie eine Ober- u. eine Untergrenze, nämlich das Sozialwohnungsniveau u. den polizei- u. wohnungsaufsichtsrechtlichen Minimalstandard (näher Renner, Rn 5/198–205). „Angemessener" Wohnraum ist nicht verlangt. Mit Beschaffenheit u. Belegung sind Anforderungen an Ausstattung u. Größe gemeint. Das ausreichende Maß ist mit Hilfe dieser Auslegungsrichtpunkte objektiv zu bestimmen, also nicht abhängig von subjektiven Bedürfnissen u. Einkommensverhältnissen sowie örtlicher Marktlage. Die für ein menschenwürdiges Leben erforderlichen Bedingungen sind auf die jew Einzelfallverhältnisse abzustellen, aber objektiv feststellbar, unterliegen also nicht dem Ermessen oder der freien Einschätzung der Auslbeh. Es handelt sich um einen unbestimmten Rechtsbegriff, der auslegungsbedürftig u. -fähig ist. Ausländerpolitische Zwecke, zB solche der Verhinderung des Nachzugs oder der Ausgrenzung auch hier geborener Ausl (krit dazu Rittstieg, ZRP 1990, 131), dürfen keinesfalls Eingang finden in diese Auslegung.

Zu den für die Berechnung maßgeblichen **Personen** zählen Kinder in den ersten beiden 25 Lebensjahren nicht. Ansonsten sind alle Personen zu berücksichtigen, die zur familiären Lebensgemeinschaft gehören. Auch für auswärts studierende oder arbeitende Angehörige oder zeitweilig getrennt lebende Ehegatten muss Wohnraum vorgehalten werden. Der familiären Lebensgemeinschaft gehören aber Eltern oder Kinder, die im Heimatstaat oder an einem anderen Ort leben, nicht an. Wohnraum braucht auch nicht schon für alle nachzugsberechtigten oder -willigen Familienmitglieder im Voraus bereitgehalten zu werden (Zimmermann, DVBl. 1991, 185).

Unter Berücksichtigung der unterschiedlichen **landesrechtlichen Vorschriften** zu § 5 26 des 2. WoBindG u. zur Wohnungsaufsicht werden idR als ausreichend anzusehen sein: 12 qm Wohnfläche je Person über sechs Jahre u. 10 qm je Kind bis sechs Jahre (in Hessen: 9 qm je Person). Diese Werte gelten bei Mitbenutzung von Nebenräumen (Küche, Bad, WC), die dann nicht zur Wohnfläche zählen. Bei abgeschlossener Wohnung werden für Personen über sechs Jahre 12 qm verlangt. Geringfügige Unterschreitungen (nach Nr 2.4.3 VAH um etwa 10%) sind zu vernachlässigen, zumal es nicht nur auf die Größe, sondern auch auf die Ausstattung der Wohn- u. Nebenräume ankommt. Eine abgeschlossene Wohnung ist nicht verlangt, sie kann also auch von einer Wohngemeinschaft gemeinsam genutzt sein. Untervermietung ist nicht ausgeschlossen, der Wohnraum muss aber rechtlich u. tatsächlich gesichert sein u. zur Verfügung stehen.

5. Schengen-Visum

Der Begriff des Schengen-Visums bedarf deshalb der allg Bestimmung, weil es einerseits 27 das **zentrale Dokument** für die Einreise darstellt, aber andererseits mit seinen Rechtsgrundlagen wenig bekannt ist. Die Entwicklung des SDÜ vom vr Vertrag zwischen wenigen Staaten über die Erweiterung auf fast alle EU-Staaten (ausgenommen VK, Irland, Dänemark sowie zunächst die 2004 beigetretenen neuen EU-Staaten) bis hin zur Qualität als Gemeinschaftsrecht (dazu § 1 Rn 17) ist in den dt Rechtsvorschriften nicht unmittelbar nachvollziehbar. Neben dem Schengen-Visum existiert das mitgliedstaatliche Visum weiter (§ 6 I 2, IV). Beide Visumarten stellen einen AufTit dar (§ 4 I 2).

Die Begriffsbestimmung erfolgt nicht eigenständig, sondern bezieht sich unmittelbar auf 28 den **Schengen-Besitzstand.** Damit wird auch das auf europäischer Ebene vorherrschende Verständnis vom Charakter des Visums in Bezug genommen. Diese Betrachtungsweise geht zwar nicht zweifelsfrei aus den Regeln des SDÜ hervor, es lässt sich aber wie folgt zusammenfassen: Während das dt Visum für Grenzübertritt u. anschließenden Aufenthalt gilt, beschränkt sich die Wirkung des Visums nach europäischem Verständnis auf die Zulassung des Grenzübertritts. Diese besondere Konstruktion entspricht der grenzüberschreitenden Funktion des Schengen-Visums. Der Erlaubnisinhalt ist auf den Grenzübertritt an einer Außengrenze konzentriert, wobei es auch die Grenze eines anderen als des ausstellenden Mitgliedstaats sein kann. Kurzaufenthalte u. Durchreisen während der Gültigkeitsdauer sind dann aufgrund von Art 19 I SDÜ erlaubt.

29 Hierfür sprechen die folgenden Überlegungen: Visumpflichtige Ausl müssen „beim Überschreiten der Außengrenzen der Mitgliedstaaten im Besitz eines Visums sein" (Art 1 I VO/EG 539/2001). Art 3 I SDÜ ermöglicht die Gestattung der Einreise „für einen Aufenthalt...", nicht des Aufenthalts selbst. Nach Art 11 I Bst a kann das Schengen-Visum ein „für eine oder mehrere Einreisen gültiger Sichtvermerk" sein. Der Aufenthalt in dem ausstellenden u. in den anderen beteiligten Staaten (nicht Großbritannien u. Irland) ist für Visumpflichtige nach Art 19 SDÜ erlaubt, für von der Visumpflicht befreite Personen nach Art 20 SDÜ (vgl Westphal/Stoppa, 6. 4. 10; HessVGH, EZAR 011 Nr 19). In ähnlicher Weise wird den Inhabern nationaler AufTit unmittelbar durch Art 21 SDÜ der freie Reiseverkehr für bis zu drei Monaten gestattet.

6. Vorübergehender Schutz

30 Der Begriff des vorübergehenden Schutzes ergibt sich unmittelbar aus der RL 2001/55/EG (Textteil Nr 5.7), die Mindestnormen für die Flüchtlingsaufnahme im Falle eines vom EU-Rat festgestellten **Massenzustroms** aufstellt. Die Definition gilt nur für diese Fallgestaltung. Er ist damit besetzt u. kann nicht mehr allg für die Aufnahme schutzbedürftiger Drittstaatsangehöriger verwandt werden, die unabhängig von der materiellen Grundlage immer als zeitlich auf die Dauer der Verfolgung oder sonstigen Gefährdung bezogen verstanden wird. Auch die Aufnahme politisch Verfolgter nach Art 16a GG dient dem Schutz während der Zeit der Verfolgung u. kann grundsätzlich bei deren Fortfall beendet werden. Die Klarstellung des Bergriffsinhalts ist nicht nur wegen der notwendigen EU-weiten **Einheitlichkeit** notwendig, sondern auch im Hinblick auf die bevorstehende Umsetzung der EU-Asyl-RL (dazu Art 16a GG Rn 131 ff), die ua auch für den Begriff des subsidiären Schutzes eine europaweit übereinstimmende Verwendung voraussetzen.

31 Die vorübergehende Aufnahme auf der Grundlage der RL 2001/55/EG ist nicht nur definiert, sondern für Deutschland durch § 24 auch verfahrensmäßig **umgesetzt.** Damit sind die Sondervorschriften für die Aufnahme von Kriegs- u. Bürgerkriegsflüchtlingen (§ 32a AuslG u. § 32a AsylVfG aF) überflüssig geworden. Weitere spezielle Regelungen befinden sich in § 29 IV für den Familiennachzug u. in § 56 III für den Ausweisungsschutz sowie in §§ 42, 43, 77–83 AufenthV für den Wohnsitzwechsel u. in § 91a für das beim BAMF zu führende Register zum vorübergehenden Schutz.

Kapitel 2. Einreise und Aufenthalt im Bundesgebiet

Abschnitt 1. Allgemeines

§ 3 Passpflicht

(1) Ausländer dürfen nur in das Bundesgebiet einreisen oder sich darin aufhalten, wenn sie einen anerkannten und gültigen Pass oder Passersatz besitzen, sofern sie von der Passpflicht nicht durch Rechtsverordnung befreit sind.

(2) Das Bundesministerium des Innern oder die von ihm bestimmte Stelle kann in begründeten Einzelfällen vor der Einreise des Ausländers für den Grenzübertritt und einen anschließenden Aufenthalt von bis zu sechs Monaten Ausnahmen von der Passpflicht zulassen.

Vorläufige Anwendungshinweise

3 Zu § 3 Passpflicht

3.0 Allgemeines
3.0.1 Die Passpflicht, also die Pflicht zum Besitz eines gültigen und anerkannten Passes oder Passersatzes, erstreckt sich zum einen auf die Einreise, zum anderen auf den Aufenthalt des Ausländers im Bundesgebiet. Die Erfüllung der Passpflicht ist grundsätzlich eine zwingende Voraussetzung für die erlaubte Einreise (§ 14 Abs. 1 Nr 1) sowie für die Erteilung eines Aufenthaltstitels oder dessen Verlängerung (§ 5 Abs. 1 und § 8 Abs. 1). Bei der Erteilung und Verlängerung von Aufenthaltstiteln sind jedoch Ausnahmen vom Regelerteilungsgrund der Passpflicht in dem in § 5 Abs. 1 Satz 2 und § 5 Abs. 3 genannten Umfang zulässig. Wird die Passpflicht im Bundesgebiet nicht mehr erfüllt, kann ein erteilter Aufenthaltstitel widerrufen werden (§ 52 Abs. 1 Nr 1).
3.0.2 Die Passpflicht besteht unabhängig von der Pflicht zur Mitführung des Passes oder Passersatzes beim Grenzübertritt (§ 13 Abs. 1) und von den ausweisrechtlichen Pflichten gemäß § 48 und nach §§ 56 und 57 AufenthV (z. B. Passvorlagepflicht).
3.0.2.1 Ausländer, die nach § 2 Abs. 2 Nr 1 von der Anwendung des Aufenthaltsgesetzes ausgenommen sind, unterliegen gemäß § 8 FreizügG/EU nur einer dort geregelten Ausweispflicht. Ein Verstoß gegen diese Pflicht (Ordnungswidrigkeit nach § 10 FreizügG/EU) führt für sich allein nicht zu einer die Freizügigkeit beschränkenden Maßnahme (Artikel 3 Abs. 3 Richtlinie 64/221/EWG) und führt nicht dazu, dass der Aufenthalt unerlaubt ist.
3.0.2.2 Die Passpflicht erstreckt sich nicht auf die Ausländer, die nach § 2 Abs. 2 Nr 2 von der Anwendung des Aufenthaltsgesetzes ausgenommen sind. Hinsichtlich der Ausstellung von Ausweisen für Mitglieder ausländischer Vertretungen und internationaler Organisationen wird auf Abschnitt VIII des Rundschreibens des Bundesministeriums des Innern über Diplomaten und andere bevorrechtigte Personen in der jeweils gültigen Fassung verwiesen. Staatsoberhäupter benötigen nach allgemeinen völkerrechtlichen Grundsätzen auch bei Privatreisen keinen Pass.
3.0.3 Ein Verstoß gegen die Passpflicht ist gemäß § 95 Abs. 1 Nr 1 und 3 strafbewehrt. Ein Verstoß gegen die Passpflicht und Visumpflicht liegt nicht vor, wenn der Ausländer, der einen gültigen Aufenthaltstitel besitzt, aus einem seiner Natur nach lediglich vorübergehenden Grund mit einem gültigen Pass das Bundesgebiet verlässt, diesen im Ausland verliert und innerhalb der Geltungsdauer des Aufenthaltstitels mit einem neuen Pass in das Bundesgebiet einreist.
3.0.4 Ein Pass ist ein Dokument, das von einem Staat an seine eigenen Staatsangehörigen ausgestellt wird. Der Pass hat nach überkommenem Verständnis verschiedene Funktionen. Er bescheinigt, dass die Personendaten (Name, Vorname, Geburtsdatum) den Personalien des durch Lichtbild und – außer bei Analphabeten – Unterschrift ausgewiesenen Inhabers des Papiers entsprechen. Zudem wird die Inanspruchnahme des Inhabers als eigener Staatsangehöriger im völkerrechtlichen Verkehr erklärt. Zudem wird dem Inhaber von seinem Staat durch den Pass grundsätzlich erlaubt, die eigene Staatsgrenze in auswärtige Richtung zu überschreiten, und dass gegen die Einreise in die Staaten, für die der Pass gültig

ist, keine Bedenken bestehen. Zudem wird mit dem Pass eine Erlaubnis ausgesprochen, die eigene Staatsgrenze zur Einreise in – grundsätzlich – das gesamte eigene Hoheitsgebiet zu überschreiten. Ferner wird gegenüber auswärtigen Staaten nach überwiegender Auffassung versichert, dass der Ausstellerstaat den Inhaber im Rahmen der Passgültigkeit zurücknimmt. Außerdem übernimmt der Ausstellerstaat den konsularischen Schutz des Passinhabers.

3.0.5 Passersatzpapier – oder kürzer Passersatz – im Sinne des allgemeinen ausländerrechtlichen Sprachgebrauchs ist ein Papier, das nach der Bestimmung der ausstellenden Stelle zumindest auch zum Grenzübertritt geeignet und bestimmt ist, ohne dass es sämtliche Merkmale eines Passes aufweist. Ist ein Passersatz in Deutschland anerkannt, zugelassen oder eingeführt, so genügt ein Ausländer auch mit dem Passersatz der Passpflicht. Ein Papier, das nach Willen der ausstellenden Behörde nicht zum grenzüberschreitenden Reisen bestimmt ist, sondern ausschließlich andere Funktionen erfüllt, ist niemals Passersatz.

3.0.6 Der anerkannte und gültige Pass oder Passersatz berechtigt zum ordnungsgemäßen Grenzübertritt nach Maßgabe des § 13 sowie nach Artikel 5 Abs. 1 Buchstabe a SDÜ. Einen erforderlichen Aufenthaltstitel ersetzt er nicht.

3.0.7 Die Passpflicht und die Pflicht zum Besitz eines Aufenthaltstitels (Visum, Aufenthaltserlaubnis, Niederlassungserlaubnis) bestehen unabhängig voneinander und werden auch unabhängig voneinander erfüllt oder nicht erfüllt. Ob für die Einreise und den Aufenthalt ein Visum bzw. Aufenthaltstitel erforderlich ist, hängt, sofern nicht Sonderregeln eingreifen, nicht davon ab, mit welchem Dokument die Passpflicht erfüllt wird. Insbesondere hängt die durch die Verordnung (EG) Nr 539/2001 im Rahmen ihres Anwendungsbereichs festgelegte Visumpflicht oder Visumbefreiung von der Staatsangehörigkeit des einreisenden Ausländers und nicht von dem Papier ab, das zur Erfüllung der Passpflicht verwendet wird (eine systematische Ausnahme bilden die Inhaber der in der Verordnung genannten Dokumente der Sonderverwaltungszonen Hongkong und Macao).

3.0.8 Durch den Besitz eines gültigen Passes wird den Behörden die Feststellung der Identität und Staatsangehörigkeit sowie der Rückkehrberechtigung seines Inhabers ohne weiteres ermöglicht. Ein gültiger Pass, den ein Staat an seine eigenen Angehörigen ausstellt, beinhaltet die völkerrechtlich verbindliche Erklärung des ausstellenden Staates, dass der Inhaber ein eigener Staatsangehöriger ist. Da ausschließlich der Staat, dessen Staatsangehörigkeit ein Ausländer besitzt, rechtlich zur Feststellung der Namensführung berechtigt ist, gilt der in einem solchen Pass eingetragene Name des Inhabers als rechtlich verbindlich festgestellt. Wird diese der Rechtssicherheit im internationalen Reiseverkehr dienende Funktion des Passes erfüllt, erübrigt sich somit eine Identitätsfeststellung gemäß § 49. Hiervon unberührt bleiben die ebenfalls in § 49 geregelten Befugnisse zur Identitätssicherung oder eine Prüfung der Echtheit des Passes.

3.0.9 Stellt hingegen ein auswärtiger Staat einen Passersatz an eine Person aus, die dieser Staat nicht als eigenen Staatsangehörigen in Anspruch nimmt, wird die in Nr 3.0.8 erwähnte Feststellungsbefugnis nicht ausgeübt, sondern nur der Inhaber bezeichnet. Wie weit die Indizwirkung der Eintragungen im Passersatz reicht, hängt vom jeweiligen Einzelfall ab. Zu den in § 3 Abs. 1 und 3 AufenthV genannten Papieren (insbesondere Reiseausweisen für Flüchtlinge und Staatenlose) ist von der Richtigkeit der Eintragungen im Regelfall auszugehen. Bei Passersatzpapieren, die mit einem Visum oder anderen Aufenthaltstitel eines Schengen-Staates versehen sind, wird vermutet, dass die Identität schon im Erteilungsverfahren sicher festgestellt wurde.

3.1 Erfüllung der Passpflicht

3.1.1 Nach § 3 Abs. 1 kann ein Ausländer, der in das Bundesgebiet einreist oder sich darin aufhält, die Passpflicht durch Besitz eines anerkannten und gültigen Passes oder Passersatzes erfüllen, sofern nicht durch Rechtsverordnung eine Befreiung geregelt oder im Einzelfall nach § 3 Abs. 2 eine Ausnahme zugelassen wurde.

3.1.2 Kann ein Ausländer einen anerkannten und gültigen Pass oder Passersatz nicht in zumutbarer Weise erlangen, genügt der Ausländer gemäß § 48 Abs. 2 des Aufenthaltsgesetzes – im Inland, aber nicht beim Grenzübertritt – seiner Ausweispflicht durch Besitz eines Ausweisersatzes.

3.1.3 Ausländer, die das 16. Lebensjahr noch nicht vollendet haben, können die Passpflicht auch durch Eintragung in den Pass eines gesetzlichen Vertreters erfüllen (§ 2 AufenthV); ab dem 10. Lebensjahr muss ein Lichtbild des Kindes in einen solchen Pass eingebracht worden sein. Die Eltern sind verpflichtet, dafür zu sorgen, dass ihre Kinder der Passpflicht genügen (§ 80 Abs. 4). Die Ausländerbehörde soll die Eltern auf diese Verpflichtung hinweisen.

3.1.4 Das Merkmal „Besitz" eines Passes oder Passersatzes ist auch dann erfüllt, wenn der Ausländer den Pass oder Passersatz zwar nicht mitführt, jedoch der Ausländerbehörde binnen angemessener Frist nachweist, dass er über einen gültigen und anerkannten Pass oder Passersatz verfügt (§ 82 Abs. 1). Ein

Passpflicht § 3 AufenthG 1

Verstoß gegen die Passpflicht liegt nicht vor, wenn der Pass in Verwahrung genommen wurde (§ 50 Abs. 6, § 21 Abs. 1 AsylVfG). Asylantragsteller sind verpflichtet, den Pass oder Passersatz den mit der Ausführung des Asylverfahrensgesetzes betrauten Behörden zu überlassen (§ 15 Abs. 2 Nr 4 AsylVfG). Für die Dauer der Überlassung des Passes oder Passersatzes wird dem Ausländer auf Antrag ein Ausweisersatz ausgestellt, wenn er einen Aufenthaltstitel besitzt oder die Abschiebung ausgesetzt ist (§ 55 Abs. 1 Nr 2 AufenthV). Die Herausgabe des Passes an Asylantragsteller richtet sich nach § 21 Abs. 5, § 65 AsylVfG. Eine Ablichtung des Passes oder Passersatzes ist zu den Akten zu nehmen.

3.1.5 Die Passpflicht ist in erster Linie auf den Besitz eines gültigen und anerkannten Passes oder Passersatzes gerichtet. Die Ausstellung eines deutschen Passersatzes richtet sich in den Fällen des § 4 Abs. 1 Nr 1 bis 3 AufenthV nach den Vorschriften der §§ 5 ff. AufenthV, in den Fällen des § 4 Abs. 1 Nr 4 bis 8 nach den maßgeblichen gemeinschaftsrechtlichen Vorschriften bzw. innerstaatlichen Transformationsvorschriften. Die Ausländerbehörde hat die Erfüllung der Passpflicht im Zusammenwirken mit dem BAMF – Ausländerzentralregister – zu überwachen.

3.1.6 Ein ausländischer Pass oder Passersatz ist nur dann für die Erfüllung der Passpflicht geeignet, wenn er anerkannt oder allgemein zugelassen ist. Ein Pass oder Passersatz wird aufgrund § 71 Abs. 6 vom Bundesministerium des Innern oder von der von ihm bestimmten Stelle im Benehmen mit dem Auswärtigen Amt anerkannt. Die Anerkennung ist jeweils auf ein bestimmtes Muster bezogen (beispielsweise: *„Dienstpass der Republik X"*), das dem Bundesministerium des Innern entsprechend der gängigen internationalen Praxis vom ausländischen Staat übermittelt wird. Sie wirkt konstitutiv, weil § 3 Abs. 1 zur Erfüllung der Passpflicht die Anerkennung voraussetzt.

3.1.7 Der regelmäßig im Bundesanzeiger zu veröffentlichenden „Allgemeinverfügung über die Anerkennung ausländischer Pässe" kann entnommen werden, ob ein Dokument anerkannt ist. Wenn zwischen den regelmäßigen Veröffentlichungen der Gesamtlisten Anerkennungsentscheidungen ergehen, werden diese ebenfalls im Bundesanzeiger bekannt gemacht. Folgemuster gelten als vorläufig anerkannt, bis über die Folgeanerkennung entschieden ist. Gleiches gilt nach den in der Allgemeinverfügung enthaltenen Maßgaben für neue Muster, über die noch keine Entscheidung getroffen worden ist. Bestehen Zweifel, ob ein von dem Ausländer vorgelegtes Dokument ein für Deutschland gültiger Nationalpass oder ein zugelassener Passersatz ist, hat die Ausländerbehörde über die oberste Landesbehörde beim Bundesministerium des Innern anzufragen. Dies gilt – unbeschadet einer strafrechtlichen Verfolgung (z. B. wegen Urkundenfälschung) – nicht, wenn es sich um einen gefälschten oder verfälschten ausländischen Pass oder Passersatz handelt.

3.1.8 Während sich die Anerkennung eines Passes oder Passersatzes auf ein bestimmtes Muster bezieht, das der Entscheidung zugrunde liegt, handelt es sich im Gegensatz dazu bei der Zulassung eines Passersatzes um die abstrakte Bestimmung, dass ein amtlicher Ausweis für die Erfüllung der Passpflicht ausreichend ist. Eine solche Zulassung sieht § 3 Abs. 1 und 3 AufenthV vor. Dokumente, die unter diese Vorschrift fallen, bedürfen keiner Anerkennung. Mitteilungen des Bundesministeriums des Innern zur Anerkennung solcher Dokumente haben rein nachrichtliche Funktion. Hingegen handelt es sich bei Entscheidungen nach § 3 Abs. 2 AufenthV um Allgemeinverfügungen, die im Bundesanzeiger bekannt gemacht werden.

3.1.9 Für die Beurteilung, ob ein grundsätzlich anerkannter ausländischer Pass oder Passersatz ungültig ist, gelten unbeschadet völkerrechtlicher Regelungen die Regelungen, die der Ausstellerstaat hierzu trifft. So bestimmt sich nach dem Recht des Ausstellerstaates, ob Pässe, die in einem postalischen Verfahren erteilt worden sind (so genannte „Proxy-Pässe"), gültig sind oder nicht. Einige Staaten erklären Proxy-Pässe für ungültig, während andere Staaten, auch westliche Industriestaaten, postalische Verfahren für die Ausstellung von Folgepässen vorsehen.

3.1.10 Nach § 56 Nr 8 AufenthV muss der Ausländer die Anbringung von Vermerken über die Ein- und Ausreise, über das Antreffen im Bundesgebiet sowie über Maßnahmen und Entscheidungen nach dem Aufenthaltsgesetz dulden. Die Anbringung anderer Eintragungen oder Vermerke im Pass oder Passersatz ist grundsätzlich unzulässig, sofern nicht europäisches Recht weiter gehende Vorschriften enthält. Im Pass oder Passersatz eines Ausländers dürfen somit keine Eintragungen vorgenommen werden, die erkennen lassen, dass er seine Anerkennung als Asylberechtigter oder die Feststellung nach § 60 Abs. 1 begehrt. Des Weiteren darf die Beantragung eines Aufenthaltstitels nicht im Pass oder Passersatz vermerkt werden, da damit nicht eine behördliche Maßnahme oder Entscheidung dokumentiert wird. Fiktionsbescheinigungen werden daher nicht in den Pass oder Passersatz eingeklebt, sondern müssen in Verbindung mit einem separaten Trägervordruck verwendet werden (Anlage D3 zur AufenthV).

3.1.11 Zu der Anbringung von Vermerken, die in dem Pass oder Passersatz eines Ausländers eingetragen werden, bestehen überwiegend konkrete Vorgaben oder Ausfüllhinweise. Dies gilt insbesondere für die in den Anlagen D2a, D11, D13a, D13b und D14 zur Aufenthaltsverordnung vorgesehenen Aufkleber und zu Ein- und Ausreisekontrollstempeln. Andere zulässige Vermerke sind mit Angabe des Ortes und des Datums, Unterschrift und einem Abdruck des Dienstsiegels zu versehen.

3.1.12 Wird einem Ausländer ein neuer Pass ausgestellt, wird in den in dem alten Pass eingetragener und noch gültiger Aufenthaltstitel unter Verwendung des entsprechenden amtlichen Vordrucks in den neuen Pass übertragen. Der Vordruck ist mit dem Vermerk: „Übertrag des Aufenthaltstitels" samt Ort, Datum, Dienstsiegel und Unterschrift zu versehen. Hat die übertragende Behörde den Aufenthaltstitel nicht selbst erteilt, so ist auch zu vermerken, welche Behörde (§ 71 Abs. 1 und 2) den Aufenthaltstitel erteilt hat. Die Amtshandlung ist gebührenpflichtig (§ 47 Abs. 1 Nr 11 AufenthV).

3.1.13 Durch Rechtsverordnung von der Passpflicht befreit sind Ausländer nur in den Fällen des § 14 AufenthV (Rettungsfälle). Diese Befreiung endet, wenn dem Ausländer situationsbedingt die Beschaffung eines Passes oder Passersatzes (ggfs. eine deutschen Dokuments) zumutbar ist. Im Zweifel ist hier ein großzügiger Maßstab anzusetzen und flexibel zu verfahren. Den befassten Behörden wurde, um Rettungsmaßnahmen nicht durch aufenthaltsrechtliche Formerfordernisse zu behindern, durch eine offene Formulierung in § 14 Satz 2 AufenthV bewusst ein großer Spielraum eingeräumt. In Rettungsfällen ist aber im Ausgleich hierzu dafür zu sorgen, dass die Behörden den Vorgang von sich aus verfolgen und die wesentlichen Sachverhalte aktenkundig machen.

3.2 Befreiung von der Passpflicht
3.2.0 Nach § 3 Abs. 2 kann das Bundesministerium des Innern oder die von ihm bestimmte Stelle in begründeten Einzelfällen vor der Einreise eine Ausnahme von der Passpflicht zulassen. Die Ausnahme kann nur im Rahmen der Visumerteilung von der für die Ausstellung des Visums zuständigen Behörde beim Bundesministerium des Innern oder der von ihm bestimmten Stelle angeregt werden. Die Behörde, die um die Ausnahme ersucht hat, bescheinigt dem Ausländer die befristete Befreiung von der Passpflicht. Die Befreiung von der Passpflicht samt Bescheinigung sind gebührenpflichtig (§ 48 Abs. 1 Nr 9 AufenthV).

3.3 Deutsche Passersatzpapiere für Ausländer
3.3.0 § 4 Abs. 1 AufenthV enthält eine abschließende Aufzählung der von deutschen Behörden auszustellenden Passersatzpapiere. Soweit nach § 81 AufenthV keine Übergangsregelung besteht, sind deutsche Dokumente, die nicht in der AufenthV aufgeführt sind oder den in der AufenthV bestimmten Mustern entsprechen, nicht für den Grenzübertritt und die Erfüllung der Passpflicht geeignet. Insbesondere handelt es sich bei Grenzübertrittsbescheinigungen nicht um Passersatzpapiere.

3.3.1 Reiseausweis für Ausländer (§ 4 Abs. 1 Nr 1, §§ 5 bis 11 AufenthV)
3.3.1.1 Die Ausstellung von Reiseausweisen für Ausländer ist in den §§ 5 bis 11 AufenthV im Einzelnen geregelt. Die Erteilung erfolgt im Ermessen der zuständigen Behörde. Neben der Berücksichtigung der in der Verordnung genannten Kriterien kann die Behörde weitere Erwägungen anstellen. Allgemein soll, vor allem im Hinblick auf die Passhoheit des Herkunftsstaates, die erhebliche abstrakte Missbrauchsgefahr und die Interessen der Bundesrepublik Deutschland, die Ausstellung des Reiseausweises für Ausländer zurückhaltend gehandhabt werden.

3.3.1.2 Eine Unzumutbarkeit der Erfüllung der Wehrpflicht im Heimatstaat aus zwingenden Gründen (§ 5 Abs. 2 Nr 3 AufenthV) liegt regelmäßig vor bei Ausländern der zweiten Generation, die vor Abschluss eines Einbürgerungsverfahrens stehen, bei Ausländern, die mit Deutschen verheiratet sind, wenn aus der Ehe ein Kind hervorgegangen ist oder wenn ein Kind eines Ehegatten im gemeinsamen Haushalt lebt und in diesen Fällen die eheliche Lebensgemeinschaft fortbesteht, bei Ausländern, die mit Deutschen in ehelicher Lebensgemeinschaft leben, wenn sie über 35 Jahre alt sind und sich mindestens fünf Jahre rechtmäßig in der Bundesrepublik Deutschland aufgehalten haben, sowie bei Ausländern, die mit ihrem minderjährigen deutschen Kind zusammenleben und zur Ausübung der Personensorge berechtigt sind.

3.3.1.3 Die Erlangung eines Passes oder Passersatzes ist grundsätzlich auch nicht zumutbar bei Forderungen des Heimatstaates nach vorübergehender Rückkehr, wenn ein Abschiebungshindernis nach § 60 vorliegt.

3.3.1.4 Wenn ein Ausländer sich darauf beruft, dass ihm kein Pass ausgestellt wird, hat er Nachweise beizubringen (z.B. Vorlage des Schriftverkehrs mit der Auslandsvertretung), dass die Ausstellung des Passes aus von ihm nicht zu vertretenden Gründen verweigert wird (§ 70 Abs. 1). Dem steht der Nachweis gleich, dass aus von dem Ausländer nicht zu vertretenden Gründen der Pass entzogen wurde. Asylsuchende und Asylantragsteller, deren Pass in Verwahrung genommen wird (vgl. § 15 Abs. 2 Nr 4, § 21 AsylVfG), sind von dieser Nachweispflicht nicht allein wegen der Geltendmachung eines Asylbegehrens befreit (vgl. § 65 AsylVfG). Die Ausländerbehörde soll sich ihrerseits bei der zuständigen

Auslandsvertretung des fremden Staates um die Ausstellung eines Passes bemühen. Bleibt dies ohne Erfolg oder erscheint es von vornherein aussichtslos, berichtet sie der obersten Landesbehörde.

3.3.1.5 Soweit ein Anspruch auf Ausstellung eines Reiseausweises für Flüchtlinge oder eines Reiseausweises für Staatenlose besteht, wird kein Reiseausweis für Ausländer ausgestellt, es sei denn, der Ausländer möchte in einen Staat reisen, der den Reiseausweis für Flüchtlinge bzw. den Reiseausweis für Staatenlose nicht anerkennt, jedoch den Reiseausweis für Ausländer.

3.3.1.6 Der Reiseausweis für Ausländer darf mit Ausnahme des in § 6 Satz 1 Nr 3 AufenthV genannten Falles nur auf Antrag ausgestellt werden. Die Ausstellung darf zudem nur erfolgen, wenn die Voraussetzungen des § 5 AufenthV erfüllt sind, sofern nicht in § 6 Satz 2 AufenthV für einzelne Ausstellungsfälle Abweichendes geregelt ist. Die Ausstellung liegt im Ermessen der Behörde. Der Reiseausweis kann zeitgleich mit der Erteilung des erforderlichen Aufenthaltstitels ausgestellt werden; vgl. auch § 6 Satz 1 Nr 2 AufenthV.

3.3.1.7 Die Ausstellung eines deutschen Reiseausweises für Ausländer berührt die Passhoheit des Heimatstaates. Bei nur vorübergehender Passlosigkeit kommt daher die Ausstellung eines Reiseausweises für Ausländer nur in Betracht, wenn der Ausländer aus zwingenden Gründen darauf angewiesen ist (z. B. dringende familiäre Hilfeleistung im Ausland) und die Ausstellung eines Notreiseausweises nicht ausreicht.

3.3.1.8 Auf die Ausstellung eines Reiseausweises für Ausländer besteht kein Rechtsanspruch. Über die Ausstellung ist nach pflichtgemäßem Ermessen zu entscheiden. Die Ausstellung soll im Allgemeinen nur versagt werden, wenn die Ausstellungsvoraussetzungen des § 5 AufenthV nicht erfüllt werden, wenn kein Ausstellungsgrund nach den §§ 6 und 7 gegeben ist oder wenn öffentliche Interessen der Bundesrepublik Deutschland der Ausstellung entgegenstehen.

3.3.1.9 Der Reiseausweis für Ausländer ist nach dem in Anlage D4a (übergangsweise Anlage D4b) zur AufenthV abgedruckten amtlichen Muster auszustellen. Lässt sich die Staatsangehörigkeit oder Staatenlosigkeit nicht feststellen, so ist „ungeklärt" einzutragen. Vermag der Ausländer seine Staatsangehörigkeit oder seine Staatenlosigkeit nicht durch Urkunden zu belegen, genügt es, wenn er sie glaubhaft macht, es sei denn, dass auf den urkundlichen Nachweis aus besonderen Gründen nicht verzichtet werden kann. Eidesstattliche Versicherungen dürfen hierbei von den Ausländerbehörden nicht entgegengenommen werden.

3.3.1.10 Nach Maßgabe des § 6 Satz 1 Nr 3, Satz 2 AufenthV darf ein Reiseausweis für Ausländer abweichend von § 5 Abs. 2 bis 4 AufenthV ausgestellt werden, um dem Ausländer die endgültige Ausreise aus dem Bundesgebiet zu ermöglichen. Die Gültigkeitsdauer ist auf den für diesen Zweck erforderlichen Zeitraum zu beschränken. In diesen Fällen ist der Heimatstaat nicht aus dem Geltungsbereich auszuschließen.

3.3.1.11 Gültigkeitsdauer und Geltungsbereich des Reiseausweises für Ausländer sind in §§ 8 und 9 AufenthV geregelt. Auch bei der Verlängerung ist nach § 5 Abs. 5 AufenthV zu prüfen, ob die Ausstellungsvoraussetzungen noch erfüllt sind. Entfallen die Ausstellungsvoraussetzungen vor Ablauf der Gültigkeit, ist das Reisedokument in der Regel zu entziehen (§ 4 Abs. 2 Satz 1 AufenthV).

3.3.2 Die nach § 4 Abs. 1 Nr 2 und § 12 Abs. 1 AufenthV ausgestellten Grenzgängerkarten fördern die Freizügigkeit von Unionsbürgern, die ansonsten beim Umzug in einen anderen angrenzenden Mitgliedstaat befürchten müssten, dass ihrem Ehegatten oder Lebenspartner, der während des Aufenthalts der Ehegatten oder Lebenspartner in Deutschland erwerbstätig sein durfte, nur wegen des Umzugs nicht mehr seiner bisherigen Beschäftigung nachgehen kann.

§ 12 Abs. 2 AufenthV dient der Umsetzung des Freizügigkeitsabkommens EU – Schweiz. Die Ausstellungsdauer und Verlängerung richtet sich nach dem Freizügigkeitsabkommen EU – Schweiz, worauf in der Regelung durch die Verweisung auf die „Bedingungen" des Abkommens ausdrücklich hingewiesen wird.

3.3.3 Notreiseausweise nach § 4 Abs. 1 Nr 3 AufenthV werden nach den Vorschriften des § 13 AufenthV ausgestellt. Ausstellungsberechtigt sind die mit der Kontrolle des grenzüberschreitenden Verkehrs beauftragten Behörden (§ 13 Abs. 2 AufenthV) und die Ausländerbehörden (§ 13 Abs. 3 AufenthV). Die Grenzbehörden sollen die Ausstellung von Notreiseausweisen restriktiv handhaben. Die Ausländerbehörden können wegen seiner Nachrangigkeit gegenüber anderen Passersatzpapieren einen Notreiseausweis nur ausstellen, wenn die Beschaffung eines anderen – deutschen oder nichtdeutschen – Passes oder Passersatzpapiers etwa wegen der gebotenen Eile oder aus sonstigen Gründen nicht in Betracht kommt. Die Ausstellung eines Reiseausweises als Passersatz ist zudem nur zulässig, wenn der Ausländer sich in anderer Weise als durch einen Pass oder Passersatz über seine Identität ausweisen kann, etwa durch Vorlage eines Personalausweises, und die Staatsangehörigkeit feststeht. Die Bescheinigung der bereits bestehenden Rückkehrberechtigung ist nur durch oder mit Zustimmung der

Ausländerbehörde zulässig. Notreiseausweise können auch ohne diese Bestätigung ausgestellt werden. Bei Staatsangehörigen, die nicht der Visumpflicht unterliegen, ist eine solche Bestätigung in der Regel entbehrlich. Die Bestätigung erfolgt zwar auf dem Vordruck des Notreiseausweises, dennoch handelt es sich um eine gesonderte Bescheinigung. Sie ist daher auf Seite 6 des Vordrucks gesondert mit Unterschrift und Dienstsiegel zu bestätigen; Unterschrift und Dienstsiegel auf Seite 3 des Vordrucks genügen nicht. Wird die Bescheinigung nicht erteilt, ist Seite 6 des Vordrucks durch Durchstreichen oder in anderer auffälliger und dauerhafter Weise zu entwerten; Dienstsiegel und Unterschrift dürfen dann auf Seite 6 nicht angebracht werden.

3.3.4 Reiseausweis für Flüchtlinge (§ 4 Abs. 2 Nr 4 AufenthV)

3.3.4.0 Die Ausstellung des Reiseausweises für Flüchtlinge (§ 4 Abs. 2 Nr 4 AufenthV) richtet sich nach Artikel 28 des Abkommens über die Rechtsstellung der Flüchtlinge vom 28. Juli 1951 (GFK).

3.3.4.1 Folgende Ausländer haben im Rahmen eines rechtmäßigen Aufenthalts im Bundesgebiet Anspruch auf Ausstellung eines Reiseausweises für Flüchtlinge:

3.3.4.2 – Personen, die vom Bundesamt für Migration und Flüchtlinge als Asylberechtigte anerkannt worden sind, und gleichgestellte Personen wie:

– Ausländer, denen bis zum Wirksamwerden des Beitritts in dem in Artikel 3 des Einigungsvertrages genannten Gebiet Asyl gewährt worden ist (§ 2 Abs. 3 AsylVfG).
– Familienangehörige eines Asylberechtigten, die nach § 26 AsylVfG als Asylberechtigte anerkannt worden sind,
– Familienangehörige eines Asylberechtigten, denen nach § 7a Abs. 3 AsylVfG 1982 die Rechtsstellung eines Asylberechtigten gewährt wurde,
– Personen, die als ausländische Flüchtlinge nach der Asylverordnung anerkannt worden sind (vgl. AuslGVwV Nummer 7 zu § 28 AuslG 1965) mit dem Eintrag:

„Der Inhaber dieses Reiseausweises ist als Asylberechtigter anerkannt."

3.3.4.3 – Ausländer, bei denen das Bundesamt für Migration und Flüchtlinge festgestellt hat, dass die Voraussetzungen des § 60 Abs. 1 vorliegen (§ 3 AsylVfG) mit dem Eintrag:

„Der Inhaber dieses Reiseausweises ist Flüchtling im Sinne des Abkommens über die Rechtsstellung der Flüchtlinge."

3.3.4.4 – Heimatlose Ausländer mit dem Eintrag:

„Der Inhaber dieses Reiseausweises ist heimatloser Ausländer nach dem Gesetz über die Rechtsstellung heimatloser Ausländer im Bundesgebiet vom 25. April 1951 und zum Aufenthalt im Gebiet der Bundesrepublik Deutschland berechtigt."

3.3.4.5 – Kontingentflüchtlinge, die vor dem 1. Januar 2005 nach dem bis dahin geltenden § 1 Abs. 1 des Gesetzes über Maßnahmen für im Rahmen humanitärer Hilfsaktionen aufgenommene Flüchtlinge die Rechtsstellung von Flüchtlingen nach der GFK genossen haben (vgl. § 103); dies gilt nicht für Personen, die nur in analoger Anwendung des Gesetzes aufgenommen wurden. Hierzu erfolgt der Eintrag:

„Der Ausweisinhaber ist als ausländischer Flüchtling nach § 1 Abs. 1 des Gesetzes über Maßnahmen für im Rahmen humanitärer Hilfsaktionen, das am 1. Januar 2005 außer Kraft trat, aufgenommen worden. Die Rechtsstellung gilt nach § 103 AufenthG fort."

3.3.4.6 – Flüchtlinge, die von einem anderen Vertragsstaat des Abkommens über die Rechtsstellung der Flüchtlinge anerkannt worden sind, wenn die Verantwortung für die Ausstellung des Reiseausweises auf Deutschland übergegangen ist (Artikel 28 GFK i. V. m. § 11 Anhang zu diesem Abkommen) mit dem Eintrag:

„Der Inhaber dieses Reiseausweises hat außerhalb des Gebietes der Bundesrepublik Deutschland Anerkennung als Flüchtling nach dem Abkommen über die Rechtsstellung der Flüchtlinge gefunden."

3.3.4.7 Die Gültigkeitsdauer der Reiseausweise ist bei der Ausstellung in der Regel auf zwei Jahre festzusetzen. Die Gültigkeitsdauer kann auf Antrag um jeweils ein oder zwei Jahre bis zu einer Gesamtgültigkeitsdauer von zehn Jahren, bezogen auf den Tag der Ausstellung des Reiseausweises, verlängert werden.

3.3.4.8 In dem Vordruck für den Reiseausweis, der bis zum 31. Dezember 2005 verwendet werden kann, ist auf Seite 1 ein Feld für die Eintragung des Datums vorgesehen, bis zu dem der Inhaber berechtigt ist, in die Bundesrepublik Deutschland zurückzukehren. Beim Ausfüllen ist darauf zu achten, dass das Datum auch in der englischen Übersetzung eingefügt wird. Das Datum richtet sich regelmäßig nach der Gültigkeitsdauer des Ausweises, die ggfs. beschränkt werden kann. In dem spätestens ab dem 1. Januar 2006 zu verwendenden Vordruck (Anlage D7 zur AufenthV) ist ein Vermerk vorgedruckt, wonach sich die Rückkehrberechtigung nach der Gültigkeitsdauer des Reiseausweises richtet.

Passpflicht § 3 **AufenthG** 1

3.3.4.9 Sofern der Geltungsbereich des Reiseausweises nicht nach § 4 des Anhangs zum Abkommen über die Rechtsstellung der Flüchtlinge auf bestimmte Länder zu beschränken ist, gilt er für alle Staaten ausgenommen den Herkunftsstaat; als Geltungsbereich ist in diesem Fall in den Reiseausweis einzutragen:
– In dem Vordruck für den Reiseausweis, der bis zum 31. Dezember 2005 verwendet werden kann:
„Für alle Länder ausgenommen . . . (Herkunftsstaat); for all countries with the exception of . . . (country of origin); pour tous les pays sauf . . . (pays d'origine)."
– In dem Vordruck für den Reiseausweis, der spätestens ab dem 1. Januar 2006 zu verwenden ist (Anlage D7 zur AufenthV), ist der Text
„Dieser Reiseausweis ist gültig für alle Staaten mit Ausnahme von:"
dreisprachig vorgedruckt; es ist also nur noch die Bezeichnung des Herkunftsstaates einzutragen.
3.3.4.10 In den Reiseausweis für Flüchtlinge dürfen die Kinder des Ausländers, die das 16. Lebensjahr noch nicht vollendet haben, eingetragen werden, auch wenn diese selbst nicht zum berechtigten Personenkreis der Flüchtlinge gehören. Sofern ein ausländischer Staat für die Einreise verlangt, dass die Reiseausweise Lichtbilder der in ihnen eingetragenen Kinder enthalten, können deren Lichtbilder in dem Ausweis angebracht werden.
3.3.4.11 Bei Vorlage eines durch eine deutsche Behörde ausgestellten Reiseausweises für Flüchtlinge ist eine Eintragung über Kinder, die das 16. Lebensjahr vollendet haben, von Amts wegen zu löschen. Dies gilt nicht für die in dem Reiseausweis eingetragenen minderjährigen Kinder eines Ausländers, der seine dauernde Niederlassung in einem anderen Staat anstrebt.
3.3.4.12 Wird dem Inhaber eines Nationalpasses ein Reiseausweis für Flüchtlinge ausgestellt, ist ihm der Nationalpass gleichwohl zu belassen. Handelt es sich um einen anerkannten Asylberechtigten oder um eine Person, zu der das Bundesamt für Migration und Flüchtlinge festgestellt hat, dass die Voraussetzungen des § 60 Abs. 1 vorliegen, ist in geeigneten Fällen eine Kontrollmitteilung an das Bundesamt unter Beifügung von Kopien des Nationalpasses zu erwägen. Sowohl der Reiseausweis als auch der Nationalpass sind mit einem Vermerk zu versehen, der auf das Vorhandensein des anderen Ausweises hinweist und der lautet:
– Im Nationalpass nur auf Deutsch:
„Dem Inhaber wurde ein deutsches Passersatzpapier ausgestellt."
– Im Reiseausweis für Flüchtlinge:
„Der Inhaber ist auch Inhaber eines Nationalpasses. The bearer also holds a national passport."
3.3.4.13 Erlöschen die Anerkennung als Asylberechtigter oder die Feststellung, dass die Voraussetzungen des § 60 Abs. 1 vorliegen, oder sind der Widerruf oder die Rücknahme der Anerkennung als Asylberechtigter oder der Feststellung, dass die Voraussetzungen des § 60 Abs. 1 vorliegen, unanfechtbar geworden, hat der Ausländer den Reiseausweis für Flüchtlinge unverzüglich bei der Ausländerbehörde abzugeben (vgl. § 72 Abs. 2, § 73 Abs. 6 AsylVfG). Falls der Ausländer dieser gesetzlichen Pflicht nicht nachkommt, wird der Reiseausweis entzogen; § 4 Abs. 2 AufenthV.
3.3.4.14 Für das Ausfüllen, die Änderung, Umschreibung und Einziehung von Reiseausweisen für Flüchtlinge sowie die Behandlung, ungültig gewordener, eingezogener oder in Verlust geratener Reiseausweise finden die Bestimmungen für deutsche Reisepässe entsprechende Anwendung, soweit hier oder in gesonderten Ausfüllhinweisen nichts anderes bestimmt ist. Entsprechendes gilt für die Feststellung, ob ein Reiseausweis gültig oder ungültig ist. Die Ausstellung eines Kinderreisepasses anstelle des Reiseausweises kommt nicht in Betracht.
3.3.4.15 Das bereits vor dem 1. Januar 2005 eingeführte Muster des Reiseausweises für Flüchtlinge darf nach § 80 Nr 3 AufenthV bis zum 31. Dezember 2004 weiterverwendet werden. Danach darf nur noch der in Anlage D7 zur AufenthV bestimmte Vordruck benutzt werden.
3.3.4.16 Stehen zwingende Gründe der öffentlichen Sicherheit oder Ordnung der Ausstellung eines Reiseausweises entgegen (Artikel 28 GK), kann einem Asylberechtigten ein Ausweisersatz ausgestellt werden.
3.3.4.17 Für Reisen in Staaten, die den Reiseausweis für Flüchtlinge nicht als Grenzübertrittspapier anerkennen, kann ein Reiseausweis für Ausländer ausgestellt werden, sofern die allgemeinen Voraussetzungen der §§ 5 ff. AufenthV erfüllt sind.
3.3.4.18 Hält sich der Inhaber eines von einer deutschen Behörde ausgestellten Reiseausweises rechtmäßig in einem Staat auf, für den das Abkommen über die Rechtsstellung der Flüchtlinge oder das Protokoll vom 31. Januar 1967 oder das Londoner Abkommen betreffend Reiseausweise für Flüchtlinge gilt, sind für die Ausstellung eines neuen Reiseausweises die Behörden desjenigen Staates zuständig, bei denen der Flüchtling seinen Antrag zu stellen berechtigt ist (§ 11 des Anhangs zum Abkommen über die Rechtsstellung der Flüchtlinge, Artikel 13 des Londoner Abkommens). Eine Verlängerung der Gültigkeitsdauer des Reiseausweises durch die deutsche Auslandsvertretung scheidet

daher in diesen Fällen regelmäßig aus. Der Reiseausweis kann jedoch von der deutschen Auslandsvertretung dann verlängert werden, wenn der Inhaber des Reiseausweises von den Behörden des Staates, in dem er sich aufhält, keinen Reiseausweis oder sonstigen Ausweis erhält, und die Behörden dieses Staates den weiteren Aufenthalt nur unter der Voraussetzung gestatten, dass der Reiseausweis verlängert wird. Dabei ist zu beachten, dass ein Reiseausweis nur ausgestellt werden kann, solange ein Aufenthaltsrecht für das Bundesgebiet besteht. Für eine Verlängerung der Gültigkeitsdauer des Reiseausweises um mehr als sechs Monate und für eine erneute Verlängerung bedarf es daher im Hinblick auf § 51 Abs. 1 Nr 6 und 7 (vgl. aber auch § 51 Abs. 7) der Zustimmung der Ausländerbehörde, die den Reiseausweis ausgestellt oder seine Gültigkeitsdauer zuletzt verlängert hat. Die Zustimmung ist unmittelbar bei der Ausländerbehörde einzuholen.

3.3.4.19 Hält sich der Ausländer mit einem von einer deutschen Behörde ausgestellten Reiseausweis rechtmäßig in einem Staat auf, für den das Abkommen über die Rechtsstellung der Flüchtlinge oder das Protokoll vom 31. Januar 1967 oder das Londoner Abkommen betreffend Reiseausweise für Flüchtlinge nicht gelten, kann die deutsche Auslandsvertretung die Gültigkeitsdauer des Reiseausweises verlängern, wenn der Inhaber von den Behörden dieses Staates keinen Ausweis erhalten kann und die Behörden den weiteren Aufenthalt nur unter der Voraussetzung gestatten, dass der Reiseausweis verlängert wird. Auch dabei ist zu beachten, dass ein Reiseausweis nur ausgestellt werden kann, solange ein Aufenthaltsrecht für das Bundesgebiet besteht. Für eine Verlängerung der Gültigkeitsdauer des Reiseausweises um mehr als sechs Monate und für eine erneute Verlängerung bedarf es daher im Hinblick auf § 51 Abs. 1 Nr 6 und 7 (vgl. aber auch § 51 Abs. 7) der Zustimmung der Ausländerbehörde, die den Reiseausweis ausgestellt oder seine Gültigkeitsdauer zuletzt verlängert hat. Die Zustimmung ist unmittelbar bei der Ausländerbehörde einzuholen.

3.3.4.20 Hat der Ausländer das Bundesgebiet verlassen und ist die Zuständigkeit für die Ausstellung eines Reiseausweises für Flüchtlinge auf einen anderen Staat übergegangen (§ 11 des Anhangs der GFK; Artikel 2 des Europäischen Übereinkommens über den Übergang der Verantwortung für Flüchtlinge vom 16. Oktober 1980, BGBl. 1994 II S. 2645), hat der Ausländer trotz seiner Anerkennung als Asylberechtigter keinen Anspruch auf erneute Erteilung eines Aufenthaltstitels (§ 51 Abs. 7). Solange der Asylberechtigte im Besitz eines gültigen von einer deutschen Behörde ausgestellten Reiseausweises für Flüchtlinge ist, erlischt der Aufenthaltstitel im Fall der Ausreise nicht (§ 51 Abs. 7). Dies gilt auch für Ausländer, bei denen unanfechtbar die Voraussetzungen des § 60 Abs. 1 vorliegen.

3.3.4.21 Ausländer, die außerhalb des Bundesgebiets als ausländische Flüchtlinge im Sinne des Abkommens über die Rechtsstellung der Flüchtlinge anerkannt worden sind, können nach § 22 in das Bundesgebiet übernommen werden. Soll ihnen aufgrund einer entsprechenden Entscheidung der Aufenthalt im Bundesgebiet über die Gültigkeitsdauer eines Reiseausweises für Flüchtlinge, der von einer Behörde eines anderen Staates aus gestellt wurde, hinaus gestattet werden, hat die Ausländerbehörde einen neuen Reiseausweis nach dem Abkommen über die Rechtsstellung der Flüchtlinge auszustellen. Entsprechendes gilt in den Fällen des § 11 des Anhangs zu dem Abkommen über die Rechtsstellung der Flüchtlinge. Die Behandlung des ausländischen Reiseausweises richtet sich nach § 12 des Anhangs zu dem Abkommen über die Rechtsstellung der Flüchtlinge.

3.3.5 Reiseausweis für Staatenlose (§ 4 Abs. 1 Nr 5 AufenthV)

3.3.5.0 Die Ausstellung des Reiseausweises für Staatenlose (§ 4 Abs. 1 Nr 5 AufenthV) richtet sich nach dem Übereinkommen über die Rechtsstellung der Staatenlosen vom 28. September 1954 (BGBl. 1976 II S. 473), das am 24. Januar 1977 für die Bundesrepublik Deutschland in Kraft getreten ist (BGBl. 1977 II S. 235).

3.3.5.1 Ein Rechtsanspruch auf Ausstellung eines Reiseausweises für Staatenlose besteht nur dann, wenn der Staatenlose sich rechtmäßig im Bundesgebiet aufhält und zwingende Gründe der Staatssicherheit oder der öffentlichen Ordnung nicht entgegenstehen (Artikel 28 Satz 1 Staatenlosenübereinkommen). Grundsätzlich wird ein Daueraufenthaltsrecht vorausgesetzt. Verweigert der Herkunftsstaat etwa einem Staatenlosen die Rückkehr auf Dauer, ist für den Ausländer dieser Staat nicht mehr das Land seines gewöhnlichen Aufenthalts bzw. rechtmäßigen Aufenthalts im Sinne von Artikel 28 des Staatenlosenübereinkommens. Die Aufenthaltserlaubnis, die für die Gültigkeitsdauer von mindestens einem Jahr und nicht nur für einen seiner Natur nach vorübergehenden Zweck (z. B. Studium) erteilt wurde, verleiht ein entsprechendes Aufenthaltsrecht im Sinne des Artikels 28 Satz 1 des Staatenlosenübereinkommens. Diese Anforderung wird jedoch durch die Wirkung des § 81 Abs. 2 oder 3 ebenso wenig erfüllt wie durch eine Duldung nach § 60 a.

3.3.5.2 Nach Artikel 28 Satz 2 des Staatenlosenübereinkommens können die Vertragsstaaten auch jedem anderen in ihrem Hoheitsgebiet befindlichen Staatenlosen einen Reiseausweis im Ermessenswege ausstellen. Sie werden insbesondere wohlwollend die Möglichkeit prüfen, solche Reiseausweise denjenigen in ihrem Hoheitsgebiet befindlichen Staatenlosen auszustellen, die von dem Land, in dem sie ihren rechtmäßigen Aufenthalt haben, keinen Reiseausweis erhalten können (sog. Wohlwollensklausel). Die Ausstellung eines Reiseausweises für Staatenlose im Ermessenswege kommt insbesondere dann nicht in Betracht, wenn dem Ausländer die Stellung eines (Wieder-)Einbürgerungsantrags zugemutet werden kann und der Ausländer nicht nachweist, dass dieser Antrag keinen Erfolg hat.

3.3.6 Die Schülersammelliste (§ 4 Abs. 1 Nr 6 AufenthV) erfüllt zugleich zwei Funktionen, und zwar ersetzt sie zum einen einen Aufenthaltstitel, zum anderen stellt sie einen Passersatz dar. Zu den genauen Ausstellungsmodalitäten wird auf Nr 4.1.1.12 hingewiesen. Damit eine deutsche Schülersammelliste die Funktion eines Passersatzpapiers erfüllt, ist es erforderlich, dass die Liste nach Aufbau und Text der Vorgabe der EU-Schülersammellistenregelung entspricht, vollständig und gut lesbar ausgefüllt ist und die gesamte Reisendengruppe (einschließlich der deutschen Schüler und der nicht deutschen Schüler mit einem geeigneten Pass oder Passersatz) sowie Zweck und Umstände der Reise aufführt. Einziger zulässiger Zweck ist ein bestimmter Schulausflug einer Schülergruppe an einer allgemein- oder berufsbildenden Schule. Die Bestätigung der Ausländerbehörde, die dazu führt, dass die Liste die Funktion eines Passersatzpapiers erfüllen kann, wird nur mit Bezug zu denjenigen Schülern erteilt, die nicht Unionsbürger sind und die keinen eigenen geeigneten, also im Ziel- oder Transitstaat anerkannten Pass oder Passersatz mit Lichtbild besitzen. Die Identität – nur – dieser Schüler ist durch ein an der Liste angebrachtes aktuelles Lichtbild zu bestätigen. Vor der Bestätigung ist sicherzustellen, dass der Schüler im Bundesgebiet rechtmäßig wohnhaft und zur Wiedereinreise berechtigt ist. Bestätigungen der Ausländerbehörde sind nur auf Listen anzubringen, die von der Schulleiterin oder dem Schulleiter – persönlich oder durch die allgemein bestellte Vertreterin oder den allgemein bestellten Vertreter – bereits gegengezeichnet sind.

3.3.7 Die Bescheinigung über die Wohnsitzverlegung (§ 4 Abs. 1 Nr 7 AufenthV) ist näher in § 43 Abs. 2 AufenthV geregelt. Diese Regelung entspricht Artikel 26 Abs. 5 der Richtlinie 2001/55/EG.

3.3.8 Das Standardreisedokument für die Rückführung (§ 4 Abs. 1 Nr 8 AufenthV) dient, wenn es von einer deutschen Behörde ausgestellt wurde, als Passersatz- und damit Grenzübertrittspapier nur für die Ausreise aus der Bundesrepublik Deutschland. Seine Ausstellung erfolgt unter Berücksichtigung der in § 1 Abs. 8 AufenthV genannten Empfehlung des Rates.

3.3.9 Für andere als die in § 4 Abs. 1 AufenthV genannten deutsche Passersatzpapiere gilt die Übergangsregelung des § 81 AufenthV. Dort geregelt ist die Weitergeltung von

– Reiseausweisen für Flüchtlinge und für Staatenlose, Grenzgängerkarten und Eintragungen in Schülersammellisten, die bis zum 31. Dezember 2004 ausgestellt worden sind, für die Dauer des jeweiligen Gültigkeitszeitraum;

– Reisedokumenten (§ 14 Abs. 1 Nr 1 DVAuslG), Reiseausweisen als Passersatz, die an Ausländer ausgestellt worden sind, Befreiungen von der Passpflicht in Verbindung mit Rückkehrberechtigungsvermerken auf einem Ausweisersatz, Passierscheinen für Flugpersonal und Landgangsausweisen für Seeleute und Grenzkarten nach dem Freizügigkeitsabkommen EU-Schweiz, die entsprechend der näheren Regelung in der Übergangsvorschrift des § 81 Abs. 2 AufenthV als Dokumente nach der AufenthV weitergelten; vgl. auch § 81 Abs. 3 AufenthV. In § 81 Abs. 5 AufenthV ist die Möglichkeit eines Umtausches in neue Passersatzpapiere näher beschrieben. Von der Möglichkeit eines solchen Umtauschs können die Behörden, welche die neuen Papiere ausstellen dürfen, insbesondere dann Gebrauch machen, wenn hierdurch im Hinblick auf die erhöhte Fälschungssicherheit neuer Vordrucke ein Sicherheitsgewinn zu erwarten ist oder wenn ältere Dokumente abgenutzt oder wegen eines veralteten Lichtbildes in ihrer Verwendbarkeit eingeschränkt sind. Passersatzpapiere, die nicht in § 81 Abs. 1 oder 2 AufenthV genannt sind, werden am 1. Februar 2005 ungültig. Hiervon betroffen sind insbesondere die diversen Sonderbescheinigungen, die aufgrund zwischenstaatlicher Vereinbarungen mit Nachbarstaaten ausgestellt wurden. Solche Bescheinigungen werden zum Stichtag zwar nicht insgesamt ungültig, sind aber ab dem 1. Februar 2005 nicht mehr geeignet, einen anerkannten und gültigen Pass oder Passersatz zu ersetzen. Wenn beispielsweise ein Ausweis dazu berechtigt, den Bodensee auch außerhalb der Grenzkontrollstellen von der Schweiz nach Deutschland zu überqueren, besteht diese Berechtigung aufgrund des Ausweises weiterhin, jedoch ist beim Grenzübertritt stets ein anerkannter und gültiger Pass oder Passersatz mitzuführen.

Übersicht

	Rn
I. Entstehungsgeschichte	1
II. Allgemeines	2
III. Passpflicht	6
IV. Ausländische und deutsche Passersatzpapiere	12

1 AufenthG § 3

I. Entstehungsgeschichte

1   Die Vorschrift entspricht im Wesentlichen § 4 AuslG über die Passpflicht u. stimmt mit dem **GesEntw** (BT-Drs 15/420 S. 7) überein.

II. Allgemeines

2   Der Pass ist ein **Identitäts- u. Grenzübertrittsdokument.** Der notwendige **Inhalt** eines Passes ist nicht näher bestimmt, sondern ergibt sich aus dessen Zweck u. der allg Staatenpraxis (ausführlich Jansen, ZAR 1998, 70; Maor, ZAR 2005, 222). Der Pass dokumentiert die Personalhoheit des ausstellenden Staats u. dient der Identifizierung des Inhabers. Daher muss er zumindest die folgenden Angaben enthalten: Namen u. Vornamen; Tag u. Ort der Geburt; Staatsangehörigkeit; Lichtbild u. Unterschrift des Inhabers; Geltungsbereich u. -dauer; ausstellende Behörde. Falls der Pass keine dahingehenden Einschränkungen enthält, berechtigt er zur Ausreise u. zur Rückkehr. Zugleich erklärt der ausstellende Staat nach allg Auffassung mit der Passausgabe seine Bereitschaft zur Gewährung diplomatischen u. konsularischen Schutzes u. zur Zurücknahme des Inhabers. Statt eines Passes können **Passersatzpapiere** ausgestellt werden: Diese brauchen nicht alle genannten Angaben zu enthalten: sie müssen aber den Inhaber genau bezeichnen u. zumindest zum Grenzübertritt berechtigen. Ein Passersatz kann seine Funktion nicht erfüllen, wenn der ausstellende Staat den Inhaber nicht als eigenen Staatsangehörigen anerkennt. Zur Anerkennung ausl Passersatzpapiere u. zur Ausstellung dt Passersatzpapiere für Ausl vgl §§ 2 ff AufenthV.

3   Der Pass unterliegt der **Passhoheit** des ausstellenden Staats. Ein fremder Nationalpass darf daher grundsätzlich nicht eingezogen oder sonst auf Dauer einbehalten werden. Eine vorübergehende Einbehaltung ist dagegen zulässig, wenn sie dem Zweck dient, die Ausreiseverpflichtung des Ausl durchsetzen u. überwachen zu können oder eine Haftverschonung abzusichern (OLG Saarbrücken, NJW 1978, 2460; dazu auch § 65 AsylVfG Rn 2). Die Hinterlegung bei Asylbew ist auch vr unbedenklich (§ 65 AsylVfG Rn 2). Dasselbe gilt zugunsten von durch ausl Staaten ausgestellten Passersatzpapieren.

4   Mit der Angabe der StAng erklärt der ausstellende Staat vr **verbindlich,** dass der Inhaber sein StAng ist. Damit steht der Pass zwar hinsichtlich des tatsächlichen Bestehens der StAng nicht dem StAng-Ausweis (vgl Nr 9 StAR-VwV iVm StUrkV; Hailbronner/Renner, § 39 StAG Rn 7) gleich. Dt Behörden haben die Eintragungen in dem Pass aber zunächst als verbindlich u. damit als zutreffend hinzunehmen u. eigene Identitätsüberprüfungen zu unterlassen. Unberührt bleibt ihre Befugnis zur Prüfung der Echtheit des Passes u. bei triftigem Anlass auch der Richtigkeit der Eintragungen selbst. Dt Behörden dürfen Eintragungen in ausl Pässen u. Passersatzpapieren nur nach Maßgabe einer Ermächtigung durch die ausstellende Behörde ändern oder löschen. Eigene Eintragungen sind nur nach Maßgabe von § 56 Nr 8 u. Nr 3. 1. 10 VAH zulässig, soweit sie zur Dokumentation des AufR notwendig sind u. den Inhaber bei einer Rückkehr in den Heimatstaat oder sonst nicht gefährden. Daher wird dem Asylbew eine AufGest ausgestellt u. werden Fiktionsbescheinigungen (§ 81 V) auf einem eigenen Vordruck angebracht.

5   Der Passbesitz als **objektive Voraussetzung** einer legalen Einreise u. eines legalen Aufenthalts ist von der Ausweispflicht als einem Mittel des Identitätsnachweises (§ 48 Rn 2) u. der Passmitführungspflicht sowie der Passvorlagepflicht (§ 13 Rn 3, 5; vgl §§ 56, 57 AufenthV) zu unterscheiden (näher Jansen, ZAR 1998, 70; Maor, ZAR 2005, 222; Renner, Rn 4/20–34). Der Besitz eines gültigen Passes ist sowohl für die Einreise (§ 14 I Nr 1 u. §§ 15, 57) als auch für die Erteilung oder Verlängerung eines AufTit (§§ 5 I, 8 I) zwingend vorausgesetzt (Ausnahmen nach § 5 III: §§ 24 I, 25 I–III, 26 III). Im Schengen-Raum ist die Passmitführungspflicht nicht ausdrücklich aufgehoben, sondern aufrecht

Passpflicht §3 **AufenthG 1**

erhalten (Art 2 III SDÜ; Nr 5.3.2 AAH-SDÜ); infolge Wegfalls der Binnengrenzkontrollen läuft sie aber ins Leere (Nanz, ZAR 1994, 99), u. daher spricht viel dafür, dass sie nicht mehr gilt (HessVGH, InfAuslR 2004, 141). Nichtbesitz eines Passes bei Einreise oder Aufenthalt ist strafbewehrt (§ 95 I Nr 1 u. 3). Der Passpflicht gilt ungeachtet des Alters, also auch für Ausl unter 16 Jahren (zur Vertretung § 80 IV). Ausnahmen u. Befreiungen von der Passpflicht (Abs 2; § 14 AufenthV) sind ebenso zugelassen wie Ausnahmen bei Erteilung einer AE (§ 5 III). An die Passpflicht sind Verpflichtungen des Ausl geknüpft, geeignete Vorkehrungen zu treffen, um jederzeit im Besitz eines ordnungsgemäßen gültigen Passes oder Passersatzes zu sein (§ 48 II, III). Zweifel an Identität oder StAng berechtigen zu Maßnahmen zur Identitätsfeststellung (§ 49 II). Beim Ablauf der Gültigkeit des Passes oder dessen Verlust oder Vernichtung kann der AufTit widerrufen werden (§ 52 I Nr 1); er erlischt aber nicht mehr automatisch wie früher nach § 9 I Nr 1 AuslG 1965. Mithin entfällt auch der Zwang, in jedem Fall dt Ersatzpapiere auszustellen (vgl BT-Drs 11/6321 S. 44).

III. Passpflicht

Die Passpflicht ist von der Pflicht, einen AufTit (§ 4 I) oder bei der Einreise ein Visum (VO/EG 539/2001) zu besitzen, zu unterscheiden. Der Pass ersetzt den notwendigen AufTit nicht. Passpflicht **besteht nicht** für Personen, auf die das AufenthG nicht anzuwenden ist (§ 1 II Nr 2). Staatsoberhäupter benötigen nach allg vr Grundsätzen auch bei Privatreisen keinen Pass. Angehörige des diplomatischen u. konsularischen Dienstes iSd § 1 II Nr 3 sind nicht von der Passpflicht befreit. 6

Freizügigkeitsberechtigte **Unionsbürger** u. ihnen gleichgestellte Personen (EWR-Staatsangehörige) unterliegen nicht der Passpflicht, sondern nur der Ausweispflicht nach § 8 FreizügG/EU (vgl § 11 I 1 FreizügG/EU). Bei einem Verstoß liegt eine Ordnungswidrigkeit vor (§ 10 FreizügG/EU), keine Straftat (zur Unverhältnismäßigkeit der Ahndung des Nichtbesitzes eines Ausweises bei Unionsbürgern vgl EuGH, EZAR 810 Nr 10). Der Nichtbesitz eines Ausweises führt nicht zur Illegalität des Aufenthalts u. berechtigt nicht zu dessen Beendigung (Art 3 III RL 64/221/EWG). 7

Die **Ermächtigungen** des BMI zur Befreiung von der Passpflicht u. zur Einführung eigener u. zur Zulassung anderer amtl Ausweise als Passersatz (§ 99 I Nr 4–6 sind hinreichend bestimmt (Art 80 I GG) u. auch auf Unionsbürger anzuwenden (§ 11 I FreizügG/EU). Von ihnen hat das BMI in den §§ 2 ff AufenthV Gebrauch gemacht (dazu Maor, ZAR 2005, 222; zu den Passersatzpapieren vgl Rn 12 ff). 8

Befreiungen gelten einmal in begründeten Einzelfällen aufgrund einer Anordnung des BMI (§ 3 II) u. außerdem für Rettungsflug- u. Begleitpersonal u. Katastrophenhelfer (§ 14 AufenthV). Andere Personengruppen sind derzeit nicht von der Passpflicht allg befreit. 9

Die Passpflicht kann der Ausl notfalls mit einem **Ausweisersatz** erfüllen, der den Anforderungen des § 48 II genügt, zB mit einem Reiseausweis nach Art 28 GK oder Art 28 StlÜbk. Bei Ausl unter 16 Jahren reicht die Eintragung in den Pass des ges Vertreters aus; vom zehnten Lebensjahr an muss ein eigenes Lichtbild des Kindes im Pass oder Passersatz angebracht sein (§ 2 AufenthV). Für Asylbew gelten die Sonderegelungen der §§ 15 II Nr 4, 21 I u. V, 50 VI, 64 I, 65 AsylVfG über die Abgabe des Passes u. die Erfüllung der Ausweispflicht durch die AufGest. 10

Besitz eines Passes oder Ausweises ist nicht gleichbedeutend mit einer Mitführung oder präsenten Vorlage. Es genügt, wenn der Ausl die Sachherrschaft über den Pass iSd § 868 BGB ausübt (vgl HessVGH, InfAuslR 2004, 141) u. den Besitz in angemessener Frist nachweist. Dies kann außer durch Vorlage auch durch Übermittlung per Fax oder von (möglichst beglaubigten) Ablichtungen geschehen. Es muss sich um einen noch gültigen Pass handeln. 11

IV. Ausländische und deutsche Passersatzpapiere

12 Als Passersatz sind aufgrund der Ermächtigung in § 99 I Nr 6 (dazu Rn 8) die folgenden **nichtdt Dokumente** zugelassen (§ 3 AufenthV; näher dazu Nr 3.1.6 ff VAH; Maor, ZAR 2005, 222): Reiseausweise für Staatenlose u. Flüchtlinge (Art 28 StlÜbk; Art 28 GK); Ausweise für Mitglieder u. Bedienstete von EG-Organen; Ausweise für Abgeordnete der Parlamentarischen Versammlung des Europarats; amtl Personalausweise der EU-Mitgliedstaaten, der sonstigen EWR-Staaten u. der Schweiz; Schülersammellisten (Art 2 Beschluss des Rats vom 30. 11. 1994, ABl. EG L 327 S. 1); Flugbesatzungsausweise für § 23 AufenthV; Binnenschifffahrtsausweise für § 25 AufenthV.

13 Als **dt Passersatzpapiere** sind aufgrund der Ermächtigung in § 99 I Nr 5 (dazu Rn 8) geschaffen bzw anerkannt (§ 4 AufenthV; näher dazu Nr 3.3 VAH): Reiseausweise für Ausl, für Staatenlose u. für Flüchtlinge; Grenzgängerkarte; Notreiseausweis; Schülersammelliste; Bescheinigung über Wohnsitzverlegung; Standardreisedokument für die Rückführung (Empfehlung des Rats vom 30. 11. 1994, ABl. EG C 274 S. 18). Passierschein, Landgangsausweis u. Seefahrtbuch (vgl § 14 DVAuslG) sind nicht mehr zugelassen (Maor, ZAR 2005, 222).

14 Der **Reiseausweis für Ausländer** (§§ 5 ff AufenthV) tritt an die Stelle des früheren Reisedokuments (§§ 15 ff DVAuslG) u. des früheren Fremdenpasses (§ 4 AuslG 1965; näher Nr 3.3.1 bis 3.3. 1. 11 VAH; Maor, ZAR 2005, 222; Renner, AiD Rn 5/45–53). Ausstellung u. Verlängerung sind an den Besitz besonderer aufenthaltsrechtlicher Titel gebunden, zu denen auch die AufGest für Asylbew zählt (§ 6 AufenthV). Bei Asylbew muss aber ua ein dringendes öffentl Interesse bestehen.

15 Damit der Ausl seiner **Ausweispflicht** (§ 48) jederzeit nachkommen kann, treffen ihn besondere ausweisrechtliche Pflichten hinsichtlich seines ausl Passes (§ 56 Nr 1 bis 6 AufenthV) u. des von der BR Deutschland ausgestellten Passersatzes (§ 56 Nr 7 AufenthV). Damit wird der Ausl zugleich in die Lage versetzt, seine passrechtlichen Verpflichtungen zu erfüllen. Passvorlage wird nur nach § 48 I verlangt; sonst genügt zum Nachweis des Besitzes die Vorlegung binnen angemessener Frist. Ein dt Reiseausweis oder ein anderer Passersatz werden bei Wegfall der Ausstellungsvoraussetzungen idR entzogen (§ 4 II AufentV). Es besteht keine allg Passbeschaffungsverpflichtung, sondern nur konkrete zumutbare Mitwirkungspflichten (OVG NRW, EZAR 060 Nr 12).

§ 4 Erfordernis eines Aufenthaltstitels

(1) ¹Ausländer bedürfen für die Einreise und den Aufenthalt im Bundesgebiet eines Aufenthaltstitels, sofern nicht durch Recht der Europäischen Union oder durch Rechtsverordnung etwas anderes bestimmt ist oder auf Grund des Abkommens vom 12. September 1963 zur Gründung einer Assoziation zwischen der Europäischen Wirtschaftsgemeinschaft und der Türkei (BGBl. 1964 II S. 509) (Assoziationsabkommen EWG/Türkei) ein Aufenthaltsrecht besteht. ²Die Aufenthaltstitel werden erteilt als

1. Visum (§ 6),
2. Aufenthaltserlaubnis (§ 7) oder
3. Niederlassungserlaubnis (§ 9).

(2) ¹Ein Aufenthaltstitel berechtigt zur Ausübung einer Erwerbstätigkeit, sofern es nach diesem Gesetz bestimmt ist oder der Aufenthaltstitel die Ausübung der Erwerbstätigkeit ausdrücklich erlaubt. ²Jeder Aufenthaltstitel muss erkennen lassen, ob die Ausübung einer Erwerbstätigkeit erlaubt ist. ³Einem Ausländer, der keine Aufenthaltserlaubnis zum Zweck der Beschäftigung besitzt, kann die Ausübung einer Beschäftigung nur erlaubt werden, wenn die Bundesagentur für Arbeit zugestimmt hat oder

Erfordernis eines Aufenthaltstitels § 4 AufenthG 1

durch Rechtsverordnung bestimmt ist, dass die Ausübung der Beschäftigung ohne Zustimmung der Bundesagentur für Arbeit zulässig ist. ⁴ Beschränkungen bei der Erteilung der Zustimmung durch die Bundesagentur für Arbeit sind in den Aufenthaltstitel zu übernehmen.

(3) ¹ Ausländer dürfen eine Beschäftigung nur ausüben, wenn der Aufenthaltstitel es erlaubt, und von Arbeitgebern nur beschäftigt werden, wenn sie über einen solchen Aufenthaltstitel verfügen. ² Dies gilt nicht, wenn dem Ausländer auf Grund einer zwischenstaatlichen Vereinbarung, eines Gesetzes oder einer Rechtsverordnung die Erwerbstätigkeit ohne den Besitz eines Aufenthaltstitels gestattet ist.

(4) Eines Aufenthaltstitels bedürfen auch Ausländer, die als Besatzungsmitglieder eines Seeschiffes tätig sind, das berechtigt ist, die Bundesflagge zu führen.

(5) ¹ Ein Ausländer, dem nach dem Assoziationsabkommen EWG/Türkei ein Aufenthaltsrecht zusteht, ist verpflichtet, das Bestehen des Aufenthaltsrechts durch den Besitz einer Aufenthaltserlaubnis nachzuweisen. ² Die Aufenthaltserlaubnis wird auf Antrag ausgestellt.

Vorläufige Anwendungshinweise

4 Zu § 4 Erfordernis eines Aufenthaltstitels

4.1 Aufenthaltstitelpflicht
4.1.1.1 Aus § 4 Abs. 1 Satz 1 ergibt sich, dass der Aufenthalt von Ausländern im Bundesgebiet grundsätzlich unter Erlaubnisvorbehalt steht. Aus dem Aufenthaltstitel ergibt sich – konstitutiv – das Recht auf Einreise und Aufenthalt. Es endet, wenn der Aufenthaltstitel wegfällt.
4.1.1.2 Aus dem Recht der Europäischen Union kann sich unmittelbar ein Recht zur Einreise und zum Aufenthalt ergeben, das unabhängig davon besteht, ob der Ausländer einen Aufenthaltstitel nach dem AufenthG besitzt. Ein vorhandener Aufenthaltstitel hat dann nur deklaratorische Wirkung. Ein unmittelbar aus Gemeinschaftsrecht folgendes Recht zur Einreise und zum Aufenthalt in das Bundesgebiet besteht in folgenden Fällen:
– Für Staatsangehörige der Schweiz, soweit sie nach dem Abkommen zwischen der Europäischen Gemeinschaft und ihren Mitgliedstaaten einerseits und der Schweizerischen Eidgenossenschaft andererseits über die Freizügigkeit (BGBl. 2001 II, S. 810) ein Aufenthaltsrecht haben;
– für Staatsangehörige eines Staates, der in Anhang II der Verordnung (EG) Nr 539/2001 des Rates vom 15. März 2001 zur Aufstellung der Liste der Drittländer, deren Staatsangehörige beim Überschreiten der Außengrenzen im Besitz eines Visums sein müssen, sowie der Liste der Drittländer, deren Staatsangehörige von der Visumpflicht befreit sind (ABl. EG Nr. L 81 S. 1), in der jeweils geltenden Fassung aufgeführt ist, für einen Kurzaufenthalt für bis zu drei Monaten innerhalb einer Frist von sechs Monaten vom Tag der ersten Einreise an; vgl. auch § 17 Abs. 1 AufenthV zu einer Ausnahme hierzu und § 17 Abs. 2 AufenthV zu einer Gegenausnahme; Rechtsgrundlage der Befreiung ist Art. 20 Abs. 1 SDÜ;
– nach Artikel 18 SDÜ (Durchreise für Inhaber langfristiger nationaler Titel);
– Artikel 19 Abs. 1 SDÜ (Kurzaufenthalte für Inhaber eines Schengen-Visums);
– für die nach Artikel 21 SDÜ begünstigten Ausländer (Inhaber eines Aufenthaltstitels der Schengen-Staaten) für einen Kurzaufenthalt bis zu drei Monaten.
4.1.1.3.1 In den folgenden Fällen ist zwar durch das Recht der Europäischen Union unter bestimmten Voraussetzungen ein Anspruch auf einen Aufenthaltstitel vorgesehen, wobei allerdings allein die Erfüllung der Anspruchsvoraussetzungen nicht unmittelbar zur Einreise oder zur Erteilung eines Ausnahmevisums berechtigt, so dass nach allgemeinen Vorschriften ein Durchlaufen des Visumverfahrens vor der Einreise gefordert werden kann und im Inland für einen rechtmäßigen Aufenthalt nach allgemeinen Vorschriften ein Aufenthaltstitel erforderlich ist:
– Bei Begünstigten nach den Europaabkommen mit mittel- und osteuropäischen Staaten (in erster Linie Dienstleister und Selbständige), soweit diese Staaten nicht bereits der EU beigetreten sind;
– bei drittstaatsangehörigen ausländischen Arbeitnehmern, die zum Stammpersonal eines Unternehmens mit Sitz in einem Mitgliedstaat der Europäischen Union gehören und die zur Erbringung einer Dienstleistung gemäß Artikel 59 und 60 des Vertrages zur Gründung der Europäischen Gemeinschaft vorübergehend einreisen (sog. „Vander-Elst-Fälle").

4.1.1.3.2 Ausnahmen und Befreiungstatbestände zur Pflicht des Besitzes eines Aufenthaltstitels bei kurzfristigen Aufenthalten sind in den §§ 15 bis 31 AufenthV geregelt. Artikel 20 Abs. 2 SDÜ und die Artikel 3 bis 5 der Verordnung (EG) Nr 539/2001 enthalten einen Spielraum für nationale Sonderregelungen. Dieser Spielraum wurde durch die AufenthV genutzt, indem ausdrücklich geregelt wurde, dass in bestimmten Fällen für die Einreise und den Aufenthalt abweichend von den allgemeinen Vorschriften des europäischen Rechts ein Aufenthaltstitel benötigt oder nicht benötigt wird. Ohne eine solche ausdrückliche Ausnahmeregelung auf nationaler Ebene würde allein die Verordnung (EG) Nr 539/2001 gelten.

4.1.1.4 § 16 AufenthV berücksichtigt die Sichtvermerksabkommen, die Deutschland vor dem Inkrafttreten des SDÜ mit Drittstaaten abgeschlossen hat und wonach die Beschränkung des Artikel 20 Abs. 1 SDÜ (visumfreier Aufenthalt von drei Monaten innerhalb eines Zeitraums von sechs Monaten vom Datum der ersten Einreise an, bezogen auf den Schengen-Raum) nicht Anwendung finden kann. Diese Abkommen sind, soweit sie nicht EU-, EWR- oder Schweizer Bürger betreffen, in Anlage A zur AufenthV aufgeführt. Der genaue Berechtigungsgehalt wird durch das Bundesministerium des Innern in einem besonderen Schreiben erläutert.

4.1.1.5 Berücksichtigung finden in Anlage A Nr 3 zur AufenthV auch das Europäische Übereinkommen über die Aufhebung des Sichtvermerkszwangs für Flüchtlinge vom 20. April 1959 (BGBl. 1961 II S. 1097, 1098) und das Abkommen zwischen der Regierung der Bundesrepublik Deutschland und dem Schweizerischen Bundesrat über die Abschaffung des Sichtvermerkszwangs für Flüchtlinge vom 4. Mai 1962 (BGBl. 1962 II S. 2331, 2332). Bei diesen Abkommen handelt es sich um Sichtvermerksabkommen, die die Inhaber der betreffenden Flüchtlingsausweise zu einem Aufenthalt in Deutschland von bis zu drei Monaten ohne Anrechnung von Voraufenthaltszeiten in anderen Schengen-Staaten berechtigen.

4.1.1.6 § 17 Abs. 1 AufenthV erfasst die in Anhang II der EU-Visum-Verordnung erfassten Ausländer, die – ohne die damit geschaffene nationale Regelung – auch bei Ausübung von Erwerbstätigkeiten für Kurzaufenthalte visumfrei einreisen könnten. Insofern wird hier auf der Ebene des nationalen Rechts zur Steuerung der Erwerbstätigkeit von Ausländern eine Beschränkung vorgesehen.

4.1.1.7 Da der Erwerbstätigkeitsbegriff des § 2 Abs. 2 sehr weit geht und etwa auch typische Geschäftsreisen erfassen würde, musste eine Gegenausnahme geschaffen werden. Daher verweist § 17 Abs. 2 AufenthV durch Erwähnung der entsprechenden Ermächtigungsgrundlage auf § 16 BeschV. In § 16 BeschV wird bestimmt, dass die in den §§ 2 sowie 4 bis 13 BeschV genannten Tätigkeiten nicht als Beschäftigung gelten, wenn sie bis zu drei Monaten innerhalb eines Zeitraums von zwölf Monaten im Inland ausgeübt werden. Da es sich bei diesen Tätigkeiten, wenn sie innerhalb dieses Zeitrahmens ausgeübt werden, nicht um Beschäftigungen handelt, handelt es sich auch nicht um Erwerbstätigkeiten. § 17 Abs. 1 AufenthV findet in diesem Falle also keine Anwendung. Der betreffende Ausländer ist in jeder Hinsicht so zu behandeln, als wäre er nicht erwerbstätig, insbesondere hinsichtlich der Frage des Erfordernisses eines Aufenthaltstitels. Für Selbständige wird in § 17 Abs. 2 im Hinblick auf die Aufenthaltstitelpflicht eine entsprechende Anwendung des § 16 BeschV i. V. m. §§ 2 sowie 4 bis 13 BeschV angeordnet.

4.1.1.8 Von der Dreimonatsfrist ausgenommen ist nach § 17 Abs. 2 Satz 2 AufenthV das Personal, das Deutschland nur im Rahmen von Transitfahrten durchfährt, also im grenzüberschreitenden Verkehr, sofern lediglich Güter durch das Bundesgebiet hindurchbefördert werden, ohne sie im Bundesgebiet zu laden oder zu entladen, oder Personen durch das Bundesgebiet reisen, ohne dass sie – außer für kurze Pausen oder Übernachtungen – ein- und aussteigen. Eine „Durchbeförderung" lässt sich am sinnvollsten dadurch beschreiben, dass das Transportfahrzeug nicht wechselt. Nicht erfasst sind etwa Fälle, in denen ein Container im Bundesgebiet umgeladen wird oder Busse im Linienverkehr im Bundesgebiet eine Station anfahren, um die Fahrgäste umsteigen zu lassen.

4.1.1.9 § 18 AufenthV sieht unter bestimmten Bedingungen eine Visumbefreiung für Inhaber ausländischer Ausweise für Flüchtlinge und für Staatenlose vor. Die Vorschrift geht weiter als § 16 AufenthV, da die Genfer Flüchtlingskonvention durch weitaus mehr Ausstellerstaaten aufgeführt wird, und zwar auch solche, die in Anhang II zur EU-Visum-Verordnung aufgeführt wurden, ratifiziert wurde als das Europäische Abkommen über die Aufhebung des Sichtvermerkszwangs für Flüchtlinge, auf das § 18 Satz 2 AufenthV und § 16 AufenthV Bezug nehmen. Der von § 16 AufenthV i. V. m. Anlage A Nr 3 zur AufenthV erfasste Personenkreis ist mit demjenigen, der durch § 18 AufenthV erfasst ist, also nur teilidentisch, weshalb die besondere Regelung des § 18 AufenthV erforderlich ist. Das Verhältnis zwischen § 16 AufenthV und § 18 AufenthV wird durch § 18 Satz 2 AufenthV klargestellt. Die Befreiung vom Erfordernis des Aufenthaltstitels befreit nicht von den übrigen Einreisevoraussetzungen, so dass eine Ausschreibung zur Einreiseverweigerung zur Zurückweisung berechtigen würde. In geeigneten Fällen ist also durch eine solche Ausschreibung eine Steuerung möglich.

Erfordernis eines Aufenthaltstitels § 4 AufenthG 1

4.1.1.10 Durch § 19 AufenthV wird die Visumfreiheit entsprechend der in Artikel 4 Abs. 1 Buchstabe a der Verordnung (EG) Nr 539/2001 geschaffenen Möglichkeit auf Inhaber der in Anlage B zur AufenthV aufgeführten dienstlichen Pässe ausgedehnt. Die Befreiung vom Erfordernis des Aufenthaltstitels führt unbeschadet völkerrechtlicher Verpflichtungen nicht zu einer Befreiung von den übrigen Einreisevoraussetzungen, so dass eine Ausschreibung zur Einreiseverweigerung zur Zurückweisung führen würde. Auch durch § 20 AufenthV werden bestimmte dienstlich Reisende vom Erfordernis eines Aufenthaltstitels befreit; Vatikanpässe kommen ihrer Funktion nach amtlichen Pässen gleich.

4.1.1.11 In § 21 AufenthV sind die Fälle der Grenzgängerkarten geregelt, deren räumliche Gültigkeit sich auf das gesamte Bundesgebiet erstreckt. Dies sind die Grenzgängerkarten, die nach dem Umzug in einen benachbarten EU-Staat an Familienangehörige Deutscher oder anderer Unionsbürger ausgegeben werden können (§ 12 Abs. 1 AufenthV), sowie die Grenzgängerkarten für Schweizer Bürger (§ 12 Abs. 2 AufenthV).

4.1.1.12 Durch § 22 AufenthV wird die Befreiung von Schülern von der Aufenthaltstitelpflicht geregelt, die auf ordnungsgemäß ausgestellten Schülersammellisten aufgeführt sind. Hierzu wird im Einzelnen auf die EU-Schülersammellistenregelung vom 30. November 1994 (ABl. EG Nr. L 327 S. 1) sowie auf Nummer 3.3.7 verwiesen. Die EU-Schülersammellistenregelung betrifft Schüler, die Drittausländer sind und in einem anderen EU-Mitgliedstaat ihren Wohnsitz haben. Nach Artikel 1 Abs. 1 der nicht unmittelbar geltenden, sondern durch die AufenthV umgesetzten EU-Schülersammellistenregelung verlangt ein Mitgliedstaat von Schülern, die auf eine Sammelliste eingetragen sind, nach Maßgabe der in der Sammellistenregelung wiedergegebenen Voraussetzungen kein Visum. Die Schülergruppe muss von einem Lehrer begleitet sein. Die Schülersammelliste muss die Schule mit Name und Anschrift, den begleitenden Lehrer, Reiseziel und -zeitraum und sämtliche mitreisenden Schüler (unabhängig von ihrer Staatsangehörigkeit) bezeichnen und von der Schulleitung unterzeichnet sein. Der Aufbau und der textliche Inhalt sind in der Sammellistenregelung vorgeschrieben. Listen, die dieser Form nicht im Wesentlichen entsprechen, sind unwirksam. Die Schüler auf der Liste müssen sich grundsätzlich durch einen eigenen Lichtbildausweis ausweisen können. Soll die Schülersammelliste hiervon abweichend nicht nur vom Erfordernis des Aufenthaltstitels befreien, sondern auch als Passersatzpapier gelten, ist eine amtliche Bestätigung durch die zuständigen Behörde des Wohnsitzlandes (nicht nur der Schule) und eine Integration der Lichtbilder sämtlicher Schüler erforderlich, die keinen eigenen Lichtbildausweis besitzen und auf die sich die Passersatzfunktion daher beziehen soll. Die Sammellistenregelung wird durch § 22 AufenthV von Deutschland einseitig auf Schüler mit Wohnsitz in den Staaten ausgedehnt, die nicht EU-Mitgliedstaaten sind, deren Staatsangehörige aber visumfrei nach Deutschland einreisen können. Diese Ausdehnung gilt aber nicht für die mögliche passersetzende Funktion. Andere Befreiungstatbestände, die zugunsten von Schülern anwendbar sind, die in Schülergruppen reisen, werden durch § 22 nicht verdrängt, bleiben also in vollem Umfang anwendbar. Somit können etwa Schülergruppen, deren Schüler ausschließlich aus visumfreien Staaten stammen, nicht zurückgewiesen werden, nur weil sie sich nicht auf einer Sammelliste eingetragen haben.

4.1.1.13 In den §§ 23 bis 25 AufenthV sind für Personen, die im Bereich des grenzüberschreitenden, nicht straßengebundenen Transportwesens reisen, bestimmte Befreiungen vorgesehen. Die dort erwähnten Passierscheine werden mit Computerdruckern ausgestellt. Missbrauch wird dadurch ausgeschlossen, dass auf den Passierscheinen die Dienststelle angegeben wird, an die Rückfragen zur Echtheit gerichtet werden können. Die Dienststellen, die zur Ausstellung von Passierscheinen berechtigt sind, führen ein entsprechendes Register und sind rund um die Uhr und sieben Tage in der Woche besetzt, so dass dort Rückfragen stets möglich sind. Die Passierscheine sind keine Passersatzpapiere.

4.1.1.14 In § 26 Abs. 1 AufenthV wird allgemein festgelegt, dass sich Ausländer, die sich im Bundesgebiet befinden, ohne im Sinne des § 13 einzureisen, keinen Aufenthaltstitel benötigen. Die Regelung gibt damit ein allgemeines Grundprinzip wieder. Nicht eingereist sind Personen, die noch nicht die Grenzübergangsstelle passiert haben (§ 13 Abs. 2 Satz 1) oder deren Passage vor einer voraussichtlichen Zurückweisung zu einem bestimmten vorübergehenden Zweck gestattet wird, solange eine Kontrolle des Aufenthalts möglich bleibt (§ 13 Abs. 2 Satz 2). Eingereist ist jedoch etwa ein Ausländer, der die Grenzkontrollen umgangen hat oder innerhalb des Schengen-Raums oder ausnahmsweise sonst die Bundesgrenze überschreiten darf, ohne hierfür Grenzübergangsstellen zu benutzen (§ 13 Abs. 2 S. 3). Insbesondere bedürfen danach keines Aufenthaltstitels Personen, die den Transitbereich eines Flughafens nicht verlassen, sofern nicht eine besondere Flughafentransitvisumpflicht besteht, Fahrgäste oder Besatzungsmitglieder von Schiffen, solange sie nur auf dem Schiff verbleiben oder sonst keine Grenzübergangsstelle (etwa in Freihäfen) passieren und nicht § 4 Abs. 4 eingreift, Personen, die sich an Bord von Flugzeugen befinden, solange sie das Bundesgebiet überfliegen, Personen, die deutsche Küstengewässer nur durchfahren, und Personen, denen von den mit der polizeilichen Kontrolle des grenzüberschreitenden Verkehrs beauftragten Behörden in den Fällen des § 13 Abs. 2 Satz 2 das Passieren gestattet wird. Eine Befreiung von der Passpflicht ist in den Transitfällen nicht vorgesehen.

4.1.1.15 § 26 Abs. 2 AufenthV weist auf eine weitere Voraussetzung der Befreiung zu Absatz 1 hin, die auf der als unmittelbares Recht im Range einer europäischen Verordnung anwendbaren Regelungen der Gemeinsamen Konsularischen Instruktion beruhen, die eine besondere Genehmigung (Flughafentransitvisum) für das Betreten des Transitbereichs durch Staatsangehörige bestimmter Staaten verlangen. Die in Teil I der Anlage 3 der Gemeinsamen Konsularischen Instruktion aufgeführten Staatsangehörigen sind grundsätzlich verpflichtet, auch beim Flughafentransit eine Genehmigung zu besitzen; dasselbe gilt für Personen, die – nur – im Besitz der von diesen Staaten ausgestellten Reisedokumente sind. Diese Personen unterliegen jedoch nicht der Flughafentransitvisumpflicht, wenn sie im Besitz eines in Teil III der Anlage 3 der Gemeinsamen Konsularischen Instruktion aufgeführten Aufenthaltstitels eines EWR-Staates oder eines dort genannten Aufenthaltstitels Andorras, Japans, Kanadas, Monacos, San Marinos, der Schweiz oder der Vereinigten Staaten sind, der ein uneingeschränktes Rückkehrrecht garantiert. Die Pflicht zum Besitz eines Flughafentransitvisums gilt mit Rücksicht auf Nummer 3.24 und 3.25 des Anhangs 9 des Abkommens über die internationale Zivilluftfahrt vom 7. Dezember 1944 zudem nicht für Flugbesatzungsmitglieder, die einen Flugbesatzungsausweis besitzen. Ein Aufenthalt im Transitbereich ohne Flughafentransitvisum ist ein unerlaubter Aufenthalt. Das Flughafentransitvisum stellt keinen Aufenthaltstitel dar. Die Tatsache, dass dem Ausländer mit einem Flughafentransitvisum der Aufenthalt im Transitbereich gestattet ist, bedeutet damit keine Zulassung zur Einreise in diesen Staat („legally admitted for entry") im Sinne des Anhangs 9 Kapitel 3 I B Nummer 3.51 zum Abkommen vom 7. Dezember 1944 über die internationale Zivilluftfahrt (BGBl. 1956 II S. 411), so dass eine Zurückweisung möglich ist, wenn der Ausländer seine Reise nicht von sich aus fortsetzt.

4.1.1.16 § 26 Abs. 3 AufenthV ergänzt als nationale Regelung die europäische Regelung zum Flughafentransit. Als Voraussetzung für die Befreiung nach § 26 Abs. 1 AufenthV wird daher ein nach nationalem Recht bestehendes Erfordernis eines Flughafentransitvisums beibehalten. Die Staatenliste in Anlage C zur AufenthV ist maßgeblich. Für jordanische Staatsangehörige wurde in Anlage C Nr 3 zur AufenthV eine Sonderregelung vorgesehen, mit der Besonderheiten des Transitflugreiseverkehrs in die und aus den in Nummer 3 der Anlage C zur AufenthV genannten Zielstaaten berücksichtigt wurden; auch auf Jordanier ist zudem § 26 Abs. 3 Nr 2 anwendbar.

4.1.1.17 § 27 AufenthV sieht Befreiungen für Personen vor, die sich im Zusammenhang mit der Tätigkeit der Vertretungen auswärtiger Staaten im Bundesgebiet aufhalten, und die nicht der bereits völkerrechtlich und wegen § 2 Abs. 2 Nr 2 oder 3 aus dem Anwendungsbereich des gesamten Aufenthaltsrechts ausgenommen sind. § 27 AufenthV sieht dabei nicht etwa eine Freistellung von sämtlichen aufenthaltsrechtlichen Regelungen vor, sondern nur eine Befreiung vom Erfordernis des Aufenthaltstitels. Das Vorliegen des Befreiungstatbestandes stellt das Auswärtige Amt fest, das einen entsprechenden Protokollausweis ausstellt. Die Erlaubnis zur Ausübung einer Erwerbstätigkeit nach § 27 Abs. 2 AufenthV erteilt das Auswärtige Amt unter Beteiligung der Bundesagentur für Arbeit; hierzu beurteilt das Auswärtige Amt auch die Erfüllung des Merkmals der Gegenseitigkeit. Die Berechtigung zur Ausübung der Erwerbstätigkeit geht aus dem Protokollausweis hervor. § 27 Abs. 3 AufenthV bestimmt, dass Ausländer, die bereits eine Aufenthalts- oder Niederlassungserlaubnis besitzen und erst danach einem Befreiungstatbestand des § 27 AufenthV unterfallen, weiterhin die Verlängerung der Aufenthaltserlaubnis oder die Erteilung der Niederlassungserlaubnis beantragen können; hierfür gelten die allgemeinen rechtlichen Voraussetzungen. Die Ausländer können damit ihren aufenthaltsrechtlichen Status beibehalten oder verbessern. Eine Ersterteilung eines Aufenthaltstitels ist hingegen nicht zulässig, solange ein Befreiungstatbestand nach § 27 AufenthV eingreift. Den Betroffenen soll es durch diese Regelung ermöglicht werden, ihren vor Aufnahme der Ortskrafttätigkeit erworbenen ausländerrechtlichen Status beizubehalten und weiter zu verfestigen. Ansonsten würde – wegen des Verlustes des bereits gesicherten ausländerrechtlichen Status – die Bereitschaft von sich bereits im Bundesgebiet befindenden ausländischen Arbeitsuchenden, als Ortskraft zu arbeiten, erheblich geschmälert, da sie nach einer etwaigen Beendigung der Tätigkeit keinen Aufenthaltstitel mehr besäßen. In der Folge würden zur Besetzung der offenen Stellen Ortskräfte und ihre Angehörigen aus dem Ausland angeworben werden, obwohl bereits auf dem deutschen Arbeitsmarkt geeignete Arbeitsuchende zur Verfügung stehen.

4.1.1.18 § 28 AufenthV enthält eine allgemeine Verweisung auf das Freizügigkeitsabkommen EU – Schweiz und setzt die darin vorgesehenen Befreiungen auf nationaler Ebene um. Die Ausstellung der

Erfordernis eines Aufenthaltstitels § 4 **AufenthG 1**

im Abkommen oder in dieser Verordnung vorgesehenen Aufenthaltserlaubnisse und Grenzgängerkarten richtet sich nach den hierfür jeweils geltenden Vorschriften, die durch § 28 AufenthV nicht berührt werden. Sofern ein Schweizer Bürger also nicht bereits nach dem Freizügigkeitsabkommen vom Erfordernis des Aufenthaltstitels befreit ist, sondern einen Aufenthaltstitel benötigt, besteht auch keine Befreiung nach § 28 AufenthV.

4.1.1.19 § 29 AufenthV enthält im Hinblick auf das Erfordernis des Aufenthaltstitels eine Parallelregelung zu § 14 AufenthV. Insofern wird auf Nummer 3.1.8 verwiesen. Aufenthaltstitel, die nach der Beendigung der Befreiung erforderlich werden, können ohne Visumverfahren im Bundesgebiet erteilt werden, weil die Befreiung weder räumlich beschränkt war noch von vornherein bestimmt befristet ist; § 39 Nr 2 AufenthV.

4.1.1.20 § 30 AufenthV enthält einen Befreiungstatbestand für bestimmte Durchbeförderungen. Da das Gemeinschaftsrecht für die Fälle der Durchreise und Durchbeförderung keine Abweichung von der Verordnung (EG) Nr 539/2001 zulässt, können die Befreiungen für in die danach visumpflichtigen Staatsangehörigen nur gewährt werden, wenn keine Schengen-Außengrenze überschritten wird. § 30 Nr 1 AufenthV ist praktisch relevant insbesondere bei der Durchführung der Abkommen, die der Rückkehr der Bürgerkriegsflüchtlinge aus dem ehemaligen Jugoslawien aus verschiedenen europäischen Staaten auf dem Landweg betreffen. § 30 Nr 2 AufenthV sieht für die dort genannten Fälle eine Zustimmung des Bundesministeriums des Innern oder der von ihm beauftragten Stelle vor.

4.1.1.21 Ausländer, die nach dem Assoziierungsabkommen EWG/Türkei und den dazu ergangenen Assoziationsratsbeschlüssen ein Aufenthaltsrecht besitzen, sind vom Erfordernis eines konstituierenden Aufenthaltstitels befreit. Dazu korrespondierend besteht die Pflicht des begünstigten Personenkreises, sich das bestehende Aufenthaltsrecht durch die Ausstellung eines Aufenthaltstitels bestätigen zu lassen (§ 4 Abs. 5).

4.1.2 Das Aufenthaltsgesetz kennt drei Aufenthaltstitel. Das Visum ist in Anlehnung an die gemeinschaftsrechtlichen Regelungen als eigenständiger Aufenthaltstitel benannt. Die bisherige Umdeutung des Visums in eine entsprechende Aufenthaltsgenehmigung nach dem AuslG wurde den gemeinschaftsrechtlichen Visumregelungen und der Visumerteilungspraxis nicht gerecht. Die Aufenthaltserlaubnis ist ein befristeter, die Niederlassungserlaubnis ein unbefristeter Aufenthaltstitel. Der Erteilungsgrund wird in dem Klebeetikett vermerkt.

4.2 Erwerbstätigkeit

4.2.1.1 Die Berechtigung eines Ausländers zur Erwerbstätigkeit ergibt sich aus dem Aufenthaltstitel. Eine Arbeitserlaubnis in Form eines separaten Verwaltungsaktes gibt es außer in den Fällen der Staatsangehörigen der Beitrittsstaaten, die den Übergangsregelungen unterliegen (§ 13 FreizügG/EU i. V. m. §§ 284 bis 288 SGB III und der ArGV, IT-ArGV sowie ASAV) nicht mehr. Die Entscheidung über den Aufenthalt und die Ausübung einer Erwerbstätigkeit ergeht gegenüber dem Ausländer nunmehr einheitlich durch die Ausländerbehörde („one-stop-government"). Die Werkvertragsarbeitnehmerkarten, die von der Bundesagentur für Arbeit an Werkvertragsarbeitnehmer ausgestellt werden, konkretisieren den Aufenthaltstitel, gelten aber auch als dessen Bestandteil und stellen rechtlich keine separate Erlaubnis dar. Ist die Erwerbstätigkeit nicht zugelassen, ist auch dies im Aufenthaltstitel zu vermerken mit der Nebenbestimmung:

„Erwerbstätigkeit nicht gestattet."

Sind einige, jedoch nicht sämtliche Erwerbstätigkeiten zugelassen, ist durch entsprechende Formulierungen die Ausübung anderer Erwerbstätigkeiten auszuschließen. Auch die Ausübung einer Erwerbstätigkeit, die – insbesondere nach der BeschV – keiner Zustimmung der Bundesagentur für Arbeit bedarf, muss von der Ausländerbehörde zugelassen werden. Tätigkeiten, die in § 16 BeschV genannt sind, gelten im dort genannten zeitlichen Rahmen nicht als Beschäftigung im Sinne des Aufenthaltsgesetzes; zur Ausübung entsprechenden selbständigen Tätigkeiten ist § 17 Abs. 2 AufenthV zu beachten (vgl. näher Nr 4.3.4). Selbst wenn die Nebenbestimmung die Ausübung einer Erwerbstätigkeit ausschließt, können also entsprechende Tätigkeiten innerhalb des zeitlichen Rahmens, der in § 16 BeschV genannt ist, ausgeübt werden, weil es sich dabei nicht um eine Erwerbstätigkeit handelt. Eine entsprechende, in ihrer Formulierung vom Fall abhängige Klarstellung im Visum oder ggfs im Aufenthaltstitel (etwa: „Erwerbstätigkeit nicht gestattet. Durchführung geschäftlicher Besprechungen für bis zu drei Monate im Jahr gestattet." oder „Erwerbstätigkeit nicht gestattet. Messepräsentation auf der Messe ... ist gestattet.") ist unschädlich. Ein entsprechender Hinweis soll klarstellend aufgenommen werden, wenn die Behörde besonders geprüft hat, ob die beabsichtigte Tätigkeit dem § 16 BeschV unterfällt und dies dann bejaht hat. Ist die Ausübung einer Erwerbstätigkeit gestattet, lautet die Nebenbestimmung:

„Erwerbstätigkeit gestattet." (vgl. den Vordruck zur Niederlassungserlaubnis in Anlage D14 zur AufenthV) oder „Jede Erwerbstätigkeit gestattet."
4.2.1.2 Die Berechtigung zur Erwerbstätigkeit ergibt sich in den Fällen des § 9 Abs. 1, § 22 Satz 3, § 25 Abs. 1 und 2, § 28 Abs. 5, § 31 Abs. 1, § 37 Abs. 1 und § 38 Abs. 4 ohne Einschränkungen. Sie bezieht sich nicht nur auf Beschäftigungen, sondern auch auf selbständige Tätigkeiten und beruht direkt auf dem AufenthG. Unberührt bleiben spezifische Zulassungs- und Ausübungsvorschriften bei geregelten Berufen (Medizinberufe, Rechtsanwälte, Steuerberater, Handwerk etc.). Nach § 16 Abs. 3 sind Studenten während des Studiums, Studienbewerber und Personen in studienvorbereitenden Maßnahmen zur Ausübung einer Beschäftigung, die 90 Tage oder 180 halbe Tage nicht überschreiten darf, und zur Ausübung studentischer Nebentätigkeiten (siehe im Einzelnen Nummer 16.3 bis 16.3.9) berechtigt. § 29 Abs. 5 eröffnet dem Ausländer, der im Rahmen des Familiennachzuges eine Aufenthaltserlaubnis erhält, ein abgeleitetes Arbeitsmarktzugangsrecht (Nummer 29.5). In den übrigen Fällen muss die Erlaubnis zur Ausübung einer Erwerbstätigkeit einzelfallbezogen entschieden werden.
4.2.2.1 Nach Satz 2 muss jeder Aufenthaltstitel erkennen lassen, ob und ggfs. unter welchen Bedingungen die Ausübung einer Erwerbstätigkeit erlaubt ist. Dies geschieht durch eine Nebenbestimmung zum Aufenthaltstitel. Gleiches gilt für die Duldung und die Aufenthaltsgestattung, in der eine Nebenbestimmung zur Erwerbstätigkeit zu verfügen ist.
4.2.2.2 Bei der Niederlassungserlaubnis ist die Berechtigung zur Erwerbstätigkeit bereits in das Klebeetikett eingedruckt. Einschränkungen der Erwerbstätigkeit sind nicht zulässig. Abweichendes kann gelten, wenn eine unbefristete Aufenthaltserlaubnis, die bis zum 31. Dezember 2004 erteilt wurde, mit einschränkenden Bedingungen oder Auflagen zur Ausübung einer Erwerbstätigkeit nach § 101 Abs. 1 als Niederlassungserlaubnis fortgelten. In derartigen Fällen ist, sofern nicht ausnahmsweise ein Grund für die Beibehaltung der Bedingung oder Auflage besteht, dem betroffenen Ausländer nahe zu legen, die Streichung der betreffenden Bedingung oder Auflage zu beantragen.
4.2.2.3 Bei der Aufenthaltserlaubnis ist stets eine Nebenbestimmung über die Berechtigung zur Erwerbstätigkeit zu treffen. Diese ist in den im Gesetz geregelten Fällen (vgl. Nr 4.2.1.2) lediglich deklaratorisch, in den übrigen Fällen konstitutiv.
4.2.3.1 Eine Aufenthaltserlaubnis zur Ausübung einer Beschäftigung (§§ 17, 18) kann nur nach Zustimmung der Bundesagentur für Arbeit erteilt werden, es sei denn, dass es sich um eine zustimmungsfreie Beschäftigung nach §§ 1 bis 15 BeschV handelt (siehe Nummer 42.1.1 bis 42.1. 1. 16). Über die Zulassung einer zustimmungsfreien Beschäftigung entscheidet die Behörde, die den Aufenthaltstitel erteilt. Reist der Ausländer mit einem Visum zum Zweck der Aufnahme einer Beschäftigung ein, wird die Zustimmung der Bundesagentur für Arbeit über die Ausländerbehörde im Visumverfahren eingeholt. Die Ausländerbehörde übernimmt die entsprechende Nebenbestimmung aus dem Visum in die Aufenthaltserlaubnis, ohne hierfür eine erneute Zustimmung zu benötigen, soweit die Zustimmung einen längeren Zeitraum als die Gültigkeit des Visums umfasst.
4.2.3.2 Besitzt der Ausländer eine Aufenthaltserlaubnis zu einem anderen Zweck (humanitäre Gründe, Familiennachzug), bei dem die Erwerbstätigkeit nicht von Gesetzes wegen zugelassen ist, kann die Ausländerbehörde die Aufnahme einer Beschäftigung erlauben, wenn die Bundesagentur für Arbeit zugestimmt hat oder es sich um eine zustimmungsfreie Beschäftigung nach §§ 1 bis 15 BeschV handelt.
4.2.3.3 Die Aufenthaltserlaubnis zur Ausübung einer selbständigen Erwerbstätigkeit kann unter den Voraussetzungen des § 21 erteilt werden. Hinsichtlich kurzfristiger Aufenthalte ist § 17 Abs. 2 AufenthV zu beachten. Für Ausländer, die bereits eine Aufenthaltserlaubnis zu einem anderen Zweck (humanitäre Gründe, Familiennachzug) besitzen, bei dem die Erwerbstätigkeit nicht von Gesetzes wegen zugelassen ist, gelten ebenfalls die Voraussetzungen des § 21. Damit wird für diese Personen die Rechtslage nach dem Ausländergesetz fortgeführt, die im Wesentlichen die Bestimmungen der Allgemeinen Verwaltungsvorschrift zum Ausländergesetz in § 21 übernommen hat. Dies rechtfertigt sich insbesondere darin, dass nach der neuen Rechtslage einem erheblich größeren Anteil von Ausländern bereits kraft Gesetzes die Erlaubnis zur Erwerbstätigkeit erlaubt ist.
4.2.4 Die Zustimmung der Bundesagentur für Arbeit kann Beschränkungen hinsichtlich der beruflichen Tätigkeit, des Arbeitgebers, des Bezirks der Agentur für Arbeit und der Lage und Verteilung der Arbeitszeit sowie eine Gültigkeitsdauer enthalten. Solche Beschränkungen sind in die Nebenbestimmung zur Aufenthaltserlaubnis aufzunehmen. Falls aus Platzgründen erforderlich, ist hierfür das Zusatzblatt zur Aufenthaltserlaubnis gemäß amtlichem Muster zu verwenden.

4.3 Erwerbstätigkeit ohne Aufenthaltstitel
4.3.1 Satz 1 bestimmt, dass ein Ausländer im Bundesgebiet einer Beschäftigung nur nachgehen darf, wenn ihm dies durch den Aufenthaltstitel erlaubt wurde. Die Vorschrift übernimmt damit inhaltlich das Verbot mit Erlaubnisvorbehalt für unselbständige Erwerbstätigkeit im früheren Recht (§ 284 Abs. 1

Erfordernis eines Aufenthaltstitels § 4 **AufenthG 1**

SGB III). Wer einen Aufenthaltstitel nicht oder nicht mehr besitzt, darf keine Beschäftigung ausüben. Dies betrifft auch Ausländer, die erst nach Ablauf ihres Aufenthaltstitels dessen Verlängerung beantragen; in diesem Fall greift die Fiktionswirkung des § 81 Abs. 3 nicht ein. Ebenso liegt kein Anwendungsfall des § 84 Abs. 2 Satz 2 vor, da kein Verwaltungsakt vorliegt, der die Rechtmäßigkeit des Aufenthalts beendet (vgl. § 84 Abs. 2 Satz 1, auf den sich der folgende Satz 2 bezieht). Ausländer, denen gegenüber eine Ausweisungsverfügung ergangen ist oder deren Aufenthaltserlaubnis nachträglich befristet wurde, können eine Beschäftigung weiter ausüben, soweit vor Erlass der Entscheidung ein Aufenthaltstitel bestand, wonach die Ausübung der Erwerbstätigkeit zulässig war, und solange eine der in § 84 Abs. 2 Satz 2 genannten Sachverhalte vorliegt. Diese Wirkungen bescheinigt die Ausländerbehörde auf Antrag dem Ausländer; der Vordruck „Fiktionsbescheinigung" (Anlage D3 zur AufenthV) ist zur Vermeidung von Missverständnissen nicht zu verwenden. Beantragt ein Ausländer vor Ablauf der Geltungsdauer die Verlängerung oder Neuerteilung eines Aufenthaltstitels, gilt der alte Aufenthaltstitel nach § 81 Abs. 3 als fortbestehend. Diese Fortgeltung erstreckt sich auch auf eine in diesem Titel enthaltene Berechtigung zur Erwerbstätigkeit.

4.3.2 Für Asylbewerber, denen nach § 61 Abs. 2 AsylVfG die Ausübung einer Beschäftigung erlaubt werden kann, gelten nach der Prüfung, ob ein mindestens einjähriger gestatteter Aufenthalt im Bundesgebiet vorliegt, Nummer 4.2.3.2 und Nummer 4.2.4 entsprechend. An die Stelle der Aufenthaltserlaubnis tritt die Bescheinigung über die Aufenthaltsgestattung nach § 63 AsylVfG.

4.3.3 Ausländer, deren Aufenthalt nach § 60a geduldet wird, kann die Beschäftigung nach Zustimmung der Bundesagentur für Arbeit erlaubt werden. § 10 BeschVerfV schreibt für Geduldete eine Wartezeit von einem Jahr vor. Anzurechnen auf die Wartezeit sind erlaubte und geduldete Aufenthaltszeiten vor Erteilung der Duldung nur, wenn ein durchgängiger Aufenthalt in Deutschland vorliegt.

4.3.4 Eine weitere Ausnahme von dem Grundsatz des Satzes 1 enthält § 16 BeschV (Fiktion der Nichterwerbstätigkeit). Die Fiktion der Nichterwerbstätigkeit des früheren § 12 Abs. 2 DVAuslG wurde in § 16 BeschV übernommen. Damit können diejenigen Ausländer, die nach § 17 Abs. 2, §§ 23 bis 30 AufenthV vom Erfordernis eines Aufenthaltstitels befreit sind, auch ohne Aufenthaltstitel die in der AufenthV genannten Beschäftigungen ausüben. Daher wird in den zeitlichen und sachlichen Grenzen der Fiktion der Nichterwerbstätigkeit durch eine beabsichtigte berufliche Tätigkeit im Bundesgebiet nicht die Visumpflicht ausgelöst, die ansonsten nach § 17 Abs. 1 AufenthV bestehen würde, wenn ein ansonsten für Kurzaufenthalte visumfreier Drittausländer im Bundesgebiet erwerbstätig werden möchte. Dies betrifft – zum Beispiel – Geschäftsreisende, die für Besprechungen oder Verhandlungen in das Bundesgebiet reisen. Entsprechendes gilt auch für Drittausländer mit einem Aufenthaltstitel eines anderen Schengen-Staates, die aus beruflichen Gründen vorübergehend im Bundesgebiet tätig werden und wegen Artikel 21 Abs. 1 SDÜ mit ihrem Aufenthaltstitel des anderen Schengen-Staates für bis zu drei Monate nach Deutschland reisen dürfen, ohne hierfür ein Visum zu benötigen.

4.4 Aufenthaltstitelpflicht von Seeleuten

4.4.1 Ausländische Seeleute auf deutschen Seeschiffen benötigen auch dann einen Aufenthaltstitel, wenn das Schiff sich außerhalb des Bundesgebietes befindet. Wenn sie im Ausland anheuern, müssen sie den Aufenthaltstitel vor Ausstellung des Seefahrtbuches als Visum einholen. Das Visum bedarf gemäß § 35 Nr 3 AufenthV nicht der Zustimmung der Ausländerbehörde, wenn der Ausländer auf einem deutschen Seeschiff beschäftigt werden soll, das berechtigt ist, die Bundesflagge zu führen, und in das internationale Seeschifffahrtsregister eingetragen ist (§ 12 des Flaggenrechtsgesetzes), sofern nicht zugleich ein gewöhnlicher Aufenthalt im Bundesgebiet begründet wird.

4.4.2 Seeleute, die Staatsangehörige eines in Anhang II der Verordnung (EG) Nr 539/2001 genannten Staates sind, erhalten lediglich einen Aufenthaltstitel für drei Monate, damit sie sich das Seefahrtbuch ausstellen lassen können. Danach gilt für sie die Befreiung nach § 24 Abs. 1 Nr 2 AufenthV.

4.4.3 Den nicht von der Aufenthaltstitelpflicht befreiten Seeleuten wird eine Aufenthaltserlaubnis nach § 18 für die Dauer der Beschäftigung, längstens jedoch für drei Jahre erteilt. Die Aufenthaltserlaubnis kann entsprechend verlängert werden. Die Aufenthaltserlaubnis wird mit der Nebenbestimmung „Zustimmungsfreie Beschäftigung nur als Seemann gemäß § 14 Nr 1 BeschV erlaubt" versehen.

4.5 Deklaratorischer Aufenthaltstitel

4.5.1 Absatz 5 trägt der Rechtsprechung des Europäischen Gerichtshofs zum Assoziierungsabkommen EWG/Türkei Rechnung. Da das AufenthG im Übrigen nur konstituierende Aufenthaltstitel regelt, gäbe es ohne diesen Absatz keine Verpflichtung zur Beantragung deklaratorischer Aufenthaltstitel zum Nachweis eines bestehenden Aufenthaltsrechts nach Assoziationsrecht. Die deklaratorische Aufenthaltserlaubnis ist auf Antrag auszustellen, sofern das Aufenthaltsrecht nach dem Assoziationsrecht EWG/Türkei, insbesondere aus dem Assoziationsratsbeschluss Nr 1/80, tatsächlich besteht. Die Möglichkeit,

trotz des bestehenden Aufenthaltsrechts bei Vorliegen der Voraussetzungen eine Niederlassungserlaubnis mit entsprechend konstitutiver Wirkung zu erhalten, bleibt unberührt.
4.5.2 Die Ersteinreise türkischer Staatsangehöriger einschließlich des damit verbundenen Visumverfahrens sowie deren erstmalige Erwerbstätigkeitsaufnahme sind nach den allgemeinen Bestimmungen des Aufenthaltsgesetzes zu steuern. Hierzu bestehen keine besonderen assoziationsrechtlichen Regelungen oder Verpflichtungen. Die Allgemeinen Anwendungshinweise des Bundesministeriums des Innern zum Beschluss des Assoziationsrates EWG/Türkei (AAH-ARB 1/80) in der jeweils letzten Fassung sind anzuwenden; die nach Erlass der jeweils letzten Fassung ergangene Rechtsprechung, insbesondere des Europäischen Gerichtshofs, ist zu beachten.
4.5.3 Sofern nicht die Erteilung einer Niederlassungserlaubnis in Betracht kommt, ist entsprechend der eigentlichen Zwecksetzung des ARB 1/80, nämlich eine Bewerbung um und die Ausübung einer Beschäftigung zu ermöglichen, die deklaratorische Aufenthaltserlaubnis für denjenigen Gültigkeitszeitraum zu erteilen, für den sie erteilt würde, wenn die Voraussetzungen der Erteilung einer Aufenthaltserlaubnis für eine Beschäftigung nach § 18 vorliegen würden. Ergibt sich daraus kein hinreichender Maßstab für die Bemessung des Gültigkeitszeitraums, ist die Aufenthaltserlaubnis jeweils für drei Jahre zu erteilen. Liegen die Voraussetzungen für die Erteilung einer Niederlassungserlaubnis vor, soll der Antragsteller auf die Möglichkeit der Beantragung hingewiesen werden.
4.5.4 Zur Sanktionierung von Verletzungen der Pflicht zur Teilnahme an Integrationskursen vgl. Nr 44 a.3.2.

Übersicht

	Rn
I. Entstehungsgeschichte	1
II. Allgemeines	2
III. Zulassungsbedürftigkeit von Einreise und Aufenthalt	8
1. Allgemeines	8
2. Gemeinschaftsrecht	11
3. Befreiungen	17
4. Beschränkungen, Bedingungen und Auflagen	29
IV. Aufenthaltstitel	32
V. Visum, Aufenthaltstitel vor und nach der Einreise	35
1. Visum	35
2. Aufenthaltstitel im Inland vor der Einreise	37
3. Aufenthaltstitel nach der Einreise	38
VI. Zulassungsbedürftigkeit einer Erwerbstätigkeit	46
1. Allgemeines	46
2. Entscheidungsgrundlagen	51
3. Entscheidung der Auslandesvertretung oder der Ausländerbehörde	54
4. Verhältnis zwischen Aufenthalt und Erwerbstätigkeit	57
5. Zulassung durch Gesetz oder Verordnung	67
6. Zustimmung der Bundesagentur für Arbeit	72
VII. Assoziationsabkommen EWG/Türkei	82
1. Allgemeines	82
2. Arbeitnehmer	89
3. Familienangehörige	101
4. Beendigung	110
5. Sonstiges	117
VIII. Ausländeraufenthalt und Arbeits- und Sozialpolitik	121
1. Ausländische Arbeitnehmer in Deutschland	121
2. Anwerbe- und Vermittlungsverfahren	127
IX. Arbeitsrecht	128
1. Internationales Privatrecht	128
2. Arbeitsvertrag	130
3. Besonderheiten bei der Ausländerbeschäftigung	136
X. Sozialrecht	149
1. Sozialversicherung	149
2. Sozialhilfe	162
3. Kindergeld und Erziehungsgeld	171
4. Wohngeld, Wohnberechtigung und Wohnungsbauförderung	180
5. Ausbildungsförderung	183
XI. Verwaltungsverfahren und Rechtsschutz	188
1. Aufenthaltstitel	188
2. Zulassung einer Erwerbstätigkeit	196

Erfordernis eines Aufenthaltstitels § 4 **AufenthG** 1

I. Entstehungsgeschichte

Die Vorschrift entspricht im Wesentlichen dem **GesEntw** (BT-Drs 15/420 S. 8). Im 1
Vermittlungsverf wurde lediglich in Abs 2 „Bundesanstalt" jew durch „Bundesagentur"
ersetzt (BT-Drs 15/3479 S. 2, 10).

II. Allgemeines

Die Vorschrift macht Einreise u. Aufenthalt im Bundesgebiet im Anschluss an die interna- 2
tionale Rechtsüberzeugung u. -praxis u. das frühere Recht (§ 3 AuslG 1990; § 2 AuslG 1965)
grundsätzlich von einer **Zulassung** abhängig u. sieht iÜ Befreiungen u. Erleichterungen bei
der Einholung des AufTit vor. Sie legt, ohne dies wie § § 3 III 1 AuslG 1990 ausdrücklich
anzuordnen, zugrunde, dass der AufTit grundsätzlich vor der Einreise eingeholt wird. Der
Besitz eines Titels ist nämlich schon für die Einreise verlangt, u. die **Visumpflicht** ergibt sich
EU-weit aus der VO/EG 539/2001 u. deren Liste über die visumfreien Herkunftsstaaten.
Zudem ist das BMI ermächtigt, durch RVO zu bestimmen, dass der AufTit (in Abweichung
hiervon) entweder vor oder nach der Einreise bei der AuslBeh eingeholt werden kann. Die
letztere Möglichkeit hat er in den Fällen der §§ 39 bis 41 AufenthV eröffnet.

Die Bestimmungen über die **Erwerbstätigkeit** sind ausführlicher gehalten als in den 3
AuslG 1995 u. 1990. Die Konzentration der Entscheidungen bei AuslVetr u. AuslBeh
umfasst Einreise, Aufenthalt u. Erwerbstätigkeit. Nur bei der nichtselbständigen Erwerbstätigkeit, die durchweg als **Beschäftigung** bezeichnet wird, wirkt die BA mit. Über die
selbständige Erwerbstätigkeit befinden AuslVetr u. AuslBeh nach den Maßstäben des § 21
unter Beteiligung der dort bezeichneten Einrichtungen.

Die rechtliche u. tatsächliche Bedeutung der Vorschrift hat inzwischen durch VR u. 4
EU-Recht erheblich abgenommen. Letzteres gestattet Unionsbürgern u. Gleichgestellten
sowie deren Angehörigen praktisch ohne Ausnahme Einreise u. Aufenthalt sowie Erwerbstätigkeit (Rn 11); daher ist § 4 auf diese Personen auch nicht anwendbar (§ 11 FreizügG/
EU). Außerdem ermöglicht es Drittstaatsangehörigen mit Hilfe des Schengen-Visums oder
nationaler AufTit kurzzeitige Aufenthalte (Rn 12), regelt die Befreiung der StAng bestimmter Staaten von der Visumpflicht (Rn 12) u. die Gestaltung der Visummarke (§ 12 Rn 16)
u. bestimmt auch Einreise u. Aufenthalt sowie zT Erwerbstätigkeit von StAng assoziierter
Staaten mit.

Trotz der Berücksichtigung zusätzlicher Aufenthaltszwecke, der Verbindung der Zulassung 5
zum Aufenthalt u. zum Arbeitsmarkt u. des Vorbehalts von Befreiungen erscheinen die
Änderungen gegenüber dem AuslG 1990 nicht als bemerkenswerte Öffnung im Interesse der
dt Wirtschaft u. Bevölkerung. Visumpflicht u. Anwerbestopp sind grundsätzlich beibehalten.
Insgesamt ermöglicht das Ges zwar ebenso wie die AuslG 1965 u. 1990 eine weltoffene u.
liberale Ausländerpolitik; dem Willen des Gesetzgebers entspräche eine derartige Handhabung aber zumindest insoweit nicht, als es die erstmalige Einreise aus Nicht-EU-Staaten zu
Erwerbszwecken angeht. Neben der Integration der bereits länger im Bundesgebiet lebenden
Ausl u. der Erhaltung der EU-Freizügigkeit verfolgt das neue Zuwanderungsrecht ebenso wie
das die früheren AuslG das (seit dem Anwerbestopp vom November 1973 angestrebte Ziel der
Verhinderung weiteren Zuzugs aus Nicht-EU-Staaten, wie nicht zuletzt den Programmsätzen
des § 1 I deutlich zu entnehmen ist. Der Anwerbestopp ist seit langem zum **Zulassungs-
stopp** mutiert, der nur durch wenn auch zahlreiche Ausnahmen durchbrochen wird.

Die möglichen **Befreiungen u. Erleichterungen** durch RVO sind offen für eine groß- 6
zügige oder eine engherzige Handhabung. Sie dienen als Mittel zur Durchsetzung ausländerpolitischer Zielsetzungen, die notwendigerweise mit den objektiven Verhältnissen u. den
subjektiven Politikvorstellungen wechseln. Damit ebnen sie Wege für Restriktionen wie für

weitergehende Liberalisierungen. Der Inhalt der Ende 2004 erlassenen RVO lassen einen grundsätzlichen Wandel aber ebenfalls nicht erkennen. Sie erleichtern u. vereinfachen die Zuwanderung in einigen Bereichen u. verbessern die Aussichten auf eine Verfestigung des Aufenthalts, nicht zuletzt durch verbesserte Integrationsangebote. Ungeachtet der politikoffenen Zielsetzung bleibt das AufenthG aber grundsätzlich den Kategorien des Rechts der **öffentl Sicherheit u. Ordnung** verhaftet, obwohl Ausl nicht allg als Gefahr begriffen werden können, sondern deren Aufenthalt im Inland als Teil der gemeinsamen Daseinsvorsorge für die gesamte Wohnbevölkerung verstanden u. geregelt werden müsste.

7   Aufenthaltstitel- u. Visumpflicht sind nach Voraussetzungen u. Ausnahmen **streng zu trennen,** obwohl das Visum nunmehr einen AufTit darstellt u. nicht wie früher lediglich eine andere Form einer AufGen. Von dem Titelzwang sind Ausnahmen ohne nähere Beschränkungen zulässig (§ 99 I Nr 1); sie können also örtlich, zeitlich, gegenständlich oder sonst begrenzt gewährt werden. Ausnahmen von der vorherigen Einholung des AufTit bei der AuslVertr sind nur in zweifacher Hinsicht zugelassen: Erteilung durch die Auslbeh vor oder nach der Einreise (§ 99 I Nr 2). Die Visumfreiheit ist durch die VO/EG 539/2001 verbindlich festgelegt u. durch dt Recht nicht zu verändern. Sind Einreise u. kurzzeitiger Aufenthalt von der Titelpflicht ausgenommen, entfällt damit nicht gleichzeitig die Pflicht zur Einholung des AufTit für einen anschließenden Aufenthalt im Visumverfahren. Ob dieser AufTit im Inland beantragt u. erteilt werden darf u. die Ausübung einer Beschäftigung mit umfasst, ergibt sich vielmehr erst aus einer RVO aufgrund von § 42 oder § 99 I Nr 2.

III. Zulassungsbedürftigkeit von Einreise und Aufenthalt

1. Allgemeines

8   Einreise u. Aufenthalt von Ausl stehen allg unter **Erlaubnisvorbehalt.** Das generelle Verbot kann nur durch einen AufTit oder Befreiung, also nach Maßgabe des AufenthG u. anderer Rechtsvorschriften durchbrochen werden. Damit werden mangels allg garantierter Freizügigkeit weder allg Völkerrechtsregeln noch Verfassungsrecht verletzt. Auch eine gleichheitssatzwidrige Ungleichbehandlung (Art 3 I GG) findet nicht statt; die Ausländereigenschaft ist ein sachliches Unterscheidungsmerkmal im AufR. Der unterschiedliche Rechtsstatus von In- u. Ausländern im Hinblick auf den Gebietszugang stellt keine Diskriminierung dar, sondern folgt aus stangr Grundsätzen. Die StAng gehört zudem nicht zu den nach Art 3 III GG verbotenen Differenzierungskriterien.

9   Zwischen Einreise u. Aufenthalt wird **nicht weiter unterschieden,** weil erstere den Gebietszugang eröffnet. Dies steht freilich weder der Beschränkung einer Befreiung auf die Einreise noch einer Berücksichtigung von Art u. Dauer des Aufenthalts bei Entscheidungen über Verfestigung oder Beendigung des Aufenthalts entgegen, vor allem bei der Ausweisung. Dasselbe gilt für das Verhältnis zwischen erstmaliger Erteilung u. Verlängerung eines AufTit (vgl § 8 I).

10   Die Zulassungsbedürftigkeit hängt nicht von **Aufenthaltszweck** oder -dauer, StAng oder Alter ab. Allerdings sind die Arten der AufTit (§ 4 I 2) u. die Möglichkeiten der Befreiung je nach dem Zweck des angestrebten Aufenthalts unterschiedlich ausgestaltet. Die Befreiungen von der Visumpflicht u. zT auch der Passpflicht richten sich nach dem Herkunftsstaat (Anhang II zu der VO/EG 539/2001; § 41 AufenthV). Besonderheiten ergeben sich für die Besatzungsmitglieder von Seeschiffen (dazu Rn 27) u. für den Transitverkehr auf dt Flughäfen (dazu Rn 26).

2. Gemeinschaftsrecht

11   Vorab sind als **Ausnahmen** von der Zulassungsbedürftigkeit von Einreise u. Aufenthalt die aufgrund EU-Rechts bestehenden Personenverkehrsfreiheiten der Unionsbürger u. der

ihnen gleichgestellten Personen zu berücksichtigen (dazu § 1 Rn 16 f u. FreizügG/EU). Hinzu kommen Sonderregelungen, die sich aus dem Freizügigkeitsabk EG/Schweiz (Befreiung von der AufTit-Pflicht nach § 28 AufenthV; vgl auch § 12 FreizügG/EU Rn 3) u. dem Vertrag über den Beitritt der zehn neuen EU-Staaten im Mai 2004 (dazu § 13 FreizügG/EU) sowie dem Assoziationsabk EWG/Türkei (dazu Rn 82 ff), den Europaabk mit osteuropäischen Ländern (Rn 13 ff) u. den Europa-Mittelmeer-Abk (Rn 16) ergeben. Diese Gemeinschaftsrechtsnormen bewirken in je unterschiedlicher Weise eine Einschränkung des Anwendungsbereichs auslr Vorschriften der Mitgliedstaaten. Sie genießen nämlich Anwendungsvorrang vor der innerstaatl Rechtsordnung. Je nach der Art u. Verbindlichkeit der EU-Normen u. ihrer unmittelbaren Anwendbarkeit ergeben sich Folgerungen für den Inhalt der Bescheinigungen u. AufTit; zum großen Teil entfalten diese keine konstitutiven Wirkungen, sie haben vielmehr nur deklaratorische Bedeutung.

Nachdem der EU mit dem Amsterdamer Vertrag weitreichende Kompetenzen auch für die Regelung der Einreise u. des Aufenthalts von Nicht-Unionsbürgern eingeräumt worden waren, hat sie in den letzten Jahren nach u. nach entsprechende VO und RL erlassen, die zT noch der Umsetzung bedürfen; zu diesem Rechtsbestand gehört auch das SDÜ (dazu Vorbem Rn 22 ff u. § 6 Rn 8 ff). Daraus ergibt sich eine Vielzahl von unmittelbaren u. mittelbaren Einwirkungen des EU-Rechts auf die Zulassung der Einreise u. des Aufenthalts von **Drittstaatsangehörigen.** In erster Linie sind die früher in der DVAuslG enthaltenen Bestimmungen über Kurzaufenthalte betroffen, die grundlegend überarbeitet werden mussten, weil ein Regelungsspielraum nur noch sehr begrenzt erhalten geblieben ist (dazu § 15 ff AufenthV; Rn 20 ff). **12**

Die mit Ländern des ehemaligen Ostblocks geschlossenen **Europa-Abk** haben durch den zwischenzeitlichen Beitritt einiger Staaten ihren eigentlichen Zweck erfüllt u. damit ihre Bedeutung fast vollständig verloren. Soweit sie in vollem Umfang fortbestehen (zB mit Bulgarien, s. Textteil Abk. 3.5.), bewirken sie nach wie vor eine Liberalisierung auch hinsichtlich der Migration von Erwerbstätigen (dazu näher Draganova, ZAR 2004, 168). Sie behandeln einige Fragen der Freizügigkeit von Arbeitnehmern u. Selbständigen, belassen aber die Steuerung von Einreise u. Aufenthalt im Wesentlichen in der Kompetenz der Mitgliedstaaten (vgl Art 59 I Abk EG/Bulgarien). **13**

Rechtmäßig im Bereich der EU (nichtselbständig) **Beschäftigten** ist Inländergleichbehandlung zugesichert (zB Art 38 I, 42 I Abk EG/Bulgarien); hiervon sollen aber Beschäftigungszwecke vorübergehender Art ausgeschlossen sein (BT-Drs 13/7621 S. 2). Ansprüche auf Verlängerung des Aufenthalts können aus dem Recht auf Nichtdiskriminierung ohnehin nicht abgeleitet werden. Ehegatten u. Kinder des Beschäftigten ist für die Dauer von dessen Tätigkeit der Zugang zum Arbeitsmarkt des Beschäftigungsstaats eröffnet, sofern sie sich selbst bereits dort rechtmäßig aufhalten. Subjektive Rechte auf Aufenthalt, Beschäftigung u. Familiennachzug sind damit nicht gesichert (Gargulla, InfAuslR 1995, 181), da die einschlägigen Bestimmungen nur programmatisch formuliert sind u. zudem unter dem Vorbehalt des nationalen Rechts stehen. Damit ergibt sich für Arbeitnehmer eine wesentlich ungünstigere Lage als für Selbständige. Sie können mit einer Verbesserung erst bei Anwendung der RL 2003/109/EG über den Daueraufenthalt rechnen (Draganova, ZAR 2004, 168). **14**

Selbständige aus MOE-Staaten genießen dagegen grundsätzlich (ausgenommen einige Wirtschaftszweige) Niederlassungsfreiheit; sie unterliegen nur dem allg Ordre-public-Vorbehalt, der auch wirtschaftlich motivierte Maßnahmen zulässt (Gargulla, InfAuslR 1995, 181; Lange, GewArch 1997, 407; Stock, InfAuslR 1994, 392; Welte, BWVPr 1995, 37). Damit erringen sie eine weitgehend privilegierte Stellung gegenüber Bewerbern aus anderen Staaten (dazu u. zur einschlägigen EuGH-Rspr § 21 Rn 14 ff). **15**

StAng von Ländern, mit denen die EU sog. **Mittelmeer-Abk** geschlossen hat (zB Jordanien, s. Textteil Nr 3.4.), sind als Arbeitnehmer nur in beschränktem Umfang privilegiert. Das Diskriminierungsverbot gewährleistet weder allg die Verlängerung einer AE (BVerwG, EZAR 029 Nr 24; vgl auch BayVGH, EZAR 029 Nr 21) noch einen besonderen Schutz vor Ausweisung (betr Ausweisung nach Marokko HessVGH, EZAR NF 19 Nr 3; **16** zur Nichtdiskriminierung russischer Sportler vgl EuGH, EZAR NF 19 Nr 8). Da die ArbErl in Deutschland nur mit aufr Grundlage gilt, kann aus einer fortbestehenden ArbErl kein Anspruch auf Verlängerung der AufErl abgeleitet werden (BVerwG, EZAR 029 Nr 21; aA BayVGH, EZAR 019 Nr 18).

3. Befreiungen

17 Befreiungen vom Erfordernis des AufTit sind nicht durch das AufenthG erfolgt (anders noch § 2 II AuslG 1965), sondern **nur durch RVO** nach Abs 1 S. 2. Die Fälle des § 2 I zählen nicht hierher, weil auf sie das Ges überhaupt nicht anzuwenden ist. Die nach EU-Recht freizügigkeitsberechtigten Personen zählen ebenfalls nicht zu den Personen, die von einer Befreiung Gebrauch machen. Sie erhalten vielmehr als Unionsbürger eine lediglich deklaratorische Bescheinigung über ihr AufR (§ 5 I FreizügG/EU) u. als Familienangehörige eine ebenso deklaratorische AE-EU (§ 5 II FreizügG/EU). Heimatlose Ausl sind dagegen freigestellt (§ 12 S. 2 HAG; früher § 2 II Nr 2 AuslG 1965). Aufgrund Gemeinschaftsrechts befreit sind drittstaatsangehörige Schüler mit Wohnsitz in einem Mitgliedstaat bei einer gemeinsamen Fahrt (EU-Rat vom 30. 11. 1994, ABl. EG L 327 S. 1; vgl § 22 Nr 3 AufenthV). Schließlich benötigen **Asylsuchende** keinen AufTit iSd § 4 I 2. Politisch Verfolgten steht der Zugang zum Bundesgebiet nämlich kraft Art 16 a I GG in dem Sinne frei, dass sie grundsätzlich nicht an der Grenze zurückgewiesen werden dürfen (vgl § 15 Rn 3, 17; § 18 AsylVfG Rn 13); sie erhalten nach Stellung des (evtl nur mündlichen) Asylgesuchs kraft Ges eine AufGest (§ 55 AsylVfG). Damit ist den Erfordernissen des Asylgrundrechts (Art 16 a I GG) u. des Refoulementverbots (Art 33 I GK) Genüge getan. Einer Befreiung von der AufTit- u. Visumpflicht bedürfen sie ebenso wenig wie einer Befreiung von der Passpflicht; denn der Nichtbesitz eines gültigen Passes oder Visums steht ihrer Einreise nicht entgegen (§ 18 AsylVfG Rn 13; zur Einreise ohne Visum § 5 II). Auf diese Vergünstigung können sich indes visumpflichtige Ausl, die aus einem sicheren Drittstaat einreisen (Art 16 a II GG) oder nicht bereits an der Grenze um Asyl nachsuchen, nicht berufen; für sie verbleibt es ohnehin uneingeschränkt bei der Visumpflicht.

18 Befreiungen vom Erfordernis des AufTit durch RVO des BMI mit Zustimmung des BR sind nicht nur zugelassen, sondern zumindest erwünscht. Die **Verordnungsermächtigung** verpflichtet den BMI nicht zum Erlass einer derartigen RVO (anders noch § 3 I 2 AuslG: „... sieht zur Erleichterung ... vor"), das Ges hält aber Befreiungen „zur **Erleichterung des Aufenthalts** von Ausländern" (§ 99 I Nr 1) ersichtlich für geboten. Die Ermächtigung genügt trotz ihrer allg formulierten Grundlage den Anforderungen des Art 80 I GG, wenn man die Regelungspraxis in der Vergangenheit in Rechnung stellt, die im Grundsatz fortgeführt u. nur zusammengefasst u. der Systematik gemeinschaftsrechtlicher Vorgaben angepasst werden sollen (BT-Drs 15/420 S. 68). Im Ges genannt ist allerdings nur der Zweck der Ermächtigung (§ 99 I Nr 1: „Erleichterung des Aufenthalts"), nicht aber das Regelungsprogramm (vgl BVerfGE 58, 257) u. nicht das vorhersehbare Ausmaß der Ausfüllung der Ermächtigung (vgl BVerfGE 56, 1), wobei in der Begr des GesEntw (BT-Drs 15/420 S. 68) ohnehin nur von der „Erleichterung des internationalen Reiseverkehrs" die Rede ist. Erleichtert wird der Aufenthalt von Ausl durch Regelungen, die nicht nur den grenzüberschreitenden Verkehr vereinfachen, sondern auch den kurzfristigen Aufenthalt ohne AufTit zulassen. Gerade dies wird aber schon durch das EU-Visaregime zusammen mit dem SDÜ besorgt (vgl § 15 AufenthV) u. unterliegt demzufolge dem dt Recht nur noch in begrenztem Umfang. Aber auch die vollständige Befreiung, etwa für Inhaber bestimmter Ausweise (§§ 18 ff AufenthV), ist durch die Ermächtigung gedeckt. „Vorhersehbar" sind diese Regelungen im Einzelnen freilich nach der Fassung des § 99 I Nr 1 kaum, nur nach der – keineswegs verbindlichen – Ankündigung in der Begr des GesEntw (BT-Drs 15/420 S. 68).

19 Die Ermächtigung in § 99 III 1 (zunächst ohne Zustimmung des BR; früher § 3 IV AuslG) für die Fälle der zwischenstaatlichen **Vereinbarung** u. der Wahrung **öffentl Interessen** nimmt hinsichtlich der ersten Alt. Bedacht auf die Bedenken, die gegen Ausnahmen

Erfordernis eines Aufenthaltstitels § 4 **AufenthG 1**

von dem ges Erfordernis des AufTit aufgrund nicht ratifizierungsbedürftiger zwischenstaatl Vereinbarungen bestehen (zur Geschichte dieser Ermächtigung vgl BT-Drs 11/6321 S. 6; BT-Drs 11/6541 S. 1; BT-Drs 11/6960 S. 21). Diese Ermächtigung verstärkt insgesamt das Gewicht des BR gegenüber der BReg u. stellt sicher, dass auch insoweit das BMI nur mit Zustimmung des BR Befreiungstatbestände einführen darf. Gegen die Bestimmtheit des VO-Zwecks „Wahrung öffentlicher Interessen" bestehen wegen mangelnder Vorhersehbarkeit des Inhalts der RVO durchaus Bedenken (vgl Rn 18).

Befreit sind einmal Kurzaufenthalte. Diese Befreiung beruht aber nicht auf der RVO, **20** sondern auf Gemeinschaftsrecht, nämlich dem SDÜ u. der VO/EG 539/2001 in der jew aktuellen Fassung – **EUVisaVO** (klarstellend § 15 AufenthV). Daher ist unter einem **Kurzaufenthalt** nunmehr ein Aufenthalt im Schengen-Gebiet von längstens drei Monaten innerhalb von sechs Monaten vom Tag der ersten Einreise an zu verstehen (§ 1 II Nr 1 AufenthV). Wie früher ist zwischen visumfreien u. visumpflichtigen Einreisen u. außerdem nach Aufenthaltszwecken zu unterscheiden, wobei der Erwerbstätigkeit eine besondere Bedeutung zukommt (näher dazu § 6 Rn 5). Die EU-Visaregeln befassen sich nur mit dem Überschreiten der Außengrenzen (vgl Art 1 I) u. der Einreise zum Zwecke eines Kurzaufenthalts (vgl Art 2), nicht mit dem anschließenden Aufenthalt, dieser wird allein von Art 18 ff SDÜ erfasst (vgl § 2 Rn 28 f). Sie enthalten auch keine Aussagen über eine Erwerbstätigkeit während des der Einreise nachfolgenden Aufenthalts; hierfür reichte die Ermächtigung in Art 62 Nr 2 Bst b EG nicht aus. Daher sind die Mitgliedstaaten nicht nur frei bei der Zulassung zum Arbeitsmarkt u. sonstigen Erwerbstätigkeiten, sondern sie dürfen nach Art 4 III EUVisaVO für diese Erwerbspersonen sogar die gemeinschaftsrechtliche Visumfreiheit ausnahmsweise aufheben.

Welche Personen **visumfrei** als Drittstaatsangehörige für einen Kurzaufenthalt einreisen **21** dürfen, ergibt sich aus Art 1 II iVm Anhang II der EUVisaVO (**Positivliste**). StAng der dort aufgeführten Staaten sind von der Pflicht, beim Überschreiten der Außengrenzen der Mitgliedstaaten ein Visum besitzen zu müssen, für einen Aufenthalt, der insgesamt drei Monate nicht überschreiten darf, befreit (Art 1 II iVm I). Mit dieser Befreiung ist ein AufR nach der Einreise allerdings nicht verbunden, dieses ergibt sich erst aus Art 20 I (vgl Rn 20). Danach können sich die visumfreien Personen in dem Hoheitsgebiet der Mitgliedstaaten bis zu drei Monaten innerhalb sechs Monaten nach der Einreise frei bewegen.

Wer **visumpflichtig** ist, bestimmt sich nach Art 1 I u. Anhang I zur EU-VisaVO **22** (**Negativliste**). Art 1 I enthält ebenfalls keine Aussage über den nachfolgenden Aufenthalt, betrifft er doch allein den Besitz des Visums „beim Überschreiten der Außengrenzen" (§ 2 Rn 28 f). Die grundsätzliche Pflicht zum Besitz eines AufTit in Deutschland nach der Einreise (Abs 1) wird verdrängt durch Art 19 SDÜ. Danach können sich Besitzer eines Schengen-Visums nach einer rechtmäßigen Einreise frei im gesamten Schengen-Gebiet bewegen. Wer über ein längerfristiges Visum oder einen AufTit eines Mitgliedstaats verfügen, darf durch andere Mitgliedstaaten durchreisen u. sich dort kurzfristig bewegen (Art 18, 21 SDÜ).

Der auf dieser Grundlage bestehende nationale Regelungsspielraum (Art 20 II SDÜ; **23** Art 3–5 EUVisaVO) ist durch §§ 16 ff AufenthV ausgeschöpft worden. Aufrechterhalten bleiben Befreiungen aufgrund älterer **Sichtvermerksabk** (§ 16 AufenthV iVm Anlage A).

Andererseits ist die Visumfreiheit bei Ausübung einer **Erwerbstätigkeit** (dazu § 2 II **24** AufenthG) aufgehoben (§ 17 AufenthV). Die Befreiung durch Art 1 II EUVisaVO könnte uU für den Grenzübertritt auch bei späterer Erwerbstätigkeit bestehen bleiben (so Hailbronner, § 4 AufenthG Rn 19 f; aA HessVGH, EZAR 011 Nr 19). Nach Art 20 SDÜ wäre die Aufnahme einer Erwerbstätigkeit nicht legalisiert, aber der Ausl zunächst legal eingereist. Dies soll mit § 17 I AufenthV ausgeschlossen werden, der allerdings auf die objektive Ausübung einer Erwerbstätigkeit abstellt u. nicht auf den dahingehenden Willen beim Grenzübertritt (zu dem daraus für die frühere Rechtslage entstandenen Meinungsstreit vgl 7. Aufl, § 3 AuslG Rn 14 mwN). Damit bewirkt die Aufnahme einer Erwerbstätigkeit (nachträglich) einen Verstoß gegen die Visaregeln, wobei es nicht auf den Zeitpunkt des

1 AufenthG 1. Teil. Aufenthaltsgesetz

Beginns u. die Dauer sowie auf eine bereits bei Einreise bestehende Absicht ankommen soll. Visumfrei sind jedoch nur Einreisen „für" einen kurzfristigen Aufenthalt der in der EUVisa-VO behandelten Art, u. mit der dort zugelassenen nationalen Ausnahme sind gerade Erwerbsaufenthalte als Aufenthalts- u. damit auch als Einreisezweck ausgeschlossen; die EG-Kompetenz erstreckt sich nur auf Visa für „geplante" Kurzaufenthalte (Art 62 Nr 2 Bst b EG) u. nicht auf die Zulassung einer Erwerbstätigkeit, u. die Rechtmäßigkeit des Erwerbsaufenthalts selbst richtet sich nach dem jew AufTit, er ist nicht durch Art 20 SDÜ gedeckt. Von dieser Regelung ausgenommen sind Tätigkeiten bis zu drei Monaten innerhalb von zwölf Monaten, die nach §§ 2, 4–13 BeschV keine aufr relevante Beschäftigung darstellen (näher dazu Nr 4.1.1.7 VAH). Die zeitliche Beschränkung auf drei Monate gilt nicht für den reinen Personen- u. Gütertransitverkehr (näher dazu Nr 4.1.1.8 VAH).

25 Von der AufTit-Pflicht befreit sind Inhaber bestimmter **Ausweise** (§§ 18–20 AufenthV). Dabei handelt es sich um: Reiseausweise nach Art 28 GK u. Art 28 StlÜbk (§ 18 AufenthV; zu Überschneidungen mit § 16 u. Anlage A Nr 3 vgl Nr 4.1.1.9 VAH); dienstliche Pässe (§ 19 AufenthV iVm Anlage B; dazu OVG NRW, EZAR 060 Nr 2); Ausweise der EU, zwischenstaatl Organisationen u. des Vatikans (§ 19 AufenthV); Grenzgängerkarten iSd § 12 für Unionsbürger u. Schweizer (§ 21 AufenthV). Außerdem sind die durch die EU-Regelung über Schülerfahrten erfassten Schüler befreit, die mit entsprechenden Sammellisten reisen (§ 22 AufenthV).

26 Weitere Befreiungen gelten ua für: **Personal** im Luft- u. Schiffsverkehr, Transitflugreisende (ohne Einreise), Transitschiffsfahrgäste, (§§ 23–26 AufenthV). Die Befreiung nach § 26 I AufenthV erfasst nur die Zwischenaufenthalte ohne Einreise, also vor allem ohne Verlassen des Transitbereichs eines Flughafens oder des Schiffs. Bis zur Einreise iSd § 13 AufenthG unterliegen Ausl ohnehin nicht der Zulassungspflicht zum Staatsgebiet. Eine Besonderheit stellt das **Flughafentransitvisum** dar, das kein AufTit ist, aber nach Maßgabe der Gemeinsamen Konsularischen Instruktion zT verlangt wird (§ 26 II, III AufenthV; näher dazu Nr 4.1. 1. 15 VAH). Unter der Geltung des SDÜ sind Flüge über einen dt Flughafen in einen anderen Schengen-Staat keine Transitflüge mehr. Befreit sind auch bestimmte Fälle der Durchreise oder Durchbeförderung über die Grenze zu einem Schengen-Staat (§ 30 AufenthV)

27 Nicht befreit sind **Seeleute.** Besatzungsmitglieder von Seeschiffen unter dt Flagge unterliegen weiterhin dem Zulassungserfordernis, gleichgültig, ob sie sich an Bord aufhalten oder an Land gehen (Abs 4). Da sie aber idR im Inland keinen gewöhnlichen Aufenthalt begründen (vgl dazu OVG Hamburg, EZAR 021 Nr 2), sind sie für den Aufenthalt an Bord oder im Inland durch RVO befreit, falls sie ein dt Seefahrtbuch u. den Nationalpass eines Staats aus der Positivliste besitzen (§ 24 I Nr 2 AufenthV; Anhang II zu der VO/EG 539/2001; zur früheren Praxis Geffken, ZAR 1993, 85). Vor Ausstellung des Seefahrtbuchs erhalten sie bei Anheuern im Ausland zunächst ein Visum, das wie bei Angehörigen anderer Staaten nicht der Zustimmung der Auslbeh bedarf (nach Maßgabe von § 35 Nr 3 AufenthV). Ungeachtet der Dauer u. des Orts der Tätigkeit kommt für Seeleute nur eine AE in Betracht (zum früheren Recht Geffken, ZAR 1993, 85; OVG Hamburg, EZAR 014 Nr 1). Die AE für Besatzungsmitglieder von Seeschiffen im internationalen Verkehr bedarf nicht der Zustimmung der BA (§ 14 Nr 1 BeschV). Aufenthaltszeiten im Zusammenhang mit der Tätigkeit als Besatzungsmitglied eines dt Seeschiffs braucht die Auslbeh nicht zu berücksichtigen, wenn der Seemann eine AE zum Zweck der Erwerbstätigkeit an Land begehrt (BVerwG, EZAR 100 Nr 18; BVerwGE 78, 192; aA Geffken, ZAR 1993, 85).

28 Einige Personengruppen, die nicht unter § 1 I Nr 2 u. 3 AufenthG fallen (§ 27 AufenthV), sind von der AufTit-Pflicht befreit (unterliegen aber sonst dem AufenthG): ua das dienstliche **Hauspersonal** berufskonsularischer Vertretungen u. deren mit ihnen zusammenlebenden, nicht ständig hier ansässigen Familienangehörigen; die Familienangehörigen des dienstlichen Hauspersonals diplomatischer Missionen; die mit Zustimmung des AA örtlich angestellten Mitglieder des Personals u. des dienstlichen Hauspersonals diplomatischer Missionen u. berufskonsularischer Vertretungen u. deren mit Zustimmung des AA zugezogenen engeren Familienangehörigen; die mit Zustimmung des AA beschäftigten

Erfordernis eines Aufenthaltstitels § 4 **AufenthG 1**

privaten Hausangestellten von Mitgliedern dieser Missionen oder Vertretungen u. deren mit Zustimmung des AA zugezogenen engeren Familienangehörigen; die mitreisenden Familienangehörigen von Repräsentanten anderer Staaten.

4. Beschränkungen, Bedingungen und Auflagen

Zulassungsfreiheit iSd Freistellung von der AufTit-Pflicht ist nicht gleichbedeutend mit 29 garantiertem AufR. Überwiegend wird die Befreiung nur wegen der kurzen Aufenthaltsdauer oder zur Erleichterung der diplomatischen Beziehungen oder des internationalen Verkehrs gewährt. Hinzu kommen die StAng von Drittstaaten, die nach Art 5 III, 18, 21 SDÜ ein- u. durchreisen u. sich für kurze Zeit aufhalten dürfen. In jedem Fall bleibt der AuslBeh nach § 12 IV die (früher in § 3 V AuslG enthaltene) Möglichkeit vorbehalten, den Aufenthalt (nachträglich) zu befristen oder sonst zu **beschränken**. Vorausgesetzt ist, dass die materiellen Voraussetzungen für den Aufenthalt nicht vorliegen. Die Ermächtigung erscheint hinreichend bestimmt; es muss allerdings ein aufr erheblicher Anlass bestehen, u. es müssen die Grundsätze der Verhältnismäßigkeit u. des Vertrauensschutzes eingehalten u. die Grundrechte beachtet werden. Die Kontrollmöglichkeit der AuslBeh durch eine Anzeigepflicht wie nach § 13 DVAuslG besteht nicht mehr.

Von den Beschränkungen **ausgenommen** sind die Fälle des § 1 II, für die das AufenthG 30 nicht gilt, u. die des § 81 III, der ein ges AufR verleiht u. deshalb durch § 12 II 2 erfasst wird. Außerdem heimatlose Ausl, weil diese nur wegen des ihnen gewährten ges AufR von der AufTit-Pflicht befreit sind, Asylbewerber (wegen §§ 55 ff AsylVfG als spezieller Normen) u. die nach §§ 27, 20 I Nr 1 u. 2 AufenthG befreiten Personen. Außerdem hilfsbedürftig gewordene Personen nach Art 6 Abs a EFA, weil danach eine Rückschaffung iSd Beendigung des erlaubten Aufenthalts ausgeschlossen ist (BVerwGE 75, 26).

Bedingungen u. Auflagen sind in ähnlicher Weise zulässig wie nach § 12 II. So sind 31 Auflagen u. Bedingungen hinsichtlich Erwerbstätigkeit ebenso statthaft wie zu Ausreisekosten u. Unterhalt. Der zulassungsfreie Aufenthalt soll nicht günstiger behandelt werden als der zulassungsbedürftige. Eine **zeitliche Beschränkung** ist zulässig, wenn sie durch Sachgründe gerechtfertigt ist, vor allem nach Wegfall der Befreiungsvoraussetzungen. Unsachgerecht ist aber die Befristung kurz vor Ablauf einer für die Einbürgerung erforderlichen Aufenthaltsdauer (OVG Lüneburg, EZAR 103 Nr 13). **Räumlich** darf der Aufenthalt zB für die Zeit eines Staatsbesuchs auf eine bestimmte Stadt beschränkt werden, um gewalttätige Auseinandersetzungen rivalisierender ausl Gruppen zu verhindern (BVerwGE 49, 36; zur Beschränkung der politischen Betätigung § 47 I 2). Verbote oder Beschränkungen einer selbständigen oder unselbständigen Erwerbstätigkeit sind in derselben Weise zulässig wie nach § 12 II.

IV. Aufenthaltstitel

Um die Übersichtlichkeit zu verbessern, hat der Gesetzgeber die Anzahl der Dokumente 32 über ein AufR verringert. An die Stelle des Oberbegriffs der AufGen ist der des AufTit getreten. Statt AufBer, unbefristeter u. befristeter AufErl, AufBew u. AufBef gibt es jetzt nur die NE, die AE u. das Visum. Während die NE unbefristet u. die AE befristet erteilt wird, dient das Visum weiterhin der Einreisekontrolle durch den Bund, nunmehr aber als eigenständiger AufTit (§ 6). Daneben gibt es weiterhin die AufGest als Bescheinigung des ges AufR des Asylbew (§§ 55, 63 AsylVfG) u. die Duldung zum Nachweis der Aussetzung der Abschiebung (§ 60 a IV). Lediglich deklaratorisch wirken nach wie vor die AE-EU, die jetzt aber nur noch von Amts wegen den drittstaatsangehörigen Familienangehörigen ausgestellt wird, während die Unionsbürger selbst von Amts wegen eine Bescheinigung über ihr EU-AufR erhalten (§ 5 I u. II FreizügG/EU; zu den StAng der Beitrittsstaaten vgl § 13 FreizügG/EU). Türkischen StAng wird auf Antrag zum Nachweis ihres AufR nach dem Assoziationsrecht eine AE ausgestellt (Abs 5). Schließlich wird den StAng der neuen EU-Staaten, die trotz der in Deutschland bestehenden Beschränkungen für die Aufnahme einer Beschäftigung aufgrund des Beitrittsvertrags zum Arbeitsmarkt zugelassen sind (dazu § 13 FreizügG/EU), von der BA eine ArbErl-EU oder eine ArbBer-EU ausgestellt (§ 284 II SGB III; § 12a ArGV).

33 Weitere einschneidende Änderungen folgen aus der Zusammenlegung der Zulassungen zu Aufenthalt u. Arbeitsmarkt, mit der Erleichterungen für den Ausl sowie eine Vereinfachung u. Beschleunigung der Verwaltungsarbeit angestrebt werden. Um für Ausl u. Arbeitgeber sowie Behörden die Berechtigung zur Erwerbstätigkeit zu dokumentieren, muss jeder AufTit erkennen lassen, ob eine Erwerbstätigkeit erlaubt ist. Außerdem sind Beschränkungen der Zustimmung der BA in den Titel zu übernehmen. Damit wird erreicht, dass sich der Aufenthaltszweck, der für die Steuerung der Zuwanderung an Bedeutung gewonnen hat, zumindest mittelbar nahezu vollständig aus dem Titel entnehmen lässt.

34 NE u. AE unterscheiden sich nach ihrer Geltungsdauer u. der Zulässigkeit von Nebenbestimmungen (§§ 7, 9). Der Aufenthaltszweck ist bei der NE nicht beschränkt u. braucht in der AE nicht genannt zu werden. Erwerbstätigkeiten aller Art sind immer gestattet (§ 9 I 2). Die bei der NE allein zulässige örtliche Beschränkung nach § 23 II 2 ermöglicht unmittelbar den Rückschluss auf die aufr Grundlage des § 23 I. Allg muss dem Wortlaut des Ges zufolge jeder Titel (nur) erkennen lassen, „ob" eine Erwerbstätigkeit ausgeübt werden darf u. welche Beschränkungen die Zustimmung der BA enthält. Damit allein kann aber die offensichtlich beabsichtigte Aussagekraft des AufTit (der AE) nicht erreicht werden. Daher müssen auch sonstige **Beschränkungen** der Berechtigung zur Erwerbstätigkeit in der AE **eingetragen** werden (so auch Nr 4.2.2.1 VAH: „ob und ggfs. unter welchen Bedingungen"). Außer „Erwerbstätigkeit gestattet" u. „Beschäftigung gestattet" müssen auch Formulierungen gewählt werden, die zB zeitliche, regionale u. branchenmäßige Einschränkungen (dazu Rn 54 ff) wiedergeben. Daraus wiederum lässt sich meist aufgrund u. Zweck des Aufenthalts schließen.

V. Visum, Aufenthaltstitel vor und nach der Einreise

1. Visum

35 Eine der grundlegenden Neuerungen im AuslG 1990 gegenüber dem AuslG 1965 bestand im Grundsatz des § 3 I AuslG, der das AufGen-Erfordernis mit dem Visumzwang gleichstellte. Mit dem damaligen Wandel des Visums von der durch RVO begründeten Ausnahme (§ 5 II AuslG 1965) zur ges Regel wurde die **Einreisekontrolle** tendenziell verbessert. Die Wirkungen dieser Konstruktionsänderung hingen allerdings allein von dem Ausmaß der Befreiungen von der AufGen-Pflicht u. der Möglichkeit der Einholung der AufGen nach der Einreise sowie von dem Umfang der Zustimmungsbedürftigkeit durch die AuslBeh ab. Mittlerweile haben sich die Grundlagen für das gesamte Visumverf verändert, weil auch hier inzwischen in weitem Umfang vorrangiges EU-Recht eingreift (Rn 10 ff). Zudem stellt das Visum nunmehr keine besondere Form einer AufGen mehr dar, sondern einen von drei AufTit (§ 4 I 2). Mit dieser neuen formalen Stellung soll der Bedeutungswandel des Visums deutlich gemacht werden. Eine eindeutige Zuordnung wie bei den beiden anderen AufTit ist damit gleichwohl nicht erreicht. Inhalt u. Bedeutung des Visums unterscheiden sich nämlich erheblich von NE u. AE, was sich schon darin zeigt, dass es zwei verschiedenartige Visa gibt, das Schengen-Visum u. das nationale Visum (dazu näher § 6 u. die dortigen Anm).

36 Die generelle Sichtvermerkspflicht gilt nicht in den Fällen der Befreiung vom Erfordernis des AufTit (Rn 17 ff) u. vom Erfordernis des Visums mit der Möglichkeit der Einholung des AufTit (bei der AuslBeh) vor oder nach der Einreise (Rn 37 ff). Die **RVO-Ermächtigung** für die Befreiung von der Visumpflicht (§ 99 I Nr 2) nach den beiden letzteren Verfahrensweisen (zur ersteren vgl Rn 18) wird den Anforderungen des Art 80 I GG nur dann gerecht, wenn man deren Voraussetzungen u. Umfang auf der Grundlage der bisherigen Praxis konkretisiert. Denn sie enthält nur die beiden Regelungsvarianten (vor oder nach der Einreise), ohne deren Voraussetzungen tatbestandsmäßig auch nur annähernd zu beschreiben

u. damit das Regelungsprogramm vorhersehbar (vgl dazu BVerfGE 56, 1, 12; 58, 257, 277) zu machen. Solche Anhaltspunkte werden etwa hinsichtlich der auslbeh Zustimmung zur Visumserteilung genannt (vgl § 99 I Nr 3: Sicherung der Mitwirkung anderer Behörden) mit der Folge, dass damit eine nicht ganz unzureichende Grundlage für die Festlegung der Zustimmungsfälle zur Verfügung steht.

2. Aufenthaltstitel im Inland vor der Einreise

Nur **ausnahmsweise** ist die Erteilung des AufTit durch die AuslBeh vor der Einreise zugelassen. Aufgrund der Ermächtigung in § 99 I Nr 2 (dazu Rn 36) ist diese Möglichkeit in § 38 AufenthV (wie früher in § 10 DVAuslG) lediglich für den Fall eröffnet, dass der Ausl seinen gewöhnlichen Aufenthalt in einem Staat hat, in dem die BR Deutschland keine AuslVertr unterhält oder in dem die AuslVertr vorübergehend keine Visa erteilen kann. Die Unmöglichkeit kann auf rechtlichen oder tatsächlichen Umständen beruhen. Zuständig ist die AuslBeh, nach Verlegung des AA nach Berlin die dortige Behörde. Das AA kann eine andere AuslVertr zur Visumerteilung ermächtigen. Die Regelung kann insgesamt nur auf nationale Visa angewandt werden, weil die AuslVertr aller Schengen-Staaten Visa für den gesamten Schengen-Raum ausstellen dürfen u. ausstellen. 37

3. Aufenthaltstitel nach der Einreise

Die für den Ausl einfachste u. verfahrensmäßig günstigste Art der Erteilung des AufTit ist nur für einige **wenige Fallgruppen** zugelassen, die freilich zahlenmäßig schon deshalb ins Gewicht fallen, weil auch Verlängerungen dazu gehören, die grundsätzlich denselben Regeln unterliegen wie die Ersterteilung (§ 8 I). Zunächst lässt das AufenthG selbst die Erteilung oder Verlängerung eines AufTit ohne vorheriges Visumverf zu: zB in §§ 5 III, 10 III. Für andere Konstellationen ermöglichen die §§ 39 ff AufenthV (früher § 9 DVAuslG) eine derartige Verfahrensweise. Eine eigene Rechtsgrundlage für das Inlandsverf ist notwendig, weil die Erteilung oder Verlängerung einer AE als solche oder als NE grundsätzlich verlangt, dass der Ausl mit dem erforderlichen Visum eingereist ist u. die maßgeblichen Tatsachen, vor allem den beabsichtigten Aufenthaltszweck, bereits im Visumantrag angegeben hat (§ 5 II 1). Da die Einreise entweder zu kurzfristigen Zwecken mit oder ohne Schengen-Visum u. zu längerfristigen Zwecken mit einem nationalen Visum erfolgt (vgl § 6), baut ein längerfristiger AufTit auf vorläufigen Zulassungen zum Aufenthalt auf, die zT im Gemeinschaftsrecht angesiedelt sind u. unterschiedliche Perspektiven für einen längeren Aufenthalt eröffnen. Dem entsprechen die §§ 39 bis 41 AufenthG, mit denen die in Betracht kommenden Fallgruppen zT einfacher gelöst sind als früher in § 9 DVAuslG. Die früher nach § 9 II DVAuslG zT erforderliche erlaubte Einreise wird jetzt nicht mehr ausdrücklich als eigene Voraussetzung genannt (vgl jetzt auch § 5 II). 38

An erster Stelle stehen – von den ges geregelten Fällen abgesehen – diejenigen Personen, für die ein bereits im Bundesgebiet bestehender Aufenthalt mit **nationalem Visum** oder mit einer **AE** für einen längeren Aufenthalt verlängert werden soll (§ 39 Nr 1 AufenthV). Diese „Ausnahme" ist notwendig, weil auch bei Verlängerungen die Grundsätze des § 5 II einzuhalten sind (§ 8 I). Das nationale Visum nach § 6 IV ist gerade auf einen längerfristigen Aufenthalt angelegt, u. die AE schließt, gleich welchem Zweck sie dient, einen solchen jedenfalls nicht von vornherein aus. Auch wenn sie letztlich nicht verlängert werden kann, soll jedenfalls eine vorherige Ausreise überflüssig sein. Auf eine erlaubte Einreise u. eine bestimmte Dauer des Voraufenthalts kommt es nicht an (anders früher § 9 V Nr 2 DVAuslG). 39

Sodann geht es um von der AufTit-Pflicht **befreite Personen,** sofern die Befreiung für mehr als sechs Monate gilt u. nicht räumlich beschränkt ist (§ 39 Nr 2 AufenthV; früher § 9 V Nr 1 DVAuslG). Diese Voraussetzungen können nur in einigen der Befreiungsfälle (Rn 17 ff) erfüllt werden. 40

Privilegiert sind zudem **Positivstaater,** also StAng eines Staats der Positivliste in Anhang II der EUVisaVO, u. Besitzer eines **Schengen-Visums** (§ 39 Nr 3 AufenthV). Trotz der 41 insoweit unrichtigen Formulierung in § 39 Nr 3 AufenthV geht es in der zweiten Alt. nicht um Positivstaater, sondern um Negativstaater mit einem Schengenvisum. Der Gesetzestext betrifft nur Positivstaater, die zusätzliche Voraussetzungen („und") alternativ („oder") erfüllen: entweder rechtmäßiger Aufenthalt oder Schengen-Visum besitzen. Letzteres ist aber nur bei visumpflichtigen Personen denkbar. Daher kann nicht der Wortlaut ausschlaggebend sein, sondern der Regelungswille, der auf ein Nebeneinander von Visumfreien („und") Visumbesitzern ausgerichtet war (so auch die Begr zur ZuwGDV-E in BR-Drs 731/04 S. 185). Die ersteren müssen sich rechtmäßig im Bundesgebiet aufhalten, dürfen also zB keine Erwerbstätigkeit ausüben, die der Befreiung entgegensteht. Beide Gruppen müssen über einen Anspruch auf einen AufTit verfügen (ähnlich, aber komplizierter u. restriktiver früher § 9 II 1 Nr 1–4 DVAuslG). Bei Unzumutbarkeit kann ohnehin aufgrund besonderer Umstände des Einzelfalls vom Visumverf abgesehen werden (§ 5 II 2).

42 Vorgesehen ist auch die Verlängerung von visumfreien **Kurzaufenthalten** über drei Monate hinaus entsprechend Art 20 II SDÜ u. ohne Erwerbstätigkeit, ausgenommen nach § 17 II AufenthV unbeachtliche (§ 40 AufenthV; früher § 9 IV DVAuslG). Damit können von der Visumpflicht Befreite die Verlängerung ihres rechtmäßigen Aufenthalts ohne vorherige Ausreise beantragen. Eine Ausnahme nach Art 20 II SDÜ setzt zwingende Gründe für die Anwesenheit oder eine unbillige Härte im Falle der Versagung voraus (Nr 2.4.2.8 AAH-SDÜ; vgl Beschluss des Exekutivausschusses vom 14. 12. 1993 – SCH/Com-es 93 21, ABl. EG L 239 vom 22. 9. 2000), zB dringende Krankenbehandlung, Todesfall eines Mitreisenden.

43 Außerdem sind **Asylbew** als Inhaber einer AufGest nach Maßgabe von § 10 I oder II befreit (§ 39 Nr 4 AufenthV; früher zT § 9 II 1 Nr 1 DVAuslG). Erfasst sind also zwei Fallgestaltungen: (1) Anspruch auf einen AufTit besteht. (2) Wichtige Interessen der BR Deutschland erfordern die Erteilung, u. die oberste Landesbehörde stimmt zu. Rechtsansprüche können sich zB aus §§ 28 I, 30 I, 32 I ergeben. Unerheblich sind für die Entbehrlichkeit des Visumverf die näheren Umstände der Einreise. Es kommt hier also nicht darauf an, dass Asylbew bei der Einreise nicht von der AufTit-Pflicht befreit sind (BVerwG, EZAR 011 Nr 12; aA Teipel, ZAR 1995, 161) u. ihr Aufenthalt nach §§ 55 I 1, 56 AsylVfG räumlich beschränkt ist (§ 39 Nr 1 AufenthV). Ihr Verfahrensaufenthalt ist zwar rechtmäßig, wird aber im Falle der Nichtanerkennung nicht angerechnet (§ 55 III AsylVfG; BVerwG, EZAR 011 Nr 12). Wenn die strengen Anforderungen des § 10 I oder II nicht erfüllt sind, kann ein Asylbew einen AufTit nur unter Einhaltung des Visumverf erlangen. Mit der Ausreise in den Heimatstaat gilt jedoch der Asylantrag als zurückgenommen (§ 33 II AsylVfG).

44 Schließlich sind auch **Geduldete** begünstigt, die während des Inlandsaufenthalts aufgrund Eheschließung oder Geburt eines Kindes einen Anspruch auf eine AE erworben haben. Die Umstände der Einreise spielen wie bei Asylbew (vgl Rn 43) keine Rolle. Wie schon früher (vgl § 9 II 2 DVAuslG) kommt es nicht auf die Duldungsbescheinigung an, sondern auf die Aussetzung, also den bewussten Nichtvollzug der Abschiebung (§ 60 a). In Betracht kommen nur familienbezogene Rechtsansprüche nach §§ 28 I 1 Nr 1 u. 3, 30 I.

45 Letztendlich sind wie schon früher nach § 9 I DVAuslG die Angehörigen einer **Reihe von Staaten** im Hinblick auf gewachsene besondere, zT rechtlich verbindliche, Beziehungen privilegiert (§ 41 AufenthV; früher § 9 I DVAuslG). Diese Personen dürfen allerdings, wenn sie aus Andorra, Honduras, Monaco oder San Marino stammen, keine Erwerbstätigkeit (ausgenommen solche nach § 17 II AufentV) ausüben.

VI. Zulassungsbedürftigkeit einer Erwerbstätigkeit

1. Allgemeines

46 Der **Grundsatz,** dass ein Ausl in Deutschland ohne Zulassung weder als Arbeitnehmer noch als Selbständiger erwerbstätig sein darf, ist bestehen geblieben. Nachfolgend werden in

erster Linie Fragen der Beschäftigung erörtert. Für **Selbständige** gelten aber im Grundsatz dieselben Überlegungen. Die Beschränkungen für Arbeitnehmer dürfen durch die Zulassung Selbständiger nicht umgangen werden (vgl dazu bei § 21). Über Ausnahmen vom Verbot der selbständigen Erwerbstätigkeit haben allein AuslVertr oder AusBeh zu befinden. Für die dem AufTit beizufügende Nebenbestimmung gelten S. 1 u. 2 des Abs 2 ohne Einschränkung.

Mit dem Arbeitsverbot geht ein **Beschäftigungsverbot** einher. Ausgenommen sind die **47** Personen, die auch aufr privilegiert sind: Unionsbürger, EWR-Staater, Schweizer u. zT Türken. Das Verbot mit Genehmigungsvorbehalt betrifft nur die Beschäftigung, nicht schon die Anbahnung des Arbeitsverhältnisses; es gilt also nicht für Anwerbung, Vermittlung u. Abschluss des Arbeitsvertrags. Arbeitssuche ist ohne Genehmigung gestattet. Beschäftigungen nach §§ 10, 18, 19, 21, 30, 40 BeschV dürfen allerdings vom Ausland her nur von der BA vermittelt werden (§ 42 BeschV).

Schutzobjekt hinsichtlich der Arbeitnehmer ist allein der Arbeitsmarkt der BR Deutsch- **48** land. Die Zulassungspflicht ist daher beschränkt auf die Beschäftigung im Inland. Gleichgültig ist, ob der Arbeitnehmer Wohnsitz oder gewöhnlichen Aufenthalt u. der Arbeitgeber den Sitz im In- oder im Ausland haben (zum Problem der entsandten Arbeitnehmer Ges vom 26. 2. 1996, BGBl. I 227; Bieback, ZAR 1995, 99; Borgmann, ZAR 1996, 116; Hickl, NZA 1997, 513; auch Werner, ZAR 1985, 82). Sonderregeln bestehen zB für Grenzgänger (§ 37 BeschV) u. für entsandte Arbeitnehmer eines Dienstleistungserbringers mit Wohnsitz oder gewöhnlichem Aufenthalt in einem anderen EU-Staat (§ 15 BeschV). Die Zulassung ersetzt nicht sonst erforderliche **Berufserlaubnisse,** etwa die Approbation ausl Ärzte (dazu BVerwG, EZAR 331 Nr 1 bis 3, 334 Nr 2, 3; OVG NRW, EZAR 334 Nr 1).

Die Bündelung der **Kompetenzen** für die Zulassung zu Aufenthalt u. Beschäftigung ist **49** eines der Hauptanliegen der Neuordnung des Zuwanderungsrechts (dazu Vorbem Rn 14 ff). Während früher die Bundesanstalt für Arbeit selbständig mit Außenwirkung über die Erteilung von ArbGen zu entscheiden hatte, wird sie jetzt nur noch in einem internen Zustimmungsverf beteiligt. Nunmehr obliegt die Entscheidung über Aufenthalt samt Beschäftigung den AuslBeh der Länder u. den AuslVertr des Bundes, wenn diese auch an die eigenverantwortlich getroffene Zustimmung oder Ablehnung der BA gebunden sind. Damit hat sich die interne Arbeitsteilung im Grundsatz nicht verändert, wohl aber das Verhältnis gegenüber dem ausl Bewerber. Für selbständig Erwerbstätige ist es bei der alleinigen Zuständigkeit der AuslBeh oder der AuslVertr geblieben (vgl § 21).

Grundsätzlich verändert haben sich auch System u. Struktur der **materiellen Zulas-** **50** **sungsvoraussetzungen.** Der Anwerbestopp ist aufrechterhalten u. zT verstärkt (§ 1 Rn 9), die Ausnahmen sind vereinfacht, aber zum großen Teil inhaltlich erhalten geblieben. Grundlegend verändert hat sich das normative System der Zulassung zur Beschäftigung, weil der Gesetzgeber die früher gänzlich dem Verordnungsgeber überlassene Aufgabe der Einzelregelung (vgl § 10 AuslG iVm DVAuslG, AAV, ASAV, IT-AAV, IT-ArGV) zT selbst übernommen u. außerdem die Vorgaben für die RVO ganz erheblich verfeinert hat. Der Zugang zum Arbeitsmarkt ist jetzt auf unterschiedliche Weise geöffnet: unmittelbar durch Ges; durch Herausnahme aus dem Kreis der relevanten Beschäftigungen; durch Befreiung vom Zustimmungserfordernis; durch Erteilung der Zustimmung der BA. Dieses neue System vereinfacht nicht nur die Gesetzesanwendung, sondern verlagert auch einen Teil der Aufgaben von der BA auf die auslr Entscheidungsträger des Bundes u. der Länder.

2. Entscheidungsgrundlagen

Die Zusammenführung der Kompetenzen ermöglicht das allseits angestrebte One-stop- **51** government in der Weise, dass der AufTit auch Aussagen über die Zulassung zum Arbeitsmarkt enthält. Diese **Entscheidungskonzentration** erübrigt einen eigenen Bescheid der BA; diese ist vielmehr nur in einem internen Zustimmungsverf einbezogen, u. zwar nur in den hierfür in Betracht kommenden Fällen. Das frühere Verf ist nur noch für diejenigen

StAng der neuen EU-Staaten beibehalten, die trotz der übergangsweisen Sperre ausnahmsweise eine nichtselbständige Erwerbstätigkeit (weiter) ausüben dürfen. Sie erhalten nunmehr eine ArbBer-EU oder eine ArbErl-EU (§ 13 FreizügG/EU iVm §§ 284–288 SGB III, ArGV, ASAV u. IT-ArGV).

52 Die Zulassung zum Arbeitsmarkt wird in materieller Hinsicht teils vom Gesetzgeber, teils vom Verordnungsgeber u. teils von der BA gesteuert (vgl Abs 2 u. § 39 I). Dementsprechend befinden sich die Rechtsgrundlagen zT im AufenthG (zB §§ 9 I 2, 28 V) u. in der AufenthV (§ 17 I) u. ansonsten in der BeschV u. der BeschVerfV. Unabhängig von der behördlichen Aufgabenverteilung trägt nach außen immer die AuslVertr oder die AuslBeh die **Verantwortung** für die Entscheidung mit der Folge, dass nur deren Bescheid angegriffen werden kann u. die Beurteilung der BA nur inzidenter zu überprüfen ist. Dennoch bleiben Spielräume für eine informelle Abstimmung der beteiligten Behörden außerhalb des formellen Zustimmungsverf u. auch für eine unmittelbare Information des BA durch den Ausl u. auch durch dessen Arbeitgeber.

53 Die Konzentration von Entscheidung u. Verantwortung kommt darin zum Ausdruck, dass jeder Bescheid erkennen lassen muss, ob u. in welcher Weise die Ausübung einer Erwerbstätigkeit erlaubt ist. Außer der unselbständigen Beschäftigung gehört hierzu auch die Erwerbstätigkeit der Selbständigen (§ 21), über die von der BA ohnehin nicht zu befinden ist. Das ges Ziel der möglichst großen **Aussagekraft** u. Klarheit des AufTit dient der möglichst zuverlässigen Unterrichtung des Ausl wie des Arbeitgebers u. der mit dem Ausl befassten Behörden über Art u. Dauer des Rechts zum Aufenthalt u. zur Erwerbstätigkeit.

3. Entscheidung der Auslandsvertretung oder der Ausländerbehörde

54 Über den Zugang zum Bundesgebiet hat in erster Linie die AuslVertr im Visumverf zu entscheiden, sonst die AuslBeh vor oder nach der Einreise (dazu Rn 37–45). **Schengen-Visa** können weder für einen längerfristigen noch für einen Erwerbsaufenthalt erteilt werden. Die Möglichkeit der Erwerbstätigkeit auf der Grundlage eines Schengen-Visums richtet sich allein nach dem Recht des jew Mitgliedstaats. In Deutschland ist die Befugnis zur Erwerbstätigkeit auf der Grundlage eines Schengen-Visums nicht ausdrücklich geregelt. Mittelbar ergeben sich einschlägige Regeln aus den Bestimmungen über kurzfristige Tätigkeiten. Daher können Inhaber eines Schengen-Visums während ihres Aufenthalts in Deutschland in einigen Fallgruppen einer Erwerbstätigkeit nachgehen.

55 Das Visum für einen kurzfristigen Aufenthalt von längstens drei Monaten innerhalb von sechs Monaten nach der Einreise in Deutschland enthält keine Aussage über die Zulässigkeit einer **selbständigen Erwerbstätigkeit.** Die Regeln des § 21 betreffen nur die AE für in Deutschland niedergelassene Selbständige. Sie sind auf Personen zugeschnitten, die im Inland einen Gewerbebetrieb oder ein sonstiges Unternehmen betreiben. Auf im Inland erbrachte Dienstleistungen von Selbständigen mit Sitz im Ausland sind sie nicht anwendbar. Einerseits lässt sich dem Gesamtinhalt der Regeln über Ausnahmen vom Anwerbestopp u. die Zulassung Selbständiger der Grundsatz entnehmen, dass die Erwerbstätigkeit ausl Selbständiger nur ausnahmsweise zulässig sein soll. Andererseits ist zT die Betätigung leitender u. anderer Angestellter ausl Unternehmen ohne weiteres zulässig (Rn 56) u. daher nicht einzusehen, warum den betr Unternehmern eine ähnliche Tätigkeit ausnahmslos untersagt werden soll. Da dieser Aufenthaltszweck im AufenthG nicht ausdrücklich berücksichtigt ist, kann er dem Ausnahmetatbestand des § 7 I 2 zugeordnet werden (näher § 7 Rn 15). Ohne eine dahingehende positive behördliche Entscheidung kann indes von einer Zulassung nicht ausgegangen werden.

56 Soweit während des kurzfristigen Aufenthalts eine **nichtselbständige Erwerbstätigkeit** ausgeübt werden soll, zB in Form von Geschäftsverhandlungen von Angestellten ausl Unternehmen, können sich diese darauf berufen, dass kurzfristige Tätigkeiten zT nicht als Erwerbstätigkeiten gelten. Gemäß § 16 BeschV gelten Tätigkeiten nach §§ 2, 4–13 BeschV bis zu drei Monaten innerhalb von zwölf Monaten nicht als Beschäftigung iSd AufenthG. Hierzu

zählen ua Besprechungen, Verhandlungen u. Vertragsschlüsse für Arbeitgeber im Ausland (§ 6 Nr 2 BeschV), aber auch allg alle Tätigkeiten eines leitenden Angestellten oder Gesellschafters eines ausl Unternehmens (§ 4 BeschV). Begünstigt sind zudem Ferienbeschäftigungen von Studenten, Montagearbeiten u. die Durchführung internationaler Sportveranstaltungen (§§ 10–12 BeschV). Schließlich sind ua viele Tätigkeiten im grenzüberschreitenden Personen- u. Güterverkehr, bei Vertretungen ausl Staaten u. in Rettungsfällen freigestellt (§ 16 S. 2 BeschV iVm §§ 23–26, 27, 29 AufenthV). Werden diese Erwerbstätigkeiten in dem genannten zeitlichen Rahmen nur vorübergehend ausgeübt, genügt mithin ein Schengen-Visum als aufr Grundlage. Es bedarf hierfür also keines besonderen AufTit u. auch keiner irgendwie gearteten Mitwirkung der BA (Hailbronner, § 4 AufenthG Rn 39).

4. Verhältnis zwischen Aufenthalt und Erwerbstätigkeit

Wenn die Voraussetzungen des Schengen-Visums nicht eingehalten werden u. ein nationales Visum zum Zwecke der Ausübung einer (selbständigen oder unselbständigen) Erwerbstätigkeit begehrt wird, hat die AuslVertr auch über deren Zulassung zu befinden; nach der Einreise ist dagegen die AuslBeh **zuständig** (Rn 189). Die **materiellen Kriterien** für die Zulassung zum Aufenthalt u. zur Erwerbstätigkeit sind in beiden Fällen dieselben; ebenso die Formen der Beteiligung der BA. Daher wird nachfolgend der Einfachheit halber die AuslBeh genannt, wenn es um aufr Fragen geht. Die Ausführungen gelten für die AuslVertr entsprechend. Angesichts der neuen Methodik bei der Zulassung zum Arbeitsmarkt u. der neuen Strukturen beim Zusammenwirken von AuslBeh u. BA ist zunächst das Verhältnis der Behörden u. der jew Entscheidungen zueinander zu klären (dazu ausführlich auch Marx, ZAR 2005, 47). Dabei ist ein grundsätzliches **Verbot** der selbständigen wie der nichtselbständigen Erwerbstätigkeit mit dem Vorbehalt von Ausnahmen zugrunde zu legen. **57**

Da der **AufTit** zur Ausübung einer Erwerbstätigkeit „**berechtigt**" u. diese Berechtigung (Abs 2 S. 1, 2 u. 4) wie auch die Beschränkungen bei der Beschäftigung (Abs 2 S. 4; vgl auch § 18 II 2) erkennen lassen muss, sind alle Entscheidungen bei der AuslBeh u. in dem AufTit konzentriert (Rn 51, 54). Wenn keine selbständige, sondern eine nichtselbständige Erwerbstätigkeit angestrebt wird, sind die besonderen Bestimmungen über die Mitwirkung der BA zu beachten. Indem für die Berechtigung einerseits auf die ges Bestimmung u. andererseits auf die ausdrückliche Erlaubnis durch den Titel abgestellt ist, werden die möglichen Grundlagen deutlich: Entweder ergibt sich die Berechtigung unmittelbar aus dem Ges oder aus dem Titel. Im letzteren Fall bedarf es für nichtselbständige Tätigkeiten der Zustimmung der BA, falls diese nicht aufgrund einer RVO entbehrlich ist. Nach alledem ist der Ausdruck „berechtigt" dahin zu verstehen, dass die Berechtigung aus dem Ges, der RVO oder der Entscheidung der BA folgt u. in dem AufTit verlautbart wird. Eine AE zum Zwecke der Beschäftigung ist eine solche, aus der sich die Berechtigung hierzu von selbst ergibt, weil dort die Berechtigung aufgrund Ges oder RVO vermerkt ist. Ungeachtet dessen handelt es sich in jedem Fall um einen VA iSd § 35 VwVfG, weil die AuslBeh mit dem **AufTit** die Zulassung zu Aufenthalt u. Erwerbstätigkeit **regelt**. **58**

Welchen rechtlichen Charakter eine **Nebenbestimmung** über die Erwerbstätigkeit aufweist, hängt von deren Grundlage u. der daraus folgenden Regelungswirkung ab. Die Nebenbestimmung über die Erwerbstätigkeit kann Befristungen des VA iSd § 36 II Nr 1 VwVfG enthalten, wenn die Zustimmung nur für eine bestimmte Zeit erteilt wird. Soweit die Erwerbstätigkeit nur beschränkt, zB auf eine Branche, einen Beruf oder einen Betrieb, zugelassen ist, kann es sich um eine Bedingung oder eine Auflage iSd § 36 II Nr 2 u. 4 VwVfG handeln, soweit damit von dem Ausl das Unterlassen jeder anderen Tätigkeit verlangt wird. Wenn die Zulassung mit der Aufnahme einer untersagten Erwerbstätigkeit entfallen soll, dann stellt die Nebenbestimmung eine auflösende Bedingung dar. Soll der VA aber mit Aufnahme der untersagten Erwerbstätigkeit fortgelten, wäre die Verpflichtung zum Unterlassen selbständig vollstreckbar. **59**

60 Der Annahme einer **Auflage** in bestimmten Konstellationen steht nicht das generelle Verbot der Erwerbstätigkeit von Ausl entgegen; auch die Konkretisierung eines ges Verbots kann in einer Auflage erfolgen (zur Ahndung eines Verstoßes vgl § 98 III Nr 1). Wird der Inhalt des VA dagegen durch die Nebenbestimmung selbst bestimmt, ist diese Teil des VA u. keine wirkliche Nebenbestimmung iSd § 36 VwVfG. Für diese modifizierende Auflage kennzeichnend ist eine Rechtslage, die nur den VA mit der modifizierenden VA zulässt oder aber dessen vollständige Ablehnung.

61 In den Fällen, in denen die Zulassung der Erwerbstätigkeit kraft Ges mit dem AufTit verbunden ist (Abs 2 S. 1 Alt 1), bezeichnet ein entsprechender Vermerk nur eine den Bestand des VA selbst nicht berührende Rechtsfolge. So verhält es sich zB, wenn mit der NE für den Hochqualifizierten oder mit der AE für den Angehörigen eines Deutschen oder für den Wiederkehrer die Erlaubnis zur Erwerbstätigkeit jedweder Art kraft Ges verbunden ist (§§ 9 I 2, 19, 28, 37 I; ebenso die Fälle der §§ 22 S. 3, 25 I u. II, 31 I 2, 38 IV 1). Dabei handelt es sich weder um eine Bedingung noch um eine echte oder modifizierende Auflage. Der Vermerk „**Jede Erwerbstätigkeit gestattet**" (vgl Nr 4.2.1.1 VAH) ist dann keine Nebenbestimmung iSd § 36 VwVfG, sondern lediglich ein deklaratorischer Hinweis auf eine von einer Behördenentscheidung unabhängige ges Rechtsfolge (Hailbronner, § 4 AufenthG Rn 42; Marx, ZAR 2005, 47). Er erfüllt die ges Forderung, dass jeder Titel die Berechtigung zur Erwerbstätigkeit erkennen lassen muss. Dies wäre nur unzureichend gewährleistet, wenn statt dieses Vermerks die Normen über die NE, die AE oder die og Rechtsfolgen in dem Titel genannt wären. Deshalb ist die klare Aussage über die Zulassung jeder Erwerbstätigkeit vorzuziehen.

62 Ebenso verhält es sich bei einem Ausl, dessen in Deutschland lebender ausl Ehegatte hinsichtlich der Erwerbstätigkeit nicht beschränkt ist, weil er eine NE besitzt. Dem nachziehenden Ehepartner ist dann ebenfalls jede Erwerbstätigkeit ohne Mitwirkung der BA gestattet (§ 29 V Alt 1). Der Vorbehalt der Zustimmung der BA (§ 4 II 3) greift hier nicht ein (vgl § 9 I 2). Hierfür ist ebenfalls der Hinweis „**Jede Erwerbstätigkeit gestattet**" anzubringen Diese Rechtsfolge tritt jedoch nicht nach mindestens zwei Jahren rechtmäßigem ehelichem Zusammenleben in Deutschland ein (§ 29 V Alt 2). Ob diese Wartezeit erfüllt ist, erfordert uU eine aufwändigere Aufklärung als bei der Alt 1 die Feststellung der familiären Beziehung zu einem Deutschen. Unabhängig davon lässt sich die Rechtsfolge der Zulassung zu jedweder Erwerbstätigkeit nicht unmittelbar dem Ges entnehmen, da sie „unbeschadet" des Zustimmungsbedürfnisses besteht. In diesem Fall stellt sich daher die Eintragung nicht als deklaratorischer Hinweis dar, sondern als echte Auflage, die den AufTit selbst nicht berührt (zur selbständigen Erwerbstätigkeit vgl Rn 64).

63 Eindeutig lässt sich auch die Eintragung „**Erwerbstätigkeit nicht gestattet**" einordnen, wenn diese Feststellung zwingend aus dem Ges folgt u. Ausnahmen von der Behörde nicht zugelassen werden dürfen, wie zB bei dem **Asylbew** während der Dauer der Wohnverpflichtung iSd § 47 AsylVfG (§ 61 I AsylVfG). Da das AufR des Asylbew kraft Ges entsteht u. mit der AufGest lediglich bescheinigt wird (§§ 55, 63 AsylVfG), berührt die erwähnte Eintragung das AufR des Asylbew nicht. Trotz des Grundsatzes, dass jede Erwerbstätigkeit der Zulassung bedarf, u. trotz des ges Ausschlusses der Zulassung wirkt sie hinsichtlich der Erwerbstätigkeit beschränkend u. ist daher als (echte) Auflage anzusehen. Dabei kann außer Acht gelassen werden, dass Abs 2 für die AufGest nicht gilt, weil diese nicht zu den AufTit iSd Abs 1 S. 2 zählt. Eine Auflage bedeutet der Ausschluss von jeglicher Erwerbstätigkeit zB auch für den **Sprachkursbesucher oder Schüler** mit einer AE nach § 16 V, mit der eine Erwerbstätigkeit idR nicht vereinbar ist.

64 Ein teilweiser Ausschluss von der Erwerbstätigkeit erfolgt im Nachzugsfall des § 29 V, falls dem Ausl nur eine Tätigkeit als Selbständiger nicht gestattet ist. Die daraus akzessorisch folgende Berechtigung des nachziehenden Ehegatten, der mit Zulassung der BA wie der Ausl selbst jede Beschäftigung ausüben darf, wird am besten mit der Eintragung: „**Selbständige Erwerbstätigkeit nicht gestattet. Sonst jede Erwerbstätigkeit gestattet.**" zum Ausdruck gebracht. Auch insoweit hat die AuslBeh eine eigene Entscheidung über die

Zulassung zu der einen oder anderen Art der Erwerbstätigkeit nicht zu treffen u. berührt die Eintragung nicht den Bestand der Zuzugserlaubnis. Die Eintragung stellt also eine (echte) Auflage dar. Der Unterschied zum Fall der vollständigen Zulassung des nachziehenden Ehegatten eines Deutschen (Rn 63) besteht darin, dass hier das Unterlassen der Tätigkeit als Selbständiger auferlegt wird.

Ähnlich ist die Lage eines Studenten, der im Rahmen des § 16 III zu Erwerbstätigkeiten **65** kraft Ges berechtigt ist. Da seine AE einen Vermerk mit dieser Zulassung enthält u. jede andere Tätigkeit ausgeschlossen ist, wird ihm insoweit mit einer **Auflage** eine Unterlassung abverlangt. Diese Rechtslage verändert sich auch dann nicht grundsätzlich, wenn der ausl Student während seines Studiums in Deutschland ein vorgeschriebenes Praktikum von sechs Monaten absolviert. Hierbei handelt es sich um eine Beschäftigung, weil die Höchstdauer nach § 16 S. 1 BeschV überschritten ist, u. die Zulassung bedarf keiner Zustimmung der BA (§ 2 BeschVerfV iVm § 2 Nr 1 BeschV). Der Ausschluss weiterer Erwerbstätigkeiten erfolgt ebenfalls mit einer Auflage.

Ganz anders verhält es sich dagegen bei beschränkten Zulassungen von Erwerbszuwan- **66** derern zum Arbeitsmarkt, zB mit der Eintragung: **„Beschäftigung als Schlosser gestattet. Jede andere Erwerbstätigkeit nicht gestattet."** aufgrund einer Einschränkung der Zustimmung der BA, die in den AufTit zu übernehmen ist. Ebenso bei zeitlichen Beschränkungen der Wochenarbeitszeit und/oder betriebsbezogenen Zulassungen, zB „Beschäftigung bei der F. X als Maurer bis zu 18 Stunden wöchentlich gestattet. Jede andere Erwerbstätigkeit nicht gestattet." Hier handelt es sich um eine typische modifizierende Auflage, weil die Erteilung der AE mit diesen Beschränkungen steht u. fällt (ebenso Marx, ZAR 2005, 47). Entweder der Ausl erhält die AE mit Auflage oder überhaupt keine AE; denn auf ein anderes AufR (ggf ohne Erwerbstätigkeitsberechtigung) kann er sich nicht berufen (zur Strafbarkeit eines Verstoßes vgl § 95 I Nr 2).

5. Zulassung durch Gesetz oder Verordnung

Die Zustimmung der BA ist nicht grundsätzlich, sondern nur dann erforderlich, wenn die **67** Erwerbstätigkeit nicht bereits **in anderer Weise gestattet** ist (vgl Rn 46–50). Dabei scheidet die selbständige Erwerbstätigkeit von vornherein aus, weil sie nicht in den Kompetenzbereich der BA fällt. Die Ausübung einer unselbständigen Beschäftigung kann bereits auf die folgende Art u. Weise ohne Mitwirkung der BA gestattet sein (vgl auch Rn 52): (1) unmittelbar durch Ges erlaubt; (2) aufgrund RVO nicht als Erwerbstätigkeit geltend; (3) durch RVO freigestellt.

Der **Gesetzgeber** erlaubt in folgenden Fällen die unselbständige (wie die selbständige) **68** Erwerbstätigkeit allein aufgrund des AufTit: Besitz einer NE (§ 9 I 2); Aufnahme aus dem Ausland (§ 22 S. 3); Besitz einer humanitären AE aufgrund Anerkennung als Asylber oder als ausl Flüchtling (§ 25 I 4, II 2); Zuzug zu einem dt Familienmitglied (§ 28 V); eigenständiges AufR des Ehegatten (§ 31 I 2); Wiederkehr (§ 37 I 2); Verlust der dt StAng (§ 38 IV 1).

In den folgenden Fällen **gilt** eine Tätigkeit, wenn sie nur bis zu drei Monaten innerhalb **69** von zwölf Monaten ausgeübt wird, **nicht als Erwerbstätigkeit** iSd AufenthG (§ 16 S. 1 BeschV iVm 1, 4–13 BeschV): Aus- u. Weiterbildung; Wahrnehmung von Leitungsfunktionen; Wissenschaft u. Forschung; kaufmännische Tätigkeit mit Auslandsbezug; kulturelle u. sportliche Darbietungen; Journalismus; vorwiegend karitativ oder religiös bestimmte Tätigkeit; von der BA vermittelte Ferienarbeit; Ausrichtung internationaler Sportveranstaltungen; internationaler Straßen- u. Schienenverkehr. Außerdem werden die Tätigkeiten der folgenden Personengruppen nicht als relevante Erwerbstätigkeit betrachtet (§ 16 S. 2 BeschV iVm §§ 23–27, 29–30 AufenthV): Bedienstete ausl AuslVertr; Rettungskräfte; Transitarbeitnehmer. Die gleichzeitige Begünstigung freizügigkeitsberechtigter Schweizer (§ 16 S. 2 BeschV iVm § 28 AufenthV) erscheint überflüssig u. wirkt allenfalls deklaratorisch; denn deren Beschäftigungsaufenthalt ist kraft Abk EU/Schweiz erlaubt. Die Fiktionen des § 16 BeschV wirken zugunsten neu einreisender wie bereits in Deutschland lebender Ausl, weil sie für das AufenthG gelten u. damit auch bei den Regelungen der BeschVerfV zu berücksichtigen sind.

70 Der dritte Weg, die Beschäftigung ohne Mitwirken der BA zuzulassen, besteht darin, die Tätigkeit von der Zustimmungsbedürftigkeit **freizustellen.** Dies ist für **neueinreisende** Erwerbstätige für bestimmte Betätigungen vorgesehen (§§ 2–15 BeschV), die bei kurzfristiger Ausübung nicht als Erwerbstätigkeit gelten (vgl Rn 69). Hinzukommen Hochqualifizierte (§ 3 BeschV). Anders strukturiert sind die Freistellungen für schon in Deutschland lebende Bewerber (§§ 1–4 BeschVerfV).

71 Für die Freistellung von Bewerbern, die sich **bereits im Bundesgebiet** aufhalten, ist zunächst verlangt, dass sie schon einen bestimmten aufr Status innehaben (§ 1 BeschVerfV): (1) AE, es sei denn, nach §§ 17, 18, 19 erteilt oder mit ges Zulassung der Erwerbstätigkeit verbunden; (2) AufGest nach einem Jahr Wartezeit; (3) Duldung: Von der Zustimmungsbedürftigkeit ausgenommen sind Ehegatten, Lebenspartner, Verwandet u. Verschwägerte ersten Grads eines Arbeitgebers, wenn sie in dessen Betrieb arbeiten u. mit ihm in häuslicher Gemeinschaft zusammenleben (§ 3 BeschVerfV). Außerdem sind Tätigkeiten freigestellt, die vorwiegend der Heilung, Wiedereingewöhnung, sittlichen Besserung oder Erziehung der Beschäftigten dienen (§ 4 BeschVerfV). Schließlich sind auch einige Tätigkeiten begünstigt, die auch von Neueinreisenden zustimmungsfrei ausgeübt werden dürfen (§ 2 BeschVerfV iVm §§ 2 Nr 1 u. 2, 3, 4 Nr 1–3, 5, 7 Nr 3–5, 9, 12 BeschV; dazu Rn 69 f). In diesen Genuss kommen zB Hochqualifizierte, Führungskräfte, Wissenschaftler u. Forscher sowie Teilnehmer an einem Freiwilligendienst.

6. Zustimmung der Bundesagentur für Arbeit

72 Die danach verbleibenden nichtselbständigen Erwerbstätigkeiten dürfen **nur mit Zustimmung der BA** ausgeübt werden (zur Vorrang- u. Arbeitsmarktprüfung § 39 I; zum konkreten Arbeitsplatzangebot § 18 V). Dabei ist wie auch sonst zwischen Auslands- u. Inlandsfällen zu unterscheiden. Bei ersteren kommt es darauf an, ob die Beschäftigung eine qualifizierte Ausbildung voraussetzt (§ 18 IV; §§ 25–31 BeschV) oder nicht (§ 18 III; §§ 17–24 BeschV); außerdem können noch weitere Tätigkeiten u. Personengruppen berücksichtigt werden (§ 39 I; §§ 32–37 BeschV). Bei letzteren wird zT auf die Vorrangprüfung verzichtet (§§ 5–9 BeschVerfV); für Geduldete bestehen besondere Voraussetzungen (§§ 10 f BeschVerfV). Sonst werden die Bewerber sowohl einer Vorrang- als auch einer Arbeitsmarktprüfung unterzogen u. die Arbeitsbedingungen auf Nichtdiskriminierung hin kontrolliert. Bei Gleichwertigkeit wird die ausl Ausbildung anerkannt. Einer uU dazu für eine qualifizierte Beschäftigung erforderlichen praktischen Tätigkeit kann zugestimmt werden (§ 24 BeschV). Die Zulassung Hochqualifizierter iSd § 19 u. Angehöriger weiterer Personengruppen setzt ein konkretes Arbeitsplatzangebot voraus (§ 18 V).

73 Soweit eine **qualifizierte** Berufsausbildung benötigt wird, ist die Sonderregelung des § 39 VI AufenthG über den Vorrang der StAng der Beitrittsstaaten zu berücksichtigen. Ob Bewerber aus dem Ausland für eine Tätigkeit eine qualifizierte Ausbildung benötigen, richtet sich danach, ob diese eine mindestens dreijährige Berufsausbildung voraussetzt (§ 25 BeschV). Dieses Erfordernis ist an den deutschen Ausbildungsgängen des dualen Berufsbildungssystems orientiert u. daher nicht zu beanstanden. Auch für derart qualifizierte Tätigkeiten bleiben ähnlich wie bisher nur wenige Berufsfelder geöffnet.

74 **Lehrkräfte** für den muttersprachlichen Unterricht können für längstens fünf Jahre u. **Spezialitätenköche** für längstens vier Jahre zugelassen werden (§ 26 I u. II BeschV). Die Restaurants müssen Spezialitäten bieten, diese brauchen aber nicht unbedingt von einer Nationalküche u. insb der heimischen Küche des Kochs geprägt zu sein. Für Lehrkräfte u. Köche gilt eine Sperrzeit von drei Jahren bis zu einer erneuten Zulassung, u. zwar für alle in §§ 26–31 BeschV aufgeführten Tätigkeiten (§ 26 III BeschV). Privilegiert sind weiter: IT-**Fachkräfte,** Fachkräfte mit Hochschul- oder Fachhochschulausbildung, wenn an ihnen wegen ihrer Fachkenntnisse ein öffentl Interesse besteht (§ 27 BeschV); leitende Angestellte,

Erfordernis eines Aufenthaltstitels § 4 **AufenthG 1**

Spezialisten u. Angestellte von dt-ausl Gemeinschaftsunternehmen (§ 28 BeschV); **Sozialarbeiter** mit ausreichenden Deutschkenntnissen für die Betreuung von Ausl (§ 29 BeschV; früher § 5 Nr 6 ASAV); **Pflegekräfte** mit einem gleichwertigen Ausbildungsstand u. ausreichenden Deutschkenntnissen (§ 30 BeschV; früher § 5 Nr 7 ASAV). Schließlich können innerhalb eines internationalen **Konzerns** besonders qualifizierte u. unabdingbar benötigte Personen ausgetauscht zugelassen werden, u. zwar ohne Arbeitsmarkt- u. Vorrangprüfung (§ 31 BeschV; früher § 4 VII u. VIII ASAV).

Für Tätigkeiten, die **keine qualifizierte** oder überhaupt keine Berufsausbildung voraussetzen, können wie früher ganz verschiedenartige Gruppen zugelassen werden, u. zwar zT nur für begrenzte Zeiten u. nur auf Vermittlung der BA: Schaustellergehilfen bis zu neun Monaten im Kalenderjahr (§ 19 BeschV; früher § 4 II ASAV); Au-pair-Kräfte unter 25 Jahren mit Grundkenntnissen in Deutsch in einer Familie mit dt Muttersprache bis zu einem Jahr (§ 20 BeschV; früher § 2 NN Nr 4 ASAV); Hausangestellte von Entsandten (§ 22 BeschV; früher § 4 IV ASAV); Künstler, Artisten u. Hilfspersonal (§ 23 BeschV; zT früher § 5 Nr 8 ASAV); Haushaltshilfen in Pflegehaushalten bis zu drei Jahren (§ 21 BeschV; früher § 4 IXa ASAV; dazu Tießler-Marenda, ZAR 2002, 233); Saisonarbeiter in Land- u. Forstwirtschaft, Hotel- u. Gaststättengewerbe, Obst- u. Gemüseverarbeitung u. Sägewerken, zT nur bis zu acht Monaten im Kalenderjahr (§ 18 BeschV). 75

Als **weitere Personen** außerhalb der Qualifizierten u. der Nichtqualifizierten sind zugelassen: Dt Volkszugehörige mit Aufnahmebescheid (§ 33 BeschV; früher § 10 ASAV), die von diesem keinen Gebrauch machen (sonst wären sie Statusdt nach Art 116 I GG); StAng bestimmter befreundeter Staaten (§ 34 BeschV; früher § 9 ASAV); Fertighausmonteure (§ 35 BeschV; früher § 4 III ASAV); längerfristig Entsandte (§ 36 BeschV); Grenzgänger (§ 37 BeschV; früher § 6 ASAV). 76

Schließlich kann die BA aufgrund **zwischenstaatl Vereinbarungen** die Zustimmung erteilen: Werkvertragsarbeitnehmern (§ 39 BeschV; früher § ASAV), Gastarbeitnehmern (§ 40 BeschV; früher § 2 III Nr 1 ASAV) u. sonstigen Personen (§ 41 BeschV). 77

Bereits **in Deutschland lebende** Bewerber können mit Rücksicht auf ihre bereits erreichte Integration in mehreren Fallgruppen **ohne Vorrangprüfung** zugelassen werden (§ 5 BeschVerfV): Fortsetzung des Arbeitsverhältnisses bei demselben Arbeitgeber (§ 6 BeschVerfV; früher § 1 II 1 Nr 2 ArGV); Ausbildung u. Beschäftigung von als Minderjährige eingereisten Bewerbern (§ 8 BeschVerfV; früher § 2 III u. IV ArGV); Beschäftigung nach längerem Voraufenthalt (§ 9 BeschVerfV; früher ähnlicher Grundsatz in § 286 SGB III). 78

Einige praktische Bedeutung haben die Fälle einer **besonderer Härte** (§ 7 BeschVerfV; früher § 1 II 1 Nr 1 ArGV u. § 2 VII AEVO), weil unter diesen Begriff uU sonst nicht erfassbare Konstellationen subsumiert werden. Hierfür reichen persönliche Schwierigkeiten aufgrund allg bei ausl Arbeitnehmern anzutreffenden Umständen nicht aus; notwendig ist vielmehr eine besondere Härte infolge Versagung der ArbErl aufgrund besonderer persönlicher Verhältnisse, gemessen am Vorrang Bevorrechtigter u. den übrigen Tatbeständen (BSG, EZAR 310 Nr 2). Außergewöhnliche Umstände müssen vorliegen, die mit der Erwerbstätigkeit im Bundesgebiet in Zusammenhang stehen u. die Gleichstellung mit den sonst Privilegierten rechtfertigen. Bei Abwägung sind die Grundrechte u. die in ihnen zum Ausdruck gelangte Wertordnung besonders zu beachten; allerdings gilt Art 12 I GG nur für Dt, u. Art 3 I u. 6 I GG verbieten nicht die Ungleichbehandlung von reinen Ausländerehen u. dt-ausl Ehen (BSG, EZAR 310 Nr 2). 79

Als **nicht ausreichend** für die Anerkennung als Härtefall wurde früher angesehen: Nichterfüllung der Voraussetzungen des § 2 AEVO infolge Fehlverhaltens der BA (BSG, EZAR 310 Nr 1); langjähriger Aufenthalt im Bundesgebiet (BSG, EZAR 310 Nr 2 u. InfAuslR 1988, 180); Verlust des Arbeitsplatzes (BSG, InfAuslR 1980, 313); schlechte wirtschaftliche Verhältnisse im Heimatstaat (BSG, EZAR 310 Nr 1); Belastung mit Unterhaltspflichten für Familie in der Heimat (BSG, SozR 4100 § 19 Nr 6); Abwesenheit infolge Ausweisung u. darauf beruhende Nichterfüllung der Mindestaufenthaltsdauer (BSG, EZAR 310 Nr 2). 80

81 Als **ausreichend** wurde dagegen angesehen: Unterhaltspflichten für mehrere kleine Kinder im Bundesgebiet (BSG, SozR 4100 § 19 Nr 6); Minderung der Erwerbsfähigkeit, auch wenn vorübergehend u. nicht auf Arbeitsunfall im Bundesgebiet beruhend (BSG, EZAR 310 Nr 1 u. SozR 4100 § 103 Nr 22); ausnahmsweise besondere Gründe für Nichterfüllung der Voraussetzungen der § 2 I bis V AEVO (BSGE 43, 153; BSG, EZAR 310 Nr 2); kurze Unterbrechung der Rechtmäßigkeit der Beschäftigung infolge Arbeitgeberverschuldens (BSG, SozR 4100 § 19 Nr 2); Verwirklichung der Familieneinheit im Einzelfall infolge Verwurzelung u. Integration im Bundesgebiet (BSG, EZAR 310 Nr 2; LSG Bremen, EZAR 310 Nr 3).

VII. Assoziationsabkommen EWG/Türkei

1. Allgemeines

82 Ein großer Teil der **türkischen StAng** kann sich auf eine privilegierte aufr Stellung aufgrund des AssAbk EWG/Türkei berufen. Zwar ist das AufR dort nur für einen begrenzten Kreis von Fallkonstellationen geregelt u. auf den Aufenthaltsmitgliedstaat beschränkt, weil Türken (entgegen dem Assoziationsziel noch) nicht zu den Gemeinschaftsinländern gehören. Sie nehmen aber als unselbständig Erwerbstätige in einer eingeschränkten Art u. Weise an der EG-Arbeitnehmerfreizügigkeit teil (dazu zT krit Hailbronner, D 5.2 Art 6 Rn 22 ff; vgl auch die in der Praxis meist beachteten Allgemeinen Anwendungshinweise des BMI von 1998, AAH-ARB 1/80; abgedruckt in EZAR 10 Nr 1 u. zT mit Hinweisen auf neuere Rspr des EuGH bis 2001 ergänzt in Renner, Verwaltungsvorschriften, S. 543 ff).

83 Nachdem die in Art 36 Zusatzprotokoll zum AssAbk EWG/Türkei bestimmte Übergangsfrist (Ende November 1986) zur **schrittweisen** Herstellung der **Freizügigkeit** ergebnislos verstrichen ist, hat sich die Rechtsposition türkischer StAng nicht unmittelbar verbessert. Art 12 AssAbk u. Art 36 Zusatzprotokoll sind nicht als gemeinschaftsrechtliche Vorschriften in der innerstaatl Rechtsordnung der Mitgliedstaaten unmittelbar anwendbar (EuGH, EZAR 811 Nr 8; ebenso betr Art 41 II ZusProt u. Art 13 AssAbk EuGH, EZAR 816 Nr 6). Türkischen Arbeitnehmern steht also daraus kein unmittelbarer Anspruch auf ArbErl (BSG, EZAR 314 Nr 1) oder AufErl (BVerwG, EZAR 106 Nr 8) zu, auch nicht bei Besitz einer unbefristeten ArbErl (OVG NRW, EZAR 029 Nr 11).

84 **Unmittelbare Wirkung** in den Mitgliedstaaten entfalten dagegen Art. 2 I Bst b ARB 2/76 sowie Art. 6 I, 7, 13, 14 ARB 1/80. Die aufr Lage türkischer Arbeitnehmer wird durch die genannten EG-Vereinbarungen u. -Beschlüsse nicht unmittelbar gestaltet, türkische Arbeitnehmer, die dem regulären Arbeitsmarkt angehören, also vor allem zum Arbeitsmarkt zugelassen sind, gelangen aber in den Genuss der Verfestigungsregeln des Art 6 ARB, u. ihre Angehörigen erhalten Zugang zum Arbeitsmarkt nach Maßgabe des Art 7 ARB. Der Familiennachzug setzt nach Art 7 ARB 1/80 die Zulassung durch den Mitgliedstaat voraus, folgt also nicht als abgeleitetes Recht aus der Beschäftigung des Arbeitnehmers. Für den begünstigten Personenkreis dürfen außerdem keine neuen Beschränkungen für den Zugang zum Arbeitsmarkt eingeführt werden (Art 13 ARB 1/80). Schließlich ist die Ausweisungsbefugnis durch Art 14 I ARB 1/80 dahin beschränkt, dass Gründe der öffentlichen Ordnung, Sicherheit oder Gesundheit vorliegen müssen.

85 Mittelbar erwächst den Begünstigten daraus ein **Anspruch** auf Zulassung zum Arbeitsmarkt (zur ArbErl BSG, EZAR 314 Nr 1). Darüber hinaus ist der Aufenthalt so eng mit dem Zugang zum Arbeitsmarkt verknüpft, dass ein Anrecht auf Aufenthalt entsteht, sobald beschäftigungsrechtlich (eine beschränkte) Freizügigkeit besteht (EuGH, EZAR 810 Nr 7; noch offen gelassen von EuGH, EZAR 811 Nr 11; einschränkend VGH BW, EZAR 023 Nr 1). Soweit türkischen StAng gemeinschaftsrechtlich der Zugang zum Arbeitsmarkt offensteht, können sie auch eine entsprechende AE verlangen u. sind gegen aufenthaltsbeendende Maßnahmen stärker geschützt (so auch schon Guthmann, InfAuslR 1991, 33; Huber,

Erfordernis eines Aufenthaltstitels § 4 **AufenthG 1**

NVwZ 1991, 100; Rittstieg, InfAuslR 1991, 1). Ihre Stellung ist dadurch gekennzeichnet, dass sie trotz des Vorrangs der Inländer u. der anderen Unionsbürger aufgrund nationaler Zulassung dauerhaft in den Arbeitsmarkt eines Mitgliedstaats eingegliedert sind u. daher ihre Rechte denen der Unionsbürgern angenähert sein sollen.

Dieser Rechtslage entspricht nunmehr Abs 5, indem dort die Ausstellung einer AE zu 86 reinen **Nachweiszwecken** zwingend angeordnet u. der türkische StAng nur dazu verpflichtet wird, den dahingehenden Antrag zu stellen u. seine Rechtsstellung mit der AE nachzuweisen. Damit kommt eindeutig zum Ausdruck, dass die Rechtsstellung auf Assoziationsrecht beruht u. die Mitgliedstaaten berechtigt u. gehalten sind, geeignete Verf zur effektiven Durchsetzung der Rechte auf Zugang zu Aufenthalt u. Beschäftigung zur Verfügung zu stellen. Bis Ende 2004 wurde dagegen der Eindruck erweckt, assoziationsberechtigte türkische StAng erhielten eine AufErl wie andere Drittstaatsangehörige.

Abs 5 bekräftigt nunmehr den rein **deklaratorischen** u. Nachweischarakter der AE. 87 Noch immer lässt sich diese Rechtsnatur aber nicht aus dem Titel selbst erkennen. Dort sind nur die möglichen Beschränkungen auf Arbeitgeber oder Branche vermerkt. Besser wäre zumindest ein deutlicher Hinweis auf die Rechtsgrundlagen des ARB 1/80. Noch korrekter wäre eine Bescheinigung in ähnlicher Art wie für Unionsbürger nach § 5 I FreizügG/EU. Die AE kann nämlich durchaus den Irrtum fördern, die Ausweisungsvorschriften der §§ 53 ff u. andere Bestimmungen über die Beendigung der Rechtspositionen seien auf diese Personengruppe uneingeschränkt anwendbar.

Begünstigt sind Arbeitnehmer u. deren Familienangehörige. Beide **Begriffe** sind ähnlich 88 auszulegen wie nach Gemeinschaftsrecht; eine davon abweichende Begriffsbildung ist nicht wegen der Unterschiede zwischen unionsweiter EG-Freizügigkeit u. assoziationsrechtlichem Beschäftigungs- u. Aufenthaltsrecht in einem der Mitgliedstaaten oder aus sonstigen Gründen angezeigt.

2. Arbeitnehmer

Der Arbeitnehmerbegriff ist der derselbe wie im Gemeinschaftsrecht (iE ebenso Hail- 89 bronner, D 5.2 Art 6 Rn 23 ff). Unter **Arbeitnehmer** ist daher jede Person zu verstehen, die eine Beschäftigung als Angestellter oder Arbeiter ausübt, indem er für einen anderen nach dessen Weisung eine Leistung erbringt u. dafür als Gegenleistung eine Vergütung erhält. Es muss sich um eine wirkliche u tatsächliche wirtschaftliche Tätigkeit u. nicht nur um völlig geringfügige u. unwesentliche Betätigungen handeln, u. auch die Gegenleistung darf nicht völlig unbedeutend sein. Arbeitnehmertätigkeit ist auch eine Beschäftigung, die der Eingliederung in das Berufsleben dient u. mit öffentl Mitteln gefördert wird (EuGH, EZAR 816 Nr 1). Befristungen sind unschädlich. Es genügt eine Beschäftigung, die nur befristet für einen bestimmten Zweck wie ein Studium ausgeübt wird (BSG, EZAR 312 Nr 5) oder zur Vorbereitung auf eine Tätigkeit in der Türkei (EuGH, EZAR 811 Nr 35) oder als Spezialitätenkoch (EuGH, EZAR 811 Nr 36; HessVGH, EZAR 029 Nr 2). Ebenso erfasst sind Teilzeittätigkeiten (BSG, EZAR 312 Nr 5), auch wenn ihre Gegenleistung unterhalb der Sozialhilfe liegt. Eine befristete Berufsausbildung kann auch zur Erfüllung der höchsten Stufe des Art 6 I ARB 1/80 führen (EuGH, EZAR 816 Nr 22). Auch ein Auszubildender in einem Handwerksberuf übt eine Beschäftigung in diesem Sinne aus (BVerwG, EZAR 029 Nr 13; HessVGH, EZAR 029 Nr 8); anders wäre es nur zu beurteilen, wenn er dafür überhaupt keine Gegenleistung erhielte, also weder Kost u. Logis noch einen wenn auch geringen Unterhaltszuschuss.

Was unter **regulärem Arbeitsmarkt** zu verstehen ist, kann fraglich erscheinen, ist aber 90 dahin auszulegen, dass dieses Erfordernis erfüllt ist, wenn ein Türke ordnungsgemäß über ein Jahr bei demselben Arbeitgeber beschäftigt ist u. damit die erste Stufe des Art 6 I ARB 1/80 erreicht (EuGH, EZAR 816 Nr 1). Ausgenommen sind indes Sonderarbeitsverhältnisse für bestimmte Personengruppen, die eine Konkurrenz zu EG-Arbeitnehmern nicht darstellen, zB Strafgefangene, Sozialhilfeempfänger (Renner, AiD Rn 5/172–176). Tätigkeiten in der öffentl Verwaltung (Art 39 IV EG) sind nicht betroffen; sonst wären Unionsbürger entgegen Art 59 ZusProt EWG/Türkei benachteiligt. Die Zugehörigkeit zum inländischen Arbeitsmarkt setzt feste arbeits- u. versicherungsrechtliche Bindungen an einen inländischen Arbeitgeber voraus (betr grenzüberschreitenden Güterverkehr EuGH, EZAR 811 Nr 23; betr Seemann auf dt Seeschiff HessVGH, EZAR 029 Nr 3). Nicht zum inländischen Arbeitsmarkt gehören die Tätigkeiten von Personen, die im Ausland angestellt sind u. für den ausl Arbeitgeber in Deutschland tätig werden, wie zB Imame (HessVGH, EZAR 023 Nr 19; OVG NRW, EZAR 029 Nr 9) oder Lehrkräfte für muttersprachlichen Unterricht aus der Türkei (VGH BW, EZAR 029 Nr 6).

91 Die wichtigste Voraussetzung ist die der **ordnungsgemäßen Beschäftigung.** Sie erfordert zunächst eine gesicherte u. nicht nur vorläufige Position auf dem Arbeitsmarkt (EuGH, EZAR 810 Nr 7 u. 811 Nr 11; BVerwG, EZAR 025 Nr 12 u. 019 Nr 10; HessVGH, EZAR 025 Nr 13). An einer gesicherten Stellung mangelt es vor allem bei einer vorübergehenden Gestattung des Aufenthalts für die Dauer des Verwaltungs- u. Gerichtsverf (EuGH aaO), also zB bei Asylbewerbern und nach § 81 III u. IV (früher § 69 III AuslG). Die sichere Position kann auch dadurch geschaffen werden, dass ein Anspruch auf rückwirkende Verlängerung der AE realisiert wird (vgl BVerwG, EZAR 029 Nr 10). An ihr fehlt es allerdings, wenn ein Verlängerungsantrag zunächst eine Erlaubnisfiktion auslöst, dann aber abgelehnt wird (BVerwG, InfAuslR 1995, 312; HessVGH, EZAR 024 Nr 2) Die Beschäftigung muss, um ordnungsgemäß zu sein, im Einklang mit den nationalen Vorschriften über Zulassung zu Arbeitsmarkt u. Aufenthalt, über Beschäftigung u. Berufsausübung stehen. Unschädlich sind dagegen Verstöße gegen Steuer- oder Sozialversicherungsrecht (HessVGH, EZAR 029 Nr 27).

92 An einem gesicherten Beschäftigungsaufenthalt fehlt es auch dann, wenn das AufR durch **Täuschung** erlangt u. der Ausl hierfür bestraft wurde (EuGH, EZAR 811 Nr 32). Außer Täuschung sind auch sonstiges Erschleichen oder Korruption schädlich. Diese Handlungen brauchen nicht unbedingt durch eine Bestrafung festgestellt zu sein, sie können auch durch eine Rücknahme der Erlaubnisse für Beschäftigung u. Aufenthalt manifestiert werden. Erforderlich ist aber irgendeine staatl Entscheidung, die den Rechtsschein der Ordnungsgemäßheit (zB bei Bestechung oder einer „Scheinehe") im Interesse der Rechtssicherheit beseitigt (dahin tendierend HessVGH, EZAR 029 Nr 25; aA wohl BVerwG, EZAR 033 Nr 12). Entscheidend muss nämlich darauf abgehoben werden, ob das AufR nach nationalem Recht Bestand hat oder nicht. Die bloß potentielle Gefährdung durch Rücknahme, nachträgliche Befristung oder Ausweisung allein vermag die Grundlage für die assoziationsrechtliche Verfestigung noch nicht in Frage zu stellen.

93 Für Arbeitnehmer, die dem regulären Arbeitmarkt in Deutschland angehören u. sich damit gegenüber dem Vorrang der Unionsbürger einschließlich der Dt durchgesetzt haben, ist eine **Verfestigung** vorgesehen, die sich nach Art 6 I ARB 1/80 in drei Stufen vollzieht. Der Arbeitnehmer ist während des ersten Jahres an denselben Arbeitgeber gebunden (EuGH, EZAR 811 Nr 31; VGH BW, EZAR 019 Nr 3; OVG Berlin, EZAR 025 Nr 15; HessVGH, InfAuslR 1995, 191). Er kann also auf der **ersten Stufe** auch nicht die Beschäftigung nach einem Wechsel des Arbeitgebers fortsetzen (EuGH, EZAR 814 Nr 4). Die Jahresfrist beginnt nach jedem Arbeitgeberwechsel vor Erreichen der dritten Stufe u. bei jeder Unterbrechung, die nicht unschädlich ist, neu zu laufen.

94 Nach Erreichen der **zweiten Stufe** kann er den Arbeitgeber innerhalb der Branche wechseln; ein Wechsel ist ihm innerhalb der ersten drei Jahre also überhaupt nicht gestattet. Den Beruf kann er dagegen wechseln, falls dies bei demselben Arbeitgeber geschieht u. nach nationalem Recht gestattet ist (dazu Gutmann, S. 96 f; Renner, AiD Rn 5/194–196).

95 Die **dritte Stufe** kann durch Kumulation von Beschäftigungszeiten erreicht werden; es muss nicht zuvor die erste u. zweite Stufe erreicht werden (HessVGH, EZAR 029 Nr 23). Auf der letzten Stufe ist der Türke Dt u. Unionsbürgern weitgehend gleichgestellt, allerdings nur in Deutschland u. nicht in anderen Unionsstaaten. Er darf auch seine Beschäftigung aufgeben u. eine neue suchen. Die Frist hierfür soll sich nach nationalem Recht richten

(EuGH, EZAR 811 Nr 29). Mangels spezieller Regelung wird ihm ein ähnlicher Zeitraum einzuräumen sein wie einem Unionsbürger (HessVGH, EZAR 029 Nr 3).

Unterbrechungen der tatsächlichen Beschäftigung sind innerhalb der beiden ersten Stufen grundsätzlich schädlich für die Verfestigung, auch die infolge von Rechtsgründen (BVerwG, EZAR 033 Nr 12). Ausgenommen sind die sechs Tatbestände des Art 6 II ARB 1/80, die aber Lücken in der Ordnungsgemäßheit der Beschäftigung nicht betreffen (BVerwG, EZAR 029 Nr 6; zur Nichtbeanstandung EuGH, EZAR 811 Nr 36). In den vier ersten Fallgestaltungen werden die Fehlzeiten sogar auf die Dauer der Beschäftigung angerechnet. Die Begriffe für die Unterbrechungstatbestände sind auf der Grundlage des nationalen Rechts zu bestimmen, das auch souverän über Art u. Dauer von Unterbrechungen befindet. Unschädlich ist die verspätete Beantragung der Verlängerung der AE in dem Mitgliedstaat, sofern zumindest die erste Stufe erreicht ist (HessVGH, EZAR 029 Nr 18). Wird die Antragsfrist vor Erreichen der ersten Stufe versäumt, fehlt es mangels AufR an einer ordnungsgemäßen Beschäftigung; deren Fortsetzung bei demselben Arbeitgeber ohne gültige AE genügt nicht. 96

Kürzere Ausfallzeiten, nämlich Jahresurlaub sowie Abwesenheit wegen Mutterschaft, Arbeitsunfall oder kurzer Krankheit, unterbrechen nicht u. werden angerechnet. Jahresurlaub ist der ges, tariflich oder vertraglich verbindliche; Sonderurlaub steht ihm nicht gleich. Ausfall wegen Mutterschaft ist nach Maßgabe der ges Schutzfristen anzuerkennen, Freistellungen wegen Kindererziehung dagegen nicht. Fehlzeiten infolge Arbeitsunfalls u. Krankheit sind bis zu drei Monaten zu berücksichtigen. 97

Längere Ausfallzeiten, nämlich unfreiwillige Arbeitslosigkeit (zum Unterschied zu unverschuldeter Arbeitslosigkeit näher Gutmann, InfAuslR 1995, 131; ders., S. 102 ff) u. Abwesenheit wegen langer Krankheit berühren die erworbenen Ansprüche nicht, werden aber nicht auf die Dauer der Beschäftigung angerechnet. Die Arbeitslosigkeit muss ordnungsgemäß festgestellt sein. Krankheit muss über drei Monate dauern u. ebenfalls nachgewiesen werden. Die Unterbrechung ist unschädlich, wenn nach Erreichen der ersten Stufe Arbeitslosigkeit unfreiwillig eintritt u. der Arbeitsplatz wegen rechtswidriger Verweigerung der Verlängerung verloren geht (HessVGH, EZAR 029 Nr 23). 98

Andere Gründe für Fehlzeiten sind nicht ausdrücklich geregelt. Die Ableistung des Wehrdienstes im Heimatstaat kann sich verschiedenartig auf den Bestand des Arbeitsverhältnisses auswirken. Mit Blick auf Art 6 II RL 68/360/EWG, wonach bei Wehrdienstleistung das AufR von Unionsbürgern nicht erlischt, kann die Dienstzeit bei Kündigung durch den Arbeitgeber als Zeit unfreiwilliger Arbeitslosigkeit angesehen werden. Als unbeachtlich kann die Unterbrechung auch gelten, wenn nur die Leistungsverpflichtung des Arbeitnehmers ruht, das Beschäftigungsverhältnis aber fortbesteht. Die Rechte aus dem ARB 1/80 gehen verloren, wenn der Arbeitnehmer endgültig aus dem Erwerbsleben ausscheidet (betr dauernde Arbeitsunfähigkeit EuGH, EZAR 811 Nr 23; betr Unterbringung in Psychiatrie BVerwG, InfAuslR 1997, 240). Das Ausscheiden wegen Erwerbsunfähigkeit tritt erst mit dem entsprechenden Bescheid des Sozialversicherungsträgers ein (VGH BW, EZAR 029 Nr 12). Der ausgeschiedene Arbeitnehmer besitzt anders als Unionsbürger kein Verbleiberecht. Die Zugehörigkeit zum regulären Arbeitsmarkt endet auch bei Verlassen des Bundesgebiets u. Abwesenheit von mehr als sechs Monaten (HessVGH, EZAR 029 Nr 22). Erlöschen des AufTit nach § 51 beendet den rechtmäßigen Aufenthalt u. damit auch die ordnungsgemäße Beschäftigung. 99

Die Verbüßung einer **Freiheitsstrafe** ist in Art 6 nicht ausdrücklich geregelt. Daher ist unsicher, ob u. unter welchen Umständen sie zum Ausscheiden aus dem Arbeitsmarkt führt. Die Zugehörigkeit zum Arbeitsmarkt endet jedenfalls dann nicht, wenn nach Erreichen der dritten Stufe länger als ein Jahr Untersuchungshaft die Arbeit unterbricht, die dann verhängte Freiheitsstrafe zur Bewährung ausgesetzt wird u. der Ausl binnen angemessener Zeit wieder eine Arbeitsstelle findet (EuGH, EZAR 816 Nr 4 m. Anm. Weber, ZAR 2000, 134). Als maßgeblich ist danach nicht die formelle Grundlage der Unterbrechung – Straf- oder Untersuchungshaft – anzusehen, sondern deren Dauer u. die Aussicht auf eine baldige 100

Wiederaufnahme der Beschäftigung an der alten oder an einer neuen Arbeitsstelle (ähnlich Hailbronner, D 5.2 Art 6 Rn 73–75; BayVGH, BayVBl. 2003, 404).

3. Familienangehörige

101 Familienangehörigen türkischer Arbeitnehmer steht aus dem AssAbk u. dem ARB 1/80 **kein Nachzugsrecht** zu. Insoweit verbleibt den Mitgliedstaaten u. der EU die volle Souveränität. Sie genießen aber ein abgeleitetes AufR nach den beiden Tatbeständen des Art 7 ARB 1/80, die in sich ganz unterschiedlich u. als Teil einer schrittweisen Heranführung an die Rechte der Unionsbürger bewusst lückenhaft angelegt sind. Außerdem können die Familienangehörigen auch durch eigene Erwerbstätigkeit selbst Positionen nach Art 6 ARB 1/80 erlangen (EuGH, EZAR 814 Nr 4). Die Regeln des Art 6 II ARB 1/80 über Unterbrechungen sind auf die Rechte aus Art 7 ARB 1/80 nicht anzuwenden; diese gehen auch nicht durch längere Abwesenheit vom Arbeitsmarkt infolge einer Freiheitsstrafe u. einer anschließenden Drogentherapie verloren (EuGH, EZAR NF 19 Nr 1).

102 Der **Kreis der Familienangehörigen** bestimmt sich letztlich nach nationalem Recht, weil sich danach deren Aufenthalt in Deutschland richtet. Art 7 enthält insbes keine Begrenzung auf ledige Kinder bestimmten Alters. Allein die Rechtsordnung des jew Aufenthaltsmitgliedstaats entscheidet darüber, ob dem Angehörigen eines Arbeitnehmers der Zuzug gestattet oder eine Berufsausbildung ermöglicht worden ist. Art 7 bestimmt nur die Folgen dieser vom Mitgliedstaat zugelassenen u. geförderten Integration.

103 Einen Rechtsanspruch auf Zulassung von Beschäftigung u. Aufenthalt haben **nachgezogene** Familienangehörige des türkischen Arbeitnehmers unter den Voraussetzungen des Art 7 S. 1 ARB 1/80. Hierbei sind sie allerdings zunächst noch durch den beschäftigungsrechtlichen Vorrang der Unionsbürger beschränkt; dieser entfällt erst nach fünf Jahren ununterbrochenem Aufenthalt.

104 Die Angehörigen brauchen weder die türkische StAng zu besitzen noch zuvor erwerbstätig gewesen zu sein. Nur der türkische StAng selbst muss noch als Arbeitnehmer dem regulären Arbeitsmarkt angehören (anders Art 7 S. 2 ARB 1/80). Der Zuzug des Angehörigen muss mit der Möglichkeit der **Familienzusammenführung** gestattet worden sein, nicht also nur vorübergehend (dazu EuGH, EZAR 811 Nr 30; BVerwGE 101, 237). Die Gestattung kann durch Verwaltungsakt erfolgt sein, aber auch durch ges Befreiung (HessVGH, NVwZ-RR 1995, 472). Unter Zusammenführung fällt auch die Genehmigung für das im Inland geborene Kind (EuGH, EZAR NF 19 Nr 1; BayVGH, EZAR 029 Nr 17) u. den bereits hier lebenden Ehegatten. Es kann auch der Stiefsohn sein, der noch keine 21 Jahre alt ist oder dem Unterhalt gewährt wird, sofern ihm der Zuzug gestattet wurde (EuGH, EZAR 816 Nr 16). Bei Ehegatten schadet es nicht, wenn die Ehe zunächst geschieden wird u. die Partner weiterhin zusammenleben u. dann wieder heiraten (EuGH, EZAR 816 Nr 7).

105 Über den konkreten Inhalt des Anspruchs nach Art 7 S. 1 ARB 1/80 entscheidet die Dauer des ordnungsgemäßen **Wohnsitzes.** Ordnungsgemäß bedeutet, dass die nationalen Vorschriften über Aufenthalt u. polizeiliche Anmeldung eingehalten sind. Besondere Anforderungen an die Wohnung sind nicht gestellt. Der Wohnsitz muss seit mindestens drei bzw. fünf Jahren ununterbrochen bestehen; die Regeln des Art 6 II ARB 1/80 gelten hier nicht entsprechend (EuGH, EZAR NF 19 Nr 1). Der Wohnort kann inzwischen gewechselt haben, der Angehörige braucht auch nicht (mehr) mit dem Ausl zusammenzuwohnen (HessVGH, EZAR 029 Nr 12). Das nationale Recht kann aber ein familiäres Zusammenleben für drei Jahre verlangen, wobei objektive Gründe immer eine Trennung rechtfertigen können (EuGH, EZAR 811 Nr 30; vgl auch HessVGH, InfAuslR 1995, 395).

106 Ein gänzlich anderer Personenkreis wird durch Art 7 S. 2 ARB 1/80 begünstigt: Kinder mit **Berufsausbildung.** Dieses Beschäftigungs- u. AufR des Kindes (dazu EuGH, EZAR 814 Nr 4; VGH BW, EZAR 019 Nr 6) beruht ebenfalls auf der nichtselbständigen Erwerbstätigkeit der Eltern. Es genügt aber die mindestens dreijährige ordnungsgemäße Beschäfti-

Erfordernis eines Aufenthaltstitels § 4 **AufenthG** 1

gung eines Elternteils in der Vergangenheit, u. es ist unerheblich, wann u. aus welchen Gründen sie beendet wurde (EuGH, EZAR 814 Nr 6 u. EZAR NF 19 Nr 1).

Der Aufenthalt des Elternteils muss (ebenso wie nach Art 6 ARB 1/80) den aufr Vorschriften entsprochen haben, weitere Anforderungen werden aber an den **Aufenthalt** von Eltern u. Kind nicht gestellt. Vor allem ist nicht verlangt, dass das Kind in Deutschland geboren oder im Rahmen des Familiennachzugs zugezogen ist (EuGH, EZAR 814 Nr 4 u. EZAR NF 19 Nr 1; BVerwGE 100, 130; VGH BW, EZAR 025 Nr 11) oder dass es schon eine bestimmte Mindestzeit hier lebt. Schließlich ist ein Höchstalter des Kindes nicht bestimmt (zu Art 12 VO/EWG 1612/68 vgl EuGH, EZAR 814 Nr 5); eine gewisse Begrenzung folgt indes rein tatsächlich aus dem Erfordernis des Abschlusses der Berufsausbildung. 107

Die **Berufsausbildung** muss mit einem förmlichen Qualifizierungsnachweis abgeschlossen sein (VGH BW, EZAR 019 Nr 6), dessen Voraussetzungen u. näherer Inhalt sich allein nach nationalem Recht richten. Es sind keine besonderen Anforderungen an Berufsbild, Ausbildungsgang oder Ausbildungsziel gestellt. Eine Handwerksausbildung genügt ebenso wie ein akademisches Studium. 108

Art 7 ARB 1/80 enthält **kein** vollständiges **System** eines assoziationsrechtlichen AufR für Familienangehörige (Rn 101), das dem gemeinschaftsrechtlichen der Unionsbürger gleichsteht. Die Vorschrift soll wie Art 6 ARB 1/80 lediglich den Übergang zur vollen Freizügigkeit nach Beitritt der Türkei vorbereiten u. erlaubt daher keine Ergänzung durch gemeinschaftsrechtliche Bestimmungen. Weder der ARB 1/80 noch das sonstige Assoziationsregelwerk bieten einen Anhalt für die Annahme, die Regelung zweier ganz spezieller Tatbestände in Art 7 ARB 1/80 solle u. dürfe im Wege der Lückenfüllung nach Voraussetzungen u. Rechtsfolgen durch Gemeinschaftsrecht ergänzt werden. Aus diesem Grund vermittelt Art 7 ARB 1/80 auch keine AufR für ein Studium (OVG NRW, EZAR 029 Nr 15) oder für einen sonstigen Aufenthalt ohne Ausübung einer Beschäftigung (OVG NRW, EZAR NF 19 Nr 4). 109

4. Beendigung

Für die **Beendigung** von Beschäftigung u. Aufenthalt von türkischen Arbeitnehmern u. deren Familienangehörigen, die unter Art 6 oder 7 ARB 1/80 fallen, sind gemäß Art 14 I ARB 1/80 allein Gründe der öffentl Ordnung, Sicherheit u. Gesundheit maßgeblich. Hieraus wurde wegen der Übereinstimmung der Formulierung mit Art 39 III EG (früher Art 48 III EGV) in Lit u. Rspr mit Recht schon früh auf die entsprechende Anwendbarkeit gemeinschaftsrechtlicher Grundsätze geschlossen (näher Renner, AiD Rn 5/244–251; andeutungsweise schon EuGH, EZAR 810 Nr 7; ausführlich zur Entwicklung Hailbronner, 5.2 Art 14 Rn 1–6). Aber nur ein Teil der Gerichte nahm an, der Aufenthalt von privilegierten türkischen Arbeitnehmern u. von deren Familienangehörigen könne nur nach Art 14 ARB 1/80 beendet werden u. nicht nach den Ist- u. Regeltatbeständen des dt Rechts (zB VGH BW, EZAR 029 Nr 12; HessVGH, EZAR 037 Nr 7; ähnlich OVG NRW, EZAR 037 Nr 3). 110

Demgegenüber würde die Auslegung des Art 14 I ARB 1/80 im Sinne einer allg Ordrepublic-Klausel dem Stufenprogramm des Art 12 AssAbk u. den Intentionen des ARB 1/80 kaum gerecht. Obwohl die Assoziationsrechte nach Voraussetzungen u. Umfang nicht der EU-Freizügigkeit gleichstehen, sollen sie erkennbar ähnlich stark gegenüber allg politischen u. wirtschaftlichen Eingriffen der Mitgliedstaaten gesichert sein. Allerdings hat sich diese Meinung nur allmählich durchgesetzt u. die Folgerungen für die Anwendbarkeit dt Rechtsvorschriften gezogen. Der Gesetzgeber scheint diese Entwicklung (ebenso wie Nr 6 AAH-ARB 1/80) noch nicht zur Kenntnis genommen zu haben, da er zwar in Abs 5 eine deklaratorische AE vorsieht, die Anwendung der Ausweisungsvorschriften auf diesen Personenkreis aber nicht ausschließt. 111

In erster Linie geht es bei der Beendigung um die **Ausweisung** u. damit um die Anwendbarkeit der §§ 53 f (früher § 47 AuslG). Das dt System der Ausweisungsgründe knüpft die Abwehr einer von dem Ausl ausgehenden Gefahr ua an die Begehung bestimmter Straftaten 112

u. die Verhängung von Freiheitsstrafen in bestimmter Höhe. Es zwingt damit die AuslBeh uU zum Erlass einer Ausweisung ohne eine konkrete, aktuelle u. personenbezogene Beurteilung der tatsächlichen Gefährdung. Damit wird es den gemeinschaftsrechtlichen Anforderungen an die Verhinderung oder Beendigung des Aufenthalts nicht gerecht, die grundsätzlich auf assoziationsberechtigte Türken ebenso anzuwenden sind wie auf freizügigkeitsberechtigte Unionsbürger. Das Gemeinschaftsrecht verlangt nämlich eine auf die jew Person bezogene Prognose einer hinreichenden Gefährdung eines Grundinteresses der Gesellschaft auf der Grundlage der neuesten zur Verfügung stehenden Tatsachen u. eine Prüfung der Verhältnismäßigkeit anhand der miteinander in Widerstreit stehenden öffentl u. privaten Rechtsgüter u. Interessen. Diese Beurteilung ist nicht mit der Ausübung von Ermessen identisch (dazu näher § 6 FreizügG/EU Rn 6 ff).

113 Die Grundsätze über die Aufenthaltsbeendigung hat der **EuGH** in seiner Rspr zur Freizügigkeit von Unionsbürgern herausgearbeitet u. in dem Urteil Oliveri u. Orfanopoulos zusammengefasst (EZAR 810 Nr 14 m. Anm Renner, ZAR 2004, 195). Vor allem ist damit klargestellt, dass nur eine gegenwärtige Gefahr für die öffentl Sicherheit u. Ordnung eine Beschränkung der Freizügigkeit rechtfertigen kann u. aufgrund einer Abwägung ein angemessener Ausgleich der widerstreitenden berechtigten Interessen gefunden werden muss. In dem Urteil Cetinkaya (EZAR NF 19 Nr 1) hat es diese Grundsätze wie auch schon früher auf das Assoziations-Aufenthaltsrecht angewandt u. betont, Art 14 ARB 1/80 verwehre es den nationalen Gerichten, bei der Prüfung der Rechtmäßigkeit von Ausweisungsmaßnahmen Tatsachen nicht zu berücksichtigen, die nach der letzten Behördenentscheidung eingetreten sind (vgl auch EuGH, EZAR NF 19 Nr 1).

114 Das **BVerwG** ist dem gefolgt u. hat entschieden, Unionsbürger dürften nur aufgrund einer aktuellen Gefährdungsprognose u. von individuellen Ermessenserwägungen ausgewiesen werden (EZAR 034 Nr 17). Diese Grundsätze seien auch auf türkische Arbeitnehmer anzuwenden, die über ein assoziationsrechtliches Aufenthalts- u. Beschäftigungsrecht verfügten (EZAR 037 Nr 10). Wenn das BVerwG die Rspr des EuGH dahin versteht, das Gemeinschaftsrecht verlange für Beschränkungen der Freizügigkeit zwingend eine Ermessensentscheidung, dann kann dem nicht zugestimmt werden. Der gemeinschaftsrechtliche Grundsatz der Verhältnismäßigkeit erfordert eine offene Güter- u. Interessenabwägung, die das dt System von Ist- u. Regelausweisung nicht zulässt. Nicht erforderlich ist eine behördliche Wahl zwischen mehreren Handlungsmöglichkeiten, ein Handlungsermessen der AuslBeh (näher dazu § 6 FreizügG/EU Rn 6 ff).

115 Über die Notwendigkeit einer aktuellen Gefährdungsprognose u. eine Verhältnismäßigkeitsprüfung hinaus muss bei Anwendung der Grundsätze des Art 39 III EG (früher Art 48 III EGV) auf die **Besonderheiten** der Rechtsstellung der durch Art 6 u. 7 ARB 1/80 begünstigten Personen Bedacht genommen werden. Einerseits wären die ihnen danach gewährten Rechtspositionen entwertet, wenn Beschäftigung u. Aufenthalt aus allg wirtschaftlichen (hohe Arbeitslosenquote) oder politischen (Anwerbestopp) Gründen beendet werden könnten. Andererseits sind Beschränkungen zulässig, soweit die türkischen Arbeitnehmer u. ihre Angehörigen noch dem Vorrang der Unionsbürger unterliegen. Hat der Mitgliedstaat aber einmal die Zulassung zu Beschäftigung u. Aufenthalt trotz Konkurrenz der Unionsbürger erlaubt, ist er bei deren Beendigung nicht mehr frei, sondern an die in Art 39 III EG genannten Tatbestände gebunden, die ihm insb ein Vorgehen aus wirtschaftlichen u. generalpräventiven Gründen verbieten (vgl dazu § 6 FreizügG/EU Rn 3).

116 Die für die Ausweisung dargestellten Grundsätze gelten für jede Art der Aufenthaltsbeendigung, also zB auch für die Nichtverlängerung einer AE. Wie bei Unionsbürgern geht es nicht um die Form der den Aufenthalt beendenden Maßnahme, sondern um die materiellen Voraussetzungen u. die **Rechtsfolge** des Verlusts des AufR. Das AufR aus Art 6 u. 7 ARB 1/80 endet wie die Freizügigkeit mit Eintritt einer gegenwärtigen Gefährdung der öffentl Ordnung, Sicherheit oder Gesundheit durch einen weiteren Aufenthalt des Ausl, sofern diese Folge nicht unverhältnismäßig wirkt. Wie bei Unionsbürgern wäre daher eine förmliche Feststellung dieser Beendigung die sachgerechte Art der Maßnahme.

5. Sonstiges

Nach Art 8 ARB 1/80 sind die Mitgliedstaaten lediglich verpflichtet, sich um die vorrangige Berücksichtigung von türkischen Bewerbern um **offene Stellen** für Drittstaatsangehörige zu bemühen. Damit ist aber keine Verpflichtung verbunden, aus der sich unmittelbar für den Einzelfall ein AufR ableiten lässt (Hailbronner, D 5.2 Art 8 Rn 1 ff; Kemper, ZAR 1995, 114; Mallmann, JZ 1995, 916; BVerwGE 99, 28). 117

Die Gewährleistung der Inländergleichbehandlung von Kindern türkischer Arbeitnehmer beim Zugang zu Schule, Ausbildung u. Berufsbildung durch Art 9 ARB 1/80 kann grundsätzlich ein **implizites AufR** vermitteln (Cremer, InfAuslR 1995, 45). Praktisch bedeutsam wird dieses Recht allerdings nur, wenn nicht ein AufR aus anderen Gründen bereits besteht. In Art 9 wird aber gerade vorausgesetzt, dass die Kinder „ordnungsgemäß" bei den Eltern wohnen. Anders kann es sich verhalten, wenn ein Kind kein eigenes oder von den Eltern abgeleitetes AufR (mehr) besitzt, das eine weitergehende Ausbildung ermöglicht. Allerdings darf das Kind nicht genau zu diesem Zweck einzureisen beabsichtigen (OVG NRW, EZAR 029 Nr 15). Erforderlich ist ein gemeinsames Wohnen von Eltern u. Kind (HessVGH, NVwZ-RR 1998, 72). Die Eltern müssen nicht mehr unbedingt beschäftigt sein, es genügt eine frühere ordnungsgemäße Erwerbstätigkeit. Die angeführten Ausbildungsarten sind wie im Gemeinschaftsrecht auszulegen; ein Hochschulstudium gehört dazu, wenn es zu einer beruflichen Qualifikation führt. 118

Art 10 I ARB 1/80 ist unmittelbar anwendbar (betr Wahl zur Arbeiterkammer in Österreich EuGH, EZAR 840 Nr 2). Er verbietet jedwede **Diskriminierung** türkischer Arbeitnehmer bei den Arbeitsbedingungen, das Arbeitsentgelt eingeschlossen. Aus der Übereinstimmung des Wortlauts mit Art 39 II EG sowie aus Art 12 AssAbk u. Art 36 ZusProt schließt der EuGH, die den Unionsbürgern eingeräumten Rechte müssten so weit wie möglich auf die assoziationsberechtigten Türken übertragen werden. Abs 2 schließt die Förderung durch die BA mittels sozialer Leistungen ein. 119

Das **Verschlechterungsverbot** des Art 13 ARB 1/80 ist unmittelbar anwendbar (EuGH, EZAR 811 Nr 8, 816 Nr 6 u. 816 Nr 14). Begünstigt sind nur Personen, die ordnungsgemäß im Inland wohnen u. beschäftigt sind. Der Schutzbereich umfasst aber nicht nur den Zugang zum Arbeitsmarkt, sondern auch Einreise u. Aufenthalt (zu den Auswirkungen ausführlich u. krit. Hailbronner, D 5.2 Art 13 Rn 1 ff; ders., ZAR 2004, 39; vgl auch Gutmann, ZAR 2003, 60). Seit 1980 haben sich in Deutschland die allg Einreisebedingungen zum Erwerbsaufenthalt nicht verschlechtert. Ein Rechtsanspruch bestand auch unter der Geltung des AuslG 1965 nicht, u. die Einreise zum Zwecke der Arbeitsaufnahme war auch schon vor Einführung der allg Sichtvermerkspflicht für Türken visumpflichtig. Die Ausweisungsvorschriften der §§ 45 ff AuslG u. jetzt der §§ 53 ff sind zwar einschneidender als die Ermessensvorschrift des § 10 AuslG 1965. Gegenüber Türken mit Rechten aus Art 6 oder 7 ARB 1/80 waren aber schon immer allein die Voraussetzungen des Art 14 ARB 1/80 für die Aufenthaltsbeendigung maßgeblich (vgl Rn 110 ff). 120

VIII. Ausländeraufenthalt und Arbeits- und Sozialpolitik

1. Ausländische Arbeitnehmer in Deutschland

Die Regelungen der AuslG 1965 u. 1990 waren nicht auf Einreise u. Aufenthalt nichtdt Arbeitnehmer zugeschnitten. Das frühere AuslR ignorierte vielmehr ausl Arbeitskräfte als Sondergruppe, obwohl die **Geschichte der Ausl in Deutschland** seit Beginn der Industrialisierung eine Geschichte der ausl Arbeiter war u. bis heute geblieben ist (zur Geschichte näher Renner, AiD Rn 1/1–53; für Preußen Bade, ZAR 1983, 87 mwN über Zusammenhänge zwischen fehlendem dt Arbeitskräftepotential u. Zuzug von Ausl nach Deutschland). Die Ausländerpolitik war seit Mitte der 1950er Jahre bis 1973 geprägt durch die 121

Anwerbung ausl Arbeitnehmer; nach dem Anwerbestopp im November 1973 trat der Familiennachzug in den Mittelpunkt des Interesses u. außerdem die Frage nach dem „Einwanderungsland Deutschland" (dazu näher Renner, AiD Rn 1/54–73; Bodenbender, ZAR 1982, 72; Minta, ZAR 1981, 27; Schiffer, ZAR 1981, 163; Staab, ZAR 1983, 65; Zuleeg, ZAR 1984, 80).

122 Dessen ungeachtet wurden vom AuslG 1965 bereitgestellte Instrumentarien zur Steuerung des Zuzugs u. auch zur Verringerung der ausl Wohnbevölkerung immer dann eingesetzt, wenn die **Arbeitsmarktpolitiker** dies für ratsam hielten: Anwerbung seit 1955, Anwerbestopp 1973, Verfestigungsvorschriften 1978, Begrenzung des Familiennachzugs 1981, Rückkehrförderung 1984, erneute Verfestigung bis hin zu Einbürgerungsansprüchen 1990. Dabei trugen zunächst arbeits- u. sozialrechtliche Ansprüche u. Chancen der Arbeitnehmer u. ihrer Familien zur Vermehrung der ausl Erwerbstätigen bei, u. später lösten daraus resultierende Belastungen der öffentl Haushalte umgekehrt restriktive Maßnahmen aus. Mangels ausreichend konkreter ges Vorgaben bestimmte die Verwaltung Ziele u. Maßnahmen der Ausländerbeschäftigung, wurde dabei allerdings bisweilen durch die Rspr korrigiert (dazu näher Renner in Fschr. Zeidler, S. 1003).

123 Ausländerpolitischer Orientierungspunkt war jew nicht eine irgendwie objektivierbare „Belastungsgrenze", sondern allein die **Konjunktur- u. Arbeitsmarktlage.** Insoweit bestand in der Sache kein Unterschied zur EG-Politik, die unter dem Aspekt des Gemeinsamen Markts vor allem Arbeitnehmern u. ihren Familien Freizügigkeit garantierte; nur wurden im AuslG 1965 ökonomische Motive für die Regulierung des Ausländeraufenthalts – anders als in den EG-Normen – nicht genannt. Kurzfristige Veränderungen der Arbeits- u. Sozialstruktur bedingten rasche Novellierungen in diesem Bereich (etwa bei ArbErl oder Kindergeld), während die ges Vorschriften über Einreise u. Aufenthalt seit Inkrafttreten des alten AuslG im Oktober 1965 im Wesentlichen 25 Jahre lang gleich blieben.

124 Erst in den Jahren 1989 u. 1990 nahmen die vielfältigen Bestrebungen zur grundlegenden **Reform des AuslR** Gestalt an (dazu näher Vorbem Rn 4 ff). Aufbauend auf den seit vielen Jahren von der BReg vertretenen ausländerpolitischen Zielvorstellungen – Integration der hier auf Dauer lebenden Ausl u. Begrenzung des Neuzuzugs – entwickelte sich nach einem ersten internen Entwurf aus dem BMI eine breite ausländerpolitische Diskussion um die künftige Gestaltung des AuslR. Parteien, Verbände u. andere Organisationen entwickelten Vorstellungen über wünschenswerte u. sachlich zwingende Veränderungen der bis dahin geltenden rechtlichen Regeln. Dabei bestand bei allen Unterschieden iÜ Einigkeit in der Voraussage, dass auf ausl Arbeitnehmer in absehbarer Zukunft nicht verzichtet werden kann u. soll. Mit dem AuslG 1990 wurde erstmals seit 25 Jahren das AufR grundlegend durch den Gesetzgeber verändert u. nicht durch bloße Verwaltungsvorschriften. Mit dieser Reform verbunden wurden Neuerungen im Arbeitserlaubnis- u. Sozialrecht sowie im Bereich der Einbürgerung. Die Reformdiskussion wurde Ende der 1990er Jahre wieder aufgenommen u. mündete in die Zuwanderungsrechtsdiskussion, die von 2001 an verstärkt geführt wurde (Vorbem Rn 14 ff).

125 In der **DDR** wurde Ausländerpolitik zu anderen Zwecken betrieben. Außer ausgewählten Studenten, Wissenschaftlern u. Künstlern vorwiegend aus kommunistischen oder sozialistischen Staaten erhielten nur Arbeitskräfte aus Algerien, Angola, China, Kuba, Mocambique, Polen, Ungarn u. Vietnam aufgrund von Regierungsabkommen für eine jew fest begrenzte Zeit ein AufR (dazu näher Elsner, ZAR 1990, 157; Haedrich, LKV 1993, 83; Thomä-Venske, ZAR 1990, 125; dazu auch Vorbem Rn 6). Ziel dieser Vereinbarungen war die Beschäftigung der Ausl, verbunden mit beruflicher Qualifizierung; Familiennachzug u. Verfestigung des Aufenthalts wurden grundsätzlich nicht zugelassen. Allein der gezielte Einsatz an bestimmten Arbeitsplätzen in der Produktion, die isolierte Unterbringung in Wohnheimen u. die Betreuung durch Beauftragte der AuslVertr des Heimatstaats ließen ein ungezwungenes partnerschaftliches Verhältnis zur einheimischen Bevölkerung nicht aufkommen. Zudem konnte die verhältnismäßig geringe Anzahl von weniger als 200 000 Personen den Dt in der DDR nicht das Gefühl der Normalität des Zusammenlebens mit

Ausl vermitteln. Das Ergebnis war mangelndes gegenseitiges Verständnis u. bei den Dt eine großenteils auf Unkenntnis beruhende Ausländerfeindlichkeit.

Auch in Zukunft wird Ausländerpolitik auch mit arbeits- u. sozialrechtlichen Mitteln verwirklicht werden. Nachdem sich der Anteil der Ausl an der Wohnbevölkerung zunächst über viele Jahre hin auf dem Niveau von über 4 Mio. u. nach 1990 wiederum steigend auf jetzt 6,7 Mio. stabilisiert hat (ZAR 2005, 175), die dt Bevölkerung weiter abnehmen wird u. sich das generative Verhalten der Ausl dem der Dt anzugleichen beginnt (Biller, ZAR 1985, 34), sind zwar die Voraussetzungen für eine Konsolidierung des Arbeits- u. Sozialrechts gegeben. Infolge der hohen Arbeitslosigkeit in den neuen wie in den alten Bundesländern u. der zu erwartenden Veränderungen in der **Zusammensetzung der Bevölkerung** nach Alter, Geschlecht, Nationalität u. Erwerbstätigkeit (dazu Birg, ZAR 1999, 195; Schnapp/Kostorz, ZAR 2002, 163) wird aber vor allem das Arbeitnehmerzulassungsrecht den jew Entwicklungen auf dem Arbeitsmarkt Rechnung tragen müssen, sollen nicht sonstige Maßnahmen zur Verbesserung der Beschäftigung erfolglos bleiben. So gesehen wird Bevölkerungspolitik für Ausl, die in der BR Deutschland leben oder hier zuziehen wollen, auch in Zukunft mit Hilfe des Arbeits- u. Sozialrechts betrieben werden, soweit dies dem dt Gesetzgeber nicht (durch EU-Recht) verwehrt ist.

2. Anwerbe- u. Vermittlungsverfahren

Grundlage der Ausländerbeschäftigung war in der BR Deutschland (zur ehemaligen DDR Rn 125) seit Mitte der 1950er Jahre die **staatl Anwerbung u. Vermittlung** ausl Arbeitskräfte durch Dienststellen der hierfür nach § 19 I 1 AFG zuständigen BA. Anwerbevereinbarungen wurden geschlossen mit Griechenland, Italien, Jugoslawien, Korea, Marokko, Portugal, Spanien, Tunesien u. der Türkei. Die Vereinbarungen mit Korea betrafen lediglich Bergarbeiter für den Steinkohlebergbau. Das Abkommen mit Italien war im Hinblick auf die EG-Freizügigkeit als Sonderfall anzusehen. Seit November 1973 besteht ein Anwerbe- u. Vermittlungsstopp für Arbeitnehmer aus Staaten außerhalb der EG (InfAuslR 1984, 238); er wurde durch das AuslG 1990 ges festgeschrieben u. besteht fort (zum amtlichen Anwerbe- u. Vermittlungsverf noch Wollenschläger in der 3. Aufl. dieses Kommentars, Abschn. 2 unter I, S. 314 ff). **Private Anwerbung u. Vermittlung** zur Ausbildung wie zur Arbeit bedarf der Erlaubnis (§ 292 SGB III; § 42 BeschV). Ohne Mitwirkung der BA oder anderer Behörden dürfen Unionsbürger u. ihnen Gleichgestellte angeworben u. vermittelt werden, da sie als Arbeitnehmer Freizügigkeit genießen u. bei deren Ausübung nicht behindert werden dürfen (Art 1, 2, 3 VO/EWG 1612/68; betr Vermittlungsmonopol für Führungskräfte der Wirtschaft EuGH, NZA 1991, 447).

IX. Arbeitsrecht

1. Internationales Privatrecht

Nach den Regeln des dt IPR ist das auf das Arbeitsverhältnis eines in der BR Deutschland beschäftigten Arbeitnehmers anzuwendende Recht nach dem Grundsatz der **Privatautonomie** zu bestimmen (Art 27 I 1 EGBGB); für das Betriebsverfassungsrecht gilt dagegen grundsätzlich das Prinzip der Territorialität (für Österreich vgl Schnorr, ZAR 1983, 177). Dt Recht ist also insoweit auf alle im Bundesgebiet gelegenen Betriebe anzuwenden, unabhängig davon, ob Unternehmer oder Arbeitnehmer Dt oder Ausl ist u. ob für die Individualrechtsbeziehungen dt oder das Heimatrecht eines Partners vereinbart ist. In den für ausl Arbeitnehmer im Bundesgebiet verwandten Formularverträgen ist idR die Anwendung dt Arbeitsrechts vereinbart, so dass üblicherweise für die individualrechtlichen Beziehungen zwischen Arbeitgeber u. ausl Arbeitnehmer dt Recht kraft ausdrücklicher vertraglicher Abrede maßgeblich ist (Art 27 I 1 EGBGB).

129 Fehlt eine ausdrückliche **Rechtswahl,** kann eine stillschweigende Willensübereinstimmung aus den Vertragsbestimmungen oder den Umständen geschlossen werden, freilich muss dies hinreichend sicher möglich sein (Art 27 I 2 EGBGB). Hierbei können nur objektive Anknüpfungspunkte herangezogen werden (BAG, EZAR 320 Nr 4). Wichtig ist, wo das Schwergewicht der arbeitsrechtlichen Beziehungen liegen soll (BAGE 27, 99). Auf die Beschäftigung eines Ausl bei einem dt Arbeitgebers ist danach im Zweifel dt Arbeitsrecht anwendbar. Dagegen wird bei nach Deutschland entsandten Arbeitnehmern ausl Unternehmen häufig die Anwendbarkeit des (gemeinsamen) Heimatrechts gewählt. Hiergegen bestehen im Grundsatz keine Bedenken. Zu beachten ist nur, dass in keinem Fall von zwingenden dt Vorschriften abgewichen werden darf, wenn der Sachverhalt nur mit der BR Deutschland verbunden ist (Art 27 III EGBGB), eine Konstellation, die bei Beschäftigung ausl Arbeitnehmer im Bundesgebiet durch ein im Ausland ansässiges Unternehmen freilich idR nicht gegeben sein wird (zur arbeitsrechtlichen Stellung von Ausl im Bundesgebiet Hambüchen, ZAR 1986, 107; Reiserer, NZA 1994, 673; jew mwN). Außerdem sind die Regelungen der Art 30 I, 34 EGBGB, der EU-Entsenderichtlinie (Teil 5 Nr 1.17) u. des Arbeitnehmerentsendeges vom 26. 2. 1996 (Teil 5 Nr 11.1) zu beachten (vgl auch Borgmann, ZAR 1996, 119; Schewing/Schuhmann/Heinz, Rn 102 f).

2. Arbeitsvertrag

130 Schon beim Abschluss des Arbeitsvertrags mit ausl Arbeitnehmern sind einige **Besonderheiten** zu berücksichtigen, u. zwar im Wesentlichen wegen der Erlaubnisbedürftigkeit der Beschäftigung, der Herkunft des Arbeitnehmers aus einem andersgearteten Bildungs- u. Ausbildungssystem, Sprachschwierigkeiten u. des evtl Wunsches nach einer befristeten Beschäftigung.

131 Das **Einstellungsverf** ist nicht anders als bei bei Dt, einschließlich des Beteiligungsrechts des Betriebsrats (§ 99 BetrVG). Bei Anwerbeaktionen im Ausland ist der Betriebsrat indes nicht zu beteiligen (BAG, AP Nr 7 zu § 99 BetrVG 1972).

132 Verhandlungen, Anforderung von Bewerbungsunterlagen u. das Ausfüllen von Personalfragebögen sollten zweckmäßigerweise **zweisprachig** erfolgen, ggf mit Hilfe eines Dolmetschers. Bei Schul- u. Berufsabschlüssen ist die Gleichwertigkeit im Verhältnis zu dt Prüfungen festzustellen, ggf nach Informationen durch Industrie- u. Handelskammer, Handwerkskammer oder Zentralstelle der Kultusministerkonferenz. Der Arbeitgeber ist gehalten, Nachweise über AufTit samt Zulassung zur Beschäftigung zu verlangen, falls er nicht ohnehin die Antragstellung für ausl Arbeitnehmer vorbereitet u. durchführt. Bei Fehlen der Beschäftigungsgenehmigung handelt er ordnungswidrig (vgl §§ 404 ff SGB III) u. trägt uU die Abschiebungskosten (§ 66 IV 1); die Rechtswirksamkeit des Arbeitsvertrags bleibt aber unberührt (Rn 134). Die Beschaffung der AufTit ist an sich Sache des Ausl (betr ArbGen BAG, NZA 1996, 1087). Der Arbeitgeber ist aber verpflichtet, ihn auf die Erlaubnisbedürftigkeit der Beschäftigung hinzuweisen (BAG, AP Nr 4 zu § 25 AVG), auch bei Verlängerung (BAG, AP Nr 3 zu § 19 AFG). Das Risiko von Missverständnissen bei Einstellungsverhandlungen u. Vertragsschluss mangels ausreichender Dt-Kenntnisse des ausl Arbeitnehmer trägt idR der Arbeitgeber aufgrund seiner Fürsorgeverpflichtung (LAG Berlin, BB 1973, 1030; LAG Düsseldorf, DB 1972, 2318). Allerdings kann sich der Ausl auf Unkenntnis von Vertragsinhalten nicht berufen, wenn er sich um Einzelheiten nicht gekümmert hat, sondern einzig u. allein daran interessiert war, eine Anstellung zu erhalten; dann waren nämlich die mangelnden Sprachkenntnisse nicht ursächlich für Irrtum u. Nichtwissen.

133 Eine **Befristung** des Arbeitsvertrags ist zumindest anfangs üblich u. entspricht den Interessen beider Vertragspartner (Eingewöhnung, Erprobung; betr Lehrer für muttersprachlichen Unterricht BAG, EZAR 320 Nr 5). Eine wiederholte Befristung (Kettenarbeitsverhältnis) ist nur ausnahmsweise zulässig u. nicht schon wegen Befristung des AufTit gerechtfertigt.

134 Das **Fehlen des AufTit** bei Abschluss des Arbeitsvertrags berührt dessen Wirksamkeit nicht; denn Aufenthaltsverbot u. Ausreiseverpflichtung schränken die Vertragsfreiheit des

Erfordernis eines Aufenthaltstitels § 4 **AufenthG 1**

Ausl nicht ein, sie machen nur uU die Erfüllung der Vertragspflichten unmöglich. Das Fehlen de AufTit bei Abschluss des Arbeitsvertrags führt grundsätzlich nicht von vornherein zur Nichtigkeit des Arbeitsvertrags nach § 134 BGB u. auch nicht zu dessen schwebender Unwirksamkeit bis zur Erteilung des Titels; denn die Vorschriften des Abs 3 S. 1 enthalten kein Abschluss-, sondern lediglich ein Arbeits- u. Beschäftigungsverbot (zum früheren Recht BAGE 29, 1; BAG, EZAR 322 Nr 3 mwN; im Einzelnen in Lit u. Rspr str, vgl Becker/Braasch, S. 60 ff mwN; Schiedermair/Wollenschläger, 4A Rn 131 ff; für Österreich Schnorr, ZAR 1983, 177: Nichtigkeit). Ein Verstoß gegen § 134 BGB u. damit Nichtigkeit des Vertrags wird angenommen, wenn dieser offen u. bewusst eine verbotene Beschäftigung zum Gegenstand hat, weil eine ArbErl nicht beantragt ist oder werden soll oder bereits abgelaufen ist (BAGE 22, 22).

Unabhängig davon besteht der **Lohnanspruch** für geleistete Arbeit; fraglich ist nur, ob 135 beide Vertragspartner **für die Zukunft** unter Berufung auf die rechtliche Unmöglichkeit, eine vertragsgemäße, nämlich von der Rechtsordnung gebilligte, Leistung zu erbringen, ihre Leistungen einstellen u. das Arbeitsverhältnis damit beenden dürfen u. welche Rechte ihnen darüber hinaus zustehen. Auszugehen ist von den Bestimmungen über die Unmöglichkeit der Leistung (zum Kündigungsrecht Rn 144 f). Der Arbeitgeber gerät allenfalls dann in Annahmeverzug, wenn er das Nichtvorliegen des AufTit u. damit die zumindest zeitweilige rechtliche Unmöglichkeit der Arbeitsleistung des Arbeitnehmers zu vertreten hat, weil er zB die Erledigung von Formalitäten bei der Antragstellung versprochen, dann aber versäumt hat. Grundsätzlich macht es keinen Unterschied, ob der Titel nicht beantragt oder nicht erteilt ist u. ob es um die Erteilung oder die Verlängerung geht, zuvor also die Beschäftigung erlaubterweise aufgenommen war; immer wären mit der Fortführung der beiderseitigen Leistungen Verstöße gegen Abs 3 S. 1 u. gegen § 404 SGB III verbunden. Verschulden u. Kenntnis von der Verbotswidrigkeit sind sowohl hinsichtlich der Abwicklung des Arbeitsverhältnisses für die Vergangenheit von Bedeutung als auch hinsichtlich der Fortsetzung der Beschäftigung.

3. Besonderheiten bei der Ausländerbeschäftigung

Bei der Beschäftigung ausl Arbeitnehmer u. der Anwendung hierfür einschlägiger Ges 136 ergeben sich aus **unterschiedlichen Interessenlagen,** Eignungsvoraussetzungen u. Gewohnheiten Differenzierungen gegenüber Dt; andererseits verbieten Gleichbehandlungsgrundsatz u. EU-Freizügigkeit Diskriminierungen in zahlreichen Einzelbereichen. Allg gelten alle dt Ges über Rechte u. Pflichten von Arbeitgebern u. Arbeitnehmern, über kollektives Arbeitsrecht u. über den Schutz von Arbeitnehmern (kraft Vereinbarung oder Territorialitätsprinzip) ebenso für Ausl wie für Dt; deshalb werden im Folgenden nur Bereiche behandelt, die für Ausl Besonderheiten bieten u. in der Praxis von einiger Bedeutung sind (vgl auch Hambüchen, ZAR 1986, 107).

Aufgrund des allg arbeitsrechtlichen Grundsatzes der **Gleichbehandlung** aller Betriebs- 137 angehörigen (ges abgesicherte Überwachungspflicht des Arbeitgebers u. des Betriebsrats nach § 75 BetrVG) besteht Anspruch auf Nichtdiskriminierung. Danach ist jede Ungleichbehandlung mit Rücksicht auf Geschlecht, Abstammung, Herkunft, Nationalität, Religion u. gesellschaftliche oder politische Einstellung oder Betätigung unzulässig. Erlaubt bleibt dagegen die Differenzierung aus sachlichen Gründen, etwa nach Sprachkenntnissen, Ausbildungsstand oder Wohnsitz der Familie, u. zwar hinsichtlich Lohn, Urlaub u. freiwilliger Leistungen.

Für Unionsbürger sichert das Gemeinschaftsrecht die umfassende Gleichbehandlung 138 hinsichtlich der Arbeits- u. Beschäftigungsbedingungen (Art 39 EG, Art 7 VO/EWG 1612/68; zur Freizügigkeit näher §§ 1 ff FreizügG/EU u. die dortigen Anm. mwN von Lit u. Rspr). Hierbei ist zu beachten, dass sich auf die gemeinschaftsrechtlichen Vorschriften über die Freizügigkeit jeder Arbeitnehmer ungeachtet dessen berufen kann, welche Motive seiner Arbeitstätigkeit zugrunde liegen u. ob er Einkünfte erzielt, die das Existenzminimum erreichen (EuGH, EZAR 811 Nr 1). Nur die öffentliche Verwaltung mit spezifisch öffentlich-rechtlichen Aufgaben u. hoheitlichen Befugnissen ist ausgenommen (Art. 39 IV EG; EuGH, EZAR 811 Nr 3). Unzulässig ist im EU-Bereich auch jede Diskriminierung durch staatl Eingriffe bei sozialen Vergünstigungen (zinslose Geburtsdarlehen: EuGH, EZAR 830 Nr 1; Studiengebühren: EuGH, EZAR 830 Nr 2; garantiertes Altersmindesteinkommen: EuGH, EZAR 830 Nr 4).

139 Der ausl Arbeitnehmer hat wie der dt Anspruch auf den einzelvertraglich vereinbarten **Lohn** oder aber auf den Tariflohn, falls beide Seiten tarifgebunden sind, die Geltung des Tarifvertrags im Arbeitsvertrag vereinbart oder der Tarifvertrag für allgemeinverbindlich erklärt ist. Lohnminderungen wegen der Herkunft oder Nationalität sind unzulässig. Sachlich begründbar ist dagegen uU die Einstufung in eine niedrigere Lohngruppe aufgrund geringerer Vorkenntnisse fachlicher oder sprachlicher Art, soweit diese für den betr Arbeitsplatz wichtig oder in Tarifbestimmungen als Tätigkeitsmerkmale aufgenommen sind.

140 Die **Fürsorgepflicht** des Arbeitgebers ist gegenüber Ausl wegen deren besonders schutzwürdigen sozialen Lage teils ausgeprägter als gegenüber idR mit den Verhältnissen vertrauteren dt Arbeitnehmern. Mit Rücksicht auf mangelnde Sprachkenntnisse trägt der Arbeitgeber wie beim Vertragsabschluss das Risiko sprachlicher Missverständnisse bei allen für das Arbeitsverhältnis relevanten Erklärungen. Deshalb sind Übersetzungen ratsam vor allem für Vertragsänderung, Ausgleichquittung, Kündigung, Betriebsordnung, Anweisungen über Unfallverhütung u. Betriebssicherheit. Die Fürsorgepflicht umfasst allg nicht die Beschaffung des AufTit u. von Unterkünften, die Gewährung von Sonderurlaub u. die Übernahme von Rückreisekosten.

141 Der **Urlaubsanspruch** des ausl Arbeitnehmers weist gegenüber dem eines dt allg keine Besonderheiten auf; der ges Mindesturlaub von 24 Werktagen gilt auch für ihn. Umstritten ist, ob Anspruch auf unbezahlten Sonderurlaub an ausl staatl u. an nichtchristlichen religiösen Feiertagen besteht (bejahend Schaub, § 106 II 3; abl LAG Düsseldorf, BB 1964, 597; zweifelnd Becker/Braasch, S. 71 mwN). Angesichts Religionsausübungsfreiheit u. Verbot konfessioneller Diskriminierung (Art 3 III, 4 I GG) ist für religiöse Feiertage ein Anspruch auf unbezahlten Sonderurlaub zu bejahen, wenn die Freistellung mit dem Betriebsablauf vereinbar u. rechtzeitig beantragt ist (EKMR, NJW 1981, 2630: kein Anspruch für islamisches Freitagsgebet, wenn Arbeitgeber nicht vorab unterrichtet). Die individuelle Rechtsposition hängt nicht vom öffentlich-rechtlichen Status der betr Religionsgemeinschaft ab.

142 Ebenso besteht Anspruch auf Freistellung zur Ableistung des verkürzten **Grundwehrdienstes** im Heimatstaat, wenn die Nachteile bei Wehrdienstentziehung schwer wiegen u. sofern der Ausfall des Arbeitnehmers mit dem Betriebsablauf nicht gänzlich unvereinbar u. mit anderen zumutbaren Maßnahmen zu überbrücken ist (BAG, EZAR 320 Nr 1: Leistungsverweigerungsrecht des Arbeitnehmers u. Fortfall aller Entgelt- u. Entgeltfortzahlungsansprüche für türkischen Wehrpflichtigen mit auf zwei Monate verkürztem Wehrdienst). Nach Freistellung wird der Urlaub nicht anteilig gekürzt (BAG, EZAR 323 Nr 1). Für längeren Heimaturlaub kann Sonderurlaub ohne Lohnfortzahlung nicht verlangt werden; insoweit besteht aber wohl eine allg Übung (zum Mitbestimmungsrecht des Betriebsrats nach § 87 I Nr 5 BetrVG: BAGE 26, 193; zum Kündigungsrecht bei nicht rechtzeitiger Rückkehr Rn 144 u. zur Erkrankung während des Sonderurlaubs Rn 143; zur Bedeutung der EuGH-Rspr für das Arbeitsplatzschutzges Däubler, NZA 1992, 577; Lörcher, EuZW 1991, 395).

143 Bei unverschuldeter **Krankheit** besteht Anspruch auf Lohnfortzahlung für bis zu sechs Wochen auch für Ausl (§ 3 LFZG, § 616 BGB, § 63 HGB, § 133 GewO). Bei Erkrankung im Ausland ist die Arbeitsunfähigkeit unverzüglich dem Arbeitgeber u. der ges Krankenversicherung mitzuteilen, u. zwar mit Angabe der voraussichtlichen Dauer. Die voraussichtliche Fortdauer der Arbeitsunfähigkeit ist der ges Krankenversicherung zu melden u. die Rückkehr anzuzeigen; nicht erforderlich ist – wie sonst im Inland – ein Vermerk des behandelnden Arztes auf der Arbeitsunfähigkeitsbescheinigung für den Arbeitnehmer darüber, dass der ges Krankenversicherung unverzüglich eine qualifizierte Arbeitsunfähigkeitsbescheinigung übersandt wird (§ 3 LFZG). Bei Erkrankung in EU-Staaten u. solchen Ländern, mit denen Abkommen über soziale Sicherheit bestehen, sind Erleichterungen

vorgesehen (Becker/Braasch, S. 91; Marburger, SGb 1982, 342 u. 390; zur Beweiskraft ausl Arbeitsunfähigkeitsbescheinigungen EuGH, EZAR 825 Nr 2 u. NZA 1996, 635; BAG, NZA 1997, 652 u. AP Nr 2 zu § 3 LFZG; HessLSG, DB 1981, 1523). Keine Lohnfortzahlung steht dem Ausl bei Erkrankung im unbezahlten Urlaub zu, während dessen das Arbeitsverhältnis vereinbarungsgemäß ruhen soll (BAG, AP Nr 8 zu § 9 BUrlG). Dagegen erhält er den Lohn bei Erkrankung während eines unbezahlten Sonderurlaubs, der Erholungszwecken dient, also ein zusätzliches Erholungs- u. Urlaubsbedürfnis befriedigen soll; anders wiederum verhält es sich, wenn nicht der Erholung dienende Zwecke verfolgt werden (BAG, AP Nr 2, 5 zu § 9 BUrlG u. Nr 15 zu § 1 LFZG).

Sofern dt Recht auf das Arbeitsverhältnis eines Ausl anzuwenden ist, gelten auch die dt **144** ges Regelungen über **Kündigung** u. Kündigungsschutz, auch nach Mutterschutzges, Schwerbehindertenges u. BetrVG. Unzulässig ist daher eine Vereinbarung, dass das Arbeitsverhältnis beendet sein soll, wenn der Ausl die Arbeit nach einem Erholungsurlaub oder binnen bestimmter Frist nach Urlaubsende nicht wieder aufnimmt; denn mit derartigen Aufhebungsverträgen (allg dazu Germelmann, NZA 1997, 236) würde der ges Kündigungsschutz unterlaufen. Zulässig ist dagegen die Vereinbarung einer Vertragsstrafe für nicht rechtzeitige Rückkehr aus dem Urlaub (BAGE 26, 417 m. Anm. Hueck betr Nichtrückkehr; BAG, EZAR 320 Nr 3 betr Frist). Unzulässig ist die ordentliche Kündigung bei befristetem Arbeitsvertrag (BAG, NJW 1981, 247; zur Zulässigkeit der Befristung Rn 133), zulässig dagegen aus wichtigem Grund.

Das **Fehlen des AufTit** kann den Arbeitgeber zur ordentlichen Kündigung berechtigen **145** (vgl § 1 II KSchG; BAG, EZAR 322 Nr 3), ebenso den Arbeitnehmer wegen rechtlicher Unmöglichkeit der Leistung. Eine personenbedingte Kündigung ist deshalb auch nach Erlöschen des AufTit an sich zulässig, die irrtümliche Annahme des Erlöschens berechtigt den Arbeitgeber aber nicht zur Kündigung (BAG, EZAR 322 Nr 2). Bei (noch) nicht rechtskräftiger Versagung der AufTit ist für die soziale Rechtfertigung auf die Wahrscheinlichkeit der Erteilung aus der Sicht des Arbeitgebers u. Störungen des Betriebsablaufs bei Offenhalten des Arbeitsplatzes abzustellen (BAG, EZAR 322 Nr 3). Nur ausnahmsweise ist im Fehlen oder Fortfall der Zulassung zur Beschäftigung ein wichtiger Grund für eine außerordentliche Kündigung zu sehen. Ordentliche u. uU sogar außerordentliche Kündigung sind zulässig, wenn der Arbeitnehmer verkürzten Wehrdienst leisten muss u. die Einberufung dem Arbeitgeber nicht unverzüglich mitteilt u. durch eine Bescheinigung des Heimatstaats nachweist (BAG, EZAR 322 Nr 1).

Für die Kündigung sind eine **zweisprachige** Fassung oder die Hilfe eines Dolmetschers **146** zu empfehlen, weil der Arbeitgeber das Risiko von Missverständnissen aufgrund mangelnder Sprachkenntnisse des Arbeitnehmers trägt (Rn 132). Eine Abmahnung ist mangels Kenntnisnahme nicht wirksam, wenn der Empfänger Analphabet, der dt Sprache nicht mächtig u. auf die Hilfe Dritter angewiesen ist (BAG, EZAR 320 Nr 2).

Eine an die inländische **Anschrift** gerichtete Kündigung während des dem Arbeitgeber **147** bekannten Heimaturlaubs geht dem Ausl (rechtlich) erst nach Rückkehr aus dem Urlaub zu (BAG, AP Nr 11 zu § 130 BGB). Wird sie an die Heimatanschrift adressiert, geht sie mit der Zustellung zu, auch wenn sie an Familienangehörige ausgehändigt wird; denn das Risiko, dass sich der Arbeitnehmer nicht an der bekannten Anschrift aufhält, ist billigerweise nicht dem Arbeitgeber aufzubürden (dazu näher Corts, DB 1979, 2081).

Ausl Arbeitnehmer dürfen sich ebenso wie dt in **Gewerkschaften** betätigen u. sich insb **148** an Streiks beteiligen (Art 9 III GG), als Tarifgebundene (vgl §§ 3, 5 TVG) tarifvertragliche Rechte in Anspruch nehmen u. aktiv u. passiv an Betriebsratswahlen teilnehmen (§§ 7, 8 BetrVG). Ihr Eingliederung u. ihr Schutz gegen Diskriminierung zählen zu den besonderen ges Aufgaben des Betriebsrats (§§ 75 I, 80 I Nr 7 BetrVG). Um eine sinnvolle Beteiligung der Ausl an der Betriebsratswahl zu ermöglichen, schreibt § 2 V der Wahlordnung vor, dass die Ausl vor der Wahl durch den Wahlvorstand über Wahlverf, Listenaufstellung, Wahlvorgang u. Stimmabgabe unterrichtet werden sollen, falls sie die dt Sprache nicht hinreichend beherrschen.

X. Sozialrecht

1. Sozialversicherung

a) Allgemeines

149   Dt Sozialversicherungsrecht gilt aufgrund des insoweit maßgeblichen **Territorialitätsprinzips** für alle Beschäftigungsverhältnisse im Inland, ungeachtet der StAng von Arbeitgeber u. Arbeitnehmer, wobei zu berücksichtigen ist, dass der Zugang zu Aufenthalt u. Arbeit von behördlichen Zulassungen abhängt (Eichenhofer, ZAR 1987, 108). Ob freilich die Beschäftigung erlaubt ist, ob insb ein AufTit vorliegt, ist rechtlich unerheblich (vgl § 7 SGB IV; Eichenhofer, ZAR 1996, 62). Ausl Arbeitnehmer in der BR Deutschland unterliegen also grundsätzlich der ges Sozialversicherung in allen vier Versicherungszweigen (vgl § 3 SGB IV). Um die vielfältigen Eigenheiten bei der Versicherung im Bundesgebiet lebender Ausl, insb beim Zusammentreffen in- u. ausländische Ansprüche u. bei Leistungen für im Ausl entstandene Versicherungsfälle, interessengerecht zu regeln u. einen gewissen Ausgleich der unterschiedlichen Sozialversicherungssysteme zu erreichen, wurden zahlreiche Abkommen über soziale Sicherheit u. Sozialversicherungsfragen geschlossen (nähere Angaben bei: Aichberger, Textsammlung SGB, RVO, Anm. 1 zu § 30 SGB I; Becker/Braasch, S. 112; Eichenhofer, Internationales Sozialrecht, 1994; Fischer, BABl. 1978, 285; Schuler, Das Internationale Sozialrecht der BR Deutschland, 1988; Schumacher in Huber, SystDarst X, Rn 140 ff; zur Türkei Grandi, ZAR 1983, 125 u. 1984, 197 sowie Bericht in ZAR 1986, 150; neuester Stand in BfA, Sozialversicherungsabkommen, 13. Aufl in Classen, Sozialleistungen für MigrantInnen und Flüchtlinge, 2005).

150   Zugunsten von StAng der EU- u. der EWR-Mitgliedstaaten gelten die Bestimmungen der VO/EWG 1408/71 (dazu Gobbers, Gestaltungsgrundsätze des zwischenstaatlichen u. überstaatlichen Sozialrechts, 1993; Zacher in ders., Abhandlungen zum Sozialrecht, S. 431; dazu auch Rn 161). Danach erhalten Arbeitnehmer u. deren Familienangehörige, die innerhalb der EU zu- u. abwandern, Leistungen aus den Systemen der sozialen Sicherheit bei Krankheit, Mutterschaft, Invalidität, Alter, Tod, Arbeitsunfall, Berufskrankheit u. Arbeitslosigkeit (Hailbronner, ZAR 1984, 176). Im Folgenden wird ein Überblick über die wichtigsten Sonderregeln für ausl Versicherte in den einzelnen Versicherungssparten u. für den EG-Bereich gegeben, allerdings ohne die vielen Abweichungen aufgrund zwischenstaatlicher Abkommen. Ausl, die weder dem EU-Recht unterliegen noch von Abk erfasst sind, bilden eine statistisch gesehen kleine Gruppe (Eichenhofer, ZAR 1996, 62, auch zu weiteren sozialrechtlichen Bereichen; zur Rechtsstellung von Drittstaatsangehörigen nach der EuGH-Rspr Sieveking, ZAR 1998, 201).

b) Krankenversicherung

151   In der Krankenversicherung bestehen bei den Voraussetzungen der Versicherungspflicht, Beiträgen u. Leistungen **keine Unterschiede** gegenüber Dt; die StAng spielt hier – anders als zT in der Rentenversicherung – überhaupt keine Rolle (§§ 5 ff SGB V; betr Zahnersatz aber § 27 II SGB V; dazu Eichenhofer, ZAR 1987, 108 u. 1996, 62; zu den Änderungen aufgrund des seit Anfang 2004 geltenden GKV-Modernisierungsges Tießler-Marenda, ZAR 2004, 237). Die Versicherung beginnt mit Aufnahme der Beschäftigung, bei Krankheit zum vorgesehenen Beginn der Arbeitstätigkeit (BSGE 26, 124). Während eines – vorübergehenden oder dauernden – Auslandsaufenthalts ruht zT die Leistungsverpflichtung, entfällt aber nicht endgültig (§§ 16 bis 18 SGB V). Eine Erkrankung im Ausland während der Tätigkeit berührt den Leistungsanspruch nicht (§ 17 SGB V), ebenso wenig ein vorübergehender Auslandsaufenthalt mit Zustimmung der Krankenkasse nach Eintritt der Arbeitsunfähigkeit (§ 16 IV SGB V; betr Spanier BSG, EZAR 400 Nr 2). Außer Kranken- u. Mutterschaftshilfe sowie **Leistungen** zur Förderung der Gesundheit, Verhütung u. Früherkennung von Krankheiten u. Sterbegeld wird auch Krankenhilfe für unterhaltsberechtigte Ehegatten u.

Erfordernis eines Aufenthaltstitels § 4 **AufenthG 1**

Kinder geleistet, die sich gewöhnlich im Bundesgebiet aufhalten (§§ 10 I Nr 1, 11 ff SGB V). Im Ausland lebenden Angehörigen stehen keine Leistungen zu, ausgenommen bei Urlaubs- u. Besuchsreisen oä.

In die **Pflegeversicherung** sind die Mitglieder der ges Krankenversicherung u. privat Versicherte ohne Rücksicht auf ihre StAng einbezogen (§§ 20, 23 SGB XI; dazu Eichenhofer, ZAR 1996, 62; Igl, NJW 1994, 3185; Sieveking, ZAR 1997, 17). Die Leistungen der Pflegeversicherung ruhen bei Aufenthalt im Ausland, es sei denn, es handelt sich um einen vorübergehenden Aufenthalt von bis zu sechs Wochen im Kalenderjahr (§ 30 I Nr 1 SGB XI). 152

Für den **gewöhnlichen Aufenthalt** (§ 30 III SGB I) sind die tatsächlichen Verhältnisse ausschlaggebend (zur Rspr des BSG Schlikker in Barwig, Vom Ausländer zum Bürger, S. 531 ff). Die objektiven Umstände müssen auf länger dauerndes Verweilen schließen lassen (BSGE 27, 88); in die Prognose ist die subjektive Willensbildung einzubeziehen (BSGE 26, 277). Längerer Aufenthalt spricht schon für gewöhnlichen Aufenthalt (BSGE 27, 88). Er ist gegeben bei Anwesenheit im Bundesgebiet über mehrere Jahre aufgrund – wenn auch befristeter – AufTit, weil damit der Aufenthalt nicht nur kurz u. vorübergehend war. Ebenso verhält es sich bei Asylbew angesichts der üblichen langen Verfahrensdauer (BSGE 57, 93). Auch für die häusliche Gemeinschaft ist eine gewisse Dauer erforderlich; kurzzeitiges u. vorübergehendes Zusammenleben im Inland genügt nicht (BSGE 36, 117). Bei Familienangehörigen genügt es, wenn sie unter denselben Umständen wie der Versicherte im Inland leben (BSGE 60, 262; dazu Eichenhofer, ZAR 1987, 108 u. 1996, 62). Für die Krankenversicherung ist anders als nach BKGG u. BErzGG nicht der Besitz eines bestimmten AufTit verlangt. 153

c) Unfallversicherung

Aus der Unfallversicherung (SGB VII) entsteht mit Aufnahme der Beschäftigung im Falle eines **Arbeitsunfalls** Anspruch auf Heilbehandlung, Verletzten- oder Übergangsgeld, Berufshilfe, Verletztenrente, Sterbegeld, Hinterbliebenenrente u. Unterstützungen (§ 26). Als Arbeitsunfall zählen auch Wegeunfall u. Berufskrankheit. 154

Unfallversicherungsschutz besteht schon für die Anreise aus dem Ausland wie allg auf dem Weg von der Wohnung zur Arbeitsstelle; auch der letzte Heimweg nach Beendigung der Beschäftigung ist versichert (BSG, Praxis 1972, 376); ebenso der Weg vom Arbeitsamt zum Betrieb, wenn die ArbErl auf Wunsch des Arbeitgebers beim Arbeitsamt beantragt worden ist (BSG, InfAuslR 1984, 145). Bei einer Familienheimfahrt im Urlaub ist grundsätzlich nur der unmittelbare Weg zur Familienwohnung versichert, nicht sonstige Wege im Urlaub (BSG, InfAuslR 1984, 146; BSG, SGb 1978, 122). Mitversichert ist aber eine Abweichung vom direkten Weg, wenn der Versicherte zusammen mit anderen Berufstätigen oder Versicherten ein Fahrzeug benutzt; unerheblich sind die Art der Freizeit (arbeitsfreier Tag, Tarifurlaub, unbezahlter Urlaub) u. die Länge des Abwegs (§ 550 II Nr 2 RVO; BSGE 54, 46; BSG, EZAR 410 Nr 2). Unschädlich ist, wenn der Versicherte wegen großer Entfernung seiner ständigen Familienwohnung im Ausl vom Ort seiner Beschäftigung eine Unterkunft an diesem Ort oder in dessen Nähe hat. Für Arbeitslose besteht Versicherungsschutz auch auf dem Weg von der Familienwohnung zum zuständigen Arbeitsamt zwecks Erfüllung der Meldepflicht (BSG, SozR Nr 1 zu § 543 a RVO aF) u. für den Weg zur im Ausland gelegenen Familienwohnung (BSG, EZAR 410 Nr 1). 155

Die **Leistungspflicht** aus der Unfallversicherung ruhte früher, solange sich der ausl Beschäftigte freiwillig gewöhnlich im Ausland aufhielt oder gegen ihn ein „Aufenthaltsverbot" bestand (§ 625 I RVO; zur Verfassungswidrigkeit Eichenhofer, ZAR 1996, 62 unter Hinweis auf BVerfGE 51, 1 betr Rentenversicherung). Dies galt aber nicht für Abfindungen nach § 615 I RVO zugunsten von Witwen nach Wiederverheiratung (BSG, EZAR 412 Nr 1) u. allg nicht im Geltungsbereich des ILO-Abk. Nr 118 vom 28. 6. 1962 (BGBl. 1970 I 803), das anzuwenden ist, wenn es der Heimat- oder Aufenthaltsstaat ratifiziert hat. Nunmehr werden an Berechtigte mit gewöhnlichem Aufenthalt im Ausland 156

Geldleistungen erbracht u. für alle sonstigen Leistungen die entstandenen Kosten erstattet (§ 97 SGB VII).

d) Rentenversicherung

157 In der Rentenversicherung besteht **Versicherungszwang** auch für Ausl (§§ 1 ff SGB VI; Eichenhofer, ZAR 1987, 108 u. 1996, 62). Eine Befreiung wird aufgrund einer kurz befristeten privaten Lebensversicherung auch dann nicht erteilt, wenn AufErl u. ArbErl auf dieselbe Zeit befristet sind (BSG, EZAR 420 Nr 2). Ein Anspruch auf folgende **Leistungen** entsteht, wenn der Versicherungsfall eintritt u. die Wartezeit erfüllt ist: Leistungen zur medizinischen Rehabilitation, Leistungen zur Teilhabe am Arbeitsleben sowie ergänzende Leistungen, Rente, Witwen- u. Witwerabfindung, Krankenversicherungszuschuss u. Rehabilitationsleistungen (§§ 9 ff, 33 ff, 106 ff SGB VI). Vom Sonderrecht nach EU-Recht u. Sozialversicherungsabk abgesehen (zur multilateralen Zusammenrechnung von Wartezeiten bei Wanderarbeitnehmern im Verhältnis zu Österreich, Jugoslawien u. der Türkei zB BSG, EZAR 420 Nr 1), ist grundsätzlich daneben noch der Aufenthalt im Inland für den Leistungsbezug erforderlich; bei Aufenthalt im Ausland sind die Leistungen der Rentenversicherung dagegen eingeschränkt (§§ 110 ff SGB VI). Eine Novellierung war nach der Entscheidung des BVerfG über die Unvereinbarkeit des Ruhens von Rentenleistungen bei Aufenthalt im Ausland nach früherem Recht mit Art 3 I GG (BVerfGE 51, 1) unausweichlich.

158 Ein vorübergehender **Auslandsaufenthalt** ist unschädlich; bei gewöhnlichem Aufenthalt im Ausland ruhen generell die Ansprüche auf Regelleistungen (§ 110 SGB VI; zum gewöhnlichen Aufenthalt polnischer Asylbewerber als Hinterbliebene im Inland in Auseinandersetzung mit der Auslegung dieses Begriffs in anderen Sozialrechtsbereichen vgl BSG, EZAR 423 Nr 1). An deren Stelle treten: Rentenanspruch entsprechend den im Inland erzielten Beitragszeiten in Höhe von 70% (keine beitragslosen Ersatz- u. Ausfallzeiten, keine Zurechnungszeiten); Einschränkungen bei Berufsunfähigkeitsrenten, Renten für Bergleute u. Erwerbsunfähigkeitsrenten (nur bei Entstehen des Anspruchs während des Inlandsaufenthalts) sowie Wegfall von Rehabilitationsleistungen u. Krankenversicherungszuschuss (§§ 111 ff SGB VI; vgl Grandi, ZAR 1983, 125). Witwenabfindung (§§ 1302, 1321 RVO aF) ist auch ins Ausland zu zahlen (BSGE 33, 280). Anspruch auf Beitragserstattung bei Wegzug ins Ausland entsteht, wenn Versicherungspflicht seit sechs Monaten erloschen ist u. kein Recht auf freiwillige Weiterversicherung besteht (§ 210 I Nr 1, II SGB VI). Beitragserstattung war zeitweilig im Rahmen der Rückkehrförderung – von Oktober 1983 bis September 1984 – erleichtert (Ges vom 28. 11. 1983; dazu Heyden, ZAR 1984, 4; Sieveking, ZAR 1984, 12; ders., Die Erstattung von Rentenversicherungsbeiträgen an Ausländer, 1988). Rente wegen Arbeitslosigkeit (§ 38 SGB VI) setzt Arbeitslosigkeit auf dem dt Arbeitsmarkt voraus, bis der Rentenanspruch entstanden ist (BSGE 33, 137); die Verfügbarkeit des Versicherten braucht aber während des Rentenbezugs nicht ausnahmslos fortzubestehen (BSGE 24, 290). Diese Altersrente ist also nicht einem Versicherten zu zahlen, der vor Stellung des Rentenantrags zwar im Ausl, nicht aber im Inland innerhalb der letzten eineinhalb Jahre mindestens 52 Wochen arbeitslos gemeldet war (betr § 1248 II RVO aF: BSG, EZAR 422 Nr 1 m. Anm Bieback, InfAuslR 1983, 17).

159 **Heimatlose Ausl** (§ 1 AsylVfG Rn 11 ff) werden in der Rentenversicherung so gestellt, als ob sie im Bundesgebiet beschäftigt u. versichert gewesen wären (BSG, MDR 1972, 87). **Anerkannte Asylber** haben ihren berechtigten gewöhnlichen Aufenthalt iSd § 56 III 1 SGB VI im Inland nicht erst seit der Anerkennung, sondern von Anfang an, u. zwar auch im Falle des Familienasyls (BSG, EZAR 420 Nr 4).

e) Arbeitslosenversicherung

160 In der Arbeitslosenversicherung besteht **Versicherungspflicht** auch für Ausl (Ausnahmen in bestimmten Fällen: §§ 24–28 SGB III). Gewöhnlichen Aufenthalt im Inland u. Zulassung oder Zulassungsmöglichkeit zur Beschäftigung vorausgesetzt (§§ 7 I, 8 II SGB II), haben Ausl Anspruch auf Arbeitslosengeld II u. andere Leistungen nach SGB II wie Dt (zum früheren Recht Eichenhofer, ZAR 1987, 108). Bei einem Umzug ins Ausland gehen Wohnsitz u. gewöhnlicher Aufenthalt im Inland trotz Beibehaltung einer Wohnung verloren (BSG, EZAR 431 Nr 3).

f) Unionsbürger

Unionsbürger u. die ihnen gleichgestellten EWR-Staater genießen in der BR Deutschland entsprechend der VO/EWG 1408/71 grundsätzlich **Inländerbehandlung** (dazu näher Schumacher in Huber, SystDarst X Rn 55 ff). In der Unfallversicherung erhalten in einem anderen EU-Staat lebende Beschäftigte Sachleistungen vom Unfallversicherungsträger ihres Heimatstaats auf Rechnung der dt Versicherung; Geldleistungen werden entweder vom dt Versicherungsträger ausbezahlt oder im Einvernehmen mit diesem vom Versicherungsträger des Heimatstaats gewährt. Familienangehörige von Versicherten erhalten Familienhilfe nach § 10 SGB V im Krankheitsfall auf Rechnung der dt Krankenversicherung, wenn sie sich in einem anderen EU-Staat aufhalten. Als Arbeitsunfall gilt auch der Unfall bei der Pannenhilfe für einen Kfz-Halter aus einem anderen EU-Staat (BSG, EZAR 410 Nr 3). Alters-, Invaliditäts- u. Hinterbliebenenrenten werden auch dann gezahlt, wenn der Beschäftigte sich in einem anderen Mitgliedstaat aufhält. In der Arbeitslosenversicherung werden in der EG/EU zurückgelegte Versicherungs- u. Beschäftigungszeiten zusammengerechnet (Art. 67 VO/EWG 1408/71). Arbeitslosengeld erhält ein arbeitsloser Unionsbürger nach Rückkehr in seine Heimat weitergezahlt, wenn er zuvor mindestens vier Wochen bei der BA als arbeitslos gemeldet war u. zur Vermittlung zur Verfügung gestanden hat (Art. 69 VO/EWG 1408/71; dazu auch BSG, EZAR 410 Nr 1). Unionsbürger sind auch bei der Förderung beruflicher Ausbildung u. beruflicher Fortbildung u. Umschulung gegenüber anderen Ausl privilegiert. In die Pflegeversicherung können in Deutschland tätige Unionsbürger mit Wohnsitz im Heimatstaat einbezogen werden; dementsprechend dürfen auch Leistungen nicht von dem Wohnsitz in Deutschland abhängig gemacht werden (EuGH, EZAR 831 Nr 30). Das Erziehungsgeld steht auch dem in einem anderen Mitgliedstaat lebenden Ehegatten eines in Deutschland beschäftigten Arbeitnehmers zu (EuGH, EZAR 830 Nr 17). Auf die Darstellung von Einzelfragen muss hier verzichtet werden; stattdessen wird auf die einschlägige Judikatur des EuGH (zB EZAR 830 Nr 1–29 u. 831 Nr 1–41) verwiesen.

2. Sozialhilfe

Ausl haben allg **Anspruch** auf Sozialhilfe, wenn sie sich tatsächlich im Bundesgebiet aufhalten; auf ihren Rechtsstatus kommt es grundsätzlich nicht an (§ 23 I SGB XII; dazu Eichenhofer, ZAR 1987, 108 u. 1996, 62). Berechtigt sind auch ausl Diplomaten, sofern sie aus dem diplomatischen Dienst ausgeschieden sind oder wegen Handlungsunfähigkeit des Entsendestaats ihre Tätigkeit faktisch beendet haben (BVerwG, EZAR 460 Nr 15). Auf die folgenden Hilfen besteht ein Rechtsanspruch: Hilfe zum Lebensunterhalt, Krankenhilfe (auch Dolmetscherkosten bei Arztterminen; vgl BVerwG, EZAR 460 Nr 14), Hilfe für werdende Mütter u. Wöchnerinnen sowie Hilfe zur Pflege; im Ermessenswege stehen auch andere Hilfen zur Verfügung, soweit dies im Einzelfall gerechtfertigt ist (§ 23 I 1 u. 3 SGB XII). Diese Regelungen gelten nicht für Asylber (dazu § 2 AsylVfG Rn 27), Kontingentflüchtlinge u. heimatlose Ausl, da diesen Gruppen aufgrund des Besitzes einer NE oder einer AE zum Daueraufenthalt Sozialhilfe wie Dt zusteht (§ 23 I 4 SGB XII; Art 23 GK; § 1 HumAG; § 19 HAG); ebenso wenig für Unionsbürger u. StAng von EWR-Staaten sowie von EFA-Mitgliedstaaten, die sich erlaubt im Bundesgebiet aufhalten (Ablehnung der Sozialhilfe stellt keinen Grund zur Rückschaffung nach Art 7 EFA dar, die ihrerseits Sozialhilfe ausschließt: OVG Berlin, EZAR 460 Nr 6; betr Asylbew aus EFA-Staaten vgl § 55 AsylVfG Rn 33). Ausgenommen sind aber auch Ausl, denen Leistungen nach dem AsylbLG gewährt werden (dazu Rn 165 u. § 55 AsylVfG Rn 26 ff).

163 Der Anspruch auf Hilfeleistung ist **ausgeschlossen,** wenn sich der Ausl mit der Absicht, Sozialhilfe zu erlangen, ins Bundesgebiet begeben hat (§ 23 III 1 SGB XII). Zumindest bedingter Vorsatz ist erforderlich, der den Entschluss zur Ausreise geprägt hat: Wissen um die Sozialhilfe im Bundesgebiet u. Wollen der Inanspruchnahme (BVerwGE 59, 73). Der Zweck der Inanspruchnahme von Sozialhilfe muss prägend sein (BVerwG, EZAR 460 Nr 11). Ob bedingter Vorsatz in diesem Sinne gegeben ist, ist anhand aller Einzelfallumstände zu prüfen: politische oder wirtschaftliche Gründe für die Ausreise oder aber Angst vor Bedrohung der physischen oder psychischen Existenz, Zuzug zu Familienangehörigen, Weiterwanderungsabsicht. Die Kenntnis des dt Sozialhilferechts ist nicht vorausgesetzt (OVG NRW, EZAR 461 Nr 15). Prägend ist Absicht des Sozialhilfebezugs nur, wenn sie eindeutig überwiegt (OVG NRW, EZAR 461 Nr 15: „wesentliche mitbestimmende Ursächlichkeit").

164 Die bloße **Möglichkeit der Sozialhilfebedürftigkeit** indiziert noch nicht die Absicht der Inanspruchnahme u. die finale Beziehung zwischen Ausreise u. Hilfeersuchen. Ein derartiger Rückschluss ist bei einem Asylantrag nach achtjährigem Aufenthalt u. Erwerbstätigkeit im Bundesgebiet nicht gerechtfertigt (VGH BW, EZAR 461 Nr 4). Ebenso wenig allein im Hinblick auf die spätere Ablehnung des Asylantrags (OVG Berlin, EZAR 460 Nr 3). Erst recht nicht bei späterer Eheschließung mit einer Dt (OVG Hamburg, EZAR 460 Nr 12). Bedingter Vorsatz kann dagegen bei Unterlassung eines Asylantrags u. nur pauschalen Verfolgungsbehauptungen angenommen werden (OVG Berlin, EZAR 460 Nr 2). Ebenso bei ungewisser Weiterwanderungsmöglichkeit (HessVGH, EZAR 460 Nr 1) oder bei erneuter Einreise trotz vorhergehender rechtskräftiger Asylablehnung (OVG NRW, EZAR 461 Nr 15). Ausl dürfen nicht unter Hinweis auf den Selbsthilfegrundsatz auf die Möglichkeit einer Rückkehr in die Heimat (HessVGH, NVwZ 1984, 258 u. EZAR 461 Nr 7), wohl aber auf das Wohnen in einer Gemeinschaftsunterkunft (ThürOVG, EZAR 460 Nr 16) verwiesen werden. Keine Hilfe zum Lebensunterhalt erhält ein Auszubildender, wenn die Ausbildung nach BAföG oder AFG förderungsfähig ist (§ 22 SGB XII; zu § 26 BSHG vgl OVG NRW, EZAR 460 Nr 7), u. allg nicht die Bezieher von Arbeitslosengeld II (§ 5 II 1 SGB II).

165 Für **Asylbew** ohne AufGen u. AufTit sind die Leistungsansprüche seit 1. 1. 1982 beschränkt (§ 55 AsylVfG Rn 26 ff; Columbus, ZAR 1984, 127) u. für geduldete u. sonstige ausreisepflichtige Ausl u. deren Familienangehörige seit 1. 1. 1985. Danach bestand für diese Personengruppen ein Rechtsanspruch nur noch auf Leistungen der Hilfe zum Lebensunterhalt, u. zwar möglichst als Sachleistung (auch Wertgutscheine; dazu BVerwG, EZAR 461 Nr 20); außerdem konnte die Hilfe allg im Ermessenswege auf das zum Lebensunterhalt Unerlässliche beschränkt werden (§ 120 II BSHG aF). Seitdem waren Personenkreis u. Leistungsumfang erheblich eingeschränkt (krit Bethäuser, InfAuslR 1982, 74; Schubert, InfAuslR 1984, 80). Das Ermessen umfasste auch die Art der Hilfeleistung u. deren Umfang (OVG NRW, EZAR 461 Nr 15). Nunmehr sind die Leistungen für Asylbew u. vollziehbar zur Ausreise verpflichtete Ausl. aufgrund des AsylbLG nach Art u. Umfang weiter beschnitten (vgl § 55 AsylVfG Rn 26 ff; zu den seit 1. 1. 2004 u. seit 1. 1. 2005 geltenden Änderungen ausführlich Deibel, ZAR 2004, 321).

166 Das **Ermessen** nach § 23 I 3 SGB XII ist für Leistungen außerhalb von § 23 I 1 SGB XII zB in folgenden Fällen **eingeschränkt:** Unzumutbarkeit der Rückkehr (HessVGH, EZAR 460 Nr 1; OVG NRW, EZAR 461 Nr 15); Mutterschutz nach § 3 II, IV MuSchG (HessVGH aaO); legale Einreise (OVG Berlin, EZAR 460 Nr 2). Nicht ausreichend ist, wenn die AuslBeh von aufenthaltsbeendenden Maßnahmen absieht (HessVGH aaO) oder die Sozialbehörde einer anderen Gruppe mit besonderem aufr Status Leistungen ohne weiteres gewährt (OVG Berlin, EZAR 460 Nr 2). Unstatthaft ist die Ablehnung von Sozialhilfe unter Verweisung eines Ausl auf den Asylantrag, wenn nur die Rechtsstellung als GK-Flüchtling begehrt wird (aA OVG Hamburg, EZAR 461 Nr 13 m. Anm Goerlich, ZAR 1990, 40).

167 Seit 1. 1. 1991 ist die Hilfeleistung an Ausl noch **weitergehend beschränkt.** Bei Verstoß gegen eine räumliche Beschränkung (insbes bei Asylbew vorkommend) darf der örtliche Sozialhilfeträger nur die nach den Umständen unabweisbare Hilfe leisten; das Gleiche gilt für Ausl mit einer humanitären AE nach §§ 23, 23 a, 24 I oder 25 I–III beim Aufenthalt außerhalb des die AE ausstellenden Landes (§ 23 V SGB XII). Die Hilfe ist nicht gegenständlich auf den Lebensunterhalt, aber nach Anlass u. Umfang auf Unabweisbares begrenzt.

Bei **Verweigerung zumutbarer Arbeit** entfiel der Anspruch auf Hilfe zum Lebensunterhalt u. konnte diese auf das Unerlässliche gekürzt werden, allerdings unter tunlichster Schonung mitbetroffener unterhaltsberechtigter Angehöriger (§ 19 BSHG). Ebenso konnte nach Verweigerung gemeinnütziger u. zusätzlicher Arbeit bei ungekürzter Hilfe zum Lebensunterhalt zuzüglich einer angemessenen Entschädigung für Mehraufwendungen verfahren werden, uU kam auch eine zeitweise Kürzung auf das Unerlässliche in Betracht (bei Asylbew kein Verstoß gegen ILO-Übereink Nr 29; so OVG NRW, EZAR 461 Nr 22). 168

Notwendig waren aber eine hinreichend **bestimmte Aufforderung** zur Arbeitsleistung, die Regelung des Entgelts oder der Entschädigung u. Ermessenserwägungen (BVerwGE 67, 1; 68, 97; betr Asylber u. Asylbew § 2 AsylVfG Rn 27 u. § 55 AsylVfG Rn 34). Nach genereller Weigerung war die Bezeichnung der Arbeit im Einzelnen überflüssig (OVG Berlin, EZAR 461 Nr 3). Gemeinnützige u. zusätzliche Tätigkeit durfte dem Ausl auch dann angeboten werden, wenn ihm die Ausübung einer Erwerbstätigkeit nicht gestattet war (BVerwG 68, 91; OVG Berlin, EZAR 461 Nr 3; OVG Hamburg, EZAR 461 Nr 2). Gemeinnützige u. zusätzliche Arbeit durfte nicht vollschichtig sein; Regelsatzhilfe u. Entschädigung für Mehraufwendungen durften zusammen keinen „angemessenen" Stundenlohn ergeben (BVerwGE 68, 91; zu Einzelfragen der Arbeit u. der Entschädigung Columbus, ZAR 1982, 148 u. 199 sowie 1984, 133). 169

Seit 1. 1. 2005 gelten ähnliche Grundsätze für erwerbsfähige Hilfebedürftige zwischen 15 u. 65 Jahren u. den Anspruch auf **Grundsicherung** nach dem SGB II. Ausl sind leistungsberechtigt, wenn sie ihren gewöhnlichen Aufenthalt in Deutschland haben u. ihnen die Aufnahme einer Beschäftigung erlaubt ist oder erlaubt werden kann (§§ 7 I 2, 8 II SGB II). Bei Weigerung, ua eine Eingliederungsvereinbarung zu schließen, eine zumutbare Arbeit oder Arbeitsgelegenheit aufzunehmen oder zumutbare zusätzliche Arbeit im öffentl Interesse auszuführen, wird das Arbeitslosengeld II stufenweise gesenkt, es sei denn, der Hilfebedürftige kann einen wichtigen Grund für sein Verhalten nachweisen (§§ 16 III 2, 31 SGB II). 170

3. Kindergeld und Erziehungsgeld

Der ges Anspruch auf Kindergeld hängt nicht von der StAng ab. Seit 1996 sind allerdings zwei grundsätzliche **Änderungen des Familienlastenausgleichs** zu beachten: Der Ausgleich erfolgt über das Kindergeld oder – alternativ bei sehr hohen Einkommen – den Kinderfreibetrag, u. das Kindergeld ist jetzt in erster Linie in §§ 62 ff EStG geregelt, während das BKGG nur noch für Personen in Betracht kommt, die in Deutschland weder einen Wohnsitz noch den gewöhnlichen Aufenthalt haben u. deshalb nicht unbeschränkt steuerpflichtig sind (vgl § 1 I BKGG, § 1 EStG). Das BKGG dürfte daher auch unter Berücksichtigung der Sonderfälle des § 1 I Nr 1 BKGG iVm § 1 III EStG nur noch auf wenige Ausl Anwendung finden. Nachfolgend werden grundsätzlich beide Leistungsarten dargestellt. 171

Zunächst wird verlangt, dass die Berechtigten eine **NE** oder **AE** in bestimmten Fällen besitzen (§ 1 III 1 BKGG; § 62 II 1 EStG; zur Verfassungswidrigkeit des Fortfalls des Kindergelds für Besitzer einer AufBef für frühere Zeiträume BVerfG, EZAR NF 87 Nr 2 m. Anm. Renner, ZAR 2005, 29). Saisonarbeitnehmer, Werkvertragsarbeitnehmer u. vorübergehend entsandte Arbeitnehmer erhalten kein Kindergeld. Der damit verbundene (zeitweilige) Ausschluss vom Kindergeld erscheint problematisch, weil er dem Zweck der Kindergeldleistung, zum finanziellen Aufwand für Kinder beizutragen, zuwiderläuft. Denn dieser hängt nicht von der Legalisierung des Aufenthalts ab. Ein evtl beabsichtigter Abschreckungseffekt verträgt sich nicht mit der sozialen Zielsetzung der Unterstützung für Kinder. Dennoch wird der Ausschluss von Ausl ohne verfestigtes AufR für verfassungsgemäß erachtet, zumindest dann, wenn der finanzielle Ausfall durch Erhöhung der Sozialhilfe aufgewogen wird (BSG, EZAR 450 Nr 8). Zu Asylber u. anerkannten ausl Flüchtlinge vgl § 3 AsylVfG Rn 10. 172

173 Der **Wohnsitz** ist dort begründet, wo der Ausl seine Wohnung unter Umständen hat, die darauf schließen lassen, dass er sie beibehalten u. benutzen wird (§ 30 III 1 SGB I); ein rechtsgeschäftlicher Wille ist dafür anders als nach §§ 7 ff BGB nicht entscheidend (BSG, EZAR 450 Nr 2, 3; LSG NRW, EZAR 450 Nr 1). Unter gewöhnlichem Aufenthalt nach § 30 III 2 SGB I ist der Ort zu verstehen, an dem sich jemand unter Umständen aufhält, die erkennen lassen, dass er dort nicht nur vorübergehend verweilt; längere Abwesenheit spricht gegen einen gewöhnlichen Aufenthalt. Bei längerer Anwesenheit im Bundesgebiet ist gewöhnlicher Aufenthalt anzunehmen, wohl auch bei illegalem Aufenthalt (betr Asylbew § 55 AsylVfG Rn 35; betr Asylber § 2 AsylVfG Rn 28). Bei der Prognose über den gewöhnlichen Aufenthalt eines ausreisepflichtigen Ausl ist zu berücksichtigen, ob der Abschiebung rechtliche Hindernisse entgegenstehen (BSG, EZAR 450 Nr 6; im Ergebnis ohne Bedeutung seit Einfügung des § 1 III BKGG).

174 **Kinder** teilen idR bis zur Vollendung des 16. Lebensjahres den Wohnsitz der Eltern; danach gewinnt die interessengemäße Beziehung zur außerfamiliären Umwelt eine größere Bedeutung als die persönliche Betreuung in der Familie an einem bestimmten Ort. Deshalb hat ein im Ausland zur Schulausbildung weilendes Kind vom Ende des 16. Lebensjahres an trotz Wohnsitz der Eltern im Bundesgebiet hier weder Wohnsitz noch gewöhnlichen Aufenthalt (BSGE 53, 49; BSG, EZAR 450 Nr 2 u. 3). Mit dem zusätzlichen Aufenthaltserfordernis für Kinder kommt der kindergeldspezifische Gedanke des gebietsbezogenen staatlichen Familienlastenausgleichs zum Tragen; deswegen kann es auf ein bestimmtes Alter des Kindes nicht ankommen, wenn es sich zur Schulausbildung im Ausland aufhält (BSG, EZAR 450 Nr 2). Umgekehrt besteht auch kein Anspruch für ein alleinstehendes Kind, das zum Zwecke der Ausbildung ins Bundesgebiet gezogen ist (§ 14 I 2 BKGG).

175 **Im Ausland lebende Kinder** werden nicht berücksichtigt, wenn sie in Deutschland weder einen Wohnsitz noch ihren gewöhnlichen Aufenthalt haben (§ 2 V BKGG). Von der Ermächtigung, durch RVO ausnahmsweise Kindergeld allg für im Ausland lebende Kinder vorzusehen (§ 2 VI BKGG), hat die BReg bisher keinen Gebrauch gemacht. Für Kinder türkischer Arbeitnehmer ist der Wohnsitz im Heimatstaat unschädlich, erforderlich ist aber die Beschäftigung des Elternteils in Deutschland (Art. 33 dt-türkisches Abk vom 30. 4. 1964, BGBl. 1965 II 1170). Deshalb entfällt der Anspruch für die Dauer eines längeren unbezahlten Urlaubs, weil der Arbeitnehmer dann nicht mehr im Bundesgebiet beschäftigt ist (BSG, EZAR 454 Nr 2). Der Beschäftigung steht die Verrichtung der einem Strafgefangenen zugewiesenen Arbeit nicht gleich (BSG, EZAR 454 Nr 3). Im Ausland lebende Kinder wirken sich steuerrechtlich bei Ausl ebenso wenig aus wie bei Dt (dazu Bericht in ZAR 1985, 47).

176 **Kindergeld in voller Höhe** (von 154 Euro u. ab dem vierten Kind 179 Euro nach § 6 BKGG u. § 66 I EStG) erhalten in Deutschland lebende Berechtigte aus EU-Mitgliedstaaten, u. zwar auch für in einem anderen EU-Staat wohnende Kinder (Art. 73 VO/EWG 1408/71 u. 574/72; betr Italien BSG, EZAR 453 Nr 2). Dasselbe gilt zugunsten von Schweizern für in ihrem Heimatstaat lebende Kinder (nach früherer Rechtslage betr Österreich BSG, EZAR 454 Nr 1). Ähnliche Regelungen enthalten Abkommen mit Jugoslawien, Portugal, Spanien u. Türkei, allerdings ist die Höhe des Kindergeldes erheblich gekürzt. Durch diese Abkommen werden die günstigeren Regelungen des BKGG für in Deutschland lebende Portugiesen (BSG, EZAR 450 Nr 3; LSG NRW, EZAR 450 Nr 1) u. Spanier (BSG, EZAR 450 Nr 2) nicht verändert (zur Anwendung von EG-Recht auf portugiesische u. spanische Kinder: EuGH, 13. 11. 1990 – C – 99/89 –; ZAR AKTUELL Nr 1/1991; Rojas, ZAR 1988, 32). Bei Türken entfällt der Anspruch auf Kindergeld auch bei Arbeitsunfähigkeit während des Bezugs von Arbeitslosenhilfe nicht (BSG, EZAR 454 Nr 4).

177 Der **Bezug** bestimmter kinderbezogener Leistungen in Deutschland oder **im Ausland** schließt die Kindergeldgewährung aus (§ 4 BKGG; § 65 EStG). EU-Recht steht dem Ausschluss nicht entgegen, wenn Eltern u. Kind im Inland leben (BSG, EZAR 450 Nr 5). Die neben der US-Invaliditätsrente bezogene US-Kinderrente ist zu berücksichtigen, weil sie eine dem Kinderzuschuss aus der dt Rentenversicherung vergleichbare Leistung darstellt (BSG, EZAR 450 Nr 4). Dies trifft auch für niederländisches Kindergeld zu, wobei es nicht darauf ankommt, ob dieses zu Recht oder zu Unrecht gewährt wird (BSG, EZAR 450 Nr 5).

Erziehungsgeld u. Erziehungsurlaub erhalten Ausl ebenfalls grundsätzlich nur bei Wohnsitz oder gewöhnlichem Aufenthalt im Inland (§ 1 I Nr 1 BErzGG; dazu Hambüchen, ZAR 1986, 165). Nur Unionsbürger u. Grenzgänger aus der Schweiz mit einer nicht nur geringfügigen Beschäftigung iSd § 8 SGB IV sind abweichend davon trotz Wohnsitzes im Ausland bezugsberechtigt (§ 1 VII BErzGG). Ein im Bundesgebiet lebender Asylber hat hier seinen gewöhnlichen Aufenthalt schon während des Anerkennungsverf (BSG, EZAR 455 Nr 3). Wie beim Kindergeld wird allerdings zusätzlich ein AufR verlangt, u. zwar von Mitte 1993 an zunächst in Form einer AufErl oder AufBer u. jetzt der NE oder der AE in bestimmten Fällen; Saisonarbeitnehmer, Werkvertragsarbeitnehmer u. vorübergehend nach Deutschland entsandte Arbeitnehmer sind auch bei Besitz einer AufErl ausgeschlossen (§ 1 IX BErzGG). Von Unionsbürgern darf dagegen nicht einmal die Vorlage einer förmlichen AufErl verlangt werden (EuGH, EZAR 830 Nr 20). Eine Duldung genügte auch früher nicht (BSG, EZAR 455 Nr 5). Anerkannte Asylber erhalten Erziehungsgeld nicht rückwirkend, wenn sie im Leistungszeitraum noch kein dauerhaftes AufR besaßen (BSG, EZAR 455 Nr 8). Die seit Mitte 1989 geltende Voraussetzung des Besitzes einer AufGen war auf vor diesem Zeitpunkt geborene Kinder nicht anzuwenden (BSG, EZAR 455 Nr 9). Bei später geborenen Kindern musste der Elternteil den erforderlichen Titel besitzen; ein rechtskräftiges Urteil auf Asylanerkennung allein genügte nicht (BSG, EZAR 457 Nr 1). Die Änderungen von Mitte 1993 gelten auch für Kinder, die danach geboren wurden, aber davor gezeugt waren (BSG, EZAR 455 Nr 10). Vorausgesetzt ist zudem die Befugnis zur Ausübung einer Erwerbstätigkeit (vgl BSG, EZAR 455 Nr 4). Seit 1. 7. 1990 ist für ein danach geborenes Kind auch der Ehegatte eines Mitglieds der Truppe oder des zivilen Gefolges eines NATO-Mitgliedstaats ua dann berechtigt, wenn er Dt oder EG-Staater ist (§ 1 VI BErzGG). **178**

Das **Erziehungsgeld** beträgt 450 Euro bis zur Vollendung des zwölften Lebensmonats (Budget) oder 300 Euro bis zum 24. Lebensmonat (Regelbetrag); allerdings sind Einkommensgrenzen einzuhalten (§§ 5, 6 BErzGG). Die Eltern haben auch Anspruch auf **Elternzeit** bis zur Vollendung des dritten Lebensjahres des Kindes (§ 15 BErzGG) mit einem entsprechenden Schutz gegen Kündigung des Arbeitsverhältnisses (§ 18 BErzGG). **179**

4. Wohngeld, Wohnberechtigung und Wohnungsbauförderung

Ausl haben wie Dt Anspruch auf **Wohngeld** in Form des Miet- oder Lastenzuschusses (§§ 2 ff WoGG). Der Gesetzeszweck, angemessenen u. familiengerechten Wohnraum wirtschaftlich zu sichern (§ 1 WoGG), rechtfertigt eine Einschränkung auf Fälle gesicherten AufR nicht (HessVGH, FamRZ 1987, 1201). Der Gesetzgeber verzichtet beim Wohngeld offenbar bewusst auf ein solches Erfordernis, das er für den Bezug von Kinder- u. Erziehungsgeld (nachträglich) für angezeigt hält. Im Grundsatz kann deshalb jede Art von AufTit oder Duldung genügen; denn letztlich wird nur der rechtliche u. tatsächliche Zugang zum Wohnungsmarkt vorausgesetzt (betr Wohnberechtigungsschein VG Köln, EZAR 470 Nr 1). Abgesehen von der absehbaren Aufenthaltsdauer u. einem möglichen Missbrauch (§ 18 III WoGG, dazu HessVGH, EZAR 470 Nr 3) ist deshalb von Bedeutung, ob der Wohnungsmarkt dem Ausl aus Rechtsgründen verschlossen ist (betr Pflicht zum Wohnen in Gemeinschaftsunterkunft für Asylbew OVG Hamburg, EZAR 470 Nr 4). **180**

Vorübergehend abwesende **Familienangehörige** sind weiter zum Haushalt zu rechnen, wenn dort noch ihr Lebensmittelpunkt liegt (§ 4 III WoGG). Umgekehrt begründen ausl Arbeitnehmer u. andere Ausl einen eigenen Haushalt im Bundesgebiet, wenn sie hier nicht nur vorübergehend leben, u. zwar objektiv gesehen u. ungeachtet dessen, ob sie noch innere Bindungen zu ihrer Familie unterhalten; sie teilen dann ihren Lebensmittelpunkt nicht mehr **181** mit der im Heimatstaat verbliebenen Familie (dazu BVerwG, EZAR 470 Nr 2). Da wohnungsrechtlich eine doppelte Haushaltsführung nicht anerkannt wird (anders im Steuerrecht), kann nicht die Unwahrscheinlichkeit einer Rückkehr verlangt werden, sondern nur die nicht von vornherein auf absehbare kurze Zeit begrenzte Trennung von der (Rest-)Familie. AufErl u. AufBer deuteten auf einen nicht nur vorübergehenden Aufenthalt hin, während eine AufBew für einen vorübergehenden Aufenthalt sprach; bei AufBef u. Duldung kam es auf die voraussichtliche Dauer der einer Ausreise entgegenstehenden Umstände u. Verhältnisse an (OVG Hamburg, EZAR 470 Nr 5; betr Asylbew § 19 AsylVfG Rn 30). Diese Unterscheidungen sind auf die AE je nach ihrem Aufenthaltszweck zu übertragen.

182 Dieselben Grundsätze gelten für die Berechtigung zum Bezug einer **Sozialwohnung** (§§ 4 II, 5 WoBindG). Wohnungssuchender kann auch ein Ausl sein, der nur eine befristeten AufTit besitzt. (Zur Wohnungsbauförderung für Rückkehrer vgl Rückkehrhilfeges u. ZAR 1986, 150).

5. Ausbildungsförderung

183 **Individuelle Ausbildungsförderung** für den Besuch weiterführender allgemeinbildender Schulen, Fachschulen, Abendschulen, Kollegs, Fachoberschulen, Akademien, Hochschulen ua (§ 2 BAföG; Eichenhofer, ZAR 1987, 108 u. 1996, 62) wird außer Dt (§ 8 I 1 Nr 1 BAföG) auch Ausl gewährt, wenn diese bestimmte persönliche Voraussetzungen erfüllen (§ 8 I 1 Nr 2 bis 9 BAföG). Berechtigt sind einmal heimatlose Ausl, Asylber (dazu § 2 AsylVfG Rn 28), Kontingentflüchtlinge, Konventionsflüchtlinge (dazu BVerwG, EZAR 522 Nr 1), Ausl mit dt Elternteil u. Unionsbürger, wenn sie als Kinder Freizügigkeit genießen oder ein Verbleiberecht besitzen oder Freizügigkeit oder Verbleiberecht nur deshalb nicht genießen, weil sie älter als 20 Jahre sind u. von ihren Eltern oder Ehegatten keinen Unterhalt erhalten, oder wenn sie vor Beginn der Ausbildung im Inland in einem inhaltlich verwandten Beschäftigungsverhältnis standen; den Asylber stehen im Ausland als GK-Flüchtling anerkannte Personen gleich (BayVGH, EZAR 520 Nr 6; zur Abgrenzung gegenüber Art. 7 II VO/EWG 1612/68 vgl BVerwG, EZAR 520 Nr 8). Andere Ausl sind nur berechtigt, wenn sie sich vor Beginn des förderungsfähigen Ausbildungsabschnitts insgesamt fünf Jahre im Bundesgebiet aufgehalten haben u. rechtmäßig erwerbstätig waren (§ 8 II Nr 1 BAföG) oder wenn sich zumindest ein Elternteil in den letzten sechs Jahren drei Jahre vor diesem Zeitpunkt im Wesentlichen ständig im Bundesgebiet aufgehalten hat u. rechtmäßig erwerbstätig war; die Förderung kann auch bei späterer Erfüllung dieser Voraussetzungen von deren Vorliegen an gewährt u. von dem Erfordernis der Erwerbstätigkeit kann (bis auf sechs Monate) überhaupt abgesehen werden, wenn eine Tätigkeit aus nicht vertretbaren Gründen nicht ausgeübt werden konnte (§ 8 II Nr 2 BAföG; zur Verfassungsmäßigkeit der aufr Erfordernisse BVerfG-K, EZAR 520 Nr 7).

184 Ein **Aufenthalt von fünf Jahren** ist unverzichtbar (BVerwGE 70, 185), Unterbrechungen aber unschädlich. Mit dem Aufenthaltserfordernis wird eine engere Beziehung zum dt Lebens- u. Kulturkreis verlangt u. Missbrauchsabwehr bezweckt, mit dem Erwerbstätigkeitserfordernis wird die Verbindung zur Finanzierung der Förderung durch Einkommensbesteuerung hergestellt (BVerwGE 58, 353). Deshalb ist die Dauer der Erwerbstätigkeit für einen dt Arbeitgeber im Ausland auf den Fünf-Jahres-Zeitraum ebenso wenig anzurechnen (BVerwGE 70, 185) wie Erziehung u. Betreuung eines Kindes durch die Mutter (OVG Hamburg, EZAR 520 Nr 2; OVG NRW, OVGE 34, 3). Es ist unschädlich, wenn die Eltern nach Erfüllung der Voraussetzungen des § 8 II Nr 2 BAföG in die Heimat zurückkehren (OVG NRW, EZAR 520 Nr 5).

185 Der Aufenthalt eines **Elternteils** von drei Jahren ist dann im Wesentlichen ständig, wenn er allenfalls kurz unterbrochen ist (BVerwGE 65, 282). Unterbrechungen durch Auslandsurlaub sind auch dann unschädlich, wenn sie zusammen mehr als drei Monate in drei Jahren ausmachen (offengelassen von BVerwGE 65, 282, allerdings mit sonstiger Begrenzung auf drei Monate). Der Tarifurlaub ist meist länger u. nicht geeignet, gewachsene Bindungen an

Erfordernis eines Aufenthaltstitels § 4 **AufenthG 1**

Deutschland ernsthaft zu gefährden, wenn in dieser Zeit eine Erwerbstätigkeit ausgeübt oder aus nicht verschuldeten Gründen nicht ausgeübt wird. Entscheidend ist auf den vorübergehenden, befristeten Zweck der Abwesenheit abzustellen, die einem dauernden Inlandsaufenthalt in Wirklichkeit nicht entgegensteht (vgl auch § 44 I Nr 2). Die Zeitgrenze von sechs Monaten in § 44 I Nr 3 kann dabei als Richtschnur verwandt werden, soweit es auf die bloße Dauer u. nicht auf die subjektive Motivation ankommt. Die Nichtausübung einer Erwerbstätigkeit ist nicht zu vertreten bei Krankheit, Schwangerschaft, Arbeitslosigkeit oä.

Die Förderung wird nur gewährt, wenn das **Erreichen des Ausbildungsziels** zu 186
erwarten ist (§ 9 BAföG). Sie wird grundsätzlich nur für eine einzige Ausbildung an einer weiterführenden allgemeinbildenden Schule u. für drei Jahre Berufsausbildung bis zu deren berufsqualifizierenden Abschluss bewilligt, nur ausnahmsweise für eine Zweitausbildung, wenn die Erstausbildung unter bestimmten Kriterien vertieft oder fortgesetzt wird (§ 7 BAföG; zur Fortsetzung einer im Ausland begonnenen Ausbildung im Inland BVerwG, EZAR 520 Nr 11; betr Vertriebene BVerwG, EZAR 520 Nr 10). Ausnahmsweise wird auch eine Ausbildung im Ausland finanziell unterstützt (§§ 5, 6 BAföG). Bei Beibehaltung des ständigen Wohnsitzes im Inland u. ausreichenden Sprachkenntnissen kommen auch die in § 8 I BAföG genannten Ausl in den Genuss der ges Leistungen, wenn die Ausbildung förderlich u. zumindest zT anrechenbar oder (bei Beginn vor dem 1. 7. 1990) im Inland nicht durchführbar ist (§ 5 II BAföG) oder wenn der Auszubildende der dänischen Minderheit angehört u. eine Ausbildungsstätte in Dänemark besucht (§ 5 III BAföG). Der Anspruch besteht auch dann, wenn der Studienabschluss im Ausland nicht zur Berufstätigkeit in Deutschland befähigt (OVG NRW, EZAR 520 Nr 4).

Für die einzelnen Ausbildungsgänge ist eine **Höchstförderungsdauer** bestimmt (§§ 15 187
bis 16 BAföG iVm FörderungshöchstdauerVO). Gefördert werden Kosten für Lebensunterhalt u. Ausbildung. Auf den Bedarf werden Einkommen u. Vermögen des Auszubildenden u. dessen Ehegatten u. Eltern zT angerechnet (§§ 11 ff BAföG). Die Förderung wird generell als Zuschuss, für den Besuch von Höheren Fachschulen, Akademien, Hochschulen u. für Ausbildungspraktika als Darlehen gewährt (§ 17 BAföG). Die Rückzahlung des Darlehens (ohne Zinsen) in Monatsraten beginnt fünf Jahre nach Ende der Höchstförderungsdauer, ggf mit 6% Verzugszinsen (§ 18 BAföG). Bei geringem Einkommen ist eine Freistellung möglich (§ 18 a BAföG). Die Darlehensschuld wird ua bei vorzeitiger Rückzahlung (§ 17 V b BAföG), gutem Prüfungsergebnis (unter den ersten 30% des Jahrgangs), Beendigung vier Monate vor Ende der Höchstförderungsdauer oder Betreuung eines behinderten Kindes oder eines Kindes unter zehn Jahren zT erlassen (§ 18 b BAföG).

XI. Verwaltungsverfahren und Rechtsschutz

1. Aufenthaltstitel

Verf u. Zuständigkeit sind abhängig von der **Art des erforderlichen AufTit**. Dieser 188
wird nur auf Antrag erteilt (§ 81 I). Der Antrag für den AufTit nach der Einreise ist zT unverzüglich zu stellen (§ 81 II 1). Der Antrag auf den AufTit bewirkt zT den Fortbestand des Titels (§ 81 IV), zT eine fiktive Erlaubnis (§ 81 III) oder eine fiktive Duldung (§ 81 III 2); ansonsten bietet er nicht die Gewähr für eine Bescheidung vor der Ausreise oder Abschiebung (§ 81 Rn 31). Über die Befreiung vom Erfordernis des AufTit kann eine Bescheinigung der zuständigen AuslBeh verlangt werden; dagegen besteht für die Ausstellung des AufTit, der ohne Befreiung in Betracht käme, idR kein Rechtsschutzbedürfnis.

Für das Visum sind die vom AA ermächtigten AuslVertr **zuständig** (§ 71 II), für das 189
nationale Visum bei Ausfall der AuslVertr vor der Einreise die AuslBeh der Stadt Berlin (§ 38). Für die Zustimmung zum Visum ist die AuslBeh des vorgesehenen Aufenthaltsorts zuständig (§ 31 I 1 AufenthV). Der nationale Sichtvermerk wird als Schengen-Visum für

längstens drei Monate innerhalb von sechs Monaten nach der Einreise oder als nationales Visum erteilt (§ 5 I, IV; Teipel, ZAR 1995, 162).

190 Der AufTit wird auf einem vorgeschriebenen **Vordruck** (§ 78) erteilt, das Schengen-Visum in einheitlicher Form nach der VO/EG 1683/95 (Teil 5 Nr 3.11). Die Versagung des Visums oder eines anderen AufTit bedarf der **Schriftform** (§ 77 I 1). Versagung oder Beschränkung des Visums vor der Einreise sind nach § 77 II vom Erfordernis der **Begründung** (§ 39 VwVfG) u. der Rechtsmittelbelehrung (§ 59 VwGO) freigestellt (zu den hiergegen bestehenden Bedenken § 77 Rn 6 ff). Den hieraus entspringenden Behinderungen für Rechtsschutzbegehren kann durch eine Remonstration an die AuslVertr begegnet werden, die idR mit einem schriftlich begründeten (Zweit-)Bescheid beantwortet wird (Teipel, ZAR 1995, 162). In jedem Fall muss der AufTit Aussagen über die Berechtigung zur Erwerbstätigkeit enthalten (dazu Rn 54 ff).

191 Grundsätzlich anders stellt sich das Verf auf Ausstellung der AE für **Türken** dar, die ein AufR aufgrund von Art 6 oder 7 ARB 1/80 besitzen. In diesem Fall dient der AufTit nicht zur Gewährung eines Rechts, sondern nur zu dessen Nachweis. Der Besitz dieses deklaratorischen Dokuments wird zwar zur Pflicht erklärt u. auch die Antragstellung, ohne die eine ARB-AE nicht ausgestellt werden soll. Der entscheidende Unterschied zur sonstigen AE besteht aber darin, dass das assoziationsrechtlich begründete Recht auf (weiteren) Zugang zu Aufenthalt u. Arbeitsmarkt unabhängig von dem Titel besteht, weil dieser keine andere Funktion erfüllt als die von Amts wegen auszustellende EU-Bescheinigung nach § 5 I FreizügG/EU. Trotz dieser Unterschiede u. der daraus herrührenden Verwechselungsgefahr erscheint es noch als gemeinschaftsrechtskonform, dass im Rahmen der Kompetenz der Mitgliedstaaten zur Einrichtung eines sachgerechten Verf zur Durchsetzung der ARB-Regeln eine antragsbedürftige AE als Mittel zum Nachweis der ARB-Rechte bestimmt ist.

192 Es ist auch unbedenklich u. sogar für eine wirksame Durchsetzung der ARB-Rechtspositionen besonders geeignet, dass die Verpflichtung zur Aufnahme einer **Nebenbestimmung** über die Berechtigung zur Erwerbstätigkeit auch in diesem Fall gilt. Eine klare Aussage hierüber ist gerade wegen der obligatorischen Verknüpfung der Aufenthalts- u. der Beschäftigungsrechte geboten. Der Zusatz muss je nach dem erreichten Stand der Arbeitsmarktzulassung formuliert werden, zB: „Erwerbstätigkeit als Monteur bei Firma X erlaubt. Jede andere Erwerbstätigkeit nicht gestattet." oder „Jede Beschäftigung erlaubt. Selbständige Erwerbstätigkeit nicht gestattet."

193 Der Antrag ist zu stellen, sobald ein Recht zum Aufenthalt u. zur Beschäftigung erstmalig entsteht. Bis zu diesem **Zeitpunkt** verfügt sowohl der Arbeitnehmer als auch der Familienangehörige über einen anderen AufTit, weil sonst seine Beschäftigung oder sein Aufenthalt nicht ordnungsgemäß wären. Da die Rechte aus Art 6 u. 7 ARB 1/80 kraft Assoziationsrechts mit Erfüllung der jew Voraussetzungen entstehen, kann sich damit die materielle Grundlage für die bisherige AE in der Weise verändern, dass bis zu ihrem formellen Ablauf die ARB-Rechte hinzutreten u. diese überlagern. Umgekehrt kann trotz Beendigung der Rechtsstellung nach ARB 1/80, zB bei Erreichen des Rentenalters, ein sonstiges AufR fortbestehen oder begründet werden können, zB eine ehebezogene AE oder eine NE. Erstmalig kann ein Arbeitnehmer den Antrag nach Abs 5 mit Erreichen der 1. Stufe des Art 6 I ARB 1/80 stellen u. ein Kind im Falle des Art 7 S. 2 mit Abschluss der Ausbildung. Ist bereits eine AE auf der Grundlage des ARB 1/80 erteilt, tritt auch die vorgesehene Verfestigung unabhängig von deren Geltungsdauer u. von dem Antrag auf Verlängerung ein. In allen diesen Fällen gibt die AE uU die objektive Rechtslage, vor allem hinsichtlich des Zugangs zum Arbeitsmarkt, nicht zutreffend wider.

194 Entsprechend der unterschiedlichen Rechtsgrundlage stellen sich auch die **Wirkungen** der Antragstellung u. die Folgen einer Unterlassung oder Verspätung anders dar als bei der sonstigen AE für Drittstaatsangehörige. Da die Rechte aus dem ARB 1/80 unabhängig von deren Nachweis existieren, fehlt es dem Berechtigten nicht an einer materiellen Grundlage für den Aufenthalt. Infolge dessen ist er auch dann nicht ausreisepflichtig u. damit nach § 95 I Nr 2 strafbar, wenn er eine AE nach Abs 5 nicht besitzt oder noch nicht einmal

beantragt hat. Er verhält sich vielmehr nur ordnungswidrig (§ 98 II Nr 1) u. kann dafür mit einer Geldbuße belegt werden. Sein Verhalten stellt eine bloße Regelwidrigkeit im Verfahrensbereich dar u. führt nicht zur Beendigung seiner Rechte aus dem ARB 1/80. Es kann nämlich in aller Regel nicht als Beleg für eine gegenwärtige schwere Gefährdung eines Grundinteresses der Gesellschaft gewertet werden. Daraus folgt, dass ein nicht rechtzeitig gestellter Erst- oder Verlängerungsantrag das materielle AufR unberührt lässt. Mithin wirken sich hier die abgestuften Verfahrensregelungen des § 81 grundsätzlich nicht aus.

Gegen die Versagung des Visums oder eines anderen AufTit sind idR Widerspruch u. **195 Klage** zulässig, die keine aufschiebende Wirkung entfalten (§ 84 Rn 7); im Visumsverfahren ist der Widerspruch ausgeschlossen (§ 68 I 2 Nr 1 VwGO iVm § 2 GAD). **Vorläufiger Rechtsschutz** kann nach §§ 80 V oder 123 VwGO in Anspruch genommen werden (§ 81 Rn 33). Die Versagung des Visums zu touristischen Zwecken u. an der Grenze ist nach § 83 unanfechtbar (zu dessen Verfassungswidrigkeit § 83 Rn 2). Begründung u. Überprüfung von Rechtsbehelfen gegen die Versagung des AufTit sind zT eingeschränkt (§ 84 II).

2. Zulassung einer Erwerbstätigkeit

Die **AuslBeh** hat auch über die Zulassung der Erwerbstätigkeit zu befinden u. das **196** Ergebnis in dem AufTit zu vermerken (zum ARB 1/80 vgl Rn 190–193). Über die Zulassung einer selbständigen Tätigkeit entscheidet sie selbst ohne Mitwirkung der BA. Bei nichtselbständigen Erwerbstätigkeiten hat sie die BA im Zustimmungsverf nur zu beteiligen, wenn eine Zustimmung erforderlich ist. Dies ist immer dann entbehrlich, wenn sich aus dem Ges selbst die Berechtigung zur Erwerbstätigkeit ergibt (Rn 68) oder aus einer RVO zu entnehmen ist, dass die Tätigkeit nicht als Erwerbstätigkeit gilt (Rn 69) oder nicht der Zustimmung der BA bedarf (Rn 70 f). In allen diesen Fällen ist die BA nicht beteiligt. Die AuslBeh kann sich dessen ungeachtet in Zweifelsfällen informell vergewissern, ob die BA ihre Rechtsauffassung teilt, damit wird aber kein Zustimmungsverf eingeleitet.

Zustimmungspflichtige Tätigkeiten (Rn 72 ff) dürfen nur ausgeübt werden, wenn die **197** BA zugestimmt hat. Die AuslBeh darf sie nur zulassen, wenn die BA zugestimmt hat (§ 39 I 1). Sie ist an die Zustimmung der BA oder deren Weigerung gebunden. Beschränkungen der Zustimmung sind in den AufTit zu übernehmen (Abs 2 S. 4 u. identisch § 18 II 2). Die AuslBeh darf den AufTit für eine zustimmungspflichtige Tätigkeit oder einen Hochqualifizierten nur erteilen, wenn ein konkretes Arbeitsplatzangebot vorliegt (§ 18 V).

Der Rechtsschutz ist komplizierter gestaltet, wenn die Eintragung über das Recht zur **198** Ausübung einer **Erwerbstätigkeit** berücksichtigt wird. Je nach dessen Rechtscharakter (Rn 57 ff) kann er selbständig angefochten werden oder nicht (dazu Marx, ZAR 2005, 47). Dabei ist maßgeblich darauf abzustellen, wie die Eintragung lautet, in welchem Verhältnis sie zu dem AufTit steht u. ob sie den Ausl belastet, ob sie ihm insb durch eine Einschränkung der Erwerbstätigkeit ein Unterlassen abverlangt, was ungeachtet des generellen Verbots mit Ausnahmevorbehalt für eine (echte) Auflage spricht (vgl Rn 58 ff).

Handelt es sich bei der Eintragung nur um einen Hinweis auf eine **ges Berechtigung** zur **199** Erwerbstätigkeit (Rn 61 f) u. wird diese von der Behörde nicht vorgenommen, sondern im Gegenteil die Erwerbstätigkeit ausgeschlossen, dann kann der Eintrag im Wege der Anfechtungsklage (§ 42 I VwGO) gegen den vermerkten Ausschluss der Erwerbstätigkeit verlangt werden. Fehlt jeglicher Zusatz, dann ist die Verpflichtungs- oder Leistungsklage zu erheben (§ 42 II VwGO), weil ein Anspruch auf den deklaratorischen Vermerk besteht (so wohl auch Marx, ZAR 2005, 47). Ein bloßes Feststellungsbegehren (§ 43 VwGO) würde idR nicht genügen, weil damit allein der zutreffende Eintrag noch nicht vorgenommen, dieser aber unerlässlich ist. Anders wäre es ausnahmsweise zu werten, wenn die AuslBeh sich zu der entsprechenden Eintragung im Falle der positiven gerichtlichen Feststellung verpflichtete u. damit ein Widerspruchsverf erübrigte, das nur bei Anfechtungs- u. Verpflichtungsklagen vorgeschaltet ist (§ 68 VwGO). Richten sich Art u. Umfang der ges zugelassenen Erwerbstätigkeit nach den Verhältnissen des Ehegatten (Rn 62) u. wird die Berechtigung nicht oder nicht vollständig festgestellt, dann kann auch hiergegen mit der Anfechtungsklage vorgegangen werden. Ebenso verhält es sich, wenn die Behörde zu Unrecht nicht berücksichtigt hat, dass eine Tätigkeit **nicht** als Erwerbstätigkeit **gilt** (Rn 69) oder von der Zustimmung der BA **freigestellt** ist (Rn 70 f).

200 Verfügt der Ausl über ein **AufR aus anderen als Erwerbsgründen** u. verweigert die AuslBeh die Zulassung einer selbständigen Tätigkeit oder die BA die Zustimmung zu der angestrebten nichtselbständigen Beschäftigung, dann ist hiergegen ebenfalls die Anfechtungsklage gegeben (ebenso Marx, ZAR 2005, 47). Sie ist darauf gerichtet, dass die AuslBeh den Vermerk „Erwerbstätigkeit nicht gestattet", der die Auflage des Unterlassens jedweder Erwerbstätigkeit bedeutet, entsprechend abändert. Soweit die BA im Zustimmmungsverf beteiligt war, ist sie notwendig beizuladen (§ 65 II VwGO). Dies gilt auch bei jedem Verlangen nach Änderung einer Zustimmung zugunsten des Ausl u. bei Feststellung der Zustimmungsbedürftigkeit erst während des laufenden Gerichtsverf.

201 Begehrt der Ausl eine **AE** (nur) **zu Erwerbszwecken** u. wird ihm diese ganz oder teilweise versagt, kann er nur mit der Verpflichtungsklage dagegen vorgehen. Entweder kann er die AE erhalten oder nicht. Damit bildet die Eintragung über die von ihm begehrte u. von der AuslBeh versagte Erwerbstätigkeit eine modifizierende Auflage (zur modifizierenden Auflage vgl Rn 60, 66). Hat die BA die Zustimmung ganz oder teilweise abgelehnt, ist sie dem Verf beizuladen.

§ 5 Allgemeine Erteilungsvoraussetzungen

(1) ¹Die Erteilung eines Aufenthaltstitels setzt in der Regel voraus, dass die Passpflicht nach § 3 erfüllt wird und

1. der Lebensunterhalt gesichert ist,
1 a. die Identität und, falls er nicht zur Rückkehr in einen anderen Staat berechtigt ist, die Staatsangehörigkeit des Ausländers geklärt ist,
2. kein Ausweisungsgrund vorliegt und
3. soweit kein Anspruch auf Erteilung eines Aufenthaltstitels besteht, der Aufenthalt des Ausländers nicht aus einem sonstigen Grund Interessen der Bundesrepublik Deutschland beeinträchtigt oder gefährdet.

(2) ¹Des Weiteren setzt die Erteilung einer Aufenthaltserlaubnis oder einer Niederlassungserlaubnis voraus, dass der Ausländer

1. mit dem erforderlichen Visum eingereist ist und
2. die für die Erteilung maßgeblichen Angaben bereits im Visumantrag gemacht hat.

²Hiervon kann abgesehen werden, wenn die Voraussetzungen eines Anspruchs auf Erteilung erfüllt sind oder es auf Grund besonderer Umstände des Einzelfalls nicht zumutbar ist, das Visumverfahren nachzuholen.

(3) In den Fällen der Erteilung eines Aufenthaltstitels nach den §§ 24, 25 Abs. 1 bis 3 sowie § 26 Abs. 3 ist von der Anwendung der Absätze 1 und 2 abzusehen; in den übrigen Fällen der Erteilung eines Aufenthaltstitels nach Kapitel 2 Abschnitt 5 kann hiervon abgesehen werden.

(4) ¹Die Erteilung eines Aufenthaltstitels ist zu versagen, wenn einer der Ausweisungsgründe nach § 54 Nr 5 oder 5 a vorliegt. ²Von Satz 1 können in begründeten Einzelfällen Ausnahmen zugelassen werden, wenn sich der Ausländer gegenüber den zuständigen Behörden offenbart und glaubhaft von seinem sicherheitsgefährdenden Handeln Abstand nimmt. ³Das Bundesministerium des Innern oder die von ihm bestimmte Stelle kann in begründeten Einzelfällen vor der Einreise des Ausländers für den Grenzübertritt und einen anschließenden Aufenthalt von bis zu sechs Monaten Ausnahmen von Satz 1 zulassen.

Allgemeine Erteilungsvoraussetzungen § 5 **AufenthG 1**

Vorläufige Anwendungshinweise

Zu § 5 Allgemeine Erteilungsvoraussetzungen

5.0 Allgemeines
5.0.1 § 5 regelt die grundlegenden Voraussetzungen für die Erteilung eines Aufenthaltstitels. Diese Erteilungsgründe gelten mit Ausnahme von Absatz 1 Nr 3 unabhängig davon, ob ein Rechtsanspruch auf Erteilung eines Aufenthaltstitels besteht oder nach Ermessen entschieden werden kann. Die Voraussetzungen des § 5 Absatz 1 gelten für alle Aufenthaltstitel, d. h. auch für das Visum. Die Voraussetzungen des § 5 Abs. 2 müssen bei der Erteilung einer Aufenthaltserlaubnis oder Niederlassungserlaubnis zusätzlich zu denjenigen erfüllt werden, die in § 5 Abs. 1 genannt sind. Der Umstand, dass es sich um Regelerteilungsgründe handelt, wie im damaligen AuslG, um Regelversagungsgründe handelte, hat zur Folge, dass ein Aufenthaltstitel nicht erteilt werden kann, wenn nicht feststellbar ist, ob der Erteilungsgrund vorliegt (objektive Beweislast). Bei der Darlegung der Voraussetzungen hat der Ausländer eine Mitwirkungspflicht gemäß § 82 Abs. 1, auf ihn die Ausländerbehörde hinweisen soll (§ 82 Abs. 3).
5.0.2 Ausnahmen von diesen Erteilungsvoraussetzungen finden sich in § 5 Abs. 2 Satz 2, § 5 Abs. 3 sowie in speziellen Erteilungsvorschriften für bestimmte Aufenthaltszwecke. Darüber hinaus kann von einem Regelerteilungsgrund nur abgewichen werden, wenn ein Sachverhalt vorliegt, der sich so sehr vom gesetzlichen Regeltatbestand unterscheidet, dass er das ausschlaggebende Gewicht des gesetzlichen Regelerteilungsgrundes beseitigt. Dies ist anhand des Zwecks des Regeltatbestands zu ermitteln. Ein Fall unterscheidet sich demnach nicht bereits deshalb vom Regelfall, weil besondere, außergewöhnliche Umstände und Merkmale zu einer Abweichung von der Vielzahl gleich liegender Fälle führen. Vielmehr ist zusätzlich erforderlich, dass eine solche Abweichung die Anwendung des Regeltatbestandes nach seinem Sinn und Zweck unpassend oder grob unverhältnismäßig oder untunlich erscheinen lässt. Die Beurteilung, ob ein Regelerteilungsgrund eingreift, erfordert eine rechtlich gebundene Entscheidung, die einer uneingeschränkten gerichtlichen Überprüfung unterliegt.
5.0.3 Der Anwendungsbereich des § 5 kann auch durch andere Gesetze im Sinne von § 1 Abs. 1 S. 5 beschränkt sein. Österreichischen Staatsangehörigen z. B. darf, unabhängig von der Freizügigkeit nach Europäischem Gemeinschaftsrecht, der weitere Aufenthalt nicht allein aus Gründen der Hilfsbedürftigkeit versagt und gegen sie dürfen keine Maßnahmen zur Rückführung erlassen werden, wenn sie sich bereits ein Jahr ununterbrochen erlaubt im Bundesgebiet aufhalten; ohne Rücksicht auf die Dauer des Aufenthalts haben alle diese Maßnahmen zu unterbleiben, wenn Gründe der Menschlichkeit gegen sie sprechen (vgl. Artikel 8 Abs. 1 des deutsch-österreichischen Fürsorgeabkommens vom 17. Januar 1966 – BGBl. 1969 II S. 1550 –). Die Zulassung des weiteren Aufenthalts darf weder wegen mangelnder Unterhaltssicherung (vgl. § 5 Abs. 1 Nr 1) noch deswegen verweigert werden, weil mit dem Sozialhilfebezug ein Ausweisungsgrund verwirklicht wird (vgl. § 5 Abs. 1 Nr 2 i. V. m. § 55 Nr 6). Schweizerische Staatsangehörige können sich unabhängig von Freizügigkeitsabkommen EU-Schweiz im Falle der Hilfsbedürftigkeit auf einen gleichwertigen aufenthaltsrechtlichen Schutz berufen (vgl. dazu Artikel 5 Abs. 1 Satz 1, Abs. 2 und 4 der deutsch-schweizerischen Fürsorgevereinbarung vom 14. Juli 1952 – BGBl. 1953 II S. 31, S. 129 –).
5.0.4 Im Unterschied dazu schränken das Europäische Fürsorgeabkommen vom 11. Dezember 1953 (BGBl. 1956 II S. 563/1958 II S. 18) und das Europäische Niederlassungsabkommen vom 13. Dezember 1959 (BGBl. 1959 V S. 97) zwar die Ausweisung eines Ausländers ein, die sich daraus ergebende Schutzwirkung schließt jedoch nicht die Versagung der Verlängerung eines Aufenthaltstitels aus. Die Schutzwirkung dieser Verträge erstreckt sich nur auf bestehende Aufenthaltsrechte.

5.1 Erteilungsvoraussetzungen für alle Aufenthaltstitel
5.1.0 Gründe, die ausnahmsweise eine Abweichung von der Passpflicht rechtfertigen, sind außer den in § 5 Abs. 3 genannten Fällen insbesondere in dem damaligen § 9 Abs. 1 Nr 3 AuslG ausdrücklich geregelten Fälle, etwa das Vorliegen eines Anspruchs auf Erteilung des Aufenthaltstitels, wenn der Ausländer sich rechtmäßig im Bundesgebiet aufhält und aus von ihm nicht zu vertretenden Gründen keinen Pass erlangen kann, oder sonstige begründete Einzelfälle.
5.1.1.1 Eine Erteilung von Aufenthaltstiteln ohne Vorliegen eines anerkannten Passes oder Passersatzpapiers soll erst nach einer umfassenden Überprüfung der zu befreienden Person, bei einem Voraufenthalt in Deutschland auch anhand des Bundeszentralregisters, erfolgen. Dies entspricht dem Charakter der Entscheidung als Ausnahmeentscheidung, die einen durch den Gesetzgeber als grundsätzlich zwingend ausgestalteten Grund für eine Versagung des Aufenthaltstitels – sogar in Fällen, in denen sonst ein Anspruch bestehen würde – durchbricht. Auch bei Bestehen eines Anspruchs kann auf das Vorhandensein eines ausreichenden Passes oder Passersatzes ausnahmsweise nur verzichtet werden,

wenn – bei einem Kurzaufenthalt – an der Rückkehrwilligkeit, -bereitschaft und -berechtigung ausnahmsweise keine vernünftigen Zweifel bestehen, oder wenn – bei einem Daueraufenthalt – ein Anspruch oder ein sehr gewichtiger Grund für die Begründung eines Daueraufenthalts besteht und keine Gründe ersichtlich sind, wonach in naher oder mittlerer Zukunft mit einer Aufenthaltsbeendigung oder der Verwirklichung von Ausweisungstatbeständen zu rechnen ist. In aller Regel kann demnach beim Vorliegen von Vorstrafen in derartigen Fällen kein Aufenthaltstitel erteilt werden, insbesondere wenn es sich um erheblichere oder Rohheitsdelikte handelt. Ausnahmen von der Passpflicht vor der Einreise des Ausländers richten sich nach § 3 Abs. 2. Das Bundesministerium des Innern ist bei seiner Entscheidung nicht an Entscheidungen oder Zusagen anderer Behörden gebunden. Die Ausnahme vom Regelerteilungsgrund der Passpflicht hat lediglich zur Folge, dass trotz der Nichterfüllung der Passpflicht ein Aufenthaltstitel erteilt wird. Sie befreit den Ausländer jedoch nicht davon, sich um die Erfüllung der nach § 3 Abs. 1 weiterhin bestehenden Passpflicht zu bemühen. Die Pflichten nach § 48 Abs. 3 gelten weiterhin. Ihre schuldhafte Nichterfüllung ist gemäß § 98 Abs. 2 Nr 3 bußgeldbewehrt. Sofern der Ausländer keinen Pass oder Passersatz besitzt (insbesondere keinen Reiseausweis für Flüchtlinge), und ein Pass oder Passersatz nicht binnen einiger Wochen erlangt werden kann, ist mit dem Aufenthaltstitel ein Ausweisersatz auszustellen. In diesen Fällen ist davon auszugehen, dass gemäß § 55 Abs. 1 AufenthV jedenfalls kurzfristig die Erlangung eines Passes oder Passersatzes nicht möglich und zumutbar ist.
5.1.1.2 Der Regelerteilungsgrund der Lebensunterhaltssicherung dient dazu, die Inanspruchnahme öffentlicher Mittel zu vermeiden. Die Definition der Lebensunterhaltssicherung findet sich in § 2 Abs. 3 (vgl. Nummer 2.3).
5.1.1.3 Identität und Staatsangehörigkeit sind im Regelfall durch die Vorlage eines gültigen Passes oder Passersatzes nachgewiesen. Sofern ein solches Dokument nicht vorliegt, sind die Identität und Staatsangehörigkeit durch andere geeignete Mittel nachzuweisen (z. B. Geburtsurkunde, andere amtliche Dokumente). Als Drittausländer sind auch Personen zu behandeln, bei denen noch nicht geklärt ist, ob sie Deutsche (vgl. § 2 Abs. 1) oder Unionsbürger sind. Die zur Feststellung der Identität oder Staatsangehörigkeit erforderlichen Maßnahmen nach § 49 Abs. 1 und 2 veranlasst grundsätzlich die Ausländerbehörde (vgl. § 71 Abs. 4). Deutsche Volkszugehörige, die einen Aufnahmebescheid und einen Registrierschein haben, gehören nicht zu diesem Personenkreis.
5.1.2 Ausweisungsgrund
5.1.2.1 Es kommt darauf an, ob ein Ausweisungsgrund nach den §§ 53 bis 55 objektiv vorliegt. Es wird nicht gefordert, dass der Ausländer auch ermessensfehlerfrei ausgewiesen werden könnte. Daher ist keine hypothetische Prüfung durchzuführen, ob der Ausländer wegen des Ausweisungsgrundes ausgewiesen werden könnte oder würde, und ob der Ausweisung Schutzvorschriften entgegenstehen. Bei der Feststellung, ob ein Ausweisungsgrund vorliegt, ist daher unbeachtlich, ob die Ausweisungsbeschränkungen des § 56 gegeben sind, oder ob das im Europäischen Fürsorgeabkommen für den dort begünstigten Personenkreis geregelte Verbot der Ausweisung wegen Sozialhilfebedürftigkeit eingreift. Diese Regelung verbietet nämlich lediglich, dass an das Vorliegen des Ausweisungsgrundes nach § 55 Nr 6 die Rechtsfolge der Ausweisung geknüpft werden darf. Sie verpflichtet jedoch nicht, einem Ausländer, der Sozialhilfe in Anspruch nimmt oder in Anspruch nehmen muss, den Aufenthaltstitel zu erteilen oder zu verlängern.
5.1.2.2 Der Ausweisungsgrund ist nur beachtlich, wenn dadurch aktuell eine Beeinträchtigung der öffentlichen Sicherheit und Ordnung oder sonstiger erheblicher Interessen der Bundesrepublik Deutschland i. S. v. § 55 Abs. 1 zu befürchten ist. Je gewichtiger der Ausweisungsgrund ist, umso weniger strenge Voraussetzungen sind an die Prüfung des weiteren Vorliegens einer Gefährdung zu stellen. Ausweisungsgründe nach §§ 53, 54 und § 55 Nr 1 bis 3 liegen solange vor, wie eine Gefährdung fortbesteht. Längerfristige Obdachlosigkeit, Sozialhilfebezug und Inanspruchnahme von Erziehungshilfe (§ 55 Nr 5 zweite Alternative, Nr 6, 7) können keine Grundlage für die Versagung bieten, wenn diese Umstände zwischenzeitlich weggefallen sind. Ein Ausweisungsgrund ist auch dann unbeachtlich, wenn er aufgrund einer Zusicherung der Ausländerbehörde verbraucht ist (Gesichtspunkt des Vertrauensschutzes).
5.1.2.3 Da die Ausländerbehörden nach § 41 Abs. 1 Nr 7 Bundeszentralregistergesetz (BZRG) eine unbeschränkte Auskunft aus dem Bundeszentralregister verlangen können, sind Einträge im Bundeszentralregister und die ihnen zu Grunde liegenden Sachverhalte – insbesondere zu strafrechtlichen Verurteilungen, aber auch zu Suchvermerken im Zusammenhang mit noch nicht abgeschlossenen Strafverfahren – mit Ausnahme der in § 17 BZRG genannten Eintragungen und mit Ausnahme der Verurteilungen zu Jugendstrafe, bei denen der Strafmakel als beseitigt erklärt ist (vgl. § 41 Abs. 2 BZRG) – grundsätzlich bis zur Tilgung im Bundeszentralregister (Zweiter Teil, Vierter Abschnitt

Allgemeine Erteilungsvoraussetzungen § 5 AufenthG 1

BZRG) verwertbar. Ist die Eintragung über eine Verurteilung im Register getilgt worden oder ist sie zu tilgen, so dürfen die Tat und die Verurteilung dem Betroffenen hingegen nach § 51 Abs. 1 BZRG nicht mehr vorgehalten und nicht zu seinem Nachteil verwertet werden. Entscheidungen von Gerichten oder Ausländerbehörden, die im Zusammenhang mit der Tat oder der Verurteilung vor der Tilgung bereits ergangen sind, bleiben hingegen nach § 51 Abs. 2 BZRG unberührt. Nach § 52 Abs. 1 Nr 1 BZRG darf die frühere Tat zudem auch nach der Tilgung berücksichtigt werden, wenn die Sicherheit der Bundesrepublik Deutschland oder eines ihrer Länder dies zwingend gebietet. Hiervon ist im Zusammenhang mit § 5 Abs. 4 sowie § 54 Nr 5 oder 5 a regelmäßig auszugehen.

5.1.2.4 Zu beachten ist, dass ein Antragsteller im Visumverfahren und im Verfahren zur Beantragung eines Aufenthaltstitels sich nach § 53 Abs. 1 BZRG als unbestraft bezeichnen darf und den der Verurteilung zugrunde liegenden Sachverhalt nicht zu offenbaren braucht, wenn die Verurteilung entweder nicht in ein Führungszeugnis oder nur in ein Führungszeugnis für Behörden aufzunehmen ist oder aus dem Bundeszentralregister zu tilgen ist. Von der Befreiung von der Pflicht zur Offenbarung von Verurteilungen, die zwar nicht zu tilgen sind, aber nicht in ein Führungszeugnis aufgenommen werden, ist der Betroffene nach § 53 Abs. 2 BZRG gegenüber Behörden, die zu einer unbeschränkten Auskunft aus dem Bundeszentralregister befugt sind, nur nicht befreit, wenn eine entsprechende Belehrung erfolgt ist. Eine entsprechende Bestätigung der Belehrung – auch im Hinblick auf § 55 Abs. 2 Nr 1 – kann wie folgt lauten:

„In § 55 Abs. 2 Nr 1 AufenthG ist bestimmt, dass ein Ausländer/eine Ausländerin aus Deutschland ausgewiesen werden kann, wenn er/sie im Verfahren zur Erteilung eines Aufenthaltstitels falsche Angaben zum Zwecke der Erteilung eines Aufenthaltstitels gemacht hat. Der Antragsteller/die Antragstellerin ist verpflichtet, alle Angaben nach bestem Wissen und Gewissen zu machen. Bewusste Falschangaben können zur Folge haben, dass der Antrag abgelehnt wird bzw. die Antragstellerin/der Antragsteller aus Deutschland ausgewiesen wird, sofern ein Aufenthaltstitel bereits erteilt wurde. Die Behörde darf nach den Vorschriften des Bundeszentralregistergesetzes eine unbeschränkte Auskunft über die im Bundeszentralregistergesetz eingetragenen und nicht zu tilgenden strafrechtlichen Verurteilungen einholen, auch wenn diese nicht mehr in Führungszeugnisse aufgenommen werden. Daher ist ein Antragsteller verpflichtet, auch strafrechtliche Verurteilungen, die zwar nicht zu tilgen sind, aber nicht in ein Führungszeugnis aufgenommen werden, anzugeben. Durch die Unterschrift bestätigt die Antragstellerin/der Antragsteller, dass er/sie über die Rechtsfolgen falscher oder unvollständiger Angaben im Verfahren belehrt worden ist."

5.1.3 Beeinträchtigung oder Gefährdung der Interessen der Bundesrepublik Deutschland

5.1.3.0 Der Begriff der Interessen der Bundesrepublik Deutschland umfasst in einem weiten Sinne sämtliche öffentlichen Interessen. Der Regelversagungsgrund fordert nicht die Beeinträchtigung oder Gefährdung eines „erheblichen" öffentlichen Interesses (vgl. im Gegensatz hierzu § 55 Abs. 1). Eine Gefährdung öffentlicher Interessen ist anzunehmen, wenn Anhaltspunkte dafür vorliegen, dass der Aufenthalt des betreffenden Ausländers im Bundesgebiet öffentliche Interessen mit hinreichender Wahrscheinlichkeit beeinträchtigt wird. Allgemeine entwicklungspolitische Interessen erfüllen an sich allein diese Anforderungen nicht. Die Ausländerbehörde hat unter Berücksichtigung des bisherigen Werdegangs des Ausländers eine so genannte Prognoseentscheidung zu treffen.

5.1.3.1.1 Zu den in § 5 Abs. 1 Nr 3 genannten Interessen gehört auch das öffentliche Interesse an der Einhaltung des Aufenthaltsrechts einschließlich der Einreisevorschriften, um insbesondere dem Hineinwachsen in einen vom Gesetz verwehrten Daueraufenthalt in Deutschland vorzubeugen. Dieses Interesse ist verletzt, wenn der Ausländer in das Bundesgebiet einreist und sich die Art des von ihm beantragten und danach erteilten Aufenthaltstitels mit dem tatsächlich angestrebten Aufenthaltsgrund oder -zweck nicht deckt. Auch im Visumverfahren greift der Regelerteilungsgrund bereits im Stadium der Gefährdung, ohne dass sich die Gefahr in einer tatsächlich feststehenden Interessenbeeinträchtigung verwirklicht haben muss. Die Gefahr muss allerdings mit hinreichender Wahrscheinlichkeit bestehen. Erhärtet sich der Verdacht auf eine Straftat gemäß § 95 Abs. 2 Nr 2 (unrichtige Angaben) mit der Folge, dass gegen den Ausländer ein Ausweisungsgrund vorliegt, mangelt es auch am Vorliegen der Regelleistungsvoraussetzung des § 5 Abs. 1 Nr 2. Eine Gefährdung der Interessen der Bundesrepublik Deutschland kann insbesondere angenommen werden, wenn das Ausländerrecht für den beabsichtigten Aufenthaltszweck des Ausländers im Regelfall keine legale Verwirklichungsmöglichkeit vorsieht und somit zu befürchten ist, dass der Ausländer den Aufenthaltszweck illegal erreichen will.

5.1.3.1.2 Einem Ausländer, dem nur vorübergehender Aufenthalt gewährt werden soll, darf kein Aufenthaltstitel erteilt werden, wenn begründete Zweifel an der Möglichkeit oder der Bereitschaft zur

Rückkehr in seinen Herkunftsstaat bestehen. Das gilt auch, wenn der Ausländer die Entlassung aus der Staatsbürgerschaft beantragt hat, eine erforderliche Rückkehrberechtigung oder einen erforderlichen Rückkehrsichtvermerk nicht besitzt oder deren Geltungsdauer nur noch weniger als vier Monate beträgt.

5.1.3.1.3 Soweit wegen der Verhältnisse im Herkunftsstaat ein Abschiebungshindernis besteht, darf ein Visum regelmäßig nur erteilt werden, wenn dem Ausländer aus humanitären Gründen Aufenthalt gewährt werden soll (§§ 22, 23, 24).

5.1.3.1.4 Zu den öffentlichen Interessen i. S. v. § 5 Abs. 1 Nr 3 gehört auch, die Verpflichtungen einzuhalten, die sich aus völkerrechtlichen Verträgen für die Vertragsstaaten ergeben. Für die Erteilung eines Schengen-Visums sind die Voraussetzungen des Artikels 5 Abs. 1 SDÜ maßgebend.

5.1.3.1.5 Zu den öffentlichen Interessen gehört auch die Vermeidung einer Belastung der öffentlichen Haushalte. Die Aufenthaltsgenehmigung ist daher regelmäßig zu versagen, wenn der Ausländer, insbesondere ältere Personen, keinen Krankenversicherungsschutz nachweist oder Rückkehrhilfen in Anspruch genommen hat. Bei älteren Ausländern muss das Risiko der Krankheit durch eine Versicherung oder im Einzelfall durch eine gleichwertige Absicherung, zum Beispiel durch Abgabe einer Erklärung gemäß § 68 oder einer Bürgschaft, gedeckt sein. Dies gilt auch für die Erteilung von Ausnahmevisa.

5.1.3.1.6 Im Falle der Gefährdung der öffentlichen Gesundheit ist die Erteilungsvoraussetzung nach § 5 Abs. 1 Nr 3 gegeben, auch wenn die besonderen Voraussetzungen für die Ausweisung nach § 55 Abs. 2 Nr 5 nicht vorliegen. Der Aufenthaltstitel ist daher regelmäßig zu versagen, wenn ein Ausländer an einer nach §§ 6, 7 des Infektionsschutzgesetzes meldepflichtigen übertragbaren Krankheit, an einer ansteckungsfähigen Geschlechtskrankheit leidet, oder wenn er Ausscheider im Sinne des § 2 Nr 6 des Infektionsschutzgesetzes ist. Gleiches gilt für einen Ausländer, bei dem ein Verdacht auf eine dieser Krankheiten oder auf diese Ausscheidung besteht. Ein vom Regelfall abweichender atypischer Fall liegt jedoch z. B. vor, wenn die Krankheit nachweislich nicht auf Personen übertragen werden kann. Soweit die Störung oder Gefährdung auf das persönliche Verhalten des Ausländers zurückzuführen ist, liegt der Ausweisungsgrund des § 55 Abs. 2 Nr 2 vor, so dass die Regelversagung auf § 5 Abs. 1 Nr 2 gestützt werden kann. Da der begründete Verdacht auf eine derartige Krankheit genügt, braucht sie noch nicht ausgebrochen zu sein.

5.1.3.1.7 Nicht übertragbare Krankheiten berühren zwar nicht die Gesundheit der Bevölkerung und stellen wie nichtmeldepflichtige Krankheiten keinen Regelversagungsgrund dar; sie können jedoch öffentliche Belange anderer Art, insbesondere wegen der Notwendigkeit finanzieller Aufwendungen der Sozialversicherung oder öffentlicher Haushalte, beeinträchtigen und sind im Rahmen der Interessenabwägung zu berücksichtigen, sofern der Aufenthaltstitel nach Ermessen erteilt werden kann.

5.1.3.1.8 Bei Vorliegen von Anhaltspunkten für die Gefährdung der öffentlichen Gesundheit kann die Ausländerbehörde die Vorlage eines Gesundheitszeugnisses verlangen. Im Visumverfahren kann die deutsche Auslandsvertretung ihren Vertrauensarzt beteiligen. Die Vorlage von Gesundheitszeugnissen für Angehörige bestimmter Ausländergruppen kann nur die oberste Landesbehörde anordnen.

5.1.3.2 Eine Beeinträchtigung öffentlicher Interessen liegt vor, wenn der Ausländer seinen Lebensunterhalt aus einer sittenwidrigen oder sozial unwerten Erwerbstätigkeit bestreitet. In diesen Fällen greift der Versagungsgrund jedoch nicht ein, wenn der Ausländer einen gesetzlichen Aufenthaltsanspruch hat oder das Diskriminierungsverbot nach Europäischem Gemeinschaftsrecht eine Inländergleichbehandlung gebietet.

5.1.3.3 Ziel der Anwendung der ausländerrechtlichen Instrumentarien ist eine flexible und bedarfsorientierte Zuwanderungssteuerung. Dabei können je nach bestehender Zuwanderungs- und Integrationssituation Interessen der Zuwanderungsbegrenzung wie auch der gezielten Zuwanderung im Vordergrund stehen. Maßstab für die Steuerung ist insoweit § 1 Abs. 1.

5.1.4 Für ein Absehen von der Regelerteilungsvoraussetzung des Fehlens eines Ausweisungsgrundes können folgende Gesichtspunkte maßgebend sein:

5.1.4.1 – Die Dauer der Aufenthaltszeit, in der keine Straftaten begangen wurden, im Verhältnis zur Gesamtaufenthaltsdauer. Ein langwährender rechtmäßiger Aufenthalt im Bundesgebiet und die damit regelmäßig einhergehende Integration kann unter Berücksichtigung des Grundsatzes der Verhältnismäßigkeit eine atypische Fallgestaltung in der Weise ergeben, dass schutzwürdige Bindungen des Ausländers im Bundesgebiet zu berücksichtigen sind und ein Aufenthaltstitel je nach dem Grad der Entfremdung vom Heimatland grundsätzlich nur noch zur Gefahrenabwehr aus gewichtigen Gründen versagt werden darf.

Allgemeine Erteilungsvoraussetzungen § 5 AufenthG 1

5.1.4.2 – Hat der Ausländer die Inanspruchnahme von Sozialhilfeleistungen nicht zu vertreten (z. B. unverschuldete Arbeitslosigkeit, unverschuldeter Unfall) und hält er sich seit vielen Jahren rechtmäßig im Bundesgebiet auf, ist dieser Umstand insbesondere dann zugunsten des Ausländers zu gewichten, wenn er aufgrund seiner Sondersituation dem deutschen Arbeitsmarkt nicht zur Verfügung steht oder die Minderung der Erwerbsfähigkeit einen ergänzenden Bezug von Leistungen nach Sozialgesetzbuch Buch II oder XII erforderlich macht. Dies gilt auch bei der Verlängerung einer nach § 31 erteilten Aufenthaltserlaubnis.
5.1.4.3 – Bei Inanspruchnahme von Leistungen nach Sozialgesetzbuch Buch II oder XII zur Bestreitung des Lebensunterhaltes nach lang währendem Aufenthalt im Bundesgebiet ist auch darauf abzustellen, ob diese Leistungen nur in geringer Höhe oder für eine Übergangszeit in Anspruch genommen werden. Dies kann insbesondere bei Alleinerziehenden der Fall sein.
5.1.4.4 – Bei Obdachlosigkeit kann eine Abweichung vom Regelerteilungsgrund gerechtfertigt sein, wenn es sich um einen Ausländer handelt, der zusammen mit seinen Familienangehörigen seit langer Zeit in Deutschland lebt, beschäftigt ist und folglich seine Existenzgrundlage und die seines Ehegatten und seiner minderjährigen Kinder verlieren würde, wenn er mangels Aufenthaltstitel das Bundesgebiet verlassen müsste und ihm unter Berücksichtigung seines Lebensalters im Heimatstaat der Aufbau einer Existenzgrundlage nicht mehr ohne weiteres zumutbar wäre.

5.2 Erteilungsvoraussetzungen der Aufenthaltserlaubnis und der Niederlassungserlaubnis
5.2.1 § 5 Abs. 2 bestimmt als weitere Voraussetzung für die Erteilung der längerfristigen oder dauerhaften Aufenthaltstitel, dass das Visumverfahren nicht nur ordnungsgemäß, sondern auch unter vollständiger Angabe insbesondere des Aufenthaltszwecks durchgeführt worden ist. Auf diese Weise soll die Einhaltung des Visumverfahrens als wichtiges Steuerungsinstrument der Zuwanderung gewährleistet werden.
5.2.1.1 Die Voraussetzung kommt nur zum Tragen, wenn ein Visum erforderlich ist. Dies ist nicht der Fall, soweit der Ausländer gemäß §§ 39 bis 41 AufenthV den Aufenthaltstitel nach der Einreise einholen darf.
5.2.1.2 Einem Ausländer, der bereits eine Aufenthaltserlaubnis besitzt und deren Verlängerung oder die Erteilung eines anderen Aufenthaltstitels begehrt, kann bei dieser Gelegenheit ein früherer Visumverstoß nicht mehr vorgehalten werden (§ 39 Abs. 1 Nr 1 AufenthV).
5.2.2 Von der Einhaltung des Visumverfahrens kann im Einzelfall abgesehen werden, wenn die Voraussetzungen eines Anspruchs auf Erteilung der Aufenthaltserlaubnis oder einer Niederlassungserlaubnis erfüllt sind. Damit soll in Fällen, in denen die materielle Prüfung der Ausländerbehörde bereits zu Gunsten des Ausländers abgeschlossen ist, vermieden werden, dass das Visumverfahren lediglich als leere Förmlichkeit durchgeführt werden muss. Entsprechend ist in der Konsequenz auch zu entscheiden, wenn ein Aufenthaltstitel aufgrund einer Ermessensreduzierung auf Null erteilt werden muss, ohne dass ein Anspruch entstanden ist.
5.2.3 In Ermessensfällen kann von der Nachholung des Visumverfahrens abgesehen werden, wenn sie aufgrund besonderer Umstände des Einzelfalles nicht zumutbar ist. Dies kann z. B. der Fall sein, wenn im Haushalt des Ausländers betreuungsbedürftige Kinder oder pflegebedürftige Personen leben, deren Betreuung im Fall der Reise nicht gesichert wäre, wenn dem Ausländer wegen Krankheit, Schwangerschaft, Behinderung oder hohen Alters die Reise nicht zumutbar ist, wenn reguläre Reiseverbindungen in das Herkunftsland des Ausländers nicht bestehen, insbesondere wenn eine legale Durchreise durch Drittstaaten nicht gewährt wird oder im Herkunftsland keine deutsche Auslandsvertretung existiert. Die Kosten der Reise für die Nachholung des Visumverfahrens im Herkunftsland sind für sich allein keine solchen besonderen Umstände. Die Vorschrift dient vor allem dazu, eine Visumerteilung durch grenznahe Auslandsvertretungen entbehrlich zu machen.

5.3 Ausnahmeregelungen
5.3.1 In vielen Fällen der Aufenthaltsgewährung aus völkerrechtlichen, humanitären und politischen Gründen kann die Erteilung eines Aufenthaltstitels typischerweise nicht von der Einhaltung aller Voraussetzungen des § 5 abhängig gemacht werden. Absatz 3 trifft daher für diese Fälle eine zusammenfassende Sonderregelung. Bei Ausländern, die die Voraussetzungen eines humanitären Aufenthaltstitels erfüllen, besteht in der Regel nicht die Möglichkeit, den Aufenthalt zu beenden. Sie sollen nach dem Zuwanderungsgesetz für die Dauer der humanitären Notlage die Möglichkeit eines legalen Aufenthaltsstatus erhalten. Dies ist nicht mit einer Perspektive zur Verfestigung gleichzusetzen (§ 26 Abs. 2).
5.3.2 Absatz 3 gilt nicht für den Fall der Familienzusammenführung zu diesem Personenkreis. Ein nachziehendes Familienmitglied muss die Voraussetzungen des § 5 erfüllen, soweit in den Vorschriften zum Familiennachzug keine Ausnahmen vorgesehen sind.

5.3.3 In den Fällen des 1. Halbsatzes ist der Aufenthaltstitel ungeachtet der Regelerteilungsvoraussetzung der Absätze 1 und 2 zu erteilen. Hinsichtlich der Ausweisungsgründe regelt § 25 Abs. 1 Satz 2 einen speziellen Versagungsgrund, der auch im Fall des § 25 Abs. 2 anwendbar ist.
5.3.4 In den Fällen des 2. Halbsatzes kann von der Anwendung der Absätze 1 und 2 abgesehen werden.
5.3.4.1 Ein Absehen vom Erfordernis des gesicherten Lebensunterhalts kommt bei erstmaliger Erteilung eines Aufenthaltstitels grundsätzlich in Betracht, da ohne den Besitz eines Aufenthaltstitels die Aufnahme einer Beschäftigung grundsätzlich ausgeschlossen ist. Dies gilt nicht, wenn der Betroffene sich bereits seit einem Jahr in Deutschland aufgehalten hat und geduldet war, weil dann die Möglichkeit nach § 10 BeschVerfV besteht, auch dem Geduldeten die Ausübung einer Erwerbstätigkeit zu erlauben, und für eine Verfestigung des Aufenthaltsstatus durch Erteilung eines Aufenthaltstitels die eigenständige Finanzierung des Aufenthalts verlangt werden kann. Diese Grundsätze gelten auch für den Ausweisungsgrund des § 55 Abs. 2 Nr 6. Eine Versagung der Verlängerung kommt in den übrigen Fällen in Betracht, wenn der Ausländer sich nicht um eine zumutbare Beschäftigung bemüht hat.
5.3.4.2 Ausweisungstatbestände können bis zu der Grenze außer Betracht bleiben, die auch eine Aufenthaltsverfestigung nicht verhindert (§ 9 Abs. 2 Nr 4).
5.3.4.3 Im Fall des § 23 Abs. 2 soll von der Einhaltung des Visumverfahrens nicht abgesehen werden, da hier ein überwiegendes öffentliches Interesse an der Einhaltung des geregelten Aufnahmeverfahrens besteht und der Ausländer sich nicht in einer Fluchtsituation befindet. Bei Bürgerkriegsflüchtlingen oder Personen, bei denen rechtliche Abschiebungsverbote vorliegen, soll von der Einhaltung des Visumverfahrens abgesehen werden, im Übrigen ist nach den Umständen des Einzelfalles zu entscheiden.

5.4 Gefährdung der freiheitlichen demokratischen Grundordnung
5.4.1 Der Versagungsgrund greift ein, wenn ein Ausweisungsgrund nach § 54 Nr 5 oder 5a objektiv vorliegt. Ebenso wie bei § 5 Abs. 1 Nr 2 ist es nicht erforderlich, dass der Ausländer auch ermessensfehlerfrei ausgewiesen werden könnte. Die Ausführungen zu Nummer 5.1.2.1 gelten entsprechend.
5.4.2 Der Versagungsgrund gilt uneingeschränkt sowohl für Aufenthaltstitel, die im Ermessenswege erteilt werden können, als auch für solche, auf die ein gesetzlicher Anspruch besteht. Beim Vorliegen von Tatsachen, die die Schlussfolgerung rechtfertigen, dass ein Terrorismusbezug im Sinne des § 54 Nr 5 besteht, sowie in Fällen des § 54 Nr 5a überwiegt stets das Interesse der Bundesrepublik Deutschland an der Fernhaltung des Betroffenen vom Bundesgebiet gegenüber der dem Anspruch zugrunde liegenden Grundrechtsposition (z. B. aus Artikel 6 GG). Artikel 6 GG verleiht keinen unmittelbaren Rechtsanspruch auf Aufenthaltsgewährung im Bundesgebiet, sondern verpflichtet lediglich den Staat, familiäre Bindungen möglichst zu berücksichtigen. Zu beachten ist, dass sich der Terrorismus in krimineller Form absichtlich gegen die Sicherheit der gesamten Gesellschaft und dabei auch gegen zahlreiche Rechtspositionen, unter anderem gegen die Grundrechte auf Leben (Artikel 2 Abs. 2 GG) und Eigentum (Art. 14 GG), richtet. Die objektive staatliche Pflicht zur Achtung und Wahrung der Würde aller Menschen und der betroffenen Rechtsgüter ist Gegenstand der im Grundgesetz verankerten objektiven Werteordnung und bezieht sich daher nicht nur auf den Schutz der entsprechenden inländischen, sondern auch solcher Rechtsgüter im Ausland. Es besteht zudem weltweiter Konsens, dass für Terroristen kein sicheres Refugium geschaffen werden darf. Auch ein „nur" auf das Ausland bezogener Terrorismus führt daher zu einem überwiegenden Interesse an der Fernhaltung des Betroffenen aus dem Bundesgebiet.
5.4.3 Satz 2 ermöglicht im Einzelfall Ausnahmen bei tätiger Reue. Auch insoweit obliegt eine Beurteilung den Sicherheitsbehörden. Für Ausnahmen vor der Einreise ist das Bundesministerium des Innern oder die von ihm bestimmte Stelle zuständig.

Übersicht

	Rn
I. Entstehungsgeschichte	1
II. Allgemeines	2
III. Regelvoraussetzungen	7
1. Allgemeines	7
2. Passpflicht	9
3. Lebensunterhalt	13
4. Identität und Staatsangehörigkeit	16
5. Ausweisungsgrund	20
6. Interessen der BR Deutschland	24
7. Ausnahmen von den Regelvoraussetzungen	36

Allgemeine Erteilungsvoraussetzungen § 5 **AufenthG** 1

	Rn
IV. Zwingende Voraussetzungen	39
1. Allgemeines	39
2. Ordnungsgemäße Einreise	42
3. Angaben im Visumantrag	57
4. Fakultative Ausnahmen	59
V. Ausnahmen zugunsten von Flüchtlingen	63
VI. Zwingende Versagungsgründe	68
VII. Verwaltungsverfahren und Rechtsschutz	71

I. Entstehungsgeschichte

Die Vorschrift entspricht im Wesentlichen dem **GesEntw** (BT-Drs 15/420 S. 8). Im **1** Vermittlungsverf wurde Nr 1a eingefügt u. S. 1 in Abs 4 neu gefasst (BT-Drs 15/3479 S. 2).

II. Allgemeines

Das AufenthG benennt anders als seine Vorgänger in einer Vorschrift zusammengefasst **2** die **grundlegenden Voraussetzungen** für die Erteilung eines AufTit, wobei Abs 1 für alle Titel gilt u. Abs 2 nur für NE u. AE. Allerdings ist vorab das Schengen-Visum auszunehmen, für das eigene Voraussetzungen gelten (§ 6 I). Außerdem sind verschiedenartige Abweichungen schon in § 5 selbst genannt. Darüber hinaus sind weitere allg Voraussetzungen für das Visum in § 6, für die AE in §§ 7 u. 8 u. für die NE in § 9 aufgeführt. Ferner sind die besonderen Voraussetzungen für die einzelnen Aufenthaltszwecke in der jew einschlägigen Vorschrift enthalten. Für jeden AufTit müssen die Voraussetzungen auf diesen drei Stufen geprüft u. bejaht werden, bevor er erteilt werden kann. Dabei kann das Ergebnis einer Prüfungsstufe durchaus offen bleiben, wenn eine Voraussetzung auf einer anderen Stufe zweifelsfrei nicht erfüllt ist. Die Reihenfolge ist zwar systematisch zwingend vorgegeben, aber nicht praktisch verbindlich einzuhalten.

Die **Wirkungsweise** der einzelnen Voraussetzungen ist unterschiedlich angelegt. In Abs 2 **3** sind zwingende Voraussetzungen genannt, von deren Beachtung nur in zwei Konstellationen abgewichen werden kann In Abs 1 sind Regelvoraussetzungen aufgestellt, die in atypischen Fällen nicht angewandt werden können. In Abs 3 sind einzelne Fallgruppen genannt, bei denen die zwingenden u. die Regelvoraussetzungen der Abs 1 u. 2 entweder allg nicht verlangt werden dürfen oder im Einzelfall nicht verlangt zu werden brauchen. In Abs 4 sind zwingende Versagungsgründe genannt, von denen aber ausnahmsweise in zwei Fallgruppen ebenfalls abgewichen werden kann. Hinzu kommt, dass bei einigen Aufenthaltszwecken noch weitere Ausnahmen von einzelnen Voraussetzungen des § 5 vorgesehen sind, zB in §§ 27 III 2, 28 I 1, 34 I 1 u. 38 III. Auch diese Ausnahmen sind nicht einheitlich formuliert. ZT ist die Abweichung zwingend, zT in das behördliche Ermessen gestellt; zT kann von allen Voraussetzungen abgewichen werden, zT nur von einigen; zT sind Ausnahmen allg zugelassen, zT nur für besondere Fälle.

Dieses **Stufensystem** ist mithin wesentlich komplizierter als zunächst zu vermuten (zur **4** früheren ähnlich strukturierten Rechtslage vgl 7. Aufl, § 5 AuslG Rn 6). Die damit erreichten Unterscheidungen sind freilich unverzichtbar, wenn der Vielfalt der Lebenslagen von Zuwanderern Rechnung getragen werden soll. Daher bestimmen unabhängig von den allg Erteilungs- u. Versagungsvoraussetzungen letztlich die für die einzelnen Zuwanderungszwecke geschaffenen Tatbestände über die Zulassung des Aufenthalts. Daneben bleibt der Weg über die offene Ermessensnorm des § 7 I 2 für im Ges selbst nicht vorgesehene Zuwanderungsfälle.

5 Die Bestimmungen des § 5 sind **nicht anwendbar,** wenn u. soweit andere Ges vom AufenthG unberührt bleiben (§ 1 I 5) oder das AufenthG insgesamt nicht anwendbar ist (§ 1 II). Sie gelten auch nicht für Unionsbürger u. Gleichgesetellte (§ 11 I FreizügG/EU). Hinsichtlich der Grundvoraussetzungen des § 5 ist zu beachten, dass manche zweiseitige Abk lediglich Vergünstigungen für die Beendigung des Aufenthalts vorsehen, nicht jedoch für dessen Begründung oder Verlängerung, zB Art 6 EFA (dazu § 7 Rn 28), das dt-österr Fürsorgeabkommen oder die dt-schweiz Fürsorgevereinbarung (Texte in Teil 5 Nr 10.1 bis 10.3). Die Grundvoraussetzungen des § 5 greifen schließlich nur bei AufTit iSd § 4 I 2 ein, nicht bei anderen Aufenthaltsdokumenten, wie zB der AufGest für Asylbew nach §§ 55, 63 AsylVfG oder den Bescheinigungen u. Erlaubnissen für Unionsbürger u. ähnlich Privilegierte nach dem FreizügG/EU (vgl dort § 11).

6 Sowohl in § 5 als auch in anderen Bestimmungen wird, ohne dass dies näher definiert ist, zwischen **Rechtsansprüchen** auf einen AufTit u. der Ausübung von Ermessen unterschieden (vgl früher §§ 6, 7 AuslG). Außerdem wird in manchen Fällen eine bestimmte Entscheidung mit dem Begriff „soll" vorgegeben. Schließlich werden Voraussetzungen beschrieben, die „in der Regel" zur Erteilung oder Versagung oder zur Ausweisung verpflichten, oder aber „Ausnahmen" oder „Abweichungen" von einzelnen oder mehreren Voraussetzungen zugelassen. Diese **Begriffe** können nicht allesamt allg verbindlich bestimmt werden, sie müssen vielmehr im Zusammenhang der jew Gesamtregelung gesehen u. ausgelegt werden.

III. Regelvoraussetzungen

1. Allgemeines

7 Alle in Abs 1 aufgeführten Anforderungen gelten für **alle AufTit,** also nicht wie die des Abs 2 nur für NE u. AE, sondern auch für das Visum. Bei letzterem müssen allerdings die besonderen Verhältnisse im Ausland vor der Einreise berücksichtigt werden. Obwohl die Erfüllung der Passpflicht nicht in den Katalog aufgenommen ist, steht sie gleichrangig neben den dort aufgelisteten Erfordernissen. Dies gilt auch für die in Abs 2 aufgenommene Einhaltung der Visumregeln. Die Beeinträchtigung sonstiger dt Interessen (Abs 1 Nr 3) ist freilich nur außerhalb von Rechtsansprüchen schädlich.

8 Die Grundvoraussetzungen des Abs 1 gelten nur in der Regel. Wann der **Regelfall** gegeben ist, bedarf keiner genaueren Bestimmung, sondern nur, wann er nicht vorliegt. Dabei geht es nicht um Ausnahmen im engeren Sinne, die zT nach bestimmten Maßstäben wie einer besonderen oder außergewöhnlichen Härte oder nach pflichtgemäßem Ermessen zugelassen werden können. Gemeint sind vielmehr Fälle, die außerhalb der vom Gesetzgeber bei einer notwendigerweise pauschalen ges Regelung ins Auge gefassten typischen Fallkonstellationen liegen (näher Rn 36 ff). Damit sind die allg Voraussetzungen des Abs 1 den Regelversagungsgründen des § 7 II AuslG u. den besonderen Versagungsgründen des § 8 I Nr 3 u. 4 AuslG nachgebildet.

2. Passpflicht

9 Die Erfüllung der Passpflicht nach § 3 gehört zu den grundlegenden Voraussetzungen für Einreise u. Aufenthalt u. damit für alle AufTit (vgl auch § 8 I Nr 3 AuslG). Der **Zweck** ist darin zu sehen, dass mit dem Pass die Identität festgestellt u. der Ausl vor allem seinem Heimatstaat zugeordnet werden kann. Unionsbürger u. ihnen Gleichgestellte unterliegen nicht der Passpflicht (§ 3 Rn 7), u. andere Personengruppen sind freigestellt (§ 3 Rn 9). Wer danach als Ausl der Passpflicht unterworfen ist, kann diese auch mit einem Ausweisersatz erfüllen (§ 3 Rn 10; allg zu Pässen u. Ausweisen Maor, ZAR 2005, 222).

10 Ausl kommen ihrer Verpflichtung zum **Besitz** eines Passes auch dann nach, wenn sie ihn nicht bei sich führen oder sofort vorlegen können, aber binnen angemessener Frist den

Besitz nachweisen (§ 3 Rn 11). Dazu bedarf es nicht unbedingt der Vorlage oder Aushändigung des Passes selbst, es genügt vielmehr die substantiierte Darlegung von Hilfstatsachen für den Besitz, wenn diese ihrerseits nachgewiesen oder belegt sind. So kann der Besitz mit Hilfe einer Fotokopie, eines Faxes oder einer Zeugenaussage nachgewiesen werden. Die Sachherrschaft über den Pass reicht aus, sie darf aber nicht verloren sein, zB infolge Diebstahls, Vernichtung, Verlierens oder Verlegens ohne Aussicht auf ein Wiederfinden.

Die Passbesitzpflicht ist nicht auf den **Zeitpunkt** der Erteilung des AufTit beschränkt, sondern gilt zunächst einmal auch für jede Verlängerung (§ 8 I). Ein gültiger Pass wird für die Erteilung oder Verlängerung eines AufTit auch deshalb benötigt, weil dieser samt Hinweisen auf die Berechtigung zur Erwerbstätigkeit in den Pass einzutragen ist. Der Besitz muss darüber hinaus ununterbrochen gegeben sein Der Ausl muss einen gültigen Pass von der Einreise an während des gesamten Inlandsaufenthalts besitzen u. außerdem schon zuvor bei Erteilung des Visums durch die AuslVertr. 11

Die **Rechtsfolge** des Nichtbesitzes besteht einmal in der Versagung der Erteilung oder Verlängerung des AufTit. Der Ausl muss den Pass schon bei der Einreise mit sich führen (§ 13 I 2) u. ihn den Behörden auf Verlangen auch vorlegen (§ 48 I). Er reist unerlaubt ein u. ist zurückzuweisen, wenn er ihn in diesem Zeitpunkt nicht besitzt (§§ 14 I Nr 1, 15 I). Endet der Besitz aus welchen Gründen auch immer, so kann der AufTit widerrufen werden (§ 52 I 1 Nr 1). 12

3. Lebensunterhalt

Die Sicherung des Lebensunterhalts stellt aus der Sicht des Aufenthaltsstaats nach dem Passbesitz die wichtigste Voraussetzung für Einreise u. Aufenthalt dar (vgl auch § 7 II Nr 2 AuslG). Auch bei Unionsbürgern beschreibt die Inanspruchnahme öffentl Mittel eine Grenze der Freizügigkeit. Der **Zweck** ist nicht in der Fürsorge für den Ausl, sondern in der Schonung öffentl Mittel zu sehen. Die einheitliche Definition in § 2 III unterstreicht die Bedeutung. Dort ist außer dem Umfang (S. 1) auch die Herkunft der Mittel (S. 2 u. 3) zur Deckung des Bedarfs bestimmt. Zu EFA, Österreich u. Schweiz vgl Rn 5 u. § 55 Rn 51 f. 13

Die Erfüllung der Verpflichtung zur Sicherung des Lebensunterhalts setzt eine Prognose für eine absehbare Zeit voraus (§ 2 Rn 19). Der **Zeitpunkt** ist ebenso wenig beschränkt wie bei der Passpflicht (Rn 11). Maßgeblich ist der Zeitraum des voraussichtlichen Aufenthalts. Dessen Dauer bestimmt auch darüber, ob die Mittel bereits zur Verfügung stehen (bei einem Kurzaufenthalt) oder lediglich in Zukunft zu erwarten sein müssen. Bei einer mehrjährigen AE braucht nicht die vollständige Geltungsdauer bereits mit vorhandenen Mitteln oder gesicherten Rechtsansprüchen abgedeckt zu sein. Es genügt, wenn zB bei einem befristeten Arbeitsverhältnis mit dessen Verlängerung gerechnet werden kann. Für die NE wiederholt § 9 I 1 Nr 2 das Erfordernis der Unterhaltssicherung. 14

Die **Rechtsfolge** der mangelnden Unterhaltssicherung besteht in der Ablehnung der Erteilung oder Verlängerung des AufTit (§ 8 I). Der Ausl muss die Sicherung ausreichender Existenzmittel schon bei Erteilung des Visums, aber auch bei der Einreise u. sodann gegenüber der AuslBeh nachweisen. Für die Einreise besteht keine ausdrückliche Kontrollbefugnis der Grenzbehörden, die mangelnde Absicherung des Unterhaltsbedarfs kann aber zur Inanspruchnahme von Sozialhilfe führen und damit einen Ausweisungsgrund ergeben, der zur Zurückweisung berechtigt (§ 15 II Nr 1). Die Ausweisung kann zwar erst verfügt werden, wenn Sozialhilfe tatsächlich in Anspruch genommen wird (§ 55 II Nr 6), die Einreise mit der offensichtlichen Folge der Inanspruchnahme kann aber den Grundtatbestand für eine Ermessensausweisung in § 55 I erfüllen. 15

4. Identität und Staatsangehörigkeit

Der **Zweck** der erst im Vermittlungsverf eingefügten Nr 1 a in Abs. 1 (Rn 1) ist nicht klar erkennbar. Der Wortlaut spricht eindeutig für eine selbständige Bedeutung neben dem Passbesitz sowie für eine zwingende Klärung der Identität in jedem Fall u. der StAng nur bei 16 fehlender Rückkehrberechtigung. Die Funktion wäre eindeutiger, wenn die Vorschrift des § 8 I Nr 3 AuslG unverändert übernommen u. der Bedingungssatz nicht eingefügt wäre. Folgt man der Begründung des entsprechenden Änderungsantrags im 1. Gesetzgebungsverf (BT-IA, BT-Drs 15/955 S. 7), so soll damit der Versagungsgrund der ungeklärten Identität oder StAng aus § 8 I Nr 1 AuslG übernommen werden, weil es nicht zuletzt vor dem Hintergrund der Terroranschläge vom 11. September u. des weltweit agierenden Terrorismus nicht angehen könne, dass Personen der Zugang zu einem AufTit geebnet würde, die an der Klärung ihrer Identität nicht mitwirken. Über das Verhältnis zur Passpflicht u. die Bedingung der fehlenden Rückkehrberechtigung ist dort nichts gesagt. Mithin soll offenbar nichts anderes bezweckt werden als die Klärung entsprechender Zweifel an der behaupteten Identität oder StAng.

17 Hieraus kann darauf geschlossen werden, dass die später eingefügte Voraussetzung **eigenständig** neben der Erfüllung der Passpflicht gilt. Gleichwohl führt dies nicht für jeden Fall zu zusätzlichen Prüfungsverpflichtungen der Behörde. Da sich Identität u. StAng in aller Regel mit Hilfe des Passes oder Passersatzes feststellen lassen, kann eine zusätzliche Prüfungsverpflichtung eigentlich nur entstehen, wenn es sich um eine atypische Fallgestaltung handelt, die eine Ausnahme von der Regelvoraussetzung bildet (dazu Rn 38). Sonst kann die Frage nach der Identität u. der StAng, an deren Klärung der Ausl mitzuwirken hat (§ 49 I), offen gelassen werden.

18 Die **Identität** kann in aller Regel allein aufgrund des Passes oder Passersatzes festgestellt werden. Anhand eines Vergleichs der dortigen Eintragungen mit der persönlichen Erscheinung des Passinhabers lässt sich entscheiden, ob diese auf ihn zutreffen u. damit dessen Identität hinreichend bestimmt ist. Zu Zweifeln an der Identität kann es danach praktisch nur kommen, wenn der Ausl einen gültigen Pass oder Passersatz nicht besitzt oder nicht vorlegen kann. Dann aber ist zunächst zu klären, ob es sich um atypischen Ausnahmefall handelt (dazu Rn 38). Für die Identitätsfeststellung gelten, falls sie danach erforderlich wird u. nicht andere Dokumente wie zB Geburtsurkunde, Dienstausweis, Wehrpass oder Führerschein vorgelegt werden können, die Bestimmungen des § 49.

19 Die **StAng** bedarf der gesonderten Feststellung nur dann, wenn die Rückkehrberechtigung in einen anderen Staat unsicher ist. Da diese Berechtigung zu dem Mindestinhalt eines Passes oder Passersatzes zählt (§ 3 Rn 2), kann sich eine zusätzliche Prüfung in aller Regel nur dann als notwendig erweisen, wenn ein atypischer Fall eine Ausnahme von der Passpflicht rechtfertigt (dazu Rn 38). Staatenlose, die über keinen Reiseausweis eines anderen Staats mit Einreiserecht (vgl Art 28 StlÜbk u. § 13 des Anhangs zum StlÜbk) verfügen, besitzen in aller Regel kein Passpapier, das ihnen ein derartiges Einreiserecht bescheinigt. Bei ihnen erübrigen sich dann aber auch Ermittlungen über das Bestehen einer StAng.

5. Ausweisungsgrund

20 Das Nichtvorliegen eines Ausweisungsgrunds ist (wie das Vorliegen nach § 7 II Nr 1 AuslG) ist ein sehr wichtiges u. zugleich in seiner Auslegung sehr unsicheres Kriterium. Die Auslegung nach dem Gesetzeswortlaut führt zu der Erkenntnis, dass das Ges wie schon das AuslG den **Begriff** „Ausweisungsgrund" nirgends ausdrücklich definiert u. ihn nicht einmal in den Ausweisungsvorschriften der §§ 53 ff zur Kennzeichnung von Ausweisungstatbeständen verwendet wie noch in § 46 AuslG („Einzelne Ausweisungsgründe"). Der Erteilung einer NE steht ein Ausweisungsgrund nicht entgegen, sondern nur die Verurteilung in einer bestimmten Strafhöhe (§ 9 II Nr 4). Bemerkenswert ist aber, dass für das Recht auf Wiederkehr zwischen dem Vorliegen eines Ausweisungsgrunds, der erfolgten Ausweisung u. der Zulässigkeit der Ausweisung unterschieden wird (§ 37 II). Hieraus u. aus der dem Gesetzgeber bekannten ständigen Praxis bei Anwendung des gleichlautenden § 7 II Nr 1 AuslG (dazu Nr 7.2.1.1 AuslG-VwV) folgt, dass nach dem Verständnis des Gesetzgebers „Ausweisungsgrund" gleichzusetzen ist mit **„Ausweisungstatbestand"** (näher zum früheren Recht Renner, AiD Rn 5/466–484).

Danach kommt die Erteilung eines AufTit nur dann in Betracht, wenn ein Ausweisungs- 21
tatbestand nicht verwirklicht ist; ob die Ausweisung im Einzelfall fehlerfrei verfügt werden
darf, ist insoweit unerheblich (Hailbronner, § 5 AufenthG Rn 20 f; ebenso Nr 5.1.2.1
VAH; zum früheren Recht vgl die Nw in 7. Aufl, § 7 AuslG Rn 13 ff). Eine **hypothetische Ausweisungsprüfung** entfällt. Die Tatbestände der §§ 53, 54, 55 bilden damit
uneingeschränkt einen Ausweisungsgrund iSd Abs 1 Nr 2. Auf Ermessenserwägungen im
Falle der §§ 55, 56 II 2 kommt es ebenso wenig an wie auf evtl Ausweisungsbeschränkungen iSd § 56. Trotz des unterschiedlichen Gewichts der verschiedenen Kategorien von
Ausweisungsgründen wird für die Regelvoraussetzungen (zunächst) nicht weiter unterschieden. Zu beachten ist aber die Einschränkung des § 55 II Nr 7 Hs. 2, weil in diesem
Fall eine Ausweisungsmöglichkeit nicht gegeben ist. Vertragliche Ausweisungsbeschränkungen sind dagegen nicht zu beachten, weil sie lediglich der Ausweisung entgegenstehen,
nicht aber die Befugnis zur Entscheidung über die Fortsetzung des Aufenthalts begrenzen
sollen.

Der Ausweisungsgrund muss **aktuell** vorliegen, darf also nicht „verbraucht" sein. Nicht 22
die Verwirklichung eines Ausweisungstatbestands in der Vergangenheit ist hinderlich, sondern das Vorliegen im Zeitpunkt der Entscheidung über Erteilung oder Verlängerung des
AufTit (ähnlich Hailbronner, § 5 AufenthG Rn 22; Nr 5.1.2.2 VAH). Nicht die Störung
der öffentl Sicherheit u. Ordnung in der Vergangenheit steht einem weiteren Verbleib in
Deutschland entgegen, sondern nur in Gegenwart u. Zukunft drohende Beeinträchtigungen. Nur diese Überlegungen rechtfertigen die Verweigerung eines AufTit bei Vorliegen
eines Ausweisungsgrunds. Die Ausweisung ist zwar ein schärferer Eingriff als die Nichterteilung oder Nichtverlängerung, dem weiteren Aufenthalt soll aber ein Ausweisungsgrund,
der noch nicht zur Ausweisung geführt hat, auch nur dann idR entgegenstehen, wenn eine
Gefährdung (noch) besteht. Aus diesem Grunde scheiden zunächst einmal diejenigen Verurteilungen aus, die aus formellen Gründen **nicht mehr** gegen den Ausl **verwertet** werden
dürfen. Getilgte oder tilgungsreife Verurteilungen unterliegen einem Verwertungsverbot
(§ 51 I BZRG). Ebenso wenig darf auf Eintragungen nach § 17 BZRG u. auf Jugendstrafen
zurückgegriffen werden, wenn der Strafmakel für beseitigt erklärt ist (§ 41 II BZRG). Die
Ausnahme der Sicherheitsgefährdung (§ 52 I Nr 1 BZRG) greift nicht allg ein, allenfalls im
Zusammenhang mit Abs 4.

Eine Gefährdungsprognose ist grundsätzlich bei jedem Ausweisungstatbestand anzustellen, 23
sie scheidet aber aus Gründen des **Vertrauensschutzes** aus, wenn die AuslBeh die Verwirklichung des Ausweisungstatbestands trotz Kenntnis nicht zum Anlass für aufenthaltsbeendende Maßnahmen genommen hat. „Ausweisungsgründe sind nicht unsterblich" (Pfaff, ZAR
2003, 308). Die AuslBeh kann sie prüfen u. für unbeachtlich halten, ist aber dann an diese
Beurteilung auch bei Entscheidungen über Erteilung u. Verlängerung gebunden; sie darf
Ausweisungsgründe also nicht „aufsparen". Damit ist sie nicht gezwungen, auf ihre Berücksichtigung für immer zu verzichten. Sie muss nur jew nach Bekanntwerden entscheiden, ob
sie aufenthaltsbeendende Maßnahmen ergreifen soll oder nicht, u. sie kann sich ggf auf eine
Abmahnung oder Verwarnung beschränken u. damit die spätere Verwertbarkeit erhalten.
Feste zeitliche Grenzen bestehen nicht, es kommt auf Art u. Inhalt des Ausweisungsgrunds
an.

6. Interessen der BR Deutschland

Die letzte Regelvoraussetzung besteht aus einem weit gefassten Auffangtatbestand, ihre 24
Geltung ist aber auf Fälle beschränkt, in denen kein **„Anspruch"** auf einen AufTit besteht.
Außerhalb des AufenthG gewährte Ansprüche fallen ebenfalls unter Abs 1 Nr 3, zB Ansprüche aus § 12 III HAG oder § 2 IV FreizügG/EU, Art. 6 u. 7 ARB 1/80 (zu Art. 6 OVG
NRW, EZAR 017 Nr 15). Abs 1 Nr 3 ist nicht auf Ansprüche „nach diesem Gesetz"
beschränkt wie zB § 8 I AuslG, sondern seinem Wortlaut u. Inhalt nach auch auf andere
Anspruchsnormen anwendbar.

25 Unklar kann jedoch sein, wann ein **Anspruch** besteht. Das Ges verwendet nämlich nicht nur diesen Ausdruck (ua noch in Abs 2 S. 2 u. in §§ 8 III 1, 10 III 2, 52 I 2; ebenso in § 39 Nr 3 u. 5 AufenthV), sondern auch den des „gesetzlichen Anspruchs" (zB in §§ 10 I, 16 II 1) u. des „Anspruchs nach diesem Gesetz" (zB in §§ 11 I 2) sowie für den Bereich des Assoziationsrechts EWG/Türkei den Begriff des „Aufenthaltsrechts" (§ 4 V). Hinzu kommt, dass der Gesetzgeber oft nicht ausdrücklich von einem Anspruch spricht, sondern diesen anders kennzeichnet. Eindeutig sind die Wendungen „ist zu erteilen" (zB in §§ 25 I u. II, 28 I 1, 30 I Nr 1, 32 I, 37 I), „ist zu verlängern" (zB in § 34 I) oder „wird verlängert" (zB in § 31 I 1). Darüber hinaus beschreiben auch die Formulierungen „soll" (in § 25 III) u. „ist in der Regel zu erteilen" (in §§ 28 II, 37 V) einen Rechtsanspruch, weil sie die Ausübung von Ermessen nur für den atypischen Ausnahmefall zulassen (ebenso Dienelt, ZAR 2005, 120). Offen bleibt, ob umgekehrt die Erteilung eines AufTit nach einer Ermessensreduzierung „auf Null" auf einem Anspruch in diesem Sinne beruht.

26 Zwischen ges Anspruch u. Anspruch in der Weise zu unterscheiden, dass letzterer auch aufgrund eines vollständigen Schrumpfens des Ermessens entstehen kann, wäre nur geboten, wenn dies einer gängigen Praxis schon unter den AuslG 1965 u. 1990 entsprochen hätte u. ein dahingehender Wille des Gesetzgebers erkennbar wäre. Beides ist nicht festzustellen. Die ges Definitionen des Anspruchs auf AufGen einerseits u. der Erteilung in sonstigen Fällen andererseits in §§ 6, 7 AuslG wurde einhellig dahin ausgelegt, dass Ermessensreduktionen nicht zu einem Anspruch in diesem Sinne führen (so eindeutig Nr 6.1 u. 7.1.3.3 AuslG-VwV). Das BVerwG hat diese Auslegung für die unterschiedlichen Formulierungen in §§ 9 I Nr 2, 11 I u. 28 III AuslG ausdrücklich bestätigt (BVerwG, EZAR 017 Nr 21; BVerwGE 101, 265). Aus der Entstehungsgeschichte des AufenthG ist nichts dafür ersichtlich, dass der Gesetzgeber diese allseits anerkannte Rechtslage ändern wollte (vgl vor allem BT-Drs 15/420 S. 70). Daher handelt es sich um keinen Rechtsanspruch, wenn einem Ausl ein AufTit nur deswegen zu erteilen ist, weil das der AuslBeh eingeräumte Ermessen **„auf Null geschrumpft"** ist, eine fehlerfreie Versagung also praktisch ausscheidet. Eine solche extreme Ermessensreduzierung kann im Einzelfall theoretisch immer eintreten (zB nach §§ 16 I 1, 19 I 1, 20 I 1, 25 IV, 34 III, 36), während die Einschränkung des Abs 1 Nr 3 auf den ges geregelten Fall des Rechtsanspruchs abzielt (so auch Hailbronner, § 5 AufenthG Rn 62).

27 Unter **Interessen** der BR Deutschland sind alle wirtschaftlichen, gesellschaftlichen u. arbeitsmarktpolitischen sowie sonstige staatl oder öffentl Interessen zu verstehen, die durch den Aufenthalt von Ausl tangiert werden. Das Spektrum der relevanten Werte u. Güter ist ähnlich breit wie bei den „Belangen" iSd § 2 I AuslG 1965. Dabei braucht es sich nicht um Belange von „erheblichem" Gewicht zu handeln wie bei dem (früheren) Ausweisungstatbestand des § 10 I Nr 11 AuslG 1965. Die öffentl Interessen können formelhaft mit den Grundzielen des Ges umschrieben werden, wie sie in § 1 I zum Ausdruck gebracht sind. Die noch in der Gesetzesbegründung (BT-Drs 15/420 S. 70) angeführte Abkehr von der „übergeordneten ausländerpolitischen einseitigen Grundentscheidung der Zuwanderungsbegrenzung" u. dem Anwerbestopp kann nicht mehr ungeschmälert als ges Grundanliegen angesehen werden. In § 1 I ist nicht zuletzt durch Einfügen der „Aufnahmefähigkeit" der Wille zur Aufrechterhaltung des Anwerbestopps betont. Die zugelassenen Ausnahmen sind nicht weiter ausgedehnt als vor 2005, u. gerade die Streichung des Auswahlverf mit Punktesystem in § 20 AufenthG-E bestätigt die Verfestigung des allg **Zuzugsstopps** (näher dazu § 1 Rn 8 ff). Die nach der Ansicht des Gesetzgebers gegen eine Flexibilisierung sprechenden Gesichtspunkte ergeben sich nicht nur aus der hohen Arbeitslosigkeit, sondern auch aus dem erhöhten Bedarf an einer Verbesserung der Integration. Gemeint sind nicht nur Interessen des Bundes, sondern auch solche der Länder u. Kommunen. In jedem Fall müssen diese Interessen so gewichtig sein, dass sie auch bei bloßer Gefährdung einen AufTit zwingend ausschließen (näher Renner, AiD Rn 5/497–516), soweit kein Rechtsanspruch besteht.

28 Wie schon nach § 7 II Nr 3 AuslG reicht bereits die **Gefährdung** aus. Die damit verbundene Ausweitung erfordert freilich eine Begrenzung dahin, dass nicht jede abstrakte

Gefahr ausreicht, sondern im Einzelfall eine bevorstehende oder zumindest drohende Beeinträchtigung festgestellt werden muss. Da die Kataloge der Ausweisungsgründe in §§ 53 ff bereits zahlreiche Interessenbereiche erschöpfend absichern, kann der Anwendungsbereich des Abs 1 Nr 3 (neben Nr 2) nur gering sein. Dabei ist auch zu bedenken, dass mit dieser Bestimmung anders als durch die Negativschranke des § 2 I AuslG 1965 kein absolutes Hindernis für einen AufTit errichtet ist, sondern nur für den Regelfall.

Zu den vorgehenden öffentl Interessen gehört zwar auch die Einhaltung von Verpflichtungen aus vr **Verträgen,** zumal diese im Zuge der europäischen Einigung u. weltweiter Zusammenarbeit auf dem Felde der Migration zunehmend an Bedeutung gewinnen, u. dies ist bei Ausübung des Ermessens auch zu gewährleisten. Diese vr Verpflichtung ist aber nicht als so gewichtig anzusehen, dass sie der Anwendung von Ermessensbestimmungen idR zwingend entgegensteht. Eine derartig einschneidende Wirkung müsste der Gesetzgeber, dem soweit erforderlich die innerstaatliche Umsetzung des SDÜ obliegt, selbst anordnen (zu weitgehend daher Nr 5.1.3.1.4 S. 1 VAH). In Betracht kommt allenfalls im Einzelfall die Durchsetzung einzelner Schengen-Regeln, falls gemeinschaftsrechtlich fundierte Maßnahmen nicht ausreichen. 29

Öffentl Interessen sprechen nach der Gesamtanlage des Ges weiterhin grundsätzlich gegen die **Einwanderung** von Ausl außerhalb der EU-Staaten. Trotz erfolgter Einwanderung in der Vergangenheit u. trotz Erleichterungen für die Aufenthaltsverfestigung bis hin zur Einbürgerung versteht sich die BR nicht als Einwanderungsland (Rn 27; § 1 Rn 8 ff). Dieser Grundsatz kann aber nicht Ausl entgegengehalten werden, die ges Aufenthaltsverfestigungen in Anspruch nehmen (vgl. HessVGH, EZAR 025 Nr 1; OVG SchlH, InfAuslR 1992, 132). Er durfte nach früherem Recht als Ermessenserwägung verwandt werden (zB BVerwGE 56, 254), konkretisierte aber nicht die Belange iSd § 2 I AuslG 1965 (BVerwG, EZAR 105 Nr 28). Deshalb stellt er auch kein öffentliches Interesse iSd Abs 1 Nr 3 dar, das einem AufTit von vornherein entgegensteht. Es liegt allerdings im öffentl Interesse, die Einhaltung der Einreise- u. Aufenthaltsvorschriften zu sichern u. dem Hineinwachsen in einen vom Ges verwehrten Daueraufenthalt vorzubeugen (Nr 5.1.3.1.1. S. 1 VAH; ähnlich Hailbronner, § 5 AufenthG Rn 34). 30

An der Möglichkeit u. der Bereitschaft des Ausl zur **Rückkehr** nach Beendigung eines befristeten Aufenthalts besteht ein erhebliches öffentl Interesse, weil sonst die Ziele der Steuerung u. Begrenzung nicht erreichen sind. Daher sprechen begründete Zweifel am Rückkehrwillen oder der Rückkehrfähigkeit von vornherein gegen einen AufTit (Hailbronner, § 5 AufenthG Rn 36 mwN). Besonders im Visumverf nimmt dieses Kriterium eine wichtige Rolle ein (Teipel, ZAR 1995, 162 mwN; näher § 6 Rn 22 ff). Auch insoweit ist der Ausl darlegungspflichtig (§ 82 I) u. hat die seine Rückkehrbereitschaft u. -fähigkeit stützenden Tatsachen schlüssig vorzutragen u. erforderlichenfalls durch geeignete Unterlagen zu belegen. Für ihn streitet nicht der Grundsatz in dubio pro libertate, weil Einreisefreiheit nicht gewährleistet ist, sondern nur die Zulassung zum Staatsgebiet nach den einschlägigen innerstaatl Regeln. Andere Grundsätze gelten auch nicht aufgrund des Schengen-Normenbestands. 31

Auch die Inanspruchnahme von **Rückkehrhilfe** begründet ein öffentl Interesse an der Verhinderung eines erneuten Daueraufenthalts (OVG RhPf, EZAR 017 Nr 1; zum früheren Recht BVerwG, EZAR 100 Nr 19). Unvorgesehene Umstände können eine Ausnahme rechtfertigen, wenn sie im Blick auf Art 6 I GG ein erneutes Zusammenleben im Bundesgebiet erfordern. 32

Entwicklungshilfepolitik war früher im Rahmen des Ermessens ein maßgeblicher Aspekt (zum früheren Recht BVerwG, EZAR 104 Nr 11; VGH BW, EZAR 100 Nr 25). Angesichts des weltweiten „Wettbewerbs um die besten Köpfe" (Zuwanderungsbericht, S. 26) haben Bedenken gegen einen brain drain zugunsten der westlichen Industriestaaten allmählich an Gewicht verloren. Entwicklungshilfebelange verlangten schon früher bei Studenten nicht unabdingbar die Rückkehr nach Abschluss der Ausbildung. Die Einhaltung entwicklungs- u. bildungspolitischer Ziele bildete keinen Belang iSd § 2 I AuslG 1965 u. 33

begründet daher ebenso wenig ein öffentl Interesse iSd Abs 1 Nr 3. Zudem greifen jetzt die zweckspezifischen Regeln der §§ 16 IV, 19, 21 ein, die den Verbleib eines erfolgreichen Absolventen einer Ausbildung in Deutschland ungeachtet der StAng u. Herkunft zum Zwecke der Erwerbstätigkeit gerade erleichtern sollen.

34 Öffentl Interessen können beeinträchtigt oder gefährdet sein, wenn die **öffentl Gesundheit** berührt ist. Der Ausweisungstatbestand des § 55 Nr 5 braucht nicht erfüllt zu sein. Es genügt die Feststellung oder der begründete Verdacht einer meldepflichtigen übertragbaren Krankheit (§§ 6, 7 Infektionsschutzges), einer ansteckungsfähigen Geschlechtskrankheit oder des Ausscheidens iSd § 2 Nr 6 Infektionsschutzges. Bei einem begründeten Verdacht kann die Vorlage eines Gesundheitszeugnisses verlangt werden. Die Immunschwäche AIDS zählt zu den insoweit einschlägigen Krankheiten, auch wenn Vorsorge gegen eine Übertragung getroffen wird (zur Ausweisung BayVGH, EZAR 124 Nr 10). Im Falle von Geisteskrankheit werden nicht öffentl Gesundheitsinteressen, wohl aber finanzielle u. gleichzeitig Sicherheitsbelange berührt. Die öffentl Ordnung kann durch eine sittenwidrige Erwerbstätigkeit beeinträchtigt sein, auch wenn der Ausweisungstatbestand des § 55 Nr 3 nicht erfüllt ist.

35 Schließlich sind die Belange der **öffentl Haushalte** zu den insoweit geschützten Interessen zu rechnen. Sie sind zB betroffen, wenn der Ausl über keinen Krankenversicherungsschutz verfügt. Vor allem bei älteren Personen muss das **Krankheitsrisiko** durch eine Versicherung oder zB eine Erklärung nach § 68 abgesichert sein. Die finanzielle Belastung der öffentlichen Hand ist allg relevant u. nicht erst bei Erfüllung bestimmter Tatbestände (zB nach §§ 31 IV, 37 IV, 55 Nr 6), die in anderem Zusammenhang strengere Anforderungen enthalten. Ob auch der Nachweis einer Pflegeversicherung verlangt werden kann, erscheint fraglich. Die Pflegebedürftigkeit gehört zu den üblichen Lebensrisiken, kann aber nicht unterschiedslos bei jedem Ausl als so naheliegend betrachtet werden, dass hieraus allg oder von einem bestimmten Alter an auf eine Gefahr für die öffentl Hand geschlossen werden kann. Die Haftung für Lebensunterhalt nach § 68 I 1 umfasst zwar auch die Kosten bei Pflegebedürftigkeit, diese ist aber in Abs 1 Nr 2 (iVm § 2 III) nicht neben dem Krankheitsfall angeführt (vgl Rn 13) u. kann deshalb auch nicht ohne weiteres dem Auffangtatbestand der öffentl „Interessen" zugerechnet werden. Anders wäre die Lage allenfalls nach Einführung der allg Versicherungspflicht für den Pflegefall zu beurteilen.

7. Ausnahmen von den Regelvoraussetzungen

36 Von der Regelvoraussetzung darf nur **ausnahmsweise** abgesehen werden, wenn von der Regel abweichende Umstände vorliegen u. der Erteilung (oder Verlängerung, § 8) des AufTit nicht entgegenstehen. Der Ausnahmefall liegt nicht im behördlichen Ermessen, sondern bildet einen zwingenden Teil des ges Tatbestands, der durch Rechtsauslegung u. Subsumtion zu ermitteln ist. Der Sachverhalt muss so atypisch gelagert sein, dass eine Versagung des AufTit mit dem gesetzgeberischen Anliegen nicht zu vereinbaren u. als ungerecht u. insb unverhältnismäßig anzusehen ist. Eine Ausnahme kommt sowohl bei der AE u. dem Visum in Betracht als auch bei der NE. Bei einem Rechtsanspruch (bei dem Abs 1 Nr 3 ohnehin nicht eingreift) kann eher eine Ausnahme angenommen werden als bei einer Ermessenserteilung. Bei einer AE nach Abschnitt 5 muss angesichts der meist zwingenden Umstände für deren Erteilung großzügiger verfahren werden; insb dringende humanitäre Gründe können ein Absehen von der Versagung rechtfertigen.

37 Um das Vorliegen einer Ausnahme festzustellen oder ausschließen zu können, müssen vor allem **persönliche Belange** oder andere für den Aufenthalt sprechende Umstände geprüft werden. In diesem Zusammenhang sind uU ähnliche Gesichtspunkte zu beachten wie nach §§ 55 III oder 56 für die Ausweisung; insoweit können dieselben Umstände, die trotz Ausweisungstatbestandserfüllung gegen die Ausweisung sprechen, im Einzelfall die Annahme einer Ausnahme von der Regelversagung rechtfertigen (VGH BW, EZAR 015 Nr 2 u. NVwZ 1992, 706). Die Gewichtung kann aber bei der Ausweisung nach evtl mehrjährigem

Allgemeine Erteilungsvoraussetzungen　　　　　　　　　§ 5　**AufenthG 1**

Aufenthalt anders ausfallen als für die erstmalige Einreise u. hier wiederum anders als für die Verlängerung oder Neuerteilung nach längerem, uU unterbrochenem, Aufenthalt.

Atypische Umstände können zB hinsichtlich der Passpflicht angenommen werden, **38** wenn offensichtlich ein Rechtsanspruch auf den AufTit besteht u. die Beschaffung von Passpapieren erhebliche Schwierigkeiten u. einen ungewöhnlichen Zeitaufwand verursachte. Zunächst aber kommt die Ausstellung eines Ausweisersatzes (§ 55 I AufenthV) in Betracht. Bei der Unterhaltssicherung können zB Fälle aus dem ges Normalprogramm herausfallen, in denen nur ein geringer Anteil des Unterhalts auf kurze Zeit nicht gedeckt ist u. der Ausfall von dem Ausl nicht zu vertreten ist. Im Falle des Ausweisungsgrunds können Gesichtspunkte, die einen besonderen Ausweisungsschutz nach § 56 begründen können, auch zur Feststellung einer atypischen Fallgestaltung herangezogen werden. Schließlich ist auch bei der Gefährdung öffentl Interessen das persönliche Schicksal des Ausl besonders zu berücksichtigen.

IV. Zwingende Voraussetzungen

1. Allgemeines

Die Voraussetzungen des Abs 2 gelten nur **für AE u. NE.** Die Erteilung des Visums **39** hindern sie deshalb nicht, weil sie gerade die Einreise mit einem ordentlichen Visum betreffen. Sie sind anders als § 8 I Nr 1 u. 2 AuslG nicht als Versagungsgründe, sondern als zwingende Erteilungsvoraussetzungen konzipiert. Sie gelten auch im Falle eines **Rechtsanspruchs.** Besonderheiten können im Wege der Ausnahme berücksichtigt werden, die wie nach § 9 I Nr 1 u. 2 AuslG in das Ermessen der AuslBeh gestellt ist.

Abs 2 darf nicht isoliert betrachtet, sondern muss im **Zusammenhang** mit den Bestim- **40** mungen über die Einreise u. die Antragstellung im Inland gesehen werden. Diese sollen insgesamt die Einhaltung der für die wirksame Steuerung des Zuzugs durch die AuslVertr unerlässlichen Visumpflicht absichern. Ein Verstoß gegen die Visumregeln soll einen späteren Aufenthalt möglichst verhindern. Auf vier Stufen wird die Visumpflicht abgesichert. Erstens führt der Versuch der Einreise ohne das erforderliche Visum zur Zurückweisung an der Grenze (§ 15 I u. II). Ob sodann zweitens ein AufTit nach der Einreise (mit oder ohne Visum) beantragt werden darf, entscheidet sich allein nach §§ 39–41 AufenthV. Drittens kann ein späterer Antrag im Inland bei bestehender Visumpflicht ohne ein Visum ein verfahrensrechtliches AufR oder eine Aussetzung der Abschiebung nach § 81 nicht auslösen. Schließlich wird viertens mit Abs 2 auf die Art der Einreise zurückgegriffen u. ein materiellrechtliches Hindernis gegen die Erteilung einer AE oder NE errichtet, allerdings mit einer Ausnahmemöglichkeit für Fälle, in denen auf die Einhaltung des Visumverf verzichtet werden kann.

Nach Abs 2 müssen die Visumvorschriften in zweifacher Hinsicht beachtet sein: Einreise **41** mit dem erforderlichen Visum u. erforderliche Angaben bereits im Visumantrag. Nicht die Verletzung rein ordnungsrechtlicher Bestimmungen soll nachträglich zum Ausschluss von einem Inlandstitel führen, sondern Versäumnisse bei der notwendigen **Mitwirkung** des Ausl (§ 82), auf die in dem Verf vor der AuslVertr besonders Wert gelegt werden muss. Gerade im Ausland u. wegen der in vielen Fällen bestehenden Eilbedürftigkeit sind Amtsermittlung u. Überprüfung von Angaben u. Unterlagen nur eingeschränkt möglich u. durchsetzbar. Umso mehr muss auf die Verlässlichkeit der Angaben im Visumantrag vertraut werden können.

2. Ordnungsgemäße Einreise

Die zwingenden Erteilungsgründe wirken **anspruchshemmend.** Auch ein Rechts- **42** anspruch auf einen AufTit kann bei Nichterfüllung eines der beiden Tatbestandsvoraussetzungen jedenfalls zeitweilig nicht durchgesetzt werden. Er geht jedoch nicht endgültig verloren, wenn der Ausl nach der Ausreise das etwa erforderliches Visum einholt u. die maßgeblichen Angaben gegenüber der AuslVertr macht. Außerdem können die Gründe des Abs 2 durch Erteilung eines AufTit „verbraucht" sein u. deshalb der Verlängerung nicht mehr entgegenstehen (§ 8 Rn 4). Abgesehen von den möglichen Ausnahmen nach Abs 2 S. 2 (sowie §§ 23 a I, 24 I) markieren die besonderen Erteilungsgründe eine eindeutige Schwelle, die auch Ausl mit einem Anspruch auf Einreise u. Aufenthalt nicht überschreiten dürfen. Sie sollen die Zuzugsentscheidung vor der Einreise u. die ordnungsgemäße Kontrolle der einreisenden Ausl gewährleisten. Damit sichern sie ein Grundprinzip des AuslR, nämlich die Verschärfung der Zugangskontrollen vor der Grenze. Mit Rücksicht auf dieses gewichtige ausländerpolitische Interesse der BR Deutschland u. die Ausnahmemöglichkeiten nach Abs 2 S. 2 erscheint die anspruchshemmende Wirkung nicht unverhältnismäßig.

43 Die Einreise ohne Visum macht die vorherige Prüfung des Aufenthaltsbegehrens unmöglich. Relevant kann dies nur werden, wenn überhaupt ein **Visum erforderlich** ist, der Ausl also vom Erfordernis des AufTit nicht befreit ist (§§ 15–30 AufenthV; § 4 Rn 17 ff). Davon zu trennen ist die Frage, ob er den AufTit nach der Einreise einholen darf (§§ 39–41 AufenthV); denn insoweit reicht zB auch ein Schengen-Visum oder eine AufGest aus. Einreise ohne das erforderliche Visum ist nicht gleichbedeutend mit formell illegaler Einreise (vgl § 14 I Nr 1 u. 2) oder materiell illegaler Einreise (vgl §§ 14 I Nr 3, 15 II 2). Für die zwingenden Versagungsnorm des Abs 2 S. 1 werden Visums- u. Zustimmungsbedürftigkeit nicht vermutet (wie nach § 71 II 2 AuslG), sie müssen vielmehr positiv festgestellt werden. Das Erteilungsverbot beschränkt sich mit Rücksicht auf den bloßen Kontrollzweck auf die erstmalige Erteilung, gilt also nicht für Verlängerung oder spätere Neuerteilung (Vgl § 39 Nr 1 AufenthV; dazu § 8 Rn 4).

44 Die **Erforderlichkeit** des Visums ist abhängig von der Zugehörigkeit zu bestimmten Personengruppen u. ggf von dem verfolgten Aufenthaltszweck, der geplanten Aufenthaltsdauer u. einer beabsichtigten Erwerbstätigkeit (dazu § 6 Rn 5 f, 33, 43; § 14 Rn 6). Eine wirksame Zugangskontrolle kann also nur stattfinden, wenn der konkret beabsichtigte Aufenthaltszweck nach den maßgeblichen formellen u. materiellen Bestimmungen geprüft werden kann u. der Ausl gezwungen ist, sich an die daraufhin erfolgte Zulassung u. deren Bedingungen zu halten. Deshalb genügt nicht der Besitz irgendeines, sondern nur des für den jew Einzelfall, insb den **konkreten Aufenthaltszweck** notwendigen Visums. Die frühere Formulierung in § 8 I Nr 1 AuslG „ohne erforderliches Visum" war umstritten (vgl zB Fraenkel S. 45; Pfaff, ZAR 1992, 119; Renner, NVwZ 1993, 729). Diese Streitfrage hat sich erledigt. Nunmehr ist mit dem neuen Wortlaut „mit dem erforderlichen Visum" klargestellt, dass nicht irgendein Visum ausreicht (im Ergebnis ebenso Hailbronner, § 5 AufenthG Rn 46 ff, 54; Renner, ZAR 2004, 266; missverständlich BT-Drs 15/420 S. 73: „Erforderlichkeit ... nach objektiven Kriterien u. nicht nach dem beabsichtigten Aufenthaltszweck"; gegen den Gesetzeswortlaut Nr 14.1.2.1 VAH: „einen erforderlichen Aufenthaltstitel nicht besitzt.").

45 Die Voraussetzung des konkret erforderlichen Visums ist außerdem nur dann erfüllt, wenn die evtl vorgeschriebene **Zustimmung der AuslBeh** erfolgt ist. Die Erforderlichkeit dieser Zustimmung richtet sich gemäß § 31 I 1 AufenthV ua nach dem subjektiven Willen betr Aufenthaltsdauer u. Erwerbstätigkeit. Damit hängt die Art des Visums von der Willensrichtung im Zeitpunkt des Antrags auf das Visum u. bei dessen Erteilung ab. Diese wiederum kann nur anhand der Angaben des Bewerbers im Visumantrag verlässlich festgestellt werden (dazu noch Rn 57 f). Wird für das Visum danach die Zustimmung der AuslBeh obwohl notwendig nicht eingeholt, reist der Ausl uU mit einem objektiv ausreichenden Visum ein (vgl zum früheren Recht VGH BW, EZAR 622 Nr 14; HessVGH, EZAR 622 Nr 17; OVG SchlH, InfAuslR 1992, 125). Das Zustimmungserfordernis (§ 31 AufenthV) soll die Prüfung durch die zuständige AuslBeh in den Fällen ermöglichen, in denen ein länger als dreimonatiger Aufenthalt oder ein Arbeitsaufenthalt angestrebt werden. An der erforderlichen Zustimmung fehlt es, wenn sie nur für eine Touristen- u. nicht für einen Daueraufenthalt erteilt ist (vgl VGH BW, EZAR 622 Nr 15).

Allgemeine Erteilungsvoraussetzungen § 5 **AufenthG 1**

Unschädlich ist die fehlende **Zustimmung der BA,** falls sie für den vorgesehenen Zweck **46** erforderlich war, von der AuslBeh aber nicht eingeholt worden ist. Maßgeblich ist lediglich der Inhalt der Zustimmung der AuslBeh u. darauf aufbauend des Visums. Nach außen hin kommt es weder auf die interne Mitwirkung der BA noch auf das Verf bei der Willensbildung der AuslBeh an. Vorausgesetzt ist nur, dass der angestrebte Aufenthaltszweck durch das Visum gedeckt ist.

Fasst der Ausl seinen **Entschluss** zum längeren Verbleib oder zur Ausübung einer **47** Erwerbstätigkeit erst **nach der Einreise** aufgrund späterer Umstände, wirkt dies nicht zurück auf den Zeitpunkt der Einreise. Die Zustimmungspflicht entsteht nicht nachträglich aufgrund einer späteren Sinnesänderung. Sie entfällt umgekehrt auch nicht nachträglich, wenn der Ausl entgegen seiner ursprünglichen Absicht innerhalb kurzer Zeit wieder ausreist oder während des Kurzaufenthalts keine Erwerbstätigkeit aufnimmt.

Abzustellen ist auf die Einreise, nicht auf den späteren **Zeitpunkt** des Antrags auf einen **48** AufTit im Inland. Maßgeblich sind die beim Grenzübertritt gegebenen Tatsachen. Später eingetretene Umstände wirken nicht zurück. Einreise u. Aufenthalt bilden insoweit keine Einheit, sondern werden getrennt betrachtet. Unregelmäßigkeiten bei der Einreise schlagen zwar nach Maßgabe von Abs 2 auf die anschließende Erteilung eines Titels durch. Während des Aufenthalts eingetretene Tatsachen wirken aber nicht auf die Einreise zurück u. beseitigen nicht nachträglich deren Rechtmäßigkeit. Solche Umstände, wie zB die Aufnahme einer Erwerbstätigkeit oder das Überziehen der genehmigten Dauer des Kurzaufenthalts können allerdings als Indizien für eine schon bei der Einreise bestehende dahingehende Absicht herangezogen werden.

Das Schengen-Visum ist nur für kurzfristige Zwecke geeignet u. bestimmt, auch wenn es **49** mit einem längeren Gültigkeitszeitraum versehen ist u. verlängert werden kann (§ 6 I–III). Für **längerfristige Zwecke** ist ein nationales Visum erforderlich, dessen Erteilung sich nach den für die AE oder NE maßgeblichen Vorschriften richtet (§ 6 IV). Ein nationales Visum ist auch zur Ausübung einer **Erwerbstätigkeit** erforderlich u. bedarf dann uU der Zustimmung der BA, es sei denn, die Erwerbstätigkeit wird nach Maßgabe von § 17 BeschV nur kurzfristig ausgeübt; denn dafür genügt ein Schengen-Visum.

Auch ein (später erfolgloser oder erfolgreicher) **Asylbew** benötigt für die Einreise ein **50** Visum (u. einen Pass); ihm kann indes wegen des Asylgesuchs die Einreise ohne Visum nicht angelastet werden (§ 55 AsylVfG Rn 3). Ungeachtet der Frage, ob seine Einreise mit Rücksicht auf den Asylantrag als erlaubt oder als unerlaubt zu gelten hat (§ 4 Rn 17; § 15 Rn 17) u. ob er ohne Visum an der Grenze zurückgewiesen werden darf (dazu BVerfG-K, NVwZ 1987, 1086; BVerwG, EZAR 220 Nr 3), ist er nicht mit Rücksicht auf das an der Grenze (oder gar später) geäußerte Asylersuchen von einer sonst bestehenden Visumpflicht ausgenommen (BVerwG, EZAR 011 Nr 12 u. 20; Hailbronner, § 5 AufenthG Rn 57). Weder aus der insoweit allein maßgeblichen EUVisaVO noch aus dt Rechtsvorschriften lässt sich entnehmen, dass Asylbew von der Visumpflicht befreit sind (aA offenbar Nr 14.1.2.2.5 VAH, allerdings ohne Angabe der Befreiungsnorm). Art 3 EUVisaVO nimmt sogar anerkannte GK-Flüchtlinge nicht von der Visumpflicht aus, sondern bezieht sie ein, sofern sie einen GK-Reiseausweis aus einem Staat des Anhangs I besitzen.

Der durch Art 16a GG u. internationales Flüchtlingsrecht **gebotene Schutz** wird durch **51** die Visumverpflichtung uU geringfügig behindert, aber letztlich nicht ernsthaft eingeschränkt. Vor allem wird der Asylbew an der Grenze grundsätzlich nicht zurückgewiesen (§ 18 I AsylVfG) u. wegen der unerlaubten Einreise nicht bestraft (§ 95 V; Art 31 I GK), u. während des Asylverf erhält er zur Bestätigung seines kraft Ges rechtmäßigen Aufenthalts eine AufGest (§ 55 I AsylVfG). Für weitere Aufenthaltsbegehren während oder nach Abschluss des Asylverf (vgl § 10) kommt es wie bei anderen Ausl nur darauf an, ob seine Einreise visumpflichtig war (Anhang I zur EUVisaVO) u. er ein Visum besaß u. ihm ein AufTit ausnahmsweise nach der Einreise erteilt werden darf (§§ 39–41 AufenthV). Er ist damit nicht gegenüber anderen Ausl diskriminiert, sondern wird entsprechend seiner Sondersituation privilegiert behandelt. Für die AufGest (§ 55 AsylVfG) gilt Abs 2 ohnehin nicht, für humanitäre AE nach §§ 24, 25 I–III, 26 III ist von den Erfordernissen des Abs 2 abzusehen, u. in den anderen Fällen des Abschnitts 5 kann davon abgesehen werden (Abs 3). Das Bestehen der Visumpflicht der Asylbew ist schließlich indirekt bestätigt durch die auf sie zugeschnittene Vorschrift des § 39 Nr 4 AufenthV (früher schon § 9 II Nr 1 DVAuslG).

52 **Positivstaater** bedurften **früher** für die Einreise keines Visums, auch wenn sie von vornherein Erwerbstätigkeit oder längeren Aufenthalt beabsichtigen (Anlage I zur DVAuslG). Erst die Aufnahme einer Erwerbstätigkeit ließ den Aufenthalt illegal werden, nicht aber nachträglich die Einreise (§ 1 I 1 DVAuslG; HessVGH, EZAR 622 Nr 17). Auch wenn das Überschreiten der Dauer von drei Monaten oder die Erwerbstätigkeit schon bei der Einreise geplant waren, war für sie kein Visum erforderlich (Fraenkel, S. 25; HessVGH, EZAR 622 Nr 20). Wer als Positivstaater eine weitere AufGen beantragte, bedurfte nicht schon für die Einreise eines Visums (HessVGH, EZAR 622 Nr 17; anders zu Recht VGH BW, EZAR 020 Nr 1 zu § 1 II Nr 1 DVAuslG 1965, da dort noch auf die Absicht abgestellt war; ebenso OVG Hamburg, EZAR 622 Nr 12). Die gegenteilige Ansicht (BVerwGE 101, 265) vernachlässigte zu Unrecht die vom Verordnungsgeber gewollte u. dem Gesetzgeber bereits bekannte Verbesserung der Rechtsstellung der Positivstaater durch Streichung des subjektiven Elements im Befreiungstatbestand. Das Ergebnis beider Auffassungen in der Rspr war nur zT ähnlich. Der AufGen für einen weiteren Aufenthalt stand § 3 III 1 AuslG auch für Positivstaater entgegen, sofern sie nicht den Aufenthalt nur für drei Monate ohne Erwerbstätigkeit verlängern wollten (AufBew nach § 9 IV, VI 1 DVAuslG). Für die Befreiungen des § 9 II, VI 1 DVAuslG waren für Anträge bis drei Monate nach der Einreise ohne Erwerbstätigkeit eine erlaubte Einreise u. ein rechtmäßiger Aufenthalt zu bejahen, während der Aufenthalt nach der abweichenden Ansicht aufgrund einer über den Befreiungstatbestand des § 1 I DVAuslG hinausreichenden Absicht jedenfalls vom Beginn dieses Entschlusses an rechtswidrig war u. Ausnahmen nur nach § 9 I Nr 1 AuslG bewilligt werden konnten.

53 **Anders** stellt sich die **Rechtslage** für Positivstaater nunmehr aufgrund der EUVisaVO dar (hierzu näher HessVGH, EZAR 011 Nr 19; Westphal, ZAR 2003, 211). Nach deren Art 1 II iVm I sind die Angehörigen der im Anhang II aufgeführten Staaten von der Visumpflicht „beim Überschreiten der Außengrenzen der Mitgliedstaaten" (Abs 1) „für einen Aufenthalt, der insgesamt drei Monate nicht überschreitet, befreit." Da die an den Grenzübertritt anschließenden Aufenthalte für Visumpflichtige wie für Befreite im gesamten Schengen-Gebiet selbständig in Art 19, 20 SDÜ geregelt sind, spricht sehr viel für eine dem internationalen Visumverständnis entsprechende strikte Beschränkung der Visumpflicht u. der Befreiung auf das Überschreiten der Außengrenze. Die Unterscheidung zwischen Schengen-Visum für den kurzfristigen Aufenthalt u. nationalem Visum für längerfristige u. Erwerbsaufenthalte ist danach anhand der beim Grenzübertritt bestehenden Absicht des Ausl zu treffen (dazu § 6 Rn 33 f, 43).

54 Nach alledem erweisen sich die **Aufenthaltsabsichten** sowohl bei visumfreien als auch bei visumpflichtigen Personen als grundlegend erheblich für die Einreise, aber auch für den späteren Aufenthalt. Nur auf diese Weise ist sichergestellt, dass die Zweckbezogenheit der EU-Visumbefreiung u. des Schengen-Visums mit den daraus folgenden transnationalen Rechtswirkungen nach Art 19, 20 SDÜ durchgesetzt werden kann. Einen erst nach der Einreise eingetretenen Sinneswandel muss der Ausl schlüssig darlegen u. erforderlichenfalls durch geeignete Unterlagen oder sonst beweisen. Grundsätzlich wird er an seinen Angaben zum Visumantrag festgehalten. Änderungen seiner Absichten sind für ihn günstige Tatsachen, die er vorzutragen u. zu belegen hat (§ 82 I).

55 Wer als **Positivstaater** von vornherein einen drei Monate übersteigenden Aufenthalt oder die Aufnahme einer Erwerbstätigkeit beabsichtigt, aber über kein Visum verfügt, reist ohne das erforderliche Visum u. damit unerlaubt ein. Er kann sich nicht auf ein AufR aus Art 20 SDÜ berufen, weil er bei der Einreise nicht von der Visumpflicht befreit war. Fasst er einen durch die Visumfreiheit nicht gedeckten Entschluss erst während des Aufenthalts, ist die Einreise nicht nachträglich als unerlaubt anzusehen; diese erfolgte nämlich für einen zulässi-

gen Kurzaufenthalt: Der weitere Aufenthalt im Schengen-Gebiet ist aufgrund der Sichtvermerksfreiheit nach Art 20 SDÜ grundsätzlich erlaubt. Wird allerdings die zugelassene Aufenthaltsdauer überschritten, macht sich der Ausl, wenn er vollziehbar ausreisepflichtig ist, wegen unerlaubten Aufenthalts strafbar (§§ 4 I 1, 95 I Nr 2). Die Aufnahme einer Erwerbstätigkeit ist, sofern sie nicht kraft Ges oder RVO zugelassen ist u. keines entsprechenden AufTit bedarf, als Ordnungswidrigkeit zu verfolgen (§ 404 I Nr 4 SGB III). In beiden Fällen ist eine Ausweisung angezeigt (vgl § 55 II Nr 2).

Wer als **Negativstaater** nach der Einreise mit einem Schengen-Visum entsprechend 56 seinem ursprünglichen Plan einen Erwerbs- oder Daueraufenthalt beginnt, ist unter Verstoß gegen Art 1 EUVisaVO u. die Zustimmungspflichtigkeit durch die AuslBeh u. damit ohne das erforderliche Visum unerlaubt eingereist (zum früheren Recht: OVG Hamburg, EZAR 622 Nr 21; HessVGH, EZAR 622 Nr 17; OVG SchlH, InfAuslR 1992, 125). Seine Einreise ist strafbar, der Versuch ebenso (§ 95 I Nr 3, II; zur neueren Rspr des BGH vgl dort Rn 9, 14). Die unerlaubte Erwerbstätigkeit ist ordnungswidrig (§ 404 I Nr 4 SGB III), sein weiterer Aufenthalt strafbar (§§ 4 I 1, 95 I Nr 2). Einen erst nach der Einreise eingetretenen Sinneswandel muss der Ausl schlüssig darlegen u. beweisen. Gelingt ihm dies, dann erweist sich die Einreise nicht nachträglich als unerlaubt. Aber auch die Sanktionen für den unerlaubten weiteren Aufenthalt samt Erwerbstätigkeit entfallen damit nicht.

3. Angaben im Visumantrag

Die Angaben, die für die Erteilung maßgeblich sind, müssen bereits im Visumantrag 57 gemacht worden sein. Der Ausl muss seine **Mitwirkungspflichten** (§ 82 I) im Visumverf **erfüllt** haben. Sonst erhält er keinen AufTit. Wenn vor der Erteilung des Visums nicht alle dafür erheblichen Tatsachen geprüft u. bewertet werden konnten, besteht die Gefahr eines zweckwidrigen Aufenthalts. Abgesehen von einer möglichen Strafbarkeit von Falschangaben (§ 95 II Nr 2) soll mit der Verweigerung des AufTit wegen fehlender rechtzeitiger Angaben zusätzlich die Visumpflicht abgesichert werden. Die Voraussetzung der rechtzeitigen Angaben im Visumantrag tritt zu der Einreise mit dem erforderlichen Visum hinzu.

Als **maßgeblich** können nur diejenigen Angaben angesehen werden, die für das konkrete 58 Visum benötigt werden. Dazu gehören grundsätzlich alle abgefragten Personalien, aber auch Voraufenthalte, Vorstrafen u. frühere Visavorgänge. Zum Aufenthaltszweck muss erklärt werden, ob zB Besuche von Verwandten oder Bekannten, Touristen- oder Erholungsreisen oder ähnliche kurzfristige Zwecke verfolgt werden oder aber die Ausübung einer Erwerbstätigkeit oder ein längerer Aufenthalt, der über die Grenzen des Schengen-Visums hinausgeht. Außer den Formularfragen sind auch schriftliche oder mündliche Nachfragen zu beantworten. „Im Visumantrag" ist nicht wörtlich zu verstehen, die Angaben können auch in Anlagen oder zusätzlichen Erklärungen enthalten sein.

4. Fakultative Ausnahmen

Die Einhaltung der Visumregeln ist kein Selbstzweck. Sie soll verhindern, dass die 59 Steuerungsmechanismen lahmgelegt u. die Zugangskontrollen unterlaufen werden. Sinn u. Zweck der Visumvorschriften leiden nicht darunter, wenn **ausnahmsweise** von ihnen **abgesehen** wird u. sie hinter eindeutige Rechtsansprüche zurücktreten oder auf ihre Nachholung wegen Unzumutbarkeit verzichtet wird. In beiden Fällen wäre der Umweg über Ausreise, Visumverf u. erneute Einreise nur mit Kosten u. Zeitaufwand verbunden u. stellte sich damit als bloße Förmlichkeit dar. Von diesen Grundsätzen ausgehend hat die AuslBeh im Wege des Ermessens zu beurteilen, ob eine Ausnahme vertretbar u. angemessen ist. Vorausgesetzt ist aber zunächst die Feststellung eines Anspruchs auf einen AufTit oder einer Unzumutbarkeit im Einzelfall.

Ein **Anspruch** auf die Erteilung ist dann gegeben, wenn das AufenthG oder ein anderes 60 Ges einen strikten Rechtsanspruch, einen Regelanspruch oder einen Sollanspruch verleihen (vgl Rn 25 f). Eine Ermessensreduzierung auf Null reicht dazu nicht aus (vgl Rn 26; aA

Nr 5.5.2 S. 3 VAH). In diesem Fall ergibt sich nur wegen besonderer Einzelfallumstände eine Verpflichtung zur Erteilung eines AufTit. Dieses Ergebnis ist im Grundsatz bei jeder Ermessensnorm möglich. Es steht aber nicht schon aufgrund einer Tatbestandserfüllung fest, sondern erst nach Sammlung u. Auswertung aller relevanten Umstände des Einzelfalls sowie einer anschließenden Güter- u. Interessenabwägung. Es erfordert uU einen nicht unbeträchtlichen Aufwand u. zwingt die AuslBeh damit zu einer Prüfung, von der diese gerade durch das Visumverf entlastet werden soll. Die AuslBeh soll nur dann eine Ausnahme zulassen können, wenn sie keine umfangreichen Ermittlungen u. Abwägungen vorzunehmen braucht, weil sich das materielle Ergebnis ohne weiteres aus einer Anspruchsnorm finden lässt.

61 Abgesehen werden kann aufgrund besonderer Einzelfallumstände auch wegen **Unzumutbarkeit** der Nachholung des Visumverf. Die mit der Ausreise u. einer erneuten Einreise mit dem erforderlichen Visum verbundenen Kosten, Mühen u. Verluste an Zeit, die für andere Angelegenheiten dringender benötigt wird, gehören zu dem normalen Risiko der nicht ordnungsgemäßen Einreise. Als unzumutbar können sie nur dann angesehen werden, wenn die Versäumnisse dem Ausl nicht persönlich anzulasten sind, sein Verschulden nur gering war oder die notwendigen Reisen aufgrund äußerer Umstände (zB Durchreisen durch mehrere andere Staaten) oder aus persönlichen Gründen besondere Schwierigkeiten bereiten oder besonders aufwändig erscheinen, zB wegen besonders hoher Reisekosten, Reiseunfähigkeit, Krankheit oder der Sorge für einen pflegebedürftigen Angehörigen (dazu HessVGH, EZAR NF 28 Nr 1).

62 Auch wenn einer der beiden Tatbestände erfüllt ist, ist ein Absehen von der ordnungsgemäßen Einreise noch nicht zwingend geboten. Es muss vielmehr im Wege des **Ermessens** festgestellt werden, ob von dieser Möglichkeit Gebrauch gemacht werden soll. Dieses Handlungsermessen ist nicht eröffnet, wenn eine Ausnahmesituation verneint worden ist. Zudem darf es sich nicht in der Wiederholung der Gesichtspunkte erschöpfen, die bereits für die Feststellung einer atypischen Sachlage herangezogen wurden. Hier können aber allg Erwägungen darüber angestellt werden, ob im konkreten Einzelfall das Nachholen des Visumverf mit den dahinter stehenden Grundgedanken noch vereinbar ist oder umgekehrt ohne Schaden für das Prinzip von ihm abgewichen werden kann. Schließlich soll die Dispositionsmöglichkeit des Abs 2 S. 2 vor allem dazu dienen, eine Visumerteilung durch grenznahe AuslVertr zu erübrigen (so Nr 5.2.3 S. 4 VAH).

V. Ausnahmen zugunsten von Flüchtlingen

63 Die in Abs 3 vorgesehenen Ausnahmen sind **unterschiedlich** angelegt: Teils sind sie obligatorisch u. teils fakultativ. Die ersteren knüpfen an bestimmte Vorschriften an u. lassen der AuslBeh keine Wahl. Im zweiten Fall ist für alle sonstigen Tatbestände der §§ 22–26 ein weites Ermessen eröffnet. Allen Ausnahmen liegt die Überlegung zugrunde, dass von Flüchtlingen die Erfüllung der Voraussetzungen der Abs 1 u. 2 allg nicht verlangt werden kann.

64 Alle allg Erteilungsvoraussetzungen der Abs 1 u. 2 gelten nicht für AE u. NE zugunsten genau bezeichneter Personengruppen. Sie sind **nicht anwendbar** bei Erteilung einer AE an: Vorübergehend nach einem EU-Ratsbeschluss aufgenommene Flüchtlinge (§ 24); anerkannte Asylber (§ 25 I); anerkannte GK-Flüchtlinge (§ 25 II); anerkannte Abschiebungsschutzberechtigte (§ 25 III). Außerdem gelten sie nicht für Asylber u. Konventionsflüchtlinge, die seit drei Jahren eine entsprechende AE besitzen u. deren Anerkennung nach der obligatorischen Überprüfung nach § 73 IIa AsylVfG weder zu widerrufen noch zurückzunehmen ist (§ 26 III).

65 Die zwingende Ausnahme greift ohne weiteres ein, wenn die formellen Voraussetzungen für die jew humanitäre AE gegeben sind. In den Fällen der §§ 24, 25 I u. II ist die AuslBeh grundsätzlich an die Entscheidungen des EU-Rats u. des BAMF **gebunden** u. nicht zur

Allgemeine Erteilungsvoraussetzungen § 5 AufenthG 1

eigenen Prüfung berechtigt. Sie hat nur zu entscheiden, ob der Ausschlussgrund des § 24 II vorliegt oder atypische Umstände einer AE nach § 25 III entgegenstehen. Eine Überprüfung der Anerkennungsgrundlagen findet nicht statt. Im Falle der NE nach § 26 III ist zuvor das Ergebnis der Routineprüfung des BAMF abzuwarten. Auch insoweit steht der AuslBeh aber kein eigener materieller Entscheidungsspielraum zu.

Außerhalb dieses zwingenden Anwendungsausschlusses hat die AuslBeh in den sonstigen 66 Fällen der humanitären AE oder NE darüber zu entscheiden, ob von den genannten Voraussetzungen abgesehen werden kann. Dieses **Ermessen** ist nicht weiter gebunden. Es muss sich an dem Grundsatz ausrichten, dass die besonderen Verhältnisse von Flüchtlingen u. anderen aus humanitären Gründen aufgenommenen Personen die Erfüllung der allg Erteilungsvoraussetzungen grundsätzlich erschweren. Dabei ist zugrunde zu legen, dass der humanitäre Aufenthalt grundsätzlich auf die Dauer der Verfolgungsgefahren u. sonstigen Gefährdungen begrenzt ist u. während dieses Zeitraums eine Beendigung des Aufenthalts ohnehin nicht ernsthaft in Betracht kommt.

Die **Rechtsfolgen** bestehen in beiden Fallgruppen in der Nichtanwendung von Abs 1 u. 67 2. Der Familiennachzug zu den begünstigten Personen ist damit aber nicht privilegiert. Im zweiten Fall kann die AuslBeh das Absehen auf eine oder mehrere Voraussetzungen beschränken. Damit kann vor allem berücksichtigt werden, dass die ausreichende Unterhaltssicherung durch eigenes Einkommen zT auch von Flüchtlingen verlangt werden kann. Allerdings ist dies nur dann zu vertreten, wenn ihnen eine Erwerbstätigkeit auch gestattet wird. Die bloße Möglichkeit der BA, der Erwerbstätigkeit von Geduldeten nach § 10 BeschVerfV zuzustimmen, genügt hierfür aber nicht. Dem Ausl kann die mangelnde Unterhaltssicherung nur entgegengehalten werden, wenn ihm die Erwerbstätigkeit auch tatsächlich ermöglicht worden ist, was besonders für die Erteilung einer NE (nach §§ 23 II, 26 IV), und in Verlängerungsfällen (§ 8 I) den Ausschlag geben kann.

VI. Zwingende Versagungsgründe

Eine **absolute Schranke** für die Erteilung eines AufTit bildet die Verwirklichung eines 68 Ausweisungstatbestands nach § 54 Nr 5 oder 5 a. Wenn eine der dort erfassten Formen der Beteiligung am internationalen Terrorismus festgestellt ist, genügt die Tatbestandserfüllung. Eine Ausweisung ist nicht verlangt. Es braucht auch nicht untersucht zu werden, ob zB eine Ausnahme von der Regelausweisung in Betracht zu ziehen oder besonderer Ausweisungsschutz zu gewähren ist (vgl Rn 20 ff). Das Erteilungsverbot wirkt auch gegenüber dem Schutz von Ehe u. Familie nach Art 6 GG u. Art 8 EMRK. Die daraus folgenden rigorosen Beschränkungen sind nur im Hinblick auf die vom Terrorismus ausgehenden schweren u. bewusst willkürhaften u. unberechenbaren Gefahren für Leben, Gesundheit u. Eigentum der Bevölkerung zu vertreten. Besonderheiten im Einzelfall kann in gewissem Umfang durch die beiden Ausnahmemöglichkeiten Rechnung getragen werden.

Die Ausnahmen nach Abs 4 S. 2 sind auf Einzelfälle der **tätigen Reue** beschränkt. Der 69 Ausl muss sich gegenüber den zuständigen Behörden offenbaren u. außerdem sein die Sicherheit gefährdendes Handeln einstellen. Er muss also nicht nur der Gewalt oder dem Terrorismus abschwören, sondern auch sein Tun danach einrichten. Außer einer Zusammenarbeit mit den Sicherheitsbehörden für die Vergangenheit ist also auch der Abbruch bestehender Verbindungen gefordert. Bei der Ermessensausübung sind vor allem die Schwere der eigenen Verwicklungen u. die Bedeutung seiner Kooperation für die Aufdeckung anderer Straftaten zu berücksichtigen.

Eine kurzfristige Ausnahme kann das BMI **vor der Einreise** zulassen. Diese Möglichkeit 70 ist damit grundsätzlich nur für die Einreise mit Visum eröffnet. Der kurzfristige u. streng begrenzte vorübergehende Aufenthalt kann im Einzelfall aus dringenden staatl oder privaten Gründen geboten sein. In Betracht kommen zB Zeugenaussagen oder Parteivernehmungen sowie Krankenbesuche oder Hilfseinsätze. Nicht unbedingt notwendig ist ein Zusammenhang mit der Terrorbekämpfung oder Sicherheitsinteressen der BR Deutschland. Diese müssen aber gewahrt bleiben u. dürfen durch die Ausnahme nicht irgendwie gefährdet werden. Bei einer Dauer von über drei Monaten ist die Frist des Schengen-Visums überschritten u. nur ein nationales Visum möglich (§ 6 I, IV).

VII. Verwaltungsverfahren und Rechtsschutz

71 Verf u. Zuständigkeit für die Entscheidungen über AufTit sind abhängig von deren Art sowie Ort u. Zeitpunkt der **Antragstellung.** Die allg Voraussetzungen des § 5 können nur im Zusammenhang mit den je besonderen zusätzlichen oder abweichenden Erteilungs- oder Verlängerungsvoraussetzungen gesehen u. angewandt werden. Einzelheiten sind daher bei den jew Bestimmungen erläutert. Besonderheiten ergeben sich wegen der Notwendigkeit, dass der AufTit eine Aussage über die Berechtigung zur **Erwerbstätigkeit** enthalten muss (dazu § 4 Rn 192, 194, 196 ff).

72 Für **Visa** sind die vom AA ermächtigten AuslVertr zuständig, für den AufTit vor der Einreise die AuslBeh der Stadt Berlin u. iÜ die AuslBeh, in deren Bezirk sich der Ausl gewöhnlich aufhält oder zuletzt aufhielt (§ 71 I; § 3 I Nr 3 Bst a VwVfG bzw. Landes-VwVfG; vgl auch § 4 Rn 188 f). Für die Zustimmung zum Visum ist die AuslBeh des vorgesehenen Aufenthaltsorts zuständig (§ 31 I 1 AufenthV).

73 Der Antrag auf einen **AufTit nach der Einreise** ist entweder unverzüglich oder zumindest möglichst während eines rechtmäßigen Aufenthalts zu stellen (§ 81 I–IV; näher § 4 Rn 193 f). Er bewirkt nur zT eine fiktive AE oder eine fiktive Duldung (§ 81 III), aber im Falle der Verlängerung oder des Wechsels in einen anderen Titel sogar die Verlängerung des bisherigen AufTit (§ 81 IV). In den übrigen Fällen bietet er dagegen keine Gewähr für eine Bescheidung vor der Ausreise. Über die Befreiung vom Erfordernis des AufTit kann eine Bescheinigung der zuständigen AuslBeh verlangt werden (§ 4 Rn 188) u. über die Fiktionen des § 81 ebenfalls eine Bescheinigung (§ 81 V).

74 Die Versagung des Visums oder eines anderen AufTit bedarf der **Schriftform** (§ 77 I 1). Versagung oder Beschränkung des Visums vor der Einreise sind nach § 77 II vom Erfordernis der **Begründung** (§ 39 VwVfG) u. der Rechtsmittelbelehrung (§ 59 VwGO) freigestellt (zu den hiergegen bestehenden Bedenken § 77 Rn 6 ff). Den hieraus entspringenden Behinderungen für Rechtsschutzbegehren kann durch eine Remonstration an die Auslandsvertretung begegnet werden, die idR mit einem schriftlich begründeten (Zweit-)Bescheid beantwortet wird (Teipel, ZAR 1995, 162).

75 Wenn eine der allg Erteilungsvoraussetzungen des Abs 1 u. 2 nicht erfüllt ist, kann offen bleiben, ob die anderen vorliegen. Dann brauchen, wenn Ausnahmen nicht in Betracht kommen, die anderen Grundvoraussetzungen auch nicht im Einzelnen in der Begründung des Bescheids behandelt zu werden. Entsprechend kann bei den Ausnahmen verfahren werden. Es kann auch ohne weiteres allein auf das Vorliegen des absoluten Versagungsgrunds des Abs 4 S. 1 abgestellt werden, wenn zugleich mögliche Ausnahmen ausgeschlossen werden.

76 Gegen die Versagung des Visums oder eines anderen AufTit sind idR Widerspruch u. **Klage** zulässig, die keine aufschiebende Wirkung entfalten (§ 84); im Visumsverf ist der Widerspruch ausgeschlossen (§ 68 I 2 Nr 1 VwGO iVm § 2 GAD). **Vorläufiger Rechtsschutz** kann nach §§ 80 V oder 123 VwGO in Anspruch genommen werden. Die Versagung des Visums an der Grenze ist zT nach § 83 unanfechtbar (zu dessen Verfassungswidrigkeit § 83 Rn 4). Begründung u. Überprüfung von Rechtsbehelfen gegen die Versagung des AufTit sind zT eingeschränkt (§ 84 II). Falls das Vorliegen eines Teils der allg Erteilungsvoraussetzungen von der Behörde offen gelassen ist u. sich der Bescheid im Gerichtsverf als rechtswidrig erweist, kann die Gerichtsentscheidung ihrerseits auf eine oder mehrere andere nicht erfüllte Voraussetzungen gestützt werden.

Visum　　　　　　　　　　　　　　　　　§ 6　**AufenthG 1**

§ 6 Visum

(1) ¹ Einem Ausländer kann
1. ein Schengen-Visum für die Durchreise oder
2. ein Schengen-Visum für Aufenthalte von bis zu drei Monaten innerhalb einer Frist von sechs Monaten von dem Tag der ersten Einreise an (kurzfristige Aufenthalte)

erteilt werden, wenn die Erteilungsvoraussetzungen des Schengener Durchführungsübereinkommens und der dazu ergangenen Ausführungsvorschriften erfüllt sind. ² In Ausnahmefällen kann das Schengen-Visum aus völkerrechtlichen oder humanitären Gründen oder zur Wahrung politischer Interessen der Bundesrepublik Deutschland erteilt werden, wenn die Erteilungsvoraussetzungen des Schengener Durchführungsübereinkommens nicht erfüllt sind. ³ In diesen Fällen ist die Gültigkeit räumlich auf das Hoheitsgebiet der Bundesrepublik Deutschland zu beschränken.

(2) Das Visum für kurzfristige Aufenthalte kann auch für mehrere Aufenthalte mit einem Gültigkeitszeitraum von bis zu fünf Jahren mit der Maßgabe erteilt werden, dass der Aufenthaltszeitraum jeweils drei Monate innerhalb einer Frist von sechs Monaten von dem Tag der ersten Einreise an nicht überschreiten darf.

(3) ¹ Ein nach Absatz 1 Satz 1 erteiltes Schengen-Visum kann in besonderen Fällen bis zu einer Gesamtaufenthaltsdauer von drei Monaten innerhalb einer Frist von sechs Monaten von dem Tag der ersten Einreise an verlängert werden. ² Dies gilt auch dann, wenn das Visum von einer Auslandsvertretung eines anderen Schengen-Anwenderstaates erteilt worden ist. ³ Für weitere drei Monate innerhalb der betreffenden Sechsmonatsfrist kann das Visum nur unter den Voraussetzungen des Absatzes 1 Satz 2 verlängert werden.

(4) ¹ Für längerfristige Aufenthalte ist ein Visum für das Bundesgebiet (nationales Visum) erforderlich, das vor der Einreise erteilt wird. ² Die Erteilung richtet sich nach den für die Aufenthalts- und Niederlassungserlaubnis geltenden Vorschriften. ³ Die Dauer des rechtmäßigen Aufenthalts mit einem nationalen Visum wird auf die Zeiten des Besitzes einer Aufenthaltserlaubnis oder Niederlassungserlaubnis angerechnet.

Vorläufige Anwendungshinweise

6 Zu § 6 Visum

6.0 Allgemeines
6.01 Die Vorschrift regelt die Erteilung von Visa. Sie resultiert aus der Einordnung des Visums als selbständiger Aufenthaltstitel (§ 4 Abs. 1). Die Systematik des Ausländergesetzes, die das Visum als eine Form der jeweiligen Aufenthaltsgenehmigung begriff, entspricht nicht mehr der Rechtswirklichkeit, in der sich auf der Grundlage von Gemeinschaftsrecht ein eigenständiges Visaregime insbesondere für Aufenthalte bis zu drei Monaten herausgebildet hat. Es wird daher zwischen Schengen-Visa für kurzfristige Aufenthalte bis zu drei Monaten (Absatz 1 Nr 2) und einem nationalen Visum für längerfristige Aufenthalte unterschieden (Absatz 4). Die Einordnung entspricht Gemeinschaftsrecht, das gleichzeitig Regelungen über die Ausgestaltung und Rechtsfolgen eines Visums vorsieht (Artikel 10 f. SDÜ).

6.1 Erteilung von Schengen-Visa
6.1.1 Absatz 1 verweist für die Erteilung des Schengen-Visums auf die Voraussetzungen des Schengener Durchführungsübereinkommens (Artikel 15 i. V. m. Artikel 10, Artikel 5 Abs. 1 SDÜ), die zwar im Wesentlichen deckungsgleich mit § 5 sind, mit Artikel 5 Abs. 1 Buchstabe e aber insbesondere auch die Berücksichtigung der Sicherheitsinteressen anderer Schengen-Staaten erfasst. Die Visumerteilung setzt danach u. a. voraus, dass eine Gefahr für die nationale Sicherheit oder öffentliche Ordnung ausgeschlossen werden kann. Die Gemeinsame Konsularische Instruktion an die diplomatischen Missionen und die konsularischen Vertretungen legt die näheren inhaltlichen und verfahrenstechnischen Voraussetzungen für die Prüfung des Visumantrags fest.
6.1.2 Eine Abweichung von den Erteilungsvoraussetzungen des Schengener Durchführungsübereinkommens kommt nach Artikeln 5 Abs. 2, 16 SDÜ nur aus humanitären Gründen, aus Gründen des nationalen Interesses oder aufgrund internationaler Verpflichtungen in Betracht. Satz 2 stellt klar, dass

von der Ausnahmemöglichkeit u. a. zur Wahrung politischer Interessen oder aus völkerrechtlichen Gründen Gebrauch gemacht werden kann.
6.1.3 Die Umsetzung der Möglichkeit nach Artikeln 5 Abs. 2, 16 SDÜ hat allerdings zwingend zur Folge, dass die räumliche Geltung des Visums auf das Hoheitsgebiet der Vertragspartei beschränkt werden muss (Artikel 16 SDÜ). Dem trägt Satz 3 Rechnung. Die Erteilung des in Absatz 1 Nr 2 bezeichneten Schengen-Visums ist nicht von einem konkret benannten Aufenthaltszweck abhängig. Die wesentliche Einschränkung ergibt sich aus der geplanten Kurzfristigkeit des Aufenthalts. Für die Ausübung einer Erwerbstätigkeit während eines kurzfristigen Aufenthalts ist § 4 Abs. 2 und 3 zu beachten. Die Erteilung eines nationalen Visums für längerfristige Aufenthalte ist nicht durch Gemeinschaftsrecht festgelegt, sie richtet sich nach Absatz 4.

6.2 Erteilung von Visa für mehrere Aufenthalte
Absatz 2 regelt die Erteilung von Visa für mehrere Aufenthalte.

6.3 Verlängerung von Schengen-Visa
6.3.1 Die Verlängerung eines Schengen-Visums richtet sich nach Absatz 3. Danach kann ein Schengen-Visum, das bei der Erteilung durch die Auslandsvertretung nicht für drei Monate ausgestellt wurde, im Inland entsprechend gemeinschaftsrechtlicher Vorgaben bis zu einer Gesamtaufenthaltsdauer von drei Monaten innerhalb einer Frist von sechs Monaten verlängert werden (Satz 1), sofern die Erteilungsvoraussetzungen noch vorliegen. Die Sechsmonatsfrist beginnt mit dem Tag der ersten Einreise. Wenn die Dauer des Aufenthaltes mit einem Schengen-Visum durch die Ausländerbehörde in diesem Sinne verändert wird, handelt es sich also um die Verlängerung eines Visums, nicht um die Erteilung eines anderen Aufenthaltstitels.
6.3.2 Dies gilt nach Satz 2 auch für Schengen-Visa, die nicht von einer deutschen Auslandsvertretung ausgestellt wurden.
6.3.3 Eine weitere Verlängerung bis zu drei Monaten innerhalb der betreffenden Sechsmonatsfrist kommt nach Satz 3 entsprechend dem Verweis auf Absatz 1 Satz 2 nur aus völkerrechtlichen oder humanitären Gründen oder zur Wahrung politischer Interessen der Bundesrepublik Deutschland in Betracht. Durch die Verlängerung über drei Monate hinaus kann das Schengen-Visum nach den Regelungen des SDÜ in Satz 3 nicht mehr als Schengen-Visum bezeichnet werden. Es wird als nationales Visum auf dem einheitlichen Sichtvermerk verlängert. Als nationales Visum berechtigt es nach Artikel 18 Satz 3 SDÜ den Inhaber nur noch dazu, durch andere Schengen-Staaten zu reisen, um sich nach Deutschland zu begeben, solange kein dort aufgeführter Versagungsgrund vorliegt; diese Durchreisefunktion ist allerdings bereits bei der Erteilung erschöpft, weil sich der Ausländer schon im Bundesgebiet befindet. Zur Durchreise durch andere Schengen-Staaten zum Zweck der Rückreise, insbesondere nach Artikel 5 Abs. 3 SDÜ, berechtigt das Visum dann nicht. Als Gültigkeitsbereich ist „Deutschland" einzutragen.
6.3.4 Die Fortgeltungsfiktion des § 81 Abs. 4 hat Wirkungen allein im Bundesgebiet, da die Fiktionsbescheinigung ihre Rechtsgrundlage nicht im SDÜ findet und somit nicht in anderen Schengen-Staaten wirkt. Die Fiktionsbescheinigung nach § 81 Abs. 4 selbst berechtigt somit nicht zur Durchreise durch andere Schengen-Staaten.

6.4 Nationales Visum
6.4.1 Absatz 4 legt in Anlehnung an Artikel 18 SDÜ fest, dass für längerfristige Aufenthalte ein nationales Visum erforderlich ist. Die Erteilung des Visums richtet sich nach den für die Aufenthalts- und Niederlassungserlaubnis geltenden Vorschriften. Wenn das Gesetz also – auch ausdrücklich – die Erteilung von Aufenthalts- oder Niederlassungserlaubnissen regelt, finden die jeweiligen Vorschriften auch auf die Erteilung entsprechender Visa für denselben Aufenthaltszweck Anwendung. Bereits für die Erteilung des Visums müssen daher neben den allgemeinen Erteilungsvoraussetzungen gemäß § 5 AufenthG – z. B. Sicherung des Lebensunterhalts (§ 5 Abs. 1 Nr 1 AufenthG), Ausschluss einer Gefahr für die öffentliche Sicherheit (§ 5 Abs. 1 Nr 2 i. V. m. § 55 Abs. 1 AufenthG) – auch die für die Erteilung einer Aufenthalts- oder Niederlassungserlaubnis erforderlichen speziellen Bedingungen gegeben sein. Nach Ablauf der Geltungsdauer des Visums ist entsprechend dem bei der Visumerteilung angegebenen Aufenthaltszweck die entsprechende Aufenthaltserlaubnis oder Niederlassungserlaubnis zu beantragen, deren Erteilung vom Vorliegen der Voraussetzungen abhängt. Veränderungen während der Geltungsdauer des Visums können, etwa in Fällen des § 31 Abs. 1 Nr 2, zur Anwendbarkeit einer anderen Rechtsgrundlage führen. Um spätere Unklarheiten bei der Berechnung von Fristen zu vermeiden, enthält Satz 3 eine entsprechende Anrechnungsbestimmung.
6.4.2 Nationale Visa werden, sofern nicht besondere Umstände eine Abweichung rechtfertigen, etwa um eine frühere Vorsprache bei der Ausländerbehörde zu bewirken, für drei Monate ausgestellt, wenn die Ausländerbehörde im Visumverfahren beteiligt wurde, ansonsten für die Dauer des beabsichtigten

Visum § 6 **AufenthG 1**

Aufenthaltes, dann aber regelmäßig für höchstens ein Jahr. Eine Ausstellung für einen längeren Zeitraum als drei Monate auch bei Beteiligung der Ausländerbehörde kommt in Betracht, wenn – etwa in Fällen des § 7 Abs. 1 Satz 3 – der Aufenthalt für einen vorübergehenden sonstigen Zweck für höchstens ein Jahr ermöglicht werden soll, die Ausländerbehörde keinen Bedarf für ein Erscheinen des Antragstellers zur Durchführung weiterer Überprüfungen sieht und ersichtlich kein Bedürfnis für die Erteilung eines Aufenthaltstitels besteht, der zu Reisen in andere Schengen-Staaten berechtigen würde, oder ein Visum der Kategorie „D + C" erteilt werden soll. Sofern der Ausländer voraussichtlich auch während der ersten Zeit des Aufenthaltes in andere Schengen-Staaten reisen muss – etwa für Geschäftsreisen – ist die Ausstellung als Visum der Kategorie „D + C" möglich.

Übersicht

	Rn
I. Entstehungsgeschichte	1
II. Allgemeines	2
III. Schengen-Visum	8
1. Allgemeines	8
2. Inhalt, Form und Verfahren	11
3. Kurzfristiger Aufenthalt	18
4. Durchreise	27
5. Verlängerung	29
IV. Nationales Visum	32
V. Verwaltungsverfahren und Rechtsschutz	38
1. Verwaltungsverfahren	38
2. Erlöschen, Widerruf und Rücknahme	48
3. Rechtsschutz	51

I. Entstehungsgeschichte

Die Vorschrift entspricht im Wesentlichen dem **GesEntw** (BT-Drs 15/420 S. 8). Im **1** Vermittlungsverf wurden in Abs 2 u. 3 S. 1 die Wörter „pro Halbjahr" durch die Passage „innerhalb einer Frist von sechs Monaten von dem Tag der ersten Einreise an" ersetzt u. auch Abs 1 S. 3 entsprechend geändert (BT-Drs 15/3479 S. 2).

II. Allgemeines

Die Vorschrift umschreibt das Visum als **eigenständigen AufTit** iSd § 4 I 2 (§ 4 **2** Rn 35 f; nicht anwendbar auf Unionsbürger: § 11 I FreizügV/EU). Der Sichtvermerk war früher eine besondere Form der AufGen, ausgestellt vor der Einreise durch die AuslVertr, seine Bedeutung hat aber im Zuge der Schaffung eines EU-weiten Visumregimes einen Wandel erfahren. Es steht selbständig neben anderen Titeln, konzentriert sich aber nach europäischem Verständnis auf das Überschreiten der (Außen-)Grenzen für einen kurzfristigen Aufenthalt (§ 4 Rn 35 ff; § 5 Rn 44, 53, 54 f). Das Ineinandergreifen des Schengener Visumrechts, das sich vom Vertragsrecht des SDÜ zum Gemeinschaftsrecht („Schengener Besitzstand") entwickelt hat u. nunmehr zusammen mit der EUVisaVO die Einreisen in die daran teilnehmenden Staaten (Rn 8) vollständig regelt, kommt darin zum Ausdruck dass § 6 zT nur auf das vorrangige EU-Recht verweist, ohne dessen Inhalt im Einzelnen wiederzugeben (allg dazu Maor, ZAR 2005, 185).

Die Bedeutung der EUVisaVO mit den Anhängen I u. II erschöpft sich in der Bestimmung **3** der beiden Staatengruppen, deren StAng eines Visums bedürfen oder von der Visumpflicht befreit sind. Visum u. Visumbefreiung betreffen nicht einen bestimmten Aufenthalt in dem Hoheitsgebiet, sondern nur das Überschreiten der Außengrenzen „für" einen kürzeren Aufenthalt bzw. „zum Zwecke" eines solchen Aufenthalts (Art 1 II, Art 2). Nur der **Grenz-**

1 AufenthG § 6

übertritt ist also in dieser EU-VO geregelt. Die Berechtigung zum anschließenden **Aufenthalt** in dem Hoheitsgebiet der Schengen-Staaten ergibt sich aus Art 19 u. 20 SDÜ.

4 Für kurzfristige Aufenthalte ist ausschließlich das **Schengen-Visum** bestimmt, das in § 1 V unter (dynamischer) Bezugnahme auf den Schengen-Rechtsbestand definiert ist. Ausnahmen, Verlängerungen u. Voraussetzungen für ein längerfristiges Visum ergeben sich ebenfalls aus EU-Recht, vor allem dem SDÜ. § 6 verdeutlicht diese Rechtslage u. nutzt den Spielraum des dt Gesetzgebers zu eigenständigen Regelungen über das nationale Visum.

5 Die Abgrenzung gegenüber dem Schengen-Visum ist von dessen Regelungsgehalt abhängig, der nicht nur durch die Kurzfristigkeit, sondern auch dadurch bestimmt ist, dass es über die Berechtigung zu einer **Erwerbstätigkeit** keine Aussage trifft (Fehrenbacher, ZAR 2002, 58). Gegenstand des Visums sind nur die Einreise u. über Art 19 SDÜ auch der Aufenthalt in dem gesamten Hoheitsgebiet selbst. Ob eine Erwerbstätigkeit zugelassen wird, obliegt allein dem Aufenthaltsstaat. Diese Entscheidung gehört nicht zum Berechtigungsinhalt des Schengen-Visums (Nr 1.3.1.2.2 AAH-SDÜ; Hailbronner, § 6 AufenthG Rn 36; OVG Lüneburg, EZAR 011 Nr 16).

6 Die **Zulassung** zur Erwerbstätigkeit ist nicht ein-, aber auch nicht geschlossen. Damit steht es den Mitgliedstaaten frei, dem Inhaber eines Schengen-Visums eine Erwerbstätigkeit zu gestatten (dazu Westphal/Stoppa, ZAR 2002, 315). Diese nationale Berechtigung folgt aber nicht aus dem Schengen-Visum (Welte, ZAR 2002, 320) u. entfaltet auch keine Wirkungen über den Aufenthaltsstaat hinaus. Die für das AufR u. das nationale Visum maßgeblichen Bestimmungen der Art 18 u. 19 SDÜ verhalten sich denn auch nicht zur Frage der Erwerbstätigkeit. Indem es Art 4 III EUVisaVO den Mitgliedstaaten überlässt, Ausnahmen von der Visumfreiheit für Erwerbspersonen vorzusehen, wird deren alleinige Kompetenz zur Zulassung von Erwerbsaufenthalten auch während eines Kurzaufenthalts mittelbar bestätigt.

7 Die hierüber zwischenzeitlich aufgekommenen **Unsicherheiten** (dazu näher Hailbronner, § 6 AufenthG Rn 36) entbehren eines tragfähigen Anhaltspunktes im Regelwerk der EUVisaVO u. des SDÜ u. haben auch weder im AufenthG noch in den dazu ergangenen RVO einen Niederschlag gefunden (aA offenbar noch BT-Drs 15/420 S. 1). Für das Schengen-Visum sind zwar die Sicherung des Lebensunterhalts u. die Fähigkeit zum legalen Erwerb der notwendigen Mittel vorausgesetzt (Art 5 I Bst c SDÜ); daraus folgt aber nicht schon die in nationaler Kompetenz verbliebene Zulassung zum Arbeitsmarkt u. zu sonstigen Erwerbstätigkeiten (zur Zulassung der Erwerbstätigkeit in Deutschland vgl Rn 34).

III. Schengen-Visum

1. Allgemeines

8 Mit dem SDÜ sollten **Visumspolitik u. -praxis** in den Vertragsstaaten aufeinander abgestimmt u. vereinheitlicht werden (Nanz, ZAR 1994, 99; Weber, ZAR 1993, 11). Damit wurde zugleich künftigen EG-Regelungen, die nach dem Amsterdamer Vertrag ermöglicht wurden (Lang, ZAR 1998, 59; Welte, ZAR 1998, 67), der Weg geebnet. Inzwischen ist das SDÜ durch Protokoll zum Amsterdamer Vertrag in den Rahmen der EU als Gemeinschaftsrecht integriert (vgl Protokoll in Teil 5 Nr 1.1; Beschlüsse vom 20. 5. 1999, Teil 5 Nr 3.10 u. 3.11; zum Bestand ABl. EG 2000 L S. 239 S. 1). Für das Verf im Einzelnen gelten die Vorschriften der Gemeinsamen Konsularischen Instruktion (GKI; ABl. EG 2000 L 239 S. 317; ABl. EG 2002 C 313 S. 1). In ihr sind ua die Arten der Visa bestimmt u. die Zusammenarbeit der Konsulate geregelt.

9 Die grundlegende **Bedeutung** des SDÜ für das AufR liegt in der gegenseitigen Anerkennung u. der Ausdehnung des räumlichen Geltungsbereichs nationaler Aufenthaltstitel u. Visa. Die **Wirkungsweise** des ursprünglichen Vertragswerks u. seiner Einzelnormen war nicht einheitlich. Das SDÜ galt nach Ratifikation, Inkrafttreten u. Inkraftsetzen (Hailbronner/Thiery, ZAR 1997, 55) zunächst als vr Vertrag in formeller Hinsicht sowohl gegenüber

den anderen Vertragsparteien als auch innerstaatlich. In materieller Hinsicht enthielt das SDÜ überwiegend Staatenverpflichtungen u. nur zum geringeren Teil unmittelbare Rechtsfolgen für den Einzelfall (Westphal, ZAR 1998, 175; ders. in Huber, B 651 Vorbem Rn 9, Art 19 Rn 1, Art 20 Rn 3, Art 23 Rn 2 ff; vgl näher die Bestimmungen der AAH-SDÜ, abgedr in Renner, Verwaltungsvorschriften, S. 575 ff).

Der **räumliche Geltungsbereich** des Schengen-Rechts stimmt nicht mit dem Hoheitsgebiet der EU-Mitgliedstaaten überein. Von den alten EU-Staaten nehmen Dänemark, Großbritannien u. Irland nicht teil. Norwegen u. Island sind aufgrund Assoziierungsabk seit März 2001 beigetreten. Die neuen EU-Staaten haben den Schengen-Besitzstand grundsätzlich mit dem Beitrittsvertrag (Text in Teil 5 Nr 1.3) vom 1. 5. 2004 an übernommen (Art 3 I Beitrittsakte). Es gelten aber noch nicht die Bestimmungen über Binnengrenzkontrollen u. Schengen-Visum (Art 2, 9–12, 14–25 SDÜ), sie sind erst nach einem Beschluss des EU-Rats anzuwenden (Art 3 III Beitrittsakte). Im Verhältnis zur Schweiz soll der Schengen-Besitzstand auch in Kraft treten (Abk vom 26. 10. 2004), die Volksabstimmung am 5. 6. 2005 hat eine eindeutige Zustimmung ergeben, bis 2008 wird die Schweiz die Schengen-Regeln autonom anwenden (Zimmermann, ZAR 2005, 201). 10

2. Inhalt, Form und Verfahren

Staatenverpflichtungen enthalten zB Art 4 I SDÜ, der die Vertragsstaaten seit 1993 zu Kontrollen bestimmter Art bei Flugpassagieren aus Drittstaaten verpflichtet, u. Art 9 I, der die Pflicht zur gemeinsamen Personenverkehrspolitik u. zu weitergehender Harmonisierung begründet. Demgegenüber sind Art 5 III, 18, 19, 21 SDÜ in der Art eines individuellen Rechts ausgestaltet u. so bestimmt formuliert, dass sie **unmittelbare Wirkungen** innerhalb des Vertragsstaats u. für u. gegen Drittstaatsangehörige entfalten. Soweit einzelne Bestimmungen derart unmittelbar anwendbar sind, gehen sie den allg auslr Normen als Gemeinschaftsrecht vor (zum früheren Rechtszustand vgl Nr 1.1.4 S. 2 AAH-SDÜ). 11

Soweit danach eine unmittelbare Wirkung gegenüber dem Drittstaater nicht eintritt, erscheint fraglich, ob das Interesse an einem **normgemäßen Verhalten** des anderen Staats bei Anwendung nationaler Ermessensbestimmungen berücksichtigt werden kann. Hinsichtlich der Staatenverpflichtungen steht dem entgegen, dass nur die zuständigen Gesetzgebungs- oder Verwaltungsorgane u. nicht die AuslVertr u. AuslBeh dazu berufen sind, die notwendigen Maßnahmen zur internen Umsetzung zu beschließen u. durchzusetzen. Anders verhält es sich dagegen, sofern dem Mitgliedstaat bestimmte Verfahrensweisen vorgeschrieben sind oder die Berücksichtigung von öffentl oder individuellen Interessen anheimgestellt ist, um Normzwecke zu fördern. Insoweit kann, falls die Vorschrift mangels Bestimmtheit nicht unmittelbar anwendbar ist, ein **öffentl Interesse** an der Einhaltung der Verpflichtungen bestehen, das bei Ausfüllung derartiger Tatbestandsvoraussetzungen u. der Ermessensausübung berücksichtigt werden kann. 12

Begriffe, Voraussetzungen, **Verfahren** u. Form sowie räumliche u. zeitliche Geltung des Schengen-Visums sind zT verbindlich vorgegeben (Art 1, 5, 10–17, 18 SDÜ; näher Westphal, ZAR 1998, 171); unter bestimmten Umständen dürfen nationale Visa ausgestellt werden (Art 5 II, 18 SDÜ). Vor allem gelten sowohl das Schengen-Visum als auch die Befreiung von der Visumpflicht durch die EUVisaVO für den gesamten Schengen-Raum zum Zwecke der Einreise, der Durchreise u. des Aufenthalts während der Gültigkeitsdauer (Art 19, 20 SDÜ). Die Visumpflicht kann also auch durch einen von einem anderen Schengen-Staat ausgestellten Sichtvermerk erfüllt werden. 13

Die **materiellen Voraussetzungen** für die Erteilung (Art 5 I, 15 SDÜ) durch die AuslVertr (Art 12 I SDÜ) oder ausnahmsweise die Grenzbehörde (Art 17 III Bst c SDÜ) stimmen in der Sache im Wesentlichen mit den Voraussetzungen u. den Versagungsgründen für Besuchsvisa nach früherem dt Recht (§§ 3 III, 7 II, 8 I, 28 AuslG) überein. Soweit der Ausl keine Gefahr für öffentliche Ordnung, nationale Sicherheit oder internationale Beziehungen darstellen darf, geht es allerdings nicht nur um Deutschland; es genügt vielmehr, 14 wenn ein anderer Schengen-Staat betroffen ist (zu den materiellen Voraussetzungen vgl Rn 18 ff).

15 Das **Visumverfahren** ist dahin **modifiziert,** dass ggf Belege über Zweck u. Umstände des Aufenthalts vorzulegen sind u. der Ausl nicht zur Einreiseverweigerung in einem der Vertragsstaaten ausgeschrieben sein darf (Art 5 I Bst d u. e SDÜ). Die Ausschreibung bewirkt aber keine Sperre iSd § 11 II (Nr 2.2.0.2 AAH-SDÜ). Soll trotz Ausschreibung durch einen anderen Staat ein Visum erteilt werden, ist dieser vorab zu konsultieren (Art 25 I SDÜ). Eine Konsultation findet auch für StAng von (etwa 40) „Problemstaaten" statt (vgl Art 18 II SDÜ; Westphal, ZAR 1998, 175).

16 Das Schengen-Visum wird auf der einheitlichen europäischen **Visumsmarke** (VO/EG 1683/95) erteilt. Typ A ist für den Flughafentransit vorgesehen, Typ B für die Durchreise u. Typ C für Aufenthalte bis zu drei Monaten. Mit dem Gültigkeitszeitraum wird bestimmt, in welchem Zeitraum Einreise u. Aufenthalt zugelassen sind. Die Nutzungsdauer legt die Höchstzahl der Aufenthaltstage fest. IÜ ist die Zahl der zulässigen Einreisen festgelegt (zu Einzelheiten vgl Nr 1.3.1.1 ff AAH-SDÜ).

17 Die **Befreiung** vom Sichtvermerkszwang erfolgt nunmehr ausschließlich durch die EU-VisaVO u. nicht mehr durch die Mitgliedstaaten. Wer von der Visumpflicht befreit ist, kann sich in jedem Schengen-Staat frei bewegen, längstens jedoch drei Monate innerhalb von sechs Monaten nach der ersten Einreise; außerdem müssen die Voraussetzungen des Art 5 I Bst a, c, d u. e SDÜ erfüllt sein (Art 20 I SDÜ). Damit ist den jew von der Visumpflicht befreiten Ausl ein transnationales AufR verliehen, auf das sie sich unmittelbar berufen können; hierfür ist unerheblich, dass der befreite Personenkreis in der EUVisaVO festgelegt wird u. nicht durch das SDÜ selbst.

3. Kurzfristiger Aufenthalt

18 Die Unterscheidung zwischen Schengen- u. nationalem Visum erfolgt nach der **Dauer** des beabsichtigten Aufenthalts. Ein kurzfristiger Aufenthalt ist danach nicht mit drei Monaten bemessen wie früher nach dt Recht, sondern mit bis zu drei Monaten innerhalb einer Frist von sechs Monaten nach der Einreise (näher zur Berechnung Westphal/Stoppa, S. 115 f). Für einen kurzfristigen Aufenthalt wird die Kategorie C des Visums erteilt.

19 Das Schengen-Visum gilt **örtlich** unbegrenzt im gesamten Schengen-Gebiet. Es berechtigt zu dem vorgesehenen kurzfristigen Aufenthalt nicht nur in dem das Visum ausstellenden Staat, sondern in allen Schengen-Staaten (Art 19 SDÜ), ohne dass es der Zustimmung des jew anderen Staats bedarf. Die grenzüberschreitende Wirkung ist gemeinschaftsrechtlich bestimmt u. daher nicht durch dt Recht abänderbar. Sie umfasst aber kein Recht zur Ausübung einer Erwerbstätigkeit; hierüber entscheidet allein der Mitgliedstaat. Außer der zeitlichen Begrenzung ist das Visum also auch in **sachlicher** Hinsicht beschränkt.

20 Für die Einreise mit Schengen-Visum müssen vor allem die folgenden materiellen u. formellen **Voraussetzungen** erfüllt sein (Art 5 I SDÜ): Keine Ausschreibung zur Einreiseverweigerung im SIS (Art 96 SDÜ; vgl Westphal, ZAR 1999, 361); Besitz gültiger Grenzübertrittspapiere; Besitz eines erforderlichen Visums; Besitz ausreichender Mittel für den Lebensbedarf oder entsprechende legale Erwerbsmöglichkeiten; erforderlichenfalls Belege über Aufenthaltszweck u. -umstände; keine Gefahr für öffentl Ordnung, nationale Sicherheit oder internationale Beziehungen der Mitgliedstaaten. Die **öffentl Ordnung** im Schengen-Gebiet (dazu Rn 12) ist als gefährdet anzusehen, wenn ein zwingender oder ein Regelversagungsgrund iSd § 5 IV vorliegt oder eine zwingende Erteilungsvoraussetzung iSd § 5 I u. II nicht erfüllt ist. Die Gefährdung kann auch darin gesehen werden, dass ein Ausweisungsgrund gegeben ist (betr Kind VG Berlin, EZAR 011 Nr 17). In Fällen des § 54 Nr 5 oder 5 a findet eine obligatorische Konsultation nach Art 17 II SDÜ statt (vgl dazu § 72 I, IV).

21 Auch bei Erfüllung der in Art 5 I SDÜ genannten Kriterien besteht kein Anspruch auf ein Schengen-Visum. Es herrscht wie nach dt Recht keine Einreisefreiheit, andererseits

gehören die Aufrechterhaltung u. die Förderung des internationalen Personenverkehrs auch zu den Grundanliegen der gemeinsamen Politik der Schengen-Staaten. Abgesehen von der Wahrung der öffentl Interessen im gesamten Hoheitsgebiet, also nicht nur in dem Bereich des Ausstellerstaats, sind im Rahmen des verbleibenden **Ermessens** zusätzlich öffentl Belange gegenüber den individuellen Interessen in Rechnung zu stellen. Hierfür gelten die Visaregeln der AufenthV u. andere Einreise- u. Aufenthaltsvorschriften des nationalen Rechts nicht, sondern allein die des SDÜ. Bestimmte materielle Auslegungsregeln hält das SDÜ indes nicht bereit. Sie müssen der Funktion des kurzfristigen Visums als Mittel zur Steuerung des internationalen Reiseverkehrs unter Wahrung der Interessen der Aufenthaltsstaaten entnommen werden. Dabei ist entsprechend den Rechtswirkungen des Schengen-Visums nicht nur auf den Ausstellerstaat abzustellen, sondern auf den gesamten Schengen-Raum.

In diesem Zusammenhang ist vorab die Bedeutung der **Rückkehrfähigkeit u. -bereit- 22 schaft** zu klären (vgl § 5 Rn 31; Teipel, ZAR 1999, 162 mwN). Das öffentl Interesse an der Einhaltung der Visumregeln betrifft nicht nur den Zeitpunkt der Einreise, sondern auch den der ordnungsgemäßen Beendigung des Aufenthalts durch Ausreise. Nicht zuletzt wegen des Fehlens von Binnengrenzkontrollen besteht ein außerordentliches gemeinsames Interesse der Mitgliedstaaten an der rechtzeitigen Ausreise des Visuminhabers aus dem Schengen-Gebiet. Lässt sich absehen, dass der dauernde Verbleib wesentlich wahrscheinlicher ist als die Rückkehr, dann ist die öffentl Ordnung iSd Art 5 I Bst f SDÜ gefährdet mit der Folge, dass das Visum nicht erteilt werden darf (vgl OVG NRW, EZAR 011 Nr 5). In anderen Fällen ist das Risiko des dauernden Verbleibs im Schengen-Gebiet mit dem Gewicht des Besuchsinteresses abzuwägen u. nach Ermessen zu entscheiden.

Schon im Hinblick auf die Massenhaftigkeit von Einreisebegehren für kurzfristige Besu- 23 che u. Reisen bedarf es (in Abstimmung mit den anderen Schengen-Staaten) einer pauschalen Steuerung durch geeignete Richtlinien des AA für die AuslVertr zur **Absicherung der Rückkehr**. Vor allem die Anerkennung von Pauschalreiseverträgen u. Reisekrankenversicherungen (seit 1. 1. 2004 über mindestens 30 000 Euro; EU-Rat, ABl. EG 2004 L 5 S. 79) muss zentral geplant u. bestimmt werden, da insoweit eine individuelle Prüfung weder sachgerecht noch zeitgerecht vorgenommen werden kann. Zudem bedarf es hierzu der Abstimmung innerhalb der Schengen-Staaten, weil sonst ungleiche Bedingungen die erforderliche Einheitlichkeit der Zugangsvoraussetzungen gefährdeten. Die individuellen Verhältnisse bleiben trotz dieser notwendigen Globalprüfungen gleichwohl ausschlaggebend.

Anhaltspunkte für eine fehlende Bereitschaft zur Ausreise nach Ablauf des Kurzaufent- 24 halts können sich vor allem aus der mangelnden Verwurzelung im Heimatland oder aus Regelverletzungen bei früheren Aufenthalten ergeben (Teipel, ZAR 1995, 162). Wenn es dabei bereits zu Verstößen gegen das AufR oder gegen Strafgesetze gekommen ist, muss die Gefahr der Wiederholung ausgeräumt sein. Bei der Abwägung von öffentl u. privaten Interessen müssen aber außer den öffentl Belangen auch die Rechte der Beteiligten, vor allem aus Art 6 GG u. Art 8 EMRK, angemessen berücksichtigt werden. So können sich einerseits, auch wenn der einreisewillige Ausl über einen bestimmten Betrag für Einreise u. Aufenthalt verfügt, **Bedenken** daraus ergeben, dass ein einladender Sohn, der als Asylber anerkannt ist u. eine Verpflichtungserklärung abgegeben hat, seit Jahren für sich u. seine Familie Sozialhilfe bezieht (OVG NRW, EZAR 011 Nr 3). Andererseits dürfen die persönlichen Anstrengungen zur Aufrechterhaltung der Familienbande durch kurzfristige Besuche nicht durch kleinliche Anforderungen zunichte gemacht werden.

Können die Voraussetzungen des Art 5 SDÜ von Anfang an nicht erfüllt werden, besteht 25 die Möglichkeit einer **Ausnahme** (Abs 1 S. 1; Art 5 II SDÜ). Der Charakter des Visums verändert sich dann nicht, das Visum ist jedoch auf dt Hoheitsgebiet zu beschränken (Abs 1 S. 3; Art 16 SDÜ). Als Grundlagen kommen nur in Betracht: völkerrechtliche oder humanitäre Gründe oder politische Interessen der BR Deutschland. Wegen des Fortfalls von Binnengrenzkontrollen soll bei der Erteilung restriktiv verfahren werden (vgl Nr 1.2.1.1.6 AAH-SDÜ). In Betracht kommen zB Familienbesuche (BT-Drs 15/420 S. 71).

1 AufenthG § 6   1. Teil. Aufenthaltsgesetz

26   Die Erteilung für **mehrere Einreisen** erfolgt aus Vereinfachungsgründen, um wiederholte gleichgerichtete Visavorgänge zu ersparen. Die Gültigkeit kann auf den voraussichtlichen Gesamtzeitraum abgestellt werden, darf aber fünf Jahre nicht überschreiten. Es gilt jew für längstens drei Monate innerhalb von sechs Monaten nach der ersten Einreise (Abs 2; Art 11 I Bst a SDÜ).

4. Durchreise

27   Das **Transitvisum** (Abs 1 S. 1 Nr 1; Art 11 I Bst b; Kategorie B) erlaubt dem Inhaber die Durchreise durch das Schengen-Gebiet von einem Drittstaat in einen anderen. Die Durchreise darf nicht mehr als fünf Tage in Anspruch nehmen. Das Visum kann für eine, zwei oder ausnahmsweise auch mehrere Durchreisen erteilt werden (Kategorie C3 oder C4). Die Dauer wird je nach Verkehrsmittel bestimmt. Auch hier können sich Bedenken aus einer möglichen Absicht des Verbleib auf Dauer (vgl Rn 22–24) oder über die zugelassene Transitzeit hinaus ergeben.

28   Das Transitvisum kann auch **an der Grenze** erteilt werden, auch an Seeleute, falls ein dringender unvorhersehbarer Einreisegrund gegeben ist u. das Visum nicht vorab eingeholt werden konnte (§§ 14 II, 71 III Nr 2; VO/EG 415/2003, Text in Teil 5 Nr 3.21). Das **Flughafen-Transitvisum** (Kategorie A; Näheres in § 26 II AufenthV) ist hier nicht erwähnt, weil es nicht zur Einreise berechtigt, sondern nur zum Aufenthalt im Transitbereich des Flughafens (kritisch zur früheren Rechtslage Westphal/Stoppa, S. 111 f) u. daher keinen AufTit darstellt (§ 26 II 3 AufenthV).

5. Verlängerung

29   Das Schengen-Visum kann in **besonderen Fällen** im Inland bis zur Gesamtaufenthaltsdauer von drei Monaten innerhalb der Sechs-Monats-Frist verlängert werden (Abs 3 S. 1), wenn es nicht schon auf diese längste Dauer ausgestellt wurde. Das Visum kann auch von der AuslVertr eines anderen Staats ausgestellt sein. Abgesehen davon, dass die Voraussetzungen für die Erteilung (Rn 18 ff) weiter vorliegen müssen, ist die Verlängerung nur in besonders gelagerten Fällen zulässig, die sich nicht durch Härte oder Unzumutbarkeit auszeichnen müssen. Die maßgeblichen Grundsätze für die Ermessensausübung hat der Schengen-Exekutivausschuss aufgestellt (Hailbronner, § 6 AufenthG Rn 29). Das Ermessen ist daran auszurichten, dass die Grenze von drei Monaten allg gilt u. für den Reiseverkehr als angemessen angesehen wird u. deshalb bei kürzerer Befristung öffentl Interessen nicht von vornherein gegen eine Verlängerung bis zu dieser Grenze sprechen. Als besonderer Anlass kommt zB eine zwischenzeitliche Veränderung der Sachlage in Betracht, auch wenn diese nicht unvorhergesehen eingetreten ist.

30   Eine ähnliche Regelung hält § 40 AufenthV entsprechend dem Vorbehalt für Ausnahmefälle in Art 20 II SDÜ für **vom Visumzwang befreite** Personen bereit. Danach wird aber nicht das Visum verlängert, sondern eine AE im Anschluss an einen visumfreien Kurzaufenthalt erteilt. Dazu muss nicht nur eine Ausnahmesituation festgestellt werden, sondern die Ausübung einer Erwerbstätigkeit ausgeschlossen sein.

31   Eine **weitere Verlängerung** um bis zu drei Monate innerhalb der Sechs-Monats-Frist ist nur aus denselben Gründen zulässig wie die Ausnahme nach Art 5 II SDÜ (Abs 3 S. 3 iVm Abs 1 S. 2): völkerrechtliche oder humanitäre Gründe oder politische Interessen der BR Deutschland (Rn 25). Damit sind die Bedingungen des Schengen-Visums nicht mehr erfüllt mit der Folge, dass es sich mit der Verlängerung um ein nationales Visum handelt. Es wird als solches auf dem einheitlichen Sichtvermerk eingetragen, wobei als Gültigkeitsbereich „Deutschland" bezeichnet wird. Da damit verbundene Berechtigung zur Durchreise durch andere Staaten auf dem Weg nach Deutschland (Art 18 S. 3 SDÜ) läuft ins Leere, da sich der Inhaber bereits in Deutschland aufhält u. ein Transit bei der Rückreise durch Art 18 SDÜ nicht erlaubt wird. Infolge dessen muss der Ausl gesondert für die Transiterlaubnis(se) Sorge tragen.

IV. Nationales Visum

Da Voraussetzungen u. Berechtigungsinhalt des Schengen-Visums beschränkt sind, besteht ein allg Bedürfnis der Mitgliedstaaten an dem Fortbestand der Befugnis zur Erteilung von **Visa nach eigenem Recht**. Diese Möglichkeit wird ihnen durch das SDÜ allg über die beschränkte Ausnahme des Art 5 II (Rn 25) hinaus belassen (Art 18). Die Folge ist allerdings, dass dieses Visum nur bis zu drei Monaten innerhalb der Sechs-Monats-Frist gleichzeitig als Schengen-Visum gelten kann, falls es dessen Voraussetzungen erfüllt (Art 18 S. 2 SDÜ). Sonst berechtigt es den Inhaber nur zur Durchreise in den Ausstellerstaat (Art 18 S. 3 SDÜ) u. zu den von dem Mitgliedstaat zugelassenen Betätigungen. 32

Die Notwendigkeit eines nationalen Visums besteht, wenn ein über die zeitlichen Grenzen des Schengen-Visums hinausgehender **längerfristiger Aufenthalt** angestrebt wird. Nur die Aufenthaltsdauer, nicht die Ausübung einer Erwerbstätigkeit ist dafür maßgeblich. Mit einem Schengen-Visum ist zwar nicht kraft EU-Rechts über die Ausübung einer Erwerbstätigkeit entschieden (Rn 5 ff). Hierüber haben vielmehr allein die Mitgliedstaaten zu befinden, u. zwar nicht grenzüberschreitend, sondern nur auf ihr Hoheitsgebiet bezogen. Deswegen ist aber noch kein nationales Visum erforderlich, wenn während des Kurzaufenthalts eine Erwerbstätigkeit beabsichtigt ist u. zugelassen werden soll. Falls ein Mitgliedstaat Erwerbstätigkeiten auch während des Kurzaufenthalts von nicht visumpflichtigen Personen gestatten will, kann er für diese eine Ausnahme von der Visumbefreiung vorsehen (Art 4 III EUVisaVO), um eine bessere Steuerung zu ermöglichen. Aber auch in diesem Fall wird mit dem dann erteilten Visum nicht zugleich kraft EU-Rechts über die Zulässigkeit der Erwerbstätigkeit entschieden. 33

In Deutschland ist mit dem Schengen-Visum die Erlaubnis zur Erwerbstätigkeit nicht verbunden (Rn 5–7). Während des Kurzaufenthalts mit einem Schengen-Visum kann aber eine **Beschäftigung** nach Maßgabe von § 16 iVm §§ 2, 4–13 BeschV ausgeübt werden, weil die dort genannten Tätigkeiten nicht als Erwerbstätigkeit gelten. Dies gilt auch zugunsten von Positivstaatern. Von der Möglichkeit des Art 4 III EUVisaVO (Rn 33) hat Deutschland durch § 17 AufenthV Gebrauch gemacht (dazu Maor, ZAR 2005, 185). 34

Das nationale Visum ist für längerfristige Aufenthalt nach den für die AE u. die NE geltenden Vorschriften vorgesehen. Die **materiellen Grundlagen** für das nationale Visum stimmen mit denen für die im Inland erteilte AE oder NE überein. Damit sind die ges Bestimmungen über diese beiden Titel auch auf das nationale Visum anzuwenden. Erfasst sind sowohl die allg Erteilungsvoraussetzungen als auch die speziellen Voraussetzungen für den jew Aufenthaltszweck. Eingeschlossen sind ferner alle Vorschriften über die Zulassung einer selbständigen oder unselbständigen Erwerbstätigkeit. 35

Neben den materiellen Vorschriften für den jew Aufenthaltszweck sind die **Verfahrensregeln** einzuhalten, die aufgrund der Ermächtigung in § 99 I Nr 3 in §§ 31–38 AufenthV aufgenommen sind. Das Verf vor der AuslVertr folgt zT anderen Regeln als das Verf im Inland (dazu Rn 38 ff). Außer der Ersatzzuständigkeit der AuslBeh Berlin (§ 38) ist in der AufenthV bestimmt, in welchen Fällen es keiner Zustimmung der AuslBeh bedarf (§§ 33–27) u. in welcher Weise die AuslBeh die Zustimmung zu erteilen hat. Die Absicht einer Erwerbstätigkeit löst nach § 31 I 1 Nr 2 AufenthV die Zustimmungsbedürftigkeit aus, über die Zulassung zur Erwerbstätigkeit findet sich dort aber keine ausdrückliche Bestimmung. 36

Im Anschluss an die Geltungsdauer des Langzeit-Visums wird auf Antrag die entsprechende AE oder NE erteilt. Ob dies nach der Einreise zulässig ist, richtet sich nach den Regeln des § 39 AufenthV. Über den weiteren Verfahrensaufenthalt entscheidet die allg Vorschriften. Da die Erteilung eines anderen AufTit, wenn auch uU für denselben Zweck, beantragt wird, gilt das Visum mit den Eintragungen über die Erwerbstätigkeit fort 37

(§ 81 IV). Schließlich wird der rechtmäßige Aufenthalt mit einem nationalen Visum uf Zeiten des Besitzes einer AE oder NE angerechnet.

V. Verwaltungsverfahren und Rechtsschutz

1. Verwaltungsverfahren

38 Für das Visumverf **zuständig** sind die vom AA ermächtigten AuslVertr (§ 71 II), für das Ausnahme-Visum an der Grenze die Grenzbehörden (§§ 14 II, 71 III Nr 2). Das Schengen-Visum ist von dem Staat auszustellen, in dem das Hauptreiseziel liegt (Art 12 II 1 SDÜ).

39 Die Erteilung des Schengen-Visums richtet sich hauptsächlich nach EU-Recht (Rn 11 ff), die Ablehnung nach dt Verfahrensrecht, wobei aber das VwVfG auf Verf vor den AuslVertr keine Anwendung findet (§ 2 III Nr 3 VwVfG). Das Schengen-Visum wird nach den Bestimmungen der GKI (Rn 5, 12) auf einer einheitlichen EU-**Visummarke** mit einem Lichtbild erteilt (vgl VO/EG 1683/95 idF der VO/EG 334/2002; Text in Teil 5 Nr 3.11). **Gebühren** für die Ausstellung des Visums werden nach § 46 AufenthV erhoben. Nach Antragsrücknahme vor Eintritt in die Sachbearbeitung u. für die Ablehnung ist eine Bearbeitungsgebühr in derselben Höhe fällig, es sei denn, die Ablehnung beruht auf der Unzuständigkeit der Behörde oder der mangelnden Handlungsfähigkeit des Antragstellers (§ 49 AufenthV).

40 **Nebenbestimmungen** können auch nachträglich verfügt werden (§ 12 II). Um mögliche finanzielle Risiken auszuschließen, kann im Wege des Ermessens auch auf das Mittel der **Kaution** zurückgegriffen werden (Teipel, ZAR 1995, 162). Mit dieser Zahlung können später entstehende Kosten für Unterhalt u. Abschiebung gedeckt werden, wenn diese nicht anders abgesichert werden können, zB durch eine Verpflichtung nach § 68. Die Kautionszahlung kann entweder durch Bedingung oder Auflage zum Visum angeordnet oder aber durch öffentlich-rechtlichen Vertrag vereinbart werden. Während bei der Bedingung ein unerwünschter Schwebezustand eintritt, erfordert die Auflage uU Vollstreckungsmaßnahmen; beide Nachteile werden durch die Vereinbarung vermieden. Die Kaution braucht grundsätzlich nicht verzinst zu werden (OVG NRW, EZAR 011 Nr 15). Eine nachträgliche Befristung ist nicht vorgesehen, da § 7 II 2 nicht anwendbar ist (Hermann/Keicher, ZAR 2005, 196; vgl auch Rn 50).

41 Die **Ablehnung** des Visumantrags bedarf der Schriftform, ausgenommen die Versagung an der Grenze (§ 77). Die AuslVertr braucht die Versagung oder Beschränkung des Visums vor der Einreise nicht zu begründen u. mit einer Rechtsmittelbelehrung zu versehen (§ 77 II 1). Bei Ablehnung eines Visums zum Familiennachzug ist die AusVertr innerdienstlich gehalten, die Gründe schriftlich mitzuteilen (Lipski, ZAR 2002, 196). Sonst wird eine Begründung erst auf eine Gegenvorstellung hin gegeben (Teipel, ZAR 1995, 162). Diese Beschränkungen gelten auch, wenn die Ablehnung eines Schengen-Visums auf das Fehlen der Voraussetzungen des Art 5 SDÜ gestützt wird (dazu Westphal/Stoppa, InfAuslR 1999, 361). Wird die Ablehnung mit der Ausschreibung im SIS begründet, kann der Ausl Auskunft, Berichtigung u. Löschung verlangen (Art 109, 110 SDÜ).

42 Die für die Visumerteilung zuständigen Behörden entscheiden in **eigener Verantwortung** über den Sichtvermerk aufgrund der jew einschlägigen materiellen Vorschriften der §§ 5 ff (näher Teipel, ZAR 1995, 162). An Verwaltungsvorschriften der Länder sind sie dabei nicht gebunden (BVerwG, EZAR 105 Nr 17). Auch Entscheidungen u. Stellungnahmen anderer Behörden sind grundsätzlich nicht für sie verbindlich, es sei denn, dies ist ges so bestimmt. Nach außen hin haben nur sie die getroffene Entscheidung zu vertreten (zum Rechtsschutz Rn 51). Im internen Entscheidungsprozess der AuslVertr sind uU die AuslBeh u. die BA sowie weitere Stellen beteiligt. Ohne deren Beteiligung kann die AuslVertr aber entscheiden, wenn ein Visum ohnehin nicht Betracht kommt, weil zB zwingende Versagungsgründe gegeben sind.

Visum **§ 6 AufenthG 1**

Die AuslVertr muss vor Erteilung eines Visums die **Zustimmung** der für den vorgesehe- 43
nen Aufenthaltsort zuständigen **AuslBeh** einholen, wenn der Aufenthalt länger als drei
Monate dauern soll, eine Erwerbstätigkeit beabsichtigt ist oder im Zusammenhang mit der
Terrorismusbekämpfung Daten an die Sicherheitsbehörden zu übermitteln sind (§ 31 I 1
AufenthV). Im Falle der Vermittlung durch einen Verband, eine Organisation, Forschungseinrichtung oder andere Stelle kann auch die Zustimmung der insoweit örtlich zuständigen
AuslBeh eingeholt werden (§ 31 II AufenthV). Ausnahmen von der obligatorischen Zustim-
mung gelten ua für Spätaussiedler mit Aufnahmebescheid u. deren Ehegatten u. Abkömm-
linge, für bestimmte Stipendiaten, Wissenschaftler, Gastarbeitnehmer, für Seeleute eines
Schiffs unter dt Flagge u. Mitglieder ausl Streitkräfte (§§ 33–36 AufenthV). Eine Zustimmung der obersten Landesbehörde ersetzt die der AuslBeh u. macht diese überflüssig (§ 32
AufenthV). Schließlich sind Erwerbstätige ausgenommen, deren Tätigkeit nicht als Erwerbstätigkeit gilt (§ 37 AufenthV iVm § 16 BeschV; Rückausnahme im Zusammenhang mit der
Terrorismusbekämpfung).

Maßgeblich für das Visum wie für die Zustimmung der AuslBeh sind die für den jew 44
AufTit einschlägigen Vorschriften (Rn 11, 35, 42). An die Zustimmung der AuslBeh ist die
AuslVertr insofern **gebunden,** als das Visum ohne Zustimmung nicht erteilt werden darf;
ob die Zustimmung zu Recht versagt worden ist, wird erforderlichenfalls in dem Rechts-
streit gegen die BR Deutschland nach Beiladung der für die AuslBeh verantwortlichen
Körperschaft entschieden (BVerwGE 70, 127; 67, 173). Das Visum kann aber trotz Zustim-
mung versagt werden, wenn die formellen oder materiellen Voraussetzungen für den
begehrten AufTit – entgegen der Ansicht der AuslBeh – nicht gegeben sind (BVerwG,
EZAR 105 Nr 17). Ausschlaggebend u. nach außen verantwortlich ist demnach die Ausl-
Vertr. Dies gilt auch u. erst recht, wenn die AuslBeh außerhalb des § 31 I AufenthV um
Auskunft gebeten wurde, zB bei einem kurzfristigen Verwandtenbesuch.

Das Zustimmungsverf bleibt **behördenintern,** auch wenn in der Behördenpraxis die 45
Einholung der Zustimmung oft von dem Ausl selbst beantragt wird oder wenn die AuslBeh
(nach § 31 III AufenthV) eine **Vorabzustimmung** erteilt oder ablehnt. Unterbleibt ein
eigentlich notwendiges Zustimmungsverf, ist der VA der AuslVertr dennoch nicht nichtig
(Rechtsgedanke des § 44 III Nr 4 VwVfG), allenfalls anfechtbar. Die Mitwirkung der
AuslBeh kann bis zum Erlass eines Widerspruchsbescheids oder, falls der Widerspruch
ausgeschlossen ist, bis zur Klageerhebung nachgeholt werden mit der Folge, dass der Verfahrensfehler geheilt ist (Rechtsgedanke des § 45 I Nr 5, II VwVfG). Weder die Zustimmung noch deren Versagung stellen einen VA dar u. sind deshalb nicht selbständig angreifbar; denn sie treffen keine Regelung mit verbindlicher Außenwirkung (vgl § 35 VwVfG).
Im Verwaltungsprozess führt die obligatorische Mitwirkung der AuslBeh zur notwendigen
Beiladung (§ 65 II VwGO) der sie tragenden Körperschaft. Die Zustimmung ist bis zur
Erteilung des Visums rücknehmbar oder widerrufbar, falls die Voraussetzungen nicht vorlagen oder nachträglich entfallen; später erscheint die Rücknahme ausgeschlossen (betr
letzterem aA Teipel, ZAR 1995, 162).

Ebenso verhält es sich bei einer **Konsultation,** die bei SIS-Ausschreibung u. bei Herkunft 46
aus Problemstaaten erforderlich wird (Art 17 II SDÜ; vgl ABl. EG 2000 C 239 S. 333).
Sofern dabei ua die Sicherheitsbehörden eingeschaltet werden (Westphal/Stoppa, S. 111),
bleibt auch diese Mitwirkung intern. Eine ablehnende Stellungnahme des konsultierten Staats
bindet die AuslVertr nicht. Diese hat vielmehr selbständig über Art 5 I Bst d zu entscheiden u.
kann auch von der Möglichkeit des Art 5 II SDÜ Gebrauch machen (dazu Rn 25).

Schließlich ist auch die Einbeziehung der BA zum Zwecke der Zustimmung zu einer 47
Beschäftigung eine rein interne Angelegenheit. Die AuslVertr hat für eine beabsichtigte
unselbständige Erwerbstätigkeit ein Zustimmungsverf nach denselben Grundsätzen einzuleiten wie die AuslBeh; Abs 2 u. 3 des § 4 gelten auch für das Visum (dazu § 4 Rn 46 ff). Die
BA entscheidet gegenüber der AuslVertr in derselben Weise wie gegenüber der AuslBeh
(dazu § 4 Rn 72 ff). Über den Zuzug eines Selbständigen befindet die AuslVertr ebenso wie
die AuslBeh (dazu § 21).

2. Erlöschen, Widerruf und Rücknahme

48 Die allg Bestimmungen über Erlöschen, Widerruf u. Rücknahme (§§ 51, 52) gelten für AE u. NE sowie das nationale Visum. Unsicher kann erscheinen, welche Folgen die Nichtbeachtung der einzelnen Beschränkungen u. der Fortfall der Voraussetzungen des **Schengen-Visums** haben. Dabei ist zu beachten, dass die Rechte nach Art 19 SDÜ an den Besitz des Visums u. keine weiteren Voraussetzungen gebunden sind. Daher sind weder die ursprüngliche Erfüllung der Anforderungen des Art 5 I SDÜ noch das Fortbestehen der bei der Erteilung gegebenen Voraussetzungen zusätzlich fortlaufend zu überprüfen. An ausdrücklichen Vorschriften über Erlöschen, Widerruf oder Rücknahme des Schengen-Visums im dt Recht fehlt es. Auf von dt AuslVertr erteilte Visa können die Vorschriften des VwVfG wie allg auf Maßnahmen im Ausland nicht angewandt werden (§ 3 III Nr 3 VwVfG), wobei die (innerstaatl) Zuständigkeit hier offen bleiben soll. Die Anwendung des VwVfG scheidet bei Schengen-Visa anderer Mitgliedstaaten von vornherein aus.

49 Vorab ist festzustellen, dass das Visum sowohl beim Überziehen des Gültigkeitszeitraums als auch beim Überschreiten der Aufenthaltsdauer **ungültig** wird. Auf beide Zeiträume ist es nämlich festgelegt. Auch die Aufnahme einer Erwerbstätigkeit führt, wenn sie nicht nach dem Recht des Aufenthaltsstaats erlaubt ist (zB nach § 16 BeschV) oder wird (näher dazu Rn 5–7, 34), dazu, dass das Visum jedenfalls den Erwerbsaufenthalt nicht mehr deckt. In allen 3 Fällen bedarf es indes keines Eingriffsakts, da der Geltungsbereich des Visums nicht mehr eingehalten ist. Entfällt dagegen eine der absolut zwingenden Voraussetzungen des Art 5 I SDÜ oder wird nachträglich festgestellt, dass sie schon anfänglich nicht gegeben war, wird das Visum damit nicht ohne weiteres ungültig oder nichtig. Auch der Nichtbesitz gültiger Grenzübertrittspapiere ist nicht gleichbedeutend mit dem Überschreiten von Geltungsbereich oder -dauer. Die Voraussetzungen des Art 5 I Bst a, c u. e SDÜ müssen nicht dauernd erfüllt sein, um das Recht aus Art 19 SDÜ in Anspruch zu nehmen (aA betr Passbesitz für Art 21 Hailbronner, § 6 AufenthG Rn 40). Der Identitätsnachweis kann aber von den Mitgliedstaaten unabhängig von dem Visum verlangt werden. Nach Art 5 I Bst a SDÜ wird der Besitz eines oder mehrerer gültiger Grenzübertrittspapiere für die Erteilung des Visums vorgeschrieben. Unabhängig davon bleiben die vom SDÜ nicht berührten Verpflichtungen zum Nachweis der Identität an der Außengrenzen bestehen; nur die Personenkontrollen an den Binnengrenzen sind entfallen (Art 2 I SDÜ).

50 **Transnational** verbindlich wirkende Regeln über die Behandlung nachträglicher Veränderungen der Erteilungsgrundlagen existierten zunächst weder im EU-Recht im Allgemeinen noch für das SDÜ im Besonderen. Eine einschlägige Regelung über Annullierung. Aufhebung u. Verkürzung der Geltungsdauer des Schengen-Visums durch einen Beschluss des Schengen-Exekutivausschusses von 1993 gehört zum Schengen-Besitzstand u. ist als EU-Recht nunmehr verbindlich. Dort ist die Aufhebung des Visums auch durch einen anderen Staat vorgesehen (Hailbronner, § 7 AufenthG Rn 38). Es fehlt indes an der notwendigen Umsetzung für Deutschland (ebenso betr nachträgliche Befristung Hermann/Keicher, ZAR 2005, 196).

3. Rechtsschutz

51 Gegen die Versagung eines Visums zu touristischen Zwecken sowie eines Visums oder eines Passersatzes an der Grenze ist die **Klage** ausgeschlossen, weil diese Maßnahmen nach § 83 unanfechtbar sind (zu Bedenken vgl § 83 Rn 2). Da in sonstigen Visumverf ein Widerspruchsverf nicht stattfindet (§ 68 I 2 Nr 1 VwGO iVm § 2 GAD), kann u. muss die Klage gegen die BR Deutschland, vertreten durch das AA, beim VG Berlin sofort erhoben werden, gerichtet auf Anfechtung, Verpflichtung oder Tätigwerden (§§ 42, 75 VwGO). Erforderlichenfalls sind die AuslBeh oder auch die BA notwendig beizuladen, wenn es auf ihre Zustimmung ankommt (§ 65 I VwGO). Deren internen Äußerungen stellen keine VA dar, die selbständig angefochten werden können. Wenn auf eine Remonstration gegen eine Visumversagung hin ein Bescheid mit Begründung, jedoch ohne Rechtsmittelbelehrung

Aufenthaltserlaubnis §7 AufenthG 1

ergeht, ist die Klage binnen Jahresfrist (§ 58 II VwGO) zu erheben. Gegen eine SIS-Ausschreibung sind Klagen auf Auskunft, Berichtigung u. Löschung, die zunächst gegenüber den nationalen SIRENE-Büros geltend zu machen sind, ebenfalls zulässig (Art 111 SDÜ).

Einstweiliger Rechtsschutz kann nach § 80 V oder § 123 VwGO in Anspruch genommen werden. 52

§ 7 Aufenthaltserlaubnis

(1) [1] Die Aufenthaltserlaubnis ist ein befristeter Aufenthaltstitel. [2] Sie wird zu den in den nachfolgenden Abschnitten genannten Aufenthaltszwecken erteilt. [3] In begründeten Fällen kann eine Aufenthaltserlaubnis auch für einen von diesem Gesetz nicht vorgesehenen Aufenthaltszweck erteilt werden.

(2) [1] Die Aufenthaltserlaubnis ist unter Berücksichtigung des beabsichtigten Aufenthaltszwecks zu befristen. [2] Ist eine für die Erteilung, die Verlängerung oder die Bestimmung der Geltungsdauer wesentliche Voraussetzung entfallen, so kann die Frist auch nachträglich verkürzt werden.

Vorläufige Anwendungshinweise

7 Zu § 7 Aufenthaltserlaubnis

7.1 Aufenthaltszwecke

7.1.1 Die Aufenthaltserlaubnis ist der befristete Aufenthaltstitel des AufenthG. Sie wird zu den in Kapitel 2 Abschnitte 3 bis 7 genannten Aufenthaltszwecken erteilt. Je nach dem verfolgten Aufenthaltszweck ergeben sich aus der Aufenthaltserlaubnis unterschiedliche Rechtsfolgen, etwa hinsichtlich der Möglichkeiten der Verfestigung, des Familiennachzuges, der Erwerbstätigkeit oder dem Zugang zu sozialen Leistungen. Sofern für bestimmte Aufenthaltszwecke Sonderregelungen bestehen, befinden sich diese in der Regel in dem Abschnitt für den jeweiligen Aufenthaltszweck.

Der Aufenthaltszweck ist aus dem Aufenthaltstitel ersichtlich. Bei der Erteilung der Aufenthaltserlaubnis trägt die Ausländerbehörde den Erteilungsgrund in derselben Weise in das Klebeetikett ein, in der der Aufenthaltszweck im Ausländerzentralregister gespeichert wird. Die Eintragung ist im Feld für Anmerkungen vorzunehmen (§ 59 Abs. 3 AufenthV). Die abschließende Liste der möglichen Aufenthaltszwecke ergibt sich aus den Tabellenteilen 9 und 9a der Anlage zur DV-AZRG. Sie wird zur Information nachstehend abgedruckt:

7.1.1.1 Aufenthaltserlaubnis

7.1.1.1.1 A. Aufenthalte zum Zweck der Ausbildung nach
1. § 16 Abs. 1 (Studium)
2. § 16 Abs. 4 (Arbeitsplatzsuche nach Studium)
3. § 16 Abs. 5 (Sprachkurse, Schulbesuch)
4. § 17 (sonstige Ausbildungszwecke)

7.1.1.1.2 B. Aufenthalt zum Zweck der Erwerbstätigkeit nach
1. § 18 (Beschäftigung)
2. § 21 (selbständige Tätigkeit)

7.1.1.1.3 C. Aufenthalt aus völkerrechtlichen, humanitären oder politischen Gründen nach
1. § 22 Satz 1 (Aufnahme aus dem Ausland)
2. § 22 Satz 2 (Aufnahme durch BMI)
3. § 23 Abs. 1 (Aufnahme durch Land)
4. § 23 a (Härtefallaufnahme durch Länder)
5. § 24 (vorübergehender Schutz)
6. § 25 Abs. 1 (Asyl)
7. § 25 Abs. 2 (GFK)
8. § 25 Abs. 3 (Abschiebungshindernisse)
9. § 25 Abs. 4 (dringende persönliche oder humanitäre Gründe)
10. § 25 Abs. 5 (rechtliche oder tatsächliche Gründe)

7.1.1.1.4 D. Aufenthalt aus familiären Gründen nach
1. § 28 Abs. 1 Satz 1 Nr 1 (Familiennachzug zu Deutschen: Ehegatte)
2. § 28 Abs. 1 Satz 1 Nr 2 (Familiennachzug zu Deutschen: Kinder)
3. § 28 Abs. 1 Satz 1 Nr 3, Satz 2 (Familiennachzug zu Deutschen: Elternteil)

4. § 28 Abs. 4 (Familiennachzug zu Deutschen: Sonstige)
5. § 30 (Ehegattennachzug)
6. § 32 Abs. 1 Nr 1 (Kindesnachzug zu Asylberechtigten)
7. § 32 Abs. 1 Nr 2 (Kindesnachzug im Familienverband)
8. § 32 Abs. 2 (Kindesnachzug über 16 Jahren)
9. § 32 Abs. 2, 3 (Kindesnachzug unter 16 Jahren)
10. § 32 Abs. 4 (Kindesnachzug im Härtefall)
11. § 33 (Geburt im Bundesgebiet)
12. § 36 (sonstige Familienangehörige)

7.1.1.1.5 E. Besondere Aufenthaltsrechte nach
1. § 7 Abs. 1 Satz 3 (sonstige begründete Fälle)
2. § 31 Abs. 1, 2, 4 (eigenständiges Ehegattenaufenthaltsrecht)
3. § 37 Abs. 1 (Wiederkehr)
4. § 37 Abs. 5 (Wiederkehr Rentner)
5. § 38 Abs. 1 Nr 2, Abs. 2 und 5 (ehemalige Deutscher)
6. § 4 Abs. 5 (Assoziationsrecht EWG/Türkei)

7.1.1.2 Niederlassungserlaubnis nach
1. § 9 (allgemein)
2. § 19 (Hochqualifizierte)
3. § 21 Abs. 4 (3 Jahre selbständige Tätigkeit)
4. § 23 Abs. 2 (besondere Fälle)
5. § 26 Abs. 3 (Asyl/GFK nach 3 Jahren)
6. § 26 Abs. 4 (aus humanitären Gründen nach 7 Jahren)
7. § 28 Abs. 2 (Familienangehörige von Deutschen)
8. § 31 Abs. 3 (eigenständiges Aufenthaltsrecht der ausländischen Ehegatten)
9. § 35 (Kinder)
10. § 38 Abs. 1 Nr 1 (ehemalige Deutsche)

7.1.1.3 Während der Übergangszeit bis zur vollständigen technischen Umstellung des Ausländerzentralregisters (bis zum 31. 12. 2005) werden im AZR nur die in der Zuordnungstabelle bezeichneten Sachverhalte gespeichert (§ 20 DV-AZRG). Eine Speicherung der Aufenthaltszwecke ist während der Übergangszeit noch nicht möglich. Im Klebeetikett ist jedoch auch während der Übergangszeit der Erteilungsgrund in der im Tabellenteil 9 der Anlage zur DVAZRG vorgesehenen Weise zu speichern.

7.1.2 Der Wechsel des Aufenthaltszwecks ist möglich, wenn im AufenthG keine speziellen Ausschlussgründe genannt sind.

7.1.2.1 Einschränkungen für einen Zweckwechsel bestehen während des Studiums (§ 16 Abs. 2), während einer beruflichen Aus- oder Weiterbildung (§ 17 S. 3). Inhaber eines Touristenvisums können ohne vorherige Ausreise nur dann in einen langfristigen Aufenthaltszweck überwechseln, wenn ein Anspruch auf Erteilung eines Aufenthaltstitels besteht (§ 39 Nr 3 AufenthV). Für Asylbewerber gilt § 10.

7.1.2.2 Beantragt ein Ausländer einen Aufenthaltstitel zu einem anderen Zweck, prüft die Ausländerbehörde, ob die gesetzlichen Voraussetzungen für den neuen Aufenthaltszweck vorliegen, ob keine Ausschlussgründe eingreifen und übt, soweit erforderlich, Ermessen aus. Gibt sie dem Antrag statt, wird eine neue Aufenthaltserlaubnis ausgestellt. Im Fall der Ablehnung des Antrages gilt die alte Aufenthaltserlaubnis bis zum Ablauf ihrer Geltungsdauer weiter. Für die Erteilung einer Aufenthaltserlaubnis zu einem anderen Aufenthaltszweck als demjenigen, zu dem eine bestehende Aufenthaltserlaubnis bisher galt, findet die besondere Gebührenregelung des § 45 Nr 3 AufenthV Anwendung, deren Formulierung allein zur Klarstellung des Unterschiedes zwischen einer völligen Neuerteilung einer Aufenthaltserlaubnis einerseits und der Änderung des Aufenthaltszwecks andererseits gewählt wurde.

7.1.3 Ein Aufenthaltstitel nach § 7 Abs. 1 Satz 2 kann nur zu einem Zweck erteilt werden, der in Kapitel 2 Abschnitte 3 bis 7 nicht geregelt ist. Denkbar ist zB, dass ein vermögender Ausländer sich in Deutschland niederlassen möchte, um hier von seinem Vermögen zu leben. Darüber hinaus handelt es sich um eine Auffangregelung für unvorhergesehene Fälle. Es gelten die allgemeinen Erteilungsvoraussetzungen des § 5. In allen Fällen, in denen auf § 7 Abs. 1 Satz 2 zurückgegriffen wird, ist unter Berücksichtigung der für und gegen den Aufenthalt des Ausländers im Bundesgebiet sprechenden schutzwürdigen Individualinteressen des Ausländers und öffentlichen Interessen zu entscheiden. Sind spezielle gesetzliche Voraussetzungen für den angestrebten Aufenthaltszweck nicht erfüllt, ist die zuständige Ausländerbehörde nicht berechtigt, weitere auf § 7 Abs. 1 Satz 2 gestützte Ermessenserwägungen anzustellen. So kann § 7 Abs. 1 Satz 2 nicht herangezogen werden, wenn dem Ausländer unter Anwendung von § 27 eine Aufenthaltserlaubnis erteilt oder verlängert werden soll. Dies bedeutet aber

Aufenthaltserlaubnis § 7 AufenthG 1

nicht, dass § 7 Abs. 1 Satz 2 allein deshalb nicht angewendet werden kann, nur weil der Ausländer aus einem speziell geregelten Grund einen Aufenthalt im Bundesgebiet anstreben könnte, es aber nicht will. So kann etwa § 7 Abs. 1 Satz 2 auf vermögende Pensionäre angewendet werden, deren erwachsene Kinder im Bundesgebiet leben, sofern keine familiäre Lebensgemeinschaft angestrebt wird, sondern nur reine Besuchsbegegnungen. Denn dann handelt es sich von vornherein nicht um einen beabsichtigten Aufenthalt aus familiären Gründen im Sinne des Kapitels 2 Abschnitt 6, so dass auch keine außergewöhnliche Härte im Sinne des § 36 vorliegen muss. Ein weiterer Anwendungsfall des § 7 Abs. 1 Nr 2 sind etwa auch Fälle, in denen ein Drittausländer mit Wohnsitz in einem anderen Staat – auch ggf einem Schengen-Staat – eine Ferienwohnung in Deutschland unterhält, in der er sich häufiger aufhält. Auf Nr 6.4.2 wird hingewiesen.

7.2 Befristung der Aufenthaltserlaubnis
7.2.1 Mit der Maßgabe, die Aufenthaltserlaubnis unter Berücksichtigung des beabsichtigten Aufenthaltszwecks – auch nachträglich – zu befristen, hat die zuständige Behörde ausreichenden Spielraum, eine dem Einzelfall angemessene Frist festzulegen bzw. anzupassen. Die Frist muss sich nicht auf die gesamte Dauer des beabsichtigten Aufenthalts erstrecken. Sie kann unter dem Gesichtspunkt der Überprüfung der Voraussetzungen auch vorzeitig enden.
7.2.2 Nachträgliche zeitliche Beschränkung
7.2.2.1.1 Eine für die Erteilung, die Verlängerung oder die Bestimmung der Geltungsdauer wesentliche Voraussetzung ist dann entfallen, wenn eine Erteilungsvoraussetzung des § 5 entfällt oder der Aufenthaltszweck, zu dem der Aufenthalt im Bundesgebiet gestattet wurde, nicht durchgeführt wird, vorzeitig erfüllt oder sonst vorzeitig entfallen ist, ohne dass damit zugleich ein Ausweisungsgrund verwirklicht sein müsste. Liegen diese Voraussetzungen vor, ist der Ausländerbehörde ein weiter Ermessensbereich eröffnet, in dem sie eine sachgerechte Interessenabwägung vorzunehmen hat. Zu berücksichtigen ist jedoch, ob der nachträglichen Befristung des Aufenthaltstitels spezielle Vorschriften entgegenstehen, die den Anwendungsbereich des § 7 Abs. 2 Satz 2 einschränken.
7.2.2.1.2 Der Wegfall einer Erteilungs- bzw. Verlängerungsvoraussetzung im Sinne dieser Vorschrift kann etwa in der Scheidung eines Ausländers von seinem im Bundesgebiet lebenden Ehegatten oder in der dauernden Aufhebung der familiären Lebensgemeinschaft liegen. Diese Umstände sind insoweit wesentlich, als die Voraussetzungen für einen Familiennachzug nun nicht mehr vorliegen. Wesentlich im gesetzlichen Sinne ist diese Voraussetzung allerdings nur dann, wenn sich nicht aus anderen Gründen eine gesetzliche Möglichkeit ergibt, den Aufenthaltstitel zu verlängern. Dies ist etwa dann zu bejahen, wenn die Voraussetzungen für ein eigenständiges Aufenthaltsrecht bereits vorliegen.
7.2.2.1.3 Auch Aufenthaltsrechte, die auf Europäischem Gemeinschaftsrecht beruhen (z. B. Aufenthaltsrechte nach Artikel 6 Abs. 1, 7 ARB 1/80), können einer nachträglichen Befristung der Aufenthaltserlaubnis entgegenstehen. Bei der Ermessensausübung können etwa die in § 55 Abs. 3 genannten Gesichtspunkte Gewicht haben. Liegen Ausweisungsgründe vor, sind diese in die Ermessenserwägungen auch unter dem Gesichtspunkt einzubeziehen, ob anstelle der Ausweisung die nachträgliche Befristung der Aufenthaltserlaubnis als mildere Maßnahme in Betracht kommt.
7.2.2.2 Sind wesentliche Voraussetzungen für die Erteilung der Aufenthaltserlaubnis entfallen, darf dies in die Ermessenserwägungen mit einbezogen werden, es sei denn, dass die Aufenthaltserlaubnis auf einem gesetzlichen Anspruch beruht. Sofern kein gültiger Pass oder Passersatz vorliegt (§ 5 Abs. 1, § 3 Abs. 1) ist § 52 Abs. 1 Nr 1 anzuwenden.
7.2.2.3 Wurde der Aufenthaltstitel durch unzutreffende Angaben erschlichen (z. B. Vortäuschen einer ehelichen Lebensgemeinschaft) und wurden diese Angaben der Erteilung eines Aufenthaltstitels maßgeblich zugrunde gelegt, kommt neben strafrechtlichen Sanktionen die Rücknahme des Aufenthaltstitels nach Verwaltungsverfahrensrecht in Betracht. § 7 Abs. 2 Satz 2 ist nicht anwendbar, da die Erteilungsvoraussetzungen nicht nachträglich entfallen sind, sondern nie vorgelegen haben. Die Möglichkeit der Rücknahme hängt nicht davon ab, dass wegen einer nachweislichen Täuschungshandlung eine strafrechtliche Verurteilung bereits erfolgt ist.
7.2.2.4 Die nachträgliche zeitliche Beschränkung einer Aufenthaltserlaubnis darf nicht rückwirkend verfügt werden. Sie darf frühestens auf den Zeitpunkt der Bekanntgabe festgelegt werden. Da erst nach diesem Zeitpunkt die Ausreisepflicht beginnt, darf die in der Abschiebungsandrohung zu bestimmende Ausreisefrist erst nach der zeitlichen Beschränkung des Aufenthalts beginnen.
7.2.2.5 Die nachträgliche zeitliche Beschränkung der Aufenthaltserlaubnis bedarf der Schriftform (§ 77 Abs. 1 Satz 1).
7.2.2.6 Widerspruch und Anfechtungsklage gegen die nachträgliche zeitliche Beschränkung der Aufenthaltserlaubnis haben aufschiebende Wirkung (§ 80 Abs. 1 VwGO). Die aufschiebende Wirkung dieser Rechtsbehelfe bewirkt zwar nicht, dass die Ausreisepflicht entfällt (vgl. § 84 Abs. 2 Satz 1), sie

129

ist jedoch nicht vollziehbar (vgl. § 58 Abs. 2 Satz 2). Die Ausreisepflicht ist jedoch vollziehbar, wenn gemäß § 80 Abs. 2 Nr 4 VwGO die sofortige Vollziehung einer Verfügung nach § 7 Abs. 2 Satz 2 angeordnet wird oder in den Fällen des § 80 b Abs. 1 VwGO. Mit Rücksicht auf den Grundsatz der Verhältnismäßigkeit muss ein besonderes über die Voraussetzung für die Beschränkung der Aufenthaltserlaubnis hinausgehendes öffentliches Interesse vorliegen (z. B. Wiederholungsgefahr, Ausschreibung zur Einreiseverweigerung im SIS).
7.2.2.7 Grundsätzlich kann von einer nachträglichen zeitlichen Beschränkung der Aufenthaltserlaubnis abgesehen werden, wenn deren Geltungsdauer nur noch sechs Monate beträgt und keine gewichtigen Gründe für eine (umgehende) Entfernung des Ausländers aus dem Bundesgebiet vorliegen (z. B. Wiederholungsgefahr, Ausschreibung zur Einreiseverweigerung im SIS). Im Hinblick auf eine sofortige Durchsetzung der Ausreisepflicht **kann** mit der nachträglichen Befristung der Aufenthaltserlaubnis die Abschiebung ohne Androhung und Fristsetzung in Betracht kommen.
7.2.2.8 Die Ausreisefrist darf erst zu einem Zeitpunkt beginnen, in dem der Ausländer die Aufenthaltsgenehmigung gemäß § 84 Abs. 2 nicht mehr besitzt.

Übersicht

	Rn
I. Entstehungsgeschichte	1
II. Allgemeines	2
III. Aufenthaltszwecke	6
1. Aufenthaltszwecke im Aufenthaltsgesetz	6
2. Andere Aufenthaltszwecke	12
IV. Befristung	21
1. Allgemeines	21
2. Anfängliche Befristung	25
3. Nachträgliche Befristung	27
V. Rechtsschutz	37

I. Entstehungsgeschichte

1   Die Vorschrift entspricht dem **GesEntw** (BT-Drs 15/420 S. 9).

II. Allgemeines

2   Die Vorschrift legt Grundlagen, Inhalt u. Geltungsdauer der AE in der Art einer **Definition** fest (nicht anzuwenden auf Unionsbürger u. Gleichgestellte: § 11 I FreizügG/EU). Anders als die AufErl nach § 15 AuslG 1990 u. § 2 I AuslG 1965 ist sie nicht unabhängig von einem Aufenthaltszweck, sondern wird gerade für einen bestimmten Aufenthaltszweck erteilt. Anders als nach dem AuslG stellt sie neben dem Visum den einzigen befristeten AufTit dar. AufBew u. AufBef sind in ihr aufgegangen. Daneben gibt es nur noch die (unbefristete) NE. Die ausdrückliche Ausrichtung auf Aufenthaltszwecke ist zwar neu, eine finale Bestimmung lag aber auch den §§ 15 ff AuslG zugrunde, weil die AufErl auch danach für unterschiedliche Zwecke vorgesehen war: Familiennachzug, Wiederkehr, Erwerbstätigkeit. Diese Zuwanderungskanäle sind nunmehr ausdrücklich erweitert um Gründe, für die früher zT AufBew u. AufBef vorgesehen waren: Ausbildung; selbständige Erwerbstätigkeit; vr, humanitäre u. politische Gründe; ehemalige Dt. Damit können mit der AE sowohl sehr kurzfristige als auch Daueraufenthalte erlaubt werden. Außerdem kann die AE jetzt auch für im AufenthG nicht behandelte Zwecke erteilt werden (Abs 1 S. 2).

3   Die **Voraussetzungen** für Erteilung u. Verlängerung der AE sind nicht abschließend u. allg festgelegt. Abgesehen von den allg Vorschriften des § 5 sind sie für den jew Aufenthaltszweck gesondert bestimmt. Die AE stellt grundsätzlich den Ausgangspunkt für die NE u. auch für die Einbürgerung dar. Sie bildet aber nicht mehr die Basis für einen Stufenaufbau

Aufenthaltserlaubnis　　　　　　　　　　　　　　　　§ 7 **AufenthG 1**

von befristeter zu unbefristeter AufErl zur AufBer u. schließlich zur Einbürgerung; denn die NE kann auch unmittelbar erteilt werden (vgl §§ 9, 19, 23 II, 38 I 1 Nr 1).

Außerdem wird in Abs 2 die **Befristung** aus dem Kreis der zulässigen Nebenbestimmun- 4 gen (§ 12 II–V) herausgenommen u. entsprechend der Eigenart der AE als befristeter AufTit besonders geregelt. Die Vorschrift ist nur für die AE bestimmt u. daher auf das nationale Visum nicht anwendbar (zum Schengen-Visum vgl § 6 Rn 40, 50).

Die mit einer AE verbundenen **Rechte** sind nicht einheitlich, sondern entsprechend dem 5 jew Aufenthaltszweck unterschiedlich ausgestaltet. Der Zweck ist aus dem AufTit ersichtlich, da der Erteilungsgrund in dem Klebeetikett eingetragen wird u. damit neben dem AufR auch Art u. Umfang der Berechtigung zur Erwerbstätigkeit erkennbar sind. Daraus lässt sich ua ersehen, ob u. wie die AE verlängert werden kann (§ 26 I u. III) oder sie zum Familiennachzug (§ 29 II u. III, 32 I Nr 2) oder zum Besuch eines Integrationskurses (§ 44 I Nr 1) berechtigt. Außerdem ergeben sich daraus Hinweise auf soziale Leistungsrechte, wie zB Kindergeld (§ 62 II EStG; § 1 III BKGG), Erziehungsgeld (§ 1 VI BErzGG), Ausbildungsförderung (§ 8 I BAföG).

III. Aufenthaltszwecke

1. Aufenthaltszwecke im Aufenthaltsgesetz

Die **strikte Unterteilung** der AufTitel nach Aufenthaltszwecken ergibt gerade für die 6 AE einen besonderen Sinn, weil sie anders als die NE zu Beginn des Aufenthalts erteilt wird u. damit jedenfalls den anfänglichen Zweck festlegt. Damit sind weder ein anfängliches oder späteres Überlagern oder Zusammenfallen mehrerer Aufenthaltsgründe noch ein späterer Wechsel ausgeschlossen.

Der Aufenthaltszweck ist zunächst durch die wichtigsten Zuwanderungskategorien Er- 7 werbstätigkeit, Familie u. humanitäre Aufnahme grob gekennzeichnet. Werden die Zuzugs- u. Aufenthaltsgründe u. deren normative Grundlagen im Einzelnen berücksichtigt, ergeben sich leicht **über 50 verschiedene** Aufenthaltszwecke, von denen zehn zu einer NE führen können u. die übrigen zu einer AE. Eine Zusammenstellung befindet sich in den Tabellenteilen 9 u. 9a der Anlage zur DV-AZRG (aufgenommen in Nr 7.1.1.1 VAH).

Das **Verhältnis** mehrerer nacheinander oder gleichzeitig verfolgter Zwecke ist nicht allg 8 geregelt. ZT schließen sie sich gegenseitig aus (zB nach § 16 II), zT sind sie nebeneinander zulässig (§ 16 III), zT werden mit dem Aufenthalt notwendigerweise zwei Ziele verfolgt, zB Familienzusammenführung oder Wiederkehr u. Erwerbstätigkeit (§§ 28 V, 37 I 2). ZT ist eine Zeitgrenze festgelegt u. ausgeschlossen, dass im Anschluss daran ein AufTit für ähnliche Erwerbstätigkeiten erteilt wird (§ 26 BeschV).

Beabsichtigt der Ausl die **Fortsetzung** des Aufenthalts zu einem anderen als dem 9 bisherigen Zweck, ist zunächst zu beurteilen, ob der Wechsel ausgeschlossen ist (dazu Rn 10). Sodann müssen die Voraussetzungen für den neuen Aufenthaltszweck festgestellt u. erforderlichenfalls Ermessen ausgeübt werden. Sodann kann die AE für den geänderten Zweck verlängert oder aber bei vorherigem Ablauf der bisherigen AE eine neue erteilt werden. Ein Zweckwechsel ist auch in dem Übergang von der AE zur NE zu sehen, da diese ohne Bindung an einen bestimmten Zweck erteilt wird u. immer zu Erwerbstätigkeiten jeder Art berechtigt.

Der **Zweckwechsel** ist ausgeschlossen während des Studiums (§ 16 II) sowie während 10 einer betrieblichen Aus- oder Weiterbildung (§ 17 S. 3). Asylbew können vor Abschluss des Verf einen AufTit nach Ermessen nur im staatl Interesse u. mit Zustimmung der obersten Landesbehörde erhalten (§ 10 I). Erfolglose Asylbew sind vor ihrer Ausreise von allen oder bestimmten AufTit ausgeschlossen (§ 10 III). Touristen mit mehr als sechs Monaten Aufenthaltsdauer kann ohne eine vorherige Ausreise ein AufTit nur aufgrund eines Rechtsanspruchs erteilt werden (§ 39 Nr 3 AufenthV). Im Anschluss an einen visumfreien Kurzaufenthalt können sie im Ausnahmefall eine AE mit der Berechtigung zur Ausübung einer Kurzzeittätigkeit erhalten (§ 40 iVm § 17 II AufenthV u. § 16 BeschV).

11   Einen Zweckwechsel stellt es auch dar, wenn zu dem bisherigen Aufenthaltszweck ein weiterer **hinzutritt** oder von mehreren einer **wegfällt**. Nach der Eheschließung eines Erwerbstätigen dient der Aufenthalt gleichzeitig zwei Zwecken, u. nach einer Ehescheidung entfällt entweder der familiäre oder er geht in ein selbständiges AufR über. Es erscheint grundsätzlich notwendig, dass die Häufung von Aufenthaltszwecken in dem AufTit zum Ausdruck gebracht wird. Der Kennzeichnungszwang nach §§ 4 II 2, 18 II 2 dient vor allem der Bekanntgabe der Berechtigung zur Erwerbstätigkeit mit deren evtl Beschränkungen. Daher geht die AE für den zuvor nur für eine bestimmte Erwerbstätigkeit zugelassenen Ehegatten eines Dt nach § 28 V über die bisherige hinaus. Ebenso verhält es sich mit dem Ehegatten eines Ausl mit beschränkter Erlaubnis zur Erwerbstätigkeit (§ 29 V), der nach der Ehescheidung uU nach § 31 I 2 Zugang zu jeder Art von Erwerbstätigkeit erhält.

2. Andere Aufenthaltszwecke

12   Mit der Auffangklausel des Abs 1 S. 2 ist eine Möglichkeit geschaffen, andere als vom AufenthG vorgesehene Aufenthaltszwecke zu berücksichtigen. Unter der Geltung der §§ 7, 15 AuslG war dies auch ohne ausdrückliche ges Regelung befürwortet worden (7. Aufl, § 7 AuslG Rn 7, § 15 AuslG Rn 6 ff, jew mwN). Es muss sich um Aufenthaltszwecke handeln, die ihrer Art nach in §§ 16 bis 38 nicht vorkommen. Es genügt nicht, wenn innerhalb eines Aufenthaltszwecks für eine bestimmte Fallkonstellation ein AufR nicht vorgesehen ist oder wenn im Einzelfall die geforderten Voraussetzungen nicht erfüllt sind. Damit ist keine Generalklausel eingeführt, die allg zur Auffüllung vermeintlicher Lücken im System der Zuwanderung genutzt werden könnte. Es muss sich um einen anderen Aufenthaltszweck handeln, nicht lediglich um eine andere Fallkonstellation innerhalb desselben Zuwanderungskanals.

13   **Keinem** der geregelten Zuwanderungskanäle **zuzuordnen** sind Personen, die keine Wiederkehrer u. keine ehemaligen Dt sind und die weder mit ihrer Familie zusammenleben noch erwerbstätig sein noch ausgebildet noch aus humanitären oder ähnlichen Gründen aufgenommen werden wollen. Diese Ausl können insb auch nicht der Personengruppe zugeordnet werden, die sich für einen vorübergehenden Aufenthalt auf dringende humanitäre oder persönliche Gründe berufen wollen (§ 25 IV 1). Sie streben den Aufenthalt in Deutschland zu ganz anderen Zwecken an, die im Ges keinen Niederschlag gefunden haben. ZT handelt es sich dabei um vorübergehende Aufenthalte, für die früher ohne weiteres im Wege des Ermessens eine AufBew nach § 28 AuslG erteilt werden konnte. Mit der Streichung dieses Titels sollte nicht jede Möglichkeit ausgeschlossen sein, berechtigten Aufenthaltswünschen dieser Personen nachzukommen. Dies war jedenfalls nicht Ziel des gesetzgeberischen Bestrebens, die Anzahl der Titel zu verringern u. die Zuwanderungswege übersichtlicher zu gestalten.

14   Daher können sich auf den Auffangtatbestand **heterosexuelle** Partner auch u. gerade dann nicht berufen, wenn sie eheähnlich zusammenleben; denn im Bereich der Familienzusammenführung im weiteren Sinne sind außer der Ehe nur eingetragene homosexuelle Partnerschaften als Nachzugsziel anerkannt (HessVGH, NVwZ-RR 1994, 55; aA Hailbronner, § 7 AufenthG Rn 21). Gerade die ins Feld geführte Ähnlichkeit der Lebensgemeinschaften zeigt, dass mit der Ausdehnung auf heterosexuelle nichteheliche Gemeinschaften kein neuer Aufenthaltszweck abgedeckt, sondern nur eine vom Ges ausgeschlossene Konstellation einbezogen werden soll. Damit würde aber nur die bewusste Entscheidung des Gesetzgebers gegen eine Einbeziehung nichtehelicher heterosexueller Lebensgemeinschaften unzulässigerweise korrigiert u. ein neuer Zuwanderungsweg „Nichtregistrierte Partnerschaften" geschaffen. Gerade wegen des verfassungsrechtlichen Gebots der besonderen Förderung von Ehe u. Familie kann eine damit erreichte Gleichstellung von Ehe u. Nichtehe nur vom Gesetzgeber vorgenommen werden. Davon unabhängig sind AufR, die

Aufenthaltserlaubnis §7 AufenthG 1

aus dem Zusammenleben der Partner mit einem gemeinsamen Kind oder dem Kind eines Partners folgen; denn diese bilden jew eine Familie iSd Art 6 GG u. der §§ 27 I, 28 I, 29, 32.

Erst recht kann die Auffangregelung nicht auf einen **Arbeitnehmer** angewandt werden, der in einem anderen als den zugelassenen Branchen u. Funktionen tätig werden will. Oder auf einen **hochqualifizierten** Spezialisten, der weder über besondere Berufserfahrungen verfügt noch ein hohes Einkommen bezieht u. damit nicht in das Bild des nach § 19 Hochqualifizierten passt. Oder einen **Selbständigen,** der wesentlich weniger als vom Ges als Regel angesehen investieren u. an Arbeitsplätzen schaffen will u. kann u. auch sonst die dt Wirtschaft nicht nachweisbar bereichert (anders uU bei einem selbständigen Dienstleister; vgl § 4 Rn 55). Schließlich können auch solche Personen nicht berücksichtigt werden, die in anderer Weise als in §§ 16, 17 u. in §§ 2, 5, 9, 10, 24 BeschV zugelassen Ausbildung u. Erwerbstätigkeit mit einander verbinden, so zB die Betätigung in einem **Freiwilligendienst.** Diese bedarf keiner Zustimmung der BA, wird aber als Erwerbstätigkeit behandelt. Bei Umsetzung der RL 2004/114/EG (Text in Teil 5 Nr 3.28) wird zu beachten sein, dass ein besonderer AufTit für Freiwillige ausgestellt werden muss u. es daneben anders als bei Sudenten nach Art 17 RL 2004/114/EG keiner Zulassung zur Erwerbstätigkeit bedarf. 15

Als ein anderer Aufenthaltszweck kann es nicht angesehen werden, wenn ein entfernter **Verwandter** außerhalb der Kernfamilie zu einem Dt oder zu einem Ausl zuzuziehen beabsichtigt. Das damit angestrebte familiäre Zusammenleben ist Gegenstand der §§ 27 bis 36, wonach Ehegatten, Kindern u. Eltern sowie anderen Verwandten unter je verschiedenen Voraussetzungen der Zuzug gestattet wird. Sonstige Verwandte können nur in außergewöhnlichen Härtefällen zuziehen. Diese Beschränkung kann nicht mit Hilfe von Abs 1 S. 2 umgangen werden. 16

Als Zuwanderer im AufenthG nicht berücksichtigt sind **Nichterwerbstätige,** die lediglich in Deutschland leben u. dabei Waren erwerben u. Dienstleistungen in Anspruch nehmen wollen. Zu dieser Personengruppe gehören zB Millionäre oder Pensionäre, die hier im eigenen Haus, einer Mietwohnung oder einer Seniorenresidenz ständig oder gelegentlich wohnen u. einen Teil ihres Lebens verbringen wollen. Selbst wenn diese Personen über Verwandte in Deutschland verfügen, ist Aufenthaltszweck nicht die familiäre Lebensgemeinschaft iSd § 27 I, sondern allenfalls eine Besuchs- oder Begegnungsgemeinschaft. Schließlich steht es der Anwendung von Abs 1 S. 2 nicht entgegen, wenn sich dieser Ausl gelegentlich kulturell oder karitativ betätigen will, ohne damit eine Erwerbstätigkeit iSd § 2 II (iVm § 7 SGB IV) auszuüben. Ebenso zu behandeln sind Personen, die sich einer längeren Krankenbehandlung oder Therapie unterziehen wollen u. für die deswegen ein Schengen-Visum nicht ausreicht. 17

Ebenso kann sich die Lage zB einer **Großmutter** darstellen, die nicht zu ihrem verheirateten Sohn ziehen, sondern (erster Fall) wegen ihrer angegriffenen Gesundheit in der Nähe der Familie ihres Sohnes leben oder aber (zweiter Fall) die Enkel gelegentlich beaufsichtigen will (dazu Pfaff, ZAR 2005, 8). In beiden Fällen ist weder eine familiäre Lebensgemeinschaft noch ein Pflegeverhältnis angestrebt, im ersten Fall auch keine Erwerbstätigkeit. Ob ein derartiger Zuzug sozialpolitisch erwünscht ist, kann hier offen bleiben, es kann aber nicht in Abrede gestellt werden, dass Aufenthaltszwecke dieser Art aus dem ges Rahmen fallen u. daher nach Abs 1 S. 2 berücksichtigt werden können. 18

Schließlich gehört auch das **Verlöbnis** zu keinem der ges Aufenthaltszwecke. Es wird zwar ebenso wie die Eheschließungsfreiheit durch Art 6 GG geschützt, verlangt aber kein familiäres Zusammenleben. Daher zählen Verlobte nicht zu einer der zuzugs- u. aufenthaltsberechtigten Personengruppen. Verlobte streben als solche kein Zusammenleben auf Dauer an, sondern nur einen vorübergehenden Aufenthalt bis zur Eheschließung. Vorausgesetzt sind aber ein ernsthaftes Eheversprechen u. außerdem eine unmittelbar bevorstehende Eheschließung. Wenn die Beschaffung der notwendigen Heiratspapiere u. damit der voraussichtliche Eheschließungstermin noch gänzlich unsicher sind, handelt es sich nicht um einen vorübergehenden Aufenthaltszweck, der neben dem Daueraufenthalt nach der Eheschlie- 19

133

ßung anerkannt werden kann. Die Eheschließung muss also absehbar bevorstehen (Hailbronner, § 7 AufenthG Rn 22; BVerwG, InfAuslR 1985, 130; HessVGH, EZAR 632 Nr 19; zur Duldung SächsOVG, EZAR NF 34 Nr 4).

20   Mit der Feststellung eines Aufenthaltszwecks außerhalb des AufenthG hat es nicht sein Bewenden. AuslVertr u. AuslBeh müssen vielmehr anschließend noch das ihnen obliegende **Ermessen** ausüben. Dabei müssen sie sich daran orientieren, dass der jew ermittelte andere Aufenthaltszweck vom Ges anerkannt ist, es aber nur „in begründeten Fällen" zur Erteilung einer AE kommen soll. Bei der notwendigen Abwägung der einander widerstreitenden öffentl u. privaten Rechtsgüter u. Interessen sind die Grundrechte u. die Verhältnismäßigkeit zu beachten. Begrenzung u. Steuerung des Zuzugs sowie die Verhinderung von Belastungen für Arbeitsmarkt u. Infrastruktur sind anerkennenswerte u. notwendige Aspekte bei dieser Bewertung u. Gewichtung. Sie stehen einer Zuwanderung grundsätzlich in den Fällen des Millionärs u. der Großmutter nicht entgegen.

IV. Befristung

1. Allgemeines

21   Die Befristung zählt zu den **Nebenbestimmungen** iSd § 12, mit denen Voraussetzungen, Umfang u. Dauer der AufTit näher bestimmt werden können. Sie ist die wichtigste; denn mit der Befristung wird letztlich über Verbleib oder Ausreise entschieden. Die Bestimmung einer Frist bedeutet, dass der AufTit zu einem bestimmten Zeitpunkt endet oder nur für einen bestimmten Zeitraum gilt (vgl § 36 II Nr 1 VwVfG). Die zeitliche Begrenzung gehört zur Eigenart der AE u. ist deshalb unmittelbar in § 7 behandelt u. nicht in § 12. Dessen ungeachtet gelten auch für die AE die allg Grundsätze über Nebenbestimmungen u. insb Befristungen (vgl § 36 II Nr 1 VwVfG).

22   Die Befristung der AE steht nicht im behördlichen Ermessen. Sie folgt vielmehr **zwingend** aus der ges Definition dieses AufTit in Abgrenzung zu der einer Befristung nicht zugänglichen NE (§ 7 I 1, II 1 einerseits u. § 9 I 1 andererseits). Der AuslBeh obliegt also nicht die Entscheidung darüber, ob die AE befristet werden soll. Sie ist auch weiter darin gebunden, dass bei Bemessung der Frist der beabsichtigte Aufenthaltszweck berücksichtigt werden muss. Der **Beginn der Geltung** der AE ist nicht ausdrücklich bestimmt. Infolge der Antragsbedürftigkeit (§ 81 I; Ausnahme in § 33) darf die AE frühestens ab Eingang des Antrags bei der zuständigen Behörde u. längstens bis zu dem beantragten Zeitpunkt erteilt werden; eine auf einen früheren Zeitpunkt rückwirkende Erteilung ist danach ebenso ausgeschlossen wie eine AE mit einer längeren als der beantragten Geltungsdauer.

23   Bei der Festsetzung der konkreten **Fristdauer** ist die AuslBeh dagegen innerhalb der Grenzen pflichtgemäßer Ausübung des Ermessens grundsätzlich **frei**, u. zwar bei der Erteilung wie bei der Verlängerung (§ 8 I). Anders verhält es sich aber zB, wenn spezielle ges Vorgaben bestehen (wie zB in §§ 26 I, 31 I 1). Außerdem darf die Frist im Hinblick auf §§ 3 I, 52 I 1 Nr 1 nicht über die Geltungsdauer des Passes u. einer evtl. erforderlichen Rückkehrberechtigung hinausgehen. Sie soll bei außereuropäischen Staaten (ausgenommen Australien, Israel, Japan, Kanada, Neuseeland, USA) auf längstens drei Monate vor Passablauf befristet werden (vgl Nr 12.2.1.3 S. 3 AuslG-VwV); bei Ablauf des Gültigkeitsdauer des Passes kommt sonst nur ein Widerruf in Betracht (§ 52 I 1 Nr 1). Schließlich ist die Geltungsdauer von dem Zeitpunkt u. dem Inhalt des Antrags abhängig. Die AE wird nur auf Antrag erteilt (§ 81 I) u. kann daher weder rückwirkend noch über den beantragten Zeitpunkt hinaus ausgestellt werden.

24   Für die **Berechnung** der Frist gelten die Vorschriften des § 31 VwVfG, hilfsweise die §§ 187 bis 193 BGB. Die Befristung muss eindeutig bestimmt sein u. sollte deshalb dem Datum nach festgelegt werden. Erfolgt sie dagegen nach Zeiträumen wie Wochen, Monaten oder Jahren, beginnt die Frist erst mit dem auf die Bekanntgabe folgenden Tag zu laufen

(§ 31 II VwVfG), also nicht mit der schriftlichen Verfügung in den Behördenakten. Infolgedessen steht der Geltungszeitraum nicht vorab sicher fest u. kann die AE nicht mit einer festen Frist in den Pass eingetragen werden. Anders verhält es sich mit Verlängerungen, weil in diesen Fällen der Fristbeginn grundsätzlich vom Zeitpunkt der Beendigung der vorangehenden AE abhängt, es sei denn, die Bekanntgabe erfolgt erst später. Eine in diesem Fall denkbare rückwirkende Erteilung ab Antragstellung erscheint zulässig. Die dadurch entstehende Lücke wird nach § 81 IV u. dadurch ausgefüllt, dass der Ausl bei späterer Erteilung so zu behandeln ist, als habe er die Verlängerung auf seinen rechtzeitigen Antrag hin erhalten u. somit die AE ununterbrochen besessen.

2. Anfängliche Befristung

Die AE **muss** anfänglich mit einer Frist versehen u. diese muss an dem Aufenthaltszweck 25 ausgerichtet werden. Außerdem muss berücksichtigt werden, ob u. wie lange eine Verlängerung erfolgen soll oder darf u. wann der Übergang zu einer NE zulässig ist. Ferner sind ges Vorgaben für die AE selbst (zB in §§ 26 I, 31 I 1) u. außerdem für die Zustimmung zur Beschäftigung (zB in §§ 18–22, 26, 35 BeschV) zu beachten. Schließlich braucht die AuslBeh es nicht auf eine nachträgliche Verkürzung der Frist ankommen zu lassen, sondern kann Unsicherheiten über den Fortbestand der Erteilungsvoraussetzungen von vornherein durch eine kürzere Frist Rechnung tragen.

Bei der deklaratorischen AE nach § 4 V ist vor allem auf die Stufenregelungen der Art 6 26 u. 7 **ARB 1/80** Rücksicht zu nehmen, um das Erreichen der nächsten Verfestigungsstufe mit ihren Folgen für den Zugang zum Arbeitsmarkt unter Kontrolle zu halten. Die AE für **Ehegatten** Dt sollte im Hinblick auf § 28 II 1 auf drei Jahre befristet werden, es sei denn, es besteht begründeter Anlass für eine besondere Überprüfung des Bestehens einer Lebensgemeinschaft. Die AE für anerkannte **Flüchtlinge** wird zweckmäßigerweise im Hinblick auf die obligatorische Widerrufsprüfung nach § 73 IIa AsylVfG ebenfalls zunächst auf drei Jahre befristet. Bei Erwerbstätigen, die nur des Erwerbszwecks wegen eine AE besitzen, ist die Frist unbedingt so zu bemessen, dass sie nicht über die Geltungsdauer der Zustimmung der BA hinausreicht. Diese ist aber auf längstens drei Jahre begrenzt (§ 13 II BeschVerfV; vgl auch § 14 BeschVerfV).

3. Nachträgliche Befristung

Wesentlich **einschneidender** als die anfängliche Befristung, die der AE immanent ist, 27 wirkt die nachträgliche Fristverkürzung. Sie ist daher kraft ausdrücklicher ges Anordnung nur zulässig, wenn eine für die Erteilung, die Verlängerung oder die Bestimmung der Geltungsdauer wesentliche Voraussetzung entfallen ist. Ungeachtet dieser Voraussetzung steht der AuslBeh auch deren Erfüllung Ermessen zu („kann . . . auch nachträglich").

Völkervertraglich **ausgeschlossen** ist eine nachträgliche Befristung im Anwendungs- 28 bereich des ILO-Übereinkommens Nr 97 (vom 1. 7. 1949, BGBl. 1959 II 87, 1960 II 2204) nach Eintritt der Berufsunfähigkeit, wenn der Ausl dauernd als Wanderarbeitnehmer zugelassen ist. Dies setzt indes einen unbefristeten AufTit u. eine ebenso unbefristete Zulassung zum Arbeitsmarkt voraus (BT-Drs 3/512 S. 32; Hailbronner, § 7 AuthG Rn 33 ff). Nicht unzulässig ist Fristverkürzung auch gegenüber marokkanischen Arbeitnehmern (Hailbronner, § 7 AuthG Rn 36; BVerwG, EZAR 029 Nr 24). Unzulässig wäre dies nur, wenn damit eine fortbestehende Zulassung zum Arbeitsmarkt unterlaufen würde (dazu EuGH, EZAR 811 Nr 40). Dagegen darf in einen AufTit nicht aus Gründen der Hilfsbedürftigkeit zu Lasten eines Angehörigen eines Vertragsstaats des EFA eingegriffen werden. Unter Rückschaffung iSv Art 6a EFA ist nämlich jede aufenthaltsbeendende Maßnahme während eines erlaubten Aufenthalts zu verstehen (BVerwGE 75, 26).

Nachträglich bedeutet **nicht rückwirkend**. Zulässig ist nur die Verkürzung der zuvor 29 bestimmten u. noch nicht abgelaufenen Frist. Für Laufzeit u. Berechnung gelten dieselben

Grundsätze wie für die Fristsetzung selbst. Die neue Frist kann auch auf den Zeitpunkt der Bestandskraft der Verfügung bestimmt werden (BVerwG, EZAR 103 Nr 16). Sie darf aber nicht auf einen Zeitpunkt vor Bekanntgabe festgesetzt werden; sonst wirkt sie wie eine Rücknahme u. ist als solche zu werten. Die nachträgliche Fristverkürzung bildet zusammen mit Widerruf u. Rücknahme (§§ 51, 52) ein geschlossenes System für die Korrektur eines befristet erteilten oder verlängerten AufTit, das eine unmittelbare oder entsprechende Anwendung der allg Widerrufsvorschriften des § 49 II VwVfG ausschließt.

30 Grundlage für die Fristverkürzung ist der Fortfall einer wesentlichen Voraussetzung. Das Vertrauen auf den Fortbestand ist dann nicht geschützt. Dabei ist als **wesentlich** jeder Umstand anzusehen, der für die Erteilung oder Verlängerung mitursächlich war (näher Renner, AiD Rn 5/530–540). Es zählen also nicht nur die hauptsächlich bedeutsamen Gründe, sondern alle den AufTit tragenden Tatsachen. Wesentlich kann eine zwingende Voraussetzung sein, aber auch ein im Rahmen des Ermessens herangezogener Umstand. Rechtsänderungen fallen nicht hierunter; soweit Gesetzesnovellen in Rechtspositionen eingreifen, bedarf es entsprechend sachgerechter Übergangsregelungen. Die Voraussetzungen für die ursprüngliche Frist sind auch entfallen, wenn sich der Aufenthaltszweck nicht (mehr) verwirklichen lässt (BVerwG, InfAuslR 1990, 300; HessVGH, EZAR 014 Nr 12 u. DVBl. 1993, 1026; OVG NRW, EZAR 014 Nr 4; zum Assoziationsrecht EWG/Türkei HessVGH, EZAR 103 Nr 17). Bei Verlust oder Ablauf des Passes ist von dem Widerruf nach § 52 I 1 Nr 1 Gebrauch zu machen.

31 Fraglich kann erscheinen, ob es dem späteren Fortfall einer wesentlichen Genehmigungsvoraussetzung gleichsteht, wenn sich nachträglich herausstellt, dass diese schon bei Erteilung des AufTit **nicht vorlag.** Erweist sich die Zulassung des Aufenthalts bei dieser Konstellation als von Beginn an rechtswidrig, kann sie grundsätzlich, wenn auch unter erschwerten Bedingungen, zurückgenommen werden (§ 51 I Nr 3 iVm § 48 I 2, II bis IV VwVfG; dazu BVerwGE 65, 174). Dennoch erschiene es eigentlich weder rechts- noch ermessensfehlerhaft, wenn sich die AuslBeh zur nachträglichen Fristverkürzung statt zur Rücknahme entschlösse. Die Wahl des milderen Mittels wäre ihr jedenfalls nicht aus systematischen Gründen verwehrt. Dennoch ist Abs 2 S. 2 (wie schon § 12 II 2 AuslG) so eindeutig formuliert, dass die ursprüngliche Nichterfüllung der Voraussetzungen nicht darunter fällt (Hailbronner, § 7 AufenthG Rn 25; Meyer, ZAR 2002, 13; ebenso zum früheren Recht BVerwGE 98, 298). Andererseits hindert es aber die Fristverkürzung nach Wegfall der maßgeblichen Umstände nicht, wenn Erteilung oder Fristbestimmung rechtswidrig waren (Meyer, ZAR 2002, 13 mwN).

32 Das Ges enthält keine Aussage für den Fall, dass eine wesentliche Genehmigungsvoraussetzung entfallen ist, die ursprüngliche Befristung aber aus anderen Gründen aufrechterhalten muss oder im Wege des Ermessens aufrechterhalten werden kann (zur **„Doppelprüfung"** vgl § 49 I VwVfG). Falls die festgesetzte Frist auf einer anderen als der fortgefallenen Tatsachengrundlage zwingend beizubehalten ist, erweist sich der früher herangezogene tatsächliche Umstand für die Zukunft als nicht wesentlich. Würde ausschließlich auf in dem VA genannte oder den Akten zufolge erkennbar zugrundegelegte frühere tatsächliche Verhältnisse abgehoben, wäre zwar der Tatbestand des Abs 2 S. 2 formal erfüllt. Eine nachträgliche Änderung wäre dann aber im Ergebnis ausgeschlossen; sie wäre in jedem Fall ermessensfehlerhaft, weil aus Rechtsgründen unzulässig. Anders verhält es sich beim Fortfall von im Ermessenswege berücksichtigten Tatsachen. Sind sie in dem Sinne wesentlich, dass die Ermessensentscheidung darauf beruht, so zwingt ihr Wegfall zu einer erneuten Ermessensbetätigung. Diese kann allerdings nach der neuen Sachlage zur selben Frist führen u. deshalb eine Änderung der Befristung erübrigen.

33 Als wesentliche Sachlagenänderung kommt vor allem der zwischenzeitliche **Fortfall des** für den AufTit maßgeblichen **Zwecks** in Betracht. So kann die eheliche Lebensgemeinschaft inzwischen durch Scheidung oder Trennung aufgehoben sein (BVerwG, EZAR 103 Nr 12; BayVGH, NVwZ-RR 2004, 150; HessVGH, EZAR 622 Nr 5), der ursprünglich vorhandene Wohnraum wegen Vergrößerung der Familie nicht mehr ausreichen oder der

Aufenthaltserlaubnis § 7 **AufenthG** 1

Unterhalt infolge dauernder Sozialhilfebedürftigkeit nicht mehr gedeckt sein (BVerwG, EZAR 103 Nr 16). Immer muss es sich aber um Umstände handeln, die für die Genehmigung rechtlich u. tatsächlich maßgeblich waren. Deshalb ist der Bezug von Sozialhilfe oder Arbeitslosengeld unbeachtlich, wenn es hierauf für Erteilung u. Fortbestand des AufTit nicht ankommt (vgl etwa §§ 5 III, 31 IV 1).

Die Verwirklichung eines **Ausweisungstatbestands** allein rechtfertigt noch nicht die Befristung; diese setzt vielmehr voraus, dass der Ausländer daraufhin ausgewiesen werden könnte (Hailbronner, § 7 AufenthG Rn 29). Das Vorliegen eines Ausweisungsgrunds steht zwar in der Regel der Erteilung des AufTit entgegen (§ 5 I Nr 3), u. seine nachträgliche Erfüllung stellt eine wesentliche Änderung der maßgeblichen Sachlage dar. Es würde aber dem System der Maßnahmen zur Aufenthaltsbeendigung widersprechen, wenn der genehmigte Aufenthalt allein wegen Verwirklichung eines Ausweisungstatbestands beschränkt u. beendet werden könnte. Nachträgliche Befristung u. Ausweisung entfalten im Wesentlichen dieselben Wirkungen; in beiden Fällen erlischt der AufTit (vgl § 51 I Nr 1 u. 5). Obwohl bei Änderung der Geltungsdauer das Erlöschen aus den erwähnten verfahrenstechnischen Gründen erst nach Ablauf einer kurzen Frist eintreten kann, würden die besonderen Voraussetzungen der Ausweisung, vor allem der besondere Ausweisungsschutz nach § 56 unterlaufen, wenn statt der Ausweisung ohne Beachtung dieser Ausweisungsbestimmungen die Friständerung verfügt werden dürfte. 34

Steht der Fortfall einer wesentlichen Genehmigungsvoraussetzung fest, ist die Befristung nicht zwingend vorgeschrieben. Die AuslBeh hat dann vielmehr **Ermessen** auszuüben u. aufgrund einer umfassenden Güter- u. Interessenabwägung zu entscheiden, ob u. wann der AufTit enden soll. Obwohl zunächst nur die Verkürzung der Geltungsdauer des bestehenden AufTit in Rede steht, ist doch die Frage nach dem endgültigen Verbleib aufgeworfen, weil die nachträgliche Befristung die Chance einer Verlängerung zunichte macht. In die damit auch für die fernere Zukunft geltenden Überlegungen einzubeziehen sind vor allem das Gewicht der Sachlagenänderung, ein mögliches Verschulden hieran, die Dauer des rechtmäßigen Aufenthalts u. das Maß der bisher erreichten Integration in die hiesigen Lebens- und Berufsbedingungen (betr Nichtbestehen einer ehelichen Lebensgemeinschaft BVerwGE 65, 174; zu Ehescheidung u. Getrenntleben BVerwG, EZAR 103 Nr 12; zum Getrenntleben VGH BW, EZAR 103 Nr 7 u. HessVGH, EZAR 622 Nr 5; zur Ehescheidung VGH BW, EZAR 134 Nr 3). Schließlich ist auch die restliche Geltungsdauer des AufTit zu beachten. Beträgt die Restlaufzeit nur noch wenige Wochen oder Monate, kann die AuslBeh auf die Befristung ganz verzichten u. sich darauf beschränken, einen fälligen Verlängerungsantrag abzulehnen. 35

Unter dem Aspekt der **Verhältnismäßigkeit** u. des **Vertrauensschutzes** muss vor allem auf die Verfestigung der Lebensverhältnisse in Deutschland u. die Entfremdung von dem Heimatstaat Bedacht genommen werden (dazu BVerwGE 99, 28; 65, 174; BVerwG, EZAR 103 Nr 15 u. 16; HessVGH, EZAR 019 Nr 15). Allerdings gibt es hierfür keine feste Zeitgrenze; es müssen vielmehr auch die Gründe u. Zwecke des bisherigen Aufenthalts berücksichtigt werden, nach deren Wegfall ein weiterer Verbleib in Deutschland grundsätzlich nicht möglich ist. Letztlich sind damit die individuellen Lebensumstände ausschlaggebend. Ob es die Unterschiede in der Wirtschafts- u. Sozialordnung zwischen der BR Deutschland u. der DDR rechtfertigen, regelmäßig den Aufenthaltszeiten in der DDR ein geringeres Gewicht beizumessen (so BVerwG, EZAR 103 Nr 15), kann fraglich erscheinen. Schließlich können die gemeinsame Sprache u. Kultur in diesen beiden Teilen Deutschlands eine Grundlage für eine erfolgreiche Integration auch im geeinten Deutschland bieten. Vor allen Dingen muss – hier wie bei anderen Fallgestaltungen – im Einzelfall ermittelt werden, ob ungeachtet der unterschiedlichen Staats-, Wirtschafts- u. Sozialsysteme für den Ausl eine Rückkehr in die Heimat unzumutbar geworden ist. 36

V. Rechtsschutz

37 Die **Befristung** der AE bildet mit dieser eine Einheit u. kann nicht selbständig angegriffen werden. Zulässig sind also Verpflichtungswiderspruch u. -klage (§ 42 II VwGO), gerichtet auf Verlängerung der Frist. Die Rechtsmittel entfalten keine aufschiebende Wirkung (§ 84 I Nr 1). Eilrechtsschutz ist nach § 123 VwGO gegeben.

38 Die **Fristverkürzung** stellt sich als Eingriffsakt dar u. ist daher mit Anfechtungswiderspruch u. -klage (§ 42 I VwGO) anzugreifen, gerichtet auf die Aufhebung der Verkürzung insgesamt oder zumindest zT; hier ist die aufschiebende Wirkung nicht ausgeschlossen (vgl § 84 I). Dem entsprechend richtet sich der vorläufige Rechtsschutz nach § 80 V VwGO, falls der Sofortvollzug behördlich angeordnet ist.

§ 8 Verlängerung der Aufenthaltserlaubnis

(1) Auf die Verlängerung der Aufenthaltserlaubnis finden dieselben Vorschriften Anwendung wie auf die Erteilung.

(2) Die Aufenthaltserlaubnis kann in der Regel nicht verlängert werden, wenn die zuständige Behörde dies bei einem seiner Zweckbestimmung nach nur vorübergehenden Aufenthalt bei der Erteilung oder der zuletzt erfolgten Verlängerung der Aufenthaltserlaubnis ausgeschlossen hat.

(3) [1] Verletzt ein Ausländer seine Verpflichtung nach § 44 a Abs. 1 Satz 1 Nr 1 zur ordnungsgemäßen Teilnahme an einem Integrationskurs, so ist dies bei der Entscheidung über die Verlängerung der Aufenthaltserlaubnis zu berücksichtigen. [2] Besteht kein Anspruch auf die Erteilung der Aufenthaltserlaubnis, so kann die Verlängerung der Aufenthaltserlaubnis abgelehnt werden. [3] Bei den Entscheidungen nach den Sätzen 1 und 2 sind die Dauer des rechtmäßigen Aufenthalts, schutzwürdige Bindungen des Ausländers an das Bundesgebiet und die Folgen für die rechtmäßig im Bundesgebiet lebenden Familienangehörigen des Ausländers zu berücksichtigen.

Vorläufige Anwendungshinweise

8 § 8 Verlängerung der Aufenthaltserlaubnis

8.1 Verlängerungsvoraussetzungen
8.1.1 Nach § 8 Abs. 1 gelten für die Verlängerung der Aufenthaltserlaubnis im Anspruchs- oder Ermessensbereich dieselben Vorschriften wie für ihre Erteilung. Besondere gesetzliche Verlängerungsregelungen sind vorrangig (z. B. § 16 Abs. 4, § 30 Abs. 3, § 31 Abs. 4 Satz 1, § 34 Abs. 1).
8.1.2 Die Gewährung eines befristeten Aufenthaltsrechts gibt dem Ausländer keinen Anspruch auf Verlängerung der Aufenthaltserlaubnis. Soweit ein Ermessenstatbestand vorliegt, ist unter Berücksichtigung des Grundsatzes der Verhältnismäßigkeit, der Gleichbehandlung und des Vertrauensschutzes bei der Entscheidung über die Verlängerung zugunsten des Ausländers zu berücksichtigen, dass während eines vorangegangenen rechtmäßigen Aufenthalts schutzwürdige persönliche, wirtschaftliche oder sonstige Bindungen zum Bundesgebiet entstanden sein können. In solchen Fällen ist im Rahmen einer Güter- und Interessenabwägung zu prüfen, ob die Beendigung des Aufenthalts zumutbar ist (z. B. Dauer des Aufenthalts, Grad der Verwurzelung, beanstandungsfreier Aufenthalt). Bei einem Wechsel des Aufenthaltszwecks handelt es sich in der Regel um die Erteilung eines neuen Aufenthaltstitels, so dass die entsprechenden Erteilungsvoraussetzungen für den anderen Aufenthaltszweck erfüllt sein müssen. Zum Fachrichtungswechsel bei Studienaufenthalten ist Nr 16.2 zu beachten.
8.1.3 Erfüllt ein Ausländer die zeitlichen Voraussetzungen für die Erteilung der Niederlassungserlaubnis, soll die Ausländerbehörde ihn auf die Möglichkeit der Antragstellung hinweisen (§ 82 Abs. 3). Weist der Ausländer die Voraussetzungen für die Niederlassungserlaubnis nicht nach, obwohl er auf den Rechtsanspruch hingewiesen wurde, darf die Aufenthaltserlaubnis antragsgemäß befristet verlängert werden.

Verlängerung der Aufenthaltserlaubnis § 8 AufenthG 1

8.1.4 Im Falle der Verlängerung der Aufenthaltserlaubnis ist die Geltungsdauer grundsätzlich so zu bestimmen, dass sie am Tage nach dem Ablauf der bisherigen Geltungsdauer beginnt. Dies gilt auch dann, wenn die Ausländerbehörde erst zu einem späteren Zeitpunkt über die Verlängerung der Aufenthaltserlaubnis entscheidet. Zur verspäteten Antragstellung vgl. ausführlich Nr 81.4.2.3.
8.1.5 Eine zu einem früheren Aufenthaltstitel erteilte Zustimmung der Bundesagentur für Arbeit zu einer Beschäftigung gilt im Rahmen ihrer zeitlichen Begrenzung fort, sofern das Beschäftigungsverhältnis fortgesetzt wird (§ 14 Abs. 2 BeschVerfV). Eine vor Inkrafttreten des AufenthG erteilte Arbeitsgenehmigung gilt bei Verlängerung der Aufenthaltserlaubnis im Rahmen ihrer Geltungsdauer als Zustimmung der Bundesagentur für Arbeit fort (§ 105 Abs. 1 Satz 2). Eine vor dem 1. Januar 2005 erteilte Zusicherung der Erteilung einer Arbeitsgenehmigung gilt als Zustimmung zur Erteilung eines Aufenthaltstitels fort (§ 46 Abs. 1 BeschV). Die einer IT-Fachkraft nach § 6 Abs. 2 der Verordnung über die Arbeitsgenehmigung für hoch qualifizierte Fachkräfte der Informations- und Kommunikationstechnologie erteilte befristete Arbeitserlaubnis gilt als unbefristete Zustimmung zum Aufenthaltstitel zur Ausübung einer Beschäftigung fort (§ 46 Abs. 2 BeschV).

8.2 Ausschluss der Verlängerung
8.2.1 Absatz 2 eröffnet der zuständigen Behörde die Möglichkeit, die Verlängerung der Aufenthaltserlaubnis durch eine Nebenbestimmung auszuschließen. Dies betrifft beispielsweise kurzfristige Arbeitsaufenthalte, bei denen eine Aufenthaltsverfestigung nicht zulässig ist (Saisonarbeitnehmer, Werkvertragsarbeitnehmer), oder Aufenthalte aufgrund spezifischer Postgraduiertenprogramme der Entwicklungszusammenarbeit, bei denen sich die Geförderten verpflichtet haben, nach Abschluss der Hochschulfortbildung zurückzukehren. Auf diese Weise soll die Ausländerbehörde von Anfang an Klarheit über die Perspektive der Aufenthaltsdauer im Bundesgebiet schaffen.
8.2.2 Die Rechtsfolge der Nichtverlängerbarkeit tritt kraft Gesetzes ein. Widerspruch und Klage gegen die Nebenbestimmung haben aufschiebende Wirkung.
8.2.3 Eine Ausnahme von der als Regel angeordneten Nichtverlängerbarkeit kann ausnahmsweise dann in Betracht kommen, wenn sich die dem Erlass der Nebenbestimmung zu Grunde gelegten Umstände so wesentlich verändert haben, dass bei deren Kenntnis die Nebenbestimmung nach § 8 Abs. 2 nicht hätte erlassen werden dürfen. Während der Ausländer im Fall einer Ausnahme die Aufenthaltserlaubnis zum bisherigen Aufenthaltszweck behält, erhält er im Fall der Anwendung des § 25 Abs. 4 einen humanitären Aufenthaltstitel.

8.3 Berücksichtigung der Verpflichtung zum Integrationskurs
8.3.1 Nach Absatz 3 hat die Ausländerbehörde die Verletzung der nach § 44a Abs. 1 Satz 1 Nr 1 bestehende Pflicht zur ordnungsgemäßen Teilnahme an einem Integrationskurs bei der Entscheidung über die Verlängerung des Aufenthaltstitels zu berücksichtigen.
8.3.2 Die Verpflichtung zur Teilnahme am Integrationskurs ist in dem bundeseinheitlichen Vordruck gemäß § 6 Abs. 1 IntV zu vermerken (§ 6 Abs. 1 Satz 3 IntV). Ein Doppel des Vordrucks ist zur Ausländerakte zu nehmen, damit die Tatsache der Verpflichtung nachträglich rekonstruierbar ist. Zudem sind die Gründe, aus denen die Verpflichtung hervorgeht, aktenkundig zu machen. Der Erlass eines gesonderten klagefähigen Bescheides über eine Teilnahmeverpflichtung ist nicht erforderlich, da die Ausländerbehörde lediglich die bereits bestehende gesetzliche Verpflichtung rein verwaltungstechnisch berücksichtigt und keine eigenständige gestaltende Regelung – auch nicht in Form eines feststellenden Verwaltungsakts – trifft. Vor allem stellt allein die Übergabe des Vordrucks mit Informationsmaterial keine Regelung in Form des Verwaltungsaktes dar. Zur Frage, ob eine Verpflichtung zur Teilnahme am Integrationskurs bestand, kann daher erst dann eine gerichtliche Entscheidung herbeigeführt werden, wenn der Umstand der bestehenden Verpflichtung zur Grundlage anderer Verwaltungsakte gemacht wird.
8.3.3 Von der Verpflichtung zur Teilnahme sind die in § 44a Abs. 2 genannten Ausländer ausgenommen.
8.3.4 Die Teilnahme ist insbesondere dann nicht ordnungsgemäß, wenn der Integrationskurs nur unregelmäßig oder gar nicht besucht wird.
8.3.5 Die Berücksichtigung der nicht ordnungsgemäßen Teilnahme am Integrationskurs kann z.B. durch die Festlegung einer kürzeren Verlängerungsfrist, um alsbald eine erneute Gelegenheit zur Überprüfung zu erhalten oder durch die Ablehnung der Verlängerung geschehen. Soweit die Verlängerung im Ermessen der Behörde steht, kann eine Nichtteilnahme eine Ablehnung der Verlängerung rechtfertigen. Bei einer wiederholten Verweigerung der Teilnahme ist eine Ablehnung der Verlängerung in Betracht zu ziehen.
8.3.6 Zu Vermeidung unbilliger Härten sind bei den Entscheidungen nach Abs. 3 Satz 1 und 2 die Dauer des rechtmäßigen Aufenthalts, schutzwürdige Bindungen des Ausländers an das Bundesgebiet

und die Folgen für die rechtmäßig im Bundesgebiet lebenden Familienangehörigen des Ausländers zu berücksichtigen.

8.3.7 Zur Möglichkeit der Sanktionierung bei türkischen Staatsangehörigen vgl. Nr 44 a.3.2.

Übersicht

	Rn
I. Entstehungsgeschichte	1
II. Allgemeines	2
III. Verlängerungsentscheidungen	3
1. Grundsätze	3
2. Regelversagung nach Ausschluss	13
3. Nicht ordnungsgemäße Teilnahme am Integrationskurs	18
IV. Rechtsschutz	21
V. Arbeits- und Sozialrecht	22

I. Entstehungsgeschichte

1   Die Vorschrift entspricht im Wesentlichen dem **GesEntw** (BT-Drs 15/4201 S. 9). Im Vermittlungsverf wurden in Abs 3 S. 1 geringfügig anders formuliert u. S. 2 u. 3 eingefügt (BT-Drs 15/3479 S. 2).

II. Allgemeines

2   Abs 1 soll wie § 13 I AuslG 1990 u. § 7 II 2 AuslG 1965 darauf hinweisen, dass zwischen Erteilung u. Verlängerung rechtlich **kein Unterschied** besteht, aus der befristeten AE also noch kein Anspruch auf Verlängerung erwächst. Erfasst ist nur die AE, nicht Visum, AufGest oder Duldung (zur Verlängerung des Visums vgl § 3 Rn 30, 31, 37). Der AufTit im Anschluss an einen genehmigungsfreien Aufenthalt stellt sich nicht als Verlängerung dar. Abs 2 soll die Möglichkeit eröffnen, statt genereller **Verlängerungsverbote** auf den jew Aufenthaltszweck u. die individuelle Situation bezogen die Verlängerung für die Zukunft auszuschließen. Abs 3 zieht Folgen aus der neu eingeführten Verpflichtung zum Besuch von **Integrationskursen.**

III. Verlängerungsentscheidungen

1. Grundsätze

3   Für die Verlängerung gelten grundsätzlich **dieselben Vorschriften** wie für die Ersterteilung (zB die §§ 5, 10, 11), zT aber spezielle Bestimmungen (zB §§ 16 IV, 30 III, 31 IV 1, 34 I). Für eine weitere Neuerteilung, die sich mangels zeitlichen Zusammenhangs nicht als Verlängerung darstellt, ist die Anwendung der für die Ersterteilung geltenden Vorschriften selbstverständlich. Der Grundsatz soll aber auch für die zeitliche Ausdehnung des AufTit (uU nach verspätetem Antrag u. Anwendung des § 85) u. für einen Wechsel des Aufenthaltszwecks innerhalb derselben Art von AufTit gelten; die verschiedenen Aufenthaltszwecke sind in den Tabellenteilen 9 u. 9a der Anlage zur DV-AZRG genannt (vgl auch § 7 Rn 6–11). Nicht erfasst ist dagegen der (lückenlose) Wechsel in einen andersartigen AufTit, weil hierfür ohnehin besondere Voraussetzungen einzuhalten sind (näher Renner, AiD Rn 5/331–336). Unter Verlängerung ist hier also die weitere lückenlose Zulassung des Aufenthalts ohne Wechsel des AufTit zu verstehen, wobei die neue Geltungsdauer am Tage nach Ablauf der bisherigen beginnt (zu verspäteten Anträgen Rn 11 f).

Verlängerung der Aufenthaltserlaubnis § 8 **AufenthG 1**

Danach sind **Differenzierungen** schon der Sache nach geboten. So brauchen manche 4 Tatbestandsvoraussetzungen wie zB ein bestimmtes Alter für den Kindernachzug ihrer Natur nach nur bei der erstmaligen Erteilung vorzuliegen; für die Verlängerung spielen sie keine Rolle. Ebenso verhält es sich mit den Erteilungsgründen des § 5 II 1; ist über sie einmal nach § 5 II 2 hinweggesehen worden, sind sie gegenstandslos geworden, also „verbraucht" (vgl auch § 39 Nr 1 AufenthV). Dagegen sind die Erteilungsgründe des § 5 I (einschließlich Passbesitz) auf jede Verlängerung anwendbar (vgl § 5 Rn 11, 15, 23), es sei denn, auf sie muss oder kann gemäß § 5 III verzichtet werden.

Die generelle Gleichstellung von Erteilung u. Verlängerung lässt ges festgelegte **Abwei-** 5 **chungen** zu. Für die Verlängerung genügen zT erleichterte Voraussetzungen: zB nach § 30 III für nachgezogene Ehegatten, nach § 31 I 1 u. IV 1 für das eigenständige AufR, nach § 37 IV für den wiederkehrenden jungen Ausl. In anderen Fällen ist die Verlängerung dagegen ausgeschlossen (§ 26 II).

Außerdem bestehen **zwischenstaatl Vereinbarungen,** die eine Verlängerung des 6 AufTit unter erleichterten Voraussetzungen ermöglichen. Art. 2 ENA stellt die Erleichterung allerdings unter den Vorbehalt der öffentlichen Ordnung, Sicherheit, Volksgesundheit u. Sittlichkeit sowie der wirtschaftlichen u. sozialen Verträglichkeit (betr Erwerbstätigkeit vgl aber Art 10 ENA). Ähnliche Einschränkungen enthalten die (durch EG-Recht praktisch obsolet gewordenen) Wohlwollens- u. Erleichterungsklauseln der Art I, II dt-französischer NSV, Art 1 dt-griechischer NSV u. Art 2 dt-spanischer NV. Ähnlich verhält es sich mit entsprechenden Meistbegünstigungsklauseln, zB nach Art I Nr 1 dt-japanischer HSV u. Art 1 dt-persisches NAK. Nach Art 2 dt-türkisches NAK gilt die vereinbarte Einreise- u. Niederlassungsfreiheit vorbehaltlich der Einwanderungsbestimmungen.

Freizügigkeitsberechtigte **Unionsbürger** erhalten von Amts wegen lediglich eine Be- 7 scheinigung über das AufR (§ 5 I FreizügG/EU), die nicht verlängert wird, sondern ihre Grundlage verliert, wenn die Beendigung des Einreise- u. AufR unanfechtbar festgestellt wird (§ 7 I FreizügG/EU). Ebenso ist die dem drittstaatsangehörigen Familienangehörigen eines Unionsbürger von Amts wegen auszustellende AE-EU (§ 5 II FreizügG/EU) konstruiert. **Türken** haben idR Anspruch auf Verlängerung der AE, weil für Arbeitnehmer nach mindestens einem Jahr Beschäftigung bei demselben Arbeitgeber u. auch für Familienangehörige die AE (§ 4 V) verlängert werden muss, ohne dass sonstige Voraussetzungen außerhalb von Art 6, 7, 14 ARB 1/80 vorliegen müssen (dazu § 4 Rn 82 ff).

Soweit ein **Rechtsanspruch** auf einen AufTit besteht (dazu § 5 Rn 25 f), kann auch die 8 Verlängerung beansprucht werden. Soweit **Ermessen** auszuüben ist, gelten für die Verlängerung im Grundsatz dieselben Maßstäbe wie für die Ersterteilung. Vertrauen auf Verlängerung erkennt das Ges nicht an. Freilich dürfen die zwischenzeitliche Dauer des Aufenthalts u. die dadurch erreichte Integration nie außer Acht gelassen werden. Persönliche Belange gewinnen nach längerem rechtmäßigem Aufenthalt an Gewicht, vor allem dann, wenn sie grundrechtlich geschützt sind. Private Bindungen sind aber auch dann in die Ermessensabwägung einzubeziehen, wenn sie noch keine zwingende Grundrechtsrelevanz besitzen, etwa eine Verlobung mit einem dt StAng oder einem hier rechtmäßig lebenden Ausl. Es müssen wie nach Abs 3 S. 3 vor allem die Dauer des Inlandsaufenthalts, die schutzwürdigen Bindungen an Deutschland u. die Folgen für die rechtmäßig in Deutschland lebenden Familienangehörigen berücksichtigt werden.

Infolge der strengen Differenzierung der Aufenthaltstitel kann eigentlich der Fall einer 9 unbesehenen **routinemäßigen Verlängerung** eines AufTit für wechselnde Aufenthaltszwecke nicht mehr eintreten (dazu noch BVerfGE 49, 168). Der Ausl kann nicht darauf vertrauen, dass der AufTit so oft verlängert wird, bis er den Übergang in die NE bietet oder die Aussicht auf eine Einbürgerung. Dennoch kann aus anderen Gründen das Vertrauen des Ausl in eine Verlängerung geweckt u. zu schützen sein, zB durch schriftliche oder mündliche Zusagen. Der Ausl soll einerseits auf die Möglichkeit einer NE hingewiesen werden, wenn die Voraussetzungen bereits erfüllt sind oder bald erfüllt werden (vgl § 82 II). Andererseits soll mit der neu geschaffenen Regelung des Abs 2 einer unbegründeten Vertrauensbildung entgegengewirkt werden (Rn 12 ff).

10 Das Verhältnis von AufTit u. **Zustimmung der BA** ist so gestaltet, dass mit der jew Befristung ein Gleichlauf gewährleistet wird. Die Zustimmung wird immer für einen bestimmten AufTit erteilt, gilt aber im Rahmen ihrer Befristung für jeden anderen AufTit fort, ausgenommen Fälle der §§ 22–26 (§ 14 I u. II BeschV). Für Übergangsfälle treffen § 105 I 2 u. § 46 I u. II BeschV Sonderregelungen.

11 Die Verlängerung setzt einen **rechtzeitigen Antrag** voraus. Sonst kann nur ein neuer AufTit erteilt werden, wenn auch uU für denselben Aufenthaltszweck. Wird der Antrag erst nach Ablauf des vorangehenden AufTit gestellt, entsteht eine Lücke in der Reihe von AufTit, die zB für einen ununterbrochenen rechtmäßigen Aufenthalt benötigt werden. Die ges Verlängerung nach § 81 IV u. die ges Fiktion eines AufR nach § 81 III 1 beginnen erst mit dem Antrag. Der zwischenzeitliche Aufenthalt ist illegal, die Ausreisepflicht vollziehbar u. der weitere Verbleib strafbar (§ 95 I Nr 2), bei Fahrlässigkeit ordnungswidrig (§ 98 I). Die AuslBeh kann daher den AufTit nicht rückwirkend auf einen Zeitpunkt vor Antragstellung erteilen oder verlängern (vgl § 7 Rn 22; Hailbronner, § 8 AufenthG Rn 27; aA Fraenkel, S. 158 f; VGH BW, InfAuslR 1992, 41; zum AuslG 1965 zutreffend BVerwG, EZAR 120 Nr 8).

12 Der Gesetzgeber hat Gründe u. Folgen der **Unterbrechung** des rechtmäßigen Aufenthalts sehr wohl erwogen u. jew spezielle Lösungen gefunden. Nur zT stellt er auf einen ununterbrochen rechtmäßigen Aufenthalt oder einen ununterbrochenen Besitz eines AufTit ab. Passlosigkeit hat er schon 1990 von einem Erlöschens- in einen Widerrufsgrund umgestaltet (§ 43 I Nr 1 AuslG; jetzt § 52 I 1 Nr 1). Bei der Einbürgerung bleiben gewisse Unterbrechungen unberücksichtigt oder werden eingerechnet (§ 12b StAG), u. außerdem bietet § 85 für Unterbrechungen eine sachgerechte Lösung. Schließlich wird infolge der Differenzierungen des § 81 nicht einmal jeder Aufenthalt nach Antragstellung als rechtmäßig anerkannt (anders noch § 21 III AuslG 1965). Unter diesen Umständen hätte es einer klaren Regelung bedurft, wenn der Gesetzgeber eine rückwirkende Erteilung oder Verlängerung hätte zulassen wollen. Eine dem widersprechende Verwaltungspraxis wäre gesetzwidrig (zur Verlängerung eindeutig ablehnend Nr 13.1.8 AuslG-VwV).

2. Regelversagung nach Ausschluss

13 Wie Abs 2 voraussetzt, ist die AuslBeh **befugt,** für einen vorübergehenden Aufenthaltszweck bei Erteilung oder Verlängerung eines AufTit die (weitere) Verlängerung **auszuschließen.** Irgendwelche Voraussetzungen für diesen Ausschluss, den das Ges sonst an keiner Stelle erwähnt, sind nicht bestimmt. Sie können nur aus dem Tatbestandsteil „seiner Zweckbestimmung nach nur vorübergehender Aufenthalt" gefolgert werden. Dasselbe gilt für die Rechtsnatur des Ausschlusses.

14 Nicht alle Aufenthaltszwecke, für die eine (befristete) AE vorgesehen ist, erfordern nur einen **vorübergehenden Aufenthalt.** Sonst hätte diese Einschränkung keinen Sinn. Sollten auch die humanitären Aufenthalte des Abschnitts 5 (§§ 22–25) gemeint sein, hätten sie bezeichnet werden können u. müssen, wie zB in §§ 5 III, 26, 29 II, 32 I Nr 1. Daher kann es sich nur um Aufenthaltszwecke handeln, die auf einen kurzfristigen Erfolg ausgerichtet sind u. sich für eine Fortsetzungen oder Wiederholung nicht eignen. Typischerweise sind dies zB Saisonarbeiter, Werkvertragsarbeitnehmer, Schaustellergehilfen, Haushaltshilfen, Spezialitätenköche, Muttersprachlehrer oder im Inland geförderte Postgraduierte. Für die Aufenthalte dieser Personen kann Anlass für eine Ausschlussverfügung bestehen, wenn die (weitere) Verlängerung ges ausgeschlossen ist oder angesichts des begrenzten Zwecks nicht erlaubt werden soll.

15 Die **Rechtsnatur** des Ausschlusses ist unklar. Es handelt sich um keine Nebenbestimmung iSd § 36 VwVfG, vor allem um keine Bedingung oder Auflage. Der später wirkende Ausschluss einer weiteren Verlängerung bildet uU eine untrennbare Einheit mit dem

Bescheid selbst in dem Sinne, dass dieser ohne den Ausschluss nicht erginge (modifizierende Auflage). Tatsächlich soll nicht nur eine Warnung oder Ankündigung ausgesprochen, sondern bereits eine bindende Regelung für den Verlängerungsfall getroffen werden. Damit handelt es sich um einen verbindlich regelnden VA iSd § 35 VwVfG. Wenn die strikte Verbindung mit der anstehenden Erteilung oder Verlängerung beabsichtigt ist (modifizierende Auflage), muss dies deutlich gemacht werden. Andernfalls stellt der Ausschluss einen eigenständigen VA dar, der lediglich eine Warnfunktion erfüllen soll u. dessen Schicksal den Bestand der gegenwärtigen Erteilung oder Verlängerung nicht berührt.

Die **Rechtsfolge** besteht in der Nichtverlängerbarkeit im Regelfall. Dadurch ist der Regelungscharakter der Ausschlussverfügung bestätigt. Der Ausschluss ergibt sich aus dem Ges, beruht aber auf der behördlichen Verfügung. Die AuslBeh ist damit nicht ausnahmslos gebunden. In atypischen Fällen ist die Verlängerung nicht ausgeschlossen, sondern es kann über sie aufgrund der allg Voraussetzungen frei entschieden werden. Eine derartige außerplanmäßige Fallgestaltung kann vor allem infolge einer zwischenzeitlichen grundlegenden Veränderung der Tatsachenlage auftreten. Sie ist anzunehmen, wenn angesichts der neuen Sachlage ein absoluter Ausschluss grob ungerecht wäre. 16

Mit der Anerkennung einer atypischen Fallkonstellation ist die Verlängerung nicht zwingend geboten. Ob sie erfolgt, ist vielmehr von den jew Bestimmungen u. damit ua vom **Ermessen** abhängig. Die Rechtslage ist dann nicht anders, als wenn die Ausschlussverfügung nicht ergangen wäre. 17

3. Nicht ordnungsgemäße Teilnahme am Integrationskurs

Mit Abs 3 sind **Sanktionen** für den Fall eingeführt, dass die Verpflichtung zur Teilnahme am Integrationskurs nicht ordnungsgemäß erfüllt wird. Welche Pflichtverletzung zum Anlass für Sanktionen genommen werden sollte u. wie diese Sanktionen gestaltet sein sollten, war im Gesetzgebungsverf umstritten (vgl BT-Drs 14/7387 S. 7 u. 14/8046 S. 1 sowie 15/420 S. 72; BR-Drs 921/01-Beschluss u. 22/1/03 S. 9). Die endgültige Gesetzesfassung (dazu Rn 1) knüpft an eine Pflichtverletzung unterschiedliche Folgen für Anspruchs- u. für Ermessensfälle. 18

Die **Teilnahmepflicht** nach §§ 44a I 1 Nr 1 ist **verletzt,** wenn der Ausl am Kurs nicht teilnimmt. Teilnahme kann sich nicht in der Anmeldung u. dem Besuch einer oder mehrer Kursstunden erschöpfen. Verlangt ist vielmehr eine regelmäßige Teilnahme, wenn auch unterbrochen durch Krankheit u. ähnliche Hinderungsgründe. Besondere Aktivitäten oder gar der erfolgreiche Abschluss sind nicht verlangt. Teilnahme bedeutet auch nicht unbedingt aktive Beteiligung am Unterricht u. an Tests. 19

Rechtsfolgen der Teilnahmepflichtverletzung sind in zweifacher Hinsicht vorgesehen: Berücksichtigung bei der Verlängerungsentscheidung u. mögliche Ablehnung in Ermessensfällen. Der Pflichtenverstoß kann in der Weise berücksichtigt werden, dass die Verlängerung kürzer befristet wird, um das weitere Verhalten des Ausl im Integrationskurs beobachten u. bei der nächsten Verlängerung in die Ermessenserwägungen einbeziehen zu können. Dies ist auch bei einem Anspruch auf Erteilung der AE zulässig. In schweren Fällen kann es zur Versagung der Verlängerung kommen, allerdings nur außerhalb von Rechtsansprüchen. Dabei müssen aber die in Abs 3 S. 3 genannten Kriterien der Aufenthaltsdauer, der schutzwürdigen Bindungen u. der familiären Folgen angemessen in Rechnung gestellt werden. 20

IV. Rechtsschutz

Gegen die Versagung der Verlängerung sind **Verpflichtungswiderspruch u. -klage** (§§ 42 I, 68 ff VwGO) gegeben, die keine aufschiebende Wirkung entfalten (§ 84 I Nr 1). Einstweiliger Rechtsschutz ist nach § 80 V 1 VwGO statthaft, soweit die Voraussetzungen des § 81 III oder IV vorliegen, sonst nach § 123 VwGO. 21

V. Arbeits- und Sozialrecht

22 Für arbeits- u. sozialrechtliche Positionen ist meist die **Dauer des Aufenthalts** entscheidend; deshalb wirken sich die aufr Verfestigungsregeln (Verlängerung, NE) mittelbar auch außerhalb des AufR aus.

23 Der Verbindung zwischen AufTit u. Zustimmung der BA zur **Beschäftigung** kommt im Falle der Verlängerung eine ebenso große Bedeutung zu wie bei erstmaliger Erteilung. Auch im Zuge der Verlängerung der AE sind Prüfungsbefugnis u. Aufklärungsverpflichtung der BA hinsichtlich Lage u. Entwicklung des Arbeitsmarkts grundsätzlich nicht beschränkt. Bei Verlängerung der AE im Anschluss an einen Erwerbsaufenthalt ist die Arbeitsmarkt- u. Vorrangprüfung entbehrlich, wenn die Tätigkeit nach mindestens einem Jahr bei demselben Arbeitgeber fortgesetzt werden soll (§ 6 BeschVerfV). Auf diese Prüfung wird auch in Fällen besonderer Härte verzichtet (§ 7 BeschVerfV). Dabei sind ein längerer Erwerbsaufenthalt im Bundesgebiet u. das daraus herrührende persönliche Interesse an der Fortsetzung der Erwerbstätigkeit gegenüber Belangen des Arbeitsmarkts schwerer zu gewichten als bei erstmaliger Erteilung.

24 Im **Sozialversicherungsrecht** ist die Dauer des Aufenthalts u. der Erwerbstätigkeit für die Beitragspflichten nicht maßgeblich; für Leistungsansprüche nur, soweit Wartezeiten, Altersgrenzen oä erfüllt sein müssen.

25 **Sozialhilfe** wird unabhängig von Aufenthaltszeiten gewährt, ebenso Erziehungsgeld u. Wohngeld (§ 4 Rn 162 ff); für **Kindergeld** wird zT ein Aufenthalt von mehr als einem Jahr verlangt (§ 1 III BKGG; vgl § 4 Rn 171 ff). Bei der **Ausbildungsförderung** sind generell von dem Berechtigten bzw dessen Elternteil Mindestaufenthaltszeiten einzuhalten, ausgenommen ua heimatlose Ausl u. Unionsbürger (§ 4 Rn 183 ff).

§ 9 Niederlassungserlaubnis

(1) ¹Die Niederlassungserlaubnis ist ein unbefristeter Aufenthaltstitel. ²Sie berechtigt zur Ausübung einer Erwerbstätigkeit, ist zeitlich und räumlich unbeschränkt und darf nicht mit einer Nebenbestimmung versehen werden. ³§ 47 bleibt unberührt.

(2) ¹Einem Ausländer ist die Niederlassungserlaubnis zu erteilen, wenn
1. er seit fünf Jahren die Aufenthaltserlaubnis besitzt,
2. sein Lebensunterhalt gesichert ist,
3. er mindestens 60 Monate Pflichtbeiträge oder freiwillige Beiträge zur gesetzlichen Rentenversicherung geleistet hat oder Aufwendungen für einen Anspruch auf vergleichbare Leistungen einer Versicherungs- oder Versorgungseinrichtung oder eines Versicherungsunternehmens nachweist; berufliche Ausfallzeiten auf Grund von Kinderbetreuung oder häuslicher Pflege werden entsprechend angerechnet,
4. er in den letzten drei Jahren nicht wegen einer vorsätzlichen Straftat zu einer Jugend- oder Freiheitsstrafe von mindestens sechs Monaten oder einer Geldstrafe von mindestens 180 Tagessätzen verurteilt worden ist,
5. ihm die Beschäftigung erlaubt ist, sofern er Arbeitnehmer ist,
6. er im Besitz der sonstigen für eine dauernde Ausübung seiner Erwerbstätigkeit erforderlichen Erlaubnisse ist,
7. er über ausreichende Kenntnisse der deutschen Sprache verfügt,
8. er über Grundkenntnisse der Rechts- und Gesellschaftsordnung und der Lebensverhältnisse im Bundesgebiet verfügt und
9. er über ausreichenden Wohnraum für sich und seine mit ihm in häuslicher Gemeinschaft lebenden Familienangehörigen verfügt.

Niederlassungserlaubnis § 9 AufenthG 1

²Die Voraussetzungen des Satzes 1 Nr 7 und 8 sind nachgewiesen, wenn ein Integrationskurs erfolgreich abgeschlossen wurde. ³Von diesen Voraussetzungen wird abgesehen, wenn der Ausländer sie wegen einer körperlichen, geistigen oder seelischen Krankheit oder Behinderung nicht erfüllen kann. ⁴Im Übrigen kann zur Vermeidung einer Härte von den Voraussetzungen des Satzes 1 Nr 7 und 8 abgesehen werden. ⁵Ferner wird davon abgesehen, wenn der Ausländer sich auf einfache Art in deutscher Sprache mündlich verständigen kann und er nach § 44 Abs. 3 Nr 2 keinen Anspruch auf Teilnahme am Integrationskurs hatte oder er nach § 44a Absatz 2 Nr 3 nicht zur Teilnahme am Integrationskurs verpflichtet war. ⁶Darüber hinaus wird von den Voraussetzungen des Satzes 1 Nr 2 und 3 abgesehen, wenn der Ausländer diese aus den in Satz 3 genannten Gründen nicht erfüllen kann.

(3) ¹Bei Ehegatten, die in ehelicher Lebensgemeinschaft leben, genügt es, wenn die Voraussetzungen nach Absatz 2 Satz 1 Nr 3, 5 und 6 durch einen Ehegatten erfüllt werden. ²Von der Voraussetzung nach Absatz 2 Satz 1 Nr 3 wird abgesehen, wenn sich der Ausländer in einer Ausbildung befindet, die zu einem anerkannten schulischen oder beruflichen Bildungsabschluss führt. ³Satz 1 gilt in den Fällen des § 26 Abs. 4 entsprechend.

(4) ¹Bei straffälligen Ausländern beginnt die in Absatz 2 Satz 1 Nr 4 bezeichnete Frist mit der Entlassung aus der Strafhaft. ²Auf die für die Erteilung einer Niederlassungserlaubnis erforderlichen Zeiten des Besitzes einer Aufenthaltserlaubnis werden folgende Zeiten angerechnet:
1. die Zeit des früheren Besitzes einer Aufenthaltserlaubnis oder Niederlassungserlaubnis, wenn der Ausländer zum Zeitpunkt seiner Ausreise im Besitz einer Niederlassungserlaubnis war, abzüglich der Zeit der dazwischen liegenden Aufenthalte außerhalb des Bundesgebiets, die zum Erlöschen der Niederlassungserlaubnis führten; angerechnet werden höchstens vier Jahre,
2. höchstens sechs Monate für jeden Aufenthalt außerhalb des Bundesgebiets, der nicht zum Erlöschen der Aufenthaltserlaubnis führte.

Vorläufige Anwendungshinweise

9 Zu § 9 Niederlassungserlaubnis
9.1 Unbeschränktes Aufenthaltsrecht
9.1.1 Die Niederlassungserlaubnis fasst die bisherige unbefristete Aufenthaltserlaubnis und die Aufenthaltsberechtigung zusammen. Sie gilt unbefristet, berechtigt zur Ausübung einer Erwerbstätigkeit und darf mit Ausnahme eines Verbots bzw. einer Beschränkung der politischen Betätigung nach § 47 und einer wohnsitzbeschränkender Auflage in den Fällen des § 23 Abs. 2 nicht mit Nebenbestimmungen versehen werden. Die Niederlassungserlaubnis verleiht immer ein eigenständiges Aufenthaltsrecht, losgelöst von einer ursprünglichen Zweckbindung.
9.1.2 Die Niederlassungserlaubnis wird, wenn im AufenthG nichts anderes bestimmt ist, unter den in § 9 Absatz 2 festgelegten Voraussetzungen erteilt. Dies gilt mit Ausnahme der verlängerten Mindestfrist von sieben Jahren auch im Fall des § 26 Abs. 4. Darüber hinaus gibt es bei einigen Aufenthaltszwecken Sonderregelungen für die Erlangung der Niederlassungserlaubnis (§§ 19, 21 Abs. 4, § 23 Abs. 2, § 26 Abs. 3, § 28 Abs. 2, §§ 35, 38 Abs. 1 Nr 1). Die Erteilung der Niederlassungserlaubnis richtet sich in diesen Fällen ausschließlich nach den dort genannten Voraussetzungen und den allgemeinen Erteilungsvoraussetzungen des § 5. § 9 Abs. 2 ist dagegen auf die Sonderfälle nicht anwendbar.
9.1.3 Hat der Ausländer vor dem 1. Januar 2005 einen Antrag auf Erteilung einer unbefristeten Aufenthaltserlaubnis oder Aufenthaltsberechtigung gestellt, über den erst nach dem 1. Januar 2005 entschieden wird, so ist die Niederlassungserlaubnis zu erteilen, wenn die nach dem AuslG für die unbefristeten Aufenthaltserlaubnis oder Aufenthaltsberechtigung erforderlichen Voraussetzungen erfüllt sind (§ 102 Abs. 1). Dadurch soll vermieden werden, dass der Ausländer durch den Zeitpunkt der Entscheidung über seinen Antrag einen Nachteil erleidet.

9.2 Erteilungsvoraussetzungen
9.2.1 Der Ausländer muss seit fünf Jahren eine Aufenthaltserlaubnis besitzen. Zeiten im Besitz eines nationalen Visums zählen mit (§ 6 Abs. 4 Satz 3). Hinsichtlich der Anrechenbarkeit von Auslandsauf-

enthalten ist § 9 Abs. 4 zu beachten. Unterbrechungen der Rechtmäßigkeit des Aufenthalts (z. B. infolge verspäteter Anträge auf Verlängerung der Aufenthaltserlaubnis) können gemäß § 85 bis zu einem Jahr außer Betracht bleiben.

9.2.1.1 Eine Anrechnung von Zeiten des Besitzes einer Aufenthaltsgenehmigung vor dem 1. Januar 2005, die einer Verfestigung nicht zugänglich war (Aufenthaltsbewilligung, Aufenthaltsbefugnis), ist nur im Fall des Besitzes einer Aufenthaltsbefugnis für den Anwendungsbereich des § 26 Abs. 4 (vgl. aber Nummer 9.2.1.2 über die abweichenden Voraussetzungen für die Erteilung einer Niederlassungserlaubnis) vorgesehen. Zeiten des Besitzes einer Aufenthaltsbewilligung – beispielsweise zum Zweck des Studiums – vor Inkrafttreten des Zuwanderungsgesetzes zählen daher nicht als Zeiten im Besitz einer Aufenthaltserlaubnis nach § 9 Abs. 2 Satz 1 Nr 1. Aufenthaltsbewilligungen und -befugnisse gelten zwar nach § 101 Abs. 2 mit Wirkung ab dem 1. Januar 2005 als Aufenthaltserlaubnis neuen Rechts fort. Diese Vorschrift stellt jedoch lediglich eine Überleitungsregelung dar und bezweckt ausschließlich, dass eine bestehende Aufenthaltsgenehmigung nicht förmlich umgeschrieben werden muss, sondern kraft Gesetzes mit Wirkung vom 1. Januar 2005 die Rechtswirkungen neuen Rechts entfaltet (vgl. Nummern 101.2 ff.). Rückwirkende Folgen wurden vom Gesetzgeber hingegen nicht angeordnet. Dies ergibt sich auch aus dem Umkehrschluss zu der Vorschrift in § 102 Abs. 2, die u. a. die Anrechnung von Zeiten des Besitzes einer Aufenthaltsbefugnis nach dem Ausländergesetz für die Erteilung einer Niederlassungserlaubnis ausdrücklich anordnet. Einer solchen Regelung hätte es nicht bedurft, wenn diese Zeiten ohnehin rückwirkend als Zeiten einer Aufenthaltserlaubnis nach neuem Recht gelten würden.

9.2.1.2 Zeiten des Besitzes einer Aufenthaltserlaubnis nach § 16 ab dem 1. Januar 2005 kommen ebenfalls nicht als Zeiten im Besitz einer Aufenthaltserlaubnis nach § 9 Abs. 2 Satz 1 Nr 1 in Betracht. Der Gesetzgeber hat in § 16 Abs. 2 Satz 2 ausdrücklich angeordnet, dass § 9 (Erteilung einer Niederlassungserlaubnis) für den Zeitraum eines Aufenthalts zum Studium keine Anwendung findet. Damit können studienbedingte Aufenthaltszeiten nicht zur aufenthaltsrechtlichen Verfestigung nach § 9 herangezogen werden. Dies bedeutet nicht nur, dass während des studienbedingten Aufenthalts, einschließlich eines Aufenthalts nach § 16 Abs. 4 (Arbeitsplatzsuche nach erfolgreichem Studienabschluss), keine Niederlassungserlaubnis erteilt werden darf, sondern auch, dass diese Zeiten bei der Erteilung einer Niederlassungserlaubnis nach § 9 Abs. 2 Satz 1 Nr 1 nicht anrechenbar sind, wenn anschließend eine Aufenthaltserlaubnis zu einem anderen Zweck erteilt worden ist. Eine Anrechenbarkeit kommt auch deshalb nicht in Betracht, weil Studenten nur eingeschränkt erwerbstätig sein können und im erlaubten Rahmen grundsätzlich keine Beiträge zur gesetzlichen Rentenversicherung entrichten, so dass ohnehin die Voraussetzungen nach § 9 Abs. 2 Satz 1 Nr 3 regelmäßig nicht erfüllt sind. Aus diesem Regelungszusammenhang ergibt sich, dass nach dem Willen des Gesetzgebers ersichtlich nur diejenigen Ausländer einen auch im Nachhinein nicht mehr beschränkbaren Aufenthaltsstatus erhalten sollen, die über einen beständigen Zeitraum eine eigenständige Erwerbsgrundlage gefunden haben und bei denen daher von einer erfolgreichen Integration auch im Hinblick auf den Arbeitsmarkt ausgegangen werden kann. Dies kann bei einem Studenten, auch wenn er im Anschluss an ein erfolgreiches Studium eine erste Anstellung erhalten hat, noch nicht angenommen werden.

9.2.1.3 Besitzt der Ausländer zum Zeitpunkt der Antragstellung einen Aufenthaltstitel nach Kapitel 2 Abschnitt 5, gelten die abweichenden Erteilungsfristen des § 26.

9.2.2 Hinsichtlich der Sicherung des Lebensunterhalts gilt § 2 Abs. 3.

9.2.3.1 Der Nachweis von Aufwendungen für einen Anspruch auf Versicherungsleistungen, die denen aus der gesetzlichen Rentenversicherung vergleichbar sind, setzt nicht voraus, dass der Ausländer im Zeitpunkt der Erteilung der Niederlassungserlaubnis einen Versorgungsanspruch erworben hat, der den Lebensunterhalt ausreichend sichert. Entscheidend ist, ob unter der Voraussetzung, dass die private Altersvorsorge weitergeführt wird, Ansprüche in gleicher Höhe erworben werden, wie sie entstehen würden, wenn der Ausländer sechzig Monatsbeiträge zur gesetzlichen Rentenversicherung geleistet hätte und künftig weitere Beiträge zur gesetzlichen Rentenversicherung entrichten würde. Die Beiträge zur gesetzlichen Rentenversicherung führen zum Erwerb eines Anspruchs auf Rente, zum einen für den Zeitpunkt des Ausscheidens aus dem Erwerbsleben mit Erreichen der entsprechenden Altersgrenze und zum anderen im Falle eines vorzeitigen Ausscheidens aus dem Erwerbsleben infolge Erwerbs- oder Berufsunfähigkeit. Diese beiden Ansprüche bilden den Maßstab für die Vergleichbarkeit. Vorausgesetzt ist dabei, dass die Beiträge wie bisher bis zum Eintritt des Versicherungsfalles weiter entrichtet werden. Grundlage für die Ermittlung ist ein Einkommen, mit dem der Lebensunterhalt des Ausländers gesichert ist (Siehe Nummer 5.1.1 und 2.3). Bei Ausländern, die vor dem 1. Januar 2005 im Besitz einer Aufenthaltserlaubnis oder Aufenthaltsbefugnis waren, findet § 9 Abs. 2 Nr 3 keine Anwendung (§ 102 Abs. 2).

Niederlassungserlaubnis § 9 AufenthG 1

9.2.3.2 Rentenrechtliche Zeiten, die allein durch Kindererziehung angerechnet werden, genügen nicht, wenn überhaupt keine Versicherungsansprüche aufgrund eigener Beitragsleistungen aufgrund einer Erwerbstätigkeit erlangt werden, weil der betroffene Ausländer niemals im Inland aufgrund einer Erwerbstätigkeit Beiträge zur gesetzlichen Rentenversicherung oder an berufsständische Versorgungseinrichtungen entrichtet hat oder entsprechend in geeigneter Weise privat Vorsorge getroffen hat.
9.2.4.1 § 9 Abs. 2 Nr 4 ermöglicht in dem festgelegten zeitlichen Rahmen die Berücksichtigung einer strafgerichtlichen Verurteilung als Versagungsgrund. Der Versagungsgrund liegt auch dann vor, wenn die Jugend- oder Freiheitsstrafe zur Bewährung ausgesetzt ist. Im Gegensatz zu § 5 Abs. 1 Nr 2 muss ein auf der Verurteilung beruhender Ausweisungsgrund nicht mehr aktuell vorliegen. Verurteilungen, die länger als drei Jahre zurückliegen, bleiben außer Betracht. Soweit der Ausländer sich in Haft befunden hat, findet § 9 Abs. 4 Satz 1 entsprechende Anwendung.
9.2.4.2 Mehrere Verurteilungen, die je für sich nicht das in § 9 Abs. 2 Nr 4 vorgesehene Strafmaß erreichen, können nicht zusammengerechnet werden. Soweit das Gericht eine Gesamtstrafe gebildet hat, ist deren Höhe maßgebend.
9.2.5 Arbeitnehmer müssen über einen Aufenthaltstitel verfügen, der ihnen die Beschäftigung erlaubt (§ 4 Abs. 3 Satz 1). Diese Erlaubnis muss unbefristet (z. B. aufgrund einer Regelung des AufenthG oder aufgrund § 46 Abs. 2 BeschV oder § 9 BeschVerfV) vorliegen. Arbeitnehmer in diesem Sinne ist jeder, der eine Beschäftigung im Sinne des § 2 Abs. 2 ausübt.
9.2.6 Berufsausübungserlaubnis
9.2.6.1 Sofern für die Ausübung bestimmter Berufe besondere Erlaubnisse vorgeschrieben sind (z. B. Notare, Rechtsanwälte, Heilberufe, gewerberechtliche Erlaubnisse) muss ein Ausländer, der diesen Beruf als Selbständiger oder Beschäftigter ausüben will, im Besitz der erforderlichen Erlaubnis sein, die ihm die dauerhafte Ausübung eines solchen Berufes erlaubt. Eine auf eine befristete berufliche Tätigkeit beschränkte Erlaubnis reicht nicht aus. Vor allem bei den Heilberufen besteht nicht für alle Ausländer die rechtliche Möglichkeit einer dauernden Berufsausübung.
9.2.6.2 Trotz einer etwaigen Befristung liegt eine Erlaubnis zur dauernden Berufsausübung vor, wenn die Befristung nur bezweckt, die Berufstauglichkeit erneut zu prüfen. Dies ist in allen Fällen anzunehmen, in denen für Deutsche dieselben Regelungen gelten. Einer Dauererlaubnis zur selbständigen Erwerbstätigkeit steht es gleich, wenn die Berufsausübung wie etwa im Einzelhandel ohne Genehmigung erlaubt ist.
9.2.7 Ausreichende Kenntnisse der deutschen Sprache liegen vor, wenn sich der Ausländer im täglichen Leben einschließlich der üblichen Kontakte mit Behörden in seiner deutschen Umgebung sprachlich zurechtzufinden vermag und mit ihm ein seinem Alter und Bildungsstand entsprechendes Gespräch geführt werden kann. Dazu gehört auch, dass der Ausländer einen deutschsprachigen Text des täglichen Lebens lesen, verstehen und die wesentlichen Inhalte mündlich wiedergeben kann (§ 3 Abs. 2 IntV). Ein Text des täglichen Lebens ist z. B. ein Zeitungsartikel oder eine Werbebroschüre. Die Definition des zu fordernden Sprachniveaus orientiert sich an dem gemeinsamen Europäischen Referenzrahmen für Sprachen und wird auf der Stufe B 1 der selbständigen Sprachanwendung festgelegt. Bei Ausländern, die vor dem 1. Januar 2005 im Besitz einer Aufenthaltserlaubnis oder Aufenthaltsbefugnis waren, wird nur verlangt, dass sie sich auf einfache Art in deutscher Sprache mündlich verständigen können (§ 104 Abs. 2).
9.2.8 Grundkenntnisse der Rechts- und Gesellschaftsordnung umfassen die grundlegenden Prinzipien des Rechtsstaats. Eine Orientierung über die Inhalte geben die Lehrpläne des Orientierungskurses, der Bestandteil des Integrationskurses ist. Bei Ausländern, die vor dem 1. Januar 2005 im Besitz einer Aufenthaltserlaubnis oder Aufenthaltsbefugnis waren, findet § 9 Abs. 2 Nr 8 keine Anwendung (§ 104 Abs. 2).
9.2.9 Hinsichtlich des ausreichenden Wohnraums gilt § 2 Abs. 4.
9.2.10.1 Über die erfolgreiche Teilnahme am Integrationskurs erhält der Ausländer eine Bescheinigung (§ 17 Abs. 2 IntV). Diese Bescheinigung genügt in jedem Fall als Nachweis der Voraussetzungen des § 9 Abs. 2 Nr 7 und 8. Ausländer, die am Integrationskurs nicht oder nicht erfolgreich teilgenommen haben, können die Voraussetzungen auf andere Weise nachweisen. Sie können die Abschlusstests des Integrationskurses auf freiwilliger Basis ablegen. Als Nachweis ausreichender Sprachkenntnisse und der in § 9 Abs. 2 Nr 8 genannten Voraussetzungen können beispielsweise auch Schulzeugnisse dienen.
9.2.10.2 Eine Härte, bei der nach Absatz 2 Satz 4 von den Voraussetzungen der Nummern 7 und 8 abgesehen werden kann, kann z. B. vorliegen, wenn eine körperliche, geistige oder seelische Erkrankung oder Behinderung die Erfüllung der Voraussetzungen zwar nicht unmöglich macht, aber dauerhaft wesentlich erschwert, wenn der Ausländer bei der Einreise bereits über 50 Jahre alt war,

147

wenn wegen der Pflegebedürftigkeit eines Angehörigen der Besuch eines Integrationskurses auf Dauer unmöglich oder unzumutbar war. In Betracht kommen auch Fälle nach § 44a Abs. 2 Nr 3, in denen sich der Ausländer nicht auf einfache Art in deutscher Sprache mündlich verständigen kann, so dass die Ausnahmeregelung nach Absatz 2 Satz 5 nicht greift. Aus den geltend gemachten, nachzuweisenden Gründen muss sich unmittelbar nachvollziehen lassen, dass im Einzelfall eine Erschwernis vorliegt.

9.2.10.3 Darüber hinaus wird von den Voraussetzungen der Nummern 7 und 8 auch dann abgesehen, wenn der Ausländer sich auf einfache Art in deutscher Sprache mündlich verständigen kann und zugleich entweder nur einen geringen Integrationsbedarf hat (§ 44 Abs. 3 Nr 2) oder dessen Teilnahme am Integrationskurs auf Dauer unmöglich oder unzumutbar ist (§ 44a Abs. 2 Nr 3).

9.2.10.4 Zur Feststellung, ob sich der Ausländer auf einfache Art in deutscher Sprache mündlich verständigen kann, ist grundsätzlich das persönliche Erscheinen des Ausländers erforderlich (§ 82 Abs. 4), soweit diesbezügliche Erkenntnisse nicht bereits vorliegen. Der Ausländer muss über Deutschkenntnisse verfügen, die für eine mündliche Verständigung auf einfache Art ausreichen. Er braucht nicht die deutsche Sprache zu beherrschen oder deutsch zu lesen oder schreiben zu können, er muss sich aber im Alltagsleben ohne nennenswerte Schwierigkeiten verständigen können. Ein entsprechendes Sprachniveau kann nicht angenommen werden, wenn der Ausländer sich bei der persönlichen Vorsprache nicht ohne die Hilfe Dritter verständlich machen kann. Eine schriftliche Sprachprüfung ist nicht zulässig. Anhaltspunkte, ob die Voraussetzungen nach § 9 Abs. 2 Satz 5 vorliegen, können sich auch aus Schul- oder Sprachzeugnissen oder Nachweisen über Berufstätigkeiten ergeben.

9.3 Ehegatten- und Auszubildendenprivileg
9.3.1 Absatz 3 Satz 1 gilt für verheiratete Ausländer unabhängig davon, ob sie im Wege des Familiennachzuges eingereist sind. Die Vorschrift gilt nicht für Ehegatten von Deutschen, für diese enthält § 28 Abs. 2 eine privilegierende Sonderregelung. Das Erfordernis des gesicherten Lebensunterhalts gilt auch für den verheirateten Antragsteller. Hierfür genügt die Gewährung des Lebensunterhalts durch den anderen Ehegatten (siehe Nummer 2.3.3.3).

9.3.2 Zu einem anerkannten schulischen oder beruflichen Bildungsabschluss führt nicht nur der Besuch einer allgemeinbildenden Schule, sondern auch der Besuch von Berufsfachschulen (z. B. Handelsschule) oder sonstigen öffentlichen oder staatlich anerkannten berufsbildenden Schulen. Berufsvorbereitende Maßnahmen wie ein berufliches Vollzeitschuljahr oder eine außerschulische berufsvorbereitende Vollzeitmaßahme sowie die Tätigkeit als Praktikant oder Volontär führt nicht zu einem anerkannten beruflichen Bildungsabschluss.

9.4 Straßhaft und Anrechnung von Auslandsaufenthalten
9.4.1 Satz 2 Nr 1 bezweckt, dass die einmal erreichte Integration in die deutschen Lebensverhältnisse unter bestimmten Voraussetzungen auch dann berücksichtigt wird, wenn der Ausländer nach einem Auslandsaufenthalt, der zum Erlöschen der Niederlassungserlaubnis führte, erneut eine Niederlassungserlaubnis beantragt. Die Regelung gilt für alle Fälle der Erteilung einer Niederlassungserlaubnis, unabhängig davon, ob sie nach § 9 oder einer anderen Vorschrift erteilt wird.

9.4.1.1 Der Ausländer muss bei seiner Ausreise im Besitz der Niederlassungserlaubnis gewesen sein. Dies ist nicht der Fall, wenn diese bereits vorher (z. B. durch Ausweisung, Rücknahme oder Widerruf) erloschen ist.

9.4.1.2 Alle Voraussetzungen für die Erteilung der Niederlassungserlaubnis müssen erfüllt werden. § 9 Abs. 4 Satz 2 bewirkt lediglich, dass aufgrund der Anrechnung alter Aufenthaltszeiten nicht die gesamte erforderliche Frist zurückgelegt werden muss.

9.4.1.3 Von den vor der Ausreise liegenden Zeiten im Besitz einer Aufenthaltserlaubnis und Niederlassungserlaubnis (z. B. 10 Jahre) wird die Zeit des Auslandsaufenthalts abgezogen, sofern sie zum Erlöschen der Niederlassungserlaubnis führte (z. B. 3 Jahre). Von der übrig bleibenden Zeit (im Beispiel: 7 Jahre) werden höchstens vier Jahre angerechnet (im Beispiel hat der Ausländer daher bereits nach einem Jahr im Besitz der Aufenthaltserlaubnis die Frist gemäß § 9 Abs. 2 Nr 1 erfüllt.). Ist die Zeit des Auslandsaufenthaltes länger als die Voraufenthaltszeit, führt die Regelung dazu, dass keine Voraufenthaltszeiten angerechnet werden. Ist für die Erlangung der Niederlassungserlaubnis eine kürzere Zeit als vier Jahre erforderlich (z. B. § 28 Abs. 2), kann bei entsprechend langem Voraufenthalt bei Erfüllung aller übrigen Voraussetzungen bereits unmittelbar nach der Einreise ein Anspruch auf Erteilung der Niederlassungserlaubnis entstehen.

9.4.2 Die Anrechnung ist nur möglich, soweit der Ausländer während seines Auslandsaufenthalts im Besitz der Aufenthaltserlaubnis war. War die Aufenthaltserlaubnis wegen Ablaufs der Geltungsdauer erloschen, kann die Zeit danach nicht angerechnet werden.

Niederlassungserlaubnis § 9 **AufenthG** 1

Übersicht

	Rn
I. Entstehungsgeschichte	1
II. Allgemeines	2
III. Niederlassungserlaubnis	5
1. Allgemeines	5
2. Aufenthaltserlaubnis	11
3. Lebensunterhalt	20
4. Alterssicherung	22
5. Strafrechtliche Verurteilungen	25
6. Zulassung zur Erwerbstätigkeit	28
7. Kenntnisse der Sprache sowie der Rechts- und Gesellschaftsordnung	30
8. Ausreichender Wohnraum	41
IV. Verwaltungsverfahren und Rechtsschutz	42

I. Entstehungsgeschichte

Die Vorschrift entspricht im Wesentlichen dem **GesEntw** (BT-Drs 15/420 S. 9). Im Vermittlungsverf wurden lediglich Bezugnahmen angepasst. u. S. 5 in Abs 2 eingefügt (BT-Drs 15/3479 S. 3). 1

II. Allgemeines

Die NE stellt neben der AE u. dem Visum als den beiden befristeten AufTit den einzigen unbefristeten dar. Sie löst damit die unbefristete AufErl u. die AufBer des AuslG 1990 ab. Der Begriff der **„Niederlassung"** gehört ursprünglich in die wirtschaftlichen Bereiche der Selbständigen u. Freiberufler, die ihren Tätigkeitsschwerpunkt an einem Ort einrichten u. sich dort niederlassen. Im Migrationsrecht fristete er ein eher verborgenes Dasein, obwohl er auf der Grundlage einer seit Mitte des 19. Jhdt. bewährten Tradition im Recht der Freizügigkeit an prominenter Stelle (Art 74 Nr 4 GG) zur Kennzeichnung der konkurrierenden Zuständigkeit des Bundes für das „Aufenthalts- und Niederlassungsrecht der Ausländer" dient. Dabei wird unter „Aufenthalt" das bloße „Verweilen einschl der Wohnsitznahme" u. unter „Niederlassung" die „Begründung einer Erwerbstätigkeit" verstanden (Jarass/Pieroth, Art 74 Rn 13). Nach Jahrzehnten der Vergessenheit u. Bedeutungslosigkeit erlebte der Begriff im Herbst 1984 eine „Renaissance" (so Franz, ZAR 1985, 7; zuvor schon in ZAR 1983, 61), als die Fraktion Die Grünen dem BT den Entw eines Ges „über die Niederlassung von Ausländern (Niederlassungsgesetz") vorlegten (BT-Drs 10/1356; dazu ZAR 1984, 126). 2

Nach erneutem jahrelangem Schlummern haben die Koalitionsfraktionen u. die BReg die „Niederlassung" im Winter 2001/02 mit ihren GesEntw zur Zuwanderung (BT-Drs 14/7387 u. 14/7987) wieder zum Leben erweckt u. dabei für die Niederlassung die Bedeutung gewählt, die nach der **Definition** des „Brockhaus" die allg ist: „Die Gründung eines Wohnsitzes im Unterschied zum nichtständigen Aufenthaltsort" (17. Aufl, 1971). Dies geschah ebenso absichtlich wie die Umschreibung der Gesamtmaterie als „Zuwanderung" im Unterschied zur „Einwanderung", die dem Bund in die alleinige Zuständigkeit zugewiesen ist (Art 7 Nr 3 GG), für die Politik aber in der zusammengesetzten Wortform „Einwanderungsland" nach wie vor ein Reizwort darzustellen scheint. „Zuwanderung" lässt anders als „Einwanderung" die Entscheidung für die dt StAng offen, u. „Niederlassung" kennzeichnet den auf eine längere Dauer angelegten Aufenthalt, ohne dass damit notwendig eine wirtschaftliche Betätigung verbunden ist. Auch der Inhaber einer AE kann selbständig erwerbstätig oder abhängig beschäftigt sein. 3

NE und AE bilden **kein** strenges **Stufensystem** bis hin zur Einbürgerung. Die AE stellt die allg Grundlage für die NE dar (Abs 2 S. 1 Nr 1), die NE kann aber auch unmittelbar 4 ohne vorherigen Besitz der AE erworben werden (§§ 19, 23 II 1, 38 I 1 Nr 1). Einen besonderen Ausweisungsschutz vermittelt die NE allein nicht; ähnlich wie bei der AE kommt es zusätzlich auf die Dauer des rechtmäßigen Aufenthalts an (§ 56 I 1). Schließlich baut die Einbürgerung auf einem mehrjährigen rechtmäßigen Aufenthalt u. einer hinreichenden Integration auf, ein bestimmter AufTit wird dabei aber nicht verlangt; der Besitz einer NE allein gewährt keine bevorzugte Behandlung (§§ 8–13 StAG). Dennoch markiert die NE einen besonderen formellen Grad der Verfestigung des Aufenthalts aufgrund fortgeschrittener Integration.

III. Niederlassungserlaubnis

1. Allgemeines

5   Die NE bringt eine fortgeschrittene Integration zum Ausdruck (Rn 4) u. zeichnet sich durch mehrere besondere **Merkmale** aus: (1) Grundsätzlich besteht auf sie ein Rechtsanspruch. (2) Sie ist unbefristet u. grundsätzlich nicht beschränkbar. (3) Sie berechtigt zu jeder Art von Erwerbstätigkeit. Damit unterscheidet sie sich in Voraussetzungen u. Rechtsinhalt erheblich von der unbefristeten AufErl u. der AufBer des AuslG 1990 (vgl auch die Übergangsvorschrift des § 102 I).

6   Die NE wird meist aufgrund eines **Rechtsanspruchs** erteilt, wobei zT von Abs 2 S. 1 abgewichen wird: Erfüllung der Voraussetzungen des Abs 2 S. 1; besondere politische Interessen (§ 23 II 1); Familienangehörige Dt (§ 28 II); Ehegatten nach Aufhebung der ehelichen Lebensgemeinschaft (§ 31 III); Minderjährige ab 16 Jahre u. Volljährige (§ 35 I); ehemalige Dt (§ 38 I 1 Nr 1). Nach **Ermessen** kann die NE unter jew besonderen Voraussetzungen erteilt werden: Hochqualifizierten (§ 19), Selbständigen (§ 21 IV), Flüchtlingen (§ 26 IV). Bei alledem sind jew die **allg Voraussetzungen** des § 5 **zusätzlich** zu erfüllen, auch wenn sich einzelne Anforderungen überschneiden. So ist die Sicherung des Lebensunterhalts allg nur idR verlangt (zu Modifikationen vgl § 5 Rn 36–38, 63–67), für die NE aber unbedingt (mit Modifikationen nach Abs 2 S. 6 u. Abs 3 S. 1). Ebenso eigenständig ist neben dem Ausweisungsgrund (§ 5 I 1 Nr 2) die relative Straffreiheit iSd Abs 2 S. 1 Nr 4 zu prüfen (wie früher für die AufBer nach § 27 II Nr 5 iVm § 24 I Nr 6 AuslG).

7   Die **Geltungsdauer** der NE ist nicht begrenzt u. kann auch nicht nachträglich durch Befristung verändert werden. Ihr dürfen auch keine aufschiebenden oder auflösenden Bedingungen beigefügt werden, die sie zeitlich begrenzen. Die Erlöschensgründe (§ 51) gelten für die NE grundsätzlich ebenso wie für AE u. Visum, allerdings mit einigen Abweichungen. Ihr Widerruf ist nur nach § 52 I möglich. Der Fortfall der Erteilungsvoraussetzungen allein führt nicht zur Beendigung der NE oder zu einer „Rückstufung" in die AE.

8   Die NE ist auch räumlich **unbeschränkt** u. verträgt keine Nebenbestimmungen in Form von Bedingungen, Auflagen oder sonstigen Beschränkungen. Sie ist auch nicht von dem ursprünglich verfolgten Aufenthaltszweck abhängig, sondern besteht losgelöst von der Grundlage der ersten Zuwanderung. Zwei Ausnahmen bestehen: Eine den Wohnsitz regulierende Beschränkung ist im Falle des § 23 II vorgesehen, u. außerdem kann die politische Betätigungsfreiheit nach § 47 eingeschränkt werden.

9   Die NE berechtigt immer zur Ausübung einer **Erwerbstätigkeit.** Mit der AE ist die Zulassung zu selbständiger u. unselbständiger Erwerbstätigkeit nur in manchen Fällen verbunden u. dabei zT noch besonderen Voraussetzungen oder Beschränkungen unterworfen (zB nach §§ 22 S. 2, 24 VI, 25 I 4, 28 V, 29 V, 31 I 2, 37 I 2, 38 IV). Der Besitzer einer NE kann dagegen jede Art von Erwerbstätigkeit ausüben u. benötigt hierfür keine besondere Zulassung durch AuslBeh oder BA. Er muss nur die sonst allg geltenden Anforderungen erfüllen u. zB über die für einzelne Berufe notwendigen Ausbildungsabschlüsse oder Berufszulassungen verfügen.

Die in Abs 2 aufgezählten Anforderungen **gelten** in dem Sinne **allgemein,** dass sie für 10
die NE an die Stelle der Regelerteilungsvoraussetzungen des § 5 I treten u. immer erfüllt
sein müssen, wenn nicht für einzelne Personengruppen Abweichungen zugelassen oder
vorgeschrieben oder vollständig eigene Voraussetzungen aufgestellt sind. So ist zB in Abs 2
S. 3, 5 u. 6 vorgeschrieben, dass von bestimmten Voraussetzungen abzusehen ist, u. in Abs 3
S. 4 ist das Absehen dem Ermessen überlassen. Dagegen bestehen für Hochqualifizierte u.
ehemalige Dt je verschiedene Sonderbedingungen (§§ 19, 38 I 1 Nr 1), während der
Gesetzgeber für den Rechtsanspruch in § 23 II keine eigenen Voraussetzungen nennt.
Ungeachtet dessen muss die grundsätzliche Passpflicht nach § 3 auch bei Erteilung der NE –
aufgrund welcher Vorschrift auch immer diese erfolgt – erfüllt sein.

2. Aufenthaltserlaubnis

Der Besitz der AE seit mindestens fünf Jahren darf **nicht unterbrochen** sein, wie Wort- 11
laut („seit") u. Sinn dieser Verfestigungsvorschrift nahe legen. Kurzfristige Unterbrechungen
der Rechtmäßigkeit bis zu einem Jahr können nach § 85 außer Betracht bleiben, damit ist
aber nicht die Lücke in der Besitzzeit geschlossen (vgl dazu § 85 Rn 2; aA wohl Hailbronner, § 9 AufenthG Rn 6). Dies belegt vor allem § 6 IV 3, wonach die Dauer des
rechtmäßigen Aufenthalts mit einem nationalen Visum ausdrücklich „auf die Zeiten des
Besitzes" einer AE oder NE angerechnet wird. Schließlich wird auch für die Einbürgerung
streng zwischen rechtmäßigem Aufenthalt u. Besitz eines AufTit unterschieden (zB in
§§ 4 III, 8 I, 10 I 1 im Eingang u. in Nr 2 StAG) u. Unterbrechungen nur für den
Aufenthalt, nicht aber für den Besitz des Titel zT als unbeachtlich angesehen u. zT sogar
angerechnet (§ 12 b StAG).

Unterbrochen wird der Besitz der AE durch einen Auslandsaufenthalt, der zum Erlö- 12
schen der AE führt (§ 51 I Nr 7). Nicht unterbrochen wird der Besitz der AE dagegen
durch die Ablehnung einer Verlängerung, wenn die AE zunächst während des Verf vor der
AuslBeh u. vor dem VG fortbesteht (§§ 81 IV, 84 II 2) u. dann auf Verpflichtungsurteil hin
(rückbezogen) erteilt wird. Im Interesse der Erhaltung einer einmal erreichten Integration
werden für den Fortbestand der AE unschädliche Auslandsaufenthalte bis zu sechs Monaten
angerechnet, also nicht weitere von der AuslBeh nach § 51 I Nr 7 genehmigte Auslandszeiten. Angerechnet werden auch Zeiten des Besitzes einer AE oder NE bis zu vier Jahren,
wenn der Ausl bei der Ausreise eine NE besaß; abgezogen werden die danach liegenden
Auslandszeiten bis zum Erlöschen der NE. Damit findet keine Anrechnung statt, wenn der
Voraufenthalt nicht länger dauerte als der Auslandsaufenthalt.

Auf **Art u. Grundlage der AE** kommt es grundsätzlich nicht an. Für generelle Aus- 13
nahmen fehlt es an ausdrücklichen Aussagen des Gesetzgebers. Daraus erwachsen zunächst
für die Übergangszeit, mit der sich nur die Bestimmung des § 102 II befasst, Schwierigkeiten bei der Einstufung von AufErl u. anderen AufGen auf der Grundlage des AuslG 1990
(dazu Rn 14 ff). Für die Zeit ab Januar 2005 u. für die neue Art der AE schließt § 16 II 2
eindeutig die Erteilung einer NE während der Dauer eines **Studiums** aus. Wie § 16 II 1
erkennen lässt, gilt dies allerdings nur, wenn u. solange der Student über keine AE für einen
anderen Aufenthaltszweck als den des Studiums verfügt. Außerdem ist die Erteilung einer
NE im Anschluss an den Abschluss des Studiums ausgeschlossen (Abs 4 S. 2, eingefügt ab
18. 3. 2005; vgl § 16 Rn 1). Die NE kann also nicht statt einer AE zur Suche eines
Arbeitsplatzes erteilt werden.

Damit ist indes die Anrechnung des Besitzes einer **AE für Studienzwecke** noch nicht 14
ausgeschlossen (aA Nr 9.2.1.2 VAH). Der Wortlaut von Abs 1 S. 1 Nr 1 u. von § 16 II, IV
2 lässt eine solche Schlechterstellung der neuen AE nicht zu. Daneben sprechen auch Sinn
u. Zweck des Erfordernisses des AE-Besitzes im Gegenteil für die Anrechnung. So kommt
es auf die Dauer des Besitzes der AE überhaupt nicht an, wenn (inländische) Absolventen als
Hochqualifizierte zugelassen werden (§ 19 I; vgl auch § 2 BeschVerfV iVm §§ BeschV). Ob
ehemalige Studenten ausreichende Versicherungsanwartschaften (Abs 2 Nr 3) nachweisen

können, ist gesondert zu prüfen. Wenn sie für das Studium eine AE besitzen, haben sie bereits einige Integrationsvoraussetzungen erfüllt, weil sie zumindest über die für das Studium erforderlichen Deutschkenntnisse verfügen müssen. Diese Integration, deren Nachweis letztlich auch der AE-Besitz über mindestens fünf Jahre dient, ist durch das Studium u. dessen (erfolgreichen) Abschluss nicht weniger zuverlässig gefördert als durch die Erwerbstätigkeit eines uU nur gering qualifizierten Arbeitnehmers oder eines Familienangehörigen, deren AE-Besitz uneingeschränkt zählt. Nach alledem ist nur die Erteilung der NE während u. nach Abschluss des Studiums ausgeschlossen, nicht aber die Anrechnung der entsprechenden Zeiten des Besitzes der AE.

15 Als schwieriger erweist sich die Bewertung des Besitzes einer AufGen nach **früherem Recht.** Der Wortlaut des Abs 2 S. 1 Nr 1 lässt nur die Gleichbehandlung einer AufErl mit einer AE zu, wobei die Formulierung „die Aufenthaltserlaubnis" auch anzeigen könnte, dass damit nur die AE neuen Rechts gemeint ist. AufBer u. unbefristete AufErl scheiden aus der Betrachtung aus, weil deren Inhaber bereits aufgrund der Überleitung nach § 101 I 1 in den Besitzen der NE gelangt sind. Damit bleibt die Frage offen, ob der frühere Besitz einer befristeten AufErl, AufBew oder AufBef dem Besitz einer AE gleichsteht. Von Januar 2005 an wird dies durch die Überleitung nach § 101 II gewährleistet. Offen bleibt die Anrechnung der früheren Besitzzeiten der befristeten AufGen.

16 Für die Überleitung von (alten) AufGen in (neue) Auftit hält das Ges allg Regeln bereit (§ 101), nicht aber für deren Berücksichtigung zum Erreichen der neuen Verfestigungsstufe der NE. Nur für zwei Fälle sind **Übergangsregelungen** erfolgt: (1) § 102 II ordnet für die Erteilung einer NE nach § 26 IV die Anrechnung des Besitzes einer AufBef oder Duldung an. (2) § 104 II lässt es für die NE bei Besitzern einer AufErl oder AufBef genügen, wenn sie über einfache mündliche Deutschkenntnisse verfügen; von dem Nachweis einer Rentenversicherung u. Kenntnissen der Rechts- u. Gesellschaftsordnung (Abs 2 S. 1 Nr 3 u. 8) sind sie dispensiert. Aus diesen beiden Übergangsregelungen allein kann nicht darauf geschlossen werden, dass in allen anderen Fällen der Besitz einer AufGen für die NE ohne Bedeutung wäre. Eine solche Folgerung lässt sich weder dem Ges noch den Materialien entnehmen.

17 Allerdings lassen §§ 102 II u. 104 II nicht sicher erkennen, ob der Besitz einer **AufGen alten Rechts** dem einer AE gleichstehen soll. Mit § 102 II werden Flüchtlinge erfasst, die früher oft nur eine AufBef (nach § 30 AuslG oder § 70 AsylVfG aF) oder eine Duldung besaßen u. jetzt eine AE (nach § 25 II–V) erhalten. Ohne eine Sonderregelung könnten Zeiten der Duldung nicht berücksichtigt werden, die früher für die unbefristete AufErl zT angerechnet wurden (§ 35 I 3 AuslG). Die Gleichstellung bezieht sich auch nur auf die Spezialnorm des § 26 IV, nach der bei Flüchtlingen auch Zeiten der AufGest angerechnet werden. Ein Hinweis auf eine Gleichbehandlung alter u. neuer Titel ergibt sich indes aus § 104 II. Danach genügen bei vor 2005 gestellten Anträgen, die nunmehr auf eine NE gerichtet sind (§ 104 I), Deutschkenntnisse nach der Formel des § 24 I Nr 4 AuslG; begünstigt sind Besitzer einer AufErl oder einer AufBef. Ihre Gleichstellung mit Besitzern einer AE beruht jedoch auf ihrer Anwartschaft auf eine unbefristete AufErl, die auch durch eine AufBef vermittelt wurde (vgl §§ 24, 35 I 1).

18 Für die Frage einer Gleichstellung von AufGen mit der AE bietet § 101 I u. II insofern einen Anhalt, als dort der **Grundsatz** enthalten ist, dass nicht die Bezeichnungen der Titel für die Ähnlichkeit von AufGen nach altem u. AufTit nach neuem Recht maßgeblich sind, sondern die zugrunde liegenden Aufenthaltszwecke. Im Wesentlichen ist dabei im Hinblick auf die Funktion der NE danach zu fragen, ob sich die früheren befristeten AufGen zum Erwerb der unbefristeten AufErl oder AufBer eigneten oder nicht. Dies ist für die AufErl u. die AufBef zu bejahen, nicht aber für die AufBew (vgl §§ 24 I Nr 1, 27 II Nr 1, 35 I 1 AuslG). Mithin läge es nahe, außer der AufErl auch die AufBef als gleichwertig anzusehen. Hiergegen spricht jedoch die Beschränkung der Anrechnung von Zeiten mit AufBef auf den Fall des § 26 IV durch § 102 II. Daher bleibt für die Zeit vor 2005 die Berücksichtigung des Besitzes **nur der AufErl** (ebenso Hailbronner, § 9 AufenthG Rn 7).

Niederlassungserlaubnis § 9 **AufenthG** 1

Der **Begriff** der „Aufenthaltserlaubnis" in Abs 2 S. 1 Nr 1 ist also **wörtlich** zu nehmen 19 ohne Rücksicht darauf, dass der Begriffsinhalt gewechselt hat u. erweitert ist. Wenn damit Besitzzeiten ab Januar 2005 eine Besserstellung erfahren, ist dies auf die gewollte Vereinfachung durch Zusammenfassung von drei AufGen in der neuen AE zurückzuführen. Hätte der Gesetzgeber stärker nach dem Aufenthaltszweck unterscheiden wollen, hätte er dies sowohl für die Vergangenheit als auch in Abs 2 S. 1 Nr 1 ausdrücklich bestimmen müssen. Infolge dessen zählen Zeiten des Besitzes sowohl der AufErl bis Ende 2004 als auch ab Januar 2005 jeder AE unabhängig vom Aufenthaltszweck gleich; abweichend behandelt werden nur die AE nach §§ 22 bis 25 (§ 26 III u. IV). Möglichkeiten, von dem Erfordernis des fünfjährigen Besitzes der AE abzusehen, bestehen nicht.

3. Lebensunterhalt

Die Sicherung des Lebensunterhalts belegt zuverlässig den Grad der wirtschaftlichen 20 Integration. **Maßgeblich** sind die Bestimmungen des **§ 2 III**. Sie grenzen private u. öffentliche Mittel klar gegen einander ab, was gerade für lange in Deutschland lebende Ausl wichtig ist. Die Unterhaltssicherung ist für die NE zwingend vorgeschrieben (zu Modifikationen Rn 21). Ohnehin zu prüfen ist sie nach § 5 I 1 Nr 1 (zu Modifikationen dort Rn 36–38, 63–67).

Ausnahmen sind nur in der Weise vorgesehen, dass von dem Erfordernis der Unterhalts- 21 sicherung bei Personen abzusehen ist, die es wegen einer körperlichen, geistigen oder seelischen Krankheit oder Behinderung nicht erfüllen können. Das Fehlen ausreichender Unterhaltsmittel muss seine Ursache in Krankheit oder Behinderung haben. In welchem Umfang der Unterhaltsbedarf nicht gedeckt werden kann, ist unerheblich. In jedem Fall ist **zwingend** auf die Erfüllung dieses Erfordernisses zu verzichten.

4. Alterssicherung

Die **Versorgung im Alter** braucht anders als der laufende Unterhalt nicht gesichert zu 22 sein, Anwartschaften müssen aber in der vorgeschriebenen Form u. Höhe nachgewiesen werden (Übergangsregelung in § 104 II). Die verlangten Beiträge zur ges Rentenversicherung ergeben eine Anwartschaft auf Leistungen bei Erwerbs- oder Berufsunfähigkeit u. Erreichen des Rentenalters. Die ersatzweise zugelassene private Vorsorge muss nach Art u. Höhe ähnliche („vergleichbar" sind alle Werte) Leistungen gewährleisten. Sie muss nach den gegenwärtigen Verhältnissen u. Berechnungsmethoden Bezüge erwarten lassen, die ähnlich wie die ges Rente dem bisherigen Lebenszuschnitt angemessen sind. Die weitere Entrichtung von Beiträgen wird unterstellt, aber nicht verlangt u. geprüft. Ist der Rentenfall bereits eingetreten, kommt es nur auf die Entrichtung der Beiträge für 60 Monate in der Vergangenheit an. Die Höhe der tatsächlichen Rentenleistungen ist dann nur für die Unterhaltssicherung (Rn 20 f) erheblich.

Anzurechnen sind Zeiten der Kinderbetreuung u. der häuslichen Pflege. Vorausgesetzt 23 ist, dass Ausfallzeiten aufgrund einer Erwerbstätigkeit oder aus sonstigen Gründen versicherungsrechtlich überhaupt anzusetzen sind. Nicht zu berücksichtigen sind sie, wenn sie ohne Auswirkungen bleiben, weil sie die Alterssicherung nicht verbessern.

Ausnahmen sind wie bei der Unterhaltssicherung zwingend zugunsten von Kranken u. 24 Behinderten vorgeschrieben (vgl Rn 21). Außerdem sind Personen ausgenommen, die sich in einer qualifizierenden Ausbildung befinden. Endet ihre schulische oder berufliche Ausbildung mit einem Bildungsabschluss (auch Berufsfachschule, nicht aber Praktikum, Volontariat oder Berufsvorbereitungsmaßnahmen), haben sie auch ohne Rentenanwartschaften einen Anspruch auf die NE. Die Ausbildung muss sich für den Abschluss allg eignen, u. das Erreichen des Abschlusses darf nicht von vornherein unmöglich sein. Es ist aber keine individuelle Erfolgsprognose anzustellen. Bei nicht getrennt lebenden Ehegatten genügt die Erfüllung des Vorsorgeerfordernisses durch einen von ihnen (für Ehegatten Dt vgl die Privilegierung durch § 28 II). Dabei ist unterstellt, dass der andere von den zu erwartenden

Versicherungsleistungen profitiert. Die Versicherung braucht zwar keine Zusatzleistungen für Verheiratete zu gewährleisten, muss aber wie die ges Sozialversicherung auch eine Witwenversorgung jedenfalls dem Grunde nach einschließen.

5. Strafrechtliche Verurteilungen

25   Strafrechtliche Verstöße sind für die NE in den Grenzen des Abs 2 S. 1 Nr 4 hinderlich. Außerdem ist zusätzlich verlangt, dass kein Ausweisungsgrund vorliegt (§ 5 I 1 Nr 2; wie für die AufBer nach § 27 II 1 Nr 5 iVm § 24 I Nr 6 AuslG). Daher stellt sich auch hier ua die Frage, ob eine Straftat oder eine Verurteilung noch verwertet werden darf oder als Ausweisungsgrund „verbraucht" ist (vgl § 5 Rn 22 f).

26   Absolute Straflosigkeit wird nicht verlangt. Es dürfen aber in den letzten drei Jahren keine **Verurteilungen** wegen einer Vorsatztat zu mindestens sechs Monaten Jugend- oder Freiheitsstrafe oder zu mindestens 180 Tagessätzen erfolgt sein. Getilgte oder tilgungsreife Verurteilungen dürfen auf keinen Fall verwertet werden. Jedes einzelne Urteil muss das genannte Strafmaß erreichen, nicht die Summe der Bestrafungen. Bei einer (auch nachträglichen) Gesamtstrafenbildung muss mindestens eine Vorsatztat einbezogen sein u. die darauf entfallende Einsatzstrafe die ges Mindesthöhe erreichen. Eine Aussetzung zur Bewährung ist ebenso unerheblich wie eine zwischenzeitliche Verbüßung der Jugend- oder Freiheitsstrafe oder eine Bezahlung der Geldstrafe. Bei Strafaussetzungen ist die AE idR bis zum Ablauf der Bewährungszeit zu verlängern u. dann nach Ablauf der Drei-Jahres-Frist erneut über die NE zu entscheiden.

27   Die Drei-Jahres-**Frist beginnt** nicht mit der Verurteilung, sondern erst mit der Haftentlassung. Da für die Geldstrafe eine derartige ausdrückliche Bestimmung fehlt, ist analog dazu auf den Zeitpunkt der Zahlung abzustellen.

6. Zulassung zur Erwerbstätigkeit

28   Ein Arbeitnehmer benötigt eine Erlaubnis zur **Beschäftigung.** Diese kann auf Ges, RVO oder Zustimmung der BA beruhen (vgl § 4 Rn 67–81). Die Zulassung kann darin bestehen, dass durch Ges oder RVO bestimmt ist, dass eine Erwerbstätigkeit nicht vorliegt oder ohne weiteres ausgeübt werden darf. Bei nicht getrennt lebenden Ehegatten genügt die Zulassung eines von ihnen zum Arbeitsmarkt, auch wenn dieser die Zulassung aufgrund der Art seiner Tätigkeit oder seiner aufr Stellung nicht benötigt (vgl Nr 25.1.4 AuslG-VwV; für Ehegatten Dt vgl die Privilegierung durch § 28 II). Art u. Dauer der Beschäftigung sind gleichgültig.

29   Eine Erlaubnis zur dauernden Ausübung einer selbständigen Tätigkeit benötigen zT **Selbständige,** vor allem aber **Freiberufler,** zB Ärzte (§§ 2 ff BÄO), Heilpraktiker (dazu BVerfGE 78, 179), Zahnärzte (§§ 2 ff Zahnheilkundeges), Tierärzte (§§ 2 ff BTäO) u. Apotheker (§ 2 ff BApothO) sowie andere Angehörige des Gesundheitswesens (dazu Franz, ZAR 1989, 154; Renner, AiD Rn 6/107–126). Wenn die Erlaubnis noch nicht erteilt ist, wird es genügen, dass die Voraussetzungen hierfür zweifellos vorliegen. Eine Dauererlaubnis liegt auch vor, wenn sie nur zum Zwecke der Überprüfung der fachlichen Eignung oder aus anderen Gründen kraft Ges oder üblicherweise, uU auch bei Dt, nur befristet erteilt wird. Dabei darf nicht außer Acht gelassen werden, dass zeitlich befristete Verträge immer üblicher werden u. Prognosen zB über Tätigkeiten im dt Gesundheitswesen wegen der immer größeren Finanzierungsdefizite zunehmend unsicher werden. Der Zulassung steht es gleich, wenn die Tätigkeit wie im Einzelhandel ohne Erlaubnis ausgeübt werden darf. Bei Ausübung der freiberuflichen Tätigkeit als Arbeitnehmer (zB angestellter Krankenhausarzt) ist zusätzlich die Zulassung zum Arbeitsmarkt erforderlich, uU also auch die Zustimmung der BA. Privilegiert sind auch hier wie bei der abhängigen Erwerbstätigkeit zusammenlebende Ehegatten; von ihnen braucht nur einer die Berufsausübungserlaubnis zu besitzen (vgl Rn 28; betr Ehegatten Dt vgl § 28 II).

7. Kenntnisse der Sprache sowie der Rechts- und Gesellschaftsordnung

Im Zuge der besonderen Förderung der Integration durch den Bund wird nunmehr auch bei Erteilung der NE größerer Wert auf **Kenntnisse** der dt Sprache sowie der dt Rechts- u. Lebensverhältnisse gelegt. Verlangt werden ausreichende Deutschkenntnisse u. Grundkenntnisse der Rechts- u. Gesellschaftsordnung sowie der Lebensverhältnisse im Bundesgebiet. Ohne deren Nachweis darf eine NE nicht erteilt werden (zu Ausnahmen Rn 39 f). Besitzer einer AufErl oder AufBef vor Januar 2005 müssen sich nur in einfacher Sprache mündlich verständigen können (§ 104 II im Anschluss an § 24 I Nr 4 AuslG). 30

Im Einbürgerungsrecht wirken nicht ausreichende Kenntnisse der dt Sprache beinahe absolut hinderlich (vgl §§ 10, 11 I Nr 1 StAG), u. sogar mitreisende nichtdt Ehegatten von Spätaussiedlern müssen neuerdings wenigstens über Grundkenntnisse der dt Sprache verfügen (§ 27 I 2 BVFG). Die Anforderungen an die Qualität der Deutschkenntnisse sind je nach Zuwanderergruppe so verschieden, dass jedenfalls kein System mehr erkennbar ist (dazu Renner, ZAR 2002, 339 u. 2004, 176). Für die Einbürgerung weicht die Praxis bei der Prüfung der ausreichenden Deutschkenntnisse iSd § 11 I Nr 1 StAG in den Bundesländern (dazu im Einzelnen Hailbronner/Renner, Art 116 GG Rn 62, § 11 StAG Rn 3–6; Meireis, StAZ 2003, 1; Renner, ZAR 2002, 339) so weit von einander ab, dass sie nicht anders als verwirrend bezeichnet werden kann. 31

Wenn der Bundesgesetzgeber für die NE ausreichende Kenntnisse der dt Sprache verlangt u. damit dieselben Anforderungen stellt wie bei der Einbürgerung aufgrund Rechtsanspruchs, so kommt darin der feste Wille zum Ausdruck, die Integration nicht nur verstärkt zu fördern, sondern rechtliche Verfestigungen auch von persönlichen Integrationserfolgen abhängig zu machen. Um eine drohende Zersplitterung des Rechts wie in Einbürgerungsverfahren zu vermeiden, ist der zu erreichende Standard einmal dadurch **vereinheitlicht,** dass in erster Linie der erfolgreiche Abschluss des Integrationskurses zum Nachweis dient u. dieser Kenntnisse nach B 1 des Gemeinsamen Europäischen Referenzrahmens für Sprachen (ERR) verlangt (vgl §§ 3 II, 17 I 1 Nr 1 IntV: Zertifikat Deutsch B 1). Diese Anforderungen stimmen mit denjenigen überein, die für die Einbürgerung durch Nr 86.1.2 AuslG-VwV empfohlen sind („Zertifikat Deutsch"; vgl auch die BVFG-VwV des BMI vom 19. 11. 2004, GMBl S. 1059). Sie sollen jetzt auch für die NE gelten (ebenso Hailbronner, § 9 AufenthG Rn 27). 32

Die Stufe B1 – Selbständige Sprachverwendung des ERR (unter www.goethe-institut.de oder www.alpha.at) erfordert in den einzelnen Bereichen die folgenden Kenntnisse u. Fähigkeiten: 33

Sprachverwendung: – Kann die Hauptpunkte verstehen, wenn klare Standardsprache verwendet wird und wenn es um vertraute Dinge aus Arbeit, Schule, Freizeit usw geht. Kann die meisten Situationen bewältigen, denen man auf Reisen im Sprachgebiet begegnet. Kann sich einfach und zusammenhängend über vertraute Themen und persönliche Interessengebiete äußern. Kann über Erfahrungen und Ereignisse berichten, Träume, Hoffnungen und Ziele beschreiben und zu Plänen und Ansichten kurze Begründungen oder Erklärungen geben. 34

Lese- u Hörverstehen: – Kann die Hauptpunkte verstehen, wenn klare Standardsprache verwendet wird und wenn es um vertraute Dinge aus Arbeit, Schule, Freizeit usw. geht. Er/Sie kann vielen Radio- oder Fernsehsendungen über aktuelle Ereignisse und über Themen aus seinem/ihrem Berufs- oder Interessengebiet die Hauptinformation entnehmen, wenn relativ langsam und deutlich gesprochen wird. Er/Sie kann Texte verstehen, in denen vor allem sehr gebräuchliche Alltags- oder Berufssprache vorkommt. Er/sie kann private Briefe verstehen, in denen von Ereignissen, Gefühlen und Wünschen berichtet wird. 35

Sprechen: – Kann die meisten Situationen bewältigen, denen man auf Reisen im Sprachgebiet begegnet. Er/Sie kann ohne Vorbereitung an Gesprächen über Themen teilnehmen, die ihm/ihr vertraut sind, die ihn/sie persönlich interessieren oder die sich auf Themen des Alltags wie Familie, Hobbys, Arbeit, Reisen, aktuelle Ereignisse beziehen. Er/Sie kann in einfachen zusammenhängenden Sätzen sprechen, um Erfahrungen und 36

Ereignisse oder seine/ihre Träume, Hoffnungen und Ziele zu beschreiben. Er/sie kann kurz seine/ihre Meinungen und Pläne erklären und begründen. Er/Sie kann eine Geschichte erzählen oder die Handlung eines Buches oder Films wiedergeben und seine/ihre Reaktionen beschreiben.

37   **Schreiben:** – Kann über Themen, die ihm/ihr vertraut sind oder ihn/sie persönlich interessieren, einfache zusammenhängende Texte schreiben. Er/Sie kann persönliche Briefe schreiben und darin von Erfahrungen und Eindrücken berichten.

38   Der **Nachweis** ausreichender Kenntnisse des Deutschen u. der dt Rechts- u. Gesellschaftsordnung u. der Lebensverhältnisse in Deutschland erfolgt am besten durch eine fälschungssichere Bescheinigung über den erfolgreichen Abschluss des Integrationskurses bei einem zugelassenen Kursträger (Abs 2 S. 2; § 43 III 2; § 17 II IntV; zu den Kursen Hauschild, ZAR 2005, 55). Damit werden nicht nur Deutschkenntnisse nach Stufe B 1 ERR (aufgrund von 600 Unterrichtsstunden Basis- u. Aufbausprachkurs) bescheinigt, sondern auch die übrigen Kenntnisse (aufgrund weiterer 30 Unterrichtsstunden Orientierungskurs). Wer aus welchen Gründen auch immer (vgl § 44, 44 a) nicht an dem Integrationskurs teilnimmt, kann seine Kenntnisse auch in anderer Form nachweisen, zB durch Schulzeugnisse, Ausbildungsabschlüsse ua (vgl Nr 86.1.2 AuslG-VwV).

39   **Ausnahmen** sind in der Weise zugelassen, dass Kenntnisse der genannten Art nicht von Personen verlangt werden, die sie wegen einer körperlichen, geistigen oder seelischen Krankheit oder Behinderung nicht erwerben können. Bei den Integrationskursen wird auf besondere Defizite wie Analphabetismus Rücksicht genommen (zB durch Integrationskurse mit Alphabetisierung nach § 13 S. 1 Nr 2 IntV), dabei bleiben aber Fälle übrig, in denen damit nicht geholfen werden kann. Bei ihnen ist von den genannten Kenntnissen abzusehen, wenn das Fehlen ausreichender Kenntnisse seine Ursache in Krankheit oder Behinderung hat. In welchem Umfang Kenntnisse bestehen, ist unerheblich. In jedem Fall ist **zwingend** auf die Erfüllung dieses Erfordernisses zu verzichten. Dies gilt auch bei Personen, die sich auf einfache Art mündlich in Deutsch verständigen können (dazu § 44 a Rn 3), aber entweder nach § 44 III Nr 2 keinen Anspruch auf Kursteilnahme hatten (nur geringer Integrationsbedarf) oder nach § 44 a II Nr 3 nicht dazu verpflichtet waren (Teilnahme unmöglich).

40   Außerdem kann auch in anderen Fällen nach Ermessen zur Vermeidung einer Härte davon abgesehen werden. Ein **Härtefall** kann bei „bildungsfernen" Personen auftreten, die in einer anderen Sprache sozialisiert worden sind u. trotz aller Anstrengungen auch unter Berücksichtigung von Alter u. Bildungsstand die erforderlichen Kenntnisse nicht in dem ausreichenden Maß erwerben können (vgl BT-Drs 15/420 S. 73). Es soll nicht hingenommen werden, dass ihnen dauerhaft die Aufenthaltsverfestigung vorenthalten wird, obwohl sie im Alltagsleben erkennbar zurechtkommen u. sie alle zumutbaren Anstrengungen unternommen haben, um die gewünschten Kenntnisse zu erwerben (vgl BT-Drs aaO).

8. Ausreichender Wohnraum

41   Der **Wohnraum** muss den Erfordernissen des § 2 IV genügen. Als Familienangehörige zählen nur die tatsächlich mit dem Ausl zusammenlebenden Personen, nicht zB der getrennt lebende Ehegatte oder das volljährige Kind mit eigener Wohnung. Auf eine etwaige familienrechtliche Verpflichtung zur Versorgung von Angehörigen mit Wohnraum kommt es ebenso wenig an wie auf evtl noch nachzugsberechtigte u. -willige Verwandte. Gezählt werden nur die tatsächlich bei dem Ausl wohnenden Personen, ausgenommen die Kinder bis zu zwei Jahren.

IV. Verwaltungsverfahren und Rechtsschutz

42   Verwaltungsverf u. Rechtsschutz unterscheiden sich grundsätzlich nicht von dem Verf um die Erteilung der anderen AufTit (dazu § 5 Rn 71 ff). **Besonders zu beachten** sind

Aufenthaltstitel bei Asylantrag § 10 AufenthG 1

lediglich die Nachweisregeln des Abs 2 S. 2 über die sprachlichen u. kulturellen Integrationsvoraussetzungen.

§ 10 Aufenthaltstitel bei Asylantrag

(1) Einem Ausländer, der einen Asylantrag gestellt hat, kann vor dem bestandskräftigen Abschluss des Asylverfahrens ein Aufenthaltstitel außer in den Fällen eines gesetzlichen Anspruchs nur mit Zustimmung der obersten Landesbehörde und nur dann erteilt werden, wenn wichtige Interessen der Bundesrepublik Deutschland es erfordern.

(2) Ein nach der Einreise des Ausländers von der Ausländerbehörde erteilter oder verlängerter Aufenthaltstitel kann nach den Vorschriften dieses Gesetzes ungeachtet des Umstandes verlängert werden, dass der Ausländer einen Asylantrag gestellt hat.

(3) [1] Einem Ausländer, dessen Asylantrag unanfechtbar abgelehnt worden ist oder der seinen Asylantrag zurückgenommen hat, darf vor der Ausreise ein Aufenthaltstitel nur nach Maßgabe des Abschnitts 5 erteilt werden. [2] Sofern der Asylantrag nach § 30 Abs. 3 des Asylverfahrensgesetzes abgelehnt wurde, darf vor der Ausreise kein Aufenthaltstitel erteilt werden. [3] Die Sätze 1 und 2 finden im Falle eines Anspruchs auf Erteilung eines Aufenthaltstitels keine Anwendung.

Vorläufige Anwendungshinweise

10 Zu § 10 Aufenthaltstitel bei Asylantrag

10.1 Erstmalige Erteilung eines Aufenthaltstitels
10.1.1 § 10 Abs. 1 findet nur Anwendung, soweit das Asylverfahren noch nicht bestandskräftig abgeschlossen ist. Die asylrechtliche Entscheidung darf daher nicht bestandskräftig oder rechtskräftig geworden sein. Im Falle der Rücknahme des Asylantrags oder des Verzichts gemäß § 14a Abs. 3 AsylVfG, ohne dass eine Entscheidung in der Sache über das Asylbegehren erging, muss die Feststellung des Bundesamts gemäß § 32 AsylVfG bestandskräftig geworden sein.
10.1.2 Auch ein Folgeantrag stellt einen Asylantrag im Sinne des § 10 Abs. 1 dar (vgl. § 13 Abs. 1 und § 71 Abs. 1 Satz 1 AsylVfG). Auch wenn ein Folgeantrag nicht zwingend dazu führt, dass das Bundesamt in der Sache über das Asylbegehren entscheidet (Asylverfahren im engeren Sinne), handelt es sich bei dem hierdurch ausgelösten Verfahren um ein Asylverfahren im weiteren Sinne, auf das § 10 Abs. 1 nach Sinn und Zweck Anwendung findet. Gleiches gilt für einen Zweitantrag nach § 71a AsylVfG.
10.1.3 Ein Aufenthaltstitel, auf den ein gesetzlicher Anspruch besteht, ist zu erteilen, auch wenn das Asylverfahren noch nicht bestandskräftig abgeschlossen ist.
10.1.4 Die Voraussetzung, dass wichtige Interessen der Bundesrepublik Deutschland den Aufenthalt des Ausländers erfordern, wird nur in seltenen Ausnahmefällen zu bejahen sein. Der maßgebliche Grund muss regelmäßig in der Person des Ausländers liegen. Ein solcher Ausnahmefall kommt etwa in Betracht, wenn es sich um einen Wissenschaftler von internationalem Rang oder eine international geachtete Persönlichkeit handelt. Auch erhebliche außenpolitische Interessen können im Einzelfall eine Aufenthaltsgewährung erfordern. Der Umstand, dass Interessen der Bundesrepublik Deutschland lediglich weder beeinträchtigt noch gefährdet sind (vgl. § 5 Abs. 1 Nr 3), genügt den Anforderungen nicht.
10.1.5 Die Ausländerbehörde entscheidet in eigener Zuständigkeit, ob ein Ausnahmefall vorliegt. Die Vorlage an die oberste Landesbehörde auf dem Dienstweg ist nur erforderlich, sofern sie das Vorliegen eines Ausnahmefalls bejaht und dies begründet. § 10 Abs. 1 findet auch Anwendung bei der Verlängerung einer nach dieser Vorschrift erteilten Aufenthaltstitels. Soweit die Gründe weiterhin fortbestehen, auf denen das wichtige Interesse der Bundesrepublik Deutschland für eine Aufenthaltsgewährung beruht, bedarf es keiner erläuternden Vorlage an die oberste Landesbehörde. Eine Mitteilungspflicht besteht, wenn der Ausländer nach erteiltem Aufenthaltstitel ausgewiesen werden soll.

10.2 Verlängerung eines Aufenthaltstitels
10.2.1 § 10 Abs. 2 ist auch anzuwenden, wenn der Ausländer im Anschluss an die Aufenthaltserlaubnis eine Niederlassungserlaubnis beantragt.
10.2.2 In allen anderen Fällen, in denen der Ausländer nicht die Verlängerung des vor dem Asylantrag erteilten Aufenthaltstitels, sondern die Erteilung eines Aufenthaltstitels zu einem anderen Aufenthaltszweck beantragt, findet nicht § 10 Abs. 2, sondern § 10 Abs. 1 Anwendung. Dies gilt auch in den

1 AufenthG § 10

Fällen des § 8 Abs. 2. Da § 10 Abs. 2 zudem nur auf nach der Einreise von der Ausländerbehörde erteilte Aufenthaltstitel Anwendung findet, werden von der Vorschrift Fälle nicht erfasst, in denen der Ausländer mit einem nationalen oder einem Schengen-Visum eingereist ist und noch kein Aufenthaltstitel im Inland erteilt wurde. Auch in diesen Fällen findet allein § 10 Abs. 1 Anwendung.
10.2.3 Beantragt ein Ausländer nach der Stellung eines Asylantrags einen Aufenthaltstitel, ist § 55 Abs. 2 AsylVfG zu beachten. Wird der Antrag auf Erteilung eines Aufenthaltstitels abgelehnt und liegt bereits eine nach den Vorschriften des Asylverfahrensgesetzes vollziehbare Abschiebungsandrohung vor, richtet sich das weitere Verfahren nach § 43 AsylVfG.

10.3 Aufenthaltstitel bei Ablehnung oder Rücknahme des Asylantrages
10.3.1 Absatz 3 bezweckt, dass unanfechtbar abgelehnte Asylbewerber nur eingeschränkt die Möglichkeit haben, einen Aufenthaltstitel zu erlangen. Sie können nur einen Aufenthaltstitel aus völkerrechtlichen, humanitären oder politischen Gründen erhalten. Diese Beschränkung gilt nicht für den Fall des Verzichts gemäß § 14a Abs. 3 AsylVfG. Sofern der Asylantrag nach § 30 Abs. 3 AsylVfG abgelehnt wurde (Gründe, die zur offensichtlichen Unbegründetheit eines Asylantrages führen, insbesondere im Falle der Täuschung), darf kein Aufenthaltstitel erteilt werden. Ausgenommen hiervon sind Fälle, in denen ein Anspruch auf Erteilung eines Aufenthaltstitels besteht, zum Beispiel bei deutschverheirateten Ausländern. Im Falle der Ermessensreduzierung auf Null besteht kein Anspruch im Sinne der Vorschrift.

Übersicht

	Rn
I. Entstehungsgeschichte	1
II. Allgemeines	2
III. Aufenthaltstitel und Asylantrag	3
1. Erstantrag nach Asylantrag	3
2. Verlängerungsantrag nach Asylantrag	8
3. Antrag nach Asylablehnung	10

I. Entstehungsgeschichte

1   Die Vorschrift entspricht in vollem Umfang dem **GesEntw** (BT-Drs 15/420 S. 9 f).

II. Allgemeines

2   Die Bestimmung über AufTit für Asylbew steht im Zusammenhang mit den §§ 55, 56 AsylVfG über die **AufGest** der Asylbew u. deren sonstigen aufr Status. Sie behandeln die Möglichkeit, trotz Asylverf einen davon unabhängigen AufTit zu erteilen u. damit eine Ausnahme von der grundsätzlichen Ausreisepflicht des erfolglosen Asylbew zuzulassen. Zur Ausweisung während des Asylverf vgl § 56 IV, zur Abschiebung vgl § 60 IX.

III. Aufenthaltstitel und Asylantrag

1. Erstantrag nach Asylantrag

3   Die erstmalige Erteilung eines AufTit während des Asylverf ist grundsätzlich ausgeschlossen. Dies gilt auch für die Verlängerung eines dennoch ausnahmsweise erteilten AufTit (zur Verlängerung eines vor dem Asylantrag erteilten AufTit Rn 8). Die Einschränkung betrifft vor allem AE u. NE; das Visum kann nur betroffen sein, wenn der Ausl nach dem Asylantrag zum Zwecke des Visumverf ausreist u. der Asylantrag nicht wegen einer Einreise in den Heimatstaat oder aus sonstigen Gründen als zurückgenommen gilt (vgl § 33 II AsylVfG). Mit dem Erteilungsverbot soll sichergestellt werden, dass die **Ausreise** nach erfolglosem Asylverf **durchgesetzt** werden kann. Im Hinblick auf den ges AufTit der AufGest nach

Aufenthaltstitel bei Asylantrag § 10 **AufenthG 1**

§ 55 AsylVfG ist dies unbedenklich. Nur zwei Ausnahmetatbestände sind zugelassen: ges Anspruch auf AufTit u. wichtige öffentl Interessen.

Dem Asylverf stehen **Folgeverf** u. Zweitantragsverf (§§ 71, 71 a AsylVfG) nicht gleich (aA Hailbronner, § 10 AufenthG Rn 6). Ein in diesem Verfahrensstadium gestellter Asylantrag ist nicht vor dem, sondern nach dem bestandskräftigen Abschluss gestellt. Diese beiden Verf schließen sich an den bestandskräftigen Abschluss des Asylverf an u. ähneln diesem von der Interessenlage her nicht, vor allem wegen des ungesicherten Aufenthalts des Ausl. Sie sind erst dann als Asylverf zu behandeln, wenn das BAMF ein weiteres Asylverf eröffnet hat. Die Zulässigkeit eines AufTit richtet sich daher bei diesem Verfahrensstand nach Abs. 3. 4

Ein ges **Anspruch** auf einen AufTit besteht nicht bei einer Ermessensreduktion auf Null (Hailbronner, § 10 AufenthG Rn 4). Unter ges Anspruch ist dasselbe zu verstehen wie unter dem „Anspruch" nach § 5 II 2 (dort Rn 25 f). Erfasst sind also auch Fälle, in denen das Ges formuliert „ist zu erteilen" oder ähnlich, nicht aber Fälle von Ermessensreduktionen im Einzelfall. Eine Beschränkung auf den Familiennachzug oder einen anderen Aufenthaltszweck lässt das Ges nicht erkennen. Der Anspruch muss im konkreten Fall bestehen; es dürfen also keine ges Ausschlussgründe oder zwingenden Versagungsgründe iSd § 5 vorliegen. Dies ist nicht anzunehmen, wenn zwingende oder fakultative Ausnahmen im Rahmen des § 5 eingreifen. 5

Wichtige Interessen der BR Deutschland, die für einen AufTit während des Asylverf sprechen, können sich zB aus außenpolitischen Beziehungen des Bundes oder kulturellen Belangen der Länder ergeben, aber auch aus der Person des Asylbew. Begünstigt sein können zB Angehörige einer befreundeten Exilregierung oder unterdrückter Minderheiten oder hervorragende Wissenschaftler oder Künstler, denen unabhängig von ihrem asylr Status die Grundlage eines Daueraufenthalts geboten werden soll. Soweit eine Erwerbstätigkeit oder ein Studium ermöglicht werden sollen, sind außerdem die sonst einschlägigen Bestimmungen zu beachten, vor allem §§ 4 II, 19 iVm der BeschVerfV. 6

Im Falle wichtiger öffentl Interessen (nicht im Falle des Rechtsanspruchs) ist die **Zustimmung** der obersten Landesbehörde erforderlich. Diese braucht die AuslBeh nur bei Bejahung des wichtigen Interesses einzuholen, über das sie selbständig zu befinden hat. Kriterien für die Zustimmung nennt das Ges nicht. Sie hat sich am Vorliegen eines wichtigen Interesses auszurichten, steht aber im alleinigen Ermessen des Landesinnenministers oder -senators. Die AuslBeh ist an die Zustimmung oder deren Verweigerung gebunden. Im Streitfall kann letztere nur inzident geprüft werden. 7

2. Verlängerungsantrag nach Asylantrag

Ein Asylantrag berührt einen bereits bestehende AufTit mit einer Gesamtgeltungsdauer von über sechs Monaten nicht; ein kürzerer erlischt dagegen mit dem Asylantrag (§ 55 II 1 AsylVfG). Abs 2 stellt sicher, dass auch die **Verlängerung** während des Asylverf **statthaft** bleibt, dem Asylbew also aus dem Asylgesuch kein aufr Nachteil für die Zukunft erwächst. Es muss sich um einen nach der Einreise von der AuslBeh erteilten oder verlängerten AufTit handeln (zur Verlängerung eines AufTit nach Abs 1 vgl Rn 3). Damit genügt nicht ein nationales oder ein Schengen-Visum. Um eine Verlängerung handelt es sich auch dann nicht, wenn eine AE zu einem anderen Aufenthaltszweck beantragt wird. Formell handelt es sich um denselben AufTit, in materieller Hinsicht geht es um einen anderen Titel. In diesen Fällen greift daher Abs 1 ein. 8

Anders verhält es sich beim **Wechsel** des AufTit von der AE zur NE. In diesem Fall ist die Vorschrift zwar dem Wortlaut nach nicht anwendbar. Sinn u. Zweck der Vorschrift sprechen aber so eindeutig für eine Anwendung auf den Fall der Verfestigung, dass der Wortlaut wie ein Formulierungsfehler behandelt werden muss. Der Gesetzgeber wollte die inhaltsgleichen Bestimmungen des § 11 I u. II AuslG übernehmen (BT-Drs 15/420 S. 73) u. hat damit auch die frühere Verwaltungspraxis gebilligt, die den Übergang von der AufBef zur unbe- 9 fristeten AufErl einbezogen hatte (Nr. 11.2.1 AuslG-VwV). Wenn der Ausl nicht wegen des Asylantrags bei einer Verlängerung benachteiligt werden soll, gilt dies erst recht bei einer Verfestigung durch Erteilung einer NE.

3. Antrag nach Asylablehnung

10 Die Bestimmungen des Abs 3 lehnen sich an § 30 V AuslG an u. sollen bewirken, dass abgelehnte Asylbew nur noch **eingeschränkt** einen AufTit erwerben können (BT-Drs 15/420 S. 73). Ausgenommen sind Personen mit Ansprüchen auf einen AufTit, gleich auf welcher Rechtsgrundlage (dazu § 4 Rn 25 f), zB mit Dt verheiratete Ausl nach § 28 I 1 Nr 1. Insoweit besteht kein Unterschied zu einem „gesetzlichen Anspruch" nach Abs. 1, auch wenn sich die Lage vor u. nach Abschluss des Verf unterscheidet (aA Hailbronner, § 10 AufenthG Rn 16). Auch an dieser Stelle deutet nichts darauf hin, dass der Gesetzgeber in Abs 3 denjenigen erfolglosen Asylbew besser stellen wollte, dem ein AufTit infolge Reduzierung des Ermessens auf Null zu erteilen ist (allg dazu § 5 Rn 25 f; aA Hailbronner, § 10 AufenthG Rn 16). Gerade der Hinweis auf die Deutschverheirateten als einzigen Beispielsfall in der Gesetzesbegründung (BT-Drs 15/3479 S. 73) belegt die Absicht des Gesetzgebers, auch hier nur ges Rechtsansprüche zu berücksichtigen (ebenso Nr 10.3.1 S. 5 u. 6 VAH). Sonst hätte er nicht nur auf die Fälle des § 28 I 1 Nr 1 hingewiesen, sondern auch auf Ermessenstatbestände wie §§ 30 II, 36, 32 IV.

11 Vorausgesetzt ist der bestandskräftige, für den Asylbew erfolglose **Abschluss** des Asylverf mit Ablehnung des Asylantrags durch das BAMF oder mit Antragsrücknahme (Erklärung oder Fiktion nach §§ 32 I, 33 I u. II AsylVfG). Ein Verzicht nach § 14 a III AsylVfG ist also nicht hinderlich. Abgelehnt ist der Asylantrag, wenn weder eine Asyl- noch eine Flüchtlingsanerkennung erfolgt, also auch dann, wenn ein Abschiebungshindernis nach § 60 II–VII festgestellt wird – u. dessen ungeachtet eine Abschiebungsandrohung ergeht (vgl §§ 31 II, 34 I AsylVfG).

12 Bei „schlichter" Asylablehnung (zu anderen Fällen Rn 13) u. Feststellung eines der Hindernisse des § 60 II–VII richten sich die **Rechtsfolgen** für das AufR unmittelbar nach § 25 III (Sollanspruch auf AE) u. (in zweiter Linie) nach § 25 IV u. V (AE nach Ermessen) sowie nach §§ 23, 23 a. Die Erteilung einer AE auf dieser Grundlage ist nicht ausgeschlossen, wohl aber eine AE nach §§ 18 bis 21, 27 bis 36, ausgenommen aber Fälle mit Rechtsansprüchen (Rn 10).

13 Nach Ablehnung des Asylantrags als **offensichtlich unbegründet** ist die Erteilung eines AufTit (von Anspruchsfällen abgesehen; vgl Rn 10) vollständig ausgeschlossen. In diesen Fällen darf auch keine AE nach §§ 22 bis 25 erteilt werden. Damit wird nach dem Grundsatz verfahren, dass Asylbew, die ein offensichtlich aussichtsloses Asylverf betrieben haben, von weiteren Bleiberechten ausgeschlossen sein sollen. Sie sollen nicht allein wegen des Asylaufenthalts besser stehen als aus dem Ausland neu zuwandernde Personen. Nach einem Klageverf lässt sich indes nicht feststellen, ob § 30 III AsylVfG zu Recht angewandt wurde, weil die Offensichtlichkeit dabei nicht überprüft wird.

14 Außerdem sind die Fälle der offensichtlichen Unbegründetheit in § 30 AsylVfG nach unterschiedlichen Kriterien definiert, nämlich nach materiellen (Abs 1 u. 2) u. formellen (Abs 3). Gemeinsam ist beiden Gruppen von Anträgen, dass sie nur dann in der qualifizierten Form abgelehnt werden dürfen, wenn sie sich als materiell unbegründet erweisen. Abs 3 knüpft die qualifizierte Antragsablehnung an die Verletzung der Mitwirkungspflichten von ganz unterschiedlichem Gewicht u. ist daher entsprechend zurückhaltend auszulegen, damit dem Flüchtling Verhaltensweisen nicht unberechtigt u. unfairerweise angelastet werden (§ 30 AsylVfG Rn 10 ff). Mit dieser Maßgabe bestehen keine grundsätzlichen Bedenken gegen den rigorosen Ausschluss weiterer Bleiberechte für Personen, die das Asylverf unter Verstoß gegen Verfahrenspflichten betrieben haben. Zu wiederholen ist: Ein AufR ist in diesen Fällen nicht wegen der Unbegründetheit des Asylgesuchs ausgeschlossen, sondern wegen

der Verletzung von Mitwirkungspflichten. Der Fall des § 30 I AsylVfG ist nicht einbezogen, obwohl dies kaum nachvollziehbar ist (dazu Dienelt, ZAR 2005, 120).

§ 11 Einreise- und Aufenthaltsverbot

(1) ¹Ein Ausländer, der ausgewiesen, zurückgeschoben oder abgeschoben worden ist, darf nicht erneut in das Bundesgebiet einreisen und sich darin aufhalten. ²Ihm wird auch bei Vorliegen der Voraussetzungen eines Anspruchs nach diesem Gesetz kein Aufenthaltstitel erteilt. ³Die in den Sätzen 1 und 2 bezeichneten Wirkungen werden auf Antrag in der Regel befristet. ⁴Die Frist beginnt mit der Ausreise. ⁵Eine Befristung erfolgt nicht, wenn ein Ausländer wegen eines Verbrechens gegen den Frieden, eines Kriegsverbrechens oder eines Verbrechens gegen die Menschlichkeit oder auf Grund einer Abschiebungsanordnung nach § 58a aus dem Bundesgebiet abgeschoben wurde. ⁶Die oberste Landesbehörde kann im Einzelfall Ausnahmen von Satz 5 zulassen.

(2) ¹Vor Ablauf der nach Absatz 1 Satz 3 festgelegten Frist kann außer in den Fällen des Absatzes 1 Satz 5 dem Ausländer ausnahmsweise erlaubt werden, das Bundesgebiet kurzfristig zu betreten, wenn zwingende Gründe seine Anwesenheit erfordern oder die Versagung der Erlaubnis eine unbillige Härte bedeuten würde. ²Im Falle des Absatzes 1 Satz 5 gilt Absatz 1 Satz 6 entsprechend.

Vorläufige Anwendungshinweise

11 Zu § 11 Einreise- und Aufenthaltsverbot

11.1 Einreise- und Aufenthaltsverbot nach Ausweisung, Zurückschiebung oder Abschiebung
11.1.1.1 Die Ausweisung oder die vollzogene Zurückschiebung oder Abschiebung haben zur Folge, dass der Ausländer nicht erneut in das Bundesgebiet einreisen und sich darin aufhalten darf (gesetzliche Sperrwirkung). Sie führen auch in den Fällen einer Zurückschiebung zu einer Ausschreibung zur Einreiseverweigerung im Schengener Informationssystem – SIS – (Artikel 96 Abs. 3 SDÜ) und bewirken damit auch eine Einreisesperre für das gesamte Gebiet der Schengen-Staaten.
11.1.1.2 Für Unionsbürger und EWR-Bürger sowie deren Familienangehörige gilt § 11 Abs. 1 auch nach Verlust des Freizügigkeitsrechts nicht. Insoweit geht die spezielle Regelung in § 7 Abs. 2 FreizügG/EU vor. Auf Staatsangehörige der Schweiz ist § 7 Abs. 2 FreizügG/EU entsprechend anzuwenden. Das Europäische Niederlassungsabkommen (hier nur im Verhältnis zur Türkei bedeutsam, die übrigen Vertragsstaaten sind EU- oder EWR-Staaten) regelt zwar in Artikel 3 die Voraussetzungen für die Ausweisung, nicht jedoch die Wirkung der Ausweisung und hat daher keinen Einfluss auf die Anwendbarkeit von § 11 Abs. 1.
11.1.2.1 Die Wirkung der Ausweisung oder Abschiebung hat zur Folge, dass dem Ausländer auch bei Vorliegen der Voraussetzungen eines Anspruchs kein Aufenthaltstitel erteilt werden darf. Dieser absolute Versagungsgrund ist jedoch im Anwendungsbereich der §§ 25 Abs. 5 und 37 Abs. 3 Nr 1 durchbrochen.
11.1.2.2 Die Versagung des Aufenthaltstitels zusammen mit der Ausweisung hat zur Folge, dass der Ausländer vollziehbar ausreisepflichtig wird (vgl. § 84 Abs. 1 i. V. m. § 58 Abs. 2 Satz 2). Die Vollziehbarkeit der Ausreisepflicht tritt unabhängig davon ein, ob der Widerspruch gegen eine Ausweisungsverfügung, mit der zugleich ein Antrag auf Erteilung eines Aufenthaltstitels abgelehnt wurde, aufschiebende Wirkung hat (vgl. § 84 Abs. 2 Satz 1). Danach hat die Behörde selbst dann die Erteilung eines Aufenthaltstitels zu versagen, wenn das Verwaltungsgericht nur die Vollziehbarkeit einer Ausweisung im Verfahren auf Gewährung vorläufigen Rechtsschutzes gemäß § 80 Abs. 5 VwGO ausgesetzt hat.
11.1.2.3 Die in § 11 Abs. 1 Satz 1 und 2 bezeichneten Wirkungen treten in den Fällen ein, in denen bereits vor der Versagung der Aufenthaltsgenehmigung eine Ausweisung verfügt und dem Ausländer bekannt gegeben oder er früher zurückgeschoben oder abgeschoben wurde. Im Falle der Ausweisung nach erteilter Aufenthaltsgenehmigung findet § 51 Abs. 1 Nr 5 Anwendung. Da mit der Ausweisung der Aufenthalt unrechtmäßig wird, kann eine Erlaubnisfiktion nach § 81 nicht eintreten.
11.1.3.1 Die von der Ausweisung, Zurückschiebung oder Abschiebung ausgehenden Wirkungen werden auf Antrag in der Regel befristet. Ist im Falle einer Ausweisung die Sperrwirkung bereits bei der Ausweisung befristet worden und wird der Ausländer anschließend zurückgeschoben oder abgeschoben, entsteht eine neue unbefristete Sperrwirkung. Ebenso entsteht eine neue unbefristete Sperr-

wirkung, wenn der Ausländer unerlaubt wieder eingereist und daraufhin erneut ausgewiesen, zurückgeschoben oder abgeschoben worden ist.

11.1.3.2 Grundsätzlich ausgeschlossen ist die Befristung, wenn ein Ausländer aus den in Satz 5 genannten schwerwiegenden Gründen oder aufgrund einer Abschiebungsanordnung nach § 58 a abgeschoben wurde. Nur wenn wichtige, insbesondere politische Gründe vorliegen, kann nach Satz 6 die oberste Landesbehörde in diesen Fällen die Befristung ausnahmsweise zulassen.

11.1.3.3 Der Ausländer soll auf die Möglichkeit der Antragstellung hingewiesen werden (§ 82 Abs. 3 Satz 1). Der Ausländer kann den Antrag bereits bei seiner Anhörung über die Ausweisung stellen. Im Falle der Befristung soll der Ausländer darauf hingewiesen werden, dass die von der Ausweisung oder Abschiebung ausgehenden Sperrwirkungen erneut unbefristet entstehen, wenn er nach der Ausweisung zurück- oder abgeschoben oder erneut ausgewiesen, zurück- oder abgeschoben wird, und dass die Frist für den Wegfall der Sperrwirkung erst mit der Ausreise beginnt (§ 11 Abs. 1 Satz 4). Der Ausländer soll spätestens bei der Ausweisung, Zurückschiebung oder Abschiebung von der Ausländerbehörde über die Folgen eines Verstoßes auch im Hinblick auf das Schengen-Gebiet belehrt werden.

11.1.3.4 Nach § 11 Abs. 1 Satz 3 kann der Befristungsantrag vor oder nach der Ausreise gestellt und darüber entschieden werden. Die Entscheidung über die Befristung kann zurückgestellt werden, bis die Ausreisefrist abgelaufen ist oder ein Nachweis über die freiwillige Ausreise vorliegt. Der Ausländer ist in diesem Fall darauf hinzuweisen, dass bei der Entscheidung über die Befristung auch berücksichtigt wird, ob er der Ausreisepflicht zur Vermeidung der von der Abschiebung ausgehenden Sperrwirkung freiwillig nachgekommen ist.

11.1.3.5 Bei einem Antrag auf Erteilung eines Aufenthaltstitels nach einer Ausweisung, Zurückschiebung oder Abschiebung ist zu prüfen, ob dieser Antrag als Antrag auf Befristung der in § 11 Abs. 1 Sätze 1 und 2 genannten Wirkungen ausgelegt werden kann. Im Zweifelsfall ist der Ausländer auf die Rechtslage hinzuweisen. Eine Befristung von Amts wegen ist unzulässig.

11.1.4.1 Die Wirkung der Ausweisung, Zurückschiebung oder Abschiebung wird in der Regel befristet, d. h. von der Regelbefristung darf nur abgesehen werden, wenn im konkreten Einzelfall besondere Umstände vorliegen, die rechtfertigen, die Sperrwirkungen unbefristet bestehen zu lassen. Die Ausländerbehörde hat bei der Prüfung der Frage, ob ein Regelfall i. S. d. § 11 Abs. 1 vorliegt, keinen Ermessensspielraum.

11.1.4.2 Entscheidend ist, ob der mit der Ausweisung, Zurückschiebung oder Abschiebung verfolgte Zweck aufgrund besonderer Umstände nicht durch die zeitlich befristete Fernhaltung des Ausländers vom Bundesgebiet bzw. vom Schengen-Gebiet erreicht werden kann. Davon kann dann nicht ausgegangen werden, wenn der Ausländer in so hohem Maß eine Gefährdung der öffentlichen Interessen darstellt (Wiederholungsgefahr), dass eine fortdauernde Fernhaltung geboten ist. Bei einer generalpräventiv motivierten Ausweisung ist insbesondere darauf abzustellen, ob die Abschreckungswirkung noch nicht verbraucht ist. Bei Betäubungsmitteldelikten ist beispielsweise ein besonders strenger Maßstab anzulegen.

11.1.4.3 Die Befristungsmöglichkeit ist ein geeignetes Mittel, die einschneidenden Folgen einer Ausweisung, Zurück- oder Abschiebung für die persönliche Lebensführung des Ausländers einzuschränken und aus generalpräventiven Überlegungen zu verhindern, dass sich die ausländerrechtlichen Maßnahmen der Ausweisung im Verhältnis zur beabsichtigten Abschreckung anderer Ausländer als unverhältnismäßig erweist. Dabei sind nach der Ausweisung eintretende Umstände, die für oder gegen das Fortbestehen der Sperrwirkung sprechen (z. B. Schutzgebot des Artikel 6 Abs. 1 GG), abzuwägen und zu berücksichtigen.

11.1.4.4.1 Eine Ausweisung nach § 53 oder § 54 deutet grundsätzlich auf einen vom Regelfall abweichenden Ausnahmefall hin, wenn keine besonderen Umstände eine andere Beurteilung rechtfertigen. Den Besonderheiten des Einzelfalls ist auch bei der Bemessung der Dauer der Sperrwirkung Rechnung zu tragen (z. B. bei deutschverheirateten Ausländern). Der Annahme eines Regelfalls steht grundsätzlich nicht entgegen, dass der Ausländer unerlaubt eingereist ist, gegenüber der deutschen Auslandsvertretung im Visumverfahren oder gegenüber der Ausländerbehörde zum Zwecke der Täuschung unrichtige oder unvollständige Angaben gemacht hat oder diese verweigert hat, wenn er diese Angaben zu einem späteren Zeitpunkt macht oder korrigiert. Der Umstand soll jedoch durch eine längere Fristbemessung berücksichtigt werden. Die Befristung soll davon abhängig gemacht werden, dass die Zurückschiebungs- oder Abschiebungskosten und sonstige während seines Aufenthalts in der Bundesrepublik Deutschland für den Ausländer aufgewandten öffentlichen Mittel erstattet werden, zu deren Erstattung der Ausländer verpflichtet ist (vgl. §§ 66 bis 68). In diesen Fällen liegt auch die Regelerteilungsvoraussetzung des § 5 Abs. 1 Nr 3 nicht vor. Bei deutschverheirateten Ausländern tragen jedoch finanzielle Erwägungen die Ablehnung eines Regelbefristungsantrags für sich allein nicht.

11.1.4.4.2 Hinsichtlich der Frage, ob die von der Abschiebung ausgehende Wirkung befristet werden soll, ist auf das Verhalten des Ausländers vor und – in Fällen der nachträglichen Befristung – nach der Ausreise abzustellen.
11.1.4.5 Ungeachtet einer vom Ausländer ausgehenden und fortbestehenden spezial- oder generalpräventiven Gefahr sind im Übrigen bei der Entscheidung über die Befristung strafgerichtliche Verurteilungen unerheblich, die nach den Vorschriften des Bundeszentralregistergesetzes nicht mehr gegen den Ausländer verwendet werden dürfen.
11.1.5.1 Für die Bestimmung der Dauer der Frist ist maßgebend, ob und wann der mit der Ausweisung bzw. Abschiebung verfolgte Zweck durch die vorübergehende Fernhaltung des Ausländers aus dem Bundesgebiet erreicht ist.
11.1.5.2 Der für die Fristberechnung maßgebliche Zeitpunkt der Ausreise ist ein für den Ausländer günstiger Umstand im Sinne des § 82 Abs. 1. Der Ausländer ist regelmäßig darauf hinzuweisen, dass ihm eine entsprechende Nachweispflicht obliegt.
11.1.6 Fällt die Sperrwirkung mit Ablauf der Befristung weg, hat die Behörde, die die Befristung verfügt hat, die Löschung der Ausschreibung zur Einreiseverweigerung im Schengener Informationssystem zu veranlassen. In diesen Fällen sind auch die Meldepflichten nach dem Ausländerzentralregistergesetz und den hierzu ergangenen Bestimmungen zu beachten.
11.1.7 § 11 Abs. 1 ist hinsichtlich der Sperrwirkung bei jeder Entscheidung über einen Antrag auf Erteilung oder Verlängerung eines Aufenthaltstitels zu prüfen. Ein dieser Vorschrift zuwider erteilter Aufenthaltstitel ist grundsätzlich unter Berücksichtigung des Grundsatzes des Vertrauensschutzes zurückzunehmen, solange die Sperrwirkung andauert. Bei einer Ausschreibung zur Einreiseverweigerung im Schengener Informationssystem ist Artikel 25 Abs. 1 und 2 SDÜ zu beachten.
11.1.8 Nach Ablauf der Frist der Sperrwirkung finden die Vorschriften über die Befreiung vom Erfordernis des Aufenthaltstitels wieder Anwendung (§ 51 Abs. 5). Die Erteilung eines Aufenthaltstitels richtet sich dann nach den allgemeinen Vorschriften.
11.1.9 Die Befristung darf nur im Einvernehmen mit der Ausländerbehörde geändert oder aufgehoben werden, die die Befristung erlassen hat (§ 72 Abs. 3).

11.2 Betretenserlaubnis
11.2.1 Die Zuständigkeit für die Erteilung der Betretenserlaubnis richtet sich nach Landesrecht. Die Beteiligungsvorschrift des § 72 Abs. 1 ist zu beachten. Die Vorschrift ist auch auf Ausländer anwendbar, die unter das FreizügG/EU fallen (§ 11 Abs. 1 FreizügG/EU).
11.2.2 Die Betretenserlaubnis ist kein Aufenthaltstitel. Sie bewirkt lediglich die zeitweilige Aussetzung des Einreise- und Aufenthaltsverbots nach § 11 Abs. 1. Ausländer, die visumpflichtig sind, benötigen neben der Betretenserlaubnis ein Visum für die Einreise in das Bundesgebiet. Während der Geltungsdauer der Betretenserlaubnis lebt eine nach den Vorschriften der Aufenthaltsverordnung bestehende Befreiung vom Erfordernis des Aufenthaltstitels wieder auf. Ausländer eines Staates, der in Anhang II der EU-Visumverord nung aufgeführt ist, können daher mit einer Betretenserlaubnis für einen Kurzaufenthalt in das Bundesgebiet ohne Visum einreisen. Soweit es sich um andere Ausländer handelt, darf für die Geltungsdauer der Betretenserlaubnis ein Visum erteilt werden.
11.2.3 Die Betretenserlaubnis muss befristet werden. Sie darf nicht für eine längere Zeit erteilt werden, als zur Erreichung des Reisezwecks unbedingt erforderlich ist. In den in Absatz 1 Satz 5 genannten Fällen darf eine Betretenserlaubnis nur erteilt werden, wenn dies von der obersten Landesbehörde im Einzelfall als Ausnahme zugelassen wird.
11.2.4 Reiseweg und Aufenthaltsort sind vorzuschreiben. Der Reiseweg ist unter Umständen zu überwachen. Die Bestimmung der Frist, des Reiseweges oder Aufenthaltsortes kann nachträglich geändert werden, wenn es aus zwingenden Gründen oder zur Vermeidung unbilliger Härten erforderlich ist. In die Erwägungen sind Gründe der öffentlichen Sicherheit und Ordnung einzubeziehen.
11.2.5 Zwingende Gründe, die eine Betretenserlaubnis rechtfertigen, können sich auch unabhängig von den persönlichen Belangen des Ausländers aus Gründen des öffentlichen Interesses z.B. an der Wahrnehmung von Terminen bei Gerichten und Behörden (Zeugenvernehmung, Vorladung bei Behörden, Erbschaftsangelegenheiten) oder mit Rücksicht auf Dritte ergeben (Regelung von Geschäften im Inland, die die persönliche Anwesenheit unbedingt erfordern). Bei der Beurteilung, ob eine unbillige Härte vorliegt, kommen insbesondere humanitäre Gründe oder zwingende persönliche Gründe in Betracht (z. B. schwere Erkrankung von Angehörigen, Todesfall).
11.2.6 Die Betretenserlaubnis darf nicht erteilt werden, wenn der Aufenthalt des Ausländers zu einer erneuten Gefährdung der öffentlichen Sicherheit und Ordnung oder der öffentlichen Gesundheit führt. Besteht Wiederholungsgefahr, die sich bis zur Ausreise verwirklichen kann, wird eine Betretenserlaubnis nicht erteilt. Auch wenn die Erteilung der Betretenserlaubnis im öffentlichen Interesse liegt, darf sie

grundsätzlich nicht erteilt werden, wenn Zweifel bestehen, ob der Ausländer freiwillig wieder ausreisen wird oder wenn nicht gewährleistet ist, dass der Ausländer im Falle seiner nicht freiwilligen Ausreise abgeschoben werden kann. Die Erteilung einer Betretenserlaubnis kann grundsätzlich auch davon abhängig gemacht werden, ob der Ausländer die Abschiebungskosten beglichen hat oder ob er hierzu bereit ist.

Übersicht

	Rn
I. Entstehungsgeschichte	1
II. Einreise- und Aufenthaltsverbot	2
1. Allgemeines	2
2. Befristung der Wirkungen	5
III. Betretenserlaubnis	14
IV. Verwaltungsverfahren und Rechtsschutz	17

I. Entstehungsgeschichte

1 Die Vorschrift entspricht im Wesentlichen dem **GesEntw** (BT-Drs 15/420 S. 10). Im Vermittlungsverf wurden in Abs 1 S. 5 u. 6 angefügt u. in Abs 2 die Passage „außer in den Fällen des Absatzes 1 Satz 5" u. S. 2 eingefügt (BT-Drs 15/3479 S. 3).

II. Einreise- und Aufenthaltsverbot

1. Allgemeines

2 Ein ausgewiesener, zurückgeschobener oder abgeschobener Ausl soll möglichst vom Bundesgebiet **ferngehalten** werden. Deshalb soll er unter keinen Umständen mehr das Bundesgebiet betreten dürfen (Ausnahmen für Betretenserlaubnis in Abs 2 u. für AE in §§ 25 V 1, 37 III Nr 1). Er erhält nicht nur keinen AufTit, sondern darf auch dann nicht einreisen, wenn ihm dies sonst freistünde, etwa wegen (uU erst zwischenzeitlicher) Befreiung vom Erfordernis des AufTit. Eine Befreiung vom Erfordernis des AufTit entfällt mit Ausweisung oder Abschiebung (§ 51 V). Diese Wirkungen treten selbst bei Erfüllung eines Anspruchstatbestands des AufenthG ein. Sie werden mittels Ausschreibung im SIS nach Art 96 III SDÜ auf das Gesamtgebiet der Schengen-Staaten erstreckt (für Unionsbürger vgl § 7 II FreizügG/EU; zu § 8 II AuslG betr Unionsbürger BVerwG, EZAR 039 Nr 5).

3 Die **Wirkungen** von Ausweisung, Zurückschiebung u. Abschiebung sind streng von diesen aufenthaltsbeendenden Maßnahmen selbst zu unterscheiden. Sie treten ohne weiteres im Anschluss an diese Maßnahmen ein, ohne dass hierfür einer auslbeh Entscheidung bedarf. Verbraucht werden sie allerdings durch eine AE nach § 25 V 1 (zur Wiederkehr vgl § 37 III Nr 1). Die Sperrwirkung verhindert einen späteren AufTit, während ein früherer AufTit durch eine spätere Ausweisung erlischt (§ 51 I Nr 5). Die Entscheidung über die Befristung setzt Ausweisung, Zurückschiebung oder Abschiebung voraus, umgekehrt hängt deren Rechtmäßigkeit aber nicht von der Rechtmäßigkeit der Befristungsentscheidung ab (BVerwGE 60, 133). Mit der Befristung ist die Entscheidung über einen AufTit nach Fristablauf nicht präjudiziert. Sie führt aber bei Befreiung vom Erfordernis des AufTit zum Wiederaufleben der Befreiung (§ 51 V iVm § 11 I).

4 **Art u. Begründung** der Ausweisung, Zurückschiebung oder Abschiebung sind unerheblich für die ges Folgen. Bei der Ausweisung löst die Verfügung das Einreise- u. Aufenthaltsverbot aus, bei der Zurück- u. der Abschiebung der tatsächliche Vollzug. Im ersten Fall kommt es also nur auf den (nicht notwendigerweise bestandskräftigen oder sofort vollziehbaren) VA an (vgl § 84 II 1), im zweiten dagegen auf die Zurück- oder Abschiebung im Anschluss an die Nichterfüllung der Ausreisepflicht. Die Abschiebung braucht nicht auf eine

Einreise- und Aufenthaltsverbot § 11 AufenthG 1

Ausweisung zu folgen, sie kann sich auch an die Ablehnung oder das Fehlen eines AufTit anschließen. Es muss aber zum Vollzug gekommen sein; Androhung oder Anordnung der Abschiebung sind unschädlich. Ist bei einer Ausweisung die Wirkung vorab befristet worden u. kommt es danach zu einer Abschiebung, tritt ein neues (unbefristetes) Verbot in Kraft.

2. Befristung der Wirkungen

Über die Befristung hat die AuslBeh grundsätzlich nur auf **Antrag** u. nicht **von Amts** 5
wegen zu befinden; letzteres ist aber weder nach dem Wortlaut des Abs 1 S. 3 noch nach dessen Sinn u. nach der Entstehungsgeschichte ausgeschlossen (näher Renner, AiD Rn 5/434–436). Die Regelpflicht zur Befristung wird aber nur durch einen Befristungsantrag ausgelöst. Regelmäßig ist ein Tätigwerden von Amts wegen nicht schon im Zusammenhang mit Ausweisung, Zurückschiebung oder Abschiebung angebracht oder geboten. Da im Falle der Abschiebung nur der tatsächliche Vollzug zählt, kommt hier immer nur eine nachträgliche Prüfung in Betracht (aA VGH BW, EZAR 039 Nr 3). In einem späteren Antrag auf einen AufTit ist idR auch ein Antrag auf Befristung zu sehen (OVG Hamburg, EZAR 017 Nr 2). Die AuslBeh muss dies jedenfalls nach Belehrung über die Folgen zu klären versuchen. Zumindest bei veränderter Sachlage kann eine Pflicht zur Überprüfung von Amts wegen u. zur Anordnung einer Frist entstehen (BVerfGE 51, 386; BVerwG, EZAR 125 Nr 2; aA Nr 11.1.3.5 S. 3 VAH). Anlass hierzu kann jede Mitteilung bieten, die die AuslBeh erreicht; sie braucht nicht von dem Ausl selbst zu stammen. Erforderlichenfalls hat die AuslBeh von sich aus weitere Ermittlungen durchzuführen, etwa Strafakten beizuziehen.

Einen **Antrag** auf Befristung muss die AuslBeh in jedem Fall bescheiden, gleichgültig, ob 6
er vor der Ausweisung oder nach Ausweisung, Zurückschiebung oder Abschiebung gestellt ist. Die Entscheidung kann, muss aber nicht vor der Ausreise ergehen. Nur bei einer späteren Entscheidung können ein zwischenzeitliches Wohlverhalten des Ausl oder sonstige für ihn günstige Entwicklungen berücksichtigt werden. Die Frist beginnt immer erst mit der Ausreise. Darunter ist die erste Ausreise zu verstehen, nicht eine weitere nach zwischenzeitlicher Einreise (OVG Hamburg, EZAR 017 Nr 2).

Ausgeschlossen ist die Befristung nach Vollzug einer Abschiebungsanordnung nach 7
§ 58a oder nach Ausweisung wegen eines Verbrechens gegen den Frieden, eines Kriegsverbrechens oder eines Verbrechens gegen die Menschlichkeit. Hiervon kann nur die oberste Landesbehörde eine Ausnahme im Einzelfall zulassen, wenn wichtige, vor allem politische Gründe dafür sprechen.

Für die Befristung des Einreise- u. Aufenthaltsverbots fehlt es insgesamt an ausdrücklichen 8
materiellen **Entscheidungskriterien.** Ges vorgegeben ist nur, dass sie idR auf Antrag erfolgen muss, also nur ausnahmsweise gänzlich abgelehnt werden darf. Ges Anhaltspunkten für „regelmäßige Ausnahmen von der Regel", zB bei Straftaten nach § 53, sind nicht vorgegeben (näher Renner, AiD Rn 5/440–443). Die Entscheidung über Regel oder Ausnahme steht nicht im Ermessen der Behörde (OVG Hamburg, EZAR 047 Nr 1; HessVGH, EZAR 601 Nr 5). Zu beachten ist dabei die ges vorgeschriebene Verfahrensweise: Befristung, Festlegung der Frist, Entscheidung über einen Antrag auf einen AufTit. Mit der Befristung dem Grunde nach ist also nicht über die Frist sowie erneute Einreise u. Aufenthalt entschieden.

Angesichts des ges Zwangs zur Befristung erscheint eine Ausnahme nur gerechtfertigt, 9
wenn ein **atypischer Sachverhalt** das gänzliche Absehen von jeder Befristung gebietet (HessVGH, EZAR 601 Nr 5). In diesem Fall ist die AuslBeh nicht befugt, die Wirkungen nach Ermessen zu befristen (BVerwG, EZAR 039 Nr 7). Zunächst spricht gegen eine Befristung nicht schon die Verletzung der Ausreisepflicht; denn sie erfordert gerade die Abschiebung (OVG Hamburg, EZAR 047 Nr 1). Unerheblich ist auch, ob der Zweck der Ausweisung bereits erfüllt ist; dagegen kann eine illegale Wiedereinreise eine Ausnahme begründen (BVerwG, EZAR 039 Nr 7). Im Zusammenhang mit der Befristung darf die Richtigkeit der Ausweisungsverfügung oder der sonstigen aufenthaltsbeendenden Maßnah-

me, welche die Sperre ausgelöst hat, nicht in Frage gestellt werden. Die der Ausweisung zugrunde liegenden Gründe u. deren Gewicht bestimmen im Wesentlichen über das Vorliegen eines Ausnahmefalls (BVerwG, EZAR 039 Nr 7). Zwischenzeitliche Änderungen rechtlicher wie (vor allem) tatsächlicher Art sind für die Entscheidung über die Ausnahme (u. die Dauer der Frist) heranzuziehen. Indes wird mit der Befristung weder über deren Dauer noch über einen (erneuten) AufTit entschieden.

10 Allg gesehen können die Gründe für Ausweisung, Zurückschiebung u. Abschiebung noch nicht die Anwendung der Regel u. damit die Befristung ausschließen (vgl OVG Hamburg, EZAR 039 Nr 1 u. 047 Nr 1; HessVGH, EZAR 601 Nr 5); auch nicht die Verwirklichung der Tatbestände des § 53 (differenzierend auch Nr 11.1.4.4.1 VAH). Eine **Ausnahme** erscheint vielmehr nur in außergewöhnlichen Fällen von Gefährlichkeit, Hartnäckigkeit u. Rücksichtslosigkeit geboten (vgl OVG Hamburg, EZAR 017 Nr 24 u. 047 Nr 1; zum AuslG 1965: BVerwG, EZAR 125 Nr 3; OVG Hamburg, InfAuslR 1990, 60).

11 Außerdem ist zwischen Ausweisung, Zurückschiebung u. Abschiebung zu **unterscheiden,** obwohl alle diese Maßnahmen ausnahmslos die Sperre auslösen. Die Voraussetzungen für diese Maßnahmen sind nämlich ganz verschiedenartig u. damit auch die ihnen zugrunde liegende u. die aus ihnen abzuleitenden Gefahrenprognosen. Kosten für Zurückschiebung oder Abschiebung sind unvermeidlich. Falls die von dem Ausl nach § 66 I zu tragenden Kosten noch nicht beglichen sind, schließt dies nicht zwingend die Befristung aus. Die Zahlung kann dem Ausl bei der Befristung zur Auflage gemacht werden.

12 Über die **Länge der Frist** ist nichts bestimmt. Sie richtet sich ebenso wie die evtl Ablehnung im Ausnahmefall nach folgenden Gesichtspunkten: zwischenzeitlicher Zeitablauf, Veränderung der für Ausweisung, Zurückschiebung u. Abschiebung maßgeblichen Sachlage, Verbesserung der Entwicklung im Vergleich zur ursprünglichen Gefahrenprognose, zwischenzeitliche Begleichung von Abschiebungskosten u. anderen öffentlich-rechtlichen Verbindlichkeiten (näher Renner, AiD Rn 5/446–449). An tatsächlichen Umständen, die eine uU **kurze Frist** rechtfertigen können, kommen zB in Betracht: Eheschließung mit einem dt Partner oder einem in Deutschland lebenden ausl Partner, Erlass der Strafe nach Ablauf der Bewährungsfrist, Entlassung auf Bewährung nach Teilverbüßung der Strafe.

13 Die **Frist beginnt** mit der Ausreise, u. zwar mit der ersten Ausreise nach Ausweisung, Zurückschiebung oder Abschiebung (OVG Hamburg; EZAR 017 Nr 2). Durch die Ausreise muss die Ausreisepflicht erfüllt sein; die Ausreise in einen anderen Unionsstaat reicht also nur unter den Voraussetzungen des § 50 IV aus. In keinem Fall darf die Frist so festgesetzt oder berechnet werden („auf Null"), dass sich eine Ausreise erübrigt (anders noch BVerwGE 69, 137 für § 15 I AuslG 1965).

III. Betretenserlaubnis

14 Die Erlaubnis nach Abs 2 stellt **keinen AufTit** iSd § 4 I 2 dar. Sie setzt das Verbot des Abs 1 zeitweilig u. zweckgebunden außer Kraft, indem sie zum Grenzübertritt u. zur Hinu. Rückreise zu dem Ort, an dem die Anwesenheit des Ausl erforderlich ist, berechtigt; sie gilt auch für Unionsbürger (vgl § 11 FreizügigG/EU). Sie legalisiert Einreise u. Aufenthalt unmittelbar („erlaubt") u. bedarf – anders als im Falle des Abs 1 S. 3 – keiner Ergänzung durch einen anschließenden AufTit iSd § 4 I 2 (Westphal/Stoppa, S. 87; aA Nr 11.2.2 VAH). Nichts deutet darauf hin, dass insoweit die frühere Rechtslage geändert werden sollte. Unter der Geltung von § 15 II AuslG 1965 wurde aber nur die Betretenserlaubnis nach Muster A 22 erteilt, nicht eine zusätzliche AufErl (Nr. 6 AuslVwV 1965 zu § 15; Muster A 22 in GMBl. 1967, 285). Demnach braucht auch für Personen, die nicht von der Genehmigungspflicht befreit sind, nicht außer der Betretenserlaubnis noch ein Schengen-Visum erteilt zu werden.

Einreise- und Aufenthaltsverbot § 11 **AufenthG 1**

Die Dauer des erlaubten Verweilens richtet sich nach dem Zweck der Reise u. kann 15
Übernachtungen u. Wohnen einschließen. Sie kann in der Erlaubnis ebenso vorgeschrieben werden wie Reiseweg u. Aufenthaltsort (zur Beteiligung der AuslBeh § 72 I). Eine nachträgliche Änderung ihres Inhalts ist unter entsprechender Anwendung der Vorschriften des § 12 II zulässig, obwohl diese auf Visum u. AE beschränkt sind; denn die Interessenlage ist bei der Betretenserlaubnis ähnlich wie bei diesen AufTit, wenn man in ihr selbst schon die Erlaubnis zu Einreise u. Betreten sieht. Nach aA (Nr. 11.2.2. VAH) wären die Voraussetzungen der §§ 48 f VwVfG einzuhalten, da es sich in jedem Fall um einen begünstigenden VA handelt (aA wohl Nr 11.2.4 S. 2 VAH).

Zwingende Gründe für Einreise u. kurzfristigen Aufenthalt während der Sperrzeit 16
nach Abs 1 sind anzuerkennen, wenn sie in den persönlichen Verhältnissen begründet sind, aber auch dem öffentl Interesse entsprechen, etwa für Wahrnehmung von Terminen bei Gerichten oder Behörden oder Regelung von Streitfragen materieller oder immaterieller Art mit Behörden. Eine unbillige Härte kann sich vor allem im verwandtschaftlichen oder humanitären Bereich ergeben, etwa bei Familienfeiern, Erkrankung oder Tod naher Angehöriger. Die Gefahr einer erneuten Beeinträchtigung oder Gefährdung öffentl Interessen muss entweder ausgeräumt sein oder als so gering erscheinen, dass sie angesichts zwingender Gründe oder einer sonst eintretenden unbilligen Härte hinzunehmen ist. Sie kann sich daraus ergeben, dass die spätere freiwillige Ausreise oder die Abschiebung nicht gesichert oder frühere Abschiebungskosten nicht beglichen sind.

IV. Verwaltungsverfahren und Rechtsschutz

Das **Verbot** der Einreise u. des Aufenthalts wird durch Einreiseverweigerung (Zurück- 17
weisung), Zurückschiebung, Ausweisung oder Abschiebung oder aber durch Ablehnung des AufTit durchgesetzt. Bei Erteilung des AufTit trotz Abs 1 Satz 2 ist Rücknahme zulässig, solange die Frist läuft.

Die **Befristung** erfolgt auf Antrag oder von Amts wegen (Rn 5 f), u. zwar in zeitlichem 18
Zusammenhang mit Ausweisung oder Abschiebung oder aber später (vgl. Nr. 11.1.3.4 VAH). Der Ausl ist bei einem Antrag auf einen AufTit, der unter die Sperrwirkung fällt, auf die Notwendigkeit der Befristung hinzuweisen, falls der Antrag nicht als Befristungsantrag ausgelegt werden kann (Nr 11.1.3.5 VAH). Örtlich zuständig ist grundsätzlich die AuslBeh, die die Ausweisung oder Abschiebung verfügt hat. Bei zwischenzeitlichem Wechsel der örtlichen Zuständigkeit nach Landesrecht (§ 71 Rn 9) ist die ursprünglich zuständige AuslBeh zu beteiligen (§ 72 I 2). Die Befristung kann nachträglich nach allg Regeln über Rücknahme u. Widerruf verändert werden (Meyer, ZAR 2002, 13).

Die **Betretenserlaubnis** wird auf Antrag ausgestellt. Sie berechtigt unmittelbar zur 19
Einreise, auch ohne sonst erforderliches Visum (str., s. Rn 14).

Gegen die Ablehnung der Betretenserlaubnis oder der Befristung oder gegen deren Dauer 20
kann **Verpflichtungswiderspruch u. -klage** erhoben werden (§§ 42 II, 68 VwGO). Dasselbe gilt bei Unterlassung jeglicher Bescheidung eines Antrags auf Befristung oder Erteilung einer Betretenserlaubns. **Vorläufiger Rechtsschutz** ist nach § 123 VwGO statthaft. Mit einem Rechtsbehelf gegen die Ausweisung kann die Befristung nicht erreicht werden (BVerwG, EZAR 125 Nr 2). Anträge auf Befristung u. AufTit können gleichzeitig gerichtlich verfolgt u. beschieden werden (OVG Hamburg, EZAR 017 Nr 2). In vollem Umfang gerichtlich kontrollierbar ist die Ablehnung der Befristung wegen Bejahung einer Ausnahme. Die Fristsetzung selbst ist als Ermessensentscheidung nur nach Maßgabe des § 114 VwGO zu überprüfen; ggf ist die AuslBeh zur erneuten Bescheidung nach Rechtsauffassung der Gerichts zu verpflichten. Dies gilt auch für die Ermessensentscheidung über die Betretenserlaubnis.

§ 12 Geltungsbereich; Nebenbestimmungen

(1) ¹Der Aufenthaltstitel wird für das Bundesgebiet erteilt. ²Seine Gültigkeit nach den Vorschriften des Schengener Durchführungsübereinkommens für den Aufenthalt im Hoheitsgebiet der Vertragsparteien bleibt unberührt.

(2) ¹Das Visum und die Aufenthaltserlaubnis können mit Bedingungen erteilt und verlängert werden. ²Sie können, auch nachträglich, mit Auflagen, insbesondere einer räumlichen Beschränkung, verbunden werden.

(3) Ein Ausländer hat den Teil des Bundesgebiets, in dem er sich ohne Erlaubnis der Ausländerbehörde einer räumlichen Beschränkung zuwider aufhält, unverzüglich zu verlassen.

(4) Der Aufenthalt eines Ausländers, der keines Aufenthaltstitels bedarf, kann zeitlich und räumlich beschränkt sowie von Bedingungen und Auflagen abhängig gemacht werden.

(5) ¹Die Ausländerbehörde kann dem Ausländer das Verlassen des auf der Grundlage dieses Gesetzes beschränkten Aufenthaltsbereichs erlauben. ²Die Erlaubnis ist zu erteilen, wenn hieran ein dringendes öffentliches Interesse besteht, zwingende Gründe es erfordern oder die Versagung der Erlaubnis eine unbillige Härte bedeuten würde. ³Der Ausländer kann Termine bei Behörden und Gerichten, bei denen sein persönliches Erscheinen erforderlich ist, ohne Erlaubnis wahrnehmen.

Vorläufige Anwendungshinweise

12 Zu § 12 Geltungsbereich, Nebenbestimmungen

12.1.1 Der Aufenthaltstitel gilt für das gesamte Bundesgebiet. Räumliche Beschränkungen können für Inhaber eines Aufenthaltstitels nur in Form einer entsprechenden Auflage verfügt werden (§ 12 Abs. 2 Satz 2 sowie Absatz 3).

12.1.1.1 Von dem Grundsatz, dass der Aufenthaltstitel für das Bundesgebiet erteilt wird, darf nur in Ausnahmefällen abgewichen werden. Der Aufenthaltstitel kann zur Wahrung öffentlicher Interessen, die insbesondere aufenthaltsrechtlichen Zwecken dienen (vgl. § 5 Abs. 1 Nr 3) auch nachträglich räumlich beschränkt werden (Grundsatz der Verhältnismäßigkeit, Willkürverbot). Er kann auf bestimmte Teile des Bundesgebiets beschränkt werden, wenn besondere Gründe es erfordern, die in der Person oder im Verhalten des Ausländers oder in besonderen örtlichen Verhältnissen liegen können (z. B. Grenz- oder Notstandsgebiete, Verhinderung von Straftaten). Die räumliche Beschränkung bleibt auch nach Wegfall des Aufenthaltstitels in Kraft (§ 51 Abs. 6).

12.1.1.2 Die Ausländerbehörde darf einen Aufenthaltstitel nicht unter Ausschluss ihres eigenen örtlichen Zuständigkeitsbereichs nur für andere Teile des Bundesgebietes erteilen oder verlängern. Soll ausnahmsweise ein Aufenthaltstitel unter Ausschluss des eigenen Zuständigkeitsbereiches erteilt werden, ist das Benehmen mit den obersten Landesbehörden der betreffenden Ausländerbehörden herzustellen.

12.1.1.3 Eine von einer Ausländerbehörde eines anderen Landes erteilte oder verlängerte Aufenthaltserlaubnis darf auch nachträglich auf das Gebiet des anderen Landes beschränkt werden. Dies gilt nicht, wenn dadurch dem Ausländer die Ausübung einer erlaubten unselbständigen Erwerbstätigkeit unmöglich wird.

12.1.2 Das Schengen-Visum kann unter den Voraussetzungen der Artikel 5 Abs. 2 Satz 2, Artikel 10 Abs. 3, Artikel 11 Abs. 2, Artikel 14 Abs. 1 Satz 2 und Artikel 16 SDÜ räumlich beschränkt erteilt oder verlängert werden (siehe auch Artikel 19 Abs. 3 SDÜ). Dabei ist der Grundsatz zu beachten, dass der Schengen-Raum grundsätzlich ein einheitlicher Reiseraum ist, weshalb die Beschränkung eines Schengen-Visums auf Deutschland oder einen Teil Deutschlands nur in Übereinstimmung mit den genannten Vorschriften des SDÜ erfolgen darf und sonst zu unterbleiben hat.

12.2 Die Niederlassungserlaubnis ist mit Ausnahme des in § 23 Abs. 2 speziell geregelten Falles stets nebenbestimmungsfrei. Sofern vor dem 1. Januar 2005 erteilte unbefristete Aufenthaltserlaubnisse, die nach § 101 Abs. 1 als Niederlassungserlaubnisse weiter gelten, Nebenbestimmungen enthalten, bleiben diese Nebenbestimmungen nach § 102 Abs. 1 zunächst wirksam. Sie sind auf Antrag aufzuheben, sofern nicht ein besonderer gewichtiger Grund für die weitere Aufrechterhaltung besteht.

Geltungsbereich; Nebenbestimmungen § 12 **AufenthG 1**

12.3.1 § 12 Abs. 3 findet unabhängig davon Anwendung, ob die räumliche Beschränkung durch Verwaltungsakt angeordnet ist (z. B. nach § 12 Abs. 2 Satz 2), unmittelbar kraft Gesetzes eintritt (vgl. §§ 56 Abs. 3 Satz 1, § 59 Abs. 2 Satz 1; § 56 Abs. 1 AsylVfG) oder fortgilt (§ 51 Abs. 6).
12.3.2 Die Verlassenspflicht ist unverzüglich, ggf im Wege des unmittelbaren Zwanges nach Maßgabe des § 59 AsylVfG und der landesrechtlichen Vorschriften durchzusetzen.
12.3.3 Zuständig ist die Ausländerbehörde, in deren Bezirk sich der Ausländer widerrechtlich aufhält (§ 71 Abs. 1), und auch die Polizei des betroffenen Landes (§ 71 Abs. 5).
12.3.4 Bei einem Verstoß gegen eine räumliche Beschränkung kann je nach Art, Schwere, Umständen und Dauer ein Ausweisungsgrund gemäß § 55 Abs. 2 Nr 2 gegeben sein.
12.3.5 Bei vollziehbar ausreisepflichtigen Ausländern, die nicht im Besitz einer Duldung sind, hat die Aufenthaltsbeendigung im Wege der Abschiebung oder Zurückschiebung Vorrang vor der Anwendung des § 12 Abs. 3.
12.3.6 Die Durchsetzung der Verlassenspflicht des § 12 Abs. 3 ist kostenpflichtig (§ 66 Abs. 1) für den Ausländer, den Verpflichteten aus einer Verpflichtungserklärung sowie den kostenpflichtigen Beförderungsunternehmer. Der einmalige Verstoß gegen eine vollziehbare räumliche Beschränkung stellt einen Bußgeldtatbestand dar (§ 97 Abs. 3 Nr 1). Der Straftatbestand des § 95 Abs. 1 Nr 6a ist hingegen auf Inhaber eines Aufenthaltstitels nicht anwendbar.
12.4 Die Vorschrift findet auf sämtliche Ausländer Anwendung, die insbesondere nach Bestimmungen der Aufenthaltsverordnung keinen Aufenthaltstitel benötigen. Die Befreiung endet mit der Anordnung von Bedingungen und Auflagen nicht. Bei Ausländern, die vom Erfordernis eines Aufenthaltstitels befreit sind, ist von der Möglichkeit der Anordnung von Bedingungen und Auflagen nur Gebrauch zu machen, wenn die Wahrung öffentlicher Interessen dies im jeweiligen Einzelfall gebietet. Insbesondere soll die Anordnung von Rechtsfolgen unterbleiben, die sich ohnehin aus dem Gesetz ergeben (z. B. Beschränkungen bei der Aufnahme einer Beschäftigung).
12.5 Absatz 5 entspricht weitgehend § 58 Abs. 1 und 3 AsylVfG.
12.5.1 Satz 1 gibt der Ausländerbehörde – auch für räumliche Beschränkungen auf anderen Rechtsgrundlagen des Aufenthaltsgesetzes (z. B. § 61) eine flexible Möglichkeit, Ausnahmen zuzulassen.
12.5.2 Satz 2 regelt Fallgruppen, in denen entsprechenden Anträgen stattzugeben ist.
12.5.2.1 Ein dringendes öffentliches Interesse kann z. B. bestehen, wenn der Ausländer unter Zeugenschutz steht, oder wenn das Verlassen des Geltungsbereichs der räumlichen Beschränkung der Beschaffung von Heimreisedokumenten oder Identitätsnachweisen dient (Termine bei Botschaften oder Konsulaten sind jedoch gemäß Satz 3 erlaubnisfrei).
12.5.2.2 Zwingend sind nur Gründe von erheblichem Gewicht. Sie können familiärer, religiöser, gesundheitlicher oder politischer Natur sein. In Betracht kommen etwa der Besuch eines Facharztes, dringende familiäre Angelegenheiten, z. B. Besuch schwer kranker Familienmitglieder, Teilnahme an bedeutenden religiösen Riten und Festen.
12.5.2.3 Unbillige Härten sind Beeinträchtigungen persönlicher Belange, die im Vergleich zu den betroffenen öffentlichen Interessen und im Hinblick auf den vom Gesetz vorausgesetzten Zweck der Aufenthaltsbeschränkung als unangemessen schwer anzusehen sind. Es handelt sich um einen gerichtlich voll überprüfbaren unbestimmten Rechtsbegriff. Persönliche Interessen des Ausländers können stärker berücksichtigt werden als beim Begriff des zwingenden Grundes.
12.5.3 Satz 3 stellt klar, dass in bestimmten Fällen eine Erlaubnis nicht erforderlich ist. Erforderlich ist die persönliche Anwesenheit nicht nur bei ausdrücklicher Anordnung des persönlichen Erscheinens, sondern auch dann, wenn die Anwesenheit bei objektiver Betrachtung geboten erscheint. Behörden in diesem Sinne sind auch Botschaften und Konsulate ausländischer Staaten.

Übersicht

	Rn
I. Entstehungsgeschichte	1
II. Allgemeines	2
III. Geltungsbereich und räumliche Beschränkungen	6
IV. Bedingungen	16
V. Auflagen	22
VI. Rechtsschutz	24

I. Entstehungsgeschichte

1 Die Vorschrift entspricht in vollem Umfang dem **GesEntw** (BT-Drs 15/420 S. 10).

II. Allgemeines

2 Örtlicher **Geltungsbereich** u. Beschränkungen sind vorab bestimmt, weil diese durch die vorrangigen Regelungen des SDÜ mitbestimmt werden u. weil die Wirkung von Nebenbestimmungen auf dieser Grundlage aufbaut. Bedingungen u. Auflagen sind für Visum u. AE sowie für Befreiung von der Pflicht zum Besitz eines AufTit zugelassen, nicht aber für die NE, die nicht mit Nebenbestimmungen versehen werden darf (Ausnahmen in §§ 23 II 2, 47). Bedingungen u. Auflagen können auch andere Gegenstände betreffen als den räumlichen Geltungsbereich. Die Kennzeichnung des Aufenthaltszwecks des Visum oder der AE durch Angabe des Zwecks u. uU der Rechtsgrundlage stellt weder Bedingung noch Auflage dar; sie dient vielmehr der Festlegung des Geltungsbereichs des konkreten Titels u. ist damit Teil der Regelung iSd § 35 VwVfG (zur Beschäftigung s. Rn 4).

3 Die **Rechtsnatur** von Bedingungen u. Auflagen, die auch nach § 14 AuslG 1990 u. § 7 III AuslG 1965 zulässig waren, kann streitig sein (vgl § 36 II Nrn 2, 4 VwVfG; zu Nebenbestimmungen allg Renner, AiD Rn 5/518–642). Insb ist nicht sicher, ob es sich bei Auflagen jew um solche iSd § 36 II Nr 4 VwVfG handelt oder um sog. modifizierende; die Unterscheidung wirkt sich hauptsächlich beim Rechtsschutz aus (dazu Rn 24). Weder Gesetzeswortlaut u. Entstehungsgeschichte (dazu Begr des GesEntw, BT-Drs 15/420 S. 59) noch Sinn u. Zweck lassen darauf schließen, dass in Abs 2 nur eine der beiden Auflagenarten gemeint sein soll. Zu Fristen vgl § 7 II.

4 Sonstige **Nebenbestimmungen** sind nicht ausdrücklich erwähnt, auch nicht in der Begründung des GesEntw (BT-Drs 15/420 S. 73). Sie sind aber jedenfalls in der Form der „Nebenbestimmungen" über die Berechtigung zur Ausübung einer Beschäftigung zulässig (§§ 4 II 2, 18 II 2). Dies liegt auch § 84 I Nr 3 zugrunde, wonach Rechtsbehelfe gegen die Änderung oder Aufhebung einer Nebenbestimmung über die Ausübung einer Beschäftigung keine aufschiebende Wirkung entfalten. Welche Rechtsnatur diese Nebenbestimmungen (ua Vermerke, Hinweise, Zulassungen, Beschränkungen) haben, ist nach ihrer Zweckbestimmung u. Wirkung zu bestimmen (dazu § 4 Rn 29 ff, 57 ff). Maßgeblich ist allein, ob sie Gegenstand der Regelung selbst sind oder dieser nur beigegeben (s. Rn 2).

5 Bedingungen sind anders als Auflagen nicht **nachträglich** zulässig (anders noch § 7 IV AuslG 1965). Sie können auch der Erlaubnisfiktion des § 81 III beigefügt werden. Allg können Bedingungen u. Auflagen gegenüber ausreisepflichtigen Ausl u. damit auch gegenüber Duldungsinhabern angeordnet werden (§ 61 I 2). Sie erlöschen aufgrund Aufhebung oder Erfüllung der Ausreisepflicht (§ 51 VI). Ausgeschlossen sind Auflagen wie Bedingungen für die NE (ausgenommen solche nach § 23 II 2, 47; Übergangsregelung in § 102). Auf **Unionsbürger** ist § 12 nicht anwendbar (vgl § 11 I FreizügG/EU).

III. Geltungsbereich und räumliche Beschränkungen

6 Der räumliche Geltungsbereich der AufTit umfasst grundsätzlich das gesamte Hoheitsgebiet der BR Deutschland. Nach der Herstellung der dt Einheit am 3. 10. 1990 ist unter „Bundesgebiet" Gesamtdeutschland zu verstehen (Überleitungsregelung für aufr Titel nach DDR-Recht in Anl. I Kap. II Sachgebiet B Abschn. III Nr 4 zum Einigungsvertrag). Damit ist das „Bundesgebiet" gleichbedeutend mit „Deutschland". Trotz der

Geltungsbereich; Nebenbestimmungen § 12 **AufenthG 1**

Zuständigkeit der Bundesländer gelten die VA der AuslBeh grundsätzlich für das gesamte Bundesgebiet. Beschränkungen dieser **internen** Wirkungen durch Ges oder VA sind ausnahmsweise zulässig. Die AuslBeh darf aber zB die Geltung nicht auf einen Teil des Bundesgebiets beschränken u. den eigenen ausnehmen; die damit vorgenommene Verteilung ist Gegenstand jew streng begrenzter ges Regelungen (zB §§ 15 a, 23 I 3, 24 III–VI; §§ 44–54 AsylVfG; § 8 BVFG) u. unterliegt daher nicht dem Ermessen von Regionalbehörden.

Die **externe** Wirkung beruht auf Gemeinschaftsrecht u. ist der Regelung durch den dt 7 Gesetzgeber weitgehend entzogen. Vorrangig gelten die Bestimmungen des SDÜ, vor allem die Art 19 bis 21 über die transnationale Geltung des Schengen-Visums, der Visumbefreiung u. der nationalen Titel. Damit unterliegen nicht nur Erteilung u. Geltung des Schengen-Visums dem EU-Recht, sondern zT auch die Rechtswirkungen der von den Mitgliedstaaten ausgestellten Titel. Deren Erteilung wird vor allem nach Ablauf der Umsetzungsfristen für die EU-RL zur Familienzusammenführung, zum Daueraufenthalt u. zum Studium sowie zum Asylverf u. zur Asylanerkennung ebenso weitgehend durch Gemeinschaftsrecht vorherbestimmt sein (dazu Vorbem Rn 25).

Das **Schengen-Visum** kann räumlich beschränkt werden (Art 5 II 2, 10 III, 11 II, 14 8 I 2, 16 SDÜ; vgl auch Art 19 III SDÜ). Angesichts des Vorrangs des SDÜ u. des Ausnahmecharakters solcher Beschränkungen sind die im SDÜ dafür angeordneten Voraussetzungen strikt einzuhalten. Die Zulassung kontrollierter Reisefreiheit in einem einheitlichen Reiseraum darf nicht unterlaufen werden, zumal Kontrollen wegen des Fortfalls der Binnengrenzkontrollen nicht wirksam vorgenommen werden können.

Räumliche Beschränkungen in **sonstigen Fällen,** also bei nationalen Visa oder AE, 9 beruhen auf Ges (§§ 51 VI, 56 III 1, 59 II 1) oder VA (zB nach Abs 2 S. 2). Für Asylbew gelten die Vorschriften der §§ 56 ff AsylVfG. Gründe für eine ausnahmsweise räumliche Beschränkung, die sowohl mit Art 2 I GG als auch mit Art 2 I EMRK-Prot Nr 4 vereinbar ist (OVG Berlin, NJW 1980, 539; aA Strate, InfAuslR 1980, 129), können sich nur aus gewichtigen öffentl Interessen ergeben (krit gegenüber einem „überlasteten Siedlungsgebiet Berlin" schon Franz, JR 1976, 146 u. 188; näher Renner, AiD Rn 5/541–553). Diese wiederum können aus dem Verhalten des Ausl oder aus äußeren Umständen herrühren, die eine Aufenthaltsbegrenzung erfordern. Liegen Gründe vor, welche die Ausweisung oder die Versagung des AufTit rechtfertigen, kommt überhaupt kein AufTit in Betracht.

Im **Einzelfall** angeordnet werden können sie immer nur bei einem wichtigen öffentl 10 Interesse unter Wahrung der Verhältnismäßigkeit (bei Verstoß uU Ausweisung nach § 55 II Nr 2). Daher muss das öffentl Interesse vor allem bei Rechtsansprüchen auf Aufenthalt ein überragendes Gewicht aufweisen, um räumliche Beschränkungen rechtfertigen zu können. Vorausgesetzt sind immer Zweckmäßigkeit u. Geeignetheit, die zB bei dem Versuch, die vermehrte Ansiedlung von Ausl in städtischen Ballungsgebieten oder an sozialen Brennpunkten zu verhindern, idR fehlen. So wäre es zB äußerst fraglich, ob „**Parallelgesellschaften"** (dazu Jahresgutachten 2004 S. 20, 96, 98, 324) durch räumliche Beschränkungen verhindert werden sollten u. könnten. Eine Entlastung von Ballungsräumen bedarf der überörtlichen Regulierung u. kann nicht von der einzelnen AusBeh vorgenommen werden. Eine „Ghetto"-Bildung beruht meist auf sozialen Ursachen wie zB der mangelnden Verfügbarkeit billigen Wohnraums oder dem Bedürfnis nach Zusammenwohnen mit ethnisch u. kulturell Gleichen. Sie darf nicht nur negativ als reine Abschottung verstanden werden, sondern auch als berechtigtes Streben nach Erhalt der eigenen kulturellen Identität. Daher sollte u. kann sie mit ausländerpolizeirechtlichen Maßnahmen weder sachgerecht noch verhältnismäßig aufgelöst oder verhindert werden.

Eine örtliche Beschränkung ist nicht erst nach Eintritt einer Störung der öffentl Sicherheit 11 erlaubt; auch vorbeugende polizeiliche Gefahrenabwehr ist zulässig, zB zur Verhinderung von Ausschreitungen anlässlich des Besuchs eines ausl Staatsgastes (BVerwG, EZAR 103 Nr 1). Hierfür sind aber geeignete tatsächliche Anhaltspunkte erforderlich, eine Schein- oder Putativgefahr genügt nicht (VGH BW, EZAR 103 Nr 14).

12 Der Aufenthalt darf auf ein **Land** oder mehrere Länder oder Teile hiervon beschränkt werden, etwa für die Duldung bei voneinander abweichenden Ländererlassen. Die Befugnis zur räumlichen Beschränkung schließt aber die Kompetenz zur Erteilung eines AufTit ausschließlich für Gebiete außerhalb der eigenen Zuständigkeit der Auslbeh nicht ein (zur AufGest vgl § 56 AsylVfG); für diesen Fall wäre zumindest die Zustimmung der anderen Auslbeh erforderlich. Außerdem darf durch die räumliche Begrenzung nicht der Zweck des AufTit vereitelt werden, etwa bei Familiennachzug zu in anderen Gebieten wohnhaften Personen oder bei unselbständiger Erwerbstätigkeit an einem anderen Ort.

13 Die nachträgliche **örtliche Beschränkung** ist nicht wie die Befristung der AE (§ 7 II 2) an den Fortfall einer wesentlichen Voraussetzung der Erteilung gebunden. Sie erfordert gleichwohl eine wesentliche Änderung der bei Erteilung des unbeschränkten AufTit (Visum u. AE) gegebenen oder angenommenen Umstände. Sie stellt sich zwar der Form nach nicht als teilweise Rücknahme oder teilweiser Widerruf dar, weil Abs 2 S. 2 lex specialis gegenüber diesen Bestimmungen ist, u. sie braucht deshalb die Voraussetzungen der §§ 48, 49 VwVfG bzw Landes-VwVfG nicht einzuhalten. Lagen die Voraussetzungen für die örtliche Einschränkung des Geltungsbereich schon bei Erteilung vor, ist die nachträgliche Anordnung (für die Zukunft) ebenso ohne weiteres zulässig wie bei späterer Änderung (zu Letzterem § 49 II Nr 1 VwVfG). Sind sie erst später eingetreten, bedarf es jedoch ähnlicher Sachgründe u. Wertungen wie nach § 49 VwVfG (näher Renner, AiD Rn 5/553).

14 Die **Durchsetzung** räumlicher Beschränkungen des Aufenthalts erfolgt auf der Grundlage der aus der Beschränkungen folgenden Verlassenspflicht zu den Kosten § 66 I, zur Ordnungswidrigkeit § 97 III Nr 1). Entweder muss der Ausl das Bundesgebiet verlassen oder sich in den Teil begeben, in dem der Aufenthalt erlaubt ist. Unmittelbarer Zwang ist nach Maßgabe der §§ 57 ff u. landesrechtlicher Vorschriften zulässig. Ausreisepflichtige ohne Duldung sind nicht im Bundesgebiet zu verteilen, sondern vorrangig zurück- oder abzuschieben. Nur wenn dies nicht möglich ist, darf Abs 3 angewandt werden.

15 Trotz räumlicher Beschränkung des Aufenthalts kann das vorübergehende **Verlassen** erlaubt werden, wenn ein öffentl oder privates Interesse hierfür spricht. Das Ermessen ist eingeschränkt, wenn dringende öffentl Interessen oder zwingende Gründe (dazu § 57 AsylVfG Rn 17--24) vorliegen oder sonst eine unbillige Härte einträte. Damit ist ein breites Spektrum anerkennenswerter Ausnahmegründe aufgezählt, die zur Erteilung der Erlaubnis zwingen. Darüber hinaus ist für weitere Fälle Ermessen eröffnet. Ohne besondere Erlaubnis ist die Wahrnehmung von Terminen bei Behörden u. Gerichten gestattet, wenn das persönliche Erscheinen erforderlich ist. Nicht notwendig ist die Anordnung des persönlichen Erscheinens wie bei Asylbew nach § 57 III 1. Die Wahrnehmung des Termins muss auch nicht angezeigt werden wie von Asylbew nach § 57 III 2.

IV. Bedingungen

16 Für Visum u. AE sind **aufschiebende** wie **auflösende** Bedingungen grundsätzlich zulässig, wenn ein öffentl Interesse dies gebietet oder nahelegt. Die generelle Zulässigkeit von (nicht nachträglichen) Bedingungen bei Vorliegen eines öffentl Interesses bedeutet nicht, dass auch Ansprüche auf AufTit durch Bedingungen ohne weiteres eingeschränkt werden dürfen (vgl zu dieser Einschränkung auch § 5 I Nr 3). Sie dürfen nicht dem Zweck der Erteilungsvoraussetzungen zuwiderlaufen u. auch sonst nicht zweckwidrig oder sachwidrig wirken. Sie dürfen auch nicht überflüssigerweise angeordnet werden, wenn sich Beschränkungen bereits aus dem Ges oder dem AufTit ergeben, zB hinsichtlich der Zulassung einer Erwerbstätigkeit.

17 **Aufschiebende** Bedingungen dürfen nur dazu dienen, die Erteilung vom Eintritt noch fehlender Voraussetzungen für den Anspruch oder vom Nichtvorliegen von Versagungsgründen oder entsprechenden Nachweisen abhängig zu machen (zB Verpflichtungserklärung eines Dritten nach § 68 I oder eine ähnliche Sicherheit iSd § 66 V; dazu näher Rn 21). Insoweit eröffnet die Bedingung die Möglichkeit einer frühzeitigen Entscheidung mit Selbstbindung der Auslbeh u. der Folge, dass nachträglicher Streit vermieden wird, der zu Unsicherheiten in der Rechtslage führen kann. Für den Ausl nachteilig wirkt sich der meist damit verbundene Zeitaufwand aus. Bei äußerst eilbedürftigen Entscheidungen wie dem Visum aus einem unvorhersehbar aufgetretenen Anlass für ein fest terminiertes Ereignis (zB Beisetzung) darf die Bedingung nicht dazu führen, dass das Visum wegen Verspätung seinen Zweck nicht erfüllen kann.

Eine **auflösende** Bedingung, mit deren Eintritt der AufTit erlöschen soll, ist ebenso 18 zulässig (vgl § 51 I Nr 2), zumindest bei Rechtsansprüchen aber problematisch. Die Gründe für Erlöschen u. Widerruf (§§ 51, 52) bieten eine idR ausreichende Grundlage für die Abwicklung von Fällen nachträglichen Fortfalls von Genehmigungsvoraussetzungen. Demgegenüber schafft eine auflösende Bedingung oft Rechtsunsicherheit, da ihr Eintritt (zB Aufhebung der ehelichen Lebensgemeinschaft bei § 27 I oder Fortfall der Sicherung des Lebensunterhalts nach § 5 I 1 Nr 1) nachträglich nur schwer festzustellen ist. Im Falle des Ausweisungsgrunds (§ 5 I 1 Nr 2) wäre eine auflösende Bedingung auch deswegen unstatthaft, weil damit das Mittel der Ausweisung ausgehöhlt würde. Diese setzt nämlich mehr voraus als die Erfüllung eines Ausweisungstatbestands u. ist nur dann sofort vollziehbar, wenn die Behörde dies anordnet (§ 80 I VwGO; vgl § 84).

Die Anforderung einer **Kaution,** die bei Nichterfüllung der Ausreisepflicht verfällt, mittels 19 Bedingung ist grundsätzlich außerhalb von Rechtsansprüchen auf einen AufTit zulässig; allerdings muss diese Maßnahme im Einzelfall angezeigt sein u. nicht unverhältnismäßig wirken (zum Visum vgl § 6 Rn 40). Die Kaution darf nicht fällig werden, wenn dem Ausl der weitere Aufenthalt ges oder durch VA erlaubt wird (BVerwG, EZAR 101 Nr 4).

Früher zT übliche Bedingungen, die eine AufGen bei Beendigung eines **Arbeitsverhält-** 20 **nisses** erlöschen ließen, konnten in Widerspruch zum Inhalt der ArbGen geraten, insb bei einer ArbBer nach § 286 SGB III. Unabhängig davon, dass sie unverhältnismäßig u. unsachgerecht sein konnten, richten sich Nebenbestimmungen betr unselbständiger Erwerbstätigkeit nach geltendem Recht allein nach §§ 4, 39ff (vgl § 4 Rn 46ff). Hinsichtlich der selbständigen Erwerbstätigkeit sind Beschränkungen zulässig, sie ergeben sich aber bereits aus dem AufTit selbst (näher dazu § 21 Rn 5ff).

Der Nachweis der **Kostentragung** durch einen Dritten (Rn 17) könnte auch als Auflage 21 verfügt werden; dann wäre aber der Bestand des AufTit von der Erfüllung der Auflage unabhängig, ein Ergebnis, das der Gesetzgeber früher offenbar vermeiden wollte (vgl § 14 I 2 AuslG: AufGen vom Nachweis der Kostentragung abhängig). Die Verpflichtung zur Kostentragung kann durch Verpflichtungserklärung nach § 68 I erbracht werden. Sie kann sich auf die Ausreisekosten iSd §§ 66 I, 67 I beschränken oder den Unterhalt für einen bestimmten Zeitraum einbeziehen. Als milderes Mittel kommt die Anordnung einer entsprechenden Sicherheitsleistung in Betracht. In keinem Fall darf die Bedingung unverhältnismäßig belasten. Deshalb dürfte zB bei einem Anspruch auf Daueraufenthalt u. bei gesichertem Lebensunterhalt weder eine Sicherheitsleistung noch eine Kostenübernahme durch einen Dritten angeordnet werden; allenfalls wäre ein geringer Teilbetrag für Ausreisekosten u. Unterhalt sachgerecht, um das ebenso geringe Risiko für die öffentl Hand zu kompensieren (zum Verhältnis von Bürgschaftserklärung zum Sozialhilfeanspruch Brunner, ZAR 1991, 23).

V. Auflagen

Auflagen dürfen ebenso wie Bedingungen nur im **öffentl Interesse** verfügt werden, vor 22 Erteilung des AufTit, aber auch nachträglich. Trotz genereller Zulässigkeit ist aber eine unzulässige Beschränkung von Ansprüchen auf einen AufTit untersagt, zB durch ein Arbeitsverbot für Wiederkehrer (§ 37) oder für nachgezogene Ehegatten (§§ 29 V, 30 V). Der Verstoß gegen Auflagen ist zT straf- u. bußgeldbewehrt (§§ 95 I Nr 4, 6 a u. 7, 98 III Nr 1). Die politische Betätigung ist idR nach § 47 durch selbständigen VA zu regeln; daneben sind aber Meldeauflagen uä im Zusammenhang mit politischen Ereignissen oder Veranstaltungen zulässig (vgl auch § 54 a). Hinsichtlich der unselbständigen u. selbständigen Erwerbstätigkeit vgl §§ 4, 21, 39.

23   Die Befugnis, die Auflage schon vor Erteilung des AufTit anzuordnen, spielt vor allem eine Rolle in den Fällen der **Fiktionen** nach § 81 III, IV. Ohne einen (ges oder auslbeh) Grundverwaltungsakt ist indes eine Auflage nicht möglich, u. zwar weder als Nebenbestimmung iSd § 36 I Nr 4 VwVfG noch als integrierender Bestandteil. Ein solcher VA ist aber im Falle des § 81 IV vorhanden, weil danach der AufTit fortgilt. In den Fällen des § 81 III gilt der Aufenthalt als erlaubt oder geduldet, die hierüber auszustellende Bescheinigung (§ 81 V) erfüllt eine ähnliche Funktion wie ein AufTit u. kann daher entsprechend mit Bedingungen oder Auflagen versehen werden, um die Einhaltung der ges Fiktionen zu sichern.

VI. Rechtsschutz

24   Gegen Bedingung oder modifizierende Auflage (als inhaltliche Beschränkung des AufTit) sind bei Ersterteilung wie bei Verlängerung **Verpflichtungswiderspruch u. -klage** gegeben, gerichtet auf Erteilung des AufTit ohne Bedingung oder Auflage oder zumindest mit einer weniger belastenden; eine (bloße) Anfechtungsmöglichkeit besteht grundsätzlich nicht (§§ 42 I, 68 ff VwGO). Angefochten werden kann nur eine Bedingung oder Auflage zur fiktiven Duldung oder Erlaubnis nach § 81 III, weil diese Positionen von Ges wegen unbeschränkt eingeräumt sind u. in sie durch Nebenbestimmungen rechtsverkürzend eingegriffen wird. Der Suspensiveffekt ist zT ausgeschlossen (§ 84 I). **Vorläufiger Rechtsschutz** wird in den Fällen des § 81 III nach § 80 V VwGO, sonst nach § 123 VwGO gewährt. **Angefochten** werden kann dagegen eine gleichzeitig mit dem AufTit oder zuvor verfügte (selbständige) Auflage iSd § 36 II Nr 4 VwVfG. Einstweiliger Rechtsschutz richtet sich in diesem Fall immer nach § 80 V VwGO.

Grenzübertritt § 13 AufenthG 1

Abschnitt 2. Einreise

§ 13 Grenzübertritt

(1) ¹Die Einreise in das Bundesgebiet und die Ausreise aus dem Bundesgebiet sind nur an den zugelassenen Grenzübergangsstellen und innerhalb der festgesetzten Verkehrsstunden zulässig, soweit nicht auf Grund anderer Rechtsvorschriften oder zwischenstaatlicher Vereinbarungen Ausnahmen zugelassen sind. ²Ausländer sind verpflichtet, bei der Einreise und der Ausreise einen anerkannten und gültigen Pass oder Passersatz gemäß § 3 Abs. 1 mitzuführen und sich der polizeilichen Kontrolle des grenzüberschreitenden Verkehrs zu unterziehen.

(2) ¹An einer zugelassenen Grenzübergangsstelle ist ein Ausländer erst eingereist, wenn er die Grenze überschritten und die Grenzübergangsstelle passiert hat. ²Lassen die mit der polizeilichen Kontrolle des grenzüberschreitenden Verkehrs beauftragten Behörden einen Ausländer vor der Entscheidung über die Zurückweisung (§ 15 dieses Gesetzes, §§ 18, 18a des Asylverfahrensgesetzes) oder während der Vorbereitung, Sicherung oder Durchführung dieser Maßnahme die Grenzübergangsstelle zu einem bestimmten vorübergehenden Zweck passieren, so liegt keine Einreise im Sinne des Satzes 1 vor, solange ihnen eine Kontrolle des Aufenthalts des Ausländers möglich bleibt. ³Im Übrigen ist ein Ausländer eingereist, wenn er die Grenze überschritten hat.

Vorläufige Anwendungshinweise

13 Zu § 13 Grenzübertritt

13.1 Ein- und Ausreisekontrolle
13.1.1 Der Begriff der Einreise ist im Sinne eines tatsächlichen Vorgangs (Grenzübertritt, Betreten des Hoheitsgebietes der Bundesrepublik Deutschland) zu verstehen; die Frage, ob die Einreise erlaubt ist, beurteilt sich nach § 14 Abs. 1.
13.1.2 Über die Zulassung und Schließung von Grenzübergangsstellen entscheidet gemäß § 61 Abs. 1 BPolG das Bundesministerium des Innern im Benehmen mit dem Bundesministerium der Finanzen. Das Bundesministerium des Innern gibt die entsprechende Entscheidung im Bundesanzeiger bekannt. Die Verkehrsstunden werden von dem zuständigen Grenzschutzamt festgelegt und durch Aushang an der Grenzübergangsstelle bekannt gegeben. An den EU-Außengrenzen erfolgt die Festlegung im Benehmen mit der zuständigen Oberfinanzdirektion.
13.1.3 Der Grenzübertritt kann ausnahmsweise außerhalb einer zugelassenen Grenzübergangsstelle erfolgen, wenn dies durch andere Rechtsvorschriften oder zwischenstaatliche Vereinbarungen zugelassen ist.
13.1.3.1 Nach Artikel 2 Abs. 1 SDÜ dürfen die Binnengrenzen der Schengen-Staaten an jeder Stelle überschritten werden. Artikel 1 SDÜ legt fest, was unter einer Binnengrenze im Sinne des Schengener Durchführungsübereinkommens zu verstehen ist. Das Recht, die Binnengrenzen an jeder Stelle überschreiten zu dürfen, bleibt auch für den Fall bestehen, dass gemäß des Artikels 2 Abs. 2 SDÜ die Grenzkontrolle für einen begrenzten Zeitraum wieder aufgenommen wird.
13.1.3.2 An den Außengrenzen ergeben sich Ausnahmen auch aus den zwischenstaatlichen Vereinbarungen über den Kleinen Grenzverkehr oder den Touristenverkehr, soweit dem berechtigten Personenkreis der Grenzübertritt außerhalb zugelassener Grenzübergangsstellen an bestimmten Grenzübertrittsstellen oder in bestimmten Zonen gestattet ist. Zur Frage des Passbesitzes, wenn zwischenstaatliche Vereinbarungen über den Kleinen Grenzverkehr hierzu besondere Bestimmungen treffen, vgl. Nummer 14.1.1.2.2.
13.1.3.3 Nach § 61 Abs. 3 BPolG können die Grenzbehörden einzelnen Ausländern oder Ausländergruppen die Erlaubnis erteilen, die Grenze außerhalb der zugelassenen Grenzübergangsstellen oder der festgesetzten Verkehrsstunden zu überschreiten. Die Grenzerlaubnis kann auch erteilt werden, um Ausländern den Grenzübertritt über Flug- und Landeplätze oder Häfen zu gestatten, die nicht als Grenzübergangsstellen zugelassen sind.

13.1.4 Der Ausländer ist gemäß § 13 Abs. 1 Satz 2 verpflichtet, beim Grenzübertritt seinen gültigen Pass oder Passersatz mitzuführen, sich damit über seine Person auszuweisen und sich der polizeilichen Kontrolle des grenzüberschreitenden Verkehrs zu unterziehen. Die Kontrolle des grenzüberschreitenden Verkehrs führt die Grenzbehörde im Rahmen ihrer polizeilichen Befugnisse durch. Ein Verstoß gegen die Passmitführungspflicht stellt eine Ordnungswidrigkeit nach § 98 Abs. 3 Nr 2 oder im Falle der erfolgten Einreise bei Nichtbesitz eines Passes oder Passersatzes einen Straftatbestand nach § 95 Abs. 1 Nr 3 dar.

13.1.4.1 Diese Pflichten bestehen für das Überschreiten der Grenze sowohl an als auch außerhalb von zugelassenen Grenzübergangsstellen. Außerhalb einer zugelassenen Grenzübergangsstelle entzieht sich ein Ausländer der grenzpolizeilichen Kontrolle, wenn er die Grenze zur Ausreise überschreiten will oder im Fall der Einreise bereits überschritten hat und einer Kontrollaufforderung der Grenzbehörde nicht nachkommt.

13.1.4.2 Die Passmitführungspflicht besteht auch für den Grenzübertritt an den Schengen-Binnengrenzen.

13.1.4.3 Die Pflicht, sich auszuweisen und der Grenzkontrolle zu unterziehen, besteht nur im Rahmen einer Grenzkontrolle. Sie umfasst die Pflicht, die entsprechenden grenzpolizeilichen Anordnungen zu befolgen.

13.2 Beendigung der Einreise

13.2.1.1 Der Ausländer hat eine Grenzübergangsstelle erst dann passiert, wenn er die Kontrollstationen der Grenzpolizei und des Zolls, soweit an den EU-Außengrenzen vorhanden, hinter sich gelassen hat und er sich frei in Richtung Inland bewegen kann. Eine Einreise im ausländerrechtlichen Sinne liegt in den in § 13 Abs. 2 Satz 2 genannten Fällen nicht vor. Solange der Ausländer sich danach im Falle einer näheren Überprüfung, im Falle der Festnahme, im Rahmen der Zurückweisung, aus Anlass der medizinischen Versorgung oder aus anderen Gründen noch in der Obhut der Grenzbehörden befindet, sich also nicht frei bewegen kann, ist er nicht eingereist, auch wenn er körperlich die Kontrollstationen überschritten hat. Das gilt auch für Ausländer, die sich im asylrechtlichen Flughafenverfahren gemäß § 18 a AsylVfG befinden.

13.2.1.2 Dabei ist der Begriff „die Kontrolle des Aufenthalts des Ausländers möglich ist" so auszulegen, dass diese Möglichkeit auch von der tatsächlichen Kontrolle anderer Behörden (z. B. Jugendamt, geschlossene psychiatrische Einrichtung, Justizvollzugsanstalt) abgeleitet werden kann. Wird der Aufenthalt eines Ausländers demnach im Inland von einer anderen Behörde derart gestaltet, dass der Ausländer sich nicht ohne besondere Gestattung dieser Behörde frei im Inland bewegen kann, bedarf es einer besonderen Bewachung des Ausländers durch die Grenzbehörden nicht. Entzieht sich der Ausländer unerlaubt der Kontrolle des Aufenthaltes durch Grenz- oder andere Behörden, ist er unerlaubt eingereist (siehe auch Nummer 13.2.5).

13.2.2 Überschreitet ein Ausländer die Grenze an einer Grenzübergangsstelle außerhalb der Öffnungszeiten, ist er eingereist, wenn er die Grenzlinie überschritten hat.

13.2.3 Befindet sich die Einreisekontrollstelle auf fremdem Hoheitsgebiet (gemäß den mit den Nachbarstaaten geschlossenen Vereinbarungen über die Gemeinschaftsabfertigung), ist die Einreise erst erfolgt, wenn die auf fremdem Hoheitsgebiet liegende Grenzübergangsstelle passiert und anschließend die Grenzlinie überschritten wurde.

13.2.4 Einreise ist auch die Grenzüberschreitung zum Zwecke der Durchreise.

13.2.5 Die Einreise an einer Flughafen-Grenzübergangsstelle ist erst erfolgt, wenn der Ausländer die Kontrollstationen der Grenzbehörden (Grenzschutz und Zoll) passiert hat (siehe auch Nummer 13.2.1.1). Ein Ausländer ist nicht eingereist, wenn er sich noch im Transitbereich eines Flughafens aufhält bzw. im Rahmen des asylrechtlichen Flughafenverfahrens gemäß § 18 a AsylVfG auf dem Flughafengelände untergebracht ist.

13.2.6.1 Seereisende überschreiten die Grenze mit dem Überfahren der seewärtigen Begrenzung des deutschen Küstenmeeres (sog. Zwölf-Seemeilen-Zone) oder dem Überfahren der seitlichen Begrenzung des deutschen Küstenmeeres bzw. der deutschen Eigengewässer zu dem jeweiligen Nachbarstaat. Die Ausländer an Bord eines Schiffes, das von der Hohen See kommend einen als Grenzübergang zugelassenen deutschen Hafen anläuft, sind im Regelfall erst eingereist, wenn sie im Hafen kontrolliert worden sind und das Schiff verlassen haben.

13.2.6.2 Ausländer an Bord eines Schiffs, die beabsichtigen, unter Umgehung der Grenzübergangsstellen an Land zu gehen, haben die Einreise bereits mit der Einfahrt in das Küstenmeer vollendet. Das ist z. B. der Fall, wenn Schleuser Ausländer mit dem Schiff in Küstennähe bringen, um sie am Strand anzulanden. Sie können sich nicht auf das Recht der friedlichen Durchfahrt berufen. Sind die Ausländer nicht im Besitz der erforderlichen Einreisedokumente, liegt bereits eine vollendete unerlaubte

Grenzübertritt § 13 **AufenthG** 1

Einreise vor (§ 95 Abs. 1 Nr 3). Die Schleuser haben ggf Straftaten gemäß §§ 96 und 97 begangen. Jedoch sind die entsprechenden Vorschriften der Genfer Konvention zu beachten (vgl. § 95 Abs. 5).

13.2.6.3 Ausländer an Bord eines Schiffs, das aus einem anderen Staat oder über die Hohe See kommt und den Nord-Ostsee-Kanal passiert, reisen nach Deutschland ein.

13.2.6.4 Bei der Einfahrt nach Deutschland über die Flussmündungen und Kanäle aus Richtung Hohe See oder über eine andere Außengrenze der Schengen-Staaten muss grundsätzlich ein als Grenzübergangsstelle zugelassener Hafen angelaufen werden, um eine Einreisekontrolle zu ermöglichen. Es ist nicht zulässig, Deutschland bzw. die Schengen-Staaten auf Flüssen oder Kanälen zu durchqueren, ohne einen Hafen zur Einreisekontrolle anzulaufen. Ausnahmen können sich aufgrund zwischenstaatlicher Vereinbarungen oder durch Grenzerlaubnisse ergeben (siehe Nummer 13.1.2; z. B. für den Grenzübertritt auf dem Bodensee).

13.2.7 Bei Kontrollen im fahrenden Zug ist eine Einreise erst dann erfolgt, wenn sich der Zug auf deutschem Hoheitsgebiet befindet, die grenzpolizeiliche Kontrolle im Zug beendet wurde und die Kontrollbeamten den Zug verlassen haben.

13.2.8 Die Bestimmung des Einreisebegriffs in § 13 Abs. 2 lässt Rechtsvorschriften über die Einreise außerhalb des Ausländerrechts unberührt. Strafbare Handlungen eines Ausländers unterfallen gemäß § 3 StGB dem deutschen Strafrecht, auch wenn er ausländerrechtlich als noch nicht eingereist gilt. Dies gilt insbesondere auch dann, wenn der Ausländer an einer sog. „Vorgeschobenen Grenzkontrollstelle" (deutsche Grenzkontrollstelle auf dem Hoheitsgebiet eines fremden Staates) Delikte begeht, insbesondere gemäß § 95 Abs. 3 i. V. m. § 95 Abs. 1 Nr 3. Diese unterfallen demnach ohne weiteres deutschem Strafrecht.

Übersicht

	Rn
I. Entstehungsgeschichte	1
II. Allgemeines	2
III. Einreise- und Ausreisekontrolle	3
IV. Grenzübertritt und Einreise	6

I. Entstehungsgeschichte

Die Vorschrift stimmt in vollem Umfang mit dem **GesEntw** überein (BT-Drs 15/420 **1** S. 10). Die Vorgängerregelung des § 59 AuslG hatte fast denselben Wortlaut.

II. Allgemeines

Während in Abs 1 die Verpflichtungen an der Grenze u. bei der Einreise bestimmt sind, **2** ist in Abs 2 ist das Verhältnis zwischen Grenzübertritt u. Einreise beschrieben. Die Zeitpunkte von Grenzübertritt sowie Ein- u. Ausreise haben auslr wie strafrechtliche **Bedeutung.** Die Maßnahmen der Zurückweisung u. Zurückschiebung (§§ 15, 57) unterscheiden sich danach, ob der Ausl bereits eingereist ist. Die Straftat nach § 95 I Nr 3 setzt ebenso wie die Ordnungswidrigkeit nach § 98 II Nr 2 die Einreise voraus, u. die Strafvorschriften des § 95 I Nr 1 u. 2 stellen auf den Aufenthalt im Bundesgebiet, also ebenfalls auf die Zeit nach der Einreise ab, während § 98 III Nr 2 die Umgehung der Grenzkontrolle ohne Rücksicht darauf, wo sie stattfindet, ahndet.

III. Einreise- und Ausreisekontrolle

Abs. 1 regelt Ein- u. Ausreiseformalitäten. Danach sind Ausl zur Einreise nur an den **3** **zugelassenen Übergangsstellen** (Zulassung durch BMI nach § 61 I BPolG) u. zu den festgesetzten Verkehrsstunden (durch zuständiges Grenzschutzamt) berechtigt. Außerdem

1 AufenthG § 14   1. Teil. Aufenthaltsgesetz

haben sie zum Zwecke des Identitätsnachweises einen Pass oder Passersatz mitzuführen u. auf Aufforderung vorzuzeigen u. auszuhändigen. Schließlich müssen sie sich der polizeilichen Grenzkontrolle unterziehen.

4   Gemäß Art 12 SDÜ sind die Kontrollen an den Binnengrenzen des **Schengen-Gebiets** entfallen; daher dürfen diese Binnengrenzen an jeder Stelle überschritten werden (Art 2 I SDÜ). An den Außengrenzen ergeben sich Ausnahmen aufgrund von Vereinbarungen über den Kleinen Grenzverkehr u. den Touristenverkehr (Nr. 13.1.3.2 VAH) sowie aufgrund von Erlaubnissen der Grenzbehörden für einzelne Ausl oder Ausländergruppen (§ 61 III BPolG).

5   Von der **Passmitführungspflicht** (zur Passpflicht § 3 u. zu ausweisrechtlichen Pflichten § 48) befreit ist, wer nicht der Passpflicht unterliegt (§ 3 Rn 8 ff; § 14 f AufenthV). An der Grenze kann ua in Härtefällen Angehörigen der EU- u. der EWR-Staaten, der Positivstaaten des Anhangs II der EUVisaVO u. der Schweiz ein Notreiseausweis als Passersatz für längstens einen Monat ausgestellt werden (§ 13 AufenthV). An den Schengen-Binnengrenzen ist keine Ausnahme von der Passmitführungspflicht vorgesehen (zu Pässen u. Ausweisen ausführlich Maor, ZAR 2005, 222).

IV. Grenzübertritt und Einreise

6   Abs 2 soll das Verhältnis zwischen Grenzübertritt u. Einreise beschreiben u. mögliche Zweifel beseitigen (näher Renner, AiD Rn 4/11–17). Die Definition des Abs 2 nimmt keine Rücksicht auf die **Ordnungsgemäßheit** der Einreise nach Abs 1; sie hebt nur auf die Möglichkeit der Kontrolle u. der Zurückweisung an der Grenze ab, u. diese besteht unabhängig von den festgesetzten Verkehrsstunden u. der tatsächlichen Ausführung der Kontrolle. Aus welchen Gründen die Einreise stattfindet, ist unerheblich. Sie kann auch zu Transitzwecken erfolgen.

7   Grenzübertritt u. Einreise **fallen** danach **nur zusammen,** wenn der Ausl außerhalb einer zugelassenen Grenzübergangsstelle einreist. An einer zugelassenen Grenzkontrollstelle ist die Einreise erst mit dem Passieren dieser Stelle beendet, also nicht schon mit deren Erreichen. Außerdem muss sich die Kontrollstelle auf dt Staatsgebiet befinden; liegt sie (als gemeinsame Kontrollstelle) auf fremdem Staatsgebiet, erfolgt die Einreise erst mit Überschreiten der Grenze. Ob die Grenzbehörde geöffnet u. besetzt ist, ist unerheblich. Bei einer Bahnfahrt ist die Einreise erfolgt, wenn die Grenzlinie überfahren ist u. mitreisenden Grenzbeamten die Kontrolle beendet haben. Passagiere, die sich versteckt u. der Kontrolle entzogen haben, sind eingereist, wenn sie erst später entdeckt werden.

8   Am **Flughafen** muss die Kontrollstelle passiert sein u. die Möglichkeit bestehen, sich frei in Richtung Inland zu bewegen. Betreten u. Aufenthalt im Transitbereich, zB während des Verf nach § 18 a AsylVfG, sind nicht mit der Einreise gleichzusetzen.

9   **Seereisende** überschreiten die Grenze mit Überfahren der seewärtigen Begrenzung des dt Küstenmeeres (12-Meilen-Zone) oder dem Überfahren der seitlichen Begrenzung des dt Küstenmeeres zu dem Nachbarstaat. Sie sind erst nach der Kontrolle im nächsten Hafen eingereist, Wer diese Kontrolle zu umgehen beabsichtigt u. an anderer Stelle an Land gehen will oder geht, ist bereits (unerlaubt) eingereist (vgl Nr. 13.2.6.1–13.2.6.4. VAH).

10   In den Fällen des Abs 2 S. 2 ist noch kein Grenzübertritt im Rechtssinne erfolgt, obwohl tatsächlich die Kontrollstation überschritten ist. Der Ausl befindet sich nämlich **unter Kontrolle** für einen bestimmten Zweck vorübergehend im Bundesgebiet (zB Krankenhausbehandlung, Besuch der Auslandsvertretung, persönliches Erscheinen in einem Gerichtstermin, Zurückweisungshaft). Entkommt der Ausl der Kontrolle, so ist er eingereist.

§ 14 Unerlaubte Einreise; Ausnahme-Visum

(1) Die Einreise eines Ausländers in das Bundesgebiet ist unerlaubt, wenn er
1. einen erforderlichen Pass oder Passersatz gemäß § 3 Abs. 1 nicht besitzt,

Unerlaubte Einreise; Ausnahme-Visum § 14 **AufenthG 1**

2. den nach § 4 erforderlichen Aufenthaltstitel nicht besitzt oder
3. nach § 11 Abs. 1 nicht einreisen darf, es sei denn, er besitzt eine Betretenserlaubnis nach § 11 Abs. 2.

(2) Die mit der polizeilichen Kontrolle des grenzüberschreitenden Verkehrs beauftragten Behörden können Ausnahme-Visa und Passersatzpapiere ausstellen.

Vorläufige Anwendungshinweise

14 Zu § 14 Unerlaubte Einreise; Ausnahmevisum

14.1 Voraussetzungen der unerlaubten Einreise
14.1.0 Einreise
Eine Einreise liegt erst vor, wenn der Ausländer gemäß § 13 Abs. 2 tatsächlich die Außengrenze der Bundesrepublik Deutschland von einem Drittstaat oder von einem anderen Schengenstaat aus überschritten hat (siehe Nummer 13.2). Eine bereits erfolgte Einreise in einen anderen Schengenstaat lässt die Anwendbarkeit des § 14 unberührt.
14.1.1 Einreise ohne erforderlichen Pass
14.1.1.1 Die Einreise eines Ausländers ist unerlaubt, wenn er einen erforderlichen Pass oder Passersatz gemäß § 3 Abs. 1 nicht besitzt. Auf Ausländer, deren Rechtsstellung von dem Gesetz über die allgemeine Freizügigkeit von Unionsbürgern geregelt ist (vgl. § 1 FreizügG/EU), findet gemäß § 1 Abs. 2 Nr 1 i. V. m. § 1, § 11 Abs. 1 FreizügG/EU § 3 Abs. 1 keine Anwendung; damit ist auf diese Personen § 14 Abs. 1 Nr 1 insgesamt nicht anwendbar (Zur Ausweispflicht vgl. § 8 FreizügG/EU, zum Erfordernis des Aufenthaltstitels vgl. Nummer 14.1.2.2.6).
14.1.1.2.1 Ein Ausländer erfüllt die Passpflicht, wenn
– er einen gemäß § 71 Abs. 6 anerkannten, gültigen Pass mit sich führt,
– er gemäß § 2 AufenthV in den anerkannten und gültigen Pass seines gesetzlichen Vertreters eingetragen ist. Minderjährige Ausländer erfüllen die Passpflicht durch Eintragung im gültigen Pass oder Passersatz des gesetzlichen Vertreters auch dann, wenn der gesetzliche Vertreter nicht bei ihm ist,
– er gemäß § 3 AufenthV über einen zugelassenen nichtdeutschen amtlichen Ausweis als Passersatz verfügt,
– er über eines der in § 4 AufenthV aufgezählten Passersatzpapiere verfügt.
14.1.1.2.2 Soweit zwischenstaatliche Vereinbarungen über den Kleinen Grenzverkehr vorsehen, dass Ausländer mit nicht von deutschen Behörden ausgestellten amtlichen Ausweisen einreisen, welche gemäß § 3 Abs. 1 Nummer 1 AufenthV als Passersatz zugelassen sind, kommt eine Zurückweisung gemäß Art. 5 Abs. 1 SDÜ auch dann nicht in Betracht, wenn diese Ausweise nicht in allen Schengen-Staaten als gültige Grenzübertrittspapiere anerkannt sind. In geeigneten Fällen ist der Ausländer darauf hinzuweisen, dass sein Aufenthalt auf die Grenzzone räumlich beschränkt ist.
14.1.1.3 Es ist davon auszugehen, dass die Einreise im Sinne des § 14 Abs. 1 Nummer 1 unerlaubt ist, wenn der Ausländer einen Pass oder Passersatz nicht mit sich führt und kein Fall des § 14 AufenthV vorliegt (vgl. aber Nummer 14.1.1.1). Etwas anderes kann im Einzelfall gelten, wenn der Ausländer bis zur Beendigung der Einreise den Nachweis erbringen kann, dass er im Besitz eines gültigen Passes oder Passersatzes bzw. von der Passpflicht befreit ist.
14.1.1.3.2 Ein Ausländer besitzt auch einen Pass bzw. Passersatz, wenn er ihn einer inländischen Behörde oder Behörde eines anderen Schengen-Staates überlassen hat, um Eintragungen vorzunehmen zu lassen oder ein Visum zu beantragen und dies nachweisen kann.
14.1.1.3.3 Ein Ausländer besitzt auch einen Pass bzw. Passersatz, wenn er ihn einer im Inland gelegenen Vertretung eines auswärtigen Staates zur Durchführung eines Visumverfahrens vorübergehend überlassen hat. In diesem Fall hat der Ausländer gemäß § 55 Abs. 2, § 56 Nr 4 AufenthV einen Ausweisersatz zu beantragen und damit den Nachweis des Passbesitzes zu führen. Daher hat der Ausländer, der sich auf diesen Sachverhalt beruft, darzulegen, dass er seiner Verpflichtung nachgekommen ist oder ohne sein Verschulden nicht nachkommen konnte. Hat er die Beantragung eines Ausweisersatzes schuldhaft unterlassen, ist der Tatbestand einer Ordnungswidrigkeit gemäß § 77 Nr 2 AufenthV erfüllt.
14.1.1.3.4 Ein Ausländer besitzt den Pass nicht mehr, wenn er ihn verloren oder unauffindbar verlegt hat, wenn das Dokument entwendet wurde oder wenn das Dokument in wesentlichen Teilen vernichtet wurde oder unleserlich ist. Zur Vermeidung einer Straftat (§ 95 Abs. 1 Nr 1 bzw. 3) und zur Gewährleistung der Passmitführungspflicht (§ 48 Abs. 1) sind Einreise und Aufenthalt im Bundesgebiet des Ausländers ohne Pass, Passersatz oder entsprechender Befreiung zu verhindern.

14.1.1.4 Ein Ausländer, der zu einem Aufenthalt bis zu drei Monaten in das Schengen-Gebiet einreisen will und lediglich über einen Pass oder Passersatz verfügt, der zwar in Deutschland, nicht aber in allen Schengen-Staaten anerkannt ist, erfüllt die Einreisevoraussetzung gemäß Artikel 5 Abs. 1 Buchstabe a SDÜ nicht. Eine unerlaubte Einreise gemäß § 14 Abs. 1 Nr 1 liegt aber nicht vor, da die Vorschrift lediglich auf die Erfüllung der Passpflicht für Deutschland abstellt.

14.1.2 Einreise ohne erforderlichen Aufenthaltstitel

14.1.2.1 Die Einreise eines Ausländers nach Deutschland ist unerlaubt, wenn er einen erforderlichen Aufenthaltstitel nicht besitzt. Ein Aufenthaltstitel ist nach § 4 Abs. 1 erforderlich, wenn

– der Ausländer nicht vom Anwendungsbereich des Aufenthaltsgesetzes ausgenommen ist (§ 2 Abs. 2),
– der Ausländer nicht durch Gesetz oder Rechtsverordnung vom Erfordernis des Besitzes eines Aufenthaltstitels befreit ist. Kann der Ausländer den Aufenthaltstitel nach der Einreise einholen (41 AufenthV), ist seine Einreise ohne den Besitz eines Aufenthaltstitels nicht unerlaubt. §§ 39 und 40 AufenthV setzen jedoch für den Zeitpunkt der Einreise einen Aufenthaltstitel oder die Befreiung voraus.

14.1.2.2 Der Besitz eines Aufenthaltstitels ist nicht erforderlich für

14.1.2.2.1 – bevorrechtigte Personen, soweit gemäß § 1 Abs. 2 Nummer 2 bzw. 3 das Aufenthaltsgesetz auf sie nicht anzuwenden ist (u. a. in Deutschland akkreditierte Diplomaten, NATO-Truppenangehörige im Rahmen des Nato-Truppenstatuts und des Zusatzabkommens zum NATO-Truppenstatut);

14.1.2.2.2 – Ausländer, die dem Gesetz über die Rechtsstellung heimatloser Ausländer unterfallen;

14.1.2.2.3 – Personen, die Deutsche sind und zugleich eine fremde Staatsangehörigkeit besitzen;

14.1.2.2.4 – Ausländer, die nach den Regelungen des Schengener Durchführungsübereinkommens zur Durchreise oder zum Kurzaufenthalt ohne Visum berechtigt sind (z. B. Artikel 5 Abs. 3 SDÜ, Artikel 18 Satz 2 SDÜ, Artikel 21 SDÜ);

14.1.2.2.5 – Ausländer, die aufgrund ihres Asylgesuchs nach Maßgabe des Artikels 16 a Grundgesetz und des Asylverfahrensgesetzes in das Bundesgebiet zur Geltendmachung eines Asylanspruchs einreisen dürfen (vgl. § 18 Abs. 2, § 18 a Abs. 3 AsylVfG zur Einreiseverweigerung)

14.1.2.2.6 – Die in § 2 FreizügG/EU genannten Ausländer; die Visumpflicht besteht nur für die nicht nach den §§ 2 bis 4 FreizügG/EU begünstigten Ausländer, es sei denn, sie dürfen nach anderen Rechtsvorschriften (z. B. Artikel 21 SDÜ) visumfrei einreisen;

14.1.2.2.7 – Ausländer, die durch die Verordnung (EG) Nr 539/2001 des Rates vom 15. März 2001 zur Aufstellung der Liste der Drittländer, deren Staatsangehörige beim Überschreiten der Außengrenzen im Besitz eines Visums sein müssen, sowie der Liste der Drittländer, deren Staatsangehörige von dieser Visumpflicht befreit sind (ABl. EG 2001 Nr. L 081 S. 1–7, im folgenden: EU-VisumVO). Soweit es dabei um die Frage geht, ob wegen eines entsprechenden Vorbehalts aus Artikel 4 Abs. 3 der EU-VisumVO oder der zeitlichen Beschränkung auf Kurzaufenthalte der Befreiungstatbestand erfüllt ist, ist folgendes zu beachten:

14.1.2.2.7.1 – Für die Anwendbarkeit der Befreiung kommt es darauf an, ob der Ausländer einen Aufenthalt beabsichtigt, der wegen Aufnahme einer Erwerbstätigkeit oder der Absicht, den zeitlichen Rahmen zu überschreiten, eines Visums (mit Zustimmung der Ausländerbehörde) bedürfte. Die EU-VisumVO ist in diesen Fällen nicht anwendbar, vgl. § 17 Abs. 1 AufenthV. Daher reist z. B. ein Staatsangehöriger eines der in Anlage II der EU-VisumVO genannten Staaten unerlaubt ein, wenn er bereits bei der Einreise die Absicht hat, sich länger als drei Monate im Bundesgebiet oder im Gebiet der Anwenderstaaten aufzuhalten oder eine Erwerbstätigkeit aufzunehmen. Durch die ausdrückliche Aufführung der Einreise in § 17 Abs. 1 AufenthV ist klargestellt, dass die bereits bei der Einreise bestehende Absicht, eine Erwerbstätigkeit aufzunehmen, zu einer unerlaubten Einreise führt. Der Nachweis dieser Absicht beim Grenzübertritt ist anhand objektiver Kriterien zu führen (z. B. Mitführen von Werkzeugen oder der Adresse eines Arbeitgebers). Auf § 17 Abs. 2 AufenthV i. V. m. § 4 BeschV wird hingewiesen.

14.1.2.2.7.2 – Wird die Absicht eines Staatsangehörigern der in Anlage II der EU-VisumVO genannten Staaten, eine Erwerbstätigkeit aufzunehmen, beim Grenzübertritt nicht erkannt, kann deren Vorliegen schon zum Zeitpunkt des Grenzübertritts aber später anhand objektiver Kriterien nachgewiesen werden, liegt eine unerlaubte Einreise (sowie ein unerlaubter Aufenthalt vor).

14.1.2.2.7.3 – Lag die entsprechende Absicht nicht schon bei der Einreise vor (der zum Zeitpunkt der Einreise nach der EU-VisumVO befreite Ausländer hat sich erst im Inland entschlossen, eine Erwerbstätigkeit aufzunehmen) oder kann das Vorliegen der Absicht schon zum Zeitpunkt der Einreise später nicht nachgewiesen werden, führt dies allerdings nicht zu einer gleichsam rückwirkend unerlaubten Einreise, weil eine rückwirkende Erfüllung von Straftatbeständen nicht möglich ist.

14.1.2.2.7.4 – Die in Nummern 14.1.2.2.7.1 bis 14.1.2.2.7.3 dargelegten Grundsätze gelten nicht, wenn der Staatsangehöriger der in Anlage II der EU-VisumVO genannten Staaten aufgrund anderer

Unerlaubte Einreise; Ausnahme-Visum § 14 **AufenthG 1**

Vorschriften vom Erfordernis des Besitzes eines Aufenthaltstitels befreit ist, z. B. wegen der Anwendbarkeit älterer Sichtvermerksabkommen gemäß § 16 AufenthV, oder wenn ihm die nachträgliche Einholung eines erforderlichen Aufenthaltstitels im Bundesgebiet gemäß § 41 AufenthV gestattet ist.
14.1.2.2.8 – Ausländer, die nach den §§ 15 bis 31 der AufenthVO vom Erfordernis eines Aufenthaltstitels befreit sind. Für die Anknüpfung an objektive Kriterien sind die Nummern 14.1.2.2.7 ff. entsprechend anwendbar.
14.1.2.3.1 Der Begriff „erforderlich" im Sinne § 14 Abs. 1 Nr 2 ist so zu verstehen, dass der Ausländer irgendeinen Aufenthaltstitel besitzen muss, sofern er nicht Regelungen unterliegt, die dem Aufenthaltsgesetz vorgehen, oder von dem Erfordernis des Besitzes eines Aufenthaltstitels befreit ist. Die Grenzbehörden sollen daher bei der Einreisekontrolle in der Kürze der Zeit anhand möglichst objektiver Merkmale feststellen können, ob der Ausländer die formellen Einreisevoraussetzungen nach §§ 3 und 4 erfüllt.
14.1.2.3.2 Eine unerlaubte Einreise liegt nicht vor, wenn der Ausländer mit einem Visum einreist, das aufgrund seiner Angaben ohne erforderliche Zustimmung der Ausländerbehörde (§ 32 AufenthV) erteilt wurde, obwohl er bereits bei der Einreise einen Aufenthaltszweck beabsichtigt, für den er ein Visum benötigt, das nur mit Zustimmung der Ausländerbehörde erteilt werden darf. So liegt keine unerlaubte Einreise vor, wenn ein Ausländer mit einem kurzfristig geltenden Visum einreist, obwohl er einen Daueraufenthalt beabsichtigt. Sofern die Grenzbehörde den begründeten Verdacht hat, dass der Aufenthalt nicht dem Zweck dienen soll, für den das Visum erteilt wurde, kann sie den Ausländer gemäß § 15 Abs. 2 Nr 2 zurückweisen. Für den Fall, dass der Ausländer die Verlängerung seines Visums oder die Erteilung eines neuen Aufenthaltstitels beantragt, obliegt es der Ausländerbehörde zu prüfen, ob der Ausländer den für den beabsichtigten Aufenthalt erforderlichen Aufenthaltstitel vor der Einreise hätte einholen müssen, und die Erteilungs- oder Verlängerungsvoraussetzung daher gemäß § 5 Abs. 2 Nr 1 nicht vorliegt. In den Fällen der §§ 39 bis 41 AufenthV hat eine Einreise ohne Aufenthaltstitel keine aufenthaltsrechtlichen Folgen (z. B. Zurückschiebung), weil der Aufenthaltstitel nach diesen Vorschriften bei der Einreise noch nicht „erforderlich" ist.
14.1.3 Einreise entgegen einer Wiedereinreisesperre
14.1.3.1 Nach § 11 Abs. 1 Satz 1 tritt die Wiedereinreisesperre außer in den Fällen der Ausweisung und Abschiebung auch dann ein, wenn der Ausländer gemäß § 57 zurückgeschoben wurde.
14.1.3.2 Die Einreise entgegen der gesetzlichen Wiedereinreisesperre nach § 11 Abs. 1 ist unerlaubt. Nach der Einreise besteht die vollziehbare Ausreisepflicht (§ 58 Abs. 2 Nr 1), die regelmäßig eine Zurückschiebung zur Folge hat (§ 57 Abs. 1). Ein nach unerlaubter Einreise gestellter Antrag auf Erteilung eines Aufenthaltstitels bewirkt nicht die Erlaubnisfiktion des § 81 Abs. 3. Nicht unerlaubt gemäß § 14 Abs. 1 Nr 3 ist die Einreise, wenn der Ausländer eine Betretenserlaubnis sowie das erforderliche Visum besitzt.
14.1.3.3 Die Einreise eines zur Einreiseverweigerung im Schengener Informationssystem – SIS – (Artikel 96 Abs. 3 SDÜ) ausgeschriebenen Ausländers nach Deutschland ist dann unerlaubt, wenn der Ausschreibung eine Ausweisung oder Abschiebung oder zur Zurückschiebung einer deutschen Ausländerbehörde zu Grunde liegt (siehe Nummern 58.4 und 53. 0. 10) und somit zugleich eine Wiedereinreisesperre gemäß § 11 Abs. 1 besteht, siehe auch Nummer 14.1.5.
14.1.3.4 Wird dem Ausländer durch eine deutsche Auslandsvertretung entgegen § 11 Abs. 1 vor der Einreise aufgrund unrichtiger oder unvollständiger Angaben ein Visum erteilt, kann die Grenzbehörde den Ausländer gemäß § 15 Abs. 2 Nr 1 zurückweisen und das Visum gemäß § 52 Abs. 1 Nr 3 widerrufen. Reist der Ausländer mit diesem Visum unkontrolliert ein oder hat die Grenzbehörde bei der Einreisekontrolle nicht erkannt, dass das Visum entgegen § 11 Abs. 1 erteilt wurde, ist zwar die Voraussetzung für eine unerlaubte Einreise i. S. v. § 14 Abs. 1 Nr 3 erfüllt. Der Umstand des wirksam erteilten Visums gebietet es jedoch, solange vom Bestand der durch das Visum verliehenen Rechtsposition auszugehen, bis die vollziehbare Ausreisepflicht durch Erlass eines entsprechenden Verwaltungsaktes bewirkt worden ist (vgl. § 48 VwVfG).
14.1.3.5 Die für die Befristung der Sperrwirkung nach § 11 Abs. 2 zuständige Ausländerbehörde oder im Falle einer zuvor erfolgten Zurückschiebung (§ 57) die für die polizeiliche Kontrolle des grenzüberschreitenden Verkehrs zuständige Behörde (§ 71 Abs. 3 Nummer 1) ist gemäß § 87 Abs. 2 Nr 3 über eine unerlaubte Einreise oder einen entsprechenden Versuch zu unterrichten.
14.1.4 Ein Ausländer reist unter den Voraussetzungen des § 14 Abs. 1 auch dann unerlaubt ein, wenn er bei der Einreise kontrolliert worden ist (z. B. nur Sichtkontakt), aber die Grenzbehörde nicht bemerkt hat, dass er die formellen Einreisevoraussetzungen (Besitz von Pass und Aufenthaltstitel) nicht erfüllt und ihm die Einreise freigegeben hat. Eine grenzpolizeiliche Kontrolle rechtfertigt für sich allein nicht die Annahme, der Ausländer habe die formellen Einreisevoraussetzungen erfüllt.

14.1.5 Die Einreise bei Vorliegen der Voraussetzungen des § 5 Abs. 4 (insbesondere Terrorismusverdacht) ist nicht ohne weiteres unerlaubt. Anders als § 11 normiert § 5 Abs. 4 keine generelles Einreise- und Betretensverbot, sondern nur einen zwingenden Versagungsgrund für die Erteilung eines Aufenthaltstitels. Sinn dieser Regelung ist, dass das Vorliegen einer Terrorismusgefahr – anders als eine erfolgte Ausweisung, Abschiebung oder Zurückschiebung – nicht zeitnah bei Grenzübertritt beurteilt werden kann. Allerdings ist Artikel 5 Abs. 1 Buchstabe e SDÜ zu beachten, die Tatbestandsvoraussetzungen sind bei entsprechender Ausschreibung im SIS als vorliegend zu betrachten. Eine Einreiseverweigerung ist – gegebenenfalls nach Widerruf des Visums, § 71 Abs. 3 Nr 3 – auf § 15 Abs. 2 Nr 1 und 3 zu stützen, auch wenn eine entsprechende Ausschreibung nicht vorliegt, sondern sich die Gefährlichkeit aus anderen Tatsachen ergibt. Die Beteiligung von Strafverfolgungsbehörden bzw. anderer Stellen ist zu veranlassen.

14.2 Erteilung von Ausnahmevisa an der Grenze
14.2.1 Allgemeines
14.2.1.1 Im Rahmen des Artikels 10 SDÜ (einheitliches Visum, Ausnahmevisum) ist zwischen einem unbeschränkten und einem räumlich beschränkten Ausnahmevisum zu unterscheiden. Ein unbeschränktes Ausnahmevisum gilt für die Bundesrepublik Deutschland und alle anderen Schengen-Staaten, während das räumlich beschränkte Ausnahmevisum nur für einen oder mehrere Schengen-Staaten erteilt wird. Ist die Erteilung eines Ausnahmevisums aufgrund von Artikel 5 Abs. 2 SDÜ erforderlich (zwingende Voraussetzung ist dabei, dass die Visumerteilung aus humanitären Gründen, Gründen des nationalen Interesses oder aufgrund internationaler Verpflichtungen erforderlich ist), ist dieses Ausnahmevisum räumlich nur auf den ausstellenden Staat zu beschränken.
14.2.1.2 Wird ein Ausnahmevisum für einen Aufenthalt erteilt, dessen Dauer insgesamt drei Monate überschreitet, handelt es sich nicht um ein einheitliches, sondern gemäß Artikel 18 SDÜ um ein *nationales* Ausnahmevisum.
14.2.1.3 Einheitliches Ausnahmevisum: Nach Artikel 12 Abs. 1 SDÜ wird das einheitliche Visum grundsätzlich von den diplomatischen und konsularischen Vertretungen erteilt. Die ausnahmsweise Erteilung eines einheitlichen Visums an der Grenze ist nur nach Maßgabe der Verordnung (EG) Nr 415/2003 des Rates vom 27. Februar 2003 über die Erteilung von Visa an der Grenze, einschließlich der Erteilung derartiger Visa an Seeleute auf der Durchreise (ABl. EU Nr. L 64, S. 1) unter den dort genannten Voraussetzungen möglich.
14.2.1.4 Nationales Ausnahmevisum: Das nationale Visum wird grundsätzlich von den diplomatischen und konsularischen Vertretungen nach Maßgabe des nationalen Rechts erteilt. Die ausnahmsweise Erteilung eines solchen Visums an der Grenze ist möglich.
14.2.1.5 Die Befugnis zur Erteilung eines Visums an der Grenze (Ausnahmevisum) ergibt sich aus §§ 14 Abs. 2 in Verbindung mit der Verordnung (EG) Nr 415/2003.
14.2.1.6 Die Zuständigkeit der Grenzbehörden ergibt sich aus § 71 Abs. 3 Nr 2. Die Grenzbehörden sind dementsprechend unzuständig zur Ausstellung von Ausnahmevisa an Personen, die bereits eingereist sind; dasselbe gilt für die Verlängerung von Visa. Antragsteller sind an die jeweils örtlich zuständige Ausländerbehörde zu verweisen. Örtlich zuständig ist die Ausländerbehörde, in deren Bezirk der betreffende Ausländer wohnt oder sich ständig aufhält, hilfsweise die Ausländerbehörde, in der sich der Ausländer gegenwärtig aufhält. Hiervon kann ausnahmsweise abgewichen werden, wenn ansonsten die beabsichtigte Ausreise in einen anderen Staat nicht durchgeführt werden könnte.
14.2.1.7 Die Erteilung eines nationalen Ausnahmevisums an der Grenze für Aufenthalte von mehr als drei Monaten richtet sich ausschließlich nach dem Aufenthaltsgesetz. Voraussetzung für die Erteilung eines nationalen Ausnahmevisums ist, dass es dem Ausländer aus zwingenden Gründen verwehrt war, bei der zuständigen deutschen Auslandsvertretung ein Visum einzuholen, und er unter Vorlage entsprechender Nachweise einen unvorhersehbaren dringenden Einreisegrund geltend machen kann. Die nach § 31 Abs. 1 Nr 1 AufenthV erforderliche Zustimmung der Ausländerbehörde muss eingeholt werden. Die Grenzbehörden können außerdem an der Grenze einen Notreiseausweis (§ 13 Abs. 1, 3 und 5 AufenthV) sowie die in § 23 Abs. 2 und in § 24 Abs. 2 genannten Passierscheine bei Vorliegen der Erteilungsvoraussetzungen ausstellen. Die Erteilung eines Notreiseausweises für die Ausreise soll die Ausnahme sein. Die Ausstellung darf nur erfolgen, wenn der Ausländer für die Dauer der Geltung des Notreiseausweises zum Aufenthalt in Deutschland berechtigt ist, und soll nur erfolgen, wenn anzunehmen ist, dass der Staat, in den der Ausländer einreisen will, die Einreise mit einem Notreiseausweis gestatten wird.
14.2.2 Voraussetzungen für die Erteilung von Visa an der Grenze
14.2.2.1 Grundsätzlich sind Drittausländer, die die Einreisevoraussetzungen nicht erfüllen, zurückzuweisen. Die Darlegungslast, wonach ein Grund für die Erteilung eines Ausnahmevisums gegeben sein

Unerlaubte Einreise; Ausnahme-Visum § 14 AufenthG 1

könnte, trifft ausnahmslos den Ausländer (vgl. § 82 Abs. 1). Bestehen, insbesondere im Hinblick auf Sicherheitsbelange, Zweifel, ob ein Ausnahmevisum erteilt werden kann, ist kein Ausnahmevisum zu erteilen.
14.2.2.2 Vor der Erteilung eines einheitlichen Ausnahmevisums ist die Erfüllung auch der allgemeinen Einreisevoraussetzungen (Art. 5 Abs. 1 Buchst. a, c, d und e SDÜ) zu überprüfen. Vorhandene Konsultationsvorbehalte (Art. 17 Abs. 2 SDÜ) sind zu berücksichtigen; vgl. unten Nr 14.2.2.3.
14.2.2.3 Ein einheitliches Ausnahmevisum darf *grundsätzlich* nur erteilt werden, sofern der Ausländer –
– im Besitz eines oder ggf mehrerer gültiger und anerkannter Grenzübertrittspapiere ist,
– in geeigneter Weise, ggf unter Vorlage von Dokumenten, belegen kann
– dass die Dauer des Aufenthaltes insgesamt drei Monate nicht überschreitet,
– den Zweck des Aufenthaltes,
– das Vorliegen eines unvorhersehbaren zwingenden Einreisegrundes, der es ihm unmöglich gemacht hat, ein Visum im Voraus bei einer diplomatischen oder konsularischen Vertretung zu beantragen,
– das Vorhandensein ausreichender Mittel zur Bestreitung des Lebensunterhaltes sowohl für die Dauer des Aufenthaltes als auch für die Rückreise in den Herkunftsstaat oder die Durchreise in einen Drittstaat, in dem seine Einreise gewährleistet ist, bzw. die Möglichkeit, solche Mittel in erlaubter Weise zu erwerben, und
– dass seine Rückreise in seinen Herkunftsstaat oder die Durchreise in einen Drittstaat gewährleistet ist, und zwar durch Vorlage eines oder ggf mehrerer gültiger und anerkannter Grenzübertrittspapiere einschließlich ggf erforderlicher Visa, die hinreichend gültig sind, sowie eines Nachweises einer hinreichenden Rückreisemöglichkeit, wobei dieser Nachweis im Luftverkehr grundsätzlich durch einen bestätigten und bezahlten Rückflugschein, im See-, Bahn- und Busverkehr durch bezahlte Beförderungsausweise oder hinreichende Mittel zur Bezahlung solcher Ausweise sowie im individuellen Straßenverkehr durch Vorhandensein eines hinreichend verkehrstauglichen Fahrzeuges und die notwendigen Mittel zum Kraftstofferwerb zu erbringen ist und
– nicht im Schengener Informationssystem oder im Geschützten Grenzfahndungsbestand zur Einreiseverweigerung ausgeschrieben ist oder sonst eine Wiedereinreisesperre besteht, es sei denn, die für die Ausnahmeentscheidung für zuständig erklärte Grenzbehörde lässt eine Ausnahme zu oder es liegt eine Betretenserlaubnis vor, und
– keine Gefahr für die öffentliche Ordnung, die nationale Sicherheit oder die internationalen Beziehungen eines Schengen-Staates einschließlich Deutschlands darstellt und hierfür auch keine Anhaltspunkte vorliegen.
14.2.2.4 Das unter den Voraussetzungen nach Nummer 14.2.2.3 erteilte Ausnahmevisum ist grundsätzlich in seinem räumlichen Geltungsbereich nicht zu beschränken. Im Ausnahmefall kann eine räumliche Beschränkung gemäß Art. 10 Abs. 3 SDÜ in Frage kommen.
14.2.2.5 Einem Drittausländer, der nicht alle die in Nummer 14.2.2.3 genannten Voraussetzungen erfüllt, darf grundsätzlich kein einheitliches Visum erteilt werden. Von diesem Grundsatz darf abgewichen werden, wenn die Erteilung eines einheitlichen Ausnahmevisums aus humanitären Gründen, Gründen des nationalen Interesses oder aufgrund internationaler Verpflichtungen erforderlich ist.
14.2.2.6 Ein nach Nummer 14.2.2.5 erteiltes Ausnahmevisum ist gemäß Art. 5 Abs. 2 SDÜ räumlich auf Deutschland zu beschränken.
14.2.2.7 Ein Visum, das bei Vorliegen der in Nummer 14.2.2.3 oder 14.2.2.5 genannten Bedingungen an der Grenze erteilt wird, kann je nach Fall und Zweck entweder ein Durchreisevisum (Typ B) oder ein Einreisevisum (Typ C) sein. Die Gültigkeitsdauer eines Einreisevisums (Typ C) beträgt höchstens 15 Tage, die eines Durchreisevisums (Typ B) höchstens 5 Tage.
14.2.3 Konsultationsvorbehalte
14.2.3.1 An Personen, die zu einer Kategorie von Ausländern gehören, für die zwingend vorgeschrieben ist, eine oder mehrere Zentralbehörden anderer Schengen-Staaten zu konsultieren (siehe Anlage 14b, Liste B des Gemeinsamen Handbuchs), darf grundsätzlich kein einheitliches Ausnahmevisum erteilt werden. In Ausnahmefällen kann diesen Personen jedoch gemäß Art. 5 Abs. 2 SDÜ ein Deutschland räumlich beschränktes einheitliches Ausnahmevisum erteilt werden, soweit es aus humanitären Gründen, aus Gründen des nationalen Interesses oder aufgrund internationaler Verpflichtungen erforderlich ist. Seeleuten in Ausübung ihrer Berufstätigkeit oder bei in unmittelbarem Zusammenhang mit der Seemannseigenschaft stehenden Einreisen und Aufenthalten, sofern diese zur An-, Ab- oder Ummusterung rechtzeitig bei der zuständigen Grenzbehörde angekündigt wurden, kann nur nach Einholung der Zustimmung des Auswärtigen Amtes ein Ausnahmevisum in Amtshilfe erteilt werden. In der Regel ist es für die Durchführung des Konsultationsverfahrens erforderlich, dass die Personendaten der Seeleute mindestens *10 Tage* vor der beabsichtigten Einreise der zuständigen Grenzbehörde

vorliegen. Das Visum wird mit der Anmerkung „in Amtshilfe für das Auswärtige Amt erteilt" versehen und ist räumlich nicht zu beschränken.

14.2.3.2 An Personen, die zu einer Kategorie von Ausländern gehören, für die zwingend vorgeschrieben ist, die eigene Zentralbehörde Deutschlands (Auswärtiges Amt) zu konsultieren (siehe Anlage 14 b, Liste A des Gemeinsamen Handbuchs), darf grundsätzlich kein einheitliches Ausnahmevisum erteilt werden. Ausgenommen hiervon sind Seeleute in Ausübung ihrer Berufstätigkeit oder bei in unmittelbarem Zusammenhang mit der Seemannseigenschaft stehenden Einreisen und Aufenthalten zur An-, Ab- oder Ummusterung und andere Personen oder Personengruppen, bei denen eine Ausnahme aus humanitären Gründen, Gründen des nationalen Interesses oder aufgrund internationaler Verpflichtungen erforderlich ist.

14.2.4 Besondere Voraussetzungen für die Erteilung eines einheitlichen Ausnahmevisums zur Aufnahme einer Erwerbstätigkeit

Ein einheitliches Ausnahmevisum (Typ C) kann nur erteilt werden, wenn der beabsichtigte Aufenthalt die Dauer von drei Monaten nicht übersteigt und der Ausländer im Sinne des § 17 AufenthV in Deutschland erwerbstätig werden will:

14.2.4.1 – auf ausdrückliches Ersuchen einer Ausländerbehörde, die schriftlich bestätigt, dass sie der Erteilung eines Visums für den vorgesehenen Aufenthaltszweck zustimmt,

14.2.4.2 – auf Anordnung des Bundesministeriums des Innern,

14.2.4.3 – auf Ersuchen und in Amtshilfe für das Auswärtige Amt oder

14.2.4.4 – auf Bitten einer obersten Landesbehörde

14.2.5 Besondere Voraussetzungen für die Erteilung eines nationalen Ausnahmevisums

Ein nationales Ausnahmevisum (Typ D) kann nur erteilt werden, wenn es dem Ausländer aus zwingenden Gründen verwehrt war, ein Visum bei der zuständigen deutschen Auslandsvertretung einzuholen, und er unter Vorlage entsprechender Nachweise einen unvorhergesehenen dringlichen Einreisegrund geltend machen kann. Das Visum bedarf stets der Zustimmung der zuständigen Ausländerbehörde, wenn der Ausländer sich über die Dauer eines Kurzaufenthaltes hinaus aufhalten will. Auf Nummer 14.2.7.3 wird hingewiesen. Nummer 14.2.3.2 bleibt unberührt.

14.2.6 Fallgruppen

14.2.6.0 Die nachstehend genannten Fallgruppen sind nicht abschließend, sondern als Richtschnur zu betrachten. Sie sind daher keinesfalls schematisch anzuwenden.

14.2.6.1 In den folgenden Fällen liegt in der Regel ein unvorhersehbarer zwingender Einreise- oder Durchreisegrund vor, sofern dieser erst zu einem Zeitpunkt bekannt wurde, zu dem ein reguläres Visumverfahren nicht mehr durchgeführt werden konnte:

– Plötzliche schwere Erkrankung eines nahen Angehörigen oder einer gleichartig nahestehenden Person.

– Tod eines nahen Angehörigen oder einer gleichartig nahestehenden Person. Es wird darauf hingewiesen, dass in einigen Kulturen und Religionen eine Beerdigung am Todestag oder an dem auf den Tod folgenden Tag üblich oder sogar religiös geboten ist.

– Durch Unfälle, insbesondere Schiffbruch in Gewässern nahe des Bundesgebietes, sonstige Rettungs- und Katastrophenfälle oder aus sonstigen Gründen erforderlich gewordene Einreise zur medizinischen und/oder psychologischen Erstversorgung und ausnahmsweise Folgeversorgung in Deutschland.

– Versäumung oder Ausfall von Anschlussverbindungen, sofern sich hieraus aufgrund des Einzelfalles die Notwendigkeit einer Übernachtung außerhalb des Transitbereichs eines Flughafens ergibt, sowie, bei sonstigen Reisen, von den ursprünglichen Reiseplänen ohne erkennbares Verschulden des Reisenden um bis zu einen Tag abweichende Gültigkeitsdauer des Visums (die Gesamtaufenthaltsdauer von 90 Tagen pro Halbjahr darf nicht überschritten werden).

– Notwendigkeit der kurzfristigen Reparatur eines Luftfahrzeuges durch Personal, das durch den Inhaber des Fluggerätes beauftragt wurde. Es ist wegen der erhöhten Sicherheitsbedürfnisse im Luftverkehr das schriftlich erklärte Einvernehmen der Behörden, die für die Gewährleistung der Sicherheit des Luftverkehrs und des Flughafengebäudes zuständig sind, und des Inhabers des Luftfahrzeuges sicherzustellen.

14.2.6.2 In den folgenden Fällen liegen Sachverhalte vor, in denen aus Gründen des nationalen Interesses ein einheitliches Ausnahmevisum erteilt werden kann:

– Einreise von Mitgliedern der Regierung (Regierungschef, Minister, bei Bundesstaaten nur auf Bundesebene) eines Staates, zu dem die Bundesrepublik Deutschland diplomatische Beziehungen unterhält, aus dargelegten dienstlichen Gründen, sofern die behauptete Dienststellung nachgewiesen ist (ggf beim Auswärtigen Amt anfragen).

Unerlaubte Einreise; Ausnahme-Visum § 14 **AufenthG** 1

– Einreise zu Gesprächsterminen mit Vertretern deutscher oberster oder oberer Bundes- oder Landesbehörden, sofern ein Einladungsschreiben vorgelegt werden kann; sofern möglich, ist der Termin durch einen Rückruf bei der einladenden Stelle zu verifizieren.
– Einreise zu Veranstaltungen der Bundesregierung oder einer Landesregierung bei Vorlage einer persönlichen, namentlichen Einladung.
– Einreise prominenter Personen des internationalen öffentlichen Lebens (nach internationalem Maßstab bedeutende Persönlichkeiten des politischen, wirtschaftlichen oder kulturellen Lebens).
– Vorhandenes erhebliches außenpolitisches Interesse nach Einschätzung des Auswärtigen Amtes (stets aufgrund eines in Textform, etwa per Telefax oder E-Mail, einzuholenden Votums des Auswärtigen Amtes, das gegebenenfalls über das Bundesministerium des Innern anzufordern ist); eine neutrale Haltung des Auswärtigen Amtes genügt in diesem Zusammenhang nicht.
– Die vorstehenden Ausnahmegründe erstrecken sich auch auf mitreisende Begleiter. Sofern es sich eher um eine Delegationsgruppe handelt, ist im Zweifel, sofern das Auswärtige Amt nicht selbst votiert, beim Bundesministerium des Innern eine Entscheidung einzuholen.
14.2.6.3 Die folgenden Umstände rechtfertigen beispielhaft, jeweils *für sich allein* betrachtet, keine Ausnahmeentscheidung. Im Zusammenhang mit den oben genannten Umständen können sie jedoch berücksichtigt werden:
– Reine Äußerlichkeiten wie Kleidung, sonstiges Erscheinungsbild.
– Bezeichnung des mitgeführten Passes oder sonstiger Ausweise, sofern hiervon nicht nach europäischem oder deutschem Recht unmittelbar und ausdrücklich eine rechtliche Folge abhängt.
– Ehren- oder akademische Titel, Ehrenprädikate, Adelstitel, Verwandtschaft.
– Auftreten; nicht weiter substantiierbare Darstellung der eigenen Person als bedeutend.
– Ökonomische Interessen, es sei denn, es handelt sich um Interessen, die im Einzelfall erkennbar von nationaler Bedeutung für die Wirtschaft der Bundesrepublik Deutschland sind.
– Kurzfristige Änderungen von Reiseplänen.
– Falschinformation durch ein Reisebüro über Visumerfordernisse.
– Einreise von Passagieren im Rahmen einer Kreuzfahrt.
– Wunsch mehrfacher Einreise trotz Ausstellung des Visums nur zur einfachen Einreise.
– Abweichungen des Regelungsgegenstandes der jeweiligen Visa bei mehreren Personen, die zusammen reisen, sofern kein offenkundiger Ausstellungsfehler nahe liegt.
– Beschränkung der Visumgültigkeit nur auf andere Schengen-Staaten trotz erkennbaren Einreisewunsches nach Deutschland.
– Angebliche Fehler bei der Visumerteilung durch andere Schengen-Staaten; der Inhalt der entsprechenden Visa liegt allein im Verantwortungsbereich des Ausstellerstaates.
– Eintreffen zur Nachtzeit und Wunsch nach rascher Schaffung einer Übernachtungsmöglichkeit, solange kein medizinisch-pathologischer Zustand festzustellen ist.
– Schwangerschaft, solange kein medizinisch-pathologischer Zustand festzustellen ist.
14.2.7 Verfahren
14.2.7.0 Sämtliche pass- und ausländerrechtlichen Verwaltungsakte, soweit sich die Notwendigkeit an der Grenze ergibt, sind durch die jeweils örtliche Dienststelle der Grenzbehörde zu erlassen. Die Grenzbehörde gilt im Sinne des Verwaltungsverfahrensrechts als diejenige Verwaltungsbehörde, die den entsprechenden Verwaltungsakt erlässt. Dies gilt auch in den Bereichen, in denen nach den nachstehend genannten Vorbehalten vor dem Erlass des betreffenden Verwaltungsaktes die Entscheidung einer anderen Stelle einzuholen ist. Die Befugnis übergeordneter Behörden und Dienststellen, sich bestimmte Entscheidungen aufgrund ihrer Bedeutung bzw. ihrer möglichen Auswirkungen selbst vorzubehalten, bleibt unberührt.
14.2.7.1 Wurde die Entscheidung einer übergeordneten Behörde oder anderen Dienststelle eingeholt, hat die örtliche Dienststelle dieser auf dem Dienstweg über den Sachverhalt und den Vollzug der getroffenen Entscheidung schriftlich zu berichten.
14.2.7.2 Darüber hinaus ist dem Bundesministerium des Innern in Fällen, die politisch bedeutsam sein können bzw., die erhebliche öffentliche Aufmerksamkeit finden können, zu berichten. Dies gilt auch in Fällen, in denen durch eine Entscheidung die Sicherheit oder die auswärtigen Beziehungen der Bundesrepublik Deutschland in einem erheblichen Maße betroffen sein können.
14.2.7.3 Die mit der polizeilichen Kontrolle des grenzüberschreitenden Verkehrs beauftragten Behörden treffen nach § 14 Abs. 2, § 71 Abs. 3 Nr 2 die Entscheidungen über Ausnahmevisa selbst, sofern nicht nach dem Aufenthaltsgesetz oder aufgrund eines Erlasses vorgesetzter Behörden Entscheidungsvorbehalte bestehen.
– Ein gesetzlicher Entscheidungsvorbehalt des Bundesministeriums des Innern besteht im Zusammenhang mit der Zulassung von Ausnahmen von der Passpflicht; § 3 Abs. 2.

– Zudem besteht nach § 31 Abs. 1 AufenthV das Erfordernis der Zustimmung der Ausländerbehörde in bestimmten Fallgruppen.
– Sofern eine nicht nach der BeschV zustimmungsfreie Erwerbstätigkeit, die nicht nach der Fiktion des § 17 Abs. 2 AufenthV in Verbindung mit § 16 BeschV als Nichterwerbstätigkeit gilt, ausgeübt werden soll und nicht nach dem AufenthG ein Recht zur Ausübung einer Erwerbstätigkeit besteht, bedarf die Erteilung eines Ausnahmevisums, das zur Erwerbstätigkeit berechtigen soll, neben der nach § 31 Abs. 1 Nr 2 AufenthV erforderlichen Zustimmung der Ausländerbehörde auch der Zustimmung der Bundesagentur für Arbeit. Es wird darauf hingewiesen, dass eine bestehende Zustimmung im Rahmen ihrer zeitlichen Begrenzung nach § 14 Abs. 2 Satz 1 BeschVerfV auch für weitere Aufenthaltstitel gilt. Ob eine Zustimmung erteilt wurde, kann dem AZR entnommen werden.

14.2.7.4 Die Durchführung einer erforderlichen Konsultation eigener Zentralbehörden oder der Zentralbehörden anderer Schengen-Staaten veranlasst die Grenzbehörde in eigener Zuständigkeit; Rechtsgrundlage ist § 73 Abs. 1 Satz 3.

14.2.8 Korrektur oder Ergänzung vorhandener Visa

14.2.8.0 Ergeben sich besondere Anhaltspunkte, wonach versehentlich ein Visum in korrekturbedürftiger Weise erteilt wurde oder nach dem Sinn der Entscheidung, mit der das Visum erteilt wurde, eine Ergänzung erforderlich wird, kann die zuständige Grenzbehörde das Visum korrigieren. Korrektur- oder Ergänzungsbedarf kann in den folgenden Fallkonstellationen bestehen.

14.2.8.1 Korrekturbedarf besteht bei offensichtlichen Schreibfehlern bei Namens- und Datumsangaben, wobei die Möglichkeit einer Fälschung oder Verfälschung des Visumetiketts ausgeschlossen sein muss.

14.2.8.2 Ergänzungsbedarf kann aus reisetechnischen Gründen entstehen, wenn ein für eine oder zwei Einreisen ausgestelltes Visum lediglich für kurze „Aus- und Wiedereinreisen" genutzt werden soll, also bei verständiger Würdigung des Einzelfalles bei der „Ausreise" aus dem einen Schengen-Gebiet nicht von einem endgültigen Verlassen und somit nicht von einer erneuten Einreise ausgegangen werden kann. Ein Beispiel ist die Inanspruchnahme eines Fluges von einem Schengen-Staat im unmittelbaren Transit über einen Drittstaat in einen anderen Schengen-Staat. Ein weiteres Beispiel ist die Ausreise aus Deutschland im Rahmen eines Tagesausfluges in einen Nicht-Schengen-Staat von Deutschland aus, insbesondere, wenn sich das Reisegepäck während des Tagesausfluges noch in Deutschland befindet.

14.2.8.3 Im Falle der Korrektur bzw. Ergänzung ist das zu korrigierende oder zu ergänzende Visum ungültig zu stempeln. Es ist ein neuer Visumaufkleber anzubringen, der den gesamten Inhalt des Visums unter Berücksichtigung der Korrektur enthält. Als Ausstellungsbehörde ist die handelnde Dienststelle anzugeben

Übersicht

	Rn
I. Entstehungsgeschichte	1
II. Allgemeines	2
III. Unerlaubte Einreise	3
IV. Ausnahmevisum und Passersatz	11
V. Verwaltungsverfahren und Rechtsschutz	16

I. Entstehungsgeschichte

1 Die Vorschrift stimmt vollständig mit dem **GesEntw** (BT-Drs 15/420 S. 10) überein. Die Vorgängerregelung des § 58 AuslG hatte fast denselben Wortlaut.

II. Allgemeines

2 Die **Legaldefinition** der unerlaubten Einreise soll zusammen mit der Definition der Einreise in § 13 II die Grundvoraussetzung der Zurückweisung (§ 15 I) u. der Zurückschiebung (§ 57 I) genauer umschreiben u. die (materiell) unerlaubte iSd §§ 14 I, 95 I Nr 3 von der (formell) unbefugten Einreise iSd § 13 I abgrenzen. Sie hat zudem Bedeutung für

Unerlaubte Einreise; Ausnahme-Visum § 14 **AufenthG 1**

die Erteilungsvoraussetzungen des § 5 II 1 u. die Vollziehbarkeit der Ausreisepflicht nach § 58 II 1 Nr 1 (dazu Renner, NVwZ 1993, 729).

III. Unerlaubte Einreise

Materiell unerlaubt ist vor allem die Einreise ohne AufTit oder Pass, soweit der Ausl **3** nicht von dem jew Erfordernis befreit ist. Bei Befreiungen ist deren Reichweite zu beachten. Keines AufTit für die Einreise bedarf auch, wer den AufTit nach der Einreise einholen darf (§ 39 AufenthV). Eine gewisse Unsicherheit entsteht dadurch, dass die Erforderlichkeit von AufTit u. Pass zT von Absichten des Ausl abhängt u. insoweit die Möglichkeiten für verlässliche Feststellungen vor allem im Rahmen von §§ 14 I, 57 I einerseits u. § 5 II 1 andererseits erheblich voneinander abweichen. Auf Unionsbürger ist Abs 1 nicht anwendbar (vgl § 11 I FreizügG/EU). Da Abs 1 nur die Einreise in Deutschland betrifft, kommt es nicht darauf an, ob der Pass von dem Schengen-Exekutivausschuss anerkannt ist u. damit die Voraussetzungen des Art 5 I Bst a SDÜ erfüllt.

Die **Passpflicht** ist erfüllt durch Besitz eines anerkannten Passes oder Passersatzes (§§ 3 I, **4** 71 VI; §§ 3, 4 AufenthV) oder Eintragung im Pass des ges Vertreters (§ 2 AufenthV) oder im Falle der Befreiung nach § 14 AufenthV. Ohne erforderlichen Pass reist danach ein, wer keinen zugelassenen gültigen Pass oder Passersatz mit sich führt u. nicht in Rettungsfällen nach § 14 AufenthV befreit ist. Es genügt indes der Besitz iSd Sachherrschaft (§ 868 BGB) über das Dokument (zB Abgabe bei einer Behörde oder der AuslVertr eines anderen Staats); der Besitz muss dann nur nachgewiesen werden (dazu Maor, ZAR 2005, 222).

Keinen **AufTit** benötigen Personen iSd § 1 II (ua Diplomaten), heimatlose Ausl nach **5** HAG u. nach §§ 18–30 AufenthV von der AufTit-Pflicht befreite Ausl sowie Personen, die nach der EUVisaVO u. Art. 5 III, 18 S. 2, 21 SDÜ ohne Visum zur Durchreise oder zum Kurzaufenthalt berechtigt sind (betr Asylbew vgl § 4 Rn 17; § 5 Rn 50; § 15 Rn 17). Befreit sind auch Ausl aus den in § 41 AufenthV aufgeführten Staaten, nicht jedoch die nach §§ 39, 40 AufenthV zur Antragstellung im Inland berechtigten Personen.

Den **erforderlichen AufTit** nach § 4 besitzt nicht, wer bei der Einreise gegen die für **6** ihn konkret geltende AufTit-Pflicht verstößt (aA Nr 14.1.2.3.1 VAH: der Besitz irgendeines AufTit genügt; ähnlich Hailbronner, § 14 AufenthG Rn 12 ff; näher dazu § 5 Rn 44 ff; Renner, AiD Rn 4/95–98). Während in § 58 I Nr 1 AuslG noch darauf abgestellt war, ob der Ausl „ohne erforderliche Aufenthaltsgenehmigung" einreist, spricht die jetzige Formulierung „den nach § 4 erforderlichen Aufenthaltstitel nicht besitzt" nunmehr eindeutig dafür, dass nur der AufTit genügt, der für Einreise u. Aufenthalt im konkreten Fall nach § 4 benötigt wird. Die Ersetzung des unbestimmten durch den bestimmten Artikel kann nicht als Klärung verstanden werden, „dass sich die Erforderlichkeit des Aufenthaltstitels nach objektiven Kriterien und nicht nach dem beabsichtigten Aufenthaltszweck bemisst." (so aber BT-Drs 15/420 S. 73). Einen allg „nach § 4 erforderlichen" AufTit gibt es nicht, die dortigen Bestimmungen unterscheiden nach dem individuell verfolgten Aufenthaltszweck. Diese Auslegung wird dadurch unterstützt, dass die Visumfreiheit nach Art 1 II EUVisaVO nur für die Einreise „für Aufenthalte" bis zu drei Monaten besteht u. deshalb nicht eingreift, wenn schon bei der Einreise das Überziehen dieses Zeitraums oder eine Erwerbstätigkeit beabsichtigt sind (ebenso Nr 14.1.2.2.7.1 VAH).

Soweit den Grenzbehörden damit **Kontrollen** über die Absichten einreisender Ausl **7** auferlegt sind, ist zunächst darauf hinzuweisen, dass Positivstaater dann nach Art 1 II EUVisaVO nicht befreit sind, wenn sie einen Daueraufenthalt begründen wollen. Für die nach alledem gebotenen Kontrollen bieten die abgestuften Regelungen des § 15 I u. II eine den Verhältnissen an der Grenze adäquate Lösung. Die AufTit-Pflicht u. die Befreiungen knüpfen nicht nur an StAng oder Besitz eines Passes an, sondern auch zT an Dauer u. Zweck des Aufenthalts (vgl § 4 Rn 8 ff). Soweit die Befreiung nur auf den weiteren Aufenthalt beschränkt ist, bleibt die Einreise davon unberührt; Einreise u. Aufenthalt sind insoweit getrennt zu betrachten (Fraenkel, S. 25; Pfaff, ZAR 1992, 117). Soweit die Befreiung von einer bestimmten Willensrichtung abhängt, ist die Einreise mit einer davon abweichenden Absicht unerlaubt, weil nicht von der Pflicht zum Besitz eines AufTit freigestellt (Fraenkel, S. 25; aA Pfaff, ZAR 1992, 117).

8   Nach alledem reist ein **Positivstaater** (Art 1 II EUVisaVO) unerlaubt ein, wenn er von vornherein einen Aufenthalt von mehr als drei Monaten oder eine Erwerbstätigkeit beabsichtigt (§ 5 Rn 52 ff; anders noch für § 1 I DVAuslG, wonach es auf diese subjektive Absicht nicht ankam: HessVGH, EZAR 622 Nr 20). Ein **Negativstaater** iSd § 1 I EUVisaVO verhält sich ebenso illegal, wenn er mit Visum einreist, dafür aber die Zustimmung der AuslBeh benötigt hätte, weil er von Anfang an länger als drei Monate bleiben oder erwerbstätig werden wollte (§ 5 Rn 45 ff, 56). Die Zustimmungspflicht knüpft nach § 31 I 1 Nr 1 u. 2 AufenthV an den Willen zum längeren Aufenthalt u. zur Aufnahme einer Erwerbstätigkeit an (ebenso schon § 11 I DVAuslG; dazu: OVG Hamburg, EZAR 622 Nr 12; HessVGH, EZAR 622 Nr 17; OVG SchlH, InfAuslR 1992, 125). Hinsichtlich der Erwerbstätigkeit wird diese Rechtslage jedenfalls im Ergebnis dadurch bekräftigt, dass die EU-Visumfreiheit entsprechend der Ermächtigung in Art 4 III EUVisaVO ausdrücklich für Einreise u. Aufenthalt dann nicht gelten soll, wenn diese Personen im Bundesgebiet eine Erwerbstätigkeit ausüben (§ 17 I AufenthV).

9   Damit ist insgesamt die **Einhaltung der Visumregeln** abgesichert, Verstöße gegen den Visumzwang oder die Bedingungen für die Visumfreiheit bleiben in beiden Fallgruppen nicht folgenlos. Die Grenzkontrollen werden nicht zusätzlich erschwert, weil die EUVisaVO u. § 15 II ohnehin bei begründetem Anlass zu entsprechenden Nachfragen verpflichten. In begründeten Fällen wird über die Unerlaubtheit der Einreise bei der Erteilung eines AufTit hinweggesehen (§ 5 II 2). Zudem kommt es für die Berechtigung zum Antrag auf Erteilung eines AufTit nach § 39 AufenthV zT (Nr 4 u. 5) nicht auf die ordnungsgemäße Einreise an. Zu den strafrechtlichen Folgen § 95 Rn 7 ff, 14 ff.

10 Das **Einreiseverbot** des § 11 I kann nur durch die Erlaubnis nach § 11 II oder die RVO nach § 9 IV durchbrochen werden. Wer im SIS zur Einreiseverweigerung ausgeschrieben ist (Art. 96 III SDÜ), reist (nur) dann unerlaubt ein, wenn der Ausschreibung eine dt Ausweisung oder Abschiebung zugrundeliegt. Ist trotz § 11 I ein Visum erteilt (uU ein Schengen-Visum durch einen anderen Staat), liegt eine Ausweisungsgrund vor, der zur Zurückweisung zwingt (§ 15 I Nr 1).

IV. Ausnahmevisum und Passersatz

11 **Ausnahmesichtvermerke** werden herkömmlicherweise (auch) an der Grenze erteilt (so schon § 20 IV 2 AuslG 1965). Unter der Geltung des Schengen-Normenbestands ist zwischen räumlich beschränkten u. unbeschränkten Visa zu unterscheiden. Das Ausnahmevisum nach Art 5 II SDÜ ist auf den ausstellenden Staat beschränkt. Das Visum für einen längeren Zeitraum als drei Monate nach Art 18 SDÜ ist ein nationales Visum u. ebenfalls auf den Ausstellerstaat beschränkt. Ein unbeschränktes Ausnahmevisum ist nach der VO/EG 415/2003 zulässig (Text in Teil 5 Nr 3.21).

12 Ein **einheitliches Ausnahmevisum** darf nur erteilt werden, wenn die Voraussetzungen des Art. 5 I SDÜ (außer Visumbesitz) erfüllt sind. Es ist nicht auf den ausstellenden Staat beschränkt. Ein Ausnahmevisum darf nach Maßgabe von Art 5 II SDÜ erteilt werden, auch wenn nicht alle Voraussetzungen des Art 5 I SDÜ erfüllt sind (vgl Nr 14.2.2. bis 14.2.2.7 VAH). Dies gilt auch in den Fällen, für die Konsultationen mit anderen Staaten vorgeschrieben sind (Nr 14.2.3 bis 14.2.4.4. VAH). Dieses Ausnahmevisum ist auf den Ausstellerstaat zu beschränken. Soll eine Erwerbstätigkeit aufgenommen werden, müssen in Deutschland die Grenze von drei Monaten u. die Voraussetzungen des § 17 AufenthV eingehalten werden

Zurückweisung   § 15 **AufenthG** 1

(dazu Nr 14.2.4 VAH). Von dieser Möglichkeit darf nicht allein wegen des Auftretens, der
äußeren Erscheinung, der Stellung des Bewerbers oder anderer Äußerlichkeiten Gebrauch
gemacht werden (weitere Kriterien in Nr 14.2.6.3 VAH).

Ein **nationales Ausnahmevisum** darf nur erteilt werden, wenn die Einholung bei der dt   13
Auslandsvertretung aus zwingenden Gründen verwehrt war u. unvorhergesehen die Einreise
notwendig wird (beispielhafte, aber nicht abschließende Fallgruppen in Nr 14.2.6.1 u.
14.2.6.2 VAH).

Außerdem besteht die Möglichkeit der Ausstellung eines **Passersatzes** (vgl §§ 4 ff Auf- 14
enthV). Diese Ausnahmeregelungen dienen der Erleichterung des Grenzverkehrs in Fällen,
in denen die Zurückweisung unbillig wäre oder Interessen der BR Deutschland widerspräche. Die Ausstellung des Reiseausweises für Ausl ist im Inland wie im Ausland nur in
bestimmten Notsituationen zulässig (§§ 5–12 AufenthV).

An der **Grenze** kann zur Vermeidung einer unbilligen Härte oder aus besonderem öffentl 15
Interesse ein Notreiseausweis für längstens einem Monat ausgestellt werden, wenn der Ausl
keinen Pass oder Passersatz mitführt, aber seine Identität glaubhaft machen kann (§ 13
AufenthV). Diese Möglichkeit ist auf Unionsbürger, EWR-Staater u. Schweizer sowie
Positivstaater iSd Art 1 II EUVisaVO iVm Anhang II beschränkt. Ausnahmsweise kann der
Notreiseausweis auch zivilem Schiffspersonal oder zivilem Flugpersonal für einen Aufenthalt
am Flughafen oder in dessen Nähe erteilt werden (§ 13 V iVm § 23 I AufenthV).

V. Verwaltungsverfahren und Rechtsschutz

An der Grenze ist die jew für die Kontrolle des grenzüberschreitenden Verkehrs   16
eingerichtete Grenzbehörde sowohl für die Feststellung einer unerlaubten Einreise als
auch für die Ausstellung eines Ausnahmevisums oder eines Passersatzes **zuständig**
(§ 71 III Nr 2). Dabei sind die Zustimmungserfordernisse des § 3 II (BMI), des § 31 I
AufenthV (AuslBeh), der §§ 4 II, 18 (BA) zu beachten. In manchen Fällen kann u. muss
das Visum an der Grenze korrigiert werden, vor allem bei offensichtlichen Schreibfehlern
(Nr 14.2.8–14.2.8.3 VAH).

Der **Rechtsschutz** an der Grenze ist erheblich eingeschränkt. Die Versagung eines   17
Visums oder Passersatzes an der Grenze bedarf nicht der Schriftform, Begründung u.
Rechtsmittelbelehrung u. ist unanfechtbar (§§ 77 II, 83).

§ 15 Zurückweisung

(1) Ein Ausländer, der unerlaubt einreisen will, wird an der Grenze zurückgewiesen.

(2) Ein Ausländer kann an der Grenze zurückgewiesen werden, wenn

1. ein Ausweisungsgrund vorliegt,
2. der begründete Verdacht besteht, dass der Aufenthalt nicht dem angegebenen
   Zweck dient oder
3. er die Voraussetzungen für die Einreise in das Hoheitsgebiet der Vertragsparteien
   nach Artikel 5 des Schengener Durchführungsübereinkommens nicht erfüllt.

(3) Ein Ausländer, der für einen vorübergehenden Aufenthalt im Bundesgebiet vom
Erfordernis eines Aufenthaltstitels befreit ist, kann zurückgewiesen werden, wenn er
nicht die Voraussetzungen des § 3 Abs. 1 und des § 5 Abs. 1 erfüllt.

(4) [1] § 60 Abs. 1 bis 3, 5, 8 und 9 sowie § 62 finden entsprechende Anwendung. [2] Ein
Ausländer, der einen Asylantrag gestellt hat, darf nicht zurückgewiesen werden, solange
ihm der Aufenthalt im Bundesgebiet nach den Vorschriften des Asylverfahrensgesetzes
gestattet ist.

1 AufenthG § 15

Vorläufige Anwendungshinweise

15 Zu § 15 Zurückweisung

15.0 Allgemeines
15.0.1 Ausländer, die nach Deutschland einreisen wollen, können unter den Voraussetzungen des § 15 an der Grenze zurückgewiesen werden. Für die Zurückweisung sind die mit der polizeilichen Kontrolle des grenzüberschreitenden Verkehrs beauftragten Behörden zuständig (§ 71 Abs. 3 Nummer 1).
15.0.2 Auf Ausländer, welche unter den Anwendungsbereich des § 1 FreizügG/EU fallen, ist § 15 nicht anwendbar, solange die Ausländerbehörde das Nichtbestehen oder den Verlust des Rechts nach § 2 Abs. 1 FreizügG/EU oder des Rechts nach § 2 Abs. 5 FreizügG/EU nicht festgestellt hat, vgl. § 11 Abs. 1 i. V. m. Abs. 2 FreizügG/EU. Für die Frage der Zurückweisung siehe § 6 Abs. 1 Satz 2 FreizügG/EU.
15.0.3 Soweit einem Ausländer aufgrund der §§ 18, 18 a AsylVfG die Einreise verweigert wird, richtet sich die Zurückweisung nach § 15.
15.0.4 Kann über die Zurückweisung trotz der gebotenen zügigen Bearbeitung nicht zeitnah entschieden werden (z. B. weil Behörden für zwingend notwendige Auskünfte vorübergehend nicht erreichbar sind) und ist dem Ausländer aus besonderen Gründen ganz ausnahmsweise nicht zuzumuten, die Entscheidung vor Ort abzuwarten (z. B. wegen einer dringend gebotenen medizinischen Behandlung), ist stets zu prüfen, inwieweit von der Vorschrift des § 13 Abs. 2 Satz 2 Gebrauch gemacht werden kann. Die Anwendung dieser Vorschrift setzt in aller Regel jedoch voraus, dass der Ausländer bei negativer Einreiseentscheidung unverzüglich noch zurückgewiesen werden kann. Insbesondere bei möglicher Anwendung des ICAO-Übereinkommens ist grundsätzlich eine Zurückweisung zu verfügen oder § 13 Abs. 2 Satz 2 anzuwenden.

15.1 Zwingende Zurückweisung
15.1.1 Ausländer, die im Sinne von § 14 Abs. 1 unerlaubt einreisen wollen, sind zurückzuweisen. Verfügt ein Ausländer nicht über einen erforderlichen Aufenthaltstitel (§ 14 Abs. 1 Nr 2) oder über einen erforderlichen Pass (§ 14 Abs. 1 Nr 1), prüft die Grenzbehörde grundsätzlich auf Antrag, ob dem Ausländer nach Maßgabe des § 14 Abs. 2 ein Ausnahmevisum bzw. nach Maßgabe des § 14 Abs. 2 i. V. m. § 13 AufenthV ein Notreiseausweis erteilt werden kann. Darf ein Notreiseausweis nicht erteilt werden, kann in begründeten Einzelfällen das Bundesministerium des Innern oder die vom Bundesministerium des Innern bestimmte Stelle auf Ersuchen der Grenzbehörde eine Ausnahme von der Passpflicht zulassen (§ 3 Abs. 2). Ein solcher Ausnahmefall kann insbesondere dann vorliegen, wenn der Ausländer über Dokumente verfügt, die von einem anderen Schengen-Staat als für den Grenzübertritt genügend angesehen werden.
15.1.2 Eine unerlaubte Einreise liegt nicht bereits dann vor, wenn ein Ausländer mit einem Visum einreist, das nicht den wahren Aufenthaltszweck abdeckt (z. B. Einreise mit einem Touristenvisum, obwohl ein Erwerbsaufenthalt beabsichtigt ist). In diesem Fall richtet sich die Zurückweisung nach § 60d Abs. 2. Etwas anderes gilt dann, wenn sich ein Ausländer auf eine Befreiung (nur) nach der EU-VisumVO berufen will, aber erkennbar beabsichtigt, eine Erwerbstätigkeit aufzunehmen, siehe 14.1.2.2.7.1 und 14.1.2.3.3. Zusätzlich kann die Zurückweisung und der Widerruf des Visums auf § 15 Abs. 1 Nummer 3 gestützt werden.
15.1.3 Nach § 15 Abs. 1 ist ein Ausländer zurückzuweisen, wenn gegen ihn eine gesetzliche Wiedereinreisesperre gemäß § 11 Abs. 1 besteht und er keine Betretenserlaubnis nebst dem erforderlichen Visum besitzt.

15.2 Zurückweisung im Ermessenswege
15.2.1.0 Für die Zurückweisung im Ermessenswege gemäß § 15 Abs. 2 Nr 1 genügt es, dass ein Ausweisungsgrund vorliegt. Es kommt nicht darauf an, ob die Ausländerbehörde im Einzelfall eine Ausweisung verfügen könnte.
15.2.1.1 Ist ein Ausländer ausgewiesen oder abgeschoben worden und die Wiedereinreisesperre des § 11 Abs. 1 Satz 1 entfallen, sind die dafür maßgebenden Gründe nicht mehr erheblich. Auf Gründe, die vor der Ausweisung, Abschiebung oder Zurückschiebung entstanden sind, kann die Zurückweisung nur dann gestützt werden, wenn sie der Ausländerbehörde bzw. der Grenzbehörde bei der Ausweisung, Abschiebung oder Zurückweisung nicht bekannt waren. Bei Ausländern, die mit einem Visum einreisen wollen, ist die Entscheidung der Auslandsvertretung zu beachten. Hat die Auslandsvertretung das Visum in Kenntnis eines Regelversagungsgrundes erteilt, ist die Grenzbehörde grundsätzlich an diese Entscheidung gebunden, sofern ihr dies bekannt ist (siehe auch Nummer 14.1.3.5); im Zweifel soll sich die Grenzbehörde mit der zuständigen Auslandsvertretung in Verbindung setzen.

Zurückweisung   § 15 AufenthG 1

15.2.1.2 Hinsichtlich der Zurückweisung von Unionsbürgern siehe Nummer 15.0.2. Eine Zurückweisung kann nur in Betracht kommen, wenn der Verlust des Rechts nach § 2 Abs. 1 FreizügG/EU oder des Rechts nach § 2 Abs. 5 FreizügG/EU festgestellt wurde. Für die zugrunde liegenden Maßnahmen sind die Grenzbehörden nicht zuständig, in Eilfällen – insbesondere in Fällen, in denen Anhaltspunkte für das Vorliegen der Tatbestandsmerkmale nach § 5 Abs. 4 vorliegen, ist die Ausländerbehörde zu beteiligen.
15.2.1.3 Sieht die Grenzbehörde bei einem Ausländer, gegen den ein Ausweisungsgrund besteht, im Rahmen der Ermessensentscheidung von einer Zurückweisung ab, unterrichtet sie die für den Aufenthaltsort zuständige Ausländerbehörde von ihrer Entscheidung unter Hinweis auf den Ausweisungsgrund (§ 87 Abs. 2 Nr 3).
15.2.2.0 Gemäß § 15 Abs. 2 Nr 2 können Ausländer, die ein Visum besitzen, zurückgewiesen werden, wenn der begründete Verdacht besteht, dass der Aufenthalt nicht dem angegebenen Zweck dient. Der Aufenthaltszweck ist aus der Art des Visums und aus den Eintragungen ersichtlich. Der Verdacht muss durch konkrete Anhaltspunkte begründet sein. Die Zurückweisung ist auch in den Fällen zulässig, in denen der Ausländer den abweichenden Zweck in einem anderen Schengen-Staat verwirklichen will.
15.2.2.1 Die Zurückweisung ist nur geboten, wenn es sich um einen ausländerrechtlich erheblichen Zweckwechsel handelt. Das ist z. B. der Fall, wenn das Visum wegen des beabsichtigten Aufenthaltszwecks der Zustimmung der Ausländerbehörde bedurft hätte, das Visum aber ohne deren Zustimmung erteilt worden ist. Der Tatbestand ist erfüllt, wenn bei einem Ausländer, der mit einem Besuchervisum einreist, der begründete Verdacht besteht, dass der Aufenthalt von Dauer sein oder Erwerbszwecken dienen soll (vgl. § 32 Abs. 1 AufenthV).
15.2.2.2 Der Tatbestand des § 15 Abs. 2 Nr 2 ist auch erfüllt, wenn konkrete Anhaltspunkte darauf hindeuten, dass der Aufenthalt länger dauern soll als im Visum vorgesehen, oder wenn ein Verstoß gegen Auflagen, Bedingungen oder eine räumliche Beschränkung des Visums zu befürchten ist. Regelmäßig sollen Auflagen, Bedingungen oder räumliche Beschränkungen den angegebenen Aufenthaltszweck sichern. Auch der Missbrauch eines Transitvisums für einen Inlandsaufenthalt erfüllt den Tatbestand des § 15 Abs. 2 Nr 2.
15.2.3 Durch die Bestimmung des § 15 Abs. 2 Nr 3 ist nunmehr Artikel 5 SDÜ ausdrücklich in Bezug genommen. Die Einreiseverweigerung aufgrund der Verpflichtungen des Schengener Durchführungsübereinkommens und die anschließende Zurückweisung erfolgt an der Grenze somit auch nach Maßgabe des § 15. Dabei sind die Besonderheiten des Kleinen Grenzverkehrs zu beachten, vgl. 14.1.1.2.2. Bewohner Bermudas, welche über einen Pass verfügen, welcher für „British Dependent Territories" ausgestellt wurde und der die Aufschrift „Government of Bermuda" enthält, ist bis auf weiteres von Amts wegen ein Ausnahmesichtvermerk der Kategorie C gebührenfrei räumlich beschränkt auf die Bundesrepublik Deutschland zu erteilen. Sind die sonstigen Einreisevoraussetzungen für kurzfristige Aufenthalte erfüllt, kommt damit eine Zurückweisung nicht in Betracht.

15.3 Zurückweisung von Ausländern, die vom Erfordernis eines Aufenthaltstitel befreit sind
15.3.1 Adressaten sind Ausländer, die durch die Verordnung (EG) Nr 539/2001 des Rates vom 15. März 2001 zur Aufstellung der Liste der Drittländer, deren Staatsangehörige beim Überschreiten der Außengrenzen im Besitz eines Visums sein müssen, sowie der Liste der Drittländer, deren Staatsangehörige von dieser Visumpflicht befreit sind (ABl. EG 2001 Nr. L 081 S. 1–7 – EU-VisumVO) vom Erfordernis eines Aufenthaltstitels befreit sind, sowie Ausländer, welche gemäß §§ 15 bis 31 AufenthV vom Erfordernis eines Aufenthaltstitels befreit sind.
15.3.2 Ausländer, welche nach den §§ 15 bis 31 AufenthV vom Erfordernis eines Aufenthaltstitels befreit sind, können nach § 15 Abs. 3 zurückgewiesen werden, wenn sie zwar objektiv die Kriterien der Befreiung beim Grenzübertritt erfüllen, aber erkennbar die Absicht haben, einen anderen als den in den §§ 15 bis 31 AufenthV zur Befreiung führenden Aufenthaltszweck anzustreben (z. B. im Falle des § 18 AufenthV einen länger als drei Monate dauernden Aufenthalt in Deutschland anstreben oder eine Beschäftigung ausüben wollen).
15.3.3 Die Vorschrift stellt klar, dass der Ausländer alle Erteilungsvoraussetzungen nach § 3 Abs. 1 und § 5 Abs. 1 erfüllen muss. Das Fehlen einer Erteilungsvoraussetzung für einen Aufenthaltstitel im Falle einer Befreiung kann zu einer Zurückweisung führen. Davon unberührt bleibt die Verpflichtung nach Absatz 1 i. V. m. § 14 Abs. 1 Nr 1, den Ausländer bei Nichterfüllung der Passpflicht zurückzuweisen.
15.3.4 Für die grenzpolizeiliche Praxis sind in diesem Zusammenhang von besonderer Bedeutung die Mittellosigkeit gemäß § 5 Abs. 1 Nr 1 und die Beeinträchtigung oder Gefährdung der Interessen der Bundesrepublik Deutschland gemäß § 5 Abs. 1 Nr 3. Hinsichtlich des Begriffs der Gefährdung der Interessen der Bundesrepublik Deutschlands wird auf Nummer 5.1.3 verwiesen.

15.3.5 Ausländer, die zwar für einen vorübergehenden Aufenthalt von der Visumpflicht befreit, aber im Schengener Informationssystem zur Einreiseverweigerung ausgeschrieben sind, sind gemäß § 15 Abs. 3 i. V. m. § 5 Abs. 1 Nr 3 (Beeinträchtigung der Interessen der Bundesrepublik Deutschland) zurückzuweisen (Artikel 5 Abs. 2 SDÜ). Außerdem ist die Zurückweisung auf § 15 Abs. 2 Nr 3 zu stützen. Liegt der Ausschreibung eine Wiedereinreisesperre gemäß § 11 Abs. 1 zu Grunde, ist der Ausländer gemäß § 15 Abs. 1 zurückzuweisen.

15.4 Zurückweisungsverbote und -hindernisse sowie Zurückweisungshaft
15.4.0 Der Ausländer darf nicht in einen Staat zurückgewiesen werden, in dem ihm die in § 60 Abs. 1 bis 3, 5 genannten Gefahren konkret-individuell drohen.
15.4.1.0 Kann ein Ausländer, dessen Einreise unerlaubt wäre, aus den in § 60 Abs. 1 bis 3, 5 genannten Gründen oder weil tatsächliche Zurückweisungshindernisse bestehen, nicht zurückgewiesen werden, hat die Grenzbehörde zu prüfen,
15.4.1.1 – ob die Zurückweisungshindernisse in absehbarer Zeit entfallen oder beseitigt werden können, insbesondere, ob der Ausländer in absehbarer Zeit in einen Staat zurückgeschoben werden kann, in dem ihm die in § 60 Abs. 1 bis 3, 5 genannte Gefahren nicht drohen, oder
15.4.1.2 – ob die tatsächlichen Hindernisse (z. B. Passlosigkeit, ungeklärte Identität) beseitigt werden können. Ist das der Fall, so beantragt die Grenzbehörde Zurückweisungshaft gemäß § 62 Abs. 2.
15.4.2.1 Ist eine Zurückweisung in absehbarer Zeit nicht möglich, setzt sich die Grenzbehörde frühzeitig mit der für den Ort der Einreise zuständigen Ausländerbehörde ins Benehmen. Muss die Einreise des Ausländers zugelassen werden, weil eine Zurückweisung nicht erfolgen darf oder kann, soll über den aufenthaltsrechtlichen Status von der zuständigen Ausländerbehörde bereits zu dem Zeitpunkt entschieden sein, in dem der Ausländer aus der Obhut der Grenzbehörde entlassen wird. Entsprechendes gilt in diesem Zusammenhang, wenn das Gericht einen Antrag auf Sicherungshaft in Form der Zurückweisungshaft ablehnt. Ein Ausnahmevisum ist grundsätzlich nicht zu erteilen. Ist die Ausländerbehörde nicht erreichbar (z. B. an Wochenenden), ist dem Ausländer eine Bescheinigung über die Gestattung der Einreise und ggf über die Einbehaltung des Passes oder Passersatzes zu erteilen und ihm aufzugeben, sich unverzüglich bei der zuständigen Ausländerbehörde zu melden. Die Grenzbehörde unterrichtet die Ausländerbehörde.
15.4.2.2 Eine Einreise unter diesen Umständen bleibt aufenthaltsrechtlich unerlaubt. Entfallen die Hindernisse und ist die Frist für die Zurückschiebung gemäß § 57 Abs. 1 noch nicht überschritten oder sonst noch möglich, soll der Ausländer aufgrund der unerlaubten Einreise zurückgeschoben werden.
15.4.3 Die Beantragung der Zurückweisungshaft ist grundsätzlich erforderlich, wenn die Zurückweisung nicht unverzüglich, sondern in absehbarer Zeit erfolgen kann und der begründete Verdacht besteht, dass der Ausländer sich dem Vollzug der Zurückweisung entziehen wird (z. B. durch Entweichen aus dem Transitbereich eines Flughafens). Im Fall der Zurückweisung gemäß § 15 Abs. 1 kann der Ausländer zur Verhinderung einer unerlaubten Einreise (Straftat) bis zur Entscheidung über die Haft nach ordnungsrechtlichen Vorschriften in Gewahrsam genommen werden.
15.4.4 Ein Ausländer, dem aufgrund eines Asylgesuchs der Aufenthalt in Deutschland gestattet ist (vgl. § 55 Abs. 1 AsylVfG), darf nicht zurückgewiesen werden. Das gilt auch für den Fall, dass der Ausländer ohne Genehmigung der Ausländerbehörde ausgereist ist. Die Grenzbehörde hat zu prüfen, ob der Ausländer einer räumlichen Aufenthaltsbeschränkung zuwidergehandelt hat (§§ 56, 71 a Abs. 3 AsylVfG, § 85 Nr 2 AsylVfG, § 86 Abs. 1 AsylVfG).
15.4.5 Ist die Aufenthaltsgestattung erloschen, genießt der Ausländer nicht mehr den Zurückweisungsschutz gemäß § 15 Abs. 4 Satz 2. Ist er in den Herkunftsstaat gereist, gilt sein Asylantrag als zurückgenommen (§ 33 Abs. 2 und 3 AsylVfG). Seine Aufenthaltsgestattung erlischt erst mit der Zustellung des Einstellungsbescheids des Bundesamtes für die Anerkennung ausländischer Flüchtlinge (§§ 32, 67 Abs. 1 Nr 3 AsylVfG).
15.4.6 Dem Ausländer sind die Gründe für die Zurückweisung und Rechtsbehelfe i. S. d. Verwaltungsgerichtsordnung bekannt zu geben. Dabei bedarf es bei einer mündlich verfügten Zurückweisung regelmäßig auch nur einer mündlichen Belehrung, siehe zum notwendigen Inhalt auch Nummer 15.5.4. Im Fall der Zurückweisung bringt der Kontrollbeamte im Ausweis einen Einreisestempelabdruck an, den er mit schwarzer dokumentenechter Tinte in Form eines Kreuzes (vertikal-horizontales Balkenkreuz) durchstreicht.

15.5 Ziel der Zurückweisung
Gesetzliche Bestimmungen über das Ziel der Zurückweisung sind in § 15 nicht enthalten. Es gilt Folgendes:

Zurückweisung   § 15 **AufenthG 1**

15.5.1 Die Zurückweisung erfolgt grundsätzlich in den Staat, aus dem der Ausländer einzureisen versucht. Ein Ausländer kommt in diesem Sinne nicht aus einem Staat, in dem er sich lediglich im Flughafentransit oder im Schiffstransit aufgehalten hat und nicht grenzpolizeilich kontrolliert wurde. Die Zurückweisung in einen Transitstaat ist aber zulässig, wenn dieser auf vorherige Nachfrage der Grenzbehörde der Rückübernahme zustimmt.
15.5.2 Die Grenzbehörde kann nach pflichtgemäßem Ermessen auch einen anderen Staat als denjenigen Staat, aus dem die Einreise versucht wurde, als Zielstaat zu bestimmen. Als Zielstaat kommt nur ein Staat in Betracht, der völkerrechtlich zur Aufnahme des Ausländers verpflichtet oder zur Aufnahme bereit ist. Eine völkerrechtliche Verpflichtung ergibt sich aus völkerrechtlichen Verträgen, insbesondere aus den Rückübernahmeabkommen oder gewohnheitsrechtlich für den Fall einer unverzüglichen Zurückweisung in den Staat, aus dem der Ausländer auszureisen versucht. Abgesehen davon ist jeder Staat zur Rückübernahme eigener Staatsangehöriger verpflichtet. Von einer Aufnahmebereitschaft durch einen anderen als den Herkunftsstaat kann ausgegangen werden, wenn der Staat dem Ausländer einen Aufenthaltstitel oder eine Rückkehrberechtigung ausgestellt hat und diese noch gültig sind.
15.5.3 Bei der Ermessensentscheidung, in welches Land der Ausländer zurückgewiesen werden soll, sind in erster Linie die Interessen der Bundesrepublik Deutschland und der Schengen-Staaten zu berücksichtigen. Die Auswahl erfolgt unter dem Gesichtspunkt einer effektiven Zurückweisung. Es sind aber auch die Belange des Ausländers (z. B. Hauptreiseziel) und eines ggf kostenpflichtigen Beförderungsunternehmers (§ 64) zu berücksichtigen.
15.5.4 Das Ziel der Zurückweisung ist, mangels ausdrücklicher gesetzlicher Regelung, dem Ausländer zusammen mit der Eröffnung der Zurückweisung, bekannt zu geben. Grundsätzlich soll in Fällen, in denen der Zielstaat nicht aus der Natur der Sache heraus bereits eindeutig feststeht, folgendes eröffnet werden:
„Die Zurückweisung erfolgt in den Staat, aus dem Sie einzureisen versuchten. Sie kann auch in den Staat erfolgen, in dem Sie die Reise angetreten haben, in dem Sie Ihren gewöhnlichen Aufenthalt haben, dessen Staatsangehörigkeit Sie besitzen oder der Ihren Pass oder Passersatz ausgestellt hat, oder in einen sonstigen Staat, in den Sie einreisen dürfen."
Im Hinblick auf § 15 Abs. 4 Satz 1 kann der Ausländer somit unmittelbar zielstaatsbezogene Zurückweisungshindernisse geltend machen, ohne dass es wegen der späteren Eröffnung des Zielstaates zu vermeidbaren Verzögerungen kommt. Insbesondere bei Zurückweisungen auf dem Luftwege ist dies zu beachten.

Übersicht

	Rn
I. Entstehungsgeschichte	1
II. Allgemeines	2
III. Zurückweisung	4
1. Zurückweisung vor der Einreise	4
2. Versuch der unerlaubten Einreise	6
3. Ausweisungsgrund	9
4. Verdacht unrichtiger Angaben über den Aufenthaltszweck	10
5. Nichterfüllung von Art. 5 I SDÜ	12
6. Einreise ohne Aufenthaltstitel	13
7. Zurückweisungsverbote und -hindernisse sowie Zurückweisungshaft	15
8. Ziel der Zurückweisung	19
IV. Verwaltungsverfahren und Rechtsschutz	23

I. Entstehungsgeschichte

Die Vorschrift entspricht in vollem Umfang dem **GesEntw** (BT-Drs 15/420 S. 10 f). Die **1** Vorgängervorschrift des § 60 AuslG hatte einen ähnlichen Inhalt.

II. Allgemeines

Während die Zurückweisung vor beendeter Einreise stattfindet, sind später nur noch die **2** **aufenthaltsbeendenden Maßnahmen** der Zurückschiebung (§ 57) u. Abschiebung (§ 58) zulässig. Zurückweisung bedeutet Verweigerung der Einreise. Betroffen sein kann auch, wer keines AufTit bedarf, weil er sich nur vorübergehend im Bundesgebiet aufhalten will (Abs. 3). Die Zurückweisung ist zT Pflicht u. zT in das Ermessen der Grenzbehörde (§ 71 III Nr 1) gestellt.

3   Für **Asylbew** enthalten §§ 18 II, 18 a AsylVfG Sonderregelungen, die darauf Bedacht nehmen, dass einem Asylbew die Einreise auch dann nicht verwehrt werden darf, wenn dieser die formellen Voraussetzungen für eine rechtmäßige Einreise nicht erfüllt u. eigentlich materiell nicht zur Einreise berechtigt ist (vgl auch Rn 17). Auf freizügigkeitsberechtigte Unionsbürger ist § 15 nicht anwendbar (vgl §§ 6 I 2, 11 I FreizügG/EU).

III. Zurückweisung

1. Zurückweisung vor der Einreise

4   Die Zurückweisung ist nur vor beendeter Einreise u. an der Grenze zulässig (zur Zuständigkeit der Grenzbehörden § 71 III Nr 1). An einer im Inland gelegenen zugelassenen **Grenzübergangsstelle** darf der Ausl zurückgewiesen werden, solange er die Übergangsstelle nicht tatsächlich passiert hat. Auf Durchführung u. Beendigung der vorgeschriebenen polizeilichen Grenzkontrolle u. die Öffnungszeiten der Grenzbehörde (§ 13 I) kommt es nicht an. Die Einreise ist ohne Rücksicht darauf, ob die Übergangsstelle geöffnet oder besetzt ist oder die Kontrolle stattfindet oder unterlassen oder umgangen wird, mit dem tatsächlichen Passieren erfolgt. Liegt die Grenzübergangsstelle auf fremdem Territorium, ist eine Zurückweisung nur bis zum Überschreiten der Grenzlinie zulässig. Dasselbe gilt, wenn der Ausl an einer anderen Stelle die Grenze überschreitet. Auch wenn eine Grenzkontrolle erfolgt u. Zurückweisungsgründe nicht erkannt werden, ist damit die Einreise nicht legalisiert, wenn sie nach § 14 I unerlaubt ist.

5   Das Verhältnis zwischen zwingender Zurückweisung (Abs 1) u. Zurückweisung nach Ermessen (Abs 2 u. 3) ist einerseits hinsichtlich der Rechtsfolgen klar abgegrenzt, andererseits können bei den Tatbeständen infolge der Bezugnahme auf §§ 3 I, 5 I. 14 I u. Art 5 SDÜ **Überschneidungen** auftreten. So ist die Passpflicht nach Abs 1 iVm § 14 I Nr 1 zu berücksichtigen, aber auch nach Abs 2 Nr 3 iVm Art 5 Bst a SDÜ. Zudem kann zB die Absicht, die Bedingungen der visumfreien Einreise nicht einzuhalten, dazu führen, dass es an dem erforderlichen AufTit fehlt, der Verdacht der Falschangabe besteht u. außerdem ein Ausweisungsgrund vorliegt, weil damit eine Straftat begangen wird. Diese mehrfachen Vorkehrungen zur Verhinderung nicht ordnungsgemäßer Einreisen sind gewollt. Nichts spricht für ein Versehen des Gesetzgebers. Dieser konnte tatbestandliche Überscheidungen wegen der notwendigerweise abstrakten u. pauschalierenden Formulierung nicht vermeiden. Schließlich unterscheiden sich die Fälle auch dadurch, dass die Zurückweisung zT Pflicht u. zT in das Ermessen gestellt ist. Damit wird den besonderen Verhältnissen an der Grenze Rechnung getragen u. ein flexibles u. dem jew Sachverhalt angepasstes Vorgehen ermöglicht.

2. Versuch der unerlaubten Einreise

6   **Zwingend vorgeschrieben** ist die Zurückweisung für den Fall des Versuchs einer unerlaubten Einreise iSd § 14 I. Hierfür kommt es nur auf die formelle Berechtigung zur Einreise an. Die Grenzbehörde hat nur den Besitz eines AufTit u. eines Passes sowie einer Betretenserlaubnis u. das Bestehen eines Einreiseverbots zu prüfen. Erfüllt der Ausl diese formellen Voraussetzungen nicht, ist der Grenzbehörden nur die Möglichkeit der Ausstellung eines Ausnahmevisums u. eines Notreiseausweises (§ 14 II) eröffnet; insoweit ist der Zwang zur Zurückweisung durchbrochen. Darüber hinaus ist sie nicht dazu befugt, ein materielles Recht auf Einreise u. Aufenthalt, insb das Vorliegen eines Anspruchs iSd § 5 II 2 zu prüfen u. festzustellen. Dementsprechend vermag dem Ausl auch der Nachweis eines ihm

zustehenden AufR nichts zu nützen. Der Besitz von AufTit u. Pass (§ 14 I Nr 1 u. 2) kann aber auch anders als durch Vorlage der Dokumente an der Grenze nachgewiesen werden, zB durch Bestätigung der zuständigen AuslBeh, wenn der Ausl den Pass samt eingestempeltem AufTit vergessen oder verlegt hat.

Die Grenzbehörde ist nicht nur dazu befugt, die **Echtheit** eines AufTit u. eines Passes u. **7** die **Identität** des Ausl zu prüfen (zu letzterem vgl § 49). Da der Ausl gemäß § 14 I Nrn 1 u. 2 „den erforderlichen" AufTit u. „einen erforderlichen" Pass besitzen muss, obliegt dem Grenzkontrollbeamten vielmehr auch die Feststellung, welche **Dokumente** im Einzelfall erforderlich sind u. ob die vorgelegten Papiere diesen Anforderungen genügen (vgl § 14 Rn 6–9). Die Grenzbehörde hat deshalb zB festzustellen u. ggf zu untersuchen, ob ein vorgelegtes Besuchervisum genügt oder der Ausl in Wahrheit einen über drei Monate hinausgehenden Aufenthalt oder eine Erwerbstätigkeit beabsichtigt. Hierbei ist sie allerdings aufgrund der besonderen Verhältnisse an der Grenze auf eine überschlägige u. meist nur stichprobenartige Kontrolle beschränkt (vgl Abs 2 Nr 2).

Damit sind Ausl zur Durchsetzung eines Anspruchs oder einer von einer positiven **8** Ermessensentscheidung abhängigen Aussicht auf Zulassung von Einreise u. Aufenthalt auf das Visumverf verwiesen. Umgekehrt kann aus der **Nichtbeanstandung** der Einreise durch die Grenzbehörde nicht auf die Rechtmäßigkeit der Einreise geschlossen werden. Befindet sich der Ausl zB bei der Einreise im Besitze eines Visums zum Verwandtenbesuch, beabsichtigt er aber den endgültigen Verbleib bei seinem im Bundesgebiet lebenden Ehegatten, sind Einreise u. Aufenthalt materiell von Anfang an illegal. Die formell ordnungsgemäße Einreise (vgl Abs 2 Nr 2) ändert hieran nichts. Folglich kann sich der Ausl später zB nicht auf einen rechtmäßigen Aufenthalt iSd § 81 III 1 berufen, seine Einreise war vielmehr illegal u. verschafft ihm deshalb nicht einmal eine fiktive Duldung im Anschluss an einen Antrag auf einen AufTit. Erst recht tritt dann keine „Heilung" hinsichtlich der Unrechtmäßigkeit von Einreise u. Aufenthalt ein, wenn eine Kontrolle an der Grenze überhaupt nicht stattfindet.

3. Ausweisungsgrund

Die Zurückweisung ist auch bei Vorliegen eines Ausweisungsgrunds zulässig. Ein Aus- **9** weisungsgrund kann dem Ausl schon bei Verwirklichung eines **Ausweisungstatbestands** nach §§ 53 ff entgegengehalten werden; vor allem kommt es auf die Möglichkeit einer im Einzelfall ermessensfehlerfreien Ausweisungsverfügung nicht an (§ 5 Rn 20 ff). Da es nach § 18 I 2 AuslG 1965 für die Zurückweisung auf das Vorliegen der Voraussetzungen für eine Ausweisung des Ausl ankam, ist die Rechtslage zu Lasten der Ausl verändert (ebenso schon § 60 II Nr 1 AuslG 1990). Da die Zurückweisung nach Abs 2 nicht obligatorisch, sondern in das pflichtgemäße Ermessen der Grenzbehörde gestellt ist, kann diese besonderen Umständen des Einzelfalls dadurch Rechnung tragen, dass sie in den Fällen des § 55 außer der Feststellung eines Ausweisungsgrunds eine fiktive Ermessensentscheidung vornimmt. Außerdem ist die Grenzbehörde auch bei Verwirklichung von Tatbeständen der in §§ 53, 54 genannten Art nicht zur Zurückweisung gezwungen. Im Falle der Nicht-Zurückweisung hat sie die AuslBeh zu benachrichtigen (§ 87 II Nr 3).

4. Verdacht unrichtiger Angaben über den Aufenthaltszweck

Zulässig, aber nicht zwingend geboten ist die Zurückweisung bei begründetem Verdacht **10** der **Falschangabe** hinsichtlich des Aufenthaltszwecks. Wird der Aufenthalt zu einem anderen als dem angegebenen Zweck angestrebt, kann die Einreise unerlaubt sein (§ 14 Rn 6 ff) u. die Pflicht zur Zurückweisung auslösen. Für die Zurückweisung nach Abs 2 kommt es aber darauf nicht an. Maßgeblich ist nur das Auseinanderfallen von Absicht u. Angaben hinsichtlich des Aufenthaltszwecks. Außerdem ist insoweit Ermessen eingeräumt. In Fällen der Befreiung wird auf die Erfüllung von §§ 3 I, 5 I abgestellt (Rn 13 f).

Da der wirkliche Zweck in erster Linie durch den Willen des Ausl bestimmt wird, lässt er **11** sich an der Grenze wegen der dort herrschenden besonderen Verhältnisse (Schnelligkeit des

Reiseverkehrs, begrenzte Erkenntnismittel) nicht immer sicher feststellen. Ausreichende **Verdachtsmomente** können sich aber zB bei einem Touristen aus dem Fehlen eines Rückreisetickets oder genügender Geldmittel ergeben u. bei einem angeblichen Besuchsreisenden daraus, dass er die Anschrift eines Arbeitgebers, nicht aber die seiner angeblichen Verwandten kennt. Ein abweichender Zweck wird auch verfolgt, wenn ein Transitvisum für den Aufenthalt benutzt oder die erlaubte Aufenthaltsdauer überschritten werden soll. Ist der Aufenthaltszweck zuvor durch eine dt Auslandsvertretung überprüft u. ein Visum erteilt, besteht Anlass für Zweifel an der Richtigkeit des angegebenen Aufenthaltszwecks nur bei nachträglich eingetretenen oder zuvor nicht berücksichtigten Umständen. Bei einem Schengen-Visum reicht die Absicht aus, den abweichenden Zweck in einem anderen Schengen-Staat zu verwirklichen (Nr 15.2.2.0 S. 4 VAH).

5. Nichterfüllung von Art. 5 I SDÜ

12   Die Nichterfüllung der Voraussetzungen des Art 5 SDÜ ermöglicht die Zurückweisung, wenn nicht Ausnahmen nach Art 5 II SDÜ gemacht werden. Ein Entscheidungsspielraum ist der Grenzbehörde damit in der Weise eröffnet, dass sie auch ein auf Deutschland beschränktes Ausnahmevisum erteilen kann.

6. Einreise ohne Aufenthaltstitel

13   Der Zurückweisung kann auch unterliegen, wer für Einreise u. Aufenthalt vom Erfordernis des AufTit **befreit** ist. Nicht betroffen sind damit Ausl, die von diesem Erfordernis gänzlich freigestellt sind. Positivstaater bedürfen allein wegen ihrer StAng für einen vorübergehenden Aufenthalt, der nicht Erwerbszwecken dient, keines AufTit (Art 1 II EUVisaVO iVm Anlage II). Ähnlich verhält es sich zB mit den durch §§ 18 bis 30 AufenthV für bestimmte Kurzaufenthalte privilegierte Personen. Sie können an der Grenze zurückgewiesen werden, falls ihnen auch ein AufTit versagt werden könnte. Da sie kein Recht auf Einreise u. Aufenthalt besitzen, sondern lediglich aus Gründen der Erleichterung des Reiseverkehrs formell privilegiert sind, sollen sie nicht besser gestellt sein als andere Ausl; zT greifen bei ihnen auch Abs 1 u. 2 ein.

14   Ob die Voraussetzungen des § 3 I u. des § 5 I vorliegen, ist für den Einzelfall festzustellen. Der Ausl muss die Passpflicht u. die allg Erfordernisse des § 5 I erfüllen, also die **Mindestvoraussetzungen** für Einreise u. Aufenthalt. Bei Nichterfüllung der Passpflicht besteht daneben die Pflicht zur Zurückweisung nach § 14 I Nr 1. Die Wiedereinreisesperre nach § 11 I führt zur (zwingenden) Zurückweisung nach § 14 I Nr 3, die sonstige Ausschreibung im SIS zur Zurückweisung nach Ermessen wegen Mittellosigkeit (§ 5 I Nr 1) oder wegen Beeinträchtigung dt Interessen (§ 5 I Nr 3) sowie bei Ausschreibung zur Einreiseverweigerung im SIS (Art 5 II SDÜ). Andere, spezielle Versagungstatbestände scheiden aus, weil es nur um einen vorübergehenden Aufenthalt ohne Erwerbstätigkeit geht.

7. Zurückweisungsverbote und -hindernisse sowie Zurückweisungshaft

15   Zurückweisung ähnelt in ihren **Wirkungen** der Abschiebung; auch das Einreiseverbot nach § 11 I 1 tritt ein. Deshalb gelten im Wesentlichen dieselben Verbote u. Hindernisse. Nur die Sperre während des Auslieferungsverf (§ 60 IV) kann nicht entsprechend angewandt werden, u. existentielle Unglücksfolgen werden bei der Einreise weder in allg Hinsicht (§§ 60 VII 2, 60 a I) noch in ihren individuellen Auswirkungen (§ 60 VII 1) berücksichtigt (näher Renner, Rn 4/119–130).

16   **Abschiebungsverbote u. -hindernisse** gelten überwiegend nur im Verhältnis zu einem bestimmten Staat, in dem die maßgebliche Gefahr politischer Verfolgung, von Todesstrafe oder Folter ua droht. Deshalb ist die Zurückweisung (wie die Abschiebung) nur dorthin untersagt. Zulässig bleibt die Zurückweisung in den letzten Aufenthaltsstaat, wenn dieser nicht mit dem Verfolgerstaat usw identisch ist. Zu beachten bleibt nur die Gefahr der

Weiterschiebung. So verbietet zB Art 16a I GG auch die Überstellung in einen Staat, in dem Gefahr der Weiterschiebung in den Verfolgerstaat besteht (§ 60 Rn 20).

Die Sonderregelung für **Asylbew** ist wegen § 60 VIII erforderlich, wonach ua das 17 Hindernis des § 60 I unter bestimmten Voraussetzungen entfällt. Asylsuchende sind nicht von der Visumpflicht befreit, dürfen aber nicht an der Grenze zurückgewiesen werden (§§ 18, 18a AsylVfG; vgl § 4 Rn 17). Die AufGest entsteht sofort mit dem Asylantrag ist iSd § 13 I AsylVfG, setzt also keine förmliche Antragstellung nach § 14 AsylVfG voraus. Die ges AufGest entsteht schon mit Äußerung des Asylgesuchs an der Grenze (§ 55 AsylVfG Rn 2; vgl auch § 18a AsylVfG betr Flughafen). Sie erlischt nicht mit der Ausreise. Bei Rückreise in den Verfolgerstaat gilt der Asylantrag zwar als zurückgenommen, die AufGest erlischt aber erst mit Zustellung des Einstellungsbescheids des BAMF (§§ 32, 33 II, III, 67 I Nr 3 AsylVfG). Nach Abs 4 S. 2 ist die Zurückweisung eines dann zurückkehrenden Asylsuchenden verboten. Die Prüfung der geltend gemachten Gefahr politischer Verfolgung u. auch des § 60 VIII bleibt der Grenzbehörde entzogen.

Zulässig ist auch **Zurückweisungshaft** zur Durchsetzung der Zurückweisung, falls diese 18 nicht sofort möglich ist. Die Voraussetzungen ergeben sich insoweit aus einer entsprechenden Anwendung von § 62 I oder II, als die Zurückweisung längerer Vorbereitung oder der Sicherung bedarf. Gründe für ein Zuwarten mit der Zurückweisung können sich zum einen aus der Notwendigkeit von Ermittlungen über zB die Illegalität der versuchten Einreise, den möglichen Ausweisungsgrund oder die Falschangaben zum Aufenthaltszweck sowie über die Identität des Ausl ergeben (Vorbereitungshaft analog § 62 I). Zum anderen können notwendige Verhandlungen mit dem in Betracht kommenden Aufnahmestaat u. die Vorbereitung des Rücktransports längere Zeit beanspruchen, bis die bereits ausgesprochene Zurückweisung vollzogen werden kann (Sicherungshaft analog § 62 II).

8. Ziel der Zurückweisung

Das Ges verhält sich nicht über das Ziel der Zurückweisung. IdR erfolgt diese entspre- 19 chend einer gängigen völkerrechtlichen Praxis in den **Staat, aus dem der Ausl einzureisen versucht**. Dies beruht auf der Annahme, dass vor einer Einreise in Deutschland die Ausreise aus dem letzten Aufenthaltsstaat noch nicht beendet ist. Bei Einreise auf dem Landweg ist dies der Anrainerstaat, u. zwar ohne Rücksicht darauf, ob der Ausl dort kontrolliert worden ist u. sich länger dort aufgehalten hat. Bei Luftverkehrsreisenden kommt in erster Linie der Staat in Betracht, von dem aus der Ausl gestartet ist, bei Zwischenaufenthalten der letzte Aufenthaltsstaat, sofern der Ausl sich dort nicht nur im Transitgelände aufgehalten hat (zur Rückbeförderung u. zu deren Kosten §§ 63, 66 III, IV).

Die anderen **Alternativen** können vor allem dann in Anspruch genommen werden, 20 wenn die Zurückweisung in den letzten Aufenthalts- oder Durchreisestaat keinen Erfolg verspricht, weil der Ausl von dort schon einmal oder öfter einzureisen versucht hat. Vorausgesetzt ist immer die Bereitschaft des betr Staats zur Aufnahme.

Mit den meisten Anrainerstaaten bestehen Übernahmeabk, in denen ua Einzelheiten der 21 **Überstellung** geregelt sind (vgl § 58 Rn 19). Sie betreffen allg die Überstellung von StAng der Vertragsstaaten u. von Drittstaatern an der Grenze. Soweit sie die formlose Überstellung von illegal eingereisten Personen innerhalb einer bestimmten Frist ermöglichen, handelt es sich um eine Zurückweisung oder um eine Zurückschiebung.

Da nach § 15 die Zurückweisung nicht ausdrücklich, aber von der Sache her **zeitlich** 22 **begrenzt** ist, kann zT ohne weitere Förmlichkeiten an der Grenze zurückgewiesen werden. Immer aber müssen die Voraussetzungen des § 15 eingehalten werden. Denn die in den Übernahmeabk vereinbarten Modalitäten binden lediglich die Vertragspartner völkerrechtlich. Im Verhältnis zu dem betr Ausl entfalten sie schon ihrem Inhalt nach keinerlei Wirkung. Zudem fehlt es an einer Übernahme als Bundesrecht, da die Übernahmeabk nicht durch Zustimmungsges übernommen sind u. damit eine vom AufenthG abweichende ges Regelung iSd § 1 I 5 nicht vorliegt (anders § 57 I 2 für Rückschiebung).

IV. Verwaltungsverfahren und Rechtsschutz

23 Für die Zurückweisung sind die mit der Personenkontrolle an der Grenze betrauten Behörden allein **zuständig** (§ 71 III Nr 1). Die Zurückweisung erfordert keinen vorangehenden - VA, insb auch keine Androhung mit Fristsetzung. Sie stellt aber selbst einen VA dar, weil sie eine **Regelung** iSd § 35 I VwVfG enthält bzw voraussetzt, auch wenn sie nicht der Schriftform bedarf (vgl § 77 I). Mit ihr ist zwar kein Einreiseverbot wie mit der Abschiebung u. der Zurückschiebung verbunden (§ 11 I), u. deshalb entfaltet der Passvermerk „Zurückgewiesen" oder der mit einem vertikal-horizontalen Kreuz ungültig gezeichnete Einreisestempel beim nächsten Einreiseversuch nur eine tatsächliche u. keine rechtliche Wirkung. Mit der Zurückweisung wird aber die Einreise verweigert u. damit ein Rechtsverhältnis verbindlich geregelt; der dahingehenden Entscheidung geht die Prüfung der materiellen u. formellen Voraussetzungen des § 15 voraus, u. zwar einschließlich der Möglichkeiten des § 14 II u. der Zurückweisungsverbote u. -hindernisse nach Abs 4. An einer derartigen Regelung fehlt es nicht etwa deshalb, weil der Ausl über ein garantiertes Einreiserecht nicht verfügt u. die dem faktischen Vollzug zugrundeliegende Entscheidung über die Zurückweisung idR nicht förmlich verlautbart wird (betr Asylbew §§ 18 II, 18 a AsylVfG).

24 Gegen Zurückweisung bzw. Einreiseverweigerung, die nur mündlich mitgeteilt u. begründet werden, sind **Widerspruch u. -klage** (§§ 42, 68 VwGO) gegeben. IdR besteht nur ein Rechtsschutzinteresse an einem **Verpflichtungsbegehren,** weil der Ausl letztlich die Einreise verlangt. Ausnahmsweise kann auch ein Anfechtungsbegehren zulässig sein, wenn im Hinblick auf künftige Einreiseversuche ein schutzwertes Interesse an der Feststellung der Rechtswidrigkeit der einmal erfolgten Zurückweisung besteht (zur Feststellungsklage HessVGH, NVwZ-RR 1994, 615). Den Vorschriften der §§ 77, 83 liegt zwar offenbar die Auffassung zugrunde, ein Rechtsbehelf sei überhaupt nicht gegeben. Dieser Ansicht ist aber angesichts der Generalklauseln des Art. 19 IV GG u. der §§ 40, 42 VwGO nicht zu folgen. Der danach garantierte effektive Rechtsschutz kann nicht mit dem Hinweis auf eine fehlende völkerrechtliche Verpflichtung der BR Deutschland zur Gewährung von Rechtsschutz für zurückgewiesene Ausl oder auf andersartige internationale Gepflogenheiten ausgeschlossen werden.

25 Einstweiliger Rechtsschutz ist rechtlich möglich, aber praktisch schwer durchsetzbar. Der Widerspruch gegen die Zurückweisung entfaltet keinen Suspensiveffekt, weil die Zurückweisung eine unaufschiebbare Polizeivollzugsmaßnahme darstellt (§ 80 II Nr 2 VwGO). Mit einem Antrag nach § 80 V VwGO kann die gerichtliche Anordnung der aufschiebenden Wirkung u. mit einem Antrag nach § 123 VwGO die vorläufige Verpflichtung der Grenzbehörde erreicht werden, von der Zurückweisung abzusehen. Für diese Anträge wird es aber idR an der Grenze an Zeit u. Gelegenheit fehlen. Gegen die Zulässigkeit der Anordnung der aufschiebenden Wirkung kann nicht eingewandt werden, der VA trage hier den Vollzug in sich. Dem liegt die unzutreffende Auffassung zugrunde, die Zurückweisung ergehe als Vollzugsakt ohne vorherige Rechts- u. Willensentscheidung (dazu Rn 23).

§ 15 a Verteilung unerlaubt eingereister Ausländer

(1) [1] Unerlaubt eingereiste Ausländer, die weder um Asyl nachsuchen noch unmittelbar nach der Feststellung der unerlaubten Einreise in Abschiebungshaft genommen und aus der Haft abgeschoben oder zurückgeschoben werden können, werden vor der Entscheidung über die Aussetzung der Abschiebung oder die Erteilung eines Aufenthaltstitels auf die Länder verteilt. [2] Sie haben keinen Anspruch darauf, in ein bestimmtes Land oder an einen bestimmten Ort verteilt zu werden. [3] Die Verteilung auf die Länder erfolgt durch eine vom Bundesministerium des Innern bestimmte zentrale Verteilungsstelle. [4] Solange die Länder für die Verteilung keinen abweichenden Schlüssel

vereinbart haben, gilt der für die Verteilung von Asylbewerbern festgelegte Schlüssel. ⁵ Jedes Land bestimmt bis zu sieben Behörden, die die Verteilung durch die nach Satz 3 bestimmte Stelle veranlassen und verteilte Ausländer aufnehmen. ⁶ Weist der Ausländer vor Veranlassung der Verteilung nach, dass eine Haushaltsgemeinschaft zwischen Ehegatten oder Eltern und ihren minderjährigen Kindern oder sonstige zwingende Gründe bestehen, die der Verteilung an einen bestimmten Ort entgegenstehen, ist dem bei der Verteilung Rechnung zu tragen.

(2) ¹ Die Ausländerbehörden können die Ausländer verpflichten, sich zu der Behörde zu begeben, die die Verteilung veranlasst. ² Dies gilt nicht, wenn dem Vorbringen nach Absatz 1 Satz 6 Rechnung zu tragen ist. ³ Gegen eine nach Satz 1 getroffene Verpflichtung findet kein Widerspruch statt. ⁴ Die Klage hat keine aufschiebende Wirkung.

(3) ¹ Die zentrale Verteilungsstelle benennt der Behörde, die die Verteilung veranlasst hat, die nach den Sätzen 2 und 3 zur Aufnahme verpflichtete Aufnahmeeinrichtung. ² Hat das Land, dessen Behörde die Verteilung veranlasst hat, seine Aufnahmequote nicht erfüllt, ist die dieser Behörde nächstgelegene aufnahmefähige Aufnahmeeinrichtung des Landes aufnahmepflichtig. ³ Andernfalls ist die von der zentralen Verteilungsstelle auf Grund der Aufnahmequote nach § 45 des Asylverfahrensgesetzes und der vorhandenen freien Unterbringungsmöglichkeiten bestimmte Aufnahmeeinrichtung zur Aufnahme verpflichtet. ⁴ § 46 Abs. 4 und 5 des Asylverfahrensgesetzes sind entsprechend anzuwenden.

(4) ¹ Die Behörde, die die Verteilung nach Absatz 3 veranlasst hat, ordnet in den Fällen des Absatzes 3 Satz 3 an, dass der Ausländer sich zu der durch die Verteilung festgelegten Aufnahmeeinrichtung zu begeben hat; in den Fällen des Absatzes 3 Satz 2 darf sie dies anordnen. ² Die Ausländerbehörde übermittelt das Ergebnis der Anhörung an die die Verteilung veranlassende Stelle, die die Zahl der Ausländer unter Angabe der Herkunftsländer und das Ergebnis der Anhörung der zentralen Verteilungsstelle mitteilt. ³ Ehegatten sowie Eltern und ihre minderjährigen ledigen Kinder sind als Gruppe zu melden und zu verteilen. ⁴ Der Ausländer hat in dieser Aufnahmeeinrichtung zu wohnen, bis er innerhalb des Landes weiterverteilt wird, längstens jedoch bis zur Aussetzung der Abschiebung oder bis zur Erteilung eines Aufenthaltstitels; die §§ 12 und 61 Abs. 1 bleiben unberührt. ⁵ Die Landesregierungen werden ermächtigt, durch Rechtsverordnung die Verteilung innerhalb des Landes zu regeln, soweit dies nicht auf der Grundlage dieses Gesetzes durch Landesgesetz geregelt wird; § 50 Abs. 4 des Asylverfahrensgesetzes findet entsprechende Anwendung. ⁶ Die Landesregierungen können die Ermächtigung auf andere Stellen des Landes übertragen. ⁷ Gegen eine nach Satz 1 getroffene Anordnung findet kein Widerspruch statt. ⁸ Die Klage hat keine aufschiebende Wirkung. ⁹ Die Sätze 7 und 8 gelten entsprechend, wenn eine Verteilungsanordnung auf Grund eines Landesgesetzes oder einer Rechtsverordnung nach Satz 5 ergeht.

(5) ¹ Die zuständigen Behörden können dem Ausländer nach der Verteilung erlauben, seine Wohnung in einem anderen Land zu nehmen. ² Nach erlaubtem Wohnungswechsel wird der Ausländer von der Quote des abgebenden Landes abgezogen und der des aufnehmenden Landes angerechnet.

(6) Die Regelungen der Absätze 1 bis 5 gelten nicht für Personen, die nachweislich vor dem 1. Januar 2005 eingereist sind.

Vorläufige Anwendungshinweise

15 a Zu § 15 a Verteilung unerlaubt eingereister Ausländer

15 a.0 Die Vorschrift soll eine gleichmäßige Verteilung unerlaubt eingereister Ausländer, die keinen Asylantrag stellen, gewährleisten. Die Aufnahme unerlaubt eingereister Ausländer ist eine gesamtstaatliche Aufgabe, bei deren Erfüllung auf eine gleichmäßige Verteilung der durch sie entstehenden

finanziellen Lasten zu achten ist. Zwischen den Ländern ist diese Lastenverteilung durch eine quotengerechte Verteilung dieser Personen herzustellen.

15 a.0.1 Die Vorschrift orientiert sich an den für die Verteilung von Asylbewerbern geltenden Regelungen. Hier kann auf ein funktionierendes System zurückgegriffen werden, das in weiten Teilen auch bei der Verteilung unerlaubt einreisender Ausländer nutzbar sein wird.

15 a.0.2 Die Verteilung nach § 15 a verläuft in bis zu drei Schritten:

15 a.0.2.1 a) Nach Abs. 2 Satz 1 kann der Ausländer von der Ausländerbehörde verpflichtet werden, sich zu der Behörde zu begeben, die die Verteilung bei der zentralen Verteilungsstelle veranlasst.

15 a.0.2.2 b) Nachdem das Bundesamt für Migration und Flüchtlinge als zentrale Verteilungsstelle die zur Aufnahme verpflichtete Aufnahmeeinrichtung mitgeteilt hat, ordnet die die Verteilung veranlassende Stelle an, dass sich der Ausländer zu dieser Aufnahmeeinrichtung zu begeben hat.

15 a.0.2.3 c) Von der Aufnahmeeinrichtung kann der Ausländer innerhalb des Landes weiterverteilt werden. Das landesinterne Verteilungsverfahren können die Länder aufgrund von Abs. 4 Satz 5 entweder durch Rechtsverordnung oder ein Landesgesetz regeln.

15 a.0.3 Gegen die jeweils durch Verwaltungsakt getroffene Verteilungsentscheidung (vgl. Nummern 15.0.2 ff) findet kein Widerspruch statt, Klagen haben keine aufschiebende Wirkung (Absatz 2 Sätze 3 und 4).

15 a.1.1.1 In Absatz 1 Satz 1 wird der Personenkreis der zu verteilenden Ausländer festgelegt. Wann die Einreise unerlaubt ist, ergibt sich aus § 14. Die Entscheidung über die Aussetzung der Abschiebung oder die Erteilung eines Aufenthaltstitels erfolgt vor der Verteilung durch die Behörde, bei der der Ausländer erstmals vorspricht. Die unmittelbar mögliche Abschiebung oder Zurückschiebung geht der Verteilung nach Absatz 1 Satz 1 vor. Deshalb sind Personen, die unmittelbar nach der Feststellung der unerlaubten Einreise in Abschiebungshaft genommen und unmittelbar aus der Haft abgeschoben werden oder unmittelbar nach der Feststellung der unerlaubten Einreise zurückgeschoben werden, von der Verteilung ausgenommen.

15 a.1.1.2 Über die Verteilungsentscheidung nach § 15 a Abs. 1 Satz 1 erhält der Ausländer für die Weiterreise zu dem Ort, an den er verteilt worden ist, eine Bescheinigung nach einem bundeseinheitlichen Muster. Die Bescheinigung lehnt sich an die im Asylverfahren ausgestellte Bescheinigung über die Meldung als Asylbegehrender an und wird vom BAMF in Abstimmung mit BMI und den Ländern erarbeitet. Neben dieser Bescheinigung ist dem Ausländer ein schriftlicher Bescheid auszuhändigen. Nach geltender Rechtslage ist für diesen Verteilungsbescheid sowohl eine Begründung als auch eine Anhörung notwendig.

15 a.1.1.3 Ein Ausländer gilt als verteilt im Sinne des Absatzes 1 Satz 1, sobald ihm der Bescheid über die Verteilungsentscheidung ausgehändigt wurde.

15 a.1.1.4 Vor einer beabsichtigten Verteilung ist die Identität des betreffenden Ausländers gemäß § 49 Abs. 2 a durch erkennungsdienstliche Maßnahmen zu sichern und eine Abfrage des Ausländerzentralregisters durchzuführen. Dadurch kann festgestellt werden, ob Gründe vorliegen, die eine Verteilung ausschließen. Zu diesen Gründen können zählen: z. B. Zuständigkeit einer anderen Ausländerbehörde, laufendes oder abgeschlossenes Asylverfahren, Fahndungstreffer. Die Zuständigkeit für die Durchführung der erkennungsdienstlichen Maßnahmen richtet sich nach § 71 Abs. 4 Satz 1 und 2. Vorrangig sollten die erkennungsdienstlichen Maßnahmen durch die Ausländerbehörden durchgeführt werden, da durch deren flächendeckende Präsens eine schnelle und effiziente Durchführung gewährleistet wird. Soweit Ausländerbehörden nicht über die notwendige technische Ausrüstung verfügen, sollten Polizeibehörden um Amtshilfe ersucht werden. Denkbar sind auch gemeinsame erkennungsdienstliche Maßnahmen von Ausländer- und Polizeibehörden, da im Falle des § 15 a AufenthG regelmäßig auch die strafprozessualen Voraussetzungen für eine erkennungsdienstliche Behandlung sein dürften.

15 a.1.2 Unerlaubt einreisende Ausländer haben keinen Anspruch darauf, sich in einem bestimmten Land oder an einem bestimmten Ort aufzuhalten. Absatz 1 Satz 2 stellt klar, dass kein Anspruch auf Verteilung in ein bestimmtes Land oder an einen bestimmten Ort besteht. Dies entspricht den für Asylbewerber (vgl. § 55 Abs. 1 Satz 2 AsylVfG) und Kriegs- und Bürgerkriegsflüchtlinge (vgl. § 24 Abs. 5 Satz 1 AufenthG) geltenden Bestimmungen.

15 a.1.3 Nach Absatz 1 Satz 3 und 5 werden die auf Bundes- und Landesseite bei der Verteilung tätigen Behörden bestimmt, wobei jedes Land bis zu sieben Behörden bestimmen kann, die die Verteilung durch die zuständige Stelle veranlassen und verteilte Ausländer aufnehmen. Die Aufgabe der zentralen Verteilungsstelle übernimmt das Bundesamt für Migration und Flüchtlinge.

15 a.1.4 Absatz 1 Satz 4 regelt die Aufnahmequoten. Diese entsprechen den Quoten nach § 45 AsylVfG, wenn für die unerlaubt einreisenden Ausländer kein abweichender Schlüssel festgelegt wird.

15a.1.5 Die gemeinsame Verteilung von Ehegatten und von Eltern und ihren minderjährigen ledigen Kindern wird durch die Regelung in Absatz 1 Satz 6 gewährleistet. Darüber hinaus sieht Absatz 1 Satz 6 vor, dass sonstige zwingende Gründe, die der Verteilung an einen bestimmten Ort entgegenstehen ebenfalls bei der Verteilung zu berücksichtigen sind. Die genannten Gründe führen nicht zu einer Aussetzung der Abschiebung, sondern ermöglichen lediglich einen Wohnsitzwechsel. Im Interesse eines funktionierenden Verteilungsverfahrens – entsprechend den für die Verteilung von Asylbewerbern geltenden Grundsätzen – ist eine Berücksichtigung von Gründen, die einer Verteilung an einen bestimmten Ort entgegenstehen, allerdings nur unter der Voraussetzung möglich, dass der Ausländer sie vor der Entscheidung der Verteilung geltend macht.
Hierbei kommen z. B. in Betracht: Sicherstellung der Betreuung von pflegebedürftigen Verwandten in gerader Linie und von Geschwistern, Sicherstellung von Behandlungsmöglichkeiten für schwer erkrankte Personen und Schutz von Personen, die als (Opfer-) Zeugen in einem Strafverfahren wegen Menschenhandels benötigt werden und zur Aussage bereit sind.
15a.2 Nach Absatz 2 können die Ausländerbehörden den Ausländer verpflichten, sich zu der Behörde zu begeben, die die Verteilung veranlasst.
15a.3 Die Bestimmung eines Landes oder eines bestimmten Ortes in dem Land, in dem der Ausländer seinen Wohnsitz und seinen gewöhnlichen Aufenthalt zu nehmen hat, folgt den Regeln des Absatzes 3 Satz 1 bis 4. Falls hiernach eine länderübergreifende Verteilung stattfindet, sichern die Bestimmungen des Absatzes 4 die zügige Umsetzung der getroffenen Verteilungsentscheidung.
15a.4 Die Modalitäten der landesinternen Verteilung können die Länder gemäß Absatz 4 Satz 3 durch Rechtsverordnung oder Landesgesetz bestimmen. Um sicherzustellen, dass die Verteilung schnellstmöglich durchgeführt wird, bestimmen die Sätze 4 und 5, dass der Widerspruch gegen die Anordnung einer Verteilung nach Satz 1 oder aufgrund des Satzes 3 ausgeschlossen ist (Fall des § 68 Abs. 1 Satz 2, 1. Halbsatz VwGO) und der Klage keine aufschiebende Wirkung zukommt (Fall des § 80 Abs. 2 Nr 3 VwGO).
15a.5 Absatz 5 trägt dem Umstand Rechnung, dass sich nach der Verteilung die Notwendigkeit einer „Umverteilung" ergeben kann. Wenn der Wohnsitz danach in ein anderes Land verlegt werden darf, wird der Ausländer von der Quote des abgebenden Landes abgezogen und der des aufnehmenden Landes angerechnet.
15a.6 Absatz 6 stellt klar, dass die Regelung keine Anwendung auf Personen findet, die sich vor In-Kraft-Treten des Gesetzes bereits in der Bundesrepublik Deutschland aufgehalten haben.

Übersicht

	Rn
I. Entstehungsgeschichte	1
II. Allgemeines	2
III. Verteilung	3
1. Personenkreis	3
2. Verteilungsverfahren	4
IV. Verwaltungsverfahren und Rechtsschutz	8

I. Entstehungsgeschichte

Die Vorschrift wurde während des **Vermittlungsverf** eingefügt (BT-Drs 15/3479 S. 3). Sie war bereits Gegenstand der Beratungen des BT-Innenausschusses aufgrund eines Gesetzesbeschlusses des BR (BR-Drs 706/00) gewesen, hatte dort aber keine Mehrheit gefunden (BT-Drs 15/955 S. 10 f). Sie hatte keinen Vorgänger im AuslG. Mit Wirkung vom 18. 3. 2005 wurde Abs 4 a neu gefasst (Art 1 Nr 2 ÄndGes vom 14. 3. 2005, BGBl. I 721). 1

II. Allgemeines

Ein Verteilungsverf für unerlaubt eingereiste Ausl gab es bis Ende 2004 nicht. Seit langem bestehen Verteilungsverf für Asylbew (§§ 51, 52 AsylVfG) u. für Spätaussiedler (§§ 8, 28 BVFG). Hinzugekommen ist die Verteilung der nach § 24 aufgenommenen Flüchtlinge. 2

Gegenüber anderen Ausl als Asylbew gab es früher auch keine sonstigen Möglichkeiten, ihren Wohnort so festzulegen, dass die Bundesländer nur eine ihrer Leistungskraft entsprechende Anzahl aufnehmen mussten (zu Verteilungsversuchen vgl Müller, ZAR 2001, 166; Welte, ZAR 2001, 19; BayVGH, EZAR 045 Nr 14; VGH BW, EZAR 045 Nr 13; OVG NRW, EZAR 045 Nr 15). Mit der Verteilung sollen die finanziellen **Belastungen,** die aufgrund des Aufenthalts unerlaubt eingereister Personen entstehen, **gleichmäßig verteilt** werden.

III. Verteilung

1. Personenkreis

3   Der Personenkreis setzt sich aus den Ausl zusammen, die iSd § 14 I **unerlaubt eingereist** sind. Ausgenommen sind zunächst Personen, die nachweislich vor Januar 2005 eingereist sind. Nicht betroffen sind außerdem Ausl, die um Asyl nachsuchen oder unmittelbar in Abschiebungshaft genommen werden. Nicht erfasst sind auch Flüchtlinge nach § 24; denn sie werden aufgenommen u. erhalten eine AE. Abschiebung u. Zurückschiebung gehen vor. Die AuslBeh des Aufenthaltsorts hat zunächst die Identität u. den Status (uU als Asylbew oder zur Fahndung ausgeschriebener Ausl) festzustellen. Sie darf weder einen AufTit erteilen noch die Abschiebung aussetzen. Vor der Verteilung sollen diese Maßnahmen ausdrücklich nicht getroffen werden. Nach Erteilung eines AufTit durch die später zuständige AuslBeh scheiden sie aus dem Verteilungsverf aus.

2. Verteilungsverfahren

4   Die Verteilung auf die Bundesländer erfolgt durch eine zentrale **Verteilungsstelle,** das BAMF. Dieses wird tätig, nachdem die AuslBeh einen unerlaubt eingereisten Ausl u. dessen Identität festgestellt u. die Verteilungsstelle des Landes (bis zu sieben je Bundesland) die Verteilung veranlasst hat. Die AuslBeh kann den Ausl verpflichten, sich zu der Landesverteilungsstelle zu begeben. Nach Benennung der zur Aufnahme verpflichteten Aufnahmeeinrichtung (AufEinr) durch das BAMF verpflichtet die Verteilerstelle des Landes den Ausl, sich in diese Einrichtung zu begeben (Anordnung in den Fällen des Abs 3 S. 2 nach Ermessen). Der Ausl erhält eine Bescheinigung des BAMF über die Verteilung (Nr 15 a.1.1.2 VAH). Von der AufEinr können die Ausl nach einem Ges oder RVO des Landes weiter verteilt werden.

5   Der **Maßstab** der Verteilung stimmt mit dem für Asylbew überein (Königsteiner Schlüssel nach § 45 AsylVfG), solange die Länder keine anderen Quoten festlegen. Der Ausl hat kein Recht auf einen bestimmten Aufenthaltsort oder ein bestimmtes Bundesland. Die Einhaltung des Schlüssels u. der Landesquote geht jedenfalls zunächst persönlichen Belangen grundsätzlich vor. Die Aufnahmepflicht des Landes richtet sich allein nach der Quote.

6   Persönliche Umstände können dem gegenüber nur beschränkt berücksichtigt werden. **Zwingende Gründe,** die für eine anderweitige Verteilung sprechen, sind anders als nach § 46 AsylVfG (vgl dort Rn 5) zu berücksichtigen, vor allem eine bereits bestehende Haushaltsgemeinschaft mit Ehegatten, minderjährigen Kindern oder Eltern. Diese Gründe sind aber vor der Verteilung geltend zu machen; danach werden sie für die Verteilung nicht mehr berücksichtigt.

7   Eine Familienzusammenführung u. eine Berücksichtigung sonstiger persönlicher Umstände sind erst für die Zeit nach der Verteilung in der Weise vorgesehen, dass ein Wohnortwechsel erlaubt wird. Diese **Umverteilung** erfolgt durch Bescheid der Verteilungsstelle des Aufenthaltslandes mit der Folge, dass ein entsprechender Quotenausgleich stattfindet. Die zuständige Stelle des aufnehmenden Landes muss zustimmen; auf diese Weise ist die gemeinsame Zuständigkeit am besten umzusetzen.

IV. Verwaltungsverfahren und Rechtsschutz

Ergeht ein **Bescheid** über die Verpflichtung, sich zu der Landesverteilerstelle zu begeben, 8
ist der Ausl vorher anzuhören u. der Bescheid zu begründen. Vor Veranlassung der Verteilung durch die Landesverteilerstelle, also nicht erst vor der Verteilung durch das BAMF ist der Ausl anzuhören. Das Verteilungsverf endet mit einer Entscheidung des BAMF, in der die aufnahmepflichtige AufEinr benannt wird. Dieser Bescheid enthält die Verteilung, ergeht aber nicht gegenüber dem Ausl, sondern gegenüber der Landesverteilungsstelle. Auch wenn der Ausl eine Bescheinigung über die Verteilung erhält (Rn 4), handelt es sich dabei nicht um einen VA; denn die Bescheinigung soll lediglich der Weiterreise an den Verteilungsort begleiten. Dem Ausl gegenüber wird nämlich die **Verteilung** durch den Bescheid der Landesverteilerstelle **umgesetzt,** in dem angeordnet wird, dass sich der Ausl zu der durch das BAMF festgelegten AufEinr zu begeben hat. Dieser Bescheid ist zu begründen; dabei ist auch auf persönliche Interessen an einer anderweitigen Verteilung einzugehen, wenn sie geltend gemacht u. nachgewiesen oder bekannt sind.

Falls die Ausl nach Landesrecht **innerhalb des Landes** weiter verteilt werden, ist ein 9
ähnliches Verf vorzusehen, das ebenfalls mit einem Bescheid endet, der die Verteilung selbst enthält. Das in § 50 IV AsylVfG vorgesehene Verf gilt entsprechend.

Der Widerspruch gegen den Bescheid, sich zu der Verteilungsstelle zu begeben, ist 10
ausgeschlossen, ebenso die aufschiebende Wirkung der Klage. Dasselbe gilt für die interne Zuweisungsentscheidung u. die Verpflichtung, sich zu der AufEinr zu begeben. Damit können sämtliche VA gegenüber dem Ausl nur unmittelbar mit der **Anfechtungsklage** angegriffen werden (§ 42 I VwGO) u. im einstweiligen Rechtsschutzverf auf Anordnung der aufschiebenden Wirkung der Klage mit einem Antrag nach § 80 V VwGO. Im ersten Fall sind die Anträge gegen die AuslBeh u. in den anderen Fällen gegen die Landesverteilungsstelle zu richten bzw gegen deren jew Träger.

Abschnitt 3. Aufenthalt zum Zweck der Ausbildung

§ 16 Studium; Sprachkurse; Schulbesuch

(1) ¹Einem Ausländer kann zum Zweck der Studienbewerbung und des Studiums an einer staatlichen oder staatlich anerkannten Hochschule oder vergleichbaren Ausbildungseinrichtung einschließlich der studienvorbereitenden Maßnahmen eine Aufenthaltserlaubnis erteilt werden. ²Die Geltungsdauer bei der Ersterteilung der Aufenthaltserlaubnis bei studienvorbereitenden Maßnahmen soll zwei Jahre nicht überschreiten; im Falle des Studiums wird sie für zwei Jahre erteilt und kann um jeweils bis zu weiteren zwei Jahren verlängert werden, wenn der Aufenthaltszweck noch nicht erreicht ist und in einem angemessenen Zeitraum noch erreicht werden kann. ³Die Aufenthaltsdauer als Studienbewerber darf höchstens neun Monate betragen.

(2) ¹Während des Aufenthalts nach Absatz 1 soll in der Regel keine Aufenthaltserlaubnis für einen anderen Aufenthaltszweck erteilt oder verlängert werden, sofern nicht ein gesetzlicher Anspruch besteht. ²§ 9 findet keine Anwendung.

(3) Die Aufenthaltserlaubnis berechtigt zur Ausübung einer Beschäftigung, die insgesamt 90 Tage oder 180 halbe Tage im Jahr nicht überschreiten darf, sowie zur Ausübung studentischer Nebentätigkeiten.

(4) ¹Nach erfolgreichem Abschluss des Studiums kann die Aufenthaltserlaubnis bis zu einem Jahr zur Suche eines diesem Abschluss angemessenen Arbeitsplatzes, sofern

er nach den Bestimmungen der §§ 18 bis 21 von Ausländern besetzt werden darf, verlängert werden. ² § 9 findet keine Anwendung.

(5) ¹ Einem Ausländer kann eine Aufenthaltserlaubnis zur Teilnahme an Sprachkursen, die nicht der Studienvorbereitung dienen, und in Ausnahmefällen für den Schulbesuch erteilt werden. ² Absatz 2 gilt entsprechend.

Vorläufige Anwendungshinweise

16 Zu § 16 Aufenthaltserlaubnis zum Zweck der Studienbewerbung, des Studiums, für Sprachschüler und für den Schulbesuch

16.0 Allgemeines
16.0.1 Auf die Erteilung einer Aufenthaltserlaubnis zum Zweck des Studiums besteht kein Rechtsanspruch. Über entsprechende Anträge wird nach § 16 Abs. 1 im Wege des Ermessens entschieden. Die allgemeinen Erteilungsvoraussetzungen des § 5 Abs. 1 und 2 sowie die Versagungsgründe des § 5 Abs. 4, § 10 und § 11 sind zu beachten.
16.0.2 Bei der Entscheidung über Aufenthaltserlaubnisse zum Zweck der Studienbewerbung und des Studiums soll die Ausländerbehörde in Fragen der Studienvoraussetzungen, des Studienverlaufs, des Studienabschlusses und sonstiger akademischer Belange Stellungnahmen der Hochschule oder sonstiger zur Aus- oder Weiterbildung zugelassenen Einrichtungen einholen und berücksichtigen. § 82 Abs. 1 bleibt unberührt. Die Geltungsdauer der Aufenthaltserlaubnis ist nach Maßgabe des § 16 Abs. 1 in der Weise zu befristen, dass eine ordnungsgemäße Durchführung des Ausbildungsganges einschließlich der Ausbildungsabschnitte gewährleistet ist (siehe Nummer 16.1.2.4). Hierbei ist den besonderen Schwierigkeiten, die Ausländern bei der Aufnahme und Durchführung eines Studiums entstehen können, angemessen Rechnung zu tragen.
16.0.3 Die Aus- oder Fortbildung kann an staatlichen oder staatlich anerkannten Hochschulen (Universitäten, pädagogischen Hochschulen, Kunsthochschulen und Fachhochschulen) oder an vergleichbaren Ausbildungsstätten, an Berufsakademien sowie an staatlichen oder staatlich anerkannten Studienkollegs durchgeführt werden (§§ 1 und 70 Hochschulrahmengesetz). Zu vergleichbaren weiteren Ausbildungseinrichtungen sind auch Einrichtungen zu rechnen, die eine staatliche Anerkennung beantragt haben, und Einrichtungen, die einzelne akkreditierte Studiengänge anbieten. Vor Erteilung einer Aufenthaltserlaubnis für ein Studium an den vergleichbaren weiteren Ausbildungseinrichtungen soll eine Stellungnahme der für Hochschulfragen zuständigen obersten Landesbehörde eingeholt werden.
16.0.4 Das Studium muss den Hauptzweck des Aufenthalts darstellen. Diesen Anforderungen genügt beispielsweise ein Abend-, Wochenend- oder Fernstudium nicht. Die Aufenthaltstitel zur Durchführung von Präsenzphasen (insbesondere Praktika und Prüfungen) können nach allgemeinen Regeln erteilt werden. Für Praktika wird eine Aufenthaltserlaubnis nach § 17 oder § 18 erteilt. Für die Durchführung von Praktika benötigen Studierende ausländischer Hochschulen keine Zustimmung der Bundesagentur für Arbeit (§ 2 Nr 3 BeschV); das Einvernehmen der Bundesagentur für Arbeit ist erforderlich. Für den kurzfristigen Aufenthalt zur Durchführung von Prüfungen wird ein Schengenvisum (§ 6 Abs. 1 Nr 2) erteilt.
16.0.5 Der Aufenthaltszweck Studium umfasst sämtliche mit dem Studium verbundenen Ausbildungsphasen. Abhängig vom Einzelfall gehören dazu
– Sprachkurse, insbesondere zur Studienvorbereitung,
– Studienkollegs oder andere Formen staatlich geförderter studienvorbereitender Maßnahmen,
– für das Studium erforderliche oder von der Hochschule empfohlene vorbereitende Praktika,
– ein grundständiges Studium bis zu einem ersten berufsqualifizierenden Abschluss an einer deutschen Hochschule (Grund- und Hauptstudium einschließlich studienbegleitender Praktika, Zwischen- und Abschlussprüfungen), auch nach einem vorherigen Studium im Ausland,
– nach einem Studium ein Aufbau-, Zusatz- oder Ergänzungsstudium (Postgraduiertenstudium) oder eine Promotion sowie
– anschließende praktische Tätigkeiten, sofern sie zum vorgeschriebenen Ausbildungsgang gehören oder zur umfassenden Erreichung des Ausbildungszieles dienen.
16.0.6 Die für die Zulassung zum Studium erforderliche Teilnahme an Deutschsprachkursen (siehe Nummer 16.1.3), Studienkollegs und anderen Formen staatlich geförderter studienvorbereitender Maßnahmen und studienbezogenen vorbereitenden Praktika darf in der Regel nicht länger als insgesamt zwei Jahre dauern. Die in Ausnahmefällen zugelassene Ausübung einer Beschäftigung während der studienvorbereitenden Maßnahmen (siehe Nummer 16.3.10) rechtfertigt kein Abweichen von

Studium; Sprachkurse; Schulbesuch § 16 **AufenthG** 1

diesem Regelzeitraum. Hinsichtlich eines Zweitstudiums, eines Postgraduiertenstudiums, einer Promotion oder des Erwerbs von Berufserfahrung nach einer Ausbildung in Deutschland siehe Nummer 16.2.8 und 16.2.10.
16.0.7 Die allgemeinen schulischen Voraussetzungen für die Aufnahme der beabsichtigten Ausbildung können im Bundesgebiet nicht nachgeholt werden (siehe auch Nummer 16.5.2.1 ff.).
16.0.8 Erforderlich ist der Nachweis ausreichender Mittel zur Sicherung des Lebensunterhalts einschließlich ausreichenden Krankenversicherungsschutzes nach Maßgabe des § 2 Abs. 3 (§ 82 Abs. 1). Ausreichende Mittel stehen dann zur Verfügung, wenn sie dem BAföG-Förderungshöchstsatz (§§ 13 und 13 a BAföG) entsprechen. Der Betrag setzt sich zusammen aus:
16.0.8.1 dem Grundbetrag von 333 €,
– dem Zuschlag für Wohnbedarf von 133 €,
– dem Zuschlag, wenn die Miet- und Nebenkosten über 133 € liegen in der Höhe von 64 €
– dem Betrag von 47 € für die Krankenversicherung und
– weiteren 8 € für die Pflegeversicherung.
16.0.8.2 Daraus ergibt es sich ein monatlicher Förderungshöchstsatz von 585 €. Bei Nachweis einer Unterkunft, deren Miet- und Nebenkosten den Betrag von 133 € unterschreiten, vermindert sich der geforderte Betrag um 64 €.
16.0.8.3 Den Anforderungen genügt insbesondere
– die Darlegung der Einkommens- und Vermögensverhältnisse der Eltern oder
– eine Verpflichtung gemäß § 68 oder
– die Einzahlung einer Sicherheitsleistung auf ein Sperrkonto in Deutschland von dem monatlich nur $1/12$ des eingezahlten Betrages ausgezahlt werden darf oder
– die Hinterlegung einer jährlich zu erneuernden Bankbürgschaft bei einem Geldinstitut im Bundesgebiet oder einem Geldinstitut, dem die Vornahme von Bankgeschäften im Bundesgebiet gestattet ist, soweit die Bankbürgschaft nicht über eine längere Laufzeit verfügt.
16.0.8.4 Der Umfang der einzuzahlenden Sicherheitsleistung oder der Bankbürgschaft ist nach dem BAföG-Förderungshöchstsatz, gerechnet auf ein Jahr, zu bestimmen. Der Nachweis ausreichender Mittel gilt auch als geführt, wenn der Aufenthalt finanziert wird durch
– Stipendien aus deutschen öffentlichen Mitteln oder
– Stipendien einer in Deutschland anerkannten Förderorganisation oder
– Stipendien aus öffentlichen Mitteln des Herkunftslandes, wenn das Auswärtige Amt, der Deutsche Akademische Austauschdienst (DAAD) oder eine sonstige deutsche stipendiengebende Organisation die Vermittlung an die deutsche Hochschule übernommen hat.
16.0.9 Darüber hinausgehende Sicherheitsleistungen sind nicht zu erbringen. Ein Nachweis über das Vorhandensein ausreichenden Wohnraums am Studienort ist vor der Einreise nicht zu führen. Der Ausländer hat die entsprechenden Nachweise im Falle der Verlängerung der Aufenthaltserlaubnis vorzulegen (vgl. § 82 Abs. 1). Die Möglichkeit eines zustimmungsfreien Zuverdienstes kann bei der Entscheidung über die Verlängerung mit berücksichtigt werden.
16.0.10 Der Familiennachzug bestimmt sich nach Kapitel 2 Abschnitt 6. Hinsichtlich des Arbeitsmarktzuganges von Familienangehörigen sind die Bestimmungen des § 29 Abs. 5 zu beachten (Nummer 29.5).
16.0.11 Bei türkischen Staatsangehörigen ist Nummer 27.0.5.8 zu beachten.

16.1 Aufenthaltserlaubnis zum Zweck der Studienbewerbung und des Studiums sowie vorbereitender Sprachkurse
16.1.1 Studienbewerber
16.1.1.1 Als Studienbewerber gelten Ausländer, die ein Studium anstreben, aber noch nicht an einer der in Nummer 16.0.3 genannten Einrichtungen zugelassen sind.
16.1.1.2 Im Rahmen des Zustimmungsverfahrens zur Visumerteilung (§ 31 Abs. 1 AufenthV) beschränkt sich die Prüfung der Ausländerbehörde in der Regel auf die Abfrage beim Ausländerzentralregister. Ob die Voraussetzungen für den Zugang zu einer bestimmten Bildungseinrichtung und der Finanzierungsnachweis bezüglich des Studienaufenthalts vorliegen, wird im Einzelfall nur dann geprüft, wenn aufgrund der Angaben der deutschen Auslandsvertretung eine entsprechende Prüfung im Bundesgebiet für erforderlich gehalten wird.
16.1.1.3 Nach § 31 Abs. 1 Satz 3 AufenthV gilt die Zustimmung der Ausländerbehörde als erteilt, wenn innerhalb der Verschweigensfrist von drei Wochen und zwei Arbeitstagen der deutschen Auslandsvertretung keine gegenteilige Mitteilung vorliegt, und zwar stets mit der Bedingung, dass die Erfordernisse der Zugangsberechtigung, der gesicherten Finanzierung und des Passbesitzes erfüllt sind. Die Verschweigensfrist gilt nicht, wenn von der Ausländerbehörde ergänzende Nachprüfungen vorzunehmen sind.

16.1.1.4 Das Visum wird mit einer Gültigkeitsdauer von drei Monaten erteilt. Für die Ausländerbehörde muss ersichtlich sein, dass es sich nicht um ein Visum für einen Kurzaufenthalt im Bundesgebiet handelt. Es kann von der Ausländerbehörde als Aufenthaltserlaubnis um sechs Monate verlängert werden mit der Auflage, dass der Studienbewerber innerhalb dieser Frist die Zulassung zum Studium oder die Aufnahme in einen studienvorbereitenden Deutschkurs oder in ein Studienkolleg nachzuweisen hat (vgl. § 82 Abs. 1). Die Aufenthaltszeit vor Aufnahme einer studienvorbereitenden Maßnahme wird nicht auf die Aufenthaltszeit der studienvorbereitenden Maßnahmen wie Sprachkurse, Studienkollegs oder vorbereitende Praktika (siehe Nummer 16.0.5) angerechnet.

16.1.1.5 Die weitere Aufenthaltserlaubnis ist erst zu erteilen, wenn die Zulassung zur Ausbildungsstelle unter genauer Bezeichnung des beabsichtigten Studiums nachgewiesen ist. Die Geltungsdauer der Aufenthaltserlaubnis ist grundsätzlich auf zwei Jahre zu befristen und danach um jeweils zwei Jahre zu verlängern.

16.1.2 Studierende

16.1.2.1 Ausländer gelten als Studierende, wenn sie für ein Studium an einer der in Nummer 16.0.3 genannten Einrichtungen zugelassen sind. Der Nachweis der Zulassung wird durch die Vorlage des Zulassungsbescheides (im Original) der Bildungseinrichtung geführt. Er kann ersetzt werden durch

16.1.2.1.1 – eine Studienplatzvormerkung einer Hochschule oder einer staatlichen, staatlich geförderten oder staatlich anerkannten Einrichtung zum Erlernen der deutschen Sprache,

16.1.2.1.2 – eine Bescheinigung einer Hochschule oder eines Studienkollegs, aus der sich ergibt, dass für die Entscheidung über den Zulassungsantrag die persönliche Anwesenheit des Ausländers am Hochschulort erforderlich ist; die Bescheinigung muss eine Aussage darüber enthalten, dass der Zulassungsantrag des Ausländers geprüft worden ist und eine begründete Aussicht auf seine Zulassung besteht oder

16.1.2.1.3 – eine Bestätigung über das Vorliegen einer ordnungsgemäßen Bewerbung zur Zulassung zum Studium (Bewerber-Bestätigung).

16.1.2.2 Das Visum wird erteilt (siehe auch Nummern 16.1.1.3 und 16.1.1.4)
– mit einer Gültigkeitsdauer von drei Monaten,
– mit einer Gültigkeitsdauer von einem Jahr, wenn die Ausländerbehörde ausdrücklich zustimmt oder
– gemäß abweichender Bestimmungen der Ausländerbehörde, wenn der Ausländer den Zulassungsbescheid vorlegt.

Wird der Aufenthalt des ausländischen Studierenden durch ein Stipendium nach Nummer 16.0.8.4 finanziert, ist die Geltungsdauer des Visums im Rahmen des § 16 Abs. 1 Satz 2 regelmäßig nach der Dauer des Stipendiums zu bemessen.

16.1.2.3 Das Visum kann auch erteilt werden, wenn der Zulassungsbescheid von einer anderen Bildungseinrichtung als derjenigen vorgelegt wird, mit deren Bewerberbestätigung das Visumverfahren in Gang gesetzt wurde (Mehrfachbewerbung). Die einmal erteilte Zustimmung der zuständigen Ausländerbehörde umfasst auch dieses Studium an einer entsprechenden Bildungseinrichtung.

16.1.2.4 Die Aufenthaltserlaubnis ist grundsätzlich um jeweils zwei Jahre zu verlängern, soweit ausreichende Mittel zur Sicherung des Lebensunterhalts für diesen Zeitraum nachgewiesen werden (Nummer 16.0.7) und ein ordnungsgemäßes Studium vorliegt. Wird die Sicherung des Lebensunterhalts in Form einer Bankbürgschaft oder einer Sicherheitsleistung nachgewiesen, ist die Aufenthaltserlaubnis für diese Dauer, jedoch höchstens um zwei Jahre zu verlängern. Nummer 16.1.2.2 Satz 2 gilt für die Verlängerung der Aufenthaltserlaubnis entsprechend. Ein ordnungsgemäßes Studium liegt regelmäßig vor, solange der Ausländer die durchschnittliche Studiendauer an der betreffenden Hochschule in dem jeweiligen Studiengang nicht um mehr als drei Semester überschreitet (siehe auch Nummer 16.1.2.5). Die Hochschule teilt die durchschnittliche Fachstudiendauer in den einzelnen Studiengängen der Ausländerbehörde auf Anfrage mit. Bei der Berechnung der Fachsemesterzahl bleiben Zeiten der Studienvorbereitung (z. B. Sprachkurse, Studienkollegs, Praktika) außer Betracht.

16.1.2.5 Wird die zulässige Studiendauer überschritten (Nummer 16.1.2.4), ist der Ausländer von der Ausländerbehörde schriftlich darauf hinzuweisen, dass eine Verlängerung der Aufenthaltserlaubnis nur erfolgt, wenn die Ausbildungsstelle unter Berücksichtigung der individuellen Situation des ausländischen Studierenden einen ordnungsgemäßen Verlauf des Studiums bescheinigt, die voraussichtliche weitere Dauer des Studiums angibt und zu den Erfolgsaussichten Stellung nimmt. Ergibt sich aus der Mitteilung der Ausbildungsstelle, dass das Studium nicht innerhalb der in Nummer 16.2.7 genannten Frist von zehn Jahren erfolgreich abgeschlossen werden kann, ist die beantragte Verlängerung abzulehnen.

Studium; Sprachkurse; Schulbesuch § 16 **AufenthG** 1

16.1.2.6 Die umfangreichen Beschäftigungsmöglichkeiten nach § 16 Abs. 3 dürfen den Zweck des Studiums und damit auch dessen Erfolg nicht gefährden. Die kraft Gesetzes eröffneten Beschäftigungsmöglichkeiten während des Studiums können nicht eingeschränkt werden. Wird die zulässige Studiendauer überschritten (Nummer 16.1.2.4) und wird der Nachweis der Sicherung des Lebensunterhalts im Wesentlichen über Vergütungen aus Beschäftigungen nach § 16 Abs. 3 geführt, ist der Ausländer von der Ausländerbehörde schriftlich darauf hinzuweisen, dass eine Verlängerung der Aufenthaltserlaubnis nur unter Maßgabe erfolgt, dass das Studium innerhalb der in Nummer 16.2.7 genannten Frist von zehn Jahren erfolgreich abgeschlossen wird, und eine weitere Verlängerung über diesen Zeitraum hinaus nicht erfolgen wird.

16.1.3 Studienvorbereitende Sprachkurse

16.1.3.1 Ausländern, die eine Ausbildung an einer deutschen Hochschule anstreben (siehe Nummer 16.0.4), soll eine Aufenthaltserlaubnis erteilt werden, wenn die für die Erteilung eines Aufenthaltstitels an ausländische Studienbewerber geltenden Voraussetzungen vorliegen (siehe Nummer 16.1.1) und der Intensivsprachkurs auf die Vorbereitung auf die deutsche Sprachprüfung für den Hochschulzugang ausländischer Studienbewerber (DSH) oder auf die Zentrale Oberstufenprüfung eines Goethe-Instituts ausgerichtet ist; nach erfolgreichem Abschluss des Sprachkurses kann die Aufenthaltserlaubnis zum Zweck des Besuchs eines Studienkollegs bzw. eines Studiums verlängert werden (siehe Nummer 16.1.3.5), wenn die weiteren Voraussetzungen erfüllt sind. Das Visum bzw. die Aufenthaltserlaubnis sind mit folgender Auflage zu versehen:

„Aufenthalt für einen studienvorbereitenden Sprachkurs in ... (Ort)".

16.1.3.2 Ist das Ausbildungsziel nach Ablauf der Geltungsdauer der Aufenthaltserlaubnis noch nicht erreicht und besteht aufgrund vorliegender Unterlagen der Bildungseinrichtung die Aussicht, dass es noch erreicht werden kann, soll die Aufenthaltserlaubnis längstens bis zur Gesamtgeltungsdauer von 18 Monaten verlängert werden (siehe Nummer 16.0.4 und 16.0.5).

16.1.3.3 Die Beschäftigungsmöglichkeiten nach § 16 Abs. 3 stehen nach der Gesetzesbegründung nur Studenten während des Studiums zu. Eine Beschäftigung während eines vorbereitenden Sprachkurses außerhalb der Ferien ist daher durch Auflage auszuschließen. Beschäftigungen in den Ferien können im Rahmen der Bestimmungen des § 16 Abs. 3 zugelassen werden.

16.2 Wechsel des Aufenthaltszweckes

16.2.1 Die Beschränkung des § 16 Abs. 2 gilt nur in Fällen, in denen der Ausländer eine Aufenthaltserlaubnis nach § 16 besitzt. Nach § 16 Abs. 2 ist zu beurteilen, ob ein Regelfall oder ein Ausnahmefall vorliegt, der ein Abweichen von dem Regelversagungsgrund rechtfertigt. Ausnahmefälle sind durch einen außergewöhnlichen Geschehensablauf gekennzeichnet, der so bedeutsam ist, dass er das ansonsten ausschlaggebende Gewicht des gesetzlichen Regelversagungsgrundes beseitigt. Entsprechendes gilt, wenn der Versagung der Aufenthaltserlaubnis höherrangiges Recht entgegensteht, insbesondere die Versagung mit verfassungsrechtlichen Wertentscheidungen nicht vereinbar ist. Der Regelversagungsgrund greift lediglich vor der Ausreise des Ausländers ein.

16.2.2 Ein Zweckwechsel kommt beispielsweise nicht in Betracht, wenn der Ausländer die fachlichen Voraussetzungen für die Zulassung zu einer bestimmten Ausbildung oder zu einem bestimmten Studium noch nicht erfüllt (siehe auch Nummer 16.0.7). Eine Abweichung von § 16 Abs. 2 kommt in Betracht, wenn dies eine völkerrechtliche Vereinbarung erfordert. In diesem Falle kann die Aufenthaltserlaubnis ohne vorherige Ausreise bis zu der in der zwischenstaatlichen Vereinbarung vorgesehenen Beschäftigungsdauer verlängert werden.

16.2.3 Ist der ursprüngliche Aufenthaltszweck erfüllt oder weggefallen und begehrt der Ausländer die Erteilung einer Aufenthaltserlaubnis für einen anderen als nach Nummer 16.4 zugelassenen Aufenthaltszweck, ist die Erteilung einer Aufenthaltserlaubnis erst möglich, nachdem der Ausländer ausgereist ist. Ohne vorherige Ausreise ist ein unmittelbarer Wechsel des Aufenthaltszwecks ohnehin nur möglich, wenn der Ausländer (z. B. durch Eheschließung) einen gesetzlichen Anspruch auf Erteilung der Aufenthaltserlaubnis erworben hat (vgl. auch § 5 Abs. 2 Satz 2).

16.2.4 Der Inhalt des Aufenthaltszwecks wird grundsätzlich durch die Fachrichtung bestimmt. Der Zweck des Studiums ist in der Aufenthaltserlaubnis durch die Bezeichnung der Fachrichtung (Studiengang und ggf Studienfächer) anzugeben.

16.2.5 Bei Änderung der Fachrichtung während des Studiums liegt grundsätzlich ein Wechsel des Aufenthaltszwecks vor. Der Aufenthaltszweck wird bei einem Wechsel des Studienganges (z. B. Germanistik statt Romanistik) oder einem Wechsel des Studienfaches innerhalb desselben Studienganges (z. B. Haupt- oder Nebenfach Italienisch statt Französisch im Studiengang Romanistik) in den ersten 18 Monaten nach Beginn des Studiums nicht berührt. Bei einem späteren Studiengang- oder Studienfachwechsel ist zunächst auf das geltende Hochschulrecht abzustellen. Ist der Wechsel danach zulässig, wird

207

der Aufenthaltszweck dann nicht berührt, wenn die bisherigen Studienleistungen soweit angerechnet werden, dass sich die Gesamtstudiendauer um nicht mehr als 18 Monate verlängert (Bestätigung der Hochschule).
Liegen diese Voraussetzungen nicht vor oder wird ein weiterer Studiengang- oder Studienfachwechsel angestrebt, ist dieser nur zugelassen, wenn das Studium innerhalb einer Gesamtaufenthaltsdauer von zehn Jahren abgeschlossen werden kann. Die vorstehenden Regelungen gelten für einen Wechsel zwischen verschiedenen Hochschularten entsprechend (z. B. Wechsel von einem Universitätsstudium zu einem Fachhochschulstudium in derselben Fachrichtung). Der Ausländer ist auf die mit dem Wechsel der Fachrichtung verbundenen Beschränkungen hinzuweisen.
16.2.6 Kein Fachrichtungswechsel, sondern lediglich eine Schwerpunktverlagerung im Rahmen des Studiums liegt vor, wenn
16.2.6.1 – sich aus den entsprechenden Ausbildungsbestimmungen ergibt, dass die betroffenen Studiengänge bis zum Wechsel identisch sind oder darin vorgeschrieben ist, dass die im zunächst durchgeführten Studiengang erbrachten Semester auf den anderen Studiengang voll angerechnet werden,
16.2.6.2 – der Ausländer eine Bescheinigung der zuständigen Stelle vorlegt, in der bestätigt wird, dass die im zunächst durchgeführten Studiengang verbrachten Semester auf den anderen Studiengang überwiegend angerechnet werden, oder
16.2.6.3 – wenn aus organisatorischen, das Studium betreffenden Gründen (z. B. Aufnahme nur zum Wintersemester) nach Ablauf der Studienvorbereitungsphase die Aufnahme des angestrebten Studiums nicht sofort möglich ist und daher die Zeit durch ein Studium in einem anderen Studiengang im Umfang von einem Semester überbrückt wird.
16.2.7 Abgesehen von den in Nummer 16.0.4 genannten Fällen stellt die sonstige Aufnahme einer zweiten Ausbildung oder die berufliche Weiterbildung nach Abschluss der ersten Ausbildung in Deutschland (z. B. Facharztausbildung nach Medizinstudium) einen Wechsel des Aufenthaltszwecks dar. Sie dürfen nach § 16 Abs. 2 im Allgemeinen nicht zugelassen werden, wenn die Gesamtaufenthaltsdauer zehn Jahre überschreiten würde.
16.2.8 Nach erfolgreichem Abschluss einer Ausbildung in Deutschland wird in folgenden Fällen eine Ausnahme vom Regelversagungsgrund des § 16 Abs. 2 zugelassen und die Aufenthaltserlaubnis abweichend von Nummer 16.2.4 ohne vorherige Ausreise bei Vorliegen der allgemeinen Voraussetzungen (§ 5) erneut erteilt oder verlängert:
16.2.8.1 – Bei einem an das grundständige Studium anschließenden, auf längstens zwei Jahre angelegten Aufbau-, Zusatz- oder Ergänzungsstudium (Postgraduiertenstudium), wenn die Hochschule bescheinigt, dass es das vorhergehende Studium des Ausländers in derselben Richtung fachlich weiterführt oder in einem für den angestrebten Beruf besonders förderlichen Maß ergänzt (z. B. Wirtschaftswissenschaften für Ingenieure), oder
16.2.8.2 – bei einer Promotion, wenn die Hochschule bescheinigt, dass die Promotion mangels eines anderen formellen Studienabschlusses den üblichen Abschluss der Ausbildung darstellt, oder dass dem Antragsteller die Annahme als Doktorand zugesichert worden ist und an der Promotion ein wissenschaftliches Interesse besteht oder die Promotion in bestimmten Fächern zusätzlich zum ersten Abschluss üblich ist oder die Pomotion die Möglichkeiten eines fachgerechten Einsatzes des Ausländers in seinem Herkunftsland wesentlich verbessert, wobei die Gesamtaufenthaltsdauer fünfzehn Jahre grundsätzlich nicht überschreiten darf, oder
16.2.8.3 – bei einem weiteren grundständigen Studium (Zweitstudium), wenn die deutsche Auslandsvertretung bestätigt, dass es für die Aufnahme des angestrebten Berufes nach den im Herkunftsland geltenden Regeln erforderlich ist.
16.2.9 Wenn der Aufenthalt durch Stipendien aus deutschen öffentlichen Mitteln oder Stipendien einer in Deutschland anerkannten Förderorganisation oder Stipendien aus öffentlichen Mitteln des Herkunftslandes finanziert wird, wird nach erfolgreichem Abschluss einer Ausbildung in Deutschland eine Ausnahme vom Regelversagungsgrund des § 16 Abs. 2 für eine Habilitation, Juniorprofessur und die sonstige Aufnahme einer zweiten Ausbildung oder beruflichen Weiterbildung ohne vorherige Ausreise grundsätzlich nur bei einem besonderen öffentlichen Interesse zugelassen (z. B. gewichtige entwicklungspolitische Gesichtspunkte, Gesichtspunkte der Förderung des wissenschaftlichen Nachwuchses) und die Aufenthaltserlaubnis abweichend von Nummer 16.2.7 bei Vorliegen der allgemeinen Voraussetzungen (§ 5) erneut erteilt oder verlängert. In Zweifelsfällen soll eine Stellungnahme des Bundesministeriums für wirtschaftliche Zusammenarbeit und Entwicklung, des zuständigen Landeswissenschaftsministeriums oder eine Stellungnahme der deutschen Auslandsvertretung eingeholt werden.

Studium; Sprachkurse; Schulbesuch § 16 AufenthG 1

16.2.10 Eine praktische Tätigkeit nach Abschluss einer theoretischen Ausbildung kann je nach Eigenart des Ausbildungsganges in Betracht gezogen werden. Die Einsatzfähigkeit eines Ausländers in Deutschland oder im Herkunftsstaat kann unter Umständen dadurch gesteigert werden, dass er befristet eine praktische Tätigkeit in einem deutschen Betrieb ausführt. Die Notwendigkeit einer praktischen Tätigkeit soll unter Berücksichtigung der Eigenart des Ausbildungsganges grundsätzlich vor Beginn der Ausbildung geprüft werden (vgl. Nummer 16.0.1). Die Ausländerbehörde hat sich in der Regel einen Plan der Beschäftigungsstelle über den Ablauf des Praktikums vorlegen zu lassen. Es soll zwei Jahre nicht überschreiten. Bei Ausländern, für die Zeiten einer Berufsausübung zum Zweck der Anerkennung des in der Bundesrepublik Deutschland durchgeführten Studiums erforderlich sind, kann die Aufenthaltserlaubnis auch über den Zeitraum von zwei Jahren nach Abschluss des Studiums hinaus verlängert werden. Dies gilt insbesondere für Ausbildungsgänge, die unter die EU-Richtlinie über die Anerkennung der Hochschuldiplome (89/48 EWG) bzw. einzelberufliche Anerkennungsrichtlinien fallen. Berufsrechtliche Regelungen bleiben unberührt (z. B. § 10 BÄO).

16.2.11 Während des Aufenthalts zum Zweck des Studiums (siehe Nummer 16.0.5) ist die Anwendung des § 9 ausgeschlossen.

16.3 Erwerbstätigkeit neben dem Studium

16.3.1 § 16 Abs. 3 regelt den Arbeitsmarktzugang ausländischer Studenten während des Studiums. Die Erlaubnis zu den in Absatz 3 genannten Tätigkeiten ist kraft Gesetzes von der Aufenthaltserlaubnis mit erfasst. Eine separate Genehmigung der Bundesagentur für Arbeit ist nicht erforderlich. Die Tätigkeiten dürfen jedoch den Zweck „Studium" nicht gefährden.

16.3.2 Die von der Aufenthaltserlaubnis kraft Gesetz eröffnete Möglichkeit berechtigt zur Beschäftigung an bis zu 90 Arbeitstagen oder 180 halben Arbeitstagen pro Jahr. Als Beschäftigungszeiten werden auch im Fall, dass die Beschäftigung nicht über einen längeren Zeitraum verteilt erfolgt, sondern zusammenhängend z. B. in den Semesterferien ausgeübt wird, nur die Arbeitstage oder halben Arbeitstage angerechnet, an denen tatsächlich gearbeitet wurde. Über die Zeiten der erfolgten Beschäftigung ist in geeigneter Weise ein Nachweis zu führen. Berechnungsgrundlage für die Beschäftigung an halben Arbeitstagen ist die regelmäßige Arbeitszeit der weiteren Beschäftigten des Betriebes. Als halber Arbeitstag sind Beschäftigungen bis zu einer Höchstdauer von vier Stunden anzusehen, wenn die regelmäßige Arbeitszeit der weiteren Beschäftigten acht Stunden beträgt. Die Höchstdauer ist fünf Stunden, wenn die regelmäßige Arbeitszeit zehn Stunden beträgt.

16.3.3 Daneben ist ausländischen Studierenden die Möglichkeit eröffnet, ohne zeitliche Beschränkung studentische Nebentätigkeiten an der Hochschule oder an einer anderen wissenschaftlichen Einrichtung auszuüben. Zu den studentischen Nebentätigkeiten sind auch solche Beschäftigungen zu rechnen, die sich auf hochschulbezogene Tätigkeiten im fachlichen Zusammenhang mit dem Studium in hochschulnahen Organisationen (wie z. B. Tutoren in Wohnheimen des DSW) beschränken. Bei Abgrenzungsschwierigkeiten soll die Hochschule beteiligt werden.

16.3.4 Die zu verfügende Nebenbestimmung lautet: „Beschäftigung bis zu 90 Tage oder 180 halbe Tage im Jahr sowie Ausübung studentischer Nebentätigkeit erlaubt"

16.3.5 Praktika, die vorgeschriebener Bestandteil des Studiums oder zur Erreichung des Ausbildungszieles erforderlich sind, sind als zustimmungsfreie Beschäftigungen nach § 2 Nr 1 BeschV keine Beschäftigung im Sinne von Nummer 16.3.1 oder 16.3.2. Sie werden entsprechend nicht auf die Beschäftigungszeit nach Nummer 16.3.1 angerechnet.

16.3.6 Sonstige empfohlene oder freiwillige Beschäftigungen, die als Praktika bezeichnet werden, kommen als zustimmungspflichtige Beschäftigungen nur im Rahmen von Nummer 16.3.7 in Betracht.

16.3.7 Eine über die gesetzlich bereits vorgesehenen Beschäftigungsmöglichkeiten hinausgehende längerfristige Erwerbstätigkeit (z. B. ganzjährig) kann als Teilzeit nur zugelassen werden, wenn dadurch der auf das Studium beschränkte Aufenthaltszweck nicht verändert und die Erreichung dieses Zwecks nicht erschwert oder verzögert wird (vgl. § 16 Abs. 2). Durch die Zulassung einer Erwerbstätigkeit darf ein Wechsel des Aufenthaltszwecks im Sinne von § 16 Abs. 2 nicht vor Abschluss des Studiums ermöglicht werden. Ansonsten handelt es sich um eine Unterbrechung des Studiums. Die Zulassung dieser Beschäftigung wird durch Auflage im Ermessenswege gesteuert und bedarf der Zustimmung der Bundesagentur für Arbeit, soweit sie nicht nach §§ 2 bis 16 BeschV zustimmungsfrei ist.

16.3.8 Die Zulassung einer über die gesetzlich bereits vorgesehenen Beschäftigungsmöglichkeiten hinausgehende Beschäftigung kommt dann in Betracht, wenn die Sicherung des Lebensunterhalts des Ausländers durch Umstände gefährdet ist, die er und seine Angehörigen nicht zu vertreten haben, und das Studium unter Berücksichtigung der besonderen Schwierigkeiten, die Ausländern bei der Aufnahme und Durchführung eines Studiums entstehen können, bisher zielstrebig durchgeführt worden ist und nach der Bestätigung der Hochschule daher von einem erfolgreichen Abschluss ausgegangen werden kann. Ansonsten hat die Ausländerbehörde zu prüfen, ob einer Verlängerung der Aufenthaltserlaubnis das Fehlen der Regelvoraussetzung des § 5 Abs. 1 Nr 1 entgegensteht oder ob eine nachträgliche Befristung der Aufenthaltserlaubnis gemäß § 7 Abs. 2 in Betracht kommt.

16.3.9 Im Hinblick auf die Zweckbindung des Aufenthalts und zur Vermeidung eines Zweckwechsels nach § 16 Abs. 2 ist der Ausländer mit der Änderung der Auflage zur Ausübung einer Beschäftigung aktenkundig darauf hinzuweisen, dass die Beschäftigung nur zur Sicherung des Lebensunterhalts bis zur Beendigung des Studiums ermöglicht worden ist.

16.3.10 Eine Beschäftigung während eines vorbereitenden Sprachkurses oder während des Studienkollegs außerhalb der Ferien ist durch Auflage auszuschließen (siehe auch Nummer 16.1.3.3). Bei türkischen Staatsangehörigen sind die Regelungen des Artikels 6 Beschlusses Nr 1/80 des Assoziationsrates EWG/Türkei zu beachten.

16.4 Arbeitsplatzsuche und Aufnahme einer Erwerbstätigkeit nach Abschluss des Studiums

16.4.1 Absatz 4 eröffnet neben den Möglichkeiten eines sich anschließenden Aufenthalts zum Zweck der Erwerbstätigkeit nach §§ 18 bis 21 die Option, dem Studienabsolventen durch Verlängerung der Aufenthaltserlaubnis ausreichend Zeit für die Arbeitsplatzsuche einzuräumen. Auf diese Weise hat er die Möglichkeit, einen seiner Qualifikation angemessenen Arbeitsplatz zu finden.

16.4.2 Dazu kann nach Abschluss des Studiums die Aufenthaltserlaubnis um bis zu einem Jahr verlängert werden. Die allgemeinen Erteilungsvoraussetzungen nach § 5, insbesondere die Sicherung des Lebensunterhalts, müssen vorliegen. Mit der Verlängerung der Aufenthaltserlaubnis tritt ein Aufenthaltszweckwechsel ein, der zur Folge hat, dass die Regelungen der zustimmungsfreien Beschäftigung nach § 16 Abs. 3 nicht mehr anwendbar sind. Diese Regelungen gelten nur für Studierende während des Studiums, da mit diesen Regelungen den besonderen Lebensumständen von Studierenden Rechnung getragen wird, die nach Abschluss des Studiums nicht mehr gegeben sind. Soweit kein zustimmungspflichtiges Beschäftigungsverhältnis besteht, lautet die Auflage: „Erwerbstätigkeit nur mit Erlaubnis der Ausländerbehörde".

16.4.3 Soweit der Studienabsolvent in dieser Zeit die Aufnahme einer Beschäftigung beabsichtigt, ist dazu die Zustimmung der Bundesagentur für Arbeit erforderlich. Mit der Aufnahme einer Beschäftigung, die lediglich der Sicherung des Lebensunterhalts während des Zeitraumes zur Suche eines der Qualifikation angemessenen Arbeitsplatzes dient, erfolgt kein Aufenthaltszweckwechsel. Die mit der Zustimmung der Bundesagentur für Arbeit verbundenen Vorgaben sind als Auflage zu übernehmen.

16.4.4 Hat der Studienabsolvent einen seiner Qualifikation angemessenen Arbeitsplatz gefunden oder liegen die Voraussetzungen zur Aufnahme einer selbständigen Erwerbstätigkeit vor, so kann eine Aufenthaltserlaubnis nach § 18 i. V. m. § 27 Nr 3 BeschV oder § 21 oder eine Niederlassungserlaubnis nach § 19 erteilt werden, wenn die dazu erforderlichen Voraussetzungen vorliegen, womit ein Aufenthaltszweckwechsel verbunden ist. Der neue Aufenthaltszweck ist in dem erteilten Aufenthaltstitel zu vermerken.

16.4.5 Wurde der Aufenthalt durch Stipendien aus deutschen öffentlichen Mitteln oder Stipendien einer in Deutschland anerkannten Förderorganisation oder Stipendien aus öffentlichen Mitteln des Herkunftslandes finanziert und hat sich der Geförderte nicht verpflichtet, nach Abschluss der Ausbildung in seinen Heimatstaat zurückzukehren, soll nach erfolgreichem Abschluss einer Ausbildung in Deutschland vor Erteilung eines Aufenthaltstitels eine Stellungnahme des Bundesministeriums für wirtschaftliche Zusammenarbeit und Entwicklung, der zuständigen Landeswissenschaftsministeriums oder eine Stellungnahme der deutschen Auslandsvertretung eingeholt werden. Die Stellungnahme ist Grundlage zur Berücksichtigung entwicklungspolitischer Belange, die die Versagung eines Aufenthaltstitels rechtfertigen können.

16.5 Aufenthaltserlaubnisse zur Teilnahme an Sprachkursen und zum Schulbesuch

16.5.1 Aufenthaltserlaubnisse zur Teilnahme an Sprachkursen

Eine Aufenthaltserlaubnis zum Erlernen der deutschen Sprache wird nur für die Teilnahme an einem Intensivsprachkurs erteilt. Ein Intensivsprachkurs setzt voraus, dass seine Dauer von vornherein zeitlich begrenzt ist (vgl. Nummer 16.0.4), in der Regel täglichen Unterricht (mindesten 18 Unterrichtsstunden pro Woche) umfasst und auf den Erwerb umfassender deutscher Sprachkenntnisse gerichtet ist. Abend- und Wochenendkurse erfüllen diese Voraussetzungen nicht.

16.5.1.1 Eine Aufenthaltserlaubnis zur Teilnahme an einem Intensivsprachkurs soll denjenigen Ausländern erteilt werden, die lediglich den Erwerb von deutschen Sprachkenntnissen anstreben, wenn sie über ausreichende Mittel für ihren Lebensunterhalt während ihres voraussichtlichen Aufenthalts im Bundesgebiet verfügen (vgl. auch § 5 Abs. 1), wobei eine Verpflichtung nach § 64 ausreicht.

Studium; Sprachkurse; Schulbesuch § 16 **AufenthG 1**

16.5.1.2 Ist das Ausbildungsziel nach Ablauf der Geltungsdauer der Aufenthaltserlaubnis noch nicht erreicht und besteht aufgrund vorliegender Unterlagen der Bildungseinrichtung die Aussicht, dass es noch erreicht werden kann, soll die Aufenthaltserlaubnis längstens bis zur Gesamtgeltungsdauer von zwölf Monaten verlängert werden (siehe Nummer 16.0.4).

16.5.1.3 § 16 Abs. 3 und 4 finden keine Anwendung. Eine Erwerbstätigkeit während eines Intensivsprachkurses kann während der Ferien nach Zustimmung der Bundesagentur für Arbeit gestattet werden.

16.5.1.4 Das Visum bzw. die Aufenthaltserlaubnis ist mit folgender Auflage zu versehen: „Aufenthaltserlaubnis berechtigt nur zur Teilnahme an einem Sprachkurs der …schule. Erwerbstätigkeit nur mit Erlaubnis der Ausländerbehörde".

16.5.2 Aufenthaltserlaubnisse zum Schulbesuch

16.5.2.1 Im Allgemeinen können Aufenthaltserlaubnisse zum Schulbesuch (z. B. allgemeinbildende Schulen) nicht erteilt werden. Dies gilt insbesondere, wenn die Einreise zum Zweck des Schulbesuchs erfolgen soll oder wenn nicht die Eltern des ausländischen Schülers, sondern nur andere Verwandte im Bundesgebiet leben und sich ein Aufenthaltsrecht auch nicht aus einem anderen Rechtsgrund ergibt. Die Teilnahme am Schulunterricht begründet kein Aufenthaltsrecht.

16.5.2.2 Nach Absatz 5 kann eine Aufenthaltserlaubnis zur Teilnahme am Schulbesuch nur in Ausnahmefällen erteilt werden. Wenn der Lebensunterhalt und entstehende Ausbildungskosten des ausländischen Schülers z. B. durch Zahlungen der Eltern gesichert ist und die Rückkehrbereitschaft im Anschluss an die Schulausbildung sichergestellt ist, können Ausnahmen nur in Betracht kommen

16.5.2.2.1 – wenn es sich um Schüler handelt, die die Staatsangehörigkeit von Andorra, Australien, Israel, Japan, Kanada, Korea, Monaco, Neuseeland, San Marino, der Schweiz oder der Vereinigten Staaten von Amerika besitzen oder die als deutsche Volkszugehörige einen Aufnahmebescheid nach dem Bundesvertriebenengesetz besitzen und wenn eine Aufnahmezusage der Schule vorliegt oder

16.5.2.2.2 – im Rahmen eines zeitlich begrenzten Schüleraustausches, wenn der Austausch mit einer deutschen Schule oder einer sonstigen öffentlichen Stelle in Zusammenarbeit mit einer öffentlichen Stelle in einem anderen Staat oder einer in Deutschland anerkannten Schüleraustauschorganisation vereinbart worden ist oder

16.5.2.2.3 – wenn es sich bei der Schule um eine staatliche oder staatlich anerkannte Schule mit internationaler Ausrichtung handelt oder

16.5.2.2.4 – wenn es sich um eine Schule handelt, die ganz oder überwiegend nicht aus öffentlichen Mitteln finanziert wird, die Schüler auf internationale Abschlüsse, Abschlüsse anderer Staaten oder staatlich anerkannte Abschlüsse vorbereitet und insbesondere bei Internatsschulen eine Zusammensetzung mit Schülern verschiedener Staatsangehörigkeiten gewährleistet und

16.5.2.3 Ausnahmen nach den Nummern 16.5.2.2.3 und 16.5.2.2.4 kommen nicht in Betracht bei Staatsangehörigen von Staaten, bei denen die Rückführung eigener Staatsangehöriger auf Schwierigkeiten stößt.

16.5.2.4 Schulen im Sinne der Nummer 16.5.2.2.3 sind insbesondere staatliche öffentliche Schulen oder staatlich anerkannte Ersatzschulen in privater Trägerschaft, die bilinguale Bildungsgänge oder Bildungsgänge mit einem deutschen und einem ausländischen Abschluss anbieten. Die Erteilung einer Aufenthaltserlaubnis kommt in der Regel nur für die Teilnahme an der Sekundarstufe 2 in Betracht.

16.5.2.5 Zu den Schulen im Sinne der Nummer 16.5.2.2.4 zählen die in verschiedenen Formen ausgestalteten Ergänzungsschulen, die auf die staatliche Nichtschülerprüfung vorbereiten oder z. B. zum Erwerb des „international General Certificate of Secondary Education" (IGCSE), von High-School-Diplomen (AP-Prüfung) oder des International Baccalaureat führen. Die Schulen müssen grundsätzlich eine Zusammensetzung mit Schülern verschiedener Staatsangehörigkeiten gewährleisten. Ausnahmen kommen bei den so genannten Botschaftsschulen in Betracht. Da die Ergänzungsschulen keiner staatlichen Schulaufsicht unterliegen, die zu einer internationalen Schülerschaft verpflichten könnte, kann eine Steuerung nur über die Erteilung von Aufenthaltserlaubnissen erfolgen.

16.5.2.6 Zu den Aufenthaltszwecken des § 16 Abs. 5 zählen auch berufliche Fortbildungsmaßnahmen, die nicht einem Studium nach § 16 Abs. 1 oder einer betrieblichen Ausbildung i. S. v. § 17 entsprechen. Zu diesen Fortbildungsmaßnahmen sind Ausbildungen in vorwiegend fachtheoretischer Form zu zählen, die denen der Regelungen der bisherigen in § 2 Abs. 1 AAV geregelten Sachverhalte entsprechen. Berufliche Praktika, die vorgeschriebener Bestandteil der Ausbildung sind, bedürfen nach § 2 Nr 1 BeschV nicht der Zustimmung der Bundesagentur für Arbeit.

1 AufenthG § 16

Übersicht

	Rn
I. Entstehungsgeschichte	1
II. Allgemeines	2
III. Ausbildung	6
1. Allgemeines	6
2. Studienbewerbung	11
3. Studienvorbereitung	12
4. Studium	13
5. Erwerbstätigkeit vor und während des Studiums	14
6. Wechsel des Aufenthaltszwecks	16
7. Erwerbstätigkeit nach Studienabschluss	20
8. Sprachkurs	24
9. Schulbesuch	25
IV. Verwaltungsverfahren und Rechtsschutz	29

I. Entstehungsgeschichte

1 Die Vorschrift entspricht im Wesentlichen dem GesEntw (BT-Drs 15/420 S. 11), sie wurde aber während des Vermittlungsverf wie folgt geändert (BT-Drs 15/3479 S. 3 f): Einfügung von S. 2 in Abs 2 u. Neufassung von Abs 4. Mit Wirkung vom 18. 3. 2005 wurde der S. 2 in Abs 4 angefügt (Art 1 Nr 2 a ÄndGes vom 14. 3. 2005, BGBl. I 721).

II. Allgemeines

2 Studium, Sprachkurs u. sonstige Ausbildung von Ausl in Deutschland bilden **wichtige Zuzugs- u. Aufenthaltsgründe.** Schulbesuch, Studium u. sonstige Ausbildung sind mit fortschreitender Einwanderungssituation dadurch geprägt, dass der Anteil der in Deutschland geborenen und/oder aufgewachsenen Schüler u. Studenten an der Gesamtzahl stetig gestiegen ist u. auch der Anteil der Bildungsinländer an der Gesamtzahl der nichtdt Studenten beträchtlich ist (dazu näher Jahresgutachten 2004, S. 255 ff, 278 ff). Bei der Zulassung junger Ausl zu Schule, Sprachkurs, Studium u. sonstiger Ausbildung ist folglich zwischen denen, die bereits aus anderen Gründen über einen AufTit verfügen, u. denen, die neu einreisen, zu unterscheiden. Die §§ 15 u. 16 befassen sich grundsätzlich mit den Zuwanderern, nicht mit den bereits Zugewanderten. Bei den schon in Deutschland lebenden Ausl können diese Bestimmungen nur dann in Betracht kommen, wenn u. soweit der bisherige Aufenthaltszweck wechselt oder eine sonst nicht bereits zugelassene Erwerbstätigkeit aufgenommen werden soll.

3 Unter der Geltung des AuslG 1990 konnten Bildungs- u. Ausbildungszwecke durch Erteilung einer AufBew berücksichtigt werden, weil sie nur einen **vorübergehenden Aufenthalt** erforderten (§ 28 AuslG). An dem nicht auf Dauer ausgerichteten Aufenthalt hat sich nichts geändert. Gleich geblieben ist auch das öffentl Interesse an der grundsätzlichen Verhinderung eines Wechsels des Aufenthaltszwecks u. eines weiteren Verbleibs nach Abschluss von Studium u. Ausbildung. Die Verhinderung eines unerwünschten Daueraufenthalts u. eines Zweckwechsels ist erklärte Ziel auch der Bestimmungen der §§ 16 u. 17 (vgl BT-Drs 15/420 S. 74). Während in § 17 die als Erwerbstätigkeit anzusehende betriebliche Aus- u. Weiterbildung geregelt ist, befasst sich § 16 mit Aufenthalten, die grundsätzlich nicht einer Erwerbstätigkeit dienen oder mit einer solchen verbunden sind.

4 Als AufTit kommen nur das Visum u. die AE in Betracht, nicht die NE (zu Anrechnungsfragen § 9 Rn 13 ff). Beide werden nur nach **Ermessen** erteilt, nicht aufgrund eines Rechtsanspruchs. Bei der Bestimmung der Aufenthaltsdauer ist zu beachten, dass mit dem Studium u. der Ausbildung im engeren Sinne Vorbereitungen, begleitende Tätigkeiten u. anschließende Aufenthalte notwendigerweise verbunden sind. Der Vielfalt der Ausbildungs-

gänge u. der individuellen Ausbildungsziele kann weder durch einen einheitlich formulierten Ausbildungszweck noch durch eine pauschale zeitliche Begrenzung Rechnung getragen werden. Dies gilt auch für die Frage, ob Studium u. Ausbildung neben dem privaten Interessen vorwiegend den öffentl Belangen des Heimatstaats oder Deutschlands dienen sollen u. ob entwicklungshilfepolitische Überlegung im Vordergrund stehen oder die Verbesserung der Lage Deutschlands im „Wettbewerb um die besten Köpfe".

Die Ausübung einer **Erwerbstätigkeit** ist zT mit der AE kraft Ges erlaubt, zT kann sie während des Studiums oder nach dessen Abschluss zugelassen werden. Gänzlich neu ist die Möglichkeit, nach erfolgreichem Abschluss des Studiums einen zweifachen Wechsel des Aufenthaltszwecks zuzulassen, nämlich zunächst zur befristeten Stellensuche u. dann zur Aufnahme einer Erwerbstätigkeit ohne vorherige Ausreise. 5

III. Ausbildung

1. Allgemeines

Das Studium kann an einer staatl oder staatl anerkannten **Hochschule** oder einer ähnlichen Einrichtung stattfinden, also an einer Universität, Hochschule, Kunsthochschule, pädagogischen Hochschule oder Fachhochschule oder an einer Berufsakademie oder einem Studienkolleg (§§ 1, 70 HRG). 6

Bei Bemessung der erforderlichen **Aufenthaltsdauer** ist der Gesamtzusammenhang des Studiums in den Blick zu nehmen. Einerseits soll ein auch im Ausland verwertbarer Bildungsabschluss erreicht, andererseits soll ein modulartiges sukzessives Aneinanderreihen mehrerer Ausbildungsgänge mit Änderungen des Aufenthaltszwecke vermieden werden. Dies erfordert eine möglichst genaue Festlegung des Studienziels u. eine möglichst sichere Prognose des erforderlichen Zeitraums. Da der Aufenthalt hauptsächlich dem Studium dienen muss, genügen Abend-, Wochenend- u. Fernstudien nicht dem ges Aufenthaltszweck. Hierfür genügen ein Schengen-Visum oder eine AE nach § 7 I 2. 7

Der **Ausbildungsgang** ist anhand des jew gebotenen Fächerkanons unter Berücksichtigung des individuellen Ausbildungsziels festzulegen. Allg gehören dazu auch die notwendigen Zusatzzeiten, nämlich außer der Studienzeit selbst sowohl die Studienbewerbung u. -vorbereitung als auch die nach Abschluss uU erforderlichen praktischen Tätigkeiten. Eingeschlossen sind Deutschkurse, Vorbereitung in Studienkollegs oder ähnlichen Einrichtungen (bis zu idR zwei Jahren), erforderliche oder empfohlene Praktika oder zur Anerkennung verlangte nachträgliche Praktika. Maßgeblich sind die einschlägigen Studien- u. Prüfungsordnungen. Die Promotion gehört nicht zum Studium in diesem Sinne, es sei denn, sie wird zum Nachweis der wissenschaftlichen Qualifikation oder für die Berufsausübung üblicherweise verlangt u. erscheint daher praktisch für einen verwertbaren Studienabschluss unerlässlich. Dann bildet die Promotion mit dem Studium eine Einheit. 8

Für den erforderlichen **Zeitraum** ist der normale Studiengang zur Erreichung eines anerkannten Abschlusses zugrunde zu legen. Richtpunkt für die Dauer des Studiums kann die durchschnittliche Studienzeit sein, es sind aber die besonderen Schwierigkeiten für Ausl zu berücksichtigen (mit einem Zuschlag von bis zu drei Semestern). Eine Verzögerung durch Nebentätigkeiten ist nicht hinzunehmen, es sei denn, sie stellen sich als notwendige Begleitung des Studiums dar. 9

Von den allg Voraussetzungen für die AE u. von den Versagungsgründen (§§ 5 I, II, IV, 10, 11) ist bei Studenten die Erfüllung des **Unterhaltserfordernisses** (§ 5 I 1 Nr 1) besonders wichtig. Abgesehen von individuellen Besonderheiten des Unterhaltsbedarfs kann in Anwendung von § 2 III der BAföG-Höchstfördersatz (§§ 13, 13a BAföG) als Regel angesetzt werden (derzeit 585 €). Zum Nachweis u. als Grundlage für die für einen gewissen Zeitraum anzustellende Prognose (dazu § 2 Rn 19) können Belege über die Einkommens- und Vermögensverhältnisse der Eltern, über ein Stipendium oder eine Ver- 10 pflichtungserklärung nach § 68 dienen. Es genügt auch ein Sperrkonto oder eine Bankbürgschaft in Deutschland über die notwendigen Mittel für wenigstens das nächste Semester.

2. Studienbewerbung

11 Das **Visum** für Studienbewerber (die noch keine Zulassung zum Studium besitzen) bedarf der Zustimmung der AuslBeh des Studienorts (Ausnahme in § 34 Nr 3 AufenthV), die nach einer Verschweigensfrist von drei Wochen u. zwei Arbeitstagen als erteilt gilt (§ 31 I AufenthV). Das Visum wird als nationales Visum erteilt, kann aber auf drei Monate begrenzt sein u. dann von der AuslBeh für die bis zur Zulassung zum Studium notwendige Zeit, längstens jedoch bis zu insgesamt neun Monaten verlängert werden.

3. Studienvorbereitung

12 Für vorbereitende **Deutschkurse** kann eine auf die jew Dauer bemessene AE erteilt u. verlängert werden. Die Kurse müssen auf die deutsche Sprachprüfung für den Hochschulzugang ausl Studierender oder auf die Zentrale Oberstufenprüfung eines Goethe-Instituts ausgerichtet sein. Kurse, mit denen die allg schulischen Voraussetzungen nachgeholt werden sollen, werden nicht berücksichtigt. Die AE ist nicht mehr zu verlängern, wenn auch nach mehr als zwei Jahren nicht die notwenigen Sprachkenntnisse erworben sind (HessVGH, EZAR 014 Nr 2).

4. Studium

13 **Studierende** erhalten bei Nachweis der Zulassung (dazu Nr 16.1.2.1–16.1.2.1.3 VAH) ein Visum für drei Monate oder bei Zustimmung der AuslBeh für bis zu einem Jahr. Erteilung u. Verlängerung erfolgen für jew zwei Jahre für einen konkreten Studiengang (Rn 8). Bei Überschreitung der zulässigen Studiendauer (Rn 9) kann die AE nur dann noch weiter verlängert werden, wenn ein erfolgreicher Abschluss abzusehen ist (OVG NRW, EZAR 014 Nr 10). Für diese Prognose bedarf es der Vorlage aussagekräftiger Bestätigungen der Hochschule. Die Verlängerung ist ausgeschlossen, wenn die staatl Berufserlaubnis nicht erteilt wird (OVG NRW, EZAR 014 Nr 4).

5. Erwerbstätigkeit vor und während des Studiums

14 Eine Erwerbstätigkeit darf der Student während des gesamten Studiums (einschl Bewerbung u. Vorbereitung) in den Grenzen des Abs 3 ausüben. Die **Grenze** von 90 Tagen oder 180 halben Tagen darf nicht überschritten werden. Als halber Tag zählt eine Beschäftigung bis zur Hälfte der regulären Tagesarbeitszeit, also etwa vier Stunden. Nebentätigkeiten an der Hochschule oder ihren Einrichtungen sind nicht zeitlich begrenzt. Während eines vorbereitenden Sprachkurses bestehen diese Beschäftigungsmöglichkeiten nicht. Grundsätzlich eignen sich auch Erwerbstätigkeiten türkischer Studierender vor oder während des Studiums als Grundlage für eine Verfestigung nach Art 6 ARB 1/80 (dazu § 4 Rn 82 ff). Es muss aber im Einzelfall festgestellt werden, ob nach Zeitaufwand u. Einkommensertrag im Verhältnis zu dem Hauptaufenthaltszweck des Studiums jew die Grenze der Unwesentlichkeit überschritten ist.

15 Für notwendige Praktika werden AE nach §§ 17, 18 erteilt; hierfür wird keine Zustimmung der BA benötigt (§ 2 Nr 1 BeschV; § 2 BeschVerfV). **Darüber hinaus** können Beschäftigungen während des Studiums nur mit Zustimmung der BA (Ausnahmen in §§ 2–26 BeschV; § 2 BeschVerfV) zugelassen werden Durch die Erwerbstätigkeit darf aber der Studienerfolg innerhalb der vorausgeschätzten u. zugelassenen Dauer nicht gefährdet werden.

6. Wechsel des Aufenthaltszwecks

Ein **Wechsel** des Aufenthaltszwecks kann während eines Studiums nicht selten eintreten, **16** ist aber aufr idR **ausgeschlossen**. Abgesehen von Rechtsansprüchen (dazu näher § 5 Rn 25 ff) kommen Ausnahmen nur für Fallkonstellationen in Betracht, die objektiv von dem Normalfall erheblich abweichen u. subjektiv nicht vorhersehbar waren. Die Umstände müssen so ungewöhnlich sein, dass das ges Verbot demgegenüber nicht mehr gerechtfertigt erscheint. Auch die Überführung der AE in eine NE ist ausgeschlossen (zu Anrechnungsfragen § 19 Rn 13 ff).

Jeder **Wechsel** des Studiengangs oder des Studienfachs innerhalb der zunächst in Angriff **17** genommenen Ausbildung (dazu Rn 8) bedeutet aufr einen Zweckwechsel. Auch eine Zweitausbildung (Facharzt im Anschluss an Allgemeinmedizin) stellt eine Änderung des Aufenthaltszwecks dar, u. zwar unabhängig vom Abschluss der ersten. Dazu gehören ein Branchen- oder Fachrichtungswechsel (dazu SächsOVG, EZAR 014 Nr 8) ebenso wie zB ein Ergänzungsstudium, Promotion oder Habilitation (vgl aber Rn 8, 19).

Werden die Hochschuleinrichtung oder Studiengang oder Studienfach zB innerhalb eines **18** Jahres oder bis zur Vorprüfung im **dritten Semester** gewechselt, entspricht dies zwar nicht dem normalen Ausbildungsverlauf u. dem ursprünglichen persönlichen Plan, ist aber andererseits nicht so ungewöhnlich, dass es nicht aufr im öffentl Interesse hingenommen werden könnte (Nr 16.2.5 VAH; anders beim Wechsel nach dem fünften Fachsemester: OVG Hamburg, EZAR 014 Nr 9). Vorausgesetzt sind aber die Zulässigkeit des Wechsels nach der Studienordnung u. die zumindest teilweise Anrechnung der bisherigen Studienzeiten, damit die Verzögerung insgesamt drei Semester nicht überschreitet. Unter diesen Umständen erscheint eine Ausnahme angebracht, im Rahmen des Ermessens darf aber eine Höchstaufenthaltsdauer bestimmt werden, die mit insgesamt zehn Jahren (VAH aaO S. 5) großzügig bemessen erscheint.

In der Praxis wird ein Zweckwechsel **ausnahmsweise** in Fällen hingenommen, in denen **19** ein weiteres Studium oder eine sonstige Zusatzausbildung auch im öffentl Interesse als angezeigt erscheinen (Nr 16.2.8 bis 16.2.8.3 VAH): Postgraduiertenstudium, Promotion, Zweitstudium. Bei öffentl Förderung werden auf diesem Wege auch Habilitation, Juniorprofessur ua zugelassen (Nr 16.2.9 VAH). Eine an das Studium anschließende praktische Berufserfahrung wird, auch wenn sie nicht zur staatl Anerkennung ohnehin verlangt wird (dazu Rn 8), ermöglicht, wenn sie sich als für die Berufsausübung zumindest sehr förderlich erweist (Nr 16. 2. 10 VAH). Soweit diese Tätigkeiten als Erwerbstätigkeiten anzusehen sind, können sie entweder einen Teil der Hochschulausbildung darstellen (dazu Rn 15) oder ausnahmsweise ohne Zustimmung der BA zugelassen werden (§ 2 BeschVerfV iVm § 5 BeschV).

7. Erwerbstätigkeit nach Studienabschluss

Der Übergang vom Studium zu einer regulären Erwerbstätigkeit stellt einen an sich **20** unzulässigen **Zweckwechsel** dar. Dieser ist zwar nicht nach Abs 2 ausgeschlossen, weil das Studium beendet ist. Die Übernahme einer Beschäftigung oder einer selbständigen Erwerbstätigkeit im unmittelbaren Anschluss an den Studienabschluss erfordert aber eine Ausnahme vom Visumzwang nach § 5 II u. zusätzlich die Einhaltung der Zulassungsverf nach §§ 18 bis 21. In aller Regel ist weder ein Rechtsanspruch auf einen AufTit gegeben noch ein unzumutbare Härte bei Nachholung des Visumverf. Insofern hat sich an der früheren Rechtslage (dazu 7. Aufl, § 28 AuslG Rn 12) nichts Wesentliches geändert.

Mit Abs 4 wird jedoch erstmals eine **Erwerbstätigkeit** im Anschluss an ein erfolgreiches **21** Studium nicht als Ausnahme, sondern als zumindest hinnehmbarer Normalfall ermöglicht. Trotz der Formulierung „Suche eines ... Arbeitsplatzes" (so auch zweimal in BT-Drs 15/420 S. 74) ist auch die selbständige Erwerbstätigkeit einbezogen, worauf die Erwähnung von § 21 eindeutig hinweist (so auch Nr 16.4.4 VAH).

Allerdings sind dafür **zwei Stufen** einzuhalten, weil sich der Aufenthaltszweck zweimal **22** ändert: einmal zur Stellensuche u. dann zur Beschäftigung oder sonstigen Erwerbstätigkeit nach §§ 18 bis 21. Die Erleichterung besteht also in der Chance, ohne vorherige Ausreise im Inland eine angemessene Tätigkeit zu suchen. Die allg Voraussetzungen des § 5 müssen erfüllt sein, die auf das Studium zugeschnittenen Privilegierungen des Abs 3 gelten nicht mehr. Auch für eine nur übergangsweise Beschäftigung zur Sicherung des Unterhaltsbedarfs ist das Zulassungsverf nach §§ 18, 19 einzuhalten. Die Erteilung einer NE statt der AE ist ausgeschlossen (§ 9 IV 2; zur Anrechung der AE-Zeiten vgl § 9 Rn 13 f).

23 Die AE darf nach einem erfolgreichen Studienabschluss nur für die Suche eines angemessenen Arbeitsplatzes verlängert werden. Ob eine Beschäftigung dem Abschluss **angemessen** ist, kann nicht allein nach den theoretisch eröffneten Möglichkeiten, sondern muss unter Einbeziehung der praktischen Chancen bei der jew Arbeitsmarktlage beurteilt werden. Unter diesen Umständen muss nicht selten eine zeitweilige unterwertige Beschäftigung hingenommen werden, weil anders eine angemessene überhaupt nicht erreicht werden kann. Dies gilt entsprechend für eine später beabsichtigte selbständige Tätigkeit. Gerade die Voraussetzungen der §§ 19, 21 sind so eng angelegt, dass Berufsanfänger sie selten erfüllen können. Wenn zunächst nur ein Einstieg auf einer niedrigeren Stufe möglich ist, muss diese aber für den späteren Übergang förderlich sein. Außerdem dürfen die Anforderungen nicht so gering sein, dass die Tätigkeit auch ohne jegliche Ausbildung oder auch mit einer weniger qualifizierten ausgeübt werden kann (zB Atomwissenschaftler als Taxifahrer; Volkswirt als Verkaufshilfe). In Betracht kommen also ausschließlich Tätigkeiten nach § 18 IV iVm §§ 25–31 BeschV.

8. Sprachkurs

24 Außer einem zeitaufwendigen Hochschulstudium werden auch kürzere Aufenthalte für Sprachkurse ermöglicht. Gemeint sind Kurse zur Erlernung der **deutschen Sprache** außerhalb der Vorbereitung auf ein Studium in Deutschland (dazu Rn 12). In der Praxis sollen ausschließlich Intensivkurse mit idR täglichem Unterricht u. mindestens 18 Wochenstunden berücksichtigt werden (Nr 16.5.1 VAH). Die Anforderungen des § 5 müssen erfüllt, vor allem der Unterhalt gesichert sein. Eine Verlängerung bis zu einem Jahr ist vorgesehen. Eine begleitende Erwerbstätigkeit nach Abs 3 ist nicht erlaubt.

9. Schulbesuch

25 Für den Schulbesuch ist eine AE nur im **Ausnahmefall** vorgesehen. Im Vordergrund steht die Schonung öffentl Mittel für die Gewährleistung eines für den Bürger kostenlosen Unterrichts an den allgemeinbildenden Schulen, vor allem soweit Schulpflicht besteht. In diesem Zusammenhang hat außerdem die Förderung der in Deutschland rechtmäßig lebenden Ausl zum Ausgleich nicht seltener Bildungsunterschiede Vorrang. Auch außerhalb dieses Rahmens können öffentl Interessen für eine Zulassung ausl Kinder u. Jugendlicher aus dem Ausland nur ausnahmsweise sprechen.

26 Die **Schule** muss entweder staatl oder staatl anerkannt sein. Die Trägerschaft ist nicht entscheidend, eine private Finanzierung aber eher geeignet als eine durch die öffentl Hand. In Betracht kommen grundsätzlich allgemeinbildende wie weiterführende Schulen, aber auch Einrichtungen der beruflichen Bildung (betr betriebliche Bildung vgl § 17). Ein öffentl Interesse besteht vor allem an einer mehrsprachigen Ausbildung mit möglichst bilingualen Abschlüssen, die im Ausland anerkannt u. verwertbar sind (dazu Nr 16.5.2.2.4, 16.5.2.5 VAH).

27 In Betracht kommen Staatsangehörige aus **Staaten,** die auch nach § 41 I 1 BeschV privilegiert sind, aber auch dt Volkszugehörige mit einem Aufnahmebescheid nach § 27 BVFG (Nr 16.5.2.2.1 VAH). Außerdem können Teilnehmer an zeitlich begrenzten Austauschprogrammen berücksichtigt werden (Nr 16.5.2.2.2 VAH).

28 Die allg **Voraussetzungen des § 5** müssen erfüllt u. die Ausreise im Anschluss an den Schulbesuch gesichert sein. Eine Stellensuche wie nach Abs 4 nach einem erfolgreichen Studium ist nicht möglich. Im Rahmen des Ermessens sind außerdem neben den persönlichen Interessen die jew regionalen u. örtlichen Gegebenheiten zu berücksichtigen.

IV. Verwaltungsverfahren und Rechtsschutz

Verwaltungsverf u. Rechtsschutz richten sich nach den allg Grundsätzen über die Erteilung eines Visums u. einer AE (vgl § 4 Rn 188 ff, 196 ff; § 6 Rn 51 ff). Besonderheiten ergeben sich allerdings aus der Notwendigkeit **sachverständiger Auskünfte** u. Beratung der AuslVertr u. der AuslBeh durch die Träger der Bildungseinrichtungen, vor allem bei Festelegung des Studienziels, der Studiendauer u. der Erfolgsaussichten sowie eines Zweckwechsels. 29

§ 17 Sonstige Ausbildungszwecke

¹ Einem Ausländer kann eine Aufenthaltserlaubnis zum Zweck der betrieblichen Aus- und Weiterbildung erteilt werden, wenn die Bundesagentur für Arbeit nach § 39 zugestimmt hat oder durch Rechtsverordnung nach § 42 oder zwischenstaatliche Vereinbarung bestimmt ist, dass die Aus- und Weiterbildung ohne Zustimmung der Bundesagentur für Arbeit zulässig ist. ² Beschränkungen bei der Erteilung der Zustimmung durch die Bundesagentur für Arbeit sind in die Aufenthaltserlaubnis zu übernehmen. ³ § 16 Abs. 2 gilt entsprechend.

Vorläufige Anwendungshinweise

17 Zu § 17 Sonstige Ausbildungszwecke
17.1 Die Vorschrift regelt die Erteilung einer Aufenthaltserlaubnis zum Zweck der Aus- und Weiterbildung. Die Erteilung ist von der Zustimmung der Bundesagentur für Arbeit abhängig (siehe Nummer 39. 3), soweit die Beschäftigungsverordnung nicht die zustimmungsfreie Aufnahme der Ausbildung vorsieht.
17.1.1 Zustimmungspflichtige Ausbildungszwecke
17.1.1.1 Im Gegensatz zu den Bestimmungen des Ausländergesetzes in Verbindung mit der Arbeitsaufenthalteverordnung und der Anwerbestoppausnahmeverordnung kann Ausländern generell nach § 17 zu betrieblichen Erstausbildungen sowie zu Beschäftigungen zur Weiterbildung eine Aufenthaltserlaubnis erteilt werden, wenn die Arbeitsverwaltung nach Prüfung der Auswirkungen auf die Ausbildungs- und Arbeitsmarktsituation im Einzelfall gemäß § 39 zugestimmt hat. Beschränkungen der Zustimmung der Bundesagentur für Arbeit sind in die Aufenthaltserlaubnis zu übernehmen. Wird die Ausbildung im Rahmen eines entwicklungspolitischen Programms finanziell gefördert, ist die Aufenthaltserlaubnis mit einer Nebenbestimmung gemäß § 8 Abs. 2 zu versehen.
17.1.1.2 Die Aufenthaltserlaubnis wird für zwei Jahre erteilt und kann bis zum Abschluss der Ausbildung jeweils um zwei Jahre verlängert werden.
17.1.1.3 Ein Wechsel des Aufenthaltszwecks ist während der Zeit der Ausbildung außer in den Fällen, in denen ein Anspruch auf Erteilung einer Aufenthaltserlaubnis entstanden ist, nicht zuzulassen. Hat der Ausländer einen Abschluss in einer staatlich anerkannten oder vergleichbar geregelten Berufsausbildung erworben, kann eine Aufenthaltserlaubnis für eine Beschäftigung nach § 18 mit Zustimmung der Bundesagentur für Arbeit erteilt werden, soweit die Verlängerung der Aufenthaltserlaubnis nicht durch Nebenbestimmung ausgeschlossen wurde (Nummer 17.1.1.1).
17.1.2 Zustimmungsfreie Ausbildungszwecke
17.1.2.1 Die Erteilung einer Aufenthaltserlaubnis zum Zweck der Aus- und Weiterbildung ohne Zustimmung der Arbeitsverwaltung ist nach § 2 Nr 2 bis 4 BeschV vorgesehen
17.1.2.1.1 – im Rahmen eines von der Europäischen Union finanziell geförderten Programms. Dies sind z. B. die Programme SOKRATES, PHARE, TACIS, LEONARDO oder MARIE CURIE. Der Ausländer hat durch Unterlagen der für das Programm verantwortlichen Stellen nachzuweisen, dass die Beschäftigung auf der Grundlage eines von der Europäischen Union finanziell geförderten Programms erfolgt.
17.1.2.1.2 – bis zu einem Jahr im Rahmen eines nachgewiesenen internationalen Austauschprogramms von Verbänden und öffentlich-rechtlichen Einrichtungen oder studentischen Organisationen. Die das Austauschprogramm durchführende Einrichtung muss im Visumverfahren über Art und Umfang des

Programms informieren. Insbesondere muss aus dem Programm der Austauschcharakter hervorgehen. Als Verbände, öffentliche Einrichtungen oder studentische Organisationen kommen z. B. in Betracht:
– Deutscher Bauernverband,
– Zentralstelle für Arbeitsvermittlung (ZAV),
– DAAD, AIESEC, COUNSIL.
17.1.2.1.3 – an Fach- und Führungskräfte, die ein Stipendium aus öffentlichen deutschen Mitteln, Mitteln der Europäischen Union oder Internationaler Organisationen (z. B. WHO, Weltbank) erhalten (Regierungspraktikanten).
17.1.2.1.3.1 Eine Fachkraft ist ein ausländischer Arbeitnehmer, der über eine abgeschlossene Berufsausbildung oder über eine mindestens sechsjährige einschlägige Berufserfahrung verfügt.
17.1.2.1.3.2 Führungskräfte sind Personen, die über ein abgeschlossenes Fach- oder Hochschulstudium oder einen vergleichbaren Abschluss (z. B. Bachelor, Master) verfügen.
17.1.2.1.3.3 Der Nachweis der öffentlichen Mittel wird über den Zuwendungsbescheid des Geldgebers (Programmträger können sein: Bund, Länder, Kommunen) geführt. Aus dem Bescheid muss erkennbar sein, dass die Zuwendungen zur beruflichen Aus- und Weiterbildung vorgesehen sind.
17.1.2.2 Bei der Erteilung der Aufenthaltserlaubnis ist in der Auflage der Befreiungstatbestand nach § 2 BeschV zu bezeichnen. Die Auflage lautet:
„Beschäftigung nur gemäß § 2 Nr. . . . BeschV gestattet."
17.1.2.3 Die Befristung der Aufenthaltserlaubnis ergibt sich aus dem zu Grunde liegenden Programm. Die Aufenthaltserlaubnis von Regierungspraktikanten wird auf den Zeitraum des Stipendiums befristet.
17.1.2.4 Die Ausübung einer weiteren zustimmungsfreien Beschäftigung ist ausgeschlossen.
17.2 Eine Verlängerung der Aufenthaltserlaubnis im Rahmen des § 17 über den Zeitraum der Aus- oder Weiterbildung hinaus ist bei der Erteilung bzw. letzten Verlängerung der Aufenthaltserlaubnis auszuschließen (§ 8 Abs. 2).

Übersicht

	Rn
I. Entstehungsgeschichte	1
II. Allgemeines	2
III. Betriebliche Aus- und Weiterbildung	3

I. Entstehungsgeschichte

1 Die Vorschrift entspricht im Wesentlichen dem **GesEntw** (BT-Drs 15/420 S. 11). Im Vermittlungsverf wurden die neue Bezeichnung der BA u. die „betriebliche" statt der „beruflichen" Bildung eingefügt (BT-Drs 15/3479 S. 4).

II. Allgemeines

2 Mit dieser weiteren Bestimmung über **Ausbildungsaufenthalte** neben § 16 wird die betriebliche von der sonstigen Bildung, vor allem der schulischen u. universitären abgegrenzt. Nach früherer Rechtslage waren im Wesentlichen nur die Aus- u. Weiterbildungszwecke iSd § 2 AAV u. § 2 ASAV zugelassen. Aufgrund der Ermächtigungen des § 42 liegt es wiederum in der Hand des BMWA, diesen temporären Zuwanderungsweg mit oder ohne die Mitwirkung der BA zu gestalten.

III. Betriebliche Aus- und Weiterbildung

3 Berücksichtigt werden kann **jede Art** betrieblicher Aus- oder Weiterbildung. Der Wechsel des Aufenthaltszwecks ist wie nach § 16 II außer im Falle eines Anspruchs auf einen

Sonstige Ausbildungszwecke § 17 **AufenthG 1**

AufTit verboten. Die allg Voraussetzungen des § 5 müssen erfüllt sein. Erteilung u. Verlängerung der AE erfolgen mit oder ohne Zustimmung der BA, u. zwar auf zwei Jahre bis zum Abschluss der Maßnahme.

Ohne Zustimmung der BA können Ausbildungs- u. Weiterbildungsziele in folgenden 4 Fällen verfolgt werden (§ 2 Nr 2–4 BeschV): EU-Programme, zB SOCRATES, PHARE, TACI, LEONARDO oder MARIE CURIE; Austauschprogramme zB des DAAD, der ZAV oder des Dt Bauernverbands; Stipendien zB der Weltbank.

Abschnitt 4. Aufenthalt zum Zweck der Erwerbstätigkeit

§ 18 Beschäftigung

(1) ¹Die Zulassung ausländischer Beschäftigter orientiert sich an den Erfordernissen des Wirtschaftsstandortes Deutschland unter Berücksichtigung der Verhältnisse auf dem Arbeitsmarkt und dem Erfordernis, die Arbeitslosigkeit wirksam zu bekämpfen. ²Internationale Verträge bleiben unberührt.

(2) ¹Einem Ausländer kann ein Aufenthaltstitel zur Ausübung einer Beschäftigung erteilt werden, wenn die Bundesagentur für Arbeit nach § 39 zugestimmt hat oder durch Rechtsverordnung nach § 42 oder zwischenstaatliche Vereinbarung bestimmt ist, dass die Ausübung der Beschäftigung ohne Zustimmung der Bundesagentur für Arbeit zulässig ist. ²Beschränkungen bei der Erteilung der Zustimmung durch die Bundesagentur für Arbeit sind in den Aufenthaltstitel zu übernehmen.

(3) Eine Aufenthaltserlaubnis zur Ausübung einer Beschäftigung nach Absatz 2, die keine qualifizierte Berufsausbildung voraussetzt, darf nur erteilt werden, wenn dies durch zwischenstaatliche Vereinbarung bestimmt ist oder wenn auf Grund einer Rechtsverordnung nach § 42 die Erteilung der Zustimmung zu einer Aufenthaltserlaubnis für diese Beschäftigung zulässig ist.

(4) ¹Ein Aufenthaltstitel zur Ausübung einer Beschäftigung nach Absatz 2, die eine qualifizierte Berufsausbildung voraussetzt, darf nur für eine Beschäftigung in einer Berufsgruppe erteilt werden, die durch Rechtsverordnung nach § 42 zugelassen worden ist. ²Im begründeten Einzelfall kann eine Aufenthaltserlaubnis für eine Beschäftigung erteilt werden, wenn an der Beschäftigung ein öffentliches, insbesondere ein regionales, wirtschaftliches oder arbeitsmarktpolitisches Interesse besteht.

(5) Ein Aufenthaltstitel nach Absatz 2 und § 19 darf nur erteilt werden, wenn ein konkretes Arbeitsplatzangebot vorliegt.

Vorläufige Anwendungshinweise

18 Zu § 18 Beschäftigung

18.1 § 18 schreibt den seit 1973 geltenden Anwerbestopp für ausländische Arbeitnehmer fort. Die Berücksichtigung der Verhältnisse auf dem Arbeitsmarkt und das Erfordernis, die Arbeitslosigkeit wirksam zu bekämpfen, sind ermessenslenkende Vorgaben für die Erteilung der Zustimmung zur Beschäftigung durch die Bundesagentur für Arbeit und finden ihren Ausdruck in der Ausgestaltung der Bestimmungen der Beschäftigungsverordnung sowie der Beschäftigungsverfahrensverordnung.

18.2 § 18 Abs. 2 ist als Ermessensvorschrift ausgestaltet. Mit der Bezugnahme der Absätze 3 und 4 auf Absatz 2 wird verdeutlicht, dass auf die Erteilung eines Aufenthaltstitels nach § 18 kein Anspruch besteht. Dies gilt auch in den Fällen, in denen die Zustimmung der Bundesagentur für Arbeit vorliegt.

18.2.1 Die Vorschrift gilt für jede Beschäftigung im Bundesgebiet, auch für Aufenthalte unter drei Monaten. Sie schreibt im Grundsatz fest, dass für die Erteilung einer Aufenthaltserlaubnis zur Aufnahme einer Beschäftigung die Zustimmung der Bundesagentur für Arbeit erforderlich ist. Die Beurteilung einer Beschäftigungsmöglichkeit oder -notwendigkeit für einen Ausländer obliegt ausschließlich der Arbeitsverwaltung. Dies wird durch das Erfordernis der Zustimmung sichergestellt. Die Ausländerbehörde hat die allgemeinen ausländerrechtlichen Voraussetzungen zu prüfen und gegebenenfalls allgemeine Migrationsgesichtspunkte im Rahmen ihres Ermessens zu bewerten. Ist die Ausländerbehörde nach den allgemeinen ausländerrechtlichen Erwägungen bereit, eine Aufenthaltserlaubnis zu erteilen, hat sie die erforderliche Zustimmung der Bundesagentur für Arbeit einzuholen. Liegt die Zustimmung der Arbeitsverwaltung vor, so ist das Ermessen der Ausländerbehörde im Weiteren indiziert. Sie sollte die Erteilung einer Aufenthaltserlaubnis nur dann versagen, wenn zwischenzeitlich eine allgemeine Erteilungsvoraussetzung nach § 5 entfallen ist.

Beschäftigung § 18 AufenthG 1

18.2.2 § 18 ist nicht anwendbar auf Ausländer, deren Aufenthaltstitel die Erwerbstätigkeit bereits kraft Gesetzes ausdrücklich erlaubt, also in den Fällen der
18.2.2.1 – Niederlassungserlaubnis,
18.2.2.2 – Aufenthaltserlaubnis nach Aufnahme aus dem Ausland gemäß § 22,
18.2.2.3 – Aufenthaltserlaubnis nach Anerkennung als politisch Verfolgter gemäß § 25 Abs. 1 und Abs. 2,
18.2.2.4 – Aufenthaltserlaubnis zum Zwecke des Familiennachzugs zu Deutschen nach § 28 Abs. 5,
18.2.2.5 – Aufenthaltserlaubnis zum Zwecke des Familiennachzugs zu Ausländern, soweit diese selbst nach § 29 Abs. 5 zweite Alternative zur Ausübung einer Erwerbstätigkeit berechtigt sind (siehe auch Nr 29.5),
18.2.2.6 – Aufenthaltserlaubnis aufgrund eigenständigen Aufenthaltsrechts nach § 31 Abs. 1,
18.2.2.7 – Aufenthaltserlaubnis im Rahmen der Wiederkehr nach § 37 Abs. 1,
18.2.2.8 – Aufenthaltserlaubnis für ehemalige Deutsche nach § 38 Abs. 4.
18.2.3 § 18 kann zu einem späteren Zeitpunkt nach erfolgter Einreise erstmals anwendbar sein. Das gilt für Ausländer,
18.2.3.1 – denen nach den §§ 27 bis 30, 32 bis 34 und 36 eine Aufenthaltserlaubnis erteilt worden ist, wenn die Verlängerung der Aufenthaltserlaubnis nach diesen Vorschriften nicht erfolgen kann, bevor die Voraussetzungen für ein eigenständiges Aufenthaltsrecht vorliegen (vgl. § 28 Abs. 2, §§ 31, 34 Abs. 2 und 3, § 35),
18.2.3.2 – denen eine Aufenthaltserlaubnis nach den §§ 16 oder 17 erteilt worden ist, wenn der ursprüngliche Aufenthaltszweck durch Erreichen des Ausbildungszieles entfallen ist oder eine Ausnahme von dem Regelversagungsgrund des § 16 Abs. 2 zugelassen wird und sie nunmehr eine Beschäftigung im Bundesgebiet anstreben,
18.2.3.3 – denen als Nichterwerbstätige eine Aufenthaltserlaubnis nach § 7 Abs. 1 Satz 3 erteilt worden ist und die nach einem Wechsel des ursprünglichen Aufenthaltszwecks eine Beschäftigung aufnehmen wollen.
18.2.4 Wird eine Beschäftigung angestrebt, ist im Einzelfall zu prüfen, ob im Rahmen der Erteilung der Aufenthaltserlaubnis die angestrebte Beschäftigung erlaubt werden kann. Hierzu ist die gemäß § 39 Abs. 1 erforderliche Zustimmung der Bundesagentur für Arbeit einzuholen, soweit nicht durch §§ 2 bis 15 BeschV die Beschäftigung nicht der Zustimmung der Bundesagentur für Arbeit bedarf. Zum Verfahren siehe Nummer 39.1.1. ff. und 42.1.1 ff.
18.2.5 Durch das Zustimmungserfordernis wird das Verfahren bei einer Behörde konzentriert. Das umständliche Wechselverhältnis zwischen Aufenthaltsgenehmigung und Arbeitsgenehmigung entfällt. Die Zustimmung der Bundesagentur für Arbeit ist in einem verwaltungsinternen Verfahren einzuholen – vergleichbar der ausländerbehördlichen Zustimmung zur Visumerteilung nach § 31 AufenthV. Das Vorliegen der arbeitsrechtlichen Voraussetzungen für die Ausübung einer Beschäftigung sowie die Einhaltung der arbeitsrechtlichen Bestimmungen (vgl. § 39 Abs. 2 bis 4, § 40 AufenthG) sind im Rahmen dieses Zustimmungsverfahrens von der Arbeitsverwaltung zu prüfen.
18.2.6 Nach Satz 2 ist die Ausländerbehörde bei der Erteilung der Aufenthaltserlaubnis an die mit der Zustimmung verbundenen Vorgaben (Nummer 42.1.5 ff.) der Bundesagentur für Arbeit gebunden. Die Vorgaben sind in den Aufenthaltstitel zu übernehmen. Gleiches gilt für die Erteilung eines Visums. Hinsichtlich der Besonderheiten des Verfahrens bei Werksvertragsarbeitnehmern siehe Nummer 39.1.1.5.
18.2.7 In den Fällen des § 105 erfolgt keine Beteiligung der Bundesagentur für Arbeit.
18.2.8 Die Erteilung eines Aufenthaltstitels kann ohne die Zustimmung der Bundesagentur für Arbeit erfolgen, sofern dies durch Rechtsverordnung (Nummer 42.1.1) oder zwischenstaatliche Vereinbarung bestimmt ist. Auf diese Weise wird die Systematik der bisher arbeitsgenehmigungsfreien Beschäftigung beibehalten. In diesen Fällen bedarf die Erteilung der Aufenthaltserlaubnis, die die Ausübung einer entsprechenden Beschäftigung zulässt, keiner förmlichen Beteiligung der Arbeitsverwaltung. Bei Zweifeln über die Zustimmungsfreiheit der Beschäftigung kann die Bundesagentur für Arbeit beteiligt werden. Die Nebenbestimmung lautet: „Beschäftigung nur gemäß § ... BeschV erlaubt."
Die Art der zustimmungsfreien Beschäftigung ist ggf mit weiteren Beschränkungen in den Nebenbestimmungen zur Aufenthaltserlaubnis (z. B. zum Arbeitgeber) aufzunehmen.
18.2.9 Die Versagung oder der Widerruf der Zustimmung durch die Bundesagentur ist dem Ausländer durch die Ausländerbehörde bekannt zu geben.
18.2.9.1 Wurde die Zustimmung zur Beschäftigung im Rahmen eines Visumverfahrens versagt oder eine erteilte Zustimmung widerrufen, bevor das Visum erteilt wurde, ist die Zustimmung zur Visumer-

teilung ebenfalls zu versagen. Die Begründung der Versagung oder des Widerrufs der Zustimmung zur Beschäftigung ist der Auslandsvertretung mitzuteilen.

18.2.9.2 Wurde die Zustimmung zur Beschäftigung für einen Ausländer versagt, der sich bereits im Bundesgebiet aufhält und der erstmals oder erneut die Erlaubnis zur Beschäftigung beantragt hat, so ist dem Ausländer oder seinem gesetzlichen Vertreter die Versagung unter Bezugnahme auf die Begründung der Bundesagentur für Arbeit durch die Ausländerbehörde bekannt zu geben. In dem Aufenthaltstitel ist zu vermerken:
„Erwerbstätigkeit nicht erlaubt."

18.2.9.3 Die Zustimmung bzw. die Versagung und der Widerruf einer Zustimmung zur Beschäftigung sind kein selbständiger Verwaltungsakt. Widerspruch und Klage richten sich gegen die ausländerrechtliche Versagung der Erlaubnis zur Beschäftigung. Damit ist nicht der Rechtsweg zu den Sozialgerichten, sondern zu den Verwaltungsgerichten gegeben. Die Belange der Arbeitsverwaltung sind durch die notwendige Beteiligung im Widerspruchsverfahren bzw. Beiladung im Verfahren vor dem Verwaltungsgericht gewahrt.

18.3 Die Erteilung einer Aufenthaltserlaubnis zur Ausübung einer Beschäftigung, die keine qualifizierte Berufsausbildung voraussetzt, kann nur mit Zustimmung der Bundesagentur für Arbeit für die Beschäftigungen erfolgen, die in der Beschäftigungsverordnung vorgesehen sind, es sei denn, die Beschäftigung basiert auf einer zwischenstaatlichen Vereinbarung, die die Beschäftigung ohne Zustimmung der Bundesagentur für Arbeit (ohne Arbeitserlaubnis) vorsieht, oder die Beschäftigung bedarf nicht der Zustimmung der Bundesagentur für Arbeit. Bedarf eine Beschäftigung aufgrund einer Verordnung des Bundesministeriums für Wirtschaft und Arbeit nicht der Zustimmung der Bundesagentur für Arbeit, ist in dem Verzicht auf das Zustimmungsverfahren die pauschale Zustimmung zur Beschäftigung zu sehen, da arbeitsmarktpolitische Gesichtspunkte einer solchen Beschäftigung nicht entgegenstehen. In diesen Fällen ergeben sich wegen der Eigenart der Tätigkeiten im Allgemeinen keine nachteiligen Auswirkungen auf den Arbeitsmarkt und die auf Beschäftigungsmöglichkeiten bevorrechtigter Arbeitsuchender.

18.4 § 18 Abs. 4 regelt zwei unterschiedliche Sachverhalte; die unabhängig voneinander nebeneinander stehen.

18.4.1 Für Beschäftigungen, die eine qualifizierte Berufsausbildung voraussetzen, gilt ebenfalls das Verbot mit Erlaubnisvorbehalt durch Rechtsverordnung. Für diese Beschäftigungen ist ebenfalls die Zustimmung der Bundesagentur für Arbeit erforderlich, soweit die Beschäftigung nicht ohne Zustimmung zur Beschäftigung ausgeübt werden darf.

18.4.2 Abweichend von den mit der Beschäftigungsverordnung vorgegebenen Berufsgruppen, in denen eine Beschäftigung erfolgen kann, wird mit Satz 2 für begründete Einzelfälle die Möglichkeit der Erteilung der Aufenthaltserlaubnis zur Beschäftigung eröffnet, wenn an der Beschäftigung des Ausländers ein öffentliches, insbesondere ein regionales, wirtschaftliches oder arbeitsmarktpolitisches Interesse besteht. Die Bestimmung ist als Ausnahmevorschrift ausgestaltet, der nach § 18 festgeschriebene Anwerbestopp bleibt erhalten. Die Regelung kann darüber hinaus nur einzelfallbezogen auf die Person eines bestimmten Ausländers Anwendung finden. Sie dient nicht dazu, die Einschränkungen der Beschäftigungsverordnung auf bestimmte Berufe beliebig zu erweitern. Soweit in der Beschäftigungsverordnung für einzelne Berufsgruppen zeitliche Beschränkungen der Beschäftigung vorgesehen sind, kann sich in der Fortsetzung der Beschäftigung über den in der Beschäftigungsverordnung festgelegten Zeitraum hinaus kein öffentliches Interesse begründen, denn diese zeitlichen Beschränkungen basieren auf arbeitsmarktpolitischen Entscheidungen zur Beschäftigung von Ausländern.

18.5 Absatz 5 ist für die Ausländerbehörde für Beschäftigungen von besonderer Bedeutung, die ohne Zustimmung der Bundesagentur für Arbeit ausgeübt werden können, da in diesen Fällen in der Regel die Bundesagentur für Arbeit nicht beteiligt wird (siehe Nummer 18.2.8). Der Ausländer hat das Bestehen des Beschäftigungsverhältnisses gegenüber der Ausländerbehörde durch entsprechende Unterlagen (z. B. Arbeitsvertrag) nachzuweisen.

Übersicht

	Rn
I. Entstehungsgeschichte	1
II. Allgemeines	2
III. Zulassung zur Beschäftigung	4

I. Entstehungsgeschichte

Die Vorschrift wurde gegenüber dem **GesEntw** (BT-Drs 15/420 S. 11) während des Vermittlungsverf wesentlich verändert, indem die Abs 1 u. 2 bis 5 hinzugefügt wurden (BT-Drs 15/3479 S. 4). 1

II. Allgemeines

Mit dieser Vorschrift wird der **Anwerbestopp** von 1973 nicht nur festgeschrieben, sondern wesentlich **verstärkt**. Ursprünglich war mit dem jetzigen Abs 2 beabsichtigt, die Zulassung zum Arbeitsmarkt „erwerbspolitisch neutral" zu steuern (BT-Drs 15/420 S. 74) u. zusätzlich durch das Auswahlverf des § 20-E qualifizierte Arbeitskräfte „im Interesse der BR Deutschland" zuzulassen (BT-Drs 15/420 S. 75). Mit der Streichung von § 20-E u. den Veränderungen von §§ 1 I, 18 hat der Vermittlungsausschuss dieser Politik eine Absage erteilt (vgl auch § 1 Rn 11, § 4 Rn 5, 126). Mit einem gemischten System von Zulassungen durch Ges, RVO u. Zustimmung der BA (§ 4 Rn 46 ff, 66 ff, 72 ff) hat der Gesetzgeber eine straffere Steuerung übernommen als unter der Geltung des AuslG u. der AAV u. ASAV. 2

Der Anwerbestopp u. der in § 1 I 2 genannte Rahmen der Aufnahme- u. der Integrationsfähigkeit sowie der wirtschafts- u. arbeitsmarktpolitischen Interessen Deutschlands haben ihren Ausdruck in den §§ 18, 19 sowie in der BeschV u. der BeschVerfV gefunden. Zusammen mit den noch konkreteren Zielen des Abs 1, vor allem der Bekämpfung der Arbeitslosigkeit, sind sie als **Leitlinien** sowohl von der BA als auch von AuslVertr u. AuslBeh zu beachten. Danach besteht, von den im Ges erfolgten Zulassungen zum Arbeitsmarkt abgesehen, kein Rechtsanspruch auf Zulassung zur nichtselbständigen Erwerbstätigkeit u. darüber hinaus auch keine sichere Anwartschaft. Auch wenn nämlich eine RVO die Beschäftigung ermöglicht oder die BA zugestimmt hat, liegt die Erteilung eines erwerbstätigkeitsbezogenen AufTit weitgehend im **Ermessen** der AuslVertr oder der AuslBeh. Dabei ist immer (auch für § 19) ein konkretes Arbeitsplatzangebot vorausgesetzt. 3

III. Zulassung zur Beschäftigung

Der **Vorrang** der aufenthaltspolitischen vor den beschäftigungspolitischen Interessen, Beurteilungen u. Entscheidungen (Rn 3) schlägt sich in unterschiedlicher Weise im Verf nieder. Ist die Berechtigung zur Erwerbstätigkeit kraft Ges mit einem AufTit verbunden, so ist deren Zulassung nicht Aufgabe der AuslVertr u. der AuslBeh; diese haben aber über den AufTit endgültig je nach dessen Voraussetzungen zu befinden, also aufgrund eines Rechtsanspruchs oder nach Ermessen. Ebenso verhält es sich, wenn eine RVO die Beschäftigung nicht als Erwerbstätigkeit ansieht oder sie von der Zustimmung der BA freistellt. Schließlich bildet auch eine Zustimmung der BA nur eine Grundlage für die Zulassung eines Erwerbsaufenthalts, ohne diese zwingend zu bewirken. Damit wird das Vorrangverhältnis fortgesetzt, das schon früher unter der Geltung von §§ 10, 14 II AuslG, § 284 V SGB III, § 1 AAV u. § 5 ArGV bestand. 4

Arbeitsmarkt u. Beschäftigungspolitik werden von der BA beurteilt mit der Folge, dass die Verweigerung der **Zustimmung** AuslVertr u. AuslBeh binden. Erteilt die BA aber die Zustimmung, sind damit nur beschäftigungsrechtliche Bedenken gegen den Aufenthalt ausgeräumt, nicht jedoch aufr. Daher müssen nicht nur die allg Voraussetzungen für einen AufTit nach § 5 erfüllt sein, sondern die AuslBeh das Aufenthaltsbegehren im Ermessenswege auch aufr positiv beurteilen. Diese Entscheidung ist nicht indiziert (so aber Nr 18.2.1 5

S. 7 VAH). Der Spielraum ist nur eingeschränkt, weil AuslVertr u. AuslBeh eigene beschäftigungspolitische Überlegungen unter diesen Umstnden nicht anzustellen haben, sondern insoweit an die Vorgabe der BA gebunden sind.

6 Einer RVO oder der **Mitwirkung** der BA **bedarf es nicht,** wenn die nichtselbständige Erwerbstätigkeit bereits kraft Ges gestattet ist (dazu § 4 Rn 61; Aufzählung auch in Nr 18.2.2 ff. VAH). Über die Zulassung zum Arbeitsmarkt ist nicht nur bei neu einreisenden Ausl zu entscheiden, sondern in einigen Fällen auch beim Ablauf eines AufTit für einen anderen Aufenthaltszweck, zB nach Ablauf der AE nach § 7 I 2 für einen Nichterwerbstätigen, nach Beendigung der Aus- oder Weiterbildung nach §§ 16, 17 oder vor Eintritt der Voraussetzungen für ein eigenständiges AufR nach §§ 28 II, 31, 34 II u. III, 35.

7 Soweit eine Zustimmung der BA nicht aufgrund eines Ges (dazu § 4 Rn 68) oder einer RVO (dazu § 4 Rn 69–71) entbehrlich ist, richtet sich das Verf bei der BA nach § 39 (Übergangsregelung in § 105). Es wird nur in Gang gesetzt, wenn ein konkreter freier Arbeitsplatz angeboten ist. Die Zustimmung erfolgt intern gegenüber AuslVertr oder AuslBeh u. nicht gegenüber dem Bewerber. Sie ist **verbindlich,** u. dem entsprechend ist in dem AufTit die zugelassene Beschäftigung samt Einschränkungen zu vermerken (Abs 2 S. 2; § 4 II 2; § 4 Rn 57–66). In dem Zustimmungsverf ist in materieller Hinsicht zwischen Erwerbstätigkeiten, die eine qualifizierte Ausbildung voraussetzen, und solchen, die entweder keine oder keine qualifizierte Ausbildung verlangen, zu unterscheiden. Diese Unterscheidung kehrt auch in §§ 17 ff, 25 ff BeschV wieder.

8 Über diese beiden Gruppen hinaus ist mit Abs 4 S. 2 die Möglichkeit einer AE zur Beschäftigung in begründeten Einzelfällen eröffnet, wenn an der Beschäftigung ein öffentl, insb ein regionales, wirtschaftliches oder arbeitsmarktpolitisches Interesse besteht. Diese **eigenständige Zulassungsnorm** erfüllt für Arbeitnehmer eine ähnliche Funktion wie § 7 I 2 für Nichterwerbstätige u. ist ebenfalls auf begründete (Einzel-)Fälle beschränkt, sie ist aber anders angelegt. Sie darf nicht dazu genutzt werden, eine Tätigkeit außerhalb der im Zulassungssystem berücksichtigten Erwerbstätigkeiten zu ermöglichen u. den Anwerbestopp auf diese Weise aufzulockern. Sie ist vielmehr strikt auf besondere Einzelfälle zugeschnitten, die nicht (allein) durch individuelle Härten oder besondere subjektive Bedürfnisse eines Ausl oder eines Unternehmens gekennzeichnet sind, sondern durch die im Einzelnen genannten Interessen.

9 Soweit die AE nur in einem **begründeten Einzelfall** erteilt werden darf, muss sich dieser Fall hinsichtlich der Arbeitsmarktsituation von anderen Fällen unterscheiden. Das Zulassungssystem einschließlich der Zustimmung der BA ist auf die Bedürfnisse u. die Aufnahmefähigkeit des dt Arbeitsmarkts ausgerichtet. Nur dann, wenn auf dieser Grundlage die Beschäftigung im Einzelfall nicht zugelassen werden kann, kann die Ermessensvorschrift des Abs 4 S. 2 eingreifen.

10 Die im Ges besonders erwähnten öffentl Interessen müssen eine **atypische Arbeitsmarktsituation** widerspiegeln. Es muss ein regionales, wirtschaftliches oder arbeitsmarktpolitisches Interesse an der Beschäftigung bestehen, das mit den sonst zur Verfügung stehenden Mitteln nicht befriedigt werden kann. Außer den regionalen sind die anderen genannten Interessen in dem System der Zulassung von Beschäftigungen durch Ges, RVO u. BA-Zustimmung bereits berücksichtigt. Es muss sich also um einen Arbeitsplatz handeln, dessen Besetzung trotz alledem auf dieser regulären Grundlage nicht möglich ist. Diese Stelle kann zu einer der durch RVO geöffneten Beschäftigungsarten gehören, sie kann aber auch außerhalb dieser Gruppen liegen. Vor allem können regionale Besonderheiten für einen ausnahmsweisen Einsatz eines ausl Arbeitnehmers sprechen.

11 Auch wenn die genannten Interessen gegeben sind, ist die Erteilung der AE noch nicht ohne weiteres möglich. Es muss ein begründeter Einzelfall in dem Sinne vorliegen, dass der Bedarf nicht allg, sondern nur in einer **singulären Konstellation** auftritt u. sonst nicht gedeckt werden kann. Nicht ausreichend wäre zB die Feststellung eines jahrelangen Engpasses in einem bestimmten Beruf (dazu Jahresgutachten 2004, S. 220 ff). Der Bedarf muss

Niederlassungserlaubnis für Hochqualifizierte § 19 **AufenthG 1**

vereinzelt, nicht flächendeckend in einer Branche, einem Beruf oder einer ganzen Wirtschaftsregion auftreten.

Schließlich ist, bevor eine AE erteilt wird, noch **Ermessen** auszuüben. Hier kommen 12 neben den Interessen des Arbeitgebers an der Besetzung der freien Stelle auch das Interesse des Ausl an der Ausübung der Beschäftigung zum Zuge. AuslVertr u. AuslBeh haben in diesem Zusammenhang nicht dieselben Prüfschritte zu unternehmen wie die BA nach § 39 II 1. Die Auswirkungen auf den Arbeitsmarkt u. der Vorrang Dt sowie anderer Bevorrechtigter sind uU bereits bei der Feststellung besonderer Interessen u. einer Ausnahmesituation untersucht worden. Diese Kriterien können aber ebenso in die Ermessenserwägungen einbezogen werden wie der Ausschluss von Diskriminierung u. Dumping bei den konkreten Arbeitsbedingungen.

§ 19 Niederlassungserlaubnis für Hochqualifizierte

(1) ¹Einem hoch qualifizierten Ausländer kann in besonderen Fällen eine Niederlassungserlaubnis erteilt werden, wenn die Bundesagentur für Arbeit nach § 39 zugestimmt hat oder durch Rechtsverordnung nach § 42 oder zwischenstaatliche Vereinbarung bestimmt ist, dass die Niederlassungserlaubnis ohne Zustimmung der Bundesagentur für Arbeit nach § 39 erteilt werden kann und die Annahme gerechtfertigt ist, dass die Integration in die Lebensverhältnisse der Bundesrepublik Deutschland und die Sicherung des Lebensunterhalts ohne staatliche Hilfe gewährleistet sind. ²Die Landesregierung kann bestimmen, dass die Erteilung der Niederlassungserlaubnis nach Satz 1 der Zustimmung der obersten Landesbehörde oder einer von ihr bestimmten Stelle bedarf.

(2) Hoch qualifiziert nach Absatz 1 sind insbesondere

1. **Wissenschaftler mit besonderen fachlichen Kenntnissen,**
2. **Lehrpersonen in herausgehobener Funktion oder wissenschaftliche Mitarbeiter in herausgehobener Funktion oder**
3. **Spezialisten und leitende Angestellte mit besonderer Berufserfahrung, die ein Gehalt in Höhe von mindestens dem Doppelten der Beitragsbemessungsgrenze der gesetzlichen Krankenversicherung erhalten.**

Vorläufige Anwendungshinweise

19 Zu § 19 Niederlassungserlaubnis für Hochqualifizierte

19.1.1 Absatz 1 ermöglicht es, hoch qualifizierten Arbeitskräften, an deren Aufenthalt im Bundesgebiet ein besonderes wirtschaftliches und gesellschaftliches Interesse besteht, von Anfang an einen Daueraufenthaltstitel in Form der Niederlassungserlaubnis zu erteilen. Damit wird den hoch qualifizierten Fachkräften die für ihre Aufenthaltsentscheidung notwendige Planungssicherheit geboten. Die Vorschrift zielt auf Spitzenkräfte der Wirtschaft und Wissenschaft mit einer herausragenden beruflichen Qualifikation. Die Erteilung erfolgt nach Ermessen und ist damit hinreichend flexibel. Die Erteilung der Niederlassungserlaubnis bedarf der Zustimmung der Bundesagentur für Arbeit, soweit nicht nach § 3 BeschV die Erteilung der Niederlassungserlaubnis keiner Zustimmung der Bundesagentur für Arbeit bedarf. Nach § 3 BeschV bedarf die Erteilung der Niederlassungserlaubnis dann nicht der Zustimmung der Bundesagentur für Arbeit, wenn eine Beschäftigung aufgenommen wird, die den Regelbeispielen des Absatzes 2 entspricht.

19.1.2 Die Formulierung, nach der einem hoch qualifizierten Ausländer in besonderen Fällen eine Niederlassungserlaubnis erteilt werden kann, kann nicht dahingehend ausgelegt werden, dass auch die Erteilung einer Aufenthaltserlaubnis möglich ist. Der nach § 19 zu erteilende Aufenthaltstitel ist die Niederlassungserlaubnis. Die Erteilung einer Aufenthaltserlaubnis zum Zweck der Beschäftigung, die nicht die Voraussetzungen des § 19 erfüllt, bestimmt sich ausschließlich nach § 18.

19.1.3 Die Landesregierungen werden mit Satz 2 ermächtigt zu bestimmen, dass die Erteilung der Niederlassungserlaubnis der Zustimmung der obersten Landesbehörde oder einer von ihr bestimmten Stelle bedarf. Damit kann eine dieser Regelung gerecht werdende und einheitliche Entscheidungspraxis herbeigeführt werden.

19.2 Zur besseren Eingrenzung, welche Personen insbesondere als hoch qualifizierte Arbeitskräfte einzuordnen sind, enthält Absatz 2 Regelbeispiele, in denen die Voraussetzungen zur Erteilung der Niederlassungserlaubnis vorliegen. Soweit die beabsichtigte Beschäftigung einem dieser Regelbeispiele entspricht, bedarf die Erteilung der Niederlassungserlaubnis gemäß § 3 BeschV nicht der Zustimmung der Bundesagentur für Arbeit. Für die Beurteilung der Frage, ob die beabsichtigte Beschäftigung der Zustimmung der Bundesagentur für Arbeit bedarf, ist der Katalog der Regelbeispiele als abschließend zu betrachten. Bei Abgrenzungsschwierigkeiten in Einzelfällen kann die Bundesagentur für Arbeit beteiligt werden.

19.2.1 Die besonderen fachlichen Kenntnisse von Wissenschaftlern nach Nummer 1 liegen vor, wenn der Wissenschaftler über eine besonders hohe Qualifikation oder über Kenntnisse in einem speziellen Fachgebiet von überdurchschnittlich hoher Bedeutung verfügt. In Zweifelsfällen soll eine Stellungnahme fachkundiger wissenschaftlicher Einrichtungen oder Organisationen eingeholt werden.

19.2.2 Die herausragende Funktion bei Lehrpersonen nach Nummer 2 ist bei Lehrstuhlinhabern und Institutsdirektoren gegeben. Die herausgehobene Funktion bei wissenschaftlichen Mitarbeitern ist gegeben, wenn sie eigenständig und verantwortlich wissenschaftliche Projekte oder Arbeitsgruppen leiten.

19.2.3 Bei dem Personenkreis nach Nummer 3 ist die Annahme der „Hochqualifikation" durch ihre Berufserfahrung und berufliche Stellung gerechtfertigt. Um eine missbräuchliche Anwendung und Auslegung zu verhindern, wird zusätzlich eine Mindestgehaltsgrenze in der Höhe des Doppelten der Beitragsbemessungsgrenze der gesetzlichen Krankenversicherung gefordert, die regelmäßig ein Indiz für die herausragende berufliche Stellung und Fähigkeit darstellt. Für das Jahr 2005 beträgt die Beitragsbemessungsgrenze der gesetzlichen Krankenversicherung bundeseinheitlich 42 300 EURO. Daraus folgt ein Mindestgehalt von 84 600 EURO im Jahr bzw. 7050 EURO monatlich. Die Beitragsbemessungsgrenze wird jährlich zum Ende des Kalenderjahres an die allgemeine Entwicklung angepasst. Sie findet sich in der Verordnung über maßgebende Rechengrößen der Sozialversicherung, die im Bundesgesetzblatt Teil I veröffentlicht wird.

19.3 Personen, denen eine Niederlassungserlaubnis nach § 19 erteilt wurde, haben keinen Anspruch auf die Teilnahme an einem Integrationskurs. Sie können aber nach § 44 Abs. 4 zur Teilnahme zugelassen werden.

19.4 Der Familiennachzug bestimmt sich nach § 30 Abs. 1 Nr 1 und § 32 Abs. 1 Nr 2.

Übersicht

	Rn
I. Entstehungsgeschichte	1
II. Allgemeines	2
III. Zulassung Hochqualifizierter	4

I. Entstehungsgeschichte

1   Die Vorschrift entspricht im Wesentlichen dem GesEntw (BT-Drs 15/420 S. 11). Aufgrund des Vermittlungsverf wurden in Abs 1 S. 1 die „Sicherung des Lebensunterhalts" eingefügt u. S. 2 angefügt (BT-Drs 15/3479 S. 4).

II. Allgemeines

2   Für Hochqualifizierte ist erstmals eine eigene Vorschrift im Ges aufgenommen. Damit soll das Programm zur Verbesserung der Stellung Deutschlands im „Kampf um die besten Köpfe", das mit der „Green-Card"-Aktion begonnen wurde, in verbesserter Form fortgesetzt werden (vgl BT-Drs 15/402 S. 75). Ein besonderes Interesse der dt Wirtschaft an der Gewinnung **besonders gut qualifizierter Arbeitskräfte** besteht seit langemäß Diese Personen füllen nicht nur eine wichtige Position aus, sondern schaffen damit idR auch die Voraussetzungen für neue Arbeitsplätze. Auch nach Beginn des Anwerbestopps im Herbst 1973 sind aber ständig ganz überwiegend weniger gut qualifizierte Ausl zum Arbeitsmarkt

zugelassen worden. In den Jahren 2001 bis 2003 wurden auf der Grundlage der ASAV im Großen u. Ganzen nur Personen angeworben, die für ihre Beschäftigung keine oder keine besonders qualifizierte Ausbildung benötigten; als Hochqualifizierte konnten nur durchschnittlich 2% bezeichnet werden (Jahresgutachten 2004, S. 129 ff). Ungeachtet des besonderen ökonomischen Interesses an besonders befähigten Arbeitskräften besteht an diesen Personen auch ein gesteigertes staatl u. gesellschaftliches Interesse, das nicht zuletzt aus den demografischen Defiziten in Deutschland erwächst.

Mit dieser Vorschrift werden nicht lediglich die Green-Card-Regelungen (IT-AV u. IT-ArGV) fortgeschrieben, es bestehen vielmehr strukturelle **Unterschiede** in erheblichem Umfang. Der Kreis der Hochqualifizierten ist über einzelne Segmente der IT-Branche hinaus erweitert, u. gleichzeitig ist der Qualifikationsmaßstab verändert. Die Perspektiven sind durch Verleihung eines unbefristeten AufR verbessert. Die Zulassung erfolgt jedoch innerhalb des allg Zulassungssystems u. nur in besonderen Fällen, also nicht ohne weiteres aufgrund des Nachweises einer freien Stelle u. einer speziellen Ausbildung oder eines Jahresgehalts in bestimmter Höhe. Zudem ist auch bei Erfüllung dieser strengen Voraussetzungen noch Ermessen auszuüben. 3

III. Zulassung Hochqualifizierter

Die Zulassung Hochqualifizierter durch Erteilung einer NE erfolgt an sich in dem Zustimmungsverf nach § 39, diese **Zustimmung** ist aber bei neu zuziehenden wie bei bereits in Deutschland lebenden Personen in den Fällen des Abs 2 aufgrund § 3 BeschV u. § 2 BeschVerfV **entbehrlich.** Damit hat der Verordnungsgeber die Prozedur für diese Fälle erheblich vereinfacht, andererseits aber Aufgaben der BA zusätzlich auf AuslVertr u. AuslBeh verlagert (anders noch ohne Kenntnis der späteren RVO BT-Drs 15/420 S. 74). Diese haben nämlich eigenständig auch über die berufliche Qualifikation u. im Rahmen des Ermessens auch über Arbeitsmarktverhältnisse zu befinden. Um einer möglichst großen Einheitlichkeit bei der Anwendung der Vorschrift willen kann die Landesregierung die Zulassung von der Zustimmung der obersten Landesbehörde oder einer von ihr bestimmten Stelle abhängig machen. 4

Außer dem Vorliegen einer der Tatbestände des Abs 2 u. eines besonderen Falls müssen auch die **Grundvoraussetzungen** des § 9 erfüllt sein. Darüber hinaus muss die Eingliederung in die hiesigen Lebensverhältnisse gewährleistet u. der Unterhalt ohne staatl Hilfe (iSd § 2 III) gesichert sein. Hinsichtlich der Integrationserwartungen ist zu beachten, dass ein Anspruch auf Teilnahme an einem Integrationskurs nicht besteht, ausreichende Deutschkenntnisse aber ohnehin verlangt werden (§ 9 II 1 Nr 7). Dazu kommt, dass beruflich Hochqualifizierte erfahrungsgemäß auch außerhalb des Berufs gut zurecht zu kommen verstehen u. meist auch ihre Familienangehörigen solide Grundlagen für eine ordentliche Integration mitbringen. 5

Die drei genannten Gruppen Hochqualifizierter bilden nur **Beispiele,** es handelt sich also um keinen abschließenden Katalog. AuslVertr wie AuslBeh haben also eigenständig zu beurteilen, wer außer den genannten Personen zu der Kategorie der Hochqualifizierten zu rechnen ist. Die drei Personengruppen bilden indes Rahmen u. Eckpunkte für diese Einordnung u. sind auch für die Frage der Zustimmungsfreiheit abschließend (Nr 19.2 S. 3 VAH). AuslVertr u. AuslBeh haben eigenständig über die Eigenschaft anderer Personen als Hochqualifizierte zu entscheiden u. bei positivem Ergebnis ein Zustimmungsverf auf der Grundlage des § 39 einzuleiten. 6

Wissenschaftler verfügen dann über besondere fachliche Kenntnisse, wenn sie überdurchschnittliche Fachkenntnisse besitzen; dies kann auch Erfahrungswissen für die praktische Umsetzung von Wissenschaft sein. Das besondere Niveau kann anhand der Laufbahn oder von erfolgreichen Projekten, Forschungsvorhaben oder Veröffentlichungen fest- 7 gestellt werden, ggf unter Beteiligung von wissenschaftlichen Einrichtungen oder Verbänden.

8 **Lehrpersonen** bekleiden eine herausgehobene Funktion zB als Inhaber eines Lehrstuhls, als Leiter einer Hochschulinstituts oder einer Forschungsinstitution. **Wissenschaftliche Mitarbeiter** sind dann hervorgehoben tätig, wenn sie über die üblichen Aufgaben hinaus zB eigenständig Projekte entwickeln u. durchführen, Arbeitsgruppen leiten oder neue Methoden oder Inhalte für Forschung u. Lehre entwerfen.

9 Spezialisten u. leitende Angestellte mit besonderer Berufserfahrung müssen sich durch die Höhe ihres Gehalts auszeichnen. **Spezialisten** sind Fachleute, die überdurchschnittliche Kenntnisse u. Fähigkeiten auf einem Gebiet besitzen. Bei **leitenden Angestellten** indiziert schon die Funktion ihre besondere Qualifikation. Das Gehalt muss bei beiden Gruppen im Jahre 2005 mindestens 84 600 € betragen, also weit mehr als nach der Green-Card-Regelung (51 000 €).

10 Die Voraussetzung „**in besonderen Fällen**" soll nicht bedeuten, dass im Normalfall eine AE u. nur im Sonderfall eine NE erteilt werden kann. Sie knüpft vielmehr die Erteilung der NE an die Feststellung einer besonderen Situation. Es darf sich also nicht um den Normalfall des Bedarfs an einer hochqualifizierten Arbeitskraft handeln, sondern es müssen bei der zu besetzenden Stelle besondere Umstände vorliegen, die eine Zulassung ausnahmsweise rechtfertigen. Die Möglichkeit der zentralen Steuerung durch die Landesregierung soll eine Einheitlichkeit der Behördenpraxis gewährleisten, könnte aber auch dazu genutzt werden, den Ausnahmecharakter der Vorschrift entweder auszuhöhlen oder auszubauen.

11 Auch Hochqualifizierte sollen nicht losgelöst vom Anwerbestopp eine freie Arbeitsstelle besetzen dürfen. Daher soll mit ihrer Zulassung nicht einem allg Arbeitskräftebedarf auf dieser Qualitätsstufe abgeholfen werden, sondern lediglich in **besonders gelagerten Einzelfällen.** Dies kann zB aufgrund einer besonders langen Vakanz der Stelle, des Fehlens von Ersatzpersonal oder des Angewiesenseins eines Unternehmens auf die Besetzung der Stelle festgestellt werden.

12 **Feststellungen** zum Exklusivcharakter des Falles werden einerseits dadurch erleichtert, dass die Stelle konkret angeboten sein muss, andererseits aber dadurch erschwert, dass die BA infolge der Zustimmungsfreiheit in den Fällen des Abs 2 Fragen der Arbeitsmarktverträglichkeit u. des Angebots an vorrangig berechtigten Bewerbern nicht prüft. Daher kann die BA intern hierzu um Auskunft gebeten werden. Außerhalb von Abs 2 ist ihre formelle Zustimmung erforderlich.

13 Das nach Erfüllung aller sonstigen Erfordernisse auszuübende **Ermessen** ist einerseits an dem Ausnahmecharakter der Vorschrift auszurichten u. muss andererseits das gestiegene öffentl Interesse an ausl Hochqualifizierten beachten. Dabei kann das Arbeitsplatzangebot nicht losgelöst von dem übrigen Arbeitsmarkt betrachtet werden. AuslVertr u. AuslBeh müssen also neben den ihnen ohnehin obliegenden aufr Erwägungen in den Fällen des Abs 2 auch Feststellungen zu der für die angebotene Stelle einschlägigen Arbeitsmarktlage u. zum Angebot vorrangig Berechtigter treffen u. diese in ihre Abwägung einbeziehen. Auch insoweit können sie sich intern der Hilfe durch die BA bedienen.

14 Die **Rechtsfolge** der Zulassung besteht in der Erteilung einer NE. Eine AE kommt nicht in Betracht. Mit dieser von Anfang an verliehenen hervorgehobenen Rechtsstellung ist die Berechtigung zur Ausübung jeder Erwerbstätigkeit verbunden. Der Hochqualifizierte kann also die Stelle wechseln u. sich auch selbständig machen. Der Zuzug seiner Familie richtet sich nach §§ 30 I Nr 1, 32 I Nr 2. Es besteht grundsätzlich ein Anspruch auf Einbürgerung nach einem Aufenthalt von acht Jahren (§ 10 I 1 Nr 2 StAG).

§ 20 (weggefallen)

§ 21 Selbständige Tätigkeit

(1) ¹Einem Ausländer kann eine Aufenthaltserlaubnis zur Ausübung einer selbständigen Tätigkeit erteilt werden, wenn
1. ein übergeordnetes wirtschaftliches Interesse oder ein besonderes regionales Bedürfnis besteht,
2. die Tätigkeit positive Auswirkungen auf die Wirtschaft erwarten lässt und
3. die Finanzierung der Umsetzung durch Eigenkapital oder durch eine Kreditzusage gesichert ist.

²Die Voraussetzungen des Satzes 1 Nr 1 und 2 sind in der Regel gegeben, wenn mindestens 1 Million Euro investiert und zehn Arbeitsplätze geschaffen werden. ³Im Übrigen richtet sich die Beurteilung der Voraussetzungen nach Satz 1 insbesondere nach der Tragfähigkeit der zu Grunde liegenden Geschäftsidee, den unternehmerischen Erfahrungen des Ausländers, der Höhe des Kapitaleinsatzes, den Auswirkungen auf die Beschäftigungs- und Ausbildungssituation und dem Beitrag für Innovation und Forschung. ⁴Bei der Prüfung sind die für den Ort der geplanten Tätigkeit fachkundigen Körperschaften, die zuständigen Gewerbebehörden, die öffentlich-rechtlichen Berufsvertretungen und die für die Berufszulassung zuständigen Behörden zu beteiligen.

(2) Eine Aufenthaltserlaubnis zur Ausübung einer selbständigen Tätigkeit kann auch erteilt werden, wenn völkerrechtliche Vergünstigungen auf der Grundlage der Gegenseitigkeit bestehen.

(3) Ausländer, die älter sind als 45 Jahre, sollen die Aufenthaltserlaubnis nur erhalten, wenn sie über eine angemessene Altersversorgung verfügen.

(4) ¹Die Aufenthaltserlaubnis wird auf längstens drei Jahre befristet. ²Nach drei Jahren kann abweichend von § 9 Abs. 2 eine Niederlassungserlaubnis erteilt werden, wenn der Ausländer die geplante Tätigkeit erfolgreich verwirklicht hat und der Lebensunterhalt gesichert ist.

Vorläufige Anwendungshinweise

21 Zu § 21 Selbständige Erwerbstätigkeit

21.0 Mit § 21 wurde erstmals eine eigenständige Rechtsgrundlage geschaffen, die der Bedeutung des Zuwanderungstatbestandes der selbständigen Erwerbstätigkeit angemessen Rechnung trägt. Mit der Vorschrift soll insbesondere die dauerhafte Investition ausländischer Unternehmer mit einer tragfähigen Geschäftsidee und gesicherter Finanzierung im Bundesgebiet erleichtert werden.
21.0.1 § 21 findet keine Anwendung auf die Fälle, in denen bereits von Gesetzes wegen die Ausübung einer Erwerbstätigkeit und damit auch eine selbständige Tätigkeit (Nummer 2.2) gestattet ist, also in den Fällen der Nummern 18.2.2.1 bis 18.2.2.8 und des § 24 Abs. 6.
21.0.2 Eine Beteiligung der Kammern und sonstigen Stellen findet in diesen Fällen nicht statt.
21.0.3 Zur Lösung von Abgrenzungsproblemen zwischen selbständiger Erwerbstätigkeit und Beschäftigung im Einzelfall kann die Agentur für Arbeit beteiligt werden.
21.1 Es handelt sich um eine Ermessensnorm, die gleichermaßen für Ausländer gilt, die im Ausland bereits ein Unternehmen betreiben und nach Deutschland übersiedeln wollen, wie auch für Existenzgründer, die aus dem Ausland zu diesem Zweck einreisen wollen oder sich bereits mit einem Aufenthaltstitel in Deutschland aufhalten (Ausnahmen in Nummer 21.0.1 und bei Ausschluss des Zweckwechsels). Begünstigt sind nicht nur Unternehmensgründer oder Einzelunternehmer, sondern auch Geschäftsführer und gesetzliche Vertreter von Personen- und Kapitalgesellschaften.
21.1.1 Die Erteilungsnorm des Satzes 1 ist als Ermessensnorm grundsätzlich flexibel ausgestaltet. Eine Aufenthaltserlaubnis zur Ausübung einer selbständigen Erwerbstätigkeit kann danach erteilt werden, wenn
21.1.1.1 – ein übergeordnetes wirtschaftliches Interesse oder
21.1.1.2 – ein besonderes regionales Bedürfnis besteht und
21.1.1.3 – die Tätigkeit positive Auswirkungen auf die Wirtschaft erwarten lässt und
21.1.1.4 – die Finanzierung der Umsetzung durch Eigenkapital oder durch eine Kreditzusage gesichert ist.

21.1.2 Als Regelannahme für ein übergeordnetes wirtschaftliches Interesse oder besonderes regionales Bedürfnis gilt die Investition von mindestens 1 Million Euro verbunden mit der Schaffung von mindestens zehn Vollzeitarbeitsplätzen. Diese Regelannahme entbindet die Ausländerbehörde nicht von dem Beteiligungserfordernis nach Satz 4.
21.1.3 Satz 3 legt für die Beurteilung der zu treffenden Prognoseentscheidung verschiedene Kriterien fest, die als Regelbeispiele nicht abschließend sind. Regelmäßig zu berücksichtigen sind
21.1.3.1 – die Tragfähigkeit der zugrunde liegenden Geschäftsidee,
21.1.3.2 – die unternehmerischen Erfahrungen des Ausländers,
21.1.3.3 – die Höhe des Kapitaleinsatzes,
21.1.3.4 – die Auswirkungen auf die Ausbildungs- und Beschäftigungssituation und
21.1.3.5 – der Beitrag für Innovation und Forschung.
21.1.4 Zur Beurteilung der Tatbestandvoraussetzungen hat die Ausländerbehörde entsprechend der bisherigen Praxis nach Satz 4 die regionalen Gewerbebehörden, die öffentlich-rechtlichen Berufsvertretungen, die Industrie- und Handelskammer oder Handwerkskammer sowie im Bedarfsfall auch die für die Berufszulassung zuständigen Behörden zu beteiligen. Die Beteiligung der Gewerbebehörde ersetzt dabei nicht die Anzeigepflicht nach § 14 GewO.
21.2 Als Ausnahme von den Voraussetzungen des Absatzes 1 trägt Absatz 2 den besonderen völkerrechtlichen Vereinbarungen Rechnung.
21.2.1 Dies sind insbesondere die Europaabkommen der Europäischen Union mit den Mittel- und Osteuropäischen Staaten (Bulgarien und Rumänien). Die Mitgliedstaaten der EU gewähren für die Niederlassung von Gesellschaften und Staatsangehörigen dieser Staaten eine Behandlung, die nicht weniger günstig ist als die Behandlung ihrer eigenen Gesellschaften und Staatsangehörigen. Sie unterliegen damit nur noch berufs- oder gewerberechtlichen Beschränkungen. Die Regelung findet sich in Artikel 45 des jeweiligen Abkommens. Die entsprechenden Artikel der Assoziierungsabkommen sind dahin auszulegen, dass der in diesen Bestimmungen verwendete Begriff „selbständige Erwerbstätigkeiten" die gleiche Bedeutung und Tragweite hat wie der Begriff selbständige Erwerbstätigkeiten in Artikel 52 EG-Vertrag (nach Änderung jetzt Artikel 43 EG). Zur Rechtsprechung des Europäischen Gerichtshofes wird auf das Schreiben des Bundesministeriums des Innern an die Innenministerien der Länder vom 8. Mai 2002, Az.: A 2–125 210–1/4 verwiesen.
21.2.2 Weitere zu berücksichtigende völkerrechtliche Vereinbarungen sind die bestehenden Freundschafts-, Handels- und Niederlassungsverträge mit Meistbegünstigungs- oder Wohlwollensklauseln mit folgenden Staaten:

Dominikanische Republik	Freundschafts-, Handels- und Schifffahrtsvertrag vom 23. Dezember 1957 (BGBl. 1959 II S. 1468); Artikel 2 Abs. 1 (Wohlwollensklausel)
Indonesien	Handelsabkommen vom 22. April 1953 nebst Briefwechsel (BAnz. Nr 163); Briefe Nr 7 und 8 (Meistbegünstigungsklausel); die Meistbegünstigung bezieht sich nur auf Aktivitäten, deren Zweck die Förderung des Handels zwischen den Vertragsstaaten ist
Iran	Niederlassungsabkommen vom 17. Februar 1929 (RGBl. 1930 II S. 1002); Artikel 1 (Meistbegünstigungsklausel)
Japan	Handels- und Schifffahrtsvertrag vom 20. Juli 1927 (RGBl. II S. 1087), Artikel 1 Abs. 2 Nr 1 (Meistbegünstigungsklausel)
Philippinen	Übereinkunft über den Einwanderungs- und Visafragen vom 3. März 1964 (BAnz. Nr 89), Nr 1, 2 und 4 (Wohlwollensklausel)
Sri Lanka	Protokoll über den Handel betreffende allgemeine Fragen vom 22. November 1972 (BGBl. 1955 II S. 189); Artikel 1 (Meistbegünstigungsklausel)
Schweiz	Niederlassungsvertrag v. 13. 11. 1909 (RGBl. 1911, S. 887) sowie die Niederschrift v. 19. 12. 1953 (GMBl. 1959, S. 22) i. d. F. des Notenwechsels v. 30. 4. 1991 (GMBl. 1991, S. 595)
Türkei	Niederlassungsabkommen vom 12. Januar 1927 (RGBl. II S. 76; BGBl. 1952 S. 608), Artikel 2 Sätze 3 und 4 (Meistbegünstigungsklausel)
Vereinigte Staaten von Amerika	Freundschafts-, Handels- und Schifffahrtsvertrag vom 29. Oktober 1954 (BGBl. II S. 487), Artikel II Abs. 1(Meistbegünstigungsklausel)

21.3 Absatz 3 verlangt bei Personen über 45 Jahren im öffentlichen Interesse eine angemessene Alterssicherung. Als Ausgangspunkt für die Ermittlung der untersten Grenze einer angemessenen Alterssicherung kann die Regelaltersrente herangezogen werden. Absatz 3 findet keine Anwendung auf Personen nach Nummer 21.2.1.
21.4 Die Zuwanderung Selbständiger ist grundsätzlich auf Dauer angelegt. Dennoch erhalten Selbständige die Niederlassungserlaubnis nicht sofort, sondern erst nach drei Jahren, da die Niederlassungserlaubnis auch zur Aufnahme einer unselbständigen Tätigkeit berechtigen würde. Nach drei Jahren kann abweichend von § 9 Abs. 2 die Niederlassungserlaubnis erteilt werden, wenn der Ausländer seine Geschäftsidee erfolgreich verwirklicht hat und der Lebensunterhalt weiterhin gesichert ist. Die Sicherung des Lebensunterhalts ist auch für Personen nach Nummer 21.2.1 Voraussetzung für die Erteilung der Niederlassungserlaubnis. Zur Beurteilung, ob der Ausländer die geplante Tätigkeit erfolgreich verwirklicht hat, sind die in Absatz 1 genannten Behörden erneut zu beteiligen.
21.5 Selbständige sind zur Teilnahme an einem Integrationskurs berechtigt (§ 44 Abs. 1 Nr 1. a) und verpflichtet, daran teilzunehmen, wenn sie sich nicht auf einfache Art in deutscher Sprache mündlich verständigen können (§ 44 a Abs. 1).
21.6 Der Familiennachzug bestimmt sich nach § 30 und § 32.

Übersicht

	Rn
I. Entstehungsgeschichte	1
II. Allgemeines	2
III. Zulassung Selbständiger	4
1. Allgemeines	4
2. Personenkreis	5
3. Investitionen, Arbeitsplätze und Finanzierung sowie Altersvorsorge	8
4. Völkerrechtliche Privilegierungen	14
5. Rechtsstatus	17
IV. Verwaltungsverfahren und Rechtsschutz	19

I. Entstehungsgeschichte

Die Vorschrift entspricht im Wesentlichen dem **GesEntw** (BT-Drs 15/420 S. 12). Auf- 1
grund des Vermittlungsverf wurden in Abs 1 die S. 1 u. 2 neu gefasst u. Abs 4 S. 2 von einer Ist- in eine Kann-Bestimmung geändert (BT-Drs 15/3479 S. 4).

II. Allgemeines

Mit dieser Vorschrift wurde erstmals eine **eigenständige Grundlage** für die Zulassung 2
ausl Selbständiger geschaffen. Nach früherem Recht konnte ihnen eine AufErl aufgrund der Bestimmungen der §§ 7, 15 AuslG nach Ermessen verliehen werden, das nur durch VwV gesteuert werden konnte (vgl Nr 15.0.2.1 AuslG-VwV; zum AuslG 1965 vgl BVerwG, EZAR 100 Nr 5 bis 9, 103 Nr 8, 9). Daneben u. zT vorrangig u. seit längerer Zeit galten bilaterale Abk mit mehreren Staaten u. vor allem die Europa-Abk mit mittel- u. osteuropäischen Staaten (MOE-Abk), die zT auch künftig fortbestehen (Vorbem Rn 26).

Die besondere Erwähnung Selbständiger beruht vor allem auf deren Privilegierung durch 3
die erwähnten Abk, aber auch auf den **Empfehlungen** der Zuwanderungskommission aus dem Jahre 2001. Diese hatte auf den Trend zu mehr Selbständigkeit aufmerksam gemacht u. empfohlen, die Zuwanderung von Existenzgründern ua durch Verleihung eines Daueraufenthaltsrechts zu fördern u. zu erleichtern (Zuwanderungsbericht 2001, S. 47 f, 97 f). Der Zuwanderungsrat hat diese Empfehlungen bekräftigt u. auf die steigende Zahl von Selbständigen hingewiesen (Jahresgutachten 2004, S. 187 f)

III. Zulassung Selbständiger

1. Allgemeines

4 Der aufr Zulassung von Ausl zur Ausübung einer selbständigen Erwerbstätigkeit bedarf es nicht, wenn diese bereits **von Ges wegen erlaubt** ist. Dabei wirkt es sich aus, dass das Ges nunmehr die Erwerbstätigkeit in vollem Umfang in das aufr Zulassungssystem einbezieht u. die Zulassung zT selbst vornimmt. Mit der Berechtigung zur Erwerbstätigkeit ist die zur Tätigkeit als Selbständiger verbunden, nämlich nach §§ 9 I, 22, 25 I u. 2, 28 V, 29 V, 31 I, 37 I, 38 IV. In diesen Fällen erübrigt sich eine behördliche Entscheidung. Die Berechtigung kann auch nicht durch Auflagen oder in sonstiger Weise beschränkt werden.

2. Personenkreis

5 Der **Personenkreis** ist in Abgrenzung zu den nichtselbständig Beschäftigten zu bestimmen. Der Begriff des Selbständigen ist in § 2 ebenso wenig definiert wie der des Arbeitnehmers. Beide Begriffe sind daher eigenständig gegen einander abzugrenzen (dazu § 2 Rn 8 ff; zu Art 6 ARB 1/80 vgl § 4 Rn 89 ff). Angesichts der verhältnismäßig strikten Durchsetzung des Anwerbestopps ist darauf Bedacht zu nehmen, dass nicht die Beschränkungen für Arbeitnehmer durch die Konstruktion einer selbständigen Tätigkeit umgangen werden („Scheinselbständige"). Selbständige Erwerbstätigkeit ist im Unterschied zur Arbeitnehmertätigkeit geprägt durch eine unabhängige Stellung gegenüber den Auftraggebern, eine selbständige Organisation im Betrieb u. im Verhältnis zu den Kunden sowie durch Eigenverantwortlichkeit hinsichtlich der Tätigkeit u. deren Ergebnissen. Auch Unternehmer unterliegen vertraglichen Verpflichtungen u. sind deshalb hinsichtlich der Auftragsausführung u. vor allem des Ergebnisses an Weisungen des Auftraggebers gebunden, sie sind aber nicht in deren Betriebsorganisation eingegliedert u. an deren Direktiven bei Zeiteinteilung u. allen Arbeitsabläufen gebunden.

6 Eine selbständige Erwerbstätigkeit kann daher idR **nicht anerkannt** werden, wenn der Ausl mehr oder weniger ausnahmslos für nur einen Auftraggeber tätig oder derart stark in den gesamten Arbeitsablauf eingegliedert ist, dass ihm nicht mehr Freiheiten verbleiben als einem Arbeitnehmer. Gegen Selbständigkeit kann das Fehlen von eigenen Arbeitnehmern sprechen, obgleich der Einzelunternehmer ohne Arbeitskräfte im Handel wie im Handwerk nicht selten anzutreffen ist. Die Nichtabführung von Lohnsteuer u. Sozialversicherungsbeiträgen besagt wenig über die Eigenschaft als Selbständiger oder Arbeitnehmer aus, weil sie gerade Teil einer Verschleierungstaktik sein kann.

7 Begünstigt sind nicht nur **Einzelunternehmer,** sondern auch ges Vertreter u. Geschäftsführer von Personen- u. Kapitalgesellschaften. Geschäftsführende Gesellschafter können aber nur dann als Selbständige angesehen werden, wenn sie tatsächlich Leitungsfunktionen wahrzunehmen haben. Daran fehlt es, wenn sie alle anfallenden Arbeiten selbst erledigen, ohne eigene Arbeitnehmer einzusetzen (VG Köln, EZAR 029 Nr 26). Eine Umgehung stellt es auch dar, wenn der Ausl in den Mantel einer von ihm beherrschten GmbH schlüpft (BVerwG, EZAR 103 Nr 2).

3. Investitionen, Arbeitsplätze und Finanzierung sowie Altersvorsorge

8 Die Zulassung zur selbständigen Erwerbstätigkeit nach Ermessen ist nur bei Erfüllung von drei grundlegenden **Voraussetzungen** möglich: (1) übergeordnetes wirtschaftliches Bedürfnis oder besonderes regionales Bedürfnis, (2) Aussicht auf positive Auswirkungen auf die Wirtschaft u. (3) gesicherte Finanzierung. Diese Anforderungen gelten kumulativ. Das Regelbeispiel mit Investitionssumme u. Arbeitsplätzen ersetzt die Prüfung der ersten beiden Voraussetzungen, weil der Gesetzgeber sie in diesem Fall ohne weiteres als erfüllt ansieht. Die in Abs 1 S. 4 genannten örtlichen Stellen sind dennoch zu beteiligen. Rechtstatsächlich

ist dazu anzumerken, dass die Investition von mindestens 1 Mio Euro u. die Schaffung von mindestens zehn Arbeitsplätzen nicht diejenigen Bereiche in Handel u. Handwerk abbildet, die in den letzten Jahrzehnten von Zuwanderern für Betriebsgründungen erfolgreich genutzt worden sind (dazu zB Sen, Türkische Selbständige in Nordrhein-Westfalen, 2000). Im Gegenteil: Diese Größenordnung ist in der Wirklichkeit eher die **seltene Ausnahme**.

Daher bleibt die Frage nach der Auslegung der beiden Kriterien „besonderes Bedürfnis" u. „Förderung der Wirtschaft" im Verhältnis zu dem ges Beispiel. Einerseits soll das **Beispiel** weder abschließend wirken noch Mindest- oder Durchschnittsanforderungen demonstrieren. Andererseits prägen die beiden Mindestwerte das Bild des Selbständigen, der nach den Vorstellungen des Gesetzgebers in idealer Weise ein wirtschaftliches oder regionales Bedürfnis erfüllt u. dessen Einsatz sich wirtschaftlich positiv auswirkt. Mit diesem hohen Niveau markiert der Gesetzgeber nicht nur seine Idealvorstellungen, sondern lässt auch deutlich erkennen, dass nicht jedes förderungswürdige Vorhaben die Zuwanderung von Selbständigen rechtfertigen kann. Erwünscht sind nur Betriebe u. Unternehmen, die durch Investitionen u. zusätzliche Arbeitsplätze ein übergeordnetes Interesse befriedigen u. darüber hinaus der dt Wirtschaft in besonderer Weise nützen. Vorteilhafte Auswirkungen auf die Versorgung der Bevölkerung allein genügen nicht. Bestätigt wird dies durch die beispielhaften Beurteilungskriterien des Abs 1 S. 3.

Dort sind ohne Anspruch auf Vollständigkeit die wichtigsten Prüfkriterien für eine zuverlässige **Prognose** des erwarteten Erfolgs aufgeführt: Geschäftsidee, unternehmerische Erfahrungen, Höhe des Kapitaleinsatzes, Auswirkungen auf Beschäftigung u. Ausbildung, Beitrag für Innovation u. Forschung. Damit werden nicht nur unverzichtbare Beurteilungsgrundlagen, sondern auch zusätzliche Indikatoren benannt, die der Gesetzgeber neben Kapitaleinsatz u. Arbeitsplätzen für wichtig erachtet. Nur wenn zumindest ein großer Teil dieses Gesamtpakets wirtschaftlicher Zielsetzungen verwirklicht werden kann, sind die Voraussetzungen des Abs 1 S. 1 erfüllt.

Nach alledem können **Vorhaben** von Selbständigen nur dann anerkannt werden, wenn sie in ähnlicher Weise wie das Regelbeispiel, wenn auch nicht in diesem Umfang den Grundanforderungen an Investitionen u. neue Arbeitsplätze sowie gesamtwirtschaftliche Auswirkungen gerecht werden. Daher kann ohne weiteres die Untererfüllung der Investitionssumme durch ein Mehrangebot an Arbeits- oder Ausbildungsplätzen ausgeglichen werden oder umgekehrt. Bei beiden Indikatoren können aber auch jew geringere Werte genügen, wenn mit ihnen die verlangten positiven Wirkungen erzielt werden. Es bedürfte jedoch eines besonders schlüssigen u. überzeugenden Nachweises, dass zB mit einer Investition von 50 000 Euro u. der Einrichtung von fünf Teilzeitstellen zumindest ein besonderes regionales Bedürfnis befriedigt u. (kumulativ) günstige Wirkungen auf die Wirtschaft erzielt werden können. Danach können zB Änderungsschneidereien u. Döner-Verkaufsstellen den ges Anforderungen kaum gerecht werden, obwohl sie die Bevölkerung mit wichtigen Dienstleistungen u. Waren versorgen u. so die Infrastruktur von Wohngebieten bereichern.

Die **Finanzierung** muss durch Eigenkapital oder solide Kreditzusagen gesichert sein. Eigenes wie geliehenes Kapital muss für den beabsichtigten Einsatz in der erforderlichen Höhe u. rechtzeitig zur Verfügung stehen. Die positiven Auswirkungen brauchen erst in absehbarer Zeit einzutreten. Die finanziellen Grundlagen müssen aber schon zu Beginn vorhanden sein.

Bei einem Alter über 45 Jahren soll der Bewerber eine angemessene **Alterversorgung** nachweisen. Dieses Erfordernis beruht auf dem öffentl Interesse daran, dass der Unternehmer nicht der öffentl Hand zur Last fallen soll, wenn er die reguläre Altersgrenze von 65 Jahren erreicht. Für einen Selbständigen angemessen kann am ehesten eine durchschnittliche Erwerbstätigenrente angesehen werden, keineswegs aber der Sozialhilferegelsatz. Da ein Selbständiger über Anwartschaften in der ges Rentenversicherung meist nicht verfügt, müssen andere Arten der Altersvorsorge wie Immobilien, Aktien, Sparvermögen nachgewiesen werden, die mit ihren Erträgen u. notfalls dem Bestand die Versorgung im Alter sicherstellen können. Als letzte Möglichkeit bleibt noch das Unternehmen selbst mit seinen Erträgen u. hilfsweise der Substanz.

1 AufenthG § 21   1. Teil. Aufenthaltsgesetz

4. Völkerrechtliche Privilegierungen

14   Die StAng mehrerer Staaten, mit denen die BR Deutschland (oder das Dt Reich) vr Vereinbarungen mit Meistbegünstigungs- oder Wohlwollensklauseln zugunsten der Niederlassung von Selbständigen geschlossen hat, sind in unterschiedlicher Weise **privilegiert** (s. die Aufstellung in Nr 21.2.2 VAH).

15   Hinzu kommen die StAng derjenigen **MOE-Staaten,** die noch nicht der EU beigetreten sind (Rn 2). Die mit diesen Staaten geschlossenen Europa-Abk sind Teil des Gemeinschaftsrechts u. genießen aus diesem Grunde Vorrang, nicht als vr iSd Abs 2. Der Zugang zur selbständigen Erwerbstätigkeit steht Bewerbern aus diesen Staaten grundsätzlich offen. Arbeitnehmern stehen keine Rechte auf Zugang zum Arbeitsmarkt zu, sie können sich aber auf das vereinbarte Diskriminierungsverbot berufen (betr Ausländerklausel bei slowakischem Handballer EuGH, EZAR 816 Nr 13; betr befristete Arbeitsverträge für polnische Fremdsprachenlektoren EuGH, EZAR 816 Nr 11; betr Art 23 I AbK EU/Russland EuGH, EZAR NF 19 Nr 8).

16   Die einschlägigen Vertragsbestimmungen über die **selbständige Erwerbstätigkeit** sind so konkret, dass sie unmittelbar verbindlich wirken (ua EuGH, EZAR 816 Nr 8 u. 10). Der Begriff der „selbständigen Erwerbstätigkeit" in diesen Verträgen ist genauso auszulegen wie in Art 43 EG (betr polnische u. tschechische Prostituierte EuGH, EZAR 816 Nr 10). Der Zugang von Selbständigen darf von den Vertragsstaaten in der Weise **reguliert** werden, dass der Bewerber seine wirkliche Absicht der Aufnahme einer selbständigen Tätigkeit, vernünftige Erfolgsaussichten u. ausreichende Existenzmittel nachweist, damit er nicht auf eine nichtselbständige Tätigkeit oder öffentl Mittel zurückgreifen muss (betr polnischen Bauunternehmer EuGH, EZAR 816 Nr 8; betr tschechischen Gärtner EuGH, EZAR 816 Nr 9). Hat der Bewerber falsche Angaben gemacht u. gegen eine ausdrückliche Befristung verstoßen, kann von ihm die Nachholung eines Visumverf verlangt werden (EuGH aaO). Die Mitgliedstaaten dürfen die Einreise von der vorhergehenden Erteilung einer vorläufigen Genehmigung durch die AuslVertr abhängig machen; dieses Verf muss aber leicht zugänglich sein, eine objektive Bearbeitung in angemessener Frist ermöglichen u. gerichtlicher Kontrolle unterworfen sein (EuGH, EZAR NF 19 Nr 2).

5. Rechtsstatus

17   Die **Rechtsfolge** der Zulassung als Selbständiger besteht zunächst in der Erteilung einer AE für drei Jahre u. anschließend einer NE ohne die in § 9 II verlangten Voraussetzungen. Für die NE ist nur verlangt, dass die Erwerbstätigkeit Erfolg hatte u. der Lebensunterhalt gesichert ist. Die erfolgreiche Verwirklichung der Geschäftsidee kann am besten mit Hilfe der Stellen beurteilt werden, die bereits bei der Betriebsgründung gehört wurden. Als Erfolg ist es auch anzusehen, wenn nicht alle Pläne verwirklicht werden konnten. Die bei Beginn maßgeblichen Kriterien müssen aber im Wesentlichen weiter gegeben sein.

18   Der Selbständige kann an einem **Integrationskurs** teilnehmen (§ 44 I Nr 1 a), ist aber dazu nur dann verpflichtet, wenn er sich nicht auf einfache Art in Deutsch mündlich verständigen kann (§ 44 a I). Der Zuzug seiner Familie richtet sich nach §§ 30 I Nr 1, 32 I Nr 2.

IV. Verwaltungsverfahren und Rechtsschutz

19   Das **Verwaltungsverf** vor AuslVertr oder AuslBeh wird ohne formelle Mitwirkung der BA geführt. Diese kann jedoch zB bei der Abgrenzung zwischen selbständiger u. nichtselbständiger Erwerbstätigkeit im Wege der Amtshilfe zu Rate gezogen werden. Die in Abs 1 S. 4 genannten Stellen sind vor Erteilung der AE u. der NE zu hören. Gegen die Versagung der AE für Selbständige sind dieselben **Rechtsbehelfe** zulässig wie bei Ablehnung einer AE oder deren Verlängerung für abhängig Beschäftigte (dazu § 5 Rn 76).

Abschnitt 5.
Aufenthalt aus völkerrechtlichen, humanitären oder politischen Gründen

§ 22 Aufnahme aus dem Ausland

¹Einem Ausländer kann für die Aufnahme aus dem Ausland aus völkerrechtlichen oder dringenden humanitären Gründen eine Aufenthaltserlaubnis erteilt werden. ²Eine Aufenthaltserlaubnis ist zu erteilen, wenn das Bundesministerium des Innern oder die von ihm bestimmte Stelle zur Wahrung politischer Interessen der Bundesrepublik Deutschland die Aufnahme erklärt hat. ³Im Falle des Satzes 2 berechtigt die Aufenthaltserlaubnis zur Ausübung einer Erwerbstätigkeit.

Vorläufige Anwendungshinweise
22 Zu § 22 Aufnahme aus dem Ausland

22.0 Allgemeines
Die bisherige Differenzierung zwischen „dringenden humanitären Gründen" in § 30 Abs. 1 AuslG und „humanitären Gründen" in § 33 AuslG wird aufgegeben, es wird nur auf die „dringenden humanitären Gründe" abgestellt. Die allgemeinen Regelungen für Einreise und Aufenthalt sind zu beachten, d. h. insbesondere § 5 sowie § 11 Abs. 1.
22.0.1 Zweckbindung
22.0.1.1 Für die Erteilung einer Aufenthaltserlaubnis nach § 22 Satz 1 sind folgende Gründe maßgebend:
– Völkerrechtliche Gründe, nicht jedoch vertragliche Verpflichtungen aus einem zwischenstaatlichen Übernahmeabkommen,
– dringende humanitäre Gründe (z. B. humanitäre Hilfeleistungen in einer Notsituation).
22.0.1.2 Für die Erteilung einer Aufenthaltserlaubnis nach § 22 Satz 2 ist ausschließlich der folgende Grund maßgeblich:
– Wahrung politischer Interessen der Bundesrepublik Deutschland (innen- und außenpolitische Interessen), über deren Vorliegen das Bundesministerium des Innern oder die von ihm bestimmte Stelle entscheidet.
22.0.1.3 Die Erteilung einer Aufenthaltsbefugnis kommt nur dann in Betracht, wenn ein Aufenthaltsgrund oder -zweck für die Erteilung einer anderen Aufenthaltserlaubnis nicht vorliegt. Entfällt der für die Erteilung einer Aufenthaltserlaubnis maßgebliche Grund, darf sie nicht verlängert werden.
22.0.1.4 Ausländern, die eine Aufenthaltserlaubnis nach § 22 besitzen, kann nur unter den Voraussetzungen des § 26 eine rechtliche Verfestigung nach einer bestimmten Dauer des rechtmäßigen Aufenthalts im Bundesgebiet eingeräumt werden.
22.0.1.5 Die Zweckbindung gemäß § 22 Satz 1 schließt es aus, dass eine Aufenthaltserlaubnis zu Erwerbszwecken erteilt wird. Ausländern mit Aufenthaltserlaubnis kann grundsätzlich eine Beschäftigung erlaubt werden, wenn die Bundesagentur für Arbeit zustimmt. Die Ausübung einer selbständigen Erwerbstätigkeit ist regelmäßig durch Auflage zu untersagen, da sie ungeachtet des Ergebnisses einer Bedürfnisprüfung mit der Zweckbindung der Aufenthaltserlaubnis nach § 22, insbesondere ihrer vorübergehenden Natur, unvereinbar ist.
22.0.1.6 Eine nach § 22 Satz 2 erteilte Aufenthaltserlaubnis berechtigt kraft Gesetzes zur Ausübung einer Erwerbstätigkeit (§ 22 Satz 3).
22.1 Erteilung
22.1.1 § 22 betrifft ausschließlich Ausländer, die sich im Zeitpunkt der ersten Entscheidung über die Erteilung einer Aufenthaltserlaubnis noch nicht im Bundesgebiet aufhalten und denen ein anderweitiges Einreiserecht nicht eingeräumt ist. § 22 findet daher auf Ausländer, die von der Visumpflicht allgemein befreit sind, nur dann Anwendung, wenn diese bei der deutschen Auslandsvertretung ein Visum beantragen. Bei einem Ausländer, dessen Asylantrag unanfechtbar abgelehnt worden ist oder der seinen Asylantrag zurückgenommen hat, ist § 11 zu beachten.

1 AufenthG § 22   1. Teil. Aufenthaltsgesetz

22.1.2 Vor der Entscheidung der deutschen Auslandsvertretung über den Antrag auf Erteilung einer Aufenthaltserlaubnis nach § 22 wirkt die Ausländerbehörde im Visumverfahren gemäß § 31 Abs. 1 AufenthV mit. Für die Verlängerung der nach § 22 erteilten Aufenthaltserlaubnis ist die Ausländerbehörde zuständig. Liegen konkrete Anhaltspunkte dafür vor, dass die für die Erteilung eines Visums maßgebenden Gründe entfallen sind, hat sie vor der Verlängerung der Aufenthaltserlaubnis eine entsprechende Auskunft bei der deutschen Auslandsvertretung einzuholen.

22.1.3 Die Ausländerbehörde hat nicht in jedem Visumverfahren von Amts wegen zu prüfen, ob die Erteilung einer Aufenthaltserlaubnis gemäß § 22 Satz 1 durch eine deutsche Auslandsvertretung möglich ist, wenn der Ausländer eine andere Aufenthaltserlaubnis beantragt hat. Ein Zustimmungserfordernis für die Erteilung einer Aufenthaltserlaubnis besteht nur in Fällen, in denen die Auslandsvertretung ausdrücklich um eine entsprechende Zustimmung gebeten hat. Die für eine entsprechende Entscheidung zuständige deutsche Auslandsvertretung hat die dringenden humanitären oder völkerrechtlichen Gründe darzulegen, die nach ihrer Auffassung für das Vorliegen der Erteilungsvoraussetzungen sprechen. Soweit die dringenden humanitären Gründe auf Umständen im Bundesgebiet beruhen, obliegt deren Nachprüfung der Ausländerbehörde, die die für die Entscheidung erforderlichen Nachweise vom Ausländer verlangen kann.

22.1.4 § 22 ist anwendbar, wenn die Erteilung einer anderen Aufenthaltserlaubnis ausgeschlossen ist.

22.1.5 Aus § 22 Satz 1 lässt sich kein Rechtsanspruch auf Erteilung einer Aufenthaltserlaubnis herleiten. In die Ermessenserwägungen sind auch die Erteilungsvoraussetzungen des § 5 Abs. 1 und 2 i. V. m. Abs. 3 einzubeziehen. Im Allgemeinen kommt den Erteilungsgründen ein besonderes Gewicht zu, insbesondere in den Fällen, in denen die wirtschaftliche Unterstützungsbedürftigkeit des Ausländers als Versagungsgrund zu berücksichtigen ist. In Fällen des § 5 Abs. 4 ist keine Aufenthaltserlaubnis zu erteilen.

22.1.6 Der Umstand, dass der Ausländer im Bundesgebiet arbeiten will, und die Gründe, auf denen dieses Begehren beruht (z. B. die Unmöglichkeit, im Ausland eine zur Bestreitung des Lebensunterhalts erforderliche Arbeit zu finden), sind keine dringenden humanitären Gründe i. S. des § 22 Satz 1. Im Anwendungsbereich dieser Vorschrift kann auch der Hinweis auf die allgemeinen Verhältnisse im Heimatstaat nicht als dringender humanitärer Grund eingestuft werden.

22.1.7 Die §§ 10 und 11 finden Anwendung.

22.2 Erklärung der Aufnahme durch das Bundesministerium des Innern

22.2.0 Vom Bundesministerium des Innern in das Bundesgebiet übernommene Ausländer haben einen Rechtsanspruch auf Erteilung einer Aufenthaltserlaubnis nach § 22 Satz 2.

22.2.1 Die Ausländerbehörde hat bei der Anwendung des § 22 Satz 2 nur zu prüfen,

22.2.1.1 – ob der Ausländer aufgrund einer Übernahmeerklärung des Bundesministeriums des Innern eingereist ist und

22.2.1.2 – ob die Passpflicht nach § 5 Abs. 1 iVm § 3 erfüllt ist, die Erteilungsvoraussetzungen des § 5 Abs. 1 Nr 1 a vorliegen und ob ein Einreiseverbot gemäß § 11 Abs. 1 besteht.

22.2.2 Von den Voraussetzungen des § 5 kann nach Maßgabe des § 5 Abs. 3 abgesehen werden. Hinsichtlich der Ausstellung eines Reisedokuments vor der Einreise finden die §§ 5 und 7 AufenthV Anwendung.

22.2.3 Satz 2 verpflichtet die zuständige Ausländerbehörde ohne die Möglichkeit einer eigenen Prüfung zur Erteilung einer Aufenthaltserlaubnis, wenn das Bundesministerium des Innern oder die von ihm bestimmte Stelle die Aufnahme zur Wahrung politischer Interessen der Bundesrepublik Deutschland erklärt hat. Die Entscheidung über das Vorliegen politischer Interessen dient vor allem der Wahrung des außenpolitischen Handlungsspielraums und ist deshalb ausschließlich dem Bund vorbehalten.

22.2.4 Das Bundesministerium des Innern teilt der Ausländerbehörde den Übernahmegrund mit. Sofern sich diese Mitteilung nicht in der Ausländerakte befindet, fragt die Ausländerbehörde über die oberste Landesbehörde beim Bundesministerium des Innern an.

22.2.5 Will die Ausländerbehörde gegen einen im Einzelfall übernommenen Ausländer ausländerrechtliche Maßnahmen ergreifen, so hat sie der obersten Landesbehörde zu berichten.

22.3 Verfahren

22.3.1 Die Übernahme von Ausländern findet grundsätzlich im Visumverfahren statt und setzt zwingend voraus, dass der Ausländer noch nicht eingereist ist. Die zuständige deutsche Auslandsvertretung hat zu prüfen, ob Gründe oder ein Interesse des Bundes für eine Übernahme in das Bundesgebiet vorliegen. Im Falle der Einholung der Übernahmeerklärung beim Bundesministerium des Innern ist das Ergebnis der Prüfung mitzuteilen. Die Entscheidung erfolgt ungeachtet dessen, ob in einem früheren Visumverfahren die Zustimmung der Ausländerbehörde verweigert wurde.

Aufnahme aus dem Ausland § 22 **AufenthG 1**

22.3.2 Die deutsche Auslandsvertretung nimmt mit dem Bundesministerium des Innern wegen der Übernahme Verbindung auf, soweit nicht die Einholung einer Zustimmung der Ausländerbehörde in Betracht kommt, insbesondere in folgenden Fällen:
22.3.2.1 – In dringenden Fällen, in denen eine Beteiligung der Landesbehörden nicht mehr möglich ist,
22.3.2.2 – in Einzelfällen, in denen kein Anknüpfungspunkt zum Bundesgebiet besteht,
22.3.2.3 – in Einzelfällen, in denen ein bundespolitisches Interesse an der Übernahme vorhanden ist,
22.3.2.4 – bei der Aufnahme mehrerer Personen (z. B. Familien und nahe Verwandte), bei denen sich eine länderübergreifende Verteilungsfrage nicht stellt. Das Bundesministerium des Innern konsultiert in diesen Fällen die betreffende oberste Landesbehörde. Die Aufnahme von Ausländergruppen ist in erster Linie einer Anordnung der obersten Landesbehörde nach § 23 AufenthG vorbehalten.

Übersicht

	Rn
I. Entstehungsgeschichte	1
II. Allgemeines	2
III. Aufnahme	3
1. Aufnahmegründe	3
2. Verwaltungsverfahren und Rechtsstellung	6
IV. Rechtsschutz	9

I. Entstehungsgeschichte

Die Vorschrift entspricht im Wesentlichen dem **GesEntw** (BT-Drs 15/420 S. 12). Aufgrund des Vermittlungsverf wurde nur in S. 1 das Wort „dringenden" eingefügt (BT-Drs 15/3479 S. 4). **1**

II. Allgemeines

Mit dieser Vorschrift sind die früheren Aufnahmemöglichkeiten nach §§ 30 I, 33 AuslG für Ausl, die sich noch nicht im Bundesgebiet aufhalten, zusammengefasst. Sie gilt nur für **Einzelfälle.** Personengruppen werden nach §§ 23, 23a, 24 berücksichtigt. Die Aufnahme durch die AuslVertr nach S. 1 erfordert „dringende humanitäre" Gründe (ebenso § 30 I AuslG), während für die Landesregierung „humanitäre" Gründe (§ 23 I AuslG) genügen (ebenso § 32 AuslG). Während über die AE nach S. 1 nach Ermessen entschieden wird, besteht nach S. 2 ein Anspruch auf die AE im Anschluss an eine Aufnahme durch das BMI, wobei im letzteren Fall die AE mit der Berechtigung zur Ausübung jeder Erwerbstätigkeit verbunden ist. Damit ist für einen Teil der aufgenommenen Personen gegenüber der früheren AufBef eine wesentliche Verbesserung erreicht. **2**

III. Aufnahme

1. Aufnahmegründe

Unter **völkerrechtlichen Gründen,** die nach S. 1 eine Ermessensentscheidung ermöglichen, sind nicht solche aufgrund von Abk oder anderen vr Vereinbarungen zu verstehen. Die Übernahme von Ausl, die von Deutschland aus illegal in einen anderen Staat eingereist sind, aufgrund von Übernahmeabk richtet sich ausschließlich nach deren Bestimmungen. Vr Gründe können sich aus Interessen anderer Staaten oder internationaler Organisationen ergeben, denen die BR Deutschland mit Rücksicht auf verbindliche Regeln oder andere Bestimmungen **3** des VR entgegenzukommen bereit ist. Sie brauchen selbst nicht unmittelbar zugunsten der Ausl zu wirken; entscheidend ist nur, ob die BR Deutschland rechtlich zur Beachtung angehalten ist. Aus dem SDÜ ergeben sich derartige Pflichten zur Erteilung einer AE nicht. Sie können durch eine Einigung über die temporäre Aufnahme von Gewaltflüchtlingen auf europäischer Ebene begründet werden, werden dann aber nach § 24 berücksichtigt.

4 **Dringende humanitäre Gründe** können nur in besonders gelagerten Ausnahmefällen bejaht werden. In erster Linie werden humanitäre Aufnahme- u. Bleibegründe nach §§ 23 ff berücksichtigt u. Familienzusammenführungen nach §§ 27 ff. Wenn diese Rechtsgrundlagen versagen u. eine vorübergehende Aufnahme mit AE aus humanitären Gründen drängt, kommt eine AE nach Ermessen in Betracht. Dabei können grundsätzlich dringende humanitäre Gründe weder aus den allg Verhältnissen in dem Heimatstaat noch aus der Dauer eines früheren Aufenthalts des Ausl oder seiner Familienangehörigen abgeleitet werden.

5 **Politische** Interessen der BR Deutschland können die auswärtigen Beziehungen des Bundes einschließlich vr Vereinbarungen (auch solcher nicht rechtsverbindlicher Art) betreffen, aber auch mit Belangen der Bundesländer begründet werden. Die beinahe grenzenlose Weite des Begriffs der Politik ermöglicht praktisch jedes politisch motivierte Handeln, entzieht dieses aber ebenso weitgehend der Kontrolle. Denn in S. 2 ist die Befugnis des Bundes zur Aufnahme aufgrund politischer Interessen zugrunde gelegt, ohne dass diese autonome Entscheidung des BMI oder der von ihm bestimmten Stelle von der AuslVertr, der AuslBeh oder dem Ausl in Zweifel gezogen werden kann. Der Ausl hat keinen Anspruch auf Aufnahme, sondern nur auf die AE nach erklärter Aufnahme.

2. Verwaltungsverfahren und Rechtsstellung

6 Der Rechtsstatus des **nach S. 2** Aufgenommenen ergibt sich ohne weitere behördliche Entscheidung aus dem Ges, weil die AE zu erteilen ist u. die Berechtigung zu jeder Art von Erwerbstätigkeit von Ges wegen umfasst. Die allg Voraussetzungen der §§ 5, 10, 11 sind zu beachten (Ausnahme nach § 5 III 2 möglich). Eine Verfestigung richtet sich angesichts des temporären Charakters der Aufnahme nach § 26.

7 **Nach S. 1** kann eine AE nach Feststellung eines vr oder eines dringenden humanitären Grundes (Rn 3–5) nach Ermessen erteilt werden. Gegenläufige öffentl Interessen müssen in die Abwägung einbezogen werden. Vor allem dürfen der Anwerbestopp u. die sonstigen Regeln über temporäre Aufenthalte nicht umgangen werden. Daher ist der Wunsch, in Deutschland zu arbeiten u. auch so eine prekäre Situation zu beenden, nicht ausreichend. Die Anforderungen der §§ 5, 10, 11 müssen erfüllt werden (Ausnahme nach § 5 III 2 möglich). Eine Beschäftigung kann unter den Voraussetzungen der § 18, 19 mit Zustimmung der BA gestattet werden. Eine selbständige Tätigkeit wird dagegen wegen des vorübergehenden Charakters der Aufnahme in aller Regel nicht zugelassen werden können. Eine Verlängerung (§ 8 I) ist nur zulässig, solange der Aufnahmegrund fortbesteht. Eine Verfestigung kann nur nach § 26 erfolgen.

8 Für die Ersterteilung ist die AuslVertr **zuständig**. Sie erteilt ein nationales Visum, das in beiden Fällen schon wegen der beabsichtigten Aufenthaltsdauer der Zustimmung der AuslBeh bedarf (§ 31 AufenthV). Nach einer Aufnahmeerklärung des BMI brauchen AuslVertr u. AuslBeh Aufnahmegründe nicht zu prüfen, sondern nur die sonstigen Voraussetzungen (dazu Rn 6 f). Im Falle des S. 1 müssen beide Behörde auch feststellen, ob vr oder dringende humanitäre Gründe vorliegen. Die Vorschrift ermächtigt nur zur Erteilung einer AE; daran hat auch AuslBeh ihre Zustimmung auszurichten. Sie ist nicht an die von der AuslVertr genannten Gründe gebunden; dieser steht aber die Letztentscheidung über das Visum zu, falls die Zustimmung erteilt ist. Über die Berechtigung zur Ausübung einer Erwerbstätigkeit kann auch nach der Einreise entschieden werden; sonst ist ggf vorher auch die Zustimmung der BA einzuholen.

IV. Rechtsschutz

Die Nichterteilung des Visum unterliegt der normalen Kontrolle auf Widerspruch u. **9** Klage hin (§ 6 Rn 51 f). Grundsätzlich anfechtbar ist auch die Ablehnung der Aufnahme durch das BMI, dessen positiver wie negativer Bescheid ungeachtet des äußerst weiten Ermessens einen VA (§ 35 VwVfG) darstellt. Die Erfolgsaussichten erscheinen gering, Ermessensfehler könnten aber beanstandet werden.

§ 23 Aufenthaltsgewährung durch die obersten Landesbehörden

(1) ¹ Die oberste Landesbehörde kann aus völkerrechtlichen oder humanitären Gründen oder zur Wahrung politischer Interessen der Bundesrepublik Deutschland anordnen, dass Ausländern aus bestimmten Staaten oder in sonstiger Weise bestimmten Ausländergruppen eine Aufenthaltserlaubnis erteilt wird. ² Die Anordnung kann unter der Maßgabe erfolgen, dass eine Verpflichtungserklärung nach § 68 abgegeben wird. ³ Zur Wahrung der Bundeseinheitlichkeit bedarf die Anordnung des Einvernehmens mit dem Bundesministerium des Innern.

(2) ¹ Bei besonders gelagerten politischen Interessen der Bundesrepublik Deutschland kann die Anordnung vorsehen, dass den betroffenen Personen eine Niederlassungserlaubnis erteilt wird. ² In diesen Fällen kann abweichend von § 9 Abs. 1 eine wohnsitzbeschränkende Auflage erteilt werden.

(3) Die Anordnung kann vorsehen, dass § 24 ganz oder teilweise entsprechende Anwendung findet.

Vorläufige Anwendungshinweise

23 Zu § 23 Aufenthaltsgewährung durch die obersten Landesbehörden

23.0 § 23 gibt den obersten Landesbehörden die Möglichkeit, für bestimmte Ausländergruppen aus völkerrechtlichen oder humanitären Gründen oder zur Wahrung politischer Interessen der Bundesrepublik Deutschland eine Aufenthaltserlaubnis anzuordnen. Dies kann sich auf die Aufnahme von Personen aus Kriegs- oder Bürgerkriegsgebieten durch eine rein nationale Entscheidung beziehen und ist unabhängig davon, ob sich die betroffenen Personen bereits im Bundesgebiet aufhalten. Die Gewährung von vorübergehendem Schutz durch eine vorhergehende Entscheidung auf EU-Ebene richtet sich dagegen nach § 24.

23.1.1.1 Bei der Anordnung nach § 23 Abs. 1 handelt es sich um verbindliche Regelungen. Erfüllt der Ausländer die Erteilungsvoraussetzungen der getroffenen Anordnung, ist ihm die Aufenthaltserlaubnis zu erteilen, soweit die Entscheidung nicht aufgrund der Anordnung in das Ermessen der Behörden gestellt ist. Soweit die Anordnung vorliegt, prüft die Ausländerbehörde nicht mehr, ob die allgemeinen Tatbestandsvoraussetzungen für die Erteilung der Aufenthaltserlaubnis vorliegen. Die aufgrund von § 23 erlassenen Anordnungen der obersten Landesbehörden werden von der Ausländerbehörde durch Verwaltungsakt auf Antrag umgesetzt.

23.1.1.2 Der Vorrang der Anordnung nach § 23 erstreckt sich auch auf die Erteilung einer Aufenthaltserlaubnis im Visumverfahren. Die deutsche Auslandsvertretung ist an die Anordnung gebunden. Soweit Ausländern aufgrund der Anordnung eine Aufenthaltserlaubnis zu erteilen ist, bleibt für eine von dieser Anordnung abweichende anderweitige Ermessensentscheidung kein Raum.

23.1.1.3 Eine gesonderte Regelung der Verlängerung (§ 32 Satz 1 AuslG) ist in § 23 Abs. 1 nicht vorgesehen, da nach § 8 Abs. 1 auf die Verlängerung der Aufenthaltserlaubnis dieselben Vorschriften Anwendung finden, wie auf deren Erteilung. Die Wahrung der Bundesinteressen erfolgt durch die Einholung des Einvernehmens des Bundesministeriums des Innern. Keines Einvernehmens des Bundesministeriums des Innern bedarf die von der obersten Landesbehörde verfügte Aussetzung der Abschiebung von bestimmten Ausländergruppen von bis zu sechs Monaten (§ 60 a Abs. 1).

23.1.2 Durch die in Satz 2 aufgenommene Möglichkeit, die Anordnung von der Übernahme der mit der Aufnahme verbundenen Kosten nach § 68 abhängig zu machen, kann besonders den humanitären Interessen international tätiger Körperschaften, beispielsweise der Kirchen, Rechnung getragen werden

(sog. „Kirchenkontingent"). Gleichwohl handelt es sich um eine staatliche Entscheidung über die Aufenthaltsgewährung. § 23 Abs. 1 Satz 2 weist nur auf die nach § 68 bestehende Möglichkeit hin, dass Private, wie auch Kirchen, gerade in Fällen, in denen sie ausländerrechtliche Maßnahmen des Staates im Einzelfall für fehlerhaft halten, durch Abgabe einer Verpflichtungserklärung Verantwortung übernehmen können für die von ihnen geforderte Aufnahme von bestimmten Ausländern nach § 23 Abs. 1 Satz 1.
23.2.1.1 § 23 Abs. 2 ersetzt das Kontingentflüchtlingsgesetz und bietet eine Rechtsgrundlage insbesondere für die Aufnahme jüdischer Immigranten, die bisher nur in analoger Anwendung des Kontingentflüchtlingsgesetzes auf der Basis einer Übereinkunft zwischen dem Bundeskanzler und den Regierungschefs der Länder vom 9. Januar 1991 vorgenommen wurde.
23.2.1.2 Die bisher entsprechend § 1 Abs. 1 Kontingentflüchtlingsgesetz einzuräumende Rechtsstellung nach den Artikeln 2 bis 34 der GFK ist im Hinblick auf die Erteilung einer Niederlassungserlaubnis nicht mehr erforderlich. Dadurch entfallen auch der Stellung aufgenommener jüdischer Immigranten nicht angemessene Reiseeinschränkungen. Die aufenthaltsgesetzliche Rechtsstellung und daran anknüpfende Ansprüche werden für den betroffenen Personenkreis u. a. durch § 44 Abs. 1 Satz 1 Nr 2, § 75 Abs. 1 Nr 8, § 101 Abs. 1 geregelt. Ansprüche dieses Personenkreises auf Leistungen nach SGB II, III, XII, BAföG und ähnlichen Leistungsgesetzen bestehen auch weiterhin.
23.2.2 Die nach Satz 2 vorgesehene Möglichkeit der Erteilung einer wohnsitzbeschränkenden Auflage entspricht der bisherigen Praxis und ist auch weiterhin bei Bezug von Leistungen nach dem SGB II oder XII für die gerechte Lastenverteilung auf die Länder erforderlich. Eine wohnsitzbeschränkende Auflage sollte eine Gesamtdauer von zwei Jahren nicht überschreiten.
23.3 Absatz 3 trägt Artikel 7 Absatz 1 der Richtlinie 01/55/EG des Rates vom 20. Juli 2001 (ABl. EG Nr. L 212 S. 12) über Mindestnormen für die Gewährung von vorübergehendem Schutz Rechnung, wonach es den Mitgliedstaaten unbenommen bleibt, vorübergehenden Schutz gemäß der Richtlinie weiteren Gruppen von Vertriebenen zu gewähren. Darüber hinaus enthält Absatz 3 einen klarstellenden Hinweis, dass auf die Aufnahmebedingungen nach § 24 ganz oder teilweise verwiesen werden kann, wenn auf nationaler Ebene ohne eine Aufnahmeaktion aufgrund eines EU-Ratsbeschlusses Ausländer nach § 23 aufgenommen werden.

Übersicht

	Rn
I. Entstehungsgeschichte	1
II. Allgemeines	2
III. Aufnahmebefugnis	3
1. Aufnahme	3
2. Verwaltungsverfahren und Rechtsstellung	10

I. Entstehungsgeschichte

1 Die Vorschrift stimmt in vollem Umfang mit dem **GesEntw** überein (BT-Drs 15/420 S. 12). Sie hat einen Vorgänger in § 32 AuslG.

II. Allgemeines

2 Mit dieser Vorschrift wird den Länderbehörden ebenfalls eine eigene **Aufnahmebefugnis** verliehen. Diese steht neben Ermächtigungen des BMI nach § 23 S. 2 u. der AuslVertr nach § 23 S. 1 u. ist anders als nach § 23 a unabhängig von der Bindung an eine andere Stelle. Sie bleibt auch unberührt von der Aufenthaltsgewährung durch den EU-Rat (§ 24); die Mitgliedstaaten sind nach Art 7 I RL 2001/55/EG befugt, vorübergehenden Schutz auch weiteren Gruppen von Vertriebenen zu gewähren (vgl auch Abs 3).

III. Aufnahmebefugnis

1. Aufnahme

Der **Zweck** der Möglichkeit einer ministeriellen Anordnung ist darin zu sehen, dass eine 3
allg u. bundeseinheitliche Behandlung bestimmter Personengruppen erreicht wird. Die
begünstigten Personen können sich noch im Ausland aufhalten oder bereits eingereist sein.
Trotz der Anknüpfung an eine derartige Anordnung bleiben die allg Regeln über die
Erteilung eines AufTit als Grundlage erhalten. Verf u. Zuständigkeit sind verändert. Auf die
Anordnung besteht kein Rechtsanspruch; ihr Erlass ist vielmehr in das weite politische
Ermessen der Landesregierungen gestellt.

Die **Grundlage** ist nach Abs 1 ähnlich gestaltet wie die für die Aufnahme durch BMI 4
oder AuslVertr nach § 22. Sowohl vr oder humanitäre Gründe oder aber allg die Wahrung
politischer Interessen der BR Deutschland (dazu § 22 Rn 3–5) können zum Anlass für eine
Allgemeinanordnung genommen werden. Die humanitären Gründe müssen nur dringend
sein, also nachdringlich für eine Aufnahme sprechen. Der LdReg ist ebenso wie der BReg
ein nicht weiter begrenztes Handlungsermessen eingeräumt.

Die Anordnung nach Abs 2 unterscheidet sich von der nach Abs 1 dadurch, dass sie 5
besonders gelagerte politische Interessen der BR Deutschland voraussetzt u. die Erteilung
einer NE vorsehen kann. Für sie genügen also nicht vr oder humanitäre Gründe, die anderen
Voraussetzungen müssen aber eingehalten sein. Die Anordnung bedarf ebenfalls der Zustimmung
des BMI u. kann auch die Abgabe von Erklärungen nach § 68 vorsehen. Mit dieser
Regelung soll das Kontingentflüchtlingsges (HumAG) abgelöst werden, das seit über 20 Jahren
nicht mehr angewandt wird. Vor allem soll die weitere Aufnahme jüdischer Immigranten aus
den Gebieten der ehemaligen Sowjetunion ermöglicht werden, die bis Ende 2004 in entsprechender
Anwendung des HumAG aufgenommen wurden (BT-Drs 15/420 S. 77 f).

Die seit 1991 praktizierte **Aufnahme von Juden** aus der Nachfolgestaaten der Sowjet- 6
union (bis 2004 über 150 000 Personen) beruht auf einer Besprechung des Bundeskanzlers
mit den Regierungschefs der Länder (dazu Hochreuther, NVwZ 2000, 1376; Weizsäcker,
ZAR 2004, 93; Bericht in ZAR 1999, 239; zu Grundlagen, Entwicklung u. Empfehlungen
vgl Zuwanderungsbericht 2001, S. 185 ff; Jahresgutachten 2004, S. 151 ff). Sie stößt aus
mehreren Gründen auf politische wie rechtliche Bedenken. Die berufliche Integration ist
trotz hoher Qualifikation mit erheblichen Schwierigkeiten verbunden (dazu Gruber/Rüßler,
ZAR 2002, 94; Rüßler, ZAR 2000, 268). Die früher vertretene entsprechende Anwendung
des HumAG erscheint rechtlich nicht haltbar, weil eine analoge Anwendung des HumAG
nicht gerechtfertigt u. eine andere ges Grundlage nicht ersichtlich ist (Raabe, ZAR 2004,
410; OVG Berlin, EZAR 240 Nr 10).

Für die Aufnahme dieses Personenkreises sprechen, wie in der og Besprechung (Rn 6) 7
festgestellt wurde, triftige Gründe der humanitären Hilfe u. der Unterstützung des Wiederaufbaus
jüdischer Gemeinden in Deutschland. Eine Anordnung der LdReg kann also auf
besonders gelagerte politische Interessen gestützt werden. Sie muss nur mit Zustimmung des
BMI nach der neuen Rechtslage ergehen, weil ein Rückgriff auf die og Besprechung nicht
genügt (Raabe, ZAR 2004, 410; aA BT-Drs 15/420 S. 78).

Der **Rechtscharakter** der Anordnung ist dadurch gekennzeichnet, dass mit ihr ein ges 8
Tatbestandsmerkmal verbindlich festgelegt u. damit zugleich ein unmittelbar durchsetzbares
Recht der Begünstigten geschaffen wird. Die Zulässigkeit derartiger allg wirkender Umsetzungsakte
der Verwaltung ist anerkannt; wegen ihres Rechtssatzcharakters müssen die
Anordnungen allerdings ähnlich bestimmt sein wie Normen, u. sie bedürfen auch der
Veröffentlichung (Renner, AiD Rn 6/496 mwN; str., vgl § 60 a Rn 6 ff). Auch die AuslVertr
sind an die mit Zustimmung des BMI ergangene Anordnung der LdReg gebunden.

Den **Inhalt** der Anordnung kann die oberste Landesbehörde frei bestimmen. Sie kann 9
insb die zu begünstigenden Gruppen nach ihr als sachgerecht erscheinenden Kriterien

auswählen. Begünstigt sein können auch Kriegs- oder Bürgerkriegsflüchtlinge; durch § 24 u. die zugrunde liegende VO/EG 2001/55/EG ist dies nicht ausgeschlossen. Die LdReg kann ganz oder zT die entsprechende Anwendung des § 24 vorsehen u. auch andere Voraussetzungen für die Erteilung der AE festlegen, zB Aufenthaltsdauer, Alter, Familienstand, Sicherung von Wohnung u. Lebensunterhalt sowie kraft ausdrücklicher ges Bestimmung auch die Notwendigkeit einer Verpflichtungserklärung nach § 68. Die politische Idee, damit ein „Kirchenkontingent" einzurichten, ist für die Anwendung nicht maßgeblich (krit Groß, ZAR 2005, 61; zum Unterschied zwischen Kirchenasyl u. Kirchenkontingent Babo, ZAR 2001, 269). Die Verpflichtungserklärung kann von jeder natürlichen oder juristischen Person abgegeben werden. Zum Inhalt vgl auch § 60 a Rn 5 f.

2. Verwaltungsverfahren und Rechtsstellung

10   Je nach der Ausgestaltung der Bedingungen erwächst dem Betroffenen aufgrund der Anordnung ein **Rechtsanspruch** auf Erteilung oder nur auf ermessensfehlerfreie Bescheidung (vgl § 60 a Rn 7). Hieran sind insgesamt auch AuslVertr u. AuslBeh gebunden.

11   Im Unterschied zu dem Möglichkeiten des § 24 IV u. V kommt der Befugnis nach § 23 weitreichende Bedeutung zu, u. zwar über das betreffende Land hinaus. Deshalb ist das **Einvernehmen** des BMI vorgeschrieben (anders § 60 a II für die Aussetzung von Abschiebungen bis zu sechs Monaten). Das Einvernehmen ist zweckgebunden; es soll (nur) die Bundeseinheitlichkeit sicherstellen (näher Renner, AiD Rn 6/497; vgl § 60 a Rn 8 f).

12   Bei der Erteilung der AE oder NE sind die jew allg Voraussetzungen zu beachten (§§ 5, 10, 11). Die NE kann entgegen § 9 I räumlich beschränkt werden, um die Verteilung der nach Abs 2 aufgenommenen Personen auf die Länder zu ermöglichen. Die Verlängerung der AE erfolgt nach Maßgabe von § 8 I.

§ 23 a Aufenthaltsgewährung in Härtefällen

(1) ¹Die oberste Landesbehörde darf anordnen, dass einem Ausländer, der vollziehbar ausreisepflichtig ist, abweichend von den in diesem Gesetz festgelegten Erteilungs- und Verlängerungsvoraussetzungen für einen Aufenthaltstitel eine Aufenthaltserlaubnis erteilt wird, wenn eine von der Landesregierung durch Rechtsverordnung eingerichtete Härtefallkommission darum ersucht (Härtefallersuchen). ²Die Anordnung kann im Einzelfall unter Berücksichtigung des Umstandes erfolgen, ob der Lebensunterhalt des Ausländers gesichert ist oder eine Verpflichtungserklärung nach § 68 abgegeben wird. ³Die Annahme eines Härtefalls ist in der Regel ausgeschlossen, wenn der Ausländer Straftaten von erheblichem Gewicht begangen hat. ⁴Die Befugnis zur Aufenthaltsgewährung steht ausschließlich im öffentlichen Interesse und begründet keine eigenen Rechte des Ausländers.

(2) ¹Die Landesregierungen werden ermächtigt, durch Rechtsverordnung eine Härtefallkommission nach Absatz 1 einzurichten, das Verfahren, Ausschlussgründe und qualifizierte Anforderungen an eine Verpflichtungserklärung nach Absatz 1 Satz 2 einschließlich vom Verpflichtungsgeber zu erfüllender Voraussetzungen zu bestimmen sowie die Anordnungsbefugnis nach Absatz 1 Satz 1 auf andere Stellen zu übertragen. ²Die Härtefallkommissionen werden ausschließlich im Wege der Selbstbefassung tätig. ³Dritte können nicht verlangen, dass eine Härtefallkommission sich mit einem bestimmten Einzelfall befasst oder eine bestimmte Entscheidung trifft. ⁴Die Entscheidung für ein Härtefallersuchen setzt voraus, dass nach den Feststellungen der Härtefallkommission dringende humanitäre oder persönliche Gründe die weitere Anwesenheit des Ausländers im Bundesgebiet rechtfertigen.

(3) ¹Verzieht ein sozialhilfebedürftiger Ausländer, dem eine Aufenthaltserlaubnis nach Absatz 1 erteilt wurde, in den Zuständigkeitsbereich eines anderen Leistungsträgers, ist der Träger der Sozialhilfe, in dessen Zuständigkeitsbereich eine Ausländer-

behörde die Aufenthaltserlaubnis erteilt hat, längstens für die Dauer von drei Jahren ab Erteilung der Aufenthaltserlaubnis dem nunmehr zuständigen örtlichen Träger der Sozialhilfe zur Kostenerstattung verpflichtet. ²Dies gilt entsprechend für die in § 6 Abs. 1 Satz 1 Nr 2 des Zweiten Buches Sozialgesetzbuch genannten Leistungen zur Sicherung des Lebensunterhalts.

Vorläufige Anwendungshinweise

23 a Zu § 23 a Aufenthaltsgewährung in Härtefällen

23 a.0 Die Regelung bietet die Grundlage für die Erteilung einer Aufenthaltserlaubnis an vollziehbar ausreisepflichtige Ausländer in besonders gelagerten Härtefällen, in denen nach den allgemeinen Erteilungs- und Verlängerungsvoraussetzungen für einen Aufenthaltstitel keine Aufenthaltserlaubnis erteilt werden kann. Begünstigt werden kann nur ein Ausländer, der sich bereits im Bundesgebiet aufhält. Seine weitere Anwesenheit im Bundesgebiet muss durch dringende humanitäre oder persönliche Gründe gerechtfertigt sein. Die Tatsache, dass diese Vorschrift nur für vollziehbar ausreisepflichtige Ausländer und nur bei besonders gelagerten Härtefällen zur Anwendung kommt, unterstreicht den Ausnahmecharakter der Vorschrift. Ausländern, die nicht vollziehbar ausreisepflichtig sind, kann bei Vorliegen der Voraussetzungen des § 25 Abs. 4 eine Aufenthaltserlaubnis für einen vorübergehenden Aufenthalt erteilt werden. Die Anwendbarkeit der Vorschrift setzt voraus, dass die jeweilige Landesregierung durch Rechtsverordnung die in § 23 a Abs. 1 genannte Stelle (Härtefallkommission) bestimmt hat. Hierzu sind die Landesregierungen durch § 23 a Abs. 2 ermächtigt; eine Verpflichtung zur Einrichtung einer Härtefallkommission besteht nicht.

23 a.1.1 Das Härtefallverfahren hat eine zweistufige Struktur. Voraussetzung für die Erteilung einer Aufenthaltserlaubnis ist, dass die von der Landesregierung eingerichtete Härtefallkommission ein entsprechendes Ersuchen an die oberste Landesbehörde richtet. Die oberste Landesbehörde entscheidet, sofern die tatbestandlichen Voraussetzungen vorliegen, über den von der Härtefallkommission vorgelegten Fall nach Ermessen. § 23 Abs. 1 vermittelt weder einen Anspruch auf das Stellen eines Ersuchens durch die Härtefallkommission noch auf die Erteilung einer Aufenthaltserlaubnis durch die zuständige Landesbehörde.

23 a.1.2 Bei dem Härtefallersuchen handelt es sich um eine Empfehlung wertender Art durch ein weisungsfreies Gremium. Die Härtefallkommission wird ausschließlich im Wege der Selbstbefassung tätig. Ein Antragsverfahren besteht nicht. Wohl kann die Härtefallkommission Hinweisen nachgehen. Sie kann sich nur mit Fällen innerhalb ihres räumlichen Zuständigkeitsbereichs befassen. Da es sich bei den betreffenden Personen um vollziehbar Ausreisepflichtige handelt, deren Anträge in aller Regel bereits in Gerichtsverfahren eingehend geprüft worden sind, ist ein strenger Maßstab anzulegen. Ist die Härtefallkommission der Auffassung, dass bei Anlegung eines strengen Maßstabes dringende humanitäre oder persönliche Gründe die weitere Anwesenheit eines Ausländers in Deutschland rechtfertigen, kann sie ein Härtefallersuchen stellen. Die Härtefallkommission wird ein Härtefallersuchen dann nicht stellen, wenn ihr bekannt ist, dass der Ausländer Straftaten von erheblichem Gewicht begangen hat.

23 a.1.3 Die oberste Landesbehörde entscheidet nach Ermessen, ob aufgrund des Härtefallersuchens die Erteilung einer Aufenthaltserlaubnis angeordnet wird. Sie wird insbesondere dann nicht dem Ersuchen folgen, wenn das Ersuchen auf eine fehlerhafte Tatsachengrundlage gestützt, der strenge Maßstab für ein Härtefallersuchen nicht eingehalten wird, der Ausländer Straftaten von erheblichem Gewicht begangen hat oder ein in der Rechtsverordnung der Landesregierung vorgesehener Ausschlussgrund vorliegt. Für die Erteilung einer Aufenthaltserlaubnis kann von den im Aufenthaltsgesetz festgelegten allgemeinen Erteilungs- und Verlängerungsvoraussetzungen für einen Aufenthaltstitel abgewichen werden. Ein Abweichen von Versagungsgründen (§ 5 Abs. 4) oder Erteilungsverboten (§ 10 Abs. 3 Satz 2, § 11 Abs. 1, § 29 Abs. 3) ist hingegen nicht zulässig.

23 a.1.4 Sofern die oberste Landesbehörde oder die durch Rechtsverordnung bestimmte Stelle dem Härtefallersuchen entsprechen will, hat sie zu entscheiden, ob die Anordnung der Aufenthaltsgewährung von der Sicherung des Lebensunterhalts oder der Abgabe einer Verpflichtungserklärung abhängig gemacht wird. Ordnet sie die Erteilung einer Aufenthaltserlaubnis an, ist diese von der zuständigen Ausländerbehörde zu erteilen.

23 a.1.5 Die Durchführung des Verfahrens nach § 23 a soll – insbesondere bei offensichtlich unbegründeten Ersuchen – nicht zur Verzögerung von aufenthaltsbeendenden Maßnahmen führen. Die Befassung der Härtefallkommission oder das Vorliegen eines Härtefallersuchens begründet kein Abschiebungshindernis.

1 AufenthG § 23 a

23 a.1.6 Durch § 23 a Abs. 1 Satz 4 wird klargestellt, dass die Härtefallregelung keine subjektiven Rechte des Ausländers begründet.

23 a.2 Die Landesregierungen können durch Rechtsverordnung bestimmen, dass andere als oberste Landesbehörden die Anordnung über die Aufenthaltsgewährung in Härtefällen treffen. Durch Rechtsverordnung wird auch die Zusammensetzung der Härtefallkommission bestimmt. Dabei kann die Aufgabe der Härtefallkommission auch auf bestehende Einrichtungen übertragen werden.

23 a.3 § 23 a Abs. 3 verbindet mit der Anordnung der Aufenthaltsgewährung in Härtefällen eine finanzielle Verantwortung für den Bereich der Sozialhilfegewährung bzw. der Leistungen zur Sicherung des Lebensunterhalts nach § 6 Abs. 1 Satz 1 Nr 2 SGB II.

Übersicht

	Rn
I. Entstehungsgeschichte	1
II. Allgemeines	2
III. Härtefallkommission	6
IV. Härtefallersuchen	7
V. Härtefallanordnung	12
VI. Rechtsschutz	14

I. Entstehungsgeschichte

1   Die Vorschrift war in dem **GesEntw** (BT-Drs 15/420) nicht enthalten u. hat auch keinen Vorgänger im AuslG. Sie wurde aufgrund des Vermittlungsverf eingefügt (BT-Drs 15/3479 S. 4) u. tritt am 31. 12. 2009 außer Kraft (Art 15 Abs 4 ZuwG).

II. Allgemeines

2   Härtefallkommissionen existierten in vier Bundesländern schon unter der Geltung des AuslG; in anderen Ländern hatten die Petitionsausschüsse ähnliche Aufgaben übernommen (Zuwanderungsbericht 2001, S. 170 f). Sie überprüften idR die Entscheidungen in abgeschlossenen Fällen u. regten ggf eine erneute Prüfung auf der Grundlage des geltenden Rechts an. Nunmehr ist eine **formalisierte Empfehlung** für eine Lösung abweichend von den ges Bestimmungen vorgesehen.

3   Die Länder sind zur Einrichtung von Härtefallkommissionen durch RVO der Landesregierung ermächtigt, sie sind aber **nicht** dazu **verpflichtet.** Weder der Wortlaut des Ges noch allg Prinzipien, wie etwa die Bundestreue, zwingen die Länder zur Inanspruchnahme der ihnen eröffneten Möglichkeit, eine solche Institution zu schaffen (aA Groß, ZAR 2005, 61). Wenn sie davon Gebrauch machen, sind sie an den vorgegebenen Rahmen hinsichtlich Verf u. Kompetenzen gebunden.

4   Bisher sind Härtefallkommissionen **eingerichtet** in: Berlin (VO vom 3. 1. 2005, GVBl S. 11); Brandenburg (VO vom 17. 12. 2004, GVBl 2005 II 46); Hessen (VO vom 23. 2. 2005, GVBl I 105); Mecklenburg-Vorpommern (VO vom 25. 2. 2005, GVBl S. 84); Nordrhein-Westfalen (VO vom 14. 12. 2004, GVBl S. 820); Rheinland-Pfalz (VO vom 18. 3. 2005, GVBl S. 92); Saarland (VO vom 14. 12. 2004, ABl S. 2659); Sachsen-Anhalt (VO vom 9. 3. 2005, GVBl S. 136); Schleswig-Holstein (VO vom 19. 1. 2000, GVOBl S. 101, zuletzt geändert durch VO vom 11. 1. 2005, GVOBl S. 9).

5   **Geplant** sind Härtefallkommissionen in Baden-Württemberg, Bremen, Hamburg, Sachsen und Thüringen. Bisher nicht vorgesehen ist eine Härtefallkommission in Bayern. Übersicht mit Texten in Renner, Härtefallkommissionen in den Bundesländern, E-book auf www.migrationsrecht.net; zu NRW Weber, ZAR 2005, 203.

III. Härtefallkommission

Die **Einrichtung** der Kommission obliegt der LdReg. Der Inhalt der RVO ist nur zT **6** vorgegeben. Zu bestimmen sind Verf, Ausschlussgründe u. qualifizierte Anforderungen an die Verpflichtungserklärung. Zu dem Verf gehört auch die Zusammensetzung der Kommission, die das Ges nicht vorgibt. Der Kommission können auch Personen angehören, die kein kommunales oder staatl Amt bekleiden u. auch kein Mitglied einer Vertretungskörperschaft auf kommunaler oder Landesebene sind. Auch sonst ist die Mitgliedschaft in der Kommission Beschränkungen aufgrund des Ges oder der Funktion der Kommission nicht unterworfen. Vor allem kann nicht mit Blick auf die Kompetenzen eine parlamentarische Verantwortlichkeit aller Mitglieder verlangt werden.

IV. Härtefallersuchen

Die **Aufgabe** der Härtefallkommission besteht in der Prüfung von Einzelfällen ausreise- **7** pflichtiger Ausl mit dem Ziel eines Härtefallersuchens. Die Kommission wird nur im Wege der Selbstbefassung tätig u. kann nicht von Dritten dazu veranlasst werden, sich mit einem Fall zu befassen oder eine bestimmte Entscheidung zu treffen. Da Rechte des Ausl nicht begründet werden sollen, ist ihm auch selbst kein Antragsrecht verliehen. Schließlich ist keine förmliche Ablehnung eines Ersuchens vorgesehen, sondern nur ein positives Ersuchen.

Die **Rechtsgrundlage** für das Ersuchen ist nicht eine bestimmte Norm für eine an **8** anderer Stelle vorgesehene AE aus humanitären Gründen, sondern Abs 1 S. 1 u. Abs 2 S. 4. Da das Härtefallersuchen auf eine Anordnung der LdReg gerichtet ist, teilt es deren Rechtsgrundlage, nämlich eine Abweichung von den im Ges festgelegten Erteilungs- u. Verlängerungsvoraussetzungen. Außerdem sind für das Ersuchen selbst dringende humanitäre oder persönliche Gründe vorausgesetzt, die den weiteren Aufenthalt im Bundesgebiet rechtfertigen. Es ist also nicht zu überprüfen, ob die bereits zum Aufenthalt getroffenen Entscheidungen uU nach geltendem Recht auch anders hätten getroffen werden können u. nochmals bedacht werden sollen. Das Ges stellt der Kommission vielmehr eine eigene Grundlage für die Bestimmung eines Härtefalls zur Verfügung. Damit wird die praktische Unzulänglichkeit des sonstigen Systems bestätigt u gleichzeitig Abhilfe ermöglicht. Eine solche Gesetzestechnik ist nicht ungewöhnlich u. bei komplexen Sachverhalten nicht unsachgerecht (ebenso Groß, ZAR 2005, 61).

Aus diesem Gesamtzusammenhang lässt sich die Entscheidungsgrundlage **hinreichend 9 sicher** bestimmen; damit werden Kommission u. Behörden auch nicht von ges Tatbeständen freigestellt (aA Schönenbroicher, ZAR 2004, 353). Rechtsgrund für die Erteilung der AE soll nicht eine der sonstigen Normen sein, sondern außerhalb des Systems der humanitäre AufR dringende humanitäre oder persönliche Gründe. Dringende humanitäre Gründen können auch eine Aufnahme aus dem Ausland durch AuslVertr u. AuslBeh rechtfertigen (dazu näher § 22 Rn 4). Die außerdem in Betracht kommenden dringenden persönlichen Gründe sind nicht weiter umrissen oder erläutert. Daher bildet dieses Begriffspaar einen selbständigen Auffangtatbestand, dessen Reichweite wie etwa auch im Falle des § 7 I 2 (dazu dort Rn 12–20) durch Abgrenzung gegenüber den sonstigen ges geregelten Fällen bestimmt werden kann. Dazu bedarf es keiner weiteren abstrakten Kriterien, sondern lediglich noch der Beurteilung der Umstände des Einzelfalls. Die zentrale Aufgabe bei Bestimmung des Härtefalls liegt nämlich bei den Besonderheiten des Einzelfalls u. nicht bei der Bildung u. Bewertung von Personengruppen.

Zusammengefasst ist das Härtefallersuchen wie die anschließende Entscheidung der obers- **10** ten Landesbehörde darauf gerichtet, einen **Einzelfall humanitär zu lösen,** der bei der Anwendung des Ges sonst nicht gerecht behandelt werden kann. Es sollen keine ges Lücken gefüllt oder das Ges ergänzt oder verbessert werden. Dringende humanitäre oder persönliche Gründe für einen Verbleib in Deutschland können sich aus einer unglücklichen Konstellation oder Entwicklung des persönlichen Schicksals ergeben, die unter andere Vorschriften nicht subsumiert werden können, weil sie von den dort erfassten Sachverhalten abweichen. Sie können durch eine ungewöhnlich lange Aufenthaltsdauer ohne gesicherten Status noch verstärkt werden. Schließlich können sie auf einem ungünstigen Zusammenwirken von persönlichen u. wirtschaftlichen Faktoren beruhen, die trotz langen Aufenthalts eine Inanspruchnahme ministerieller Altfallregelungen nach § 60 a I unmöglich gemacht haben.

11   Das Härtefallersuchen enthält eine mit den Einzelfallerwägungen begründete **Empfehlung** für die Erteilung einer AE. Es stellt dringende humanitäre oder persönliche Gründe fest u. stellt Ermessenserwägungen an. Das Ersuchen schließt die 1. Stufe des Härtefallverf ab u. richtet sich ausschließlich an die oberste Landesbehörde, nicht an die AuslBeh oder den Ausl selbst. Eine aussagekräftige Begründung ist nicht nur zweckmäßig, sondern angezeigt, weil die Entscheidung über die AE durch die oberste Landesbehörde getroffen wird u. das Ersuchen ohne eine auf die Person bezogene Begründung kaum nachvollziehbar ist.

V. Härtefallanordnung

12   Die oberste Landesbehörde trifft eine **eigene Ermessensentscheidung.** Sie ist an das Ersuchen nicht gebunden, sondern hat selbst dringende humanitäre oder persönliche Gründe festzustellen u. die widerstreitenden Interessen abzuwägen. Obwohl ein faktischer Zwang von der politischen Erwartung ausgehen kann, dem Ersuchen zu entsprechen, ist die Behörde frei. Sie kann von einer Anordnung Abstand nehmen, weil sie die Feststellungen oder die Beurteilung durch die Kommission nicht teilt oder aus anderen Gründen eine AE zum weiteren Verbleib nicht für gerechtfertigt hält.

13   Die **Anordnung** kann von Erteilungs- u. Verlängerungsvoraussetzungen abweichen, nicht aber von Versagungsgründen (§ 5 IV) oder Erteilungsverboten (§§ 10 III 2, 11 I, 29 III). Sie kann die Sicherung des Lebensunterhalts oder die Abgabe einer Verpflichtungserklärung nach § 68 verlangen. Die AuslBeh ist an die Anordnung gebunden u. hat keinen eigenen Spielraum bei Erteilung der AE.

VI. Rechtsschutz

14   Der Ausschluss jeglichen Rechtsschutzes ist mit **Art 19 IV GG kaum vereinbar** (aA Schönenbroicher, ZAR 2004, 351). Zwar ist der Gesetzgeber frei in der Einräumung subjektiver Rechte u. hat hier bestimmt, dass eigene Rechte des Ausl nicht begründet werden, sondern die Befugnis zur Aufenthaltsgewährung ausschließlich im öffentl Interesse steht. Hiergegen müssen aber deswegen erhebliche Bedenken angemeldet werden, weil die Feststellungen an den Tatsachen vorbeigehen u. deshalb reine Fiktionen darstellen. Die Aufenthaltsgewährung dient nicht einem öffentl Interesse an der Vervollständigung des Systems von Schutzrechten oder an der Verhinderung von Unrecht oder einem Schaden für das Rechtsbewusstsein der Bevölkerung aufgrund einer unbilligen Härte in einem Einzelfall. Sie soll einzig u. allein eine Einzelfallgerechtigkeit ermöglichen, wo andere abstrakte Normen versagen. Damit wird nicht einem öffentl Bedürfnis Rechnung getragen, sondern der Not im Einzelfall. Nicht Staat, Gesellschaft u. Bürger sind begünstigt, sondern der einzelne Ausl, dem sonst die Abschiebung bevorsteht.

§ 24 Aufenthaltsgewährung zum vorübergehenden Schutz

(1) Einem Ausländer, dem aufgrund eines Beschlusses des Rates der Europäischen Union gemäß der Richtlinie 2001/55/EG vorübergehender Schutz gewährt wird und der seine Bereitschaft erklärt hat, im Bundesgebiet aufgenommen zu werden, wird für

die nach den Artikeln 4 und 6 der Richtlinie bemessene Dauer des vorübergehenden Schutzes eine Aufenthaltserlaubnis erteilt.

(2) Die Gewährung von vorübergehendem Schutz ist ausgeschlossen, wenn eine der Voraussetzungen des § 60 Abs. 8 vorliegt; die Aufenthaltserlaubnis ist zu versagen.

(3) [1] Die auf Grund eines Beschlusses nach Absatz 1 aufgenommen Personen werden auf die Länder verteilt. [2] Die Länder können Kontingente für die Aufnahme zum vorübergehenden Schutz und die Verteilung vereinbaren. [3] Die Verteilung auf die Länder erfolgt durch das Bundesamt für Migration und Flüchtlinge. [4] Solange die Länder für die Verteilung keinen abweichenden Schlüssel vereinbart haben, gilt der für die Verteilung von Asylbewerbern festgelegte Schlüssel.

(4) [1] Die oberste Landesbehörde oder die von ihr bestimmte Stelle erlässt eine Zuweisungsentscheidung. [2] Die Landesregierungen werden ermächtigt, die Verteilung innerhalb der Länder durch Rechtsverordnung zu regeln, sie können die Ermächtigung durch Rechtsverordnung auf andere Stellen übertragen; § 50 Abs. 4 des Asylverfahrensgesetzes findet entsprechende Anwendung. [3] Ein Widerspruch gegen die Zuweisungsentscheidung findet nicht statt. [4] Die Klage hat keine aufschiebende Wirkung.

(5) [1] Der Ausländer hat keinen Anspruch darauf, sich in einem bestimmten Land oder an einem bestimmten Ort aufzuhalten. [2] Er hat seine Wohnung und seinen gewöhnlichen Aufenthalt an dem Ort zu nehmen, dem er nach den Absätzen 3 und 4 zugewiesen wurde.

(6) [1] Die Ausübung einer selbständigen Tätigkeit darf nicht ausgeschlossen werden. [2] Für die Ausübung einer Beschäftigung gilt § 4 Abs. 2.

(7) Der Ausländer wird über die mit dem vorübergehenden Schutz verbundenen Rechte und Pflichten schriftlich in einer ihm verständlichen Sprache unterrichtet.

Vorläufige Anwendungshinweise

24 Zu § 24 Aufenthaltsgewährung zum vorübergehenden Schutz
24.0.1 § 24 setzt die Richtlinie 2001/55/EG des Rates vom 20. Juli 2001 über Mindestnormen für die Gewährung vorübergehenden Schutzes im Falle eines Massenzustroms von Vertriebenen und über Maßnahmen zur Förderung einer ausgewogenen Verteilung der mit der Aufnahme dieser Personen und den Folgen dieser Aufnahme verbundenen Belastungen auf die Mitgliedstaaten (ABl. EG Nr. L 212 S. 12) in nationales Recht um. Die Regelung dient der europäischen Harmonisierung bei der Aufnahme und der Schutzgewährung für Flüchtlinge aus Kriegs- oder Bürgerkriegsgebieten. Das Bundesamt für Migration und Flüchtlinge führt nach §§ 91 a f. ein Register zum vorübergehenden Schutz.
24.0.2 Die Vorschrift setzt in jedem Fall einen vorangehenden Beschluss des Rates der EU voraus. Im Hinblick auf den dadurch gegebenen zeitlichen Vorlauf und den Umstand, dass zum Zeitpunkt des Inkrafttretens des Zuwanderungsgesetzes Detailregelungen für einen Anwendungsfall dieser Vorschrift noch nicht erforderlich sind, werden entsprechende Hinweise den Verwaltungsvorschriften vorbehalten.

I. Entstehungsgeschichte

Die Vorschrift entspricht im Wesentlichen dem **GesEntw** (BT-Drs 15/420 S. 12 f); 1 aufgrund des Vermittlungsverf wurde S. 2 in Abs 1 gestrichen, der das Register beim BAMF (vgl §§ 91 a, 91 b) betraf (BT-Drs 15/3479 S. 5). Der Hs. 2 in Abs 4 S. 2 wurde mit Wirkung vom 18. 3. 2005 eingefügt (Art 1 Nr 3 ÄndGes vom 14. 3. 2005, BGBl. I 721).

II. Allgemeines

Mit dieser Vorschrift wird die RL 2001/55/EG (Text in Teil 5 Nr 5.7) – nach Ablauf der 2 Umsetzungsfrist – in innerstaatl Recht **umgesetzt**. Infolge dessen werden nur die dem dt

Gesetzgeber obliegenden Aufgaben geregelt. Hinsichtlich des Aufnahmegrunds und des AufTit ist lediglich auf die RL Bezug genommen. Dort sind neben den Definitionen auch die Dauer und Durchführung des vorübergehenden Schutzes u. die Pflichten der Mitgliedstaaten gegenüber den aufgenommenen Flüchtlingen näher bestimmt. Über die Aufnahme führt das BAMF ein eigenes Register (§§ 91 a, 91 b).

III. Aufnahme

1. Allgemeines

3   Die formelle Aufnahme erfolgt durch einen **EU-Rats-Beschluss,** der neben der Beschreibung der aufgenommenen Personengruppen u. der Bestimmung des Beginns des vorübergehenden Schutzes auch Informationen über die Aufnahmekapazitäten der Mitgliedstaaten enthält (Art 5 RL 2001/55/EG). Diese Kapazitäten bestimmen die Verteilung auf die Mitgliedstaaten (vgl Art 25 RL). Die daraus folgenden Verpflichtungen der Mitgliedstaaten ergeben sich aus der RL. Diese sind gehalten, erforderlichenfalls jede Hilfe zur Erlangung notwendiger Visa zu leisten (Art 8 III) u. den Flüchtlingen ein Dokument über die für sie bedeutsamen Fragen in einer Sprache zu überreichen, von der angenommen werden kann, dass sie sie verstehen (Abs 7; Art 9 RL). Eine Familienzusammenführung ist möglich (Art 15 RL).

2. Rechtsstellung

4   Wem danach vorübergehender Schutz gewährt wird, erhält nach einer Aufnahme in Deutschland, mit der er einverstanden sein muss, eine **AE** für die Dauer von **längstens einem Jahr;** nach Maßgabe eines Ratsbeschlusses endet dieser Zeitraum auch schon früher (Art 4, 6 RL). Die Mindestbedingungen sind in Art 9 bis 16 RL festgelegt. Eine selbständige **Erwerbstätigkeit** darf entsprechend Art 12 nicht ausgeschlossen werden, sondern sie ist ungeachtet der befristeten Aufnahme wie anderen Ausl zugänglich. Eine Beschäftigung richtet sich nach § 4 II, bedarf also in aller Regel der Zustimmung der BA. Der Zugang zu Bildung u. Ausbildung ist beschränkbar (Art 14 RL).
5   **Sozialhilfe** u. Unterhaltsleistungen sowie Krankenversorgung sind gewährleistet, letztere aber uU nur im Notfall u. beschränkt auf das unbedingt Erforderliche (Art 13 I–III RL). Unbegleiteten Minderjährigen u. Traumatisierten ist die erforderliche medizinische oder sonstige Hilfe garantiert (Art 13 IV RL; dazu Peter, ZAR 2005, 11). Unbegleitete Minderjährige müssen so bald wie möglich einen Vertreter erhalten u. untergebracht werden (Art 16 RL; dazu ebenfalls Peter aaO).
6   Die **Beendigung** des vorübergehenden Schutzes tritt nach Zeitablauf oder aufgrund eines Rats-Beschlusses ein (Art 6). Der anschließende Aufenthalt richtet sich dem AufenthG (Art 20). Die freiwillige Rückkehr wird gefördert (Art 21 RL). Vor einer zwangsweisen Rückkehr muss geprüft werden, ob die Rückkehr in besonderen Fällen aus zwingenden humanitären Gründen unzumutbar ist (Art 22 II). In der Regel ist die Rückkehr nach Beendigung der Gefahrensituation zumutbar, bei den Feststellungen in dem Rats-Beschluss ist aber die Achtung der Menschenwürde unterstellt (Art 6 II). Wenn die Rückreise aus Gesundheitsgründen vernünftigerweise nicht zugemutet werden kann, ist die Abschiebung ausgeschlossen (Art 23 I RL).

3. Verteilung

7   Die **interne Verteilung** erfolgt mangels eines anderweitigen Beschlusses der Länder nach dem Schlüssel des § 45 AsylVfG. Auch die Verteilung in den Ländern folgt im Wesentlichen den Regeln für AsylBew (vgl § 50 AsylVfG).

Aufenthalt aus humanitären Gründen § 25 **AufenthG 1**

4. Schutzverfahren

Durch den vorübergehenden Schutz wird eine GK-Anerkennung nicht berührt u. ein **Asylgesuch** nicht ausgeschlossen (Art 3 I, 17, 19 RL). 8

§ 25 Aufenthalt aus humanitären Gründen

(1) ¹ Einem Ausländer ist eine Aufenthaltserlaubnis zu erteilen, wenn er unanfechtbar als Asylberechtigter anerkannt ist. ² Dies gilt nicht, wenn der Ausländer aus schwerwiegenden Gründen der öffentlichen Sicherheit und Ordnung ausgewiesen worden ist. ³ Bis zur Erteilung der Aufenthaltserlaubnis gilt der Aufenthalt als erlaubt. ⁴ Die Aufenthaltserlaubnis berechtigt zur Ausübung einer Erwerbstätigkeit.

(2) ¹ Einem Ausländer ist eine Aufenthaltserlaubnis zu erteilen, wenn das Bundesamt für Migration und Flüchtlinge unanfechtbar das Vorliegen der Voraussetzungen des § 60 Abs. 1 festgestellt hat. ² Absatz 1 Satz 2 bis 4 gilt entsprechend.

(3) ¹ Einem Ausländer soll eine Aufenthaltserlaubnis erteilt werden, wenn die Voraussetzungen für die Aussetzung der Abschiebung nach § 60 Abs. 2, 3, 5 oder 7 vorliegen. ² Die Aufenthaltserlaubnis wird nicht erteilt, wenn die Ausreise in einen anderen Staat möglich und zumutbar ist, der Ausländer wiederholt oder gröblich gegen entsprechende Mitwirkungspflichten verstößt oder schwerwiegende Gründe die Annahme rechtfertigen, dass der Ausländer

a) ein Verbrechen gegen den Frieden, ein Kriegsverbrechen oder ein Verbrechen gegen die Menschlichkeit im Sinne der internationalen Vertragswerke begangen hat, die ausgearbeitet worden sind, um Bestimmungen bezüglich dieser Verbrechen festzulegen,

b) eine Straftat von erheblicher Bedeutung begangen hat,

c) sich Handlungen zuschulden kommen ließ, die den Zielen und Grundsätzen der Vereinten Nationen, wie sie in der Präambel und den Artikeln 1 und 2 der Charta der Vereinten Nationen verankert sind, zuwiderlaufen, oder

d) eine Gefahr für die Allgemeinheit oder eine Gefahr für die Sicherheit der Bundesrepublik Deutschland darstellt.

(4) ¹ Einem Ausländer kann für einen vorübergehenden Aufenthalt eine Aufenthaltserlaubnis erteilt werden, solange dringende humanitäre oder persönliche Gründe oder erhebliche öffentliche Interessen seine vorübergehende weitere Anwesenheit im Bundesgebiet erfordern. ² Eine Aufenthaltserlaubnis kann abweichend von § 8 Abs. 1 und 2 verlängert werden, wenn auf Grund besonderer Umstände des Einzelfalls das Verlassen des Bundesgebiets für den Ausländer eine außergewöhnliche Härte bedeuten würde.

(5) ¹ Einem Ausländer, der vollziehbar ausreisepflichtig ist, kann abweichend von § 11 Abs. 1 eine Aufenthaltserlaubnis erteilt werden, wenn seine Ausreise aus rechtlichen oder tatsächlichen Gründen unmöglich ist und mit dem Wegfall der Ausreisehindernisse in absehbarer Zeit nicht zu rechnen ist. ² Die Aufenthaltserlaubnis soll erteilt werden, wenn die Abschiebung seit 18 Monaten ausgesetzt ist. ³ Eine Aufenthaltserlaubnis darf nur erteilt werden, wenn der Ausländer unverschuldet an der Ausreise gehindert ist. ⁴ Ein Verschulden des Ausländers liegt insbesondere vor, wenn er falsche Angaben macht oder über seine Identität oder Staatsangehörigkeit täuscht oder zumutbare Anforderungen zur Beseitigung der Ausreisehindernisse nicht erfüllt.

Vorläufige Anwendungshinweise

25 Zu § 25 Aufenthalt aus humanitären Gründen

25.1 Aufenthaltserlaubnis für anerkannte Flüchtlinge
25.1.1 Absatz 1 regelt die Erteilung einer Aufenthaltserlaubnis für die nach Artikel 16 a GG unanfechtbar anerkannten Asylberechtigten. Im Unterschied zur bisherigen Rechtslage wird nach Anerkennung

als Asylberechtigter nicht sofort ein unbefristeter Aufenthaltstitel, sondern zunächst die Aufenthaltserlaubnis regelmäßig für 3 Jahre erteilt (§ 26 Abs. 1).
25.1.2 Nach Absatz 1 Satz 2 darf eine Aufenthaltserlaubnis im Falle einer Ausweisung aus schwerwiegenden Gründen der öffentlichen Sicherheit und Ordnung nicht erteilt werden. In diesen Fällen ist über die Aussetzung der Abschiebung eine Bescheinigung nach § 60 a Abs. 4 zu erteilen. Hinsichtlich der Ausweisung aus schwerwiegenden Gründen der öffentlichen Sicherheit und Ordnung siehe Nummern 56.1.0.1 ff.
25.1.3 Nach Absatz 1 Satz 3 tritt bis zur Erteilung der Aufenthaltserlaubnis die Erlaubnisfiktion ein.
25.1.4 Nach Absatz 1 Satz 4 gestattet die erteilte Aufenthaltserlaubnis uneingeschränkte Erwerbstätigkeit.

25.2 Aufenthaltserlaubnis für Konventionsflüchtlinge
25.2.1 Absatz 2 regelt die Aufenthaltsgewährung für die als „kleines Asyl" bezeichneten Fälle des § 60 Abs. 1. Auf der Grundlage der unanfechtbaren Feststellung des Bundesamts für Migration und Flüchtlinge, dass für eine Person ein Abschiebungshindernis nach § 60 Abs. 1 vorliegt, ist unter im Übrigen gleichen Voraussetzungen wie in Absatz 1 eine Aufenthaltserlaubnis zu erteilen. Dies orientiert sich an der bisherigen Regelung in § 70 Abs. 1 AsylVfG. Sowohl die erweiterten Voraussetzungen des § 60 Abs. 1 als auch die Erteilung einer Aufenthaltserlaubnis, die zu Vergünstigungen beim Familiennachzug (§ 29 Abs. 1 und 2 i. V. m. § 30 Abs. 1 Nr 2) führt, haben für die Betroffenen eine günstigere Behandlung zur Folge.
25.2.2 Die in Absatz 1 Sätze 2 bis 4 geregelten Tatbestände des Ausschlusses vom Aufenthaltsrecht der Erlaubnisfiktion und der Berechtigung zur Erwerbstätigkeit gelten auch bei Erteilung einer Aufenthaltserlaubnis in den Fällen des § 60 Abs. 1.

25.3 Aufenthaltserlaubnis bei Abschiebungsverbot nach § 60 Abs. 2 bis 7
25.3.1 § 25 Abs. 3 schließt auch an die bisher in § 55 Abs. 2 und § 30 Abs. 3 und 4 AuslG enthaltenen Regelungen an, knüpft aber am Begriff der Ausreise an. Satz 2 stellt sicher, dass kein Aufenthaltstitel erteilt wird, wenn die Ausreise in einen anderen Staat möglich und zumutbar ist. In diesen Fällen bleibt es bei der Duldung nach § 60 a, es wird eine Bescheinigung über die Aussetzung der Abschiebung (§ 60 a Abs. 4) erteilt.
25.3.2.1 In allen Fällen, in denen die Ausreise möglich und zumutbar ist, darf kein Aufenthaltstitel erteilt werden. Dies gilt sowohl für die zwangsweise Rückführung als auch für die freiwillige Ausreise. Ein anderer Staat ist ein Drittstaat, in dem der betroffenen Person die genannten Gefahren nicht drohen.
25.3.2.2 Möglich ist die Ausreise, wenn die betroffene Person in den Drittstaat einreisen und sich – zumindest vorübergehend – aufhalten darf. Die Ausreise ist zumutbar, wenn die mit dem Aufenthalt im Drittstaat verbundenen Folgen die betroffene Person nicht stärker treffen als die Bevölkerung des Drittstaates oder die Bevölkerungsgruppe, der der Betroffene angehört. Dies betrifft beispielsweise Fälle von gemischt nationalen Ehen, wenn dem Ehepartner die Einreise und der Aufenthalt im Heimatstaat des anderen Ehepartners erlaubt wird oder wenn der betroffenen Person aufgrund seiner ethnischen Zugehörigkeit Einreise und Aufenthalt in einem Drittstaat gestattet wird.
25.3.2.3 Die Darlegung, in welchen Staat eine Ausreise möglich ist, obliegt der Ausländerbehörde. Sie hat sich dabei an konkreten Anhaltspunkten zu orientieren. Maßgeblich für die Auswahl ist die Beziehung der betroffenen Person zum Drittstaat (Beispiele: Ausländer hat einen Aufenthaltstitel für einen Drittstaat oder hat lange dort gelebt; Ehepartner oder nahe Verwandte sind Drittstaatsangehörige; Ausländer gehört einer Volksgruppe an, der im Drittstaat regelmäßig Einreise und Aufenthalt ermöglicht wird) und die Aufnahmebereitschaft des Drittstaates. Der Ausländer kann hiergegen Einwendungen geltend machen.
25.3.2.4 Die Zumutbarkeit der Ausreise wird vermutet, sofern der Ausländerbehörde keine gegenteiligen Hinweise vorliegen. Die mit dem Aufenthalt im Drittstaat verbundenen Folgen dürfen den Ausländer nicht stärker treffen als die Bevölkerung oder die Bevölkerungsgruppe der er angehört. Unzumutbar ist die Ausreise in den Drittstaat insbesondere dann, wenn dem Ausländer dort die „Kettenabschiebung" in den Verfolgerstaat droht.
25.3.3.1 Eine Aufenthaltserlaubnis darf auch nicht erteilt werden, wenn der Ausländer wiederholt oder gröblich gegen entsprechende Mitwirkungspflichten verstößt. Die Vorschrift sanktioniert nicht die wiederholte oder gröbliche Verletzung aller Mitwirkungspflichten. Der Ausländer muss vielmehr eine gesetzliche Mitwirkungspflicht verletzt haben, wodurch die Ausreise in einen anderen Staat gegenwärtig nicht möglich oder zumutbar ist. Hierzu zählen insbesondere die ausweisrechtlichen Mitwirkungspflichten sowie die Pflichten bei der Feststellung und Sicherung der Identität und der Beschaffung gültiger Heimreisepapiere (§§ 48, 49, 82 Abs. 4 AufenthG, §§ 15, 16 AsylVfG).

Aufenthalt aus humanitären Gründen § 25 **AufenthG 1**

25.3.3.2 Der einfache Verstoß gegen diese Mitwirkungspflichten reicht nicht aus. Ausreichend ist es wenn der Ausländer mehr als einmal gegen entsprechende Mitwirkungspflichten verstoßen hat, wobei der Verstoß gegen unterschiedliche Mitwirkungspflichten genügt. Eine einmalige Verletzung der Mitwirkungspflichten ist dann ausreichend, wenn es sich um einen gröblichen Verstoß handelt.
25.3.4.1 Eine Aufenthaltserlaubnis darf auch dann nicht erteilt werden, wenn der Ausländer der Aufenthaltsgewährung unwürdig ist, weil schwerwiegende Gründe die Annahme rechtfertigen, dass er unter eine der aufgeführten vier Personengruppen fällt. Die Regelung des § 25 Abs. 3 wiederholt in Teilen (Buchstaben a und c) den Wortlaut des Artikel 1 F GFK bzw. gibt den inhaltlich identischen Artikel 17 Abs. 1 der Richtlinie über Mindestnormen für die Anerkennung und den Status von Drittstaatsangehörigen und Staatenlosen als Flüchtlinge oder als Personen, die anderweitig internationalen Schutz benötigen, wieder. Nach diesen Vorschriften sollen Ausländer, die des internationalen Flüchtlingsschutzes für unwürdig erachtet werden, aus der Gruppe der Flüchtlinge ausgeschlossen werden. Demgemäß sieht § 60 Abs. 8 Satz 2 vor, der § 51 Abs. 3 Satz 2 AuslG entspricht, dass diese Personen keinen Abschiebungsschutz genießen. Allerdings wird hierdurch der subsidiäre Schutz aufgrund anderer völkerrechtlicher Instrumente, wie der EMRK und VN-Folterkonvention, nicht ausgeschlossen. § 60 Abs. 8 schließt demgemäß nur den Abschiebungsschutz in den Fällen des § 60 Abs. 1 aus. Durch die Aufnahme der vier Tatbestände in § 25 Abs. 3 wird klargestellt, dass für diese Personen kein Aufenthaltsrecht im Rahmen des subsidiären Schutzes gewährt wird, auch wenn ein Abschiebungsverbot besteht.
25.3.4.2 Die Fallgruppen der Buchstaben b und d gehen über den Wortlaut von Artikel 1 F GFK, Artikel 17 Abs. 1 der Anerkennungsrichtlinie und § 60 Abs. 8 hinaus. Da es sich hier um die Gewährung subsidiären Schutzes und nicht um die Anerkennung als Asylberechtigter und auch nicht um den Ausschluss eines Abschiebungsverbotes geht, sind diese beiden Tatbestände weiter gefasst. Eine Straftat von erheblicher Bedeutung liegt nicht erst dann vor, wenn der Ausländer ein Verbrechen oder ein besonders schweres Vergehen im Sinne des § 60 Abs. 8 Satz 1 begangen hat. Auch muss nicht bis zur rechtskräftigen Verurteilung des Ausländers zugewartet werden.
25.3.5 Zwingende Versagungsgründe oder Erteilungsverbote sind anzuwenden.
25.3.6 Bei abgelehnten Asylbewerbern ist zu beachten, dass Ausländern, deren Asylantrag als offensichtlich unbegründet abgelehnt worden ist, gemäß § 10 Abs. 3 vor ihrer Ausreise eine Aufenthaltserlaubnis nicht erteilt werden darf.

25.4 Aufenthaltserlaubnis für vorübergehenden Aufenthalt aus dringenden humanitären oder politischen Gründen
25.4.1.1 Die Regelung bietet die Möglichkeit für die Erteilung einer befristeten Aufenthaltserlaubnis für einen vorübergehenden Aufenthalt in den Fällen, in denen bisher nach § 55 Abs. 3 AuslG die Abschiebung ausgesetzt werden konnte (Duldung). Ein Daueraufenthalt soll über diese Vorschrift nicht eröffnet werden. Der Ausländer muss sich bereits im Bundesgebiet befinden. In Fällen, in denen der Ausländer vollziehbar ausreisepflichtig ist, kommt die Erteilung einer Aufenthaltserlaubnis nur in Härtefällen nach § 23a oder nach § 25 Abs. 5 in Betracht. Dies ergibt sich daraus, dass § 25 Abs. 5 und § 23a Spezialbestimmungen sind, die ausdrücklich von vollziehbar ausreisepflichtigen Ausländern sprechen.
25.4.1.2 Bei der Prüfung, ob dringende humanitäre Gründe vorliegen, ist auf die individuellkonkreten Umstände des Einzelfalls abzustellen. Nicht berücksichtigt werden kann damit insbesondere die Unmöglichkeit, im Ausland eine zur Bestreitung des Lebensunterhalts erforderliche Arbeit zu finden. Der Ausländer muss sich aufgrund besonderer Umstände in einer auf seine Person bezogenen Sondersituation befinden, die sich deutlich von der Lage vergleichbarer Ausländer unterscheidet. Das Verlassen des Bundesgebiets in einen Staat, in dem keine entsprechenden Ausbildungs- und Berufsmöglichkeiten bestehen, ist für sich allein kein dringender humanitärer Grund.
25.4.1.3 Dringende persönliche Gründe können z. B. in folgenden Fällen angenommen werden:
– Durchführung einer Operation oder Abschluss einer ärztlichen Behandlung, die im Herkunftsland nicht oder nicht in ausreichendem Maße gewährleistet ist,
– vorübergehende Betreuung eines schwer kranken Familienangehörigen,
– eine unmittelbar bevorstehende Heirat mit einem Deutschen oder einem Ausländer, der einen Aufenthaltstitel besitzt,
– Abschluss einer Schul- oder Berufsausbildung, sofern sich der Schüler oder Auszubildende bereits kurz vor dem angestrebten Abschluss, also zumindest im letzten Schul- bzw. Ausbildungsjahr befindet.
25.4.1.4 Erhebliche öffentliche Interessen können vorliegen, wenn
– der Ausländer als Zeuge in einem Gerichts- oder Verwaltungsverfahren benötigt wird oder
– mit deutschen Behörden bei der Ermittlung von Straftaten vorübergehend zusammenarbeitet.

25.4.1.5 Dringende humanitäre oder persönliche Gründe oder erhebliche öffentliche Interessen erfordern den weiteren Aufenthalt nur, wenn das mit dem weiteren Aufenthalt des Ausländers angestrebte Ziel nicht auch in zumutbarer Weise im Ausland erreicht werden kann.

25.4.2.1 Satz 2 schafft eine Ausnahmemöglichkeit für die Verlängerung einer Aufenthaltserlaubnis in Fällen, in denen bereits ein rechtmäßiger Aufenthalt besteht und das Verlassen des Bundesgebietes für den Ausländer eine außergewöhnliche Härte bedeuten würde. Die Regelung entspricht inhaltlich der Möglichkeit zur Erteilung einer Aufenthaltsbefugnis nach § 30 Abs. 2 AuslG. Es handelt sich hierbei um eine eigenständige Möglichkeit der Verlängerung, unabhängig von den Voraussetzungen des Satzes 1. Bei der Verlängerung darf von den Bestimmungen des § 8 Abs. 1 und 2 abgewichen werden. Verlängerungen sind in diesen Fällen somit auch dann möglich, wenn die zuständige Behörde die Verlängerung ursprünglich durch Nebenstimmung ausdrücklich ausgeschlossen hat.

25.4.2.2 Eine außergewöhnliche Härte setzt voraus, dass der Ausländer sich in einer individuellen Sondersituation befindet, aufgrund derer ihn die Aufenthaltsbeendigung nach Art und Schwere des Eingriffs wesentlich härter treffen würde als andere Ausländer, deren Aufenthalt ebenfalls zu beenden wäre. Eine außergewöhnliche Härte kann sich für den Ausländer auch aus besonderen Verpflichtungen ergeben, die für ihn im Verhältnis zu dritten im Bundesgebiet lebenden Personen bestehen. Eine Aufenthaltserlaubnis kann nach § 25 Abs. 4 Satz 2 nur verlängert werden, wenn die Aufenthaltsbeendigung als regelmäßige Folge des Ablaufs bisheriger anderer Aufenthaltstitel unvertretbar wäre und dadurch konkretindividuelle Belange des Ausländers in erheblicher Weise beeinträchtigt würden.

25.4.2.3 Die Annahme einer außergewöhnlichen Härte kann nicht darauf gestützt werden, dass der Ausländer eine Arbeitsstelle in Aussicht hat. Ebenso wenig gehören politische Verfolgungsgründe (§ 60 Abs. 1 Satz 1) und Abschiebungshindernisse i. S. v. § 60 Abs. 2 bis 7 oder Ausbildungsaufenthalte zum Prüfungsrahmen gemäß § 25 Abs. 4 Satz 2 (keine die außergewöhnliche Härte bestimmenden persönlichen Merkmale).

25.4.2.4 Das Nichtvorliegen der tatbestandlichen Voraussetzungen anderer aufenthaltsrechtlicher Vorschriften rechtfertigt die Annahme einer außergewöhnlichen Härte nicht. Beruft sich beispielsweise ein Ausländer auf allgemeine Verhältnisse im Heimatstaat (z. B. Katastrophen- oder Kriegssituation), ist nur auf die Lage vergleichbarer Fälle aus oder in diesem Staat abzustellen. Allgemeine Verhältnisse im Heimatstaat, die unter Umständen der Ausreise des Ausländers aus dem Bundesgebiet vorübergehend entgegenstehen, fallen unter die Regelungsbereiche der §§ 23, 24 oder 60 a Abs. 1.

25.4.2.5 Zwingende Versagungsgründe oder Erteilungsverbote sind im Falle des § 25 Abs. 4 grundsätzlich anzuwenden. Nach § 5 Abs. 3 darf von den allgemeinen Erteilungsvoraussetzungen des § 5 Abs. 1 und 2 abgesehen werden.

25.4.2.6 Bei abgelehnten Asylbewerbern ist § 10 Abs. 3 zu beachten.

25.5 Aufenthaltserlaubnis in Fällen, in denen die Ausreise aus rechtlichen oder tatsächlichen Gründen unmöglich ist
25.5.0 § 25 Abs. 5 regelt die Aufenthaltsgewährung für die bislang in § 55 Abs. 4 AuslG genannten Fälle. Allerdings kommt es nach § 25 Abs. 5 auch darauf an, dass die Ausreisehindernisse nicht nur für einen kurzen überschaubaren Zeitraum bestehen. Zudem darf kein Ausschlussgrund nach Satz 3 vorliegen.

25.5.1.1 Im Rahmen des Ermessens kann nach Satz 1 eine Aufenthaltserlaubnis erteilt werden, wenn die Ausreise des Ausländers aus tatsächlichen oder rechtlichen Gründen unmöglich ist und mit dem Wegfall der Ausreisehindernisse in absehbarer Zeit nicht zu rechnen ist.

25.5.1.2 Der Begriff der Ausreise entspricht der Definition in Absatz 3. Ein Ausreisehindernis liegt nicht vor, wenn zwar eine Abschiebung nicht möglich ist, z. B. weil eine Begleitung durch Sicherheitsbeamte nicht durchgeführt werden kann, eine freiwillige Ausreise jedoch möglich und zumutbar ist. Dieser Ansatz ist bereits in § 30 Abs. 3, 4 AuslG enthalten, wobei nunmehr an die Vollziehbarkeit und nicht mehr an die Unanfechtbarkeit der Ausreisepflicht angeknüpft wird.

25.5.1.3 Die Unmöglichkeit der Ausreise aus rechtlichen Gründen umfasst inlandsbezogene Ausreisehindernisse soweit diese nicht bereits durch Absatz 3 abgedeckt werden, beispielsweise aus Artikel 1, 2 GG bei schwerer Krankheit.

25.5.1.4 Die Unmöglichkeit aus tatsächlichen Gründen betrifft z. B. Fälle der Reiseunfähigkeit, unverschuldeter Passlosigkeit und unterbrochener oder fehlender Verkehrsverbindungen, sofern mit dem Wegfall der Hindernisse in absehbarer Zeit nicht zu rechnen ist.

25.5.1.5 Ist in absehbarer Zeit mit dem Wegfall des Ausreisehindernisses zu rechnen, darf keine Aufenthaltserlaubnis erteilt werden. Bei der Entscheidung über die Erteilung eines Aufenthaltstitels ist zu prognostizieren, ob das Ausreisehindernis auch in absehbarer Zeit bestehen wird. Dies würde beispielsweise dann gegeben sein, wenn das Ausreisehindernis seiner Natur nach nicht nur ein vorübergehendes ist, wenn beispielsweise aufgrund der aktuellen politischen Entwicklung im Herkunftsland

Aufenthalt aus humanitären Gründen § 25 **AufenthG** 1

vom baldigen Wegfall des Abschiebungshindernisses auszugehen ist oder wenn in Fällen von Passlosigkeit Rückübernahmeverhandlungen mit dem Herkunftsland aufgenommen worden sind. Ist aufgrund der Umstände des Falles erkennbar, dass das Ausreisehindernis für einen unbegrenzten Zeitraum bestehen wird, kann eine Aufenthaltserlaubnis erteilt werden.
25.5.1.6 Für die Erteilung der Aufenthaltserlaubnis kann nach § 5 Abs. 3 von den allgemeinen Erteilungsvoraussetzungen des § 5 Abs. 1 und 2 abgesehen werden. Von § 11 Abs. 1 darf abgewichen werden.
25.5.2 In der Regel soll bei Vorliegen der Voraussetzungen des Satzes 1 eine Aufenthaltserlaubnis erteilt werden, wenn die Abschiebung seit 18 Monaten ausgesetzt ist. Diese Regelung findet auch Anwendung auf Fälle, in denen nach dem Ausländergesetz die Abschiebung seit 18 Monaten ausgesetzt worden ist (vgl. § 102 Abs. 1). Durch diese Regelung kann in vielen Fällen auf sog. „Kettenduldungen" verzichtet werden. Ist allerdings mit dem Wegfall der Ausreisehindernisse in absehbarer Zeit zu rechnen (siehe Nummer 25.5.1.5), ist keine Aufenthaltserlaubnis zu erteilen.
25.5.3 Die Sätze 3 und 4 stellen sicher, dass eine Aufenthaltserlaubnis nur erteilt wird, wenn positiv festgestellt ist, dass der Ausländer unverschuldet an der Ausreise gehindert ist. Satz 4 nennt beispielhaft Fälle, in denen ein Verschulden des Ausländers immer vorliegt, nämlich bei Täuschung über seine Identität oder Nationalität oder wenn er zumutbare Anforderungen zur Beseitigung der Ausreisehindernisse, beispielsweise die Mitwirkung bei der Beschaffung von Heimreisedokumenten durch Zeichnung einer so genannten Freiwilligkeitserklärung oder durch Vorlage der für das Heimreisedokument erforderlichen Fotos, nicht erfüllt. Auch soweit das Ausreisehindernis darauf beruht, dass der Ausländer erforderliche Angaben verweigert hat, ist des selbst zu vertreten und schließt die Erteilung einer Aufenthaltserlaubnis aus.
25.5.4 Bei abgelehnten Asylbewerbern ist zu beachten, dass Ausländern, deren Asylantrag als offensichtlich unbegründet abgelehnt worden ist, gemäß § 10 Abs. 3 vor dr Ausreise eine Aufenthaltserlaubnis nicht erteilt werden darf.

Übersicht

	Rn
I. Entstehungsgeschichte	1
II. Allgemeines	2
III. Asylberechtigung	7
1. Rechtstellung	7
2. Vorherige Ausweisung	15
IV. GK-Flüchtlingsstatus	18
V. Abschiebungsschutzrechte	21
VI. Vorübergehende Aufenthaltsgründe	29
VII. Ausreisehindernisse	32
VIII. Verwaltungsverfahren und Rechtsschutz	38

I. Entstehungsgeschichte

Die Vorschrift wurde gegenüber dem **GesEntw** (BT-Drs 15/420 S. 5) aufgrund des 1 während des Vermittlungsverf an mehreren Stellen verändert (BT-Drs 15/3479 S. 5). Außer der Änderung von Bezugnahmen in Abs 3 S. 1 wurde dort in S. 2 die gesamte Passage ab „zumutbar ist" eingefügt u. die Abs 5 u. 6 des Entw durch den neuen Abs 5 ersetzt, wobei Abs 5 des Entw in die Regelung des § 23 a übernommen wurde.

II. Allgemeines

In dieser Vorschrift sind die wichtigsten Bestimmungen zum Schutz von Flüchtlingen aus 2 rechtlichen u. tatsächlichen Gründe aufgrund von **Einzelfallprüfungen** zusammengefasst. Früher waren sie außer in §§ 30, 31 AuslG auch in §§ 68, 70 AsylVfG zu finden. Während spezielle Formen der Aufenthaltsgewährung zu humanitären Aufenthaltszwecken auch an anderer Stelle geregelt sind (§§ 22–24), betreffen die Bestimmungen des § 25 eher die Gruppen mit größeren Fallzahlen u. mit einem breiteren Anwendungsbereich.

3   Die Bestimmungen sind zwar durch humanitäre Motive beeinflusst u. zT sind davon Personen erfasst, die als **De-facto-Flüchtlinge** bezeichnet werden (zu diesem Personenkreis Fastenau, ZAR 1990, 36 Folz/Krämer, ZAR 1990, 167; Gusy, ZAR 1988, 158; Hailbronner, ZAR 1987, 3 u. 1993, 3 u. 1995, 3; Hofmann, ZAR 1990, 11; Karnetzki/Thomä-Venske, Schutz für de-facto Flüchtlinge, 1988; Otto-Benecke-Stiftung, Hrsg., Asylnovelle 1987 und Schutz der De-facto-Flüchtlinge, 1987; Rothkegel, ZAR 1988, 99). Dabei darf aber nicht außer Acht gelassen werden, dass früher unter diesem Begriff zT alle diejenigen Flüchtlinge versammelt wurden, die über keinen formalisierten Rechtsstatus verfügten, obwohl sie sich für ihren weiteren Verbleib auf Rechtsgründe berufen konnten. So stand Flüchtlingen, die in Deutschland nicht die Voraussetzungen des Art 16 II 2 GG aF erfüllten, zunächst keine AufErl zu, sondern lediglich ein nicht formalisierter Abschiebungsschutz nach § 14 AuslG 1965, was dazu führte, dass damals vom „Kleinen Asyl" gesprochen wurde. Erst mit der Konzentration der Entscheidungen über Asyl- u. Flüchtlingsanerkennung beim BAFl u. dem Anspruch auf eine AufBef nach § 70 I AsylVfG aF wurde für GK-Flüchtlinge ein ordentlicher Aufenthaltsstatus zur Verfügung gestellt.

4   Mit der jetzt vorgenommenen **Neuordnung** ist eine wesentliche Verbesserung hinsichtlich der Tatbestände u. der Rechtsfolgen für die unterschiedlichen Flüchtlingsgruppen erreicht. Nüchtern betrachtet ist hierin der Fortschritt zu sehen, den das ZuwG für den Flüchtlingsschutz enthält. Mit den Definitionen des § 60 I ist klargestellt, dass einige Personengruppen unter den Schutz der GK fallen, denen früher nur de facto ein unzulänglicher Schutz über § 53 VI AuslG zur Verfügung stand. Außerdem ist GK-Flüchtlingen nunmehr in Abs 2 ein Rechtsanspruch auf eine AE verliehen, ohne dass wie früher nach § 70 I AsylVfG aF noch die Möglichkeit einer Abschiebung in Drittstaaten zu prüfen ist. Schließlich ist die Bedeutung der vr Verpflichtungen aus der GK zusätzlich durch die aufr Gleichstellung mit Asylber hervorgehoben. Nunmehr ist nämlich die rechtliche Stellung der GK-Flüchtlinge denen der Asylber insgesamt angeglichen, weil die beiden Gruppen zustehende AE mittelbar eine Gleichbehandlung auch für sozialrechtliche Leistungen bewirkt. Letztendlich sind Verbesserungen auch für weitere Flüchtlingsgruppen erreicht, weil einigen von ihnen in Abs 3 ebenfalls Aufenthaltsansprüche eingeräumt sind (anders noch § 30 II AuslG).

5   **Geblieben sind** einmal Abweichungen bei der Feststellung politischer Verfolgung; denn die Klarstellungen in § 60 I hinsichtlich nichtstaatl u. geschlechtsbezogener Verfolgungsmaßnahmen gelten nicht (unmittelbar) für das AsylR aufgrund Art 16a GG. Außerdem gehen nach wie vor die nicht anerkannten Flüchtlinge leer aus, wenn sie sich hinsichtlich ihrer Ausreisepflicht nicht kooperationswillig zeigen. Dauerduldungen sollen vermieden werden, sind aber nicht ausnahmslos zu verhindern. Die Erteilung einer AE ist einerseits durch Abs 4 u. 5 in geringem Umfang gegenüber § 30 III u. IV AuslG erleichtert. Andererseits ist jetzt durchgehend auf die Unmöglichkeit der Ausreise u. nicht nur auf Hindernisse für die Abschiebung abgestellt.

6   Die in Betracht kommenden **Personengruppen** sind lückenlos erfasst. Nach Art 16a GG Asylber können aufgrund ihrer Anerkennung nach Abs 1 eine AE verlangen. Anerkannten GK-Flüchtlingen steht nach Abs. 2 derselbe Rechtsanspruch zu. Wegen der Bezugnahme auf § 60 I u. der dortigen Erwähnung des Begriff des ausl Flüchtlings neben dem Abschiebungsschutz erscheint es angebracht, in diesem Zusammenhang ausschließlich die Begriffe Konventionsflüchtling u. Flüchtlingsanerkennung zu verwenden. Der Begriff des Abschiebungsschutzes sollte dagegen auf die Fälle des Abs 3 beschränkt werden. Damit wird auch deutlicher, dass mit Abs 4 nicht rechtlichen Gründen u. Hindernissen Rechnung getragen werden soll, sondern andersartigen Interessen u. Belangen. Die Betonung des vorübergehenden Charakters des Aufenthalts nach Abs 4 könnte insofern missverständlich wirken, als auch die AufR nach Abs 1 u. 2 vorübergehend gelten, weil sie im Grundsatz auf die Dauer der Verfolgungsgefahr ausgerichtet u. durch sie begrenzt sind. Auf einen anderen

Aufenthalt aus humanitären Gründen § 25 **AufenthG 1**

Zeitrahmen stellt Abs 5 ab, weil dort ausdrücklich eine Unmöglichkeit der Ausreise auf absehbare Zeit unterstellt wird.

III. Asylberechtigung

1. Rechtsstellung

Nach Abs 1 begünstigt sind nur als **asylber** anerkannte Personen; insofern deckt sich der 7 Personenkreis mit dem des § 2 AsylVfG; eine Flüchtlingsanerkennung zählt nicht. Wer seinen Asylantrag auf die Flüchtlingsanerkennung beschränkt, erlangt die Rechtsstellung nach der GK u. Abs 2. Wem Familienasyl gewährt ist (§ 26), steht aufgrund seiner (abgeleiteten) Asylanerkennung gleich. Ehegatten u. minderjährige ledige Kinder iSd § 26 sind damit nicht unbedingt auf den Erwerb einer AE nach den allg für Ehegatten u. minderjährige Kinder Asylber geltenden Bestimmungen (§§ 27, 29 I, II, 30 I Nr 2, 32 I Nr 1) angewiesen.

Die AE entspricht im Grundsatz dem Verfassungsauftrag, den anerkannten politisch 8 Verfolgten nicht nur Aufenthalt zu gewähren (BVerfGE 49, 168), sondern auch die Grundlagen eines menschenwürdigen Daseins bereitzustellen (vgl BVerwGE 49, 202). Art 16 a gewährleistet zwar kein Daueraufenthaltsrecht, sondern nur Schutz während der Dauer der Verfolgung, dieser muss aber der Menschenwürde entsprechend ausgestaltet sein. Auch wenn die AE befristet ist, bietet sie doch eine geeignete u. **sichere Grundlage,** zumal sie mit der Berechtigung zur Ausübung einer (jeden) Erwerbstätigkeit verbunden ist u. damit ein eigenverantwortlich geführtes Leben ermöglicht.

Für die AE gelten die allg **Erteilungsvoraussetzungen** des § 5, allerdings mit den 9 Modifikationen nach § 5 II 2 u. III. Die AE darf nicht von einer Bedingung (§ 12 II 1) abhängig gemacht werden, Auflagen (§ 12 II 2) sind dagegen zulässig, soweit sie nicht dem Zweck der Asylanerkennung oder den Asylber garantierten Rechten zuwiderlaufen (BVerwGE 64, 285; vgl auch Art 2 III des 4. ZusProt zur EMRK). Insb darf die Freizügigkeit (Art. 26 GK) unter Beachtung des Verhältnismäßigkeitsgrundsatzes nur bei vom Asylber ausgehenden konkreten Gefährdungen durch Auflagen eingeschränkt werden (Leitenberger in Beitz/Wollenschläger, S. 586, 588 f). Eine Verteilung auf die Bundesländer (wie nach § 42 AuslG 1965) ist nicht mehr zulässig; sie darf auch nicht durch Auflagen ohne weitere ges Grundlage mittelbar wieder eingeführt werden.

Gegenüber § 68 AsylVfG aF (Anspruch auf unbefristete AufErl) ist allerdings nunmehr 10 der **vorübergehende Charakter** des Schutzes vor politischer Verfolgung stärker hervorgehoben. Der AufTit ist nicht mehr unbefristet wie nach § 68 AsylVfG aF, u. vor Erteilung der NE hat das BAMF zu überprüfen, ob die Anerkennung zu widerrufen ist (§§ 26 III AufenthG iVm § 73 IIa AsylVfG). Damit ist praktisch eine gewisse Verunsicherung verbunden, rechtlich bestand aber die Verpflichtung zum unverzüglichen Widerruf nach § 73 AsylVfG schon immer.

Die AE (oder NE) **erlischt** bei Ausweisung, Ausreise aus nicht nur vorübergehendem 11 Grunde oder nicht rechtzeitiger Rückkehr (§ 51 I Nr 5 u. 7). Dabei ist freilich zu beachten, dass eine Ausweisung nur aus schwerwiegenden Gründen der öffentlichen Sicherheit oder Ordnung erfolgen darf (§ 56 I 1 Nr 5) u. dem Asylber die Ausreise auch für eine längere Zeit großzügig ermöglicht werden muss (§ 51 IV), wenn dies wegen seines besonderen Schicksals als Verfolgter notwendig ist. Außerdem wird auch bei einem längeren Aufenthalt im Ausland nicht ohne weiteres einer der Beendigungstatbestände der §§ 72, 73 AsylVfG verwirklicht, die Asylanerkennung bleibt also als Grundlage des AE-Anspruchs erhalten mit der Folge, dass nach der Rückkehr (erneut) eine AE zu erteilen ist. Das Erlöschen der AE in den Fällen des § 51 I Nr 6 u. 7 ist zwar nicht im Hinblick auf die fortbestehende Asylberechtigung u. die Sonderregelung des § 51 VII grundsätzlich ausgeschlossen, aber von nur

12 Sofern die AE zu Unrecht erteilt worden ist, etwa aufgrund noch nicht bestandskräftig gewordener Anerkennung durch das BAMF oder gerichtlicher Verpflichtung zur Anerkennung, kann sie zumindest mit Wirkung für die Zukunft zurückgenommen werden (§ 48 I VwVfG bzw. Landes-VwVfG). Selbst eine rückwirkende **Rücknahme** könnte bedenkenfrei erfolgen, da der Asylbew in jedem Fall über die ges AufGest – wenn auch nicht über eine entsprechende Bescheinigung – verfügte u. dadurch hinreichend geschützt war (u. bleibt). Eine nachträgliche **Befristung** erscheint in diesem Fall kaum sachgerecht (aA zu § 7 IV AuslG 1965 in einem derartigen Fall wohl HessVGH, InfAuslR 1989, 86). Sie kommt nur bei Wegfall der Asylanerkennung als einer wesentlichen Voraussetzung für die Erteilung (§ 7 II 2) in Betracht, falls kein Widerruf erfolgt (zum Widerruf Rn 13).

13 Die (befristete) AE (oder die NE) kann nur **widerrufen** werden, wenn die Asylanerkennung erlischt, widerrufen oder zurückgenommen wird (§ 52 I 1 Nr 4). **Nichtbesitz eines Passes** oder Passersatzes (§ 52 I 1 Nr 1) genügt bei Asylber nicht für den Widerruf der AE oder NE; denn über einen gültigen Pass des Heimatstaats verfügt der Asylber idR nicht. Die vorübergehende **Ungültigkeit des GK-Reiseausweises** beeinträchtigt ebenfalls die Gültigkeit der AE oder NE nicht; sie berührt nicht einmal den Bestand der Asylanerkennung. Der **Wechsel der StAng** (§ 52 I 1 Nr 2) kann nicht unmittelbar, sondern nur mittelbar über das (festgestellte) Erlöschen der Asylanerkennung (§ 72 I Nr 3 AsylVfG) zum Widerruf der AE oder NE führen. Der **Verlust der bisherigen StAng** allein lässt die Asylanerkennung noch nicht entfallen (vgl § 72 I Nr 2 u. 3) u. berechtigt deswegen auch nicht schon zum Widerruf der AE oder NE nach § 52 I 1 Nr 2.

14 Die Aufrechterhaltung von § 68 I 2 AsylVfG durch Abs 1 S. 3 (anders noch § 29 I AsylVfG 1982) ist sachlich begründet; die **Überbrückung** bis zur Erteilung der AE durch ein ges AufR ist geboten u. angebracht. Diese Fiktion geht der des § 81 III vor.

2. Vorherige Ausweisung

15 Der Ausschluss des Anspruchs auf eine AE bei vorheriger Ausweisung aus qualifizierten Gründen knüpft an die Möglichkeit der Ausweisung u. Abschiebung Asylber (§§ 56 I 1 Nr 5, 60 VIII) an. Sie ist für sich genommen verfassungsrechtlich **nicht zu beanstanden,** bleibt doch dem Asylber zumindest die (wenn auch vage) Möglichkeit der Duldung (§ 60 a II) u. AE (Abs 4 u. 5). Bedenken bestehen freilich insoweit, als in Ausnahmefällen selbst die Abschiebung des Asylber nach Maßgabe des § 60 VIII nicht ausgeschlossen ist (vgl dort Rn 27).

16 Die Ausweisung muss **verfügt** sein; sie braucht nicht bestandskräftig oder sofort vollziehbar zu sein. Während nach § 29 II AsylVfG 1982 die Bestandskraft der Ausweisung vorausgesetzt war, wollte der Gesetzgeber für die Neuregelung in § 68 AsylVfG davon abgehen (vgl BT-Drs 12/2062 S. 38 zu § 66 AsylVfG-E: „Abs 2 entspricht inhaltlich § 29 II des geltenden AsylVfG. Auf die Bestandskraft der Ausweisung kommt es zunächst nicht an [vgl § 72 II AuslG]."). Nach der Asylanerkennung greift der Ausweisungsschutz nach § 48 I Nr 5 AuslG ein.

17 Die Vorschrift geht als **spezielle Regelung** den §§ 7 I, 11 I 1 vor. Dies schließt die **nachträgliche Befristung** der Ausweisungswirkungen (§ 11 I 3) nicht aus. Um den Ausl von der Ausreisepflicht freizustellen, müsste die Frist allerdings auf Null verkürzt werden, was ohne vorherige Ausreise nicht zulässig ist (§ 11 I 4).

IV. GK-Flüchtlingsstatus

18 Der **Personenkreis** des Abs 2 bestimmt sich zunächst nach § 60 I (vgl auch § 3 AsylVfG). Begünstigt sind also politisch Verfolgte, die eine förmliche Asylanerkennung nicht

beantragen oder aus den Gründen der §§ 27, 28 AsylVfG nicht erhalten. Die Entscheidung des BAMF oder des Gerichts muss unanfechtbar sein. Es besteht derselbe **Rechtsanspruch auf eine AE** wie bei dem Asylber nach Abs 1 S. 1. Zuvor gilt die Erlaubnisfiktion des Abs 1 S. 3 entsprechend (vgl Rn 14). Es ist nicht mehr wie nach § 70 I AsylVfG aF zu prüfen, ob die Abschiebung rechtlich oder tatsächlich nicht nur vorübergehend unmöglich ist. Die AE ist ebenso im Bestand gesichert wie bei Asylber (vgl Rn 9–13). Entsprechend anzuwenden ist aber auch der Ausschluss der Erteilung wegen zuvor verfügter Ausweisung (vgl Rn 15–17). Außerdem gelten die allg Erteilungsvoraussetzungen des § 5 mit den Besonderheiten für anerkannte Flüchtlinge (vgl Rn 9).

Ebenso wenig wie bei dem anerkannten Asylber kann bei dem Konventionsflüchtling das **befristete AufR** beanstandet werden. Die AE wird dem nach der GK notwendigen Schutz gerecht (vgl dazu auch § 2 AsylVfG Rn 16–21), da dieser auch nach der GK im Grundsatz nur für die Dauer der Verfolgungsgefahr gewährleistet ist. Im Vergleich zu der AufBef nach § 70 I AsylVfG aF ist ohnehin eine spürbare Verbesserung eingetreten (zu den Besonderheiten bei Erlöschen, Rücknahme u. Widerruf vgl §§ 72, 73 AsylVfG). Dazu gehört auch der garantierte Zugang zu jeder Art von Erwerbstätigkeit ohne die Notwendigkeit der Zustimmung der BA. 19

Der Rechtsstatus kann durch einen längeren **Auslandsaufenthalt** anders beeinflusst werden als bei Asylber (vgl dazu Rn 11). Die AE kann ebenso erlöschen wie bei einem Asylber. Damit ist zwar noch kein Beendigungstatbestand für die Flüchtlingsanerkennung nach §§ 72, 73 AsylVfG eingetreten. Die BR Deutschland ist aber von der Pflicht zur (erneuten) Erteilung der AE befreit, wenn ein anderer GK-Staat für die Ausstellung des GK-Reiseausweises zuständig geworden ist. Dabei sind die Bestimmungen des § 11 Anhang-GK unmittelbar zu beachten. 20

V. Abschiebungsschutzrechte

Der **Personenkreis,** dem nach Abs 3 eine AE erteilt werden soll, unterscheidet sich von Asylber u. GK-Flüchtlingen durch die Art der Grundlage für ihr Aufenthaltsbegehren. Es handelt sich aber in allen Fällen um Rechtsgründe u. nicht lediglich um tatsächliche Abschiebungshindernisse oder politische Gründe. Grundlage ist nämlich zum einen die EMRK (§ 60 II u. V) u. zum anderen Art 1, 2 GG (§ 60 VII) u. Art 102 GG (§ 60 III). Es sind also bei genauer Betrachtung De-iure-Flüchtlinge u. nicht De-facto-Flüchtlinge. Schwere u. Wahrscheinlichkeit der drohenden Rechtsverletzungen sind verschieden, die Gefahr kann sich aber als ebenso vorübergehend darstellen wie bei politisch Verfolgten nach Abs 1 oder 2. Da es sich zT um relative Gefahren handelt, die nur in einem bestimmten Staat zu erwarten sind, bleibt uU die Möglichkeit der gefahrlosen Einreise in andere Staaten. Mit Abs 3 sind die Folgen daraus gezogen, dass eine Duldung kurzfristig behebbare Hindernisse voraussetzt (§ 60a II), in den hier betroffenen Fallgruppen aber zumindest ein vorübergehender Aufenthalt ermöglicht werden muss (zur früheren Rechtslage ausführlich Heinhold, ZAR 2004, 27). 21

Das für diese Flüchtlinge vorgesehene **AufR** erschöpft sich daher nicht in einem bloßen Abschiebungsschutz. Auch insoweit ist eine teilweise Verbesserung gegenüber dem früheren Rechtszustand zu verzeichnen, als in einigen Fallgruppen tatsächlich von der Möglichkeit der Erteilung einer AufBef nach § 30 III oder IV AuslG nur zurückhaltend Gebrauch gemacht wurde u. die Betroffenen im Stand der bloßen Duldung verblieben, obwohl diese nur kurzfristig behebbare Hindernisse betraf (§ 55 II AuslG; dazu Heinhold, ZAR 2004, 27). Der **Soll-Anspruch** stellt einen Rechtsanspruch dar, weil die AE nicht in das Ermessen der AuslBeh gestellt ist, sondern von Rechts wegen erteilt werden soll. Gegenüber dem strikten Anspruch besteht nur die Besonderheit, dass die Verpflichtung zur Erteilung nicht besteht, wenn der Einzelfall so sehr von der vom Ges vorausgesetzten 22 typischen Konstellation abweicht, dass die Erteilung der AE eindeutig ungerechtfertigt erschiene. Sollbestimmungen sind allg dann nicht anzuwenden, wenn aus besonderen Gründen der ges Regelungszweck nicht erfüllt würde. Nur bei einer atypischen Fallgestaltung ist also der Rechtsanspruch nicht gegeben u. nach Ermessen zu entscheiden. Eine Berechtigung zur Ausübung einer Erwerbstätigkeit ist mit dieser AE anders als nach Abs 1 u. 2 nicht verbunden.

23   Für die AE gelten die allg **Erteilungsvoraussetzungen** des § 5 mit den Besonderheiten für Flüchtlinge (dazu Rn 9). Die Ablehnung des Asylantrags ist nicht hinderlich, es sei denn, der Antrag ist als offensichtlich unbegründet abgelehnt (§ 10 III). Bis zur Erteilung gilt kein besonders fiktives AufR wie nach Abs 1 S. 3.

24   **Ausgeschlossen** ist die Erteilung einer AE in 3 Fällen: Zumutbare Ausreise in einen Drittstaat; wiederholte oder gröbliche Verstöße gegen entsprechende Mitwirkungspflichten; schwerwiegende Gründe für schwere Verstöße in Anlehnung an Art 1 F Bst a u. c u. Art 33 II GK (Rn 25–28).

25   Von der AE ausgeschlossen ist, wer **zumutbarerweise** in einen anderen Staats **ausreisen** kann. Die Ausreise in einen Drittstaat führt nur dann zum Ausschluss des AufR in Deutschland, wenn dort Einreise u. ein nicht ganz kurzfristiger Aufenthalt gestattet sind. Ein vorübergehender Aufenthalt genügt; auch die AE in Deutschland vermittelt noch keinen Daueraufenthalt. Grundsätzlich muss der Aufenthalt in dem Drittstaat dazu geeignet u. dieser dazu bereit sein, eine Rückkehr des Ausl in den Heimatstaat u. die dort drohenden Gefahren auszuschließen. Das ist anzunehmen, wenn der Ausl in dem Drittstaat zB als Ehegatten eines dortigen StAng oder als Angehöriger einer dort willkommenen Personengruppe ein AufR besitzt oder erlangen kann. Gemeint ist jedenfalls nicht die Ausreise zB zum Zwecke einer Besuchsreise in andere Staaten. Zumutbar ist die Ausreise in den Drittstaat, wenn dort weder die Abschiebung in den Heimatstaat noch ähnlich unzumutbare Lebensbedingungen zu erwarten sind. Der Ausl muss dort ähnlich sicher sein wie nach § 27 I AsylVfG ein politisch Verfolgter in einem Drittstaat (vgl dazu § 27 AsylVfG Rn 32–36).

26   Nicht der **Verstoß** gegen irgendwelche **Mitwirkungspflichten** genügt zum Ausschluss, sondern nur die Verletzung „entsprechender" Pflichten. Es muss sich also um Pflichtverletzungen handeln, die zur Unmöglichkeit der Ausreise beigetragen haben. In Betracht kommen Pflichten im Zusammenhang mit der Feststellung der Identität u. der Beschaffung gültiger Heimreisedokumente (zB nach §§ 48, 49, 82 IV; §§ 15, 16 AsylVfG). Die Pflichtverstöße müssen entweder wiederholt oder in grober Weise begangen sein. Unzureichend ist also eine einmalige Missachtung einfacher Mitwirkungspflichten.

27   Der weitere Ausschlussgrund ist in Anlehnung an **supranationale Normen,** nämlich an die Gründe des Art 1 F u. 33 II GK formuliert u. stimmt inhaltlich mit Art 17 RL 2004/83/EG (Text in Teil 5 Nr 5.11) überein, die in Deutschland noch der Umsetzung bedarf. Die Ausschlussgründe stimmen nicht mit denen des § 60 VIII 1 (wie Art 33 II GK) u. 2 (wie Art 1 F Bst a bis c GK) überein, sondern gehen zT darüber hinaus. Dies kann als unbedenklich gelten, weil hier nicht die GK-Flüchtlingseigenschaft betroffen ist, um die es auch in § 60 VIII allein geht, der seinerseits mit dem insoweit einschlägigen Art 12 II RL 2004/83/EG übereinstimmt. Da die Vorschrift den subsidiären Schutz iSd Art 15 ff RL 2004/83/EG betrifft, genügt es, dass sie im Wesentlichen die insoweit einschlägigen Bestimmungen des Art 17 I RL 2004/83/EG wiedergibt.

28   Allerdings fällt auf, dass nach Abs 3 S. 2 wie nach Art 17 I RL 2004/83/EG schwerwiegende Gründe die jew Annahme rechtfertigen müssen, während der Ausl nach Art 33 II GK aus schwerwiegenden Gründen als Gefahr für die Sicherheit anzusehen sein muss. Diese **Abweichung** im Wortlaut vermag indes nichts am Inhalt zu ändern. Ebenso unerheblich erscheint der Unterschied in den Formulierungen des Bst b in Abs 3 S. 2 („Straftat von erheblicher Bedeutung") u. in Art 17 I Bst b RL 2004/83/EG („schwere Straftat"). Dies sollte bei Umsetzung der RL eindeutig geklärt werden.

VI. Vorübergehende Aufenthaltsgründe

Für vorübergehende Aufenthalte kann nach Abs 4 eine **AE nach Ermessen** aus denselben Gründen erteilt werden, die früher eine Duldung nach § 55 III ermöglichten u. zT bei einem rechtmäßigen Aufenthalt auch eine AufBef nach § 30 II (dazu Heinhold, ZAR 2004, 27). Der Ausl braucht sich nicht rechtmäßig im Bundesgebiet aufzuhalten, die AE kann auch sofort vollziehbar ausreisepflichtigen Ausl erteilt werden. Für Letztere sind zwar die §§ 23 a, 25 V geschaffen, Abs 4 enthält aber keine entsprechende Einschränkung (aA Nr 25.4.1.1 VAH; vgl auch §§ 30 II, 55 II AuslG). Der Aufenthaltszweck muss immer kurzfristig angelegt sein, er darf keinen länger dauernden Aufenthalt erfordern. Die **Grenze** ist nicht leicht zu bestimmen, sie dürfte aber bei sechs Monaten liegen. Anhaltspunkte dafür bieten die Erteilungsfrist von längstens sechs Monaten nach § 26 I, die grundsätzliche Frist von drei u. sechs Monaten für die Abschiebungshaft (§ 62 II 4, III 1), die Jahresgrenze nach § 60 a V S. 4 u. schließlich die 18 Monate nach Abs 3 S. 2 (vgl auch Nr 30.3.7 S. 3 AuslG-VwV). Im Rahmen des Ermessens kann auch darauf Rücksicht genommen werden, ob der Zweck des begehrten weiteren Aufenthalts auch im Ausland oder während eines später ohnehin nach einer erneuten Einreise geplanten Aufenthalts erreicht werden kann. 29

Dringende humanitäre oder persönliche **Gründe** sind ebenso zu verstehen wie in § 23 a II 4 (§ 23 a Rn 10; zu Unterschieden zwischen beiden Vorschriften Lüke, ZAR 2004, 397) u. dringende humanitäre oder persönliche Gründe wie in § 22 S. 1 (vgl § 22 Rn 4). Dringend humanitäre Gründe können sich auch aus der Situation im Heimatstaat ergeben, dort allg herrschende schwierige Lebensverhältnisse reichen jedoch nicht aus. Dringende persönliche Gründe können aufgrund des Gesundheitszustands des Ausl oder naher Angehöriger entstehen (zB Operation, Kurzzeitpflege, Beisetzung) oder aus kurzfristig bevorstehenden wichtigen Ereignissen oder Vorhaben (zB Schulabschluss, Eheschließung, Erbschaftsregulierung). Erhebliche öffentl Interessen müssen ebenso kurzfristig erreichbar sein (zB Zeugenvernehmung, Opferschutz). 30

Die AE darf nur **erteilt** werden, wenn die allg Voraussetzungen des § 5 erfüllt sind. Ausnahmen von § 5 I u. II können, müssen aber nicht gemacht werden (§ 5 III). Die Ablehnung des Asylantrags ist nicht hinderlich, es sei denn, sie ist in der qualifizierten Form des § 30 III AsylVfG erfolgt (§ 10 III). **Verlängert** werden kann die AE nur im Falle einer außergewöhnlichen Härte, wobei von § 8 I u. II abgewichen wird. Angesichts des vorübergehenden Aufenthaltszwecks kommt eine Verlängerung nur ausnahmsweise in Betracht, wenn wider Erwarten der ursprüngliche Aufenthaltszweck nicht erreicht werden konnte oder ein neuer ebenso dringender Grund einen weiteren vorübergehenden Aufenthalt erfordert (allg dazu Lüke, ZAR 2004, 397). Als besondere persönliche Härte ist sonst zB anerkannt, wenn ein geistig behindertes Kind zu betreuen ist (VGH BW, EZAR 015 Nr 2 u. 3; vgl auch OVG NRW, EZAR NF 23 Nr 2). Die Ablehnung einer Verlängerung muss den Ausl zudem im Verhältnis zu anderen außergewöhnlich hart treffen u. deshalb nicht zu vertreten sein. Dabei scheiden alle diejenigen Gesichtspunkte aus der Betrachtung aus, die einem anderen Aufenthaltszweck dienen u. daher nach anderen Vorschriften berücksichtigt werden könnten, zB Gefahr politischer oder sonstiger Verfolgung, Familienzusammenführung oder Erwerbstätigkeit. Die AE nach Abs 4 kann daher anders als die AufBef nach § 30 III AuslG nicht als „Auffangvorschrift" verstanden werden, mit der dem Schutzauftrag nach Art 8 EMRK u. Art 6 GG Rechnung getragen werden kann (so aber für § 30 III AuslG noch BVerwG, EZAR 021 Nr 6 u. 015 Nr 23). 31

VII. Ausreisehindernisse

Mit Abs 5 sollen diejenigen Fälle erfasst werden, in denen die Abschiebung nicht aus den in Abs 3 genannten Rechtsgründen ausgesetzt ist (§ 60 a II; früher § 55 II AuslG), sondern 32 aus anderen **rechtlichen oder tatsächlichen Gründen** (§ 60 a II; früher § 55 IV AuslG). Wie dort darf es sich aber nicht um Hindernisse handeln, die in absehbarer Zeit beseitigt werden oder sonst wegfallen können. Die Ausreisepflicht muss vollziehbar sein, nicht unbedingt unanfechtbar (vgl § 58 II). Anders als zT nach § 30 IV AuslG kommt es nunmehr ausschließlich darauf an, ob die Ausreise, nicht nur die Abschiebung unmöglich ist. Nach 18 Monaten soll die AE erteilt werden, während früher die AufBef nach zwei Jahren möglich war (§ 30 IV AuslG). Damit soll die Praxis der „Kettenduldungen" beendet werden, wie auch der letzte Satzteil in § 60 a II deutlich macht (so auch Marx, ZAR 2004, 403).

33 Die **Ausreise** iSd § 50 muss **unmöglich** sein, wobei es letztlich wie nach Abs 3 nicht auf das Verlassen Deutschlands u. der EU, sondern auf die Einreise in einen anderen Staat (in erster Linie den Heimatstaat) u. die Möglichkeit des dortigen Verbleibs ankommt (vgl Rn 25). Ob nur inlandsbezogene Hindernisse in Betracht kommen, weil zielstaatsbezogene zu dem Anspruch nach Abs 3 führen (so Marx, ZAR 2004, 403), erscheint nicht sicher, ist jedenfalls nicht dem insoweit offenen Gesetzeswortlaut zu entnehmen. Unmöglich kann die Ausreise sein, weil inlandsbezogene Hindernisse in der Person des Ausl (zB länger andauernde Reiseunfähigkeit), für die Reise (zB unterbrochene Transitwege oder länger andauernde Passlosigkeit) oder im Zielstaat (zB Bürgerkrieg) entgegenstehen. Vor allem kommt es nicht darauf an, ob die Abschiebung iSd § 58 unmöglich ist. Damit werden Fälle erfasst, in denen der Ausl weder rechtlich noch tatsächlich an der Ausreise aus Deutschland u. der Rückkehr in den Heimatstaat gehindert ist, in denen aber die zwangsweise Rückführung an eben solchen Hindernissen scheitert. So kann die selbst organisierte Reise durchführbar sein, nicht aber eine Begleitung trotz Überwachungsbedürftigkeit der Ausreise. Transitwege u. Flugtarnsporte können für eine amtliche Abschiebung verschlossen sein, aber sonst offen stehen. Die Wiedereinreise in den Heimatstaat kann uU nur zugelassen werden, wenn sie freiwillig erfolgt, nicht aber zwangsweise.

34 In Abs 5 ist anders als in Abs 3 S. 2 nicht verlangt, dass die Ausreise **zumutbar** sein muss. Wahrscheinlich ist dies darauf zurückzuführen, dass dort rechtlich zwingende Abschiebungshindernisse gegeben sind, während es hier weniger um zwingend u. dauerhaft verbindliche Hindernisse geht. Bei der Prüfung, ob Einreise u. Aufenthalt in dem Heimat- oder einem Drittstaat nicht nur theoretisch zulässig, sondern auch praktisch durchführbar, also möglich sind, kann die Zumutbarkeit nicht vollends ausgeklammert werden.

35 Das Hindernis muss **auf unabsehbare Zeit** bestehen. Es muss also eine Prognose darüber angestellt werden, ob mit einem Wegfall in absehbarer Zeit zu rechnen ist. Dabei müssen zuverlässig ermittelte Tatsachen berücksichtigt werden, weder ein vager Verdacht noch Ermessensüberlegungen reichen aus. Die mögliche Beseitigung einer Reiseunfähigkeit, einer Passlosigkeit oder der Verweigerung der Rücknahme durch den Heimatstaat lässt sich anhand objektiver Anhaltspunkte ermitteln, wenn auch uU mit einem typischen Rest an Ungewissheit wie bei jeder Wahrscheinlichkeitsberechnung oder Vorhersage.

36 Schließlich ist noch eine entscheidende Einschränkung zu beachten: Der Ausl muss **unverschuldet** an der Ausreise gehindert sein. Damit ist kein Ausschlussgrund statuiert, den die AuslBeh darzutun u. ggf nachzuweisen hat, sondern eine Voraussetzung für die Erteilung, für die der Ausl darlegungs- u. beweispflichtig ist (vgl § 82 I). Auch insoweit kommt es nicht auf die Abschiebung, sondern allein auf die Ausreise an. Die Beispiele für Verschulden in Abs 5 S. 4 sind nicht abschließend. Dem Ausl ist es allg vorwerfbar, wenn er die Ausreise durch ein in seinem freien Willen stehendes Verhalten verhindert oder wesentlich verzögert (BVerwGE 108, 21). Das Verhalten des Ausl muss ursächlich sein für die Unmöglichkeit der Ausreise (ausführlich mit Beispielen Marx, ZAR 2004, 403). So kann er sich einerseits nicht damit exculpieren, dass er nach Vernichtung des Passes von seinem Konsulat keinen neuen erhält, andererseits kann ihm die Passlosigkeit nicht vorgehalten werden, wenn er gleichzeitig schwer erkrankt (vgl Heinhold, ZAR 2003, 218 u. 2004, 27).

37 Sind alle diese Voraussetzungen erfüllt u. Hindernisse ausgeräumt, kann die AuslBeh nach **Ermessen** die AE erteilen u. dabei von den Voraussetzunge u. Hindernissen der §§ 5 I u. II, 11 I absehen, wobei aber das absolute Verbot des § 10 III 2 zu beachten ist. Nur wenn

Dauer des Aufenthalts § 26 **AufenthG 1**

die Aussetzung der Abschiebung bereits 18 Monate seit Vollziehbarkeit der Abschiebungsandrohung u. nicht erst seit Erteilung der Duldung (Marx, ZAR 2004, 403) andauert, soll die AE erteilt werden. Mit dieser Soll-Vorschrift ist ein **Rechtsanspruch** begründet, sofern nicht atypische Verhältnisse im Einzelfall gegeben sind (dazu Rn 22).

VIII. Verwaltungsverfahren und Rechtsschutz

Das **Verwaltungsverf** vor der AuslBeh erfordert bei Asylber u. GK-Flüchtlingen keine **38** Mitwirkung der BA, weil diesen Personen die Erwerbstätigkeit kraft Ges gestattet ist. **Rechtsschutz** ist nach den allg Regeln zulässig (vgl § 5 Rn 76).

§ 26 Dauer des Aufenthalts

(1) Die Aufenthaltserlaubnis nach diesem Abschnitt kann für jeweils längstens drei Jahre erteilt und verlängert werden, in den Fällen des § 25 Abs. 4 Satz 1 und Abs. 5 jedoch für längstens sechs Monate, solange sich der Ausländer noch nicht mindestens 18 Monate rechtmäßig im Bundesgebiet aufgehalten hat.

(2) Die Aufenthaltserlaubnis darf nicht verlängert werden, wenn das Ausreisehindernis oder die sonstigen einer Aufenthaltsbeendigung entgegenstehenden Gründe entfallen sind.

(3) Einem Ausländer, der seit drei Jahren eine Aufenthaltserlaubnis nach § 25 Abs. 1 oder 2 besitzt, ist eine Niederlassungserlaubnis zu erteilen, wenn das Bundesamt für Migration und Flüchtlinge gemäß § 73 Abs. 2a des Asylverfahrensgesetzes mitgeteilt hat, dass die Voraussetzungen für den Widerruf oder die Rücknahme nicht vorliegen.

(4) [1] Im Übrigen kann einem Ausländer, der seit sieben Jahren eine Aufenthaltserlaubnis nach diesem Abschnitt besitzt, eine Niederlassungserlaubnis erteilt werden, wenn die in § 9 Abs. 2 Satz 1 Nr 2 bis 9 bezeichneten Voraussetzungen vorliegen. [2] § 9 Abs. 2 Satz 2 bis 6 gilt entsprechend. [3] Die Aufenthaltszeit des der Erteilung der Aufenthaltserlaubnis vorangegangenen Asylverfahrens wird abweichend von § 55 Abs. 3 des Asylverfahrensgesetzes auf die Frist angerechnet. [4] Für Kinder, die vor Vollendung des 18. Lebensjahres nach Deutschland eingereist sind, kann § 35 entsprechend angewandt werden.

Vorläufige Anwendungshinweise

26 Zu § 26 Dauer des Aufenthalts

26.1 § 26 Abs. 1 sieht eine Höchstgeltungsdauer der Aufenthaltserlaubnis von grundsätzlich drei Jahren vor. Lediglich in den Fällen, in denen der Ausländer eine Aufenthaltserlaubnis nach § 25 Abs. 4 Satz 1 oder § 25 Abs. 5 besitzt und sich noch nicht seit mindestens 18 Monate rechtmäßig in Deutschland aufhält, ist die Höchstgeltungsdauer der Aufenthaltserlaubnis auf sechs Monate beschränkt. Zu erwarten ist ein ununterbrochener rechtmäßiger Aufenthalt von mindestens 18 Monaten; Duldungszeiten können nicht angerechnet werden. Die Höchstgeltungsdauer von drei Jahren entspricht der in § 73 Abs. 2a AsylVfG geregelten Frist zur Überprüfung der Voraussetzungen der Anerkennungsentscheidung. Mit Rücksicht auf den Schutzzweck humanitärer Aufenthalte besteht ein generelles Bedürfnis, das Fortbestehen der Umstände, auf denen der Aufenthalt beruht, regelmäßig nach angemessener Zeit zu überprüfen. Soweit absehbar ist, dass der Schutzzweck früher enden wird oder ein Abschiebungshindernis in nächster Zeit entfallen könnte, sollte die Frist entsprechend kürzer bemessen werden. So kann die Aufenthaltserlaubnis auch auf Tage, Wochen oder Monate befristet werden. Dies sollte insbesondere in den Fällen der §§ 23 a, 25 Abs. 4 und 5 berücksichtigt werden.

26.2 Absatz 2 entspricht § 34 Abs. 2 AuslG. Auch diese Vorschrift verdeutlicht, dass der Aufenthalt aus humanitären Gründen vom Grundsatz des temporären Schutzes geprägt ist. Wie in § 25 Abs. 5 Satz 3 wird nicht mehr auf das Vorliegen von Abschiebehindernissen, sondern auf das Vorliegen von Ausreisehindernissen abgestellt. Auch bei der Entscheidung über die Verlängerung der Aufenthaltserlaubnis ist auf das Fortbestehen der Erteilungsvoraussetzungen zu achten.

26.3.1 Absatz 3 sieht vor, dass Asylberechtigten und Konventionsflüchtlingen, die seit drei Jahren eine Aufenthaltserlaubnis nach § 25 Abs. 1 oder 2 besitzen, eine Niederlassungserlaubnis erteilt wird, sofern das Bundesamt für Migration und Flüchtlinge nicht mitgeteilt hat, dass die Voraussetzungen für die Anerkennung entfallen sind. Den betroffenen Personen wird damit ein Rechtsanspruch eingeräumt, der die Perspektive für eine dauerhafte Lebensplanung in Deutschland eröffnet. Das Bundesamt für Migration und Flüchtlinge überprüft die Situation nach der Drei-Jahres-Frist von Amts wegen und teilt der Ausländerbehörde das Ergebnis mit.

26.3.2 Eine Anrechnung von Zeiten des Besitzes einer Aufenthaltsbefugnis nach dem Ausländergesetz ist im Rahmen der Erteilung einer Niederlassungserlaubnis nach § 26 Abs. 3 nicht vorgesehen. Der Gesetzgeber hat in § 102 Abs. 2 eine Anrechnung nur im Fall der Erteilung einer Niederlassungserlaubnis nach § 26 Abs. 4 angeordnet (vgl. hierzu Nummern 26.4.1 und 102.2.). Aus der dort vorgenommenen ausdrücklichen Beschränkung der Anrechnung von Zeiten des Besitzes einer Aufenthaltsbefugnis auf den Anwendungsbereich des § 26 Abs. 4 folgt im Umkehrschluss, dass eine Anrechnung in anderen Fällen nicht in Betracht kommt.

26.3.3 Die Vorschrift erfasst auch Rücknahmen auf der Grundlage des § 48 VwVfG in den Fällen, in denen die Asylanerkennung oder Feststellung eines Abschiebungsverbotes nach § 60 Abs. 1 von Anfang an rechtswidrig war, für die jedoch kein Widerrufs- oder Rücknahmegrund nach § 73 AsylVfG vorliegt.

26.4.1 Die Niederlassungserlaubnis kann nach Absatz 4 im Ermessenswege erteilt werden, wenn der Ausländer seit sieben Jahren eine Aufenthaltserlaubnis aus humanitären Gründen besitzt und die Voraussetzungen des § 9 Abs. 2 Satz 1 Nr 2 bis 9 erfüllt. Bei Ehegatten genügt es, wenn die Voraussetzungen nach § 9 Abs. 2 Nr 3, 5 und 6 durch einen Ehegatten erfüllt werden (§ 9 Abs. 3 S. 3). Absatz 4 orientiert sich an § 35 Abs. 1 AuslG. Die Wartezeit wird von acht Jahren auf sieben Jahre verkürzt, um den unter dem Ausländergesetz bestehenden Wertungswiderspruch zu den Einbürgerungsvorschriften zu vermeiden: Nach § 35 Abs. 1 AuslG konnte der Ausländer, der seit acht Jahren eine Aufenthaltsbefugnis besitzt, eine unbefristete Aufenthaltserlaubnis erteilt werden; als Inhaber einer unbefristeten Aufenthaltserlaubnis hatte er dann – bei Vorliegen der übrigen Voraussetzungen – unmittelbar einen Einbürgerungsanspruch nach § 85 Abs. 1 AuslG. Bei der Fristberechnung bleiben Aufenthaltszeiten ohne rechtmäßigen Aufenthalt, z. B. Zeiten einer Duldung, außer Betracht. Zur Behandlung einer Aufenthaltsgestattung siehe Nummer 26.4.3. Hinsichtlich der Anrechnung von Zeiten des Besitzes einer Aufenthaltsbefugnis oder einer Duldung vor dem 1. Januar 2005 siehe Nummer 102.2.

26.4.2 Mit Satz 2 wird klargestellt, dass auch bei Ausländern mit einem humanitären Aufenthaltsrecht in Ausnahmefällen eine Aufenthaltsverfestigung möglich ist, wenn die für einen unbefristeten Aufenthaltstitel erforderlichen Kenntnisse unverschuldet nicht erreicht werden können.

26.4.3 Im Fall einer Aufenthaltsgestattung nach Satz 3 ist nur diejenige Aufenthaltszeit anrechenbar, die dem letzten Asylverfahren vor der Erteilung der Aufenthaltserlaubnis vorangegangen ist. Aufenthaltszeiten aus früheren, erfolglos betriebenen Asylverfahren können bei der Berechnung der aufenthaltsverfestigenden Frist nicht berücksichtigt werden.

26.4.4 Nach Satz 4 kann Kindern mit einem humanitären Aufenthaltsrecht, also meist als unbegleitete Minderjährige eingereiste, im Ermessenswege unter den gleichen Voraussetzungen die Aufenthaltsverfestigung ermöglicht werden, wie sie bei Kindern gelten, die eine zum Zwecke der Familienzusammenführung erteilte Aufenthaltserlaubnis besitzen.

Übersicht

	Rn
I. Entstehungsgeschichte	1
II. Allgemeines	2
III. Erteilung und Verlängerung der Aufenthaltserlaubnis	4
IV. Niederlassungserlaubnis	6
V. Verwaltungsverfahren und Rechtsschutz	14

I. Entstehungsgeschichte

1   Die Vorschrift entspricht im Wesentlichen dem **GesEntw** (BT-Drs 15/420 S. 13). Aufgrund des Vermittlungsverf wurden in Abs 1 die Wörter nach dem Komma eingefügt und in Abs 4 die Bezugnahmen angepasst (BT-Drs 15/3479 S. 5).

Dauer des Aufenthalts § 26 **AufenthG 1**

II. Allgemeines

Die AufR nach §§ 22 bis 25 zeichnen sich dadurch aus, dass sie grundsätzlich **vorüber-** 2
gehenden Aufenthaltszwecken zu dienen bestimmt sind. Vr, humanitäre u. politische
Gründe rechtfertigen auf je unterschiedlichen rechtlichen u. tatsächlichen Grundlagen eine
zeitlich begrenzte Aufenthaltsgewährung. Die Spannweite reicht von dem verfassungsrechtlichen Asylanspruch über außenpolitische Erwägungen bis hin zu tatsächlichen Vollzugsdefiziten. Diese Vielfalt kommt auch darin zum Ausdruck, dass die Rechtsfolgen ebenfalls
die ganze Breite der Aufenthaltspositionen wiedergeben: von der AE aufgrund Anspruchs
mit vollem Recht zu jeder Erwerbstätigkeit bis zur kurzfristigen AE nach Ermessen u. ohne
Zugang zum Arbeitsmarkt.

Trotz prinzipiell strenger Befristung ist aber ein Teil dieser AE ebenso für eine **Verfesti-** 3
gung geeignet, wie die AufBef nach § 30 AuslG in eine unbefristete AufErl übergehen
konnte (vgl § 35 AuslG). Dabei muss aber trotz des einheitlichen AufTit der AE ganz
erheblich nach den jew Erteilungsgründen unterschieden werden. Insoweit gibt der Titel
allein keine Auskunft darüber, ob er zwangsläufig nach sehr kurzer Zeit endet (zB bei
Operation) oder über die NE schon einige Jahre später in der Einbürgerung mündet. Aus
eben diesen Gründen hat der Gesetzgeber in § 26 für die Titel des 5. Abschnitts eigene
Verlängerungsregeln geschaffen, die zT von denen der §§ 8, 9 abweichen u. diesen vorgehen.

III. Erteilung und Verlängerung der Aufenthaltserlaubnis

Die **Frist** von drei Jahren für Erteilung u. Verlängerung ist als Höchstmaß zu verstehen. 4
Sie kehrt wieder in Abs 3 u. auch in § 73 IIa AsylVfG (obligatorische Widerrufsprüfung).
Die Geltungsdauer ist an dem jew Aufenthaltszweck auszurichten u. darf die dafür notwendige Aufenthaltsdauer nicht überschreiten. Dies kommt auch darin zum Ausdruck, dass die
Frist in den Fällen des Abs 4 S. 1 u. Abs 5 auf sechs Monate beschränkt ist, also die Grenze
zwischen kurzfristigem u. länger andauerndem vorübergehendem Zweck (vgl auch § 25
Rn 29). Erst wenn die Grenze von 18 Monaten rechtmäßigem Aufenthalt erreicht ist, kann
die AE für längere Zeit verlängert werden, weil sich dann herausgestellt hat, dass der
vorübergehende Zeitraum jedenfalls mehr als nur kurzfristig dauert.

Entsprechend streng ist die Möglichkeit der **Verlängerung** reguliert. Es versteht sich 5
eigentlich von selbst, dass die Verlängerung nach Wegfall der Erteilungsgründe ausgeschlossen ist. Wenn dies in Abs 2 ausdrücklich hervorgehoben ist, dann soll dies offenbar der
Berufung auf Vertrauensschutz oder Ähnliches vorbeugen. Unabhängig davon kann sich
auch bei mehrfacher Verlängerung um kürzere Zeiten ein Vertrauen auf ständige Wiederholung nicht bilden. Der Gesetzgeber hat nämlich durch die Schaffung mehrerer Möglichkeiten der Überleitung in eine NE nach drei oder sieben Jahren bei teilweiser Anrechnung
von Aufenthaltszeiten während des Asylverf deutlich erkennen lassen, dass schon auf mittlere
Sicht grundsätzlich nur zwei Möglichkeiten eröffnet sind: entweder NE oder Ausreise.

IV. Niederlassungserlaubnis

Die Möglichkeit der antragsgemäßen **Überleitung** der AE von Asylber u. GK-Flücht- 6
lingen **in eine NE** entspricht der Verpflichtung, diesen Personen zwar auf die Dauer der
Verfolgungsgefahr beschränkt Schutz zu bieten, aber eben auch die Grundlagen für ein
menschenwürdiges Dasein (dazu § 25 Rn 8). Die NE eröffnet die Chance einer dauerhaften

1 AufenthG § 26   1. Teil. Aufenthaltsgesetz

Lebensplanung. Falls das BAMF die Anerkennung nicht widerruft oder zurücknimmt u. diese auch nicht erloschen ist, besteht ein Rechtspruch auf eine NE bereits nach drei Jahren Besitz der AE. Diese ist zu erteilen, wenn der anerkannte Asylber oder Konventionsflüchtlinge sie beantragt. Schließt das BAMF die Überprüfung nicht vor Ablauf der AE ab, gilt diese einschließlich Erlaubnis zur Erwerbstätigkeit bis zum Abschluss des Verf vor der AuslBeh fort (§ 81 IV; zur Verspätung des Antrags s. § 81 Rn 18 ff). Dies gilt auch, falls der Ausl aus welchen Gründen auch immer (nur) die Verlängerung der AE beantragt.

7   Die Frist von **drei Jahren** für den Rechtsanspruch auf eine NE ist in der Weise zu berechnen, dass strikt auf den ununterbrochenen Besitz der AE nach § 25 I oder II abgestellt wird. Es genügt keine andere AE aufgrund einer anderen Vorschrift u. auch kein aus sonstigen Gründen rechtmäßiger Aufenthalt, u. es darf keine Unterbrechung in der Besitzzeit eingetreten sein.

8   Die AE muss wegen der Anerkennung als Asylber oder als Konventionsflüchtling erteilt sein. Dabei kommt es nicht darauf an, wann der Anspruch nach § 25 I oder II entstanden ist. Der fiktiv erlaubte Aufenthalt nach § 25 I 2, II 2 zählt dem Gesetzeswortlaut nach ebenso wenig wie die Zeit ab Antragstellung, während der die Fiktion des § 81 II 1 eingreift. In beiden Fällen wird nur die Rechtmäßigkeit des Aufenthalts fingiert, nicht jedoch der Besitz des AufTit (wie nach § 81 IV). Die Zeit ab Antragstellung ist aber deswegen anzurechnen, weil der Ausl mit dem Antrag alle Voraussetzungen für den Titel erfüllt. Schließlich ist der Ausl auch dann so zu behandeln, als habe er die AE bereits ab Antragstellung besessen, wenn ihm erst aufgrund einer gerichtlichen Verpflichtung im Klagewege die AE ausgestellt wird (BVerwG, EZAR 012 Nr 2 u. 252 Nr 6; näher dazu Renner. AiD Rn 5/20, 8/226–230).

9   In **Übergangsfällen** sind die Bestimmungen der §§ 101, 102 zu beachten. Anerkannte Asylber mit einer unbefristeten AufErl oder AufBer besitzen sofort eine NE, weil ihre Titel kraft Ges übergeleitet werden (§ 101 I). Die AufBef der GK-Flüchtlinge ist mit Inkrafttreten des AufenthG in eine AE nach § 25 II übergeleitet (§ 101 II). Ihnen kann die Zeit des Besitzes der AufBef vor 2005 für Abs 3 nicht angerechnet werden, weil diese Anrechnung ausdrücklich auf die Ermessenserteilung nach Abs 4 beschränkt ist (§ 102 II; aA Marx, ZAR 2004, 403 u. BT-Drs 15/4173 S. 27, jew ohne Beachtung des Wortlauts). Bei ihnen kann auch nicht auf die Überprüfung durch das BAMF nach § 73 IIa AsylVfG verzichtet werden. Eine Gesetzesänderung, die Flüchtlinge von der Überprüfung freistellen sollte, die vor 2005 bereits drei Jahre die AufBef besessen hatten (BT-Drs 15/4491 S. 4; 15/4173 S. 11, 27), ist nicht zustande gekommen (vgl BT-Drs 15/4870 S. 2).

10   Die NE ist ausgeschlossen, wenn die Voraussetzungen des § 8 IV vorliegen. Von den Anforderungen des § 8 I u. II ist dagegen abzusehen (§ 8 III 1). Den erfolgreichen Besuch eines **Integrationskurses** (§ 9 II Nr 7 u. 8) brauchen die anerkannten politisch Verfolgten nicht nachzuweisen, weil § 9 nicht neben Abs 3 gilt (anders zT bei Abs. 4). Sie können aber, wenn ihre Anerkennung im Jahre 2004 erfolgt ist, einmalig kostenlos an einem solchen Kurs teilnehmen (§ 104 V).

11   Nach einer Frist von **sieben Jahren** kann eine NE nach Ermessen allen Personen erteilt werden, die eine AE nach §§ 22 bis 25 besitzen. Nach Abs. 4 begünstigt sind also nicht nur anerkannte Asylber u. GK-Flüchtlinge. Dazu muss der Ausl seit sieben Jahren ununterbrochen eine entsprechende AE besitzen (dazu Rn 7, 8). Hierfür sind Zeiten des Besitzes einer AufBef oder einer Duldung vor 2005 anzurechnen (§ 102 II), nicht jedoch spätere Duldungszeiten. Angerechnet wird abweichend von § 55 III AsylVfG die Dauer des der AE-Erteilung vorangegangenen Asylverf, nicht jedoch früherer Asylverf. Maßgeblich ist die Zeit ab Stellung des Asylgesuchs (§ 14 AsylVfG Rn 9), nicht die Zeit des Besitzes der (später ausgestellten) AufGest.

12   Außerdem müssen die **allg Voraussetzungen** des § 9 II 1 Nr 2 bis 9 erfüllt sein. Dabei kommen den Flüchtlingen aber auch die Erleichterungen des § 9 II 2 bis 6 zugute. Vor allem braucht bei Ehegatten nur einer von ihnen die Anforderungen des § 9 II Nr 3, 5 u. 6 zu erfüllen. Wer schon vor 2005 eine AufErl oder AufBef besaß, braucht nur über Deutschkenntnisse einfacher Art zu verfügen u. ist auch von dem Nachweis von 60 Monatsbeiträgen

Schließlich sind Personen privilegiert, die als **Minderjährige** eingereist sind u. eine 13
humanitäre AE nach dem 5. Abschnitt besitzen. Ihnen kann eine NE in analoger Anwendung von § 35 erteilt werden. Sie (oftmals unbegleitet eingereiste Minderjährige) werden damit so behandelt, als seien sie zur Familienzusammenführung nachgezogen. Sie müssen in Abweichung von § 9 II nur nachweisen, dass sie bei Vollendung des 16. Lebensjahres seit fünf Jahren eine AE besessen haben (zu unbegleiteten Minderjährigen allg Peter, ZAR 2005, 11).

V. Verwaltungsverfahren und Rechtsschutz

Im **Verwaltungsverf** sind bei Anträgen auf Verlängerung der AE u. auf Erteilung einer 14
NE die Bestimmungen über den Verfahrensaufenthalt in § 81 III u. IV zu beachten.
Rechtsschutz ist nach den allg Regeln zulässig (vgl § 5 Rn 76).

Beginn des Abschnitts oberhalb:
zur Rentenversicherung u. von Grundkenntnissen der Rechts- u. Gesellschaftsordnung (§ 9 II Nr 3 u. 8) befreit (§ 104 II).

Abschnitt 6. Aufenthalt aus familiären Gründen

§ 27 Grundsatz des Familiennachzugs

(1) Die Aufenthaltserlaubnis zur Herstellung und Wahrung der familiären Lebensgemeinschaft im Bundesgebiet für ausländische Familienangehörige (Familiennachzug) wird zum Schutz von Ehe und Familie gemäß Artikel 6 des Grundgesetzes erteilt und verlängert.

(2) Für die Herstellung und Wahrung einer lebenspartnerschaftlichen Gemeinschaft im Bundesgebiet finden Absatz 3, § 9 Abs. 3, §§ 28 bis 31 sowie 51 Abs. 2 entsprechende Anwendung.

(3) ¹ Die Erteilung der Aufenthaltserlaubnis zum Zweck des Familiennachzugs kann versagt werden, wenn derjenige, zu dem der Familiennachzug stattfindet, für den Unterhalt von anderen ausländischen Familienangehörigen oder anderen Haushaltsangehörigen auf Leistungen nach dem Zweiten oder Zwölften Buch Sozialgesetzbuch angewiesen ist. ² Von § 5 Abs. 1 Nr. 2 kann abgesehen werden.

Vorläufige Anwendungshinweise

27 Zu § 27 Grundsatz des Familiennachzugs

27.0 Allgemeines
27.0.1 § 27 enthält allgemeine Regelungen zum Familiennachzug von Ausländern zu Deutschen oder Ausländern. Die Vorschrift vermittelt für sich genommen keinen Anspruch und beinhaltet keine Ermächtigung zur Erteilung von Aufenthaltstiteln.
27.0.2 Die Vorschriften des Aufenthaltsgesetzes zum Familiennachzug werden in dessen Anwendungsbereich durch das Freizügigkeitsgesetz/EU verdrängt. Wenn also ein Ausländer einer der in § 3 FreizügG/EU genannten Familienangehörigen ist, finden die §§ 27 ff. grundsätzlich keine Anwendung; vgl. § 1 Abs. 2 Nr. 1. Vor einer Prüfung nach den §§ 27 ff. ist daher stets zu untersuchen, ob nicht der sachliche Anwendungsbereich des Freizügigkeitsgesetzes/EU eröffnet ist. Nur wenn sich ausnahmsweise nach dem Freizügigkeitsgesetz/EU ergeben sollte, dass ein Familienangehöriger im Sinne des § 3 FreizügG/EU keinen Anspruch auf Erteilung einer Aufenthaltserlaubnis hat, ihm jedoch nach den §§ 27 ff. ein Aufenthaltstitel erteilt werden müsste oder nach Ermessen erteilt werden könnte, ist wegen des Benachteiligungsverbotes nach § 11 Abs. 1 Satz 2 FreizügG/EU die Erteilung eines Aufenthaltstitels in Anwendung der §§ 27 ff. in Betracht zu ziehen.
27.0.3 Der Anwendungsbereich des Freizügigkeitsgesetzes/EU ist auch eröffnet, wenn ein Deutscher von seinem Freizügigkeitsrecht nach europäischem Recht Gebrauch macht und er mit seinen ausländischen Familienangehörigen aus einem anderen Mitgliedstaat der EU, in dem er seinen dauernden Aufenthalt hatte, nach Deutschland kommt.
27.0.4 Beruht ein Antrag auf Erteilung eines Aufenthaltstitels darauf, dass familienrechtliche Beziehungen zwischen Personen bestehen, so sind diese Beziehungen grundsätzlich durch öffentliche Urkunden, vorzugsweise Personenstandsurkunden, nachzuweisen. In welcher Form der Nachweis im Einzelfall zu führen ist, liegt im Ermessen der Behörde. Bei fremdsprachigen Urkunden kann die Vorlage einer Übersetzung durch eine geeignete Person verlangt werden. Grundsätzlich kann die Legalisation ausländischer öffentlicher Urkunden durch die zuständige deutsche Auslandsvertretung gefordert werden. Soweit das Auswärtige Amt für Urkunden aus bestimmten Staaten keine Legalisation durchführt, kann verlangt werden, dass die zuständige deutsche Auslandsvertretung aufgrund eines Gutachtens eines im Ausstellungsstaat zugelassenen Vertrauensanwalts zur Richtigkeit einer vorgelegten Urkunde Stellung nimmt; dabei wird die Identität des Gutachters nicht offen gelegt. Bei Urkunden aus Staaten, die Vertragsstaaten des Haager Übereinkommens zur Befreiung ausländischer öffentlicher Urkunden von der Legalisation vom 5. Oktober 1961 sind, kann eine Legalisation nicht erfolgen. An die Stelle der Legalisation tritt ein als „Apostille" bezeichneter Vermerk einer Behörde des Ausstellerstaates. Mit einigen Staaten bestehen zudem Abkommen, wonach einfach- bzw. mehrsprachige Urkunden ohne

Grundsatz des Familiennachzugs § 27 AufenthG 1

weitere Förmlichkeit (Legalisation oder Apostille) anzuerkennen sind. Das Auswärtige Amt stellt im Internet aktuelle Informationen zum internationalen Urkundenverkehr zur Verfügung.
27.0.5 Besonderheiten bei der erstmaligen Gestattung des Nachzuges türkischer Staatsangehöriger
27.0.5.1 Nach Artikel 7 des Beschlusses Nr. 1/80 des Assoziationsrates EWG-Türkei erwirbt der türkische Angehörige eines türkischen Arbeitnehmers, der „die Genehmigung erhalten hat, zu ihm zu ziehen", unter bestimmten Voraussetzungen ein besonderes, kraft Gesetzes bestehendes Aufenthaltsrecht, das mit einem erhöhten Ausweisungsschutz verbunden ist. Im Einzelnen wird auf die Allgemeinen Anwendungshinweise des Bundesministeriums des Innern zum ARB 1/80 in der jeweiligen Fassung verwiesen.
27.0.5.2 Die erstmalige Gestattung des Nachzuges bestimmt sich allein nach nationalem Recht, ist aber tatbestandliche Voraussetzung des späteren, auf Assoziationsrecht beruhenden Anspruches. Dabei kann maßgeblich sein, zu welchem Angehörigen genau der Nachzug gestattet wurde.
27.0.5.3 Die Person, zu der der Nachzug stattfindet, ist daher wahlweise entweder im Aufenthaltstitel oder in einer zusammen mit der Erteilung dem Antragsteller zu überreichenden, in Durchschrift zur Akte zu nehmenden Erläuterung genau zu bezeichnen, sofern diese die türkische Staatsangehörigkeit besitzt. Das Zusammenleben mit anderen Personen türkischer oder anderer Staatsangehörigkeit wird durch den Aufenthaltstitel nicht untersagt. Es muss aber aus der Entscheidung über die Gewährung des Aufenthaltstitels – auch für den Antragsteller – gegebenenfalls deutlich werden, dass sich die Entscheidung nicht auf eine etwaige Lebensgemeinschaft mit weiteren Personen bezieht. Wird die Form einer gesonderten Erläuterung gewählt, ist deren Bekanntgabe an den Antragsteller in geeigneter Weise aktenkundig zu machen.
27.0.5.4 Besteht ein Nachzugsanspruch hinsichtlich mehrerer Personen, die türkische Staatsangehörige sind und mit denen der nachziehende Familienangehörige auch zusammenleben wird, sind diese Personen im Aufenthaltstitel oder in der Erläuterung sämtlich aufzuführen.
27.0.5.5 Auch in Ermessensfällen sind im Aufenthaltstitel oder in der Erläuterung sämtliche Personen türkischer Staatsangehörigkeit aufzuführen, mit denen der Nachziehende zusammenleben wird und deren Aufenthalt im Bundesgebiet bei der Ermessensentscheidung berücksichtigt wurde.
27.0.5.6 Ebenfalls im Aufenthaltstitel oder in der Erläuterung aufzunehmen sind unter den vorstehend genannten Voraussetzungen türkische Angehörige, die noch im Ausland leben, mit denen der Nachziehende aber im Bundesgebiet zusammenleben wird, weil diesen Angehörigen gleichzeitig ein Aufenthaltstitel erteilt wird (etwa im Falle der gleichzeitigen Erteilung eines nationalen Visums).
27.0.5.7 Die Bestimmung des oder der Angehörigen, zu denen der Nachzug gestattet wird, ist wahlweise entweder auf einem Zusatzaufkleber zum Aufenthaltstitel (Anlage D 11 AufenthV) oder in der Erläuterung zu vermerken nach folgendem Muster:
„Aufenthaltszweck ist die Herstellung und Wahrung der familiären Lebensgemeinschaft mit ... (Name/-n) ...; die Herstellung oder Wahrung einer ehelichen oder familiären Lebensgemeinschaft mit anderen türkischen Staatsangehörigen ist nicht Gegenstand der Entscheidung."
27.0.5.8 Wird einem türkischen Staatsangehörigen zu einem anderen Zweck als dem Familiennachzug ein Aufenthaltstitel erteilt und ist bekannt oder nicht auszuschließen, dass der türkische Staatsangehörige bei in Deutschland lebenden Angehörigen wohnen wird, obwohl ein Nachzug anderer türkischer Staatsangehöriger bei der Erteilung der Aufenthaltserlaubnis nicht vorgesehen ist, ist wahlweise auf dem Zusatzaufkleber oder in der Erläuterung der Vermerk anzubringen:
„Die Herstellung oder Wahrung einer ehelichen oder familiären Lebensgemeinschaft mit türkischen Staatsangehörigen ist nicht Gegenstand der Entscheidung."
Dieser Vermerk schließt einen späteren Familiennachzug nicht aus, sondern gibt nur die Entscheidungsgrundlage des betreffenden Aufenthaltstitels wieder.
27.0.5.9 Bei der erstmaligen Gewährung des Familiennachzugs, vor allem bei einer Einreise aus dem Ausland, ist der Aufenthaltszweck nicht durch Artikel 7 ARB 1/80 bestimmt, da dieser Artikel nicht bei der erstmaligen Zulassung, sondern erst danach und bei Erfüllung der in Artikel 7 Satz 1 oder 2 ARB 1/80 genannten Voraussetzungen eingreift. Somit ist bei der erstmaligen Gewährung des Familiennachzugs als gesetzliche Grundlage stets allein die angewandte Rechtsvorschrift des AufenthG anzugeben.

27.1 Erforderlicher Aufenthaltszweck
27.1.1 In § 27 Abs. 1 wird die Herstellung und Wahrung der familiären Lebensgemeinschaft im Bundesgebiet als bindender Aufenthaltszweck festgeschrieben.
27.1.2 Es handelt sich zugleich um eine Zweckbindung des Aufenthaltes, die erst mit der Erlangung eines eigenständigen Aufenthaltsrechts (§ 31, § 34 Abs. 2 und § 35, auch in Verbindung mit § 36 Satz 2) oder der Erteilung einer Aufenthaltserlaubnis zu einem anderen Zweck entfällt. Sind die

Voraussetzungen für die Erteilung einer Aufenthaltserlaubnis zu einem anderen Zweck erfüllt, steht die vorherige Erteilung einer Aufenthaltserlaubnis zum Zwecke des Familiennachzugs der Erteilung einer solchen Aufenthaltserlaubnis zu dem anderen Zweck nicht entgegen.

27.1.3 Das Aufenthaltsrecht des nachgezogenen Familienangehörigen ist nicht nur zweckgebunden, sondern auch akzessorisch zum Aufenthaltsrecht des Stammberechtigten. Dies bedeutet, dass das Aufenthaltsrecht des Familienangehörigen als abgeleitetes Recht dem Aufenthaltsrecht des Stammberechtigten grundsätzlich nachfolgt. Die Aufenthaltserlaubnis des Familienangehörigen darf dementsprechend nur verlängert werden, wenn der Stammberechtigte weiterhin eine Niederlassungs- oder Aufenthaltserlaubnis besitzt (vgl. §§ 29 Abs. 1 Nr. 1, 8 Abs. 1). Ist die Aufenthaltserlaubnis des Stammberechtigten nach § 8 Abs. 2 von vornherein ohne Verlängerungsmöglichkeit zeitlich befristet, so ist auch die Aufenthaltserlaubnis des Familienangehörigen entsprechend auszugestalten. Verliert der Stammberechtigte sein Aufenthaltsrecht, etwa weil ein zwingender Ausweisungsgrund erfüllt wird, so geht auch das Aufenthaltsrecht des Familienangehörigen verloren, soweit noch nicht die Voraussetzungen für ein eigenständiges Aufenthaltsrecht bestehen oder bereits eine aufenthaltsrechtliche Verfestigung eingetreten ist (vgl. hierzu Nummer 9.1.1). Der akzessorische Konnex kommt u. a. auch beim Arbeitsmarktzugang zum Tragen. Nach § 29 Abs. 5 berechtigt die dem Familienangehörigen erteilte Aufenthaltserlaubnis in gleicher Weise zur Ausübung einer Erwerbstätigkeit wie sie dem Stammberechtigten – sowohl im positiven (Zugang zum Arbeitsmarkt) wie auch im negativen Sinne (Beschränkungen) – gestattet ist.

27.1.4 § 27 Abs. 1 erfordert die familiäre Lebensgemeinschaft, wobei grundsätzlich ein Lebensmittelpunkt der Familienmitglieder in der Form einer gemeinsamen Wohnung nachgewiesen sein muss. Fehlt es an einer derartigen häuslichen Gemeinschaft kann im Allgemeinen eine familiäre Lebensgemeinschaft nur dann bejaht werden, wenn die einer solchen Lebensgemeinschaft entsprechende Beistands- oder Betreuungsgemeinschaft auf andere Weise verwirklicht wird. Dies kann z. B. bei einer notwendigen Unterbringung in einem Behinderten- oder Pflegeheim oder einer berufs- und ausbildungsbedingten Trennung der Fall sein. In diesen Fällen liegt eine familiäre Lebensgemeinschaft erst dann vor, wenn die Angehörigen regelmäßigen Kontakt zueinander pflegen, der über ein bloßes Besuchen hinausgeht. Ein überwiegendes Getrenntleben der Familienangehörigen, insbesondere wenn einzelne Mitglieder ohne Notwendigkeit über eine eigene Wohnung verfügen, deutet allerdings eher auf das Vorliegen einer nach Artikel 6 GG und daher auch aufenthaltsrechtlich nicht besonders schutzwürdigen Begegnungsgemeinschaft hin. Eine im Bundesgebiet hergestellte familiäre Lebensgemeinschaft wird im Allgemeinen nicht allein dadurch aufgehoben, dass ein Familienmitglied in öffentlichen Gewahrsam genommen wird oder sich in Haft befindet, wenn Anhaltspunkte dafür vorliegen, dass die familiäre Lebensgemeinschaft nach Beendigung der Haft fortgesetzt wird.

27.1.5 Die Aufenthaltserlaubnis darf vorbehaltlich des Absatzes 2 nur für eine dem Schutz des Artikels 6 GG unterfallende familiäre Lebensgemeinschaft erteilt werden. Besonders geschützt und damit grundsätzlich zum Familiennachzug zugänglich ist die Gemeinschaft von Ehegatten sowie von Eltern mit ihren minderjährigen Kindern (auch Adoptiv- oder Stiefkinder). Denn in diesen Fällen besteht regelmäßig eine Beistands- und Betreuungsgemeinschaft. Sonstige Verwandte (z. B. Großeltern, Geschwister der Eltern) gehören nicht zu dem besonders geschützten Personenkreis, wenn nur eine Begegnungsgemeinschaft besteht. Ein Nachzug von volljährigen Kindern zu den im Bundesgebiet lebenden Eltern ist grundsätzlich nicht von § 27 Abs. 1 gedeckt. Sind diese Kinder jedoch aufgrund besonderer Lebensumstände auf die Betreuung der Eltern angewiesen, können sie unter den Voraussetzungen des § 36 Satz 1 nachziehen.

27.1.6 Ein mit einem Ausländer in Mehrehe verbundener Ehegatte gehört nicht zu dem nach Artikel 6 GG schutzwürdigen Personenkreis, wenn sich bereits ein Ehegatte beim Ausländer im Bundesgebiet aufhält. Ebenso wenig fällt der Nachzug zur Herstellung einer verschiedengeschlechtlichen nichtehelichen Lebensgemeinschaft unter die Schutzwirkung des Artikels 6 GG. Hinsichtlich der Lebensgemeinschaft vgl. Nummer 27.2.

27.1.7 Nach § 27 Abs. 1 ist ein Familiennachzug zu Seeleuten ausgeschlossen. Da diese im Bundesgebiet keinen Wohnsitz nehmen dürfen, kann die familiäre Lebensgemeinschaft nicht im Bundesgebiet hergestellt werden.

27.1.8 Wegen der hohen Anzahl von Fällen, in denen das Bestehen einer familiären Lebensgemeinschaft nur zur Erlangung eines Aufenthaltsstatus vorgegeben wird, kann es in einzelnen Fällen erforderlich sein, eine Sachverhaltsermittlung durchzuführen. Diese beschränkt sich nicht nur auf die Feststellung der familienrechtlichen Beziehung und das Vorhandensein einer gemeinsamen Meldeanschrift. Die Behörde hat umgekehrt bei der Sachverhaltsermittlung die Ausforschung der persönlichen Verhältnisse auf das im Einzelfall notwendige Mindestmaß zu beschränken und soll den Familienmitgliedern nach Möglichkeit die Wahl zwischen verschiedenen Formen des Nachweises

Grundsatz des Familiennachzugs § 27 **AufenthG 1**

einer bestehenden oder angestrebten Beistand- und Betreuungsgemeinschaft eröffnen. Die konkrete Ausgestaltung einer Beistands- und Betreuungsgemeinschaft ist im Einzelfall Angelegenheit der Familienmitglieder; bei der Prüfung ist die Vielgestaltigkeit der Lebenssachverhalte zu berücksichtigen. Ob eine familiäre Lebensgemeinschaft im Sinne einer Betreuungs- und Beistandsgemeinschaft vorliegt, kann nicht nur anhand der tatsächlichen Kontakte, sondern auch anhand der wirtschaftlichen Gestaltung des Zusammenlebens der Familienmitglieder festgestellt werden. Hierbei kann eine Sachverhaltsermittlung insbesondere auch anhand von Bankunterlagen (etwa gegenseitige Bevollmächtigung zum Zugang zu Konten oder gemeinsame Kreditaufnahme bei Ehegatten), sonstigen Vertragsunterlagen (bei gemeinsamem Bezug von Wasser, Strom, Telekommunikationsdienstleistungen etc. durch Ehegatten), die geteilte Übernahme gemeinsamer Kosten (etwa Übernahme der Wohnkosten durch den einen Ehegatten und der Kosten für ein Auto oder der Kinderbetreuung durch einen anderen Ehegatten) oder durch die Feststellung einer anderen Kosten- und Aufgabenverteilung innerhalb der Familie erfolgen.

27.1.9 Werden die Herstellung oder Wahrung einer familiären Lebensgemeinschaft nicht angestrebt, ist zu prüfen, ob ein Aufenthaltstitel für einen anderen Zweck erteilt werden kann. Es greifen in einem solchen Falle nicht die in den §§ 27 ff. genannten Einschränkungen ein, sondern nur die Voraussetzungen, die an die Erteilung des Aufenthaltstitels zu dem anderen Zweck geknüpft sind. Wird der Aufenthaltstitel für den anderen Zweck erteilt, ist der Familiennachzug als Zweck nicht anzugeben und im Aufenthaltstitel auch nicht zu vermerken.

27.1.10 Bei volljährigen Bewerbern für Aufenthaltstitel zur Ausübung einer Erwerbstätigkeit oder eines Studiums ist – außer bei Ehegatten und Lebenspartnern im Verhältnis zueinander – davon auszugehen, dass sie mit ihren Angehörigen im Bundesgebiet keine Lebensgemeinschaft bilden wollen, die über eine bloße Begegnungsgemeinschaft hinausgeht, wenn sie angeben, dass sie unter einer anderen Anschrift als der Wohnanschrift der Angehörigen nicht nur vorübergehend Wohnraum beziehen werden oder bereits wohnen. Die §§ 27 ff. sind dann nicht anzuwenden. Wird hingegen die Wohnanschrift von Angehörigen angegeben, ist von einem Familiennachzug im Sinne der §§ 27 ff. als vornehmlichem Aufenthaltszweck auszugehen, es sei denn, es liegt der Nachweis vor, dass eine engere als eine Begegnungsgemeinschaft nicht angestrebt ist. Eine bloße Begegnungsgemeinschaft unter derselben Wohnanschrift kann zum Beispiel vorliegen bei Geschwistern, die nachweislich weitgehend getrennt wirtschaften und im Rahmen einer bloßen Wohngemeinschaft in derselben Wohnung leben.

27.2 Herstellung und Wahrung einer lebenspartnerschaftlichen Gemeinschaft
27.2.1 Unter dem Begriff der lebenspartnerschaftlichen Gemeinschaft sind Gemeinschaften zu verstehen, die von zwei gleichgeschlechtlichen Lebenspartnern im Sinne des Lebenspartnerschaftsgesetzes vom 16. Februar 2001 (BGBl. I S. 266) gebildet werden.
27.2.2 Nach ausländischem Recht geschlossene gleichgeschlechtliche Partnerschaften fallen unter den Begriff der „Lebenspartnerschaft", wenn die Partnerschaft durch einen staatlichen Akt anerkannt ist und sie in ihrer Ausgestaltung der deutschen Lebenspartnerschaft im Wesentlichen entspricht. Eine wesentliche Entsprechung liegt vor, wenn das ausländische Recht von einer Lebensgemeinschaft der Partner ausgeht und insbesondere wechselseitige Unterhaltspflichten der Lebenspartner und die Möglichkeit der Entstehung nachwirkender Pflichten bei der Auflösung der Partnerschaft vorsieht.
27.2.3 Die Lebenspartnerschaft endet außer durch Tod und Aufhebung auch mit der Eheschließung einer der Lebenspartner.
27.2.4 Hinsichtlich der Zweckbindung des Aufenthaltes finden die Ausführungen in Nummer 27.1 entsprechende Anwendung.

27.3 Absehen von der Erteilung der Aufenthaltserlaubnis in Fällen des Bezugs von Leistungen nach dem SGB II oder XII
27.3.1 Selbst wenn die Voraussetzungen eines gesetzlichen Anspruchs auf Erteilung oder Verlängerung des Visums oder der Aufenthaltserlaubnis vorliegen, kann diese im Ermessenswege versagt werden, wenn die Person, zu der der Nachzug stattfindet, unabhängig von deren Staatsangehörigkeit für den Unterhalt
27.3.1.1 – von mindestens einem ausländischen Familienangehörigen, selbst wenn diese nicht im selben Haushalt leben, oder
27.3.1.2 – von mindestens einem anderen Haushaltsangehörigen, unabhängig von deren Staatsangehörigkeit oder deren familienrechtlichen Stellung gegenüber der Person, zu der ein Nachzug stattfinden soll, auf Leistungen nach dem SGB II oder XII angewiesen ist. Ob tatsächlich Leistungen nach dem SGB II oder XII bezogen werden oder beantragt worden sind, ist unerheblich; es kommt nur darauf an, ob ein Anspruch besteht.

269

27.3.2 Von Bedeutung ist, ob ein Ausweisungsgrund wegen Sozialhilfebezugs vorliegt. Dabei ist unerheblich, ob die Person, zu der der Nachzug stattfindet, oder der nachziehende Ausländer im Falle der Erteilung eines Aufenthaltstitels ausgewiesen werden kann oder ob ein erhöhter Ausweisungsschutz besteht.

27.3.3 Die Voraussetzungen des Absatzes 3 sind erfüllt, wenn infolge des Nachzuges ein Anspruch auf Leistungen nach dem SGB II oder XII entstehen würden, aber auch dann, wenn ein solcher Anspruch bereits ohne den Nachzug besteht. Der Versagungsgrund kann insbesondere entstehen, wenn die Person, zu der der Nachzug stattfindet, geschieden ist und sie dem früheren Ehegatten oder Kindern aus früherer Ehe zum Unterhalt verpflichtet ist.

27.3.4 Bei der Interessenabwägung ist maßgeblich zu berücksichtigen, ob der Nachzug voraussichtlich zu einer Erhöhung solcher öffentlicher Leistungen führt; unerheblich sind dabei die in § 2 Abs. 3 Satz 2 genannten Leistungen. Es spricht für eine Erteilung des Aufenthaltstitels, wenn nachweislich in Aussicht steht, dass der nachziehende Ausländer in Deutschland ein ausreichendes Einkommen erzielen wird oder über Vermögen verfügt, aus dem dauerhaft sein Lebensunterhalt gesichert sein wird. Bei der Prognose sind auch Unterhaltsleistungen des nachziehenden Familienangehörigen zu berücksichtigen, die er aufgrund einer rechtlichen Verpflichtung übernehmen muss oder voraussichtlich, auch ohne eine solche Verpflichtung, übernehmen wird.

27.3.5 Ein Aufenthaltstitel zum Familiennachzug ist bei Vorliegen der übrigen Voraussetzungen regelmäßig zu erteilen, wenn nachweislich in Aussicht steht, dass der nachziehende Ausländer nachhaltig imstande und bereit sein wird, in Deutschland lebende Personen, die bislang ihren Lebensunterhalt aus öffentlichen Leistungen bestritten haben, nach seinem Nachzug zu unterstützen und so die Gesamthöhe öffentlicher Leistungen zu verringern.

27.3.6 Nummer 27.3.5 gilt entsprechend in Fällen der Verlängerung einer Aufenthaltserlaubnis, wenn andernfalls das Einkommen oder das Vermögen des nachgezogenen Ausländers als Mittel zum Lebensunterhalt für andere im Bundesgebiet wohnhafte Personen wegfallen würde. Ebenso wenn wegen einer Ausreise ins Ausland Unterhaltsansprüche nicht oder schwerer durchsetzbar sind und daher wahrscheinlich ist, dass aufgrund der Ausreise des nachgezogenen Ausländers öffentliche Leistungen in größerem Umfang von anderen Personen in Anspruch genommen werden.

27.3.7 Ist der Lebensunterhalt auch des nachziehenden Ausländers nicht gesichert im Sinne des § 5 Abs. 1 Nr. 1 i. V. m. § 2 Abs. 3, kommt die Erteilung eines Aufenthaltstitels regelmäßig nicht in Betracht. Dies gilt nicht in den Fällen nach § 28 Abs. 1 Satz 1, § 29 Abs. 4, § 33 und § 34 Abs. 1, auch in Verbindung mit § 36, in denen die Anwendung des § 5 Abs. 1 Nr. 1 ausgeschlossen ist.

27.3.8 Sofern in den Fällen des § 28 Abs. 1 Satz 2, § 29 Abs. 2 und § 30 Abs. 3 von § 5 Abs. 1 Nr. 1 abgewichen werden kann, hat dies zur Folge, dass die mangelnde Sicherung des Lebensunterhaltes nicht regelmäßig zur Versagung des Aufenthaltstitels führt. Jedoch ist sie bei der Ermessensentscheidung über die Erteilung oder Verlängerung des Aufenthaltstitels als Abwägungskriterium heranzuziehen.

27.3.9 Bei der Interessenabwägung sind zudem neben dem aufenthaltsrechtlichen Status und der Dauer des bisherigen Aufenthaltes der Person, zu der der Nachzug stattfindet, die in § 55 Abs. 3 und § 56 genannten Gesichtspunkte mit Bezug auf den nachziehenden Ausländer zu berücksichtigen.

Übersicht

	Rn
I. Entstehungsgeschichte	1
II. Allgemeines	2
III. Privilegierungen	8
IV. Familienzuzug	12
1. Ehe und Familie	12
2. Familiäre Lebensgemeinschaft	21
V. Lebenspartnerschaft	26
VI. Versagungsgründe	28
1. Mangelnde Unterhaltssicherung	28
2. Ausweisungsgrund	33

I. Entstehungsgeschichte

1 Die Vorschrift entspricht in vollem Umfang dem **GesEntw** (BT-Drs 15/420 S. 13). Sie hat Vorgänger in §§ 17, 27 a AuslG. Mit Wirkung vom 18. 3. 2005 wurde in Abs. 3 „Sozialhilfe" durch „Leistungen..." ersetzt (Art 1 Nr. 4 ÄndGes vom 14. 3. 2005, BGBl. I 721).

II. Allgemeines

Der **Begriff** des Familiennachzugs hat sich in Deutschland eingebürgert u. wird deshalb 2
auch vom AufenthG fortgeführt. Er verkürzt allerdings die aufr Fragen streng genommen auf die Herstellung der Familieneinheit nach Trennung. Der Sache nach ist von dem Begriff auch der gemeinsame **Zuzug** mitumfasst, den das Ges sogar in gewissem Sinne als die Regel ansieht, obwohl die Migration von Arbeitnehmerfamilien meist schon deshalb notgedrungen sukzessive vonstatten geht, weil Probezeiten u. Wohnungssuche einem sofortigen gemeinsamen Umzug über Grenzen entgegenstehen. Schließlich ist unter Nachzug auch die erstmalige Begründung einer Lebensgemeinschaft durch Zuzug zum Zwecke der Eheschließung zu verstehen. Nicht wesentlich genauer ist der Begriff der Familienzusammenführung in der RL 2003/86/EG (Text in Teil 5 Nr 3.22), der die Aufrechterhaltung der Familiengemeinschaft unabhängig davon umfasst, ob die familiären Bindungen vor oder nach der Einreise des Zusammenführenden entstanden sind. Auch er bezieht trotz dieser Formulierung die erstmalige Begründung der Gemeinschaft wie den gemeinsamen Wohnortwechsel der Familie mit ein. Schließlich ist auch der nicht seltene Fall des „Nachzugs" durch Geburt im Inland erfasst, obwohl hier die staatl Regulierungsmöglichkeiten gen Null tendieren u. vor allem dadurch eingeschränkt sind, dass zT mit der Geburt iure soli die dt StAng erworben wird (§ 4 III StAG).

Der Familienzuzug zu Ausl gehörte unter der Geltung des **AuslG 1965** seit dessen 3
einschneidender Einschränkung im Jahre 1981 durch Ländererlasse (vgl Berichte in ZAR 1981, 147, 159; InfAuslR 1981, 306) zu den heiß umstrittenen Feldern der Ausländerpolitik u. der auslr Rspr (vgl nur: Barwig/Lörcher/Schumacher, Familiennachzug von Ausl auf dem Hintergrund völkerrechtlicher Verträge, 1986; Diefenbach, ZAR 1983, 70; Franz, NJW 1984, 530; Kuper, ZAR 1984, 186; Weber, NJW 1983, 1225; Weides/Zimmermann, NJW 1988, 1414; BVerfGE 76, 1; BVerwGE 70, 127; VGH BW, EZAR 105 Nr 12; BayVGH, EZAR 105 Nr 13). Deshalb richteten sich die Reformbestrebungen auch zuallererst auf diesen Problembereich (Nw bei Barwig, ZAR 1988, 173 u. 1989, 125).

Das **AuslG 1990** erleichterte den Familienzuzug durch Gewährung von Rechtsansprü- 4
chen u. durch Verzicht auf allg Wartefristen u. Ehebestandszeiten (BT-Drs 11/6321 S. 45). Es stellte allg Voraussetzungen (für den Nachzug zu Ausl) in § 17 auf u. unterschied sodann zwischen Ehegatten (§ 18), Kindern (§ 20) u. sonstigen Personen (§ 22). Daneben verlieh es Ehegatten wie Kindern ein eigenständiges AufR (§§ 19, 21). Für ausl Familienangehörige Dt galten – neben § 17 – noch besondere Regeln (§ 23). Für EG-Staater kamen die Sonderregeln des § 1 II AufenthG/EWG u. für Türken zT die des Art 7 ARB 1/80 zur Anwendung. Der besondere Nachzugsanspruch zu Aussiedlern nach § 94 BVFG aF entfiel mit Ablauf des Jahres 1992.

Mit dem **Zuwanderungsgesetz** haben sich die Bedingungen für die Familienzusam- 5
menführung nicht grundlegend verändert (vgl Renner, ZAR 2004, 266). Das familiäre Zusammenleben bildet als besonderer Aufenthaltszweck einen eigenen Abschnitt im Ges u. unterscheidet wie schon früher zwischen dem Nachzug zu Dt u. zu Ausl sowie zwischen Ehegatten, Kindern u. sonstigen Angehörigen. Es kennt akzessorische wie eigenständige AufR u. besondere Regeln für in Deutschland geborene Kinder. Aufgegeben ist die Unterscheidung zwischen Ehepartner der 1. u. der 2. Generation; auf das Alter bei der Einreise des Stammberechtigten kommt es nicht mehr an. Die Grundvoraussetzungen für jede Art familiären Zuzugs sind in § 27 normiert. Während der Zuzug zu Dt dann zusammengefasst in § 28 geregelt ist (früher § 23 AuslG), sind für den Zuzug zu Ausl zunächst in § 29 allg Voraussetzungen genannt u. anschließend die einzelnen Personengruppen behhandelt (früher §§ 17 bis 22 AuslG).

Das Familienzuzugsrecht muss nicht nur verfassungsrechtlichen Anforderungen aus **Art 6** 6
GG gerecht werden. Es steht auch im Lichte des Art 8 EMRK (dazu Rn 10) u. wird durch

die EU-Familienzusammenführungsrichtlinie 2003/86/EG beeinflusst, die erlassen, aber noch nicht umgesetzt ist (dazu Hauschild, ZAR 2003, 266). Besondere Fragen werfen die Rechte drittstaatsangehöriger Ehegatten wandernder Unionsbürger (dazu Borrmann, ZAR 2004, 61) u. die Freizügigkeit für Familienangehörige nach der EU-Erweiterung im Verhältnis zu den neuen Mitgliedstaaten auf (dazu Dienelt, ZAR 2004, 393). Einreise u. Aufenthalt von drittstaatsangehörigen Familienmitgliedern von Unionsbürgern sowie ihnen Gleichgestellten sind nicht im AufenthG geregelt, sondern im FreizügG/EU (s. Teil 2).

7 Die **Bedeutung** des Familiennachzugs für die Zuwanderung u. für die gesellschaftliche u. demografische Entwicklung insgesamt hat nicht nachgelassen. Genaue Werte sind nicht bekannt, weil es an belastbaren Statistiken hierzu fehlt. Bekannt sind die Zahlen der Visa zum Zwecke des Familiennachzugs. Sie sind von 1996 bis 2002 angestiegen u. seitdem im Sinken begriffen (BMI, Migrationsbericht, 2004, S. 24). Zuverlässige Vorhersagen erscheinen kaum möglich (dazu auch Zuwanderungsrat, Jahresgutachten 2004, S. 153 ff). Ob Erleichterungen oder Beschränkungen des Nachzugs angezeigt erscheinen, hängt nicht zuletzt von der allg staatl Familienpolitik ab. Ob Familien mit Kindern gefördert oder benachteiligt werden sollen, muss politisch entschieden werden, wirkt sich aber unmittelbar auch auf die Nachzugspolitik aus. Dabei wird oft nicht ausreichend bedacht, dass ein vermehrter Zuzug von Familien die wachsenden demografischen Defizite in Deutschland zwar nicht verhindern, aber abmildern könnte, dass die Familie einen Integrationsfaktor erster Güte darstellt u. eine familienfreundliche Rechts- u. Gesellschaftsordnung einen wichtigen Beitrag zur Stärkung des Wirtschaftsstandorts Deutschland leisten könnte. Gerade im weltweiten Wettbewerb um hochqualifizierte Arbeitnehmer, Dienstleister u. Selbständige wird künftig oft die Qualität des Bildungs- und Schulwesens den Ausschlag für Standort u. Tätigkeitsort geben. Nicht zuletzt bei der noch ausstehenden Umsetzung der EU-Nachzugsrichtlinie wird sich die Gelegenheit bieten, dem hohen Wert der Familie auch im Zuzugsrecht noch besser Rechnung zu tragen als bisher (dazu Renner, NVwZ 2004, 792).

III. Privilegierungen

8 Die Vorschriften gelten nur für die Lebensgemeinschaften von Dt mit Drittstaatern u. von Drittstaatern unter sich. Sofern ein Unionsbürger beteiligt ist, greifen die EU-Freizügigkeitsregeln unmittelbar ein (s. § 4 FreizügG/EU u. Rn 9, 20). Dies gilt auch, wenn eine Dt von seinem Freizügigkeitsrecht Gebrauch gemacht hat u. dann einen Familienangehörigen nach Deutschland nachziehen lassen will (vgl Rn 25). In engen Grenzen begünstigt sind nachziehende Familienangehörige aufgrund **Gemeinschaftsrechts** u. **vr Verträge** (allg dazu Frings, Frauen u. AuslR, 1997, S. 153 ff; Oeter in Hailbronner/Klein, Einwanderungskontrolle u. Menschenrechte, 1999, S. 129 ff; Renner, NVwZ 2004, 792 mwN; Scheer, Der Ehegatten- u. Familiennachzug zu Ausländern, 1994). Sonderregelungen gelten aufgrund der Europaabk auch für die Angehörigen von MOE-Staaten. Diesen ist, soweit sie sich bereits rechtmäßig in einem Mitgliedstaat aufhalten, der Zugang zum Arbeitsmarkt während der Geltungsdauer der Zulassung des Stammberechtigten gewährleistet (Art 38 I Abk Bulgarien; Text in Teil 5 Nr 3.5; dazu Peters, ZAR 2005, 87; betr Bulgarien Draganova, ZAR 2004, 168).

9 Keine Besonderheiten hinsichtlich des Zuzugs ergeben sich für **türkische StAng**. Diese genießen als Familienangehörige von Arbeitnehmern ein eigenständiges AufR kraft Assoziationsrechts (dazu § 4 Rn 101–109). Über den Familiennachzug entscheiden jedoch die Mitgliedstaaten souverän. Um aber die Grundlagen für das spätere Entstehen eines Rechts auf Zulassung zur Beschäftigung zu sichern, sollen in der Praxis im AufTit oder in der Akte alle diejenigen Personen bezeichnet werden, zu denen der Nachzug stattfindet oder die gleichzeitig zuziehen, u. außerdem soll ausdrücklich vermerkt werden, wenn ein AufTit nicht zu Nachzugszwecken erteilt wird (Nr 27.0.5.3 bis 27.0.5.9 VAH).

Grundsatz des Familiennachzugs § 27 **AufenthG** 1

Art 8 EMRK erweist sich insofern als Schutzinstrument für Familienzuzug u. -aufenthalt, 10
als aus der Achtung des Familien- u. des Privatlebens auch konkrete Rechte für den
Einzelnen folgen (dazu Renner, NVwZ 2004, 792; Weichselbaum, ZAR 2003, 359) u. die
Regeln der EMRK zum Grundbestand des europäischen Wertesystems gehören (vgl Art 6
II EG u. Erwägungsgrund 2 zur RL 2003/86/EG). Ungeachtet der Souveränität der
Vertragsstaaten für das gesamte AuslR dürfen deren Maßnahmen nicht zur Trennung der
Familie führen. Davon sind nicht nur Ausweisung u. sonstige Aufenthaltsbeendigungen
betroffen (vgl zB EuGH, EZAR 935 Nr 2–5, 8–12 u. 14), sondern auch die Herstellung
einer familiären Lebensgemeinschaft (zB EuGH, EZAR 935 Nr 1, 6, 7 u. 13; w Nw bei
Renner, NVwZ 2003, 792 Fn 11 u. 12). Im Falle Sen (EZAR 935 Nr 13), in dem der
Zuzug eines minderjährigen Kindes aus dem Herkunftsland verweigert wurde, hat der
EuGH eine Verletzung von Art 8 EMRK bejaht, weil für die beiden Geschwister das
Verlassen ihres faktischen Heimatlands unzumutbar sei – ein gewisser Einbruch in die These
von der Souveränität der Vertragsstaaten bei Zugangsregeln. Schließlich geht der Schutz-
bereich von Art 8 EMRK über den des Art 6 GG hinaus, weil auch entferntere Verwandte
u. Partner einer nichtehelichen Lebensgemeinschaft geschützt sind. Immer ist neben dem
rechtlichen Band eine hinreichend enge persönliche Beziehung in der Familie als Lebens- u.
Entwicklungsraum vorausgesetzt. Eingriffe können unter den Schrankenvorbehalt des Art 8
II EMRK fallen, sie dürfen aber nicht unverhältnismäßig wirken.

Aus **vr Abkommen** ergeben sich unmittelbar verbindliche Regeln, die über die Gewähr- 11
leistungen des Art 6 GG u. des Art 8 EMRK hinausgehen, wenn überhaupt, dann nur in
geringem Umfang. Aus Art 17 iVm Art 23 I des Internationalen Pakts über bürgerliche u.
politische Rechte (BGBl. 1973 II 1534) können bestimmte Anforderungen an die Gestattung von Einreise u. Aufenthalt nicht abgeleitet werden (Frings aaO S. 160 f; Langenfeld/
Mohsen, ZAR 2003, 398; Scheer aaO S. 10 ff). Die UN-Kinderrechtskonvention (BGBl.
1992 II 121 u. 990; Text in Teil 5 Nr 8.5) enthält zwar konkrete Aussagen über Familienzusammenführung u. Kindeswohl (Art 3 I, 9 I, 10 I), die BReg hat aber deren Bedeutung
in einer Protokollerklärung auf reine Staatenverpflichtungen beschränkt, u. außerdem gehen
sie nicht über den Schutz durch Art 6 GG für Ehegatten, Eltern u. Kinder hinaus (Langen-
feld/Mohsen ZAR 2003, 398; Renner in 6. Familienbericht, Materialien III, S. 95, 101 f).
Konkrete Verpflichtungen bestehen zugunsten der Angehörigen von Wanderarbeitnehmern
nach Art 8 ESC (BGBl. 1964 II 1261, 1965 II 1122; krit zu dt Praxis Lörcher in Barwig ua,
Vom Ausländer zum Bürger, 1994, S. 498 ff; vgl dazu auch Art 3 IV Bst b RL 2003/86/EG).
Aber auch diese enthalten nur rechtliche Verpflichtungen internationalen Charakters u. dies
auch nur „soweit wie möglich" (aaO Anhang zu Teil III). Das ENA u. das EFA (Texte in
Teil 5 Nr 12.1 u. 10.1) beschränken zT die Rechte der Vertragsstaaten zur Ausweisung,
verhalten sich aber nicht zur Begründung des Aufenthalts. Von den zahlreichen Abk mit
anderen Staaten enthält nur der dt-amerikanische FHSV (Text in Teil 5 Nr 12.8) eine
konkrete Vergünstigung für Familien. Danach dürfen nämlich Ehegatten u. unverheiratete
minderjährige Kinder von in Deutschland niedergelassenen US-Amerikanern gemeinsam
zuziehen oder auch nachziehen (Nr 1 Prot zum FHSV).

IV. Familienzuzug

1. Ehe und Familie

Die in Abs 1 normierte **Grundvoraussetzung** jeden Familienzuzugs umreißt dessen 12
Zweck unter Bezugnahme auf den nach Art 6 GG gebotenen Schutz von Ehe u. Familie.
Gemeint ist damit der staatl Schutz für Ehe u. Familie (Art 6 I GG), Kindererziehung (Art 6
II GG) u. nichteheliche Kinder (Art 6 V GG). Der grundges Schutz kann nicht allg für alle
Lebensbereiche bestimmt werden; für den Familiennachzug ist nur der aufr Schutzbereich
von Interesse, der keinen unmittelbaren Anspruch auf Familienzusammenführung im Bun-

desgebiet verleiht, wohl aber die staatl Verpflichtung enthält, eheliche u. familiäre Bindungen an im Bundesgebiet lebende Angehörige möglichst zu berücksichtigen (dazu näher BVerfGE 76, 1; dazu Kimminich, JZ 1988, 355; krit Zuleeg, DÖV 1988, 587).

13 Die aufr Bedeutung von Ehe u. Familie ist durch Art 6 GG nicht in Einzelheiten u. zwingend festgelegt. Dem **Gesetzgeber** steht es in den durch Art 6 GG gezogenen Grenzen frei, Zuzug u. Aufenthalt von Ausl im Hinblick auf familiäre Bindungen zu gestalten. Er darf dabei Aufnahme- u. Integrationskapazitäten ebenso berücksichtigen wie demografische u. ökonomische Erwägungen. Gebunden ist er zusätzlich durch die gemeinsame europäische Migrationspolitik, die ihren Niederschlag in den Regeln über die Freizügigkeit der Unionsbürger u. ihrer Familien aus EU-Staaten wie aus Drittstaaten u. in der RL 2003/86/EG hinsichtlich der Familienzusammenführung mit Drittstaatsangehörigen gefunden hat. Ein Vergleich der jew zuzugsberechtigten Familienmitglieder zeigt die unterschiedliche Gewichtung der Interessen an der Herstellung der Familieneinheit einerseits u. der Begrenzung der Zuwanderung andererseits. Während bei Unionsbürgern grundsätzlich die Mitglieder der Großfamilie berechtigt sind, wird bei Drittstaatern grundsätzlich auf die Kernfamilie der Ehegatten mit minderjährigen Kindern abgestellt. Die noch bestehenden Unterschiede in der Bewertung von Ehe u. Familie im Rahmen der Migration werden deutlich in den Spielräumen, die den Mitgliedstaaten bei der Gestaltung im Einzelnen belassen sind (vgl nur Art 3 IV u. V, 4 I Unterabs 3, III, IV Unterabs 2, VI, 6 II, 7, 8, 12 der RL).

14 Unter **Ehe** ist grundsätzlich die bürgerlich-rechtliche Einehe zu verstehen (BVerfGE 87, 234; 62, 323; näher Renner, AiD Rn 6/174–179), nicht dagegen die nichteheliche oder eheähnliche Lebensgemeinschaft (Göbel-Zimmermann, ZAR 1995, 170; Zimmermann, DÖV 1991, 401; BVerwGE 60, 75; HessVGH, EZAR 023 Nr 5; s aber Abs 2; zur zweigeschlechtlichen Lebensgemeinschaft § 7 Rn 14). Auch eine zur Erlangung aufr Vorteile geschlossene „Scheinehe" ist eine Ehe; sie verleiht aber nicht den „Schutz" des Art 6 I GG u. führt auch nicht zu einer ehelichen „Lebensgemeinschaft" (betr Scheinehe vgl BVerfGE 76, 1; BVerwGE 69, 174; OVG Hamburg, EZAR 100 Nr 15; OVG Hamburg, FamRZ 1991, 1433). Sie konnte früher gemäß § 13 II EheG nur unter engen Voraussetzungen (mangelnder Eheschließungswillen) verhindert (vgl zB OLG Hamburg, NVwZ 1983, 242) u. später von der AuslBeh festgestellt werden (vgl dazu BVerwG, EZAR 125 Nr 3). Seit 1. 7. 1998 bestehen erweiterte Möglichkeiten der Prüfung durch den Standesbeamten (§ 1310 I 2 Hs. 2 BGB) u. der späteren Aufhebung der Ehe (§ 1314 II Nr 5 BGB), falls die Ehepartner die ehelichen Pflichten aus § 1353 I BGB nicht zu übernehmen beabsichtigen (dazu Glosse von ἀννυμος Ταχύδρομος in ZAR 1999, 46).

15 **Familie** ist zwar nach dt Verständnis nicht (mehr) die Generationen-Großfamilie (BVerfGE 48, 327), wohl aber die Gemeinschaft von Eltern u. Kindern ohne Rücksicht darauf, ob diese volljährig u. schon aus dem Haushalt ausgeschieden sind (BVerfGE 57, 170). Kinder iSd Art 6 GG sind minderjährige wie volljährige, eheliche wie nichteheliche, Adoptiv-, Stief- u. Pflegekinder (Jarass/Pieroth, Art 6 Rn 2); ob sie aufr in jeder Beziehung miteinander gleichgestellt werden müssen, ist damit aber nicht gesagt. Auch ein nichtehelicher Vater kann sich auf Art 6 I, II GG berufen, wenn er mit der (dt) Mutter u. dem Kind zusammenlebt (BVerfG-K, InfAusR 1994, 394 u. 1993, 10).

16 Auch wenn eine **Mehrehe** nicht „ohne weiteres" unter den Schutz des Art 6 I GG fällt (so BVerfGE 76, 1), ist sie dadurch auch aufr geschützt, dass sie eine Familie darstellt, deren Bestand zu bewahren u. zu fördern der dt Staatsgewalt obliegt (BVerwGE 71, 228). Dem Gesetzgeber hätte uU eine Begrenzung der aufr Positionen auf die auf Einehe beruhende Familie freigestanden; nachdem er dies aber – in Kenntnis der Rspr des BVerwG (aaO) – unterlassen hat, ist eine andere Auslegung kaum vertretbar (aA wohl BReg, BT-Drs 11/6321 S. 60; Fraenkel, S. 75; OVG Lüneburg, InfAuslR 1992, 364); zumindest können Rechtsansprüche auf Nachzug dadurch nicht von vornherein ausgeschlossen werden (vgl OVG RhPf, EZAR 021 Nr 8; Nr 27.1.6 VAH). Auch die RL 2003/86/EG spricht der Mehrehe nicht den aufr Schutz gänzlich ab, sondern beschränkt ihn nur auf den zuerst im Inland

Grundsatz des Familiennachzugs § 27 **AufenthG 1**

lebenden Ehegatten u. lässt Beschränkungen für gemeinsame Kinder des Zusammenführenden u. des weiteren Ehegatten durch die Mitgliedstaaten zu (Art 4 III).

Das **Verlöbnis** ist nur geschützt, soweit es die Eheschließungsfreiheit angeht; es verleiht 17 noch weniger ein AufR als die Ehe selbst. Deshalb genügt bei ernsthafter Eheschließungsabsicht u. entsprechenden Vorbereitungen die Genehmigung zum kurzfristigen Aufenthalt zwecks Eheschließung (vgl § 7 Rn 19; BVerwG, InfAuslR 1985, 130).

Die **Adoption** begründet grundsätzlich ein unter dem Schutz von Art 6 GG stehendes 18 familiäres Verhältnis (BVerfGE 80, 81 u. Anm Renner, ZAR 1989, 132; Renner, ZAR 1981, 128 mwN). Ob volljährige Ausl (minderjährige erwerben durch Adoption die dt StAng, § 6 StAG) mit ihrer Adoptionsfamilie zusammenleben, hängt von deren Selbstverständnis ab (vgl Renner aaO). Nach der Rspr genießen sie aber aufr Schutz nur, soweit sie oder ihre Angehörigen auf die Lebenshilfe des anderen angewiesen sind (BVerfG aaO; BVerfG-K, EZAR 105 Nr 27; BVerwGE 69, 359; VGH BW, EZAR 020 Nr 1). Eine entsprechende Anwendung von § 28 I erscheint danach nicht geboten (aA betr § 23 I AuslG VGH BW, EZAR 020 Nr 1).

Im Ausland begründete familienrechtliche Verhältnisse sind im Inland als solche anzu- 19 erkennen, sofern sie nicht dem dt ordre public zuwiderlaufen (Art 6 EGBGB). Dies kann u. muss vor allem dann angenommen werden, wenn sie mit dem Verständnis von Ehe u. Familie nach Art 6 GG offensichtlich nicht zu vereinbaren sind. So ist zB eine im Ausland vorgenommene Adoption im Inland grundsätzlich als wirksam anzusehen u. zu beachten, es sei denn, sie verstößt wegen ihres Zustandekommens oder ihrer Rechtsfolgen gegen den ordre public (vgl § 16 a FGG; HessVGH, EZAR 103 Nr 18). Die „Scheinadoption" vermag ebenso wenig einen strikten Anspruch auf Aufenthalt zu vermitteln wie die „Scheinehe". Ihr kann aber infolge der Mitwirkung des Vormundschaftsrichters eher entgegengewirkt werden (§ 1767 I BGB: Prüfung der sittlichen Rechtfertigung).

Der **Nachweis** familienrechtlicher wie sonstiger Rechtsverhältnisse geschieht ohne 20 Rücksicht auf den Ort ihrer Entstehung idR durch öffentl Urkunden, am besten durch Personenstandsurkunden. Bei ausl Urkunden bedarf es einer qualifizierten Übersetzung. Grundsätzlich erfolgt die Legalisation durch die dt AuslVertr, bei Vertragsstaaten des Haager Übereink vom 5. 10. 1961 durch eine Apostille einer Behörde dieses Staats. Sofern wegen der besonderen Verhältnisse in einem anderen Staat Legalisationen nicht erfolgen, kann ein Gutachten eines Vertrauensanwalts der dt AuslVertr eingeholt werde. Übersichten über die jew Verhältnisse bietet des Auswärtige Amt unter www.auswaertiges-amt.de.

2. Familiäre Lebensgemeinschaft

Nicht Ehe oder Kindschaft oder Verwandtschaft vermitteln ein unbedingtes AufR, son- 21 dern die **familiäre Lebensgemeinschaft.** Dafür gefordert sind die Herstellung oder die Wahrung der familiären Lebensgemeinschaft, nicht der häuslichen Gemeinschaft (näher Renner, AiD Rn 6/186–191). Dennoch wird idR eine gemeinsame Familienwohnung gegeben sein müssen, um von einer Lebensgemeinschaft sprechen zu können (Fraenkel, S. 75; Zimmermann, DVBl. 1991, 195; aA Hofmann, InfAuslR 1992, 240). Zumindest ist eine derartige räumliche Nähe der Wohnungen erforderlich, dass die familiäre Kommunikation tatsächlich möglich u. auch praktiziert wird. Es darf sich nicht nur um eine reine Begegnungsgemeinschaft handeln (dazu BVerfGE 80, 81). Ein gemeinsamer Lebensmittelpunkt muss bestehen, wenn auch nicht in demselben Haus oder in derselben Wohnung. Soweit ausl Seeleute im Bundesgebiet einen Wohnsitz nicht begründen dürfen, kommt zu ihnen ein Nachzug schon mangels inländischen Lebensmittelpunkts nicht in Betracht (vgl § 4 Rn 27). Diese Grundsätze schließen eine **zusätzliche Wohnung** einzelner Familienangehöriger nicht aus, wenn diese etwa aus Berufs- oder Ausbildungs- oder Gesundheitsgründen notwendig ist (zB auswärtige Arbeitsstelle, wohnortferner Ausbildungs- oder Studienplatz, Unterbringung in Pflegeheim). Die Lebensgemeinschaft wird grundsätzlich auch durch Haft oder Unterbringung nicht unterbrochen, falls sie danach fortgesetzt wird.

22 Die Familiengemeinschaft wird dagegen aufgelöst durch zB endgültigen beruflich oder familiär bedingten Auszug des Kindes oder auf Dauer angelegte Trennung der Ehegatten. Kurzfristige **Trennungszeiten** können vernachlässigt werden, auch wenn sie anfänglich als endgültig angesehen wurden; ebenso kurze Trennungen „auf Probe". Nicht jeder Familienkrach mit anschließendem „Auszug" eines Partners beseitigt die familiäre Lebensgemeinschaft in tatsächlicher wie rechtlicher Hinsicht. Auf Trennungszeiten nach Scheidungsrecht kommt es nicht an (BVerwG, InfAuslR 1992, 305). Nicht ausgeschlossen ist auch die Anerkennung mehrerer Familienwohnungen, die jew gemeinsam genutzt werden; dagegen entspricht es nicht dem grundges Bild von Ehe u. Familie, wenn getrennte Wohnungen unterhalten werden u. nur gelegentliche gegenseitige Besuche stattfinden (betr Getrenntleben auf Dauer BVerwG, InfAuslR 1992, 305; zu Scheidungsfristen VGH BW, EZAR 103 Nr 7; zu Gewalttätigkeiten u. Getrenntleben HessVGH, EZAR 622 Nr 5; zu gelegentlichen Besuchen bis zur Ehescheidung VGH BW, EZAR 023 Nr 1; zu getrennten Wohnungen OVG MV, EZAR 023 Nr 21; OVG NRW, EZAR 023 Nr 27).

23 Die **Überprüfung** des Bestehens einer ehelichen oder sonstigen familiären Lebensgemeinschaften hat Bedacht zu nehmen auf den grundges Schutz vor Eingriffen in die persönliche u. eheliche Intimsphäre. Nachprüfungen finden ihre Berechtigung vor allem in dem staatl Interesse an der Verhinderung von bloßen Scheinverhältnissen u. sind entsprechend zurückhaltend u. unter Wahrung der Persönlichkeitsrechte der Betroffenen vorzunehmen (vgl BVerfGE 76, 1). Grundsätzlich fällt die Gestaltung der familiären Beziehungen in den alleinigen Verantwortungsbereich der Familie, vor allem der Ehepartner u. Eltern. Hieran haben sich Kontrollen der AuslBeh, falls dafür überhaupt ein triftiger Anlass besteht, auszurichten u. nicht an dem Bild einer „schützenswerten Ehe" (dazu HessVGH, EZAR 023 Nr 20 u. 22). Erlaubt sind daher zB auf äußerliche Indizien bezogene Fragen nach dem Entstehen der persönlichen Beziehungen sowie der Begründung u. Führung einer Haushaltsgemeinschaft, soweit die tatsächlichen Verhältnisse über das Bestehen einer Art 6 GG entsprechenden Lebensgemeinschaft eine annähernd verlässliche Auskunft geben können (dazu HessVGH, EZAR 023 Nr 25).

24 Bei freizügigkeitsberechtigten **Unionsbürgern** (u. ihren nicht notwendig einem EU-Staat angehörenden Familienmitgliedern) bleibt die aufr Rechtsstellung des Ehegatten trotz Trennung erhalten, auch wenn diese auf Dauer erfolgt (näher dazu § 3 FreizügG/EU Rn 6; betr Art 10 VO/EWG 1612/68 EuGH, EZAR 811 Nr 5). Ein ständiges Zusammenleben ist insoweit nicht verlangt. Die Gründe für das Getrenntleben sind nicht maßgeblich. Eine „Scheinehe" (dazu Rn 14) verdient auch insoweit keinen Schutz, eine entsprechende Feststellung der Auslbeh ist aber im Hinblick auf das Erlaubtsein ständiger Trennung schwierig (offengelassen von BVerwG, EZAR 106 Nr 3).

25 Angesichts dieser u. anderer Unterschiede in der Stellung der Familie von Unionsbürgern einerseits u. Drittstaatern andererseits stellt sich die Frage nach der Gleichbehandlung oder der **Inländerdiskriminierung.** Letztere kann rechtlich nur deshalb ausgeschlossen werden, weil es sich um zwei unterschiedliche Rechtsordnungen handelt, deren Gestaltungsakte nicht mit einander verglichen werden können. Tatsächlich kann sie dadurch umgangen werden, dass der Dt zunächst einmal von der Freizügigkeit in einem anderen EU-Staat zB als Arbeitnehmer, Selbständiger oder Dienstleistungserbringer Gebrauch macht. Wenn er dann nach Deutschland zurückkehrt, kann er sich auch als Dt in Deutschland auf die EU-Freizügigkeitsrechte berufen (vgl EuGH, EZAR 814 Nr 3; vgl auch § 3 FreizügG/EU Rn 4).

V. Lebenspartnerschaft

26 Die Lebenspartnerschaft gehört nach allg Auffassung nicht zu den nach Art 6 GG geschützten u. besonders zu fördernden Lebensgemeinschaften, sie steht aber als Lebensgemeinschaft unter dem Schutz des Art 8 EMRK. Daher verleiht der Gesetzgeber der

Grundsatz des Familiennachzugs § 27 **AufenthG 1**

Herstellung u. Wahrung einer lebenspartnerschaftlichen Gemeinschaft wie schon nach § 27a AuslG dieselbe aufr Wirkung wie der Ehe. Begünstigt sind die ausl Partner einer **eingetragenen Lebenspartnerschaft** (Ges vom 16. 2. 2001, BGBl. I 266). Diese braucht nicht in Deutschland begründet zu sein. Gleichgestellt sind Partner von Einrichtungen im Ausland, die nach ähnlichen Grundsätzen mit ähnlichen Wirkungen geschlossen werden. Deren Anerkennung u. Nachweis folgen denselben Regeln wie bei der Ehe (dazu Rn 19 f). Soweit ein Unionsbürger beteiligt ist, folgt die Anerkennung zwingend aus dem Verbot der Nichtdiskriminierung (EuGH, EZAR 810 Nr 4). Es muss sich um gleichgeschlechtliche Partnerschaften handeln. Nichteheliche Gemeinschaften von Heterosexuellen stehen nicht gleich. Den EU-Mitgliedstaaten steht zwar deren Einbeziehung in die Familienzusammenführung frei (Art 4 III RL 2003/86/EG), Deutschland hat hiervon aber keinen Gebrauch gemacht. Deshalb kann nichtehelichen Partnern auch nach § 7 I 2 keine AE erteilt werden (§ 7 Rn 14).

Auch bei der Partnerschaft genügen für ein AufR nicht deren Begründung u. rechtlicher Bestand. Erforderlich ist vielmehr die Führung einer lebenspartnerschaftlichen **Gemeinschaft** im Inland. Es müssen über die Eintragung hinaus ernsthafte Beziehungen gepflegt werden, die auch in der alltäglichen Lebensgestaltung zum Ausdruck gelangen. Hinsichtlich Zusammenleben u. Nachprüfungsmöglichkeiten gelten dieselben Grundsätze wie bei der Ehe (dazu Rn 21–23). 27

VI. Versagungsgründe

1. Mangelnde Unterhaltssicherung

Die Erteilung der familienbezogenen AE kann selbst bei Bestehen eines Anspruchs versagt werden, wenn der Zusammenführende auf **öff Leistungen** der genannten Art bereits für andere ausl Angehörige angewiesen ist. Damit soll ausgeschlossen werden, dass infolge des Nachzugs unterhaltsrechtlich Bevorrechtigter (zB Ehegatte aus zweiter Ehe) die Leistungen an die bisher unterstützten anderen Angehörigen gekürzt werden u. diese dann Sozialleistungen in Anspruch nehmen müssen (BT-Drs 15/420 S. 81). Unabhängig davon bleibt die Unterhaltsfähigkeit des Zusammenführenden, des Nachziehenden u. der anderen Verwandten je für deren Person zu prüfen (§ 5 I 1 Nr 1; zum Zuzug zu Dt vgl § 28 Rn 5; zur Berechnung des Bedarfs OVG Berlin, EZAR 020 Nr 20 u. 22). 28

Nicht der tatsächliche Leistungsbezug ist ausschlaggebend, sondern das abstrakte **Angewiesensein.** Die Voraussetzungen für Leistungen nach SGB II oder XII bestimmen den Minimalstandard in Deutschland. Wessen Familienangehörige unter diesen Werten leben, soll vom Nachholen weiterer Angehöriger unabhängig davon ausgeschlossen sein, ob ein Anspruch auf solche Leistungen besteht u. ob diese tatsächlich in Anspruch genommen werden. Auf individuelle Lebensverhältnisse u. Fähigkeiten, unterhalb dieser objektiven Grenze zu leben, kommt es nicht an. Ebenso unerheblich ist, ob der Zusammenführende oder die anderen Familienmitglieder den Ausweisungstatbestand des § 55 II Nr 6 verwirklichen, der auf den Leistungsbezug abstellt. Wenn sie trotz Ausweisungsgrunds nicht ausgewiesen werden können, darf u. muss dieser Umstand im Rahmen des Ermessens berücksichtigt werden (Rn 31 f). 29

Für die Bemessung des **Unterhaltsbedarfs** werden nur die bereits in Deutschland lebenden Angehörigen angesetzt. Der Ausl muss für den Unterhalt von „anderen" Angehörigen bereits in der Gegenwart auf öffentl Sozialleistungen angewiesen sein („angewiesen ist"). Es genügt also nicht, wenn durch den Zuzug ein erhöhter Bedarf entsteht, die Abhängigkeit von öffentl Leistungen also erst in Zukunft u. infolge des Zuzugs eintreten wird. Kann der Nachzugswillige seinen Unterhaltsbedarf nicht selbst decken, steht § 5 I 1 Nr 1 dem Nachzug ohnehin entgegen (mit Ausnahmen oder Ausnahmemöglichkeiten nach §§ 5 I 2 u. II, 28 I 1, 29 IV, 33, 34 I, 36). 30

31 Selbst wenn der Zusammenführende auf Sozialleistungen der genannten Art angewiesen ist, ist der Nachzug nicht zwingend oder idR abzulehnen. Die Versagung ist vielmehr in das pflichtgemäße **Ermessen** der Behörde gestellt, damit die Schutzwirkungen der Art 8 EMRK u. 6 GG unter keinen Umständen zu kurz kommen. Der Familiennachzug unterliegt zwar als Teil der Migrationsregie der souveränen Entscheidung der Staaten, dabei dürfen aber vr u. grundges Verpflichtungen weder im System noch im Einzelfall außer Acht gelassen werden. Vor allem vermag eine finanzielle Belastung der öffentl Kassen allein eine absolute Sperre der Familienzusammenführung nicht zu rechtfertigen. Da § 27 allg Grundbedingungen für jede Art von Familienzusammenführung formuliert, ist es sachgerecht, hinsichtlich der finanziellen Auswirkungen ebenfalls eine pauschale Entscheidungsgrundlage zur Verfügung zu stellen, die eine interessengerechte Einzelfallbeurteilung erlaubt.

32 In diesem Rahmen haben AuslVertr u. AuslBeh alle widerstreitenden öffentl u. privaten **Werte u. Interessen** (vgl vor allem § 55 III) festzustellen u. abzuwägen, vor allem Status u. Dauer des Aufenthalts des Zusammenführenden. Dabei müssen sie auch berücksichtigen, ob der Nachziehende zum gemeinsamen Unterhalt beitragen u. über seinen eigenen Bedarf hinaus auch den der anderen Angehörigen zumindest zT decken kann u. wird. Wenn öffentl Aufwendungen mit dem Nachzug erspart werden können, spricht dies für ihn, vor allem in Anspruchsfällen. Ob die Unterhaltsbeiträge des Nachziehenden auf ges Verpflichtungen beruhen, ist nicht entscheidend. Sie müssen nur hinreichend sicher zu erwarten sein.

2. Ausweisungsgrund

33 Die allg Voraussetzungen des § 5 müssen erfüllt sein, von dem Hindernis eines **Ausweisungsgrunds** in der Person des Nachziehenden kann aber abgesehen werden. Damit wird in einem weiteren Schritt verhindert, dass infolge einer abstrakten ges Bewertung die letztlich entscheidenden individuellen Verhältnisse vernachlässigt werden. Das Fehlen von Ausweisungsgründen gehört zwar zu den grundlegenden Bedingungen für jede Zulassung zum Staatsgebiet, gerade weil hierfür aber die objektive Erfüllung eines Ausweisungstatbestands genügt (vgl § 5 Rn 20–24), hat der Gesetzgeber bereits in § 5 III für humanitäre Aufenthalte Abweichungen angeordnet oder zugelassen. Mit Abs 3 S. 2 wird für familiäre Aufenthalte die notwendige Berücksichtigung der Bedeutung von Art 6 GG u. 8 EMRK im Einzelfall ermöglicht (zur Anwendung beim Zuzug zu Dt vgl § 28 Rn 5).

34 An diesen Grundsätzen ausgerichtet muss über ein Absehen vom Hindernis des Ausweisungsgrunds entschieden werden. Vorausgesetzt sind weder besondere Umstände noch Härten. Es muss vielmehr der **Einzelfall** daraufhin geprüft werden, ob die Verwirklichung des Ausweisungstatbestands nach dessen Art, Aktualität u. Gewicht die Versagung der Familienzusammenführung zu rechtfertigen vermag. Auch insoweit müssen öffentl u. private Interessen umfassend ermittelt u. abgewogen werden. Neben dem Nachzugswunsch des Zuzugswilligen müssen vor allem die berechtigten Interessen des Zusammenführenden in Rechnung gestellt werden.

§ 28 Familiennachzug zu Deutschen

(1) ¹Die Aufenthaltserlaubnis ist abweichend von § 5 Abs. 1 Nr. 1 dem ausländischen

1. Ehegatten eines Deutschen,
2. minderjährigen ledigen Kind eines Deutschen,
3. Elternteil eines minderjährigen ledigen Deutschen zur Ausübung der Personensorge zu erteilen, wenn der Deutsche seinen gewöhnlichen Aufenthalt im Bundesgebiet hat. ²Sie kann abweichend von § 5 Abs. 1 dem nichtsorgeberechtigten Elternteil eines minderjährigen ledigen Deutschen erteilt werden, wenn die familiäre Gemeinschaft schon im Bundesgebiet gelebt wird.

(2) ¹Dem Ausländer ist in der Regel eine Niederlassungserlaubnis zu erteilen, wenn er drei Jahre im Besitz einer Aufenthaltserlaubnis ist, die familiäre Lebensgemeinschaft

Familiennachzug zu Deutschen § 28 **AufenthG** 1

mit dem Deutschen im Bundesgebiet fortbesteht, kein Ausweisungsgrund vorliegt und er sich auf einfache Art in deutscher Sprache mündlich verständigen kann. ²Im Übrigen wird die Aufenthaltserlaubnis verlängert, solange die familiäre Lebensgemeinschaft fortbesteht.

(3) Die §§ 31 und 35 finden mit der Maßgabe Anwendung, dass an die Stelle des Aufenthaltstitels des Ausländers der gewöhnliche Aufenthalt des Deutschen im Bundesgebiet tritt.

(4) Auf sonstige Familienangehörige findet § 36 entsprechende Anwendung.

(5) Die Aufenthaltserlaubnis berechtigt zur Ausübung einer Erwerbstätigkeit.

Vorläufige Anwendungshinweise

28 Zu § 28 Familiennachzug zu Deutschen

28.1 Voraussetzungen der erstmaligen Erteilung
28.1.1 Unter den Voraussetzungen des Absatzes 1 besteht ein Anspruch auf Erteilung einer Aufenthaltserlaubnis, ohne dass die Sicherung des Lebensunterhalts (§ 5 Abs. 1 Nr. 1) des nachziehenden Ausländers zu fordern ist; vgl. Nummer 27.3.7. Allerdings kann unter den Voraussetzungen des § 27 Abs. 3 trotz des grundsätzlich bestehenden Anspruchs die Aufenthaltserlaubnis verweigert werden; vgl. näher Nummer 27.3. Im Rahmen der nach § 27 Abs. 3 erforderlichen Ermessensabwägung ist maßgeblich darauf abzustellen, dass dem Deutschen regelmäßig nicht zugemutet werden kann, die familiäre Lebensgemeinschaft im Ausland zu leben, und dass der besondere grundrechtliche Schutz aus Artikel 6 Grundgesetz eingreift.
28.1.2 Bei Anwendung des Absatzes 1 Nr. 1 kommt es nicht darauf an, ob die Ehe in Deutschland oder im Ausland geschlossen wurde. Bei jeder Eheschließung muss die Ortsform beachtet worden sein, also die am Ort der Eheschließung vorgegebene Form einschließlich der zwingenden Eheschließungsvoraussetzungen, wie sie am Eheschließungsort gelten. Religiöse Ehen stehen den vor staatlichen Stellen geschlossenen Ehen gleich, wenn sie am Ort der Eheschließung in der konkret vollzogenen Weise staatlich anerkannt sind; gleiches gilt für Nottrauungen, die nach dem Recht des Eheschließungsortes gültig sind. Ehen, die durch Stellvertreter geschlossen werden, verstoßen gegen den deutschen ordre public und sind daher unwirksam; Ferntrauungen sind allenfalls in Notsituationen anzuerkennen. Zur Erteilung von Visa und Aufenthaltserlaubnissen vor der Eheschließung vgl. Nummer 30.0.122
28.1.3 Ein Kind eines Deutschen, das einen Nachzugsanspruch nach Absatz 1 Nr. 2 geltend macht, darf nicht verheiratet, geschieden oder verwitwet sein und darf das 18. Lebensjahr noch nicht vollendet haben. Vorrangig ist zu prüfen, ob das Kind durch Geburt, Legitimation oder Adoption (§§ 4 bis 6 StAG) die deutsche Staatsangehörigkeit besitzt. Es ist unerheblich, ob die betreffende Elternteil auch bei der Geburt des Kindes die deutsche Staatsangehörigkeit besaß. Ist nur der Vater Deutscher, muss eine nach deutschem bürgerlichem Recht wirksame Vaterschaft vorliegen. Die Wirksamkeit einer Vaterschaftsanerkennung richtet sich ausschließlich nach bürgerlichem Recht.
28.1.4 Für den Nachzug eines minderjährigen Kindes eines Deutschen nach Absatz 1 Nr. 2 ist es nicht erforderlich, dass der Deutsche zur Ausübung der Personensorge berechtigt ist. Die Herstellung einer familiären Lebensgemeinschaft zwischen dem Deutschen und dem Kind ist jedoch Voraussetzung und muss beabsichtigt und rechtlich sowie tatsächlich möglich und zu erwarten sein. Hat der deutsche Elternteil das Personensorgerecht, so kann von der Absicht und Möglichkeit der Herstellung der familiären Lebensgemeinschaft in der Regel ausgegangen werden. In Fällen der Anerkennung der Vaterschaft durch einen Deutschen erwirbt das Kind bereits mit Geburt die deutsche Staatsangehörigkeit (§ 4 Abs. 1 Satz 2 StAG), so dass dann regelmäßig kein Nachzug eines minderjährigen ausländischen Kindes im Sinne des Absatzes 1 Nr. 2 vorliegt.
28.1.5 Der ausländische Elternteil eines minderjährigen ledigen Deutschen hat den Nachzugsanspruch hingegen nur, wenn ihm das Personensorgerecht für das deutsche Kind zusteht und er aufgrund dessen beabsichtigt, die Personensorge auszuüben. Beruht das Sorgerecht auf der Entscheidung einer ausländischen Behörde oder eines ausländischen Gerichts, ist vorauszusetzen, dass sie im Bundesgebiet anzuerkennen ist (z.B. nach dem Haager Minderjährigenschutzübereinkommen oder nach § 16a FGG). Dem Aufenthaltsanspruch steht nicht entgegen, dass auch der andere Elternteil das Sorgerecht besitzt. Erforderlich ist jedoch, dass die Personensorge im Rahmen einer familiären Lebensgemeinschaft ausgeübt wird. Im begründeten Ausnahmefall kann es auch ausreichen, wenn

die Personensorge im Rahmen einer Betreuungs- und Beistandsgemeinschaft tatsächlich ausgeübt wird.
28.1.6 Der Nachzug eines nicht sorgeberechtigten Elternteils eines minderjährigen ledigen Deutschen kann nach Absatz 1 Satz 2 im Ermessenswege abweichend von § 5 Abs. 1 gestattet werden. Die Ermessensausübung wird durch § 5 Abs. 2 bis 4, § 11 und § 27 Abs. 3 begrenzt. Der Nachzug kommt nur in Betracht, wenn eine Beistands- und Betreuungsgemeinschaft im Bundesgebiet schon besteht. Bei der Ermessensausübung ist insbesondere zu berücksichtigen, ob
28.1.6.1 – das deutsche Kind in seiner Entwicklung auf den ausländischen Elternteil angewiesen ist (z. B. Vorlage einer Stellungnahme des Jugendamtes),
28.1.6.2 – der nichtsorgeberechtigte Elternteil seit der Geburt des Kindes seinen Unterhaltsverpflichtungen regelmäßig nachgekommen ist und
28.1.6.3 – das Kindeswohl einen auf Dauer angelegten Aufenthalt des nichtsorgeberechtigten Elternteils im Bundesgebiet erfordert.
28.1.7 Die Aufenthaltserlaubnis ist bei der Erteilung in der Regel auf drei Jahre zu befristen. Hiervon abweichend ist eine Befristung auf nur ein Jahr angezeigt, wenn begründete Anhaltspunkte dafür vorliegen, dass die Eheschließung nicht zum Zweck der Aufenthaltssicherung des ausländischen Ehegatten geschlossen wurde (sog. Scheinehe). Derartige Anhaltspunkte liegen in der Regel vor, wenn der ausländische Ehegatte vor der Eheschließung ausreisepflichtig war und auch nach der Eheschließung keine gemeinsame Wohnung besteht, in der die Eheleute auch tatsächlich zusammenleben und nicht nur gemeinsam gemeldet sind. Soweit eine allgemeine Erteilungsvoraussetzung nicht vorliegt oder Obdachlosigkeit droht, ist die Aufenthaltserlaubnis ebenfalls zunächst nur für ein Jahr zu erteilen.

28.2 Erteilung einer Niederlassungserlaubnis und Verlängerung der Aufenthaltserlaubnis
28.2.1 Die Erteilung einer Niederlassungserlaubnis nach Absatz 2 Satz 1 setzt das Fortbestehen der familiären Lebensgemeinschaft voraus. Sie ist ausgeschlossen, wenn einer der zwingenden Versagungsgründe nach § 5 Abs. 4 vorliegt. Liegt ein Regelversagungsgrund nach § 5 Abs. 1 vor, hat diese Regel Vorrang vor § 28 Abs. 2 mit der Folge, dass die Erteilung einer Niederlassungserlaubnis in der Regel zu versagen ist. Dies schließt die Erteilung einer weiteren befristeten Aufenthaltserlaubnis nicht aus; vgl. Nummer 28.2.2. Hinsichtlich der Erteilung der Niederlassungserlaubnis nach Absatz 2 Satz 1 findet § 9 keine Anwendung.
28.2.2 Nach Beendigung der familiären Lebensgemeinschaft kann eine Niederlassungserlaubnis nur nach den allgemeinen Vorschriften, nicht aber nach Absatz 2 Satz 1 erteilt werden.
28.2.3 Die dreijährige Frist beginnt mit der erstmaligen Erteilung einer Aufenthaltserlaubnis zur Herstellung der familiären Lebensgemeinschaft. Grund der Privilegierung nach Absatz 2 Satz 1 ist die Annahme des Gesetzgebers, dass durch die familiäre Lebensgemeinschaft mit einem Deutschen eine positive Integrationsprognose antizipiert und die soziale und wirtschaftliche Integration daher zu einem früheren Zeitpunkt als nach den Regelvoraussetzungen des § 9 angenommen werden kann. Zeiten des Besitzes einer Aufenthaltserlaubnis zu anderen Zwecken können daher nicht berücksichtigt werden können, da sie dieser immanenten Zweckausrichtung nicht entsprechen. Die Zeit des Besitzes eines nationalen Visums zum Familiennachzug ist nach § 6 Abs. 4 Satz 3 anzurechnen, soweit sich der Inhaber währenddessen im Bundesgebiet aufgehalten hat.
28.2.4 Die Anforderung, wonach der ausländische Ehegatte in der Lage sein muss, sich auf einfache Art in deutscher Sprache mündlich zu verständigen, ist weniger weitgehend als das in § 9 Abs. 2 Nr. 7 genannte Merkmal. Zur Feststellung, ob sich der Ausländer in deutscher Sprache mündlich verständigen kann, ist grundsätzlich das persönliche Erscheinen des Ausländers erforderlich (§ 82 Abs. 4), soweit diesbezügliche Erkenntnisse nicht bereits vorliegen. Der Ausländer braucht nicht die deutsche Sprache zu beherrschen oder deutsch lesen oder schreiben zu können, er muss sich aber im Alltagsleben ohne nennenswerte Schwierigkeiten verständigen können. Ein entsprechendes Sprachniveau kann nicht angenommen werden, wenn der Ausländer sich bei der persönlichen Vorsprache nicht ohne die Hilfe Dritter verständlich machen kann. Eine schriftliche Sprachprüfung ist nicht zulässig. Anhaltspunkte, ob diese Voraussetzungen erfüllt sind, können sich auch aus Schul- oder Sprachzeugnissen oder Nachweisen über Berufstätigkeiten ergeben. § 44 a bleibt unberührt.
28.2.5 Von der Erteilung einer Niederlassungserlaubnis ist in den Fällen des § 27 Abs. 3 Satz 1 abzusehen.
28.2.6 Auf die Verlängerung der Aufenthaltserlaubnis besteht nach Absatz 2 Satz 2 grundsätzlich ein Anspruch, sofern nur die familiäre Lebensgemeinschaft fortbesteht. Hinsichtlich der Auswirkungen des Bezugs von Leistungen nach dem SGB II oder XII und des Vorliegens von Regelversagungsgründen gelten die Regelungen zur erstmaligen Erteilung der Aufenthaltserlaubnis; vgl. Nummern 27.3 und 28.1.1.

28.3 Eigenständiges Aufenthaltsrecht
28.3.1 Durch die Vorschrift soll eine Gleichstellung, nicht aber eine Besserstellung der Familienangehörigen gegenüber denen der im Bundesgebiet lebenden Ausländer hinsichtlich des eigenständigen Aufenthaltsrechts bewirkt werden.
28.3.2 Für ausländische Ehegatten Deutscher gilt mit der in der Vorschrift genannten Maßgabe § 31 und für die minderjährigen ledigen Kinder eines Deutschen § 35 entsprechend.
28.3.3 Ein eigenständiges Aufenthaltsrecht von Elternteilen minderjähriger lediger Deutscher entsteht hingegen bei Auflösung der familiären Lebensgemeinschaft – unbeschadet der gegebenenfalls nach den allgemeinen Regeln gegebenen Möglichkeit der Erteilung einer Niederlassungserlaubnis – nicht.

28.4 Sonstige Familienangehörige Deutscher
28.4.1 Zu den sonstigen Familienangehörigen i. S. d. § 36 gehören auch – ausländische Elternteile minderjähriger Deutscher, die nicht personensorgeberechtigt sind, soweit auf sie nicht § 28 Abs. 1 Satz 2 Anwendung findet, – volljährige Ausländer, die von einem Deutschen adoptiert wurden; sie erwerben mit der Adoption nicht die deutsche Staatsangehörigkeit (vgl. § 6 StAG) und können daher nur zur Vermeidung einer außergewöhnlichen Härte i. S. v. § 36 Satz 1 nachziehen, – der ausländische Elternteil eines volljährigen oder nicht mehr ledigen Deutschen, der keine Aufenthaltserlaubnis nach § 28 Abs. 1 Nr. 3 erhalten kann.
28.4.2 Die Vorschriften zu § 36 sind zu beachten. Die Geltungsdauer des erteilten Aufenthaltstitels richtet sich nach den allgemeinen Regeln.

28.5 Ausübung einer Erwerbstätigkeit
Der Arbeitsmarktzugang ist kraft Gesetzes uneingeschränkt gewährleistet. Eine Zustimmung der Bundesagentur für Arbeit ist für die Erteilung nicht erforderlich.

Übersicht

	Rn
I. Entstehungsgeschichte	1
II. Allgemeines	2
III. Zuzug zu Deutschen	5
1. Allgemeines	5
2. Ehegatten und Lebenspartner sowie Kinder	7
3. Elternteil	8
4. Sonstige Familienangehörige	14
5. Niederlassungserlaubnis	15
6. Eigenständiges Aufenthaltsrecht	19

I. Entstehungsgeschichte

Die Vorschrift entspricht dem **GesEntw** (BT-Drs 15/420 S. 14). Sie hat einen Vorgänger in § 23 AuslG.   **1**

II. Allgemeines

Der Familienzuzug zu Dt unterscheidet sich dadurch erheblich von dem Zuzug zu im Bundesgebiet lebenden Ausl, dass ersteren ein **uneingeschränktes Recht** auf Einreise u. Aufenthalt in dem Staat ihrer StAng zusteht (vgl Art 11, 16 II 1 GG) u. der ausl Familienangehörige mittelbar über Art 6 I, II GG hieran teilnimmt. Dem Ehegatten u. dem Kind eines Dt ist daher grundsätzlich der Aufenthalt im Bundesgebiet zu gestatten (BVerfGE 51, 386; Renner, NVwZ 1983, 649 mwN). Insoweit sind die ausl Angehörigen Dt gegenüber denen von Ausl privilegiert; ebenso heimatlose Ausl nach § 12 HAG. An die Stelle des AufR des Ausl (nach § 29 I Nr. 1 ua) tritt deshalb hier der gewöhnliche Aufenthalt im Bundesgebiet. Auf diese besonderen tatsächlichen u. rechtlichen Verhältnisse nimmt die ges Bezeichnung als „Familiennachzug" zu Dt keine Rücksicht. Dieser Begriff trifft idR nicht zu, weil der Ausl zuzieht, in aller Regel aber nicht nachzieht. Daher ist gerade hier der auch von der RL 2003/86/EG benutzte Begriff der Familienzusammenführung zu bevorzugen.   **2**

3 Hinsichtlich der **dt StAng** gelten Besonderheiten für nichteheliche Kinder mit dt Vater u. ausl Mutter (§ 5 StAG) u. für vor 1977 geborene Kinder mit dt Mutter u. ausl Vater (Art 3 RuStAÄndG 1974). Vor Wirksamkeit der Adoption eines minderjährigen Ausl durch einen Dt, mit der die dt StAng erworben wird (§ 6 StAG), fehlt es an dem notwendigen Rechtsverhältnis für den Zuzugsanspruch (dazu Baer, ZAR 1991, 135). Eine entsprechende Anwendung von Abs 1 auf von Dt adoptierte erwachsene Ausl erscheint nicht gerechtfertigt (aA VGH BW, EZAR 020 Nr. 1). Die dt Rechtsordnung insgesamt (Familien-, StAng- u. AufR) unterscheidet bewusst zwischen Minderjährigen- u. Erwachsenenadoption, ohne dass dies als willkürlich anzusehen wäre. Daher besteht keine unbewusste Lücke, die im Interesse eines gerechter erscheinenden Ergebnisses durch eine Analogie geschlossen werden kann.

4 **Sonderregelungen** für Familien mit dt Beteiligung gelten nicht nur hinsichtlich des Personenkreises u. für die erstmalige Erteilung. Auch Verlängerung, Erteilung der NE u. eigenständiges AufR folgen eigenen Regeln. Schließlich sind Voraussetzungen u. Rechtsfolgen dadurch gekennzeichnet, dass die AE zT ohne Rücksicht auf die Sicherung des Lebensunterhalts erteilt wird u. immer die Berechtigung zur Ausübung einer jedweden Erwerbstätigkeit einschließt. Auf die Eigenschaft als Unionsbürger kann sich der dt Stammberechtigte nicht mit Erfolg berufen, um sich auf die in mancher Hinsicht günstigeren Vorschriften über die aufr Familieneinheit von Unionsbürgern u. ihren drittstaatsangehörigen Familienmitgliedern stützen zu können. Diese Schlechterstellung gegenüber anderen Unionsbürgern kann der Dt nur überwinden, wenn er zuvor die EU-Freizügigkeit in Anspruch genommen hat (zu dieser Inländerdiskriminierung vgl § 27 Rn 25).

III. Zuzug zu Deutschen

1. Allgemeines

5 Der Zuzugsanspruch ist nur zum Zwecke der Herstellung u. Wahrung der familiären Lebensgemeinschaft mit dem dt Familienangehörigen gewährleistet (§ 27 I; zum Zuzug zum Zwecke der Eheschließung vgl § 30 Rn 5). Ein vorübergehendes **Getrenntleben** ist freilich vor allem bei Eheleuten unschädlich (dazu § 27 Rn 22). Auf ein nach Gemeinschaftsrecht unschädliches Getrenntleben (dazu EuGH, EZAR 811 Nr 5; BVerwG, EZAR 106 Nr 3) kann sich der ausl Ehegatte nur berufen, wenn der Dt von seinem Freizügigkeitsrecht bereits Gebrauch gemacht hat u. mit dem Ehegatten nach Deutschland zurückkehrt (vgl § 27 Rn 25). Auf ausreichenden Wohnraum u. Unterhaltssicherung kommt es bei Angehörigen Dt nicht an, weil dem dt Familienmitglied das Zusammenleben in Deutschland unabhängig von diesen Voraussetzungen nicht beschnitten werden soll. Für Ehegatten, Kinder u. zT auch für Eltern ist der Zuzug durch Rechtsansprüche gewährleistet, sonst nach Ermessen. In jedem Fall ist der zu einem Dt zuziehende Angehörige zur Aufnahme einer Erwerbstätigkeit berechtigt.

6 Der dt Teil der Familie muss einen gewöhnlichen Aufenthalt in Deutschland haben. Dies ist zwar für den Zuzug des nicht sorgeberechtigten Elternteils eines dt Kindes nicht ausdrücklich bestimmt, aber auch insoweit vorauszusetzen, weil sonst an den rechtlichen Anhaltspunkt für einen Aufenthalt in Deutschland fehlt. Dieses Erfordernis entspricht dem Besitz eines AufTit, sofern der Stammberechtigte Ausl ist. Unter **gewöhnlichem Aufenthalt** ist der auf Dauer angelegte Aufenthalt zu verstehen; er unterscheidet sich vom Wohnsitz nur dadurch, daß er keinen rechtsgeschäftlichen Willen voraussetzt, sondern allein auf tatsächliche Umstände abstellt (§ 30 III SGB I). Geschäfts- u. Urlaubsreisen ins Ausland sind ebenso unschädlich wie eine befristete berufliche Tätigkeit im Ausland für eine kurze Zeit; entscheidend ist dafür immer die tatsächliche Beibehaltung des inländischen gewöhnlichen Aufenthalts (Wohnung, Arbeitsverhältnis ua).

2. Ehegatten und Lebenspartner sowie Kinder

Anspruchsberechtigt sind zunächst außer dem **Ehegatten** eines Dt ohne Rücksicht auf 7 den Ort der Eheschließung (dazu § 27 Rn 19 f) dessen eingetragener Lebenspartner (vgl § 27 II; näher zu der entsprechenden Anwendung § 27 Rn 26 f) u. dessen minderjährigen ledigen **Kinder**. Das Kind muss bei Antragstellung (so BVerwG, EZAR 022 Nr 8) noch minderjährig u. darf weder verheiratet noch geschieden oder verwitwet sein. Das von einem Dt abstammende Kind besitzt nur dann nicht (auch) die dt StAng, wenn es sie nicht durch Geburt, Erklärung oder Adoption erworben (§§ 4–6 StAG) oder wenn es sie nach §§ 18, 19, 25, 26 StAG wieder verloren hat. Der Geburtserwerb kann auf der Abstammung von einer dt Mutter oder der Vaterschaftsanerkennung eines Dt oder auf ius soli beruhen (§ 4 I u. III StAG). Während Vater- oder Mutterschaft feststehen müssen, bedarf es nicht unbedingt auch des Personensorgerechts des dt Elternteils. Dieser muss nur seinen gewöhnlichen Aufenthalt in Deutschland haben u. zur Herstellung der familiären Lebensgemeinschaft mit dem zuziehenden Kind rechtlich u. tatsächlich in der Lage u. bereit sein.

3. Elternteil

Einen Zuzugsanspruch besitzt außerdem der ausl **Elternteil** eines minderjährigen ledigen 8 Dt, sofern er das Personensorgerecht besitzt u. es auszuüben gedenkt. Seit Änderung des dt Kindschaftsrechts im Jahre 1998 besteht idR das gemeinsame Sorgerecht, u. zwar unabhängig davon, ob das Kind von einer verheirateten oder einer nichtverheirateten Frau geboren wurde. Sofern eine ausl Sorgerechtsentscheidung vorliegt, ist diese grundsätzlich anzuerkennen u. zu berücksichtigen (§ 27 Rn 19 f). Dem Nachzugsanspruch steht nicht entgegen, dass auch der andere Elternteil das Sorgerecht innehat.

Der Nachzugswillige muss aber die **Personensorge** tatsächlich iSv § 1626 BGB **ausüben** 9 u. zu diesem Zweck mit dem Kind zusammenleben (BVerwG, EZAR 020 Nr. 6). Sofern er noch nicht mit Mutter u. Kind zusammenlebt, genügt seine ernsthafte Absicht zur Ausübung der Personensorge durch tatsächliche Betreuung, Versorgung u. Erziehung. Auch eine nur zeitweilige Trennung von Eltern u. Kind durch Versagung des AufR gefährdet das Kindeswohl u. ist gerade bei Kleinkindern nicht hinzunehmen (BVerfG-K, EZAR 020 Nr 18). Da die Art u. Weise, wie Eltern ihren Pflichten gegenüber ihren Kindern nachkommen, von diesen selbst bestimmt werden u. nicht vom Staat (bis zur Grenze der Entziehung des Sorgerechts), können sie dies auch so organisieren, dass der ausl Elternteil nicht ständig bei dem Kind lebt. Der Ausl kann sich in anderer Weise Betreuung u. Erziehung mit dem dt Elternteil teilen. Insgesamt darf dessen Anteil aber nicht so gestaltet sein, dass dafür ein ständiger Aufenthalt in Deutschland nicht notwendig ist, sondern je nach Alter des Kindes außer Unterhaltszahlungen gelegentliche Besuche oder schriftliche oder fernmündliche Kontakte genügen.

In diesem Zusammenhang ist ebenso wie bei dem Zuzug eines Kindes (Rn 7) oder eines 10 nicht sorgeberechtigten Elternteils (Rn 11) auf das **Kindeswohl** als verfassungsrechtlich vorgegebener Richtpunkt auch für das gesamte AufR zu achten. Betreuung u. Erziehung eines Kindes zu einem selbstverantwortlichen Mitglied der Gesellschaft ist nicht Aufgabe des Staats, sondern Sache der Eltern. Der Staat hat nur im Rahmen seines Wächteramts einzugreifen, wenn die Eltern ihrer Verantwortung nicht nachkommen. Umgekehrt hat er die Eltern in ihrer Aufgabe zu unterstützen, auch durch eine sachgerechte Ausgestaltung des AufR. Die Eltern üben nämlich keine Rechte aus, die ihnen um ihrer selbst willen verliehen sind. Sie nehmen vielmehr ihre Elternverantwortung wahr, die ihnen im Interesse des Kindeswohls obliegt. Bei Ausübung der Sorge um das Kind können sie sich nicht nur auf ihr Elternrecht berufen, sondern auch auf das öffentl Interesse daran, dass sie ihren elterlichen Pflichten gegenüber dem Kind nachkommen. Daher sprechen auch gewichtige öffentl Belange u. nicht nur private Interessen für die Herstellung der Familieneinheit in Deutschland, wenn ein dt Elternteil oder ein dt Kind hier leben; denn von kann nicht verlangt werden, dass sie ihren Lebensmittelpunkt ins Ausland verlegen.

11 Ist der ausl Elternteil (nach neuem Kindschaftsrecht ausnahmsweise) **nicht sorgeberechtigt,** kann ihm im Wege des Ermessens eine AE erteilt werden, falls die familiäre Gemeinschaft schon im Bundesgebiet gelebt wird. Die nach Abs 1 Hs 2 wie nach § 27 I erforderliche Gemeinschaft braucht nicht in einer ständigen Hausgemeinschaft gelebt zu werden, muss aber über eine bloße Begegnungsgemeinschaft hinausgehen. Vom Sorgerecht abgesehen muss ein gemeinsames Leben ähnlich wie in einer Familie mit gemeinsamem Sorgerecht der Eltern geführt werden. Es braucht nicht unbedingt eine häusliche Gemeinschaft gelebt zu werden; regelmäßige Besuche, Gespräche u. Betreuungsleistungen können ausreichen (BVerwG, EZAR 020 Nr. 10; VGH BW, EZAR 020 Nr 17 u. 19; VGH BW, NVwZ 1994, 605; OVG Brandenburg, EZAR 020 Nr 16; OVG NRW, NVwZ-RR 1997, 69). Nach der Reform des Kindschaftsrechts haben sich die Anforderungen an eine Beistandsgemeinschaft verändert (vgl VGH BW, EZAR 020 Nr 17 u. 19; VerfGH Berlin, EZAR 020 Nr 15; OVG Hamburg, EZAR 020 Nr 13).

12 Der Zuzug aus dem Ausland ist damit ebenso wenig gestattet wie der Aufenthalt für ein erst künftig beabsichtigtes Zusammenleben. Die Begrenzug auf sorgeberechtigte oder ohne Sorgerecht bereits mit dem Kind zusammenlebende Eltern begegnet erheblich **Bedenken.** Auch wer als Elternteil aus welchen Gründen auch immer noch keine Lebensgemeinschaft mit dem Kind aufgenommen hat, kann nicht aufr auf Dauer davon ausgeschlossen werden. Falls der Elternteil nicht aufgrund familienrechtlicher Vorschriften oder Entscheidungen von der Beteiligung an der tatsächlichen Sorge für das Kind ausgeschlossen ist, darf er über reine Besuche oder Begegnungen hinaus von dem Kern des Elternrechts Gebrauch machen, der ihm auch ohne Sorgerecht zusteht. Falls ständige oder regelmäßige Kontakte gar durch Gerichtsentscheidungen oder Absprachen mit dem Sorgeberechtigten abgesichert sind, wäre es kaum zu rechtfertigen, sie entgegen dem Wohl des Kindes aufr zu verhindern. Daher kann trotz fehlender familiärer Gemeinschaft im Bundesgebiet die Erteilung einer AE in Betracht kommen, falls die Anwesenheit des nichtsorgeberechtigten Elternteils im Interesse des Kindeswohls geboten ist (vgl BVerfG-K, InfAuslR 1989, 3; BVerwG, InfAuslR 1992, 308; BVerwG, InfAuslR 1989, 56; für den Fall des bereits praktizierten Umgangsrechts vgl OVG Hamburg, EZAR 020 Nr. 2).

13 Bei der Ausübung des **Ermessens** ist bei sorgeberechtigten wie bei anderen Elternteilen die Wahrnehmung des Umgangsrechts ebenso zu berücksichtigen wie die Erfüllung der Unterhaltspflicht. Ob das Kindeswohl überhaupt die Beteiligung des ausl Elternteils an der Erziehungsverantwortung verlangt, unterliegt nicht der Prüfung durch die AuslVertr oder AuslBeh. u. deren Bewertung. Für das Ermessen fällt aber ins Gewicht, ob im Einzelfall ein besonderes Betreuungsbedürfnis besteht. Ist eine vorübergehende Betreuung (zB im Hinblick auf das fortgeschrittene Alter des Kindes) ausreichend, kann die AE entsprechend befristet werden.

4. Sonstige Familienangehörige

14 Außer Ehegatten, Kindern u. Eltern ist auch sonstigen Angehörigen Dt der Zuzug gestattet. In Betracht kommen vor allem von Dt adoptierte volljährige Ausl, der ausl Elternteil eines volljährigen Dt u. der ausl Elternteil eines minderjährigen Dt, der die Voraussetzungen des Abs 1 S. 1 Nr 3 u. S. 2 nicht erfüllt. Allerdings kann der Zuzug wie bei Ausl nur zur Vermeidung außergewöhnlicher **Härten** u. im Wege des **Ermessens** gestattet werden. Für Angehörige von Dt stellt das Ges keine eigenen Voraussetzungen auf, sondern verweist in vollem Umfang auf § 36. Bei der entsprechenden Anwendung ist immer das besondere Gewicht des Grundrechtsschutzes aus Art 6 I u. II GG für Dt u. ihre Familienangehörige zu beachten. Der Schutzbereich dieser Normen ist nicht auf die sog Kleinfamilie von Ehegatten u. minderjährigen ledigen Kindern beschränkt (BVerfG-A, EZAR 105 Nr 5; BVerwGE 65, 188; BVerwG, EZAR 105 Nr 4 u. 7; OVG Hamburg, EZAR 105 Nr 1).

5. Niederlassungserlaubnis

15 **Erteilung** u. **Verlängerung** der AE erfolgen unter Beachtung von §§ 5, 27 grundsätzlich bis zu insgesamt drei Jahren, weil dann bereits der Regelanspruch auf eine NE entsteht.

Schon die erste AE wird idR für drei Jahre erteilt, es sei denn, es ergeben sich zB begründete Zweifel an der Ernsthaftigkeit der Absicht zur Führung einer familiären Lebensgemeinschaft. Falls sich die Eheschließung nur als Mittel zur Erlangung eines AufR darstellt, kann die AE mit Hinweis auf § 27 I (wegen fehlender Lebensgemeinschaft) gänzlich abgelehnt werden. Bestehen insoweit lediglich Bedenken, ist eine von der Regel abweichende kürzere Geltungsdauer angebracht. Die Verlängerung der AE erfolgt dann bei gleichbleibenden Verhältnissen (§ 8 I) regelmäßig bis zu insgesamt drei Jahren.

Die **Verfestigung** durch Erteilung einer NE ist idR nach drei Jahren vorgesehen, wobei nur die Anforderungen des Abs 2 S. 1 erfüllt sein müssen, nicht diejenigen des § 9. Fehlt es an einem dieser Erfordernis, ist die AE weiter zu verlängern. Vorausgesetzt ist immer das Fortbestehen der familiären Lebensgemeinschaft. Der **Rechtsanspruch** besteht nur in atypischen Fallgestaltungen nicht, in denen die Erteilung der NE aufgrund wesentlicher Abweichungen vom Normbild des Ausl mit dt Familie als eindeutig ungerechtfertigt erscheint. 16

Die Drei-Jahres-**Frist** beginnt mit Erteilung der ersten AE zum Zwecke der Familienzusammenführung zu laufen. Reist der Ausl mit einem nationalen Visum zu diesem Zweck ein, zählt die Dauer des rechtmäßigen Aufenthalts bereits als Besitzzeit (§ 6 IV 3). Hat der Ausl zuvor eine AE zu anderen Zwecken besessen, wird diese Zeit nicht berücksichtigt, weil die Verkürzung der Frist gegenüber § 9 II 1 Nr 1 auf der Annahme beruht, die Integration werde durch das Zusammenleben mit einem Dt begünstigt u. beschleunigt. 17

Die Anforderungen an die **Deutschkenntnisse** sind wesentlich geringer als nach § 9 II 1 Nr 7 („ausreichende Kenntnisse"). Schriftsprachkenntnisse sind überhaupt nicht verlangt. Es genügen Sprachschatz, Grammatik u. Ausdrucksweise, die eine mündliche Verständigung ermöglichen. Sie brauchen nicht einmal für eine Unterhaltung auf für Dt normalem oder durchschnittlichem Niveau auszureichen; bloße Verständigung genügt. Der Ausl braucht zwar keine ausreichenden Deutschkenntnisse aufzuweisen u. schon gar nicht die dt Sprache zu beherrschen; er muss sich aber wenigstens im Alltagsleben ohne nennenswerte Schwierigkeiten verständigen können (zu § 9 I Nr 2 RuStAG ähnlich BVerwGE 79, 94). Die Kenntnisse u. Fähigkeiten sind regelmäßig aufgrund einer Probe durch die Auslbeh festzustellen, zu der das persönliche Erscheinen angeordnet werden kann (§ 82 IV). Diese gesonderte Überprüfung erübrigt sich, wenn die (mündlichen) Sprachkenntnisse aus anderem Zusammenhang bekannt sind, zB aufgrund früherer Vorsprachen oder aus entsprechend qualifizierten Schulzeugnissen oder Arbeitsbescheinigungen. 18

6. Eigenständiges Aufenthaltsrecht

Das eigenständige AufR des ausl Familienangehörigen eines Dt richtet sich nach denselben Vorschriften wie bei Mitgliedern einer rein ausl Familie, nämlich bei Ehegatten nach § 31 u. bei minderjährigen ledigen Kindern nach § 35. Das AufR eines ausl Elternteils eines dt Kindes wird bei Auflösung der familiären Lebensgemeinschaft nicht verselbständigt. Die **fehlende Privilegierung** der Angehörigen Dt erscheint berechtigt, da der besonders gewichtige Schutz des Art. 6 I, II GG bei dt-ausl Ehe oder Familie unmittelbar auf dem Interesse des Dt an einem Verbleib im Bundesgebiet herrührt, das absolut geschützt ist. Wenn dieses besondere Verhältnis zB durch Auflösung der Ehe entfällt, besteht zumindest regelmäßig kein Grund für eine fortdauernde Besserstellung. 19

§ 29 Familiennachzug zu Ausländern

(1) Für den Familiennachzug zu einem Ausländer muss
1. der Ausländer eine Niederlassungserlaubnis oder Aufenthaltserlaubnis besitzen und
2. ausreichender Wohnraum zur Verfügung stehen.

(2) Bei dem Ehegatten und dem minderjährigen ledigen Kind eines Ausländers, der eine Aufenthaltserlaubnis nach § 25 Abs. 1 oder 2 oder eine Niederlassungserlaubnis

nach § 26 Abs. 3 besitzt, kann von den Voraussetzungen des § 5 Abs. 1 Nr. 1 und des Absatzes 1 Nr. 2 abgesehen werden.

(3) ¹Die Aufenthaltserlaubnis darf dem Ehegatten und dem minderjährigen Kind eines Ausländers, der eine Aufenthaltserlaubnis nach den §§ 22, 23 Abs. 1 oder § 25 Abs. 3 besitzt, nur aus völkerrechtlichen oder humanitären Gründen oder zur Wahrung politischer Interessen der Bundesrepublik Deutschland erteilt werden. ²Ein Familiennachzug wird in den Fällen des § 25 Abs. 4 und 5 nicht gewährt.

(4) ¹Die Aufenthaltserlaubnis wird dem Ehegatten und dem minderjährigen ledigen Kind eines Ausländers oder dem minderjährigen ledigen Kind seines Ehegatten abweichend von § 5 Abs. 1 und § 27 Abs. 3 erteilt, wenn dem Ausländer vorübergehender Schutz nach § 24 Abs. 1 gewährt wurde und

1. die familiäre Lebensgemeinschaft im Herkunftsland durch die Fluchtsituation aufgehoben wurde und
2. der Familienangehörige aus einem anderen Mitgliedstaat der Europäischen Union übernommen wird oder sich außerhalb der Europäischen Union befindet und schutzbedürftig ist.

²Die Erteilung einer Aufenthaltserlaubnis an sonstige Familienangehörige eines Ausländers, dem vorübergehender Schutz nach § 24 Abs. 1 gewährt wurde, richtet sich nach § 36. ³Auf die nach diesem Absatz aufgenommenen Familienangehörigen findet § 24 Anwendung.

(5) Unbeschadet des § 4 Abs. 2 Satz 3 berechtigt die Aufenthaltserlaubnis zur Ausübung einer Erwerbstätigkeit, soweit der Ausländer, zu dem der Familiennachzug erfolgt, zur Ausübung einer Erwerbstätigkeit berechtigt ist oder wenn die eheliche Lebensgemeinschaft seit mindestens zwei Jahren rechtmäßig im Bundesgebiet bestanden hat.

Vorläufige Anwendungshinweise

29 Zu § 29 Familiennachzug zu Ausländern

29.1 Aufenthaltsstatus; Wohnraumerfordernis
29.1.1 Die in § 29 genannten Voraussetzungen gelten zusätzlich zu denen der §§ 5 und 27, soweit sie nicht besonders ausgeschlossen sind.
29.1.2 Der im Bundesgebiet lebende Ausländer (Stammberechtigter) muss im Zeitpunkt der Erteilung der Aufenthaltserlaubnis an den Familienangehörigen im Besitz einer Niederlassungserlaubnis oder Aufenthaltserlaubnis sein.
29.1.2.1 Diese Voraussetzung ist nicht erfüllt, wenn der geforderte Aufenthaltstitel ungültig geworden oder aus anderen Gründen erloschen ist. Beruht das Erlöschen auf einem Verwaltungsakt (z. B. Widerruf, Rücknahme, Ausweisung, nachträgliche Befristung), kommt es auf dessen Unanfechtbarkeit nicht an (§ 84 Abs. 2 Satz 1). Dies ist insbesondere auch zu bedenken, wenn die Anerkennung als Asylberechtigter oder die Rechtsstellung als Flüchtling nach § 73 AsylVfG widerrufen wird und nachfolgend ein Widerruf des Aufenthaltstitels erfolgt (§ 52 Abs. 1 Nr. 4). In diesem Fall kommt aufgrund der akzessorischen Verknüpfung zum Aufenthaltsrecht des Stammberechtigten (vgl. hierzu Nummer 27.1.3) ein Familiennachzug nicht in Betracht. Der Widerruf nach § 52 Abs. 1 Nr. 4 setzt nicht voraus, dass der Widerruf der Anerkennung als Asylberechtigter oder Konventionsflüchtling unanfechtbar geworden ist. Vor der unanfechtbaren Feststellung über die Rechtmäßigkeit des Widerrufs der Anerkennung kommt zwar grundsätzlich ein Vollzug des Widerrufs des Aufenthaltstitels nicht in Betracht. Allerdings endet aufgrund der Rechtswirkungen in § 84 Abs. 2 Satz 1 mit der Bekanntgabe des aufenthaltsrechtlichen Widerrufs die Rechtmäßigkeit des Aufenthalts, an die die Familiennachzugsregeln anknüpfen.
29.1.2.2 Dem Besitz einer Niederlassungserlaubnis oder Aufenthaltserlaubnis nach Absatz 1 Nr. 1 steht gemäß § 6 Abs. 4 Satz 2 der Besitz eines nationalen Visums gleich, wenn in Aussicht steht, dass dem Ausländer, zu dem der Nachzug stattfindet, im Inland eine Aufenthaltserlaubnis oder Niederlassungserlaubnis erteilt werden könnte, wenn dieser es beantragt. Die Voraussetzung des Absatzes 1 Nr. 1 ist auch erfüllt, wenn dem Ausländer, zu dem der Nachzug stattfindet, gleichzeitig mit dem nachziehenden Ausländer ein solcher Aufenthaltstitel erteilt wird. Ein Voraufenthalt des Ausländers, zu dem der

Familiennachzug zu Ausländern § 29 AufenthG 1

Nachzug stattfindet, im Bundesgebiet ist daher nicht erforderlich, sofern beide Ausländer, die sich noch im Ausland befinden, beabsichtigen, künftig die familiäre Lebensgemeinschaft im Bundesgebiet zu leben. Dies können sie in der Regel nur dadurch dokumentieren, dass sie beide einen Aufenthaltstitel beantragen.
29.1.3 Die Voraussetzung des ausreichenden Wohnraums richtet sich nach § 2 Abs. 4 (vgl. Nummer 2.4).

29.2 Abweichungen bei anerkannten Flüchtlingen
29.2.1 Nach Absatz 2 kann von den Voraussetzungen des § 5 Abs. 1 Nr. 1 und des Absatzes 1 Nr. 2 im Ermessenswege abgewichen werden. In die Ermessenserwägungen sind Gesichtspunkte einzubeziehen, die den Regeltatbeständen nach § 5 Abs. 1 Nr. 1 a bis 3 zugrunde liegen. Bei der Ermessensausübung ist zu berücksichtigen, dass Asylberechtigte und Konventionsflüchtlinge mit einer Aufenthaltserlaubnis oder Niederlassungserlaubnis den Ausländern mit deutschem Ehegatten aufenthaltsrechtlich annähernd gleichgestellt sind. Bei der Zulassung einer Ausnahme nach Absatz 2 ist daher dem Umstand, dass dem Asylberechtigten oder Konventionsflüchtling eine Familienzusammenführung in einem Verfolgerstaat nicht zugemutet werden kann, besondere Bedeutung beizumessen.
29.2.2 Leben die nachzugswilligen Familienangehörigen noch im Verfolgerstaat oder halten sich diese bereits im Bundesgebiet etwa als Asylbewerber auf, kommt eine Ausnahme nach § 29 Abs. 2 grundsätzlich in Betracht, wenn sich der Asylberechtigte oder Konventionsflüchtling nach der Asylanerkennung oder der Anerkennung des Flüchtlingsstatus nachhaltig um die Aufnahme einer Erwerbstätigkeit (z. B. Vorlage einer Bescheinigung der Arbeitsagentur) sowie um die Bereitstellung von Wohnraum außerhalb einer öffentlichen Einrichtung bemüht hat. Leben nachzugswillige Familienangehörige mit einem Daueraufenthaltsrecht oder als anerkannte Flüchtlinge in einem Drittstaat, ist auch zu prüfen, ob dem Asylberechtigten oder Konventionsflüchtling die Herstellung der familiären Lebensgemeinschaft im Drittstaat zuzumuten ist. Lässt die Ausländerbehörde eine Ausnahme zu, haben die Familienangehörigen des Asylberechtigten oder Konventionsflüchtlings einen Rechtsanspruch auf Erteilung einer Aufenthaltserlaubnis (vgl. § 30 Abs. 1 Nr. 2, § 32 Abs. 1 Nr. 1).
29.2.3 Ist der Asylberechtigte oder Konventionsflüchtling nicht im Besitz einer Aufenthaltserlaubnis oder einer Niederlassungserlaubnis (z. B. wegen Ausweisung), darf seinem Ehegatten und seinen minderjährigen ledigen Kindern der Nachzug grundsätzlich nicht erlaubt werden.

29.3 Beschränkung des Familiennachzugs bei humanitären Aufnahmen
29.3.1 Die allgemeinen Bestimmungen, insbesondere die Vorschriften der §§ 5, 11, 27 und des § 29 Abs. 1, finden in den Fällen des Absatzes 3 Satz 1 uneingeschränkt Anwendung.
29.3.2 Das Begehren nach Herstellung der familiären Lebensgemeinschaft mit einem Ausländer, der eine Aufenthaltserlaubnis nach den §§ 22, 23 Abs. 1 oder § 25 Abs. 3 besitzt, ist allein noch kein hinreichender Grund für die Erteilung der Aufenthaltserlaubnis an den Ehegatten und die minderjährigen ledigen Kinder. Die grundgesetzliche Wertentscheidung des Artikels 6 GG erfordert es regelmäßig nicht, dem Begehren eines Ausländers nach familiärem Zusammenleben im Bundesgebiet schon dann zu entsprechen, wenn der Aufenthalt des Angehörigen im Bundesgebiet nicht durch eine Niederlassungserlaubnis auf Dauer gesichert ist. Im Anwendungsbereich des § 29 Abs. 3 Satz 1 bestimmt sich nach den Umständen des Einzelfalles, ob Familienangehörigen zum Schutz von Ehe und Familie eine Aufenthaltserlaubnis erteilt werden kann. Außerdem muss die Erteilung der Aufenthaltserlaubnis aus völkerrechtlichen oder humanitären Gründen erfolgen oder der Wahrung politischer Interessen der Bundesrepublik Deutschland dienen. Im Hinblick auf Artikel 6 GG sind allerdings bei der Entscheidung über die Aufenthaltserlaubnis für den Ehegatten und die minderjährigen ledigen Kinder an das Vorliegen eines humanitären Grundes geringere Anforderungen zu stellen. Sowohl im Interesse des Schutzes von Ehe und Familie als auch des Wohles des Kindes sollen Anträge des Kindes oder seiner Eltern auf Herstellung der familiären Lebensgemeinschaft vorrangig und beschleunigt bearbeitet werden. Sofern die Herstellung der Familieneinheit im Ausland aus zwingenden persönlichen Gründen unmöglich ist, ist stets ein dringender humanitärer Grund i. S. der Vorschrift anzunehmen. Bei Ausländern, die eine Aufenthaltserlaubnis nach § 25 Abs. 1 bis 3 oder 5 besitzen, ist – außer in den Fällen des § 60 Abs. 4 – anzunehmen, dass die Herstellung der familiären Einheit im Herkunftsstaat unmöglich ist. Ob die Herstellung in einem anderen als dem Herkunftsstaat möglich ist, bedarf nur der Prüfung, sofern ein Ehegatte oder ein Kind in einem Drittland ein Daueraufenthaltsrecht besitzt.
29.3.3 Liegen diese Voraussetzungen vor, sind im Rahmen der dann zu treffenden Ermessensentscheidung folgende Gesichtspunkte zu berücksichtigen:
29.3.3.1 Bei der Ermessensausübung sind die allgemeinen Erteilungsvoraussetzungen für den Familiennachzug (z. B. §§ 5, 27 sowie § 29 Abs. 1) maßgebend zu beachten.

29.3.3.2 Das Vorliegen allgemeiner Familienzusammenführungsvoraussetzungen nach § 27 sowie § 29 Abs. 1 ist nicht zu prüfen, wenn die Herstellung oder Wahrung der familiären Lebensgemeinschaft für die Entscheidung über die Aufenthaltserlaubnis unerheblich ist, weil ohne Rücksicht auf die familiären Beziehungen eine Aufenthaltserlaubnis nach §§ 22, 23 Abs. 1 oder § 25 Abs. 3 erteilt werden könnte und würde. Auch in diesem Falle sind jedoch die allgemeinen Erteilungsvoraussetzungen (z. B. nach § 5) zu beachten.
29.3.3.3 Solange ein Asylverfahren der Familienangehörigen noch nicht bestandskräftig abgeschlossen ist, findet § 10 Abs. 1 Anwendung.
29.3.4 In den Fällen des Absatzes 3 Satz 2 ist ein Familiennachzug absolut ausgeschlossen. Der Erteilung eines Aufenthaltstitels zu einem anderen Zweck als dem Familiennachzug nach allgemeinen Vorschriften steht die Regelung jedoch nicht entgegen, auch wenn dies zu Begegnungen der Familienangehörigen führt.
29.3.5 Die Beschränkungen des § 29 Abs. 3 gelten nicht in Fällen des § 23 a; hier kommen die allgemeinen Regelungen zum Familiennachzug zur Anwendung, da der Aufenthalt in Härtefallentscheidungen grundsätzlich auf Dauer angelegt ist.

29.4 Familiennachzug bei Gewährung vorübergehenden Schutzes
29.4.1 § 29 Abs. 4 dient der Umsetzung der Richtlinie 01/55/EG (ABl. EG 2001 Nr. L 212 S. 12). Die Richtlinie und die zu ihr ergehende Rechtsprechung des Europäischen Gerichtshofs sind bei der Anwendung der Vorschrift zu beachten.
29.4.2 Bei Erfüllung der Tatbestandsvoraussetzungen besteht ein Anspruch auf Familiennachzug, auch wenn die Voraussetzungen des § 5 Abs. 1 oder § 27 Abs. 3 nicht erfüllt sind. Da nach Absatz 4 Satz 3 die Vorschrift des § 24 entsprechende Anwendung findet, gilt zudem § 5 Abs. 3, weshalb auch die Voraussetzungen des § 5 Abs. 2 Satz 1 keine Anwendung finden, soweit dies ausnahmsweise nicht aufgrund des Sachzusammenhangs ohnehin ausgeschlossen ist.
29.4.3 In den Fällen des Absatzes 4 sind die §§ 30 und 32 unanwendbar. Hingegen finden die §§ 31, 33, 34 und 35 hinsichtlich der Verlängerung, der Entstehung eines eigenständigen Aufenthaltsrechts und der Erteilung einer Niederlassungserlaubnis unmittelbar Anwendung.
29.4.4 Tatbestandsvoraussetzung nach Absatz 4 Satz 1 Nr. 1 ist, dass eine familiäre Lebensgemeinschaft bereits im Herkunftsland bestand und dass diese Lebensgemeinschaft durch die Fluchtsituation selbst und nicht aus anderen Gründen aufgehoben wurde. Die Trennung muss nicht im Herkunftsland stattgefunden haben. Es genügt, wenn die Trennung auf dem Fluchtweg erfolgte. Eine Trennung aufgrund der Fluchtsituation liegt nicht nur in Fällen gewaltsamer Trennung vor, sondern auch dann, wenn etwa die Trennung aufgrund eines eigenen Entschlusses der Familienangehörigen erfolgte und vor dem Hintergrund der konkreten Fluchtsituation und der damit verbundenen Belastungen nachvollziehbar ist.
29.4.5 In Fällen, in denen der Familienangehörige nach der genannten Richtlinie von einem anderen Mitgliedstaat der Europäischen Union übernommen wird, ist die Schutzbedürftigkeit nicht besonders zu prüfen. Erfolgt hingegen eine Aufnahme aus einem Gebiet außerhalb der Europäischen Union, muss auch in der Person des Nachziehenden das erforderliche Schutzbedürfnis gegeben sein.
29.4.6 Auch die in Absatz 4 Satz 3 enthaltene Verweisung auf § 36 dient der Umsetzung der genannten Richtlinie. Daher sind die Richtlinie und die zu ihr etwa ergehende Rechtsprechung des Europäischen Gerichtshofs bei der Anwendung dieser Vorschrift zu beachten.

29.5 Ausübung einer Erwerbstätigkeit
29.5.1 Die Berechtigung zur Ausübung einer Erwerbstätigkeit besteht, wenn der Ausländer, zu dem der Nachzug stattfindet, zur Ausübung einer Erwerbstätigkeit berechtigt ist (1. Alternative) oder die eheliche Lebensgemeinschaft seit mindestens zwei Jahren rechtmäßig im Bundesgebiet bestanden hat (2. Alternative).
29.5.2.1 Maßgeblich für die Beurteilung der Voraussetzungen der 1. Alternative ist der Zeitpunkt der Erteilung des Aufenthaltstitels an den nachziehenden Ausländer. Es genügt, wenn beiden Ausländern gleichzeitig ein Aufenthaltstitel mit einer bestimmten Berechtigung erteilt wird. Der Aufenthaltstitel, der tatsächlich dem Ausländer erteilt wurde oder wird, zu dem der Nachzug stattfindet, stellt allerdings auch im Rahmen der Reichweite des Absatzes 5 die alleinige Grundlage für die Entscheidung über die Berechtigung des nachziehenden Ausländers über die Erwerbstätigkeit dar. Der Umstand, dass dem Ausländer, zu dem der Nachzug stattfindet, ein Aufenthaltstitel mit einer weiter gehenden Berechtigung zur Ausübung einer Erwerbstätigkeit erteilt werden könnte oder sogar müsste, ist unerheblich, solange dieser Ausländer einen solchen Aufenthaltstitel nicht beantragt. Umgekehrt ist es unerheblich, ob dem Ausländer, zu dem der Nachzug stattfindet, im Wege der Rücknahme oder des Widerrufs

Familiennachzug zu Ausländern § 29 **AufenthG 1**

seines Aufenthaltstitels oder durch Ausweisung die Berechtigung zur Ausübung der Erwerbstätigkeit entzogen werden dürfte, solange die Behörde nicht tatsächlich eine derartige Entscheidung trifft.

29.5.2.2 Die Berechtigung zur Ausübung einer selbständigen Erwerbstätigkeit kann auch dann erteilt werden, wenn der Ausländer, zu dem der Nachzug stattfindet, nicht zur Ausübung einer selbständigen Erwerbstätigkeit, aber zur Ausübung einer Beschäftigung berechtigt ist.

29.5.2.3 Ist für den Arbeitsmarktzugang des Ausländers, zu dem der Nachzug stattfindet, keine Zustimmung der Bundesagentur für Arbeit erforderlich, ist dem nachziehenden Ausländer ebenfalls ohne Zustimmung der Bundesagentur für Arbeit die Ausübung einer Beschäftigung zu gestatten. Bedurfte oder bedarf der Arbeitsmarktzugang des Ausländers, zu dem der Nachzug stattfindet, der Zustimmung der Bundesagentur für Arbeit, so gilt dasselbe für den nachziehenden Ausländer.

29.5.2.4 Ist der Ausländer, zu dem der Nachzug stattfindet, selbständig tätig und ist daher die Ausübung einer Beschäftigung im Aufenthaltstitel nicht erlaubt worden, richtet sich das Erfordernis der Zustimmung der Bundesagentur für Arbeit für die Gestattung einer Beschäftigung des nachziehenden Ausländers danach, ob eine Zustimmung auch bei der Aufnahme einer Beschäftigung durch den Ausländer, zu dem der Nachzug stattfindet, erforderlich wäre. Hinsichtlich der Beschäftigung des nachgezogenen Familienangehörigen im Betrieb des Familienangehörigen findet § 3 BeschVerfV Anwendung.

29.5.2.5 Die Prüfung der Bundesagentur für Arbeit, ob der Ausübung einer Beschäftigung durch den nachziehenden Ausländer zugestimmt wird, ist eine eigenständige und richtet sich nach den Vorschriften der §§ 39 bis 41. Es ist daher möglich, dass die Zustimmung zur Ausübung der Beschäftigung des nachziehenden Ausländers versagt wird, obwohl dem Ausländer, zu dem der Nachzug stattfindet, die Ausübung einer Beschäftigung erlaubt ist.

29.5.2.6 Familienangehörige von Personen, die im Besitz einer Aufenthaltserlaubnis nach § 16 Abs. 1 sind, benötigen für die Ausübung einer Beschäftigung die Zustimmung der Bundesagentur für Arbeit, soweit die Beschäftigung nicht nach §§ 2 bis 16 BeschV zustimmungsfrei ist. Die Regelung des § 16 Abs. 3, die sich ausschließlich auf Studenten während des Studiums bezieht, ist ihrer Natur nach auf Familienangehörige nicht anwendbar.

29.5.3 Absatz 5, 2. Alternative korrespondiert mit den Bestimmungen zur Gewährung des eigenständigen Aufenthaltsrechts des Ehegatten nach § 31 Abs. 1 Nr. 1 und verfolgt den Zweck, den Ehegatten, dem im Falle der Aufhebung der ehelichen Lebensgemeinschaft eine Aufenthaltserlaubnis erteilt wird, die zur Ausübung einer Erwerbstätigkeit berechtigt, nicht besser zu stellen, als den Ehegatten, dessen eheliche Lebensgemeinschaft fortgeführt wird. Dies hat zur Folge, dass die Ehegatten, die nach § 31 Abs. 1 einen Anspruch auf Erteilung einer vom Zweck des Familiennachzugs unabhängigen Aufenthaltserlaubnis erwerben würden, wenn sie die eheliche Lebensgemeinschaft auflösten, zur Ausübung einer Erwerbstätigkeit berechtigt sind. Der Aufenthaltstitel des nachgezogenen Familienangehörigen berechtigt dann nach zwei Jahren rechtmäßig im Bundesgebiet bestehender Ehe nicht zur Ausübung einer Erwerbstätigkeit, wenn der Ausländer, zu dem der Familiennachzug erfolgt ist, nur über ein befristetes Aufenthaltsrecht verfügt und dessen Aufenthaltserlaubnis auf der Grundlage eines Gesetzes, einer Verordnung oder einer Nebenbestimmung zur Aufenthaltserlaubnis nach § 8 Abs. 2 nicht verlängert werden kann oder die Erteilung einer Niederlassungserlaubnis ausgeschlossen ist.

29.5.4 Absatz 5 hat nicht zur Folge, dass Beschränkungen hinsichtlich der beruflichen Tätigkeit, des Arbeitgebers, eines Ortes oder eines Bezirkes der Arbeitsagentur oder der Lage und Verteilung der Arbeitszeit, die für den Ausländer gelten, zu dem der Nachzug stattfindet, bei dem nachziehenden Ausländer zu übernehmen sind. Der Arbeitsmarktzugang des nachziehenden Ausländers beurteilt sich vielmehr danach, ob dem Ausländer, zu dem der Nachzug stattfindet, die Beschäftigung erlaubt ist aufgrund einer gesetzlichen Regelung, einer Verordnungsregelung (z. B. § 9 BeschVerfV) oder ob im Einzelfall die Beschäftigung der Zustimmung der Bundesagentur für Arbeit bedarf.

Übersicht

	Rn
I. Entstehungsgeschichte	1
II. Allgemeines	2
III. Zuzug zu Ausländern	4
1. Allgemeines	4
2. Besitz eines Aufenthaltstitels	5
3. Ausreichender Wohnraum	7
4. Abweichungen zugunsten anerkannter Flüchtlinge	8
5. Familienzuzug zu Flüchtlingen	10
6. Familienzuzug bei vorübergehendem Schutz	13
7. Erwerbstätigkeit	17

I. Entstehungsgeschichte

1 Die Vorschrift entspricht im Wesentlichen dem **GesEntw** (BT-Drs 15/420 S. 14). Aufgrund des Vermittlungsverf wurde in Abs 5 die letzte Alternative eingefügt (BT-Drs 15/3479 S. 5).

II. Allgemeines

2 Der Familienzuzug zu Ausl ist wesentlich **differenzierter** geregelt als der zu Dt. Wichtige persönliche Kriterien bilden der Aufenthaltsstatus, die Aufenthaltsdauer u. der Integrationsstand des Zusammenführenden sowie Familienstand u. Alter des Zuzugsbewerbers. Bei den objektiven Verhältnissen steht die Unterhaltssicherung im Vordergrund. Es gelten die Grundvoraussetzungen des § 27 u. die allg des § 5, soweit hierzu jew keine besondere Bestimmung getroffen ist. Darin kommt zum Ausdruck, dass dem ausl Stammberechtigten anders als dem dt kein absolutes AufR in Deutschland zusteht u. auch keine grundsätzlich unbeschränkt garantierte materielle Hilfestellung in allg Notlagen.

3 **Systematisch** ist das Regelwerk so aufgebaut, dass in § 29 Grundvoraussetzungen aufgestellt sind u. sodann Zuzug, Verfestigung u. Verselbständigung für Ehegatten, Kinder u. sonstige Familienmitglieder jew getrennt behandelt sind (§§ 30 u. 31, §§ 32, 34 u. 35 sowie § 36), wobei das in Deutschland geborene Kind eine eigenständige Regelung erfährt (§ 33). Dabei ist die Berechtigung zur Ausübung einer Erwerbstätigkeit ebenso wie der Übergang zur NE jew gesondert behandelt.

III. Zuzug zu Ausländern

1. Allgemeines

4 Das **Grundprogramm** des § 29 mit seinen zunächst kompliziert anmutenden Einzelregelungen gilt für den gesamten Zuzug von Ehegatten u. minderjährigen ledigen Kindern, aber auch von sonstigen Familienangehörigen. Innerhalb der Besitzer einer AE unterscheidet es zT sehr eingehend nach dem konkreten Zweck des Aufenthalts des bereits in Deutschland lebenden Familienmitglieds. Das Erwerbstätigkeitsrecht wird gleichzeitig mitgeregelt. Nur das in Deutschland geborene Kind (§ 33) fällt mit eigenen Voraussetzungen u. Rechtsfolgen aus diesem Programm heraus. Auf eingetragene Lebenspartner sind die Vorschriften entsprechend anzuwenden (§ 27 II; dazu näher § 27 Rn 26 f).

2. Besitz eines Aufenthaltstitels

5 Der bereits im Bundesgebiet lebende Ausl muss eine AE oder NE **besitzen.** Ein Anspruch auf AE oder NE genügt nicht. Ein Erteilungs- oder Verlängerungsantrag kann ausreichen, sofern dieser Antrag den Aufenthalt nicht nur legalisiert (§ 81 III 1), sondern auch den Besitz der AE während des Verwaltungsverf verlängert (§ 81 IV). Damit wird der Familiennachzug uU verzögert, aber nicht auf Dauer ausgeschlossen. Mit dem Besitzerfordernis soll nicht die gleichzeitige Erteilung eines Visums an beide Ausl ausgeschlossen werden. Auch der Besitz eines Visums genügt, wenn es zum Zwecke des familiären Aufenthalts als nationales Visum erteilt ist (vgl § 6 IV). Abs 1 lässt zwar die Möglichkeit der **gemeinsamen Einreise** der gesamten Familie nicht erkennen, deren Zulässigkeit ergibt sich aber ua aus § 32 I Nr 1 u. aus einer Zusammenschau der Bestimmungen über Hochqualifizierte (§§ 19, 29 V). Daher ist der Gesetzeswortlaut entsprechend korrigiert zu lesen (so im Ergebnis auch Nr 29.1.2.2 VAH).

Familiennachzug zu Ausländern	§ 29 **AufenthG 1**

Der Aufenthaltstitel darf nicht abgelaufen oder **erloschen** sein. Bei Ausweisung, Widerruf **6** oder Rücknahme kommt es auf deren Wirksamkeit an (vgl § 84 II). Duldung oder AufGest genügen nicht, Der Ausschluss des Nachzugs zu **Asylbew** ist verfassungsrechtlich bedenklich (Göbel-Zimmermann, ZAR 1995, 170; Zimmermann, DÖV 1991, 401; näher Renner, Rn 5/194–197). Der Familienangehörige kann nur, wenn er keinen eigenen Asylantrag stellt, aus eigenem Recht einen Zuzug nach §§ 22 S. 1 u. 2, 23 I anstreben u. hierzu ua auf den Asylbewerberstatus des bereits in Deutschland lebenden Familienmitglieds hinweisen. Eine AE nach § 7 I 2 kommt nicht in Betracht, weil der Gesetzgeber den Familiennachzug zu Asylbew bewusst nicht allg zugelassen hat. Schließlich ist ein solcher Zuzug angesichts der Kürze u. Vorläufigkeit des Asylbewerberaufenthalts auch nicht in der RL 2003/86/RL vorgesehen (vgl dort Art 3 II Bst a).

3. Ausreichender Wohnraum

Ausreichender Wohnraum ist iSv § 2 IV zu verstehen. Dieser generelle Maßstab gilt für **7** jede Art von Zuzug zu Ausl, wenn nichts Abweichendes bestimmt ist, wie zB in Abs 2, §§ 30 III, 33, 34 I, 35 S. 2. Maßgeblicher Zeitpunkt ist der der Erteilung u. der jew Verlängerung, denn bei der Verlängerung kann auf diese Prüfung verzichtet werden, wie zB nach § 30 III.

4. Abweichungen zugunsten anerkannter Flüchtlinge

Zugunsten von anerkannten Asylber u. GK-Flüchtlingen mit AE oder NE sind **Abwei-** **8** **chungen** von der Sicherung des Lebensunterhalts u. des ausreichenden Wohnraums aufgrund Ermessens zulässig. Diesen Personen ist ein Aufenthalt unter menschenwürdigen Umständen gestattet u. zu gewährleisten, weil ihnen eine Rückkehr in den Heimatstaat ausnahmslos nicht zuzumuten ist (§ 2 AsylVfG Rn 22, 24). Deshalb darf bei ihnen das familiäre Zusammenleben grundsätzlich nicht von strengeren Voraussetzungen abhängig gemacht werden als bei Inländern. Denn auch ihnen kann grundsätzlich die Ausreise zum Zwecke des familiären Zusammenlebens nicht abverlangt werden. Unverzichtbar ist aber der Besitz eines gültigen AufTit in Form der AE oder NE.

In die **Ermessenserwägungen** einzubeziehen sind der Aufenthaltsstatus des Angehöri- **9** gen, Dauer u. Ausmaß der Unterschreitung der Werte für Unterhalt u. Wohnraum sowie die hierfür maßgeblichen Gründe u. die Anstrengungen des Flüchtlings, selbst für ausreichenden Unterhalt u. Wohnraum zu sorgen. So kann ein Arbeitsverbot während des Asylverf dazu beigetragen haben, dass der Flüchtling auch später keine Erwerbstätigkeit gefunden hat. Hinsichtlich des Wohnraums muss zumindest eine ordnungsgemäße Unterbringung gewährleistet sein. UU besteht die zumutbare Möglichkeit der Herstellung der Familieneinheit in einem Drittstaat.

5. Familienzuzug zu Flüchtlingen

Erheblich eingeschränkt ist nach Abs 3 der Zuzug von Familienangehörigen zu Flücht- **10** lingen mit einer AE aufgrund §§ 22, 23 I oder 25 III, wobei zunächst ohnehin die allg Bestimmungen der §§ 5, 10 I, 27, 29 I gelten. Völlig ausgeschlossen ist er zu Inhabern einer AE nach § 25 IV oder V, es sei denn, diese Personen haben inzwischen eine NE erhalten. In den betroffenen Fällen ist ausnahmsweise ein Aufenthalt vorübergehend legalisiert, eine Ausreise ist damit aber nicht auf Dauer unmöglich. Daher soll ein Zuzug von Angehörigen vermieden werden, der mit der strikten zeitlichen Begrenzung nicht vereinbar wäre. Eine AE kann aber für einen anderen Zweck erteilt werden, wenn die betr Voraussetzungen erfüllt sind. Diese Beschränkungen gelten nicht für die Familie von Personen, die eine AE nach §§ 23 a, 24 erhalten haben (zu § 24 vgl Rn 13 ff).

Ob vr oder humanitäre **Gründe** oder politische Interessen eine AE rechtfertigen, ist im **11** Grundsatz nach denselben Maßstäben zu beurteilen wie bei der Aufnahme aus dem Ausland oder im Rahmen einer Gruppenregelung (§§ 22, 23); allerdinngs brauchen die humanitären

Gründe nicht wie nach § 22 dringend zu erscheinen. Der Nachzug von Angehörigen ergibt sich als Folge des Schutzes von Ehe u. Familie im Anschluss an die vr, humanitär oder politisch motivierte Aufnahme des Stammberechtigten. Der Nachzug ist nicht zwingend geboten, er kann aber andererseits nicht allein mit der Begründung abgelehnt werden, der Stammberechtigte besitze noch keine NE. Falls die familiäre Lebensgemeinschaft nicht in einem Drittstaat hergestellt oder wiederhergestellt werden kann, bleibt nur die Zusammenführung in Deutschland. Eine längere Trennung ist nur zumutbar, wenn mit einer anderen Lösung in absehbarer Zeit gerechnet werden kann, zB mit einer gemeinsamen Rückkehr in den Heimatstaat.

12 Bei Ausübung des **Ermessens** müssen Grund, Art u. Dauer des Aufenthalts des Stammberechtigten ebenso berücksichtigt werden wie das Schicksal der nachzugswilligen Angehörigen u. der sonstigen Familie. Besondere Bedeutung kann dabei dem Umstand zugemessen werden, dass die Familie bereits im Herkunftsland zusammengelebt hat u. durch Verfolgung u. Flucht auseinandergerissen worden ist.

6. Familienzuzug bei vorübergehendem Schutz

13 Eine besondere Zuzugsregelung für die Familie von Flüchtlingen, die im Verf der **RL 2001/55/EG** aufgenommen wurden (§ 24), findet sich in Abs 4. Sie zeichnet sich zunächst dadurch aus, dass sie in Umsetzung der RL einen zwingenden **Anspruch** auf Zuzug für den Ehegatten u. die ledigen minderjährigen Kinder des Flüchtlings wie des Ehegatten enthält. Für diese Angehörigen gelten die Bestimmungen des § 24 entsprechend, nicht jedoch §§ 5 I, 27 III, 30, 32 sowie § 5 I 2 (vgl Abs 4 S. 3, §§ 5 III, 24). Anzuwenden sind dagegen die §§ 31, 33 bis 35.

14 Der Zuzugsanspruch setzt zunächst die **Aufhebung** der familiären Lebensgemeinschaft im Herkunftsland durch die Fluchtsituation voraus. Die Trennung kann auf einem eigenen Entschluss beruhen, wenn dieser durch die Fluchtsituation bedingt war. Es dürfen aber keine anderen, nämlich fluchtunabhängigen, Gründe für die Trennung ursächlich gewesen sein, vor allem keine innerfamiliären. Ausgeschlossen ist damit grundsätzlich der Zuzug, wenn die Eheschließung erst später (auf der Flucht oder nach deren Beendigung) stattgefunden hat oder das Kind erst später geboren ist. Anders kann es uU liegen, wenn die Lebensgemeinschaft schon früher bestand u. erst später legalisiert wurde oder wenn das Kind zB bereits vor der Flucht gezeugt war u. die Mutter es nach der Flucht des Stammberechtigten geboren hat.

15 Der Anspruch verlangt außerdem die **Übernahme** des Angehörigen aus einem anderen EU-Staat oder aus einem sonstigen Staat. Die Schutzbedürftigkeit des Familienangehörigen wird im ersten Fall unterstellt u. muss im letzteren Fall gesondert festgestellt werden.

16 **Andere Angehörige** als Ehegatten u. (nicht notwendig gemeinsame) minderjährige ledige Kinder können nach Ermessen in Fällen außergewöhnlicher Härte nach § 36 aufgenommen werden. Auch insoweit ist für Auslegung u. Anwendung die RL 2001/55/EG maßgeblich.

7. Erwerbstätigkeit

17 Die Berechtigung zur Ausübung einer Erwerbstätigkeit ist auch u. gerade für die Flüchtlingsfamilie eine Grundbedingung für ein erfolgreiches dauerhaftes **Überleben** in dem Aufnahmestaat. Ein ständiges Angewiesensein auf öffentl Unterstützungsleistungen läuft dem Ziel zuwider, Flüchtlingen einen wirksamen Schutz zu bieten. Trotz alledem dürfen Arbeitsmarkt u. allg Beschäftigungspolitik nicht außer Acht gelassen werden. Daher erscheint es sachgerecht, dass Abs 5 sowohl akzessorisch an die Berechtigung des bereits in Deutschland lebenden Familienmitglieds als auch alternativ an die gemeinsame Aufenthaltsdauer anknüpft. Beide Möglichkeiten bestehen unabhängig voneinander.

18 Der Zuziehende soll ersichtlich bei der Berechtigung zur Erwerbstätigkeit keinen irgendwie gearteten eigenen Zugangsschranken wie zB Wartezeiten unterworfen, sondern **gleichberechtigt** sein. § 4 II 3 soll aber Anwendung finden. Einerseits soll das zuziehende

Familiennachzug zu Ausländern   § 29 AufenthG 1

Familienmitglied in derselben Weise („soweit") Zugang zur Erwerbstätigkeit finden wie der Stammberechtigte, andererseits aber nicht besser gestellt sein (BT-Drs 15/420 S. 82: „so gestellt wie der Ausländer"). Welche Stellung der Zuziehende damit konkret erhalten soll, ist schwer zu bestimmen, weil alle Erwerbstätigkeiten u. Zulassungsformen betroffen sind, die selbständige ebenso wie die abhängige Erwerbstätigkeit u. die Zulassung der Erwerbstätigkeiten durch Ges u. RVO ebenso wie die mit Zustimmung der BA. Außerdem gilt zwar die Anwendbarkeit von § 5 II 3 für beide Fallgestaltungen, nicht aber die Beschränkung „soweit". Diese Ungenauigkeit mag daran liegen, dass der letzte Satzteil erst im Vermittlungsverf angefügt wurde (Rn 1); daher sind auch keine aussagekräftigen Materialien verfügbar. Grundsätzlich soll die Stellung des Zuziehenden an den Status des Stammberechtigten anknüpfen. Auf die mögliche Ausweitung dieses Status kommt es ebenso wenig an wie auf dessen mögliche Aufhebbarkeit. Die Akzessorietät gilt für den Zeitpunkt der Erteilung u. (abstrakt) für Art u. Umfang der Berechtigung. Angesichts dieser Unklarheiten (so auch Hailbronner, § 29 AufenthG Rn 28–35) empfiehlt es sich, nach der Art der Tätigkeit zu unterscheiden u. mit den Fällen des Zugangs zu allen Erwerbstätigkeiten u. zu den selbständigen Tätigkeiten zu beginnen.

Ist der Stammberechtigte zur Ausübung einer **jeden Erwerbstätigkeit** kraft Ges berechtigt (zB als Asylber nach § 25 I 4 oder als Wiederkehrer nach § 37 I 2), so darf sich auch das zuziehende Familienmitglied ohne Bindung an Beruf u. Branche frei betätigen oder anstellen lassen. Vor allem bedarf es nicht der Zustimmung der BA, da die AE des Zuziehenden wie die des Stammberechtigten kraft Ges zur Ausübung einer Erwerbstätigkeit u. damit auch einer Beschäftigung berechtigen (vgl § 4 II 1–2), ein Fall des § 4 II 3 also nicht vorliegt. Aus dem Inhalt der ges Berechtigung folgende Beschränkungen sind zu beachten. So kann sich der Zuziehende auf § 16 III nicht berufen, wenn er nicht selbst studiert. 19

Falls dem Stammberechtigten nur eine **selbständige Erwerbstätigkeit** erlaubt ist, ist der Nachziehende ebenfalls nur für diese Art der Erwerbstätigkeit zugelassen. Da die AE idR nur für eine bestimmte selbständige Tätigkeit erteilt u. verlängert wird (vgl § 21 IV 2: „geplante Tätigkeit"), ist auch die AE des Nachziehenden beschränkt. Nach dem Wortlaut bleibt unklar, ob der Nachziehende die Voraussetzungen des § 21 selbst erfüllen muss oder automatisch an der Zulassung des Stammberechtigten zu einer bestimmten selbständigen Tätigkeit teilhat oder unbeschränkt zu jeder selbständigen Erwerbstätigkeit zugelassen wird. Im ersten Fall wäre er als Ehegatte nicht besser gestellt als jeder andere Bewerber. Im letzteren Fall wäre er anders als der Stammberechtigte unabhängig von § 21 als Selbständige ohne Bindung an einen Betrieb berechtigt, was über die beabsichtigte Gleichstellung weit hinausginge. Im zweiten Fall wäre er an konkrete Einzelheiten gebunden u. müsste einen identischen zweiten Betrieb errichten, was praktisch kaum durchführbar wäre. Das Ziel der Gleichstellung bei gleichzeitiger Beschränkung auf den Stand des Stammberechtigten lässt sich nach alledem am ehesten dadurch verwirklichen, dass bei der Zulassung im Rahmen des Ermessens nach § 21 die (erfolgreiche) Erwerbstätigkeit des Stammberechtigten gebührend berücksichtigt wird. Falls der Stammberechtigte den Nachziehenden bei sich anzustellen beabsichtigt, bedarf dieser hierzu unabhängig von Abs 5 der Zulassung, insoweit ist aber die Zustimmung der BA entbehrlich (§ 3 BeschVerfV). 20

War bei dem Stammberechtigten für eine Beschäftigung aufgrund RVO keine **Zustimmung der BA** erforderlich, ist sie auch bei dem Angehörigen entbehrlich, aber immer nur in demselben Umfang wie bei dem Stammberechtigten, nicht für anders geartete Tätigkeiten; sonst wäre über das Ziel der Gleichberechtigung hinausgeschossen. Der Nachziehende soll nur partizipieren, wenn der Ausl „einen unbeschränkten Arbeitsmarktzugang hat" (BT-Drs 15/420 S. 82), dies ist aber bei einer zustimmungsfreien Beschäftigung in einer konkreten Funktion oder einem konkreten Berufsfeld nicht gegeben. Umgekehrt bedarf es der Zustimmung, wenn sie auch im Fall des Stammberechtigten erforderlich war. Ansonsten müssen die Voraussetzungen für die Zustimmung selbständig geprüft werden u. können daher verneint werden, obwohl sie für den Stammberechtigten bejaht worden sind. Der Satzteil „Unbeschadet des § 4 Abs. 2 Satz 3" kann nur dahin verstanden werden, dass eine 21 konkrete Prüfung der BA für die von dem Zuziehenden beabsichtigte Erwerbstätigkeit ohne Rücksicht auf die für den anderen Familienangehörigen bereits erteilte (oder auch versagte) Zustimmung zu erfolgen hat.

22 Die 2. Alternative des Abs 5 ist gänzlich anders angelegt, weil sie zwar ebenfalls § 4 II 3 unberührt lässt, aber ansonsten nur eine Mindestdauer der ehelichen Lebensgemeinschaft im Bundesgebiet verlangt, aber keinen Bezug zur Erwerbstätigkeit des Stammberechtigten aufweist. Der Wortlaut legt damit eine Auslegung dahin nahe, dass der Zugang zur Erwerbstätigkeit für den **Ehegatten** nach mindestens zwei Jahren rechtmäßiger gemeinsamer ehelicher Lebensgemeinschaft im Inland freisteht. Damit sollen (1.) minderjährige Kinder anders als nach der 1. Alternative nicht begünstigt sein u. (2.) keine Rechte unmittelbar beim Zuzug begründet werden, sondern nach einem mehrjährigen Inlandsaufenthalt. Der Ehegatte braucht überhaupt nicht zugezogen zu sein, sondern kann sich schon vor der Eheschließung aus einem anderen Grund in Deutschland aufgehalten haben u. zB hier geboren sein.

23 So gesehen eröffnet die Bestimmung allg den Zugang zur Erwerbstätigkeit nach mindestens zweijähriger Eheführung in Deutschland auf der Basis eines rechtmäßigen **Aufenthalts** (ähnlich wie § 31 I 1 Nr 1). Damit scheint sie wegen der Möglichkeit einer eigenständigen Unterhaltssicherung besonders auf das Konzept des § 31 zugeschnitten (vgl vor allem § 31 II 3, III u. IV 1), der mit dem eigenständigen AufR nach Trennung oder Scheidung der Ehepartner einen unbeschränkten Zugang zur Erwerbstätigkeit verbindet (§ 31 I 2). Daraus lässt sich folgern, dass die 2. Alternative die Zulassung zur Erwerbstätigkeit bei fortbestehender Ehegemeinschaft ähnlich sichern soll wie § 31 I 2 bei deren Aufhebung, allerdings unter Beachtung von § 4 II 3. Der Gesetzeswortlaut spricht eindeutig für diese interessenorientierte Auslegung. Eine irgendwie geartete Akzessorietät der Rechte auf Zugang zur Erwerbstätigkeit ist nicht zum Ausdruck gelangt. Für die 2. Alternative ist weder eine Erwerbsberechtigung des Stammberechtigten noch eine Einschränkung auf seine Verhältnisse erwähnt.

24 Ob sich Anwendungsbereich u. Rechtsfolgen dennoch aus dem Gesamtzusammenhang **enger begrenzen** lassen, erscheint fraglich. Die zweijährige Eheführung weist gegenüber der 1. Alternative insofern einen eigenständigen Regelungsgehalt auf, als Ehegatten begünstigt sind, die uU einen Zugang zur Erwerbstätigkeit nicht bereits unmittelbar bei ihrem Zuzug oder während der ersten beiden Jahre angestrebt haben. Während dieses Zeitraums konnten sie jederzeit auf die erste Alternative zurückgreifen. Falls sie danach keine Stelle oder selbständige Betätigung finden konnten oder ihnen die evtl erforderliche Zustimmung der BA versagt wurde, steht ihnen der Zugang jedenfalls nach Ablauf der zweijährigen Eheführung in Deutschland offen. Eine Bindung an die evtl für den Stammberechtigten geltenden Beschränkungen über diese Zeit hinaus könnte zwar im Hinblick darauf sachgerecht erscheinen, dass der Nachziehende nicht besser gestellt werden solllte als der Stammberechtigte. Andererseits sollte grundsätzlich die Aufhebung der ehelichen Lebensgemeinschaft nicht zu einer Besserstellung gegenüber weiter zusammenlebenden Eheleuten führen. Diese möglichen einander widerstreitenden ges Zielvorstellungen haben aber keinen Niederschlag im Ges gefunden u. können daher nicht zu Korrekturen der oben gefundenen Lösung (Rn 23) führen.

§ 30 Ehegattennachzug

(1) Dem Ehegatten eines Ausländers ist eine Aufenthaltserlaubnis zu erteilen, wenn der Ausländer

1. eine Niederlassungserlaubnis besitzt,
2. eine Aufenthaltserlaubnis nach § 25 Abs. 1 oder 2 besitzt,
3. seit fünf Jahren eine Aufenthaltserlaubnis besitzt oder
4. eine Aufenthaltserlaubnis besitzt, die Ehe bei deren Erteilung bereits bestand und die Dauer seines Aufenthalts voraussichtlich über ein Jahr betragen wird.

(2) Die Aufenthaltserlaubnis kann abweichend von Absatz 1 Nr. 4 erteilt werden, wenn der Ausländer eine Aufenthaltserlaubnis besitzt.

Ehegattennachzug § 30 AufenthG 1

(3) Die Aufenthaltserlaubnis kann abweichend von § 5 Abs. 1 Nr. 1 und § 29 Abs. 1 Nr. 2 verlängert werden, solange die eheliche Lebensgemeinschaft fortbesteht.

Vorläufige Anwendungshinweise

30 Zu § 30 Ehegattennachzug zu Ausländern
30.0 Allgemeines
30.0.1 § 30 ist erst anwendbar, wenn die Ehe bereits besteht.
30.0.2 Zum Zweck der Eheschließung im Bundesgebiet – mit einem Deutschen oder mit einem Ausländer – kann einem Ausländer ein Schengen-Visum für kurzfristige Aufenthalte (§ 6 Abs. 1 Nr. 2) erteilt werden, wenn auf die anschließende Erteilung einer Aufenthaltserlaubnis nach einer Eheschließung während der Gültigkeit dieses Schengen-Visums ein Anspruch besteht.
30.0.3 Nach der Eheschließung kann die Aufenthaltserlaubnis zum Ehegattennachzug im Falle eines Rechtsanspruchs ohne vorherige Ausreise bei der Ausländerbehörde beantragt werden (§ 39 Nr. 3 AufenthV). Ebenso können bei der Ausländerbehörde nach der Eheschließung Staatsangehörige der in Anhang II der EU-Visum-Verordnung genannten Staaten eine Aufenthaltserlaubnis beantragen, wenn sie keinen Aufenthaltstitel besitzen, sich rechtmäßig im Bundesgebiet aufhalten und ein Anspruch auf Erteilung besteht.
30.0.4 Zudem kann nach einer Eheschließung im Bundesgebiet oder im Ausland die Aufenthaltserlaubnis zum Ehegattennachzug auch in den übrigen in § 39 AufenthV genannten Fällen ohne vorherige Ausreise unmittelbar bei der Ausländerbehörde beantragt werden. Dasselbe gilt in den Fällen des § 5 Abs. 3 erster Halbsatz.
30.0.5 Ist die Eheschließung im Bundesgebiet beabsichtigt, und besteht nach der Eheschließung kein Anspruch auf eine Aufenthaltserlaubnis zum Ehegattennachzug, sondern kann die Aufenthaltserlaubnis nur nach Ermessen erteilt werden, liegt hingegen kein Anwendungsfall des § 39 Nr. 3 AufenthV vor. Dies gilt auch für die in Anhang II der EU-Visum-Verordnung genannten Staatsangehörigen. Wenn im Anschluss an die Eheschließung ein Daueraufenthalt im Bundesgebiet beabsichtigt ist, kann in diesen Fällen ein nationales Visum zur Eheschließung mit Zustimmung der Ausländerbehörde (vgl. § 32 Abs. 1 Nr. 1 AufenthV) erteilt werden.
30.0.6 Schengen- oder nationale Visa zur Eheschließung sind erst zu erteilen, wenn der Eheschließung keine rechtlichen und tatsächlichen Hindernisse entgegenstehen und sie unmittelbar bevorsteht. Die Eheschließung steht unmittelbar bevor, wenn das erforderliche Ehefähigkeitszeugnis für den Ausländer vorliegt oder dem zuständigen Standesamt sämtliche für die Befreiung von der Beibringung des Ehefähigkeitszeugnisses erforderlichen Unterlagen vorliegen.
30.0.7 Nach der Eheschließung kann der nachziehende Ehegatte, der ein nationales Visum besitzt, eine Aufenthaltserlaubnis im Bundesgebiet beantragen (§ 39 Nr. 1 AufenthV).
30.0.8 Ist nur die Eheschließung im Bundesgebiet, nicht aber ein anschließender, nicht nur kurzfristiger Aufenthalt im Bundesgebiet beabsichtigt, ist in der Regel ein Schengen-Visum für kurzfristige Aufenthalte (§ 6 Abs. 1 Nr. 2) zu erteilen. Bei der Beantragung ist der Ausländer darauf hinzuweisen, dass sein Aufenthalt im Bundesgebiet nach der Eheschließung in der Regel nicht verlängert werden kann, ohne dass der Ausländer zuvor ausreist (vgl. § 5 Abs. 2 Satz 1), sofern nicht ein Anspruch auf Erteilung einer Aufenthaltserlaubnis nach der Eheschließung besteht (vgl. die in § 39 Nr. 3 AufenthV genannten Voraussetzungen). Gegebenenfalls ist er von Amts wegen auf die Möglichkeit zu verweisen, ein nationales Visum (§ 6 Abs. 4) zu beantragen. Ein solcher Hinweis ist aktenkundig zu machen.
30.0.9 In geeigneten Fällen ist besonders zu prüfen, ob auch in Fällen, in denen eine Aufenthaltserlaubnis nur nach Ermessen erteilt wird und kein Fall des § 39 AufenthV oder des § 5 Abs. 3, erster Halbsatz, vorliegt, gemäß § 5 Abs. 2 Satz 2 eine Ausnahme gestattet werden kann. Dies gilt insbesondere in Fällen, in denen eine Ausreise zum Zweck der Beantragung des Visums eine besondere Härte darstellen würde, vgl. näher Nr. 5.2.3. Wurde nachweislich ein Hinweis nach 30.0.9 gegeben, ist eine Anwendung des § 5 Abs. 2 Satz 2 regelmäßig ausgeschlossen.
30.0.10 Aufgrund der akzessorischen Verknüpfung zum Aufenthaltsrecht des Stammberechtigten (vgl. Nummer 27.1.3) darf die Geltungsdauer der einem Ehegatten erteilten Aufenthaltserlaubnis die Geltungsdauer der Aufenthaltserlaubnis des im Bundesgebiet lebenden Ausländers nicht überschreiten. Die Vorschriften über Geltungsdauer und Verlängerung der Aufenthaltserlaubnis sind zu beachten. Soweit es danach möglich ist, wird die Aufenthaltserlaubnis in der Regel für ein Jahr erteilt und dann in der Regel um jeweils zwei Jahre verlängert, bis die Voraussetzungen für die Erteilung einer Niederlassungserlaubnis gemäß § 9 vorliegen. Soweit kein anderer Aufenthaltsgrund besteht, kann die Aufenthaltserlaubnis im Falle der Aufhebung der ehelichen Lebensgemeinschaft nur nach Maßgabe des § 31

verlängert werden. Bei türkischen Ehegatten ist zu berücksichtigen, ob diese ein eigenständiges Aufenthaltsrecht nach Artikel 6 oder 7 ARB 1/80 erlangt haben.

30.1 Anspruch auf Ehegattennachzug
30.1.1 In den Fällen, die in Absatz 1 genannt sind, besteht grundsätzlich ein Rechtsanspruch auf Erteilung einer Aufenthaltserlaubnis. Jedoch finden die §§ 5, 11 und 29 Abs. 1 bis 3 und 5 Anwendung, sofern nicht einzelne Vorschriften besonders ausgeschlossen worden sind. Dies bedeutet auch, dass aufgrund der akzessorischen Bindung ein Anspruch nicht geltend gemacht werden kann, wenn der Aufenthaltstitel des Stammberechtigten ungültig geworden oder aus anderen Gründen erloschen ist (vgl. hierzu Nummer 29.1.2.1).
30.1.2 Die Nummern 1 bis 3 des Absatzes 1 erfassen auch Fälle, in denen die Ehe erst während des Aufenthaltes des Ausländers, zu dem der Nachzug stattfindet, geschlossen wurde.
30.1.3 Bei Absatz 1 Nr. 4 ist im Zusammenhang mit der Beurteilung der Dauer des voraussichtlichen Aufenthaltes des Ausländers, zu dem der Nachzug stattfindet, nicht auf die jeweilige Befristung des Aufenthaltstitels abzustellen, sondern auf den Aufenthaltszweck. Ist dieser nicht seiner Natur nach zeitlich begrenzt, ist von einem Aufenthalt auszugehen, dessen Dauer ein Jahr überschreitet. Abweichendes gilt nur, wenn mit überwiegender Wahrscheinlichkeit zu erwarten ist, dass der Aufenthaltstitel des Ausländers, zu dem der Nachzug stattfindet, nicht über die Jahresfrist hinaus verlängert wird oder der Ausländer vor Ablauf der Jahresfrist seinen Aufenthalt im Bundesgebiet dauerhaft beenden wird.
30.1.4 Der Jahresfrist in Absatz 1 Nr. 4 liegt die Überlegung zugrunde, dass Ehegatten, die sich wegen eines auf längere Dauer angelegten rechtmäßigen Aufenthalts eines Ehegatten in Deutschland entschieden haben, ihre familiäre Lebensgemeinschaft im Bundesgebiet herzustellen, nicht zugemutet werden soll, noch länger als ein Jahr voneinander getrennt zu leben. Die Jahresfrist des Absatzes 1 Nr. 4 bezieht sich daher auf die noch verbleibende Aufenthaltsdauer im Zeitpunkt der Entscheidung der Ehegatten, den Nachzug durchzuführen. Diese wird durch die Beantragung des Visums zum Zweck des Ehegattennachzugs dokumentiert. Die Jahresfrist beginnt daher mit der Visumantragstellung und nicht erst mit der Visumerteilung, da das Bestehen eines Nachzugsanspruchs nach Absatz 1 Nr. 4 ansonsten von der außerhalb der Sphäre der Ehegatten liegenden Bearbeitungsdauer für die Erteilung des Visums abhängig wäre. Ebenso wenig ist auf den späteren Zeitpunkt der Einreise oder Erteilung der Aufenthaltserlaubnis an den nachziehenden Ehegatten abzustellen.

30.2 Ehegattennachzug nach Ermessen
30.2.1 Die in Absatz 2 genannte Abweichung kann sich sowohl beziehen auf das in Absatz 1 Nr. 4 genannte Merkmal des Bestands der Ehe vor der Erteilung der Aufenthaltserlaubnis an den Ehegatten, zu dem der Nachzug stattfinden soll, als auch auf das dort aufgestellte Erfordernis der voraussichtlichen Aufenthaltsdauer von über einem Jahr, als auch auf beide Voraussetzungen zugleich.
30.2.2 Für die Ermessensentscheidung kann abhängig von der Fallgestaltung unter anderem maßgeblich sein,
30.2.2.1 – wie lange sich der Ehegatte, zu dem der Nachzug stattfindet, bereits im Bundesgebiet aufhält,
30.2.2.2 – insbesondere, ob der Ehegatte, zu dem der Nachzug stattfindet, im Bundesgebiet geboren oder als Minderjähriger eingereist ist, obwohl er keine Niederlassungserlaubnis besitzt,
30.2.2.3 – dass die Ehefrau schwanger ist oder aus der Ehe bereits ein Kind hervorgegangen ist,
30.2.2.4 – dass an dem Aufenthalt einer Person, die sich vorübergehend im Bundesgebiet aufhält, ein öffentliches Interesse besteht; dies gilt insbesondere für die in § 34 AufenthV genannten Personen.

30.3 Verlängerung der Aufenthaltserlaubnis
30.3.1 Die Aufenthaltserlaubnis darf im Wege des Ermessens auch dann verlängert werden, wenn die allgemeinen Erteilungsvoraussetzungen des § 5 Abs. 1 Nr. 1 oder des § 29 Abs. 1 Nr. 2 nicht mehr vorliegen. Von den in § 5 Abs. 1 Nr. 1a, 2 und 3, Abs. 4, § 27 Abs. 3 und § 29 Abs. 1 Nr. 1 bezeichneten Voraussetzungen darf – in der Regel, sofern die betreffende Norm eine Regel vorgibt – nicht abgesehen werden. Zu prüfen ist insbesondere der Fortbestand der ehelichen Lebensgemeinschaft.
30.3.2 Der nach Artikel 6 GG gebotene Schutz von Ehe und Familie während des Fortbestandes der ehelichen Lebensgemeinschaft ist als besonderer Umstand zu werten, der eine Abweichung von Regelerteilungsvoraussetzungen rechtfertigen kann.

Übersicht

	Rn
I. Entstehungsgeschichte	1
II. Allgemeines	2
III. Ehegattenzuzug aufgrund Anspruchs	6
IV. Ehegattenzuzug aufgrund Ermessens	11
V. Verlängerung der Zuzugserlaubnis	13

I. Entstehungsgeschichte

Die Vorschrift stimmt in vollem Umfang mit dem **GesEntw** (BT-Drs 15/420 S. 14) überein. 1

II. Allgemeines

Der Ehegattenzuzug zu Ausl folgt nunmehr anderen Regeln als unter der Geltung von 2 § 18 AuslG. **Früher** wurde grundlegend nach dem Aufenthaltsstatus des Zusammenführenden u. zwischen Angehörigen der ersten u. der zweiten Ausländergeneration unterschieden. Zur ersten Generation gehörten Ausl, die bei ihrer letzten Einreise schon volljährig waren; zur zweiten Generation gehörten alle anderen ohne Rücksicht auf Geburtsort, Einreisegrund u. Existenz von Familienangehörigen im Bundesgebiet (allg zum Familiennachzug nach früherem Recht Igstadt, ZAR 1998, 99). **Jetzt** wird gemäß §§ 29, 30 ausschließlich auf den Aufenthaltszweck u. den AufTit des Stammberechtigten abgestellt.

Das Nachzugsrecht des Ehegatten ist **zweckgebunden u. akzessorisch.** Es wird zu- 3 nächst nur zu dem in § 27 I genannten Zweck der Familienzusammenführung u. nur in Anlehnung an das AufR des hier lebenden Ausl gewährt. Daher darf die AE nicht über die Geltungsdauer des AufTit des Stammberechtigten hinaus erteilt oder verlängert werden. Diese Bindungen werden aufgelöst durch Erfüllung der Voraussetzungen für die NE nach § 9 oder für das eigenständige AufR nach § 31. Die gesamte Vorschrift ist zugunsten eingetragener Lebenspartner entsprechend anzuwenden (§ 27 II; näher dazu § 27 Rn 26 f).

Das Verhältnis zu **anderen Aufenthaltszwecken** ist dadurch bestimmt, dass diese neben- 4 einander bestehen u. verfolgt werden können. Es glten uU unterschiedliche Voraussetzungen, grundsätzlich schließen sie sich aber nicht gegenseitig aus. Mehrere Zwecke können einem Aufenthalt auch dann zugrunde liegen, wenn sie nicht vollständig aus dem AufTit ersichtlich sind. Es besteht kein unmittelbarer Zwang, einen AufTit fürd den jew „sichersten" Zweck zu beantragen, der zunächst vernachlässigte Aufenthaltszweck geht aber nicht verloren. So benötigt der Inhaber einer NE nach der Eheschließung keine AE nach §§ 27 ff, er kann aber uU nach Verlust der NE erstmalig eine ehebezogene AE beantragen oder sich auf ein eigenständiges AufR nach § 31 berufen. Türkische StAng können als Arbeitnehmer oder Familienangehörige ein assoziationsrechtliches AufR nach Art 6 oder 7 ARB 1/80 erwerben u. benötigen dann bei Eheschließung nicht zusätzlich eine ehebezogene AE. Dennoch geht ihr Anspruch nach § 28 I 1 Nr 1 oder § 30 I nicht dadurch verloren, dass das AufR nach Art 6 oder 7 ARB 1/80 erlischt. Dabei ist zu beachten, dass die Ansprüche aus Art 6 u. 7 ARB 1/80 kein Recht auf Familiennachzug einschließen (dazu § 3 Rn 82 ff).

Zum Zwecke der Eheschließung (mit einem in Deutschland lebenden Dt oder Ausl) 5 kann ein Schengen-Visum erteilt werden, wenn die Eheschließung ernsthaft beabsichtigt ist, während der Geltungsdauer des Visums erfolgen soll u. alle dafür erforderlichen Unterlagen vorliegen oder unmittelbar zu erwarten sind (zum früheren Recht vgl HessVGH, EZAR 632 Nr 19). Beabsichtigt der ausl Verlobte nach der Eheschließung unmittelbar den weiteren Verbleib im Inland auf Dauer, kann er dagegen nur ein nationales Visum beantragen, kein Schengen-Visum. Stehen der Eheschließung keine rechtlichen oder tatsächlichen Hindernisse entgegen, kann, um die Wiedereinreise nach Ausweisung oder Abschiebung zu ermöglichen, eine Betretenserlaubnis (§ 11 II) erteilt werden. Um einem ausreisepflichtigen Verlobten die Aus- u. Wiedereinreise zu ersparen, kommt eine Duldung (§ 60 a II) in Betracht, uU auch eine AE nach § 7 I 2 (vgl § 7 Rn 14). In allen diesen Fällen ist bei der Ermessensausübung maßgeblich zu berücksichtigen, ob durch die Eheschließung ein Rechtsanspruch auf eine AE entsteht (vgl §§ 28 I 1 Nr 1, 29, 30 I) u. die tatsächlichen Voraussetzungen hierfür jew erfüllt sein werden. Nach der Eheschließung können Besitzer eines nationalen oder eines Schengen-Visum oder einer Duldung ebenso wie von der Visumpflicht befreite Ausl die AE ohne vorherige Ausreise im Inland beantragen (§ 39 Nr 1, 3 u. 5 AufenthV).

III. Ehegattenzuzug aufgrund Anspruchs

6   Ein **Rechtsanspruch** auf Zuzug zu einem Ausl (betr Dt vgl § 28 I 1 Nr 1) besteht für Ehegatten, wenn die jew einschlägigen Vorsussetzungen der §§ 29, 30 u. außerdem die der §§ 5, 11 u. 29 erfüllt sind, soweit letztere nach den Regeln des § 29 auf die jew Fallkonstellation anwendbar sind. Unterschieden wird zunächst nach dem Zeitpunkt der Eheschließung u. im Falle der Eheschließung nach der Einreise nach Art u. Dauer des AufTit. Auf das Alter des zusammenführenden u. des anderen Ehegatten kommt es ebenso wenig an (anders noch § 18 I Nr 4 AuslG) wie darauf, ob letzterer bereits im Inland lebt u. einen anderen AufTit besitzt (vgl dazu auch Rn 4).

7   Begünstigt ist zunächst der Ehegatte des **Besitzers einer NE,** wobei es nicht darauf ankommt, wie lange dieser bereits die NE innehat u. für welchen Zweck sie erteilt ist oder eine vorausgehende AE erteilt war. Allein der Besitz der NE löst den Zuzugsanspruch des Ehegatten aus. Wann u. wo die Ehe geschlossen ist u. ob sich der Ehegatte schon früher in Deutschland aufhielt, ist unerheblich.

8   In derselben Weise begünstigt ist der Ehegatte eines nach Art 16 a GG oder nach § 60 I **anerkannten Flüchtlings,** der eine AE nach § 25 I oder II besitzt. Insoweit ist die Dauer des Aufenthalts u. des Besitzes der AE unerheblich. Es gibt weder eine Wartezeit noch eine Ehebestandszeit. Es ist auch anders als für den Übergang von der AE zur NE (vgl dazu § 26 III) nicht vorgesehen, dass das BAMF zuvor die Möglichkeit einer Rücknahme oder eines Widerrufs der Anerkennung prüft.

9   Berechtigt ist ferner der Ehegatte eines Ausl, der **seit fünf Jahren** eine AE besitzt. Der Aufenthaltszweck ist unerheblich, auch die restliche Geltungsdauer der AE. Der Besitz der AE muss nur ununterbrochen seit (mindestens) fünf Jahren andauern. Unterbrechungen des Besitzes infolge Erlöschens der AE (zB bei längerem Aufenthalt im Ausland nach § 51 I Nr 6 oder 7) sind schädlich. Selbst wenn Unterbrechungen nach § 85 außer Betracht gelassen worden sind, ist damit die Besitzzeit unterbrochen. Dies wäre nur anders, wenn in einem solchen Fall die AE rückwirkend verlängert worden wäre. Als Zeit des Besitzes ist der Verfahrensaufenthalt nach § 81 IV anzurechnen, nicht jedoch die Zeit des fiktiv erlaubten Aufenthalts nach § 81 III 1. In diesem Fall wird die Lücke in der Zeit des Besitzes nur geschlossen, wenn auf Klage hin die AuslBeh zur Erteilung oder Verlängerung der AE vom Zeitpunkt des Antrags an verpflichtet wird.

10 Schließlich genügt allg der **Besitz einer AE** unabhängig von dem Aufenthaltszweck u. der Besitzdauer, wenn die Ehe bei deren Erteilung bereits bestand. In diesem Fall muss der Aufenthalt aber noch länger als ein Jahr andauern. Dahinter steht die Überlegung, dass eine Trennungszeit von mehr als einem Jahr nicht hingenommen werden soll. Maßgeblich für die Berechnung ist daher der Zeitpunkt der Antragstellung, nicht der der Eheschließung oder der Erteilung der AE für den Ausl oder für den Ehegatten. Grundlage für die Prognose darf nicht allein die formelle Rechtslaufzeit der AE sein, entscheidend ist vielmehr, ob der Aufenthaltszweck voraussichtlich innerhalb von einem Jahr erledigt ist. IdR wird dies nicht anzunehmen sein.

IV. Ehegattenzuzug aufgrund Ermessens

Falls die Voraussetzungen für den Rechtsanspruch auf Ehegattenzuzug nicht vorliegen, **11** besteht **keine allg Befugnis** zur Erteilung einer ehebezogenen AE aufgrund Ermessens. Weder §§ 30, 36 eröffnen eine solche Möglichkeit noch die Auffangbestimmung des § 7 I 2. Da Abs 1 Nr 4 die geringsten Anforderung an den AufTit stellt, dessen Besitz verlangt wird (vgl § 29 I Nr 1), ist die Ermessensermächtigung dort angebracht. Die in Abs 2 zugelassene Abweichung betrifft beide dort aufgestellte Voraussetzungen: Bestand der Ehe bereits im Zeitpunkt der AE-Erteilung an den Stammberechtigten u. restliche Aufenthaltsdauer von mehr als einem Jahr. Damit kann theoretisch der Zuzug zu jedem AE-Besitzer zugelassen werden. Völlig ausgeschlossen ist die Ehegattenzusammenführung zu Inhabern einer Duldung. Ausgenommen sind auch die Besitzer eines Visums. Ein nationales Visum muss bereits in eine AE übergegangen sein, damit der Visumaufenthalt als Zeit des Besitzes der AE angerechnet wird (§ 6 IV 3).

Falls der Zusammenführende eine AE besitzt, kann nach **Ermessen** über den Zuzug **12** entschieden u. dabei entweder von dem Erfordernis des Ehebestands bei AE-Erteilung oder der Mindesaufenthaltsdauer oder von beiden abgesehen werden. Nähere Grundlagen für das Ermessen sind nicht genannt. Im Hinblick auf den nach Art 6 I GG u. Art 8 EMRK erforderlichen Schutz von Ehe u. Familie sind vor allem zu berücksichtigen: Dauer des bisherigen Inlandsaufenthalts des Zusammenführenden; evtl Geburt in Deutschland; Bestand der Ehe u. damit Dauer der „freiwilligen" Trennungszeit; voreheliches gemeinsames Kind; Schwangerschaft der Ehefrau; öffentl Interesse am alsbaldigen Zuzug.

V. Verlängerung der Zuzugserlaubnis

Die Verlängerung der AE erfolgt (nach der Erteilung für ein Jahr) idR **für jew zwei** **13** **Jahre,** längstens jedoch jew für die Geltungsdauer der AE des Ehegatten. Insoweit bleibt die Akzessorietät auch für die Verlängerung bestehen. Erforderlich ist, dass die Anspruchs- oder Ermessensvoraussetzungen – vor allem die eheliche Lebensgemeinschaft – weiterhin vorliegen (§ 8 I) oder inzwischen eingetreten sind. Die Verlängerung darf idR nicht abgelehnt werden, wenn ursprünglich nach Abs 2 von Abs 1 Nr 4 abgewichen worden ist u. die damals angenommenen tatsächlichen Voraussetzungen hierfür noch vorliegen oder inzwischen durch gleichwertige ersetzt sind.

Eine Verlängerung der AE ist darüberhinaus bei **Fortbestehen** der ehelichen Lebens- **14** gemeinschaft im Ermessenswege ohne Rücksicht auf das Unterhalts- u. des Wohnraumerfordernis möglich. Die übrigen Voraussetzungen für den Ehegattenzuzug müssen indes weiter vorliegen. Das Ermessen ist am Wert der ehelichen Lebensgemeinschaft u. am verfassungsrechtlichen Schutz gerade des bereits im Inland geführten Ehelebens auszurichten. Außerdem ist wichtig, in welchem Umfang, für welche Dauer u. aus welchen Gründen der notwendige Unterhalt u. der ausreichende Wohnraum nicht zur Verfügung stehen.

Die Verlängerung der ehebezogenen AE ist nur so lange von Bedeutung, bis der Aufent- **15** halt **aus anderen Gründen gesichert** ist. Bei Aufhebung der ehelichen Lebensgemeinschaft kann die AE bereits nach zwei Jahren verselbständigt u. damit von der AE des Zusammenführenden abgekoppelt sein (vgl § 31 I Nr 1). Ein nicht von der Ehe abhängiges AufR kann sich auch auf der Grundlage von Art 6 oder 7 ARB 1/80 entwickeln, wenn der Ehegatte selbst längere Zeit bei demselben Arbeitgeber beschäftigt ist oder längere Zeit rechtmäßig im Inland lebt.

§ 31 Eigenständiges Aufenthaltsrecht der Ehegatten

(1) ¹Die Aufenthaltserlaubnis des Ehegatten wird im Falle der Aufhebung der ehelichen Lebensgemeinschaft als eigenständiges, vom Zweck des Familiennachzugs unabhängiges Aufenthaltsrecht für ein Jahr verlängert, wenn
1. die eheliche Lebensgemeinschaft seit mindestens zwei Jahren rechtmäßig im Bundesgebiet bestanden hat oder
2. der Ausländer gestorben ist, während die eheliche Lebensgemeinschaft im Bundesgebiet bestand

und der Ausländer bis dahin im Besitz einer Aufenthaltserlaubnis oder Niederlassungserlaubnis war, es sei denn, er konnte die Verlängerung aus von ihm nicht zu vertretenden Gründen nicht rechtzeitig beantragen. ²Die Aufenthaltserlaubnis berechtigt zur Ausübung einer Erwerbstätigkeit.

(2) ¹Von der Voraussetzung des zweijährigen rechtmäßigen Bestandes der ehelichen Lebensgemeinschaft im Bundesgebiet nach Absatz 1 Nr. 1 ist abzusehen, soweit es zur Vermeidung einer besonderen Härte erforderlich ist, dem Ehegatten den weiteren Aufenthalt zu ermöglichen, es sei denn, für den Ausländer ist die Verlängerung der Aufenthaltserlaubnis ausgeschlossen. ²Eine besondere Härte liegt insbesondere vor, wenn dem Ehegatten wegen der aus der Auflösung der ehelichen Lebensgemeinschaft erwachsenden Rückkehrverpflichtung eine erhebliche Beeinträchtigung seiner schutzwürdigen Belange droht oder wenn dem Ehegatten wegen der Beeinträchtigung seiner schutzwürdigen Belange das weitere Festhalten an der ehelichen Lebensgemeinschaft unzumutbar ist; zu den schutzwürdigen Belangen zählt auch das Wohl eines mit dem Ehegatten in familiärer Lebensgemeinschaft lebenden Kindes. ³Zur Vermeidung von Missbrauch kann die Verlängerung der Aufenthaltserlaubnis versagt werden, wenn der Ehegatte aus einem von ihm zu vertretenden Grund auf Leistungen nach dem Zweiten oder Zwölften Buch Sozialgesetzbuch angewiesen ist.

(3) Wenn der Lebensunterhalt des Ehegatten nach Aufhebung der ehelichen Lebensgemeinschaft durch Unterhaltsleistungen aus eigenen Mitteln des Ausländers gesichert ist und dieser eine Niederlassungserlaubnis besitzt, ist dem Ehegatten abweichend von § 9 Abs. 2 Satz 1 Nr. 3, 5 und 6 ebenfalls eine Niederlassungserlaubnis zu erteilen.

(4) ¹Die Inanspruchnahme von Leistungen nach dem Zweiten oder Zwölften Buch Sozialgesetzbuch steht der Verlängerung der Aufenthaltserlaubnis unbeschadet des Absatzes 2 Satz 3 nicht entgegen. ²Danach kann die Aufenthaltserlaubnis verlängert werden, solange die Voraussetzungen für die Erteilung der Niederlassungserlaubnis nicht vorliegen.

Vorläufige Anwendungshinweise

31 Zu § 31 Eigenständiges Aufenthaltsrecht der Ehegatten

31.0 Allgemeines

31.0.1 Sobald die eheliche Lebensgemeinschaft – auch schon vor Auflösung der Ehe (abgesehen von den nach Europäischem Gemeinschaftsrecht freizügigkeitsberechtigten Ausländern) – aufgehoben ist, darf die nach den §§ 27 und 30 erteilte zweckgebundene Aufenthaltserlaubnis des Ehegatten nur unter den Voraussetzungen des § 31 befristet verlängert werden. § 30 Abs. 3 ist nicht mehr anwendbar, so dass die allgemeinen Erteilungsvoraussetzungen eingreifen. Im Falle eines anhängigen Scheidungsverfahrens kann die Behörde, eine Aufenthaltserlaubnis gemäß Absatz 1 versagen und den Aufenthalt beenden.

31.0.2 Die eheliche Lebensgemeinschaft ist aufgehoben, wenn die Ehe durch Tod oder Scheidung beendet oder diese Gemeinschaft tatsächlich durch Trennung auf Dauer aufgelöst ist. Ein vorübergehendes Getrenntleben der Ehegatten genügt diesen Anforderungen nicht. Soweit auf eine bestimmte Ehebestandszeit abzustellen ist (Absatz 1 Satz 1 Nr. 1), dürfen die Bestandszeiten mehrerer Ehen nicht zusammengerechnet werden.

Eigenständiges Aufenthaltsrecht der Ehegatten　　　　　　　　§ 31 **AufenthG 1**

31.1 Anspruch auf Verlängerung der Aufenthaltserlaubnis
31.1.1 Regelungsgegenstand des Absatzes 1 ist die Entstehung eines eigenständigen Aufenthaltsrechts. Durch die Verlängerung der Aufenthaltserlaubnis des nachgezogenen Ehegatten unter den Voraussetzungen des Absatzes 1 als selbständige Aufenthaltserlaubnis erfolgt die Umwandlung des ursprünglich akzessorischen Aufenthaltsrechts (vgl. Nummer 27.1.3) in ein hiervon unabhängiges, eigenständiges Aufenthaltsrecht.
31.1.2 Nach Absatz 1 Satz 1 Nr. 1 ist die Dauer der ehelichen Lebensgemeinschaft im Bundesgebiet und nicht die Dauer des bisherigen Aufenthalts des Ehegatten maßgebend. Vorübergehende Trennungen, die den Fortbestand der ehelichen Lebensgemeinschaft nicht berühren, bleiben außer Betracht. Das Merkmal „rechtmäßig" bezieht sich auf den Aufenthalt. Beide Ehegatten müssen sich während der Führung der ehelichen Lebensgemeinschaft rechtmäßig im Bundesgebiet aufgehalten haben.
31.1.3 Die Aufenthaltserlaubnis darf nach Absatz 1 Satz 1 nur verlängert werden, wenn bis zum Eintritt der in Absatz 1 Satz 1 Nr. 1 oder 2 bzw. Abs. 2 bezeichneten Voraussetzungen die Ehegattennachzugsvoraussetzung des § 29 Abs. 1 Nr. 1 erfüllt war. Eine Ausnahme gilt nach Absatz 1 dritter Halbsatz; insofern kommt es darauf an, ob der andere Ehegatte im Hinblick auf den Ehegatte, der ein eigenständiges Aufenthaltsrecht geltend macht, die Gründe für die Nichtbeantragung der Verlängerung nicht zu vertreten hat.
31.1.4 Grundlegende Voraussetzung für die Verselbständigung des Aufenthaltsrechts ist, dass der Stammberechtigte im Zeitpunkt der Beendigung der ehelichen Lebensgemeinschaft im Besitz eines grundsätzlich zur Verfestigung geeigneten Aufenthaltsrechts (Aufenthaltserlaubnis oder Niederlassungserlaubnis, vgl. § 31 Abs. 1 Satz 1 a. E.) war. In den Anwendungsbereich der Norm gelangen damit nach dem Willen des Gesetzgebers alle Ehegatten, bei denen aufgrund der akzessorischen Verknüpfung zum Aufenthaltsrecht des Stammberechtigten ebenfalls eine dauerhafte Aufenthaltsperspektive bestand (vgl. zum Grundsatz der Akzessorietät auch Nummer 27.1.3). Bei diesem Personenkreis kann angenommen werden, dass im Vertrauen auf die Perspektive eines fortwährenden Aufenthalts in der Bundesrepublik Deutschland eine Eingliederung in die hiesige Gesellschaft erfolgt ist, so dass eine Rückkehr in das Herkunftsland mit erheblichen Belastungen verbunden wäre. Durch das eigenständige Aufenthaltsrecht soll die schutzwürdige Verfestigung der Lebensumstände des Ehegatten perpetuiert werden, der nur wegen der nicht vorhersehbaren Beendigung der Lebensgemeinschaft die ursprünglich auf Dauer angelegte Aufenthaltsperspektive verlieren würde. Ein derartiger Schutzzweck kann nicht angenommen werden, wenn die Voraussetzungen für einen auf Dauer angelegten Aufenthalt von vornherein nicht gegeben waren und der Ehegatte daher nicht auf eine entsprechende Verfestigung seines Aufenthalts vertrauen konnte. So scheidet bei einem Ehegatten, der unabhängig von der Beendigung oder Auflösung der Ehe keine Aussicht gehabt hätte, ein verfestigtes Aufenthaltsrecht in Akzessorietät zu erlangen, weil die Verlängerung der Aufenthaltserlaubnis des Stammberechtigten nach § 8 Abs. 2 von vornherein ausgeschlossen war, auch ein darüber hinausgehendes eigenständiges Aufenthaltsrecht aus.
In derartigen Fällen eines nur temporären Aufenthaltsrechts (Beispiel: auf vier Jahre befristeter Arbeitsaufenthalt als Spezialitätenkoch), in denen für den Stammberechtigten und – aufgrund der akzessorischen Verknüpfung – auch für den Ehegatten von Anbeginn eine Rückkehrverpflichtung besteht, kommt ein eigenständiges Aufenthaltsrecht nicht in Betracht. Andernfalls würde sich aus der Auflösung der Ehe eine aufenthaltsrechtliche Besserstellung des nachgezogenen Ehegatten ergeben. Dies wäre mit der Zweckbestimmung des § 31 nicht vereinbar.

31.2 Wegfall der Frist in Fällen besonderer Härte
31.2.1 Die Regelung findet nach Beendigung von gleichgeschlechtlichen Lebenspartnerschaften entsprechende Anwendung (§ 27 Abs. 2).
31.2.2 § 31 Abs. 2 verlangt für die Verkürzung der Frist eine besondere Härte. Es handelt sich bei dem Begriff der „besonderen Härte" um einen unbestimmten Rechtsbegriff und nicht um eine Ermächtigung zur Ausübung behördlichen Ermessens. Liegt eine besondere Härte tatbestandlich vor, so ist daher nach Absatz 2 Satz 1 – unbeschadet des Satzes 3 – bei Vorliegen der übrigen Voraussetzungen zwingend auch vor Ablauf der Zweijahresfrist eine Aufenthaltserlaubnis zu erteilen.
31.2.3 Absatz 2 Satz 2 führt beispielhaft Fälle auf, in denen eine besondere Härte im Sinne des Satzes 1 vorliegt. Aus der Regelung ist ersichtlich, dass das Vorliegen einer besonderen Härte anhand von zwei Vergleichen festgestellt werden kann.
31.2.4 Zum einen ist die Situation des betroffenen Ehegatten im Falle der Rückkehr in sein Heimatland mit derjenigen zu vergleichen, die bei einem Verbleib in Deutschland besteht. Ergibt sich, dass bei der Rückkehr die Beeinträchtigung schutzwürdiger Belange droht, liegt eine besondere Härte vor. Dabei ist die mit jeder Ausreiseverpflichtung ohne weiteres verbundene Härte unerheblich. Zu berücksichtigen ist nach Absatz 2 Satz 2, 2. Halbsatz das Wohl eines Kindes, das mit dem betroffenen

Ehegatten in familiärer Lebensgemeinschaft lebt. Schutzwürdig sind somit unter anderem Belange, die verbunden sind mit:

31.2.4.1 – dem Interesse an einem weiteren Umgang mit einem eigenen Kind, das im Bundesgebiet verbleibt; insbesondere, wenn die Personensorge beiden Elternteilen zusteht und eine Verlegung des Wohnsitzes in das Ausland durch die gesamte Familie innerhalb der nächsten Monate nicht zu erwarten ist, oder wenn ein Kind mit Bleiberecht zurückgelassen würde, das durch den betroffenen Ehegatten versorgt würde;

31.2.4.2 – einer zu erwartenden Verschlechterung der geistigen und körperlichen Entwicklung eines Kindes, das mit dem betroffenen Ehegatten in familiärer Lebensgemeinschaft lebt; insbesondere weil das Kind aufgrund einer Behinderung auf die Beibehaltung seines spezifischen sozialen Umfeldes in Deutschland angewiesen ist;

31.2.4.3 – Eigenarten des Rechts- oder Kulturkreises im Herkunftsstaat, die zu einer erheblichen rechtlichen oder gesellschaftlichen Diskriminierung des betroffenen Ehegatten wegen der Auflösung der ehelichen Lebensgemeinschaft führen können; hierbei sind auch tatsächliche Anhaltspunkte zu berücksichtigen, wonach eine Verfolgung durch im Herkunftsstaat lebende, dem anderen Ehegatten nahe stehende Personen zu erwarten ist;

31.2.4.4 – einer Schwangerschaft der betroffenen Ehefrau, sofern im Herkunftsstaat aufgrund der Schwangerschaft Verfolgungen oder Zwangsmaßnahmen drohen, eine Entbindung im Herkunftsstaat nicht zumutbar ist oder aus medizinischen Gründen ein Umzug ins Ausland vor der Niederkunft mit den damit verbundenen körperlichen Belastungen nicht erwartet werden kann;

31.2.4.5 – sonstigen erheblichen medizinischen oder psychischen Situationen oder Belastungen, die über das bei Bestehen einer Ausreiseverpflichtung übliche Maß hinausgehen; insbesondere bei der Geltendmachung psychischer Belastungen kann die Behörde zur weiteren Sachverhaltsermittlung die Untersuchung durch einen Amts- oder Vertrauensarzt zur weiteren Prüfung fordern.

31.2.5 Zum anderen ist die Situation bei Weiterbestehen der ehelichen Lebensgemeinschaft mit derjenigen zu vergleichen, die bestehen würde, wenn die Lebensgemeinschaft erst nach Ablauf der Zweijahresfrist aufgehoben worden wäre. Allein die Zerrüttung der ehelichen Lebensgemeinschaft im Sinne eines Zerfalls der Beziehung zwischen den Ehegatten begründet keine Unzumutbarkeit des Festhaltens an der ehelichen Lebensgemeinschaft. Unzumutbar ist das Festhalten an der ehelichen Lebensgemeinschaft unter anderem, wenn

31.2.5.1 – der betroffene Ehegatte oder ein in der Ehe lebendes Kind durch den anderen Ehegatten physisch oder psychisch misshandelt oder das Kind in seiner geistigen oder körperlichen Entwicklung erheblich gefährdet wurde, insbesondere wenn bereits Maßnahmen im Rahmen des Gewaltschutzes getroffen worden waren;

31.2.5.2 – der andere Ehegatte gegen den betroffenen Ehegatten oder gegen ein in der Ehe lebendes Kind sonstige erhebliche Straftaten, insbesondere solche, die gegen die Freiheit oder das Vermögen gerichtet waren, begangen hat;

31.2.5.3 – der andere Ehegatte gegen den betroffenen Ehegatten, ein in der Ehe lebendes Kind oder eine dem betroffenen Ehegatten nahe stehende Person nachhaltig und glaubhaft ein in den Nummern 31.2.5.1 und 31.2.5.2 genanntes Verhalten androht;

31.2.5.4 – der andere Ehegatte vom betroffenen Ehegatten nachhaltig die Teilnahme an strafbaren Handlungen verlangt hat, wenn der betroffene Ehegatte eine solche Teilnahme in der Vergangenheit stets abgelehnt hatte;

31.2.5.5 – der andere Ehegatte trunk- oder glücksspielsüchtig oder betäubungsmittelabhängig ist, zur Verschwendung neigt oder durch eigenes Verschulden für längere Zeit obdachlos ist.

31.2.6 Der Verselbständigung des Aufenthaltsrechts des Ehegatten kann die Inanspruchnahme von Leistungen nach dem SGB II oder SGB XII als Versagungsgrund nach Absatz 2 Satz 3 zur Vermeidung von Missbrauch insbesondere dann entgegenstehen, wenn sich der Ehegatte nicht in zumutbarer Weise auf Arbeitssuche begeben hat, auf eine Arbeitsvermittlung nicht reagiert hat oder eine ihm zumutbare Arbeit nicht leistet. Bei der Prüfung ist zu berücksichtigen, ob der Ehegatte Kleinkinder oder pflegebedürftige Kinder zu betreuen hat und aus diesem Grund eine Arbeitsaufnahme nicht möglich ist. Darüber hinaus muss auch Umständen Rechnung getragen werden, die die außergewöhnliche Härte im Sinne des Absatzes 2 Sätze 1 und 2 begründet haben und aufgrund derer der Ehegatte nicht in der Lage ist, einer Erwerbstätigkeit nachzugehen (z. B. Traumatisierung in Folge erlittener Misshandlungen).

31.2.7 Bei der Prüfung der Voraussetzungen des Absatzes 2 ist sprachlichen, kulturell bedingten oder psychischen Problemen des betroffenen Ehegatten Rechnung zu tragen. Solche Probleme können zu Schwierigkeiten bei der Darstellung der Umstände führen, die eine besondere Härte rechtfertigen können.

Eigenständiges Aufenthaltsrecht der Ehegatten § 31 **AufenthG 1**

31.3 Erleichterte Erteilung einer Niederlassungserlaubnis
31.3.1 Maßgeblicher Zeitpunkt, zu dem die Niederlassungserlaubnis des anderen Ehegatten vorliegen muss, ist die Erteilung der Niederlassungserlaubnis an den betroffenen Ehegatten, nicht aber der Tag der Aufhebung der ehelichen Lebensgemeinschaft.
31.3.2 Der Ehegatte muss grundsätzlich die allgemeinen Voraussetzungen für die Erteilung einer Niederlassungserlaubnis erfüllen. Absatz 3 erlaubt, bei Vorliegen der übrigen Voraussetzungen lediglich ein Abweichen von § 9 Abs. 2 Satz 1 Nr. 3, 5 und 6.
31.3.3.1 Eine Unterhaltssicherung im Sinne des Absatzes 3 liegt vor, wenn der andere Ehegatte seiner Unterhaltsverpflichtung nachkommt oder eine Unterhaltsleistung durch den anderen Ehegatten erfolgen muss. Eigene Mittel des betroffenen Ehegatten, die zusätzlich zur Unterhaltssicherung eingesetzt werden können, insbesondere ein voraussichtlich auf Dauer erzieltes eigenes Einkommen, sind berücksichtigungsfähig. Zudem findet § 2 Abs. 3 Anwendung.
31.3.3.2 Nicht berücksichtigt werden Unterhaltsleistungen von dritter Seite.
31.3.4 Absatz 3 findet auch dann Anwendung, wenn dem betroffenen Ehegatten bereits nach Entstehung des eigenständigen Aufenthaltsrechts eine Aufenthaltserlaubnis erteilt wurde
31.4 Bezug von Leistungen nach dem SGB II oder SGB XII; Verlängerung
31.4.1 Die Verlängerung des nach der Entstehung des eigenständigen Aufenthaltsrechts erteilten Aufenthaltstitels richtet sich nach den allgemeinen Vorschriften. Sie erfolgt nach Ermessen. Der Aufenthaltszweck liegt im weiteren Aufenthalt im Bundesgebiet nach Entstehung eines eigenständigen Aufenthaltsrechts. Die §§ 27 bis 30 finden keine Anwendung.
31.4.2 Die Berechtigung zur Ausübung einer Erwerbstätigkeit gilt ohne Zustimmung der Bundesagentur für Arbeit fort.
31.4.3 Umstände, die zur Begründung der besonderen Härte beigetragen haben, können weiterhin eine Ausnahme von § 5 Abs. 1 rechtfertigen.

Übersicht

	Rn
I. Entstehungsgeschichte	1
II. Allgemeines	2
III. Eigenständiges Aufenthaltsrecht	3
1. Allgemeines	3
2. Aufhebung der ehelichen Lebensgemeinschaft	5
3. Zweijähriger Bestand der ehelichen Lebensgemeinschaft	7
4. Tod des Stammberechtigten	8
5. Besondere Härte	9
6. Aufenthaltsstatus bei Aufhebung der ehelichen Lebensgemeinschaft	26
IV. Rechtsfolgen	29
1. Verlängerung der Aufenthaltserlaubnis	29
2. Ausschluss der Verlängerung der Aufenthaltserlaubnis	32
3. Versagung der Verlängerung bei Missbrauch	36
4. Verlängerung aufgrund Anspruchs und nach Ermessen	37
5. Erteilung der Niederlassungserlaubnis	39

I. Entstehungsgeschichte

Die Vorschrift entspricht im Wesentlichen dem **GesEntw** (BT-Drs 15/420 S. 14 f). Aufgrund des Vermittlungsverf wurden nur in Abs 3 u. 4 an zwei Stellen Formulierungen ohne sachliche Änderung verbessert (BT-Drs 15/3479 S. 5). Mit Wirkung vom 18. 3. 2005 wurde in Abs 2 u. 4 jew das Wort „Sozialhilfe" durch „Leistungen nach ..." ersetzt (Art 1 Nr 5 ÄndGes vom 14. 3. 2005, BGBl. I 721). Die Vorschrift hat einen Vorgänger in § 19 AuslG. **1**

II. Allgemeines

Die Verselbständigung des AufR nach **Aufhebung** der ehelichen Gemeinschaft ist eine der wichtigen Neuerungen des AuslG 1990 gegenüber dem früheren Rechtszustand (näher Renner, AiD Rn 6/331–339). Sie verschafft dem nachgezogenen Ehegatten einen Rechtsanspruch auf Verlängerung u. eine gesicherte Aussicht auf eine ebenso selbständige NE. Das eigenständige AufR des nachgezogenen Ehegatten beruht auf einem ges vorgesehenen **2**

Zweckwechsel. Während die ursprüngliche AE der Führung der ehelichen Gemeinschaft diente, wird der weitere Aufenthalt mit der verlängerten AE oder der NE eheunabhängig u. mit vollem Zugang zu jeder Erwerbstätigkeit ermöglicht. Die gesamte Vorschrift ist auf eingetragene Lebenspartner entsprechend anzuwenden (§ 27 II; näher dazu § 27 Rn 26 f). Sie hält sich im Rahmen des Art 15 RL 2003/86/EG, wonach die Bedingungen für die Erteilung u. die Dauer eines eigenen AufTit nach Ehescheidung, Trennung oder Tod des Ehepartners im nationalen Recht festgelegt werden.

III. Eigenständiges Aufenthaltsrecht

1. Allgemeines

3   Die **Besonderheit** des eigenständigen AufR des Ehegatten besteht in der Aufhebung der Akzessorietät u. der Änderung des Aufenthaltszwecks sowie in der gleichzeitigen Abhängigkeit von dem hypothetischen aufr Schicksal bei Fortbestand der ehelichen Lebensgemeinschaft. Das eingenständige AufR des Kindes ist dagegen anders gestaltet (vgl §§ 34 II, 35); denn es wird mit Vollendung des 16. oder 18. Lebensjahres unabhängig von der familiären Lebensgemeinschaft u. ist in Bestand u. Entwicklung auch unabhängig von dem AufR des Elternteils, zu dem ursprünglich der Zuzug erfolgte.

4   Die ges **Konstruktion** ist kompliziert. Die eheliche (oder lebenspartnerschaftliche) Lebensgemeinschaft muss zunächst bestehen u. dann durch Tod, Scheidung oder Trennung aufgehoben sein (Rn 5 f). Die Gemeinschaft muss entweder mindestens zwei Jahre bestanden haben (Rn 7) oder durch Tod aufgelöst sein (Rn 8), oder es muss bei Beendigung des Aufenthalts eine besondere Härte auftreten (Rn 9–25). Grundsätzlich ist für die Verlängerung der AE für den Ehegatten vorausgesetzt: Bestand der AE des Ehegatten bei Aufhebung der ehelichen Gemeinschaft (Rn 26–28) u. die Möglichkeit der Verlängerung der AE für den Ausl (Rn 32–35). Leistungsbezug steht der Verlängerung nicht entgegen, uU aber selbst zu vertretende Hilfebedürftigkeit (Rn 36). Statt der Verlängerung der AE kommt auch die Erteilung einer NE in Betracht (Rn 37–39).

2. Aufhebung der ehelichen Lebensgemeinschaft

5   Das eigenständige AufR wird ausgelöst durch Aufhebung der ehelichen **Lebensgemeinschaft,** nicht schon durch Aufgabe der häuslichen Gemeinschaft u. nicht erst mit der Ehescheidung. In Betracht kommen Auflösung der Ehe durch Tod oder Ehescheidung oder Trennung der Ehegatten auf Dauer. Vorübergehendes Getrenntleben genügt ebenso wenig wie Trennung „auf Probe" (dazu § 27 Rn 22) oder berufsbedingte Rückkehr des Stammberechtigten (HessVGH EZAR 023 Nr 19). Die Aufhebung der ehelichen Lebensgemeinschaft setzt deren Bestand bis zu dem jew Zeitpunkt voraus. Insoweit genügt das formale Eheband allein nicht (OVG NRW, EZAR 023 Nr 2; zur Überprüfung durch die AuslBeh HessVGH, EZAR 023 Nr 20).

6   Unter ehelicher Lebensgemeinschaft ist wie nach § 27 I nur das Zusammenleben **mit einem Partner** zu verstehen, mit dem eine Ehe besteht. Soweit es auf die Dauer dieser Lebensgemeinschaft ankommt, können nicht die hintereinander liegenden Zeiten mit zwei Ehepartnern (nach Ehescheidung oder Tod) zusammengerechnet werden (OVG NRW aaO; OVG Hamburg, EZAR 023 Nr 3). Aufenthaltszweck ist jew nur das Zusammenleben mit einer bestimmten Person, nicht mit (legal) wechselnden. Die Ehebestandszeit soll die Verfestigung im Bundesgebiet belegen; diesem Zweck würde die Berücksichtigung mehrerer kurzfristiger Ehen zuwiderlaufen.

3. Zweijähriger Bestand der ehelichen Lebensgemeinschaft

7   Die Verlängerung der AufErl für den nachgezogenen Ehegatten unabhängig vom ursprünglichen Zweck der Familienzusammenführung erfordert nach Alt 1 in Abs 1 S. 1 die

rechtmäßige Führung der **ehelichen Lebensgemeinschaft seit mindestens zwei Jahren** im Bundesgebiet. Diese Voraussetzung ist erfüllt, wenn der Aufenthalt der Ehegatten bis zur Aufhebung der Ehegemeinschaft rechtmäßig diese Zeit angedauert hat (HessVGH, EZAR 023 Nr 13). Auf die Rechtmäßigkeit der ehelichen Gemeinschaft kann es nicht entscheidend ankommen; die Gültigkeit der Ehe wird ohnehin vorausgesetzt. Der Aufenthalt beider Eheleute war auch dann rechtmäßig, wenn einer von ihnen anfangs zB nur eine AE nach § 25 III besaß oder ein fiktives AufR nach § 81 III. Zuletzt muss der Ehegatte aber eine AE besitzen, die verlängert werden kann (HessVGH, NVwZ-RR 1995, 474). Kurzzeitige Unterbrechungen außerhalb von § 51 I Nr 6 u. 7 sind unschädlich. Die Gesamtzeit von zwei Jahren Aufenthalt als Eheleute darf aber nicht aus mehreren Teilzeiten zusammengesetzt sein (vgl auch Rn 5 f).

4. Tod des Stammberechtigten

Die Verselbständigung des AufR ist auch bei Eheauflösung durch Tod des Stammberechtigten vorgesehen. In diesem Fall braucht die eheliche Lebensgemeinschaft über **keine bestimmte Mindestdauer** hin im Inland geführt worden zu sein. Der Aufenthalt beider Partner muss aber, obwohl dies für diese Fallgestaltung nicht ausdrücklich erwähnt ist, rechtmäßig gewesen sein (dazu Rn 7). Letzteres wird bei dem nachgezogenen u. überlebenden Ehegatten als gegeben unterstellt, weil er eine nach §§ 27 ff erteilte AE besitzen muss, die zu verselbständigen u. zu verlängern ist. Sofern der verstorbene Ehegatte Dt war, muss er bis zum Tod seinen gewöhnlichen Aufenthalt in Deutschland gehabt haben (§ 28 III).

8

5. Besondere Härte

Ungeachtet der Dauer der ehelichen Lebensgemeinschaft im Bundesgebiet genügt (seit 1. 6. 2000) eine besondere Härte (ab 1. 11. 1997 außergewöhnliche Härte; davor drei Jahre u. besondere Härte). Diese Konstellation ist zwar nicht neben der zweijährigen Eheführung u. dem Tod als **weiterer Tatbestand** angeführt. Die Pflicht zum Absehen von der Mindestdauer der ehelichen Lebensgemeinschaft erfüllt aber keine andere Funktion u. führt zu keinem anderen Ergebnis, zumal es sich um keine Ermessensentscheidung handelt, sondern um eine zwingende Rechtsfolge aufgrund der Auslegung eines unbestimmten Rechtsbegriffs. Folge der Anerkennung einer besonderen Härte ist auch nicht die Verkürzung der Zwei-Jahres-Frist um eine bestimmte Zeit oder auf eine weitere Mindestfrist. Die Ehe muss aber zumindest eine kurze Zeit im Inland geführt worden sein. Sonst könnte die eheliche Lebensgemeinschaft nicht aufgehoben sein u. die AE nicht als von dem Familiennachzug unabängiges AufR verlängert werden. Sonst wäre auch nicht die Prüfung möglich, ob das Festhalten an der ehelichen Lebensgemeinschaft unzumutbar war. Nach alledem genügt es, wenn die Lebensgemeinschaft uU nur sehr kurze Zeit bestanden hat.

9

Die mehrfache Umgestaltung der **Legaldefinition** der Härte (dazu Rn 9) macht den Willen des Gesetzgebers zur Veränderung deutlich. Während ursprünglich nur im Ausland drohende erhebliche Nachteile infolge der Aufhebung der Ehegemeinschaft als ua berücksichtigungsfähig erwähnt waren, konnten nach der späteren Fassung auch im Inland auftretende unvertretbare Folgen im Zusammenhang mit der Rückkehrverpflichtung berücksichtigt werden. Dabei konnte allerdings die Kausalbeziehung zwischen Gründen u. Folgen der Trennung u. der Ausreise auf der einen Seite u. der außergewöhnlichen Härte auf der anderen Seite nicht als ohne weiteres klar erscheinen (dazu OVG RhPf, EZAR 023 Nr 16). Bei der Ermittlung außergewöhnlicher Schwierigkeiten waren jedenfalls gewachsene Bindungen u. Integrationsleistungen im Bundesgebiet (dazu VGH BW, EZAR 023 Nr 15) ebenso zu berücksichtigen wie die Folgen der Auflösung der ehelichen Gemeinschaft im Ausland, insb im Heimatstaat (dazu VG München, EZAR 023 Nr 14). Ob jedoch die vom Gesetzgeber ins Auge gefassten Fallkonstellationen (dazu BT-Drs 13/4948 S. 8) allesamt unter die vorletzte Fassung der Definition subsumiert werden konnten, war durchaus

10

fraglich; denn nach der am eindeutigen Gesetzeswortlaut ausgerichteten Auffassung des BVerwG (InfAuslR 1999, 72) kamen nur Fälle in Betracht, die so gravierend waren, dass eine andere Entscheidung als die Verlängerung der AufErl nicht vertretbar war.

11 Mit der in Abs 2 S. 2 übernommenen Neufassung des § 19 I 2 AuslG (seit 1. 11. 1997) ist die besondere Härte im Ges anhand zweier **Beispiele definiert** u. damit klargestellt, dass die ges Definition nicht abschließend gelten soll. Außerdem wird klar zwischen den Fällen der drohenden Beeinträchtigung schutzwürdiger Belange aufgrund der Rückkehrverpflichtung u. der Unzumutbarkeit des Festhaltens an der Ehegemeinschaft aufgrund der Beeinträchtigung solcher Belange unterschieden. Schließlich wird das Kindeswohl ausdrücklich zu den schutzwürdigen Belangen gezählt. In den früheren Gesetzesbegründungen waren Härtefallgruppen aufgezählt (BT-Drs 13/4948 S. 8 u. 14/2368 S. 4), die jetzt nicht wiederholt worden sind (vgl BT-Drs 15/420 S. 82), aber offenbar weiter gelten sollen. Klargestellt soll sein, dass das eigenständige AufR erteilt werden soll, wenn der Ehegatte durch die Rückkehr ins Herkunftsland ungleich härter getroffen werde als andere Ausl, die nach kurzen Aufenthaltszeiten Deutschland verlassen müssten (aaO).

12 Beiden Fallgruppen ist gemeinsam, dass **zur Vermeidung** einer besonderen Härte der weitere Aufenthalt ermöglicht werden muss. Der Verlängerung des Inlandsaufenthalts muss also geeignet u. erforderlich sein, die Härtesituation zu vermeiden. Inhaltlich sind die beiden Härtetatbestände vollkommen unterschiedlich angelegt. Während sich der eine auf die Folgen der Rückkehrverpflichtung bezieht, betrifft der andere die Zumutbarkeit der Fortsetzung der Ehegemeinschaft. Beide beziehen sich auf die Beeinträchtigung schutzwürdiger Belange. Im ersten Fall muss eine erhebliche Beeinträchtigung infolge der Rückkehr drohen, im zweiten muss eine bereits erfolgte (nicht unbedingt erhebliche) Beeinträchtigung die Unzumutbarkeit des Festhaltens an der Ehe begründen.

13 Die **Rückkehrverpflichtung** nach Auflösung der Ehegemeinschaft kann zu einer erheblichen Beeinträchtigung der schutzwürdigen Belange des Ehegatten führen, falls dieser durch die Ausreisepflicht ungleich härter getroffen wird als andere Ausl nach einem kurzen Aufenthalt in Deutschland. Die besondere Härte ist in diesem Fall weder durch eine außerordentliche Schwere noch durch eine gesteigerte Seltenheit gekennzeichnet, die drohende Beeinträchtigung muss aber erheblich sein. Maßgeblich ist ein Vergleich mit anderen Ausl in derselben Situation, weniger ausschlaggebend ist ein Vergleich mit der Situation bei Fortsetzung der ehelichen Lebensgemeinschaft. Die regelmäßigen wirtschaftlichen, sozialen u. gesellschaftlichen Folgen einer Rückkehr stellen noch keine erhebliche Belangbeeinträchtigung dar. Die Dauer des ehelichen Lebens in Deutschland kann zwar bei der Feststellung schutzwürdiger Belange berücksichtigt werden, ihr kommt aber nach Verkürzung der Fristen von vier über drei auf zwei Jahre (in Abs 1 S. 1 Nr 1) keine besondere Bedeutung mehr zu.

14 Die **schutzwürdigen Belange** sind nur dahin erläutert, dass hierzu auch das Wohl eines mit dem Ehegatten zusammenlebenden Kindes zählt. Unter diesem Begriff ist mehr zu verstehen als geschützte Rechtsgüter. Es zählen nicht nur straf- oder zivilrechtlich gesicherte Rechte dazu, sondern auch Anwartschaften, Interessen u. sonstige Positionen, soweit sie rechtlich schutzwert erscheinen. Angesichts der besondern Lage von Ehepartnern, die ihre Lebensgemeisnchaft aufgegeben haben, kommen als schutzwürdige Belange vor allem in Betracht: sexuelle, gesellschaftliche u. wirtschaftliche Selbstbestimmung, persönliche Freiheit, körperliche Unversehrtheit, soziale Achtung. Schutzwürdige Belange sind daher ua in folgenden Fällen als gefährdet anzusehen: außergewöhnliche psychische oder physische Belastungen bei Rückkehr u. anschließendem Leben im Herkunftsland; schwerwiegende gesellschaftliche Nachteile für Frauen aus Rechts- u. Kulturkreisen, in denen die Eheauflösung herkömmlich den Männern vorbehalten ist (zB staatl Maßnahmen wie Bestrafung wegen Ehescheidung oder private Bedrohungen u. Gefährdungen wegen Verletzung der Familienehre, gegen die staatl Schutz nicht oder nur schwer zu erreichen ist); Unmöglichkeit der Führung eines selbstbestimmten Lebens im Heimatstaat; Schwangerschaft, sofern Umzug oder Niederkunft im Heimatstaat aus medizinischen Gründen nicht zumutbar sind oder dort wegen der Schwangerschaft Verfolgung droht.

Eigenständiges Aufenthaltsrecht der Ehegatten **§ 31 AufenthG 1**

Zu den schutzwürdigen Belangen zählt kraft ausdrücklicher ges Bestimmung auch das 15
Wohl eines mit dem Ehegatten in familiärer Gemeinschaft lebenden Kindes. Das **Kindeswohl** weist wegen der mit dem Elternrecht verbundenen Elternverantwortung einen unmittelbaren Bezug zu dem Ehegatten auf. Bei dem Kind braucht es sich nicht um ein gemeinsames Kind der Ehegatten zu handeln. Es braucht auch nicht minderjährig zu sein. Erforderlich ist nur eine familiäre Lebensgemeinschaft mit dem Ehegatten im Zeitpunkt der Aufhebung der ehelichen Lebensgemeinschaft (für den Trennungsfall vgl OVG Hamburg, EZAR 020 Nr 21, aber zureichende Erwägungen zum Kindeswohl). Eine familiäre Lebensgemeinschaft ist auch mit einem erwachsenen Kind möglich, idR aber nicht mit einem verheirateten; denn ein verheiratetes Kind bildet mit seinem Ehegatten eine eigene Familie. Als gefährdete schutzwürdige Belange kommen daher ua in Betracht: Erziehungsverantwortung gegenüber einem Kind; Sorge für ein eigenes Kind, wenn der Verlegung des gemeinsamen Wohnsitzes ins Ausland tatsächliche u. rechtliche Hindernisse entgegenstehen; Verschlechterung der Erziehungssituation oder des Gesundheitszustands eines Kindes, insb eines behinderten Kindes; Nachteile für die Betreuung eines behinderten Kindes, das auf die Beibehaltung eines bestimmten sozialen Umfelds existenziell angewiesen ist.

Schutzwürdige Belange des Ehegaten brauchen in der ersten Fallkonstellation noch nicht 16
beeinträchtigt zu sein. Es muss dem Ehegatten lediglich wegen der Rückkehrverpflichtung eine erhebliche Beeinträchtigung solcher Belange drohen. Erforderlich ist daher eine **Prognose** der möglichen Folgen einer Rückkehr des Ehegatten in die Heimat für dessen individuellen Rechte u. Belange. Dazu ist ebenso wie in andern Fällen von Gefahrenprognosen (dazu näher Renner, AiD Rn 7/458–473, 7/598–605) eine im Blick auf den Wert des Schutzguts ausreichende Eintrittswahrscheinlichkeit festzustellen. Behörden u. Gerichte müssen die Überzeugung gewinnen, die Beeinträchtigung werde eintreten u. erheblich sein.

Die Beeinträchtigung muss als **Folge der Aufenthaltsbeendigung** drohen. Der Geset- 17
zeswortlaut ist insoweit unklar u. auslegungsbedürftig. Denn aus der Aufhebung der ehelichen Lebensgemeinschaft ergibt sich rechtlich gesehen keine Rückkehrverpflichtung, sondern unmitelbar nur die Nichtverlängerung der AE oder deren nachträgliche Befristung u. als Folge davon die Ausreiseverpflichtung. Gemeint sind aber die rechtlichen u. tatsächlichen Auswirkungen der Aufenthaltsbeendigung, die in aller Regel mangels anderweitiger Einreise- u. Aufenthaltsmöglichkeiten zur Rückkehr des Ehegatten in den Heimatstaat führt. Es muss sich mithin um Beeinträchtigungen handeln, die durch die Ausreise aus Deutschland infolge der Beendigung des ehebdingten AufR verursacht werden (OVG NRW, EZAR 023 Nr 23). Nicht zu berücksichtigen sind Schwierigkeiten aufgrund anderer Umstände, zB im Zusammenhang mit einer Ausweisung nach Aufhebung der ehelichen Lebensgemeinschaft. Nicht unmittelbar relevant sind auch bereits zuvor erlittene Beeinträchtigungen, die für die 2. Alt von Bedeutung sind. Sie können allerdings wegen ihrer Fernwirkungen auch für die Prognose nach der 1. Alt erheblich werden.

Der **Ort**, an dem die Beeinträchtigung droht, ist im Grunde genommen gleichgültig; 18
jedenfalls enthält die Neufassung keine Beschränkung auf das In- oder das Ausland. Die Beeinträchtigung können daher im Inland wie im Herkunftsland drohen. Gewachsene Bindungen u. Integrationsleistungen im Bundesgebiet (dazu VGH BW, EZAR 023 Nr 15; BayVGH, EZAR 023 Nr 31) sind ebenso zu berücksichtigen wie die Folgen der Auflösung der ehelichen Gemeinschaft im Ausland, insb im Heimatstaat (zu letzterem VG München, EZAR 023 Nr 14). Tatsächlich geht es meist um den Heimatstaat des Ehegatten. Nach der Aufenthaltsbeendigung bleibt praktisch nur die Rückkehr dorthin. Gleichwohl sind auch inlandsbezogene Belange zu berücksichtigen. Trotz der Kürze des Aufenthalts von weniger als zwei Jahren können im Inland ideelle oder materielle Werte oder Bindungen geschaffen sein, die ohne die weitere Anwesenheit des Ehegatten verlorengehen oder sonst erheblich beeinträchtigt werden. Dazu gehören insb (vgl Rn 15) feste Beziehungen zu einem minderjährigen Kind, das mit dem Ehegatten zusammenlebt u. nach dessen Ausreise aus welchen Gründen auch immer in Deutschland verbleibt. Vor allen Dingen gilt dies für den ausl Elternteil eines dt Kindes, u. zwar unabhängig von dem Sorgerecht des ausl Elternteils.

307

19   Es muss die Gefahr einer **erheblichen Beeinträchtigung** schutzwürdiger Belange bestehen, während bei der 2. Alt die bereits eingetretene Beeinträchtigung kein besonderes Gewicht aufzuweisen braucht. Es genügen also nicht drohende Schwierigkeiten oder Diskriminierungen beliebiger Art u. Schwere, es müssen vielmehr Eingriffe mit einigem Gewicht zu erwarten sein. Für diese Bewertung sind sowohl die Art der schutzwerten Belange als auch die Schwere, Dauer u. Folgen der Beeinträchtigungen maßgeblich. Dabei ist auch zu berücksichtigen, ob sich die Auswirkungen der Belangbeeinträchtigung durch Ausgleichsmaßnahmen mildern oder später rückgängig machen lassen. Je unabänderlicher die Folgen wirken, desto mehr spricht für ihre Vermeidung durch Gewährung eines weiteren AufR.

20   Die 2. Alt knüpft an eine **erfolgte Beeinträchtigung** schutzwürdiger Belange des Ehegatten an u. gewährt diesem ein eigenständiges AufR, wenn ihm infolgedessen das weitere **Festhalten** an der ehelichen Lebensgemeinschaft wegen der Beeinträchtigung schutzwürdiger Belange **unzumutbar** ist. Hierfür bedarf es anders als nach der 1. Alt nicht der Feststellung einer drohenden Gefahr ausreisebedingter Schwierigkeiten. Bezweckt ist kein Schutz vor den durch die Aufhebung der Ehegemeinschaft verursachten Folgen für die persönliche Lebensführung, der Ehegatte soll vielmehr allein wegen der Gründe für die Auflösung der Ehegemeinschaft vor aufr Nachteilen bewahrt werden. Er soll grundsätzlich aufr nicht dadurch schlechter gestellt werden, dass ihm die Fortsetzung der ehelichen Gemeinschaft nicht zumutbar ist. Gedacht ist an besondere Umstände während der Ehe in Deutschland, die es dem Ehegatten unzumutbar machen, zum Zwecke der Erlangung eines eigenständigen AufR an der ehelichen Lebensgemeinschaft bis zum Erreichen der Zwei-Jahres-Frist festzuhalten (zu § 19 AuslG vgl BT-Drs 14/2368 S. 4).

21   Unter **schutzwürdigen Belangen** sind hier andere Rechte u. Interessen zu verstehen als nach der 1. Alt.; denn hier geht es um bereits verwirklichte Tatbestände in Deutschland u. nicht um künftige Ereignisse im Heimatstaat oder in Deutschland. Wie das weitere Erfordernis der Unzumutbarkeit der Fortsetzung der ehelichen Lebensgemeinschaft belegt, muss es sich um Sachbereiche aus dem Bereich der ehelichen Beziehungen handeln. Schutzgüter sind auch hier vor allem um die sexuelle u. sonstige Selbstbestimmung, die persönliche Freiheit u. Ehre sowie die körperliche Unversehrtheit. Grundlage u. Maßstab bilden grundsätzlich die in Deutschland geltenden Normen über das Zusammenleben von Eheleuten. Kulturelle oder religiöse Sitten u. Gebräuche sind nur zu berücksichtigen, wenn u. soweit die zwingenden Vorschriften der dt Rechtsordnung einschließlich des IPR hierfür Raum lassen.

22   Eine **Beeinträchtigung** schutzwürdiger Belange ist nicht von der Schwere des Eingriffs abhängig; denn es braucht sich anders als nach der 1. Alt nicht um eine erhebliche Beeinträchtigung zu handeln (vgl Rn 19). Besondere Anforderungen sind an die Feststellung u. Bewertung einer Beeinträchtigung nicht gestellt. Insb braucht kein Strafverf gegen den anderen Ehegatten eingeleitet oder durchgeführt zu sein. Da nur die Aufhebung der Lebensgemeinschaft verlangt ist u. mögliche Verfehlungen innerhalb der Ehe für die Ehescheidung jedenfalls nach dt Recht ohnehin keine entscheidende Bedeutung haben, ist auch nicht vorausgesetzt, dass die Belangbeeinträchtigung formell als Grund für die Trennung oder sonst gerichtlich oder behördlich festgestellt ist.

23   Die für die Aufhebung der ehelichen Lebensgemeinschaft verantwortlichen Umstände u. Ereignisse sind maßgeblich für die Prüfung, ob das **Festhalten** an der ehelichen Lebensgemeinschaft **unzumutbar** ist. Die Unzumutbarkeit muss im Blick auf die Zwei-Jahres-Frist beurteilt werden. Nicht die Fortsetzung der Ehe auf Dauer ist zum Vergleich heranzuziehen, sondern das Erreichen dieser Frist. Unmittelbar spielt die Zumutbarkeit der Fortführung des Ehelebens für das AufR keine Rolle, sie gewinnt aufr Bedeutung nur wegen der rechtlichen Verknüpfung durch §§ 27 I, 28 I, 29 I. Der Ehegatte soll nicht wegen der Gefahr der Beendigung seines akzessorischen AufR auf Gedeih u. Verderb zur Fortsetzung einer „nicht tragbaren Lebensgemeinschaft" (so BT-Drs 14/2902 S. 5) gezwungen sein. Der Staat will nicht „gleichsam zum Kerkermeister mancher Frauen" werden (so BT-Drs 14/2902 S. 5). Da

Eigenständiges Aufenthaltsrecht der Ehegatten § 31 **AufenthG** 1

die Scheidung der Ehe nicht vorausgesetzt ist, bedarf es idR eigener Ermittlungen der AuslBeh auf der Grundlage des Vorbringens des Ehegatten, sowohl über die Beendigung der ehelichen Lebensgemeinschaft als auch über die hierfür ursächlichen Gründe.

Für die Unzumutbarkeit ist ebenso wie für die Frage der Beeinträchtigung schutzwürdiger 24 Belange (vgl Rn 21) die **dt Rechtsordnung** maßgeblich. Von deren Niveau kann nicht etwa mit dem Hinweis auf die Herkunft des aus dem Ausland zugezogenen Ehegatten u. dort übliche Lebensweisen abgewichen werden. Die Unzumutbarkeit kann sich je nach Art u. Schwere schon aus dem erlittenen Eingriff selbst u. dessen Umständen ergeben, ohne dass die Gefahr einer Wiederholung festgestellt zu werden braucht. Eine Beeinträchtigung kann auch schon die ernsthafte Drohung zB mit Gewalttätigkeiten darstellen.

In Betracht kommen danach ua die folgenden **Sachverhalte:** physische oder psychische 25 Misshandlung des nachgezogenen Ehegatten durch den Ausl (zB durch Straftaten gegen die sexuelle Selbstbestimmung, Zwangsprostitution oder Zwangsabtreibung; zu entwürdigenden Sexualpraktiken ua vgl VG München, EZAR 023 Nr 14; anders noch OVG RhPf, EZAR 023 Nr 16 zu § 19 AuslG aF); sexueller Missbrauch oder Verwahrlosung des gemeinsamen Kindes durch den Ausl; ernsthafte Bedrohung des Ehegatten oder eines gemeinsamen Kindes mit diesen Beeinträchtigungen; Trunksucht oder Drogenabhängigkeit des Ausl mit gefährlichen Auswirkungen auf Psyche, Gesundheit u. Leben des Ehegatten.

6. Aufenthaltsstatus bei Aufhebung der ehelichen Lebensgemeinschaft

Bei Aufhebung der ehelichen Lebensgemeinschaft muss der Ehegatte eine AE besitzen, 26 die verlängert werden kann. Der Ausl muss bis zu dem jew maßgeblichen Zeitpunkt die grundlegende Nachzugsvoraussetzung des § 29 I Nr 1 erfüllt u. eine NE oder eine AE besessen haben. Diese beiden AufR zusammen bilden die **Grundlage** für den Übergang der Nachzugserlaubnis des Ehegatten in ein eigenständiges AufR. Ausgenommen ist für alle drei Tatbestände der Fall des unverschuldet verspäteten oder unterlassenen Verlängerungsantrags, der vor allem im Falle des Todes (Abs 1 S. 1 Nr 2) nach vorangegangener schwerer Krankheit vorkommen kann. Außerdem entsteht das AufR des Ehegatten im Härtefall dann nicht, wenn die Verlängerung der AE für den Ausl ausgeschlossen ist.

An das **AufR des Stammberechtigte**n stellt das Ges keine besonderen Anforderungen. 27 Gleichwohl könnte dem Grundsatz der Akzessorietät der AufR von Ehegatten die Forderung entnommen werden, dass das AufR des Ausl grundsätzlich zur Verfestigung geeignet sein müsse, weil sonst auch für den Ehegatten keine dauerhafte Aufenthaltsperspektive bestanden habe (so Nr 31.1.4 VAH). Diese Überlegung ist nicht von der Hand zu weisen, wenn das selbständige AufR nur als Ersatz für einen sonst akzessorisch gesicherten Daueraufenthalt in eheliche rr Lebensgemeinschaft verstanden wird. Der Gesetzgeber verlangt aber eine hypothetische Verlaufsbetrachtung nur insoweit (wie nach § 19 I 1 Nr 2 AuslG), als die Verlängerung im Härtefall nicht erfolgt, wenn für den Ausl die Verlängerung der AE ausgeschlossen ist. Ansonsten ist die Verselbständigung nicht in der Weise eingeschränkt, dass trotz Beendigung der Akzessorietät eine gewisse Abhängigkeit erhalten bleibt (vgl auch die ausschließlich auf den Härtefalll nach Abs 2 abzielende Begr des GesEntw in BT-Drs 15/420 S. 82).

Nirgends ist im Ges zum Ausdruck gelangt, dass dem eigenständigen AufR des Ehegatten 28 nur die **Funktion** einer Vertrauensschutzklausel zukommt u. es durch den hypothetischen Verlauf des aufr Schicksals des Ausl streng begrenzt wird. Nur für den Härtefall ist eine teilweise fortwirkende Abhängigkeit zum Ausdruck gebracht. Dabei hätte es nahe gelegen, bei der AE des Ausl nach dem Aufenthaltszweck zu unterscheiden wie zB in § 29 II bis IV oder den 2. Hs in S. 1 des Abs 2 in Abs 1 einzufügen, um dessen allg Anwendbarkeit zu gewährleisten. Die drei Tatbestände (Zweijahres-Frist, Tod des Ausl u. besondere Härte) beschreiben ganz unterschiedliche Fälle von Schutzbedürftigkeit. Der Grad der Integration u. die Chance eines Daueraufenthalts sind dafür unerheblich. Daher kann von der Verlängerung nicht diejenige ehebezogene AE ausgenommen werden, die auf einer AE des Stammberechtigten beruht, der der Verlängerung auf Dauer nicht zugänglich ist.

IV. Rechtsfolgen

1. Verlängerung der Aufenthaltserlaubnis

29 Grundsätzlich wird die **Verselbständigung** des AufR des Ehegatten durch Verlängerung der AE für ein Jahr verwirklicht. Dabei ist zugrundegelegt, dass die ehebezogene AE mit Aufhebung der ehelichen Lebensgemeinschaft ihre materielle Grundlage verliert, aber je nach Ausstellungsmodus formell noch eine gewisse Zeit lang fortgilt. Materiell gesehen kann der weitere Aufenthalt nur mit einer sofortigen Verlängerung nach Aufhebung der ehelichen Lebensgemeinschaft legalisiert werden. Formell genügt die Verlängerung nach Ablauf der ehebezogenen AE, falls die AuslBeh nicht deren Geltung nachträglich (kürzer) befristet. Anders stellte sich die Rechtslage nur dann dar, wenn die Verselbständigung kraft Ges einträte, also ohne Antrag u. sofort, u. damit keine materielle Lücke entstünde. Hierfür kann der Wortlaut von Abs 1 S. 1 („wird im Falle der Aufhebung ... als eigenständiges ... verlängert") sprechen. Einen ges Übergang hätte der Gesetzgeber aber anders formulieren können, wie zB in § 32 II betr den Eintritt der Volljährigkeit eines Kindes („wird ... zu einem eigenständigen ... Aufenthaltsrecht").

30 Während bei Erfüllung der ersten beiden Tatbestände keine weitere Prüfung der Notwendigkeit der Verlängerung erfolgt, ist im Härtefall die Feststellung verlangt, dass die Zulassung des weiteren Aufenthalt zur Vermeidung der besonderen Härte erforderlich ist. Es ist nicht vorausgesetzt, dass eine andere Entscheidung als die Verlängerung unvertretbar wäre, dass sich also die Verlängerung als die einzige verantwortbare Lösung darstellt. Notwendig bleibt allerdings die Prüfung, ob die zu erwartende besondere Härte **nicht anders zu vermeiden** u. die Verlängerung der AE für den angestrebten Zweck **geeignet** ist. Zwar sind in diesem Zusammenhang nicht nochmals die Härtegründe auf ihr aufr Gewicht hin zu untersuchen. Zu ermitteln bleibt aber vor allem, ob der festgestellten Härte mit anderen Mitteln begegnet werden kann. Im zweiten Härtefall wird sich diese Prüfung allerdings deswegen erledigen, weil der Verlängerungsanspruch allein auf Beeinträchtigungen in der Vergangenheit beruht. Dagegen können im ersten Härtefall die drohenden Beeinträchtigungen uU auch auf andere Weise vermieden werden.

31 Da die zu erwartenden Schwierigkeiten die Verlängerung der AE erforderlich machen müssen, scheiden **Umstände** aus, die nur **kurzzeitig** wirken u. denen zB durch eine Duldung Rechnung getragen werden kann. Dagegen können Abschiebungshindernisse u. Duldungsgründe, die wegen der Eheauflösung im Zusammenhang mit der Ausreiseverpflichtung drohen, in diesem Zusammenhang auch dann Beachtung finden, wenn sie auf anderen Umständen beruhen. Falls der Ehegatte die Voraussetzungen für eine andere AE erfüllt, ist festzustellen, ob diese AE nach § 31 zumindest gleichwertig ist.

2. Ausschluss der Verlängerung der Aufenthaltserlaubnis

32 Die eigenständige **Verlängerung** der AE des Ehegatten ist in Fällen der besonderen Härte dann **unzulässig,** wenn die Verlängerung der AE des Ausl ausgeschlossen ist. Damit ist das eigenständige AufR des Ehegatten stärker als in § 19 I 1 Nr 2 AuslG, wonach für den Ausl die Erteilung einer unbefristeten AufErl – nicht die Verlängerung der AufErl – ausgeschlossen sein musste, weiter an die AE des Stammberechtigten gekoppelt. Diese zT fortwirkende Akzessorietät gilt aufgrund der ausdrücklichen Bestimmung in Abs 2 S. 1 aE nur für Härtefälle, nicht allg auch für die beiden ersten Fallkonstellationen (vgl Rn 27 f). Die Abhängigkeit besteht nicht, wenn der Zusammenführende die dt StAng oder eine NE besitzt.

33 Der Grund für die fortwirkende Abhängigkeit von dem aufr Schicksal des Zusammenführenden ist darin zu sehen, dass der Ehegatte durch die Auflösung der Ehegemeinschaft **nicht besser gestellt** werden soll als bei fortbestehender Ehe. Andererseits ist § 31 in seiner Funktion nicht auf bloßen Vertrauensschutz beschränkt (dazu Rn 28), sondern zieht die

Folgerungen aus drohenden oder eingetretenen Schutzgutverletzungen u. kann sich daher nicht darauf beschränken, den künftigen Aufenthaltsstatus beider Ehegatten genau so zu gestalten wie bei Fortdauer der ehelichen Beziehungen. Verhindert werden soll nur ein mit der Verselbständigung ermöglichter Daueraufenthalt, der sonst unter keinen Umständen hätte erreicht werden können (vgl dazu HessVGH, EZAR 023 Nr 18). Dabei wird in Kauf genommen, dass der Ehegatte trotz erlittener oder drohender Beeinträchtigungen nur deswegen in die Heimat zurückkehren muss, weil er bei fortbestehender Ehe ebenfalls zur Rückkehr verpflichtet gewesen wäre, allerdings ohne diese Verletzungen oder Gefährdungen seiner schutzwürdigen Belange. Hinzu kommt, dass die Verwirklichung von Ausweisungstatbeständen gerade bei schweren u. zur Trennung führenden Zerwürfnissen in der Ehe nicht ungewöhnlich ist, dass aber die Verlängerung für den Ausl idR ausgeschlossen ist, wenn bei ihm ein Ausweisungsgrund vorliegt (§§ 5 I 1 Nr 2, 8 I). Es ist nicht nur unbefriedigend, sondern **kaum nachvollziehbar,** wenn das selbständige AufR des Ehegatten, der von schweren (strafbaren) Gewalttätigkeiten des Ausl während der Ehe betroffen ist, nicht gewährleistet ist (dazu HessVGH, EZAR 023 Nr 18; Glosse in ZAR 1999, 46).

Welche **ratio legis** der Ausschlussklausel zugrundeliegt, ist nur schwer festzustellen. Sie **34** erschließt sich weder aus dem Gesetzeswortlaut noch aus der Begr der GesEntw. Zunächst war 1996 ausgeführt, die Einschränkung betreffe nicht den Fall, dass der Ausl während oder nach Aufhebung der ehelichen Lebensgemeinschaft Straftaten begehe; denn durch solche Taten solle der nachgezogene Ehegatte bei der Entscheidung über sein eigenständiges AufR nicht beachteiligt werden (BT-Drs 13/4948 S. 8). Im Jahre 2003 wurde auf §§ 10 II, 19 I 1 Nr 2 AuslG Bezug genommen u. ausgeführt, an die Stelle des bisher nach § 10 II AuslG vorgesehenen Ausschlusses einer unbefristeten AufErl trete nun nach § 8 II die Möglichkeit, eine Verlängerung der AE auszuschließen. Die Härtefallregelung sei an diese Änderung angepasst worden u. nehme daher auf die Verlängerbarkeit der AE Bezug (BT-Drs 15/420 S. 82). Beiden Erklärungen ist die Absicht gemeinsam, das eigenständige AufR nur dann zu versagen, wenn die AE des Ausl aufgrund einer normativen zeitlichen Begrenzung oder einer auf den Aufenthaltszweck gestützen Verfügung nicht verlängert werden darf. Vor oder nach der Aufhebung der Ehegemeinschaft entstandene Hinderungsgründe in der Person des Ausl (ua Ausweisungsgründe) sollen nicht auf den Ehegatten durchschlagen. Wenn der Begriff des Ausschlusses der Verlängerung diesem gesetzgeberischen Willen entsprechend interpretiert wird, können die og Bedenken (Rn 33) zum größten Teil ausgeräumt werden.

Ob die Verlängerung der AE für den Ausl **ausgeschlossen** ist, muss nach diesen Vorgaben **35** anhand der Verhältnisse im Einzelfall festgestellt werden. Eigentlich müsste dabei auf den Zeitpunkt der Aufhebung der ehelichen Lebensgemeinschaft abgestellt werden, weil damit die Verselbständigung eintritt u. aus dieser Sicht der hypothetische Verlauf des AufR beider Ehegatten prognostiziert werden sollte. Da die AE des Stammberechtigten aber durch die Aufhebung der ehelichen Lebensgemeinschaft nicht berührt wird, kommt es auf den Zeitpunkt an, in dem die Geltungsdauer der AE des Ausl – u. idR auch des Ehegatten – abläuft. Ausgeschlossen ist die Verlängerung der AE des Ausl, wenn die AE entsprechend ihrem vorläufigen Charakter aufgrund einer Anordnung durch die AuslBeh nach § 8 II oder aufgrund einer normativen Bestimmung (zB §§ 18, 26 BeschV) nicht verlängert werden darf. Ausgeschlossen ist die Verlängerung nicht, wenn die AE nur wegen der individuellen Verhältnisse des Ausl nicht verlängert werden kann, weil die allg Voraussetzungen des § 5, vor allem das Fehlen von Ausweisungsgründen, oder die für seinen Aufenthaltszweck geltenden besonderen Voraussetzungen in seiner Personen nicht mehr vorliegen (§ 8 I; ebenso Hailbronner, § 31 AufenthG Rn 32 f).

3. Versagung der Verlängerung bei Missbrauch

Im Wege des Ermessens kann dem Ehegatten zur Vermeidung von Missbrauch die AE bei **36** **Hilfebedürftigkeit** (Leistungen nach SGB II oder XII) versagt werden. Damit ist eine Ausnahme von der Regel zugelassen, dass der Bezug von Leistungen dieser Art im ersten Jahr der Verlängerung nicht entgegensteht (Abs 4 S. 1). Die Leistungen brauchen nicht bereits in Anspruch genommen zu sein, sie müssen nur zum Lebensunterhalt erforderlich sein. Außerdem muss objektiv ein Missbrauch zu befürchten sein, der subjektiv zu vertreten, also beabsichtigt oder zumindest in Kauf genommen ist. Im Rahmen des Ermessens sind vor allem Art u. Schwere der Beeinträchtigungen während der Ehe u. der Folgen der Trennung sowie Gründe u. voraussichtliche Dauer der Mittellosigkeit mit dem öffentl Interesse an der Schonung der Sozialkassen abzuwägen.

4. Verlängerung aufgrund Anspruchs und nach Ermessen

37   Auf die Verlängerung der AE als selbständiges AufR nach Scheitern oder Beendigung der Ehe durch Tod für ein Jahr (zum Zeitpunkt der Verlängerung OVG NRW, EZAR 03 Nr 17) besteht bei Erfüllung einer der Voraussetzungen der Abs 1 oder 2 ein **Rechtsanspruch.** Der Ehegatte muss die Voraussetzungen des § 5 mit Ausnahme der Sicherung des Lebensunterhalts erfüllen; denn der Bezug von Leistungen nach SGB II oder XII steht der Verlängerung um ein Jahr nicht entgegen, weil der Ehegatte uU während der Ehe auf eine eigene Unterhaltssicherung nicht angewiesen war. Die Verlängerung ist aber idR bei Vorliegen eines Ausweisungsgrunds (dazu § 5 Rn 20 ff) in der Person des Ehegatten zu versagen (§ 19 III AuslG: nach Ermessen). In aller Regel werden aber die tatsächlichen Umstände, die nach Abs 1 u. 2 ein eigenständiges AufR des Ehegaten begründen, auch die Annahme einer atypischen Fallkonstellation rechtfertigen (dazu § 5 Rn 36 ff). Dabei ist auch zu ermitteln, ob der Ausweisungsgrund noch aktuell verwertbar ist u. welches Gewicht ihm im Vergleich zu den Beeinträchtigungen zukommt, die der Ehegatten entweder erlitten oder bei einer Rückkehr zu befürchten hat.

38   Nach Ablauf des ersten Verlängerungsjahres muss der Ehegatte eine **eigene wirtschaftliche Existenz** gefunden haben (Abs 1 ist nicht erneut anwendbar; vgl BVerwGE 94, 35; aA wohl Hailbronner, § 31 AufenthG Rn 36). Die weitere Verlängerung steht nämlich im Ermessen der Behörde u. unterliegt unbeschränkt den Regelerteilungsgründen des § 5; uU ist aber eine Ausnahme (vgl Rn 37 u. § 5 Rn 36 ff) gerechtfertigt. Sie erfolgt so lange befristet, bis die Voraussetzungen des Abs 3 für die NE vorliegen.

5. Erteilung der Niederlassungserlaubnis

39   Auf die Erteilung der NE hat der Ehegatte nach Abs 3 ebenfalls einen **Rechtsanspruch.** Er soll damit auch insoweit dem Ausl gleichgestellt werden. Der Ausl muss eine NE besitzen u. der Unterhalt des Ehegatten durch Eigenmittel des Ausl gesichert sein, wobei dieser zum Unterhalt nicht nur imstande, sondern auch bereit sein muss (HessVGH, EZAR 023 Nr 34). Der Lebensunterhalt muss durch Unterhaltsleistungen aus eigenen Mitteln des Ausl, also ohne Inanspruchnahme öffentl Zahlungen, gedeckt sein. Es läuft scheinbar dem Zweck der Verselbständigung zuwider, dass die Unterhaltssicherung durch den Ehegatten selbst nicht genügte (so auch Hailbronner, § 31 AufenthG Rn 39). Damit soll aber wohl nur die Akzessorietät hypothetisch fortgesetzt u. jede Besserstellung nach Eheaufhebung vermieden werden. Die Voraussetzungen des § 9 sind mit Ausnahme von Abs 2 S. 1 Nr 3, 5 u. 6 sind einzuhalten. Damit ist dem Umstand Rechnung getragen, dass Ehefrauen oft während der Ehe nicht berufstätig sind.

§ 32 Kindernachzug

(1) Dem minderjährigen ledigen Kind eines Ausländers ist eine Aufenthaltserlaubnis zu erteilen, wenn

1. **der Ausländer eine Aufenthaltserlaubnis nach § 25 Abs. 1 oder 2 oder eine Niederlassungserlaubnis nach § 26 Abs. 3 besitzt oder**
2. **beide Eltern oder der allein personensorgeberechtigte Elternteil eine Aufenthaltserlaubnis oder Niederlassungserlaubnis besitzen und das Kind seinen Lebensmittelpunkt zusammen mit seinen Eltern oder dem allein personensorgeberechtigten Elternteil in das Bundesgebiet verlegt.**

Kindernachzug § 32 AufenthG 1

(2) Einem minderjährigen ledigen Kind, welches das 16. Lebensjahr vollendet hat, ist eine Aufenthaltserlaubnis zu erteilen, wenn es die deutsche Sprache beherrscht oder gewährleistet erscheint, dass es sich auf Grund seiner bisherigen Ausbildung und Lebensverhältnisse in die Lebensverhältnisse in der Bundesrepublik Deutschland einfügen kann, und beide Eltern oder der allein personensorgeberechtigte Elternteil eine Aufenthaltserlaubnis oder Niederlassungserlaubnis besitzen.

(3) Dem minderjährigen ledigen Kind eines Ausländers, welches das 16. Lebensjahr noch nicht vollendet hat, ist eine Aufenthaltserlaubnis zu erteilen, wenn beide Eltern oder der allein personensorgeberechtigte Elternteil eine Aufenthaltserlaubnis oder Niederlassungserlaubnis besitzen.

(4) ¹Im Übrigen kann dem minderjährigen ledigen Kind eines Ausländers eine Aufenthaltserlaubnis erteilt werden, wenn es auf Grund der Umstände des Einzelfalls zur Vermeidung einer besonderen Härte erforderlich ist. ²Hierbei sind das Kindeswohl und die familiäre Situation zu berücksichtigen.

Vorläufige Anwendungshinweise

32 Zu § 32 Kindernachzug

32.0 Allgemeines
32.0.1 Für die Berechnung der Altersgrenzen maßgeblich ist der Zeitpunkt der Antragstellung, nicht derjenige der Erteilung oder der Möglichkeit einer Erteilung im Falle einer Antragstellung, die tatsächlich nicht erfolgte.
32.0.1.1 Die Geltungsdauer der Aufenthaltserlaubnis darf die Geltungsdauer der Aufenthaltserlaubnis beider Eltern oder, wenn das Kind nur zu einem Elternteil nachzieht, die Geltungsdauer der Aufenthaltserlaubnis dieses Elternteils nicht überschreiten. Besitzt ein Elternteil eine Niederlassungserlaubnis, soll die Aufenthaltserlaubnis für das Kind bis zur Vollendung 16. Lebensjahres erteilt werden. Anschließend findet § 35 Abs. 1 Satz 1 für die Erteilung einer Niederlassungserlaubnis Anwendung.
32.0.1.2 In den übrigen Fällen ist die Aufenthaltserlaubnis des Kindes in der Weise zu befristen, dass sie gleichzeitig mit der Aufenthaltserlaubnis der Eltern ungültig wird und verlängert werden kann. Hiervon kann abgewichen werden, wenn das Aufenthaltsrecht des Kindes gemäß § 34 ein eigenständiges Recht wird. Diesbezüglich sind auch die Regelungen über die Geltungsdauer und Verlängerung von Aufenthaltserlaubnissen zu beachten.
32.0.2 Der Nachzug zu einem nicht sorgeberechtigten Elternteil, der sich allein in Deutschland aufhält, ist regelmäßig zu versagen. Der nicht sorgeberechtigte Elternteil ist darauf zu verweisen, dass er sich zunächst in geeigneter Weise um das Sorgerecht zu bemühen hat. Eine Ausnahme gilt nur im Falle des Einverständnisses des noch sorgeberechtigten anderen Elternteils, wenn zudem die Übertragung des Sorgerechts auf den nicht sorgeberechtigten Elternteil insbesondere wegen der Rechtsordnung des Herkunftsstaates aussichtslos erscheint und das Jugendamt erklärt hat, dass der Aufnahme des Kindes im Haushalt des nicht sorgeberechtigten Elternteils keine Bedenken entgegenstehen.
32.1 Anspruch auf Kindernachzug von Kindern bis zum 18. Lebensjahr
32.1.1 Der Anspruch besteht in den in Absatz 1 genannten Fällen, wenn das Kind nicht verheiratet, geschieden oder verwitwet ist und das 18. Lebensjahr noch nicht vollendet hat. Hiervon abweichende Volljährigkeitsgrenzen nach dem Recht der Herkunftsstaaten sind unerheblich.
32.1.2 Nach Nummer 1 ist Voraussetzung, dass der Ausländer, zu dem der Nachzug erfolgt, entweder eine Aufenthaltserlaubnis als Asylberechtigter oder anerkannter Flüchtling oder eine Niederlassungserlaubnis nach § 26 Abs. 3 besitzt.
32.1.3.1 Eine gemeinsame Verlegung des Lebensmittelpunktes im Sinne des Absatzes 1 Nr. 2 liegt vor, wenn die Familienangehörigen innerhalb eines überschaubaren Zeitraumes, der in der Regel drei Monate nicht übersteigen darf, jeweils ihren Lebensmittelpunkt in das Bundesgebiet verlegen.
32.1.3.2 Als Verlegung des Lebensmittelpunktes ist die Verlagerung des Schwerpunktes der Lebens- und Arbeitsbeziehungen und des damit verbundenen Aufenthaltes anzusehen. Maßgeblich sind bei Erwachsenen insbesondere die Arbeitsorte, bei Kindern, Jugendlichen und Studenten die Orte, an denen die Schul- oder Berufsausbildung stattfindet. Die Niederlassung in Deutschland auf unabsehbare Zeit muss hingegen nicht beabsichtigt werden. Aufenthalte, die ihrem Zweck nach auf einen Aufenthalt von einem Jahr oder weniger hinauslaufen, führen in der Regel nicht zu einer Verlegung des Lebensmittelpunktes, wenn eine Verlängerung des Aufenthaltes im Bundesgebiet über diese Zeit hinaus

313

ausgeschlossen erscheint. Längere, ihrer Natur nach begrenzte Aufenthalte, wie etwa zur Erfüllung eines mehrjährig befristeten Arbeitsverhältnisses oder zur Ableistung einer mehrjährigen Ausbildung, führen hingegen in der Regel zur Verlagerung des Lebensmittelpunktes nach Deutschland.
32.1.3.3 Im Zweifel ist von einem Lebensmittelpunkt im Bundesgebiet auszugehen, wenn sich eine Person für mehr als 180 Tage im Jahr in Deutschland gewöhnlich aufhält.
32.1.3.4 Die Beibehaltung einer Wohnung oder eine nur saisonale Berufstätigkeit am bisherigen Ort sind allein genommen unerheblich.
32.1.3.5 Bereits vor der Verlegung muss ein gemeinsamer Lebensmittelpunkt außerhalb des Bundesgebietes bestanden haben.
32.1.3.6 Voraufenthalte einzelner Familienmitglieder im Bundesgebiet oder in anderen Staaten zu Zwecken, die ihrer Natur nach vorübergehend sind oder der Verlegung des Lebensmittelpunktes in das Bundesgebiet dienen, wie etwa zur Wohnungs- oder Arbeitssuche oder zur vorübergehenden Einarbeitung, sind unerheblich.
32.1.3.7 Wird bei der gemeinsamen Verlegung der Zeitraum von drei Monaten aus nachvollziehbaren Gründen durch einzelne Familienmitglieder überschritten, etwa zur Beendigung eines Schuljahres oder eines Ausbildungsabschnittes im Ausland, zur vorübergehenden Fortsetzung eines im Ausland bestehenden Arbeitsverhältnisses bei langen Kündigungsfristen oder für eine längere Urlaubsreise, ist dies ebenfalls unerheblich, sofern das Gesamtbild eines Umzuges der gesamten Familie vom Ausland in das Bundesgebiet gewahrt bleibt.
32.1.3.8 Bei Verzögerungen, die sechs Monate überschreiten, ist nicht von einer gemeinsamen Verlegung des Lebensmittelpunktes auszugehen.

32.2 Anspruch auf Nachzug von Kindern nach Vollendung des 16. Lebensjahres
32.2.1 Nummer 32.1.1 findet entsprechend Anwendung.
32.2.2 Wann die Sprache beherrscht wird, ist entsprechend Definition der Stufe C1 der kompetenten Sprachanwendung des Gemeinsamen Europäischen Referenzrahmens für Sprachen zu bestimmen.
32.2.3 Der Nachweis, dass dieser Sprachstand erreicht ist, wird durch eine Bescheinigung einer geeigneten in- und ausländischen Stelle erbracht, die aufgrund eines Sprachstandstests ausgestellt wurde. Die Bescheinigung darf nicht älter sein als ein Jahr. Inländische Stellen, die eine derartige Bescheinigung ausstellen, sollen durch das Bundesamt für Migration und Flüchtlinge für die Ausführung von Sprachkursen zertifizierte Träger sein.
32.2.4 Eine positive Integrationsprognose hängt maßgeblich, jedoch nicht allein von den Kenntnissen der deutschen Sprache ab.
32.2.5 Voraussetzung nach § 32 Abs. 2 zweite Alternative ist, dass gewährleistet erscheint, das Kind werde sich aufgrund seiner bisherigen Ausbildung und Lebensverhältnisse in die Lebensverhältnisse in der Bundesrepublik Deutschland einfügen. Dies ist im Allgemeinen bei Kindern anzunehmen, die in einem Mitgliedstaat der Europäischen Union oder des Abkommens über den Europäischen Wirtschaftsraum oder in einem sonstigen in § 41 Abs. 1 Satz 1 AufenthV genannten Staat aufgewachsen sind.
32.2.6 Auch bei Kindern, die nachweislich aus einem deutschsprachigen Elternhaus stammen oder die im Ausland nicht nur kurzzeitig eine deutschsprachige Schule besucht haben, ist davon auszugehen, dass sie sich integrieren werden.
32.2.7 Es ist davon auszugehen, dass einem Kind die Integration umso leichter fallen wird, je jünger es ist.

32.3 Erteilung einer Aufenthaltserlaubnis für Kinder unter 16 Jahren
32.3.1 Auf die Erteilung der Aufenthaltserlaubnis besteht unter den genannten Voraussetzungen und nach Maßgabe der allgemeinen Vorschriften, namentlich der §§ 5 und 27, ein Anspruch.
32.3.2 Es genügt, wenn die Aufenthaltserlaubnis oder Niederlassungserlaubnis der genannten Personen gleichzeitig mit derjenigen des Kindes erteilt wird.
32.3.3 Entsprechend § 6 Abs. 4 Satz 2 steht ein nationales Visum der Aufenthaltserlaubnis oder der Niederlassungserlaubnis gleich, wenn in Aussicht steht, dass dem Ausländer, wenn er es beantragen würde, im Inland eine Aufenthaltserlaubnis oder Niederlassungserlaubnis erteilt werden könnte.
32.3.4 Der Anspruch besteht selbst dann, wenn der Ausländer, zu dem der Nachzug stattfindet, sich nur für einen begrenzten Zeitraum und gegebenenfalls ohne Verlegung des Lebensmittelpunktes in Deutschland aufhält, wie dies etwa bei Gastwissenschaftlern oder Studenten der Fall sein kann.
32.3.5 Kein Anspruch besteht bei Erteilung eines Schengen-Visums für einen kurzfristigen Aufenthalt.

32.4 Erteilung einer Aufenthaltserlaubnis nach Ermessen
32.4.1 Bei der Prüfung, ob eine Aufenthaltserlaubnis nach Ermessen gemäß Absatz 4 erteilt werden kann, sind zumindest die in der Vorschrift genannten Gesichtspunkte zu berücksichtigen.

32.4.2 Hat das Kind das 18. Lebensjahr vollendet, oder ist es verheiratet, geschieden oder verwitwet, richtet sich der Nachzug ausschließlich nach § 36.
32.4.3.1 Eine besondere Härte im Sinne von § 32 Abs. 4 ist nur anzunehmen, wenn die Versagung der Aufenthaltserlaubnis für ein minderjähriges Kind nachteilige Folgen auslöst, die sich wesentlich von den Folgen unterscheiden, die anderen minderjährigen Ausländern zugemutet werden, die keine Aufenthaltserlaubnis nach § 32 Abs. 1 bis 3 erhalten.
32.4.3.2 Zur Feststellung einer besonderen Härte ist unter Abwägung aller Umstände zu prüfen, ob nach den Umständen des Einzelfalles das Interesse des minderjährigen Kindes und der im Bundesgebiet lebenden Eltern an einem Zusammenleben im Bundesgebiet vorrangig ist. Dies kann der Fall sein, wenn sich die Lebensumstände wesentlich geändert haben, die das Verbleiben des Kindes in der Heimat bisher ermöglichten, den Eltern ein Zusammenleben mit dem Kind im Herkunftsstaat auf Dauer nicht zumutbar ist. Zu berücksichtigen sind hierbei neben dem Kindeswohl und dem elterlichen Erziehungs- und Aufenthaltsbestimmungsrecht, das für sich allein kein Nachzugsrecht schafft, u. a. auch die Integrationschancen des minderjährigen Kindes sowie die allgemeinen integrations- und zuwanderungspolitischen Interessen der Bundesrepublik Deutschland. Danach liegt z. B. keine besondere Härte im Fall vorhersehbarer Änderungen der persönlichen Verhältnisse (z. B. Beendigung der Ausbildung, notwendige Aufnahme einer Erwerbstätigkeit) oder der Änderungen der allgemeinen Verhältnisse im Herkunftsstaat vor (z. B. bessere wirtschaftliche Aussichten im Bundesgebiet).
32.4.3.3 Eine besondere Härte, die den Nachzug auch noch nach Vollendung des 16. Lebensjahrs rechtfertigt, kann angenommen werden, wenn das Kind aufgrund eines unvorhersehbaren Ereignisses auf die Pflege der Eltern angewiesen ist (z. B. Betreuungsbedürftigkeit aufgrund einer plötzlich auftretenden Krankheit oder eines Unfalls). Von Bedeutung ist, ob lediglich der im Bundesgebiet lebende Elternteil zur Betreuung des Kindes in der Lage ist.
32.4.3.4 Eine besondere Härte, die den Nachzug eines Kindes aus einer gültigen Mehrehe des Bundesgebiet lebenden Elternteils rechtfertigt, kann nur angenommen werden, wenn der im Ausland lebende Elternteil nachweislich nicht mehr zur Betreuung des Kindes in der Lage ist.
32.4.3.5 Eine besondere Härte ergibt sich nicht bereits daraus, dass dem im Bundesgebiet lebenden Elternteil das Personensorgerecht übertragen worden ist. Allein die formale Ausübung des elterlichen Aufenthaltsbestimmungsrechts löst noch nicht den besonderen aufenthaltsrechtlichen Schutz des Artikels 6 GG aus, mit der Folge des Kindernachzugs aus Ermessensgründen gemäß § 32 Abs. 4. Dem Umstand einer Sorgerechtsänderung kommt bei der aufenthaltsrechtlichen Entscheidung um so weniger Gewicht zu, je älter der minderjährige Ausländer ist und je weniger er deshalb auf die persönliche Betreuung durch den sorgeberechtigten Elternteil im Bundesgebiet angewiesen ist.
32.4.3.6 Für die Versagung der Aufenthaltserlaubnis gelten die §§ 5, 8, 27 Abs. 3. § 10 ist anwendbar.
32.4.4 Im Zusammenhang mit dem Kindeswohl und der familiären Situation ist der Gedanke zu berücksichtigen, dass die Entscheidung der Eltern, nach Deutschland zu ziehen, grundsätzlich eine autonome Entscheidung darstellt. Das elterliche Erziehungs- und Aufenthaltsbestimmungsrecht verschafft an sich kein Nachzugsrecht. Ziehen die Eltern nach Deutschland um und lassen sie ihr Kind im Ausland zurück, obwohl sie nach Absatz 1 Nr. 2 oder Absatz 3 die Möglichkeit gehabt hätten, mit dem Kind nach Deutschland zu ziehen, rechtfertigt allein eine Änderung der Auffassung der Eltern, welche Aufenthaltslösung für das Kind die bessere ist, nicht eine nachträgliche Nachholung eines Kindes gemäß Absatz 4.
32.4.5 Wenn ein Kind während eines erheblichen Zeitraums bis zur Vollendung des zwölften Lebensjahres seinen Wohnsitz in Deutschland hatte, dann aufgrund der Entscheidung einer die Personensorge ausübenden Personen in einem anderen Land außerhalb des Europäischen Wirtschaftsraums seinen Wohnsitz genommen hat, dort die deutsche Sprache nicht nachweislich erlernt oder gepflegt hat und nach Vollendung des sechzehnten Lebensjahres nach Deutschland nachziehen soll, ist ein Familiennachzug aus migrationspolitischen Gründen regelmäßig zu versagen. In diesen Fällen kann jedoch die Erteilung einer Aufenthaltserlaubnis nach § 37 in Betracht kommen.
32.4.6 Berücksichtigungsfähig ist hingegen der nicht unmittelbar vorhersehbare Wegfall von zum Zeitpunkt des Umzugs oder vor Vollendung des 16. Lebensjahres vorhandenen Pflegepersonen im Ausland, insbesondere durch Tod, Krankheit oder nicht vorhersehbare Ungeeignetheit der Pflegeperson. Es ist davon auszugehen, dass Kinder bis zur Vollendung des 16. Lebensjahres zumindest eine erwachsene Bezugsperson benötigen, mit der sie zusammenleben. Zu prüfen ist, ob andere, gleichwertige Pflegepersonen im Ausland vorhanden sind, die zur Aufnahme des Kindes bereit und rechtlich befugt sind.
32.4.7 Das Kindeswohl und die familiäre Situation können eine Ausnahme von dem nach Absatz 1 oder 2 bestehenden Erfordernis des Aufenthaltes beider personensorgeberechtigter Eltern in Deutsch-

land rechtfertigen. Dies ist der Fall wenn zwar nach wie vor beide Eltern rein rechtlich personensorgeberechtigt sind, jedoch ein im Ausland lebender Elternteil die Personensorge tatsächlich längerfristig nicht in einem Maße ausübt, das über gelegentliche Begegnungen hinausgeht. Dies gilt insbesondere, wenn das ausländische Recht oder die im betreffenden Staat bestehende Entscheidungspraxis schematisch eine gemeinsame Personensorge getrennter Eltern anordnet. Der im Ausland verbleibende Elternteil muss in jedem Falle dem Umzug nach Deutschland schriftlich zustimmen. Zur Vermeidung von Kindesentziehungen ist die Echtheit der Erklärung regelmäßig intensiv zu prüfen.
32.4.8 Bei der Beurteilung des Kindeswohls ist zu berücksichtigen, dass vorhersehbare Integrationsschwierigkeiten die geistige Entwicklung des Kindes erheblich beeinträchtigen können. Je älter und damit selbständiger das Kind ist, desto gewichtiger wiegt das Bedürfnis nach einer gesellschaftlichen Integration gegenüber dem Bedürfnis nach elterlichem Schutz und Beistand.
32.4.9 Im Zweifel ist eine begründete Stellungnahme des zuständigen Jugendamtes einzuholen.
32.4.10 Im Zusammenhang mit Maßnahmen deutscher oder ausländischer Gerichte oder Behörden nach § 1666 BGB oder §§ 42 oder 43 SGB VIII bzw. nach entsprechenden ausländischen Vorschriften, die zur Abwehr von Gefahren für das Kindeswohl eine Unterbringung des Kindes bei einem Elternteil vorsehen, der sich in Deutschland aufhält, ist der Nachzug zum betreffenden Elternteil auch in Abweichung zu den Absätzen 1 bis 3 regelmäßig zu gestatten. Die Aufenthaltsdauer ist entsprechend dem Zweck der vorgesehenen Maßnahme zu befristen.
32.4.11 Ansonsten kommt dem Umstand einer Sorgerechtsänderung umso weniger Gewicht zu, je älter das Kind ist und je weniger es daher auf die persönliche Betreuung durch den in Deutschland lebenden Elternteil angewiesen ist.
32.4.12 Bei der Ermessensentscheidung sind zudem die familiären Belange, insbesondere das Wohl des Kindes und die einwanderungs- und integrationspolitischen Belange der Bundesrepublik Deutschland zu berücksichtigen. Für die Frage, welches Gewicht den familiären Belangen des Kindes und den geltend gemachten Gründen für einen Kindernachzug in das Bundesgebiet zukommt, ist die Lebenssituation des Kindes im Heimatstaat von wesentlicher Bedeutung. Zur maßgeblichen Lebenssituation gehört, ob ein Elternteil im Heimatland lebt, inwieweit das Kind eine soziale Prägung im Heimatstaat erfahren hat, inwieweit es noch auf Betreuung und Erziehung angewiesen ist, wer das Kind bislang im Heimatstaat betreut hat und dort weiter betreuen kann und wer das Sorgerecht für das Kind hat. Bedeutsam ist vor allem auch das Alter des Kindes. In der Regel wird hierbei gelten: je jünger das Kind ist, in desto höherem Maße ist es betreuungsbedürftig, desto eher wird auch seine Integration in die hiesigen Lebensverhältnisse gelingen.
32.4.13 Der Umstand, dass die Eltern des Kindes nicht miteinander verheiratet sind oder waren, rechtfertigt es für sich allein nicht, den Kindernachzug an der Entscheidung der Eltern auszurichten, dass das Kind bei dem im Bundesgebiet lebenden Elternteil wohnen soll.

Übersicht

		Rn
I.	Entstehungsgeschichte	1
II.	Allgemeines	2
III.	Rechtsanspruch auf Kindernachzug und Ermessensfälle	6
	1. Nachzug zu anerkannten Asylberechtigten und Flüchtlingen	6
	2. Zuzug mit beiden Eltern oder einem Elternteil	8
	3. Zuzug oder Nachzug zu beiden Eltern oder einem Elternteil	12
	4. Nachzug aufgrund Ermessens	23

I. Entstehungsgeschichte

1 Die Vorschrift entspricht im Wesentlichen dem **GesEntw** (BT-Drs 15/420 S. 15), wurde aber aufgrund des Vermittlungsverf an mehreren Stellen geändert (BT-Drs 15/3479 S. 5 f). In Abs 1 wurden die ursprünglichen Nr 1 u. 2 zusammmgefasst u. Nr 3 gestrichen In Abs 2 wurden die ursprüngliche Altersgrenze von zwölf auf 16 Jahre angehoben u. der ursprünglich verlangte Besitz ausreichender Kenntnisse der dt Sprache durch die Beherrschung der dt Sprache u. die sonstige Integrationsgewähr ersetzt. In Abs 3 wurden die Wörter „minderjährigen ledigen" eingefügt u. ebenfalls die Altersangabe von zwölf auf 16 Jahre angehoben. Schließlich wurde Abs 4 neu gefasst u. auf besondere Härtefälle beschränkt.

II. Allgemeines

Der Zuzug u. Nachzug minderjähriger u. lediger Kinder zu Ausl mit AE oder NE wird **2** zum großen Teil auf der Grundlage von **Rechtsansprüchen** u. ansonsten im Wege des **Ermessens** zugelassen (allg zum Kindernachzug Baer, ZAR 1991, 135; zum Nachzug von Ausl zur zweiten Generation Igstadt, ZAR 1998, 175). Auf Kinder, die nicht mehr minderjährig oder nicht mehr ledig sind, ist nur § 36 anwendbar (zum früheren Recht VGH BW, EZAR 022 Nr 1). Der Kinderzuzug ist gegenüber §§ 20, 21, 29 II, 31 AuslG vor allem dahin geändert worden, dass er ua durch die Reduzierung der AufTit vereinfacht u. zu anerkannten GK-Flüchtlingen verbessert wurde. Zur Adoption § 27 Rn 18.

Der Gestaltungsspielraum des Gesetzgebers bei der Festlegung von zwingenden **Altersgrenzen** ist weit. Letztlich ist auch für den Gesetzgeber allein das Kindeswohl (Art 6 I, II, V GG) maßgeblich. Die Altersgrenze von 16 Jahren ist von der Erkenntnis bestimmt, dass die Integration in der Regel bei einem Zuzug im frühen Kindesalter besser gelingt als nach dem regulären Schulpflichtalter. Sie ist verfassungsrechtlich nicht zu beanstanden u. hält sich auch im Rahmen von Art 4 RL 2003/86/EG. Auch bei der Auslegung u. Anwendung der ges Regeln ist immer, auch soweit kein Ermessen auszuüben ist, das Kindeswohl als entscheidendes Kriterium zu beachten. **3**

Minderjährig ist ohne Rücksicht auf die in dem Heimatstaat geltende Altersgrenze, wer **4** das 18. Lebensjahr noch nicht vollendet hat (§ 80 III 1). Ledig ist nicht, wer verwitwet oder geschieden ist. Im Ausland begründete **Sorgerechtsverhältnisse** sind wie andere familienrechtliche Tatbestände grundsätzlich anzuerkennen (näher dazu § 27 Rn 19 f). Nicht anzuerkennen ist die Übertragung des Sorgerechts nach ausl Recht, wenn sie offensichtlich gegen den dt ordre public verstößt (Art 6 EGBGB), weil sie nicht am Kindeswohl orientiert ist (§ 16a FGG; dazu mwN Bälz/Zumbansen, ZAR 1989, 38; HessVGH, EZAR 024 Nr 6; VGH BW, EZAR 024 Nr 7). Die Berechnung der **Altersgrenzen** von 16 u. 18 Jahren erfolgt zum Zeitpunkt der Antragstellung. Der Zeitpunkt für eine mögliche Antragstellung ist ebenso unerheblich wie der der behördlichen oder gerichtlichen Entscheidung (aA zum früheren Recht OVG Hamburg; EZAR 022 Nr 3). Es kommt also auf den Zeitpunkt des Visumantrags oder des Antrags nach der Einreise an (zu § 9 DVAuslG: VGH BW, EZAR 022 Nr 1; zum früheren Recht vgl auch BVerwG, EZAR 022 Nr 7).

Um den **Zweck** der Herstellung der familiären Lebensgemeinschaft zu sichern, soll die **5** akzessorische AE für das hier geborene oder das gemeinsam mit den Eltern zugezogene oder das nachgezogene Kind auf die Geltungsdauer der AE der Eltern oder des Elternteils abgestimmt werden. Besitzen die Eltern oder ein Elternteil eine NE, soll die AE zunächst bis zur Vollendung des 16. Lebensjahres erteilt u. dann in eine NE nach § 35 I überführt werden (Nr 32.0.1.1 VAH). Beim selbständigen AufR nach § 34 II braucht hierauf nicht mehr geachtet zu werden.

III. Rechtsanspruch auf Kindernachzug und Ermessensfälle

1. Nachzug zu anerkannten Asylberechtigten und Flüchtlingen

Der Nachzugsanspruch von minderjährigen ledigen Kindern zu anerkannten Asylber u. **6** GK-Flüchtlingen besteht auch, wenn nur **ein Elternteil** im Bundesgebiet lebt u. als asylber anerkannt ist u. eine entsprechende AE oder NE besitzt. Auch die Gewährung von Familienasyl oder Familienabschutzberechtigung (§ 26 AsylVfG) führt zur AE nach § 25 I oder II oder zur NE nach § 26 III u. steht damit auch für den Kindernachzug der Anerkennung aufgrund des eigenen Verfolgungsschicksals gleich. Der Anspruch entfällt nicht, wenn Familienasyl oder Familienabschiebungsschutz für das Kind nicht beantragt oder der Antrag abgelehnt ist.

7 Das Erfordernis des § 27 I muss erfüllt, die Herstellung oder Erhaltung der Gemeinschaft zwischen Eltern u. Kind also bezweckt sein. Grundsätzlich sind die Vorschriften der §§ 5 I, 10, 27 III, 29 I zu beachten (Ausnahmen jew dort).

2. Zuzug mit beiden Eltern oder einem Elternteil

8 Bis zur Vollendung des 18. Lebensjahres können auch Kinder anderer Ausl eine AE beanspruchen, allerdings müssen sie ihren Lebensmittelpunkt zusammen mit beiden Eltern oder mit dem allein personensorgeberechtigten Elternteil nach Deutschland verlegen. Dieser Rechtsanspruch gilt also **nur für den Zuzug,** nicht für den Nachzug. Gemeinsam erfolgt der Zuzug auch dann, wenn die Familienmitglieder innerhalb eines überschaubaren Zeitraums nacheinander einreisen. Die Umzugsvoraussetzungen erfordern beim Zuzug aus dem Ausland mehr Zeit als bei Inlandsumzügen u. müssen auch noch darauf Rücksicht nehmen, dass meistens bei einer abhängigen Beschäftigung Probezeiten einzuhalten sind, bis zu deren erfolgreichen Beendigung ein Umzug der gesamten Familie grundsätzlich nicht verantwortet u. daher auch nicht verlangt werden kann. Maßgeblich ist das Gesamtbild über einen gewissen Zeitraum, nicht die Einreisezeitpunkte der einzelnen Familienmitglieder (ähnlich Hailbronner, § 32 AufenthG Rn 7 f).

9 Der **Lebensmittelpunkt** wird dann nach Deutschland verlegt, wenn hier ein gewöhnlicher Aufenthalt iSd § 30 II 2 SGB I begründet wird. Danach hat jemand seinen gewöhnlichen Aufenthalt dort, wo er sich unter Umständen aufhält, die erkennen lassen, dass er an diesem Ort oder in diesem Gebiet nicht nur vorübergehend verweilt. Der Ausl muss den Schwerpunkt der Bindungen, also den Daseinsmittelpunkt verlegen (vgl Hailbronner/Renner, § 20 StAG Rn 20 f; Göbel/Zimmermann, ZAR 2003, 65; BGH, NJW 1975, 1068; BGH, FamRZ 1981, 135; HessVGH, EZAR 026 Nr 5 mwN aus verschiedenen Rechtsgebieten). Nicht erforderlich ist die Aussicht auf eine dauernde Niederlassung, wenn der Ausl auf unabsehbare Zeit in Deutschland lebt (BVerwG, EZAR 277 Nr 5). Die Zeitspanne muss aber den obwaltenden praktischen Lebensverhältnissen, die mehr u. mehr den mobilen Menschen fordern, u. dem geltenden AufR angepasst sein, wonach zunächst immer nur eine verlängerbare (befristete) AE in Betracht kommt. Daher ist der Schwerpunkt der Lebensverhältnisse nicht erst dann ins Inland verlagert, wenn er hier auf unabsehbare Zeit genommen ist.

10 **Anhaltspunkte** für den gewöhnlichen Aufenthalt bilden Wohnung u. Arbeitsplatz, bei Schülern u. Studenten der Ausbildungsort, vor allem aber die voraussichtliche Gesamtaufenthaltsdauer. Die Beibehaltung einer Wohnung im Ausland allein spricht nicht gegen die Verlegung des Lebensmittelpunkts. Nicht ausreichend ist zB ein Aufenthalt von einem Jahr oder weniger, wenn die Verlängerung rechtlich oder faktisch nicht in Betracht kommt. Andererseits kann ein Aufenthalt von mehr als der Hälfte des Jahres genügen, wenn dieses Verhältnis zwischen In- u. Auslandsaufenthalt auf Dauer beibehalten werden soll.

11 Beim Zuzug mit beiden Elternteilen müssen diese eine **AE oder NE** besitzen. Ein Zusammenleben der Eltern in ehelicher Lebensgemeinschaft ist nicht verlangt, auch nicht mittelbar durch § 27 I; denn auch die Herstellung der familiären Lebensgemeinschaft zwischen einem Elternteil u. dem Kind bei Trennung der Eltern fällt in den Schutzbereich des Art 6 I, II GG. Die Zustimmung beider Eltern ist erforderlich, solange nicht das Personensorgerecht nur einem von ihnen übertragen ist. Der Zuzug hängt aber nicht davon ab, dass das Kind von dem Inhaber des Sorgerechts aufgenommen u. betreut wird.

3. Zuzug oder Nachzug zu beiden Eltern oder einem Elternteil

12 Einen Rechtsanspruch auf Nachzug zu beiden Eltern oder zu dem allein personensorgeberechtigten Elternteil haben auch ledige minderjährige Kinder **unter 16 Jahren** (Abs 3; zur Altersgrenze vgl Rn 3). Für die Ausübung von Ermessen besteht kein Raum.

13 Wie bei anerkannten Asylber oder Flüchtlingen ist lediglich vorausgesetzt, dass die Eltern oder der maßgebliche Elternteil eine **AE oder NE besitzen** (vgl auch § 29 I Nr 1). Ein Schengen-Visum genügt nicht als Grundlage, wohl aber ein nationales Visum (vgl § 6 IV).

Einzuhalten sind die Anforderungen der §§ 5 u. 27. Die AE kann auch gleichzeitig mit dem AufTit der Eltern oder des Elternteils erteilt werden, zB bei gemeinsamer Einreise.

Die familiäre **Lebensgemeinschaft** im Bundesgebiet muss durch Zuzug oder Nachzug hergestellt werden. Dagegen ist nicht erforderlich die Absicht oder Aussicht, den gemeinsamen Lebensmittelpunkt für längere Zeit in Deutschland zu begründen. Die Familienmitglieder müssen grundsätzlich gemeinsam zusammenleben (vgl § 27 I). Es genügt aber, wenn die Eltern getrennt leben u. das Kind überwiegend oder vollständig bei einem von beiden lebt, falls das Sorgerecht (noch) nicht einem von ihnen übertragen ist. Es wäre mit dem Kindeswohl nicht zu vereinbaren, wenn in Trennungsfällen der Nachzug versagt würde. Wem die elterliche Sorge während des Getrenntlebens oder nach Ehescheidung übertragen wird, richtet sich nach Familienrecht. Für den Nachzug ist allein ausschlaggebend, dass beide Eltern ein AufR besitzen u. zumindest einer von ihnen mit dem Kind eine familiäre Gemeinschaft iSd § 27 I aufnimmt, um seiner Elternverantwortung nachzukommen. 14

Einen Rechtsanspruch auf eine AE zu Nachzugszwecken besitzt auch ein Minderjähriger **über 16 Jahre,** wenn seine Eltern oder der personensorgeberechtigte Elternteil eine AE oder NE besitzen u. er sich in besonderer Weise als integrationsfähig darstellt (Abs 2). Der Nachzug im höheren Alter wird trotz der dann regelmäßig bestehenden Integrationsschwierigkeiten zugelassen, wenn die Eingliederung in dt Lebensverhältnisse in anderer Weise als beim Nachzug im jüngeren Alter üblich (zB durch Besuch einer dt Schule) gewährleistet ist. An den Besitz eines AufTit u. die beabsichtigte familiäre Lebensgemeinschaft sind dieselben Anforderungen zu stellen wie in den Fällen des Abs 1 u. 3; auch hier sind grundsätzlich die Voraussetzungen der §§ 5, 10, 27 I, 29 zu beachten (dazu Rn 5, 7, 13). 15

Die 1. Alt verlangt die **Beherrschung der dt Sprache.** Die Kenntnisse müssen etwa so gut sein wie durchschnittlich bei dt Kindern in diesem Alter. Das Kind muss die dt Sprache in Wort u. Schrift beherrschen, besondere Leistungen oder Prädikate im Deutschunterricht sind aber nicht verlangt (die Note „befriedigend" genügt, HessVGH, EZAR 022 Nr 9). Die Deutschkenntnisse müssen über das Niveau der ausreichenden Kenntnisse hinausgehen (dazu § 9 I 1 Nr 7; § 9 Rn 30–40) u. die Stufe C 1 der kompetenten Sprachanwendung des GERR erreichen (unter www.goethe-institut.de oder www.alpha.at; zum Nachweis vgl § 9 Rn 38). Dies erfordert in den einzelnen Bereichen die folgenden Kenntnisse u. Fähigkeiten: 16

Sprachverwendung: Kann ein breites Spektrum anspruchsvoller, längerer Texte verstehen und auch implizite Bedeutungen erfassen. Kann sich spontan und fließend ausdrücken, ohne öfter deutlich erkennbar nach Worten suchen zu müssen. Kann die Sprache im gesellschaftlichen und beruflichen Leben oder in der Ausbildung und im Studium wirksam und flexibel gebrauchen. Kann sich klar, strukturiert und ausführlich zu komplexen Sachverhalten äußern und dabei verschiedene Mittel zur Textverknüpfung angemessen verwenden. 17

Lese- u. Hörverstehen: Kann längeren Redebeiträgen folgen, auch wenn diese nicht klar strukturiert sind und wenn Zusammenhänge nicht explizit ausgedrückt sind. Kann ohne allzu große Mühe Fernsehsendungen und Spielfilme verstehen. Kann lange, komplexe Sachtexte und literarische Texte verstehen und Stilunterschiede wahrnehmen. Kann Fachartikel und längere technische Anleitungen verstehen, auch wenn sie nicht im eigenen Fachgebiet liegen. 18

Sprechen: Kann sich spontan und fließend ausdrücken, ohne öfter deutlich erkennbar nach Worten suchen zu müssen. Kann die Sprache im gesellschaftlichen und beruflichen Leben wirksam und flexibel gebrauchen. Kann eigene Gedanken und Meinungen präzise ausdrücken und eigene Beiträge geschickt mit denen anderer verknüpfen. Kann komplexe Sachverhalte ausführlich darstellen und dabei Themenpunkte miteinander verbinden, bestimmte Aspekte besonders ausführen und den Beitrag angemessen abschließen. 19

Schreiben: Kann sich schriftlich klar und gut strukturiert ausdrücken und die eigene Ansicht ausführlich darstellen. Kann in Briefen, Aufsätzen oder Berichten über komplexe Sachverhalte schreiben und die für ihn wesentlichen Aspekte hervorheben. Kann in schriftlichen Texten den Stil wählen, der für die jeweiligen Leser angemessen ist. 20

21 Während nach der 1. Alt über die Beherrschung der dt Sprache hinaus keine weiteren Anhaltspunkte für eine Integrationsfähigkeit verlangt werden, liegt bei der 2. Alt der Schwerpunkt auf anderen Bereichen, obwohl die Kenntnisse der dt Sprache auch für die hier notwendige Prognose eine gewichtige Rolle spielen. Die **Gewähr für die Integration** kann sich aus einer Gesamtbetrachtung der Ausbildung u. der Lebensverhältnisse ergeben. Die Fähigkeit zur Eingliederung in die Lebensverhältnisse in Deutschland wird ohne jedenfalls zeitweiligen Besuch einer Schule mit Deutsch als Unterrichts- oder Fremdsprache u. ohne eine andersartige deutschsprachige Erziehung oder Ausbildung idR nicht bestehen. Für die Eingliederungsaussichten sind neben den bisherigen die künftigen Lebensverhältnisse ausschlaggebend, zB bei einem Leben in einer deutschsprachigen Familie.

22 Die **Herkunft** aus einem der EU- oder EWR-Staaten oder der in § 41 AufenthV genannten Staaten soll für die Praxis im Allg genügen (Nr 32.2.5 VAH), wobei die Schweiz nicht vergessen werden darf. Aber auch in einem zT industriell geprägten Staat wie der Türkei können die Voraussetzungen für eine Integration in dt Lebensverhältnisse erworben werden (HessVGH, EZAR 024 Nr 6). Ermessen ist weder hier noch in anderem Zusammenhang auszuüben. Das für den Gesetzgeber als Regelungszweck verbindliche Kindeswohl ist jedoch auch bei der Auslegung u. Anwendung des Begriffs der Integrationsgewähr als maßgeblicher Gesetzeszweck im Auge zu behalten (dazu Rn 3).

4. Nachzug aufgrund Ermessens

23 In sonstigen Fällen kann der Nachzug eines minderjährigen ledigen Kindes nur zur Vermeidung einer **besonderen Härte** zugelassen werden. Bei dieser Einzelfallentscheidung nach Ermessen sind das Kindeswohl u. die familiäre Situation zu berücksichtigen. Ist das Kind volljährig, verheiratet, verwitwet oder geschieden, kann es eine Nachzugserlaubnis nur zur Vermeidung einer sonst entstehenden außergewöhnlichen Härte nach § 36 erhalten. Begünstigt sind also die Kinder, denen aus welchen Gründen auch immer keine AE nach Abs 1 bis 3 erteilt werden kann u. die davon wesentlich härter betroffen werden als andere erfolglose Bewerber. Dabei ist zugrundezulegen, dass einerseits allein die Eltern in Ausübung ihrer verfassungsrechtlich begründeten Elternverantwortung für Erziehung u. Betreuung der Kinder zu sorgen u. diese Aufgabe eigenverantwortlich wahrzunehmen haben, dass andererseits gewichtige öffentl Interessen für das nach Alter gestaffelte Nachzugsprogramm der Abs 1 bis 3 sprechen. Eine besondere Härte ist danach nur anzuerkennen, wenn im Einzelfall das Festhalten an diesem Regelwerk zu Ergebnissen führt, die dem Kindeswohl u. den familiären Gegebenheiten in keiner Weise gerecht werden. Die Umstände des Einzelfalls müssen so gelagert sein, dass sie aus dem vom Gesetzgeber aufgestellten Programm herausfallen u. nach dem ges System nicht interessengerecht gelöst werden können. Die Folgen im Einzelfall müssen sich vom Normalfall deutlich abheben, insb deshalb, weil sie nicht vorhersehbar waren; sie brauchen aber nicht außergewöhnlich zu sein wie nach § 36.

24 Die Entscheidungen des dt Gesetzgebers einerseits u. der Eltern andererseits können zu **Konfliktlagen** führen, die im Einzelfall nicht zu vertreten sind. Für die Feststellung einer besonderen Härte ist einerseits anzuknüpfen an die Entscheidung des Gesetzgebers, grundsätzlich nur Kinder von Eltern zu- u. nachziehen zu lassen, die entweder gemeinsam in Deutschland leben oder die als Elternteil über das alleinige Personensorgerecht verfügen. „Halbfamilien" anderer Art sind vom Kindernachzug anders als nach § 20 II Nr 2, IV, V AuslG ausgeschlossen, ausgenommen sind nur die Kinder anerkannter Asylber u. Flüchtlinge (Abs 1 Nr 1). Andererseits ist die Entscheidung der Eltern zugrundzulegen, das Kind (zunächst) über das 16. Lebensjahr hinaus im Ausland zu belassen. Diese beiden Entscheidungen können im Einzelfall dazu führen, dass dem Interesse der Familie an einem Nachzug des Kindes eindeutig der Vorrang gebührt gegenüber den öffentl Interessen an einem möglichst frühzeitigen Zuzug u. an einem gemeinsamen Zusammenleben beider sorgeberechtigter Eltern mit ihrem Kind. Dabei ist auch zu beachten, dass der nichteheliche Vater

von Verfassungs wegen (Art 6 II, V GG) nicht gänzlich von der Ausübung des Sorgerechts ausgeschlossen werden darf (BVerfG, NJW 1991, 1944) u. (seit 1. 7. 1998) nach dt Recht das gemeinsame Sorgerecht mit der Mutter erwerben kann (§ 1626 a BGB).

Solange beide Eltern das **Personensorgerecht** gemeinsam innehaben u. getrennt im In- u. Ausland leben, kann ihr Kind nicht nach Deutschland zuziehen (Ausnahme nur nach Abs 1 Nr 1). Die Folge ihrer Familienplanung, dass die Personensorge tatsächlich im Wesentlichen nur von dem im Ausland lebenden Elternteil ausgeübt werden kann, ergibt sich aus dem dt AuslR u. ist daher als normal hinzunehmen. Als ungewöhnlich kann sich die Lage aber dann darstellen, wenn der im Ausland lebende Elternteil aus gesundheitlichen oder anderen nicht vorhersehbaren Gründen nicht mehr imstande ist, sein rechtlich fortbestehendes Sorgerecht wirksam wahrzunehmen. Ähnlich kann es sich verhalten, wenn das Kind im Heimatstaat von Verwandten betreut worden ist u. diese dann plötzlich infolge eigener Krankheit ausfallen oder infolge eines Unfalls des Kindes dessen Betreuung nicht mehr leisten können. 25

Allg können sich die **maßgeblichen Umstände** für das Getrenntleben der Familie unvorsehbar **ändern** u. zu einer besonderen Härte führen, wenn das Kind dann nicht zu seinen Eltern oder einem Elternteil in Deutschland ziehen darf. Dieser Annahme steht es grundsätzlich nicht entgegen, dass das Kind bereits über 15 Jahre alt ist. Sorgerecht u. Verantwortung der Eltern sind auch in diesem Alter anders als der tatsächliche Betreuungsbedarf nicht eingeschränkt. Gerade in diesen Altersgruppen gewinnt die Erziehungsverantwortung an Bedeutung, weil oft auch die Gefahr des Scheiterns größer ist als im Kleinkind- oder Schulalter. Andererseits darf der Wert der Kontinuität der Bezugspersonen nicht außer Acht gelassen werden, der im Interesse des Kindeswohls zumal dann gegen einen Wechsel spricht, wenn er mit einem Umzug in eine andere gesellschaftliche u. kulturelle Umgebung verbunden ist. 26

Die **Übertragung des alleinigen Sorgerechts** auf den in Deutschland lebenden Elternteil allein ist noch keine Grundlage für einen Härtefall. Bei einem Alter unter 16 Jahren ergibt sich dann ohnehin aus Abs 3 ein Nachzugsanspruch, u. bei älteren Kindern kommt es entscheidend auf die tatsächlichen Verhältnisse an. Haben sich diese nicht verändert, weil der im Ausland lebende Elternteil weiterhin die bis zur Volljährigkeit noch notwendige Personensorge leisten kann, können die Eltern an ihrer zunächst getroffenen Entscheidung für ein Getrenntleben festgehalten werden. Dies gilt auch für Kinder aus einer gültigen Mehrehe. Die Übertragung des Sorgerechts nach Ehescheidung auf den hier lebenden Elternteil allein genügt nicht (VGH BW, EZAR 022 Nr 2), kann aber den Nachzug aus dem Heimatstaat rechtfertigen, wenn Betreuung u. Erziehung dort nicht mehr gewährleistet sind (HessVGH, EZAR 022 Nr 5). Ein Nachzugsrecht entsteht nicht allein wegen der mit der Ausübung des Sorgerechts sonst verbundenen Kosten (betr Umgangsrecht nach § 1634 I BGB aF: BVerwG, InfAuslR 1992, 308). Schließlich ist eine besondere Härte auch nicht darin zu sehen, dass ein Kind unter 16 Jahren als Besucher einreist u. der spätere Wunsch nach Familiennachzug abgelehnt wird (VGH BW, EZAR 022 Nr 1). 27

Ist danach eine besondere Härte anzuerkennen u. stehen auch die §§ 5, 8, 10, 27 III einer AE nicht entgegen, ist nach **Ermessen** zu entscheiden. Dabei sind neben dem Kindeswohl u. der familiären Situation auch die sonstigen privaten u. öffentlichen Belage, die für oder gegen den Nachzug sprechen, zu berücksichtigen u. zu gewichten. Steht dem in Deutschland lebenden Elternteil das Personensorgerecht (zusammen mit dem anderen Elternteil gemeinsam) zu, kann eher eine besondere Härte angenommen werden, als wenn der hier lebenden Teil nicht sorgeberechtigt ist. Hat das Kind früher schon einmal rechtmäßig im Bundesgebiet gelebt oder gar die Schule erfolgreich besucht, ist seine Integration eher gewährleistet, als wenn es bis zum Nachzug ausschließlich im Heimatland aufgewachsen ist. Eine Betreuung durch Großeltern oder andere Verwandte kann dem Nachzugsbegehren idR nicht entgegengehalten werden, weil sie nicht voll die Sorge durch die Eltern ersetzen kann. 28

§ 33 Geburt eines Kindes im Bundesgebiet

¹ Einem Kind, das im Bundesgebiet geboren wird, ist abweichend von den §§ 5 und 29 Abs. 1 Nr. 2 von Amts wegen eine Aufenthaltserlaubnis zu erteilen, wenn die Mutter eine Aufenthaltserlaubnis oder eine Niederlassungserlaubnis besitzt. ² Der Aufenthalt eines im Bundesgebiet geborenen Kindes, dessen Mutter zum Zeitpunkt der Geburt im Besitz eines Visums ist oder sich visumfrei aufhalten darf, gilt bis zum Ablauf des Visums oder des visumfreien Aufenthalts als erlaubt.

Vorläufige Anwendungshinweise

33 Zu § 33 Geburt eines Kindes im Bundesgebiet

33.1 Satz 1 regelt einen Rechtsanspruch. Die (Regel-)Voraussetzungen nach §§ 5 und 29 Abs. 1 Nr. 2 greifen nicht ein.

33.2 Der Anspruch setzt voraus, dass das Kind im Bundesgebiet geboren wird und seine Mutter in diesem Zeitpunkt eine Aufenthaltserlaubnis oder Niederlassungserlaubnis besitzt.

33.3 Es genügt auch, wenn der Mutter aufgrund eines vor der Geburt gestellten Antrags nach der Geburt die Aufenthaltserlaubnis oder Niederlassungserlaubnis erteilt wird. Die Anspruchsvoraussetzung ist jedoch erst erfüllt, wenn über den Antrag der Mutter des Kindes entschieden ist.

33.4 Der Rechtsanspruch nach Satz 1 besteht nur, solange die Mutter im Besitz der Aufenthaltserlaubnis oder Niederlassungserlaubnis ist. Wird nach der Geburt des Kindes der Aufenthaltstitel der Mutter zurückgenommen (§ 48 VwVfG; § 51 Abs. 1 Nr. 4) oder widerrufen (§ 52) oder wird die Mutter ausgewiesen, kommt eine entsprechende Maßnahme in Bezug auf das Kind in Betracht, wenn die Voraussetzungen der Rücknahme, des Widerrufs oder der Ausweisung des Kindes selbständig vorliegen. Bei Kindern, die vom Erfordernis des Aufenthaltstitels befreit sind, kann der Aufenthalt gemäß § 12 Abs. 4 zeitlich beschränkt werden.

33.5 § 27 Abs. 1 findet im Anwendungsbereich des Satzes 1 keine Anwendung.

33.6 Die erstmalige Erteilung einer Aufenthaltserlaubnis nach Satz 1 setzt keinen Antrag gemäß § 81 Abs. 1 voraus. Erfüllt das Kind die Anspruchsvoraussetzungen nach Satz 1 nicht, findet hinsichtlich der Antragstellung § 81 Abs. 2 Satz 2 Anwendung.

33.7 Aufgrund einer entsprechenden Mitteilung der Geburt des Kindes (§ 72 Abs. 1 Nr. 7 AufenthV) hat die Ausländerbehörde vor der Erteilung einer Aufenthaltserlaubnis zu prüfen, ob das Kind die Passpflicht erfüllt (§ 3). Die gesetzlichen Vertreter sind unter Hinweis auf ihre entsprechende Pflicht nach § 80 Abs. 4 aufzufordern, das Kind entweder im anerkannten Pass oder Passersatz zumindest eines Elternteils eintragen zu lassen, für das Kind einen eigenen Pass ausstellen zu lassen oder entsprechend der Verpflichtung nach § 56 Nr. 4 AufenthV i. V. m. § 80 Abs. 4 einen Ausweisersatz für das Kind zu beantragen, sofern sie nicht einen deutschen Passersatz oder die Einbeziehung des Kindes in ihren eigenen deutschen Passersatz (Reiseausweis für Ausländer, Reiseausweis für Flüchtlinge, Reiseausweis für Staatenlose) beantragen. Ausländische Kinderausweise gelten im völkerrechtlichen Verkehr unabhängig von ihrer Bezeichnung als Pässe; dasselbe gilt für vorläufige Pässe, die der Ausstellerstaat an eigenen Staatsangehörigen ausgibt, selbst wenn diese etwa als „Travel Document" bezeichnet sind. Auch Kinderausweise sind nur anerkannt, wenn die Anerkennung durch eine Anerkennungsentscheidung nach § 3 Abs. 1 i. V. m. § 71 Abs. 6 als Pass bzw. Passersatz anerkannt sind. Ein Nationalpass des Kindes ist daher insbesondere dann erforderlich, sofern der Kinderausweis des betreffenden Staates nicht als Pass anerkannt ist, selbst wenn der Herkunftsstaat Kinderausweise ausstellt. Hinsichtlich der Eintragung in den Pass der Eltern vgl. § 2 AufenthV.

33.8 Bei den im Bundesgebiet geborenen und vom Erfordernis des Aufenthaltstitels befreiten Kindern unter 16 Jahren hat die Ausländerbehörde ebenfalls zu prüfen, ob die Voraussetzungen des Satzes 1 vorliegen.

33.9 Besitzt die Mutter ein Visum oder darf sie sich – aufgrund einer Befreiung vom Erfordernis eines Aufenthaltstitels nach der Aufenthaltsverordnung, aufgrund § 41 Abs. 3 Satz 1 AufenthV oder aufgrund der Fiktion nach § 81 Abs. 3 Satz 1 oder § 81 Abs. 4 Satz 1 – ohne Visum im Bundesgebiet aufhalten, ist der Aufenthalt des Kindes nach Satz 2 für den entsprechenden Zeitraum ebenfalls erlaubt. Im Falle des § 81 Abs. 3 Satz 2 findet Satz 2 hingegen keine Anwendung.

33.10 In eine Verlängerung eines Visums der Mutter nach der Geburt gemäß § 40 AufenthV ist das Kind automatisch einbezogen. Wird das Visum nach der Geburt des Kindes erteilt, ist dies durch den Vermerk: „Das am ... geborene Kind ist in das Visum mit einbezogen." klarzustellen.

Geburt eines Kindes im Bundesgebiet   § 33 **AufenthG 1**

33.11 Besitzt die Mutter bei der Geburt des Kindes ein nationales Visum und wird ihr im Anschluss daran im Bundesgebiet eine Aufenthaltserlaubnis oder Niederlassungserlaubnis erteilt, wird das Kind gemäß den Regelungszwecken des Satzes 2 sowie des § 6 Abs. 4 Satz 3 so behandelt, als habe es selbst ein Visum besessen. Somit findet hinsichtlich der Erteilung einer Aufenthaltserlaubnis für das Kind § 34 Abs. 1 und nicht die gegebenenfalls strengere Regelung des § 32 Anwendung.
33.12 Besitzt die Mutter bei der Geburt des Kindes ein Schengen-Visum oder hält sie sich erlaubt visumfrei im Bundesgebiet auf, und wird ihr sodann im Bundesgebiet eine Aufenthaltserlaubnis oder eine Niederlassungserlaubnis erteilt, findet hingegen § 32 Anwendung, da aufgrund eines Umkehrschlusses aus § 6 Abs. 4 Satz 3 das Schengen-Visum oder der erlaubte visumfreie Aufenthalt dem Besitz eines nationalen Visums (mit der entsprechenden Erstreckung der Wirkung auf das Kind) nicht gleich steht.

I. Entstehungsgeschichte

Die Vorschrift entspricht in vollem Umfang dem **GesEntw** (BT-Drs 15/420 S. 15). 1

II. Allgemeines

Die Lebenssituation eines im Bundesgebiet geborenen Kindes weist so viele **Besonderhei-** 2
ten u. einen so starken Bezug zu den verfassungsrechtlichen Gewährleistungen des Art 6 I, II GG auf, dass es besonderer u. vereinfachter Regeln bedurfte. Das AufR dieser Kinder im Anschluss an die Geburt u. beim weiteren Leben in Deutschland (vgl Renner, RdJB 1999, 17) ist geprägt durch Rechtsansprüche (zur Verlängerung u. Verselbständigung s. §§ 34, 35). Die bloße Anknüpfung an die Mutter begegnet erheblichen Bedenken im Blick auf Art 3 II GG (Hailbronner, § 33 AufenthG Rn 7; HessVGH, EZAR 024 Nr 11) u. sollte unbedingt aufgegeben werden (Renner, NVwZ 2004, 792). Allerdings kann ein Gleichheitsverstoß nur unter Berücksichtigung der aufr Position des Kindes eines Vaters mit AE festgestellt werden, u. dieser führt nicht unbedingt zu einem Anspruch auf AE für dieses Kind (dazu OVG Hamburg, EZAR 022 Nr 12). Das AufR erübrigt sich allerdings, wenn das Kind mit der Geburt in Deutschland die dt StAng erwirbt (ius soli nach § 4 III StAG). Dieser StAng-Erwerb ist (nur) davon abhängig, dass ein Elternteil entweder als Unionsbürger, EWR-Staater oder Schweizer einen entsprechenden AufTit besitzt oder als sonstiger Ausl seit acht Jahren rechtmäßig seinen gewöhnlichen Aufenthalt in Deutschland hat. Der Erwerb der dt StAng wird von dem Standesbeamten vermerkt u. ua der AuslBeh mitgeteilt (näher dazu Hailbronner/Renner, § 4 StAG Rn 68–92). Falls die dt StAng im Erklärungsverf nach § 29 StAG verloren geht, kann nach Maßgabe von § 38 eine AE erteilt werden.

III. Im Bundesgebiet geborenes Kind

S. 1 gewährt dem im Bundesgebiet geborenen Kind einen **Rechtsanspruch** auf Ertei- 3
lung einer AE, der lediglich davon abhängt, dass die Mutter eine AE oder NE besitzt. Dieser aufr Stellung steht es gleich, wenn die Mutter vor der Geburt eine AE beantragt hat (§ 81 III 1 u. IV) u. diese nach der Geburt erhält. Eine Rücknahme oder ein Widerruf des AufTit der Mutter sind nur schädlich, wenn sie bereits im Zeitpunkt der Geburt wirksam sind. Es ist keine „materiell-rechtlich gesicherte Aufenthaltsposition" verlangt (so aber BayVGH, EZAR 024 Nr 13). Erlischt die AE der Mutter, kann später die des Kindes widerrufen werden. Der Besitz eines Schengen-Visums genügt nicht. Besitzt die Mutter bei der Geburt ein nationales Visum u. wird ihr später eine AE erteilt, so ist das Kind nach dem Regelungszweck von S. 2 u. § 6 IV 3 so zu behandeln, als habe die Mutter die AE schon bei der

Geburt besessen. Auf die aufr Situation des Vaters kommt es nicht an; ebensowenig darauf, ob die Mutter verheiratet ist oder nicht (früher: Ehelichkeit oder Nichtehelichkeit des Kindes). Unerheblich ist schließlich die restliche Geltungsdauer der AE; denn es ist nur auf den Zeitpunkt der Geburt abzustellen. Das voraussichtliche künftige aufr Schicksal der Mutter ist für das AufR des Kindes – zunächst – nicht maßgeblich. Der Aufenthalt des Kindes soll von Geburt an legalisiert werden, wenn nur die Mutter bei der Geburt einen aufr Titel besitzt. Damit ist die Abstimmung der Geltungsdauern der AE der Mutter u. des Kindes aufeinander nicht ausgeschlossen.

4   Die Erteilung der AE setzt nicht die Erfüllung der Voraussetzungen der §§ 5, 27 I, 29 I voraus. Sie erfolgt **von Amts wegen,** es bedarf also keines Antrags. Die AuslBeh erfährt von der Geburt durch eine Mitteilung der Meldebehörde (§ 72 I Nr 7). Bis zur Entscheidung der Auslbeh gilt der Aufenthalt analog § 81 III 1 als erlaubt. Die Antragsfrist des § 81 I greift nur ein, wenn § 32 nicht anwendbar ist. Besitzt die Mutter bei der Geburt ein nationales oder ein Schengen-Visum oder ist sie von der Visumpflicht befreit, gilt der Aufenthalt des Kindes nach S. 2 bis zum Ablauf des Visum oder der Visumfreiheit als erlaubt (s. auch Rn 6).

5   Da auch für das Kind die **Passpflicht** des § 3 gilt, ist die Beschaffung eines Passes notwendigt. In Betracht kommen ein ausl Kinderausweis, die Eintragung im Familienpass oder Pass der Eltern (vgl § 2 AufenthV), die Eintragung in dem dt Reiseausweis für Ausl, Flüchtlinge oder Staatenlose oder ein dt Ausweisersatz (vgl §§ 4 I Nr 1, 4 u. 5, 55 AufenthV). Die Eltern oder die allein personensorgeberechtigte Mutter sind zur Stellung dahingehender Anträge verpflichtet (§ 80 IV; § 56 I Nr 4 AufenthV).

6   Der **Aufenthalt** des Kindes gilt als **erlaubt,** solange die Mutter ein Visum besitzt oder von der Visumpflicht befreit ist (s. auch Rn 4). Diese Fiktion sichert den Erlaubnisanspruch des Kindes u. gilt daher entsprechend dem Gesetzeswortlaut nicht, wenn die Mutter vom Erfordernis eines AufTit befreit ist (zB nach §§ 15 ff).

§ 34 Aufenthaltsrecht der Kinder

(1) Die einem Kind erteilte Aufenthaltserlaubnis ist abweichend von § 5 Abs. 1 Nr. 1 und § 29 Abs. 1 Nr. 2 zu verlängern, solange ein personensorgeberechtigter Elternteil eine Aufenthaltserlaubnis oder Niederlassungserlaubnis besitzt und das Kind mit ihm in familiärer Lebensgemeinschaft lebt oder das Kind im Falle seiner Ausreise ein Wiederkehrrecht gemäß § 37 hätte.

(2) ¹Mit Eintritt der Volljährigkeit wird die einem Kind erteilte Aufenthaltserlaubnis zu einem eigenständigen, vom Familiennachzug unabhängigen Aufenthaltsrecht. ²Das Gleiche gilt bei Erteilung einer Niederlassungserlaubnis oder wenn die Aufenthaltserlaubnis in entsprechender Anwendung des § 37 verlängert wird.

(3) Die Aufenthaltserlaubnis kann verlängert werden, solange die Voraussetzungen für die Erteilung der Niederlassungserlaubnis noch nicht vorliegen.

Vorläufige Anwendungshinweise

34 Zu § 34 Aufenthaltsrecht der Kinder

34.1 Verlängerung bei Weiterbestehen der familiären Lebensgemeinschaft oder bei Bestehen eines Wiederkehrrechts
34.1.1 Absatz 1 betrifft Kinder, die noch nicht volljährig sind und die bereits eine Aufenthaltserlaubnis zum Zwecke des Familiennachzuges besitzen. Die Vorschrift vermittelt einen Anspruch, sofern nicht kraft Verweisung auf Regelungen in § 37, die eine Ermessensausübung vorsehen, eine Aufenthaltserlaubnis nach Ermessen zu erteilen ist.
34.1.2 Die Sicherung des Lebensunterhalts (§ 5 Abs. 1 Nr. 1) und das Wohnraumerfordernis (§ 29 Abs. 1 Nr. 2) sind bei der Verlängerung unbeachtlich. Hingegen findet § 27 Abs. 3 Satz 1 wegen § 8 Abs. 1 Anwendung, sofern dies nicht nach § 29 Abs. 4 ausgeschlossen ist.
34.1.3 Wie aus der zweiten Variante des § 34 Abs. 2 Satz 2 ersichtlich ist, bezieht sich das Erfordernis, wonach mindestens noch ein personensorgeberechtigter Elternteil eine Aufenthaltserlaubnis oder Niederlassungserlaubnis besitzen muss und das Kind mit diesem Elternteil in familiärer Lebensgemein-

schaft leben muss, nur auf die erste Variante des Absatzes 1 Satz 1, also auf Fälle, in denen im Falle einer Ausreise noch kein Wiederkehrrecht nach § 37 entstanden wäre.
34.1.4 Die zweite Variante des Absatzes 1 Satz 1 – der entsprechenden Anwendung des § 37 – bezieht sich auch auf § 37 Abs. 2, so dass unter den dort genannten Voraussetzungen von den in § 37 Abs. 1 Nr. 1 und 3 genannten Voraussetzungen abgewichen werden kann. Umgekehrt findet auch § 37 Abs. 3 Nr. 2 und 3 entsprechende Anwendung, während § 37 Abs. 3 Nr. 1 nicht entsprechend herangezogen werden kann, da ein dort erfasster Fall in diesem Zusammenhang nicht vorliegen kann und das Vorhandensein von Ausweisungsgründen bereits durch § 37 Abs. 3 Nr. 2 abgedeckt ist.
34.1.5 Für die Anwendung des § 37 Abs. 4 ist wegen des weiter gehenden Ausschlusses des § 5 Abs. 1 Nr. 1 durch § 34 Abs. 1 kein Raum.
34.1.6 Wenn ein Kind von einem Träger im Bundesgebiet Rente bezieht – etwa Waisenrente – und sich das Kind acht Jahre lang rechtmäßig im Bundesgebiet aufgehalten hat, findet § 37 Abs. 5 entsprechende Anwendung. Auch bei sehr geringen Renten ist die Entscheidung, ob eine Abweichung vom Regelfall des § 37 Abs. 5 vorliegt, unter Berücksichtigung des gesetzlichen Ausschlusses des Merkmals der Lebensunterhaltssicherung (§ 5 Abs. 1 Nr. 1) sowie des langjährigen Aufenthaltes des Ausländers zu treffen. Bei Waisenrenten ist zudem ein besonderes persönliches Schicksal des Betroffenen bei der Entscheidung zu berücksichtigen.
34.2 Eigenständiges Aufenthaltsrecht bei Erreichen der Volljährigkeit
34.2.1 Nach Satz 1 finden § 27 und § 28 bzw. § 32 keine Anwendung mehr, sobald das Kind das Volljährigkeitsalter erreicht und ihm bislang eine Aufenthaltserlaubnis zur Herstellung und Wahrung einer familiären Lebensgemeinschaft erteilt war.
34.2.2 Satz 2 stellt klar, dass die Erteilung einer Niederlassungserlaubnis oder die Verlängerung der Aufenthaltserlaubnis in entsprechender Anwendung des § 37 (vgl. dazu Nr. 34.1) nicht vom Fortbestehen einer familiären Lebensgemeinschaft abhängig ist.
34.3 Verlängerung der Aufenthaltserlaubnis
34.3.1 Die Vorschrift bezieht sich mangels eines Anwendungsbereichs, den Absatz 1 für andere Sachverhalte belässt, nur auf Fälle, in denen nach Absatz 2 eine Aufenthaltserlaubnis erteilt wurde. Diese Aufenthaltserlaubnisse können nach Ermessen verlängert werden.
34.3.2 Es finden die allgemeinen Voraussetzungen für die Verlängerung einer Aufenthaltserlaubnis Anwendung; vgl. § 8 Abs. 1. Während insbesondere § 5 im vollem Umfang zu berücksichtigen ist, sind die §§ 27 bis 33 nicht einschlägig, da das Aufenthaltsrecht eigenständig und somit vom Zweck des Familiennachzuges abgekoppelt ist.

I. Entstehungsgeschichte

Die Vorschrift entspricht in vollem Umfang dem **GesEntw** (BT-Drs 15/420 S. 15). **1**

II. Allgemeines

Während in §§ 32 u. 33 u. zT auch in § 36 die erstmalige Erteilung einer AE für in **2** Deutschland geborene u. hierher zu- oder nachgezogene minderjährige Kinder geregelt ist, sind Verlängerung u. Verselbständigung des AufR der Kinder Gegenstand der §§ 34 u. 35. Die Aufhebung der Abhängigkeit vom AufR der Eltern u. von der Führung einer familiären Lebensgemeinschaft wird zT von Abs 2 u. hauptsächlich von § 35 erfasst.

III. Verlängerung der Aufenthaltserlaubnis

1. Minderjährige

Zu- u. nachgezogenen Minderjährigen ist ein **Rechtsanspruch** auf Verlängerung der AE **3** unter erleichterten Voraussetzungen eingeräumt, falls sie als Kinder u. nicht als Ehegatten eingereist sind. Vorausgesetzt ist nur, dass ein personensorgeberechtigter Elternteil (weiter) eine AE oder eine NE besitzt u. mit dem Kind in familiärer Gemeinschaft zusammenlebt. Die Erfordernisse ausreichenden Unterhalts u. Wohnraums (§§ 5 I Nr 1, 29 I Nr) gelten nicht. Einzuhalten sind dagegen die Anforderungen der §§ 8, 27 III (vgl aber § 29 IV). Bei Verwirklichung eines Ausweisungsgrunds ist der Schutz des § 56 II 2 in die Ermessenserwägungen nach § 8 I iVm § 5 I 1 Nr 3 einzubeziehen (zum früheren Recht BVerwG, EZAR 024 Nr 12).

4   Begünstigt sind auch Kinder, die im Falle der Ausreise eine **Wiederkehrrecht** nach § 37 hätten. Sie sollen angesichts der Voraussetzungen des § 37 I nicht schlechter stehen als Kinder, die lediglich eine AE besitzen. Verfügen zB die Mutter oder der Vater eines nachgezogenen Kindes über keine AE oder NE mehr, wird das Kind wie ein Wiederkehrer behandelt. Es müssen nur die Voraussetzungen des § 37 (analog) gegeben sein. Daselbe gilt nach Eheschließung oder Erreichen der Volljährigkeit. Diese Kinder brauchen nicht mit den Eltern zusammenzuleben, u. die Eltern brauchen keinen AufTit zu besitzen, wie sich dem Wortlaut von Abs 1 u. aus Abs 2 S. 2 Alt 2 entnehmen lässt.

5   Ihnen ist die AE nicht unbedingt zwingend zu verlängern, sondern uU nur nach **Ermessen.** In Abs 1 sind die beiden Alternativen zwar so aneinandergereiht, dass sich das „ist ... zu verlängern" auch auf die Wiederkehrer bezieht. Die Formulierung ist aber schon deshalb verunglückt, weil sich „solange" auch auf die 2. Alt bezieht u. damit keinen vernünftigen Sinn ergibt (dazu Nr 34.1.3 VAH). Da die Wiederkehr zT in das behördliche Ermessen gestellt ist, steht diesen Kindern nicht in jedem Fall ein Rechtsanspruch auf Verlängerung zu; denn der Wille des Gesetzgebers kommt deutlich in Abs 2 S. 2 zum Ausdruck, wonach die AE in entsprechender Anwendung des § 37 verlängert wird. Damit sind vor einer Entscheidung alle Bestimmungen des § 37 zu prüfen, ausgenommen § 37 III Nr 1 (hier unanwendbar) u. IV (verdrängt durch Abs 1). Im Falle einer Waisenrente (§ 37 V) ist auch dann nicht von der Regel abzuweichen, wenn der Unterhalt nicht voll gesichert ist (vgl Abs 1 iVm § 5 I Nr 1). Bei analoger Anwendung von § 37 sind weder AE oder NE des Elternteils (noch) erforderlich noch die Minderjährigkeit (Hailbronner, § 34 AufenthG Rn 4 f; HessVGH, EZAR 024 Nr 2; VGH BW, EZAR 015 Nr 2).

2. Volljährige

6   Volljährigen steht kein Anspruch auf Verlängerung der ihnen als Minderjährigen erteilten (u. verlängerten) AE zu, sondern die **AE verwandelt sich** mit Vollendung des 18. Lebensjahres von Ges wegen in eine von der Bindung an die familiäre Lebensgemeinschaft unabhängige AE. Es bedarf also keines Antrags. Der Ausl muss bei Eintritt der Volljährigkeit noch eine gültige AE besitzen (HessVGH, EZAR 024 Nr 1). Diese AE gilt bis zu ihrem Ablauf, ohne dass die Bestimmungen der §§ 27 I, 28, 32 noch anwendbar sind. Abs 2 S. 2 dient nur der Klarstellung, dass die Akzessorietät auch bei Erteilung der NE oder der Wiederkehr-AE endet.

7   Solange noch keine NE erteilt werden kann, wird die AE in den Fällen des Abs 2 nach Maßgabe des § 8 I iVm § 5 im Wege des **Ermessens** verlängert. Die Bestimmungen der §§ 27 bis 33 sind nicht anzuwenden, weil die Akzessorietät mit der Volljährigkeit aufgehoben ist.

§ 35 Eigenständiges, unbefristetes Aufenthaltsrecht der Kinder

(1) ¹Einem minderjährigen Ausländer, der eine Aufenthaltserlaubnis nach diesem Abschnitt besitzt, ist abweichend von § 9 Abs. 2 eine Niederlassungserlaubnis zu erteilen, wenn er im Zeitpunkt der Vollendung seines 16. Lebensjahres seit fünf Jahren im Besitz der Aufenthaltserlaubnis ist. ²Das Gleiche gilt, wenn

1. der Ausländer volljährig und seit fünf Jahren im Besitz der Aufenthaltserlaubnis ist,
2. er über ausreichende Kenntnisse der deutschen Sprache verfügt und
3. sein Lebensunterhalt gesichert ist oder er sich in einer Ausbildung befindet, die zu einem anerkannten schulischen oder beruflichen Bildungsabschluss führt.

(2) Auf die nach Absatz 1 erforderliche Dauer des Besitzes der Aufenthaltserlaubnis werden in der Regel nicht die Zeiten angerechnet, in denen der Ausländer außerhalb des Bundesgebiets die Schule besucht hat.

Eigenständiges, unbefristetes Aufenthaltsrecht der Kinder § 35 AufenthG 1

(3) ¹ Ein Anspruch auf Erteilung einer Niederlassungserlaubnis nach Absatz 1 besteht nicht, wenn
1. ein auf dem persönlichen Verhalten des Ausländers beruhender Ausweisungsgrund vorliegt,
2. der Ausländer in den letzten drei Jahren wegen einer vorsätzlichen Straftat zu einer Jugend- oder Freiheitsstrafe von mindestens sechs Monaten oder einer Geldstrafe von mindestens 180 Tagessätzen verurteilt worden oder wenn die Verhängung einer Jugendstrafe ausgesetzt ist oder
3. der Lebensunterhalt nicht ohne Inanspruchnahme von Leistungen nach dem Zweiten oder Zwölften Buch Sozialgesetzbuch oder Jugendhilfe nach dem Achten Buch Sozialgesetzbuch gesichert ist, es sei denn, der Ausländer befindet sich in einer Ausbildung, die zu einem anerkannten schulischen oder beruflichen Bildungsabschluss führt.

² In den Fällen des Satzes 1 kann die Niederlassungserlaubnis erteilt oder die Aufenthaltserlaubnis verlängert werden. ³ Ist im Falle des Satzes 1 Nr. 2 die Jugend- oder Freiheitsstrafe zur Bewährung oder die Verhängung einer Jugendstrafe ausgesetzt, wird die Aufenthaltserlaubnis in der Regel bis zum Ablauf der Bewährungszeit verlängert.

(4) Von den in Absatz 1 Nr. 2 und 3 und Absatz 3 Satz 1 Nr. 3 bezeichneten Voraussetzungen ist abzusehen, wenn sie von dem Ausländer wegen einer körperlichen, geistigen oder seelischen Krankheit oder Behinderung nicht erfüllt werden können.

Vorläufige Anwendungshinweise

35 Zu § 35 Eigenständiges, unbefristetes Aufenthaltsrecht der Kinder

35.0 Allgemeines
35.0.1 § 35 ist eine begünstigende Sonderregelung für Ausländer, denen als Minderjährige die Aufenthaltserlaubnis nach Abschnitt 6 zum Zwecke der Herstellung und Wahrung der familiären Lebensgemeinschaft im Bundesgebiet erteilt worden ist (für im Bundesgebiet geborene oder nachgezogene Kinder). § 34 findet subsidiär Anwendung.
35.0.2.1 Kinder von Unionsbürgern, die nach Europäischem Gemeinschaftsrecht freizügigkeitsberechtigt sind, haben nach Maßgabe des § 2 Abs. 5 FreizügG/EU ein Daueraufenthaltsrecht oder nach Maßgabe des § 3 Abs. 3 oder 4 FreizügG/EU ein Verbleiberecht. Diese Rechte vermitteln eine stärkere Position als die Niederlassungserlaubnis gemäß § 35 AufenthG.
35.0.2.2 Erfüllt das Kind eines Ausländers, der nach Europäischem Gemeinschaftsrecht freizügigkeitsberechtigt ist, die Voraussetzungen für das Daueraufenthaltsrecht oder das Verbleiberecht nicht, hat die Ausländerbehörde zu prüfen, ob eine Niederlassungserlaubnis gemäß § 35 erteilt werden kann (Meistbegünstigungsklausel gemäß § 11 Abs. 1 Satz 3 FreizügG/EU). Dies ist nur bei einem nicht unterhaltsberechtigten Kind denkbar.

35.1 Anspruchsvoraussetzungen
35.1.0 In Absatz 1 ist der Grundtatbestand für die Erteilung einer Niederlassungserlaubnis wiedergegeben. Er verdrängt die in § 9 Abs. 2 enthaltenen Voraussetzungen. Auf die Erteilung einer Niederlassungserlaubnis besteht bei Erfüllung der in Absatz 1 genannten Voraussetzungen ein Anspruch.
35.1.1 Rechtsanspruch nach § 35 Abs. 1 Satz 1
35.1.1.1 Der Ausländer muss im Zeitpunkt der Vollendung seines 16. Lebensjahres seit fünf Jahren im Besitz einer Aufenthaltserlaubnis sein, die nach den Vorschriften des Kapitels 6, 2. Abschnitt erteilt und verlängert wurde. Auf den Zeitpunkt der Antragstellung kommt es nicht an. Ist die Aufenthaltserlaubnis nicht zum Zweck des Familiennachzugs erteilt worden, ist § 35 nicht anwendbar.
35.1.1.2 Die Voraussetzung des fünfjährigen Besitzes der Aufenthaltserlaubnis ist dann nicht erfüllt, wenn die zuletzt erteilte Aufenthaltserlaubnis vor Vollendung des 16. Lebensjahres ungültig geworden ist und der Verlängerungsantrag nicht vor Ablauf der Geltungsdauer gestellt wurde (s. jedoch 35.1.1.7). Dies gilt nicht für die vom Erfordernis der Aufenthaltsgenehmigung befreiten Ausländer, wenn der Antrag auf Erteilung einer Niederlassungserlaubnis erst nach Vollendung des 16. Lebensjahres gestellt wurde (siehe Nummer 35.1.1.8).
35.1.1.3 Als Zeiten des Besitzes der Aufenthaltserlaubnis sind vorbehaltlich des Absatzes 2 anzurechnen:
35.1.1.3.1 – die Geltungsdauer des Visums, mit dem der Ausländer eingereist ist, sofern im Anschluss an das Visum nach Wegfall der Wirkung des § 81 Abs. 3 Satz 1 die Aufenthaltserlaubnis erteilt wurde,

327

35.1.1.3.2 – die Zeiten eines nach § 81 Abs. 4 rechtmäßigen Aufenthalts,
35.1.1.3.3 – in den Fällen des § 35 Abs. 2 auch die Zeiten eines vorherigen Besitzes einer Aufenthaltserlaubnis,
35.1.1.3.4 – nach § 84 Abs. 2 Satz 3 die Zeit von der Versagung der Aufenthaltserlaubnis bis zu ihrer Erteilung oder Verlängerung aufgrund eines erfolgreichen Rechtsbehelfs,
35.1.1.3.5 – die Zeiten einer Befreiung vom Erfordernis der Aufenthaltsgenehmigung nach Maßgabe der Nummer 35.1.1.4 sowie
35.1.1.3.6 – Auslandsaufenthaltszeiten nach Maßgabe der Nummer 35.1.1.5.
35.1.1.4 Die Regelung des § 2 DVAuslG fällt ab dem 1. Januar 2005 mit dem Inkrafttreten der AufenthV ersatzlos weg. Soweit ein Ausländer nach § 2 DVAuslG aufgrund seines Alters vor dem 1. Januar 2005 vom Erfordernis der Aufenthaltsgenehmigung befreit war, sind die Zeiten seines rechtmäßigen Aufenthalts ohne Aufenthaltsgenehmigung als Zeiten des Besitzes eines Aufenthaltstitels anzurechnen, soweit der Aufenthalt dem in § 27 Abs. 1 bezeichneten Zweck diente. Ein rechtmäßiger Aufenthalt liegt nicht vor, wenn der Aufenthalt des Ausländers gemäß § 3 Abs. 5 AuslG zeitlich beschränkt wurde. Die aufschiebende Wirkung eines Rechtsbehelfs gegen eine entsprechende Entscheidung bewirkt nicht die Rechtmäßigkeit des Aufenthalts (§ 72 Abs. 2 Satz 1 AuslG/§ 84 Abs. 1 Satz 1 AufenthG).
35.1.1.5.0 Der Ausländer hat für ihn günstige Umstände darzulegen, dass er sich während der fünf Jahre im Bundesgebiet aufgehalten hat (§ 82 Abs. 1). Liegt der Nachweis vor, dass er im Bundesgebiet eine Schule oder eine sonstige Bildungseinrichtung besucht, eine Ausbildung oder ein Studium abgeschlossen hat oder in einem Arbeitsverhältnis steht, begründen diese Umstände die widerlegbare Vermutung, dass er sich in dem genannten Zeitraum ununterbrochen im Bundesgebiet aufgehalten hat. Anhaltspunkte, dass sich der vom Erfordernis der Aufenthaltsgenehmigungspflicht befreite Ausländer fünf Jahre im Bundesgebiet aufgehalten hat, ergeben sich aus der Aufenthaltsanzeige (§ 13 DVAuslG) und den Mitteilungen der Meldebehörden (§ 2 AuslDÜV/§ 72 AufenthV). Aufenthaltsunterbrechungen bis zu drei Monaten jährlich sind generell unschädlich. Bei längeren Auslandsaufenthaltszeiten ist zu prüfen, inwieweit sie anrechenbar sind oder eine Unterbrechung des Aufenthalts im Bundesgebiet herbeigeführt haben.
35.1.1.5.1 Unterlag der unter 16 Jahre alte Ausländer dem Erfordernis eines Aufenthaltstitels bzw. der Aufenthaltsgenehmigungspflicht, ist bei der Beurteilung, ob der Ausländer seit fünf Jahren eine Aufenthaltserlaubnis besitzt, § 51 Abs. 1 Nr. 6 und 7 sowie § 9 Abs. 4 Satz 2 Nr. 2 maßgebend. Danach ist der Aufenthalt im Bundesgebiet unterbrochen worden, wenn die Aufenthaltserlaubnis infolge der Ausreise oder während des Auslandsaufenthalts erloschen ist. Die vorherigen Aufenthaltszeiten im Bundesgebiet sind nicht mehr anrechenbar. Ist der Ausländer hingegen während der Auslandsaufenthaltszeit im Besitz der Aufenthaltserlaubnis geblieben, ist diese Zeit bis zu sechs Monaten anrechenbar. Die vorherigen Aufenthaltszeiten im Bundesgebiet sind uneingeschränkt anrechenbar.
35.1.1.5.2 War der Ausländer vom Erfordernis eines Aufenthaltstitels befreit, kommt es hinsichtlich eines Auslandsaufenthalts darauf an, ob durch diesen Aufenthalt der gewöhnliche Aufenthalt im Bundesgebiet weggefallen ist bzw. unterbrochen worden ist. Im Hinblick auf § 51 Abs. 1 Nr. 7 ist anzunehmen, dass durch einen Auslandsaufenthalt bis zu sechs Monaten der gewöhnliche Aufenthalt im Bundesgebiet grundsätzlich nicht wegfällt. Es müssen jedoch entsprechende Anknüpfungspunkte im Bundesgebiet bestanden haben, die auf den Mittelpunkt der Lebensbeziehungen des Ausländers im Bundesgebiet hindeuten (z. B. Fortbestehen des Arbeitsverhältnisses, familiäre Anknüpfungspunkte).
35.1.1.6 Nicht anrechenbar sind Zeiten einer Strafhaft sowie einer Untersuchungshaft, sofern diese auf eine verhängte Freiheitsstrafe angerechnet wurden (§ 9 Abs. 4 Satz 1). Die Dauer des Besitzes einer Aufenthaltserlaubnis vor der Strafhaft ist nur dann anrechenbar, wenn der Ausländer während der Haft ebenfalls eine Aufenthaltserlaubnis hatte. Zeiten der Aufenthaltsgestattung sind nur nach § 55 Abs. 3 AsylVfG anrechenbar. Die Dauer des Besitzes einer Betretenserlaubnis nach § 11 Abs. 2 ist nicht anrechenbar.
35.1.1.7 Unterbrechungen des Besitzes der Aufenthaltserlaubnis bzw. der Rechtmäßigkeit des Aufenthalts bis zu einem Jahr können nach § 85 außer Betracht bleiben.
35.1.1.8 Eine den Anspruch ausschließende Unterbrechung der Rechtmäßigkeit des Aufenthalts tritt nicht ein, wenn der Ausländer bis zur Vollendung seines 16. Lebensjahres vom Erfordernis eines Aufenthaltstitels befreit war und nach diesem Zeitpunkt die Aufenthaltserlaubnis verspätet beantragt hat (§ 41 Abs. 3 AufenthV). Denn für den Anspruch nach § 35 Abs. 1 Satz 1 ist nicht der Zeitpunkt der Antragstellung maßgebend, sondern der Zeitpunkt, in dem der Ausländer das 16. Lebensjahr vollendet hat.
35.1.2 Rechtsanspruch nach § 35 Abs. 1 Satz 2
35.1.2.1 Auch § 35 Abs. 1 Satz 2 setzt voraus, dass die Aufenthaltserlaubnis des Ausländers zu dem in § 27 Abs. 1 bezeichneten Zweck erteilt wurde.

Eigenständiges, unbefristetes Aufenthaltsrecht der Kinder § 35 **AufenthG 1**

35.1.2.2 Die Vorschriften unter Nummern 35.1.1.2 bis 35.1.1.8 gelten auch für die Anwendung des § 35 Abs. 1 Satz 2. Diese Vorschrift stellt im Vergleich zu § 35 Abs. 1 Satz 1 bei der Beurteilung, ob der Ausländer seit fünf Jahren im Besitz der Aufenthaltserlaubnis ist, auf den Zeitpunkt der Antragstellung ab. Der Ausländer muss im Zeitpunkt der Erteilung der Niederlassungserlaubnis volljährig sein (§ 80 Abs. 3 Satz 1).
35.1.2.3 Der Anspruch besteht nicht, wenn der Ausländer die Niederlassungserlaubnis verspätet, d. h. nach Ablauf der Geltungsdauer seiner bisherigen Aufenthaltserlaubnis, beantragt. In diesem Fall kann eine Unterbrechung der Rechtmäßigkeit des Aufenthaltes vorliegen, die nach § 85 geheilt werden kann.
35.1.2.4 Zum Begriff der ausreichenden Kenntnisse der deutschen Sprache siehe Nummer 9.2.7. Sofern der Ausländer im Bundesgebiet länger als vier Jahre eine deutschsprachige Schule besucht hat, kann davon ausgegangen werden, dass er die erforderlichen Sprachkenntnisse besitzt.
35.1.2.5 Zu einem anerkannten schulischen oder beruflichen Bildungsabschluss führt nicht nur der Besuch einer allgemeinbildenden Schule, sondern auch der Besuch von Berufsfachschulen (z. B. Handelsschule) oder sonstigen öffentlichen oder staatlich anerkannten berufsbildenden Schulen. Die Berufsvorbereitung oder berufliche Grundausbildung sowie die Tätigkeit als Praktikant oder Volontär führt nicht zu einem anerkannten beruflichen Bildungsabschluss.

35.2 Besuch ausländischer Schulen
35.2.1 Dem Besuch einer Schule im Bundesgebiet und damit dem Aufenthalt im Bundesgebiet wird der Besuch einer deutschen Auslandsschule angerechnet, die sich unter der Aufsicht einer deutschen Landesbehörde befindet, sofern der Ausländer dort an Unterricht teilnahm, der aufgrund eines deutschen Lehrplanes abgehalten wurde und die Unterrichtssprache Deutsch war.
35.2.2 Ein Schulbesuch von einer Dauer bis zu einem Jahr in einem Staat, der nicht der Herkunftsstaat des Ausländers ist, in dessen Zusammenhang der Ausländer in einer Gastfamilie des Gastlandes lebt und der im Zusammenhang mit einem Programm durchgeführt wird, an dem ebenso deutsche Schüler in vergleichbarer Lebenssituation teilnehmen können, ist in der Regel auf die Aufenthaltszeit im Bundesgebiet anzurechnen, wenn die Ausländerbehörde die Frist zur Wiedereinreise nach § 51 Abs. 1 Nr. 7 verlängert hatte und die ausländische Schule hinsichtlich Bildungsziel und Leistungsstandard der besuchten deutschen Schule entspricht.

35.3 Ausschluss des Anspruches
35.3.1 Absatz 3 regelt abschließend, aus welchen Gründen die unbefristete Verlängerung im Wege des Ermessens versagt werden kann. Die Prüfung, ob Versagungsgründe vorliegen, kommt erst in Betracht, wenn die Voraussetzungen des § 35 Abs. 1 erfüllt sind. Die Regelgründe des § 5 greifen nicht ein. § 5 Abs. 4 findet jedoch kraft Verweisung in § 54 Nr. 5 Anwendung.
35.3.2 Absatz 3 Satz 1 Nr. 1 verweist auf Ausweisungsgründe nach §§ 53 und 54 sowie § 55 Abs. 1 i. V. m. Absatz 2 Nr. 1 bis 4, die nur objektiv vorliegen müssen. Der Ausweisungsgrund längerfristiger Obdachlosigkeit (§ 55 Abs. 2 Nr. 5) beruht im Allgemeinen nicht auf einem persönlichen Verhalten des Ausländers.
35.3.3 Die Versagung kann nicht auf die Ausweisungsgründe nach § 55 Abs. 2 Nr. 6 und 7 gestützt werden, da für die Sozial- und Jugendhilfebedürftigkeit Absatz 3 Satz 1 Nr. 3 eine Sonderregelung trifft.
35.3.4 Besteht bei dem Ausländer Wiederholungsgefahr, liegt stets ein auf seinem persönlichen Verhalten beruhender Ausweisungsgrund vor. Straftaten beruhen stets auf dem persönlichen Verhalten des Ausländers und erfüllen den Ausweisungsgrund nach § 55 Abs. 2 Nr. 2 oder die Ausweisungsgründe nach §§ 53 oder 54. Die Ausweisungsgründe nach § 54 Nr. 4 bis 6 und § 55 Abs. 2 Nr. 1 bis 4 setzen nicht voraus, dass der Ausländer wegen einer Straftat verurteilt worden ist.
35.3.5 Absatz 3 Satz 1 Nr. 1 findet auch dann Anwendung, wenn gegen den Ausländer noch ein Strafverfahren anhängig ist und ein Ausweisungsgrund aktuell vorliegt. Nach Abschluss des Strafverfahrens findet Absatz 3 Satz 1 Nr. 2 Anwendung.
35.3.6 Absatz 3 Satz 1 Nr. 2 ermöglicht in dem festgelegten zeitlichen Rahmen die Berücksichtigung einer rechtskräftigen strafgerichtlichen Verurteilung als Versagungsgrund. Im Gegensatz zu Absatz 3 Satz 1 Nr. 1 muss ein auf der Verurteilung beruhender Ausweisungsgrund nicht mehr aktuell vorliegen. Verurteilungen, die länger als drei Jahre zurückliegen, bleiben außer Betracht. Soweit der Ausländer sich in Haft befunden hat, findet § 9 Abs. 4 Satz 1 entsprechende Anwendung.
35.3.7 Mehrere Verurteilungen, die je für sich nicht das in Absatz 3 Satz 1 Nr. 2 vorgesehene Strafmaß erreichen, können nicht zusammengerechnet werden. Soweit das Gericht eine Gesamtstrafe gebildet hat, ist deren Höhe maßgebend. Liegen mehrere strafgerichtliche Verurteilungen vor, ist auch zu prüfen, ob der Versagungsgrund nach Absatz 3 Satz 1 Nr. 1 erfüllt ist (z. B. bei Wiederholungsgefahr).

35.3.8 Die Jugendhilfebedürftigkeit stellt auch dann einen Versagungsgrund dar, wenn sie kein Ausweisungsgrund nach § 55 Abs. 2 Nr. 7 ist.
35.3.9 Die Aufenthaltserlaubnis eines Ausländers, der die Voraussetzungen nach Absatz 1 erfüllt, kann nach Absatz 3 Satz 2 trotz Vorliegens eines Versagungsgrundes im Ermessenswege verlängert werden; ebenso ist die Erteilung einer Niederlassungserlaubnis im Ermessenswege möglich. Insoweit verdrängt Absatz 3 Satz 1 als Spezialregelung den § 5. In den Fällen des § 5 Abs. 4 Satz 1 kommt hingegen die Erteilung eines Aufenthaltstitels nicht in Betracht, es sei denn, es kann nach § 5 Abs. 4 Satz 2 oder 3 unter den dort genannten Voraussetzungen eine Ausnahme zugelassen werden.
35.3.10 Die Aussetzung der Vollstreckung eines Strafrestes gehört nicht zu den in Absatz 3 Satz 3 genannten Fällen der Strafaussetzung.
35.4 Erteilung einer Niederlassungserlaubnis bei Krankheit oder Behinderung
Nach § 82 Abs. 1 und 2 hat der Ausländer Nachweise für die Prüfung beizubringen (z. B. fachärztliche Stellungnahme, Nachweis über Heimunterbringung), ob die in Absatz 4 Satz 1 genannten Voraussetzungen erfüllt sind. Hinsichtlich der Handlungsfähigkeit ist § 80 Abs. 1 und 4 zu beachten

Übersicht

	Rn
I. Entstehungsgeschichte	1
II. Allgemeines	2
III. Rechtsanspruch auf Niederlassungserlaubnis	3
1. Allgemeines	3
2. Jugendliche ab 16 Jahren	4
3. Volljährige	9
4. Versagungsgründe	13
IV. Aufenthaltstitel aufgrund Ermessens	19

I. Entstehungsgeschichte

1   Die Vorschrift entspricht in vollem Umfang dem **GesEntw** (BT-Drs 15/40 S. 15 f). Mit Wirkung vom 18. 3. 2005 wurde in Abs 3 S. 1 Nr 3 das Wort „Sozialhilfe" durch „Leistungen nach ..." ersetzt (Art 1 Nr 6 ÄndGes vom 14. 3. 2005, BGBl. I 721).

II. Allgemeines

2   Die **Verfestigung** des AufR von zugezogenen, nachgezogenen oder im Inland geborenen Kindern (vgl §§ 32, 33) erfolgt durch Verlängerung der AE (§§ 34 I u. III, 35 III 2) oder durch Gewährung einer NE (§§ 34 II, 35 I u. III 2). § 35 ist also im Zusammenhang mit § 34 zu sehen (früher §§ 21, 26, 27, 35 II AuslG).

III. Rechtsanspruch auf Niederlassungserlaubnis

1. Allgemeines

3   In erster Linie sollen im Bundesgebiet geborene und/oder aufgewachsene Kinder spätestens mit Vollendung des 18. Lebensjahres **eine NE** erhalten. Während § 34 II die Beendigung der Akzessorietät bei Erreichen der Volljährigkeit regelt, betrifft § 35 den Status von Minderjährigen u. Volljährigen. Mit Abs 1 wird ein Rechtsanspruch auf eine NE verliehen u. mit Abs 3 S. 2 das Ermessen für eine Verlängerung der AE oder die Erteilung einer NE eröffnet. Die besonderen Voraussetzungen der Abs 1 bis 4 verdrängen die allg Bestimmungen des § 9 II (nicht aber die des § 9 IV; vgl Rn 7). Von diesen Privilegierungen kann nur Gebrauch machen, wer als Kind (nicht als Ehegatte) ein AufR für einen Aufenthalt aus familiären Gründen nach §§ 27 ff erworben hat u. noch besitzt.

2. Jugendliche ab 16 Jahren

Außer fünf Jahren Besitz der AE bei **Vollendung des 16. Lebensjahres** werden keine 4 weiteren Voraussetzungen verlangt. Bei dem geforderten Aufenthalt von fünf Jahren vor Vollendung des 16. Lebensjahres wird eine dauerhafte Einordnung in dt Lebensverhältnisse angenommen. Die AE muss zum Zwecke des Zu- oder des Nachzugs oder aufgrund der Geburt in Deutschland erteilt oder verlängert sein (nach §§ 27, 28 I 1 Nr 2, 29, 32, 33, 34). Das Aufenthaltserfordernis muss bei Vollendung des 16. Lebensjahres erfüllt sein; es genügt nicht eine spätere Erfüllung. Andererseits bleibt der Anspruch erhalten u. kann auch noch nach Erreichen der Volljährigkeit geltend gemacht werden (zum früheren Recht VGH BW, InfAuslR 1993, 212). Die familiäre Lebensgemeinschaft braucht weder bei Erreichen des 16. Lebensjahres noch bei Antragstellung unbedingt weiter fortzubestehen.

Der Ausl muß die AE bei Vollendung des 16. Lebensjahres (nicht bei Antragstellung oder 5 Verlängerung) seit mindestens fünf Jahren **besitzen.** Die AE muss bis dahin ununterbrochen gegolten haben u. noch gültig sein. Ununterbrochener rechtmäßiger Aufenthalt genügt nicht. Die Unterbrechensregel des § 85 greift nicht ein, weil sie (nur) die Rechtmäßigkeit des Aufenthalts u. nicht den Besitz der AE betrifft (dazu § 9 Rn 11; § 85 Rn 2; betr § 97 AuslG VGH BW, EZAR 017 Nr. 3). § 12 b III StAG (früher § 89 III AuslG) ist nicht, auch nicht entsprechend anwendbar, weil er exklusiv nur die Einbürgerung erleichtern soll.

Ob der Zeit des Besitzes der AE **Zeiten gleichstehen,** die aufr ebenso zu bewerten sind, ist 6 fraglich; dazu gehört aber keinesfalls jeder rechtmäßige Aufenthalt. Anzurechnen sind jedoch die folgenden Zeiten: Geltungsdauer des Visums, sofern im Anschluss daran die AE erteilt wurde (§ 6 IV 3); Fortdauer des Besitzes der AE nach § 81 IV; Fortdauer des Besitzes infolge späterer Aufhebung der Nichterteilung, Nichterteilung oder Ausweisung (vgl § 84 II 3; allerdings ist dann nicht nur die Rechtmäßigkeit nicht unterbrochen, sondern auch der Besitz der AE; vgl zum früheren Recht BVerwG, EZAR 012 Nr. 2 u. 252 Nr. 6; näher Renner, AiD Rn 5/20, 8/226–230); Befreiung vom Erfordernis der AufGen zu dem Zweck des § 17 I AuslG (§ 2 DVAuslG bis Ende 2004). Zeiten des Besitzes der AufGest sind nur nach Maßgabe des § 55 III anzurechnen u. solche einer Betretenserlaubnis (§ 11 II) überhaupt nicht.

Auslandsaufenthalte können nur als Unterbrechungen des Besitzes der AE angesehen 7 werden, wenn sie deren Erlöschen bewirkt haben, also nur nach Maßgabe des § 51; aus dem Ges ergibt sich keine davon unabhängige Zeitgrenze für den Auslandsaufenthalt. Im Falle des Besitzes einer AE gelten die Regeln des § 51 I Nr 6 u. 7, IV im Falle der Befreiung vom Erfordernis des AufTit ist § 51 V 1 maßgeblich. Im Hinblick auf § 27 I ist grundsätzlich die Fortdauer der Familiengemeinschaft im Bundesgebiet zu verlangen; daraus kann aber nicht die Forderung nach ununterbrochenem Bestehen dieser Gemeinschaft u. nach ununterbrochenem Inlandsaufenthalt während des Fünfjahreszeitraums abgeleitet werden. Schließlich sind die Vorschriften des § 9 IV zu beachten, wonach Zeiten der Straf- u. Untersuchungshaft nicht anzurechnen sind u. die Anrechnung von Auslandsaufenthalten auf höchstens vier Jahre bzw sechs Monate begrenzt ist.

IdR nicht anzurechnen sind Zeiten des Auslandsaufenthalts mit gleichzeitigem **Schul-** 8 **besuch im Ausland;** eine derartige Lebensgestaltung deutet auf den Willen der Eltern hin, die Kinder nicht in dt Lebensverhältnisse hineinwachsen zu lassen. Ausnahmen sind denkbar, wenn der Schulbesuch wegen damit verbundenen Deutschunterrichts der Integration ähnlich wie ein fortdauernder Inlandsaufenthalt diente (enger Nr 35.2.1 VAH: grundsätzlich nur bei dt Unterrichtssprache). Diese Gleichwertigkeit kann die AuslBeh bei Bestimmung einer längeren Frist nach § 51 I Nr 7 prüfen u. berücksichtigen.

3. Volljährige

Volljährigen steht ein **Anspruch** auf NE unter zusätzlichen Voraussetzungen, jedoch 9 ohne Rücksicht auf das Einreisealter zu. Zunächst müssen aber die Anforderungen des Abs 1 S. 1 (Rn 4 ff) erfüllt sein. Auch die regelmäßige Nichtanrechnung ausländischen Schulbesuchs (Rn 8) gilt für Volljährige.

1 AufenthG § 35   1. Teil. Aufenthaltsgesetz

10 Das 18. Lebensjahr muss erst im Zeitpunkt der Verlängerung **vollendet** sein (§ 80 III 1); der Antrag kann aber aus verfahrensökonomischen Gründen zuvor gestellt u. auf diesen Termin bezogen werden. Bei verspätetem Antrag fehlt es am Besitz der AE (VGH BW, EZAR 017 Nr. 3; Nr. 35.1.2.3 VAH), in diesem Fall hilft das Abstellen auf den Zeitpunkt der Entscheidung also nicht. Die Fünfjahresfrist braucht nicht schon beim Eintritt der Volljährigkeit erreicht zu sein (zum früheren Recht VGH BW, EZAR 017 Nr. 3; anders bei Minderjährigen: Rn 4).

11 Als Anzeichen für eine zumindest zT gelungene Integration werden ausreichende Kenntnisse der **dt Sprache** verlangt. Diese Anforderung stimmt mit der des § 9 II Nr 7 voll überein. Grundkenntnisse der Rechts- u. Gesellschaftsordnung u. der Lebensverhältnisse im Bundesgebiet (§ 9 II Nr 8) werden hier nicht verlangt. Der Volljährige muss die dt Sprache in Wort u. Schrift in dem betreffenden Lebenskreis beherrschen; eine Verständigung über alltägliche Gesprächsgegenstände genügt nicht, andererseits wird kein fehlerfreier Gebrauch der dt Sprache gefordert (zu Einzelheiten, auch des Nachweises vgl § 9 Rn 30–38). In der Praxis wird ein länger als vierjähriger Besuch einer deutschsprachigen Schule als Beleg anerkannt (Nr. 35.1.2.4 S. 2 VAH). Von dem Spracherfordernis ist ebenso wie nach § 9 II 6 iVm 3 abzusehen, wenn es infolge Erkrankung oder Behinderung nicht erfüllt werden kann.

12 Der **Unterhaltsbedarf** muss aus eigenen Mitteln (dazu § 2 III) gedeckt sein. Zugunsten von Schülern u. anderen in einer Ausbildung befindlichen Jugendlichen zählt als Ersatz für die Unterhaltssicherung eine **Ausbildung,** die für die Zukunft allg eine ähnliche Unterhaltssicherheit verspricht. Einen anerkannten Bildungsabschluss bieten außer Haupt- u. Realschulen auch Berufsfachschulen oder andere öffentl oder private Bildungseinrichtungen. Bloße Volontärs- oder Praktikantentätigkeit vermittelt dagegen keinen derartigen (formalisierten) Bildungsabschluss. Von dem Unterhaltserfordernis ist ebenso wie nach § 9 II 6 iVm 3 abzusehen, wenn es infolge Erkrankung oder Behinderung nicht erfüllt werden kann.

4. Versagungsgründe

13 Die **besonderen Versagungsgründe** des Abs 3 schließen die Anwendung des § 5 aus; nur § 4 IV ist infolge der Bezugnahme in § 54 Nr 5 anzuwenden. Sie beziehen sich auf den Rechtsanspruch auf Erteilung der NE, schließen aber die befristete Verlängerung der AE u. die Erteilung der NE im Wege des Ermessens nicht aus. Dem Wortlaut nach handelt es sich bei Abs 3 S. 1 um objektiv zwingende Ausschlussgründe. In Wirklichkeit ist deren Anwendung aber in das behördliche Ermessen gestellt, wie die Möglichkeit der Erteilung der NE oder der Verlängerung der AE nach Abs 3 S. zeigt (dazu Rn 19).

14 Die Versagungsgründe der Nr 1 u. 2 des Abs 3 S. 1 **überschneiden** sich zT. Während in Nr 1 auf das gegenwärtige Vorliegen eines Ausweisungsgrunds abgestellt ist, kommt es für Nr 2 auf eine Bestrafung in der Vergangenheit an. Insoweit erweitert Nr 2 die Ablehnungsgründe. Hinsichtlich der Ausweisungsgründe des § 55 Nr 6 u. 7 stellt Nr. 3 die speziellere, nämlich zT eingeschränkte Regelung dar u. geht deshalb Nr 1 vor.

16 Auf **persönlichem Verhalten** des Ausl beruhen die Ausweisungstatbestände der §§ 53, 54, 55 I u. II Nr 1 bis 8, also insb Straftaten; dabei ist das Vorliegen eines Ausweisungstatbestands maßgeblich, nicht die konkrete Ausweisungsmöglichkeit unter Berücksichtigung von §§ 55 III, 56 (dazu § 5 Rn 20 ff). Nicht auf ein persönliches Verhalten ist idR Obdachlosigkeit (§ 55 II Nr 5) zurückzuführen. Die Übereinstimmung mit der Formulierung des § 6 II 2 FreizügG/EU legt zudem die Annahme nahe, generalpräventive Gründe sollten hier ebenfalls außer Betracht bleiben. Obwohl sonst das Vorliegen des Tatbestands genügt, wäre hier demnach zusätzlich zu prüfen, ob eine Ausweisung aus spezialpräventiven Gründen in Betracht käme (dagegen mit guten Gründen Hailbronner, § 35 AufenthG Rn 31). Da Straftaten immer auf dem persönlichen Verhalten des Ausl beruhen (so auch Nr. 35.3.4 S. 2 VAH) – sofern der Täter nicht schuldunfähig ist –, kann der Sinn der Vorschrift danach durchaus apokryph erscheinen. Die Ausweisungstatbestände der §§ 54 Nr 2 bis 6, 55 II Nr 1 bis 4 setzen keine rechtskräftige Verurteilung voraus. Ist sie schon erfolgt, braucht sie nicht das Strafmaß nach Nr 2 zu erreichen.

Nachzug sonstiger Familienangehöriger § 36 **AufenthG 1**

Für Nr 2 sind die Verurteilung oder die Aussetzung der Verhängung von Jugendstrafe in den 17 letzten drei Jahren vor Entscheidung über die Verlängerung maßgeblich. Ein aktueller Ausweisungsgrund nach Nr 1 braucht nicht mehr vorzuliegen. Ältere Verurteilungen bleiben außer Betracht. Jedes einzelne Urteil muss das festgelegte Strafmaß erreichen, **nicht die Summe** der Bestrafungen. Anders verhält es sich nur bei (auch nachträglicher) Bildung einer Gesamtstrafe. Auf Aussetzung der Strafe zur Bewährung oder zwischenzeitliche Verbüßung der Jugend- oder Freiheitsstrafe oder Bezahlung der Geldstrafe kommt es nicht an. Bei Aussetzung der Strafvollstreckung zur Bewährung oder Aussetzung der Verhängung von Jugendstrafe ist die AE idR bis zum Ablauf der Bewährungszeit befristet zu verlängern; anschließend ist (erneut) über die NE zu befinden. Die der Aussetzung zugrundeliegende positive strafrechtliche Gefahrenprognose schließt eine negative auslbeh Sicherheits- u. Sozialprognose unter geeigneten Umständen nicht von vornherein aus, kann aber nur die Ausnahme bilden.

Inanspruchnahme von **Sozialleistungen oder Jugendhilfe** nach SGB II, VIII oder XII 18 (zum früheren Recht zu Recht krit Philipps, ZAR 1991, 15) bildet einen Ablehnungsgrund. Dafür brauchen die Voraussetzungen des § 55 II Nr 6 oder 7 nicht vorzuliegen. Die Einschränkung zugunsten von Schülern, Auszubildenden u. Studierenden ist ebenso weit auszulegen wie nach Abs 1 Nr 3. Die Ausnahme des § 55 II Nr 7 Hs. 2 ist hier nicht unmittelbar anwendbar. Im Rahmen des Ermessens ist aber die Art der aufr Stellung der Eltern oder des sorgeberechtigten Elternteils notwendig zu berücksichtigen. Von dem Unterhaltserfordernis ist ebenso wie nach § 9 II 6 iVm 3 abzusehen, wenn es infolge Erkrankung oder Behinderung nicht erfüllt werden kann (betr psychisch schwerkrankes Kind VG Frankfurt/Main, EZAR 024 Nr 14).

IV. Aufenthaltstitel aufgrund Ermessens

Die Versagungsgründe für die NE nach Abs 3 S. 1 (dazu Rn 13 ff) verwehren nicht die 19 Möglichkeit der Verlängerung der AE; dies stellt Abs 3 S. 2 klar. Darüber hinaus ist die AuslBeh dazu ermächtigt, augrund Ermessens die NE zu erteilen. Daraus ist zu schließen, dass die Versagungsgründe nicht absolut u. zwingend wirken (Rn 13). Die Regelerteilung nach Abs 3 S. 3 ist auf die dort genannten Aussetzungsfälle beschränkt. Das grundsätzliche Verhältnis zwischen Ausschluss des Rechtsanspruchs u. der Ermessensentscheidung über Verlängerung der AE oder Erteilung der NE ist im Ges nicht näher bestimmt. Angesichts der strikten Formulierung des Abs 3 S. 1 kommt eine Ausnahme (vom Ausschluss des Anspruchs auf NE) nur in atypischen Fällen in Betracht, nicht aber allg (zum früheren Recht vgl OVG Hamburg, EZAR 033 Nr 2). Bei Vorliegen eines der Ausschlussgründe darf also die NE nur erteilt werden, wenn die Verhältnisse im Einzelfall so erheblich von der vom Gesetzgeber angenommenen Fallgestaltung abweichen, dass die Nichterteilung der NE grob ungerecht wäre. Im Regelfall kann also nur die AE verlängert werden, wobei Abs 3 S. 1 als lex specialis die Bestimmungen des § 5 (ausgenommen § 5 IV) verdrängt.

§ 36 Nachzug sonstiger Familienangehöriger

¹ Einem sonstigen Familienangehörigen eines Ausländers kann zum Familiennachzug eine Aufenthaltserlaubnis erteilt werden, wenn es zur Vermeidung einer außergewöhnlichen Härte erforderlich ist. ² Auf volljährige Familienangehörige finden § 30 Abs. 3 und § 31 und auf minderjährige Familienangehörige § 34 entsprechende Anwendung.

Vorläufige Anwendungshinweise

36 Zu § 36 Nachzug sonstiger Familienangehöriger
36.1 Allgemeines
36.1.1 Anwendungsbereich
36.1.1.0 Die Aufenthaltserlaubnis darf nach Satz 1 im Wege des Ermessens sonstigen Familienangehörigen, die nicht von den §§ 29 bis 33 erfasst werden, nur nach Maßgabe des § 36 erteilt werden, d. h.

die allgemeinen in § 27 und – beim Nachzug zu Ausländern – in § 29 normierten Familiennachzugsvoraussetzungen müssen vorliegen. Die insoweit allgemeine Beschränkung des Familiennachzugs auf Ehegatten und minderjährige Kinder liegt im öffentlichen Interesse (Zuwanderungsbegrenzung). Die Versagungsgründe des § 27 Abs. 3 sind zu berücksichtigen. Hinsichtlich des Familiennachzugs zu Deutschen findet § 36 entsprechende Anwendung (§ 28 Abs. 4).

36.1.1.1 Nach § 27 Abs. 1 darf die Aufenthaltserlaubnis zur Herstellung und Wahrung der familiären Lebensgemeinschaft erteilt werden, die grundsätzlich auf Dauer angelegt ist (Beistands- oder Betreuungsgemeinschaft). Diese Gemeinschaft erschöpft sich nicht in der Kindererziehung, sondern umfasst den Unterhalt und eine materielle Lebenshilfe.

36.1.1.2 Die familiäre Lebensgemeinschaft muss durch Artikel 6 GG geschützt sein. Besonders geschützt werden Ehegatten und die engere Familie i. S. einer Eltern-Kind-Beziehung, die nicht nur durch Abstammung, sondern auch rechtlich vermittelt sein kann. Dem Schutz des Artikel 6 GG unterliegt daher auch die familiäre Gemeinschaft mit Adoptions-, Pflege- und Stiefkindern. Die Vormundschaft ist nicht begünstigt.

36.1.1.3 Für einen Nachzug nach § 36 kommen in Abgrenzung zu den abschließenden Nachzugsvorschriften der §§ 28 bis 33 insbesondere in Betracht:
– Eltern zu ihren minderjährigen oder volljährigen Kindern,
– volljährige Kinder zu ihren Eltern oder
– Minderjährige zu engen volljährigen Familienangehörigen, die die alleinige Personensorge in der Weise innehaben, dass eine geschützte Eltern-Kind-Beziehung besteht.

36.1.1.4.1 Ein Nachzug ist durch Artikel 6 GG jedenfalls dann nicht geboten, wenn der nachzugswillige sonstige Familienangehörige über familiäre Bindungen im Ausland verfügt, die in gleicher oder stärkerer Weise durch Artikel 6 GG geschützt sind.

36.1.1.4.2 Ein Nachzug minderjähriger sonstiger Familienangehöriger zu Verwandten in aufsteigender Linie kommt ausnahmsweise nur in Betracht, wenn sie Vollwaisen sind (z. B. Enkelkinder zu Großeltern) oder wenn die Eltern nachweislich auf Dauer nicht mehr in der Lage sind, die Personensorge auszuüben (z. B. wegen einer Pflegebedürftigkeit). Dem steht es gleich, wenn zum Schutze des Kindes den Eltern durch eine für deutsche Stellen maßgebliche gerichtliche oder behördliche Entscheidung die Personensorge auf Dauer entzogen wurde und diese Maßnahme nicht nur auf dem Umstand beruht, dass dem Kind ein Aufenthaltsrecht im Bundesgebiet verschafft werden soll. Dem Wohl des Kindes kommt bei der Feststellung, ob eine außergewöhnliche Härte vorliegt, besonderes Gewicht zu. Bei der Ermessensausübung ist die Nummer 32.4.12 zu beachten.

36.1.1.4.3 Der Nachzug minderjähriger wie volljähriger nicht mehr lediger Kinder zu ihren Eltern ins Bundesgebiet scheidet grundsätzlich aus, solange die Ehe des Kindes im Ausland noch besteht. Die Möglichkeit der Erteilung eines Aufenthaltstitels aus anderen Gründen bleibt unberührt.

36.1.2 Außergewöhnliche Härte

36.1.2.0 Die Erteilung der Aufenthaltserlaubnis zur Herstellung und Wahrung der familiären Lebensgemeinschaft muss zur Vermeidung einer außergewöhnlichen Härte (unbestimmter Rechtsbegriff) erforderlich sein, d. h. die familiäre Lebensgemeinschaft muss das geeignete und notwendige Mittel sein, um die außergewöhnliche Härte zu vermeiden.

36.1.2.1 Ein Nachzug kommt nur in Betracht, wenn im Fall der Versagung des Nachzugs die Interessen des im Bundesgebiet lebenden Ausländers oder des nachzugswilligen sonstigen Familienangehörigen mindestens genauso stark berührt wären, wie dies im Fall von Ehegatten und minderjährigen ledigen Kindern der Fall sein würde. Nach Art und Schwere müssen so erhebliche Schwierigkeiten für den Erhalt der familiären Lebensgemeinschaft drohen, dass die Versagung der Aufenthaltserlaubnis ausnahmsweise als unvertretbar anzusehen ist. § 36 setzt dabei nicht nur eine besondere, sondern eine außergewöhnliche Härte voraus.

36.1.2.2 Härtefallbegründend sind danach solche Umstände, aus denen sich ergibt, dass der im Bundesgebiet lebende oder der nachzugswillige Familienangehörige auf die familiäre Lebenshilfe angewiesen ist, die sich nur im Bundesgebiet erbringen lässt (z. B. infolge einer besonderen Betreuungsbedürftigkeit). Bei Minderjährigen sind das Wohl des Kindes und dessen Lebensalter vorrangig zu berücksichtigen. Der Verlust eines Anspruchs auf Erteilung einer Aufenthaltserlaubnis zum Kindernachzug infolge einer Überschreitung der Altersgrenze für den Nachzug stellt grundsätzlich keinen Härtefall dar.

36.1.2.3 Umstände, die ein familiäres Angewiesensein begründen, können sich nur aus individuellen Besonderheiten des Einzelfalls ergeben (z. B. Krankheit, Behinderung, Pflegebedürftigkeit, psychische Not). Umstände, die sich aus den allgemeinen Lebensverhältnissen im Herkunftsland des nachziehenden Familienangehörigen ergeben, können insoweit nicht berücksichtigt werden. Keinen Härtefall begründen danach z. B. ungünstige schulische, wirtschaftliche, soziale und sonstige Verhältnisse im Heimatstaat. Ebenso wenig sind politische Verfolgungsgründe maßgebend.

36.1.2.4 Die Herstellung der familiären Lebensgemeinschaft mit einem im Bundesgebiet lebenden Angehörigen ist im Allgemeinen nicht zur Vermeidung einer außergewöhnlichen Härte erforderlich, wenn im Ausland andere Familienangehörige leben, die zur Betreuung und Erziehung in der Lage sind. Dies ist bei einem Nachzug volljähriger Kinder und volljähriger Adoptivkinder zu den Eltern, beim Nachzug von Eltern zu volljährigen Kindern, beim Enkelnachzug und dem Nachzug von Kindern zu Geschwistern besonders zu prüfen.

36.1.2.5 Im Falle einer lediglich vorübergehenden erforderlichen familiären Betreuung kommt nicht der grundsätzlich auf Dauer angelegte Familiennachzug, sondern allenfalls eine Aufenthaltserlaubnis, die unter Ausschluss der Verlängerung erteilt wird (§ 8 Abs. 2), in Betracht. In solchen Fällen hat die Ausländerbehörde vor der Erteilung einer Aufenthaltserlaubnis im Benehmen mit der Arbeitsverwaltung zu prüfen, ob eine Beschäftigung vorliegt. In diesem Falle findet § 18 vorrangig Anwendung.

36.1.2.6 Die Anwendung von Satz 1 scheidet auch dann regelmäßig aus, wenn die Eltern eines im Bundesgebiet lebenden Kindes geschieden sind und dem nachzugswilligen geschiedenen ausländischen Elternteil kein Personensorgerecht zusteht. Zwar besteht auch in diesen Fällen eine nach Artikel 6 GG schutzwürdige familiäre Beziehung zwischen dem nichtsorgeberechtigten Elternteil und dem Kind (Umgangsrecht). Dieser Beziehung kann jedoch grundsätzlich durch Besuchsaufenthalte und Telefonate ausreichend Rechnung getragen werden. Eine andere Beurteilung ist im Einzelfall nur dann gerechtfertigt, wenn auch ohne häusliche Gemeinschaft eine familiäre Beistands- und Betreuungsgemeinschaft dergestalt vorliegt, dass der nur umgangsberechtigte Elternteil in erheblichem Maße Verantwortung für die Betreuung und Erziehung des Kindes tatsächlich übernimmt und seinen Unterhaltsverpflichtungen regelmäßig nachkommt (z. B. regelmäßige Besuche an Arbeitstagen, häufige Besuche des Kindes beim Elternteil am Wochenende, Wahrnehmung von Versorgungsaufgaben). Der jeweilige Elternteil muss im Einzelfall nachweisen, dass das Umgangsrecht inhaltlich dem Wesen einer Beistands- und Betreuungsgemeinschaft entspricht. Maßgeblich ist auch, ob tatsächlich eine persönliche Verbundenheit besteht, auf deren Aufrechterhaltung das Kind zu seinem Wohl angewiesen ist.

36.1.2.7 Die Betreuungsbedürftigkeit von minderjährigen Kindern im Bundesgebiet stellt für sich allein keinen außergewöhnlichen Härtefall dar. Ein Zuzug sonstiger Familienangehöriger zur Kinderbetreuung kommt danach grundsätzlich nicht in Betracht, wenn die Eltern die Kinderbetreuung nicht selbst übernehmen können, weil sie beispielsweise beide (ganztägig) erwerbstätig sind. Soweit eine außergewöhnliche Härte angenommen werden kann (z. B. ein Elternteil kann infolge einer schweren Erkrankung die Kinder nicht mehr betreuen, ein Elternteil ist verstorben), ist zu prüfen, ob der Zuzug sonstiger Verwandter zwingend erforderlich ist oder nicht eine Aufenthaltserlaubnis für einen vorübergehenden Aufenthalt nach § 25 Abs. 4 Satz 1 ausreichend ist.

36.1.2.8 Bei den Ermessenserwägungen nach Satz 1 ist insbesondere zu berücksichtigen, ob die Betreuung oder Pflege des nachziehenden Familienangehörigen tatsächlich und rechtlich gewährleistet sind (z. B. Verpflichtung nach § 68, Stellung einer Bankbürgschaft).

36.2 Verlängerung der Aufenthaltserlaubnis

36.2.1 Die Aufenthaltserlaubnis kann verlängert werden, wenn die Voraussetzungen des § 36 weiterhin vorliegen und die familiäre Lebensgemeinschaft weiter fortbesteht. Bei minderjährigen Familienangehörigen schließt der Wegfall der Voraussetzungen, die zur Erteilung der Aufenthaltserlaubnis geführt haben, allerdings nicht notwendig die weitere Verlängerung aus. Nach mehrjährigem Bestehen der familiären Lebensgemeinschaft im Bundesgebiet kann die Nichtverlängerung der Aufenthaltserlaubnis dem Wohl des Kindes in so erheblichem Maße widersprechen, dass sie Artikel 6 GG nicht gerecht und eine außergewöhnliche Härte bedeuten würde.

36.2.2 Bei minderjährigen Familienangehörigen muss nach § 34 Abs. 1 und bei volljährigen Familienangehörigen kann nach § 30 Abs. 3 bei der Verlängerung der Aufenthaltserlaubnis von den Voraussetzungen des § 5 Abs. 1 Nr. 1 und des § 29 Abs. 1 Nr. 2 abgesehen werden.

36.2.3 Die im Zeitpunkt des Nachzugs bereits volljährigen Familienangehörigen erwerben nach § 31, Minderjährige nach § 34 Abs. 2 ein eigenständiges Aufenthaltsrecht.

Übersicht

	Rn
I. Entstehungsgeschichte	1
II. Allgemeines	2
III. Nachzug sonstiger Familienangehöriger	4
1. Allgemeines	4
2. Sonstige Familienangehörige	5
3. Außergewöhnliche Härte	6

	Rn
4. Ermessen	18
5. Verlängerung	19
6. Eigenständiges Aufenthaltsrecht	20

I. Entstehungsgeschichte

1 Die Vorschrift entspricht dem **GesEntw** (BT-Drs 15/420 S. 16).

II. Allgemeines

2 Wie nach früherer Rechtslage (§§ 18–21, 23 AuslG) beschränkt das Ges die Familienzusammenführung, nämlich den Familienzuzug von Ausl u. den Nachzug zu Ausl (zum Unterschied vgl § 37 Rn 2) grundsätzlich auf Ehegatten u. minderjährige ledige Kinder u. gewährt bei Dt zusätzlich Eltern den Zuzug. Diese Beschränkungen stimmen im Ziel mit dem Anwerbestopp für Arbeitnehmer überein: **Begrenzung der Zuwanderung** bei gleichzeitiger Förderung der Integration (zu familienpolitischen u. demografischen Bedenken vgl § 27 Rn 7). Während diesen Personen weitgehend Rechtsansprüche verliehen sind, ist eine AE sonst nur für Härtefälle u. nach Ermessen vorgesehen (§ 36; früher § 22 AuslG). Damit ist keine allg Auffangvorschrift für Familienangehörige geschaffen, denen sonst keine Zuwanderungsmöglichkeit eröffnet ist (vgl zu § 30 III AuslG BVerwG, EZAR 021 Nr 5 u. 6). Der besondere Ausnahmecharakter kommt nicht zuletzt darin zum Ausdruck, dass nicht eine allg oder eine besondere Härte genügt, sondern dass bei Versagung des Nachzugs eine außergewöhnliche Härte eintreten muss.

3 Statt besondere Voraussetzungen zu nennen, verweist das Ges auf Vorschriften für Ehegatten u. Minderjährige sowie das selbständige AufR für Ehegatten (§§ 30 III, 31, 34) u. nimmt für Angehörige Dt hierauf Bezug (Abs 3). Mit der Erweiterung des Personenkreises verändert sich auch die **Bedeutung der familiären Lebensgemeinschaft**. Während die Kernfamilie mit minderjährigen Kindern auch deren Erziehung u. Betreuung in enger persönlicher Verbundenheit dient, tritt im Verhältnis zu erwachsenen Kindern u. anderen Angehörigen eher das Element der geistigen Begegnung einerseits u. der materiellen u. psychischen Versorgung andererseits in den Vordergrund.

III. Nachzug sonstiger Familienangehöriger

1. Allgemeines

4 Auch bei Zugehörigkeit zu der Großfamilie u. einer außergewöhnlichen Härte liegt die Erteilung einer AE nicht im unbeschränkten Ermessen. Es müssen vielmehr zunächst die allg Erfordernisse der §§ 5, 27 bis 29 erfüllt sein. Für Verlängerungen gelten die §§ 30 III, 31 u. 34 entsprechend.

2. Sonstige Familienangehörige

5 Unter sonstigen Familienangehörigen sind alle außer den Ehegatten u. den minderjährigen ledigen Kindern zu verstehen. In Betracht kommen die anderen Mitglieder der **Großfamilie,** vor allem volljährige ledige u. verheiratete, geschiedene oder verwitwete Kinder, Pflegekinder, Eltern, Großeltern, Schwager/Schwägerinnen, Onkel/Tanten u. Neffen/Nichten. Ehegatten u. minderjährige ledige Kinder, die nach §§ 28 bis 35 kein AufR erhalten, fallen grundsätzlich nicht in den Anwendungsbereich der Vorschrift. Diese gilt

nicht für außergewöhnliche oder andere Härten, die aus der Anwendung der §§ 28 bis 35 resultieren können. Soweit ein nur vorübergehendes Zusammenleben in Deutschland den berechtigten familiären Belangen bereits Genüge tut, ist die AE entsprechend kurz zu befristen u. eine Verlängerung nach § 8 II auszuschließen.

3. Außergewöhnliche Härte

Eine außergewöhnliche Härte kann nur angenommen werden, wenn die Ablehnung der AE 6
im Einzelfall zu Härten führt, die unter Berücksichtigung des Schutzgebots des Art 6 I, II GG im Vergleich zu den vom Ges in §§ 28 bis 35 gestatteten u. den nicht erlaubten Fällen der Familienzusammenführung als außergewöhnlich zu bezeichnen sind (vgl OVG SchlH, InfAuslR 1992, 125). Die Folgen der Versagung der AE müssen im Vergleich zu den Fällen der Ehegatten u. minderjährigen ledigen Kinder so ungewöhnlich sein, dass die **Versagung nicht vertretbar** erscheint (Göbel-Zimmermann, ZAR 1995, 170). Da nicht nur eine „besondere" Härte verlangt wird, ist ein erhebliches Abweichen vom Regeltatbestand notwendig, das wegen individueller Besonderheiten nach Art u. Schwere ungewöhnliche Schwierigkeiten bereitet.

Immer ist dabei der **Zweck des Familiennachzugs,** nämlich Herstellung u. Wahrung 7
der Familiengemeinschaft, im Blick zu behalten. Außerhalb dieses Schutzbereichs liegende Beeinträchtigungen bleiben deshalb idR unbeachtet, insb Schwierigkeiten aufgrund der wirtschaftlichen u. sozialen Verhältnisse im Herkunftsstaat. Gleichgültig ist, ob der nachzugswillige oder der bereits im Bundesgebiet lebende Familienangehörige besondere Nachteile der Trennung zu tragen hat. Immer muss aber die Zusammenführung in Deutschland zur Vermeidung der außerordentlichen Härte zwingend geboten sein. Dies ist nicht der Fall, wenn die familiäre Verbundenheit u. die gegenseitigen Beziehungen durch gelegentliche Besuche, schriftliche oder fernmündliche Unterhaltung u. finanzielle Unterstützungen aufrechterhalten werden können oder wenn im Ausland andere Familienangehörige leben, die zur Betreuung von kranken oder pflebedürftigen Eltern, volljährigen Kindern, Geschwistern oder sonstigen Verwandten in der Lage sind.

Es entspricht den ges Nachzugsregeln u. stellt deshalb nicht schon für sich eine außerge- 8
wöhnliche Härte dar, wenn der Ausl als **einziges Familienmitglied** noch im Ausland lebt. Insb bei Volljährigen ist es nicht ungewöhnlich, dass sie sich aus der familiären Gemeinschaft lösen. Ebensowenig fällt besonders ins Gewicht, ob der Ausl hier allein lebt u. alle sonstigen Angehörigen in der gemeinsamen Heimat. Sind die Mitglieder der Familie mehr oder weniger gleichmäßig auf Aus- u. Inland verteilt, besitzt die Familienzusammenführung im Bundesgebiet nicht ohne weiteres Vorrang, auch wenn die Trennung Schwierigkeiten verursacht u. hier am einfachsten zu beheben wäre.

Volljährige Kinder sind auch aufr selbständig zu behandeln. Sie benötigen idR die 9
familiäre Lebenshilfe nicht mehr, auch wenn sie oft aus wirtschaftlichen oder anderen Gründen noch mit ihren Eltern zusammenwohnen (BVerwGE 65, 188). Eine wirtschaftliche Unterstützung ist den im Bundesgebiet lebenden Eltern zumindest durch Geldüberweisungen leicht möglich. Ob sie familienrechtlich zur Unterhaltsgewährung durch Kost u. Logis berechtigt oder verpflichtet sind, spielt für die Frage der außergewöhnlichen Härte zunächst keine Rolle; ebensowenig die Erschwerung der Kommunikation infolge des Getrenntlebens. Eine andere Beurteilung ist nur bei Angewiesensein auf die Lebenshilfe des Volljährigen oder der Eltern gerechtfertigt (zum früheren Recht BVerfG-A, EZAR 105 Nr 5; BVerfG-K, EZAR 105 Nr 17; HessVGH, EZAR 105 Nr 23).

Verheiratete Minderjährige sind aufr aus ihrem ursprünglichen Familienverband aus- 10
geschieden; erst nach Auflösung ihrer Ehe (durch Tod, Ehescheidung oa) kommt ein Nachzug zu ihren Eltern (wieder) in Frage. Zumutbar ist zB nach Ehescheidung der Verbleib im Ausland trotz früheren längeren Aufenthalts im Bundesgebiet (zum früheren Recht BVerwG, EZAR 105 Nr 4).

Sonstigen minderjährigen ledigen Familienangehörigen kann der Nachzug zu (ent- 11
fernteren) Verwandten (Großeltern, Onkel/Tanten ua) nur gestattet werden, wenn sie in

besonderer Weise auf familiäre Hilfe im Bundesgebiet angewiesen sind u. die Ablehnung sie ganz ungewöhnlich hart träfe. Dies kann bei Vollwaisen u. anderen Kindern angenommen werden, deren Betreuung u. Erziehung durch personenberechtigte Eltern (rechtlich oder tatsächlich) nicht gewährleistet sind (zum früheren Recht HessVGH, EZAR 105 Nr 26); nicht aber bei einem 17-Jährigen, der bis zum 14. Lebensjahr bei seiner Mutter im Heimatstaat gelebt hat u. zu seinem Onkel zuziehen will (HessVGH, EZAR 622 Nr 16).

12 Eine außergewöhnliche Härte ergibt sich nicht schon daraus, dass die Arbeits- u. Ausbildungs- sowie die allg **Lebensbedingungen** in Deutschland für Kinder u. Jugendliche besser sind als im Heimatstaat. Auch dort drohende existentielle Gefährdungen können für sich allein eine außergewöhnliche Härte nicht begründen, wohl aber evtl dringende humanitäre Gründe iSd § 25 IV 1 (zum früheren Recht VGH BW, EZAR 015 Nr 10; HessVGH, InfAuslR 1994, 225; OVG NRW, InfAuslR 1991, 232).

13 **Volljährige** können grundsätzlich eine Nachzugsmöglichkeit zu Kindern oder anderen Angehörigen nicht verlangen (zum früheren Recht BVerwGE 66, 268; BVerwG, EZAR 105 Nr 28). Eine außergewöhnliche Härte kann für sie allenfalls entstehen, wenn sie oder die im Bundesgebiet lebenden Familienmitglieder auf ihre Lebenshilfe dringend angewiesen sind (Göbel-Zimmermann, ZAR 1995, 170; betr psychisch kranke Tochter dt Eltern OVG Lüneburg, EZAR 022 Nr 10; betr Eltern eines Gehörlosen OVG NRW, InfAuslR 1993, 24; betr Pflege des mit der ausl leiblichen Mutter verheirateten schwerstkranken dt Adoptivvaters HessVGH, InfAuslR 1993, 369; betr eine im Haushalt mit einer pflegebedürftigen Großmutter u. im Geschäft integrierte Adoptivtochter VGH BW, NVwZ-RR 1996, 115; betr gerade volljährig gewordene Tochter, die sonst allein im Bürgerkriegsgebiet leben müsste: OVG Bremen, InfAuslR 1995, 317). In diesen Fällen kann die Familie nicht ohne weiteres auf den Arbeitsmarkt für Pflegedienste verwiesen werden. Allg spricht gegen einen Zuzug Volljähriger, dass damit idR eine engere familiäre Lebensgemeinschaft im Ausland aufgelöst wird. Dem nicht sorgeberechtigten ausl Elternteil eines dt Kindes kann der Zuzug nach Maßgabe des § 28 I Hs. 2 gestattet werden, sofern die Lebensgemeinschaft schon im Bundesgebiet praktiziert wird; er scheidet damit insoweit aus dem Anwendungsbereich des § 36 aus.

14 Die Berufstätigkeit beider Ehegatten u. die **Betreuung der Kinder** begründen idR keine Notwendigkeit zur Gestattung des Nachzugs für die Großmutter (zum früheren Recht BVerwG, EZAR 105 Nr 7; vgl auch BVerwGE 42, 148 betr Sozialstaatsprinzip). Für eine zeitweilige Betreuung kann indes ein Visum erteilt werden. IdR handelt es sich nicht um eine unselbständige Erwerbstätigkeit, für die Zulassung, uU mit Zustimmung der BA, erforderlich ist. Falls keine familiäre Gemeinschaft beabsichtigt ist, sondern lediglich die Kinderbetreuung durch einen Familienangehörigen, scheidet zwar § 36 als mögliche Grundlage aus, es kommt aber eine AE nach § 7 I in Betracht (vgl § 7 Rn 18; Pfaff, ZAR 2005, 8)

15 Mit der **Reform des Kindschaftsrechts** zum 1. 7. 1998 haben sich die Rechtsverhältnisse zwischen Eltern u. Kindern sowie anderen Personen zT grundlegend geändert, ohne dass der Gesetzgeber aufr Konsequenzen für nötig erachtet hat (Hailbronner, § 35 AufenthG Rn 20 f; Laskowski/Albrecht, ZAR 1999, 100). Nunmehr steht verheirateten Eltern das gemeinsame Sorgerecht (als Pflicht u. Recht nach § 1626 I 1 BGB) auch nach Trennung u. Scheidung zu (§ 1671 BGB), u. nicht miteinander verheiratete Eltern können es durch einfache Erklärung erwerben (§ 1626 a I BGB). Umgangsrechte sind für Eltern die Regel u. auch für andere Beziehungspersonen vorgesehen (§ 1623 III BGB).

16 Diese **Neugewichtung** der elterlichen Erziehungsverantwortung durch den einfachen Gesetzgeber stützt sich unmittelbar auf die Garantien des Art 6 I, II GG u. erhält damit zusätzliches Gewicht auch in aufr Hinsicht. Seither muss die gebotene **Abwägung** privater u. öffentl Interessen stärker für den Aufenthalt eines Elternteils sprechen, wenn dieser nicht nur ein ihm zustehendes Elternrecht wahrnehmen, sondern der ihm ges obliegenden Erziehungspflicht nachkommen will. Damit ist der Gesichtspunkt der Lebenshilfe in dem Sinne verstärkt, dass der Gesetzgeber Erziehung u. Betreuung durch beide (getrenntlebende

Nachzug sonstiger Familienangehöriger　§ 36 **AufenthG 1**

oder geschiedene oder nicht verheiratete) Eltern als die rechtliche gebotene allg Regel u. nicht mehr als Ausnahme für individuelle Sondersituationen betrachtet. Hieraus ergeben sich einmal **Änderungen** für den Aufenthalt von ausl Eltern eines dt Kindes. Sodann verdient der Wille zur Ausübung des (gemeinsamen) Sorgerechts im Inland auch für Eltern eines ausl Kindes nunmehr eine stärkere Beachtung als früher.

Schließlich ist auch die Bewertung der Ausübung des **Umgangsrechts** im Rahmen des § 36 insofern zu verändern, als das Kindeswohl die Anwesenheit des ausl Elternteils erfordern kann. Die Wahrnehmung des Umgangsrechts durch den ausl Elternteil eines ausl Kindes allein rechtfertigt zwar kein AufR, wenn keine häusliche Gemeinschaft besteht u. Besuche u. andere Kontakte möglich sind (BVerwG, EZAR 023 Nr 12; zum früheren Recht VGH BW, InfAuslR 1995, 315 betr dt Kind). Auch regelmäßige Besuche allein begründen noch keine familiäre Lebensgemeinschaft; ihr Abbruch führt deshalb noch nicht unbedingt zu einer außergewöhnlichen Härte (aA OVG Hamburg, EZAR 020 Nr 2). Anders verhält es sich jedoch, wenn sich die tatsächlich gelebten Beziehungen nicht in mehr oder weniger regelmäßigen Beziehung Begegnungen erschöpfen, sondern einer Beistands- u. Betreuungsgemeinschaft gleichkommen. 17

4. Ermessen

Im Rahmen des Ermssens sind die widerstreitenden Interessen zu gewichten, die für u. gegen eine AE wegen einer außergewöhnlichen Härte sprechen. Vor allem ist zu berücksichtigen, ob das AufR des sonstigen Familienengehörigen zur Vermeidung geeignet ist. Hierzu ist zB festzustellen, ob die beabsichtigte Pflegeleistung von dem Angehörigen zuverlässig u. auf eine gewisse Dauer hin erbracht werden kann oder ob nicht der Einsatz fremden Fachpersonals zweckmäßiger ist. 18

5. Verlängerung

Bei **Fortbestehen der außergewöhnlichen Härtesituation** kann die AE verlängert werden, u. zwar unter Berücksichtigung der zwischenzeitlichen Aufenthaltsdauer, aber nur zur Fortführung der familiären Lebensgemeinschaft (§§ 8 I, 27 I). Vom Unterhalts- u. Wohnraumerfordernis (§§ 5 I Nr 1, 29 I Nr 1) können Volljährige befreit werden (§ 30 III), während Minderjährige kraft Ges befreit sind (§ 34 I). 19

6. Eigenständiges Aufenthaltsrecht

Ein eigenständiges AufR erwerben Volljährige analog § 31 u. Minderjährige analog § 34 II. Für die **Altersgrenze** von 18 Jahren (§ 80 III 1) kommt es auf den Zeitpunkt des Nachzugs an. Das eigenständige AufR **entsteht** nicht schon mit Beendigung der Härtesituation, sondern erst bei Aufhebung der familiären Lebensgemeinschaft (aA HessVGH, InfAuslR 1994, 225). Der Fortfall der Härtefallumstände entspricht nicht dem Ende der Familiengemeinschaft u. führt zu keiner ähnlichen Interessenlage. Bezugspunkt des § 36 wie des § 31 ist der durch Art 6 GG geschützte Aufenthaltszweck des familiären Zusammenlebens (§ 27 I). Die entsprechende Anwendung des § 31 setzt daher eine ähnliche Konstellation hinsichtlich des Zusammenlebens voraus wie § 31. 20

Abschnitt 7. Besondere Aufenthaltsrechte

§ 37 Recht auf Wiederkehr

(1) ¹Einem Ausländer, der als Minderjähriger rechtmäßig seinen gewöhnlichen Aufenthalt im Bundesgebiet hatte, ist eine Aufenthaltserlaubnis zu erteilen, wenn
1. der Ausländer sich vor seiner Ausreise acht Jahre rechtmäßig im Bundesgebiet aufgehalten und sechs Jahre im Bundesgebiet eine Schule besucht hat,
2. sein Lebensunterhalt aus eigener Erwerbstätigkeit oder durch eine Unterhaltsverpflichtung gesichert ist, die ein Dritter für die Dauer von fünf Jahren übernommen hat, und
3. der Antrag auf Erteilung der Aufenthaltserlaubnis nach Vollendung des 15. und vor Vollendung des 21. Lebensjahres sowie vor Ablauf von fünf Jahren seit der Ausreise gestellt wird.

²Die Aufenthaltserlaubnis berechtigt zur Ausübung einer Erwerbstätigkeit.

(2) ¹Zur Vermeidung einer besonderen Härte kann von den in Absatz 1 Nr. 1 und 3 bezeichneten Voraussetzungen abgewichen werden. ²Von den in Absatz 1 Nr. 1 bezeichneten Voraussetzungen kann abgesehen werden, wenn der Ausländer im Bundesgebiet einen anerkannten Schulabschluss erworben hat.

(3) Die Erteilung der Aufenthaltserlaubnis kann versagt werden,
1. wenn der Ausländer ausgewiesen worden war oder ausgewiesen werden konnte, als er das Bundesgebiet verließ,
2. wenn ein Ausweisungsgrund vorliegt oder
3. solange der Ausländer minderjährig und seine persönliche Betreuung im Bundesgebiet nicht gewährleistet ist.

(4) Der Verlängerung der Aufenthaltserlaubnis steht nicht entgegen, dass der Lebensunterhalt nicht mehr aus eigener Erwerbstätigkeit gesichert oder die Unterhaltsverpflichtung wegen Ablaufs der fünf Jahre entfallen ist.

(5) Einem Ausländer, der von einem Träger im Bundesgebiet Rente bezieht, wird in der Regel eine Aufenthaltserlaubnis erteilt, wenn er sich vor seiner Ausreise mindestens acht Jahre rechtmäßig im Bundesgebiet aufgehalten hat.

Vorläufige Anwendungshinweise

37 Zu § 37 Recht auf Wiederkehr

37.1 Wiederkehranspruch für junge Ausländer
37.1.0 Allgemeines
37.1.0.1 Die Absätze 1 und 2 vermitteln jungen Ausländern, die Deutschland nach einem längeren Daueraufenthalt verlassen haben, ein eigenständiges, von anderen Aufenthaltszwecken (insbesondere vom Familiennachzug und den §§ 18 bis 21) unabhängiges Wiederkehr- und Aufenthaltsrecht. Der Anspruch besteht auch, wenn der Ausländer aufgrund einer ausländerrechtlichen Maßnahme zur Ausreise verpflichtet war (siehe jedoch Absatz 3 Nr. 1). Der Wiederkehranspruch setzt nicht voraus, dass der Ausländer
– im Zeitpunkt der Ausreise minderjährig war,
– familiäre Beziehungen im Bundesgebiet hat oder
– sich vor der Einreise im Heimatstaat aufgehalten hat.
37.1.0.2 Die Absätze 1 und 2 sollen nur denjenigen Ausländern die Wiederkehr ermöglichen, die aufgrund ihres früheren rechtmäßigen Aufenthalts die Möglichkeit einer aufenthaltsrechtlichen Verfestigung im Bundesgebiet hatten (Daueraufenthalt). Absatz 1 findet daher grundsätzlich keine Anwendung, wenn der Ausländer im Zeitpunkt seiner Ausreise lediglich im Besitz einer nach seiner Zweckbestimmung begrenzten Aufenthaltserlaubnis war, deren Verlängerung nach § 8 Abs. 2 ausgeschlossen

Recht auf Wiederkehr § 37 **AufenthG 1**

war. Bei Aufenthalten vor Inkrafttreten des Aufenthaltsgesetzes sind die in § 102 Abs. 2 genannten Kriterien für die Feststellung maßgebend, ob sich der Aufenthalt des Ausländers rechtlich verfestigt hat; dies ist bei Inhabern bisheriger Aufenthaltsbewilligungen und Aufenthaltsbefugnisse nicht anzunehmen. Hinsichtlich der Aufenthaltszeiten bis zum Inkrafttreten des Ausländergesetzes aus dem Jahre 1990 ist die Bestimmung des § 94 AuslG zur Beurteilung heranzuziehen.
37.1.1 Anrechenbarer rechtmäßiger Aufenthalt
37.1.1.1 Als Zeiten des rechtmäßigen Aufenthalts nach Absatz 1 Nr. 1 sind anzurechnen die Zeiten:
37.1.1.1.1 – des Besitzes einer Aufenthaltserlaubnis oder Niederlassungserlaubnis,
37.1.1.1.2 – einer Befreiung vom Erfordernis des Aufenthaltstitels, sofern unabhängig während dieses Zeitraums die Voraussetzungen für die Erteilung einer Aufenthaltserlaubnis oder einer Niederlassungserlaubnis vorlagen oder
37.1.1.1.3 – des Besitzes einer Aufenthaltserlaubnis, deren Verlängerung nach § 8 Abs. 2 ausgeschlossen war (bzw. eine Aufenthaltsbewilligung oder Aufenthaltsbefugnis nach dem AuslG), sofern der Ausländer vor seiner Ausreise zuletzt im Besitz einer nicht nach § 8 Abs. 2 beschränkten Aufenthaltserlaubnis oder Niederlassungserlaubnis war.
37.1.1.2 Nicht anrechenbar sind die Zeiten einer Aufenthaltsgestattung im Falle einer unanfechtbaren Ablehnung des Asylantrags (vgl. § 55 Abs. 3 AsylVfG). Am Erfordernis eines rechtmäßigen Aufenthalts fehlt es in den Fällen des § 51 Abs. 1 und 5, insbesondere bei Aufenthaltszeiten zwischen einer Ausweisung und der Ausreise aus dem Bundesgebiet (§ 51 Abs. 1 Nr. 5 i. V. m. § 84 Abs. 2 Satz 1).
37.1.1.3 Verlangt wird ein rechtmäßiger, jedoch nicht ununterbrochener Voraufenthalt von insgesamt acht Jahren.
37.1.1.4 Als Schulbesuch nach § 16 Abs. 1 Nr. 1 kommen sowohl der Besuch allgemeinbildender Schulen als auch der Besuch von berufsbildenden Schulen oder vergleichbarer berufsqualifizierender Bildungseinrichtungen in Betracht. Dagegen sind zweckgebundene Ausbildungsaufenthalte wie z. B. Besuch einer Sprach- oder Musikschule nicht anrechenbar.
37.1.2 Sicherstellung des Lebensunterhalts
Der Lebensunterhalt ist nach Absatz 1 Nr. 2 aus eigener Erwerbstätigkeit nur gesichert, wenn die Erwerbstätigkeit erlaubt ist. Der Maßstab für die Unterhaltssicherung ergibt sich aus § 2 Abs. 3 (vgl. Nummer 2.3). Das Erwerbsverhältnis muss nicht notwendig bereits unbefristet sein, aber es muss eine dauernde berufliche Eingliederung erwarten lassen. Eine vereinbarte Probezeit steht dem nicht entgegen. Bestehen Zweifel, ob der Lebensunterhalt durch eigene Erwerbstätigkeit gesichert ist, muss eine Unterhaltsverpflichtung gefordert werden. Die Unterhaltsverpflichtung eines Dritten ist nach § 68 abzusichern.
37.1.3 Zeitliche Antragsvoraussetzungen
Die zeitlichen Antragsvoraussetzungen nach Absatz 1 Nr. 3 müssen im Zeitpunkt der Beantragung des Aufenthaltstitels (gegebenenfalls bei der Auslandsvertretung) vorliegen; der Tag der Einreise oder der tatsächlichen Erteilung ist nicht maßgeblich. Das gilt auch für den Fall, dass zunächst ein Antrag auf Erteilung eines Aufenthaltstitels nur für einen seiner Natur nach zeitlich begrenzten Zweck (z. B. Studium) gestellt und dem Antrag entsprochen worden ist. Eine solchermaßen erlangte Aufenthaltserlaubnis kann später in eine Aufenthaltserlaubnis nach § 37 umgewandelt werden.

37.2 Ausnahmen
37.2.1.0 Die Abweichung von den Erteilungsvoraussetzungen nach Absatz 1 im Härtefall ist in Absatz 2 Satz 1 abschließend geregelt. Ob ein besonderer Härtefall vorliegt, ist durch Vergleich des konkreten Einzelfalles mit den in Absatz 1 genannten Anspruchsvoraussetzungen (gesetzlicher Maßstab der Wiederkehrberechtigung) zu ermitteln. Es ist darauf abzustellen, ob der Ausländer von den Lebensverhältnissen im Bundesgebiet so entscheidend geprägt ist, dass es eine besondere Härte darstellen würde, wenn er keine Möglichkeit hätte, dauerhaft in das Bundesgebiet zurückzukehren. Die Möglichkeit der Abweichung von bestimmten tatbestandlichen Voraussetzungen liegt im Ermessen der Behörde, so dass etwa die §§ 5, 10 und 11 anwendbar sind.
37.2.1.1 Der Ausschluss von der Wiederkehr kann deshalb eine besondere Härte darstellen, weil die Abweichung von Absatz 1 Nr. 1 und 3 insgesamt geringfügig ist (z. B. wenige Wochen), insbesondere, wenn nur eine einzelne Voraussetzung des Absatzes 1 Nr. 1 und 3 nicht erfüllt ist, der Ausländer sich jedoch während seines früheren Aufenthalts in die sozialen und wirtschaftlichen Lebensverhältnisse der Bundesrepublik Deutschland eingegliedert hatte. Eine besondere Härte kann auch vorliegen, wenn die Nichterfüllung einzelner Voraussetzungen durch eine Übererfüllung anderer mehr als ausgeglichen wird (z. B. wesentlich längere Aufenthaltsdauer im Bundesgebiet, wesentlich längerer Schulbesuch).
37.2.1.2 Ebenso kann eine besondere Härte vorliegen, wenn anstelle eines Schulbesuches in Deutschland im Ausland ein Schulbesuch an einer deutschen Auslandsschule stattfand, an der völlig oder nahezu ausschließlich in deutscher Sprache unterrichtet wird, die unter der Aufsicht einer deutschen Landes-

behörde steht und an der nach deutschen Lehrplänen unterrichtet wird. Ebenso kann die Zeit einer Teilnahme an einem Austausch- oder vergleichbaren Programm berücksichtigt werden, in dessen Rahmen der Ausländer in einem Staat, dessen Staatsangehörigkeit er nicht besitzt, für einen Zeitraum von bis zu einem Jahr in einer Gastfamilie gelebt hat und dabei eine Schule im Aufenthaltsstaat besucht hat, die hinsichtlich der Lehrinhalte und -ziele als mit einer deutschen Schule gleichwertig anzusehen ist, sofern die Ausländerbehörde entsprechend eine Frist zur Wiedereinreise nach § 51 Abs. 1 Nr. 7 gesetzt hatte. Für die Beurteilung maßgeblich ist dabei, ob ein deutscher Schüler in vergleichbarer Lebenssituation – etwa bei einer beruflichen Versetzung der Eltern ins Ausland oder bei Interesse an einem „Gastschuljahr" im Ausland – ohne Absicht dauerhafter Auswanderung aus Deutschland, aber mit der Absicht der Beibehaltung der Bindungen zum deutschen Lebens- und Bildungsbereich eine ähnliche Gestaltung seiner Schullaufbahn typischerweise gewählt hätte.

37.2.1.3 Ist nur ein Schulbesuch von fünf Jahren und darunter nachgewiesen, handelt es sich außer in dem in 37.2.1.2 genannten Fall um eine erhebliche Abweichung von der in Absatz 1 Nr. 1 geforderten Schulzeit von sechs Jahren. Beruhte der Umstand, dass der Ausländer verspätet eingeschult worden ist oder den Schulbesuch vorzeitig beendet hat, jedoch auf zwingenden, von ihm nicht zu vertretenden Gründen (z. B. Erkrankung), kann eine Ausnahme in Betracht gezogen werden.

37.2.1.4 Eine besondere Härte ist regelmäßig anzunehmen, wenn der Ausländer wegen der Leistung des gesetzlich vorgeschriebenen Wehrdienstes die rechtzeitige Antragstellung versäumt hat. Allerdings muss er den Antrag innerhalb von drei Monaten nach Entlassung aus dem Wehrdienst bei der zuständigen Behörde stellen. Eine besondere Härte kann vorliegen, wenn diese Antragsfrist aus zwingenden Gründen, die der Ausländer nicht zu vertreten hat, überschritten wurde. Sachfremde Umstände (z. B. Ausweichen vor Bürgerkriegsfolgen) stellen keine Härte im Sinne des Absatz 2 Satz 1 dar, die eine Überschreitung der Antragsfrist rechtfertigen können.

37.2.1.5 Ist die Voraufenthaltszeit im Bundesgebiet kürzer als die nachfolgende Aufenthaltszeit im Ausland, ist die Anwendung der Härteklausel grundsätzlich ausgeschlossen. Ein Ausländer, der z. B. aus dem Bundesgebiet ausgereist ist und nach Ablauf des Wehrdienstes im Heimatstaat ein mehrjähriges Studium betrieben hat und erst im Alter von 25 Jahren wieder in das Bundesgebiet einreisen will, weicht regelmäßig erheblich von den Voraussetzungen des Absatzes 1 Nr. 3 ab mit der Folge, dass der Ausschluss der Wiederkehr keine besondere Härte darstellt.

37.2.2 Die Ausnahme nach Absatz 2 Satz 2 setzt voraus, dass der Ausländer während seines früheren Aufenthalts im Bundesgebiet den Abschluss einer allgemeinbildenden Schule, also mindestens den Hauptschulabschluss, erreicht hat. Ein beruflicher Bildungsabschluss reicht ebenfalls aus. Die durch Absatz 2 Satz 2 gewährte Ausnahmemöglichkeit steht im Ermessen der Behörde und ist nicht auf besondere Härtefälle beschränkt.

37.3 Versagung der Wiederkehr

37.3.0 Auch wenn ansonsten nach Absatz 1 ein gesetzlicher Anspruch vorliegt, finden die Regelerteilungsgründe des § 5 Abs. 1 Nr. 1, 1a und 2, des § 5 Abs. 2, die Versagungsgründe des § 5 Abs. 4 und des § 11 Anwendung. Wenn die Wiederkehr nur nach Ermessen (Absatz 2) gestattet wird, sind zudem § 5 Abs. 1 Nr. 3 und § 10 Abs. 1 zu beachten.

37.3.1.1 Solange die Sperrwirkung des § 11 Abs. 1 Satz 2 gilt, steht der sich aus dieser Vorschrift ergebende zwingende Versagungsgrund der Erteilung einer Aufenthaltserlaubnis nach § 37 entgegen. Erst nach Wegfall der Sperrwirkung ist der Ermessensversagungsgrund des Absatzes 3 Nr. 1, erste Variante erheblich. Bei der Ermessensausübung hat die Ausländerbehörde insbesondere zu prüfen, ob aufgrund des bisherigen Verhaltens des Ausländers, das zu einer Ausweisung geführt hat, begründete Zweifel an einer Eingliederung in die sozialen und wirtschaftlichen Lebensverhältnisse der Bundesrepublik Deutschland bestehen.

37.3.1.2 Die zweite Variante des Absatzes 3 Nr. 1 setzt nicht nur das frühere Vorliegen eines Ausweisungsgrundes, sondern auch voraus, dass der Ausländer im Zeitpunkt seiner Ausreise unter Beachtung der Ausweisungsbeschränkungen nach § 56 (insbesondere nach § 56 Abs. 2) hätte ausgewiesen werden können. Völkervertragliche Beschränkungen der Ausweisung sowie Beschränkungen nach Art. 14 ARB 1/80 sowie sonstige Beschränkungen, die sich aus europäischem Recht ergeben, sind ebenfalls zu berücksichtigen.

37.3.2 Für den Versagungsgrund nach Absatz 3 Nr. 2 genügt das objektive Vorliegen eines Ausweisungsgrundes nach den §§ 53 bis 55. Ausweisungsbeschränkungen nach § 56 oder nach europäischen oder völkerrechtlichen Vorschriften sind unerheblich.

37.3.3 Der Versagungsgrund des Absatzes 3 Nr. 3 ist gegeben, wenn die Betreuung des Minderjährigen durch Privatpersonen ohne öffentliche Mittel nicht gewährleistet ist, d. h. die Betreuung muss insbesondere ohne Inanspruchnahme von Jugendhilfe sichergestellt sein.

Recht auf Wiederkehr § 37 **AufenthG 1**

37.4 Verlängerung der Aufenthaltserlaubnis für Wiederkehrer
37.4.1 Die Aufenthaltserlaubnis wird auch verlängert, wenn der Lebensunterhalt nicht mehr gesichert ist oder die Unterhaltsverpflichtung entfallen ist. Diese Vorschrift gilt auch, wenn die Aufenthaltserlaubnis in Anwendung des Absatzes 2 im Wege des Ermessens oder in Anwendung des § 85 erteilt worden ist. Die Verlängerung darf nur auf der Grundlage von § 5 Abs. 1 Nr. 1 oder 2, § 5 Abs. 2 oder 4 und § 11 sowie nach § 37 Abs. 3 Nr. 2 und 3 versagt werden.
37.4.2 Die Unterhaltsverpflichtung des Dritten muss insgesamt nur fünf Jahre bestehen. War der Lebensunterhalt im Zeitpunkt der Erteilung der Aufenthaltserlaubnis aus eigener Erwerbstätigkeit des Ausländers gesichert, kann bei Entfallen dieser Voraussetzung bei der Verlängerung nicht die Unterhaltsverpflichtung eines Dritten verlangt werden. Im Falle der Sozialhilfebedürftigkeit ist § 37 Abs. 3 Nr. 2 anwendbar. Dadurch wird sichergestellt, dass der Ausländer nicht besser behandelt wird als Ausländer, die das Bundesgebiet nie verlassen haben.
37.5 Wiederkehr von Rentnern
37.5.1 Dem ausländischen Rentner ist nach Absatz 5 in der Regel die Aufenthaltserlaubnis zu erteilen. Ein Rechtsanspruch ist hingegen nicht gegeben, selbst wenn in der überwiegenden Zahl der Fälle eine Ermessensreduzierung auf Null zu bejahen sein wird. Ein ununterbrochener rechtmäßiger Voraufenthalt ist ebenso wenig erforderlich wie im Vergleich zu Absatz 1 ein gewöhnlicher Aufenthalt vor der Ausreise.
37.5.2 Ein Regelfall nach Absatz 5 liegt vor, wenn der Ausländer bereits im Ausland eine Rente eines deutschen Trägers bezieht. Der Rentenanspruch darf also nicht erst nach der Wiedereinreise in das Bundesgebiet entstehen. An die Art der Rente (Alter, Unfall, Erwerbsunfähigkeit, Witwen- und Waisenrenten) werden keine besonderen Anforderungen gestellt. Der Rententräger braucht nicht öffentlich-rechtlich organisiert sein. Es kann sich auch um eine private Versicherungsgesellschaft oder eine betriebliche Versorgungseinrichtung handeln, die vergleichbare Leistungen in Form einer regelmäßigen, wiederkehrenden Zahlung, die auf einem Rechtsanspruch beruhen und für einige Dauer geleistet werden, gewähren.
37.5.3 Ein Regelfall liegt grundsätzlich nicht vor, wenn der Ausländer im Zeitpunkt seiner Ausreise nicht die rechtliche Möglichkeit hatte, auf Dauer im Bundesgebiet zu bleiben. Reicht der Rentenbezug nicht zur Bestreitung des Lebensunterhalts aus oder liegen die Voraussetzungen des § 5 Abs. 1 Nr. 1 nicht vor, ist von der Erteilung der Aufenthaltserlaubnis nach Absatz 5 regelmäßig abzusehen. Im Gegensatz zur Aufenthaltserlaubnis nach Absatz 1 berechtigt die Aufenthaltserlaubnis nach Absatz 5 erteilt wird, nicht von sich aus zur Ausübung einer Erwerbstätigkeit, so dass die Ausübung einer Beschäftigung nur mit Zustimmung der Bundesagentur für Arbeit erlaubt werden kann. Die Ausübung einer selbständigen Erwerbstätigkeit ist auszuschließen, es sei denn, es besteht ein besonderes öffentliches Interesse an der Ausübung der Erwerbstätigkeit durch den Rentner.
37.5.4 Anwendbar sind die §§ 5, 10 und 11. In den Fällen des § 51 Abs. 2 erübrigt sich eine Entscheidung nach § 37 Abs. 5.

Übersicht

	Rn
I. Entstehungsgeschichte	1
II. Allgemeines	2
III. Junge Ausländer	3
1. Allgemeine Voraussetzungen	3
2. Rechtmäßiger gewöhnlicher Aufenthalt	4
3. Schulbesuch	9
4. Lebensunterhalt	10
5. Antragsfrist	12
6. Ausnahmen	13
7. Versagung der Aufenthaltserlaubnis	18
8. Verlängerung der Aufenthaltserlaubnis	22
IV. Rentner	24

I. Entstehungsgeschichte

Die Vorschrift entspricht dem **GesEntw** (BT-Drs 15/420 S 16).   1

II. Allgemeines

2 Die Wiederkehroption für Jugendliche wurde seit Mitte der 1980er Jahre verstärkt gefordert u. aufgrund einer IMK-Absprache vom Dezember 1988 in allen Bundesländern – zuvor schon in Berlin – eingeführt (Berichte in ZAR AKTUELL Nr 1/1989 u. ZAR 1989, 142). In der Folgezeit wurden sehr unterschiedliche Vorschläge erörtert (Sieveking in Barwig ua, AuslR, S. 150 ff mwN). Es sind **zwei Gruppen** begünstigt u. mit Rechtsansprüchen versehen: junge Ausl u. Rentner. Die seit 1. 1. 1991 geltende Regelung des § 16 AuslG hat sich bewährt u. wurde deshalb unverändert übernommen.

III. Junge Ausländer

1. Allgemeine Voraussetzungen

3 Das Wiederkehrrecht für junge Ausl ist unabhängig vom Alter bei der Ausreise u. deren näheren Umständen (freiwillig oder auf Wunsch der Eltern oder aufgrund auslbeh Maßnahmen; mit oder ohne Eltern; in die Heimat oder einen anderen ausl Staat) sowie von den Motiven für die Wiederkehr (fehlende Reintegration in der Heimat, Schwierigkeiten mit dortigen Behörden oä). Der Ausl braucht insb beim Verlassen Deutschlands nicht mehr minderjährig gewesen zu sein u. bei der Rückkehr keine verwandtschaftlichen Beziehungen mehr in Deutschland zu besitzen. **Minderjährigkeit** muss nur eine gewisse Zeit lang während des Aufenthalts im Inland vorgelegen haben, wie schon der notwendige Schulbesuch von mindestens sechs Jahren zeigt. Auch die Inanspruchnahme von Rückkehrhilfe schadet nicht. Zur entsprechenden Anwendung auf hier lebende Ausl vgl § 34 I, II.

2. Rechtmäßiger gewöhnlicher Aufenthalt

4 Ohne Bedeutung ist der **frühere aufr Status;** der Ausl muss nur (mindestens acht Jahre) rechtmäßig den gewöhnlichen Aufenthalt im Inland gehabt haben. Begünstigt werden sollten zwar nach dem Willen der BReg nur Ausl, „die vor ihrer Rückkehr bereits die zeitlichen Voraussetzungen für den Rechtsanspruch auf unbefristete Verlängerung erfüllt haben", also „bereits die rechtlich gesicherte Aussicht auf einen Daueraufenthalt hatten" (BT-Drs 11/6321 S. 59). Im Ges ist aber **nicht zum Ausdruck gelangt,** der Ausl müsse – bei der Ausreise oder zuvor – einen bestimmten Status innegehabt haben (Huber in Barwig ua, AuslR, S. 101, 119 Fn 23; aA Fraenkel, S. 67; Sieveking in Barwig ua, S. 149). Der Gesetzgeber hat auch bei der Übernahme der Regelung von § 16 AuslG keine Veranlassung für eine Klarstellung gesehen. Daher ist daran festzuhalten, dass das Ges an den rechtmäßigen gewöhnlichen Aufenthalt keine besonderen Anforderungen stellt u. vor allem nicht den Besitz eines auf Dauer angelegten AufTit verlangt (aA Nr 37.1.0.2 VAH).

5 Für die **Rechtmäßigkeit** genügen ein AufTit iSd § 4 I (früher eine AufGen iSd § 5 AuslG), das fiktive AufR nach § 81 III 1 u. IV u. die Befreiung vom Erfordernis des AufTit (früher der AufGen). Geduldeter Aufenthalt (§ 60 a) ist dagegen nicht rechtmäßig. Der Aufenthalt eines später nicht anerkannten Asylbew zählt nicht (§ 55 III AsylVfG), obwohl der Aufenthalt kraft Art 16 a I GG rechtmäßig u. durch die AufGest auch förmlich legalisiert ist. Auch AufBew u. AufBef führten zum rechtmäßigen Aufenthalt; hieran kann angesichts der §§ 5, 28 I, 30 I AuslG eigentlich kein Zweifel bestehen. Nach neuem Recht ist sowohl die NE als auch die AE ausreichend zur Dokumentation eines rechtmäßigen Aufenthalts. Anders kann es sich allenfalls bei einer AE verhalten, deren Verlängerung nach § 8 II ausgeschlossen ist.

6 Nicht in jedem Fall dokumentieren diese Titel aber einen **gewöhnlichen Aufenthalt,** der dadurch gekennzeichnet ist, dass er nicht nur vorübergehender Art sein darf (§ 30 III 2

SGB I; näher § 32 Rn 9; BVerwG, EZAR 026 Nr 4; ausführlich HessVGH, EZAR 026 Nr 3). Deshalb ist im Einzelfall zu untersuchen, ob der Ausl ungeachtet des AufTit mit einem nicht nur vorübergehenden Verbleib in Deutschland rechnen konnte. Tatsächlich wird dies angesichts der erforderlichen Dauer des Aufenthalts u. des Schulbesuchs auch im Falle des Besitzes einer AufBew oder AufBef (ausnahmsweise) festgestellt werden können, zB bei einer noch nicht in eine unbefristete AufErl nach § 35 I AuslG überführten AufBef aufgrund § 70 AsylVfG oder §§ 30, 31 AuslG. Bei Minderjährigen richtet sich der Charakter des AufR grundsätzlich nach dem seiner Eltern (BVerwG, EZAR 026 Nr 4). Der wiederkehrwillige Ausl muss über ein AufR verfügt haben, das seiner Art nach zukunftsoffen angelegt war u. nach den persönlichen Umständen u. den Verhältnissen der Eltern eine geeignete Grundlage für den Minderjährigen bot, seinen Willen, nicht nur vorübergehend in Deutschland zu bleiben, auch verwirklichen zu können (HessVGH, EZAR 026 Nr 3 u. 5).

Neben der Dauer des rechtmäßigen gewöhnlichen Aufenthalts von mindestens acht Jahren sind für Jugendliche die Verwurzelung in Deutschland u. die Unterhaltssicherung maßgeblich u. für Rentner der Rentenanspruch aufgrund im Inland erbrachter Beitragsleistungen. Beide Personengruppen verfügten idR allein schon wegen der geforderten Aufenthaltsdauer vor der Rückkehr über eine NE (früher AufErl oder AufBer) oder einen Anspruch hierauf; die wenigen anderen Fälle fallen kaum ins Gewicht. Vor allem gibt das Ges keinen Anhaltspunkt für einen Ausschluss der Wiederkehroption mit der Begründung, Wiederkehrer sollten **nicht besser gestellt** werden als vor der Ausreise (so aber Fraenkel, S. 67). Fälle nicht gesicherten Aufenthalts fallen zudem oft unter Abs 3. 7

Der Inlandsaufenthalt von acht Jahren braucht **nicht ununterbrochen** angedauert zu haben u. fortwährend rechtmäßig gewesen zu sein. Insb kann der Ausl früher schon zwischenzeitlich in seiner Heimat gelebt haben. War der rechtmäßige Aufenthalt durch illegale Aufenthaltszeiten unterbrochen, werden diese ohne Rücksicht auf die hierfür maßgeblichen Gründe nicht angerechnet; Ausnahmen können jedoch zugelassen werden (Rn 13 ff). Kurzfristige Auslandsaufenthalte sind unschädlich (vgl § 51 I), aber nicht anrechenbar. Sie können jedoch eine Ausnahme begründen (Rn 13 ff). 8

3. Schulbesuch

Der Schulbesuch ist nicht auf bestimmte **Schultypen** oder Organisationsformen beschränkt; außer allgemeinbildenden Schulen kommen Berufs- u. Berufsfachschulen in Betracht (betr Berufsschule offengelassen von BVerwGE 98, 31) u. neben staatl auch private. Auch insoweit kommt es auf die Gesamtzeit von sechs Jahren an. Die Teilabschnitte brauchen weder mit Kalender- noch mit Schuljahren übereinzustimmen. Angerechnet wird nur die Zeit des tatsächlichen Schulbesuchs (Ferien ua eingeschlossen); Nichterfüllung der Schulpflicht schadet also der Wiederkehroption. 9

4. Lebensunterhalt

Die Sicherung des Lebensunterhalts (dazu allg § 2 III) durch eigene Erwerbstätigkeit ist dadurch erleichtert, dass die AE zur Ausübung einer jeden Erwerbstätigkeit berechtigt. Zur Unterhaltssicherung kann außer einem (legalen) unbefristeten **Arbeitsverhältnis** ein befristeter Vertrag ausreichen, wenn dessen Verlängerung oder Ersatz durch einen anderen Vertrag zu erwarten sind. Maßgeblich ist nur die Absicherung auf absehbare Zeit. Daher genügt auch eine Ausbildungsvergütung (OVG Hamburg, InfAuslR 1993, 342) u. ebenso die Vergütung während einer Probezeit oder aufgrund eines Zeitarbeitsverhältnisses, sofern nur eine Fortsetzung dieser Beschäftigungsverhältnisse wahrscheinlich ist. Die **Unterhaltsverpflichtung** (zu Inhalt, Umfang u. Form § 68) kann auf Ges beruhen. IdR kommt aber eine vertragliche Verpflichtung in Frage. Diese braucht nicht in Geld erfüllt zu werden; Naturalunterhalt genügt. Zahlungs- oder sonstige Leistungsfähigkeit des Dritten ist nicht ausdrücklich, aber stillschweigend vorausgesetzt („gesichert") u. deshalb im Zweifelsfall zu überprüfen. Die Herkunft der Mittel ist unerheblich, sie müssen ihrerseits gesichert u. nicht bloß 10 versprochen sein u. dürfen nicht aus öffentlichen Hilfsleistungen stammen (dazu Rn 11). Aufenthalt des Dritten im Bundesgebiet ist nicht verlangt, wenn auch die Anwendung des VwVG (vgl § 68 II 2) im Ausland Schwierigkeiten bereitet.

11 Gesichert ist der Lebensunterhalt nur, wenn auf absehbare Zeit öffentliche Hilfsleistungen nicht in Anspruch genommen werden müssen. Das Ziel der **eigenständigen Unterhaltssicherung** des Wiederkehrenden schließt die Einbeziehung von Sozialleistungen nach SGB II oder XII sowohl bei dem Wiederkehrenden selbst als auch bei dem Unterhaltsschuldner aus. Zu berücksichtigen sind dagegen staatl oder Versicherungsleistungen, denen eine Beitragsleistung zugrundeliegt (zB Rente des Unterhaltsschuldners) oder auf die ein ges Anspruch besteht (Kinder- oder Wohngeld). Arbeitslosengeld II (des Unterhaltsschuldners) reicht idR nicht, weil es an der Sicherung auf eine gewisse Dauer fehlt.

5. Antragsfrist

12 Unabhängig von dem Alter bei Rückkehr dürfen in keinem Fall seit der Ausreise fünf Jahre vergangen sein. Für den **Fristbeginn** ist auf die Ausreise zur Rückkehr abzustellen. Es kommt also zB auf zwischenzeitliche Aufenhalte zu touristischen oder Besuchszwecken nicht an. Für die Einhaltung der Frist ist der Zeitpunkt der Antragstellung maßgeblich, also der Tag des Eingangs des Antrags bei der zuständigen AuslBeh oder AuslVertr. Zur entsprechenden Anwendung auf hier lebende Ausl vgl § 34 I, II.

6. Ausnahmen

13 Die besondere Härte für die Abweichung von den Aufenthalts-, Schulbesuchs- u. Fristerfordernissen ist nicht genauer bestimmt. Es ist daher darauf abzustellen, ob der Einzelfall von dem ges Tatbestand nur so **geringfügig abweicht,** dass sich die Nichtgewährung des Wiederkehrrechts nach den individuellen Verhältnissen, gemessen an der ges Konzeption, als ungerecht darstellt. Der Einzelfall muss vom ges Regelungsziel her den ausdrücklich erfassten Fällen annähernd gleichkommen (BVerwG, EZAR 026 Nr. 2). Hierfür muss eine umfassende Gesamtbetrachtung angestellt werden (VGH BW, InfAuslR 1992, 211 u. 1994, 89; HessVGH, EZAR 024 Nr. 2). Dabei kommt es auf das Maß der Nichterfüllung einzelner oder mehrerer Voraussetzungen genauso an wie auf evtl zusätzliche Integrationsleistungen. So kann der Ausl Defizite bei der Erfüllung der Merkmale des Abs 1 Nr 1 u. 3 durch die Übererfüllung eines dieser Merkmale ausgleichen u. dadurch dem ges Typ des Wiederkehrers entsprechen (BVerwG, EZAR 026 Nr 4).

14 Eine Unterschreitung der Aufenthaltsdauer kann uU durch eine längere Schulzeit oder einen besonders qualifizierten Schulabschluss ausgeglichen werden (betr Unterschreitung der Schulbesuchsdauer vgl VGH BW, InfAuslR 1992, 211; OVG SchlH, InfAuslR 1992, 125). Der Nichterfüllung auch mehrerer Tatbestandsvoraussetzungen um ein jew geringfügiges Maß kann uU ein Studium der dt Sprache im Heimatstaat oder eine Berufstätigkeit in der Auslandsvertretung eines dt Unternehmens gegenübergestellt werden. Wenn die Aufenthalts- u. Schulbesuchszeiten in geringfügigem Umfang nicht erfüllt sind u. auch die fünfjährige Dauer des Auslandsaufenthalts überschritten ist, kann dies durch den erfolgreichen Abschluss einer Auslandsschule (Abitur) ausgeglichen werden (HessVGH, EZAR 026 Nr 3).

15 Für die Frage des Härtefalls sind auch die **Umstände der Ausreise** u. das **Verhalten im Ausland** von Interesse. War der junge Ausl gegen seinen Willen in die Heimat (der Eltern) zurückgekehrt, ist die Ausnahmemöglichkeit großzügiger zu handhaben, als wenn er durch aufenthaltsbeendende Maßnahmen zur Ausreise verpflichtet wurde. Hat er sich auf die Wiederkehr vorbereitet u. damit die geringfügige Unterschreitung zB der Aufenthaltsvoraussetzungen in integrationsmäßiger Hinsicht ausgeglichen, ist dies positiver zu werten als Untätigkeit u. Unschlüssigkeit nach der Rückkehr. Eine besondere Härte ist idR anzunehmen, wenn der Ausl infolge Erfüllung der ges Wehrpflicht an einer rechtzeitigen

Antragstellung gehindert war u. diese im Anschluss an den Wehrdienst nachholt; insoweit können ähnliche Maßstäbe wie nach § 51 III angewandt werden.

Vom Aufenthalts- u. Schulbesuchserfordernis gänzlich abgesehen werden kann im Falle eines **anerkannten Schulabschlusses** im Inland. Eine besondere Härte wird nicht vorausgesetzt; der Einzelfall darf aber nicht so signifikant von der Regel abweichen, dass ein Wiederkehrrecht, gemessen an dem ges Bild des typischen Wiederkehrers, dessen Leben im Bundesgebiet entscheidend geprägt worden ist, ungerechtfertigt erscheint. Es muss mindestens der Hauptschulabschluss erreicht sein. 16

Die Annahme einer besonderen Härte oder eines anerkannten Schulabschlusses ist gerichtlich voll überprüfbar, auch wenn insoweit unbestimmte Rechtsbegriffe auszulegen u. anzuwenden sind (betr Härtefall VGH BW, InfAuslR 1992, 211). Die Ausnahmeentscheidung ergeht aufgrund **Ermessens** (BVerwGE 98, 31; VGH BW, EZAR 011 Nr 8 u. 015 Nr 2). 17

7. Versagung der Aufenthaltserlaubnis

Die Versagung der AE zur Wiederkehr ist trotz ges Anspruchs zugelassen, u. zwar **im Ermessenswege** in den Fällen des Abs 1 wie des Abs 2. Die fakultativen speziellen Versagungsgründe des Abs 3 stehen neben den zwingenden allg Voraussetzungen. Die Regelerteilungsgründe des § 5 I Nr 1 bis 2, II, die Versagungsgründe der §§ 5 IV, 11 finden Anwendung; in den Ermessensfällen des Abs 2 sind auch die §§ 5 I Nr 3, 10 I zu beachten. 18

Abs 3 Nr 1 ergänzt zum einen den obligatorischen Ablehnungsgrund des § 11 I 2 für die Zeit nach Ablauf der Frist des § 11 I 2, 3 u. führt zum anderen den zusätzlichen Versagungsgrund der **potentiellen Ausweisung** ein. Letzterer ist abgestellt auf den Zeitpunkt der Ausreise u. nur gegeben, wenn ein Ausweisungsgrund vorlag u. die Ausweisung unter Beachtung ua der §§ 55 III, 56, des Art 14 ARB 1/80 u. völkervertraglicher Beschränkungen ermessensfehlerfrei hätte verfügt werden können. Der Tatbestand allein genügt also nicht. 19

Abs 3 Nr 2 hebt dagegen auf den Zeitpunkt der beabsichtigten Wiederkehr ab u. lässt wie § 5 I Nr 2 die Erfüllung eines **Ausweisungstatbestands** der §§ 53 bis 55 genügen (dazu § 5 Rn 20 ff). Insb § 56 ist hier nicht anzuwenden. 20

Abs 3 Nr 3 dient dem Wohl wiederkehrender Minderjähriger u. soll einer Belastung der öffentl Hand mit Betreuungskosten vorbeugen. Die **Betreuung** des Minderjährigen muss durch private Kräfte u. Mittel gewährleistet sein; die immer garantierte öffentl Hilfeleistung für Minderjährige nach dem SGB VIII schließt den Versagungsgrund bestimmungsgemäß nicht aus. Dieser wirkt aber nur zeitweilig bis zur Volljährigkeit. 21

8. Verlängerung der Aufenthaltserlaubnis

Die Voraussetzungen für die Wiederkehr nach Abs 1 Nr 1 u. 3 müssen ihrer Natur nach nur einmal, nämlich bei Erteilung der AE vorliegen. Eine irrtümliche Erteilung kann allenfalls durch Rücknahme rückgängig gemacht werden. Ob dies für den rechtmäßigen Voraufenthalt nicht gelten kann, erscheint höchst fraglich; eine derartige Unterscheidung zwischen einzelnen Tatbestandsmerkmalen des Abs 1 lässt sich weder dem Text noch Sinn u. Zweck des Ges entnehmen. Zusätzlich wird in Abs 4 für die Verlängerung auf die Erfüllung des Abs 1 Nr 2 verzichtet. In jedem Fall besteht ein **Anspruch auf Verlängerung**, auch nach einer Erteilung aufgrund Ermessens nach Abs 2. 22

Die Verlängerung darf nur nach §§ 5 I Nr 1 oder 2, II oder IV, 11, 37 III Nr 2 oder 3 abgelehnt werden, wobei letzterer Versagungsgrund idR aufgrund Volljährigkeit alsbald entfällt. Als **Ausweisungsgrund** (Abs 3 Nr 2) kommt auch Sozialleistungs- oder Jugendhilfebedürftigkeit iSd § 55 II Nr 6 oder 7 in Betracht, u. zwar ohne Rücksicht auf §§ 55 III, 56. Abs 4 dispensiert nur von der Unterhaltssicherung, nicht von der Nichterfüllung von Ausweisungstatbeständen (aA Sieveking in Barwig ua, AuslR, S. 149, 155 f), u. soll hinsichtlich der Sozialleistungsbedürftigkeit auch zu keiner Besserstellung gegenüber Ausl führen, die in Deutschland verblieben sind. 23

IV. Rentner

24 Rentner besitzen einen Regelanspruch auf die AE, nicht nur einen Anspruch auf fehlerfreie Ermessensausübung. Für ihr Wiederkehrrecht ist kein bestimmter **Aufenthaltsstatus** verlangt, insb nicht die (rechtliche) Aussicht auf einen Daueraufenthalt (vgl Rn 4 ff; zu letzterem aA Fraenkel, S. 72; Sieveking in Barwig ua, AuslR, S. 149, 156). Mindestens achtjähriger rechtmäßiger Aufenthalt, der auch unterbrochen gewesen sein kann (dazu Rn 4 f) genügt. Dieser wurde bewusst an die Stelle eines bestimmten AufTit gesetzt. Zudem wird hier im Unterschied zu Abs 1 ein **gewöhnlicher Aufenthalt** vor der Ausreise nicht verlangt; es genügt daher grundsätzlich auch ein Aufenthalt, der keine Aussicht auf einen dauernden Verbleib bot. Der Regelanspruch auf Wiederkehr soll den Rentner dazu befähigen, seinen früheren Aufenthaltsstatus wieder in Anspruch zu nehmen. Der Gesetzgeber hat außer dem rechtmäßigen Voraufenthalt keine zusätzlichen Anforderungen statuiert; notwendige Begrenzungen können ohnehin über die Ausnahme (Rn 26) u. die Versagungsgründe (Rn 28) erfolgen. Auch unter dem Gesichtspunkt eines Bestandsschutzes (so aber Hailbronner, § 37 AufenthG Rn 45) wird kein Daueraufenthaltsrecht verlangt (zB eine unbefristete AufErl oder AufBer oder jetzt eine NE, sondern nur acht Jahre rechtmäßiger Voraufenthalt u. Rentenbezug).

25 Der **Regelfall** des wiederkehrwilligen ausl Rentners ist dadurch gekennzeichnet, dass dieser einen nicht unerheblichen Teil seines Erwerbslebens in Deutschland verbracht hat u. nach dem Eintritt in den Ruhestand seinen Lebensunterhalt im Wesentlichen aus dem erworbenen Rentenanspruch bestreitet (OVG NRW, EZAR 026 Nr 6). Daher ist er auch anders als der junge Wiederkehrer nicht kraft Ges zur Erwerbstätigkeit zugelassen. Von der ges Regel darf nur in **Ausnahmefällen** abgewichen werden. Dazu müssen individuelle Verhältnisse festgestellt werden, die sich deutlich von dem typischen Bild eines wiederkehrenden Rentners unterscheiden u. die Einräumung eines Rechtsanspruchs als eindeutig ungerechtfertigt erscheinen lassen.

26 Eine **atypische Fallgestaltung** kann bei der Bezieherin einer „großen Witwenrente" angenommen werden, wenn diese den ganz überwiegenden Teil ihres Einkommens aus der Erwerbstätigkeit erzielt (OVG NRW aaO). Daraus lässt sich nämlich folgern, dass sie ins Bundesgebiet zurückkehrt, um hier in erster Linie erwerbstätig zu sein, u. dass der erneute Aufenthalt in Deutschland nicht dem Leben als Rentnerin dient, sondern der Erwerbstätigkeit. Von dem typischen Bild eines Wiederkehrers weicht auch ein 35 Jahre alter Erwerbsunfähiger signifikant ab (vgl OVG RhPf, InfAuslR 1993, 124).

27 Die **Rente** muss von einem Träger in Deutschland gezahlt werden, u. zwar schon im Ausland u. nicht erst nach der Wiedereinreise. Grund, Art u. Höhe sind nicht entscheidend. Es kommen Alters-, Unfall- oder Erwerbsunfähigkeitsrenten in Betracht. Witwen- oder Waisenrenten zählen dagegen nicht; begünstigt werden sollte nur, wer Rentenansprüche selbst erwirtschaftet hat (HessVGH, EZAR 026 Nr 1). Als Träger kann auch eine private Versicherung in Betracht kommen, wenn sie ähnliche Leistungen bietet. Vertragliche Ansprüche (zB aus einer Lebensversicherung) aufgrund Abtretung genügen nicht.

28 Auf den Regelanspruch sind die **Erteilungs- u. Versagungsgründe** der §§ 5, 10, 11 anwendbar. Weder die besonderen Erteilungsgründe des Abs 1 noch die Versagungsgründe des Abs 3 noch die besonderen Verlängerungsvoraussetzungen des Abs 4 sind in Abs 5 in Bezug genommen. Angesichts der systematischen Stellung von Abs 5 sind Abs 1 u. 3 auf Rentner nicht anzuwenden. Daher gelten für Erteilung u. Verlängerung die allg Bestimmungen der §§ 5, 8 I, 10, 11. Damit sind auf Rentner auch nicht die den Regelerteilungsgrund des § 5 I Nr 1 modifizierende Sonderregelung des Abs 1 Nr 2 (Unterhalt) u. Abs 3 Nr 3 (Betreuungsbedürftigkeit) anzuwenden. Infolgedessen genügen Rentner dem Erfordernis der Unterhaltssicherung nach Maßgabe der §§ 2 III, 5 I Nr 1 u. sind nicht beschränkt auf die in Abs 1 Nr 2 genannten Mittel. Zudem steht ein Ausweisungsgrund der AE für Rentner idR entgegen, während er bei jungen Wiederkehrern nur eine Versagung nach Ermessen ermöglicht.

Die gesetzgeberische Motivation, den Rentnern die freie Entscheidung über den Ort ihres Ruhestands zu ermöglichen (BT-Drs. 11/6321 S. 59 f), befreit nicht von der Einhaltung allg Aufenthaltsvoraussetzungen (aA Huber in Barwig ua, AuslR, S. 101, 110), vor allem der Unterhaltssicherung u. der Abwesenheit von Ausweisungsgründen. Ob insoweit eine Privilegierung gegenüber rückkehrwilligen jungen Ausl als sachgerecht angesehen werden kann, kann hier offen bleiben. Die **unterschiedliche Behandlung** muss im Zusammenhang damit gesehen werden, dass junge Wiederkehrer durch die Zulassung zu jeder Art von Erwerbstätigkeit ihren Unterhaltsbedarf eher selbst decken können als Rentner mit einem idR geringeren Renteneinkommen. 29

Nach alledem ist zwar Abs 2 Nr 2 u. 3 auf Rentner nicht anwendbar, bei unzureichenden Unterhaltsmitteln u. Pflegebedürftigkeit können aber § 5 Nr 1 u. 2 eingreifen, wobei als Ausweisungsgrund Sozialleistungsbedürftigkeit (§ 55 II Nr 6) in Betracht kommt. Die Inanspruchnahme von Sozialleistungen gehört nicht zu den Lebenschancen, die wiederkehrenden Rentnern eingeräumt werden sollten. Dagegen geht es nicht an, bei wiederkehrwilligen Rentnern schon die nicht durch private Hilfe aufzufangende Pflegebedürftigkeit als anspruchsvernichtend zu werten (ebenso Sieveking in Barwig ua, AuslR, S. 149). Das Pflegefallrisiko allein rechtfertigt also nicht die Ablehnung der Wiederkehr. 30

Eine **Verlängerung** kommt immer in Betracht, wenn keine Gründe nach §§ 5, 8 I, 10, 11 gegeben sind. Abs 3 Nr 1 u. 3 sind auch bei der Verlängerung nicht anwendbar. Ansonsten ist die Verlängerung nur bei Vorliegen einer Ausnahme abzulehnen (vgl § 8 I). 31

§ 38 Aufenthaltstitel für ehemalige Deutsche

(1) ¹Einem ehemaligen Deutschen ist
1. eine Niederlassungserlaubnis zu erteilen, wenn er bei Verlust der deutschen Staatsangehörigkeit seit fünf Jahren als Deutscher seinen gewöhnlichen Aufenthalt im Bundesgebiet hatte,
2. eine Aufenthaltserlaubnis zu erteilen, wenn er bei Verlust der deutschen Staatsangehörigkeit seit mindestens einem Jahr seinen gewöhnlichen Aufenthalt im Bundesgebiet hatte.
²Der Antrag auf Erteilung eines Aufenthaltstitels nach Satz 1 ist innerhalb von sechs Monaten nach Kenntnis vom Verlust der deutschen Staatsangehörigkeit zu stellen.
³ § 81 Abs. 3 gilt entsprechend.

(2) Einem ehemaligen Deutschen, der seinen gewöhnlichen Aufenthalt im Ausland hat, kann eine Aufenthaltserlaubnis erteilt werden, wenn er über ausreichende Kenntnisse der deutschen Sprache verfügt.

(3) In besonderen Fällen kann der Aufenthaltstitel nach Absatz 1 oder 2 abweichend von § 5 erteilt werden.

(4) ¹Die Aufenthaltserlaubnis nach Absatz 1 oder 2 berechtigt zur Ausübung einer Erwerbstätigkeit. ²Die Ausübung einer Erwerbstätigkeit ist innerhalb der Antragsfrist des Absatzes 1 Satz 2 und im Falle der Antragstellung bis zur Entscheidung der Ausländerbehörde über den Antrag erlaubt.

(5) Die Absätze 1 bis 4 finden entsprechende Anwendung auf einen Ausländer, der aus einem nicht von ihm zu vertretenden Grund bisher von deutschen Stellen als Deutscher behandelt wurde.

Vorläufige Anwendungshinweise

38 Zu § 38 Aufenthaltsrecht für ehemalige Deutsche

38.1 Aufenthaltstitel bei Voraufenthalten in Deutschland
38.1.1 Absatz 1 regelt einen Anspruch. Dabei werden Zeiten des gewöhnlichen Aufenthalts als Deutscher im Bundesgebiet solchen eines rechtmäßigen gewöhnlichen Aufenthalts als Ausländer im Bundesgebiet gleichgestellt.

38.1.2 Vorbehaltlich des Absatzes 3 finden die Regelerteilungsgründe des § 5 Abs. 1 Nr. 1 und 2 und des § 5 Abs. 2 (vgl. Nr. 38.1.9) und die Versagungsgründe des § 5 Abs. 4 und des § 11 Anwendung.
38.1.3 Die Regelung erfasst nur Personen, die die deutsche Staatsangehörigkeit während ihres gewöhnlichen Aufenthaltes im Bundesgebiet kraft Gesetzes, insbesondere durch Antragserwerb einer ausländischen Staatsangehörigkeit nach § 25 StAG, durch Erklärung nach § 29 StAG (ab 1. Januar 2008) oder nach einer sonstigen Vorschrift verloren oder aufgegeben haben und ihren gewöhnlichen Aufenthalt im Bundesgebiet beibehalten.
38.1.4 Bei Verlust der deutschen Staatsangehörigkeit während des gewöhnlichen Aufenthaltes im Ausland findet nur Absatz 2 Anwendung. Ein gewöhnlicher Aufenthalt im Bundesgebiet wird beendet, wenn der Lebensmittelpunkt dauernd ins Ausland verlegt wird.
38.1.5 In Zweifelsfällen ist zu prüfen, ob der Antragsteller noch die deutsche Staatsangehörigkeit besitzt. Besteht die deutsche Staatsangehörigkeit fort, ist von Amts wegen zu empfehlen, die Ausstellung eines deutschen Personalausweises oder Reisepasses zu beantragen. Dies ist mit dem Hinweis zu versehen, dass Deutsche nach Artikel 11 Abs. 1 GG Freizügigkeit im gesamten Bundesgebiet genießen und allgemein berechtigt sind, eine Erwerbstätigkeit in Deutschland auszuüben, aber auch verpflichtet sind, sich im Bundesgebiet mit deutschen Ausweisdokumenten auszuweisen.
38.1.6 Bei der Berechnung der Voraufenthaltszeiten kommen nur zusammenhängende Zeiten in Anrechnung, in denen der Antragsteller als Deutscher seinen gewöhnlichen Aufenthalt im Bundesgebiet hatte. Ob der Antragsteller mit Wohnsitz in Deutschland gemeldet war, ist für die Bestimmung des gewöhnlichen Aufenthaltes rechtlich nicht maßgeblich, kann aber als Indiz hierfür gewertet werden. Nur vorübergehende Unterbrechungen des Aufenthaltes sind unerheblich und in die Zeit des gewöhnlichen Aufenthaltes in Deutschland einzubeziehen.
38.1.7 Die Beibehaltung des gewöhnlichen Aufenthaltes in Deutschland ist bei Unterbrechungen des Aufenthaltes für einen Zeitraum bis zu sechs Monaten zu unterstellen; das Gleiche gilt bei einem längeren Zeitraum, wenn der ehemalige Deutsche zur Ableistung der gesetzlichen Wehrpflicht eines anderen Staates das Bundesgebiet verlassen hatte und innerhalb von drei Monaten nach Entlassung aus dem Wehr- oder Ersatzdienst wieder einreist; vgl. § 12 b Abs. 1 StAG.
38.1.8 Als Deutscher hatte der Antragsteller seinen Aufenthalt im Bundesgebiet, solange er während des Aufenthaltes die deutsche Staatsangehörigkeit besaß. Dabei ist die Zeit des Aufenthaltes als Deutscher ohne deutsche Staatsangehörigkeit im Sinne des Artikels 116 Abs. 1 GG einzubeziehen. Ob dem Antragsteller oder einer Behörde während des Zeitraums dieses Aufenthaltes bekannt war, dass er Deutscher war, ist unerheblich.
38.1.9 In Fällen, in denen der Ausländer sowohl zum Zeitpunkt des Verlustes der deutschen Staatsangehörigkeit als auch zum Zeitpunkt der Antragstellung seinen gewöhnlichen Aufenthalt im Bundesgebiet hat, ist nach § 5 Abs. 2 Satz 2 regelmäßig vom Erfordernis der Ausreise zur Visumbeschaffung abzusehen.
38.1.10 Die Frist nach Satz 2 beginnt mit der Erlangung der Kenntnis von dem rechtlichen Sachverhalt des Verlustes der deutschen Staatsangehörigkeit durch den Antragsteller, nicht aber bereits mit der Erlangung der Kenntnis von den Gründen, die zu diesem Verlust führten. Zudem setzt erst die hinreichend sichere Kenntnis von dem Verlust der Staatsangehörigkeit die Frist in Gang. Erforderlich ist in der Regel die Kenntnisnahme einer verbindlichen Äußerung einer zuständigen Behörde, etwa einer Staatsangehörigkeitsbehörde. Nicht notwendig ausreichend ist die Kenntnis einer Äußerung der Behörde von einer Vermutung oder einem Verdacht, sofern sich nicht dem Ausländer daraufhin aufdrängen musste, dass er die deutsche Staatsangehörigkeit verloren hat. Geringere Anforderungen an den Beweis der Kenntnisnahme können gestellt werden, wenn der Ausländer rechtlich beraten war oder ersichtlich eigene Rechtskenntnisse über das einschlägige Staatsangehörigkeitsrecht besaß.
38.1.11 Wegen der Verweisung auf § 81 Abs. 3 ist der Aufenthalt des Ausländers während der Sechsmonatsfrist und während der Bearbeitung des Antrags durch die Ausländerbehörde erlaubt, sofern der Antrag rechtzeitig gestellt wurde. Hinsichtlich des Aufenthalts während des Rechtsmittelverfahrens findet § 84 Abs. 2 Satz 2 Anwendung. Stellt der Ausländer den Antrag verspätet, findet § 81 Abs. 3 Satz 2 Anwendung.
38.1.12 Die Erteilung eines Aufenthaltstitels nach anderen Vorschriften ist auch dann nicht ausgeschlossen, wenn die Voraussetzungen eines Anspruchs nach Absatz 1 nicht vorliegen.

38.2 Aufenthaltstitel bei gewöhnlichem Aufenthalt im Ausland
38.2.1 Absatz 2 betrifft nur ehemalige Deutsche mit gewöhnlichem Aufenthalt im Ausland zum Zeitpunkt der Antragstellung. Hatte der Ausländer bei Verlust der deutschen Staatsangehörigkeit und zum Zeitpunkt der Antragstellung seinen gewöhnlichen Aufenthalt im Bundesgebiet, findet Absatz 1

vorrangig Anwendung; bei nachträglicher Verlegung des Wohnsitzes ins Ausland ist allerdings die Anwendung des Absatzes 2 nicht ausgeschlossen.

38.2.2 Hatte der Ausländer bei Verlust der deutschen Staatsangehörigkeit den gewöhnlichen Aufenthalt im Ausland und hat er bei der Antragstellung seinen gewöhnlichen Aufenthalt im Inland, finden weder Absatz 1 noch Absatz 2 Anwendung. Allerdings ist anzunehmen, dass der gewöhnliche Aufenthalt im Ausland fortbesteht, solange eine dauerhafte aufenthaltsrechtliche Position des Ausländers im Inland noch nicht gesichert ist. Absatz 2 kann daher weiterhin angewendet werden, wenn kurz nach der Einreise nach Deutschland, etwa bei der Anmeldung bei der Meldebehörde, festgestellt wird, dass ein Verlust der deutschen Staatsangehörigkeit eingetreten ist. Geht der Ausländer bei der Verlegung seines Wohnsitzes zunächst davon aus, dass er Deutscher ist, ist zu prüfen, ob ein Fall des Absatzes 5 vorliegt.

38.2.3 Die Regelung erfasst nur Personen, die die deutsche Staatsangehörigkeit verloren haben. Nicht erfasst werden deren Abkömmlinge, sofern diese niemals die deutsche Staatsangehörigkeit besessen haben. Ehemalige Deutsche ohne deutsche Staatsangehörigkeit im Sinne des Artikels 116 Abs. 1 GG werden von der Regelung ebenfalls nicht erfasst.

38.2.4 Nummer 38.1.4 findet entsprechende Anwendung. Frühere deutsche Staatsangehörige, denen zwischen dem 30. Januar 1933 und dem 8. Mai 1945 die Staatsangehörigkeit aus politischen, rassischen oder religiösen Gründen entzogen worden ist, sind darauf hinzuweisen, dass nach Artikel 116 Abs. 2 die deutsche Staatsangehörigkeit durch Wiedereinbürgerung auf Antrag oder durch Wohnsitznahme in Deutschland wiederhergestellt werden kann. Bei früheren DDR-Staatsbürgern ist vorrangig zu prüfen, ob die deutsche Staatsangehörigkeit fortbesteht. Zu beachten ist, dass nach § 24 (Ru)StAG eine Entlassung aus der deutschen Staatsangehörigkeit als nicht erfolgt gilt, wenn der Entlassene die ihm zugesicherte ausländische Staatsangehörigkeit nicht innerhalb eines Jahres nach der Aushändigung der Entlassungsurkunde erworben hat. Erscheint es möglich, dass dieser Sachverhalt gegeben ist, ist vorrangig zu prüfen, ob der Antragsteller Deutscher ist. Bei einem späteren Erwerb der ausländischen Staatsangehörigkeit kann der Verlust der deutschen Staatsangehörigkeit nach § 25 Abs. 1 (Ru)StAG eingetreten sein.

38.2.5 Vorbehaltlich des Absatzes 3 finden die Regelerteilungsgründe des § 5 Anwendung. Die Versagungsgründe des § 11 sind ohne Einschränkung anwendbar. Zudem ist § 10 Abs. 1 zu beachten.

38.2.6 Hinsichtlich des Merkmals der ausreichenden Kenntnisse der deutschen Sprache wird auf Nummer 9.2.7 verwiesen.

38.2.7 Bei der Ermessensausübung sind u. a. die Umstände, die zum Verlust der deutschen Staatsangehörigkeit geführt haben, das Lebensalter, der Gesundheitszustand, die Lebensumstände des Antragstellers im Ausland sowie die Sicherung seines Lebensunterhaltes und gegebenenfalls die Erwerbsaussichten in Deutschland angemessen zu berücksichtigen.

38.2.8 Im Wege des Ermessens ist auch zu berücksichtigen, ob der Antragsteller fortbestehende Bindungen an Deutschland glaubhaft machen kann.

38.2.9 Die Regelung soll insbesondere ehemaligen Deutschen, die aus beruflichen oder familiären Gründen ins Ausland gegangen sind und wieder in Deutschland leben möchten, die Rückkehr ins Bundesgebiet und eine spätere Wiedereinbürgerung erleichtern. Ehemaligen Deutschen, die ihren gewöhnlichen Aufenthalt ins Bundesgebiet verlegen möchten, ist deshalb in der Regel zu empfehlen, zunächst eine Aufenthaltserlaubnis zu beantragen.

38.2.10 Berücksichtigungsfähig ist ferner, wenn der Antragsteller, insbesondere im Zusammenhang mit nationalsozialistischen Verfolgungsmaßnahmen oder mit Kriegsfolgen veranlasst war, eine andere Staatsangehörigkeit zu erwerben.

38.3 Abweichungen von Regelerteilungsvoraussetzungen in besonderen Fällen
38.3 Absatz 3 erlaubt ein Absehen von den Voraussetzungen des § 5 in begründeten Fällen nach Ermessen. Die Voraussetzungen des Absatzes 1 oder 2 müssen vorliegen. Der Nachweis einer besonderen Härte ist nicht erforderlich. Von der Anwendung des § 5 Abs. 4 Satz 1 ist nur unter den Voraussetzungen des § 5 Abs. 4 Satz 2 abzusehen.

38.4 Ausübung einer Erwerbstätigkeit
38.4 Neben der Niederlassungserlaubnis nach Absatz 1 Nr. 1 berechtigt die Aufenthaltserlaubnis nach Absatz 1 Nr. 2 kraft Gesetzes zur Ausübung einer Erwerbstätigkeit. In die Aufenthaltserlaubnis ist folgende Nebenbestimmung aufzunehmen:
„Erwerbstätigkeit gestattet".

38.5 Entsprechende Anwendung bei irrtümlicher Behandlung als Deutscher
38.5.1 Die Vorschrift erfasst Fälle, in denen durch deutsche Stellen dadurch ein Vertrauenstatbestand geschaffen wurde, dass diese irrtümlich angenommen hatten, der Ausländer sei Deutscher.

38.5.2 Nicht erforderlich ist, dass ein Verwaltungsversagen oder sogar ein Verschulden der maßgeblichen Behörde festgestellt werden kann.

38.5.3 Von deutschen Stellen als Deutscher behandelt wurde eine Person, wenn diese durch Verwaltungshandeln, nicht notwendig in Form eines Verwaltungsaktes, zum Ausdruck gebracht haben, dass sie davon ausgehen, der Betreffende sei Deutscher im Sinne des Artikels 116 Abs. 1 GG. Dabei muss die Prüfung der Staatsangehörigkeit, wenn auch nur in summarischer Form, vorgenommen worden sein.
38.5.4 Ob es sich bei den deutschen Stellen um eine kommunale, eine Landes- oder eine Bundesbehörde handelt, ist unerheblich. Ebenso ist nicht erforderlich, dass die deutschen Stellen zur Feststellung der Staatsangehörigkeit befugt sind.
38.5.5 Nicht hinreichend ist hingegen eine rein formularmäßige Übernahme der Angabe, der Betroffene sei Deutscher, die mit keiner auch nur summarischen Prüfung verbunden ist. Insbesondere ist die Erfassung als Deutscher durch Sozialversicherungsträger oder andere Behörden, die ohne Prüfung der Staatsangehörigkeitsverhältnisse – etwa durch Vorlage eines Ausweises – erfolgt ist, nicht ausreichend. Dasselbe gilt für die bloße Entgegennahme der mündlichen Angabe der Staatsangehörigkeit und die Aufnahme dieser Angabe in Schriftstücke.
38.5.6 Nicht hinreichend ist des Weiteren, dass eine einzelne Behörde irrtümlich davon ausgegangen ist, der Betreffende sei Deutscher, sofern eine durchgängige Behandlung als solcher durch deutsche Stellen nicht feststellbar ist. Insbesondere liegt ein Fall des Absatzes 5 daher nicht vor, wenn eine einzelne Behörde (etwa bei der Bewilligung von Sozialleistungen) irrtümlich davon ausging, der Betroffene sei Deutscher.
38.5.7 Hat eine Stelle, zu deren Kernaufgaben die Prüfung zählt, ob jemand Deutscher ist, dies nach wenn auch nur summarischer Prüfung bejaht oder sogar mit öffentlichem Glauben beurkundet, ist – auch wegen des dadurch geschaffenen besonderen Vertrauenstatbestandes – davon auszugehen, dass allgemein deutsche Stellen den Betroffenen als Deutschen behandelt haben. Dies gilt insbesondere für das Handeln
38.5.7.1 – der Staatsangehörigkeitsbehörden,
38.5.7.2 – der Pass- und Personalausweisbehörden,
38.5.7.3 – der Auslandsvertretungen im sonstigen konsularischen Aufgabenbereich,
38.5.7.4 – der Meldebehörden,
38.5.7.5 – der Personenstandsbehörden, insbesondere im Zusammenhang mit der Beurkundung von Personenstandsfällen,
38.5.7.6 – bei der Ernennung von Beamten, sofern diese Ernennung auf der Annahme beruhte, der Ernannte sei Deutscher und
38.5.7.7 – bei Berufszulassungen, sofern für sie erheblich ist, dass der Betreffende Deutscher ist, und die Zulassung auf dieser Annahme beruhte. In diesem Zusammenhang ist eine spätere Rücknahme oder ein späterer Widerruf eines Verwaltungsaktes unerheblich, wenn dieser nicht zeitnah oder nicht deshalb erfolgte, weil der Betroffene kein Deutscher war.
38.5.8 Der Vertrauensschutz entfällt, wenn es der Ausländer zu vertreten hat, dass er irrtümlich als Deutscher behandelt wurde. Die bloße Veranlassung genügt nicht für den Ausschluss. Hinsichtlich des Sorgfaltsmaßstabes ist auf das Urteilsvermögen einer durchschnittlichen Person in der Situation des Betroffenen abzustellen. Kenntnisse des deutschen Staatsangehörigkeitsrechts sind in der Regel nicht zu erwarten, zumal ein Betroffener grundsätzlich auf die Richtigkeit von Verwaltungshandeln vertrauen darf.
38.5.9 Der Ausländer hat seine fehlerhafte Behandlung als Deutscher insbesondere dann zu vertreten, wenn dies geschehen ist, weil er
38.5.9.1 – bewusst wahrheitswidrig angegeben hat, er sei Deutscher,
38.5.9.2 – Urkunden vorgelegt hat, die nach seiner Kenntnis oder leicht erkennbar gefälscht oder verfälscht sind,
38.5.9.3 – auf die – gegebenenfalls auch formularmäßig gestellte – Frage, ob 38.5.9.3.1 – er aus der deutschen Staatsangehörigkeit entlassen worden ist (§§ 18 bis 24 (Ru)StAG),
38.5.9.3.2 – er ohne eine Beibehaltungsgenehmigung eine andere Staatsangehörigkeit erworben hat (§ 25 Abs. 1 (Ru)StAG, Artikel 1 des am 21. Dezember 2002 für Deutschland außer Kraft getretenen Mehrstaaterübereinkommens vom 6. Mai 1963),
38.5.9.3.3 – er auf die deutsche Staatsangehörigkeit verzichtet habe (§ 26 (Ru)StAG),
38.5.9.3.4 – er durch einen Ausländer als Kind angenommen wurde (§ 27 (Ru)StAG),
38.5.9.3.5 – er in die Streitkräfte oder einen vergleichbaren bewaffneten Verband eines ausländischen Staates eingetreten sei (§ 28 StAG) und ob hierfür eine Genehmigung des Bundesministeriums der Verteidigung oder der von ihm bezeichneten Stelle vorlag,
38.5.9.3.6 – er eine Erklärung nach § 29 StAG abgegeben habe, oder
38.5.9.3.7 – ob er als Vertriebener, Aussiedler oder Spätaussiedler oder als dessen Ehegatte oder Abkömmling nach Aufnahme in Deutschland ohne vorherige Einbürgerung als Deutscher ohne deutsche Staatsangehörigkeit im Sinne des Artikels 116 Abs. 1 GG vor dem 1. August 1999 seinen

Aufenthaltstitel für ehemalige Deutsche § 38 **AufenthG 1**

dauernden Aufenthalt in einem Aussiedlungsgebiet (vgl. § 1 Abs. 2 Nr. 3 BVFG) genommen hat (§ 7 StAngRegG a. F.), eine bewusst falsche oder unvollständige Angabe gemacht hat und daher die Rechtsfolge einer der genannten Vorschriften nicht geprüft worden ist,
38.5.9.4 – er sonst an einem Verwaltungsverfahren, in dem geprüft werden sollte, ob er Deutscher ist, nicht ordnungsgemäß mitgewirkt hat und ihm dies vorzuwerfen ist.

Übersicht

	Rn
I. Entstehungsgeschichte	1
II. Allgemeines	2
III. Aufenthaltstitel für ehemalige Deutsche und Scheindeutsche	3
1. Allgemeines	3
2. Verlust der deutschen Staatsangehörigkeit	5
IV. Gewöhnlicher Aufenthalt im Bundesgebiet	8
V. Gewöhnlicher Aufenthalt im Ausland	13
VI. Scheindeutscher	17

I. Entstehungsgeschichte

Die Vorschrift entspricht im Wesentlichen dem **GesEntw** (BT-Drs 15/420 S 16 f). Aufgrund des Vermittlungsverf wurde in Abs 4 ein zweiter Satz angefügt (BT-Drs 15/3479 S. 6). 1

II. Allgemeines

Die Vorschrift hat **keinen Vorgänger** in den AuslG 1965 u. 1990. Bis Ende 2004 gab es 2 keine spezielle Bestimmung über ein AufR für Personen, die früher einmal Dt waren. Ehemalige Dt können allerdings auch ihre Wiedereinbürgerung nach § 13 StAG betreiben. Die neue Vorschrift hat sich vor allem nach der Einführung von Ius-soli-Elementen u. des Erklärungsverf in das StAG (§§ 4 III, 29, 40 b) als notwendig erwiesen. Von 2008 an könnten zahlreiche Fälle auftreten, in denen in Deutschland geborene Kinder nach Erreichen des Volljährigkeitsalters Gefahr laufen, ihre dt StAng u. damit zugleich ihre Inländerrechtspositionen im öffentl Recht einschl des AufR zu verlieren (näher dazu Hailbronner/Renner, § 4 StAG Rn 68 f, § 29 StAG Rn 2–11, 31).

III. Aufenthaltstitel für ehemalige Deutsche und Scheindeutsche

1. Allgemeines

Die dt StAng kann aus **unterschiedlichen Gründen** verloren gehen (vgl §§ 17 ff StAG); 3 die Entscheidung gegen die dt StAng aufgrund des Erklärungszwangs der volljährig gewordenen Ius-soli-Dt (§ 29 StAG) stellt nur einen dieser Fälle dar. In größerer Anzahl ist nach 1999 ein Verlust der dt StAng auch dadurch eingetreten, dass in Deutschland lebende Eingebürgerte ihre frühere StAng auf ihren Antrag wiedererworben haben; denn die Auslandsklausel im früheren § 25 I RuStAG ist seitdem entfallen (vgl § 25 I StAG). Seit dem Jahre 2000 gilt zudem die Bestimmung des § 4 IV StAG über den „Generationenschnitt", wonach die dt StAng bei Auslandsgeburten nicht de iure sanguinis erworben wird, wenn der dt Elternteil selbst nach 1999 im Ausland geboren wurde u. dort seinen gewöhnlichen Aufenthalt hat. Aufgrund dieser Regelung geht zwar die dt StAng nicht verloren, sondern wird gar nicht erst erworben. Es ist aber gut vorstellbar, dass der Nichterwerb der dt StAng nicht bemerkt u. nicht festgestellt wird u. die im Ausland geborenen Enkel von Dt zu

353

Unrecht als Dt behandelt werden. Diese Konstellation wird allerdings voraussichtlich erst ab etwa 2020 vermehrt auftreten u. zur Anwendung von Abs 5 führen können.

4 Der Gesetzgeber hat Lösungen der mit dem Verlust der dt StAng auftretenden aufr Fragen **für drei Fallgruppen** gefunden. (1) Für in Deutschland lebende Personen werden Zeiten des gewöhnlichen Aufenthalts als Dt in Deutschland mit Zeiten des rechtmäßigen Inlandsaufenthalts als Ausl für den Erwerb eines AufTit gleichgestellt. Damit findet keine vollständige Gleichbehandlung in dem Sinne statt, dass der frühere Dt in jeder Hinsicht so behandelt wird, als sei er schon immer Nichtdt gewesen. Abs 1 beseitigt nicht die Folgen des Verlusts für Vergangenheit u. Zukunft im gesamten öffentl Recht, sondern schafft nur einen erleichterten Zugang zum Erwerb einer AE oder AE für die Zukunft. (2) Mit Abs 2 werden diejenigen Personen erfasst, die im Ausland leben. (3) Schließlich ist in Abs 5 die aufr Stellung von Personen geregelt, die zu Unrecht als Dt behandelt worden sind („Scheindeutsche").

2. Verlust der deutschen Staatsangehörigkeit

5 Wer (für Abs 1 u 2) als **ehemaliger Dt** anzusehen ist, bestimmt das StAngR. Im AufenthG ist keine Definition des ehemaligen Dt enthalten. Aus der Begriffsbestimmung für den Ausl in § 2 I folgt, dass das AufenthG unter Dt die Personen versteht, die nach Art 116 I GG Dt sind. Dazu gehören außer den dt StAng auch die Statusdt, also die in Deutschland aufgenommenen dt Volkszugehörigen aus den Vertreibungsgebieten samt ihren nichtdt Ehegatten u. Abkömmlingen (näher dazu Hailbronner/Renner, Art 116 GG Rn 5 ff). Dagegen ist nach § 1 StAG Dt nur, wer die dt StAng besitzt. Ob Bestimmungen des StAG auf Statusdt entsprechend anzuwenden sind, hängt von deren Inhalt u. Zweck ab (dazu Hailbronner/Renner, § 1 StAG Rn 6). Nach alledem sind unter ehemaligen Dt iSd Abs 1 Personen zu verstehen, die dt StAng waren u. diesen Status verloren haben. Falls Statusdt ihre Rechtsstellung aufgrund analoger Anwendung einer der Vorschriften der §§ 17 ff StAG (früher §§ 17 ff RuStAG) eingebüßt haben, sind sie entsprechend dem verfassungsrechtlichen Gebot des Art 116 GG I auch aufr gleich zu behandeln mit der Folge, dass auf sie § 38 entsprechend angewandt wird.

6 Ob die dt StAng **verloren** ist, muss anhand der maßgeblichen dt Rechtsvorschriften, insb der §§ 4 IV, 17 ff StAG, festgestellt werden. Wer als DDR-Staatsbürger einen Verlusttatbestand erfüllt hat, hat nicht notwendig (auch) die dt StAng verloren (zur Bedeutung des Erwerbs u. des Verlusts der DDR-Staatsbürgerschaft für die dt StAng ausführlich Hailbronner/Renner, Einl G Rn 7–38). Wer die dt StAng infolge rassischer oder politischer Verfolgung zwischen 1933 u. 1945 verloren hat, kann die Ungültigkeit der Ausbürgerung feststellen oder sich wieder einbürgern lassen (Art 116 II GG; dazu Hailbronner/Renner, Art 166 GG Rn 90–101) u. ist daher auf ein AufR nicht angewiesen.

7 Soweit über den Verlust der dt StAng keine Urkunden ausgestellt sind oder vorgelegt oder beschafft werden können, kann der Verlust, da ein Negativtest nicht erteilt werden kann, mittelbar dadurch geklärt werden, dass ein StAng-Ausweis, Personalausweis oder ein Reisepass beantragt werden. In diesem Zusammenhang kann sowohl ein Wiedererwerb der dt StAng nach dem Verlust als auch eine evtl eintretende **Staatenlosigkeit** festgestellt werden. Soweit Staatenlosigkeit trotz Art 16 I GG bei einigen Verlusttatbeständen eintreten kann (dazu Hailbronner/Renner, Art 16 GG Rn 26 ff), ändert dies nichts an den Rechtsansprüchen auf NE oder AE. Staatenlosigkeit muss dann freilich innerhalb von Ermessenstatbeständen berücksichtigt werden (Abs 2, 3 u. 5).

IV. Gewöhnlicher Aufenthalt im Bundesgebiet

8 Zu dem durch Abs 1 begünstigten **Personenkreis** gehören nicht alle Dt, die ihre StAng verloren haben, sondern nur diejenigen, die im Zeitpunkt des Verlusts ihren gewöhnlichen Aufenthalt im Bundesgebiet hatten. Dies folgt aus Abs 1 S. Nr 1 u. 2, wonach der Betroffene

Aufenthaltstitel für ehemalige Deutsche § 38 AufenthG 1

„bei Verlust ... seit mindestens ... seinen gewöhnlichen Aufenthalt im Bundesgebiet hatte." Der ehemalige Dt muss also bis zum Verlustzeitpunkt mindestens ein oder fünf Jahre mit gewöhnlichem Aufenthalt hier gelebt haben. Der Aufenthalt muss bei Antragstellung andauern oder wieder begründet sein. „Bundesgebiet" ist ohne Rücksicht auf die Frage der Zugehörigkeit der DDR zu Deutschland wörtlich zu nehmen, weil nur Zeiten des gewöhnlichen Inlandsaufenthalts nach der Wiedervereinigung die Tatbestände des Abs 1 erfüllen können.

Den **gewöhnlichen Aufenthalt** hat eine Person dort, wo sie nicht nur vorübergehend zu 9 bleiben beabsichtigt (§ 30 III 2 SGB I; näher § 32 Rn 9, § 37 Rn 6). Der gewöhnliche Aufenthalt im Inland ist nicht schon bei kurzfristigen Ausreisen beendet, sondern erst bei Verlegung des Lebensmittelpunkts ins Ausland. Anhaltspunkte für den gewöhnlichen Aufenthalt in Deutschland bieten polizeiliche Anmeldung, Mitgliedschaft in der Sozialversicherung, Arbeitsplatz, Schulbesuch u. Wohnung. Der gewöhnliche Aufenthalt muss unterbrochen ein Jahr bzw fünf Jahre bis zum Verlustzeitpunkt im Inland bestanden haben. Es können nicht mehrere Aufenthaltszeiten zusammengerechnet werden.

Die Erteilung der AE oder NE erfolgt aufgrund eines **Rechtsanspruchs**, sie steht nicht 10 im Ermessen der AuslBeh. Daher sind grundsätzlich die Bestimmungen des § 5 I Nr 1, 1 a u. 2, II u. der §§ 9, 10 I, 11 zu beachten. Von der Einhaltung des Visumverf kann nach § 5 II 2 u. von den Anforderungen von § 5 insgesamt kann nach Abs 3 in besonderen Fällen abgesehen werden. Ein solcher vom dem ges Normalkonzept abweichender Fall kann allg bei ehemaligen Dt anerkannt werden, insb dann, wenn sie staatenlos geworden sein sollten (dazu Rn 6). Die besonderen Integrationsvoraussetzungen des § 9 II Nr 5 bis 9 für die NE werden in aller Regel vorliegen.

Die **Antragsfrist** von sechs Monaten beginnt ab Kenntnis des Verlusts zu laufen. Dabei 11 kommt es auf die Rechtsfolge an, nicht allein auf die für den Verlust ursächlichen tatsächlichen Umstände u. Ereignisse. Maßgeblich ist zudem nicht, wann Bedenken aufgetreten sind u. eine Prüfung hätte vorgenomen werden können oder sollen. Selbst eine verschuldete Unkenntnis steht nicht der positiven Kenntnis gleich. Ebenso wenig genügen amtlicherseits geäußerte Bedenken oder Vermutungen. Auch bei rechtlichen Vorkenntnissen des Betroffenen kann eine fristauslösende Kenntnis erst dann angenommen werden, wenn sie als gesichert anzusehen war. Am ehesten kann von einer Kenntnis ausgegangen werden, wenn eine Behörde den möglichen Verlust wenigstens überschlägig geprüft u. als zumindest wahrscheinlich bestätigt hat.

NE oder AE sind innerhalb der Sechs-Monats-Frist zu beantragen. Der **Aufenthalt** von 12 der Antragstellung bis zur Entscheidung der AuslBeh gilt als erlaubt. Bereits vom Zeitpunkt des Verlusts an hält sich der ehemalige Dt rechtmäßig ohne AufTit in Deutschland auf. Er ist zwar schon seit Eintritt des Verlusts Ausl, sein Aufenthalt ist aber bis zum Ende der Antragsfrist rechtmäßig. Die Rechtmäßigkeit des Aufenthalts vom Verlust bis zur Antragstellung ergibt sich nicht aus der entsprechenden Anwendung von § 81 III, sie wird aber dabei u. in Abs 4 S. 2 zugrunde gelegt. Sonst entstünde eine nicht zu vertretende Lücke für diesen Zeitraum. Ein später gestellter Antrag löst nur die Aussetzung der Abschiebung ab Antragstellung aus (§ 81 III analog). Während der Antragsfrist u. von Antragstellung bis zur Entscheidung der AuslBeh ist dem ehemaligen Dt außerdem die Ausübung einer Erwerbstätigkeit kraft Ges erlaubt. Auch insoweit ist der Gesetzeswortlaut korrigierend auszulegen mit der Folge, dass die Erlaubnis schon vom Verlust bis zur Kenntniserlangung gilt.

V. Gewöhnlicher Aufenthalt im Ausland

Für den im Ausland lebenden ehemaligen Dt sind **andere Regeln** geschaffen, weil seine 13 Lebensverhältnisse rechtlich u. tatsächlich wesentlich anders gestaltet sind. Er ist nämlich nicht gewungen, einen bereits bestehenden Inlandsaufenthalt entweder zu legalisieren oder zu beenden. Seine Lage kann ihn aber uU infolge des Verlusts der dt StAng dazu veranlassen, den Aufenthaltsstaat zu verlassen, falls er dessen StAng nicht besitzt oder staatenlos geworden ist (zu Letzterem Rn 6).

14   Im Ermessensweg kann einer Person eine AE erteilt werden, die ihre dt StAng verloren u. ihren gewöhnlichen Aufenthalt (dazu Rn 8) bei Antragstellung im **Ausland** hat. Wo diese Person im Zeitpunkt des Verlusts lebte, ist unerheblich. Nur wer sich sowohl im Zeitpunkt des Verlusts als auch bei Antragstellung gewöhnlich im Inland aufhält, hat einen Rechtsanspruch nach Abs 1. Verlegt er den Lebensmittelpunkt nach dem Verlust während des Inlandsaufenthalts ins Ausland, kann er eine AE nur aufgrund Ermessens erhalten. Schließlich kann er sich weder auf Abs 1 noch auf Abs 2 berufen, wenn er die dt StAng während eines gewöhnlichen Aufenthalts im Ausland verloren hat u. bei Antragstellung in Deutschland lebt. In diesem Zusammenhang muss jedoch sorgfältig geprüft werden, ob der Lebensmittelpunkt trotz nicht ausreichender aufr Absicherung bereits nach Deutschland verlegt ist.

15   Anders als bei dem im Inland Lebenden werden von dem Antragsteller mit gewöhnlichem Aufenthalt im Ausland **ausreichende Deutschkenntnisse** verlangt, die sonst nur für die NE erforderlich sind (vgl § 9 II Nr 7; dazu näher § 9 Rn 33–38). Hinsichtlich der sonstigen Erteilungsvoraussetzungen u. der Erwerbstätigkeit gelten dieselben Grundsätze wie für Abs 1 (dazu Rn 10); auch § 5 I Nr 3 ist zu beachten. Der Antrag ist nicht an eine bestimmte Frist gebunden. Er ist vom Ausland her zu stellen u. vermittelt daher kein fiktives AufR in Deutschland.

16   Das **Ermessen** soll vor allem zugunsten von Personen ausgeübt werden, die aus beruflichen oder familiären Gründen ins Ausland gegangen sind u. wieder in Deutschland leben möchten (BT-Drs 15/420 S. 84 f). Im Rahmen des Ermessens sind ua zu berücksichtigen: evtl Staatenlosigkeit; Dauer des Besitzes der dt StAng; Alter; Gesundheit; Lebensverhältnisse im Ausland; Bindungen an Deutschland. Hinsichtlich der Unterhaltssicherung ist zu berücksichtigen, dass mit der AE die Zulassung zu jeder Art von Erwerbstätigkeit verbunden ist. Wesentliche Bedeutung kommt zudem den Umständen u. Gründen für den Verlust der dt StAng zu. So ist ein aus triftigen Gründen geäußerter Zuzugswunsch im Anschluss an den Verlust während des Zweiten Weltkriegs oder nach einem Verzicht uU anders zu bewerten als das Zuzugsbegehren nach der Rücknahme einer erschlichenen Einbürgerung oder nach dem schon bei der Einbürgerung geplanten Wiedererwerb der früheren StAng (zu Fällen dieser Art Engst, ZAR 2005, 227; Uslucan, ZAR 2005, 115).

VI. Scheindeutscher

17   Von **dt Stellen irrtümlich** als Dt behandelt worden ist eine Person, wenn sie entweder eine Urkunde oder ein sonstiges Schriftstück, nicht notwendigerweise einen Verwaltungsakt, erhalten hat, mit denen die dt StAng unmittelbar oder mittelbar bestätigt wurde. Es muss sich um eine Behörde oder eine sonstige Stelle gehandelt haben, die entweder für StAngR zuständig war oder stangr Fragen mitzuprüfen oder ihren Entscheidungen zugrundezulegen hatte. Es muss wenigstens eine summarische Prüfung stattgefunden haben. Die bloße kommentarlose Hinnahme von Erklärungen des Betroffenen genügt nicht. Vertrauensschutz in die Richtigkeit staatl Handelns ist vor allen Dingen dann eingetreten, wenn sich Behörden auf eine entsprechende durchgängige Verwaltungspaxis gestützt haben. So ist jetzt von dem Besitz der dt StAng auszugehen, wenn eine Person seit 1950 als dt StAng behandelt wird (Nr 1.3 S. 1 StAR-VwV; früher war die Zeit seit 1914 maßgeblich).

18   Auf die irrtümliche Behandlung als Dt kann sich nicht berufen, wer diese **selbst zu vertreten** hat. Sein Verschulden kann darauf beruhen, dass er bewusst unwahre Angaben gemacht, darauf gestützte Anträge gestellt oder falsche oder gefälschte Urkunden oder andere Unterlagen vorgelegt hat.

Abschnitt 8. Beteiligung der Bundesagentur für Arbeit

§ 39 Zustimmung zur Ausländerbeschäftigung

(1) ¹Ein Aufenthaltstitel, der einem Ausländer die Ausübung einer Beschäftigung erlaubt, kann nur mit Zustimmung der Bundesagentur für Arbeit erteilt werden, soweit durch Rechtsverordnung nicht etwas anderes bestimmt ist. ²Die Zustimmung kann erteilt werden, wenn dies in zwischenstaatlichen Vereinbarungen, durch ein Gesetz oder durch Rechtsverordnung bestimmt ist.

(2) ¹Die Bundesagentur für Arbeit kann der Erteilung einer Aufenthaltserlaubnis zur Ausübung einer Beschäftigung nach § 18 zustimmen, wenn
1. a) sich durch die Beschäftigung von Ausländern nachteilige Auswirkungen auf den Arbeitsmarkt, insbesondere hinsichtlich der Beschäftigungsstruktur, der Regionen und der Wirtschaftszweige, nicht ergeben,
   b) für die Beschäftigung deutsche Arbeitnehmer sowie Ausländer, die diesen hinsichtlich der Arbeitsaufnahme rechtlich gleichgestellt sind oder andere Ausländer, die nach dem Recht der Europäischen Union einen Anspruch auf vorrangigen Zugang zum Arbeitsmarkt haben, nicht zur Verfügung stehen oder
2. sie durch Prüfung nach Satz 1 Nr. 1 Buchstabe a und b für einzelne Berufsgruppen oder für einzelne Wirtschaftszweige festgestellt hat, dass die Besetzung der offenen Stellen mit ausländischen Bewerbern arbeitsmarkt- und integrationspolitisch verantwortbar ist,

und der Ausländer nicht zu ungünstigeren Arbeitsbedingungen als vergleichbare deutsche Arbeitnehmer beschäftigt wird. ²Für die Beschäftigung stehen deutsche Arbeitnehmer und diesen gleichgestellte Ausländer auch dann zur Verfügung, wenn sie nur mit Förderung der Agentur für Arbeit vermittelt werden können. ³Der Arbeitgeber, bei dem ein Ausländer beschäftigt werden soll, der dafür eine Zustimmung benötigt, hat der Bundesagentur für Arbeit Auskunft über Arbeitsentgelt, Arbeitszeiten und sonstige Arbeitsbedingungen zu erteilen.

(3) Absatz 2 gilt auch, wenn bei Aufenthalten zu anderen Zwecken nach den Abschnitten 3, 5, 6 oder 7 eine Zustimmung der Bundesagentur für Arbeit zur Ausübung einer Beschäftigung erforderlich ist.

(4) Die Zustimmung kann die Dauer und die berufliche Tätigkeit festlegen sowie die Beschäftigung auf bestimmte Betriebe oder Bezirke beschränken.

(5) Die Bundesagentur für Arbeit kann der Erteilung einer Niederlassungserlaubnis nach § 19 zustimmen, wenn sich durch die Beschäftigung des Ausländers nachteilige Auswirkungen auf den Arbeitsmarkt nicht ergeben.

(6) ¹Staatsangehörigen derjenigen Staaten, die nach dem Vertrag vom 16. April 2003 über den Beitritt der Tschechischen Republik, der Republik Estland, der Republik Zypern, der Republik Lettland, der Republik Litauen, der Republik Ungarn, der Republik Malta, der Republik Polen, der Republik Slowenien und der Slowakischen Republik zur Europäischen Union (BGBl. 2003 II S. 1408) der Europäischen Union beigetreten sind, kann von der Bundesagentur für Arbeit eine Beschäftigung, die eine qualifizierte Berufsausbildung voraussetzt, unter den Voraussetzungen des Absatzes 2 erlaubt werden, soweit nach Maßgabe dieses Vertrages von den Rechtsvorschriften der Europäischen Gemeinschaft abweichende Regelungen Anwendung finden. ²Ihnen ist Vorrang gegenüber zum Zweck der Beschäftigung einreisenden Staatsangehörigen aus Drittstaaten zu gewähren.

1 AufenthG § 39

Vorläufige Anwendungshinweise

39 Zu § 39 Zustimmung zur Ausländerbeschäftigung

39.0 Zentrale Vorschrift des achten Abschnittes ist § 39 mit der Übernahme der Regelungen des § 285 SGB III zur Arbeitsmarktprüfung und der neu eingeführten Möglichkeit zur Beurteilung der Arbeitsmarktlage für die Beschäftigung ausländischer Arbeitnehmer durch die Bundesagentur für Arbeit. Beide Komponenten beinhalten eine bundesweite Arbeitsmarktprüfung, um dem in § 18 Abs. 1 erklärten Erfordernis der wirksamen Bekämpfung der Arbeitslosigkeit gerecht zu werden.

39.1 § 39 Abs. 1 bestätigt den Grundsatz, dass einem Ausländer eine Beschäftigung im Bundesgebiet durch Erteilung eines Aufenthaltstitels nur mit Zustimmung der Bundesagentur für Arbeit erlaubt werden kann. Satz 2 bestimmt, dass die Zustimmung zur Ausübung einer Beschäftigung nur nach Maßgabe gesetzlicher Bestimmungen, aufgrund zwischenstaatlicher Vereinbarungen oder nach Maßgabe einer Rechtsverordnung durch die Bundesagentur für Arbeit erteilt werden kann. Maßgebliche Rechtsverordnung in diesem Sinn ist die Beschäftigungsverordnung (Nummer 42.1).

39.1.1 Die Zustimmung der Bundesagentur für Arbeit wird durch die Ausländerbehörde eingeholt. Für die Zustimmung zur Beschäftigung ist in der Regel die örtliche Agentur für Arbeit zuständig, in deren Bereich die Beschäftigung ausgeübt werden soll. Bei den in der Folge aufgeführten Sachverhalten hat die Bundesagentur für Arbeit bestimmte Dienststellen mit der Aufgabe der Erteilung der Zustimmung beauftragt. Es gelten folgende besondere Zuständigkeiten:

39.1.1.1 – Für Künstler, Artisten und deren Hilfspersonal (§ 23 Nr. 1 BeschV), die zur Arbeitsaufnahme einreisen, sind die Regionaldirektionen zuständig.

39.1.1.2 – Für ausländische Zirkusunternehmen (§ 23 Nr. 2 BeschV) ist die Regionaldirektion Nordrhein-Westfalen in Düsseldorf zuständig.

39.1.1.3 – Für Personen im internationalen Personalaustausch (§ 31 BeschV) und Gastarbeitnehmer (§ 40 BeschV) ist die Zentralstelle für Arbeitsvermittlung (ZAV) zuständig.

39.1.1.4 – Saisonkräfte (§ 18 BeschV) und Schaustellergehilfen (§ 19 BeschV) erhalten die Zustimmung zur Beschäftigung in einem, dem Visumverfahren vorgeschalteten Vermittlungsverfahren aufgrund einer Absprache der Bundesagentur für Arbeit mit der Arbeitsverwaltung des Herkunftslandes. Eine Beteiligung der Ausländerbehörde im Visumverfahren erfolgt gemäß § 35 Nr. 2 AufenthV nicht. Saisonkräfte und Schaustellergehilfen erhalten in der Regel ein Visum für die Gesamtzeit des beabsichtigten Aufenthalts. Überschreitet die beabsichtigte Aufenthaltszeit die 3-Monats-Grenze wird ein nationales Visum erteilt.

39.1.1.5 – Werkvertragsarbeitnehmern nach § 39 BeschV erhalten in einem, dem Visumverfahren vorgeschalteten Verfahren die Zustimmung zur Beschäftigung. Eine Beteiligung der Ausländerbehörde im Visumverfahren erfolgt gemäß § 35 Nr. 1 AufenthV nicht (siehe auch Nummer 42.1.4). Die besondere Zuständigkeit einzelner Stellen der Bundesagentur für Arbeit ergibt sich aus der Staatsangehörigkeit des Arbeitnehmers. Solange Übergangsregelungen zum Beitrittsvertrag mit den neuen Mitgliedstaaten der EU angewendet werden, gilt die folgende Zuständigkeitsverteilung: Für polnische und lettische Staatsangehörige ist die Regionaldirektion Nordrhein-Westfalen in Düsseldorf und die Agentur für Arbeit in Duisburg, für ungarische, rumänische, tschechische und slowakische Staatsangehörige die Regionaldirektion Hessen und die Agentur für Arbeit in Frankfurt und für kroatische, slowenische, mazedonische, bosnien-herzegowinische, bulgarische, serbisch-montenegrinische und türkische Staatsangehörige die Regionaldirektion Baden-Württemberg und die Agentur für Arbeit in Stuttgart zuständig.

39.1.1.6 – Für Fertighausaufsteller nach § 35 BeschV gilt die Zuständigkeitsverteilung wie in den Fällen der Werkvertragsarbeitnehmer. Für die nicht in Nummer 39.1.1.5 genannten Staaten ist die Regionaldirektion Sachsen in Chemnitz zuständig.

39.1.1.7 – In Deutschland ansässige Großunternehmen verfügen meist über zentrale Personalabteilungen am Hauptsitz des Unternehmens. Für ausländische Beschäftigte dieser Unternehmen bestehen teilweise gesonderte Absprachen über die örtliche Zuständigkeit der Arbeitsämter. In diesen Fällen sind meist die Agenturen für Arbeit am Hauptsitz zuständig, auch wenn das Personal in Unternehmensteilen in anderen Orten beschäftigt wird. Soweit vom Unternehmen auf eine solche gesonderte Zuständigkeit hingewiesen wird, bleiben bis auf weiteres diese Zuständigkeiten der Agenturen für Arbeit bestehen.

39.1.1.8 – Wird die Zustimmung zur Beschäftigung im Rahmen einer Zustimmungsanfrage einer Auslandsvertretung erforderlich, so sind die die Beschäftigung betreffenden Unterlagen an die örtlich zuständige Agentur für Arbeit weiterzuleiten. Diese teilt nach Abschluss ihrer Prüfung das Ergebnis mit. Die sich aus der Zustimmung ergebenden Beschränkungen der Beschäftigung sind der Auslandsvertretung zusammen mit der Zustimmung zur Visumerteilung mitzuteilen. Wird die Zustimmung zur

Zustimmung zur Ausländerbeschäftigung § 39 AufenthG 1

Beschäftigung nicht erteilt, so sind die Versagungsgründe der Auslandsvertretung als Begründung zur Verweigerung der Zustimmung zur Visumerteilung zu übermitteln.

39.1.1.9 – Beantragt ein Ausländer, der sich im Inland aufhält und dem nicht bereits kraft Gesetzes die Erwerbstätigkeit erlaubt ist, die Zustimmung zur Beschäftigung, so leitet die Ausländerbehörde die antragsbegründenden Unterlagen bis zur Umstellung auf ein EDV-gestütztes Verfahren mit bundeseinheitlichem Formblatt an die für den Arbeitsplatz örtlich zuständige Agentur für Arbeit weiter. Erteilt die Agentur für Arbeit die Zustimmung zur Beschäftigung, sind die mit der Zustimmung versehenen Beschränkungen in die Aufenthaltserlaubnis zu übernehmen.

39.2 Absatz 2 benennt die von der Bundesagentur für Arbeit zu prüfenden Voraussetzungen, unter denen die Zustimmung zur Beschäftigung für einen Aufenthaltstitel nach § 18 erteilt werden kann. Für Nummer 1 und 2 ist zusätzliche Voraussetzung, dass der Ausländer nicht zu ungünstigeren Arbeitsbedingungen als vergleichbare deutsche Arbeitnehmer beschäftigt wird.

39.2.1.1 Absatz 2 Nr. 1 Buchstabe a stellt klar, dass die Auswirkungen der Beschäftigung von Ausländern auf die Beschäftigungsstruktur, die Regionen sowie die Wirtschaftszweige durch die Bundesagentur für Arbeit im Verfahren der Erteilung der Zustimmung zur Beschäftigung zu prüfen sind.

39.2.1.2 Absatz 2 Nr. 1 Buchstabe b sichert, dass die bundesweite Vermittlung deutscher und bevorrechtigter ausländischer Arbeitsloser (z. B. EU-Bürger aus den „alten" EU-Mitgliedstaaten) auch weiterhin Vorrang vor der Zulassung anderer ausländischer Arbeitskräfte zur Beschäftigung hat. Die Staatsangehörigen der neuen EU-Mitgliedstaaten, die nach dem Beitritt zwar EU-Bürger geworden sind, aber denen aufgrund des EU-Beitrittsvertrags noch keine vollständige Arbeitnehmer-Freizügigkeit eingeräumt ist, haben Vorrang vor der Zulassung von Drittstaatsangehörigen. Die Vorschrift stellt damit klar, dass auch diesen Neu-EU-Bürgern ein Vorrang vor Ausländern aus Drittstaaten, die keinen unbeschränkten Arbeitsmarktzugang besitzen, zukommt (siehe auch Nummer 39. 6).

39.2.2 Das Zustimmungsverfahren wird dadurch flexibilisiert und erleichtert, dass die Bundesagentur für Arbeit die Prüfung für einzelne Berufsgruppen und Wirtschaftszweige vorwegnehmen und feststellen kann, dass die Besetzung offener Stellen in diesen Berufsgruppen mit ausländischen Bewerbern arbeitsmarkt- und integrationspolitisch verantwortbar ist. Die Bundesagentur für Arbeit kann eine generelle Arbeitsmarktvorrangprüfung für bestimmte Berufsgruppen und Wirtschaftszweige durchführen. Auch wenn die Bundesagentur für Arbeit diese generellen Regelungen getroffen hat, bleibt eine bestehende Zustimmungspflicht erhalten, da die Agentur für Arbeit noch zu prüfen hat, ob der Ausländer nicht zu ungünstigeren Arbeitsbedingungen als vergleichbare deutsche Arbeitnehmer beschäftigt wird.

39.3 Das Zustimmungsverfahren nach Absatz 2 gilt nach Absatz 3 auch, wenn ein Ausländer zu anderen Zwecken nach Deutschland einreist oder sich zu anderen Zwecken in Deutschland aufhält und eine Beschäftigung aufnehmen will und eine Beschäftigung nicht bereits kraft Gesetzes erlaubt ist (vgl. Nummer 4.2.3.2 und 4.3.2). Neben den Aufenthaltszwecken der Abschnitte 5, 6 oder 7 betrifft dies auch zustimmungspflichtige Beschäftigungen im Rahmen der §§ 16, 17 oder 18.

39.4 Nach Absatz 4 wird die Zustimmung regelmäßig mit Beschränkungen erteilt. Siehe dazu Nummer 4.2.4 und 42.2.4.2.

39.5 Nach Absatz 5 kann die Bundesagentur für Arbeit der Erteilung einer Niederlassungserlaubnis nach § 19 unter bestimmten Voraussetzungen zustimmen. Der Verordnungsgeber hat von der Ermächtigung nach § 42 Abs. 1 Nr. 1 Gebrauch gemacht und durch § 3 BeschV die Beschäftigung nach § 19 zustimmungsfrei gestellt (vgl. Nummer 42.1.1.3). Zur Erteilung einer Niederlassungserlaubnis nach § 19 siehe Nummer 19.1.1.

39.6 Absatz 6 berücksichtigt die mit dem EU-Beitrittsvertrag vorgesehene Möglichkeit, hinsichtlich des Arbeitsmarktzuganges nationale Regelungen in einer Übergangszeit anzuwenden. Die Republiken Zypern und Malta unterliegen nicht diesen Übergangsregelungen. Staatsangehörigen der Staaten, die den Übergangsregelungen unterliegen, kann jede Beschäftigung, die eine qualifizierte Berufsausbildung voraussetzt, erlaubt werden. Dies erfolgt durch Erteilung der Arbeitserlaubnis-EU (vgl. § 284 SGB III in der durch das Zuwanderungsgesetz geänderten Fassung). Hinsichtlich der Beschäftigungen, die keine qualifizierte Berufsausbildung voraussetzen, sind die Arbeitsgenehmigungsverordnung (ArGV) und die Anwerbestoppausnahmeverordnung (ASAV) weiter anzuwenden, soweit die auf der Grundlage von § 42 erlassenen Verordnungen keine günstigeren Regelungen vorsehen. Für die Erteilung der Arbeitsberechtigung-EU gilt § 12a ArGV. Ob ggf die Voraussetzungen für eine arbeitsgenehmigungsfreie Beschäftigung vorliegen, ist ebenfalls von den Agenturen für Arbeit zu prüfen. Die Bescheinigung über das Aufenthaltsrecht nach § 5 FreizügG/EU wird für Arbeitnehmer erst nach Erteilung der Arbeitsgenehmigung-EU bzw. Vorlage der Bestätigung, dass es sich um eine arbeitsgenehmigungsfreie Tätigkeit handelt, ausgestellt (siehe auch Anwendungshinweise zum FreizügG/EU Nummer 13.3 und 13.4).

1 AufenthG § 39

Satz 2 regelt den Vorrang vor zum Zweck der Beschäftigung einreisenden drittstaatsangehörigen Ausländern; die Bundesagentur für Arbeit wird diesen Vorrang bei der Prüfung zur Erteilung der Zustimmung zur Beschäftigung berücksichtigen.

Übersicht

	Rn
I. Entstehungsgeschichte	1
II. Allgemeines	2
III. Zustimmung zur Beschäftigung	4
1. Allgemeines	4
2. Arbeitsmarktprüfung	8
3. Vorrangprüfung	10
4. Generelle Arbeitsmarktvorrangprüfung	15
5. Prüfung der Arbeitsbedingungen	16
6. Prüfung bei Niederlassungserlaubnis	17
7. Verfahren	18
8. Inhalt und Reichweite der Zustimmung	19

I. Entstehungsgeschichte

1 Die Vorschrift stimmt mit dem **GesEntw** (BT-Drs 15/420 S. 17) im Wesentlichen überein. Aufgrund des Vermittlungsverf (BT-Drs 15/3479 S. 6) wurden jew der Begriff der „Bundesanstalt" durch „Bundesagentur" ersetzt u. in Abs 2 S. 1 Nr 1 Bst a die Wörter „insbesondere hinsichtlich der Beschäftigungsstruktur, der Regionen und der Wirtschaftszweige" eingefügt. Abs 4 des GesEntw über die Zustimmung bei nicht qualifizierter Beschäftigung wurde gestrichen u. ein neuer Abs angefügt.

II. Allgemeines

2 Die Vorschrift enthält zusammen mit §§ 4, 18 u. 42 das **Programm** der Steuerung der Ausländerbeschäftigung, das durch neue Formen der Zusammenarbeit von AuslBeh u. Ausl-Vertr auf der aufr u. der BA auf der beschäftigungsrechtlichen Seite gekennzeichnet ist (Vorbem Rn 14 ff). In einer Art von One-stop-governement wirkt die BA in einem internen Zustimmungsverf an der Zulassung eines Ausl zum Arbeitsmarkt mit, nach außen wird die Entscheidung allein in dem aufr Bescheid getroffen u. verantwortet (§ 4 Rn 49, 51, 54–56). Das Zustimmungsverf ist entbehrlich, wenn die Beschäftigung durch Ges zugelassen oder die Zustimmung aufgrund einer RVO nicht erforderlich ist (vgl § 42 I Nr 1; § 4 Rn 68 ff).

3 **Gegenstand** u. **Inhalt** der Prüfung der BA haben sich im Grundsatz nicht geändert. Das Prüfungsprogramm des § 285 SGB III ist im Wesentlichen beibehalten. Die Vorrangprüfung erfolgt auf dem Hintergrund des Anwerbestopps wie früher, ist aber insgesamt vereinfacht (Feldgen, ZAR 2003, 132). Hinzugekommen ist die Orientierung an den Erfordernissen des Wirtschaftsstandorts Deutschland u. der wirksamen Bekämpfung der Arbeitslosigkeit (§ 18 I; § 18 Rn 2 f).

III. Zustimmung zur Beschäftigung

1. Allgemeines

4 In Abs 1 ist der bereits in § 18 näher ausgeführte **Grundsatz** bekräftigt, dass ein Ausl zur Beschäftigung nur mit Zustimmung der BA zugelassen werden darf, falls diese nicht

Zustimmung zur Ausländerbeschäftigung § 39 **AufenthG 1**

aufgrund einer RVO (vgl § 42 I Nr 1) entbehrlich ist. Ergänzt werden diese Bestimmungen durch § 4 II 1, wonach ein AufTit zur Ausübung einer Erwerbstätigkeit berechtigt, sofern es nach diesem Ges bestimmt ist oder der Titel es ausdrücklich erlaubt (dazu § 4 Rn 46 ff). So gesehen kann eine Beschäftigung durch Ges, RVO oder BA-Zustimmung zugelassen sein (vgl § 4 Rn 67–71). Die unterschiedlichen Formulierungen der §§ 4 II, 18 I bis IV, 39 I nehmen vor allem darauf Bedacht, dass unter Erwerbstätigkeit auch die selbständige zu verstehen u. die Zustimmung der BA nur bei nichtselbständigen Beschäftigungen vorgesehen ist.

Die Prüfung der BA erfolgt in mehreren Schritten nach den ihr vorgeschriebenen **5 Maßstäben.** Grundlage ist bei Qualifizierten wie Nichtqualifizierten sowie Hochqualifizierten immer ein konkretes Arbeitsplatzangebot (§ 19 V). Ob eine Zustimmung zulässig ist u. für welche Berufe, Funktionen u. Bewerbergruppen sie unter welchen Bedingungen erteilt werden kann, ist in den aufgrund § 42 I Nr 2 erlassenen RVO (BeschV u. BeschVerfV) bestimmt. Auf dieser Grundlage wird die Besetzung der konkret angebotenen Stelle mit einem Ausl untersucht auf die Auswirkungen auf den Arbeitsmarkt, auf das Vorhandensein bevorrechtigter Bewerber, auf die arbeitsmarkt- u. integrationspolitische Verantwortbarkeit u. auf die Üblichkeit der Arbeitsbedingungen. Die einzelnen Prüfkriterien sind getrennt anzuwenden, auch wenn sie zT ineinandergreifen, vor allem hinsichtlich nachteiliger Wirkungen auf den Arbeitsmarkt sowie Arbeitsmarkt- u. Integrationspolitik.

Entsprechend den Vorgaben des § 18 I bis IV u. der Ermächtigungen in § 42 I ist **im 6 Wege der RVO** bestimmt, welche Tätigkeiten als Beschäftigung u. welche nicht als solche anzusehen sind, welche zustimmungsfrei ausgeübt werden dürfen, für welche Staaten Ausnahmen gelten u. in welchen Berufsgruppen Beschäftigungen zugelassen werden dürfen (vgl § 4 Rn 69–81). Danach richten sich auch die Kontrollen der BA im Einzelfall. Für aus dem Ausland zuziehende Bewerber sind sowohl die zustimmungsfreien Beschäftigungen im Einzelnen benannt (§§ 1–16 BeschV) als auch die zulassungsfähigen Gruppen, die entweder eine qualifizierte Berufsausbildung (§§ 25–31 BeschV) oder keine solche Ausbildung (§§ 17–24) voraussetzen. Für bereits im Inland lebende Ausl sind zustimmungsfreie Beschäftigungen (vgl §§ 1–4 BeschVerfV) u. solche benannt, denen ohne Vorrangprüfung zugestimmt werden kann (§§ 5–9 BeschVerfV), u. außerdem ist festgelegt, unter welchen Voraussetzungen Duldungsinhabern die Beschäftigung gestattet werden darf (§§ 10 f BeschVerfV).

Abgesehen von den danach vorgesehenen Privilegierungen der bereits in Deutschland **7** lebenden u. arbeitenden Bewerber gilt das **Zustimmungsverf** nach Abs 2 ungeschmälert für alle Bewerber, gleich, ob sie neu einreisen wollen oder sich bereits in Deutschland aufhalten. Nur die Zuständigkeit der AuslVertr u. der AuslBeh für den AufTit samt Beschäftigungserlaubnis richtet sich nach dem aktuellen Lebensmittelpunkt. Außerdem kommt es nicht darauf an, ob die abhängige Erwerbstätigkeit den eigentlichen Aufenthaltszweck darstellt oder der Aufenthalt bereits zu anderen Zwecken zugelassen ist oder erst angestrebt wird (vgl Abs 3). Bei bereits in Deutschland lebenden Bewerbern bestimmt jedoch der Aufenthaltsstatus letztlich auch die Chancen des Zugangs zum Arbeitsmarkt (Feldgen, ZAR 2003, 132).

2. Arbeitsmarktprüfung

Die **Grundfrage** geht dahin, ob sich die Beschäftigung von Ausl nachteilig auf den **8** Arbeitsmarkt auswirkt. Mit dieser Prüfung vor allem lässt sich das Ziel verwirklichen, Ausl nur im Einklang mit den Erfordernissen des Wirtschaftsstandorts Deutschland u. den Verhältnissen am Arbeitsmarkt zur Beschäftigung zuzulassen (§ 18 I; vgl dazu § 18 Rn 2 f). Dabei müssen die Entscheidungen des Gesetzgebers für die unmittelbare Zulassung bestimmter Ausländergruppen u. des RVO-Gebers, in bestimmten Fallgruppen auf die Zustimmung der BA zu verzichten u. in anderen Fällen die Zustimmung generell zu ermöglichen, zugrunde gelegt werden.

9   Anhand dieser Vorgaben muss die BA im **Einzelfall** positiv feststellen, dass sich keine nachteiligen Auswirkungen vor allem auf die Beschäftigungsstruktur, die Regionen u. die Wirtschaftszweige ergeben. Diese Aufgabe gehört zu den überkommenen Prüfschritten (vgl § 285 I 1 Nr 1 SGB III aF) u. zielt darauf ab, die abstrakt durch RVO vorgenommene Arbeitsmarktverträglichkeit anhand des konkreten Falls in struktureller, regionaler u. branchenbezogener Hinsicht zu überprüfen. Unter bestimmten Umständen kann diese Kontrolle für einzelne Berufsgruppen oder Wirtschaftszweige verallgemeinert u. damit vereinfacht u. beschleunigt werden (dazu Rn 15).

3. Vorrangprüfung

10   Mit der **Vorrangprüfung** wird dem Erfordernis der Bekämpfung der Arbeitslosigkeit u. gleichzeitig den Interessen der zur Vermittlung zur Verfügung stehenden Bevorrechtigten Rechnung getragen. Das sind Dt u. andere Unionsbürger aus den „alten" EU-Staaten sowie Ausl mit AufTit, zT aber auch StAng der zum Mai 2004 der EU beigetretenen Staaten (Rn 11 ff). Die Ermittlung von Bevorrechtigten muss bundesweit u. eine gewisse Zeit lang unternommen werden, um deren Vorrang wirksam beachten zu können. Zu berücksichtigen sind auch solche Bevorrechtigte, die mit Fördermaßnahmen der BA vermittelt werden können. Auch insoweit kann die Prüfung für einzelne Berufsgruppen oder Wirtschaftszweige verallgemeinert u. damit vereinfacht u. beschleunigt werden (dazu Rn 15).

11   Die StAng der **Beitrittsstaaten** vom Mai 2004 genießen eine Sonderstellung, ausgenommen Malteser u. Zyprioten, die keinen Beschränken unterliegen. Einerseits kann ihre Freizügigkeit als Arbeitnehmer u. Dienstleistungserbringer mit entsandten Arbeitnehmern übergangsweise eingeschränkt werden u. ist eingeschränkt worden (vgl Beitrittsakte samt Anhängen; Texte in Teil 5 Nr 1.3; § 13 FreizügG/EU; vgl dort Rn 2 ff; dazu Dienelt, ZAR 2004, 393; Fehrenbacher, ZAR 2004, 22 u. 240; Sieveking, ZAR 2003, 342; Westphal/Stoppa, InfAuslR 2004, 133). Andererseits können sie sich zT auf Besitzstandsklauseln u. allg auf einen Vorrang gegenüber Drittstaatsangehörigen u. ein Verschlechterungsverbot berufen. In Abs 5 sind unter Bezugnahme auf diese Rechtslage Regelungen in zweierlei Hinsicht getroffen: Zulassung zu Beschäftigungen, die eine qualifizierte Ausbildung voraussetzen, bei Erfüllung der Voraussetzungen des Abs 2 u. unter Vorrang gegenüber neu einreisenden Drittstaatsangehörigen (vgl auch Renner, ZAR 2005, 203).

12   Am besten stehen die StAng der Beitrittsstaaten, die am Tage des Beitritts (1. 5. 2004) rechtmäßig in Deutschland arbeiteten u. für einen ununterbrochenen Zeitraum von zwölf Monaten oder länger zum dt Arbeitsmarkt **zugelassen** waren (zB Nr 2 Abschnitt 2 Anhang XII betr Polen). Diese behalten ihre Zulassung zum Arbeitsmarkt. Ebenso werden diejenigen behandelt, die nach dem Beitritt für mindestens zwölf Monate zugelassen werden. Diese Arbeitnehmer erhalten zum Nachweis ihrer kraft Gemeinschaftsrechts bestehenden Arbeitsmarktzulassung von der BA eine ArbBer-EU (§ 12 I ArGV).

13   Eine ArbBer-EU erhalten auch **Familienangehörige,** die mit dem Arbeitnehmer zusammenwohnen u. sich am 1. 5. 2004 rechtmäßig im Bundesgebiet aufhielten, falls der Arbeitnehmer mindestens zwölf Monate zum Arbeitsmarkt zugelassen war (näher dazu u. zu Folgendem Dienelt, ZAR 2004, 393). Ebenso ist gestellt, wer später seinen Wohnsitz mindestens 18 Monate rechtmäßig in Deutschland hat oder sich ab 1. 5. 2007 rechtmäßig hier aufhält. Berechtigt sind sowohl Ehegatten u. Lebenspartner als auch Verwandte in absteigender Linie, die noch keine 21 Jahre alt sind oder denen der Arbeitnehmer Unterhalt gewährt (Nr 8 aaO iVm Art 10 I Bst a VO/EWG 1612/68; § 12 a II ArGV; zum Widerspruch zu Art 11 VO/EWG 1612/68 Dienelt, ZAR 2004, 393).

14   Schließlich kann **zuzugswilligen StAng** der Beitrittsstaaten vor Aufnahme der Beschäftigung eine Arb-EU für Tätigkeiten erteilt werden, die eine qualifizierte Berufsausbildung voraussetzen (§ 284 III SGB III). Auf Beschäftigungen, die keine qualifizierte Berufsausbildung voraussetzen, finden die ArGV u. die ASAV weiter Anwendung (§ 284 IV 1 SGB III). Für Beschäftigungen, die durch RVO zugelassen werden, wird ihnen vorrangig

Zustimmung zur Ausländerbeschäftigung § 39 **AufenthG 1**

gegenüber Drittstaatsangehörigen eine ArbG-EU erteilt (Nr 14 Abs 2 Abschnitt 2 Anhang XII zur Beitrittsakte; § 284 IV 2 SGB III).

4. Generelle Arbeitsmarktvorrangprüfung

Eine **generelle Prüfung** der Arbeitsmarktverträglichkeit u. des Vorrangs bevorrechtigter 15 Bewerber (dazu Rn 9 u. 10) für einzelne Berufsgruppen oder Wirtschaftszweige ist zugelassen, damit das Verf vereinfacht u. beschleunigt werden kann. Dabei muss die BA außerdem feststellen, dass die Beschäftigung von Ausl in diesen Bereichen arbeitsmarkt- u. integrationspolitisch verantwortbar ist, also keine zu hohen Belastungen u. Anforderungen an den Arbeitsmarkt u. die Integrationsressourcen stellt. Maßstab sind aber nicht die objektive Aufnahmefähigkeit des Arbeitsmarkts u. die objektiv vorhandenen Eingliederungskapazitäten, sondern die politische Abwägung der Vor- u. der Nachteile. In jedem Fall muss noch die Gefahr der diskriminierenden Arbeitsbedingungen ausgeräumt werden (dazu Rn 16).

5. Prüfung der Arbeitsbedingungen

Durch einen Vergleich mit den bei dt Arbeitnehmern üblichen Arbeitsbedingungen muss 16 die BA **Diskriminierungen** ausschließen. Dt Arbeitnehmer sollen nicht dadurch benachteiligt werden, dass mit dem ausl Bewerber ungünstigere Arbeitsbedingungen vereinbart werden. Den Vergleichsmaßstab hinsichtlich Arbeitszeit, Lohn, Lohnfortzahlung, Urlaub u. Versicherungen bilden die in Deutschland geltenden ges u. tarifvertraglichen Regelungen, hilfsweise die für die jew Berufsgruppe oder den jew Wirtschaftszweig üblichen Standards. Der Vergleich muss bezogen werden auf Beschäftigungen mit den für die offene Stelle charakteristischen Anforderungen an Funktion, Ausbildung, Arbeitsleistung u. Arbeitsergebnis.

6. Prüfung bei Niederlassungserlaubnis

Für **Hochqualifizierte**, die eine NE nach § 19 anstreben, könnte die BA die Zustim- 17 mung nach einer vereinfachten Prüfung der Arbeitsmarktverträglichkeit erteilen. Diese Zustimmung ist aber sowohl bei aus dem Ausland zuziehenden (§ 3 BeschV) als auch bei bereits im Inland lebenden (§ 2 BeschVerfV) Bewerbern entbehrlich.

7. Verfahren

Das Zustimmungsverf bei der BA wird **von Amts wegen** von der AuslVertr oder der 18 AuslBeh in Gang gesetzt, nicht durch einen Antrag des Ausl (vgl § 4 Rn 188 ff). Örtlich **zuständig** ist die BA, in deren Bezirk die Beschäftigung ausgeübt werden soll (§ 44 BeschV; § 12 I BeschVerfV). Intern sind für einige Branchen u. Beschäftigungsarten besondere Zuständigkeiten bestimmt (vgl Nr 39.1.1.1 bis 39.1.1.9 VAH).

8. Inhalt und Reichweite der Zustimmung

Die Zustimmung der BA setzt wie der AufTit (§ 18 V) ein konkretes Arbeitsplatzangebot 19 voraus. Die vorgeschriebenen bundesweiten u. zT regionalen Prüfungen beziehen sich dagegen auf die Verhältnisse in dem jew Wirtschaftszweig oder Berufsfeld. Die Zustimmung kann die BA je nach dem gefundenen Ergebnis gegenständlich, räumlich u. zeitlich **beschränken:** hinsichtlich der beruflichen Tätigkeit u. des Arbeitgebers sowie der Lage u. Verteilung der Arbeitszeit u. vor allem auch auf BA-Bezirke u. eine bestimmte Dauer (§ 13 BeschVerfV).

Grundsätzlich ist die Zustimmung zur Beschäftigung an einen **bestimmten AufTit** 20 gebunden u. erlischt, wenn sie für ein bestimmtes Beschäftigungsverhältnis erteilt ist, mit dessen Beendigung (§ 14 I, IV BeschVerfV). Um unnötigen Aufwand u. ständige Erneuerungen des AufTit zu vermeiden, gilt die Zustimmung aber innerhalb der zeitlichen

Geltungsdauer für jeden weiteren AufTit fort (§ 14 II 1 BeschVerfV). Dabei ist es gleichgültig, ob der Titel unmittelbar verlängert wird oder in einen anderen übergeht oder ob ein neuer (gleicher oder anderer) Titel erteilt wird. Dies gilt auch für Zustimmungen zur Beschäftigung auf der Grundlage einer AufGest oder einer Duldung (§ 14 III BeschVerfV). Ausgenommen sind nur AufTit aufgrund §§ 22 bis 26, soweit es um eine AE nach § 18 geht (§ 14 II 2 BeschVerfV).

§ 40 Versagungsgründe

(1) Die Zustimmung nach § 39 ist zu versagen, wenn
1. das Arbeitsverhältnis auf Grund einer unerlaubten Arbeitsvermittlung oder Anwerbung zustande gekommen ist,
2. der Ausländer als Leiharbeitnehmer (§ 1 Abs. 1 des Arbeitnehmerüberlassungsgesetzes) tätig werden will.

(2) Die Zustimmung kann versagt werden, wenn
1. der Ausländer gegen § 404 Abs. 1 oder 2 Nr. 2 bis 13 des Dritten Buches Sozialgesetzbuch, § 10 oder § 11 des Schwarzarbeitsbekämpfungsgesetzes oder gegen die §§ 15, 15 a oder § 16 Abs. 1 Nr. 2 des Arbeitnehmerüberlassungsgesetzes schuldhaft verstoßen hat oder
2. wichtige Gründe in der Person des Ausländers vorliegen.

Vorläufige Anwendungshinweise

40 Zu § 40 Versagungsgründe

40.1 Die Vorschrift regelt, in welchen Fällen die Zustimmung zur Beschäftigung nach § 39 zu versagen ist (Absatz 1) oder versagt werden kann (Absatz 2) und entspricht den bisherigen Versagungsgründen in § 6 Arbeitsgenehmigungsverordnung.

40.2 Versagt die Arbeitsverwaltung die erforderliche Zustimmung, ist in der Aufenthaltserlaubnis die Auflage „Erwerbstätigkeit nicht erlaubt" zu verfügen.

40.3 Zur Versagung der Zustimmung siehe im Übrigen Nummer 18.2.9.2 und 18.2.9.3.

I. Entstehungsgeschichte

1   Die Vorschrift stimmte ursprünglich mit dem **GesEntw** (BT-Drs 15/420 S. 17) überein. Die Bezugnahmen in Abs 3 wurden mit Wirkung vom 18. 3. 2005 aktualisiert (Art 1 Nr 7 ÄndGes vom 14. 3. 2005, BGBl. I 721).

II. Versagung der Zustimmung

2   Die Zustimmung darf weder für **Leiharbeitnehmer** noch für Arbeitsverhältnisse erteilt werden, die aufgrund einer **unerlaubten** Vermittlung oder Anwerbung zustande gekommen sind. Einer Beschäftigung in einem Leiharbeitsverhältnis (nach §§ 1 ff AÜG) darf unter keinen Umständen zugestimmt werden. Für die Vermittlung u. Anwerbung ist zunächst der zugelassene Wirkungskreis privater Vermittler zu beachten. Das BMWA hat aufgrund der Ermächtigung in § 292 SGB III die Arbeitsvermittlung von Ausl im Ausland u. Anwerbung im Ausland außerhalb von EU- u. der EWR-Staaten der BA vorbehalten, soweit es um eine Beschäftigung nach §§ 10, 18, 19, 21, 30 oder 40 BeschV geht (§ 42 BeschV). Von zugelassenen privaten Vermittlern sind vor allem die §§ 296 ff SGB III u. §§ 1, 15, 15 a, 16 AÜG zu beachten.

Verordnungsermächtigung und Weisungsrecht § 42 **AufenthG** 1

In das **Ermessen** ist die Versagung aus wichtigen Gründen in der Person des Ausl u. bei 3
Verstößen gegen die Ordnungsvorschriften über den unerlaubten Einsatz von ausl Arbeitnehmern u. Leiharbeitnehmern. Persönliche Verhältnisse des Ausl darf die BA nur berücksichtigen, soweit es sich um arbeitsmarkt- oder beschäftigungsbezogene handelt; aufr relevante Umstände u. Eigenschaften sind der AuslBeh vorbehalten. Ob von der Möglichkeit der Versagung Gebrauch gemacht werden soll, ist vor allem nach dem Gewicht der Regelverstöße u. der in der Person liegenden Gründen abhängig zu machen.

Die **Versagung** ist, wenn auch eine selbständige Erwerbstätigkeit nicht gestattet wird, in 4
den AufTit mit dem Vermerk „Erwerbstätigkeit nicht erlaubt" aufzunehmen. Der Vermerk ist Teil des aufr Bescheids u. nur auf diese Weise anzugreifen (vgl § 4 Rn 46 ff, 196 ff).

§ 41 Widerruf der Zustimmung
Die Zustimmung kann widerrufen werden, wenn der Ausländer zu ungünstigeren Arbeitsbedingungen als vergleichbare deutsche Arbeitnehmer beschäftigt wird (§ 39 Abs. 2 Satz 1) oder der Tatbestand des § 40 Abs. 1 oder 2 erfüllt ist.

Vorläufige Anwendungshinweise

41 Zu § 41 Widerruf
41.1 Die Vorschrift entspricht inhaltlich den Widerrufsgründen für eine Arbeitserlaubnis nach § 7 Abs. 1 ArGV. Sie ermächtigt die Arbeitsverwaltung, ihre Zustimmung zur Beschäftigung gegenüber der zuständigen Ausländerbehörde zu widerrufen.
41.2 Die Bundesagentur für Arbeit teilt den Widerruf der Zustimmung der Ausländerbehörde mit. In der Aufenthaltserlaubnis ist die Auflage „Erwerbstätigkeit nicht erlaubt" zu verfügen.
41.3 Zum Widerruf der Zustimmung siehe im Übrigen Nummer 18.2.9.2 und 18.2.9.3.
41.4 Wird eine Zustimmung zur Beschäftigung widerrufen, die Grundlage für die Erteilung eines Visums oder einer Aufenthaltserlaubnis nach § 18 ist, ist § 52 Abs. 2 Satz 1 zu beachten, in den übrigen Fällen § 52 Abs. 2 Satz 2.

I. Entstehungsgeschichte

Die Vorschrift stimmt mit dem **GesEntw** (BT-Drs 15/420 S. 17) überein. 1

II. Widerruf der Zustimmung

Der Widerruf der Zustimmung ist aus zwei Gründen **zulässig:** Beschäftigung zu 2
ungünstigeren Bedingungen als bei Dt üblich u. bei Erfüllung der Rücknahmetatbestände des § 40 (ausgenommen nur den wichtigen persönlichen Grund). Das Ermessen ist nach denselben Grundsätzen auszuüben wie bei der Rücknahme. Nach Wirksamwerden des Widerrufs können bzw müssen Visum u. AE nach Maßgabe von § 52 II 1 u. 2 widerrufen werden.

§ 42 Verordnungsermächtigung und Weisungsrecht
(1) Das Bundesministerium für Wirtschaft und Arbeit kann durch Rechtsverordnung mit Zustimmung des Bundesrates Folgendes bestimmen:
1. Beschäftigungen, für die eine Zustimmung der Bundesagentur für Arbeit (§ 17 Satz 1, § 18 Abs. 2 Satz 1, § 19 Abs. 1) nicht erforderlich ist,

2. Berufsgruppen, bei denen nach Maßgabe des § 18 eine Beschäftigung ausländischer Erwerbstätiger zugelassen werden kann, und erforderlichenfalls nähere Voraussetzungen für deren Zulassung auf dem deutschen Arbeitsmarkt,
3. Ausnahmen für Angehörige bestimmter Staaten,
4. Tätigkeiten, die für die Durchführung dieses Gesetzes stets oder unter bestimmten Voraussetzungen nicht als Beschäftigung anzusehen sind.

(2) Das Bundesministerium für Wirtschaft und Arbeit kann durch Rechtsverordnung ohne Zustimmung des Bundesrates Folgendes bestimmen:
1. die Voraussetzungen und das Verfahren zur Erteilung der Zustimmung der Bundesagentur für Arbeit; dabei kann auch ein alternatives Verfahren zur Vorrangprüfung geregelt werden,
2. Einzelheiten über die zeitliche, betriebliche, berufliche und regionale Beschränkung der Zustimmung nach § 39 Abs. 4,
3. Ausnahmen, in denen eine Zustimmung abweichend von § 39 Abs. 2 erteilt werden darf,
4. Beschäftigungen, für die eine Zustimmung der Bundesagentur für Arbeit nach § 4 Abs. 2 Satz 3 nicht erforderlich ist,
5. Fälle, in denen geduldeten Ausländern abweichend von § 4 Abs. 3 Satz 1 eine Beschäftigung erlaubt werden kann.

(3) Das Bundesministerium für Wirtschaft und Arbeit kann der Bundesagentur für Arbeit zur Durchführung der Bestimmungen dieses Gesetzes und der hierzu erlassenen Rechtsverordnungen sowie der von den Europäischen Gemeinschaften erlassenen Bestimmungen über den Zugang zum Arbeitsmarkt und der zwischenstaatlichen Vereinbarungen über die Beschäftigung von Arbeitnehmern Weisungen erteilen.

Vorläufige Anwendungshinweise

42 Zu § 42 Verordnungsermächtigung und Weisungsrecht; Hinweise zur Beschäftigungsverordnung (BeschV) und Beschäftigungsverfahrensverordnung (BeschVerfV)
42.0 Die Vorschrift ersetzt in vereinfachter Form die Verordnungsermächtigungen des § 288 SGB III (alte Fassung). Die Verordnungsermächtigungen des Absatzes 1 betreffen vornehmlich die Beschäftigung von Ausländern, die zum Zweck der Beschäftigung einreisen. Mit der auf Absatz 2 basierenden Verordnung wird im Wesentlichen das Verfahren der Erteilung der Zustimmung geregelt. Die Vorschrift übernimmt weiterhin in Absatz 3 das in § 288 Abs. 2 SGB III enthaltene Weisungsrecht des Bundesministeriums für Wirtschaft und Arbeit gegenüber der Bundesagentur für Arbeit. Das Bundesministerium für Wirtschaft und Arbeit hat aufgrund der Ermächtigung in Absatz 1 die Beschäftigungsverordnung (BeschV) mit Zustimmung des Bundesrates und aufgrund der Ermächtigung in Absatz 2 die Beschäftigungsverfahrensverordnung (Besch-VerfV) erlassen.

42.1 Hinweise zur Beschäftigungsverordnung
42.1.1 Auf der Grundlage der Verordnungsermächtigung des § 42 Abs. 1 Nr. 1 regelt der erste Abschnitt der BeschV in den §§ 2 bis 15 die Beschäftigungen, in denen auf das Erfordernis der Zustimmung zur Erteilung des Aufenthaltstitels durch die Dienststellen der Bundesagentur für Arbeit verzichtet werden kann, weil sich in diesen Fällen wegen der Eigenart der Tätigkeiten im Allgemeinen keine nachteiligen Auswirkungen auf den Arbeitsmarkt und die Beschäftigungsmöglichkeiten für die bevorrechtigt Arbeitsuchenden ergeben. Dabei handelt es sich hauptsächlich um Beschäftigungen, für die auch aus diesem Grund schon nach dem bisher geltendem Arbeitsgenehmigungsrecht die Befreiung von der Arbeitsgenehmigungspflicht geregelt ist (§ 9 ArGV).
42.1.1.1 Die grundsätzlich bestehende Zustimmungspflicht zur Beschäftigung wird mit § 1 BeschV für die in den §§ 2 bis 15 BeschV geregelten Sachverhalte aufgehoben.
42.1.1.2 Zu § 2 BeschV – Aus- und Weiterbildungen
Die Regelung in Nummer 1 stellt klar, dass die Absolvierung von Praktika, die zwingend zur schulischen oder studentischen Ausbildung gehören, nicht der Zustimmungspflicht der Arbeitsverwaltung unterliegen. Praktika, die zur Vorbereitung der Hochschulabschlussprüfung in Unternehmen durchgeführt werden, sind ebenfalls zustimmungsfrei. Nicht zustimmungsfrei sind Praktika, die lediglich empfohlen werden. Zu den Regelungen der Nummern 2 bis 4 siehe Nummer 17.1.2.

Verordnungsermächtigung und Weisungsrecht § 42 **AufenthG 1**

42.1.1.3 Zu § 3 BeschV – Hochqualifizierte
Die Beschäftigung von Hochqualifizierten, die den Regelbeispielen nach § 19 Abs. 2 entspricht und an der zur Besetzung von Spitzenpositionen in Wirtschaft und Wissenschaft aufgrund ihrer überdurchschnittlich hohen beruflichen Qualifikation ein besonderes wirtschaftliches und gesellschaftliches Interesse besteht, ist zustimmungsfrei. Näheres zu den Regelbeispielen des § 19 siehe unter Nummer 19.2.
42.1.1.4 Zu § 4 BeschV – Führungskräfte
42.1.1.4.0 Die Beschäftigung leitender Angestellter, die Befugnisse der Geschäftsführung besitzen und deshalb schon bisher keine Arbeitsgenehmigung benötigten, ist weiterhin zustimmungsfrei. Die bisher in § 9 Nr. 1 ArGV nur mit Hilfe eines Verweises auf § 5 Abs. 2 des Betriebsverfassungsgesetzes zu entnehmende Regelung ist dabei zur größeren Transparenz teilweise in diese Vorschrift, im Übrigen in § 9 Nr. 2 BeschV und § 3 BeschVerfV im Wortlaut übernommen worden.
42.1.1.4.1 Eine konkrete Definition des Begriffes „leitende Angestellte" ist nicht möglich. Allgemein wird der leitende Angestellte in seiner Funktion sehr stark in die Nähe des Arbeitgebers gerückt, weil er eigenverantwortlich wesentliche unternehmerische Tätigkeiten durchführt; z. B.: Überwachung und Kontrolle des anderen aufsichtsführenden Personals und der Fach- und Verwaltungskräfte, persönliche Befugnis zu Personalentscheidungen der vorgenannten Ebene. Der leitende Angestellte ist von der Zustimmungspflicht befreit, wenn er nachweist, dass ihm Generalvollmacht oder Prokura erteilt ist (z. B. Prokura durch Eintragung im Handelsregister).
42.1.1.4.2 Zur Vertretung berechtigt sind bei juristischen Personen (z. B. Aktiengesellschaft, GmbH, Kommanditgesellschaft auf Aktien, Genossenschaft, Verein) der Vorstand oder der Geschäftsführer.
42.1.1.4.3 Nummer 3 gilt neben den Gesellschaftern nur für diejenigen Mitglieder, die durch Gesetz, Satzung oder Gesellschaftsvertrag zur Vertretung oder Geschäftsführung berufen sind. Die Tätigkeit von Gesellschaftern ist nicht zustimmungsfrei, wenn sich aus den Gesamtumständen ergibt, dass die Gesellschaftereigenschaft lediglich zur Verschleierung einer Beschäftigung dienen soll.
42.1.1.4.4 Die Regelung des bisherigen § 9 Nr. 2 ArGV wird für Unternehmen zur Internationalisierung der Führungsebenen fortgeführt, die in mindestens einem Land außerhalb Deutschlands tätig sind. Auf die Befristung von fünf Jahren und das Merkmal des Personalaustauschs wurde verzichtet, da erfahrungsgemäß ein ständiger Wechsel in diesen Konzernen und Unternehmen stattfindet.
42.1.1.5 Zu § 5 BeschV – Wissenschaft, Forschung und Entwicklung
42.1.1.5.0 Die Vorschrift übernimmt im Wesentlichen die Regelungen des § 9 Nr. 8 ArGV, mit dem das an Hochschulen und Forschungseinrichtungen in Forschung und Lehre tätige wissenschaftliche Personal ebenso arbeitsgenehmigungsfrei ist wie das Lehrpersonal an öffentlichen Schulen und privaten Ersatzschulen. Ergänzt wurde die Bestimmung um das wissenschaftliche Personal von Forschungs- und Entwicklungseinrichtungen, denn insbesondere bei privaten Forschungseinrichtungen ist eine scharfe Trennung zwischen Forschung und Entwicklung kaum möglich. Dabei werden im Interesse der Förderung der technologischen Entwicklung nun die privaten Forschungseinrichtungen den öffentlichen Forschungseinrichtungen uneingeschränkt gleichgestellt.
42.1.1.5.1 Zum wissenschaftlichen Personal zählen Tutoren und wissenschaftliche Hilfskräfte mit Hochschulabschluss. Die Tätigkeit von als wissenschaftliche Mitarbeiter in Universitätskliniken beschäftigten ausländischen Ärzten, die gleichzeitig auch in der Krankenversorgung eingesetzt werden, ist nur dann zustimmungsfrei, wenn die wissenschaftliche Tätigkeit mehr als 50% der Arbeitszeit in Anspruch nimmt.
42.1.1.5.2 Klarstellend werden ausländische Gastwissenschaftler und ihre Arbeitsteams gesondert in den Nummern 2 und 3 von der Zustimmungspflicht der Bundesagentur für Arbeit ausgenommen.
42.1.1.5.3 Zustimmungsfreiheit ist bei den in Nummer 3 genannten Personen gegeben, wenn der Arbeitsvertrag direkt mit der Hochschule oder Forschungseinrichtung abgeschlossen ist. Wird der Arbeitsvertrag mit einem Professor/Dozenten der Hochschule abgeschlossen, sollte mit der Arbeitsverwaltung eine gemeinsame Entscheidung über die Zustimmungsfreiheit getroffen werden.
42.1.1.5.4 Lehrkräfte im Sinne dieser Vorschrift sind Lehrpersonen mit pädagogischer Hochschulausbildung und befristet beschäftigte Lektoren und Lehrassistenten für fremdsprachlichen Unterricht.
42.1.1.6 Zu § 6 BeschV – Kaufmännische Tätigkeiten
Die Nummer 1 sieht – der Regelung des § 9 Nr. 14 ArGV folgend – die Zustimmungsfreiheit zur Erteilung von Aufenthaltstiteln für Personen vor, die im Rahmen ihrer Beschäftigung im Ausland lediglich kurzfristig in das Inland kommen, um hier kaufmännische Tätigkeiten abzuwickeln, oder deren vorübergehende Beschäftigung am Sitz des deutschen Arbeitgebers im Zusammenhang mit der kaufmännischen Vertretung des Unternehmens im Ausland erforderlich ist. Die Personen nach Nummer 2 waren zum Teil bisher in § 12 Abs. 2 Nr. 1 DVAuslG geregelt. Darüber hinaus wird für Personen, die lediglich zum Zweck des Kaufs und der Ausfuhr von Waren einreisen, die Zustimmungsfreiheit eingeführt.

42.1.1.7 Zu § 7 BeschV – Besondere Berufsgruppen
42.1.1.7.0 Die Vorschrift knüpft in Bezug auf die zeitlich begrenzte Zulassung besonders renommierter ausländischer Künstler und Artisten sowie auf die Berufssportler an die Regelungen des § 9 Nr. 6, 7 und 12 ArGV an, nach der die Zulassung auch nach bisherigem Recht arbeitsgenehmigungsfrei war. Die zustimmungsfreie Zulassung ist in diesen Fällen im Hinblick darauf gerechtfertigt und zweckmäßig, dass es sich um Beschäftigungen handelt, deren „Spielregeln" hinsichtlich der Stellenbesetzung mit denen bei anderen Beschäftigungen nicht zu vergleichen sind. Bei diesen Beschäftigungen werden in der Regel individuelle Leistungen bestimmter Personen erbracht, die nur bedingt durch inländische Bewerber ersetzt werden könnten und in denen ein internationaler Austausch üblich ist. Inländische Arbeitsmarktschutzinteressen werden generell durch die begrenzten Tatbestandsvoraussetzungen der Regelungen gewahrt.
42.1.1.7.1 Die Nummer 1 übernimmt die Regelung des § 9 Nr. 6 ArGV ergänzt um die zeitliche Begrenzung auf drei Monate innerhalb einer Zwölf-Monatsfrist. Die Entscheidung, ob es sich bei Darbietungen oder Vorträgen tatsächlich um künstlerische Leistungen von besonderem künstlerischen Wert handelt, kann nur im Einzelfall, und wenn möglich, unter Einbindung entsprechender Sachverständiger erfolgen. Ein hoher internationaler Bekanntheitsgrad, der auf dem künstlerischen Können beruht, kann ein Indiz darstellen.
42.1.1.7.2 Die Nummer 2 bezieht neben den Auftritten einzelner ausländischer Künstler und Artisten gegenüber dem bisherigen Recht die kurzfristigen internationalen Auftritte ausländischer Gastspielgruppen oder künstlerischer Personengruppen bei Festspielen oder Musik- und Kulturtagen sowie die Mitglieder ausländischer Film- und Fernsehproduktionsteams für die Durchführung von Dreharbeiten in die Zustimmungsfreiheit ein.
42.1.1.7.3 Für die Tagesdarbietungen in der Nummer 3 wird gegenüber der Regelung des § 9 Nr. 6 ArGV eine Obergrenze von 15 Tagen im Jahr hinsichtlich der zulässigen Auftrittstage im Jahr in die Verordnung eingeführt; bisher ließ die Arbeitsverwaltung bis zu sechs Tage im Jahr zu.
42.1.1.7.4 Die Nummer 4 entspricht § 5 Nr. 10 der Arbeitsaufenthalteverordnung (AAV). Die in § 5 Nr. 10 AAV enthaltene Übergangsregelung wurde in § 46 Abs. 4 BeschV übernommen. Mit dem Ziel der Förderung des deutschen Nachwuchses im Sport ist die Änderung der Arbeitsaufenthalteverordnung vom 7. Februar 2002 erfolgt. Daher ist durch eine entsprechende Auflagengestaltung sicherzustellen, dass nur die Beschäftigung als Berufssportler erlaubt wird, für die das Einvernehmen des Deutschen Sportbundes erteilt wurde.
42.1.1.8 Zu § 8 BeschV – Journalisten
Entsprechend der bisherigen Arbeitsgenehmigungsfreiheit nach § 9 Nr. 11 ArGV übernimmt die Vorschrift die zustimmungsfreie Zulassung der betreffenden Personen. Die Anerkennung als Journalist ist in schriftlicher Form nachzuweisen.
42.1.1.9 Zu § 9 BeschV – Beschäftigungen, die nicht in erster Linie dem Erwerb dienen
42.1.1.9.0 Die Vorschrift fasst Beschäftigungen zusammen, bei denen die Erzielung von Einkommen lediglich nachrangige Bedeutung hat. Mit Rücksicht auf die besonderen Zielsetzungen der Beschäftigungen scheidet in diesen Fällen eine alternative Vermittlung von bevorrechtigten Arbeitsuchenden im Allgemeinen aus, so dass auf eine Zustimmung der Arbeitsverwaltung verzichtet werden kann.
42.1.1.9.1 Entgegen der Regelung über die Arbeitsgenehmigungsfreiheit für die Teilnahme an bestimmten Freiwilligendiensten nach § 9 Nr. 16 ArGV wird in der Nummer 1 der Vorschrift auf eine abschließende Aufzählung der Dienste und Voraussetzungen für die Teilnahme verzichtet. Hierdurch werden redaktionelle Anpassungen der Vorschrift bei Einführung neuer Freiwilligendienste oder bei Änderung der Voraussetzungen für die Teilnahme an den bestehenden Freiwilligendienste vermieden. Hierunter fallen z. B. das freiwillige soziale und das freiwillige ökologische Jahr. Die Dauer der Teilnahme ergibt sich aus den jeweiligen gesetzlichen Vorgaben.
42.1.1.9.2 Die Nummer 2 knüpft inhaltlich an die bisherige Vorschrift des § 9 Nr. 1 ArGV i. V. m. § 5 Abs. 2 Betriebsverfassungsgesetz an, die jedoch in der Praxis teilweise schwierig zu handhaben war. Die jetzige Regelung bezweckt deshalb die klare Abgrenzung der zustimmungsfreien vorwiegend religiös oder karitativ bestimmten Tätigkeiten von Beschäftigungen, die nur mit Zustimmung der Arbeitsverwaltung ausgeübt werden dürfen (Zulassung nach § 18 i. V. m. § 39 Abs. 2 von Ordensangehörigen für qualifizierte Tätigkeiten außerhalb des eigenen Ordens). Die bisherige Regelung des § 5 Nr. 6 ASAV zur Zulassung von Seelsorgern ist entfallen, da dieser Personenkreis auch bisher schon über § 9 Nr. 1 ArGV zugelassen wurde.
42.1.1.10 Zu § 10 BeschV – Ferienbeschäftigungen
Mit der Vorschrift wird die nach § 9 Nr. 9 ArGV bestehende Befreiung von der Arbeitsgenehmigung für Studierende ausländischer Hochschulen, die von der Bundesagentur für Arbeit in Ferienbeschäfti-

Verordnungsermächtigung und Weisungsrecht § 42 **AufenthG 1**

gungen nach Deutschland vermittelt werden, übernommen. Gegenüber den an deutschen Hochschulen immatrikulierten ausländischen Studierenden, die nach § 16 Abs. 3 neben ihrem Studium entweder 90 Arbeitstage oder 180 halbe Arbeitstage im Jahr arbeiten dürfen, bleibt die Zulassung der im Ausland immatrikulierten Studierenden zur Beschäftigung in Deutschland dem Charakter einer Ferienbeschäftigung entsprechend auf bis zu drei Monate im Jahr begrenzt. Bei zusammenhängenden Beschäftigungen zählen Tage ohne Beschäftigung (z. B. Samstage und Sonntage) mit. Die Vermittlung erfolgt durch die Zentralstelle für Arbeitsvermittlung.

42.1.1.11 Zu § 11 BeschV – Kurzfristig entsandte Arbeitnehmer

42.1.1.11.1 Die in der Vorschrift geregelten Beschäftigungen von Personen, die von Unternehmen aus dem Ausland im Zusammenhang mit dem Import oder Export lediglich kurzfristig nach Deutschland entsandt werden, sind im internationalen Wirtschaftsverkehr üblich. Sie waren deshalb bereits nach bisherigem Recht nach § 9 Nr. 5 ArGV arbeitsgenehmigungsfrei und werden ohne Zustimmung der Arbeitsverwaltung weiterhin zugelassen. Klarstellend wird, anders als in der Aufzählung dieser Beschäftigungen im bisherigen Recht, mit der Neuregelung auch die Demontage von Anlagen ausdrücklich aufgeführt, die in Deutschland stillgelegt und von einem ausländischen Unternehmen für den Wiederaufbau in dessen Sitzstaat erworben wurden.

42.1.1.11.2 Mit Satz 2 wird die zustimmungsfreie Beschäftigung bei der Montage und Demontage von Maschinen und Anlagen der Nummern 1 und 3 von einer vorherigen Anzeige des Arbeitgebers gegenüber der Bundesagentur für Arbeit abhängig gemacht. Dadurch wird auch bei visumfreier Einreise und Aufenthaltserlaubnisfreiheit bis zu drei Monaten im Jahr bei Staatsangehörigen aus Ländern, die im Anhang 2 der Verordnung (EG) Nr. 539/2001 des Rates vom 15. März 2001 aufgeführt sind, die zustimmungsfreie Beschäftigung zur Vermeidung illegaler Tätigkeit nachprüfbar bleiben. Die Anzeige nimmt die örtlich zuständige Agentur für Arbeit entgegen.

42.1.1.11.3 Soweit die in den Nummern 1 und 3 genannten Beschäftigungen länger als drei Monate durchgeführt werden, sieht § 36 BeschV eine ergänzende Regelung vor, wonach längere Arbeiten mit Zustimmung der Arbeitsverwaltung zugelassen werden können. Bei Montagearbeit bestimmter Staatsangehöriger verlängert sich die Frist von 3 Monaten auf 12 Monate und zwar bei polnischen Staatsangehörigen entsprechend der „Deutsch-polnischen Vereinbarung über Vereinfachungen für die Beschäftigung entsandter Arbeitnehmer im Rahmen wirtschaftlicher Kooperation" vom 30. 10. 1979 und bei ungarischen Staatsangehörigen aufgrund der „Deutsch-ungarischen Vereinbarung über Erleichterungen bei der Arbeitsaufnahme im Rahmen wirtschaftlicher Zusammenarbeit" vom 24. 9. 1981.

42.1.1.12 Zu § 12 BeschV – Internationale Sportveranstaltungen

42.1.1.12.1 Internationale Sportveranstaltungen wie die Fußballweltmeisterschaft 2006 in Deutschland unterliegen – auch durch die Verzahnung zwischen dem die Veranstaltung vergebenden Weltverband und dem durchführenden Nationalverband – besonderen Vorgaben, die auch die Arbeitsmarktzulassung betreffen. Die Erfüllung dieser Vorgaben wird bei der Vergabe der Veranstaltungen von der Bundesregierung garantiert. Zur Umsetzung dieser staatlichen Garantien werden die in der Regelung genannten Personengruppen anknüpfend an die üblichen Akkreditierungsverfahren bei der Entscheidung über den Aufenthaltstitel von der Zustimmungspflicht befreit.

42.1.1.13 Zu § 13 BeschV – Internationaler Straßen- und Schienenverkehr

42.1.1.13.0 Die Vorschrift regelt anknüpfend an § 9 Nr. 3 ArGV und § 12 Abs. 2 Nr. 2 der DVAuslG die Voraussetzungen für die zustimmungsfreie Zulassung des im internationalen Landverkehr tätigen Personals. Die fortschreitende Internationalisierung dieses Marktbereichs erfordert gegenüber der bisherigen Regelung nicht mehr die differenzierte Betrachtung des EWR-Binnengrenzen und des EWR-Außengrenzen überschreitenden Verkehrs. Hinsichtlich der aufenthaltsgenehmigungsrechtlichen Bestimmungen ist § 16 BeschV i. V. m. § 17 AufenthV zu beachten.

42.1.1.13.1.1 Absatz 1 Nummer 1 regelt die Beschäftigung im grenzüberschreitenden Verkehr von Ausländern, die bei Unternehmen mit Sitz im Europäischen Wirtschaftsraum beschäftigt sind. Privilegiert ist danach Personal, deren Aufenthalt und Beschäftigung in dem Sitzstaat rechtmäßig ist und das dort auch tatsächlich dieser Beschäftigung nachgehen darf. Der Nachweis über den Besitz der erforderlichen Aufenthalts- und Arbeitsgenehmigungen erfolgt über die EU-Fahrerbescheinigung gemäß der Verordnung (EG) Nr. 484/2002 des Europäischen Parlaments und des Rates vom 1. März 2002 zur Änderung der Verordnungen (EWG) Nr. 881/92 und (EG) Nr. 3118/93 des Rates hinsichtlich der Einführung einer Fahrerbescheinigung, die nur erteilt werden darf, wenn die Beschäftigung im Sitzstaat des Unternehmens rechtmäßig ist.

42.1.1.13.1.2 Nummer 2 gilt für Fahrer, die für ein Unternehmen mit Sitz außerhalb des Europäischen Wirtschaftsraumes grenzüberschreitenden Verkehr durchführen. Mit dieser Regelung wird es

369

den Unternehmen und ihrem Personal ermöglicht, im Rahmen erteilter CEMT-Genehmigungen im innereuropäischen grenzüberschreitenden Verkehr auch im Bundesgebiet Waren zu laden, die für andere europäische Staaten bestimmt sind oder Waren zu entladen, die aus anderen europäischen Staaten stammen. Da der ausschließlich bilaterale Verkehr mit diesen CEMT-Genehmigungen nicht durchgeführt werden soll und die Bundesrepublik Deutschland lediglich ein Staat von insgesamt 43 (davon 25 Mitgliedstaaten der Europäischen Union) Mitgliedstaaten der CEMT-Konferenz ist, rechtfertigt sich die Beschränkung auf einen Zeitraum von drei Monaten innerhalb eines Kalenderjahres.
42.1.1.13.1.3 Mit Satz 2 werden die bisherigen Regelungen des § 9 Nr. 3 Buchst. b ArGV für den grenzüberschreitenden Linienverkehr mit Omnibussen fortgeführt.
42.1.1.13.2 Der Absatz 2 bezieht den grenzüberschreitenden Schienenverkehr in die Zustimmungsfreiheit mit ein und berücksichtigt dabei, dass Schienenfahrzeuge keine Sitzstaatszulassung haben.
42.1.1.14 Zu § 14 BeschV – Schifffahrt und Luftverkehr
42.1.1.14.0 Diese Vorschrift regelt die Fälle, in denen im Bereich der Schifffahrt und des Luftverkehrs auf eine Zustimmung der Arbeitsverwaltung vor der Zulassung ausländischen Personals verzichtet werden kann.
42.1.1.14.1 Nach der Nummer 1 bleibt zustimmungsfrei die Zulassung ausländischer Besatzungsmitglieder entsprechend der nach § 9 Nr. 4 ArGV bestehenden Arbeitsgenehmigungsfreiheit für die Ausübung einer Beschäftigung auf unter deutscher Flagge im international Verkehr fahrenden Seeschiffen. Die generelle Befreiung der ausländischen Seeleute von der Zustimmung durch die Arbeitsverwaltung trägt den in der Seeschifffahrt bestehenden Besonderheiten bei der Anheuerung Rechnung. Die Beschäftigungsverhältnisse werden häufig außerhalb des Bundesgebietes begründet. Ein Zustimmungsverfahren mit dem Ziel, entsprechend § 39 Abs. 2 vorrangig inländische Arbeitsuchende für diese Beschäftigungen „überseeisch" zu vermitteln, wäre hier nicht praktikabel.
42.1.1.14.2 Mit der Nummern 2 werden gegenüber dem geltenden Recht die Lotsen ausdrücklich in die Zustimmungsfreiheit einbezogen.
42.1.1.14.3 Die Nummer 3 entspricht hinsichtlich des auf Binnenschiffen beschäftigten technischen Personals den Regelungen des § 9 Nr. 3 und 4 ArGV. Danach ist das technische Personal von der Arbeitsgenehmigung befreit, unabhängig davon ob die Beschäftigung im grenzüberschreitenden Verkehr ausgeübt wird, und auch unabhängig davon, ob es sich um ein im Inland oder Ausland fahrendes Schiff handelt. Bei den unter ausländischer Flagge fahrenden Binnenschiffen ist nach der Ausnahmeregelung des § 9 Nr. 3a ArGV im grenzüberschreitenden Personenverkehr außerdem das für die Gästebetreuung erforderliche Service- und Bedienungspersonal von der Arbeitsgenehmigung befreit. Mit der jetzigen Vorschrift wird die Möglichkeit einer zustimmungsfreien Zulassung von Service- und Bedienungspersonal auf die unter deutscher Flagge fahrenden Binnenschiffe erstreckt, soweit diese grenzüberschreitend eingesetzt werden. Diese Ausweitung ist im Hinblick darauf geboten, dass es insbesondere in der Flusskreuzschifffahrt wegen oft langer Aufenthaltszeiten im Ausland zunehmend Probleme bei der Gewinnung inländischer Kräfte gibt.
42.1.1.14.4 Die Nummer 4 übernimmt die für die Besatzungen ausländischer Luftfahrzeuge bestehende Arbeitsgenehmigungsfreiheit.
42.1.1.15 Zu § 15 BeschV – Dienstleistungserbringung
42.1.1.15.1 Mit dieser Regelung erfolgt eine Anpassung an das Gemeinschaftsrecht, und es wird insbesondere der Entscheidung des Europäischen Gerichtshofs vom 9. August 1994 in der Rechtssache C-43/93 – „Vander Elst" (Slg. 1994 I S. 3803) Rechnung getragen.
42.1.1.15.2 Durch die Eröffnung einer lediglich vorübergehenden Entsendemöglichkeit wird der Dienstleistungscharakter (Art. 49, 50 EG-Vertrag) der im Bundesgebiet durchzuführenden Tätigkeiten herausgehoben. Ferner wird hierdurch klargestellt, dass Personen aus Staaten außerhalb der Europäischen Gemeinschaften keinen Zugang zum deutschen Arbeitsmarkt erhalten und nach Abschluss der Dienstleistung zu ihren Stammunternehmen in den Wohnsitzmitgliedstaat zurückkehren müssen. Im Übrigen soll mit der in Satz 2 enthaltenen Sperrfrist für eine erneute zustimmungsfreie Entsendung ausgeschlossen werden, dass im EWR ansässige Unternehmen im Bundesgebiet ununterbrochen mit dauerentsandten Arbeitskräften zustimmungsfrei tätig sein können.
42.1.1.15.3 Die geforderten Voraussetzungen werden im Visumverfahren durch die deutschen Auslandsvertretungen geprüft. Eine Beteiligung der Ausländerbehörden erfolgt nicht, da die bereits nach § 11 Abs. 4 DVAuslG erteilte Zustimmung der obersten Landesbehörden als Zustimmung nach § 32 AufenthV weiter gilt.
42.1.1.15.4 Wird nachweislich lediglich ein Aufenthalt bis zu drei Monaten angestrebt, wird ein Schengen-Visum erteilt.

Verordnungsermächtigung und Weisungsrecht § 42 AufenthG 1

42.1.1.15.5 Bei einem auf einen längeren Zeitraum angelegten Aufenthalt wird ein nationales Visum entsprechend der beantragten Aufenthaltszeit, höchstens jedoch für die sich aus § 15 Satz 1 BeschV ergebenden Zeiträume erteilt. Der Ausländer hat einen Nachweis darüber zu erbringen, dass sein vom Endsendestaat erteilter Aufenthaltstitel ihm nach Abschluss der Arbeiten in Deutschland die Wiedereinreise erlaubt (Ausschluss von Erlöschenregelungen wegen längerem Auslandsaufenthalt).

42.1.1.15.6 Treten während des Aufenthalts Umstände ein, die einen längeren Aufenthalt als mit dem Visum erlaubt erfordern, so kann das Visum als nationales Visum bis zu den jeweiligen Höchstgrenzen verlängert werden. Die Höchstgrenzen sind der durch die Auslandsvertretung verfügten Nebenbestimmung zu entnehmen. Diese lauten:

Bei Vorbeschäftigungszeiten von sechs bis zwölf Monaten nach Nummer 1:
„Visumerteilung nach ‚Vander Elst' Beschäftigung gemäß § 15 Nr. 1 BeschV erlaubt".

Bei Vorbeschäftigungszeiten von über zwölf Monaten nach Nummer 2:
„Visumerteilung nach ‚Vander Elst' Beschäftigung gemäß § 15 Nr. 2 BeschV erlaubt".

42.1.1.16 Zu § 16 BeschV – Beschäftigungsaufenthalte ohne Aufenthaltstitel
Die Bestimmung basiert auf der Verordnungsermächtigung des § 42 Abs. 1 Nr. 4 und regelt eine Ausnahme von dem Grundsatz des § 4 Abs. 3 Satz 1, nach dem ein Ausländer nur eine Beschäftigung ausüben darf, wenn der Aufenthaltstitel es erlaubt. Diese Vorschrift stellt klar, dass die betreffenden Personen abweichend von dem Grundsatz des § 4 Abs. 3 Satz 1 die entsprechenden Tätigkeiten ausüben dürfen, ohne dass sich das Beschäftigungsrecht aus einem Aufenthaltstitel ergibt. Sie entspricht damit den bisherigen Bestimmungen in § 12 Abs. 2 DVAuslG, nach dem bestimmte Tätigkeiten nicht als Erwerbstätigkeit im ausländerrechtlichen Sinne gelten.

42.1.2 Im zweiten Abschnitt ist die Erteilung von Zustimmungen an Ausländer geregelt, die eine Beschäftigung aufnehmen, die keine qualifizierte Berufsausbildung voraussetzt.

42.1.2.1 Zu § 17 BeschV – Grundsatz

42.1.2.1.1 Absatz 1 bestimmt, dass die Zustimmung der Bundesagentur für Arbeit zu einem Aufenthaltstitel zum Zweck der Beschäftigung, die keine qualifizierte Berufsausbildung voraussetzt (§ 18 Abs. 3), ausschließlich für die in Abschnitt 2 geregelten Sachverhalte erteilt werden kann.

42.1.2.1.2 Zur Begrenzung der Zuwanderung von gering qualifizierten Ausländern sieht Absatz 2 vor, dass Ausländer in einem Kalenderjahr lediglich im Rahmen einer Ausnahmeregelung des zweiten Abschnittes zugelassen werden können. Damit wird ein durchgehender Aufenthalt im Bundesgebiet mit der Folge der aufenthaltsrechtlichen Verfestigung ausgeschlossen, der durch unmittelbare Aneinanderreihung verschiedener befristeter Beschäftigungen, wie z. B. als Saisonkraft und Hilfskraft im Schaustellergewerbe entstehen könnte.

42.1.2.2 Zu § 18 BeschV – Saisonbeschäftigungen
Die Regelung entspricht den bisher in § 4 Abs. 1 ASAV geregelten Sachverhalten. Die Beschäftigungszeit des einzelnen Ausländers wurde von drei auf vier Monate und die Einsatzzeit von Saisonkräften in den Betrieben von sieben auf acht Monate angehoben. Die Ausnahme für Betriebe des Obst-, Gemüse-, Wein-, Hopfen- und Tabakanbaus, bei denen die Einsatzzeit von Saisonkräften keiner zeitlichen Beschränkung unterliegt, bleibt bestehen (siehe auch Nummer 39.1.1.4).

42.1.2.3 Zu § 19 BeschV – Schaustellergehilfen
Die bisherige Regelung zur Zulassung von Schaustellergehilfen wird fortgeführt. Im Gegensatz zur bisherigen Regelung wird bei einer längeren als sechsmonatigen Beschäftigung im Jahr auf den Ausschluss der Beschäftigung im Folgejahr verzichtet (siehe auch Nummer 39.1.1.4).

42.1.2.4 Zu § 20 BeschV – Au-pair-Beschäftigungen
Die Vorschrift übernimmt die bisherige Regelung des § 2 Abs. 2 Nr. 4 ASAV und ergänzt sie um das Erfordernis von Grundkenntnissen der deutschen Sprache. Die deutschen Sprachkenntnisse werden im Visumverfahren von der Auslandsvertretung geprüft. Der Nachweis erfolgt entweder durch Vorlage von Zeugnissen oder durch die Feststellung der deutschen Sprachkenntnisse bei der Vorsprache zur Visumerteilung. Die Altersgrenze von 25 Jahren darf bei Visumantragstellung nicht überschritten sein. Soweit in der Zeit zwischen Visumantragstellung und Einreise das 25. Lebensjahr vollendet wird, ist dies unschädlich, wenn der Zeitraum zwischen Visumantragstellung und dem aufgrund des Vertrags mit den Gasteltern festgelegten Einreisetermin sechs Monate nicht übersteigt.

42.1.2.5 Zu § 21 BeschV – Haushaltshilfen
Mit dieser Vorschrift wird die Ende 2002 außer Kraft getretene Regelung des § 4 Abs. 9 a ASAV mit den gleichen Regelungsinhalten wieder eingeführt.

42.1.2.6 Zu § 22 BeschV – Hausangestellte von Entsandten
Die Vorschrift übernimmt die bisherige Regelung des § 4 Abs. 9 ASAV, die es vorübergehend in das Bundesgebiet entsandten Personen ermöglicht, die von ihnen bereits im Ausland beschäftigten Haus-

angestellten für die Dauer des Aufenthaltes mitzubringen. Die bisherige Beschränkung auf in das Bundesgebiet entsandte Ausländer ist entfallen, da im Zuge der Globalisierung auch Fälle auftreten, in denen deutsche Staatsangehörige aus dem Ausland vorübergehend nach Deutschland entsandt werden und danach ins Ausland zurückkehren. Die Höchstbeschäftigungszeit beträgt fünf Jahre. Bei der Verlängerung, die die Fünfjahresgrenze erreicht, ist die weitere Verlängerung der Aufenthaltserlaubnis nach § 8 Abs. 2 auszuschließen.

42.1.2.8 Zu § 23 BeschV – Kultur und Unterhaltung
Nummer 1 übernimmt die bisherige Regelung des § 5 Nr. 8 ASAV. Im Unterschied zu § 7 Nr. 1 BeschV betrifft sie ausländische Künstler und Artisten, die im Rahmen eines längeren Engagements auftreten oder deren Darbietungen keinen außergewöhnlichen künstlerischen Stellenwert haben und deshalb nur dann zugelassen werden sollen, wenn zuvor die Möglichkeit der Vermittlung inländischer Künstler geprüft wurde. Anträge auf Erteilung von Aufenthaltstiteln zum Zweck der Beschäftigung als Tänzerinnen u. ä. sind besonders sorgfältig zu prüfen, da Personen dieses Beschäftigungsbereichs oftmals Opfer von Menschenhandel werden. Die Regelung in Nummer 2 ergänzt die Regelung in § 7 Nr. 2 BeschV zur zustimmungsfreien Zulassung von Ausländern in Gastspielgruppen wie Zirkusunternehmen, Eisrevuen, Tanzshow-Programme usw. sowie die Mitglieder ausländischer Filmproduktionsteams für Aufenthalte bis zu drei Monaten um die Möglichkeit der längerfristigen zustimmungspflichtigen Beschäftigung in diesen Bereichen.

42.1.2.9 Zu § 24 BeschV – Praktische Tätigkeiten als Voraussetzung für die Anerkennung ausländischer Abschlüsse
Die Vorschrift ermöglicht die Erteilung der Zustimmung zur Ausübung einer praktischen Tätigkeit, soweit diese für die Zulassung als Fachkraft nach § 18 Abs. 4 i. V. m. § 39 Abs. 2 aufgrund berufsrechtlicher Regelungen Voraussetzung für die Berufsanerkennung ist.

42.1.3 In Abschnitt 3 der BeschV sind Sachverhalte geregelt, in denen die Zustimmung zu Beschäftigungen erteilt werden kann, die eine qualifizierte Berufsausbildung voraussetzen.

42.1.3.1 Zu § 25 BeschV – Grundsatz
Es handelt sich dabei um Beschäftigungen, die bisher in den §§ 4 oder 5 ASAV geregelt waren und Beschäftigungen sowohl befristet als auch unbefristet zulassen. Die unbefristeten Beschäftigungsmöglichkeiten eröffnen die Dauerbeschäftigung und damit auch die Aufenthaltsverfestigung zur Niederlassungserlaubnis nach § 9.

42.1.3.2 Zu § 26 BeschV – Zeitlich begrenzte Zulassung von Sprachlehrern und Spezialitätenköchen
42.1.3.2.1 Die Zulassung der so genannten Konsulatssprachlehrer wird mit Absatz 1 fortgeführt. Die Beschäftigung erfolgt für höchstens fünf Jahre. Da danach diese Personen durch neue Lehrkräfte aus den ehemaligen Anwerbeländern ersetzt werden sollen, ist bei der letzten Verlängerung der Aufenthaltserlaubnis, die die Fünfjahresgrenze erreicht, die weitere Verlängerung der Aufenthaltserlaubnis gemäß § 8 Abs. 2 auszuschließen. Aufgrund des mit dem Zuwanderungsgesetz verfolgten Zieles der Integration von Ausländern in die deutschen Lebensverhältnisse wird diese Regelung am 31. Dezember 2009 außer Kraft treten (§ 47 BeschV).

42.1.3.2.2 Mit Absatz 2 wird die bisher in § 4 Abs. 6 ASAV geregelte Zulassung ausländischer Spezialitätenköche fortgeführt. Der mögliche Beschäftigungszeitraum wird auf vier Jahre angehoben. Die Voraussetzungen, die bisher ebenfalls in § 4 Abs. 6 ASAV genannt waren, werden von der Bundesagentur für Arbeit bei der Prüfung im Einzelfall berücksichtigt; insbesondere ob es sich um eine Beschäftigung handelt, die eine qualifizierte Berufsausbildung voraussetzt.

42.1.3.2.3 Für Konsulatssprachlehrer und Spezialitätenköche ist in Absatz 3 eine Sperre für die Erteilung der Zustimmung zu jeglicher Beschäftigung nach diesem Abschnitt geregelt. Eine Zustimmung der Bundesagentur für Arbeit für eine andere im dritten Abschnitt vorgesehene Beschäftigung darf nicht vor Ablauf von drei Jahren seit der Ausreise bzw. des Ablaufs des früheren Aufenthaltstitels erteilt werden.

42.1.3.3 Zu § 27 BeschV – IT-Fachkräfte und akademische Berufe
Die in § 27 BeschV geregelten Sachverhalte ermöglichen die Dauerbeschäftigung und Aufenthaltsverfestigung.

42.1.3.3.1 Die als „Green Card" bekannte Regelung wird in Nummer 1 als Zulassung zu qualifizierten Beschäftigungen im IT-Bereich fortgeführt. Voraussetzung ist eine Hochschul- oder Fachhochschulausbildung oder eine vergleichbare Qualifikation mit dem Schwerpunkt auf dem Gebiet der Informations- und Kommunikationstechnologie. Die weiteren Elemente der bisherigen Regelungen für diesen Personenkreis, die im Wesentlichen ein schnelles Verfahren zur Behebung des Mangels an Fachkräften in diesem Bereich sicherstellen sollten, sind entfallen. Für IT-Fachkräfte, die vor dem 1. Januar 2005 eine Arbeitserlaubnis erhalten haben, ist die Übergangsregelung des § 46 Abs. 2 BeschV zu beachten, wonach die diesen Personen erteilte Arbeitserlaubnis als unbefristete Zustimmung zur Beschäftigung fort gilt.

Verordnungsermächtigung und Weisungsrecht § 42 AufenthG 1

42.1.3.3.2 In Nummer 2 wird die bisherige Regelung des § 5 Nr. 2 ASAV fortgeführt, wobei nicht mehr auf die „besonderen" fachlichen Kenntnisse abgestellt, sondern nur das an die Fachkenntnisse geknüpfte öffentliche Interesse vorliegen muss.

42.1.3.3.3 Nummer 3 ermöglicht die Zustimmung zur Beschäftigung für den in § 16 Abs. 4 vorgesehenen Aufenthaltszweckwechsel der erfolgreichen ausländischen Studienabsolventen.

42.1.3.4 Zu § 28 BeschV – Leitende Angestellte und Spezialisten
Mit § 28 BeschV werden die bisherigen Regelungen von § 5 Nr. 3 und 4 ASAV übernommen. Die Bestimmung ergänzt die zustimmungsfreien Beschäftigungsmöglichkeiten von Führungskräften nach § 4 BeschV.

42.1.3.5 Zu § 29 BeschV – Sozialarbeit
Die bisherige Regelung des § 5 Nr. 5 ASAV für ausländische Sozialarbeiter wird fortgeführt.

42.1.3.6 Zu § 30 BeschV – Pflegekräfte
Mit dieser Regelung werden die Bestimmungen von § 5 Nr. 7 ASAV unter Übernahme der geänderten Berufsbezeichnungen aufgrund des Krankenpflegegesetzes vom 16. Juli 2003 (BGBl. I, S. 1442) fortgeführt. Staatsangehörige der neuen EU-Mitgliedstaaten können aufgrund der Regelung von § 39 Abs. 6 auch ohne Vermittlungsabsprache zugelassen werden, da es sich um eine Beschäftigung handelt, die eine qualifizierte Berufsausbildung voraussetzt. Sie müssen jedoch die Berufszulassungsvoraussetzungen erfüllen.

42.1.3.7 Zu § 31 BeschV–Internationaler Personalaustausch, Auslandsprojekte
§ 31 BeschV führt die Regelungen von § 4 Abs. 7 und 8 ASAV fort. Die zeitliche Beschränkung des Beschäftigungsaufenthalts wird einheitlich auf höchstens drei Jahre festgelegt.

42.1.4 Der vierte Abschnitt der BeschV regelt die Erteilung von Zustimmungen für Beschäftigungen bestimmter Personengruppen, die nicht an das Merkmal einer qualifizierten und nicht qualifizierten Beschäftigung, sondern an die Rechtsstellung der Personen, an ihrer Herkunft aus bestimmten Staaten oder an spezielle Beschäftigungen anknüpfen. In den Fällen der §§ 33, 34 und 37 BeschV ist die Beschäftigung nicht auf bestimmte Berufsgruppen beschränkt.

42.1.4.1 Zu § 32 BeschV – Grundsatz
Soweit im vierten Abschnitt Beschäftigungen nur für eine bestimmte Dauer vorgesehen sind, kann eine erneute Beschäftigung für bestimmte Personenkreise erst nach einer Unterbrechungszeit zugelassen werden.

42.1.4.2 Zu § 33 BeschV – Deutsche Volkszugehörige
Die Vorschrift knüpft an § 10 ASAV an. Sie ermöglicht deutschen Volkszugehörigen, die einen Aufnahmebescheid nach dem Bundesvertriebenengesetz besitzen, vor ihrer dauerhaften Wohnsitznahme im Bundesgebiet als Spätaussiedler die Aufnahme einer vorübergehenden Beschäftigung. Eine aufenthaltsrechtliche Verfestigung ist durch Nebenbestimmung auszuschließen. Die bisher in § 10 ASAV ebenfalls enthaltene Regelung für ehemalige Deutsche ist aufgrund der speziellen Regelung in § 38 entfallen.

42.1.4.3 Zu § 34 BeschV – Beschäftigung bestimmter Staatsangehöriger
Die Vorschrift übernimmt die bisherige Regelung des § 9 ASAV, nach der diese Staatsangehörigen unter dem Vorbehalt des Arbeitsmarktvorrangs bevorrechtigter Bewerber grundsätzlich zu jeder Beschäftigung im Bundesgebiet zugelassen werden können.

42.1.4.4 Zu § 35 BeschV – Fertighausmontage
Die Beschäftigungen nach § 35 BeschV lassen keine Differenzierung nach qualifizierter oder nicht qualifizierter Beschäftigung zu. Die bisherige Befristung wurde auf neun Monate verkürzt. Im Gegenzug entfällt die Sperrwirkung für eine Wiedereinreise bei Aufenthalten von über sechs Monaten im Kalenderjahr. Zur Zuständigkeit der Bundesagentur für Arbeit siehe Nummer 39.1.1.6.

42.1.4.5 Zu § 36 BeschV – Längerfristig entsandte Arbeitnehmer
Die Regelung ergänzt § 12 BeschV für die Bereiche der Montage, Demontage, Wartung und Reparatur von Maschinen und Anlagen. Die Aufenthaltsdauer zu diesen Beschäftigungszwecken darf drei Jahre nicht übersteigen.

42.1.4.6 Zu § 37 BeschV – Grenzgängerbeschäftigung
Diese Regelung korrespondiert mit den Regelung der §§ 12 und 21 AufenthV zur Erteilung der Grenzgängerkarte und der Befreiung vom Erfordernis eines Aufenthaltstitels für deren Besitzer.

42.1.5 Im fünften Abschnitt der BeschV ist die Erteilung der Zustimmung zu Beschäftigungen geregelt, die auf zwischenstaatlichen Vereinbarungen basieren. Besondere Bestimmungen wurden für den Bereich der Werkvertragsarbeitnehmer (§ 39) und der Gastarbeitnehmer (§ 40) festgelegt.

42.1.5.1 Zu § 38 BeschV – Grundsatz
Mit dieser Vorschrift wird klargestellt, dass sich die Zustimmung zur Beschäftigung nach der entsprechenden zwischenstaatlichen Vereinbarung bestimmt, soweit in der BeschV keine speziellen Regelungen getroffen worden sind.

42.1.5.2 Zu § 39 BeschV – Werkverträge
Mit § 39 BeschV wird die bisherige Regelung des § 3 ASAV fortgeführt. Die Besonderheiten der Bedingungen und Einsatzmöglichkeiten von Werkvertragsarbeitnehmern erfordern eine Abweichung von dem Verfahren des one-stop-governments, das bei allen anderen Beschäftigungen von Ausländern, die eine Zustimmung der Bundesagentur für Arbeit zur Beschäftigung benötigen, anzuwenden ist. Werkvertragsarbeitnehmer erhalten zusätzlich zum Aufenthaltstitel eine Werkvertragsarbeitnehmerkarte, die die näheren Angaben zur Beschäftigung (z. B. Arbeitgeber, Einsatzort, berufliche Tätigkeit) beinhaltet. Damit entspricht das Verfahren der Erteilung eines Aufenthaltstitels an Werkvertragsarbeitnehmer, dem Verfahren, das bei Erteilung der bisherigen Arbeitserlaubnis Anwendung fand. Die Nebenbestimmung zur Beschäftigung lautet:
„Beschäftigung nach § 39 BeschV gemäß Werkvertragsarbeitnehmerkarte erlaubt."
Für leitende Mitarbeiter oder Verwaltungspersonal, das auf der Grundlage der zwischenstaatlichen Vereinbarung über Werkvertragarbeitnehmer vorübergehend in Deutschland eingesetzt wird, gilt dagegen das normale Verfahren des one-stop-governments.

42.1.5.3 Zu § 40 BeschV – Gastarbeitnehmer
Mit dieser Vorschrift werden die Regelungen von § 2 Abs. 3 Nr. 1 ASAV zur Zulassung von Personen auf der Basis der Vereinbarungen der Bundesrepublik Deutschland mit mittel- und osteuropäischen Staaten über die Beschäftigung von Arbeitnehmern zur Erweiterung ihrer beruflichen und sprachlichen Kenntnisse (Gastarbeitnehmer-Vereinbarung) fortgeführt. Die Beschäftigungszeit ist in allen entsprechenden Abkommen auf höchstens 18 Monate beschränkt.

42.1.5.4 Zu § 41 BeschV – Sonstige zwischenstaatliche Vereinbarungen
Die Erteilung der Aufenthaltserlaubnis zum Zweck des Aufenthalts nach sonstigen zwischenstaatlichen Vereinbarungen bestimmt sich nach den Regelungen des jeweiligen Abkommens. Soweit in diesen Abkommen (z. B. Investitions- und Kapitalschutzabkommen, Luftverkehrs-, Kulturabkommen etc.) auf Arbeitsgenehmigungen oder Arbeitserlaubnisse Bezug genommen wird, tritt an die Stelle der Arbeitsgenehmigung oder Arbeitserlaubnis die Zustimmung zur Beschäftigung. Sieht die zwischenstaatliche Vereinbarung vor, dass der Ausländer auch bei Aufnahme einer Beschäftigung von der Aufenthaltsgenehmigungspflicht befreit bleibt, bedarf die Beschäftigung keiner Zustimmung (§ 4 Abs. 3 Satz 2).

42.1.6 Die Abschnitte 6 bis 8 der BeschV enthalten im Wesentlichen Verfahrensvorschriften für die Bundesagentur für Arbeit. Die Bestimmungen des § 46 BeschV haben jedoch auch Auswirkungen auf aufenthaltsrechtliche Fragen. § 46 Abs. 1 und 3 BeschV ergänzen die Übergangsregelungen von § 105 hinsichtlich der erteilten Zusicherung der Erteilung einer Arbeitsgenehmigung sowie arbeitsgenehmigungsfrei aufgenommenen Beschäftigungen. § 46 Abs. 2 BeschV hebt die Befristung der Arbeitserlaubnis, die an IT-Fachkräfte nach der IT-ArGV erteilt wurde, auf.

42.2 Hinweise zur Beschäftigungsverfahrensverordnung
42.2.0 Die BeschVerfV basiert auf der Ermächtigungsgrundlage von § 42 Abs. 2. Sie enthält das Grundprinzip des Zustimmungserfordernisses durch die Arbeitsverwaltung zur Ausübung einer Beschäftigung im Falle von anderen Aufenthaltszwecken als dem der Erwerbstätigkeit. § 4 Abs. 2 Satz 3 regelt für Aufenthalte, für die keine Aufenthaltserlaubnis zum Zweck der Beschäftigung erteilt wurde, dass die Ausübung einer Beschäftigung von Ausländern nur mit Zustimmung der Arbeitsverwaltung oder in durch Rechtsverordnung bestimmten Fällen auch zustimmungsfrei erlaubt werden kann. Im Fall der zustimmungspflichtigen Beschäftigung ist keine Differenzierung, etwa nach Berufsgruppen oder Qualifikationsniveau vorgesehen. Damit stehen den im Inland erlaubt lebenden Ausländern grundsätzlich alle Beschäftigungsmöglichkeiten im Rahmen der Zulassungsentscheidungen nach § 39 Abs. 2 vorbehaltlich des Vorrangs von bevorrechtigten Bewerbern offen. Der Arbeitsmarktzugang von Ausländern, deren Aufenthalt geduldet wird (§ 60 a) bestimmt sich nach dem Abschnitt 3 BeschVerfV. Die bisher in § 3 ArGV geregelte Wartefrist für Ausländer, denen im Rahmen des Familiennachzugs eine Aufenthaltsgenehmigung erteilt wurde, ist entfallen. Die einjährige Wartefrist für Ausländer mit Aufenthaltsgestattung nach dem Asylverfahrensgesetz wurde in § 61 Abs. 2 Asylverfahrensgesetz übernommen.

42.2.1 Im ersten Abschnitt der BeschVerfV wird bestimmt, dass Ausländern, die sich mit einem Aufenthaltstitel, der nicht zum Zweck der Beschäftigung erteilt wurde, der Zugang zu zustimmungsfreien Beschäftigungen nach dem ersten Abschnitt BeschV wie Neueinreisenden zum Zweck der Beschäftigung offen steht. Des Weiteren wurden Regelungen in diesen Abschnitt übernommen, die bisher in § 9 Nr. 1 ArGV geregelt waren. Zur Verdeutlichung des Regelungsinhaltes werden diese

Verordnungsermächtigung und Weisungsrecht § 42 AufenthG 1

Personen nunmehr in der Verordnung in den §§ 3 und 4 benannt. Der in der § 3 BeschVerfV geregelte Personenkreis ist nach geltendem Recht nach § 9 Nr. 1 ArGV i. V. m. § 5 Abs. 2 Nr. 5 Betriebsverfassungsgesetz arbeitsgenehmigungsfrei und soll auch weiterhin zustimmungsfrei eine Beschäftigung als mithelfende Angehörige aufnehmen können. Die Aufnahme der „Lebenspartnerin oder Lebenspartner" in die Verordnung ergibt sich durch die Gleichstellungsregelungen des Lebenspartnerschaftsgesetz. Die gesetzlichen Fälle familienhafter Beschäftigung können rechtsgeschäftlich nicht erweitert werden. So besteht keine familienrechtliche Mitarbeitspflicht für Verlobte, Enkel, Nichten und Kinder, die sich selbst unterhalten. Hierbei handelt es sich um sog. Gefälligkeitsverhältnisse, die grundsätzlich zustimmungspflichtig sind. § 4 entspricht § 9 Nr. 1 ArGV i. V. m. § 5 Abs. 2 Nr. 4 Betriebsverfassungsgesetz. Es handelt sich dabei um Personen, deren Beschäftigung in erster Linie der Behebung psychischer oder physischer Beeinträchtigungen dient. Dazu gehören z. B. Kranke, Süchtige und auch Strafgefangene. Da die Abgrenzung zwischen zustimmungsfreien und zustimmungspflichtigen Beschäftigungen von Strafgefangenen sich im Einzelfall problematisch darstellen kann, sollte mit der Arbeitsverwaltung eine gemeinsame Entscheidung getroffen werden.
42.2.2 Bei den in Abschnitt 2 der BeschVerfV aufgeführten Sachverhalten kann von der Vorrangprüfung bei Erteilung der Zustimmung zur Beschäftigung abgesehen werden. Der Verzicht auf die Vorrangprüfung begründet sich in integrativen Vorleistungen der Ausländer oder in den in der Person liegenden besonderen Umständen. Auch soll wie bisher nicht in bestehende Arbeitsverhältnisse bei deren Fortsetzung eingegriffen werden. Die Zustimmung nach § 9 BeschVerfV wird ohne Beschränkungen erteilt. Sie setzt wie die bisherige Rechtslage hinsichtlich der Erteilung einer Arbeitsberechtigung eine bestimmte Aufenthaltszeit oder Beschäftigungszeit voraus.
42.2.3 Die Zulassung von geduldeten Ausländern zur Ausübung einer Beschäftigung ist im dritten Abschnitt geregelt. § 10 BeschVerfV übernimmt die bisher in § 3 ArGV geregelte Wartezeit von einem Jahr vor erstmaliger Erteilung der Zustimmung. Der mindestens einjährige Aufenthalt im Bundesgebiet muss ununterbrochen vorliegen. Zeiten des erlaubten Aufenthalts vor Erteilung der Duldung werden angerechnet. Mit der Regelung des § 11 BeschVerfV wird die Regelung des § 5 Nr. 5 ArGV fortgeführt. Zur näheren Bestimmung des Verschuldens wurden die Kriterien des § 25 Absatz 5 Satz 3 übernommen. Erfüllt der geduldete Ausländer nicht die Wartezeit oder liegt ein Versagungskriterium des § 11 BeschVerfV vor, wird der Antrag des Ausländers, die Beschäftigung zu erlauben, ohne Beteiligung der Agentur für Arbeit abgelehnt.
42.2.4 Im zweiten Teil der BeschVerfV sind Zuständigkeiten und Verfahrensfragen zur Erteilung der Zustimmung zur Ausübung einer Beschäftigung geregelt.
42.2.4.1 Die in der Zustimmung liegende Entscheidung der Bundesagentur für Arbeit ist kein eigenständiger Verwaltungsakt, sondern ein verwaltungsinterner Mitwirkungsakt gegenüber der für die Entscheidung über den Aufenthaltstitel zuständigen Ausländerbehörde. Die Bundesagentur für Arbeit hat im Rahmen ihrer Zuständigkeit jedoch die ausschließliche Dispositionsbefugnis über die Erteilung und den Fortbestand der Zustimmung. Soweit sie eine erteilte Zustimmung aufhebt und dies gegenüber der Ausländerbehörde erklärt, ist diese verpflichtet, die Aufenthaltserlaubnis hinsichtlich der Nebenbestimmungen zur Ausübung der Beschäftigung gegenüber dem Ausländer aufzuheben. Dies gilt insbesondere in den Fällen des Widerrufs der Zustimmung (§ 41).
42.2.4.2 Die Zustimmung kann grundsätzlich auf die berufliche Tätigkeit in dem Betrieb, für die sie eingeholt wird, und regional auf den Bezirk der Arbeitsagentur beschränkt werden, die über die Zustimmung entschieden hat. Damit wird sichergestellt, dass vor einem Wechsel der Tätigkeit oder des Arbeitgebers erneut geprüft werden kann, ob für die neue Beschäftigung bevorrechtigte Arbeitsuchende zur Verfügung stehen und ob bei einem angestrebten örtlichen Wechsel regionale Unterschiede am Arbeitsmarkt Berücksichtigung finden. Von der Beschränkung auf den Bezirk der Agentur für Arbeit soll dann abgesehen werden, wenn ein überregionaler Einsatz, wie z. B. bei Montagetätigkeit, erforderlich und üblich ist. Die Festlegung der Lage und Verteilung der Arbeitszeit bei der Zustimmung wird z. B. dann erforderlich, wenn wegen der Besonderheiten der vertraglich vereinbarten Arbeitszeit (z. B. von 15.30 Uhr bis 24.00 Uhr oder nur zwei Stunden von 21.00 Uhr bis 23.00 Uhr) bevorrechtigte Beschäftigte zwar zu üblichen Arbeitszeiten aber nicht zu diesen besonderen Arbeitszeiten zu vermitteln wären.
42.2.4.3 Die Zustimmung kann für einen Zeitraum von bis zu längstens drei Jahren erteilt werden, soweit die Voraussetzungen für die Erteilung der Zustimmung nach dieser Verordnung oder den zwischenstaatlichen Vereinbarungen für bestimmte Tätigkeiten keine kürzere zeitliche Höchstgrenze für die Beschäftigung vorsehen oder die Beschäftigung für eine kürzere Dauer vereinbart ist. In den Fällen der Ausbildung soll die Zustimmung für die übliche Ausbildungsdauer erteilt werden. Für Beschäftigungen zur beruflichen Weiterbildung soll die Zustimmung auf die Zeit beschränkt werden, die zur Erreichung des Qualifikationszieles nachweislich angemessen und notwendig ist. Durch diese

Beschränkung soll vor allem gewährleistet bleiben, dass die Qualifizierung gegenüber der Arbeitsleistung der hauptsächliche Bestandteil der Beschäftigung bleibt.

42.2.4.4 Die von der Bundesagentur für Arbeit bei der Erteilung der Zustimmung definierten Beschränkungen der Beschäftigung sind nach § 4 Abs. 2 Satz 4 als unverzichtbarer Bestandteil in den Aufenthaltstitel zu übernehmen. Bei notwendigen Änderungen dieser Nebenbestimmungen zur Beschäftigung ist der zugrunde liegende Aufenthaltstitel in der Regel nicht betroffen.

42.2.4.5 Die Zustimmung zur Beschäftigung wird grundsätzlich jeweils nur zu einem bestimmten Aufenthaltstitel, z. B. einem Visum oder einer Aufenthaltserlaubnis, erteilt. Um jedoch die Notwendigkeit einer erneuten Zustimmung der Bundesagentur für Arbeit für denselben Arbeitsplatz im Zusammenhang mit der Umwandlung des Visums in eine von der Ausländerbehörde ausgestellte Aufenthaltserlaubnis oder bei Verlängerung des Aufenthaltstitels während der Geltungsdauer der Zustimmung zu vermeiden, gilt die Zustimmung auch für jeden weiteren Aufenthaltstitel. Da ein Wechsel aus einem Aufenthalt aus humanitären Gründen in einen Aufenthaltstitel zum Zwecke der Beschäftigung nach § 18 nicht in Betracht kommt, gilt eine erteilte Zustimmung in diesen Fällen nicht fort.

42.2.5 Die Schlussvorschriften im dritten Teil der BeschVerfV weisen in § 15 wie § 13 ArGV darauf hin, dass günstigere Regelungen des Beschlusses Nr. 1/80 des Assoziationsrates EWG Türkei (ARB) (Amtliche Nachrichten der Bundesagentur für Arbeit Nr. 1/1981 S. 2) über den Zugang türkischer Arbeitnehmerinnen und Arbeitnehmer und ihrer Familienangehörigen zum Arbeitsmarkt unberührt bleiben. Der Beschluss findet keine Anwendung auf türkische Asylbewerber, weil diese dem regulären Arbeitsmarkt eines Mitgliedstaates nicht angehören. Die Beschäftigungs- bzw. Aufenthaltszeiten als Asylbewerber werden bei Anwendung der Art. 6 und 7 ARB auch dann nicht berücksichtigt, wenn der Antragsteller zum Zeitpunkt der Entscheidung nicht mehr Asylbewerber ist. Soweit im Beschluss der Begriff der „Arbeitserlaubnis" verwendet wird, ist diese einer Zustimmung der Bundesagentur für Arbeit gemäß § 39 gleichzusetzen. Nach Art. 6 ARB besteht ein Anspruch auf die Arbeitserlaubnis (Zustimmung) nur, wenn die Beschäftigung ordnungsgemäß und ununterbrochen ausgeübt wurde. Bei Unterbrechungen ist Art. 6 Abs. 2 ARB zu beachten. Ferner werden die Fristen des Art. 6 Abs. 1 ARB nicht unterbrochen durch Zeiten, in denen der Arbeitnehmer Arbeitslosengeld oder Unterhaltsgeld bezieht oder durch sonstige Zeiten, in denen ein Arbeitsverhältnis nicht besteht, bis zur Dauer von jeweils drei Monaten. Nach einem Jahr ordnungsgemäßer Beschäftigung haben türkische Arbeitnehmer unabhängig von Lage und Entwicklung des Arbeitsmarktes Anspruch auf die Arbeitserlaubnis (Zustimmung) für die Fortsetzung des Beschäftigungsverhältnisses beim bisherigen Arbeitgeber. Sie wird für eine bestimmte Tätigkeit in einem bestimmten Betrieb erteilt und auf zwei Jahre befristet. Nach dreijähriger ordnungsgemäßer Beschäftigung haben türkische Arbeitnehmer, vorbehaltlich des Vorrangs deutscher und ihnen gleichgestellter ausländischer Arbeitnehmer, Anspruch auf die Arbeitserlaubnis (Zustimmung), die zwar auf eine bestimmte berufliche Tätigkeit beschränkt, jedoch betrieblich und regional unbeschränkt ist. Nach 4-jähriger ordnungsgemäßer ununterbrochener Beschäftigung haben türkische Arbeitnehmer Anspruch auf freien Arbeitsmarktzugang, der durch die Erteilung der Zustimmung nach § 9 BeschVerfV dokumentiert wird. Diese Verfestigungsstufe kann auch durch die Kumulation mehrerer Beschäftigungszeiten bei verschiedenen Arbeitgebern erreicht werden. Eine vergleichbare Günstigkeitsregelung enthält § 4 Abs. 1 AufenthG bei der Erteilung von Aufenthaltstiteln. Die Schlussvorschriften enthalten in § 16 darüber hinaus den § 105 ergänzende Übergangsbestimmungen. Vor Inkrafttreten des Zuwanderungsgesetzes erteilte Zusicherungen der Erteilung einer Arbeitsgenehmigung gelten danach als Zustimmungen zur Beschäftigung fort und hinsichtlich der erteilten Zusicherungen zur Erteilung einer Arbeitsgenehmigung sowie arbeitsgenehmigungsfrei aufgenommenen Beschäftigungen gelten ab dem 1. Januar 2005 als zustimmungsfrei.

42.3 Weisungsbefugnis des Bundesministeriums für Wirtschaft und Arbeit
Die Weisungsbefugnis des § 42 Abs. 3 gegenüber der Bundesagentur für Arbeit entspricht der bisherigen aus § 288 Abs. 2 SGB III. Das Bundesministerium für Wirtschaft und Arbeit wird in den Fällen von diesem Weisungsrecht Gebrauch machen, in denen eine bundeseinheitliche Verfahrensweise notwendig ist oder in denen besonders Interessen des bundesweiten Arbeitsmarktes zu berücksichtigen sind (dies kann z. B. bei der Prüfung nach § 39 Abs. 2 Nr. 2 in Betracht kommen).

I. Entstehungsgeschichte

1 Die Vorschrift stimmt im Wesentlichen mit dem **GesEntw** (BT-Drs 15/420 S. 17 f) überein. Sie wurde aufgrund des Vermittlungsverf neu gefasst (BT-Drs 15/3479 S. 6), indem für einen Teil der RVO die Zustimmung des BR vorgesehen u. die Inhalte der RVO näher bestimmt wurden.

II. Verordnungsermächtigungen

Von den Ermächtigungen in Abs 1 u. 2 hat das BMWA wie folgt **Gebrauch gemacht** (zu dem jew Inhalt vgl die Hinweise in Nr 42.1.1 bis 42.5 VAH; vgl auch § 4 Rn 67 ff). Mit Zustimmung des BR (Abs 1) wurde die BeschV erlassen u. ohne Zustimmung des BR (Abs 2) die BeschVerfV.

Abs 1 Nr 1: §§ 2–15 BeschV; Abs 1 Nr 2: §§ 17–24, §§ 25–31, §§ 32, 33, 35–37, 38–41 BeschV; Abs 1 Nr 3: § 34 BeschV; Abs 1 Nr 4: § 16 BeschV; Abs 2 Nr 1: §§ 44–46 BeschV; §§ 5–9 BeschVerfV;

Abs 2 Nr 2: §§ 13, 14 BeschVerfV; Abs 2 Nr 3: §§ 5–9 BeschVerfV; Abs 2 Nr 4: §§ 1–4 BeschVerfV: Abs 2 Nr 5: §§ 10, 11 BeschVerfV.

Von der Ermächtigung, ein alternatives Verf zur Vorrangprüfung vorzusehen (§ 42 I Nr 1), hat der BMWA keinen Gebrauch gemacht. Diesen Weg hatte der Zuwanderungsrat für gangbar erachtet, um seinen Vorschlag eines indikatorengestützten Systems der Zulassung Qualifizierter zur Besetzung freier Stellen in Engpässen auf Teilarbeitsmärkten zu verwirklichen (Jahresgutachten 2004, S. 218 ff).

III. Weisungsbefugnis

Von der Weisungsbefugnis aufgrund Abs 3 hat das BMWA durch Erlass der folgenden **Durchführungsanweisungen** Gebrauch gemacht: Durchführungsanweisungen zum Aufenthaltsgesetz – DA AufenthG mit Hinweisen zu §§ 2, 4, 8, 16, 17, 18, 19, 39, 40, 41, 42, 104, 105 AufenthG; Durchführungsanweisungen zur Beschäftigungsverordnung – DA BeschV mit Hinweisen zur BeschV; Durchführungsanweisungen zur Beschäftigungsverfahrensverordnung – DA BeschVerfV mit Hinweisen zur BeschVerfV. Weitere Informationen sind erhältlich unter www.arbeitsamt.de u. www.arbeitsagentur.de.

Kapitel 3. Förderung der Integration

§ 43 Integrationskurs

(1) Die Integration von rechtmäßig auf Dauer im Bundesgebiet lebenden Ausländern in das wirtschaftliche, kulturelle und gesellschaftliche Leben in der Bundesrepublik Deutschland wird gefördert.

(2) [1] Eingliederungsbemühungen von Ausländern werden durch ein Grundangebot zur Integration (Integrationskurs) unterstützt. [2] Der Integrationskurs umfasst Angebote, die Ausländer an die Sprache, die Rechtsordnung, die Kultur und die Geschichte in Deutschland heranführen. [3] Ausländer sollen dadurch mit den Lebensverhältnissen im Bundesgebiet so weit vertraut werden, dass sie ohne die Hilfe oder Vermittlung Dritter in allen Angelegenheiten des täglichen Lebens selbständig handeln können.

(3) [1] Der Integrationskurs umfasst einen Basis- und einen Aufbausprachkurs von jeweils gleicher Dauer zur Erlangung ausreichender Sprachkenntnisse sowie einen Orientierungskurs zur Vermittlung von Kenntnissen der Rechtsordnung, der Kultur und der Geschichte in Deutschland. [2] Die erfolgreiche Teilnahme wird durch eine vom Kursträger auszustellende Bescheinigung über den erfolgreich abgelegten Abschlusstest nachgewiesen. [3] Der Integrationskurs wird vom Bundesamt für Migration und Flüchtlinge koordiniert und durchgeführt, das sich hierzu privater oder öffentlicher Träger bedienen kann. [4] Für die Teilnahme am Integrationskurs sollen Kosten in angemessenem Umfang unter Berücksichtigung der Leistungsfähigkeit erhoben werden. [5] Zur Zahlung ist auch derjenige verpflichtet, der dem Ausländer zur Gewährung des Lebensunterhalts verpflichtet ist.

(4) Die Bundesregierung wird ermächtigt, nähere Einzelheiten des Integrationskurses, insbesondere die Grundstruktur, die Dauer, die Lerninhalte und die Durchführung der Kurse, die Vorgaben bezüglich der Auswahl und Zulassung der Kursträger sowie die Voraussetzungen und die Rahmenbedingungen für die Teilnahme und ihre Ordnungsmäßigkeit einschließlich der Kostentragung sowie die erforderliche Datenübermittlung zwischen den beteiligten Stellen durch eine Rechtsverordnung ohne Zustimmung des Bundesrates zu regeln.

(5) Die Bundesregierung legt dem Deutschen Bundestag zum 1. Juli 2007 einen Erfahrungsbericht zu Durchführung und Finanzierung der Integrationskurse vor.

Vorläufige Anwendungshinweise

43 Zu § 43 Integrationskurs
43.0 Allgemeines
43.0.1 Die §§ 43 bis 45 nominieren erstmals im Ausländerrecht den Grundsatz der Integration. Damit wird dem Umstand Rechnung getragen, dass in den vergangenen Jahrzehnten viele Ausländer rechtmäßig ihren Lebensmittelpunkt auf Dauer in der Bundesrepublik Deutschland gefunden haben. Die Eingliederung der dauerhaft im Bundesgebiet lebender Ausländer und ihre aktive Teilnahme in allen Bereichen des Lebens werden ermutigt und staatlich gefördert.
43.0.2 In der Vergangenheit wurden in Deutschland Maßnahmen zur sprachlichen, sozialen und beruflichen Integration für verschiedene Zuwanderngruppen zu unterschiedlichen Bedingungen angeboten, zum Teil mit einem gesetzlichen Anspruch, zu einem großen Teil aber auch ohne Rechtsanspruch als freiwilliges Zusatzangebot der Bundesregierung. Es fehlte jedoch ein zwischen Bund, Ländern und Kommunen abgestimmtes übergreifendes Gesamtkonzept für den ganzen Integrationsbereich. Zur Verbesserung der sprachlichen Integration wurde von den bisher zuständigen Ressorts ein Gesamtsprachkonzept für Ausländer und Spätaussiedler erarbeitet. Insgesamt wurden in Deutschland vielfältige Integrationsleistungen durch Bund, Länder, Kommunen und private Träger erbracht.

Integrationskurs § 43 **AufenthG 1**

43.0.3 Ziel der Regelung ist, ein Grundangebot vor allem für die neu nach Deutschland kommenden Zuwanderer mit dauerhafter Aufenthaltsperspektive bereit zu stellen. Der Schwerpunkt der Integrationsbemühungen wird dabei auf den Erwerb der deutschen Sprache gelegt, da deutsche Sprachkenntnisse eine Schlüsselrolle bei der erfolgreichen Integration spielen. Es ist ein breites Angebot an Basis- und Aufbausprachkursen vorgesehen, um die deutsche Sprache zu erlernen. Darüber hinaus werden Kurse zur Einführung in die Rechtsordnung, die Kultur und die Geschichte in Deutschland angeboten. Sie sollen den Zuwanderern helfen, sich in der deutschen Gesellschaft zu orientieren und im alltäglichen Leben selbständig handeln zu können.

43.1 Förderung der Integration
43.1.1 § 43 Abs. 1 bestimmt, dass die Integration von rechtmäßig in Deutschland lebenden Ausländern als staatliche Aufgabe gefördert wird. Der Umfang der Förderung richtet sich nach den folgenden Bestimmungen und der auf der Grundlage des § 43 Abs. 4 erlassenen Integrationskursverordnung. Die staatliche Förderung ist als Unterstützung und nicht als Ersatz der eigenen Integrationsbemühungen der in Deutschland lebenden Ausländer zu verstehen. Die Integration ist auf die Eingliederung in das wirtschaftliche, kulturelle und gesellschaftliche Leben in Deutschland gerichtet.
43.1.2 Die §§ 43 bis 45 enthalten Regelungen für die Integration von Ausländern. Die Integration der Spätaussiedler ist in § 9 BVFG geregelt. Die im Wesentlichen gleichen Inhalte der gesetzlichen Vorschriften über die Integration von Ausländern und Spätaussiedlern und die Integrationskursverordnung (IntV) stellen sicher, dass Ausländer und Spätaussiedler in den Kernbereichen die gleiche staatliche Integrationsförderung erhalten. Die Integrationskurse sollen von Ausländern und Spätaussiedlern gemeinsam besucht werden (§ 4 IntV).
43.1.3 Gefördert wird nach § 43 Abs. 1 die Integration von rechtmäßig dauerhaft in Deutschland lebenden Ausländern. Ausländer, die sich nicht rechtmäßig in Deutschland aufhalten, erhalten keine Förderung nach den §§ 43 bis 45. Integrationsmaßnahmen sind bei Ausländern, die sich nur vorübergehend in Deutschland aufhalten, nicht notwendig (vgl. § 44 Abs. 1 Satz 2). Staatliche Förderung nach den §§ 43 bis 45 erhalten deshalb nur Ausländer, die sich dauerhaft in Deutschland aufhalten werden.

43.2 Grundangebot zur Integration
Nach § 43 Abs. 2 wird das Angebot der gezielten Förderung durch ein staatliches Grundangebot zur Integration realisiert. Die staatliche Förderung soll die Integrationsbemühungen der Ausländer unterstützen, nicht aber ersetzen. Ohne eigenständige Integrationsbemühungen ist eine erfolgreiche Integration nicht zu erwarten. Als staatliches Grundangebot sollen Integrationskurse im Sinne eines Basisangebots ein Minimum an erforderlicher Integration gewährleisten. Der Integrationskurs fördert vor allem den zur Kommunikation und zur täglichen Verständigung unverzichtbaren Erwerb deutscher Sprachkenntnisse und umfasst auch grundlegende Angebote zum Verständnis der Rechts- und Wirtschaftsordnung, der Kultur, der Geschichte und der Lebensverhältnisse in Deutschland. Wesentlich ist auch die Vermittlung von Grundkenntnissen über Rechte und Pflichten der Bürger, die den Umgang mit Behörden und anderen Verwaltungseinrichtungen erleichtern und jedem Ausländer die eigenständige Orientierung in allen Lebensbereichen ermöglichen sollen.

43.3 Inhalte der Integrationskurse, Rahmenbedingungen
Nach § 43 Abs. 3 Satz 1 setzt sich der Integrationskurs zusammen aus einem Basis- und einem Aufbausprachkurs sowie einem Orientierungskurs, der die wesentlichen Kenntnisse über die Lebensverhältnisse in Deutschland vermitteln soll. Die abschließende Aufzählung der Kurselemente lässt für eine Erweiterung des Kursangebotes selbst keinen Spielraum.
43.3.1 Sprachkursziel ist die Erlangung ausreichender deutscher Sprachkenntnisse (§ 43 Abs. 3 Satz 1, § 9 Abs. 1 Satz 1 Nr. 7 i. V. Satz 2). Ausreichende Kenntnisse der deutschen Sprache liegen vor, wenn die Voraussetzungen zur Erlangung des „Zertifikats Deutsch B-1" entsprechend dem Gemeinsamen Europäischen Referenzrahmen für Sprachen des Europarats (siehe Nummer 43.4.3.2) erfüllt sind. Ausreichende Sprachkenntnisse erfordern im Interesse der Integration auch die schriftliche Ausdrucksfähigkeit.
43.3.2 Die Erteilung einer Bescheinigung nach § 43 Abs. 3 Satz 2 durch den Kursträger setzt voraus, dass der Ausländer an dem Integrationskurs erfolgreich teilgenommen hat. Die erfolgreiche Teilnahme wird durch einen Abschlusstest nachgewiesen (siehe Nummer 43. 4. 17). Soweit durch Gesetz, Rechtsverordnung oder Verwaltungsvorschrift Vergünstigungen an den Besuch von Integrationskursen geknüpft werden, gilt die Bescheinigung als Nachweis einer erfolgreichen Teilnahme.
43.3.3 Der Integrationskurs wird als einheitliches Grundangebot des Bundes durch das Bundesamt für Migration und Flüchtlinge durchgeführt, das sich dazu der jeweils geeigneten privaten oder öffentliche Träger bedienen kann (siehe Nummer 43.4.1). Der Bund bringt durch Organisation und Finanzierung des Integrationskurses den hohen politischen und gesellschaftlichen Stellenwert zum Ausdruck, den er der Integration beimisst.

43.3.4 § 43 Abs. 3 Satz 4 stellt den Grundsatz der angemessenen Kostenbeteiligung für die Teilnahme am Integrationskurs klar und bildet die Rechtsgrundlage für die Kostenerhebung, wobei nach § 43 Abs. 3 Satz 5 auch auf die Leistungsfähigkeit von unterhaltsverpflichteten Personen abgestellt wird (siehe Nummer 43.4.9.1).

43.4 Rechtsverordnungsermächtigung; Hinweise zur Integrationskursverordnung
43.4.0 Die Bundesregierung hat aufgrund der Ermächtigung aus § 43 Abs. 4 die Integrationskursverordnung (IntV) erlassen, die nicht der Zustimmung des Bundesrates bedarf.
43.4.1 Zu § 1 IntV – Durchführung der Integrationskurse
Mit § 1 IntV wird klargestellt, dass der Bund die Durchführung der Kurse grundsätzlich nicht selbst vornimmt. In tatsächlicher Hinsicht sollen Integrationskurse vor allem von erfahrenen und qualifizierten Kursträgern durchgeführt werden (vgl. § 43 Abs. 3 Satz 3). Das Bundesamt soll seine Koordinierungs- und Steuerungsfunktion insbesondere auf regionaler und örtlicher Ebene wahrnehmen.
43.4.2 Zu § 2 IntV – Anwendungsbereich der Verordnung
§ 2 IntV bestimmt, dass die Verordnung auch für Unionsbürger und ihre Familienangehörigen gilt, die nach § 11 FreizügG/EU i. V. m. § 44 Abs. 4 zum Integrationskurs zugelassen werden können. Hierdurch wird sichergestellt, dass die aus dem Anwendungsbereich des Aufenthaltsgesetzes herausfallenden Unionsbürger, deren Einreise- und Aufenthaltsrecht in der spezialgesetzlichen Regelung des Freizügigkeitsgesetzes/EU niedergelegt sind, auf Antrag an Integrationskursen nach § 44 Abs. 4 teilnehmen können. Einen Anspruch auf Teilnahme haben Unionsbürger und ihre Familienangehörigen dabei ebenso wenig wie bereits im Bundesgebiet vor dem 1. Januar 2005 aufhältige Ausländer (vgl. § 5 IntV).
43.4.3 Zu § 3 IntV–Inhalt des Integrationskurses
43.4.3.1 Der § 3 Abs. 1 IntV enthält zwar im Wesentlichen Bestimmungen über den Erwerb deutscher Sprachkenntnisse, aber die im Orientierungskurs zu vermittelnden Inhalte machen deutlich, dass Integration über den bloßen Spracherwerb hinausgeht. Das Ziel, mit dem Integrationskurs ausreichende Sprachkenntnisse zu vermitteln, ergibt sich unmittelbar aus den für die Niederlassungserlaubnis (§ 9 Abs. 2 Satz 1 Nr. 7 i. V. m. § 9 Abs. 2 Satz 2) und den Einbürgerungsvoraussetzungen (§ 10 Abs. 3 i. V. m. § 11 Satz 1 Nr. 1 StAngG).
43.4.3.2 Mit § 3 Abs. 2 IntV wird der unbestimmte Rechtsbegriff „ausreichende Kenntnisse der deutschen Sprache" präzisiert. Der Integrationskurs soll den Teilnehmern zum selbständigen Handeln in allen Angelegenheiten des täglichen Lebens verhelfen. Der Nachweis ausreichender Deutschkenntnisse ist erbracht, wenn die nach dem Integrationskurs vorgesehene Prüfung „Zertifikat Deutsch – B1" erfolgreich bestanden wird. Das Zertifikat Deutsch ist ein auch in der Wirtschaft anerkanntes Sprachdiplom, so dass mit dem erfolgreichen Abschluss des Integrationskurses auch die Integration in das Erwerbsleben unterstützt wird.
43.4.4 Zu § 4 IntV – Teilnahmeberechtigung
43.4.4.1 § 4 Abs. 1 IntV enthält die Definition der Teilnahmeberechtigung und umschreibt den Umfang des mit der Teilnahmeberechtigung verbundenen Rechts auf einmalige Teilnahme am Integrationskurs. Ausländer, die das mit dem Sprachkurs zu vermittelnde Sprachniveau bereits besitzen, haben keinen Anspruch auf Teilnahme an einem Sprachkurs. Der Nachweis der ausreichenden Sprachkenntnisse kann durch den Sprachstandtest durch die Ausländerbehörde festgestellt werden. Hierzu stellt das Bundesamt kostenlos den vom Goethe-Institut entwickelten Sprachtest zur Verfügung. Wenn die Ausländerbehörde beim Test ausreichende Sprachkenntnisse feststellen, sollen diese durch die Ausländerbehörde bescheinigt werden. Es wird auch klargestellt, dass bei Ausschluss des Anspruchs auf Teilnahme am Sprachkurs der Anspruch am Orientierungskurs unberührt bleibt.
43.4.4.2 Mit § 4 Abs. 2 IntV wird definiert, wann in der Regel von einem erkennbar geringen Integrationsbedarf im Sinne von § 44 Abs. 3 Nr. 2 auszugehen ist.
43.4.4.3 Aufgrund der zentralen Koordinierung des Kursangebotes durch das Bundesamt stellt § 4 Abs. 2 IntV klar, dass nur dort das Wissen und die Übersicht über verfügbare Kursplätze vorhanden sind. Im Hinblick darauf, dass die Zulassung zur Teilnahme an Integrationskursen für Ausländer im Sinne § 44 a Abs. 1 Nr. 2 nur im Rahmen verfügbarer Kursplätze er folgen kann, ist den Ausländerbehörden vom Bundesamt der Umfang der jeweils verfügbaren Kursplätze mitzuteilen. Die Verfügbarkeit wird vom Bundesamt auf der Grundlage der zur Verfügung stehenden Haushaltsmittel zur Finanzierung der Integrationskurse geprüft. Die Sätze 4 und 5 berühren die Frage der zumutbaren Erreichbarkeit nach § 44 a Abs. 1 Satz 1 Nr. 2, die von den ortsüblichen räumlich-zeitlichen Entfernungen und Fahrtkosten ausgehen, d. h. die Entfernung, die bei der Bewältigung des Alltags im Rahmen von üblichen beruflichen und familiären Verpflichtungen, von Behördengängen, Einkäufen und sonstigen Erledigungen zurückgelegt werden müssen und auf die der Ausländer daher grundsätzlich eingestellt sein muss. Insofern können z. B. im ländlichen Bereich längere Wegstrecken üblicher sein als in städtischer Umgebung.

Unter Berücksichtigung der persönlichen Umstände des Ausländers kann im Einzelfall ein Integrationskurs trotz ortsüblicher Entfernung nicht zumutbar erreichbar sein, so z. B. aufgrund einer körperlichen Behinderung wie auch aufgrund besonderer beruflicher oder familiärer Verpflichtungen. Andererseits kann auch eine weitere als ortsübliche Entfernung zumutbar erreichbar sein, so typischerweise bei beruflich und familiär nicht oder in geringem Umfang gebundenen Personen.
43.4.4.4 § 4 Abs. 4 IntV beschreibt einen Regelfall der besonderen Integrationsbedürftigkeit. Die besondere Integrationsbedürftigkeit setzt voraus, dass an der Integration auch ein öffentliches Interesse besteht. Dies sind z. B. soziale Problemlagen im unmittelbaren Lebens- und Arbeitsumfeld aufgrund von Integrationsdefiziten, die auf fehlende Sprachkenntnisse zurückzuführen sind.
43.4.4.5 Nach Absatz 5 muss bei der Teilnahmeverpflichtung insbesondere die Vereinbarkeit mit einer ausgeübten Berufstätigkeit berücksichtigt werden. Dabei ist von der Ausländerbehörde zunächst zu prüfen, ob ein Teilzeitangebot (§ 11 Abs. 1) vorhanden ist. Die Informationen über Teilzeitangebote sind beim Bundesamt vorzuhalten. Neben einer Erwerbstätigkeit können auch sonstige Gründe zu einem Wegfall der Teilnahmepflicht führen. So ist die Kursteilnahme unzumutbar bei Ausländern, denen über einen längeren Zeitraum kein auf ihre spezifischen Bedürfnisse zugeschnittenes Angebot unterbreitet werden kann. Dies ist insbesondere der Fall, wenn die Ausländer Familienangehörige pflegen, bei mangelnder Kinderbetreuung oder wenn die Teilnahme eine unzumutbare zeitliche Belastung darstellen würde.
43.4.5 Zu § 5 IntV – Zulassung zum Integrationskurs
43.4.5.1 § 5 Abs. 1 IntV verweist darauf, das Ausländer, soweit sie im Einzelfall zugelassen werden, nach § 4 IntV teilnahmeberechtigt sind. Die Verfügbarkeit setzt zunächst offene Kursplätze voraus, die voraussichtlich über die Besetzung mit Teilnahmeberechtigten hinaus finanziert werden können. Das Bundesamt legt in einer regelmäßig zu aktualisierenden Planung die Zahl der verfügbaren Kursplätze auf der Grundlage der vorhandenen Finanzmittel fest. Dabei soll auch Beachtung finden, ob durch die Zulassung weiterer Teilnehmer das Zustandekommen von Kursen gezielt ermöglicht oder beschleunigt werden kann. Dies gilt besonders auch für die Startphase der Integrationskurse, in der eine vermehrte Zulassung von Teilnehmern nach § 5 IntV in Frage kommt, bis die Zahl der anspruchsberechtigten Neuzuwanderer die Durchführung der Kurse weitgehend trägt.
43.4.5.2 Der Ausländer braucht für die Zulassung zur Kursteilnahme nicht persönlich beim Bundesamt vorstellig zu werden. Die Zulassung zur Kursteilnahme erfolgt auf schriftlichen Antrag und kann schriftlich durch das Bundesamt erledigt werden. Der Antrag soll zur Vereinfachung auch über einen Kursträger erfolgen können. Durch die Befristung der Zulassung in § 5 Abs. 2 Satz 1 IntV soll die Anmeldung des Zugelassenen innerhalb eines Jahres sichergestellt werden. Hierdurch soll für das Bundesamt Planungssicherheit im Hinblick auf die Zahl der verfügbaren Kursplätze gewährleistet werden.
43.4.5.3 Bei der Verteilung verfügbarer Kursplätze im Rahmen der Ermessensentscheidung nach § 44 Abs. 4 sind insbesondere folgende Kriterien zu berücksichtigen: die individuelle Integrationsbedürftigkeit, die Angewiesenheit auf finanzielle Unterstützung, die erkennbar vorhandene oder mangelnde Erfolgsaussicht einer Kursteilnahme sowie das Erfordernis des Spracherwerbs im Hinblick auf den aufenthaltsrechtlichen Status. Darüber hinaus ist zu berücksichtigen, ob ein Ausländer seinen ursprünglichen Teilnahmeanspruch aus von ihm nicht zu vertretenden Gründen verloren hat.
43.4.6 Zu § 6 IntV – Bestätigung der Teilnahmeberechtigung und der Teilnahmepflicht
43.4.6.1 § 6 Abs. 1 IntV sieht die Aushändigung einer Bestätigung über die Teilnahmeberechtigung nach § 44 an den Ausländer durch die Ausländerbehörde mit den erforderlichen Angaben vor.
43.4.6.2 § 6 Abs. 2 IntV sieht die Aushändigung der Bestätigung zur Teilnahme am Integrationskurs nach Abschluss der Prüfung nach § 15 Abs. 1 oder Abs. 2 BVFG durch das Bundesverwaltungsamt an den Spätaussiedler, Ehegatten oder Abkömmling vor. Eine Bescheinigung zur Teilnahme am Integrationskurs erhalten auch Familienangehörige. Eine vorläufige Teilnahme am Integrationskurs soll auch dann zugelassen werden, wenn die Bescheinigung über die Eigenschaft eines Spätaussiedlers, Ehegatten oder Abkömmlings aufgrund des noch nicht abgeschlossenen Verfahrens nach § 15 BVFG noch nicht vorliegt. Da erst mit der Ausstellung der Bescheinigung eine für die Leistungsbehörden bindende Feststellung der Anspruchsberechtigung erfolgt, soll in diesem Fall die Dauer der vorläufigen Kurszulassung auf der Grundlage der Registrierentscheidung des Bundesverwaltungsamts im Interesse aller Beteiligten möglichst kurz bemessen sein. Durch die Auflage werden die Betroffenen dazu angehalten, auf die Einleitung des Bescheinigungsverfahrens nach § 15 BVFG durch die zuständigen Behörden der Länder in den Fällen hinzuwirken, in denen die Länder gemäß § 100 b Abs. 2 BVFG für die Durchführung des Bescheinigungsverfahrens zuständig bleiben. Den örtlichen Behörden ist häufig der Aufenthaltsort der Betroffenen zunächst nicht bekannt, wodurch sich die Einleitung des Bescheinigungsverfahrens nicht unerheblich verzögern könnte. Im Hinblick

darauf, dass das Bundesverwaltungsamt nach § 8 Abs. 1 Satz 2 BVFG das jeweilige aufzunehmende Land festlegt, sind die Teilnahmeberechtigten darüber in Kenntnis zu setzen, bei welchen Stellen in den jeweiligen Ländern sie eine Liste der an ihrem zukünftigen Wohnort nach § 18 IntV zugelassenen Kursträger erhalten können. Eine Übersicht über die jeweiligen Stellen in den Ländern stellt das Bundesamt zur Verfügung.
43.4.6.3 Mit einheitlichen Vordrucken für die Bestätigung soll ein bundeseinheitliches Verfahren bei der Ausstellung von Teilnahmebestätigungen gewährleistet werden.
43.4.6.4 Für den Teilnehmer sind das Integrationskursangebot und dessen integrationspolitische Ziele transparent zu machen und durch ein Merkblatt zu erläutern. Dieses Merkblatt ist auch in den Hauptherkunftssprachen der Zuwanderer zu erstellen. Neben dem Anmeldeverfahren und den Kursinhalten (einschließlich Abschlusstest) sind auch die rechtlichen Aspekte (u. a. Auswirkungen auf die Erteilung einer Niederlassungserlaubnis und auf die Einbürgerung) sowie die sich aus der Teilnahme ergebenden Pflichten in einer für den Zuwanderer verständlichen Form darzustellen.
43.4.7 Zu § 7 IntV – Anmeldung zum Integrationskurs
43.4.7.1 Mit § 7 Abs. 1 IntV wird darauf verwiesen, dass die Anmeldung zum Integrationskurs durch den Teilnahmeberechtigten selbst erfolgt. Weiterhin regelt er die in dem Anmeldeformular aufzunehmenden Informationen. Diese Daten sollen einerseits der Identifizierung der Teilnehmer (Name, Geburtsdatum, Geburtsort) dienen und darüber hinaus eine sinnvolle Zusammensetzung der Kurse sowie insbesondere die Einrichtung von Kursen für spezielle Zielgruppen (Jugendliche, Eltern, Frauen, Analphabeten) gewährleisten. Die Identifizierung der Teilnehmer ist sowohl für die spätere Abrechnung der Kurse zwischen Bundesamt und Kursträger als auch zur Vermeidung von Missbrauch notwendig (durch mehrfache Inanspruchnahme von Kursen durch denselben Kursteilnehmer). Aufgrund der Angaben zu Nationalität, Bildungs- und Berufsstand ist es möglich, die Kurse einerseits homogen in Bezug auf die erwartete Lerngeübtheit, andererseits aber mit Teilnehmern verschiedener Nationalitäten zusammenzusetzen, um für die einzelnen Teilnehmer einen hohen Lernerfolg zu erreichen. Die Angaben zur Schreibkundigkeit, zum Geschlecht und zur Anzahl und zum Alter der Kinder ermöglichen eine Kursbildung für spezifische Zielgruppen.
43.4.7.2 § 7 Abs. 2 IntV regelt im Fall der Teilnahmepflicht an einem Integrationskurs die Auferlegung einer entsprechenden aufenthaltsrechtlichen Mitwirkungspflicht anlässlich der Erteilung oder Verlängerung der Aufenthaltserlaubnis. Die Anmeldung zum Kurs hat daher unverzüglich zu erfolgen.
43.4.8 Zu § 8 IntV – Datenverarbeitung
43.4.8.0 Die teilnehmerbezogenen Daten dürfen nur zur bedarfsgerechten Durchführung und Koordination des Kursangebotes, zur Umsetzung und Kontrolle der Teilnahmeverpflichtung und zur Auswertung des Kursangebotes gespeichert und verwendet werden.
43.4.8.1 § 8 Abs. 1 IntV regelt die Datenübermittlung in den Fällen der Verpflichtung nach § 44 a Abs. 1 Satz 1 Nr. 2 Buchstabe a).
43.4.8.2 § 8 Abs. 2 IntV beinhaltet die Übermittlung von Daten der Teilnehmer durch die Übersendung eines Abdrucks von der Ausländerbehörde und vom Bundesverwaltungsamt an das Bundesamt. Mittels dieser Daten kann das Bundesamt Rückschlüsse über die Akzeptanz des Kursangebots ziehen und auf das Kursangebot Einfluss nehmen.
43.4.8.3 § 8 Abs. 3 IntV beinhaltet die Übermittlung des Anmeldeformulars an das Bundesamt. Hierdurch soll die Wahrnehmung der Koordinierungs- und Durchführungsfunktion durch das Bundesamt gewährleistet werden. Das Bundesamt ist aufgrund der Übersendung der Formulare in der Lage, den Bedarf an Integrationskursen für spezielle Zielgruppen festzustellen und kann gegebenenfalls den Besuch eines spezifischen Integrationskurses beim Teilnehmer direkt anregen und auf diese Weise das Zustandekommen solcher Kurse für Interessierte ermöglichen ohne durch eine verbindliche Zuweisung in die Entscheidungsfreiheit der Teilnehmer einzugreifen. Absatz 3 Satz 3 sieht die Übermittlung von Daten des Kursträgers an das Bundesamt zu ausschließlich statistischen Zwecken vor. Es handelt sich bei den Nummern 1 bis 4 um Daten, die für die Steuerung und Koordinierung des bundesweiten Kursangebotes für das Bundesamt erforderlich sind. Sämtliche Daten kann das Bundesamt für eine Auswertung und Analyse des Integrationsangebots nutzen.
43.4.8.4 Mit § 8 Abs. 4 IntV wird die notwendige Datenübermittlung an die für die Zahlung der Leistungen nach dem SGB II jeweils zuständigen Träger der Grundsicherung für Arbeitsuchende geregelt. Der Anspruch auf Leistungen nach dem SGB II besteht nicht für Zeiten, in denen der Anspruchsberechtigte – ohne einen wichtigen Grund – nicht am Integrationskurs teilnimmt. Daher muss der Kursträger die Ausländerbehörden über Kursbeginn und Fehlzeiten informieren. Die Ausländerbehörden leiten die Informationen zur Feststellung der Verletzung einer Teilnahmepflicht nach § 44 Abs. 1 Nr. 2 an die Träger der Grundsicherung für Arbeitsuchende nach dem SGB II weiter.

Integrationskurs § 43 AufenthG 1

43.4.8.5 Durch § 8 Abs. 5 IntV wird sichergestellt, dass die Erhebung personenbezogener Daten allein der Durchführung und Abrechnung der Kurse dient. Die Speicherung des Namens und Geburtsdatums für einen Zeitraum von bis zu zehn Jahren ist dabei zur Vermeidung von Missbrauch erforderlich. Diese Daten sollen auch nach Kursabschluss die Identifizierung der Teilnehmer ermöglichen, um zu verhindern, dass Integrationskurse mehrmals auf Staatskosten von demselben Teilnehmer besucht werden.
43.4.9. Zu § 9 IntV – Kostenbeitrag
43.4.9.0 § 9 IntV regelt die Eigenbeteiligung des Teilnehmers an den Kurskosten. Es ist sowohl im Hinblick auf das mit der Zuwanderung verfolgte Eigeninteresse verhältnismäßig als auch zur Motivation zur tatsächlichen Teilnahme am Integrationskurs sinnvoll, den Teilnehmer an den Kurskosten in angemessenem Umfang zu beteiligen.
43.4.9.1 § 9 Abs. 1 IntV legt die Höhe des Kostenbeitrages auf 1,00 € pro Unterrichtsstunde fest. Vor dem Hintergrund des Stundensatzes in Höhe von 2,05 € pro Unterrichtsstunde stellt dieser Eigenbetrag eine angemessene Beteiligung des Teilnehmenden dar. Nicht nur der Teilnehmer selbst, sondern bei dessen Mittellosigkeit ist auch der zum Lebensunterhalt Verpflichtete verpflichtet, den Kostenbeitrag zu erbringen. Dies ist insbesondere beim Familiennachzug von Belang. In Höhe des Kostenbeitrags wird die Zahlungspflicht des Bundesamts gegenüber dem Kursträger im Rahmen des Abrechnungsverfahrens vermindert.
43.4.9.2 Mit der Möglichkeit der vollständigen Befreiung von der Zuzahlung nach § 9 Abs. 2 IntV wird dem Auftrag des Gesetzgebers nachgekommen, dass die Kosten unter Berücksichtigung der Leistungsfähigkeit erhoben werden (§ 43 Abs. 3 Satz 4). Das Bundesamt kann in besonderen Fällen auf Antrag einen Ausländer von seiner Kostenbeitragspflicht ganz oder teilweise befreien, soweit die Übernahme des vollen Kostenbeitrags durch den Ausländer unter Berücksichtigung seiner persönlichen Umstände und wirtschaftlichen Situation eine unzumutbare Härte ergeben würde.
43.4.9.3 Mit der in § 9 Abs. 3 IntV geregelten Kostenbeitragsvorauszahlung wird das finanzielle Risiko des Kursträgers verringert. Der Kursträger erhält eine gewisse Planungssicherheit, welcher angemeldete Teilnehmer auch tatsächlich am Integrationskurs teilnehmen wird. Für den Teilnehmer wird überdies eine zusätzliche Motivation zur Kursteilnahme geschaffen.
43.4.9.4 § 9 Abs. 4 IntV sanktioniert den Kursabbruch des Teilnehmers, indem ihm grundsätzlich die Erstattung des vollen Stundensatzes für den jeweiligen Kursabschnitt auferlegt wird. Um den jeweiligen Kurs auch im Interesse der anderen Teilnehmer zu Ende führen zu können, soll das durch den Kursabbruch verursachte finanzielle Risiko des Kursträgers abgefangen werden. Eine Ausnahme gilt für zur Teilnahme verpflichtete Ausländer, wenn sie die Nichtteilnahme oder einen Kursabbruch nicht zu vertreten haben. Gründe, die Kursabbrüche rechtfertigen sind z. B. Geburten, erforderliche Kinderbetreuung oder Pflege eines Angehörigen. Weitere wichtige Gründe können vom Bundesamt berücksichtigt werden.
43.4.10 Zu § 10 IntV – Grundstruktur des Integrationskurses
43.4.10.1 Nach der gesetzlichen Regelung in § 43 Abs. 3 und in § 9 Abs. 1 und 2 BVFG ist der Integrationskurs in einen Sprach- und Orientierungskurs gegliedert. Die abschließende Aufzählung der Kurselemente lässt für eine Erweiterung des Kursangebotes selbst keinen Spielraum, auch nicht im Hinblick auf die vorgesehenen 630 Unterrichtsstunden. Um eine an den Vorkenntnissen der Teilnehmer orientierte Gestaltung der Kurse zu ermöglichen, ist ein differenzierter und modularer Aufbau in drei Kursabschnitte vorgesehen. Dies stellt gleichzeitig die Abrechnungsgröße für den Kursträger gegenüber dem Bundesamt dar. Ist eine Differenzierung der Teilnehmer nach Progressionsstufen aufgrund geringer Teilnehmerzahlen nicht möglich, soll der Kurs in einer Lerngruppe durchgeführt werden. In diesen Fällen muss mit einer Binnendifferenzierung gearbeitet werden. Der modulare Aufbau bleibt davon unberührt. Mit dem modularen Aufbau ist in Abhängigkeit vom erreichten Sprachstand und dem Lernfortschritt ein Wechsel und Überspringen einzelner Module möglich. Hierzu ist im Einzelfall die Zustimmung des Kursträgers erforderlich, der seine Entscheidung am Stand der Deutschkenntnisse, der Bildungsvoraussetzung und Lerngeschwindigkeit des Teilnehmers sowie an einer Prognose zum – schnelleren – Erreichen des Kursziels ausrichten.
43.4.10.2 § 10 Abs. 2 IntV verweist darauf, dass das Bundesamt die inhaltliche Ausgestaltung des Sprachkurses festlegt. Das Bundesamt legt hierfür ein entsprechendes Konzept mit dem Ziel vor, dass damit ein möglichst hoher Anteil der Teilnehmer das Kursziel „Zertifikat Deutsch – B 1" entsprechend dem Gemeinsamen Europäischen Referenzrahmen für Sprachen erreicht. Das Konzept verfolgt den Grundsatz der individuellen Förderung zur Erreichung des Kursziels. Danach kann auch vorgesehen werden, dass der Kursträger mit dem einzelnen Teilnehmer einen individuellen Lehrplan auf der Grundlage einer Sprachstandsprüfung entwickelt, in welchem die einzelnen Lernabschnitte, Etappen und Maßnahmen vereinbart und schriftlich festgehalten werden.

43.4.11 Zu § 11 IntV – Grundstruktur des Sprachkurses
43.4.11.1 § 11 Abs. 1 IntV legt die Rahmenbedingungen der Wochenunterrichtsstunden bei ganztägigen Unterricht und Teilzeitunterricht fest. Eine darüber hinausgehende teilnehmerorientierte Differenzierung ist durch das Angebot von Intensivkursen möglich. Für Teilnehmer, die Leistungen der Sozialhilfe oder Arbeitslosenhilfe beziehen, wird die Verpflichtung vorgesehen, zur Ermöglichung der Arbeitsaufnahme und damit einer Entlastung der öffentlichen Hand, von einem Vollzeit- in einen Teilzeitkurs zu wechseln.
43.4.11.2 Mit § 11 Abs. 2 IntV wird erneut der Grundsatz einer individuellen Förderung aufgegriffen. Eine Teilnahme am Basissprachkurs ist nicht mehr sinnvoll, wenn das durchschnittlich im Basissprachkurs zu erreichende Sprachstandsniveau bereits erreicht ist oder nicht mehr wesentlich gefördert werden kann. Hieraus ist nicht zu folgern, dass der Basissprachkurs an einem zu erreichenden Sprachstandsniveau fixiert werden kann oder eine Teilnahme am Aufbausprachkurs nur nach insoweit erfolgreichem Abschluss des Basissprachkurses möglich sein soll. Ausländer, die in die Kursstruktur des Aufbausprachkurses einsteigen können, können den Basissprachkurs überspringen. In Zweifelsfällen bringt der Sprachtest am Ende des Basissprachkurses auch ohne die vorherige Teilnahme Sicherheit.
43.4.11.3 Der § 11 Abs. 3 IntV verweist darauf, dass der Einstufungstest Aufschluss über bereits vorhandene deutsche Sprachkenntnisse gibt. Um den Lernfortschritt zu dokumentieren, wird am Ende des Basissprach- und Aufbausprachkurses der erreichte Leistungsstand des Teilnehmers ermittelt. Der Leistungsstand am Ende des Aufbausprachkurses soll den Teilnehmer auch auf den Abschlusstest vorbereiten. Er kann anhand dieser Information entscheiden, ob ggf eine Wiederholung von Kursteilen erforderlich ist.
43.4.11.4 Mit § 11 Abs. 4 IntV wird die Möglichkeit eingeräumt, dass zur Förderung des aktiven Benutzens der deutschen Sprache und, um die Fähigkeit des Verständnisses und den Gebrauch der deutschen Sprache im alltäglichen Leben erproben zu können, der Aufbausprachkurs zum Zweck eines Praktikums unterbrochen werden kann. Ein Praktikum zusätzlich zu den 600 Sprach-Unterrichtsstunden kann jedoch nicht über die für die Durchführung des Integrationskurses zur Verfügung stehenden Mittel finanziert werden.
43.4.12 Zu § 12 IntV – Grundstruktur des Orientierungskurses
43.4.12.1 § 12 Abs. 1 IntV verweist darauf, dass der Orientierungskurs das Sprachkursangebot ergänzen und den Integrationsprozess beschleunigen soll. Die Durchführung des Orientierungskurses erfolgt im Anschluss an den Sprachkurs und in deutscher Sprache (vgl. § 10 Abs. 1 IntV). Er bietet neben der reinen Wissensvermittlung auch Anwendungs- und Weiterentwicklungsmöglichkeiten der erreichten Sprachkenntnisse und führt insoweit zu einem Synergieeffekt. Der Integrationskurs sollte möglichst in einer Hand bleiben, da die Lehrkraft bereits die Teilnehmer kennt und die individuellen Lernfähigkeiten und Lernvoraussetzungen einschätzen kann. In Ausnahme fällen, und zwar dann, wenn sich die Fachkompetenz der Lehrkraft ausschließlich nur auf den Sprachkurs bezieht, kann der Kursträger im Wege einer Trägergemeinschaft die Durchführung des Orientierungskurses einem anderen zugelassenen Träger überlassen.
43.4.12.2 Mit § 12 Abs. 2 IntV wird klar gestellt, das Ausländer und Spätaussiedler, die aufgrund ausreichender deutscher Sprachkenntnisse keinen Anspruch auf Teilnahme am Sprachkurs haben, grundsätzlich zu einem Orientierungskurs zugelassen werden können. Bei ausreichendem Bedarf kann ein gesonderter Orientierungskurs angeboten werden. Zu einem derartigen Orientierungskurs sollten in der Regel nur Personen, die bislang nicht an einem Integrationskurs teilgenommen haben, zugelassen werden.
43.4.13 Zu § 13 IntV–Integrationskurse für spezielle Zielgruppen
Mit der Einrichtung spezieller Integrationskurse werden Erfahrungen der Praxis berücksichtigt. Mit spezifischen Inhalten, insbesondere bei den Jugendintegrationskursen, soll die Grundlage für einen möglichst hohen Lernerfolg gelegt werden. Die speziellen Zulassungskriterien werden vom Bundesamt entwickelt und veröffentlicht. Für Eltern- bzw. Frauenintegrationskurse können nach Bedarf und mit vorheriger Zustimmung des Bundesamtes eine Kinderbetreuung organisiert werden. Die Aufzählung der speziellen Kurstypen ist nicht abschließend.
43.4.14 Zu § 14 IntV – Organisation der Integrationskurse, Ordnungsmäßigkeit der Teilnahme
Im Hinblick auf den Lernerfolg, wird in § 14 Abs. 1 IntV eine Höchstzahl von 25 Teilnehmern pro Kurs festgesetzt. Die Höchstzahl von 25 Teilnehmern pro Kurs und eine möglichst heterogene Kurszusammensetzung soll die Durchführbarkeit des Kurses realisierbar halten und daneben den deutschen Sprachgebrauch innerhalb der Gruppe fördern. Das Bundesamt kann bei nur geringer Überschreitung der Teilnehmerzahl Ausnahmen zulassen, um dadurch z. B. sehr lange Wartezeiten von einzelnen Teilnehmern für einen Kursbeginn zu vermeiden. Im Übrigen regelt § 14 IntV sonstige organisatori-

Integrationskurs § 43 AufenthG 1

sche Fragen des Integrationskurses und enthält eine Definition der ordnungsgemäßen Teilnahme über die der Kursträger eine Bescheinigung auszustellen hat.

43.4.15 Zu § 15 IntV – Lehrkräfte
Mit § 15 IntV wird das Niveau der Mindestqualifikation für Lehrkräfte für den Sprachkurs festgelegt. Bei anderweitig erworbener Qualifikation kann durch das Bundesamt auf Antrag des Kursträgers im Einzelfall die Lehrkraft anerkannt und zugelassen werden.

43.4.16 Zu § 16 IntV – Zulassung der Lehr- und Lernmittel
Zur bundeseinheitlichen Durchführung der Integrationskurse können vom Bundesamt die Lehr- und Lernmittel entwickelt oder zugelassen werden. Im Benehmen mit der Bewertungskommission (§ 21 IntV) lässt es die Lehr- und Lernmittel für die Kurse zu.

43.4.17 Zu § 17 IntV – Abschlusstest
43.4.17.1 § 17 Abs. 1 IntV regelt, dass der Abschlusstest aus den Bestandteilen „Zertifikat Deutsch – B 1" und Test zum Orientierungskurs besteht. Da für den Orientierungskurs derzeit kein standardisiertes Testverfahren vorhanden ist, muss die Lernkontrolle innerhalb der einzelnen Kurse durch die jeweilige Lehrkraft erfolgen.
43.4.17.2 § 17 Abs. 2 IntV sieht vor, dass die beiden Testteile durch ein Abschlusszertifikat zu bescheinigen sind. Eine separate Abnahme der Tests und die gesonderte Erteilung der Teilnahmebescheinigung ist erforderlich, da Sprachkursträger und Orientierungskursträger nicht identisch sein müssen. Soweit die Mindestpunktzahl für das „Zertifikat-Deutsch – B 1" nicht erreicht wird, soll in der Bestätigung über den Abschlusstest das erreichte Sprachniveau ausgewiesen werden.
43.4.17.3 § 17 Abs. 3 IntV regelt die Kostenübernahme für die einmalige Teilnahme am Abschlusstest. Für Personen mit einem gesetzlichen Teilnahmeanspruch werden die Kosten einmalig übernommen. Hierunter fallen auch Personen die gesetzlich oder aufgrund einer Aufforderung der Ausländerbehörde zur Kursteilnahme verpflichtet worden sind. Bei nach § 44 Abs. 4 zugelassenen Ausländern ist im Wege des Ermessens zu entscheiden, ob die Kosten für den Abschlusstest übernommen werden. Hierbei können – wie bei der Zulassungsentscheidung selbst (§ 5 Abs. 3 IntV) – verschiedene Kriterien eine Rolle spielen: z. B. die finanzielle Bedürftigkeit des Ausländers, die Notwendigkeit einen Test abzulegen, um die Erfüllung aufenthaltsrechtlicher Voraussetzungen nachzuweisen. Dem Kursteilnehmer bleibt es unbenommen, den Abschlusstest jederzeit auf eigene Kosten zu wiederholen.

43.4.18 Zu § 18 IntV – Zulassung der Kursträger
§ 18 IntV legt fest, dass die Zulassung der Kursträger im Wege eines öffentlich-rechtlichen Zulassungsverfahrens erfolgt. Die Zulassung für die Kursträger aller vom Bundesamt durchgeführten Integrationskurse nimmt das Bundesamt in alleiniger Zuständigkeit vor.

43.4.19 Zu § 19 IntV – Anforderungen an den Zulassungsantrag
Ausgehend von der Auswahlmöglichkeit des Ausländers, Spätaussiedlers oder Unionsbürgers, am Integrationskurs eines beliebigen Kursträgers teilzunehmen, sind Qualitätskriterien erforderlich, die eine bundesweit einheitliche Trägerlandschaft gewährleisten und den Integrationserfolg nicht dem Zufall überlassen. Zur Erfüllung des gesetzlichen Auftrages kommt dem Zulassungsverfahren daher eine entscheidende Bedeutung zu. Das Verfahren soll Qualität, Wettbewerb und Transparenz schaffen. Um hierbei auch bundeseinheitlich Anforderungskriterien an die Maßnahmeträger zur Anwendung zu bringen, lehnen sich die Zulassungskriterien an die „Verordnung über das Verfahren zur Anerkennung von fachlichen Stellen sowie zur Zulassung von Trägern und Maßnahmen der beruflichen Weiterbildung nach dem Dritten Buch Sozialgesetzbuch" (Anerkennung- und Zulassungsverordnung-Weiterbildung-AZWV) vom 16. Juni 2004 (BGBl. 2004 Teil I Nr. 28) an.

43.4.20 Zu § 20 IntV – Prüfung und Entscheidung des Bundesamtes
43.4.20.1 Der Prüfung zugrunde liegen der Antrag und die Antragsunterlagen des Kursträgers. Absatz 1 verweist darauf, dass die Zertifizierung für die Kursträger aller vom Bundesamt durchgeführten Kurse das Bundesamt in alleiniger Zuständigkeit vornimmt. Verfügt der Kursträger über verschiedene Standorte, an denen er Integrationskurse anbieten möchte, ist die örtliche Prüfung auf alle Standorte zu erstrecken. Mit einer örtlichen Prüfung ist eine Entscheidung nach Aktenlage ausgeschlossen. Die Zulassung darf erst erteilt werden, wenn alle Anforderungen und Kriterien erfüllt bzw. Abweichungen von den Anforderungen korrigiert und die Korrekturmaßnahmen überprüft worden sind. Anhörungen der Kursträger sind zugelassen. Die Kriterien, nach denen die Kursträger begutachtet werden, müssen den Anforderungen dieser Verordnung entsprechen. Im Falle des Absatzes 1 Satz 2, kann der Träger auf der Grundlage der bereits vorliegenden Zertifizierung zugelassen werden.
43.4.20.2 Das Bundesamt hat die Entscheidung über die Zulassung auf solche Inhalte zu beschränken, die sich ausdrücklich auf den Geltungsbereich der Zulassung beziehen. Bei Vorliegen sämtlicher Voraussetzungen und insbesondere der Übereinstimmung von Antragsunterlagen und der Ergebnisse

der örtlichen Prüfung kann die Zulassung sofort erteilt werden. Bei nicht erfüllten Voraussetzungen kann die Zulassung zur Nachbesserung einmalig für längstens drei Monate ausgesetzt werden. Das Bundesamt hat während des gesamten Zulassungsverfahrens bis zur Entscheidung die Vertraulichkeit, die Unabhängigkeit und die Objektivität zu wahren. § 20 Abs. 2 IntV verweist darauf, dass als Nachweis für eine erfolgte Zulassung das Bundesamt ein Zertifikat ausstellt.

43.4.20.3 § 20 Abs. 3 IntV greift die Regelung der speziellen Integrationskurse nach § 13 IntV auf und bestimmt, dass die Zulassung für spezielle Kurse im Zertifikat gesondert zu vermerken ist.

43.4.20.4 § 20 Abs. 4 IntV bestimmt die zeitliche Begrenzung der Zertifizierung. Eine erneute Zulassung kann jederzeit auf der Grundlage dieser Verordnung beantragt werden. Zusammen mit der Ausgestaltung einer Anzeigepflicht des Kursträgers bei Veränderungen in Bezug auf einzelne oder mehrere Qualifikationsmerkmale, der Berechtigung des Bundesamtes zur Kontrolle der Kursträger und dem Verfahren zur Qualitätsprüfung soll sichergestellt werden, dass die staatlich finanzierten Integrationsmaßnahmen durch geeignete Träger wahrgenommen werden.

43.4.21 Zu § 21 IntV Bewertungskommission

Durch die Einrichtung einer Kommission soll eine fachliche Begleitung und Bewertung der Kursdurchführung ermöglicht werden. Mit der Einbeziehung von Vertretern der Länder und eines Vertreters der kommunalen Spitzenverbände soll unterstrichen werden, dass das Bundesangebot einer Abstimmung mit anderen öffentlichen Angeboten bedarf. Es sind sowohl wissenschaftlich ausgewiesene Experten als auch Experten mit Praxisbezug zu benennen. Die Kommission soll neben den anderen Aufgaben insbesondere ein Verfahren zur Qualitätskontrolle der Kursträger entwickeln und festlegen. Zur Transparenz der Arbeit der Bewertungskommission werden die Ergebnisse der Beratungen veröffentlicht. Die Kommission soll auch dazu dienen, die nach § 43 Abs. 5 geforderte Evaluierung der Integrationskurse inhaltlich zu begleiten.

43.4.22 Zu § 22 IntV – Übergangsregelung

Die Übergangsregelung ist erforderlich, damit es ab dem 1. Januar 2005 zugelassene Träger für den Integrationskurs gibt. Für eine bis zum 31. Dezember 2005 zu befristende Zulassung ist das Bundesamt ermächtigt, auf die Anträge aus dem Zulassungsverfahren 2002 zurückzugreifen. Die Fortsetzung der vor dem 1. Januar 2005 begonnenen Sprachkurse für Ausländer und Spätaussiedler, sind durch Regelung im SGB III, durch Erlass des Bundesministeriums für Familie, Senioren, Frauen und Jugend zur Garantiefonds-Richtlinie – Schule – und Berufsbildung vom 3. September 2004 und mit den im Rahmen der Grundsätze zur Förderung von Sprachkursen vom Bundesamt für Migration und Flüchtlinge erteilten Zuwendungsbescheiden sichergestellt. Diese Deutschkurse können bis zu ihrem Ende nach den bisher geltenden Regelungen fortgeführt werden.

Übersicht

	Rn
I. Entstehungsgeschichte	1
II. Allgemeines	2
III. Förderung der Integration	5
1. Allgemeines	5
2. Grundangebot	6
3. Integrationskurs	8

I. Entstehungsgeschichte

1 Die Vorschrift stimmt im Wesentlichen mit dem **GesEntw** (BT-Drs 15/420 S. 18) überein. Aufgrund des Vermittlungsverf (BT-Drs 15/3479 S. 7) wurden in der Überschrift der Zusatz „und -programm" gestrichen, in Abs 2 die S. 2 bis 7 durch die S. 2 bis 4 ersetzt u. Abs 4 u. 5 neu gefasst.

II. Allgemeines

2 Die Vorschrift enthält **erstmals** im AufR den Grundsatz der **Integration** u. soll damit dem Umstand Rechnung tragen, dass in den letzten Jahrzehnten viele Ausl rechtmäßig ihren

Integrationskurs   § 43 **AufenthG** 1

Lebensmittelpunkt auf Dauer in Deutschland gefunden haben u. auch künftig qualifizierte Zuwanderer u. ihre Familien die dazu geschaffenen Möglichkeiten nutzen werden, hier eine dauerhafte wirtschaftliche Existenz aufzubauen (so die Begr des GesEntw der BReg, BT-Drs 15/420 S. 86). Mit dieser Gesetzbegründung wird gedrängt die Erkenntnis der Zuwanderungskommission wiedergegeben, dass Deutschland zum **Einwanderungsland** geworden ist u. weitere Zuwanderung benötigt u. dass Zuwanderung u. Integration eine unlösbare Einheit bilden (Zuwanderungsbericht, S. 11 f). Nach den Vorschlägen der Kommission sollte im Rahmen einer neuen Integrationspolitik (aaO S. 199 ff) eine Gesamtstrategie für Zuwanderung u. Integration entwickelt werden (aaO S. 268 ff), bei der Bund u. Länder sowie Kommunen u. Wohlfahrtsverbände zusammenwirken sollten.

Integration soll durch die in §§ 43 bis 45 getroffenen Maßnahmen gefördert, nicht etwa **3** vollständig organisiert u. bewerkstelligt werden. Die Eingliederung in die hiesigen Lebensverhältnisse ist zuvörderst eine **gesamtgesellschaftliche Aufgabe,** an der Zuwanderer wie Einheimische mitwirken müssen. Soll dieses Vorhaben gelingen u. nicht in einem erfolglosen Versuch der Assimilation enden, dann sind nicht nur Anstrengungen u. Bemühungen von beiden Seiten verlangt, sondern auch aktive Beteiligung u. Bereitschaft zur Anerkennung des jew Anderen. Bei den verantwortlichen Akteuren steht nicht der Bund an erster Stelle, sondern bei Bildung u. Kultur die Länder, bei Kinderbetreuung u. sonstigen sozialen Hilfen u. Angeboten die Kommunen (zu den Kommunen Schliesky, ZAR 2005, 106) sowie Kirchen, Gewerkschaften, Vereine u. Wohlfahrtsverbände, ohne deren engagierte Beiträge die Integrationserfolge der letzten fünf Jahrzehnte nicht erzielt worden wären. Auch in Zukunft wird der wesentliche Teil der Integrationsaufgaben von den nichtstaatl Organisationen zu tragen sein, wie nicht zuletzt das in § 45 vorgestellte Integrationsprogramm deutlich macht (zu Geschichte u. Aufgaben der Integration vgl zB Dt. Bischofskonferenz, Integration fördern – Zusammenleben gestalten, 2004).

Die **Neuerung,** die in den Bestimmungen der §§ 43 bis 45 u. der IntV ihren Niederschlag **4** gefunden hat, besteht darin, dass der Bund innerhalb seiner Zuständigkeiten bestehende Integrationsmaßnahmen gebündelt, neue Ansätze geschaffen u. eine bessere Koordinierung in Angriff genommen hat. Konkret gestaltet u. in das AufR eingebunden sind die Integrationskurse mit dem Schwergewicht auf der Sprachvermittlung. Zu diesem Zweck sind Planung u. Organisation der Sprachkurse sowie die dazu notwendigen finanziellen Mittel im Wesentlichen bei dem BAMF konzentriert. Die bis 2004 für jew unterschiedliche Personengruppen nach SGB III, durch Garantiefonds u. Sprachverband durchgeführten Kurse sind nunmehr zusammengeführt (dazu Griesbeck, ZAR 2002, 303; Hauschild, ZAR 2005, 56). Die Kursangebote sind breit gefächert u. auf unterschiedliche Bedarfe u. Niveaus zugeschnitten (§§ 1 ff IntV; Schindler/Ryfisch, ZAR 2004, 318). Schließlich sind ungeachtet ihres Deutschen-Status auch Spätaussiedler einbezogen, weil sie u. ihre mitreisenden nichdt Familienangehörigen ähnliche Schwierigkeiten beim Spracherwerb haben wie Ausl (vgl § 9 BVFG). Ausl u. Spätaussiedler sollen gemeinsam die Integrationskurse besuchen (§ 4 IntV).

III. Förderung der Integration

1. Allgemeines

Die Förderung erfolgt durch das „Grundangebot" von Integrationskursen für **recht- 5 mäßig dauerhaft in Deutschland** lebende Ausl, die zT zur Teilnahme berechtigt (§ 44) u. zT auch verpflichtet (§ 44 a) sind. Der erfolgreiche Kursbesuch kann ihnen bei der Verlängerung der AE (vgl § 8 III), beim Erwerb der NE (vgl § 9 I Nr 7 u. 8, II 2) u. bei der Einbürgerung (vgl § 10 III StAG) nützen (vgl auch § 44 a III). Keine Kursangebote erhalten Ausl, die sich entweder nur kurzfristig oder rechtswidrig in Deutschland aufhalten oder die schon länger rechtmäßig hier leben. Die Angebote unterscheiden nicht nach Herkunft u. StAng. Nicht betroffen sind aber freizügigkeitsberechtigte Unionsbürger u. ihnen Gleich-

387

gestellte, da sich ihre aufr Verhältnisse vorrangig nach Gemeinschaftsrecht richten u. dieses weder besondere Integrationsvoraussetzungen wie Fremdsprachkompetenzen noch Integrationskurse kennt (allg zur Teilnahmepflicht Huber, ZAR 2004, 86). Ausreichende Mittel für eine „nachholende Integration" (dazu Jahresgutachten 2004, S. 333 ff) stehen dagegen (noch) nicht zur Verfügung (zu den Aufgaben einer „nachholenden Integrationspolitik" Bade, ZAR 2005, 217). Unionsbürger wie bereits länger in Deutschland lebende Drittstaatsangehörige können aber im Rahmen noch verfügbarer Plätze zu den Kursen zugelassen werden (§ 44 IV; § 5 IntV).

2. Grundangebot

6   Die neue Integrationspolitik wird (vorerst) durch ein Grundangebot in Form eines **Integrationskurses** unterstützt. Dieser besteht aus einem Basis- u. einem Aufbausprachkurs sowie einem Orientierungskurs über Rechtsordnung, Kultur u. Geschichte in Deutschland. Während der Sprachkurs 600 Unterrichtsstunden in sechs Kursabschnitten umfasst, entfallen auf den Orientierungskurs 30 Stunden (§ 10 I IntV). Mit dem Sprachkurs sollen ausreichende Kenntnis der deutschen Sprache vermittelt werden u. mit dem Orientierungskurs Alltagswissen u. vor allem auch Kenntnisse der demokratischen Staatswesens sowie der Prinzipien der Rechtsstaatlichkeit, Gleichberechtigung, Toleranz u. Religionsfreiheit (§ 3 I IntV). Die Ausl sollen dadurch so weit mit den hiesigen Lebensverhältnissen vertraut gemacht werden, dass sie in allen Angelegenheiten des täglichen Lebens ohne die Hilfe Dritter selbständig handeln können.

7   **Ausreichende Deutschkenntnisse** bilden deshalb ein rechtlich bedeutsames Kriterium, weil sie sowohl für die Erteilung der NE (vgl § 9 II 1 Nr 7) als auch für die Anspruchseinbürgerung (§ 11 S. 1 Nr 1 StAG) verlangt werden. Ausreichende Deutschkenntnisse liegen vor, wenn sich der Ausl im täglichen Leben in seiner Umgebung selbständig sprachlich zurechtfinden u. entsprechend seinem Alter u. Bildungsstand ein Gespräch führen u. sich schriftlich ausdrücken kann (§ 3 II IntV). Der Integrationskurs ist bestanden, wenn in dem Abschlusstest die Anforderungen des Zertifikats Deutsch (B 1) u. des jew Orientierungskurses erfüllt werden (§ 17 I IntV). Die Stufe B 1 des GERR erfordert einen mittleren Standard an Kenntnissen u. Fähigkeiten zum Gespräch, zum Lesen u. Schreiben auch eigener Gedanken in dt Sprache (zu den Anforderungen u. deren Nachweis im Einzelnen vgl § 9 Rn 33–38). Damit wird nicht die Beherrschung der dt Sprache verlangt wie für die Erteilung der Nachzugs-AE für ein minderjähriges Kind über 16 Jahre (§ 32 II; Stufe C 1 des GEER; Näheres dazu § 32 Rn 16–20).

3. Integrationskurs

8   Die Integrationskurse werden vom BAMF vorbereitet u. begleitet, idR aber nicht vom BAMF durchgeführt, sondern von **Sprachkursträgern** (§ 1 IntV). Struktur, Dauer u. Inhalt der Kurse sind ebenso festgelegt wie die Befähigung der Lehrkräfte u. der Abschlusstest (§§ 10–17 IntV). Das BAMF lässt sowohl die Lehr- u. Lernmittel (§ 16 IntV) als auch die Sprachkursträger (§§ 18–20) zu. Mit Hilfe einer Bewertungskommission beurteilt das BAMF Organisation u. Durchführung der Kurse u. entwickelt diese fort (§ 21 IntV). Außerdem soll die Kommission Grundlagen für die Erstattung des Erfahrungsberichts für den BT zum 1. 7. 2007 beitragen.

9   Verpflichtung u. Berechtigung zur **Teilnahme** an den Integrationskursen ergeben sich aus §§ 44, 44 a u. Einzelheiten der Anmeldung, Teilnahme u. Kostentragung aus §§ 4 bis 9 IntV.

§ 44 Berechtigung zur Teilnahme an einem Integrationskurs

(1) [1]Einen Anspruch auf die einmalige Teilnahme an einem Integrationskurs hat ein **Ausländer, der sich dauerhaft im Bundesgebiet aufhält, wenn er**

Berechtigung zur Teilnahme an einem Integrationskurs § 44 **AufenthG 1**

1. erstmals eine Aufenthaltserlaubnis erhält
    a) zu Erwerbszwecken (§§ 18, 21),
    b) zum Zweck des Familiennachzugs (§§ 28, 29, 30, 32, 36),
    c) aus humanitären Gründen nach § 25 Abs. 1 oder 2 oder
2. eine Niederlassungserlaubnis nach § 23 Abs. 2 erhält.

² Von einem dauerhaften Aufenthalt ist in der Regel auszugehen, wenn der Ausländer eine Aufenthaltserlaubnis von mehr als einem Jahr erhält oder seit über 18 Monaten eine Aufenthaltserlaubnis besitzt, es sei denn, der Aufenthalt ist vorübergehender Natur.

(2) Der Teilnahmeanspruch nach Absatz 1 erlischt zwei Jahre nach Erteilung des den Anspruch begründenden Aufenthaltstitels oder bei dessen Wegfall.

(3) ¹ Der Anspruch auf Teilnahme am Integrationskurs besteht nicht
1. bei Kindern, Jugendlichen und jungen Erwachsenen, die eine schulische Ausbildung aufnehmen oder ihre bisherige Schullaufbahn in der Bundesrepublik Deutschland fortsetzen,
2. bei erkennbar geringem Integrationsbedarf oder
3. wenn der Ausländer bereits über ausreichende Kenntnisse der deutschen Sprache verfügt.

² Die Berechtigung zur Teilnahme am Orientierungskurs bleibt im Falle des Satzes 1 Nr. 3 hiervon unberührt.

(4) Ein Ausländer, der einen Teilnahmeanspruch nicht oder nicht mehr besitzt, kann im Rahmen verfügbarer Kursplätze zur Teilnahme zugelassen werden.

Vorläufige Anwendungshinweise

44 Zu § 44 Berechtigung zur Teilnahme an einem Integrationskurs

44.1 Teilnahmeanspruch
44.1.0 Der Anspruch auf Teilnahme an dem Integrationskurs nach § 44 Abs. 1 ist an die Erteilung einer Aufenthaltserlaubnis für die genannten Aufenthaltszwecke gebunden und setzt einen dauerhaften Aufenthalt im Bundesgebiet voraus.
44.1.1 Von Dauerhaftigkeit des rechtmäßigen Aufenthaltes kann regelmäßig ausgegangen werden, wenn der Ausländer eine Aufenthaltserlaubnis von mehr als einem Jahr oder seit über 18 Monaten eine Aufenthaltserlaubnis besitzt. Eine Aufenthaltserlaubnis mit einer kürzeren Gültigkeitsdauer ist nur ausnahmsweise ausreichend und nur dann, wenn hinreichend sicher ist, dass der Aufenthalt trotz dieses kurzzeitigen ersten Erteilungszeitraums dennoch auf Dauer angelegt ist. Soweit das Ende eines Aufenthaltes von mehr als 18 Monaten bereits abzusehen ist, würden Integrationsmaßnahmen ihren auf das künftige Zusammenleben im Bundesgebiet gerichteten Zweck verfehlen, so dass in diesem Fall kein Anspruch besteht.
44.1.2 § 44 Abs. 1 erfasst Neuzuwanderer, denen nach dem Aufenthaltsgesetz überhaupt erstmals eine Aufenthaltserlaubnis erteilt wird. Dabei ist nicht die Bezeichnung des Aufenthaltstitels als Aufenthaltserlaubnis ausschlaggebend, sondern der Umstand, dass der anspruchsbegründende Daueraufenthalt erst unter der Geltung des Aufenthaltsgesetzes zustande kommt. Die reine Umschreibung eines nach dem Aufenthaltsgesetz bereits zum dauerhaften Aufenthalt berechtigenden Aufenthaltstitels ist demnach nicht als erstmaliger Erhalt einer Aufenthaltserlaubnis anzusehen und lässt keinen Anspruch auf Teilnahme am Integrationskurs entstehen.
44.1.3 Eine Anwendung von § 44 Abs. 1 kommt aber in den Fällen in Betracht, in denen Personen, die z. B. Ende 2003 oder 2004 eingereist sind, erstmals durch die Verlängerung ihres Aufenthaltstitels im Jahr 2005 in der Form einer Aufenthaltserlaubnis zu einem dauerhaften Aufenthalt gelangen, weil die Frist von 18 Monaten überschritten wird. Der Umstand, dass der vorangehende Titel unter der Geltung des Ausländergesetzes nicht als Aufenthaltserlaubnis bezeichnet wurde, steht der Anwendung der Vorschrift in diesem Fall nicht entgegen.
44.1.4 Anspruchsberechtigt sind ferner Ausländer, die eine Niederlassungserlaubnis nach § 23 Abs. 2 besitzen.

44.2 Erlöschen des Teilnahmeanspruchs
Die Nichtinanspruchnahme über einen Zeitraum von zwei Jahren rechtfertigt es, den Teilnahmeanspruch entfallen zu lassen und wie bei anderen Ausländern, die nicht über einen Anspruch verfügen,

die Einräumung einer Teilnahmemöglichkeit von noch vorhandenen Kurskapazitäten abhängig zu machen. Die Teilnahmepflicht nach § 44a bleibt hiervon unberührt.

44.3 Nicht anspruchsberechtigte Ausländer am Integrationskurs
44.3.1 Keinen Anspruch auf Teilnahme an einem Integrationskurs besitzen nach § 44 Abs. 3 Satz 1 Nr. 1 Kinder, Jugendliche und junge Erwachsene, die die schulische Ausbildung aufnehmen oder mit sprachlicher Förderung durch besondere Maßnahmen der Länder, da der Integrationssprachkurs bei einem Sprachkursträger keine wirksame Vorbereitung auf eine schulische oder weiterführende Bildungslaufbahn darstellt.
44.3.2 Nach § 44 Abs. 3 Satz 1 Nr. 2 haben auch Ausländer keinen Anspruch auf Teilnahme am Integrationskurs, wenn bei ihnen von einem geringen Integrationsbedarf auszugehen ist. Ein geringer Integrationsbedarf liegt in der Regel dann vor, wenn der Ausländer einen Hochschul- oder Fachhochschulabschluss oder eine andere entsprechende Qualifikation besitzt. Von der Annahme eines geringen Integrationsbedarfs ist auch dann auszugehen, wenn die Annahme gerechtfertigt ist, dass die Integration des Ausländers in die Lebensverhältnisse der Bundesrepublik Deutschland und die Sicherung des Lebensunterhaltes ohne staatliche Hilfe gewährleistet ist (siehe Nummer 43.4.4.2). Nichtanspruchberechtigt sind auch Ausländer, deren Aufenthalt regelmäßig deutsche Sprachkenntnisse voraussetzt, wie z. B. Studenten.
44.3.3 Ausländer, die bereits über ausreichende deutsche Sprachkenntnisse verfügen, haben nach § 44 Abs. 3 Satz 1 Nr. 3 auch keinen Anspruch auf Teilnahme an Sprachkursen. Die Ausländerbehörde trifft die Feststellung, ob der Ausländer über ausreichende deutsche Sprachkenntnisse verfügt, und kann sich hierzu eines Sprachtest bedienen.
44.3.3.1 Absatz 1 Satz 2 stellt klar, dass die Teilnahme am Orientierungskurs im Falle des Satzes 1 Nr. 3 unberührt bleibt (siehe Nummer 43.4.4.1).

44.4 Nachholende Integration
Nach § 44 Abs. 4 können im Rahmen der verfügbaren Kursplätze auch andere Ausländer, die nicht oder nicht mehr teilnahmeberechtigt sind, zugelassen werden (vgl. § 5 IntV). Ein Rechtsanspruch auf Teilnahme besteht nicht. Grundsätzlich kommen alle Ausländer für eine Zulassung zur Kursteilnahme in Betracht, sofern sie die Voraussetzungen eines rechtmäßigen und dauerhaften Aufenthaltes erfüllen und ihre eigenen Integrationsbemühungen daher gefördert werden sollen. Dies gilt auch für freizügigkeitsberechtigte Unionsbürger und ihre Familienangehörigen (§ 11 Abs. 1 FreizügG/EU). Über die Zulassung zum Integrationskurs entscheidet das Bundesamt (§ 5 IntV).

Übersicht

	Rn
I. Entstehungsgeschichte	1
II. Teilnahmeanspruch	2
III. Sonstige Kursteilnahme	10
IV. Verwaltungsverfahren und Rechtsschutz	16

I. Entstehungsgeschichte

1   Die Vorschrift stimmt im Wesentlichen mit dem **GesEntw** (BT-Drs 15/420 S. 18) überein. Aufgrund des Vermittlungsverf (BT-Drs 15/3479 S. 7) wurden Abs 3 eingefügt u. in Abs 1 die Teilnahmeberechtigung im Falle des § 7 I 2 gestrichen.

II. Teilnahmeanspruch

2   Die Vorschrift (ausführlich dazu Hauschild, ZAR 2005, 56) legt den **Personenkreis** der Ausl fest, die einen Anspruch auf Teilnahme an der in § 43 vorgesehenen u. inhaltlich beschriebenen Integrationsförderung besitzen (Abs 1 bis 3) oder nach Ermessen zugelassen werden können (Abs 4). Dagegen ist in § 44a der Kreis der Teilnahmepflichtigen bestimmt, der über die Teilnahmeberechtigten hinausreicht (vgl auch § 4 IntV). Die Begünstigten sind allg bereits in § 43 I dahin beschrieben, dass sie rechtmäßig auf Dauer in Deutschland leben müssen. In Abs 2 ist die Abgrenzung nach der Art der AufTit u. ihrer Geltungsdauer vorgenommen.

Berechtigung zur Teilnahme an einem Integrationskurs § 44 **AufenthG 1**

Mit der Beschränkung auf die **erstmalige Erteilung** einer AE zu bestimmten Zwecken 3
u. einer NE nach § 23 II wird die Beschränkung auf Neuzuwanderer bestätigt. Mit der
Regelannahme bei einer überjährigen AE u. einer Aufenthaltsdauer von 18 Monaten wird
die Dauerhaftigkeit des Aufenthalts zusätzlich definiert. Eine AufGen alten Rechts genügt
nicht, es sei denn, diese ist am 1. 1. 2005 in eine AE übergegangen u. erreicht mit 18
Monaten die Grenze der Dauerhaftigkeit.

Die Aufenthalte aus Gründen des Familienzuzugs oder -nachzugs, der Aufnahme aner- 4
kannter Flüchtlinge u. der Aufnahme aufgrund besonderer politischer Interessen sind **auf
Dauer** angelegt. Kurzfristige Verbleibabsichten stellen bei diesen Personen die absolute
Ausnahme dar. Anders kann es sich bei Erwerbstätigen verhalten. Bei ihnen sprechen aber
eine Geltungsdauer der AE von mehr als einem Jahr oder eine Besitzdauer von 18 Monaten
ebenfalls für einen Daueraufenthalt, wenn nicht ungewöhnliche Einzelfallverhältnisse vorliegen. Die Frage der Dauerhaftigkeit ist auch unter dem Gesichtspunkt der Zweckmäßigkeit
des Besuchs eines Integrationskurses zu beantworten.

Mit der Benennung der in Betracht kommenden AufTit ist auch dem Umstand Rech- 5
nung getragen, dass freizügigkeitsberechtigte **Unionsbürger** u. Gleichgestellte sowie deren
Familienangehörige nicht erfasst sind; denn sie erhalten, welchen Aufenthaltszweck sie
auch verfolgen, keine AE oder NE, sondern eine jew nur deklaratorisch wirkende
Bescheinigung oder AE-EU (§ 5 I, II FreizügG/EU). **Türkischen StAng** mit einem
AufR aus Art 6 oder 7 ARB 1/80 wird zwar eine AE erteilt, die in erster Linie Erwerbszwecken, zT aber auch dem Familienzusammenleben dient, diese wirkt aber ebenfalls nur
deklaratorisch u. wird nach § 4 V nur zu Beweiszwecken erteilt. Diesen Personen kann
die Teilnahme trotz fehlenden Anspruchs bei freien Kapazitäten nach Ermessen ermöglicht
werden.

Einige Personengruppen sind von dem Rechtsanspruch **ausgenommen,** weil sie der 6
Förderung durch Integrationskurse nicht bedürfen. Kinder, Jugendliche u. junge Erwachsene, die eine schulische Ausbildung in Deutschland durchlaufen, benötigen keinen Integrationskurs. Schwieriger ist zu bestimmen, ob nur ein geringer Integrationsbedarf besteht oder
ob bereits ausreichende Deutschkenntnisse vorhanden sind.

Erkennbar **geringer Integrationsbedarf** besteht, wenn es der besonderen Förderung 7
der Integration durch das Grundangebot iSd § 43 II nicht bedarf. Der Begriff ist nicht dahin
zu verstehen, dass eine Integration überhaupt nicht erforderlich ist. Gemeint sind vielmehr
Personen, die in anderer Weise ausreichende Integrationsleistungen erbracht haben. IdR sind
dies Personen, die über einen Hochschul- oder Fachhochschulabschluss oder eine entsprechende Qualifikation verfügen oder aber eine Erwerbstätigkeit ausüben, die diese Qualifikation erfordert (§ 4 II 2 Nr 1 IntV). Eine Ausnahme besteht ferner dann, wenn die Integration auch ohne staatl Hilfe gewährleistet ist (§ 4 II 2 Nr 2 IntV). Besondere Sprachkenntnisse werden in diesem Zusammenhang nicht verlangt. Größerer Wert wird auf die
wirtschaftliche Eingliederung gelegt, also vor allem auf die eigenständige Sicherung des
Lebensunterhalts (Beispiel „Japanische Kolonie").

Schließlich ist auch ausgenommen, wer bereits ausreichende **Deutschkenntnisse** besitzt. 8
Die AuslBeh kann sich diese Kenntnisse durch Vorlage entsprechender Urkunden über
Schulabschlüsse, Schulbesuch, Sprachkursteilnahme oder Absolvierung des Studienkollegs
durch Studienbewerber nachweisen lassen (zum Nachweis vgl auch Nr 8.1.2.1.2 StAR-
VwV). Stellt sie bei einer Vorsprache fest, dass der Ausl sich nicht ohne die Hilfe Dritter
verständlich machen kann, dann können ausreichende Kenntnisse von vornherein nicht
angenommen werden (§ 4 I 4 IntV). Ansonsten kann ein Sprachtest durchgeführt werden,
den das BAMF kostenlos zur Verfügung stellt (§ 4 I 5 IntV). Der Anspruch auf Teilnahme
an dem Orientierungskurs bleibt auch bei ausreichenden Deutschkenntnissen erhalten.

Der Teilnahmeanspruch **erlischt** zwei Jahre nach Erteilung der in Abs 1 genannten AE 9
oder NE. Auch wenn von dem Anspruch kein Gebrauch gemacht worden ist, bleibt die
Teilnahmepflicht nach § 44a I unberührt. Bestehen bleibt auch die Möglichkeit der Zulassung bei freien Plätzen.

III. Sonstige Kursteilnahme

10   Unabhängig von Teilnahmeansprüchen u. -verpflichtungen besteht auch die Möglichkeit der Zulassung von anderen Personen nach **Ermessen** (dazu näher Hauschild, ZAR 2005, 56). Grundvoraussetzung ist das Vorhandensein freier Plätze (Abs 4). Nur wenn genügend finanzielle Mittel zur Verfügung stehen, sollen auch Ausl gefördert werden, die nicht zwingend Zugang zu den Integrationskursen haben. In Betracht kommen in erster Linie Personen, die bereits länger rechtmäßig mit einem AufTit in Deutschland leben („Bestandsausländer"). Hinzu kommen diejenigen, die von der AuslBeh zur Teilnahme aufgefordert werden, weil sie Leistungsbezieher oder besonders integrationsbedürftig sind (§ 44a I 1 Nr 2) sind. Schließlich sind auch freizügigkeitsberechtigte Unionsbürger u. ihnen Gleichgestellte zu berücksichtigen (§ 11 I FreizügG/EU). Alle diese Gruppen sind bei freien Kapazitäten je nach Bedürftigkeit, Dringlichkeit u. Zumutbarkeit sowie Erfolgsaussichten zu berücksichtigen. Zumindest auf mittlere Sicht wird die Notwendigkeit einer sachgerechten Auswahl bestehen, weil die Nachfrage das finanzierbare Kursangebot übersteigen wird.

11   Das **Auswahlermessen** des BA ist durch Ges u. RVO in mehrfacher Hinsicht determiniert. In erster Linie zu berücksichtigen sind Teilnahmeverpflichtungen u. Teilnahmeberechtigungen nach §§ 44, 44a I. Außerdem sind in § 4 III bis V IntV drei Richtpunkte vorgegeben. Zunächst sind Auslegungshinweise für eine besondere Integrationsbedürftigkeit iSd § 44a I 1 Nr 2 gegeben (s. dort Rn 4). Sodann ist bestimmt, dass neben der freien Kapazität die Erreichbarkeit eine maßgebliche Bedeutung hat u. diese für den Einzelnen durch einen Fahrtkostenzuschuss des BAMF zumutbar gemacht werden kann. Ferner muss zwingend die Vereinbarkeit mit einer Erwerbstätigkeit beachtet werden, die Vorrang genießt, falls auch ein zumutbarerweise erreichbarer Teilzeitkurs (vgl § 11 I IntV) nicht angeboten werden kann. Schließlich sind die folgenden Kriterien unbedingt zu berücksichtigen (§ 5 III IntV): Integrationsbedürftigkeit, Interesse an NE u. Einbürgerung sowie unverschuldete Nichtteilnahme trotz ges Teilnahmeberechtigung.

12   Eine feste **Reihenfolge** lässt sich daraus nur zugunsten der in §§ 44, 44a I u. der § 5 III 2 IntV genannten Personen ableiten. Im Übrigen gebührt weder Bestandsausländern noch Unionsbürgern noch besonders Integrationsbedürftigen ein absoluter Vorrang. Innerhalb dieser Gruppen sind zudem noch spezielle persönliche Verhältnisse zu berücksichtigen, die neben einem privaten auch ein gesteigertes öffentl Interesse an einer Förderung indizieren, zB bei nicht mehr Schulpflichtigen im Alter von bis zu 27 Jahren, Analphabeten u. sorgeberechtigten Eltern (vgl § 13 IntV).

13   Aus der Gruppe der „Bestandsausländer" sind die Beispiele für die dringende Notwendigkeit einer staatl Unterstützung (**nachholende Integration**) entnommen, u. trotzdem kommen gerade sie aus rein finanziellen Gründen grundsätzlich nicht in den Genuss der Förderung. Obwohl sich bei ihnen die Versäumnisse der Vergangenheit noch lange Zeit auswirken werden, ist den neuen Zuwanderern der Vorrang eingeräumt. Dieser scheinbare Widerspruch muss, wenn ein Teilnahmewunsch geäußert wird, auch in jedem Einzelfall bedacht werden. Daher sind bei freien Kapazitäten möglichst auch diejenigen zu berücksichtigen, die aus Gründen ihres Bildungsstands u. der herkömmlichen Aufgabenverteilung in den Familien aus manchen Herkunftsstaaten keine Gelegenheit hatten, sich in die dt Lebensverhältnisse einzufinden. Geringer Bildungsstand u. das Geschlecht waren meist ursächlich für den Ausschluss aus dem Alltagsleben am Wohnort.

14   In zweiter Linie ist an die **Jugendlichen u. jungen Erwachsenen** zu denken, die im dt Bildungssystem keine ausreichende Aufmerksamkeit erfahren haben u. daher für eine erfolgreiche Teilnahme am beruflichen u. sonstigen Leben in Deutschland nicht genügend gerüstet sind. Sie benötigen oft schon deshalb besondere Unterstützung, weil sie sonst am Arbeitsmarkt keine Chance haben.

Schließlich dürfen auch diejenigen Personen nicht vernachlässigt werden, die nach EU-Recht **Freizügigkeit** genießen. Obwohl sie zu besonderen Integrationsleistungen nicht verpflichtet werden können, sind sie von der Förderung nicht ausgeschlossen (dazu § 11 I FreizügG/EU; Rn 5, 10). Angesichts ihres inländergleichen Status dürfen sie gegenüber Drittstaatsangehörigen nicht benachteiligt werden. Dies gilt in abgeschwächter Form auch für Türken mit einem Recht auf weiteren Zugang zu Arbeitsmarkt u. Aufenthalt (Art 6, 7 ARB 1/80), obwohl die Integrationskurse nicht unmittelbar zu den Bereichen gehören, in denen diesen Personen weitergehende Rechte eingeräumt sind (vgl Art 8–11 ARB 1/80).

IV. Verwaltungsverfahren und Rechtsschutz

Die Zulassung zu einem **Integrationskurs** erfolgt ebenso wie deren Ablehnung durch einen VA (zu der Verpflichtung nach § 44 a I 1 Nr 2 s. dort). Die Bestätigung der Teilnahmeberechtigung durch die AuslBeh (§ 6 I IntV) ist so angelegt, dass sie für das BAMF verbindlich sein soll, während im Falle des Abs 4 das BAMF als zuständige Stelle entscheiden soll (dazu Hauschild, ZAR 2005, 56). In den Bescheiden ist gleichzeitig über den Kostenbeitrag u. eine Befreiung von den Kosten (§ 43 III 4 u. 5; § 9 IntV) zu entscheiden. Wie sich aus § 44 a III 3 schließen lässt, werden die Kosten durch Gebührenbescheid erhoben. Der Zulassungsantrag an das BAMF kann auch über einen Kursträger eingereicht werden (§ 5 I 2 IntV). Die Kostenbeiträge sind über den Kursträger bei Kursbeginn zu entrichten (§ 9 III IntV). Das Ergebnis des Abschlusstests wird durch eine Bescheinigung des Kursträgers bestätigt (§ 43 III 2; § 17 II IntV). Diese Bescheinigung enthält eine Regelung iSd § 35 VwVfG, weil sie verbindlich über das Bestehen oder Nichtbestehen entscheidet u. für andere Behördenentscheidung verbindlich wirkt (vgl zB §§ 8 III, 9 II 2; § 10 III StAG). Unabhängig von dem Rechtsstatus des Kursträgers handelt es sich um eine Entscheidung, die für das BAMF getroffen wird. Das BAMF setzt nämlich die Kursträger zur Erfüllung seiner hoheitlichen Aufgaben ein (§ 43 III 3) u. „lässt" die Kurse von privaten oder öffentl Trägern „durchführen" (so ausdrücklich § 1 S. 2 IntV).

Sowohl die Ablehnung der Teilnahmeberechtigung oder der Kurszulassung als auch der Kostenbescheid u. die Integrationskursbescheinigung können mit **Widerspruch** u. **Klage** angegriffen werden (§§ 42, 68 VwGO). Hinsichtlich des Kostenbeitrags entfalten die Rechtsbehelfe keine aufschiebende Wirkung, da es sich um öffentl Kosten iSd § 80 II 1 Nr 1 VwGO handelt (zu der gängigen weiten Auslegung dieses Begriffs vgl Redeker/von Oertzen, VwGO, § 80 Rn 15 ff). Örtlich zuständig ist das VG, in dessen Bezirk die zuständige Bundesbehörde (BAMF) ihren Sitz hat (§ 52 Nr 2 VwGO) – also das VG Nürnberg –, oder in dessen Bezirk der VA (der AuslBeh) erlassen wurde (§ 52 Nr 3 VwGO).

Die Zulassung eines Unternehmens oder Verbandes oder einer Organisation als **Kursträger** (dazu Hauschild, ZAR 2005, 56) erfolgt durch VA des BAMF (§§ 18–20 IntV). Die Ablehnung kann mit Verpflichtungswiderspruch u. -klage angefochten werden (§§ 42 II, 68 VwGO), wobei letztere bei dem VG Nürnberg zu erheben ist (§ 52 Nr 2 VwGO).

§ 44 a Verpflichtung zur Teilnahme an einem Integrationskurs

(1) ¹Ein Ausländer ist zur Teilnahme an einem Integrationskurs verpflichtet, wenn
1. er nach § 44 einen Anspruch auf Teilnahme hat und sich nicht auf einfache Art in deutscher Sprache mündlich verständigen kann oder
2. die Ausländerbehörde ihn im Rahmen verfügbarer und zumutbar erreichbarer Kursplätze zur Teilnahme am Integrationskurs auffordert und er
   a) Leistungen nach dem Zweiten Buch Sozialgesetzbuch bezieht und die die Leistung bewilligende Stelle die Teilnahme angeregt hat oder
   b) in besonderer Weise integrationsbedürftig ist.

² In den Fällen des Satzes 1 Nr. 1 stellt die Ausländerbehörde bei der Ausstellung des Aufenthaltstitels fest, ob der Ausländer zur Teilnahme verpflichtet ist.

(2) Von der Teilnahmeverpflichtung ausgenommen sind Ausländer,
1. die sich im Bundesgebiet in einer beruflichen oder sonstigen Ausbildung befinden,
2. die die Teilnahme an vergleichbaren Bildungsangeboten im Bundesgebiet nachweisen oder
3. deren Teilnahme auf Dauer unmöglich oder unzumutbar ist.

(3) ¹ Kommt ein Ausländer seiner Teilnahmepflicht aus von ihm zu vertretenden Gründen nicht nach, so weist ihn die zuständige Ausländerbehörde vor der Verlängerung seiner Aufenthaltserlaubnis auf die Auswirkungen seiner Pflichtverletzung und der Nichtteilnahme am Integrationskurs (§ 8 Abs. 3, § 9 Abs. 2 Nr. 7 und 8 dieses Gesetzes, § 10 Abs. 3 des Staatsangehörigkeitsgesetzes) hin. ² Solange ein Ausländer seiner Teilnahmepflicht nach Absatz 1 Satz 1 Nr. 2 Buchstabe a aus von ihm zu vertretenden Gründen nicht nachkommt, kann die die Leistung bewilligende Stelle für die Zeit der Nichtteilnahme nach Hinweis der Ausländerbehörde die Leistungen bis zu 10 vom Hundert kürzen. ³ Bei Verletzung der Teilnahmepflicht kann der voraussichtliche Kostenbeitrag auch vorab in einer Summe durch Gebührenbescheid erhoben werden.

Vorläufige Anwendungshinweise

44 a Zu § 44 a – Verpflichtung zur Teilnahme an einem Integrationskurs
44 a.1 Begründung der Teilnahmeverpflichtung
44 a.1.1 Dem Anspruch des Ausländers auf Teilnahme am Integrationskurs entspricht die Teilnahmeverpflichtung nach § 44 a Nr. 1, wenn die Mindestvoraussetzung für eine erfolgreiche Integration, nämlich eine Verständigung auf einfache Art in deutscher Sprache nicht vorliegt.
44 a.1.1.1 An der einfachen sprachlichen Verständigungsmöglichkeit mit allen auf Dauer in Deutschland lebenden Ausländern besteht ein besonders hohes staatliches und gesellschaftliches Interesse. Der Vermeidung bzw. dem Abbau von Sprachbarrieren und der Vorbeugung gegen Tendenzen zur Segregation innerhalb der Bevölkerung wegen mangelnder Sprachkompetenz kommt eine hohe Bedeutung zu. Dies rechtfertigt in den Fällen, in denen die Möglichkeit der sprachlichen Verständigung noch nicht besteht, die Begründung einer Teilnahmeverpflichtung.
44 a.1.1.2 Zur Feststellung, ob sich der Ausländer auf einfache Art in deutscher Sprache mündlich verständigen kann, ist grundsätzlich das persönliche Erscheinen des Ausländers erforderlich. Das Fehlen entsprechender Sprachkenntnisse ist insbesondere dann anzunehmen, wenn sich der Ausländer bei der persönlichen Vorsprache nicht ohne die Hilfe Dritter verständlich machen kann (vgl. auch Nummer 9. 2. 10.4).
44 a.1.2 Unter der Voraussetzung verfügbarer Kursplätze, kann die Ausländerbehörde auch Ausländer, die sich bereits länger und rechtmäßig im Bundesgebiet aufhalten, zur Teilnahme am Integrationskurs verpflichten. Das Bundesamt teilt der Ausländerbehörde regelmäßig den Umfang der jeweils zur Verfügung stehenden Kursplätze mit.
44 a.1.2.1 Die Verpflichtung des Ausländers nach 44 a Abs. 1 Nr. 2 Buchst. a setzt voraus, dass er Leistungen nach dem Zweiten Buch Sozialgesetzbuch bezieht. Das Wissen und die Übersicht über Leistungsbezieher haben die entsprechenden bewilligenden Stellen. Folgerichtig kann die Prüfung der Ausländerbehörde nur auf Anregung dieser Stellen erfolgen.
44 a.1.2.2 Die Verpflichtung des Ausländers nach § 44 a Abs. 1 Nr. 2 Buchst. b setzt eine besondere Integrationsbedürftigkeit voraus. Die besondere Integrationsbedürftigkeit ist gegeben, wenn an der Integration auch ein öffentliches Interesse besteht. Dies ist z. B. der Fall bei sozialen Problemlagen im unmittelbaren Lebens- und Arbeitsumfeld aufgrund von Integrationsdefiziten, die auf fehlende Sprachkenntnisse zurückzuführen sind (vgl. § 4 Abs. 4 IntV).
44 a.1.2.3 Nach § 44 a Abs. 1 Satz 2 stellt die Ausländerbehörde bei der Ausstellung des Aufenthaltstitels fest, ob der Ausländer zur Teilnahme am Integrationskurs verpflichtet ist. Über seine Teilnahmeverpflichtung am Integrationskurs und zugleich über seinen Anspruch auf Integrationsförderung ist der Ausländer zu unterrichten (vgl. § 6 IntV, Nummer 43.4.6).
44 a.2 Befreiung von der Teilnahmepflicht
§ 44 a Abs. 3 regelt die Befreiungstatbestände von der Verpflichtung zur Kursteilnahme nach § 44 a Abs. 1. In den Fällen, in denen vergleichbare Qualifikationen durch Angebote anderer Bildungsein-

richtungen, z. B. öffentliche oder private Schulen, Berufsschulen oder private Kursangebote der Arbeitgeber oder anderer Träger, erworben werden, bedarf es keiner Verpflichtung zur Teilnahme am Integrationskurs. Zudem ist der besonderen Situation von Ausländern Rechnung zu tragen, denen etwa aufgrund besonderer familiärer oder persönlicher Umstände eine Teilnahme auf Dauer nicht zumutbar ist, etwa bei eigener Behinderung oder der Pflege behinderter Familienangehöriger. Die bloße Erziehung eigener Kinder führt dagegen nicht ohne weiteres zur Unzumutbarkeit der Kursteilnahme, dies gilt insbesondere bei der Möglichkeit kursergänzender Kinderbetreuung.

44 a.3 Auswirkung der Pflichtverletzung
44 a.3.1 Das hohe Interesse an der Integration der im Bundesgebiet lebenden Ausländer rechtfertigt es, ihn im Falle seiner Pflichtverletzung und Nichtteilnahmepflicht am Integrationskurs auf die Auswirkungen mit Nachdruck durch die Ausländerbehörde hinzuweisen. Insbesondere ist er auf die möglichen Folgen im Rahmen der Verlängerung seiner Aufenthaltserlaubnis nach § 8 Abs. 3 und die Auswirkungen auf eine mögliche Aufenthaltsverfestigung oder Einbürgerung aufmerksam zu machen. Dem teilnahmeverpflichteten Ausländer, der nach § 44 a Abs. 1 Nr. 2 zur Teilnahme am Integrationskurs aufgefordert wurde, können bei Nichtteilnahme am Integrationskurs nach Hinweis der Ausländerbehörde Leistungen gekürzt werden.

44 a.3.2 Die gesetzlich vorgesehenen Sanktionen der Nichtteilnahme an Integrationskursen können auch gegenüber türkischen Staatsangehörigen angewendet werden. Insbesondere berühren die Erteilung von Aufenthaltstiteln kürzerer Laufzeit – bei Berechtigten aus dem ARB 1/80 entsprechender deklaratorischer Aufenthaltstitel –, die Versagung einer Einbürgerung sowie die Kürzung von Sozialleistungen keine „Standstill-Klauseln" des Assoziationsrechts: Die Dauer der Erteilung der (ggfs. deklaratorischen) Aufenthaltstitel ist assoziationsrechtlich und war durch früheres Recht nicht einheitlich vorgegeben, so dass keine Verschlechterung beim Arbeitsmarktzugang oder der Niederlassung eintritt; Einbürgerungen sind überhaupt nicht Regelungsgegenstand des Assoziationsrechts. Im Zusammenhang mit der „Standstill-Klausel" des Artikels 13 ARB 1/80 ist zu beachten, dass diese nur eine Erschwerung des Arbeitsmarktzuganges und der damit verbundenen Aufenthaltsmöglichkeit untersagt, nicht aber die Anordnung zur Teilnahme an Maßnahmen, die auf eine Verbesserung des Zuganges zum Arbeitsmarkt gerichtet sind (wie nicht nur der Teilnahme an Integrationskursen, sondern etwa auch an Umschulungen und anderen Arbeitsförderungsmaßnahmen, die die Bundesagentur für Arbeit anordnet). Der Gleichbehandlungsgrundsatz des Artikels 3 Abs. 1 ARB 3/80 ist allein deshalb nicht berührt, weil jener Assoziationsratsbeschluss gemäß seinem Artikel 4 Abs. 4 nicht für die Sozialhilfe gilt, zu der – anders als die Leistungen aus der Arbeitslosenversicherung – nach der Systematik des Beschlusses auch das nicht durch Beiträge finanzierte „Arbeitslosengeld II" zu rechnen ist. Die Nichtteilnahme an einem Integrationskurs ist allerdings kein Umstand, der bei der Entscheidung der Beendigung des Aufenthaltes eines türkischen Staatsangehörigen in Betracht gezogen werden kann, der einem Tatbestand des Artikels 6 oder 7 ARB 1/80 unterfällt. Mangelnde Integration stellt nämlich für sich genommen keinen Grund zur Aufenthaltsbeendigung dar, die im Sinne des Artikels 14 Abs. 1 ARB 1/80 aus Gründen der öffentlichen Ordnung, Sicherheit oder Gesundheit erfolgen würde; hierzu ist zu beachten, dass der Europäische Gerichtshof diese Merkmale entsprechend der zur Beendigung des Aufenthalts freizügigkeitsberechtigter Unionsbürger und deren Familienangehörigen ergangenen Rechtsprechung auslegt.

I. Entstehungsgeschichte

Die Vorschrift war in dem **GesEntw** (BT-Drs 15/420 S. 18 f) in der Weise enthalten, dass 1 dort die Teilnahmeverpflichtung in § 45 geregelt war. Aufgrund des Vermittlungsverf (BT-Drs 15/3479 S. 7) wurde § 45 durch §§ 44 a u. 45 ersetzt u. seine Bestimmungen neu gefasst.

II. Allgemeines

Die Vorschrift muss im **Zusammenhang** mit den §§ 43, 44 u. 45 über Inhalt u. 2 Organisation der Integrationskurse u. die Teilnahmeberechtigung sowie die Ergänzung durch andere Integrationsangebote gesehen werden. Sie nimmt hinsichtlich der Teilnahmepflicht zT auf die Berechtigung nach § 44 Bezug u. begründet zT selbständige Teilnahmepflichten.

1 AufenthG § 44 a   1. Teil. Aufenthaltsgesetz

Grundsätzlich ist gegen die Verpflichtungen zur Telnahme an Integrationskursen nichts zu erinnern (betr Unionsbürger u. Türken vgl § 44 Rn 5, 15). Bedenken könnten nur im Hinblick auf Art 6 GG u. Art 8 EMRK wegen der negativen Folgen einer nicht ordnungsgemäßen Teilnahme für die Verlängerung der AE nach § 8 III bestehen (dazu Huber, ZAR 2004, 86). Die danach notwendigen Einschränkungen können jedoch bei der jew aufr Entscheidung vorgenommen werden (zur Belehrung über die Rechtsfolgen vgl Rn 6).

III. Teilnahmeverpflichtung

3   Zunächst folgt die Teilnahmeverpflichtung aus der ges Teilnahmeberechtigung nach § 44, ist aber davon abhängig, dass eine mündliche **Verständigung** auf einfache Art in dt Sprache **nicht möglich** ist. Nur wenn diese Mindestvoraussetzung für eine Integration bei dem Inhaber eines AufTit iSd § 44 I nicht vorhanden ist, besteht eine Teilnahmeverpflichtung. Die AuslBeh kann diese Feststellung bei einer persönlichen Vorsprache, die erforderlichenfalls anzuordnen ist, treffen, wenn eine Verständigung ohne Hilfe eines Dritten nicht möglich ist, oder erforderlichenfalls einen vom BAMF zur Verfügung gestellten Test durchführen (§ 4 I 4 u. 5 IntV). Nur beim Zusammenfallen von Teilnahmerecht u. dem Fehlen sprachlicher Mindestvoraussetzungen besteht eine Teilnahmepflicht.

4   Außerdem kann die AuslBeh in zwei Fällen nicht teilnahmeberechtigte Ausl selbständig **zur Teilnahme verpflichten,** nämlich die Bezieher von Leistungen nach dem SGB II u. besonders Integrationsbedürftige. Der Leistungsbezug ist mit Hilfe der dafür zuständigen Stelle abzufragen oder nach Maßgabe von §§ 87, 88 mitzuteilen. Ein besonderer Integrationsbedarf kann zB aufgrund persönlicher Verhältnisse oder besonders gelagerter objektiver Bedingungen im Umfeld bestehen. So kann die Personensorge für ein in Deutschland lebendes minderjähriges Kind den Besuch eines Integrationskurses nahe legen oder als geboten erscheinen lassen, wenn sonst eine Integration des Kindes nicht oder kaum gewährleistet ist (vgl § 4 IV IntV).

5   Kraft Ges von der Teilnahmepflicht **ausgenommen** sind Personen, bei denen die Teilnahme entweder überflüssig oder nicht zumutbar ist. Diese Ausnahmen sind anders gestaltet als in § 44 III. Befreit ist, wer sich in einer sonstigen Ausbildung in Deutschland befindet oder die Teilnahme an ähnlichen Bildungsangeboten in Deutschland nachweist. Dies können auch nicht zertifizierte Kursträger, Arbeitgeber oder Verbände sein, wenn sie ähnliche Ergebnisse hinsichtlich Sprach- u. Allgemeinbildung wie das Grundangebot nach § 43 II gewährleisten. Auf Dauer unmöglich oder unzumutbar kann die Kursteilnahme für Behinderte oder Betreuer von Pflegebedürftigen sein. Um in Sonderfällen wie bei Analphabeten oder durch Kinderbetreuung verhinderte Eltern unzumutbare Belastungen zu vermeiden, kann diesen die Teilnahme an entsprechenden Spezialkursen (§ 13 IntV) angeboten werden.

6   Die **Belehrung** über die Rechtsfolgen einer nicht ordnungsgemäßen Teilnahme an einem Integrationskurs trotz Teilnahmepflicht ist nur für den Fall vorgesehen, dass der Ausl die Pflichtverletzung zu vertreten hat. Die AuslBeh hat zunächst die schuldhafte Pflichtverletzung festzustellen u. den Ausl sodann anlässlich der Verlängerung der AE über die Folgen im AufR u. StAngR (dazu § 44 Rn 16) sowie die Möglichkeit der Leistungskürzung um bis zu 10% nach Abs 3 S. 2 zu belehren. UU kann die Belehrung auch schon früher erfolgen, wenn die Nichterfüllung der Teilnahmeverpflichtung absehbar ist.

IV. Verwaltungsverfahren und Rechtsschutz

7   Für die Verpflichtung zur Teilnahme nach Abs 1 S. 1 Nr 2 u. zur sofortigen Kostenerhebung nach Abs 3 S. 3 ist allein die AuslBeh **zuständig,** nicht das BAMF. In beiden Fällen sind als **Rechtsbehelfe** Widerspruch u. Klage gegeben (vgl § 44 a Rn 17), die aufschiebende Wirkung entfalten (§ 80 I VwGO)..

§ 45 Integrationsprogramm

¹ Der Integrationskurs kann durch weitere Integrationsangebote, insbesondere ein migrationsspezifisches Beratungsangebot, ergänzt werden. ² Das Bundesministerium des Innern oder die von ihm bestimmte Stelle entwickelt ein bundesweites Integrationsprogramm, in dem insbesondere die bestehenden Integrationsangebote von Bund, Ländern, Kommunen und privaten Trägern für Ausländer und Spätaussiedler festgestellt und Empfehlungen zur Weiterentwicklung der Integrationsangebote vorgelegt werden. ³ Bei der Entwicklung des bundesweiten Integrationsprogramms sowie der Erstellung von Informationsmaterialien über bestehende Integrationsangebote werden die Länder, die Kommunen und die Ausländerbeauftragten von Bund, Ländern und Kommunen sowie der Beauftragte der Bundesregierung für Aussiedlerfragen beteiligt. ⁴ Darüber hinaus sollen Religionsgemeinschaften, Gewerkschaften, Arbeitgeberverbände, die Träger der freien Wohlfahrtspflege sowie sonstige gesellschaftliche Interessenverbände beteiligt werden.

Vorläufige Anwendungshinweise
45 Zu § 45 Integrationsprogramm

45.1 § 45 stellt klar, dass die im Aufenthaltsgesetz vorgesehenen Integrationskurse kein abschließendes Integrationsangebot darstellen. Weitergehende Integrationsangebote können von den Ländern, den Kommunen und dem Bund als freiwillige Leistungen erbracht werden. Sie ergänzen den Integrationskurs. Hierzu zählt insbesondere eine migrationsspezifische Beratung.

45.2 In der Bundesrepublik Deutschland besteht seit Jahren auf den Ebenen des Bundes, der Länder und der Kommunen ein breites Angebot zur Förderung der verschiedenen Aspekte der Integration. Die einzelnen Förderangebote der verschiedenen staatlichen Einrichtungen und der freien Träger sind bisher allenfalls in Teilbereichen aufeinander abgestimmt. Das Bundesamt für Migration und Flüchtlinge soll deshalb im Auftrag des Bundesministeriums des Innern in Form eines Integrationsprogramms und unter Nutzung bereits bestehender Konzepte Vorschläge zur konkreten Gestaltung und Koordinierung der bestehenden Integrationsangebote der unterschiedlichen Träger vorlegen. Dabei sollen im Interesse einer breiten Nutzungsmöglichkeit auch die Voraussetzungen für die Angleichung der Integrationsangebote für Ausländer und Aussiedler geschaffen werden. Die bei Ländern und Kommunen sowie bei den Ausländerbeauftragten bestehenden Erfahrungen im Bereich der Integrationsförderung sollen in dieses Integrationsprogramm ebenso einfließen wie die umfangreichen Erfahrungen der sonstigen gesellschaftlichen und privaten Träger.

I. Entstehungsgeschichte

Die Vorschrift wurde erst aufgrund des Vermittlungsverf (BT-Drs 15/3470 S. 8) eingefügt. 1

II. Bundesweites Gesamtprogramm

Die Vorschrift beschreibt in Ergänzung von § 43 den **Rahmen** für weitere Maßnahmen 2 zur Förderung der Integration auf allen staatl, kommunalen u. gesellschaftlichen Ebenen (vgl dazu auch § 43 Rn 2–4). Sie ermöglicht vor allem ein migrationsspezifisches Beratungsangebot u. verpflichtet zur Entwicklung eines Integrationsprogramms.

Das BAMF ist verantwortlich für die inhaltliche und organisatorische Neuausrichtung einer 3 erstmals einheitlichen **Migrationserstberatung** aller erwachsenen Neuzuwanderer. Es soll eine individuelle, unmittelbar nach dem Zeitpunkt der erstmaligen Einreise des Zuwanderers in das Bundesgebiet einsetzende, zeitlich befristete Beratung und Begleitung mit dem Ziel einer aktiven Integrationsförderung geben (Näheres zu deren Inhalten u. dem jew aktuellen Stand der Entwicklung sowie die zuständigen Stellen u. Verbände unter www.bamf.de).

4 **Ziel** der Migrationserstberatung soll es sein, den Integrationsprozess bei Neuzuwanderern zu initiieren, zu steuern und zu begleiten. Durch das befristete, bedarfsorientierte und individuelle Erstberatungsangebot für Migranten unmittelbar nach erfolgter Einreise soll ein qualitativer Beitrag zur Integration geleistet werden. Im Blickpunkt stehen dabei die mit dem Integrationskurs beginnende Integrationsförderung u. die Befähigung der Neuzuwanderer zu selbständigem Handeln in allen Bereichen des täglichen Lebens. Das BAMF stellt – als nachgeordnete Behörde im Geschäftsbereich des BMI – in jedem Bundesland ein Grundberatungsangebot für alle erwachsenen Neuzuwanderer (Migrationserstberatung) bereit. Das BMFSFJ bietet darüber hinaus einen speziellen Beratungsdienst für junge Ausländer und Spätaussiedler (Jugendmigrationsdienste) an. Die enge Abstimmung zwischen den beteiligten Bundesressorts, die Kooperation mit den Bundesländern und den Trägern der Beratungsstrukturen (insb den Spitzenverbänden der Freien Wohlfahrtspflege) sollen zu einer engen Verzahnung der regionalen Beratungsstrukturen und damit zu einer optimalen Nutzung der vorhandenen Ressourcen führen.

Kapitel 4. Ordnungsrechtliche Vorschriften

§ 46 Ordnungsverfügungen

(1) Die Ausländerbehörde kann gegenüber einem vollziehbar ausreisepflichtigen Ausländer Maßnahmen zur Förderung der Ausreise treffen, insbesondere kann sie den Ausländer verpflichten, den Wohnsitz an einem von ihr bestimmten Ort zu nehmen.

(2) ¹Einem Ausländer kann die Ausreise in entsprechender Anwendung des § 10 Abs. 1 und 2 des Passgesetzes untersagt werden. ²Im Übrigen kann einem Ausländer die Ausreise aus dem Bundesgebiet nur untersagt werden, wenn er in einen anderen Staat einreisen will, ohne im Besitz der dafür erforderlichen Dokumente und Erlaubnisse zu sein. ³Das Ausreiseverbot ist aufzuheben, sobald der Grund seines Erlasses entfällt.

Vorläufige Anwendungshinweise
46 Zu § 46 Ordnungsverfügungen

46.0 Allgemeines
46.0.1 Ordnungsverfügungen nach § 46 sind selbständige Verwaltungsakte im Sinne des Verwaltungsverfahrensrechts, selbst wenn sie gleichzeitig mit einer anderen ausländerbehördlichen Entscheidung erlassen werden. Sie unterliegen daher selbständig den gegen Verwaltungsakte zulässigen Rechtsbehelfen. Eine nach verwaltungsverfahrensrechtlichen Regeln erforderliche Anhörung muss sich in jedem Fall auf eine vorgesehene, auf § 46 gestützte Entscheidung beziehen, selbst wenn diese Entscheidung mit einer anderen Entscheidung verbunden werden soll.
46.0.2 Widerspruch und Klage gegen eine Ordnungsverfügung nach § 46 haben aufschiebende Wirkung. Ordnungsverfügungen nach § 46 fallen insbesondere nicht in den Anwendungsbereich des § 84 Abs. 2 Satz 1, selbst wenn sie gleichzeitig mit einem anderen Verwaltungsakt ergehen, der die Rechtmäßigkeit des Aufenthalts beendet. Die Ordnungsverfügung kann mit Zwang nur durchgesetzt werden, wenn sie unanfechtbar ist oder der Sofortvollzug gemäß § 80 Abs. 2 Satz 2 Nr. 4 VwGO angeordnet worden ist. Soll die Ordnungsverfügung sofort vollziehbar sein, ist daher die sofortige Vollziehbarkeit gemäß § 80 Abs. 2 Nr. 4 VwGO besonders anzuordnen. Als Anordnungsgrund kommt das öffentliche Interesse in Betracht, das allerdings im Einzelfall bejaht werden muss, und zwar nicht im Hinblick auf die Ordnungsverfügung selbst, sondern mit Bezug gerade auf die sofortige Vollziehbarkeit. Nach § 80 Abs. 3 Satz 1 VwGO ist das besondere Interesse an der sofortigen Vollziehbarkeit schriftlich zu begründen.
46.0.3 In der Regel ist die Anordnung des Sofortvollzuges einer aufgrund § 46 erlassenen Ordnungsverfügung gemäß § 80 Abs. 2 Satz 2 Nr. 4 VwGO erforderlich. In den Fällen des Absatzes 1 besteht das öffentliche Interesse darin, dass die durch die Ordnungsverfügung bezweckte und auch erforderliche Förderung der Ausreise des Ausländers ohne Aufschub stattfinden muss, um die auch für den Zeitraum bis zur Bestandskraft der Ordnungsverfügung vollziehbar bestehende Ausreiseverpflichtung umzusetzen. Auch während des Zeitraums bis zur Bestandskraft der Ordnungsverfügung besteht eine andauernde Störung der öffentlichen Sicherheit darin, dass sich der vollziehbar ausreisepflichtige Ausländer im Bundesgebiet aufhält. Das besondere öffentliche Interesse für die Anordnung des Sofortvollzuges liegt in Fällen des Absatzes 2 darin, dass die Gefahrenabwehr im Falle der Ausreise nicht mehr möglich wäre.

46.1 Ordnungsverfügungen zur Förderung der Ausreise
46.1.1 Ordnungsverfügungen nach Absatz 1 müssen gegenüber einem vollziehbar ausreisepflichtigen (§ 58 Abs. 2) Ausländer getroffen werden.
46.1.2 Zuständig sind nach § 71 Abs. 1 die Ausländerbehörden; gemäß § 71 Abs. 2 Nr. 6 können Ordnungsverfügungen nach Absatz 1 mit Ermächtigung des Bundesministeriums des Innern auch durch die mit der polizeilichen Kontrolle des grenzüberschreitenden Verkehrs beauftragten Behörden erlassen werden.
46.1.3 Die Ordnungsverfügung muss gerade der Förderung der Ausreise dienen. Ihr Erlass muss nicht zwingend erforderlich sein, damit der Ausländer überhaupt ausreist. Sie müssen lediglich erforderlich in

dem Sinne sein, dass eine Förderung der Ausreise nicht durch ein milderes Mittel erfolgen kann, das eine ebenso starke Sicherung oder Förderung der Ausreise des Ausländers ermöglicht. Zudem muss die Ordnungsverfügung angemessen, also verhältnismäßig im engeren Sinne sein; dabei sind etwa bei Bestimmungen zur Wohnsitznahme Interessen der möglichen Wahrung einer familiären Lebensgemeinschaften mit Mitgliedern der Kernfamilie, die sich bereits im Bundesgebiet aufhalten, zu berücksichtigen.
46.1.4 Der Förderung der Ausreise können beispielsweise dienen:
46.1.4.1 – die Verpflichtung, sich zur Aufenthaltsüberwachung regelmäßig bei der Ausländerbehörde zu melden,
46.1.4.2 – die Verpflichtung, eine Rückkehrberatung in Anspruch zu nehmen,
46.1.4.3 – die Verpflichtung, betragsmäßig zu bezeichnende Mittel, die nicht für die Sicherung des absoluten Existenzminimums erforderlich sind, für die Finanzierung der Rückkehr anzusparen und hierzu auf ein von der Ausländerbehörde eingerichtetes Sperrkonto einzuzahlen,
46.1.4.4 – die Verpflichtung zur Wohnsitznahme an einem bestimmten Ort,
46.1.4.5 – die Verpflichtung, einen bestimmten räumlichen Bereich nicht zu verlassen (vgl. auch § 61),
46.1.4.6 – die Verpflichtung, Papiere der Ausländerbehörde auszuhändigen, die bei Kontrollen zu dem falschen Eindruck führen können, der Ausländer sei zum Aufenthalt berechtigt bzw. nicht ausreisepflichtig; dies gilt insbesondere für Fiktionsbescheinigungen nach Ablehnung eines Antrages auf eine Aufenthaltserlaubnis.
46.1.5 Ein Verstoß gegen eine Ordnungsverfügung nach § 46 Abs. 1 ist weder als Straftat noch als Ordnungswidrigkeit sanktioniert. Die Ordnungsverfügung lässt sich allerdings im Wege des Verwaltungszwangs, auch durch Androhung und Erhebung eines Zwangsgeldes, durchsetzen.
46.1.6 Sofern die Ordnungsverfügung aufenthaltsbeschränkenden Charakter besitzt (Nummer 46.1.4.4 und 46.1.4.5) und sobald sie vollziehbar ist, ist ihr Inhalt in einen Pass oder Passersatz des Ausländers aufzunehmen. Der Ausländer ist nach § 56 Nr. 8 AufenthV zur Vorlage des Passes oder Passersatzes zu diesem Zwecke verpflichtet und muss dementsprechend die Eintragung dulden. Die Eintragung lautet: „Während des Aufenthalts im Bundesgebiet zur Wohnsitznahme in . . . verpflichtet.
Die Anordnung ist vollziehbar." bzw. „Der räumliche Bereich von/des (Ort, Landkreis etc.) darf außer zur sofortigen Ausreise nicht verlassen werden. Die Anordnung ist vollziehbar."

46.2 Untersagung der Ausreise
46.2.1 Einem Ausländer kann die Ausreise in entsprechender Anwendung des § 10 Abs. 1 und 2 Passgesetz (PassG) in der jeweils geltenden Fassung untersagt werden. Die Untersagung ist möglich, wenn Tatsachen die Annahme rechtfertigen, dass bei ihm die Voraussetzungen nach § 7 Abs. 1 PassG vorliegen oder wenn er keinen zum Grenzübertritt gültigen Pass oder Passersatz mitführt.
46.2.2 Die Ausreiseuntersagung gegenüber Ausländern kommt insbesondere in Betracht, wenn der Ausländer
46.2.2.1 – durch die Ausreise die innere oder äußere Sicherheit oder sonstige erhebliche Belange der Bundesrepublik Deutschland gefährdet (§ 7 Abs. 1 Nr. 1 PassG),
46.2.2.2 – sich einer Strafverfolgung oder Strafvollstreckung oder Maßregeln der Besserung und Sicherung entziehen will (§ 7 Abs. 1 Nr. 2 PassG),
46.2.2.3 – einer Vorschrift des Betäubungsmittelgesetzes über die Einfuhr, Ausfuhr, Durchfuhr oder das Inverkehrbringen von Betäubungsmitteln zuwiderhandeln will (§ 7 Abs. 1 Nr. 3 PassG),
46.2.2.4 – sich seinen steuerlichen Verpflichtungen entziehen will (§ 7 Abs. 1 Nr. 4 PassG) oder
46.2.2.5 – sich einer gesetzlichen Unterhaltspflicht entziehen will (§ 7 Abs. 1 Nr. 5 PassG).
46.2.3 Die Untersagung der Ausreise ist außerdem zulässig, wenn der Ausländer in einen Staat einreisen will, ohne im Besitz der dafür erforderlichen Dokumente und Erlaubnisse zu sein.
46.2.4 Die Ausreise ist zu untersagen, wenn der Ausländer in einen Mitgliedstaat der Europäischen Union oder des Abkommens über den Europäischen Wirtschaftsraum einreisen will und nicht im Besitz der dafür erforderlichen Dokumente und Erlaubnisse ist. Das gleiche gilt für eine illegale Einreise in einen Staat, mit dem Deutschland ein Rückübernahmeabkommen geschlossen hat und somit zur Rückübernahme illegal eingereister Ausländer verpflichtet ist.
46.2.5 Für die Ausreiseuntersagung ist die Ausländerbehörde zuständig oder die Grenzbehörde, soweit die Entscheidung an der Grenze zu treffen ist.
46.2.6 Die Ausreiseuntersagung ist bei Vollziehbarkeit in sämtlichen Pässen oder Passersatzpapieren des Ausländers wie folgt zu vermerken: „Ausreise aus der Bundesrepublik Deutschland nicht gestattet. Die Anordnung ist vollziehbar." Der Ausländer ist nach § 56 Nr. 8 AufenthV zur Vorlage des Passes oder Passersatzes zu diesem Zwecke verpflichtet und muss dementsprechend die Eintragung dulden.
46.2.7 Ein Verstoß gegen das vollziehbare Ausreiseverbot ist nach § 95 Abs. 1 Nr. 4 strafbar, nicht aber der Versuch.

Ordnungsverfügungen § 46 **AufenthG** 1

Übersicht

	Rn
I. Entstehungsgeschichte	1
II. Ausreise	2
1. Ausreisefreiheit	2
2. Ausreiseförderung	3
3. Ausreiseverbot	7
III. Verwaltungsverfahren und Rechtsschutz	15

I. Entstehungsgeschichte

Die Vorschrift stimmt in vollem Umfang mit dem **GesEntw** überein (BT-Drs 11/420 S. 19). 1

II. Ausreise

1. Ausreisefreiheit

Ausreisefreiheit ist für Dt nicht durch Art 11 GG gewährleistet (BVerfGE 6, 32; 72, 200). 2
Sie gehört vielmehr zur allg **Handlungsfreiheit** des Art 2 I GG, die für Dt wie Ausl gleichermaßen gilt u. den dort genannten Beschränkungen unterliegt. Ausreisefreiheit auch für Ausl ist außerdem unter ähnlichen Einschränkungen garantiert durch Art 13 II UN-Menschenrechts-Deklaration, Art 12 II IPbpR u. Art 2 III Zusatzprotokoll Nr 4 zur EMRK. Im Einklang hiermit stehen die Förderung der Ausreise nach Abs 1 u. das Ausreiseverbot des Abs 2 (näher Renner, AiD Rn 4/170–182).

2. Ausreiseförderung

Abs 1 soll für alle Maßnahmen zur Förderung der Ausreise eine **gemeinsame Grund-** 3
lage darstellen, wobei es nicht darauf ankommt, ob die Maßnahme selbständig oder zusammen mit einem anderen VA ergeht. Die Bestimmung ist im Zusammenhang mit der ges Beschränkung u. den weiteren Beschränkungsmöglichkeiten des § 61 zu sehen. Dem GesEntw zufolge sollte sie die Möglichkeit der Beschränkung einer Duldung (§ 56 III AuslG) ersetzen (BT-Drs 15/420 S. 88). Sie hat trotz Aufrechterhaltung des Instituts der Duldung (vgl § 60 a) ihre Funktion nicht eingebüßt. Für die Duldung ist übrigens weder in § 60 a noch in § 12 die Zulässigkeit von Auflagen oder anderen Nebenbestimmungen vorgesehen, wohl aber in § 61 I 2.

Bei der Maßnahme zur Förderung der Ausreise muss es sich um eine **konkrete Rege-** 4
lung eines Einzelfalls iSd § 35 VwVfG handeln. Keine Ordnungsverfügung mit Regelungsgehalt ist zB in dem rechtlichen Hinweis auf eine Ausreiseverpflichtung u. die Folgen einer Nichterfüllung oder in einer Ausreiseaufforderung zu sehen, mit der keine konkreten Anordnungen verbunden sind. Diese Maßnahmen sind nicht identisch mit der Abschiebung u. deren Androhung, sondern solle diese möglichst erübrigen.

Eine Verfügung zur Förderung der Ausreise kann nur gegenüber einem vollziehbar 5
ausreisepflichtigen Ausl (vgl § 58 II) getroffen werden. Die Maßnahme soll dazu dienen, den Ausl zur Ausreise zu veranlassen u. damit eine Abschiebung (§ 58 I) zu vermeiden. Als **milderes Mittel** muss sie ihrer Art u. ihrer Wirkung nach erforderlich u. geeignet zugleich sein. Sie muss vor allem mit den auch für Ausl geltenden verfassungsrechtlichen Gewährleistungen im Einklang stehen, zB mit der Garantie eines ehelichen u. familiären Zusammenlebens (Art 6 I u. II).

In Betracht kommen nur **Maßnahmen,** die nicht bereits nach §§ 54 a, 61 I 2 u. II 6
getroffen werden können u. die sich nicht wegen der ges räumlichen Beschränkung des Aufenthalts vollziehbar ausreisepflichtiger Ausl nach § 61 I 1 erübrigen. Es können zB Anordnungen getroffen werden, sich regelmäßig bei der AuslBeh zu melden (außerhalb der

ges Fälle des § 54a), angekündigte eigene Vorbereitungen (zB Erwerb von Flugscheinen) nachzuweisen, ungültig gewordene Bescheinigungen (zB nach § 81 V) bei der AuslBeh abzugeben, auf einem Sperrkonto der AuslBeh ratenweise Abschiebungskosten anzusparen oder eine Rückkehrberatung in Anspruch zu nehmen.

3. Ausreiseverbot

7   Ein Ausreiseverbot kann gegen Ausl entsprechend den **Bestimmungen für Dt** erlassen werden. § 10 I 1 PassG schreibt ein Ausreiseverbot zwingend in den Fällen der Passversagung (§ 7 I PassG), des Passentzugs (§ 8 PassG) u. der Einschränkung der Berechtigung zum Verlassen des Bundesgebiets mit Personalausweis (§ 2 II PAuswG) vor. Die tatsächlichen Voraussetzungen für diese Maßnahmen sind im Katalog des § 7 I PassG aufgezählt. § 10 I 2 PassG ermöglicht ein Ausreiseverbot, wenn Tatsachen die Annahme rechtfertigen, dass die Voraussetzungen für die Passversagung vorliegen, oder wenn ein zum Grenzübertritt gültiger Pass oder Passersatz fehlt. Eine entsprechende Anwendung dieser Bestimmungen hat zur Folge, dass dem Ausl die Ausreise bei Erfüllung der Voraussetzungen der §§ 7 I, 8 PassG u. § 2 II PAuswG untersagt werden kann, aber nicht muss; denn Abs 1 S. 1 ermöglicht lediglich eine Entscheidung nach Ermessen, obwohl sie zT (§ 7 I PassG) an Tatbestände anknüpft, die zwingend Maßnahmen vorschreiben (ebenso Hailbronner, § 46 AufenthG Rn 10). Die Tatbestände decken sich zT mit den Ausweisungsgründen des § 55 u. zwingen deshalb zur Auseinandersetzung mit der Möglichkeit, den Ausl auszuweisen statt zwangsweise im Inland zu halten.

8   Ein Ausreiseverbot kann danach bei **Gefährdung** der inneren oder äußeren Sicherheit oder sonstiger erheblicher Belange der BR Deutschland erlassen werden (§ 7 I Nr. 1 PassG). Die Gefährdung der Sicherheit (dazu § 54 Rn 15) oder anderer erheblicher dt Interessen (dazu § 47 Rn 11) muss durch die Ausreise, nicht wie nach § 54 durch den Verbleib im Bundesgebiet eintreten. In Betracht kommen insb der Verrat von Staatsgeheimnissen oder eine andere Zusammenarbeit mit ausl Geheimdiensten. Die erforderliche Wahrscheinlichkeit der Gefährdung bestimmt sich nach Art u. Schwere der zu erwartenden Beeinträchtigung (vgl OVG Bremen, NordÖR 2001, 107; VGH BW, NJW 2000, 3658).

9   Ob sich ein Ausl der **Strafverfolgung** oder -vollstreckung oder Maßregeln der Besserung u. Sicherung in Deutschland durch Ausreise entziehen will (§ 7 I Nr. 2 PassG), muss ebenfalls mit hinreichender Sicherheit festgestellt werden. Bloße Vermutungen können schon vom Tatbestand her eine Ausreisesperre nicht rechtfertigen. Der Wille muss ausdrücklich oder stillschweigend geäußert sein oder sich aus dem Verhalten des Ausl sicher ergeben.

10 Der Wille zur Zuwiderhandlung gegen Vorschriften des BtMG über Einfuhr, Ausfuhr, Durchfuhr oder Inverkehrbringen von **Betäubungsmitteln** (§ 7 I Nr. 3 PassG) braucht nicht auf eine entgeltliche oder gewerbsmäßige Begehung gerichtet zu sein. Der bloße Verbrauch genügt nicht; er kann aber zB auf eine eigene Einfuhr zurückgehen u. deshalb, wenn er gewollt ist, zum Ausreiseverbot führen. Es kann sich auch um andere als die in § 55 II Nr. 4 erfassten harten Drogen handeln.

11 Der Wille zur Entziehung von **steuerlichen Verpflichtungen,** zu zoll-, monopol- oder außenwirtschaftsrechtliche Zuwiderhandlungen oder schwerwiegenden Verstößen gegen Einfuhr-, Ausfuhr- oder Durchfuhrverbote oder -beschränkungen (§ 7 I Nr. 4 PassG) kann nach dem Verhältnismäßigkeitsgrundsatz (vgl auch § 7 II 1 PassG) ein Ausreiseverbot nur rechtfertigen, wenn es den bevorstehenden Schaden verhindern kann. Dasselbe gilt für den Willen, sich einer ges (nicht einer sonstigen) Unterhaltspflicht zu entziehen (§ 7 I Nr. 5 PassG).

12 Der Wille zur Begehung bestimmter Gesetzesverstöße als **Wehr- oder Zivildienstpflichtiger,** nämlich das Verlassen Deutschlands ohne Erlaubnis nach WPflG oder ZDG (§ 7 I Nrn. 7 bis 9 PassG), taugt grundsätzlich als Anlass für ein Ausreiseverbot. Besonders sorgfältig muss aber untersucht werden, ob der Ausl überhaupt der dt Wehrpflicht unterliegt (vgl § 2 WPflG). Der Wille muss auch hier deutlich geäußert oder sonst kundgetan sein. Anhaltspunkte für einen dahingehenden Entschluss können aus entsprechenden Vorbereitungen hergeleitet werden.

Ordnungsverfügungen § 46 AufenthG 1

Auch bei Vorliegen der Voraussetzungen ist das Ausreiseverbot nicht zwingend vorgeschrieben, sondern in das **Ermessen** der Ausl- oder Grenzbehörde gestellt. Dabei ist vor allem festzustellen, ob es im Einzelfall öffentl Interessen zu dienen geeignet ist u. gewichtige private Interessen nicht entgegenstehen. Die freiheitsbeschränkenden Folgen für den Ausl müssen sorgfältig mit dem Vorteil für die BR Deutschland abgewogen werden, damit das Verbot nicht unverhältnismäßig wirkt (Hailbronner, § 46 AufenthG Rn 25). Soweit zugleich ein Ausweisungsgrund verwirklicht ist oder sonst eine Beendigung des Aufenthalts in Frage kommt, gebührt dieser Möglichkeit uU im öffentlichen Interesse der Vorrang. Vorrang genießt auch das dt Interesse daran, dass ein Ausl ohne ausreichende Dokumente u. Erlaubnisse nicht in einen anderen EU- oder EWR-Staat oder in einen Staat, mit dem ein zur Rücknahme illegal eingereister Ausl verpflichtendes Rückübernahmeabk besteht, einreist. 13

Mit der gegenüber Dt fehlenden Möglichkeit des Ausreiseverbots wegen Nichtbesitzes der erforderlichen Papiere für die Einreise in einen anderen Staat soll im außenpolitischen Interesse der BR Deutschland der **illegalen Einreise in andere Staaten** vorgebeugt werden. Das Bestreben, damit ausl Staaten zu einer ähnlichen Verfahrensweise anzuregen, ist gewichtig, kann aber im Einzelfall hinter andere Überlegungen zurückgestellt werden, wenn der weitere Aufenthalt des Ausl im Bundesgebiet dt Interessen noch stärker zuwiderläuft. Dabei ist sowohl auf die Gründe u. die Verantwortung für den Nichtbesitz von Einreisedokumenten u. -erlaubnissen abzustellen als auch auf die voraussichtliche Dauer bis zur Beschaffung entsprechender Papiere. 14

III. Verwaltungsverfahren und Rechtsschutz

Zuständig für die Anordnung einer Maßnahme zur Förderung der Ausreise u. für den Erlass eines Ausreiseverbots sind die AuslBeh (§ 71 I 1) oder die Grenzbehörde, falls das Ausreiseverbot an der Grenze zu erlassen ist (§ 71 III Nr. 4). 15

Nach Wegfall der Gründe für den Erlass ist das Ausreiseverbot **aufzuheben**. Damit sind die Voraussetzungen für den Widerruf bei nachträglicher Rechtswidrigkeit (§ 49 I VwVfG bzw. Landes-VwVfG) abgeändert. Trotz der zwingenden Formulierung kann nach dem allg Grundsatz der doppelten Deckung (vgl § 49 I VwVfG) von einer Aufhebung abgesehen werden, wenn ein anderer Grund für ein Ausreiseverbot inzwischen vorliegt u. nach pflichtgemäßem Ermessen zum Anlass für die Fortdauer des Verbots genommen werden soll. 16

Gegen die Förderungsverfügung u. das Ausreiseverbot kann **Anfechtungswiderspruch u. -klage** erhoben werden (§§ 42, 68 VwGO). Diese haben aufschiebende Wirkung (§ 80 I VwGO), sofern nicht der Sofortvollzug zB im Hinblick auf die fehlende Durchsetzbarkeit des Ausreiseverbots nach erfolgter Ausreise behördlich angeordnet ist (§ 80 II 1 Nr 4 VwGO). Die Begründung des Sofortvollzugs darf sich nicht in allg Wendungen erschöpfen, sondern muss auf den Einzelfall eingehen (vgl § 80 III VwGO). Die konkrete Begründungspflicht ist vor allem deswegen genau zu beachten, weil einerseits viele Gründe für den Sofortvollzug aller Verfügungen nach § 46 sprechen, gleichwohl der Gesetzgeber aber von dem Ausschluss des Suspensiveffekts abgesehen hat (vgl § 84 I). Anders könnte sich die Rechtslage allerdings dann darstellen, wenn in den Ordnungsverfügungen Maßnahmen im Zuge der Vollstreckung gesehen werden könnten, für die nach Landesrecht der Sofortvollzug ges angeordnet werden kann (§ 80 II 2 VwGO). Dies erscheint aber kaum möglich, weil die Ordnungsverfügungen nach § 46 bundesrechtlich gezielt als eigenständige VA angelegt u. nicht als Vollstreckungsakte bezeichnet sind. Schließlich spricht auch der auf die Wohnauflage nach § 61 I beschränkte Ausschluss des Suspensiveffekts in § 84 I Nr 2 gegen eine pauschale Einbeziehung aller Maßnahmen zur Förderung u. Durchsetzung der Ausreisepflicht in die Ermächtigungsnorm des § 80 II 2 VwGO. Zum Zwecke der Wiederherstellung der aufschiebenden Wirkung ist ein **Stoppantrag** nach § 80 V VwGO zulässig. 17

403

§ 47 Verbot und Beschränkung der politischen Betätigung

(1) ¹ Ausländer dürfen sich im Rahmen der allgemeinen Rechtsvorschriften politisch betätigen. ² Die politische Betätigung eines Ausländers kann beschränkt oder untersagt werden, soweit sie

1. die politische Willensbildung in der Bundesrepublik Deutschland oder das friedliche Zusammenleben von Deutschen und Ausländern oder von verschiedenen Ausländergruppen im Bundesgebiet, die öffentliche Sicherheit und Ordnung oder sonstige erhebliche Interessen der Bundesrepublik Deutschland beeinträchtigt oder gefährdet,
2. den außenpolitischen Interessen oder den völkerrechtlichen Verpflichtungen der Bundesrepublik Deutschland zuwiderlaufen kann,
3. gegen die Rechtsordnung der Bundesrepublik Deutschland, insbesondere unter Anwendung von Gewalt, verstößt oder
4. bestimmt ist, Parteien, andere Vereinigungen, Einrichtungen oder Bestrebungen außerhalb des Bundesgebiets zu fördern, deren Ziele oder Mittel mit den Grundwerten einer die Würde des Menschen achtenden staatlichen Ordnung unvereinbar sind.

(2) Die politische Betätigung eines Ausländers wird untersagt, soweit sie

1. die freiheitliche demokratische Grundordnung oder die Sicherheit der Bundesrepublik Deutschland gefährdet oder den kodifizierten Normen des Völkerrechts widerspricht,
2. Gewaltanwendung als Mittel zur Durchsetzung politischer, religiöser oder sonstiger Belange öffentlich unterstützt, befürwortet oder hervorzurufen bezweckt oder geeignet ist oder
3. Vereinigungen, politische Bewegungen oder Gruppen innerhalb oder außerhalb des Bundesgebiets unterstützt, die im Bundesgebiet Anschläge gegen Personen oder Sachen oder außerhalb des Bundesgebiets Anschläge gegen Deutsche oder deutsche Einrichtungen veranlasst, befürwortet oder angedroht haben.

Vorläufige Anwendungshinweise

47 Zu § 47 Verbot und Beschränkung der politischen Betätigung

47.0 Allgemeines
47.0.1 Absatz 1 Satz 1 stellt ausdrücklich klar, dass sich Ausländer im Rahmen der allgemeinen Rechtsvorschriften politisch betätigen dürfen. Die Beschränkung und die Untersagung der politischen Betätigung sind belastende Verwaltungsakte, die nur unter den Voraussetzungen des Absatzes 1 Satz 2 und Absatz 2 und, soweit über sie nach Ermessen zu entscheiden ist, nur nach Maßgabe des Verhältnismäßigkeitsgrundsatzes erlassen werden dürfen. Das Verbot oder die Beschränkung der politischen Betätigung gelten unabhängig vom Aufenthaltsstatus des Ausländers.
47.0.2 § 47 erlaubt keine umfassende Untersagung jeder politischen Betätigung. In der Verfügung ist anzugeben, welche konkrete politische Betätigung (Zielsetzung, Mittel, Erscheinungsform) beschränkt oder untersagt wird. In Betracht kommen insbesondere
– das Verbot der Teilnahme an öffentlichen politischen Versammlungen und Aufzügen,
– die Untersagung politischer Reden, Pressekonferenzen und Veröffentlichungen sowie
– das Verbot der Übernahme und Ausübung von Ämtern.
47.0.3 Die Einschränkung oder Untersagung ist nicht durch Bedingung oder Auflage zum Aufenthaltstitel, sondern durch selbständige Verfügung anzuordnen. Die Verfügung kann – unter Umständen auch ergänzend für bestimmte Zeiträume – mit dem Verbot des Aufenthalts an bestimmten Orten oder in bestimmten Gebieten verknüpft werden (vgl. § 46 Abs. 1, § 61).
47.0.4 Von der Ausländerbehörde erlassene Maßnahmen werden in der Regel nicht im Pass oder Passersatz eingetragen (z. B. jedoch bei Abschiebungshindernissen).
47.0.5 Es wird in der Regel angebracht sein, die sofortige Vollziehung anzuordnen und für den Fall der Zuwiderhandlung die Erhebung eines Zwangsgeldes anzudrohen. Ausländer, denen die politische Be-

tätigung beschränkt oder untersagt wird, sind darauf hinzuweisen, dass ein Verstoß gegen die vollziehbare Anordnung eine Straftat nach § 95 Abs. 1 Nr. 4 darstellt.
47.0.6 Der Verstoß gegen die Anordnung kann einen Ausweisungsgrund darstellen (§ 55 Abs. 2 Nr. 2). Auch eine nicht untersagte politische Betätigung, die nach Absatz 1 Satz 2 oder Absatz 2 untersagt werden könnte, kann ein Ausweisungsgrund nach § 55 Abs. 2 Nr. 2 oder 8 sein. Im Einzelfall ist daher insbesondere nach dem Grundsatz der Verhältnismäßigkeit zu prüfen, ob statt einer Verfügung nach § 47 eine Ausweisung erforderlich ist. Sofern eine sofortige Abschiebung nicht möglich ist und eine entsprechende Gefahr fortbesteht, ist neben einer Ausweisung eine Verfügung nach § 47 zulässig.

47.1 Beschränkung und Untersagung nach Ermessen
47.1.0 Absatz 1 Satz 2 Nr. 1 bis 4 bezeichnet die Voraussetzungen und Grenzen für die Beschränkung oder Untersagung der politischen Betätigung im Ermessenswege.
47.1.1.1 Eine Beeinträchtigung der politischen Willensbildung in Deutschland ist insbesondere die Einwirkung auf politische Parteien, politische Wahlen oder Abstimmungen, Parlamente, Regierungen oder andere zur politischen Willensbildung berufene staatliche oder kommunale Organe oder die in solchen Organen mitwirkenden Personen oder Gruppen mit Mitteln oder in Formen, die nach allgemeiner Auffassung zur Verfolgung politischer Ziele unangemessen sind.
47.1.1.2 Der Begriff der öffentlichen Sicherheit und Ordnung ist im Sinne des allgemeinen Polizei- und Ordnungsrechts zu verstehen. Als sonstige erhebliche Interessen im Sinne von Absatz 1 geschützt sind nur erhebliche öffentliche Interessen.
47.1.2 Ob die Voraussetzungen der Nummer 2 vorliegen, ist über die oberste Landesbehörde mit dem Bundesministerium des Innern abzustimmen.
47.1.3 Konkrete Tatsachen, z. B. ein früheres Verhalten oder eine Ankündigung des Ausländers, müssen die Annahme rechtfertigen, dass das beabsichtigte politische Verhalten gegen die Rechtsordnung verstoßen wird. In Betracht kommen z. B. Verstöße gegen das Versammlungsrecht.
47.2 Zwingende Untersagung
In den Fällen des Absatzes 2 ist die politische Betätigung zu untersagen. Ein Ermessen besteht insoweit nicht.

Übersicht

	Rn
I. Entstehungsgeschichte	1
II. Allgemeines	2
III. Beschränkungen des Rechts auf politische Betätigung	5
1. Recht auf politische Betätigung	5
2. Beschränkungen und Verbote nach Ermessen	8
3. Zwingende Verbote	15
IV. Verwaltungsverfahren	16

I. Entstehungsgeschichte

Die Vorschrift entspricht dem **GesEntw** (BT-Drs 15/420 S. 19) u. der Vorgängervorschrift des § 37 AuslG.   **1**

II. Allgemeines

Grundrechte stehen auch Ausl zu, soweit sie nicht Dt vorbehalten sind wie zB Versammlungsfreiheit (Art 8 GG), Vereinsfreiheit (Art 9 I GG), Freizügigkeit (Art 11 GG), Berufs- u. Arbeitsplatzwahl (Art 12 I GG), Auslieferungsschutz (Art 16 II GG). Versammlungs- u. Vereinsfreiheit sind indes einfachges für Ausl u. Dt gleich geregelt (Versammlungsges, Vereinsges). Einschränkungen u. Verbote für Ausländervereine u. ausl Vereine sind nach §§ 14, 14 Vereinsges möglich. Die politische Betätigung kann eine oder mehrere dieser Rechtsbereiche berühren (näher Renner, AiD Rn 6/610–621).   **2**

Die Vorschrift bestimmt nicht Bestand u. Umfang der auch Ausl zustehenden Grundrechte, sondern beschreibt lediglich **deklaratorisch** die politische Betätigungsfreiheit u.   **3**

1 AufenthG § 47
1. Teil. Aufenthaltsgesetz

benennt Beschränkungen u. Verbote aus aufr u. allg polizeirechtlichen Gründen (betr Asylbew § 25 AsylVfG Rn 23). Sie verzichtet auf eine allg Aussage über auch Ausl zustehende Grundrechte (anders noch § 6 I AuslG 1965) u. ist grundsätzlich ungeachtet des aufr Status anwendbar. Zu den Rechtsfolgen bei Verstößen vgl §§ 55 II Nr 2 u. 8, 95 I Nr 4.

4   Verbote u. Beschränkungen beruhen auf der Grundlage, dass die Meinungsfreiheit des Art 5 I GG kein Recht auf uneingeschränkte **politische Betätigung** gewährt (zum Kommunalwahlrecht BVerfGE 83, 37 u. 60 m. Anm. Franz, ZAR 1991, 40; allg zur politischen Betätigung: Dolde, Die politischen Rechte der Ausl in der BR Deutschland, 1972; Gusy in OBS, Politische Betätigung von Ausl in der BR Deutschland, 1987, S. 15; Grüning/Nieding, VR 1989, 217; Heldmann, AuslR – Disziplinarordnung für die Minderheit, 1974; Heuer, Politische Betätigung von Ausl, 1970; Jörg, DVBl. 1965, 471; Kanein, NJW 1973, 729; Klinkhardt, DVBl. 1965, 467; Rittstieg in Schult, Einwanderungsland BR Deutschland?, 1982, S. 171; Zuleeg, JZ 1980, 425; betr Schweiz Thürer, ZAR 1990, 26). Die Meinungsfreiheit ist zugunsten von Unionsbürgern ähnlich geschützt wie bei Dt; § 47 ist demzufolge in § 11 I FreizügG/EU nicht erwähnt. Unzulässig wären vor allem Maßnahmen, die zugleich die wirtschaftliche u. soziale Freizügigkeit über die dort genannten Grenzen hinaus einschränkten. Zudem ist zu beachten, dass in der EU eine immer engere politische Zusammenarbeit angestrebt wird u. Unionsbürgern eine politische Betätigung in weiterem Umfang als anderen Ausl schon deshalb gewährleistet sein muss, weil sie unabhängig von ihrem Wohnsitz an den Wahlen zum Europa-Parlament u. zu den kommunalen Parlamenten u. Verwaltungsämtern im Aufenthaltsstaat teilnehmen dürfen (Art 19 EG; ausführlich dazu Hailbronner/Renner, Einl G Rn 60–78).

III. Beschränkungen des Rechts auf politische Betätigung

1. Recht auf politische Betätigung

5   Das Recht auf politische Betätigung ist Ausl verfassungsrechtlich u. einfaches **gewährleistet** (Rn 2); einzelne Betätigungsformen sind auch aufgrund vr Vereinbarungen geschützt (zB durch Art 10, 11 EMRK; Art 19, 21, 22 UN-Pakt über bürgerliche u. politische Rechte). Einschränkungen einfaches Rechte sind grundsätzlich unproblematisch. Die Meinungsfreiheit darf (nur) durch allg Ges eingeschränkt werden, die sich nicht gegen eine bestimmte Meinung als solche richten (BVerfGE 7, 198; 26, 186; 28, 282; 33, 1; OVG NRW, DÖV 1980, 844; OVG NRW, EZAR 109 Nr. 1). Angesichts der in Rede stehenden Rechtsgüter, insb Sicherheit des Staats, Freiheit der politischen Willensbildung, vr Verpflichtungen u. außenpolitische Interessen, bestehen gegen die vorgesehenen Beschränkungen grundsätzlich weder vr noch verfassungsrechtliche Bedenken.

6   Politische Betätigung bedeutet jedes Tun u. Handeln, das auf die Erringung, Änderung oder Bewahrung von Macht u. Einfluss auf die Gestaltung staatl oder gesellschaftlicher Einrichtungen u. Daseinsformen gerichtet ist (BVerwGE 57, 29). Unter politischer Betätigung ist deshalb jede Handlung **im weitesten Sinne** zu verstehen, die auf die politische Willensbildung des Einzelnen wie in Staat u. Gesellschaft Einfluss nehmen soll; sie kann in politischen Diskussionen u. Streitgesprächen bestehen, aber auch in gewaltsamen Auseinandersetzungen u. Angriffen mit politischer Zielsetzung (Kaltenborn, DÖV 2001, 55; OVG NRW, NJW 1966, 316). Mittelbar wird die politische Betätigungsfreiheit des Ausl durch das Verbot eines Ausländervereins (§ 14 I Vereinsges; dazu BVerwGE 55, 175) betroffen; anfechtungsberechtigt ist das einzelne Mitglied dennoch nicht (BVerwG, VBlBW 1985, 132).

7   Die zwingenden u. die im Ermessenswege möglichen Beschränkungen u. Untersagungen knüpfen durchweg an Verhaltensweisen u. Handlungen an, die **Rechtsgüter** nicht schon beeinträchtigen, sondern nur **gefährden** oder hierzu geeignet sind. Unter ordnungs- u. polizeirechtlichen Gesichtspunkten erscheint dies grundsätzlich zulässig. Beachtet werden muss aber stets der verfassungsrechtlich verankerte Grundsatz der Verhältnismäßigkeit (VGH

Verbot und Beschränkung der politischen Betätigung § 47 **AufenthG 1**

BW, DÖV 1970, 95; OVG NRW, OVGE 21, 300). Er verlangt eine strenge Prüfung der Erforderlichkeit des Eingriffs u. der Geeignetheit des Mittels. Unter letzterem Gesichtspunkt ist auch jew im Einzelfall festzustellen, welche Beschränkung notwendig ist u. in welchem Umfang die Betätigung eingeschränkt oder untersagt werden muss. Ein vollständiges Verbot jeglicher politischer Betätigung ist danach kaum als rechtmäßig vorstellbar (dazu OVG NRW, NJW 1966, 316; vgl. auch Rn 8, 15). Untersagung der politischen Betätigung besteht deshalb idR im Verbot bestimmter Arten politischer Tätigkeit (zB Demonstrationen zu bestimmten Themen, Zeiten oder Gelegenheiten oder an bestimmten Orten).

2. Beschränkungen und Verbote nach Ermessen

Die nach pflichtgemäßem Ermessen anzuordnenden Beschränkungen u. Verbote setzen 8 eine **Abwägung** der staatl mit den privaten Interessen, eine strikte Ausrichtung am Grundsatz der Verhältnismäßigkeit u. darüber hinaus eine Berücksichtigung sonstiger öffentl u. privater Belange voraus, die ein Verbot oder eine Beschränkung als unzweckmäßig oder unangebracht erscheinen lassen können (näher Renner, AiD Rn 6/621–640). Deshalb wird ein generelles Verbot jeglicher politischer Tätigkeit praktisch nicht in Betracht kommen (dazu Rn 7, 15).

Die politische **Willensbildung** kann beeinträchtigt oder gefährdet sein durch Einwirkun- 9 gen oder Einwirkungsversuche auf Personen oder Personengruppen, auf Parteien oder die Öffentlichkeit. Das friedliche **Zusammenleben** kann gestört werden oder in Gefahr geraten insbes durch jede Art von Agitation oder Meinungsmache, die Einzelne oder Gruppen unter Ausnutzung von Vorurteilen oder Fehlinformationen gegeneinander aufbringt oder aufhetzt. Hierzu zählen auch Gewalttätigkeiten u. Aufrufe zur Gewaltausübung unter verfeindeten Ausländergruppen, weil sie den inneren Frieden stören u. mittelbar Ausländerhass schüren.

Öffentl **Sicherheit u. Ordnung** ist im Sinne des allg Polizeirechts zu verstehen. Die öffentl 10 Sicherheit wird zB beeinträchtigt durch Demonstrationen oder Störungen anlässlich des Staatsbesuchs eines ausl Staatsoberhaupts, wenn mit öffentl Zusammenstößen rivalisierender Gruppen u. auch mit einem Attentat zu rechnen ist (BVerwGE 49, 36). Sie kann auch durch ein Attentat gefährdet sein, durch das außer dem Ausl auch Dritte betroffen werden (OVG NRW, EZAR 109 Nr. 1), oder durch das Eintreiben von Spenden u. Schutzgeldern, auch wenn die Schwelle der Strafbarkeit nicht erreicht ist. Eine dahingehende Gefahrenprognose ist indes nur Rechtens, wenn die Besorgnis einer Gefahr auf hinreichende Anhaltspunkte gestützt ist; ein vorsichtig geäußerter Verdacht des Verfassungsschutzes allein begründet keine solche Besorgnis (VGH BW, EZAR 103 Nr. 14; vgl auch OVG RhPf, NVwZ-RR 2003, 596).

Sonstige erhebliche Interessen der BR Deutschland können betroffen sein, wenn 11 innen- oder außenpolitische Belange berührt werden, insb die Beziehungen zu anderen Staaten. Diesem Auffangtatbestand kommt angesichts der weiteren Alternativen von Abs 1 S. 2 Nr 1 bis 4 nur geringe Bedeutung zu. Seiner systematischen Stellung entsprechend muss er im Blick auf die 3 ersten Varianten von Abs 1 Nr 1 ausgelegt werden. Sein Anwendungsbereich ist deshalb schmal, er entbehrt deswegen aber noch nicht der erforderlichen Bestimmtheit. Er kann erfüllt sein, wenn Kundgebungen oder Versammlungen anlässlich ausländischer Nationalfeiertage, Gedenktage oder politischer Ereignisse (Putsch, Befreiung, Staatsstreich, Staatsbesuch oä) die auswärtigen Beziehungen der BR Deutschland stören können (vgl BVerwGE 49, 36; VGH BW, DÖV 1970, 95). Zulässig sind Beschränkungen der Meinungsfreiheit in diesem Zusammenhang aber immer nur, wenn sie unabweisbar notwendig sind; nicht schon jede Trübung oder Verunsicherung gegenseitiger Beziehungen rechtfertigt Rede- oder Demonstrationsverbote.

Mögliche Kollisionen mit **außenpolitischen** Interessen u. völkerrechtlichen Verpflich- 12 tungen der BR können für sich genommen noch keine Grundlage für Verbotsverfügungen abgeben. Insbes außenpolitische Interessen dürfen nicht absolut gesetzt werden; sie müssen vielmehr – zumindest im Rahmen der notwendigen Ermessenserwägungen – im Zusammenhang mit den politischen Interessen des Ausl u. dem öffentl Interesse an der grundsätzlichen Freiheit der politischen Auseinandersetzung in der BR Deutschland gesehen werden. Nicht jede Beeinträchtigung außenwirtschaftlicher Interessen kann etwa zum Verbot der Kritik an Menschenrechtsverletzungen in dem betr Staat führen.

13 Mit der **Rechtsordnung** der BR Deutschland sind nicht nur die Strafges gemeint, sondern alle Normen, die öffentl u. private Rechtsgüter u. Interessen schützen. Insoweit sind Überschneidungen mit der öffentl Sicherheit u. Ordnung nach Abs 1 S. 2 Nr 1 festzustellen. Die Erwähnung der Gewaltanwendung verdeutlicht die Notwendigkeit der Gewichtung u. Abwägung der einander widerstreitenden Interessen u. der sorgfältigen Feststellung der Verhältnismäßigkeit des Eingriffs in die Meinungsfreiheit.

14 Als **Organisationen** oder **Bestrebungen** im Ausland, die menschenrechtliche Grundwerte gefährden, kommen zunächst diejenigen in Betracht, die zB unter Missachtung allg garantierter politischer oder religiöser Freiheiten unnachgiebig u. unduldsam autoritäre u. doktrinäre Ziele verfolgen. Es kommt nicht darauf an, ob diese zum Inhalt der verfassungsmäßigen Ordnung des ausl Staats gehören oder aber durch oppositionelle Gruppen vertreten werden. Vom Inhalt ihrer Anschauungen u. Ziele abgesehen, können auch die von ihnen angewandten oder propagierten Mittel u. Maßnahmen Anlass für Beschränkungen sein. Nicht nur die Anwendung von physischer Gewalt, sondern auch andere missbilligenswerte Methoden brauchen von der BR Deutschland nicht in dem Sinne hingenommen zu werden, dass sie im Bundesgebiet gefördert u. unterstützt werden.

3. Zwingende Verbote

15 Die Voraussetzungen für zwingende Untersagungen sind **konkreter gefasst** als bei den dem Ermessen obliegenden Beschränkungen u. Verboten. Soweit sie unbestimmte oder andere auslegungsbedürftige Rechtsbegriffe wie „Sicherheit der BR Deutschland" oder „geeignet" oder „befürwortet" enthalten, bedarf es, auch im Blick auf den Grundsatz der **Verhältnismäßigkeit,** jew der Feststellung, ob die Handlung oder das Verhalten des Ausl oder die sonstigen Umstände ein Eingreifen überhaupt u. außerdem das Mittel des Verbots rechtfertigen. Untersagung kann auch nach Abs 2 nur in der Weise verstanden werden, dass diejenigen Betätigungen untersagt werden müssen, die Anlass zum Einschreiten nach Abs 2 Nr 1 bis 3 geben. Ein vollständiges Verbot jeglicher politischer Tätigkeit unter Einschluss zB von Diskussionen in mehr privaten Kreisen wäre idR unverhältnismäßig (Rn 7, 8).

IV. Verwaltungsverfahren

16 Die Beschränkung politischer Tätigkeiten erfolgt sachgerechterweise durch **selbständige Verfügung.** Eine dahingehende Auflage zum AufTit (§ 12 II) wäre zulässig, aber schon deshalb unzweckmäßig, weil leicht Streit darüber entstünde, ob es sich um eine selbständige oder eine unselbständige Auflage handelte (näher Renner, AiD Rn 6/641 f).

17 Die politische Betätigung des einzelnen Ausl kann mittelbar auch durch Maßnahmen gegen **kollektive Betätigungsformen** beschränkt werden. In Betracht kommt vor allem das Verbot eines Ausländervereins u. dessen Nebenorganisationen (vgl Art 9 II GG; § 14 I Vereinsges; BVerwG, EZAR 360 Nr 1–3; BVerwGE 55, 175; zu türkischen Vereinen in Deutschland vgl Hoch, ZAR 1994, 17).

§ 48 Ausweisrechtliche Pflichten

(1) Ein Ausländer ist verpflichtet, seinen Pass, seinen Passersatz oder seinen Ausweisersatz und seinen Aufenthaltstitel oder eine Bescheinigung über die Aussetzung der Abschiebung auf Verlangen den mit der Ausführung dieses Gesetzes betrauten Behörden vorzulegen, auszuhändigen und vorübergehend zu überlassen, soweit dies zur Durchführung oder Sicherung von Maßnahmen nach diesem Gesetz erforderlich ist.

Ausweisrechtliche Pflichten § 48 AufenthG 1

(2) Ein Ausländer, der einen Pass weder besitzt noch in zumutbarer Weise erlangen kann, genügt der Ausweispflicht mit der Bescheinigung über einen Aufenthaltstitel oder die Aussetzung der Abschiebung, wenn sie mit den Angaben zur Person und einem Lichtbild versehen und als Ausweisersatz bezeichnet ist.

(3) ¹ Besitzt der Ausländer keinen gültigen Pass oder Passersatz, ist er verpflichtet, an der Beschaffung des Identitätspapiers mitzuwirken sowie alle Urkunden und sonstigen Unterlagen, die für die Feststellung seiner Identität und Staatsangehörigkeit und für die Feststellung und Geltendmachung einer Rückführungsmöglichkeit in einen anderen Staat von Bedeutung sein können und in deren Besitz er ist, den mit der Ausführung dieses Gesetzes betrauten Behörden auf Verlangen vorzulegen, auszuhändigen und zu überlassen. ² Kommt der Ausländer seiner Verpflichtung nach Satz 1 nicht nach und bestehen tatsächliche Anhaltspunkte, dass er im Besitz solcher Unterlagen ist, können er und die von ihm mitgeführten Sachen durchsucht werden. ³ Der Ausländer hat die Maßnahme zu dulden.

Vorläufige Anwendungshinweise

48 Zu § 48 Ausweisrechtliche Pflichten

48.0 Allgemeines
48.0.1 Neben den ausweisrechtlichen Pflichten, die in § 48 normiert sind, bestehen ausweisrechtliche Verpflichtungen nach §§ 56 und 57 AufenthV. Die Pflichten nach diesem Gesetz und der Aufenthaltsverordnung ergänzen sich; die Vorschriften stehen daher nicht in einem Spezialitätsverhältnis zueinander, sondern gelten nebeneinander.
48.0.2 Die ausweisrechtlichen Vorschriften nach § 48 und nach §§ 56 und 47 AufenthV sind – vorbehaltlich der Ausführungen in Nummer 48.0.3 – von der Passpflicht nach § 3 zu unterscheiden. Die Passpflicht bezieht sich auf einen gültigen Pass oder Passersatz und betrifft den Grenzübertritt sowie die Pflicht zum Besitz eines Passes oder Passersatzes während des Aufenthaltes. Ergänzend besteht beim Grenzübertritt selbst nach § 13 Abs. 1 Satz 2 eine Mitführungspflicht für den Pass oder Passersatz sowie die Verpflichtung, sich der Grenzkontrolle zu unterziehen. Die ausweisrechtlichen Pflichten der Absätze 1 und 3 sowie der §§ 56 und 57 AufenthV betreffen hingegen die Pflichten, die nicht den bloßen Besitz bzw. – bei Grenzübertritt – die Mitführung des Papiers sowie die Grenzkontrolle betreffen, sondern die Beschaffung und Zugänglichmachung von Pass und Passersatz sowie der weiteren genannten Urkunden, nämlich Ausweisersatz und Aufenthaltstitel. Zweck der ausweisrechtlichen Pflichten sind die Überprüfung des aufenthaltsrechtlichen Status im Zusammenhang mit der Vorbereitung und Durchführung aufenthaltsrechtlicher Maßnahmen.
48.0.3 Absatz 2 hat allerdings insofern Ergänzungsfunktion gegenüber § 3, als dort – in Verbindung mit § 55 und § 56 Nr. 4 AufenthV – festgelegt ist, dass, ob und unter welchen Voraussetzungen anstelle der Passbesitzpflicht die Verpflichtung tritt, einen Ausweisersatz zu beantragen und zu besitzen.
48.0.4 Im Inland besteht keine allgemeine Verpflichtung, einen Pass, einen Passersatz, einen Ausweisersatz oder einen Aufenthaltstitel mitzuführen.
48.05 Die Vorschrift gilt auch für Personen, deren Rechtsstellung sich nach dem FreizügG/EU richtet (§ 79 AufenthV). Keine Anwendung findet auf diese Personen hingegen § 57 AufenthV.

48.1 Pflicht zur Vorlage, zur Aushändigung und zur Überlassung von Papieren
48.1.1 Die Pflicht zur Vorlage, Aushändigung und vorübergehenden Überlassung der in Absatz 1 genannten Papiere besteht gegenüber allen mit der Ausführung des Ausländergesetzes betrauten Behörden. Das sind neben den Ausländerbehörden insbesondere die Auslandsvertretungen, die mit der polizeilichen Kontrolle des grenzüberschreitenden Verkehrs beauftragten Behörden und die Polizeien der Länder, soweit diese jeweils ausländerrechtliche und nicht andere Maßnahmen durchführen. Die Pflicht nach § 48 Abs. 1 kann aufgrund einer Anordnung der mit der Ausführung des Aufenthaltsgesetzes betrauten Behörde nach Verwaltungsvollstreckungsrecht durchgesetzt werden. Die Anordnung, einen gültigen Pass oder Passersatz vorzulegen, hat für den Fall, dass der Ausländer passlos ist, auch zu beinhalten, dass er Nachweise beibringen muss (§ 82 Abs. 1), ein entsprechendes Dokument nicht in zumutbarer Weise erlangen zu können.
48.1.2 Die Ausweispflicht nach Absatz 1 beschränkt sich auf die genannten Urkunden. Die Beibringung anderer Erlaubnisse, Bescheinigungen und Nachweise richtet sich nach § 82.

48.1.3 Die Ausweispflicht besteht, soweit die Vorlage, Aushändigung und Überlassung zur Durchführung oder Sicherung von Maßnahmen nach dem Aufenthaltsgesetz erforderlich ist. Solche Maßnahmen sind insbesondere:
48.1.3.1 – die Erteilung, Verlängerung, Versagung, Beschränkung und der Widerruf eines Aufenthaltstitels oder einer Bescheinigung über die Aussetzung der Abschiebung,
48.1.3.2 – die Ausstellung, Entziehung oder Versagung von Passersatzpapieren sowie das Anbringen von Passvermerken (vgl. zu Passvermerken näher § 56 Nr. 8 AufenthV, der bewirkt, dass die dort genannten Eintragungen auch datenschutzrechtlich zulässig sind),
48.1.3.3 – die Anordnung einer Bedingung oder Auflage,
48.1.3.4 – die Gestattung der Einreise, Zurückweisung, Zurückschiebung, Abschiebung und Rückführung,
48.1.3.5 – die Untersagung der Ausreise,
48.1.3.6 – die Verwahrung von Pässen oder Passersatzpapieren zur Sicherung der Ausreise (§ 50 Abs. 6).
48.1.4 Wer entgegen Absatz 1 eine dort genannte Urkunde nicht vorlegt, aushändigt oder überlässt, handelt ordnungswidrig gemäß § 98 Abs. 2 Nr. 3.
48.1.5 Die ergänzenden Vorschriften in § 56 Nr. 6 und 7 sowie § 57 AufenthV sollen der Durchsetzung des Grundsatzes dienen, wonach die Ausländerbehörde von sämtlichen Pässen und Passersatzpapieren eines sich nicht nur kurzfristig im Inland aufhaltenden Ausländers Kenntnis haben soll, die dieser besitzt, und dass der Ausländer nicht unnötig deutsche Pass- und Ausweisersatzpapiere besitzen soll. Die Durchsetzung dieses Grundsatzes ist insbesondere im Zusammenhang mit Sicherheitsfragen und im Asylbereich erforderlich, da Pässe und Passersatzpapiere sowohl über ggf vorhandene mehrere Identitäten des Ausländers Aufschluss geben können, als auch – durch in den Papieren angebrachte Vermerke – über Reiserouten.
48.1.6 § 56 Nr. 6 AufenthV ordnet vor diesem Hintergrund ergänzend zum AufenthG an, dass der Ausländer nach dem Wiederauffinden eines Passes oder Passersatzpapiers unverzüglich das wiederaufgefundene Dokument und sämtliche nach dem Verlust ausgestellte – in- und ausländische – Pässe und Passersatzpapiere der für den Wohnort (ersatzweise, insbesondere bei Touristen ohne Wohnort im Inland, den Aufenthaltsort) zuständigen Ausländerbehörde vorlegen muss. Im Ausland kann ein Ausländer mit ständigem Aufenthalt im Inland die Papiere auch einer deutschen Auslandsvertretung vorlegen, die die Meldung des Wiederauffindens und Kopien der vorgelegten Papiere an die zuständige Ausländerbehörde weiterleitet; insofern hat die Auslandsvertretung die Stellung eines Übermittlers. Aufgrund der Vorlage sämtlicher nach dem Verlust ausgestellter Papiere hat die Ausländerbehörde zu prüfen, ob die Ausstellungsvoraussetzungen für einen dem Ausländer erteilten deutschen Passersatz oder Ausweisersatz weiterhin vorliegen, insbesondere wenn die Ausstellung von der Unmöglichkeit der rechtzeitigen (Wieder-)Beschaffung des verloren geglaubten Papiers abhing. Ansonsten ist dieser in der Regel – gegebenenfalls nach der Übertragung von Aufenthaltstiteln oder sonstigen Bescheinigungen in ein anderes Papier – nach § 4 Abs. 3 Satz 1 AufenthV einzuziehen. Die Verpflichtung zur Vorlage wiederaufgefundener Papiere ist zur Durchführung der genannten Prüfung auch erforderlich, um die in Nummer 48.1.5 genannten Überprüfungen zu ermöglichen.
48.1.7 Nach § 56 Nr. 7 AufenthV muss der Ausländer zudem entweder bei Ablauf der Gültigkeitsdauer oder nach besonderer Anordnung einer Auslandsvertretung einen Pass oder Passersatz der Ausländerbehörde unverzüglich vorlegen. Eine Anordnung durch die Auslandsvertretung zur unverzüglichen Vorlage des Passersatzes bei der Ausländerbehörde nach der Einreise ist insbesondere bei der Ausstellung nur kurzfristig gültiger Reiseausweise für Ausländer angemessen; infolge der Vorlagepflicht kann die Ausländerbehörde die weitere Ausstellung eines Pass- oder Ausweisersatzes anhand ihrer eigenen Aktenlage selbständig und zeitnah überprüfen. Die Pflicht zur Vorlage abgelaufener Passersatzpapiere dient der Überwachung des Verbleibs.
48.1.8 Die allgemeine, selbständige Pflicht zur Vorlage sämtlicher Pass-, Passersatz- und Ausweispapiere bei Vorhandensein mehrerer solcher Papiere (§ 57 AufenthV) dient ebenfalls den in Nummer 48.1.5 genannten Zwecken. Auf die in § 90 AufenthV genannte Übergangsfrist wird hingewiesen.
48.1.9 Der Verstoß unter anderem gegen die in § 56 Nr. 5 bis 7 und § 57 AufenthV geregelten Pflichten ist nach § 77 Nr. 1 bis 3 AufenthV, jeweils in Verbindung mit § 98 Abs. 3 Nr. 5, bußgeldbewehrt.
48.1.10 Besitzt ein Ausländer einen deutschen Reiseausweis für Ausländer und einen nicht deutschen, in Deutschland anerkannten und zum Grenzübertritt berechtigenden ausländischen Pass oder Passersatz, ist der deutsche Reiseausweis für Ausländer in der Regel einzuziehen (§ 4 Abs. 3 Satz 1 AufenthV). Dies gilt jedoch insbesondere nicht beim parallelen Besitz eines UNMIK-Papiers. Besitzt

Ausweisrechtliche Pflichten § 48 AufenthG 1

ein Ausländer mehrere deutsche Reiseausweise für Ausländer, ohne einen in Deutschland anerkannten und zum Grenzübertritt berechtigenden ausländischen Pass oder Passersatz zu besitzen, sind in der Regel mit Ausnahme des für den längsten Zeitraum gültigen Reiseausweises sämtliche anderen einzuziehen. Entsprechendes gilt für den Besitz mehrerer Reiseausweise für Flüchtlinge bzw. für Staatenlose. Besitzt der Ausländer einen deutschen Reiseausweis für Ausländer neben einem Reiseausweis für Flüchtlinge bzw. für Staatenlose, ist der Reiseausweis für Ausländer in der Regel einzuziehen. Besitzt der Ausländer neben den genannten Papieren einen Notreiseausweis, ist der Notreiseausweis einzuziehen.

48.1.11 Besitzt der Ausländer neben einem deutschen Reiseausweis für Flüchtlinge einen ausländischen Nationalpass, ist zu prüfen, ob ein Fall des § 72 Abs. 1 Nr. 1 AsylVfG vorliegt. Andernfalls sind dem Ausländer beide Pässe zu belassen. Besitzt der Ausländer neben einem deutschen Reiseausweis für Flüchtlinge einen ausländischen Passersatz, der nicht an Angehörige des ausstellenden Staates ausgestellt wird und der nicht ebenfalls ein Reiseausweis für Flüchtlinge ist, sind dem Ausländer beide Papiere zu belassen. Besitzt der Ausländer einen inländischen und einen ausländischen Reiseausweis für Flüchtlinge, ist zu prüfen, ob die Zuständigkeit entsprechend Artikel 28 i. V. m. § 11 Anhang der Genfer Flüchtlingskonvention und dem Europäischen Übereinkommen über den Übergang der Verantwortung für Flüchtlinge vom 16. Oktober 1980 (BGBl. 1994 II S. 2646) auf den auswärtigen Staat übergegangen ist. Gegebenenfalls ist nach den Vorschriften der genannten Abkommen zu verfahren.

48.1.12 Besitzt der Ausländer neben einem deutschen Reiseausweis für Staatenlose einen ausländischen Nationalpass, ist nicht davon auszugehen, dass der Ausländer staatenlos ist. Dementsprechend ist der deutsche Reiseausweis für Staatenlose einzuziehen.

48.1.13 Von der Einziehung eines deutschen Passersatzes kann abgesehen werden, wenn der Passersatz ein Visum oder eine sonstige Bescheinigung enthält, deren Wiederbeschaffung oder Übertragung nach Ungültigerklärung des Passersatzes umständlich oder kostspielig ist. Dies gilt insbesondere beim Wiederauffinden nach Verlust.

48.1.14 Die Ausländerbehörde nimmt in der Regel eine Fotokopie des Passes oder Passersatzes – mit sämtlichen Seiten, die Vermerke enthalten – zur Ausländerakte. Dies gilt auch bei der erstmaligen Vorlage eines neu ausgestellten Passes oder Passersatzes.

48.1.15 Nach der Einziehung oder sonstigen Rücknahme eines deutschen Passersatzes nimmt die Behörde entweder den Passersatz im Original zur Ausländerakte oder bringt auf jeder Personalien enthaltenden Seite einen Stempel: „UNGÜLTIG – EXPIRED" an, nimmt eine Kopie des ungültig gestempelten Papiers einschließlich sämtlicher Seiten, die Vermerke (auch fremder Staaten) enthalten, zur Akte und händigt dem Ausländer das derart ungültig gemachte Original auf Wunsch wieder aus. Die Aushändigung des Originals kann dem Ausländer den urkundlichen Nachweis erlaubter Aufenthaltszeiten ermöglichen und ist daher nur in Ausnahmefällen zu verweigern. Zur Vermeidung einer Verwendung im Zusammenhang mit Fälschungen sind vor der Aushändigung Hologramme, die im Vordruck sowie in deutschen Aufenthaltstiteln oder Schengen-Visa enthalten sind, durchzulochen.

48.1.16 Der Pass oder Passersatz eines Ausländers ist in Verwahrung zu nehmen (Absatz 1 i. V. m. § 50 Abs. 6), wenn die Behörde feststellt, dass der Ausländer wegen unerlaubter Einreise nach § 58 Abs. 2 Nr. 1 vollziehbar ausreisepflichtig ist. Dies gilt auch, wenn ein Dritter unter Vorlage des Passes für den Ausländer bei der Ausländerbehörde vorstellig wird.

48.1.17 Der Pass oder Passersatz ist den zuständigen Stellen vorübergehend zu überlassen, wenn Zweifel an der Echtheit oder Gültigkeit des Passes, der Identität oder Staatsangehörigkeit des Passinhabers oder anderer eingetragener Personen bestehen. Ordnungs-, polizei- und strafrechtliche Regelungen bleiben unberührt.

48.1.18 Im Übrigen ist der Pass oder Passersatz den zuständigen Stellen vorübergehend zu überlassen, soweit dies zur Durchführung oder Sicherung von Maßnahmen nach dem Aufenthaltsgesetz, insbesondere von aufenthaltsbeendenden Maßnahmen, erforderlich ist.

48.1.19 Dem Ausländer ist bei der Einbehaltung des Passes oder Passersatzes ein Ausweisersatz auszustellen (§ 55 Abs. 1 Nr. 2 AufenthV). Dies gilt auch bei kurzfristiger Einbehaltung, es sei denn, die Einbehaltung dauert nicht länger als 24 Stunden. Zur Beantragung ist der Ausländer nach § 56 Nr. 4 AufenthV verpflichtet. Ein Verstoß gegen die Verpflichtung ist nach § 77 Nr. 1 AufenthV i. V. m. § 98 Abs. 3 Nr. 5 bußgeldbewehrt. Auf die Verpflichtung ist der Ausländer hinzuweisen; der Hinweis ist aktenkundig zu machen.

48.1.20 Die einbehaltenen Dokumente sind dem Ausländer – ggf Zug um Zug gegen Rückgabe des für die Zwischenzeit ausgestellten Ausweisersatzes – auszuhändigen, wenn sie für die Durchführung oder Sicherung von Maßnahmen nach dem Aufenthaltsgesetz nicht mehr benötigt werden.

48.1.21 Die Vorlage, Aushändigung, Überlassung, Verwahrung und Herausgabe des Passes oder Passersatzes eines Asylbewerbers richtet sich nach § 15 Abs. 2 Nr. 4 sowie §§ 21 und 65 AsylVfG, jeweils auch i. V. m. § 71a Abs. 2 und 3 AsylVfG.

48.2 Erfüllung der Ausweispflicht mit einem Ausweisersatz
48.2.1 Die Voraussetzungen für die Ausstellung eines Ausweisersatzes sind in § 55 Abs. 1 und 2 AufenthV geregelt. Der Ausweisersatz ist kein Passersatz. Er berechtigt im Vergleich zum Reisedokument insbesondere nicht zum Grenzübertritt. Hierüber ist der Ausländer zu belehren. Die Anforderungen an die Zumutbarkeit, sich einen Pass oder Passersatz zu beschaffen, sind nicht so streng, wie bei der Ausstellung eines Reisedokuments, die einen Eingriff in die Passhoheit des Heimatstaates erfordert. Einem Ausländer, der einen Aufenthaltstitel oder eine Duldung besitzt und einen anerkannten und gültigen Pass oder Passersatz nicht in zumutbarer Weise erlangen kann, muss grundsätzlich ein Ausweisersatz ausgestellt werden. Dies gilt nicht, wenn der Aufenthaltstitel widerrufen werden soll. Der Ausstellung eines Ausweisersatzes bedarf es nicht, wenn der Ausländer bereits einen neuen Pass beantragt hat und zu erwarten ist, dass dieser innerhalb von drei Monaten ausgestellt wird; vgl. hierzu auch § 56 Nr. 1 AufenthV.
48.2.2 In § 55 Abs. 1 Satz 1 AufenthV sind die Fälle genannt, in denen die Behörde auf Antrag dem Ausländer einen Ausweisersatz ausstellen muss.
48.2.3 Die Voraussetzung zur Ausstellung eines Ausweisersatzes nach § 55 Abs. 1 Nr. 1 AufenthV ist erfüllt, wenn der Ausländer einen Pass oder Passersatz weder besitzt noch in zumutbarer Weise erlangen kann. Hinsichtlich der Feststellung der Zumutbarkeit findet nach § 55 Abs. 1 Satz 3 AufenthV die Vorschrift des § 5 Abs. 2 AufenthV Anwendung. Auf Nummer 3.3.1.2 bis Nummer 3.3.1.4 wird hingewiesen. Asylbewerber erfüllen ihre Ausweispflicht mit der Bescheinigung über die Aufenthaltsgestattung, weshalb ihnen kein Ausweisersatz ausgestellt wird.
48.2.4 Ein Fall des § 55 Abs. 1 Satz 1 Nr. 2 AufenthV liegt stets vor, wenn der Pass oder Passersatz einer inländischen Behörde überlassen wurde, weil in diesem Falle gesetzlich vermutet wird, dass die Beschaffung eines weiteren Passes oder Passersatzes von einem anderen Staat entweder unmöglich oder aber unzumutbar nicht rechtzeitig möglich ist. Unerheblich ist, ob die Überlassung freiwillig oder aufgrund einer gesetzlichen Pflicht erfolgte.
48.2.5 Nach § 55 Abs. 1 Satz 2 AufenthV ist ein besonderer Antrag nicht erforderlich, wenn der Ausländer bereits einen deutschen Passersatz beantragt hat. In diesen Fällen gilt der Antrag für den deutschen Passersatz als hilfsweise für einen Ausweisersatz gestellt. Bei Ablehnung des Antrages auf den Passersatz hat die Behörde daher hilfsweise zu prüfen, ob ein Ausweisersatz auszustellen ist.
48.2.6 Nach § 55 Abs. 2 AufenthV kann zudem nach Ermessen ein Ausweisersatz ausgestellt werden, wenn der Pass oder Passersatz der im Inland gelegenen oder für das Bundesgebiet zuständigen Vertretung eines auswärtigen Staates überlassen wurde. Die Überlassung ist nachzuweisen, etwa durch Vorlage eines Einlieferungsbeleges der Post für ein Einschreiben an die Auslandsvertretung oder eine Empfangsbescheinigung. Von der Ausstellung ist nur dann abzusehen, wenn die Bearbeitung des Visumantrages voraussichtlich nur wenige Tage erfordert und nicht zu erwarten ist, dass der Ausländer durch den vorübergehenden Nichtbesitz des Passes oder Passersatzes Nachteile haben wird. Dies gilt insbesondere bei Ausländern, die sich visumfrei in Deutschland aufhalten können und durch Papiere (etwa einen nicht als Passersatz anerkannten Personalausweis) ihre Identität und Staatsangehörigkeit glaubhaft nachweisen können.
48.2.7 Liegt ein Fall des § 55 Abs. 1 oder 2 AufenthV vor, ist der Ausländer nach § 56 Nr. 4 verpflichtet, einen Ausweisersatz zu beantragen, sofern er nicht einen anderen deutschen Passersatz beantragt. Ein Verstoß ist bußgeldbewehrt (§ 77 Nr. 1 AufenthV i. V. m. § 98 Abs. 3 Nr. 5).
48.2.8 Für den Ausweisersatz ist das in Anlage D1 zur AufenthV bezeichnete Muster zu verwenden (§ 58 Nr. 1 AufenthV).
48.2.9 Eine Ausstellung des Ausweisersatzes für einen kürzeren Zeitraum als die Geltungsdauer des Aufenthaltstitels oder die Bescheinigung über die Aussetzung der Abschiebung ist nach § 55 Abs. 3 AufenthV möglich und insbesondere dann zweckmäßig, wenn der Ausländer nur vorübergehend einen Pass oder Passersatz nicht besitzt (etwa in den Fällen des § 55 Abs. 1 Nr. 2 oder des § 55 Abs. 2 AufenthV). Ansonsten entspricht die Gültigkeit der Geltungsdauer des Aufenthaltstitels oder der Bescheinigung über die Aussetzung der Abschiebung (Duldung).

48.3 Verpflichtung zur Mitwirkung an der Beschaffung von Dokumenten
48.3.1 Die in Absatz 3 genannten Mitwirkungspflichten werden durch § 56 Nr. 1 bis 3 AufenthV ergänzt. Während die genannten Vorschriften der AufenthV die Verpflichtung des Ausländers betreffen, selbständig für den Besitz eines gültigen Passes oder Passersatzes zu sorgen, betrifft § 48 Abs. 3 eine Mitwirkungspflicht bei Bemühungen der Behörde, einen Pass oder Passersatz zu beschaffen oder die

Ausweisrechtliche Pflichten § 48 **AufenthG 1**

Behörde sonst bei der Feststellung der Identität, Staatsangehörigkeit oder der Feststellung oder Geltendmachung einer Rückwirkungsmöglichkeit zu unterstützen.
48.3.2 Die Verpflichtung nach Satz 1 betrifft nicht nur Pässe und Passersatzpapiere, sondern auch sonstige Urkunden und Dokumente unabhängig vom Aussteller, sofern sie zu den genannten Zwecken geeignet sind.
48.3.3 Hinsichtlich der Zumutbarkeit von Mitwirkungshandlungen bei der Beschaffung ausländischer Pässe und Passersatzpapiere kann auf die Regelung in § 5 Abs. 2 AufenthV zurückgegriffen werden. Die Aufzählung in § 5 Abs. 2 AufenthV besagt nicht im Umkehrschluss, dass andere als die dort aufgeführten Mitwirkungshandlungen an sich unzumutbar sind.
48.3.4 Hinsichtlich der Verpflichtung zur Mitwirkung bei der Herstellung von Lichtbildern kann § 60 AufenthV zurückgegriffen werden. Die Ausländerbehörde kann anordnen, dass Lichtbilder mit Kopfbedeckung zu fertigen sind, sofern dies für die Rückübernahme oder die Ausstellung eines Passes oder Passersatzes erforderlich ist und die betreffende Person dann noch identifizierbar bleibt.
48.3.5 Die Nichtvorlage einer der in Absatz 3 Satz 1 genannten Urkunden auf Verlangen ist nach § 98 Abs. 2 Nr. 3 bußgeldbewehrt.

I. Entstehungsgeschichte

Die Vorschrift entspricht dem **GesEntw** (BT-Drs 15/420 S. 19). 1

II. Allgemeines

Die Ausweispflicht als Mittel der **Identitätsfeststellung** (für Dt vgl § 1 I PAuswG u. zur 2 Einziehung OVG NRW, EZAR 110 Nr. 1) ist von der Passpflicht (§ 3) u. der Passmitführungspflicht (§ 13 I 2) zu unterscheiden (dazu allg Jansen, ZAR 1998, 70; Maor, ZAR 2005, 222). Für Unionsbürger vgl § 8 FreizügG/EU u. § 79 AufenthV. Für Asylbew ist die Ausweispflicht modifiziert durch § 64 AsylVfG (vgl auch §§ 15 II Nr 4, 21, 65 AslVfG). Neben den Pflichten aus § 48 stehen die nach §§ 56, 57 AufenthV u. im Falle von Zweifeln an der Identität Maßnahmen nach § 49 (zur Strafbarkeit des Nichtbesitzes eines Ausweisersatzes vgl § 95 I Nr 1; zur Ordnungswidrigkeit wegen eines Verstoßes gegen Abs 1 oder 3 S. 1 vgl § 98 II Nr 3). Die Verpflichtungen sind auch im Zusammenhang mit der Behandlung von Fundpapieren zu sehen (vgl §§ 49 a, 49 b, 89 a).

Die Ausweispflicht ist jetzt nicht mehr wie nach § 4 AuslG 1965 mit der **Passpflicht** 3 verknüpft. Abs 2 ergänzt § 3. Befreiungen von der Passpflicht (§ 3 Rn 9 ff) berühren die Ausweispflicht nicht. Die Ausweispflicht dient anders als die Passpflicht auch der Überprüfung des aufr Status. Während beim Grenzübertritt Pass oder Passersatz präsent sein müssen (§ 13 I 2), genügt für den weiteren Aufenthalt im Bundesgebiet zur Erfüllung der Ausweispflicht die Vorlage in angemessener Zeit; Aushändigung u. vorübergehende Überlassung müssen ebenfalls innerhalb eines angemessenen Zeitraums gesichert sein.

III. Verpflichtungen hinsichtlich Pässen und Ausweisen

Die **umfassenden Verpflichtungen** nach Abs 1 (Vorlage, Aushändigung u. vorüber- 4 gehende Überlassung) gelten vor allem gegenüber AuslVertr, AuslBeh u. Grenzbehörden. Die Pflichten nach §§ 56 Nr 6 u. 7, 57 AufenthV (Vorlage wiederaufgefundener Passpapiere u. Vorlage des dt Passersatzes u. mehrfach vorhandener Passpapiere) sind gegenüber der zuständigen AuslBeh zu erfüllen. Als Maßnahmen, zu deren Durchführung oder Sicherung die genannten Urkunden vorzulegen, auszuhändigen oder vorübergehend zu überlassen sind, kommen ua in Betracht: Erteilung, Verlängerung oder Versagung eines AufTit oder einer Duldung; Anordnung von Nebenbestimmungen; Ausstellung, Entziehung oder Versagung sowie Verwahrung von Passersatzpapieren; Zurückweisung, Zurückschiebung, Ausweisung, Abschiebung, Rückführung. Bei Einbehaltung des Passes oder Passersatzes ist ein Ausweisersatz auszustellen (§ 55 I Nr 2 AufenthV).

5   Die **Mitwirkungspflichten** nach Abs 3 werden ergänzt durch die in § 56 I Nr 1 bis 3 AufenthV aufgeführten. Die Zumutbarkeit kann auch hier entsprechend § 5 II AufenthV beurteilt werden u. die Verpflichtungen bei der Anfertigung von Lichtbildern entsprechend § 60 AufenthV (ausführlich dazu Maor, ZAR 2005, 222). Es gibt keine allg Beschaffungspflicht, sondern konkrete Mitwirkungspflichten (OVG NRW, EZAR 060 Nr 12; zur Durchsuchung OLG Düsseldorf, EZAR 060 Nr 11; zur Vorlage eines Fotos mit Kopftuch BayVGH, EZAR 060 Nr 5).

IV. Ausweisersatz

6   Die Identitätsfeststellung ist nicht vom Besitz eines **Passes** oder **Passersatzes** abhängig. Deswegen bedarf es beim Fehlen eines Passes oder Passersatzes nicht mehr der Ausstellung eines dt Passes (Fremdenpass nach § 4 I AuslG 1965). An die Stelle des Ausweises tritt die Bescheinigung über AufTit oder Duldung, versehen mit Personalien u. Lichtbild u. als Ausweisersatz bezeichnet (betr Asylbew § 64 AsylVfG). Bei Vorliegen der Voraussetzungen des § 55 I 1 1 AufenthV besteht ein Anspruch auf Ausstellung. Der Ausweisersatz ersetzt nicht den Pass. Er berechtigt vor allem nicht zum Grenzübertritt.

7   Der Nichtbesitz eines Passes kann auf **verschiedenen Gründen** beruhen; auf Verlust oder Ausstellungsverweigerung ebenso wie auf der Nachlässigkeit des Ausl, der uU von der Passpflicht befreit eingereist ist oder die Gültigkeit seines Ausweises nicht hat verlängern lassen. Die Kriterien für die Zumutbarkeit von Anstrengungen, einen ausl Pass zu erhalten, dürfen nicht allzu hoch angesetzt u. den Anforderungen gleichgesetzt werden, die für die Ausstellung des dt Reisedokuments gelten. Für die Zumutbarkeit gelten die Bestimmungen des § 5 II AufenthV entsprechend (§ 55 I 3 AufenthV). Unzumutbar ist etwa längeres Zuwarten auf die Ausstellung, wenn sich diese erfahrungsgemäß verzögert u. die notwendigen Unterlagen über Namen, Geburt, StAng usw vorliegen. Zu berücksichtigen ist auch die voraussichtliche Dauer des weiteren Aufenthalts (VGH BW, EZAR 112 Nr. 4). Von einem Flüchtling kann zumindest nicht ohne weiteres verlangt werden, sich bei Behörden des Heimatstaats um Verlängerung seines Passes zu bemühen (aA für den Fall mittelbarer Verfolgung BVerwG, EZAR 112 Nr 5). Jeder derartige Versuch kann nämlich die bevorstehende Asylanerkennung gefährden (dazu BVerwG, EZAR 201 Nr 11) u. eine bereits erfolgte Anerkennung zum Erlöschen bringen (§ 72 AsylVfG Rn 11 ff). Der Ausweisersatz darf nicht mit dem Hinweis auf die Möglichkeit eines Asylantrags versagt werden (OVG Berlin, EZAR 112 Nr 3).

§ 49 Feststellung und Sicherung der Identität

(1) Jeder Ausländer ist verpflichtet, gegenüber den mit dem Vollzug des Ausländerrechts betrauten Behörden auf Verlangen die erforderlichen Angaben zu seinem Alter, seiner Identität und Staatsangehörigkeit zu machen und die von der Vertretung des Staates, dessen Staatsangehörigkeit er besitzt oder vermutlich besitzt, geforderten und mit dem deutschen Recht in Einklang stehenden Erklärungen im Rahmen der Beschaffung von Heimreisedokumenten abzugeben.

(2) Bestehen Zweifel über die Person, das Lebensalter oder die Staatsangehörigkeit des Ausländers, so sind die zur Feststellung seiner Identität, seines Lebensalters oder seiner Staatsangehörigkeit erforderlichen Maßnahmen zu treffen, wenn
1. dem Ausländer die Einreise erlaubt oder ein Aufenthaltstitel erteilt werden soll oder
2. es zur Durchführung anderer Maßnahmen nach diesem Gesetz erforderlich ist.

Feststellung und Sicherung der Identität § 49 AufenthG 1

(2 a) Die Identität eines Ausländers ist durch erkennungsdienstliche Maßnahmen zu sichern, wenn eine Verteilung gemäß § 15 a stattfindet.

(3) Zur Feststellung und Sicherung der Identität sollen die erforderlichen Maßnahmen durchgeführt werden,
1. wenn der Ausländer mit einem gefälschten oder verfälschten Pass oder Passersatz einreisen will oder eingereist ist;
2. wenn sonstige Anhaltspunkte den Verdacht begründen, dass der Ausländer nach einer Zurückweisung oder Beendigung des Aufenthalts erneut unerlaubt ins Bundesgebiet einreisen will;
3. bei Ausländern, die vollziehbar ausreisepflichtig sind, sofern die Zurückschiebung oder Abschiebung in Betracht kommt;
4. wenn der Ausländer in einen in § 26 a Abs. 2 des Asylverfahrensgesetzes genannten Drittstaat zurückgewiesen oder zurückgeschoben wird;
5. bei der Beantragung eines Visums für einen Aufenthalt von mehr als drei Monaten durch Staatsangehörige von Staaten, bei denen Rückführungsschwierigkeiten bestehen sowie in den nach § 73 Abs. 4 festgelegten Fällen;
6. bei der Gewährung von vorübergehendem Schutz nach § 24 sowie in den Fällen der §§ 23 und 29 Abs. 3;
7. wenn ein Versagungsgrund nach § 5 Abs. 4 festgestellt worden ist.

(4) ¹Maßnahmen im Sinne der Absätze 2 bis 3 sind die Aufnahme von Lichtbildern und Fingerabdrücken sowie die Vornahme von Messungen und ähnlichen Maßnahmen. ²Diese sind zulässig bei Ausländern, die das 14. Lebensjahr vollendet haben. ³Zur Feststellung der Identität sind diese Maßnahmen nur zulässig, wenn die Identität in anderer Weise, insbesondere durch Anfragen bei anderen Behörden nicht oder nicht rechtzeitig oder nur unter erheblichen Schwierigkeiten festgestellt werden kann.

(5) ¹Zur Bestimmung des Herkunftsstaates oder der Herkunftsregion des Ausländers kann das gesprochene Wort des Ausländers auf Ton- oder Datenträger aufgezeichnet werden. ²Diese Erhebung darf nur erfolgen, wenn der Ausländer vorher darüber in Kenntnis gesetzt wurde.

(6) Die Identität eines Ausländers, der das 14. Lebensjahr vollendet hat und in Verbindung mit der unerlaubten Einreise aus einem Drittstaat kommend aufgegriffen und nicht zurückgewiesen wird, ist durch Abnahme der Abdrücke aller zehn Finger zu sichern.

(7) Die Identität eines Ausländers, der das 14. Lebensjahr vollendet hat und sich ohne erforderlichen Aufenthaltstitel im Bundesgebiet aufhält, ist durch Abnahme der Abdrücke aller zehn Finger zu sichern, wenn Anhaltspunkte dafür vorliegen, dass er einen Asylantrag in einem Mitgliedstaat der Europäischen Gemeinschaften gestellt hat.

(8) Der Ausländer hat die Maßnahmen nach den Absätzen 2 bis 7 zu dulden.

Vorläufige Anwendungshinweise

49 Zu § 49 Feststellung und Sicherung der Identität
49.1 Verpflichtung zur Angabe zu Identität und Staatsangehörigkeit
49.1.1 Die Verpflichtung nach Absatz 1, Angaben zur Identität, zum Alter und zur Staatsangehörigkeit zu machen und die erforderlichen Erklärungen zur Beschaffung von Heimreisedokumenten abzugeben, besteht gegenüber den mit dem Vollzug des Ausländerrechts betrauten Behörden, und zwar, soweit diese Behörden im Einzelfall auch ausländerbehördlich tätig werden.
49.1.2 Insbesondere wegen der Strafbewehrung der Unterlassung oder falscher oder unvollständiger Angaben nach § 95 Abs. 1 Nr. 5 ist die Vorschrift hinsichtlich des Kreises der Behörden nicht zu weit zu ziehen. Unbeschadet anderer Straf- oder Bußgeldvorschriften betrifft daher Absatz 1 insbesondere nicht falsche Angaben, die im Zusammenhang mit der behördlichen Aufgabenwahrnehmung in den Bereichen der allgemeinen Gefahrenabwehr, der Verkehrsüberwachung, der Gewerbeüberwachung oder des Meldewesens gemacht werden, sofern nicht deutlich – auch für den Ausländer – erkennbar auch der ausländerbehördliche Wirkungskreis betroffen ist. Im Zweifelsfall ist der Ausländer darauf hinzuweisen, dass die Behörde ausländerrechtlich tätig wird, und dieser Hinweis aktenkundig zu machen.

49.1.3 Die durch Absatz 1 erfassten Behörden sind entsprechend der Zuständigkeitsregelung des § 71:
49.1.3.1 – die Ausländerbehörden in diesem Aufgabenbereich (§ 71 Abs. 1);
49.1.3.2 – im Ausland für Pass- und Visaangelegenheiten und in den in Absatz 3 Nr. 5 genannten Fällen die vom Auswärtigen Amt ermächtigten Auslandsvertretungen (§ 71 Abs. 2);
49.1.3.3 – die mit der polizeilichen Kontrolle des grenzüberschreitenden Verkehrs beauftragten Behörden im Zusammenhang mit den in § 71 Abs. 3 und 4 konkret genannten Aufgaben;
49.1.3.4 – die Polizeien der Länder im Zusammenhang mit der Zurückschiebung sowie der Durchsetzung der Verlassenspflicht nach § 12 Abs. 3 und der Durchführung der Abschiebung sowie den in § 71 Abs. 5 genannten vorbereitenden Maßnahmen.
49.1.4 Identitätsmerkmale sind Name, Vornamen, Geburtsname, Geburtsdatum, Geburtsort und Wohnort. Die Pflicht, Angaben zum Alter zu machen, hat insbesondere dann eine eigene Bedeutung, wenn das Geburtsdatum nicht genau angegeben werden kann. Die Pflicht zur Angabe zur Staatsangehörigkeit erstreckt sich auf sämtliche gegenwärtigen Staatsangehörigkeiten, sofern die Angabe sämtlicher Staatsangehörigkeiten ausdrücklich verlangt wird.
49.1.5 Zur Erleichterung von Rückführungen besteht die Pflicht, die von den Vertretungen (Botschaft, Konsulat) des Staates, dessen Staatsangehörigkeit der Ausländer besitzt oder vermutlich besitzt, für die Ausstellung von Heimreisedokumenten (z. B. Pass) geforderten Erklärungen abzugeben. Die Pflicht besteht nur insoweit, als die geforderten Erklärungen auch nach deutschem Recht zulässig sind. Erklärungen, die nicht der Ermittlung der Identität und Staatsangehörigkeit dienen, etwa zu politischen oder weltanschaulichen Fragen, muss der Betroffene nicht beantworten.

49.2 Feststellende Maßnahmen bei Zweifeln über die Person oder Staatsangehörigkeit
Absatz 2 betrifft Maßnahmen zur Feststellung, nicht zur Sicherung der Identität. Zur Feststellung der Identität, des Lebensalters und der Staatsangehörigkeit gemäß Absatz 2 ist zunächst eine eingehende Befragung des Ausländers zu seinem bisherigen Lebenslauf erforderlich, um Anhaltspunkte für weitere Ermittlungen zu erhalten (z. B. Zeugenbefragungen, Anfragen bei anderen in- und ausländischen Behörden, Vorführung bei einer Vertretung des vermuteten Heimatlandes). Der Betroffene ist aufzufordern, Urkunden beizubringen, die seine Angaben belegen

49.2 a Identitätssicherung bei einer Verteilung gemäß § 15 a
Sofern eine Verteilung als unerlaubt eingereister Ausländer gemäß § 15 a stattfindet, sind erkennungsdienstliche Maßnahmen durchzuführen, um die Identität zu sichern.

49.3 Feststellende und sichernde Maßnahmen in übrigen Fällen
49.3.1 Feststellende und sichernde Maßnahmen dürfen sollen unter den Voraussetzungen des Absatzes 3 in der Regel auch dann ergriffen werden, wenn keine aktuellen Zweifel an der Identität oder Staatsangehörigkeit des Ausländers bestehen und auch dann, wenn sie nicht für die Durchführung anstehender ausländerrechtlicher Maßnahmen erforderlich sind. Die Maßnahmen nach Absatz 3 dienen auch der Vorbereitung für eine im Falle etwaiger Wiedereinreisen erforderliche Identitätsfeststellung und weiteren Zwecken der polizeilichen Gefahrenabwehr nach Maßgabe der entsprechenden Vorschriften zur Zweckbestimmung und Übermittlung der erhobenen Daten (insb. § 89).

49.4 Ausführung Sicherung und Feststellung der Identität
49.4.1 Die Vorschrift unterscheidet nach dem Erhebungszweck. Es ist aktenkundig zu machen, ob die Erhebungen der Feststellung oder aber der Sicherung der Identität oder Staatsangehörigkeit oder beiden Zwecken dienen sollen. Zur Feststellung der Identität können Maßnahmen unter den Voraussetzungen des der Absatzes Absätze 2 oder 3 ergriffen werden; die Sicherung der Identität darf nur nach Maßgabe des Absatzes 2a oder 3 Erhebungszweck sein.
49.4.2 Bei Ausländern unter 14 Jahren sind die in Satz 1 genannten Maßnahmen nach Absatz 4 Satz 2 unzulässig, nicht aber andere Maßnahmen, insbesondere Befragungen. Auf das kindliche Alter ist besonders Rücksicht zu nehmen.
49.4.3 Für den Zweck der Identitätsfeststellung – nicht notwendig der Identitätssicherung – sind nach Satz 3 die dort genannten milderen Mittel vorrangig anzuwenden.

49.5 Aufzeichnung des gesprochenen Wortes
49.5.1 Die Bestimmung des Herkunftsstaates und der Herkunftsregion durch die in Absatz 5 genannte Methode muss zur Vorbereitung ausländerrechtlicher Maßnahmen erforderlich sein. Ist ersichtlich, dass sich aus Sprache oder Dialekt weder verwendbare Aufschlüsse über die Staatsangehörigkeit noch sonstige, für einen konkreten ausländerrechtlichen Zweck verwendbare Erkenntnisse gewinnen lassen, hat die Aufzeichnung zu unterbleiben.

Feststellung und Sicherung der Identität　　　　§ 49　**AufenthG 1**

49.5.2 Zu anderen Zwecken als den in Absatz 5 genannten darf das gesprochene Wort des Ausländers nicht aufgezeichnet werden.
49.5.3 Das Einverständnis des Ausländers ist nicht erforderlich. Dass der Ausländer von der Aufzeichnung in Kenntnis gesetzt wurde, lässt sich zweckmäßig nachweisen, indem die mündliche Erklärung des Ausländers aufgezeichnet wird, er habe davon Kenntnis, dass seine Sprache momentan aufgezeichnet werde.
49.6 Identitätssicherung bei unerlaubter Einreise
In den Fällen des Absatzes 6 ist die genannte Maßnahme zwingend durchzuführen. Absatz 6 bedeutet nicht, dass in anderen Fällen die zulässige Abnahme von Fingerabdrücken nur durch die Abnahme von Abdrucken von weniger als zehn Fingern erfolgen dürfe.
49.7 Identitätssicherung bei Aufenthalt ohne erforderlichen Aufenthaltstitel
49.7.1 Auch in den Fällen des Absatzes 7 ist die genannte Maßnahme zwingend durchzuführen.
49.7.2 Anhaltspunkte für die Stellung eines Asylantrages in einem Mitgliedstaat der Europäischen Gemeinschaft können insbesondere aufgrund der Staatsangehörigkeit oder festgestellten oder vermuteten Herkunft des Aufgegriffenen und dem Antreffen auf einem typischen Reiseweg von Personen, die in einem anderen Mitgliedstaat einen Asylantrag gestellt haben, abgeleitet werden.
49.8 Duldungspflicht
Zur Durchsetzung der in Absatz 2 bis 7 genannten Maßnahmen kann unmittelbarer Zwang nach Maßgabe der jeweiligen bundes- oder landesrechtlichen Vorschriften angewandt werden.

Übersicht

	Rn
I. Entstehungsgeschichte	1
II. Angaben zu Alter, Identität und Staatsangehörigkeit	2
III. Feststellung von Alter, Identität und Staatsangehörigkeit	4
IV. Verwaltungsverfahren und Rechtsschutz	17

I. Entstehungsgeschichte

Die Vorschrift stimmt mit dem **GesEntw** (BT-Drs. 15/420 S. 19 f) im Wesentlichen **1** überein. Aufgrund des Vermittlungsverf (BT-Drs 15/3479 S. 9) wurden Abs 1 um einige Angaben erweitert, Abs 2 a eingefügt u. in Abs 3 das Wort „können" durch „sollen" ersetzt.

II. Angaben zu Alter, Identität und Staatsangehörigkeit

Die Verpflichtung zu den **Angaben** nach Abs 1 S. 1 besteht nur gegenüber den mit der **2** Durchführung des AuslR betrauten Behörden innerhalb deren Zuständigkeiten nach § 71: AuslVertr, AuslBeh, Grenzbehörden, Länderpolizeien. Verstöße sind nach § 95 I Nr 5 strafbewehrt. Die Vorschrift unterscheidet an mehreren Stellen deutlich zwischen Alter, Identität u. StAng. Zum Zwecke der Identifizierung sind außer Alter u. StAng anzugeben: Name, Vorname, Geburtsname, Geschlecht, Familienstand, Geburtsdatum, Geburtsort, Wohnort. Für Asylbew bestehen weitergehende Mitwirkungspflichten nach § 15 AsylVfG.

Die Pflicht zur Abgabe von **Erklärungen** zur Beschaffung von Heimreisedokumenten **3** nach Abs 1 besteht nicht nur gegenüber der AuslVertr des von dem Ausl angegebenen Heimatstaats. Bestehen Zweifel an der Richtigkeit der Angaben des Ausl, weil der angegebene Staat die StAng nicht anerkennt, so kann bei jedem Staat die Ausstellung von Reisepapieren versucht werden, der ernsthaft als Heimatstaat in Betracht kommt. Maßgeblich sind in erster Linie die Angaben des Ausl selbst.

III. Feststellung von Alter, Identität und Staatsangehörigkeit

Zweifel über Person, Alter oder StAng bestehen, wenn diese nicht eindeutig bekannt sind **4** (ähnlich § 6 III 2 PassG; für Aslybew gelten §§ 16, 18 V AsylVfG als spezielle Vorschriften). Zu den für Einreisegestattung, Titelerteilung, Verteilung nach § 15 a oder andere Durchführungsmaßnahmen benötigten Personalien gehören insb die von Abs 1 erfassten Daten (dazu Rn 2). Ein besonderes Maß brauchen die Zweifel nicht zu erreichen. Es müssen aber Unsicherheiten bestehen. Routinemäßige Untersuchungen prophylaktischer Art sind unzulässig, wenn sie allg ohne einen Verdacht gegen die Richtigkeit der mündlichen Angaben des Ausl u. der Eintragungen in dessen Passpapieren angeordnet werden (§ 13 AsylVfG Rn 5). Im Einzelfall kann Misstrauen angebracht sein, bei entsprechenden praktischen Erfahrungen u. Erkenntnissen auch gegenüber Angehörigen bestimmter Staaten oder Volksgruppen (vgl Abs 2 Nr 5 u. 6), nicht jedoch gegenüber allen Ausl unterschiedslos u. ohne Ansehen ihrer Herkunft. Bei Asybew sind ED-Maßnahmen auch ohne Zweifel an StAng, Alter oder Identität zwingend vorgeschrieben (vgl § 16 AsylVfG).

5   Während ED-Maßnahmen nach Abs 2 zwingend vorgeschrieben, aber an (begründete) Zweifel im Einzelfall gebunden sind, sind in Abs 3 die Anlässe angeführt, die **im Regelfall** Feststellungs- u. Sicherungsmaßnahmen rechtfertigen, also nur dann unterlassen werden dürfen, wenn atypische Verhältnisse solche Maßnahmen als entbehrlich erscheinen lassen (anders noch § 41 III AuslG: Ermessen). Damit setzt Abs 3 anders als Abs 2 keine Identitätszweifel im Einzelfall voraus. Vor allem aber geht es nicht um die Feststellung oder Sicherung von Lebensalter u. StAng, sondern nur um die Identität (zum Unterschied vgl Rn 2). In beiden Fallgruppen sind Maßnahmen betroffen, die den Aufenthalt entweder verhindern oder beenden oder legalisieren. Ein öffentl Interesse an der Feststellung u. Sicherung der Identität besteht in allen Fallkonstellationen, es ist allerdings unterschiedlich gelagert. Bei der Erlaubnis von Einreise u. Aufenthalt ist die Kenntnis der genauen Identität für den zukünftigen Aufenthalt in Deutschland wichtig. Dagegen begründen den Aufenthalt verhindernde oder beendende Maßnahmen deshalb ein entsprechendes öffentl Interesse, weil entweder die Überstellung an einen anderen Staat sonst nicht erfolgen kann oder weil bei einer Wiedereinreise die Identität ohne größeren Zeit- u. Kostenaufwand geprüft u. ermittelt werden kann. Wenn für die Fallkonstellationen des Abs 3 keine Identitätszweifel verlangt sind, dann beruht dies nach alledem auf der Überzeugung des Gesetzgebers, dass die Identität in diesen Fällen generell für künftige Gelegenheiten festgestellt u. festgehalten werden soll (vgl dazu auch die nicht auf Zweifelsfälle abstellende Begr des GesEntw: BT-Drs 15/420 S. 89). Um unzulässige Eingriffe in Persönlichkeitsrechte zu verhindern, muss unter diesen Umständen jew sorgfältig die Frage einer atypischen Konstellation geprüft werden.

6   Diese Notwendigkeit wird schon beim ersten ges Tatbestand deutlich. Versuchte oder vollendete Einreise mit **falschen Papieren** können gewiss im Einzelfall Identifizierungsmaßnahmen rechtfertigen. Ob hierfür schon der Verdacht einer **weiteren unerlaubten Einreise** nach Zurückweisung oder Aufenthaltsbeendigung taugt, muss aber als zweifelhaft erscheinen, auch wenn dieser durch Tatsachen begründbar ist. Zumindest reichen als Grundlage Erfahrungen allg Art nicht aus; es müssen schon personenbezogene Verdachtsmomente vorliegen. Da erkennungsdienstliche Maßnahmen ua das allg Persönlichkeitsrecht u. die körperliche Unversehrtheit beeinträchtigen können, müssen strenge Anforderungen auch an die Notwendigkeit solcher Eingriffe gestellt werden. Im letzteren Fall bestehen insoweit Bedenken, als die Vorschrift dahin ausgelegt werden könnte, dass Maßnahmen anlässlich jeder Abschiebung getroffen werden dürfen.

7   Noch weiter geht die Verpflichtung zu ED-Maßnahmen bei vollziehbarer Ausreisepflicht, falls eine Zurückschiebung oder **Abschiebung** in Betracht kommt; denn dabei braucht nicht einmal der begründete Verdacht einer unerlaubten Wiedereinreise zu bestehen. Diese Annahme kann eigentlich immer nahe liegen, es sei denn, der Ausl weist eigene konkrete Ausreisevorbereitungen nach. Da Zurückschiebung sowie Abschiebung u. Abschiebungsandrohung nach dem System der §§ 57, 58, 59 praktisch immer verfügt werden, kann der Ausl Sicherungsmaßnahmen nur dann entgehen, wenn er Deutschland vor Ablauf der Ausreisefrist verlässt oder den festen Ausreisewillen mit dem Nachweis von Ort, Zeit u. Verkehrsmittel belegt. Damit ist die Schwelle zum pauschalen Verdacht u. zur Routinekontrolle erreicht, wenn nicht überschritten u. der mit ED-Maßnahmen verbundene Ein-

griff in Persönlichkeitsrechte kaum noch zu rechtfertigen. Deshalb sind an die Anwendung der Sollregel im Blick auf das Übermaßverbot strenge Anforderungen zu stellen. Wenn keine personenbezogenen Anhaltspunkte dafür bestehen, dass die gewonnenen u. nach Maßgabe des § 89 aufbewahrten Daten bei einer künftigen Einreise bedeutsam sein können, ist.

Eine Sonderstellung nimmt die **Überstellung** an einen sicheren Drittstaat ein. Der **8** Anlass zum behördlichen Einschreiten ist hier tatbestandsmäßig nicht weiter begrenzt. Vor allem ist der Verdacht einer Wiedereinreise nicht vorausgesetzt. Damit ist eine weitere sehr umfassende Verpflichtung für ED-Maßnahmen geschaffen, die nur an eine den Aufenthalt verhindernde oder beendende Maßnahme anknüpft. Betroffen sind Ausl, die keinen Asylantrag stellen (sonst gilt § 18 V AsylVfG) u. in einen sicheren Drittstaat iSd § 26a II AsylVfG zurückgewiesen oder zurückgeschoben werden sollen. Da ihre Rückführung in einen anderen Staat keine Schwierigkeiten aus diesem Grund erwarten lässt, werden mit ihrer ED-Behandlung ausschließlich **präventive Zwecke** verfolgt. Infolgedessen bedarf es auch hier der genaueren Untersuchung einer atypischen Fallkonstellation.

Dies gilt auch in den Fällen der **Schutzgewährung** nach §§ 23, 24, 29 III. Dagegen **9** kann bei Erfüllung der Tatbestände der §§ 5 IV u. 73 IV sowie bei einem Antrag auf ein längerfristiges Visum u. belegbaren Schwierigkeiten mit der Rückführung in bestimmte Staaten ein überwiegendes öffentl Interesse an ED-Maßnahmen auch im Einzelfall idR anerkannt werden.

Die **zulässigen Zwecke** umschreibt das Ges zwar abschließend, aber sehr weitreichend: **10** nach Abs 2 Feststellung von Identität, Alter u. StAng, dagegen nach Abs 3 Feststellung u. Sicherung (nur) der Identität. Zu den Anlässen zählen die Erteilung u. die Verlängerung von AufTit oder Duldung ebenso wie die Vorbereitung u. Durchführung aufenthaltsbeendender Maßnahmen. Dennoch ist mit Blick auf den Verhältnismäßigkeitsgrundsatz stets danach zu fragen, ob die jew Maßnahme für den jew Zweck aus dem jew Anlass erforderlich u. noch angemessen ist.

Die **Art der zulässigen Maßnahmen** bestimmt das Ges nunmehr in Abs 4 bis 7 genauer **11** als noch in § §§ 41, 41a AuslG u. wiederum anders als in § 16 AsylVfG. Diesem abgestuften Maßnahmenkatalog liegt zugrunde, dass auch die Auswahl u. der Einsatz der Mittel zur Identifizierung dem Prinzip der Verhältnismäßigkeit unterliegen. Zunächst sind diejenigen Maßnahmen zu ergreifen, die den Ausl am wenigsten beeinträchtigen. Daher muss in erster Linie Aufklärung bei anderen Behörden oder auch bei Privatpersonen, Arbeitgebern oder anderen Stellen gesucht werden. Das Ges verlangt dies aber nur zum Zwecke der Feststellung der Identität, nicht also dann, wenn die Identität gesichert oder Alter oder StAng festgestellt werden sollen.

Erweisen sich andere Aufklärungsversuche als erfolglos, kommen als jew **milderes Mittel 12** zunächst nur Fingerabdrücke u. Lichtbildaufnahmen u. sodann die Feststellung körperlicher Merkmale durch Messungen in Betracht. Was genau unter den weiter für zulässig erklärten „ähnlichen Maßnahmen" zu verstehen ist, ist nicht sicher. Die in § 81b StPO bezeichneten Maßnahmen sind zT mit empfindlichen u. riskanten körperlichen Eingriffen verbunden u. deshalb nur im äußersten Fall zugelassen. Nur wenn diese Einschränkungen strikt beachtet werden, bestehen grundsätzliche verfassungsrechtliche Bedenken nicht.

Sprachaufzeichnungen sind zur Feststellung des Herkunftsstaats oder der Herkunfts- **13** region (nicht also für andere Zwecke) nach vorheriger Unterrichtung des Ausl zugelassen, aber nicht vorgeschrieben (ebenso wie nach § 16 I 3 AsylVfG). Daher bleibt Raum für die Anwendung des Verhältnismäßigkeitsgrundsatzes. Die Aufzeichnung des gesprochenen Worts ist nur zulässig, wenn die erhofften Feststellungen für die anstehende aufr Entscheidung oder Maßnahme bedeutsam ist (nicht selbstverständlich für die Herkunftsregion), wenn andere Aufklärungsmittel versagen u. wenn die Aufzeichnung u. deren Auswertung wahrscheinlich Aussicht auf Erfolg hat. Dazu muss prognostiziert werden, dass die Auswertung der Aufzeichnungen mit einiger Wahrscheinlichkeit die Zuordnung zu einem Staat oder einer Region ermöglichen wird.

1 AufenthG § 49   1. Teil. Aufenthaltsgesetz

14   Sprachaufzeichnungen haben sich in den letzten Jahren als grundsätzlich geeignetes Mittel zur Klärung der Herkunft erwiesen, Rückschlüsse von der Sprache auf die Herkunft lassen sich aber nur mittels geschultem **Sachverstand** u. ausreichender Erfahrung ziehen (dazu näher m Nw § 16 AsylVfG Rn 10–20; Heinhold, InfAuslR 1998, 299; Jobs, ZAR 2001, 173). Vor allem ist ein genauer Vergleich der Eigenheiten der Sprechweise des Ausl mit den typischen Merkmalen der in Betracht kommenden Sprachumfelder anzustellen. Dazu bedarf es vor allem bei den als schwierig geltenden Nachfolgestaaten der ehemaligen Kolonialreiche in Afrika u. Asien einer genauen Kenntnis des Verhältnisses der Stammes- oder Landessprachen zu Englisch, Spanisch u. Französisch.

15   Bei Personen über 14 Jahren müssen Abdrücke der zehn Finger genommen werden, wenn sie bei der **unerlaubten Einreise** aufgegriffen u. nicht zurückgewiesen werden (können) u. wenn die Identität (nicht also Alter u. StAng) gesichert werden soll. Diese Maßnahme ist zwingend vorgeschrieben u. nicht wie die nach Abs 3 nur im Regelfall. Dasselbe gilt, wenn sich Ausl über 14 Jahren ohne AufTit im Bundesgebiet aufhalten u. Anhaltspunkte für einen **Asylantrag** in einem EU-Mitgliedstaat vorliegen. Die Anhaltspunkte können aus den Angaben des Ausl, aus bei ihm vorgefundenen Unterlagen (Passeintragungen, Fahrkarten, Einkaufsquittungen aus Nachbarländern ua) oder aus einer für manche Herkunftsländer typischen Reiseroute gewonnen werden. Die Identitätssicherung bei evtl Asylbewerbern dient auch der Zuständigkeitsbestimmung nach der VO/EG 343/2003.

16   Die besondere Lage **Minderjähriger** u. vor allem unbegleitet einreisender Minderjähriger ist nicht berücksichtigt (dazu umfassend Peter, ZAR 2005, 11). Infolge der bei 14 Jahren gezogenen Altersgrenze unterliegen den ED-Maßnahmen auch Minderjährige. Die Mittel zur Altersbestimmung waren Gegenstand kontroverser politischer Vorschläge (vgl BT-Drs 14/8414 S. 22). Die röntgenologische Untersuchung des Handwurzelknochens u. des Kiefers ist im Ges weder erwähnt noch ausgeschlossen. Die Röntgenstrahlung am Menschen ist aber nach § 25 I 1 VO über den Schutz vor Röntgenstrahlen nicht für den Zweck der Altersbestimmung bei Ausl vorgesehen u. kann damit auch nicht als „ähnliche Maßnahme" nach Abs 4 S. 1 anerkannt werden (Peter, aaO).

IV. Verwaltungsverfahren und Rechtsschutz

17   **Zuständig** sind die in Rn 2 bezeichneten Behörden. Damit sind auch mehrmalige ED-Maßnahmen grundsätzlich zulässig, sofern sie sich als notwendig erweisen (zB wegen Unvollständigkeit, Unsicherheit oder zwischenzeitlicher neuer Erkenntnisse). ED-Maßnahmen sind, ohne dass das Ges dies ausdrücklich erklärt, auch gegen den Willen des Ausl zugelassen. Er hat sie nämlich zu dulden. Die Anordnung der ED-Maßnahmen erfolgt durch VA. Eine zwangsweise Durchsetzung sieht die Vorschrift nicht vor. In Betracht kommen daher Zwangsgelder u. unmittelbarer Zwang nach allg Vorschriften (§§ 11, 12 VwVG bzw. Landes-VwVG sowie UZwG). Zuwiderhandlung ist strafbar (§ 95 I Nr 6). Zum sonstigen Verf u. zum Datenschutz vgl § 89.

18   Gegen die Anordnung von ED-Maßnahmen sind die Rechtsbehelfe des Widerspruch u. der **Anfechtungsklage** gegeben (§§ 42 I, 68 VwGO), die aufschiebende Wirkung entfalten (§ 80 I VwGO; vgl § 84 I). Gegen den behördlich angeordneten Sofortvollzug ist der Aussetzungsantrag nach § 80 V VwGO zulässig. Androhung u. Festsetzung von Zwangsgeld sowie unmittelbarer Zwang zur Durchsetzung der Duldungspflicht (§§ 11, 12 VwVG u. Landesges sowie UZwG) stellen Vollstreckungsakte dar; die Suspensivwirkung der gegen sie gerichteten Rechtsmittel ist zT durch Landesrecht ausgeschlossen (vgl § 80 II 2 VwGO). Der Anspruch auf Vernichtung u. Löschung kann mit der allg Leistungsklage durchgesetzt werden; Vernichtung u. Löschung sind Realakte. Gegenüber einer unberechtigten Weitergabe von Daten ist die allg Feststellungsklage (§ 43 I VwGO) zulässig.

Fundpapier-Datenbank § 49a **AufenthG** 1

§ 49 a Fundpapier-Datenbank

(1) ¹ Das Bundesverwaltungsamt führt eine Datenbank, in der Angaben zu in Deutschland aufgefundenen, von ausländischen öffentlichen Stellen ausgestellten Identifikationspapieren von Staatsangehörigen der in Anhang I der Verordnung (EG) Nr. 539/2001 (ABl. EG Nr. L 81 S. 1) genannten Staaten gespeichert werden (Fundpapier-Datenbank). ² Zweck der Speicherung ist die Feststellung der Identität oder Staatsangehörigkeit eines Ausländers und die Ermöglichung der Durchführung einer späteren Rückführung.

(2) ¹ Ist ein Fundpapier nach Absatz 1 in den Besitz einer öffentlichen Stelle gelangt, übersendet sie es nach Ablauf von sieben Tagen unverzüglich dem Bundesverwaltungsamt, sofern
1. sie nicht von einer Verlustanzeige des Inhabers Kenntnis erlangt oder
2. sie nicht den inländischen Aufenthalt des Inhabers zweifelsfrei ermittelt oder
3. das Fundpapier nicht für Zwecke des Strafverfahrens oder für Beweiszwecke in anderen Verfahren benötigt wird.

² Im Falle des Satzes 1 Nr. 3 übermittelt die öffentliche Stelle die im Fundpapier enthaltenen Angaben nach § 49 b Nr. 1 bis 3 an das Bundesverwaltungsamt zur Aufnahme in die Fundpapier-Datenbank.

I. Entstehungsgeschichte

Die Vorschrift war im ursprünglichen Ges noch nicht enthalten. Sie wurde erst durch Art 1 **1** Nr 8 **ÄndGes** vom 14. 3. 2005 (BGBl. I 721) mit Wirkung vom 1. 10. 2005 eingefügt.

II. Allgemeines

Nach der Begr des GesEntw (BT-Drs 15/3784 S. 1) geht die Einfügung der Vorschriften **2** der §§ 49 a u. 49 b auf Anregungen der IMK zurück, den Entw für eine dateigestützte Passabgleichstelle vorzulegen. In der auslr Praxis zeigten sich Schwierigkeiten, aufgefundene ausl Ausweispapiere passlosen Ausl zuzuordnen. In Deutschland hielten sich nach groben Schätzungen über 60 000 ausreisepflichtige Ausl u. Asylbew auf, die nicht über Reisedokumente verfügten, die ihre Identität u. StAng belegten. Dies erschwere sowohl Entscheidungen im Asylverf als auch Rückführungen, weil ohne den Nachweis der StAng die Heimatländer idR nicht zu einer Rücknahme des Ausl bereit seien. Zugleich würden täglich zahlreiche ausl Ausweispapiere aufgefunden u. bei verschiedenen dt Stellen eingeliefert. Bei einem Teil davon handele es sich um tatsächlich verloren gegangene Papiere. Erfahrungsgemäß stamme aber ein beträchtlicher Anteil von Ausl, die sich bewusst ihres Ausweispapiers entledigt u. ihre Passlosigkeit herbeigeführt hätten, um durch falsche Personalangaben den Ausgang ihres Asylverf zu beeinflussen oder eine drohende Rückführung zu vereiteln. Bislang scheitere die erfolgreiche Zuordnung von Fundpapieren zu passlosen Ausl häufig daran, dass der Datenabgleich lediglich anhand der angegebenen Personalien erfolgen könne, diese Angaben aber vielfach falsch seien. Ziel sei es, passlosen Ausl, bei denen Zweifel an der Identität oder StAng bestünden, die von ihnen verlorenen oder aufgegebenen Ausweise zuzuordnen, um ihre Identität festzustellen u. dadurch eine sachgerechte Entscheidung im Asylverf oder ihre Rückführung zu ermöglichen.

III. Fundpapierdatenbank

Mit Abs 1 wird eine **Rechtsgrundlage** für die Speicherung der Daten von Fundpapieren **3** geschaffen (dazu u. zu Folgendem BT-Drs 15/3784 S. 14 f). Außerdem wird der Nutzungszweck bestimmt u. das Bundesverwaltungsamt (BVA) mit dieser Aufgabe betraut. Mit der Einrichtung einer Zentralstelle soll sichergestellt werden, dass aufgefundene Ausweispapiere unabhängig von der technischen Ausstattung der örtlichen Behörden in qualitativ hochwertiger u. einheitlicher Weise erfasst werden. Aufwändige Datenübermittlungen u. Doppelspeicherungen sollen damit vermieden werden. Außerdem ist damit für alle berechtigten Stellen stets ein Abgleich mit dem gesamten Datenbestand gewährleistet. Es werden Synergieeffekte im Hinblick auf das AZR erzielt, weil zwischen dem BVA u. den Nutzern der Fundpapierdatenbank mit dem AZR/Visa-Online-Portal die für einen (Bild-)Datenaustausch notwendigen Kommunikationsstrukturen bestehen.

4   Bereits in der Vergangenheit waren aufgefundene ausl Pässe, Passersatzpapiere, Personalausweise u. Personenstandsurkunden, die einem Ausl nicht zugeordnet werden konnten, entsprechend einer Richtlinie des BMI vom 27. 4. 1999 als Fundsache dem BVA zuzuleiten. Die damit betraute Organisationseinheit soll diese Aufgabe auch künftig im Hinblick auf aufgefundene Papiere von visafrei einreisenden Ausl wahrnehmen. Dem BVA zugeleitete Identifikationspapiere von visumpflichtigen Ausl werden in der neu einzurichtenden Fundpapierdatenbank erfasst.

5   Es werden nur Fundpapiere gesammelt, die auf einen **visumpflichtigen** Inhaber ausgestellt sind, also auf einen Ausl, der zum Überschreiten der Außengrenze der EU-Mitgliedstaaten ein Visum benötigt (vgl Anhang I der VO/EG 539/2001). Es bestehen nämlich idR keine Rückführungsprobleme mit Ausl, die visumfrei nach Deutschland einreisen können.

6   **Zweck** der Speicherung u. Nutzung der Daten ist es, durch eine Zuordnung eines aufgefundenen von einer ausl öffentl Stelle ausgestellten Identifikationspapiers zum Inhaber die Identität eines passlosen Ausl festzustellen u. zu sichern sowie ggf eine Rückführung zu ermöglichen. Außerdem können Identitätsfeststellungen im Rahmen von Asylverf sowie der Strafverfolgung u. Gefahrenabwehr durchgeführt werden. Die Daten müssen auch über die Feststellung der Identität hinaus gespeichert werden, um einen späteren Identitätsnachweis führen zu können.

7   **Welche Papiere** im Einzelnen erfasst werden, bestimmt sich nach dem vorrangigen Zweck des Fundpapierabgleichs, nämlich der Identifikation passloser Ausl. Deshalb sind alle Dokumente zu sammeln, die ein Lichtbild oder Fingerabdrücke enthalten. Sie müssen unabhängig von den leicht veränderbaren Personalien zur Identifikation geeignet u. im Verkehr mit dem zur Rückübernahme verpflichteten Staat als Nachweis oder zur Glaubhaftmachung der relevanten Tatsachen anerkannt sein. IdR kommt es insoweit auf die StAng an, es können aber auch andere Umstände zur Rückübernahme verpflichten. In Betracht kommen amtl Lichtbildausweise wie Pässe, Passersatzpapiere, Personalausweise, aber auch Führerscheine u. nichtamtl Urkunden. Welche Dokumente im Einzelnen relevant sind, bestimmt sich nach den bilateralen Rückübernahmeabkommen.

8   Nach Abs 2 sind alle öffentl Stellen verpflichtet, ein ausl Fundpapier, das an sie gelangt ist u. seiner Art u. Herkunft nach unter Abs 1 fällt, an das BVA zu **übersenden.** Dabei gelten jedoch innerhalb einer Sieben-Tage-Frist zwei Ausnahmen: Wird der Stelle eine Verlustanzeige des Inhabers bekannt, unterbleibt die Weitergabe an das BVA. Damit soll im Falle eines echten Abhandenkommens, bei dem der Inhaber seiner Verpflichtung nach § 56 Nr 5 nachkommt u. den Verlust anzeigt, die schnelle u. unbürokratische Rückgabe an den Inhaber durch die auffindende Stelle möglich bleiben. Erhält die Stelle zwar nicht Kenntnis von einer Verlustanzeige, kann sie aber – mittels Abfrage des AZR – den inländischen Aufenthalt des Inhabers u. eine zuständige AuslBeh feststellen, unterbleibt eine Abgabe an das BVA ebenfalls. Dann ist nämlich der Ausl bereits bekannt u. aktenkundig, u. das Papier kann unmittelbar an die zuständige AuslBeh abgegeben werden. Sonst ist das Papier nach dem siebten Tag an das BVA zu übersenden.

§ 49 b Inhalt der Fundpapier-Datenbank

In der Datei nach § 49 a Abs. 1 werden nur folgende Daten gespeichert:
1. **Angaben zum Inhaber des Fundpapiers:**
    a) Familienname, Geburtsname, Vornamen, Schreibweise der Namen nach deutschem Recht,

Inhalt der Fundpapier-Datenbank § 49 b **AufenthG 1**

  b) Geburtsdatum und Geburtsort,
  c) Geschlecht,
  d) Staatsangehörigkeit,
  e) Größe,
  f) Augenfarbe,
  g) Lichtbild,
  h) Fingerabdrücke,
2. Angaben zum Fundpapier:
  a) Art und Nummer,
  b) ausstellender Staat,
  c) Ausstellungsort und -datum,
  d) Gültigkeitsdauer,
3. weitere Angaben:
  a) Bezeichnung der einliefernden Stelle,
  b) Angaben zur Aufbewahrung oder Rückgabe,
4. Ablichtungen aller Seiten des Fundpapiers,
5. Ablichtungen der Nachweise der Rückgabe an den ausstellenden Staat.

I. Entstehungsgeschichte

Die Vorschrift war im ursprünglichen Ges noch nicht enthalten. Sie wurde erst durch **1** Art 1 Nr 8 **ÄndGes** vom 14. 3. 2005 (BGBl. I 721) mit Wirkung vom 1. 10. 2005 eingefügt.

II. Inhalt der Datenbank

Der Inhalt der Datenbank ist entsprechend dem Zweck der Datensammlung (dazu § 49 a **2** Rn 2) bestimmt (BT-Drs 15/3784 S. 1). Nach Nr 1 werden **Angaben zum Inhaber** des Papiers gespeichert (dazu BT-Drs 15/3784 S. 15 f). Dies sind die Personalien des Inhabers, die sich aus dem Papier ergeben und in alphanummerischer Form gespeichert werden (Bst a bis f). Das Lichtbild wird eingescannt u. kann auch in Form eines für den elektronischen Bildabgleich notwendigen verformelten Datensatzes (Template) gespeichert werden (Bst g). Soweit das Papier neben dem Lichtbild als weiteres biometrisches Merkmal Fingerabdrücke enthält u. diese auslesbar sind, können sie ebenso wie das Lichtbild in einer elektronisch abgleichbaren Form gespeichert werden (Bst h).

Nach Nr 2 werden **Angaben zum Fundpapier** gespeichert. Diese Angaben sind **3** erforderlich, um auch nach einer evtl vr gebotenen Rückgabe des Originaldokuments an den ausstellenden Staat gegenüber dem Heimatstaat des Inhabers dessen StAng belegen zu können. Nach Nr 3 Bst a ist die Bezeichnung der einliefernden Stelle zu speichern. Die Kenntnis dieser Stelle kann erforderlich sein, um dort Informationen zum Fundort u. zur Fundzeit zu erhalten. Für die anfragende Stelle ist es im Hinblick auf eine Rückführung wichtig zu wissen, ob das Originaldokument noch im Besitz des BVA oder bereits zurückgegeben ist (Bst b).

Nr 4 sieht vor, dass eine **vollständige Ablichtung** (Kopie) des Fundpapiers eingescannt **4** u. gespeichert wird. Nach Nr 5 sind Nachweise der Rückgabe eines Fundpapiers zu speichern. Die Speichersachverhalte nach Nr 4 u. 5 sind notwendig, um auch nach einer eventuellen Rückgabe des Originaldokuments an den ausstellenden Staat die StAng des Inhabers weiterhin gegenüber dem Heimatstaat belegen zu können.

Kapitel 5. Beendigung des Aufenthalts

Abschnitt 1. Begründung der Ausreisepflicht

§ 50 Ausreisepflicht

(1) Ein Ausländer ist zur Ausreise verpflichtet, wenn er einen erforderlichen Aufenthaltstitel nicht oder nicht mehr besitzt und ein Aufenthaltsrecht nach dem Assoziationsabkommen EWG/Türkei nicht oder nicht mehr besteht.

(2) ¹Der Ausländer hat das Bundesgebiet unverzüglich oder, wenn ihm eine Ausreisefrist gesetzt ist, bis zum Ablauf der Frist zu verlassen. ²Die Ausreisefrist endet spätestens sechs Monate nach dem Eintritt der Unanfechtbarkeit der Ausreisepflicht. ³Sie kann in besonderen Härtefällen verlängert werden.

(3) Die Ausreisefrist wird unterbrochen, wenn die Vollziehbarkeit der Ausreisepflicht oder der Abschiebungsandrohung entfällt.

(4) Durch die Einreise in einen anderen Mitgliedstaat der Europäischen Gemeinschaften genügt der Ausländer seiner Ausreisepflicht nur, wenn ihm Einreise und Aufenthalt dort erlaubt sind.

(5) Ein ausreisepflichtiger Ausländer, der seine Wohnung wechseln oder den Bezirk der Ausländerbehörde für mehr als drei Tage verlassen will, hat dies der Ausländerbehörde vorher anzuzeigen.

(6) Der Pass oder Passersatz eines ausreisepflichtigen Ausländers soll bis zu dessen Ausreise in Verwahrung genommen werden.

(7) ¹Ein Ausländer kann zum Zweck der Aufenthaltsbeendigung in den Fahndungshilfsmitteln der Polizei zur Aufenthaltsermittlung und Festnahme ausgeschrieben werden, wenn sein Aufenthalt unbekannt ist. ²Ein ausgewiesener, zurückgeschobener oder abgeschobener Ausländer kann zum Zweck der Einreiseverweigerung zur Zurückweisung und, für den Fall des Antreffens im Bundesgebiet, zur Festnahme ausgeschrieben werden. ³Für Ausländer, die gemäß § 15 a verteilt worden sind, gilt § 66 des Asylverfahrensgesetzes entsprechend.

Vorläufige Anwendungshinweise

50 Zu § 50 Ausreisepflicht

50.1 Voraussetzungen der Ausreisepflicht

50.1.1 Die Ausreisepflicht setzt voraus, dass der Ausländer einen erforderlichen Aufenthaltstitel nicht oder nicht mehr besitzt und sein Aufenthalt somit unrechtmäßig ist. Artikel 23 Abs. 1 SDÜ, wonach bei den durch Artikel 5 sowie 19 bis 21 SDÜ geregelten kurzen Aufenthalten der Wegfall einer der Voraussetzungen zur Entstehung der Ausreisepflicht führt, bleibt unberührt.

50.1.2 Die Ausreisepflicht besteht nicht im Fall eines Aufenthalts, der ohne Aufenthaltstitel rechtmäßig ist.

50.1.2.1 Ohne Aufenthaltstitel ist der Aufenthalt eines Ausländers rechtmäßig, wenn er sich aufgrund von Vorschriften, die dem Aufenthaltsgesetz vorgehen oder Spezialregelungen treffen, in Deutschland aufhält (vgl. Nummer 14.1.1.2). Es handelt sich z. B. um
– aus dem Recht der Europäischen Union begünstigte Drittstaatsangehörige (vgl. Nummer 14.1.2.2),
– bevorrechtigte Personen, soweit das Ausländergesetz auf sie nicht anzuwenden ist (§ 1 Abs. 2, z. B. in Deutschland akkreditierte Diplomaten, NATO-Truppenangehörige im Rahmen des NATO-Truppenstatuts),

Ausreisepflicht § 50 **AufenthG** 1

– Ausländer, die dem Gesetz über die Rechtsstellung heimatloser Ausländer unterfallen (§ 12 HAG),
– Ausländer, die nach den Regelungen des Schengener Durchführungsübereinkommens zur Durchreise oder zum Kurzaufenthalt berechtigt sind (z. B. Artikel 5 Abs. 3, Artikel 18 bis 21 SDÜ),
– Ausländer, deren Aufenthalt im Bundesgebiet zur Durchführung des Asylverfahrens gestattet ist (§ 55 Abs. 1 AsylVfG).
50.1.2.2 Ohne Aufenthaltstitel ist der Aufenthalt eines Ausländers auch dann rechtmäßig, wenn er vom Erfordernis eines Aufenthaltstitels befreit ist oder sein Aufenthalt nach dem Aufenthaltsgesetz kraft Gesetzes erlaubt ist. Das betrifft Ausländer,
50.1.2.2.1 – die vom Erfordernis eines Aufenthaltstitels befreit sind (§§ 15 ff. AufenthV) oder
50.1.2.2.2 – die der Wirkung des § 81 Abs. 3 unterfallen.
50.1.3.0 Die Ausreisepflicht entsteht kraft Gesetzes ohne vorherigen Verwaltungsakt
50.1.3.0.1 – durch unerlaubte Einreise ohne erforderlichen Aufenthaltstitel im Sinne von § 14 Abs. 1 (siehe aber Nummer 50.1.3.2.2),
50.1.3.0.2 – durch Erlöschen der Aufenthaltsgestattung (§ 67 Abs. 1 Nr 1 zweite Alternative und Nr 2 AsylVfG),
50.1.3.0.3 – durch Wegfall der Befreiung vom Erfordernis des Aufenthaltstitels nach erlaubter Einreise, z. B. in den Fällen des § 15 AufenthV nach Ablauf der Höchstdauer eines Kurzaufenthaltes, bei Aufnahme einer Erwerbstätigkeit und dem daraus folgenden Wegfall der Befreiung (§ 17 Abs. 1 AufenthV),
50.1.3.0.4 – durch Ablauf der Geltungsdauer des Aufenthaltstitels, sofern nicht rechtzeitig eine Verlängerung beantragt wurde,
50.1.3.0.5 – durch Eintritt einer auflösenden Bedingung oder
50.1.3.0.6 – durch Wegfall der Voraussetzungen für die Durchreise oder den Kurzaufenthalt nach den Regelungen des SDÜ (z. B. Artikel 5 Abs. 3, Artikel 18 bis 21 SDÜ), was zur Entstehung der Ausreisepflicht unmittelbar aufgrund Artikel 23 Abs. 1 SDÜ führt. Dies gilt nicht, wenn nach nationalem Recht, insbesondere nach der AufenthV, eine Befreiung vom Erfordernis eines Aufenthaltstitels eintritt. Im Falle der nach § 14 Abs. 1 Nr 2 oder 3 unerlaubten Einreise entsteht die Ausreisepflicht zu dem Zeitpunkt, in dem die Einreise beendet ist. Die Vollziehbarkeit der Ausreisepflicht tritt nach § 58 Abs. 2 Satz 1 unmittelbar kraft Gesetzes ein und ist daher nicht selbständig anfechtbar.
50.1.3.0.7 Die Ausreisepflicht entsteht ebenfalls kraft Gesetzes, wenn ein Aufenthaltsrecht nach dem Assoziationsrecht EWG/Türkei nicht oder nicht mehr besteht. Wurde einem assoziationsrechtlich berechtigten Türken jedoch aus einem anderen Rechtsgrund ein Aufenthaltstitel, insbesondere eine Niederlassungserlaubnis, erteilt, berührt der Wegfall des Aufenthaltsrechts nach Assoziationsrecht diese auf deutschem Recht beruhende Rechtsstellung nicht.
50.1.3.1 Die Einreise ohne einen anerkannten und gültigen Pass oder Passersatz begründet außerhalb des Anwendungsbereichs des SDÜ nur dann eine gesetzliche Ausreisepflicht, wenn der Ausländer keinen erforderlichen Aufenthaltstitel besitzt. Bei Passlosigkeit entfällt bei den durch das SDÜ geregelten Aufenthalten hingegen die Aufenthaltsvoraussetzung nach Art. 5 Abs. 1 Buchst. a SDÜ oder den hierauf beruhenden Vorschriften mit der Folge, dass die auf Artikel 23 Abs. 1 SDÜ beruhende Ausreisepflicht unmittelbar nach der Einreise entsteht.
50.1.3.2 Bei der ausschließlich wegen Fehlens des erforderlichen Passes nach § 14 Abs. 1 Nr 1 unerlaubten Einreise entsteht die Ausreisepflicht – außer bei den durch das SDÜ geregelten Aufenthalten – nicht schon im Zeitpunkt der Einreise. Ist dem Ausländer durch die deutsche Auslandsvertretung oder die Grenzbehörde ein Visum unter Vorlage eines nicht als Pass oder Passersatz anerkannten Reisedokuments entgegen § 5 Abs. 1 Halbsatz 1 i. V. m. § 3 Abs. 1 erteilt worden oder ist das anerkannte Reisedokument, in das das Visum eingetragen ist, bei der Einreise ungültig geworden (z. B. Änderung des Familiennamens durch Heirat), entsteht die Ausreisepflicht bei Aufenthalten, die durch das nationale Recht geregelt sind, erst nach dem Widerruf oder nach Ablauf der Geltungsdauer des Visums (§ 50 Abs. 1 und § 58 Abs. 2 Satz 1 Nr 2). Da ein entgegen § 5 Abs. 1 Halbsatz 1 i. V. m. § 3 Abs. 1 erteiltes Visum nicht von vornherein nichtig ist und ein Visum wegen Passablaufs oder Ungültigkeit des Passes nicht erlischt (§ 52 Abs. 1 Nr 1), wird der Ausländer erst mit Ablauf der Geltungsdauer des Visums ausreisepflichtig, es sei denn, dieses Visum wird vorher widerrufen oder zurückgenommen. Solange das Visum gültig ist, ist Abschiebungshaft nicht zulässig.
50.1.3.3 Auf die besonderen Regelungen in Artikel 23 SDÜ wird hingewiesen; siehe unten Nr 50.1.9.
50.1.4 Die Ausreisepflicht entsteht aufgrund eines Verwaltungsaktes in Fällen
50.1.4.1 – der Versagung der Aufenthaltstitel, wenn zu diesem Zeitpunkt der Aufenthalt noch rechtmäßig war,

50.1.4.2 – der nachträglichen zeitlichen Beschränkung des rechtmäßigen Aufenthalts oder des Aufenthaltstitels,
50.1.4.3 – des Widerrufs oder der Rücknahme,
50.1.4.4 – der Ausweisung oder
50.1.4.5 – des § 67 Abs. 1 Nr 3 bis 6 AsylVfG.
In diesen Fällen muss der Ausländer der Ausreisepflicht nachkommen, wenn der die Ausreisepflicht begründende Verwaltungsakt wirksam geworden ist. Die Anfechtung des Verwaltungsakts lässt seine Wirksamkeit und damit die Wirksamkeit der Ausreisepflicht unberührt (§ 84 Abs. 2 Satz 1).
50.1.5 Ein ausreisepflichtiger Ausländer ist verpflichtet, das Bundesgebiet zu verlassen. Diese Pflicht kann nur mittels Einreise in einen anderen Staat erfüllt werden. Die Möglichkeit der freiwilligen Ausreise ist daher nur gesichert, soweit der Ausländer in andere Staaten erlaubt einreisen darf. In diesem Rahmen steht es dem Ausländer grundsätzlich frei, wohin er ausreisen will.
50.1.6 Die Ausreisepflicht endet durch
50.1.6.1 – Legalisierung des Aufenthalts im Wege der Erteilung eines Aufenthaltstitels,
50.1.6.2 – Erteilung einer Aufenthaltsgestattung nach dem Asylverfahrensgesetz,
50.1.6.3 – Erfüllung im Wege der Ausreise (siehe Nummer 50.4.2.1) und
50.1.6.4 – Abschiebung.
50.1.7 Da bei bestehender Ausreisepflicht der Aufenthalt unrechtmäßig ist, muss die Ausländerbehörde tätig werden, um diesen Zustand zu beenden. Dabei sind Abschiebungshindernisse zu berücksichtigen. Als Maßnahmen kommen in Betracht
50.1.7.1 – die Legalisierung des Aufenthalts, wenn die Voraussetzungen für die Erteilung oder Verlängerung des Aufenthaltstitel vorliegen,
50.1.7.2 – die Überwachung der freiwilligen Ausreise nach Ablauf der Ausreisefrist (Rücklauf der Grenzübertrittsbescheinigung) oder
50.1.7.3 – die zwangsweise Durchsetzung der Ausreisepflicht im Wege der Zurückschiebung oder Abschiebung. Soweit die Ausreisepflicht nicht auf einem Verwaltungsakt beruht, ist der Ausländer auf die Ausreisepflicht hinzuweisen. Dieser Hinweis ist im Allgemeinen mit einer Abschiebungsandrohung unter Festsetzung einer Ausreisefrist nach § 59 Abs. 1 zu verbinden.
50.1.8 Die Zurückschiebung oder Abschiebung gehen der freiwilligen Erfüllung der Ausreisepflicht grundsätzlich vor, sofern die Voraussetzungen nach § 57 Abs. 1 bzw § 58 Abs. 3 vorliegen.
50.1.9 Besondere Regelung der Ausreisepflicht in Artikel 23 SDÜ
50.1.9.1 Bei den durch das SDÜ geregelten kurzen Aufenthalten müssen (außer in den Fällen des Artikels 5 Abs. 2 SDÜ) die Voraussetzungen, die im Artikel 5 Abs. 1 SDÜ bzw den jeweils hierauf verweisenden anderen Vorschriften des SDÜ erfüllt sein müssen, jeweils einzeln und voneinander getrennt betrachtet erfüllt sein. Entfällt nur eine dieser Voraussetzungen, entsteht die Ausreisepflicht nach Artikel 23 Abs. 1 SDÜ.
50.1.9.2 Verliert also ein Drittausländer während eines durch das SDÜ geregelten Aufenthaltes seinen Pass oder Passersatz (Wegfall der Bedingung des Artikels 5 Abs. 1 Buchstabe a SDÜ) oder wird er zur Einreiseverweigerung ausgeschrieben (Wegfall der Bedingung des Artikels 5 Abs. 1 Buchstabe d SDÜ), wird er selbst dann nach Artikel 23 Abs. 1 SDÜ ausreisepflichtig, wenn zum Beispiel sein Visum noch gültig ist, weil die Erfüllung der in Artikel 5 Abs. 1 Buchstabe b SDÜ genannten Bedingung nicht die Erfüllung der übrigen Bedingungen ersetzen kann.
50.1.9.3 Dennoch sollten vorhandene Visa zur Schaffung der Rechtsklarheit in den Fällen des Artikels 23 Abs. 1 SDÜ widerrufen werden. Deutsche Ausländerbehörden sind in den Fällen des Artikels 23 Abs. 1 SDÜ berechtigt, Schengen-Visa anderer Schengen-Staaten zu widerrufen, weil Artikel 23 Abs. 3 und 4 SDÜ auch die grundsätzliche Verpflichtung des Aufenthaltsstaates regeln, die betreffenden Ausländer in einen Drittstaat abzuschieben und somit der Aufenthaltsstaat berechtigt ist, über die endgültige Beendigung eines durch einen anderen Schengen-Staat erlaubten Aufenthaltes zu entscheiden. In der Folge ist auch der Widerruf des durch diesen anderen Staat erteilten Visums möglich.
50.1.9.4 Bei Inhabern von Aufenthaltstiteln (nicht von Visa) anderer Schengen-Staaten ist zwingend das Verfahren nach Artikel 25 SDÜ zu beachten.
50.1.9.5 Artikel 23 Abs. 2 SDÜ regelt, wohin der Drittausländer sich nach Entstehung der Ausreisepflicht zu begeben hat; unter „Aufenthaltserlaubnis" und „Aufenthaltstitel" im Sinne dieser Bestimmungen sind entsprechend dem europarechtlichen Sprachgebrauch keine Visa zu verstehen.
50.1.9.6 Artikel 23 Abs. 3 SDÜ begründet die allgemeine Pflicht der Schengen-Staaten, die nach Artikel 23 Abs. 1 SDÜ ausreisepflichtigen Drittausländer abzuschieben, wenn eine freiwillige Ausreise nicht stattfindet oder nicht zu erwarten ist, oder wenn Gefahr im Verzug besteht. In Artikel 23 Abs. 3 Satz 2 SDÜ sowie in Artikel 23 Abs. 5 SDÜ ist klargestellt, dass die nationalen asylrechtlichen

Ausreisepflicht § 50 **AufenthG** 1

Bestimmungen sowie die Schutzbestimmungen der genannten internationalen Abkommen sowie die nationalen Regelungen zu Abschiebungshindernissen unberührt bleiben.
50.1.9.7 Artikel 23 Abs. 4 SDÜ legt die möglichen Zielstaaten der Abschiebung fest. Klargestellt wird die Regelung insbesondere auch, dass die Abschiebung in einen anderen Schengen-Staat nur dann in Betracht kommt, wenn dies durch bilaterale Vereinbarungen vorgesehen ist.

50.2 Ausreisefrist
50.2.1 Der Ausländer muss der Ausreisepflicht unverzüglich nachkommen. Ist eine Ausreisefrist gesetzt, muss er die Ausreisepflicht innerhalb der Frist erfüllen. Ausreisefrist i. S. v. Satz 1 ist auch die im Rahmen der Abschiebungsandrohung nach § 59 Abs. 1 bestimmte Ausreisefrist.
50.2.2 In der Regel wird die Ausreisefrist im Rahmen der Abschiebungsandrohung festgelegt. Wird ausnahmsweise keine Abschiebungsandrohung erlassen, kann die Ausländerbehörde nach § 50 Abs. 2 eine Ausreisefrist bestimmen. Bei der Einräumung und Bemessung einer Ausreisefrist sind auch öffentliche Interessen zu berücksichtigen (z. B. Beweiserhebung in einem strafrechtlichen Ermittlungsverfahren). Sprechen konkrete Tatsachen oder andere Anhaltspunkte dafür, dass eine ausreisepflichtige Person von Menschenhandel betroffen ist, so ist grundsätzlich eine Frist zur freiwilligen Ausreise von mindestens vier Wochen vorzusehen. Die Betroffenen werden über die Möglichkeit informiert, sich durch spezielle Beratungsstellen betreuen und helfen zu lassen. Die Ausreisefrist soll darüber hinaus dem Ausländer die Möglichkeit geben, seine persönlichen Angelegenheiten zu regeln.
50.2.3 Eine Ausreisefrist darf verlängert werden, auch soweit sie nach § 59 Abs. 1 bestimmt ist. Voraussetzung für eine Verlängerung ist, dass die freiwillige Ausreise des Ausländers gesichert ist. Eine Verlängerung der Ausreisefrist ist zwingend ausgeschlossen, wenn die Abschiebungsvoraussetzungen nach § 58 eingetreten sind. Nach Satz 3 darf die Ausreisefrist in besonderen Härtefällen auch über die Dauer von sechs Monaten nach Eintritt der Unanfechtbarkeit hinaus verlängert werden. Die Härte bezieht sich ausschließlich auf den Zeitpunkt, zu dem der Ausländer das Bundesgebiet verlassen muss, und nicht auf die Ausreisepflicht selbst.
50.2.4 Wird ein Ausländer aufgefordert, das Bundesgebiet innerhalb einer bestimmten Frist zu verlassen, ist in seinem Pass zu vermerken: „Ausreisepflicht nach § 50 Abs. 1 AufenthG. Ausreisefrist bis zum ..." Dieser Vermerk ist auch in den Passersatz, den Ausweisersatz oder die Aufenthaltstitel auf einem besonderem Blatt einzutragen. Zugleich soll dem Ausländer eine Bescheinigung über die Ausreisepflicht unter Angabe der Ausreisefrist mit der Aufforderung ausgehändigt werden, diese Bescheinigung der mit der polizeilichen Kontrolle des grenzüberschreitenden Verkehrs beauftragten Behörde zu übergeben (Grenzübertrittsbescheinigung). Diese leitet die Bescheinigung der zuständigen Ausländerbehörde zu.

50.3 Unterbrechung der Ausreisefrist
Eine nach § 50 Abs. 3 unterbrochene Ausreisefrist beginnt nach Wiedereintritt der Vollziehbarkeit erneut zu laufen. Dies gilt auch in den Fällen des § 80 b Abs. 1 VwGO.

50.4 Erfüllung der Ausreisepflicht
50.4.1.1 Der Ausländer erhält mit der Abschiebungsandrohung oder im Rahmen der Festsetzung einer Ausreisefrist nach § 50 Abs. 2 Satz 1 eine Grenzübertrittsbescheinigung, die er aufgrund eines entsprechenden Hinweises zum Zwecke der Ausreise beim Grenzübertritt (§ 13) der mit der polizeilichen Kontrolle des grenzüberschreitenden Verkehrs beauftragten Behörde vorlegt und zugleich seinen von der Ausländerbehörde in Verwahrung genommenen (§ 50 Abs. 6) und bei der Grenzbehörde hinterlegten Pass oder Passersatz zum Zwecke der Ausreise in Empfang nimmt. Die Grenzübertrittsbescheinigung kann auch nach der Ausreise des Ausländers der deutschen Auslandsvertretung (§ 71 Abs. 2) persönlich zur Bestätigung vorgelegt werden, wenn die Ausreise in einen Staat ohne Grenzkontrolle erfolgt ist. Diese Behörden haben die ausgefüllte Grenzübertrittsbescheinigung unmittelbar der zuständigen Ausländerbehörde zuzuleiten.
50.4.1.2 Bei der Grenzübertrittsbescheinigung handelt es sich um einen Nachweis in der Form eines amtlichen Vordrucks über die freiwillige Ausreise des Ausländers innerhalb der Ausreisefrist i. S. v. § 50 Abs. 2. Erbringt der Ausländer diesen Nachweis, bedarf es keiner Ausschreibung nach § 50 Abs. 7 Satz 1. § 50 Abs. 7 Satz 2 bleibt unberührt. Hierauf ist in der Grenzübertrittsbescheinigung hinzuweisen.
50.4.2.1 Durch die nicht erlaubte Einreise in einen Mitgliedstaat der Europäischen Union ist der Ausländer zwar tatsächlich ausgereist, die Ausreisepflicht wird dadurch jedoch rechtlich wirksam nicht erfüllt. Im Falle der Rücküberstellung oder der sofortigen Wiedereinreise ohne Visum, auch aus Drittstaaten, besteht die Ausreisepflicht fort, ebenso sonstige Beschränkungen nach § 51 Abs. 6. Bei den vom Erfordernis des Aufenthaltstitels befreiten Ausländern ist § 51 Abs. 5 zu beachten.

427

50.4.2.2 Die freiwillige Ausreise oder Abschiebung in einen anderen Mitgliedstaat der Europäischen Union kommt nur dann in Betracht, wenn der Ausländer dort einreisen und sich dort aufhalten darf. Die Ausländerbehörde muss von dem Ausländer einen entsprechenden Nachweis verlangen, den er nach § 82 Abs. 1 Satz 1 zu erbringen hat.

50.5 Anzeigepflicht
Die Anzeigepflicht setzt lediglich die Wirksamkeit und nicht die Vollziehbarkeit der Ausreisepflicht voraus. Die Ausländerbehörde muss den Ausländer auf die Anzeigepflicht hinweisen.

50.6 Passverwahrung
50.6.1 § 50 Abs. 6 enthält das Gebot, den Pass oder Passersatz eines ausreisepflichtigen Ausländers erforderlichenfalls auch zwangsweise in Verwahrung zu nehmen. § 50 Abs. 6 setzt nur die Wirksamkeit und nicht die Vollziehbarkeit der Ausreisepflicht voraus. Der Pass oder Passersatz ist unabhängig davon zu verwahren, ob Anhaltspunkte dafür bestehen, dass der Ausländer den Pass oder Passersatz vor der Ausreise vernichten, unbrauchbar machen oder in sonstiger Weise der Behörde vorenthalten will. Die Polizeien der Länder und die mit der polizeilichen Kontrolle des grenzüberschreitenden Verkehrs beauftragten Behörden können den Pass oder Passersatz sicherstellen.
50.6.2 Bei Angehörigen der im Anhang 2 zur EU-Visumverordnung vom 15. März 2001 genannten Positivstaaten kann von der Passverwahrung abgesehen werden, wenn sie nach den Erfahrungen in der Praxis nicht erforderlich ist. In allen anderen Fällen kann von der Passverwahrung nur abgesehen werden, wenn sich in der Ausländerakte eine Ablichtung des Passes befindet und wenn nach den Erfahrungen der Ausländerbehörde der Herkunftsstaat problemlos einen Passersatz ausstellt.
50.6.3 Über die Passverwahrung erhält der Ausländer eine formlose Bescheinigung, die gebührenfrei erteilt wird. Bereits in diesem Zeitpunkt sollte die Grenzübertrittsbescheinigung mit dem Hinweis ausgehändigt werden, dass diese bei der Entgegennahme des Passes oder Passersatzes bei der Grenzübergangsstelle abzugeben ist. Ein Ausweisersatz wird nicht ausgestellt.
50.6.4 Soweit möglich, sollte der Pass dem Ausländer nicht vor der Ausreise, sondern erst bei der Ausreise an der Grenzübergangsstelle unter Entgegennahme der Grenzübertrittsbescheinigung ausgehändigt werden.
50.6.5 Der Pass kann dem Ausländer zwischenzeitlich überlassen werden, soweit es aus zwingenden Gründen erforderlich ist.

50.7 Ausschreibung in den Fahndungshilfsmitteln der Polizei
Hinsichtlich der Ausschreibung von Ausländern zur Aufenthaltsermittlung und Festnahme nach § 50 Abs. 7 Satz 1 siehe Nummern 53. 0. 10.1.1 und 58.4.2. Die Ausschreibung nach § 50 Abs. 7 Satz 2 betrifft Fälle der Durchsetzung der gesetzlichen Sperrwirkung nach § 11 Abs. 1 Satz 1 und 2 aufgrund einer Ausweisung, Zurückschiebung oder einer vollzogenen Abschiebung (siehe Nummern 53. 0. 10.1.1 und 58.4.1.1). Die Voraussetzungen für eine Festnahme im Fall des Antreffens im Bundesgebiet liegen nicht vor, wenn der Ausländer im Besitz einer Betretenserlaubnis ist (§ 11 Abs. 2).
50.7.1 Nach § 15 a verteilte Ausländer dürfen zur Aufenthaltsermittlung gemäß § 66 AsylVfG in den Fahndungshilfsmitteln der Polizei unter den dort genannten Voraussetzungen ausgeschrieben werden.

Übersicht

	Rn
I. Entstehungsgeschichte	1
II. Ausreisepflicht	2
1. Voraussetzungen der Ausreisepflicht	2
2. Ausreisefrist	7
3. Erfüllung der Ausreisepflicht	14
III. Anzeigepflicht	17
IV. Passverwahrung	18
V. Ausschreibung	20

I. Entstehungsgeschichte

1   Die Vorschrift stimmt im Wesentlichen mit dem **GesEntw** (BT-Drs 15/420 S. 20) überein. Aufgrund des Vermittlungsverf (BT-Drs 15/3479 S. 8) wurden in Abs 7 S. 2 das Wort „zurückgeschobener" eingefügt u. S. 3 angefügt.

II. Ausreisepflicht

1. Voraussetzungen der Ausreisepflicht

Die Ausreisepflicht **entsteht** nach Abs 1, wenn der Ausl einen erforderlichen AufTit **2** (§ 4 I) nicht oder nicht mehr besitzt (zum Fortfall der AufTit § 51 I) u. auch kein AufR nach ARB 1/80 besteht. Im letzteren Fall wirkt die nach § 4 V zu erteilende AE nur deklaratorisch; deswegen kommt es auf den Bestand des AufR u. nicht auf den Besitz des Titels an. Ein AufTit ist nicht erforderlich, wenn der Aufenthalt ohne einen solchen rechtmäßig ist (zB bei Unionsbürgern kraft EU-Rechts, bei von der Titelpflicht Befreiten nach § 15 ff AufenthV u. Asylbew nach § 55 AsylVfG; vgl § 4 Rn 8 ff). Die Ausreisepflicht kann daher zB nach Verlust der StAng eines EU-Staats, mit Fortfall der Befreiung vom Erfordernis des AufTit oder mit Erlöschen der AufGest entstehen, aber auch dann, wenn das AufR aufgrund eines AufTit mit dessen Ablauf kraft Ges u. ohne einen VA endet. Einer Ausreiseaufforderung bedarf es dann nicht. Ergeht eine solche, dient sie der Begründung einer aufenthaltsbeendenden Maßnahme, stellt aber selbst keinen VA dar (ThürOVG, EZAR 040 Nr 6: Ausreisepflicht nur verlautbart). Meist ist sie mit einer Abschiebungsandrohung verbunden (vgl § 59) u. kann dann zusammen mit dieser inzident angegriffen werden. Die Vollziehbarkeit der Ausreisepflicht tritt gemäß § 58 II ebenfalls kraft Ges ein.

Ausreisepflichtig ist nicht, wer aus anderen Gründen als der Befreiung nicht eines **3** AufTit bedarf. Zunächst sind dies Personen, auf die das AuslG keine Anwendung findet (§ 1 II). Sodann sind ausgenommen: freizügigkeitsberechtigte Unionsbürger (§§ 1 ff FreizügG/EU) u. heimatlose Ausl (§ 12 HAG) sowie Asylbew mit AufGest (§ 55 I AsylVfG). Außerdem benötigt (zunächst) keinen behördlichen AufTit, wessen Aufenthalt vorläufig ges erlaubt ist (§ 81 III 1 u. IV). Schließlich ist nicht ausreisepflichtig, wer aufgrund Art 5 II, 18, 21 SDÜ zum Kurzaufenthalt oder zur Durchreise berechtigt ist (vgl § 6 Rn 8 ff). Ausreisepflichtig ist dagegen, wer (noch) nicht als dt Volkszugehöriger iSd Art 116 I GG aufgenommen ist (§ 2 Rn 5 f; VGH BW, EZAR 040 Nr 1). Ausreisepflichtig ist nach alledem nicht, wer sich rechtmäßig im Bundesgebiet aufhält. Haft beseitigt die Ausreisepflicht nicht, lässt sie aber tatsächlich ruhen.

Beruht die Ausreisepflicht **auf Ges** (zB § 51 I Nr 6), beginnt sie mit Erfüllung des **4** Tatbestands. Wird sie **durch einen VA** ausgelöst (zB Versagung oder Widerruf des AufTit, Ausweisung nach § 51 I Nr 1, 4 oder 5), tritt sie ohne Rücksicht auf die Unanfechtbarkeit des VA sofort ein; denn die Anfechtung des VA berührt unbeschadet ihrer evtl aufschiebenden Wirkung die Unrechtmäßigkeit des Aufenthalts nicht (§ 84 II 1; zur Vollziehbarkeit § 58 II). Beruht die Ausreisepflicht auf mehreren Grundlagen (zB Ausweisung u. Nichtverlängerung des AufTit), werden ihr Bestehen u. ihre Vollziehbarkeit vom Fortbestand der jew anderen Grundlage nicht berührt; beide Rechtspflichten stehen unabhängig nebeneinander (Fraenkel, S. 221). Ungeachtet § 84 II 1 ist aber die Ausweisung im vorläufigen Rechtsschutzverfahren summarisch zu überprüfen, wenn die Sperrwirkung des § 11 II 2 dem Antrag auf einen AufTit entgegengesetzt werden soll (VGH BW, EZAR 622 Nr 13).

Besonderheiten sind bei **Kurzaufenthalten** aufgrund des SDÜ (Art 19–21 SDÜ; vgl § 6 **5** Rn 8–27) zu beachten. Die Ausreisepflicht nach Art 23 I SDÜ entsteht, wenn die Voraussetzungen für das AufR (vor allem nach Art 5 I SDÜ) entweder nicht bestehen oder aber entfallen. Das AufR geht zB verloren mit Verlust oder Ablauf des Passes oder mit der Ausschreibung im SIS. Des Widerrufs eines Schengen-Visum bedarf es in diesen Fällen ebenso wenig wie beim Erlöschen des AufTit zB mit Ausweisung (§ 51 I Nr 5). Um den fortbestehenden Rechtsschein zu beseitigen, könnte das Visum ungültig gemacht oder eingezogen werden. Für einen Widerruf fehlt es an einer geeigneten Rechtsgrundlage, da es sich um einen europarechtlichen grenzüberschreitenden VA handelt, der uU von der Auslandsvertr eines anderen Schengen-Staats ausgestellt ist (vgl dazu § 6 Rn 48–50). Die nach Art 23 III bis V SDÜ bestehenden Verpflichtungen zur Abschiebung sind unabhängig von der formellen Geltungsdauer des Visums oder der Visumbefreiung allein aufgrund des Erlöschens des materiellen AufR zu erfüllen. Entsteht Streit über die Beendigung des AufR, kann dieser im Rahmen des Abschiebungsverf ausgetragen werden. Gegenüber Besitzern eines nationalen AufTit (Art 21 SDÜ) ist das Verf nach Art 23 II, 25 SDÜ einzuhalten.

6   Die **Ausreisepflicht endet** mit Legalisierung des Aufenthalts durch Erteilung eines AufTit oder einer AufGest, durch endgültige Ausreise (Rn 14 f) oder durch Abschiebung (§ 58).

2. Ausreisefrist

7   Die Ausreiseverpflichtung entsteht zwar schon unter den in Abs 1 genannten Voraussetzungen (Rn 2). Die Verlassenspflicht wird aber durch Abs 2 weiter in der Weise **modifiziert,** dass eine Ausreisefrist gesetzt werden kann u. die Pflicht zur (unverzüglichen oder fristgerechten) Ausreise dann erst bis zum Ablauf der Frist erfüllt werden muss. Eine Ausreisefrist ist auch im Zusammenhang mit der Abschiebungsandrohung vorgesehen (§ 59 I). Diese Differenzierung hat zur Folge, dass sich der Ausl einerseits seit Entstehen der Ausreisepflicht unrechtmäßig im Bundesgebiet aufhält (zur Strafbarkeit vgl § 95 I Nr 2), andererseits aber die Abschiebung erst zulässig ist (§ 59 I), wenn die Ausreisepflicht nicht „freiwillig" erfüllt wird oder die Ausreise der Überwachung bedarf. Die Bestimmung der Ausreisefrist konkretisiert oder ersetzt das Erfordernis der Unverzüglichkeit der Ausreise. Ohne Fristsetzung hat die Ausreise ohne schuldhaftes Zögern (§ 121 I BGB) zu erfolgen.

8   Anhaltspunkte für die Entscheidung über die Ausreisefrist nennt das Ges nicht. Entsprechend dem allg Vollstreckungsrecht ist dem Ausl grundsätzlich Gelegenheit zu geben, seine Angelegenheiten vor der Ausreise zu ordnen u. der Pflicht zum Verlassen des Bundesgebiets freiwillig nachzukommen, um einer Abschiebung zu entgehen. Dementsprechend schreibt § 59 I für den Regelfall die vorherige **Androhung** der Abschiebung unter Bestimmung einer Ausreisefrist vor. Einer derartigen Frist bedarf es idR ungeachtet des Beginns der Ausreisepflicht. Wann von der Einräumung einer Ausreisefrist abgesehen werden kann, bestimmt das Ges weder in § 50 noch in § 58 (früher für inhaftierte Ausl nach §§ 49 II 1, 50 II, V 1 AuslG). Eine Ausnahme von der generellen Verpflichtung zur Gewährung einer Ausreisefrist kann bei Überwachungsbedürftigkeit der Ausreise aus Sicherheitsgründen angenommen werden, nicht aber schon allg bei voraussehbarer Nichterfüllung der Ausreisepflicht.

9   Die Ausreisefrist darf nicht so festgelegt werden, dass sie vor Ablauf eines AufTit oder sonst während eines rechtmäßigen Aufenthalts endet (BayVGH, EZAR 132 Nr 1). Der Besitz einer noch länger geltenden Duldung beschränkt dagegen das Ermessen nicht ein (VGH BW, EZAR 041 Nr 3). Im Ges sind weder Kriterien für die Dauer der Ausreisefrist noch eine bestimmte Frist festgeschrieben (anders zB §§ 36 I, 38 I, 39 I AsylVfG), nur deren reguläre Höchstdauer von sechs Monaten (Abs 2 S. 2). Indes können aus den ges Fristen von einer Woche für die Abschiebungsandrohung bei unbeachtlichem oder offensichtlich unbegründetem Asylantrag (§ 36 I AsylVfG) u. von einem Monat bei „einfach" unbegründetem Asylantrag (§ 38 I AsylVfG) wohl auch **Anhaltspunkte** für die Länge der nach pflichtgemäßem Ermessen zu bestimmenden Frist nach §§ 50 II 1, 59 I gewonnen werden. Der Umstand, dass Entstehen u. Vollziehbarkeit der Ausreisepflicht auseinanderfallen (Rn 2 ff), spricht nicht gegen geräumige Ausreisefristen; denn die Abschiebungsandrohung nebst Fristsetzung ergeht im Regelfall schon zusammen mit dem zugrundeliegenden VA. In diesem Zusammenhang ist auch von Bedeutung, dass länger geduldeten Ausl die Abschiebung einen Monat (früher drei Monate) vorher angekündigt werden muss (§ 60 a V 4). Damit wird zwar keine Ausreisefrist eingeräumt, aber tatsächlich Zeit für Ausreisevorbereitungen gewährt u. „Überraschung" verhindert.

10 Bei Bestimmung der Ausreisefrist sind neben dem öffentl Interesse an einer möglichst baldigen Ausreise des Ausl vor allem dessen Belange zu berücksichtigen, die sich aus Art u. Dauer seines Aufenthalts ergeben. Beim Vergleich mit ges Fristen in anderen Fallgruppen

Ausreisepflicht § 50 **AufenthG 1**

(Rn 9) u. der Höchstdauer von sechs Monaten ab Unanfechtbarkeit der Ausreisepflicht (Abs 2 S. 2) erscheint für den Regelfall der Ausreisepflicht nach rechtmäßigem Aufenthalt eine Frist von **wenigstens einem Monat** erforderlich, aber auch ausreichend. Bei längerem rechtmäßigem Aufenthalt, insb einer Dauer von mehreren Jahren sind Zeiten von mehr als einem Monat sachgerecht. Diese Dauer ist im Einzelfall entsprechend den persönlichen Bindungen u. Bedürfnissen angemessen zu verlängern. Eine analoge Anwendung von § 56 VI 2 AuslG aF (Drei-Monats-Frist) war nicht gerechtfertigt, weil diese Fallgestaltung anders gelagert u. bewusst anders geregelt war (BVerwG, EZAR 041 Nr 4; aA zT HessVGH, EZAR 041 Nr 1).

Allg sind in persönlicher Hinsicht vor allem die folgenden notwendigen **Ausreisevor-** 11 **bereitungen** u. sonstigen Aufgaben zu berücksichtigen: Einlegung u. Begründung von Rechtsmitteln, Kündigung von Arbeitsverhältnis u. Wohnung im Bundesgebiet, Vorbereitung der Heimreise, Beschaffung von Reisepapieren, Suche nach Wohnung u. möglichst auch Arbeitsplatz im Heimatstaat. Individuelle Besonderheiten können sich zB aus folgenden Gesichtspunkten ergeben (dazu zB BVerwG, EZAR 124 Nr 3; BVerwG, InfAuslR 1983, 137; OVG Hamburg, EZAR 226 Nr 10; HessVGH, EZAR 134 Nr 4 u. 224 Nr 19; OVG NRW, InfAuslR 1982, 279): familiäre Bindungen, Arbeitsverhältnis des Ehegatten, Schulbesuch minderjähriger Kinder, Schwangerschaft oder Krankheit der Ausreisepflichtigen oder der Ehefrau des Ausreisepflichtigen, Schwierigkeiten bei der Suche nach Wohnung u. Arbeit im Heimatstaat. Im Heimatstaat oder auf dem Reiseweg drohende Gefahren (durch Katastrophen, Krieg, Bürgerkrieg ua) können bei Bemessung der Ausreisefrist allenfalls dann berücksichtigt werden, wenn sie die Heimreise nur vorübergehend behindern; sonst bleiben nur Aussetzung der Abschiebung u. Duldung (§ 60a).

Eine Verlängerung der Ausreisefrist über die Höchstdauer von sechs Monaten hinaus ist 12 nur in **besonderen Härtefällen** zulässig, etwa bei lebensgefährlicher Erkrankung oder Transportunfähigkeit. Schwierigkeiten für die Rückkehr, die im Heimatstaat oder auf der Heimreise drohen, können hierzu rechnen, wenn sie vorübergehender Natur sind; sonst kommen nur Aussetzung der Abschiebung oder Duldung als geeignete Abhilfe in Betracht. Die Verlängerung der Ausreisefrist lässt die Abschiebungsandrohung selbst unberührt (VGH BW, EZAR 100 Nr 22; HessVGH, EZAR 622 Nr 7). Sie ist ausgeschlossen, wenn die Abschiebung durchführbar ist.

Die Ausreisepflicht wird nicht durch bloßen **Zeitablauf** gegenstandslos (OVG NRW, 13 EZAR 131 Nr 1). Nach früheren Recht galt eine Ausnahme hiervon für den Fall, dass der Ausl sie nicht zu befolgen brauchte, zB bei aufschiebender Wirkung des Rechtsbehelfs (BVerwGE 68, 101) oder behördlicher oder gerichtlicher Aussetzung des Sofortvollzugs (BVerwGE 60, 75; BVerwG, EZAR 104 Nr 5; VGH BW, EZAR 132 Nr 3; OVG Hamburg, EZAR 100 Nr 14 u. 105 Nr 1; HessVGH, EZAR 132 Nr 4; anders allerdings für § 10 III 7 AsylVfG 1982: BVerwG, EZAR 226 Nr 9). Aufgrund Abs 3 (früher § 50 IV AuslG stellt sich insoweit die Rechtslage aber anders dar.

3. Erfüllung der Ausreisepflicht

Die Ausreisepflicht wird grundsätzlich durch **Verlassen** der BR Deutschland erfüllt, der 14 Ausl braucht also nicht unbedingt in seinen Heimatstaat zurückzukehren. Er muss aber den Aufenthalt ins Ausland verlegen u. darf nicht nur zum Schein in der Absicht der sofortigen Rückkehr die Grenze überschreiten (Renner, AiD Rn 7/364f mwN; BVerwG, NVwZ 1991, 273). Die Einreise in einen anderen EU-Mitgliedstaat genügt nur, wenn dem Ausl dort Einreise u. Aufenthalt erlaubt sind. Diese Ausnahmebestimmung soll den Besonderheiten der aufr Stellung von Drittstaatsangehörigen in der EU Rechnung tragen, die bisher weder vom EU-Recht erfasst noch in den Mitgliedstaaten einheitlich geregelt ist (dazu Vorbem Rn 25; zur Entwicklung Ketelsen in Barwig ua, AuslR, S. 293). Das stärkere Zusammenwachsen der EU-Staaten u. die allmähliche Aufhebung der Binnengrenzen (vgl das SDÜ, Art 16a GG Rn 127ff) zwingen zur Harmonisierung des AufR zumindest in der

Weise, dass die Ausreisepflicht möglichst mit Wirkung für alle EU-Staaten durchgesetzt wird (vgl auch Art 23 SDÜ u. die RL 2001/40/EG, Text in Teil 5 Nr 3.16).

15 Sind Einreise u. Aufenthalt in dem **EU-Staat,** in den der Ausl zunächst ausgereist oder in den er später eingereist ist, nicht erlaubt, bleibt die Ausreisepflicht bestehen. Infolgedessen kann sie nach Wiedereinreise noch durch Abschiebung vollzogen werden. Der rechtlich noch nicht ausgereiste, dh noch nicht in einen anderen Staat eingereiste Ausl kann nicht nach § 15 I zurückgewiesen werden, sondern ist nach § 57 II in einen anderen Staat zurückzuschieben (Fraenkel, S. 213 f).

16 Dem Ausl wird für die Ausreise eine **Grenzübertrittsbescheinigung** ausgehändigt, damit er diese zur Kontrolle seiner Ausreise der Grenzbehörde übergibt u. dafür den in Verwahrung genommenen Pass oder Passersatz wieder erhält; die Bescheinigung kann auch später der zuständigen dt AuslVertr übergeben werden (Nr 50.4.1.2 VAH). Für dieses Kontrollverf fehlt es ebenso an einer ges Grundlage wie für die Bescheinigung (vgl §§ 58 f AufenthV). Die Nichtabgabe der Bescheinigung kann aber die Ausschreibung nach Abs 7 S. 1 zur Folge haben.

III. Anzeigepflicht

17 Die Anzeigepflicht entsteht mit Beginn der Ausreisepflicht (Rn 2), nicht erst mit deren Vollziehbarkeit (§ 58 II). Die Gründe für den Wohnungswechsel oder das Verlassen des AuslBeh-Bezirks sind unerheblich. Der **Wechsel der Wohnung** ist unabhängig vom Wechsel des Wohnsitzes u. von der melderechtlichen Ab- u. Anmeldung. Anzeigepflichtig sind auch die Aufgabe der Wohnung ohne Bezug einer anderen u. das Verlassen des AuslBeh-Bezirks ohne spätere Aufenthaltsnahme an einem anderen Ort. Nicht der Anzeigepflicht unterliegt dagegen die (endgültige) Ausreise; in diesem Fall ist nur die Abmeldung bei der Meldebehörde vorzunehmen u. eine Anzeige an die AuslBeh, die vor allem die Durchführung einer evtl Abschiebung sichern soll, überflüssig. Die aus § 62 II 1 Nr 2 resultierende Anzeigepflicht geht teilweise über die nach Abs 5 hinaus. Die AuslBeh muss den Ausl auf die Anzeigepflicht hinweisen; sonst kann ihm eine Unterlassung später uU nicht entgegengehalten werden (zB bei § 62 II Nr 2).

IV. Passverwahrung

18 Pass oder Passersatz sollen (bei Entstehen der Ausreisepflicht u. nicht erst bei deren Vollziehbarkeit) in **Verwahrung** genommen werden, um die Ausreise zu sichern (betr Asylbew §§ 15 II Nr 4, 21 I AsylVfG; zur Vorladung vor die AuslBeh vgl § 82 IV 1). Diese Maßnahme ist vr unbedenklich, weil sie nur vorübergehender Art ist (§ 3 Rn 3). Sonst bestehen aber erhebliche Zweifel an ihrer Erforderlichkeit. Begründet wird sie damit, es komme vor, dass Ausl durch Vernichtung des Passes Ausreise oder Abschiebung zu vereiteln versuchten (zu § 42 VI AuslG BT-Drs 11/6321 S. 71). Ob gelegentliche Fälle von Missbrauch die Soll-Vorschrift des Abs 6 rechtfertigen können, ist danach fraglich. Immerhin kann der Ausl ohne den verwahrten Pass oder Passersatz seiner Pass- u. Ausweispflicht (§§ 3, 48) nicht mehr nachkommen. Eine formlose Bescheinigung über die Verwahrung genügt dafür nicht.

19 Deshalb müssen eigentlich im Einzelfall **konkrete Anhaltspunkte** für den Verdacht bestehen, dass der Ausl den Pass oder Passersatz vor der Ausreise vernichten oder sonst beseitigen oder aber unbrauchbar machen wird. Sonst ist sein Interesse am weiteren Besitz des Identitäts- u. Reisedokuments höher zu veranschlagen. Denn der Ausl benötigt es zur Erfüllung seiner Pass- u. Ausweispflicht ebenso wie zur Vorbereitung seiner Ausreise (ua Abmeldung bei Arbeitgeber, Vermieter, Bank u. Behörden, Erwerb einer Fahrkarte, Verhandlungen mit dt u. ausl Zoll-

Beendigung der Rechtmäßigkeit des Aufenthalts § 51 **AufenthG 1**

behörden). Zumindest ist in diesen Fällen ein Abgehen von der Soll-Vorschrift angezeigt u. außerdem bei nicht visumpflichtigen Personen (Anhang II zur EUVisaVO).

V. Ausschreibung

Die Ausschreibung in den Fahndungshilfsmitteln der Polizei ist zu zweierlei **Zwecken** 20 zugelassen. Zum einen zur Aufenthaltsermittlung u. Festnahme im Rahmen der Aufenthaltsbeendigung u. zum anderen zur Zurückweisung u. zur Festnahme aus Gründen der Einreiseverhinderung. Damit soll dem „Untertauchen" ausreisepflichtiger Ausl begegnet werden. Dem Grundsatz der Verhältnismäßigkeit kann im Rahmen des der AuslBeh in beiden Fallgruppen obliegenden Ermessens Rechnung getragen werden. Für Asylbew gilt § 66 AsylVfG, nach § 15 a verteilte Ausl stehen Asylbew nicht gleich.

Der **Aufenthalt** des Ausl ist **unbekannt**, wenn die zuständigen Behörden seinen Aufent- 21 haltsort nicht kennen. Auf welchen Gründen die Unkenntnis beruht, kann u. muss im Rahmen des Ermessens berücksichtigt werden. Die Behörden müssen zunächst alle ihnen sonst zugänglichen Quellen (wie AZR, BAMF, Meldebehörde, Arbeitgeber, Prozessbevollmächtigter, letzter Wohnungsgeber, letzte Haftanstalt) nutzen. Ist der Aufenthalt der Behörde aufgrund eigenen Verschuldens nicht bekannt, scheidet die Ausschreibung aus. Hat der Ausl das Seine zur Unterrichtung der Behörde beigetragen, steht dies idR ebenfalls der Ausschreibung entgegen.

Besteht ein **Einreise- u. Aufenthaltsverbot** nach § 11 I 1, kann die präventive Auf- 22 nahme in die Fahndungslisten angeordnet werden, um Einreiseversuchen zu begegnen. Entweder wird damit eine Zurückweisung ermöglicht oder die Festnahme nach erfolgter Einreise u. anschließend Zurückschiebung oder Abschiebung.

§ 51 Beendigung der Rechtmäßigkeit des Aufenthalts; Fortgeltung von Beschränkungen

(1) Der Aufenthaltstitel erlischt in folgenden Fällen:
1. Ablauf seiner Geltungsdauer,
2. Eintritt einer auflösenden Bedingung,
3. Rücknahme des Aufenthaltstitels,
4. Widerruf des Aufenthaltstitels,
5. Ausweisung des Ausländers,
5 a. Bekanntgabe einer Abschiebungsanordnung nach § 58 a,
6. wenn der Ausländer aus einem seiner Natur nach nicht vorübergehenden Grunde ausreist,
7. wenn der Ausländer ausgereist und nicht innerhalb von sechs Monaten oder einer von der Ausländerbehörde bestimmten längeren Frist wieder eingereist ist,
8. wenn ein Ausländer nach Erteilung eines Aufenthaltstitels gemäß der §§ 22, 23 oder 25 Abs. 3 bis 5 einen Asylantrag stellt;
ein für mehrere Einreisen oder mit einer Geltungsdauer von mehr als drei Monaten erteiltes Visum erlischt nicht nach den Nummern 6 und 7.

(2) ¹ Die Niederlassungserlaubnis eines Ausländers, der sich mindestens 15 Jahre rechtmäßig im Bundesgebiet aufgehalten hat sowie die Niederlassungserlaubnis seines mit ihm in ehelicher Lebensgemeinschaft lebenden Ehegatten erlöschen nicht nach Absatz 1 Nr. 6 und 7, wenn deren Lebensunterhalt gesichert ist. ² Die Niederlassungserlaubnis eines mit einem Deutschen in ehelicher Lebensgemeinschaft lebenden Ausländers erlischt nicht nach Absatz 1 Nr. 6 und 7. ³ Zum Nachweis des Fortbestandes der Niederlassungserlaubnis stellt die Ausländerbehörde am Ort des letzten gewöhnlichen Aufenthalts auf Antrag eine Bescheinigung aus.

433

(3) Der Aufenthaltstitel erlischt nicht nach Absatz 1 Nr. 7, wenn die Frist lediglich wegen Erfüllung der gesetzlichen Wehrpflicht im Heimatstaat überschritten wird und der Ausländer innerhalb von drei Monaten nach der Entlassung aus dem Wehrdienst wieder einreist.

(4) Nach Absatz 1 Nr. 7 wird in der Regel eine längere Frist bestimmt, wenn der Ausländer aus einem seiner Natur nach vorübergehenden Grunde ausreisen will und eine Niederlassungserlaubnis besitzt oder wenn der Aufenthalt außerhalb des Bundesgebiets Interessen der Bundesrepublik Deutschland dient.

(5) Die Befreiung vom Erfordernis des Aufenthaltstitels entfällt, wenn der Ausländer ausgewiesen, zurückgeschoben oder abgeschoben wird; § 11 Abs. 1 findet entsprechende Anwendung.

(6) Räumliche und sonstige Beschränkungen und Auflagen nach diesem und nach anderen Gesetzen bleiben auch nach Wegfall des Aufenthaltstitels in Kraft, bis sie aufgehoben werden oder der Ausländer seiner Ausreisepflicht nach § 50 Abs. 1 bis 4 nachgekommen ist.

(7) ¹Im Falle der Ausreise eines Asylberechtigten oder eines Ausländers, bei dem das Bundesamt für Migration und Flüchtlinge unanfechtbar das Vorliegen der Voraussetzungen nach § 60 Abs. 1 festgestellt hat, erlischt der Aufenthaltstitel nicht, solange er im Besitz eines gültigen, von einer deutschen Behörde ausgestellten Reiseausweises für Flüchtlinge ist. ²Der Ausländer hat auf Grund seiner Anerkennung als Asylberechtigter oder der unanfechtbaren Feststellung des Bundesamtes für Migration und Flüchtlinge, dass die Voraussetzungen nach § 60 Abs. 1 vorliegen, keinen Anspruch auf erneute Erteilung eines Aufenthaltstitels, wenn er das Bundesgebiet verlassen hat und die Zuständigkeit für die Ausstellung eines Reiseausweises für Flüchtlinge auf einen anderen Staat übergegangen ist.

Vorläufige Anwendungshinweise

51 Zu § 51 Beendigung der Rechtmäßigkeit des Aufenthalts; Fortgeltung von Beschränkungen

51.1 Erlöschen der Aufenthaltstitel
51.1.0 Auf die Unanfechtbarkeit oder Vollziehbarkeit des Verwaltungsaktes kommt es nicht an (§ 84 Abs. 2 Satz 1).
51.1.1 Rücknahme
Der Aufenthaltstitel erlischt auch, wenn er nach allgemeinem Verwaltungsverfahrensrecht zurückgenommen wird.
51.1.2 Ausweisung
Im Falle der Ausweisung eines Asylbewerbers erlischt nicht die Aufenthaltsgestattung nach dem Asylverfahrensgesetz, sondern nur ein etwaiger asylunabhängiger Aufenthaltstitel. Ist die Ausweisung nach § 56 Abs. 4 auflösend bedingt, erlischt der Aufenthaltstitel erst mit Eintritt der Bedingung.
51.1.3 Abschiebungsanordnung
Mit Erlass der Abschiebungsanordnung erlischt zugleich der Aufenthaltstitel. Hierdurch wird die Voraussetzung dafür geschaffen, dass der Betroffene auf richterliche Anordnung in Abschiebungshaft (Sicherungshaft) genommen werden kann. Durch das Erlöschen des Aufenthaltstitels wird zugleich sichergestellt, dass mit dem Vollzug der Abschiebungsanordnung eine erneute (legale) Einreise nicht mehr möglich ist. Nach § 11 Abs. 1 kann dann auch bei einem Anspruch grundsätzlich kein Aufenthaltstitel mehr erteilt werden. Für die Bekanntgabe der Abschiebungsanordnung gilt § 41 des Verwaltungsverfahrensgesetzes.
51.1.4 Nicht nur vorübergehende Ausreise
51.1.4.1 Die Erlöschungswirkung tritt nur ein, wenn objektiv feststeht, dass der Ausländer nicht nur vorübergehend das Bundesgebiet verlassen hat. Dies kann angenommen werden, wenn er seine Wohnung und Arbeitsstelle aufgegeben hat und unter Mitnahme seines Eigentums ausgereist ist oder wenn er sich zur endgültigen Ausreise verpflichtet hat (z. B. zur Abwendung einer Ausweisung). Entscheidend ist nicht, ob der Ausländer subjektiv auf Dauer im Ausland bleiben oder ob er irgendwann ins Bundesgebiet zurückkehren will. Maßgeblich ist allein, ob der Zweck des Auslandsaufenthalts

Beendigung der Rechtmäßigkeit des Aufenthalts   § 51 AufenthG 1

seiner Natur nach von vornherein nur eine vorübergehende Abwesenheit vom Bundesgebiet erfordert oder nicht.
51.1.4.2 Wenn die Ausländerbehörde vor der Ausreise des Ausländers eine Wiedereinreisefrist nach Nummer 7 bestimmt hat, steht verbindlich fest, dass dieser Aufenthaltstitel nicht durch die Ausreise nach Nummer 6 erlischt.
51.1.5 Nicht rechtzeitige Rückkehr
51.1.5.1 Für Ausländer, die eine Aufenthaltserlaubnis zum Zwecke der Ausbildung besitzen, kommt grundsätzlich die Bestimmung einer längeren Frist nicht in Betracht.
51.1.5.2 Bei Ausländern mit einer Aufenthaltserlaubnis nach den §§ 22 bis 24, 25 Abs. 3 bis 5 wird eine längere Frist grundsätzlich nur bestimmt, wenn der Aufenthalt im öffentlichen Interesse der Bundesrepublik Deutschland liegt oder wenn dies aus Gründen der Ausbildung oder Berufsausübung erforderlich ist.
51.1.5.3 Bei Ausländern mit einer Aufenthaltserlaubnis kann im Allgemeinen eine längere Frist bestimmt werden, wenn ihnen ein gesetzlicher Anspruch auf Verlängerung der Aufenthaltserlaubnis zusteht oder wenn der Auslandsaufenthalt aus Gründen der Ausbildung oder Berufsausübung oder dringenden persönlichen Gründen erforderlich ist.
51.1.5.4 Nach Nummer 7 erlischt der Aufenthaltstitel nicht bereits zum Zeitpunkt der Ausreise, sondern erst nach Ablauf von sechs Monaten oder der von der Ausländerbehörde bestimmten längeren Frist.
51.1.5.5 Die Frist muss nicht notwendig bereits vor der Ausreise bestimmt werden. Sie kann allerdings nur bestimmt ggf verlängert werden, solange der Aufenthaltstitel noch besteht und nicht nach Nummer 2 oder 3 erloschen ist. Die Frist darf niemals die Geltungsdauer des Aufenthaltstitels überschreiten. Über die Bestimmung der Frist wird nach Ermessen entschieden. Die Bestimmung einer längeren Frist kommt nur in Betracht, wenn der Ausländer einen Auslandsaufenthalt anstrebt, der seiner Natur nach vorübergehend und zeitlich absehbar ist. Zuständig für die Fristbestimmung ist nach § 71 Abs. 1 die Ausländerbehörde, auch wenn sich der Ausländer noch im Ausland befindet.
51.1.5.6 Die Erlöschenswirkung kann von der Ausländerbehörde auch nachträglich mit Wirkung für die Vergangenheit im Rahmen einer aufenthaltsbeendenden Maßnahme festgestellt werden. Eines gesonderten Verwaltungsakts bedarf es nicht. Der Ausländer ist auf die Rechtsfolgen einer erneuten Einreise nach Eintritt der Erlöschenswirkung (vgl. § 14 Abs. 1 und § 50 Abs. 1, § 58 Abs. 2) hinzuweisen.
51.1.6 Asylantragstellung bei Aufenthalt aus humanitären Gründen
Der Aufenthaltstitel gemäß §§ 22, 23 oder 25 Abs. 3 bis 5 erlischt, wenn der Ausländer einen Asylantrag (§ 13 AsylVfG) stellt. Hierdurch wird bei Ausländern, die nach Erteilung eines Aufenthaltstitels aus humanitären Gründen einen Asylantrag stellen, anstelle einer statusrechtlichen Einschränkung (§ 14 Abs. 3 AsylVfG a. F.) eine unmittelbare aufenthaltsrechtliche Folge ausgelöst. Der Wechsel von der Aufnahme aus humanitären Gründen in das Asylverfahren soll hierdurch erschwert werden.

51.2 Fortgeltung des Aufenthaltsrechts für Rentner und deren Ehegatten
51.2.1 Die in § 51 Abs. 2 genannten Voraussetzungen müssen bereits im Zeitpunkt der Ausreise erfüllt sein. Die Nachweise, ob der Lebensunterhalt (§ 2 Abs. 3) gesichert ist, hat der Ausländer beizubringen (§ 82 Abs. 1 und 2). Die in § 51 Abs. 2 Satz 3 genannte gebührenpflichtige Bescheinigung kann auch nach der Ausreise ausgestellt werden (zum gewöhnlichen Aufenthalt siehe Nummer 71.1.2.2).

51.3 Erfüllung der Wehrpflicht
Der Ausländer hat ggf nachzuweisen, dass er sich wegen Erfüllung der Wehrpflicht länger als sechs Monate im Ausland aufgehalten hat und dass er rechtzeitig wieder eingereist ist.

51.4 Wiedereinreisefrist bei Niederlassungserlaubnis oder wegen öffentlicher Interessen
51.4.1 § 51 Abs. 4 gibt einen Regelanspruch auf die Bestimmung einer Wiedereinreisefrist
51.4.1.1 – allen Ausländern, die eine Niederlassungserlaubnis besitzen und sich lediglich aus einem seiner Natur nach vorübergehenden Grunde (z. B. für ein Studium oder eine sonstige Ausbildung) länger als sechs Monate im Ausland aufhalten wollen, und
51.4.1.2 – den Ausländern, deren Auslandsaufenthalt Interessen der Bundesrepublik Deutschland dient (z. B. als Entwicklungshelfer). Nicht zu prüfen ist, ob der Aufenthaltszweck seiner Natur nach nur einen vorübergehenden Aufenthalt erfordert.
51.4.2 Die Dauer der Wiedereinreisefrist bestimmt sich nach dem jeweiligen Aufenthaltszweck. Die Frist kann so bemessen werden, dass dem Ausländer nach Erledigung des Auslandsaufenthaltszwecks drei Monate Zeit für die Wiedereinreise bleiben. Eine Verlängerung der Frist ist möglich, solange sie noch nicht abgelaufen ist.

435

51.4.3 Die Voraussetzungen des § 51 Abs. 4 gelten nur für den durch diese Vorschrift begründeten Regelanspruch, nicht für eine Ermessensentscheidung nach Absatz 1 Nr 7. Auch Ausländern, die lediglich einen befristeten Aufenthaltstitel besitzen, kann nach Ermessen durch Bestimmung einer Wiedereinreisefrist ein längerer Auslandsaufenthalt ohne Verlust ihres Aufenthaltstitels ermöglicht werden. Bei Ausländern, deren Auslandsaufenthalt Interessen der Bundesrepublik Deutschland dient oder die einen gesetzlichen Anspruch auf Verlängerung ihres Aufenthaltstitels haben, kann jedoch die Bestimmung der Wiedereinreisefrist ggf mit einer vorzeitigen befristeten Verlängerung des Aufenthaltstitels verbunden werden.

51.5 Fortfall der Befreiung vom Genehmigungserfordernis
51.5.1 Damit die Befreiung vom Erfordernis der Aufenthaltstitel wieder eintritt, bedarf es keiner gesonderten Fristsetzung neben der Befristung der Ausweisungswirkung nach § 11 Abs. 1. Sobald das Einreise- und Aufenthaltsverbot nach § 11 Abs. 1 entfallen ist, lebt die Befreiung vom Erfordernis des Aufenthaltstitels wieder auf.
51.5.2 Der Wegfall der Befreiung vom Erfordernis der Aufenthaltstitel infolge einer nachträglichen zeitlichen Beschränkung gilt unbefristet. Eine Befristungsmöglichkeit ist nicht vorgesehen.

51.6 Fortgeltung von Beschränkungen
Die in § 51 Abs. 6 genannten Beschränkungen bleiben bestehen, wenn ein ausreisepflichtiger Ausländer unerlaubt in einen anderen Mitgliedstaat der Europäischen Union einreist, weil er in diesem Fall nach § 50 Abs. 4 seiner Ausreisepflicht nicht nachgekommen ist.

51.7 Wiederkehr eines Asylberechtigten
51.7.1 Abweichend von § 51 Abs. 1 Nr 6 und 7 erlischt der Aufenthaltstitel eines Asylberechtigten nicht, wenn er im Besitz eines gültigen und von einer deutschen Behörde ausgestellten Reiseausweises für Flüchtlinge ist (vgl. Anlage D 7 AufenthV). Das Gleiche gilt für Ausländer, bei denen unanfechtbar das Vorliegen von Abschiebungshindernissen nach § 60 Abs. 1 festgestellt worden ist.
51.7.2 Der Ausländer hat im Falle seiner Ausreise keinen Anspruch auf Neuerteilung des Aufenthaltstitels, wenn die Zuständigkeit für die Ausstellung des Reiseausweises auf einen anderen Staat übergegangen ist. Die Zuständigkeit geht gemäß § 11 der Anlage zur Genfer Flüchtlingskonvention auf den anderen Staat über, wenn der Ausländer seinen Wohnort wechselt oder sich rechtmäßig im Gebiet eines anderen Vertragsstaates der Genfer Flüchtlingskonvention niederlässt. Zu beachten ist das Übereinkommen über den Übergang der Verantwortung für Flüchtlinge vom 16. Oktober 1980 (BGBl. 1994 II S. 2645), das den Zuständigkeitsübergang nach § 11 der Anlage der Genfer Flüchtlingskonvention konkretisiert. Nach Artikel 2 des Übereinkommens geht die Zuständigkeit für die Erneuerung des Reiseausweises in vier Fällen auf einen anderen Staat über: Zwei Jahre tatsächlicher und dauernder Aufenthalt mit Zustimmung der Behörden des anderen Staates, Gestattung des dauernden Aufenthalts durch den anderen Staat, Gestattung des Aufenthalts über die Geltungsdauer des Reiseausweises hinaus oder sechs Monate nach Geltungsdauer des Reiseausweises. Allerdings hat Deutschland zu der letztgenannten Möglichkeit einen Vorbehalt erklärt, der für und gegen Deutschland gilt.
51.7.3 Hinsichtlich eines längeren Aufenthalts des Asylberechtigten in seinem Heimatstaat ist § 72 Abs. 1 Nr 1 AsylVfG und § 73 Abs. 1 AsylVfG zu beachten.

Übersicht

	Rn
I. Entstehungsgeschichte	1
II. Erlöschen	2
1. Allgemeines	2
2. Ausweisung	6
3. Nicht nur vorübergehende Ausreise	8
4. Nicht rechtzeitige Rückkehr	11
5. Ausnahmen und Privilegierungen	13
6. Fortfall der Befreiung vom Erfordernis des Aufenthaltstitels	17
7. Fortgeltung von Beschränkungen	18
III. Wiederkehr eines anerkannten politisch Verfolgten	19

I. Entstehungsgeschichte

1 Die Vorschrift wurde entspricht im Wesentlichen dem **GesEntw** (BT-Drs 15/420 S. 20 f). Aufgrund des Vermittlungsverf (BT-Drs 15/3479 S. 8) wurden vor allem in Abs 1

Beendigung der Rechtmäßigkeit des Aufenthalts § 51 **AufenthG 1**

Nr 5 a u. in Abs 2 S. 2 eingefügt. Mit Wirkung vom 18. 3. 2005 ist in Abs 5 das Wort „zurückgeschoben" eingefügt (Art 1 Nr 8 a ÄndGes vom 14. 3. 2005, BGBl. I 721).

II. Erlöschen

1. Allgemeines

Die Aufzählung in Abs 1 Hs 1 ist **abschließend.** Da die Voraussetzungen für die Rücknahme anders als die des Widerrufs (vgl § 52) nicht im AufenthG besonders geregelt sind, gelten § 48 VwVfG bzw Landes-VwVfG. An der Rücknahme rechtswidriger AufTit kann ein erhebliches öffentl Interesse bestehen, etwa beim Erschleichen des AufTit mittels falscher Angaben oder Urkunden. Die Rücknahme kann auch mit Rückwirkung auf den Zeitpunkt der Erteilung angeordnet werden, etwa aufgrund Verschuldens des Ausl am Zustandekommen des rechtswidrigen VA u. beim Fehlen schutzwürdigen Vertrauens (allg zum Verhältnis zwischen Rücknahme, Widerruf u. Befristung im AuslR Meyer, ZAR 2002, 13)

Ob der Rücknahme auch das von einer dt AuslVertr ausgestellte **Schengen-Visum** 3 unterliegt, ist nicht geklärt (dazu § 6 Rn 48 ff). Wie die besonderen Voraussetzungen für das Schengen-Visum Bestandteil der Erteilung sind, könnte auch deren Wegfall zum Anlass für die Rücknahme genommen werden. Formal wird das Schengen-Visum als AufTit auch von Abs 1 Hs. 1 Nr 3 erfasst; die Vorschriften des § 48 VwVfG gelten aber nicht für dt Behörden im Ausland (§ 2 III Nr 3 VwVfG). Begründet wird diese Ausnahme nicht mit einem besonderen Charakter der Tätigkeit der AuslVertr, sondern mit den äußeren Bedingungen auf fremdem Territorium (Stelkens/Bonk/Sachs, VwVfG; § 2 Rn 133). Eine entsprechende Anwendung des § 48 VwVfG erscheint nicht zulässig, zumal Einreisevisa als typisches Beispiel für den Ausschluss des VwVfG angesehen werden können (vgl Stelkens/Bonk/Sachs aaO). Soweit das Schengen-Visum von einem **anderen Vertragsstaat** ausgestellt ist, fehlt es ohnehin an einer tauglichen Rechtsgrundlage für die Rücknahme durch eine dt Behörde. Weder im AufenthG noch im sonstigen dt Verwaltungsrecht noch im SDÜ findet sich eine ausdrückliche Bestimmung hierüber. Auch der Hinweis auf einen Beschluss des Exekutivausschusses kann eine Rechtsgrundlage nicht ersetzen (so aber Westphal in Huber Art 23 SDÜ Rn 26 u. Nr 4.1.2.2 AAH-SDÜ; krit Huber, NVwZ 1996, 1069).

Die **Erlöschensgründe** des Ablaufs der Geltungsdauer, des Eintritts einer auflösenden 4 Bedingung, des Widerrufs (§ 52) u. der Bekanntgabe einer Abschiebungsanordnung nach § 58 a werfen idR keine besonderen Schwierigkeiten auf. Nur hinsichtlich der Rücknahme (Rn 3 f), der Ausweisung (Rn 6 f), der nicht nur vorübergehenden Ausreise (Rn 8 ff) u. der nicht rechtzeitigen Rückkehr aus dem Ausland (Rn 11 ff) bedarf es einer näheren Erläuterung.

Die **Feststellung** des Erlöschens kann durch VA erfolgen, wenn es streitig ist (VGH BW, 5 InfAuslR 1988, 72 u. 1989, 82 u. 1990, 187; OVG Hamburg, EZAR 108 Nr 3; offen gelassen von BVerwGE 97, 117); idR ist dies aber nicht anzunehmen (BVerwG, DVBl. 1991, 276). Ein Ungültigkeitsvermerk (Stempel) kann nur ausnahmsweise als Befristung nach § 7 II gedeutet werden, wenn Anhaltspunkte für eine dahingehende Regelungsabsicht bestehen (vgl BayVGH, InfAuslR 1982, 169).

2. Ausweisung

Im Falle der Ausweisung erlischt der AufTit nicht schon bei Erfüllung des Tatbestands, 6 sondern erst **mit der auslbeh Verfügung.** Nicht vorausgesetzt sind allerdings Bestandskraft oder Vollziehbarkeit (§ 84 II 1). Bei späterer Aufhebung der Ausweisungsverfügung im Widerspruchs- oder Klageverf steht nachträglich das Nichterlöschen der AufTit fest (vgl § 84 II 3).

1 AufenthG § 51   1. Teil. Aufenthaltsgesetz

7   Die **Ausweisung** eines Asylbew führt nicht zum Erlöschen der AufGest. Anders verhält es sich auch nicht bei aufschiebend bedingter Ausweisung eines Asylbew (§ 56 IV 1). Diese entfaltet ihre Wirkung nämlich erst mit unanfechtbarem Abschluss des Asylverf ohne Asylanerkennung; folglich erlischt auch die AufGest erst in diesem Zeitpunkt (§ 67 I Nr 6 AsylVfG). Die Bedingung des § 56 IV 1 ist aufschiebend u. nicht auflösend (vgl § 36 II Nr 2 VwVfG). Bei späterer Asylanerkennung ist die Ausweisung obsolet. Das Erlöschen der AE oder der NE eines anerkannten Asylber oder Flüchtlings wirkt sich nicht unmittelbar auf den Bestand der Asylanerkennung aus; diese kann aber uU wegen anderweitiger Sicherheit vor Verfolgung widerrufen werden (§ 73 AsylVfG).

3. Nicht nur vorübergehende Ausreise

8   Durch Ausreise erlischt der AufTit nur, wenn diese auf einem seiner Natur nach nicht vorübergehendem Grunde beruht oder einem eben solchen Zweck dient. Maßgeblich ist der objektive Charakter des Aufenthalts (OVG NRW, EZAR 019 Nr 21). Dieser wird aber in erster Linie durch die **Absichten** u. Vorstellungen des Ausl bestimmt u. sodann durch die **Dauer** der Abwesenheit u. die absolute **Endgültigkeit** der Ausreise. Der Grund muss seiner Art nach objektiv nicht nur eine vorübergehende Abwesenheit erfordern. Hierüber entscheiden die gesamten Einzelfallumstände, zB Dauer, Zweck, Bindungen an die Heimat oder an die BR Deutschland (OVG Hamburg, EZAR 103 Nr 6). Anzeichen für eine auf Dauer angelegte Ausreise sind Aufgabe von Wohnung u. Arbeitsplatz, polizeiliche Abmeldung, Mitnahme von Hausrat (ähnlich BayVGH, InfAuslR 1982, 169), Pflege eines dauernd pflegebedürftigen Angehörigen (OVG Hamburg, EZAR 108 Nr 3) oder Flucht vor Strafverfolgung, um im Ausland „ein neues Leben zu beginnen" (OVG NRW, EZAR 019 Nr 22). Je länger die Abwesenheit dauert, desto mehr spricht für einen nicht nur vorübergehenden Grund; dieser kann sich abweichend von dem ursprünglichen Plan auch erst während des Auslandsaufenthalts herausstellen (BVerwG, NVwZ 1982, 683).

9   Die **Grenze von sechs Monaten** ist speziell für Abs 1 Hs. 1 Nr 7 ausschlaggebend, kann aber auch sonst ein Beurteilungskriterium abgeben. Rückkehr innerhalb von sechs Monaten spricht zunächst für einen vorübergehenden Grund. In Zeiten größerer Mobilität können auch längere Abwesenheitszeiten, die über die Dauer eines Mindesturlaubs für Arbeitnehmer hinausgehen, als Anzeichen für einen nur vorübergehenden Zweck angesehen werden.

10 **Besuchs- u. Urlaubsreisen** sind auch dann unschädlich, wenn sie über die Dauer des gewöhnlichen Jahresurlaubs hinausgehen. Der Ausl kann zB Sonderurlaub nehmen u. diesen für einen Zweck verwenden, für den eine längere Anwesenheit im Heimatstaat oder anderswo erforderlich ist, zB für einen Hausbau oder eine umfangreiche Nachlassregulierung. Schulbesuch oder Ausbildung im Ausland sind nicht nur vorübergehender Natur, zumindest dann, wenn deren Ende nicht absehbar ist (OVG NRW, EZAR 103 Nr 10). Dagegen können Eheschließung oder Entbindung einen nur kurzen Aufenthalt im Ausland erfordern u. den Inlandsaufenthalt unberührt lassen. Ebenso die Pflege eines erkrankten Familienangehörigen, falls es sich nicht um einen Dauerpflegefall handelt (BVerwG, InfAuslR 1989, 114).

4. Nicht rechtzeitige Rückkehr

11 Wiedereinreise erst nach Ablauf **von mehr als sechs Monaten** oder einer auslbeh bestimmten **längeren Frist** führt ebenfalls zum Erlöschen. Der Auslandsaufenthalt ist nur dann schädlich, wenn er ununterbrochen mehr als sechs Monate andauert; kurzfristige Rückreisen sind indes unerheblich (BVerwG, InfAuslR 1989, 114). Das Überschreiten der Frist sieht der Gesetzgeber als sicheres Indiz für das Vorliegen der Voraussetzungen des Abs 1 Hs. 1 Nr 2 an. Der Erlöschenstatbestand ist aber selbständig, von der Natur des Ausreisegrunds unabhängig. Ändert sich der – nur vorübergehende – Aufenthaltszweck während des Aufenthalts im Ausland oder erstreckt sich der Aufenthalt aus einem anderen Grund über mehr als sechs Monate, muss der Ausl zur Vermeidung jeglichen Risikos eine längere Frist

Beendigung der Rechtmäßigkeit des Aufenthalts § 51 AufenthG 1

bei der AuslBeh beantragen. Unschädlich ist ein länger als sechs Monate dauernder Aufenthalt während eines saisonalen Engagements im Ausland, wenn der Ausl mehrmals tageweise nach Deutschland zurückkehrt (OVG NRW, EZAR 019 Nr 20). Die jew kurzfristige Rückkehr allein genügt aber nicht zum Nachweis eines nur vorübergehenden Zwecks (OVG NRW, EZAR 019 Nr 21). Die Fristverlängerung muss spätestens vom Ausland her vor Ablauf von sechs Monaten beantragt werden (dazu HessVGH, EZAR 019 Nr 12). Eine Wiedereinsetzung in den vorigen Stand ist ausgeschlossen (OVG NRW, EZAR 019 Nr 23). Unschädlich ist das Überschreiten nur, wenn die Frist zuvor auch tatsächlich verlängert ist. Der Aufenthalt im Ausland darf dabei seinen vorübergehenden Charakter nicht verlieren.

Eine Frist von **mehr als sechs Monaten** kann der Inhaber einer NE idR verlangen, 12 wenn der Aufenthalt im Ausland vorübergehender Art ist. Weitere Voraussetzungen müssen dann nicht erfüllt sein. Die Verlängerungsfrist richtet sich nach dem Zweck des Aufenthalts. Ebenso begünstigt ist, wer sich im staatl Interesse im Ausland aufhält (zB als Entwicklungshelfer). Bei diesen Personen ist nicht einmal die vorübergehende Natur des Aufenthaltszwecks verlangt. Eine Verlängerung kommt auch bei anderen Ausl in Betracht, die eine auf Dauer angelegte AE besitzen. Das Gleiche gilt bei Vorliegen eines öffentl Interesses an einem längeren Auslandsaufenthalt des Ausl auch für Besitzer einer anderen AE. Ausgenommen sind jedoch zB Inhaber einer AE zu Ausbildungszwecken. Für die Verlängerung bei NE-Besitzern u. nach Ermessen ist immer vorausgesetzt, dass der Abwesenheitsgrund weiterhin nur vorübergehender Art ist.

5. Ausnahmen und Privilegierungen

Die Erlöschensgründe des Abs 1 Hs. 1 Nr 6 u. 7 gelten nicht für ein **Visum**, das für 13 länger als drei Monate oder für mehrere Einreisen erteilt ist. Damit wird einem praktischen Bedürfnis u. der Eigenart eines Dauervisums Rechnung getragen.

Von der Erlöschenswirkung des längeren Auslandsaufenthalts nach Abs 1 Hs. Nr 6 u. 7 14 ausgenommen ist auch die NE eines Ausl, der **mit einem Dt verheiratet** ist u. mit ihm in ehelicher Lebensgemeinschaft zusammenlebt.

Privilegiert ist ferner ein Ausl mit NE, der sich **seit mindestens 15 Jahren** rechtmäßig 15 in Deutschland aufgehalten hat, u. sein Ehegatte, der mit ihm in ehelicher Lebensgemeinschaft zusammenlebt. Der Ausl braucht nicht Arbeitnehmer gewesen zu sein u. auch keine Rente zu beziehen (anders noch § 44 I a u. I b AuslG). Der Ehegatte braucht keinen Voraufenthalt bestimmter Dauer aufzuweisen. Mit dieser Regelung wird vor allem älteren Ausl ermöglicht, auch für längere Zeit in ihr Heimatland zurückzukehren u. beliebig häufig hin- u. herzureisen, ohne damit ihr gesichertes AufR zu verlieren (zu § 44 AuslG: BT-Drs 13/4948 S. 8). Früher gingen sie ohne weiteres nach § 44 I Nr 2 oder 3 AuslG ihrer AufGen verlustig u. konnten sich allenfalls unter den Voraussetzungen des § 16 V AuslG als Wiederkehrer erneut in Deutschland niederlassen. Nunmehr genügt die Sicherung des Lebensunterhalts iSd § 2 III zum Nachweis eines Wiedereinreiserechts (zum Unterhaltsnachweis nach früherem Recht OVG NRW, EZAR 019 Nr 14).

In ähnlich Weise begünstigt sind Ausl, welche die Sechs-Monats-Frist wegen der Ableis- 16 tung des **ges Wehrdienstes** überschreiten; sie müssen nur spätestens drei Monate nach der Entlassung wieder einreisen. Freiwilliger Militärdienst ist nicht gleichgestellt. Soll sich bei ihnen ein weiterer Aufenthalt für einen vorübergehenden Zweck anschließen, kommt ebenfalls eine Fristverlängerung in Betracht; sie muss nur rechtzeitig vor Ablauf der drei Monate beantragt sein u. innerhalb dieser Frist erteilt werden.

6. Fortfall der Befreiung vom Erfordernis eines Aufenthaltstitels

Die Befreiung vom Erfordernis eines AufTit entfällt mit Ausweisung oder Abschiebung. 17 Gleichzeitig tritt die **Sperre** des § 11 I in Kraft. Damit wird die Privilegierung der begünstigten Personenkreise aufgehoben. Die Sperrwirkungen können befristet werden, allerdings erst nach (endgültiger) Ausreise. Die Befreiung entfällt auch mit Ende der Befreiungsfrist.

Infolgedessen wird der Ausl auch in diesem Zeitpunkt ausreisepflichtig. Dies brauchte nicht ausdrücklich ges klargestellt zu werden (anders noch § 55 V 2 AuslG).

7. Fortgeltung von Beschränkungen

18 Das Erlöschen des AufTit (betr AufGest vgl § 56 III 1 AsylVfG) soll den Ausl nicht von Beschränkungen u. Auflagen freistellen, die mit dem AufTit verbunden waren. Abs 6 behandelt sie deshalb wie **selbständige Nebenbestimmungen,** deren Bestand von dem des zugrundeliegenden AufR nicht abhängt. Sie erlöschen erst mit Aufhebung oder endgültiger Ausreise. Kurzfristige Reisen ins Ausland mit anschließender Wiedereinreise entfalten diese Wirkung nicht (zur Duldung vgl § 46 a Rn 2, § 60 a Rn 11 ff).

III. Wiederkehr eines anerkannten politisch Verfolgten

19 Privilegiert ist auch, wer als Asylber oder als Flüchtling **anerkannt** ist. Sein AufTit erlischt so lange nicht, wie er einen von einer dt Behörde ausgestellten Reiseausweis besitzt. Wenn er allerdings Deutschland verlassen hat u. die Zuständigkeit für die Ausstellung eines GK-Reiseausweises auf einen anderen Staat übergegangen ist, kann er nicht erneut einen AufTit verlangen (ebenso früher § 69 AsylVfG; vgl HessVGH, NVwZ-RR 1996, 114). Bei längeren Aufenthalten in dem Heimatstaat vgl §§ 72 I Nr 1, 73 I AsylVfG.

20 Unter welchen Voraussetzungen die Zuständigkeit für die Ausstellung eines **„Konventionspasses"** auf einen anderen Staat übergeht, ergibt sich aus § 11 GK-Anhang. Erforderlich sind ein Wechsel des Wohnorts oder eine rechtmäßige Niederlassung in einem anderen GK-Vertragsstaat. Das Risiko, dass der Asylber oder anerkannte GK-Flüchtling dort – aus welchen Gründen auch immer – keinen Reiseausweis erhält, trägt dieser selbst. Dies ist vor allem deswegen gefährlich, weil die Flüchtlingsanerkennung in Deutschland für andere GK-Vertragsstaaten nicht kraft allg VR oder vr Vertragsrechts verbindlich ist (vgl BVerfGE 52, 391).

21 Seit Inkrafttreten des **Übereinkommens** über den Übergang der Verantwortung für Flüchtlinge vom 16. 10. 1980 (Text in Teil 5 Nr 5.5) am 1. 3. 1995 geht die Verantwortung u. damit die Zuständigkeit für die Erneuerung des Reiseausweises in vier Fällen auf den anderen Staat über (Art 2): zwei Jahre tatsächlicher u. dauernder Aufenthalt mit Zustimmung der Behörden des Zweitstaats; Gestattung des dauernden Aufenthalts durch den Zweitstaat; Gestattung des Verbleibs über die Geltungsdauer des Reiseausweises hinaus; sechs Monate nach Ablauf der Geltungsdauer des Reiseausweises (zu letzterem Tatbestand hat die BR Deutschland einen Vorbehalt gemäß Art 14 I erklärt).

22 Der Ausschluss nach Abs 7 S. 2 gilt nur, solange die Zuständigkeit des anderen Vertragsstaats andauert. Entfällt diese, dann lebt die **Schutzbedürftigkeit** wieder auf, u. dem Ausl ist unmittelbar aufgrund Art 16 a I GG der Aufenthalt im Bundesgebiet wieder zu ermöglichen. Seine aufr Stellung ist damit nicht vorgegeben. Einen Anspruch besitzt der politisch Verfolgte damit nicht, ihm kann aber eine AE zumindest nach § 25 IV oder nach § 7 I 2 erteilt werden.

§ 52 Widerruf

(1) ¹Der Aufenthaltstitel des Ausländers kann außer in den Fällen des Absatzes 2 nur widerrufen werden, wenn

1. er keinen gültigen Pass oder Passersatz mehr besitzt,
2. er seine Staatsangehörigkeit wechselt oder verliert,
3. er noch nicht eingereist ist oder
4. seine Anerkennung als Asylberechtigter oder seine Rechtsstellung als Flüchtling erlischt oder unwirksam wird.

Widerruf   § 52 **AufenthG 1**

² In den Fällen des Satzes 1 Nr. 4 kann auch der Aufenthaltstitel der mit dem Ausländer in häuslicher Gemeinschaft lebenden Familienangehörigen widerrufen werden, wenn diesen kein eigenständiger Anspruch auf den Aufenthaltstitel zusteht.

(2) ¹ Ein Visum und eine Aufenthaltserlaubnis, die zum Zweck der Beschäftigung erteilt wurden, sind zu widerrufen, wenn die Bundesagentur für Arbeit nach § 41 die Zustimmung zur Ausübung der Beschäftigung widerrufen hat. ² Ein Visum und eine Aufenthaltserlaubnis, die nicht zum Zweck der Beschäftigung erteilt wurden, sind im Falle des Satzes 1 in dem Umfang zu widerrufen, in dem sie die Beschäftigung gestatten.

Vorläufige Anwendungshinweise

52 Zu § 52 Widerruf

52.0 Allgemeines
52.0.1 § 52 regelt die Gründe für den Widerruf eines Aufenthaltstitels abschließend. Insoweit sind die Vorschriften des allgemeinen Verwaltungsverfahrensrechts über den Widerruf von Verwaltungsakten auf die Aufenthaltstitel nicht ergänzend anwendbar. Entfällt jedoch nachträglich eine für die Erteilung, Verlängerung oder Bestimmung der Geltungsdauer wesentliche Voraussetzung ist die Aufenthaltstitel nachträglich zeitlich zu beschränken (§ 7 Abs. 2 Satz 2).
52.0.2 Die Regelung über den Widerruf im Ausländergesetz schließt nicht die Rücknahme eines Aufenthaltstitels nach § 51 Abs. 1 Nr 3 i. V. m. mit § 48 VwVfG-Bund bzw. den entsprechenden Regelungen der Verwaltungsverfahrensgesetze der Länder zurückgenommen werden (z. B. wenn der Ausländer die Aufenthaltstitel mittels falscher Angaben oder Urkunden erschlichen hat). Hat der Ausländer die Rechtswidrigkeit zu vertreten, soll die Rücknahme auf den Zeitpunkt der Erteilung der Aufenthaltstitel angeordnet werden, ansonsten mit Wirkung für die Zukunft. Die Zuständigkeit für die Rücknahme richtet sich nach landesrechtlichen Vorschriften. Die Aufenthaltstitel ist mit einem Ungültigkeitsvermerk zu versehen.

52.1 Widerrufsgründe
52.1.0 Allgemeines
Sobald die Ausländerbehörde oder eine andere für den Widerruf zuständige Behörde von dem Eintritt eines gesetzlichen Widerrufsgrunds Kenntnis erlangt, ist sie verpflichtet, unverzüglich darüber zu entscheiden, ob der Aufenthaltstitel widerrufen werden soll. Wird von dem Widerruf abgesehen, ist dies in der Ausländerakte zu vermerken. Über den Widerruf darf erneut nur entschieden werden, wenn neue Umstände eingetreten sind (z. B. dem Ausländer ist es wieder möglich, in zumutbarer Weise einen Pass zu erlangen).
52.1.1 Nichtbesitz eines Passes oder Passersatzes
52.1.1.1 Die Aufenthaltstitel ist zu widerrufen, wenn der Ausländer zumutbare Anforderungen zur Erlangung eines neuen Passes nicht erfüllt. Von dem Widerruf kann nur abgesehen werden, wenn die Geltungsdauer des Aufenthaltstitels innerhalb der nächsten sechs Monate abläuft und durch den Verzicht auf den Widerruf die tatsächliche Aufenthaltsbeendigung nicht wesentlich erschwert oder unmöglich wird.
52.1.1.2 Ist es dem Ausländer nicht möglich, in zumutbarer Weise einen Pass zu erlangen, wird über den Widerruf des Aufenthaltstitels unter Berücksichtigung des aufenthaltsrechtlichen Status entschieden. Ein Widerruf kommt insbesondere in Betracht,
52.1.1.2.1 – wenn für den Ausländer ein späterer Daueraufenthalt im Bundesgebiet ausgeschlossen ist, weil eine Aufenthaltsverfestigung nach § 8 Abs. 2 ausgeschlossen worden ist,
52.1.1.2.2 – wenn der Ausländer im Besitz einer Aufenthaltserlaubnis nach § 22, 23 oder § 25 Abs. 3 bis 5 ist und ein Abschiebungshindernis nicht mehr besteht oder
52.1.1.2.3 – wenn gegen einen Ausländer, der im Besitz einer Niederlassungserlaubnis ist, ein Ausweisungsgrund vorliegt.
Sofern der Aufenthaltstitel nicht widerrufen wird, ist § 48 Abs. 2 zu beachten. Das gleiche gilt auch für im Ausland anerkannte Flüchtlinge, solange sie nicht in deutsche Obhut übernommen worden sind. Ein Widerruf kommt in diesen Fällen grundsätzlich nur in Betracht, wenn der Heimatstaat den Reiseausweis für Flüchtlinge nicht mehr verlängert hat.
52.1.2 Wechsel oder Verlust der Staatsangehörigkeit
52.1.2.1 Das Aufenthaltsgesetz ermöglicht bei Wechsel oder Verlust der Staatsangehörigkeit den Widerruf des Aufenthaltstitels aus zwei Gründen:

52.1.2.1.1.1 – Die Aufenthaltsgewährung und der gegenwärtige aufenthaltsrechtliche Status können wesentlich auf der bisherigen Staatsangehörigkeit beruhen. Insoweit ist der Widerrufsgrund eine spezielle, abweichend von § 7 Abs. 2 Satz 2 nicht nur für die befristete, sondern für alle Aufenthaltstitel geltende Regelung des Wegfalls einer für die Erteilung oder Verlängerung des Aufenthaltstitels wesentlichen Voraussetzung.
52.1.2.1.1.2 – Der Wechsel, vor allem aber der Verlust der bisherigen Staatsangehörigkeit können eine spätere Aufenthaltsbeendigung erschweren oder unmöglich machen.
Bei der Entscheidung über den Widerruf ist daher zu prüfen, ob im konkreten Einzelfall einer dieser beiden Gründe den Widerruf rechtfertigt.
52.1.2.2 Sofern mit der bisherigen Staatsangehörigkeit eine zwingende Voraussetzung für die Erteilung und Verlängerung des Aufenthaltstitels entfallen ist, kann von einem Widerruf nur abgesehen werden, wenn die Geltungsdauer des Aufenthaltstitels ohnehin innerhalb der nächsten sechs Monate abläuft und deshalb ein Widerruf weder zweckmäßig noch erforderlich ist Zwingende Erteilungsvoraussetzung ist die Staatsangehörigkeit nur für die Erteilung eines Aufenthaltstitels nach § 34 BeschV.
52.1.2.3 Ebenso ist der Aufenthaltstitel bei einem Wechsel der Staatsangehörigkeit zu widerrufen, wenn der Aufenthalt nur wegen der Unmöglichkeit der Aufenthaltsbeendigung gewährt wurde und dieser Grund durch den Staatsangehörigkeitswechsel entfallen ist.
52.1.2.4 Nicht zwingende, aber wesentliche Voraussetzung kann die Staatsangehörigkeit gewesen sein, z. B. für
52.1.2.4.1 – die Erteilung einer Aufenthaltserlaubnis nach §§ 22, 23 oder § 25 Abs. 3 bis 5,
52.1.2.4.2 – die Zulassung des Familiennachzugs zu Auszubildenden,
52.1.2.4.3 – die Erteilung einer Aufenthaltserlaubnis zur Aufnahme einer selbständigen Erwerbstätigkeit oder
52.1.2.4.4 – generell die Erteilung eines Aufenthaltstitels unter Berücksichtigung einer zwischenstaatlichen Vereinbarung.
Bei der Entscheidung über den Widerruf ist auch der Grund für den Staatsangehörigkeitswechsel von Bedeutung. Im Allgemeinen kann von einem Widerruf abgesehen werden, wenn der Wechsel auf einer Eheschließung beruht.
52.1.2.5 Der Widerruf ist regelmäßig geboten, wenn der Ausländer den Verlust seiner bisherigen Staatsangehörigkeit durch Beantragung der Entlassung selbst herbeigeführt und dadurch eine etwaige spätere Aufenthaltsbeendigung unmöglich gemacht hat.
52.1.3 Widerruf vor der Einreise
52.1.3.1 Die Widerrufsmöglichkeit nach § 52 Abs. 1 Satz 1 Nr 3 besteht
52.1.3.1.1 – ausschließlich in Bezug auf den vor der Einreise erteilten Aufenthaltstitel, also im Allgemeinen nur für Visa, und
52.1.3.1.2 – grundsätzlich nur in dem begrenzten Zeitraum zwischen Erteilung und erstmaliger Einreise.
52.1.3.2 Der Widerruf eines Visums vor der Einreise ist bei nachträglichem Eintritt oder Bekanntwerden eines Versagungsgrundes zulässig. Ein Widerruf nach § 52 Abs. 1 Satz 1 Nr 3 ist ausgeschlossen, sofern im Zeitpunkt der Entscheidung über den Widerruf ein gesetzlicher Anspruch auf Erteilung eines Aufenthaltstitels besteht und keine Versagungsgründe, die diesen Anspruch ausschließen können, vorliegen. Über den Widerruf ist nach Ermessen unter Beachtung des Grundsatzes der Verhältnismäßigkeit zu entscheiden.
52.1.3.3 Zuständig für den Widerruf des Visums vor der Einreise ist grundsätzlich die Behörde, die den Aufenthaltstitel erteilt hat. Die Ausländerbehörde, die die Zustimmung zur Erteilung eines Visums erteilt hat, kann von der Auslandsvertretung und der Grenzbehörde (§ 71 Abs. 3 Nr 3) bis zur Einreise des Ausländers verlangen, dass das Visum widerrufen wird. Die Auslandsvertretung ist daran grundsätzlich in gleicher Weise gebunden wie an die Versagung der Zustimmung. Die Grenzbehörde hat ein Visum zu widerrufen, wenn eine deutsche Auslandsvertretung darum ersucht. Dies gilt grundsätzlich auch, wenn die Auslandsvertretung eines Schengen-Staates, die das Schengen-Visum erteilt hat, darum ersucht. In Fällen des § 52 Abs. 1 Satz 1 Nr 3 kann die Grenzbehörde ohne Ersuchen der ausstellenden Behörde (§ 71 Abs. 3 Nr 3 Buchst. a) ein Visum widerrufen, wenn sie gegen den Ausländer zuvor eine Zurückweisung (insbesondere gemäß § 15 Abs. 2 Nr 2) verfügt hat.
52.1.4 Widerruf bei Flüchtlingen
52.1.4.1 Die Entscheidung über den Widerruf ist unabhängig davon zu treffen, ob die Entscheidung des Bundesamts nach § 73 AsylVfG unanfechtbar ist. Die Rückgabe des Anerkennungsbescheids und des Reiseausweises nach Artikel 28 GK sind jedoch an die Unanfechtbarkeit der Entscheidung des Bundesamts geknüpft (§ 73 Abs. 6 AsylVfG). Selbst wenn der Ausländer gegen die Entscheidung der

Ausländerbehörde Widerspruch erhebt, bleibt die Wirkung des Widerrufs bestehen (u. a. Begründung der Ausreisepflicht, nicht rechtmäßiger Aufenthalt; § 84 Abs. 2 Satz 1). Bis zum Verfahrensabschluss ist daher eine Verfestigung des aufenthaltsrechtlichen Status nicht möglich (jedoch § 84 Abs. 2 Satz 2). Da nach § 52 Abs. 1 Satz 1 Nr 4 Widerrufsgrund der Verlust des Flüchtlingsstatus ist, ist die Vorschrift auf im Ausland anerkannte Flüchtlinge nur anwendbar, soweit sie durch Ausstellung eines Reiseausweises für Flüchtlinge in deutsche Obhut übernommen sind.

52.1.4.2 Ob die Flüchtlingseigenschaft ohne vorherigen Verwaltungsakt kraft Gesetzes erloschen ist (§ 72 AsylVfG), hat die Ausländerbehörde bei Vorliegen entsprechender Anhaltspunkte in eigener Zuständigkeit zu prüfen (z. B. die Behörde erfährt von der Grenzbehörde, dass ein Asylberechtigter vom Heimatstaat einen Pass erhalten hat). Stellt sie fest, dass die Flüchtlingseigenschaft erloschen ist, ist das Bundesamt unverzüglich zu unterrichten. Gleichzeitig ist dies dem Bundesamt – Ausländerzentralregister – zu melden. Sieht die Ausländerbehörde von einem Widerruf ab, ist dies in der Ausländerakte zu begründen. Nach § 72 Abs. 2 AsylVfG ist der Anerkennungsbescheid und der Reiseausweis bei der Ausländerbehörde unverzüglich abzugeben. Weigert sich der Ausländer, ist die Abgabepflicht im Wege der Verwaltungsvollstreckung durchzusetzen.

52.1.4.3 Über den Widerruf des Aufenthaltstitels nach § 52 Abs. 1 Satz 1 Nr 4 entscheidet die Ausländerbehörde nach Ermessen. Dabei hat sie zugunsten des Ausländers die in § 55 Abs. 3 für das Ausweisungsermessen genannten Umstände zu berücksichtigen (vgl. Nummer 55.3). Im Falle der Rücknahme eines zu Unrecht erlangten Flüchtlingsstatus (§ 73 Abs. 2 AsylVfG) ist der Widerruf der Aufenthaltstitel im Allgemeinen gerechtfertigt, auch wenn den Familienangehörigen des Ausländers der weitere Aufenthalt im Bundesgebiet gewährt werden kann oder muss. Halten sich Familienangehörige i. S. v. § 52 Abs. 1 Satz 2 bei dem ehemaligen Flüchtling auf, kann die Ausländerbehörde über den Widerruf ermessensfehlerfrei nur entscheiden, in dem sie zugleich über den weiteren Aufenthalt der Familienangehörigen im Falle des Widerrufs befindet. Gegebenenfalls sind die Widerrufsverfahren nach § 52 Abs. 1 Satz 1 Nr 4 und nach § 52 Abs. 1 Satz 2 gleichzeitig zu betreiben.

52.1.4.4 Der Widerruf einer Niederlassungserlaubnis nach § 52 Abs. 1 Nr 4 ist ausgeschlossen, wenn der Ausländer bereits im Zeitpunkt der Zuerkennung des Flüchtlingsstatus im Besitz einer Niederlassungserlaubnis war oder wenn ihm im Hinblick auf seine bisherige aufenthaltsrechtliche Situation (unabhängig von seiner Anerkennung als Flüchtling) eine Niederlassungserlaubnis erteilt werden könnte.

52.1.4.5 Da der Widerruf lediglich an den Wegfall der Asylberechtigung oder Flüchtlingseigenschaft geknüpft ist, kann er durch andere gesetzliche Aufenthaltsrechte beschränkt werden. Solche gesetzlichen Beschränkungen können sich aufgrund der Familiennachzugsbestimmungen (§§ 27 bis 36) ergeben. Der Besitz eines eigenständigen Aufenthaltsrechts nach §§ 31, 34 f. entfällt nicht nach Erlöschen, Widerruf oder Rücknahme des Familienasyls (§ 26 AsylVfG). Ein Anspruch nach § 28 schränkt das Ermessen nach § 52 weitgehend ein.

52.1.4.6 Der Widerruf einer Niederlassungserlaubnis kann trotz Wegfalls des Flüchtlingsstatus im Hinblick auf die aufenthaltsrechtliche Situation des Ausländers (vgl. z. B. Erfüllung der Voraussetzungen nach den Familiennachzugsvorschriften) dazu führen, dass dem Ausländer lediglich eine Aufenthaltserlaubnis erteilt wird bzw werden kann, wenn er die materiellrechtlichen Voraussetzungen hierfür erfüllt. In diesem Fall erübrigen sich aufenthaltsbeendende Maßnahmen.

52.1.4.7 Im Rahmen aufenthaltsbeendender Maßnahmen ist zu berücksichtigen, ob das Bundesamt auch die Entscheidung über das Vorliegen eines Abschiebungshindernisses widerrufen oder zurückgenommen hat (vgl. § 73 Abs. 3 AsylVfG).

52.1.4.8 Nach § 101 Satz 2 findet § 52 Abs. 1 Satz 1 Nr 4 entsprechend Anwendung auf Ausländer, die vor Inkrafttreten des Zuwanderungsgesetzes nach § 1 des Gesetzes über Maßnahmen für im Rahmen humanitärer Hilfsaktionen aufgenommene Flüchtlinge vom 22. Juli 1983 (sog. Kontingentflüchtlingsgesetz) aufgenommen worden waren. Die Rechtsstellung dieser Personen kann weiterhin nach §§ 2 a, 2 b des Kontingentflüchtlingsgesetz erlöschen oder widerrufen werden (§ 101 Satz 1).

52.1.5 Widerruf der Aufenthaltstitel bei Familienangehörigen

52.1.5.1 Dem Widerruf nach § 52 Abs. 1 Satz 2 steht nur ein Anspruch auf Erteilung des Aufenthaltstitels entgegen, der dem Familienangehörigen ausschließlich aus eigenem Recht (§ 31) zusteht und nicht vom Aufenthaltsrecht des Asylberechtigten abgeleitet ist. In den Fällen des § 31 Abs. 4 Satz 2 liegt ein Anspruch nicht vor. Ein auf § 9 Abs. 3 Satz 1 und 3 gestützter Anspruch steht daher einem Widerruf nicht entgegen. Der Widerruf erübrigt sich, wenn der Ehegatte des ehemaligen Flüchtlings selbst alle Voraussetzungen des § 9 bzw. des § 26 Abs. 3 erfüllt. Keine abgeleiteten, sondern eigene Ansprüche sind die nach §§ 34, 35 sowie die durch Eheschließung der Kinder des ehemaligen Flüchtlings mit einem Dritten erworbenen Ansprüche auf Aufenthaltsgewährung.

52.1.5.2 Über den Widerruf nach § 52 Abs. 1 Satz 2 wird nach Ermessen entschieden. Dabei hat die Ausländerbehörde insbesondere die vom Aufenthalt des ehemaligen Flüchtlings unabhängigen eigenen Bindungen des Familienangehörigen im Bundesgebiet zu berücksichtigen. Ein Absehen vom Widerruf kommt insbesondere bei volljährig gewordenen Kindern in Betracht, die ihren wirtschaftlichen Lebensmittelpunkt im Bundesgebiet gefunden haben und mit Ablauf der Geltungsdauer ihrer Aufenthaltserlaubnis die Voraussetzungen für die Niederlassungserlaubnis nach § 35 Abs. 1 Satz 2 erfüllt haben werden. Andererseits ist bei Familienangehörigen, die lediglich eine Aufenthaltserlaubnis nach §§ 22 bis 24, 25 Abs. 3 bis 5 besitzen und die Voraussetzungen des § 26 Abs. 4 nicht erfüllen, grundsätzlich der Widerruf geboten, da die Aufenthaltserlaubnis in diesen Fällen stets ein zunächst vorläufiges Aufenthaltsrecht gewährt.

52.1.5.3 Zwingende Voraussetzung für den Widerruf nach § 52 Abs. 1 Satz 2 ist zwar, dass der Aufenthaltstitel des ehemaligen Flüchtlings nach § 52 Abs. 1 Satz 1 Nr 4 widerrufen wird, aber die Ausländerbehörde braucht nicht bis zum Eintritt der Unanfechtbarkeit des Widerrufs nach § 52 Abs. 1 Satz 1 Nr 4 zu warten. Sie kann vielmehr den Aufenthaltstitel des ehemaligen Flüchtlings und seiner Familienangehörigen gleichzeitig widerrufen. Allerdings muss sie in diesem Falle den Widerruf nach § 52 Abs. 1 Satz 2 mit der auflösenden Bedingung der Aufhebung des Widerrufs nach § 52 Abs. 1 Satz 1 Nr 4 versehen.

52.2 Widerruf bei einem Aufenthalt zum Zwecke der Beschäftigung

52.2.1 § 52 Abs. 2 Satz 1 verpflichtet die Ausländerbehörde das Visum oder die Aufenthaltserlaubnis, die ausschließlich zum Zweck der Beschäftigung (§§ 18, 19) erteilt wurden, zu widerrufen, wenn die Bundesagentur für Arbeit nach § 41 die Zustimmung zur Ausübung einer Beschäftigung widerrufen hat. Im Unterschied zu den Regelungen des § 52 Abs. 1 besteht für die Ausländerbehörde kein Ermessen. Allerdings kann der Ausländer aufgrund anderer Bestimmungen einen gesetzlichen Anspruch auf Neuerteilung eines Aufenthaltstitels zu einem anderen Aufenthaltszweck (z. B. Familiennachzug) haben.

52.2.2 Nach § 52 Abs. 2 Satz 2 wird der Widerruf auf die Gestattung der Beschäftigung beschränkt, wenn der Ausländer ein Visum oder eine Aufenthaltserlaubnis zu einem anderen Zweck als zur Beschäftigung besitzt und die Bundesagentur für Arbeit die Zustimmung zur Ausübung der Beschäftigung nach § 41 widerruft. Dies betrifft die Fälle, in denen der Ausländer nicht bereits aufgrund des Gesetzes ohne Zustimmung der Bundesagentur für Arbeit zur Beschäftigung berechtigt ist.

Übersicht

	Rn
I. Entstehungsgeschichte	1
II. Allgemeines	2
III. Widerruf	4
1. Allgemeines	4
2. Widerrufsgründe	5
3. Familienangehörige	11
4. Beschäftigungsaufenthalt	13
IV. Verfahren und Rechtsschutz	14

I. Entstehungsgeschichte

1 Die Vorschrift entspricht dem **GesEntw** (BT-Drs 15/420); aufgrund des Vermittlungsverf wurde nur in Abs 2 S. 1 das Wort „Bundesamt" durch „Bundesagentur" ersetzt (BT-Drs 15/3479 S. 8).

II. Allgemeines

2 Der Widerruf steht im pflichtgemäßen **Ermessen** der AuslBeh u. führt – ebenso wie die übrigen Gründe des § 51 I – zum Erlöschen des AufTit. Die materiellen Voraussetzungen sind abschließend geregelt („nur"), eine ergänzende Anwendung des § 49 VwVfG bzw Landes-VwVfG kommt also nicht in Betracht. Der Widerruf eines (ursprünglich recht-

Widerruf　　　　　　　　　　　　　　　　　　　　　　　§ 52 **AufenthG** 1

mäßigen) AufTit bei Fortfall anderer Erteilungsvoraussetzungen ist ausgeschlossen; möglich ist dann eine nachträgliche Befristung (§ 7 II 2; zum Verhältnis zwischen Befristung, Rücknahme u. Widerruf vgl Meyer, ZAR 2002, 13).

Wie die Aufzählung der Erlöschensgründe in § 51 I nunmehr anders als § 44 I AuslG 3 klarstellt, ist auch die **Rücknahme** eines (rechtswidrigen) AufTit zulässig (zur früheren Rechtslage: BVerwGE 98, 298). Damit ist § 48 VwVfG bzw Landes-VwVfG auf rechtswidrig erteilte AufTit anzuwenden, etwa bei anfänglicher Passlosigkeit oder bei Erwirken des AufTit mittels Falschangaben. In Betracht kommt idR nur eine Rücknahme ex nunc. Wer sich zB durch unrichtige Angaben eine AufTit erschleicht, kann außerdem den Ausweisungstatbestand des § 55 II Nr 2 erfüllt haben u. ausgewiesen werden.

III. Widerruf

1. Allgemeines

Der Widerruf eines (rechtmäßigen) AufTit führt zu dessen Erlöschen mit **Wirkung für** 4 **die Zukunft.** Er wird mit Eintritt der Unanfechtbarkeit oder bei sofortiger Vollziehbarkeit vollziehbar, entfaltet aber trotz eines Rechtsbehelfs seine aufenthaltsbeendende Wirkung (§ 84 II 1; VGH BW, EZAR NF 94 Nr 2). Dies hat auch Bedeutung für Abs 1 Nr 1, weil der AufTit bei Nichterfüllung der Passpflicht zunächst bis zum Widerruf fortgilt. Die Möglichkeit des Widerrufs ist nicht auf einzelne Arten von AufTit beschränkt; dem Widerruf einer NE stehen aber persönliche Belange eher entgegen als bei einem Visum oder einer AE mit kurzer Geltungsdauer.

2. Widerrufsgründe

Passlosigkeit gibt nur dann einen Grund zum Widerruf, wenn Passpflicht besteht, insbes 5 also keine der zahlreichen Ausnahmen u. Befreiung eingreift (dazu § 3 Rn 6 ff). Ein Pass oder Passersatz ist ungültig, wenn seine Geltungsdauer abgelaufen oder wenn er infolge Fälschung, anderer Inhaltsänderung oder Beschädigung nicht mehr die wahre Identität wiedergibt u. daher nicht mehr verwendbar ist. Auch der Wechsel des Familiennamens durch Eheschließung bewirkt die Unrichtigkeit des Passes. Auf die Gründe des Nichtbesitzes kommt es nicht an. Ob Diebstahl, Verlust, Vernichtung, Entzug, Versäumnisse des Ausl oder der Heimatbehörden: In jedem Fall fehlt es an dem vorausgesetzten Besitz des Passes oder Passersatzes. Allerdings benötigt der Ausl einen Pass nur während des Aufenthalts im Inland. Es schadet nicht, wenn die Geltungsdauer während eines (vorübergehenden, vgl § 51 I Nr 6 f) Aufenthalts im Ausland ungültig wird; der Ausl. muss nur bei der Einreise wieder ein gültiges Passdokument besitzen (OVG Hamburg, EZAR 103 Nr 6).

Mangelndes Verschulden am Verlust oder Ungültigwerden ist in die Ermessenserwä- 6 gungen einzubeziehen, steht aber dem Widerruf nicht zwingend entgegen. Es kommt eher auf die Wiederbeschaffung an. Diese soll nicht der Disposition des Ausl unterliegen. Wegen der Wichtigkeit der Erfüllung der Passpflicht ist bei Passlosigkeit im Zweifel der Widerruf geboten. Vom Widerruf ist aber abzusehen, wenn der Ausl trotz zumutbarer Bemühungen (dazu § 48 II) einen gültigen Pass oder Passersatz nicht erlangt. Ebenso ist zu entscheiden, wenn die Passverlängerung rechtzeitig vor Ablauf der Gültigkeit beantragt, aber noch nicht erteilt ist (zum früheren Recht VGH BW, EZAR 107 Nr 6). Fehlte es nur vorübergehend an einem gültigen Passdokument u. liegt inzwischen ein solches wieder vor, scheidet ein Widerruf aus. Daher ist auch unerheblich, ob der Pass rückwirkend verlängert wurde. Dagegen kann es zB für den Widerruf sprechen, wenn ein Ausweisungsgrund vorliegt oder die spätere Verlängerung nach § 8 II ausgeschlossen ist.

Der während der Geltung des AufTit andauernde Besitz der StAng, die bei Erteilung 7 gegeben war, ist eine wesentliche Grundlage für die Erteilung u. kann die Aufenthaltsbeendigung entscheidend mitbestimmen. Deshalb berechtigen **Wechsel oder Verlust der**

StAng grundsätzlich zum Widerruf, nicht jedoch der Hinzuerwerb einer weiteren StAng. Beim Erwerb der dt StAng entfällt die Anwendbarkeit des AufenthG. Beim Eintritt von Staatenlosigkeit ist über den weiteren Aufenthalt aufgrund des StlÜbk zu befinden (dazu § 1 Rn 26 f). Nicht allein maßgeblich ist, ob sich die Chancen für einen AufTit durch den Wechsel der StAng verbessern (Erwerb zB der StAng eines EU-Staats) oder verschlechtern (Erwerb der StAng eines Nicht-EU-Staats). Wichtiger ist, ob der Besitz der bisherigen StAng für den AufTit zwingend (§ 34 BeschV), wesentlich oder letztlich unerheblich war (Fraenkel, S. 233). In den ersten beiden Fällen ist idR der Widerruf angezeigt. Im Rahmen des Ermessens sind ua zu berücksichtigen die Gründe für Verlust oder Wechsel der StAng, der evtl Wegfall früherer zielstaatsbezogener Abschiebungshindernisse u. der Fortfall früher aufgrund der StAng gebotener Privilegierungen.

8   **Vor der Einreise** ist der Widerruf allg zulässig, idR aber nur bei Visa. Anlass dazu kann vor allem bei Veränderung der Entscheidungsgrundlage bestehen, etwa bei nachträglichem Eintritt oder Bekanntwerden eines Ausweisungsgrunds. Vom Widerruf ist abzusehen, wenn der Ausl bereits im Vertrauen auf den Fortbestand des AufTit Vermögensdispositionen (zB Kündigung des Arbeitsverhältnisses oder Auflösung der Wohnung im Heimatstaat, finanzielle Investitionen) getroffen hat, die nicht oder nur unter erheblichen Verlusten rückgängig zu machen sind. Sonst steht der Auslandsvertretung (§ 71 II) oder der AuslBeh (§ 71 I) ein weiter Ermessensspielraum zu.

9   Auch beim Verlust des Rechtsstatus als **Asylber, GK-Flüchtling** oder (von 1. 11. 1997 bis 31. 12. 2004: Übergangsregelung in § 101 S. 2) Kontingentflüchtling ist der Widerruf nicht zwingend. Während über Widerruf u. Rücknahme der Anerkennung als Asylber oder Flüchtling das BAMF vorab befindet (§§ 73, 73 a II AsylVfG; früher auch § 2 b HumAG), muss das Erlöschen (§§ 72, 73 a I AsylVfG; früher auch § 2 a HumAG) von der AuslBeh selbst festgestellt werden. Der Widerruf braucht nicht bestandskräftig zu sein; dies ist nur für § 73 V AsylVfG verlangt. Die Klage gegen Widerruf u. Rücknahme hat zwar aufschiebende Wirkung (§ 75 AsylVfG), lässt aber nach der Vollzugstheorie (wie nach § 84 II) die Wirkung von Widerruf u. Rücknahme unberührt.

10 Auf die Gründe des Erlöschens oder des Unwirksamwerdens (vgl §§ 72, 73, 73 a AsylVfG; früher auch §§ 2 a, 2 b HumAG; Art. 1 Abschn. C GK) kommt es nicht an. Im Rahmen des Ermessens sind freilich die Gründe für den Verlust ebenso zu berücksichtigen wie die bisherige Aufenthaltsdauer samt Integrationsleistungen u. die evtl ungesicherte oder gefährdete persönliche Lage des Ausl nach Rückkehr in den Heimat- u. ehemaligen Verfolgerstaat (wie nach § 55 III). Außerdem betrifft der Widerruf nur das durch die Flüchtlingseigenschaft vermittelte AufR. Die Beschränkung des Abs 1 S. 2 durch einen anderweitigen Rechtsanspruch gilt hier zwar nicht unmittelbar, ist aber bei den Ermessenserwägungen zu beachten. Gleichwohl ist der Widerruf auch dann nicht ausgeschlossen, wenn die Voraussetzungen für eine AufBer erfüllt sind (BVerwG, EZAR 019 Nr 19). Je geringer der Einfluss des Flüchtlingsstatus auf die Aufenthaltsverfestigung war, desto weniger spricht für den Widerruf. Gänzlich ausgeschlossen ist der Widerruf der NE u. der AE, falls der Ausl schon bei Zuerkennung des Status als Asylber oder Flüchtling eine NE (oder früher eine unbefristete AufGen) besaß oder ihm nunmehr ein Anspruch auf einen AufTit aus einem anderen Rechtsgrund zusteht (Fraenkel, S. 237).

3. Familienangehörige

11 Abs 2 S. 2 soll eine Besserstellung der Familienangehörigen gegenüber dem Asylber oder anerkannten Flüchtling selbst verhindern. Der Verlust ihres AufTit tritt nicht von selbst ein, sondern ebenfalls nur nach Widerruf. Betroffen sind nur zur **häuslichen Gemeinschaft** gehörige Familienmitglieder; eine familiäre Lebensgemeinschaft reicht nicht (zum Unterschied § 27 Rn 21). Die Familienangehörigen brauchen ihr AufR nicht von dem Asylber oder anerkannten Flüchtling abzuleiten, insb nicht zum Zwecke der Familienzusammenführung nachgezogen zu sein. Auf die Art des AufTit kommt es nicht an; es kann auch eine NE sein.

Zwingende Ausweisung § 53 **AufenthG 1**

Ausgeschlossen ist der Widerruf nur im Falle eines Anspruchs auf einen AufTit aus 12
eigenem Recht als Ehegatte oder Kind, zB nach §§ 9, 26 III, 31. In die Ermessenserwägungen
sind aber vor allem Art u. Geltungsdauer des AufTit, evtl Selbständigkeit des AufR, Gesamtdauer des Aufenthalts samt Integrationsleistungen u. das Schicksal im Heimatstaat nach der
Rückkehr einzubeziehen. Von ausschlaggebender Bedeutung kann auch sein, ob der Angehörige außerhalb der häuslichen Gemeinschaft seinen Aufenthalt ohne weiteres fortsetzen kann.
In diesem Fall darf er nicht schlechter gestellt werden als ein Familienmitglied, das schon zuvor
nicht mehr im Familienverband lebt u. von Abs 1 S. 2 überhaupt nicht erfasst wird.

4. Beschäftigungsaufenthalt

Zwingend zum Widerruf verpflichtet ist die AuslBeh, wenn Visum oder AE nur zum 13
Zwecke der Beschäftigung erteilt sind (nach §§ 18 oder 19) u. die BA ihre Zustimmung
nach § 41 widerruft. Hier steht der AuslBeh kein Ermessen zu. Hochqualifizierte sind nicht
betroffen, sofern sie eine NE nach § 19 besitzen. Falls die BA ihre Zustimmung zu einem
AufTit erteilt hat, der nicht für Zwecke der Erwerbstätigkeit bestimmt war, ist der Widerruf
auf die Zulassung der Beschäftigung zu beschränken.

IV. Verfahren und Rechtsschutz

Vor Anordnung des Widerrufs ist von Amts wegen ein **selbständiges Verwaltungsverf** 14
einzuleiten u. der Ausl anzuhören (§§ 22, 28 VwVfG bzw Landes-VwVfG). Hierbei ist
Gelegenheit zur Stellungnahme zum Widerrufstatbestand u. den beabsichtigten Ermessens-
kriterien zu geben. Der Sofortvollzug des Widerrufs kann bei überwiegendem öffentl
Interesse angeordnet werden (§ 80 II 1 Nr 4 VwGO; dazu VGH BW, EZAR NF 94 Nr 2).

Der Widerruf kann als belastender VA mit **Widerspruch u. Klage** angefochten werden 15
(§§ 42 I, 68 ff VwGO). Vorläufiger Rechtsschutz gegen die Anordnung der sofortigen Vollziehbarkeit ist nach § 80 V VwGO gegeben (vgl auch Rn 4).

§ 53 Zwingende Ausweisung

Ein Ausländer wird ausgewiesen, wenn er

1. wegen einer oder mehrerer vorsätzlicher Straftaten rechtskräftig zu einer Freiheits-
oder Jugendstrafe von mindestens drei Jahren verurteilt worden ist oder wegen vorsätzlicher Straftaten innerhalb von fünf Jahren zu mehreren Freiheits- oder Jugendstrafen von zusammen mindestens drei Jahren rechtskräftig verurteilt oder bei der
letzten rechtskräftigen Verurteilung Sicherungsverwahrung angeordnet worden ist,
2. wegen einer vorsätzlichen Straftat nach dem Betäubungsmittelgesetz, wegen Landfriedensbruches unter den in § 125 a Satz 2 des Strafgesetzbuches genannten Voraussetzungen oder wegen eines im Rahmen einer verbotenen öffentlichen Versammlung oder eines verbotenen Aufzugs begangenen Landfriedensbruches gemäß § 125
des Strafgesetzbuches rechtskräftig zu einer Jugendstrafe von mindestens zwei Jahren
oder zu einer Freiheitsstrafe verurteilt und die Vollstreckung der Strafe nicht zur
Bewährung ausgesetzt worden ist oder
3. wegen Einschleusens von Ausländern gemäß § 96 oder § 97 rechtskräftig zu einer
Freiheitsstrafe verurteilt und die Vollstreckung der Strafe nicht zur Bewährung ausgesetzt worden ist.

Vorläufige Anwendungshinweise

53 Zu § 53 Zwingende Ausweisung

53.0 Allgemeines zur Ausweisung
Die Ausweisung hat den Zweck, eine von dem Ausländer ausgehende Beeinträchtigung der öffentlichen Sicherheit und Ordnung oder sonstiger erheblicher Interessen der Bundesrepublik Deutschland

abzuwehren (§ 55 Abs. 1). Die diesem Zweck dienende generalklauselartige Ausweisungsermächtigung des § 55 Abs. 1 (Grundtatbestand) wird durch die in § 55 Abs. 2 genannten einzelnen Ausweisungsgründe beispielhaft nach Inhalt und Gewicht konkretisiert. Außerdem wird nach der zwingenden Ausweisung (§ 53), der Ausweisung im Regelfall (§ 54) und der Ermessensausweisung (§ 55) unterschieden. Sofern die tatbestandlichen Voraussetzungen für eine zwingende Ausweisung oder Ausweisung im Regelfall nicht erfüllt sind, ist zu prüfen, ob eine Ermessensausweisung in Betracht kommt.

53.0.1 Rechtsfolgen der Ausweisung
Bei Ausländern, die im Zeitpunkt der Ausweisung einen Aufenthaltstitel besitzen und sich noch im Bundesgebiet aufhalten, löst die Ausweisung nicht nur die Ausreisepflicht aus (§ 51 Abs. 1 Nr 5, § 50 Abs. 1, § 84 Abs. 2 Satz 1), sondern sie ist auch mit folgenden Wirkungen verknüpft:
53.0.1.1 – dem Wegfall der Befreiung vom Erfordernis des Aufenthaltstitels (§ 51 Abs. 5 2. Halbsatz) und von der Visumpflicht (§ 41 Abs. 3 AufenthV),
53.0.1.2 – der aufenthaltsrechtlichen Wirkungslosigkeit eines Antrags auf Erteilung eines Aufenthaltstitels mangels eines rechtmäßigen Aufenthalts (§ 81 Abs. 3 i. V. m. § 50 Abs. 1),
53.0.1.3 – dem gesetzlichen Verbot der Wiedereinreise, des Aufenthalts im Bundesgebiet und der Erteilung eines Aufenthaltstitels – sog. Sperrwirkung der Ausweisung – (§ 11 Abs. 1 Satz 1 und 2; vgl. auch § 11 Abs. 2),
53.0.1.4 – der Möglichkeit der Versagung des Rechts auf Wiederkehr auch nach Wegfall vorstehender Verbote (§ 37 Abs. 3 Nr 1).
Diese Wirkungen gelten auch im Falle der aufschiebenden Wirkung eines Rechtsbehelfs gegen die Ausweisung fort (vgl. § 84 Abs. 2 Satz 1).

53.0.2 Aufenthalt im Bundesgebiet
Die Ausweisung setzt nicht voraus, dass der Ausländer sich rechtmäßig im Bundesgebiet aufhält. Auch bereits vollziehbar ausreisepflichtige Ausländer können ausgewiesen werden, wenn es erforderlich ist, sie nach der Ausreise vom Bundesgebiet fernzuhalten (vgl. § 11 Abs. 1). Verlässt der Ausländer vor Wirksamwerden der Ausweisungsverfügung das Bundesgebiet oder wird er aufgrund bestehender vollziehbarer Ausreisepflicht abgeschoben, berührt dies die Rechtmäßigkeit der Ausweisungsverfügung nicht. Auch Ausländer, deren Aufenthaltsort unbekannt ist, können ausgewiesen werden. In diesem Fall soll die Ausweisungsverfügung öffentlich zugestellt werden. Die Behörde muss die ihr zur Verfügung stehenden Mittel und Erkenntnismöglichkeiten zur Erforschung des Aufenthalts ausschöpfen, bevor sie eine öffentliche Zustellung in Betracht zieht. Eine nochmalige Ausweisung eines bereits ausgewiesenen Ausländers erübrigt sich, solange die erste Ausweisung noch ihre Wirkung entfaltet (vgl. § 11 Abs. 1). Später eingetretene Ausweisungsgründe sind bei einer Anordnung der sofortigen Vollziehung nach § 80 Abs. 2 Nr 4 VwGO zu berücksichtigen.

53.0.3 Gefahrenabwehr
53.0.3.0 Allgemeines
53.0.3.0.1 Die Ausweisung ist eine ordnungsrechtliche Präventivmaßnahme. Sie ist keine strafrechtliche Sanktion für früheres Fehlverhalten, sondern soll ausschließlich künftigen Beeinträchtigungen erheblicher öffentlicher Interessen vorbeugen. Die Ausweisung eines verurteilten Straftäters verstößt daher nicht gegen das Verbot der Doppelbestrafung (Artikel 103 Abs. 3 GG). Die Ausweisungsermächtigungen des § 55 und des § 54 Nr 3 bis 6 setzen anders als die zwingende Ausweisung nach § 53 und die Ausweisung im Regelfall nach § 54 Nr 1 und 2 eine strafgerichtliche Verurteilung nicht voraus. Entscheidend ist, ob eine Beeinträchtigung i. S. v. § 55 Abs. 1 durch den Ausländer mit hinreichender Wahrscheinlichkeit besteht. Voraussetzung für die Ausweisung ist zunächst, dass ein Ausweisungsgrund vorliegt und durch den Ausländer die Beeinträchtigung des öffentlichen Interesses i. S. v. § 55 Abs. 1 noch fortbesteht oder eine Gefahr entsprechender erneuter Beeinträchtigung hinreichend wahrscheinlich ist.
53.0.3.0.2 Die Ausweisung als Maßnahme der Gefahrenabwehr erfordert eine Gefahr für die öffentliche Sicherheit und Ordnung. Die Abwehr dieser Gefahren erfolgt aus spezial- oder generalpräventiven Gründen.

53.0.3.1 Spezialpräventive Gründe
53.0.3.1.1 Die Ausweisung aus spezialpräventiven Gründen setzt voraus, dass der Ausländer durch sein persönliches Verhalten einen Ausweisungsgrund verwirklichen wird (Wiederholungsgefahr). Diese Gefahr muss mit hinreichender Wahrscheinlichkeit bestehen; eine bloße Vermutung genügt nicht. Vielmehr muss die Ausländerbehörde eine nachvollziehbare, auf Tatsachen gestützte Prognose erstellen, welche die Stellungnahmen anderer Stellen (z. B. Bewährungshilfe, Jugend- und Gerichtshilfe) berücksichtigt. An die Wahrscheinlichkeit der erneuten Verwirklichung eines Ausweisungsgrundes sind umso geringere Anforderungen zu stellen, je gravierender die Rechtsgutverletzung ist (z. B. Gewalttaten). Ob

Zwingende Ausweisung § 53 AufenthG 1

für eine Ausweisung wegen Wiederholungsgefahr ein ausreichender Anlass besteht, ist nach dem Grundsatz der Verhältnismäßigkeit zu beurteilen. Je gewichtiger der Verstoß ist, umso geringer sind die Anforderungen, die an das Vorliegen einer Wiederholungsgefahr gestellt werden.
53.0.3.1.2 Für die Gefahrenprognose kam es bisher auf die Verhältnisse im Zeitpunkt des Erlasses der letzten Behördenentscheidung an, wobei die spätere Entwicklung des Ausländers zur Bestätigung der Prognose im Gerichtsverfahren ergänzend herangezogen werden kann. Nach neuerer Rechtsprechung des Bundesverwaltungsgerichts ist für die Beurteilung der Rechtmäßigkeit der Ausweisung eines EU-Bürgers künftig der Zeitpunkt der letzten Behördenentscheidung maßgeblich (Urt. v. 3. 8. 2004, 1 C 30.02). Mit Urteil vom gleichen Tag hat das Bundesverwaltungsgericht entschieden, dass dieser Grundsatz auch auf die assoziationsberechtigten türkischen Staatsangehörigen zu übertragen ist (Urt. v. 3. 8. 2004, 1 C 29.02). Die Ausländerbehörden und Gerichte müssen daher künftig neue Tatsachen, die nach der Ausweisungsverfügung entstanden sind, berücksichtigen. Die Beurteilung der Frage, ob nach den Umständen des Einzelfalls die Annahme einer Wiederholungsgefahr gerechtfertigt ist, erfordert nicht die Heranziehung eines Sachverständigen. Entscheidend ist, ob bei Anwendung praktischer Vernunft mit neuen Verfehlungen zu rechnen ist. Eine nach naturwissenschaftlichen Erkenntnismaßstäben orientierte Gewissheit ist nicht gefordert. Für die Begründung dieses Gefahrurteils können insbesondere frühere Ausweisungsgründe herangezogen werden.
53.0.3.1.3 Hinsichtlich der Feststellung einer Wiederholungsgefahr wird im Allgemeinen auf folgende Gesichtspunkte abgestellt:
53.0.3.1.3.1 – Art, Unrechtsgehalt, Gewicht, Zahl und zeitliche Reihenfolge der vom Ausländer begangenen und verwertbaren Straftaten; liegen weniger gewichtige Straftaten vor, so kann deren Häufung ein eigenständiges Gewicht zukommen;
53.0.3.1.3.2 – Strafgericht einschließlich Gutachter haben eine Drogenabhängigkeit, einen kriminellen Hang, eine Neigung zum Glücksspiel oder eine niedrige Hemmschwelle vor einschlägigen Straftaten festgestellt;
53.0.3.1.3.3 – frühere Bewährungsstrafen, Widerruf der Strafaussetzung, des Straferlasses oder der Aussetzung des Strafrestes, grobe und beharrliche Verstöße gegen Bewährungsauflagen, Scheitern von Resozialisierungsmaßnahmen, Widerruf von Strafvollzugslockerungen, Jugendverfehlung (Alter zur Tatzeit);
53.0.3.1.3.4 – finanzielle Schwierigkeiten, Alkohol- bzw. Drogenabhängigkeit;
53.0.3.1.3.5 – Nichtbeachtung einer ausländerbehördlichen Verwarnung unter Androhung der Ausweisung;
53.0.3.1.3.6 – wesentliche Änderung der Lebensverhältnisse.
Bei der Einschätzung des künftigen Verhaltens des Ausländers (Prognoseentscheidung) ist die Behörde zwar nicht an die Würdigung des Strafgerichts gebunden. Grundsätzlich wird jedoch von der Richtigkeit der strafgerichtlichen Verurteilung und der tatsächlichen Feststellungen des Strafgerichts ausgegangen. Für eine Abweichung müssen für die Ausländerbehörde überzeugende Gründe vorliegen, die auf einem einschlägigen Tatsachenmaterial beruhen (z. B. Entscheidung der Strafvollstreckungskammer).
53.0.3.2 Generalpräventive Gründe
53.0.3.2.0 Eine Ausweisung kann auch erfolgen, wenn sie darauf gerichtet ist, andere Ausländer von Straftaten und sonstigen gewichtigen ordnungsrechtlichen Verstößen abzuhalten. Die Ausweisung von Ausländern mit einem deutschen Familienangehörigen in familiärer Lebensgemeinschaft und den nach Artikel 3 Abs. 3 des Europäischen Niederlassungsabkommens vom 13. Dezember 1955 (ENA) geschützten Ausländern ist aus generalpräventiven Gründen grundsätzlich nur zulässig, wenn besonders schwerwiegende Ausweisungsgründe vorliegen (z. B. rechtskräftige Verurteilung wegen illegalen Rauschgifthandels).
53.0.3.2.1 Der generalpräventive Ausweisungszweck ist nur begründet, wenn der Ausweisungsgrund durch ein zurechenbares Verhalten verwirklicht wurde. Bei krankheits- oder suchtbedingten Handlungen, gänzlich singulären Verfehlungen oder leicht fahrlässigen Delikten, derentwegen im Falle der Ausweisung eine Verhaltenssteuerung anderer Ausländer nicht erreicht werden kann, entfällt eine generalpräventive Wirkung der Ausweisung.
53.0.3.2.2 Eine generalpräventive Ausweisung kommt beispielsweise in Betracht bei
– Rauschgiftdelikten (vgl. § 53 Nr 2, § 54 Nr 3),
– Sexualdelikten, sexuellem Missbrauch von Kindern,
– Raub oder raubähnlichen Delikten, Eigentums- und Vermögensdelikten wie Hehlerei, Steuerhinterziehung, Schmuggel und Handel mit unverzollten sowie unversteuerten Waren,

449

- Waffendelikten,
- Eidesdelikten, Urkundsdelikten,
- Trunkenheitsdelikten im Straßenverkehr, Fahren ohne Fahrerlaubnis,
- gravierenden Verstößen gegen das Aufenthaltsrecht oder Arbeitserlaubnisrecht,
- schwerwiegenden Körperverletzungsdelikten (z. B. Messerstechereien).

53.0.4.0 Rechtsstaatliche Grundsätze
Die rechtsstaatlichen Grundsätze der Verhältnismäßigkeit, der Gleichbehandlung und des Vertrauensschutzes sowie die Grundrechte und die sich aus ihnen ergebende Wertentscheidung sind bei der Ausweisung zu berücksichtigen.

53.0.4.1 Grundsatz der Verhältnismäßigkeit
53.0.4.1.1.0 Die Ausweisung ist am Grundsatz der Verhältnismäßigkeit zu orientieren. Hiernach kann die Ausweisung nur dann verfügt werden, wenn sie das geeignete, erforderliche und angemessene Mittel zur Erreichung des Ausweisungszwecks ist.

53.0.4.1.1.1 Geeignet ist die Ausweisung, wenn anzunehmen ist, dass sie den erstrebten Erfolg (Gefahrenabwehr) herbeiführt oder wenigstens fördert. Die Geeignetheit der Ausweisung kann je nach den Umständen zur Erreichung des Ausweisungszwecks sowohl spezial- als auch generalpräventiv begründet werden. Der Zweck, den die Ausweisung gemäß § 55 Abs. 1 verfolgt, muss fortbestehen. Diese Voraussetzung ist stets gegeben, solange die eingetretene konkrete Beeinträchtigung fortdauert, z. B. das strafbare Verhalten (illegaler Aufenthalt, Passlosigkeit) noch nicht beendet ist, der Drogenabhängige noch nicht zur Rehabilitation bereit ist (vgl. § 55 Abs. 2 Nr 4), die Sozialhilfebedürftigkeit ist noch nicht entfallen (vgl. § 55 Abs. 2 Nr 6). Die Ausweisung muss zur Erreichung dieses Zwecks tauglich sein. Führt die Ausweisung zur Entfernung des Ausländers aus dem Bundesgebiet, erfüllt die Ausweisung stets ihren Zweck.

53.0.4.1.1.2 Erforderlich ist die Ausweisung immer dann, wenn keine mildere Maßnahme zur Verfügung steht, welche in gleicher Weise wie die Ausweisung zwecktauglich ist (z. B. Versagung der Aufenthaltstitel, politisches Betätigungsverbot).

53.0.4.1.1.3 Angemessen ist die Ausweisung, wenn sie keinen Nachteil herbeiführt, der erkennbar außer Verhältnis zu dem beabsichtigten Erfolg steht. Die Ausweisung muss daher unter Berücksichtigung der für den Ausländer und seine Familienangehörigen entstehenden erheblichen Nachteile das noch angemessene Mittel zur Zweckerreichung sein. Die Prüfung erfordert eine Interessenabwägung einerseits zwischen den Gründen, aus denen die Ausweisung zur Wahrung des öffentlichen Interesses geboten ist und andererseits dem Ausmaß und der Schwere des Eingriffs in die schutzwürdigen Belange des Ausländers und seiner Familienangehörigen (vgl. § 55 Abs. 3).

53.0.4.1.2 Grundsatz des Vertrauensschutzes
Ein Vertrauenstatbestand kann in dem Umstand liegen, dass die Ausländerbehörde etwa in Kenntnis einer rechtskräftigen strafgerichtlichen Verurteilung einen Aufenthaltstitel erteilt oder verlängert hat. Allein auf diese Verurteilung kann eine Ausweisung nicht gestützt werden. Diese Verurteilung ist jedoch bei der Ausweisung im Falle einer weiteren Verurteilung oder des Eintritts anderer Ausweisungsgründe hinsichtlich der Beurteilung der von dem Ausländer ausgehenden Gefahren beachtlich.

53.0.5 Ausweisungsbefugnis
53.0.5.0 Allgemeines
Die Ausweisung darf nur verfügt werden, wenn ein gesetzlicher Ausweisungsgrund nach den §§ 53 bis 55 vorliegt. Die Ausländerbehörde hat bei der Ausweisung grundrechtliche Vorgaben (z. B. Artikel 6 GG), Einschränkungen nach Europäischem Gemeinschaftsrecht (vgl. Artikel 48 Abs. 3 und 56 Abs. 1 EGV) und völkerrechtliche Vereinbarungen (vgl. § 1 Abs. 1 und 2) zu prüfen und ggf bei der Entscheidung zu berücksichtigen. Der aufenthaltsrechtliche Schutz, den die völkerrechtlichen Vereinbarungen vor der Ausweisung bieten, greift grundsätzlich jedoch nur dann ein, wenn der Aufenthalt des Ausländers im Bundesgebiet rechtmäßig ist (vgl. § 50 Abs. 1).

53.0.5.1 Europäisches Niederlassungsabkommen vom 13. Dezember 1955
53.0.5.1.1 Für die Staatsangehörigen von Belgien, Dänemark, Griechenland, Irland, Italien, Luxemburg, der Niederlande, Norwegen, Schweden, der Türkei und des Vereinigten Königreichs ist das ENA zu beachten.

53.0.5.1.2 Nach Artikel 3 Abs. 1 ENA stellen die Gefährdung der Sicherheit des Staates und der Verstoß gegen die öffentliche Ordnung oder die Sittlichkeit Ausweisungsgründe dar. Nach dieser Vorschrift ist die Ausweisung grundsätzlich zulässig, wenn sie im Einklang mit dem innerstaatlichen Ausländerrecht oder dem Europäischen Gemeinschaftsrecht steht.

53.0.5.1.3 Artikel 3 Abs. 3 ENA gewährt bei einem ununterbrochenen rechtmäßigen Aufenthalt von mindestens zehn Jahren im Bundesgebiet – Kurzaufenthalte im Ausland während der Gültigkeitsdauer

Zwingende Ausweisung § 53 AufenthG 1

der Aufenthaltstitel sind unter Berücksichtigung des § 51 Abs. 1 Nr 6 und 7 unschädlich – im Zeitpunkt des Wirksamwerdens der Ausweisungsverfügung einen erhöhten Ausweisungsschutz. Bei Angehörigen eines Vertragsstaates wird unter dieser Voraussetzung die Ausweisungsmöglichkeit aus Gründen der Sicherheit des Staates oder sonstige besonders schwerwiegende Ausweisungsgründe i. S. v. Artikel 3 Abs. 3 ENA beschränkt. Zwischen den schwerwiegenden Gründen i. S. d. § 56 Abs. 1 und den besonders schwerwiegenden Gründen i. S. v. Artikel 3 Abs. 3 ENA besteht kein qualitativer Unterschied.
53.0.5.2 Europäisches Fürsorgeabkommen vom 11. Dezember 1953
53.0.5.2.1 Nach Artikel 6 Abs. a EFA darf ein Vertragsstaat einen Staatsangehörigen einer anderen Vertragspartei (Belgien, Dänemark, Frankreich, Griechenland, Irland, Island, Italien, Luxemburg, Malta, Niederlande, Norwegen, Portugal, Schweden, Spanien, Türkei, Vereinigtes Königreich), der in seinem Gebiet erlaubt seinen gewöhnlichen Aufenthalt hat, nicht allein aus dem Grund der Hilfsbedürftigkeit (Sozialhilfebezug oder Obdachlosigkeit) in den Herkunftsstaat zurückführen. Der Ausländer muss eine Niederlassungserlaubnis besitzen und, falls er vor Vollendung des 55. Lebensjahres nach Deutschland gekommen ist, ununterbrochen länger als fünf Jahre oder, falls er nach Erreichung dieses Alters nach Deutschland gekommen ist, ununterbrochen seit mehr als zehn Jahren hier leben. Im Übrigen ist eine Rückführung (z. B. Ausweisung, nachträgliche Befristung der Aufenthaltstitel) nicht zulässig, wenn der Ausländer wegen seines Gesundheitszustandes nicht transportfähig ist oder wenn er enge Bindungen in Deutschland hat (Artikel 6 und 7 EFA).
53.0.5.2.2 Darüber hinaus schließen Artikel 8 des deutsch-österreichischen Abkommens über Fürsorge und Jugendwohlfahrtspflege vom 17. Januar 1966 (BGBl. 1969 II S. 2, 1969 II S. 1550) sowie Artikel 5 der deutsch-schweizerischen Vereinbarung über die Fürsorge für Hilfsbedürftige vom 14. 7. 1952 (BGBl. 1953 II S. 31, 1953 II S. 129) eine Ausweisung wegen Hilfsbedürftigkeit aus, wenn sich der begünstigte Ausländer länger als ein Jahr ununterbrochen rechtmäßig im Bundesgebiet aufhält.
53.0.5.3 Konvention zum Schutze der Menschenrechte und Grundfreiheiten vom 4. November 1950
53.0.5.3.1 Artikel 8 Abs. 1 EMRK gewährleistet jedermann die Achtung (u. a.) seines Familienlebens. Absatz 2 dieser Vorschrift schützt vor Eingriffen einer öffentlichen Behörde in die Ausübung dieses Rechts, indem er solche Eingriffe unter Gesetzesvorbehalt stellt und auf das in einer demokratischen Gesellschaft bestehende dringliche soziale Bedürfnis zur Wahrung der nationalen Sicherheit, der öffentlichen Ruhe und Ordnung, des wirtschaftlichen Wohles des Landes, der Verteidigung der Ordnung und zur Verhinderung von strafbaren Handlungen, zum Schutz der Gesundheit und der Moral oder zum Schutz der Rechte und Freiheiten anderer beschränkt.
53.0.5.3.2 Geschützt wird der tatsächlich praktizierte familiäre Kontakt zwischen nahen Verwandten einschließlich Geschwistern, nichtehelichen Kindern und „Scheidungswaisen". Einschränkungen eines solchen Kontaktes infolge von Haft sind unbeachtlich, wenn der Kontakt bis zum Zeitpunkt der Inhaftierung bestanden hat. Eine Ausweisung ist mit Art. 8 EMRK vereinbar, wenn eine Abwägung zwischen dem durch Absatz 1 geschützten Interesse des Ausländers an der Aufrechterhaltung seiner familiären Kontakte und den nach Absatz 2 berücksichtigungsfähigen Ausweisungsgründen ergibt, dass die Ausweisungsgründe schwerer wiegen. Eine Ausweisung zur Verhinderung strafbarer Handlungen ist danach um so eher gerechtfertigt, je schwerwiegender die von dem Ausländer bereits begangenen Straftaten und je weniger eng seine familiären Bindungen sind. Danach kann eine Ausweisung auch im Hinblick auf Art. 8 EMRK insbesondere dann in Betracht kommen, wenn – der Ausländer schwerwiegende Straftaten, insbesondere Drogendelikte, begangen hat, – der Ausländer volljährig ist, er gelegentlich im Heimatstaat war, die dortigen Verhältnisse kennt und die Heimatsprache beherrscht oder – der Ausländer obdachlos und sozialhilfebedürftig ist und ein Ende dieses Zustands nicht absehbar ist.
53.0.5.4 Übereinkommen über die Rechtsstellung der Staatenlosen vom 28. September 1954
Nach Artikel 31 Abs. 1 StlÜbk weisen die Vertragsstaaten keinen Staatenlosen aus, der sich rechtmäßig in ihrem Hoheitsgebiet befindet, es sei denn aus Gründen der öffentlichen Ordnung. Gründe der öffentlichen Ordnung ergeben sich aus §§ 53 bis 55. Der Bezug von Sozialhilfe darf im Hinblick auf die Zusicherung nach Artikel 23 StlÜbk nicht zur Ausweisung eines Staatenlosen führen.
53.0.5.5 Zwischenstaatliche Vereinbarungen
Nach § 1 Abs. 1 Satz 5 ist auch im Falle einer Ausweisung zu prüfen, ob mit dem Heimatstaat des Ausländers zwischenstaatliche Vereinbarungen bestehen, die die Ausweisung von zusätzlichen Voraussetzungen abhängig machen. In der Regel lassen entsprechende Niederlassungs-, Handels-, Schifffahrts- und Freundschaftsverträge eine Ausweisung aus Gründen der öffentlichen Sicherheit und Ordnung nach innerstaatlichem Recht zu (§ § 53 bis 55). Es handelt sich insbesondere um folgende zwischenstaatliche Vereinbarungen:
53.0.5.5.1 – Artikel 7 des Niederlassungsabkommens zwischen dem Deutschen Reich und der Türkischen Republik vom 12. Januar 1927 (RGBl. 1927 II S. 53; BGBl. 1952 II S. 608).

451

1 AufenthG § 53 1. Teil. Aufenthaltsgesetz

53.0.5.5.2 – Artikel 2 Abs. 2 des Niederlassungsabkommens zwischen dem Deutschen Reich und dem Kaiserreich Persien (Iran) vom 17. Februar 1929 (RGBl. 1930 II S. 1002; BGBl. 1955 II S. 829).
53.0.5.5.3 – Artikel 2 Abs. 5 des Freundschafts-, Handels- und Schifffahrtsvertrages zwischen der Bundesrepublik Deutschland und den Vereinigten Staaten von Amerika vom 29. Oktober 1954 (BGBl. 1956 II S. 487, 1956 II S. 763).
53.0.5.5.4 – Artikel 2 des Freundschafts-, Handels- und Schifffahrtsvertrages zwischen der Bundesrepublik Deutschland und der Dominikanischen Republik vom 23. Dezember 1957 (BGBl. 1959 II S. 1468, 1960 II S. 1874).
53.0.5.5.5 – Nummer 6 der Übereinkunft zwischen der Regierung der Bundesrepublik Deutschland und der Regierung der Republik der Philippinen über Einwanderungs- und Visafragen vom 3. März 1964 (BAnz. Nr 89 vom 15. 5. 1964).
53.0.6 Ausweisungsverfahren
53.0.6.0 Die Entscheidung über die Ausweisung eines Ausländers trifft die Ausländerbehörde (§ 71 Abs. 1 Satz 1 und 2). § 72 Abs. 4 ist zu beachten.
53.0.6.1 Sobald die Ausländerbehörde Kenntnis vom Vorliegen eines Ausweisungsgrundes nach den §§ 53 bis 55 erlangt (z. B. aufgrund einer Mitteilung einer anderen Behörde nach § 87 Abs. 2 oder 4) oder ihr begründete Anhaltspunkte für das Vorliegen eines Ausweisungsgrundes bekannt werden, muss sie von Amts wegen tätig werden (Amtsermittlungsgrundsatz; vgl. §§ 79, 82). Die Ausländerbehörde muss umgehend eine Ausweisung prüfen, ein Ausweisungsverfahren zügig einleiten und durchführen. Dies gilt auch, wenn von vornherein nur eine Ermessensausweisung in Betracht kommt. Kommt eine Ausweisung nicht in Frage, hat die Ausländerbehörde zu prüfen, ob sonstige Maßnahmen zu treffen sind (vgl. § 7 Abs. 2 Satz 2, § 52, § 51 Abs. 1 Nr 3, 4).
53.0.6.2 Die Ausländerbehörde hat den Sachverhalt von Amts wegen zu ermitteln. Im Ausweisungsverfahren sind die in § 55 Abs. 3 genannten Gesichtspunkte, insbesondere bei Ermessensentscheidungen, von Amts wegen zu berücksichtigen. Zu den Mitwirkungsobliegenheiten des Ausländers gehört es, die in § 82 Abs. 1 genannten persönlichen Umstände geltend zu machen. Die Ausländerbehörde darf im Ausweisungsverfahren nur Verurteilungen verwerten, die im Bundeszentralregister eingetragen und nicht gemäß § 51 BZRG getilgt oder zu tilgen sind. Unerheblich ist, ob der Ausländer die Verurteilung nach § 53 Abs. 1 Nr 1 BZRG nicht mehr offenbaren muss oder bei Entscheidungen nach Jugendstrafrecht die Strafe nach § 100 JGG beseitigt ist. Die Ausländerbehörde kann alle mit der Sache befassten Stellen um erforderliche Auskünfte ersuchen. Des Weiteren können im Wege der Amtshilfe andere Ausländerbehörden und die Polizeien der Länder um die Durchführung der erforderlichen Ermittlungen ersucht werden (§§ 4 bis 8 VwVfG).
53.0.6.3 Eine Anhörung des Ausländers durch die Ausländerbehörde ist erforderlich, wenn es zur Aufklärung des Sachverhaltes notwendig ist oder wenn die Ausländerbehörde die Ausweisung beabsichtigt (§ 28 Abs. 1 VwVfG). Dem Ausländer ist Gelegenheit zu geben, sich zu den für die Entscheidung erheblichen Tatsachen binnen angemessener Frist zu äußern. Im Rahmen der Anhörung sind ihm sowohl die Ausweisungsabsicht als auch die dafür maßgebenden Gründe mitzuteilen. Von der Anhörung kann abgesehen werden, wenn sie nach den Umständen des Einzelfalls nicht geboten ist, insbesondere wenn eine sofortige Entscheidung wegen Gefahr im Verzug im öffentlichen Interesse notwendig ist (§ 28 Abs. 2 Nr 1 VwVfG). Eine solche Gefahr setzt voraus, dass durch eine vorherige Anhörung auch bei Gewährung kürzester Anhörungsfristen ein Zeitverlust eintreten würde, der mit hoher Wahrscheinlichkeit zur Folge hätte, dass der Zweck der Ausweisung nicht erreicht würde. Bei in fremder Sprache abgefassten Schriftstücken soll die Behörde unverzüglich die Vorlage einer Übersetzung verlangen (§ 23 Abs. 2 Satz 1 VwVfG).
53.0.6.4.1 Sobald die Ausländerbehörde festgestellt hat, dass die gesetzlichen Ausweisungsvoraussetzungen gegeben sind und welche sonstigen erheblichen be- oder entlastenden Umstände vorliegen, muss sie unverzüglich über die Ausweisung entscheiden. Ein Antrag auf Erteilung oder Verlängerung eines Aufenthaltstitels ist im Falle des Erlasses einer Ausweisungsverfügung abzulehnen (vgl. § 11 Abs. 1 Satz 2 i. V. m. § 84 Abs. 2 Satz 1). Beide Verfügungen sollen mit der Abschiebungsandrohung verbunden werden. Die in § 11 Abs. 1 Satz 1 und 2 genannten Rechtsfolgewirkungen der Ausweisung sind auf Antrag in der Regel zu befristen; die Frist beginnt mit der Ausreise (§ 11 Abs. 1 Satz 4). Auf das Antragserfordernis, die Rechtsfolgen der Ausweisung (Wiedereinreiseverbot) und die Einreiseverweigerung für das Schengen-Gebiet aufgrund der Ausschreibung im SIS ist in der Ausweisungsverfügung hinzuweisen.
53.0.6.4.2 Die Ausweisungsverfügung ist schriftlich zu erlassen (§ 77 Abs. 1 Satz 1), zu begründen (§ 39 Abs. 1 VwVfG) und mit einer Rechtsbehelfsbelehrung zu versehen (§ 58 Abs. 1 VwGO). Bei Ermessensausweisungen kommt der Begründungspflicht besondere Bedeutung zu. Die Begründung ist

Zwingende Ausweisung   § 53 AufenthG 1

fehlerhaft, wenn die Ausländerbehörde von einem unrichtigen oder unvollständigen Sachverhalt ausgeht. Eine Verletzung der Begründungspflicht ist unbeachtlich, wenn die Begründung nachträglich im Widerspruchsbescheid gegeben wird. Sofern im konkreten Einzelfall mit dem Eintritt bestimmter weiterer für die Entscheidung erheblicher be- oder entlastender Umstände zu rechnen ist, kann die Ausländerbehörde das Verfahren zunächst aussetzen und die weitere Entwicklung abwarten.
53.0.6.5 Gelangt die Ausländerbehörde zu dem Ergebnis, von einer Ausweisung abzusehen, ist dies in der Akte zu vermerken. Auf den zugrunde liegenden Sachverhalt allein kann eine spätere Ausweisung nicht mehr gestützt werden. Allerdings wird er im Falle des späteren Eintritts eines Ausweisungsgrundes nochmals in die Entscheidungsfindung mit einbezogen.
53.0.6.6 In allen Fällen, in denen der Ausländer angehört worden ist und die Ausländerbehörde von einer Ausweisung absieht, ist er darüber zu unterrichten.
53.0.6.7 Hat die Ausländerbehörde von einer Ausweisung abgesehen, soll sie, soweit tunlich, den Ausländer auf die möglichen Folgen bei Verwirklichung eines Ausweisungsgrundes hinweisen (sog. ausländerbehördliche Verwarnung). Bei dieser Verwarnung handelt es sich um einen bloßen Hinweis ohne Verwaltungsaktqualität auf eine mögliche Reaktion der Ausländerbehörde hinsichtlich eines bestimmten künftigen Verhaltens des Ausländers.
53.0.6.8.1 Bei Ausländern, gegen die ein strafrechtliches Ermittlungsverfahren eingeleitet oder gegen die öffentliche Klage erhoben worden ist, ist § 72 Abs. 4 zu beachten (Beteiligung der Staatsanwaltschaft). Liegen der Ausländerbehörde Erkenntnisse über ein strafrechtliches Ermittlungsverfahren vor, ohne dass sie über entsprechende amtliche Unterlagen verfügt, hat sie entsprechende Erkenntnisse bei den Strafverfolgungsbehörden einzuholen.
53.0.6.8.2 Liegt das Einvernehmen der Staatsanwaltschaft zur Ausweisung vor, darf mit der Ausweisung nur zugewartet werden, wenn diese ausschließlich wegen eines Ausweisungstatbestandes erfolgen kann, der eine rechtskräftige strafgerichtliche Verurteilung voraussetzt, die noch aussteht, oder wenn von den Strafverfolgungsbehörden bzw vom Strafgericht eine umfassendere Sachaufklärung als von der Ausländerbehörde im Ausweisungsverfahren erwartet werden kann.
53.0.7 Rechtsbehelfe – Sofortige Vollziehung
53.0.7.1 Rechtsbehelfe gegen die Ausweisung haben nach § 80 Abs. 1 VwGO aufschiebende Wirkung. Widerspruch und Klage lassen jedoch unbeschadet ihrer aufschiebenden Wirkung die Wirksamkeit der Ausweisung, die die Rechtmäßigkeit des Aufenthalts beendet und die Sperrwirkung des § 11 Abs. 1 zur Folge hat, unberührt (§ 84 Abs. 2 Satz 1). Die Ausländerbehörde hat im Hinblick auf die vom Ausländer ausgehende Gefahr zu prüfen, ob die sofortige Vollziehung anzuordnen ist. Die Feststellung eines Vollzugsinteresses erfordert in den Fällen des § 72 Abs. 4 die Zustimmung der Staatsanwaltschaft. Das Vollzugsinteresse muss über das öffentliche Interesse am Erlass der Ausweisungsverfügung ersichtlich hinausgehen. Die sofortige Vollziehung setzt nach § 80 Abs. 2 Satz 1 Nr 4 VwGO voraus, dass – ein besonderes öffentliches Interesse daran besteht, den Ausländer bereits vor einer verwaltungsgerichtlichen Entscheidung im Hauptsacheverfahren über die Rechtmäßigkeit seiner Ausweisung aus dem Bundesgebiet zu entfernen und – dieses öffentliche Interesse das schutzwürdige Interesse des Ausländers an seinem weiteren Verbleiben bis zur Hauptsacheentscheidung überwiegt.
53.0.7.2 Das besondere öffentliche Interesse am sofortigen Vollzug einer Ausweisung ist zu bejahen, wenn die begründete Besorgnis besteht, dass die Gefahr sich schon im Zeitraum bis zur verwaltungsgerichtlichen Hauptsacheentscheidung verwirklichen wird. Zu den schutzwürdigen Interessen des Ausländers, die hiergegen abzuwägen sind, zählen z.B. die in Nummer 55.3 bis 55.3.2.5 genannten Hinweise zum Ausweisungsschutz und die Erschwerung der Rechtsverteidigung im Hauptsacheverfahren beim Auslandsaufenthalt. Wird der Erlass einer Ausweisung mit der Anordnung des Sofortvollzugs verbunden, bedarf es stets einer auf den Einzelfall bezogenen abwägenden schriftlichen Begründung (§ 80 Abs. 3 Satz 1 VwGO), warum der Ausgewiesene unverzüglich die Bundesrepublik Deutschland zu verlassen hat.
53.0.8 Im Falle der Ausweisung ist im Pass, Pass- oder Ausweisersatz des Ausländers zu vermerken: „Ausgewiesen". Von dem Vermerk kann abgesehen werden, wenn die Ausreise dadurch erschwert würde. Ein Aufenthaltstitel ist ungültig zu stempeln. Besitzt der Ausländer ein Schengen-Visum, ist das Kinegram der Visummarke zu entwerten; der Ausstellungsstaat ist ggf. zu unterrichten. Diese Maßnahmen sind unmittelbar nach Erlass der Ausweisungsverfügung vorzunehmen. Soweit der Pass oder Passersatz nicht bereits in Verwahrung genommen worden ist (§ 50 Abs. 6), wird deren Vorlage gemäß § 48 Abs. 1 angeordnet. Dem Ausländer kann auf Antrag bescheinigt werden, dass die Ausreisepflicht nicht vollziehbar ist.
53.0.9 Ist der Aufenthalt eines Ausländers unbekannt, gegen den eine Ausweisungsverfügung erlassen werden soll, hat die Ausländerbehörde wegen der Ermittlung des Aufenthalts nach Maßgabe des

Ausländerzentralregistergesetzes und der hierzu ergangenen Vorschriften beim Bundesamt – Ausländerzentralregister – anzufragen und ihn ggf zur Aufenthaltsermittlung auszuschreiben. Eine Ausweisungsverfügung gegen einen Ausländer, dessen Aufenthalt nicht festgestellt werden kann, soll öffentlich zugestellt werden, sofern auch eine Bevollmächtigung nicht vorliegt.
53.0.10 Meldepflichten
53.0.10.1 Unbeschadet der Datenübermittlungspflichten nach dem Ausländerzentralregistergesetz und den hierzu ergangenen Vorschriften hat die Ausländerbehörde von einer Ausweisungsverfügung zu unterrichten (siehe Nummer 58.4 hinsichtlich der Abschiebung):
53.0.10.1.1 – die für die Dateneingabe zuständige Polizeidienststelle nach dem vorgeschriebenen Muster zum Zweck der Ausschreibung in INPOL (Festnahme, Aufenthaltsermittlung, Zurückweisung, § 50 Abs. 7 Satz 2) und im SIS (Einreiseverweigerung, Artikel 96 Abs. 3 SDÜ), wenn die Vollziehbarkeit der Ausreisepflicht unanfechtbar feststeht und die nach § 58 Abs. 2 bzw § 59 oder nach anderen Rechtsvorschriften bestimmte Ausreisefrist abgelaufen ist oder der Ausländer ausgereist ist,
53.0.10.1.2 – das Bundeszentralregister nach vorgeschriebenem Muster (§ 10 Abs. 1 Nr 1 i. V. m. § 20 BZRG),
53.0.10.1.3 – das Bundesamt für Migration und Flüchtlinge nach Maßgabe datenschutzrechtlicher Bestimmungen, wenn es sich um einen Ausländer handelt, der einen Asylantrag gestellt hat.
53.0.10.2 Solange der Vollzug einer Ausweisung durch eine Aufenthaltsgestattung (§ 55 AsylVfG) oder eine Bescheinigung nach § 60 a ausgesetzt wird, sind die Ausschreibungen in INPOL und im Schengener Informationssystem nicht zu veranlassen oder umgehend löschen zu lassen. Sofern eine Betretenserlaubnis nach § 11 Abs. 2 erteilt worden ist, hat die Ausländerbehörde die zuständige Polizeidienststelle sowie INPOL durch Übersendung einer Ausfertigung der Betretenserlaubnis mit dem entsprechenden Vordruck umgehend zu unterrichten.
53.0.10.3 Die Unterrichtung diplomatischer oder konsularischer Vertretungen kann im Einzelfall unter Berücksichtigung datenschutzrechtlicher Bestimmungen zweckmäßig sein, wenn eine Unterstützung der Ausländerbehörde, etwa durch Zahlung der Rückreisekosten an den zur Ausreise verpflichteten, aber mittellosen Ausländer, erwartet werden kann. Bei abgelehnten Asylbewerbern oder Ausländern, bei denen ein Abschiebungshindernis gemäß § 60 besteht, ist von einer Unterrichtung der Vertretung des Heimatstaates abzusehen.
53.0.10.4 Wird eine Ausweisungsverfügung aufgehoben (vgl. § 84 Abs. 2 Satz 3) oder die Wirkung der Ausweisung verkürzt oder verlängert, ist auch dies den in Nummer 53.0.10 genannten Stellen umgehend mitzuteilen. Dies ist im vorliegenden Pass oder Passersatz entsprechend zu vermerken.
53.0.11 Verhältnis von zwingender Ausweisung zur Ausweisung im Regelfall
53.0.11.1 Verfahren
53.0.11.1.1 Bei der zwingenden Ausweisung und der Ausweisung im Regelfall hat die nach § 71 Abs. 1 zuständige Ausländerbehörde eine rechtlich gebundene Entscheidung zu treffen, die der uneingeschränkten gerichtlichen Überprüfung unterliegt. Im Falle der Herabstufung der zwingenden Ausweisung zur Ausweisung im Regelfall entfällt die absolute und ausnahmslose Rechtsfolge der Ausweisung (§ 56 Abs. 1 Satz 2).
53.0.11.1.2 Zum maßgeblichen Zeitpunkt für die gerichtliche Überprüfung siehe 53.0.3.1.2.
53.0.11.1.3 Bei Ausweisungen auf der Grundlage der §§ 53, 54 hat sich die Prüfung grundsätzlich auf das Vorliegen des Ausweisungstatbestands zu beschränken.
53.0.11.1.4 Die sofortige Vollziehung der Ausweisung gemäß § 80 Abs. 2 Satz 1 Nr 4 VwGO sollte grundsätzlich im Hinblick darauf angeordnet werden, dass ein inhaftierter Ausländer im Zeitpunkt der Haftentlassung abzuschieben ist. Von einem besonderen öffentlichen Interesse an der sofortigen Vollziehung kann insbesondere dann ausgegangen werden, wenn ein Ausweisungstatbestand nach §§ 53, 54 erfüllt ist und Wiederholungsgefahr besteht.

53.1 Zwingende Ausweisung
53.1.0.1 Erfüllt der Ausländer die tatbestandlichen Voraussetzungen des § 53, hat ihn die Ausländerbehörde auszuweisen (zwingende Ausweisung). In diesen Fällen besteht kein Ausweisungsermessen; die Ausländerbehörde muss unverzüglich nach Eintritt der Rechtskraft des strafgerichtlichen Urteils die Ausweisung verfügen.
53.1.0.2 Eine vorsätzliche Straftat i. S. v. § 53 liegt immer dann vor, wenn der Ausländer vom Strafgericht nicht wegen fahrlässigen Handelns verurteilt wurde (§ 15 StGB).
53.1.0.3 § 53 setzt rechtskräftige strafgerichtliche Verurteilungen voraus, denen, wie sich aus der erforderlichen Höhe der Verurteilung ergibt, Straftaten schwerer und besonders schwerer Kriminalität zugrunde liegen können. Unabhängig von der Ausweisung beschränkt sich die Prüfung rechtsstaatlicher Grundsätze (insbesondere des Grundsatzes der Verhältnismäßigkeit) im Hinblick auf das besondere

Zwingende Ausweisung § 53 AufenthG 1

öffentliche Interesse an der Ausweisung auf die Befristung der Wirkung der Ausweisung (§ 11 Abs. 1 Satz 1 und 3). Die strikte und zugleich strenge Rechtsfolge des § 53 erfordert grundsätzlich keine Güter- und Interessenabwägung, da die Ausweisungsvorschrift die Schranken der Handlungsfreiheit des Ausländers setzt, die der Gesetzgeber zur Pflege und Förderung des sozialen Zusammenlebens im Interesse der öffentlichen Sicherheit in den Grenzen des allgemein Zumutbaren zieht.
53.1.1 Zwingende Ausweisung wegen schwerer und besonders schwerer Kriminalität
53.1.1.1 Die rechtskräftige Verurteilung zu einer Freiheits- oder Jugendstrafe von mindestens drei Jahren muss nach § 53 Nr 1 erste Alternative auf eine m einzigen Urteil beruhen. Unerheblich ist, ob die Strafe wegen einer einzelnen Tat verhängt worden ist oder ob es sich um eine Gesamtstrafe oder Einheitsjugendstrafe für mehrere Taten (§§ 53 bis 55 StGB, §§ 31 f. JGG) von mindestens drei Jahren handelt. Bei mehreren Verurteilungen, die zur Bildung einer Gesamtstrafe oder Einheitsjugendstrafe geführt haben, ist es unerheblich, ob die Vollstreckung einer dieser Strafen früher zur Bewährung ausgesetzt worden ist. Ist ein Erwachsener wegen in Tateinheit (§ 52 StGB) oder Tatmehrheit (§ 53 StGB) begangener vorsätzlicher und fahrlässiger Straftaten verurteilt worden, ist der Ausweisungsgrund des § 53 Nr 1 erste Alternative nur erfüllt, wenn der auf die Vorsatztaten entfallende Teil der Strafe mindestens drei Jahre beträgt. Dies ist bei in Tateinheit begangenen Vorsatz- und Fahrlässigkeitsdelikten der Fall, wenn in den Urteilsgründen ausdrücklich ausgesprochen oder nach den Tatumständen oder den verletzten Straftatbeständen offensichtlich ist, dass das Gericht die Freiheitsstrafe von mindestens drei Jahren schon allein im Hinblick auf die Vorsatztaten verhängt hat. Ist wegen in Tatmehrheit begangener vorsätzlicher und fahrlässiger Taten eine Gesamtfreiheitsstrafe verhängt worden, ist der Ausweisungsgrund des § 53 Nr 1 erste Alternative erfüllt, wenn
– wegen einer Vorsatztat eine Einsatzstrafe von mindestens drei Jahren ausgesprochen worden ist,
– aus den für die Vorsatztaten verhängten Einzelstrafen ausdrücklich eine gesonderte Gesamtfreiheitsstrafe von mindestens drei Jahren gebildet worden ist oder
– nach den Strafzumessungserwägungen des Gerichts, den Tatumständen oder den verletzten Straftatbeständen offensichtlich ist, dass das Gericht auch allein wegen der Vorsatztaten eine Gesamtfreiheitsstrafe von mindestens drei Jahren verhängt hätte. Bei Jugendstrafen gilt Nummer 53.1.2.1, Sätze 4 und 5 entsprechend.
53.1.1.2.1 Zur zwingenden Ausweisung nach § 53 Nr 1 zweite Alternative führen mehrere strafgerichtliche Verurteilungen wegen vorsätzlicher Straftaten zu mehreren Freiheits- oder Jugendstrafen von zusammen mindestens drei Jahren, wenn die Verurteilungen innerhalb eines Zeitraums von fünf Jahren vor der letzten Verurteilung erfolgt sind. Die Berücksichtigung mehrerer rechtskräftiger Verurteilungen ist jedoch nur dann zulässig, wenn die strafgerichtliche Verurteilung nicht dem Verwertungsverbot des § 51 BZRG unterliegt.
53.1.1.2.2 Der Ausweisungstatbestand des § 53 Nr 1 zweite Alternative wird durch die Anordnung von Sicherungsverwahrung bei der letzten Verurteilung verschärft. Wurde bei der letzten rechtskräftigen Verurteilung Sicherungsverwahrung angeordnet und ist der Ausländer vorher rechtskräftig zu Geld-, Freiheits- oder Jugendstrafen verurteilt worden, ist der Ausweisungstatbestand unabhängig vom Strafmaß oder dem Bezugszeitraum von fünf Jahren ebenfalls erfüllt. Die Durchführung der angeordneten Sicherungsverwahrung hindert die Ausländerbehörde nicht, die Ausweisung unmittelbar nach der strafgerichtlichen Verurteilung zu verfügen und bei der Strafvollstreckungsbehörde eine Entscheidung gemäß § 456 a Abs. 1 StPO herbeizuführen.
53.1.2.1 Die zwingende Ausweisung wegen einer vorsätzlichen Straftat nach dem Betäubungsmittelgesetz nach § 53 Nr 2 erste Alternative setzt eine rechtskräftige strafgerichtliche Verurteilung zu einer Freiheitsstrafe nach Erwachsenenstrafrecht unabhängig vom Strafmaß oder zu einer Jugendstrafe von mindestens zwei Jahren voraus, ohne dass die Vollstreckung der Strafe zur Bewährung ausgesetzt wurde. Für die Frage, ob es sich um eine oder mehrere vorsätzliche Straftaten handelt, ist die strafrechtliche Bewertung maßgebend. Danach kann eine vorsätzliche Straftat auch dann vorliegen, wenn der Täter mehrere Handlungen begangen oder eine Tat mehrfach begangen hat. Falls dem Ausländer neben Betäubungsmitteldelikten andere Straftaten zur Last gelegt wurden, derentwegen gemäß § 31 Abs. 1 Satz 1 JGG nur einheitlich eine Jugendstrafe erging, lässt sich das Strafmaß bezüglich des Betäubungsmitteldelikts nicht feststellen. In solchen Fällen findet § 54 Nr 1 oder 3 Anwendung.
53.1.2.2 Die zwingende Ausweisung nach § 53 Nr 2 ist im Falle rechtskräftiger strafgerichtlicher Verurteilungen zu einer Jugendstrafe von mindestens zwei Jahren ohne Bewährung oder zu einer Freiheitsstrafe nach Erwachsenenstrafrecht ohne Bewährung auch unter folgenden Voraussetzungen zu verfügen:
– Verurteilung wegen Landfriedensbruchs unter den in § 125 a Satz 2 StGB genannten Voraussetzungen (§ 53 Nr 2 zweite Alternative) oder

– Verurteilung wegen eines im Rahmen einer verbotenen öffentlichen Versammlung oder eines verbotenen Aufzugs begangenen Landfriedensbruchs gemäß § 125 StGB (§ 53 Nr 2 dritte Alternative).
53.1.2.3 Eine Aussetzung der Strafvollstreckung zur Bewährung i. S. v. § 53 Nr 2 ist nur eine Maßnahme nach § 56 StGB bzw § 21 JGG, nicht aber eine an geringere Voraussetzungen geknüpfte Aussetzung des Restes einer zeitigen Freiheitsstrafe gemäß § 57 StGB bzw. § 88 JGG. Der die Strafaussetzung bei Jugendlichen regelnde § 21 JGG entspricht bis auf Absatz 3 nahezu wortgleich § 56 StGB. Der Ausweisungstatbestand des § 53 Nr 2 ist auch erfüllt, wenn die Vollstreckung der Restfreiheits- oder Rest-Jugendstrafe zur Bewährung ausgesetzt worden ist. Eine Verbüßung eines erheblichen Teils der Strafe beseitigt nicht die bereits erfolgte schwere Störung der öffentlichen Sicherheit und Ordnung. Wegen der unterschiedlichen Gesetzeszwecke muss die Ausländerbehörde sich bei der Entscheidung über die Ausweisung nicht notwendig von demselben Gefahrenmaßstab leiten lassen, der für den Strafrichter bei der Strafaussetzung maßgebend ist.
53.1.3 Nach § 53 Nr 3 hat die rechtskräftige Verurteilung zu einer Freiheitsstrafe wegen Einschleusens von Ausländern gemäß § 96 oder § 97 die zwingende Ausweisung zur Folge, wenn die Freiheitsstrafe tatsächlich verbüßt werden muss. Die Verurteilung zu einer Mindestfreiheitsstrafe ist nicht Voraussetzung für die Ausweisung.

Übersicht

	Rn
I. Entstehungsgeschichte	1
II. Allgemeines	2
III. Zwingende Ausweisung	6

I. Entstehungsgeschichte

1   Die Vorschrift stimmt im Wesentlichen mit dem **GesEntw** (BT-Drs 15/420 S. 21) überein. Aufgrund des Vermittlungsverf (BT-Drs 15/3479 S. 8) wurde Nr 3 angefügt.

II. Allgemeines

2   Die Ist-Ausweisung ist die **strengste Ausweisungsart,** weil sie der AuslBeh keinen Raum für eine eigene Gefahrenprognose u. für Ermessenserwägungen, vor allem für eine Güter- u. Interessenabwägung, lässt (dazu § 55 Rn 4 f). Aber auch die zwingende Ausweisung ist keine Strafe, sondern eine ordnungsrechtliche Maßnahme, die an einem polizeirechtlichen Gefahrentatbestand ausgerichtet ist (§ 55 Rn 4 f). Die Bestimmungen der §§ 53 bis 56 bilden ein eigenes Ausweisungssystem, das auf freizügigkeitsberechtigte Unionsbürger u. Gleichgestellte nicht anwendbar ist (vgl § 11 I FreizügG/EU); für diese gelten die Beendigungsregeln der §§ 6, 7 FreizügG/EU.
3   Die Vorschrift des § 53 (ähnlich auch § 54) ist dadurch gekennzeichnet, dass die **Entscheidungsmöglichkeit** der AuslBeh extrem **eingeschränkt** ist: Die Ausweisung muss erfolgen (§ 53: „Zwingende Ausweisung", „Ist-Ausweisung", „Muss-Ausweisung") bzw hat idR zu erfolgen (§ 54: „Regel-Ausweisung" oder „Soll-Ausweisung"). Anders als nach der Grundvorschrift des § 55 erfordern weder die zwingende noch die Regelausweisung die Annahme einer wahrscheinlich künftig von dem Ausl ausgehenden Gefahr u. die Feststellung eines überwiegenden öffentl Interesses an der Aufenthaltsbeendendigung. In beiden Fällen hat der Gesetzgeber Gefahrenprognose u. Interessenabwägung nicht der AuslBeh überlassen, sondern sie selbst vorgenommen u. daran die (unbedingte oder regelmäßige) Pflicht zur Ausweisung geknüpft.
4   Die Grundlage bilden bei der Ist-Ausweisung strafrechtliche Verurteilungen von besonderer Schwere u. bei der Regelausweisung gewichtige Straftaten, bei den zT eine Verurteilung noch nicht erfolgt zu sein braucht. Die Gründe für die Ausweisung sind **spezial- wie**

Zwingende Ausweisung § 53 **AufenthG** 1

generalpräventiver Art. Einerseits hat der Gesetzgeber erkennbar eine in der Vergangenheit bewiesene u. in Zukunft sicher zu erwartende besondere individuelle Gefährlichkeit zugrundegelegt. Andererseits ist den Instrumenten der Ist- u. der Regelausweisung eine generalpräventive Wirkung von Natur aus eigen. Für Auslegung u. Anwendung ist dies im ersten Fall unerheblich, kann aber im zweiten Fall Bedeutung erlangen, wenn es um atypische Fallgestaltungen geht. Bei Erfüllung der objektiven Voraussetzungen einer der Tatbestände ist die Ausweisung die zwingende Folge. Der AuslBeh ist weder die Möglichkeit einer Ausnahme noch Ermessen eingeräumt. Sie darf weder aus spezial- noch aus generalpräventiven Gründen noch in Härtefällen von der Ausweisung absehen. Nur in den Fällen des § 56 I 4 u. 5 verändert sich ihr Entscheidungsspielraum: De Ausweisung hat dann (nur) idR oder aufgrund Ermessens zu erfolgen. Es ist ihr aber auch dann keine Befugnis verliehen, von sich aus die Ausweisung zu unterlassen, wenn es nur an einzelnen Voraussetzungen des § 56 I fehlt.

Soweit damit auch in jedem Fall die Beachtung des Grundsatzes der Verhältnismäßigkeit 5 ausgeschlossen ist, können **Bedenken** gegen die Verfassungsmäßigkeit der Norm zumindest nach Absenkung des Strafenniveaus auf drei bzw zwei Jahre Jugendstrafe oder Freiheitsstrafe ohne Mindestmaß bestehen, die durch eine verfassungskonforme Auslegung kaum ausgeräumt werden können (Funke-Kaiser/Müller in Barwig ua, AuslR, S. 135; Wollenschläger/Schraml, ZAR 1992, 66). Allenfalls kommt eine Milderung der Ausweisungsfolgen durch Befristung nach § 11 I in Betracht, die gleichzeitig erfolgen darf u. dann uU nur zu einem kurzfristigen Auslandsaufenthalt führt. Eine Nichtanwendung im Einzelfall (so BVerwG, EZAR 030 Nr 1; ähnlich OVG Hamburg, EZAR NF 44 Nr 1), kommt angesichts des eindeutigen Wortlauts kaum in Betracht. Ebenso wenig eine anschließende Überprüfung anhand Art 8 EMRK (aA VGH BW, EZAR 031 Nr 7 u. 9). Das System des Nachzugs wird Art 6 GG u. Art 8 EMRK im Grundsatz gerecht; wenn die Folgen im Einzelfall nicht mit Art 8 zu vereinbaren sind, ist uU eine Duldung zu erteilen (HessVGH, EZAR 042 Nr 6).

III. Zwingende Ausweisung

Die zwingende Ausweisung ist für Fälle schwerer u. auch solche mittlerer Kriminalität 6 vorgeschrieben, wobei das Ges zur Abgrenzung zT einzelne Tatbestände beschreibt, sonst aber allein auf die Höhe der rechtskräftig verhängten **Strafe** abhebt. Die Straftaten können im Ausland begangen, die Verurteilung muss aber im Inland erfolgt sein. Ein Vergleich mit § 55 II Nr 2 lässt erkennen, dass Auslandsstraftaten grundsätzlich einbezogen sind. Der absoluten Anknüpfung an die Strafhöhe liegt aber eine Wertung zugrunde, die Sinn u. Zweck nur durch ihre Beziehung zu einem bestimmten Strafstandard erhält. Deshalb kann nur ein inländisches Strafurteil an der Mindestgrenze von drei oder zwei Jahren gemessen werden. Zudem deutet die Verwendung der Begriffe Sicherungsverwahrung u. Aussetzung der Vollstreckung zur Bewährung auf eine inländische Verurteilung hin.

Das Mindestmaß von drei Jahren Freiheits- oder Jugendstrafe wegen mehrerer Vorsatz- 7 taten (Nr 1 Alt 1) kann auch durch nachträgliche Bildung einer Gesamtstrafe erreicht werden. Immer muss es sich aber um **eine einzige Strafe** handeln. Mehrere Strafen, die nicht nachträglich zu einer Gesamtstrafe zusammengeführt sind, fallen unter Nr 1 Alt. 2. Die Vollstreckung der Strafe kann, auch nachträglich nach Teilverbüßung, zur Bewährung ausgesetzt sein (§§ 56, 57 StGB u. § 21 JGG; anders nach Nr 2 u. 3). Für die Strafhöhe maßgeblich ist allein die Mindeststrafe von 3 Jahren, bei der eine Aussetzung der Strafvollstreckung, zumindest im Zeitpunkt der Verurteilung ausgeschlossen ist (§ 56 StGB). Ein bestimmter Zeitraum, innerhalb dessen die Taten begangen oder die Bestrafungen erfolgt sein müssen, ist nicht vorgegeben. Beruht die Strafe zT auf einer fahrlässigen Straftat, muss der hierauf entfallende Anteil abgezogen werden. Ist dies nicht möglich, kann die Verurteilung nicht verwertet werden.

8   Das **Gesamtmaß** von mindestens drei Jahren Freiheits- oder Jugendstrafe gilt für mehrere Verurteilungen wegen Vorsatztaten. Der Ausl muss mehrmalig verurteilt sein, er braucht dabei nicht „mehrfach" die Grenze von „zusammen mindestens" drei Jahren erreicht zu haben. Freiheits- u. Jugendstrafen können beliebig zeitlich gemischt sein. Die Strafen können auch zur Bewährung ausgesetzt sein, was zumindest bei den ersten Freiheitsstrafen unter zwei Jahren rechtlich zulässig sein kann (vgl § 56 StGB). Sicherungsverwahrung (vgl § 66 StGB) ersetzt die Mindestsumme der Freiheitsstrafe, falls sie bei der letzten Verurteilung wegen einer Vorsatztat angeordnet u. rechtskräftig wird. Die Verurteilungen müssen in dem vorgegebenen Zeitraum von fünf Jahren erfolgt sein, wobei für die Berechnung der Eintritt der Rechtskraft maßgeblich ist. Auf den Zeitpunkt der Begehung der Straftaten kommt es nicht an. Es darf aber keine Verurteilung dem Verwertungsverbot des § 51 BZRG unterliegen.

9   Die rechtskräftige Verurteilung wegen einer Vorsatztat im Bereich des **Rauschmittel- oder Versammlungsrechts** zu einer Jugendstrafe von mindestens zwei Jahren oder einer Freiheitsstrafe führt ebenfalls zwingend zur Ausweisung. Grund dafür ist, gegen Drogentäter konsequenter vorzugehen u. wegen der Strafzumessungspraxis die Strafhöhe herabzusetzen (BT-Drs. 12/6853 S. 30 u. 13/4948 S. 9). Die Strafen müssen nach dem BtmG oder §§ 125, 125 a StGB rechtskräftig verhängt (zur Gesamtstrafe: BVerwG, EZAR NF 41 Nr 1; VGH BW, EZAR 031 Nr 10; BayVGH, EZAR 031 Nr 8) u. dürfen nicht zur Bewährung ausgesetzt sein. Ausgesetzt ist die Strafe auch, wenn die Aussetzung später widerrufen wird (BVerwG, EZAR 031 Nr 6; aA VGH BW, EZAR 031 Nr 5). Obwohl die Schwelle für Ausweisungen gerade für Jugendliche u. junge Erwachsene spürbar gesenkt ist, bestehen wegen der äußersten Gefährlichkeit der Drogenkriminalität u. der besonderen Schädlichkeit des Landfriedensbruchs für das soziale u. politische Zusammenleben grundsätzlich keine verfassungsrechtlichen Bedenken. Der besonderen Lage der hier aufgewachsenen Ausl wird mit den einschlägigen Schutzvorschriften in § 56 I, II Rechnung getragen (zum früheren Recht OVG NRW, EZAR 031 Nr 3). Die Aussetzung eines Strafrests zur Bewährung (§ 57 StGB; § 88 JGG) ist an geringere Voraussetzungen geknüpft als die Aussetzung bei der Verurteilung selbst (§ 56 StGB; § 21 JGG). Sie belegt aber für die Zukunft ebenso wie die ursprüngliche Aussetzung eine geringere Gefährlichkeit. Daher kann sie nicht entgegen dem Wortlaut von der Anwendung ausgenommen werden. Eine trotz Strafaussetzung fortbestehende Gefährdung der öffentl Sicherheit u. Ordnung kann im Rahmen der ohnehin verbleibenden Regeltatbestände des § 54 Nr 3 u. 4 angemessen berücksichtigt werden. Die Zurückstellung der Strafvollstreckung (§ 35 I–IV BtmG) vermag die Wiederholungsgefahr nicht auszuschließen (VGH BW, EZAR 033 Nr 17).

10   Schließlich genügt auch die rechtskräftige Verurteilung zu einer Freiheitsstrafe wegen **Einschleusens** von Ausl nach §§ 96 oder 97, wenn die Vollstreckung nicht zur Bewährung ausgesetzt ist. Eine Mindeststrafe ist nicht verlangt. Geldstrafe genügt aber nicht. Im Falle der Strafaussetzung zur Bewährung (dazu Rn 9) ist § 54 Nr 2 anzuwenden.

§ 54 Ausweisung im Regelfall

Ein Ausländer wird in der Regel ausgewiesen, wenn

1. er wegen einer oder mehrerer vorsätzlicher Straftaten rechtskräftig zu einer Jugendstrafe von mindestens zwei Jahren oder zu einer Freiheitsstrafe verurteilt und die Vollstreckung der Strafe nicht zur Bewährung ausgesetzt worden ist,
2. er wegen Einschleusens von Ausländern gemäß § 96 oder § 97 rechtskräftig verurteilt ist,
3. er den Vorschriften des Betäubungsmittelgesetzes zuwider ohne Erlaubnis Betäubungsmittel anbaut, herstellt, einführt, durchführt oder ausführt, veräußert, an einen anderen abgibt oder in sonstiger Weise in Verkehr bringt oder mit ihnen handelt oder wenn er zu einer solchen Handlung anstiftet oder Beihilfe leistet,
4. er sich im Rahmen einer verbotenen oder aufgelösten öffentlichen Versammlung oder eines verbotenen oder aufgelösten Aufzugs an Gewalttätigkeiten gegen Men-

Ausweisung im Regelfall § 54 **AufenthG** 1

schen oder Sachen, die aus einer Menschenmenge in einer die öffentliche Sicherheit gefährdenden Weise mit vereinten Kräften begangen werden, als Täter oder Teilnehmer beteiligt,

5. Tatsachen die Schlussfolgerung rechtfertigen, dass er einer Vereinigung angehört oder angehört hat, die den Terrorismus unterstützt, oder er eine derartige Vereinigung unterstützt oder unterstützt hat; auf zurückliegende Mitgliedschaften oder Unterstützungshandlungen kann die Ausweisung nur gestützt werden, soweit diese eine gegenwärtige Gefährlichkeit begründen,

5 a. er die freiheitliche demokratische Grundordnung oder die Sicherheit der Bundesrepublik Deutschland gefährdet oder sich bei der Verfolgung politischer Ziele an Gewalttätigkeiten beteiligt oder öffentlich zur Gewaltanwendung aufruft oder mit Gewaltanwendung droht,

6. er in einer Befragung, die der Klärung von Bedenken gegen die Einreise oder den weiteren Aufenthalt dient, der deutschen Auslandsvertretung oder der Ausländerbehörde gegenüber frühere Aufenthalte in Deutschland oder anderen Staaten verheimlicht oder in wesentlichen Punkten falsche oder unvollständige Angaben über Verbindungen zu Personen oder Organisationen macht, die der Unterstützung des internationalen Terrorismus verdächtig sind. Die Ausweisung auf dieser Grundlage ist nur zulässig, wenn der Ausländer vor der Befragung ausdrücklich auf den sicherheitsrechtlichen Zweck der Befragung und die Rechtsfolgen falscher oder unvollständiger Angaben hingewiesen wurde; oder

7. er zu den Leitern eines Vereins gehörte, der unanfechtbar verboten wurde, weil seine Zwecke oder seine Tätigkeit den Strafgesetzen zuwiderlaufen oder er sich gegen die verfassungsmäßige Ordnung oder den Gedanken der Völkerverständigung richtet.

Vorläufige Anwendungshinweise

54 Zu § 54 Ausweisung im Regelfall
54.0.1 Die Ausweisung im Regelfall nach § 54 erfasst Fälle schwerer und mittlerer Kriminalität. Ein Unterscheidungsmerkmal zwischen zwingender Ausweisung und Ausweisung im Regelfall wegen Betäubungsmitteldelikten ergibt sich aus dem Umstand, dass nach § 54 Nr 3 eine rechtskräftige strafgerichtliche Verurteilung wegen einer Vorsatztat nach dem Betäubungsmittelgesetz nicht vorliegen muss.
54.0.2 Die Worte „in der Regel" in § 54 beziehen sich auf Regelfälle, die sich nicht durch besondere Umstände von der Menge gleichliegender Fälle unterscheiden. Ausnahmefälle sind durch einen atypischen Geschehensablauf gekennzeichnet, der so bedeutsam ist, dass er jedenfalls das sonst für die Ausweisung im Regelfall ausschlaggebende Gewicht beseitigt.
54.0.3 Die Ausländerbehörde hat bei Vorliegen eines Regelfalles kein Ermessen bei der Ausweisungsentscheidung. Nur wenn ein Ausnahmefall vorliegt, steht die Ausweisung im pflichtgemäßen Ermessen der Ausländerbehörde. Bei der Ermessensausübung ist auch der Ausweisung im Regelfallstatbestand nach § 54 mit dem ihm zukommenden Gewicht in die Güter- und Interessenabwägung einzubeziehen. Es kommt ihm allerdings nicht – wie im Regelfall – von vornherein ein ausschlaggebendes Gewicht zu. Grundsätzlich kann in einem von der Regel abweichenden Fall sowohl eine Ermessensausweisung als auch ein Absehen von der Ausweisung in Betracht kommen. Sieht die Ausländerbehörde von einer Ausweisung nach vorheriger Anhörung ab, erfordert dies einen Hinweis an den Ausländer unter Androhung der Ausweisung im Falle einer weiteren Beeinträchtigung der öffentlichen Sicherheit und Ordnung.
54.0.4 Bei der Prüfung, ob ein vom Regelfall abweichender Ausnahmefall vorliegt, sind alle Umstände des Einzelfalls zu bewerten und zu gewichten. Zum Prüfungsumfang gehören alle Umstände der strafgerichtlichen Verurteilungen und die sonstigen Verhältnisse des Ausländers, wie sie in § 55 Abs. 3 näher umschrieben werden. Die Feststellung besonderer Umstände i. S. d. § 57 Abs. 2 Nr 2 StGB kann auf das Vorliegen eines Ausnahmefalls hindeuten. In diesem Fall hat die Ausländerbehörde zu prüfen, ob dennoch eine Ausweisung im Ermessenswege erforderlich ist.
54.1 Hinsichtlich der Erfüllung des Ausweisungstatbestandes des § 54 Nr 1 im Falle einer Strafaussetzung wird auf Nummer 53.1.2.3 verwiesen. Die Ausländerbehörde ist hinsichtlich der Feststellung des Strafmaßes und der Rechtskraft des Strafurteils an dessen Inhalt bzw. an die entsprechenden gericht-

lichen Vermerke tatsächlich gebunden. Die Voraussetzungen des § 54 Nr 1 sind auch erfüllt, wenn bei einer rechtskräftigen strafgerichtlichen Verurteilung wegen einer oder mehrerer vorsätzlicher Straftaten eine Gesamtstrafe gebildet wird, deren Vollstreckung nicht zur Bewährung ausgesetzt worden ist. Bei Jugendstraftaten muss jedoch eine Verurteilung mindestens zwei Jahre Jugendstrafe betragen.

54.2 Der Ausweisungsgrund des § 54 Nr 2 setzt eine rechtskräftige Verurteilung des Ausländers wegen Einschleusens von Ausländern nach § 96 oder § 97 voraus. Sobald ein Ausländer gemäß § 96 oder § 97 rechtskräftig zu einer Freiheitsstrafe ohne Bewährung verurteilt wird, ist der zwingende Ausweisungsgrund des § 53 Nr 3 erfüllt. Die Höhe der Freiheitsstrafe ist unerheblich. Bei mehreren rechtskräftigen Verurteilungen innerhalb von 5 Jahren kann auch der zwingende Ausweisungsgrund des § 53 Nr 1 erfüllt sein.

54.3.1 Der Ausweisungsgrund in § 54 Nr 3 setzt keine strafgerichtliche Verurteilung voraus. § 54 Nr 3 erfasst nicht den unerlaubten Besitz von Drogen, den unerlaubten Konsum und das unerlaubte Beschaffen für den Eigenverbrauch. Diese Handlungen können allerdings eine Ermessensausweisung nach § 55 Abs. 1 und 2 Nr 2, 4 begründen. Das Tauschen verschiedener Betäubungsmittel ist rechtlich als unerlaubtes Veräußern, im Einzelfall als unerlaubtes Handeltreiben mit Betäubungsmitteln, einzustufen. Die bei Jugendlichen und Heranwachsenden mögliche Aussetzung der Reststrafe zur Bewährung nach § 88 JGG steht der Annahme einer Wiederholungsgefahr grundsätzlich nicht entgegen. Für eine Wiederholungsgefahr in Bezug auf Drogendelikte spricht auch der wiederholte erfolglose Versuch, sich einer der Rehabilitation dienenden Behandlung zu unterziehen.

54.3.2.0 Bei den in § 56 Abs. 1 genannten Ausländern ist über die Ausweisung nach § 54 nach Ermessen zu entscheiden (§ 56 Abs. 1 Satz 4). Dabei sind im Rahmen der Bewertung des öffentlichen Interesses an der Ausweisung neben der Erfüllung des Ausweisungsgrundes und § 55 Abs. 3 folgende Gesichtspunkte zu beachten:

54.3.2.1 – Von maßgeblicher Bedeutung ist die Gefährlichkeit des Betäubungsmittels. Beim Handel mit Heroin, Kokain und anderen vergleichbaren gefährlichen Betäubungsmitteln in „nicht geringen Mengen" (im strafrechtlichen Sinne; ggf mit Strafverfolgungsbehörde klären) kann von einer Ausweisung nur in besonderen Ausnahmefällen abgesehen werden.

54.3.2.2 – Die Ausweisung kann aufgrund des Handeltreibens mit diesen Stoffen in nicht geringen Mengen schon bei einer einmaligen einschlägigen Bestrafung erfolgen, insbesondere in Fällen, in denen angesichts der vom Täter gezeigten erheblichen kriminellen Energie eine Wiederholungsgefahr besteht. Dies gilt auch bei Vorliegen besonderer schutzwürdiger persönlicher Belange wie der ehelichen Lebensgemeinschaft mit einem deutschen Staatsangehörigen und dem familiären Zusammenleben mit einem gemeinsamen minderjährigen Kind.

54.3.2.3 – Beim Handeltreiben mit sog. weichen Drogen (Haschisch und Marihuana) ist vor allem die Handelsmenge von Bedeutung, da durch den Gebrauch dieser Betäubungsmittel in nicht ganz so folgenschwerer Weise in die körperliche Unversehrtheit eingegriffen wird, wie bei den sog. harten Drogen. Handel mit einer „nicht geringen" Menge so genannter weicher Drogen, soweit keine Einstellung durch die Staatsanwaltschaft erfolgen wird, wird regelmäßig zu einer Ausweisung führen.

54.3.2.4 – Besondere Bedeutung ist auch der Motivation des Täters beizumessen. Handelte dieser aus Gewinnsucht mit Drogen, ist die Ausweisung grundsätzlich geboten. Dagegen kann für ein Absehen von einer Ausweisung sprechen, wenn der Handel zur Finanzierung der eigenen Sucht diente und der abhängige Täter sich einer der Rehabilitation dienenden Behandlung bereitwillig unterzieht oder diese bereits erfolgreich abgeschlossen hat. Ansonsten steht eine Rehabilitationsmaßnahme (Drogentherapie im Rahmen des § 35 BtMG) einer Ausweisung im Regelfall nicht entgegen (vgl. § 55 Abs. 2 Nr 4).

54.3.2.5 – Die Höhe des Strafmaßes ist ein Indiz für die Gefährlichkeit des Täters. Maßgeblich ist, inwieweit die Verurteilung dem der zwingenden Ausweisung zugrunde liegenden Strafmaß des § 53 nahe kommt.

54.3.2.6 – Auch die im Strafurteil bzw. in der Entscheidung der Strafvollstreckungskammer oder in vergleichbaren amtlichen Stellungnahmen angestellten Sozialprognosen sind angemessen zu berücksichtigen.

54.3.3 Im Ausweisungsverfahren ist nicht zwingend darauf abzustellen, ob das Strafverfahren bereits abgeschlossen ist oder ob eine strafgerichtliche Verurteilung bereits vorliegt. Wurde der Ausländer wegen des der Ausweisungsentscheidung zugrunde liegenden Tatvorwurfs in Untersuchungshaft genommen, bestehen grundsätzlich dringender Tatverdacht und die erhebliche Wahrscheinlichkeit, dass der Ausländer das ihm vorgeworfene Betäubungsmitteldelikt begangen hat. An die strafprozessualen Sachverhalte kann die Ausländerbehörde bei der Entscheidungsfindung anknüpfen. Die Ausweisung kann daher bereits nach Erhebung der öffentlichen Klage durch die Staatsanwaltschaft erfolgen (vgl. § 72 Abs. 4).

54.3.4 Auch eine noch nicht rechtskräftige strafgerichtliche Verurteilung wegen eines Betäubungsmitteldelikts kann nach Maßgabe des § 54 Nr 3 zu einer Ausweisung im Regelfall führen. Der Ausweisung können sowohl spezial- als auch generalpräventive Erwägungen zugrunde gelegt werden.
54.3.5 Bei den besonders gefährlichen und schwer zu bekämpfenden Straftaten nach dem Betäubungsmittelgesetz liegt grundsätzlich ein besonders schwerwiegender Ausweisungsgrund im Sinne völkerrechtlicher Verträge vor (vgl. Artikel 3 Abs. 3 ENA). Allerdings müssen die für die Ausweisung sprechenden Gründe diese Maßnahme unvermeidbar erscheinen lassen, d. h. die maßgebenden Gründe müssen so gewichtig sein, dass die Anwesenheit des Ausländers auch bei Anlegung strenger Maßstäbe nicht länger hingenommen werden kann.
54.4 Die Ausweisung nach § 54 Nr 4 setzt keine strafgerichtliche Verurteilung voraus. Der Ausweisung sind insbesondere polizeiliche Ermittlungsergebnisse oder eine Anklageschrift der Strafverfolgungsbehörde zugrunde zu legen (§ 86, § 87 Abs. 1). Die Ausweisung kann auch vor Einritt der Rechtskraft einer der in § 54 Nr 2 genannten entsprechenden strafgerichtlichen Verurteilungen verfügt werden, ohne dass es bei der Ausweisung im Regelfall darauf ankommt, ob die Vollstreckung der Strafe zur Bewährung ausgesetzt worden ist. Befindet sich der Ausländer in Untersuchungshaft oder Strafhaft, kann in Fällen, in denen kein besonderes Vollzugsinteresse besteht (z. B. Entlassungstermin steht noch nicht fest), mit der Ausweisung zugewartet werden, bis eine rechtskräftige strafgerichtliche Verurteilung vorliegt, die etwa eine Ausweisung nach § 54 Nr 2 erfordert. Dennoch ist dem Ausländer auch in diesen Fällen unmittelbar nach Bekanntwerden entsprechender Ausweisungsgründe Gelegenheit zu geben, sich zu der beabsichtigten Ausweisung zu äußern.
54.5 Die Ausweisung im Regelfall nach § 54 Nr 5 betrifft Personen, bei denen es sich um gewaltbereite Extremisten, Terroristen oder Unterstützer von Terroristen handelt. Dabei muss die von einem Ausländer ausgehende Gefahr entweder gegenwärtig bestehen oder für die Zukunft zu erwarten sein, abgeschlossene Sachverhalte aus der Vergangenheit ohne gegenwärtige oder künftige Relevanz bleiben außer Betracht. Der Ausweisungsgrund besteht somit nicht, wenn die Gefahrenprognose negativ ausfällt und somit eine Sicherheitsbeeinträchtigung nicht mehr zu erwarten ist. Die erforderliche Beurteilung obliegt regelmäßig den Sicherheitsbehörden. Ein strafbares oder strafbewehrtes Verhalten ist nicht erforderlich.
54.5.1 Mit der Regelung in Nr 5 werden die Bestrebungen innerhalb und außerhalb des Bundesgebietes agierender Tätergruppen erfasst, die gegen das vom Bundesverfassungsgericht ausgefüllte Verfassungsprinzip der freiheitlichen demokratischen Grundordnung sowie gegen die Sicherheit des Bundes oder eines Landes gerichtet sind (vgl. § 3 Abs. 1 Nr 1 BVerfSchG, § 1 Gesetz zu Artikel 10 GG). Schutzgut ist insbesondere auch die Fähigkeit des Staates, Beeinträchtigungen und Störungen seiner Sicherheit nach innen und außen abzuwehren. Dazu gehört es auch, wenn auswärtige Konflikte auf deutschem Boden ausgetragen oder vorbereitet werden. Erfasst wird ebenfalls die Mitgliedschaft oder Unterstützung von Gruppierungen, die Anschläge gegen Personen oder Sachen veranlassen, befürworten oder androhen, unabhängig davon, wo die Anschläge verübt werden.
54.5 a Der Ausweisungsgrund der Nr 5 a setzt in allen Alternativen nicht notwendig strafbares oder strafbewehrtes Verhalten voraus. Für die Ausweisung genügt eine Gefahr, die sich aus dem Verbleib des Ausländers im Bundesgebiet ergibt. Reine Vermutungen oder eine entfernte Möglichkeit eines Schadenseintritts genügen nicht. Wegen des hohen Rangs des gefährdeten Rechtsguts werden an den Wahrscheinlichkeitsmaßstab für den Eintritt der Gefährdung nach Maßgabe des Verhältnismäßigkeitsprinzips keine hohen Anforderungen gestellt. Die Ausländerbehörde hat im Rahmen einer Güter- und Interessenabwägung zu prüfen, ob der Ausweisung eine mildere Maßnahme vorzuziehen ist (nach § 47).
54.5 a.1 Eine „Gefährdung der freiheitlichen demokratischen Grundordnung der Bundesrepublik Deutschland" ist insbesondere bei politischen oder politisch begründeten Tätigkeiten anzunehmen, die sich gegen die grundlegenden Verfassungsprinzipien richten. Eine Gefährdung liegt erst dann vor, wenn eine auf Tatsachen gestützte, nicht bloß entfernte Möglichkeit eines Schadenseintritts besteht. Ein Schaden muss noch nicht entstanden sein. Das Verhalten des Ausländers ist weder strafbar noch strafbewehrt. Es kann auch von einem Ort außerhalb des Geltungsbereichs des Grundgesetzes ausgehen. Es ist daher im Interesse der Abwehr erheblicher Gefahren möglich, sich noch nicht im Bundesgebiet aufhaltende Ausländer auszuweisen.
54.5 a.2 Der Ausweisungsgrund der „Gefährdung der Sicherheit der Bundesrepublik Deutschland" umfasst sowohl die innere als auch die äußere Sicherheit des Staates. Zur Wahrung der Sicherheit der Bundesrepublik Deutschland ist es erforderlich, dass sich der Staat nach innen und außen gegen Angriffe und Störungen zur Wehr setzen kann. Der Begriff der Sicherheit der Bundesrepublik Deutschland ist enger zu verstehen als der Begriff der öffentlichen Sicherheit im Sinne von § 55 Abs. 1.

Nicht jede durch eine Gesetzesverletzung verursachte Beeinträchtigung der öffentlichen Sicherheit stellt dabei gleichzeitig eine Gefährdung der „inneren Sicherheit" des Staates dar. Nur wenn die innere oder äußere Sicherheit des Bundes und der Länder selbst, d. h. die Sicherheit ihrer Einrichtungen, der Amtsführung ihrer Organe und des friedlichen und freien Zusammenlebens der Bewohner, ferner die Sicherheit lebenswichtiger Verkehrs- und Versorgungseinrichtungen gefährdet ist und diese Gefährdung die bloße Beeinträchtigung der öffentlichen Sicherheit in beachtlichem Maße übersteigt, liegt eine Gefährdung der Sicherheit der Bundesrepublik Deutschland vor.

54.5 a.3 Nicht jeder Verstoß gegen die Rechtsordnung, insbesondere die Strafrechtsordnung, gefährdet die innere Sicherheit, wenn die Funktionsfähigkeit des Staates dadurch nicht beeinträchtigt wird. Diese ist vor allem durch die organisierte Kriminalität sowie durch extremistische und terroristische politische Anschläge auf Staatsorgane gefährdet. Auch Vorbereitungs- und Unterstützungstätigkeiten, die ihrerseits noch nicht die Schwelle zur Kriminalität überschritten haben, können den Tatbestand der Gefährdung erfüllen.

54.5 a.4 Der öffentliche Aufruf zur Gewaltanwendung, die Drohung mit Gewaltanwendung oder die Beteiligung an Gewalttätigkeiten bei der Verfolgung politischer Ziele führen grundsätzlich zu einer Ausweisung nach § 54 Nr 5 a. Durch die Verherrlichung der Anwendung von Gewalt (z. B. Zeigen oder Anbieten von gewaltverherrlichenden Transparenten im Rahmen von Demonstrationen) wird die Rechtsordnung und deren Funktion gefährdet.

54.6.1 Vor dem Hintergrund einer möglichen Bedrohung Deutschlands durch den internationalen Terrorismus begründet § 54 Nr 6 eine Ausweisung im Regelfall, wenn der Ausländer
– frühere Aufenthalte in Deutschland oder anderen Staaten verheimlicht oder
– in wesentlichen Punkten falsche oder unvollständige Angaben über Verbindungen zu Personen oder Organisationen macht, die der Unterstützung des internationalen Terrorismus verdächtig sind.

54.6.2 Falsche Angaben über frühere Aufenthalte in Deutschland oder in bestimmten anderen Staaten, insbesondere in Problemstaaten (§ 73 Abs. 4), deuten auf ein erhebliches Sicherheitsrisiko hin. Dies gilt namentlich für Voraufenthalte unter anderem Namen. Grundüberlegung für diese Vorschrift ist die Erfahrung, dass gewaltbereite Terroristen zum Teil legal nach Deutschland einreisen und sich hier rechtmäßig aufhalten. Bei der Gewährung von Einreisemöglichkeiten oder Aufenthaltsrechten ist daher der Berücksichtigung von Voraufenthalten in Problemstaaten oder des Reiseverkehrs zwischen Problemstaaten und Deutschland erhebliches Gewicht zuzumessen. Dementsprechend genügt bereits der Nachweis solcher unrichtiger Angaben für eine Ausweisung im Regelfall. Ein darüber hinausgehender Nachweis eines Kontaktes zum Terrorismus ist nicht erforderlich.

54.6.3 Auch im Falle falscher oder unvollständiger Angaben über Kontakte zu Personen oder Organisationen mit terroristischem Hintergrund ist es nicht erforderlich, dass der Ausländer tatsächlich mit diesen Personen oder Organisationen zusammenwirkt. Ausreichend ist das Vorliegen falscher oder unvollständiger Angaben über seine Kontakte.

54.6.4 Eine Ausweisung auf der Grundlage des § 54 Nr 6 kommt nur dann in Betracht, wenn der Ausländer in einer Befragung, die der Klärung von Bedenken gegen die Einreise oder den weiteren Aufenthalt dient, der Auslandsvertretung oder der Ausländerbehörde vor der Befragung ausdrücklich auf den sicherheitsrechtlichen Aspekt der Befragung und die Rechtsfolgen falscher oder unrichtiger Angaben hingewiesen worden ist (§ 54 Nr 6 Satz 2).

54.7 Erfasst sind die Ausländer, die im vereinsrechtlichen Sinne Leiter eines verbotenen Vereins waren. Die für die Ausweisung maßgeblichen Verbotsgründe müssen sich aus der Verbotsverfügung ergeben.

Übersicht

	Rn
I. Entstehungsgeschichte	1
II. Regelausweisung	2
III. Regeltatbestände	8

I. Entstehungsgeschichte

1   Die Vorschrift entspricht im Wesentlichen dem **GesEntw** (BT-Drs 15/420 S. 21 f), aufgrund des Vermittlungsverf (BT-Drs 15/3479 S. 8 f) wurden aber Änderungen vorgenommen. Eingefügt wurden Nr 5 a u. 7 u. neu gefasst Nr 5. In Nr 6 S. 2 wurde das Wort „unrichtiger" durch „unvollständiger" ersetzt.

Ausweisung im Regelfall § 54 **AufenthG 1**

II. Regelausweisung

Die Regelausweisung ist für **weniger schwere Fälle** von Kriminalität vorgesehen. In den 2 aufgeführten Fällen hat der Gesetzgeber ähnlich wie bei der Ist-Ausweisung Gefahrenprognose u. Güterabwägung nicht der AuslBeh überlassen, sondern selbst vorgenommen (dazu § 53 Rn 2–4). Indem die Ausweisung nur für den Regelfall vorgeschrieben ist, hat die AuslBeh stets zu prüfen, ob ein Ausnahmefall vorliegt. Auch dies ist keine Ermessens-, sondern eine Rechtsentscheidung. Liegt ein Ausnahmefall vor, hat die AuslBeh wie bei einer Ermessensausweisung zu entscheiden (Rn 7). Bei den Tatbeständen wird zum einen auf eine Verurteilung zu Jugendstrafe in bestimmter Mindesthöhe (Nr 1) oder zu einer nicht zur Bewährung ausgesetzten Freiheitsstrafe (Nr 1) oder zu Freiheits- oder Geldstrafe (Nr 2) u. zum anderen auf die Begehung strafbarer oder sonst regelwidriger Handlungen ohne Rücksicht auf eine Verurteilung (Nr 3 bis 7) abgestellt. Die katalogartige Aufzählung ist sehr unterschiedlich strukturiert, u. die Tatbestände weisen sehr unterschiedliche Gefährdungspotentiale auf. Wenn sie gleichwohl allesamt idR zur Ausweisung führen sollen, dann zwingt der Verhältnismäßigkeitsgrundsatz zu Differenzierungen bei der Annahme von Ausnahmekonstellationen.

Die Regelausweisung darf nur u. muss unterbleiben, wenn ein Sachverhalt so **erheblich** 3 von der ges vorausgesetzten Normalsituation **abweicht,** dass die regelmäßige Ausweisung ungerecht u. insb unverhältnismäßig erscheint (ähnlich BVerwG, InfAuslR 1995, 6; HessVGH, EZAR 035 Nr 6). Dabei kommt die Wirkungsweise der Regeltatbestände zum Vorschein, die eine behördliche Gefährdungsprognose ebenso ausschließt wie eine Güter- u. Interessenabwägung. Den Regelfall bildet nicht der Typ eines regelwidrig handelnden Ausl, sondern die Verwirklichung des jew Regeltatbestands. Eine Ausnahme ist daher angezeigt, wenn aufgrund der Einzelfallumstände auf die beiden wesentlichen Elemente der Ermessensausweisung nicht verzichtet werden kann. Es geht also nicht um den gänzlichen Ausschluss der Ausweisung, sondern um die Möglichkeit u. Notwendigkeit, einzelfallbezogen u. aktuell die Gefährdung der öffentl Sicherheit u. Ordnung festzustellen u. die widerstreitenden Rechtsgüter u. Interessen gegeneinander abzuwägen.

Nach diesen Maßstäben müssen bei der Feststellung einer **atypischen Fallgestaltung** 4 sowohl die unterschiedlichen Gewichte der einzelnen Tatbestände des Katalogs für die öffentl Sicherheit u. Ordnung als auch die Umstände der Tat u. die persönlichen Verhältnisse beim Täter umfassend berücksichtigt werden. Neben spezial- u. generalpräventiven Überlegungen sind auch alle Umstände zu berücksichtigen, die in eine Ermessensentscheidung nach § 55 einzubeziehen sind, insb die in § 55 III genannten (zum früheren Recht Renner, NJ 1995, 1; HessVGH, EZAR 032 Nr 3, 6, 11; aA Otte, ZAR 1994, 67).

Ein Ausnahmefall kann sich sowohl aus **inlandsbezogenen** als auch aus **im Ausland** 5 wurzelnden Umständen ergeben. Es kann sich auch um Tatsachen handeln, die uU einen Duldungsgrund bilden (näher Renner, AiD Rn 7/121). Eine Ausnahme ist aber nicht allein wegen Geburt u. **langen Aufenthalts** in Deutschland anzunehmen; sonst würden die speziellen Schutzbestimmungen für die in Deutschland geborenen u. aufgewachsenen Ausl (§ 56 I u. II) gegen den Willen des Gesetzgebers erweitert (Otte, ZAR 1994, 67; Renner, NJ 1995, 1; VGH BW, EZAR 035 Nr 4; HessVGH, EZAR 032 Nr 1; OVG NRW, EZAR 035 Nr 3). Aus demselben Grund vermag auch die Berufung auf die **Ehe** mit einer Dt u. ein aus dieser Ehe hervorgegangenes Kind eine Ausnahmesituation nicht zu begründen (Otte, ZAR 1994, 67; näher Renner, AiD Rn 7/119–120).

Besondere Umstände, die eine Ausnahme rechtfertigen, können bei einer Straftat 6 vorliegen, wenn sie in einer einmaligen Ausnahmesituation begangen wurde (Fraenkel, S. 256; Wegner, DÖV 1993, 1031), wenn nur die Mindeststrafe verhängt wurde (HessVGH, NVwZ 1993, 204; anders für Strafe im unteren Bereich: OVG Hamburg, EZAR 039 Nr 2), wenn konkret erneute Verurteilung droht (HessVGH, EZAR 032 Nr 3; OVG RhPf, EZAR

032 Nr 4) oder wenn gemäß § 28 V BtmG von Strafe abgesehen wird u. Bereitschaft zur Therapie besteht (Fraenkel, S. 256 f). Atypische Verhältnisse können auch vorliegen bei Staatenlosigkeit von Geburt an (HessVGH, EZAR 032 Nr 21), bei Fehlen jeglicher Bindung des in Deutschland geborenen Ausl an seinen Heimatstaat (VGH BW, EZAR 032 Nr 16) oder bei fehlender Behandlungsmöglichkeit eines HIV-Kranken im Heimatstaat (VGH BW, EZAR 032 Nr 15). Dagegen wurde **keine Ausnahme** anerkannt bei: Strafaussetzung zur Bewährung für Drogenhändler (HessVGH, EZAR 032 Nr 3), nach Übernahme in den offenen Strafvollzug (HessVGH, EZAR 025 N. 8), nach Aussetzung des Strafrests (BVerwG, EZAR 032 Nr 10 u. 034 Nr 4), bei Abgleiten in die Drogenkriminalität (OVG Hamburg, EZAR 042 Nr 1; OVG NRW, EZAR 015 Nr 5) u. nach mehrjährigem Leben in Deutschland (VGH BW, EZAR 035 Nr 4; OVG Bremen, EZAR 032 Nr 8; OVG RhPf, EZAR 032 Nr 4) sowie bei Überführung durch einen V-Mann der Polizei (HessVGH, EZAR 032 Nr 13).

7   Falls nach alledem (objektiv aus Rechtsgründen u. nicht aufgrund Ermessens) eine atypische Fallgestaltung anzunehmen ist, ist die AuslBeh nicht zur Ausweisung verpflichtet. Sie ist vielmehr gehalten, wie bei den Regelverstößen für die **Ermessensausweisung** nach § 55 II eine individuelle u. aktuelle Gefahrenprognose zu erstellen u. eine ebenso einzelfall- u. gegenwartsbezogene Güter- u. Interessenabwägung vorzunehmen. Dabei sind die unterschiedlichen Gewichte der einzelnen Tatbestände u. die atypischen Verhältnisse ebenso zu beachten wie die persönlichen Interessen iSd § 55 III. Vor allem darf nicht allein auf die Begehung einer Regelwidrigkeit in der Vergangenheit oder eine strafrechtliche Verurteilung zurückgegriffen u. darauf die Ausweisung gestützt werden.

III. Regeltatbestände

8   Nach Nr 1 wird die Ausweisung durch **Verurteilung** wegen einer oder mehrerer Vorsatztaten zu Freiheitsstrafe oder zu Jugendstrafe von mindestens zwei Jahren ausgelöst; die Freiheitsstrafe braucht keine bestimmte Mindestdauer zu überschreiten, sie muss nur rechtskräftig verhängt u. darf nicht zur Bewährung ausgesetzt sein. Auch wenn die Vollstreckung eines Strafrests nach Teilverbüßung zur Bewährung ausgesetzt wird (§ 57 StGB; § 88 JGG), handelt es sich nach Wortlaut u. Gesetzeszweck um einen Aussetzungsfall (dazu § 53 Rn 9). Außerdem kann bei der Aussetzung des Strafrests ausnahmsweise von der Regel abgewichen werden, wenn ein atypischer Fall vorliegt (Rn 3–6) u. über die Ausweisung erst nach Teilverbüßung entschieden wird.

9   Das **Einschleusen** von Ausl (Nr 2) gilt als besonders gemeinschädlich u. die Bekämpfung als besonders schwierig. Daher hat die rechtskräftige Verurteilung zu einer nicht zur Bewährung ausgesetzten Freiheitsstrafe zwingend die Ausweisung zur Folge (§ 53 Nr 3). Für die Regelausweisung genügt jede andere Verurteilung. Der Strafrahmen für die unterschiedlich gewichtigen Tatbestände der §§ 96, 97 reicht von Geldstrafe bis zu zehn Jahren Freiheitsstrafe. Daher kann uU schon anhand einer niedrigen Strafhöhe (zB Geldstrafe) eine atypische Fallgestaltung angenommen u. über die Ausweisung nach Ermessen entschieden werden.

10 Die in Nr 3 aufgezählten **Rauschgiftmitteldelikte** führen ohne Rücksicht auf eine bereits erfolgte Bestrafung zur Ausweisung. Gleichgültig ist die Art des Betäubungsmittels, es muss nur dem BtmG unterliegen u. die Handlung danach unerlaubt sein (§§ 1 I, 3 I, 11 I 2 BtmG). Getroffen werden sollen Hersteller, Händler u. Verbreiter; auch unentgeltliche Weitergabe u. Tausch sind erfasst. Nicht betroffen sind vor allem Erwerb u. sonstige Beschaffung für den Eigenverbrauch (dazu für harte Drogen § 55 II Nr 4 u. außerdem § 55 I, II Nr 2). Die Zuwiderhandlung gegen das BtmG muss nicht nur objektiv vorliegen, sondern auch vorsätzlich oder fahrlässig u. schuldhaft begangen sein. Für die Notwendigkeit einer strafrechtlichen Betrachtung spricht vor allem die Verwendung der Begriffe „anstiftet"

u. „Beihilfe leistet". Da eine Verurteilung nicht erfolgt zu sein braucht, hat die AuslBeh eigene Feststellungen zu treffen, ggf anhand strafrechtlicher Ermittlungsergebnisse. An einen Freispruch ist die AuslBeh praktisch gebunden. Nach Einstellung des Verf nach § 153 StPO wegen geringer Schuld oder mangelnden öffentl Interesses könnte sie selbständige Feststellungen treffen, müsste aber besonders sorgfältig das Vorliegen einer Ausnahme prüfen (keine Ausnahme bei Geldstrafe HessVGH, EZAR 032 Nr 13). Eine ungünstige Prognose ist im Regelfall wegen der allg hohen Rückfallwahrscheinlichkeit u. der allg geringen Therapieerfolge bei nicht kooperationswilligen Süchtigen gerechtfertigt.

Die in Nr 4 erfassten **Gewalttätigkeiten** zwingen ohne eine Verurteilung idR zur Ausweisung. Die Absicht, diese Tathandlungen als schweren Landfriedensbruch unter Strafe zu stellen (BT-Drs 13/4948), ist im Gesetzgebungsverf ua an systematischen u. verfassungsrechtlichen Bedenken gescheitert. Wenn sie nunmehr idR zur Ausweisung nötigen sollen, muss die AuslBeh bei der Feststellung des Tatbestands besondere Sorgfalt walten lassen. Dabei kann sie sich bereits vorliegender polizeilicher Ermittlungen bedienen u. muss sonst selbst ermitteln u. die einzelnen Tatbestandsmerkmale selbst feststellen. 11

Die Gewalttätigkeiten können sich gegen Menschen oder Sachen richten u. müssen im Rahmen einer verbotenen oder aufgelösten öffentl **Versammlung** oder eines verbotenen oder aufgelösten **Aufzugs** begangen sein. Die Auflösung muss nach § 15 II Versammlungsges erfolgen, also nicht konkludent durch Absperren ua (OVG Berlin, EZAR 032 Nr 19). Der Ausl muss sich als Täter oder Teilnehmer beteiligen. Außerdem müssen öffentl Versammlung oder Aufzug verboten oder aufgelöst sein, u. die Gewalttätigkeiten müssen aus einer Menschenmenge heraus u. mit vereinten Kräften begangen werden u. die öffentliche Sicherheit gefährden. Verbot oder Auflösung müssen nur verfügt sein, Bestandskraft ist nicht verlangt. Werden sie später auf Anfechtung als rechtswidrig aufgehoben, bleibt die Zuwiderhandlung davon unberührt. Es ist dann aber uU eine Ausnahme angezeigt. 12

Mit dem Tatbestand Nr 5 sollen gewaltbereite Extremisten, **Terroristen** u. Unterstützer von Terroristen erfasst werden. Ein strafbares Verhalten ist nicht verlangt. Während nach § 47 II Nr 4 iVm § 8 I Nr 5 AuslG Tatsachen den Vorwurf der Zugehörigkeit zu oder der Unterstützung einer terroristischen Vereinigung belegen mussten, genügen jetzt Tatsachen, die eine dahingehende Schlussfolgerung rechtfertigen. Unabhängig davon sind jew konkrete Feststellungen u. eine aktuelle Gefährdungsprognose notwendig. In der Vergangenheit liegende Tatsachen können wie bei jeder derartigen Sicherheitsprognose nur als Indizien für eine Wiederholung verwertet u. deren Wahrscheinlichkeit muss auch anhand neuerer Entwicklungen beurteilt werden. Die Besonderheit besteht hier nur darin, dass Angehörigkeit u. Unterstützung bereits genügen, weil Vereinigungen, die Terrorismus (betreiben oder) unterstützen, per se als gefährlich eingestuft sind. Erhebliche Schwierigkeiten können sich aber (in Zweifelsfällen) bei der Feststellung einer terroristischen Vereinigung ergeben (dazu Marx, ZAR 2004, 275; zur Terrorismusbekämpfung Davy, ZAR 2003, 43; Kugelmann, ZAR 2003, 96; Renner, ZAR 2003, 52). Genügen die festgestellten Tatsachen nicht für die Annahme einer noch aktuell gefährlichen Unterstützungshandlung aus, kommt zumindest eine Ausnahme vom Regelfall in Betracht. 13

Der erst aufgrund des Vermittlungsverf eingefügte Tatbestand der Nr 5 a (Rn 1) bildete zunächst einen Regelausweisungstatbestand (§ 46 Nr 1 AuslG 1990) u. fungierte später als Versagungsgrund nach § 8 I Nr 5 AuslG. Er enthält mehrere Handlungsvarianten, die allesamt die **Grundordnung** des staatl u. gesellschaftlichen Lebens betreffen, aber kein strafbares Verhalten voraussetzen (vgl BT-Drs 14/7384 S. 54; BT-Drs 15/420 S. 70; dazu Marx, ZAR 2004, 275). Nicht jedes kriminelle Vorgehen gegen staatl Organe oder Amtsträger reicht aus. Von einem hohen Funktionär des verbotenen Kalifatsstaats kann aber eine derartige Gefährdung ausgehen, wenn er sich nicht deutlich distanziert (VGH BW, 032 Nr 20). In Betracht kommen auch organisierte Verbrechen u. Anschläge, die sich gegen staatl Einrichtungen u. deren Funktionen richten. Diese brauchen nicht terroristisch oder gewalttätig angelegt zu sein, sie können den Staat auch schleichend unterwandern u. zerstören, zB in Form einer bandenartig organisierten Korruption. 14

15 **Schutzgüter** sind zunächst die freiheitliche demokratische Grundordnung (dazu BVerfGE 2, 1; 5, 85; 69, 315; BVerwGE 75, 86; 96, 86) u. die Sicherheit der BR Deutschland. Die erstere kann auch durch ausländerfeindliche Bestrebungen gefährdet sein (BayVGH, EZAR 360 Nr 2), zu letzterer gehören auch innere u. äußere Sicherheit eines Landes. Dieser Sicherheitsbegriff ist enger als der der „öffentlichen Sicherheit" iSd § 55 I; denn er stellt auf die Staatssicherheit ab u. bezieht sich damit (nur) auf Existenz u. Bestand des Staats u. seiner wesentlichen Organe. In Betracht kommen vor allem Straftaten nach §§ 80 ff StGB. Nichtbeachtung von Anordnungen nach § 47 erfüllen den Tatbestand nicht in jedem Fall, können aber ein Indiz hierfür darstellen. Politischer Terrorismus richtet sich gegen die Fähigkeit des Staats, Angriffe u. Störungen nach innen u. außen abzuwehren. Die Anwesenheit terroristischer Gewalttäter u. ihrer Helfer berührt daher die Staatssicherheit (BVerwG, EZAR 120 Nr 4 u. 5) ebenso wie die Austragung auswärtiger Konflikte auf dt Boden (BVerwGE 96, 86), nachrichtendienstliche Tätigkeiten (OVG NRW, EZAR 011 Nr 13) oder die dauerhafte u. nachhaltige Unterstützung einer terroristischen Befreiungsbewegung (VGH BW, EZAR 277 Nr 2). Dagegen reicht die bloße Mitgliedschaft in einer dem Verbot des § 14 I Vereinsges unterliegenden Vereinigung für sich genommen nicht aus; hinzukommen muss eine die Staatssicherheit gefährdende persönliche Betätigung (BVerwG, EZAR 120 Nr 5; BVerwGE 62, 36; 96, 86). Ebenso wenig genügt die bloße Teilnahme an Veranstaltungen, in denen andere zur Gewaltanwendung aufrufen (VGH BW, EZAR 277 Nr 10).

16 Eine Gefährdung der freiheitlichen demokratischen Grundordnung oder der Staatssicherheit kann schon durch **Vorbereitungshandlungen** (nicht aber durch die bloße Absicht) eintreten; Versuch u. Vollendung brauchen nicht abgewartet zu werden. Strafrechtliches Ermittlungsverf oder Bestrafung sind nicht vorausgesetzt. Die Annahme der Gefährdung muss aber auf konkrete Tatsachen, die sich auf die Person des Ausl beziehen, gestützt sein. Vermutungen u. Verdachtsmomente allein ergeben noch keine relevante Gefahr. Verschulden oder bestimmte andere Modalitäten sind nicht unbedingt verlangt; die objektive Gefährdung durch den Ausl u. seine Anwesenheit im Bundesgebiet sind Anlass für die Ausweisung. Das Maß der erforderlichen Gefährdung orientiert sich am Rang des Schutzguts; deshalb genügt hier eine Anscheinsgefahr (BVerwGE 49, 36; BVerwG, EZAR 120 Nr 4 u. 5), also eine Situation, die nach der Einschätzung eines fähigen, besonnenen u. sachkundigen Amtswalters eine Gefährdung erwarten lässt (dazu VGH BW, EZAR 103 Nr 14).

17 Der **Nachweis** der Gefährdung obliegt der AuslBeh, auch wenn sie auf die Unterstützung anderer Behörden angewiesen ist. Falls Beweismittel zB vom Verfassungsschutz nicht zur Verfügung gestellt werden, können die Erkenntnisse nicht verwertet werden (HessVGH, NJW 1977, 1845). Falls Vorgänge u. Erkenntnisse geheimzuhalten sind (zum Verf vgl § 29 VwVfG bzw Landes-VwVfG, §§ 99, 100 VwGO), ist die Beweiserhebung eingeschränkt. Bei der Tatsachen- u. Beweiswürdigung ist auch die Weigerung der Nennung oder Vorlage von Beweismitteln zu berücksichtigen (BVerwGE 49, 44; VGH BW, EZAR 277 Nr 3 u. 10; vgl auch VG Berlin, InfAuslR 1991, 167). Bei konspirativen Organisationen genügt zum Nachweis der Zugehörigkeit zu einem Unterstützerkreis eine hinreichend dichte Kette einzelner Erkenntnisse (VGH BW, EZAR 277 Nr 2). Dagegen taugt die dienstliche Erklärung eines Ministers über das Vorliegen konkreter Anhaltspunkte für den Nachweis nachrichtendienstlicher Tätigkeit nicht (VG Berlin, InfAuslR 1991, 167).

18 Beteiligung an Gewalttätigkeiten, öffentlicher Aufruf zur Gewaltanwendung oder Drohung mit Gewaltanwendung erfüllen den Tatbestand der Nr 5a nur, wenn sie **politischen Zielen** dienen. Die besondere Gefährlichkeit erwächst aus dieser Zweckbestimmung. Überschneidungen mit der Gefährdung des Staats oder auch der freiheitlichen demokratischen Grundordnung sind möglich.

19 Die **Beteiligung** ist nach Maßgabe der §§ 25 ff StGB festzustellen; Täterschaft ist nicht verlangt. Der Aufruf zur Gewaltanwendung muss öffentl geschehen, also für eine größere oder unbestimmte Anzahl von Menschen bestimmt u. wahrnehmbar sein. Die Gewaltandrohung braucht dagegen nicht öffentl zu erfolgen. Gewalt u. Gewaltanwendung schließen psychische Gewalt nicht ein (zum Strafrecht vgl BVerfG, NJW 1995, 1141). Politische Ziele sind solche, die der Bewahrung oder Erringung von Macht im Staat durch öffentl Auseinandersetzung oder andere Mittel dienen (dazu allg BVerfGE 80, 315).

Nach Nr 6 führen auch **unvollständige oder unzutreffende Angaben** bei einer 20 Befragung in dem genannten sicherheitsrelevanten Zusammenhang zur Regelausweisung. Besonders die Beziehungen zu „Problemstaaten" oder „Problemgruppen" iSd § 73 IV können für die Terroristenbekämpfung bedeutsam sein oder werden. Die Verwertung setzt eine entsprechend umfassende Belehrung über die Bedeutung u. die Folgen unvollständiger oder unrichtiger Angaben voraus.

Schließlich sollen aufgrund der erst nach dem Vermittlungsverf eingefügten Nr 7 (Rn 1) 21 die **Leiter** unanfechtbar verbotener Vereine auch dann ausgewiesen werden können, wenn ihnen andere Ausweisungsgründe nicht nachgewiesen werden können. Allein die Stellung als Vereinsleiter soll genügen. Wenn im Einzelfall die Beteiligung am Vereinsgeschehen oder die Schuld als außergewöhnlich gering zu bewerten sind, kann ein atypischer Fall vorliegen, der eine Ausnahme rechtfertigt.

§ 54a Überwachung ausgewiesener Ausländer aus Gründen der inneren Sicherheit

(1) ¹Ein Ausländer gegen den eine vollziehbare Ausweisungsverfügung nach § 54 Nr. 5, 5a oder eine vollziehbare Abschiebungsanordnung nach § 58a besteht, unterliegt der Verpflichtung, sich mindestens einmal wöchentlich bei der für seinen Aufenthaltsort zuständigen polizeilichen Dienststelle zu melden, soweit die Ausländerbehörde nichts anderes bestimmt. ²Ist ein Ausländer auf Grund anderer als der in Satz 1 genannten Ausweisungsgründe vollziehbar ausreisepflichtig, kann eine Satz 1 entsprechende Meldepflicht angeordnet werden, wenn dies zur Abwehr einer Gefahr für die öffentliche Sicherheit und Ordnung erforderlich ist.

(2) Sein Aufenthalt ist auf den Bezirk der Ausländerbehörde beschränkt, soweit die Ausländerbehörde keine abweichenden Festlegungen trifft.

(3) Er kann verpflichtet werden, in einem anderen Wohnort oder in bestimmten Unterkünften auch außerhalb des Bezirks der Ausländerbehörde zu wohnen, wenn dies geboten erscheint, um die Fortführung von Bestrebungen, die zur Ausweisung geführt haben, zu erschweren oder zu unterbinden und die Einhaltung vereinsrechtlicher oder sonstiger gesetzlicher Auflagen und Verpflichtungen besser überwachen zu können.

(4) Um die Fortführung von Bestrebungen, die zur Ausweisung geführt haben, zu erschweren oder zu unterbinden, kann der Ausländer auch verpflichtet werden, bestimmte Kommunikationsmittel oder -dienste nicht zu nutzen, soweit ihm Kommunikationsmittel verbleiben und die Beschränkung notwendig ist, um schwere Gefahren für die innere Sicherheit oder für Leib und Leben Dritter abzuwehren.

(5) ¹Die Verpflichtungen nach den Absätzen 1 bis 4 ruhen, wenn sich der Ausländer in Haft befindet. ²Eine Anordnung nach den Absätzen 3 und 4 ist sofort vollziehbar.

Vorläufige Anwendungshinweise

54a Zu § 54a Überwachung ausgewiesener Ausländer aus Gründen der inneren Sicherheit

54a.0 § 54a dient der stärkeren Kontrolle gefährlicher, vollziehbar ausreisepflichtiger Ausländer, die sich weiterhin im Bundesgebiet aufhalten. Grund für den weiteren Aufenthalt in Deutschland können insbesondere rechtliche oder tatsächliche Abschiebungshindernisse sein.

54a.1.1 Nach Absatz 1 Satz 1 besteht für Ausländer, gegen die eine vollziehbare Ausweisungsverfügung nach § 54 Nr. 5, 5a oder eine vollziehbare Abschiebungsanordnung nach § 58a besteht, eine gesetzliche Meldepflicht. In der Regel hat sich der Betroffene persönlich bei der zuständigen polizeilichen Dienststelle einzufinden. Die Ausländerbehörde kann abweichende Regelungen treffen, insbesondere bestimmen, dass sich der Ausländer mehr als einmal bei der örtlich zuständigen Polizeidienststelle zu melden hat. Ein Absehen von der Meldepflicht ist nur aufgrund besonderer Umstände, etwa schwerer Krankheit, in Betracht zu ziehen.

54a.1.2.1 Andere als die in Satz 1 genannten Ausweisungsgründe sind die Ermessenausweisungsgründe des § 55, die Regelausweisungsgründe des § 54 Nr. 1 bis 4, 6 und 7 sowie die zwingenden Ausweisungsgründe des § 53.
54a.1.2.2 Die Anordnung einer dem Satz 1 entsprechenden Meldepflicht muss für die Abwehr einer Gefahr für die öffentliche Sicherheit und Ordnung (vgl. Nummer 55.1.1.1) erforderlich sein.
54a.2 Absatz 2 betrifft jeden Ausländer, der Meldepflichten gemäß Absatz 1 unterliegt, unabhängig davon, ob sie gesetzlich bestimmt sind oder von der Ausländerbehörde im Einzelfall angeordnet wurden. Durch die Begrenzung auf den Bezirk der Ausländerbehörde ist der Aufenthalt des Betroffenen stärker als nach § 61 Abs. 1 eingeschränkt.
54a.3 Nach Absatz 3 kann die Ausländerbehörde den Wohnort oder die Wohnung des Ausländers bestimmen, um
– Aktivitäten des Ausländers, die zur Ausweisung geführt haben (z. B. Unterstützungshandlungen für terroristische oder den Terrorismus unterstützende Vereinigungen), zu erschweren oder zu unterbinden und – die Einhaltung vereinsrechtlicher oder sonstiger gesetzlicher Auflagen und Verpflichtungen besser überwachen zu können. Durch die räumliche Trennung maßgebender Funktionsträger eines verbotenen Vereins kann z. B. der Fortführung der durch den verbotenen Verein verfolgten Ziele begegnet werden.
54a.4 Zu den nach Absatz 4 erfassten Kommunikationsmitteln und -diensten gehören technische Kommunikationsmittel wie Telefon, Telegraphie, Satellitenfunk, Druckerzeugnisse in verschiedener Form (Buch, Zeitung, Flugblatt, Plakat, Fotokopie), Rundfunk, Fernsehen und das Internet sowie die Anbieter entsprechender Dienstleistungen.
54a.5 Sobald sich der Ausländer außerhalb einer Haftanstalt befindet (z. B. während eines Freigangs) oder aus der Haft entlassen wird, leben die Verpflichtungen nach den Absätzen 1 bis 4 wieder auf.

I. Entstehungsgeschichte

1   Die Vorschrift war in dem **GesEntw** (BT-Drs 15/420) noch nicht enthalten. Sie wurde erst aufgrund des Vermittlungsverf (BT-Drs 15/3479 S. 9) eingefügt.

II. Überwachung von Ausländern

2   Die Vorschrift erlaubt die Überwachung von Ausl in mehrfacher Hinsicht. Damit ist keine allg Überwachung für alle Ausl vorgeschrieben oder ermöglicht. Die Vorschrift **ergänzt** aber andererseits nur schon bestehende Meldepflichten u. Kontrollmöglichkeiten. So ist der Aufenthalt vollziehbar ausreisepflichtiger Ausl ohnehin auf das Gebiet des Bundeslandes beschränkt u. kann im Zusammenhang mit Ausreisezentren weiter örtlich beschränkt werden (§ 61 I). Für Asylbew gelten noch weitergehende Beschränkungen (§§ 56 ff AsylVfG). Außerdem unterliegen solche Ausl nach § 50 insofern einer umfassenden Kontrolle, als sie verpflichtet sind, den Wechsel der Wohnung oder das Verlassen des AuslBeh-Bezirks für mehr als drei Tage anzuzeigen u. bei der Ausreise eine ihnen übergebene Grenzübertrittsbescheinigung der Grenzbehörde abzugeben. Darüber hinaus werden sie, falls ihr Aufenthalt unbekannt ist, zur Fahndung ausgeschrieben. Bestehen schließlich Zweifel an der Erfüllung der Ausreisepflicht, können sie in Abschiebungshaft genommen werden (§ 62).

3   Die Vorschrift ist auf einen engeren Personenkreis beschränkt u. sieht abgestufte Maßnahmen vor. Sie gilt nicht während einer Inhaftierung des Ausl. Ihr hauptsächlicher **Zweck** ist im Ges nur zT zum Ausdruck gelangt. Er ist entsprechend der Überschrift sowie Abs 3 u. 4 darin zu sehen, aus Gründen der inneren Sicherheit die Fortführung der Bestrebungen zu unterbinden, die zu der Ausweisungs- oder Abschiebungsanordnung geführt haben. Soweit die Meldepflichten u. örtlichen Beschränkungen auch den Vollzug der Aufenthaltsbeendigung durch Abschiebung sichern, indem sie ein Untertauchen des Ausl erschweren, ist diese Wirkung nur als Nebenfolge anzusehen. Die AuslBeh hat also die im Ges vorgesehenen

Maßnahmen an dem Hauptziel auszurichten, die Fortsetzung von Handlungen im Umfeld des Terrorismus zu unterbinden u. daraus herrührende Gefahren für die öffentl Sicherheit u. Ordnung abzuwenden.

Eine ges **Meldepflicht** besteht für Ausl, gegen die eine vollziehbar Ausweisungsverfügung im Zusammenhang mit terroristischen Bestrebungen (§ 54 Nr 5 u. 5a) oder eine vollziehbare Abschiebungsanordnung nach § 58a vorliegt. Die AuslBeh kann die Meldepflicht hinsichtlich Ort (Polizei) u. Zeit (einmal wöchentlich) je nach Bedarf verändern. Zudem kann die AuslBeh auch andere ausreisepflichtige Ausl einer Meldepflicht unterwerfen, wenn die öffentl Sicherheit u. Ordnung dies verlangt. Eine solche Anordnung darf allerdings nicht pauschal bei bestimmten Ausweisungsgründen getroffen werden, sondern ist davon abhängig, ob eine Meldepflicht geeignet, notwendig u. angemessen ist, um das festgestellte Sicherungsbedürfnis zu befriedigen. Dabei muss berücksichtigt werden, dass die sonstigen Maßnahmen u. Vorkehrungen (vgl Rn 2) idR ausreichen, um die Ausreisepflicht durchzusetzen. 4

Der **Aufenthalt** des Ausl, der entweder nach dem Ges oder einer Anordnung der AuslBeh der Meldepflicht unterliegt, ist kraft Ges auf den Bezirk der zuständigen AuslBeh beschränkt. Außerdem kann die AuslBeh den Aufenthalt noch weiter einschränken, u. zwar auch auf Orte außerhalb des Bezirks der AuslBeh, um die in Abs 3 genannten Ziele zu erreichen. Diese Maßnahme muss geeignet u. erforderlich sein, um die Verbindung zu anderen verdächtigen Personen zu beenden oder zu erschweren oder die Einhaltung ua vereinsrechtlicher Verbote zu gewährleisten. Insoweit wird der AuslBeh die sonst nicht bestehende Befugnis verliehen, Ausl zum Wohnen außerhalb ihres Bezirks zu verpflichten. Daher sollte die andere AuslBeh zumindest nachträglich unterrichtet werden. 5

Noch weitergehende Maßnahmen sind erlaubt, um eine schwere Gefahr für die innere Sicherheit oder für Leib u. Leben Dritter abzuwenden. Ein derart gesteigertes Sicherheitsrisiko in der Person des Ausl muss im Einzelfall festgestellt werden, damit der **Zugang zu Medien** eingeschränkt werden kann. 6

§ 55 Ermessensausweisung

(1) Ein Ausländer kann ausgewiesen werden, wenn sein Aufenthalt die öffentliche Sicherheit und Ordnung oder sonstige erhebliche Interessen der Bundesrepublik Deutschland beeinträchtigt.

(2) Ein Ausländer kann nach Absatz 1 insbesondere ausgewiesen werden, wenn er
1. in Verfahren nach diesem Gesetz oder zur Erlangung eines einheitlichen Sichtvermerkes nach Maßgabe des Schengener Durchführungsübereinkommens falsche oder unvollständige Angaben zum Zweck der Erlangung eines Aufenthaltstitels gemacht oder trotz bestehender Rechtspflicht nicht an Maßnahmen der für die Durchführung dieses Gesetzes zuständigen Behörden im In- und Ausland mitgewirkt hat, wobei die Ausweisung auf dieser Grundlage nur zulässig ist, wenn der Ausländer vor der Befragung ausdrücklich auf die Rechtsfolgen falscher oder unvollständiger Angaben hingewiesen wurde,
2. einen nicht nur vereinzelten oder geringfügigen Verstoß gegen Rechtsvorschriften oder gerichtliche oder behördliche Entscheidungen oder Verfügungen begangen oder außerhalb des Bundesgebiets eine Straftat begangen hat, die im Bundesgebiet als vorsätzliche Straftat anzusehen ist,
3. gegen eine für die Ausübung der Gewerbsunzucht geltende Rechtsvorschrift oder behördliche Verfügung verstößt,
4. Heroin, Cocain oder ein vergleichbar gefährliches Betäubungsmittel verbraucht und nicht zu einer erforderlichen seiner Rehabilitation dienenden Behandlung bereit ist oder sich ihr entzieht,
5. durch sein Verhalten die öffentliche Gesundheit gefährdet oder längerfristig obdachlos ist,

6. für sich, seine Familienangehörigen oder für sonstige Haushaltsangehörige Sozialhilfe in Anspruch nimmt,
7. Hilfe zur Erziehung außerhalb der eigenen Familie oder Hilfe für junge Volljährige nach dem Achten Buch Sozialgesetzbuch erhält; das gilt nicht für einen Minderjährigen, dessen Eltern oder dessen allein personensorgeberechtigter Elternteil sich rechtmäßig im Bundesgebiet aufhalten, oder
8. a) öffentlich, in einer Versammlung oder durch Verbreiten von Schriften ein Verbrechen gegen den Frieden, ein Kriegsverbrechen, ein Verbrechen gegen die Menschlichkeit oder terroristische Taten von vergleichbarem Gewicht in einer Weise billigt oder dafür wirbt, die geeignet ist, die öffentliche Sicherheit und Ordnung zu stören, oder
b) in einer Weise, die geeignet ist, die öffentliche Sicherheit und Ordnung zu stören, zum Hass gegen Teile der Bevölkerung aufstachelt oder zu Gewalt- oder Willkürmaßnahmen gegen sie auffordert oder die Menschenwürde anderer dadurch angreift, dass er Teile der Bevölkerung beschimpft, böswillig verächtlich macht oder verleumdet.

(3) Bei der Entscheidung über die Ausweisung sind zu berücksichtigen
1. die Dauer des rechtmäßigen Aufenthalts und die schutzwürdigen persönlichen, wirtschaftlichen und sonstigen Bindungen des Ausländers im Bundesgebiet,
2. die Folgen der Ausweisung für die Familienangehörigen oder Lebenspartner des Ausländers, die sich rechtmäßig im Bundesgebiet aufhalten und mit ihm in familiärer oder lebenspartnerschaftlicher Lebensgemeinschaft leben,
3. die in § 60 a Abs. 2 genannten Voraussetzungen für die Aussetzung der Abschiebung.

Vorläufige Anwendungshinweise

55 Zu § 55 Ermessensausweisung

55.1 Grundtatbestand
55.1.0 Allgemeines
§ 55 Abs. 1 legt den Ausweisungsgrundtatbestand fest, der in § 55 Abs. 2 durch Ausweisungsgründe konkretisiert wird. Eine Ausweisung wird nur dann allein auf den Grundtatbestand des § 55 Abs. 1 gestützt, wenn kein Ausweisungsgrund nach § 55 Abs. 2 und §§ 53, 54 vorliegt. Eine lediglich vereinzelte und geringfügige Beeinträchtigung eines erheblichen öffentlichen Interesses erfüllt noch nicht den Ausweisungstatbestand des § 55 Abs. 1. Als Ausweisungstatbestände abschließend erfasst in § 55 Abs. 2 sind die Sachverhalte Gewerbsunzucht, Drogenkonsum, Gefährdung der öffentlichen Gesundheit, wirtschaftliche Unterstützungsbedürftigkeit.
Sofern die für diese Sachverhalte in § 55 Abs. 2 normierten Ausweisungsvoraussetzungen nicht vorliegen, ist ein Rückgriff auf den Ausweisungsgrundtatbestand des § 55 Abs. 1 ebenfalls ausgeschlossen. Bei Inanspruchnahme von in § 55 Abs. 2 Nr. 6 nicht genannter Arbeitslosenhilfe, ist eine Ausweisung nach § 55 Abs. 1 nicht möglich.
55.1.1 Erhebliche Interessen der Bundesrepublik Deutschland
55.1.1.1 Öffentliche Sicherheit und Ordnung
Öffentliche Sicherheit ist die Unverletzlichkeit der objektiven Rechtsordnung, der subjektiven Rechte und Rechtsgüter des Einzelnen sowie der Einrichtungen und Veranstaltungen des Staates und der sonstigen Träger der Hoheitsgewalt. Der Schutz der öffentlichen Ordnung umfasst den nicht durch Rechtsvorschriften geschützten Bereich (gesellschaftliche Normen), der zu den unerlässlichen Voraussetzungen gedeihlichen menschlichen Zusammenlebens gehört.
55.1.1.2 Sonstige erhebliche Interessen
Sonstige Interessen der Bundesrepublik Deutschland sind alle öffentlichen Interessen. Zu den erheblichen Interessen gehören wichtige gesamtwirtschaftliche Belange, auch entwicklungs- und außenpolitische Belange. Eine Beeinträchtigung sonstiger erheblicher Interessen der Bundesrepublik Deutschland kann beispielsweise eine Gefährdung der wirtschaftlichen, sozialen oder sonstigen politischen Interessen des staatlichen Gemeinwesens darstellen. Zu diesem Interessenbereich gehören beson-

Ermessensausweisung　　　　　　　　　　　　　　　　　　　　　　　§ 55 **AufenthG** 1

ders schützenswerte Bereiche, wie die Sicherung gesamtwirtschaftlicher Interessen, die deutschen Auslandsbeziehungen, die Vermeidung zwischenstaatlicher Konflikte sowie die äußere Sicherheit des Staates (siehe auch Nummer 5.1.3.1). Eine erhebliche Beeinträchtigung ist anzunehmen, wenn die vom Ausländer ausgehende Gefahr ein Grundinteresse der Gesellschaft berührt. Die Ausweisung wegen Gefährdung der Beziehungen der Bundesrepublik Deutschland zum Ausland bedarf der vorherigen Zustimmung der obersten Landesbehörde.
55.1.2 Ermessensausübung
Die Ausweisung nach § 55 liegt im pflichtgemäßen Ermessen der Ausländerbehörde. Bei der Ermessensausübung sind das schutzwürdige Interesse des Ausländers am weiteren Verbleib in Deutschland und das öffentliche Interesse an der Ausweisung gegeneinander abzuwägen (Güter- und Interessenabwägung). Persönliche Lebensumstände (Privatsphäre) sind – soweit sie nicht nach § 55 Abs. 3 zu berücksichtigen sind – nur im Rahmen des § 82 in die Entscheidung einzubeziehen oder wenn es für die Ausländerbehörde entsprechende konkrete Anhaltspunkte gibt.

55.2 Einzelne Ausweisungsgründe
55.2.0 Allgemeines
Liegt ein Ausweisungsgrund nach § 55 Abs. 2 AuslG vor, ist zu prüfen, ob ein Ausweisungsverfahren eingeleitet wird. Die Prüfung umfasst auch die Frage, ob §§ 53, 54 vorrangig anzuwenden sind. Liegen Ausweisungsgründe nach § 55 Abs. 2 vor, hat dies nicht zwingend eine Ausweisungsverfügung zur Folge, sondern eröffnet lediglich das Ausweisungsermessen nach § 55.
55.2.1 Falsche oder unvollständige Angaben, fehlende Mitwirkung
55.2.1.0 Nach § 55 Nr. 1 können für die Ermessensausweisung auch falsche Angaben im Verfahren zur Erlangung eines Aufenthaltstitels oder im Visumverfahren berücksichtigt werden. Durch Falschangaben dokumentiert der Betroffene, dass er nicht bereit ist, sich an die geltende Rechtsordnung zu halten.
55.2.1.1 Dasselbe gilt, wenn der Betroffene entgegen seinen Rechtspflichten an Maßnahmen der Auslandsvertretungen oder Ausländerbehörden nicht mitwirkt.
55.2.1.2 Der Ausweisungsgrund kann auch vorliegen, wenn bei Erschleichung eines einheitlichen Sichtvermerks die Täuschung nicht gegenüber einer deutschen Auslandsvertretung, sondern gegenüber der Auslandsvertretung eines anderen Schengen-Anwenderstaates erfolgte, da nach der erfolgten Einreise ein Widerruf durch die mit der polizeilichen Kontrolle des grenzüberschreitenden Verkehrs beauftragten Behörden nicht mehr möglich ist. Voraussetzung ist jedoch, dass der Ausländer auf die Rechtsfolgen falscher oder unrichtiger Angaben hingewiesen wurde.
55.2.2 Verstoß gegen Rechtsvorschriften, gerichtliche Entscheidungen oder behördliche Verfügungen; Auslandsstraftaten
55.2.2.1 Rechtsvorschriften sind sämtliche in Deutschland geltenden Rechtsnormen, also Gesetze, Rechtsverordnungen, Polizeiverordnungen und Satzungen. Die gerichtlichen Entscheidungen müssen zum Zeitpunkt der Zuwiderhandlung vollziehbar bzw. vollstreckbar sein. Verstöße gegen Entscheidungen der Zivilgerichte stellen nur einen Ausweisungsgrund dar, wenn die Sanktion im öffentlichen Interesse liegt (z. B. familienrechtliche Entscheidungen über die Unterhaltsverpflichtung). Die behördlichen Verfügungen müssen zum Zeitpunkt der Zuwiderhandlung vollziehbar sein. Behördliche Verfügungen sind auch Auflagen, Bedingungen und sonstige Beschränkungen nach §§ 12, 14, 46, 47, 61.
55.2.2.2 Auch ein vereinzelter Verstoß erfüllt den Tatbestand der Ausweisung, wenn er nicht geringfügig ist, und auch geringfügige Verstöße erfüllen den Ausweisungstatbestand, wenn sie nicht vereinzelt sind. Als geringfügige Verstöße im Sinne von § 55 Abs. 2 Nr. 2 kommen grundsätzlich geringfügige Ordnungswidrigkeiten im Sinne von § 56 Abs. 1 OWiG in Betracht und Straftaten, die zu einer Einstellung wegen Geringfügigkeit geführt haben. Geringfügig sind grundsätzlich nicht strafgerichtliche Verurteilungen, es sei denn, dass es sich um sog. Bagatelldelikte oder unbedeutende Straßenverkehrsdelikte handelt, bei denen der Grad des Verschuldens als gering einzustufen ist. Ordnungswidrigkeiten sind nicht geringfügig, wenn sie ähnlich schwer wiegen, wie eine Straftat.
55.2.2.3 Für die Beurteilung, ob ein geringfügiger Verstoß vorliegt, ist u. a. folgendes maßgebend:
55.2.2.3.1 – Eine Straftat, die zu einer Verurteilung bis zu dreißig Tagessätzen geführt hat, ist geringfügig (siehe aber Nummer 55.2.2).
55.2.2.3.2 – Eine mit Strafe bedrohte Tat kann nach Einstellung des Strafverfahrens als geringfügig eingestuft werden, wenn der wegen dieser Tat festgesetzte Geldbetrag nicht mehr als 500 Euro beträgt.
55.2.2.3.3 – Eine Ordnungswidrigkeit, die mit einem Bußgeld von nicht mehr als 500 Euro geahndet werden kann, ist im Hinblick auf die in § 87 Abs. 4 Satz 3 zum Ausdruck kommende gesetzgeberische Wertung selbst dann als geringfügig anzusehen, wenn es sich um einen Wiederholungsfall handelt; in

471

diesem Fall kann jedoch eine Ausweisung wegen eines nicht nur vereinzelten Verstoßes gegen Rechtsvorschriften in Betracht kommen.

55.2.2.3.4 – Eine Ordnungswidrigkeit, die mit einer höheren Geldbuße als 500 Euro geahndet worden ist, wird in der Regel nicht mehr als geringfügig anzusehen sein.

55.2.2.4 Für den Verstoß gegen Rechtsvorschriften, gerichtliche Entscheidungen und behördliche Verfügungen genügt die objektive Rechtswidrigkeit; es ist unerheblich, ob der Verstoß schuldhaft begangen wurde. Die Ausweisung wegen einer Straftat setzt keine Verurteilung voraus. Artikel 6 Abs. 2 EMRK wird insoweit nicht verletzt. Nach § 55 Abs. 2 Nr. 2 kann im Einzelfall daher auch ausgewiesen werden, wer schuldunfähig oder in seiner Schuldfähigkeit beschränkt ist.

55.2.2.5 § 55 Abs. 2 Nr. 2 setzt im Vergleich zu §§ 53 Abs. 1 und Abs. 2 Nr. 1 und 2 nicht zwingend voraus, dass eine rechtskräftige Entscheidung des Strafgerichts oder der Bußgeldbehörde vorliegt. Das Beteiligungserfordernis des § 72 Abs. 4 sowie § 79 Abs. 2 sind zu beachten. Die Ausweisungsverfahren sind unverzüglich einzuleiten und zügig durchzuführen, ein Zuwarten bis zum Abschluss des Strafverfahrens kommt in der Regel nicht in Betracht.

55.2.2.6 Bei Ausländern, die im Besitz eines im Bundesgebiet nicht nur für einen Kurzaufenthalt erteilten oder verlängerten Aufenthaltstitels waren, ist der fahrlässige Verstoß gegen die Aufenthaltstitelspflicht (§ 95 Abs. 1) durch eine bis zu drei Monaten verspätete Beantragung der Verlängerung der Aufenthaltstitel kein Ausweisungsgrund im Sinne des § 55 Abs. 2 Nr. 2. Ausländer mit einem längerfristigen rechtmäßigen Aufenthalt erfüllen bei fahrlässigen Verstößen gegen die Passpflicht im Allgemeinen keinen Ausweisungsgrund. Im Übrigen sind Verstöße gegen das Aufenthaltsrecht im Allgemeinen nicht als geringfügig zu werten.

55.2.2.7 Zu einer Ausweisung wegen Verstoßes gegen die Visumpflicht kann unter Berücksichtigung aller Umstände des Einzelfalls auch aus Gründen der Generalprävention Anlass bestehen. In Fällen des Familiennachzugs ist jedoch das Schutzgebot des Artikels 6 Abs. 1 GG zu berücksichtigen, um dem auf die Einhaltung des Visumverfahrens verwiesenen Ausländer eine Wiedereinreise zu ermöglichen (vgl. § 5 Abs. 2 Nr. 1 oder Nr. 2). Ausländer, die eine Erwerbstätigkeit unerlaubt ausüben, sind im Allgemeinen auszuweisen.

55.2.2.8 Ausländer, die schuldhaft unrichtige oder unvollständige Angaben machen, die zur Erteilung eines Aufenthaltstitels führen, erfüllen einen Ausweisungsgrund nach § 55 Abs. 2 Nr. 2. Es handelt sich um einen strafbewehrten Verstoß gegen das Aufenthaltsrecht (vgl. § 95 Abs. 2 Nr. 2), der regelmäßig die privaten Interessen auf Aufrechterhaltung der beruflichen und sozialen Existenz des Ausländers im Bundesgebiet verdrängt. Zu diesen Verstößen gegen das Aufenthaltsrecht gehört auch das Vortäuschen einer ehelichen Lebensgemeinschaft (siehe auch Nummer 7.2.2.3). In diesen Fällen überwiegt regelmäßig das öffentliche Interesse an der Vollziehung der Ausweisung das Privatinteresse des Ausländers am Verbleib im Bundesgebiet (vgl. § 80 Abs. 2 Satz 1 Nr. 4 VwGO). § 54 Nr. 6 ist zu beachten.

55.2.2.9 Eine Ausweisung wegen einer Verurteilung im Ausland kommt nur in Betracht, wenn die zugrundeliegende Tat nach dem deutschen Strafrecht als Verbrechen oder vorsätzliches Vergehen zu beurteilen ist. Besteht Anlass zu der Annahme, dass der Ausländer im Ausland eine Straftat begangen hat, soll die Ausländerbehörde, soweit es möglich ist, bei dem ausländischen Staat einen Strafregisterauszug anfordern oder den Ausländer auffordern, ein amtliches Führungszeugnis oder Leumundszeugnis oder einen Auszug aus der Strafliste seines Heimatstaates vorzulegen.

55.2.3 Gewerbsunzucht

Der Verstoß gegen eine für die Ausübung der Prostitution geltende Rechtsvorschrift (Gesetz, Verordnung, Satzung) oder behördliche Verfügung (Verwaltungsakt) stellt einen Ausweisungsgrund nach § 55 Abs. 2 Nr. 3 dar. Im Vergleich zu § 55 Abs. 2 Nr. 2 kommt es bei Nummer 3 nicht darauf an, ob es sich um einen geringfügigen oder vereinzelten Verstoß handelt. Dennoch ist der Verstoß in die Ermessensausübung nach dem Grundsatz der Verhältnismäßigkeit mit einzubeziehen (vgl. § 55 Abs. 3). Im Anwendungsbereich des § 55 Abs. 2 Nr. 3 kann es sich um Verstöße gegen spezielle Vorschriften und Anordnungen zur Ausübung der Prostitution handeln (Nichteinhaltung der Gesundheitsuntersuchung, Nichterfüllung von Meldepflichten, Verstoß gegen die Sperrbezirksverordnung). In Fällen der Zwangsprostitution kommt eine Ausweisung nach § 55 Abs. 2 Nr. 3 regelmäßig nicht in Betracht.

55.2.4 Verbrauch von Betäubungsmitteln

55.2.4.1 § 55 Abs. 2 Nr. 4 regelt die Ausweisung wegen des Konsums von Heroin, Kokain und vergleichbar gefährlichen Betäubungsmitteln. „Vergleichbar gefährlich" im Sinne von § 55 Abs. 2 Nr. 4 sind die in den Anlagen I und III zum Betäubungsmittelgesetz aufgeführten Stoffe. Nicht vergleichbar gefährlich sind grundsätzlich vor allem Cannabisprodukte (Haschisch und Marihuana). § 53 Nr. 2 und § 54 Nr. 2 bleiben unberührt. Für die Ausweisung werden neben dem Drogenkonsum des Ausländers die Erforderlichkeit einer Rehabilitationsmaßnahme sowie die mangelnde Bereitschaft

Ermessensausweisung § 55 AufenthG 1

des Ausländers hierzu gefordert. Drogenkonsum kann auch eine Ausweisung aus generalpräventiven Gründen rechtfertigen. Von einer Ausweisung wegen Drogenkonsums ist regelmäßig abzusehen, wenn konkrete Anhaltspunkte dafür vorliegen, dass der Ausländer aufgrund einer erforderlichen, seiner Rehabilitation dienenden Behandlung keine Drogen mehr gebrauchen wird und sich dies etwa aus der Zurückstellung der Strafvollstreckung gemäß § 35 BtMG ergibt. Der Ausländer hat die für seine Person günstigen Gesichtspunkte vorzutragen und hierbei die erforderlichen Gutachten vorzulegen (§ 82 Abs. 1).
55.2.4.2 Die Prüfung, ob der Ausweisungsgrund des § 55 Abs. 2 Nr. 4 vorliegt, erfolgt im Allgemeinen nur, wenn eine entsprechende Mitteilung vorliegt. Für Sozialbehörden, Ärzte und andere Einrichtungen bestehen erweiterte Offenbarungsbefugnisse und Auskunftspflichten (§ 88 Abs. 2; sowie § 71 Abs. 2 SGB X).
55.2.5 Gesundheitsgefährdung, Obdachlosigkeit
55.2.5.1 Der Ausweisungsgrund setzt voraus, dass der Ausländer an einer nach dem Bundesseuchengesetz meldepflichtigen auf Menschen übertragbaren Krankheit, einer ansteckungsfähigen Geschlechtskrankheit oder ähnlich gefährlichen und übertragbaren Krankheit leidet (z. B. AIDS) oder Überträger einer solchen Krankheit ist. Der Ausländer muss durch sein Verhalten gegen behördlich angeordnete Schutzmaßnahmen verstoßen oder sein Verhalten muss die Gefahr der Übertragung der entsprechenden Krankheit auf andere in sich bergen. Er muss daher durch sein Verhalten die öffentliche Gesundheit gefährden, indem er eine vermeidbare Übertragungsmöglichkeit nicht vermeidet oder entsprechende Schutzmöglichkeiten nicht einhält. Anlass zur Prüfung dieses Ausweisungsgrundes besteht im Allgemeinen nur aufgrund einer entsprechenden Mitteilung der Gesundheitsverwaltung im Einzelfall (§ 87 Abs. 2).
55.2.5.2.1 Der Begriff der Obdachlosigkeit ist nicht bereits erfüllt, wenn lediglich ein Wohnungsmangel besteht oder nicht ausreichender Wohnraum (§ 2 Abs. 4) vorhanden ist. Obdachlos sind nur
– Personen ohne ausreichende Unterkunft, die in obdachlosen- oder sonstigen Behelfsunterkünften oder in vergleichbaren Unterkünften leben oder in Wohnungen eingewiesen sind, und
– Nichtsesshafte, die überhaupt keine Unterkunft haben.
Der Ausweisungsgrund erfordert nicht nur eine schon eingetretene, sondern darüber hinaus eine längerfristige Obdachlosigkeit. Die Obdachlosigkeit ist längerfristig, wenn sie nicht innerhalb von sechs Monaten seit ihrem Beginn beendet werden kann.
55.2.5.2.2 Von Obdachlosigkeit ist auch dann auszugehen, wenn der Ausländer intensiv nach einer anderen Wohnung sucht und in der Lage wäre, diese ohne Inanspruchnahme von öffentlichen Mitteln zu finanzieren. Wer eine ausreichende Unterkunft hat, aber zu deren Erhaltung Sozialhilfe nach § 72 BSHG bezieht, unterfällt § 55 Abs. 2 Nr. 6 und nicht § 55 Abs. 2 Nr. 5.
55.2.5.2.3 Auch bei längerfristiger Obdachlosigkeit kann eine Ausweisung unverhältnismäßig sein, wenn es sich um einen Ausländer handelt, der zusammen mit seinen Familienangehörigen seit langer Zeit in Deutschland lebt, beschäftigt ist und folglich seine Existenzgrundlage die seiner Ehefrau und minderjährigen Kinder verlieren würde, wenn er mangels Aufenthaltstitel das Bundesgebiet verlassen müsste und ihm unter Berücksichtigung seines Lebensalters im Heimatstaat der Aufbau einer neuen Existenzgrundlage nicht mehr ohne besondere Schwierigkeiten möglich wäre.
55.2.6 Inanspruchnahme von Sozialhilfe
55.2.6.1 Der Ausweisungsgrund umfasst nicht nur die Inanspruchnahme von Sozialhilfe, sondern auch die Sozialhilfebedürftigkeit. Letztere kommt vor allem als Zurückweisungsgrund (vgl. § 15 Abs. 2 Nr. 1, Abs. 3) und als Versagungsgrund (vgl. § 5 Abs. 1 Nr. 1 und 2) in Betracht. Der Ausweisungsgrund erstreckt sich sowohl auf den Unterhaltspflichtigen als auch auf den Hilfsbedürftigen. Grundsätzlich kommt eine Ausweisung von Ausländern, die einen Aufenthaltstitel besitzen, wegen bloßer Sozialhilfebedürftigkeit ohne Inanspruchnahme von Sozialhilfe nicht in Betracht. Ebenso wenig wird eine Ausweisung verfügt, wenn der Ausländer einen Aufenthaltstitel besitzt und nur in geringem Maße, insbesondere nur vorübergehend auf Sozialhilfe angewiesen ist. § 120 BSHG, wonach Ausländer solange Sozialhilfe beanspruchen können, als sie sich tatsächlich im Bundesgebiet aufhalten und hilfsbedürftig sind, steht der Ausweisung nicht entgegen. Die Inanspruchnahme von Wohngeld zählt gemäß § 26 SGB I zwar zu den Sozialleistungen, nicht jedoch zur Sozialhilfe im Sinne des Bundessozialhilfegesetzes.
55.2.6.2 Der Ausweisungsgrund „Bezug von Sozialhilfe" ist nicht auf die „Hilfe zum Lebensunterhalt" beschränkt, sondern bezieht sich auch auf die „Hilfen in besonderen Lebenslagen". Behinderungen oder vorübergehende unverschuldete soziale Notlagen, für die eine Hilfe in besonderen Lebenslagen gewährt wird, sind bei der Prüfung der Ausweisung im Ermessensbereich zu Gunsten des Ausländers angemessen zu berücksichtigen.

55.2.6.3.1 Eine Ausweisung allein wegen Sozialhilfebedürftigkeit oder Sozialhilfebezug ist ausgeschlossen bei Ausländern,
55.2.6.3.1.1 – nach Maßgabe der Artikel 6 und 7 des Europäischen Fürsorgeabkommens,
55.2.6.3.1.2 – nach Maßgabe des Deutsch-Schweizerischen Fürsorgeabkommens,
55.2.6.3.1.3 – nach Maßgabe des Deutsch-Österreichischen Fürsorgeabkommens,
55.2.6.3.1.4 – nach Maßgabe des Artikel 3 Abs. 3 des Europäischen Niederlassungsabkommens,
55.2.6.3.1.5 – bei den in § 56 Abs. 1 bis 3 genannten und bei den heimatlosen Ausländern,
55.2.6.3.1.6 – in den Fällen des § 31 Abs. 4 Satz 1.
55.2.6.4 Auch bei den in § 56 Abs. 1 nicht genannten Ausländern, die im Besitz einer Niederlassungserlaubnis sind, kommt im Allgemeinen eine Ausweisung wegen Sozialhilfebezugs nicht in Betracht. Bei Ausländern, denen der Aufenthaltstitel in Kenntnis der Sozialhilfebedürftigkeit erteilt oder verlängert worden ist, kommt ohne Änderung des Sachverhalts eine Ausweisung wegen Sozialhilfebezugs nicht in Betracht, solange der Aufenthaltstitel gültig ist.
55.2.7 Inanspruchnahme von Jugendhilfeleistungen
55.2.7.1 Nach § 55 Abs. 2 Nr. 7 kann ein Ausländer ausgewiesen werden, der Hilfe zur Erziehung außerhalb der eigenen Familie oder Hilfe für junge Volljährige nach dem Achten Buch Sozialgesetzbuch (SGB VIII) erhält. Der Ausweisungsgrund der Inanspruchnahme von Jugendhilfe gilt nicht für minderjährige Ausländer, deren Eltern oder allein personensorgeberechtigter Elternteil sich rechtmäßig im Bundesgebiet aufhalten. Der rechtmäßige Aufenthalt ist auch gegeben bei Vorliegen einer Aufenthaltsgestattung nach dem Asylverfahrensgesetz (§ 55 Abs. 1 AsylVfG) und bei der Befreiung von dem Erfordernis der Aufenthaltstitel (§ 22 AufenthV). Der Ausweisungsgrund ist erfüllt, wenn der Ausländer die in § 55 Abs. 2 Nr. 7 genannten Leistungen nicht nur beantragt hat, sondern auch erhält. Die Mitteilungspflichten der Jugendämter ergeben sich aus § 87 Abs. 2.
55.2.7.2 Bei minderjährigen Ausländern ist Ausweisungsgrund nur die Gewährung von Hilfe zur Erziehung außerhalb der eigenen Familie. Dies sind nur die in den §§ 33 bis 35 SGB VIII bezeichneten Maßnahmen. Der Ausweisungsgrund liegt auch vor, wenn diese Hilfen aufgrund des § 12 Nr. 2 JGG gewährt werden.
55.2.7.3 § 55 Abs. 2 Nr. 7 soll, soweit er nicht den früheren Ausweisungsgrund der Fürsorgeerziehung (nunmehr Hilfe zur Erziehung nach § 12 Nr. 2 JGG in Verbindung mit § 34 SGB VIII) ersetzt, lediglich § 55 Abs. 2 Nr. 6 ergänzen und insoweit nur dasselbe erhebliche öffentliche Interesse schützen, den Aufenthalt von Ausländern nicht aus öffentlichen Mitteln finanzieren zu müssen, die nicht auf einer Beitragsleistung beruhen. Deshalb erfüllen den Ausweisungstatbestand des § 55 Abs. 2 Nr. 7 nur Jugendhilfeleistungen, die materiell Sozialhilfeleistungen entsprechen. Bei minderjährigen Ausländern liegt der Ausweisungsgrund daher nur vor, wenn Hilfe nach den §§ 33 bis 35 SGB VIII in Verbindung mit Leistungen nach § 27 Abs. 3 oder §§ 39 und 40 SGB VIII gewährt wird.
55.2.7.4 Entsprechend beschränkt ist auch der Ausweisungsgrund der Inanspruchnahme von Hilfe für junge Volljährige. Nur die Hilfen nach § 41 Abs. 2 in Verbindung mit § 27 Abs. 3 oder den §§ 33 bis 35, 39 und 40 SGB VIII, aber nicht die Hilfe nach § 41 Abs. 2 in Verbindung mit den §§ 28 bis 30 SGB VIII und nicht die Nachbetreuung gemäß § 41 Abs. 3 SGB VIII unterfallen dem § 55 Abs. 2 Nr. 7. Im Übrigen ist auch eine allein auf § 55 Abs. 2 Nr. 7 gestützte Ausweisung ausgeschlossen, soweit eine allein auf § 55 Abs. 2 Nr. 6 gestützte Ausweisung ausgeschlossen wäre (siehe Nummer 55.2.6.3.1).
55.2.7.5 Der Anspruch auf Hilfe zur Erziehung in Vollzeitpflege in einer anderen Familie als der Herkunftsfamilie setzt nicht voraus, dass die Herkunftsfamilie in die das Kind oder der Jugendliche möglichst zurückkehren soll, noch vorhanden ist. Einem Waisenkind soll diese Hilfe eine auf Dauer angelegte Lebensform bieten, insoweit ist eine Ausweisung auch problematisch.
55.2.8 Handlungen die geeignet sind, die öffentliche Sicherheit und Ordnung zu stören
55.2.8.1 Nummer 8 Buchst. a erfasst Handeln in der Öffentlichkeit, in einer öffentlichen oder nichtöffentlichen Versammlung sowie das Verbreiten von Texten in Papierform oder elektronischer Form, z. B. im Internet.
55.2.8.1.1 Billigen heißt, eine konkrete Tat – auch die eigene – nach ihrer Begehung gutheißen.
55.2.8.1.2 Werben ist eine mit Mitteln der Propaganda betriebene Tätigkeit, die auf Weckung oder Stärkung der Bereitschaft Dritter zur Förderung einer bestimmten Tat gerichtet ist. Dabei ist unerheblich, ob ein Werbeerfolg eintritt oder ob das Handeln auch nur zu dessen Herbeiführung geeignet ist.
55.2.8.2 Hinsichtlich Nummer 8 Buchst. b sind die zu den Straftatbeständen der Volksverhetzung (§ 130 StGB) und der Verleumdung (§ 187 StGB) entwickelten Grundsätze entsprechend anzuwenden.
55.2.8.3 Zum Hass aufstacheln bedeutet nachhaltig auf Sinne und Gefühle anderer mit dem Ziel einwirken, Hass im Sinne von Feindschaft, nicht bloßer Ablehnung oder Verachtung, zu erzeugen oder zu steigern.

Ermessensausweisung § 55 AufenthG 1

55.3 Bei der Ausweisungsentscheidung zu berücksichtigende Gesichtspunkte
Für den Fall des Vorliegens der Tatbestandsvoraussetzungen des § 55 Abs. 1 oder 2 ist eine Ausweisung nicht zwingend vorgeschrieben, sondern in das von § 55 Abs. 3 geleitete Ermessen gestellt. Die Ausländerbehörde hat von Amts wegen nach Maßgabe der jeweiligen Umstände abzuwägen, ob das schutzwürdige persönliche Interesse des Ausländers i. S. v. § 55 Abs. 3 das öffentliche Interesse an der Ausweisung überwiegt. § 55 Abs. 3 regelt, welche Umstände zugunsten des Ausländers bei der Ermessensentscheidung zu berücksichtigen sind. Im Anwendungsbereich des § 54 (Ausweisung im Regelfall) sind bei der Beurteilung, ob ein Ausnahmefall vorliegt, alle Umstände der strafgerichtlichen Verurteilungen und die sonstigen Verhältnisse des Ausländers zu berücksichtigen, wie sie in § 55 Abs. 3 umschrieben werden.

55.3.1.1 Aufenthaltsdauer
Bei der Aufenthaltsdauer sind Zeiten zu berücksichtigen, in denen sich der Ausländer rechtmäßig im Bundesgebiet aufgehalten hat. Die Aufenthaltszeit während des Asylverfahrens ist nur dann erheblich, wenn der Ausländer unanfechtbar anerkannt worden ist (vgl. § 55 Abs. 3 AsylVfG; dagegen § 35 Abs. 1). Die Schutzwürdigkeit aufgrund der Aufenthaltsdauer wird um so geringer, je länger der volljährige Ausländer sein Leben im Ausland verbracht hat.

55.3.1.2.1 Schutzwürdige Bindungen
Zu den schutzwürdigen Bindungen kann auch der Aufenthaltszweck zählen, der die Anwesenheit im Bundesgebiet erfordert (z. B. Erwerbstätigkeit, Studium). Das Maß der Schutzwürdigkeit bestimmt sich einerseits nach Wertungen der deutschen Rechtsordnung. Grundrechtsrelevante Bindungen sind gewichtiger als andere rechtlich geschützte Interessen. Andererseits ist auch der aufenthaltsrechtliche Status von Bedeutung (z. B. Besitz eines zweckgebundenen Aufenthaltstitels). Zur Beurteilung kann der Grad der Eingliederung in das wirtschaftliche und soziale Leben der Bundesrepublik Deutschland herangezogen werden. Solange über den weiteren Aufenthalt noch nach Ermessen entschieden werden kann oder wenn für den Ausländer ein Daueraufenthalt ausgeschlossen ist (vgl. § 8 Abs. 2, § 24 Abs. 1, § 26 Abs. 2), sind seine Bindungen im Bundesgebiet aufenthaltsrechtlich weniger schutzwürdig als bei einem Ausländer, der einen gesetzlichen Anspruch hat (vgl. z. B. § 37 Abs. 1, § 29 Abs. 1, § 32 Abs. 1 und 2) oder der bereits eine Niederlassungserlaubnis besitzt.

55.3.1.2.2 Maßgeblich sind zunächst die persönlichen Bindungen im Bundesgebiet. Bei der Beurteilung der Schutzwürdigkeit dieser Bindungen ist zu berücksichtigen, ob der Ausländer auch im Heimatstaat noch familiäre oder sonstige persönliche Anknüpfungspunkte hat. Ist der Ausländer aufgrund persönlicher Anknüpfungspunkte in seiner Heimat mit den dortigen Verhältnissen weitgehend vertraut oder hat er dort einen bedeutenden Teil seines Lebens verbracht, ist das Ausweisungsermessen nicht wesentlich eingeschränkt. Lebt ein Teil seiner Familienangehörigen im Heimatstaat und bestehen keine familiären Bindungen im Bundesgebiet, ist die Rückkehr regelmäßig nicht unzumutbar.

55.3.1.2.3 Volljährigen ausländischen Kindern muss regelmäßig nicht der Aufenthalt bei den Eltern im Bundesgebiet ermöglicht werden. Dies gilt unabhängig davon, ob es im Einzelfall den Eltern zumutbar wäre, in ihre Heimat zurückzukehren, wenn sie mit dem volljährigen Kind weiterhin zusammenleben wollen. Ausnahmen kommen in Betracht, wenn keine schwerwiegenden Ausweisungsgründe vorliegen und der volljährige Ausländer aus besonderen, in seiner Person liegenden Gründen auf ein Zusammenleben mit seinen Eltern angewiesen ist und diesen die gemeinsame Rückkehr in den Heimatstaat nicht zugemutet werden kann.

55.3.1.2.4 Das Vorhandensein eines minderjährigen ledigen Kindes ist bei der Entscheidung über die Ausweisung auch dann zu berücksichtigen, wenn die personensorgeberechtigten Eltern nicht oder nicht mehr miteinander verheiratet sind. Beschränken sich die persönlichen Beziehungen allerdings faktisch lediglich auf die Erfüllung einer Unterhaltsverpflichtung oder die Wahrnehmung eines Umgangsrechts, wird das öffentliche Interesse an der Ausweisung dadurch grundsätzlich nicht eingeschränkt.

55.3.1.2.5 Schutzwürdige persönliche Bindungen bestehen auch zwischen Verlobten und den Partnern nichtehelicher Lebensgemeinschaften. Allerdings wird solchen Bindungen in der Regel geringeres Gewicht zukommen als dem Bestehen einer familiären oder lebenspartnerschaftlichen Gemeinschaft. Eine Beeinträchtigung des Rechts auf Eheschließung ist zu verneinen, wenn der Zeitpunkt der beabsichtigten Eheschließung ungewiss ist. Das Recht auf Eheschließung kann auch im Rahmen einer Betretenserlaubnis (§ 11 Abs. 2) verwirklicht werden.

55.3.1.3 Einem Ausländer, dem der Aufbau einer Existenzgrundlage in Deutschland aufenthaltsrechtlich ermöglicht wurde und der in den hiesigen Lebensverhältnissen verwurzelt ist, sich also seinem Heimatstaat weitgehend entfremdet hat, darf eine so geschaffene wirtschaftliche und soziale Lebens-

grundlage nur aus gewichtigen Gründen genommen werden. Dies gilt erst recht, wenn sich der Aufenthalt des Ausländers rechtlich verfestigt hat (vgl. § 56 Abs. 1 Nr. 1 bis 3). Zu berücksichtigen sind auch aufenthalts- und beschäftigungsrechtliche Positionen, die sich aus Artikel 6, 7 ARB 1/80 ergeben. Die aufgrund dieser Vorschrift erlangten Aufenthaltsansprüche stehen unter dem Vorbehalt von Beschränkungen, die aus Gründen der öffentlichen Ordnung, Sicherheit und Gesundheit gerechtfertigt sind (vgl. Artikel 14 ARB 1/80). Das privatwirtschaftliche Interesse des Arbeitgebers am Verbleib des Ausländers im Bundesgebiet oder Gläubigerinteressen schränken das Ausweisungsermessen nicht ein.
55.3.1.4 Der schulische und berufliche Werdegang des Ausländers ist angemessen zu berücksichtigen.
55.3.2 Schutz von Familie und Lebenspartnerschaft
55.3.2.1 Der Schutz von Ehe und Familie erstreckt sich sowohl auf Ausländer als auch auf Deutsche in familiärer Lebensgemeinschaft mit Ausländern. Ehe- und Familienangehörige einer rein ausländischen Familie genießen den Schutz des Artikel 6 Abs. 1 und 2 GG. Das bedeutet allerdings nicht, dass ihnen eine getrennte Rückkehr nicht zugemutet werden könnte, obwohl sie gemeinsam in einen Heimatstaat zurückkehren können. Ihre persönliche Bindung an den Ausgewiesenen ist in die Ausweisungsentscheidung einzubeziehen (§ 55 Abs. 3 Nr. 2). Ein Verbleib der nicht ausgewiesenen Familienangehörigen im Bundesgebiet erfordert ein Aufenthaltsrecht.
55.3.2.2 Für den Ausländer günstige Belange und Umstände, deren Darlegung ihm obliegen (§ 82 Abs. 1), sind:
55.3.2.2.1 – die Dauer der Ehe,
55.3.2.2.2 – die Auswirkungen einer Trennung der Familienmitglieder, wenn diesen z. B. die gemeinsame Rückkehr in den Heimatstaat wegen politischer Verfolgung nicht zugemutet werden kann,
55.3.2.2.3 – die Frage, ob eine Möglichkeit für ein späteres Wiederanknüpfen der Eltern-Kind-Beziehungen besteht.
55.3.2.3 Durch das Schutzgebot des Artikels 6 Abs. 1 GG wird eine Ausweisung minderjähriger und heranwachsender Ausländer, deren Eltern sich im Bundesgebiet aufhalten, nicht untersagt. Bei der Ausweisung dieses Personenkreises ist jedoch die Schutzvorschrift des § 56 Abs. 2 zu beachten. Die familiäre Lebensgemeinschaft mit Deutschen unterliegt nach § 56 Abs. 1 Nr. 4 einem erhöhten Ausweisungsschutz.
55.3.2.4 Eine nach § 55 Abs. 3 Nr. 2 zu berücksichtigende Folge für die Familienangehörigen kann die Pflicht sein, ebenfalls das Bundesgebiet zu verlassen, weil ihr Aufenthaltsrecht den Bestand des Aufenthaltstitels des Ausländers voraussetzt. Soweit ihr eigenes Aufenthaltsrecht durch die Ausweisung nicht berührt wird, ist zu berücksichtigen, dass sie freiwillig das Bundesgebiet verlassen müssen, wenn sie die Familieneinheit mit dem Ausländer wahren wollen oder weil der Ausländer ihren Lebensunterhalt sichern muss. Hinsichtlich der Ausweisung aus generalpräventiven Gründen von Ausländern, die mit Deutschen in familiärer Lebensgemeinschaft (Artikel 6 Abs. 1 GG) oder freizügigkeitsberechtigt sind, wird auf Nummer 53.0.3.2.0 verwiesen.
55.3.2.5 Hinsichtlich der Ausländer, die in einer lebenspartnerschaftlichen Gemeinschaft leben, sind die Nummern 55.3.2.1, 55.3.2.2, 55.3.2.2.1, 55.3.2.2.2 und 55.3.2.4 sinngemäß anzuwenden.
55.3.3 Gründe für die Aussetzung der Abschiebung
55.3.3.1 Nach § 55 Abs. 3 Nr. 3 sind von der Ausländerbehörde auch die in § 60a Abs. 2 bezeichneten Voraussetzungen für die Aussetzung der Abschiebung zu berücksichtigen, weil davon abhängt, ob nach der Ausweisung auch der Aufenthalt tatsächlich beendet werden kann. Die Ausländerbehörde entscheidet über das Vorliegen dieser Voraussetzungen auf der Grundlage der offenkundigen, der ihr bekannten und der vom Ausländer geltend gemachten Umstände (vgl. § 79 Abs. 1, § 82 Abs. 1).
55.3.3.2 Zu berücksichtigen sind die in § 60a Abs. 2 genannten Voraussetzungen für die Aussetzung der Abschiebung unbeschadet der Zuständigkeit des Bundesamts für Migration und Flüchtlinge. Das Vorliegen eines Grundes für die Aussetzung der Abschiebung schließt die Ausweisung nicht von vornherein generell aus. Die Gründe für die Aussetzung der Abschiebung müssen auf Abschiebungshindernissen beruhen, die eine Rückkehr in den Herkunftsstaat unzumutbar machen. Tatsächliche Abschiebungshindernisse (z. B. Passlosigkeit, Reiseunfähigkeit), insbesondere sofern diese der Ausländer selbst zu vertreten hat oder die lediglich vorübergehender Natur sind, stehen einer Ausweisung grundsätzlich nicht entgegen. In den Fällen des § 60 Abs. 1 ist der besondere Ausweisungsschutz des § 56 Abs. 1 Nr. 5 zu berücksichtigen. Soweit das Bundesamt für Migration und Flüchtlinge für die Feststellung von Abschiebungshindernissen nach § 60 zuständig ist und eine entsprechende Entscheidung bereits vorliegt, werden bei der Entscheidung über die Ausweisung nur die vom Bundesamt festgestellten Abschiebungshindernisse berücksichtigt (§ 42 AsylVfG).

Übersicht

	Rn
I. Entstehungsgeschichte	1
II. Allgemeines	2
III. Ausweisungstatbestand und Ausweisungsgrund	6
IV. Ausweisungsgründe	8
1. Öffentliche Sicherheit und Ordnung	8
2. Sonstige erhebliche Interessen der Bundesrepublik Deutschland	12
V. Einzelne Tatbestände	14
1. Allgemeines	14
2. Unzutreffende Angaben und unterlassene Mitwirkung	15
3. Verstöße gegen Rechtsvorschriften oder Entscheidungen	16
4. Unerlaubte Erwerbsunzucht	34
5. Verbrauch gefährlicher Betäubungsmittel	35
6. Gesundheitsgefährdung und Obdachlosigkeit	40
7. Sozialhilfebezug	44
8. Erziehungshilfe	53
9. Störung der öffentlichen Sicherheit und Ordnung	58
VI. Ermessen	59
1. Allgemeines	59
2. Längerer Aufenthalt und Bindungen im Bundesgebiet	63
3. Schutz von Ehe und Familie	65
4. Aussetzungsgründe	70
VII. Sondergruppen	73
1. EU-Mitgliedstaaten und Türkei	73
2. UN-Kinderrechtskonvention	75
3. Internationale Arbeitsorganisation	76
4. Europäische Menschenrechtskonvention	77
5. Europäisches Fürsorgeabkommen	81
6. Europäisches Niederlassungsabkommen	82
7. Flüchtlinge	86
8. Frankreich, Griechenland, Italien	87
9. Österreich und Schweiz sowie andere Staaten	90
VIII. Verwaltungsverfahren und Rechtsschutz	91
1. Verwaltungsverfahren	91
2. Rechtsschutz	95

I. Entstehungsgeschichte

Die Vorschrift stimmt im Wesentlichen mit dem **GesEntw** (BT-Drs 15/420 S. 22) überein. Aufgrund des Vermittlungsverf (BT-Drs 15/3479 S. 9) wurden Nr 8 a u. 8 b eingefügt. **1**

II. Allgemeines

Die Ausweisung stellt das **Gegenstück zum AufTit** dar. Während die Zulassung von Einreise u. Aufenthalt die Nichtbeeinträchtigung u. Nichtgefährdung von Interessen der BR Deutschland voraussetzt (vgl §§ 5 I Nr 3, 10 I), ist die Aufenthaltsbeendigung durch Ausweisung an die Beeinträchtigung erheblicher derartiger Interessen geknüpft. Die Ausweisung ist keine Strafe, sondern eine ordnungsrechtliche Maßnahme, die an einem polizeirechtlichen Gefahrentatbestand ausgerichtet ist. Denn sie dient nicht dazu, ein regelwidriges menschliches Verhalten zu ahnden, sondern soll einer künftigen Störung der öffentl Sicherheit u. Ordnung oder einer sonstigen Beeinträchtigung erheblicher Belange der BR Deutschland vorbeugen. Die Bestimmungen der §§ 53 bis 56 sind auf freizügigkeitsberechtigte **Unionsbürger** u. Gleichgestellte nicht anwendbar (vgl § 11 I FreizügG/EU); für diese gelten die Beendigungsregeln der §§ 6, 7 FreizügG/EU, die ebenfalls an eine Gefahr für die **2**

1 AufenthG § 55   1. Teil. Aufenthaltsgesetz

öffentl Sicherheit u. Ordnung anknüpfen, aber im Hinblick auf die besondere Bedeutung der Freizügigkeit innerhalb der EU in Grundsatz u. Einzelheiten anders ausgestaltet sind.

3   Die Ausweisung beendet nicht unmittelbar den Aufenthalt, sie löst aber die **Ausreisepflicht** (§ 50) u. ein **Einreise- u. Aufenthaltsverbot** aus, das selbst die Inanspruchnahme eines ges Aufenthaltsanspruchs hemmt (§ 11 I). Sie führt aber auch zum Wegfall der Befreiung von der Visumpflicht u. vom Erfordernis des AufTit (§ 41 III AufenthV; § 51 V). Die Ausweisung kann während eines rechtswidrigen oder eines rechtmäßigen Aufenthalts ergehen; im letzteren Fall erlischt der noch bestehende AufTit (§ 51 I Hs. 1 Nr 5). Die aus der Ausweisung folgende Verlassenspflicht wird sodann bei Vollziehbarkeit erforderlichenfalls durch Abschiebung vollzogen (§§ 58 ff).

4   Während die Ausweisung nach § 10 I AuslG 1965 einheitlich dem pflichtgemäßen Ermessen der AuslBeh aufgrund einzeln aufgeführter Tatbestände oblag, nennt das AufenthG wie schon das AuslG 1990 drei **verschiedene Arten** der Ausweisung (dazu Brühl, JuS 1991, 314; Funke-Kaiser/Müller in Barwig, AuslR, S. 135; Kemper, NVwZ 1993, 746; Otte, ZAR 1994, 67; Renner, NJ 1995, 1; Rittstieg in Barwig ua, AuslR, S. 28; Wegner, ZAR 1992, 121; Wollenschläger/Schraml, ZAR 1992, 61). Die Grundnorm des § 55 I besteht (wie § 45 I AuslG 1990 u. § 10 I AuslG 1965) aus der Verbindung zwischen Ausweisungstatbestand „Beeinträchtigung der öffentl Sicherheit u. Ordnung der BR Deutschland" u. dem zunächst nicht weiter gebundenen Ermessen; in Abs. 2 werden einzelne Tatbestände genannt u. in Abs 3 zwingende Ermessensrichtlinien gegeben („Kann-Ausweisung" oder „Ermessenausweisung"). Die Aufzählung einzelner Tatbestände in § 55 II erläutert beispielhaft den Grundtatbestand des § 55 I, lässt aber den Ermessensspielraum unberührt. Durch §§ 53 u. 54 wird dagegen das Ermessen in der Weise eingeschränkt, dass eine Ausweisung erfolgen muss (§ 53: „Zwingende Ausweisung", „Ist-Ausweisung" oder „Muss-Ausweisung") bzw idR zu erfolgen hat (§ 54: „Regel-Ausweisung" oder „Soll-Ausweisung"). Angesichts dieses mehrfach gestuften Systems ermangeln auch die Tatbestandsvoraussetzungen des § 55 I nicht der erforderlichen Bestimmtheit; sie können zumindest anhand der Beispiele des § 55 II sachgerecht ausgelegt werden (zu § 10 AuslG 1956 vgl BVerfGE 49, 168). Schließlich werden die Ausweisungstatbestände durch die Regeln über den Ausweisungsschutz (§§ 55 III, 55 II Nr 7 Hs. 2, 56) ergänzt u. damit weiter systematisch u. einzelfallbezogen differenziert.

5   Die **Struktur** der Ausweisungsentscheidung erschließt sich am besten aus den Bestimmungen über die Ermessensausweisung. Eine bloße Gegenüberstellung von Ist- u. Regelausweisung auf der einen u. der Ermessensausweisung auf der anderen Seite verkürzt die Sichtweise u. führt leicht zu unzutreffenden Schlussfolgerungen (allg dazu Renner, AiD Rn 7/131–182). Als ordnungsrechtliche Präventivmaßnahme erfordert die Ausweisung zunächst eine Gefahrenprognose aufgrund eines ges bestimmten Tatbestands (Ausweisungstatbestand, -grund oder -anlass) u. sodann die Feststellung u. Abwägung der einander widerstreitenden öffentl u. privaten Rechtsgüter u. Interessen. Auf Prognose u. Abwägung aufbauend kann die Entscheidung für oder gegen die Ausweisung getroffen werden. Die pflichtgemäße Ausübung des Ausweisungsermessens ist damit strikt an ges Vorgaben u. die Beachtung von Grundrechten u. Verfassungsprinzipien wie Rechtsstaatlichkeit u. Verhältnismäßigkeit gebunden. Ist- u. Regelausweisung zeichnen sich dadurch aus, dass der Gesetzgeber sowohl die Gefahrenprognose als auch die Abwägung selbst vorgenommen hat, für die Behörde also diese beiden Grundlagen für ein Einschreiten verbindlich vorweggenommen sind.

III. Ausweisungstatbestand und Ausweisungsgrund

6   Der Begriff „Ausweisungsgrund" nimmt eine **zentrale Stellung** im Recht des Aufenthalts u. der Aufenthaltsbeendigung ein. Das Vorliegen eines Ausweisungsgrunds führt idR zur Versagung der AE (§ 5 I Nr 2), verhindert die Verlängerung der AE (§ 8 I) u. ermög-

licht die Ablehnung der Wiederkehr (§ 37 III Nr 2). Ist dieser Begriff iSv „Ausweisungstatbestand" zu verstehen, kommt es weder auf die zu stellende Gefahrenprognose (bei §§ 55 I u. II, 54) noch auf das Ergebnis der erforderlichen Interessenabwägung (§§ 55 III, 54) noch auf das Vorliegen besonderen Ausweisungsschutzes (§ 56) an. Der Ausl verwirklicht dann nämlich schon mit Erfüllung der ges Tatbestandsvoraussetzungen einen Ausweisungsgrund.

Nach systematischem Zusammenhang u. Entstehungsgeschichte ist dieser Auslegung der Vorzug zu geben (dazu näher § 5 Rn 20 ff; Renner, AiD Rn 5/466–471) gegenüber der Auffassung, unter Ausweisungsgrund sei die Möglichkeit der rechts- u. ermessensfehlerfreien Ausweisung zu verstehen. Soweit § 55 II einzelne Ausweisungsgründe nennt, sind damit nur Beispiele gemeint, in denen die öffentliche Sicherheit u. Ordnung oder sonstige erhebliche Interessen der BR Deutschland beeinträchtigt sind. Einer völlig selbständigen individuellen **Gefahrenprognose** bedarf es in diesen Fällen nicht, wenn es nur um die Feststellung eines Ausweisungsgrunds geht; denn mit Erfüllung des Tatbestands ist ein Anzeichen für die Gefahr einer künftigen Sicherheitsgefährdung gegeben. Die bei Ermessensausweisungen notwendige Interessenabwägung hat erst zu ergehen, wenn eine Ausweisung verfügt werden soll. 7

IV. Ausweisungsgründe

1. Öffentliche Sicherheit und Ordnung

Öffentl Sicherheit u. Ordnung ist iSd **Polizei- u. Ordnungsrechts** zu verstehen; die öffentl Sicherheit ist nicht nur die der BR Deutschland. Danach ist unter öffentl Sicherheit der gesicherte Zustand des Gemeinwesens im Einklang mit der Verfassung u. dem übrigen gesetzten Recht zu verstehen (zu wiederholten ernstzunehmenden Todesdrohungen VGH BW, EZAR 033 Nr 8). Die öffentl Ordnung ist der Inbegriff aller Normen, deren Beachtung über das gesetzte Recht hinaus nach allg Auffassung zu den unerlässlichen Voraussetzungen eines gedeihlichen menschlichen u. staatsbürgerlichen Zusammenlebens gehört. 8

In Abs 2 sind **Beispiele** für eine Beeinträchtigung der öffentl Sicherheit u. Ordnung aufgezählt. Soweit diese Tatbestände nicht erfüllt sind, kann nicht ohne weiteres auf den Grundtatbestand des Abs 1 zurückgegriffen werden (BayVGH, EZAR 035 Nr 24). So kann zB eine geringfügige Straftat allg als Verletzung der öffentl Sicherheit oder Ordnung aufgefasst werden; sie kann aber nicht abweichend von Abs 2 Nr 2 als Ausweisungstatbestand iSd Abs. 1 gelten. Ebenso verhält es sich mit der Ausübung der Gewerbsunzucht, wenn sie nicht gegen Rechtsvorschriften oder behördliche Verfügungen verstößt, sondern „nur" der allg Anschauung weiter Bevölkerungskreise zuwiderläuft. 9

Der ordnungsrechtliche Charakter der Ausweisung erfordert immer eine **Gefahrenprognose.** Beeinträchtigt ist die öffentl Sicherheit u. Ordnung durch den Aufenthalt des Ausl nur, wenn dessen Verbleib im Bundesgebiet zu Beeinträchtigungen dieser Rechtsgüter führt (Kemper, NVwZ 1993, 746; Renner, AiD Rn 7/136–144). Eine Beeinträchtigung ist im Hinblick auf die aufenthaltsbeendende Wirkung der Ausweisung nur für die Zukunft von Bedeutung. Aus einer in der Vergangenheit erfolgten Beeinträchtigung oder Gefährdung kann indes auf die Beeinträchtigung in der Zukunft geschlossen werden, vor allem dann, wenn sie andauert. Insoweit sind die Beispiele des Abs 2 unterschiedlich gelagert. Bei einem Regelverstoß in der Vergangenheit nach Nr 2 muss zusätzlich die Gefahr der Fortwirkung oder Wiederholung in der Zukunft festgestellt werden. Dagegen folgt aus der gegenwärtigen Inanspruchnahme von öffentl Sozialleistungen nach Nr 8 bereits die künftige Gefährdung, es sei denn, das Ende der Leistungen steht bereits fest. 10

Für die Voraussage der Beeinträchtigung genügt nicht irgendeine, sondern nur eine mit an Sicherheit grenzende **Wahrscheinlichkeit.** Die Behörde oder das Gericht müssen die Überzeugung gewinnen, dass die Beeinträchtigung eintreten wird. Eine Gefährdung reicht hier nicht, da das Ges an anderer Stelle ausdrücklich eine bloße Gefährdung genügen lässt 11 (vgl Abs 2 Nr 5; § 5 I Nr 3). Der Grad der Wahrscheinlichkeit richtet sich vornehmlich nach dem Wert des bedrohten Rechtsguts (BVerwGE 49, 36; BVerwG, EZAR 121 Nr 5; zu unterschiedlichen Prognosemaßstäben Renner, AiD Rn 7/137–140, 7/268 u. 7/458–473).

2. Sonstige erhebliche Interessen der Bundesrepublik Deutschland

12 Zu den sonstigen erheblichen Interessen der BR Deutschland zählen nur Belange von **erheblichem Gewicht,** die wegen ihrer Bedeutung besonders schutzwürdig sind. In Betracht kommen also nicht alle Interessen iSd § 5 I Nr 3. Die Aufzählung in Abs 2 gibt eine Richtschnur für das erforderliche Maß. Bloße Belästigungen scheiden aus. Dagegen können Sicherheitsinteressen von höchstem Rang zB schon durch den begründeten Verdacht einer Verletzung gefährdet sein, also auch dann, wenn die Voraussetzungen für die Regelausweisung nach § 54 Nr 5 a nicht erfüllt sind. Hinreichender Tatverdacht zB kann bei einer äußerst schweren Straftat genügen; dann bedarf es keiner Verurteilung iSd § 53 Nr 1 u. keiner sicheren Feststellung des Verstoßes iSd Abs 2 Nr 2. Auch insoweit ist eine Beeinträchtigung zu **prognostizieren;** der bloße Verstoß in der Vergangenheit reicht nicht aus (Rn 10).

13 Die Eingehung einer „**Scheinehe**" (§ 27 Rn 14) kann dt Interessen zuwiderlaufen; ob diese immer als erheblich zu werten sind, dürfte aber fraglich sein. Hierzu bedarf es zumindest im Einzelfall der Feststellung gewichtiger Schäden oder Nachteile für Staat oder Gesellschaft. Übrigens erfüllen die gewöhnlich damit verbundenen Straftaten (Falschangaben nach § 95 II Nr 2, Betrug, Urkundenfälschung, Bestechung, Erpressung) ohnehin den Tatbestand des Abs 2 Nr 2. Die bloße weitere Anwesenheit eines Ausl nach **Ablehnung des Asylantrags** bildet keinen Ausweisungsgrund (OVG NRW, EZAR 223 Nr 3), auch wenn sie dt Interessen zuwiderlaufen u. der Erteilung eines AufTit nach § 5 I Nr 3 entgegenstehen kann (zu § 2 I AuslG 1965 vgl BVerwG, EZAR 223 Nr 2 u. 8: „beachtliches öffentliches Interesse" im Rahmen des Ermessens zu beachten; BayVGH, EZAR 223 Nr 4: keine generalpräventive Missbrauchsabwehr).

V. Einzelne Tatbestände

1. Allgemeines

14 Abs 2 nennt **beispielhaft** Sachverhalte für die Erfüllung des Ausweisungstatbestands des Abs 1. Damit werden keine zusätzlichen Ausweisungsgründe geschaffen, sondern die Voraussetzungen des Abs 1 lediglich konkretisiert. Die in den Katalog aufgenommenen Tatbestände wären sonst unter Abs 1 zu subsumieren. Ungeachtet der Erfüllung eines Tatbestands des Abs 2 ist wie bei Abs 1 immer zusätzlich eine Gefahrenprognose erforderlich (Rn 10; Renner, NJ 1995, 1; Rittstieg in Barwig ua, AuslR, S. 39; Wollenschläger/Schraml, ZAR 1992, 66; OVG Hamburg, EZAR 033 Nr 7; HessVGH, EZAR 033 Nr 6; näher dazu Renner, AiD Rn 7/184–188; aA zu § 46 AuslG OVG NRW, EZAR 033 Nr 1). Außerdem hat noch eine Interessenabwägung stattzufinden, insb anhand der in Abs 3 vorgegebenen Kriterien. Nur auf diese Weise kann festgestellt werden, ob die Ausweisung geeignet, erforderlich u. angemessen ist. Damit bietet die Vorschrift eine ähnliche Konstruktion wie schon § 10 I AuslG 1965. Dort waren in Nr 1 bis 10 ebenfalls einzelne Ausweisungstatbestände aufgezählt, u. im Anschluss hieran folgte in Nr 11 die Beeinträchtigung „erhebliche(r) Belange der BR Deutschland aus anderen Gründen".

2. Unzutreffende Angaben und unterlassene Mitwirkung

15 Unrichtige oder unvollständige **Angaben** zum Zwecke der Erlangung eines AufTit einschl eines Schengen-Visums (nicht: Duldung) sowie die Verletzung von **Mitwirkungspflichten** können die Ausweisung rechtfertigen. Die Angaben müssen unrichtig oder unvollständig sein u. zu den erwähnten Zwecken gemacht worden sein. Schließlich muss der

Ermessensausweisung § 55 **AufenthG 1**

Ausl vor der Befragung belehrt worden sein: hinsichtlich der Mitwirkungspflichten ist eine Belehrung nicht vorgesehen. Die Mitwirkung kann auch in Verf unterlassen sein, die andere Gegenstände als AufTit betreffen. Es können zB auch aufenthaltsbeendende Maßnahmen sein u. Verf vor dt Behörden im Ausland oder vor ausl Stellen, zB dem Konsulat eines anderen Schengen-Staats. Es muss aber eine rechtliche Verpflichtung verletzt sein, nicht nur eine tatsächliche Obliegenheit.

3. Verstöße gegen Rechtsvorschriften oder Entscheidungen

a) Allgemeines

In Nr 2 sind die Tatbestände der Nr 2 bis 7 AuslG 1965 zusammengefasst u. gleichzeitig **16** um Singulär- u. Bagatellverstöße bereinigt (zur Bagatellkriminalität BVerwG, NJW 1973, 2079). **Überschneidungen** sind mit Nr 3 bis 5 möglich; diese Tatbestände sind auch bei einzelnen oder geringfügigen Zuwiderhandlungen verwirklicht. Die Tatbestände der §§ 53, 54 gehen als die spezielleren vor. Sie sind uU auch nach einmaligem Verstoß erfüllt u. betreffen per se keine geringfügigen Rechtsverstöße.

Bestrafung, Verwarnung oder eine andere Ahndung brauchen (noch) nicht erfolgt zu sein. **17** Die Unschuldsvermutung des Art 6 II EMRK steht dem nicht entgegen, weil die Ausweisung dem Ordnungsrecht u. nicht dem Strafrecht zuzuordnen ist. **Rechtswidrig** muss der Verstoß sein, Verschulden ist dagegen nicht allg verlangt; es ist dann erforderlich, wenn es zum Inhalt der verletzten Rechtsvorschrift gehört, zB bei einer Straftat (Wollenschläger/Schraml, ZAR 1992, 66, 71; weitergehend Fraenkel, S. 252: objektive Rechtswidrigkeit genügt). Ein Verstoß kann zudem gerade im Hinblick auf fehlendes Verschulden als geringfügig zu werten sein. Im Hinblick auf den allg Grundsatz der Verhältnismäßigkeit erscheint eine teleologische Reduktion geboten. Der Verstoß muss einen ähnlichen Gefährdungsgehalt aufweisen wie eine Straftat (Rittstieg, InfAuslR 1990, 221; Zimmermann, DVBl. 1991, 185). Insgesamt ist wegen der beinahe uferlosen Weite des Tatbestands im Blick auf das verfassungsrechtliche Übermaßverbot eine derartige teleologische Reduktion angezeigt. Allerdings ist Vorsatz nicht zwingend erforderlich, wenn fahrlässige Begehung strafbar ist. Die Sonderregelung für Auslandsstraftaten beruht auf Zurückhaltung betr Delikten im Ausland (vgl Rn 30) u. lässt sich auf das Verhalten im Inland nicht unmittelbar übertragen.

Ein **vereinzelter** Verstoß genügt, wenn er nicht mehr als **geringfügig** anzusehen ist; **18** ebenso genügt eine Vielzahl geringfügiger Verstöße. In beiden Fällen können zudem die öffentl Sicherheit oder Ordnung oder erhebliche Interessen der BR Deutschland beeinträchtigt sein (Abs 1). Serienstraftaten im Bagatellbereich können ebenso einen Ausweisungsgrund abgeben wie ein einziges Kapitalvergehen, aber nicht nach Nr 2, sondern nach Abs 1. Aus der Beschränkung der Mitteilungspflichten nach § 87 IV 3 ergibt sich keine „absolute Bagatellgrenze" (so aber Fraenkel, S. 251; Huber, NVwZ 1990, 1113; Wegner, DVBl. 1993, 1031; Wollenschläger/Schraml, ZAR 1992, 66; vgl dazu § 87 Rn 19). Eine dahingehende Absicht hätte der Gesetzgeber deutlich u. an der richtigen Stelle verlautbaren müssen (näher Renner, AiD Rn 7/201–205). Umgekehrt ist nicht jedes strafbare Verhalten nicht geringfügig (aA Fraenkel, S. 252). Geringfügigkeit ist kein absoluter Begriff, sondern erfordert eine wertende u. abwägende Beurteilung, insb der Begehungsweise, des Verschuldens u. der Tatfolgen (Renner, AiD Rn 7/211–214). Eine Vorsatztat kann allerdings idR nicht als geringfügig angesehen werden (BVerwG, EZAR 035 Nr 18: grundsätzlich). Ebenso wenig illegale Einreise (OVG Hamburg, EZAR 033 Nr 14) oder das Verteilen von Postwurfsendungen an einigen Tagen ohne AufGen u. ArbGen (BayVGH, EZAR 033 Nr 20). Unrichtige Angaben zur Beschaffung einer AufGen sind auch nicht als geringfügig anzusehen, wenn die AufGen aus anderen Gründen zu erteilen ist (OVG NRW, EZAR 033 Nr 21).

b) Straftaten im Inland

Die Begehung von Straftaten zählt zu den **häufigsten Ausweisungsgründen.** Die **19** Deliktsart ist unerheblich. Auf die Begehungsart u. den Grad des Verschuldens kommt es nicht an; verantwortlich sind Täter wie Teilnehmer, u. vorsätzliche Taten zählen ebenso wie fahrlässige, wenn nur diese Begehensweise auch strafbar ist.

20 Da der Ausweisung eine Verurteilung nicht mehr (wie nach § 10 I AuslG 1965) vorauszugehen braucht (BVerwG, EZAR 033 Nr 12), trifft die AuslBeh die Pflicht zu **eigenen Ermittlungen u. Feststellungen** (§ 24 VwVfG bzw Landes-VwVfG), sofern sie aufgrund einer Auskunft oder Unterrichtung (nach §§ 86 f) oder bei Gelegenheit ihrer eigenen Tätigkeit von einem Straftatbestand erfährt. Sie kann sich hierzu der Erkenntnisse aus einem Ermittlungsverf oder Strafprozess bedienen, ist aber nicht auf diese Hilfe angewiesen. Verwertet sie Erkenntnisse der Staatsanwaltschaft oder des Strafgerichts, darf sie sich nach pflichtgemäßem Ermessen auf deren Richtigkeit verlassen, wenn die fremden Feststellungen u. Erkenntnisse keinen Anlass zu Zweifeln geben u. auch der Ausl selbst sie nicht bestreitet (dazu BVerfGE 51, 386; BVerwG, InfAuslR 1981, 128; BVerwG, NJW 1982, 1960). Die Einsichtnahme in Strafakten (§ 26 I 2 Nr 3 VwVfG bzw Landes-VwVfG) kann auch im Rahmen der Ermessensausübung notwendig werden (betr Auslandsstraftat VGH BW, EZAR 120 Nr 10). Erforderlichenfalls ist auf Antrag oder von Amts wegen Beweis zu erheben, wenn entscheidungserhebliche Tatsachen nicht anderweitig festgestellt oder fremde Feststellungen angezweifelt oder anzuzweifeln sind (§§ 24, 26 VwVfG bzw Landes-VwVfG; HessVGH, EZAR 120 Nr 13; betr Übersehen von Vorstrafen durch Strafrichter OVG NRW, EZAR 035 Nr 23). Ergänzende Ermittlungen sind bei substantiiertem Bestreiten des Tatvorwurfs auch nach Einstellung des Verf nach § 153 StPO wegen geringer Schuld oder fehlenden öffentl Interesses aufzunehmen (VerfGH Berlin, EZAR 030 Nr 4). Grundsätzlich können strafrichterliche Feststellungen der auslbeh Entscheidung jedoch ohne eigene Überprüfung zugrundegelegt werden (HessVGH, EZAR 032 Nr 6), auch solche zur Persönlichkeit (OVG NRW, EZAR 030 Nr 2).

21 Straftaten u. Verurteilungen, die im Bundeszentralregister **getilgt oder zu tilgen** sind, dürfen dem Ausl grundsätzlich (Ausnahmen in § 52 BZRG) nicht mehr entgegengehalten werden (§ 51 I BZRG; BVerwGE 69, 137). Das strafbare Verhalten darf deshalb für die Ausweisung weder als tatbestandlicher Anlass noch im Rahmen des Ermessens verwertet werden. Soweit kein Verwertungsverbot besteht, darf hinsichtlich Straftaten auf ein Strafurteil zurückgegriffen werden, das nur im Erziehungsregister eingetragene Straftaten bei der Persönlichkeitsbeurteilung berücksichtigt (BVerwG, EZAR 121 Nr 4). Unberührt bleiben auslr Verfügungen aufgrund später getilgter Straftaten (§ 51 II BZRG). Schließlich muss der Ausweisungsgrund noch aktuell vorliegen, darf also nicht durch rügelose Hinnahme verbraucht sein (Fraenkel, S. 127 f; BVerwGE 67, 143; HessVGH, EZAR 030 Nr 7; zu Ausweisungsgründen „auf Vorrat" Pfaff, ZAR 2003, 308), erst recht nicht durch zwischenzeitliche Erteilung eines (weiteren) AufTit (HessVGH, EZAR 030 Nr 5).

22 Die Ausweisung wegen einer Straftat setzt eine **Wiederholungsgefahr** oder ähnliches nicht ausdrücklich voraus. Aufgrund ihres ordnungs- u. sicherheitsrechtlichen Charakters erfordert sie aber die Feststellung einer in Zukunft von dem weiteren Aufenthalt ausgehenden Beeinträchtigung erheblicher öffentl Interessen, u. diese kann sowohl in erneuter Straffälligkeit des Ausl selbst liegen als auch in der Begehung gleicher oder ähnlicher Straftaten durch andere Ausl. In diesem Zusammenhang gewinnt der verfassungsrechtliche Grundsatz der Verhältnismäßigkeit zusätzlich an Bedeutung für die Ausweisungsentscheidung. Ob die Ausweisung eine angemessene oder eine unverhältnismäßige Folge der Straftat darstellt, hängt vornehmlich von Präventionsgesichtspunkten ab.

23 Die AuslBeh darf die Ausweisung aufgrund einer Straftat verfügen, um der Gefahr zu begegnen, dass der Ausl erneut gegen die Rechtsordnung verstößt **(Spezialprävention)**. Hierauf kann schon bei einer einzigen Straftat geschlossen werden, wenn der Ausl ua wegen der Hartnäckigkeit des Vorgehens ein nicht unerhebliches Sicherheitsrisiko darstellt (BVerwGE 60, 75; BayVGH, EZAR 121 Nr 2). Maßgeblich sind letztlich der Wert des bedrohten Schutzguts u. die persönlichen Einzelfallumstände einschl der Persönlichkeitsstruktur (BVerwGE 49, 36; BVerwG, EZAR 121 Nr 4), nicht etwa allein die statistische Rückfallquote (Kemper, NVwZ 1993, 746). Bei Gewalttaten genügt die lediglich entfernte

Ermessensausweisung § 55 **AufenthG 1**

Möglichkeit weiterer Verfehlungen; die Ausweisung darf in solchen Fällen wegen der Schwere der Tatfolgen u. der möglichen erneuten Gefährdung mit der Begründung verfügt werden, eine Wiederholungsgefahr (im weiteren Sinne) könne nicht ausgeschlossen werden (BVerwG, EZAR 121 Nr 5). Die Wiederholungsgefahr kann unter dem Eindruck der Verbüßung einer längeren Freiheitsstrafe gemindert sein (BVerwG, EZAR 121 Nr 4), Verbüßung oder Teilverbüßung einer Strafe erübrigen aber die Ausweisung nicht (Kemper, NVwZ 1990, 1122).

Die Beurteilung der Wiederholungsgefahr obliegt der AuslBeh; sie bedarf insb nach **24** wiederholten Straftaten nicht der Einholung eines **Sachverständigengutachtens** (BVerwG, EZAR 121 Nr 4 u. 6). Maßgeblich ist auch für die Prognose die Sach- u. Rechtslage im Zeitpunkt der letzten Behördenentscheidung (BVerwGE 60, 133). Später entstandene oder zugänglich gewordene Erkenntnismittel dürfen zur Überprüfung der Gefahrenprognose herangezogen werden; die spätere Entwicklung muss dagegen außer Betracht bleiben (BVerwG, EZAR 124 Nr 11).

Trotz **Aussetzung** der Strafvollstreckung **zur Bewährung** ist eine Ausweisung zulässig; **25** denn die strafrichterliche Sozialprognose unterscheidet sich nach Voraussetzungen u. Zweck von der ordnungsrechtlichen Gefahrenprognose (BVerwG, NJW 1977, 2037; anders für Unionsbürger BVerwGE 57, 61). Dasselbe gilt für die Aussetzung des Strafrests zur Bewährung nach Teilverbüßung (BVerwG, EZAR 124 Nr 6 u. 8; anders für Unionsbürger BVerwG, EZAR 124 Nr 8). Erst recht ist die AuslBeh bei ihrer spezialpräventiven Beurteilung nicht an Resozialisierungsprognosen der Strafvollzugsbehörden gebunden (BVerwG, EZAR 121 Nr 5 u. 6). Sie darf sie nur nicht gänzlich außer Acht lassen oder ihren Kern unzutreffend oder lückenhaft verwerten (vgl HessVGH, EZAR 034 Nr 1).

Die AuslBeh darf mit der Ausweisung aufgrund einer Straftat auch den Zweck verfolgen, **26** andere Ausl von der Begehung ähnlicher Straftaten abzuhalten **(Generalprävention)**. Die Ausweisung muss nur geeignet u. erforderlich sein, die bei konsequenter Ausweisungspraxis erhoffte abschreckende Wirkung auf andere Ausl zu erzielen u. so die öffentl Sicherheit u. Ordnung vor weiteren Beeinträchtigungen zu schützen (BVerwGE 42, 133). Bei Beachtung des Übermaßverbots bestehen gegen die generalpräventiv motivierte Ausweisung keine verfassungsrechtlichen Bedenken (BVerfGE 50, 166; krit dagegen Schmitt Glaeser, ZAR 2003, 176). Insoweit ist aber jew für den Einzelfall festzustellen, ob die Ausweisung abschreckende Wirkung entfalten kann u. nicht wegen der übrigen Tatfolgen unverhältnismäßig ist (HessVGH, EZAR 622 Nr 8). Im Allg kann eine derartige Verhaltenssteuerung zugrundegelegt werden (krit Frankenberg, JZ 1986, 414; Ventzke, InfAuslR 1994, 129; Wegner, DÖV 1993, 1031), die Wirkung hängt aber entscheidend von der Art der Straftat ab (BVerwGE 60, 75; 81, 356; BVerwG, EZAR 035 Nr 14). Mit der Statistik über Sittlichkeitsdelikte kann die generalpräventive Wirkung von Ausweisungen nicht belegt werden (so aber VGH BW, InfAuslR 1994, 127), allenfalls die Notwendigkeit einer konsequenten Ausweisungspolitik.

Als geeignete **Fallgruppen** für generalpräventive Ausweisungen kommen in Betracht (w **27** Nw bei Renner, AiD Rn 7/272–284): Totschlag (VGH BW, EZAR 035 Nr 9); illegaler Rauschgifthandel (BVerfGE 51, 386; BVerwG, EZAR 035 Nr 14); Raub u. räuberische Erpressung (BayVGH, NJW 1979, 1375); Körperverletzung mit Todesfolge (BVerwGE 60, 75); sexueller Missbrauch von Kindern (VGH BW, EZAR 033 Nr 18; OVG NRW, EZAR 033 Nr 1); illegale Waffeneinfuhr (VGH BW, EZAR 122 Nr 6); massenhafter Zigarettenschmuggel (VerfGH Berlin, EZAR 030 Nr 1 u. 4; BVerwG, EZAR 035 Nr 18); Hehlerei u. illegales Führen einer Schusswaffe (BVerwG, EZAR 122 Nr 9); Trunkenheit am Steuer (BVerwG, EZAR 120 Nr 7, 121 Nr 1; BayVGH, EZAR 122 Nr 5); Verkehrsunfallflucht (BayVGH, EZAR 122 Nr 5); Fahren ohne Fahrerlaubnis (BVerwG, EZAR 120 Nr 1); illegale Einreise u. Arbeitstätigkeit (OVG Hamburg, EZAR 033 Nr 7); Falschangaben über Familienstand (betr Doppelehe OVG Hamburg, EZAR 033 Nr 3). Nach langem Aufenthalt im Bundesgebiet kann Generalprävention unzulässig sein (BVerwGE 59, 112; BVerwG, EZAR 120 Nr 7 u. 122 Nr 8; anders im Einzelfall BVerwGE 60, 75; BVerwG, EZAR 122

Nr 9). Ungeeignet sind dagegen Leidenschafts- oder Hangtaten (BVerwG, Bh 402. 24 § 10 AuslG Nr 30 u. 35), weil bei ihnen idR eine abschreckende Wirkung auf andere potentielle ausl. Täter nicht erwartet werden kann. Ebenso leicht fahrlässige Vergehen, insb im Straßenverkehr (BVerwGE 59, 104), bei denen zusätzlich die Angemessenheit zu prüfen ist.

28   Generalprävention im Ausweisungsrecht ist ohne **kontinuierliche Ausweisungspraxis** nicht Rechtens. Hieran fehlt es, wenn die AuslBeh sonst in vergleichbaren Fällen lediglich den AufTit nachträglich befristet (OVG Hamburg, EZAR 122 Nr 11).

29   Bei der Ermessensentscheidung über die Ausweisung ist (neben den allg Interessen u. Rechtsgütern) insb auch die **Gefahr einer erneuten Bestrafung im Heimatstaat** bis hin zur Verhängung u. Vollstreckung der Todesstrafe zu berücksichtigen (Abs 3 Nr 3; § 60 a II; BVerwGE 78, 285; BVerwG, EZAR 120 Nr 12 u. 122 Nr 10; noch offen gelassen von OVG Hamburg, EZAR 130 Nr 3). Während das Risiko einer normalen Bestrafung u. auch der erneuten Strafe im Ausland unter vr u. verfassungsrechtlichen Aspekten für die Ausweisung grundsätzlich unerheblich ist, kann eine drohende Zweitverurteilung durchaus je nach den Umständen als unverhältnismäßig angesehen werden. Es müssen nur konkrete u. ernsthafte Anhaltspunkte für diese Gefahr bestehen (zur Aufklärung § 79 I; BVerwGE 78, 285; BVerwG, EZAR 120 Nr 12; HessVGH, InfAuslR 1990, 109; aA unter Hinweis auf § 53 V AuslG HessVGH, EZAR 033 Nr 4).

c) Straftaten im Ausland

30   Die Straftat im Ausland muss im Inland als Vorsatztat anzusehen sein; sonst fällt sie nicht unter Nr 2. Sie braucht aber nicht im Inland strafbar zu sein u. bestraft werden zu können (vgl §§ 3, 6 StGB; VGH BW, EZAR 033 Nr 15). Die Straftat muss **nachweislich** begangen sein. Liegt bereits eine ausländische Verurteilung vor, ist sie grundsätzlich der Bewertung zugrundezulegen, es sei denn, sie ist in einem erkennbar rechtsstaatswidrigen Verf ergangen. Sie braucht freilich nicht rechtskräftig zu sein. Bestehen Zweifel an der Richtigkeit der getroffenen Feststellungen, ist diesen ebenso nachzugehen wie bei dt Strafurteilen (HessVGH, EZAR 033 Nr 6; zu inländischen Strafurteilen Rn 20; ähnlich schon zu § 10 I Nr 2 AuslG 1965: VGH BW, EZAR 120 Nr 10; OVG Hamburg, InfAuslR 1991, 7).

d) Sonstige Rechtsverstöße

31   **Andere als strafbare Verstöße** gegen Rechtsvorschriften (Ges oder RVO) ergeben ebenfalls einen Ausweisungstatbestand. Sie können im Bereich des Zivilrechts oder des Verwaltungsrechts oder auf einem anderen Rechtsgebiet liegen u. brauchen nicht speziell Ausl als Täter oder Begünstigte vorauszusetzen. Verstöße gegen aufr, beschäftigungs-, gewerbe- u. sozialhilferechtliche Vorschriften stehen in der Praxis im Vordergrund (zur illegalen Beschäftigung BVerwGE 61, 32; zum Melderecht BVerwGE 62, 215 u. InfAuslR 1986, 2; wN bei Renner, AiD Rn 7/421–427).

32   Auch hier ist nur **objektive Rechtswidrigkeit** vorausgesetzt (betr Straftat Rn 17). Ob u. ggf wie der Verstoß geahndet wurde, ist für den Tatbestand unerheblich u. allenfalls im Rahmen des Ermessens zu berücksichtigen. Hierbei kann zugunsten des Ausl zB gewertet werden, dass er vom dt Arbeitgeber über die rechtliche Zulässigkeit der Erwerbstätigkeit getäuscht worden ist (BVerwGE 61, 32). Auch sonst gelten für diese Verstöße dieselben Grundsätze wie bei Straftaten (Rn 19 ff).

e) Verstöße gegen Entscheidungen oder Verfügungen

33   Erfasst sind **alle Arten** behördlicher oder gerichtlicher Entscheidungen (zB Urteil, Beschluss, VA). Die Zuwiderhandlung muss rechtswidrig, braucht aber nicht schuldhaft begangen zu sein (betr Straftat Rn 17). Sie braucht nicht unbedingt die Schwere einer Straftat zu erreichen; sie muss nur eines der Schutzgüter des Abs 1 beeinträchtigen.

4. Unerlaubte Erwerbsunzucht

Erwerbsunzucht ist nicht per se verboten, u. ihre Ausübung allein bildet keinen Aus- 34
weisungstatbestand mehr (anders noch § 10 I Nr 8 AuslG 1965). Damit sind auch die
Bedenken ausgeräumt, die gegen die Anwendung auf Unionsbürgerinnen bestanden (vgl
HessVGH, InfAuslR 1989, 148). Falls sie gelegentlich neben einer regulären Erwerbstätigkeit ausgeübt wird, greift § 6 FreizügG/EU. Soweit sie durch Rechtsvorschriften (auch
gemeindliche Satzung) oder behördliche Verfügungen beschränkt oder sonst reglementiert
wird (zB Sperrbezirk, Gesundheitskontrolle), kann ein Verstoß zur Ausweisung führen. Sie
stellt **Erwerbstätigkeit** iSd § 4 II 1 dar u. kann deshalb nach § 404 II Nr 4 SGB III
ordnungswidrig sein (zu AuslG 1965 BGH, EZAR 355 Nr 11) u. nach Nr 2 zur Ausweisung berechtigen. Auf die näheren Umstände kommt es nicht an. Sie kann in privaten
oder öffentlichen Räumen ausgeübt werden. Im Falle der Zwangsprostitution scheidet eine
Ausweisung aus.

5. Verbrauch gefährlicher Betäubungsmittel

Verbrauch der genannten Betäubungsmittel (sog **harte Drogen**) u. fehlende Bereitschaft 35
zur Rehabilitation sind in äußerstem Maße gesundheits- u. sozialschädlich. Deshalb können
sie die Ausweisung auslösen, sofern sie andauern („verbraucht", „bereit ist", „entzieht"),
nicht also, wenn sie bereits zeitlich abgeschlossen sind. Damit erfüllt ein einmaliger Verbrauch schon nicht den objektiven Ausweisungstatbestand der Nr 4. Der Umfang des
Verbrauchs in der Vergangenheit u. für die Zukunft ist ebenso unerheblich wie Motiv, Dauer
u. evtl Abhängigkeit. Entscheidend ist nur der Verbrauch an sich, nicht dessen Gründe u.
Folgen für den Ausl u. Dritte. Anders als nach Nr 2 iVm §§ 29 ff BtmG kann die verbrauchte Menge auch geringfügig sein. Bei der Verurteilung wegen einer Vorsatztat zu einer
höheren Strafe erfolgt die Ausweisung zwingend nach § 53 Nr 2 u. bei jedem sonstigen
Umgang mit Betäubungsmitteln außer dem Eigenverbrauch idR nach § 54 Nr 3, u. bei
illegalem Besitz oder Beschaffungskriminalität kann Nr 2 eingreifen.

Vergleichbar gefährlich (im Sinne von ähnlich gefährlich) wie Heroin oder Cocain sind 36
die in Anlage I zum BtMG aufgeführten nicht verkehrsfähigen u. die in Anlage III zum
BtMG genannten verkehrs- u. verschreibungsfähigen Betäubungsmittel. Auch wenn Marihuana, Haschisch, LSD, Meskalin u. andere Mittel hinsichtlich der physischen Schäden u.
der psychischen Abhängigkeit Heroin u. Cocain nicht in vollem Umfang gleich oder ähnlich
sind, ist es angesichts der gesetzgeberischen Gründe für die Aufnahme in die Anlage I u. II
zum BtMG nicht gerechtfertigt, sie nicht in die Ermessensausweisung einzubeziehen (aA
Kunkel, ZAR 1991, 71; aA betr Haschisch VGH BW, InfAuslR 1993, 16). Neben den
unmittelbaren Auswirkungen auf Gesundheit u. Sozialisation der Konsumenten sind im
Rahmen der Ausweisung auch die Gefahren einzubeziehen, die für andere u. die Allgemeinheit dadurch entstehen, dass Personen erstmals an Drogenkonsum herangeführt werden u.
dieser insgesamt den illegalen Handel u. die organisierte Kriminalität stärkt (Renner, AiD
Rn 7/228–234).

Der Verbrauch muss verbunden sein mit Ablehnung, Abbruch oder Verhinderung einer 37
erforderlichen **Rehabilitationsmaßnahme.** Deren Notwendigkeit muss ärztlich festgestellt
oder gerichtlich angeordnet sein (vgl §§ 35 ff BtMG, §§ 56 III, 56 f, 64 StGB). Ärztliche
Verschreibung schließt schon den Tatbestand aus, wenn dessen Sinn u. Zweck berücksichtigt
wird. Mangelnde Bereitschaft kann erklärt oder tatsächlich bewiesen sein, zB durch die
Ablehnung fremder Hilfe oder einer konkreten Therapiemaßnahme.

Im Rahmen des **Ermessens** können Dauer u. Umfang des Verbrauchs, Abhängigkeit u. 38
Bereitschaft zur Rehabilitation berücksichtigt werden. Es muss aber auch in Rechnung
gestellt werden, dass bei hier geborenen u. aufgewachsenen Ausl die gelegentliche Drogeneinnahme uU dieselbe Funktion erfüllt wie der (ihnen aufgrund Kultur oder Religion
untersagte) Alkoholkonsum bei dt Jugendlichen u. Heranwachsenden.

39 Außer Spezial- ist auch **Generalprävention** erlaubt, weil eine kontinuierliche Ausweisungspraxis abschreckend wirken u. den Drogenkonsum u. dessen Folgen (einschl. Beschaffungskriminalität) einzudämmen geeignet ist. Dabei ist aber auf die wesentlichen Unterschiede zu achten, die hinsichtlich krimineller Energie u. unmittelbarer u. mittelbarer Tatfolgen zwischen bloßem Rauschgiftverbrauch einerseits u. Rauschgiftherstellung u. -handel (§ 54 Nr 2) andererseits bestehen (zu letzterem BVerfGE 51, 386; BVerfG-A, NVwZ 1987, 403; BVerwG, InfAuslR 1987, 145; VGH BW, InfAuslR 1986, 173; OVG Hamburg, EZAR 224 Nr 15). Eine generalpräventive Wirkung kann zwar durch Ausweisungen auch gegenüber Betäubungsmittelverbrauchern erzielt werden; die mögliche Einwirkung auf sie ist aber anders als bei Herstellern u. Händlern durch eine evtl nicht mehr steuerbare Abhängigkeit eingeschränkt. Zudem kann eine generalpräventiv motivierte Ausweisung wegen Verbrauchs in kleinen Mengen u. von kurzer Dauer zB nach längerem Aufenthalt im Bundesgebiet als **unverhältnismäßiger** Eingriff wirken, insb gegenüber hier aufgewachsenen jungen Ausl. Ähnlich verhält es sich mit einer spezialpräventiven Begründung, welche die zwischenzeitlich eingetretene Drogenunabhängigkeit des Ausl außer Acht lässt (betr Unionsbürger BayVGH, EZAR 124 Nr 10).

6. Gesundheitsgefährdung und Obdachlosigkeit

40 Die öffentl Gesundheit gefährdet insb, wer an einer meldepflichtigen übertragbaren **Krankheit** oder an einer ansteckungsfähigen Geschlechtskrankheit leidet oder sog. „Ausscheider" ist (§§ 2 Nr 6, 6 ff, 16 ff Infektionsschutzges, geändert durch Ges vom 24. 12. 2003, BGBl. I 2954). Die meldepflichtige ansteckungsfähige oder übertragbare Krankheit allein ergibt jedoch keinen Ausweisungstatbestand. Der Ausl muss durch sein Verhalten, nicht allein durch seinen Zustand u. seine Anwesenheit die öffentl Gesundheit gefährden. Medizinische Behandlung, Vorkehrmaßnahmen u. Beachtung ärztlicher Sicherheitsmaßregeln können die Gefährdung ausschließen.

41 Anders ist auch die Erkrankung an **AIDS** oder einer HIV-Infektion nicht zu beurteilen (allg dazu Schünemann/Pfeiffer, Die Rechtsprobleme von AIDS, 1988). AIDS stellt eine übertragbare Krankheit dar, ihre Verbreitung kann aber durch geeignete Vorkehrungen verhindert werden. Bietet der Ausl durch seine Lebensführung die Gewähr hierfür, kann nicht nur ein AufTit erteilt (so BayMI, Bek. vom 19. 5. 1987, BayMABl. S. 246 = ZAR 1987, 143, unter B.1.; dazu Huber, NJW 1987, 3045), sondern auch von der Ausweisung abgesehen werden, weil entweder andere Personen nicht gefährdet werden oder aber die Ermessensabwägung zugunsten des Ausl ausgeht (vgl VGH BW, NJW 1987, 2953; betr Unionsbürger BayVGH, EZAR 124 Nr 10 m. Anm. Hofmann, ZAR 1991, 186).

42 **Wohnungslosigkeit** ist ein Sonderfall sozialer Hilfsbedürftigkeit (vgl Rn 44 ff) u. eines Verstoßes gegen die öffentl Ordnung. Sie liegt nicht schon vor, wenn die Anforderungen an den ausreichenden Wohnraum nach § 2 IV nicht erfüllt sind. Obdachlos ist auch, wer vorübergehend ein Unterkommen zB in einer Herberge oder Obdachlosenunterkunft oder einer ihm zugewiesenen Unterkunft gefunden hat, aber keine Wohnung besitzt, in der er auf absehbare Zeit verbleiben kann (vgl VGH BW, EZAR 017 Nr 6). Als Wohnung ist auch das gemietete Zimmer in einem Hotel oder Gasthof anzusehen. Wer von Dritten eine Wohnmöglichkeit erhält, ist nicht obdachlos. Andererseits spielt der Grund für das Fehlen einer Wohnung keine Rolle, insb ist Verschulden nicht vorausgesetzt.

43 Nur bei **längerer Dauer** kann Obdachlosigkeit Anlass zur Ausweisung bieten; sonst stellt sie ohnehin nur einen lästigen Zustand dar, der noch nicht als ordnungswidrig gilt. Die Dauer muss wenigstens sechs Monate überschreiten (Fraenkel, S. 254); eine Wohnungssuche innerhalb dieses Zeitraums ohne Besitz einer Wohnung ist also unschädlich. Wenige Wochen genügen nicht. Entscheidend ist zudem die Aussicht, in absehbarer Zeit eine Wohnung zu erhalten. Insofern kann aber billigerweise die allg Wohnungsnot nicht außer Acht gelassen werden, die trotz Kündigungsfristen die zeitgerechte Anmietung einer anderen Wohnung nicht unerheblich erschwert, oft gerade für Ausl.

7. Sozialhilfebezug

Sozialhilfebezug kann in **zwei Fallgruppen** zur Ausweisung führen: bei Unterhalts- 44
pflicht gegenüber Familienangehörigen im Bundesgebiet (im gemeinsamen Haushalt oder
anderswo) oder bei Unterhaltsleistung oder -verpflichtung gegenüber Personen im gemeinsamen Haushalt. Im ersten Fall muss die Unterhaltspflicht allg bestehen, also auf Ges
beruhen u. nicht auf individueller Absprache oder Zusage. Im zweiten Fall genügt die
tatsächliche Unterhaltsgewährung oder die auf Zusage beruhende Verpflichtung hierzu.
Der Rechtsanspruch auf Sozialhilfe nach § 23 SGB XII (dazu § 4 Rn 162 ff) verschafft
dem Ausl kein AufR, sondern gefährdet es. Andere Sozialleistungen stehen nicht gleich,
weder Leistungen nach dem SGB II noch Renten oder andere beitragsabhängige Zahlungen noch Wohngeld.

Die Sozialhilfe muss **tatsächlich bezogen** werden, zumindest in absehbarer Zukunft. 45
Wer eigentlich Sozialhilfe benötigt, sie aber nicht in Anspruch nimmt, steht dem Sozialhilfe-
empfänger nicht gleich; denn die Erfüllung der Voraussetzungen für Sozialhilfeleistungen
allein reicht nicht aus. Die Formulierung „in Anspruch nimmt" zwingt zu einer engeren
Auslegung als noch nach § 46 Nr 6 AuslG („in Anspruch nehmen muss") u. § 2 III 1
(„ohne Inanspruchnahme öffentl Mittel bestreiten kann"). Anders wäre es nur, wenn auf das
Bestehen eines Anspruchs, auf die Sozialhilfebedürftigkeit oder auf die eigentlich bestehende
Notwendigkeit der Inanspruchnahme abgestellt wäre. Es muss also feststehen, dass Sozialhilfe
bezogen wird, u. konkret vorhersehbar sein, dass der Ausl Sozialhilfe auch in naher Zukunft
in Anspruch nehmen wird. Damit ist dem Bezieher von Sozialhilfe noch nicht gleichgestellt,
wer die Voraussetzungen erfüllt u. davon Gebrauch machen will.

Für Art, Umfang u. Höhe des notwendigen Unterhalts sind die Regeln des **SGB XII** 46
maßgeblich. Als Hilfeart kommt nicht nur laufende Hilfe zum Lebensunterhalt in Betracht,
sondern auch zB Hilfe in Sonderfällen (vgl § 34 SGB XII). Das Ges verwendet den allg
Begriff der „Sozialhilfe" u. umfasst damit alle Leistungen, die ein Sozialhilfeträger zu
erbringen hat.

Auf die formale Antrags- oder Empfangsberechtigung hinsichtlich der Sozialhilfe kommt 47
es nicht an. Sowohl der **Hilfebedürftige** als auch der **Unterhaltsschuldner** sind betroffen
(aA Funke-Kaiser/Müller in Barwig ua, AuslR, S. 135; Kunkel, ZAR 1991, 71). Nach dem
SGB XII stehen die Leistungen dem Hilfebedürftigen zu, auch wenn er minderjährig ist
oder als Ehegatte einen gemeinsamen Familienhaushalt führt. Materiell gesehen kann also
zB der unterhaltspflichtige Ehemann/Vater keine Leistungen „für seine Familienangehörigen oder für sonstige Haushaltsangehörige" beanspruchen, er kann sie allenfalls in deren
Namen geltend machen. Die insoweit missverständliche Formulierung sollte ersichtlich an
dem früheren Rechtszustand nichts ändern. Dieser aber war in § 10 I Nr 10 AuslG 1965
wesentlich deutlicher dahin beschrieben, dass ausgewiesen werden konnte, wer den Lebensunterhalt „für sich u. seine unterhaltsberechtigten Angehörigen nicht ohne Inanspruchnahme der Sozialhilfe bestreiten kann oder bestreitet". Nach AuslVwV Nr 14 zu § 10 aF
war der Tatbestand erfüllt, wenn „dem Ausl oder einem unterhaltsberechtigten Angehörigen
... Sozialhilfe gewährt wird". Nicht anwendbar ist Nr 6 allerdings, wenn das dt Mitglied
einer dt-ausl Familie Sozialhilfe bezieht (Hailbronner, JZ 1995, 127; OVG NRW, EZAR
017 Nr 15; VG Düsseldorf, InfAuslR 1993, 344). Sonst wäre der den Ehegatten, ledigen
minderjährigen Kindern u. Elternteilen dt StAng nach Art. 6 I, II GG zukommende aufr
Schutz beeinträchtigt.

Sozialhilfebezug wirkt sich also ungeachtet dessen, wer – formal gesehen – Sozialhilfe 48
beantragt oder empfängt, zu Lasten des – materiell – Hilfebedürftigen wie des Unterhaltsverpflichteten aus. Der Sache nach macht es grundsätzlich keinen Unterschied, ob der Ausl
mit seinen Angehörigen **zusammenlebt** u. „für sie" als „Haushaltsvorstand" Sozialhilfe
erhält oder diese einen eigenen Haushalt führen oder sonst eigene Anträge stellen. Anders
verhält es sich nur, wenn die Sozialhilfe beziehende Person (einschl Familienangehörige)
nicht im Haushalt des Ausl lebt; dann erfüllt nur sie selbst den Ausweisungstatbestand.

49 Im Rahmen des **Ermessens** ist vor allem auf den Grund der Sozialhilfebedürftigkeit u. auf Dauer u. Höhe der Leistungen einzugehen. Laufende Leistungen zum Lebensunterhalt aufgrund selbstverschuldeter Hilfsbedürftigkeit sind anders zu gewichten als zB vorübergehende Aufstockungsbeträge oder geringfügige einmalige Hilfen in besonderen Lebenslagen (dazu allg BayVGH, EZAR 223 Nr 10). Sind etwa aus sozialversicherungspflichtiger eigener Erwerbstätigkeit Rentenleistungen in absehbarer Zeit zu erwarten, kann die Gewährung von Sozialhilfe auf eine gewisse Dauer aufr hingenommen werden. Dagegen kann es zu Lasten des Ausl gewertet werden, wenn er durch Inanspruchnahme von Rückkehrhilfe seinen Rentenanspruch geschmälert hat u. deswegen zT oder vollständig auf Sozialhilfe angewiesen ist. Außerdem ist bei Ausübung des Ausweisungsermessens zwischen Hilfeempfänger u. Familien- oder Haushaltsangehörigem **zu differenzieren.** IdR wird bei sonst gleichen Voraussetzungen nur die Ausweisung des ersteren in Betracht zu ziehen sein, es sei denn, er ist minderjährig.

50 Eine grundsätzliche **Beschränkung** der Ausweisungsmöglichkeit wegen Sozialhilfebezug im Hinblick auf dessen Bedeutung für die Erteilung oder Verlängerung des AufTit ist weder zulässig noch erforderlich (aA Huber in Barwig ua, AuslR, S. 251). ZT stellen schon die Schutzvorschriften des § 56 I, II sicher, dass Personen, denen der AufTit ungeachtet der Sicherung des Unterhalts erteilt oder verlängert wird (zB §§ 5 III, 29 II, IV, 30 III, 31 IV, 33, 34 I, 37 IV), nicht ausgewiesen werden. Zudem kann im Rahmen des Ermessens ausreichend Rücksicht auf ges Verfestigungstatbestände genommen werden.

51 Die Ausweisung wegen Sozialhilfebedürftigkeit ist während eines rechtmäßigen Aufenthalts gegenüber StAng der Unterzeichnerstaaten des EFA untersagt. **Art 6 Abs. a EFA** verbietet die sozialhilfebedingte Rückschaffung von Personen, die sich erlaubt gewöhnlich im Bundesgebiet aufhalten (Ausnahmen in Art 7 EFA), u. deshalb ist (nur) die Ausweisung ausgeschlossen, die einen AufTit erlöschen lässt, nicht aber die Versagung des AufTit (BVerwGE 66, 29). Zulässig ist daher auch die Ausweisung eines Ausl, der einen AufTit nicht (mehr) besitzt. Unzulässig ist aber die zeitliche Begrenzung des weiteren erlaubnisfreien Aufenthalts eines Kindes, dessen Eltern erlaubt im Bundesgebiet leben (BVerwGE 75, 26).

52 **Ähnliche Beschränkungen** der Ausweisung wegen Hilfsbedürftigkeit enthalten die Fürsorgeabk mit Österreich (Art 8) u. der Schweiz (Art 5) sowie Art 23, 31 StlÜbk u. § 23 I HAG, nicht dagegen Art 1 III ENA. Gegenüber Asylbew darf Sozialhilfebedürftigkeit nicht als Ausweisungsgrund geltend gemacht werden (BVerwGE 62, 215; iÜ § 56 IV).

8. Erziehungshilfe

53 Die Inanspruchnahme von außerhäuslicher Erziehungshilfe oder Hilfe für junge Volljährige beruht auf einem jugendhilfe- u. integrationsrechtlich wohlbegründeten **Rechtsanspruch** (§ 6 II SGB VIII). Wenn der Gesetzgeber in Nr 7 mit dieser integrationsfördernden Rechtsausübung die Androhung der Ausweisung verbindet, wird er den sozialen u. pädagogischen Zielsetzungen des SGB VIII u. vor allem dem Wandel von der nunmehr abgeschafften vormundschaftsgerichtlich angeordneten Fürsorgeerziehung (vgl § 10 I Nr AuslG 1965) zur freiwillig angenommenen Erziehungshilfe kaum gerecht u. verdient den Vorwurf der Zwiespältigkeit (insgesamt zum Schutz von Kindern ausl Eltern vgl Renner in Sachverständigenkommission 11. Kinder- u. Jugendbericht, Bd 5, 2002, S. 71 ff; vgl dazu auch Baer, ZAR 1991, 135; zum interkulturellen Auftrag des SGB VIII Huber, ZAR 2003, 311; zur Entstehungsgeschichte eindrucksvoll Philipps, ZAR 1991, 15). Dies umso mehr, als Jugendhilfeleistungen damit auch sonst die aufr Verfestigung junger Ausl beeinträchtigen können, zB bei Verlängerungen der AE.

54 **Außerhäusliche Erziehungshilfe** wird nach § 37 I iVm §§ 32 bis 34 SGB VIII in einer Tagesgruppe, Vollzeitpflege oder Heimerziehung oä betreuten Wohnformen geleistet, wäh-

Ermessensausweisung § 55 AufenthG 1

rend Hilfe für junge Volljährige nach § 41 SGB VIII gewährt wird. Die Inanspruchnahme anderer Hilfeformen des 4. Abschn. des SGB VIII u. der weiteren Hilfen des 2. u. 3. Abschn. des SGB VIII berechtigen also nicht zur Ausweisung. Dagegen ist eine Beschränkung auf die Heimerziehung nicht gegen den Wortlaut des Ges aus Sachgründen angezeigt (aA Kunkel, ZAR 1991, 71).

Ausgewiesen werden können bei außerhäuslicher Erziehungshilfe sowohl das Kind als 55 auch der oder die Personensorgeberechtigten, außerdem der junge Volljährige. Bei der Inanspruchnahme von Erziehungshilfe soll der Ausweisung unterliegen, wer die Hilfe „erhält". Damit ist nicht nur gemeint, wer sie beanspruchen kann u. damit rechtlich entlastet wird, nämlich die zur Erziehung berechtigten u. verpflichteten Inhaber des Sorgerechts (§ 27 SGB VIII), sondern auch, wer tatsächlich begünstigt wird, nämlich das Kind (unklar Fraenkel, S. 254 f). Insoweit hat sich die Rechtslage nicht wesentlich verändert (ähnlich BT-Drs. 11/6321 S. 73). Bei Fürsorgeerziehung konnte früher nach § 10 I Nr 3 AuslG 1965 nur das Kind ausgewiesen werden; Erziehungshilfeleistungen nach § 37 I SGB VIII wurden aber früher zT nach dem BSHG erbracht, fielen also für die Eltern zT unter § 10 I Nr 10 AuslG 1965. Die Gesetzesfassung ist zwar nicht eindeutig u. eine Beschränkung der Ausweisung auf den/die Personensorgeberechtigen denkbar; dies führte aber uU zur – endgültigen – Trennung der Familie u. ergibt daher auch keine sachgerechte Lösung.

Im Rahmen des **Ausweisungsermessens** sind nicht nur die Dauer des bisherigen Auf- 56 enthalts u. das Maß der erreichten Integration zu berücksichtigen, sondern auch die Gründe für die Inanspruchnahme von Erziehungshilfe u. deren Erfolgsaussichten. Im Vordergrund dürfen nicht die aufzuwendenden Mittel stehen, sondern die mit der Erziehungshilfe aufgrund eines Rechtsanspruchs (§ 6 II SGB VIII) verbundenen Erwartungen der Betroffenen u. der Öffentlichkeit. Ein absehbarer Erziehungserfolg darf nicht durch Ausweisung zunichte gemacht werden. Eine Trennung von Eltern u. Kind durch Ausweisung sollte nur als äußerstes Mittel in Betracht gezogen werden, wenn außerhäusliche Erziehungsversuche erfolglos ausbleiben. Insofern können u. müssen die Folgen einer unklaren u. zT nicht widerspruchsfreien Gesetzesfassung im Einzelfall sachgerecht u. zweckbezogen reduziert werden (vgl zudem § 56 I, II).

Von der Ausweisung **ausgenommen** ist der Fall des Minderjährigen, dessen Eltern 57 oder dessen allein personensorgeberechtigter Elternteil sich rechtmäßig in Deutschland aufhalten. Die Ausnahme gilt nicht nur „für" den Minderjährigen, sondern soll erkennbar auch seinen legal hier lebenden Eltern (bzw Elternteil) zugute kommen. Der junge Volljährige ist nicht begünstigt. Rechtmäßiger Aufenthalt wird durch einen AufTit (§ 4 I 2), die AufGest (§§ 55, 63 AsylVfG) oder eine EU-Bescheinigung oder AE-EU (§ 5 FreizügG/EU) vermittelt, nicht durch eine Duldung (§ 60a); gleich steht, wer eines AufTit nicht bedarf (§§ 15 ff AufenthV) oder wessen Aufenthalt als erlaubt gilt (§ 81 III 1 u. IV).

9. Störung der öffentlichen Sicherheit und Ordnung

Mit den beiden Tatbeständen der Nr 8 sollen Störungen der öffentl Sicherheit u. Ord- 58 nung durch Äußerungen u. Handlungen erfasst werden, die das friedliche **Zusammenleben gefährden.** Die Billigung oder Werbung nach dem ersten Tatbestand kann durch jedes Medium erfolgen, außer durch Schriften oder Reden auch auf elektronischem Wege. Die Verbrechen u. anderen Vorgänge der Werbung oder Billigung können in der Vergangenheit u. im Ausland geschehen sein. Ihre Darstellung muss nur zur Störung der öffentl Sicherheit oder Ordnung in der Gegenwart in Deutschland geeignet sein. Auf den Erfolg der Werbung oder Propaganda kommt es nicht an. Die Handlungen nach dem zweiten Tatbestand ähneln der Volksverhetzung u. Verleumdung nach §§ 130, 187 StGB. Hass bedeutet mehr als Missachtung oder Verachtung, u. Aufstacheln geht über propagandistische Reden hinaus. Mit dem Schlagwort „Hassprediger" ist der Tätertyp also nicht ausreichend gekennzeichnet.

VI. Ermessen

1. Allgemeines

59   Die Erfüllung eines Ausweisungstatbestands nach Abs 1 oder 2 eröffnet die Möglichkeit der Ausweisung aufgrund pflichtgemäßen **Ermessens.** Das Ausweisungsermessen baut auf der vorangegangenen Prognose einer in der Zukunft zu erwartenden Beeinträchtigung der in Abs 1 genannten Rechtsgüter auf u. unterzieht sodann die Ausweisung mit ihren Folgen einer wertenden Beurteilung unter Einbeziehung des öffentl Interesses an der Aufenthaltsbeendigung u. des privaten Interesses am weiteren Verbleib im Inland. In diese Interessenabwägung sind alle schutzwerten öffentl u. privaten Belange einzubeziehen.

60   Die Ausweisung muss als **ordnungsrechtliche Maßnahme** insgesamt sachgerecht, geeignet, erforderlich u. angemessen sein (vgl zB BVerwGE 78, 285), um den angestrebten Zweck der Verhinderung von Beeinträchtigungen der og Art zu erreichen. Deshalb ist auch zu entscheiden, ob an ihrer Stelle ein anderes, insb ein milderes Mittel in Betracht kommt, zB behördliche Verwarnung, nachträgliche Befristung (§ 7 II 2), Nichtverlängerung (§ 8 I), Widerruf (§ 52) oder Rücknahme (§ 51 I Nr 3). Angesichts der Sperrwirkung (§ 11 I) kann uU die Ausweisung überzogen erscheinen, wenn eine sonstige Aufenthaltsbeendigung genügt. Über die Befristung der Sperre wird gesondert entschieden (§ 11 I); das Absehen von einer Befristung oder eine fehlerhafte Entscheidung hierüber lassen die Rechtmäßigkeit der Ausweisung unberührt (BVerwG, EZAR 125 Nr 2; HessVGH, EZAR 122 Nr 12).

61   Zu den hierbei zu beachtenden Belangen gehören insbes die auch Ausl zustehenden **Grundrechte** u. sonstigen **Rechtspositionen,** die aus dem Rechtsstaatsprinzip fließenden Grundsätze der **Verhältnismäßigkeit** u. des **Vertrauensschutzes** (BVerwGE 78, 285; 62, 215) u. die Grundforderungen des Sozialstaatsgebots. Hierbei ist zu beachten, dass Grundrechtsschutz u. Einhaltung rechtsstaatl Grundsätze nicht nur dem privaten Interessenbereich zuzurechnen sind, weil sie diesem zugute kommen, sondern zugleich zu dem öffentl, weil sie zu den wichtigsten verfassungsmäßigen Aufgaben aller staatl Organe gehören. Schützenswerte Rechtspositionen können sich sowohl aus dem GG u. dem dt Gesetzesrecht ergeben als auch aus allg Regeln des Völkerrechts (vgl Art. 25 GG), aus EU-Recht u. Völkervertragsrecht wie zB GK, EMRK, ENA, EFA, StlÜbk u. den mit anderen Staaten geschlossenen Handels-, Niederlassungs- u. Freundschaftsabk. Die danach zu beachtenden Schutzpositionen sind durch §§ 55 III, 55 II Nr 7 Hs. 2, 56 48 I u. II konkret für das dreistufige Tatbestandssystem umgesetzt. Das damit vervollständigte Ausweisungsrecht kann danach jedenfalls im Grundsatz als verfassungskonform angesehen werden (näher Renner, AiD Rn 7/102–105).

62   Die Aufzählung der privaten Interessen in Abs 2 ist **nicht abschließend** (BVerwG, EZAR 033 Nr 10). Die vom Ges genannten Gesichtspunkte müssen in jedem Fall berücksichtigt, also in die Ermessenserwägungen einbezogen u. gewürdigt werden. Daneben können noch andere Umstände u. Folgen der Ausweisung von Bedeutung sein, zB die wirtschaftlichen Auswirkungen auf andere Personen als den Ausl u. seine mit ihm im Bundesgebiet zusammenlebenden Familienangehörigen oder aber die Unsicherheit der Lebensverhältnisse (Arbeit, Wohnung ua) im Heimatstaat. So kann es mit dem Grundsatz der **Verhältnismäßigkeit** auch vereinbar sein, eine Ausweisung gegen einen Ausl zu richten, der sich bereits im Ausland aufhält (BVerwG, EZAR 030 Nr 6; OVG NRW, EZAR 120 Nr 3). Eine Ausweisung ist nicht schon deshalb untersagt, weil die AuslBeh zunächst den Ausgang eines Strafverf abwartet u. bis dahin den weiteren Aufenthalt des Ausl ermöglicht (BVerwG, InfAuslR 1981, 129). Das Stillhaltegebot des § 79 II gilt nicht für die Ausweisung. Unabhängig davon muss der Ausweisungsgrund noch aktuell vorliegen. Er darf nicht infolge Zeitablaufs oder rügeloser Hinnahme durch die AuslBeh verbraucht sein (Rn 21; näher Renner, AiD Rn 5/472–477, 7/99–101). Mithilfe bei der Überführung anderer Straftäter hindert die Ausweisung nicht (BVerwG, InfAuslR 1993, 11).

2. Längerer Aufenthalt und Bindungen im Bundesgebiet

Abgesehen von den konkreten Regeln über den Schutz einer erfolgreichen Integration in 63
§ 56 I Nr 1–4, II sind der Besuch eines Integrationskurses sowie Aufenthaltsdauer u.
Inlandsverwurzelung zwingend zu berücksichtigen. Der Inlandsaufenthalt muss rechtmäßig
(nicht notwendig ununterbrochen) gewesen sein; auch eine AufGest genügt, nicht aber eine
Duldung. Schutzwürdige Bindungen des Ausl im Bundesgebiet können insbes nach längerem Inlandsaufenthalt zu Ausl wie zu Dt bestehen. Derartige Bindungen können sich vor
allem aus familiären Beziehungen (Rn 65 ff) ergeben, aber auch aus nichtehelichen bisexuellen oder homosexuellen Partnerschaften (dazu Wegner, S. 166 ff; ders., ZAR 1997, 86;
Renner, AiD Rn 7/158–161). Außer persönlichen u. wirtschaftlichen Bindungen können
auch sportliche u. kulturelle Betätigungen auf eine **gelungene Integration** schließen lassen,
die einer Ausweisung entgegensteht. Dabei kommt es entscheidend darauf an, ob die weitere
Anwesenheit des Ausl im Bundesgebiet aufgrund der festgestellten Bindungen trotz der zu
erwartenden Beeinträchtigung erheblicher staatl Interessen zu vertreten ist. Der Abbruch
derartiger Beziehungen ist die normale Folge der Ausweisung u. insoweit dem Ausl als
Risiko generell zuzumuten.

Eine andere Bewertung kann aber aufgrund besonderer Einzelfallumstände angezeigt sein. 64
Der **Verwurzelung** in die hiesigen Lebensverhältnisse u. den Schwierigkeiten bei der
Übersiedlung in das Land der StAng kommt erhebliches Gewicht zu (BVerwGE 59, 112).
Deshalb ist das Ausweisungsermessen gegenüber hier geborenen u. aufgewachsenen Ausl
regelmäßig eingeschränkt (BVerwG, EZAR 124 Nr 6 u. 122 Nr 8). Ein rechtmäßiger
Aufenthalt (von annähernd sechs Jahren) darf jedenfalls nicht gänzlich unberücksichtigt
bleiben (BVerwG, EZAR 035 Nr 18). Das Gewicht dieser Bindungen wird verstärkt, wenn
der Ausl bei verfassungskonformem StAngR die dt StAng hätte erwerben können oder evtl
noch könnte (BVerfG-K, InfAuslR 1993, 8). Ähnlich verhält es sich bei einem Ausl, der
zwar schon volljährig ist, aber in der Heimat nur bis zum vierten Lebensjahr gelebt hat; bei
ihm muss ein besonders schwerwiegender Ausweisungsgrund festgestellt sein (BVerwG,
EZAR 121 Nr 4). Anders aber ist das Schicksal eines inzwischen volljährigen Ausl zu
beurteilen, der einen bedeutenden Teil seines Lebens, insb die Schulzeit in seinem Heimatstaat verbracht hat (BVerwG, EZAR 123 Nr 5). Ebenso kann die Ausweisung mit dem
Verhältnismäßigkeitsgrundsatz vereinbar sein, wenn der Ausl mit 26 Jahren eingereist ist u.
seit 14 Jahren als Arbeitnehmer hier lebt (BVerwG, EZAR 122 Nr 9).

3. Schutz von Ehe und Familie

Besonders sorgfältig sind familiäre Bindungen allg, also auch außerhalb der konkreten 65
Regeln des Abs Nr 7 Hs. 2, 56 I zu prüfen. Art. 6 I, II GG vermittelt Ausl nicht unbedingt
ein von anderen hier lebenden Familienmitgliedern abgeleitetes AufR u. setzt zudem außer
den rechtlichen Bindungen ein familiäres Zusammenleben voraus, das über eine reine
Begegnungsgemeinschaft hinausgeht (Geißler, ZAR 1996, 27; HessVGH, FamRZ 1996,
749; BVerwGE 68, 101). Die **Folgen der Ausweisung** treffen aber idR auch diese
Personen als sonst Unbeteiligte u. können daher einer Ausweisung entgegenstehen, wenn sie
schwerer wiegen als das öffentl Interesse an der Ausweisung. Besonderen Schutz genießen
Ausl, die mit Dt verheiratet sind oder denen die Sorge über ein Kind mit dt StAng zusteht
(dazu näher § 56 I Nr 4). Die verfassungsrechtliche Garantie von Ehe u. Familie gilt aber
auch für rein ausl Familien (BVerfGE 76, 1; zur „Scheinehe" BVerwG, EZAR 125 Nr 3).
Eine Ehe ist nicht deshalb weniger schutzwürdig, weil sie nach der Verwirklichung eines
Ausweisungstatbestands eingegangen ist (BVerwGE 81, 155). Dennoch darf dem Vertrauen
auf die Führung der Ehe im Inland geringeres Gewicht beigemessen werden, wenn schon
bei Eheschließung mit einer Ausweisung zu rechnen war (BVerwG, InfAuslR 1992, 306).

Ein Ausl, der **mit einer dt StAng verheiratet** ist u. im Bundesgebiet die Ehe führt, darf 66
nur ausgewiesen werden, wenn die Ausweisungsgründe schwer wiegen u. sein Aufenthalt im

Inland trotz der Ehe nicht weiter hingenommen werden kann (BVerwGE 42, 133; 48, 299; 56, 256; BVerwG, EZAR 123 Nr 1; vgl. auch BVerfG-K, InfAuslR 1993, 311). Das Interesse des dt Partners an der Führung u. Fortsetzung der Ehe in Deutschland ist bei jeder Ermessensentscheidung über die Ausweisung von Amts wegen zu berücksichtigen; eine generalpräventiv motivierte Ausweisung ist in diesen Fällen nur verfassungsgemäß, wenn die Straftat besonders schwer wiegt (BVerfGE 51, 386). Der Ausweisungsschutz wird verstärkt, wenn aus dieser Ehe ein Kind (mit dt StAng) hervorgegangen ist; denn Art. 6 I, II GG garantiert die Familie mit Kindern als Lebensgemeinschaft u. die freie Wahrnehmung der Elternverantwortung (BVerfG aaO; BVerwGE 60, 126; BVerwG, EZAR 121 Nr 5 u. 124 Nr 6). Bei jahrelang bewiesener Neigung zu Gewalttätigkeiten steht der Ausweisung aber auch die Ehe mit einer Dt u. das Vorhandensein eines ehelichen u. eines nichtehelichen dt Kindes nicht entgegen (BVerwG, EZAR 124 Nr 6).

67 Der Schutz der **rein ausl Ehe** gegen Ausweisung wirkt schwächer, weil sich der andere Ehepartner nicht wie ein Dt auf ein absolutes Bleiberecht berufen kann. Deshalb ist dem Ehepartner grundsätzlich im Interesse der Fortführung der ehelichen Lebensgemeinschaft die Rückkehr in die gemeinsame Heimat zumutbar (BVerwGE 48, 299). Die Ausweisung kann aber unverhältnismäßig sein u. gegen Art. 6 I GG verstoßen, wenn die öffentl Interessen an der Ausreise keinen Vorrang gegenüber den familiären Belangen beanspruchen können (BVerwGE 60, 133; 61, 32; BVerwG, EZAR 123 Nr 1; BayVGH, EZAR 123 Nr 4). Die hier lebenden Familienangehörigen dürfen nicht als bloßes „Anhängsel" des Ausgewiesenen behandelt werden (BVerwG, EZAR 121 Nr 5). Es kommt aber entscheidend auch auf deren Aufenthaltsdauer u. -verfestigung an (OVG Hamburg, EZAR 122 Nr 11).

68 Auch bei **Kindern aus ausl Ehen** hat in jedem Fall eine Güter- u. Interessenabwägung stattzufinden; die Ausweisung ist mit Art. 6 I GG nur vereinbar, wenn das öffentl Ausweisungsinteresse die zu erwartenden Beeinträchtigungen der Familie eindeutig überwiegt (BVerwGE 65, 188). Minderjährige u. im Bundesgebiet geborene Heranwachsende sind deshalb gegen Ausweisung weitgehend geschützt (§ 48 II). Da volljährige Kinder idR die Lebenshilfe der Eltern nicht durch Zusammenleben benötigen, genießen sie grundsätzlich keinen erhöhten Ausweisungsschutz, um bei ihren Eltern im Bundesgebiet verbleiben zu können (BVerwGE 68, 101). Dies gilt unabhängig davon, ob den Eltern eine Rückkehr in die Heimat zum Zwecke des Zusammenlebens mit dem Kind zumutbar ist (BVerwGE 65, 188). Grundsätzlich ist aber auf die Stärke der familiären u. sonstigen sozialen Beziehungen im Inland u. deren evtl Fehlen im Heimatstaat abzustellen. Die Ausweisung eines hier aufgewachsenen Ausl kann auch bei schweren Straftaten unverhältnismäßig sein (betr Art. 8 EMRK vgl EGMR, InfAuslR 1991, 149).

69 Das **Verlöbnis** steht nicht der Ehe gleich. Da es aber die Wahrnehmung der durch Art. 6 I GG garantierten Eheschließungsfreiheit ermöglicht, darf es bei Ausübung des Ausweisungsermessens nicht gänzlich außer acht gelassen werden (BVerwGE 58, 352). Falls die Eheschließung ernsthaft beabsichtigt u. weitgehend vorbereitet ist (Eheschließungstermin, Ehefähigkeitszeugnis ua), kann die Beendigung des Aufenthalts kurz vor dem Heiratstermin unverhältnismäßig sein. Bleibt die Ausweisung trotz Verlöbnis bestehen, ist ihre Wirkung ggf später zu befristen (§ 11 I), um die Eheschließung im Inland zu ermöglichen.

4. Aussetzungsgründe

70 Die Aussetzungsgründe des § 60 a II sind obligatorisch schon in die Ermessensabwägung **einzubeziehen.** Soweit danach erhebliche Nachteile erst nach der Ausreise oder Abschiebung u. nicht bereits aufgrund der die Ausreisepflicht begründenden Ausweisung im Heimatstaat drohen, steht dies ihrer Beachtung nicht entgegen; denn idR sind faktisch nur die Rückkehr oder die Abschiebung dorthin möglich u. nicht die Einreise in einen Drittstaat (BVerwGE 78, 285; BVerwG, EZAR 120 Nr 12). Die ges vorgeschriebene **Berücksichtigung** der nach Voraussetzungen u. Folgen unterschiedlichen Gründe des § 60 a II führt zu keiner Gleichstellung von Ausweisungs- u. Abschiebungsschutz mit der Folge des Verbots

Ermessensausweisung **§ 55 AufenthG 1**

der Ausweisung bei Vorliegen von Abschiebungshindernissen. Selbst wenn man in dieser Verknüpfung eine gewisse Durchbrechung des Systems der Aufenthaltsbeendigung sehen könnte, so kann doch ein Verstoß gegen Sachgesetze oder gar logische Grundsätze nicht festgestellt werden (zur Systematik allg Renner, AiD Rn 7/174–176, 7/404–413, 7/425–431). Denn bei Bewertung der unter § 60 a II fallenden Sachverhalte muss allein auf ihr Verhältnis zu der durch die Ausweisung ausgelösten Verlassenspflicht abgestellt werden u. nicht auf die zwangsweise Verbringung in einen bestimmten Zielstaat. Außerdem sind die Aussetzungsgründe je nach ihrem Gewicht u. ihrer Wirkungsweise zu unterscheiden (zur Ausweisung Asylber BVerwG, EZAR 033 Nr 11). So stehen Erkrankung u. Passlosigkeit meist nur zeitweilig der Abschiebung entgegen u. hindern die Ausweisung idR nicht (Renner, AiD Rn 7/174–176).

Zu den Aussetzungsgründen, die schon bei der Ausweisung zu beachten sind, zählt nicht 71 die Gefahr der **Doppelbestrafung.** Das Risiko erneuter Bestrafung im Heimatstaat hat der Ausl grundsätzlich selbst zu tragen; Art. 103 III GG ist nicht unmittelbar anwendbar, drohende Bestrafung im Ausland hindert nicht die Abschiebung (§ 60 VI), u. das Auslieferungsverbot des § 9 I IRG ist nicht unmittelbar anwendbar. Dennoch ist diese mittelbare Folge der Ausweisung als Ermessenskriterium zu beachten, sofern sie konkret u. ernsthaft droht.

Ein **Auslieferungsverf** kann der Abschiebung – dilatorisch – entgegenstehen (§ 60 IV) 72 u. ist daher in die Ermessenserwägungen einzubeziehen. Angesichts der Unterschiede zwischen Ausweisung u. Auslieferung nach Voraussetzungen u. Zweck ist damit die Ausweisung nicht zwingend zu unterlassen; sie kann aber – zumindest – bis zum Abschluss des Auslieferungsverf zurückgestellt werden. Aus den Gründen für die Zulässigkeit oder Unzulässigkeit der Auslieferung (insb nach § 6 I IRG; vgl § 45 AsylVfG; Art. 16 a GG Rn 7 f; § 4 AsylVfG Rn 15) können dann endgültige Schlüsse auch für die Ausweisung gezogen werden. Zudem darf die Ausweisung nicht zur Umgehung eines **Auslieferungsverbots** benutzt werden.

VII. Sondergruppen

1. EU-Mitgliedstaaten und Türkei

Zugunsten freizügigkeitsberechtigter StAng von EU-Mitgliedstaaten u. EWR-Staaten 73 (§ 1 Rn 16 f) ist die Aufenthaltsbeendigung durch Ausweisung (wie andere aufenthaltsbeendenden Maßnahmen) **erheblich eingeschränkt** (Art 39 III, 46 I EG; Art. 4, 28 III EWR-Abk; RL 64/221; RL 72/194; RL 75/35; § 6 FreizügG/EU; näher Renner, AiD Rn 5/130–159). Daher wurden auch die §§ 45 ff AuslG durch EU-Recht überlagert u. modifiziert (HessVGH, EZAR 034 Nr 1). Das dt Ausweisungssystem der Ist- u. Regelausweisung lässt sich mit Gemeinschaftsrecht nicht vereinbaren (vgl EuGH, EZAR 810 Nr 14 m. Anm. Renner in ZAR 2004, 195; BVerwG, EZAR 034 Nr 17). Grundlage für die Ausweisung können nämlich nur Gründe der öffentl Ordnung, Sicherheit oder Gesundheit im gemeinschaftsrechtlichen Sinne bilden. Daher hat der Gesetzgeber die Anwendbarkeit der nationalen Ausweisungsbestimmungen auf Unionsbürger nunmehr zu Recht ausdrücklich ausgeschlossen (vgl § 11 I FreizügG/EU).

Türkischen StAng wird durch Art 7 dt-türkisches NAK kein besonderer Ausweisungs- 74 schutz zuteil; sie können auch nach einer einzigen strafgerichtlichen Verurteilung rechtsfehlerfrei aus spezialpräventiven Gründen ausgewiesen werden (BayVGH, EZAR 121 Nr 2). Seit 20. 3. 1990 gilt für die Türkei das ENA (VGH BW, EZAR 124 Nr 13, vgl Rn 82). **Türkische Arbeitnehmer** kommen aufgrund Art 12 AssAbk, Art 36 Zusatzprotokoll u. ARB 1/80, soweit sie dem regulären Arbeitsmarkt des Aufenthaltsstaats angehören, in den Genuss dieser **Verfestigungsregeln** (dazu § 4 Rn 82–109). Damit sind sie auch gegen aufenthaltsbeendende Maßnahmen stärker geschützt. Einzelheiten waren lange Zeit umstritten (dazu jew mwN näher Voraufl, § 45 AuslG Rn 35; Renner, AiD Rn 5/411 u. 5/412), sind aber inzwischen für den Bereich der Aufenthaltsverfestigung (Art. 6, 7 ARB 1/80) durch den EuGH weitgehend geklärt (vgl § 4 Rn 110–116; AAH-ARB 1/80, Text in Renner, Verwaltungsvorschriften, S. 543 ff).

2. UN-Kinderrechtskonvention

75   Die KRK (vom 20. 11. 1989, BGBl 1992 II 122, 990) enthält lediglich **Staatenverpflichtungen** u. verschafft dem Einzelnen keine unmittelbaren Rechte (näher Renner, AiD Rn 6/162–165). Zudem untersagt Art 16 I KRK zwar willkürliche oder rechtswidrige Eingriffe in das Privatleben oder die Familie. Die Möglichkeit der Abschiebung des Kindes oder eines Elternteils wird jedoch vorausgesetzt (Auskunftsrecht nach Art 9 IV KRK). Außerdem geht das evtl Art 16 I KRK zu entnehmende Verbot aufenthaltsbeendender Maßnahmen nicht über den Schutz aus Art 6 I, II GG hinaus.

3. Internationale Arbeitsorganisation

76   Art 8 des Abkommens Nr 97 der Internationalen Arbeitsorganisation über Wanderarbeiter (BGBl 1959 II 87; 1960 II 2204) schützt Wanderarbeiter u. deren Familienangehörige vor „Rückbeförderung" im Falle der Berufsunfähigkeit aufgrund nach der Einreise eingetretener Krankheit oder danach erlittenen Unfalls. Die dafür vorausgesetzte dauernde Zulassung ist bei unbefristeter AufErl u. ArbErl gegeben (BVerwG, EZAR 103 Nr 16), also auch bei Besitz einer NE. Fünfjähriger Aufenthalt allein begründen noch keine „dauernde Zulassung" (aA Bunte, InfAuslR 1990, 49).

4. Europäische Menschenrechtskonvention

77   Aus Art 3 EMRK können sich **Abschiebungsverbote** ergeben (vgl § 60 II, V), für den Ausreisebefehl hat diese Vorschrift mittelbar über Abs 3 iVm § 60 a II Bedeutung. Eine **Kollektivausweisung** ist verboten (Art 4 EMRK-Prot Nr 4). Außerdem enthält Art 8 EMRK ähnliche, zT aber weitergehende Schranken für die Aufenthaltsbeendigung als Art 6 I, II GG. Damit ist aber nicht generell die Ausweisung von „Einwanderern" konventionswidrig (aA Wegner, ZAR 1992, 118; ders., DÖV 1993, 1031; zur Entwicklung der Rspr des EGMR näher Renner, AiD Rn 7/607–634). Maßgeblich ist darauf abzustellen, ob sich eine Maßnahme, die in das tatsächliche Familienleben eingreift, als in einer demokratischen Gesellschaft notwendig erweist.

78   Der Schutz des Art 8 EMRK für das Privat- u. **Familienleben** entfaltet aufr Wirkungen vor allem hinsichtlich der Trennung bereits bestehender Lebensgemeinschaften. Dabei ist auch bei Bewertung der Rspr des EGMR auf den Unterschied zwischen Ausweisung u. Abschiebung zu achten, da erst letztere die Trennung vollzieht. Der Schutzbereich geht über die Kernfamilie hinaus u. schließt auch entfernte Verwandte ein, sofern sie ein Familienleben tatsächlich führen. Die Familienmitglieder können auch getrennt voneinander leben. Daher kann die Ausweisung eines erwachsenen Kindes unverhältnismäßig wirken u. damit gegen Art 8 EMRK verstoßen, wenn das Kind im zweiten Lebensjahr eingereist ist, über 20 Jahre in seiner Familie oder nicht weit davon gelebt und Straftaten ausnahmsweise in der Jugendzeit begangen hat (EGMR, EZAR 935 Nr 3). Unverhältnismäßig kann die Ausweisung des Ehegatten einer Inländerin auch dann wirken, wenn dieser längere Zeit inhaftiert war (EGMR, EZAR 935 Nr 4).

79   Unvereinbarkeit mit Art 8 II EMRK kann sich dadurch ergeben, dass zu der Trennung der Familiengemeinschaft noch **besondere persönliche Umstände** hinzutreten. Gegen Art 8 II EMRK verstößt daher die Ausweisung eines Straftäters, der über 30 Jahre nach seiner Einreise im fünften Lebensjahr im Land lebt u. auf seine Familie deshalb besonders angewiesen ist, weil er taubstumm u. Analphabet ist u. weder die Sprache seiner Eltern noch die Gebärdensprache beherrscht (EGMR, EZAR 935 Nr 5). Ebenso verhält es sich bei

Ermessensausweisung § 55 AufenthG 1

einem im Land Geborenen, dessen Familienangehörigen ebenfalls dort leben, wenn er dort eine eigene Familie gegründet hat u. seine minderjährigen Kinder die StAng des Aufenthaltsstaats besitzen (EGMR, EZAR 935 Nr 8). Unter bestimmten Umständen kann auch die Verhinderung des Umgangs des Vaters mit seinem Kind nach der Ehescheidung gegen Art 8 EMRK verstoßen (EGMR, EZAR 935 Nr 10; betr Nichtverlängerung der AE längere Zeit nach der Straftat ebenso EGMR, EZAR 935 Nr 11).

Dagegen ist ein auf zehn Jahre befristeter Ausschluss von dem Staatsgebiet wegen Verbrauchs u. Handels mit Drogen **mit Art 8 EMRK zu vereinbaren,** wenn der Betroffene über seine StAng hinaus Bindungen zu seinem Heimatstaat unterhält u. keine engen Verbindungen zu seinen im Inland lebenden Verwandten hat (EGMR, EZAR 935 Nr 5). In diesem Fall ist dem Ausl bemerkenswerterweise auch entgegengehalten worden, er habe nicht wie seine Eltern u. Geschwister die StAng des Aufenthaltsstaats angenommen. Mit Art 8 EMRK vereinbar kann auch die Ausweisung eines 25-Jährigen, wenn dieser zahlreiche schwere Straftaten begangen hat (EGMR, EZAR 935 Nr 12). 80

5. Europäisches Fürsorgeabkommen

Art 6 EFA verbietet grundsätzlich (Ausnahmen in Art 7 EFA) die **Rückschaffung** eines StAng eines der Vertragsstaaten aus Gründen der Hilfsbedürftigkeit, wenn dieser sich erlaubterweise gewöhnlich im Bundesgebiet aufhält. Das EFA schränkt die Gründe, aus denen ein (weiterer) AufTit abgelehnt werden darf oder muss, nicht ein; es hindert auch nicht die zwangsweise Beendigung des Aufenthalts nach Ablauf des AufR; es betrifft nur Maßnahmen während eines erlaubten Aufenthalts (BVerwGE 66, 29; BVerwG, EZAR 104 Nr 5). Nicht gestattet sind damit bei Erfüllung der Voraussetzungen des Art 6 EFA sowohl Ausweisung als auch nachträgliche Befristung nach § 7 II 2. Die Hilfsbedürftigkeit muss ursächlich für die Maßnahme sein, mit ihr muss sie stehen u. fallen (BVerwGE 75, 26). 81

6. Europäisches Niederlassungsabkommen

Nach Art. 3 I ENA dürfen StAng von Mitgliedstaaten nur ausgewiesen werden, wenn sie die Sicherheit des Aufenthaltsstaats gefährden oder gegen die öffentliche Ordnung oder die Sittlichkeit verstoßen. Gemäß Art 3 III ENA ist die Ausweisung nach einem ordnungsmäßigen Aufenthalt von zehn Jahren nur zulässig, wenn Gründe der Sicherheit des Staats oder **besonders schwerwiegende Gründe** iSd Abs 1 vorliegen. Die Ausweisung muss unvermeidbar sein, weil die weitere Anwesenheit auch bei Anlegung strenger Maßstäbe nicht länger hingenommen werden kann (BVerwG, EZAR 124 Nr 6; VGH BW, EZAR 124 Nr 12). 82

Der besondere Schutz nach Art 3 III ENA erfordert einen **ununterbrochenen ordnungsmäßigen Aufenthalt** von mehr als zehn Jahren. Ordnungsmäßigkeit setzt die Einhaltung aller Vorschriften über Einreise, Aufenthalt u. Erwerbstätigkeit voraus (Prot-Vermerk zu Abschn II ENA; Täuschung der AuslBeh schädlich: BVerwG, EZAR 033 Nr 12). Unionsbürger müssen daher über das originäre EU-AufR hinaus die formellen Anforderungen erfüllen (BVerwG, DÖV 1979, 828; offen gelassen von HessVGH, EZAR 034 Nr 1). Für den ordnungsgemäßen Aufenthalt genügt jedes AufR, aber auch die Erlaubnisfiktion des § 81 III 1 u. IV; eine rückwirkende Verlängerung des AufTit über die Antragstellung hinaus ist allerdings ausgeschlossen (BVerwGE 67, 47; näher Renner, AiD Rn 7/37, 8/228–230). Falls die AuslBeh bei verspäteter Antragstellung von § 85 Gebrauch macht, ist die Lücke in der Rechtmäßigkeit geschlossen u. führt dies infolge der Maßgeblichkeit des nationalen Rechts für die Definition der Ordnungsmäßigkeit des Aufenthalts zur Anwendbarkeit von Art 3 III ENA (Renner, AiD Rn 7/38; dahin tendierend HessVGH, EZAR 010 Nr 3; aA BVerwG, EZAR 033 Nr 12). 83

Für die **besonders schwerwiegenden Gründe** entscheidend sind Art u. Maß der von dem Ausl ausgehenden Gefahren, wobei die konkrete Gefahr einer erneuten Störung gegeben sein muss u. an deren Wahrscheinlichkeit keine zu geringen Anforderungen gestellt 84 werden dürfen (so in Anlehnung an EG-Recht BVerwG, EZAR 124 Nr 5; HessVGH, InfAuslR 1990, 149). Auch insoweit gilt schon nach allg Prognosegrundsätzen: Je schwerer die Gefahr, desto geringer braucht die Wahrscheinlichkeit des Schadenseintritts zu sein (dazu VGH BW, EZAR 124 Nr 7). Da die besondere Schwere des Ausweisungsgrunds damit nach Art, Maß u. Wahrscheinlichkeit der Gefährdung zu beurteilen ist, zählen nicht unbedingt alle Tatbestände des § 53 dazu. Es besteht zwar **kein qualitativer Unterschied** zwischen den schwerwiegenden Gründen iSv § 56 I u. den besonders schwerwiegenden Gründen des Art 3 III ENA (BVerwG, EZAR 035 Nr 16). Es muss aber im Hinblick auf die Dreistufigkeit der Ausweisungsgründe samt differenzierten Ausweisungsschutztatbeständen einerseits u. dem vertraglichen Schutzzweck des Art 3 III ENA andererseits beachtet werden, dass letzterer eine jew **individuelle Bewertung** der Hinnehmbarkeit des weiteren Aufenthalts eines Vertragsausländers verlangt (näher Renner, AiD Rn 7/40–44). Für § 53 Nr 2 ist dies zwar idR abzulehnen, bei § 53 Nr 1 ist aber eine entsprechende Prognose im Einzelfall erforderlich, u. bei § 54 kommt es darauf an, ob evtl eine Ausnahme angezeigt ist.

85 Ein **besonders schwerwiegender Grund** wurde von der Rspr angenommen (mwN Renner, AiD Rn 7/45): nach 22 Straftaten, meist Gewaltdelikten (BVerwG, EZAR 124 Nr 6); nach schwerem sexuellen Missbrauch an Kindern (VGH BW 033 Nr 18); nach mehreren Straftaten, vorwiegend Eigentumsdelikten (BVerwG, EZAR 124 Nr 9); nach Freiheitsstrafe von zwei Jahren u. einen Monat wegen Rauschgifthandels (VGH BW, EZAR 124 Nr 12); nach Freiheitsstrafe von drei Jahren wegen fortgesetzten Rauschgifthandels (OVG RhPf, EZAR 032 Nr 4). Verneint wurde ein besonders schwerwiegender Grund: bei Rauschgifteinfuhr u. nicht ausreichend festgestellter Wiederholungsgefahr (VGH BW, EZAR 124 Nr 7); bei „allenfalls mittlerer Kriminalität" – Körperverletzung, Steuerhinterziehung, Trunkenheitsfahrt (VGH BW, EZAR 124 Nr 13); bei „milieubedingter Alltagskriminalität" (BVerwGE 55, 8).

7. Flüchtlinge

86 Einen **besonderen Ausweisungsschutz** genießen anerkannte Asylber, als ausl Flüchtlinge Anerkannte u. Inhaber von dt GK-Reiseausweisen (§ 56 I Nr 5). Asylbew mit einem beachtlichen Asylantrag dürfen idR nur unter der Bedingung des Misserfolgs des Anerkennungsverf ausgewiesen werden (§ 56 IV; aA nach früherem Recht OVG NRW, EZAR 221 Nr 25). Ihnen kann eine Verletzung der Visumspflicht ungeachtet des Ausgangs des Asylverf nicht angelastet werden (BVerwG, EZAR 223 Nr 7). Nach dessen negativem Abschluss ist die Ausweisung ohne Rücksicht darauf zulässig, ob der Ausweisungsgrund während oder nach diesem Verf verwirklicht wurde (BVerwGE 62, 215).

8. Frankreich, Griechenland, Italien

87 Französische StAng sind (abgesehen von den besonderen Beschränkungen nach EU-Recht) bei Verstößen gegen die öffentl **Ordnung** oder **Sicherheit** oder **Sittlichkeit** u. bei nicht ordnungsmäßigem Aufenthalt nicht nach Art 3 dt-französischer NSV gegen Ausweisung geschützt (BVerwGE 60, 284). Der besondere Ausweisungsschutz nach zehn Jahren ordnungsmäßigem Aufenthalt (vgl Rn 82 f) versagt ua bei einem besonders schwerwiegenden Ausweisungsgrund (vgl Rn 84 f).

88 Griechische StAng, die ihren Lebensunterhalt nicht ohne Inanspruchnahme von Sozialhilfe bestreiten können oder bestreiten, verstoßen damit gegen die **öffentl Ordnung** iSd Art 2 dt-griechischer NV. Der ggf neben EU-Recht anwendbare NV hindert nicht ihre Ausweisung wegen Waffenbesitzes (BVerwG, EZAR 122 Nr 9) oder aus spezialpräventiven (BVerwG, EZAR 121 Nr 4; dazu auch VGH BW, EZAR 124 Nr 7) oder generalpräventiven (BVerwG, EZAR 122 Nr 9) Gründen. Der erhöhte Ausweisungsschutz nach Art 2 III dt-griechischer NV nach (bereits) fünf Jahren ordnungsmäßigen Aufenthalts entfällt, wenn der ordnungsgemäße Aufenthalt auch nur kurzfristig unterbrochen ist (BVerwGE 67, 47; vgl Rn 83). Der ordnungsgemäße Aufenthalt in diesem Sinne ist nicht unterbrochen, wenn die

Ermessensausweisung § 55 **AufenthG 1**

befristete AufErl vor der Ausweisung abgelaufen ist, dann aber auf einen rechtzeitigen Antrag hin verlängert wird (BVerwGE 64, 13). Wegen besonders schwerwiegender Ausweisungsgründe vgl Rn 82 ff.

Die Ausweisung italienischer StAng ist (außer durch EU-Recht) durch Art 2 II dt-italienischer FV eingeschränkt. Nur Gründe der **Sicherheit des Staats**, der **öffentl Sicherheit** u. **Ordnung** oder der **Sittlichkeit** dürfen angeführt werden; nach fünf Jahren ordnungsgemäßem Aufenthalt müssen die letzteren besonders schwer wiegen. Der Aufenthalt muss ununterbrochen rechtmäßig sein (vgl dazu Rn 83); die Ausweisungsgründe müssen so gewichtig sein, dass die Anwesenheit des Ausl auch bei Anwendung strenger Maßstäbe nicht länger hingenommen werden kann (BVerwG, EZAR 124 Nr 2; vgl auch Rn 80 ff). Hierfür sprechen zB Häufigkeit u. Stetigkeit von Eigentumsdelikten, wenn der Ausl durch strafrechtliche Sanktionen nicht mehr von weiteren Straftaten abgehalten werden kann (VGH BW, EZAR 124 Nr 9). Für eine derartige Prognose kann auch die (einmalige) Einfuhr von Betäubungsmitteln in nicht geringer Menge in Tateinheit mit unerlaubtem Handel ausreichen; denn Rauschgiftdelikte sind besonders gefährlich u. nur schwer zu bekämpfen (VGH BW, EZAR 124 Nr 12). 89

9. Österreich und Schweiz sowie andere Staaten

Österreichische StAng unterliegen seit Beginn des Jahres 1994 dem Gemeinschaftsrecht. Zudem verdienen sie gerade wegen der die (Re-)Integration erleichternden Ähnlichkeit der Lebensverhältnisse in Deutschland u. Österreich keine Privilegierung hinsichtlich der Ausweisung. Selbst in Deutschland geborene u. aufgewachsene Österreicher genießen keinen höheren Ausweisungsschutz als nicht hier geborene u. aufgewachsene Ausl (BayVGH, EZAR 120 Nr 9). Die Rückschaffung allein aus dem Grund der Hilfsbedürftigkeit ist jedoch nach Art 6a EFA nach einem mindestens einjährigen ununterbrochenen erlaubten Aufenthalt ausgeschlossen (Art 8 Abk vom 17. 1. 1966, BGBl. 1969 II 2). **Schweizerbürger** genießen Schutz vor Heimschaffung bei vorübergehender Hilfsbedürftigkeit bis zu 90 Tagen u. allg aus Gründen der Menschlichkeit, insb familiärer Bande u. sehr langem Aufenthalt (Art 5 II Vereinbarung vom 14. 7. 1952, BGBl. 1953 II 31). Die Abk mit **Japan, Persien** (Iran), **Spanien, Sri Lanka** u. der **Türkei** verleihen keinen wesentlichen Schutz gegen die Beendigung des Aufenthalts (Renner, AiD Rn 7/57). 90

VIII. Verwaltungsverfahren und Rechtsschutz

1. Verwaltungsverfahren

Für das Verwaltungsverf sind die Sonderbestimmungen der §§ 77 ff zu beachten. Außerdem gelten die Vorschriften des VwVfG u. des betr Landes-VwVfG (zum auslr Verwaltungsverf näher Renner, AiD Rn 8/2–201). Danach ist dem Ausl vor allem vor Erlass der Ausweisungsverfügung grundsätzlich **rechtliches Gehör** zu gewähren (§ 28 VwVfG bzw Landes-VwVfG; BVerwGE 66, 111: nachholbar im Widerspruchsverf). Die Verfügung ist schriftlich abzufassen, einschl der Ermessensausübung zu begründen, mit einer Rechtsmittelbelehrung zu versehen u. dem Ausl oder dessen Bevollmächtigten bekanntzugeben (§ 77 I; §§ 14 III, 39 VwVfG bzw Landes-VwVfG; § 58 VwGO). Die Rechtsmittelbelehrung ist in dt Sprache abzufassen u. braucht nicht in Übersetzung beigefügt zu werden (§ 23 I VwVfG; BVerfGE 42, 120; BVerwG, EZAR 610 Nr 1). 91

Gegen die Ausweisungsverfügung ist **Widerspruch** innerhalb eines Monats seit Bekanntgabe zulässig (§§ 68, 70 I VwGO). Dieser entfaltet aufschiebende Wirkung (beachte aber § 84 II), falls nicht Sofortvollzug angeordnet wird (§ 80 I, II 1 Nr 4 VwGO). Die Anordnung der sofortigen Vollziehung setzt voraus, dass das öffentl Interesse an der sofortigen Ausreise des Ausl das Interesse an der Ausreise überhaupt übersteigt; die Gründe für die Ausweisung rechtfertigen noch nicht deren sofortigen Vollzug. 92

1 AufenthG § 55   1. Teil. Aufenthaltsgesetz

93   Das überwiegende öffentliche **Sofortvollzugsinteresse** ist besonders schriftlich zu **begründen** (§ 80 III 1 VwGO). Die Wiederholung des Gesetzestextes oder andere formelhafte Wendungen genügen hier nicht (BayVGH, BayVBl 1982, 756; OVG Hamburg, InfAuslR 1986, 203; HessVGH, EZAR 622 Nr 5; OVG NRW, InfAuslR 1983, 2; vgl auch BVerfGE 69, 233). Die Begründungen der Ausweisung u. des Sofortvollzugs sind nicht miteinander identisch; sie stehen aber oft in so engem Zusammenhang, dass sie zusammenfallen können (OVG NRW, NJW 1986, 1448). Die Begründung kann in dem Widerspruchsbescheid nachgeholt werden (HessVGH, EZAR 105 Nr 26).

94   Auf Antrag oder von Amts wegen kann die AuslBeh oder die Widerspruchsbehörde die Vollziehung einstweilen **aussetzen** (§ 80 IV 1 VwGO).

2. Rechtsschutz

95   Nach Durchführung des Vorverfahrens ist das Rechtsmittel der **Anfechtungsklage** innerhalb eines Monats nach Zustellung des Widerspruchsbescheids gegeben (§§ 42, 74 VwGO; zum auslr Gerichtsverf näher Renner, AiD Rn 8/202–255). Klagebefugt kann außer dem ausgewiesenen Ausl auch dessen dt Ehegatte oder Elternteil sein, der eine Verletzung der Grundrechte aus Art 6 I, II GG geltend macht (BVerwGE 42, 141; HessVGH, EZAR 622 Nr 8, auch zur aufschiebenden Wirkung des Rechtsbehelfs u. des Antrags nach § 80 V VwGO). Eine Beiladung des Ehegatten oder eines Kindes des Ausgewiesenen ist nicht notwendig (§ 65 II VwGO; BVerwGE 55, 8), aber zulässig (§ 65 I VwGO). An der Beiladung des Ehegatten auf Seiten der AuslBeh besteht dagegen kein schutzwertes Interesse.

96   Besondere Fristen für das auslr Verf existieren nicht (betr Asylverf vgl §§ 36, 74 AsylVfG). Wiedereinsetzung in den vorigen Stand wird bei unverschuldeter **Fristversäumnis** gewährt (§ 60 VwGO). Das Verschulden eines Bevollmächtigten ist dem Ausl zuzurechnen (§ 173 VwGO iVm § 232 II ZPO; BVerwGE 64, 216). Der Ausl muss die ihm zumutbare Sorgfalt u. Mühe aufwenden, um die Frist einzuhalten u. notfalls einen Dolmetscher oder zumindest sprachkundige Landsleute zu Rate ziehen (BVerfGE 40, 95; 42, 120; 60, 253; BVerwG, EZAR 610 Nr 1; VGH BW, EZAR 602 Nr 1; vgl Renner, ZAR 1985, 62, 66).

97   Für die Überprüfung der Rechtmäßigkeit der Ausweisung ist auf die Verhältnisse im **Zeitpunkt** der letzten Behördenentscheidung abzustellen. Maßgeblich ist also die Rechts- u. Sachlage bei Erlass des Widerspruchsbescheids (BVerwGE 60, 133). Hieran hat sich nach neuem AuslR nichts geändert (BVerwG, InfAuslR 1992, 37; HessVGH, EZAR 034 Nr 1). Bei Unionsbürgern u. assoziationsberechtigten Türken ist dagegen eine jew aktuelle Prognose erforderlich, die alle Tatsachen bis zur Entscheidung über den Widerspruch oder die Klage einzubeziehen hat (dazu § 6 FreizügG/EU Rn 5 ff; § 4 Rn 110 ff). Bei zwischenzeitlicher Ausreise oder unbekanntem Aufenthalt entfällt nicht ohne weiteres schon das Rechtsschutzinteresse (BVerwG, EZAR 223 Nr 10; betr Asylverf vgl aber HessVGH, EZAR 630 Nr 24).

98   Die Ausweisungsverfügung kann wegen rechtlicher Mängel oder wegen unterlassener oder fehlerhafter Ermessensausübung rechtswidrig sein. Die **Rechtswidrigkeit** der Ausweisung ergibt sich nicht schon aus dem Unterlassen von Überlegungen über die Befristung der Wirkungen der Ausweisung (BVerwG, EZAR 125 Nr 2). Denn zwischen Ausweisung einerseits u. Sperrwirkung des § 11 I andererseits ist grundsätzlich klar zu unterscheiden (BVerwGE 60, 133; betr dt-verheirateten Ausl vgl auch BVerfGE 51, 386).

99   Auf Antrag kann die aufschiebende Wirkung des Widerspruchs oder der Anfechtungsklage durch das VG wiederhergestellt werden (§ 80 V 1 VwGO). Der sog **Stoppantrag** selbst bewirkt noch keine vorläufige Aussetzung der Vollziehbarkeit (anders § 36 III 8 AsylVfG). Die AuslBeh muss dem Ausl Gelegenheit zur Stellung eines solchen Antrags lassen u. ist grundsätzlich am Vollzug während des gerichtlichen Eilverf gehindert (BVerfG-A, NJW 1987, 2219; OVG NRW, EZAR 622 Nr 24). Bei Stattgabe wird die vor Antragsablehnung bestehende Erlaubnisfiktion des § 81 III 1 oder IV nicht wiederhergestellt; es wird nur der Vollzug ausgesetzt (näher Renner, AiD Rn 8/247). Gegen eine ablehnende

oder stattgebende Entscheidung des VG ist Beschwerde gegeben (§ 146 VwGO), die keine aufschiebende Wirkung entfaltet (§ 149 I VwGO).

Dem Antrag auf vorläufigen Rechtsschutz gegen die sofort vollziehbar erklärte Ausweisung ermangelt es nicht schon deshalb an dem erforderlichen **Rechtsschutzbedürfnis,** weil der Ausl aus einem anderen Grund ausreisepflichtig ist (HessVGH, InfAuslR 1995, 200; OVG SchlH, NVwZ-RR 1993, 437; aA VGH BW, NVwZ 1992, 702). Grundsätzlich steht es dem Ausl frei, sich gegen jeden belastenden VA, der eine vollziehbare Ausreisepflicht auslöst, zu wehren. Ein Rangverhältnis besteht insoweit nicht. Anders verhält es sich nur, wenn der begehrte Rechtsschutz unnütz oder zwecklos erscheint, weil er die angegriffene Beschwer nicht zu beseitigen vermag. Dies wäre nur anzunehmen, wenn der Erfolg des Eilantrags weder die vollziehbare Ausreisepflicht berührte noch dem Ausl einen sonstigen Vorteil eintrüge. 100

Wird die Ausweisung mit der **gleichzeitigen Ablehnung** der Erteilung oder Verlängerung des AufTit verbunden, steht zwar § 11 I ungeachtet eines Rechtsbehelfs gegen diese Versagung einem AufTit entgegen (§ 84 II). Im Interesse eines wirksamen Rechtsschutzes muss dann aber auch im Eilverf um den AufTit die Rechtmäßigkeit der Ausweisung summarisch mitgeprüft werden (VGH BW, EZAR 622 Nr 13). Ist der Ausl dagegen aufgrund einer asylr Abschiebungsandrohung vollziehbar ausreisepflichtig, fehlt ihm das Rechtsschutzinteresse an der gerichtlichen Aussetzung der für sofort vollziehbar erklärten Ausweisung jedenfalls dann, wenn der gleichzeitig abgelehnte Antrag auf AufGen die Erlaubnisfiktion nicht ausgelöst hatte (SächsOVG, EZAR 632 Nr 29). 101

Der **Sofortvollzug** aufenthaltsbeendender Maßnahmen ist nach dem auf Art 19 IV GG aufbauenden Rechtsschutzsystem die **Ausnahme;** idR entfalten Rechtsmittel aufschiebende Wirkung. Der Sofortvollzug der Ausweisung ist danach nur ausnahmsweise gerechtfertigt, wenn das öffentl Interesse an der sofortigen Ausreise, das nicht mit dem Interesse an der Ausreise überhaupt identisch ist, das private Interesse am vorläufigen weiteren Verbleib im Bundesgebiet während des Hauptsacheverf überwiegt (BVerfGE 35, 382; 38, 52). Bei der erforderlichen Interessenabwägung sind vor allem die uU irreparablen Folgen des Sofortvollzugs für den Ausl, die Nachteile infolge der Ausreise u. Wiederkehr nach einem Erfolg des Rechtsmittels u. die Erschwernisse für die Rechtsverfolgung vom Ausland her zu berücksichtigen. Nur überwiegende öffentl Belange können es rechtfertigen, den Rechtsschutz des Ausl einstweilen zurückzustellen, um unaufschiebbare Maßnahmen zum Zwecke des allg Wohls rechtzeitig in die Wege zu leiten (BVerfGE 69, 220). 102

Der Aussetzungsantrag ist **abzulehnen,** wenn die Rechtsverfolgung keine Aussicht auf Erfolg hat; denn hieraus folgt ein überwiegendes öffentl Interesse am Sofortvollzug (BVerfG-A, EZAR 620 Nr 5; BVerfG-A, NVwZ 1982, 241; BVerfGE 69, 220; zT aA VGH BW, InfAuslR 1981, 71). Dagegen ist vorläufiger Rechtsschutz zu gewähren, wenn die Ausweisung bei summarischer Prüfung offenbar rechtswidrig ist. Erscheint der Ausgang des Hauptsacheverf danach offen, ist dem Antrag auf einstweiligen Rechtsschutz stattzugeben, wenn das private Interesse am vorläufigen weiteren Verbleib des Ausl das Interesse an seiner sofortigen Ausreise überwiegt (HessVGH, EZAR 622 Nr 5 u. 8). 103

§ 56 Besonderer Ausweisungsschutz

(1) ¹Ein Ausländer, der

1. eine Niederlassungserlaubnis besitzt und sich seit mindestens fünf Jahren rechtmäßig im Bundesgebiet aufgehalten hat,
2. eine Aufenthaltserlaubnis besitzt und im Bundesgebiet geboren oder als Minderjähriger in das Bundesgebiet eingereist ist und sich mindestens fünf Jahre rechtmäßig im Bundesgebiet aufgehalten hat,
3. eine Aufenthaltserlaubnis besitzt, sich mindestens fünf Jahre rechtmäßig im Bundesgebiet aufgehalten hat und mit einem der in den Nummern 1 und 2 bezeichneten Ausländer in ehelicher oder lebenspartnerschaftlicher Lebensgemeinschaft lebt,

4. mit einem deutschen Familienangehörigen oder Lebenspartner in familiärer oder lebenspartnerschaftlicher Lebensgemeinschaft lebt,
5. als Asylberechtigter anerkannt ist, im Bundesgebiet die Rechtsstellung eines ausländischen Flüchtlings genießt oder einen von einer Behörde der Bundesrepublik Deutschland ausgestellten Reiseausweis nach dem Abkommen vom 28. Juli 1951 über die Rechtsstellung der Flüchtlinge (BGBl. 1953 II S. 559) besitzt,

genießt besonderen Ausweisungsschutz. ²Er wird nur aus schwerwiegenden Gründen der öffentlichen Sicherheit und Ordnung ausgewiesen. ³Schwerwiegende Gründe der öffentlichen Sicherheit und Ordnung liegen in der Regel in den Fällen der §§ 53 und 54 Nr. 5, 5a und 7 vor. ⁴Liegen die Voraussetzungen des § 53 vor, so wird der Ausländer in der Regel ausgewiesen. ⁵Liegen die Voraussetzungen des § 54 vor, so wird über seine Ausweisung nach Ermessen entschieden.

(2) ¹Über die Ausweisung eines Heranwachsenden, der im Bundesgebiet aufgewachsen ist und eine Niederlassungserlaubnis besitzt, sowie über die Ausweisung eines Minderjährigen, der eine Aufenthaltserlaubnis oder Niederlassungserlaubnis besitzt, wird in den Fällen der §§ 53 und 54 nach Ermessen entschieden. ²Soweit die Eltern oder der allein personensorgeberechtigte Elternteil des Minderjährigen sich rechtmäßig im Bundesgebiet aufhalten, wird der Minderjährige nur in den Fällen des § 53 ausgewiesen; über die Ausweisung wird nach Ermessen entschieden.

(3) Ein Ausländer, der eine Aufenthaltserlaubnis nach § 24 oder § 29 Abs. 4 besitzt, kann nur unter den Voraussetzungen des § 24 Abs. 2 ausgewiesen werden.

(4) ¹Ein Ausländer, der einen Asylantrag gestellt hat, kann nur unter der Bedingung ausgewiesen werden, dass das Asylverfahren unanfechtbar ohne Anerkennung als Asylberechtigter oder ohne die Feststellung eines Abschiebungshindernisses nach § 60 Abs. 1 abgeschlossen wird. ²Von der Bedingung wird abgesehen, wenn
1. ein Sachverhalt vorliegt, der nach Absatz 1 eine Ausweisung rechtfertigt, oder
2. eine nach den Vorschriften des Asylverfahrensgesetzes erlassene Abschiebungsandrohung vollziehbar geworden ist.

Vorläufige Anwendungshinweise

56 Zu § 56 Besonderer Ausweisungsschutz

56.0 Allgemeines
Der besondere Ausweisungsschutz nach § 56 ist unabhängig davon zu berücksichtigen, ob die Ausweisung auf §§ 53, 54 oder 55 gestützt wird. § 56 lässt die Schutzvorschriften des § 55 Abs. 3 sowie völkervertragliche Schutzbestimmungen, die einer Ausweisung entgegenstehen können, unberührt. Die einer Ausweisung entgegenstehenden Belange des Ausländers sind von Amts wegen zu berücksichtigen.

56.1 Ausweisungsschutz
56.1.0 Den in § 56 Abs. 1 genannten Personen sind die heimatlosen Ausländer (§ 23 Abs. 1 HAG) gleichgestellt. § 56 Abs. 1 begünstigt jedoch nicht Ausländer, die nach völkerrechtlichen Verträgen besonderen Ausweisungsschutz genießen. Der Ausweisungsschutz des nach § 56 Abs. 1 begünstigten Personenkreises erschöpft sich nicht nur in der Beschränkung der Zulässigkeit der Ausweisung auf schwerwiegende Gründe der öffentlichen Sicherheit und Ordnung, sondern bewirkt auch eine Herabstufung der Rechtsfolgen gemäß § 56 Abs. 1 Sätze 3 und 4. Eine zwingende Ausweisung nach § 53 ist daher bei Ausländern, die nach § 56 Abs. 1 begünstigt sind, nicht zulässig.
56.1.0.1 Asylbewerber haben besonderen Ausweisungsschutz nach Maßgabe des § 56 Abs. 4, nicht nach § 56 Abs. 1. Vor der unanfechtbaren Anerkennung als Asylberechtigter dürfen sie ohne Bedingung nur bei Vorliegen schwerwiegender Gründe der öffentlichen Sicherheit und Ordnung ausgewiesen werden (§ 56 Abs. 4 Satz 1).
56.1.0.2.1 Die Ausweisung der nach § 56 Abs. 1 begünstigten Ausländer ist nur aus schwerwiegenden Gründen der öffentlichen Sicherheit und Ordnung zulässig. Die Auslegung dieses unbestimmten Rechtsbegriffs durch die Ausländerbehörde unterliegt uneingeschränkter gerichtlicher Nachprüfung. Er umfasst nicht nur Ausweisungsgründe nach §§ 53 und 54 (siehe Nummer 56.1.0.2.4), sondern kann im Einzelfall auch Ausweisungsgründe nach § 55 (z. B. mittlere und schwere Kriminalität) umfassen.

Besonderer Ausweisungsschutz § 56 AufenthG 1

56.1.0.2.2 Schwerwiegende Gründe der öffentlichen Sicherheit und Ordnung liegen dann vor, wenn das öffentliche Interesse an der Einhaltung von Sicherheit und Ordnung im Vergleich zu dem vom Gesetz bezweckten Schutz des Ausländers ein deutliches Übergewicht hat. Bei der Auslegung des Begriffs ist auf die besonderen Umstände des Einzelfalls, insbesondere auf das Strafmaß, die Schwere des Eingriffs in ein besonders geschütztes Rechtsgut, die daraus erwachsenen Folgen und die Häufigkeit der bisher begangenen Straftaten abzustellen.
56.1.0.2.3 Die von § 56 Abs. 1 geforderte Qualifizierung des Grundes der öffentlichen Sicherheit und Ordnung als schwerwiegend kann sich ergeben – aus dem gleichzeitigen Zusammentreffen mehrerer Ausweisungsgründe und sonstigen besonderen Begleitumständen, – aber auch aus der wiederholten Verwirklichung von Ausweisungsgründen, insbesondere wegen wiederholter Verstöße gegen Strafvorschriften. Bei gefährlichen oder nur schwer zu bekämpfenden Taten wie etwa Betäubungsmittel- und Waffendelikten, Menschenhandel oder Beteiligung an der organisierten Kriminalität sind die Anforderungen an die Feststellungen einer Wiederholungsgefahr nicht zu hoch anzusetzen.
56.1.0.2.4 Schwerwiegende Gründe i. S. v. § 56 Abs. 1 sind in der Regel bei zwingenden Ausweisungsgründen nach § 53 und den Regelausweisungsgründen nach § 54 Nr. 5, 5 a und 7 gegeben. Sie können aber auch bei den anderen Regelausweisungsgründen nach § 54 vorliegen. Bei den nach § 56 Abs. 1 geschützten Ausländern ist eine Ausweisung aus generalpräventiven Gründen nur in besonders schwerwiegenden Fällen zulässig. Eine Ausweisung aus generalpräventiven Gründen ist unter dem besonderen Ausweisungsschutz des § 56 Abs. 1 ausnahmsweise nur dann zulässig, wenn die Straftat besonders schwer wiegt und deshalb ein dringendes Bedürfnis dafür besteht, durch die Ausweisung andere Ausländer von Straftaten ähnlicher Art und Schwere abzuhalten. Schwerwiegende Gründe liegen insbesondere dann vor, wenn der Ausländer durch wiederholtes strafbares Verhalten die öffentliche Sicherheit und Ordnung erheblich beeinträchtigt.
56.1.1 Voraussetzung für die Anwendbarkeit des § 56 Abs. 1 Nr. 1 ist, dass der Ausländer im Zeitpunkt des Wirksamwerdens der Ausweisungsentscheidung im Besitz einer Niederlassungserlaubnis ist und sich seit mindestens fünf Jahren rechtmäßig im Bundesgebiet aufgehalten hat. Diese Voraussetzung ist nicht erfüllt, wenn lediglich eine Niederlassungserlaubnis beantragt wurde (§ 79 Abs. 2, § 81 Abs. 3) oder lediglich die Anspruchsvoraussetzungen für die Erteilung der Niederlassungserlaubnis erfüllt sind. Die Wirkung der Ausweisung nach § 51 Abs. 1 Nr. 5 lässt den Ausweisungsschutz nach § 56 Abs. 1 unberührt. Der Ausweisungsschutz nach § 56 Abs. 1 Nr. 1 ist auch dann nicht gegeben, wenn der Ausländer zwar im Besitz einer Niederlassungserlaubnis ist, sich aber weniger als fünf Jahre rechtmäßig im Bundesgebiet aufgehalten hat. Diese Voraussetzung ist in den Fällen von Bedeutung, in denen der Ausländer bereits innerhalb kurzer Zeit nach der Einreise eine Niederlassungserlaubnis erhält (§ 19 Abs. 1, § 21 Abs. 4, § 23 Abs. 2).
56.1.2 Unter § 56 Abs. 1 Nr. 2 fallen diejenigen Ausländer, deren Aufenthalt durch Geburt oder durch Einreise als Minderjähriger begründet wurde und die eine Aufenthaltserlaubnis besitzen und sich seit fünf Jahren rechtmäßig im Bundesgebiet aufhalten. Unerheblich ist, nach welcher Vorschrift die Aufenthaltserlaubnis erteilt wurde. Der Ausweisungsschutz erstreckt sich nicht auf Ausländer, die zwar im Bundesgebiet geboren sind, jedoch als Minderjährige ausgereist sind (vgl. § 51 Abs. 1 Nr. 6 und 7) und die nach Vollendung des 18. Lebensjahres in das Bundesgebiet wieder eingereist sind.
56.1.3 § 56 Abs. 1 Nr. 3 setzt neben dem Besitz einer Aufenthaltserlaubnis das rechtliche und tatsächliche Bestehen einer ehelichen oder lebenspartnerschaftlichen Lebensgemeinschaft mit einem der in Nummern 1 und 2 dieser Vorschrift genannten Ausländer voraus. Befindet sich der Ausländer in Haft, ist darauf abzustellen, ob die eheliche oder lebenspartnerschaftliche Lebensgemeinschaft unmittelbar vor Beginn der Haft bestanden hat und konkrete Anhaltspunkte dafür vorliegen, dass diese Lebensgemeinschaft unmittelbar nach der Haftentlassung fortgesetzt wird. Maßgeblicher Zeitpunkt für die Prüfung ist grundsätzlich der Zeitpunkt der letzten Behördenentscheidung (z. B. Wirksamwerden des Widerspruchsbescheids).
56.1.4.1 Der erhöhte Ausweisungsschutz nach § 56 Abs. 1 Nr. 4 erstreckt sich auf die mit einem deutschen Familienangehörigen in familiärer oder lebenspartnerschaftlicher Lebensgemeinschaft (vgl. § 27 Abs. 1 und 2) lebenden Ausländer. Es kommt weder auf den Aufenthaltsstatus des Ausländers an noch ist darauf abzustellen, wie die Lebensgemeinschaft hergestellt worden ist. Zu den Familienangehörigen eines Deutschen zählen nicht die Verwandten seines ausländischen Ehegatten, auch wenn sie in seinem Haushalt aufgenommen sind.
56.1.4.2 Hinsichtlich des Bestehens einer familiären oder lebenspartnerschaftlichen Lebensgemeinschaft inhaftierter Ausländer wird auf die Ausführungen in Nummer 56.1.3 bezüglich des Bestehens einer ehelichen oder lebenspartnerschaftlichen Lebensgemeinschaft hingewiesen. Der Ausweisungsschutz erstreckt sich im Regelfall nur auf Ausländer, die schon einmal – wenn auch unterbrochen etwa durch

Haft – in dieser Lebensgemeinschaft gelebt haben. Die Ausweisung muss daher in eine bereits bestehende familiäre oder lebenspartnerschaftliche Lebensgemeinschaft eingreifen. Der Schutzgrund entfällt nicht, wenn sich der Ausländer gegenüber dem deutschen Staatsangehörigen strafbar gemacht hat.
56.1.5.1 Von der Schutzvorschrift des § 56 Abs. 1 Nr. 5 werden folgende Ausländer erfasst:
56.1.5.1.1 – Asylberechtigte im Sinne von Artikel 16a Abs. 1 GG i. V. m. § 2 AsylVfG,
56.1.5.1.2 – ausländische Flüchtlinge, bei denen festgestellt wurde, dass die Voraussetzungen des § 60 Abs. 1 vorliegen (§ 3 AsylVfG),
56.1.5.1.3 – übernommene ausländische Flüchtlinge (Artikel 1 Abschnitt A GK, §§ 6 und 11 des Anhangs zur GK),
56.1.5.1.4 – Ausländer, die einen Reiseausweis für Flüchtlinge besitzen, der von einer Behörde der Bundesrepublik Deutschland ausgestellt worden ist.
56.1.5.2 Bei der Ausweisung wird vorausgesetzt, dass durch den Ausländer auch in Zukunft neue schwerwiegende Verfehlungen gegen gewichtige Schutzgüter der Allgemeinheit ernsthaft drohen. Hinsichtlich der Abschiebung ist § 60 Abs. 8 und 10 zu beachten. Im Falle einer Ermessensausweisung sind nach § 55 Abs. 3 Nr. 3 die in § 60a Abs. 2 genannten Gründe für die Aussetzung der Abschiebung hinreichend zu berücksichtigen.
56.1.5.3 Der Ausweisungsschutz des § 56 Abs. 1 Nr. 5 erstreckt sich nicht auf Ehegatten und Kinder des Ausländers, wenn diese nicht Familienasyl nach § 26 AsylVfG genießen; § 55 Abs. 3 findet Anwendung.

56.2 Minderjährige und Heranwachsende
56.2.1.1 § 56 Abs. 2 Satz 1 stellt sicher, dass ein heranwachsender Ausländer der zweiten Generation, dessen Aufenthalt sich im Bundesgebiet rechtlich verfestigt hat, sowie ein minderjähriger Ausländer, der eine Aufenthaltserlaubnis oder Niederlassungserlaubnis besitzt, lediglich im Ermessenswege ausgewiesen werden können. Bei der Ermessensentscheidung ist zu beachten, dass eine Ausweisung in der Regel dann nicht verhältnismäßig ist, wenn der Ausländer nur geringfügige Straftaten bzw. Jugendverfehlungen begangen hat und er keinerlei kulturelle, sprachliche und soziale Kontakte im Herkunftsland hat. Eine Ausweisung findet bei Vorliegen der Voraussetzungen der §§ 53, 54 nur nach Ermessen statt. Im Übrigen ist auch eine Ausweisung nach § 55 möglich.
56.2.1.2 Bei der Begriffsbestimmung des Heranwachsenden wird an das Jugendstrafrecht angeknüpft, wonach Heranwachsender ist, wer im Zeitpunkt der Tat 18, aber noch nicht 21 Jahre alt ist. Die Ausweisungsschutzvorschrift begünstigt heranwachsende Ausländer, die zum Zeitpunkt des Wirksamwerdens der Entscheidung der Ausländerbehörde das 21. Lebensjahr noch nicht vollendet haben. Weder der Zeitpunkt der Begehung der Straftat noch der Zeitpunkt der rechtskräftigen strafgerichtlichen Verurteilung ist für die Beurteilung der Sach- und Rechtslage hinsichtlich der Ausweisung eines heranwachsenden Ausländers maßgebend.
56.2.1.3 Das Tatbestandsmerkmal „im Bundesgebiet aufgewachsen" erfüllt auch ein Ausländer, der zwar erst im Alter von zehn Jahren in das Bundesgebiet eingereist ist, jedoch vor Vollendung seines 18. Lebensjahres über einen längeren Zeitraum, in den der überwiegende Teil der Schulzeit fällt, ununterbrochen in Deutschland gelebt hat.
56.2.2 § 56 Abs. 2 Satz 2 begünstigt Minderjährige, die im Bundesgebiet familiäre Anknüpfungspunkte haben. Die Ausweisung eines minderjährigen Ausländers, dessen Eltern oder dessen allein sorgeberechtigter Elternteil sich rechtmäßig im Bundesgebiet aufhalten, ist nach § 56 Abs. 2 Satz 2 grundsätzlich ausgeschlossen. Eine Ausweisung ist jedoch zulässig, wenn der minderjährige Ausländer die Voraussetzungen für eine zwingende Ausweisung nach § 53 erfüllt.
56.2.2.3 Die Ausweisung setzt eine rechtskräftige Verurteilung voraus und wird daher erst verfügt, wenn der Ausländerbehörde ein entsprechendes strafgerichtliches Urteil mit Rechtskraftvermerk vorliegt (vgl. § 87 Abs. 2 Nr. 3).
56.2.2.4 Begünstigt sind durch § 56 Abs. 2 Satz 2 minderjährige Ausländer ohne Rücksicht auf ihren aufenthaltsrechtlichen Status. Der Schutz gilt selbst im Falle eines unerlaubten Aufenthalts. Voraussetzung ist neben der Minderjährigkeit lediglich der rechtmäßige Aufenthalt beider Elternteile oder eines allein personensorgeberechtigten Elternteils im Bundesgebiet. Der Aufenthalt ist bis zum Erlöschen der Aufenthaltsgestattung rechtmäßig. Das alleinige Personensorgerecht muss sich aus einer familienrechtlichen Sorgerechtsentscheidung ergeben. Auch eine ausländische Sorgerechtsentscheidung ist zu berücksichtigen, wenn sie nicht aus Sicht der deutschen Rechtsordnung gegen den Ordre public verstößt. Der Ausweisungsschutz erfordert nicht eine familiäre Lebensgemeinschaft der Eltern oder des personensorgeberechtigten Elternteils mit dem minderjährigen Ausländer. Geschützt ist auch der bei einem Dritten oder in einer Jugendhilfeeinrichtung untergebrachte Minderjährige. Die Schutzwirkung

Besonderer Ausweisungsschutz § 56 AufenthG 1

des § 56 Abs. 2 Satz 2 entfällt, wenn der Ausländer das 18. Lebensjahr vollendet hat. Maßgeblicher Zeitpunkt für die Beurteilung der Sach- und Rechtslage ist grundsätzlich die Entscheidung der Ausländerbehörde bzw. der Widerspruchsbehörde.

56.3 Fälle des vorübergehenden Schutzes
§ 56 Abs. 3 dient der Umsetzung des Artikels 28 der Richtlinie über die Gewährung von vorübergehendem Schutz. Da die Richtlinie die Ausstellung eines Aufenthaltstitels verlangt, kann der Aufenthaltstitel auch nur in den Fällen durch Ausweisung entzogen werden, in denen die Richtlinie die Versagung des vorübergehenden Schutzes gestattet. Danach kann in Fällen, in denen der Ausländer eine Aufenthaltserlaubnis nach § 24 oder nach § 29 Abs. 4 besitzt, eine Ausweisung nur dann erfolgen, wenn ein Ausschluss des Abschiebungsverbotes gemäß § 60 Abs. 8 vorliegt.

56.4 Asylantragsteller
56.4.0 Asylantragsteller i. S. d. § 56 Abs. 4 sind Ausländer, die einen Asylantrag förmlich gestellt haben, der nicht nur auf die Feststellung des Vorliegens der Voraussetzungen nach § 60 Abs. 1 AuslG beschränkt ist (vgl. § 13 AsylVfG) und über den noch nicht unanfechtbar entschieden ist.
56.4.1 Hat ein nach § 56 Abs. 4 begünstigter Ausländer, über dessen Asylantrag noch nicht unanfechtbar entschieden ist, einen Ausweisungstatbestand erfüllt, ohne dass ein schwerwiegender Ausweisungsgrund i. S. v. § 56 Abs. 1 vorliegt, kann er unter der aufschiebenden Bedingung ausgewiesen werden, dass das Asylverfahren ohne Anerkennung als Asylberechtigter abgeschlossen wird (§ 56 Abs. 4 Satz 1).
56.4.2 Von der Aufnahme dieser Bedingung in der Ausweisungsverfügung wird abgesehen, wenn
56.4.2.1 – der Ausländer aus schwerwiegenden Gründen der öffentlichen Sicherheit und Ordnung ausgewiesen werden kann, oder
56.4.2.2 – eine Abschiebungsandrohung vor Abschluss des Asylverfahrens vollziehbar geworden ist.
56.4.3.1 Im Falle der Ausweisung eines Asylantragstellers ist beim Bundesamt für Migration und Flüchtlinge auf eine bevorzugte und beschleunigte Behandlung des Asylverfahrens hinzuwirken. Die Polizei unterrichtet die zuständige Ausländerbehörde unverzüglich unter Angabe der gesetzlichen Vorschriften über ein von der Staatsanwaltschaft eingeleitetes Ermittlungsverfahren gegen einen Asylantragsteller (§ 87 Abs. 4 und § 88). Angaben zum Tatvorwurf sind unzulässig. Im Hinblick auf § 72 Abs. 4 ist die Staatsanwaltschaft zu beteiligen.
56.4.3.2 Die Meldung an das Bundesamt wegen beschleunigter Durchführung des Asylverfahrens kommt in Betracht, wenn ein Asylantragsteller einer erheblichen Straftat, insbesondere eines Verbrechens oder eines besonders schweren Falls des Diebstahls oder der gewerbsmäßigen Hehlerei, eines Betäubungsmitteldelikts, eines Sexualdelikts oder eines vorsätzlichen Delikts der Körperverletzung verdächtig ist oder wenn er als Wiederholungs- bzw. Mehrfachtäter in Erscheinung getreten ist, wobei insoweit auch Straftaten der mittleren und leichten Kriminalität genügen. Eine Meldung entfällt dann, wenn bezüglich etwaiger Vortaten der Tatverdacht entfallen ist. Die Ausländerbehörde unterrichtet das Bundesamt über die Erledigung eines gemeldeten strafrechtlichen Ermittlungsverfahrens.

Übersicht

	Rn
I. Entstehungsgeschichte	1
II. Allgemeines	2
III. Besonders geschützte Gruppen	3
1. Schwerwiegende Gründe der öffentlichen Sicherheit und Ordnung	3
2. Geschützte Personengruppen	9
3. Minderjährige und Heranwachsende	13
IV. Asylbewerber	16

I. Entstehungsgeschichte

Die Vorschrift entspricht im Wesentlichen dem **GesEntw** (BT-Drs 15/420 S. 22 f). Aufgrund des Vermittlungsverf (BT-Drs 15/3479 S. 9) wurde in Abs 1 der S. 3 eingefügt. **1**

II. Allgemeines

Besonderen Ausweisungsschutz gewährt das Ges gegenüber den Ausweisungsgründen der **2** §§ 53 bis 55 in **verschiedenartiger Weise.** Dabei bleiben vr Beschränkungen ebenso unberührt wie § 55 III (dazu § 55 Rn 63 ff, 73 ff). In Abs 1 sind fünf Personengruppen abschließend aufgezählt, deren Mitglieder nur aus besonderen Gründen ausgewiesen werden dürfen. Abs 2 enthält Beschränkung der Ausweisungsgründe zugunsten Minderjähriger u. Heranwachsender u. Abs 3 zugunsten zum vorläufigen Schutz aufgenommener Personen. Abs 4 regelt die bedingte Ausweisung während des Asylverf (vgl dazu Wegner, ZAR 1992, 121). Der Schutz des Abs 1 kann sich gegenüber jedem Ausweisungsgrund auswirken; in den Fällen der §§ 53 u. 54 führt er zu einer Veränderung des Entscheidungsrahmens der AuslBeh. Abs. 1 wird nicht allein dadurch unanwendbar, dass der Ausl eine „schwere Straftat" begangen hat (so aber zu § 47 I AuslG BayVGH, InfAuslR 1992, 45). Die unterschiedlichen Privilegierungen von Minderjährigen u. Heranwachsenden sind im Zusammenhang mit den sonstigen Schutzvorschriften in Abs 1 zu sehen u. auszulegen (insgesamt zum Schutz von Kindern ausl Eltern vgl Renner in Sachverständigenkommission 11. Kinder- u. Jugendbericht, Bd 5, 2002, S. 71 ff).

III. Besonders geschützte Gruppen

1. Schwerwiegende Gründe der öffentlichen Sicherheit und Ordnung

3   Die enumerativ genannten Gruppen genießen **keinen absoluten Schutz** vor Ausweisung. Ihnen zuzurechnende Ausl dürfen ausgewiesen werden, wenn in ihrer Person schwerwiegende Gründe der öffentl Sicherheit u. Ordnung vorliegen. Zur Auslegung dieses Kriteriums genügt nicht der Hinweis darauf, dass Ausweisungstatbestände der in §§ 53 bis 55 bezeichneten Art schwer wiegen; die öffentl Sicherheit u. Ordnung muss vielmehr bei einem weiteren Verbleib des Ausl schwerwiegend beeinträchtigt sein. Einen Maßstab hierfür hält das Ges nur insofern bereit, als es die Fälle der §§ 53, 54 Nr 5, 5 a u. 7 idR als schwerwiegend ansieht.

4   Die öffentl Sicherheit u. Ordnung kann insb in den Fällen der §§ 53 u. 54 für die Vergangenheit allein wegen des Gewichts der Straftat schwer beeinträchtigt sein. Ob der weitere Aufenthalt des Ausl für die Zukunft dennoch hingenommen werden kann, hängt aber von einer **Gefahrenprognose** ab. In den §§ 53 u. 54 ist diese kraft Ges erfolgt, u. hieraus kann man auch sonst allg auf die besondere Schwere der Straftat u. die besondere Gefährlichkeit des Ausl schließen (zu § 47 II AuslG ebenso: Wegner, ZAR 1992, 21; OVG NRW, InfAuslR 1993, 85). Auf eine individuelle Gefahrenprognose für die öffentl Sicherheit u. Ordnung darf dennoch nicht verzichtet werden. In sie sind die Gesamtumstände der Tat u. ihre Folgen ebenso einzubeziehen wie die persönlichen Lebensverhältnisse des Ausl, soweit sie für die mögliche zukünftige Gefährdung von Bedeutung sein können. In diesem Zusammenhang ist jeglicher Schematismus schon wegen der Verschiedenartigkeit der geschützten Personengruppen unangemessen. Diese können sich nämlich zT (Nr 3–5) unmittelbar aufgrundrechte (Art. 6 I, II u. 16 a GG) u. zT (Nr 1, 2) auf die verfassungsrechtlichen Grundsätze des Vertrauensschutzes u. der Verhältnismäßigkeit berufen.

5   **Schwerwiegende Gründe** iSd Abs 1 (zum Verhältnis zu Art 3 III ENA vgl § 55 Rn 82–85) liegen nur dann vor, wenn eine erhebliche Gefährdung durch den Ausl festgestellt ist; es genügen keine schwerwiegenden Gründe (bloß) für eine derartige Annahme (BVerwGE 49, 202) u. erst recht kein (bloß) überwiegendes öffentl Interesse (so aber wohl OVG NRW, EZAR 035 Nr 2). Fälle der mittleren oder schweren Kriminalität gehören idR dazu, nicht aber Ordnungswidrigkeiten, Übertretungen oder allg minder bedeutsame Verstöße gegen Strafges (BVerwGE 62, 215). Schwerwiegend kann die Gefährdung durch terroristische Anschläge sein, u. zwar allein wegen der Schwere der möglichen Schäden (BVerwG, EZAR 120 Nr 4; OVG RhPf, InfAuslR 1991, 158).

6   Bei einer **spezialpräventiven** Ausweisung muss in Zukunft eine schwere Gefährdung durch neue Verfehlungen des Ausl ernsthaft drohen, dh von ihm muss eine bedeutsame Gefahr für ein wichtiges Schutzgut ausgehen (BVerwG, EZAR 035 Nr 16). Das öffentl Interesse an der Aufenthaltsbeendigung muss das private am weiteren Verbleib eindeutig

Besonderer Ausweisungsschutz **§ 56 AufenthG 1**

überwiegen (BVerwG, EZAR 035 Nr 10). Bei Strafaussetzung zur Bewährung muss die AuslBeh Persönlichkeit u. soziales Umfeld besonders sorgfältig ermitteln (HessVGH, NVwZ 1993, 204). Die qualifizierte Wiederholungsgefahr kann vor allem bei Aussetzung der Strafvollstreckung für einen Ersttäter fraglich sein (BVerwG, EZAR 227 Nr 1; vgl auch BayVGH, InfAuslR 1994, 396; OVG NRW, EZAR 227 Nr 3) oder nach Verbüßung einer längeren Strafe u. straffreier Führung nach Haftentlassung (OVG RhPf, NVwZ-RR 1991, 434).

Bei **generalpräventiven** Ausweisungen muss die Straftat besonders schwer wiegen u. 7 deshalb ein dringendes Bedürfnis für die Abschreckung anderer Ausl vor ähnlichen Straftaten bestehen (BVerfGE 51, 386; BVerwGE 81, 155; BVerwG, EZAR 035 Nr 14 u. 16). Auch insoweit ist eine schematische Verfahrensweise nicht angebracht; die Eignung zur Prävention muss vielmehr konkret nach den Einzelfallumständen festgestellt werden. Auch bei Drogendelikten kann auf eine Differenzierung, vor allem nach Art, Menge u. Gefährlichkeit des Rauschmittels, nicht verzichtet werden (betr Haschisch vgl VGH BW, InfAuslR 1993, 16; aA betr Haschisch BVerwG, 035 Nr 10; betr Heroin OVG Lüneburg, InfAuslR 1993, 21; betr Heroin VGH BW, InfAuslR 1994, 135; zur Differenzierung beim Drogenkonsum § 55 Rn 35 ff). Bei Drogendelikten wird Generalprävention zT trotz Strafaussetzung nach § 56 StGB für zulässig erachtet (zB BVerwG, EZAR 035 Nr 20). Schließlich hat der Ausl desto einschneidendere Eingriffe rechtlicher u. tatsächlicher Art selbst hinzunehmen, je extremer seine Verstöße sind (VGH BW, EZAR 035 Nr 9).

Auch bei Vorliegen schwerwiegender Gründe ist die Ausweisung **nicht** unter allen 8 Umstände die **zwingende Folge**. In den Fällen des § 54 hat die AuslBeh Ermessen auszuüben u. dabei nicht nur die Gesichtspunkte des § 55 III, sondern vor allem die Besonderheiten der jew Gruppe des Abs 1 zu berücksichtigen. In Fällen des § 53 muss die AuslBeh sorgfältig ermitteln, ob eine Ausnahme von der aufgrund des Ausweisungsschutzes nach Abs 1 S. 4 umgewandelten Regelausweisung geboten ist. Bei Personen des Abs 1 Nr 2 müssen die Regelungen der §§ 32 bis 35 mitbedacht werden (zu § 26 III 3 AuslG vgl OVG Hamburg, EZAR 033 Nr 2), bei Familienangehörigen von Dt (Abs 1 Nr 4) auch deren Interessen (HessVGH, EZAR 035 Nr 1).

2. Geschützte Personengruppen

Die Regelungen des Abs 1 S 1 begünstigen Personengruppen ganz unterschiedlicher Art; 9 damit sollte nicht ihre Gleichwertigkeit erreicht, sie sollten nur zusammengestellt werden (vgl BT-Drs. 11/6321 S. 73). Nr 2 stellt im Bundesgebiet geborene und/oder aufgewachsene Ausl mit **verfestigtem AufR** den Besitzern einer NE (Nr 1) gleich. Im Inland aufgewachsen ist nur, wer hier weitaus überwiegend gelebt hat u. hier geprägt wurde (VGH BW, EZAR 035 Nr 20). Nr 3 u. 4 dienen im Wesentlichen der Sicherung des **Familiennachzugs** (das Verlöbnis mit einer Dt genügt nicht, OVG NRW, EZAR 032 Nr 2). Es muss eine Lebensgemeinschaft bestehen (dazu § 27 Rn 21 ff; VGH BW, EZAR 035 Nr 4; zum Nachweis bei vorangegangener „Scheinehe" VGH BW, 035 Nr 22), das bloße Eheband schützt nicht. Zeitweiliges Getrenntleben ist unschädlich (HessVGH, 025 Nr 15), die Ehe darf aber nicht erst nach Inhaftierung geschlossen sein (BayVGH, EZAR 035 Nr 30). Eine NE oder AE besitzt nur, wem sie bereits erteilt ist; ein Anspruch genügt nicht. Die Aufzählung ist abschließend; Geburt u. Aufwachsen in Deutschland vermitteln für sich genommen keinen Schutz nach Abs 1 (BayVGH, InfAuslR 1995, 7; OVG NRW, EZAR 035 Nr 3; aA OVG Hamburg, EZAR 035 Nr 5).

Nach Nr 5 sind politisch **Verfolgte** u. andere **Flüchtlinge** begünstigt. Zunächst sind dies 10 nach §§ 1, 4 AsylVfG förmlich als asylber anerkannte politisch Verfolgte. Hinzu kommen Ausl, für die die Voraussetzungen des § 60 I festgestellt sind u. die deshalb die Rechtsstellung von GK-Flüchtlingen genießen (§ 3). Zu dieser Kategorie zählt auch, wer im Ausland als GK-Flüchtling anerkannt ist, falls die BR Deutschland ihn als solchen aufgenommen hat (dazu allg BVerfGE 52, 391); die Anerkennung des ausl GK-Reiseausweises (Art 28 GK) stellt keine derartige Maßnahme dar, weil sie nur das Reisen ermöglicht. Schließlich sind die Inhaber eines in Deutschland ausgestellten GK-Reiseausweises privilegiert. Asylbew mit beachtlichem Asylantrag gehören nicht zu den durch Nr 5 geschützten Personen (OVG Bremen, EZAR 035 Nr 2). Zum vorläufigen Schutz nach § 24 aufgenommene Personen sind in der Weise verstärkt geschützt, dass sie nur nach § 24 II ausgewiesen werden dürfen (Abs 3), also nur bei Vorliegen der Voraussetzungen des § 60 VIII.

11   Die Möglichkeit der Ausweisung Asylber oder anderer politisch Verfolgter verstößt nicht gegen Art 16a GG (zu Art 16 II 2 GG aF vgl BVerwGE 49, 202; BVerwGE 62, 36; BVerwG, EZAR 120 Nr 4). Obwohl insoweit gewisse **Bedenken** bestehen können, ist die nur beschränkte Bedeutung der Ausweisung zu beachten, die den Ausl lediglich zum Verlassen des Bundesgebiets zwingt (§ 50 I), nicht aber zur Einreise in den Verfolgerstaat (Renner, NVwZ 1983, 649, 654 mwN auch zu aA in Fn 58). Der besonderen Gefährdung politisch Verfolgter wird in der Rspr dadurch Rechnung getragen, dass ein schwerwiegender Ausweisungsanlass u. eine ernsthafte Gefahr erneuter schwerer Verfehlungen verlangt werden (vgl zB BVerwGE 81, 155; HessVGH, NVwZ 1993, 204). Außerdem muss geprüft werden, ob als milderes Mittel uU eine Beschränkung der politischen Betätigung in Betracht kommt (VGH BW, EZAR 035 Nr 25 bei Teilnahme an einer Autobahn-Blockade).

12   In den Fällen des erhöhten Ausweisungsschutzes nach Abs 1 S. 1 (nicht Abs 2 oder 3) erfordert die Ausweisung zunächst einen schwerwiegenden Grund, wobei die Tatbestände des Abs 1 idR als solche gelten (Abs 1 S. 3). Sodann werden sie jew **herabgestuft**. Eine zwingende Ausweisung findet in keinem Fall statt. Die besonderen Umstände der Aufenthaltsverfestigung in den Fallgruppen des Abs 1 S. 1 müssen sowohl bei der Prüfung des Ausnahmefalls bei der Regelausweisung als auch im Rahmen des Ermessens berücksichtigt werden, wenn sie auch nicht zu einer mehrfachen Privilegierung führen dürfen.

3. Minderjährige und Heranwachsende

13   Besonders privilegiert sind (im Zeitpunkt der Ausweisung) **Minderjährige** mit AE oder NE u. im Bundesgebiet geborene **Heranwachsende** mit NE. Sie brauchen (anders als nach § 48 II 1 AuslG) nicht mit den Eltern in häuslicher Gemeinschaft zu leben. Sie können nur nach Ermessen ausgewiesen werden, auch wenn sie einen der Tatbestände der §§ 53, 54 erfüllen. Minderjährige sind zusätzlich geschützt, wenn die Eltern oder der allein personensorgeberechtigte Elternteil rechtmäßig in Deutschland leben; dann dürfen sie nur in Fällen des § 53 ausgewiesen werden. Im Rahmen des dann allein maßgeblichen Ermessens sind vor allem das Lebensalter u. die damit verbundenen Nachteile bei einer Ausreise in den Heimatstaat (uU ohne Eltern) besonders zu berücksichtigen.

14   In Deutschland **aufgewachsen** ist ein Ausl, der Kindheit u. Jugend überwiegend hier verbracht hat u. dessen Leben hier geprägt worden ist (Fraenkel, S. 259). Der Aufenthalt braucht nicht ununterbrochen angedauert zu haben; auch Wiederkehrer können begünstigt sein (Fraenkel, aaO). Erstmalige Einreise mit zwölf Jahren genügt nicht (OVG NRW, EZAR 032 Nr 2), wohl aber sieben Jahre vor Vollendung des 16. Lebensjahres (OVG NRW, EZAR 035 Nr 11); fraglich ist dies im Falle der Einreise nach früherem Aufenthalt von zweimal vier Jahren (OVG NRW, EZAR 032 Nr 1).

15   Die Ausweisungsbeschränkungen des Abs 2 dienen dem besonderen **Schutzbedürfnis** des Minderjährigen u. des Heranwachsenden sowie der Eltern-Kind-Beziehung (Art. 6 I, II GG; dazu allg Kölbel/Müller, ZAR 1999, 23; Rux, ZAR 2002, 416). Der Minderjährige braucht nicht bei seinen Eltern oder dem allein sorgeberechtigten Elternteil zu wohnen; deren Aufenthalt muss aber rechtmäßig sein (im Falle ihrer Ausweisung ist deren Rechtmäßigkeit summarisch zu überprüfen (BayVGH, EZAR 035 Nr 24). Der Heranwachsende muss im Bundesgebiet geboren oder aufgewachsen sein u. bei seinen Eltern (nicht bei einem Elternteil) leben. Die Voraussetzungen (Minderjährigkeit ua) müssen im Zeitpunkt der Ausweisung gegeben sein, also ggf bei Erlass des Widerspruchsbescheids (BVerwG, EZAR 035 Nr 19; VGH BW, EZAR 035 Nr 9; OVG Hamburg, EZAR 035 Nr 17). Die AuslBeh

Besonderer Ausweisungsschutz § 56 **AufenthG 1**

darf dies aber nicht durch Verzögerungen umgehen (Fraenkel, S. 260). Durch Verzögerungen entstehende Schutzlücken sind zu beanstanden (dazu Mazanke, NVwZ 1996, 147; Ventzke, InfAuslR 1995, 195; dazu auch Renner, AiD Rn 7/306).

IV. Asylbewerber

Während Asylber der besondere Ausweisungsschutz nach Abs 1 zuteil wird, steht für 16 Asylbew ein **differenzierteres Instrumentarium** zur Verfügung. Dieses entspricht der besonderen aufr Stellung des Asylbew, deren Aufenthalt nach Beantragung von Asyl kraft Ges gestattet ist (§ 55 I AsylVfG). Es versteht sich von selbst, dass eine Ausweisung nach erfolglosem Abschluss des Asylverf auch ohne besondere ges Ermächtigung statthaft ist u. grundsätzlich keinen Bedenken im Blick auf Art 16 a I GG begegnet.

Problematischer kann die Ausweisung eines Ausl mit einem unbeachtlichen oder mit 17 einem beachtlichen Asylantrag erscheinen, der noch nicht beschieden ist. Letztlich ist aber auch hier darauf abzustellen, dass die Ausweisung nur zur Ausreise u. nicht zur Rückkehr in den (angeblichen) Verfolgerstaat zwingt. Ob dem Ausl Abschiebungsschutz nach § 60 zusteht, ist im Zusammenhang mit der asylr Abschiebungsandrohung zu entscheiden (§§ 34 ff AsylVfG).

Die nach Abs 1 S. 1 zulässige (früher unzulässig: OVG NRW, EZAR 221 Nr 25) **be-** 18 **dingte Ausweisung** ist mit Art 16 a I GG vereinbar. Sie berührt die Rechtsstellung des Asylbew vor u. nach der Anerkennungsentscheidung nicht. Sie gefährdet das vorläufige Bleiberecht während des Verf nicht u. ist auch insoweit asylr unbedenklich, als sie den Aufenthalt nach erfolglosem Abschluss des Anerkennungsverf beendet. Werden auf einen Asylantrag nur die Voraussetzungen des § 60 I festgestellt (§§ 13, 31 II AsylVfG), ist die (aufschiebende) Bedingung eingetreten. Auch dies ist unbedenklich, weil Abschiebungsschutz u. AE (§ 25 II) gewährleistet sind. In diesem Zusammenhang hat die AuslBeh keine Abschiebungshindernisse zu prüfen, für die allein das BAMF zuständig ist (VGH BW, EZAR 033 Nr 19).

Die aufr Stellung des Asylbew darf zudem – durch eine bedingungslose Ausweisung – 19 unter denselben Voraussetzungen wie bei Asylber durchbrochen werden, also durch eine Ausweisung aus **schwerwiegenden Gründen** der öffentl Sicherheit u. Ordnung. Hiergegen sind verfassungsrechtlichen Bedenken nicht zu erheben, weil der Asylbew nicht besser gestellt sein muss als der Asylber (zu letzterem Rn 11). Die Ausweisung darf auch nach Ergehen einer für den Asylbew günstigen behördlichen oder gerichtlichen Entscheidung im Asylverf erfolgen (BVerwG, InfAuslR 1985, 303).

Außer für den Fall schwerwiegender Gründe war die Ausweisung zunächst nur im 20 Anschluss an die Ablehnung des **Asylantrags als offensichtlich unbegründet** (§ 11 AsylVfG 1982) vorgesehen. Dies konnte mit der Überlegung, dass eine zwangsweise Rückkehr in den (angeblichen) Verfolgerstaat damit nicht verlangt wurde, gerechtfertigt werden (dazu Rn 11). Abschiebungsfragen waren in der Abschiebungsandrohung nach § 11 II iVm § 10 AsylVfG 1982 zu prüfen.

Seit 1. 7. 1992 ist die 2. Alt auf alle Fälle **erweitert,** in denen eine vollziehbare Abschie- 21 bungsandrohung aufgrund AsylVfG existiert (früher § 48 III AuslG); die Unterscheidung zwischen beachtlichen u. unbeachtlichen Asylanträgen wurde aufgegeben, weil sich die Bedeutung dieser Kategorien gegenüber früher geändert hat (vgl §§ 7 II, III, 10 I, 14 I AsylVfG 1982 einerseits u. §§ 27, 29, 30 AsylVfG andererseits). Die Vorschriften des § 60 sind damit nicht außer Acht gelassen. Sie sind Gegenstand der Entscheidung des BAMF nach §§ 31, 34, 35 AsylVfG. Die Vollziehbarkeit richtet sich, solange die Entscheidung nicht bestandskräftig ist, nach §§ 34, 36, 37, 39, 43, 75 AsylVfG.

Abschnitt 2. Durchsetzung der Ausreisepflicht

§ 57 Zurückschiebung

(1) ¹Ein Ausländer, der unerlaubt eingereist ist, soll innerhalb von sechs Monaten nach dem Grenzübertritt zurückgeschoben werden. ²Abweichend hiervon ist die Zurückschiebung zulässig, solange ein anderer Staat aufgrund einer zwischenstaatlichen Übernahmevereinbarung zur Übernahme des Ausländers verpflichtet ist.

(2) Ein ausreisepflichtiger Ausländer, der von einem anderen Staat rückgeführt oder zurückgewiesen wird, soll unverzüglich in einen Staat zurückgeschoben werden, in den er einreisen darf, es sei denn, die Ausreisepflicht ist noch nicht vollziehbar.

(3) § 60 Abs. 1 bis 5, 8, 9 und § 62 finden entsprechende Anwendung.

Vorläufige Anwendungshinweise

57 Zu § 57 Zurückschiebung

57.0 Allgemeines
57.0.1 Die Zurückschiebung ist eine aufenthaltsbeendende Maßnahme. Sie hat grundsätzlich Vorrang vor der Abschiebung.
57.0.2 Für die Festnahme, die Anordnung und Durchführung der Zurückschiebung sind die Ausländerbehörden, die Polizeien der Länder und an der Grenze die mit der polizeilichen Kontrolle des Grenzüberschreitenden Verkehrs beauftragten Behörden (Grenzbehörden) zuständig (§ 71 Abs. 1, Abs. 3 Nr. 1 und Abs. 5).
57.0.3 Die Zuständigkeit für die Zurückschiebung umfasst unbeschadet landesrechtlicher Vorschriften über die Verwaltungsvollstreckung
57.0.3.1 – die Feststellung der Zurückschiebungsvoraussetzungen,
57.0.3.2 – die Anordnung der Zurückschiebung,
57.0.3.3 – soweit erforderlich die Festnahme und die Beantragung von Haft nach § 62 Abs. 2,
57.0.3.4 – den tatsächlichen Vollzug der Zurückschiebung, d. h. den Transport des Ausländers bis zur Grenze und über die Grenze hinaus bis zum ausländischen Zielort, einschließlich der den Vollzug sichernden Maßnahmen (Begleitung des Ausländers, Anwendung von Zwangsmitteln),
57.0.3.5 – den Erlass eines Leistungsbescheids (§ 66 Abs. 1 und 4) und das Verlangen einer Sicherheitsleistung (§ 66 Abs. 5). Wird die Zurückschiebung von einer Landesbehörde durchgeführt, bleibt die Grenzbehörde für die Rückführung zuständig (§ 71 Abs. 3 Nr. 1). Die Ausländerbehörde oder die Polizei des Landes kann den Ausländer daher auch an der Grenze der Grenzbehörde zur Rückführung in einen anderen Staat übergeben.
57.0.4 Unterbleibt die Zurückschiebung an der Grenze, weil gegen den Ausländer aufgrund eines Strafverfahrens ein Haftbefehl erwirkt oder vollstreckt werden soll, so geht die Zuständigkeit für die Zurückschiebung von der Grenzbehörde auf die Ausländerbehörde über.
57.0.5 Die Zurückschiebung entfaltet die Sperrwirkung des § 11 Abs. 1 Satz 1. Er darf nicht in das Bundesgebiet einreisen und sich dort aufhalten. Ihm darf auch bei Vorliegen eines gesetzlichen Anspruchs kein Aufenthaltstitel erteilt werden.
57.1 Voraussetzung und Ziel der Zurückschiebung
57.1.0 Die Zurückschiebung setzt voraus, dass der Ausländer gemäß § 58 Abs. 2 Satz 1 Nr. 1 vollziehbar ausreisepflichtig ist.
57.1.1 In den Fällen der unerlaubten Einreise gemäß § 14 Abs. 1 Nr. 1 und Nr. 3 ist die Ausreisepflicht stets vollziehbar (§ 58 Abs. 2 Satz 1 Nr. 1). Reist ein Ausländer, der im Zeitpunkt der Einreise einen gültigen Aufenthaltstitel besitzt, lediglich deshalb unerlaubt ein, weil er keinen gültigen Pass besitzt (§ 14 Abs. 1 Nr. 2), ist er nicht gemäß § 50 Abs. 1 ausreisepflichtig und kann bis zum vollziehbaren Widerruf des Aufenthaltstitels (vgl. § 52 Abs. 1 Nr. 1) oder bis zum Ablauf ihrer Gültigkeitsdauer nicht zurückgeschoben werden.
57.1.2 Bei Ausländern, die bis zur Ausweisung oder Abschiebung nach Europäischem Gemeinschaftsrecht freizügigkeitsberechtigt waren, ist der Tatbestand der unerlaubten Einreise dann erfüllt, wenn er entgegen der gesetzlichen Wiedereinreisesperre eingereist ist (§ 14 Abs. 1 Nr. 3).

Zurückschiebung § 57 AufenthG 1

57.1.3 Ausländer, die unerlaubt eingereist sind, können – unbeschadet der in zwischenstaatlichen Übernahmeabkommen festgelegten Fristen – nicht mehr zurückgeschoben werden, wenn sie sich länger als sechs Monate unerlaubt in Deutschland aufgehalten haben. In diesem Fall ist nur die Abschiebung möglich.
57.1.4 Ist ein Ausländer unerlaubt eingereist, ist unverzüglich zu ermitteln, wo und wann er die Grenze überschritten hat, damit diese Umstände im Falle der Zurückschiebung nachweisbar sind. Ob der Staat, in den die Zurückschiebung erfolgen soll, zur Übernahme verpflichtet ist, richtet sich nach dem mit diesem Staat bestehenden Übernahmeabkommen. Unabhängig von bestehenden Übernahmeabkommen ist der Staat, dessen Staatsangehörigkeit der Ausländer besitzt, völkerrechtlich zur Rückübernahme verpflichtet (siehe 15.0.3).
57.1.5 Verweigert der Ausländer Angaben darüber, seit wann er sich in Deutschland aufhält, und liegen auch keine sonstigen Erkenntnisse darüber vor, kann davon ausgegangen werden, dass seit der unerlaubten Einreise noch keine sechs Monate vergangen sind.
57.1.6 Die Soll-Vorschrift des § 57 Abs. 1 Satz 1 schreibt vor, dass die Zurückschiebung in der Regel zu erfolgen hat. Demzufolge ist es den Behörden gestattet, den besonderen Umständen des Einzelfalls Rechnung zu tragen und nur in Ausnahmefällen von der Zurückschiebung abzusehen. Einschränkungen können sich aus dem Grundsatz der Verhältnismäßigkeit, aus humanitären Erwägungen, aber auch in Fällen besonderen öffentlichen Interesses ergeben. In den Fällen, in denen an der Grenze nach § 13 AufenthaltsV ein Notreiseausweis als Passersatz ausgestellt werden könnte, ist im Allgemeinen eine Zurückschiebung nicht geboten. Wird der Ausländer nicht zurückgeschoben, so teilt die Grenzbehörde dies der für den Ort der Einreise zuständigen Ausländerbehörde mit, die über den aufenthaltsrechtlichen Status des Ausländers entscheidet.
57.1.7 Besteht gegen den Ausländer der Verdacht einer auslieferungsfähigen Auslandsstraftat, so ist von der Zurückschiebung bis zur Entscheidung der Staatsanwaltschaft bei dem zuständigen Oberlandesgericht abzusehen, wenn ansonsten die Auslieferung des Ausländers unmöglich wäre (vgl. Nummer 35 der Richtlinie für den Verkehr mit dem Ausland in strafrechtlichen Angelegenheiten – RiVASt –).

57.2 Zurückschiebung rückgeführter und zurückgewiesener Ausländer
57.2.1 Ausländer, die vollziehbar ausreisepflichtig sind, können gemäß § 57 Abs. 2 zurückgeschoben werden, wenn sie von einem anderen Staat rückgeführt oder zurückgewiesen worden sind. Der Staat, aus dem der Ausländer rückgeführt oder von dem er zurückgewiesen worden ist, scheidet als Zielstaat aus.
57.2.2 Ausreisepflichtig ist ein Ausländer, der einen erforderlichen Aufenthaltstitel nicht oder nicht mehr besitzt (§ 50 Abs. 1). Die Vollziehbarkeit bestimmt sich nach § 58 Abs. 2. Die Zurückschiebung setzt die Festsetzung einer Ausreisefrist nicht zwingend voraus. Für den Fall, dass eine Ausreisefrist nach § 50 Abs. 2 festgesetzt wurde, ist sie erst dann zulässig, wenn diese Frist abgelaufen ist.
57.2.3 Die Zurückschiebung ist unzulässig, solange der Ausländer noch eine Duldung besitzt. Die Zurückschiebung kommt nicht in Betracht, wenn ein geduldeter Ausländer versucht auszureisen, aber von dem anderen Staat zurückgewiesen wird. Wird hingegen ein geduldeter Ausländer nach einer Ausreise nach Deutschland rückgeführt, ist mit der Ausreise die Duldung erloschen und steht einer Zurückschiebung nicht entgegen.
7.2.4 Sofern auch eine Zurückweisung gemäß § 15 Abs. 1 anstelle einer Zurückschiebung gemäß § 57 Abs. 2 in Frage kommt, geht die Zurückweisung der Zurückschiebung vor. Der Ausländer ist nicht zurückzuschieben, sondern zurückzuweisen, wenn er von einem anderen Staat nach Deutschland rückgeführt wird und bereits über die erforderlichen Einreisevoraussetzungen für einen dritten Staat verfügt.

57.3 Zurückschiebungsverbote und -hindernisse sowie Zurückschiebungshaft
57.3.1 Der Zielstaat für die Zurückschiebung ist der Herkunftsstaat oder jeder andere Drittstaat. Ein Ausländer soll grundsätzlich nicht in einen Schengen-Staat zurückgeschoben werden. Verfügt der Ausländer über einen Aufenthaltstitel oder über einen vorläufigen Aufenthaltstitel eines Schengen-Staats, soll er in diesen Staat zurückgeschoben werden (vgl. Artikel 23 Abs. 2 SDÜ).
57.3.2 Für die sofortige Zurückschiebung ist keine Haft oder Ingewahrsamnahme erforderlich, wenn keine Verzögerungen bei der Durchführung auftreten und der Ausländer nicht in einem Gewahrsamsraum wegen Fluchtgefahr untergebracht werden muss. Die Anwendung unmittelbaren Zwangs im Rahmen der Zurückschiebung stellt für sich allein noch keine Freiheitsentziehung dar. Kann die Zurückschiebung nicht unverzüglich erfolgen, ist Sicherungshaft gemäß § 62 Abs. 2 zu beantragen. Eine kurzfristig notwendige Freiheitsentziehung kann auch auf die Befugnis zur Ingewahrsamnahme nach ordnungsrechtlichen Vorschriften gestützt werden (auch § 46 Abs. 1). Im Rahmen der höchst-

509

zulässigen Frist für den Gewahrsam kann auch eine Freiheitsentziehung bis zur Entscheidung über die Haft nach § 62 gerechtfertigt werden (vgl. § 13 FEVG).

57.3.3 Für die Zurückschiebung findet § 60 Abs. 1 bis 5, 8, 9 entsprechende Anwendung (siehe Nummern 15.4, 62.3.4)

I. Entstehungsgeschichte

1   Die Vorschrift entspricht in vollem Unfang dem **GesEntw** (BT-Drs 15/420 S. 23).

II. Allgemeines

2   Zurückschiebung setzt anders als die Zurückweisung die **Beendigung der Einreise** voraus u. stellt daher wie die Abschiebung (§ 58) eine aufenthaltsbeendende Maßnahme dar, mit der die Sperrwirkung des § 11 I ausgelöst wird. Sie greift ebenso wie die Abschiebung nur bei bestehender Ausreisepflicht ein, folgt aber nicht den Bestimmungen über die Abschiebung, sondern ist ähnlich ausgestaltet wie die Zurückweisung (§ 15). Da sie einen bereits begründeten illegalen Aufenthalt beenden soll, bedarf es anderer Regeln. Eine Zurückweisung nach Ergreifen kommt nicht mehr in Betracht, weil der Versuch der Einreise bereits gelungen ist. Die Zurückschiebung ist nach Verf u. Zuständigkeit klar gegenüber der Abschiebung abzugrenzen, weil letztere das allgemeinere Zwangsmittel der Aufenthaltsbeendigung bildet.

III. Zurückschiebung und Zurückschiebungshaft

3   Die Zurückschiebung ist nach **unerlaubter Einreise** iSd § 14 I obligatorisch, wenn auch nur im Grundsatz („soll"), der Ausnahmen nach Zweckmäßigkeitsgesichtspunkten zulässt. Die Ausreisepflicht ist nach unerlaubter Einreise sofort vollziehbar (§ 58 II 1 Nr 1), ausreisepflichtig ist aber nicht, wer ohne einen erforderlichen Pass oder Passersatz, also unerlaubt eingereist ist (§ 14 II Nr 1), aber einen AufTit oder ein sonstiges AufR besitzt. Er darf bis zu dessen Ablauf nicht zurückgeschoben werden. Außer den für die Zurückweisung geltenden Beschränkungen ist bei der Zurückschiebung (wie bei der Abschiebung) zusätzlich die Sperre des § 60 IV (Auslieferungsverf) zu beachten. Betr Asylbew vgl § 15 Rn 17 u. § 18 III AsylVfG; deren Zurückschiebung ist während der Geltung der ges AufGest (§ 55 AsylVfG Rn 2) verboten.

4   Als **Zielstaaten** kommen dieselben wie bei der Zurückweisung in Betracht. Für die Auswahl gelten grundsätzlich dieselben Kriterien (zur Sonderregelung des Abs 2 vgl Rn 6). Die besonderen Modalitäten von Übernahmeabk sind jedoch bei Zurückschiebung anders als bei Abschiebung u. Zurückweisung aufgrund ausdrücklicher ges Regelung zu beachten, soweit es die zeitliche Begrenzung der Rückübernahmeverpflichtung angeht. In einen Schengen-Staat soll nur zurückgeschoben werden, falls der Ausl einen Aufenthaltstitel dieses Staats besitzt (Art 23 II SDÜ).

5   Die **zeitliche Grenze** von sechs Monaten bestimmt das Verhältnis zur Abschiebung ebenso wie die Ausweitung des Anwendungsbereichs aufgrund der für verbindlich erklärten Übernahmeabk. Verweigert der Ausl Angaben über den Einreisezeitpunkt, soll in der Praxis angenommen werden, die Frist sei noch nicht erreicht (Nr 57.1.5 VAH). Unabhängig davon muss aber auch die Übernahme noch gewährleistet sein. Für unerlaubt Eingereiste soll die Frist von sechs Monaten unbeschadet der Übernahmeabk gelten (Nr 57.1.3 VAH).

Die **Sonderregelung** für von einem anderen Staat **rückgeführte** oder zurückgewiesene 6
Ausl beruht auf der zutreffenden Annahme, dass die infolge Einreiseverweigerung u. Zurückweisung durch einen anderen Staat gescheiterte Ausreise nicht unter § 15 I fällt, also eine Zurückweisung durch die BR Deutschland nicht rechtfertigt (BT-Drs 11/6321 S. 78). Die Verpflichtung zur unverzüglichen Zurückschiebung besteht unabhängig davon, ob der Ausl zuvor aus Deutschland freiwillig ausgereist oder aber abgeschoben, zurückgeschoben oder zurückgewiesen war. Der Ausl wird ungeachtet der Art der Ausreise behandelt, als sei er noch nicht ausgereist. Die Ausreisepflicht muss nur vollziehbar u. ein anderer Staat aufnahmebereit sein. Einer (erneuten) Abschiebungsandrohung u. einer Ausreisefrist bedarf es nicht, da das Ges diesen Fall als Zurückschiebung behandelt.

Ausnahmen von der Zurückschiebung kommen aufgrund humanitärer Erwägungen 7
oder im öffentl Interesse in Betracht, zB in den Fällen des § 13 AufenthV.

Haft ist für die Zurückschiebung wie bei der Zurückweisung analog § 62 I u. II als 8
Vorbereitungs- oder als Sicherungshaft vorgesehen (vgl § 15 Rn 18). Der Haft bedarf es nicht, wenn die Zurückschiebung ohne Verzögerung durch Anwendung unmittelbaren Zwangs durchgeführt werden kann.

IV. Verwaltungsverfahren und Rechtsschutz

Für die Zurückschiebung sind außer der Grenzbehörde auch die AuslBeh u. die Länder- 9
polizeien **zuständig** (§ 71 I, III Nr. 1, V). Die Zurückschiebung stellt wie die Zurückweisung einen VA dar bzw setzt einen solchen voraus, bedarf aber ebenfalls nach § 66 I nicht der Schriftform (vgl § 60 Rn 19). Auch sie ist mit Widerspruch u. Klage angreifbar (vgl § 60 Rn 20 f), u. zwar mit einem **Anfechtungsbegehren** u. einem **Stoppantrag** nach § 80 V VwGO, da der Ausl lediglich Aufhebung u. Aussetzung der aufenthaltsbeendenden Maßnahme verlangt u. evtl verlangen kann. Die Zurückschiebung ist gemäß § 80 II 1 Nr. 2 VwGO sofort vollziehbar (vgl § 15 Rn 23 f); einer dahingehenden Regelung im VwVG des Bundes oder des betr Landes bedarf es nicht (insoweit aA Kloesel/Christ/Häußer, § 61 AuslG Rn 22).

§ 58 Abschiebung

(1) Der Ausländer ist abzuschieben, wenn die Ausreisepflicht vollziehbar ist und die freiwillige Erfüllung der Ausreisepflicht nicht gesichert ist oder aus Gründen der öffentlichen Sicherheit und Ordnung eine Überwachung der Ausreise erforderlich erscheint.

(2) ¹ Die Ausreisepflicht ist vollziehbar, wenn der Ausländer
1. unerlaubt eingereist ist,
2. noch nicht die erstmalige Erteilung des erforderlichen Aufenthaltstitels oder nach Ablauf der Geltungsdauer noch nicht die Verlängerung beantragt hat und der Aufenthalt nicht nach § 81 Abs. 3 als erlaubt oder der Aufenthaltstitel nach § 81 Abs. 4 nicht als fortbestehend gilt.
3. auf Grund einer Rückführungsentscheidung eines anderen Mitgliedstaates der Europäischen Union gemäß Artikel 3 der Richtlinie 2001/40/EG des Rates vom 28. Mai 2001 über die gegenseitige Anerkennung von Entscheidungen über die Rückführung von Drittstaatsangehörigen (ABl. EG Nr. L 149 S. 34) ausreisepflichtig wird, sofern diese von der zuständigen Behörde anerkannt wird,

und eine Ausreisefrist nicht gewährt wurde oder diese abgelaufen ist. ² Im Übrigen ist die Ausreisepflicht erst vollziehbar, wenn die Versagung des Aufenthaltstitels oder der sonstige Verwaltungsakt, durch den der Ausländer nach § 50 Abs. 1 ausreisepflichtig wird, vollziehbar ist.

1 AufenthG § 58 1. Teil. Aufenthaltsgesetz

(3) Die Überwachung der Ausreise ist insbesondere erforderlich, wenn der Ausländer
1. sich auf richterliche Anordnung in Haft oder in sonstigem öffentlichen Gewahrsam befindet,
2. innerhalb der ihm gesetzten Ausreisefrist nicht ausgereist ist,
3. nach § 53 oder § 54 ausgewiesen worden ist,
4. mittellos ist,
5. keinen Pass oder Passersatz besitzt,
6. gegenüber der Ausländerbehörde zum Zweck der Täuschung unrichtige Angaben gemacht oder die Angaben verweigert hat oder
7. zu erkennen gegeben hat, dass er seiner Ausreisepflicht nicht nachkommen wird.

Vorläufige Anwendungshinweise

58 Zu § 58 Abschiebung

58.0 Allgemeines und Verfahren

58.0.0 Bei der Abschiebung handelt es sich um eine nicht an die Schriftform gebundene Maßnahme der Verwaltungsvollstreckung (unmittelbarer Zwang), die von der Ausländerbehörde (§ 71 Abs. 1) angeordnet und von den Vollstreckungsbehörden der Länder (z. B. Ausländerbehörden; Polizeien der Länder, § 71 Abs. 5) durchgeführt wird. Eine Zurückschiebung nach § 57 hat grundsätzlich Vorrang vor der Abschiebung. Für die Festnahme, die Anordnung und Durchführung der Zurückschiebung sind auch die Polizeien der Länder zuständig (§ 71 Abs. 5). Die Befugnis zur Festnahme regelt sich nach landesrechtlichen Vorschriften über die Ingewahrsamnahme von Personen. Nach der Festnahme ist die Abschiebung unverzüglich einzuleiten. Kann eine Abschiebung nicht durchgeführt werden, hat die Ausländerbehörde zu prüfen, ob die Voraussetzungen für Sicherungshaft (§ 62 Abs. 2) vorliegen und dementsprechend einen Haftantrag beim zuständigen Amtsgericht zu stellen (vgl. §§ 3, 4 FEVG). Eine nach der Festnahme in die Sicherungshaft übergehende freiheitsentziehende Maßnahme (Artikel 104 Abs. 2 GG) richtet sich nach landesrechtlichen Vorschriften (siehe Nummer 58.1.7). Ob ein Rechtsbehelf gegen die Abschiebung aufschiebende Wirkung hat, richtet sich unbeschadet § 80b VwGO ebenfalls nach den landesrechtlichen Vorschriften über die Verwaltungsvollstreckung (§ 80 Abs. 2 Satz 2 VwGO). In Asylverfahren ist § 80 AsylVfG zu beachten.

58.0.1 Die Durchführung der Abschiebung richtet sich – soweit das Ausländergesetz nichts anderes bestimmt – nach den landesrechtlichen Vorschriften über die Durchsetzung unmittelbaren Zwangs. Das in § 72 Abs. 4 vorgeschriebene Beteiligungserfordernis der Staatsanwaltschaft ist zu beachten.

58.0.2 Wird die Abschiebung von den Polizeien der Länder oder einer anderen zuständigen Behörde durchgeführt, übersendet die Ausländerbehörde den Vollstreckungsauftrag, den Pass, Passersatz oder ein sonstiges Reisedokument und sonstige Unterlagen, die für den Ausländer bestimmt sind. Liegen die genannten Dokumente und Unterlagen bei der Grenzbehörde, ist dies im Vollstreckungsauftrag zu vermerken. Ist die Abschiebung aus rechtlichen oder tatsächlichen Gründen unmöglich oder soll sie nach §§ 60 Abs. 7 oder 60a Abs. 1 ausgesetzt werden, ist der Vollstreckungsauftrag erst nach Wegfall des Grundes für Aussetzung der Abschiebung zu erteilen.

58.0.3 Die für die Durchführung der Abschiebung zuständige Behörde kündigt der nach § 71 Abs. 3 zuständigen Grenzbehörde die vorgesehene Abschiebung rechtzeitig an und klärt im Benehmen mit dieser Behörde die im Einzelfall erforderlichen organisatorischen Maßnahmen (z. B. Bereitstellung von Begleitpersonal). Die für die Durchführung der Abschiebung zuständigen Behörden sind für die Bereitstellung von Begleitpersonal im Rahmen der Durchführung der Abschiebung bis zur Ausreise des Ausländers aus dem Bundesgebiet auch dann zuständig, wenn für diesen Zweck eine Flugreise im Inland etwa mit Zwischenlandung erforderlich ist. Die Beförderung des Ausländers zum Überstellungsort richtet sich nach dem jeweiligen landesrechtlichen Bestimmungen. Die Grenzbehörde bestätigt die Übernahme des Ausländers und seiner Papiere und teilt der Ausländerbehörde den Zeitpunkt der Überstellung mit. Die Übernahme des Ausländers und seiner Papiere kann auch durch Vermerk auf einer Unterlage der Ausländerbehörde bestätigt werden, welche von dem Beamten, der den Ausländer der Grenzbehörde zuführt, vorgelegt wird.

58.0.4 Bei der Abschiebung ist dem Schutz von Ehe und Familie, insbesondere der Familieneinheit, grundsätzlich dadurch Rechnung zu tragen, dass die vollziehbar ausreisepflichtigen Familienangehörigen zusammen abgeschoben werden. Der Schutz von Ehe und Familie gebietet es nicht in jedem Fall, dass die Abschiebung eines Familienangehörigen nur deshalb nicht durchgeführt werden darf, weil die anderen Familienmitglieder nicht oder noch nicht ausreisepflichtig oder für die Ausländerbehörde nicht

Abschiebung § 58 AufenthG 1

erreichbar sind. Bei Asylantragstellern ist § 43 Abs. 3 AsylVfG zu beachten. Bei sonstigen Ausländern ist die darin zum Ausdruck kommende Wertentscheidung angemessen zu berücksichtigen.
58.0.5.1 Dem Ausländer ist die Mitnahme von Gepäck zu ermöglichen, das im Transportmittel ohne Verzögerung oder sonstige Beeinträchtigung der Abschiebung befördert werden kann und durch dessen Mitnahme der Behörde keine zusätzlichen Kosten entstehen. Die Mitnahme weiteren Gepäcks ist in der Regel nur dann zu ermöglichen, wenn der Ausländer für die zusätzlichen Transportkosten aufkommt oder diese Kosten durch eine Sicherheitsleistung (§ 66 Abs. 5) gedeckt werden können.
58.0.5.2 Lässt der Ausländer bei einer Abschiebung Eigentum zurück, ist er auf die Möglichkeit einer schriftlichen Erklärung hinzuweisen, durch die er entweder einen Verfügungsberechtigten benennt, dem er die Verantwortung für sein Eigentum überträgt und der ggf. die Verwertung seines Eigentums übernimmt, oder auf sein Eigentum verzichtet. Aufgrund der Umstände des Einzelfalls muss festgestellt werden, ob der Ausländer den Besitz der Sache in der Absicht aufgegeben hat, auf das Eigentum zu verzichten. Die Verwertung des Eigentums zur Begleichung öffentlich-rechtlicher Forderungen (z. B. gemäß Leistungsbescheid nach § 66) ist in erster Linie in Betracht zu ziehen.
58.0.6 Erhebt der Ausländer während der Durchführung der Abschiebung erhebliche Einwendungen bezüglich seiner Reisefähigkeit und konnten diese Umstände gegenüber der Ausländerbehörde oder dem Gericht zuvor nicht geltend gemacht werden, wird die Ausländerbehörde zur Prüfung des Vorbringens gemäß § 59 Abs. 4 unverzüglich unterrichtet. Ist der Ausländer reiseunfähig, ist die Durchführung der Abschiebung zu unterbrechen, bei vorübergehender Reiseunfähigkeit die Notwendigkeit von Abschiebungshaft zu prüfen.
58.0.7 Sucht der Ausländer im Rahmen der Durchführung der Abschiebung um Asyl nach, finden §§ 19 bzw. 71 AsylVfG Anwendung. In den Fällen des § 71 Abs. 5 Satz 1 AsylVfG darf die Abschiebung erst nach Mitteilung des Bundesamtes, dass die Voraussetzungen des § 51 Abs. 1 bis 3 VwVfG nicht vorliegen, durchgeführt werden. Dies gilt nicht,
– wenn offenkundig ist, dass ein Folgeantrag nur gestellt worden ist, um die Durchführung der Abschiebung zu verhindern (§ 71 Abs. 5 Satz 2 letzter Halbsatz, erste Alternative AsylVfG) oder
– der Ausländer in einen sicheren Drittstaat abgeschoben werden soll.
58.0.8 Scheitert die Abschiebung an der Abwesenheit des Ausländers, sind die dafür maßgebenden Umstände in der Ausländerakte zu vermerken. Die Beantragung von Abschiebungshaft ist zu prüfen (vgl. § 62 Abs. 2 Satz 1 Nr. 3).
58.0.9 Stehen der Überstellung eines abzuschiebenden Ausländers an die nach § 71 Abs. 3 zuständige Grenzbehörde in einem anderen Land Hindernisse entgegen, die nicht alsbald beseitigt werden können, ist der Ausländer auf Ersuchen der für die Abschiebung zuständigen Ausländerbehörde von der Ausländerbehörde zu übernehmen, in deren Bezirk der Überstellungsort liegt. Diese Behörde hat die etwa erforderlichen vorläufigen Maßnahmen zur Sicherung der Abschiebung (Beantragung von Abschiebungshaft, Festnahme zur Überführung in den Gewahrsam) zu treffen. Erweisen sich die Hindernisse, die der Überstellung entgegenstehen, als voraussichtlich von Dauer, ist die Entscheidung über weitere Maßnahmen der für die Abschiebung zuständigen Ausländerbehörde zu überlassen.
58.0.10 Bestehen bei der Überstellung des Ausländers an die nach § 71 Abs. 3 zuständige Grenzbehörde am Flughafen berechtigte Zweifel, ob die Abschiebung auf dem Luftweg durchgeführt werden kann, haben sich die Vollstreckungsbeamten des Landes für den Fall des Scheiterns der Abschiebung zum Zwecke der Rückführung des Ausländers an den bisherigen Aufenthaltsort bis zum Abflug des Flugzeugs bereitzuhalten.
58.0.11 Ist der Ausländer anwaltlich vertreten, wird sein Bevollmächtigter über die durchgeführte Abschiebung grundsätzlich von der Ausländerbehörde unterrichtet.
58.0.12 Bei Abschiebungen im Zusammenhang mit den durch das SDÜ geregelten Aufenthalten ist ergänzend Artikel 23 Abs. 3 bis 5 SDÜ zu beachten.

58.1 Voraussetzungen für die Abschiebung
58.1 Die Abschiebung setzt voraus, dass
– der Ausländer vollziehbar ausreisepflichtig ist,
– einer der in § 58 Abs. 1 und 2 genannten Abschiebungsgründe vorliegt,
– die Abschiebungsandrohung nach § 59 Abs. 1 vollziehbar oder ausnahmsweise verzichtbar ist oder
– eine nach § 50 Abs. 2 oder § 59 Abs. 1 gesetzte oder verlängerte Ausreisefrist abgelaufen ist und eine Ausreise des Ausländers innerhalb der ihm gesetzten Ausreisefrist nicht erfolgt ist (siehe Nummer 50.4.1).
58.1.2 Wenn alle Voraussetzungen vorliegen, darf die Abschiebung nur bei Vorliegen eines Aussetzungsgrundes gemäß § 60 Abs. 1 bis 8, § 60a Abs. 1 ausgesetzt werden oder beim Vorliegen einer richterlichen Anordnung (§ 80 Abs. 5 VwGO, §§ 80b, 123 VwGO). Gelegenheit zur freiwilligen

Ausreise besteht bis zum Ablauf der Ausreisefrist. Die freiwillige Ausreise hat Vorrang vor der Abschiebung. Soweit von einer Abschiebung abgesehen wird, setzt dies eine Aussetzung der vollziehbaren Ausreisepflicht oder Verlängerung der Ausreisefrist voraus (siehe Nummer 50.2.3). Der Nachweis, dass ein Ausländer innerhalb der Ausreisefrist ausgereist ist, ergibt sich auch aus der Grenzübertrittsbescheinigung (siehe Nummer 50.4.1.1 und 50.4.1.2).
58.1.3 Die Ausländerbehörde hat zu prüfen, ob Anlass zu Zweifeln an der Möglichkeit oder der Bereitschaft zur freiwilligen Erfüllung der Ausreisepflicht besteht, (z. B. durch Befragen des Ausländers über den Reiseweg und durch Vorlage von Flugtickets). Gesichtspunkte, dass eine freiwillige Ausreise gesichert erscheint, hat der Ausländer darzutun (§ 82 Abs. 1). Die freiwillige Ausreise ist insbesondere dann nicht als gesichert anzusehen, wenn der Ausländer zu erkennen gibt, dass er der Verpflichtung zur Ausreise nicht nachkommen und sich einer Festnahme oder sonstigen Sicherungsmaßnahme zum Zwecke der Abschiebung entziehen wird. Anhaltspunkte, aus denen sich ergibt, dass die freiwillige Ausreise eines Ausländers nicht gesichert erscheint oder dass die Überwachung der Ausreise gleichwohl erforderlich erscheint, sollen aktenkundig gemacht werden.
58.1.4 Abschiebungsgründe der öffentlichen Sicherheit und Ordnung i. S. d. § 58 Abs. 1, die nicht von § 58 Abs. 3 erfasst sind, liegen etwa vor, wenn Anhaltspunkte gegeben sind, dass der Ausländer während der Reise mit Strafe bedrohte Handlungen begehen wird. Entsprechendes gilt, wenn der Ausländer an einer nach § 3 Abs. 1 und 2 BSeuchG meldepflichtigen übertragbaren Krankheit oder einer Geisteskrankheit leidet. Die Überwachung der Ausreise kann auch zum Schutz des Ausländers erforderlich werden.
58.1.5 Vor der Abschiebung hat die Ausländerbehörde zu prüfen, ob die für die Abschiebung erforderlichen Grenzübertrittspapiere, Visa, Übernahmeerklärungen, Durchbeförderungsbewilligungen und sonst erforderlichen Unterlagen vorhanden sind. Ist die Abschiebung eines Ausländers von einer Übernahmeerklärung eines anderen Staates abhängig, richtet sich das Einholen dieser Erklärung nach dem zwischen der Bundesrepublik Deutschland und dem Staat, in den der Ausländer abgeschoben werden soll, bestehenden Übernahmeabkommen (vgl. § 57 Abs. 1 Satz 2). Das Bundesministerium des Innern erstellt eine Liste über die bestehenden multilateralen und bilateralen Übernahmeabkommen, die aktualisiert wird.
58.1.6 Hinsichtlich der Durchbeförderung eines Ausländers durch das Bundesgebiet wird auf § 57 Abs. 2 verwiesen. Ist für die Durchbeförderung eines Ausländers durch einen dritten Staat eine Durchbeförderungsbewilligung erforderlich, gilt Nummer 58.1.4 für das Einholen der Durchbeförderungsbewilligung entsprechend. Eine entsprechende Bewilligung ist stets erforderlich, wenn die Durchbeförderung durch einen Staat erfolgen soll, mit dem die Bundesrepublik Deutschland ein Übernahmeabkommen geschlossen hat. Dabei ist es unerheblich, ob der Ausländer auf dem Landweg oder auf dem Luftweg mit Zwischenlandung auf einem Flughafen des in Betracht kommenden Staates abgeschoben werden soll. Bei welcher Behörde die Durchbeförderungsbewilligung einzuholen ist, ergibt sich aus der vom Bundesministerium des Innern erstellten Liste (siehe Nummer 58.1.4).
58.1.7 Bei Abschiebungen auf dem Luftweg mit Zwischenlandung in Staaten, mit denen kein Übernahmeabkommen besteht, sind in der Regel die für die Überwachung der Weiterreise zuständigen ausländischen Stellen über die Grenzbehörden, in besonderen Fällen über die deutschen Auslandsvertretungen wenigstens zwei Tage vorher zu unterrichten. Hiervon ist abzusehen, wenn die Zwischenlandung in außereuropäischen Staaten erfolgt oder wenn zu erwarten ist, dass der Ausländer auch ohne Überwachung bei der Zwischenlandung weiterreist.
58.1.8 Ein ausreisepflichtiger Ausländer, der nach § 58 Abs. 1 abzuschieben ist, kann zur Vorbereitung und Sicherung der Abschiebung von den nach § 71 Abs. 1, 3 und 5 zuständigen Behörden zum Zwecke der Abschiebung festgenommen und bis zur Durchführung der Abschiebung in Gewahrsam festgehalten werden. Die Durchführung dieser Maßnahmen richtet sich nach landesrechtlichen Vorschriften. Muss ein Ausländer bis zur Abschiebung in Gewahrsam genommen werden, weil die Abschiebung nicht sofort durchgeführt werden kann, findet § 13 Abs. 1 FEVG Anwendung. Unter Umständen ist Abschiebungshaft gemäß § 62 Abs. 2 zu beantragen.
58.1.9 Können die für eine Abschiebung erforderlichen ausländischen Grenzübertrittspapiere nicht beschafft werden, kann dem Ausländer ein Reiseausweis ausgestellt werden (§ 6 Satz 1 Nr. 3 AufenthV), wenn dadurch die Abschiebung ermöglicht wird. Dies setzt voraus, dass der Zielstaat die Einreise mit dem Reiseausweis gestattet. Im Zweifelsfall ist im Benehmen mit den Grenzbehörden zu klären, ob Erfahrungen hierüber vorliegen. Die Gültigkeitsdauer ist auf die für die Durchführung der Abschiebung erforderliche Zeit zu beschränken. Er darf die Gültigkeitsdauer von einem Monat nicht überschreiten (§ 8 Abs. 2 Satz 1 AufenthV). Der Geltungsbereich des Reisedokuments ist auf die Durchreisestaaten und den Zielstaat zu beschränken (§ 9 Abs. 1 AufenthV).

Abschiebung § 58 AufenthG 1

58.1.10 Wird die Abschiebung eines Ausländers vollzogen, soll von der Grenzbehörde im Pass oder Passersatz des Ausländers vermerkt werden: „Abgeschoben", soweit generell oder im Einzelfall nichts anderes angeordnet wird (siehe Nummer 3.1.6).

58.2 Vollziehbarkeit der Ausreisepflicht
58.2.0 Die Vollziehbarkeit bestimmt den Zeitpunkt, von dem an die wirksam begründete Ausreisepflicht erfüllt werden muss bzw. zwangsweise durchgesetzt werden darf.
58.2.1.0 In § 58 Abs. 2 Satz 1 sind Fälle zusammengefasst, in denen die Ausreisepflicht kraft Gesetzes mit ihrer Entstehung vollziehbar ist. In diesen Fällen gibt es unbeschadet der Möglichkeit des vorläufigen Rechtsschutzes (§ 80 Abs. 4 und 5, § 123 Abs. 1 VwGO) gegen die Abschiebungsandrohung oder Abschiebung keinen Rechtsbehelf mit aufschiebender Wirkung, d. h. mit einer die gesetzliche Vollziehbarkeit beendenden Wirkung.
58.2.1.1 § 58 Abs. 2 Satz 1 Nr. 1 verweist ausschließlich auf § 14 Abs. 1, der abschließend die Fälle der unerlaubten Einreise regelt. Ein Antrag auf Erteilung eines Aufenthaltstitels lässt in diesen Fällen die Vollziehbarkeit der Ausreisepflicht unberührt (siehe § 81 Abs. 3).
58.2.1.2 In den Fällen des § 58 Abs. 2 Satz 1 Nr. 2 entfällt die Vollziehbarkeit der Ausreisepflicht, wenn der Aufenthalt nicht nach § 81 Abs. 3 als erlaubt gilt. Bei Versagung des Aufenthaltstitels wird der Ausländer wieder nach § 58 Abs. 2 Satz 2 ausreisepflichtig. Hinsichtlich abgelehnter Asylbewerber gilt § 43 AsylVfG.
58.2.1.3 Nach § 58 Abs. 2 Satz 1 Nr. 3 ist die Ausreisepflicht vollziehbar, wenn der Ausländer aufgrund einer Rückführungsentscheidung gemäß Artikel 3 der Richtlinie über die gegenseitige Anerkennung von Entscheidungen über die Rückführung von Drittstaatsangehörigen ausreisepflichtig wird, sofern diese von der zuständigen Behörde anerkannt wird.
58.2.2.1 Nach § 58 Abs. 2 Satz 2 tritt die Vollziehbarkeit der Ausreisepflicht mit der Vollziehbarkeit des Verwaltungsaktes ein. Die Versagung der Aufenthaltstitel ist nach § 84 Abs. 1 sofort vollziehbar. Im Übrigen bestimmt sich die Vollziehbarkeit des Verwaltungsaktes nach der Verwaltungsgerichtsordnung (§§ 80 Abs. 2 und 80b Abs. 1 VwGO).
58.2.2.2 Die Ausreisepflicht kann gleichzeitig auf mehreren Rechtsgrundlagen beruhen, z. B. im Falle der Ausweisung eines unerlaubt eingereisten Ausländers. Die auf der unerlaubten Einreise beruhende Ausreisepflicht ist dann gemäß § 58 Abs. 2 Satz 1 Nr. 1 vollziehbar, aber die auf der Ausweisung beruhende nur nach § 58 Abs. 2 Satz 2, wenn die Ausweisung vollziehbar ist. Sofern die Vollziehbarkeit der Ausweisung infolge Widerspruchs oder Klage entfällt, bleibt die Vollziehbarkeit der Ausreisepflicht nach § 58 Abs. 2 Satz 1 Nr. 1 bestehen. Dasselbe gilt, wenn die Ausländerbehörde die sofortige Vollziehung der Ausweisung angeordnet, das Verwaltungsgericht aber nach § 80 Abs. 5 VwGO die aufschiebende Wirkung wieder hergestellt hat. Die richterliche Anordnung steht in diesem Fall der zwangsweisen Aufenthaltsbeendigung nicht entgegen, weil sie sich nur auf die Ausweisung beschränkt. Im vorläufigen Rechtsschutzverfahren kann jedoch ungeachtet der vollziehbaren Ausreisepflicht nach § 58 Abs. 2 die aufschiebende Wirkung des Rechtsbehelfs angeordnet bzw. wiederhergestellt, d. h. die Vollziehbarkeit der Abschiebungsandrohung oder der Abschiebung ausgesetzt werden, weil etwa ein Abschiebungshindernis vorliegt.

58.3 Überwachung der Ausreise
Ausländer in Haft oder sonstigem öffentlichen Gewahrsam sind aus der Haft oder dem öffentlichen Gewahrsam abzuschieben. Die für die Abschiebung erforderlichen ausländerrechtlichen und verfahrensrechtlichen Maßnahmen sind so rechtzeitig einzuleiten, dass die Beantragung von Abschiebungshaft im Anschluss an die Strafhaft oder den öffentlichen Gewahrsam aus rein organisatorischen Gründen nicht notwendig wird (vgl. § 4 Abs. 2 Nr. 3 AuslDÜV).

58.4 Meldepflichten
58.4.1 Unbeschadet der Datenübermittlungspflichten nach dem Ausländerzentralregistergesetz und den hierzu ergangenen Vorschriften hat die Ausländerbehörde von einer vollzogenen Abschiebung zu unterrichten (siehe Nummer 53. 0. 10 hinsichtlich der Ausweisung):
58.4.1.1 – die für die Dateneingabe zuständige Polizeidienststelle zum Zweck der Ausschreibung in INPOL (Zurückweisung, Festnahme) und im SIS (Einreiseverweigerung, Artikel 96 Abs. 3 SDÜ) nach dem vorgeschriebenen Muster (§ 50 Abs. 7 Satz 2),
58.4.1.2 – das Bundeszentralregister nach dem vorgeschriebenen Muster (§ 10 Abs. 1 Nr. 1 i. V. m. § 20 BZRG) und
58.4.1.3 – das Bundesamt für Migration und Flüchtlinge nach Maßgabe datenschutzrechtlicher Bestimmungen, wenn es sich um einen Ausländer handelt, der einen Asylantrag gestellt hat.
58.4.2 Liegen die Voraussetzungen für die zwangsweise Durchsetzung der vollziehbaren Ausreisepflicht bei einem Ausländer vor (siehe auch § 80 b Abs. 1 VwGO), dessen Aufenthalt unbekannt ist, stehen

folglich Abschiebungshindernisse nach § 60 nicht entgegen, hat die Ausländerbehörde nach Ablauf der Ausreisefrist gemäß § 50 Abs. 7 Satz 1 die für die Dateneingabe zuständige Polizeidienststelle zum Zweck der Ausschreibung in INPOL (Aufenthaltsermittlung, Festnahme) nach dem vorgeschriebenen Muster zu unterrichten. Das gilt insbesondere für den Fall, dass sich der Ausländer bereits einmal der Abschiebung entzogen hat oder nach Ablauf der Ausreisefrist die Grenzübertrittsbescheinigung nicht vorliegt. Der Mitteilung an die für die Dateneingabe zuständige Polizeidienststelle ist ein kurzgefasster Schriftsatz beizufügen, der die Gründe für die beabsichtige Abschiebung enthält.

58.4.3 Ausländer, die von der Abschiebungshaft ausgenommen werden sollen (siehe Nummer 62.0.3), sind lediglich zur Aufenthaltsermittlung auszuschreiben (siehe Nummer 58.4.2).

58.4.4 Die Ausschreibung ist unverzüglich aufzuheben, wenn die Gründe für diese Ausschreibung oder Abschiebung entfallen sind, dem Ausländer ein Aufenthaltstitel erteilt worden ist, sein Aufenthalt gestattet oder die Abschiebung ausgesetzt worden ist.

58.4.5 Wird der Ausländer zur Sicherung der Abschiebung nach landesrechtlichen Vorschriften in Gewahrsam genommen, hat die zuständige Vollstreckungsbehörde (siehe Nummer 62.0.1) umgehend Abschiebungshaft gemäß § 62 Abs. 2 zu beantragen, wenn die Abschiebung nicht durchgeführt werden kann (vgl. auch § 13 FEVG).

Übersicht

	Rn
I. Entstehungsgeschichte	1
II. Allgemeines	2
III. Abschiebung	3
1. Allgemeines	3
2. Vollziehbare Ausreisepflicht	5
3. Gewähr für freiwillige Ausreise	9
4. Überwachungsbedürftigkeit der Ausreise	10
IV. Verwaltungsverfahren und Rechtsschutz	16
1. Verwaltungsverfahren	16
2. Rechtsschutz	20

I. Entstehungsgeschichte

1   Die Vorschrift entspricht in vollem Umfang dem **GesEntw** (BT-Drs 15/420 S. 23).

II. Allgemeines

2   Abschiebung ist die **zwangsweise Durchsetzung** der Ausreisepflicht. Sie setzt die Vollziehbarkeit der Ausreisepflicht (Abs 2) u. die fehlende Gewähr für deren freiwillige Erfüllung (§ 50 I–IV) oder die Notwendigkeit der Überwachung aus Gründen der öffentl Sicherheit u. Ordnung (Abs 3) voraus (zum Unterschied zwischen beiden Zwecken OVG Hamburg, EZAR 132 Nr 2). Außerdem muss idR zuvor eine Abschiebungsandrohung mit Bestimmung einer Ausreisefrist (§ 59) ergehen. Schließlich darf kein Abschiebungsverbot oder -hindernis bestehen (§ 60). Bei Vorliegen dieser Voraussetzungen ist die unverzügliche Abschiebung Pflicht u. nicht in das Ermessen der AuslBeh gestellt, auch nicht in Ausnahmefällen (Renner, AiD Rn 7/381 f). Diese Verpflichtung besteht auch dann, wenn die Ausreisepflicht aufgrund des Nichtentstehens oder der der Beendigung eines nach dem SDÜ erlaubten Aufenthalts eintritt (vgl Art 23 SDÜ). Nur Aussetzung oder Duldung (§ 60 a) können die Abschiebung dann noch – vorübergehend – aufschieben. Zum Einvernehmen der Staatsanwaltschaft nach Einleitung eines Strafverf vgl § 72 IV. Im Falle des § 58 a folgt die Abschiebung in jeder Beziehung eigenen Regeln. Die Androhung der Abschiebung erfolgloser Asylbew richtet sich nach §§ 34 ff AsylVfG, im Falle des § 34 a AsylVfG auch die Anordnung; die Durchführung selbst erfolgt nach den allg Regeln.

III. Abschiebung

1. Allgemeines

Die Abschiebung ist nur **zulässig,** dann aber auch **geboten,** (1) wenn der Ausl vollziehbar ausreisepflichtig ist, (2) wenn die Erfüllung der Ausreisepflicht nicht gesichert oder die Ausreise überwachungsbedürftig ist, (3) wenn eine erforderliche Abschiebungsandrohung ergangen u. (4) wenn eine dem Ausl gesetzte Ausreisefrist abgelaufen ist.

Die Abschiebung setzt als Vollstreckungsmaßnahme keine schriftliche **Anordnung** voraus. Sie wird von der AuslBeh angeordnet (§ 71 I) u. von den zuständigen Länderbehörden durchgeführt (zB AuslBeh oder Polizei). UU wird die Bundespolizei in Amtshilfe tätig (zu dem Sonderfall des § 58 a s. dort). Ist die Abschiebung aufgrund unmittelbaren Zwangs ohne weitere Zeitverzögerung durchführbar, bedarf es keiner weitergehenden freiheitsbeschränkenden Maßnahmen. Ggf ist Abschiebungshaft (§ 62) zu veranlassen.

2. Vollziehbare Ausreisepflicht

Wann die nach § 50 bestehende Ausreisepflicht vollziehbar ist, ist **allein in Abs 2 bestimm**t. Die Bestimmungen über die Vollziehbarkeit sind zweckmäßig, weil sich die Ausreisepflicht zT unmittelbar aus dem Ges ergibt u. deshalb kein vollzugsfähiger VA ergeht. Im Vollstreckungsrecht wird zwischen vorläufiger u. endgültiger Vollziehbarkeit unterschieden, wobei in jedem Fall eine vollziehbare Pflicht zum Tun oder Unterlassen vorausgesetzt wird. Diese Vollziehbarkeit legt Abs 2 abweichend vom Vollstreckungsrecht des Bundes u. der Länder fest (vgl zB § 6 VwVG u. § 6 HessVwVG) u. knüpft hieran die Pflicht zur unverzüglichen Erfüllung der Ausreisepflicht. Falls sich die Ausreisepflicht aus mehreren Sachverhalten ergibt, zB aus Ausweisung u. gleichzeitiger oder späterer Antragsablehnung, kann auch die Vollziehbarkeit der Ausreisepflicht auf mehreren Grundlagen beruhen. Maßgeblich ist dann diejenige, die nach dem Willen der AuslBeh vollzogen werden soll. Es genügt also deren Vollziehbarkeit, falls die Ausreisepflicht nicht nach allen Rechtsgrundlagen vollziehbar ist.

Die in Abs 2 S. 1 genannten Voraussetzungen sind **spezifisch auslr Natur.** Unerlaubte Einreise (gemäß § 14 I) u. unterlassener Erst-, Verlängerungs- oder Zweitantrag sowie eine Ausreisepflicht aufgrund einer Entscheidung in einem anderen EU-Mitgliedstaat (Art 3 RL 2001/40/EG; Text in Teil 5 Nr 3.16) erscheinen dem Gesetzgeber als so schwerwiegend, dass er schon an den jew Tatbestand die Vollziehbarkeit der Ausreiseverpflichtung knüpft. Nur im letzteren Fall liegt bereits eine behördliche Entscheidung über die Ausreisepflicht vor. Außerdem muss eine Ausreisefrist entweder nicht eingeräumt oder abgelaufen sein.

Von Nr 2 nicht erfasst sind Fälle des verspäteten, sondern nur solche des unterlassenen Antrags. Die Hinweise auf § 81 III u. IV sind der Klarstellung halber in Ergänzung der Vorgängerbestimmung des § 42 II AuslG eingefügt (so BT-Drs 15/420 S. 91), ergeben aber keinen rechten Sinn, weil die in Bezug genommenen Bestimmungen gerade einen Antrag voraussetzen. Löst dieser die Wirkung des § 81 III 1 oder IV aus, entfällt die Ausreisepflicht selbst, nicht nur deren Vollziehbarkeit (zu § 69 AuslG vgl VGH BW, EZAR 040 Nr 2). Im Falle der Verspätung nach § 81 III 2 wird die Ausreisepflicht nicht berührt, aber die Abschiebung vorläufig ausgesetzt, die Ausreisepflicht ist also nicht mehr vollziehbar. Mit Ablehnung des Antrags auf einen AufTit enden auch die Wirkungen des § 81 III u. IV. Sie werden zwar durch eine gerichtliche Stoppanordnung nach § 80 V VwGO nicht verlängert oder erneut in Kraft gesetzt. Mit dem Stopp wird aber die Vollziehbarkeit der Ablehnung (u. der meist damit verbundenen Abschiebungsandrohung) ausgesetzt, u. aufgrund dieser Vollzugshemmung ist die Ausreisefrist nicht mehr vollziehbar. In der Zeit zwischen Ablehnung u. gerichtlicher Entscheidung besteht Vollziehbarkeit; denn die Antragsablehnung ist sofort vollziehbar (§ 84 I Nr 1).

8 Außerhalb der 3 Fälle des Abs 2 S. 1 bestimmt sich die Vollziehbarkeit nach den **allg Regeln.** Gemäß Abs 2 S. 2 soll es auf die Vollziehbarkeit des die Ausreisepflicht begründenden VA ankommen. Ergeht ein solcher (zunächst) nicht, zB nach Erlöschen des AufTit bei längerem Auslandsaufenthalt (§ 51 I Nr 7), fehlt es an der ges Grundlage der Vollziehbarkeit. Diese ergibt sich aber nach der (illegalen) Einreise unmittelbar aus Abs 2 S. 1 Nr 1. Außerdem erscheint eine Aufforderung zum Verlassen des Bundesgebiets unter Bezugnahme auf eine kraft Ges eingetretene Ausreisepflicht zulässig, wenn auch nicht notwendig; mit ihrer Vollziehbarkeit ist dann die Ausreisepflicht ebenfalls vollziehbar. Mit Versagung des AufTit (Erteilung oder Verlängerung) entfallen die ges Wirkungen des § 81 III u. IV mit der Folge des Eintritts der Ausreisepflicht, u. diese wird ungeachtet der Einlegung eines Rechtsbehelfs mangels Suspensiveffekts (§ 84 II 1) vollziehbar (dazu auch Rn 6). Ist nur die Duldungsfiktion des § 81 II 2 gegeben, endet diese mit der Antragsablehnung, u. die bereits bestehende Ausreisepflicht wird ebenfalls vollziehbar. Ein sonstiger aufenthaltsbeendender VA (wie Ausweisung sowie Befristung, Widerruf oder Rücknahme des AufTit) löst immer die Ausreisepflicht aus; ein Rechtsbehelf hemmt dessen Vollzug (§ 84 II 1). Dieselbe Wirkung tritt ein, wenn der Sofortvollzug behördlich angeordnet ist u. auf Antrag gerichtlich gestoppt wird (§ 80 V VwGO; vgl auch Rn 6).

3. Gewähr für freiwillige Ausreise

9 Die **freiwillige Erfüllung** der Ausreisepflicht ist nur dann **nicht gesichert,** wenn aus konkreten Gründen Zweifel daran bestehen, dass der Ausl bis zum Ablauf der Ausreisefrist in einen Nicht-EU-Staat oder im Falle einer dort gegebenen Erlaubnis in einen EU-Staat ausreist. „Freiwillig" erfolgt die rechtlich notwendige Ausreise in dem Sinne, dass sie von dem Ausl selbst organisiert u. durchgeführt wird. Unzulässig ist die generelle Annahme der Nichtbeachtung der Verlassenspflicht. Die Nichtgewähr muss nach Überzeugung der AuslBeh mit an Sicherheit grenzender Wahrscheinlichkeit feststehen. Irgendeine subjektive Annahme genügt nicht (zT aA Fraenkel, S. 270), auch nicht bei Einlegung von Rechtsbehelfen (anders uU bei Verstoß gegen § 50 V). Freilich handelt es sich um eine Prognose mit einer aus der Sache folgenden Ungewissheit (zur Androhung § 59), u. der Ausl muss seine Ausreiseabsichten nach § 82 I dartun u. belegen (Reisedokumente, Fahrausweise, Kündigung von Wohnung u. Arbeitsstelle, finanzielle Mittel ua).

4. Überwachungsbedürftigkeit der Ausreise

10 **Überwachungsbedürftig** ist die Ausreise vor allem in den in Abs 3 aufgeführten Fällen (zur Abschiebung aus der Haft vgl zB BVerwG, EZAR 130 Nr 5; OVG Hamburg, EZAR 132 Nr 2; HessVGH, EZAR 611 Nr 9). Daneben kommen Hilfsbedürftigkeit oder Gefährdung von Mitreisenden durch Geisteskrankheit, Straftaten, ansteckende Krankheit ua in Betracht. Die ges Anordnung der Überwachungsbedürftigkeit zwingt zur Abschiebung u. belässt der AuslBeh keine Möglichkeit, (erneut) die freiwillige Erfüllung der Ausreisepflicht zuzulassen. Mittelbar bewirkt der Ausl damit durch sein Verhalten das abschiebebedingte Einreise- u. Aufenthaltsverbot des § 11 I 1. Auch wenn die Tatbestände des Abs 2 nicht ausnahmslos in jedem Fall auf ein Verschulden des Ausl zurückzuführen sind, ist diese Folge nicht unverhältnismäßig. Unzulässig wäre die Abschiebung nur zum Zwecke der Abschreckung anderer Ausl (zT aA zu § 13 AuslG 1965: BVerwG, EZAR 130 Nr 2).

11 Aus welchem Grund der Ausl sich in **Haft** oder öffentl Gewahrsam befindet, ist unerheblich; die Maßnahme muss nur richterlich angeordnet sein, Polizeihaft oder -gewahrsam genügt also nicht. Es macht keinen Unterschied, ob Untersuchungshaft angeordnet u. damit Flucht- oder Verdunkelungsgefahr angenommen ist (§ 112 StPO), ob ein Strafrest zur Bewährung ausgesetzt u. damit ein gewisses Wohlverhalten erwartet ist oder ob eine Strafe fast voll verbüßt ist. Auch Abschiebungshaft kommt in Betracht (aA Fraenkel, S. 273; näher Renner, AiD Rn 7/436–442). Abschiebung aus der Haft wirkt deshalb besonders einschneidend, weil sie Ausreisevorbereitungen nur in beschränktem Umfang zulässt. Dennoch

Abschiebung § 58 AufenthG 1

erscheint dies letztlich unbedenklich. Dem Gesetzgeber stand es frei, ungeachtet der aufgezeigten Verschiedenheiten die Abschiebung aus der Haft ausnahmslos als überwachungsbedürftig einzustufen.

Nach **Ablauf der Ausreisefrist** erscheint ein weiteres Zuwarten unnötig. Wird der Ausl 12 aus einem wichtigen Grund an der fristgerechten Ausreise gehindert, kann er die Verlängerung der Ausreisefrist (§§ 50 II, 59 I) oder eine Duldung (§ 60 a) beantragen. **Ausweisung nach §§ 53, 54** genügt in jedem Fall, auch wenn der Ausl sich nicht in Haft befindet u. deshalb Abs 3 Nr 1 nicht eingreift. Die Ausweisung beruht unmittelbar auf §§ 53, 54 auch bei Herabstufung von der Ist- zur Regelausweisung u. von dieser zur Ermessensausweisung; denn die vom Ges angenommene besondere Gefährlichkeit des Ausl bleibt von der Herabstufung unberührt, zumal in jedem Fall ein schwerwiegender Ausweisungsgrund vorliegen muss.

Bei **Mittel- oder Passlosigkeit** ist der Ausl zur Erfüllung der Verlassenspflicht außer- 13 stande. Ohne dass es auf die Gründe hierfür ankommt, ist die ges Anordnung der Abschiebung sachgerecht. Mittellos ist nur, wer die Kosten der Ausreise nicht aufbringen kann, wobei diese auch von einem Dritten übernommen werden können. Mittellosigkeit besteht unabhängig davon, dass für die Kosten uU Dritte einzustehen haben (§ 66 II bis IV), falls sie nicht von dem Ausl selbst beigetrieben werden können (§ 66 I u. V). Im Falle des Nichtbesitzes eines Passes muss erforderlichenfalls die AuslBeh selbst für die Beschaffung eines Passes oder Passersatzes bis zur Abschiebung Sorge tragen, was oft auf praktische Schwierigkeiten stößt, wenn der Ausl keinen entsprechenden Antrag stellt; denn die Pflichten aus § 48 III sind nicht effektiv durchsetzbar. Erforderlichenfalls ist dem Ausl ein Reiseausweis auszustellen (vgl § 6 S. 1 Nr 3 AufenthV).

Falschangaben oder Angabeverweigerung können die Abschiebung nur rechtfer- 14 tigen, wenn sie in irgendeinem Zusammenhang mit der Beendigung des Aufenthalts u. der Ausreiseverpflichtung stehen. Dies gilt insb für Zusagen oder Ankündigungen, freiwillig auszureisen, auch anlässlich der Nichterfüllung einer früheren Ausreisepflicht. Dagegen ist hier eine frühere Täuschungshandlung nicht verwertbar, wenn sie bei anderer Gelegenheit unternommen wurde. Ebenso einschränkend u. sachbezogen ist mit einer früheren Verweigerung von Angaben zu verfahren. Außerdem darf eine derartige Weigerung nicht zur Begründung der Abschiebung herangezogen werden, wenn der Ausl nicht zu der Angabe verpflichtet war (zur Mitwirkungspflicht vgl § 82 I).

Die **Absicht,** nicht freiwillig. also nicht selbst organisiert auszureisen, muss nach außen 15 erkennbar geworden sein. Der Ausl braucht seinen Entschluss zu bleiben nicht ausdrücklich bekanntzugeben, es genügen konkrete Anzeichen. Der Ausl kann zB Arbeits- oder Mietverhältnis über die Ausreisfrist hinaus verlängern oder andere Vorkehrungen für die Zukunft treffen, die seine weitere Anwesenheit im Bundesgebiet voraussetzen. Der Versuch, Rechtsschutz gegen die aufenthaltsbeendende Maßnahme u. deren Sofortvollzug zu erhalten, spricht nicht unbedingt gegen die Bereitschaft zur freiwilligen Ausreise, auch nicht bei einem erfolglos gebliebenen Asylbew.

IV. Verwaltungsverfahren und Rechtsschutz

1. Verwaltungsverfahren

Die Abschiebung kann als **Vollstreckungsmaßnahme** ohne vorherige schriftliche An- 16 ordnung durchgeführt werden; eine schriftliche **Abschiebungsanordnung** (vgl auch § 58 a) ist zulässig, aber nicht notwendig (BVerwG, EZAR 130 Nr 2; OVG Hamburg, NVwZ 1985, 65; HessVGH, EZAR 224 Nr 11; OVG NRW, DÖV 1967, 827). Ihr kommt ausnahmsweise dann Regelungscharakter iSd § 35 I VwVfG zu, wenn ihr keine Androhung vorausging, wenn mit ihr im Zweifelsfall (zB beim Streit über den Zielstaat oder ein Abschiebungshindernis) die fortdauernde Notwendigkeit der Abschiebung aus den Gründen des Abs 1 oder 2 festgestellt wird. Außerdem dann, wenn der Zielstaat in der Abschiebungsandrohung nicht genannt ist (vgl §§ 59 II) u. dies mit der Anordnung nachgeholt wird u. wenn mehrere Staaten bezeichnet sind u. die Auswahl des letztlich ins Auge gefassten Staats vor der Abschiebung erfolgt (näher mwN Renner, Rn 7/376–378). Die Abschiebungsanordnung muss dieselben Voraussetzungen erfüllen wie die Abschiebung (BVerwG, EZAR 130 Nr 5). Sie stellt eine Maßnahme in der Verwaltungsvollstreckung dar, deren Voraussetzungen sich nach Landesrecht richten, soweit sie bundesrechtlich nicht geregelt sind (BayVGH, BayVBl 1984, 371; OVG Hamburg, EZAR 044 Nr 4; HessVGH, EZAR 223 Nr 6).

17   Die Durchführung der Abschiebung allein durch Anwendung **unmittelbaren Zwangs** stellt keine Freiheitsentziehung dar (BVerwGE 62, 235). Die AuslBeh darf einen Ausl nicht von sich aus zur Sicherung der Abschiebung vorläufig in Gewahrsam nehmen; ist dies nach Landesrecht zulässig, bedarf es der richterlichen Anordnung nach § 62 II (BVerwGE 62, 325; vgl iÜ § 62).

18   Die Abschiebung besteht in der **tatsächlichen Entfernung** des Ausl aus dem Bundesgebiet (näher Welte, BWVPr 1992, 12). Sie wird idR in der Weise vorgenommen, dass der Ausl von der zuständigen AuslBeh (§ 71 I) oder der Landespolizei (§ 71 VI) an die Grenze gebracht u. dort durch Grenz- oder Polizeibeamte (§ 71 III 1, VI) den ausl Behörden übergeben wird. Ähnlich wird bei der Abschiebung auf dem Luftweg verfahren; die Überstellung erfolgt durch den begleitenden Beamten im Zielstaat.

19   Einzelheiten der **Übergabe u. Übernahme** von Ausl **an der Grenze** sind durch Übernahmeabk geregelt, die ua mit den meisten Anrainerstaaten u. mit anderen Ländern bestehen (Texte in Teil 5; Hailbronner/Renner, Einl. D Rn 72 ff; Lehnguth, ZAR 1997, 161; Nw bei Renner, AiD Fn 7/680–682). Die Abk ermöglichen mit jew unterschiedlichen Modalitäten die formlose Überstellung von StAng des anderen Vertragsstaats u. die formlose u. förmliche Überstellung von Drittstaatern. Die Abschiebung von StAng des anderen Vertragsstaats ist danach meist formlos an bestimmten Überstellungsorten oder über bestimmte Flughäfen möglich.

2. Rechtsschutz

20   Gegen die Abschiebungsanordnung kann Anfechtungswiderspruch u. -klage (§§ 42 I, 68 ff VwGO) erhoben werden. Angriffe gegen die aufenthaltsbeendende Maßnahme selbst, also die Ausweisung oder die Versagung eines AufTit als Grundverwaltungsakt, sind im Rahmen des Vollstreckungsverf ausgeschlossen; eine Analogie zu § 767 II ZPO für nachträglich entstandene Einwendungen ist nicht möglich, weil das AufenthG hierfür ein neues Verf vorsieht (zum AuslG BVerwG, EZAR 130 Nr 2). Gegen eine bevorstehende Abschiebung kann vorbeugender Rechtsschutz in Anspruch genommen werden (Unterlassungsklage). In jedem Fall sind die Präklusionen nach § 82 I bis III zu beachten.

21   **Vorläufiger Rechtsschutz** kann nach § 80 V VwGO in Anspruch genommen werden, wenn der Sofortvollzug auslbeh angeordnet ist (§ 80 II Nr 4). Dasselbe gilt, wenn nach Landesrecht der Suspensiveffekt der Rechtsmittel gegen einen VA in der Zwangsvollstreckung ausgeschlossen ist (vgl § 80 II VwGO; zB durch Art. 38 IV BayVwZVG, § 12 BWVwVG, § 12 HessAGVwGO, § 8 NRWAGVwGO). Über diesen Antrag wird aufgrund einer summarischen Rechtmäßigkeitsprüfung u. einer Interessenabwägung entschieden (vgl § 55 Rn 99 ff). Außerdem ist vorläufiger vorbeugender Rechtsschutz (nach § 123 I VwGO) zulässig (vgl aber § 82 I bis III).

§ 58 a Abschiebungsanordnung

(1) ¹Die oberste Landesbehörde kann gegen einen Ausländer auf Grund einer auf Tatsachen gestützten Prognose zur Abwehr einer besonderen Gefahr für die Sicherheit der Bundesrepublik Deutschland oder einer terroristischen Gefahr ohne vorhergehende

Abschiebungsanordnung § 58a AufenthG 1

Ausweisung eine Abschiebungsanordnung erlassen. ²Die Abschiebungsanordnung ist sofort vollziehbar; einer Abschiebungsandrohung bedarf es nicht.

(2) ¹Das Bundesministerium des Innern kann die Übernahme der Zuständigkeit erklären, wenn ein besonderes Interesse des Bundes besteht. ²Die oberste Landesbehörde ist hierüber zu unterrichten. ³Abschiebungsanordnungen des Bundes werden von der Bundespolizei vollzogen.

(3) ¹Eine Abschiebungsanordnung darf nicht vollzogen werden, wenn die Voraussetzungen für ein Abschiebungsverbot nach § 60 Abs. 1 bis 8 gegeben sind. ²§ 59 Abs. 2 und 3 sind entsprechend anzuwenden. ³Die Prüfung obliegt der über die Abschiebungsanordnung entscheidenden Behörde, die nicht an hierzu getroffene Feststellungen aus anderen Verfahren gebunden ist.

(4) ¹Dem Ausländer ist nach Bekanntgabe der Abschiebungsanordnung unverzüglich Gelegenheit zu geben, mit einem Rechtsbeistand seiner Wahl Verbindung aufzunehmen, es sei denn, er hat sich zuvor anwaltlichen Beistands versichert; er ist hierauf, auf die Rechtsfolgen der Abschiebungsanordnung und die gegebenen Rechtsbehelfe hinzuweisen. ²Ein Antrag auf Gewährung vorläufigen Rechtsschutzes nach der Verwaltungsgerichtsordnung ist innerhalb von sieben Tagen nach Bekanntgabe der Abschiebungsanordnung zu stellen. ³Die Abschiebung darf bis zum Ablauf der Frist nach Satz 2 und im Falle der rechtzeitigen Antragstellung bis zur Entscheidung des Gerichts über den Antrag auf vorläufigen Rechtsschutz nicht vollzogen werden.

Vorläufige Anwendungshinweise

58a Zu § 58a Abschiebungsanordnung

58a.0 Allgemeines
58a.0.1 In der Anwendungspraxis hat sich gezeigt, dass die bestehenden Rechtsvorschriften zur Ausweisung und Abschiebung von Ausländern mit Schwierigkeiten verbunden sind, die bei besonderen Gefahrenlagen einer aus Gründen der öffentlichen Sicherheit gebotenen effektiven und schnellen Verfahrensweise entgegenstehen. Zur Überwindung dieser Schwierigkeiten ist mit der Abschiebungsanordnung ein Instrument geschaffen worden, durch das in diesen Fällen an Stelle der Ausländerbehörden durch die obersten Landes- und Bundesbehörden eine Abschiebung gefährlicher ausländischer Personen unmittelbar festgesetzt werden kann, ohne zuvor eine Ausweisung und Abschiebungsandrohung verfügen zu müssen. Der Rechtsschutz wird auf eine Instanz vor dem Bundesverwaltungsgericht verkürzt. Die Abschiebungsanordnung ist sofort vollziehbar.
58a.0.2 Die Abschiebungsanordnung soll in Einzelfällen von herausragender Bedeutung zur Anwendung kommen, in denen vor allem auch die aktuelle nationale und internationale Sicherheitslage einzubeziehen sind. Die erforderliche globale Lagebetrachtung geht über die Beurteilungsmöglichkeiten der Ausländerbehörden hinaus, so dass die Abschiebungsanordnung durch die oberste Landesbehörde oder das Bundesministerium des Innern erlassen wird.

58a.1 Voraussetzungen der Abschiebungsanordnung
58a.1.1 Der Ausnahmecharakter dieser Regelung und die tatbestandlich in Absatz 1 geforderte besondere Gefahrenlage (besondere Gefahr für die Sicherheit der Bundesrepublik Deutschland) rechtfertigen es, auf eine Ausweisung und Abschiebungsandrohung zu verzichten und eine zur Gefahrenabwehr dringend gebotene Abschiebung unmittelbar festzusetzen. Damit kommt auch der besondere Ausweisungsschutz nicht zum Tragen; besondere Belange des betroffenen Ausländers sind jedoch aufgrund des Verhältnismäßigkeitsgrundsatzes im Rahmen der Ausübung des Ermessens zu beachten.
58a.1.2 Es wird nicht auf den strafprozessual geprägten Begriff des „Verdachts" abgestellt, sondern auf eine tatsachengestützte Gefahrenprognose, wodurch der anordnenden obersten Landes- und Bundesbehörde eine Einschätzungsprärogative hinsichtlich des Wahrscheinlichkeitsurteils zukommt.
58a.1.3 Der Begriff der besonderen Gefahr für die Sicherheit der Bundesrepublik Deutschland bezieht sich auf die innere und äußere Sicherheit des Staates (vgl. Nummer 54.5a). Er ist nicht auf den Schutz staatlicher Funktionen beschränkt. Der Schutzbereich umfasst das ordnungsgemäße Funktionieren staatlicher Einrichtungen. Auch nichtstaatliche Einrichtungen, deren Gefährdung erhebliche Schadensfolgen (Personen- und/oder Sachschäden) nach sich ziehen könnte, können vom Schutzbereich umfasst sein. Dies betrifft insbesondere sog. „weiche" Ziele (soft targets), wie etwa Krankenhäuser, Bahnhöfe,

Züge, Wohnanlagen, Synagogen, Industrieunternehmen oder Fußballstadien. Neben der Gefahr für die Sicherheit der Bundesrepublik Deutschland ist als Tatbestandsalternative eine terroristische Gefahr genannt.

58 a.1.4 Anders als beim Ausweisungstatbestand des § 54 Nr. 5 i. V. m. § 5 Abs. 4 kommt dieser Tatbestandsalternative auch außerhalb terroristischer Strukturen, die ein auf längere Dauer angelegtes Zusammenwirken von mehr als zwei Personen erfordern, zum Tragen. Damit werden auch Einzeltäter erfasst.

58 a.1.5 Mit Erlass der Abschiebungsanordnung erlischt zugleich der Aufenthaltstitel (§ 51), die Aufenthaltsgestattung (§ 67 AsylVfG) oder Duldung. Hierdurch wird die Voraussetzung dafür geschaffen, dass der Betroffene auf richterliche Anordnung in Abschiebungshaft (Sicherungshaft) genommen werden kann (vgl. die Erläuterungen zu § 62). Durch das Erlöschen des Aufenthaltstitels wird zugleich sichergestellt, dass mit dem Vollzug der Abschiebungsanordnung eine erneute (legale) Einreise nicht mehr möglich ist. Nach § 11 Abs. 1 kann dann auch bei einem Anspruch grundsätzlich kein Aufenthaltstitel mehr erteilt werden.

58 a.1.6 Die Abschiebungsanordnung wird grundsätzlich in Landeskompetenz durch die jeweils zuständigen Innenministerien der Länder wahrgenommen.

58 a.2 Abschiebungsanordnung des Bundesministeriums des Innern
Nach Absatz 2 kann das Bundesministerium des Innern die Zuständigkeit im Einzelfall an sich ziehen. Dies kommt vor allem in Betracht, wenn nach Einschätzung des Bundesministeriums des Innern eine länderübergreifende Gefahrenlage besteht, die möglichen Adressaten einer Abschiebungsanordnung länderübergreifend agieren, besondere Erkenntnisse der Sicherheitsbehörden auf Bundesebene vorhanden sind oder der Fall außenpolitische Bedeutung hat.

58 a.3 Prüfung des Vorliegens von Abschiebungsverboten
58 a.3.1 Nach Absatz 3 ist von der über die Abschiebungsanordnung entscheidenden Behörde zu prüfen, ob aktuell ein Abschiebungsverbot besteht; ist dies der Fall, so kann eine Abschiebung nicht vollzogen werden. Damit wird sichergestellt, dass niemand durch die Abschiebung einer besonderen Gefährdung der eigenen Person ausgesetzt wird. Auch wenn gesetzlich keine formelle Beteiligung des Bundesamtes für Migration und Flüchtlinge vorgesehen ist (vgl. § 72 II), empfiehlt es sich, bei der Prüfung der zielstaatsbezogenen Abschiebungsverbote das Bundesamt einzubeziehen.

58 a.3.2 In Anlehnung an das Auslieferungsverfahren steht eine bestandskräftige Flüchtlingsanerkennung oder Feststellung eines Abschiebungsverbotes der Entscheidung über eine Abschiebungsanordnung nicht entgegen (Durchbrechung der Bindungswirkung), vgl. § 4 Satz 2 AsylVfG. Durch die tatbestandsmäßig vorgegebene Prüfung des § 60 Abs. 1 bis 8, dessen gerichtliche Überprüfung durch die Verfahrensausgestaltung in Absatz 3 sichergestellt ist, wird jedoch gewährleistet, dass eine Abschiebung nicht erfolgt, wenn der Betroffene aktuell schutzbedürftig ist. Mit dieser Regelung soll erreicht werden, dass vor Erlass einer Abschiebungsanordnung nicht erst noch ein zeitaufwändiges Widerrufsverfahren durchgeführt werden muss, wenn beispielsweise die Voraussetzungen für eine Flüchtlingsanerkennung nicht mehr gegeben sind.

58 a.4 Verfahren
58 a.4.1 Durch die besondere Verfahrensausgestaltung in Absatz 4, die sich an § 18 a AsylVfG orientiert, wird den Grundsätzen eines fairen Verfahrens und der Gewährung rechtlichen Gehörs Rechnung getragen. Insbesondere wird sicherstellt, dass der betroffene Adressat einer Abschiebungsanordnung gerichtlichen Eilrechtsschutz tatsächlich erlangen kann und vorher eine Abschiebung nicht erfolgen darf. Dabei sollte von den Vollstreckungsorganen sichergestellt werden, dass eine Liste mit Rechtsanwälten für eine mögliche Prozessvertretung vor dem Bundesverwaltungsgericht ausgehändigt wird.

58 a.4.2.1 Soweit die Abschiebungsanordnung nicht unmittelbar vollzogen werden kann, etwa weil gerichtlicher Eilrechtsschutz in Anspruch genommen wird oder eine Verbringung außerhalb des Bundesgebietes aus tatsächlichen Gründen nicht unmittelbar erfolgen kann (z. B. wegen fehlender Transportverbindungen oder Aufnahmebereitschaft des Herkunftsstaates), ist der Betroffene zur Sicherung der Abschiebung auf richterliche Anordnung grundsätzlich in Abschiebungshaft zu nehmen (zwingender Haftgrund), vgl. § 62 Abs. 2 Nr. 1 a. Hierdurch soll verhindert werden, dass der Adressat einer Abschiebungsanordnung in Ansehung der bevorstehenden Abschiebung „untertaucht". Der Haftrichter hat in diesem Fall Abschiebungshaft anzuordnen, es sei denn, der Ausländer kann glaubhaft machen, dass er sich der Abschiebung nicht entziehen werde (vgl. § 62 Abs. 2 Satz 3). Nach § 62 Abs. 3 des Aufenthaltsgesetzes ist die Sicherungshaft auf sechs Monate beschränkt und kann nur in Fällen, in denen der Ausländer seine Abschiebung verhindert, auf bis zu höchstens 18 Monate verlängert werden.

58 a.4.2.2 Personen die über die zeitlichen Grenzen der Sicherungshaft hinaus nicht abgeschoben werden können, sollen über Meldeauflagen und Wohnsitzbeschränkungen einer besonderen Überwachung zugeführt werden.

58 a.4.3 Der Rechtsschutz (Eilschutz und Hauptsacheverfahren) wird in Fällen der Abschiebungsanordnung auf einen Rechtszug vor dem Bundesverwaltungsgericht beschränkt, § 50 Nr. 3 VwGO. In der Vergangenheit hat sich in zahlreichen Fällen gezeigt, dass Ausländer, deren Aufenthalt beendet werden soll, durch geschickte Verkettung von Rechtsmitteln die Abschiebung über einen langen Zeitraum, teilweise sogar über Jahre verzögern konnten. Hierdurch werden vor dem Hintergrund der öffentlichen Sicherheit die notwendigen Maßnahmen zur Abwehr von Gefahren in bedenklicher Weise hinausgeschoben; dies ist bei den einer Abschiebungsanordnung zugrunde liegenden Gefahrenlagen zu vermeiden.

Übersicht

	Rn
I. Entstehungsgeschichte	1
II. Allgemeines	2
III. Abschiebungsanordnung	5
1. Allgemeines	5
2. Gefahrenprognose	7
3. Abschiebungshindernisse	14
4. Unabhängigkeit von anderen Entscheidungen	15
5. Eintritt des Bundesministeriums des Innern	17
IV. Verwaltungsverfahren und Rechtsschutz	18

I. Entstehungsgeschichte

Die Vorschrift war in dem **GesEntw** (BT-Drs 15/420) nicht enthalten. Sie wurde erst aufgrund des Vermittlungsverf (BT-Drs 15/3479 S. 9 f) eingefügt. Durch das Ges zur Umbenennung des Bundesgrenzschutzes in Bundespolizei vom 21. 6. 2005 (BGBl. I 1818) wurde in Abs 2 S. 3 „Bundesgrenzschutz" durch „Bundespolizei" ersetzt.   1

II. Allgemeines

Mit dieser Vorschrift wird rechtlich u. politisch **Neuland** betreten. Sie hat weder einen   2
Vorgänger im AuslR noch ein Vorbild in anderen Bereichen des allg oder besonderen Verwaltungsrechts. Sie lässt sich systematisch weder in das sonstige materielle AuslR noch in den Verwaltungszuständigkeiten noch in das Rechtsschutzsystem ohne weiteres einordnen. Die zu ihrer Begründung vorgebrachten politischen Überlegungen unterstellen, das sonstige System des AuslR habe versagt, weil es zur Lösung schwieriger Fälle nicht imstande sei. Gerade bei außergewöhnlichen Gefährdungen für die Sicherheit mit terroristischem Hintergrund reichten die herkömmlichen Instrumente nicht aus. Dabei wurde bisweilen auf das Verf gegen einen bekannten Führer einer islamistischen Gruppe hingewiesen, dessen Anerkennung als Asylber widerrufen war u. der im Hinblick auf seine Tätigkeit in einem verbotenen Ausländerverein ausgewiesen wurde (vgl dazu OVG NRW, EZAR 043 Nr 63). Diese politische Argumentation geht schon deswegen fehl, weil § 58 a auf diesen Fall mangels einer aktuellen schwerwiegenden Gefährdungssituation nicht anwendbar gewesen wäre.

Das neue Entscheidungsverf erweist sich als ebenso **außergewöhnlich** wie die zu   3
bekämpfenden Gefahren. Gewiss nehmen Gefährdungen der Staatsicherheit u. terroristische Bedrohungen seit September 2001 mit Recht einen besonderen Stellenwert in Politik u. Recht ein, solche Ereignisse u. fundamentalen Gefährdungen sind aber nicht ganz ohne Vorbild in der Geschichte. Schon im Zusammenhang mit dem Anschlag während der Olympiade in München u. der damals von palästinensischen Organisationen ausgeübten Gewaltaktionen wurden in Deutschland außergewöhnliche Mittel eingesetzt, um diesen besonderen Gefährdungen zu begegnen. Die Ausweisung dt-verheirateter Palästinenser wurde schnell verfügt u. knapp begründet. Erst das BVerfG stellte klar, welche verfassungsrechtlichen Grundsätze im Hinblick auf den Schutz von Ehe u. Familie u. einen effektiven

Einrechtsschutz auch angesichts schwerer Bedrohungen unverzichtbar sind (BVerfGE 35, 382; 38, 52).

4   Die Vorschrift stellt sich in materieller wie in formeller Hinsicht als Neuerung dar, soll aber kein vollständig neues auslr Entscheidungsverf installieren, sondern mit dem bisherigen System der Aufenthaltsbeendigung in Einklang stehen (dazu Welte, InfAuslR 2004, 383). **Ergänzung** für eine bestimmte Fallkonstellation ist das Ziel, nicht Ersatz für die bisherigen Entscheidungsgrundlagen u. Verfahrenswege. Dennoch sind die Abweichungen von dem herkömmlichen Gefüge so erheblich, dass sie als Einbruch in gewachsene Strukturen mit dem Ziel einer Neuausrichtung verstanden werden können. Die folgenden strukturellen Neuerungen verdeutlichen eine **Abkehr** von bisher unumstritten geltenden Prinzipien: Unabhängigkeit von einem aufenthaltsbeendenden VA, Verlagerung jeder materiellen Abwägung auf die Ebene des Vollstreckungsrechts, freies Eintrittsrechts des BMI zu Lasten angestammter Länderkompetenzen, Einsatz von Bundesbehörden in der Vollstreckung unter Ausschluss von Länderbehörden, Verkürzung des Rechtswegs auf das absolute verfassungsrechtliche Mindestmaß. Die Vorschrift kann daher auch als Beginn einer grundlegenden **Neugliederung** mit dem Ziel einer zentralen u. allein zuständigen Ausländerpolizeibehörde des Bundes unter Zurückführung auf rechtsstaatliche Minimalstandards verstanden werden.

III. Abschiebungsanordnung

1. Allgemeines

5   Die Vorschrift schafft die Grundlagen für die Gefahrenabwehr, enthält aber von den sonstigen Maßnahmen für Aufenthaltsbeendigungen **abweichende** Voraussetzungen u. Verfahrenswege u. verlangt damit ein eigenständiges Prüfungsprogramm. Besonders gestaltet sind die Gefahrenprognose, die Berücksichtigung von Abschiebungshindernissen, der Kompetenzübergang von den Ländern auf den Bund u. die Unabhängigkeit von anderen Entscheidungen sowie die gerichtliche Kontrolle. **Unverändert** zu berücksichtigen sind die Grundsätze der Rechtsstaatlichkeit (Art 20 III GG), der Schutzbereich der materiellen Grundrechte (vor allem Art 2 u. 6 GG) u. die Garantie eines wirksamen Rechtsschutzes (Art 19 IV GG). Vor allem hinsichtlich des Rechtsschutzes sind anders als nach Art 16 a GG keine Modifikationen vorgenommen.

6   Die **Rechtsfolgen** sind ähnlich wie bei Ausweisung u. Abschiebung, zT aber noch schärfer ausgestaltet. Der AufTit erlischt mit Bekanntgabe der Anordnung (§ 51 I Nr 5 a), ebenso die AufGest (§ 67 I Nr 5 a AsylVfG). Die Abschiebung löst eine Einreise- u. Aufenthaltssperre aus, deren Wirkungen nur ausnahmsweise mit Zustimmung der obersten Landesbehörde im Einzelfall befristet werden dürfen (§ 11 I 5 u. 6); auch eine Betretenserlaubnis bedarf dann der Zustimmung des Landesministers oder -senators (§ 11 II 2). Sicherungshaft ist ohne weiteres anzuordnen, falls die Abschiebung nicht sofort vollzogen werden kann (§ 62 I 1 Nr 1 a).

2. Gefahrenprognose

7   Die **Eingriffsgrundlage** besteht in einer besonderen Gefahr für die Sicherheit der BR Deutschland oder in einer terroristischen Gefahr. Worin die Besonderheit in der 1. Alt zu sehen ist u. wie sich die (nicht besondere) terroristische Gefahr in der 2. Alt von sonstigen Gefahren dieser Art unterscheidet, wird aus dem reinen Gesetzeswortlaut nicht deutlich. Daher sind beide Begriffe aus dem Gesamtzusammenhang aller aufenthaltsbeendenden Maßnahmen zu erschließen. Es muss sich um Gefahren für die Staatssicherheit oder terroristische Gefahren handeln, die sonst nicht erfasst sind oder denen sonst mit aufr Maßnahmen nicht oder zumindest nicht ausreichend wirksam begegnet werden kann.

Die Sicherheit der BR Deutschland, die öffentl Sicherheit u. Ordnung sind bereits **8** **anderweitig** vor Beeinträchtigungen, Gefahren u. Gefährdungen **geschützt,** u. die Abwehr terroristischer Gefahren ist ebenso Gegenstand mehrerer Bestimmungen des AufenthG u. des AsylVfG; vgl zB §§ 5 IV, 49 III Nr 7, 54 Nr 5, 5 a u. 7, 54 a, 56 I 3, 60 VIII. Damit können besondere Gefahren für die Staatssicherheit u. terroristische Gefahren iSd Abs 1 S. 1 nur dann angenommen werden, wenn sie nach Art, Ausmaß u. Folgen eindeutig über das sonstige Gefahrenniveau hinausgehen. Die besondere Eingriffsbefugnis einer zentralen Landes- oder Bundesbehörde soll nicht dazu dienen, Lücken im System der aufenthaltsbeendenden Maßnahmen zu schließen, sondern ein besonders schnelles u. wirksames Einschreiten gegenüber Gefahren ermöglichen, die wegen ihres Ursprungs, ihrer Wirkungsweise u. ihrer Intensität sowie ihrer möglichen Folgen über das sonst Übliche hinausreichen.

Als gefährdete **Objekte** kommen außer wichtigen staatl u. kommunalen Institutionen **9** auch andere existenznotwendige Einrichtungen u. Betriebe, wie Bahn, Post, digitale Kommunikationsnetze, Strom- u. Gasversorgungsanlagen, Autobahnen, Kirchen u. Sportstätten in Betracht. Eine terroristische Gefahr zeichnet sich nicht durch die Organisationsweise u. die Internationalität der Urheber aus, sondern durch die **Mittel** sowie die Art ihres Einsatzes u. die Schwere ihrer Folgen. Deswegen kommen insoweit zB willkürliche Angriffe auf beliebige Menschengruppen, Sprengstoffattentate oder andere ungezielte oder unbeherrschbare Anschläge mit verheerenden, auch psychologischen Breitenwirkungen in Betracht.

Die **Gefahrenprognose** muss wie auch sonst zur Gefahrenabwehr im Ordnungsrecht auf **10** zuverlässige Tatsachen gestützt, an angemessenen Maßstäben ausgerichtet u. mit erprobten Mitteln vorgenommen werden. Die ausdrückliche Betonung einer Tatsachengrundlage bedeutet weder, dass andere Prognose ohne Tatsachen vorgenommen werden dürfen, noch dass die hier in Frage stehende mit weniger belastbaren Tatsachenfeststellungen auskommen kann. Die Erwähnung dieser Selbstverständlichkeit dient nur der Abgrenzung gegenüber bloßen Verdächtigungen oder Vermutungen oder subjektiven Einschätzungen oder Wahrscheinlichkeitsbeurteilungen auf unsicheren oder nicht beweisbaren Grundlagen. Trotz des Gewichts der drohenden Beeinträchtigungen u. der Schwierigkeit der Bekämpfung können die auch gegenüber Ausl geltenden rechtsstaatlichen Grundsätze der Bestimmtheit u. der Verhältnismäßigkeit der Mittel nicht aufgegeben werden.

Das danach erforderliche Mindestmaß an Rechtsstaatlichkeit betrifft sowohl die Tatsa- **11** chengrundlage als auch die Einschätzung der Eintrittswahrscheinlichkeit. Die **Prognosetatsachen** müssen zur Überzeugung der zuständigen Behörden u. Gerichte feststehen u. in vollem Umfang überprüft werden können, nicht nur auf Schlüssigkeit u. Plausibilität. Die Faktenbasis darf weder unsicher noch unkontrollierbar sein. Schwierigkeiten bei der Aufklärung von Verhältnissen im Ausland u. innerhalb von gewaltbereiten Organisationen treten auch in anderen Zusammenhängen, zB im Strafrecht, auf u. erfordern entsprechend geeignete u. angepasste Ermittlungsmethoden. u. Beweismittel. Geheimhaltung ist auch hier nur im Rahmen des § 29 II VwVfG u. der §§ 99, 100 VwGO zu gewährleisten. Weder die Schwere der Gefährdung noch die Eilbedürftigkeit der Entscheidung lassen Abstriche von diesen Erfordernissen zu.

Die **Prognose** selbst darf wie im Ordnungsrecht üblich weder an statistischen Berech- **12** nungen noch an bloßen Mutmaßungen u. theoretischen Szenarien ausgerichtet werden. Der Grad der notwendigen Wahrscheinlichkeit liegt nicht abstrakt fest, sondern wird maßgeblich bestimmt durch die Schwere der drohenden Beeinträchtigungen u. Schäden. Je schwerer der mögliche Schaden, desto geringer die notwendige Wahrscheinlichkeit seines Eintritts. Allerdings müssen auch für die Schwere der Schäden Tatsachen dargetan u. erforderlichenfalls nachgewiesen werden, nicht bloß Behauptungen. Die allen Voraussagen im Ordnungsrecht eigene Ungewissheit unterscheidet sich nicht grundlegend von der bei der Einschätzung künftiger Verhaltensweise von Menschen u. Organisationen üblichen. Der angesichts der Schadensschwere uU geringere Wahrscheinlichkeitsgrad ändert nichts an der Notwendigkeit, eine bestimmte Entwicklung als wahrscheinlich einzuschätzen u. andere auszuschließen. Die Prognose erlaubt nur eine u. nicht mehrere „richtige" Ergebnisse. Kann ein bestimmter Grad an Gewissheit nicht erreicht werden, ist im Blick auf die Art u. die Schwere der in Rede stehenden Gefahren zu entscheiden, ob die verbleibende Unsicherheit hingenommen werden kann.

13 Die Prognose erfordert besondere Kenntnisse u. Erfahrungswissen, ist aber nicht derart außergewöhnlich von einem bestimmten Fachwissen abhängig, dass nur oberste Landes- oder Bundesbehörden darüber verfügen können. Die Aufgabe unterscheidet sich nicht grundsätzlich von der alltäglich geforderten Burteilung ähnlicher Sachverhalte durch die (unteren) AuslBeh (vgl zB Rn 7). Eine **Einschätzungsprärogative,** die gerichtlich nicht überprüfbar ist, steht ihnen daher nicht zu. Gerichte können sich bei ihrer Überzeugungsbildung eben desselben fremden Sachverstands bedienen wie Behörden. Auch die Entscheidung darüber, welcher Grad an Ungewissheit hingenommen werden kann, ist eine Rechtsentscheidung u. weder dem Ermessen noch einem bestimmten exklusiven Fachwissen vorbehalten. Dieser Teil der Prognose ist für das Ordnungsrecht geradezu typisch. Dies wird vor allem an der Bandbreite möglicher Beeinträchtigungen der öffentl Sicherheit u. Ordnung (von dem verdorbenen Magen der Gäste einer zur Schließung anstehenden Gaststättenküche bis zur Kernschmelze bei ungenügendem Berstschutz für ein Kernkraftwerk) deutlich. Der Eintritt von Sicherheitsgefahren oder terroristische Gefahren hängt nicht von schwer kalkulierbaren technischen Prozessen ab, sondern von schwer vorausbestimmbaren Einstellungen u. Verhaltensweisen von Menschen. Die Wahrscheinlichkeitsbeurteilung ist auch nicht im Wesentlichen auf eine Person reduziert wie bei der möglichen Wiederholungstat eines Straftäters. Sie ist jedoch trotz gradueller Unterschiede grundsätzlich in gleicher Weise möglich wie in anderen Bereichen des AufR.

3. Abschiebungshindernisse

14 Die Hindernisse des § 60 I bis VIII führen nicht dazu, dass von der Abschiebungsanordnung abgesehen wird. Deren Charakter als Vollzugsakt entsprechend wird nur der **Vollzug** eingeschränkt oder ausgeschlossen. Da § 59 II u. 3 anzuwenden ist, muss im Falle eines relativen Hindernisses der Staat bezeichnet werden, in den nicht abgeschoben werden darf. Alle damit zusammenhängenden Fragen sind selbständig von dem IM des Landes oder des Bundes zu entscheiden, der selbst an eine Asyl- oder Flüchtlingsanerkennung durch das BAMF nicht gebunden ist (Rn 15).

4. Unabhängigkeit von anderen Entscheidungen

15 Die Selbständigkeit der Entscheidung der obersten Landes- oder Bundesinnenbehörde betrifft Feststellungen in anderen Verf. Gemeint sind nicht nur die Feststellungen von Tatsachen, sondern **Entscheidungen.** Nicht die Feststellung einzelner Tatsachen soll unabhängig sein, sondern die Feststellung von aufr bedeutsamer Verfolgungsgefahren u. anderen Beeinträchtigungen, also außer der Feststellung des Sachverhalts auch dessen rechtliche Bewertung. Dies gilt hinsichtlich des Endergebnisses wie auch einzelner Zwischenstufen, sowohl gegenüber Behörden- als auch gegenüber Gerichtsentscheidungen (Letzteres in Abweichung von § 121 VwGO). Damit ist die Durchbrechung der Bindungswirkung der Entscheidungen des BAMF trotz der unterschiedlichen Formulierung genauso angelegt wie im Verhältnis zum Auslieferungsverf (vgl § 4 S. 2 AsylVfG). Weder positive noch negative Behördenbescheide, weder tragende Gründe noch im Ergebnis unerhebliche Nebenfeststellungen binden den IM des Landes oder des Bundes.

16 Trotz des Ausschlusses der formellen Bindungswirkung sind die von anderen Behörden in anderen Verf getroffenen Feststellungen vor Erlass einer Abschiebungsanordnung **zu berücksichtigen.** Fehlende Bindungswirkung bedeutet nicht die freie Zulassung beliebig einander widersprechender staatl Entscheidungen. Das Ges verleiht dem IM keine höhere Erkenntnisfähigkeit, sondern nur den verfahrensrechtlichen Vorrang. Der Grundsatz der Widerspruchsfreiheit staatl Handelns verlangt, dass staatl Entscheidungen über identische Fragen nicht ohne sachliche Berechtigung oder Notwendigkeit voneinander abweichen

dürfen (zum Verhältnis zwischen BAMF u. OLG im Auslieferungsverf u. zur einschlägigen Judikatur des BVerfG vgl § 4 AsylVfG Rn 15). Trotz unterschiedlicher Zuständigkeiten ist staatl Handeln im Rechtsstaat auf Einheitlichkeit angelegt. Dabei kommt es auf den Autor der jew Entscheidung ebenso wenig an wie auf die Verfahrensart. So ist es gleichgültig, ob in dem anderen Verf das BAMF entschieden hat, ein VG im Eilverf oder das BVerwG im Revisionsverf. Nach alledem darf zB eine bestandskräftige Feststellung des BAMF nicht einfach ignoriert u. ungeprüft verworfen werden. Die Asylanerkennung braucht zwar nicht widerrufen zu werden. Falls davon abweichende Tatsachen angenommen u. Bewertungen getroffen werden, sind aber die Gründe dafür zu nennen, damit erkennbar ist, ob sich die Sachlage verändert hat oder etwa anders bewertet wird u. welche abweichenden Erkenntnisse dafür ausschlaggebend sind.

5. Eintritt des Bundesministeriums des Innern

Die Unabhängigkeit der Abschiebungsanordnung von Entscheidungen anderer Behörden wird noch bekräftigt durch die Möglichkeit der Übernahme der Zuständigkeit durch das BMI. Ein **besonderes Interesse des Bundes** kann angesichts der Zuständigkeit der Länder für die Ausführung von Bundesges (Art 84 I GG) nur angenommen werden, wenn die Aufgabe nach Art u. Umfang von der obersten Landesbehörde nicht oder nur schwer bewältigt werden kann. Der Grund dafür kann in der außenpolitischen Bedeutung liegen oder in der länderübergreifenden Gefährdungslage oder Aktionsweise von Terrorgruppen. Ob bei Behörden des Bundes besondere Erkenntnisse vorliegen, kann dagegen kaum den Ausschlag geben, weil die reibungslose Zusammenarbeit von Bund u. Ländern bei der Terrorbekämpfung selbstverständlich ist. 17

IV. Verwaltungsverfahren und Rechtsschutz

Mit den Bestimmungen des Abs 4 soll den Erfordernissen eines rechtsstaatl Verf einschließlich der Gewährung rechtlichen Gehörs Genüge getan werden. Dem Charakter eines Vollstreckungsakts entsprechend ist eine vorherige **Anhörung** nicht vorgesehen, damit aber nicht ausgeschlossen. Weder **Schriftlichkeit** noch eine Begründung sind vorgeschrieben. Ein Vergleich mit den in § 77 geregelten VA bestätigt, dass auf diese grundlegenden Formalien offenbar verzichtet werden soll. Dies ist besonders deshalb bedenklich, weil die Abschiebungsanordnung zT erheblich in bestehende Rechte eingreift u. diese sonst nur mit schriftlichem u. begründetem VA beschränkt oder aufgehoben werden dürfen. So erlöschen mit der einfachen Bekanntgabe der Abschiebungsandrohung der AufTit (§ 51 I Nr 5 a) u. die AufGest (§ 67 I Nr 5 a AsylVfG), u. Asyl- Flüchtlingsanerkennung sowie Feststellung von Abschiebungshindernissen entfallen ohne Rücknahme u. Widerruf. Die Voraussetzungen des § 60 I bis VIII werden zwar geprüft, der Ausl wird aber zuvor nicht gehört u. erfährt auch bei der Bekanntgabe keine Begründung im Einzelnen. 18

Damit ist der Ausl der Abschiebung u. den damit verbundenen Rechtsverlusten im Gunde genommen hilflos ausgesetzt. Er kann sich hiergegen mangels Kenntnis der Gründe weder vor noch der Bekanntgabe mit Erklärungen, Stellungnahmen oder mit geeigneten Anträgen zur Wehr setzen. Ein **faires Verf** ist damit **nicht gewährleistet.** Insoweit gehen Hinweise auf das Flughafenverf fehl, weil nach § 18 a AsylVfG Anhörung, schriftliche Bescheidung mit Gründen gewährleistet sind. Der Mangel an einem rechtsstaatl Verwaltungsverf kann weder durch die Möglichkeit der Bestellung eines Rechtsbeistands noch durch den verbleibenden Eilrechtsschutz geheilt oder ausgeglichen werden. 19

Der vorgeschriebene **Hinweis** auf die mögliche Inanspruchnahme eines Rechtsbeistands kann als ausreichend angesehen werden. Wenn aber auch für die Rechtsfolgen u. die Rechtsbehelfe nur ein Hinweis statt einer Belehrung vorgesehen ist, genügt dies rechtsstaatl Anforderungen nicht. Die nur formlose Hinweisverpflichtung steht zwar in Zusammenhang 20 damit, dass die Anordnung nicht schriftlich ergeht u. folglich mündlich bekanntgemacht u. nicht förmlich zugestellt wird (vgl § 41 VwVfG). Wenn aber der Ausl in Abweichung von Verfahrensgarantien des § 58 VwGO nur auf Rechtsbehelfe hingewiesen wird, werden damit seine Verfahrensrechte erneut in ungewöhnlicher Weise beschnitten.

21 Der **Rechtsschutz** selbst ist formell ausreichend, kann aber materiell kaum als wirksam iSd Art 19 IV GG angesehen werden. Gegen die Anordnung ist die Anfechtungsklage binnen Monatsfrist gegeben (§§ 42 I, 74 I VwGO) u. kann vorläufiger Rechtsschutz binnen sieben Tagen in Anspruch genommen werden (§§ 80 V, 123 VwGO). Zuständig ist das BVerwG auch dann, wenn die Anordnung durch das IM des Landes erlassen wird (§ 50 I Nr 3 VwGO). Der Widerspruch ist ausgeschlossen (§ 68 I 2 Nr 1 VwGO). Da Art 19 IV keinen Instanzenzug gewährleistet (vgl § 74 AsylVfG Rn 6 mN der Rspr), bestehen hiergegen keine formellen Bedenken. Es ist auch ausreichend dafür Sorge getragen, dass durch den Vollzug keine irreparablen Nachteile entstehen. Die Anordnung ist zwar kraft Ges sofort vollziehbar. Der Vollzug ist aber während der Sieben-Tage-Frist ausgesetzt bis zur Entscheidung des BVerwG im Eilverf, falls der Antrag rechtzeitig gestellt ist.

22 Insgesamt betrachtet entspricht der damit gewährleistete Rechtsschutz kaum **den Anforderungen des Art 19 IV GG**. Da dem Ausl eine schriftliche Anordnung mit Begründung nicht ausgehändigt wird, ist nicht sichergestellt, dass er deren Inhalt u. unmittelbare Folgen überhaupt in ausreichender Weise zur Kenntnis nehmen kann. Die genaue Kenntnis der tragenden Gründe für den Erlass der Anordnung ist besonders wichtig, weil diese uU mehrere Rechtspositionen des Ausl zum Erlöschen bringt u. idR auf schwer nachprüfbaren Erkenntnissen beruht. Zudem kann der Ausl ohne schriftliche Grundlage weder einen Rechtsbeistand ordnungsgemäß informieren noch eine Stellungnahme zur Sache gegenüber dem Ministerium abgeben. Damit ist ihm auch eine wirksame Inanspruchnahme von Rechtsschutz verwehrt. Weder die Klage noch den Eilantrag kann er sachgerecht begründen. Es ist nicht einmal wie nach §§ 18a III 3, 36 II 2 AsylVfG gewährleistet, dass dem BVerwG unmittelbar Aktenunterlagen übermittelt werden. Das BVerwG ist zwar gehalten, in angemessener Art u. Weise rechtliches Gehör zu gewähren, diese Garantie muss aber weitgehend leer laufen, wenn schriftliche Bescheidgründe nicht existieren oder nicht wenigstens in das Gerichtsverf eingeführt werden.

§ 59 Androhung der Abschiebung

(1) **Die Abschiebung soll schriftlich unter Bestimmung einer Ausreisefrist angedroht werden.**

(2) **In der Androhung soll der Staat bezeichnet werden, in den der Ausländer abgeschoben werden soll, und der Ausländer darauf hingewiesen werden, dass er auch in einen anderen Staat abgeschoben werden kann, in den er einreisen darf oder der zu seiner Übernahme verpflichtet ist.**

(3) [1] **Dem Erlass der Androhung steht das Vorliegen von Abschiebungsverboten nicht entgegen.** [2] **In der Androhung ist der Staat zu bezeichnen, in den der Ausländer nicht abgeschoben werden darf.** [3] **Stellt das Verwaltungsgericht das Vorliegen eines Abschiebungsverbots fest, so bleibt die Rechtmäßigkeit der Androhung im Übrigen unberührt.**

(4) [1] **Nach dem Eintritt der Unanfechtbarkeit der Abschiebungsandrohung bleiben für weitere Entscheidungen der Ausländerbehörde über die Abschiebung oder die Aussetzung der Abschiebung Umstände unberücksichtigt, die einer Abschiebung in den in der Abschiebungsandrohung bezeichneten Staat entgegenstehen und die vor dem Eintritt der Unanfechtbarkeit der Abschiebungsandrohung eingetreten sind; sonstige von dem Ausländer geltend gemachte Umstände, die der Abschiebung oder der Abschiebung in diesen Staat entgegenstehen, können unberücksichtigt bleiben.** [2] **Die Vorschriften, nach denen der Ausländer die im Satz 1 bezeichneten Umstände gerichtlich im Wege der Klage oder im Verfahren des vorläufigen Rechtsschutzes nach der Verwaltungsgerichtsordnung geltend machen kann, bleiben unberührt.**

Androhung der Abschiebung § 59 AufenthG 1

Vorläufige Anwendungshinweise

59 Zu § 59 Androhung der Abschiebung

59.0 Allgemeines und Verfahren
59.0.1 Die Androhung der Abschiebung als Maßnahme des Verwaltungsvollstreckungsrechts geht der Abschiebung (vgl. § 58 Abs. 1) regelmäßig voraus. Sie kann mit dem Rechtsbehelf des Widerspruchs angefochten werden. Ob der Widerspruch aufschiebende Wirkung hat, richtet sich nach dem Verwaltungsvollstreckungsrecht der Länder (vgl. § 80 Abs. 2 Satz 2, § 80 b VwGO). Gegen die Androhung der Abschiebung oder Abschiebungsanordnung durch das Bundesamt für Migration und Flüchtlinge findet kein Widerspruch statt (vgl. § 11 AsylVfG).
59.0.2 Die nach § 59 Abs. 1 an die Schriftform gebundene Abschiebungsandrohung muss den Formerfordernissen der §§ 37, 39 VwVfG entsprechen.
59.0.3 Voraussetzung für den Erlass einer Abschiebungsandrohung ist die vollziehbare Ausreisepflicht des Ausländers (§ 58 Abs. 1, 2). Der Erlass eines die Ausreisepflicht begründenden Verwaltungsakts ist nicht zwingende Voraussetzung, wenn die vollziehbare Ausreisepflicht kraft Gesetzes besteht (§ 58 Abs. 2 Satz 1). Die Androhung der Abschiebung ist nicht davon abhängig, ob die Abschiebung später durchgeführt werden kann (vgl. § 59 Abs. 3).
59.0.4 Nach Wirksamwerden der Abschiebungsandrohung können zugunsten des Ausländers eingetretene Umstände von der Ausländerbehörde berücksichtigt werden, ohne die Rechtmäßigkeit der Androhung zu berühren (vgl. § 59 Abs. 3 Satz 1). Nach dem Eintritt der Unanfechtbarkeit der Abschiebungsandrohung ist jedoch der Prüfungsrahmen der Ausländerbehörde gemäß § 59 Abs. 4 Satz 1 beschränkt. Ist rechtskräftig entschieden, dass die Abschiebung zulässig ist, kommt eine Aussetzung der Abschiebung nur noch unter einem in der Abschiebungsandrohung ausgesprochenen Vorbehalt in Betracht.
59.0.5 Wird die Rechtmäßigkeit der Abschiebungsandrohung im vorläufigen Rechtsschutzverfahren gemäß § 80 Abs. 5 VwGO inhaltlich bestätigt, ist die Abschiebung eines Ausländers zulässig.
59.0.6 Eine Abschiebungsandrohung wird gegenstandslos, wenn die Ausreisepflicht des Ausländers entfällt. Dies ist etwa der Fall, wenn der Aufenthalt des Ausländers aufgrund Asylantragstellung gestattet ist (§ 55 AsylVfG).
59.0.7 Einem Ausländer, der einen Asylantrag gestellt hat, darf die Abschiebung nicht abweichend von den Vorschriften des Asylverfahrensgesetzes angedroht werden. Lediglich in den Fällen des § 60 Abs. 8 kann einem Ausländer, der einen Asylantrag gestellt hat, abweichend von den Vorschriften des Asylverfahrensgesetzes die Abschiebung angedroht und diese durchgeführt werden (vgl. § 60 Abs. 9).
59.0.8 Wird ein zur Festnahme ausgeschriebener Ausländer (siehe Nummer 58.4.2) in Gewahrsam genommen und kann er nicht unverzüglich abgeschoben werden, hat die zuständige Behörde (siehe Nummer 62.0.1) unverzüglich zu prüfen, ob Abschiebungshaft nach Maßgabe des § 62 Abs. 2 zu beantragen ist (vgl. § 13 FEVG).

59.1 Abschiebungsandrohung
59.1.1.0 Die Abschiebung ist grundsätzlich unter Fristsetzung anzudrohen, damit der Ausländer sie durch rechtzeitige, freiwillige Ausreise vermeiden kann und damit er die Möglichkeit erhält, Rechtsbehelfe einzulegen, bestehende Abschiebungshindernisse (§ 60) geltend zu machen und seine persönlichen Angelegenheiten innerhalb der Ausreisefrist zu regeln (siehe Nummer 50.2.2).
59.1.1.1 Die sich aus der Fristsetzung ergebenden Pflichten des Ausländers regelt § 50 Abs. 2. Die Fristsetzung liegt im Ermessen der Behörde (siehe Nummern 5.2.2 und 59.1.1.2). Sie ist durch § 50 Abs. 2 Satz 2 und 3 begrenzt, wonach die Ausreisefrist spätestens sechs Monate nach dem Eintritt der Unanfechtbarkeit der Ausreisepflicht endet, wenn sie im Einzelfall nicht wegen Vorliegens einer besonderen Härte befristet verlängert wird. Gesetzlich festgelegte Mindestfristen ergeben sich aus spezialgesetzlichen Vorschriften (§ 36 Abs. 1 AsylVfG: eine Woche; § 38 Abs. 1 AsylVfG: ein Monat; § 38 Abs. 2 AsylVfG: eine Woche).
59.1.1.2 Der Beginn der Frist muss sich auf einen Zeitrahmen erstrecken, in dem der Ausländer gemäß § 50 Abs. 1 ausreisepflichtig ist. Die Ausreisefrist ist so zu bestimmen, dass sie erst nach Ablauf der Rechtsbehelfsfrist endet. Eine kürzere Frist kann bestimmt werden, wenn der Rechtsbehelf keine aufschiebende Wirkung hat (§ 84 Abs. 1) oder die sofortige Vollziehbarkeit der Maßnahme, die die Ausreisepflicht begründet, angeordnet worden ist (§ 80 Abs. 2 Nr. 4 VwGO). Endet die aufschiebende Wirkung des Rechtsbehelfs nach § 80 b Abs. 1 VwGO, richtet sich das weitere Verfahren nach § 50 Abs. 3. Die Stellung eines Zulassungsantrags nach § 124 a VwGO hemmt die Vollziehbarkeit nicht.
59.1.1.3 Eine Begründung der Ausreisefrist erübrigt sich, wenn dem Ausländer zur Ausreise eine Frist von mindestens einem Monat zur Verfügung steht und besondere Umstände, die eine Fristverlängerung

gebieten, nicht ersichtlich sind. Eine unterlassene oder fehlerhafte Fristsetzung kann nachträglich durch die Festsetzung einer neuen Ausreisefrist geheilt werden. Die Fristsetzung ist im Pass oder Passersatz des Ausländers einzutragen.

59.1.1.4 Die Ausreisefrist ist grundsätzlich durch Angabe eines Wochen- oder Monatszeitrahmens zu bestimmen. Für Beginn der Frist ist regelmäßig auf den Zeitpunkt des Wirksamwerdens der Verfügung (Bekanntgabe des Verwaltungsakts) abzustellen. Das Vorliegen von Abschiebungshindernissen oder Duldungsgründen hat keinen Einfluss auf die Fristsetzung (§ 59 Abs. 3 Satz 1).

59.1.1.5 Soweit sich der Ausländer als Besucher oder Tourist nicht länger als sechs Monate im Bundesgebiet aufgehalten hat, genügt eine Ausreisefrist von einer Woche. Die Frist ist ebenfalls eng zu bemessen, wenn

– der Ausländer unerlaubt eingereist ist (§ 14 Abs. 1) und die Voraussetzungen für eine Zurückschiebung (vgl. § 57 Abs. 1) nicht mehr vorliegen,
– die Rückkehrberechtigung innerhalb von vier Monaten ungültig wird,
– die in einem Übernahmeabkommen bestimmte Frist ansonsten nicht eingehalten werden kann.

59.1.1.6 Solange der Ausländer unter einen Abschiebungsstopp nach § 60a fällt, kann davon abgesehen werden, die Abschiebungsandrohung mit einem die Ausreisepflicht begründenden Verwaltungsakt zu verbinden, es sei denn, er soll ausgewiesen werden oder sein Antrag auf eine Aufenthaltsgenehmigung wird abgelehnt. Der Ausländer ist darauf hinzuweisen, dass die Duldung gemäß § 60a durch die Abschiebungsandrohung nicht berührt wird (§ 60a Abs. 3). Beruht die vollziehbare Ausreisepflicht auf einem der in § 50 Abs. 1 genannten Gründe, fehlt es zwar an einem Verwaltungsakt, der die Ausreisepflicht begründet. Dies steht jedoch dem Erlass einer Abschiebungsandrohung insbesondere dann nicht entgegen, wenn der Ausländer keine Aufenthaltsgenehmigung beantragt (§ 81). Eine Abschiebungsandrohung nach § 59 Abs. 1 erübrigt sich dann, wenn zwar ein die Ausreisepflicht begründender Verwaltungsakt verfügt wird, sich die Aufenthaltsbeendigung jedoch nach Asylverfahrensrecht richtet und dadurch eine Beschleunigung des Verfahrens erzielt wird.

59.1.1.7 Grundsätzlich muss die Abschiebung nur einmal angedroht werden. Einer erneuten Abschiebungsandrohung bedarf es nur im Falle der unanfechtbaren Aufhebung der Abschiebungsandrohung aufgrund eines Rechtsbehelfs. Die Abschiebungsandrohung erledigt sich durch die freiwillige Ausreise des Ausländers aus dem Bundesgebiet. Er ist jedoch seiner Ausreisepflicht nur dann nachgekommen, wenn er sich im Herkunftsland oder Drittstaat nicht nur vorübergehend aufhalten darf (siehe Nummer 50.4.2).

59.1.2.1 Von der Androhung und Fristsetzung kann nur ausnahmsweise abgesehen werden, wenn

59.1.2.1.1 – die sofortige Entfernung des Ausländers zur Vermeidung von Störungen der öffentlichen Sicherheit aus Gründen der öffentlichen Gesundheit dringend geboten erscheint,

59.1.2.1.2 – Grund zu der Annahme besteht, dass der Ausländer während einer ihm gewährten Ausreisefrist mit Strafe bedrohte Handlungen begehen oder sich der Abschiebung entziehen wird,

59.1.2.1.3 – der Ausländer einen Pass, Passersatz oder einen Sichtvermerk eines anderen Staates mit demnächst ablaufender Gültigkeitsdauer besitzt und zu befürchten ist, dass bei Fristsetzung die Abschiebung wegen Ablaufs der Gültigkeitsdauer unmöglich wäre oder erschwert würde,

59.1.2.1.4 – die auswärtigen Belange oder die Sicherheit der Bundesrepublik Deutschland die sofortige Entfernung des Ausländers dringend gebieten,

59.1.2.1.5 – der Ausländer ohne erforderliches Visum eingereist ist und konkrete Anhaltspunkte dafür vorliegen, dass er sich auch künftig über die aufenthaltsrechtlichen Vorschriften und Anordnungen der Ausländerbehörde hinwegsetzen wird.

59.1.2.2 Wird von der Androhung und Fristsetzung abgesehen, sind die maßgebenden Gründe in der Ausländerakte zu vermerken. Ergeht eine schriftliche Abschiebungsanordnung zum Zeitpunkt der Abschiebung, sind die Gründe in der Anordnung anzugeben.

59.1.2.3 Ein Mangel der fehlenden Androhung kann dadurch geheilt werden, dass sie nachträglich verfügt wird, solange dem Ausländer die Möglichkeit verbleibt, noch vor der Abschiebung seiner Ausreisepflicht freiwillig nachzukommen.

59.1.2.4 Eine Fristsetzung soll auch dann nicht erfolgen, wenn sich der Ausländer auf richterliche Anordnung in Haft oder in sonstigem öffentlichen Gewahrsam befindet.

59.1.2.5 § 60 Abs. 10 erfordert ausnahmslos, dass die Abschiebung in den Fällen des § 60 Abs. 1 vor der Ausreise angedroht und eine Ausreisefrist gesetzt wird.

59.1.3 Die Ausweisung eines Ausländers wird nicht mit einer Abschiebungsandrohung verbunden, wenn

59.1.3.1 – bereits eine von einer anderen Ausländerbehörde oder vom Bundesamt für Migration und Flüchtlinge erlassene vollziehbare Abschiebungsandrohung vorliegt oder

Androhung der Abschiebung § 59 **AufenthG** 1

59.1.3.2 – das Bundesamt für Migration und Flüchtlinge für den Erlass der Abschiebungsandrohung zuständig ist und kein Fall des § 60 Abs. 8 vorliegt.

59.2 Zielstaat
59.2.1 Grundsätzlich soll der Ausländer in seinen Herkunftsstaat abgeschoben werden. Ein anderer Zielstaat kommt in Betracht, wenn die Abschiebung dahin möglich ist (z. B. aufgrund eines Übernahmeabkommens; vgl. Artikel 23 Abs. 3 und 4 SDÜ) oder der Ausländer in einem Drittstaat ein Aufenthaltsrecht hat und die Abschiebung dorthin zweckmäßiger zu bewirken ist als in den Herkunftsstaat. Sofern der Zielstaat nicht abschließend bestimmt werden kann, soll in der Abschiebungsandrohung der Herkunftsstaat bezeichnet werden, damit die Wirkung des § 59 Abs. 4 Satz 1 eintritt. Für die Bezeichnung des Zielstaates ist die Staatsangehörigkeit des Ausländers grundsätzlich nicht maßgebend. Eine Rücknahmeverpflichtung kommt dann in Betracht, wenn der Herkunftsstaat den Ausländer mit Heimreisedokumenten versehen hat, die beim Aufenthaltsstaat das Vertrauen erwecken, dass die Inhaber der Reisedokumente in den Herkunftsstaat zurückgenommen werden müssen.
59.2.2 Die Abschiebungsandrohung soll den Zielstaat bezeichnen und folgenden Hinweis (kein Verwaltungsakt) enthalten:
„Aufgrund dieser Androhung können sie auch in einen anderen Staat abgeschoben werden, in den sie einreisen dürfen oder der zu ihrer Übernahme verpflichtet ist."
Neben dem Zielstaat müssen die anderen Staaten namentlich nicht genannt werden. Hinsichtlich des Hinweises auf andere für die Abschiebung in Betracht kommende Staaten ist es nicht erforderlich, Abschiebungsverbote, die eine Aussetzung der Abschiebung rechtfertigen könnten, bereits bei der Androhung der Abschiebung zu prüfen. § 60 Abs. 10 erfordert für die dort bezeichneten Fälle, dass in der Androhung die Staaten zu bezeichnen sind, in die der Ausländer abgeschoben werden darf. Bei Staatenlosen ist ein Zielstaat nur dann anzugeben, wenn die tatsächliche Möglichkeit der Abschiebung in einen bestimmten Staat besteht und daher auch ein Abschiebeversuch unternommen werden kann.

59.3 Vorliegen von Abschiebungsverboten
59.3.1 Eine Abschiebungsandrohung ist grundsätzlich auch dann zu erlassen, wenn Abschiebungsverbote vorliegen. Im Hinblick auf § 59 Abs. 3 Satz 2 ist vor Erlass der Abschiebungsandrohung zu prüfen, ob ein Abschiebungsverbot nach § 60 vorliegt. Bei dieser Prüfung ist die Ausländerbehörde an Entscheidungen des Bundesamts für Migration und Flüchtlinge gebunden (§§ 4, 42 AsylVfG). Die Ausländerbehörde entscheidet selbst über den späteren Eintritt oder Wegfall des Abschiebungshindernisses des § 60 Abs. 4, ohne dass es einer Aufhebung der Entscheidung des Bundesamtes bedarf. Liegen der Ausländerbehörde keine konkreten Anhaltspunkte für Abschiebungshindernisse vor, obliegt es dem Ausländer, entsprechende Umstände geltend zu machen (§ 82 Abs. 1).
59.3.2 Im Übrigen besteht keine rechtliche Verpflichtung, vor Erlass der Abschiebungsandrohung das Vorliegen von Abschiebungsverboten zu prüfen. Die Stellung eines Asylantrags kann zu entsprechenden Erwägungen Anlass geben (siehe auch Nummer 58.0.7). Die Abschiebungsandrohung soll jedoch ohne Rücksicht auf eine etwaige tatsächliche Unmöglichkeit der Abschiebung (z. B. wegen Staatenlosigkeit, Passlosigkeit) erlassen werden.

59.4 Darlegung und Ausschluss von Abschiebungshindernissen
59.4.1.1 § 59 Abs. 4 Satz 1 erster Halbsatz betrifft nur Abschiebungshindernisse, die der Abschiebung in denjenigen Staat entgegenstehen, der in der Androhung genannt ist (§ 59 Abs. 2). Diese Abschiebungshindernisse darf die Ausländerbehörde nicht mehr berücksichtigen, wenn diese bereits vor Eintritt der Unanfechtbarkeit der Abschiebungsandrohung hätten vorgebracht werden können. Dieses Verwertungsverbot gilt nicht nur für die Vollstreckung der Abschiebung, sondern auch für die Entscheidung über die Aussetzung der Abschiebung. Macht der Ausländer politische Verfolgungsgründe geltend, ist er auf das Verfahren nach dem Asylverfahrensgesetz zu verweisen.
59.4.1.2 § 59 Abs. 4 Satz 2 zweiter Halbsatz betrifft die sonstigen Abschiebungshindernisse. Das sind
59.4.1.2.1 – die nach Eintritt der Unanfechtbarkeit der Abschiebungsandrohung eingetretenen Abschiebungshindernisse für den Staat, der in der Abschiebungsandrohung genannt ist und
59.4.1.2.2 – die vor und nach dem Eintritt der Unanfechtbarkeit der Abschiebungsandrohung eingetretenen Abschiebungshindernisse, die nicht nur für den in der Abschiebungsandrohung genannten Zielstaat gelten, sondern der Abschiebung überhaupt (z. B. Artikel 8 EMRK) oder in einen dritten Staat (z. B. mittelbare Verfolgung) entgegenstehen.

1 AufenthG § 59

Übersicht

	Rn
I. Entstehungsgeschichte	1
II. Abschiebungsandrohung	2
1. Allgemeines	2
2. Fristsetzung	11
3. Bezeichnung der Zielstaaten	16
4. Abschiebungsverbote und -hindernisse	20
5. Ausschluss späteren Vorbringens	21
III. Rechtsschutz	27

I. Entstehungsgeschichte

1 Die Vorschrift entspricht in vollem Umfang dem **GesEntw** (BT-Drs 15/420 S. 23).

II. Abschiebungsandrohung

1. Allgemeines

2 Vor einer Abschiebung soll diese schriftlich angedroht u. dabei soll eine Frist zur freiwilligen Ausreise bestimmt werden. Diese Anforderungen entsprechen allg **vollstreckungsrechtlichen Grundsätzen** (vgl § 13 I VwVG; für Asylbew vgl §§ 34–38 AsylVfG). Anders als nach § 50 I 2 AuslG ist nicht vorgeschrieben, dass die Androhung mit dem die Ausreisepflicht begründenden Grundverwaltungsakt verbunden werden soll. Gleichwohl ist dies idR zweckmäßig u. geboten. Die Soll-Vorschriften wirken zwingend u. lassen **Ausnahmen** nur begrenzt bei atypischer Fallgestaltung zu. Daher ist anzunehmen, dass von der Androhung u. von der Fristsetzung abgesehen werden darf, wenn dies durch besondere Gründe (ausnahmsweise) gerechtfertigt ist (dazu Rn 7). Allerdings ist die dahingehende Regelung des § 13 II 4 AuslG 1965 nicht übernommen worden. Außerdem sind die Gründe für die Abschiebungshaft in § 62 (zuvor § 57 AuslG) gegenüber § 16 AuslG 1965 erheblich erweitert (dazu Renner, AiD Rn 7/387–389).

3 Die **Verbindung** mit dem aufenthaltsbeendenden VA ist anders als nach § 49 I 2 AuslG nicht mehr vorgeschrieben (anders jetzt noch § 34 II AsylVfG). Eine Verbindung kommt dann nicht in Betracht, wenn die Ausreisepflicht kraft Ges entsteht (§ 50 Rn 4). Außerdem ist es unschädlich, wenn die Abschiebungsandrohung nachgeholt wird, weil bei Erlass des die Ausreisepflicht begründenden VA die Grundlagen der Abschiebung noch nicht geklärt waren oder weil die AuslBeh die ursprüngliche Abschiebungsandrohung aufgrund eines gerichtlichen Eilverf von sich aus sofort aufgehoben hatte (vgl VGH BW, EZAR 131 Nr 2).

4 Die Androhung verfolgt je nach dem Grund der Abschiebung (vgl § 58 Rn 3 ff) **unterschiedliche Zwecke.** Soll die Abschiebung wegen Nichtgewähr der freiwilligen Ausreise erfolgen (§ 50 I Alt 1), verdeutlicht die Abschiebungsandrohung lediglich die Ausreiseverpflichtung u. droht sie die Abschiebung nur für den Fall der nicht rechtzeitigen Ausreise an. Hierfür bedarf es dann keines besonderen Anlasses, vor allem braucht (noch) kein Anhalt für die Nichterfüllung der Ausreisepflicht zu bestehen (BVerwG, EZAR 104 Nr 11; OVG Hamburg, EZAR 132 Nr 2). Bei Überwachungsbedürftigkeit der Ausreise (§ 58 I Alt 2, II) ist dagegen eine freiwillige Ausreise im Sinne einer fehlenden Kontrolle u. Überwachung begrifflich ausgeschlossen. Die Androhung hat unter diesen Umständen eigentlich nur die Funktion einer Ankündigung (BVerwG, EZAR 130 Nr 5; OVG Hamburg, EZAR 132 Nr 2). Gleichwohl ist sie auch im Falle der Haft nicht grundsätzlich entbehrlich; sie ist auch nicht mehr kraft Ges durch die Ankündigung ersetzt (wie nach § 49 V AuslG). Sie soll dem Ausl Gelegenheit geben, vor der Abschiebung seine Angelegenheiten (Arbeitsplatz, Woh-

Androhung der Abschiebung § 59 AufenthG 1

nung ua) zu regeln u. dieser Zweck entfällt auch in Haftfällen nicht ohne weiteres, sondern nur ausnahmsweise bei einem konkreten Anlass im Einzelfall (dazu Rn 12 ff; Renner, AiD Rn 7/440–442).

Die Androhung unterliegt, abgesehen von den an sie gestellten besonderen Formerforder- 5
nissen u. der Sonderregelung des Abs 3 S. 1, **denselben Anforderungen wie die Abschiebung** selbst. Die Abschiebung darf grundsätzlich nur angedroht werden, wenn die Abschiebung selbst rechtlich zulässig ist. Vor Erlass der Abschiebungsandrohung müssen vor allem die vollziehbare Ausreisepflicht sowie Abschiebungsverbote u. -hindernisse geprüft werden. Treten solche später ein, können sie noch vor der Abschiebung geltend gemacht werden, allerdings nur nach Maßgabe des Abs 4 (früher § 70 II AuslG). Zudem sind sie bereits im Zusammenhang mit der Entscheidung über die Androhung zu beachten. Sie stehen allerdings dem Erlass der Androhung nicht (mehr wie bis Mitte 1992) entgegen.

Sind bei Erlass der Abschiebungsandrohung bereits Gründe für eine **Duldung** (§ 60 a) 6
gegeben, sollte diese gleichzeitig erteilt oder zumindest angekündigt werden. Denn damit erübrigt sich ein weiteres Verf um die Aussetzung der angedrohten Abschiebung. Rechtswidrig ist die Androhung trotz Vorliegens eines Duldungstatbestands nicht, weil die Duldung die Ausreisepflicht unberührt lässt (§ 60 a III). Demzufolge kann die Abschiebung sofort nach Ablauf der Duldung ohne erneute Fristsetzung u. Abschiebungsandrohung vorgenommen werden (§ 60 a V 3). Die zT anderslautende Rspr unter der Geltung des § 17 I AuslG 1965 (zB BVerwG, EZAR 104 Nr 11) beruhte auf der damaligen teilweisen Zweckentfremdung des Instituts der Duldung als Titel für Daueraufenthalte von De-facto-Flüchtlingen (vgl Folz/Kremer, ZAR 1990, 167; Meyer, NVwZ 1988, 206, 215; Renner, NVwZ 1983, 649; Welte, NVwZ 1989, 731; VGH BW, EZAR 133 Nr 4) u. sollte durch die Neuregelungen der §§ 55 f AuslG 1990 (jetzt §§ 59, 60 a) gerade gegenstandslos werden. Dies ist mit Abs 3 S. 1 zusätzlich klargestellt.

Eine **Ausnahme** von der grundsätzlichen Pflicht zur Androhung der Abschiebung mit 7
Fristsetzung (Rn 2) ist gegeben, wenn die Androhung allg ihren Zweck nicht erfüllen kann oder entbehrlich ist. Grundsätzlich kann ein Verzicht auf die Androhung veranlasst sein bei akuter Gefahr für die öffentl Sicherheit oder Gesundheit oder des Untertauchens oder der Nichtrückführbarkeit (ähnlich Fraenkel, S. 272). Ausnahmen sind danach zB geboten u. gerechtfertigt zur Vermeidung von schwerwiegenden Störungen der auswärtigen Beziehungen des Bundes oder der öffentl Sicherheit oder der öffentl Gesundheit, falls diese durch sonstige Vorkehrungen nicht zuverlässig verhindert werden können. Ausnahmen sind aber auch dann zulässig, wenn zB wegen nur noch kurzer Geltungsdauer des Passes oder wegen des früheren Verhaltens des Ausl (mehrmalige illegale Einreisen u. Abschiebungen) mit einer Befolgung der Ausreisepflicht nach Androhung mit Fristsetzung nicht zu rechnen ist. Die Bestimmung einer kurzen Frist kann zB dem zwischenzeitlichen Ablauf des Passes vorbeugen, u. Sicherungshaft (§ 62 II) kann ein Untertauchen verhindern.

Das **Verhältnis** zu anderen Abschiebungsandrohungen ist nicht ges festgelegt. Es be- 8
stimmt sich nach dem jew Inhalt u. Zweck. Maßgeblich ist das Verhältnis der zugrunde liegenden Ausreisepflichten zueinander. Diese können nebeneinander bestehen, wenn zB die Geltungsdauer eines AufTit nach einer Ausweisung endet u. die Verlängerung abgelehnt wird. Dann ist sowohl nach der Ausweisung als auch nach der Versagung der Verlängerung die Abschiebung nach dem Grundsatz des Abs 1 anzudrohen. Die Vollziehbarkeit der Ausreisepflichten hängen nicht voneinander ab. Ist der Vollzug auf der einen Rechtsgrundlage nicht möglich (zB aufgrund eines gerichtlichen Stopps nach §§ 80 V, 123 VwGO), berührt dies nicht die Vollziehbarkeit auf der anderen Grundlage. Die AuslBeh kann sich entscheiden, welche von mehreren Ausreisepflichten sie zu vollziehen beabsichtigt; gegen deren Vollzug kann sich der Ausl ungeachtet der sonstigen Ausreisepflicht wenden. Ist die eine Ausreisepflicht sofort vollziehbar, die andere aber nicht (zB bei Ausweisung u. gleichzeitiger Versagung der Verlängerung des AufTit), muss allerdings die Rechtmäßigkeit der Ausweisung im Eilverf um die Nichtverlängerung wegen der Sperrwirkung des § 11 I summarisch mitgeprüft werden (dazu § 55 Rn 100 f).

9   Anders ist auch das Verhältnis zu **asylr Abschiebungsandrohungen** nicht gestaltet. Diese sind entweder mit einer Ausreisefrist von einer Woche oder von einem Monat nach rechtskräftigem Abschluss des Asylverf versehen (§§ 36 I, 38 I). Der Asylklage kommt zwar keine aufschiebende Wirkung zu (§ 75 AsylVfG), sofort vollziehbar ist aber die Ausreisepflicht nur nach Ablehnung des Asylantrags als offensichtlich unbegründet, während die Ausreisefrist in den anderen Fällen erst einen Monat nach Abschluss des gesamten Verf endet. Ein Vorrang der asylr Androhung aufgrund einer Spezialität des § 34 I AsylVfG besteht nicht (aA BayVGH, EZAR 044 Nr 21). Der Vollzug der asylr Androhung wird durch den späteren Erlass einer aufr Androhung nicht berührt. Das Verhältnis der AufR zueinander, auch während eines Verf, wird durch §§ 10, 81 u. § 55 AsylVfG bestimmt. Eine aufr Androhung erledigt sich durch einen Asylantrag nicht in verfahrensrechtlichem Sinne (VGH BW, EZAR 044 Nr 14). Infolge der ges AufGest wird aber die Ausreisepflicht jedenfalls für die Dauer des gesamten Asylverf beendet.

10   Die Androhung muss **inhaltlich hinreichend bestimmt** sein (§ 37 I VwVfG bzw Landes-VwVfG), insb die Ausreiseverpflichtung, die Ausreisefrist (§ 50 Rn 7 ff) u. die Voraussetzungen der Abschiebung deutlich bezeichnen. Zu den Angaben über die möglichen Zielstaaten sind in Abs 2, Abs 3 S. 2 besondere Regelungen getroffen sind (dazu Rn 16 ff).

2. Fristsetzung

11   Die Länge der **Ausreisefrist** ist grundsätzlich nicht ges vorgegeben (§ 50 Rn 7 ff). Sie kann dem Datum nach festgelegt oder nach dem Zeitpunkt der Zustellung oder sonstigen Bekanntgabe des Grundverwaltungsakts oder der Abschiebungsandrohung bestimmt werden. Die Berechnung nach diesen Zeitpunkten birgt Unsicherheiten, andererseits muss die fixe Benennung des Fristendes uU korrigiert werden, wenn sich die Bekanntgabe verzögert. Das Fristende darf nicht in der Weise festgesetzt werden, dass es noch in die Zeit des erlaubten Aufenthalts fällt; dann ist nämlich keine Frist eingeräumt (BayVGH, EZAR 132 Nr 1). Ausnahmsweise **entbehrlich** kann die Fristsetzung sein, wenn dem Ausl keine Zeit zur Befolgung der Ausreisepflicht mehr gelassen werden kann (sonst ist die Androhung ohne Frist rechtswidrig: SächsOVG, EZAR 041 Nr 5). Auch in diesem Fall entbehrt die Androhung nicht des sachlichen Gehalts, da der Ausl zumindest Gelegenheit zum Vortrag von Abschiebungshindernissen erhält u. uU rein tatsächlich auch ohne Fristsetzung noch selbständig ausreisen kann (Renner, AiD Rn 7/447 f).

12   Läuft die Ausreisefrist ab, ohne dass der Ausl die BR Deutschland verlässt, wird sie (u. die Abschiebungsandrohung) dadurch **nicht gegenstandslos.** Dagegen verlor die Abschiebungsandrohung nach dem AuslG 1965 ihre Bedeutung, wenn der Ausl die Frist nicht zu beachten brauchte (BVerwGE 68, 101; OVG NRW, EZAR 131 Nr 1; dazu § 50 Rn 13). Seit Einfügung von Abs 4 in § 50 AuslG mit Wirkung vom 1. 7. 1992 wirkte sich der Fortfall der Vollziehbarkeit der Ausreisepflicht oder der Abschiebungsandrohung in einer Unterbrechung der Frist aus. Da nunmehr eine entsprechende Bestimmung nicht mehr getroffen ist, sind die Folgen nach allg Verfahrensrecht zu beurteilen. Danach wird ebenfalls die Ausreisefrist unterbrochen, weil es an der Grundlage einer vollziehbaren Ausreisepflicht zeitweilig fehlt.

13   **Gegenstandslos** wird die Ausreisefrist, wenn der Ausl endgültig das Bundesgebiet verlassen hat, um in seine Heimat zurückzukehren (BVerwG, EZAR 223 Nr 10), wenn er sonst seine Ausreisepflicht erfüllt hat (dazu § 50 Rn 14 f), wenn ihm vor Ablauf der Ausreisefrist ein AufR eingeräumt (AufTit, AufGest oder § 81 III 1 oder IV) oder aber eine neue Frist gesetzt wird, die die bisherige ausdrücklich oder stillschweigend ersetzt. Kommt der Ausl dagegen einerseits seiner Ausreisepflicht freiwillig nach, betreibt er aber andererseits die Verf um vorläufigen Rechtsschutz u. die Hauptsache weiter, gehen von der Abschiebungsandrohung mit Fristsetzung weiter belastende Wirkungen für ihn aus, weil die AuslBeh bei einer Rückkehr die Androhung sofort vollziehen könnte (HessVGH, EZAR 105 Nr 23).

In Fällen richterlich angeordneter **Haft** oder entsprechenden **Gewahrsams** (§ 58 **14** Rn 10 f) ist eine Fristsetzung (nicht die Abschiebungsandrohung) uU ausnahmsweise entbehrlich. Früher war nach § 50 V AuslG stattdessen die Abschiebung mindestens eine Woche zuvor anzukündigen. Diese Regelung nahm Bedacht auf Besonderheiten bei Überwachungsbedürftigkeit der Ausreise (Rn 4) u. wurde ergänzt durch die Zulässigkeit der Direktabschiebung aus Haft oder Gewahrsam. Schon unter der Geltung von § 13 AuslG 1965 kam in diesem Fall der Abschiebungsandrohung eine andere Bedeutung zu als für einen Ausl, der sich in Freiheit befand (BVerwG, EZAR 130 Nr 5; OVG Hamburg, EZAR 132 Nr 2; HessVGH, EZAR 611 Nr 9). Nach wie vor ermöglicht das Ges eine auf die Bedürfnisse Inhaftierter abgestellte Gestaltung von Ausreise u. Abschiebung, ohne dass die Überwachungsbedürftigkeit im Einzelfall festgestellt u. dem Ausl zuvor Gelegenheit zur freien Ausreise gegeben werden muss (vgl OVG NRW, EZAR 044 Nr 18). Er muss lediglich seine persönlichen, familiären, wirtschaftlichen u. beruflichen Angelegenheiten ordnen u. abwickeln oder hierfür vorbereiten können, bevor er abgeschoben wird. Die Beschränkungen aufgrund Haft oder Gewahrsam hat er dabei hinzunehmen.

Die AuslBeh ist zum Absehen von der Androhung nicht mehr gezwungen. Sie kann auch **15** bei Haft oder Gewahrsam eine **Frist** zur freiwilligen Ausreise setzen. Der Ausl kann dann seine Ausreise aus Haft oder Gewahrsam vorbereiten (schriftlich, telefonisch, mittels Sozialarbeiter, Familienangehörigen oder Freunden sowie Ausgang oder Freigang) u. im Anschluss an seine Entlassung das Bundesgebiet (unbegleitet oder begleitet) verlassen. Eine derartige Verfahrensweise bietet sich zB an, wenn der Ausl nach Teilverbüßung auf Bewährung entlassen werden soll u. seine Ausreise ernsthaft beabsichtigt u. vorbereiten will. In Fällen von Haft oder Gewahrsam kann die AuslBeh auch auf die **Androhung der Abschiebung** verzichten, wenn dies durch besondere Gründe gerechtfertigt ist (dazu allg Rn 2, 7; zum früheren Recht vgl VGH BW, EZAR 044 Nr 1). Eine Ankündigung sollte ungeachtet dessen ergehen, ob von Androhung und/oder Fristsetzung abgesehen wird. Ist die Abschiebung während der Haft nicht angedroht u. auch nicht vollstreckt, muss sie nach Haftentlassung angedroht werden (zum früheren Recht vgl HessVGH, EZAR 044 Nr 5).

3. Bezeichnung der Zielstaaten

Abs 2 räumt der Behörde anders als § 50 I 2 AuslG in der bis 30. 6. 1992 geltenden **16** Fassung (dazu 5. Aufl, § 50 AuslG Rn 6) erhebliche **Erleichterungen** bei der Bezeichnung der für eine Abschiebung in Betracht kommenden Zielstaaten ein. Der in erster Linie ins Auge gefasste Zielstaat soll in jedem Fall genannt werden, auch wenn es der Heimatstaat ist (anders noch § 50 I 2 AuslG aF). Der **Hinweis** auf anderweitige Abschiebungsmöglichkeiten braucht nicht weiter konkretisiert zu werden, um der Behörde später bei Unmöglichkeit der Abschiebung in den primär avisierten Staat das sofortige Ausweichen auf einen anderen zu erlauben (so Begr des GesEntw, BT-Drs 12/2062 S. 44). Dieser erheblichen Vereinfachung der Behördentätigkeit entspricht eine noch weitaus größere **Verschlechterung** für den Ausl. Dieser ist, wenn er sich wehren will, gezwungen, gegen alle möglichen Zielstaaten Einwendungen zu erheben. Konkrete u. substantiierte Angaben werden ihm in aller Regel unmöglich sein, weil er die jew tatsächlichen u. rechtlichen Verhältnisse nicht kennt – jedenfalls weniger gut als die Behörde. Hat die Abschiebebehörde den Zielstaat endgültig festgelegt, ist wirksamer Rechtsschutz kaum mehr möglich; denn die Abschiebung selbst pflegt nicht schriftlich angeordnet zu werden.

Grundsätzlich ist der in erster Linie in Aussicht genommene Zielstaat genau **zu bezeich- 17 nen** (allg zur Benennung Renner, AiD Rn 7/451). Es können auch mehrere Staaten genannt werden, in die wahlweise abgeschoben werden kann (VGH BW, EZAR 044 Nr 15). Dabei schadet es nicht, wenn der Ausl nur in einem Teil des Staatsgebiet sicher leben kann (BVerwG, EZAR 044 Nr 16). Außer dem Heimatstaat kommt jeder andere Staat in Betracht, der zur Aufnahme (ausnahmsweise) verpflichtet oder zumindest bereit ist (vgl auch Art 23 III u. IV SDÜ). Im Falle der Flüchtlingsanerkennung sind die ausgeschlossenen

Zielstaaten zu benennen (§ 60 X 2; anders noch § 51 IV 2 AuslG: zulässige Zielstaaten positiv zu benennen). Auch bei Feststellung anderer Abschiebungshindernisse (§ 60 II–VII, IX) sind die Staaten aufzuführen, in die nicht abgeschoben werden darf.

18 **Ausnahmen** von der sofortigen genauen Bezeichnung des Zielstaats sind zB vertretbar, wenn diese noch nicht möglich ist, wenn die Auswahl unter mehreren in Betracht kommenden erst später getroffen werden kann oder soll oder wenn die Nachfolge für einen untergegangenen Staat noch nicht feststeht (betr noch ungeklärten Herkunftsstaat BVerwG, EZAR 044 Nr 17; VG Leipzig, EZAR 044 Nr 12). In diesen Fällen muss die Benennung jedoch rechtzeitig nachgeholt werden, um dem Ausl die notwendige Sicherheit u. die Möglichkeit zu Einwendungen zu geben (BVerwG, EZAR 044 Nr 17). Insoweit gelten dieselben Modalitäten wie bei der spätere Auswahl eines Staats, auf den zunächst nur allg als aufnahmebereiten Zielstaat hingewiesen worden war.

19 **Unterbleibt** die Benennung des Zielstaats endgültig, ist die Abschiebungsandrohung rechtswidrig (VGH BW, EZAR 044 Nr 10; BayVGH, InfAuslR 1994, 30; HessVGH, EZAR 044 Nr 6; aA OVG Hamburg, EZAR 022 Nr 4 u. 044 Nr 7). Unschädlich ist dagegen die Unterlassung des Hinweises auf andere aufnahmebereite Zielstaaten (VGH, BW 042 Nr 2; HessVGH, EZAR 044 Nr 8; aA Kümpel, VBlBW 1994, 187).

4. Abschiebungsverbote und -hindernisse

20 Das Vorliegen von Abschiebungshindernissen oder -verboten **hindert** die Abschiebungsandrohung grundsätzlich **nicht.** Da in der Androhung der als Ziel der Abschiebung ausgeschlossene Staat zu bezeichnen ist, bleibt die Androhung ansonsten unberührt. Die AuslBeh ist an Entscheidungen des BAMF gebunden, entscheidet aber über den späteren Fortfall hinsichtlich § 60 IV selbst (§ 42 AsylVfG). Außerdem ist sie für inlandsbezogene Hindernisse (dazu § 60 Rn 47) allein zuständig. In diesen Fällen ist die Abschiebung ohnehin allg ausgeschlossen u. nicht nur wegen der Verhältnisse in einem bestimmten Zielstaat.

5. Ausschluss späteren Vorbringens

21 Das Vorbringen von Abschiebungsverboten u. -hindernissen ist grundsätzlich Sache des Ausl. Die Mitwirkungspflichten gegenüber BAMF u. AuslBeh (§ 25 I AsylVfG u. § 82 I umfassen alle für ihn jew günstigen Tatsachen, Beweise u. sonstige Unterlagen. Gegenüber der AuslBeh ist die Darlegung durch Abs 3 weiter eingeschränkt. **Obligatorisch** ausgeschlossen sind vor Unanfechtbarkeit der Abschiebungsandrohung eingetretene Umstände, die gegen die Abschiebung in den ins Auge gefassten Staat sprechen können. Sonstige Umstände kann die AuslBeh nach pflichtgemäßem **Ermessen** unberücksichtigt lassen; dazu gehören sowohl später entstandene Tatsachen, aus denen sich Bedenken gegen die Abschiebung in den bezeichneten Staat ergeben, als auch allg sonstige Hindernisse persönlicher Art ohne Rücksicht auf den Entstehungszeitpunkt. Dabei ist allerdings auf die Alleinzuständigkeit des BAMF für Asylgesuche u. alle damit zusammenhängenden Entscheidungen u. auf deren Verbindlichkeit Bedacht zu nehmen (§§ 4, 5 AsylVfG), weil diese nur von dem BAMF in den dafür vorgesehenen Verf (§ 71 AsylVfG oder § 51 VwVfG) zugunsten des Ausl geändert werden dürfen (Ausnahme in § 60 IV). Ohne Bezeichnung des Zielstaats in der Abschiebungsandrohung greift indes keine der beiden Präklusionen ein (HessVGH, EZAR 045 Nr 2).

22 Maßgeblich für den obligatorischen Ausschluss ist das **Entstehen** der abschiebungshindernden Umstände, nicht die Kenntnisnahme des Ausl. Deshalb kommt es insoweit auf ein prozessuales Fehlverhalten des Ausl nicht an. Dessen mangelndes Verschulden kann nur im Rahmen der fakultativen Präklusion berücksichtigt werden. Hierbei ist aber zu beachten, dass ein späteres Vorbringen vor Gericht ohnehin durch die Präklusion im Verwaltungsverf nicht abgeschnitten wird.

Androhung der Abschiebung § 59 **AufenthG** 1

Die Bestimmungen des Abs 4 gelten für die AuslBeh u. für die **Widerspruchsbehörde** 23 in gleicher Weise. Hinsichtlich des Widerspruchsverf bedurfte es hier nicht einer ausdrücklichen Erwähnung wie in § 82 II; denn die Präklusionen des Abs 3 sind nicht an die Verfahrensstufe gebunden, sondern an den Zeitpunkt der Unanfechtbarkeit der Abschiebungsandrohung.

Die Bestimmung des Abs 4 S. 2 offenbart eine gewisse Tendenz zur **Verlagerung** 24 **behördlicher Aufgaben** auf die Gerichte. Handelt es sich um vor der Abschiebungsandrohung eingetretene Tatsachen, können diese auf Klage oder Eilantrag hin vom Gericht nicht berücksichtigt werden; denn dem steht die Bestandskraft der Androhung entgegen, mit der ua das Vorliegen von Abschiebungshindernissen verneint wurde. Dem Ausl verbleibt nur der Antrag auf Wiederaufgreifen des Androhungsverf durch die AuslBeh (§ 51 VwVfG bzw Landes-VwVfG) u. im Falle der Ablehnung ein Eilantrag nach § 123 VwGO. Deshalb bestehen mangels entsprechender Anhaltspunkte im Gesetzgebungsverfahren gewichtige Bedenken gegen die Annahme, durch Abs 4 S. 2 sollten den Gerichten neue Aufgaben u. Befugnisse im Verwaltungsvollstreckungsverf hinsichtlich der Abschiebungsandrohung übertragen werden (so aber v. Boekel, ZAR 1992, 166). Hierzu hätte es vielmehr einer deutlichen Anordnung wie in § 77 AsylVfG bedurft.

Nach der Abschiebungsandrohung eingetretene Tatsachen dürfen, soweit sie die Abschie- 25 bung an sich hindern können, ebenfalls nur in einem **neuen Verf** (Widerruf eines ursprünglich rechtmäßigen VA nach § 49 I VwVfG bzw Landes-VwVfG) von der AuslBeh berücksichtigt werden. Nach den prozessualen Regeln der VwGO können sie allenfalls aufgrund eines Antrags nach § 123 VwGO mit dem Ziel der einstweiligen Aussetzung der Vollstreckung vor Gericht gebracht werden. Insoweit bestätigt Abs 4 S. 2 lediglich eine prozessuale Situation, ohne allerdings damit gleichzeitig das Überprüfungs- u. Abänderungsverf der AuslBeh endgültig überflüssig zu machen. Hat der Antrag nach § 123 VwGO Erfolg, wird die AuslBeh entgegen der ursprünglichen (fakultativen) Präklusion in eine erneute Überprüfung eintreten müssen.

Bedenklich erscheint die Regelung auch insoweit, als es nicht um der angedrohten 26 Abschiebung dem Grunde nach entgegenstehende Tatsachen geht, sondern um Umstände, die eine Aussetzung rechtfertigen können. Solche Tatsachen berühren die Rechtmäßigkeit der Abschiebungsandrohung ohne Rücksicht auf den Zeitpunkt ihres Entstehens nicht. Sie führen lediglich zur zeitweiligen Duldung des Ausl (§ 60 a). Ohne eine vorangehende (ablehnende) Entscheidung der AuslBeh darf das Gericht auch im (hier allein in Betracht kommenden) Verf nach § 123 VwGO eine Entscheidung (eigentlich) nicht treffen. Abgesehen davon wird dem Gericht ohne eine fundierte Stellungnahme der AuslBeh eine sachgemäße Beurteilung zumindest erschwert. Schließlich gerät das Gericht in Gefahr, in den Fällen der §§ 60 a I u. II das eigene Ermessen an die Stelle des Ermessens der AuslBeh bzw der obersten Landesbehörde zu setzen.

III. Rechtsschutz

Gegen die Abschiebungsandrohung kann Rechtsschutz in derselben Weise in Anspruch 27 genommen werden **wie gegenüber der Abschiebung;** auch sie ist eine Maßnahme der Verwaltungsvollstreckung (näher dazu § 58 Rn 16 f). Dabei ist zu beachten, dass der Zielstaat endgültig erst vor der Abschiebung festgelegt wird, aber in der Androhung alle eventuellen Zielstaaten zu nennen sind u. nachträgliche Einwendungen weitgehend ausgeschlossen sind (vgl § Abs 4 u. § 82 I bis III).

Wird dem Antrag auf Anordnung der aufschiebenden Wirkung von Widerspruch oder 28 Klage nach § 80 V VwGO **stattgegeben,** wirkt diese Entscheidung auf den Zeitpunkt des Erlasses der Abschiebungsandrohung zurück mit der Folge, dass diese (vorläufig) nicht vollziehbar ist. Nach früherem Recht wurde die Abschiebungsandrohung mit Bestandskraft der Anordnung, also nach Ablauf der Beschwerdefrist (§ 147 VwGO) oder Zurückweisung der Beschwerde der AuslBeh gegenstandslos (VGH BW, EZAR 132 Nr. 3; HessVGH, EZAR 132 Nr. 4). Durch Abs. 4 ist jetzt die Ausreisefrist in diesem Fall lediglich unterbrochen (Rn 10).

§ 60 Verbot der Abschiebung

(1) ¹In Anwendung des Abkommens vom 28. Juli 1951 über die Rechtsstellung der Flüchtlinge (BGBl. 1953 II S. 559) darf ein Ausländer nicht in einen Staat abgeschoben werden, in dem sein Leben oder seine Freiheit wegen seiner Rasse, Religion, Staatsangehörigkeit, seiner Zugehörigkeit zu einer bestimmten sozialen Gruppe oder wegen seiner politischen Überzeugung bedroht ist. ²Dies gilt auch für Ausländer, die im Bundesgebiet die Rechtsstellung ausländischer Flüchtlinge genießen oder die außerhalb des Bundesgebiets als ausländische Flüchtlinge im Sinne des Abkommens über die Rechtsstellung der Flüchtlinge anerkannt sind. ³Eine Verfolgung wegen der Zugehörigkeit zu einer bestimmten sozialen Gruppe kann auch dann vorliegen, wenn die Bedrohung des Lebens, der körperlichen Unversehrtheit oder der Freiheit allein an das Geschlecht anknüpft. ⁴Eine Verfolgung im Sinne des Satzes 1 kann ausgehen von

a) dem Staat,
b) Parteien oder Organisationen, die den Staat oder wesentliche Teile des Staatsgebiets beherrschen oder
c) nichtstaatlichen Akteuren, sofern die unter den Buchstaben a und b genannten Akteure einschließlich internationaler Organisationen erwiesenermaßen nicht in der Lage oder nicht willens sind, Schutz vor der Verfolgung zu bieten, und dies unabhängig davon, ob in dem Land eine staatliche Herrschaftsmacht vorhanden ist oder nicht, es sei denn, es besteht eine innerstaatliche Fluchtalternative.

⁵Wenn der Ausländer sich auf ein Abschiebungshindernis nach diesem Absatz beruft, stellt außer in den Fällen des Satzes 2 das Bundesamt für Migration und Flüchtlinge in einem Asylverfahren nach den Vorschriften des Asylverfahrensgesetzes fest, ob dessen Voraussetzungen vorliegen. ⁶Die Entscheidung des Bundesamtes kann nur nach den Vorschriften des Asylverfahrensgesetzes angefochten werden.

(2) Ein Ausländer darf nicht in einen Staat abgeschoben werden, in dem für diesen Ausländer die konkrete Gefahr besteht, der Folter unterworfen zu werden.

(3) ¹Ein Ausländer darf nicht in einen Staat abgeschoben werden, wenn dieser Staat den Ausländer wegen einer Straftat sucht und die Gefahr der Todesstrafe besteht. ²In diesen Fällen finden die Vorschriften über die Auslieferung entsprechende Anwendung.

(4) Liegt ein förmliches Auslieferungsersuchen oder ein mit der Ankündigung eines Auslieferungsersuchens verbundenes Festnahmeersuchen eines anderen Staates vor, darf der Ausländer bis zur Entscheidung über die Auslieferung nur mit Zustimmung der Behörde, die nach § 74 des Gesetzes über die internationale Rechtshilfe in Strafsachen für die Bewilligung der Auslieferung zuständig ist, in diesen Staat abgeschoben werden.

(5) Ein Ausländer darf nicht abgeschoben werden, soweit sich aus der Anwendung der Konvention vom 4. November 1950 zum Schutze der Menschenrechte und Grundfreiheiten (BGBl. 1952 II S. 685) ergibt, dass die Abschiebung unzulässig ist.

(6) Die allgemeine Gefahr, dass einem Ausländer in einem anderen Staat Strafverfolgung und Bestrafung drohen können und, soweit sich aus den Absätzen 2 bis 5 nicht etwas anderes ergibt, die konkrete Gefahr einer nach der Rechtsordnung eines anderen Staates gesetzmäßigen Bestrafung stehen der Abschiebung nicht entgegen.

(7) ¹Von der Abschiebung eines Ausländers in einen anderen Staat soll abgesehen werden, wenn dort für diesen Ausländer eine erhebliche konkrete Gefahr für Leib,

Verbot der Abschiebung § 60 AufenthG 1

Leben oder Freiheit besteht. ² Gefahren in diesem Staat, denen die Bevölkerung oder die Bevölkerungsgruppe, der der Ausländer angehört, allgemein ausgesetzt ist, werden bei Entscheidungen nach § 60 a Abs. 1 Satz 1 berücksichtigt.

(8) ¹ Absatz 1 findet keine Anwendung, wenn der Ausländer aus schwerwiegenden Gründen als eine Gefahr für die Sicherheit der Bundesrepublik Deutschland anzusehen ist oder eine Gefahr für die Allgemeinheit bedeutet, weil er wegen eines Verbrechens oder besonders schweren Vergehens rechtskräftig zu einer Freiheitsstrafe von mindestens drei Jahren verurteilt worden ist. ² Das Gleiche gilt, wenn aus schwerwiegenden Gründen die Annahme gerechtfertigt ist, dass der Ausländer ein Verbrechen gegen den Frieden, ein Kriegsverbrechen oder ein Verbrechen gegen die Menschlichkeit im Sinne der internationalen Vertragswerke, die ausgearbeitet worden sind, um Bestimmungen bezüglich dieser Verbrechen zu treffen, begangen hat oder dass er vor seiner Aufnahme als Flüchtling ein schweres nichtpolitisches Verbrechen außerhalb des Gebiets der Bundesrepublik Deutschland begangen hat oder sich hat Handlungen zuschulden kommen lassen, die den Zielen und Grundsätzen der Vereinten Nationen zuwiderlaufen.

(9) In den Fällen des Absatzes 8 kann einem Ausländer, der einen Asylantrag gestellt hat, abweichend von den Vorschriften des Asylverfahrensgesetzes die Abschiebung angedroht und diese durchgeführt werden.

(10) ¹ Soll ein Ausländer abgeschoben werden, bei dem die Voraussetzungen des Absatzes 1 vorliegen, kann nicht davon abgesehen werden, die Abschiebung anzudrohen und eine angemessene Ausreisefrist zu setzen. ² In der Androhung sind die Staaten zu bezeichnen, in die der Ausländer nicht abgeschoben werden darf.

Vorläufige Anwendungshinweise

60 Zu § 60 Verbot der Abschiebung

60.1 Politische Verfolgung
60.1.1 § 60 Abs. 1 Satz 1 übernimmt das Abschiebungsverbot des Artikel 33 Abs. 1 des Abkommens über die Rechtsstellung der Flüchtlinge vom 28. Juli 1951 (BGBl. 1953 II S. 559). § 60 beinhaltet kein generelles Verbot jeder Abschiebung des Ausländers, sondern nur eine Beschränkung hinsichtlich der Zielstaaten. Die Schutzwirkung gilt auch für Drittstaaten, in denen die Gefahr der Abschiebung des Ausländers in einen Verfolgerstaat besteht.
60.1.2.1 Nach § 60 Abs. 1 Satz 2 gilt § 60 Abs. 1 sowohl für Asylberechtigte als auch für alle sonstigen Ausländer, die im Bundesgebiet die Rechtsstellung ausländischer Flüchtlinge genießen, also
60.1.2.1.1 – die Ausländer, für das Bundesamt die Voraussetzung des § 60 Abs. 1 unanfechtbar festgestellt hat,
60.1.2.1.2 – die durch Ausstellung eines deutschen Reiseausweises für Flüchtlinge in die deutsche Obhut übernommenen, ursprünglich im Ausland anerkannten ausländischen Flüchtlinge und
60.1.2.1.3 – die sonstigen im Ausland als Flüchtlinge im Sinne des Abkommens über die Rechtsstellung der Flüchtlinge anerkannten Ausländer.
60.1.2.2 Bei den im Ausland anerkannten Ausländern ist maßgeblich, dass sie sich gegenüber der Ausländerbehörde mit einem ausländischen Reiseausweis für Flüchtlinge ausgewiesen haben. Bestehen gleichwohl im Einzelfall Zweifel an der Flüchtlingseigenschaft, kommt eine Rückfrage beim Hohen Flüchtlingskommissar der Vereinten Nationen in Betracht.
60.1.2.3 Die außerhalb des Bundesgebiets als ausländische Flüchtlinge im Sinne des Abkommens über die Rechtsstellung der Flüchtlinge anerkannten Ausländer genießen zwar den Abschiebungsschutz des § 60 Abs. 1. Fehlt es ihnen jedoch am rechtmäßigen Aufenthalt mangels Übernahme oder mangels Besitzes eines Aufenthaltstitels nach den Vorschriften des Aufenthaltsgesetzes, haben sie keinen Anspruch auf Ausstellung eines Reiseausweises für Flüchtlinge nach Artikel 28 Abs. 1 des Abkommens. Die Ausstellung eines Reisedokuments nach § 4 Abs. 1 Nr. 8 AufenthV kommt regelmäßig dann in Betracht, wenn es um die Rückkehr des Ausländers in den bisherigen Aufenthaltsstaat geht.
60.1.3 Durch § 60 Abs. 1 Satz 3 wird klargestellt, dass der Verfolgungsgrund der Zugehörigkeit zu einer bestimmten sozialen Gruppe gegeben sein kann, wenn die Verfolgungshandlung allein an das Geschlecht anknüpft. Relevant als Verfolgungshandlung ist nur die Bedrohung des Lebens, der körperlichen Unversehrtheit oder der Freiheit.

60.1.4 § 60 Abs. 1 Satz 4 ist an den Wortlaut des Artikels 6 der Richtlinie über Mindestnormen für die Anerkennung und den Status von Drittstaatsangehörigen und Staatenlosen als Flüchtlinge oder als Personen, die anderweitig internationalen Schutz benötigen, angelehnt. Hier durch wird klargestellt, dass die Voraussetzungen des Satzes 1 auch bei nichtstaatlicher Verfolgung vorliegen können.

60.1.5 Verfahren zu § 60 Abs. 1

60.1.5.1 Das Bundesamt für Migration und Flüchtlinge stellt gemäß § 60 Abs. 1 Satz 5 nach Maßgabe des Asylverfahrensgesetzes auf Antrag (§§ 5, 13 AsylVfG) verbindlich fest, ob ein Ausländer politisch verfolgt ist. Das Verbot der Abschiebung nach § 60 Abs. 1 greift bei Ausländern, die einen Asylantrag gestellt haben, nur dann ein, wenn sie als Asylberechtigte gemäß Artikel 16 a Abs. 1 GG unanfechtbar anerkannt wurden oder wenn das Bundesamt unanfechtbar festgestellt hat, dass dem Ausländer in dem Staat, dessen Staatsangehörigkeit er besitzt oder in dem er als Staatenloser seinen gewöhnlichen Aufenthalt hatte, die Gefahr politischer Verfolgung i. S. d. § 60 Abs. 1 droht.

60.1.5.2 Die Entscheidung des Bundesamts über den Asylantrag ist für die Ausländerbehörde verbindlich (§§ 4, 42 AsylVfG). Für die in § 60 Abs. 1 Satz 2 (Nummer 60.1.2) genannten ausländischen Flüchtlinge gilt das Abschiebungsverbot des § 60 Abs. 1 Satz 1. Die asylrechtliche Entscheidung ist für die Ausländerbehörde im Hinblick da rauf maßgebend, ob dem Ausländer

60.1.5.2.1 – nach unanfechtbarer Anerkennung als Asylberechtigter eine Aufenthaltserlaubnis nach § 25 Abs. 1 zu erteilen ist,

60.1.5.2.2 – nach unanfechtbarer Feststellung, dass ihm die in § 60 Abs. 1 bezeichneten Gefahren drohen, eine Aufenthaltserlaubnis gemäß § 25 Abs. 2 zu erteilen ist,

60.1.5.2.3 – und danach ein Reiseausweis für Flüchtlinge nach Artikel 28 Abs. 1 des Abkommens über die Rechtsstellung der Flüchtlinge auszustellen ist.

60.1.5.3 Die unanfechtbare Ablehnung eines Asylantrags hat zur Folge, dass die nach § 58 Abs. 2 Satz 2 vollziehbare Ausreisepflicht gemäß §§ 58, 59 ff. durchzusetzen ist, wenn der Ausländer der Ausreisepflicht nicht freiwillig nachkommt.

60.1.5.4 Hinsichtlich der Unterrichtung des Bundesamts für Migration und Flüchtlinge über eine Ausweisung wird auf Nummer 56.4.3.2 verwiesen. Hinsichtlich Ausstellung eines Reiseausweises für ausländische Flüchtlinge siehe Nummer 3.1.3.

60.1.6 Die Entscheidung des Bundesamtes kann gemäß § 60 Abs. 1 Satz 6 nur nach den Vorschriften des Asylverfahrensgesetzes angefochten werden.

60.2 Gefahr der Folter

60.2.0 Verfahren zu § 60 Abs. 2 bis 7

60.2.0.1 Soweit es sich nicht um Asylantragsteller handelt, ist von der Ausländerbehörde (§ 71 Abs. 1) das Vorliegen von Abschiebungshindernissen nach § 60 Abs. 2 bis 7 zu prüfen. Art und Umfang der Prüfung richten sich nach dem Vorbringen des Ausländers und sonstigen konkreten Anhaltspunkten für das Vorliegen eines Abschiebungshindernisses. Während des Asylverfahrens und nach seinem Abschluss ist die Prüfung von Abschiebungsschutz nach § 60 Abs. 2 bis 7 durch die Ausländerbehörde ausgeschlossen (vgl. § 24 Abs. 2 AsylVfG). Erfolgt die Abschiebung auf der Grundlage einer vom Bundesamt erlassenen Abschiebungsandrohung (§ 42 AsylVfG), darf die Ausländerbehörde nur noch das Vorliegen der Abschiebungshindernisse nach § 60 Abs. 4 prüfen. Macht der Ausländer, nachdem das Bundesamt bzw. das Verwaltungsgericht über das Vorliegen von Abschiebungshindernissen nach § 60 Abs. 2 bis 7 entschieden hat, wegen Änderung der Sachlage erneut zielstaatsbezogene Abschiebungshindernisse nach § 60 Abs. 2 bis 7 geltend, so verweist ihn die Ausländerbehörde an das Bundesamt. Zum Vorbringen eines Asylgesuchs siehe Nummer 58.0.7. Eine entsprechende Prüfung erübrigt sich, wenn der Ausländer in einen Drittstaat, der zu seiner Übernahme verpflichtet ist, abgeschoben werden kann. § 60 Abs. 2 bis 7 verbietet die Abschiebung nur in den Staat, in dem dem Ausländer die genannte Gefahr droht.

60.2.0.2 Die Ausländerbehörde entscheidet nach § 79 Abs. 1 auf der Grundlage der ihr vorliegenden und im Bundesgebiet zugänglichen Erkenntnisse und, soweit es im Einzelfall erforderlich ist, der den deutschen Auslandsvertretungen zugänglichen Erkenntnisse. In den Fällen des § 60 Abs. 7 entscheidet die Ausländerbehörde nur nach vorheriger Beteiligung des Bundesamtes für Migration und Flüchtlinge (§ 72 Abs. 2).

60.2.0.3 Die Pflicht zur Sachverhaltsaufklärung wird begrenzt durch die Vorschriften der §§ 82, 59 Abs. 4. § 59 Abs. 4 Satz 1 erster Halbsatz schließt für die Ausländerbehörde die Berücksichtigung bestimmter Umstände zwingend aus. Es liegt in der Mitwirkungspflicht des Ausländers, Umstände, die ausschließlich den persönlichen Lebensbereich betreffen, geltend zu machen. Zur Beweisaufnahme können insbesondere Lageberichte und Stellungnahmen des Auswärtigen Amtes, des Bundeskriminalamts in Fällen des § 60 Abs. 3 oder der zuständigen Justizbehörde in Fällen des § 60 Abs. 4 eingeholt werden.

Verbot der Abschiebung § 60 AufenthG 1

60.2.0.4 Das Bundesamt für Migration und Flüchtlinge ist nach Asylantragstellung des Ausländers für die Entscheidung zuständig, ob ein Abschiebungshindernis nach § 60 Abs. 2 bis 7 vorliegt (§ 5 Abs. 1 Satz 2, § 24 Abs. 2, § 31 Abs. 3 Satz 1 AsylVfG). Im Verfahren nach § 18a AsylVfG wirkt sich die Feststellung des Bundesamts in Bezug auf das Vorliegen eines Abschiebungshindernisses im Sinne von § 60 Abs. 2, 3, 5 auf die von der Grenzbehörde verfügte Einreiseverweigerung aus (§ 18a Abs. 3 AsylVfG), wenn nicht ein zur Aufnahme verpflichteter oder sicherer Drittstaat für die Abschiebung in Betracht kommt.
60.2.0.5 Ist nach Maßgabe des Asylverfahrensgesetzes das Bundesamt für die Entscheidung über das Vorliegen von Abschiebungshindernissen nach § 60 Abs. 2 bis 7 zuständig, ist die Ausländerbehörde an die Entscheidung des Bundesamtes oder des Verwaltungsgerichtes gebunden (§ 42 Satz 1 AsylVfG). Dies gilt auch bei einer nachträglichen Änderung der Verhältnisse, da es Sache des Bundesamtes (vgl. § 73 Abs. 4 AsylVfG) ist, einer solchen Änderung durch eine neue Entscheidung Rechnung zu tragen. Wird gegenüber der Ausländerbehörde geltend gemacht, eine vom Bundesamt zu § 60 Abs. 2, 3, 5 oder 7 getroffene Feststellung sei zu ändern, verweist die Ausländerbehörde auf die Zuständigkeit des Bundesamtes hinsichtlich des Wiederaufgreifens des Verfahrens. In diesen Fällen hat die Ausländerbehörde § 59 Abs. 4 zu berücksichtigen, wenn kein Asylfolgeantrag gestellt wird. Das Bundesamt prüft auch im Falle der Rücknahme eines Asylantrags, ob Abschiebungshindernisse gemäß § 60 Abs. 2 bis 7 vorliegen (§ 32 Abs. 1 AsylVfG).
60.2.0.6 Über den Widerruf oder die Rücknahme einer früheren Entscheidung des Bundesamts, dass ein Abschiebungshindernis nach § 60 Abs. 2, 3, 5 oder 7 Satz 1 vorliegt, entscheidet der Leiter des Bundesamts oder ein von ihm beauftragter Bediensteter (vgl. § 73 Abs. 3 und 4 AsylVfG). Das Bundesamt teilt der Ausländerbehörde eine entsprechende Entscheidung mit (vgl. auch § 40 AsylVfG).
60.2.0.7 Ein Abschiebungshindernis nach § 60 Abs. 2, 3, 5 liegt vor, wenn die in diesen Vorschriften genannte Gefahr mit beachtlicher Wahrscheinlichkeit landesweit besteht. Die Gefahr muss im Falle der Rückkehr in den Herkunftsstaat unmittelbar bevorstehen (Verfolgungsbetroffenheit). Es muss sich um eine individuell-konkrete Gefahr handeln. Eine entfernte oder theoretische Möglichkeit einer Gefahr genügt nicht.
60.2.0.8 In den Fällen des § 60 Abs. 2, 3, 5 oder 7 soll dem Ausländer gemäß § 25 Abs. 3 eine Aufenthaltserlaubnis erteilt werden. Wird sie nicht erteilt, ist dem Ausländer nach § 60a Abs. 4 eine Bescheinigung über die Aussetzung der Abschiebung zu erteilen.
60.2.1 Folter
§ 60 Abs. 2 setzt eine individuell-konkrete Gefahr der Folter voraus (zum Begriff der Folter vgl. Art. 1 Abs. 1 UN-Folterkonvention, BGBl. 1990, II, S. 247; in Kraft für die Bundesrepublik Deutschland seit 1. 6. 1990, BGBl. II, S. 491). Eine allgemeine Gefahr genügt nicht (vgl. § 60 Abs. 7 Satz 2). Dem Ausländer, um dessen Rückführung es geht, muss zunächst der Zugriff des anderen Staates drohen und im Falle dieses Zugriffs die in der Vorschrift bezeichnete Behandlung. Ein Abschiebungsverbot wegen einer dem Herkunftsstaat zurechenbaren politisch motivierten Folter wird im Asylverfahren festgestellt (§ 60 Abs. 1).

60.3 Gefahr der Todesstrafe
60.3.1 Das Abschiebungshindernis setzt die Feststellung voraus, dass der Ausländer von dem anderen Staat als Straftäter gesucht wird. Zur Feststellung dieser Voraussetzung genügt zunächst eine Abfrage beim Bundeskriminalamt. Wenn bekannt ist, dass das ausländische Strafrecht zur Straftat, die der Ausländer begangen hat oder begangen haben will, die Todesstrafe nicht vorsieht, bedarf es keiner Prüfung, ob er von dem anderen Staat gesucht wird. Die Gefahr der Todesstrafe kann nur in einem Staat bestehen, der die Todesstrafe in seiner Rechtsordnung verankert hat.
60.3.2 Nach § 8 des Gesetzes über die internationale Rechtshilfe in Strafsachen ist in Fällen, in denen die Tat nach dem Recht des ersuchenden Staates mit Todesstrafe bedroht ist, die Auslieferung nur zulässig, wenn der ersuchende Staat völkerrechtlich verbindlich zusichert, dass die Todesstrafe nicht verhängt oder nicht vollstreckt wird.

60.4 Auslieferungsersuchen
60.4.1 Bei der Auslieferung handelt es sich um die Verbringung des Ausländers in die Hoheitsgewalt eines anderen Staates auf dessen Ersuchen. § 60 Abs. 4 geht davon aus, dass bis zur Entscheidung über die Auslieferung eine Abschiebung des Ausländers grundsätzlich nicht stattfindet. Zur Prüfung des in § 60 Abs. 4 genannten Abschiebungshindernisses kann sich die Ausländerbehörde darauf beschränken, ob ihr eine Mitteilung nach § 87 Abs. 4 zugegangen ist oder der Ausländer entsprechende Nachweise vorlegt (§ 82 Abs. 1). Die Ausländerbehörde wird über den Antritt der Auslieferungshaft und den Entlassungstermin unterrichtet (§ 74 Abs. 2 Nr. 1 AufenthV).

60.4.2 Wird das Auslieferungsersuchen abgelehnt, so ist sorgfältig zu prüfen, ob die Gründe, die zu einer Ablehnung geführt haben, auch einer Abschiebung entgegenstehen. Dies wird grundsätzlich der Fall sein, wenn die Auslieferung wegen Fehlens eines rechtsstaatlichen Verfahrens im Herkunftsland, wegen der Gefahr einer politischen Verfolgung oder wegen drohender Todesstrafe verweigert worden ist. Es wird nicht der Fall sein, wenn die Auslieferung nur aus formalen Gründen abgelehnt worden ist, zum Beispiel, weil die Auslieferungsunterlagen nicht innerhalb der dafür vorgesehenen Frist übersandt worden sind.

60.4.3 Asylrechtliche Entscheidungen sind im Auslieferungsverfahren nicht verbindlich (§ 4 Satz 2 AsylVfG). Die im Auslieferungsverfahren getroffenen Entscheidungen haben daher Vorrang.

60.4.4 Im Unterschied zu § 53 Abs. 3 AuslG kann eine Abschiebung trotz laufenden Auslieferungsverfahrens stattfinden, wenn die für die Bewilligung der Auslieferung zuständige Behörde (§ 74 IRG) zustimmt. Dieser Weg kann sich in den Fällen empfehlen, in denen die Abschiebung das einfachere und schnellere Verfahren zur Aufenthaltsbeendigung darstellt.

60.5 Unmenschliche oder erniedrigende Strafe oder Behandlung
60.5.1.1 Nach Artikel 3 der Konvention zum Schutze der Menschenrechte und Grundfreiheiten – EMRK – vom 4. November 1950 (BGBl. 1952 II S. 686) darf niemand der Folter oder unmenschlicher oder erniedrigender Strafe oder Behandlung unterworfen werden. Die Vorschrift schützt nur dann vor Abschiebung, wenn dem Ausländer im Zielstaat landesweit mit beachtlicher Wahrscheinlichkeit unmenschliche oder erniedrigende Behandlung droht, sei es durch den Staat (unmittelbare staatliche Verfolgung) oder durch staatsähnliche Organisationen, die den Staat verdrängt haben, selbst staatliche Funktionen ausüben und auf dem von ihnen beherrschten Territorium die effektive Gebietsgewalt innehaben (quasi staatliche Verfolgung), oder durch Verfolgungshandlungen, die dem Staat zuzurechnen sind, weil er sie anregt, unterstützt oder tatenlos hinnimmt und damit dem Ausländer den erforderlichen Schutz versagt, weil er hierzu nicht willens oder in der Lage ist (mittelbare staatliche Verfolgung). Ein Abschiebungshindernis nach § 60 Abs. 5 in Verbindung mit der Europäischen Menschenrechtskonvention liegt vor, wenn der Abschiebung ein Hindernis entgegensteht, das sich aus einem Schutztatbestand dieser Konvention ergibt. Dabei handelt es sich um Rechtsgutgefährdungen, die in dem für die Abschiebung in Betracht kommenden Zielstaat drohen (sog. zielstaatsbezogene Abschiebungshindernisse). Nach § 59 Abs. 3 Satz 2 ist in der Abschiebungsandrohung der Verfolgerstaat als Zielstaat auszunehmen. Dadurch wird gewährleistet, dass bereits beim Erlass der regelmäßig mit dem Grundverwaltungsakt verbundenen Abschiebungsandrohung das Vorliegen entsprechender Abschiebungshindernisse zu prüfen ist.

60.5.1.2 Eine staatliche oder dem Herkunftsstaat zurechenbare Misshandlung ist nach Art und Schwere nur dann eine unmenschliche oder erniedrigende Bestrafung oder Behandlung i. S. v. Artikel 3 EMRK, wenn die mit ihr einhergehenden Leiden oder Erniedrigungen über das in rechtmäßigen Bestrafungsmethoden enthaltene, unausweichliche Leidens- oder Erniedrigungselement hinausgehen (z. B. Art der Behandlung oder Bestrafung, Art und Weise der Vollstreckung der Bestrafung, zeitliche Dauer der Strafe, ihre physischen und geistigen Wirkungen, Geschlecht, Alter und Gesundheitszustand des Opfers). Dies gilt auch für eine Bestrafung wegen Wehrdienstentziehung. Die Schutzwirkung des Artikels 3 EMRK setzt ein geplantes, vorsätzliches, auf eine bestimmte Person gerichtetes staatliches oder dem Staat zuzurechnendes Handeln voraus. Diese Vorschrift schützt jedoch nicht vor

60.5.1.2.1 – Gefahren für Leib, Leben oder Freiheit, die nicht auf Handlungen des Zielstaates oder einer staatsähnlichen Organisation beruhen und dem Staat auch nicht zuzurechnen sind,

60.5.1.2.2 – den allgemeinen Folgen von Naturkatastrophen, Bürgerkriegen, anderen bewaffneten Konflikten oder sonstigen allgemeinen Missständen im Zielstaat.

60.5.2 Die Abschiebung eines Ausländers, der sich strafbar gemacht hat, ist zur Gewährleistung der öffentlichen Ordnung und zur Verhinderung weiterer Straftaten ein legitimes Ziel im Sinne von Artikel 8 Abs. 2 EMRK. Eine Abschiebung ist in der Regel dann nicht verhältnismäßig, wenn der Ausländer nur geringfügige Straftaten bzw. Jugendverfehlungen begangen hat und er keinerlei kulturelle, sprachliche und soziale Kontakte im Herkunftsstaat hat.

60.5.3 Eine das Abschiebungshindernis begründende existenzielle Notlage ist vorhanden, wenn dem Ausländer durch staatliche Maßnahmen die Möglichkeit genommen wird, sich das für das Leben Unerlässliche im Herkunftsstaat zu besorgen.

60.6 Gefahr der Strafverfolgung und Bestrafung in einem anderen Staat
60.6.1 § 60 Abs. 6 schließt es aus,
60.6.1.1 – die allgemeine Gefahr der Strafverfolgung und Bestrafung (z. B. wegen Wehrdienstentziehung) eines Ausländers in einem anderen Staat oder

Verbot der Abschiebung   § 60 **AufenthG 1**

60.6.1.2 – die konkrete Gefahr einer nach der Rechtsordnung eines anderen Staates gesetzmäßigen Bestrafung als Abschiebungshindernis zu beurteilen.
60.6.2 Eine konkrete Gefahr der Bestrafung in einem anderen Staat begründet dann ein Abschiebungshindernis, wenn sich die Bestrafung als eine Gefahr im Sinne von § 60 Abs. 2, 3 und 5 darstellt. Die konkrete Gefahr einer nach der Rechtsordnung eines anderen Staates legalen Bestrafung vermag ein humanitäres Abschiebungshindernis im Sinne von § 60 Abs. 7 Satz 1 regelmäßig nicht zu begründen.

60.7 Humanitäre Abschiebungshindernisse
60.7.1 Die Vorschrift setzt eine individuell-konkrete Gefahr in einem anderen Staat voraus, die nicht auf einer möglichen Bestrafung oder Strafverfolgung beruht. Begünstigt sind nur Ausländer, die von einem Einzelschicksal betroffen sind. Dabei ist der besonderen Gefährdung von Zeuginnen und Zeugen aufgrund ihrer Mitwirkung in einem deutschen Strafverfahren wegen organisierter Kriminalität (z. B. Menschenhandel) Rechnung zu tragen. Kein Abschiebungshindernis besteht, wenn die dem Ausländer in dem anderen Staat drohende individuell-konkrete Gefahr sich mit beachtlicher Wahrscheinlichkeit auch im Bundesgebiet verwirklichen kann.
60.7.2 Im Unterschied zu § 53 Abs. 6 AuslG, der eine Ermessensregelung enthielt, soll nach § 60 Abs. 7 die Abschiebung in der Regel ausgesetzt werden.
60.7.3 § 60 Abs. 7 Satz 1 erfasst allgemeine Gefahren im Sinne des Satzes 2 auch dann nicht, wenn sie einzelne Ausländer konkret und in individualisierbarer Weise betreffen. Nur dann, wenn dem einzelnen Ausländer kein Abschiebungsschutz nach § 60 Abs. 2, 3, 4, 5 und 7 Satz 1 zusteht, er aber gleichwohl nicht abgeschoben werden darf, weil die Grundrechte aus Artikel 1 Abs. 1, Artikel 2 Abs. 2 Satz 1 und 2 GG wegen einer extremen Gefahrenlage die Gewährung von Abschiebungsschutz unabhängig von einer Ermessensentscheidung nach § 60 Abs. 7 Satz 2, § 60 a gebieten, soll die Abschiebung bis zum Wegfall der Gefahr nach § 60 Abs. 7 Satz 1 ausgesetzt werden.
60.7.4 Über das Vorliegen eines Abschiebungshindernisses nach Absatz 7 entscheidet die Ausländerbehörde nur nach vorheriger Beteiligung des Bundesamtes für Migration und Flüchtlinge (§ 72 Abs. 2).

60.8 Ausschluss des Abschiebungsverbots
Absatz 8 enthält Ausnahmen von dem Verbot der Abschiebung politisch Verfolgter. Das Bundesamt prüft im Rahmen des Asylverfahrens das Vorliegen der Voraussetzungen von Absatz 8.

60.9 Abschiebung bei möglicher politischer Verfolgung
Absatz 9 enthält eine Ausnahme von dem Grundsatz, dass ein Asylantragsteller nicht abgeschoben werden darf. Absatz 9 findet keine Anwendung mehr, wenn die Aufenthaltsgestattung des Asylantragstellers gemäß § 67 AsylVfG erloschen ist. Sobald der Asylantragsteller nach erfolglosem Abschluss des Asylverfahrens abgeschoben werden kann, ist nicht mehr erheblich, ob die Tatbestandsvoraussetzungen für den Ausschluss des Abschiebungsverbots nach § 60 Abs. 8 erfüllt sind. Hinsichtlich der Ausweisung von Asylantragstellern wird auf Nummer 56.4 hinsichtlich der Abschiebungsanordnung auf Nummer 58 a verwiesen.

60.10 Abschiebung
60.10.1 Liegen die Voraussetzungen des § 60 Abs. 8 vor, ist die Abschiebung des Ausländers in den Verfolgerstaat trotz asylerheblicher Gründe nicht verwehrt. Die Ausländerbehörde hat vor der Abschiebung von Amts wegen zu prüfen, ob Abschiebungshindernisse nach § 60 Abs. 2 bis 7 vorliegen und welche Rechtsgüter im Falle der Abschiebung unmittelbar beeinträchtigt sind. Diese Prüfung obliegt dem Bundesamt, solange das Asylverfahren noch nicht abgeschlossen ist. Nach Abschluss des Asylverfahrens aufgrund der Bindungswirkung des § 42 AsylVfG ist eine Entscheidung des Bundesamtes einzuholen, soweit die Ausländerbehörde von der Entscheidung des Bundesamtes zu § 60 Abs. 2 bis 7 abweichen möchte (siehe Nummer 60.2.0.5). Ist die vom Ausländer ausgehende Gefahr für gewichtige Schutzgüter der Allgemeinheit auf Dauer nicht mehr hinnehmbar und überwiegt das öffentliche Interesse an der Aufenthaltsbeendigung das schutzwürdige Interesse des Ausländers am weiteren Verbleib im Bundesgebiet, kommt dessen Abschiebung in Betracht (siehe Nummer 60.7).
60.10.2 Die Androhung der Abschiebung, die Fristsetzung zur Ausreise und die Staatenbezeichnung sind auch dann erforderlich, wenn die Abschiebung nach § 58 Abs. 3 überwachungsbedürftig ist. In den Fällen des § 59 Abs. 3 Satz 2 ist die Staatenbezeichnung vor der Abschiebung erforderlich. Im Gegensatz zu § 58 Abs. 3 sind nicht nur die von der Abschiebung ausgeschlossenen, sondern auch die dafür in Betracht kommenden Zielstaaten in der Verfügung zu bezeichnen. Ein in der Abschiebungsandrohung enthaltener Hinweis gemäß § 59 Abs. 2, dass der Ausländer auch in einen anderen Staat abgeschoben werden kann, in den er einreisen darf oder der zu seiner Rückübernahme verpflichtet ist, genügt dem Bezeichnungserfordernis des § 60 Abs. 10 Satz 2 nicht.

Übersicht

	Rn
I. Entstehungsgeschichte	1
II. Allgemeines	2
III. Abschiebungsverbot bei politischer Verfolgung	3
1. Verhältnis zu Art. 1 GK	3
2. Verhältnis zu Art. 16 a GG	6
3. Verhältnis zur Asylanerkennung	11
4. Politisch Verfolgter	13
5. Flüchtlingsanerkennung	23
6. Ausnahmen vom Abschiebungsverbot	26
IV. Sonstige Abschiebungsverbote und -hindernisse	32
1. Allgemeines	32
2. Folter	34
3. Todesstrafe	39
4. Menschenrechtsverletzungen	45
5. Existenzielle Gefährdungen	51
6. Strafverfahren im Ausland	56
7. Auslieferungsverfahren	57
V. Verwaltungsverfahren	59

I. Entstehungsgeschichte

1 Die Vorschrift stimmt im Wesentlichen mit dem **GesEntw** (BT-Drs 15/420 S. 23 f) überein. Sie wurde aufgrund des Vermittlungsverf (BT-Drs 3479 S. 10) in Abs 1 dahin geändert, dass in S. 1 das Kriterium des Geschlechts gestrichen u. die S. 3 bis 5 durch die jetzigen S. 3 u. 4 ersetzt wurden. In Abs 4 wurden das Wort „kann" durch „darf" u. das Wort „nicht" durch die Passage „nur ... ist" ersetzt. Abs 11 des Entw wurde gestrichen u. stattdessen § 60 a eingefügt.

II. Allgemeines

2 Die Vorschrift entspricht in Abs 1 im Grundsatz dem **„Kleinen Asyl"** des § 14 I 1 AuslG 1965, bildet aber iÜ das Kernstück der weiteren **Verzahnung** des asylr mit dem aufr Verf (vgl §§ 13 I, II, 31 II AsylVfG). Sie definiert in Abs 1 den Begriff der politischen Verfolgung als Grundlage des Abschiebungsverbots, formalisiert dieses u. bezieht es in das Asylverf ein. Seit 1. 1. 2005 ist die Definition erheblich verfeinert u. an die noch umzusetzende RL 2007/83/EG (Text in Teil 5 Nr 5.11) angeglichen (dazu Art 16 a GG Rn 131 ff). Außerdem bestimmt es die Grenzen des asylr Abschiebungsverbots u. legt dessen Folgen für die Abschiebungsandrohung fest. Schließlich sind jetzt die früher in § 53 AuslG genannten weiteren Abschiebungsverbote u. -hindernisse einbezogen. Zusammen mit § 60 a stellt sie ein geschlossenes System zur Verwirklichung des Schutzes vor Abschiebung aus unterschiedlichen Gründen bereit (allg dazu Hailbronner, ZAR 1987, 3; Jannasch, VBlBW 1991, 45). Die Abgrenzung zwischen Art 16 a I GG u. Abs 1 einerseits u. Abs 2 bis 7 andererseits erfolgt nach dem politischen Charakter der Maßnahme. Ob eine menschenrechtswidrige Beeinträchtigung die Asyl- oder Flüchtlingsanerkennung rechtfertigt oder lediglich Abschiebungsschutz u. Duldung zur Folge hat, entscheidet sich nach der objektiven Zielrichtung der Maßnahme.

III. Abschiebungsverbot bei politischer Verfolgung

1. Verhältnis zu Art. 1 GK

In Abs 1 ist ebenso wie früher in § 51 I AuslG 1990 u. davor in § 14 I 1 AuslG 1965 in Anlehnung an **Art 33 I GK** ein Abschiebungsverbot zugunsten rassisch, religiös oder sonst politisch Verfolgter aufgenommen (zur Geschichte Renner, Rn 7/480–488). Da Art 33 I GK allg Ausweisung u. Zurückweisung „auf irgendeine Art u. Weise" untersagt, ist eigentliche jede „sonstige Überstellung" (so die Formulierung in § 7 I AsylVfG 1982) oder „sonstige Rückführung" (so § 13 I AsylVfG) gemeint, die eine Verfolgungsgefahr auslöst; inbegriffen ist zumindest die (unmittelbare) Abschiebung als die wichtigste aufenthaltsbeendende Maßnahme, die den Zugriff des Verfolgerstaats eröffnet. Die Definitionen der staatl u. der geschlechtsbezogenen Verfolgung sind in Anlehnung an Art 6 u. Art 10 I Bst d RL 2004/83/EG formuliert (dazu Art 116a GG Rn 131 ff).

Die **Verfolgungsgründe** des Abs 1 (= Art. 33 I GK) waren in der ursprünglichen Fassung (§ 51 I AuslG) identisch mit denen der Definition des ausl Flüchtlings in Art 1 A Nr 2 GK. Diese Vorschrift ist allerdings **eher subjektiv** formuliert, da sie auf die „begründete Furcht vor Verfolgung" u. neben der mangelnden Fähigkeit zur Inanspruchnahme des Schutzes des Heimatstaats auch auf den fehlenden Willen hierzu abhebt. Außerdem schützt sie nicht nur vor Eingriffen in Leben u. Freiheit, sondern auch vor anderen existentiellen Gefahren. Diese Differenzen können sich einmal auf das Verhältnis zum Verfolgtenbegriff des Art 16a I GG (Rn 6 ff) auswirken und außerdem dazu führen, dass für ausl Flüchtlinge iSd Art 1 A Nr 2 GK, die nicht zugleich die Voraussetzungen des Art 33 I GK erfüllen, nach wie vor ein Anerkennungs- oder Prüfungsverf nicht zur Verfügung steht (Koisser/Nicolaus, ZAR 1991, 9; zum früheren Rechtszustand Berberich, ZAR 1985, 30; Köfner/Nicolaus, ZAR 1986, 11; Roth, ZAR 1988, 164; BVerwG, EZAR 200 Nr. 22; HessVGH, EZAR 210 Nr. 3). Dennoch ist trotz der Unterschiede in der Textformulierung im Blick auf die Entstehungsgeschichte u. den erkennbar mit der Regelung verfolgten Zweck anzunehmen, dass sich die Voraussetzungen des Abs 1 in der ursprünglichen Formulierung des § 51 I AuslG mit denen des Art. 1 A Nr. 2 GK decken sollen (BVerwGE 89, 296) u. durch Abs 1 bei sachgerechter Auslegung über den strengen Wortlaut hinaus alle danach relevanten Rechtsgüter erfasst sind (vgl auch Art 16a GG Rn 120).

Statutäre Flüchtlinge iSd Art Art. 1 A Nr 1 GK u. nach Europa gelangte **Palästina-Flüchtlinge** iSd Art 1 D II GK erfüllen zT nicht gleichzeitig die Voraussetzungen des Art 16a I GG oder des Art 33 I GK. Deshalb sind auch sie zT nicht in das Asylverf einbezogen (anders betr statutäre Flüchtlinge nach § 28 AuslG 1965), mit der Folge, dass ihnen ein Mittel zur effektiven Durchsetzung ihrer Rechte fehlt (Nicolaus/Saramo, ZAR 1989, 67; Koisser/Nicolaus, ZAR 1991, 9). Flüchtlinge aus Palästina iSd Art 1 D GK brauchen nicht die Voraussetzungen des Art 1 A GK zu erfüllen, um die Rechte aus der GK wahrnehmen zu können (betr Reiseausweis BVerwG, EZAR 232 Nr. 1).

2. Verhältnis zu Art. 16a GG

Das Verhältnis zwischen Art. 16a I GG u. Art. 1 A Nr. 2 GK wird von Rspr u. Schrifttum **kontrovers** behandelt (zur Analyse vgl Köfner/Nicolaus, ZAR 1986, 11; Roth, ZAR 1988, 164; Weberndörfer, S. 27 ff). Nachdem das BVerfG geklärt hat, dass es für die Asylrelevanz einer Verfolgung nicht auf die subjektive Motivation des Verfolgers, sondern auf die objektive Zielrichtung der Verfolgungsmaßnahme ankommt (Art. 16a GG Rn 40 ff), sind die möglichen Unterschiede noch geringer geworden als zuvor (allg dazu BVerfGE 54, 341).

Eine **signifikante Abweichung** ist allerdings darin zu sehen, dass die Ausschlussgründe des Art 1 F GK im Bereich des Art 16a I GG nicht anwendbar sind (Kemper, ZAR 1986,

3; offen gelassen von BVerwG, EZAR 201 Nr 1). Nach Ansicht des BVerwG kann eine Verfolgung iSd Art 16 a I GG auch dann gegeben sein, wenn an andere als in Art 1 A Nr. 2 GK genannte Merkmale u. Eigenschaften angeknüpft wird (BVerwGE 79, 143). Dem ist für den entschiedenen Fall einer irreversiblen homosexuellen Prägung entgegenzuhalten, dass diese durchaus durch Art 1 A Nr 2 GK erfasst sein kann, wenn man die „soziale" Gruppe als „gesellschaftliche" Gruppe („social group") versteht u. dem Verfolgerstaat die Definitionskompetenz für die verfolgte Gruppe zubilligt. Ähnlich verhält es sich grundsätzlich mit geschlechtsspezifischer Verfolgung (dazu Gebauer, ZAR 1588, 120; Hailbronner, ZAR 1988, 152; Incesu, InfAuslR 1986, 337; Weberndörfer, S. 70 ff). Zu den neuen Definitionen Rn 14 ff u. Art 16 a GG Rn 131 ff sowie Marx, ZAR 2005, 177.

8 **Übereinstimmung** besteht für beide Verfolgtenbegriffe in der Bestimmung der Verfolgungsmaßnahmen, der geschützten Rechtsgüter u. vor allem des politischen Charakters der Verfolgung (BVerwG, EZAR 231 Nr 2 u. 3, EZAR 201 Nr 24). Wegen der im Verhältnis zu Art 1 A Nr 2 GK eher objektiv gehaltenen Formulierung des Art 33 I GK weicht dieser hinsichtlich der Verfolgungsgefahr noch weniger als jener von Art 16 a I GG ab. In beiden Fällen ist auch die zumindest mittelbare Verantwortlichkeit einer staatl oder staatsähnlichen Macht vorausgesetzt (VGH BW, EZAR 043 Nr 1; vgl Art 16 a GG Rn 122). Fehlt es im **Bürgerkrieg** oder aufgrund anderer mit Gewalt verbundenen inneren Konflikten an einer effektiven Gebietsgewalt, kam eine Flüchtlingsanerkennung nach früherer Auffassung der dt Rspr nicht in Betracht (BVerwGE 95, 42; HessVGH, EZAR 231 Nr 9; OVG NRW, EZAR 231 Nr 8). Anders verhielt es sich nur, wenn der Staat oder von ihm unterstützte Gruppen oder Stellen zumindest Teile des Staatsgebiets (noch oder wieder) unangefochten beherrschen (vgl Art 16 a GG Rn 123). Außerdem wird eine **landesweite** Schutzlosigkeit verlangt; eine zumutbare inländische Fluchtalternative steht also der Annahme einer Verfolgung entgegen (BVerwGE 95, 42; BVerwG, EZAR 231 Nr 10; vgl Art. 16 a GG Rn 124; betr Rückkehr aufgrund Reintegrationsabk vgl BVerwG, EZAR 231 Nr 5). Schließlich kommt einem Vorverfolgten wie im AsylR auch im Rahmen des Abs 1 der herabgesetzte **Wahrscheinlichkeitsmaßstab** (dazu BVerfGE 54, 341; Art 16 a GG Rn 52) zugute; es genügt also für die Annahme einer Verfolgungsgefahr, wenn die Wiederholung bereits erlittener Verfolgung nicht hinreichend sicher auszuschließen ist (BVerwG, EZAR 202 Nr 24; näher zu unterschiedlichen Prognosemaßstäben Renner, AiD Rn 7/458–473).

9 Ein erheblicher **Unterschied** besteht aber insoweit, als selbstgeschaffene subjektive Nachfluchtgründe nach Art 16 a I GG grundsätzlich nicht zu berücksichtigen sind, von Art 33 I GK aber ohne weiteres erfasst werden (so auch der Hinweis am Ende der Entscheidung BVerfGE 74, 51; BVerwG, EZAR 206 Nr 10 u. 221 Nr 35; vgl Art 16 a GG Rn 49 ff, 123; vgl Weberndörfer, S. 79 ff). Bis Ende 2004 konnte zudem der Familienangehörige eines Verfolgten nicht aufgrund § 51 I AuslG ohne weiteres anerkannt werden wie als Asylber nach § 26 AsylVfG; denn hierfür fehlte es an einer ähnlichen Vorschrift (BVerwG, EZAR 202 Nr 24). Nunmehr ist aber die Anerkennung von Familienabschiebungsschutz möglich (§ 26 IV AslVfG).

10 **Kein Unterschied** besteht schließlich hinsichtlich der politisch Verfolgten, die bereits in einem anderen Staat vor politischer Verfolgung sicher waren. Mit der Aufgabe dieser Sicherheit u. der Einreise in die BR Deutschland verlieren diese Flüchtlinge weder ihre Verfolgteneigenschaft nach Art 16 a I GG noch ihre Eigenschaft als Flüchtling nach Art 1, 33 I GK (Art 16 a GG Rn 89 ff, 125; zur Asylanerkennung Rn 11 ff).

3. Verhältnis zur Asylanerkennung

11 In das Asylverf ist die durch Abs 1 erfasste Personengruppe aufgrund der Definition des Asylantrags in § 13 I AsylVfG von Anfang an bis zur Entscheidung u. bis zur Aufenthaltsbeendigung einbezogen (§§ 14 I, 31 I, 34 I, 55 I, 67 I Nr. 4, 70 AsylVfG). Soweit dieser Personenkreis von dem des Art 16 a I GG abweicht, sind ggf **unterschiedliche Feststellungen** über die Asylber u. Abs 1 zu treffen. Während das AsylR des Art 16 a I GG grund-

sätzlich zur Asylanerkennung führt, ergibt die Erfüllung der Voraussetzungen des Abs 1 wegen der Rechtsfolge des § 3 AsylVfG (nur) die Flüchtlingsanerkennung. Wer die in einem Drittstaat bereits erreichte **Sicherheit vor politischer Verfolgung** freiwillig aufgibt, wird nicht als asylber anerkannt (Art 16a II GG; §§ 18 II Nr. 1 u. 2, 26a I, 27 I, 29 I AsylVfG), obwohl er weiterhin politisch verfolgt iSd Art 16a I GG ist (Art 16a GG Rn 90, 97). Er erhält aber die Flüchtlingsanerkennung, weil der Tatbestand des Abs 1 bzw des Art 33 I GK durch eine inzwischen wieder aufgegebene anderweitige Verfolgungssicherheit nicht berührt wird (Art 16a GG Rn 125). Gegenüber dem Rechtszustand nach § 14 I AuslG 1965 hat sich für diese Verfolgtengruppe nur die Rechtsfolge geändert: an die Stelle der bloßen Nichtabschiebung ist die Flüchtlingsanerkennung getreten.

Das Verhältnis zwischen Asyl- u. Flüchtlingsanerkennung ist durch die neuen Definitionen in Abs 1 S. 3 u. 4 **grundlegend verändert.** Die Grundsätze zur staatl u. geschlechtsbezogenen Verfolgung gelten zunächst „in Anwendung" der GK, sodann aber auch für Asylber (S. 2 iVm § 2 I AsylVfG). Durch Abs 1 S. 2 werden sie auf Asylber erstreckt (vgl § 2 I AsylVfG). Das BVerfG ist gleichwohl frei in der Entscheidung, ob es die vom Gesetzgeber in Anlehnung an das aktuelle internationale Flüchtlingsrecht gefundenen Begriffsbestimmungen auch für die Auslegung des Art 16a I GG übernimmt (dazu Art 16a GG Rn 136 ff). Ob darüber hinaus die Definitionen der Art 6 u. 10 I Bst d RL 2004/83/EG schon dem Ablauf der Umsetzungsfrist dieser RL zu beachten sind, hängt vom Stand der Rspr u. dem jew Inhalt ab (dazu Art 16a GG Rn 142 ff). 12

4. Politisch Verfolgter

Unter das Abschiebungsverbot des Abs 1 fällt nach alledem **jeder politisch Verfolgte** (vgl auch § 3 AsylVfG), u. zwar ohne Rücksicht darauf, ob er den Verfolgungstatbestand erst nach Verlassen des Heimatstaats geschaffen hat u. deshalb uU nicht als politischer Verfolgter iSd Art. 16a I GG angesehen werden kann (dazu Art 16a GG Rn 49 ff). Ansonsten ist der geschützte Personenkreis im Wesentlichen identisch mit dem der Asylber nach Art 16a GG (Rn 6 ff, 11), wobei die Fälle der nichtstaatl u. der geschlechtsspezifischen Verfolgung aufgrund der neuen Definitionen (Rn 12) gesondert zu betrachten sind. 13

Als **Verursacher** der Verfolgung kommen für die Asyl- wie für die Flüchtlingsanerkennung außer dem Staat u. den Staat beherrschenden Parteien u. Organisationen auch nichtstaatl Akteure in Betracht, sofern die ersteren nicht imstande oder willens sind, den erforderlichen Schutz zu bieten. Dies entspricht der Rspr des BVerfG zum Asylgrundrecht seit BVerfGE 54, 341 (dazu Art 16a GG Rn 34 ff). 14

Gänzlich neu ist die Berücksichtigung des Schutzes durch **internationale Organisationen** (dazu Duchrow, ZAR 2004, 339). Diese können ganz oder teilweise an die Stelle des Staats treten u. dessen Schutzfunktionen für das gesamte Staatsgebiet oder für Teile desselben übernehmen. Auch wenn sie nicht Vertragsparteien der GK sind, können sie tatsächlich Schutz gewähren. Dieser Schutz muss nicht nur durch ihren Auftrag gedeckt sein, sondern unter den Bedingungen des Einsatzstaats auch tatsächlich geleistet werden. 15

Die Besonderheit bei der Verfolgung durch nichtstaatl Akteure ist darin zu sehen, dass es an dem Schutz durch den Staat oder internationale Organisationen **„erwiesenermaßen"** fehlen muss. Dieser Maßstab ist Art 6 Bst c RL 2004/83/EG entnommen u. sollte daher unter Berücksichtigung des englischen Wortlauts „if it can be demonstrated" ausgelegt werden (so auch Duchrow, ZAR 2004, 339). Dann wird von dem Flüchtling kein strenger Beweis verlangt, sondern wie auch sonst bei anspruchsbegründenden Tatsachen im AsylR ein schlüssiger Vortrag, der unter den obwaltenden Umständen mit den üblichen Einschränkungen bei Auslandssachverhalten nachzuweisen ist. 16

Das Erfordernis der landesweiten Betrachtung u. die daraus abgeleitete Erheblichkeit der internen **Fluchtalternative** sind in der Rspr zum Asylrecht anerkannt (dazu Art 16a GG Rn 61 ff). Für die Flüchtlingsanerkennung soll dieser Grundsatz nur für die Variante der nichtstaatl Verfolgung gelten. Dahinter steht wohl die Überlegung, dass bei staatl Verfolgung 17 ein verfolgungsfreies Leben in einem Teil des Staatsgebiets nur bei einem „zwiegesichtigen" Staat in Betracht kommt (dazu Art 16 a GG Rn 66 ff) u. daher nur selten auftreten wird (Duchrow, ZAR 2004, 339). Insoweit weicht die ges Definition aber von Art 8 I RL 2004/83/EG ab, wonach der Flüchtling allg auf eine interne Alternative verwiesen werden kann, wenn er dort verfolgungsfrei leben u. eben dies von ihm „vernünftigerweise" erwartet werden kann.

18 Verfolgungshandlungen in Zeiten u. Gebieten, in den denen es an einer staatl **Herrschaftsgewalt fehlt,** können nach der neuen Definition nicht mehr von der Anerkennung ausgenommen werden. Damit ist die gesamte Rspr zur asylr Unerheblichkeit von Verfolgungen während des Bürgerkriegs (dazu Art 16 a GG Rn 37 f) nicht (mehr) auf die Flüchtlingsanerkennung anwendbar.

19 Geändert hat sich auch die Beurteilung **geschlechtsspezifischer Verfolgung.** Das Geschlecht ist zwar nicht als verbotenes persönliches Differenzierungsmerkmal in Art 1 A Nr 2 GK genannt, es kann aber als Bestandteil der Bestimmung einer sozialen Gruppe anerkannt werden u. zur Lösung der in Betracht kommenden Fallgruppen beitragen (dazu Rn 7; BVerwG, EZAR 201 Nr 33; BVerwG, NVwZ 2001, 818). Nunmehr ist für die Flüchtlingsanerkennung (zT über Art 10 I Bst d RL 2004/83/EG hinausgehend) klargestellt, dass eine Verfolgung anerkannt werden kann, wenn sie allein an das Geschlecht anknüpft. Danach sind ua die Fälle von Genitalverstümmelungen, Vergewaltigungen u. anderer sexueller Gewalt als asylrelevante Eingriffe in die körperliche Unversehrtheit anzuerkennen (dazu Duchrow, ZAR 2004, 339), sofern sie von staatl Akteuren ausgehen oder bei ihnen kein Schutz gegen private Eingriffe zu erwarten ist. Bei gesellschaftlich, kulturell oder religiös begründeten Vorschriften über Bekleidung, Berufsausübung ua kommt es maßgeblich auf den Geschlechtsbezug u. auf die Intensität des Eingriffs in die persönliche Freiheit an (zum Verhältnis zu Art 10 I Bst d RL 2004/83/EG näher Marx, ZAR 2005, 177).

20 Das Abschiebungsverbot betrifft unmittelbar nur die Abschiebung in den **Verfolgerstaat** selbst. Eine Abschiebung oder sonstige Überstellung oder Rückführung in einen anderen Staat bleiben grundsätzlich zulässig. Die Asyl- u. die Flüchtlingsanerkennung beruhen nur auf der Verfolgungsgefahr im Heimatstaat des Ausl oder im Herkunftsstaat des Staatenlosen für den Fall der Einreise in diesen Staat. Sie befassen sich nicht mit der Gefahr der **Weiterschiebung** oder sonstigen Überstellung aus einem Drittstaat in den Verfolgerstaat. Da aber Art 16 a I GG auch vor dieser (mittelbaren) Gefährdung schützt (BVerwGE 49, 202), ist die Abschiebung in einen solchen Drittstaat ebenso verboten wie in den Verfolgerstaat selbst. Diese Gefahr muss ebenso ernsthaft drohen wie die Verfolgung im Herkunftsstaat. Sie wird nicht allein dadurch ausgeschlossen, dass der Drittstaat die GK ratifiziert hat (so aber Fraenkel, S. 274). Das System der Länderlisten nach Art. 16 a II GG belegt, dass konkrete Feststellungen über die wirksame Anwendung der GK in dem jew Vertragsstaat unerlässlich sind.

21 Die **Aufzählung** in Abs 1 S. 2 soll den Abschiebungsschutz für politisch Verfolgte formalisieren u. die Tätigkeit der AuslBeh erleichtern. Zu diesem Zweck werden die Gruppen genannt, welche die Voraussetzungen des Abs 1 erfüllen. Eine eigene materielle Prüfung hat die AuslBeh nicht vorzunehmen. Die Vorschrift führt zu einer Gleichstellung dieser Gruppen mit Flüchtlingen iSd Abs 1, die allein durch §§ 2 bis 4 AsylVfG sonst nicht erreicht würde. Sie erübrigt entsprechende Feststellungen nach Abs 1 S. 5.

22 Die Rechtsstellung eines **ausl Flüchtlings** iSd Abs 1 S. 2 genießt gemäß § 2 I AsylVfG zunächst, wer als **Asylber** nach §§ 5 I 1, 31 II oder 26 AsylVfG anerkannt ist; Familienasyl führt nach § 26 I u. 2 AsylVfG anders als nach § 7 a III AsylVfG 1982 direkt zur Asylanerkennung. Vorausgesetzt ist eine bestandskräftige u. verbindliche Entscheidung des BAMF (vgl § 4 AsylVfG). Die Vorschrift erlaubt dagegen keinen Rückgriff auf eine nicht bestandskräftige Asylanerkennung u. erübrigt nicht eine gesonderte Entscheidung iSd § 31 II AsylVfG. Zu diesem Personenkreis gehört gemäß § 3 AsylVfG außerdem, wer die Voraussetzungen des Abs 1 erfüllt, als solcher aufgenommen ist u. zur Bestätigung zB einen Reiseausweis nach Art 28 GK erhält. Begünstigt sind ferner: Kontingentflüchtlinge iSd (seit 1. 1.

Verbot der Abschiebung § 60 AufenthG 1

2005 nicht mehr geltenden) § 1 HumAG; im Ausland anerkannte übernommene ausl Flüchtlinge iSd Art 1 GK; statuarische Flüchtlinge iSd Art 1 A Nr 1 GK; Flüchtlinge nach Art 1 D Abs 2 GK, deren früherer Schutz entfallen ist (ähnlich Fraenkel, S. 276; zu Letzteren vgl Koisser/Nicolaus, ZAR 1991, 9; zu Palästinaflüchtlingen BVerwGE 88, 254 u. 89, 296). Die Gleichstellung der im Ausland als GK-Flüchtling anerkannten Personen wirkt konstitutiv, weil früher derartige im Ausland erfolgte Anerkennungen in Deutschland nicht, zumindest nicht ohne weiteres, akzeptiert wurden (BVerfGE 52, 391).

5. Flüchtlingsanerkennung

Die Feststellung der Voraussetzungen des Abs 1 durch das BAMF nach § 31 II AsylVfG ist sowohl für die AuslBeh als auch für andere Behörden verbindlich; die **Bindungswirkung** erfasst nur nicht die Verf über die Auslieferung u. die Abschiebungsanordnung nach § 58 a (§ 4 S. 2 AsylVfG). Sie reicht also ebenso weit wie die der Asylanerkennung nach § 4 AsylVfG. Bindung entfalten auch ablehnende Entscheidungen; insoweit ist aber jew auf den Grund der Ablehnung abzustellen (vgl § 4 AsylVfG Rn 4). 23

Die **Rechtsfolge** der Feststellung der Voraussetzungen des Abs 1, die allein dem BAMF vorbehalten ist, erschöpft sich nicht in der Bindungswirkung gegenüber allen Behörden außerhalb der Verf um Auslieferung u. Abschiebungsanordnung (§ 4 AsylVfG). Sie geht insofern darüber hinaus, als § 3 AsylVfG sie auf die Voraussetzungen des Art 1 GK erstreckt u. diese – wenn auch geringfügig – von denen des Art 33 I GK abweichen können (Rn 3 ff). 24

In diesem Umfang handelt es sich um eine **konstitutive Erstreckung** u. nicht nur um eine bloße Klärung des Rechtsstatus. Nach alledem erscheint es im Blick auf Inhalt u. Folgen gerechtfertigt, die Entscheidung des BAMF nach Abs 1 S. 5 als **Flüchtlingsanerkennung** zu bezeichnen. Dadurch sollen Ähnlichkeiten mit der Asylanerkennung deutlich gemacht u. vor allem ein brauchbarer Ersatz für die vom Gesetzgeber verwandte umständliche Formulierung „Feststellung der Voraussetzungen des § 60 Abs 1 des Aufenthaltsgesetzes" geboten werden. 25

6. Ausnahmen vom Abschiebungsverbot

Die Ausnahme vom Abschiebungsverbot politisch Verfolgter nach Abs 8 S. 1 (früher § 51 III 1 AuslG) ist in **Anlehnung an Art 33 II GK** formuliert. Seit 1. 11. 1997 sind Verbrechen u. besonders schweres Vergehen an die Stelle der besonders schweren Straftat getreten, u. außerdem ist die Höhe von mindestens drei Jahren Freiheitsstrafe eingeführt. Die weiteren Ausschlusstatbestände (Abs 8 S. 2 (früher § 51 III 2 AuslG; eingefügt durch das Terrorismusbekämpfungsges, BGBl. 2002 I 361) sind **aus Art 1 F GK** übernommen. 26

Ungeachtet der Übereinstimmung der Ausschlussgründe mit der GK erscheint die Abschiebung politisch Verfolgter in den Verfolgerstaat nach wie vor **nicht mit Art 16 a I GG vereinbar** (Hopfauf, NVwZ 1994, 566; Huber, NJW 1977, 1562; Franz, DVBl. 1978, 869; Gusy, AsylR u. Asylverf in der BR Deutschland, 1980, S. 170 ff, 200 ff; Kimminich, JZ 1976, 62; Renner, NVwZ 1983, 649 mwN; Weber, JuS 1976, 325; Weberndörfer, S. 93 ff; Wollenschläger, BayVBl 1976, 410, 461 f; Zuleeg, JuS 1980, 625; aA Doehring, ZaöRV 1966, 33; v. Pollern, BayVBl 1979, 200, 327 ff; Zeidler in Otto Benecke Stiftung, Praktizierte Humanitas, 1981, S. 56 ff). Die gegenteilige Auffassung des BVerwG (seit BVerwGE 49, 202) vermag nicht zu überzeugen, weil das Grundrecht des Art 16 a I GG zwar in mehrfacher Hinsicht eingeschränkt u. einschränkbar ist (vgl Art 16 II–V GG), zu Lasten von Straftätern aber keine Begrenzung enthält u. nicht mit anderen Werten wie der Sicherheit von Staat u. Allgemeinheit „abgewogen" u. damit für den jew Einzelfall aberkannt werden darf. Das BVerfG hat bisher eine Begrenzung uneinschränkbarer Grundrechte durch Grundrechte Dritter oder andere mit Verfassungsrang ausgestattete Rechtswerte nur zugelassen, wenn der sachliche Grundwertgehalt der schwächeren Norm zwar zurückgedrängt, aber nicht vernichtet wird (vgl BVerfGE 28, 243; 41, 29; 47, 46; 49, 24). Auch 27

549

mit der letzten Entscheidung – zum Kontaktsperreges – wurde kein Grundrecht „beseitigt", um die Sicherheit des Staats u. seiner Bevölkerung als „Verfassungswerte" zu gewährleisten (aA, für immanente Schranken, Bergmann, ZAR 2005, 137).

28   Wird die Verfassungsmäßigkeit des Abs 8 unterstellt, ist streng darauf zu achten, dass die Abschiebung eines politisch Verfolgten in den Machtbereich des Verfolgers unweigerlich als Hinnahme der Verfolgung wirkt. Deshalb kann sie nur die **ultima ratio** darstellen (BVerwGE 49, 202). Es müssen entweder schwerwiegende Gründe (zu diesem Begriff vgl § 56 Rn 5) in der Person des Ausl vorliegen, die ihn (mit besonders hoher Wahrscheinlichkeit: BVerwG, EZAR 033 Nr 11) als eine Gefahr für die Sicherheit der BR Deutschland (dazu § 54 Rn 14–19) erscheinen lassen, oder er muss wegen eines Verbrechens oder eines besonders schweren Vergehens (zu dem Begriff des besonders schwerwiegenden Ausweisungsgrunds vgl § 55 Rn 84 f) zu einer Freiheitsstrafe von mindestens drei Jahren verurteilt sein u. in diesem Zusammenhang eine Gefahr für die Allgemeinheit darstellen. Bei der Auslegung dieser ges Voraussetzungen ist zu bedenken, dass der Eingriff in Grundrechte zum Schutz der Sicherheit von Staat u. Bevölkerung die Ausnahme bleiben muss, die streng am Grundsatz der Verhältnismäßigkeit zu prüfen ist (vgl BVerfGE 49, 24). Deshalb können nur außergewöhnlich schwerwiegende Gefahren den grundrechtlichen Menschenrechtsschutz hinter die Belange der staatlichen Sicherheit zurücktreten lassen.

29   **Schwerwiegende Gründe u. Gefahr für die Allgemeinheit** aufgrund rechtskräftiger Verurteilung zu mindestens drei Jahren Freiheitsstrafe wegen eines Verbrechens oder eines besonders schweren Vergehens lassen sich nicht formal, etwa anhand der Tatbestände des § 53, beschreiben. In Betracht kommen zwar allg schwere Spionage, gefährliche Sabotage oder politischer Terrorismus u. andere Kapitaldelikte u. seit der Änderung ab 1. 11. 1997 auch andere Straftaten von besonderem Gewicht. Es ist aber immer eine individuelle Betrachtung u. Bewertung der von dem Ausl ausgehenden Gefahren anzustellen, wobei für die 1. Alt eine Sicherheitsgefährdung auch ohne Verurteilung genügt. Nicht das Fehlverhalten in der Vergangenheit ist maßgeblich, sondern die zukünftige Gefährdung. Für die Abschiebung ist eine ähnliche Gefahrenprognose anzustellen wie für die Ausweisung. Sie erübrigt sich auch nicht nach einer rechtskräftigen Freiheitsstrafe von mindestens drei Jahren. Nach rechtskräftiger Verurteilung wird die mögliche Gefahr für die Sicherheit des Staats u. die Allgemeinheit zumindest während des Strafvollzugs erheblich gemindert. Darüber hinaus darf die Chance der Besserung u. Resozialisierung nicht außer Betracht gelassen werden.

30   Die Abschiebung Asylber ist deshalb nach Abs 8 S. 1 – ausnahmsweise – nur dann zulässig, wenn entweder die Sicherheitsgefährdung oder eine Wiederholungsgefahr hinsichtlich eines Verbrechens oder eines besonders schweren Vergehens u. infolgedessen eine Gefahr für die Allgemeinheit **konkret zu besorgen** sind (VGH BW, EZAR 043 Nr 42 u. 52; VGH BW, ESVGH 37, 226; OVG Hamburg, EZAR 227 Nr. 5; OVG NRW, EZAR 227 Nr. 3). Die Gefahr muss eindeutig über diejenige hinausgehen, die eine Ausweisung Asylber ermöglicht (vgl dazu BVerwG, EZAR 227 Nr 4; § 56 Rn 3 ff). Die „Opfergrenze" für die faktische Vernichtung des AsylR (so OVG NRW aaO) ist nicht schon bei der Gefahr einer Wiederholung iwS erreicht; es müssen vielmehr Rechtsgüter konkret gefährdet sein, die dem AsylR vorgehen. Diese Annahme scheidet bei Strafaussetzung zur Bewährung aus u. kann nicht allein mit generalpräventiven Erwägungen begründet werden.

31   Der Ausschluss der Flüchtlingsanerkennung entsprechend Art 1 F GK beruht ausschließlich auf **Handlungen in der Vergangenheit.** Er steht nicht auf einer Stufe mit dem Ausschluss des Refoulementverbots des Art 33 II GK u. untersagt es dem Vertragsstaat nicht, dem Flüchtling aus anderen Gründen ein Bleiberecht zu gewähren (Nr 4 u. 8 UNHCR-Richtlinien zu Art 1 F GK – UNHCR-RL; Text in ZAR 2004, 207). Die Definitionen der internationalen Verbrechen lassen sich zT aus internationalen Vertragswerken entnehmen oder entwickeln (Nw in Nr 10–17 UNHCR-RL). Der Ausschluss setzt immer die persönliche Verantwortung für die genannten Vergehen u. Verbrechen voraus, die sich nicht allein aus der Zugehörigkeit zu einer Regierung oder Organisation ableiten lässt (näher dazu

Verbot der Abschiebung § 60 **AufenthG 1**

Nr 18–23 UNHCR-RL). Trotz der Schwere der Straftaten darf der Grundsatz der Verhältnismäßigkeit auch hier nicht außer Acht gelassen werden (Nr 24 UNHCR-RL).

IV. Sonstige Abschiebungsverbote und -hindernisse

1. Allgemeines

Während sich die Abs 1 u. 8 bis 10 ausschließlich auf politisch verfolgte ausl Flüchtlinge **32** beziehen, befassen sich die Abs 2 bis 7 mit sonstigen Tatbeständen, die der Abschiebung absolut oder relativ oder dilatorisch entgegenstehen. Der **Katalog** der Abschiebungsverbote u. -hindernisse gibt weitgehend die schon früher geltende Rechtslage wieder. Diese ergab sich allerdings nicht unmittelbar aus dem AuslG 1965 u. war zT unklar u. umstritten; unabhängig davon trug sie nicht unerheblich zur Ausweitung des Problems der De-facto-Flüchtlinge bei (dazu Rothkegel, ZAR 1988, 99; Renner, NJW 1984, 1257 u. 1989, 1246 jew mwN). Die Bestimmungen sind zT obligatorisch u. zT nur fakultativ; einige wirken auf Dauer, andere nur vorübergehend. Sie betreffen also das „Ob" u. nur in Abs 4 u. 6 S. 2 das „Wann" der Abschiebung, während das „Wie" in § 60 a geregelt ist.

Abschiebungsfragen haben mit dem Abbau materieller Rechtspositionen, insbes im **33** AsylR, an Bedeutung gewonnen. Der Streit um aufr Positionen, auch um solche mit Grundrechtsrelevanz, wird zunehmend öfter im Vollstreckungsverf ausgefochten. Dabei wird leicht übersehen, dass sich Einwendungen im Abschiebungsverf lediglich gegen den zwangsweisen Vollzug richten können, nicht aber gegen den zugrundeliegenden aufenthaltsbeendenden Akt wie Ausweisung oder Nichterteilung eines AufTit (näher Rn 49, 62). Aufgrund der Übertragung der Zuständigkeit für Asylbew auf das BAMF (§ 5 I 2 AsylVfG) ist dieses nicht nur für die Asylanerkennung zuständig, sondern im Rahmen eines Asylverf auch für die Verbote der Abs 1 bis 3 u. 7. Nur außerhalb eines Asylgesuchs ist die AuslBeh zuständig, sonst allein das BAMF (§ 24 II AsylVfG).

2. Folter

Ob **Art 3 UN-Folterkonv** (BGBl. 1990 II 247; in Kraft für die BR Deutschland seit **34** 1. 6. 1990, BGBl. 1990 II 491; dazu Hailbronner/Randelzhofer, EuGRZ 1986, 641; van Krieken, ZAR 1986, 17; Nowak, EuGRZ 1985, 109; Marx, ZRP 1986, 81) über das Verbot der Folter hinaus auch Schutz vor Abweisung an der Grenze u. vor Abschiebung vermittelt (zweifelnd Hailbronner, ZAR 1987, 3) u. über eine Staatenverpflichtung hinaus auch unmittelbare Rechtspositionen des Individuums begründet (BT-Drs 11/5459 S. 22, 24; Maaßen, S. 182 mwN), kann dahinstehen, nachdem in Abs 2 (wie zuvor in § 53 I AuslG) ein uneingeschränktes obligatorisches Abschiebungsverbot aufgenommen ist (zur früheren Rechtslage zB BVerwGE 78, 243; BayVGH, EZAR 221 Nr 27). Ähnliches gilt hinsichtlich des Folterverbots nach Art 3 EMRK (dazu Gusy, ZAR 1993, 63), das allerdings mit einem subjektiven Recht auf Unterlassen u. ggf auf aktives Eingreifen korrespondiert (Maaßen, S. 85). Der Regelung liegt die Erkenntnis zugrunde, dass die Gefahr der Folter allein noch nicht die Gewährung von Asyl rechtfertigt, sondern nur unter der Voraussetzung, dass sie an asylerhebliche Merkmale oder Eigenschaften anknüpft u. asylerhebliche Zwecke verfolgt (BVerfGE 81, 142; BVerwGE 67, 195; 74, 226; BVerwG, EZAR 201 Nr 12 u. 19; allg § 1 AsylVfG Rn 37; aA Marx, ZAR 1984, 102). Das Abschiebungsverbot bei Foltergefahr folgt bereits unmittelbar aus Art 1 GG u. Art 3 EMRK (BVerwGE 67, 184; Frankenberg, JZ 1986, 414; Frowein/Kühner, ZaöRV 1983, 537; Weberndörfer, S. 119 ff mwN).

Unter Folter ist nach der **Definition** des Art 1 UN-Folterkonv (nach Ratifizierung **35** innerstaatl verbindlich) eine Behandlung zu verstehen, die einer Person vorsätzlich schwere Schmerzen oder Leiden körperlicher oder geistig-seelischer Art zufügt, um von ihr oder einem Dritten eine Aussage oder ein Geständnis zu erzwingen, sie oder einen Dritten zu bestrafen, einzuschüchtern oder zu nötigen oder mit diskriminierender Absicht zu verfolgen. Die Schmerzen oder Leiden müssen von einem Angehörigen des öffentl Dienstes oder einer anderen amtlich handelnden Person veranlasst oder mit deren ausdrücklichem oder stillschweigendem Einverständnis verursacht sein. Die Einschränkung des Art 1 UN-Folterkonv zugunsten ges zulässiger Zwangsmaßnahmen ist für Abs 2 ohne Bedeutung.

36 Diesem Folterbegriff ist wie Art 3 EMRK die **staatl Verantwortlichkeit** eigen, die im Falle der Abschiebung (auch) den Aufenthaltsstaat trifft. Sie hängt daher nicht von der staatl Eigenschaft oder Funktion der im Zielstaat handelnden Personen ab (EGMR in st Rspr, vgl EZAR 933 Nr 2–11). Der davon abweichenden Meinung des (9. Senats des) BVerwG (BVerwGE 99, 331; aA noch BVerwGE 95, 42: Schutz vor Folter „von wem auch immer") kann nicht gefolgt werden (näher u. mwN Renner, AiD Rn 7/592–597; Zimmer, ZAR 1998, 115; zweifelnd aA Maaßen, ZAR 1998, 107). Die Verantwortlichkeit für Handlungen nichtstaatl Akteure nach Abs 1 S. 4 gilt nur für politische Verfolgung, nicht für andere Menschenrechtsverletzungen. Die Divergenz der Rspr des EGMR u. des BVerwG ist also durch den Gesetzgeber nicht aufgelöst. Sie wird sich aber bei Umsetzung der RL 2004/83/EG erledigen. Nach dieser RL gilt nämlich die in Abs 1 S. 4 übernommene Definition (Art 6) sowohl für die Anerkennung als Flüchtling (Art 9 ff, 13 ff) als auch für den Anspruch auf subsidiären Schutz (Art 15 ff, 18 ff), der ua bei der Gefahr eines ernsthaften Schadens in der Form der Folter zu gewähren ist (Art 15 Bst b).

37 Die **Gefahr** der Folter muss **konkret** bestehen. Die in einem Staat allg festzustellende Praxis, in bestimmten Situationen zu bestimmten Zwecken Foltermaßnahmen anzuwenden, ergibt noch keine individuelle Gefährdung für jeden dorthin abgeschobenen Staatsbürger. Dies gilt erst recht, wenn Folter nur als Exzess oder Übergriff nachweisbar ist u. vom Staat sowohl präventiv als auch repressiv unterdrückt wird. Abs 2 darf nicht in ein generelles Verbot der Abschiebung in bestimmte Staaten umgedeutet werden. Die erforderliche Gefahrenprognose hat sich andererseits auch nach der Schwere der zu erwartenden Beeinträchtigung zu richten. Eine rein quantitative oder statistische Betrachtung ist fehl am Platze (BVerwG, EZAR 630 Nr. 25). Art 3 I UN-Folterkonv verbietet nicht allg die Abschiebung in Staaten, in denen Folter (noch) vorkommt oder mehr oder weniger üblich ist. Gemäß Art 3 II UN-Folterkonv haben die zuständigen Behörden aber alle einschlägigen Umstände, ua auch die Tatsache zu berücksichtigen, dass es in dem betr Staat ständig zu groben, flagranten oder massiven Verletzungen der Menschenrechte kommt. Insoweit muss die Beschränkung der Entscheidungsgrundlage nach § 79 I 2 zurücktreten.

38 An die Feststellung der im Einzelfall drohenden Folter sind nach alledem **keine allzu strengen Anforderungen** zu stellen (allg dazu BVerfGE 63, 197). Die Folter muss zwar mit an Sicherheit grenzender Wahrscheinlichkeit drohen. Angesichts der Bedeutung des gefährdeten Rechtsguts, für dessen Wert nicht zuletzt die allg Achtung durch die Völkergemeinschaft spricht, u. angesichts folterspezifischer Darlegungs- u. Nachweisschwierigkeiten genügen triftige u. stichhaltige Anhaltspunkte für die notwendige Überzeugung der AuslBeh, des BAMF oder des Gerichts (vgl § 108 I VwGO; BVerwGE 71, 180; zu Prognosetatsachen u. -maßstäben Renner, AiD Rn 7/458–473, 7/598–605). Gehört die Folter etwa „zur Tagesordnung", ist sie auch für den konkreten Fall hinreichend wahrscheinlich (BVerwG, EZAR 201 Nr 19). Wird sie gegen Angehörige bestimmter Personengruppen mehr oder weniger regelmäßig angewandt, begründet sie insoweit ein allg wirkendes Abschiebungsverbot. Die ernsthafte Gefahr ergibt sich zwar nicht allg schon aufgrund bereits einmal erlittener Folter (BVerfG-K, NJW 1994, 2883), der asylr herabgestufte Wahrscheinlichkeitsmaßstab ist nicht unmittelbar übertragbar, u. erst recht ist eine Beweislastumkehr nicht angezeigt (aA Alleweldt, S. 43, 111). Bei unverändert gebliebenen Verhältnissen kann diese aber ebenso wie im Fall einer politischen Verfolgung eine Wiederholung indizieren u. angesichts ihrer traumatischen Folgen die zumutbare Risikoschwelle herabsetzen (Renner, AiD Rn 7/605–606). Einmal erlittene Folter darf daher bei der Gefahrenprognose nicht außer Acht gelassen werden (BVerfG-K, EZAR 043 Nr 23). Im gerichtlichen Eilverf genügt eine geringere Wahrscheinlichkeit (OVG SchlH, InfAuslR 1993, 18).

3. Todesstrafe

Die Gefahr der Todesstrafe ergibt für sich genommen noch **keine Asylberechtigung** 39 (vgl BVerfGE 60, 348; BVerwG, EZAR 201 Nr 18). Früher war streitig, ob das Verbot des Art 102 GG eingreift (verneinend für Auslieferung BVerfGE 18, 112; auf den zwischenzeitlichen Wandel der Auffassungen hinweisend schon BVerfGE 60, 348) u. ob ihre drohende Verhängung u. Vollstreckung die Abschiebung hinderte (zust OVG Hamburg, EZAR 130 Nr 3; HessVGH, EZAR 224 Nr 18; OVG NRW, EZAR 130 Nr 4; aA OVG Lüneburg, InfAuslR 1985, 199; betr Ausweisung vgl BVerwGE 78, 285; BVerwG, EZAR 120 Nr 12; betr EMRK vgl EGMR, EuGRZ 1989, 314; zusammenfassend Weberndörfer, S. 130 ff). Nunmehr bildet die Gefahr der Todesstrafe ähnlich wie nach § 8 IRG ein obligatorisches Abschiebungsverbot (betr Türkei Tellenbach, ZAR 1991, 87; betr Iran Heldmann, ZAR 1990, 137). Dagegen ist sie nach Art 2 I EMRK nicht generell verboten (Gusy, ZAR 1993, 63, 67).

Nach Abs 3 besteht kein allg Abschiebungsverbot in Staaten mit Todesstrafe, sondern 40 lediglich ein im Einzelfall festzustellendes Abschiebungsverbot bei **individuell drohender Todesstrafe** aufgrund eines gerichtlichen Urteils, nicht also bei „extralegalen Hinrichtungen". Angesichts des wenig geglückten Gesetzestextes sind die Einzelheiten aber unklar. Insb ist nicht sicher, ob nur der gesuchte oder auch der schon verurteilte Straftäter geschützt ist, ob es auf die Verhängung oder auf die Vollstreckung der Todesstrafe ankommt u. wie sich die entsprechende Anwendung des IRG auswirkt (näher Renner, AiD Rn 7/582–587). Die Gesetzesbegründungen (BT-Drs 11/6321 S. 75 u. BT-Drs 15/420 S. 91) enthalten dazu nichts Weiterführendes.

Wenn der Ausl in seinem Heimatstaat wegen einer Straftat gesucht wird u. dort die Gefahr 41 der Todesstrafe besteht, ist er **grundsätzlich vor Abschiebung sicher** (vgl aber Rn 43); auf Art u. Umstände der Tat kommt es nicht an. Erst recht ist die Abschiebung untersagt, wenn der Ausl bereits angeklagt oder verurteilt ist. Entscheidend ist nur die Gefahr der Todesstrafe. Die hierfür notwendigen individuellen Feststellungen sind nach ähnlichen Maßstäben zu treffen wie bei der Gefahr von Folter. Die Art der Gefährdung muss auch hier das Maß an Richtigkeitsgewissheit bei der Überzeugungsbildung (§ 108 I VwGO) beeinflussen. Ges Einschränkungen der Entscheidungsgrundlage (§ 79 I 2) sind gerade im Falle der Todesstrafe mit besonderer Zurückhaltung zu handhaben. Sie sind verfassungsrechtlich nicht hinzunehmen (vgl BVerfGE 61, 82; Hailbronner, NJW 1990, 2153), weil jede Fehlentscheidung irreparabel ist.

Nach dem Gesetzeswortlaut könnte fraglich sein, ob Abs 2 nur vor der Vollstreckung oder 42 auch schon vor der **Verhängung der Todesstrafe** schützen soll. Im Hinblick auf Art 102 GG, die (fast) weltweite Ächtung der Todesstrafe u. das humanitäre Anliegen des Abs 2 erscheint die letztere Auslegung geboten. Zumindest dann, wenn in einem Staat verhängte Todesstrafen regelmäßig auch vollstreckt werden; eine Abschiebung käme nur dann in Betracht, wenn die Vollstreckung ausgeschlossen wäre. Wollte man bei entsprechender Straf- u. Vollstreckungspraxis dem Ausl die Verurteilung u. daran anschließend den jahrelangen Aufenthalt in der Todeszelle zumuten, wäre Abs 5 anzuwenden (vgl auch EGMR, EuGRZ 1989, 314).

Schließlich bedeutet die Verweisung auf die Vorschriften über die Auslieferung vor allem 43 die Anwendung des § 8 IRG, der für die Todesstrafe den auslieferungsrechtlichen **Grundsatz der Spezialität** (vgl § 11 IRG; § 4 AsylVfG Rn 14) besonders hervorhebt. Danach ist die Abschiebung zulässig, wenn der Zielstaat zusichert, dass die Todesstrafe nicht verhängt oder nicht vollstreckt werden wird. Abgesehen von grundsätzlichen Bedenken gegen den Spezialitätsgrundsatz (dazu vor allem Kimminich, AnwBl 1985, 416), die ua aus der mangelnden Verlässlichkeit mancher Staaten herrühren (betr Türkei vgl BVerfGE 63, 197) u. die zumindest zu besonders sorgfältigen Recherchen über deren Straf- u. Auslieferungspraxis zwingen, ist immer auf eine möglichst restlose Ausschaltung jedes Risikos eines Bruchs der Zusage des Zielstaats zu achten.

44 Die **Zusicherung** der Nichtverhängung oder der Nichtvollstreckung der Todesstrafe kann dem Abschiebungsschutz nur dann entgegenstehen, wenn nicht nur die Erklärung der BReg, sondern vor allem die des anderen Staats nachprüfbar verlässlich eine derartige Verurteilung ausschließt. Da aber anders als im auf Gegenseitigkeit aufbauenden Auslieferungsverkehr idR für die Abschiebung keine vr verbindlichen Abkommen bestehen, muss die Einhaltung der Zusicherung anderweitig abgesichert sein, zB durch Präzedenzfälle oder diplomatische Kontrollmöglichkeiten. Außerdem muss sie vr verpflichtend wirken, also gegenüber der BReg abgegeben sein, nicht allein gegenüber der AuslBeh. Andersartige Auskünfte oder Zusagen stehen nicht gleich. Die verbindliche Zusage der Nichtvollstreckung reicht dann nicht aus, wenn damit jahrelange Haft unter menschenunwürdigen Umständen verbunden wäre (vgl Rn 42, 45 f).

4. Menschenrechtsverletzungen

45 Abs 4 inkorporiert ausdrücklich die **Schutzregeln der EMRK** in innerstaatl Recht u. verleiht ihnen unmittelbare Wirkung gegenüber der Abschiebung. Deshalb kommt es nicht mehr darauf an, ob Art 2, 3, 8 EMRK lediglich Staatenverpflichtungen enthalten (Gornig, EuGRZ 1986, 521; Reichel, S. 171 ff; Rothkegel, ZAR 1988, 103) oder den betroffenen Individuen subjektive Rechte verschaffen (Hailbronner/Randelzhofer, EuGRZ 1986, 641; Maaßen, S. 84). Einerseits ist damit die Verantwortlichkeit des Aufenthaltsstaats für die Folgen der Aufenthaltsbeendigung innerstaatl anerkannt, andererseits aber weder Asyl noch Zugang zum Staatsgebiet oder ein weiterer Aufenthalt gewährleistet (Renner, AiD Rn 7/608–610). In diesem Zusammenhang wirkt sich in besonderer Weise die Abweichung der Rspr des BVerwG von der des EGMR hinsichtlich der Zurechenbarkeit nichtstaatl Verfolgung aus, die allerdings im Zuge der Umsetzung der RL 2004/83/EG erneut wird überprüft werden müssen (dazu Rn 36). Danach sind alle Gefährdungen irrelevant, die von nichtstaatl Akteuren ausgehen (zB BVerwGE 99, 331; BVerwGE 104, 265; ebenso BayVGH, EZAR 043 Nr 38); sie können nach Ansicht des BVerwG nur unter den besonderen Voraussetzungen des Abs 7 Beachtung finden (Rn 51 ff; BVerwGE 104, 265). Ist schließlich schon die Einreise in den Zielstaat tatsächlich unmöglich, so begründet dies lediglich ein (meist vorübergehendes) Hindernis, das allein von der AuslBeh zu prüfen ist u. zu einer Duldung nach § 60 a II führen kann (Rn 47).

46 Fraglich kann erscheinen, ob innerhalb der Verbote u. Hindernisse des Abs 4 die einzelnen Tatbestände nach dem **Ort ihres Entstehens** zu unterscheiden sind. Dies wäre nicht systemwidrig, da durch Abs 2 bis 7 grundsätzlich nur das Ob u. zT das Wann der Abschiebung, nicht aber das Wie geregelt wird (Rn 2). Auszugehen ist von den durch Ratifikation entstandenen Verpflichtungen aus der EMRK. Der Signatarstaat ist nach gefestigter Rspr u. Praxis für von ihm zu verantwortende Beeinträchtigungen unabhängig davon verantwortlich, wo diese entstehen. Er hat deshalb für die Folgen der Abschiebung einzustehen, wo immer diese eintreten (zB EGMR, EZAR 933 Nr 1 u. 9; so auch BVerfGE 80, 315). In welcher Weise die einschlägigen Normen der EMRK in Verfahrensrecht umgesetzt werden, obliegt dem innerstaatl Gesetzgeber, da die EMRK insoweit keine Bestimmung trifft.

47 Das BVerwG differenziert zwischen **inlands- u. zielstaatsbezogenen Tatbeständen.** Während letztere durch Abs 4 erfasst u. vom BAMF zu prüfen sein soll, sollen erstere nur von der AuslBeh untersucht werden u. nur eine Duldung wegen eines (temporären) Vollstreckungshindernisses nach § 60a II nach sich ziehen (zu § 53 IV AuslG BVerwGE 104, 265; BVerwG, EZAR 043 Nr 24, 26, 27 u. 40). Hierfür sprechen der Zusammenhang mit den ausschließlich zielstaatsbezogenen Regelungen der Abs 2, 3, 6, 7 S. 1 u. die nur hierauf zugeschnittene Bestimmung des § 59 III 2 sowie die Entstehungsgeschichte (BT-Drs 11/6321 S. 49, 75). Der insoweit unergiebige Wortlaut des Abs 5 steht dieser Auslegung nicht zwingend entgegen. Dem Schutzzweck der EMRK, insb der Art 3 u. 8, wird auch durch eine Duldung Genüge getan, der keine ausdrückliche Feststellung des Abschiebungs-

Verbot der Abschiebung § 60 **AufenthG 1**

hindernisses vorausgeht. Ein materieller Ausschluss der Normen der EMRK ist damit nicht verbunden.

Bei diesem Verständnis verbietet Art 3 EMRK die Abschiebung in einen Staat, in dem der **48** Ausl **Folter** oder andere grausame, unmenschliche oder erniedrigende Behandlung ernsthaft zu erwarten hat. Während **Folter** hier ebenso auszulegen ist wie nach Abs 2 (Rn 35 f), sind unter der beschriebenen sonstigen **menschenrechtswidrigen Behandlung** Maßnahmen zu verstehen, mit denen unter Missachtung der Menschenwürde absichtlich schwere psychische oder physische Leiden zugefügt werden u. mit denen nach Art u. Ausmaß besonders schwer u. krass gegen Menschenrechte verstoßen wird (Gusy, ZAR 1993, 63; Kälin, ZAR 1986, 172; Trechsel in Barwig/Brill, S. 83; Renner, AiD Rn 7/615–617 mwN).

Neben Art 3 EMRK ist für die Abschiebung Art 8 EMRK besonders wichtig. Der **49** Schutz des **Privat- u. des Familienlebens** vermittelt ebenso wenig wie Art 6 GG ein AufR, kann aber aufenthaltsbeendenden Maßnahmen entgegenstehen (zB EGMR, EZAR 835 Nr 3–5; näher Renner, AiD Rn 7/623–633 mwN; nicht für Homosexuellen in Äthiopien: OVG Bremen, EZAR 043 Nr 37). Da die Anforderungen des Art 8 EMRK durch die Normen des AufR ausreichend umgesetzt sind (BVerwG, EZAR 020 Nr 10 u. 021 Nr 6) u. auf der Vollstreckungsebene grundsätzlich nicht mehr zu prüfen sind (Rn 33, 51, 62), können sie idR der Abschiebung nicht entgegengesetzt werden. Der Schutz **anderer Rechtsgüter,** vor allem Leben u. Gesundheit, rechtsstaatliches Verf sowie Religions- u. Gewissensfreiheit (Art 2, 6, 9 EMRK) kann ebenfalls eine Abschiebung hindern, wenn diese Garantien offenkundig u. schwer missachtet werden (vgl EGMR, EZAR 933 Nr 1; betr religiöses Existenzminimum BVerwGE 111, 223; betr faires Verf u. Belastung durch unter Folter erpresste Aussagen OVG NRW, EZAR 043 Nr 63; näher Renner, AiD Rn 7/622, 7/635–636 mwN). Einerseits darf Abs 5 nicht in einen allg Auffangtatbestand umfunktioniert werden, andererseits dürfen aber verbindliche Vorschriften der EMRK nicht vornherein aus dem Schutzbereich ausgeklammert werden.

Die Gefahr schwerer Menschenrechtsverletzungen der genannten Art ist in ähnlicher **50** Weise aufgrund konkreter Anhaltspunkte für den Einzelfall festzustellen wie bei Folter u. Todesstrafe (vgl Rn 37 f, 42). Auch insoweit sind die Beschränkungen des § 79 I 2 problematisch. Denn die Feststellung einer **konkreten Gefahr** setzt nicht nur die Darstellung des persönlichen Schicksals, der Tatumstände ua voraus, sondern auch die Kenntnis der allg Verhältnisse in dem Zielstaat, insb des dortigen Strafrechts u. vor allem der Prozess- u. Vollstreckungspraxis.

5. Existentielle Gefährdungen

Abs 7 bildet ein **fakultatives Abschiebungshindernis** für Fälle schwerer Existenzbedro- **51** hung u. schließt verfassungsunmittelbare Verbote ein; es muss sich aber um Schutztatbestände handeln, die im Rahmen des Grundverwaltungsakts nicht genügend berücksichtigt werden konnten (näher Renner, AiD Rn 7/637–657). Außerdem müssen die Gefahren konkret u. individuell drohen; denn allg Gefahren für die Bevölkerung oder für eine Bevölkerungsgruppe sind nur durch einen Erlass nach § 60a I zu berücksichtigen (zum Streit um die Abgrenzung Renner, AiD Rn 7/645 mwN; BVerwG, EZAR 043 Nr 29 betr AIDS; BVerwG, EZAR 043 Nr 27 betr seltene Krankheit; VGH BW, EZAR 043 Nr 6 betr Zaire; VG Augsburg, EZAR 043 Nr 26 betr HIV in Togo).

Durch Abs 7 sind auch diejenigen Beeinträchtigungen erfasst, die nach der Rspr des **52** BVerwG **mangels staatl Verantwortlichkeit,** vor allem im offenen Bürgerkrieg, nicht unter Art 3 EMRK fallen (vgl Rn 8). Droht diese Gefahr nicht landesweit, wird dem Ausl ein Ortswechsel zugemutet (BVerwG 99, 324; VGH BW, EZAR 043 Nr 12 u. 25); die sicheren Landesteile müssen aber tatsächlich erreichbar sein (BVerwG, EZAR 043 Nr. 26). Der Anwendungsbereich von Abs 7 wird sich bei Umsetzung der RL 2004/83/EG verändern, weil dann die Zurechnung des Handelns nichtstaatl Akteure (dazu Rn 36) für die hier behandelten Fälle ebenso vorgesehen werden muss wie nach Abs 1 S. 4.

53　Die **Sperre** für das Ermessen der AuslBeh greift nur dann nicht ein, wenn der Ausl mangels einer Regelung nach § 60a I sehenden Auges dem sicheren Tod oder schwersten Verletzungen ausgeliefert würde (BVerwGE 99, 321 u. 324; VGH BW, EZAR 043 Nr 12 u. 16; vgl auch BVerfG-K, EZAR 043 Nr 7). Diese verfassungswidrige Schutzlücke soll dann nicht bestehen, wenn zwar kein Abschiebestopp erlassen ist, der Ausl aber durch eine Duldung einen ähnlich wirksamen Schutz erhält (BVerwGE 114, 379; BayVGH, EZAR NF 51 Nr 5). Eine extreme Gefahrenlage braucht nicht schon am Tag der Ankunft im Zielstaat zu drohen (BVerwG, EZAR 043 Nr 31). Sie muss aber mit einer hohen Wahrscheinlichkeit drohen („sehenden Auges …") u. kann daher trotz hoher Kindersterblichkeit nicht angenommen werden, wenn sich das Gericht mit der abweichenden Bewertung durch andere OVG nicht auseinandersetzt (BVerwG, EZAR 043 Nr 51).

54　Eine **extreme Gefährdung** kann angenommen werden, wenn eine Krankheit im Zielstaat nicht zureichend behandelt werden kann (BVerwGE 105, 383) oder der Ausl die an sich verfügbare medizinische Behandlung tatsächlich nicht erlangen kann (BVerwG, EZAR 043 Nr. 56). Daher kann eine Extremgefahr zB angenommen werden bei einem HIV-Infizierten aus Äthiopien (VG München, EZAR 043 Nr 59) oder aus Kamerun (VG Potsdam, EZAR 043 Nr 65; VG Potsdam, EZAR 043 Nr 62: anders bei wirtschaftlicher Leistungsfähigkeit), bei einem erkrankten Kind bis zu fünf Jahren in Angola (VGH BW, EZAR 043 Nr 33), bei der drohenden Beschneidung eines 13jährigen Mädchens in Côte d'Ivore (OVG Hamburg, EZAR 043 Nr 34) oder bei Rückkehr eines zehnjährigen Kindes nach Afghanistan (HessVGH, EZAR 043 Nr 35), wobei die alleinige Rückkehr ohne die Eltern zu unterstellen ist (BVerwG, EZAR 043 Nr 47). Im Eilverf genügt es, wenn zweifelhaft ist, ob ein HIV-Infizierter im Stadium III im Heimatstaat Zugang zur Behandlung findet oder mangels finanzieller Mittel ausgeschlossen ist (OVG Hamburg, EZAR 043 Nr 48).

55　Die Gefährdung der Tochter durch Beschneidung stellt für deren Mutter **keine Extremgefahr** dar (BVerwG, EZAR 043 Nr 46; allg dazu BVerwG, EZAR 043 Nr 64). Im Kongo ist Malaria behandelbar (OVG Bremen, EZAR 043 Nr. 57). Dialysepatienten aus der Türkei stellen keine Bevölkerungsgruppe iSd Abs 7 S. 1 dar u. können in der Türkei allg ausreichend versorgt werden, ihnen drohen aber ernsthafte Gefahren, wenn sie dreimal wöchentlich behandelt werden müssen u. noch keine Yesil Kart besitzen (HessVGH, EZAR 043 Nr 60).

6. Strafverfahren im Ausland

56　Abs 6 betont die **aufr Neutralität** der BR Deutschland gegenüber anderen Rechtsordnungen. Aus deren Anwendung allein kann kein Abschiebungsschutz hergeleitet werden. Nicht alle Rechtssysteme erreichen den rechtsstaatl u. menschenrechtlich gebotenen Standard. Soweit nicht Eingriffe u. Maßnahmen zu befürchten sind, die unter die Tatbestände der Abs 1 bis 5 zu subsumieren sind, berühren sie die Zulässigkeit der Abschiebung nicht. Dies gilt auch für die Gefahr der Doppelbestrafung (Fraenkel, S. 290; Weberndörfer, S. 146). Falls existentielle Gefährdungen der in Abs 7 S. 1 genannten Art drohen, sind sie auch dann zu berücksichtigen, wenn sie auf die Strafrechtsordnung zurückgehen. Der auf Abs 2 bis 5 beschränkte Vorbehalt schließt dies nicht aus, weil er speziell auf diejenigen Beeinträchtigungen abgestellt ist, die ausschließlich durch Strafverfolgung u. Bestrafung entstehen.

7. Auslieferungsverfahren

57　Die Behandlung von Ausl im Auslieferungsverf ist seit langem heftig umstritten, insb gelang bisher eine weitreichende Harmonisierung von Asyl- u. Auslieferungsverf nicht (§ 4 AsylVfG Rn 17 ff); in Abs 4 ist eine wichtige Fallkonstellation gelöst. Das zeitweilige Abschiebungshindernis des Abs 4 ist **formeller Art** u. erfordert deshalb keine Prüfung des dem Auslieferungsersuchen zugrundeliegenden Vorwurfs. Während ein laufendes Auslieferungsverf nach § 53 III AuslG ein dilatorisches Hindernis bis zur Entscheidung über die Auslieferung auslöste, ist nunmehr die Abschiebung mit Zustimmung der Auslieferungs-

Verbot der Abschiebung § 60 **AufenthG 1**

behörde (§ 74 IRG) auch schon früher zulässig. Für die AuslBeh genügt die Mitteilung aufgrund § 87 IV 2 oder durch den Ausl nach § 82 I oder die Unterrichtung über Beginn u. Ende der Auslieferungshaft (§ 74 II Nr 1 AufenthV). Es soll nur ein Eingreifen der AuslBeh in das Auslieferungsverf u. die damit verbundene Ausschaltung der Schutzgarantien des IRG verhindern (allg zur Auslieferung § 4 AsylVfG Rn 13 ff). Die Abschiebungssperre ist auflösend bedingt durch die (positive oder negative) Entscheidung des zuständigen OLG über die Zulässigkeit der Auslieferung (§§ 12 f IRG). Sie dauert nicht bis zur Bewilligung der Auslieferung durch die BReg (§ 12 IRG) an.

Nach **Beendigung dieser formellen Sperre** ist die Abschiebung nicht ohne weiteres **58** zulässig. Die Entscheidung im Auslieferungsverf bindet die AuslBeh nicht, falls sie die Auslieferung für zulässig erklärt. Das Auslieferungsverf besitzt von der Entscheidung des OLG an keinen formellen Vorrang mehr. Die AuslBeh hat unabhängig vom Ausgang dieses Verf, wenn Anlass dazu besteht, die materiellen Abschiebungsverbote zu untersuchen. Sie muss dabei freilich die Erkenntnisse in dem Auslieferungsverf verwerten u. ihren Inhalt berücksichtigen. Eine Abschiebung ist unabhängig davon statthaft, ob die BReg die Auslieferung bewilligt.

V. Verwaltungsverfahren

Die **Zuständigkeiten** für die Feststellung der Voraussetzungen der Abs 1 bis 8 u. die **59** Maßnahmen nach Abs 9 u. 10 sind zwischen BAMF u. AuslBeh geteilt. Das BAMF ist für die Flüchtlingsanerkennung nach Abs 1 ebenso ausschließlich zuständig wie für die Asylanerkennung u. hat im Rahmen eines Asylverf (vgl §§ 13, 14 AsylVfG) auch die damit zusammenhängenden auslr Fragen mit bindender Wirkung gegenüber der AuslBeh zu bescheiden (§§ 5 I, 42 AsylVfG). Zu letzteren gehören die Voraussetzungen der Abs 2 bis 7 u. auch 8 (vgl §§ 30 IV, 31 III u. V, 32 AsylVfG; Abs 1 S. 5 wirkt daher nur als Bestätigung), wobei die AuslBeh über den nachträglichen Fortfall des Hindernisses des Abs 4 zu befinden hat (§ 42 S. 2 AsylVfG). Das BAMF erlässt bei Ablehnung des Asylantrags auch die erforderliche Abschiebungsandrohung (vgl § 34 ff AsylVfG) u. wendet dabei die Abs. 9 u. 10 an. Die AuslBeh hat über die Hindernisse der Abs 2 bis 7 nur außerhalb eines Asylverf zu entscheiden. Außerdem ist sie u. nicht das BAMF allg zuständig für inlandsbezogene Hindernisse iSd Abs 4 u. 7 (vgl Rn 47, 51 ff, 62 f).

Diese Zuständigkeitsverteilung gilt auch für alle **Folgeentscheidungen** wie zB Abände- **60** rung, Widerruf oder Wiederaufnahme. Das BAMF ist daher auch ausschließlich für Asylfolge- u. -zweitanträge sowie für Widerruf, Rücknahme u. Feststellung des Erlöschens von ihm getroffener Entscheidungen zuständig (vgl §§ 5 I, 71–73 AsylVfG). Infolge dessen hat das BAMF auch über einen Wiederaufnahmeantrag zu befinden, der sich ausschließlich auf Hindernisse nach Abs 2 bis 7 bezieht (BVerwG, EZAR 043 Nr 39).

Diese Regeln gelten auch dann, wenn die Feststellung der Flüchtlingseigenschaft nach **61** Art 1 GK begehrt wird. Hierfür steht kein eigenes Verf zur Verfügung (BVerwGE 89, 296; BayVGH, EZAR 231 Nr 2; HessVGH, EZAR 230 Nr 1). **Ausgenommen** sind die schutzlos gewordenen Flüchtlinge iSd Art 1 D GK. Sie können unmittelbare Rechtspositionen aus der GK außerhalb des AsylVfG geltend machen, vor allem die Rechte auf Erteilung eines Reiseausweises aufgrund Anspruchs oder Ermessens nach Art 28 GK (BVerwG, EZAR 232 Nr 1).

Soweit die AuslBeh für die **inlandsbezogenen Hindernisse** nach zuständig ist (vgl **62** Rn 59), entscheidet sie im Vollstreckungsverf über Hindernisse u. Duldungstatbestände (vgl § 60 a) u. hat dabei dessen Eigenarten zu beachten. Auf dieser Verfahrensstufe sind nämlich nur noch Einwendungen gegen den Vollzug zugelassen, gegen dessen Ob, Wann u. Wie, nicht aber dessen Warum. Ausgeschlossen ist damit jedes Vorbringen gegenüber dem Grundverwaltungsakt (näher Renner, AiD Rn 7/404–411). Zudem sind die unterschiedlichen

Funktionen u. Wirkungen der einzelnen Hindernisse zu beachten: vorübergehend oder endgültig, relativ oder absolut Hindernis oder Duldung (näher Renner, AiD Rn 7/425–431).

63 Bei erfolglosem Asylverf ergeht eine Abschiebungsandrohung nach § 34 I AsylVfG (zu Einzelheiten u. zum Rechtsschutz vgl dort Rn 10 ff, 14 ff). Soll ein Ausl abgeschoben werden, bei dem die Voraussetzungen des Abs 1 vorliegen, sind in der Abschiebungsandrohung diejenigen **Staaten zu bezeichnen,** in die der Ausl nicht abgeschoben werden darf. Ebenso wie nach § 59 III 2, aber anders als nach § 51 IV 2 AuslG sind die ausgeschlossenen u. nicht die in Betracht kommenden Zielstaaten zu bezeichnen. IdR ist zunächst der Verfolgerstaat ausgeschlossen, der sich aus der Entscheidung über Asyl- oder Flüchtlingsanerkennung ergibt, nämlich der Heimat- oder (bei Staatenlosen) der Herkunftsstaat. Droht in einem Drittstaat eine Überstellung an den Verfolgerstaat, scheidet auch dieser als mögliches Ziel aus. Eine Einzelaufzählung ist zweckmäßig, um Unklarheiten zu vermeiden. Abs 10 ist freilich nur anzuwenden, wenn überhaupt eine Abschiebungsandrohung ergeht, weil der Ausl abgeschoben werden soll. Dies war nach früherem Recht im Falle der Flüchtlingsanerkennung meist unabhängig davon ausgeschlossen, ob der Asylantrag beschränkt war oder nicht (vgl 5. Aufl, § 51 AuslG Rn 25 ff). Anders verhält es sich seit der Änderung von § 50 AuslG u. dem Erlass der neuen Abschiebungsregelungen der §§ 34 ff AsylVfG, jew mit Wirkung vom 1. 7. 1992.

64 Auch wenn das BAMF die **Flüchtlingsanerkennung** ausgesprochen hat, ergeht eine Abschiebungsandrohung. Ob die Abschiebung rechtlich oder tatsächlich unmöglich ist, ist nicht für die Abschiebungsandrohung mehr entscheidend u. auch nicht mehr für die AE nach § 25 II (anders noch für die AufBef nach §§ 34 I, 70 I AsylVfG aF). Diese Feststellung der AuslBeh erfordert Nachforschungen nach aufnahmebereiten Drittstaaten, in denen keine Weiterschiebung in den Verfolgerstaat zu erwarten ist. Diese Verfahrensweise hängt nicht davon ab, ob die Asylanerkennung beantragt u. wie ggf über sie entschieden wurde. Die Regelungen des § 31 II AsylVfG bewirken nämlich in jedem Fall eine Anwendung des § 34 I 1 AsylVfG, der nur voraussetzt, dass der Ausl nicht als Asylber anerkannt wird. § 34 I 1 AsylVfG ist also auch anwendbar, wenn der Asylantrag auf die Flüchtlingsanerkennung beschränkt wird u. Erfolg hat. Auch wenn im Rahmen des § 25 II keine weiteren Ermittlungen erforderlich sind, darf zunächst eine Abschiebungsandrohung nach Maßgabe des Abs 10 ergehen.

65 Für eine Abschiebungsandrohung nach Abs 10 verbleibt insofern nur ein **eingeschränkter Anwendungsbereich,** als sie immer dann ausgeschlossen ist, wenn eine Asylanerkennung erfolgt oder der Ausl einen AufTit besitzt (vgl § 34 I AsylVfG). Damit ist die Abschiebungsandrohung nach Abs 10 aber auch auf Fälle ausgedehnt, in denen weder eine AufGest noch eine AE in Betracht kommt. Die davon betroffenen Personen erfüllen idR die Voraussetzungen für eine Duldung, da die Abschiebung in einen verfolgungsfreien Drittstaat meist – wenn auch nur vorübergehend – nicht möglich sein wird (§ 60 a II). Sie können zwar keine AE nach § 25 II beanspruchen, erhalten diese aber uU nach Maßgabe des § 25 III bis V.

§ 60 a Vorübergehende Aussetzung der Abschiebung (Duldung)

(1) ¹Die oberste Landesbehörde kann aus völkerrechtlichen oder humanitären Gründen oder zur Wahrung politischer Interessen der Bundesrepublik Deutschland anordnen, dass die Abschiebung von Ausländern aus bestimmten Staaten oder von in sonstiger Weise bestimmten Ausländergruppen allgemein oder in bestimmte Staaten für längstens sechs Monate ausgesetzt wird. ²Für einen Zeitraum von länger als sechs Monaten gilt § 23 Abs. 1.

(2) Die Abschiebung eines Ausländers ist auszusetzen, solange die Abschiebung aus tatsächlichen oder rechtlichen Gründen unmöglich ist und keine Aufenthaltserlaubnis erteilt wird.

Vorübergehende Aussetzung der Abschiebung (Duldung) § 60 a **AufenthG 1**

(3) Die Ausreisepflicht eines Ausländers, dessen Abschiebung ausgesetzt ist, bleibt unberührt.

(4) Über die Aussetzung der Abschiebung ist dem Ausländer eine Bescheinigung auszustellen.

(5) ¹ Die Aussetzung der Abschiebung erlischt mit der Ausreise des Ausländers. ² Sie wird widerrufen, wenn die der Abschiebung entgegenstehenden Gründe entfallen. ³ Der Ausländer wird unverzüglich nach dem Erlöschen ohne erneute Androhung und Fristsetzung abgeschoben, es sei denn, die Aussetzung wird erneuert. ⁴ Ist die Abschiebung länger als ein Jahr ausgesetzt, ist die für den Fall des Erlöschens durch Ablauf der Geltungsdauer oder durch Widerruf vorgesehene Abschiebung mindestens einen Monat vorher anzukündigen; die Ankündigung ist zu wiederholen, wenn die Aussetzung für mehr als ein Jahr erneuert wurde.

Vorläufige Anwendungshinweise

60 a Zu § 60 a Vorübergehende Aussetzung der Abschiebung (Duldung)
60 a.1 § 60 a Abs. 1 Satz 1 ermächtigt die oberste Landesbehörde, die Abschiebung bestimmter Ausländergruppen für die Dauer von längstens sechs Monaten auszusetzen. Die Ermächtigungsgrundlage erstreckt sich auch auf die Aussetzung der Abschiebung in Fällen, in denen die in § 60 Abs. 7 Satz 2 genannten Abschiebungshindernisse vorliegen. Bei einem über sechs Monate hinausgehenden Zeitraum gelten die Voraussetzungen für die Aufenthaltsgewährung durch die obersten Landesbehörden im Einvernehmen mit dem Bundesministerium des Innern nach § 23 Abs. 1 (vgl. Nummer 23.1).

60 a.2 Gesetzliche Duldungsgründe
60 a.2.1 Nach § 60 a Abs. 2 muss eine Duldung erteilt werden, wenn die Abschiebung eines Ausländers:
60 a.2.1.1 – aus rechtlichen Gründen unmöglich ist, z. B. weil
60 a.2.1.1.1 – ein gesetzliches Abschiebungsverbot nach § 60 Abs. 1 bis 5 besteht, es sei denn, eine Aufenthaltserlaubnis ist zu erteilen (vgl. § 25 Abs. 2),
60 a.2.1.1.2 – die Staatsanwaltschaft das nach § 72 Abs. 4 erforderliche Einvernehmen zur Abschiebung verweigert hat,
60 a.2.1.1.3 – die Abschiebung durch richterliche Anordnung wegen Vorliegens von Duldungsgründen ausgesetzt ist,
60 a.2.1.2 – aus tatsächlichen Gründen unmöglich ist, beispielsweise
60 a.2.1.2.1 – wegen Reiseunfähigkeit im Krankheitsfall,
60 a.2.1.2.2 – im Falle fortdauernder Passlosigkeit, wenn nach den Erfahrungen der Ausländerbehörde eine Abschiebung ohne Pass oder deutschen Passersatz nicht möglich ist oder ein Abschiebungsversuch gescheitert ist,
60 a.2.1.2.3 – wenn die Verkehrswege für eine Abschiebung unterbrochen sind,
60 a.2.1.2.4 – wenn die sonstigen erforderlichen Papiere (z. B. Durchbeförderungsbewilligung, Visa) nicht vorliegen oder das geeignete Verkehrsmittel noch nicht zur Verfügung steht,
60 a.2.1.2.5 – wenn es sich um einen Staatenlosen oder einen anderen Ausländer handelt, dessen Aufnahme der Herkunftsstaat, z. B. nach einem erfolglosen Abschiebungsversuch, verweigert hat.
60 a.2.2 Eine Duldung aus rechtlichen Gründen kommt bei ausländischen Flüchtlingen in Betracht, die außerhalb des Bundesgebiets als Flüchtlinge i. S. des Abkommens über die Rechtsstellung der Flüchtlinge anerkannt worden sind, wenn sie sich nicht rechtmäßig im Bundesgebiet aufhalten und der bisherige Aufenthaltsstaat eine Rückübernahme verweigert.
60 a.2.3 Der Begriff der rechtlichen Unmöglichkeit einer Abschiebung i. S. von § 60 a Abs. 2 umfasst grundsätzlich nur rechtliche Abschiebungshindernisse nach § 60 Abs. 1 bis 5. Im Einzelfall kann sich ein Duldungsanspruch aus dem Umstand ergeben, dass eine Ausländerin ein Kind von einem Deutschen erwartet, das mit der Geburt Deutscher wird oder auch im Fall einer unmittelbar bevorstehenden Ehe mit einem Deutschen (siehe Nummer 30). Demgegenüber stellen Anträge auf Ausstellung eines Vertriebenenausweises oder auf Einbürgerung kein rechtliches Abschiebungshindernis dar.
60 a.2.4 Eine Duldung aus rechtlichen Gründen kann sich auch aus dem Umstand ergeben, dass ein Asylberechtigter aus den in § 25 Abs. 1 genannten Gründen keine Aufenthaltserlaubnis erhält, seine Abschiebung jedoch ausgesetzt wird.

60 a.2.5 Artikel 8 EMRK steht der Abschiebung eines Ehegatten nicht schon deshalb entgegen, weil über den Asylantrag des anderen Ehegatten noch nicht rechtskräftig entschieden ist (vgl. jedoch § 43 Abs. 3 AsylVfG). Die Trennung minderjähriger Kinder von beiden personensorgeberechtigten Eltern ist in der Regel mit Artikel 8 EMRK nicht vereinbar.

60 a.3 Die Duldung gibt dem Ausländer kein Aufenthaltsrecht, der Aufenthalt bleibt vielmehr unrechtmäßig und die Pflicht zur unverzüglichen Ausreise besteht fort. Durch die Duldung wird die Vollziehbarkeit der Ausreisepflicht nicht berührt (vgl. § 58 Abs. 1, § 59 Abs. 3). Sie bezweckt auch, den Ausländer trotz der ihm obliegenden vollziehbaren Ausreisepflicht vor der Strafbarkeit zu bewahren (vgl. § 95 Abs. 1 Nr. 2). Bei dem Aufenthalt auf der Grundlage einer Duldung handelt es sich nicht um einen ordnungsgemäßen Aufenthalt im völkerrechtlichen Sinne.

60 a.4 Für die Bescheinigung über die Aussetzung der Abschiebung ist das in der Anlage D 2 a, D 2 b der Aufenthaltsverordnung abgedruckte Muster zu verwenden.

60 a.5.1 Widerruf
Der Widerspruch gegen den Widerruf einer Duldung hat aufschiebende Wirkung.
60 a.5.2 Erlöschen.
Nicht belegt.
60 a.5.3 Abschiebung nach Erlöschen der Duldung
Die Abschiebung des Ausländers nach Erlöschen der Duldung (Ablauf der Geltungsdauer, vollziehbarer Widerruf) setzt eine vollziehbare Abschiebungsandrohung voraus. Durch die Erteilung einer Duldung entfällt die Abschiebungsandrohung nicht (§ 59 Abs. 3). Nach Erlöschen der Duldung muss daher die Abschiebung nicht erneut angedroht werden. Ebenso wenig braucht vor der Abschiebung eine Ausreisefrist gesetzt zu werden (vgl. auch § 50 Abs. 3). Bei der in § 60 a Abs. 5 Satz 4 genannten Frist von einem Monat für die Ankündigung der Abschiebung handelt es sich um eine Mindestfrist, die bis zum Erlöschen der Duldung reicht. Gleiches gilt im Fall der Erneuerung der Duldung für mehr als ein Jahr. Der Zeitraum kann auch durch mehrere nacheinander erteilte Duldungen erreicht werden.

Übersicht

	Rn
I. Entstehungsgeschichte	1
II. Allgemeines	2
III. Aussetzungsbefugnis	3
IV. Duldung	11
1. Allgemeines	11
2. Rechtsanspruch	15
3. Duldungsbescheinigung	28
V. Verwaltungsverfahren und Rechtsschutz	33

I. Entstehungsgeschichte

1   Die Vorschrift war im **GesEntw** (BT-Drs 15/420) nicht enthalten. Sie wurde aufgrund des Vermittlungsverf (BT-Drs 15/3479) eingefügt. Dabei wurde § 60 XI des Entw als Abs 1 u. 2 übernommen. Die Abs 2 bis 5 haben Vorgänger in § §§ 55 II, 56 I, IV bis VI, 56 a AuslG.

II. Allgemeines

2   Die Vorschrift versammelt Bestimmungen über den Abschiebungsstopp u. die Duldung, die bereits früher bestanden haben (vgl Fn 1). Eine Duldungsbescheinigung war ursprünglich nicht mehr vorgesehen, weil es entgegen dem Willen des Gesetzgebers nach 1990 wie schon zuvor wiederum zu Kettenduldungen gekommen war u. die Duldung sich erneut zu einer „Erlaubnis zweiter Klasse" zu entwickeln drohte. Vorgesehen war stattdessen eine „Bescheinigung" über die Aussetzung. Aus „Geduldeten" wären also „Bescheinigte" geworden, ohne dass die Tatbestände des illegalen, aber geduldeten Aufenthalts damit beseitigt

Vorübergehende Aussetzung der Abschiebung (Duldung) § 60 a **AufenthG 1**

gewesen wären. Nunmehr bezeichnet der Gesetzgeber die vorübergehende Aussetzung der Abschiebung in der Überschrift der Vorschrift wieder als „Duldung" u. sieht hierfür in Abs 4 eine Bescheinigung vor.

III. Aussetzungsbefugnis

Die allg Anordnung der Aussetzung von Abschiebungen ist an dieselben **Voraussetzungen** gebunden wie die AE nach § 23 I. Die Anordnung kann ebenso wie nach § 23 I pauschal u. endgültig bestimmte Gruppen von Ausl, insb Angehörige bestimmter Staaten begünstigen u. damit jede weitere Prüfung der AuslBeh erübrigen. Zulässig erscheint aber auch eine Anordnung, deren Einzelheiten erst noch zT durch die AuslBeh für den Einzelfall festzustellen sind oder die der AuslBeh in bestimmtem Umfang Ermessen einräumt. Die allg Aussetzung kommt auch für Fallgestaltungen des § 60 VII u. für die Zeit nach erfolglosem Abschluss des Asylverf in Betracht. 3

Die **Rechtsnatur** der allg Anordnung der Aussetzung ist nicht endgültig geklärt. Die Allgemeinanordnung stellt weder eine bloße Verwaltungsvorschrift noch eine RVO dar. Ihre Eigenart besteht darin, dass sie einerseits die AuslBeh wie eine innerdienstliche Anordnung bindet, andererseits aber nach außen wirkt u. die betroffenen Ausl unmittelbar begünstigen soll. Als gesetzesausfüllende Anordnung unterliegt sie ähnlichen Anforderungen an Form u. Bestimmtheit wie ein Rechtssatz u. bedarf der Veröffentlichung (Renner, AiD Rn 7/661–662). Das BVerwG sieht in ihr jedenfalls keine Norm u. auch keine Allgemeinverfügung (BVerwGE 100, 335) 4

Die **Voraussetzungen** für den Abschiebungsstopp sind weitgefasst (Renner, AiD Rn 7/663–665). Vr Gründe können sich, da einschlägige unmittelbar zugunsten von Ausl wirkende Normen des allg Vr u. von Verträgen derzeit nicht bestehen, insb aus Staatenverpflichtungen ergeben, die keine subjektiven Rechte enthalten. Humanitäre Erwägungen u. politische Interessen eröffnen ein noch weiteres Feld. Zudem ist der Entschluss selbst dem politischen Ermessen anheimgestellt u. deswegen gerichtlich, wenn überhaupt, nur in sehr engen Grenzen überprüfbar (dazu Bethäuser, ZAR 1996, 12; Göbel-Zimmermann, ZAR 1995, 23; Renner, AiD Rn 7/677). Auch wenn das BMI sein Einvernehmen erteilt hat, kann sich der einzelne Ausl nicht vor Erlass einer Anordnung in dem Aufenthaltsland unmittelbar auf einen IMK-Beschluss berufen (VG Berlin, EZAR 015 Nr 9). Trotz Einvernehmens sind die Länder auch nicht verpflichtet, einen zugrunde liegenden Beschluss der IMK uneingeschränkt zu verwirklichen (BVerwG, EZAR 015 Nr 14; VGH BW, EZAR 015 Nr 29). 5

Den **Inhalt** können die Länder ebenso frei bestimmen (OVG Brandenburg, EZAR 015 Nr 34; OVG Bremen, EZAR 015 Nr 31). Sie sind vor allem in der Auswahl der begünstigten Gruppe rechtlich nicht weiter gebunden als durch das Willkürverbot. Als Kriterien können vor allem StAng, regionale Herkunft, ethnische oder religiöse Zugehörigkeit herangezogen werden, aber auch ein erfolglos durchlaufenes Asylverf, Aufenthaltsdauer, Unterhaltssicherung u. Straflosigkeit. Es können auch Gruppen begünstigt werden, für deren Angehörige eines der Abschiebungshindernisse des § 60 II, V oder VII 1 gegeben ist. Auch die Einzelheiten der zu erteilenden Duldung können nach weitem Ermessen bestimmt werden. Beschränkungen u. Vorbehalte sind zulässig (aA OVG Berlin, InfAuslR 1995, 257). Bei der Umsetzung eines IMK-Beschlusses sind die Bundesländer jedenfalls nicht in der Weise gebunden, dass dem einzelnen Ausl Rechte zustehen, die nicht durch den Länder-Erlass gedeckt sind (BVerwG, EZAR 015 Nr 14). Die Länder brauchen den IMK-Beschluss nicht wörtlich zu übernehmen (OVG Brandenburg, EZAR 015 Nr 30). 6

Ob den nach dem Inhalt des Erlasses begünstigten Ausl ein **unmittelbarer Anspruch** zusteht, ist streitig. Teilweise wird angenommen, die Erlasse erschöpften sich in der verwaltungsinternen Steuerung des Ermessens, der Ausl könne sich also nur auf eine Gleichbe- 7 handlung nach ständiger Verwaltungspraxis berufen (BVerwGE 112, 63; OVG Hamburg, NVwZ-Beil 1997, 26; OVG Lüneburg, NdsVBl 1997, 156). Mehrheitlich wird dagegen in Schrifttum u. Rspr die Ansicht vertreten, die Anordnungen begründeten unmittelbare Rechtspositionen, die nicht abhängig sind von der Auslegung durch das Landes-IM u. von der Verwaltungsübung der nachgeordneten Behörden (VGH BW, EZAR 019 Nr 2; VGH BW, InfAuslR 1994, 21; OVG Bremen, EZAR 015 Nr 20; HessVGH, EZAR 046 Nr 5; OVG NRW, EZAR 015 Nr 5; ThürOVG, ThürVBl 1995, 181). Letzterer Ansicht ist im Blick auf die rechtssatzmäßige Ausgestaltung u. die Vereinheitlichungsfunktion der Anordnung zu folgen. Mit der allg Anordnung auf Landesebene soll gerade ein uneinheitlicher Verwaltungsvollzug wie bei internen Richtlinien möglich ausgeschlossen werden. Im Falle des Einvernehmens soll eine möglichst bundesweit einheitliche Handhabung durch die obersten Landesbehörden u. die AuslBeh sichergestellt werden. Die Aufgabe des Einvernehmens kann nicht darauf reduziert werden, zu verhindern, dass sich einzelne Bundesländer zu weit von einer bundeseinheitlichen Rechtsanwendung entfernten (so aber BVerwGE 112, 63).

8   Die Anordnung hat eine ähnlich weitreichende Bedeutung wie die nach § 23 u. ist deshalb an das **Einvernehmen** des BMI gebunden, falls sie die Dauer von sechs Monaten überschreitet. Zulässig ist die Aussetzung für eine längere Zeit entweder von vornherein oder in mehreren Schritten. Durch das Erfordernis des Einvernehmens sind voneinander abweichende generelle Abschiebungsstopps der Länder ausgeschlossen. Es greift allerdings nur bei einer Verlängerung ein, nicht bei einem Neuerlass. Für die Frage der Identität der Aussetzungsanordnung ist sowohl auf die Personengruppe als auch auf den Grund der Aussetzung abzuheben (Göbel-Zimmermann, ZAR 1995, 23; HessVGH, EZAR 046 Nr 5). Dabei ist es unerheblich, wenn die Anordnung nach kurzer Unterbrechung wiederholt wird (HessVGH aaO). Um einen Neuerlass handelt es sich vor allem bei nicht unwesentlicher Änderung der Rechts- oder Sachlage (vgl Bäuerle/Kleindiek, NVwZ 1995, 433; Bethäuser, ZAR 1996, 12; Göbel-Zimmermann aaO). Zuständig sind die obersten Behörden der Länder.

9   Über das Einvernehmen entscheidet **allein das BMI.** Es bedarf dazu nicht der Zustimmung der Länder. Maßgeblich ist allein das Ziel der Einheitlichkeit der Behandlung der fraglichen Gruppe u. insgesamt der ausländerpolitischen Maßnahmen zugunsten von Flüchtlingen oder anderen Ausl im gesamten Bundesgebiet. Einheitlichkeit bedeutet aber nicht völlige Übereinstimmung (Renner, AiD Rn 7/671–673). Da die Verhältnisse meistens in allen Ländern ähnlich gelagert sind, kann das BMI idR die Zustimmung von der einvernehmlichen Verständigung mit allen Bundesländern abhängig machen. Anders verhält es sich aber, wenn Regelungsbedarf nur für einzelne Länder oder ein einziges Land besteht.

10 Ausgeführt wird die generelle Aussetzung durch Erteilung einer Duldung im **Einzelfall.** Auf sie besteht je nach dem Inhalt der Anordnung uU ein Rechtsanspruch, sie bewirkt aber keinen rechtmäßigen Aufenthalt, selbst wenn sie länger andauert. Ob der Ausl eine Duldung verlangen kann, hängt freilich von den Einzelheiten der Anordnung ab. Sie kann unmittelbar wirken, wenn die Voraussetzungen abschließend bestimmt sind u. es keiner weiteren Ermittlungen u. Feststellungen bedarf. Sie kann aber auch den Nachweis weiterer Voraussetzungen verlangen, zB Unterhaltsfähigkeit oder Straflosigkeit. Dann treten die Rechtsfolgen erst mit Erfüllung dieser Anforderung ein.

IV. Duldung

1. Allgemeines

11 Die Duldung ist ein **herkömmliches auslr Institut,** das allerdings unter der Geltung des § 17 I AuslG 1965 zT zur Ermöglichung humanitär motivierter u. politisch erwünschter Daueraufenthalte zum AufR „zweiter Klasse" zweckentfremdet worden war (Renner, NJW

1989, 1247, 1251; BVerwGE 87, 11: „Ersatzaufenthaltsrecht"). Mit dem AuslG 1990 sollte die Duldung wieder auf ihre eigentliche vollstreckungsrechtliche Funktion zurückgeführt u. nach Voraussetzungen u. Wirkungen klar gegenüber AufGen abgegrenzt werden. Sie sollte der Tatsache gerecht werden, dass die Verlassenspflicht nicht immer sofort u. manchmal auch für längere Zeit nicht durchgesetzt werden kann. Eine „Dauerduldung" entspreche nicht dem Willen des Gesetzgebers. Falls die Ausreisepflicht voraussichtlich nie oder erst zu einem völlig ungewissen Zeitpunkt durchgesetzt werden könne, sei eine AufBef nach § 30 III AuslG in Betracht zu ziehen (Fraenkel, S. 293).

Diese **Erwartungen** sind nicht in Erfüllung gegangen, weil die Sachverhalte nicht verhindert werden können, in denen eine Abschiebung aus rechtlichen oder tatsächlichen Gründen nicht durchgeführt werden kann. Von Rechtsgründen abgesehen sind dafür nicht nur die Verhaltensweisen mancher Ausl verantwortlich, sondern auch die objektiven Verhältnisse in vielen Herkunftsländern u. bisweilen auch die mangelnde Kooperationsbereitschaft der Behörden der Heimatstaaten (dazu ausführlich Zuwanderungsbericht, S. 150 ff). Der Anregung, den Begriff der Duldung durch einen anderen Terminus zu ersetzen (aaO S. 167), ist der Gesetzgeber zunächst gefolgt (§ 60 XI 2 u. 3 AufenthG vom 20. 6. 2002, BGBl. I 1946), hat dann aber den herkömmlichen Begriff in Abweichung von dem entsprechend formulierten neuen GesEntw wieder eingefügt (dazu Rn 1). 12

Unter Duldung ist im AuslR mehr als nur die durch tatsächliches Verwaltungshandeln zum Ausdruck gelangte Billigung eines rechtswidrigen Zustands zu verstehen, nämlich die **Aussetzung der Vollziehung** der Ausreiseverpflichtung im Einzelfall, die schriftlich zu bescheinigen ist (früher §§ 56, 66 I 1 AuslG). Sie setzt grundsätzlich die Vollziehbarkeit der Abschiebung u. damit die Vollziehbarkeit der Ausreiseverpflichtung u. die Nichtgewährleistung der freiwilligen Ausreise voraus (§ 50 I, 58 I u. II). Ausnahmsweise kommt sie auch dann in Betracht, wenn die Abschiebungsandrohung noch nicht erlassen oder nicht (mehr) vollziehbar ist (zB aufgrund gerichtlicher Entscheidung nach §§ 80 V, 123 VwGO). Letztlich ist diese Frage pragmatisch danach zu lösen, wann der Duldungsgrund feststeht u. ob zuvor noch die Androhung erfolgen soll (im Ergebnis ebenso VGH BW, EZAR 045 Nr 5; zT aA Fraenkel, S. 291). Immer handelt es sich um die Regelung im Einzelfall, auch wenn sie aufgrund eines allg Abschiebungsstopps nach Abs 1 erteilt wird. Entweder besteht auf die Duldung ein Anspruch, oder sie wird aufgrund Ermessens gewährt. In jedem Fall muss eine der Voraussetzungen der Abs 1 u. 2 erfüllt sein. Außerhalb dieser Vorschriften sind Duldungen unzulässig. Die Duldung kann sowohl auf Antrag als auch von Amts wegen erteilt werden. Ihr stehen eine Grenzübertrittsbescheinigung oder ähnliche formlose Papiere nicht gleich. 13

Die Duldung beseitigt weder die Ausreisepflicht noch deren Vollziehbarkeit, sie setzt nur den Vollzug zeitweilig aus. Die wichtigste unmittelbare **Rechtsfolge** der Duldung besteht darin, dass der geduldete Aufenthalt nicht strafbar ist. Nach § 95 I I Nr 2 macht sich der Ausl, der sich ohne erforderlichen AufTit im Bundesgebiet aufhält u. vollziehbar ausreisepflichtig ist, nur dann strafbar, wenn seine Abschiebung nicht ausgesetzt ist. Nach § 92 I Nr 1 AuslG war zwar der Besitz einer Duldung verlangt, die Strafgerichte waren aber gehalten, selbst zu prüfen, ob die Voraussetzungen für die Aussetzung der Abschiebung vorlagen (BVerfG-Kammer, EZAR 355 Nr 34 m. Anm Pfaff, ZAR 2003, 145). Der geduldete Aufenthalt stellt auch keinen Ausweisungsgrund dar (BVerwG, EZAR 223 Nr 7). Weitere Auswirkungen der Aussetzung der Vollziehung der Ausreisepflicht bestehen in der Möglichkeit der Erteilung einer AE (§ 25 III u. V) u. der Zustimmung der BA zur Ausübung einer Beschäftigung (§§ 10, 11 BeschVerfV). Ansonsten ist die Rechtsstellung des geduldeten Ausl aber unsicher (vgl Kemper, ZAR 1992, 112; Rossen, ZAR 1988, 20; BVerwGE 87, 11 betr Art. 28 GK u. Art 28 StlÜbk). 14

2. Rechtsanspruch

15 In Abs 2 sind die Fälle **abschließend** bestimmt, in denen die Abschiebung auszusetzen ist u. der Ausl eine Duldungsbescheinigung verlangen kann. Daneben gibt es keine Möglichkeit der Erteilung einer Duldung im Wege des Ermessens mehr wie nach § 55 III AuslG. Wann die Abschiebung aus rechtlichen oder tatsächlichen Gründen unmöglich ist u. keine AE erteilt wird, folgt aus der Anwendung zwingenden Rechts u. obliegt keiner Ermessensentscheidung. **Unmöglichkeit** der Abschiebung ist nicht schon bei jeder geringen zeitlichen Verzögerung infolge der notwendigen verwaltungsmäßigen Vorbereitungen anzunehmen, sondern nur bei dem zeitweiligen Ausschluss der Abschiebung aufgrund rechtlicher Verbote oder Hindernisse oder aufgrund tatsächlicher Umstände außerhalb der administrativen Organisation der Abschiebung. Steht diese Unmöglichkeit fest, folgt daraus zwangsläufig u. ohne die Möglichkeit einer Ermessensausübung die Verpflichtung zur Aussetzung u. zur Erteilung der deklaratorischen Bescheinigung hierüber.

16 Mit dieser Regelung wird **verhindert,** dass sich der Ausl, der nicht abgeschoben werden darf oder kann, rechtlich u. tatsächlich mit einer gesetzesfreien **Grauzone** zufrieden geben muss. Mit dem Vorenthalten einer Duldung darf nicht mittelbar die Ausreise erzwungen werden. Gegenüber dem Anspruch auf Ausstellung der Duldung kann nicht eingewandt werden, die Abschiebung sei in drei bis vier Monaten durchführbar (OVG Berlin, EZAR 045 Nr 8) oder die freiwillige Ausreise sei möglich (BVerwG, EZAR 047 Nr 7 m. Anm Renner, NJ 1998, 161). Eine Duldung muss auch dann erteilt werden, wenn die Identität des Ausl nicht geklärt ist (BVerwGE 111, 62).

17 Die **Auslegung** des Begriffs der rechtlichen oder tatsächlichen Unmöglichkeit ist daran auszurichten, dass eine Duldung nach Ermessen aus dringenden humanitären oder persönlichen Gründen oder aufgrund erheblicher öffentl Interessen nicht mehr wie nach § 55 III AuslG zulässig ist. Die früher nach dieser Vorschrift mit einer Duldung versehene Sachverhalte sind nur dann noch für eine Duldung geeignet, wenn die Abschiebung wegen rechtlicher oder tatsächlicher Hindernisse ausgeschlossen ist. Bloße Unzumutbarkeit, außergewöhnliche Schwierigkeiten oder erhebliche Nachteile genügen nicht.

18 Schließlich ist auch darauf zu achten, dass nicht durch eine großzügige Auslegung u. Duldungspraxis das **System** von Aufenthaltsrechten u. Abschiebungshindernissen unterlaufen wird u. mit der Duldung aufr Zwecke durchgesetzt werden, für die ein AufTit gerade nicht vorgesehen ist. So kann aus der Betreuung eines pflegebedürftigen Familienangehörigen nicht auf eine rechtliche Unmöglichkeit der Abschiebung geschlossen werden (anders entschieden zum früheren Recht: VGH BW, EZAR 045 Nr 11; ThürOVG, EZAR 043 Nr 58); denn für diese Fallgestaltung bieten allein § 7 I 2 oder § 36 eine dauerhafte Grundlage. Ebenso verhält es sich bei posttraumatischen Belastungsstörungen (vgl dazu OVG NRW, EZAR 043 Nr 66) oder der Fortführung einer familiären Lebensgemeinschaft mit einem dt Stiefkind (vgl VGH BW 043 Nr. 49). Anders kann dagegen die vorübergehende Betreuung eines schwer erkrankten Familienangehörigen beurteilt werden (weitergehend VG Berlin, InfAuslR 1995, 415).

19 Eine Duldung ist auch dann nicht gerechtfertigt, wenn den für die Unmöglichkeit der Abschiebung vorgebrachten Umständen zumindest durch eine kurzfristige **Betretenserlaubnis** Rechnung getragen werden kann. Dies gilt zB für folgende Fälle: Einleitung eines Verf auf Feststellung der StAng oder der Vaterschaft oder der Erteilung eines Vertriebenenausweises (OVG Hamburg, EZAR 045 Nr 3); Mitwirkung des Ausl in einem eigenen oder fremden Gerichtsverf; Zusammenarbeit mit dt Behörden bei der Aufklärung von Straftaten.

20 **Von Rechts wegen** unmöglich ist die Abschiebung, wenn sie im Verhältnis zu dem Betroffenen rechtlich ausgeschlossen ist. Vereinbarungen in Übernahmeabk mit dem Zielstaat stellen daher keine Rechtsgründe dar, sie können allerdings zur tatsächlichen Unmöglichkeit führen. In den Fällen des Abs 1 u. des § 60 VII muss die Entschließung der AuslBeh u. der obersten Landesbehörde vorausgehen, die Abschiebung auszusetzen. Sonst beruht die Duldung auf einer Rechtsentscheidung der AuslBeh über die rechtliche Unmöglichkeit der

Vorübergehende Aussetzung der Abschiebung (Duldung) § 60a **AufenthG 1**

Abschiebung. Im Wesentlichen handelt es sich um die Abschiebungsverbote u. -hindernisse der §§ 60 I bis III, V bis VII sowie die Abschiebungssperre während des Auslieferungsverf (§ 60 IV); letztere hat die AuslBeh ohne weitere materielle Überprüfung zu beachten u. durch Erteilung einer Duldung zu dokumentieren. In den anderen Fällen geht die Erteilung einer AE nach § 25 I bis III vor, es sei denn, diese ist nach § 25 I 2. II 2, III 2 ausgeschlossen.

Über diese Abschiebungsverbote u. -hindernisse hinaus können sich **rechtliche Hindernisse** vor allem aufgrund der restriktiven Auslegung dieser Schutzvorschriften u. aus Art. 1, 2, 6 GG sowie aufgrund fehlender Zustimmung der Staatsanwaltschaft oder der Zeugenschutzdienststelle nach § 72 IV oder aufgrund einer Gerichtsentscheidung über die Aussetzung des Vollzugs oder das Verbot der Abschiebung ergeben. Dies bedeutet keine Erweiterung der Aufnahmepflichten u. Abschiebungshindernisse, weil es nur um eine vorübergehende Aussetzung der Vollziehung geht. 21

Eine Duldung wegen der Gefahr **politischer Verfolgung** setzt einen Status nach § 60 I oder II voraus (betr § 51 AuslG OVG NRW, EZAR 046 Nr 1). Asylbew erhalten (mangels Ausreisepflicht) keine Duldung, sondern die ges AufGest (§ 55 AsylVfG); nur Folgeantragstellern steht bis zur Entscheidung über die Einleitung eines weiteren Verf (§ 71 I AsylVfG) eine Duldung zu (analog § 71 a III AsylVfG). 22

Eine beabsichtigte **Eheschließung** schützt grundsätzlich nicht vor Abschiebung (OVG NRW, EZAR 046 Nr 1). Art 6 I GG garantiert aber auch die Freiheit der Eheschließung. Zu diesem Zweck kann, etwa nach dem Aufgebot, eine kurzfristige Duldung erforderlich werden, wenn der Ehe nichts mehr im Wege steht (VGH BW, EZAR 045 Nr 20; OVG Bremen, EZAR 045 Nr 4; OVG Hamburg, EZAR 045 Nr 3; HessVGH, InfAuslR 1993, 102; dazu auch § 25 Rn 30; § 27 Rn 17). Aus Art 6 GG kann sich ein Recht auf einen vorläufigen Verbleib des **Vaters** eines dt Kindes ergeben, wenn dieser mit dem Kind zusammenlebt u. die Anerkennung der Vaterschaft u. ein Sorgerecht anstrebt (OVG NRW, EZAR 045 Nr 10). 23

Art 6 I GG gebietet auch grundsätzlich nicht die Duldung des Ausl bis zum unanfechtbaren Abschluss der **Asylverf** eines Familienangehörigen (VGH BW, EZAR 045 Nr 1; VGH BW, EZAR 045 Nr 1; OVG Hamburg, InfAuslR 1992, 96; differenzierend OVG Berlin, EZAR 221 Nr 33; vgl aber § 43 III AsylVfG). Aus Art 116 I GG ergibt sich kein generelles Bleiberecht für Bewerber um einen **Vertriebenenausweis** (BVerfG-K, InfAuslR 1990, 297; VGH BW EZAR 040 Nr 1; OVG Hamburg, EZAR 045 Nr 3; allg dazu Welte, NVwZ 1993, 151). Ein Bleiberecht lässt sich ebenso wenig aus der Einleitung eines Petitionsverf ableiten (HessVGH, EZAR 011 Nr 6 u. 046 Nr 5; aA Hoffmann, InfAuslR 1992, 240). Dies gilt schließlich auch für das Verf vor der **Härtefallkommission,** für das ein AufR nicht vorgesehen ist (vgl § 23a). 24

Nach Art 1, 2 GG kann die Abschiebung eines **Schwerkranken** oder einer Schwangeren (Mutterschutzfrist, Risikoschwangerschaft) verboten sein u. eine Duldung zumindest bis zur Wiederherstellung der Reisefähigkeit erfordern (vgl HessVGH, InfAuslR 1989, 323; betr ernsthaft drohende Gesundheitsschäden VGH BW, EZAR 045 Nr 7). Ebenfalls kann es genügen, wenn eine im Heimatstaat nicht gewährleistete Operation unmittelbar bevorsteht oder eine medizinische Behandlung abgeschlossen werden soll. 25

Tatsächlich unmöglich kann die Abschiebung sein bei Reiseunfähigkeit, Passlosigkeit, wegen unterbrochener Verkehrsverbindungen, wegen eines internationalen Flugverbots (vgl OVG NRW, EZAR 046 Nr 7) oder mangels eines aufnahmebereiten Staats (VGH BW, EZAR 045 Nr 5). Ernsthafte **Suizidabsichten** können die Abschiebung ebenfalls tatsächlich u. nicht rechtlich unmöglich machen u. eine Abschiebung zumindest zeitweilig hindern (HessVGH, EZAR 045 Nr 2). Dem Hindernis kann aber durch eine Begleitung auf dem Flug begegnet werden (VG Chemnitz, EZAR 043 Nr 54). 26

Der Verlust der bisherigen **StAng** kann die Abschiebung unmöglich machen; die bloße Behauptung genügt indes nicht (VGH BW, EZAR 046 Nr 2). In ähnlicher Weise kommt es bei fehlendem **Pass** auf die konkrete Möglichkeit der Rückführung an. Auch wenn vr 27

Vereinbarungen entgegenstehen, ist die Abschiebung noch nicht unmöglich. Der Zielstaat kann sich zur Aufnahme entschließen, auch wenn er nicht dazu verpflichtet ist. In Fällen dieser Art bedarf es einer Prognose anhand von Zusagen oder Präzedenzfällen (betr Rumänien OVG Berlin, EZAR 045 Nr 22). Ein erfolgloser Abschiebeversuch braucht nicht unbedingt vorauszugehen. Schließlich erhalten auch andernorts anerkannte **Flüchtlinge,** wenn sie sich nicht rechtmäßig in Deutschland aufhalten u. der frühere Aufenthaltsstaat die Rückübernahme verweigert, eine Duldung.

3. Duldungsbescheinigung

28   Die Duldung ist **kein AufTit** iSd § 4 I 2 u. auch sonst nicht geeignet, einen rechtmäßigen Aufenthalt zu begründen. Nur in der Vergangenheit konnte sie ausnahmsweise zur Rechtmäßigkeit des Aufenthalts führen, wenn sie als Ersatz für ein AufR diente (BVerwGE 87, 11; Kemper, ZAR 1992, 115). Mit der vorübergehenden Aussetzung der Abschiebung sind die Rechtsfolgen der Straflosigkeit u. der Beschäftigungsmöglichkeit verbunden (dazu Rn 14).

29   Nach Ablauf der Duldung ist die **unverzügliche Abschiebung zwingend** vorgeschrieben. Die Durchsetzung der Ausreisepflicht kann nur aus denselben oder anderen Gründen erneut durch eine Duldung ausgesetzt werden. Unzulässig ist die stillschweigende Hinnahme des unrechtmäßigen Aufenthalts. Eine **Ankündigung** der Vollziehung ist nur nach einer Duldung von mehr als einem Jahr Dauer vorgeschrieben, u. zwar nach ununterbrochener Dauer; denn das Maß der Überraschung, der die Ankündigung vorbeugen soll, ist nur in diesem Fall besonders hoch, nicht aber im Falle einer über mehrere Jahre verteilten entsprechenden Gesamtdauer. Die Ankündigung ist nur für den Fall der Abschiebung infolge Erlöschens der Duldung durch Widerruf oder Ablauf der Geltungsdauer vorgeschrieben. Ergeht statt der Ankündigung eine (erneute) Abschiebungsandrohung, ist die Monatsfrist ebenfalls zu beachten (betr frühere Dreimonatsfrist HessVGH, EZAR 044 Nr 5). Die Abschiebung ist erneut anzukündigen („Ankündigung zu wiederholen"), wenn die Duldung für mehr als ein Jahr verlängert oder neu erteilt („erneuert") wurde. Einer erneuten Ankündigung bedarf es also nicht bei erneuter Aussetzung für ein Jahr.

30   Die **Geltungsdauer** der Duldung ist im Hinblick auf ihren Zweck beschränkt u. zu beschränken. Feste Fristen sind nicht vorgeschrieben. Die AuslBeh hat die Duldung entsprechend ihrem Zweck zu erteilen u. zu verlängern. Ist das Ende des Abschiebungsverbots oder -hindernisses nicht absehbar, kann in Ausnahmefällen auch eine längere Dauer angeordnet werden. Dann ist aber zugleich die Möglichkeit einer AE nach § 25 III oder V zu prüfen, falls keine Ausschlussgründe vorliegen. Eine **Verlängerung** ist zulässig, nicht nur die Erneuerung nach Ablauf der Frist. Die Verlängerung ist im Hinblick auf die Jahresfrist bis zu einem Jahr ohne weiteres, danach nur ausnahmsweise zulässig. Für die Erneuerung gilt wiederum die Jahresgrenze. Immer muss das weitere Vorliegen von Aussetzungsgründen festgestellt werden. Eine begründete Aussicht auf weitere Verlängerung, evtl sogar ein dahingehender Anspruch, konnte allenfalls in der Vergangenheit entstehen, etwa zugunsten von Ostblockflüchtlingen (Folz/Kremer, ZAR 1990, 167). Die Dauer der Duldung kann auch durch auflösende Bedingung begrenzt werden, wenn das Ereignis, mit dem der Aussetzungsgrund entfällt, bestimmt oder bestimmbar ist. Schließlich erlischt die Duldung infolge Zweckerfüllung mit der Ausreise.

31   Entfallen die Voraussetzungen für die Duldung, ist der **Widerruf** nicht nur statthaft, sondern **vorgeschrieben** (vgl § 49 II Nr 1 VwVfG bzw Landes-VwVfG). Er darf aber nicht erfolgen, wenn die Duldung aus einem anderen Grund verlängert werden müsste. Insoweit ist der Grundsatz der doppelten Deckung anzuwenden, der sonst nur für rechtmäßige nicht begünstigende VA gilt (vgl § 49 I VwVfG). Beim Erlöschen der Duldung blieben räumliche u. sonstige Beschränkungen nach § 44 VI AuslG in Kraft, bis sie aufgehoben wurden oder der Ausl seine Ausreisepflicht erfüllt hatte. Diese Regelung ist in § 51 VI nicht übernommen (vgl § 46 Rn 3, § 51 Rn 18).

32   Zwingend u. ohne auslbeh Anordnung gilt die **räumliche Begrenzung** auf das jew Bundesland (§ 61 I). Sie ist nicht abänderbar, auch wenn hierfür gute Gründe sprechen, zB

bei Wohnung im Land A u. Arbeitsstelle im Land B. Angesichts der kurzen Dauer bestehen verfassungsrechtliche Bedenken hier ebenso wenig wie bei Asylbew (dazu BVerfG-A, EZAR 221 Nr 21). In äußersten Notfällen kann dringenden persönlichen Interessen (zB Krankenbehandlung, Pflege eines nahen Verwandten) oder öffentl Belangen (zB Zeugenaussage) durch Erteilung einer Duldung in einem anderen Bundesland Rechnung getragen werden; dazu bedarf es aber des Einvernehmens der bisherigen AuslBeh. Durch eine Auflage iSd § 36 II Nr 4 VwVfG bz. Landes-VwVfG kann die AuslBeh den Geltungsbereich weiter einschränken, zB auf einen Landkreis oder eine Stadt (§ 61 I 2). Sofern der Ausl unerlaubt eingereist ist, unterliegt er der Verteilung nach § 15 a (zu Ausreiseeinrichtungen vgl § 61 II).

V. Verwaltungsverfahren und Rechtsschutz

Die Aussetzung der Abschiebung ist angesichts ihrer **regelnden Wirkung** (vgl § 35 VwVfG) ebenso ein VA wie ihre Ablehnung. Die Bescheinigung wird von Amts wegen erteilt; ein Antrag ist aber unschädlich. Die Duldung bedarf der Schriftform (§ 77 I 1) u. wird auf dem Muster der Anlage D2 a, D2 b zur AufenthV erteilt. **33**

Da der Widerspruch ausgeschlossen ist (§ 83 II), kann auf Erteilung der Duldung sofort nach der Ablehnung geklagt werden (§ 42 VwGO). Dies gilt auch für den Widerruf, gegen den (als actus contrarius) der Widerspruch nach sachgerechter Auslegung des § 83 II ebenfalls als ausgeschlossen anzusehen ist. Ebenso verhält es sich bei der Anfechtungsklage gegen eine **Auflage** (vgl dazu Rn 32, § 46 Rn 3, § 51 Rn 18 sowie § 4 Rn 59 ff). Eine echte Auflage kann mit der Anfechtungs-, eine modifizierende muss mit der Verpflichtungsklage, gerichtet auf eine auflagenfreie Duldung, angegriffen werden. Bei Auflagen nach § 61 I 2 handelt es sich anders als nach § 12 um echte u. nicht um modifizierende Auflagen (vgl BayVGH, EZAR 045 Nr 14; BayObLG, EZAR 355 Nr 36). Denn der Bestand der Duldung als Ausdruck der tatsächlichen Vollzugsaussetzung ist nicht von der weiteren räumlichen Beschränkung abhängig, sie muss vielmehr als deklaratorische Bescheinigung bei Vorliegen der Voraussetzungen erteilt werden (ähnlich betr Folgeantragsteller HessVGH, EZAR 632 Nr 2; aA insoweit BayVGH, EZAR 632 Nr 3). **34**

Einstweiliger Rechtsschutz wird, soweit Anfechtungsklage in Betracht kommt, nach § 80 V VwGO (zum Suspensiveffekt § 84) u. sonst nach § 123 VwGO gewährt (VGH BW, EZAR 622 Nr 11). Bei der Duldung u. den ihr beigefügten Auflagen handelt es sich um Maßnahmen der Verwaltungsvollstreckung; der Suspensiveffekt der Klage ist also ausgeschlossen, soweit dies nach dem jew Landesrecht vorgesehen ist (§ 80 II 2 VwGO; aA VGH BW, EZAR 045 Nr 13; OVG Berlin, EZAR 045 Nr 9). Auch wenn mit der Duldung samt Auflagen ein Aufschub bestätigt wird, ergeht sie im Zuge der Vollstreckung der Ausreisepflicht u. dient deren Förderung u. Absicherung, nicht jedoch der Vorbereitung oder Absicherung eines materiellen AufR. Auch für das Eilverf sind ebenso wie für das Hauptsacheverf idR eine vorherige Äußerung der AuslBeh u. eine Ablehnung der Duldung erforderlich. Ohne vorherige Befassung der AuslBeh besteht kein Anordnungsgrund iSd § 123 I VwGO. **35**

§ 61 Räumliche Beschränkung; Ausreiseeinrichtungen

(1) ¹ Der Aufenthalt eines vollziehbar ausreisepflichtigen Ausländers ist räumlich auf das Gebiet des Landes beschränkt. ² Weitere Bedingungen und Auflagen können angeordnet werden.

(2) ¹ Die Länder können Ausreiseeinrichtungen für vollziehbar ausreisepflichtige Ausländer schaffen. ² In den Ausreiseeinrichtungen soll durch Betreuung und Beratung die Bereitschaft zur freiwilligen Ausreise gefördert und die Erreichbarkeit für Behörden und Gerichte sowie die Durchführung der Ausreise gesichert werden.

1 AufenthG § 61

Vorläufige Anwendungshinweise

61 Zu § 61 Räumliche Beschränkung

61.1 Räumliche Beschränkung und Nebenbestimmungen
61.1.1 § 61 Abs. 1 ermöglicht es, das Untertauchen eines vollziehbar ausreisepflichtigen Ausländers zu erschweren und die Erfüllung der Ausreisepflicht besser zu überwachen. Die Vorschrift orientiert sich an § 56 AsylVfG. Hierdurch sollen vollziehbar Ausreisepflichtige gegenüber Asylbewerbern nicht besser gestellt werden. Der Aufenthalt des vollziehbar ausreisepflichtigen Ausländers ist kraft Gesetzes auf das Gebiet des Landes beschränkt. Eine weitergehende Ausdehnung des Aufenthalts etwa auf das gesamte Bundesgebiet ist daher nicht zulässig. Eine engere Beschränkung des Aufenthalts, insbesondere auf den Bezirk der Ausländerbehörde, kann über § 61 Abs. 1 Satz 2 erfolgen. Eine länderübergreifende Änderung der räumlichen Beschränkung oder eine sonstige Änderung durch eine andere Ausländerbehörde, die die Maßnahme nicht angeordnet hat, ist unbeschadet landesrechtlicher Zuständigkeitsregelungen nur im Einvernehmen mit den beteiligten Ausländerbehörden der betreffenden Länder zulässig. Eine Änderung der räumlichen Beschränkung kann aus dringenden familiären Gründen in Betracht kommen (z. B. Hilfsbedürftigkeit).
61.1.2 Nach § 61 Abs. 1 Satz 2 liegt die Anordnung weiterer Bedingungen und Auflagen im Ermessen der Behörde. Der Ausländer kann durch Auflage verpflichtet werden, in einer bestimmten Gemeinde oder in einer bestimmten Unterkunft zu wohnen. Diese Regelung wird durch die Generalklausel des § 46 Abs. 1 ergänzt.
61.1.3 Die Ausländerbehörde kann dem Ausländer das vorübergehende Verlassen des Landes oder des Aufenthaltsorts der räumlichen Beschränkung erlauben. Die Erlaubnis ist zu erteilen, wenn hieran ein dringendes öffentliches Interesse besteht, zwingende Gründe es erfordern oder die Versagung eine unbillige Härte bedeuten würde (§ 12 Abs. 5).
61.1.4 Verstöße gegen eine räumliche Beschränkung sind bußgeldbewehrt (§ 98 Abs. 3 Nr. 1 und 3).

61.2 Ausreiseeinrichtungen
61.2.1 Die Vorschrift ermöglicht es den Ländern ausdrücklich, Ausreiseeinrichtungen zu schaffen. Soweit sie hiervon Gebrauch machen, können sie vollziehbar ausreisepflichtige Ausländer aufgrund der Ermächtigung in Absatz 1 verpflichten, darin zu wohnen. Ausreiseeinrichtungen dienen als offene Einrichtung der Unterbringung von Personen, die keine oder unzutreffende Angaben zu ihrer Identität und Staatsangehörigkeit machen und/oder die Mitwirkung bei der Beschaffung von Heimreisedokumenten verweigern. Die Unterbringung in einer zentralen Gemeinschaftsunterkunft ermöglicht eine intensive, auf eine Lebensperspektive außerhalb des Bundesgebiets gerichtete psycho-soziale Betreuung; sie stellt gegenüber der Abschiebungshaft ein milderes Mittel dar. Die intensive Betreuung trägt zur Förderung der Bereitschaft zur freiwilligen Ausreise oder zur notwendigen Mitwirkung bei der Beschaffung von Heimreisedokumenten bei. Darüber hinaus ist die gezielte Beratung über die bestehenden Programme zur Förderung der freiwilligen Rückkehr möglich.
61.2.2 Den besonderen Bedürfnissen von Frauen, Kindern und Jugendlichen sowie Traumatisierten ist bei der räumlichen und personellen Ausstattung der Ausreiseeinrichtung Rechnung zu tragen.

I. Entstehungsgeschichte

1 Die Vorschrift entspricht in vollem Umfang dem **GesEntw** (BT-Drs 15/420 S. 24).

II. Allgemeines

2 Die Vorschrift soll insgesamt die **Durchsetzung der Ausreisepflicht** fördern. Mit der räumlichen Beschränkung des Aufenthalts soll das Untertauchen verhindert u. eine Besserstellung vollziehbar Ausreisepflichtiger gegenüber Asylbew vermieden werden (BT-Drs 15/420 S. 92). Mit Ausreiseeinrichtungen soll eine psychosoziale Betreuung mit dem Ziel einer Lebensperspektive außerhalb Deutschlands ermöglicht werden (BT-Drs 15/420 aaO). Die den Ländern freigestellte Einrichtung von Ausreisezentren ist als Teil einer verstärkten Förderung der freiwilligen Rückkehr zu sehen, die der Abschiebung im allseitigen Interesse

Räumliche Beschränkung; Ausreiseeinrichtungen   § 61 **AufenthG 1**

vorzuziehen u. zT bereits in Modellversuchen erprobt worden ist (dazu Zuwanderungsbericht, S. 156 ff).

Der **Personenkreis** der vollziehbar ausreisepflichtigen Ausl setzt sich aus unterschiedlichen Gruppen zusammen, die allesamt die Voraussetzungen des § 58 II erfüllen u. daher ohnehin den Fördermaßnahmen des § 47 I unterworfen sind. Darunter befinden sich auch Ausreisepflichtige, die unerlaubt eingereist sind u. deshalb der Verteilung nach § 15 a unterliegen. Auch Asylbew können betroffen sein. Sie reisen, wenn sie nicht über den erforderlichen Pass oder das erforderliche Visum besitzen, unerlaubt ein, dürfen aber grundsätzlich nicht zurückgewiesen werden (§ 18 AsylVfG; dazu § 15 Rn 17). Hinsichtlich des Aufenthalts unterliegen sie aber den speziellen Beschränkungen der §§ 55 ff AsylVfG, die über die Bestandskraft der Asylablehnung hinaus fortgelten (§§ 56 III, 67, 71 VII AsylVfG). Auch wenn erfolglose Asylbew danach weiterhin diesen Aufenthaltsregelungen unterworfen sind u. daher Abs 1 auf sie nicht anzuwenden ist, können sie in Ausreiseeinrichtungen aufgenommen werden. 3

III. Räumliche Beschränkung

Zwingend u. ohne auslbeh Anordnung gilt die **räumliche Begrenzung** auf das jew Bundesland. Sie ist nicht abänderbar, auch wenn hierfür gute Gründe sprechen, zB bei Wohnung im Land A u. Arbeitsstelle im Land B. Durch eine Auflage iSd § 36 II Nr 4 VwVfG bzw Landes-VwVfG kann die AuslBeh den Geltungsbereich weiter einschränken, zB auf einen Landkreis oder eine Stadt. Angesichts der kurzen Dauer bestehen verfassungsrechtliche Bedenken hier ebenso wenig wie bei Asylbew (dazu BVerfG-A, EZAR 221 Nr 21). Zu kurzfristigen Zwecken kann dem Ausl das vorübergehende Verlassen des Aufenthaltsbezirks nach den Regeln des § 12 V erlaubt werden. Soweit der Wohnort verlegt werden soll, kann in äußersten Notfällen dringenden persönlichen Interessen (zB Krankenbehandlung, Pflege eines nahen Verwandten) oder öffentl Belangen durch Erteilung einer Duldung in einem anderen Bundesland Rechnung getragen werden; dazu bedarf es aber des Einvernehmens der bisherigen AuslBeh (§ 72 III). Termine bei Behörden u. Gerichten außerhalb des Aufenthaltsbezirks können, sofern das persönliche Erscheinen angeordnet ist, ohne weiteres wahrgenommen werden (§ 12 V 3) 4

Mit **sonstigen Bedingungen** u. **Auflagen** kann der Aufenthalt der Ausreisepflichtigen weiter mit dem Ziel reguliert werden, die Erfüllung der Ausreisepflicht zu fördern u. andererseits den verbleibenden Aufenthalt je nach voraussehbarer Dauer erträglich zu gestalten. Die Erwerbstätigkeit kann Ausl trotz fehlenden AufTit bei Duldung erlaubt werden (§§ 10, 11 BeschVerfV; dazu § 60 a Rn 14) Diese Möglichkeit darf die AuslBeh durch eine Auflage ausschließen, insb im Hinblick auf zu missbilligende Einreisemotive (vgl § 11 BeschVerfV), den fortbestehenden Anwerbestopp (zum Einwanderungsverbot vgl BVerwG, EZAR 221 Nr 17) u. allg die Verhinderung des Zuzugs von Asylbew. Grundsätzlich zulässig ist auch eine Sparauflage (vgl BVerwGE 64, 285). Die Vorsorge für Rückreisekosten ist aber nur sachgemäß, wenn mit einer Ausreise überhaupt noch zu rechnen ist. Meldepflichten, die über § 50 V hinausgehen, sind ungeachtet der Sonderregeln des § 54 a ebenfalls zulässig. 5

IV. Ausreiseeinrichtungen

Ausreiseeinrichtungen für vollziehbar ausreisepflichtige Ausl regelt der Gesetzgeber nur insoweit, als er deren **Einrichtung** durch die Länder zulässt u. deren Zweck u. **Aufgaben** beschreibt. Damit ist die räumliche u. personelle Ausstattung nicht bestimmt, u. es ist auch keine Grundlage für die Verpflichtung von Ausl geschaffen, sich dorthin zu begeben, dort zu wohnen u. sich dort betreuen u. beraten zu lassen. Soweit es die Schaffung von Landes- 6 einrichtungen u. die Möglichkeiten des freiwilligen Wohnens an zentraler Stelle u. der Rückkehrerberatung angeht, hätte es keines Bundesges bedurft. Ausreisezentren ähneln zwar in ihren Zwecken AufnEinr iSd § 47 AsylVfG, eine ähnlich verpflichtende Wirkung ist mit ihnen aber nicht verbunden.

7 Ausreisepflichtige Ausl können, wenn sie bereits in einem Bundesland mit Ausreisezentren leben oder gemäß § 15 a dorthin verteilt werden, zum Wohnen in einer derartigen Einrichtung **verpflichtet** werden, indem ihre Duldung mit dahingehenden Auflagen versehen wird.

§ 62 Abschiebungshaft

(1) ¹Ein Ausländer ist zur Vorbereitung der Ausweisung auf richterliche Anordnung in Haft zu nehmen, wenn über die Ausweisung nicht sofort entschieden werden kann und die Abschiebung ohne die Inhaftnahme wesentlich erschwert oder vereitelt würde (Vorbereitungshaft). ²Die Dauer der Vorbereitungshaft soll sechs Wochen nicht überschreiten. ³Im Falle der Ausweisung bedarf es für die Fortdauer der Haft bis zum Ablauf der angeordneten Haftdauer keiner erneuten richterlichen Anordnung.

(2) ¹Ein Ausländer ist zur Sicherung der Abschiebung auf richterliche Anordnung in Haft zu nehmen (Sicherungshaft), wenn

1. der Ausländer auf Grund einer unerlaubten Einreise vollziehbar ausreisepflichtig ist,
1 a. eine Abschiebungsanordnung nach § 58 a ergangen ist, diese aber nicht unmittelbar vollzogen werden kann,
2. die Ausreisefrist abgelaufen ist und der Ausländer seinen Aufenthaltsort gewechselt hat, ohne der Ausländerbehörde eine Anschrift anzugeben, unter der er erreichbar ist,
3. er aus von ihm zu vertretenden Gründen zu einem für die Abschiebung angekündigten Termin nicht an dem von der Ausländerbehörde angegebenen Ort angetroffen wurde,
4. er sich in sonstiger Weise der Abschiebung entzogen hat oder
5. der begründete Verdacht besteht, dass er sich der Abschiebung entziehen will.

²Der Ausländer kann für die Dauer von längstens zwei Wochen in Sicherungshaft genommen werden, wenn die Ausreisefrist abgelaufen ist und feststeht, dass die Abschiebung durchgeführt werden kann. ³Von der Anordnung der Sicherungshaft nach Satz 1 Nr. 1 kann ausnahmsweise abgesehen werden, wenn der Ausländer glaubhaft macht, dass er sich der Abschiebung nicht entziehen will. ⁴Die Sicherungshaft ist unzulässig, wenn feststeht, dass aus Gründen, die der Ausländer nicht zu vertreten hat, die Abschiebung nicht innerhalb der nächsten drei Monate durchgeführt werden kann.

(3) ¹Die Sicherungshaft kann bis zu sechs Monaten angeordnet werden. ²Sie kann in Fällen, in denen der Ausländer seine Abschiebung verhindert, um höchstens zwölf Monate verlängert werden. ³Eine Vorbereitungshaft ist auf die Gesamtdauer der Sicherungshaft anzurechnen.

Vorläufige Anwendungshinweise

62 Zu § 62 Abschiebungshaft

62.0 Allgemeines und Verfahren
62.0.0 Ein Ausländer darf grundsätzlich nicht ohne richterliche Entscheidung in Abschiebungshaft genommen werden darf. Dies gilt auch dann, wenn eine Freiheitsentziehung nur einen halben Tag dauert (Beschluss des Bundesverfassungsgerichts vom 15. Mai 2002 – 2 BVR 2292/00). Eine Freiheitsentziehung ohne richterliche Billigung ist nur in Ausnahmefällen zulässig. Die richterliche Entscheidung ist unverzüglich nachzuholen.
62.0.1 Bei freiheitsentziehenden Maßnahmen im Rahmen der Abschiebung ist zu berücksichtigen, dass das aus Artikel 2 Abs. 2 Satz 2 GG abzuleitende Beschleunigungsgebot die Behörden verpflichtet, die Abschiebung eines in Abschiebungshaft befindlichen Ausländers mit größtmöglicher Beschleunigung zu betreiben. Das Verfahren über die Anordnung der Abschiebungshaft richtet sich gemäß § 103 Abs. 2

Abschiebungshaft   § 62 AufenthG 1

Satz 1 nach dem Gesetz über das gerichtliche Verfahren bei Freiheitsentziehungen (FEVG). Sachlich zuständig für die Anordnung der Abschiebungshaft ist das Amtsgericht. Örtlich zuständig nach § 4 Abs. 1 Satz 1 FEVG ist das Amtsgericht, in dessen Bezirk der Ausländer seinen gewöhnlichen Aufenthalt hat. Fehlt es an einem gewöhnlichen Aufenthalt, ist das Amtsgericht zuständig, in dessen Bezirk das Bedürfnis für die Freiheitsentziehung entsteht (z. B. Ort der Festnahme). In Eilfällen ist auch das Gericht einstweilen zuständig, in dessen Bezirk das Bedürfnis der Anordnung entsteht (§ 4 Abs. 2 FEVG). Für die Anordnung von Abschiebungshaft als sog. Überhaft ist das Amtsgericht zuständig, in dessen Bezirk die Haftanstalt ist (§ 4 Abs. 1 Satz 2 FEVG; Nummer 62.3.0.2). Durch landesrechtliche Verordnungen können einem Amtsgericht für die Bezirke mehrerer Amtsgerichte Verfahren zugewiesen werden (§ 4 Abs. 3 Gesetz über das gerichtliche Verfahren bei Freiheitsentziehung).
62.0.1.0 Zuständig für die Festnahme des Ausländers sowie für die Beantragung der Abschiebungshaft (§ 3 Satz 1 FEVG) sind – unbeschadet des Verwaltungsvollstreckungsrechts der Länder – die Ausländerbehörden (§ 71 Abs. 1), daneben die Polizeien der Länder (§ 71 Abs. 5). Zur Frage der Zuständigkeit der Polizeien der Länder für die Festnahme des Ausländers wird auf die Nummern 71.5. verwiesen. In unaufschiebbaren Fällen ist die Ausländerbehörde eines anderen Landes für die Beantragung der Haft zuständig, in deren Bezirk sich die Notwendigkeit der Maßnahme ergibt.
62.0.1.1 Ein Antrag auf Vorbereitungshaft nach § 62 Abs. 1 ist nur zu stellen, wenn nach der Sach- und Rechtslage der Erlass einer Ausweisungsverfügung erforderlich ist (siehe Nummer 62.1.2) und die Haft verhältnismäßig ist. § 72 Abs. 4 ist zu beachten. Ist von vornherein abzusehen, dass eine Ausweisung nicht innerhalb von sechs Wochen ergehen kann, sind in dem Haftantrag die besonderen Umstände darzulegen, die ausnahmsweise eine Überschreitung der für den Regelfall vorgesehenen Höchstdauer der Vorbereitungshaft rechtfertigen. Befindet sich der Ausländer bereits in Vorbereitungshaft wegen beabsichtigter Ausweisung und wurde die Ausweisung danach verfügt (vgl. § 62 Abs. 1 Satz 3), ist nach Ablauf der angeordneten Haftdauer unter den Voraussetzungen des § 62 Abs. 2 Sicherungshaft zu beantragen. Eine Vorbereitungshaft wird auf die Gesamtdauer der Sicherungshaft angerechnet (§ 62 Abs. 3 Satz 3).
62.0.1.2 Sicherungshaft darf nur beantragt werden, wenn der Ausländer vollziehbar ausreisepflichtig ist, die Ausreisefrist abgelaufen ist (§ 50 Abs. 2) und keine Anhaltspunkte dafür vorliegen, dass er ausgereist ist. Bereits bei der Antragstellung ist zu prüfen, ob die beabsichtigte Maßnahme mit dem Grundsatz der Verhältnismäßigkeit vereinbar ist (§ 62 Abs. 2 Sätze 3 und 4). Die Erforderlichkeit der Sicherungshaft setzt das Vorliegen von Haftgründen voraus (§ 62 Abs. 2 Satz 1 und 2). Für die Begründung des Haftantrags sind folgende Gesichtspunkte maßgebend:
62.0.1.2.1 – dass der Ausländer die Voraussetzungen für eine Abschiebung nach § 58 erfüllt und ggf. bereits eine Abschiebungsandrohung oder Abschiebungsanordnung (§ 34 a AsylVfG) ergangen ist,
62.0.1.2.2 – aus welchem Grund eine Abschiebung geboten erscheint (§ 58),
62.0.1.2.3 – dass einer Abschiebung keine dauernden Hindernisse (§ 60) entgegenstehen, der Ausländer voraussichtlich innerhalb der nächsten drei Monate reisefähig ist, und
62.0.1.2.4 – weshalb die Haft zur Sicherung der Abschiebung erforderlich ist (Haftgründe, vgl. § 62 Abs. 2 Satz 1 Nr. 1 bis 5; § 62 Abs. 2 Satz 2, zur Erforderlichkeit).
62.0.1.3 Solange der Aufenthalt des Ausländers gestattet ist (§ 55 AsylVfG), darf er außer in den Fällen des § 14 Abs. 3 AsylVfG nicht in Haft genommen werden. Wird durch die Asylantragstellung lediglich ein vorübergehendes Vollstreckungshindernis bewirkt (§ 71 Abs. 4 i. V. m. § 36 Abs. 3 Satz 8 AsylVfG) und wird ein weiteres Asylverfahren nicht durchgeführt, steht dies der Anordnung der Abschiebungshaft nicht entgegen (vgl. § 71 Abs. 8 AsylVfG, § 71 a Abs. 2 Satz 3 AsylVfG). Die Verlängerungsvorschrift des § 62 Abs. 3 Satz 2 gilt auch für Asylfolgeantragsteller. Befindet sich der Ausländer in Sicherungshaft, stellt ein anhängiges Verfahren auf vorläufigen Rechtsschutz nach § 80 Abs. 5 VwGO kein entgegenstehendes dauerndes Hindernis dar. Wird dem Ausländer aufgrund einer rechtskräftigen Entscheidung vorläufiger Rechtsschutz gewährt, wird er bis zur Beendigung des Hauptsacheverfahrens auf Anordnung der Ausländerbehörde aus der Haft entlassen. In dem in § 80 b Abs. 1 Satz 1 zweiter Halbsatz VwGO genannten Zeitpunkt ist das Vorliegen von Haftgründen erneut zu prüfen.
62.0.1.4 Die Befugnis, einen Ausländer aufgrund sonstiger gesetzlicher Bestimmungen vorläufig festzunehmen (z. B. § 127 StPO) oder in Gewahrsam (z. B. § 39 BPolG) zu nehmen, bleibt unberührt. Befindet sich der Ausländer bereits im öffentlichen Gewahrsam, ist der Haftantrag unverzüglich zu stellen (vgl. § 13 FEVG). Ordnet der Haftrichter des nach § 4 Abs. 1 Satz 2 FEVG zuständigen Amtsgerichts Abschiebungshaft an, geht der Gewahrsam in Abschiebungshaft über.
62.0.1.5 Die beantragte Dauer der Haft ist zu begründen. Die Ausländerbehörde hat Haft- und Haftverlängerungsanträge so rechtzeitig zu stellen, dass die mündliche Anhörung des Ausländers vor der zu treffenden Entscheidung des Haftrichters durchgeführt werden kann. Ausnahmen sind zulässig, wenn die Voraussetzungen des § 5 Abs. 2 des FEVG (Nachteile für die Gesundheit des Anzuhörenden

571

oder das Vorhandensein einer übertragbaren Krankheit) erfüllt sind; bei Gefahr im Verzug kann das Gericht ohne Anhörung des Ausländers eine einstweilige Freiheitsentziehung anordnen (§ 11 Abs. 2 Satz 2 FEVG). Bei der Beantragung einer Verlängerung der Abschiebungshaft ist anzugeben:
62.0.1.5.1 – welche Maßnahmen bisher zur Vorbereitung der Abschiebung getroffen wurden (mit Datum und konkreter Bezeichnung),
62.0.1.5.2 – aus welchen Gründen die Abschiebung während der bisherigen Haftdauer nicht möglich war und
62.0.1.5.3 – wann mit der Abschiebung voraussichtlich zu rechnen ist.
62.0.2 Die Abschiebungshaft vollziehen die nach Landesrecht zuständigen Behörden (§ 8 Abs. 1 Satz 3 FEVG). Diese Zuständigkeitsregelung lässt die Zuständigkeit des Amtsgerichts für die gerichtliche Anordnung der Freiheitsentziehung und die Entscheidung über die Fortdauer der Abschiebungshaft auf dem ordentlichen Rechtsweg unberührt (§§ 3, 12 FEVG). Die Zuständigkeit der ordentlichen Gerichtsbarkeit erstreckt sich auch auf die Frage, ob die Anordnung der Freiheitsentziehung für sofort wirksam erklärt oder ausgesetzt werden soll. Zum Vollzug der Abschiebungshaft durch die Ausländerbehörde gehört daher nicht die Anordnung der sofortigen Wirksamkeit der eine Freiheitsentziehung anordnenden Entscheidung (§ 8 Abs. 1 Satz 2 FEVG) bzw. die Anordnung einer einstweiligen Freiheitsentziehung durch das Amtsgericht gemäß § 11 FEVG als Grundlage für die Vollstreckung der Abschiebungshaft. Hinsichtlich der Haftdauer siehe Nummer 62.3.3.
62.0.3 Minderjährige, die das 16. Lebensjahr noch nicht und Ausländer, die das 65. Lebensjahr vollendet haben, sowie Schwangere bzw. Mütter innerhalb der gesetzlichen Mutterschutzvorschriften sollen grundsätzlich nicht, außer bei Straffälligkeit, in Abschiebungshaft genommen werden. Halten sich die Eltern des unter 16 Jahre alten Ausländers nicht im Bundesgebiet auf, hat die Ausländerbehörde mit dem zuständigen Jugendamt wegen der Unterbringung des Ausländers bis zur Abschiebung Kontakt aufzunehmen (vgl. § 2 Abs. 2 FEVG). Minderjährige Ausländer, deren Asylantrag abgelehnt wurde, sind bis zur Abschiebung regelmäßig in der bisherigen Unterkunft unterzubringen.
62.0.4 Für Ausgang, Beurlaubung, Freigang aus der Abschiebungshaft oder Unterbringung im offenen Vollzug ist nach dem Gesetzeszweck kein Raum.

62.1 Vorbereitungshaft
62.1.1 Vorbereitungshaft ist nur dann zulässig, wenn nach dem Ergebnis der Sachverhaltsermittlung der Erlass einer Ausweisungsverfügung rechtlich möglich und mit hoher Wahrscheinlichkeit zu erwarten ist, über die erforderliche Ausweisung jedoch nicht sofort entschieden werden kann. Vorbereitungshaft ist insbesondere dann zulässig, wenn die Ausweisung innerhalb von sechs Wochen nach Antritt der Haft verfügt und die Abschiebung in dieser Zeit durchgeführt werden kann. Außerdem ist erforderlich, dass die Abschiebung des Ausländers, die aufgrund der beabsichtigten Ausweisung vollzogen werden soll, rechtlich und tatsächlich möglich ist und ohne die Vorbereitungshaft wesentlich erschwert oder vereitelt würde. Im Haftantrag sind die hierfür maßgebenden konkreten Umstände anzugeben. Die unmittelbar bevorstehende Entlassung des Ausländers aus der Untersuchungshaft kann für die Beantragung von Vorbereitungshaft Anlass geben.
62.1.2 In dem Antrag der Ausländerbehörde auf Vorbereitungshaft beim zuständigen Amtsgericht (§ 4 FEVG) sind darzulegen,
62.1.2.1 – die Gründe, die einer sofortigen Entscheidung über die Ausweisung entgegenstehen,
62.1.2.2 – dass die Abschiebung ohne Inhaftnahme wesentlich erschwert oder vereitelt würde und
62.1.2.3 – die Gründe für die beantragte Dauer der Haft.

62.2 Sicherungshaft
62.2.0.0 Bei der Sicherungshaft handelt es sich um eine Maßnahme zur Sicherung der Abschiebung. Sie dient weder der Vorbereitung oder Durchführung eines Strafverfahrens, der Strafvollstreckung noch stellt sie eine Beugemaßnahme oder eine Ersatzfreiheitsstrafe dar.
62.2.0.1 § 62 Abs. 2 Sätze 1 und 2 regelt abschließend, aus welchen Gründen ein Ausländer zur Sicherung der Abschiebung auf richterliche Anordnung in Haft zu nehmen ist. Die Haft zur Sicherung der Abschiebung ist grundsätzlich erforderlich, wenn einer oder mehrere der in § 62 Abs. 2 Satz 1 genannten Haftgründe vorliegen und die Rechtsvoraussetzungen für eine Abschiebung erfüllt sind (§ 58). Macht der Ausländer glaubhaft (z. B. durch Vorlage von Flugtickets), dass er sich einer Abschiebung nicht entziehen will, ist allein die Erfüllung der tatbestandlichen Voraussetzungen des § 62 Abs. 2 Satz 1 Nr. 1 nicht ausreichend, um die Sicherungshaft anzuordnen (§ 62 Abs. 2 Satz 3). Ist die Abschiebung auf andere Weise gesichert oder ist mit hinreichender Sicherheit zu erwarten, dass eine Abschiebung nicht mehr erforderlich sein wird (z. B. im Fall der Eheschließung mit einem deutschen Staatsangehörigen), erübrigt sich die Beantragung von Sicherungshaft selbst dann, wenn einer der Haftgründe des § 62 Abs. 2 Satz 1 Nr. 2 bis 5 vorliegt.

Abschiebungshaft § 62 AufenthG 1

62.2.0.2 Liegt ein Haftgrund gemäß § 62 Abs. 2 Satz 1 vor, soll ein Haftantrag nur dann gestellt werden, wenn auch die tatsächliche Möglichkeit besteht, dass die Abschiebung innerhalb angemessener Zeit durchgeführt werden kann. Sicherungshaft darf nicht beantragt werden, wenn feststeht, dass die Abschiebung aus Gründen, die der Ausländer nicht zu vertreten hat (z. B. Reiseunfähigkeit wegen stationärer Krankenhausbehandlung), innerhalb der nächsten drei Monate nicht durchgeführt werden kann (§ 62 Abs. 2 Satz 4).
62.2.1.1.1 Gemäß § 62 Abs. 2 Satz 1 Nr. 1 ergibt sich der Sicherungshaftgrund aus einer unerlaubten Einreise im Sinne von § 14 Abs. 1. Nach § 58 Abs. 2 Satz 1 Nr. 1 ist die Ausreisepflicht vollziehbar, wenn der Ausländer unerlaubt eingereist ist. Ein Antrag auf Erteilung eines Aufenthaltstitels berührt die vollziehbare Ausreisepflicht aufgrund unerlaubter Einreise nicht (§ 81 Abs. 3 Satz 1). Durch Aussetzung der vollziehbaren Ausreisepflicht (§ 80 Abs. 5 VwGO) entfällt der Haftgrund (siehe Nummer 62.0.1.3). Ausnahmsweise entfällt der Haftgrund, wenn der Ausländer glaubhaft macht (z. B. Bereitstellung einer Sicherheitsleistung nach § 66 Abs. 5, Vorlage von Flugtickets oder Rückfahrkarten), dass er sich der Abschiebung nicht entziehen will (§ 62 Abs. 2 Satz 3). Beachtlich sind jedoch entsprechende Absichten des Ausländers nur dann, wenn er diese tatsächlich verwirklichen kann (z. B. Einwanderung in einen Drittstaat).
62.2.1.1.2 Kann eine nach § 58a erlassene Abschiebungsanordnung aufgrund bestehender Abschiebungsverbote nach § 60 Abs. 1 bis 8 (§ 58a Abs. 3) oder aufgrund eingelegter Rechtsbehelfe (§ 58a Abs. 4) nicht sofort vollzogen werden, ist der Sicherungshaftgrund des § 62 Abs. 2 Nr. 1a erfüllt.
62.2.1.1.3 Auf Asylsuchende, denen die Einreise in bestimmten Fällen von Gesetzes wegen zu verweigern ist (vgl. § 18 Abs. 2 AsylVfG), findet § 62 Abs. 2 Satz 1 Nr. 1 Anwendung. Wird jedoch der Aufenthalt im Bundesgebiet nach den Vorschriften des Asylverfahrensgesetzes gestattet, entfällt mit Ausnahme der in § 14 Abs. 3 AsylVfG genannten Fälle der Haftgrund wegen unerlaubter Einreise. Ausgenommen von dem Haftgrund sind auch Ausländer, die einen Asylfolgeantrag gestellt haben, wenn nach § 71 Abs. 1 AsylVfG ein weiteres Asylverfahren durchgeführt wird (vgl. auch § 71 a Abs. 2 Satz 3 AsylVfG).
62.2.1.2 Kommt der Ausländer der Anzeigepflicht nach § 50 Abs. 5 nicht nach, kann er den Haftgrund des § 62 Abs. 2 Satz 1 Nr. 2 erfüllen. Dieser Sicherungshaftgrund setzt die Unerreichbarkeit des Ausländers infolge eines unangemeldeten Wechsels des Aufenthaltsortes nach Ablauf der Ausreisefrist voraus. Der Haftgrund entfällt, wenn der Ausländer im Zeitpunkt der Entscheidung über den Haftantrag seine ordnungsgemäße Anmeldung veranlasst hat und zusätzliche Umstände (z. B. Aufenthaltsrecht nach unmittelbar bevorstehender Eheschließung) gegen die Notwendigkeit einer Sicherung der Abschiebung durch Anordnung der Haft sprechen. Die Sicherungshaft aus den genannten Gründen muss in unmittelbarem Zusammenhang mit der Abschiebung stehen. Liegt der Haftgrund vor und ist der Ausländer wegen unbekannten Aufenthalts tatsächlich nicht erreichbar, kann die Haftanordnung ohne vorherige persönliche Anhörung erfolgen.
62.2.1.3 Der Abschiebungshaftgrund des § 62 Abs. 2 Satz 1 Nr. 3 kommt insbesondere bei abgelehnten Asylantragstellern, die in einer Aufnahmeeinrichtung wohnen müssen (vgl. § 47 AsylVfG), zum Tragen. Vorausgesetzt wird, dass dem Ausländer ein bestimmter, konkreter Abschiebungstermin und -ort zwar angekündigt, er dort aus einem von ihm zu vertretenden Grund jedoch nicht angetroffen wurde. Die Beweislast für ein unverschuldetes Nichterscheinen liegt bei dem Ausländer (§ 82 Abs. 1).
62.2.1.4 § 62 Abs. 2 Satz 1 Nr. 4 erfasst nicht in Nummern 1 bis 3 genannte Haftgründe, die eine Abschiebung verhindert haben (Auffangtatbestand). Die für das Verhalten des Ausländers maßgeblichen Gründe sind in der Regel unerheblich. Das Ausschöpfen rechtlicher Möglichkeiten gegen die Abschiebung ist jedoch kein Haftgrund.
62.2.1.5 § 62 Abs. 2 Satz 1 Nr. 5 enthält eine Generalklausel, aufgrund derer Sicherungshaft anzuordnen ist, wenn mit hinreichender Wahrscheinlichkeit zu erwarten ist, dass die Abschiebung ohne die Inhaftnahme des Ausländers nicht durchgeführt werden kann. Für das Vorliegen des Haftgrundes ist maßgeblich, dass die Ausreisefrist (vgl. § 50 Abs. 2) abgelaufen ist. Die Anwendung des § 62 Abs. 2 Satz 1 Nr. 5 setzt den begründeten Verdacht voraus, dass sich der Ausländer der Abschiebung entziehen will. Diese Voraussetzung ist nicht bereits dann erfüllt, wenn der Ausländer keine festen sozialen Bindungen im Bundesgebiet besitzt, keine verwandtschaftlichen Beziehungen im Bundesgebiet hat oder mittellos (§ 58 Abs. 3 Nr. 3) ist. Die bloße Weigerung zur freiwilligen Ausreise ist allein als Haftgrund nicht ausreichend. Vielmehr müssen konkrete Umstände den Verdacht begründen, dass der Ausländer die Absicht hat, sich der Abschiebung zu entziehen. Liegen konkrete Anhaltspunkte dafür vor, dass sich der Ausländer voraussichtlich in einer Weise der Abschiebung entziehen will, die bereits durch die Anwendung unmittelbaren Zwangs überwunden werden kann, ist die Anordnung von Sicherungshaft unzulässig.

573

62.2.1.6 Die Durchführbarkeit der Abschiebung ist infrage gestellt, wenn die Gefahr besteht, dass sich der Ausländer dem Zugriff entziehen will. Hierfür können z. B. folgende Gesichtspunkte sprechen:
62.2.1.6.1 – der Ausländer verheimlicht, dass er zur Ausreise notwendige Heimreisedokumente besitzt,
62.2.1.6.2 – der Ausländer ist mit einem ge- oder verfälschten Pass oder Passersatz eingereist oder eingeschleust worden und macht über seine Identität keine oder unzutreffende Angaben,
62.2.1.6.3 – der Ausländer hielt sich verborgen oder ist z. B. aus einem Hafturlaub nicht zurückgekehrt,
62.2.1.6.4 – der Ausländer hat gegen aufenthaltsrechtliche Vorschriften (z. B. Verstöße gegen räumliche Aufenthaltsbeschränkung, Ausreise entgegen § 50 Abs. 4) verstoßen und die Art der Verstöße legt die Schlussfolgerung nahe, dass er sich künftig der Abschiebung entziehen wird.
62.2.1.7 Eine Verhinderung der Abschiebung im Sinne von § 62 Abs. 3 Satz 2 liegt nur dann vor, wenn feststeht, dass der Ausländer ihm zumutbare Mitwirkungshandlungen unterlässt. Der Ausländer ist vorher auf seine Mitwirkungspflichten (§ 82, § 56 AufenthV) hinzuweisen. Auch die mangelnde Mitwirkung an der Ausstellung oder der Verlängerung der Gültigkeitsdauer eines Heimreisedokuments oder Beantragung eines erforderlichen Transitvisums kann einen Haftgrund darstellen, wenn entsprechende behördliche Bemühungen deswegen ohne Erfolg sind.
62.2.1.8 Bemüht sich der in Sicherungshaft befindliche Ausländer nicht um die Beschaffung eines gültigen Heimreisedokuments und waren entsprechende Bemühungen der Ausländerbehörde bislang erfolglos, wird die Verlängerung der Haft beantragt.
62.2.2 Die Ermessenvorschrift des § 62 Abs. 2 Satz 2 stellt neben den zwingenden Vorschriften des Satzes 1 eine eigene Rechtsgrundlage für die Anordnung von Sicherungshaft für die Dauer von längstens zwei Wochen dar. Das Verhalten des Ausländers, sich der Abschiebung entziehen zu wollen, ist nicht ausschlaggebend. Abschiebungsgründe müssen weiterhin vorliegen. Voraussetzung ist, dass die Ausreisefrist abgelaufen ist, und feststeht, dass die Abschiebung bereits bis zum Ablauf von zwei Wochen durchgeführt werden kann. Im Zeitpunkt der Antragstellung muss feststehen, dass die Abschiebung aus der Sicherungshaft heraus oder unmittelbar nach ihrem Ablauf durchgeführt werden kann. Besteht ein besonderes Vollzugsinteresse (z. B. Bekämpfung des illegalen Rauschgifthandels oder einer illegalen Erwerbstätigkeit nach unerlaubter Einreise) oder hat die Ausländerbehörde von der Androhung der Abschiebung und Fristsetzung (§ 59 Abs. 1) abgesehen, kommt die Beantragung der Sicherungshaft in Betracht.

62.3 Dauer der Sicherungshaft
62.3.0 Bei der Beantragung von Sicherungshaft ist zu berücksichtigen, dass im Regelfall die Dauer von drei Monaten Haft nicht überschritten werden soll und eine Haftdauer von sechs Monaten nicht ohne weiteres als verhältnismäßig angesehen werden darf. Eine über drei Monate hinausgehende Sicherungshaft ist nur zulässig, wenn es der Ausländer zu vertreten hat, dass die Ausländerbehörde einen längeren Zeitraum für die Durchführung der Abschiebung benötigt (z. B. der Ausländer vernichtet den Pass oder weigert sich, an der Beschaffung eines Passes mitzuwirken). Steht jedoch die Unmöglichkeit der Abschiebung aus Gründen, die der Ausländer nicht zu vertreten hat, innerhalb der nächsten drei Monate fest, ist Sicherungshaft gemäß § 62 Abs. 2 Satz 4 unzulässig. Bei der Beantragung von Sicherungshaft ist hinsichtlich der Haftdauer nicht darauf abzustellen, ob in den vergangenen drei Monaten die Abschiebung nicht durchgeführt werden konnte.
62.3.0.1 Die Ausländerbehörde ist zur Prüfung verpflichtet, ob die Voraussetzungen für die Aufrechterhaltung der Sicherungshaft weiter vorliegen oder aufgrund nachträglich eingetretener Umstände entfallen sind. Dazu zählen beispielsweise die Mitwirkung des Ausländers an der Passbeschaffung, das Ergehen einer verwaltungsgerichtlichen Entscheidung im vorläufigen Rechtsschutzverfahren (vgl. § 80 Abs. 5 VwGO, § 80 b Abs. 3 VwGO, § 123 VwGO), Erteilung einer Aufenthaltsgestattung oder, dass die Durchführbarkeit der Abschiebung für längere Zeit oder auf Dauer unmöglich ist (z. B. Vorliegen eines Abschiebungshindernisses i. S. v. § 60 Abs. 1 bis 6, § 60 a Abs. 1).
62.3.0.2 In Fällen, in denen sich der Ausländer längere Zeit in Strafhaft befindet, ist die Ausländerbehörde gehalten, während dieser Zeit die Abschiebung so vorzubereiten, dass sie unmittelbar im Anschluss an die Strafhaft durchgeführt werden kann. Sicherungshaft kann auch im Anschluss an die Strafhaft oder Untersuchungshaft nach Maßgabe des § 62 Abs. 2 Satz 1 oder 2 angeordnet werden. Voraussetzung ist jedoch, dass die Abschiebung aus von der Ausländerbehörde nicht zu vertretenden Gründen (z. B. wegen fehlender Flugverbindungen) ausnahmsweise nicht unmittelbar durchgeführt werden kann. Die Anordnung von Sicherungshaft entspricht dem Gebot der Verhältnismäßigkeit, wenn von der Ausländerbehörde mit der in solchen Fällen gebotenen Beschleunigung zuvor vergeblich versucht wurde, die Abschiebung aus der Strafhaft heraus zu ermöglichen. Die Ausländerbehörde hat eine besondere, auf die Notwendigkeit der Haftverlängerung abhebende Begründungspflicht.

62.3.1.1 Sicherungshaft kann auch bei wiederholter Haftanordnung grundsätzlich nur bis zu insgesamt sechs Monaten angeordnet werden. Soll die Dauer der Sicherungshaft länger als drei Monate andauern, sind bei der Beantragung von Sicherungshaft bis zu sechs Monaten besondere Anforderungen an die Begründungspflicht hinsichtlich der Erforderlichkeit zu stellen.
62.3.1.2 Eine auf sechs Monate zu begrenzende Haftanordnung erfüllt ihren gesetzlichen Sicherungszweck nicht, wenn von vornherein damit zu rechnen ist, dass die Abschiebung erst nach Ablauf von sechs Monaten durchführbar sein wird und die für die Verzögerung maßgebenden Umstände nicht in einem dem Ausländer zurechenbaren Verhalten liegen. Der Ausländer hat Umstände zu vertreten, die sowohl zum Entstehen des Abschiebungshindernisses geführt haben als auch zum Wegfall des Hindernisses führen können. Dem Ausländer können hinsichtlich der Festsetzung oder Verlängerung einer über drei Monate hinausgehenden Haftdauer auch solche Umstände zum Nachteil gereichen, die dazu geführt haben, dass ein Abschiebungshindernis überhaupt erst eingetreten ist (z. B. Vernichtung der gültigen Reisedokumente). Es ist unerheblich, ob der Ausländer durch sein Verhalten nach Eintritt eines Abschiebungshindernisses zu einer Verzögerung der Abschiebung zurechenbar beiträgt oder ob schon das Hindernis selbst von ihm in zu vertretender Weise mitherbeigeführt worden ist. Dies ist jedoch zu verneinen, wenn die Ausländerbehörde nicht alle aussichtsreichen Anstrengungen unternommen hat, um etwa Passersatzpapiere zu beschaffen, damit der Vollzug der Sicherungshaft auf eine möglichst kurze Zeit beschränkt werden kann.
62.3.2 Eine Verlängerung der Sicherungshaft um bis zu zwölf Monate auf die Höchstdauer von 18 Monaten ist nur dann zulässig, wenn der Ausländer seine Abschiebung verhindert (§ 62 Abs. 3 Satz 2) und ihm dies zurechenbar ist (z. B. mangelnde Mitwirkung bei der Beschaffung von Reisedokumenten; Verstoß gegen die Passvorlagepflicht nach § 48 Abs. 1; Weigerung, sich der Auslandsvertretung des Heimatstaates vorzustellen). Eine Verlängerung der Sicherungshaft um bis zu 12 Monate ist unter den gleichen Voraussetzungen zulässig, wenn der Ausländer einen Asylfolgeantrag gestellt hat. Auf Nummer 62.0.1.3 wird verwiesen. Eine Verhinderung der Abschiebung i. S. v. § 62 Abs. 3 Satz 2 liegt nicht vor, wenn der Ausländer Rechtsschutzmöglichkeiten ausschöpft (siehe Nummer 62.2.1.4).
62.3.3 Die Ausländerbehörde hat während der Dauer der Sicherungshaft in regelmäßigen Abständen, innerhalb von drei Monaten mindestens einmal, zu prüfen, ob die Haftgründe fortbestehen und dies in den Akten zu vermerken. Sie hat den Vollzug der Abschiebungshaft unverzüglich auszusetzen (§ 8 Abs. 1 Satz 3 FEVG) und deren Aufhebung zu beantragen, wenn die für deren Anordnung maßgebenden Gründe entfallen sind.
62.3.4 § 62 findet auf Ausländer entsprechende Anwendung, die zurückgewiesen oder zurückgeschoben werden (vgl. § 15 Abs. 4 Satz 1 bzw. § 57 Abs. 3). Für die Stellung des Haftantrags, für den Vollzug der Haft sowie für den Erlass eines Leistungsbescheids sind die für die Zurückweisung oder Zurückschiebung zuständigen Behörden bzw. die Polizeien der Länder zuständig. Haft im Fall der Zurückweisung kommt insbesondere in Betracht, wenn der Ausländer versucht hat, entgegen § 13 Abs. 1 in das Bundesgebiet einzureisen, sich der Grenzkontrolle widersetzt hat oder entziehen wollte oder die Voraussetzungen für eine Identitätsfeststellung gemäß § 49 vorliegen. Für die Beantragung der Haft im Falle der Zurückschiebung ist außerdem maßgebend, ob der Ausländer gegen aufenthaltsrechtliche oder melderechtliche Vorschriften verstoßen hat, er sich seit der Einreise verborgen hielt, sich ohne Heimreisedokumente im Bundesgebiet aufhält, unzutreffende Angaben über seine Person gemacht oder Straftaten begangen hat. Auf Nummern 15.4.1 bis 15.4.3 und 57.3.2 und 57.3.3 wird verwiesen.

Übersicht

	Rn
I. Entstehungsgeschichte	1
II. Allgemeines	2
III. Vorbereitungshaft	8
IV. Sicherungshaft	11
V. Verfahren und Rechtsschutz	25

I. Entstehungsgeschichte

Die Vorschrift entspricht im Wesentlichen dem **GesEntw** (BT-Drs 15/420 S. 24 f). Aufrund des Vermittlungsverf wurde nur in Abs 2 die Nr 1a eingefügt (BT-Drs 15/3479 S. 10). **1**

II. Allgemeines

2   Wie nach § 57 AuslG 1990 u. § 16 AuslG 1965 ist Abschiebungshaft als Vorbereitungs- oder als Sicherungshaft zulässig (zur Zurückweisungs- u. Zurückschiebungshaft vgl §§ 15 IV 1, 57 III). In beiden Fällen hat der Gesetzgeber die Höchstdauer zu begrenzen versucht. Vorschlägen zur Änderung der Zuständigkeiten (Knösel, ZAR 1990, 75; Mac Lean, InfAuslR 1987, 69) ist er nicht gefolgt. Ebenso erfolglos waren Bestrebungen, die Rechte der Abschiebehäftlinge durch ein Vollzugsges ähnlich wie für Straf- oder die Untersuchungshaft zu regeln. Nach wie vor werden Erleichterungen wie Besucherempfang, Telefongespräche, Ausgang oder Freizeitaktivitäten grundsätzlich mit der Begründung abgelehnt, dafür sei nach dem Gesetzeszweck kein Raum. Zu der insgesamt unbefriedigenden Lage trägt auch die Zersplitterung der Zuständigkeiten in den Bundesländern bei (zT IM, zT Justiz). Infolge dessen ist nicht einmal die sozialpädagogische u. seelsorgerische Betreuung durchgehend geregelt. Der Gesetzgeber hat für die Abschiebungshaft nicht einmal wie für die Ausreiseeinrichtungen in § 61 II eine Ausreiseberatung ausdrücklich vorgesehen.

3   Abschiebungshaft stellt eine **Freiheitsentziehung** u. nicht nur eine Freiheitsbeschränkung (vgl Art. 104 I, II GG) dar, da die körperliche Bewegungsfreiheit in umfassender Weise beeinträchtigt wird (Knösel, ZAR 1990, 75; Lisken, NJW 1982, 1268). Bei der Direktabschiebung (ohne Abschiebungshaft) kann fraglich sein, ob die Bewegungsfreiheit nur eingeschränkt oder aber entzogen wird mit der Folge, dass über Zulässigkeit u. Fortdauer der Richter zu entscheiden hat (Art. 104 II GG). Die Unterscheidung zwischen Beschränkung u. Entzug wird meist nach der Dauer u. vor allem danach getroffen, unter welchen Umständen die Bewegungsfreiheit eingeschränkt wird; Einzelheiten sind str. (Jarass/Pieroth, Art. 104 Rn 6; Knösel, aaO S. 77 mwN in Fn 30 bis 32). Falls im Zuge der Vorbereitung der Abschiebung oder auch der Abschiebungshaft unmittelbarer Zwang angewandt wird, kommen als Rechtsgrundlage auch strafprozessuale oder polizeirechtliche Vorschriften in Betracht. Deren Voraussetzungen müssen aber eingehalten u. sie dürfen nicht unzulässigerweise zur Durchsetzung der Ausreisepflicht genutzt werden.

4   In der Rspr ist geklärt, dass die **Durchführung der Abschiebung** allein durch Anwendung einfachen unmittelbaren Zwangs keine Freiheitsentziehung darstellt (BVerwGE 62, 325). Die Abschiebung als solche bedeutet danach keine Freiheitsentziehung, kann aber eine solche erforderlich machen. Die AuslBeh ist nicht ermächtigt, ihrerseits den Ausl zur Sicherung der Abschiebung in vorläufigen Gewahrsam zu nehmen (BVerwGE 62, 317). Sie darf den Ausl nicht „verhaften", um die Abschiebung vorzubereiten oder ihn dem Haftrichter vorzuführen (Heinhold, ZAR 2004, 185; OLG Braunschweig, InfAuslR 2004, 166). Sicherungshaft wird erst notwendig, wenn der Ausl die Abschiebung in einer Weise behindert, die nicht durch Anwendung einfachen Zwangs überwunden werden kann (BGHZ 75, 375). Die Einschränkung der Bewegungsfreiheit in dem für die Abschiebung erforderlichen Maß ist keine Freiheitsentziehung, diese Grenze ist aber überschritten beim Festhalten im Polizeigewahrsam über eine Dauer von elf Stunden (BVerfG, EZAR 048 Nr 60; OLG Schleswig, EZAR 048 Nr 62). Solange nur übliche Unterbrechungen auf dem Weg zur Abschiebung (Umsteigepause, Verkehrsstau, Wartezeit vor Abflug ua) zu überbrücken sind u. der Ausl nicht für längere Zeit in Gewahrsam genommen werden muss, handelt es sich nicht um Freiheitsentziehung.

5   Abschiebungshaft stellt wie Ausweisung oder Abschiebung keine Strafmaßnahme dar (OLG Frankfurt, EZAR NF 57 Nr 1). Es handelt sich um eine **Präventivmaßnahme** im Zusammenhang mit der Durchsetzung der Ausreisepflicht (BayObLG, NJW 1973, 2166 u. 1974, 425). Sie setzt deshalb grundsätzlich kein verschuldetes oder sonst vorwerfbares Verhalten des Ausl voraus, sondern lediglich eine Gefahrenprognose hinsichtlich der Durchführbarkeit der Abschiebung. Während Vorbereitungshaft an verhältnismäßig geringe Voraussetzungen anknüpft, aber idR nur höchstens sechs Wochen dauern darf, ist Sicherungs-

haft nur unter wesentlich engeren Voraussetzungen zulässig, kann aber bis zu 18 Monaten ausgedehnt werden. Gemeinsam ist beiden Haftarten das Verbot der Unverhältnismäßigkeit. Das verfassungsrechtliche Übermaßverbot fließt aus dem Rechtsstaatsprinzip (Art 20 II-I GG) u. begrenzt jede Freiheitsentziehung auf das nach den Umständen notwendige u. erforderliche Maß. Besondere Schutzvorschriften zugunsten bestimmter Personen wie Minderjährige oder Schwangere enthält das Ges nicht. Daher muss jew im Einzelfall die Vereinbarkeit mit dem Verhältnismäßigkeitsgebot u. Art 2 u. 6 GG geprüft werden. Generell sollen aber Kinder unter 16 Jahren u. Personen über 65 Jahre sowie Schwangere u. Mütter innerhalb der Mutterschutzfrist nicht in Haft genommen werden (Nr 62.0.3 VAH).

Über die Grundvoraussetzungen der Haft hat die **AuslBeh** zu befinden u. nicht der **Haftrichter;** dieser ist nur für die Beurteilung der Haftgründe im engeren Sinne **zuständig.** Bei der Vorbereitungshaft gehört zur Aufgabe der AuslBeh vor allem der Entschluss zum Erlass einer Ausweisungsverfügung. Die AuslBeh hat die Grundlagen der Ausweisung u. der Notwendigkeit der Abschiebung darzulegen, ohne dass dies von dem Haftrichter überprüft werden darf. Dieser muss berücksichtigen, wenn die Abschiebung ausgesetzt ist. Er hat auch festzustellen, ob die Ausreisepflicht aufgrund einer verwaltungsgerichtlichen Entscheidung entfallen oder die Abschiebung für längere Zeit unmöglich ist (BVerfG-K, EZAR 048 Nr 48 u. 53). Er braucht jedoch nicht zu prüfen, ob der Ausl einen Duldungsanspruch hat (OLG Zweibrücken, EZAR 048 Nr 56). Die Rechtmäßigkeit der auslbeh Maßnahmen kann der Ausl nur in einem Verf gegenüber der AuslBeh überprüfen lassen. Dem Haftrichter obliegt neben der Einhaltung der jew Höchstdauern (sechs Wochen oder drei, sechs oder 18 Monate) die Feststellung, ob die Abschiebung tatsächlich ohne Haft wesentlich erschwert oder vereitelt würde. 6

Nicht zu entscheiden hat der Haftrichter, ob der Abschiebung asylr Hindernisse (BGHZ 78, 145; KG, EZAR 135 Nr. 4; OVG Saarland, EZAR 135 Nr 8) oder sonstige Verbote (betr Todesstrafe BayObLG, EZAR 048 Nr 4) entgegenstehen. Falls die Ausweisung während eines Asylverf beabsichtigt, also nur nach Maßgabe des § 56 IV statthaft ist, hat dies allein die AuslBeh zu prüfen u. zu verantworten. Dies gilt auch, wenn der Asylantrag nach Beantragung oder Anordnung der Haft gestellt ist; in diesem Fall hat die AuslBeh allerdings nachträglich über die Fortdauer der Ausweisungsabsicht zu befinden. Insoweit unterscheidet sich die Vorbereitungshaft zT von der Sicherungshaft; letztere setzt nämlich eine vom Haftrichter festzustellende Ausreisepflicht voraus, u. diese wiederum entfällt uU im Zusammenhang mit einem Asylantrag (dazu Rn 13). Nach Einreise über einen sicheren Drittstaat gilt die AufGest erst ab förmlicher Asylantragstellung (§ 55 I 3 AsylVfG); zuvor ist Vorbereitungshaft als Alternative zu Zurückweisung oder Weiterleitung an eine Aufnahmeeinrichtung nicht zulässig (OLG Frankfurt, EZAR 048 Nr 45). 7

III. Vorbereitungshaft

Vorbereitungshaft ist nur statthaft, falls eine **Ausweisung beabsichtigt** ist. Die Abschiebung nach einer anderen aufenthaltsbeendenden Maßnahme, zB der Nichtverlängerung des AufTit, darf nicht durch Haft im Vorhinein gesichert werden. Die Ausweisung darf noch nicht ausgesprochen sein, sie muss aber hinreichend sicher bevorstehen. Ausreisepflicht ist nicht verlangt (anders bei Sicherungshaft, dazu Rn 11 ff). Der Vorbereitungshaft steht ein AufR nicht entgegen, zumal es infolge der Ausweisung erlischt (§ 51 I Nr. 1; zum fiktiven AufR KG, InfAuslR 1986, 66). Über die Ausweisung kann nicht sofort entschieden werden, wenn dazu noch Ermittlungen oder eine Anhörung des Ausl erforderlich sind, die mehr als nur wenige Stunden in Anspruch nehmen. Ergeht die Ausweisungsverfügung während der Vorbereitungshaft, bedarf es keiner erneuten Gerichtsentscheidung, es sei denn, die angeordnete Haftdauer ist abgelaufen. Es kann also nach Erlass der Ausweisung von der Vorbereitungs- zur Sicherungshaft übergegangen werden (so zu § 16 AuslG 1965 bereits BGHZ 75, 375; zur Berechnung der Haftdauer Rn 10). 8

9   Ob wesentliche Erschwerung oder Vereitelung der Abschiebung angenommen werden können, ist anhand **konkreter Verdachtsmomente** festzustellen. Die für die Notwendigkeit der Abschiebung sprechenden Gründe allein reichen grundsätzlich nicht aus. Freilich werden im Einzelfall, insb bei Überwachungsbedürftigkeit (§ 58), die maßgeblichen Überlegungen für die Vorbereitungshaft ebenso zutreffen wie für die Abschiebung selbst. Erforderlichkeit der Haft setzt die rechtliche u. tatsächliche Möglichkeit der Abschiebung innerhalb der höchstens zulässigen Haftdauer voraus. Kann die Abschiebung erst nach Ablauf der allenfalls in Betracht kommenden Haftdauer erfolgen, kommt Vorbereitungshaft schon im Hinblick auf deren Zweck nicht in Betracht. Feststellungen der AuslBeh zur Abschiebbarkeit im Rahmen des § 60a II binden den Haftrichter nicht, weil diese keine Rücksicht auf eine bestimmte Zeitgrenze zu nehmen haben.

10   Die **Dauer** der Vorbereitungshaft ist idR auf sechs Wochen begrenzt. Sie darf nur ausnahmsweise darüber hinaus verlängert werden, wenn sich der Erlass aus besonderen nicht vorhersehbaren Gründen verzögert. Ist die Überschreitung der regulären Höchstdauer von vornherein absehbar, kommt Vorbereitungshaft idR von Anfang an nicht in Betracht; es wäre unverhältnismäßig, die Freiheitsentziehung sofort auf eine längere Dauer festzulegen. Beim Übergang in Sicherungshaft ist die bereits zurückgelegte Zeit in die Berechnung der Höchstdauer von sechs Monaten einzubeziehen. Bei deren Berechnung ist außerdem zu beachten (vgl Rn 22), dass Untersuchungs- oder Strafhaft die Abschiebungshaft unterbrechen (Vorrang strafprozessualer Haft). Befindet sich der Ausl bereits in Haft, wird diese fortgesetzt u. Abschiebungshaft im Anschluss daran angeordnet (Überhaft).

IV. Sicherungshaft

11   Sicherungshaft setzt im Grundsatz zweierlei voraus: **Ausreisepflicht** u. Gefahr der **Vereitelung** der Abschiebung. Außerdem ist der Grundsatz der **Verhältnismäßigkeit** bei Feststellung der Haftvoraussetzungen wie bei der Dauer der Haft zu beachten. Abschiebungshaft ist nicht erforderlich, wenn schon die Anwendung unmittelbaren Zwangs genügte, um dem erwarteten Widerstand gegen die Abschiebung wirksam zu begegnen. Sie ist nur verhältnismäßig, wenn die AuslBeh die Abschiebung mit größtmöglicher **Beschleunigung** betreibt (BGHZ 133, 235; BayObLGZ 1991, 258; BayObLG, EZAR 048 Nr 14; OLG Celle, InfAuslR 2004, 118; OLG Frankfurt, EZAR 048 Nr 20 u. NVwZ-Beil 1996, 39). Diese Pflicht ist nicht verletzt, wenn zunächst eine erforderliche ärztliche Behandlung abgewartet wird (BayObLG, EZAR 048 Nr 33). Sind ausl Behörden für Verzögerungen verantwortlich, ist dies zwar nicht der AuslBeh zuzurechnen (OLG SchlH, InfAuslR 2004, 167). Diese muss sich aber darauf einstellen, falls solche Verzögerungen üblich sind, u. zB selbst beurteilen, ob die Fristen von drei u. sechs Monaten einzuhalten sind (dazu auch Heinhold, ZAR 2004, 185). Es verstößt gegen das Verhältnismäßigkeitsprinzip, wenn Abschiebungshaft aufgrund bloßer Tatbestandserfüllung angeordnet wird, obwohl sich der Ausl offensichtlich nicht der Abschiebung entziehen will (BVerfG-K, EZAR 048 Nr 13). Zudem gebietet dieser Grundsatz eine Interessenabwägung u. ein Absehen von der Sicherungshaft, wenn die Abschiebung nicht durchführbar ist (BVerfG-K, EZAR 048 Nr 23). Bei **Minderjährigen** bedarf es der sorgfältigen Prüfung milderer Mittel (Heinhold, ZAR 2004, 185). In Betracht kommen Meldeauflagen, Unterbringung im Heim oder räumliche Beschränkungen (vgl OLG Köln, NVwZ-Beil 2003, 48 u. 64). Außerdem ist bei Kindern u. Jugendlichen das Beschleunigungsgebot besonders ernst zu nehmen (BayObLG, EZAR 048 Nr 50). Bei einem 16jährigen ist eine Dauer von mehr als drei Monaten unverhältnismäßig, wenn er keinen Kontakt zu Familienmitgliedern oder Bekannten hat, sich nicht strafbar gemacht hat u. die Abschiebung selbst nicht behindert (OLG Frankfurt, EZAR 048 Nr 9).

12   Worauf die **Ausreisepflicht** beruht, ist gleichgültig; sie kann auf eine Ausweisung oder auf einen sonstigen Umstand zurückgehen, der den Aufenthalt unrechtmäßig sein oder

Abschiebungshaft   § 62 **AufenthG 1**

werden lässt (§ 50). Die Ausreisepflicht braucht nicht unbedingt vollziehbar (§ 58 II) u. die Abschiebung nicht angedroht (§ 59 I) zu sein. Das Verhältnis von Ausreisepflicht u. Haftgründen ist dadurch gekennzeichnet, dass die Ausreisepflicht nur in Abs 2 S. 1 Nr 1 ausdrücklich erwähnt wird, aber auch den anderen Gründen konkludent zugrundeliegt. Das Merkmal der Ausreisepflichtigkeit war schon in § 16 II AuslG 1965 nicht ausdrücklich enthalten. Es ergab sich nur mittelbar aus dem Merkmal der Erforderlichkeit der Haft u. dem allg Verhältnismäßigkeitsgrundsatz (dazu noch BGHZ 75, 375). Die Ausreisepflichtigkeit des Ausl war schon vom **Haftrichter** zu prüfen u. festzustellen. Dagegen verlangte das Ges nicht die Vollziehbarkeit der Ausreisepflicht u. den Erlass einer Abschiebungsandrohung (KG, EZAR 135 Nr. 4) oder den Ablauf der Ausreisefrist (aA OLG Frankfurt, EZAR 135 Nr 9). Ein Anspruch auf Duldung oder deren Erlass beseitigten nicht die Ausreisepflicht.

Nunmehr ist die sofort vollziehbare Ausreisepflicht aufgrund **unerlaubter Einreise** selb- 13 ständiger Haftgrund (Abs 2 S. 1 Nr 1; anders noch BayObLG, EZAR 048 Nr 1). Ausreisepflicht u. Vollziehbarkeit (§§ 50 I, 58 II) sowie illegale Einreise (§ 14 I) sind ausreichend, insb sind Ablauf der Ausreisefrist u. Abschiebungsandrohung nicht verlangt. Die illegale Einreise muss kausal für die Ausreisepflicht sein (vgl § 58 II Nr 1). Diese Voraussetzungen hat der Haftrichter zu prüfen, ggf unter Rückgriff auf Feststellungen u. Entscheidungen der AuslBeh. Von jeglicher weiterer Prüfungsverpflichtung befreit ist der Haftrichter dagegen nach Erlass einer Abschiebungsanordnung nach § 58a (Abs 2 S. 1 Nr 1a), mit deren Bekanntgabe AufTit erlöschen (§ 51 I Nr 5a). Ihr Vollzug wird erforderlichenfalls von dem IM selbst ausgesetzt oder erfolgt nach Ablauf von sieben Tagen oder nach der Entscheidung des BVerwG über den Eilantrag (§ 58a III u. IV).

Die **Ausreisepflicht entfällt** nicht nur bei zwischenzeitlich erteiltem AufTit oder fiktiver 14 oder ges verlängerter AE (§ 81 III oder IV), sondern auch durch das ges AufR des Asylbew nach § 55 AsylVfG (Ausnahme in § 14 III AsylVfG). Im Falle des § 18 II AsylVfG entfällt die Ausreisepflicht nach Nichtzurückweisung, beim Folgeantrag mit Einleitung eines weiteren Asylverf (§ 71 I AsylVfG); zuvor ist gegen den Folgeantragsteller trotz Nichtvollziehbarkeit der Ausreisepflicht (§ 71 V 2 AsylVfG) Sicherungshaft zulässig (§ 71 VIII AsylVfG). Es wäre bedenklich, gegen Folgeantragsteller zeitlich unbegrenzt Haft zuzulassen, auch wenn nach der Mitteilung des BAMF nach § 71 V 2 AsylVfG vorläufiger Rechtsschutz gewährt worden ist (BVerfG-K, EZAR 048 Nr 23; zT aA noch BayObLG, EZAR 048 Nr 18). Zwar ist der Haftrichter an die der Ausweisung u. Abschiebung zugrunde liegenden VA gebunden u. an deren Überprüfung aufgrund eines Asylantrags gehindert (BGHZ 78, 145); dieser Gesichtspunkt beschränkt aber nicht die Kompetenzen des Haftrichters im Hinblick auf die Ausreisepflicht bei Sicherungshaft. Der Haftrichter hat deshalb die AufGest von Amts wegen zu beachten (BayObLG, EZAR 135 Nr 10 u. 048 Nr. 5). Ebenso hat er zu prüfen, ob eine AufGest erloschen ist (zB nach § 67 I Nr 2 u. 3 AsylVfG; BayObLG, NVwZ 1993, 102; OLG Frankfurt, EZAR 048 Nr 24; OLG Karlsruhe, NVwZ 1993, 811; zum früheren Recht vgl BayObLG, EZAR 135 Nr 10 u. 14). Ein vom BAMF noch nicht für beachtlich erklärter Folgeantrag steht der Ausreisepflicht nicht entgegen (vgl §§ 55 I, 1, 63 I, 71 AsylVfG) u. braucht deshalb vom Haftrichter nicht beachtet zu werden (OLG Karlsruhe, NVwZ 1993, 811; ähnlich zum früheren Recht betr unbeachtlichen Folgeantrag BayObLG, EZAR 135 Nr 11; KG, EZAR 135 Nr 4; betr § 14 I AuslG 1965 BayObLG, EZAR 135 Nr 12). Folgeantragsteller sind zwar in der Zwischenzeit gegen Abschiebung in den Verfolgerstaat geschützt (§ 55 AsylVfG Rn 5); dies ändert aber nichts an ihrer vollziehbaren Ausreisepflicht, solange sie keinen AufTit oder (nach Eröffnung eines neuen Asylverf) eine AufGest erhalten (§ 71 AsylVfG Rn 15).

Eine **Ausnahme** ist nur für Abs 2 S. 1 Nr 1 zugelassen nach Abs 2 S. 3 (vgl aber Rn 11 15 zur generellen Ausnahme bei offensichtlicher Ausreisebereitschaft). Der Ausl muss die Vermutung aufgrund illegaler Einreise, er werde sich der Abschiebung entziehen, glaubhaft widerlegen. Gelingt die Glaubhaftmachung, entfällt der Haftgrund. Ermessen ist nicht zusätzlich eröffnet (trotz der Formulierung „kann"). Als Mittel der Glaubhaftmachung kommen zB Flugticket u. Rückfahrkarte in Betracht.

16 Mit Abs 2 S. 1 Nr 2 wird im Wesentlichen das **Untertauchen** erfasst, das bereits nach früherem Recht ausreichend die Absicht der Vereitelung der Abschiebung indizieren konnte (dazu OLG Köln, InfAuslR 1992, 178). Zusätzlich muss die Ausreisefrist (§§ 50 III, 59 I 1) abgelaufen sein, falls eine solche gesetzt war. Der nicht gemeldete Wohnortwechsel begründet nicht lediglich eine widerlegbare Vermutung u. braucht auch nicht auf der Absicht des Untertauchens zu beruhen (aA OLG Karlsruhe, NVwZ 1993, 813). Die objektive Erfüllung von Abs 2 S. 1 Nr 2 allein genügt indes nicht für die Haftanordnung (BVerfG, EZAR 048 Nr 13, zT aA BGH, EZAR 048 Nr 6), wenn der Ausl sich zB in öffentlichem Gewahrsam befindet (OLG Frankfurt, EZAR 048 Nr 15) oder sich auf Aufforderung hin bei der AuslBeh meldet u. sich zur Ausreise bereit erklärt (OLG Frankfurt, EZAR 048 Nr 44) oder mit einem Abschiebungsverf nicht zu rechnen brauchte (BayObLG, EZAR 048 Nr 36). Der Aufenthaltsort muss ohne Angabe einer entsprechenden Anschrift gewechselt u. der Ausl daraufhin unerreichbar sein. Die Voraussetzungen sind dann zT strenger als für die Anzeigepflicht nach § 50 V. Nur der Aufenthaltsort, nicht die Wohnung muss gewechselt sein. Aufenthaltsort ist aber mehr als der Ort des jew Sich-Aufenthaltens. Er wird nicht schon durch eine Reise aufgegeben, gleich, ob sie weniger oder mehr als drei Tage dauert u. aus dem Bezirk der AuslBeh hinausführt oder nicht (vgl aber Abs 2 S. 1 Nr 3). Der neue Aufenthaltsort braucht nicht vor Haftanordnung ermittelt zu werden (BayObLG, EZAR 048 Nr 6). Der Haftgrund entfällt aber, wenn sich der Ausl zwischenzeitlich angemeldet hat u. zusätzliche Tatsachen eindeutig gegen die Absicht sprechen, sich der Abschiebung zu entziehen.

17 Nach Abs 2 S. 1 Nr 3 genügt auch eine nur kurzfristige **Abwesenheit** von dem von der AuslBeh angegebenen Ort. Dabei kann es sich um die ständige Wohnung, einen nach § 50 V vom Ausl genannten Ort oder um einen anderen Ort handeln, an dem der Ausl vermutet wird. In den ersten beiden Fällen wird der Ausl ein Nichtantreffen idR zu vertreten haben, nicht aber im letzten Fall. Immer ist eine ordnungsgemäße Bekanntgabe des Abschiebetermins vorausgesetzt.

18 Von Abs 2 S. 1 Nr 4 werden Verhaltensweisen erfasst, die nicht schon in Nr 2 u. 3 geregelt sind oder die dortigen Voraussetzungen nicht vollständig erfüllen. **Entziehen in sonstiger Weise** erfordert aber außer der Verhinderung der Abschiebung eine dahingehende, mindestens billigende, Absicht. In Betracht kommen Verstecken der Ausreisepapiere (BGHZ 75, 375), gewaltsames Verwehren des Zutritts zum Aufenthaltsort, Widerstand gegen Vollstreckungsbeamte. Der Ausl entzieht sich der Abschiebung auch dann, wenn er durch falsche Angaben über seine StAng den Rückflug erzwingt (OLG Frankfurt, EZAR 048 Nr 43) oder in der Transitzone eines ausl Flughafens randaliert (BayObLG, EZAR 048 Nr 41). Passlosigkeit allein ist kein Verhinderungstatbestand, wohl aber die Verletzung ges Mitwirkungspflichten (OLG Frankfurt, EZAR 048 Nr 40 mwN, auch über zT differenzierende Rspr).

19 Der **begründete Verdacht**, dass sich der Ausl der Abschiebung entziehen will (Abs 2 S. 1 Nr 5), kann sich aus entsprechenden Erklärungen oder aus dem Verhalten des Ausl ergeben. Nur der Wille ist festzustellen, nicht auch die Realisierbarkeit. Weder auf eine gewisse noch auf eine hohe Wahrscheinlichkeit dafür, dass die Abschiebung ohne vorherige Haft nicht durchgeführt werden kann, ist abzustellen (dazu noch BGHZ 75, 375). Maßgeblich ist nunmehr allein der begründete Verdacht der Entziehungsabsicht. Die Verweigerung der freiwilligen Ausreise allein genügt nicht, hinzukommen muss vielmehr die Absicht, die Abschiebung zu verhindern oder ihr sonst zu entgehen (allg dazu Noltze/Ernecke, NVwZ 1986, 24). Die Einreise mit einem verfälschten Pass kann einen entsprechenden Verdacht rechtfertigen (BayObLG, NVwZ 1993, 811; OLG Stuttgart, NVwZ-Beil 1995, 80). Die AuslBeh muss aber ihrerseits tätig werden, um die Identität zu klären u. Passpapiere zu beschaffen (BayObLG, EZAR 048 Nr 25). „Beugehaft" zur Erzwingung der Angabe von Personalien ist unzulässig (OLG Frankfurt, EZAR 048 Nr 19).

20 Außer einer dahingehenden ausdrücklichen Erklärung des Ausl kommen als einen **Verdacht begründende Umstände** u. Verhaltensweisen in Betracht: Verstecken der Ausreisepapiere (BGHZ 75, 375); Weggabe der Reisedokumente vor Inhaftierung (BGH, EZAR 048 Nr 30); Vorenthalten des Reisepasses (BayObLG, EZAR 048 Nr 21); erhebliche Zahlungen an Schleuser (BayObLG, EZAR 048 Nr 54); Aufenthalt im „Kirchenasyl" (BayObLG, EZAR 048 Nr 35 betr „offenes Kirchenasyl"; vgl dazu auch Müller, ZAR 1996, 170); beharrliche u. durch bestimmtes Verhalten bestätigte Ausreiseverweigerung (OLG Düsseldorf, EZAR 135 Nr 5); mehrmaliges illegales Verlassen des zugewiesenen Aufenthaltsorts (OLG Zweibrücken, EZAR 135 Nr 7); „Untertauchen" bei ähnlichem Anlass in der Vergangenheit; gänzlich fehlende Bindungen im Inland (BayObLG, DÖV 1988, 182); Verstrickung in den Rauschgifthandel (BayObLG, EZAR 135 Nr 14); erhebliche kriminelle Energie eines „reisenden Straftäters" (BayObLG, EZAR 048 Nr 2); schwerwiegende Straftaten u. Hungerstreik (BayObLG, EZAR 048 Nr 31). Nicht ausreichend ist dagegen: das Fehlen fester sozialer Bindungen im Inland (BayObLG, EZAR 048 Nr 8); bloße Verweigerung der freiwilligen Ausreise (BayObLG, EZAR 048 Nr 1); Verweigerung der Passverlängerung (BayObLG, EZAR 048 Nr 2); Notwendigkeit der Abschiebung auf dem Luftwege (BGH, EZAR 135 Nr 6; OLG Düsseldorf, EZAR 135 Nr 5; aA früher BayObLGZ 1974, 249; offen gelassen von OLG Zweibrücken, EZAR 135 Nr 7); Inspruchnahme von Rechtsmitteln gegen Ausweisung u. Abschiebung (BGH, EZAR 135 Nr 6).

Der bloße **Ablauf der Ausreisefrist** ergibt einen fakultativen Haftgrund (Abs 2 S. 2). **21** Dieser setzt zwingend die Durchführbarkeit der Abschiebung binnen zwei Wochen, aber auch allg die rechtliche Zulässigkeit der Abschiebung voraus (dazu Rn 11 ff). Die Abschiebung muss innerhalb dieser Zeit sowohl vollziehbar sein (§§ 58 bis 60a) als auch vollzogen werden können. Erforderlich sind ua: Fehlen von Duldungsgründen (§ 60a), ausreichende Ausweispapiere, Transportmöglichkeit, Aufnahmebereitschaft des Zielstaats. Diese Voraussetzungen müssen sicher, nicht nur wahrscheinlich sein, nämlich feststehen; allerdings reicht es, wenn sie innerhalb der Zweiwochenfrist erfüllt sein werden. Hauptanwendungsfall dürfte die Sammelabschiebung auf dem Luftweg sein. Die damit verbundenen Organisationsarbeiten sollen erleichtert werden (BT-Drs 12/2062 S. 45 f). Dies allein kann aber dem Grundsatz der Verhältnismäßigkeit nicht genügen (Heinhold, ZAR 2004, 185). Es muss im Einzelfall eine gewisse Wahrscheinlichkeit dafür bestehen, dass sonst die Abschiebung wesentlich erschwert oder vereitelt wird (OLG Hamburg, 3. 2. 2004 – 2 Wx 128/02 –).

Die Haft wird grundsätzlich **kalendermäßig befristet.** Im Anschluss an eine andere Haft **22** kann die Dauer nach Wochen u. Monaten bestimmt werden (BGH, EZAR 048 Nr 17). Die Abschiebungshaft darf aber nicht für einen völlig ungewissen Zeitpunkt angeordnet werden, so dass sie zB mit der Ergreifung des Ausl beginnt (BayObLG, EZAR 048 Nr 12; OLG Frankfurt, EZAR 048 Nr 27). Die kalendermäßige Befristung der Abschiebungshaft wird durch eine Haftunterbrechung nicht automatisch verlängert (BayObLG, EZAR 135 Nr 15); ebenso wenig bei Bestimmung der Haftdauer nach Wochen (OLG Hamm, NVwZ 1993, 814).

Die Haftdauer ist mehrfach beschränkt. Schon zu Beginn muss sicher sein, dass die **23** Abschiebung **binnen drei Monaten** durchgeführt werden kann. Abs 2 S. 4 stellt eine Ausprägung des Verhältnismäßigkeitsprinzips dar. Die Haft kann wegen Überschreitung dieser Frist unzulässig sein, wenn Anklage erhoben ist u. nicht das Einverständnis der Staatsanwaltschaft mit der sofortigen Anschiebung feststeht (OLG Zweibrücken, EZAR 048 Nr 61) oder wenn die aufschiebende Wirkung des Widerspruchs gegen die Aufenthaltsbeendigung gerichtlich angeordnet u. die Widerspruchsentscheidung nicht absehbar ist (BVerfG-K, EZAR 048 Nr 53). Der Ausl hat die Verzögerung zu vertreten, wenn er die Ausreisedokumente vor der Inhaftierung weggibt (BGH, EZAR 048 Nr 10). Die Höchstdauer von **sechs Monaten** darf nicht als ohne weiteres verhältnismäßig verstanden werden (OLG Frankfurt, EZAR 048 Nr 10). Sie kann nur hingenommen werden, wenn die AuslBeh die Abschiebung nicht entgegen dem Beschleunigungsgebot (Rn 11) verzögert (BayObLG, EZAR 048 Nr 33; aA zu § 16 II 2 AuslG 1965 BayObLG, EZAR 135 Nr 13). Die Verlängerung **um bis zu einem Jahr** ist nur zulässig, wenn der Ausl die Abschiebung durch sein Verhalten verhindert, zB bei der Weigerung, an der Beschaffung eines Passes mitzuwirken. Umgekehrt kann der AuslBeh angelastet werden, dass sie nicht rechtzeitig die notwendigen Vorbereitungen getroffen hat (KG, NVwZ 1986, 78; näher Rn 12). Außerdem muss das Verhalten des Ausl weiterhin ursächlich für die Nichtabschiebung bleiben, um eine Verlängerung der Haft zu rechtfertigen (vgl BayObLG, EZAR 048 Nr 55).

24 Befindet sich der Ausl bereits in **Untersuchungs- oder Strafhaft** oder wird diese während der Abschiebungshaft angeordnet, tritt diese als Ordnungsmaßnahme hinter die strafrechtliche Haftart zurück (OLG Frankfurt, EZAR 048 Nr 16; vgl Rn 10). Unzulässig ist Abschiebungshaft im Anschluss an Strafhaft, wenn noch nicht feststeht, ob u. wie lange der Ausl Strafhaft verbüßen wird (BayObLG, EZAR 048 Nr 3). Wird Sicherungshaft durch eine zweiwöchige Freilassung unterbrochen, so ist die zurückliegende Haftzeit auf die Gesamtdauer der dann erneut angeordneten Haft anzurechnen (OLG SchlH, EZAR 048 Nr 22). Zwischenzeitliche Untersuchungs- oder Strafhaft unterbricht die Abschiebungshaft. Soll Abschiebungshaft im Anschluss an Strafhaft angeordnet werden, kann ein Zeitraum von einem Monat genügen, wenn bis zum Ende der Strafhaft noch Vorbereitungen getroffen werden können (BayObLG, EZAR 135 Nr 14). Die Möglichkeit der unmittelbaren Abschiebung aus der Haft (§ 58 III Nr 1) geht vor. Die AuslBeh muss schon während der Haftzeit geeignete Maßnahmen ergreifen, um die Abschiebung ohne Abschiebungshaft durchzuführen (vgl BayObLG, EZAR 048 Nr 57; OLG Zweibrücken, EZAR 048 Nr 64). Der Haftrichter muss daher feststellen, ob der Ausl aus der Strafhaft abgeschoben werden kann (OLG Frankfurt, EZAR 048 Nr 26).

V. Verfahren und Rechtsschutz

25 Für die Anordnung der Abschiebungshaft ist das **AG** als Gericht der freiwilligen Gerichtsbarkeit **zuständig** (§§ 1, 3 FEVG). Die AuslBeh muss mit dem Haftantrag die Voraussetzungen der Vorbereitungs- oder Sicherungshaft u. deren für notwendig erachtete Dauer darlegen. Das AG hat die Zulässigkeit des Haftantrags u. damit auch die örtliche Zuständigkeit der AuslBeh in jeder Verfahrenslage von Amts wegen zu prüfen (BayObLG, EZAR 048 Nr 34; OLG Karlsruhe, EZAR 048 Nr 29).

26 Die **Anhörung** des Ausl ist zwingend vorgeschrieben (OLG Frankfurt, InfAuslR 1985, 8); hierzu kann die Vorführung angeordnet werden (§ 5 FEVG). Erforderlichenfalls ist auch der Ehegatte über das Maß der familiären Bindungen zu hören (BayObLG, EZAR 048 Nr 51). Dies gilt grundsätzlich auch im Beschwerdeverf (Heinhold, ZAR 2004, 185; BayObLGE 1980, 21; BayObLG, EZAR 048 Nr 3; OLG Celle, InfAuslR 2004, 165). Eine Anhörung durch das Beschwerdegericht ist zumindest dann notwendig, wenn die Anhörung durch das AG nicht ausreichend war (OLG Frankfurt, InfAuslR 1992, 13 u. EZAR 048 Nr 38) oder auf den persönlichen Eindruck nicht verzichtet werden kann (BayObLG, NVwZ 1992, 814). Durch eine nachträgliche Anhörung kann die Unterlassung der Anhörung nicht für die Vergangenheit geheilt werden (BVerfG-K, EZAR 048 Nr 28). Von jeder Entscheidung sind ein Angehöriger des Ausl oder eine Person seines Vertrauens unverzüglich zu benachrichtigen (Art 104 IV GG; § 6 II FEVG). Gegen die Entscheidung des AG steht Ausl u. AuslBeh das Rechtsmittel der sofortigen Beschwerde u. gegen die Entscheidung des LG das der sofortigen weiteren Beschwerde zu (§§ 5, 6 II, 7 I FEVG).

27 Nach Haftentlassung oder Fristablauf kann die Beschwerde mit dem Ziel der **Feststellung der Rechtswidrigkeit** der Haftanordnung eingelegt oder fortgeführt werden (BVerfG, EZAR 048 Nr 59; OLG Frankfurt, EZAR 048 Nr 39; aA BGH, EZAR 048 Nr 46; BayObLG, EZAR 048 Nr 37).

28 Von der Vorbereitungshaft kann **auf Sicherungshaft übergegangen** werden (BGHZ 75, 375); hierzu bedarf es innerhalb der angeordneten Haftdauer keines weiteren Antrags der AuslBeh u. keiner weiteren gerichtlichen Entscheidung (Abs 1 S. 3; Rn 6).

Eine Freiheitsentziehung durch die AuslBeh ohne vorherige richterliche Anordnung kann nach § 13 II FEVG **angefochten** werden (BVerwGE 62, 317). 29

Der Ausl kann die Verpflichtung der AuslBeh zur Rücknahme des Haftantrags durch das VG im Wege der **Verpflichtungsklage** (nach erfolglosem Widerspruch, §§ 42, 68 VwGO) oder der einstweiligen Anordnung (§ 123 VwGO) geltend machen (OVG RhPf, InfAuslR 1985, 162; OVG Saarland, EZAR 135 Nr. 8; aA Kränz, NVwZ 1986, 22). 30

Kapitel 6. Haftung und Gebühren

§ 63 Pflichten der Beförderungsunternehmer

(1) Ein Beförderungsunternehmer darf Ausländer nur in das Bundesgebiet befördern, wenn sie im Besitz eines erforderlichen Passes und eines erforderlichen Aufenthaltstitels sind.

(2) ¹ Das Bundesministerium des Innern oder die von ihm bestimmte Stelle kann im Einvernehmen mit dem Bundesministerium für Verkehr, Bau- und Wohnungswesen einem Beförderungsunternehmer untersagen, Ausländer entgegen Absatz 1 in das Bundesgebiet zu befördern und für den Fall der Zuwiderhandlung ein Zwangsgeld androhen. ² Widerspruch und Klage haben keine aufschiebende Wirkung; dies gilt auch hinsichtlich der Festsetzung des Zwangsgeldes.

(3) Das Zwangsgeld gegen den Beförderungsunternehmer beträgt für jeden Ausländer, den er einer Verfügung nach Absatz 2 zuwider befördert, mindestens 1000 und höchstens 5000 Euro.

(4) Das Bundesministerium des Innern oder die von ihm beauftragte Stelle kann mit Beförderungsunternehmern Regelungen zur Umsetzung der in Absatz 1 genannten Pflicht vereinbaren.

Vorläufige Anwendungshinweise

63 Zu § 63 Pflichten der Beförderungsunternehmer

63.1 Kontroll- und Sicherungspflichten
63.1.1 Die Vorschrift untersagt es Beförderungsunternehmern, Ausländer ohne die erforderlichen Reisedokumente in das Bundesgebiet zu befördern. Das Verbot gilt sowohl für Beförderungen auf dem Luft- und Seeweg als auch für Beförderungen auf dem Landweg. Eine behördliche Anordnung des Beförderungsverbots ist nicht notwendig. Aus dem gesetzlichen Verbot, Ausländer dann nicht in das Bundesgebiet zu befördern, wenn sie nicht im Besitz eines erforderlichen Passes oder eines erforderlichen Visums sind, das sie aufgrund ihrer Staatsangehörigkeit benötigen, ergibt sich zugleich die Pflicht des Beförderungsunternehmers, Pass und Visum ausreichend zu kontrollieren. Dadurch wird sichergestellt, dass der Ausländer die für den Grenzübertritt nach § 13 Abs. 1 erforderlichen Voraussetzungen erfüllt.
63.1.2 Ausländer, die im Rahmen des freien Dienstleistungsverkehrs nach Europäischem Gemeinschaftsrecht in das Bundesgebiet einreisen und sich darin aufhalten, unterliegen nicht dem Beförderungsverbot. Ein nach der Staatsangehörigkeit visumpflichtiger Ausländer, der nach Artikel 21 SDÜ begünstigt ist, unterliegt ebenfalls nicht dem Beförderungsverbot, da der Aufenthaltstitel des anderen Schengen-Staates das Visum ersetzt.
63.1.3.1 Die Kontrollpflicht nach § 63 Abs. 1 fordert von dem Beförderungsunternehmer, den Ausländer vor dem Transport daraufhin zu überprüfen, ob er im Besitz der erforderlichen Dokumente ist (z. B. stichprobenweise Durchführung von Dokumentenkontrollen unmittelbar am Einstieg des Verkehrsmittels). Dem Beförderungsunternehmer kann das Verbot insbesondere dann entgegengehalten werden, wenn er bei Beachtung der im Verkehr erforderlichen Sorgfalt (vgl. § 276 Abs. 2 BGB) hätte erkennen können, dass der Ausländer die nach § 63 Abs. 1 erforderlichen Dokumente nicht besitzt. Ein Verstoß gegen diese Sorgfaltspflicht ist stets darin zu sehen, dass er den Ausländer transportiert, ohne selbst eigene konkrete Feststellungen über das Vorliegen der Transportvoraussetzungen zu treffen bzw. durch den Fahrer oder das sonstige Begleitpersonal treffen zu lassen. Ein Transportunternehmer lässt die erforderliche Sorgfalt außer Acht, wenn er sich bei Beginn oder während des Transports lediglich auf die Behauptung des Ausländers verlässt, er sei im Besitz der erforderlichen Dokumente. Das gilt auch, wenn sich der Beförderungsunternehmer lediglich mit der Vorlage des Flugtickets begnügt, aus denen keine verlässlichen Schlüsse über den Besitz der erforderlichen Reisedokumente gezogen werden können.
63.1.3.2 Ein Luftfahrtunternehmen hat die Kontrolle nicht nur beim Einchecken, sondern auch unmittelbar am Flugzeugeinstieg vorzunehmen. Damit soll verhindert werden, dass zwischen dem

Einchecken und dem Betreten des Flugzeugs Manipulationen an oder mit den Einreisedokumenten stattfinden oder diese von kriminellen Schleusern wieder eingezogen werden, um sie anderweitig zu verwenden. Die Kontrollpflicht schließt auch Transitreisende ein, die während eines Zwischenstopps auf dem Flug nach Deutschland an Bord verbleiben, um zu verhindern, dass sie ohne erforderliche Einreisedokumente den Flug nach Deutschland fortsetzen. Für die Beförderung im Land-, See- und Binnenschiffsverkehr gilt entsprechendes.

63.1.3.3 Nach pflichtgemäßem Ermessen kann von Sanktionsmaßnahmen insbesondere dann abgesehen werden, wenn das vom Ausländer mitgeführte ge- oder verfälschte Grenzübertrittsdokument wegen der Qualität der vorgenommenen Manipulationen durch den Beförderungsunternehmer nicht als solches erkannt werden kann. Ein Beförderungsverbot greift daher nicht in Fällen, in denen der Ausländer zwar Reisedokumente besitzt, bei denen sich jedoch erst nach der Einreise eine Fälschung herausstellt, die der Beförderungsunternehmer nicht erkennen konnte.

63.2 Untersagung der Beförderung und Zwangsgeld
63.2.1 Verstößt der Beförderungsunternehmer gegen das gesetzliche Beförderungsverbot (§ 63 Abs. 1) oder liegen Anhaltspunkte dafür vor, dass die sich daraus ergebenden Pflichten nicht beachtet werden, kann das Bundesministerium des Innern im Einvernehmen mit dem Bundesministerium für Verkehr, Bau- und Wohnungswesen untersagen, Ausländer entgegen dem gesetzlichen Beförderungsverbot in das Bundesgebiet zu befördern. Im Rahmen der Ermessensausübung ist zu berücksichtigen, ob der Beförderungsunternehmer durch zumutbare Kontrollmaßnahmen die unerlaubte Beförderung hätte vermeiden können. Unvermeidbar sind zum Beispiel Dokumentenfälschungen, die von einem interessierten Laien nicht erkannt werden können.
63.2.2 Eine Abmahnung ist nicht erforderlich. Stattdessen ist die Untersagungsverfügung selbst künftig mit einer Anhörung nach § 28 VwVfG verbunden.
63.2.3 Das Zwangsgeld nach § 63 Abs. 2 Satz 1 soll zusammen mit der Untersagungsverfügung für den Fall der Zuwiderhandlung angedroht werden. Im Falle der Zuwiderhandlung ist das angedrohte Zwangsgeld festzusetzen. Die verwaltungsökonomische Verbindung von Androhung, Fristsetzung und rechtlichem Gehör in einem Schritt entspricht dem allgemeinen Verwaltungsverfahrensrecht. Die Zwangsgeldandrohung wird erst wirksam, wenn die gesetzte Frist verstrichen und keine Besserung eingetreten ist. In geeigneten Fällen kann vor einer Zwangsgeldandrohung zunächst eine Abmahnung ausgesprochen werden, ohne dass es dafür einer gesetzlichen Ermächtigung bedarf.
63.2.4 Widerspruch und Anfechtungsklage haben nach § 63 Abs. 2 Satz 2 keine aufschiebende Wirkung.

63.3 Höhe des Zwangsgeldes
Das Zwangsgeld wird für jeden Ausländer festgesetzt, der entgegen einer Verfügung nach § 63 Abs. 2 befördert wird. Die Erhebung und Beitreibung des Zwangsgeldes richtet sich nach Verwaltungsvollstreckungsrecht. Der Höchstbetrag des Zwangsgeldes wurde in Umsetzung des Art. 4 Abs. 1 Buchstabe a der Richtlinie 2001/51/EG des Rates vom 28. Juni 2001 zur Ergänzung der Regelungen nach Artikel 26 des Übereinkommens zur Durchführung des Übereinkommens von Schengen vom 14. Juni 1985 (ABl. L 187 vom 10. 7. 2001) mit 5000 Euro festgesetzt.

63.4 Vereinbarungen mit Beförderungsunternehmen
§ 63 Abs. 4 enthält eine gesetzliche Grundlage für die bereits in der Vergangenheit mit Beförderungsunternehmen abgeschlossenen Vereinbarungen („Memoranda of understanding"). Zuständige Behörde ist das Bundesministerium des Innern, das wiederum die Grenzschutzdirektion beauftragt hat. Es entspricht jedoch einem erheblichen praktischen Bedürfnis, mit den Beförderungsunternehmen weitergehende individuelle Vereinbarungen zu treffen, die auch das Zahlenverhältnis der unerlaubten Beförderungen zum gesamten Passagieraufkommen berücksichtigen und Bemühungen der Beförderungsunternehmen um verbesserte Kontrollen honoriert, etwa in Form einer Toleranzquote, bei deren Einhaltung keine Zwangsgelder erhoben werden. Weitere Inhalte der Vereinbarungen könnten Vereinbarungen über Schulungen des Personals, Gate-Überprüfungen oder den Informationsaustausch sein.

Übersicht

	Rn
I. Entstehungsgeschichte	1
II. Allgemeines	2
III. Beförderungsverbot	7
IV. Zwangsgeld	9
V. Vereinbarungen	12
VI. Verfahren und Rechtsschutz	13

I. Entstehungsgeschichte

1   Die Vorschrift stimmt mit dem **GesEntw** (BT-Drs 15/420 S. 25) voll überein. Hs 2 in Abs 2 S. 2 wurde mit Wirkung vom 18. 3. 2005 eingefügt (Art. 1 Nr 9 ÄndGes vom 14. 3. 2005, BGBl. I 721).

II. Allgemeines

2   Die Beförderungsunternehmern in §§ 63, 64 auferlegten Verpflichtungen sind Teil der auf europäischer Ebene verabredeten Maßnahmen zur Verhinderung illegaler Einwanderung (krit Cruz, ZAR 1991, 178; Hellenthal, ZAR 1993, 76; Renner, Rn 4/143 mwN) u. als solche sowohl mit Art. 33 GK als auch mit sonstigem VR vereinbar (BVerwG, EZAR 220 Nr. 3). Sie dienen vor allem der Umsetzung der durch Art 26 SDÜ u. die RL 2001/51/EG (Text in Teil 5 Nr 3.17) begründeten Verpflichtungen. Sie stehen für Luftfahrtunternehmer in Einklang mit Art. 13 Abk über die internationale Zivilluftfahrt (BGBl. 1956 II 411) u. dessen Anhang 9 (dazu BVerfG, EZAR 220 Nr. 5) u. für Reeder in Übereinstimmung mit Nr 3.15.1 der Anlage zum Übereink zur Erleichterung des internationalen Seeverkehrs (BGBl. 1967 II 2435, 1993 II 170). Für andere Beförderungsunternehmer fehlt es an derartigen besonderen Verpflichtungsnormen außerhalb des AuslG.

3   Die in §§ 63, 64 geregelten Verpflichtung sind **öffentlich-rechtlicher Art** u. mit Zwangsmitteln durchsetzbar. Sie sind zumeist als bloße **Risikohaftung** ausgestaltet u. insofern von einem Verschulden nicht abhängig. Die mit der erforderlichen **Kontrolle** verbundenen Vorkehrungen sind dem Beförderungsunternehmer im Grundsatz zumutbar.

4   **Bedenklich** erscheinen aber die ges Verpflichtung nach Abs 1 S. 1 u. die ges Ermächtigung des Abs 2 insoweit, als dem Beförderer uU unverhältnismäßige Kontroll- u. Sicherungsmaßnahmen abverlangt werden. Das Risiko ist noch dadurch vergrößert, dass er Ausl, die aus den Gründen des § 15 II, III zurückgewiesen werden, außer Landes zu bringen hat (§ 64 I). Er ist letztlich sowohl für eine effektive Kontrolle zu Beginn der Beförderung als auch für eine Sicherung während des Beförderungsvorgangs bis zum Erreichen der Grenzkontrolle verantwortlich. Von ihm kann aber billigerweise nicht (mittelbar) die Einrichtung eines eigenen aufwendigen **Kontrollsystems** verlangt werden, das über die staatl Kontrollen in anderen Staaten hinausgeht. Insb kann von ihm nicht erwartet werden, dass er absolut zuverlässige Vorsorgemaßnahmen gegen die Beförderung von Passagieren mit gefälschten Pässen trifft. Ob er sich durch Einsammeln u. Aufbewahren der Einreisedokumente gegen deren Verlust oder absichtliche Vernichtung durch die Passagiere während der Beförderung schützen kann u. muss, kann zumindest fraglich sein. Damit ist er bei einer nach dem Wortlaut allein möglichen extensiven Auslegung wohl überfordert (HessVGH, EZAR 220 Nr 2). Eine restriktive Auslegung (dafür OVG NRW, NVwZ 1989, 1090; VG Köln, InfAuslR 1992, 139; differenzierend Hellenthal, ZAR 1995, 76) erscheint kaum möglich, weil der Gesetzeswortlaut hierfür keinen Anhalt bietet u. damit der Umfang der Pflichten letztlich unbestimmt bliebe.

5   Insb geht es um folgende **Risiken,** die dem Beförderer ohne Rücksicht auf Kosten u. sonstigen Aufwand überbürdet werden u. für die er durch Rückbeförderung (§ 64) u. Zwangsgeld (Abs 3) einzustehen hat: Die Grenzkontrollen in manchen Staaten sind zT so ausgestaltet, dass sie vor oder nach dem Einchecken umgangen werden können; der Beförderer müsste also unmittelbar am Flugzeug eine Kontrolle vornehmen, was zT allein technisch unmöglich oder sicherheitspolizeilich untersagt ist. Der Passagier kann falsche Einreisepapiere vorlegen, die nur durch zeit- u. kostenaufwändige Untersuchungen als solche zu erkennen sind; dies verzögerte insgesamt u. im Einzelfall die Abfertigung ungewöhnlich u. zwänge den Beförderer zur Einrichtung eines Kontrollapparats ähnlich dem der staatl Grenzbehörden. Der Passagier kann die Dokumente während der Beförderung vernichten; dies

wäre durch Einsammeln u. Aufbewahren sowie Abgabe der Papiere an die Grenzbehörde des Zielstaats zu verhindern, ist aber gerade nicht ges geregelt worden, offenbar wegen der hiergegen vorgebrachten triftigen Einwendungen. Schließlich obliegt dem Beförderer eigentlich nicht die Überwachung des Passagiers vom Verlassen des Beförderungsmittels bis zur Grenzkontrolle; die Übernahme einer solchen Aufgabe erforderte nicht nur zusätzlichen personellen Einsatz, sondern Änderungen in der Organisation der Flug- u. Seehäfen.

Schließlich können Bedenken gegen die Beförderungsverbote deswegen bestehen, weil **6** damit das **AsylR** politisch Verfolgter **ausgehöhlt** wird; denn diesen kann das Fehlen ordnungsgemäßer Einreisepapiere nicht entgegengehalten werden (HessVGH, EZAR 220 Nr 2; aA OVG NRW, NVwZ 1989, 1095). Auch Asylsuchende unterliegen grundsätzlich der Visumspflicht, wobei hier dahinstehen kann, ob ihnen zum Zwecke der Asylantragstellung ein Visum erteilt werden kann (dazu Bierwirth, ZAR 1987, 64; Denninger/Rachor, ZAR 1988, 51; Halama, VBlBW 1988, 14; Kreßel, DÖV 1988, 501; Neußner, ZAR 1989, 17; Pfaff, InfAuslR 1981, 53; Quaritsch in Fschr Zeidler, S. 970). Es ist nicht von der Hand zu weisen, dass politisch Verfolgten durch das Beförderungsverbot die sonst bestehende Chance der Asylantragstellung ohne Pass u. Visum an der Grenze durch die Vorverlagerung der Kontrolle u. die Inpflichtnahme Privater (dazu Grabherr, NVwZ 1989, 38) genommen wird (Hellenthal, ZAR 1995, 76). Sowohl der subjektive Asylanspruch des jew Betroffenen als auch das Institut des Asyls als solches müssen in Gefahr geraten, wenn durch diese u. andere ges u. administrative Maßnahmen die Inanspruchnahme des AsylR verhindert wird (dazu auch Kracht, NVwZ 1989, 740; Pott, ZAR 1989, 45). Zumindest kann darin ein Verstoß gegen den objektiven Wertgehalt des AsylR gesehen werden (vgl BVerwG, EZAR 220 Nr 3; dazu BVerfG, EZAR 220 Nr 5).

III. Beförderungsverbot

Das ges Beförderungsverbot des Abs 1 betrifft nicht nur die Beförderung auf dem Luft- **7** oder Seeweg (anders noch § 74 I 1 AuslG), sondern auch andere **Verkehrswege.** Erfasst sind alle **Personen,** die der Passpflicht u. der AufTit-Pflicht unterliegen u. visumspflichtig sind, auch Asylbew (aA Neußner, ZAR 1989, 17). Es ist derselbe Personenkreis, dem wegen versuchter unerlaubter Einreise die Zurückweisung droht (vgl §§ 14, 15; dazu § 14 Rn 3–10; § 15 Rn 17).

Es braucht **kein individuelles Verbot** erlassen zu werden. Die vorgesehene Untersa- **8** gungsverfügung hat nur Bedeutung für die Ahndung von Verstößen mit Zwangsgeld. Das Ges bestimmt zwar nur positiv die Voraussetzungen für eine ordnungsgemäße Beförderung, untersagt damit aber zugleich eine Beförderung ohne deren Einhaltung u. zwingt die Beförderer zu entsprechenden Kontrollen. Die Kontrollpflichten sind nicht unmittelbar ges auferlegt, sie ergeben sich aber mittelbar aus Abs 1 u. den Rechtsfolgen einer Beförderung unter Verstoß gegen die ges Bedingungen (vgl § 64).

IV. Zwangsgeld

Im Falle des ges Beförderungsverbots kann der Beförderer, wenn Anlass hierzu besteht, **9** aufgefordert werden, eine **weitere Beförderung zu unterlassen.** Gleichzeitig kann ihm ein Zwangsgeld für jeden Fall der Zuwiderhandlung angedroht werden. Das Zwangsgeld muss in bestimmter Höhe für den Fall der Zuwiderhandlung angedroht werden (§ 13 V VwVG). Es ist freilich von der Verfassungsmäßigkeit des Transportverbots unmittelbar abhängig (dazu vgl Rn 3 ff). Zu den Kosten der Unterbringung von Asylbew auf Flughäfen vgl § 65 u. OLG Frankfurt, EZAR 229 Nr 1, aufgehoben durch BGH, EZAR 229 Nr 5.

Durch die nunmehrige Regelung ist klargestellt, dass es sich um ein Zwangsgeld nach **10** § 11 VwVG handelt (unklar noch § 18 V 3 AuslG 1965; dazu HessVGH, EZAR 220 Nr 2;

OVG Lüneburg, NVwZ 1989, 1095). Das Zwangsgeld ist insofern **unbedenklich,** als es ausschließlich präventiv wirkt (BVerwG, EZAR 605 Nr 5), es ges auch zur Durchsetzung einer Unterlassenspflicht zugelassen ist (§ 11 II VwVG) u. durch Ges von dem sonst geltenden Rahmen – 3 bis 2000 DM – (§ 11 III VwVG) abgewichen werden darf. Soweit der Mindestbetrag des Zwangsgeldes (1 000 bzw. 5000 Euro) fest vorgegeben ist (der Höchstbetrag entsprechend Art 4 I Bt a RL 2001/51/EG), bedeutet dies nicht, dass das angedrohte Zwangsgeld auch in jedem Fall fällig wird; es bedarf vielmehr der vorherigen Festsetzung (§ 14 VwVG), was die Feststellung der Zuwiderhandlung einschließt.

11   Indem das Ges ein Zwangsgeld nicht zwingend vorschreibt, sondern dessen Androhung in das **Ermessen** des BMI u. des BMVBW stellt u. außerdem vor der Zwangsgeldfestsetzung der Verstoß gegen das Transportverbot sicher festgestellt werden muss, ist die Möglichkeit eröffnet, auf die Besonderheiten des Einzelfalls Rücksicht zu nehmen. Dabei können vor allem die og Bedenken gegen die Verhältnismäßigkeit der Regelung (Rn 4) zumindest in diesem Rahmen beachtet werden, insb mangelndes Kontrollvermögen oder Verschulden des Beförderers, Kostenrelationen, Verhalten des Passagiers, Besonderheiten am Abflug- oder Zielflughafen (vgl dazu VG Köln, InfAuslR 1992, 139) u. auch ein verbessertes Kontrollsystem (OVG RhPf, EZAR 605 Nr 4).

V. Vereinbarungen

12   Die **Ermächtigung** zum Abschluss vertraglicher Vereinbarungen („memoranda of understanding" ermöglicht die Regelung von Einzelheiten der Durchführung von Kontrollmaßnahmen, Informationsaustausch, Schulungen u. Unterstützungsleistungen (dazu ausführlich Hellenthal, ZAR 1995, 76).

VI. Verfahren und Rechtsschutz

13   Den Anordnungen nach Abs 2 S. 1 geht eine Anhörung voraus; eine Abmahnung ist zwar nicht vorgeschrieben, aber zulässig. Soweit die Anordnung nicht durch den BMI erlassen wird (§ 68 I 2 Nr 1 VwGO), ist Widerspruch zulässig. **Anfechtungswiderspruch u. -klage** (§§ 42, 68 VwGO) haben keine aufschiebende Wirkung. **Vorläufiger Rechtsschutz** ist nach § 80 V VwGO zulässig. Auch ausländische juristische Personen sind (trotz Art 19 III GG) klagebefugt (OVG NRW, NVwZ 1989, 1090).

§ 64 Rückbeförderungspflicht der Beförderungsunternehmer

(1) Wird ein Ausländer zurückgewiesen, so hat ihn der Beförderungsunternehmer, der ihn an die Grenze befördert hat, unverzüglich außer Landes zu bringen.

(2) ¹Die Verpflichtung nach Absatz 1 besteht für die Dauer von drei Jahren hinsichtlich der Ausländer, die ohne erforderlichen Pass oder erforderlichen Aufenthaltstitel in das Bundesgebiet befördert werden und die bei der Einreise nicht zurückgewiesen werden, weil sie sich auf politische Verfolgung oder die in § 60 Abs. 2, 3 oder 5 bezeichneten Umstände berufen. ²Sie erlischt, wenn dem Ausländer ein Aufenthaltstitel nach diesem Gesetz erteilt wird.

(3) Der Beförderungsunternehmer hat den Ausländer auf Verlangen der mit der polizeilichen Kontrolle des grenzüberschreitenden Verkehrs beauftragten Behörden in den Staat, der das Reisedokument ausgestellt hat oder aus dem er befördert wurde, oder in einen sonstigen Staat zu bringen, in dem seine Einreise gewährleistet ist.

Rückbeförderungspflicht der Beförderungsunternehmer § 64 AufenthG 1

Vorläufige Anwendungshinweise

64 Zu § 64 Rückbeförderungspflicht der Beförderungsunternehmer

64.1 Rückbeförderung nach Zurückweisung
64.1.1 Die Rückbeförderungspflicht knüpft an die Zurückweisung i. S. v. § 15 an, für die nach § 71 Abs. 3 Nr. 1 die Grenzbehörde sachlich zuständig ist. Die Rückbeförderungspflicht erstreckt sich auch auf die Fälle der Zurückweisung wegen Einreiseverweigerung nach §§ 18 Abs. 2 und 18 a Abs. 3 Satz 1 AsylVfG. Erfasst ist auch der Ausländer, dem im Transit die Einreise verweigert wurde.
64.1.2 Der Beförderungsunternehmer ist verpflichtet, im Rahmen der Zurückweisung auf seine Kosten den Ausländer mit einem zugelassenen Transportfahrzeug in den Zielstaat zu befördern. Sowohl der Beförderungsunternehmer als auch der Ausländer haften für die Kosten einer Ersatzvornahme, wenn z. B. der Beförderungsunternehmer nicht in der Lage ist, ein für den Transport zugelassenes Fahrzeug unverzüglich bereitzustellen (§ 66 Abs. 3 Satz 1).
64.1.3.1 Bei dem Beförderungsunternehmer i. S. v. § 64 Abs. 1 handelt es sich um einen deutschen oder ausländischen Gewerbetreibenden im In- oder Ausland, der Personentransporte oder Gütertransporte durchführt und hierbei auch Ausländer auf dem Luft-, See- oder Landweg mit einem entsprechenden Transportmittel (z. B. Flugzeug, Schiff, Bus, Pkw) an die deutsche Grenze bringt bzw. ihnen auf diesem Wege die Anwesenheit im Transitbereich deutscher Flughäfen ermöglicht. Im Luftverkehr ist in erster Linie die Fluggesellschaft, die den Ausländer transportiert, Beförderungsunternehmer und zum Rücktransport verpflichtet.
64.1.3.2 Die Inanspruchnahme eines Beförderungsunternehmers im Rahmen der gesetzlichen Rückbeförderungspflicht setzt voraus, dass seine Verantwortlichkeit mittels geeigneter Beweismittel (z. B. Aussage des Ausländers, Fahr- oder Flugschein) hinreichend dargelegt werden kann. Etwaige besondere privatrechtliche Regelungen zwischen Beförderungsunternehmen hinsichtlich der Verantwortlichkeit für die Einhaltung gesetzlicher oder behördlicher Verpflichtungen bleiben grundsätzlich außer Betracht.
64.1.4 Die Rückbeförderungspflicht nach § 64 Abs. 1 besteht unabhängig von dem Grund der Zurückweisung. Es ist unerheblich, ob der Unternehmer oder der Ausländer die Zurückweisung verschuldet und sich deswegen strafbar gemacht hat oder ob der Beförderungsunternehmer die Kontrollpflicht nach § 64 Abs. 1 verletzt hat. Sie besteht auch für den Fall einer Zurückweisungsentscheidung im Wege des Ermessens nach § 15 Abs. 2 oder 3.
64.1.5 Das Vorhandensein eines Transportvertrags, seine vertragliche Ausgestaltung und rechtliche Beurteilung (z. B. Nichtigkeit des Vertrags wegen Sittenwidrigkeit) sind für das Bestehen der Rückbeförderungspflicht unerheblich. Ebenso wenig ist der Umstand erheblich, dass es sich bei dem Ausländer um einen sog. blinden Passagier handelt, für den der Beförderungsunternehmer keine Verantwortung tragen will. Mangelndes Verschulden schließt die Rückbeförderungspflicht nicht aus.
64.1.6.1 Der Beförderungsunternehmer hat die Rückbeförderung nach Aufforderung der Grenzbehörde unverzüglich durchzuführen. Ihm ist grundsätzlich Gelegenheit zur eigenen Durchführung zu geben. Die Grenzbehörde setzt hierfür eine Frist in der Aufforderung fest. Der Beförderungsunternehmer hat die Möglichkeit, die Beförderung auf seine Kosten durch einen anderen Beförderungsunternehmer durchführen zu lassen, wenn dadurch der Vollzug einer unverzüglichen Zurückweisung nicht gefährdet wird.
64.1.6.2 Ist dem Beförderungsunternehmer eine unverzügliche Rückbeförderung nicht möglich, kann er nicht verlangen, dass der Rücktransport mit eigenen Transportmitteln erfolgt. In den Fällen, in denen ein Beförderungsunternehmer den Transport auf dem Landweg durchgeführt hat und für die Rückbeförderung des Ausländers die erforderlichen Durchreisesichtvermerke nicht vorhanden sind, kommt eine Zurückweisung auf dem Luftwege in Betracht.
64.1.6.3 Eine Durchführung durch den Beförderungsunternehmer kommt insbesondere dann nicht in Betracht (Ersatzvornahme), wenn
– sie nach den Umständen des Einzelfalls nicht unverzüglich durchgeführt werden kann (aufgrund der Besonderheiten des Verkehrsträgers) oder
– sich der Beförderungsunternehmer weigert, seinen Verpflichtungen nachzukommen.
Die Durchführung der Ersatzvornahme richtet sich nach dem Verwaltungsvollstreckungsgesetz des Bundes. Die Art und Weise der Durchführung bestimmt die Grenzbehörde nach pflichtgemäßem Ermessen.
64.1.7 Ist eine Begleitung des Ausländers erforderlich, hat der Beförderungsunternehmer auch das amtliche Begleitpersonal auf seine Kosten zu befördern (§ 67 Abs. 1 Nr. 3). Die für die Rückführung zuständige Grenzbehörde hat aufgrund einer Gefahrenprognose nach pflichtgemäßem Ermessen zu entscheiden, ob und in welchem Umfang eine Begleitung erforderlich ist. Im Fall einer Rückführung

nach § 64 Abs. 2 hat die Grenzbehörde entsprechende Erkenntnisse der Ausländerbehörde in diese Erwägungen einzubeziehen und aktenkundig zu machen (z. B. Ausweisung des Ausländers wegen Gewalttaten). Der Beförderungsunternehmer kann den Ausländer auch selbst begleiten oder mit geeignetem Personal begleiten lassen (§ 67 Abs. 2 Nr. 3). Eine amtliche Begleitung kommt jedoch in Betracht, wenn dies der andere Beförderungsunternehmer verlangt.

64.1.8 Kann die Rückbeförderung nicht sofort durchgeführt werden, ist die entsprechende Verpflichtung durch Sicherheitsleistung nach § 66 Abs. 5 oder eine verbindliche Erklärung zur Rückbeförderung (Garantieerklärung), auch in Form einer selbstschuldnerischen Bürgschaft abzusichern, die auch etwaige Ersatzvornahmekosten sowie die Kosten für eine erforderliche amtliche Begleitung einschließt.

64.2 Rückbeförderung in sonstigen Fällen

64.2.1 Die Rückbeförderungspflicht besteht in den Fällen des § 64 Abs. 2 nach der Einreise des Ausländers für die Dauer von drei Jahren fort. Die Frist beginnt mit dem Tag, an dem die Einreise des Ausländers erfolgt ist. Aufenthaltszeiten im Transitbereich eines Flughafens oder in einem Seehafen sowie im Rahmen des Flughafenverfahrens gemäß § 18 a AsylVfG sind auf die Drei-Jahres-Frist nicht anzurechnen, da der Ausländer in diesen Fällen noch nicht eingereist ist.

64.2.2 Die Pflicht zur Rückbeförderung erlischt, wenn dem Ausländer ein Aufenthaltstitel nach dem Aufenthaltsgesetz erteilt wird. Die Ausstellung einer Bescheinigung über die Aufenthaltsgestattung oder die Bescheinigung der Aussetzung der Abschiebung führen jedoch nicht zum Wegfall der Rückbeförderungspflicht.

64.3 Bestimmung des Zielstaates

64.3.1 Nach § 64 Abs. 3 kommt als Zielstaat der Rückbeförderung der Staat in Betracht,
– der das Reisedokument ausgestellt hat,
– aus dem der Ausländer befördert wurde oder
– in den die Einreise gewährleistet ist.

Die Grenzbehörde bestimmt den Zielstaat nach pflichtgemäßem Ermessen. Zu prüfen ist, ob der Zielstaat zur Aufnahme des Ausländers verpflichtet oder bereit ist, und ob Zurückweisungshindernisse entsprechend § 60 Abs. 1 bis 3, 5, 6 bestehen.

64.3.2 Bei der Ermessensentscheidung, in welchen Staat der Ausländer zurückgewiesen werden soll, sind in erster Linie die Interessen Deutschlands und der Schengen-Staaten bedeutsam. Die Auswahl erfolgt unter dem Gesichtspunkt einer effektiven Zurückweisung. Dabei können auch die Belange des Ausländers und der Beförderungsunternehmer angemessen berücksichtigt werden. Kann die Rückbeförderung nur über einen Flughafen eines Schengen-Staates erfolgen, ist die Grenzbehörde des betreffenden Schengen-Staates rechtzeitig zu unterrichten.

64.3.3 Von der Inanspruchnahme eines Beförderungsunternehmers und der Bestimmung eines Zielstaats kann abgesehen werden, wenn der Ausländer unverzüglich in einen Staat weiterreisen will, in den er einreisen darf und er die Kosten für die Weiterreise aus eigenen Mitteln bestreitet (siehe Nummer 50.4). Die Weiterreise ist zu überwachen (z. B. Grenzübertrittsbescheinigung).

Übersicht

	Rn
I. Entstehungsgeschichte	1
II. Allgemeines	2
III. Rückbeförderung nach Zurückweisung	3
IV. Rückbeförderung in anderen Fällen	8
V. Verwaltungsverfahren und Rechtsschutz	14

I. Entstehungsgeschichte

1   Die Vorschrift stimmt in vollem Umfang mit dem **GesEntw** überein (BT-Drs 15/420 S. 25).

II. Allgemeines

2   Die Verpflichtung zur Rückbeförderung im Falle der Zurückweisung wird ergänzt durch das **Transportverbot** nach § 63 u. die **Kostenpflicht** nach § 66 III. Sie bestand schon aufgrund § 18 IV 1 AuslG 1965 u. wurde dann durch Einfügung des § 18 IV 2 AuslG 1965

(Art 3 Nr 1 ÄndGes 1987) auf Asylbew ausgedehnt. Nunmehr ist sie auf die Beförderung ohne erforderlichen Pass u. die Fälle der Abschiebungshindernisse des § 60 u. mit Inkrafttreten des SDÜ auf sonstige Zielstaaten (vgl Art 26 SDÜ) erweitert. Die Rückbeförderungspflicht ist Teil der auf europäischer Ebene verabredeten Maßnahmen zur Verhinderung illegaler Einwanderung, stellt sich als öffentlich-rechtliche Verpflichtung dar u. kann trotz einiger Bedenken grundsätzlich als verfassungskonform angesehen werden (näher § 63 Rn 2–6; speziell zur Rückbeförderung BVerwG, EZAR 055 Nr 2 u. 3).

III. Rückbeförderung nach Zurückweisung

Die Pflicht zur unverzüglichen Rückbeförderung nach Einreiseverweigerung trifft jede **3** natürliche oder juristische Person, die gewerbsmäßig Personen zu Land, Luft oder Wasser befördert (vgl Art 1 SDÜ), wobei es weder auf Herkunft oder Sitz des Unternehmens noch auf die Rechtmäßigkeit der Beförderung („Schlepper" sind einbegriffen) ankommt (Renner, AiD Rn 4/149–152). Sie schließt sich unmittelbar an die Maßnahmen der Grenzbehörde nach § 15 I bis III an. Der **Grund der Zurückweisung** ist gleichgültig, ebenso deren Rechtmäßigkeit (BVerwG, EZAR 055 Nr 3; HessVGH, EZAR 055 Nr 1). Sie braucht nicht darauf zu beruhen, dass der Ausl kein erforderliches Visum oder keinen Pass oder Passersatz besitzt u. vorweisen kann. Betroffen sind zB auch Fälle, in denen der Ausl objektiv einen Ausweisungstatbestand verwirklicht hat oder der begründete Verdacht unzutreffender Angaben über den wahren Aufenthaltszweck besteht (§ 15 II). Nicht erfasst sind Ausl, die zurückgeschoben werden (§ 57), die Grenzkontrolle also unbeanstandet durchlaufen oder aber umgangen haben.

Der Beförderungsunternehmer ist nur gehalten, den Ausl **außer Landes** zu bringen. Auf **4** die damit verbundenen Unterschiede je nach Beförderungsart kommt es grundsätzlich nicht an. Insb ist auf den im Luftverkehr erforderlichen erheblichen finanziellen Aufwand nicht abgehoben. Der Beförderungsunternehmer hat den Ausl entweder nur außer Landes zu schaffen oder aber auf Verlangen der Grenzbehörde in den Herkunftsstaat oder in denjenigen Staat zu bringen, der das Reisedokument ausgestellt hat, aus dem der Ausl befördert wurde oder in den die Einreise gewährleistet ist.

Gegen die Pflicht zur Rückbeförderung, insbes gegen die verschuldensunabhängige **5** Risikohaftung bestehen **keine** grundsätzlichen verfassungsrechtlichen **Bedenken.** Insb ist der grundrechtliche Schutz politisch Verfolgter nach Art. 16 a GG nicht berührt (BVerwG, EZAR 055 Nr 2 u. 3). Sie dürfen nämlich an der Grenze nicht wegen Nichtbesitzes von Einreisedokumenten zurückgewiesen werden (§ 63 Rn 6; vgl auch Rn 11).

Sie ist aber im Einzelfall zu begrenzen durch das aus dem Rechtsstaatsprinzip fließende **6** Verbot der **Unverhältnismäßigkeit.** Von dem Beförderungsunternehmer kann billigerweise die Kontrolle des Besitzes der Pass- u. sonstigen Einreisedokumente verlangt werden. Hierzu bedarf es nur der Kenntnis der für Deutschland geltenden Einreisevorschriften, die von den international üblichen Normen jedenfalls nicht signifikant abweichen, u. entsprechender Kontrollmaßnahmen. Soweit die dazu notwendigen Überprüfungen aber das Personal eindeutig überfordern u. zudem die Abfertigung der Passagiere unangemessen verzögern, kann sich die uneingeschränkte Rückbeförderungspflicht als eine unverhältnismäßige Folge der Beförderung darstellen (zu Umfang u. Grenzen der Kontrollpflichten VG Köln, InfAuslR 1992, 139). „Blinde Passagiere" u. „Einschleicher" können dagegen bei gehöriger Kontrolle festgestellt werden (Westphal, ZAR 2000, 218).

Von dem Beförderungsunternehmer kann nicht (mittelbar) die Einrichtung eines eigenen **7** aufwendigen **Kontrollsystems** verlangt werden, das über die staatl Kontrollen in anderen Staaten hinausgeht (§ 63 Rn 4). Insb kann von ihm nicht erwartet werden, dass er absolut zuverlässige Vorsorgemaßnahmen gegen die Beförderung von Passagieren mit gefälschten Pässen trifft (§ 63 Rn 4). Noch bedenklicher ist das Risiko, das ihm dadurch aufgebürdet wird, dass er auch Ausl, die aus den Gründen des § 15 II, III zurückgewiesen werden, außer Landes zu bringen hat.

IV. Rückbeförderung in anderen Fällen

8   Die Rückbeförderungspflicht des Abs 2 unterscheidet sich im Tatbestand erheblich von der des Abs 1. Sie trifft nur einen genau **abgegrenzten Personenkreis** u. nicht Ausl allg Sie greift nicht spontan an der Grenze ein u. ist nicht an eine bestimmte Art aufenthaltsbeendender Maßnahme gebunden. Der Umfang der Verpflichtung ist zwar derselbe wie nach Abs 1, insb der mögliche Zielstaat (Rn 4). Die Rückbeförderungspflicht besteht allerdings drei Jahre lang, beginnend mit der Einreise, u. endet vorzeitig nur bei zwischenzeitlicher Erteilung eines AufTit, wobei es auf die Art des AufTit (§ 4 I 2) nicht ankommt.

9   Der Ausl muss ohne erforderliche Einreisedokumente eingereist sein; hinsichtlich der Visumspflicht kommt es nicht darauf an, ob sie allein wegen der StAng des Ausl besteht. Für die **Erforderlichkeit** von Pass u. Visum bleibt unberücksichtigt, dass politisch Verfolgten der Nichtbesitz dieser Dokumente nicht entgegengehalten werden darf (BVerwGE 62, 215). Es wird nur auf die objektive Notwendigkeit abgestellt.

10 Die Einreise muss nach **ordnungsgemäßer Grenzkontrolle** erfolgt sein. Eine offene oder verdeckte Umgehung der Grenzkontrolle erfüllt den Tatbestand ebenso wenig wie die sonstige Einreise ohne Berufung auf die genannten Abschiebungshindernisse. Abs 2 stellt insoweit nur eine Sonderregelung zu Abs 1 dar. Nur wenn es aus den im Ges bezeichneten Gründen nicht zu einer Zurückweisung gekommen ist, soll der Beförderungsunternehmer für die Rückbeförderung einstehen müssen. Die Zurückweisungs- u. Abschiebungshindernisse drohender Folter, Todesstrafe oder (sonstiger) unmenschlicher oder erniedrigender Behandlung müssen dem Inhalt, nicht unbedingt der Form nach geltend gemacht sein u. die Zurückweisung verhindert haben. Die Kausalität für das Unterlassen der Zurückweisung muss geklärt sein.

11 Gegen diese Ausgestaltung der verschuldensunabhängigen Haftung des Beförderungsunternehmers könnten deshalb grundsätzliche **Bedenken** bestehen, weil dieser (mittelbar) dazu angehalten wird, potentielle Asylbewerber vom Bundesgebiet fernzuhalten. Diese Gefahr besteht indes bei zutreffender Auslegung des Abs 2 nicht. Danach hat der Beförderungsunternehmer nur die üblichen Einreisepapiere zu überprüfen, was jedenfalls im Grundsatz verfassungsrechtlich nicht zu beanstanden ist (vgl dazu BVerfG, EZAR 220 Nr 5). Da die Geltendmachung von Zurückweisungshindernissen der genannten Art an der Grenze für ihn nicht vorhersehbar ist, erscheint es ausgeschlossen, dass er die Beförderung politisch Verfolgter wegen der ihn treffenden Rückbeförderungspflicht ablehnt (iÜ § 63) u. damit (mittelbar) zur Verhinderung der Inanspruchnahme des Grundrechts aus Art 16 a I GG beiträgt (betr Beförderungsverbot vgl BVerwG, EZAR 220 Nr 3 u. dazu BVerfG, EZAR 220 Nr 5).

12 Wer tatsächlich **politisch verfolgt** ist, unterliegt nicht der Rückbeförderung. Er wird entweder innerhalb von drei Jahren als Asylber oder als Flüchtling anerkannt (§§ 13, 31 AsylVfG iVm Art 16 a I GG oder § 60 I) u. erhält eine AE (§ 25 I oder II), oder er besitzt (noch immer) eine AufGest (§ 55 AsylVfG), die einer Ausreise gegen seinen Willen entgegensteht.

13 Allerdings begrenzt der Grundsatz der **Verhältnismäßigkeit** die Pflichten des Beförderungsunternehmers hier ebenso wie nach Abs. 1. Abgesehen von den dort zu beachtenden Differenzierungen (Rn 6 f) ist hier zu berücksichtigen, dass die Berufung auf die genannten Zurückweisungs- u. Abschiebungshindernisse für den Beförderer nicht vorhersehbar ist. Er hat nur den Besitz der Einreisepapiere zu überprüfen; insoweit gelten aber dieselben Anforderungen wie nach Abs 1 (Rn 6 f).

V. Verwaltungsverfahren und Rechtsschutz

14 Die Rückbeförderung wird dem Beförderungsunternehmer durch AuslBeh (§ 71 I) oder Grenzbehörde (§ 71 IV Nr 5 u. 6) mit VA aufgegeben. Mit dieser Verfügung wird auch der

Pflichten der Flughafenunternehmer § 65 **AufenthG** 1

Zielstaat gemäß Abs 3 bestimmt u. Gelegenheit gegeben, ein anderes als das eigene Transportmittel einzusetzen. Mit ihr kann zudem die **Unverzüglichkeit konkretisiert** werden, zB durch Bestimmung einer Frist anhand des Flugplans des Unternehmens. Da aber letztlich die zT unvorhersehbaren Einzelfallumstände für die tatsächliche Möglichkeit der Rückbeförderung maßgeblich sind, insbes Verspätungen, Kapazität u. Ausbuchung eigener u. fremder Maschinen, lässt sich oft erst im Nachhinein beurteilen, ob die Rückbeförderung unverzüglich war (HessVGH, EZAR 055 Nr 1). Die Ersatzvornahme kann angedroht werden, hierfür muss aber eine eigene Frist gesetzt werden (HessVGH, EZAR 055 Nr 1).

Gegen die Rückbeförderungsanordnung ist **Anfechtungswiderspruch u. -klage** gegeben (§§ 42, 68 VwGO). Diese entfalten aufschiebende Wirkung (§ 80 I VwGO). Falls der VA für sofort vollziehbar erklärt wird, ist vorläufiger Rechtsschutz nach § 80 V VwGO möglich. 15

§ 65 Pflichten der Flughafenunternehmer

Der Unternehmer eines Verkehrsflughafens ist verpflichtet, auf dem Flughafengelände geeignete Unterkünfte zur Unterbringung von Ausländern, die nicht im Besitz eines erforderlichen Passes oder eines erforderlichen Visums sind, bis zum Vollzug der grenzpolizeilichen Entscheidung über die Einreise bereitzustellen.

Vorläufige Anwendungshinweise

65 Zu § 65 Pflichten der Flughafenunternehmer
65.1 Die vom Flughafenunternehmer bereitzustellenden Unterkünfte müssen für eine zeitlich begrenzte Unterbringung geeignet sein, deren Dauer sich nach der Dauer des Verfahrens hinsichtlich der Entscheidung über die Einreise und deren Vollzug bestimmt. Untergebracht werden insbesondere Ausländer, über deren Einreise im Rahmen des § 18 a AsylVfG entschieden wird. Die Verpflichtung zur Unterbringung besteht bis zum Vollzug der Entscheidung der Grenzbehörde über die Einreise.
65.2 In der Unterkunft müssen Schlafgelegenheiten und Hygieneeinrichtungen vorhanden sowie Verpflegung, ärztliche und sonstige Versorgung möglich sein. Die Unterkunft muss eine nach Geschlechtern getrennte Unterbringung ermöglichen. Sie muss für den Aufenthalt von Familien mit Kindern und unbegleiteten Minderjährigen geeignet sein.
65.3 Die bereitzustellenden baulichen Anlagen müssen so gestaltet sein, dass Ausländer nicht ohne weiteres aus der Unterkunft entweichen können, und die Überwachung der Ausländer durch die Grenzbehörde zur Verhinderung der unerlaubten Einreise unterstützt wird.
65.4 Für die Abwehr von Gefahren für die öffentliche Sicherheit und Ordnung in der Unterkunft sind die Polizeien der Länder nach Polizeirecht zuständig.
65.5 Für die Kosten der Unterbringung, Verpflegung und sonstigen Versorgung des Ausländers, die von seiner Ankunft auf dem Flughafen bis zum Vollzug der Entscheidung über die Einreise entstehen, haftet im Fall der Zurückweisung der Ausländer und neben ihm der Beförderungsunternehmer, der den Ausländer auf den deutschen Flughafen transportiert hat (§ 66 Abs. 3 Satz 1 i. V. m. § 67 Abs. 2 Nr. 2). Die Kostenabwicklung (Kostenfestsetzung, Beitreibung) obliegt der Grenzbehörde.

I. Entstehungsgeschichte

Die Vorschrift entspricht dem **GesEntw** (BT-Drs 15/420 S. 25). 1

II. Bereitstellen von Unterkünften

Der Betreiber eines Verkehrsflughafens hat Unterkünfte zur Unterbringung bereitzustellen, also entweder zu errichten oder sonst zur Verfügung zu stellen. Diese müssen **zur** 2

Unterbringung geeignet sein, also einen Aufenthalt für eine gewisse Dauer ermöglichen. Ein bestimmter Standard ist nicht vorgeschrieben, ergibt sich aber aus der Zweckbestimmung. Vor allem Verpflegung, ärztliche Versorgung u. Schlafen müssen in diesen Räumen ermöglicht werden können; der Betreiber des Flughafens ist aber für diese u. andere Versorgungsleistungen nicht verantwortlich. Das Bereitstellen von Büroräumen für die Abwicklung des Verf über die Einreise gehört nicht dazu. Unterkünfte sind nur erforderlich, soweit über die normalen Grenzkontrollen hinaus ein Aufenthalt im Transitbereich notwendig wird. Mit Rücksicht auf die Zusammensetzung der in Betracht kommenden Gruppen sind nach Geschlecht getrennte Unterbringungsmöglichkeiten vorzuhalten. Außerdem ist auf die besonderen Bedürfnisse von Kindern u. Jugendlichen sowie Behinderten Rücksicht zu nehmen.

3   Die **Lage** der Unterkunftsräume muss gestaltet sein, dass mit deren Betreten nicht bereits die Einreise verbunden ist. Sie brauchen aber nicht unbedingt vor der grenzpolizeilichen Kontrollstelle (Transitbereich; dazu BVerfGE 94, 166) zu liegen (so aber GesEntw 1993, BT-Drs 12/4450 S. 34). Maßgeblich ist insofern allein die Fortdauer der Grenzkontrolle, die allerdings nur durch die Begleitung durch Grenzpolizei zu gewährleisten ist u. einen hohen Aufwand verursachte (so auch GesEntw aaO; vgl auch die Klarstellung in § 15 II 2).

4   Zu dem **Personenkreis** gehören allg Ausl ohne die erforderlichen Einreisepapiere. Asylbew aus sicheren Herkunftsstaaten während des Verf nach § 18 a AsylVfG zählen nicht dazu, sofern sie über einen erforderlichen Pass u. ein erforderliches Visum verfügen. Es kommt nicht auf die Art der fehlenden Dokumente oder der hierdurch verursachten Schwierigkeiten bei der Grenzkontrolle an, nur auf das Fehlen der erforderlichen Reisedokumente. Falsche oder verfälschte Pässe oder Visa stehen fehlenden Papieren gleich.

5   Die **Dauer** des Aufenthalts, für den durch Bereitstellen von Unterkünften vorzusorgen ist, ist begrenzt durch den Vollzug der Entscheidung über die Einreise. Es kommt also auf den Zeitpunkt an, in dem der Ausl tatsächlich einreist oder das Bundesgebiet verlässt. Letzteres kann ua durch den Flugplan verzögert werden. In den Fällen des § 18 a AsylVfG muss zunächst die Entscheidung des BAMF u. ggf die des VG über den Eilantrag abgewartet werden, bevor von der Grenzpolizei über die Einreise entschieden werden kann (zur Frage der Freiheitsentziehung vgl vor allem Göbel-Zimmermann in Huber, Art 16 a GG Rn 73; Lehnguth/Maaßen, DÖV 1997, 316; de Wyl, ZAR 1997, 82; OLG Frankfurt, EZAR 048 Nr 32).

6   Die Tragung der **Kosten** der Unterbringung ist nicht ausdrücklich geregelt. Die Betreiber der Flughäfen sind vom Gesetzgeber zur Bereitstellung verpflichtet worden, weil die Flugunternehmen hierzu faktisch nicht in der Lage seien; diese müssten aber letztlich für die Kosten nach §§ 66 III, 67 II Nr 2 aufkommen (vgl BT-Drs 12/4450 S. 34). Damit verbleibt aber für die Betreiber der Flughäfen die Frage, wem gegenüber sie die ihnen entstehenden Kosten geltend machen können. Da die Grenzkontrolle eine öffentlich-rechtliche Aufgabe darstellt, konnte der Flughafenbetreiber die Kosten vor 1990 nicht von den Fluglinien ersetzt verlangen (BGH, EZAR 229 Nr 5). Ansonsten ist streitig, ob der Bund die entstehenden Kosten zu tragen hat (so Göbel-Zimmermann, ZAR 1995, 166; Kugelmann, ZAR 1994, 158; OLG Frankfurt, EZAR 229 Nr 6) oder das jew Bundesland aufgrund der allg Kompetenzverteilung nach Art 30, 83 GG (so Lehnguth/Maaßen, DÖV 1997, 316; Maaßen/de Wyl, ZAR 1997, 9; de Wyl, ZAR 1997, 82; BGH, EZAR 229 Nr 7). Nach letzterer Ansicht steht den Flughafenbetreibern gegenüber dem jew Land u. nicht gegenüber dem Bund ein öffentlich-rechtlicher Anspruch auf Erstattung der Kosten für die von ihnen zur Verfügung gestellten Räume zur vorläufigen Unterbringung von Asylbew zu. Dieses Bundesland kann sie dann uU durch Leistungsbescheid von einem der in § 66 bestimmten Kostenschuldner zur Zahlung anfordern. Die Flughäfen können sich ihrerseits an das Land halten u. brauchen nicht dessen Kosteneintreibung abzuwarten.

§ 66 Kostenschuldner; Sicherheitsleistung

(1) Kosten, die durch die Durchsetzung einer räumlichen Beschränkung, die Zurückweisung, Zurückschiebung oder Abschiebung entstehen, hat der Ausländer zu tragen.

(2) Neben dem Ausländer haftet für die in Absatz 1 bezeichneten Kosten, wer sich gegenüber der Ausländerbehörde oder der Auslandsvertretung verpflichtet hat, für die Ausreisekosten des Ausländers aufzukommen.

(3) [1] In den Fällen des § 64 Abs. 1 und 2 haftet der Beförderungsunternehmer neben dem Ausländer für die Kosten der Rückbeförderung des Ausländers und für die Kosten, die von der Ankunft des Ausländers an der Grenzübergangsstelle bis zum Vollzug der Entscheidung über die Einreise entstehen. [2] Ein Beförderungsunternehmer, der schuldhaft einer Verfügung nach § 63 Abs. 2 zuwiderhandelt, haftet neben dem Ausländer für sonstige Kosten, die in den Fällen des § 64 Abs. 1 durch die Zurückweisung und in den Fällen des § 64 Abs. 2 durch die Abschiebung entstehen.

(4) [1] Für die Kosten der Abschiebung oder Zurückschiebung haftet, wer den Ausländer als Arbeitnehmer beschäftigt hat, wenn diesem die Ausübung der Erwerbstätigkeit nach den Vorschriften dieses Gesetzes nicht erlaubt war. [2] In gleicher Weise haftet, wer eine nach § 96 strafbare Handlung begeht. [3] Der Ausländer haftet für die Kosten nur, soweit sie von dem anderen Kostenschuldner nicht beigetrieben werden können.

(5) [1] Von dem Kostenschuldner kann eine Sicherheitsleistung verlangt werden. [2] Die Anordnung einer Sicherheitsleistung des Ausländers oder des Kostenschuldners nach Absatz 4 Satz 1 und 2 kann von der Behörde, die sie erlassen hat, ohne vorherige Vollstreckungsanordnung und Fristsetzung vollstreckt werden, wenn andernfalls die Erhebung gefährdet wäre. [3] Zur Sicherung der Ausreisekosten können Rückflugscheine und sonstige Fahrausweise beschlagnahmt werden, die im Besitz eines Ausländers sind, der zurückgewiesen, zurückgeschoben, ausgewiesen oder abgeschoben werden soll oder dem Einreise und Aufenthalt nur wegen der Stellung eines Asylantrages gestattet wird.

Vorläufige Anwendungshinweise

66 Zu § 66 Kostenschuldner; Sicherheitsleistung

66.1 Kostentragungspflicht des Ausländers
Bei den in § 66 Abs. 1 genannten Kosten der Abschiebung, Zurückschiebung oder Zurückweisung handelt es sich um spezielle Aufwendungen, die mit der Aufenthaltsbeendigung des Ausländers verbunden sind. Kostenschuldner ist grundsätzlich der Ausländer. Die Kosten werden nach § 67 Abs. 3 Satz 1 durch Leistungsbescheid erhoben. Wird eine kostenpflichtige Maßnahme im Wege der Amtshilfe durchgeführt, hat die ersuchende Behörde der Amtshilfe leistenden Behörde die dieser nach § 8 VwVfG bzw. Landesrecht zustehenden Kosten zu erstatten (siehe Nummern 71.1.5, 67.1.4 und 67.3.0.1).

66.2 Haftung des Verpflichtungsschuldners
66.2.1 Die Erteilung oder Verlängerung eines Aufenthaltstitels kann an die Bedingung geknüpft werden, dass ein Dritter (Verpflichtungsschuldner) die erforderlichen Ausreisekosten oder den Unterhalt des Ausländers für einen bestimmten Zeitraum zu tragen bereit ist. Die Verpflichtung, die Ausreisekosten zu tragen, soll schriftlich abgegeben und in der Regel mit der Verpflichtung nach § 68, die Kosten für den Lebensunterhalt eines Ausländers zu tragen, verbunden werden. Die Verpflichtungserklärung ist gegenüber der nach § 71 Abs. 1 oder 2 zuständigen Behörde unter Verwendung des amtlich vorgeschriebenen Vordrucks abzugeben. Sie ist auf Verlangen den Grenzbehörden bei der Einreise vorzulegen. In Fällen, in denen ein gesetzlicher Anspruch auf Erteilung eines Aufenthaltstitels besteht, darf keine Verpflichtung verlangt werden, die Ausreisekosten zu tragen; eine Sicherheitsleistung kommt insoweit nicht in Betracht.
66.2.2 In den Fällen des § 66 Abs. 2 und 3 haftet neben dem Ausländer der Verpflichtungsschuldner bzw. Beförderungsunternehmer gleichrangig. Die nach § 71 zuständige Behörde hat insoweit ein Auswahlermessen, an welchen der Kostenschuldner (Gesamtschuldner) sie sich halten will.

66.2.3 Die Ausreisekosten sind aus einer Sicherheitsleistung zu decken, die nach § 66 Abs. 5 Satz 1 vor der Einreise von den in § 71 Abs. 1 bis 3 genannten Behörden oder nach der Einreise von den in § 71 Abs. 1, 3 oder 5 genannten Behörden verlangt werden kann.

66.3 Haftung des Beförderungsunternehmers
66.3.1 Der Beförderungsunternehmer haftet in den Fällen des § 66 Abs. 3 neben dem Ausländer und dem Verpflichtungsschuldner gleichrangig (siehe Nummer 66.2.2). Der Umfang der Kostenhaftung richtet sich nach § 67 Abs. 2.
66.3.2 Die nach § 66 Abs. 3 Satz 1 auf bestimmte Kosten beschränkte Haftung des Beförderungsunternehmers lässt die Haftung des Ausländers nach § 66 Abs. 1 für die Gesamtkosten unberührt. Bei schuldhafter Zuwiderhandlung gegen ein Beförderungsverbot (Untersagungsverfügung) haftet der Beförderungsunternehmer gemäß § 66 Abs. 3 Satz 2 uneingeschränkt. Der Beförderungsunternehmer haftet als Gesamtschuldner neben dem Ausländer.

66.4 Haftung des Arbeitgebers und Schleusers
66.4.0 Die in § 66 Abs. 4 genannten Kostenschuldner haften unabhängig davon, ob die Zuwiderhandlung strafrechtlich oder als Ordnungswidrigkeit geahndet wurde. Die in § 66 Abs. 4 genannten Kostenschuldner haften nur für Kosten der Abschiebung oder Zurückschiebung. Die Haftung umfasst nicht die Kosten der Zurückweisung, auch wenn ein Versuch der illegalen Einschleusung scheitert (vgl. § 96 Abs. 3) und für eine Inhaftierung des Ausländers Kosten entstehen. In diesem Fall hat der Ausländer die Kosten zu tragen.
66.4.1 Arbeitgeber ist nicht nur ein solcher im arbeitsrechtlichen Sinn, sondern jede Person, die einen Ausländer beschäftigt. Nach den Vorschriften des Aufenthaltsgesetzes ist eine Erwerbstätigkeit nicht erlaubt, wenn der Ausländer den erforderlichen Aufenthaltstitel nicht besitzt oder er einem Verbot oder einer Beschränkung der Aufnahme einer Erwerbstätigkeit unterliegt.
66.4.2 Der Arbeitgeber ist nicht kostenpflichtig, wenn er sich vor der Arbeitsaufnahme eines Ausländers und in der Folge des Beschäftigungsverhältnisses unter Anwendung der im Verkehr erforderlichen Sorgfalt darüber vergewissert hat, dass der Ausländer ohne Rechtsverstoß beschäftigt werden darf (z. B. Vorlage des Passes, Genehmigung zur Beschäftigung als Arbeitnehmer). Das Verlassen auf bloße Behauptungen des Ausländers oder die Vorlage der Lohnsteuerkarte oder des Sozialversicherungsnachweises reichen hierfür nicht aus.
66.4.3 Die Haftung nach § 66 Abs. 4 Satz 2 setzt voraus, dass eine strafbare Handlung nach § 96 oder § 97 begangen worden ist. Eine strafgerichtliche Verurteilung muss nicht vorliegen. Die für den Erlass des Leistungsbescheids oder die Anordnung einer Sicherheitsleistung zuständige Behörde hat in Zweifelsfällen im Benehmen mit der Staatsanwaltschaft zu klären, ob eine entsprechende strafbare Handlung begangen wurde. Handelt es sich bei dem Straftäter zugleich um den Arbeitgeber des Ausländers, haftet er bereits nach § 66 Abs. 4 Satz 1.
66.4.4 In den Fällen des § 66 Abs. 4 haftet der Ausländer zwar nachrangig, er ist jedoch für die von dem anderen Kostenschuldner (Arbeitgeber oder Schleuser) nicht gedeckten Kosten in Anspruch zu nehmen. Die vorrangige Kostenhaftung ist auch bei der Anordnung einer Sicherheitsleistung des Ausländers gemäß § 66 Abs. 5 Satz 2 zu berücksichtigen.
66.4.5 Falls mehrere Arbeitgeber eines nicht erlaubt beschäftigten Ausländers als Gesamtschuldner haften, entscheidet die zuständige Behörde nach pflichtgemäßem Ermessen, wen sie als Kostenschuldner durch Leistungsbescheid in Anspruch nimmt. Die Behörde ist nicht verpflichtet, alle in Betracht kommenden Kostenschuldner zu ermitteln. Diese Haftung gilt auch in Bezug auf Straftäter i. S. v. §§ 96 und 97.

66.5 Sicherheitsleistung
66.5.1 Die Sicherheitsleistung nach § 66 Abs. 5 Satz 1 kann von jedem Kostenschuldner verlangt werden. Sie kann in Geldmitteln (z. B. selbstschuldnerische Bankbürgschaft) und Sachwerten bestehen. Die Sicherheitsleistung des in § 66 Abs. 2 genannten Kostenschuldners kann bereits vor der Einreise des Ausländers in das Bundesgebiet verlangt werden. Sie kann sowohl bei der deutschen Auslandsvertretung als auch bei der Ausländerbehörde hinterlegt werden. Die Hinterlegung einer Sicherheitsleistung ist in den Akten zu vermerken. Eine Mehrfertigung des Aktenvermerks kann dem Ausländer auf Verlangen ausgehändigt werden. Wird die Sicherheitsleistung im Rahmen einer Verpflichtung nach § 66 Abs. 2 und § 68 Abs. 1 hinterlegt, ist dies auf der Verpflichtungserklärung zu vermerken. Die Sicherheitsleistung darf nur dann ausbezahlt werden, wenn vorher aktenkundig festgestellt wurde, dass Kosten nach § 66 nicht angefallen sind.
66.5.2 Für die Anordnung einer Sicherheitsleistung des Ausländers nach § 66 Abs. 5 Satz 2 ist in § 77 keine Schriftform vorgeschrieben. Eine mündliche Anordnung der Sicherheitsleistung reicht aus, wenn umgehend ein Leistungsbescheid erlassen wird oder wenn die sofortige Vollstreckung geboten ist. Wird

Kostenschuldner; Sicherheitsleistung § 66 **AufenthG 1**

die Sicherheitsleistung ohne vorherige Vollstreckungsanordnung und Fristsetzung vollstreckt, erhält der Ausländer eine Empfangsbestätigung über den Umfang der Sicherheitsleistung. Die Sicherheitsleistung kann in Geldmitteln und Sachwerten bestehen.
66.5.3 Die Anordnung einer Sicherheitsleistung wird von der für den Erlass des Leistungsbescheids zuständigen Behörde bestimmt. Sie hat die mit der Vollstreckung der Sicherheitsleistung betrauten Bediensteten (z. B. Vollstreckungsbeamte) zu unterrichten und diese erforderlichenfalls mit der Bekanntgabe der Anordnung zu betrauen. Besitzt der Ausländer bei der Abschiebung, Zurückschiebung oder Zurückweisung Geldmittel und Sachwerte in beachtlichem Umfang und hat er vorher öffentliche Mittel in Anspruch genommen, die nicht auf einer Beitragsleistung beruhen, ist der Leistungsträger unverzüglich zu unterrichten und diesem unter Umständen Amtshilfe zu leisten. Besteht der Verdacht auf Straftaten, ist im Benehmen mit der Staatsanwaltschaft eine Klärung über das weitere Verfahren herbeizuführen.
66.5.4 Die Höhe der Sicherheitsleistung richtet sich nach dem voraussichtlichen Umfang der Kostenhaftung (§ 67 Abs. 1 und 2). Falls der Umfang der Kostenhaftung ungewiss ist, hat die für die Anordnung einer Sicherheitsleistung zuständige Behörde im Benehmen mit den an der Maßnahme beteiligten Behörden (z. B. Grenzbehörde, Polizeien der Länder, Justizbehörde) zu prüfen, mit welchen Kosten nach § 67 Abs. 1 und 2 zu rechnen ist. Übersteigt die Sicherheitsleistung die im Leistungsbescheid nach § 67 Abs. 3 Satz 1 festgesetzten Kosten, erhält der Sicherungsgeber den Restbetrag. Das Vollstreckungsverfahren sowie die Erstattung des Restbetrags richten sich nach dem für die zuständige Behörde maßgebenden Verwaltungsvollstreckungsrecht.
66.5.5 Die Beschlagnahme nach § 66 Abs. 5 Satz 3 setzt keine Schriftform voraus. Dem Ausländer ist eine Empfangsbescheinigung über die beschlagnahmten Sachen zu erteilen.
66.5.6 Überbrückungsgeld, das ein Ausländer im Vollzug der Jugendstrafe, Freiheitsstrafe oder der freiheitsentziehenden Maßregeln der Besserung und Sicherung gemäß § 51 Abs. 1 des Strafvollzugsgesetzes anspart, und unpfändbares Eigengeld nach § 51 Abs. 4 Satz 2 des Strafvollzugsgesetzes darf nicht als Sicherheitsleistung einbehalten werden.

I. Entstehungsgeschichte

Die Vorschrift stimmt mit dem **GesEntw** (BT-Drs 15/420 S. 25) überein. 1

II. Allgemeines

Die Kostentragung ist nach dem **Veranlasserprinzip** (§ 13 VwKostG) geregelt. Es haften 2 die folgenden Personen: Ausl (Abs 1), Verpflichtungsschuldner (Abs 2), illegaler Arbeitgeber (Abs 4 S. 1), Straftäter nach § 96 (Abs 4 S. 2), Beförderungsunternehmer (Abs 3). Der Umfang der Kostenhaftung ist in § 67 geregelt. Soweit nicht anders bestimmt, haften mehrere Kostenschuldner nebeneinander (BayVGH, EZAR 137 Nr 7). Mehrere Arbeitgeber haften als Gesamtschuldner (BVerwGE 59, 13). Kosten für einen Sammeltransport sind gleichmäßig auf die Abgeschobenen zu verteilen (BVerwGE 59, 117). Die Kostenpflicht hängt nicht davon ab, dass die Abschiebung tatsächlich erfolgreich durchgeführt wird (BayVGH, EZAR 049 Nr 4). Sie entsteht aber nicht, wenn die Abschiebung in offensichtlich rechtswidriger Weise durchgeführt wurde (VGH BW, EZAR 137 Nr 4; HessVGH, NVwZ-RR 1995, 111; OVG NRW, EZAR 049 Nr 1).

III. Kostenschuldner

Die Kosten hat in erster Linie der **Ausl selbst** zu tragen. Arbeitgeber, Beförderungsunter- 3 nehmer u. Verpflichtungsschuldner haften nur neben ihm u. zT nur für einen Teil der Kosten.
Der **Beförderungsunternehmer** hat in den Fällen des § 64 I u. II nicht nur die Rück- 4 beförderung zu übernehmen, sondern auch für die in Abs 3 bezeichneten Kosten einzuste-

hen (HessVGH, EZAR 056 Nr 1: Verschuldensunabhängig). Bei Verschulden haftet er daneben auch für sonstige Kosten der Zurückweisung oder Zurückschiebung.

5   Als **Arbeitgeber** haftet auch, wer einen ausreisepflichtigen Ausl als Leiharbeitnehmer tätig werden lässt, obwohl der Verleiher die erforderliche Erlaubnis nicht besitzt (BVerwGE 59, 117). Entscheidend ist darauf abzustellen, wem die Rechtsordnung unter Berücksichtigung der tatsächlichen Verhältnisse das Beschäftigten u. damit die Kostenpflicht zuordnet (BVerwGE 78, 231; HessVGH, EZAR 137 Nr 13). Arbeitgeber ist auch der Subunternehmer (BVerwG, EZAR 137 Nr 11). Auch der alleinige Gesellschafter-Geschäftsführer einer GmbH haftet als Arbeitgeber, wenn er wegen der Höhe seiner Kapitalbeteiligung einen bestimmenden Einfluss auf die Gesellschaft ausübt (VGH BW, EZAR 137 Nr 6).

6   Ein wirksamer Arbeitsvertrag braucht nicht vorzuliegen (VGH BW, EZAR 137 Nr 5). Auch Gelegenheitsarbeiten sind **Erwerbstätigkeit** (HessVGH, EZAR 137 Nr 13). Es muss sich nur um eine fremdbestimmte Arbeitsleistung handeln, die auch in der Ausübung der Prostitution bestehen kann (BVerwGE 78, 231). Arbeitnehmereigenschaft besitzt auch, wer als sog „wilde Animierdame" an dem von ihr veranlassten Umsatz beteiligt ist (VGH BW, EZAR 137 Nr 8) oder als Obstpflücker verhältnismäßig selbständig arbeitet u. nur kurze Zeit beschäftigt ist (OVG Lüneburg, EZAR 137 Nr 12).

7   Die Haftung des Arbeitgebers tritt nur bei **Verschulden** ein, wenn der Arbeitgeber die Ausreisepflicht kennt oder kennen muss (BVerwGE 59, 13; BVerwG, EZAR 137 Nr 2; OVG NRW, EZAR 049 Nr 1). Er muss sich vergewissern, dass der Ausl zum Aufenthalt u. zu der angebotenen Erwerbstätigkeit berechtigt ist (HessVGH, NVwZ-RR 1995, 111). Dabei darf er sich nicht auf Behauptungen oder die Vorlage einer Lohnsteuerkarte oder eines Versicherungsnachweises verlassen, sondern muss den AufTit samt Zulassung der Erwerbstätigkeit verlangen (BVerwGE 59, 13; BVerwG, EZAR 137 Nr 12).

8   Die Haftung des Arbeitgebers setzt einen **Zusammenhang** zwischen Beschäftigung u. Entstehen der Kosten voraus; der unerlaubte Aufenthalt muss die Abschiebung nach sich gezogen haben (BVerwGE 59, 13). Unverhältnismäßig wirkt sie auch dann nicht, wenn den Kosten von fast 5000 DM ein Arbeitgebergewinn von nur 50 bis 60 DM gegenübersteht (OVG Lüneburg, EZAR 137 Nr 12).

9   In derselben Weise wie der Arbeitgeber haftet, wer Ausl **einschleust.** Vorausgesetzt ist ein nach § 96 (oder § 97) strafbares Verhalten, nicht aber eine entsprechende Verurteilung. Für dahingehende Feststellungen kann die Behörde um eine Auskunft der Staatsanwaltschaft nachsuchen. An deren Ermittlungsergebnisse kann sie sich halten, ist sie aber nicht gebunden.

10 Als **Dritter** haftet für die Ausreisekosten auch, wer sich hierzu gegenüber der AuslBeh oder der Auslandsvertretung verpflichtet hat (dazu allg § 68 Rn 2 ff). Diese Haftung gilt unabhängig von dem Geltungsbereich des Schengen-Visums u. von zwischenzeitlichen Aufenthalten in anderen Staaten (BayVGH, EZAR 049 Nr 3).

IV. Verwaltungsverfahren und Rechtsschutz

11 Die AuslBeh kann die Abschiebungskosten durch **Leistungsbescheid** geltend machen (§ 67 III 1; ebenso schon zum früheren Recht: BVerwGE 59, 13; BayVGH, EZAR 137 Nr 7; HessVGH, EZAR 137 Nr 13). Von dem Kostenschuldner kann Sicherheitsleistung verlangt werden (Abs 5 S. 1). Rückflugscheine u. sonstige Fahrscheine dürfen beschlagnahmt werden (Abs 5 S. 3). Die **Sicherheitsleistung** kommt vor allem bei Schuldnern in Betracht, deren Kostenpflicht vorhersehbar ist, also dem Ausl selbst u. dem Verpflichtungsschuldner. Immer muss aber wenigstens in absehbarer Zeit die ernsthafte Möglichkeit der Ausreise unter Inanspruchnahme öffentl Mittel bestehen (BVerwGE 64, 285). Die besonderen Formen der Vollstreckung nach Abs 5 S. 2 gelten nur gegenüber dem Ausl selbst (OVG Hamburg, EZAR 033 Nr 3); ebenso die Beschlagnahme von Fahrausweisen nach Abs 5 S. 3.

12 Gegen die Heranziehung zu den Ausreisekosten kann **Anfechtungswiderspruch u. -klage** erhoben werden (§§ 42, 68 VwGO). Diesen Rechtsbehelfen kommt aufschiebende

Wirkung zu; die hier anzusetzenden Kosten sind keine öffentl Abgaben oder Kosten iSd § 80 II 1 Nr 1 VwGO (VGH BW, EZAR 603 Nr 9; OVG Hamburg, EZAR 049 Nr 2; HessVGH, EZAR 603 Nr 6). Falls der Sofortvollzug angeordnet ist, ist ein Antrag auf **vorläufigen Rechtsschutz** nach § 80 V VwGO erst zulässig, wenn die Behörden einen Antrag auf Aussetzung der Vollziehung abgelehnt oder in angemessener Zeit nicht sachlich beschieden hat oder wenn Vollstreckung droht (§ 80 VI VwGO).

§ 67 Umfang der Kostenhaftung

(1) **Die Kosten der Abschiebung, Zurückschiebung, Zurückweisung und der Durchsetzung einer räumlichen Beschränkung umfassen**
1. die Beförderungs- und sonstigen Reisekosten für den Ausländer innerhalb des Bundesgebiets und bis zum Zielort außerhalb des Bundesgebiets,
2. die bei der Vorbereitung und Durchführung der Maßnahme entstehenden Verwaltungskosten einschließlich der Kosten für die Abschiebungshaft und der Übersetzungs- und Dolmetscherkosten und die Ausgaben für die Unterbringung, Verpflegung und sonstige Versorgung des Ausländers sowie
3. sämtliche durch eine erforderliche amtliche Begleitung des Ausländers entstehenden Kosten einschließlich der Personalkosten.

(2) **Die Kosten, für die der Beförderungsunternehmer nach § 66 Abs. 3 Satz 1 haftet, umfassen**
1. die in Absatz 1 Nr. 1 bezeichneten Kosten,
2. die bis zum Vollzug der Entscheidung über die Einreise entstehenden Verwaltungskosten und Ausgaben für die Unterbringung, Verpflegung und sonstige Versorgung des Ausländers und Übersetzungs- und Dolmetscherkosten und
3. die in Absatz 1 Nr. 3 bezeichneten Kosten, soweit der Beförderungsunternehmer nicht selbst die erforderliche Begleitung des Ausländers übernimmt.

(3) [1] Die in den Absätzen 1 und 2 genannten Kosten werden von der nach § 71 zuständigen Behörde durch Leistungsbescheid in Höhe der tatsächlich entstandenen Kosten erhoben. [2] Hinsichtlich der Berechnung der Personalkosten gelten die allgemeinen Grundsätze zur Berechnung von Personalkosten der öffentlichen Hand.

Vorläufige Anwendungshinweise

67 Zu § 67 Umfang der Kostenhaftung

67.0 Allgemeines
67.0.1 § 67 regelt ausschließlich den Haftungsumfang der in § 66 genannten Kostenschuldner. Bei den Kosten i. S. v. § 67 handelt es sich um spezielle Aufwendungen, die bei der Vollstreckung der Abschiebung (§ 58), Zurückschiebung (§ 57), Zurückweisung (§ 15) oder Durchsetzung einer räumlichen Beschränkung (§ 61) entstanden sind. Zu den Kosten i. S. v. § 67 gehören nicht Gebühren und Auslagen im Sinne von § 69, Kosten für den Lebensunterhalt i. S. v. § 68 Abs. 1 außerhalb der genannten Vollstreckungsmaßnahmen, Kosten eines strafrechtlichen Ermittlungsverfahrens und Kosten der Untersuchungs- und Strafhaft.
67.0.2 Die Kosten werden von Amts wegen durch Leistungsbescheid beim Kostenschuldner erhoben. Die Anordnung und Vollstreckung einer Sicherheitsleistung machen den Erlass eines Leistungsbescheids nicht entbehrlich.
67.0.3 Kostengläubiger ist, unbeschadet landesrechtlicher Zuständigkeitsregelungen, der Verwaltungsträger der Behörde, die die Maßnahme angeordnet hat (z. B. Vollstreckungsbehörde). Sie hat gegenüber dem Kostenschuldner den Nachweis zu erbringen, welche Kosten durch die Vollstreckungsmaßnahme entstanden sind (Kosteneinzelnachweis). Hinsichtlich der Zuständigkeit für die Kostenerfassung siehe Nummer 71.1.5.

67.1 Umfang der Kostenhaftung
67.1.1 Die erstattungsfähigen Kosten umfassen die Beförderungs- und sonstigen Reisekosten (z. B. Kosten für Unterkunft und Verpflegung oder für die Mitnahme der persönlichen Habe, nicht jedoch

von Umzugsgut) für den Ausländer nach § 67 Abs. 1 Nr. 1, die Verwaltungskosten nach § 67 Abs. 1 Nr. 2 sowie die Kosten für das amtliche Begleitpersonal (z. B. Polizeivollzugsbeamte, Ärzte und amtlich angeordnete Sicherheitsbegleitung durch Private als sonstige Fachkräfte) einschließlich der Personalkosten nach § 67 Abs. 1 Nr. 3.
67.1.2 Zu den Kosten i. S. v. § 67 Abs. 1 Nr. 2 gehören im Einzelnen nachgewiesene, durch die Vollstreckungsmaßnahme verursachte Aufwendungen. Dazu gehören insbesondere
67.1.2.1 – Kosten für Heimreisedokumente und die Fertigung von Lichtbildern sowie sonstige Kosten, z. B. die für Maßnahmen zur Beschaffung von Heimreisedokumenten einer ausländischen Vertretung zu erstatten sind, Barmittel für Verpflegung, Unterkunft und Weiterreise sowie Kosten für die Vorführung des Ausländers bei einer ausländischen Auslandsvertretung zur Beschaffung eines Heimreisedokumentes, Kosten der Abschiebungshaft.
67.1.2.2 – Kosten für Dolmetscher- und Übersetzungstätigkeiten oder
67.1.2.3 – Kosten der Abschiebungshaft.
67.1.3 Zu den Kosten im Sinne von § 67 Abs. 1 Nr. 3 gehören alle durch eine erforderliche amtliche Begleitung des Ausländers entstehende Kosten.
67.1.4 Kosten der Abschiebung, die der Ausländerbehörde eines anderen Bundeslandes aufgrund der Amtshilfe zustehen, sind dieser Behörde zu erstatten (siehe Nummer 66.1). Der Umfang der erstattungsfähigen Kosten darf nicht über die Höhe der Kosten hinausgehen, die durch Leistungsbescheid gemäß § 67 Abs. 3 erhoben werden können.

67.2 Haftungsumfang beim Beförderungsunternehmer
In den Fällen des § 66 Abs. 3 Satz 1 haften Beförderungsunternehmer lediglich in dem in § 67 Abs. 2 genannten Umfang. Zu den Verwaltungskosten gehören nur diejenigen Aufwendungen, die im unmittelbaren Zusammenhang mit den in § 66 Abs. 1, § 67 Abs. 1 genannten Maßnahmen stehen, und diejenigen, die von der Ankunft des Ausländers an der Grenzübergangsstelle bis zum Vollzug der Entscheidung über die Einreise entstehen (also auch z. B. Übersetzungskosten). In den Fällen des § 66 Abs. 3 Satz 2 haften sie uneingeschränkt.

67.3 Kostenerhebung durch Leistungsbescheid
67.3.0.1 Die sachliche Zuständigkeit für den Erlass eines Leistungsbescheids i. S. v. § 67 Abs. 3 Satz 1 richtet sich nach § 71 (siehe Nummern 71.3.4.2 und 71.5.1.1). Wird eine Abschiebung im Wege der Amtshilfe durchgeführt, ist die um Amtshilfe ersuchende Behörde sachlich zuständig. Sie hat der Amtshilfe leistenden Behörde die dieser zustehenden Kosten zu erstatten (siehe Nummer 66.1).
67.3.0.2 Nach der Aufgabenverteilung des § 71 können, unbeschadet landesrechtlicher Zuständigkeitsregelungen, folgende Behörden für den Erlass des Bescheids zuständig sein:
67.3.0.2.1 – die Ausländerbehörde für die Erhebung von Kosten der Abschiebung und der Zurückschiebung einschließlich der Kosten für die Auslandsbegleitung in ihrem Aufgabenbereich (§ 71 Abs. 1),
67.3.0.2.2 – die Grenzbehörde für die Erhebung von Kosten der Zurückweisung vor der Einreise und der Zurückschiebung an der Grenze einschließlich der Kosten für die Auslandsbegleitung in diesen Fällen (§ 71 Abs. 3 Nr. 1),
67.3.0.2.3 – die Polizeien der Länder für die Erhebung von Kosten der Zurückschiebung und Abschiebung in ihrem Aufgabenbereich (§ 71 Abs. 5).
67.3.0.3 Die Zuständigkeit umfasst die Befugnis der Behörde, den Kostenschuldner nach Maßgabe des § 66 Abs. 1 bis 4 zu bestimmen. Hierbei hat sie zu berücksichtigen, dass der Vorrang anderer Kostenschuldner gemäß § 66 Abs. 4 Satz 3 entfällt, wenn bei diesen eine Beitreibung der Kosten erfolglos sein wird. Halten sich die anderen Kostenschuldner etwa im Ausland auf und können dort Beitreibungsmaßnahmen nicht durchgeführt werden, haftet der Ausländer neben den anderen Kostenschuldnern gleichrangig für die Gesamtkosten. Haften für die Kosten zugleich mehrere Personen (§ 66 Abs. 1, 2 und 3), ist jede von ihnen verpflichtet, die gesamte Leistung zu begleichen. Die Leistung darf nur einmal vereinnahmt werden.
67.3.1 Die im Leistungsbescheid festzusetzenden Kosten i. S. v. § 67 Abs. 1 und 2 werden beim Kostenschuldner von Amts wegen erhoben. Hinsichtlich der Bekanntgabe des Leistungsbescheids siehe Nummer 67.3.2.
67.3.2.1 In dem schriftlich zu erlassenden Kostenbescheid sind die Kosten dem Grunde und der Höhe nach zu bezeichnen (vgl. § 39 VwVfG). Der Bescheid hat auch erkennen zu lassen, aus welchen Gründen eine amtliche Begleitung bei der Maßnahme erforderlich war.
67.3.2.2 Die Festsetzung der Gesamtkosten der Abschiebung, Zurückschiebung, Zurückweisung oder Durchsetzung der räumlichen Beschränkung im Leistungsbescheid erfolgt aufgrund der Kosteneinzel-

Umfang der Kostenhaftung § 67 **AufenthG 1**

nachweise der an der Vorbereitung, Sicherung oder Durchführung der in § 66 Abs. 1 genannten Maßnahmen beteiligten Behörden. Diese Behörden haben der für den Erlass des Leistungsbescheids zuständigen Behörde die ihnen tatsächlich entstandenen Kosten i. S. v. § 67 Abs. 1 und 2 unverzüglich mitzuteilen. Die Kostenerstattung unter den beteiligten Behörden gegenüber der Behörde, die den Leistungsbescheid erlassen hat, richtet sich nach dem Verwaltungsverfahrensrecht und landesrechtlichen Regelungen. Der Erstattungsanspruch kann jedoch erst befriedigt werden, wenn der Kostenschuldner die Kosten beglichen hat.

67.3.2.3 Deckt eine Sicherheitsleistung die Gesamtkosten nicht, sind die vorhandenen Mittel, unbeschadet landesrechtlicher Regelungen, unter den beteiligten Behörden im Verhältnis der von ihnen nachgewiesenen Kosten aufzuteilen.

67.3.3 Die Kosteneinzelnachweise der an der Maßnahme beteiligten Behörden (z. B. Grenzbehörde nach § 71 Abs. 3 Nr. 1, Polizeien der Länder nach § 71 Abs. 5, Justizbehörden in Fällen des § 67 Abs. 1 Nr. 2) sind in die Akten der nach § 71 zuständigen Behörde aufzunehmen. Der Umstand, dass Kosten nach § 67 Abs. 1 und 2 durch den Kostenschuldner nicht beglichen worden sind, ist in den Ausländerakten an besonders ersichtlicher Stelle zu vermerken. Außerdem können im Ausländerzentralregister Suchvermerke und Einreisebedenken gespeichert werden.

67.3.4 Der für den Erlass des Leistungsbescheids zuständigen Behörde obliegt es im Interesse eines umfassenden Kostenersatzes zur Deckung des Verwaltungsaufwands, die Mitteilungspflichten der an der Abschiebung, Zurückschiebung oder Zurückweisung beteiligten Behörden zur Feststellung der Kosten nach § 67 Abs. 1 und 2 für die erbrachten Leistungen (z. B. Personal- und Sachkosten) zu überwachen. In Fällen, in denen der Erlass des Leistungsbescheids wegen tatsächlicher oder rechtlicher Unmöglichkeit einer Kostenbeitreibung zurückgestellt wird, obliegt es der für den Erlass eines Leistungsbescheids zuständigen Behörde, nach Wegfall der für die Zurückstellung maßgebenden Gründe die Kosteneinzelnachweise bei den beteiligten Behörden anzufordern.

67.3.5 Hat die zuständige Behörde den Erlass eines Leistungsbescheids vorläufig zurückgestellt, sind die dafür maßgebenden Gründe in den Akten zu vermerken.

I. Entstehungsgeschichte

Die Vorschrift stimmt mit dem **GesEntw** (BT-Drs 15/420 S. 25 f) überein. 1

II. Umfang der Haftung

Der Umfang der Kostenhaftung ist für die jew Maßnahmen allg in Abs 1 u. für den 2
Beförderungsunternehmer in Abs 2 festgelegt. In Abs 1 geht es um die Fälle der §§ 15, 57, 58 u. 61. Außer den Beförderungskosten für den Ausl können **Kosten** für folgende Maßnahmen u. Tätigkeiten entstehen: Beschaffung von Heimreisedokumenten; Vorführung bei einer oder mehreren AuslVertr; Dolmetscher- u. Übersetzertätigkeit; Abschiebungshaft; amtliche Begleitung bei der Abschiebung. Die Haftung des Beförderungsunternehmers ist auf einen Teil dieser Aufwendungen beschränkt (betr Personalkosten BVerwG, EZAR 056 Nr 2; HessVGH, EZAR 056 Nr 1; betr Dolmetscherkosten BVerwG, EZAR 056 Nr 3).

Zu den anzusetzenden Kosten **gehören nicht** Gebühren u. Auslagen iSd § 69, Kosten des 3
Lebensunterhalts iSd § 67 I außerhalb der bezeichneten Maßnahmen sowie Kosten im Zusammenhang mit strafrechtlichen Ermittlungs- u. Strafverf einschließlich der Haft. Hinsichtlich der laufenden Verwaltungskosten waren unter der Geltung des § 24 VI a AuslG 1965 Unsicherheiten aufgetreten (BGH BW, EZAR 137 Nr 5). Jetzt sind (nur) die tatsächlich entstandenen Kosten zu erheben (betr Haft BayVGH, EZAR 049 Nr 4). Zu den zu erstattenden Kosten gehören nicht die Auslagen für einen Dolmetscher während eines strafrechtlichen Ermittlungsverf (BVerwG, EZAR 137 Nr 10). Ebenso wenig die Kosten während des auslbeh Grundverf oder eines strafrechtlichen Ermittlungsverf (HessVGH, EZAR 137 Nr 13).

Besondere Verjährungsregelungen, die von § 20 VwKostG abweichen, befinden sich in 4
§ 70. Zur Erhebung durch **Leistungsbescheid** im einzelnen Nr 67.3.0.1–67.3.4 VAH.

601

§ 68 Haftung für Lebensunterhalt

(1) ¹Wer sich der Ausländerbehörde oder einer Auslandsvertretung gegenüber verpflichtet hat, die Kosten für den Lebensunterhalt eines Ausländers zu tragen, hat sämtliche öffentlichen Mittel zu erstatten, die für den Lebensunterhalt des Ausländers einschließlich der Versorgung mit Wohnraum und der Versorgung im Krankheitsfalle und bei Pflegebedürftigkeit aufgewendet werden, auch soweit die Aufwendungen auf einem gesetzlichen Anspruch des Ausländers beruhen. ²Aufwendungen, die auf einer Beitragsleistung beruhen, sind nicht zu erstatten.

(2) ¹Die Verpflichtung nach Absatz 1 Satz 1 bedarf der Schriftform. Sie ist nach Maßgabe des Verwaltungsvollstreckungsgesetzes vollstreckbar. ²Der Erstattungsanspruch steht der öffentlichen Stelle zu, die die öffentlichen Mittel aufgewendet hat.

(3) Die Auslandsvertretung unterrichtet unverzüglich die Ausländerbehörde über eine Verpflichtung nach Absatz 1 Satz 1.

(4) ¹Die Ausländerbehörde unterrichtet, wenn sie Kenntnis von der Aufwendung nach Absatz 1 zu erstattender öffentlicher Mittel erlangt, unverzüglich die öffentliche Stelle, der der Erstattungsanspruch zusteht, über die Verpflichtung nach Absatz 1 Satz 1 und erteilt ihr alle für die Geltendmachung und Durchsetzung des Erstattungsanspruchs erforderlichen Auskünfte. ²Der Empfänger darf die Daten nur zum Zweck der Erstattung der für den Ausländer aufgewendeten öffentlichen Mittel sowie der Versagung weiterer Leistungen verwenden.

Vorläufige Anwendungshinweise

68 Zu § 68 Haftung für Lebensunterhalt

68.0 Allgemeines

68.0.1 Eine Verpflichtungserklärung nach § 68 Abs. 1 kann nur dann verlangt werden, wenn der Ausländer selbst nicht in der Lage ist, den Lebensunterhalt nach Maßgabe der jeweiligen rechtlichen Voraussetzungen zu bestreiten. Sie darf insbesondere als Voraussetzung für die Erteilung oder Verlängerung der Aufenthaltstitel gefordert werden (zum Vordruck siehe Nummer 68.2.1.1), wenn
68.0.1.1 – die Sicherung des Lebensunterhalts des Ausländers durch den Dritten zwingende Erteilungsvoraussetzung ist (z. B. Unterhaltsverpflichtung nach § 37 Abs. 1 Nr. 2 zweite Alternative),
68.0.1.2 – der gesicherte Lebensunterhalt ohne Inanspruchnahme öffentlicher Mittel zwingende Erteilungsvoraussetzung ist (§ 5 Abs. 1 Nr. 1) und im konkreten Fall diese Voraussetzung aufgrund der Verpflichtung des Dritten vorliegen würde.
68.0.2 Eine Verpflichtungserklärung kann von natürlichen und juristischen Personen (z. B. Firmen, caritativen Verbänden) abgegeben werden. Auf die Möglichkeit der Abgabe einer Verpflichtungserklärung im Zusammenhang mit der Entscheidung über die Aufenthaltsgewährung aus humanitären Gründen durch oberste Landesbehörden (§ 23 Abs. 1 Satz 2) wird hingewiesen.
68.0.4 Die Grenzbehörde kann verlangen, dass eine bestehende Verpflichtungserklärung bei der Einreise vorgelegt wird (§ 13 Abs. 1, Artikel 5 Abs. 1 Buchstabe c SDÜ). Die Einreisegestattung bei nicht ausreichend nachgewiesenen finanziellen Mitteln und die Erteilung eines Ausnahmevisums gemäß § 14 Abs. 2 können von der Abgabe einer Verpflichtungserklärung abhängig gemacht werden.

68.1 Verpflichtungserklärung
68.1.1 Verpflichtungsumfang
68.1.1.1 Zum Lebensunterhalt i. S. v. § 68 Abs. 1 zählt außer Ernährung, Wohnung, Bekleidung und anderen Grundbedürfnissen des täglichen Lebens insbesondere auch die Versorgung im Krankheitsfalle und bei Pflegebedürftigkeit (z. B. Aufnahme in die eigene Wohnung, anderweitige Beschaffung von Wohnraum, Abschluss entsprechender Versicherungen). Aus der Verpflichtung nach § 68 Abs. 1 lässt sich ein Anspruch des Ausländers auf Sicherstellung des Lebensunterhalts nicht herleiten.
68.1.1.2 Die Verpflichtung nach § 68 Abs. 1 umfasst nicht die Ausreisekosten nach §§ 66 und 67. Die Verpflichtungserklärung soll daher regelmäßig mit einer entsprechenden Verpflichtung verbunden werden. Da eine gesetzliche Unterhaltsverpflichtung nicht die Ausreisekosten deckt, kann in diesen Fällen von der Haftung für den Lebensunterhalt abgesehen werden.
68.1.1.3 Beschränkt der Verpflichtete seine Haftung (z. B. Ausschluss der Haftung für Krankheits- und Pflegekosten, summenmäßige Beschränkung), ist die Verpflichtungserklärung im übernommenen

Haftung für Lebensunterhalt § 68 AufenthG 1

Haftungsumfang wirksam. Die zuständige Behörde hat jedoch zu prüfen, ob die Haftungsbeschränkung der Erteilung eines Aufenthaltstitels entgegensteht.

68.1.2 Prüfungsmaßstab

68.1.2.1 Die Verpflichtung des Dritten erfüllt nur dann die Voraussetzungen des gesicherten Lebensunterhalts, wenn er die übernommene Verpflichtung aus eigenem Einkommen oder sonstigen eigenen Mitteln im Bundesgebiet erfüllen kann.

68.1.2.2 Ist der Ausländerbehörde oder der Auslandsvertretung nicht bekannt, ob der Dritte die übernommene Verpflichtung erfüllen kann, hat sie sich von diesem grundsätzlich ausreichende Nachweise erbringen zu lassen (z. B. Wohnraum-, Einkommens- und Versicherungsnachweise). Der Dritte ist jedoch hierzu gesetzlich nicht verpflichtet (Freiwilligkeit). Fehlt es an den erforderlichen Nachweisen oder bestehen begründete Zweifel an der finanziellen Leistungsfähigkeit des Dritten, kann die zuständige Behörde bei ihrer Entscheidung darauf abstellen, dass der Lebensunterhalt des Ausländers auch unter Einbeziehung einer Verpflichtungserklärung eines Dritten nicht gesichert ist. Handelt es sich bei der Verpflichtungserklärung um eine Erteilungsvoraussetzung, sind die Gründe für die Nichtanerkennung in der Entscheidung zu erwähnen.

68.1.2.3 Der Prüfungsmaßstab ist neben der Leistungsfähigkeit des Dritten insbesondere an dem Aufenthaltsgrund bzw. -zweck, den der Ausländer angibt, der angestrebten Aufenthaltsdauer, der zeitlichen Beschränkung der Verpflichtungserklärung sowie der Aufenthaltsverfestigung des Dritten im Bundesgebiet auszurichten.

68.1.2.4 Bei einem auf Dauer angelegten Aufenthalt im Bundesgebiet haben der Dritte oder der Ausländer insbesondere nachzuweisen, dass für die Dauer des Aufenthalts des Ausländers ausreichende Kranken- und Pflegeversicherungen bestehen (siehe jedoch Nummer 51.2). Sie müssen aufgrund ihrer finanziellen Verhältnisse in der Lage sein, die anfallenden Versicherungsbeiträge regelmäßig zu leisten. Der Sicherung des Lebensunterhalts einschließlich der Versorgung im Krankheitsfall und bei Pflegebedürftigkeit ist in den Fällen des Nachzugs sonstiger Familienangehöriger nach § 36 besondere Bedeutung beizumessen; sie kann nicht durch die Verpflichtungserklärung eines Dritten erfolgen. Sie ist durch den im Bundesgebiet lebenden Familienangehörigen abzugeben, zu dem der Familiennachzug erfolgen soll. Durch zwischenstaatliche Vereinbarungen kann ein ausreichender Krankenversicherungsschutz gewährleistet sein.

68.1.2.5 Will im Zusammenhang mit der Erteilung eines Visums für einen Kurzaufenthalt ohne Erwerbstätigkeit bis zu drei Monaten ein Dritter eine Verpflichtung erklären und haben die für die Entgegennahme der Erklärung zuständigen Behörden aufgrund vorhandener Erkenntnisse keine begründeten Zweifel an seiner finanziellen Leistungsfähigkeit (z. B. langwährender verfestigter Aufenthalt, unveränderte Einkommensverhältnisse seit der letzten Verpflichtungserklärung), ist die finanzielle Leistungsfähigkeit regelmäßig glaubhaft gemacht. In diesen Fällen der Kurzaufenthalte ist eine Abklärung der Wohnraumverhältnisse des Verpflichtungsgebers grundsätzlich nicht erforderlich. Die Auslandsvertretung hat in diesen Fällen die Feststellungen der Ausländerbehörde (Bestätigung der Unterschrift, Glaubhaftmachung bzw. Nachweis der Leistungsfähigkeit) bei der Entscheidung zu berücksichtigen.

68.1.2.6 Die Verpflichtungserklärung eines Ausländers, der sich im Bundesgebiet aufhält, aber keinen Aufenthaltstitel besitzt, ist regelmäßig keine ausreichende Sicherung des Lebensunterhalts. Besitzt der Dritte lediglich einen befristetet Aufenthaltstitel, kann die Verpflichtungserklärung nur herangezogen werden, wenn der beabsichtigte Aufenthalt des Ausländers den der Geltungsdauer des befristeten Aufenthaltstitels nicht übersteigt. Der Besitz eines befristeten Aufenthaltstitels genügt zudem nur dann, wenn die Ausländerbehörde davon ausgehen kann, dass der Dritte für die vorgesehene Aufenthaltsdauer des Ausländers im Bundesgebiet bleibt.

68.1.2.7 Besondere Anforderungen an die Leistungsfähigkeit des Dritten sind zu stellen, wenn er in früheren Fällen eine Verpflichtungserklärung nicht erfüllt oder er sich wegen unrichtiger Angaben gemäß § 95 Abs. 2 Nr. 2 strafbar gemacht hat. Entsprechende Nachweise sind erforderlich, wenn der Ausländer während eines früheren Aufenthalts im Bundesgebiet öffentliche Mittel in Anspruch genommen hat oder an seiner Rückkehrbereitschaft berechtigte Zweifel bestehen.

68.2 Verfahren

68.2.1.1 Für die Abgabe der Verpflichtungserklärung ist das vorgeschriebene Muster in der jeweils geltenden Fassung zu verwenden. Bei der Abgabe der Verpflichtungserklärung ist der Dritte auf die Freiwilligkeit seiner Angaben und Nachweise, auf den Umfang der eingegangenen Verpflichtungen und darauf hinzuweisen, dass unrichtige und unvollständige Angaben strafbar sein können (vgl. § 95 Abs. 2 Nr. 2). Angaben über die Einkommens-, Vermögens- und Wohnverhältnisse des Dritten (Einlader), die im Rahmen der Verpflichtungserklärung erforderlich sind, dürfen dem Ausländer (Eingeladenen) nicht zugänglich gemacht werden. Die Unterschrift des verpflichteten Dritten ist amtlich zu beglaubigen.

68.2.1.2 Die Verpflichtungserklärung eines Dritten, der im Bundesgebiet lebt, ist grundsätzlich gegenüber der für den vorgesehenen Aufenthaltsort im Bundesgebiet zuständigen Ausländerbehörde abzugeben. Sofern der Dritte in dem Bezirk einer anderen Ausländerbehörde seinen gewöhnlichen Aufenthalt hat, nimmt diese die Verpflichtungserklärung und die erforderlichen Nachweise im Wege der Amtshilfe entgegen und leitet sie unverzüglich der zuständigen Ausländerbehörde zu. Die Verpflichtungserklärung eines Dritten, der im Ausland lebt, ist gegenüber der Auslandsvertretung abzugeben, die über den Visumantrag des Ausländers zu entscheiden hat (siehe Nummer 68.1.2). Die Mehrfertigung der Verpflichtungserklärung (mit Originalunterschriften) ist zu den Akten der Ausländerbehörde oder der Auslandsvertretung zu nehmen.

68.2.1.3 Ist die Verpflichtungserklärung zur Vorlage in einem Visumverfahren bestimmt und ist sie gegenüber der Ausländerbehörde abgegeben worden, hat der Ausländer das Original der Verpflichtungserklärung bei der zuständigen Auslandsvertretung mit dem Visumantrag vorzulegen. Wird das Visum erteilt, händigt die Auslandsvertretung dem Ausländer das entwertete Original der Verpflichtungserklärung zum Zwecke der Vorlage bei der Grenzbehörde im Rahmen des Grenzübertritts aus.

68.2.2 Die Forderung aufgrund einer Verpflichtungserklärung ist nach Maßgabe des Verwaltungsvollstreckungsgesetzes des Bundes vollstreckbar. Danach hat grundsätzlich ein Leistungsbescheid durch den Leistungsträger zu ergehen (§ 3 Abs. 2 Buchstabe a VwVG), dem dann die Anordnung der Vollstreckung folgt, wobei allerdings weder Bestandskraft noch Sofortvollzug des Leistungsbescheids für die nachfolgende Einleitung der Vollstreckung durch Vollstreckungsanordnung erforderlich sind (vgl. § 3 Abs. 2 Buchstabe c VwVG).

68.2.3 Die Geltendmachung des (öffentlich-rechtlichen) Erstattungsanspruchs obliegt nicht der Ausländerbehörde, sondern dem Leistungsträger, der dem Ausländer Leistungen gewährt.

68.3 Unterrichtungs- und Auskunftspflichten

Nach § 68 Abs. 4 besteht eine Unterrichtungs- und Auskunftspflicht der Ausländerbehörde gegenüber dem Leistungsträger, dem auf Anforderung, bei Kenntnis von Sozialleistungsbezug von Amts wegen, die Mehrfertigung der Verpflichtungserklärung übersandt wird. Die Ausländerbehörde hat zudem zu prüfen, ob wegen der Inanspruchnahme öffentlicher Mittel eine für die Erteilung, die Verlängerung oder die Bestimmung der Geltungsdauer des Aufenthaltstitels wesentliche Voraussetzung entfallen ist und ob aufenthaltsrechtliche Maßnahmen zu ergreifen sind (z. B. Ausweisung, nachträgliche zeitliche Beschränkung des Aufenthaltstitels oder des genehmigungsfreien Aufenthalts).

I. Entstehungsgeschichte

1   Die Vorschrift stimmt mit dem **GesEntw** (BT-Drs 15/420 S. 26) überein.

II. Haftung für Lebensunterhalt

2   Diese Verpflichtung kann zur **Bedingung** für die Erteilung eines AufTit, vor allem eines Visums gemacht werden, um insb Bedenken aufgrund § 5 I 1 Nr 1 auszuräumen (vgl BVerwG, InfAuslR 1997, 395; VGH BW, EZAR 018 Nr 1). Daraus folgt auch der Umfang der abzusichernden Kosten; sie sind durch § 2 III beschrieben, der Aufwand bei Pflegebedürftigkeit gehört zusätzlich dazu. In der Definition des § 2 III ist die Verpflichtungserklärung nicht erwähnt, in §§ 23 I 2 u. 37 I Nr 2 ist sie aber jew als Möglichkeit vorgesehen. Die Grenzbehörde kann die Vorlage der Verpflichtungserklärung bei der Einreise verlangen (Art 5 I Bst c SDÜ).

3   Die **Rechtsnatur** der Erklärung, welche die zuständige Behörde zur Eintreibung der Kosten durch Leistungsbescheid befähigt (§ 67 III), ist umstritten. Die unter der früheren Rechtslage aufgetretenen Auslegungsschwierigkeiten (vgl Brunner, ZAR 1991, 23; BGH, NJW 1991, 2209) hat der Gesetzgeber mit der Schaffung eines öffentlich-rechtlichen Erstattungsanspruchs anstelle eines zivilrechtlichen Regressanspruchs (BT-Drs 11/6321 S. 84) behoben.

Während Lit u. Rspr zT in der Verpflichtungserklärung zunächst den einen Teil eines 4
öffentlich-rechtlichen Vertrags sah (Rittstieg, InfAuslR 1994, 48; Schlette, NVwZ 1998,
125; VG München, InfAuslR 1996, 213; VG Würzburg, InfAuslR 1996, 211; OLG Düsseldorf, NVwZ 1993, 405), wurde diese Auslegung von einigen Gerichten nicht geteilt (zB
BayVGH, EZAR 603 Nr 4; HessVGH, EZAR 603 Nr 5) u. von anderen ausdrücklich offen
gelassen (VGH BW, EZAR 018 Nr 1; VG Frankfurt, NVwZ-Beil 1997, 84). Angesichts
Entstehungsgeschichte, Interessenlage u. Behördenpraxis wird man die Verpflichtungserklärung nicht als Vertrag oder als vertragsähnliche Willensäußerung (zu letzterem Reich/
Schmitz, JZ 1995, 1103) behandeln können, sondern als einseitige öffentlich-rechtliche
Willenserklärung, die der Entgegennahme, nicht aber der Annahme durch die Behörde
bedarf (Siehr/Bumke, ZAR 1998, 210 mwN). In diesem Sinne hat das BVerwG geklärt, dass
die Verpflichtungserklärung als **einseitige Erklärung** gegenüber AuslVertr oder AuslBeh
abgegeben wird u. die Konkretisierung der zu erstattenden Kosten durch VA erfolgt
(BVerwGE 108, 1).

Wegen des funktionalen Zusammenhangs mit der Erteilung eines AufTit an den Ausl ist die 5
Verpflichtungserklärung des Dritten idR auf die Kosten für den Unterhalt während des
Geltungsdauer der beantragten u. in Aussicht gestellten AufTit gerichtet (Siehr/Bumke, ZAR
1998, 210). Die Ausreisekosten iSd §§ 66, 67 sind nicht eingeschlossen. Eine darüber hinausgehende Verpflichtung könnte nur dann angenommen werden, wenn auch der AufTit für
einen längeren **Zeitraum** in Rede stünde u. zugesagt werden könnte (OVG NRW, EZAR
603 Nr 8: „unbefristet" unzulässig). Soweit die Verpflichtungserklärung vor Erteilung einer
Duldung verlangt u. abgegeben wird, ist sie gegenstandslos, falls ein Rechtsanspruch auf die
Duldung (nach § 60a II) besteht (Siehr/Bumke, ZAR 1998, 210; BayVGH, EZAR 603
Nr 4). In Anbetracht dieser möglichen Auslegungszweifel ist von vornherein auf eindeutige
Formulierungen Wert zu legen, auch wenn die Behörde die Beschränkung des Haftungsumfangs zum Anlass für eine Ablehnung nehmen kann. Die Haftung kann sich je nach
Erklärungsinhalt auch auf Zeiten illegalen Aufenthalts erstrecken (BVerwGE 108, 1).

Die Verpflichtungserklärung kann nur dann ihren Zweck erfüllen, wenn die **Realisie-** 6
rung des Erstattungsanspruchs hinreichend sicher ist. Deshalb muss der Erklärende die
übernommene Verpflichtung aus eigenem Einkommen oder Vermögen im Bundesgebiet
erfüllen können. Die gebietliche Beschränkung folgt daraus, dass die Verwirklichung des
Erstattungsanspruchs nach den Vorschriften des VwVG im Inland erfolgt. Die AuslVertr oder
AuslBeh kann sich über die Realisierbarkeit des Erstattungsanspruchs Gewissheit verschaffen,
indem sie die Vorlage geeigneter Nachweise verlangt. Die jew erforderliche Bonität wird in
erster Linie durch Umfang u. Dauer der Haftung u. damit durch Art u. Dauer des Aufenthaltszwecks bestimmt (zB AE für Nachzug von Ehegatten u. Kindern, für Studenten oder
für Bürgerkriegsflüchtlinge), aber auch durch die Sicherheit des Aufenthaltstitels u. die
Leistungsfähigkeit des Dritten in der Vergangenheit.

III. Unterrichtung durch die Ausländerbehörde

Die Übermittlungsverpflichtung der AuslBeh dient der **effektiven Durchsetzung** des 7
Erstattungsanspruchs. Die Verwendungsbeschränkung soll den notwendigen Datenschutz
sicherstellen.

§ 69 Gebühren

(1) ¹ **Für Amtshandlungen nach diesem Gesetz und den zur Durchführung dieses
Gesetzes erlassenen Rechtsverordnungen werden Gebühren und Auslagen erhoben.**
² Satz 1 gilt nicht für Amtshandlungen der Bundesagentur für Arbeit nach den §§ 39 bis
42. ³ § 287 des Dritten Buches Sozialgesetzbuch bleibt unberührt.

(2) ¹Die Bundesregierung bestimmt durch Rechtsverordnung mit Zustimmung des Bundesrates die gebührenpflichtigen Tatbestände und die Gebührensätze sowie Gebührenbefreiungen und -ermäßigungen, insbesondere für Fälle der Bedürftigkeit. ²Das Verwaltungskostengesetz findet Anwendung, soweit dieses Gesetz keine abweichenden Vorschriften enthält.

(3) Die in der Rechtsverordnung bestimmten Gebühren dürfen folgende Höchstsätze nicht übersteigen:
1. für die Erteilung einer Aufenthaltserlaubnis: 80 Euro,
2. für die Erteilung einer Niederlassungserlaubnis: 200 Euro,
3. für die Verlängerung einer Aufenthaltserlaubnis: 40 Euro,
4. für die Erteilung eines nationalen Visums und die Ausstellung eines Passersatzes und eines Ausweisersatzes: 30 Euro,
5. für die Erteilung eines Schengen-Visums: 210 Euro,
6. für die Erteilung eines Schengen-Sammelvisums: 50 Euro und 6 Euro pro Person,
7. für sonstige Amtshandlungen: 30 Euro,
8. für Amtshandlungen zu Gunsten Minderjähriger: die Hälfte der für die Amtshandlung bestimmten Gebühr.

(4) ¹Für die Erteilung eines nationalen Visums und eines Passersatzes an der Grenze darf ein Zuschlag von höchstens 25 Euro erhoben werden. ²Für eine auf Wunsch des Antragstellers außerhalb der Dienstzeit vorgenommene Amtshandlung darf ein Zuschlag von höchstens 30 Euro erhoben werden. ³Gebührenzuschläge können auch für die Amtshandlungen gegenüber einem Staatsangehörigen festgesetzt werden, dessen Heimatstaat von Deutschen für entsprechende Amtshandlungen höhere als die nach Absatz 2 festgesetzten Gebühren erhebt. ⁴Die Sätze 2 und 3 gelten nicht für die Erteilung oder Verlängerung eines Schengen-Visums. ⁵Bei der Festsetzung von Gebührenzuschlägen können die in Absatz 3 bestimmten Höchstsätze überschritten werden.

(5) ¹Die Rechtsverordnung nach Absatz 2 kann vorsehen, dass für die Beantragung gebührenpflichtiger Amtshandlungen eine Bearbeitungsgebühr erhoben wird. ²Die Bearbeitungsgebühr für die Beantragung einer Niederlassungserlaubnis darf höchstens die Hälfte der für die Erteilung der Niederlassungserlaubnis zu erhebenden Gebühr betragen. ³Die Gebühr ist auf die Gebühr für die Amtshandlung anzurechnen. ⁴Sie wird auch im Falle der Rücknahme des Antrages und der Versagung der beantragten Amtshandlung nicht zurückgezahlt.

(6) ¹Die Rechtsverordnung nach Absatz 2 kann für die Einlegung eines Widerspruchs Gebühren vorsehen, die höchstens betragen dürfen:
1. für den Widerspruch gegen die Ablehnung eines Antrages auf Vornahme einer gebührenpflichtigen Amtshandlung: die Hälfte der für diese vorgesehenen Gebühr,
2. für den Widerspruch gegen eine sonstige Amtshandlung: 55 Euro.
² Soweit der Widerspruch Erfolg hat, ist die Gebühr auf die Gebühr für die vorzunehmende Amtshandlung anzurechnen und im Übrigen zurückzuzahlen.

Vorläufige Anwendungshinweise

69 Zu § 69 Gebühren

69.1 Kostenpflicht für ausländerrechtliche Amtshandlungen
69.1.1 Für Amtshandlungen nach dem Aufenthaltsgesetz und den zur Durchführung dieses Gesetzes erlassenen Rechtsverordnungen können nur dann (Verwaltungs-) Kosten i. S. d. Verwaltungskostengesetzes (VwKostG) des Bundes erhoben werden, soweit dies im Aufenthaltsgesetz und in der Ausländergebührenverordnung bestimmt ist. Kosten im Sinne von § 69 Abs. 1 können daher nicht nach landesrechtlichen Vorschriften erhoben werden. Bei den Gebühren für ausländerrechtliche Amtshandlungen handelt es sich um öffentliche Kosten im Sinne von § 80 Abs. 2 Satz 1 Nr. 1 VwGO. Die Kosten nach § 69 Abs. 1 werden erforderlichenfalls im Verwaltungsvollstreckungsverfahren beigetrieben.

Gebühren § 69 **AufenthG 1**

69.1.2 Der Begriff der Kosten im Sinne von § 69 Abs. 1 umfasst Gebühren und Auslagen (§ 1 Abs. 1 i. V. m. § 10 Abs. 1 VwKostG). Die Erhebung von Kosten für bestimmte ausländerrechtliche Maßnahmen (Abschiebung, Zurückschiebung, Zurückweisung oder Durchsetzung einer räumlichen Beschränkung) bestimmt sich nach Maßgabe der §§ 66, 67. Diese Vorschriften bestimmen insbesondere die Kostentragung, die Kostenhaftung, die Sicherheitsleistung sowie den Umfang der Kostenhaftung und die Verjährung der Kosten.
69.1.3 Die Kosten werden von den mit der Ausführung des Aufenthaltsgesetzes betrauten Behörden erhoben, die eine Amtshandlung vornehmen. Zu diesen Behörden gehören auch die Widerspruchsbehörden (vgl. z. B. § 69 Abs. 6 i. V. m. § 51 AufenthV). Bei diesen Behörden handelt es sich um Behörden im Sinne des Verwaltungskostengesetzes (§ 69 Abs. 2 Satz 2), die Aufgaben der öffentlichen Verwaltung wahrnehmen (§ 1 Abs. 4 VwKostG).

69.2 Anwendung des Verwaltungskostengesetzes des Bundes
Soweit das Aufenthaltsgesetz und die darauf beruhenden Regelungen in der Aufenthaltsverordnung (§§ 44 bis 54) zum Aufenthaltsgesetz keine abweichenden Vorschriften enthalten, findet das Verwaltungskostengesetz des Bundes in der jeweils geltenden Fassung Anwendung.

69.3 Nicht belegt.

69.4 Zuschläge für Amtshandlungen
Nach § 69 Abs. 4 können für bestimmte gebührenpflichtige Amtshandlungen Zuschläge erhoben werden. Bei der Erhebung dieser Gebührenzuschläge gelten die für die Erhebung von Gebühren maßgebenden kostenrechtlichen Grundsätze.

69.5 Bearbeitungsgebühren
Die Erhebung einer Bearbeitungsgebühr für gebührenpflichtige Amtshandlungen i. S. v. § 69 Abs. 5 ist in § 49 AufenthV geregelt. Die Bearbeitungsgebühr wird bereits vor Erlass des gebührenpflichtigen Verwaltungsakts bei Antragstellung erhoben (Vorschusszahlung). Ist ein Antragsteller von der Gebühr für die von ihm beantragte Amtshandlung befreit (§ 52 Abs. 1 bis 3, § 53 Abs. 1 1. Halbsatz und § 49 AufenthV), entfällt für ihn insoweit auch die Bearbeitungsgebühr. Soweit eine Ermessensentscheidung über Befreiungen bzw. Ermäßigungen möglich ist, gilt dasselbe für die Bearbeitungsgebühr.

69.6 Widerspruchsgebühren
69.6.1 Die Gebühr nach § 69 Abs. 6 für die Einlegung des Widerspruchs darf vor der Entscheidung in der Widerspruchssache nach Maßgabe des § 51 AufenthV erhoben werden. Die Festsetzung der Widerspruchsgebühr erfolgt im Widerspruchsbescheid durch die Kostenentscheidung.
69.6.2 In die Verfügung kann ein Hinweis aufgenommen werden, dass im Falle der Einlegung des Widerspruchs ein Gebührenvorschuss erhoben wird. Die Widerspruchsgebühr steht der Behörde zu, die den Widerspruchsbescheid erlässt.

I. Entstehungsgeschichte

Die Vorschrift stimmt im Wesentlichen mit dem **GesEntw** (BT-Drs 15/420 S. 26 f) überein. Aufgrund des Vermittlungsverf (BT-Drs 15/3479 S. 10) wurden in Abs 4 eine Bestimmung über Auslandszuschläge gestrichen, in S. 2 das Wort „nationale" u. der neue S. 4 eingefügt. **1**

II. Allgemeines

Die Vorschrift legt die Kostenpflicht hinsichtlich Amtshandlungen nach dem AufenthG u. den dazu ergangenen RVO fest. Kosten sind Gebühren u. Auslagen (§ 10 I VwKostG). Sie wird durch die besonderen Bestimmungen der §§ 66, 67 ergänzt. Hilfsweise ist das VwKostG anzuwenden, soweit das AufenthG u. §§ 44–54 AufenthV keine Bestimmung treffen. **2**

Unter einer **Amtshandlung** ist jede Tätigkeit einer Behörde innerhalb ihres zugewiesenen Aufgabenbereichs zu verstehen. Sie braucht keinen VA iSd § 35 VwVfG darzustellen u. muss sich nicht notwendigerweise zugunsten des Betroffenen auswirken. Bei antragsbedürf- **3** tigen Amtshandlungen entsteht die Gebührenschuld schon mit Antragstellung (§ 11 I VwKostG), diese ist aber umgekehrt nicht Voraussetzung für die Begründung einer Gebührenverpflichtung. Im Ges (u. nicht in der RVO) besonders geregelt sind Zuschläge.

4   Die Kostenpflicht umfasst Gebühren u. Auslagen. **Verwaltungsgebühren** sind öffentlich-rechtliche Geldleistungen, die dem Gebührenschuldner aus Anlass individuell zurechenbarer Leistungen der Verwaltung auferlegt werden u. bestimmt sind, die Kosten der Inanspruchnahme der Verwaltung zumindest zT zu decken. Sie sind nach dem Kostendeckungs- oder nach dem Äquivalenzprinzip zu bemessen (vgl § 3 VwKostG). **Auslagen** sind die durch die Amtshandlung veranlassten besonderen Aufwendungen, die durch den Einsatz verwaltungseigener Mittel oder durch Leistungen Dritter entstehen. Soweit sie nicht bereits in die Gebühr einbezogen sind u. ihre Erstattung vorgesehen ist, hat sie der Kostenschuldner nach Maßgabe des Katalogs des § 10 I VwKostG zu erstatten.

III. Gebührenverordnung

1. Verordnungsermächtigung

5   Die Verordnungsermächtigung nach Abs 2, 3, 5 u. 6 umfasst anders als die Grundbestimmung des Abs 1 **nur Gebühren** u. nicht Auslagen. Die Begrenzung der Ermächtigung der BReg zum Erlass einer RVO steht neben den allg Bindungen, denen RVO über Verwaltungskosten nach §§ 2 bis 7 VwKostG unterworfen sind. Die Zustimmung des BR ist erforderlich, soweit die Länder das AuslG als eigene Angelegenheit ausführen (Art 80 II, 83 GG).

6   Die Ermächtigung umfasst die gebührenpflichtigen Tatbestände, Gebührensätze, Befreiungen u. Ermäßigungen u. genügt schon deshalb dem **Bestimmtheitserfordernis** des Art 80 I 2 GG, weil sie im Zusammenhang mit den ergänzenden Vorschriften der §§ 2 bis 7 VwKostG zu sehen ist. Es genügt, dass mit der Ermächtigung das „Programm" für die RVO vorgegeben (BVerfGE 58, 257) u. damit die Tendenz der Ausfüllung durch die BReg erkennbar ist (BVerfGE 56, 1).

2. Rechtsverordnung der Bundesregierung

7   Die BReg hat von der Ermächtigung durch Erlass der §§ 44 bis 54 **AufenthV** Gebrauch gemacht. Die Beschreibung der Gebührentatbestände u. die Festsetzung der Gebührensätze erwecken keine rechtlichen Bedenken. Sie halten sich im Rahmen der Ermächtigung u. der ergänzenden Vorgaben des VwKostG.

8   Die **Ablehnung eines Antrags** als solche ist danach nicht gebührenpflichtig (zum früheren Recht BVerwG, EZAR 603 Nr 1), wohl aber die Bearbeitung bestimmter Anträge (§ 49 AufenthV). Da die Gebühr schon durch den Antrag ausgelöst wird, darf dessen Bearbeitung von der Zahlung der Gebühr abhängig gemacht werden, sofern nicht Ermäßigungen oder Befreiungen nach §§ 50, 52, 53 AufenthV vorgesehen sind. Nichtentrichtung der Gebühr rechtfertigt die Ablehnung als unzulässig. Dies gilt für den Widerspruch entsprechend. Dieser kann aber anders als ein Antrag nach Verwerfung nicht erneut eingelegt werden.

9   Die **Erstattung von Auslagen** ist nicht Gegenstand der AufenthV, sondern richtet sich nach dem VwKostG. Sie ist nämlich in Abs 1 vorgesehen, u. es ist nicht erkennbar, dass Auslagen (entgegen der Ermächtigung des Abs 2) in die Gebührenbemessung einbezogen sind (§ 10 I VwKostG).

§ 70 Verjährung

(1) Die Ansprüche auf die in § 67 Abs. 1 und 2 genannten Kosten verjähren sechs Jahre nach Eintritt der Fälligkeit.

(2) Die Verjährung von Ansprüchen nach den §§ 66 und 69 wird neben den Fällen des § 20 Abs. 3 des Verwaltungskostengesetzes auch unterbrochen, solange sich der Kostenschuldner nicht im Bundesgebiet aufhält oder sein Aufenthalt im Bundesgebiet deshalb nicht festgestellt werden kann, weil er einer gesetzlichen Meldepflicht oder Anzeigepflicht nicht nachgekommen ist.

Vorläufige Anwendungshinweise
70 Zu § 70 Verjährung
70.1 § 70 Abs. 1 enthält eine allgemeine Verjährungsregelung, wonach die Ansprüche auf die in § 67 Abs. 1 und 2 genannten Kosten sechs Jahre nach Fälligkeit verjähren.
70.2.1 Die Regelung der Verjährungsunterbrechung erfasst Ansprüche nach § 66 und § 69. Für die Kosten nach § 69 gelten die allgemeinen Regeln über die Verjährungsdauer von Verwaltungskosten (§ 20 VwKostG). Außer den in § 70 Abs. 2 genannten Gründen gelten für die Unterbrechung der Verjährung die Gründe nach § 20 Abs. 3 VwKostG. § 17 VwKostG ist zu beachten.
70.3.2 Hält sich der Kostenschuldner nicht im Bundesgebiet auf und ist dessen Anschrift im Ausland bekannt, besteht die Möglichkeit, ihm den Leistungsbescheid nach Bundes- bzw. Landesrecht im Ausland zuzustellen. Kann der Aufenthalt des Kostenschuldners nicht festgestellt werden, kommt hilfsweise eine öffentliche Zustellung des Leistungsbescheids in Betracht. Die Kosten und Gebühren nach §§ 66 und 69 sind zur Bezahlung geltend zu machen, wenn der Ausländer einen Visumantrag stellt oder in das Bundesgebiet wieder eingereist ist.

I. Entstehungsgeschichte

Die Vorschrift stimmt mit dem **GesEntw** (BT-Drs 15/420 S. 27) überein. 1

II. Verjährung

Die Vorschrift ergänzt die Verjährungsregelungen des § 20 VwKostG. 2

Kapitel 7. Verfahrensvorschriften

Abschnitt 1. Zuständigkeiten

§ 71 Zuständigkeit

(1) ¹Für aufenthalts- und passrechtliche Maßnahmen und Entscheidungen nach diesem Gesetz und nach ausländerrechtlichen Bestimmungen in anderen Gesetzen sind die Ausländerbehörden zuständig. ²Die Landesregierung oder die von ihr bestimmte Stelle kann bestimmen, dass für einzelne Aufgaben nur eine oder mehrere bestimmte Ausländerbehörden zuständig sind.

(2) Im Ausland sind für Pass- und Visaangelegenheiten die vom Auswärtigen Amt ermächtigten Auslandsvertretungen zuständig.

(3) Die mit der polizeilichen Kontrolle des grenzüberschreitenden Verkehrs beauftragten Behörden sind zuständig für

1. die Zurückweisung, die Zurückschiebung an der Grenze, die Rückführung von Ausländern aus und in andere Staaten und, soweit es zur Vorbereitung und Sicherung dieser Maßnahmen erforderlich ist, die Festnahme und die Beantragung von Haft,
2. die Erteilung eines Visums und die Ausstellung eines Passersatzes nach § 14 Abs. 2 sowie die Durchführung des § 63 Abs. 3,
3. den Widerruf eines Visums
   a) im Falle der Zurückweisung oder Zurückschiebung,
   b) auf Ersuchen der Auslandsvertretung, die das Visum erteilt hat, oder
   c) auf Ersuchen der Ausländerbehörde, die der Erteilung des Visums zugestimmt hat, sofern diese ihrer Zustimmung bedurfte,
4. das Ausreiseverbot und die Maßnahmen nach § 66 Abs. 5 an der Grenze,
5. die Prüfung an der Grenze, ob Beförderungsunternehmer und sonstige Dritte die Vorschriften dieses Gesetzes und die auf Grund dieses Gesetzes erlassenen Verordnungen und Anordnungen beachtet haben,
6. sonstige ausländerrechtliche Maßnahmen und Entscheidungen, soweit sich deren Notwendigkeit an der Grenze ergibt und sie vom Bundesministerium des Innern hierzu allgemein oder im Einzelfall ermächtigt sind, sowie
7. die Beschaffung von Heimreisedokumenten für Ausländer einzelner Staaten im Wege der Amtshilfe.

(4) ¹Für die erforderlichen Maßnahmen nach den §§ 48 und 49 sind die Ausländerbehörden, die mit der polizeilichen Kontrolle des grenzüberschreitenden Verkehrs beauftragten Behörden und, soweit es zur Erfüllung ihrer Aufgaben nach Absatz 5 erforderlich ist, die Polizeien der Länder zuständig. ²In den Fällen des § 49 Abs. 2 a sind auch die Behörden zuständig, die die Verteilung nach § 15 a veranlassen. ³In den Fällen des § 49 Abs. 3 Nr. 5 sind die vom Auswärtigen Amt ermächtigten Auslandsvertretungen zuständig.

(5) Für die Zurückschiebung sowie die Durchsetzung der Verlassenspflicht des § 12 Abs. 3 und die Durchführung der Abschiebung und, soweit es zur Vorbereitung und Sicherung dieser Maßnahmen erforderlich ist, die Festnahme und Beantragung der Haft sind auch die Polizeien der Länder zuständig.

Zuständigkeit § 71 AufenthG 1

(6) Das Bundesministerium des Innern oder die von ihm bestimmte Stelle entscheidet im Benehmen mit dem Auswärtigen Amt über die Anerkennung von Pässen und Passersatzpapieren (§ 3 Abs. 1).

Vorläufige Anwendungshinweise

71 Zu § 71 Zuständigkeit

71.1 Zuständigkeit der Ausländerbehörden
71.1.1 Sachliche Zuständigkeit
71.1.1.0 Die Ausländerbehörden sind generell zuständig für alle aufenthalts- und passrechtlichen Maßnahmen nach dem Aufenthaltsgesetz und den hierzu ergangenen Vorschriften sowie nach ausländerrechtlichen Bestimmungen in anderen Gesetzen i. S. v. § 1 Abs. 1 und den hierzu jeweils ergangenen Vorschriften (§ 71 Abs. 1 und 5).
71.1.1.1 Zu den aufenthaltsrechtlichen Maßnahmen gehören auch die Zurückschiebung, die Abschiebung einschließlich deren Vorbereitung (z. B. Beschaffung von Heimreisedokumenten, Flugtickets, Festlegung des Reiseweges), Sicherung (z. B. Festnahme des Ausländers) und Durchführung sowie das Verbot der Ausreise und die Durchsetzung der Verlassenspflicht. Die Zuständigkeit der Ausländerbehörde für diese Maßnahmen lässt die vollstreckungsrechtlichen Vorschriften der Länder unberührt (zur Kostenerhebung vgl. § 67 Abs. 3).
71.1.1.2 Für die Zurückschiebung besteht eine gleichwertige Zuständigkeit zwischen den Ausländerbehörden, den Grenzbehörden und den Polizeien der Länder (§ 71 Abs. 1, Abs. 3 Nr. 1 und Abs. 5). Die Grenzbehörden sind für die Zurückschiebung an der Grenze zuständig. Die Polizeien der Länder sind neben den Ausländerbehörden für die Zurückschiebung originär zuständig. § 71 Abs. 5 erfordert grundsätzlich keine Beteiligung oder Mitwirkung der Ausländerbehörde (siehe Nummer 71.5.6), eine Unterrichtung der Ausländerbehörde ist jedoch sinnvoll. Im Einzelfall ist die Behörde zuständig, bei deren Aufgabenerfüllung eine Zurückschiebung geboten ist.
71.1.1.3 Die Zuständigkeit für passrechtliche Maßnahmen umfasst insbesondere die Ausstellung, Verlängerung und Einziehung von deutschen Passersatzpapieren gemäß § 4 AufenthV (z. B. Reiseausweis für Ausländer, Notreiseausweis, Reiseausweis für Flüchtlinge, Reiseausweis für Staatenlose). Zu den ausweisrechtlichen Maßnahmen gehören die Ausstellung und Einziehung des Ausweisersatzes (§ 48 Abs. 2) und der Bescheinigung über die Aufenthaltsgestattung (§ 63 AsylVfG).
71.1.1.4 Die Ausländerbehörden sind auch zuständig für alle Maßnahmen und Entscheidungen nach ausländerrechtlichen Bestimmungen in anderen Gesetzen im Sinne von § 1 Abs. 1 (z. B. AsylVfG, SDÜ), sofern nicht andere Behörden und Stellen speziell zuständig sind (z. B. § 31 Abs. 3 Satz 1 AsylVfG, §§ 32, 73 Abs. 3 AsylVfG).
71.1.1.5 Durch Landesrecht wird bestimmt, welche Behörden Ausländerbehörden i. S. v. § 71 Abs. 1 sind. Die obersten Landesbehörden führen ein Verzeichnis über die in ihrem Bereich zuständigen Ausländerbehörden. Das Bundesministerium des Innern gibt auf der Grundlage dieser fortzuschreibenden und ihm vorzulegenden Verzeichnisse der obersten Landesbehörden ein Verzeichnis über die Ausländerbehörden in der Bundesrepublik Deutschland heraus.
71.1.2 Örtliche Zuständigkeit
71.1.2.1 Die örtliche Zuständigkeit der Ausländerbehörden wird durch Landesrecht bestimmt (z. B. LVwVfG; besondere Zuständigkeitsverordnung; Regelung in den Polizeigesetzen der Länder), soweit Bundesrecht keine besonderen Regelungen enthält (z. B. § 51 Abs. 2 Satz 3). Einzelne Aufgaben können nach Landesrecht auf eine oder mehrere bestimmte Ausländerbehörden übertragen werden (§ 71 Abs. 1 Satz 2).
71.1.2.2 Stellt das Landesrecht hinsichtlich der örtlichen Zuständigkeit der Ausländerbehörden auf den gewöhnlichen Aufenthalt des Ausländers als Tatbestandsmerkmal ab, ist für die Bestimmung des gewöhnlichen Aufenthaltsorts maßgebend, wo der Ausländer sich unter Umständen aufhält, die erkennen lassen, dass er an diesem Ort oder in diesem Gebiet nicht nur vorübergehend verweilt. Auf den Willen zur ständigen Niederlassung kommt es nicht an. Im Allgemeinen hat der Ausländer dort seinen gewöhnlichen Aufenthalt, wo er seine alleinige Wohnung oder Hauptwohnung im melderechtlichen Sinne hat. Der Begriff der Hauptwohnung im melderechtlichen Sinne ist jedoch nicht mit dem Begriff des Mittelpunkts der Lebensbeziehungen deckungsgleich.
71.1.2.3 Nimmt ein Ausländer seinen gewöhnlichen Aufenthalt erlaubt im Bezirk einer anderen Ausländerbehörde und wechselt dadurch die Zuständigkeit auf die andere Ausländerbehörde, erstreckt sich der Zuständigkeitswechsel auch auf bereits anhängige Verwaltungsverfahren, es sei denn, die Entscheidung der zuerst zuständigen Ausländerbehörde ist bereits ergangen (siehe Nummer 71.1.3).

71.1.2.4 In Fällen, in denen der Ausländer (z. B. Grenzarbeitnehmer) keinen gewöhnlichen Aufenthalt im Bundesgebiet mehr besitzt, sich aber weiterhin in dem Land seines früheren gewöhnlichen Aufenthalts aufhält, bestimmt sich die örtliche Zuständigkeit nach den Vorschriften dieses Landes.

71.1.2.5 Unaufschiebbare Maßnahmen, für die sich nach Landesrecht eine so genannte Eilzuständigkeit ergeben kann, sind insbesondere
– die Zurückschiebung und die Abschiebung, wenn sie anderenfalls vereitelt oder wesentlich erschwert würden,
– die Beantragung von Abschiebungshaft (§ 62),
– die Einbehaltung des Passes (§ 48 Abs. 1) sowie
– die Durchsetzung der räumlichen Beschränkung.

71.1.2.6 Die Befugnis zur Ingewahrsamnahme des Ausländers mit dem Ziel der Abschiebung, Zurückschiebung oder der Durchsetzung der räumlichen Beschränkung durch Behörden der Länder richtet sich nach Landesrecht.

71.1.2.7.0 Die Zuständigkeit der Ausländerbehörden nach § 71 Abs. 1 umfasst auch die Prüfung, ob insbesondere bei unaufschiebbaren Maßnahmen eine andere Ausländerbehörde mit der Aufgabenerledigung im Wege der Amtshilfe betraut wird. Bei dieser Prüfung sind neben den verfahrensrechtlichen Vorschriften über die Amtshilfe folgende Gesichtspunkte maßgebend:

71.1.2.7.1 – Soweit die Abschiebung voraussichtlich innerhalb von längstens zwei Wochen (vgl. § 71 Abs. 2 Satz 2) vollzogen werden kann, würde eine Rückführung des Ausländers in den Bezirk der nach Landesrecht örtlich zuständigen Ausländerbehörde zu einer vermeidbaren Verzögerung führen. Deshalb hat in diesen Fällen die Ausländerbehörde des Aufgriffsortes die weiteren im Bundesgebiet zur Sicherung der Abschiebung erforderlichen Maßnahmen zu treffen. Dazu gehören die Beantragung und der Vollzug der Abschiebungshaft und die Überführung des Ausländers bis zur Grenzbehörde. Die Buchung des Beförderungsmittels für die Abschiebung ist keine unaufschiebbare Maßnahme. Insoweit wird die Ausländerbehörde des Aufgriffsortes stets im Wege der Amtshilfe tätig.

71.1.2.7.2 – Soweit auf Antrag der Ausländerbehörde des Aufgriffsortes die Abschiebungshaft angeordnet und länger als eine Woche vollstreckt wird und weitere Maßnahmen zur Beendigung des Aufenthalts erforderlich sind, veranlasst diese Behörde insbesondere dann die Durchführung der Abschiebung, wenn nur sie gegenüber den Vollstreckungsbeamten nach Landesrecht den Vollstreckungsauftrag erteilen kann.

71.1.2.7.3 – Sobald sich herausstellt, dass die Abschiebung voraussichtlich nicht innerhalb von drei Monaten durchgeführt werden kann, endet grundsätzlich eine Amtshilfepflicht zur Abschiebung. Der Ausländer kann der zuständigen Ausländerbehörde rücküberstellt werden; die Modalitäten sind zwischen der zuständigen Ausländerbehörde und der die Amtshilfe leistenden Ausländerbehörde zu klären. Die Länder Berlin, Bremen und Hamburg (Stadtstaaten) können von dieser Möglichkeit Gebrauch machen, wenn die Sicherungshaft (§ 62 Abs. 2) bereits vier Wochen dauert. Es ist jedoch sicherzustellen, dass die Abschiebung nicht vereitelt, erschwert oder verzögert wird.

71.1.2.8.1 Für Asylantragsteller ist nach Maßgabe des AsylVfG die Ausländerbehörde zuständig, in deren Bezirk der Ausländer zu wohnen verpflichtet ist. Die Zuständigkeit für die Durchsetzung der Verlassenspflicht richtet sich bei Asylbewerbern nach § 59 Abs. 3 AsylVfG. Durch die Ausweisung eines Ausländers wird unbeschadet landesrechtlicher Vorschriften nicht die Zuständigkeit zur Vollstreckung einer vom Bundesamt für Migration und Flüchtlinge oder von einer anderen Ausländerbehörde erlassenen, von der Ausweisung unabhängigen Abschiebungsandrohung begründet.

71.1.2.8.2 Stellt der Ausländer während der Abschiebungshaft einen Asylerstantrag oder wird aufgrund eines Asylfolgeantrages ein weiteres Asylverfahren durchgeführt, ist der Ausländer mit Ausnahme der in § 14 Abs. 3 AsylVfG genannten Fälle aus der Abschiebungshaft zu entlassen und an die zuständige Aufnahmeeinrichtung weiterzuleiten (siehe Nummer 50.1.2.1 Satz 2 fünfter Spiegelstrich und § 19 Abs. 1 AsylVfG).

71.1.2.8.3 § 71 Abs. 7 Satz 2 AsylVfG weist unabhängig von einer landesrechtlichen Zuständigkeitsregelung auch der Ausländerbehörde Aufgaben zu, in deren Bezirk sich der Asylfolgeantragsteller aufhält. Diese Vorschrift gilt nur für Ausländer, die einen Asylfolgeantrag gestellt haben und deren Aufenthaltsbeendigung ohne erneute Abschiebungsandrohung oder -anordnung zulässig ist. Die Zuständigkeit der Behörde des Aufgriffsortes ist beschränkt auf Maßnahmen zur Sicherung und Durchführung der Aufenthaltsbeendigung oder der Durchsetzung der Verlassenspflicht nach § 12 Abs. 3 (siehe Nummer 71.1.4.4).

71.1.2.8.4 Die Zuständigkeit erstreckt sich nicht auf die Erteilung einer Duldung und die Beförderung des Ausländers von der Grenzübergangsstelle zum Zielort der Abschiebung im Ausland; insoweit wird

Zuständigkeit § 71 AufenthG 1

auch die nach § 71 Abs. 7 Satz 2 AsylVfG zuständige Ausländerbehörde in Amtshilfe für die nach Nummer 71.1.2.8.2 Satz 1 zuständige Behörde aufgrund einer Kostenübernahmeerklärung tätig.
71.1.2.8.5 Die Ausländerbehörde des Aufgriffsortes (§ 71 Abs. 7 Satz 2 AsylVfG) kann sich ihrer Zuständigkeit durch Überstellung an die im Übrigen zuständige Ausländerbehörde begeben; von dieser Möglichkeit kann grundsätzlich jedoch nur unter denselben Voraussetzungen Gebrauch gemacht werden, unter denen außerhalb der Fälle des § 71 Abs. 7 Satz 2 AsylVfG die Ausländerbehörde des Aufgriffsortes die Amtshilfe ablehnen kann (siehe Nummer 71.1.2.7.3).
71.1.3 Zuständigkeit bei Ortswechsel
71.1.3.1 Geht die Zuständigkeit nach einem ordnungsgemäßen Ortswechsel des Ausländers auf eine andere Ausländerbehörde über, hat diese Ausländerbehörde über den Antrag auf einen Aufenthaltstitel zu entscheiden, der bei der früher zuständigen Ausländerbehörde gestellt und über den noch nicht entschieden worden ist. Die nunmehr zuständige Ausländerbehörde hat die Ausländerakte bei der früher zuständigen Ausländerbehörde nach amtlichem Muster anzufordern. Der Ausländer ist über den Wechsel der Zuständigkeit zu unterrichten.
71.1.3.2 Beantragt der Ausländer einen Aufenthaltstitel und ist danach sein neuer Aufenthaltsort nicht feststellbar, ist der Antrag auch wegen fehlenden Sachbescheidungsinteresses abzulehnen. Erfolgt ein Wechsel der Zuständigkeit erst nach Ablehnung eines Antrags auf Erteilung eines Aufenthaltstitels und ist eine Entscheidung in der Widerspruchssache noch nicht getroffen worden, kommt eine von der bisherigen Entscheidung abweichende Entscheidung durch die neu zuständige Ausländerbehörde nur im Einvernehmen mit der bisher zuständigen Ausländerbehörde in Betracht (z. B. nach Änderung der Sach- und Rechtslage).
71.1.3.3 Ob eine Zuwiderhandlung gegen eine räumliche Beschränkung des Aufenthalts Auswirkungen auf die örtliche Zuständigkeit hat, richtet sich nach den landesrechtlichen Regelungen. Der Ausländer unterliegt in diesen Fällen der Verlassenspflicht nach § 12 Abs. 3 AufenthG bzw. § 59 AsylVfG mit dem Ziel der Rückkehr in den Bereich der räumlichen Beschränkung des Aufenthalts.
71.1.4 Zuständigkeit im Falle der zwischenzeitlichen Ausreise
71.1.4.1 Grundsätzlich endet die Zuständigkeit der Ausländerbehörde, wenn der Ausländer seine Ausreisepflicht erfüllt hat (§ 50 Abs. 1) oder in den Fällen des § 51 Abs. 1 Nr. 6 und 7. Hinsichtlich eines Wiedereinreisebegehrens richtet sich die Zuständigkeit nach § 71 Abs. 2.
71.1.4.2 Bei unerlaubter Wiedereinreise (§ 14 Abs. 1) nach einem früheren Aufenthalt im Bundesgebiet sind für die Zurückschiebung neben der Grenzbehörde (§ 71 Abs. 3) auch die Ausländerbehörden (z. B. Ausländerbehörde des Aufgriffsortes) und die Polizeien der Länder nach Landesrecht örtlich zuständig. In diesem Fall ist unerheblich, welche Ausländerbehörde vor der Ausreise des Ausländers aus dem Bundesgebiet zuständig war.
71.1.4.3 Die Ausschreibung eines abgeschobenen Ausländers im INPOL und SIS begründet unbeschadet landesrechtlicher Regelungen keine Zuständigkeit der ausschreibenden Ausländerbehörde für Maßnahmen gegen den Ausländer im Falle seiner unerlaubten Wiedereinreise.
71.1.4.4 Eine Zuständigkeit der während des früheren Aufenthalts des Ausländers zuständigen Ausländerbehörde besteht nur fort
71.1.4.4.1 – in den Fällen des § 71 Abs. 7 Satz 1 AsylVfG. Die Ausländerbehörde des Aufgriffsortes (§ 71 Abs. 7 Satz 2 AsylVfG) kann sich in diesen Fällen ihrer Zuständigkeit nur begeben, wenn aus besonderen Gründen (z. B. wegen einer Anhörung bei der zuständigen Außenstelle des Bundesamtes) eine Überstellung erforderlich ist; im Übrigen kann sie sich ihrer Zuständigkeit nur unter den Voraussetzungen begeben, unter denen die Amtshilfe hinsichtlich der weiteren Durchführung der Aufenthaltsbeendigung nicht in Betracht kommt (siehe Nummer 71.1.2.7.3);
71.1.4.4.2 – in den Fällen des § 50 Abs. 4 nach Maßgabe landesrechtlicher Vorschriften.
71.1.4.5.0 In den Fällen des Aufgriffs durch die Grenzbehörde sowie der Rücküberstellung an die Grenzbehörde durch andere Staaten ist die Grenzbehörde für die Zurückschiebung (§ 57 Abs. 2) sowie für alle erforderlichen unaufschiebbaren Maßnahmen zuständig (Festnahme, Beantragung der Haft zur Sicherung der Zurückschiebung). Kommen die in § 71 Abs. 3 Nr. 1 genannten Maßnahmen nicht in Betracht, gilt:
71.1.4.5.1 – Die örtliche Zuständigkeit richtet sich nach den landesrechtlichen Vorschriften, die für die Ausländerbehörde gelten, in deren Bezirk der Ausländer aufgegriffen oder überstellt wird.
71.1.4.5.2 – Sofern die Zuständigkeit der während des früheren Aufenthalts im Bundesgebiet zuständigen Ausländerbehörde in den Fällen des § 50 Abs. 4 fortbesteht, werden andere Ausländerbehörden (z. B. des Aufgriffs-, Überstellungs- oder Haftorts) nur im Wege der Amtshilfe tätig (siehe Nummer 71.1.2.5).

71.1.4.5.3 – Wird durch die Grenzbehörde Haft zur Sicherung der Zurückschiebung beantragt, ist in den Fällen einer Asylfolgeantragstellung die Ausländerbehörde, deren Bezirk den Haftort umfasst, nach der Inhaftierung des Ausländers gemäß § 71 Abs. 7 Satz 2 AsylVfG auch zuständige Behörde. Eine Zuständigkeit der Ausländerbehörde des Aufgriffs- bzw. Überstellungsorts nach § 71 Abs. 7 Satz 2 AsylVfG wird nur begründet, wenn der Ausländer sich im Zeitpunkt der Folgeantragstellung in deren Bezirk aufhält. Die nach § 71 Abs. 7 Satz 2 AsylVfG auch zuständige Behörde kann sich ihrer Zuständigkeit nur unter den Voraussetzungen entledigen, unter denen hinsichtlich der weiteren Durchführung der Aufenthaltsbeendigung die Amtshilfe abgelehnt werden kann (siehe Nummer 71.1.2.7.3).
71.1.4.6.1 Ein erfolgloser Ausreiseversuch (d. h. der Ausländer ist nicht in der Lage, der Ausreisepflicht nachzukommen, weil er bei der Einreise in einen anderen Staat an der Grenze zurückgewiesen und etwa der Grenzbehörde überstellt wird) führt zu keiner Beendigung oder Unterbrechung des Aufenthalts im Bundesgebiet und damit unbeschadet landesrechtlicher Vorschriften auch zu keiner Änderung der bisherigen Zuständigkeit.
71.1.4.6.2 Wird der Ausländer nach erfolglosem Ausreiseversuch durch die Grenzbehörde aufgegriffen, ist diese für die in § 71 Abs. 3 Nr. 1 genannten Maßnahmen zuständig. Die örtliche Zuständigkeit für die Abschiebung richtet sich nach den landesrechtlichen Vorschriften, die bis zum Scheitern des Ausreiseversuchs Anwendung gefunden haben. Ist die Ausländerbehörde des Aufgriffsortes danach nicht zuständig, kann diese lediglich im Wege der Amtshilfe mit weiteren unaufschiebbaren Maßnahmen betraut werden (siehe Nummer 71.1.2.5 ff.).
71.1.5 Zuständigkeit für die Kostenerfassung
Die Behörde, die im Wege der Amtshilfe oder nach § 71 Abs. 7 Satz 2 AsylVfG für die Sicherung und Durchführung der Abschiebung eines Ausländers tätig wird, hat alle von einem privaten Kostenschuldner (§ 66 Abs. 1 bis 4) zu tragenden Kosten zu erfassen und diese Kostenaufstellung der für die Maßnahme örtlich zuständigen Ausländerbehörde zuzuleiten. Diese Ausländerbehörde fertigt eine Gesamtaufstellung über alle Kosten, die der Kostenschuldner nach § 67 Abs. 1 und 2 zu erstatten hat. Die Amtshilfe umfasst auch die Anordnung einer Sicherheitsleistung (§ 66 Abs. 5). Der Leistungsbescheid (§ 66 Abs. 1 bis 4) wird – soweit erforderlich – von der für die Maßnahme zuständigen Ausländerbehörde erlassen.

71.2 Zuständigkeit der deutschen Auslandsvertretungen
71.2.1 Über die Erteilung eines Visums (nationales Visum, Schengen-Visum) entscheiden die vom Auswärtigen Amt zur Visaerteilung ermächtigten diplomatischen oder berufskonsularischen Vertretungen (Auslandsvertretungen), in deren Amtsbezirk der Ausländer seinen gewöhnlichen Aufenthalt hat. Die Zuständigkeit der Auslandsvertretung ist nur für Ausländer gegeben, die sich im Ausland aufhalten. Für die Erteilung von Schengen-Visa sind neben den deutschen Auslandsvertretungen auch die Auslandsvertretungen der Schengener Vertragsstaaten nach Maßgabe des Schengener Durchführungsübereinkommens zuständig. Für die Verlängerung eines Visums nach der Einreise des Ausländers ist die Ausländerbehörde zuständig (§ 6 Abs. 3). Unterhält die Bundesrepublik Deutschland in einem Staat keine Auslandsvertretung oder kann sie vorübergehend keine Visa erteilen, richtet sich die Zuständigkeit für die Visaerteilung bei kurzfristigen Aufenthalten nach der Vertretungsregelung der Schengen-Staaten.
71.2.2 Das Visum kann mit Ermächtigung der zuständigen Auslandsvertretung oder des Auswärtigen Amtes ausnahmsweise auch von einer anderen als der für den gewöhnlichen Aufenthaltsort des Ausländers zuständigen Auslandsvertretung erteilt werden.
71.2.3 Die Zuständigkeit der Auslandsvertretungen für Visumangelegenheiten umfasst auch Anordnungen nach § 47, die Rücknahme und den Widerruf eines Visums, die Feststellung, dass einen Aufenthaltstitel nach § 51 Abs. 1 Nr. 6 oder 7 erloschen ist, sowie die Feststellung und Bescheinigung, dass ein Ausländer für die Einreise und den Aufenthalt vom Erfordernis der Aufenthaltstitel befreit ist (vgl. Nummer 15.2.1.1).
71.2.4 Belastende Verwaltungsakte der deutschen Auslandsvertretungen sind nach § 68 Abs. 1 Satz 2 Nr. 1 VwGO nicht mit dem Widerspruch angreifbar (vgl. § 52 Nr. 2 Satz 4 VwGO hinsichtlich der Zuständigkeit des Verwaltungsgerichts im Klageverfahren).

71.3 Zuständigkeit der mit der polizeilichen Kontrolle des grenzüberschreitenden Verkehrs betrauten Behörden
71.3.0 Die ausländerrechtlichen Zuständigkeiten der mit der polizeilichen Kontrolle des grenzüberschreitenden Verkehrs betrauten Behörden (Grenzbehörde) regelt § 71 Abs. 3 Nr. 1 bis 7 und Abs. 4. Dies umfasst auch die Eintragung von Kontrollstempeln in den Pass oder Passersatz.
71.3.1.1 Für die Zurückweisung ist ausschließlich die Grenzbehörde zuständig (siehe Nummer 15.0.1)
71.3.1.2.1 Die Grenzbehörde ist für die Zurückschiebung von Ausländern zuständig, die beim oder nach dem illegalen Grenzübertritt an der Grenze, d. h. im (Binnen-) Grenzraum sowie auf einem als

Zuständigkeit § 71 AufenthG 1

Grenzübergangsstelle zugelassenen oder nicht zugelassenen Flughafen bzw. Flug- oder Landeplatz, See- oder Binnenhafen, aufgegriffen werden (siehe Nummern 57.0.2 und 71.5.1.2). Die Grenzbehörde kann das Verfahren an die örtlich zuständige Ausländerbehörde abgeben, wenn die Zurückschiebung nicht innerhalb von einer Woche nach Beendigung der Zurückschiebungshaft durchgeführt werden kann. Soweit eine Zuständigkeit einer Ausländerbehörde nach Nummer 71.1.2.1 nicht besteht, ist die Ausländerbehörde zuständig, in deren Bezirk der Ausländer aufgegriffen wurde.
71.3.1.2.2 Die Grenzbehörde ist auch zuständig für die Zurückschiebung von Ausländern, die in das Bundesgebiet bereits eingereist sind, sich danach weiter fortbewegen und in einem anderen Grenzraum angetroffen werden (z. B. Einreise über die deutsch-französische Grenze und Aufgriff des Ausländers an der deutsch-dänischen Grenze). Bei Asylbewerbern gelten §§ 18, 18a AsylVfG.
71.3.1.3.1 Die Rückführung ist die Begleitung eines Ausländers über die Grenze hinaus bis zum Zielort und Überstellung an die Grenzbehörde des Zielstaates aus Anlass der Zurückweisung, Zurückschiebung oder Abschiebung bzw. die Übernahme von Ausländern, die von einem anderen Staat nach Deutschland rückgeführt werden (siehe Nummer 57.2). Zur Rückführung gehört auch die so genannte Weiterschiebung (Durchbeförderung) des Ausländers, der von einem anderen Staat durch Deutschland in einen Drittstaat zurückgeschoben wird.
71.3.1.3.2 Die Rückführung obliegt den Grenzbehörden, soweit nicht die für die aufenthaltsbeendende Maßnahme zuständige Behörde die Rückführung mit eigenen Kräften durchführt (siehe Nummern 57.0.3 und 71.1.1.1). Die Zuständigkeit der Behörde, die die Zurückschiebung oder Abschiebung angeordnet hat, endet nicht mit der Überstellung des Ausländers an die Grenzbehörde. Die Grenzbehörde ist jedoch für die ordnungsgemäße Durchführung der Maßnahme verantwortlich. Scheitert eine Rückführung, regelt die für die Zurückschiebung oder Abschiebung zuständige Behörde das weitere Verfahren.
71.3.1.4 Hinsichtlich der Festnahme und Beantragung von Haft, soweit es zur Vorbereitung und Sicherung vorstehender Maßnahmen erforderlich ist, siehe Nummern 62.3.4, 15.5 und 57.3.3.
71.3.2.1 Die Grenzbehörde ist nach § 14 Abs. 2 zuständig für die Erteilung von Ausnahme-Visa in Form von Schengen-Visa und von nationalen Visa sowie für die Erteilung eines Passersatzes.
71.3.2.2 Die Grenzbehörde ist für die Androhung, Anordnung und Beitreibung von Zwangsgeld gegen Beförderungsunternehmer und den damit verbundenen Maßnahmen zuständig.
71.3.3 Die Grenzbehörde ist zuständig für den Widerruf eines Visums
71.3.3.1 – auf Ersuchen einer deutschen Auslandsvertretung oder einer Auslandsvertretung eines anderen Schengen-Staates oder der für den künftigen Aufenthaltsort zuständigen Ausländerbehörde.
71.3.3.2 – in den Fällen des § 52 Abs. 1 Nr. 3 auch ohne Ersuchen der ausstellenden Behörde, wenn der Ausländer zugleich gemäß § 15 zurückgewiesen wird (z. B. aufgrund einer Ausschreibung zum Zweck der Einreiseverhinderung nach § 50 Abs. 7 oder Einreiseverweigerung nach Artikel 96 Abs. 3 SDÜ).
71.3.4.1 Für die Anordnung eines Ausreiseverbots ist grundsätzlich die Ausländerbehörde zuständig. Die Grenzbehörde ist dann zuständig, wenn dies zur Verhinderung der Ausreise an der Grenze erforderlich ist (siehe Nummer 46.2.5).
71.3.4.2 Die Zuständigkeit der Grenzbehörde für die Zurückweisung oder Zurückschiebung umfasst auch die Geltendmachung der Kosten nach Maßgabe des § 67 Abs. 3 durch einen Leistungsbescheid. Für die Anordnung einer Sicherheitsleistung gilt § 66 Abs. 5. Die Sicherheitsleistung kann auch die Kosten der Abschiebung umfassen (siehe Nummer 66.5.4).
71.3.5 Die Grenzbehörde ist für die Prüfung zuständig, ob die in §§ 63 bis 65 genannten Pflichten eingehalten werden.
71.3.6 Die Grenzbehörde hat einen Ausländer, dem ein Visum oder Passersatz an der Grenze versagt wird, auf die Möglichkeit einer Antragstellung bei der zuständigen Auslandsvertretung hinzuweisen (§ 83 Satz 2). Hinsichtlich der Formerfordernisse wird auf § 77 Abs. 2 verwiesen.

71.4 Erkennungsdienstliche Maßnahmen
Die Zuständigkeit der Ausländerbehörden, der Grenzbehörde und der Polizeien der Länder umfasst unbeschadet asylrechtlicher Vorschriften die Durchführung erkennungsdienstlicher Maßnahmen in ihrem Tätigkeitsbereich nach § 49. Für erkennungsdienstliche Maßnahmen im Rahmen der Verteilung nach § 15a sind auch die nach § 15a Abs. 1 Satz 5 von den Ländern bestimmten Stellen zuständig. Für erkennungsdienstliche Maßnahmen bei der Beantragung eines Visums sind die ermächtigten Auslandsvertretungen zuständig.

71.5 Zuständigkeit der Polizeien der Länder
71.5.0 Auch die Polizeien der Länder sind zuständig für die
– Zurückschiebung (§ 57),
– Durchführung der Abschiebung (§ 58),

– Durchsetzung der räumlichen Beschränkung,
– Festnahme und Beantragung von Haft zum Zweck der Vorbereitung und Sicherung der Zurückschiebung oder Abschiebung (siehe Nummer 62.0.1.0).
Soweit die Länder keine Regelungen bezüglich der Aufgabenwahrnehmung im Rahmen der parallelen Zuständigkeit von Ausländerbehörde und Polizei getroffen haben, gelten die nachfolgenden Vorschriften.
71.5.1.1 Neben den Ausländerbehörden und der Grenzbehörde sind die Polizeien der Länder für die Zurückschiebung originär zuständig (siehe Nummer 71.1.1.2), wenn aus Anlass ihrer Aufgabenwahrnehmung ein unerlaubt eingereister Ausländer aufgegriffen wird (z. B. anlässlich einer Personen- bzw. Verkehrskontrolle oder einer Razzia). Die Zuständigkeit umfasst auch die Vorbereitung, Sicherung und Durchführung der Zurückschiebung (z. B. Beschaffung von Heimreisedokumenten, Vorführung des Ausländers bei der Auslandsvertretung, Buchung der Heimreise, Erlass eines Leistungsbescheids, Transport zur Grenze, zur Justizvollzugsanstalt oder zum Flughafen). Zur Kostenerhebung siehe Nummern 71.5.6 und 67.3.0.2.3.
71.5.1.2.0 Nach Wegfall der Grenzkontrollen an den Binnengrenzen der Schengen-Staaten kommt der Kontrolle von Ausländern im Inland im Hinblick auf die unerlaubte Einreise und den unerlaubten Aufenthalt eine besondere Bedeutung zu. Diese umfasst die Eintragung von Kontrollstempeln in den Pass oder Passersatz. Eine Zurückschiebung durch die Polizeien der Länder kommt danach insbesondere in Betracht, wenn sie anlässlich einer Personenkontrolle feststellen, dass ein Ausländer
71.5.1.2.1 – ohne erforderliches Visum unerlaubt eingereist ist (§ 14 Abs. 1 Nr. 1) oder
71.5.1.2.2 – mit einem nationalen Aufenthaltstitel eines Schengen-Staates für einen Kurzaufenthalt eingereist ist, er jedoch zum Zeitpunkt der Einreise die weiteren Voraussetzungen nach Artikel 21 SDÜ nicht erfüllt, insbesondere weil er von einer deutschen Behörde (z. B. § 11 Abs. 1 i. V. m. Artikel 96 Abs. 3 SDÜ) oder einer Behörde eines anderen Schengen-Staates (Artikel 96 Abs. 3 SDÜ) im Schengener Informationssystem zur Einreiseverweigerung ausgeschrieben worden ist.
71.5.2.1 Die Polizeien der Länder sind unbeschadet landesrechtlicher Vorschriften im Rahmen der Abschiebung nur für die Durchführung dieser Maßnahme (Vollstreckung als Realakt) zuständig. Für eine Androhung, Ankündigung oder Anordnung der Abschiebung bleibt die Ausländerbehörde zuständig. Die Vollstreckungsbehörde erteilt nach Maßgabe landesrechtlicher Vorschriften den Polizeien der Länder den Vollstreckungsauftrag. Insoweit erfüllen die Polizeien der Länder die Funktion der Vollstreckungsbeamten.
71.5.2.2 Zur Durchführung der Abschiebung gehören insbesondere die Überstellung des Ausländers von dem von der Ausländerbehörde angegebenen Ort zur Grenzbehörde (z. B. Grenzübergangsstelle, Flughafen), das Festhalten des Ausländers während der Überstellung (freiheitsbeschränkende Maßnahme), die Beschaffung von Heimreisedokumenten, die Vorführung des Ausländers bei der Auslandsvertretung zum Zwecke der Ausstellung von Heimreisedokumenten (§ 82 Abs. 4), die Anordnung der Passvorlage und die vorübergehende Einbehaltung des Passes, Passersatzes oder Ausweisersatzes (§ 48 Abs. 1), die Anordnung einer Sicherheitsleistung (§ 66 Abs. 5), das Durchsuchen des Ausländers und seiner Sachen nach Maßgabe landesrechtlicher Vorschriften.
71.5.3.1 Die Festnahme richtet sich nach landesrechtlichen Vorschriften (Ordnungs- bzw. Polizeirecht). Sie kommt insbesondere zur Sicherung der Zurückschiebung oder Abschiebung in Betracht.
71.5.3.2 Die Festnahme ist in allen Fällen zu veranlassen, in denen der Ausländer zur Festnahme ausgeschrieben worden ist (§ 50 Abs. 7). Nach der Festnahme ist die für die Anordnung der aufenthaltsbeendenden Maßnahme zuständige Behörde zu benachrichtigen, sofern die Polizeien der Länder nicht selbst für die Zurückschiebung zuständig sind. Die zuständige Behörde prüft, ob Abschiebungs- bzw. Zurückschiebungshaft zu beantragen ist, wenn die Ausreisepflicht nicht unverzüglich durchgesetzt werden kann (vgl. § 13 FEVG).
71.5.4 Die Polizeien der Länder sind für die Durchsetzung der räumlichen Beschränkung zuständig, wenn sie aus Anlass ihrer originären Aufgabenwahrnehmung einen Ausländer aufgreifen, der sich in einem Teil des Bundesgebiets aufhält, in dem er sich nicht aufhalten darf.
71.5.5 Die Zuständigkeit der Polizeien der Länder für die Zurückschiebung umfasst auch die Geltendmachung der Kosten nach Maßgabe des § 67 Abs. 3 durch einen Leistungsbescheid.
71.5.6 Die Ausländerbehörden haben die Polizeien der Länder auf Ersuchen, insbesondere in unaufschiebbaren Fällen, fachlich zu unterstützen, auch wenn diese im Rahmen ihrer eigenen Zuständigkeit tätig werden.
71.6 Ein ausländischer Pass oder Passersatz wird nach der Zuständigkeitsregelung in Absatz 5 vom Bundesministerium des Innern oder von der von ihm bestimmten Stelle im Benehmen mit dem Auswärtigen Amt anerkannt (vgl. im Einzelnen Nummern 3.1.6 ff).

Zuständigkeit § 71 **AufenthG** 1

Übersicht

	Rn
I. Entstehungsgeschichte	1
II. Zuständige Behörden	2
1. Allgemeines	2
2. Ausländerbehörde	10
3. Grenzbehörde	11
4. Auslandsvertretung	13
5. Länderpolizei	14
6. Bundesministerium des Innern	15

I. Entstehungsgeschichte

Die Vorschrift entspricht im Wesentlichen dem **GesEntw** (BT-Drs 15/420 S. 27). Auf- 1
grund des Vermittlungsverf (BT-Drs 15/3579 S. 10) wurde nur S. 2 eingefügt. Außerdem wurde im März 2005 in Abs 4 S. 2 die Angabe „Abs. 2a" statt „Abs. 3" eingefügt (Art 1 Nr 9a Ges vom 14. 3. 2005, BGBl. I 721).

II. Zuständige Behörden

1. Allgemeines

Das Ges regelt die **sachliche** (OVG NRW, EZAR 601 Nr 9: Bestimmungen des AuslG 2
über die Erzwingung der Aufenthaltsbeendigung sind abschließend u. lassen den Ländern keinen Spielraum) u. nicht mehr wie noch § 20 I bis III AuslG 1965 die **örtliche** u. **funktionelle** Zuständigkeit der AuslBeh. Letztere wird autonom durch die Länder bestimmt (dazu auch Rn 8), meist im Zusammenhang mit der Aufgabenverteilung für Ordnungs- u. Polizeirecht (allg zu den Länderkompetenzen Mandelartz, DÖV 1991, 962; betr Zuständigkeit der unteren AuslBeh für Aufenthaltsbeendigung erfolgloser Asylbew in BW vgl VGH BW, EZAR 601 Nr 6). Die zuständigen AuslBeh der Länder wurden früher in einem Verzeichnis erfasst, das vom BMI aufgestellt u. jew aktualisiert wurde (vgl GMBl. 1967, 308; jetzt Nr 71.1.1.5 VAH). Die örtliche Zuständigkeit der Bundesbehörden ist nunmehr nach § 3 III Bst. a, IV VwVfG u. die der AuslBeh der Länder nach entsprechenden Vorschriften des jew Landes-VwVfG (allg Verwaltungsverf oder Polizei- u. Ordnungsrecht) zu bestimmen (vgl Rn 8 u. die Übersicht bei Renner, AiD Rn 8/67–83). Hessen hat die Anbindung an das Polizeirecht (§ 100 HSOG; HessVGH, EZAR 601 Nr 5; vgl auch HessVGH, EZAR 032 Nr 11) aufgegeben u. gegenständlich bezogen differenzierte Regelungen geschaffen (VO vom 21. 6. 1993, GVBl. I 260, zuletzt geändert am 13. 5. 1998, GVBl. I 206). Wegen der eigenen Zuständigkeiten des BMI vgl zB §§ 3 II, 5 IV 3, 22 S. 2, 23 I 3, 58a II, 60a I 2, 63 II, 73 IV, 74 I. Bei alledem ist zu beachten, dass Fehler bei der Bestimmung der örtlichen Zuständigkeit nicht die Nichtigkeit des VA zur Folge, sondern lediglich dessen Anfechtbarkeit u. geheilt werden, wenn in der Sache nicht anders zu entscheiden ist (§§ 44 II Nr. 3, III Nr. 1, 46 VwVfG bzw Landes-VwVfG).

Demzufolge richtet sich die **örtliche Zuständigkeit** in erster Linie nach dem gewöhnli- 3
chen oder letzten gewöhnlichen **Aufenthalt** des Ausl im Inland (zu abweichenden Anknüpfungskriterien allg Renner, AiD Rn 8/84–86). Den gewöhnlichen Aufenthalt hat eine Person nach der insoweit entsprechend anwendbaren Legaldefinition des § 30 III SGB I (dazu BVerwG, EZAR 601 Nr 8) dort, wo sie in der Absicht verweilt, nicht nur vorübergehend zu bleiben; rechtsgeschäftlicher Wille ist nicht erforderlich (§ 28 Rn 6; § 32 Rn 9, § 37 Rn 6). Dagegen stellt der Wohnsitz iSd § 7 I BGB den Ort dar, an dem sich objektiv der Schwerpunkt der Lebensverhältnisse befindet u. an dem subjektiv der Lebensmittelpunkt

1 AufenthG § 71   1. Teil. Aufenthaltsgesetz

beibehalten werden soll. Der Ort des dauernden Aufenthalts ist mit dem Wohnsitz identisch, nur bedarf es insoweit keines rechtsgeschäftlichen Willens, sondern lediglich entsprechender tatsächlicher Umstände. Der melderechtliche Wohnsitz braucht nicht mit dem gewöhnlichen Aufenthalt übereinzustimmen.

4   Der gewöhnliche Aufenthalt wird weder durch Reisen noch durch Aufenthalte in Urlaub, Kur oder Krankenhaus **unterbrochen.** Bei länger andauernder Ausbildung, Schulung, Krankheit oder Freiheitsentziehung wird ein neuer gewöhnlicher Aufenthalt begründet. Der gewöhnliche Aufenthalt kann auch im Ausland genommen werden. Vor der Einreise oder nach endgültiger Ausreise besteht im Inland kein gewöhnlicher Aufenthalt. Bei nicht nur vorübergehender Abwesenheit (§ 51 I Nr 6 u. 7) entfällt der gewöhnliche Aufenthalt im Inland. Auf den letzten gewöhnlichen Aufenthalt kommt es nur an, wenn inzwischen kein solcher mehr besteht oder zumindest keiner feststellbar ist. Ist nur die genaue neue Anschrift unbekannt, fehlt es nicht an einem neuen gewöhnlichen Aufenthalt.

5   Verfügt der Ausl über keinen gewöhnlichen oder letzten gewöhnlichen Aufenthalt im Inland, sondern nur im **Ausland,** fehlt es an einer zuständigen Behörde iSd § 3 I Nr 3 Bst a VwVfG bzw Landes-VwVfG (dazu auch Rn 8). Für Orte im Ausland ist nämlich ohne eine Sonderbestimmung keine AuslBeh oder Grenzbehörde zuständig, weil diese Orte nicht zu ihrem Bezirk gehören. Soweit sich der Ausl. schon einmal in Deutschland aufgehalten hat, soll der letzte gewöhnliche Aufenthalt maßgeblich sein (so auch Nr. 63.2.1.2, 63.2.1.3 AuslG-VwV), ansonsten der Ort, an dem ein behördliches Handeln aufgrund früherer Zuständigkeit für eine geplante Wiedereinreise notwendig wird (vgl Rn 6; so auch zB Nr. 63.2.1.3 S. 2, 63.2.1.4.0 S. 1, 63.2.1.5, 63.2.1.6 AuslG-VwV).

6   Kann eine zuständige Behörde nach dem gewöhnlichen Aufenthalt nicht bestimmt werden, ist diejenige zuständig, in deren Bezirk der **Anlass für die Amtshandlung** hervortritt (§ 3 I Nr 4 VwVfG bzw Landes-VwVfG). Diese Anknüpfung gilt zB in Bayern (dazu BayVGH, EZAR 035 Nr. 7 betr inhaftierten Ausl) u. in NRW (dazu OVG NRW, EZAR 601 Nr 9 betr Abschiebung nach Haftentlassung) u. galt früher in Hessen (vgl Rn 2). Anlass für eine Entscheidung oder Maßnahme bietet ein Antrag des Ausl oder sein Verhalten, das zB eine Ausweisung oder Abschiebung auslösen kann. Die unabhängig davon bestehende Zuständigkeit für unaufschiebbare Maßnahmen bei Gefahr im Verzug (§ 3 IV 1 VwVfG bzw Landes-VwVfG) greift bei kurzfristiger Inhaftierung nicht ein, falls der Ausl seinen gewöhnlichen Aufenthalt am Familienwohnsitz beibehalten hat (BVerwG, EZAR 601 Nr 8).

7   Im Falle der Zuständigkeit **mehrerer Behörden** entscheidet, wer zuerst mit der Sache befasst war, es sei denn, die gemeinsame Fachaufsichtsbehörde bestimmt etwas anderes; letztere entscheidet auch über Kompetenzkonflikte (§ 3 II VwVfG). Nach Landesrecht können auch mehrere Behörden nebeneinander zuständig sein (vgl BVerwG, EZAR 033 Nr 11; OVG NRW, EZAR 601 Nr 7). Solange noch eine Sonderregelung fehlt (Rn 8), ist eine Lösung länderübergreifender Kompetenzstreitigkeiten auf dem Verwaltungswege nicht möglich. Letztlich kann hierüber nur im Gerichtsverf über die jew Maßnahme entschieden werden (vgl OVG NRW, EZAR 601 Nr 7; Renner, Rn AiD 4/91).

8   Dem BMI war durch § 63 II AuslG die Befugnis zum **Erlass allg VwV** mit Zustimmung des BR zum Zwecke der Bestimmung der örtlich zuständigen AuslBeh für folgende Fälle eingeräumt: kein gegenwärtiger Aufenthalt im Bundesgebiet; positiver oder negativer Kompetenzkonflikt zwischen AuslBeh mehrerer Bundesländer. Andere Kompetenzstreitigkeiten (vgl Rn 7) durfte das BMI nicht regeln, insb nicht solche innerhalb eines Bundeslandes (dazu Renner, AiD Rn 4/96–100). Von dieser Ermächtigung hat das BMI zT Gebrauch gemacht (vgl Nr 63.1.2.4, 63.1.4.2, 63.1.4.4., 63.2.1 bis 63.2.2.5 AuslG-VwV). Soweit dort außerdem auch andere Fallkonstellationen geregelt worden sind (zB Nr. 63.1.2.2, 63.1.2.5, 63.1.2.8.1, 63.1.3.1 AuslG-VwV), fehlte dem BMI die Kompetenz. Denn die VwV nach §§ 63 II, 104 AuslG durften über die Ermessenssteuerung hinaus weder die Auslegung von Bundes- oder Landesrecht verbindlich vorgeben noch allg Grundsätze über den Inhalt von Landesrecht aufstellen. In beiderlei Beziehung konnte es sich allenfalls um unverbindliche

Zuständigkeit   § 71 **AufenthG** 1

Hinweise handeln, die von Behörden u. Gerichten als gesetzwidrig behandelt u. außer Acht gelassen werden konnten. Nunmehr ist dem BMI eine Ermächtigung zur Bestimmung der zuständigen AuslBeh in bestimmten Fällen mit Auslandsbezug nicht mehr erteilt (vgl auch Nr 71.1.1.5 VAH).

Die Zuständigkeit ändert sich nicht unbedingt beim **Wechsel** des gewöhnlichen Aufent- 9
halts oder Wohnsitzes während des Verwaltungsverf (§ 3 III VwVfG bzw Landes-VwVfG; dazu Renner, AiD Rn 4/92–95). Die örtliche Zuständigkeit bleibt zB erhalten, wenn der Ausl nach einer Ausweisung den Aufenthaltsort verlässt u. an seinen gewöhnlichen Aufenthaltsort zurückkehrt (OVG NRW, EZAR 601 Nr 2). Entsprechendes gilt für den Ortswechsel während eines Verwaltungsstreitverf über eine Anfechtungsklage zB gegen eine Ausweisung (OVG NRW, EZAR 033 Nr 1 u. 047 Nr 1) oder gegen asylr aufenthaltsbeendende Maßnahmen (BayVGH, EZAR 631 Nr 22; vgl auch § 77 AsylVfG). Anders verhält es sich dagegen bei einer Verpflichtungsklage zB auf einen AufTit. Hier darf das Verf allerdings gegen die bisher zuständige Körperschaft fortgeführt werden, wenn es sich um eine isolierte Anfechtung gegen die bisher zuständige Körperschaft handelt (VGH BW, EZAR 601 Nr 3) oder dies sachdienlich ist u. die nunmehr zuständige Behörde zustimmt (§ 3 III VwVfG bzw Landes-VwVfG; VGH BW, EZAR 012 Nr 2; OVG Hamburg, EZAR 039 Nr 1; offen gelassen von SächsOVG, EZAR 015 Nr 12; ebenso zu Einbürgerungsverf BVerwG, EZAR 601 Nr 4).

2. Ausländerbehörde

Die sachliche Zuständigkeit der AuslBeh ist **nicht allumfassend.** Für das Aufenthalts- u. 10
Passrecht sind die AuslBeh jedoch unabhängig davon zuständig, ob die Entscheidung oder Maßnahme auf dem AufenthG oder einem anderen Ges beruht, insb dem FreizügG/EU, dem AsylVfG (§§ 13 III, 16 II, 19, 21 I, 54, 58, 59 III, 63 III 2, 71 VII 2) u. dem SDÜ. Die LdReg kann jew bestimmte Aufgaben konzentrieren, zB die Durchführung von Abschiebungen. ZT sind neben den AuslBeh auch andere Behörden zuständig, zB für die Zurückschiebung.

3. Grenzbehörde

Den Grenzbehörden fallen einerseits **erweiterte Aufgaben** zu, da der Visumpflicht u. 11
deren Durchsetzung an der Grenze eine größere Bedeutung als früher zugemessen wird u. zB die Frist für die Rückschiebung erheblich ausgedehnt worden ist (§ 57 I). Andererseits ist der tatsächliche Arbeitsanfall an den Landgrenzen durch den Fortfall der Binnengrenzen u. die EU-Osterweiterung seit Mai 2004 erheblich vermindert. Die Zuständigkeit der Grenzbehörden ist auf Rückschiebungen an der Grenze beschränkt. Insoweit handelt es sich um Grenzschutzmaßnahmen iSd § 2 BPolG. Der umfängliche Katalog des Abs 3 verdeutlicht die Vermehrung der Zuständigkeiten (näher Renner, AiD Rn 4/38–49; Nr. 63.4.0 bis 63.4.6 AuslG-VwV).

Unter Grenzbehörden sind die mit der polizeilichen Kontrolle des grenzüberschreitenden 12
Verkehrs beauftragten Behörden zu verstehen, also die der **Bundespolizei** oder an dessen Stelle **Behörden der Länder** (Bayern, Bremen, Hamburg) oder der **Zollverwaltung** (§ 18 AsylVfG Rn 31).

4. Auslandsvertretung

Die dt diplomatischen u. konsularischen **Vertretungen im Ausland** sind insoweit mehr 13
als unter der Geltung des AuslG 1965 in die Durchführung des AufenthG einbezogen, als sich die Visaerteilung zT komplizierter gestaltet (näher Renner, AiD Rn 4/50–55). Zuständig ist die jew vom Auswärtigen Amt ermächtigte AuslVertr, für Visa bei Fehlen oder Verhinderung der AuslVertr die AuslBeh am Sitz des Auswärtigen Amts oder eine vom Auswärtigen Amt ermächtigte andere AuslVertr (§ 38 AufenthV). Soweit nur ein kurz-

fristiger Aufenthalt ohne Erwerbstätigkeit beabsichtigt ist, kann ein Schengen-Visum auch von jedem anderen Schengen-Konsulat ausgestellt werden. Außer der Erteilung des Visums sind auch dessen Widerruf u. Rücknahme erfasst sowie die Feststellung der Befreiung von der AufTit-Pflicht u. des Erlöschens nach § 51 I Nr 6 u. 7. Die Ausstellung eines Reiseausweises bedarf der Zustimmung des Auswärtigen Amts u. des BMI (§ 11 AufenthV).

5. Länderpolizei

14 Die Polizeien der Länder sind zum einen für **Zurückschiebung,** Festnahme, Durchführung der Abschiebung u. Durchsetzung der Verlassenpflicht bei räumlicher Beschränkung sowie für erkennungsdienstliche Maßnahmen neben Grenzbehörde oder AuslBeh zuständig (näher Renner, AiD Rn 4/56–59, 4/62; Nr 71.5.0 bis 71.5.5 VAH). Zum anderen ergeben sich polizeiliche Zuständigkeiten aufgrund von **Amtshilfe** (§§ 4 ff VwVfG bzw Landes-VwVfG) für die AuslBeh, zB bei der Ermittlung des Aufenthaltsorts eines ausreisepflichtigen Ausl (näher Renner, AiD Rn 4/60–61). Insgesamt hat die tatsächliche Beteiligung der Polizeien der Länder an der Durchführung des AufenthG nach Fortfall der Binnengrenzen zugenommen.

6. Bundesministerium des Innern

15 Für die **Anerkennung ausl Pässe u. Passersatzpapiere** ist das BMI im Benehmen mit dem Auswärtigen Amt zuständig. Die für Zwecke des § 3 I allg für bestimmte Muster erfolgende Anerkennung wird durch regelmäßige Veröffentlichung im BAnz allg bekannt gemacht (zuletzt Allgemeinverfügung vom 3. 1. 2005, BAnz Nr 11 S. 745).

§ 72 Beteiligungserfordernisse

(1) ¹Eine Betretenserlaubnis (§ 11 Abs. 2) darf nur mit Zustimmung der für den vorgesehenen Aufenthaltsort zuständigen Ausländerbehörde erteilt werden. ²Die Ausländerbehörde, die den Ausländer ausgewiesen oder abgeschoben hat, ist in der Regel zu beteiligen.

(2) Über das Vorliegen eines zielstaatsbezogenen Abschiebungsverbots des § 60 Abs. 7 entscheidet die Ausländerbehörde nur nach vorheriger Beteiligung des Bundesamtes für Migration und Flüchtlinge.

(3) ¹Räumliche Beschränkungen, Auflagen und Bedingungen, Befristungen nach § 11 Abs. 1 Satz 3, Anordnungen nach § 47 und sonstige Maßnahmen gegen einen Ausländer, der nicht im Besitz eines erforderlichen Aufenthaltstitels ist, dürfen von einer anderen Ausländerbehörde nur im Einvernehmen mit der Ausländerbehörde geändert oder aufgehoben werden, die die Maßnahme angeordnet hat. ²Satz 1 findet keine Anwendung, wenn der Aufenthalt des Ausländers nach den Vorschriften des Asylverfahrensgesetzes auf den Bezirk der anderen Ausländerbehörde beschränkt ist.

(4) ¹Ein Ausländer, gegen den öffentliche Klage erhoben oder ein strafrechtliches Ermittlungsverfahren eingeleitet ist, darf nur im Einvernehmen mit der zuständigen Staatsanwaltschaft ausgewiesen und abgeschoben werden. ²Ein Ausländer, der zu schützende Person im Sinne des Zeugenschutz-Harmonisierungsgesetzes ist, darf nur im Einvernehmen mit der Zeugenschutzdienststelle ausgewiesen oder abgeschoben werden.

(5) § 45 des Achten Buches Sozialgesetzbuch gilt nicht für Ausreiseeinrichtungen und Einrichtungen, die der vorübergehenden Unterbringung von Ausländern dienen, denen aus völkerrechtlichen, humanitären oder politischen Gründen eine Aufenthaltserlaubnis erteilt wird.

Beteiligungserfordernisse §72 AufenthG 1

Vorläufige Anwendungshinweise

72 Zu § 72 Beteiligungserfordernisse

72.1 Betretenserlaubnis
72.1.1 Die Beteiligung an der Erteilung einer Betretenserlaubnis gemäß § 72 Abs. 1 Satz 1 ist erforderlich, wenn eine andere Ausländerbehörde als die für den vorgesehenen Aufenthaltsort zuständige Ausländerbehörde für die Erteilung einer Betretenserlaubnis nach Landesrecht örtlich zuständig ist. Der Erteilung eines Visums für einen Ausländer, dem eine Betretenserlaubnis erteilt worden ist, stimmt nach § 31 Abs. 1 AufenthV die für den vorgesehenen Aufenthaltsort zuständige Ausländerbehörde zu.
72.1.2 Von der Beteiligung der Ausländerbehörde, die den Ausländer ausgewiesen oder abgeschoben hat, kann abgesehen werden, wenn Einreise und Aufenthalt des Ausländers im öffentlichen Interesse liegen (z. B. Zeugenvernehmung).

72.2 Beteiligung des Bundesamtes
§ 72 Abs. 2 verpflichtet die Ausländerbehörden, bei Entscheidungen über das Vorliegen von zielstaatsbezogenen Abschiebungshindernissen nach § 60 Abs. 7, eine Stellungnahme des Bundesamtes für Migration und Flüchtlinge einzuholen, um das Einfließen der besonderen Sachkunde hinsichtlich der Verhältnisse in den Herkunftsländern sicherzustellen. Es handelt sich um eine nicht selbständig anfechtbare verwaltungsinterne Stellungnahme.

72.3 Änderung und Aufhebung von Maßnahmen
72.3.1.1 Das Beteiligungserfordernis nach § 72 Abs. 3 besteht nur, wenn der Ausländer aufenthaltstitelspflichtig ist, einen Aufenthaltstitel jedoch nicht besitzt. § 72 Abs. 3 Satz 1 findet demnach keine Anwendung, solange der Ausländer vom Erfordernis der Aufenthaltstitel befreit ist oder der Ausländer einen Aufenthaltstitel noch besitzt.
72.3.1.2 Das Beteiligungserfordernis nach § 72 Abs. 3 dient der Vermeidung widersprüchlichen Verwaltungshandelns. Es besteht daher nur hinsichtlich von Maßnahmen, die von einer anderen Ausländerbehörde angeordnet sind, nicht jedoch hinsichtlich gesetzlicher Beschränkungen. Die räumliche Beschränkung nach § 61 Abs. 1 ist daher grundsätzlich unabänderbar. Dies schließt jedoch einen Länder- bzw. Ortswechsel im Einvernehmen der beteiligten Länder bzw. der örtlich zuständigen Ausländerbehörde grundsätzlich nicht aus.
72.3.1.3 Das Beteiligungserfordernis erstreckt sich auch auf Nebenbestimmungen i. S. v. § 51 Abs. 6. Außerdem besteht es für Ausländer, die eine Aufenthaltsgestattung nach § 55 Abs. 1 AsylVfG besitzen, sich aber außerhalb des Bezirks nach § 56 AsylVfG aufhalten.
72.3.1.4 Sonstige Maßnahmen i. S. v. § 72 Abs. 3 Satz 1 sind insbesondere
– die Rücknahme und der Widerruf der Aufenthaltstitel,
– nachträgliche zeitliche Beschränkungen der Aufenthaltstitel oder des genehmigungsfreien Aufenthalts nach Ablauf der Frist,
– die Ausweisung und
– die Abschiebungsandrohung und Bestimmung einer Ausreisefrist.
72.3.1.5 Wird durch die Erteilung eines Aufenthaltstitels eine Maßnahme i. S. v. § 72 Abs. 3 Satz 1 geändert oder aufgehoben, besteht das Beteiligungserfordernis ebenfalls.

72.4 Strafrechtliche Verfahren
72.4.1 § 72 Abs. 4 soll verhindern, dass durch die ausländerrechtlichen Maßnahmen der Ausweisung und Abschiebung die Strafverfolgung wesentlich erschwert oder vereitelt wird. Die Ausländerbehörde hat daher das Einvernehmen der Staatsanwaltschaft einzuholen, wenn ihr insbesondere aufgrund der Mitteilung nach § 87 Abs. 4 bekannt ist, dass ein strafrechtliches Ermittlungsverfahren eingeleitet worden ist.
72.4.2 Von der Einholung des Einvernehmens kann im Einzelfall abgesehen werden, soweit die Staatsanwaltschaft für bestimmte Fallgruppen, z. B. bei Ermittlungen wegen einer Straftat nach § 95, generell ihr Einvernehmen erteilt hat.
72.4.3 Das Beteiligungserfordernis der Strafverfolgungsbehörden nach § 72 Abs. 4 bezieht sich nicht auf die Zurückweisung (§ 15), die Zurückschiebung (§ 57) oder die Entscheidung über den Aufenthaltstitel (§ 79 Abs. 2).

1 AufenthG § 72

I. Entstehungsgeschichte

1   Die Vorschrift stimmt in vollem Umfang mit dem **GesEntw** (BT-Drs 15/420 S. 27 f) überein.

II. Zustimmung, Einvernehmen und sonstige Beteiligung

2   Das Ges **unterscheidet** zwischen Zustimmung, Einvernehmen u. sonstiger Beteiligung. Einvernehmen erfordert eine möglichst einverständliche Regelung, bedeutet aber in der Sache ebenfalls Zustimmung. Benehmen besteht in der Nichtbeanstandung nach Anhörung, setzt also keine ausdrückliche Zustimmung voraus. Unter (sonstiger) Beteiligung ist Anhörung mit Gelegenheit zu Äußerung, Stellungnahme u. eigenem Vorschlag zu verstehen. Die Regelung ist nicht abschließend; so sind bei der Prüfung vor Erteilung einer AE an einen Selbständigen ua die fachkundigen Körperschaften zu beteiligen (§ 21 I 4). Die Aufgaben der Ausländerbeauftragten der BReg (§§ 92 ff) führen zu keiner Beteiligung in einzelnen auslr Verf.

3   Die **Betretenserlaubnis** bedarf idR der Zustimmung der für den künftigen Aufenthaltsort zuständigen AuslBeh (§ 31 I AufenthV) u. der Beteiligung der Ausweisungs- u. Abschiebungsbehörde; von letzterer darf nur ausnahmsweise, etwa in dringenden Eilfällen abgesehen werden.

4   Die Feststellung eines **Abschiebungsverbots** nach § 60 VII erfordert, falls es sich auf den Zielstaat bezieht, der vorherigen Beteiligung des BAMF. Soweit dieses Verbot in irgendeinem politischen Zusammenhang steht, ist es aufgrund eines Asylantrags ohnehin vom BAMF zu prüfen. Sonst ist zwar die AuslBeh zuständig, das BAMF aber als die zentrale sachverständige Stelle des Bundes um eine Auskunft zu ersuchen. Das Ergebnis bleibt in dem Sinne behördenintern, dass die Auskunft nicht als VA ausgestaltet ist.

5   Die **räumlichen Beschränkungen** u. anderen Maßnahmen des Abs 3 S. 1 bedürfen grundsätzlich des Einvernehmens mit der AuslBeh, welche die ursprüngliche Maßnahme getroffen hat. Zu den sonstigen Maßnahmen gehören insbes: Rücknahme u. Widerruf des AufTit, nachträgliche Befristung des AufTit oder der AufTit-Freiheit (§ 12 IV), Ausweisung, Abschiebungsandrohung, Bestimmung der Ausreisefrist, Befristung der Wirkungen der Ausweisung (HessVGH, EZAR 601 Nr 5) oder Abschiebung sowie Aufhebung oder Änderung einer dieser Maßnahmen (vgl Renner, AiD Rn 8/104–110). Die Vorschrift gilt nicht für Asylbew mit AufGest während eines Aufenthalts außerhalb des Bezirks nach § 56 AsylVfG. Von vornherein nicht erfasst sind Personen, die von der AufTit-Pflicht befreit sind oder einen AufTit besitzen.

6   Nach Einleitung eines strafrechtlichen **Ermittlungsverf** oder Anklageerhebung sind Ausweisung u. Abschiebung nur im Einvernehmen mit der Staatsanwaltschaft zulässig (dient nicht dem Schutz der Ausl: BVerwG, EZAR 033 Nr 11; zur Mitteilungspflicht vgl § 87 IV 1). Ein Zusammenhang zwischen strafrechtlichem Vorwurf u. Ausweisungsgrund braucht nicht zu bestehen. Auf die Einstellung des Gerichts kommt es nicht an (zum Fehlen des Einvernehmens vgl Rn 7 f). Ein strafrechtliches Ermittlungsverf ist durch behördliche Maßnahmen eingeleitet, die auf ein strafrechtliches Vorgehen abzielen, auch wenn der Beschuldigte unbekannt ist (VGH BW, EZAR 601 Nr 6).

7   Des Einvernehmens der Zeugenschutzdienststelle bedarf es, wenn der Ausl **Zeugenschutz** genießt, weil die Erforschung eines Strafsachverhalts oder die Ermittlung des Aufenthaltsorts des Beschuldigten ohne sie aussichtslos oder wesentlich erschwert wäre (§§ 1, 2 Ges vom 11. 12. 2001, BGBl. I 3510).

III. Unterbringung

Abs 5 entspricht § 44 III AsylVfG (s. dort Rn 2) u. betraf unter der Geltung des AuslG im Wesentlichen Kriegs- u. Bürgerkriegsflüchtlinge. Jetzt sind vollziehbar ausreisepflichtige u. zum vorübergehenden Schutz aufgenommene Ausl betroffen. Für die genannten Einrichtungen ist die sonst erforderliche Erlaubnis der **Jugendbehörde** für den Betrieb der Unterbringungseinrichtung entbehrlich. Dies schließt sonstige Aufsichtsmaßnahmen nicht aus, zumal die Unterbringung idR nicht nur kurzfristig erfolgen wird. Sofern der Aufenthaltsgrund längerfristiger Natur ist (zB längerer Krieg oder Bürgerkrieg), ist die Unterbringung ohnehin nicht vorübergehender Art. 8

IV. Verwaltungsverfahren und Rechtsschutz

Zustimmung, Einvernehmen u. sonstige Beteiligung stellen im Verhältnis zu dem Ausl **keinen VA** iSd § 35 VwVfG dar, weil sie keine nach außen unmittelbare verbindliche Regelung treffen. Sie sind als **unselbständige Verfahrenshandlungen** anzusehen, die nicht gesondert mit Rechtsbehelfen angegriffen werden können (§ 44 a VwGO). 9

Mangelndes Einvernehmen der Staatsanwaltschaft führt zur Fehlerhaftigkeit der dennoch vorgenommenen Abschiebung. Hierauf kann sich auch der Ausl berufen, weil die Zustimmungsbedürftigkeit nicht nur einen bloßen Reflex auslöst, sondern auch strafvollstreckungsrechtliche Ziele verfolgt u. absichert, die wie die Resozialisierung auch im Interesse des Ausl liegen (aA Fraenkel, S. 270; BVerwG, EZAR 033 Nr. 11; offen gelassen von VGH BW, EZAR 601 Nr 6). Der ohne Einvernehmen erlassene VA Ausweisung oder Abschiebungsandrohung oder -anordnung ist zwar nicht nichtig, u. das Einvernehmen kann nachgeholt werden (§§ 44 III Nr 4, 45 I Nr 5 VwVfG bzw Landes-VwVfG). Fehlt es aber endgültig, führt es zur Rechtswidrigkeit; eine Heilung nach § 46 VwVfG bzw Landes-VwVfG ist ausgeschlossen. 10

§ 73 Sonstige Beteiligungserfordernisse im Visumverfahren und bei der Erteilung von Aufenthaltstiteln

(1) ¹Die im Visumverfahren von der deutschen Auslandsvertretung erhobenen Daten der visumantragstellenden Person und des Einladers können über das Auswärtige Amt zur Feststellung von Versagungsgründen nach § 5 Abs. 4 an den Bundesnachrichtendienst, das Bundesamt für Verfassungsschutz, den Militärischen Abschirmdienst, das Bundeskriminalamt und das Zollkriminalamt übermittelt werden. ²Die beteiligten Behörden übermitteln Erkenntnisse über Versagungsgründe nach § 5 Abs. 4 über das Auswärtige Amt an die zuständige Auslandsvertretung. ³Das Verfahren nach § 21 des Ausländerzentralregistergesetzes bleibt unberührt. ⁴In den Fällen des § 14 Abs. 2 kann die jeweilige mit der polizeilichen Kontrolle des grenzüberschreitenden Verkehrs beauftragte Behörde die im Visumverfahren erhobenen Daten an die in Satz 1 genannten Behörden übermitteln.

(2) ¹Die Ausländerbehörden können zur Feststellung von Versagungsgründen gemäß § 5 Abs. 4 oder zur Prüfung von Sicherheitsbedenken vor der Erteilung oder Verlängerung eines sonstigen Aufenthaltstitels die bei ihr gespeicherten personenbezogenen Daten der betroffenen Person an den Bundesnachrichtendienst, den Militärischen Abschirmdienst und das Zollkriminalamt sowie an das Landesamt für Verfassungsschutz und das Landeskriminalamt oder die zuständigen Behörden der Polizei übermitteln. ²Vor Erteilung einer Niederlassungserlaubnis sind die gespeicherten personenbezogenen Daten den in Satz 1 genannten Sicherheitsbehörden und Nach-

richtendiensten zu übermitteln, wenn dies zur Feststellung von Versagungsgründen gemäß § 5 Abs. 4 oder zur Prüfung von Sicherheitsbedenken geboten ist.

(3) ¹ Die in den Absätzen 1 und 2 genannten Sicherheitsbehörden und Nachrichtendienste teilen der anfragenden Stelle unverzüglich mit, ob Versagungsgründe nach § 5 Abs. 4 oder Sicherheitsbedenken nach Absatz 2 vorliegen. ² Sie dürfen die mit der Anfrage übermittelten Daten speichern und nutzen, wenn das zur Erfüllung ihrer gesetzlichen Aufgaben erforderlich ist. ³ Übermittlungsregelungen nach anderen Gesetzen bleiben unberührt.

(4) Das Bundesministerium des Innern bestimmt im Einvernehmen mit dem Auswärtigen Amt und unter Berücksichtigung der aktuellen Sicherheitslage durch allgemeine Verwaltungsvorschrift, in welchen Fällen gegenüber Staatsangehörigen bestimmter Staaten sowie Angehörigen von in sonstiger Weise bestimmten Personengruppen von der Ermächtigung des Absatzes 1 Gebrauch gemacht wird.

Vorläufige Anwendungshinweise

73 Zu § 73 Sonstige Beteiligungserfordernisse im Visumverfahren und bei der Erteilung von Aufenthaltstiteln

73.1.1 § 73 Abs. 1 enthält eine Rechtsgrundlage für die Übermittlung der im Visumverfahren von der Auslandsvertretung erhobenen personenbezogenen Daten des Visumantragstellers und eines etwaigen Einladers an die Sicherheitsbehörden des Bundes zum Zweck der Feststellung von Versagungsgründen nach § 5 Abs. 4 Satz 1. Um zu gewährleisten, dass das sicherheitsrelevante Wissen aller Sicherheitsbehörden einschließlich der Nachrichtendienste für diese Feststellung zur Verfügung stehen kann, ist die Anfragebefugnis der Auslandsvertretung auf alle Stellen zu erstrecken, die über personenbezogene Erkenntnisse zur Terrorismusabwehr verfügen können. Zu Personen, die sich bislang noch nie im Bundesgebiet aufgehalten haben, können solche Informationen insbesondere beim Bundesnachrichtendienst oder, in seiner Funktion als Nationales Zentralbüro der Bundesrepublik Deutschland für die Internationale Kriminalpolizeiliche Organisation, beim Bundeskriminalamt vorhanden sein. Bei Personen mit Voraufenthalten im Bundesgebiet kann daneben auch das Bundesamt für Verfassungsschutz ebenso wie das Bundeskriminalamt über Erkenntnisse im Sinne von § 5 Abs. 4 Satz 1 verfügen. Im Hinblick auf die vom internationalen Terrorismus für die Militärinfrastruktur ausgehenden Gefahren ist auch die mögliche Beteiligung des Militärischen Abschirmdienstes erforderlich. Das Zollkriminalamt muss wegen seiner Aufgaben im Bereich der Bekämpfung der Proliferation beteiligt werden können.

73.1.2 Gegenüber welchen Behörden und in welchen Fällen die Auslandsvertretungen von der Anfragebefugnis Gebrauch machen, wird unter Berücksichtigung der aktuellen Sicherheitslage gemäß Absatz 4 durch das Bundesministerium des Innern einvernehmlich mit dem Auswärtigen Amt festgelegt.

73.1.3 Die in Absatz 1 Satz 4 genannten Behörden übermitteln vor der Ausstellung eines Ausnahme-Visums oder eines Passersatzpapiers die erhobenen Daten entsprechend den nach Absatz 4 festgelegten Fällen an die Sicherheitsbehörden.

73.2 § 73 Abs. 2 enthält eine entsprechende Rechtsgrundlage für Anfragen der Ausländerbehörden vor der Erteilung oder Verlängerung einer sonstigen Aufenthaltsgenehmigung bei den genannten Bundes- und Landesbehörden. Ebenso wie vor der Visumerteilung muss auch vor aufenthaltsrechtlich wichtigen Entscheidung die Möglichkeit gegeben sein, das Wissen aller mit der Bekämpfung des Terrorismus befassten staatlichen Stellen für die Feststellung des Versagungsgrundes nach § 5 Abs. 4 Satz 1 heranzuziehen. Im Hinblick auf die verfassungsrechtliche Aufgabenverteilung zwischen Bund und Ländern obliegt es insoweit den zuständigen obersten Landesbehörden, festzulegen, gegenüber welchen Behörden und in welchen Fällen von dieser Möglichkeit Gebrauch gemacht wird, solange nicht die Bundesregierung mit Zustimmung des Bundesrates nach Artikel 84 Abs. 2 GG allgemeine Verwaltungsvorschriften erlassen hat.

73.2.1 § 73 Abs. 2 Satz 1 enthält eine Rechtsgrundlage für Anfragen der Ausländerbehörden vor der Erteilung oder Verlängerung einer sonstigen Aufenthaltsgenehmigung bei den genannten Bundes- und Landesbehörden. Ebenso wie vor der Visumerteilung muss auch vor aufenthaltsrechtlich wichtigen Entscheidungen die Möglichkeit gegeben sein, das Wissen aller mit der Bekämpfung des Terrorismus und der Gefahrenabwehr befassten staatlichen Stellen für die Feststellung des Versagungsgrundes nach § 5 Abs. 4 Satz 1 oder zur Prüfung von Sicherheitsbedenken heranzuziehen.

73.2.1.1 Durch die Prüfung von Sicherheitsbedenken wird geklärt, ob von dem Betroffenen eine Gefahr für die öffentliche Sicherheit ausgeht, die nicht schon zum Vorliegen eines Regelausweisungsgrundes nach § 54 Nr. 5 oder 5a führen, aber dennoch so schwerwiegend ist, dass der Aufenthaltstitel nicht erteilt oder verlängert werden kann.

73.2.1.2 Im Hinblick auf die verfassungsrechtliche Aufgabenverteilung zwischen Bund und Ländern obliegt es insoweit den zuständigen obersten Landesbehörden, festzulegen, gegenüber welchen Behörden und in welchen Fällen von dieser Möglichkeit Gebrauch gemacht wird, solange nicht die Bundesregierung mit Zustimmung des Bundesrates nach Artikel 84 Abs. 2 GG allgemeine Verwaltungsvorschriften erlassen hat.

73.2.2 Nach Satz 2 findet vor der Erteilung eines unbefristeten Aufenthaltstitels eine zwingend vorgesehene Anfrage bei den Sicherheitsbehörden statt, die ebenfalls der Klärung dient, ob sicherheitsrelevante Erkenntnisse vorliegen, die gegebenenfalls zu einer Versagung des Aufenthaltstitels führen müssen.

73.3 Absatz 3 enthält die Verpflichtung der Sicherheitsbehörden und Nachrichtendienste, unverzüglich mitzuteilen, ob Versagungsgründe im Sinne des § 5 Abs. 4 Satz 1 oder Sicherheitsbedenken nach Absatz 2 vorliegen. Weitere Angaben sind nicht erforderlich und deshalb nicht zu übermitteln. Die Bestimmung ist zugleich die Rechtsgrundlage für die weitere Speicherung, und Nutzung der im Rahmen der Anfrage übermittelten Daten durch diese Stellen, wenn das im Rahmen ihrer gesetzlichen Aufgabenerfüllung erforderlich ist. Danach können die Daten für die Geltungsdauer eines erteilten Aufenthaltstitels gespeichert werden. Eine Speicherung darüber hinaus setzt voraus, dass ein Versagungsgrund nach § 5 Abs. 4 Satz 1 oder Sicherheitsbedenken vorliegen. Für die Dauer der Speicherung gelten insoweit die für die jeweilige Stelle verbindlichen allgemeinen Löschungsfristen. Eine Übermittlung dieser Daten an Dritte ist im Rahmen bereits bestehender Übermittlungsregelungen ebenfalls zulässig.

73.4 § 73 Abs. 4 enthält die rechtliche Grundlage für den Erlass einer Verwaltungsvorschrift, die es ermöglicht, Kriterien für die informationelle Zusammenarbeit der Auslandsvertretungen und Ausländerbehörden mit den Sicherheitsbehörden festzulegen und dadurch die Überprüfungen ebenso wie die Identitätssicherungen nach § 49 Abs. 3 Nr. 5 auf relevante Fallkonstellationen zu beschränken. Der Datenaustausch kann dabei neben dem Merkmal Herkunftsstaat auch an andere und weitere Merkmale, wie Alter, Geschlecht, Familienstand anknüpfen. Die Festlegung der Kriterien durch Verwaltungsvorschrift stellt sicher, dass auf eine veränderte Sicherheitslage unverzüglich reagiert werden kann.

I. Entstehungsgeschichte

Die Vorschrift stimmt im Wesentlichen mit dem **GesEntw** (BT-Drs 15/420 S. 28) über- 1
ein. Aufgrund des Vermittlungsverf (BT-Drs 15/2479 S. 10f) wurden S. 2 u. 4 in Abs 1 u. S. 2 in Abs 2 eingefügt u. andere geringe Veränderungen vorgenommen.

II. Beteiligung im Visumverfahren

Der Zweck der Übermittlung der Daten aus dem Visumverf von der AuslVertr über das 2
AA an die genannten Dienste ist hinreichend bestimmt. Es geht um Tatsachen im Zusammenhang mit der Terrorismusbekämpfung, die nach §§ 5 IV, 54 Nr 5 oder 5a von Bedeutung sein können. Ebenso bestimmt ist der Zweck der daraufhin erfolgenden Datenübermittlung an die AuslVertr. Dasselbe Verf ist bei Ausstellung eines Ausnahme-Visums oder von Passersatzpapieren an der Grenze vorgesehen.

Die **AuslBeh** können vor Erteilung oder Verlängerung eines sonstigen AufTit dasselbe 3
besondere Prüfungsverf einleiten. Vor Erteilung einer NE ist die AuslBeh zu den genannten Anfragen nicht nur berechtigt, sondern verpflichtet.

Die nähere Bestimmung der betroffenen Personengruppen soll das BMI im Einverneh- 4
men mit dem AA durch VwV treffen. Die Kriterien sind ges vorgegeben: StAng bestimmter Staaten oder sonst abgegrenzte Personengruppen, zB nach Zugehörigkeit zu einem Volk,

einer Partei, einem Verein, einer Religion. Weitere Differenzierungen nach Geschlecht, Familienstand oder Alter sind nicht ausgeschlossen. Die Benennung von „Risikogruppen" soll nähere Überprüfungen ermöglichen, sie besagt nicht, dass diese die Voraussetzungen der §§ 5 IV, 54 Nr 5 oder 5 a auch erfüllen.

§ 74 Beteiligung des Bundes, Weisungsbefugnis

(1) Ein Visum kann zur Wahrung politischer Interessen des Bundes mit der Maßgabe erteilt werden, dass die Verlängerung des Visums und die Erteilung eines anderen Aufenthaltstitels nach Ablauf der Geltungsdauer des Visums sowie die Aufhebung und Änderung von Auflagen, Bedingungen und sonstigen Beschränkungen, die mit dem Visum verbunden sind, nur im Benehmen oder Einvernehmen mit dem Bundesministerium des Innern oder der von ihm bestimmten Stelle vorgenommen werden dürfen.

(2) Die Bundesregierung kann Einzelweisungen zur Ausführung dieses Gesetzes und der auf Grund dieses Gesetzes erlassenen Rechtsverordnungen erteilen, wenn

1. die Sicherheit der Bundesrepublik Deutschland oder sonstige erhebliche Interessen der Bundesrepublik Deutschland es erfordern,
2. durch ausländerrechtliche Maßnahmen eines Landes erhebliche Interessen eines anderen Landes beeinträchtigt werden,
3. eine Ausländerbehörde einen Ausländer ausweisen will, der zu den bei konsularischen und diplomatischen Vertretungen vom Erfordernis eines Aufenthaltstitels befreiten Personen gehört.

Vorläufige Anwendungshinweise

74 Zu § 74 Beteiligung des Bundes; Weisungsbefugnis
Nicht belegt.

I. Entstehungsgeschichte

1   Die Vorschrift stimmt in vollem Umfang mit dem **GesEntw** (BT-Drs 15/420 S. 28) überein.

II. Beteiligung des Bundesministeriums des Innern

2   Die Beteiligungsbefugnis des BMI **begrenzt die Kompetenz der AuslBeh** der Länder, die für Folgeentscheidungen nach Erteilung des Visums durch die AuslVertr des Bundes allein zuständig sind. Sie beruht auf der Überlegung, dass die Zulassung u. die Voraussetzungen für die Zuwanderung von Ausl auch im Einzelfall Interessen des Gesamtstaats berühren können. Anders als nach § 65 I AuslG gilt die Vorschrift nicht für Erteilung oder Verlängerung der Duldung. Diese Änderung war ursprünglich mit dem Fortfall der Duldung begründet (BT-Drs 15/420 S. 28), wurde dann aber trotz Aufrechterhaltung der Duldung nicht rückgängig gemacht.

3   In den angeführten Fallgruppen kann das einzelne **Visum** mit einer **Nebenbestimmung** versehen werden, welche die Herstellung des Benehmens oder des Einvernehmens des BMI oder einer von ihm bestimmten Stelle sichert. Benehmen bedeutet Nichtbeanstandung nach Anhörung, während Einvernehmen ein ausdrückliches Einverständnis erfordert. Ohne Benehmen oder Einvernehmen darf die AuslBeh keine positive Entscheidung über die genannten Fragen treffen (zum Verwaltungs- u Gerichtsverf § 72 Rn 9 f).

Beteiligung des Bundes, Weisungsbefugnis　　　　　　　　§ 74 **AufenthG 1**

Die **politischen Interessen** des Bundes, die eine Beteiligung des BMI veranlassen 4 können, sind nicht weiter begrenzt. Sie können auch andere Politikfelder betreffen als Wirtschafts-, Arbeitsmarkt-, Sicherheits- u. Außenpolitik. Die Interessen des Bundes sind nicht notwendig auf die ihm zugewiesenen Bereiche der Gesetzgebung u. Verwaltung beschränkt. Die Wahrung einzelstaatlicher Belange kann, wenn diese auf andere Länder oder den Gesamtstaat ausstrahlen, Angelegenheit des Bundes sein. Die jew maßgeblichen Interessen müssen im Einzelfall genannt werden; angesichts der weitreichenden Formulierung entziehen sie sich aber der näheren Darstellung u. Überprüfung.

III. Weisungsbefugnis der Bundesregierung

Entsprechend Art. 84 V 1 GG sind **Einzelweisungen** der BReg an die Länderbehörden 5 „für besondere Fälle" zugelassen. Sie sind außer im Falle der Dringlichkeit an die oberste Landesbehörde zu richten (Art. 84 V 2 GG), nicht also unmittelbar an die AuslBeh. Sie brauchen sich nicht in der Regelung eines einzelnen Falls zu erschöpfen, sondern können eine Reihe gleich oder ähnlich gelagerter Fälle betreffen. Immer muss es dabei um die Ausführung des AufenthG oder einer darauf basierender RVO gehen. Ausführung bedeutet sowohl Rechtsauslegung als auch Anwendung im Einzelfall. Einzelweisungen an Bundesbehörden zur Ausführung des AufenthG darf die BReg ohnehin erteilen, also ohne Bindung an den Katalog des Abs 2.

Unter **Sicherheit** der BR Deutschland ist dasselbe zu verstehen wie nach § 58 a I 1). 6 Sonstige **erhebliche Interessen** sind tangiert, wenn Rechtsgüter der in § 47 I genannten Art gefährdet sind. Die Notwendigkeit einer Intervention des Bundes braucht sich nicht unmittelbar aus dem Einzelfall zu ergeben. Die Weisung selbst kann aber nur für den Einzelfall ergehen. Sie kann auch auf Bedenken gegen eine entsprechende allg Verwaltungspraxis in gleich oder ähnlich gelagerten Fällen beruhen. Insoweit kann die BReg auch über Einzelfallentscheidungen die Einheitlichkeit der Rechtsanwendung sichern, freilich nur zur Abwehr von Gefahren für die Sicherheit oder andere erhebliche Bundesinteressen. Letztere können auch auf Interessen eines Landes oder einzelner Länder zurückgehen.

Den Ausgleich von **Meinungsunterschieden** der Länder untereinander darf die BReg 7 nur dann zum Anlass für Einzelweisungen nehmen, wenn dadurch erhebliche Interessen eines Landes beeinträchtigt werden. Uneinheitlichkeit des Gesetzesvollzugs allein rechtfertigt noch keinen Eingriff, sondern nur die schädlichen Folgen desselben für ein Land, zB in Form einer für die Gleichmäßigkeit der Lebensverhältnisse in Deutschland unzuträglichen Binnenwanderung von Flüchtlingen oder ausreisepflichtigen Ausl (betr Spätaussiedler vgl die Einschränkungen durch Ges vom 26. 2. 1996, BGBl. I 225, zuletzt geändert durch Ges vom 27. 12. 2003, BGBl. I 3022).

Die Ausweisung einer Person aus dem diplomatischen oder konsularischen Dienst kann 8 immer **außenpolitische** Belange des Bundes berühren. Maßgeblich ist der Grund für die Befreiung vom Erfordernis des AufTit, nicht eine bestimmte dienstliche Stellung; es kann sich auch um Hauspersonal oder Familienangehörige handeln (dazu § 1 Rn 19 ff). An einer einschlägigen Pflicht zur Benachrichtigung der BReg fehlt es bislang.

Abschnitt 2. Bundesamt für Migration und Flüchtlinge

§ 75 Aufgaben

Das Bundesamt für Migration und Flüchtlinge hat unbeschadet der Aufgaben nach anderen Gesetzen folgende Aufgaben:
1. Koordinierung der Informationen über den Aufenthalt zum Zweck der Erwerbstätigkeit zwischen den Ausländerbehörden, der Bundesagentur für Arbeit und der für Pass- und Visaangelegenheiten vom Auswärtigen Amt ermächtigten deutschen Auslandsvertretungen;
2. a) Entwicklung von Grundstruktur und Lerninhalten des Integrationskurses nach § 43 Abs. 3,
   b) deren Durchführung und
   c) Maßnahmen nach § 9 Abs. 5 des Bundesvertriebenengesetzes;
3. fachliche Zuarbeit für die Bundesregierung auf dem Gebiet der Integrationsförderung und der Erstellung von Informationsmaterial über Integrationsangebote von Bund, Ländern und Kommunen für Ausländer und Spätaussiedler;
4. Betreiben wissenschaftlicher Forschungen über Migrationsfragen (Begleitforschung) zur Gewinnung analytischer Aussagen für die Steuerung der Zuwanderung;
5. Zusammenarbeit mit den Verwaltungsbehörden der Mitgliedstaaten der Europäischen Union als Nationale Kontaktstelle nach der Richtlinie 2001/55/EG;
6. Führung des Registers nach § 91 a;
7. Gewährung der Auszahlungen der nach den Programmen zur Förderung der freiwilligen Rückkehr bewilligten Mittel;
8. Verteilung der nach § 23 Abs. 2 aufgenommenen Personen auf die Länder;
9. Durchführung einer migrationsspezifischen Beratung nach § 45 Satz 1, soweit sie nicht durch andere Stellen wahrgenommen wird; hierzu kann es sich privater oder öffentlicher Träger bedienen.

Vorläufige Anwendungshinweise

75 Zu § 75 Aufgaben
Nicht belegt.

I. Entstehungsgeschichte

1 Die Vorschrift stimmt im Wesentlichen mit dem **GesEntw** (BT-Drs 15/420 S. 28 f) überein. Aufgrund des Vermittlungsverf wurden die Bezugnahmen auf das Auswahlverf nach § 20 des Entw u. die Einrichtung eines Bundesinstituts für Bevölkerungs- u. Migrationsforschung (Abs 2 des Entw) gestrichen. Außerdem wurden die Begriffe der Bundesagentur u. des Integrationskurses an der Stelle überholter Begriffe eingefügt. Schließlich wurde im März 2005 Nr 9 angefügt (Art 1 Nr 10 Ges vom 14. 3. 2005, BGBl. I 721).

II. Allgemeines

2 Mit dieser Vorschrift werden nicht nur Aufgaben beschrieben, sondern die **Zuständigkeiten** u. damit auch die Strukturen eines Amtes grundlegend umgestaltet, das 1965 als

Nachfolger der Bundesdienststelle für ausl Flüchtlinge eingerichtet wurde (dazu § 5 AsylVfG Rn 2). Der Bezeichnung nach war es ursprünglich nur mit der Anerkennung ausl Flüchtlinge betraut, wobei die grundgesetzliche Rechtsgrundlage für die Asylanerkennung bei der Namensgebung vernachlässigt war. Zwischenzeitlich waren dem BAFl zwar zusätzliche Aufgaben auf internationaler Ebene u. im Bereich der internen Informationssammlung, -auswertung u. -verbreitung übertragen worden. Immer blieb es aber auf seine Kernaufgaben im Bereich der Asylverf ausgerichtet (dazu Bericht in ZAR 2004, 39; Leicht, ZAR 2004, 43).

Mit dem ZuwG wurde die Stellung des BAMF im Asylverf insofern umgestaltet, als die 3 Weisungsunabhängigkeit der Entscheidungsbediensteten zusammen mit der Einrichtung des BB abgeschafft wurde (vgl § 5 AsylVfG u. §§ 5, 6 AsylVfG aF). Wesentlich tiefer greift die Zuweisung **gänzlich neuer** Zuständigkeiten im allg Migrationsbereich. Damit erhält das BAMF neue Exekutivaufgaben, aber auch Aufgaben der zentralen Koordinierung, Planung u. Forschung sowie der Beratung von BReg, Ländern, Kommunen u. Einzelpersonen. Aufgrund der Streichung von §§ 20, 75 II u. 76 des Entw während des Gesetzgebungsverf **nicht zustande gekommen** sind die Aufgaben der Durchführung des Auswahlverf u. die Einrichtung eines Sachverständigenrats für Zuwanderung u. eines Bundesinstituts für Bevölkerungs- u. Migrationsforschung.

III. Aufgaben

Die **Koordinierung** der Informationen über Erwerbstätigenaufenthalt kann unterschied- 4 lichen Zwecken dienen. Sie kann Mängel beim unmittelbaren Informationsaustausch zwischen den an der Steuerung der Erwerbstätigenmigration beteiligten Behörden verhindern oder ausgleichen. Mit ihr können zugleich Grundlagen für die fachliche Zuarbeit nach Nr 3 u. die wissenschaftliche Forschung nach Nr 4 gewonnen werden.

Für die **Integrationskurse** ist das BAMF in mehrfacher Hinsicht verantwortlich: Grund- 5 struktur u. Lerninhalte sowie Durchführung, u. zwar für Ausl wie für Spätaussiedler. Dem entsprechend hat das BAMF vor allem die Kurse durchzuführen (§§ 1 ff IntV), Lerninhalte u. Lernziele festzulegen (§ 10 II IntV), Lehr- u. Lernmittel zuzulassen (§ 16 IntV) u. die Kursträger zuzulassen (§§ 18 ff IntV).

Unter fachlicher **Zuarbeit** sind administrative wie programmatische Aufgaben der Poli- 6 tikberatung auf Anforderung hin zu verstehen. Das BAMF soll nicht selbständig u. unabhängig u. zB auch für den Gesetzgeber tätig werden. Es ist vielmehr beschränkt auf die interne Unterstützung der BReg. Die Tätigkeitsfelder reichen über die Integrationskurse hinaus u. erfassen alle denkbaren Bereiche der Integrationsförderung u. -angebote. Der Wirkungsbereich ist indes so begrenzt wie die Kompetenzen des Bundes u. der BReg. Soweit der Bund Zuständigkeiten besitzt, kommt auch die Entwicklung neuer Fördermaßnahmen in Betracht. Ansonsten geht es aber nicht um Förderangebote, sondern nur um die Vorbereitung von Informationsmaterialen über bestehende Förderangebote.

Wissenschaftliche **Migrationsforschung** soll das BAMF in der Form der Begleitforschung zur Gewinnung analytischer Aussagen für die Steuerung der Zuwanderung betreiben (dazu ZAR 2005, 215). Diese Zuständigkeit ist allem Anschein nach als Ersatz für die während des Gesetzgebungsverf aufgegebenen Pläne zur Einrichtung eines amtseigenen Forschungsinstituts durch Übernahme des bereits bestehenden Bundesinstituts für Bevölkerungsforschung in den Katalog aufgenommen worden. Zugleich wird damit die Erledigung einiger Aufgaben ermöglicht, die ursprünglich dem Zuwanderungsrat zugedacht waren (§ 76 des Entw), nämlich die Begutachtung der Aufnahme- u. Integrationskapazitäten sowie der aktuellen u. der absehbaren künftigen Entwicklung der Wanderungsbewegungen. Der bereits im April 2003 im Wege des Erlasses eingerichtete Zuwanderungsrat hat entsprechend seinem Auftrag im Herbst 2004 das Jahresgutachten 2004 „Migration und Integration – Erfahrungen nutzen, Neues wagen" u. die aktualisierte Ausgabe des Migrationsberichts vorgelegt (dazu Haberland, ZAR 2005, 379; Kraus, ZAR 2005, 41) u. hat danach seine Tätigkeit eingestellt.

7   Die weiteren Zuständigkeiten (Nr 5 bis 9) betreffen **administrative Aufgaben** des Bundes, die aufgrund ihrer Eigenart effektiv nur von einer zentralen Bundesbehörde erledigt werden können (Informationen unter www.bamf.de).

§ 76 (weggefallen)

Abschnitt 3. Verwaltungsverfahren

§ 77 Schriftform; Ausnahme von Formerfordernissen

(1) ¹Der Verwaltungsakt, durch den ein Passersatz, ein Ausweisersatz oder ein Aufenthaltstitel versagt, räumlich oder zeitlich beschränkt oder mit Bedingungen und Auflagen versehen wird, sowie die Ausweisung und die Aussetzung der Abschiebung bedürfen der Schriftform. ²Das Gleiche gilt für Beschränkungen des Aufenthalts nach § 12 Abs. 4, die Anordnungen nach den §§ 47 und 54a sowie den Widerruf von Verwaltungsakten nach diesem Gesetz.

(2) Die Versagung und die Beschränkung eines Visums und eines Passersatzes vor der Einreise bedürfen keiner Begründung und Rechtsbehelfsbelehrung; die Versagung an der Grenze bedarf auch nicht der Schriftform.

Vorläufige Anwendungshinweise
77 Zu § 77 Schriftform; Ausnahme von Formerfordernissen

77.0 Allgemeines
Soweit das Aufenthaltsgesetz keine besonderen Verfahrensvorschriften enthält, richtet sich das Verwaltungsverfahren nach dem Verwaltungsverfahrensrecht, das für die in § 71 genannten Behörden gilt. Für die Behörden des Bundes findet das Verwaltungsverfahrensgesetz des Bundes Anwendung. Der Rechtsweg gegen Entscheidungen der in § 71 genannten Behörden richtet sich nach der Verwaltungsgerichtsordnung, sofern nicht Verfahrensregelungen des Landesordnungsrechts anzuwenden sind.

77.1 Schriftformerfordernis
77.1.0.1 § 77 Abs. 1 Satz 1 schreibt nicht abschließend vor, welche Verwaltungsakte an die Schriftform gebunden sind. Nach § 59 Abs. 1 soll die Androhung der Abschiebung schriftlich verfügt werden. Demgegenüber sind die Ankündigung und Durchsetzung der Abschiebung, die Zurückschiebung und die Zurückweisung sowie die Anordnung einer Sicherheitsleistung nicht an die Schriftform gebunden.
77.1.0.2 Außer in den in § 77 Abs. 1 genannten Fällen sollen folgende Entscheidungen schriftlich ergehen:
– Die Rücknahme eines Aufenthaltstitels nach § 51 Abs. 1 Nr. 3 AufenthG i. V. m. § 48 VwVfG,
– eine Anordnung nach § 63 Abs. 2 und Abs. 3,
– der nach § 67 Abs. 3 zu erlassende Leistungsbescheid,
– die Erteilung und Verlängerung eines Aufenthaltstitels i. S. v. § 4 nach dem amtlich vorgeschriebenen Muster in der jeweils geltenden Fassung,
– ein Ausreiseverbot nach § 46 Abs. 2 oder
– die Erhebung von Verwaltungsgebühren (z. B. Ausstellung einer Quittung).
77.1.0.3 Bei den Vordrucken über die Ausstellung amtlicher Urkunden (z. B. Aufenthaltstiteln einschließlich Visa, Reisedokumente, Duldungsbescheinigungen, Bescheinigungen über die Aufenthaltsgestattung) handelt es sich wie beim Dienstsiegel um sicherungsbedürftige Gegenstände, die nach den einschlägigen Sicherungsvorschriften für Bundes- und Landesbehörden aufzubewahren sind.
77.1.1 Beschränkungen des Aufenthaltstitel, die bei der Erteilung und Verlängerung bzw. Erneuerung verfügt werden, werden in den Pass oder Passersatz des Ausländers eingetragen (auch Stempelabdruck). Auch nachträgliche Beschränkungen sind in den Pass oder Passersatz aufzunehmen. Die Eintragung ist aktenkundig zu machen.
77.1.2.1 Die in § 77 Abs. 1 genannten Verfügungen sind unter Würdigung des entscheidungserheblichen Sachverhalts nach Darlegung der Sach- und Rechtslage zu begründen (vgl. § 39 Abs. 1 VwVfG des Bundes). Bedingungen und Auflagen, mit denen ein Aufenthaltstitel bei ihrer Erteilung oder Verlängerung versehen wird, bedürfen keiner Begründung, wenn sie in diesen Verwaltungsvorschriften vorgesehen sind und sich mit dem Aufenthaltsbegehren des Ausländers decken.
77.1.2.2 Eine räumliche Beschränkung des Aufenthalts bedarf keiner Begründung, wenn sie sich unmittelbar aus einer gesetzlichen Vorschrift ergibt (§ 61). Die nachträgliche Anordnung von Auflagen oder räumlichen Beschränkungen bedarf der Begründung (§ 12).

1 AufenthG § 77   1. Teil. Aufenthaltsgesetz

77.1.3.1 Für den Ausländer muss aus dem Verwaltungsakt ersichtlich sein, welcher Sachverhalt des Aufenthaltsrechts geregelt wird (z. B. Ausweisung wegen strafgerichtlicher Verurteilung), welche Verpflichtung ihm auferlegt wird (z. B. freiwillige Erfüllung der Ausreisepflicht) und welche Rechtsfolgen ein Verstoß hat (z. B. Abschiebung nach Ablauf der Ausreisefrist).
77.1.3.2 Bei einer Ermessensentscheidung muss ersichtlich sein, welche Überlegungen die Behörde bei der Abwägung der für und gegen den Aufenthalt des Ausländers sprechenden Gesichtspunkte angestellt hat. Der Grundsatz der Verhältnismäßigkeit erfordert eine Güter- und Interessenabwägung im Einzelfall, bei der die öffentlichen Belange einschließlich der Grundrechte und die von ihnen geschützte Wertordnung sowie das persönliche Interesse des Ausländers und seiner Familienangehörigen am Verbleib im Bundesgebiet gegeneinander abzuwägen sind (vgl. z. B. § 55 Abs. 3).
77.1.4 Dem schriftlichen Verwaltungsakt ist eine Rechtsbehelfsbelehrung beizufügen, wenn besondere Bestimmungen des Bundesrechts (§ 59 VwGO) oder des Landesrechts dies vorschreiben. Eine Rechtsbehelfsbelehrung ist auch dann, wenn Rechtsvorschriften sie nicht erfordern, im Allgemeinen zweckmäßig, weil dadurch die Rechtsbehelfsfrist in Lauf gesetzt wird (§ 58 VwGO). Bei Beschränkungen zum Aufenthaltstitel, die bei der Erteilung oder Verlängerung verfügt werden, wird grundsätzlich keine Rechtsbehelfsbelehrung erteilt.

77.2 Ausnahmen
An der Grenze können das Ausnahmevisum und das Ausnahmetransitvisum sowie Passersatzpapiere (z. B. der Reiseausweis als Passersatz, der Passagierausweis für Flugpersonal und Fluggäste und der Landgangsausweis) ohne Einhaltung der Schriftform und ohne Begründung und Rechtsbehelfsbelehrung durch die Grenzbehörde versagt werden. Bei der Versagung oder einer Beschränkung des Visums oder eines Passersatzes unterliegt die Auslandsvertretung nicht der Begründungspflicht (vgl. auch § 39 Abs. 2 Nr. 4 VwVfG).

I. Entstehungsgeschichte

1   Die Vorschrift entspricht in vollem Umfang dem **GesEntw** (BT-Drs 15/420 S. 298). Mit Wirkung vom 18. 3. 2005 wurde in Abs 1 S. 2 die Anordnung nach § 54a eingefügt (Art 1 Nr 11 ÄndGes vom 14. 1. 2005, BGBl. I 721).

II. Schriftform, Begründung und Rechtsbehelfsbelehrung

2   Für die Erteilung von AufTit u. andere einem Antrag **stattgebende Entscheidungen** u. Maßnahmen ist Schriftform nicht vorgeschrieben; sie ergehen mündlich oder durch Stempeleindruck oder Klebeetiketten im Pass des Ausl. Dagegen bedürfen die vom Ges genannten wichtigen u. für den Ausl beschränkenden Entscheidungen u. Maßnahmen der **Schriftform.** Außerdem sollen schriftlich ergehen gem § 59 I 1 die Abschiebungsandrohung u. nach Nr 77.1.0.2 VAH: Maßnahmen nach §§ 46 II, 63 II u. III, 67 III; Erteilung u. Verlängerung eines AufTit, Rücknahme eines AufTit (§ 51 I Nr 3 iVm § 48 VwVfG bzw Landes-VwVfG) u. Erhebung von Verwaltungsgebühren. Damit muss der jew Bescheid der AuslBeh oder AuslVertr die erlassende Behörde erkennen lassen u. die Unterschrift oder die Namenswiedergabe des Behördenleiters, seines Vertreters oder seines Beauftragten enthalten (§ 37 III VwVfG bzw Landes-VwVfG). Falls der VA mit Hilfe automatischer Einrichtungen, also insb EDV-gestützt erlassen wird, dürfen Unterschrift u. Namenswiedergabe fehlen (§ 37 IV 1 VwVfG bzw Landes-VwVfG).

3   **Telegramm, Fernschreiben** u. **Telefax** genügen der Schriftform. Das gerichtliche Protokoll über eine entsprechende Erklärung des Vertreters der AuslBeh reicht nicht aus, weil dessen Unterschrift fehlt (BayVGH, NVwZ 1985, 470). Die Angabe der Behörde muss der VA selbst enthalten; unzureichend ist, wenn sie etwa aus dem Freistempleraufdruck entnommen werden kann. Die Angabe muss die Behörde u. nicht nur deren Körperschaft erkennen lassen; die Anschrift gehört nicht dazu. Unterschrift oder Namenswiedergabe müssen dem VA beigefügt sein; es genügt nicht, wenn diese Angaben aus den gesamten

Schriftform; Ausnahme von Formerfordernissen § 77 **AufenthG 1**

Umständen geschlossen werden können, etwa aus einem Diktatzeichen. Fehlende Angaben über die erlassende Behörden führen zur Nichtigkeit des VA (§ 44 II Nr 1 bzw Landes-VwVfG), eine fehlende Unterschrift nur dann, wenn sich dem VA nicht eindeutig entnehmen lässt, dass es sich nicht nur um einen Entwurf handelt (§ 44 I VwVfG bzw Landes-VwVfG).

Der Schriftform bedürftige Bescheide müssen grundsätzlich **schriftlich begründet** werden, u. zwar auch hinsichtlich der angestellten Ermessenserwägungen (§ 39 I VwVfG bzw Landes-VwVfG). Die Begründung ist ua dann ausnahmsweise entbehrlich, wenn der VA einem Antrag stattgibt oder die Rechtsauffassung der Behörde dem Ausl ohnehin hinreichend bekannt ist (§ 39 II Nr 1, 2 VwVfG bzw Landes-VwVfG). Die Begründung muss einzelfallbezogen abgefasst sein u. darf sich nicht in der Wiedergabe des Gesetzestextes oder in rein formelhaften Wendungen erschöpfen. 4

Eine **Rechtsbehelfsbelehrung** ist für die in Abs 1 genannten Fälle nur zT ges vorgeschrieben, für Bundesbehörden (AuslVertr, Bundespolizei) durch § 59 VwGO u. für AuslBeh der Länder durch Landesrecht (anders § 73 III VwGO allg für den Widerspruchsbescheid); angesichts der Fristenbestimmung des § 58 I VwGO ist aber eine derartige Belehrung unbedingt allg anzuraten. 5

III. Ausnahmen von Formerfordernissen

Vom Erfordernis der Begründung u. der Rechtsbehelfsbelehrung **ausgenommen** sind Versagung u. Beschränkung des Visums oder des Passersatzes vor der Einreise; die Versagung an der Grenze ist überhaupt nicht schriftformbedürftig. Die zur **Begründung** dieser einschneidenden Einschränkungen rechtsstaatlicher Verfahrensweisen gegebenen Hinweise auf internationale Gepflogenheiten u. die besonderen Verhältnisse an der Grenze (BT-Drs 11/6321 S. 79) vermögen **nicht zu überzeugen,** weil sie die in Deutschland geltenden Anforderungen an Verwaltungstätigkeit außer Acht lassen. Gerade weil jetzt die Kontrolle der Zuwanderung vorverlagert u. weitgehend den AuslVertr u. Grenzbehörden anvertraut ist, hätte es nahe gelegen, die zT schon früher geltenden Restriktionen (§ 23 AuslG 1965) zu überdenken u. zu korrigieren. 6

Die **Formvorschriften** der §§ 23, 39 VwVfG u. §§ 58, 59 VwGO sind Ausdruck allg rechtsstaatlicher Grundvoraussetzungen eines dem GG entsprechenden Verwaltungshandelns u. deshalb **nicht beliebig abänderbar.** Zudem ist Ausl wie Dt gegen Maßnahmen der staatl Gewalt effektiver Rechtsschutz garantiert (Art 19 IV GG; zum Rechtsschutz für Ausl BVerfG 67, 43 mwN). Für Bestand u. Umfang dieser vom GG gewährleisteten verfahrensrechtlichen Menschenrechte ist es gleichgültig, ob der VA im Inland erlassen u. bekannt gegeben wird oder im Ausland oder an der Grenze. Ohne Kenntnis u. schriftliche Mitteilung der Gründe für einen rechtsverweigernden oder sonst eingreifenden VA gerät der Ausl in die Gefahr, zum bloßen Objekt des Verf erniedrigt zu werden, u. ist jeder Versuch, Rechtsschutz zu erlangen, von vornherein erheblich erschwert. Das Nachschieben der Gründe im Widerspruchs- oder Gerichtsverf überbürdet das Prozessrisiko ohne Not allein dem Ausl. 7

Nach alledem sind gegen die Einschränkungen des § 77 allg **erhebliche** Bedenken aus Art 19 IV u. 20 III GG anzumelden, zumal der Widerspruch im Visumsverf ausgeschlossen ist (§ 68 VwGO iVm § 2 GAD) u. deshalb keine andere Möglichkeit der Kenntnisnahme von den Versagungsgründen besteht. Die Notwendigkeit, auch Ausl einen ausreichenden Schutz im Verf u. vor Gericht zu gewährleisten, erzwingt zumindest eine restriktive Auslegung. Wenigstens für die Versagung eines Visums durch eine Auslandsvertretung sind Begründung u. Rechtsbehelfsbelehrung zu verlangen. Nur einen minderwertigen Ersatz stellt es dar, wenn die Visumsablehnung auf Gegenvorstellung hin üblicherweise begründet wird (vgl Teipel, ZAR 1995, 162) oder die Gründe auf eine Petition hin dem zuständigen BT-Ausschuss mitgeteilt werden. 8

§ 78 Vordrucke für Aufenthaltstitel, Ausweisersatz und Bescheinigungen

(1) ¹Der Aufenthaltstitel wird nach einheitlichem Vordruckmuster ausgestellt, das eine Seriennummer und eine Zone für das automatische Lesen enthält. ²Das Vordruckmuster enthält folgende Angaben:
1. Name und Vorname des Inhabers,
2. Gültigkeitsdauer,
3. Ausstellungsort und -datum,
4. Art des Aufenthaltstitels,
5. Ausstellungsbehörde,
6. Seriennummer des zugehörigen Passes oder Passersatzpapiers,
7. Anmerkungen.

(2) Wird der Aufenthaltstitel als eigenständiges Dokument ausgestellt, werden folgende zusätzliche Informationsfelder vorgesehen:
1. Tag und Ort der Geburt,
2. Staatsangehörigkeit,
3. Geschlecht,
4. Anmerkungen,
5. Anschrift des Inhabers.

(3) ¹Der Aufenthaltstitel kann neben dem Lichtbild und der eigenhändigen Unterschrift weitere biometrische Merkmale von Fingern oder Händen oder Gesicht des Inhabers enthalten. ²Das Lichtbild, die Unterschrift und die weiteren biometrischen Merkmale dürfen auch in mit Sicherheitsverfahren verschlüsselter Form in den Aufenthaltstitel eingebracht werden. ³Auch die in den Absätzen 1 und 2 aufgeführten Angaben über die Person dürfen in mit Sicherheitsverfahren verschlüsselter Form in den Aufenthaltstitel eingebracht werden.

(4) Die Zone für das automatische Lesen enthält folgende Angaben:
1. Familienname und Vorname,
2. Geburtsdatum,
3. Geschlecht,
4. Staatsangehörigkeit,
5. Art des Aufenthaltstitels,
6. Seriennummer des Vordrucks,
7. ausstellender Staat,
8. Gültigkeitsdauer,
9. Prüfziffern.

(5) Öffentliche Stellen können die in der Zone für das automatische Lesen enthaltenen Daten zur Erfüllung ihrer gesetzlichen Aufgaben speichern, übermitteln und nutzen.

(6) ¹Der Ausweisersatz enthält eine Seriennummer und eine Zone für das automatische Lesen. ²In dem Vordruckmuster können neben der Bezeichnung von Ausstellungsbehörde, Ausstellungsort und -datum, Gültigkeitszeitraum bzw. -dauer, Name und Vorname des Inhabers, Aufenthaltsstatus sowie Nebenbestimmungen folgende Angaben über die Person des Inhabers vorgesehen sein:
1. Tag und Ort der Geburt,
2. Staatsangehörigkeit,
3. Geschlecht,
4. Größe,
5. Farbe der Augen,
6. Anschrift des Inhabers,
7. Lichtbild,
8. eigenhändige Unterschrift,

9. weitere biometrische Merkmale von Fingern oder Händen oder Gesicht,
10. Hinweis, dass die Personalangaben auf den eigenen Angaben des Ausländers beruhen.
³ Das Lichtbild, die Unterschrift und die weiteren biometrischen Merkmale dürfen auch in mit Sicherheitsverfahren verschlüsselter Form in den Ausweisersatz eingebracht werden. ⁴ Die Absätze 4 und 5 gelten entsprechend.

(7) ¹ Die Bescheinigungen nach § 60 a Abs. 4 und § 81 Abs. 5 werden nach einheitlichem Vordruckmuster ausgestellt, das eine Seriennummer enthält und mit einer Zone für das automatische Lesen versehen sein kann. ² Die Bescheinigung darf im Übrigen nur die in Absatz 6 bezeichneten Daten enthalten sowie den Hinweis, dass der Ausländer mit ihr nicht der Passpflicht genügt. ³ Die Absätze 4 und 5 gelten entsprechend.

Vorläufige Anwendungshinweise
Nicht belegt.

78 Zu § 78 Vordrucke für Aufenthaltstitel, Ausweisersatz und Bescheinigungen
Nicht belegt.

I. Entstehungsgeschichte

Die Vorschrift entspricht im Wesentlichen dem **GesEntw** (BT-Drs 15/420 S. 29 f). **1** Aufgrund des Vermittlungsverf (BT-Drs 15/3479 S. 11) wurde nur in Abs 7 die Bezugnahme auf § 60 XI durch die auf § 60 a IV ersetzt.

II. Vordrucke

Hier sind Vordrucke für AufTit, Ausweisersatz u. Bescheinigungen zusammengestellt u. **2** **inhaltlich beschrieben.** Von der weitergehenden Ermächtigung hat das BMI Gebrauch gemacht (vgl §§ 58, 59 AufenthV). Außer den angeführten Angaben sind weitere biometrische Merkmale zugelassen. Außer einer Seriennummer enthalten die Urkunden eine Zone für das automatische Lesen. Neben AufTit u. Ausweisersatz ist auch der Inhalt der Fiktionsbescheinigung nach § 81 V u. der Bescheinigung über die Aussetzung der Abschiebung (Duldung) geregelt.

§ 79 Entscheidung über den Aufenthalt

(1) ¹ Über den Aufenthalt von Ausländern wird auf der Grundlage der im Bundesgebiet bekannten Umstände und zugänglichen Erkenntnisse entschieden. ² Über das Vorliegen der Voraussetzungen des § 60 Abs. 2 bis 7 entscheidet die Ausländerbehörde auf der Grundlage der ihr vorliegenden und im Bundesgebiet zugänglichen Erkenntnisse und, soweit es im Einzelfall erforderlich ist, der den Behörden des Bundes außerhalb des Bundesgebiets zugänglichen Erkenntnisse.

(2) Wird gegen einen Ausländer, der die Erteilung oder Verlängerung eines Aufenthaltstitels beantragt hat, wegen des Verdachts einer Straftat oder einer Ordnungswidrigkeit ermittelt, ist die Entscheidung über den Aufenthaltstitel bis zum Abschluss des Verfahrens, im Falle der Verurteilung bis zum Eintritt der Rechtskraft des Urteils auszusetzen, es sei denn, über den Aufenthaltstitel kann ohne Rücksicht auf den Ausgang des Verfahrens entschieden werden.

Vorläufige Anwendungshinweise

79 Zu § 79 Entscheidung über den Aufenthalt

79.1 Entscheidungsgrundlage

79.1.1 Unbeschadet der Mitwirkungspflicht des Ausländers (§ 82 Abs. 1 und 2) begrenzt § 79 Abs. 1 Satz 1 die Sachverhaltsermittlungspflicht und nicht den entscheidungserheblichen Sachverhalt auf Umstände, die im Bundesgebiet vorliegen. Das heißt, im Ausland vorliegende Umstände, die für aufenthaltsrechtliche Maßnahmen von Bedeutung sind, sind bei der Entscheidung nur zu berücksichtigen, wenn sie offenkundig, bekannt oder der Ausländerbehörde im Bundesgebiet mit beachtlicher Wahrscheinlichkeit nachgewiesen sind (z. B. auch Lageberichte des Auswärtigen Amtes; siehe aber Nummer 79.1.2). Demgegenüber liegt es in der Mitwirkungspflicht des Ausländers nach § 82 Abs. 1 und 2, diejenigen Umstände geltend zu machen, die ausschließlich seinen persönlichen Lebensbereich betreffen. Die Sachverhaltsermittlungspflicht ist in den Fällen des § 59 Abs. 4 Satz 1 eingeschränkt, wenn die Abschiebungsandrohung unanfechtbar geworden ist.

79.1.2 § 79 Abs. 1 Satz 2 erweitert die Sachverhaltsermittlungspflicht, soweit es im Einzelfall erforderlich ist, auf die den Bundesbehörden im Ausland zugänglichen Erkenntnisse. Die Ausländerbehörde kann unmittelbar Anfragen an das Bundeskriminalamt und die deutschen Auslandsvertretungen richten. Das Bundeskriminalamt kann sich hierbei Daten von internationalen Einrichtungen zunutze machen (z. B. Interpol). Soweit im Einzelfall in Betracht kommt, dass sonstigen Bundesbehörden entscheidungserhebliche Erkenntnisse zugänglich sind, ist die Anfrage auf dem Dienstweg über die oberste Landesbehörde an das Bundesministerium des Innern zu richten. In die Entscheidungsfindung sind auch die Lageberichte des Auswärtigen Amtes über die allgemeine politische Lage, eine etwaige Verfolgung oder Menschenrechtsverletzungen im Herkunftsstaat des Ausländers einzubeziehen.

79.2 Aussetzung der Entscheidung

79.2.1 Eine Aussetzung der Entscheidung über die Aufenthaltstitel bis zum Abschluss eines Straf- oder Bußgeldverfahrens setzt voraus, dass der Ausländer einen Aufenthaltstitel beantragt hat. Während der Aussetzung des Verfahrens richtet sich der aufenthaltsrechtliche Status des Ausländers nach § 81.

79.2.2 Durch die Unterrichtungspflicht gemäß § 87 Abs. 4 Satz 1 wird sichergestellt, dass die Ausländerbehörde Kenntnis über ein anhängiges Straf- oder Bußgeldverfahren erhält.

79.2.3 Das Verfahren ist nicht auszusetzen, wenn

79.2.3.1 – eine Ausweisung nach §§ 53 ff. verfügt werden kann (z. B. Vorliegen nicht nur geringfügiger oder vereinzelter Verstöße), insbesondere in den Fällen der §§ 53, 54 oder bei Wiederholungsgefahr,

79.2.3.2 – die Ausländerbehörde in Fällen, in denen ein Ausweisungsgrund für die Versagung des Aufenthaltstitels maßgebend ist, das Vorliegen eines Ausweisungsgrundes nach dem Ergebnis eigener Ermittlungen ausschließen kann,

79.2.3.3 – die Ausländerbehörde den Antrag auf

79.2.3.4 – dem Antrag des Ausländers auch im Falle der Verurteilung oder der Verhängung eines Bußgeldes entsprechen will.

79.2.4 Der Ausländer ist im Falle der Erteilung oder Verlängerung eines Aufenthaltstitels schriftlich darauf hinzuweisen, dass er insbesondere im Falle einer strafgerichtlichen Verurteilung, die den entscheidungserheblichen Sachverhalt wesentlich ändert, mit einer Ausweisung rechnen muss.

Übersicht

	Rn
I. Entstehungsgeschichte	1
II. Beschränkung der Entscheidungsgrundlage	2
1. Aufenthaltsrechtliche Angelegenheiten	2
2. Abschiebungshindernisse des § 60	7
III. Verfahrensaussetzung	11

I. Entstehungsgeschichte

1 Die Vorschrift entspricht in vollem Umfang dem **GesEntw** (BT-Drs 15/420 S. 30).

II. Beschränkung der Entscheidungsgrundlage

1. Aufenthaltsrechtliche Angelegenheiten

Die Entscheidungsgrundlage ist für alle aufr Angelegenheiten auf im Bundesgebiet **parate** 2
Erkenntnisse beschränkt. Insb sind Entscheidungen über AufTit, Ausweisung, Abschiebung u. Duldung erfasst; von dieser allg Beschränkung ausgenommen sind nur die Abschiebungshindernisse des § 60 II bis VIII (dazu Rn 7 ff). Die Beschränkung des Abs 1 S. 1 soll, wie ein Vergleich mit dem Wortlaut von Abs 1 S. 2 ergibt, sowohl für Behörden wie auch für Gerichte gelten (im Einzelnen dazu Renner in Barwig ua, S. 263, 270 f).

Gegen die damit verbundene erhebliche Einengung der behördlichen u. gerichtlichen 3
Verpflichtung zu Amtsaufklärung u. Beweiserhebung (§§ 24, 26 VwVfG bzw Landes-VwVfG; §§ 86, 96 VwGO) bestehen **gewichtige Bedenken**. Die hierfür vorgebrachten Argumente, Behörden u. Gerichte sollten vor Überforderung bewahrt, völkerrechtliche Grenzen der Tätigkeit der Auslandsvertretungen beachtet, Verwaltungsaufwand auf das vertretbare Maß begrenzt u. unvertretbare Verzögerungen vermieden werden (BT-Drs 11/6321 S. 79), erscheinen auf den ersten Blick vernünftig, überzeugen aber letztlich nicht (aA wohl v. Boekel, ZAR 1992, 166). Eine schrankenlose Aufklärung ist auch nach allg Verfahrensrecht nicht geboten. So brauchen von vornherein ungeeignete Beweismittel nicht ausgeschöpft zu werden (zB OVG NRW, EZAR 610 Nr 6), u. die Tätigkeit der Botschaften u. Konsulate ist zT ohnehin völkerrechtlich begrenzt (vgl BT-Drs 10/2002). Die durch das Ges erzwungene Einbuße an Richtigkeitsgewissheit ist vor allem deswegen unerträglich, weil damit im Einzelfall existentielle Gefährdungen des Ausl heraufbeschworen werden können. Dem Gesetzgeber steht es zwar frei, aus sachlichen Gründen für einzelne Sachgebiete vom allg Verfahrensrecht abzuweichen (BVerfGE 65, 76 betr Gerichtsverf), es kann aber füglich bezweifelt werden, ob die og Erwägungen hierfür taugen.

Was unter im Bundesgebiet **bekannten Umständen** u. **zugänglichen Erkenntnissen** 4
im Einzelnen zu verstehen u. wie danach zulässige von unzulässigen Ermittlungen zu unterscheiden sind, ist **fraglich**. Die vom Gesetzgeber verwandten Begriffe dürfen jedenfalls nicht dahin missverstanden werden, dass möglichst jeder Aufwand u. jede Verzögerung vermieden u. Behörden u. Gerichte möglichst entlastet werden. Wenn sich die og gesetzgeberischen Zwecke nicht verwirklichen lassen, kann dies im Blick auf die og rechtsstaatlichen Verfahrenserfordernisse durchaus sachgerecht sein.

Inlandstatsachen sind im Bundesgebiet **bekannt,** bei im Ausland entstandenen oder zu 5
erwartenden Vorgängen u. Ereignissen ist dies keineswegs allg zu bejahen. Allerdings verlangt das Ges **keine allg Bekanntheit,** also keine Kenntnis der Allgemeinheit, der Öffentlichkeit oder bestimmter Gruppen derselben. Es kann weder auf eine durchschnittlich noch auf eine gerade noch ausreichend informierte Behörde oder etwa ein eher dürftig ausgestattetes Gericht abgestellt werden. Bekannt sind vielmehr alle Umstände, die bei einer Person oder Stelle im Bundesgebiet bekannt sind (zT aA v. Boekel, ZAR 1992, 166). Behörden u. Gerichte haben also nach wie vor insb alle Erkenntnisquellen zu nutzen, die ihnen Bibliotheken, Dokumentationen u. EDV-Informationssysteme (dazu zB Jannasch, ZAR 1990, 69; Schmid/Praschma, ZAR 2001, 59; Stanek, ZAR 1998, 227) bieten.

Im Bundesgebiet **zugänglich** sind alle Erkenntnisse, die ohne Aufklärung oder Ermitt- 6
lung im Ausland zu erhalten sind. Zugänglich sind sie auch dann, wenn sie nur einem beschränkten Personenkreis offen stehen u. noch einer gewissen Aufarbeitung bedürfen. Darunter fallen zB Tatsachen, die dem AA oder anderen Behörden im Bundesgebiet bekannt sind, auch wenn sie noch in die Form einer amtlichen Auskunft gebracht werden müssen. Außerdem gehören dazu wissenschaftliche Erkenntnisse etwa eines Max-Planck-Instituts für ausl Strafrecht, auch wenn fertige schriftliche Gutachten noch nicht vorliegen; es genügt, wenn ein Wissenschaftler aufgrund seiner Fachkenntnisse entsprechende sachverständige Auskünfte geben kann, wobei nicht ausgeschlossen ist, dass er für den Einzelfall noch

1 AufenthG § 79

zusätzliche Informationen im Ausland einholen muss. Zugänglich sind vor allem auch die in allg Dokumentationen gesammelten Erkenntnisse (Rn 5).

2. Abschiebungshindernisse des § 60

7   Hinsichtlich der Abschiebungshindernisse des § 60 II bis VII ist die Entscheidungsgrundlage nach Gesetzeswortlaut u. Entstehungsgeschichte eindeutig nur für die AuslBeh beschränkt. Abgesehen von den allg Bedenken gegen ein derart einschneidendes Abgehen von allg anerkannten Verfahrensprinzipien (Rn 3) wirkt diese Regelung **geradezu beklemmend,** wenn man die dem Ausl drohenden Risiken nach einer Abschiebung in Rechnung stellt (im Einzelnen Renner in Barwig ua, S. 263, 272).

8   Welche Erkenntnisse der AuslBeh vorliegen, hängt allein von deren **Wissensstand** u. allg **Informationsbedürfnissen** ab. Über diese individuelle Erkenntnislage hinaus hat sie aber auf Antrag oder von Amts wegen alle sonstigen im Bundesgebiet zugänglichen Erkenntnisquellen zu erschließen. Das notwendige Maß an Aufklärung hat sich allein nach der Schwere der drohenden Gefahr für den Ausl zu richten u. nicht nach dem der AuslBeh entstehenden Aufwand.

9   Erforderlichenfalls sind auch die Erkenntnisse zu nutzen, die Bundesbehörden im Ausland zugänglich sind. Die Erforderlichkeit im Einzelfall ist nicht auf Ausnahmen begrenzt, sondern allein nach der Erheblichkeit der Erkenntnis für die Entscheidung des Einzelfalls zu bestimmen. Die Erkenntnis braucht den Behörden des Bundes nicht schon vorzuliegen, sondern nur erreichbar zu sein. Ggf sind Auskünfte bei Behörden des betr Staats, bei Vertrauensanwälten der dt AuslVertr oder bei Vertretungen anderer Staaten einzuholen. Deren Zugänglichkeit ist nicht dadurch ausgeschlossen, dass sie zeitlichen oder finanziellen Aufwand verursacht.

10 Im **Gerichtsverf** ist die Entscheidungsgrundlage hinsichtlich der Abschiebungshindernisse des § 60 II bis VII nicht beschränkt. Das Gericht hat also insoweit alle Tatsachen aufzuklären u. zu überprüfen, die für die Entscheidung erheblich sind (hinsichtlich des maßgeblichen Zeitpunkts vgl § 82 Rn 7 ff). Ggf ist damit eine auslbeh Entscheidung als rechtswidrig zu kassieren, obwohl sie nach dem für die AuslBeh maßgeblichen Erkenntnisstand rechtmäßig war. Insoweit wird § 113 VwGO modifiziert (§ 82 Rn 11).

III. Verfahrensaussetzung

11 Die Aussetzung des auslr Verf bis zum Abschluss eines strafrechtlichen oder ordnungswidrigkeitenrechtlichen Verf ist **zwingend vorgeschrieben,** falls die zu ermittelnde Tatsache für die Entscheidung erheblich ist (zur Mitteilung vgl § 87 IV). Die AuslBeh soll den Ermittlungen in dem anderen Verf nicht vorgreifen, sondern sie später für die Antragsbescheidung nutzen. Von der Verpflichtung zur Aussetzung gibt es keine Ausnahme, u. der AuslBeh steht hier auch kein Handlungsermessen zu. Die Aussetzungspflicht gilt aber nur nach einem Antrag auf Erteilung oder Verlängerung eines AufTit u. nur dann, wenn hierüber nicht ohne das Ergebnis des anderen Verf entschieden werden kann. Ungehindert durch das anhängige andere Verf kann daher in folgenden Fällen entschieden werden: (1) Ausweisung; (2) Antragsablehnung aus anderen Gründen; (3) Erteilung oder Verlängerung des AufTit ohne Rücksicht auf das Ergebnis des anderen Verf.

12 Wird der Ausgang des anderen Verf dagegen **nicht abgewartet,** darf die ihm zugrunde liegende Tat des Ausl allerdings in keiner Weise herangezogen oder verwertet werden, weder positiv noch negativ u. auch nicht im Rahmen von Ermessenserwägungen. Für ein Ausweisungs- oder Abschiebungsverf steht eine Aussetzung des Verf oder ein bloßes Zuwarten mit der Entscheidung im Ermessen der AuslBeh. Sie darf aber nicht von sich aus den anderen Verfahrensgegenstand aufklären, bewerten u. ihrer Entscheidung zugrunde legen, indem sie einen Ausweisungsgrund ausschließt (aA Nr 79.2.3.2 VAH). Damit würde

Handlungsfähigkeit Minderjähriger § 80 AufenthG 1

sie nämlich dem anderen Verf vorgreifen u. müsste, wenn es zu einem anderen Ergebnis gelangt, den eigenen Bescheid korrigieren. Eben dies soll durch die Aussetzung verhindert werden.

§ 80 Handlungsfähigkeit Minderjähriger

(1) Fähig zur Vornahme von Verfahrenshandlungen nach diesem Gesetz ist ein Ausländer, der das 16. Lebensjahr vollendet hat, sofern er nicht nach Maßgabe des Bürgerlichen Gesetzbuchs geschäftsunfähig oder im Falle seiner Volljährigkeit in dieser Angelegenheit zu betreuen und einem Einwilligungsvorbehalt zu unterstellen wäre.

(2) [1] Die mangelnde Handlungsfähigkeit eines Minderjährigen steht seiner Zurückweisung und Zurückschiebung nicht entgegen. [2] Das Gleiche gilt für die Androhung und Durchführung der Abschiebung in den Herkunftsstaat, wenn sich sein gesetzlicher Vertreter nicht im Bundesgebiet aufhält oder dessen Aufenthaltsort im Bundesgebiet unbekannt ist.

(3) [1] Bei der Anwendung dieses Gesetzes sind die Vorschriften des Bürgerlichen Gesetzbuchs dafür maßgebend, ob ein Ausländer als minderjährig oder volljährig anzusehen ist. [2] Die Geschäftsfähigkeit und die sonstige rechtliche Handlungsfähigkeit eines nach dem Recht seines Heimatstaates volljährigen Ausländers bleiben davon unberührt.

(4) Die gesetzlichen Vertreter eines Ausländers, der das 16. Lebensjahr noch nicht vollendet hat, und sonstige Personen, die an Stelle der gesetzlichen Vertreter den Ausländer im Bundesgebiet betreuen, sind verpflichtet, für den Ausländer die erforderlichen Anträge auf Erteilung und Verlängerung des Aufenthaltstitels und auf Erteilung und Verlängerung des Passes, des Passersatzes und des Ausweisersatzes zu stellen.

Vorläufige Anwendungshinweise

80 Zu § 80 Handlungsfähigkeit Minderjähriger

80.1 Handlungsfähigkeit minderjähriger Ausländer
Mit Vollendung des 16. Lebensjahres kann der minderjährige Ausländer ohne Mitwirkung seines gesetzlichen Vertreters alle erforderlichen Anträge stellen und Verfahrenshandlungen vornehmen. Soweit er keinen Bevollmächtigten hat, sind ihm alle Verfügungen bekannt zu geben bzw. zuzustellen. Die Handlungsfähigkeit minderjähriger Asylbewerber richtet sich nach § 12 AsylVfG. Im Übrigen soll dem Minderjährigen Gelegenheit zur Äußerung gegeben werden.

80.2 Besondere aufenthaltsrechtliche Maßnahmen
80.2.1 Die Abschiebung Minderjähriger darf ohne Beteiligung des gesetzlichen Vertreters (mangels Anwesenheit oder Erreichbarkeit im Bundesgebiet) nur angeordnet und durchgeführt werden, wenn der Minderjährige kraft Gesetzes vollziehbar ausreisepflichtig ist oder ein die vollziehbare Ausreisepflicht begründender Verwaltungsakt wirksam erlassen worden ist.
80.2.2 In den in § 80 Abs. 2 nicht genannten Fällen können Verwaltungsakte nur gegenüber dem gesetzlichen Vertreter wirksam erlassen werden. Ausländer, die das 16. Lebensjahr noch nicht vollendet haben und die unter elterlicher Sorge oder Vormundschaft stehen, erhalten für Angelegenheiten, an deren Besorgung die Eltern oder der Vormund verhindert sind, einen Pfleger (§ 1909 Abs. 1 Satz 1 BGB). Die Ausländerbehörde hat in einem solchen Fall im Benehmen mit dem zuständigen Jugendamt die Bestellung eines Vormundes oder Pflegers zu veranlassen.
80.2.3 Eine Unkenntnis der Behörde von der Handlungsunfähigkeit des Ausländers führt nicht zur Wirksamkeit der Bekanntgabe des Verwaltungsaktes. In solchen Fällen ist der Verwaltungsakt dem gesetzlichen Vertreter des Ausländers bekannt zu geben.

80.3 Minderjährigkeit und Geschäftsfähigkeit
Bei der Anwendung des Aufenthaltsgesetzes sind die Vorschriften des Bürgerlichen Gesetzbuches dafür maßgebend, ob ein Ausländer als minderjährig oder volljährig anzusehen ist. Die Handlungs- und Geschäftsfähigkeit eines nach dem Recht des Heimatstaates volljährigen Ausländers wird durch § 80 Abs. 3 Satz 1 nicht eingeschränkt. Satz 2 dieser Vorschrift bestimmt, dass unabhängig von den Vorschriften des Bürgerlichen Gesetzbuches ein nach dem Heimatrecht geschäftsfähiger Ausländer bei der

1 AufenthG § 80   1. Teil. Aufenthaltsgesetz

Anwendung des Aufenthaltsgesetzes als geschäfts- und handlungsfähig anzusehen ist. Demzufolge kann ein Ausländer unter 16 Jahren abweichend von § 80 Abs. 1 in ausländerrechtlichen Angelegenheiten handlungsfähig sein, wenn er nach dem Recht des Heimatstaates volljährig und geschäftsfähig ist.

80.4 Verpflichtung zur Antragsstellung
80.4.1 Die gesetzliche Verpflichtung nach § 80 Abs. 4 schließt eine entsprechende Vertretungsmacht ein. Das heißt, die von der verpflichteten Person gestellten Anträge können ihr gegenüber wirksam abgelehnt und bekannt gegeben werden; sie ist befugt, das Rechtsbehelfsverfahren durchzuführen. Die Versagung des Aufenthaltstitels kann mit der Androhung der Abschiebung nach § 80 Abs. 2 verbunden werden.
80.4.2 Die Verpflichtung einer sonstigen Person anstelle des gesetzlichen Vertreters besteht, wenn sich der gesetzliche Vertreter nicht im Bundesgebiet aufhält oder dessen Aufenthaltsort im Bundesgebiet unbekannt ist. Die Verpflichtung der sonstigen Personen setzt nicht eine Übertragung der Personensorge oder eine Vollmacht des gesetzlichen Vertreters voraus. Es genügt die tatsächliche Betreuung, beispielsweise die Aufnahme des Minderjährigen im eigenen Haushalt.
80.4.3 Bei Eheleuten, von denen ein Ehegatte das 16. Lebensjahr nicht vollendet hat, hat der andere Ehegatte die Pflichten nach § 80 Abs. 4 zu erfüllen. Verpflichtet sind insbesondere auch die Personen, die nach § 38 Sozialgesetzbuch VIII zur Ausübung der Personensorge berechtigt sind.
80.4.4 Die Nichterfüllung der Pflicht nach § 80 Abs. 4 kann als Ordnungswidrigkeit nach § 98 Abs. 3 Nr. 4 geahndet werden.

Übersicht

	Rn
I. Entstehungsgeschichte	1
II. Allgemeines	2
III. Minderjähriger	4
IV. Verfahrenshandlungsfähigkeit	5
V. Pflichten gesetzlicher Vertreter und anderer Personen	9

I. Entstehungsgeschichte

1   Die Vorschrift stimmt in vollem Umfang mit dem **GesEntw** (BT-Drs 15/420 S. 30) überein.

II. Allgemeines

2   Allg ist die Handlungsfähigkeit im Verf an die Geschäftsfähigkeit u. damit idR an die **Volljährigkeit** gebunden (§ 12 VwVfG; § 62 VwGO; §§ 53 ff ZPO; § 2 BGB); die materielle Rechtsfähigkeit ist dafür ohne Bedeutung. Für die Geschäftsfähigkeit von Ausl ist deren Heimatrecht maßgeblich, falls dieses nicht auf dt Recht zurückverweist (Art. 4 I, 7 I EGBGB), für Verf im Inland aber dt Recht (vgl auch § 12 AsylVfG Rn 2). Ein Handlungsunfähiger kann keine wirksame Verfahrenshandlung vornehmen, insb nicht wirksam einen Antrag stellen oder Klage erheben. Ihm kann ein VA oder Urteil nicht wirksam bekannt gegeben werden.

3   Nachdem die Handlungsfähigkeit minderjähriger Ausl über 16 Jahren für das auslr u. asylr Verf **lange streitig** war (zum Streitstand BVerwG, EZAR 600 Nr 4), regelt § 80 (wie schon § 68 AuslG) die Handlungsfähigkeit ausl Minderjähriger für das AuslR in derselben Weise wie § 12 AsylVfG für das Asylverf. Zugleich legt er die Maßgeblichkeit dt Rechts fest, schafft Verpflichtungen ges Vertreter u. anderer Personen u. bestimmt die Folgen mangelnder Handlungsfähigkeit für aufenthaltsbeendende Maßnahmen. Hierzu sah sich der Gesetzgeber ua durch das Schicksal unbegleiteter minderjähriger Flüchtlinge veranlasst (BT-Drs 11/6321 S. 80), die seit Ende der 1970er Jahre vermehrt nach Europa gekommen waren (dazu Jockenhövel-Schiecke, ZAR 1987, 171 u. 1998, 165).

III. Minderjähriger

Die Minderjährigkeit eines Ausl ist im Rahmen des AufenthG ausschließlich nach § 2 BGB 4
zu bestimmen; sie endet also mit **Vollendung des 18. Lebensjahres.** Die Vorschriften des
BGB sind außerdem maßgeblich für die Frage der Geschäftsunfähigkeit u. der altersunabhängigen Beschränkung der Geschäftsfähigkeit. Ein davon abweichendes Heimatrecht (Art 7 I
EGBGB) bleibt jedoch für die Geschäftsfähigkeit u. die sonstige Handlungsfähigkeit eines
nach seinem Heimatrecht volljährigen Ausl unberührt. Bei Zweifel über das Lebensalter sind
nach Maßgabe von § 49 II die erforderlichen Maßnahmen zu treffen (vgl § 49 Rn 4 ff, 16).
Die Definition des Minderjährigen u. die daraus folgenden Vorkehrungen u. Schutzmaßnahmen werden im Zuge der Umsetzung der RL 2003/9/EG, RL 2004/83/EG sowie der
Asylverfahrens- u. der Vertriebenenrichtlinie überprüft u. zT neu geordnet werden müssen
(dazu ausführlich Peter, ZAR 2005, 11; vgl auch Renner, ZAR 2003, 88 u. 2004, 305).

IV. Verfahrenshandlungsfähigkeit

Abs 1 regelt die **Handlungsfähigkeit** für das Verf **umfassend,** also nicht nur betr 5
„Vornahme von Verfahrenshandlungen", sondern auch die passive Fähigkeit zur Entgegennahme von Verfahrenserklärungen u. Entscheidungen. Erfasst sind alle Handlungen u.
Erklärungen aufgrund des AufenthG, also auch betr Datenschutz u. Kostentragung.

Für das auslr Verf beginnt demnach die aktive u. passive Handlungsfähigkeit ohne Rück- 6
sicht auf das jew Heimatrecht mit **Vollendung des 16. Lebensjahres.** Geschäftsunfähigkeit
u. altersunabhängige Betreuungsbedürftigkeit sind allein nach §§ 104 ff BGB u. dem Betreuungsges (vgl Rn 11) zu beurteilen; nur eine evtl altersbedingte Geschäftsfähigkeit nach ausl
Recht geht vor (§ 55 ZPO analog nach § 12 II VwVfG bzw Landes-VwVfG oder § 63 III
VwGO; betr Asylverf vgl § 12 AsylVfG Rn 2, 4).

Trotz Handlungsunfähigkeit soll die Zurückweisung oder Zurückschiebung Minderjäh- 7
riger zulässig sein; außerdem Abschiebungsandrohung u. Abschiebung Minderjähriger, wenn
sich der ges Vertreter im Ausland aufhält oder sein Aufenthaltsort im Inland unbekannt ist.
Diese Regelungen gelten jedoch nicht für eigene Anträge u. die Entgegennahme anderer
Verfügungen oder Bescheide (Renner, AiD Rn 8/125). Aber auch in der auf den Wortlaut
beschränkten Bedeutung erscheinen sie **rechtlich wie tatsächlich problematisch.** Sie
ermöglichen aufenthaltsverhindernde u. -beendende Maßnahmen, ohne dass sich der Minderjährige hiergegen zur Wehr setzen u. Rechtsschutz in Anspruch nehmen kann. Der
Minderjährige ist damit nicht einmal in der Lage, zwingende Abschiebungshindernisse
geltend zu machen. Der Hinweis auf die Amtsermittlungspflicht (BT-Drs 11/6321 S. 80)
verfängt angesichts der weitgespannten Mitwirkungspflichten des Ausl (§ 82) nicht. Zurückweisung u. -schiebung sind zwar anders als nach §§ 15 I, 57 in das behördliche Ermessen
gestellt. In Erwägung zu ziehen ist aber die Verpflichtung, vor einer solchen Maßnahme
zunächst den ges Vertreter zu ermitteln oder einen Vormund oder Pfleger zu bestellen
(Renner, AiD Rn 8/120–122, 126).

Ordnungsgemäßer Verfahrensführung entspricht es nämlich, dass der Minderjährige unter 8
16 Jahren, der einen Asylantrag iSd § 13 I AsylVfG stellt oder sich auf andere Abschiebungshindernisse als das des § 60 I beruft, vom Jugendamt in Obhut genommen wird (§ 42
SGB VIII; Jockenhövel-Schiecke, ZAR 1998, 165) u. nach Feststellung des Ruhens der
elterlichen Sorge einen **Vormund** oder einen **Pfleger** mit dem Wirkungskreis der Vertretung
im auslr u. asylr Verf erhält (dazu Baer, ZAR 1991, 135; Jockenhövel-Schiecke aaO). Bei Verf
für oder gegen einen selbst handlungsunfähigen Ausl ist grundsätzlich von Amts wegen dafür
Sorge zu tragen, dass ein besonderer Vertreter durch das Vormundschaftsgericht bestellt wird
(analog § 16 VwVfG bzw Landes-VwVfG oder § 62 III VwGO iVm § 57 ZPO).

V. Pflichten gesetzlicher Vertreter und anderer Personen

9 **Vorbehalte** sind auch gegenüber der Verpflichtung des ges Vertreters, für den unter 16 Jahre alten Minderjährigen alle für seinen Aufenthalt erforderlichen Anträge zu stellen, anzumelden. Hier kommt hinzu, dass der ges Vertreter beim Unterlassen der Antragstellung ordnungswidrig handelt (§ 98 III Nr 4) u. selbst das Risiko einer Ausweisung auf sich nimmt (§ 55 II Nr 2). Die Vorschrift erhält ihren Sinn aus der Geltung des Erfordernisses des AufTit für grundsätzlich alle Ausl ohne Ansehen des Alters. Sie führt gleichwohl zu Anwendungsschwierigkeiten tatsächlicher Art, wenn die Erforderlichkeit von Anträgen nicht auf der Hand liegt. Zudem kann sie es letztlich nicht verhindern, dass erforderliche Anträge nicht gestellt werden u. dann doch ein Vormund oder Pfleger bestellt werden muss.

10 **Noch bedenklicher** ist die Erstreckung der og Handlungspflichten auf Betreuungspersonen. Als solche kommen aus systematischen Gründen nur Personen in Betracht, die den Minderjährigen anstelle des ges Vertreters betreuen (Renner, AiD Rn 8/132). Diese begehen uU eine Ordnungswidrigkeit (§ 98 III Nr 4) allein aufgrund der tatsächlichen Übernahme der Betreuung, ohne dass sie hierzu berechtigt oder verpflichtet sind. Evtl laufen sie Gefahr, ausgewiesen zu werden, wenn sie nicht Dt sind. Für Verheiratete unter 16 Jahren handeln nicht ihre älteren Partner, da die Ehe nach dt Verfassungsverständnis schwerlich als Betreuungsverhältnis gelten kann (anders Nr 80.4.3 VAH).

11 Ihre Rechte u. Pflichten betreffen nur die erwähnten Anträge. Damit ist ihnen keine weitergehende Vertretungsmacht verliehen, zB zur Entgegennahme ablehnender Entscheidungen oder aufenthaltsbeendender Maßnahmen (aA Nr 80.4.1 S. 2 VwV-E). Ihre ges Vertretungsmacht ist auf die Antragstellung beschränkt u. weder auf andere Anträge noch auf das gesamte Antragsverf einschl der Mitwirkungspflichten nach § 82 I zu erstrecken (aA Fraenkel, S. 20).

§ 81 Beantragung des Aufenthaltstitels

(1) Die Erteilung eines Aufenthaltstitels erfolgt nur auf Antrag, soweit nicht etwas anderes bestimmt ist.

(2) [1] Ein Aufenthaltstitel, der nach Maßgabe der Rechtsverordnung nach § 99 Abs. 1 Nr. 2 nach der Einreise eingeholt werden kann, ist unverzüglich nach der Einreise oder innerhalb der in der Rechtsverordnung bestimmten Frist zu beantragen. [2] Für ein im Bundesgebiet geborenes Kind, dem nicht von Amts wegen ein Aufenthaltstitel zu erteilen ist, ist der Antrag innerhalb von sechs Monaten nach der Geburt zu stellen.

(3) [1] Beantragt ein Ausländer, der sich rechtmäßig im Bundesgebiet aufhält, ohne einen Aufenthaltstitel zu besitzen, die Erteilung eines Aufenthaltstitels, gilt sein Aufenthalt bis zur Entscheidung der Ausländerbehörde als erlaubt. [2] Wird der Antrag verspätet gestellt, gilt ab dem Zeitpunkt der Antragstellung bis zur Entscheidung der Ausländerbehörde die Abschiebung als ausgesetzt.

(4) Beantragt ein Ausländer die Verlängerung seines Aufenthaltstitels oder die Erteilung eines anderen Aufenthaltstitels, gilt der bisherige Aufenthaltstitel vom Zeitpunkt seines Ablaufs bis zur Entscheidung der Ausländerbehörde als fortbestehend.

(5) Dem Ausländer ist eine Bescheinigung über die Wirkung seiner Antragstellung (Fiktionsbescheinigung) auszustellen.

Vorläufige Anwendungshinweise

81 Zu § 81 Beantragung des Aufenthaltstitels

81.1 Absatz 1 regelt ausdrücklich das grundsätzliche Antragserfordernis als Voraussetzung für die Erteilung eines Aufenthaltstitels, das allerdings auch schon nach altem Recht vorausgesetzt worden ist (vgl. Nummer 69.0.1 AuslG-VwV).

Beantragung des Aufenthaltstitels § 81 **AufenthG 1**

81.2 In Absatz 2 Satz 1 und 2 wurde der Regelungsgehalt des § 69 Abs. 1 AuslG wörtlich übernommen. Die in § 69 Abs. 3 Satz 2 AuslG bezogen auf diese Tatbestände bestimmte Fiktionswirkung ist entfallen.
81.2.1 Die Fälle, in denen ein Aufenthaltstitel nach der Einreise eingeholt werden kann, sind in §§ 39 bis 41 der AufenthV bestimmt. Eine Fristbestimmung enthält § 41 Abs. 3 AufenthV; in allen übrigen Fällen ergibt sich das Erfordernis der unverzüglichen Antragstellung.
81.2.2 Auf die Antragsfrist von sechs Monaten für im Bundesgebiet geborene Kinder und die sich daraus ergebende Verpflichtung zur rechtzeitigen Antragstellung sollte grundsätzlich hingewiesen werden (vgl. § 82 Abs. 2 Satz 1).
81.2.3 Wird ein Kind in Deutschland geboren, von dem ein Elternteil eine Aufenthaltsgestattung besitzt oder sich nach Abschluss seines Asylverfahrens ohne Aufenthaltstitel oder mit einer Aufenthaltserlaubnis nach § 25 Abs. 5 Satz 1 AufenthG im Bundesgebiet aufhält, ist dies dem Bundesamt für Migration und Flüchtlinge nach § 14a Abs. 2 AsylVfG unverzüglich anzuzeigen. Die Anzeigepflicht obliegt auch der Ausländerbehörde.
81.3 Die Regelungen in den Absätzen 3 und 4 ersetzen im Wesentlichen den Regelungsgehalt in § 69 Abs. 2 und 3 AuslG, sind dabei aber in Absatz 4 verschärft worden. Absatz 3 bestimmt Fiktionsfolgen für den Fall der erstmaligen Beantragung eines Aufenthaltstitels im Bundesgebiet. Erfasst werden hier vor allem die Fälle, in denen zunächst eine Befreiung vom Erfordernis eines Aufenthaltstitels gegeben war (vgl. § 4 Abs. 1 Satz 1), also insbesondere Positivstaater, die berechtigt sind, visafrei einzureisen. Hinsichtlich der Fiktionsfolgen ist danach zu unterscheiden, ob der Antrag rechtzeitig oder verspätet gestellt worden ist.
81.3.1 Wird der Antrag rechtzeitig gestellt, gilt sein Aufenthalt bis zur Entscheidung der Ausländerbehörde als erlaubt (Erlaubnisfiktion). Die Ausübung einer Erwerbstätigkeit ist in dieser Zeit ausgeschlossen (vgl. § 4 Abs. 3).
81.3.2 Verspätet gestellt ist ein Antrag auf Erteilung eines Aufenthaltstitels dann, wenn der Aufenthalt im Zeitpunkt der Antragstellung nicht mehr rechtmäßig war. Ab Antragstellung bis zur Entscheidung über den Antrag gilt dann die Abschiebung des Betroffenen als ausgesetzt (Rechtsfolgenverweis auf § 60a).
81.3.3 Von Absatz 3 nicht erfasst sind Ausländer, die unerlaubt eingereist sind (z. B. Negativstaater ohne Visum) oder aufgrund eines vollziehbaren Verwaltungsaktes ausreisepflichtig sind, weil in diesen Fällen kein rechtmäßiger Aufenthalt vorliegt. Ihnen kann keine Fiktionsbescheinigung ausgestellt werden.
81.3.4 Nicht mehr ausdrücklich geregelt ist der Ausschluss der Fiktionswirkung für den Fall, dass der Ausländer nach der Ablehnung seines Antrags vor der Ausreise einen weiteren, den früheren Antrag bloß wiederholenden Antrag stellt (vgl. § 69 Abs. 2 Satz 2 Nr. 3 AuslG). Derartige Handlungsweisen fallen nicht mehr unter den Schutzgehalt der Regelung und können auch unter dem Gesichtspunkt des Rechtsmissbrauchs die erwünschte Rechtsfolge nicht auslösen. Bei einem bloß wiederholenden Antrag tritt daher keine Fiktionsfolge ein und kommt daher die Ausstellung einer Fiktionsbescheinigung nicht in Betracht. Dies gilt auch in den Fällen des Absatzes 4.
81.4 In Absatz 4 wird eine Sonderregelung für die Fälle getroffen, in denen der Betroffene bereits einen Aufenthaltstitel besitzt.
81.4.1 In Fällen der Verlängerung eines Aufenthaltstitels oder der Beantragung eines anderen Aufenthaltstitels (z. B. einer Niederlassungserlaubnis) gilt der bisherige Aufenthaltstitel mit allen sich daran anschließenden Wirkungen bis zur Entscheidung der Ausländerbehörde als fortbestehend, wenn der Antrag rechtzeitig – d. h. vor Ablauf der Geltungsdauer des bestehenden Aufenthaltstitels – gestellt wird. Eine Erlaubnisfiktion wäre in diesen Fällen nicht ausreichend, da damit insbesondere die Frage der Berechtigung zur Ausübung einer Erwerbstätigkeit offen bliebe. Sonderregelungen, die diese Frage im sozialrechtlichen Bereich punktuell klären müssten, werden hierdurch entbehrlich. Vielmehr ist die Frage damit für das gesamte Sozialrecht geklärt.
81.4.2.1 Wird der Antrag erst nach Ablauf der Geltungsdauer des bestehenden Aufenthaltstitels gestellt, treten keine Fiktionswirkungen ein. In diesem Fall ist der Aufenthalt des Betroffenen unerlaubt. Der Aufenthaltstitel ist mit Ablauf seiner Geltungsdauer gemäß § 51 Abs. 1 Nr. 1 erloschen. Der Ausländer ist gemäß § 50 Abs. 1 zur Ausreise verpflichtet. Eine Beschäftigung ist nicht erlaubt. Dies ergibt sich auch aus § 4 Abs. 3, wonach die Ausübung einer Beschäftigung nur zulässig ist, wenn der Betroffene im Besitz eines Aufenthaltstitel ist und dieser die Erwerbstätigkeit gestattet.
81.4.2.2 Die ursprünglich im Entwurf des Zuwanderungsgesetzes vorgesehene großzügige Regelung, die auch eine Fiktionswirkung in Fällen verspäteter Antragstellung vorsah, ist im Laufe des parlamentarischen Gesetzgebungsverfahrens gestrichen worden. Damit wollte der Gesetzgeber ausdrücklich festschreiben, dass es zu den Obliegenheiten der sich rechtmäßig in Deutschland aufhältigen Ausländer gehört, rechtzeitig eine Verlängerung ihres Aufenthaltstitels zu beantragen.

81.4.2.3 Eine rigorose Handhabung auch in Fällen, in denen die verspätete Antragstellung aus bloßer Nachlässigkeit und nur mit einer kurzen Zeitüberschreitung erfolgt, kann jedoch im Einzelfall zu übermäßigen, vom Gesetzgeber nicht intendierten Folgen führen. Dem säumigen Antragsteller kann daher in entsprechender Anwendung des § 81 Abs. 5 AufenthG eine Fiktionsbescheinigung mit der Rechtsfolge des § 81 Abs. 4 AufenthG ausgestellt werden, sofern er zum Zeitpunkt der Antragstellung die Frist nur geringfügig überschritten hat, die Fristüberschreitung lediglich auf Fahrlässigkeit zurückzuführen ist und nach summarischer Prüfung zu erwarten ist, dass ihm der Aufenthalt nach ordnungsgemäßer Prüfung weiter erlaubt wird. Er hat dazu Tatsachen vorzutragen und glaubhaft zu machen, die belegen, warum ihm eine rechtzeitige Antragstellung nicht möglich war (§ 82 Abs. 1). Damit können die vom Gesetzgeber nicht beabsichtigten Rechtsfolgen eines sofortigen Beschäftigungsverbots in den Fällen vermieden werden, in denen bereits eine längerfristige Zustimmung zur Beschäftigung durch die Bundesagentur für Arbeit erteilt worden war (also nur der aufenthaltsrechtliche Teil der Aufenthaltserlaubnis eine kürzere Befristung enthielt) bzw. in Fällen, in denen z. B. nach § 6 BeschVerfV – Fortsetzung der Beschäftigung oder § 9 Abs. 1 Nr. 1 und 2 BeschVerfV – Vorbeschäftigungszeiten/längerfristiger Voraufenthalt ohne Arbeitsmarktprüfung (nur „Lohnprüfung") eine Zustimmung zur Fortsetzung der bisher ausgeübten Beschäftigung erfolgen kann.

81.4.2.4 In den Fällen, in denen der Antrag zwar rechtzeitig gestellt wird, die Voraussetzungen für eine Verlängerung des Aufenthaltstitels oder die den Aufenthaltstitel zugrunde liegende Erwerbstätigkeit aber offenkundig nicht vorliegen (z. B. zeitlicher Ablauf bei Au-pair-Aufenthalten, Spezialitätenköchen) ist der Antrag unverzüglich abzulehnen. Eine Fiktionsbescheinigung, etwa mit der Auflage „Erwerbstätigkeit nicht gestattet", ist nicht zu erteilen.

81.5 Für die Fiktionsbescheinigung nach Absatz 5 wurde auf Grundlage der Ermächtigungsnorm in § 78 Abs. 7 in der Aufenthaltsverordnung ein bundesweites Vordruckmuster eingeführt (vgl. § 58 Nr. 3 AufenthV). Es besteht nach Anlage D 3 der Aufenthaltsverordnung aus einem sechsseitigen Grundvordruck und dem in diesen Grundvordruck auf Seite 5 aufzubringenden Klebeetikett.

81.5.1 Die Fiktionsbescheinigung ist nach dem zugrunde liegenden Sicherheitskonzept maximal zweimal verlängerbar. Sollte eine weitere Verlängerung erforderlich werden, ist eine neue Fiktionsbescheinigung auszustellen.

81.5.2 Nach Entscheidung des Antrags entfällt die gesetzliche Fiktionswirkung (vgl. § 81 Abs. 3). Soweit die Fiktionsbescheinigung aufgrund der vorgenommenen Befristung noch gültig ist, ist sie bei Ausstellung/Verlängerung des Aufenthaltstitels bzw. der Bescheinigung über die Aussetzung der Abschiebung ungültig zu stempeln. Kommt keine dieser Maßnahmen in Betracht, ist der Ausländer also vollziehbar ausreisepflichtig, und zur Vorlage der Fiktionsbescheinigung zum Zweck der Anbringung eines Ungültigkeitsvermerks nicht bereit, kann dies durch Ordnungsverfügung nach § 46 Abs. 1 angeordnet werden (vgl. dazu auch die Hinweise unter Nummer 46.1.4. 6).

Übersicht

	Rn
I. Entstehungsgeschichte	1
II. Allgemeines	2
III. Antragstellung	5
IV. Fiktive Fortgeltung des Aufenthaltstitels	14
V. Fiktive Aufenthaltserlaubnis	25
VI. Fiktive Duldung	29
VII. Andere Fallgestaltungen	31
VIII. Verwaltungsverfahren und Rechtsschutz	32

I. Entstehungsgeschichte

1   Die Vorschrift stimmt im Wesentlichen mit dem **GesEntw** (BT-Drs 15/420 S. 30) überein. Aufgrund des Vermittlungsverf (BT-Drs 15/3479 S. 11) wurden S. 3 in Abs 2 (Erlaubnisfiktion bei rechtzeitigem Antrag) u. S. 2 in Abs 4 (Duldungsfiktion bei verspätetem Antrag) sowie in Abs 4 S. 1 die Wörter „vor Ablauf der Geltungsdauer" gestrichen. In Abs 3 S. 1 wurden die Wörter „ohne einen Aufenthaltstitel zu besitzen" eingefügt u. in Abs 4 S. 1 das Wort „Aufenthaltstitel" durch „bisherige Aufenthaltstitel vom Zeitpunkt seines Ablaufs" ersetzt.

II. Allgemeines

Unter der Geltung des § 21 III AuslG 1965 hatte sich die rechtsstaatlich begrüßenswerte 2 Einrichtung der fiktiven ges AufErl nach Antragstellung bis zur Bescheidung bewährt. Die Möglichkeit der Aufrechterhaltung dieser Rechtsposition durch eine gerichtliche Eilentscheidung nach § 80 V VwGO trug den Erfordernissen des Art 19 IV GG hinreichend Rechnung, obwohl der Stoppantrag selbst anders als nach § 36 III 7 AsylVfG (früher § 10 III 7 AsylVfG 1982) keine aufschiebende Wirkung entfaltete; denn dem Ausl wurde die Stellung des Antrags auf vorläufigen Rechtsschutz ermöglicht u. idR zumindest auch die erstinstanzliche Gerichtsentscheidung abgewartet, bis vollzogen wurde. Missbräuchlicher Inanspruchnahme der Erlaubnisfiktion schob die Rspr Riegel vor (zB BVerwG, NVwZ 1987, 504; BayVGH, EZAR 102 Nr 3; OVG Bremen, EZAR 102 Nr 2; VGH BW, EZAR 622 Nr 3; OVG Hamburg, EZAR 102 Nr 1 u. 4; HessVGH, EZAR 105 Nr 23). So wurde vor allem verhindert, dass die Wiederholung identischer Anträge nach deren Ablehnung immer wieder ein ges AufR auslösen konnte. Zu Unzuträglichkeiten konnte es allerdings kommen, wenn der Ausl während des Verf aus- u. dann ohne Visum wieder einreiste u. noch in den Genuss der früher begründeten Fiktion gelangte (insoweit zutreffend Begr des GesEntw, BT-Drs 11/6321 S. 80).

Aus welchen Gründen aber dieses einfache u. gleichzeitig abgewogene Regelungssystem 3 mit den sehr differenzierten Regelungen des § 69 AuslG 1990 darüber hinaus grundlegend verändert u. mit zahlreichen Ausnahmen u. Rückausnahmen versehen wurde, war der Gesetzesbegründung nicht zu entnehmen u. auch sonst nicht zu erkennen (dazu Renner, AiD Rn 8/178–180). Danach unterschied der Gesetzgeber nicht nur nach dem Aufenthaltsstatus im Zeitpunkt der Antragstellung u. nach der Rechtzeitigkeit des Antrags, sondern auch nach der Art der Einreise u. des Einreisevisums sowie nach zwischenzeitlichen aufenthaltsbeendenden Maßnahmen. Für die damalige wie die jetzige Neuregelung sollte immer im Auge behalten werden, dass sich unvertretbare Zustände allenfalls dann entwickeln können, wenn die AuslBeh – aus welchen Gründen auch immer – nicht zu einer zeitgerechten Bescheidung des Antrags imstande ist u. der fiktiv erlaubte oder geduldete Aufenthalt unangemessen ausgedehnt wird. Ob eine Neuregelung als gelungen bezeichnet werden kann, muss sich vor allem danach richten, ob die durch eine (objektiv) zögerliche Sachbehandlung verursachten Schwierigkeiten vermehrt u. verschlimmert oder verhindert werden.

Für die jetzt unternommene Neuordnung war die Absicht des Gesetzgebers ausschlag- 4 gebend, einige Bestimmungen zu übernehmen, überdifferenzierte Regelungen zu vereinfachen u. die Verbindung des AufTit mit der Zulassung zur Erwerbstätigkeit zu berücksichtigen. Zugleich hat er jedoch ein bislang völlig **unbekanntes System** geschaffen. Während in Abs 1, 2 u. 5 vorwiegend Formalien geregelt sind, sind in Abs 3 u. 4 die Grundlagen für fiktiv zugelassene Verfahrensaufenthalte bestimmt. Der fiktive Fortbestand des AufTit ist eine neue Variante, während fiktive Erlaubnis u. Duldung schon von § 69 AuslG her bekannt sind. Eine weitere Gruppe ist nicht besonders erwähnt. Es sind diejenigen Antragsteller, die in den Genuss keiner dieser Verfahrensstellungen kommen. Um der besseren Verständlichkeit wegen folgt die nachfolgende Darstellung nicht sklavisch dem Gesetzesaufbau, sondern systematischen Überlegungen, die sich an der Qualität der in Betracht kommenden Rechtsstellungen orientieren. Eine Sonderregelung für im Bundesgebiet geborene Kinder findet sich in § 33 S. 2.

III. Antragstellung

Mit Abs 1 ist die grundsätzliche **Antragsbedürftigkeit** klargestellt, die ohnedies schon 5 immer galt (ausführlich Renner, AiD Rn 8/137–141). Der Ausl muss nicht nur in der nach

§ 82 geforderten Weise an dem Erlass eines AufTit mitwirken, sondern auch durch einen Antrag. Erteilung u. Verlängerung eines AufTit sind mitwirkungsbedürftige VA. Insoweit wird dem Ausl Dispositionsfreiheit eingeräumt. Diese geht aber nicht so weit, dass er auch die rückwirkende Erteilung oder Verlängerung beanspruchen kann. Der AuslBeh ist ihrerseits auch keine Befugnis zur Erteilung für einen zurückliegenden Zeitraum eingeräumt. Sie kann nur Lücken in der Rechtmäßigkeit des Aufenthalts schließen, indem sie Unterbrechungen außer Acht lässt (nach § 85).

6 Der Antrag auf Erteilung eines Visums oder eines AufTit vor der Einreise unterliegt keinen besonderen **Formbestimmungen.** Dagegen muss der nach Maßgabe der §§ 39 bis 41 AufenthG nach der Einreise mögliche Antrag auf einen AufTit während der Dauer der zT zugrunde liegenden Verfahrensstellung gestellt werden. Die Verwendung amtlicher Antragsformulare ist nicht mehr vorgeschrieben (anders noch § 21 II 1 AuslG 1965 u. Nr. 69.0.2 AuslGVwV), ein Antrag kann also fristwahrend u. auch sonst wirksam formlos gestellt werden (zur Auslegung des Inhalts des Antrags Renner, Rn AiD 8/137–141). Auf einen Antrag bei einer örtlich unzuständigen Behörde ist der Ausl an die zuständige zu verweisen (vgl Nr 69.0.7 S. 1 AuslG-VwV).

7 Die **Rechtsfolgen** des Antrags nach Abs 3 u. 4 treten unabhängig von dessen Erfolgsaussicht u. ohne Rücksicht auf die Entrichtung der Bearbeitungsgebühr (dazu § 69 Rn 8) ein. Ungeachtet der ges Reihenfolge sind die Fortbestandsfiktion (Abs 4) u. die Erlaubnisfiktion (Abs 3 S. 1) wegen ihrer weitergehenden Wirkungen u. des daraus folgenden Vorrangs in erster Linie vor der Duldungsfiktion (Abs 3 S. 2) zu prüfen. Gesondert ist die Rechtsstellung des im Inland geborenen Kindes (Abs 2 S. 2) zu untersuchen. Ungeachtet der ges Bezeichnung ist die Fiktion des Abs 3 S. 2 als Duldungsfiktion zu behandeln. Dabei ist nur zu beachten, dass die Duldungsfiktion den Aufenthalt ebenso wenig zu legalisieren vermag wie die Duldung selbst, dass die Duldungsfiktion keine Auffangposition darstellt, die in jedem Fall eingreift, u. dass der Antrag außerhalb der Abs 3 u. 4 allenfalls den Eintritt der Vollziehbarkeit der Ausreisepflicht verhindern kann (vgl Renner, AiD Rn 8/181–183). Außerhalb der Fälle der drei Fiktionen gibt es auch solche ohne irgendein verfahrensrechtliches Bleiberecht.

8 Besondere Regeln gelten für Anträge auf Ersterteilung oder Verlängerung, die **nach der Einreise** gestellt werden dürfen. Die in dieser Weise begünstigten Personengruppen sind abschließend in §§ 39 bis 41 AufenthV aufgeführt. Diese verfügen entweder über eine Rechtsstellung, die bereits eine Zulassung zum Aufenthalt enthält (§ 39 AufenthV), oder sie begehren die Verlängerung eines Kurzaufenthalts (§ 40 AufenthV), oder sie besitzen die StAng eines der in § 41 I u. II AufenthG genannten Staaten. Ihr Vorteil besteht darin, dass sie die Erteilung eines AufTit ohne vorherige Ausreise beantragen können. Dies ist nicht gleichbedeutend mit einer Befreiung vom Visumzwang; zT sind diese Personen mit Visum eingereist. Insgesamt gesehen wird auf die Erlaubtheit der Einreise nicht abgestellt (anders als zT nach § 9 II DVAuslG).

9 In erster Linie begünstigt sind die Besitzer eines **nationalen Visums** oder einer **AE.** Auf den Aufenthaltszweck des AufTit kommt es nicht an. Eine Befreiung vom Erfordernis des AufTit genügt nur dann, wenn sie nicht auf längstens sechs Monate oder örtlich auf einen Teil des Bundesgebiets beschränkt ist. Positivstaater mit rechtmäßigem Aufenthalt u. Negativstaater mit einem kurzzeitigen Schengen-Visum sind nur dann berechtigt, wenn sie einen Anspruch auf einen AufTit besitzen. Einem Rechtsanspruch steht es nicht gleich, wenn das Ermessen im Einzelfall auf Null reduziert ist (vgl § 5 Rn 25 f). Die Voraussetzungen müssen aber nicht offensichtlich vorliegen. Asylbew mit AufGest müssen – von den Verlängerungsfällen des § 11 II abgesehen – entweder einen Rechtsanspruch besitzen oder im Falle wichtiger staatl Interessen die Zustimmung der obersten Landesbehörde erhalten. Abschiebungsschutzberechtigte müssen durch Eheschließung oder Geburt eines Kindes einen Rechtsanspruch erworben haben.

10 Inhaber eines **Schengen-Visums** können eine AE für weitere höchstens drei Monate im Anschluss an den Visum-Aufenthalt einholen, wenn ein Ausnahmefall gegeben ist oder eine

Beantragung des Aufenthaltstitels § 81 **AufenthG 1**

bilaterale Verpflichtung besteht (dazu § 6 Rn 29 ff). Außerdem darf keine Erwerbstätigkeit ausgeübt werden (Ausnahme nach § 17 II AufenthV).

Anders geartet ist die Berechtigung der StAng der in § 41 AufenthV genannten **befreun-** 11
deten Staaten. Sofern sie auch für einen längeren Aufenthalt visumfrei einreisen u. sich aufhalten dürfen (Abs 1), ist der Antrag ohne vorherige Ausreise zulässig. Für die anderen Personen (Abs 2) ist vorausgesetzt, dass sie keine Erwerbstätigkeit (ausgenommen nach § 17 II AufenthV) ausüben wollen. Nur in diesen Fällen ist eine besondere Antragsfrist festgelegt (§ 41 III AufenthV). Unabhängig von der Aufenthaltsdauer endet die Frist drei Monate nach der (letzten) Einreise oder mit der Ausweisung oder der Befristung des Aufenthalts.

Sofern keine **Antragsfristen** einzuhalten sind, muss der Antrag ohne schuldhaftes Zö- 12
gern (§ 121 BGB) nach der Einreise gestellt werden. „Unverzüglich" bedeutet nicht „sofort" u. lässt auch keine Bestimmung absoluter Zeiträume zu. Maßgeblich sind vielmehr die Verhältnisse u. Umstände im Einzelfall. Mit dem Antrag kann nicht ohne weiteres bis zum Ende des rechtmäßigen Aufenthalts gewartet werden. Der Antrag muss alsbald nach dem Zeitpunkt gestellt werden, in dem sich der Ausl für einen weiteren Aufenthalt entschieden hat. Vor einem solchen Entschluss besteht kein Anlass für einen Antrag, danach darf der Ausl aber nicht unnötig Zeit verlieren, bis er das neue Aufenthaltsbegehren, das uU einen anderen Aufenthaltszweck verfolgt, der AuslBeh bekanntgibt.

Eine Frist von sechs Monaten steht dem im Bundesgebiet geborenen **Kind** zur Ver- 13
fügung. Ausgenommen sind die Kinder, die mit ihrer Geburt im Inland die dt StAng erwerben (§ 4 III StAG) oder denen von Amts wegen nach der Geburt eine AE oder eine NE erteilt werden u. deren Aufenthalt bis zum Ablauf der Visumfreiheit oder des Visums der Mutter als erlaubt gilt (vgl § 33). Nur wenn das Kind oder seine Eltern die dafür nötigen Voraussetzungen nicht erfüllen, ist der AufTit binnen sechs Monaten nach der Geburt zu beantragen (zum zwischenzeitlichen Aufenthalt vgl Rn 26). Eltern u. sonstige Betreuungspersonen sind zur Antragstellung verpflichtet (§ 80 IV) u. handeln ordnungswidrig, wenn sie dieser ges Pflicht nicht nachkommen (§ 98 III Nr 4).

IV. Fiktive Fortgeltung des Aufenthaltstitels

Den weitestgehenden Schutz genießt, wer während der Geltung eines AufTit dessen 14
Verlängerung oder die Erteilung eines anderen AufTit beantragt. Er wird kraft Ges so behandelt, als besitze er weiterhin den bisherigen Titel. Diese Fiktion der **Weitergeltung** geht über das fiktive Erlaubnis des Aufenthalts (nach Abs 2 S. 1 u. nach § 69 III AuslG) hinaus. Der Gesetzgeber hat diese Lösung gewählt, um sicherzustellen, dass auch die mit dem AufTit verbundene Berechtigung zur Ausübung einer Erwerbstätigkeit ohne weitere Mitwirkung der BA bis zur Bescheidung des Antrags fortgilt (BT-Drs 15/420 S. 96). Der AufTit bleibt fiktiv mit dem aktuellen Inhalt, auch hinsichtlich evtl Beschränkungen der Erwerbstätigkeit, bestehen u. ist daher Veränderungen ebenso zugänglich wie zuvor. So sind zB nachträgliche Nebenbestimmungen nach § 12 II 2 oder Anordnungen nach § 47 zulässig. Möglich ist aber zB auch das Erlöschen der Zustimmung der BA mit Beendigung des Beschäftigungsverhältnisses (vgl § 44 BeschV; § 14 IV BeschVerfV).

Die Fortgeltungsfiktion baut auf einem **bestehenden AufTit** auf. Ob es sich um ein 15
Visum, eine AE oder eine NE handelt, ist gleichgültig. Eine NE könnte aber nur dann als Grundlage in Betracht kommen, wenn sie mit einer Beschränkung nach §§ 9 I 2 oder 3, 23 II, 47 versehen wäre u. diese aufgehoben werden sollte. Entweder soll der Titel verlängert oder aber gewechselt werden. Ein Wechsel findet zB statt von Visum zu AE oder von AE zu NE. Ob es sich bei der AE ohne u. mit Erwerbsberechtigung oder der AE nach § 25 I u. nach § 28 jew um denselben oder um einen anderen AufTit handelt, ist letztlich unerheblich. Entweder geht es um die Verlängerung oder um die Erteilung eines anderen Titels.

647

16 Abs 4 verlangt den **Besitz eines AufTit,** während für Abs 3 der Aufenthalt ohne Besitz eines AufTit rechtmäßig sein muss. Unerheblich ist die Entwicklung des Aufenthaltsstatus bis zum Erwerb des AufTit u. danach (anders noch § 69 II 2, III AuslG). Deswegen kommt es auch nicht darauf an, ob die Einreise erlaubt war u. mit welcher Art von Visum der Ausl eingereist ist. Falls inzwischen eine Ausweisung erfolgt oder der AufTit aus einem anderen Grund erloschen ist (§ 51 I), fehlt es für die Fiktion an dieser Grundlage. Der Titel ist auch dann erloschen, wenn die Ausweisung oder der sonstige VA angegriffen u. die Vollziehung kraft Ges oder aufgrund behördlicher oder gerichtlicher Entscheidung vorläufig ausgesetzt ist (vgl § 84 II 1). Nur hinsichtlich der Berechtigung zur Erwerbstätigkeit gilt der AufTit vorübergehend als fortbestehend (§ 84 II 2); endgültig wird die Erlöschenswirkung erst mit einer Aufhebung des VA beseitigt (§ 84 II 3).

17 Die Fiktion **bedeutet,** dass der Ausl so behandelt wird, als bestehe der AufTit mit den konkreten Nebenbestimmungen auch hinsichtlich der Erwerbstätigkeit fort. Bei einem Verlängerungsantrag ändert sich seine Rechtsstellung damit nicht u. setzt sich bei einem stattgebenden Bescheid ohne Veränderung fort. Begehrt er dagegen einen anderen Titel, so gilt der bisherige bis zur Bescheidung auch dann fort, wenn der Ausl ihn tatsächlich wegen Veränderung der Verhältnisse nicht nutzen kann, zB nach Verlust des Arbeitsplatzes u. der Aussicht auf eine andere Stelle oder nach Beendigung einer Ausbildung u. bei Aussicht auf eine Anstellung. Den erst beantragten anderen Titel besitzt er erst mit dessen Erteilung.

18 Diese Rechtsstellung setzt einen rechtzeitigen Antrag voraus. Sie tritt nicht ein, wenn der Antrag **verspätet** gestellt wird, also nach Ablauf der Geltungsdauer des bisherigen AufTit. Der **Gesetzeswortlaut** lässt eine andere Auslegung nicht zu. Die „Verlängerung" eines AufTit ist nur möglich, solange er noch gilt. Danach kann der AufTit nur erneut erteilt werden, da eine über den Antragszeitpunkt hinaus rückwirkende Erteilung unzulässig ist (dazu Rn 5). Die Erteilung eines „anderen" AufTit kann zwar auch beantragen, wer einen AufTit früher einmal besessen hat, aber nicht mehr besitzt. Für beide Tatbestände belegt aber die vorgesehene Rechtsfolge eindeutig die Notwendigkeit eines rechtzeitigen Antrags. Der bisherige AufTit gilt nämlich „vom Zeitpunkt seines Ablaufs bis zur Entscheidung" der Auslbeh als fortbestehend. Damit ist zwingend die folgende zeitliche Reihenfolge vorgegeben: Erteilung des AufTit – Antrag auf Verlängerung oder auf Neuerteilung eines anderen AufTit – Ablauf des bisherigen AufTit – Einsetzen der Fiktion – Antragsbescheidung.

19 Sollte dagegen auch ein verspäteter Antrag die Fortgeltungsfiktion auslösen, hätte der **Gesetzgeber** dies deutlich ausdrücken müssen. Er hätte dann auch regeln müssen, ob die Fiktion unmittelbar an den Ablauf der Geltungsdauer anschließen, also Rückwirkung entfalten oder aber erst mit der Antragstellung beginnen sollte. Der letzteren Auslegung steht der Gesetzeswortlaut („vom Zeitpunkt seines Ablaufs") entgegen, u. die erste bedeutete eine kaum zu rechtfertigende Privilegierung des verspäteten Antrags. Die rückwirkende Fiktion ginge über die Lösungen des Abs 2 S. 2 u. des § 85 hinaus u. wäre auch weitaus günstiger als die des § 69 III 2 AuslG. Mit ihr wäre der säumige Ausl vor allem noch besser gestellt als nach § 81 IV 2 des Entw, der lediglich die Aussetzung der Abschiebung von der Antragstellung bis zur Bescheidung vorsah.

20 Damit wird die Wortinterpretation durch die **Entstehungsgeschichte** eindrucksvoll bestätigt. Die Duldungsfiktion ab verspäteter Antragstellung war in § 81 IV 2 des später für nichtig erklärten ZuwG 2002 (BGBl. 2002 I 1946) enthalten u. wurde in den darauf folgenden GesEntw mit der Begründung aufgenommen, bei verspätetem Antrag sollten die Wirkungen nach S. 2 – wie früher – nicht eintreten; lediglich die Abschiebung gelte als ausgesetzt (BT-Drs 15/420 S. 96). Damit ist der gesetzgeberische Wille in mehreren Richtungen zum Ausdruck gebracht: Die Erlaubnisfiktion soll nicht eintreten, die Wirkungen sollen sich gegenüber dem AuslG nicht verschlechtern, u. es soll eine Duldungsfiktion eingreifen. Die erstere u. die letztere Erwägung haben im Entwurfstext ihren Niederschlag gefunden.

21 Die zweite – hier durchaus bedeutsame – Überlegung ist **schwer nachzuvollziehen,** weil sie die Rechtslage nach § 69 AuslG nur unzureichend widerspiegelt. Eine Erlaubnisfiktion wurde früher ausgelöst, wenn der Antrag zulässigerweise nach der Einreise (Abs 1

S. 1) gestellt wurde; bei Verspätung galt diese Fiktion bis zum Ende der Antragsfrist u. ab Antragstellung (Abs 3 S. 2); eine Duldung wurde in diesen Fällen nicht fingiert. Nach Einreise mit einem Zustimmungsvisum oder während eines mehr als sechsmonatigen rechtmäßigen Aufenthalts trat die Erlaubnisfiktion ebenfalls ein (Abs 3 S. 1); ein verspäteter Verlängerungsantrag löste dagegen keinerlei Fiktion aus. Die Duldungsfiktion nach § 69 II 1 AuslG erforderte einen Antrag während der Dauer der Befreiung oder der Geltungsdauer des zustimmungsfreien Visums.

Ungeachtet dieses Mangels in der Begründung des GesEntw war der **Wille** des Gesetz- 22 gebers (zunächst) eindeutig auf eine Duldungsfiktion vom Zeitpunkt des nach Ablauf des bisherigen AufTit gestellten neuen Antrags hin ausgerichtet. Weder war eine Erlaubnisfiktion noch eine lückenlose Legalisierung beabsichtigt. Wenn unter diesen Umständen die geplante Duldungsfiktion während des Gesetzgebungsverf gestrichen wurde, lässt dies nur den Schluss zu, der Gesetzgeber habe entweder keine Fiktion gewähren wollen oder aber die Rechtsstellung während des Verf für diese Fälle schon als anderswo geregelt unterstellt. Materialien, die Aufschluss über die wahren Beweggründe geben könnten, stehen nicht zur Verfügung. Die Streichung von S. 2 in Abs 4 aufgrund des Vermittlungsverf ist wie üblich nicht mit einer Begründung versehen. In Nr 81.4.2.2 VAH ist die Absicht des Gesetzgebers zur Streichung u. zur Betonung der Verfahrenspflichten bestätigt. Für die erste Erklärung spricht zudem, dass die Streichung nicht mit einer Bezugnahme auf Abs 3 S. 2 verbunden wurde. Eine andere Lösung lässt sich mit Hilfe dieser Bestimmung nicht finden, weil sie aufgrund ihrer systematischen Stellung weder unmittelbar noch entsprechend angewandt werden kann.

Als **Ergebnis** ist festzuhalten: Der nach Ablauf des bisherigen AufTit gestellte Antrag auf 23 Verlängerung oder Neuerteilung löst weder eine Erlaubnis- noch eine Duldungsfiktion aus. Ein Redaktionsversehen des Gesetzgebers in der Weise, dass S. 2 in Abs 4 versehentlich gestrichen wurde u. in Wirklichkeit in Kraft gesetzt werden sollte, scheidet aus. Alles deutet darauf hin, dass die Rechtsstellung gegenüber dem Entw verschlechtert werden sollte. Immerhin hätte die geplante Regelung bedeutet, dass auch nach längerer Fristversäumnis die AE samt Erwerbstätigkeitsberechtigung wieder aufgelebt wäre. Danach kommt allenfalls eine analoge Anwendung von Abs 2 S. 2 in Betracht. Damit wäre verhindert, dass Inhaber einer mehrjährigen AE schlechter stünden als rechtmäßig ohne AufTit in Deutschland lebende Ausl. Gegen diese Analogie könnte aber sprechen, dass der Gesetzgeber diese Lücke bewusst geschaffen u. auch bestehen gelassen hat; denn er hat sie nicht mit dem ÄndGes vom 14. 3. 2005 (BGBl. I 721) geschlossen, obwohl sie ihm jedenfalls in diesem Zeitpunkt bekannt war.

Die in Nr 81.4.2.3 VAH vorgeschlagene Lösung mit einer Fiktionsbescheinigung über 24 die Rechtsfolgen des Abs 4 in Fällen einer unverschuldeten u. geringfügigen Fristversäumnis erscheint sehr problematisch. Die Bescheinigung hat rein deklaratorischen Charakter u. kann nicht nach Ermessen ausgestellt werden. Eine irgendwie geartete individuelle Güter- u. Verschuldensabwägung ist in Abs 2 u. 3 nicht vorgesehen. Es geht auch nicht um eine entsprechende Anwendung von Abs 5, sondern um eine Analogie zu Abs 4. An der hierfür erforderlichen unbewussten Regelungslücke könnte es aber gerade fehlen. Sie ist nur vorstellbar, wenn der Gesetzgeber einerseits eine „großzügige Regelung" nicht schaffen, andererseits die Betroffenen nicht rechtlos stellen wollte. Dann aber bietet sich eine klare **Analogie** zu Abs 2 S. 2 ohne individuelle Ursachenermittlung u. mit der Folge einer **fiktiven Duldung** ab Antragstellung an. Eine vorläufige Zulassung zur Erwerbstätigkeit ist damit nicht verbunden. Der AufTit ist nämlich erloschen u. nur die Vollziehung der Ausreisepflicht ausgesetzt (vgl Rn 16, 30).

V. Fiktive Aufenthaltserlaubnis

Der Aufenthalt des Ausl gilt gemäß Abs 3 S. 1 nach Antragstellung bis zur Bescheidung 25 als erlaubt, wenn der Ausl sich rechtmäßig, aber ohne AufTit in Deutschland aufhält. Die auch schon früher bekannte **Erlaubnisfiktion** gilt anders als nach § 21 III AuslG 1965 u. § 69 III AuslG 1990 nicht zugunsten von Ausl, die bereits einen AufTit besitzen. Mit der fiktiven Erlaubnis wird ein sonstiger rechtmäßiger Aufenthalt fortgesetzt. Während dieser Zeit ist eine Erwerbstätigkeit anders als im Falle des Abs 4 nicht gestattet (vgl § 4 III). Der Antrag kann nur während des rechtmäßigen Aufenthalts gestellt werden. Ein späterer Antrag führt zur Duldungsfiktion (dazu Rn 29). Für diese Fiktion kommt es ebenso wie bei der Fortgeltungsfiktion (dazu Rn 16) nicht auf die Erlaubtheit der Einreise, auf die Art des Visums u. die spätere Entwicklung des Aufenthaltsstatus an. Der Ausl muss nur trotz unerlaubter Einreise einen rechtmäßigen Aufenthalt begründet (zB als Asylbew oder nach § 5 II 2) u. darf ihn nicht inzwischen verloren haben (zB nach § 51 I).

26 Die Rechtmäßigkeit eines Aufenthalts ohne AufTit kann auf unterschiedlichen Gründen beruhen. Zunächst kommen Personen in Betracht, die entweder dem AufenthG nicht unterliegen oder von dem Erfordernis des AufTit oder der Visumpflicht **befreit** sind (vgl § 1 II; §§ 15 ff AufenthV; Anlage II zur EUVisaVO). Sodann gehören **Asylbew** zu diesem Personenkreis; denn sie verfügen zum Nachweis ihres ges AufR nur über eine AufGest, die nicht zu den AufTit iSd § 4 I 2 zählt. Die Fiktion des Abs 3 oder 4 kann zwar durch einen späteren Asylantrag verloren gehen (vgl § 55 II AsylVfG). Umgekehrt kann sich aber die Fiktion an einen Asylantrag anschließen, auch wenn der Antrag meistens im Blick auf § 10 I nur relativ geringe Erfolgsaussichten haben wird. Schließlich sind noch die **Kinder** zu nennen, die im Inland geboren werden u. weder die dt StAng erwerben noch eine AE oder NE von Amts wegen erhalten (dazu Rn 13). Während der ihnen eingeräumten Antragsfrist von sechs Monaten ist ihr Aufenthalt rechtmäßig. Anders als in all diesen Fällen wird durch eine Duldung kein rechtmäßiger Aufenthalt vermittelt oder bestätigt.

27 Die ges Erlaubnisfiktion vermittelt einen **rechtmäßigen Aufenthalt,** nicht mehr u. nicht weniger. Der Aufenthalt bleibt aufgrund der Fiktion rechtmäßig, der Ausl wird aber nicht so gestellt, als besitze er eine AE. Die Wirkung ist ähnlich wie bei der Unterbrechung im Falle des § 85. Ebenso wie nach Abs 4 bleibt auch nach Abs 3 S. 1 der vor dem Antrag bestehende Zustand erhalten. Es wird aber nicht – was eine zusätzliche Verbesserung darstellen würde – der Besitz des AufTit fingiert, sondern (nur) die Rechtmäßigkeit des Aufenthalts. Soweit dem Ausl eine Erwerbstätigkeit während des rechtmäßigen Aufenthalts ohne AufTit nicht gestattet war (dazu § 4 III), verbleibt es dabei. Der Ausl ist vor allem von Vergünstigungen ausgeschlossen, wenn das Ges den Besitz eines AufTit verlangt (zB §§ 29 I, 30 I; § 1 III BKGG; § 62 II EStG; § 1 IIa UnterhaltsvorschussG; § 8 I Nr 4 BAföG; § 1 VI 2 BErzGG). Wenn der AufTit nach Antragsablehnung später im Verf erteilt wird, ist der Ausl so zu behandeln, als habe er schon vom Ablehnungszeitpunkt an den Titel besessen (zum früheren Recht: BVerwG, EZAR 012 Nr 2 u. 252 Nr 6; näher Renner, AiD Rn 5/20, 8/226–230).

28 Die fiktive Erlaubnis ist weder zeitlich noch räumlich noch sonst beschränkt, aber ebenso **beschränkbar** wie der fiktiv fortgeltende AufTit (dazu Rn 14). Sie erlischt mit Zweckerfüllung, nicht jedoch mit der Ausreise. Sie kann nachträglich befristet, mit Bedingungen u. Auflagen versehen u. auch räumlich beschränkt werden. Die Vorschriften der §§ 4 II u. III 1, 7 II 2, 12 II gelten unmittelbar nur für AufTit, sie sind aber auf den fiktiv erlaubten Aufenthalt entsprechend anwendbar. Für diese Fiktion fehlt es an eigenen Regelungen, u. es wäre unsachgerecht, die für den Titel bestehenden Beschränkungsmöglichkeiten für den fiktiv rechtmäßigen Aufenthalt nicht gelten zu lassen.

VI. Fiktive Duldung

29 In den Genuss einer fiktiven Duldung gelangt, wer ohne einen AufTit über einen rechtmäßigen Aufenthalt verfügt u. nach dessen Beendigung einen AufTit beantragt. Begünstigt ist also, wer eigentlich eine Erlaubnisfiktion erreichen könnte (dazu Rn 25 f), aber den

Antrag verspätet stellt. Die ges Aussetzung der Abschiebung tritt unabhängig von der Rechtsgrundlage für den rechtmäßigen Aufenthalt u. ohne Rücksicht auf das Ausmaß der Verspätung u. die dafür verantwortlichen Gründe ein. Sie ist unabhängig von der Art der Einreise u. der späteren Entwicklung des Aufenthaltsstatus (vgl dazu auch Rn 16); der Aufenthalt muss nur anschließend rechtmäßig gewesen sein.

Die **Duldungsfiktion gilt** nicht von der Beendigung des rechtmäßigen Aufenthalts, 30 sondern erst von der Antragstellung an bis zur auslbeh Entscheidung. Sie ist nicht räumlich auf den Bezirk der AuslBeh beschränkt (wie nach § 69 II 1). Der Aufenthalt ist aber, sofern die Ausreisepflicht vollziehbar ist (vgl § 59 II), auf das Gebiet des Landes beschränkt u. kann durch Bedingungen u. Auflagen noch weiter beschränkt werden (§ 61 I). Die BA kann ihre Zustimmung für eine Erwerbstätigkeit wie im Falle der Duldung nach § 60 a erteilen (vgl §§ 10 f BeschVerfV). Die ges Duldung erlischt mit der Ausreise (analog § 60 a V 1; dazu nach früherem OVG Hamburg, EZAR 045 Nr 3; HessVGH, EZAR 622 Nr 20) oder der Stellung eines Asylantrags (§ 55 II 1 AsylVfG).

VII. Andere Fallgestaltungen

Ausl, die einen AufTit beantragt haben, aber nach alledem über keinen fiktiv weiter 31 geltenden AufTit verfügen u. deren Aufenthalt weder als erlaubt noch als geduldet gilt, sind gegen die Beendigung des Aufenthalts **nicht geschützt**. Sie müssen ausreisen u. können abgeschoben werden, auch wenn über ihren Antrag noch nicht entschieden ist. Es gibt keinen allg Grundsatz, wonach während eines behördlichen oder gerichtlichen Verf die Abschiebung ausgesetzt ist (vgl aber Rn 32). Die fiktive Duldung fungiert nicht als allg Auffangtatbestand (für das frühere Recht scheinbar dahin tendierend aber SächsOVG, EZAR 822 Nr 43; ähnlich OVG NRW, EZAR 622 Nr 40). Vor allem kann die Aussetzung nicht unter Berufung auf Art. 6 GG oder Art 8 EMRK verlangt werden, wenn ein AufTit nach §§ 27 ff nicht erteilt, ein verfahrensrechtliches AufR oder Bleiberecht nach Abs 2 bis 4 nicht begründet u. die Vollstreckung nicht nach § 60 a II auszusetzen ist (vgl auch Rn 34 f; betr Unzumutbarkeit einer auch nur kurzfristigen Trennung vgl VGH BW, EZAR 045 Nr 21).

VIII. Verwaltungsverfahren und Rechtsschutz

Das Verwaltungsverf um die Erteilung oder Verlängerung eines AufTit wird grundsätzlich 32 durch einen Antrag (dazu Rn 4 ff; Ausnahme nach § 33) vor der zuständigen Behörde (dazu § 71) eingeleitet. Über die Fiktionswirkung wird eine **Fiktionsbescheinigung** ausgestellt (nicht erteilt). Mit ihr werden die Fortgeltung des AufTit, die fiktive Erlaubnis u. die fiktive Duldung deklaratorisch bestätigt. Die Ausstellung bedarf keines Antrags. Das Muster (§ 78 VII iVm § 58 Nr 3 AufenthV) besteht aus sechs Seiten u. einem Klebeetikett. Die Bescheinigung wird mit Beendigung der Fiktionswirkung durch Bescheidung des Antrags ungültig u. kann eingezogen u. ungültig gestempelt werden.

Gegen den Verlust der mit Antragsablehnung endenden verfahrensrechtlichen Fiktion – 33 AufTit oder Duldung – kann der Ausl **vorläufigen Rechtsschutz** nach § 80 V VwGO in Anspruch nehmen (zum früheren Recht HessVGH, EZAR 024 Nr 1). Erreicht werden kann nicht die Wiederherstellung der zunächst kraft Ges bestehenden Rechtsstellung, sondern nur der Aufschub des Vollzugs. Wird also dem Stoppantrag stattgegeben, erlangt der Ausl nicht seine vorherige Aufenthaltsposition zurück; es wird vielmehr nur die Vollstreckung vorübergehend ausgesetzt (vgl § 84 II; zum früheren Recht OVG Hamburg, EZAR 622 Nr 27). Der Aussetzungsantrag selbst hemmt die Vollziehung nicht (anders als nach § 36 III 8 AsylVfG): nur hinsichtlich der Erwerbstätigkeit werden die Rechtspositionen nach Maßgabe des § 84 II 2 gesichert. Ungeachtet dessen wird üblicherweise bis zur

1 AufenthG § 82

Entscheidung des Gerichts mit dem tatsächlichen Vollzug der Aufenthaltsbeendigung zugewartet („Stillhaltezusage"). Erforderlichenfalls kann das Gericht (evtl der Vorsitzende nach § 80 VIII VwGO) die Aussetzung vorläufig befristet anordnen („Schiebebeschluss"). Zumindest darf die Behörde den vorläufigen Rechtsschutz nicht planmäßig unterlaufen u. während des Eilverf ohne Ankündigung die Abschiebung vollziehen (dazu BVerfG-A, NJW 1987, 2219; HessVGH, EZAR 622 Nr 38; OVG NRW, EZAR 622 Nr 24; OVG SaAnh, InfAuslR 1999, 344). Über die Begründetheit wird nach den allg Maßstäben entschieden, also im Wesentlichen nach den Erfolgsaussichten der Rechtsverfolgung in der Hauptsache u. den durch einen Sofortvollzug verursachten irreparablen Wirkungen (dazu Renner, AiD Rn 8/248–250).

34   Falls der Antrag auf einen AufTit weder eine fiktive Fortgeltung noch eine Erlaubnis noch eine fiktive Duldung bewirkt (Rn 31), kann sich der Ausl gegen den zwangsweisen Vollzug der Verlassenspflicht nur mit einem **Eilantrag nach § 123 VwGO** wehren (VGH BW, EZAR 622 Nr 14; OVG Hamburg, EZAR 622 Nr 12; HessVGH, EZAR 622 Nr 9, 10, 17 u. 18; HessVGH, NVwZ-RR 1991, 426). Sein Begehren kann dahin gehen, die AuslBeh zu verpflichten, im Hinblick auf einen Anspruch auf einen AufTit oder auf eine Duldung die Abschiebung zeitweise bis zur Entscheidung über den Genehmigungs- oder Duldungsantrag auszusetzen (OVG Hamburg, EZAR 622 Nr 12; HessVGH, EZAR 622 Nr 9, 17 u. 18). Ein „vorläufiger" AufTit kommt jedenfalls nicht in Betracht, weil sonst die Hauptsache vorweggenommen würde (OVG RhPf, InfAuslR 1991, 186).

35   Die **Erfolgsaussichten** dieser Rechtsverfolgung sind **gering.** Für die Sicherung einer AufTit-Anspruchs liegt idR kein Anordnungsgrund vor, weil in der Ausreise nach der Konzeption der §§ 4, 6, 81 III u. IV, 84 II, 99 I Nr 2 u. 3 keine wesentliche Erschwerung iSd § 123 I VwGO gesehen werden kann (zum früheren Recht HessVGH, EZAR 622 Nr 18). Eine spezielle Duldung für die Dauer des auslbeh Verf bis zur Entscheidung kommt nicht in Betracht, weil das Ges einen solchen Fall nicht vorsieht, sondern gerade ausschließt. Eine einstweilige Anordnung kann aber auf einen Anspruch auf Duldung als sicherungsfähigen Anspruch iSd § 123 I VwGO gestützt werden (VGH BW, NVwZ-RR 1992, 509; HessVGH, EZAR 622 Nr 18). Insoweit kann auf rechtliche oder tatsächliche Unmöglichkeit der Abschiebung (§ 60 a II), auf eine Aussetzung nach §§ 60 V oder VII oder dringende tatsächliche oder rechtliche Gründe iSd § 60 a III abgestellt werden. Zum Erlass einer einstweiligen Anordnung genügt nicht die Möglichkeit der Duldung, sondern nur ein zumindest sehr wahrscheinlich bestehender Anspruch hierauf. Es muss also dargelegt u. glaubhaft gemacht sein, dass die AuslBeh nicht ermessensfehlerfrei ablehnen kann.

36   Ein Duldungsanspruch, der nach § 123 I VwGO zu sichern ist, kann sich zB in folgenden Fällen ergeben: Ein minderjähriger Ausl hält sich schon länger bei Verwandten im Bundesgebiet auf, u. seine Adoption durch einen Dt steht unmittelbar bevor (vgl § 6 StAG; HessVGH, 27. 5. 1993 – 12 TH 300/93 –). Ein erwachsener Ausl pflegt einen schwerstkranken Dt, der mit seiner leiblichen dt Mutter verheiratet ist u. ihn adoptiert hat (HessVGH, 27. 5. 1993 – 12 TH 1200/93 –). Ein erfolgloser Asylbew lebt in familiärer Gemeinschaft mit einem aus einer früheren Ehe seiner ausl Ehefrau stammenden minderjährigen dt Stiefkind (VGH BW, EZAR 043 Nr 49). Ein ausl Vater lebt mit seinem dt Kind zusammen u. kann das Verf um Anerkennung der Vaterschaft u. um das Sorgerecht vom Ausland her nicht effektiv betreiben (OVG NRW, EZAR 045 Nr. 10).

§ 82 Mitwirkung des Ausländers

(1) ¹Der Ausländer ist verpflichtet, seine Belange und für ihn günstige Umstände, soweit sie nicht offenkundig oder bekannt sind, unter Angabe nachprüfbarer Umstände unverzüglich geltend zu machen und die erforderlichen Nachweise über seine persönlichen Verhältnisse, sonstige erforderliche Bescheinigungen und Erlaubnisse sowie sonstige erforderliche Nachweise, die er erbringen kann, unverzüglich beizubringen. ²Die Ausländerbehörde kann ihm dafür eine angemessene Frist setzen. ³Nach Ablauf der

Mitwirkung des Ausländers § 82 AufenthG 1

Frist geltend gemachte Umstände und beigebrachte Nachweise können unberücksichtigt bleiben.

(2) Absatz 1 findet im Widerspruchsverfahren entsprechende Anwendung.

(3) ¹Der Ausländer soll auf seine Pflichten nach Absatz 1 sowie seine wesentlichen Rechte und Pflichten nach diesem Gesetz, insbesondere die Verpflichtungen aus den §§ 44 a, 48, 49 und 81 und die Möglichkeit der Antragstellung nach § 11 Abs. 1 Satz 3 hingewiesen werden. ²Im Falle der Fristsetzung ist er auf die Folgen der Fristversäumung hinzuweisen.

(4) ¹Soweit es zur Vorbereitung und Durchführung von Maßnahmen nach diesem Gesetz und nach ausländerrechtlichen Bestimmungen in anderen Gesetzen erforderlich ist, kann angeordnet werden, dass ein Ausländer bei der zuständigen Behörde sowie den Vertretungen des Staates, dessen Staatsangehörigkeit er vermutlich besitzt, persönlich erscheint sowie eine ärztliche Untersuchung zur Feststellung der Reisefähigkeit durchgeführt wird. ²Kommt der Ausländer einer Anordnung nach Satz 1 nicht nach, kann sie zwangsweise durchgesetzt werden. ³ § 40 Abs. 1 und 2, die §§ 41, 42 Abs. 1 Satz 1 und 3 des Bundespolizeigesetzes finden entsprechende Anwendung.

Vorläufige Anwendungshinweise

82 Zu § 82 Mitwirkung des Ausländers

82.1 Besondere Mitwirkungspflichten

82.1.1 Aus § 82 Abs. 1 ergeben sich besondere Darlegungs- und Nachweisobliegenheiten des Ausländers. Die Darlegungslast liegt beim Ausländer. Zu den Obliegenheiten des Ausländers gehört etwa die unverzügliche Geltendmachung von Reiseunfähigkeit oder sonstiger persönlicher Lebensumstände, die der Behörde nicht bekannt sind. Die Interessen des Ausländers und die für ihn günstigen Umstände sind nur dann von Amts wegen zu ermitteln, soweit ein öffentliches Interesse an ihnen besteht (z. B. Grundrechte, Interessen nach § 55 Abs. 3). Der Ausländer ist in allen Fällen gehalten, nach seinen Möglichkeiten bei der Aufklärung des Sachverhaltes mitzuwirken.

82.1.2 Zu den Mitwirkungsobliegenheiten des Ausländers gehört, dass er nachprüfbare tatsächliche Umstände angibt und dazu erforderliche Nachweise vorlegt (z. B. ärztliches Attest über Reiseunfähigkeit). Die Nachprüfbarkeit muss im Bundesgebiet gegeben sein. Widersprüchliche Angaben führen dazu, dass keine der Sachdarstellungen als glaubhaft gemacht angesehen werden kann. Die Ausländerbehörde ist grundsätzlich nicht verpflichtet, im Ausland gelegene Sachverhalte aufzuklären, die persönliche Verhältnisse des Ausländers betreffen. Zur Mitwirkungspflicht gehört auch, dass der Ausländer fremdsprachige Schriftstücke in deutscher Übersetzung vorlegt (vgl. § 23 VwVfG).

82.2 Widerspruchsverfahren

Für die Geltendmachung von Interessen des Ausländers im Widerspruchsverfahren gilt § 82 Abs. 1 entsprechend. Setzt die Widerspruchsbehörde keine Frist nach § 82 Abs. 1 Satz 2, hat der Ausländer zumindest bis zum Ablauf der Rechtsbehelfsfrist Gelegenheit, den Widerspruch zu begründen. Bis zur Zustellung des Widerspruchsbescheids sind Belange des Ausländers und für ihn günstige Umstände berücksichtigungsfähig, wenn keine kürzere Frist gemäß § 82 Abs. 1 Satz 2 gesetzt wird.

82.3 Hinweispflicht

Der Ausländer soll auf seine Pflichten nach § 82 Abs. 1 und seine wesentlichen Rechte und Pflichten nach dem Aufenthaltsgesetz und auf die Möglichkeit, dass das Einreise- und Aufenthaltsverbot nach § 11 Abs. 1 auf Antrag befristet werden kann, hingewiesen werden. Die Vorschrift trägt dem Umstand Rechnung, dass die Adressaten des Aufenthaltsgesetzes häufig aus sprachlichen und sozialen Gründen, mangelnder Vertrautheit mit der deutschen Behördenorganisation sowie der Komplexität der Rechtsmaterie Schwierigkeiten haben, ihre Rechte und Pflichten zu überschauen. Bei der Fristsetzung nach § 82 Abs. 1 Satz 2 ist der Ausländer nach Absatz 3 auf die Folgen einer Fristversäumung hinzuweisen. Geltend gemachte Umstände und beigebrachte Nachweise nach Ablauf der Frist dürfen nur dann nicht mehr berücksichtigt werden, wenn der Ausländer auf die Folgen einer Fristversäumung hingewiesen wurde. Die nach Ablauf der Frist geltend gemachten Umstände und beigebrachten Nachweise sollen im Allgemeinen nur dann in das Verfahren einbezogen werden, wenn die Entscheidung dadurch nicht verzögert wird.

82.4 Zwangsweise Vorführung

82.4.1 Die Anordnung des persönlichen Erscheinens im Wege des Ermessens unter den Voraussetzungen des § 82 Abs. 4 dient insbesondere der Wahrung und Durchsetzung der Passvorlagepflicht nach § 48. Die Anordnung bedarf nicht der Schriftform. Sie kann mündlich erfolgen, wenn sie unaufschiebbar ist. Einer Anhörung bedarf es nicht unter den Voraussetzungen landesverwaltungsverfahrensrechtlicher Regelungen (z. B. § 28 Abs. 2 Nr. 1 oder Abs. 3 VwVfG).

82.4.2.1 Ein hinreichender Verhinderungsgrund liegt z. B. im Fall einer dringenden ärztlichen Behandlung oder bei vorübergehender Handlungsunfähigkeit des Ausländers (§ 80) bis zum Wegfall des Verhinderungsgrundes vor; insoweit kann die für das persönliche Erscheinen gesetzte Frist verlängert werden.

82.4.2.2 Die zwangsweise Durchsetzung der Anordnung richtet sich gemäß Absatz 4 Satz 3 nach § 40 Abs. 1 und 2, den §§ 41 und 42 Abs. 1 Satz 1 und 3 BPolG. Aus der Verweisung auf die Vorschriften des BPolG folgt keine Zuständigkeit der Bundespolizei für entsprechende Maßnahmen.

Übersicht

	Rn
I. Entstehungsgeschichte	1
II. Mitwirkungspflichten und persönliches Erscheinen	2
III. Ausschluss verspäteten Vorbringens	7

I. Entstehungsgeschichte

1 Die Vorschrift entspricht dem **GesEntw** (BT-Drs 15/420 S. 30 f), aufgrund des Vermittlungsverf (BT-Drs 15/3479 S. 11) wurde nur in Abs 3 S. 1 die Bezugnahme auf § 45 durch eine solche auf § 44 a ersetzt. Durch das Ges zur Umbenennung des Bundesgrenzschutzes in Bundespolizei vom 21. 6. 2005 (BGBl. I 1818) wurde im Abs 4 S. 3 die Bezeichnung des Ges geändert.

II. Mitwirkungspflichten und persönliches Erscheinen

2 Die behördliche **Sachverhaltsermittlung** wird durch eine besonders ausgestaltete Darlegungs- u. Nachweisverpflichtung des Ausl **modifiziert** (früher Obliegenheit nach § 70 I AuslG; zum Asylverf §§ 10 I, 15, 16 I, 23, 24, 25 AsylVfG). Diese ist allg u. nicht auf einen bestimmten Anlass hin formuliert. Ihrem Sinn u. Zweck zufolge setzt sie aber nur ein, wenn der Ausl durch einen Antrag ein Verwaltungsverf einleitet oder die Behörde ihrerseits an den Ausl herantritt, weil sie zB aufenthaltsbeendende Maßnahmen ergreifen will. Der Ausl ist also nicht gehalten, ohne verfahrensmäßigen Anlass prophylaktisch seine Verhältnisse u. die seiner Angehörigen zu offenbaren.

3 Der **Anwendungsbereich** soll wohl grundsätzlich nicht auf die AuslBeh beschränkt sein, also auch im Verhältnis zu anderen zuständigen Behörden iSd § 71 gelten. Die Fristsetzung nach Abs 1 S. 2 ist allerdings der AuslBeh vorbehalten. Daraus kann gefolgert werden, dass die allg Obliegenheiten gegenüber allen mit der Ausführung des AufenthG betrauten Behörden bestehen, insb auch gegenüber den mit der Visaerteilung befassten AuslVertr (so auch Begr des GesEntw zum AuslG, BT-Drs 11/6321 S. 80); dies gilt auch für die Anordnung des persönlichen Erscheinens.

4 Die besondere Mitwirkungspflicht des Ausl umfasst alle für ihn günstigen tatsächlichen **Umstände** u. die dazu geeigneten **Nachweismittel.** Sie geht über eine bloße Darlegungsverpflichtung hinaus, weil sie auch die Geltendmachung der Belange des Ausl u. die Beibringung dafür erforderlicher Nachweise einschließt. Ausgenommen sind nur offenkundige u. bekannte Tatsachen; zu letzteren gehören nur die der zuständigen Behörde aus den Akten oder sonst bekannten tatsächlichen Umstände, nicht auch diejenigen, die einer

Mitwirkung des Ausländers **§ 82 AufenthG 1**

anderen Behörde derselben Körperschaft oder einer anderen Körperschaft vorgetragen sind. Ob die Tatsachen u. Umstände den Ausl persönlich oder die allg Lage betreffen u. ob sie im Inland oder im Ausland eingetreten u. belegen sind, ist grundsätzlich unerheblich (vgl dazu auch § 15 AsylVfG Rn 5 ff; § 24 AsylVfG Rn 4 ff; § 25 AsylVfG Rn 3 ff). Die Mitwirkungsverpflichtung ist aber umso stärker, je mehr sich die Tatsachen auf die Person des Ausl u. dessen Sphäre beziehen. Die Aufklärung im Ausland ist dem Ausl wie der AuslVertr u. der AuslBeh nicht grundsätzlich unmöglich, sie kann aber nur im Rahmen des dort Zulässigen u. Möglichen verlangt werden. Fremdsprachige Schriftstücke sind grundsätzlich in Übersetzung vorzulegen (vgl § 23 VwVfG).

Da dem Ausl unverzügliche u. nicht sofortige Mitwirkung obliegt, wird ihm (nur) ein **5** Tätigwerden **ohne schuldhaftes Zögern** (§ 121 BGB) abverlangt. Die ihm verbleibende Zeitspanne richtet sich also nach seinen individuellen Kenntnissen, Einsichten u. Fähigkeiten u. nicht nach einem abstrakten Eilmaßstab. Die behördlich bestimmte Frist kann einen Anhaltspunkt dafür abgeben, wirkt aber nicht absolut (Rn 7). Für die Nachweise ist ausdrücklich die Fähigkeit, sie zu erbringen, vorbehalten; dasselbe gilt für die unverzügliche Darlegung von Umständen, weil Verschulden sonst nicht feststellbar ist. Der Ausl darf also sein Vorbringen einschließlich der Beweismittel nicht mehr (beliebig) zurückhalten, etwa bis in das Gerichtsverf. Die obligatorische Belehrung über diese Obliegenheiten u. die Folgen einer Fristversäumnis soll ihn auf die daraus resultierenden Risiken hinweisen. Andererseits ist er nicht zu Verfahrenshandlungen verpflichtet, zu denen er nicht imstande ist.

Die Anordnung des **persönlichen Erscheinens** vor der zuständigen dt Behörde oder der **6** AuslVertr des Heimatstaats soll die Mitwirkung des Ausl sichern, weil schriftliches Vorbringen allein oft nicht ausreicht u. im Verf vor der heimischen Botschaft oder dem Konsulat zT die persönliche Anwesenheit verlangt wird, zB für die Passbeschaffung (vgl § 48). Bei ungeklärter StAng müssen zumindest sachliche Anhaltspunkte für den vermutlichen Heimatstaat sprechen. Auch für die Anordnung einer ärztlichen Untersuchung muss ein sachlicher Anlass gegeben sein. Die Reisefähigkeit bedarf vor allem einer **ärztlichen Nachprüfung,** wenn sich der Ausl auf physische oder psychische Hindernisse oder Mängel beruft. Die Mittel der Anordnung des persönlichen Erscheinens oder einer ärztlichen Untersuchung können in allen auslr Verf eingesetzt werden, nicht nur in denen nach dem AufenthG u. nicht nur durch die AuslBeh. Unter Maßnahmen sind nicht nur gegen den Ausl gerichtete zu verstehen, sondern auch auf seinen Antrag hin ergehende, die seinem Begehren stattgeben. Eine Unterscheidung wäre schon deswegen schwierig, weil sich der Ausgang eines Verf im Stadium der Vorbereitung oft nicht absehen lässt. Der Vollzug der Vorführungsanordnung richtet sich nach den erwähnten Bestimmungen des BPolG, ohne dass der Bundespolizei damit die Zuständigkeit übertragen ist.

III. Ausschluss verspäteten Vorbringens

Die Nichterfüllung der dem Ausl auferlegten Mitwirkungsobliegenheiten kann nachteilige **7** Folgen nach sich ziehen. Er kann mit seinem Vorbringen u. seinen Nachweisen nach Ablauf einer ihm gesetzten Frist **ausgeschlossen** werden. Der Präklusion muss eine ordnungsgemäße Fristsetzung einschließlich Belehrung über die Säumnisfolgen vorausgehen. Die Länge der Frist muss auch den individuellen Verhältnissen des Ausl angepasst u. darf nicht nur auf Verfahrensbeschleunigung abgerichtet sein. Eine Belehrung über die Mitwirkungspflichten ist idR ebenfalls unerlässlich. Unterbleiben die für den Regelfall („soll") vorgeschriebenen Belehrungen, dürfen späteres Vorbringen u. spätere Nachweise nicht unberücksichtigt bleiben. Nur der AuslBeh u. nicht anderen zuständigen Behörden iSd § 71 ist die Befugnis zur Präklusion verliehen, vor allem nicht der AuslVertr u. den Grenzbehörden.

Der Ausschluss verspäteten Vorbringens für die Entscheidung in der ersten Verwaltungs- **8** instanz u. den Widerspruchsbescheid ist nicht zwingend, sondern in das **Ermessen** der

AuslBeh gestellt. Die nach § 70 III AuslG zT obligatorische Präklusion von Abschiebungshindernissen (dazu 7. Aufl, § 70 AuslG Rn 14 ff) ist nicht in das AufenthG übernommen. Die AuslBeh hat unter Würdigung der Wichtigkeit der Tatsachen u. Nachweise u. des Verschuldens des Ausl zu beurteilen, ob der Ausschluss verantwortet werden kann. Dabei kann auch in Rechnung gestellt werden, dass dem Ausl die Möglichkeit der Nachholung im Widerspruchsverf erhalten bleibt.

9 Im **Widerspruchsverf** kann der Ausl zuvor ausgeschlossene Tatsachen u. Beweise nachreichen. Die Widerspruchsbehörde kann erneut eine Frist setzen u. – nach vorheriger Belehrung – späteres Vorbringen u. spätere Nachweise bei der Entscheidung über den Widerspruch unberücksichtigt lassen.

10 Die Präklusion wirkt nicht absolut u. reicht nicht in das **gerichtliche Verf** hinein (Fraenkel, S. 286; aA v. Boekel, ZAR 1992, 166). In Abs 1 fehlt zwar eine Bestimmung (wie die des § 70 III 2 AuslG), wonach die Regeln über die gerichtlichen Kontrollkompetenzen unberührt bleiben. Da aber mit der Präklusion von grundlegenden rechtsstaatlichen Verfahrensprinzipien (Amtsermittlung u. rechtliches Gehör) abgewichen wird u. deshalb eine restriktive Auslegung verfassungsrechtlich geboten ist (vgl BVerfGE 59, 330; 69, 126; 75, 302; HessVGH, EZAR 045 Nr 2), hätte es einer ausdrücklichen Bestimmung bedurft, um gleichzeitig auch die gerichtliche Rechtskontrolle einzuschränken. Für einen dahingehenden Willen des Gesetzgebers gibt es keinen Hinweis; im Gegenteil: die Gesetzesbegründung hält die Geltendmachung vor Gericht für möglich (BT-Drs 11/6321 S. 81). Für das Gerichtsverf gelten freilich ähnliche Präklusionsvorschriften (§§ 82 II, 87 b VwGO).

11 Der Ausschluss weiteren Vorbringens oder weiterer Nachweise im Verwaltungsverf hat für das Gerichtsverf uU zur Folge, dass sich die **Entscheidungsgrundlage des Gerichts** gegenüber der Widerspruchsbehörde erweitert. Soweit es für die Überprüfung der Rechtmäßigkeit eines VA (idR bei Anfechtungsklagen u. bei Ermessensentscheidungen über Verpflichtungsbegehren) auf den Zeitpunkt des Erlasses des Widerspruchsbescheids ankommt, kann sich die Situation ergeben, dass ein verfahrensfehlerfrei ergangener u. auch sonst rechtmäßiger VA aufgrund späteren Vorbringens als rechtswidrig zu beanstanden ist. Wenn zB ein bestimmter Vortrag im Verwaltungs- oder im Widerspruchsverf nach Belehrung u. Fristsetzung als nicht rechtzeitig unberücksichtigt geblieben ist, können die betr Tatsachen (oder Beweismittel), da das Gericht sie zu beachten hat, der Klage zum Erfolg verhelfen.

12 Dieses Ergebnis verträgt sich eigentlich nicht mit den Bestimmungen des § 113 I 1 u. 4 VwGO, wonach ein VA auf **Anfechtungsklage** hin nur aufzuheben ist, wenn er – bezogen auf den maßgeblichen Zeitpunkt – rechtswidrig ist u. den Kläger in seinen Rechten verletzt. Dennoch ist es als Folge der auf das Verwaltungsverf beschränkten Präklusion eher hinzunehmen als die Annahme einer (noch einschneidenderen) materiellen Präklusion. Zudem wird damit nur derselbe Kontrollmaßstab erreicht wie bei nachträglichem Vorbringen „alter" Tatsachen im allg Verwaltungsprozess, das uU einen VA erst im Nachhinein als rechtswidrig erscheinen lässt; soweit dieses Vorbringen (über im Zeitpunkt der Widerspruchsentscheidung bereits gegebene Tatsachen) zu berücksichtigen ist u. damit die Erkenntnisgrundlage des Gerichts gegenüber der der Behörde erweitert wird, widerspricht dies nicht den Grundsätzen des § 113 VwGO (dies verkennt v. Boekel, ZAR 1992, 166). Die damit verbundene Erweiterung der verwaltungsgerichtlichen Kontrolltätigkeit ist nicht systemfremd (vgl Rn 13), wenngleich die Verlagerung von Verwaltungstätigkeit auf Gerichte zunehmend die Gewaltenteilung verändert (vgl nur § 77 AsylVfG). Andererseits bietet § 113 III 1 VwGO die Möglichkeit der „Zurückverweisung" an die Verwaltung aufgrund weiteren Aufklärungsbedarfs.

13 Ähnliches hat für **Verpflichtungsklagen** u. Ermessensentscheidungen zu gelten (im Einzelnen Renner in Barwig ua, S. 263, 267 f; insoweit im Ergebnis zustimmend auch v. Boekel, ZAR 1992, 166). Dort ist nur zusätzlich zu beachten, dass insoweit idR auf die Verhältnisse im Zeitpunkt der (letzten) tatrichterlichen Entscheidung abzustellen ist u. in diesem Zusammenhang die Korrektur aufgrund „neuer" Tatsachen oder neuen Vortrags ohnehin herkömmlicherweise den Gerichten zukommt (erweitert um die Ergänzung be-

hördlicher Ermessenserwägung nach § 114 S. 2 VwGO). Darüber hinaus kommt aber in diesen Fällen – anders als bei Anfechtungssachen (Rn 12) – eine „Zurückverweisung" in die Verwaltungsinstanz (wie nach § 113 III 1 VwGO) nicht in Betracht, sondern nur die Verpflichtung zur Neubescheidung nach der Rechtsauffassung des Gerichts (§ 113 V 2 VwGO).

Auch das Vorbringen von **Abschiebungsverboten** u. -hindernissen gegenüber der **14** AuslBeh ist eingeschränkt. Der obligatorische Ausschluss nach § 70 III 1 Hs. 1 AuslG ist nicht übernommen. Es kann aber im Wege des Ermessens ausgeschlossen werden, obwohl es oft um die gesamte Existenz bedrohende Gefahren geht. Ausgeschlossen werden können Umstände, die gegen die Abschiebung in den ins Auge gefassten Staat sprechen, unabhängig von dem Zeitpunkt ihres Entstehens: vor oder nach der Unanfechtbarkeit der Abschiebungsandrohung eingetretene Tatsachen. Aus ihnen können sich Bedenken gegen die Abschiebung in den bezeichneten Staat ergeben (zB nach §§ 60 a III bis VII), aber auch allg sonstige Hindernisse persönlicher Art ohne Rücksicht auf den Entstehungszeitpunkt.

Ohne **Bezeichnung des Zielstaats** in der Abschiebungsandrohung kann keine dieser **15** Präklusionen eingreifen (HessVGH, EZAR 045 Nr 2). Für den Regelfall ist die Angabe des Zielstaats vorgeschrieben (§ 59 II), u. im Falle politischer Verfolgung bedarf es der Bezeichnung derjenigen Staaten, in die der Ausl nicht abgeschoben werden darf (§ 60 X 2). Deshalb können die Präklusionsbestimmungen des Abs 1 S. 3 nunmehr eigentlich nicht mehr ins Leere laufen.

Als für die Präklusion maßgeblich können die **Zeitpunkte** des Entstehens der abschie- **16** bungshindernden Umstände u. der Kenntnisnahme des Ausl angesehen werden. Auf ein prozessuales Fehlverhalten des Ausl kann es danach ankommen. Sein mangelndes Verschulden sollte idR zu seinen Gunsten berücksichtigt werden. Hierbei kann aber zu darauf abgestellt werden, dass ein späteres Vorbringen vor Gericht ohnehin durch die Präklusion im Verwaltungsverf nicht abgeschnitten wird.

Die Möglichkeit der Präklusion offenbart eine gewisse Tendenz zur **Verlagerung** von **17** behördlichen Aufgaben **auf die Gerichte** u. kann oft eher zu einer Verlängerung als zu einer Verkürzung der Verf insgesamt beitragen. Handelt es sich um vor der Abschiebungsandrohung eingetretene Tatsachen, können diese auf Klage oder Eilantrag hin vom Gericht nicht berücksichtigt werden; denn dem steht die Bestandskraft der Androhung entgegen, mit der ua das Vorliegen von Abschiebungshindernissen verneint wurde. Dem Ausl verbleibt nur der Antrag auf Wiederaufgreifen des Androhungsverf durch die AuslBeh (§ 51 VwVfG bzw Landes-VwVfG) u. im Falle der Ablehnung ein Eilantrag nach § 123 VwGO. Deshalb bestehen mangels entsprechender Anhaltspunkte im Gesetzgebungsverf gewichtige Bedenken gegen die Annahme, den Gerichten sollten neue Aufgaben u. Befugnisse im Verwaltungsvollstreckungsverf hinsichtlich der Abschiebungsandrohung übertragen werden (so aber betr § 70 III AuslG v. Boekel, ZAR 1992, 166). Nach der Abschiebungsandrohung eingetretene Tatsachen dürfen, soweit sie die Abschiebung an sich hindern können, ebenfalls nur in einem neuen Verf (Widerruf eines ursprünglich rechtmäßigen VA nach § 49 I VwVfG bzw Landes-VwVfG) von der AuslBeh berücksichtigt werden. Nach den prozessualen Regeln der VwGO können sie allenfalls aufgrund eines Antrags nach § 123 VwGO mit dem Ziel der einstweiligen Aussetzung der Vollstreckung vor Gericht gebracht werden. Damit ist trotz gewisser gerichtlicher Befugnisse nicht gleichzeitig das Überprüfungs- u. Abänderungsverf der AuslBeh endgültig überflüssig gemacht. Hat der Antrag nach § 123 VwGO Erfolg, wird die AuslBeh entgegen der ursprünglichen (fakultativen) Präklusion in eine erneute Überprüfung eintreten müssen.

Bedenklich erscheint die Präklusion von Abschiebungshindernissem auch insoweit, als es **18** nicht um der angedrohten Abschiebung dem Grunde nach entgegenstehende Tatsachen geht, sondern um Umstände, die eine Aussetzung rechtfertigen können. Solche Tatsachen berühren die Rechtmäßigkeit der Abschiebungsandrohung ohne Rücksicht auf den Zeitpunkt ihres Entstehens nicht (§ 59 III 1). Sie führen lediglich zur zeitweisen Duldung des Ausl (§ 60 a). Ohne eine vorangehende (ablehnende) Entscheidung der AuslBeh darf das

§ 83 Beschränkung der Anfechtbarkeit

(1) ¹Die Versagung eines Visums zu touristischen Zwecken sowie eines Visums und eines Passersatzes an der Grenze sind unanfechtbar. ²Der Ausländer wird bei der Versagung eines Visums und eines Passersatzes an der Grenze auf die Möglichkeit einer Antragstellung bei der zuständigen Auslandsvertretung hingewiesen.

(2) Gegen die Versagung der Aussetzung der Abschiebung findet kein Widerspruch statt.

Vorläufige Anwendungshinweise

83 Zu § 83 Beschränkung der Anfechtbarkeit

§ 83 schließt einen Rechtsbehelf gegen die Versagung eines Visums zu touristischen Zwecken sowie eines Visums oder eines Passersatzpapiers (§ 4 AufenthV) an der Grenze aus. Zugleich besteht die Hinweispflicht nach § 83 Satz 2, den Ausländer auf den gesetzlich vorgeschriebenen Einreiseweg (§ 5 Abs. 2 Nr. 1) und die Einhaltung der Passpflicht (§ 3) zu verweisen.

I. Entstehungsgeschichte

1   Die Vorschrift stimmte ursprünglich im Wesentlichen mit dem **GesEntw** (BT-Drs 15/420 S. 31) überein. Aufgrund des Vermittlungsverf (BT-Drs 15/3479 S. 11) wurde die Erwähnung einer Zuwanderungsmitteilung nach § 20 gestrichen. Im März 2005 wurde Abs 2 angefügt (Art 1 Nr 11a Ges vom 14. 3. 2005, BGBl. I 721).

II. Versagung an der Grenze

2   Die Grenzbehörden sind nur ausnahmsweise zur Erteilung eines Visums oder eines Passsatzes befugt (§ 14 II). Grundsätzlich haben Ausl dahingehende Anträge bei einer dt AuslVertr oder bei einer AuslBeh im Bundesgebiet zu stellen. Der Auffassung, die an der Grenze durch § 14 II eröffneten Möglichkeiten dienten nur der Wahrung staatl Interessen u. deshalb sei die Grenzbehörde nicht zum Erlass einer anfechtbaren Sachentscheidung verpflichtet (Begr des GesEntw, BT-Drs 11/6321 S. 81), kann indes nicht gefolgt werden. Die Versagung einer positiven Entscheidung nach § 14 II stellt vielmehr einen VA iSd § 35 VwVfG dar, dessen Anfechtbarkeit gem Art 19 IV GG nicht wirksam ausgeschlossen werden kann. Abs 1 S. 1 ist deshalb **verfassungswidrig** u. nichtig.

3   Für den Reiseausweis u. Notreiseausweis als **Passersatz** ist die og Auffassung der BReg schon durch §§ 5 I, 13 AufenthV widerlegt, weil dort die Unzumutbarkeit der Beschaffung eines Passes bzw eine für den Ausl drohende unbillige Härte vorausgesetzt werden. Gewiss soll die Ausnahmezuständigkeit für den Passersatz an der Grenze wie für das „Ausnahme-Visum" den Grenzverkehr erleichtern. Damit wird aber nicht nur öffentl, sondern auch privaten Interessen gedient. Der Reiseverkehr nützt dem Einzelnen mindestens in derselben Weise wie den Staaten. Eine unbillige Härte iSd § 13 I AufenthV wird ja auch nicht auf staatl Seite verlangt, sondern bei dem einreisewilligen Ausl. Der Entschluss, von der Ausnahmemöglichkeit des § 14 II keinen Gebrauch zu machen, regelt einen Einzelfall verbindlich iSd § 35 VwVfG. Insoweit ist die Grenzbehörde allein zuständig. Die Verweisung an die für den Regelfall zuständige AuslVertr macht die Versagung nicht ungeschehen. Sie ist zu

unterscheiden von der Weitergabe eines bei einer unzuständigen Behörde eingereichten Antrags an die für die Sachentscheidung zuständige.

Da Abs 1 S. 1 demnach wegen Verstoßes gegen Art 19 IV GG verfassungswidrig u. vom BVerfG auf Antrag hin für nichtig zu erklären ist, kann die Versagung von Visum u. Passersatz durch die Grenzbehörde mit **Verpflichtungswiderspruch u. -klage** (§§ 42, 68 VwGO) angegriffen werden. **Vorläufiger Rechtsschutz** ist nach § 123 VwGO nachzusuchen. Das Rechtsschutzbegehren richtet sich gegen die BR Deutschland. Unberührt bleibt die Möglichkeit eines Antrags an die sonst zuständige AuslVertr. Der Rechtsschutz hinsichtlich der Versagung an der Grenze wird durch § 77 II (Ausschluss von Schriftform, Begründung u. Rechtsbehelfsbelehrung) empfindlich erschwert (§ 77 Rn 6 ff). 4

III. Versagung der Duldung

Der nachträglich eingefügte Ausschluss des Widerspruchs gegen die Versagung der Duldung (vgl Rn 1; ebenso schon § 71 III AuslG) ist **verfassungsrechtlich** nicht zu beanstanden. Die Duldung unterscheidet sich als Mittel der Aussetzung der Abschiebung so erheblich von den AufTit, dass Unterschiede im Rechtsbehelfsverf nicht als unsachgerecht angesehen werden können. Der Ausschluss gilt auch für die Rücknahme u. den Widerruf der Duldung (als actus contrarius), da erkennbar jeder Streit um die Aussetzung der Abschiebung ohne Vorverfahren vor Gericht ausgetragen werden soll. Gegen die Versagung der Duldung kann daher unmittelbar Verpflichtungsklage u. gegen Rücknahme u. Widerruf unmittelbar Anfechtungsklage erhoben werden (zum Suspensiveffekt § 84 Rn 4 ff). 5

§ 84 Wirkungen von Widerspruch und Klage

(1) Widerspruch und Klage gegen
1. die Ablehnung eines Antrages auf Erteilung oder Verlängerung des Aufenthaltstitels,
2. die Auflage nach § 61 Abs. 1, in einer Ausreiseeinrichtung Wohnung zu nehmen und
3. die Änderung oder Aufhebung einer Nebenbestimmung, die die Ausübung einer Beschäftigung betrifft,

haben keine aufschiebende Wirkung.

(2) ¹Widerspruch und Klage lassen unbeschadet ihrer aufschiebenden Wirkung die Wirksamkeit der Ausweisung und eines sonstigen Verwaltungsaktes, der die Rechtmäßigkeit des Aufenthalts beendet, unberührt. ²Für Zwecke der Aufnahme oder Ausübung einer Erwerbstätigkeit gilt der Aufenthaltstitel als fortbestehend, solange die Frist zur Erhebung des Widerspruchs oder der Klage noch nicht abgelaufen ist, während eines gerichtlichen Verfahrens über einen zulässigen Antrag auf Anordnung oder Wiederherstellung der aufschiebenden Wirkung oder solange der eingelegte Rechtsbehelf aufschiebende Wirkung hat. ³Eine Unterbrechung der Rechtmäßigkeit des Aufenthalts tritt nicht ein, wenn der Verwaltungsakt durch eine behördliche oder unanfechtbare gerichtliche Entscheidung aufgehoben wird.

Vorläufige Anwendungshinweise

84 Zu § 84 Wirkungen von Widerspruch und Klage

84.1 Ausschluss der aufschiebenden Wirkung

84.1.1 Bei § 84 Abs. 1 handelt es sich um eine Bestimmung i. S. v. § 80 Abs. 2 Nr. 3 VwGO. Danach ist die aufschiebende Wirkung von Widerspruch und Klage nur gegen die Versagung des Aufenthaltstitels, gegen die Auflage nach § 61 Abs. 1, in einer Ausreiseeinrichtung zu wohnen, und gegen die Änderung oder Aufhebung einer die Ausübung einer Beschäftigung bestreffenden Nebenbestimmung

ausgeschlossen. Ob Rechtsmittel gegen Entscheidungen nach dem Asylverfahrensgesetz aufschiebende Wirkung haben, richtet sich nach § 75 AsylVfG.
84.1.2 Die Vollziehbarkeit der Ausreisepflicht gemäß § 58 Abs. 2 Satz 2 entfällt, wenn das Verwaltungsgericht die aufschiebende Wirkung von Widerspruch und Klage gegen die Versagung des Aufenthaltstitels im Verfahren auf vorläufigen Rechtsschutz gemäß § 80 Abs. 5 VwGO angeordnet hat. Die aufschiebende Wirkung von Widerspruch und Klage endet jedoch in den Fällen des § 80 b Abs. 1 VwGO. Durch die Aussetzung wird die Ausreisefrist unterbrochen (§ 50 Abs. 3).
84.1.3 Die Wirkung von Widerspruch und Klage gemäß § 84 Abs. 1 gilt unabhängig davon, ob neben der Versagung des Aufenthaltstitels eine Ausweisung verfügt wird, gegen die Widerspruch und Klage aufschiebende Wirkung haben. Dem steht nicht entgegen, dass die Versagung gemäß § 11 Abs. 2 Satz 2 lediglich auf die Ausweisung gestützt wird.
84.1.4 Ist die Vollziehung der Versagung eines Aufenthaltstitels durch die Behörde ausgesetzt oder die aufschiebende Wirkung durch das Verwaltungsgericht angeordnet worden, entfällt dadurch nur die Vollziehbarkeit der Ausreisepflicht. Der Ausländer bleibt in diesem Fall weiterhin ausreisepflichtig, sein Aufenthalt ist daher nicht mehr rechtmäßig (vgl. § 84 Abs. 2 Satz 1). Die Anordnung der aufschiebenden Wirkung von Widerspruch und Klage nach Versagung des Aufenthaltstitels lässt daher die Wirkungen des § 81 Abs. 3 nicht mehr aufleben.

84.2 Wirksamkeit der die Ausreisepflicht begründenden Verwaltungsakte
84.2.1 Widerspruch und Klage gegen die in § 84 Abs. 2 Satz 1 genannten Verwaltungsakte hemmen zwar durch ihre aufschiebende Wirkung die Vollziehbarkeit des angefochtenen Verwaltungsaktes gemäß § 80 Abs. 1 VwGO. Die aufschiebende Wirkung lässt jedoch die ausländerrechtliche Wirksamkeit der Maßnahme unberührt. Die aufschiebende Wirkung dieser Rechtsbehelfe hat daher lediglich zur Folge, dass die Vollziehbarkeit der Ausreisepflicht mit Ausnahme der in § 80 b Abs. 1 VwGO genannten Fälle entfällt. Lediglich durch die Anordnung der sofortigen Vollziehung des Verwaltungsaktes gemäß § 80 Abs. 2 Nr. 4 VwGO, der die Rechtmäßigkeit des Aufenthalts beendet, kann die Vollziehbarkeit der Ausreisepflicht gemäß § 58 Abs. 2 Satz 2 bewirkt werden. Der Aufenthalt bleibt auch dann weiterhin unerlaubt, wenn im Falle der Versagung des Aufenthaltstitels das Verwaltungsgericht die aufschiebende Wirkung von Widerspruch und Klage angeordnet hat.
84.2.2.1 Mit dem Erlass einer Ausweisungsverfügung oder eines sonstigen die Rechtmäßigkeit des Aufenthalts beendenden Verwaltungsaktes (Versagung, Widerruf und Rücknahme des Aufenthaltstitels, nachträgliche zeitliche Beschränkung des rechtmäßigen Aufenthalts oder des Aufenthaltstitels) wird der Aufenthalt des Ausländers unerlaubt, ohne dass es darauf ankommt, ob der Verwaltungsakt vollziehbar ist. Der Wegfall der Rechtmäßigkeit des Aufenthalts bedeutet, dass ein Familiennachzug zu dem Ausländer ausgeschlossen ist (vgl. § 29 Abs. 1 Nr. 1) und der Ausländer während des Rechtsbehelfsverfahrens nicht in die Aufenthaltsverfestigung hineinwachsen kann. Solange das Aufenthaltsrecht des Ausländers auf diese Weise umstritten ist, liegt keine ordnungsgemäße Beschäftigung i. S. v. Artikel 6 Abs. 1 ARB 1/80 vor.
84.2.2.2 Die Ausweisung (§ 51 Abs. 1 Nr. 5) oder die nachträgliche zeitliche Beschränkung der Aufenthaltstitel haben bis zur Unanfechtbarkeit der Entscheidung zur Folge, dass der Ausländer nicht mehr die ihm erteilte Aufenthaltstitel besitzt, er gemäß § 50 Abs. 1 zur Ausreise verpflichtet ist und für ihn bis zum Abschluss des Verfahrens eine rechtliche Verfestigung nicht möglich ist.
84.2.2.3 Die Sperrwirkung des § 11 Abs. 1 Satz 2 tritt ungeachtet dessen ein, ob der Rechtsbehelf gegen die Ausweisung oder Abschiebung aufschiebende Wirkung hat.
84.2.2.4 Zu den Auswirkungen des § 84 Abs. 2 Satz 2 auf die Berechtigung zur Ausübung einer Erwerbstätigkeit vgl. Nr. 4.3.1.
84.2.3 Nach § 84 Abs. 2 Satz 3 wird im Falle der Aufhebung des aufenthaltsbeendenden Verwaltungsaktes der Aufenthalt rückwirkend wieder rechtmäßig. Die Aufhebung bewirkt, dass der frühere Rechtszustand wieder eintritt. Der Antrag des Ausländers auf Erteilung eines Aufenthaltstitels, über den erneut zu entscheiden ist, entfaltet nach der wirksamen Aufhebung die in § 81 genannten Wirkungen.

Übersicht

	Rn
I. Entstehungsgeschichte	1
II. Allgemeines	2
III. Bedeutung der aufschiebenden Wirkung	4
IV. Ausschluss der aufschiebenden Wirkung	7
V. Rechtsschutz	11

Wirkungen von Widerspruch und Klage　　　　　　　　　§ 84　**AufenthG 1**

I. Entstehungsgeschichte

Die Vorschrift entspricht im Wesentlichen dem **GesEntw** (BT-Drs 15/420 S. 31). Aufgrund des Vermittlungsverf (BT-Drs 15/3479 S. 11) wurde Abs 1 neu formuliert u. um die Nr 3 erweitert; außerdem wurde S. 2 in Abs 2 eingefügt. **1**

II. Allgemeines

Die aufschiebende Wirkung der Rechtsbehelfe im Verwaltungsrecht ist Teil des verfassungsrechtlich auch Ausl verbürgten effektiven Rechtsschutzes. Denn die nach § 80 I VwGO für den Regelfall vorgesehene **aufschiebende Wirkung** von Widerspruch u. verwaltungsgerichtlicher Klage ist eine adäquate Ausprägung der Rechtsschutzgarantie des Art 19 IV GG u. ein **fundamentaler Grundsatz** des öffentlich-rechtlichen Prozesses (BVerfGE 35, 263). **2**

Der Gesetzgeber darf wegen der Besonderheiten eines Sachbereichs generell den Sofortvollzug anordnen; bei Auslegung u. Anwendung einer derartigen Norm ist aber zu beachten, dass nur überwiegende öffentl Belange die einstweilige Zurückstellung des Hauptsacherechtsschutzes zwecks Einleitung unaufschiebbarer Maßnahmen im Interesse des allg Wohls rechtfertigen können u. dass die sofortige Vollziehung ein **gewichtigeres öffentl Interesse** verlangt als der VA selbst (BVerfGE 69, 220). Für die insoweit notwendige Interessenabwägung kommt es nicht darauf an, ob der Suspensiveffekt kraft Ges (§§ 80 II 1 Nr 3, II 2 VwGO) oder aufgrund behördlicher Anordnung (§ 80 II 1 Nr 4 VwGO) ausgeschlossen ist (BVerfGE 69, 220; Renner, MDR 1979, 887). **3**

III. Bedeutung der aufschiebenden Wirkung

Die generell eintretende aufschiebende Wirkung der Rechtsbehelfe (§ 80 I VwGO; nach § 80 b I VwGO dauert die aufschiebende Wirkung uU nur bis drei Monate nach Ablauf der ges Begründungsfrist eines Rechtsbehelfs gegen die Abweisung der Klage in erster Instanz an) hat zur **Folge,** dass der VA nicht vollziehbar ist, also nicht zwangsweise durchgesetzt werden kann. ZB wird die Vollziehbarkeit der durch eine aufenthaltsbeendende Maßnahme ausgelösten Ausreisepflicht durch einen Rechtsbehelf bis zu dessen unanfechtbarer Ablehnung gehemmt (§ 58 I, II 2). Die Wirksamkeit der Ausweisung u. eines sonstigen die Rechtmäßigkeit des Aufenthalts beendenden VA wird davon nicht berührt. Die zugrunde liegende Ausreiseverpflichtung bleibt bestehen, der Aufenthalt ist mangels AufR unrechtmäßig (§ 50 I) u. die Fiktion des § 81 III oder IV lebt nicht wieder auf. Diese Wirkung entfällt erst mit Aufhebung des VA durch Behörde oder Gericht (nur im letzteren Fall ist Unanfechtbarkeit verlangt). Die Aufhebung entfaltet Rückwirkung, legalisiert also den Aufenthalt mit Wirkung ex tunc u. beseitigt damit die Unterbrechung des rechtmäßigen Aufenthalts. Außer der Ausweisung sind andere Maßnahmen erfasst, soweit sie die Rechtmäßigkeit des Aufenthalts beenden u. daher sofort wirken sollen, zB Befristung (§§ 7 II 2, 12 II 2), Widerruf oder Rücknahme (§ 51 I Nr 3 u. 4). Letztere aber nicht für die Vergangenheit eines bereits abgelaufenen AufTit. **4**

Ebenso verhält es sich, wenn die **aufschiebende Wirkung** eines Rechtsbehelfs durch behördliche oder gerichtliche Entscheidung **hergestellt oder angeordnet** wird (§ 80 V VwGO). Der behördliche oder gerichtliche Vollzugsstopp bewirkt nur ein Verbot der Vollziehung, ändert aber nichts an der Unrechtmäßigkeit des weiteren Aufenthalts. Nur die Ausreisefrist wird unterbrochen (§ 50 III). Die aufschiebende Wirkung tritt aufgrund ge- **5** richtlicher Entscheidung nach § 80 V VwGO idR rückwirkend ein, aber erst nach Unanfechtbarkeit des Gerichtsbeschlusses, also ggf nach Beendigung des Beschwerdeverf (VGH BW, EZAR 132 Nr 3; HessVGH, EZAR 132 Nr 4). Unabhängig davon bleibt der Aufenthalt unrechtmäßig, bis im Hauptsacheverf der aufenthaltsbeendende VA als rechtswidrig aufgehoben wird. Anders nur, wenn der Aufenthalt bei Erlass des VA nicht rechtmäßig war (vgl § 81 Rn 18 ff, 29, 31).

6 Die neue Regelung der Wirksamkeit aufenthaltsbeendender Maßnahmen durch Abs 2 (wie schon § 71 II AuslG; § 21 III AuslG 1965 kannte eine ähnliche Regelung nicht) beschränkt sich nicht auf diese Wirkung (Fraenkel, S. 219). Abgestellt ist nicht ausschließlich auf die Beendigung der Rechtmäßigkeit, obwohl dies vor allem Abs 2 S. 3 entnommen werden könnte, der Abs 2 S. 1 einschränken soll. Der Wortlaut deutet darauf hin, dass der Eintritt der inneren Wirksamkeit insgesamt nicht gehemmt sein soll. Damit ist nicht nur der Aufenthalt als unrechtmäßig zu behandeln mit der Folge, dass zB die Fiktionen des § 81 III u. IV wegen Ausreisepflichtigkeit infolge Fortfalls des AufR entfallen. Sondern es ist vor allem auch die Sperrwirkung der Ausweisung (§ 11 II 1) erfasst; sie erfordert keine vollziehbare Ausweisung (zum früheren Recht HessVGH, EZAR 032 Nr 11; OVG NRW, EZAR 030 Nr 2; SächsOVG, NVwZ-RR 1996, 174; aA OVG SchlH, InfAuslR 1993, 128). Bei gleichzeitiger Ablehnung eines AufTit-Antrags u. Ausweisung erübrigt sich also die weitere Begründung der ersteren wegen § 11 II 1. Im Gerichtsverf sind aber beide VA nicht unabhängig voneinander, die Ausweisung ist vielmehr im Blick auf Art 19 IV GG ebenfalls (summarisch) zu überprüfen (VGH BW, EZAR 622 Nr 13).

IV. Ausschluss der aufschiebenden Wirkung

7 Die grundsätzlich durch Widerspruch u. Klage ausgelöste aufschiebende Wirkung (§ 80 I VwGO) ist nur für die in Abs 1 genannten Ablehnungen **ausgeschlossen.** Bedenken bestehen hiergegen unter dem Blickwinkel des Art 19 IV GG nicht, wenn bei der Anwendung, insb der Interessenabwägung die Bedeutung des verfassungsrechtlich verankerten Grundsatzes des Suspensiveffekts im Verwaltungsprozess beachtet wird (betr § 21 III AuslG 1965: BVerfGE 69, 220; Renner, MDR 1979, 887).

8 Eine **Ausdehnung** des Ausschlusses des Suspensiveffekts auf andere Fälle der Aufenthaltsbeschränkung oder -beendigung, insbes Ausweisung oder nachträgliche Befristung des AufTit ist nicht zulässig. Abs 1 knüpft an die ges Fiktionen des § 81 III u. IV an u. stattet die Ablehnung des Genehmigungsantrags mit Sofortwirkung aus, damit die vorläufigen Aufenthalt gewährenden ges Fiktionen sofort entfallen. Diese Regelung hätte zB auf Ausweisungen bestimmter Art ausgedehnt werden können, der Gesetzgeber hat aber hierauf verzichtet.

9 Unabhängig davon ist die aufschiebende Wirkung von Rechtsbehelfen zT kraft Landesrechts im Bereich der **Verwaltungsvollstreckung** ausgeschlossen (§ 80 II 2 VwGO; zB Art 38 BayVwZVG, § 12 BWVwG, § 75 I 2 HambVwG, § 12 HessAGVwGO, § 8 NRWAGVwGO). Diese Ländervorschriften greifen ein, weil die Durchsetzung der Ausreisepflicht im AufenthG nicht abschließend geregelt ist (OVG Hamburg, EZAR 044 Nr 4). Hiervon betroffen sind alle VA in der Verwaltungsvollstreckung, also Abschiebung (§ 58), Abschiebungsandrohung (§ 59) u. Duldung (§ 60a II; HessVGH, EZAR 045 Nr 19; aA VGH, BW, VBlBW 2000, 325; OVG Berlin, EZAR 045 Nr 9).

10 Schließlich kann der Sofortvollzug bei anderen Maßnahmen behördlich angeordnet werden (§ 80 II 1 Nr. 4 VwGO). Hierzu bedarf es – ausgenommen bei Notstandsmaßnahmen – einer schlüssigen Begründung des besonderen öffentl Interesses am Sofortvollzug (§ 80 III VwGO), spätestens im Widerspruchsbescheid (HessVGH, EZAR 622 Nr 5) oder während des Gerichtsverf (str, vgl Finkelnburg/Jank, Rn 599 f). Diese darf sich nicht in der Wiedergabe des Gesetzeswortlauts oder formelhaften Wendungen erschöpfen; im Einzelfall kann sich aber die **Begründung** des VA mit der des besonderen Vollzugsinteresses decken

Berechnung von Aufenthaltszeiten § 85 **AufenthG 1**

(HessVGH, EZAR 622 Nr 5; OVG NRW, NJW 1986, 1449; vgl auch BVerfGE 69, 220 u. 233; OVG Hamburg, EZAR 132 Nr 2). Sie kann im Widerspruchsbescheid auch dann nachgeholt werden, wenn dieser erst während des gerichtlichen Eilverf ergeht (HessVGH, EZAR 620 Nr 5).

V. Rechtsschutz

Abgesehen von der Möglichkeit der Aussetzung des Vollzugs durch Ausgangs- oder Widerspruchsbehörde (§ 80 IV 1 VwGO) kann das Gericht auf Antrag die **aufschiebende Wirkung** ganz oder zT **anordnen oder wiederherstellen** (§ 80 V 1 VwGO). Maßgeblich hierfür ist, ob ein besonderes öffentl Vollzugsinteresse bei der im Eilverf allein möglichen summarischen Überprüfung festgestellt werden kann. 11

Erweist sich der angegriffene VA bei dieser eingeschränkten Prüfung als **offensichtlich rechtmäßig,** kann daraus grundsätzlich auch ein besonderes öffentl Interesse am Sofortvollzug abgeleitet werden (BVerfG-A, NVwZ 1982, 241 u. 1984, 165; BVerfG-A, DÖV 1982, 451; HessVGH, EZAR 622 Nr 6). Umgekehrt besteht an der sofortigen Vollziehung eines **offenbar rechtswidrigen VA** idR kein besonderes öffentl Interesse. Erscheinen Rechtmäßigkeit oder Rechtswidrigkeit des VA bei überschlägiger Prüfung nicht evident, sind öffentl u. private Interessen offen gegeneinander **abzuwägen.** Eine Vermutung für ein Überwiegen öffentl Interessen besteht auch im Falle des ges Ausschlusses des Suspensiveffekts nicht (Renner, MDR 1979, 887). 12

§ 85 Berechnung von Aufenthaltszeiten

Unterbrechungen der Rechtmäßigkeit des Aufenthalts bis zu einem Jahr können außer Betracht bleiben.

Vorläufige Anwendungshinweise

85 Zu § 85 Berechnung von Aufenthaltszeiten

85.1 Die Unterbrechung der Rechtmäßigkeit des Aufenthaltes kann insbesondere auf nicht rechtzeitigem Antrag auf Verlängerung des Aufenthaltstitels oder durch Ungültigwerden des Passes beruhen. Insbesondere bei Bagatellunterbrechungen, bei denen die Behörde von Ordnungswidrigkeitsverfahren abgesehen hat, ist dem Betreffenden die Unterbrechung des Aufenthaltes in aller Regel nicht mehr entgegenzuhalten.

I. Entstehungsgeschichte

Die Vorschrift entspricht dem **GesEntw** (BT-Drs 15/420 S. 31). 1

II. Unterbrechungen der Rechtmäßigkeit

Die Rechtmäßigkeit des Aufenthalts ist unterbrochen, wenn der Aufenthalt **davor u. danach rechtmäßig** war. Die Unterbrechung kann in dem Sinne außer Betracht bleiben, dass der Aufenthalt als ununterbrochen rechtmäßig gilt. Damit wird aber die Zeit der Unterbrechung nicht als rechtmäßiger Aufenthalt angerechnet (betr Einbürgerung vgl § 12b StAG). Sie gilt auch nicht als Zeit des Besitzes eines AufTit. Das Ges unterscheidet klar zwischen Besitz eines AufTit, rechtmäßigem u. geduldetem Aufenthalt, nicht zuletzt in § 81 IV, III 1 u. III 2. 2

3   Die Unterbrechung kann vor allem auf einem **nicht rechtzeitigen Antrag** auf erstmalige Erteilung oder Verlängerung des AufTit nach dessen Ablauf beruhen. Verlust oder Ungültigwerden des Passes lässt den AufTit nicht erlöschen u. führt daher nicht zur Unrechtmäßigkeit des weiteren Aufenthalts. Diese Folge tritt erst nach einem Widerruf aufgrund § 52 I 1 Nr 1 ein.

4   Die Vorschrift soll nach der Rspr des BVerwG keinen Einfluss auf die Bewertung eines Aufenthalts als **ordnungsmäßig** iSd Art 3 III ENA haben (BVerwG, InfAuslR 1994, 98). Dem ist entgegenzuhalten, dass allein die Vertragsstaaten über Aufenthaltsfragen zu entscheiden haben u. daher die Unbeachtlichkeit der Unterbrechung des rechtmäßigen Aufenthalts auch für das Vertragsrecht zu beachten ist (HessVGH, EZAR 030 Nr 3). Für die Berechnung der Zeiten ordnungsgemäßer Beschäftigung iSd Art. 6 ARB 1/80 hat die Vorschrift dagegen keine Bedeutung, weil dort ein gesichertes AufR vorausgesetzt wird (vgl § 4 Rn 91).

5   Die Vernachlässigung der Unterbrechung ist **nicht zwingend** (anders § 12 b III StAG). Das Ermessen kann Gründe, Umstände u. Dauer der Unterbrechung wie Dauer des sonstigen Aufenthalts berücksichtigen. Vor allem ist maßgeblich, ob den Ausl an der Unterbrechung ein Verschulden trifft u. welche Folgen die Unterbrechung für den weiteren Aufenthalt hätte. Das Ermessen hat in erster Linie die AuslBeh im Rahmen von Verlängerungs- u. Verfestigungsentscheidungen auszuüben.

6   Im **Rechtsschutzverf** kann das Gericht kein eigenes Ermessen ausüben. Es kann aber, wenn die AuslBeh die Unterbrechung ohne weitere Ausführungen hierzu vernachlässigt hat, für die summarische Beurteilung in einem Eilverf unterstellen, dass die Behörde von dem Ermessen positiv Gebrauch gemacht hat.

Abschnitt 4. Datenübermittlung und Datenschutz

§ 86 Erhebung personenbezogener Daten
¹ Die mit der Ausführung dieses Gesetzes betrauten Behörden dürfen zum Zweck der Ausführung dieses Gesetzes und ausländerrechtlicher Bestimmungen in anderen Gesetzen personenbezogene Daten erheben, soweit dies zur Erfüllung ihrer Aufgaben nach diesem Gesetz und nach ausländerrechtlichen Bestimmungen in anderen Gesetzen erforderlich ist. ² Daten im Sinne von § 3 Abs. 9 des Bundesdatenschutzgesetzes sowie entsprechender Vorschriften der Datenschutzgesetze der Länder dürfen erhoben werden, soweit dies im Einzelfall zur Aufgabenerfüllung erforderlich ist.

Vorläufige Anwendungshinweise
86 Zu § 86 Erhebung personenbezogener Daten
86.1 Anwendungsbereich der §§ 86 bis 91 b
86.1.1 Die §§ 86 bis 91 b enthalten für die Durchführung des Ausländerrechts bereichsspezifische Datenschutzregelungen, die dem allgemeinen Datenschutzrecht vorgehen, soweit keine speziellen Regelungen Anwendung finden. Regelungen, die die §§ 86 bis 91 b verdrängen, sind z. B. für den Verkehr mit dem Ausländerzentralregister die Vorschriften des AZR-Gesetzes (insbesondere die §§ 6, 15 und 32 AZR-Gesetz) oder für das Asylverfahren die §§ 7 und 8 AsylVfG.
86.1.2 Soweit die §§ 86 bis 91 b keine abschließenden Regelungen enthalten und auch keine anderen bereichsspezifischen Bundes- bzw. Landesregelungen einschlägig sind (z. B. auch die §§ 12, 13 und 18–22 des Einführungsgesetzes zum Gerichtsverfassungsgesetz – EGGVG), haben die Behörden des Bundes das Bundesdatenschutzgesetz und die Behörden der Länder die Datenschutzgesetze der Länder zu beachten. Dies gilt insbesondere für die allgemeinen datenschutzrechtlichen Regelungen über die Berichtigung, Löschung, Sperrung von Daten sowie das Auskunftsrecht des Betroffenen, die ergänzend heranzuziehen sind (z. B. § 20 des Bundesdatenschutzgesetzes – BDSG).
86.2 Allgemeines zu § 86
§ 86 regelt die Erhebung personenbezogener Daten von Ausländern durch die mit der Durchführung des Aufenthaltsgesetzes betrauten Stellen (§ 71, vor allem die Ausländerbehörden). § 86 schafft für die berechtigten Stellen die Befugnis zur Datenerhebung. Über diesen Grundtatbestand der Datenerhebung hinaus finden die Erhebungsvorschriften des Bundesdatenschutzgesetzes und der Datenschutzgesetze der Ländern Anwendung, soweit keine bereichsspezifischen Regelungen in anderen Gesetzen einschlägig sind. § 86 begründet für andere Stellen kein Recht zur Übermittlung von Daten. Dieses muss sich aus anderen Vorschriften ergeben, z. B. für öffentliche Stellen aus § 87 oder für nichtöffentliche Stellen aus § 28 Abs. 2 und 3 BDSG.
86.3 Datenerhebung
86.3.1 Erheben von Daten im Sinne des § 86 Satz 1 ist das Beschaffen von Daten über Betroffene (§ 3 Abs. 1 BDSG). Betroffene sind bestimmte oder bestimmbare natürliche Personen (vgl. § 3 Abs. 1 BDSG). Erhebungsberechtigt sind die in § 71 bezeichneten Behörden.
86.3.2 Personenbezogene Daten sind Einzelangaben über persönliche oder sachliche Verhältnisse eines Betroffenen (§ 3 Abs. 1 BDSG). Dazu zählen insbesondere Name(n), Geburtsdatum und -ort, Familienstand, Staatsangehörigkeit, Volks- und Religionszugehörigkeit, Anschriften, tatsächlicher und gewöhnlicher Aufenthalt, Erwerbstätigkeit und Arbeitgeber, Einkommens- und Vermögensverhältnisse, Wohnraumverhältnisse, Familienstand und Verwandtschaftsverhältnisse, Personalien und Aufenthaltstitel von Familienangehörigen, Mitgliedschaft in Vereinen und sonstigen Organisationen, Voraufenthalte im Bundesgebiet, Passbesitz und Rückkehrberechtigung, Vorstrafen im In- oder Ausland. Zu den personenbezogenen Daten gehören auch die im Einzelfall erforderlichen Ergebnisse einer erkennungsdienstlichen Behandlung.
86.3.3.1 Für die Aufgabenerfüllung erforderlich sind Daten, deren Kenntnis für eine beabsichtigte ausländerrechtliche Entscheidung oder Maßnahme benötigt wird. Die Erhebung von Daten auf Vorrat zu unbestimmten oder noch nicht bestimmbaren Zwecken ist unzulässig. Die Datenerhebung kann bei der Anhörung zu der beabsichtigten Entscheidung stattfinden.

86.3.3.2 Entscheidungen oder Maßnahmen in diesem Sinne sind insbesondere:
- die Erteilung oder Verlängerung eines Aufenthaltstitels (§§ 4 bis 38),
- Entscheidungen über die Begründung und Durchsetzung der Ausreisepflicht und alle in diesem Zusammenhang erforderlichen Maßnahmen (§§ 50 bis 62),
- die räumliche Beschränkung eines Aufenthaltstitels oder einer Duldung, die Anordnung von Auflagen, Bedingungen oder sonstigen Nebenbestimmungen,
- die Zurückweisung an der Grenze (§ 15),
- die Zurückschiebung nach unerlaubter Einreise (§ 57),
- die Ausstellung eines Passersatzes (§ 4 ff. AufenthV) oder eines Ausweisersatzes (§ 48 Abs. 2),
- die Durchsetzung der Verlassenspflicht (§ 12 Abs. 3),
- die Passvorlageanordnung (§ 48 Abs. 1) oder
- die Identitätsfeststellung und -sicherung (§ 49).

86.3.4 Die so genannten „sensitiven Daten" nach § 3 Abs. 9 BDSG sind Angaben über die rassische und ethnische Herkunft, politische Meinungen, religiöse oder philosophische Überzeugungen, Gewerkschaftszugehörigkeit, Gesundheit oder Sexualleben. Einzelfälle, in denen die Erhebung dieser Daten zulässig sein kann, können etwa Entscheidungen über die Gewährung von Aufenthaltstiteln aus humanitären Gründen oder die Aussetzung von Abschiebung oder Ausweisung sein.

I. Entstehungsgeschichte

1   Die Vorschrift entspricht dem **GesEntw** (BT-Drs 15/420 S. 31).

II. Allgemeines

2   Der Gesetzgeber versucht, mit den Regelungen der §§ 86 bis 91 b der verfassungsrechtlichen Forderung nach einer bereichsspezifischen **ges Ermächtigungsgrundlage** für die zwangsweise Erhebung personenbezogener Daten u. deren Verarbeitung (BVerfGE 65, 1) nachzukommen. Dabei ist zugrunde zu legen, dass sich die im Bundesgebiet befindlichen Ausl auf das **informationelle Selbstbestimmungsrecht** ebenso berufen können wie Dt. Das vom BVerfG näher beschriebene Grundrecht umfasst die Befugnis des Einzelnen, grundsätzlich selbst über Preisgabe u. Verwendung seiner persönlichen Daten zu bestimmen (BVerfGE 65, 1). Die Verpflichtungen zur Datenübermittlung sind in §§ 62 ff AufenthV geregelt. Daten über Ausl werden beim Ausländerzentralregister (AZR) beim Bundesverwaltungsamt in einem allg Datenbestand u. einer Visadatei gespeichert u. von dort an öffentl Stellen übermittelt (dazu Bäumler in Hassemer/Starzacher, S. 66; Heyden, ZAR 1995, 153; Streit, ZAR 2002, 237). Soweit keine speziellen Regeln gelten (wie §§ 7, 8 AsylVfG u. §§ 6, 15, 32 AZR-G), sind ergänzend die Bestimmungen des BDSG u. der Länder-Ges über Berichtigung, Löschung, Sperrung u. Auskunft von Daten heranzuziehen. Auf europäischer Ebene existieren das SIS (Art. 92–119 SDÜ) u. EUROPOL sowie Eurodac (dazu Schröder, ZAR 2001, 71); ein Datenaustausch ist auch nach Art 14 f DÜ vorgesehen.

III. Datenerhebung

3   Zur Datenerhebung iSd § 3 I BDSG sind **alle** mit der Ausführung des AuslG betrauten **Behörden** berechtigt, also neben den Ausl- u. Grenzbehörden auch die Auslandsvertretungen, die Bundespolizei u. die Polizeien der Länder.

4   Der **Zweck** der Datenerhebung ist **weit gespannt,** weil nur durch eine Generalklausel beschrieben; auch § 87 I führt ihn nicht näher aus. Damit wird S. 1 für sich genommen nicht den Anforderungen des Volkszählungsurteils an die Bestimmtheit des Erhebungszwecks (BVerfGE 76, 1) gerecht (Heldmann/Weichert, § 75 Rn 10; Huber, InfAuslR 1990,

Übermittlungen an Ausländerbehörden § 87 AufenthG 1

41; Schriever-Steinberg, ZAR 1991, 66; Stief in Barwig, AuslR, S. 281). Die früher in § 75 II u. III AuslG enthaltenen näheren Bestimmungen über die Datenerhebung bei dem Betroffenen sowie bei öffentl u. anderen Stellen im In- u. Ausland sind nicht übernommen, weil sie im Wesentlichen dem Regelungsgehalt des § 13 BDSG aF entsprechen (BT-Drs 15/420 S. 97). Die folgenden allg Erläuterungen nehmen darauf Bedacht.

Erhebungsberechtigt sind die zuständigen Behörden iSd § 71. Der **Zweck** der Erhebung 5 besteht in der Erfüllung der diesen Behörden obliegenden Aufgaben. Diese sind weit gefasst u. mit allen Maßnahmen u. Entscheidungen identisch, die sich aus dem AufenthG u. den darauf beruhenden RVO ergeben (vgl auch Nr 86.3.3.2 VAH). Diese müssen konkret zur Erledigung anstehen. Erhebung u. Sammlung von Daten auf Vorrat ist unzulässig.

Die in erster Linie vorgesehene Erhebung bei dem Betroffenen selbst ist unproblematisch. 6 **Bedenken** ergeben sich, soweit ohne dessen Mitwirkung Daten bei anderen Stellen eingeholt werden können. Dabei ist allerdings nicht ausgeschlossen, dass er benachrichtigt wird, um seine schutzwürdigen Interessen darzutun (vgl auch Bäumler, NVwZ 1995, 239). Als Behörden u. Stellen, bei denen Daten erhoben werden können, kommt praktisch jede in Betracht. Krankenkassen, Kirchen u. Kindergärten sind ebenso erfasst wie Notare, Bezirksschornsteinfegermeister u. ausländische Geheimdienste. Der beschränkte Katalog der mitteilungspflichtigen Stellen in § 71 AufenthV ist hier nicht, auch nicht entsprechend zur Definition heranzuziehen.

§ 87 Übermittlungen an Ausländerbehörden

(1) Öffentliche Stellen haben ihnen bekannt gewordene Umstände den in § 86 Satz 1 genannten Stellen auf Ersuchen mitzuteilen, soweit dies für die dort genannten Zwecke erforderlich ist.

(2) Öffentliche Stellen haben unverzüglich die zuständige Ausländerbehörde zu unterrichten, wenn sie Kenntnis erlangen von
1. dem Aufenthalt eines Ausländers, der keinen erforderlichen Aufenthaltstitel besitzt und dessen Abschiebung nicht ausgesetzt ist,
2. dem Verstoß gegen eine räumliche Beschränkung oder
3. einem sonstigen Ausweisungsgrund;

in den Fällen der Nummern 1 und 2 und sonstiger nach diesem Gesetz strafbarer Handlungen kann statt der Ausländerbehörde die zuständige Polizeibehörde unterrichtet werden, wenn eine der in § 71 Abs. 5 bezeichneten Maßnahmen in Betracht kommt; die Polizeibehörde unterrichtet unverzüglich die Ausländerbehörde.

(3) ¹Die Beauftragte der Bundesregierung für Migration, Flüchtlinge und Integration ist nach den Absätzen 1 und 2 zu Mitteilungen über einen diesem Personenkreis angehörenden Ausländer nur verpflichtet, soweit dadurch die Erfüllung der eigenen Aufgaben nicht gefährdet wird. ²Die Landesregierungen können durch Rechtsverordnung bestimmen, dass Ausländerbeauftragte des Landes und Ausländerbeauftragte von Gemeinden nach den Absätzen 1 und 2 zu Mitteilungen über einen Ausländer, der sich rechtmäßig in dem Land oder der Gemeinde aufhält oder der sich bis zum Erlass eines die Rechtmäßigkeit des Aufenthalts beendenden Verwaltungsaktes rechtmäßig dort aufgehalten hat, nur nach Maßgabe des Satzes 1 verpflichtet sind.

(4) ¹Die für die Einleitung und Durchführung eines Straf- oder eines Bußgeldverfahrens zuständigen Stellen haben die zuständige Ausländerbehörde unverzüglich über die Einleitung des Verfahrens sowie die Verfahrenserledigungen bei der Staatsanwaltschaft, bei Gericht oder bei der für die Verfolgung und Ahndung der Ordnungswidrigkeit zuständigen Verwaltungsbehörde unter Angabe der gesetzlichen Vorschriften zu unterrichten. ²Satz 1 gilt entsprechend für die Einleitung eines Auslieferungsverfahrens gegen einen Ausländer. ³Satz 1 gilt nicht für Verfahren wegen einer Ordnungswidrigkeit, die nur mit einer Geldbuße bis zu eintausend Euro geahndet werden kann. ⁴Die

Zeugenschutzdienststelle unterrichtet die zuständige Ausländerbehörde unverzüglich über Beginn und Ende des Zeugenschutzes für einen Ausländer.

Vorläufige Anwendungshinweise
87 Zu § 87 Übermittlungen an Ausländerbehörden
87.0 Anwendungsbereich
87.0.1 Während § 86 die Erhebung personenbezogener Daten regelt, enthält § 87 Bestimmungen über die Übermittlung von Daten an die mit der Durchführung des Aufenthaltsgesetzes betrauten Behörden, wobei zwischen der Datenübermittlung auf Ersuchen (Absatz 1) und der Verpflichtung zur Datenübermittlung ohne vorangegangenes Ersuchen (Absätze 2 und 4) unterschieden wird. § 87 Abs. 3 trifft eine Sonderregelung für die Migrationsbeauftragten. Alle Übermittlungen werden durch § 88 begrenzt (besondere gesetzliche Verwendungsregelungen). Die für die übermittelnden Stellen geltenden bereichsspezifischen Regelungen sind stets zu beachten.
87.0.2 Öffentliche Stellen haben auf Ersuchen Daten an die mit der Ausführung des Aufenthaltsgesetzes betrauten Behörden zu übermitteln.
87.0.3 Bei den Mitteilungen nach § 87 Abs. 1 und Unterrichtungen nach § 87 Abs. 2 handelt es sich um Übermittlungen personenbezogener Daten im Sinne des § 3 Abs. 4 Satz 2 Nr. 3 Buchstabe a) BDSG (siehe Nummer 86.1.2).
87.0.4 Die Verpflichtung zur Mitteilung an die in § 87 Abs. 1 bezeichneten Behörden und zur Unterrichtung der Ausländerbehörden nach § 87 Abs. 2 besteht nur für öffentliche Stellen. Vorschriften in anderen Gesetzen oder Rechtsverordnungen, die öffentliche und nichtöffentliche Stellen (zu den Begriffen siehe § 2 BDSG) zur Übermittlung von Daten verpflichten, bleiben unberührt.
87.0.5 Vor einer Übermittlung von Daten ist stets der Grundsatz der Verhältnismäßigkeit zu prüfen. Das durch Artikel 2 Abs. 1 in Verbindung mit Artikel 1 Abs. 1 GG gewährleistete Recht auf informationelle Selbstbestimmung darf nur soweit eingeschränkt werden, wie es zum Schutz öffentlicher Interessen und unter Berücksichtigung entgegenstehender schutzwürdiger Interessen des Betroffenen unerlässlich ist.
87.0.6 Es sind nur die Daten zu übermitteln, die bereits bei der mitteilungspflichtigen Stelle vorhanden sind. § 87 begründet keine Pflicht und keine Befugnis zur Datenerhebung, um einem Ersuchen der Ausländerbehörde nachkommen zu können.
87.0.7 Unzulässig erhobene oder gespeicherte Daten dürfen nicht übermittelt werden.
87.1 Mitteilungen auf Ersuchen
87.1.0 Das Ersuchen ist zulässig, wenn die Kenntnis der Daten zur Erfüllung der Aufgaben der ersuchenden Stelle erforderlich ist und die Daten gemäß § 4 Abs. 2 Satz 2 BDSG oder den einschlägigen Datenschutzbestimmungen der Länder ohne Mitwirkung des Betroffenen erhoben werden dürfen. Ein Ersuchen ist unabhängig davon zulässig, ob eine öffentliche Stelle bereits nach § 87 Abs. 2 und 4 verpflichtet ist, Daten an die zuständige Ausländerbehörde zu übermitteln oder solche bereits übermittelt hat.
87.1.1 Zur Mitteilung sind alle öffentlichen Stellen (vgl. § 2 BDSG) verpflichtet, auch wenn sie keine ausländerrechtlichen Aufgaben ausführen. Die Verpflichtung zur Mitteilung betrifft insbesondere folgende öffentliche Stellen:
– die Polizeien des Bundes und der Länder sowie die Ordnungsbehörden, – die Strafverfolgungs-, Strafvollstreckungs- und Strafvollzugsbehörden,
– die Gerichte,
– die Auslandsvertretungen,
– das Bundesamt für Migration und Flüchtlinge,
– die für die Verfolgung und Ahndung von Ordnungswidrigkeiten zuständigen Behörden,
– die Meldebehörden,
– die Vertriebenenbehörden, wenn ein Antrag nach § 15 BVFG abgelehnt wird oder der entsprechende Bescheid zurückgenommen oder widerrufen wird,
– das Bundesverwaltungsamt, wenn ein Aufnahmebescheid nach der Einreise zurückgenommen worden ist,
– die Standesämter,
– die Finanzämter,
– die Bundesagentur für Arbeit,
– die Träger der Sozialhilfe,
– die Träger der Grundsicherung für Arbeitsuchende,

Übermittlungen an Ausländerbehörden　　　　　　　　　§ 87　**AufenthG 1**

– die für die Durchführung des AsylbLG zuständigen Behörden und Kostenträger,
– die Jugendämter und
– öffentliche Stellen in den Bereichen Erziehung, Bildung und Wissenschaft.
87.1.1.2 Öffentliche Auskunfts- und Beratungsstellen sind nicht mitteilungspflichtig, soweit nicht besondere Vorschriften eine Mitteilungspflicht vorsehen. Das gilt auch für Beratungen vor Einleitung eines Verwaltungsverfahrens (z. B. vor Antragstellung). Ob eine öffentliche Stelle beratend tätig wird, bestimmt sich nach dem Inhalt der ihr obliegenden Aufgaben. Die Mitteilungspflicht derjenigen Stellen, zu deren Aufgaben auch die Beratung gehört, bestimmt sich danach, ob sie die Kenntnis bei oder im Zusammenhang mit der Beratung oder bei der Wahrnehmung ihrer sonstigen Aufgaben erlangt hat.
87.1.1.3 Für öffentliche Stellen in den Bereichen Erziehung, Bildung und Wissenschaft (insbesondere Schulen, Hochschulen) besteht eine Mitteilungspflicht, soweit sie Daten im Rahmen eines Anmeldeverfahrens oder eines Verfahrens zur Entscheidung über die Aufnahme, Einschreibung oder Zulassung erheben und die Kenntnis dieser Daten für die Erfüllung ihrer Aufgaben erforderlich ist.
87.1.1.4 Öffentliche Stellen im Sozialbereich (Agenturen für Arbeit, Träger der Sozialhilfe und Jugendämter) sind insbesondere zur Mitteilung verpflichtet, wenn sie über die Gewährung von Leistungen, die Erteilung von Erlaubnissen oder die Aufnahme in soziale und medizinische Einrichtungen entscheiden.
87.1.1.5 Für Stellen im Sinne des § 12 in Verbindung mit den §§ 18 bis 29 SGB I (Leistungsträger der Sozialleistungen) ist für die Übermittlung personenbezogener Daten § 71 Abs. 2 Satz 1 Nr. 1 SGB X maßgebend. Zu beachten sind die Einschränkungen der Übermittlungsbefugnis nach § 71 Abs. 2 Satz 2 SGB X (Daten über die Gesundheit eines Ausländers) und die zusätzlichen Einschränkungen nach § 76 Abs. 1 SGB X (schutzwürdige Sozialdaten).
87.1.2 Bekannt gewordene Umstände sind Sachverhalte, die der öffentlichen Stelle zur Erfüllung ihrer Aufgaben rechtmäßig zur Kenntnis gelangt sind. Hat ein Bediensteter der öffentlichen Stelle lediglich bei Gelegenheit der Wahrnehmung seiner Aufgaben Kenntnis von einem Sachverhalt erlangt, ist dieser der öffentlichen Stelle nicht bekannt geworden und es besteht für sie keine Mitteilungspflicht (Erfährt z. B. ein Lehrer gelegentlich seiner lehrenden und erzieherischen Tätigkeit einen Sachverhalt, ist damit keine Kenntnis und Mitteilungspflicht der Schule verbunden). Maßgebend für die Abgrenzung sind die dem jeweiligen Bediensteten übertragenen Aufgaben. Der Sachverhalt muss nachweisbar sein. Vermutungen oder Gerüchte reichen nicht aus.
87.1.3.1 Die Ausländerbehörde hat in ihrem Ersuchen anzugeben:
– die Personalien, die zur Identifizierung des Betroffenen erforderlich sind,
– Aktenzeichen der ersuchten Stelle, soweit bekannt,
– welche Daten sie benötigt,
– für welche Aufgabenerfüllung sie die Daten benötigt, wobei in eindeutigen Fällen die Angabe der Rechtsvorschrift ausreicht, und
– aus welchen Gründen die Daten ohne Mitwirkung des Betroffenen erhoben werden.
Ein fernmündliches Übermittlungsersuchen ist nur dann zulässig, wenn die mit einem schriftlichen Übermittlungsersuchen verbundene zeitliche Verzögerung aus dringenden Gründen nicht zu vertreten ist. Die Gründe sind aktenkundig zu machen. In die Ausländerakte ist die Begründung des Ersuchens und im Falle eines fernmündlichen Ersuchens ein Hinweis aufzunehmen, für welche Aufgabenerfüllung die angeforderten Daten benötigt werden.
87.1.3.2 Bei einem Ersuchen nach § 71 Abs. 2 Nr. 1 SGB X ist darüber hinaus anzugeben, für welche der in § 71 Abs. 2 Nr. 1 Buchstabe a bis d SGB X genannten ausländerrechtlichen Entscheidungen die Auskunft benötigt wird. Eine „Entscheidung über den Aufenthalt" im Sinne dieser Bestimmungen ist die Entscheidung über Erteilung und Verlängerung eines Aufenthaltstitels, über eine aufenthaltsbeendende Maßnahme (nachträgliche zeitliche Beschränkung, Widerruf und Rücknahme der Aufenthaltstitel, Ausweisung), über die Erteilung und Erneuerung einer Duldung sowie über die Einbürgerung.
87.1.4.1 Die Verantwortung für die Zulässigkeit der Übermittlung bestimmt sich vorrangig nach den jeweils einschlägigen bereichsspezifischen Vorschriften (z. B. § 67 d Abs. 2 SGB X), im Übrigen nach allgemeinem Datenschutzrecht. Soweit öffentliche Stellen des Bundes Daten auf Ersuchen übermitteln, ist § 15 Abs. 2 Satz 2 bis 4 BDSG maßgebend. Erfolgt die Übermittlung auf Ersuchen der Ausländerbehörde, trägt diese die Verantwortung für dessen Rechtmäßigkeit im Sinne des Aufenthaltsgesetzes. Die übermittelnde Stelle prüft insoweit nur, ob das Ersuchen im Rahmen der Aufgaben der Ausländerbehörde liegt, es sei denn, dass ein besonderer Anlass zur Prüfung der Rechtmäßigkeit der Übermittlung nach dem Aufenthaltsgesetz besteht. Das ist der Fall, wenn sie begründete Zweifel am Vorliegen der Voraussetzungen einer Erhebung ohne Mitwirkung des Betroffenen hat (siehe Nummer 87.1.0). Im Übrigen

669

prüft die übermittelnde Stelle, ob die Voraussetzungen von eigenen speziellen Befugnisnormen vorliegen und gesetzliche oder verfassungsrechtliche Gründe der Übermittlung entgegenstehen.
87.1.4.2 Vertritt die übermittelnde Stelle die Auffassung, dass sie die Daten nicht übermitteln darf oder das Ersuchen nicht die vorgeschriebenen Angaben enthält (siehe die Nummern 87.1.3.1 und 87.1.3.2), so hat sie ihre Auffassung der Ausländerbehörde unter Angabe der maßgeblichen Gründe unverzüglich mitzuteilen. Ist zwischen der Ausländerbehörde und der übermittelnden Stelle streitig, ob die Übermittlung rechtmäßig ist, so ist die Auffassung jeder Seite insoweit maßgebend, als sie die Verantwortung für die Rechtmäßigkeit der Übermittlung trägt (vgl. Nummer 87.1.4.1). Im Zweifel ist die Entscheidung der gemeinsamen Aufsichtsbehörde herbeizuführen. Fehlt eine derartige gemeinsame Aufsichtsbehörde, hat die Ausländerbehörde die Entscheidung der obersten Landesbehörde herbeizuführen.
87.1.5.1 Haben öffentliche Stellen die Ausländerbehörde bereits nach § 87 Abs. 1, 2 und 4 unterrichtet, sind weitergehende Datenübermittlungen zur Vorbereitung von Entscheidungen und Maßnahmen auf Ersuchen der Ausländerbehörde nach § 87 Abs. 1 unter Berücksichtigung der für die datenübermittlungspflichtigen Stellen geltenden speziellen Regelungen zulässig (siehe Nummer 87.1.0). Das gilt insbesondere im Fall von Mitteilungen nach § 87 Abs. 4 Satz 1 und 2, wenn die zuständige Ausländerbehörde die für die Einleitung und Durchführung eines Straf- oder Bußgeldverfahrens zuständigen Stellen (z. B. Staatsanwaltschaften) um die Übermittlung bestimmter zusätzlicher Daten ersucht (z. B. Anklageschrift), die für eine sachgerechte Erfüllung ihrer Aufgaben erforderlich sind. Dazu kann auch die Einsichtnahme in bzw. die Übersendung von Strafakten gehören.
87.1.5.2 Liegt der zuständigen Ausländerbehörde eine Mitteilung nach § 87 Abs. 4 Satz 1 vor, hat sie unverzüglich zu prüfen, ob sie unabhängig vom Ausgang des Straf- oder Bußgeldverfahrens tätig werden muss. Ersuchen auf weitergehende Datenübermittlungen kommen regelmäßig in Fällen in Betracht, in denen die Prüfung von Ausweisungsgründen nach § 54 Nr. 3 bis 5 (z. B. Rauschgiftkriminalität, Versammlungskriminalität oder Terrorismusverdacht) und § 55 Abs. 2 Nr. 1 bis 4 erforderlich erscheint.

87.2 Unterrichtung ohne Ersuchen
87.2.0.0 Die Gerichte und Staatsanwaltschaften wenden bei Mitteilungen in Strafsachen über Ausländer die Nummer 42 der Anordnung über Mitteilungen in Strafsachen an.
87.2.0.1 Die in § 87 Abs. 2 Nr. 1 bis 3 aufgeführten Sachverhalte sind grundsätzlich von allen öffentlichen Stellen (siehe Definition in § 2 BDSG) bei Kenntniserlangung unverzüglich mitzuteilen. Fallen die einen Ausweisungsgrund gemäß § 87 Abs. 2 Nr. 3 begründenden Daten hingegen bei einer öffentlichen Stelle regelmäßig deshalb an, weil die öffentliche Stelle insoweit fachlich zuständig ist, sind diese Daten vorrangig von der fachlich zuständigen Stelle weiterzuleiten. So ist z. B. auf jeden Fall der Träger der Sozialhilfe verpflichtet, den Bezug von Sozialhilfe mitzuteilen. Die Mitteilungspflicht von Amts wegen besteht unabhängig davon, ob ein Ersuchen nach § 87 Abs. 1 gestellt ist. Sie entfällt, wenn feststeht oder kein ernsthafter Zweifel besteht, dass der Sachverhalt der Ausländerbehörde bereits bekannt ist, oder wenn die Polizeibehörde in den Fällen des § 87 Abs. 2 zweiter Halbsatz unterrichtet wurde.
87.2.0.2 Unterrichtungspflichtig ist eine öffentliche Stelle nur, wenn sie Kenntnis der in § 87 Abs. 2 Nr. 1 bis 3 bezeichneten Sachverhalte hat.
87.2.0.3 Eine Unterrichtungspflicht besteht für jede öffentliche Stelle, die Kenntnis von dem Sachverhalt in Erfüllung der ihr obliegenden Aufgaben erlangt. Der Sachverhalt ist zu konkretisieren. Die Angaben sind auf das notwendige Maß zu beschränken. Eine Kenntnisnahme bei Gelegenheit der Aufgabenwahrnehmung genügt nicht (siehe Nummer 87.1.2).
87.2.0.4 Ob eine Mitteilung zulässig und erforderlich ist, beurteilt die öffentliche Stelle, die die Unterrichtung vornehmen müsste, ggf im Benehmen mit der nach § 71 zuständigen Behörde. Ob ausländerrechtliche Maßnahmen wegen eines mitgeteilten Sachverhalts gerechtfertigt sind, entscheidet die Ausländerbehörde.
87.2.0.5 Die Übermittlungspflicht nach § 87 Abs. 2 Nr. 3 ist nicht nur auf den Zweck beschränkt, der Ausländerbehörde die Ausweisung zu ermöglichen. Ausweisungsgründe, die für sich allein eine Ausweisung im Einzelfall nicht rechtfertigen, können als Versagungsgründe bei anstehenden Maßnahmen oder bei Zusammentreffen mit anderen Umständen entscheidungserhebliche Bedeutung erlangen. Da die Kenntnis von Ausweisungsgründen danach für sämtliche Entscheidungen über den Aufenthalt erforderlich ist, ordnet § 87 Abs. 2 Nr. 3 ihre Übermittlung an und beschränkt diese nicht auf Sachverhalte, die eine Ausweisung rechtfertigen. Die Übermittlungspflicht ist insbesondere nicht nach Maßgabe des § 56 eingeschränkt.
87.2.0.6 Die Daten sind an die nach jeweiligem Landesrecht örtlich zuständige Ausländerbehörde zu übermitteln.

Übermittlungen an Ausländerbehörden   § 87   AufenthG 1

87.2.1 Unterrichtung über illegalen Aufenthalt
87.2.1.1 Zur Unterrichtung nach § 87 Abs. 2 Nr. 1 verpflichtet sind insbesondere:
– die Polizeien des Bundes und der Länder sowie die Ordnungsbehörden,
– die Vertriebenenbehörden, wenn ein Antrag nach § 15 BVFG abgelehnt wird oder der entsprechende Bescheid zurückgenommen oder widerrufen wird,
– die öffentlichen Schulen, Hochschulen,
– die Bundesagentur für Arbeit,
– die Träger der Grundsicherung für Arbeitsuchende,
– die Träger der Sozialhilfe und
– die Jugendämter.
87.2.1.2 Einen Aufenthaltstitel benötigen nicht (siehe die Nummern 4.1.1.1 bis 4.1. 1. 20):
– heimatlose Ausländer, die als solche durch ihren Pass ausgewiesen sind,
– Ausländer, auf die das Aufenthaltsgesetz keine Anwendung findet (§ 1 Abs. 2),
– Ausländer, die nach Kapitel 2, Abschnitt 2 der AufenthV vom Erfordernis eines Aufenthaltstitels befreit sind, sowie
– Ausländer, die eine Aufenthaltsgestattung nach dem AsylVfG besitzen.
87.2.1.3 Maßgeblich ist grundsätzlich der Sachverhalt, wie er der öffentlichen Stelle bekannt ist. Liegt hiernach kein Befreiungstatbestand vor, hat die öffentliche Stelle Kenntnis, dass der Ausländer einen erforderlichen Aufenthaltstitel nicht besitzt.
87.2.1.4 Daten über den Aufenthalt und die aufenthaltsrechtlichen Verhältnisse des Ausländers sind in der Regel aus seinem Pass oder Passersatz ersichtlich. Gesondert davon können Aufenthaltstitel oder die Bescheinigung über die Aussetzung der Abschiebung (Duldung) in Form eines Ausweisersatzes nach § 48 Abs. 2 erteilt werden (siehe Nummer 48).
87.2.1.5 Von einer Unterrichtung ist nur abzusehen, wenn der öffentlichen Stelle bekannt ist oder für sie kein ernsthafter Zweifel besteht, dass die Ausländerbehörde oder die zuständige Polizeibehörde bereits über die Anschrift, den gewöhnlichen und den tatsächlichen derzeitigen und künftigen Aufenthalt des Ausländers unterrichtet ist.
87.2.1.6 Neben den Personalien sind, soweit bekannt, die in Nummer 87.2.1.4 bezeichneten Angaben zu übermitteln.
87.2.2 Unterrichtung über den Verstoß gegen eine räumliche Beschränkung
87.2.2.1 Zur Unterrichtung nach § 87 Abs. 2 Nr. 2 verpflichtet sind insbesondere:
– die Polizeien des Bundes und der Länder sowie die Ordnungsbehörden,
– die Standesämter,
– die Behörden in Erziehung, Bildung und Wissenschaft,
– die Träger der Sozialhilfe,
– die Jugendämter,
– die Bundesagentur für Arbeit und
– die Träger der Grundsicherung für Arbeitsuchende.
87.2.2.2 Kraft Gesetzes besteht eine räumliche Beschränkung bei:
– einem vollziehbar ausreisepflichtigen Ausländer nach § 61 Abs. 1 Satz 1 auf das Gebiet des Landes, zu dem die Ausländerbehörde gehört,
– einem Ausländer, gegen den eine vollziehbare Ausweisungsverfügung nach § 54 Nr. 5, 5a oder eine vollziehbare Abschiebungsanordnung nach § 58 a besteht (§ 54 a Abs. 2) auf den Bezirk der Ausländerbehörde,
– einer Aufenthaltsgestattung nach § 56 Abs. 1 AsylVfG auf den Bezirk der zuständigen Ausländerbehörde oder der Ausländerbehörde, in deren Bezirk der Ausländer Aufenthalt zu nehmen hat (unbeschadet der in § 58 AsylVfG genannten Ausnahmen).
87.2.2.3 Eine räumliche Beschränkung kann auch aufgrund einer Auflage gegeben sein (§ 12 Abs. 2 und 4, § 61 Abs. 1 Satz 2).
87.2.2.4 Eine im Einzelfall mit dem Aufenthaltstitel verbundene räumliche Beschränkung ergibt sich aus einer entsprechenden Eintragung in dem Aufenthaltstitel oder im Pass des Ausländers. Eine gesetzliche oder im Einzelfall angeordnete räumliche Beschränkung ist aus der Bescheinigung über die vorübergehende Aussetzung der Abschiebung (Duldung) bzw. aus der Bescheinigung über die Aufenthaltsgestattung ersichtlich.
87.2.2.5 Eine Unterrichtungspflicht besteht nach dieser Vorschrift auch, wenn die Stelle erstmalig erfährt, dass ein Ausländer mehrmals gegen eine räumliche Beschränkung verstoßen hat.
87.2.2.6 Die Nummern 87.2.1.5 und 87.2.1.6 gelten entsprechend.
87.2.3 Unterrichtung über sonstige Ausweisungsgründe

87.2.3.0 Sonstige Ausweisungsgründe nach § 87 Abs. 2 Nr. 3 sind alle in den §§ 53, 54 und 55 genannten Ausweisungsgründe. Eine Unterrichtungspflicht ist gegeben, wenn die öffentliche Stelle Kenntnis von einem solchen Ausweisungsgrund erlangt. Die Nummern 87.2.1.5 und 87.2.1.6 gelten entsprechend.
87.2.3.1 Ausweisungsgründe nach § 55 Abs. 1
Zur Unterrichtung über Ausweisungsgründe nach § 55 Abs. 1 (siehe Nummer 55.1) verpflichtet sind insbesondere:
– die Grenzbehörden sowie die Polizei- und Ordnungsbehörden, soweit es um eine Beeinträchtigung der öffentlichen Sicherheit und Ordnung geht,
– die Verfassungsschutzbehörden des Bundes und der Länder, das Bundeskriminalamt, die Landeskriminalämter, soweit sonstige erhebliche Interessen der Bundesrepublik Deutschland beeinträchtigt sind.
87.2.3.2 Ausweisungsgründe nach § 55 Abs. 2 Nr. 1
Zur Unterrichtung über Ausweisungsgründe nach § 55 Abs. 2 Nr. 1 (siehe Nummer 55.2.1) verpflichtet sind insbesondere:
– die Polizeien des Bundes und der Länder (z. B. Bundeskriminalamt, Landeskriminalämter),
– die Staatsanwaltschaften,
– die Verfassungsschutzbehörden des Bundes und der Länder.
87.2.3.3 Ausweisungsgründe nach § 55 Abs. 2 Nr. 2
87.2.3.3.1 Zur Unterrichtung über Ausweisungsgründe nach § 55 Abs. 2 Nr. 2 (siehe Nummer 55.2.2) verpflichtet ist jeweils die öffentliche Stelle (Gericht oder Behörde), die von einem Verstoß gegen Rechtsvorschriften oder von einer außerhalb des Bundesgebietes begangenen Straftat, die im Bundesgebiet als vorsätzliche Straftat anzusehen ist, Kenntnis erlangt hat.
87.2.3.3.2 Eine Unterrichtungspflicht besteht nach § 87 Abs. 2 Nr. 3 z. B. in Verbindung mit § 95 Abs. 1 Nr. 1 bis 3 dann, wenn ein Ausländer sich ohne Pass, Passersatz oder Ausweisersatz im Bundesgebiet aufhält oder entgegen einer vollziehbaren ausländerrechtlichen Auflage eine selbständige oder unselbständige Erwerbstätigkeit ausübt.
87.2.3.3.3 Bei einem vereinzelten oder geringfügigen Verstoß gegen Vorschriften des Ordnungswidrigkeitenrechts unterbleibt eine Mitteilung nach § 87 Abs. 2 Nr. 3. Zur Frage, wann ein Verstoß als geringfügig anzusehen ist, siehe Nummer 55.2.2.3.
87.2.3.4 Ausweisungsgründe nach § 55 Abs. 2 Nr. 3
Zur Unterrichtung über Ausweisungsgründe nach § 55 Abs. 2 Nr. 3 (siehe Nummer 55.2.3) verpflichtet sind insbesondere die Polizei-, Ordnungs- und Gesundheitsbehörden. Die Unterrichtungspflicht erstreckt sich nur auf einen Verstoß gegen geltende Rechtsvorschriften oder behördliche Verfügungen, nicht auf Ergebnisse ärztlicher Untersuchungen oder Beratungen.
87.2.3.5 Ausweisungsgründe nach § 55 Abs. 2 Nr. 4
87.2.3.5.1 Zur Unterrichtung über Ausweisungsgründe nach § 55 Abs. 2 Nr. 4 (siehe Nummer 55.2.4) verpflichtet sind insbesondere:
– die Polizeien des Bundes und der Länder,
– die Staatsanwaltschaften,
– die Gerichte,
– die Gesundheitsbehörden und
– die öffentlichen Rehabilitationseinrichtungen.
87.2.3.5.2 Eine Unterrichtungspflicht besteht auch dann, wenn die öffentliche Stelle die Kenntnis durch eine der in § 203 Abs. 1 Nr. 1, 2, 4 bis 6 und Abs. 3 StGB genannten Personen erlangt hat und die Voraussetzungen des § 88 Abs. 2 Nr. 2 AufenthG bzw. § 71 Abs. 2 Satz 2 Nr. 2 SGB X vorliegen (siehe Nummer 88.2).
87.2.3.6 Ausweisungsgründe nach § 55 Abs. 2 Nr. 5
87.2.3.6.1 Zur Unterrichtung über Ausweisungsgründe nach § 55 Abs. 2 Nr. 5 (siehe Nummer 55.2.5) verpflichtet sind insbesondere:
– die Polizeien des Bundes und der Länder sowie die Ordnungsbehörden, die Staatsanwaltschaften, die Gerichte, die Gesundheitsbehörden sowie die öffentlichen Rehabilitationseinrichtungen bei einer Gefährdung der öffentlichen Gesundheit durch das Verhalten des Ausländers und
– die Polizeien des Bundes und der Länder, die Ordnungsbehörden, die Wohnungsämter und die Träger der Sozialhilfe bei einer längerfristigen Obdachlosigkeit (siehe Nummer 55.2.5.2.1).
87.2.3.6.2 Eine Unterrichtungspflicht besteht auch, wenn die öffentliche Stelle die Kenntnis durch eine der in § 203 Abs. 1 Nr. 1, 2, 4 bis 6 und Abs. 3 StGB genannten Personen erlangt hat und die Voraussetzungen der § 88 Abs. 2 Nr. 1 AufenthG bzw. § 71 Abs. 2 Satz 2 Nr. 1 SGB X vorliegen (siehe Nummer 88.2).

Übermittlungen an Ausländerbehörden § 87 AufenthG 1

87.2.3.7 Ausweisungsgründe nach § 55 Abs. 2 Nr. 6
87.2.3.7.1 Zur Unterrichtung über Ausweisungsgründe nach § 55 Abs. 2 Nr. 6 (siehe Nummer 55.2.6) verpflichtet ist der im Einzelfall zuständige Träger der Sozialhilfe. Dieser hat die Ausländerbehörden unverzüglich zu unterrichten, wenn der Ausländer für sich, seine Familienangehörigen oder für sonstige Haushaltsangehörigen Sozialhilfe in Anspruch nimmt (vgl. auch § 27 Abs. 3; § 31 Abs. 2 Satz 3; § 35 Abs. 3 Nr. 3).
87.2.3.7.2 Über die bestehende Sozialhilfebedürftigkeit ist auch zu unterrichten, wenn ein Antrag auf Sozialhilfe abgelehnt wird, weil nach § 23 Abs. 3 Satz 1 SGB XII kein Anspruch besteht.
87.2.3.7.3 Der Träger der Sozialhilfe übermittelt neben den Personalien die erforderlichen Daten über:
– Art, Umfang, Beginn und Einstellung der Sozialhilfeleistung,
– wesentliche Änderungen, sofern laufende Hilfe gewährt wird, und
– den Grund der Hilfeleistung (z. B. Unterhaltspflichtverletzung).
Zum Umfang der Sozialhilfe genügt die Angabe der voraussichtlichen Leistung. Erforderlich sind diejenigen Daten, die die Ausländerbehörde benötigt, um das ihr eingeräumte Ermessen sachgerecht ausüben zu können.
87.2.3.8 Ausweisungsgründe nach § 55 Abs. 2 Nr. 7
87.2.3.8.1 Zur Unterrichtung über Ausweisungsgründe nach § 55 Abs. 2 Nr. 7 (siehe Nummer 55.2.7) verpflichtet ist das Jugendamt, das im Einzelfall für die Hilfeleistung nach dem SGB VIII örtlich und sachlich zuständig ist. Jugendämter haben die Ausländerbehörden zu unterrichten, wenn der Ausländer Hilfe zur Erziehung außerhalb der eigenen Familie oder Hilfe für junge Volljährige nach SGB VIII erhält. Bei der Unterrichtung sind die Vorschriften des SGB VIII zu beachten.
87.2.3.8.2 Eine Unterrichtung über die Gewährung von Hilfen nach den §§ 32 bis 35 SGB VIII (Erziehung in einer Tagesgruppe, Vollzeitpflege, Heimerziehung, sonstige betreute Wohnform, intensive sozialpädagogische Einzelbetreuung) erfolgt nur, wenn diese mit Leistungen nach § 27 Abs. 3 SGB VIII (Pädagogische und damit verbundene therapeutische Leistungen) oder den §§ 39 und 40 SGB VIII (Leistungen zum Unterhalt, Krankenhilfe) verbunden sind.
87.2.3.8.3 Eine Unterrichtung unterbleibt, wenn der Minderjährige bzw. der junge Volljährige eine Niederlassungserlaubnis oder ein Daueraufenthaltsrecht nach dem Freizügigkeitsgesetz/EU besitzt.
87.2.3.8.4 Das Jugendamt übermittelt neben den Personalien die erforderlichen Daten über:
– Art und Umfang, Zeitpunkt, Beginn und Einstellung der Leistung,
– wesentliche Änderungen, sofern laufende Hilfe gewährt wird, und
– den Grund der Hilfeleistung.
Hinsichtlich des Umfangs der Hilfe genügt die Angabe des voraussichtlichen Betrages. Nummer 87.2.3.7.3 Satz 3 gilt entsprechend.
87.2.3.9 Ausweisungsgründe nach § 55 Abs. 2 Nr. 8
Zur Unterrichtung über die Ausweisungsgründe nach § 55 Abs. 2 Nr. 8 (siehe Nummer 55.2.8) sind diejenigen öffentlichen Stellen verpflichtet, die den dort genannten Sachverhalt feststellen.
87.2. 3. 10 Ausweisungsgründe nach §§ 53, 54
Unterrichtungspflichtig über Ausweisungsgründe nach §§ 53 und 54 (siehe Nummern 53 und 54) sind insbesondere:
– die Gerichte und die Staatsanwaltschaften in den Fällen des § 53 und § 54 Nr. 1 und 2 und
– in den Fällen des § 54 Nr. 3 bis 7 diejenige Stelle, die den dort genannten Sachverhalt feststellt.
Wird eine rechtskräftige Verurteilung im Sinne des § 53 oder § 54 Nr. 1 und 2 (z. B. im Wiederaufnahmeverfahren) aufgehoben, so hat insoweit eine Unterrichtung zu erfolgen (vgl. § 20 des Einführungsgesetzes zum Gerichtsverfassungsgesetz – EGGVG).

87.3 Mitteilungs- und Unterrichtungspflichten der Beauftragten der Bundesregierung für Migration, Flüchtlinge und Integration
Die Erfüllung der eigenen Aufgaben der Beauftragten der Bundesregierung für Migration, Flüchtlinge und Integration wird dann gefährdet, wenn das Vertrauen in ihre Amtsführung oder in die Bedeutung oder Wirksamkeit ihres Amtes beeinträchtigt wird. Das gilt für Ausländerbeauftragte und Ausländerbeiräte der Länder und der Gemeinden entsprechend, wenn die Landesregierung dies durch eine Rechtsverordnung nach § 87 Abs. 3 Satz 2 bestimmt hat.

87.4 Unterrichtung über Straf- und Bußgeldverfahren
87.4.1 Unterrichtung über Strafverfahren
87.4.1.0 Unterrichtungspflichtig über Strafverfahren gegenüber der zuständigen Ausländerbehörde können nach § 87 Abs. 4 Satz 1 sein:
– die Polizeien des Bundes und der Länder, soweit sie als Hilfsbeamte der Staatsanwaltschaft tätig werden,

673

– die Staatsanwaltschaften,
– die für Steuerstrafsachen zuständigen Finanzbehörden bis zur Erhebung der öffentlichen Klage oder einer ihr gesetzlich gleichgestellten Verfahrenshandlung (z. B. § 414 Abs. 2 Satz 1 und § 418 Abs. 3 Satz 1 StPO, § 76 Satz 2 JGG),
– die Gerichte und
– die Vollstreckungsleiter (Jugendrichter) als Vollstreckungsbehörden nach der Rechtskraft der Entscheidung in Strafsachen gegen Jugendliche und Heranwachsende (§§ 82, 110 JGG). Die in § 87 Abs. 4 vorgesehene Unterrichtung ist aktenkundig zu machen.

87.4.1.1.1 Ist die Ausländerbehörde nicht von einer anderen Stelle über die Einleitung eines strafrechtlichen Ermittlungsverfahrens unterrichtet worden, obliegt ihre Unterrichtung der Staatsanwaltschaft.

87.4.1.1.2 Die für eine Steuerstrafsache zuständige Finanzbehörde unterrichtet unverzüglich über:
– die Einleitung eines strafrechtlichen Ermittlungsverfahrens gegen einen Ausländer,
– die Verfahrenserledigung (jede das Verfahren abschließende Entscheidung).

87.4.1.2.1 Die Unterrichtung über die Einleitung eines Verfahrens umfasst die Mitteilung:
– der Personalien des Ausländers (Familiennamen, Geburtsnamen, Vornamen, Tag und Ort mit Angabe des Staates der Geburt, Staatsangehörigkeiten, Anschrift),
– des Aktenzeichens, soweit vorhanden, und
– die Angabe der maßgeblichen gesetzlichen Vorschriften.

87.4.1.2.2 Über die Einleitung eines Strafverfahrens ist auch im Hinblick auf § 72 Abs. 4 und § 79 Abs. 2 die Ausländerbehörde unverzüglich zu unterrichten.

87.4.1.3 Die Unterrichtung über die Verfahrenserledigung umfasst jede das Verfahren endgültig oder – außer in den Fällen des § 153a StPO – vorläufig abschließende Entscheidung mit Begründung, insbesondere:
– die Einstellungsverfügung (Absehen von Strafverfolgung),
– den nicht mehr anfechtbaren Beschluss, der die Eröffnung des Hauptverfahrens ablehnt,
– die vorläufige oder endgültige Einstellung des Verfahrens durch gerichtlichen Beschluss und
– die rechtskräftige Entscheidung (z. B. Urteil, Strafbefehl).
Die Unterrichtung erfolgt durch Übersendung des Urteils, Beschlusses oder Strafbefehls. Hinsichtlich der Übermittlung von Daten anderer Personen ist § 18 EGGVG zu beachten.

87.4.1.4 Ist die Ausländerbehörde unterrichtet worden, ist sie auch über Aufhebung oder Aussetzung dieser Entscheidung bzw. über die Wiederaufnahme des Verfahrens zu unterrichten (vgl. § 20 EGGVG).

87.4.1.5 Bei Datenübermittlungen sind die §§ 12 und 18–22 EGGVG zu beachten.

87.4.2 Unterrichtung über Ordnungswidrigkeiten

87.4.2.1 Unterrichtungspflichtig sind
– die für die Verfolgung und Ahndung von Ordnungswidrigkeiten zuständigen Verwaltungsbehörden,
– die Staatsanwaltschaften und
– die Gerichte, soweit es sich um eine Ordnungswidrigkeit handelt, die mit einer Geldbuße von mehr als 1000 Euro geahndet werden kann (§ 87 Abs. 4 Satz 3).

87.4.2.2.0 Die Unterrichtung erfolgt unverzüglich nach Einleitung bzw. nach Abschluss des Bußgeldverfahrens.

87.4.2.2.1 Die Unterrichtung über die Einleitung eines Verfahrens umfasst die Mitteilung:
– der Personalien des Ausländers (Familiennamen, Geburtsnamen, Vornamen, Tag und Ort mit Angabe des Staates der Geburt, Staatsangehörigkeiten, Anschrift),
– des Aktenzeichens, soweit vorhanden, und
der Angabe der maßgeblichen gesetzlichen Vorschriften.
Die Unterrichtung über den Abschluss des Bußgeldverfahrens erfolgt durch Übersendung der das Verfahren abschließenden Entscheidung.

87.4.2.2.2 Hinsichtlich der Übermittlung von Daten anderer Personen ist § 49a OWiG in Verbindung mit § 18 EGGVG zu beachten.

Übersicht

	Rn
I. Entstehungsgeschichte	1
II. Datenübermittlung	2
1. Allgemeines	2
2. Mitteilungspflichten	4
3. Allgemeine Unterrichtungspflichten	7
a) Allgemeines	7
b) Illegaler Aufenthalt	12

Übermittlungen an Ausländerbehörden §87 **AufenthG 1**

	Rn
c) Verstoß gegen räumliche Beschränkung	14
d) Ausweisungsgrund	15
4. Besondere Unterrichtungspflichten	19
a) Straf- und Ordnungswidrigkeitenverfahren	19
b) Übermittlung aufgrund der AufenthV	20
5. Ausnahmen	22

I. Entstehungsgeschichte

Die Vorschrift stimmt mit dem **GesEntw** (BT-Drs 15/420 S. 31 f) überein.   **1**

II. Datenübermittlung

1. Allgemeines

Adressaten der Datenübermittlungspflichten sind **alle öffentl Stellen**. Diese sind wie **2** die Behörden in § 86 I nicht weiter definiert, so dass auf die Begriffsbestimmung des § 2 BDSG zurückgegriffen werden muss. Der Behördenbegriff des § 1 II VwVfG ist nicht maßgeblich, weil gerade der umfassendere der „Stelle" verwandt ist (Schriever-Steinberg, ZAR 1991, 66; aA Kunkel, ZAR 1991, 71). Die Aufzählungen in §§ 71 ff AufenthV können dagegen nicht weiterhelfen, weil sie ersichtlich nur einen kleinen Teil der öffentl Stellen darstellen sollen. Den Kreis der übermittlungspflichtigen Stellen nach ihrer Organisationsform oder nach der Art ihrer Aufgaben einzuengen, erscheint ebenfalls nicht möglich. Das Ges lässt eine solche Begrenzung nirgends erkennen u. stellt im Gegenteil mit der Ausnahme für die Ausländerbeauftragten klar, dass die Wahrnehmung von Beratungs- u. Betreuungsaufgaben nicht von den Übermittlungspflichten befreien soll. Besondere Verwendungsregeln u. Offenbarungsbefugnisse sind in § 77 u. in § 71 SGB X behandelt. Sie beschränken ggf den Umfang der Pflicht zur Mitteilung oder Unterrichtung.

Die Übermittlungspflichten werden nach dem **Anlass** unterschieden: auf Ersuchen der **3** mit der Durchführung des Ges betrauten Behörden (Mitteilung nach Abs 1) oder ohne ein derartiges Ersuchen, also von Amts wegen (Unterrichtung nach Abs 2, 4). Sie verpflichten nicht gleichzeitig zur Datenerhebung, weder die öffentl Stellen noch deren einzelne Bedienstete.

2. Mitteilungspflichten

Auf **Ersuchen** der mit dem AufenthG befassten Behörden (§ 86 Rn 3) sind alle öffentl **4** Stellen zur Mitteilung verpflichtet (vgl Nr 87.1.1–87.1.1.5 VAH). Das behördliche Ersuchen darf nur ergehen, wenn die Datenerhebung nach § 75 II 2, 3 ohne Mitwirkung des Ausl zulässig ist. Wird eine dem SGB X unterliegende Stelle um Übermittlung ersucht, ist zusätzlich § 71 II Nr 1 SGB X zu beachten (§ 88 Rn 4). Bei Bundesstellen ist die ersuchende Behörde für die Einhaltung des § 86 I, II verantwortlich (§ 15 II 2 bis 4 BDSG; ebenso § 14 II HessDSG).

Der **Zweck** der Mitteilung ist genauso unbestimmt wie nach § 86 I. Der Gegenstand der **5** Übermittlung – „Umstände" – ist weder genau noch klar beschrieben; ein Verstoß gegen den Grundsatz der Normenklarheit u. das Übermaßverbot („Vorratssammlung") ist denkbar (Stief in Barwig, AuslR, S. 281, 284), er kann aber uU durch die Begrenzung auf „amtliche" Erkenntnisse (Rn 6 ff) u. „erforderliche" Daten verhindert werden (dazu Kunkel, ZAR 1991, 71).

Die Art der mitzuteilenden Umstände ist insoweit eingegrenzt, als es sich um den öffentl **6** Stellen „**bekannt gewordene**" handeln muss. Hieraus folgt vor allem, dass die mitteilungspflichtige Stelle durch § 87 nicht zur Datenerhebung verpflichtet oder befugt wird; außerdem kann daraus der datenschutzfreundliche Schluss gezogen werden, dass nur solche Tatsachen gemeint sind, die eine öffentl Stelle im Rahmen ihrer Aufgabenerfüllung erfahren hat, nicht aber bei Gelegenheit (Schriever-Steinberg, ZAR 1991, 66; Nr 87.1.2 VAH; aA Stief aaO, S. 281, 283 f). Private Erkenntnisse eines Bediensteten scheiden aus, weil sie dem Dienstherrn nicht mitzuteilen sind u. nur die Stelle selbst mitteilungspflichtig ist.

3. Allgemeine Unterrichtungspflichten

a) Allgemeines

7   Ohne Ersuchen, also von sich aus (**„Spontanmitteilung"**), sind öffentl Stellen nur eingeschränkt zur Unterrichtung verpflichtet. Einmal kommt als Adressat nur die zuständige AuslBeh in Betracht u. nicht andere mit dem AufenthG befasste Stellen (§ 86 Rn 3). Zum anderen ist die Informationspflicht inhaltlich beschränkt auf: illegalen u. nicht geduldeten Aufenthalt, Verstoß gegen räumliche Beschränkung, Ausweisungsgrund. Außerdem gelten die Einschränkungen nach § 77 u. § 71 II Nr. 2 SGB X.

8   Auch hier sind nur Erkenntnisse gemeint, die im Rahmen der **Aufgabenerfüllung** der öffentl Stelle u. nicht bei Gelegenheit einer Amtstätigkeit oder privat gewonnen wurden (Rn 6). Die Kenntniserlangung braucht aber nicht unmittelbar zum Aufgabenfeld der Stelle zu gehören. Hat sich eine Stelle zum Zwecke der Erfüllung eigener Aufgaben über den Aufenthaltsstaus eines Ausl zu vergewissern, zB Arbeitsagentur oder Sozialamt, ist sie ggf nach Abs 2 Nr 1 meldepflichtig. Ähnlich verhält es sich zB bei einem Verstoß gegen gewerberechtliche Vorschriften für die Gewerbeaufsicht. Der Gefahr, dass fast jede öffentl Stelle zum „Ausforschungsinstrument der AuslBeh gegen den Ausl" wird (so Stief in Barwig, AuslR ua, S. 281, 285), kann uU durch eine sachgerechte Auslegung (Rn 9 ff) begegnet werden.

9   Ob **Lehrer, Erzieher, Sozialberater** u. andere Betreuungs- u. Beratungspersonen Unterrichtungspflichten unterliegen, kann fraglich sein. Soweit auf sie § 88 I bis III anwendbar ist, hat eine Datenübermittlung zu unterbleiben. Soweit sie als Pädagogen gelegentlich ihrer Berufstätigkeit auch private Daten erfahren, gehören diese nicht in ihren amtlichen Bereich. Anders wäre es wohl, wenn zB der Rektor Kenntnis erhält von der Nichterfüllung der Schulpflicht durch einen Schüler (§ 55 II Nr 2) oder der Drogenberater vom Abbruch einer Rehabilitations-Behandlung (§ 55 II Nr 4; weitere Beispiele bei Stief in Barwig, AuslR ua, S. 281, 286). Für die Abgrenzung sind die übertragenen Aufgaben maßgeblich. Aus dem Bildungs- u. Sozialbereich kommen nur Daten in Betracht, die in Anmeldungs-, Zulassungs- u. Leistungsverf anfallen (Nr 87.1.1.3 u. 87.1.1.4 VAH); außerdem sind §§ 71 II 1 Nr. 1, II 2, 76 SGB X zu beachten.

10 Eine Meldung ist nicht schon deshalb **entbehrlich,** weil auch andere Stellen, zB Strafverfolgungsbehörden nach Abs 4, zur Unterrichtung verpflichtet sind. Irgendein Vorrang ist im Ges nicht festgelegt u. auf die Sachnähe nicht abgestellt. Abs 2 Hs. 2 macht deutlich, dass Spontanmitteilungen über Straftaten von allen Stellen erwartet werden. Sie können nur statt der AuslBeh der Polizeibehörde mitgeteilt werden, falls Maßnahmen in Betracht kommen, für die auch die Länderpolizeien zuständig sind (§ 71 V). Eine allg Einschränkung auf „erforderliche" Kenntnisse u. Tatsachen erscheint aus datenschutzrechtlicher Sicht notwendig, obgleich sie sich weder dem Gesetzeswortlaut entnehmen noch für einzelne Fallgruppen konkret bestimmen lässt. Die Erforderlichkeit muss von der öffentl Stelle aus auslr Sicht beurteilt werden, uU im Benehmen mit der nach § 71 zuständigen Behörde.

11 Die Gefahr einer unzulässigen **Sammlung von Daten auf Vorrat** ohne klare ges Grundlagen ist gerade wegen der weitgehenden Übermittlungspflichten von Amts wegen nicht zu verkennen. Sie kann insgesamt zur Verfassungswidrigkeit der §§ 86 bis 88 führen (dazu Huber, InfAuslR 1990, 41; Rittstieg, InfAuslR 1990, 221; Schriever-Steinberg, ZAR 1991, 66; Spindler, InfAuslR 1993, 5; Stief aaO, S. 281, 288).

Übermittlungen an Ausländerbehörden § 87 **AufenthG 1**

b) Illegaler Aufenthalt

Erkenntnisse über illegalen Aufenthalt gehören zu den **Aufgaben vieler Behörden** u. 12
müssen deshalb von ihnen von Amts wegen übermittelt werden, soweit sie bei ihrer amtl
Tätigkeit u. zur Vorbereitung der ihnen obliegenden Entscheidungen anfallen. Dazu gehören außer Polizei-, Ordnungs- u. Staatsangehörigkeitsbehörde u. Standesamt vor allem
Staatsanwaltschaft, Ordnungswidrigkeitenbehörde, Arbeitsagentur, Sozial- u. Jugendamt,
Gerichte der Straf-, Verwaltungs-, Arbeits- u. Sozialgerichtsbarkeit, Schulbehörde, Hochschulzulassungsstelle (vgl Nr 87.2.1.1 VAH).

Die Pflicht zu Übermittlung positiver Erkenntnisse über illegalen Aufenthalt ist insoweit 13
eingeschränkt, als für den Ausl ein **AufTit erforderlich** sein muss (vgl Nr 87.2.1.2 VAH).
Ausgenommen ist also, wer dem AuslG nicht unterliegt (§ 1 II; auch heimatlose Ausl nach
HAG), vom Erfordernis des AufTit befreit ist (§§ 15 ff AufenthV) oder als Asylbew eine
AufGest beanspruchen kann (§§ 55, 63 AsylVfG). Außerdem ist ein illegaler Aufenthalt nur
dann meldepflichtig, wenn keine Duldung (§ 60 a) vorliegt. Dazu bedarf es zusätzlicher
Feststellungen über den Besitz einer Duldungsbescheinigung. Eine Beschränkung auf „erforderliche" Mitteilungen ist anzunehmen (Rn 10); die Erforderlichkeit kann letztlich nur
von der AuslBeh bestimmt werden, auch u. gerade in Zweifelsfällen; denn sie ist für die auslr
Entscheidung allein zuständig u. verantwortlich.

c) Verstoß gegen räumliche Beschränkung

Räumliche Beschränkungen ergeben sich zB **kraft Ges** aus §§ 61 I 1, 54a II Auf- 14
enthG u. § 56 I AsylVfG sowie aus **Anordnungen** im Einzelfall aufgrund §§ 12 II u. 4,
61 I 2 AufenthG sowie § 56 AsylVfG. Ob die Mitteilung von der AuslBeh benötigt wird,
kann letztlich nur von dieser entschieden werden (Rn 10, 14). Zur Unterrichtung
verpflichtet sind vor allem Polizei- u. Ordnungsbehörden, Arbeitsagenturen, Sozial- u.
Jugendämter.

d) Ausweisungsgrund

Von den übermittlungspflichtigen Umständen kann vor allem der Ausweisungsgrund 15
äußerst problematisch sein, weil er eine nähere Begrenzung nicht erkennen lässt (Schriever-Steinberg, ZAR 1991, 66; Heldmann/Weichert, § 76 Rn 17: Abs 2 verfassungswidrig).
Unter Ausweisungsgrund ist auch hier der **Ausweisungstatbestand** zu verstehen (§ 5
Rn 20 ff). Das Vorliegen eines Ausweisungsgrunds ist nicht nur für die Ausweisung von
Bedeutung, sondern auch im Rahmen der Regelvoraussetzungen (§ 5 I Nr 2). Nur die
AuslBeh kann Wichtigkeit u. Erheblichkeit eines Tatbestands der §§ 53 bis 55 zutreffend
einordnen, nicht die informationspflichtige Stelle. Letzterer fehlen nämlich die hierfür
notwendigen Kenntnisse über die insoweit bedeutsamen persönlichen Umstände u. Verhältnisse iSd §§ 55 III, 56 (aA Kunkel, ZAR 1991, 71; dazu im Einzelnen Nr 87.2.3.2–87.2. 3.
10 VAH).

Zu Mitteilungen über die Beeinträchtigung von Sicherheit u. Ordnung (§ 55 I) sind nur 16
die insoweit **allein zuständigen** Polizei- u. Ordnungsbehörden verpflichtet. Zum Schutze
sonstiger erheblicher Interessen iSd § 55 I sind dagegen uU auch andere öffentl Stellen
berufen. Eine eindeutig geringfügige Beeinträchtigung ist nicht zu übermitteln, weil sie
weder nach § 55 noch sonst für aufr Entscheidungen von Bedeutung sein kann.

Der Schutz der Sicherheit iSd § 55 I obliegt nur den Polizei- u. Staatsschutzbehörden 17
sowie der Staatsanwaltschaft, nicht anderen öffentl Stellen. Auch im Rahmen von § 55 II
Nr 2 kommt es für die Mitteilungspflicht auf die jew **Sachzuständigkeit** an (Rn 6, 8).
Zusätzlich ist hier die Schwelle der Geringfügigkeit zu beachten. Dagegen spielt es keine
Rolle, ob der festgestellte Verstoß vereinzelt ist; denn nur die AuslBeh kann dies aufgrund
aller Erkenntnisse beurteilen, über die sie allein u. nicht die übermittlungspflichtige Stelle
verfügt. Hinsichtlich § 55 II Nr 3 bis 5 (öffentl Gesundheit) sind Polizei-, Ordnungs- u.

Gesundheitsbehörde übermittlungspflichtig u. betr § 55 II Nr 4 auch die öffentl Rehabilitations- oder Krankenanstalt. Für § 55 II Nr 5 (Obdachlosigkeit) kommen zusätzlich Sozial- u. Wohnungsamt in Betracht.

18   Die Mitteilungspflicht hinsichtlich § 55 II Nr 6 besteht allg bei **Sozialhilfebedürftigkeit,** es sei denn, diese ist auslr ohne Bedeutung (zB bei NE, AE nach § 28 oder AufGest). Im Rahmen des § 55 II Nr 7 ist nur das zuständige Jugendamt mitteilungspflichtig. Die Einschränkung des Ausweisungsgrunds bei Minderjährigen (§ 55 II Nr 7 Hs 2) ist zu beachten; außerdem besteht kein Mitteilungsbedürfnis, wenn die Erziehungshilfe auslr unbeachtlich ist (zB bei NE; betr Erziehungshilfe für Asylbew OVG Lüneburg, InfAuslR 1993, 13).

4. Besondere Unterrichtungspflichten

a) Straf- und Ordnungswidrigkeitenverfahren

19   Besondere Pflichten zur Übermittlung von Amts wegen treffen nach Abs 4 **Staatsanwaltschaft, Gericht** u. **Bußgeldbehörde** (Nr 87.4.1.0–87.4.1.1.2 VAH). Sie stehen neben der Pflicht zur Spontanmitteilung nach Abs 2 Nr 2. Sie knüpfen an einen bestimmten Verfahrensstand im Straf-, Bußgeld- oder Auslieferungsverf an (Einleitung, Erledigung), entstehen also nicht schon mit Kenntnis von einem Ausweisungsgrund. Der Ausschluss weniger bedeutsamer Ordnungswidrigkeiten (Abs 4 S. 3) soll die durch das Erreichen formaler Verfahrensstufen ausgelöste Mitteilung nach Abs 4 beschränken, nicht aber gleichzeitig die Mitteilung eines Ausweisungstatbestands nach Abs 2 Nr 3. Ob ein Verstoß danach als vereinzelt anzusehen ist, kann letztlich nur die AuslBeh übersehen, nicht die lediglich für die einzelne Ordnungswidrigkeit zuständige Behörde. Die Unterrichtung über Beginn u. Ende eines Zeugenschutzes (nach dem Ges vom 11. 12. 2001, BGBl. I 3510) hat unverzüglich zu erfolgen.

b) Übermittlung aufgrund der AufenthV

20   Die Übermittlungspflichten nach § 99 Nr 14 iVm §§ 71 bis 76 AufenthV stehen **neben den allg Verpflichtungen** nach Abs 2 u. 4, die bestimmte Sachverhalte betreffen. Sie bezwecken die Unterrichtung der AuslBeh (nicht anderer Stellen iSd Abs 1) über alle der Aufgabenerfüllung der AuslBeh dienlichen Erkenntnisse.

21   Die AufenthV schränkt **den Anwendungsbereich** dieser besonderen Spontanmitteilungen (zulässigerweise) in mehrfacher Hinsicht gegenüber der Ermächtigungsnorm ein. Pass- u. Personalausweisbehörden, Sozial- u. Jugendämter, Polizei- u. Ordnungsbehörden sowie Finanz- u. Hauptzollämter sind der besonderen Übermittlungspflicht nicht unterworfen. Die mitzuteilenden Daten (§§ 71 II, 72 bis 76 AufenthV) sind dem Aufgabenbereich der jew Behörde entnommen.

5. Ausnahmen

22   Von der Übermittlungsverpflichtung nach Abs 1 u. 2 **ausgenommen** ist nur die **Beauftragte** der Bundesregierung, soweit sonst deren Aufgabenerfüllung gefährdet wird. Die Freistellung ist (entsprechend der weitreichenden Aufgabenzuweisungen in §§ 92 bis 94) nicht auf den Personenkreis der Arbeitnehmer u. ihrer Familienangehörigen begrenzt. Die vom Ges zugelassene Landes-RVO kann ebenfalls Ausnahmen für Ausländerbeauftragte des Landes u. der Gemeinden (wohl auch der Kreise u. Gemeindeverbände) allg hinsichtlich rechtmäßig im Bundesgebiet lebender Ausl bestimmen.

23   **Ausländerbeiräte** sind nicht allg freigestellt, uU aber aufgrund ihrer meist nur beratenden Aufgabenstellung (dazu Hoffmann/Even, ZAR 1985, 124; v. Kodolitsch/Schuleri-Hartje, ZAR 1987, 83) nicht betroffen (Rn 6, 8).

§ 88 Übermittlungen bei besonderen gesetzlichen Verwendungsregelungen

(1) Eine Übermittlung personenbezogener Daten und sonstiger Angaben nach § 87 unterbleibt, soweit besondere gesetzliche Verwendungsregelungen entgegenstehen.

(2) Personenbezogene Daten, die von einem Arzt oder anderen in § 203 Abs. 1 Nr. 1, 2, 4 bis 6 und Abs. 3 des Strafgesetzbuches genannten Personen einer öffentlichen Stelle zugänglich gemacht worden sind, dürfen von dieser übermittelt werden,

1. wenn der Ausländer die öffentliche Gesundheit gefährdet und besondere Schutzmaßnahmen zum Ausschluss der Gefährdung nicht möglich sind oder von dem Ausländer nicht eingehalten werden oder
2. soweit die Daten für die Feststellung erforderlich sind, ob die im § 55 Abs. 2 Nr. 4 bezeichneten Voraussetzungen vorliegen.

(3) ¹Personenbezogene Daten, die nach § 30 der Abgabenordnung dem Steuergeheimnis unterliegen, dürfen übermittelt werden, wenn der Ausländer gegen eine Vorschrift des Steuerrechts einschließlich des Zollrechts und des Monopolrechts oder des Außenwirtschaftsrechts oder gegen Einfuhr-, Ausfuhr-, Durchfuhr- oder Verbringungsverbote oder -beschränkungen verstoßen hat und wegen dieses Verstoßes ein strafrechtliches Ermittlungsverfahren eingeleitet oder eine Geldbuße von mindestens fünfhundert Euro verhängt worden ist. ²In den Fällen des Satzes 1 dürfen auch die mit der polizeilichen Kontrolle des grenzüberschreitenden Verkehrs beauftragten Behörden unterrichtet werden, wenn ein Ausreiseverbot nach § 46 Abs. 2 erlassen werden soll.

(4) Auf die Übermittlung durch die mit der Ausführung dieses Gesetzes betrauten Behörden und durch nichtöffentliche Stellen finden die Absätze 1 bis 3 entsprechende Anwendung.

Vorläufige Anwendungshinweise

88 Zu § 88 Übermittlungen bei besonderen gesetzlichen Verwendungsregelungen

88.0 Anwendungsbereich
§ 88 regelt Fälle, in denen besondere gesetzliche Verwendungsregelungen einer Datenübermittlung nach § 87 entgegenstehen (Absatz 1), und Ausnahmefälle, in denen Daten unter bestimmten Voraussetzungen übermittelt werden dürfen (Absätze 2 und 3). Nach Absatz 4 gilt Entsprechendes auch für Datenübermittlungen durch die mit der Durchführung des Aufenthaltsgesetzes betrauten Stellen (s. insoweit § 90) sowie durch nichtöffentliche Stellen.

88.1 Besondere Verwendungsregelungen
Besondere Verwendungsregelungen, die – von Ausnahmen abgesehen – einer Übermittlung nach § 87 entgegenstehen, können insbesondere sein § 203 StGB, § 35 SGB I in Verbindung mit den §§ 67 ff. SGB X, § 65 SGB VIII, § 30 AO, § 138 BauGB, § 23 Nr. 2 BVerfSchG (und entsprechende Regelungen der Landesverfassungsschutzgesetze), § 7 des Gesetzes zu Artikel 10 Grundgesetz (G 10), § 21 SÜG oder § 16 BStatG.

88.2 Übermittlung von Daten, die von einer der in § 203 Abs. 1 Nr. 1, 2, 4 bis 6 und Abs. 3 StGB genannten Personen zugänglich gemacht worden sind
88.2.1 Die Vorschrift wendet sich insbesondere an die Gesundheitsbehörden und erfasst nur Fälle, in denen die Stelle nicht selbst der Geheimhaltungspflicht des § 203 StGB unterliegt. Die von einer der in § 203 Abs. 1 Nr. 1, 2, 4 bis 6 und Abs. 3 StGB genannten Personen einer öffentlichen Stelle zugänglich gemachten Daten unterliegen einem grundsätzlichen Übermittlungsverbot. Sie dürfen nur nach Maßgabe dieser Vorschrift an die Ausländerbehörde übermittelt werden.
88.2.2 Liegen die Voraussetzungen des § 88 Abs. 2 Nr. 1 und 2 für eine Datenübermittlung vor, ist die öffentliche Stelle nach Maßgabe des § 87 verpflichtet, die Daten zu übermitteln.
88.2.3 Bei den in § 203 Abs. 1 Nr. 1, 2, 4 bis 6 und Abs. 3 StGB genannten Personen handelt es sich:
– nach Absatz 1 Nr. 1 um Ärzte, Zahnärzte, Tierärzte, Apotheker oder Angehörige eines anderen Heilberufs, der für die Berufsausübung oder die Führung der Berufsbezeichnung eine staatlich geregelte Ausbildung erfordert (z. B. medizinisch-technische Assistenten, Hebammen),
– nach Absatz 1 Nr. 2 um Berufspsychologen mit staatlich anerkannter wissenschaftlicher Abschlussprüfung,

- nach Absatz 1 Nr. 4 um Ehe- und Familien-, Erziehungs- oder Jugendberater sowie Berater für Suchtfragen in der Beratungsstelle, die von einer Behörde oder Körperschaft, Anstalt oder Stiftung des öffentlichen Rechts anerkannt ist,
- nach Abs. 4 a um Mitglieder oder Beauftragte einer anerkannten Beratungsstelle nach den §§ 3 und 8 des Schwangerschaftskonfliktgesetzes,
- nach Absatz 1 Nr. 5 um staatlich anerkannte Sozialarbeiter oder staatlich anerkannte Sozialpädagogen,
- nach Absatz 1 Nr. 6 um Angehörige eines Unternehmens der privaten Kranken-, Unfall- oder Lebensversicherung oder einer privatärztlichen Verrechnungsstelle,
- nach Absatz 3 Satz 2 um berufsmäßig tätige Gehilfen und Personen der o. g. Personen, die bei ihnen zur Vorbereitung auf den Beruf tätig sind, und
- nach Absatz 3 Satz 3 um den vorgenannten zur Wahrung des Geheimnisses Verpflichteten nach deren Tod gleichgestellte Personen, die das Geheimnis von dem Verstorbenen oder aus dessen Nachlass erlangt haben.

88.2.4.0 Die personenbezogenen Daten (siehe Nummer 86.3.2) müssen den in Nummer 88.2.3 genannten Personen als Geheimnis in ihrer Eigenschaft als Angehöriger ihrer Berufsgruppe anvertraut oder sonst bekannt geworden sein.

88.2.4.1 Bei einem Geheimnis handelt es sich um Tatsachen, die nur einem beschränkten Personenkreis bekannt sind und an deren Geheimhaltung derjenige, den sie betreffen, ein von seinem Standpunkt aus sachlich begründetes Interesse hat oder bei eigener Kenntnis der Tatsache haben würde.

88.2.4.2 Anvertraut ist ein Geheimnis, wenn es einer der genannten Personen mündlich, schriftlich oder auf sonstige Weise unter Umständen mitgeteilt worden ist, aus denen sich die Anforderung des Geheimhaltens ergibt. Sonst bekannt geworden ist ein Geheimnis, wenn die genannte Person es auf andere Weise erfahren hat.

88.2.4.3 In der Eigenschaft als Angehöriger einer Berufsgruppe ist ein Geheimnis anvertraut oder sonst bekannt geworden, wenn personenbezogene Daten im Zusammenhang mit der Ausübung der beruflichen Tätigkeit oder im Hinblick auf diese zur Kenntnis gebracht sind. Entsprechendes gilt für die in § 203 StGB genannten anderweitigen Eigenschaften.

88.2.5 Zugänglich gemacht sind Daten, die eine der in Nummer 88.2.3 bezeichneten Personen der öffentlichen Stelle zielgerichtet zur Kenntnis gebracht hat. Dasselbe gilt, wenn Daten einer öffentlichen Stelle bei Zuständigkeitswechsel von der bisher zuständigen Stelle zur Kenntnis gelangt sind.

88.2.6 Zum Begriff „Gefährdung der öffentlichen Gesundheit" siehe Nummer 55.2.5.1. Besondere Schutzmaßnahmen sind alle Maßnahmen, die objektiv geeignet sind, eine Gefährdung der öffentlichen Gesundheit auszuschließen. Ein Ausschluss der Gefährdung ist anzunehmen, wenn mit an Sicherheit grenzender Wahrscheinlichkeit keine gesundheitliche Beeinträchtigung der Bevölkerung im größeren Umfang eintritt.

88.2.7 Für Stellen, für die das SGB X gilt, enthält § 71 Abs. 2 Satz 2 SGB X eine spezielle Regelung mit Einschränkungen, die denen in Absatz 2 Nr. 1 und 2 entsprechen.

88.3 Übermittlung von Daten, die dem Steuergeheimnis unterliegen
88.3.0 Die Vorschrift wendet sich in erster Linie an Finanzbehörden.
88.3.1 Für personenbezogene Daten, die nach § 30 der Abgabenordnung (AO) dem Steuergeheimnis unterliegen, besteht ein grundsätzliches Übermittlungsverbot. Sie dürfen nur nach Maßgabe des § 88 Abs. 3 an die Ausländer- und Grenzbehörden übermittelt werden.
88.3.2 Liegen die Voraussetzungen für eine Datenübermittlung nach § 88 Abs. 3 vor, ist die öffentliche Stelle nach Maßgabe des § 87 verpflichtet, die Daten zu übermitteln.
88.3.3 Personenbezogene Daten (siehe Nummer 86.1.2), die nach § 30 AO dem Steuergeheimnis unterliegen, sind solche, die einem Amtsträger bekannt geworden sind:
- in einem Verwaltungsverfahren, einem Rechnungsprüfungsverfahren oder einem gerichtlichen Verfahren in Steuersachen,
- in einem Strafverfahren wegen einer Steuerstraftat oder einem Bußgeldverfahren wegen einer Steuerordnungswidrigkeit oder
- aus anderem Anlass durch Mitteilung einer Finanzbehörde oder durch die gesetzlich vorgeschriebene Vorlage eines Steuerbescheides oder einer Bescheinigung über die bei der Besteuerung getroffenen Feststellungen.

88.3.4 Eine Übermittlung hat zu erfolgen, wenn der Ausländer gegen Vorschriften des Steuerrechts einschließlich des Zollrechts, Monopolrechts, Außenwirtschaftsrechts oder gegen Einfuhr-, Ausfuhr-, Durchfuhr- oder Verbringungsverbote oder -beschränkungen verstößt und wegen dieses Verstoßes ein

Übermittlungen bei besonderen gesetzlichen Verwendungsregelungen § 88 **AufenthG 1**

strafrechtliches Ermittlungsverfahren eingeleitet oder eine Geldbuße von mindestens 500 Euro wegen dieses Verstoßes verhängt worden ist.
88.3.5 Zur Unterrichtung über die Einleitung eines strafrechtlichen Ermittlungsverfahrens siehe die Nummern 87.4.1.1.1 und 87.4.1.1.2. Eine Geldbuße ist verhängt, wenn der Bescheid dem Betroffenen zugegangen ist. Rechtsmittel müssen nicht ausgeschöpft sein. Hält die Finanzbehörde auf einen zulässigen Einspruch des Betroffenen weitere Ermittlungen oder Erklärungen für sachdienlich (§ 69 Abs. 2 Satz 2 und 3 OWiG i. V. m. § 410 Abs. 1 AO), so kann sie bis zur Klärung des Sachverhalts die Übermittlung zurückstellen. Sieht sie davon ab, so hat sie die maßgebenden Gründe aktenkundig zu machen.
88.3.6 Für den Fall, dass ein Ausreiseverbot nach § 46 Abs. 2 Satz 1 erlassen werden soll, können nach § 88 Abs. 3 Satz 2 auch die mit der polizeilichen Kontrolle des grenzüberschreitenden Verkehrs betrauten Behörden unterrichtet werden (siehe die Nummern 46.2.5 und 71.3.4.1).
88.4 Übermittlung von Daten durch die mit der Ausführung des Aufenthaltsgesetzes betrauten Behörden und durch nichtöffentliche Stellen
Die Einschränkungen des § 88 Abs. 1 bis 3 sind auch dann zu beachten, wenn die mit der Ausführung dieses Gesetzes betrauten Behörden und nichtöffentliche Stellen personenbezogene Daten übermitteln.

I. Entstehungsgeschichte

Die Vorschrift stimmt im Wesentlichen mit dem **GesEntw** (BT-Drs 15/420 S. 32) überein. Aufgrund des Vermittlungsverf (BT-Drs 15/3479 S. 11) wurde nur Abs 3 S. 2 die Bezugnahme auf § 48 IV durch eine solche auf § 46 II ersetzt. **1**

II. Verwendungsregelungen

Nach Abs 1 genießen besondere ges Verwendungsregelungen **Vorrang**. Hierzu zählen **2** insb § 203 StGB, § 35 SGB I iVm §§ 68 ff SGB X, § 65 SGB VIII, § 30 AO, § 138 BauGB, § 23 Nr 2 BVerfSchG, Art 1 § 7 II G 10, § 16 BStatG. Die Vorschrift des § 68 SGB X betrifft nur Standarddaten, über die die AuslBeh ohnehin verfügen wird, u. § 69 SGB X kommt nicht in Betracht, da sie nur Offenbarungen betrifft, die zur Erfüllung einer Aufgabe eines Sozialleistungsträgers nach dem SGB erforderlich sind (Kunkel, ZAR 1991, 71).
Von einem **Arzt** oder einer anderen in § 203 I Nr 1, 2, 4–6 u. III StGB genannten **3** Person einer öffentl Stelle zugänglich gemachte personenbezogene Daten dürfen nur nach Maßgabe von Abs 2 übermittelt werden. Die Daten müssen diesen Personen als Geheimnis in ihrer beruflichen Funktion anvertraut worden oder sonst bekannt geworden sein (näher Nr 88.2.4.1–88.2.5 VAH).
In **§ 71 II SGB X** sind die Offenbarungsbefugnisse den auslr Vorschriften über Auswei- **4** sung oder Nichtverlängerung des AufTit bei Sozialhilfebezug angeglichen. Der fallbezogene Katalog des § 71 II SGB X umfasst meist präzise Bestimmungen, zT aber auch wenig aussagekräftige wie „das zu erwartende soziale Verhalten" eines Jugendlichen oder Kindes (Nr 1 Bst d), die für den Ausl ein erhöhtes Risiko bei der Inanspruchnahme von KJHG-Leistungen (dazu § 55 II Nr 7) bedeuten (Schriever-Steinberg, ZAR 1991, 66). Zum **Verhältnis** von Offenbarungsbefugnis u. -pflicht einerseits u. den Mitteilungspflichten nach § 87 I, II, IV andererseits u. zur Einschränkung durch den Grundsatz der Verhältnismäßigkeit, § 76 SGB X u. – für das Jugendamt – § 65 SGB VIII vgl Kunkel, ZAR 1991, 71, 75 f.
Abs 3 enthält eine bereichsspezifische Durchbrechung des **Steuergeheimnisses** (§ 30 **5** AO) für den Fall, dass der Ausl gegen eine der zahlreichen genannten Rechtsvorschriften oder Verbote verstößt.
Hinsichtlich unbefugt weitergegebener Daten ist ein Verwertungsverbot in Betracht zu **6** ziehen, das aus § 78 SGB X abgeleitet werden kann (Kunkel, ZAR 1991, 71, 78). Es greift

ein bei unzulässiger Offenbarung von Sozialdaten, die vollständig oder zT nicht verwendet werden dürfen.

§ 89 Verfahren bei identitätssichernden und -feststellenden Maßnahmen

(1) ¹Das Bundeskriminalamt leistet Amtshilfe bei der Auswertung der nach § 49 gewonnenen Unterlagen. ²Die nach § 49 Abs. 2 bis 3 gewonnenen Unterlagen werden getrennt von anderen erkennungsdienstlichen Unterlagen aufbewahrt. ³Die Sprachaufzeichnungen nach § 49 Abs. 5 werden bei der aufzeichnenden Behörde aufbewahrt.

(2) ¹Die Nutzung der nach § 49 gewonnenen Unterlagen ist auch zulässig zur Feststellung der Identität oder der Zuordnung von Beweismitteln im Rahmen der Strafverfolgung und der polizeilichen Gefahrenabwehr. ²Sie dürfen, soweit und solange es erforderlich ist, den für diese Maßnahmen zuständigen Behörden überlassen werden.

(3) Die nach § 49 Abs. 2 bis 3 oder 5 gewonnenen Unterlagen sind von allen Behörden, die sie aufbewahren, zu vernichten, wenn

1. dem Ausländer ein gültiger Pass oder Passersatz ausgestellt und von der Ausländerbehörde ein Aufenthaltstitel erteilt worden ist,
2. seit der letzten Ausreise oder versuchten unerlaubten Einreise zehn Jahre vergangen sind,
3. in den Fällen des § 49 Abs. 3 Nr. 3 und 4 seit der Zurückweisung oder Zurückschiebung drei Jahre vergangen sind oder
4. im Falle des § 49 Abs. 3 Nr. 5 seit der Beantragung des Visums sowie im Falle des § 49 Abs. 5 seit der Sprachaufzeichnung zehn Jahre vergangen sind.

(4) ¹Absatz 3 gilt nicht, soweit und solange die Unterlagen im Rahmen eines Strafverfahrens oder zur Abwehr einer Gefahr für die öffentliche Sicherheit oder Ordnung benötigt werden. ²Über die Vernichtung ist eine Niederschrift anzufertigen.

Vorläufige Anwendungshinweise
89 Zu § 89 Verfahren bei erkennungsdienstlichen Maßnahmen
89.0 Anwendungsbereich
§ 89 enthält spezielle Vorschriften für die Behandlung erkennungsdienstlicher Unterlagen („ed-Unterlagen"). Absatz 1 Satz 1 verpflichtet das Bundeskriminalamt zur Auswertung im Wege der Amtshilfe. Absatz 1 Satz 2 und 3 regeln die Aufbewahrung, Absatz 2 die anderweitige Nutzung und Absatz 3 und 4 die Vernichtung der Unterlagen.
89.1 Amtshilfe des Bundeskriminalamtes und Aufbewahrung der Unterlagen
89.1.1 Die Amtshilfe des Bundeskriminalamtes bei der Auswertung besteht darin, dass es die ihm übermittelten Unterlagen über erkennungsdienstliche Maßnahmen mit bereits vorliegenden ed-Unterlagen vergleicht, um die Identität oder Staatsangehörigkeit einer Person festzustellen. Die Amtshilfe umfasst neben der Feststellung der Identität auch die Verpflichtung, das Ergebnis der Auswertung an die ersuchende Stelle zu übermitteln.
89.1.2 Übermittlung und Auswertung der nach § 49 Abs. 2 gewonnenen Unterlagen (siehe die Nummern 49.2) sind zur Feststellung der Identität, des Lebensalters oder der Staatsangehörigkeit durch das Bundeskriminalamt nur zulässig, wenn die ersuchende Stelle Identität, Lebensalter oder Staatsangehörigkeit nicht selbst feststellen kann.
89.1.3 Um Amtshilfe dürfen nur die in § 71 Abs. 4 genannten Behörden ersuchen.
89.1.4.0 Bei der Übermittlung der ed-Unterlagen an das Bundeskriminalamt sind das Bundesdatenschutzgesetz bzw. die datenschutzrechtlichen Regelungen in Landesgesetzen zu beachten.
89.1.4.1 Mit den nach § 49 gewonnenen ed-Unterlagen übermittelt die ersuchende Stelle die bisher bekannten Personalien und den Anlass für die erkennungsdienstliche Maßnahme.
89.1.4.2 Das Bundeskriminalamt übermittelt das Auswertungsergebnis an die Stelle, die die erkennungsdienstliche Maßnahme angeordnet hat.
89.1.5.1 Das Bundeskriminalamt ist nach § 89 Abs. 1 Satz 2 berechtigt und verpflichtet, die ed-Unterlagen nach den § 49 Abs. 2 bis 3 (vor allem Fingerabdruckblätter) zu verwahren. Dabei werden die Fingerabdruckblätter abgelegt und die digitalisierten Fingerabdruckdaten gespeichert. Mit der getrenn-

Verfahren bei identitätssichernden und -feststellenden Maßnahmen § 89 **AufenthG 1**

ten Aufbewahrung (getrennte Behältnisse für die Fingerabdruckblätter und logische Trennung der Fingerabdruckdaten mit besonderen Zugangsberechtigungen) ist sicherzustellen, dass die nach § 49 Abs. 2 bis 3 gewonnenen Unterlagen nur für ausländerrechtliche Zwecke und für Zwecke nach § 89 Abs. 2 genutzt werden können. Die im Zusammenhang mit der Durchführung der EURODAC-Verordnung anfallenden Daten (vgl. § 49 Abs. 6 und 7) werden vom Bundeskriminalamt auf der Grundlage des § 4 der Asylzuständigkeitsbestimmungsverordnung i. V. m. dem BKA-Gesetz verarbeitet.
89.1.5.2 Die Sprachaufzeichnungen nach § 49 Abs. 5 verbleiben bei der Behörde, die sie angefertigt hat.

89.2 Nutzung der Unterlagen zu anderen Zwecken
89.2.1 Über die in § 49 genannten Zwecke hinaus ist die Nutzung der ed-Unterlagen nach § 89 Abs. 2 Satz 1 auch zur Strafverfolgung und zur polizeilichen Gefahrenabwehr zulässig. Eine Verwendung zu weiteren Zwecken ist nicht zulässig. Innerhalb dieser Aufgabenbereiche dürfen sie allein zum Zweck der Feststellung der Identität und zur Zuordnung von Beweismitteln verwendet werden.
89.2.2.1 Überlassung der Unterlagen im Sinne des § 89 Abs. 2 Satz 2 bedeutet Zugänglichmachung zum Zwecke der Nutzung. Die Unterlagen dürfen den zuständigen Behörden nur für den Zeitraum überlassen werden, der notwendig ist, um die Feststellung der Identität bzw. die Zuordnung von Beweismitteln durchzuführen. Danach sind die Unterlagen, soweit diese nicht dort als Beweismittel in Ermittlungs- oder Strafverfahren Verwendung finden, unverzüglich an das Bundeskriminalamt zurückzugeben. Das Bundeskriminalamt hat darauf zu achten, dass die Rückgabe erfolgt. Es hat erforderlichenfalls nachzufragen, welche Gründe es für den weiteren Verbleib der ed-Unterlagen bei den zuständigen Behörden gibt.
89.2.2.2 Für die Maßnahmen nach § 89 Abs. 2 Satz 1 sind die Polizei- und Ordnungsbehörden, Staatsanwaltschaften, die für Steuerstrafsachen zuständigen Finanzbehörden, die für Strafsachen zuständigen Zolldienststellen und die Gerichte zuständig.

89.3 Vernichtung der Unterlagen
89.3.1 Die Unterlagen sind grundsätzlich mit Fristablauf zu vernichten. Über die Vernichtung ist eine Niederschrift zu fertigen. Liegen die Voraussetzungen nach § 89 Abs. 3 Satz 1 Nr. 1 vor, bleiben mögliche längere Aufbewahrungsfristen nach Nummer 2 bis 4 unberücksichtigt.
89.3.2 Die letzte Ausreise kann vor oder nach Entstehen einer Ausreisepflicht erfolgt sein. Unerheblich ist, ob die Ausreise freiwillig oder aufgrund einer Abschiebung erfolgt ist. Unter den Begriff „letzte versuchte unerlaubte Einreise" fällt auch die erstmalige versuchte unerlaubte Einreise (siehe Nummer 14.1).
89.3.3 Die Frist beginnt mit jeder versuchten unerlaubten Einreise erneut.

89.4 Ausnahmen von den Aufbewahrungsfristen
Die Unterlagen sind über den Fristablauf hinaus aufzubewahren, soweit und solange sie im Rahmen eines Strafverfahrens oder zur Abwehr einer Gefahr für die öffentliche Sicherheit und Ordnung benötigt werden.

I. Entstehungsgeschichte

Die Vorschrift stimmt mit dem **GesEntw** (BT-Drs 15/420 S. 31) überein. Aufgrund des 1 Vermittlungsverf wurde nur in Abs 1 S. 2 die Angabe „und 3" durch „bis 3" ersetzt. Dieselbe Änderung erfolgte im März 2005 in Abs 3 S. 1 (Art 1 Nr 57 ÄndGes vom 14. 3. 2005, BGBl. I 721).

II. Daten aufgrund erkennungsdienstlicher Maßnahmen

Der Vorschrift liegen die Bestimmungen des § 49 über erkennungsdienstliche Maßnah- 2 men zugrunde. Sie trifft ähnliche Regelungen über die **Amtshilfe** des BKA bei ED-Maßnahmen u. die Behandlung von dabei gewonnenen Daten wie § 13 AsylVfG. Personenbezogene steuerliche Daten sind solche, die einem Amtsträger in einer Steuersache bekannt geworden sind. Die Amtshilfe des BKA besteht in dem Vergleich der übermittelten mit den bei ihm vorhandenen Unterlagen zum Zwecke der Feststellung der Identität einschl StAng.

3   Getrennte Aufbewahrung der nach § 49 II, III gewonnenen Unterlagen beim BKA u. Vernichtung nach Zweckerfüllung sind notwendige Folgerungen aus dem Recht auf informationelle Selbstbestimmung. Damit wird sichergestellt, dass die Unterlagen (vor allem Fingerabdruckblätter) nur für auslr Zwecke u. solche nach Abs 3 genutzt werden.

4   Außer der Identitätssicherung sind als **weitere Zwecke** auch die Strafverfolgung u. die polizeiliche Gefahrenabwehr zugelassen. Innerhalb dieser Bereiche dürfen nur die Feststellung der Identität u. die Zuordnung von Beweismitteln verfolgt werden. Andere Zwecke sind nicht zugelassen. Das BKA darf die Unterlagen den zuständigen Behörden nur für die erforderliche Zeit überlassen u. muss sie danach zurückfordern.

5   Die Einschränkung der **Vernichtung** zugunsten laufender Strafverf ist klar u. vertretbar. Unverhältnismäßig kann die weitere Aufbewahrung aber sein, wenn sie zur Abwehr einer Gefahr für die öffentl Sicherheit u. Ordnung erfolgt; denn dieser Tatbestand ist weitgespannt. Zu beachten ist schließlich auch hier die durch Abs 3 erlaubte Zweckänderung (Schriever-Steinberg, ZAR 1991, 66).

§ 89 a Verfahrensvorschriften für die Fundpapier-Datenbank

(1) Das Bundesverwaltungsamt gleicht die nach § 49 erhobenen Daten eines Ausländers auf Ersuchen der Behörde, die die Daten erhoben hat, mit den in der Fundpapier-Datenbank gespeicherten Daten ab, um durch die Zuordnung zu einem aufgefundenen Papier die Identität oder Staatsangehörigkeit eines Ausländers festzustellen, soweit hieran Zweifel bestehen.

(2) Zur Durchführung des Datenabgleichs übermittelt die ersuchende Stelle das Lichtbild oder die Fingerabdrücke sowie andere in § 49 b Nr. 1 genannte Daten an das Bundesverwaltungsamt.

(3) Stimmen die übermittelten Daten des Ausländers mit den gespeicherten Daten des Inhabers eines Fundpapiers überein, so werden die Daten nach § 49 b an die ersuchende Stelle übermittelt.

(4) [1] Kann das Bundesverwaltungsamt die Identität eines Ausländers nicht eindeutig feststellen, übermittelt es zur Identitätsprüfung an die ersuchende Stelle die in der Fundpapier-Datenbank gespeicherten Angaben zu ähnlichen Personen, wenn zu erwarten ist, dass deren Kenntnis die Identitätsfeststellung des Ausländers durch die Zuordnung zu einem der Fundpapiere ermöglicht. [2] Die ersuchende Stelle hat alle vom Bundesverwaltungsamt übermittelten Angaben, die dem Ausländer nicht zugeordnet werden können, unverzüglich zu löschen und entsprechende Aufzeichnungen zu vernichten.

(5) [1] Die Übermittlung der Daten soll durch Datenfernübertragung erfolgen. [2] Ein Abruf der Daten im automatisierten Verfahren ist nach Maßgabe des § 10 Abs. 2 bis 4 des Bundesdatenschutzgesetzes zulässig.

(6) [1] Das Bundesverwaltungsamt gleicht auf Ersuchen

1. des Bundesamtes für Migration und Flüchtlinge zur Feststellung der Identität oder Staatsangehörigkeit eines Ausländers im Asylverfahren und
2. einer für die Strafverfolgung oder die polizeiliche Gefahrenabwehr zuständigen Behörde zur Feststellung der Identität eines Ausländers oder der Zuordnung von Beweismitteln

die von dieser Behörde übermittelten Daten mit den in der Fundpapier-Datenbank gespeicherten Daten ab. [2] Die Absätze 2 bis 5 gelten entsprechend.

(7) [1] Die Daten nach § 49 b sind zehn Jahre nach der erstmaligen Speicherung von Daten zu dem betreffenden Dokument zu löschen. [2] Entfällt der Zweck der Speicherung vor Ablauf dieser Frist, sind die Daten unverzüglich zu löschen.

(8) **Die beteiligten Stellen haben dem jeweiligen Stand der Technik entsprechende Maßnahmen zur Sicherstellung von Datenschutz und Datensicherheit zu treffen, die insbesondere die Vertraulichkeit und Unversehrtheit der Daten gewährleisten; im Falle der Nutzung allgemein zugänglicher Netze sind dem jeweiligen Stand der Technik entsprechende Verschlüsselungsverfahren anzuwenden.**

Vorläufige Anwendungshinweise

Nicht belegt.

I. Entstehungsgeschichte

Die Vorschrift war im **ZuwG** noch nicht enthalten. Sie wurde aufgrund des GesEntw der BReg (BT-Drs 15/3784 S. 8) zusammen mit §§ 49 a, 49 b mit Wirkung vom 1. 10. 2005 eingefügt (Art 1 Nr 13 ÄndGes vom 14. 3. 2005, BGBl. I 721). 1

II. Allgemeines

Die Vorschrift enthält die Verfahrensbestimmungen, die notwendig sind, um den Inhalt der durch Einfügung der §§ 49 a u. 49 b ermöglichten Datenbank für Fundpapiere auszuwerten. Dies soll durch Abgleich der in der Datenbank gespeicherten Lichtbilder aus den Fundpapieren mit den Bildern passloser Ausl mit Hilfe biometrischer Gesichtserkennungssysteme geschehen. 2

III. Datenabgleich

Anlass für einen Datenabgleich geben Zweifel an der Identität oder StAng iSd § 49 II. Das Ersuchen muss von der zuständigen Stelle iSd § 71 IV gestellt werden. Dies sind vor allem AuslBeh u. Grenzbehörden sowie die Länderpolizeien. Außerdem sind das BAMF hinsichtlich Asylbew u. darüber hinaus die Polizei-, die Ordnungs- u. die Strafverfolgungsbehörden berechtigt, um einen Datenabgleich zu ersuchen. 3

Der **Vergleich** wird angestellt zwischen den übermittelten Daten (vor allem Lichtbild oder Fingerabdruck, aber auch Geschlecht u. Augenfarbe) u. dem Bestand der Datenbank. Lassen sich die Daten einem bestimmten Fundpapier zuordnen, wird dieses Ergebnis an die ersuchende Stelle übermittelt. Sonst werden die Daten unähnlicher Fundpapiere ausgeschieden u. die ähnlicher Papiere übermittelt. Wenn durch den Abgleich kein eindeutiges Ergebnis erzielt werden kann, soll der ersuchenden Stelle die Zuordnung anhand weiterer bekannter Merkmale ermöglicht werden. 4

Zu **löschen** sind die Daten, die von der ersuchenden Stelle nicht mehr benötigt werden, weil entweder der Abgleich erfolgreich oder nicht erfolgreich abgeschlossen ist. Vom BVA sind alle Daten zu löschen, wenn entweder der Zweck erreicht ist oder zehn Jahre seit der erstmaligen Speicherung vergangen sind. Um ein größtmögliches Maß an Datenschutz u. Datensicherheit zu gewährleisten, sind die Methoden, Verf u. Mittel einzusetzen, die dem jew Stand der Technik entsprechen. 5

§ 90 Übermittlungen durch Ausländerbehörden

(1) Ergeben sich im Einzelfall konkrete Anhaltspunkte für
1. eine Beschäftigung oder Tätigkeit von Ausländern ohne erforderlichen Aufenthaltstitel nach § 4,
2. Verstöße gegen die Mitwirkungspflicht nach § 60 Abs. 1 Satz 1 Nr. 2 des Ersten Buches Sozialgesetzbuch gegenüber einer Dienststelle der Bundesagentur für Arbeit, einem Träger der gesetzlichen Kranken-, Pflege-, Unfall- oder Rentenversicherung, einem Träger der Grundsicherung für Arbeitsuchende oder der Sozialhilfe oder Verstöße gegen die Meldepflicht nach § 8a des Asylbewerberleistungsgesetzes,
3. die in § 6 Abs. 3 Nr. 1 bis 4 des Schwarzarbeitsbekämpfungsgesetzes bezeichneten Verstöße,

unterrichten die mit der Ausführung dieses Gesetzes betrauten Behörden die für die Verfolgung und Ahndung der Verstöße nach den Nummern 1 bis 3 zuständigen Behörden, die Träger der Grundsicherung für Arbeitsuchende oder der Sozialhilfe sowie die nach § 10 des Asylbewerberleistungsgesetzes zuständigen Behörden.

(2) Bei der Verfolgung und Ahndung von Verstößen gegen dieses Gesetz arbeiten die mit der Ausführung dieses Gesetzes betrauten Behörden insbesondere mit den anderen in § 2 Abs. 2 des Schwarzarbeitsbekämpfungsgesetzes genannten Behörden zusammen.

(3) Die mit der Ausführung dieses Gesetzes betrauten Behörden teilen Umstände und Maßnahmen nach diesem Gesetz, deren Kenntnis für Leistungen nach dem Asylbewerberleistungsgesetz erforderlich ist, sowie die ihnen mitgeteilten Erteilungen von Zustimmungen zur Aufnahme einer Beschäftigung an Leistungsberechtigte nach dem Asylbewerberleistungsgesetz und Angaben über das Erlöschen, den Widerruf oder die Rücknahme von erteilten Zustimmungen zur Aufnahme einer Beschäftigung den nach § 10 des Asylbewerberleistungsgesetzes zuständigen Behörden mit.

Vorläufige Anwendungshinweise

90 Zu § 90 Übermittlungen durch Ausländerbehörden

90.0 Anwendungsbereich
90.0.1 § 90 verpflichtet in den Absätzen 1 und 3 die mit der Ausführung des Aufenthaltsgesetzes betrauten Behörden, verschiedene Stellen über bestimmte, einen Ausländer betreffende Sachverhalte zu unterrichten. Nach beiden Absätzen ist die Übermittlung von Daten zulässig. Gemäß Absatz 2 sind die mit der Durchführung des Aufenthaltsgesetzes betrauten Behörden verpflichtet, mit der Bundesagentur für Arbeit und weiteren Behörden bei der Verfolgung und Ahndung von Verstößen gegen das Aufenthaltsgesetz zusammenzuarbeiten.
90.0.2 Die Übermittlung von Daten durch die mit der Ausführung des Aufenthaltsgesetzes betrauten Behörden an andere als die in § 90 genannten Stellen richtet sich – soweit vorhanden – nach bereichsspezifischen Bundes- oder Landesregelungen, ergänzend nach den Vorschriften des Bundesdatenschutzgesetzes bzw. der Datenschutzgesetze der Länder. Sie ist nur insoweit zulässig, als sie zur Erfüllung der Aufgaben des Dritten, an den übermittelt wird, erforderlich ist.

90.1 Unterrichtungspflichten
90.1.0.1 Zur Unterrichtung verpflichtet sind nach § 90 Abs. 1 die mit der Ausführung des Aufenthaltsgesetzes betrauten Behörden. Die Unterrichtung stellt eine Übermittlung personenbezogener Daten im Sinne des § 3 Abs. 4 Satz 2 Nr. 3 Buchstabe a) BDSG dar (siehe Nummer 86.1.2).
90.1.0.2 Konkrete Anhaltspunkte im Einzelfall sind gegeben, wenn Tatsachen darauf schließen lassen, dass ein Ausländer einen der unter § 90 Abs. 1 Nr. 1 bis 3 genannten Verstöße begangen hat.
90.1.0.3 Die Daten sind an die jeweils zuständigen Sozialleistungsträger, insbesondere die Bundesagentur für Arbeit zu übermitteln.
90.1.1 Unterrichtung bei Beschäftigungen oder Tätigkeit ohne erforderlichen Aufenthaltstitel
90.1.1.1 Der Aufenthaltstitel muss erkennen lassen, dass die Ausübung einer Beschäftigung erlaubt ist. Die Begriffsbestimmung der Beschäftigung richtet sich nach § 2 Abs. 2 in Verbindung mit § 7 SGB IV. Danach ist Beschäftigung jegliche nichtselbständige Arbeit, insbesondere in einem Arbeits-

Übermittlungen durch Ausländerbehörden § 90 **AufenthG 1**

verhältnis. Von der Erforderlichkeit eines Aufenthaltstitels, der zur Beschäftigung berechtigt, ist daher regelmäßig auszugehen, wenn der Ausländer ein Arbeitsverhältnis aufgenommen hat oder sonst eine nichtselbständige Tätigkeit ausübt, für die ein Entgelt vereinbart oder zumindest üblich ist. Eine Geringfügigkeitsgrenze besteht nicht. Als Beschäftigung gilt außerdem der Erwerb beruflicher Kenntnisse, Fertigkeiten oder Erfahrungen im Rahmen betrieblicher Berufsbildung. Auch für ein Berufsausbildungsverhältnis, Praktikum oder ein Volontariat, soweit es mit einer vertraglichen Verpflichtung zur Arbeitsleistung verbunden ist, ist ein Aufenthaltstitel, der die Beschäftigung erlaubt, erforderlich.

90.1.1.2 Auch in den Fällen, in denen eine Beschäftigung nicht der Zustimmung der Bundesagentur für Arbeit bedarf (§§ 2 bis 16 BeschV), muss der Aufenthaltstitel erkennen lassen, dass die zustimmungsfreie Beschäftigung erlaubt ist. Soweit der Aufenthaltstitel die Erwerbstätigkeit ohne Einschränkungen erlaubt, darf jede Beschäftigung ausgeübt werden. Enthält der Aufenthaltstitel Einschränkungen hinsichtlich der Beschäftigung, darf nur die im Aufenthaltstitel angegebene Beschäftigung ausgeübt werden.

90.1.1.3 Keines Aufenthaltstitels, der die Beschäftigung erlaubt, bedürfen jedoch die Ausländer, denen nach dem Gemeinschaftsrecht Freizügigkeit innerhalb der Europäischen Union gewährt wird. Soweit Übergangsregelungen zum Beitritt zur EU für Arbeitnehmer aus beigetretenen Staaten anzuwenden sind, ist Nummer 39.6 zu beachten.

90.1.2 Unterrichtung bei Verstößen gegen die Mitwirkungspflichten gegenüber der Bundesagentur für Arbeit und anderen Dienststellen bei Sozialleistungen sowie gegen die Meldepflicht nach dem AsylbLG

90.1.2.0 Nach § 60 Abs. 1 Satz 1 Nr. 2 SGB I hat derjenige, der Sozialleistungen beantragt oder erhält, Änderungen in den Verhältnissen, die für die Leistung erheblich sind oder über die im Zusammenhang mit der Leistung Erklärungen abgegeben worden sind, unverzüglich mitzuteilen.

90.1.2.1 Eine Mitwirkungspflicht des Ausländers gegenüber den in § 90 Abs. 1 Nr. 2 genannten Leistungsträgern besteht bei Änderungen in den Verhältnissen, die für die Leistung erheblich sind. Es handelt sich um Sachverhalte, die für die Gewährung, Höhe und den Fortbestand der Leistung von Bedeutung sind (z. B. Wegfall der Berücksichtigungsfähigkeit von Kindern bei Leistungen wegen Arbeitslosigkeit, Änderung der Einkommensverhältnisse bei Arbeitslosenhilfe).

90.1.2.2 Eine Mitwirkungspflicht des Ausländers ist darüber hinaus bei Änderungen in den Verhältnissen gegeben, über die im Zusammenhang mit der Leistung Erklärungen abgegeben worden sind. Es handelt sich dabei um Sachverhalte, die erheblich von dem abweichen, was der Leistungsempfänger dem Leistungsträger mitgeteilt hatte, und die für die Gewährung der Leistungen, deren Höhe und deren Fortbestand von Bedeutung sind.

90.1.2.3 Eine Meldepflicht besteht schließlich für Leistungsberechtigte nach dem AsylbLG. Sie haben die Aufnahmen einer selbständigen oder unselbständigen Erwerbstätigkeit binnen drei Tagen der nach § 10 AsylbLG zuständigen Behörde anzuzeigen.

90.1.3 Unterrichtungen bei Verstößen gegen Vorschriften des Schwarzarbeitsbekämpfungsgesetz. Die Unterrichtungspflicht nach § 90 Abs. 1 Nr. 3 erstreckt sich auf die in § 6 Abs. 3 Nr. 1 bis 4 des Schwarzarbeitsbekämpfungsgesetzes bezeichneten Verstöße, also auf Verstöße gegen:
– das Schwarzarbeitsbekämpfungsgesetz,
– das Arbeitnehmerüberlassungsgesetz,
– Bestimmungen des SGB IV und VII zur Zahlung von Beiträgen und
– die Steuergesetze.
Erforderlich sind konkrete Anhaltspunkte für diese Verstöße. Es müssen also tatsächliche Umstände vorliegen, die für einen derartigen Verstoß sprechen; bloße Vermutungen reichen nicht aus.

90.2 Zusammenarbeit der Behörden

90.2.1 Die mit der Ausführung des Aufenthaltsgesetzes betrauten Behörden arbeiten insbesondere mit der Bundesagentur für Arbeit und den Behörden der Zollverwaltung zusammen sowie mit:
– den Finanzbehörden,
– den Einzugsstellen (§ 28 i SGB IV),
– den Trägern der Rentenversicherung,
– den Trägern der Unfallversicherung,
– den Trägern der Sozialhilfe,
– den nach dem AsylbLG zuständigen Behörden,
– den für den Arbeitsschutz zuständigen Landesbehörden,
– den Polizeivollzugsbehörden der Länder auf Ersuchen im Einzelfall und
– den nach Landesrecht für die Verfolgung und Ahndung von Ordnungswidrigkeiten nach dem Schwarzarbeitsbekämpfungsgesetz zuständigen Behörden.

1 AufenthG § 90   1. Teil. Aufenthaltsgesetz

90.2.2 Die Zusammenarbeit besteht in der gegenseitigen Unterrichtung und in der Amtshilfe, die sich nach den dafür geltenden Vorschriften richtet. Darüber hinaus sollen die Behörden gemeinsame Maßnahmen zur gezielten Überprüfung verdächtiger Sachverhalte durchführen und ihre Ermittlungen koordinieren.

90.3 Datenübermittlungen an die für die Durchführung des AsylbLG zuständigen Behörden
90.3.0 Die Vorschrift enthält die Rechtsgrundlage für Datenübermittlungen an die für die Gewährung von Leistungen nach dem AsylbLG zuständigen Behörden.
90.3.1 Zur Mitteilung nach § 90 Abs. 3 verpflichtet sind die nach § 71 mit der Ausführung des Aufenthaltsgesetzes betrauten Behörden, d. h. in erster Linie die Ausländerbehörden. Die Mitteilung stellt eine Übermittlung personenbezogener Daten im Sinne des § 3 Abs. 4 Satz 2 Nr. 3 Buchstabe a) BDSG dar (siehe Nummer 86.1.2).
90.3.2 Umstände und Maßnahmen, deren Kenntnis für die Leistung an Leistungsberechtigte nach dem AsylbLG erforderlich ist, sind im Hinblick auf die in den §§ 1 ff. AsylbLG geregelte Leistungsberechtigung alle Entscheidungen, Maßnahmen und Ereignisse, die den ausländerrechtlichen Status des Betroffenen bestimmen oder verändern oder Einfluss auf Art und Umfang der Leistungen haben (z. B. Wechsel von Duldung zu einem Aufenthaltstitel, Vollziehbarkeit der Ausreisepflicht, Mehrfachbezug von Leistungen). Mitzuteilen sind außerdem die bekannt gewordenen Erteilungen von Zustimmungen zur Aufnahme einer Beschäftigung an Leistungsberechtigte nach dem AsylbLG sowie Angaben über deren Erlöschen, Widerruf oder Rücknahme, sobald die mitteilungspflichtige Stelle durch eine entsprechende Unterrichtung seitens der Bundesagentur für Arbeit hiervon Kenntnis erlangt.
90.3.3 Adressat der Mitteilung und damit Empfänger der zu übermittelnden Daten ist die nach § 10 AsylbLG für den Betroffenen zuständige Behörde. Die Zuständigkeit im Einzelnen richtet sich nach Landesrecht. Sie liegt in aller Regel bei den Trägern der Sozialhilfe.

I. Entstehungsgeschichte

1   Die Vorschrift entsprach zunächst dem **GesEntw** (BT-Drs 15/420 S. 32), aufgrund des Vermittlungsverf (BT-Drs 15/3479 S. 11) wurde nur in Abs 1 Nr 2 das Wort „Bundesanstalt" durch „Bundesagentur" ersetzt. Sodann wurde Abs 1 mit Wirkung vom 18. 3. 2005 an die Veränderungen des SGB II u. III angepasst (Art 1 Nr 14 ÄndGes vom 14. 3. 2005, BGBl. I 721).

II. Allgemeines

2   Die Vorschrift übernimmt die Regelungen des § 79 AuslG (davor § 90a AuslG 1965) über Mitteilungen zum Zwecke der Bekämpfung der **illegalen Beschäftigung** von Ausl. Die Gesetzesüberschrift ist insofern zu eng, als nicht nur die AuslBeh, sondern alle mit der Ausführung des AufenthG betrauten Behörden zur Unterrichtung verpflichtet sind. Anderen als den hier genannten Stellen können entsprechende Daten nur nach anderen Bestimmungen übermittelt werden.

III. Unterrichtungspflichten

3   Unter Unterrichtung ist Datenübermittlung zu verstehen. Zur Übermittlung nach Abs 1 sind außer den AuslBeh auch andere mit der Ausführung des AufenthG (u. der darauf beruhenden RVO) betraute Behörden. **Konkrete Anhaltspunkte** im Einzelfall sind nur gegeben, wenn personenbezogene Hinweise vorliegen. Nachweise u. Belege sind nicht erforderlich; bloße Verdachtsmomente u. allg Hinweise genügen aber nicht. Die Daten sind an die zuständigen Sozialleistungsträger u. die BA zu übermitteln. Beschäftigung ist iSd

§ 2 II (vgl § 2 Rn 8 ff) zu verstehen. Als Tätigkeit ist jede andere Art der Betätigung anzusehen, die nicht durch einen AufTit gedeckt ist.

IV. Zusammenarbeit

Die mit der Ausführung des AufenthG betrauten Behörden sind **verpflichtet,** mit den anderen in § 2 II des Schwarzarbeitsbekämpfungsgesetzes genannten Behörden zusammenzuarbeiten, insb mit der Bundesagentur für Arbeit (vgl auch Nr 90.2.1 VAH). Zusammenarbeit besteht vor allem in gegenseitiger **Unterrichtung u. Amtshilfe** sowie in der Abstimmung der jew Aktivitäten zur Überprüfung verdächtiger Verhaltensweisen. 4

V. Datenübermittlung an AsylbLG-Behörden

Vor allem die AuslBeh u. die Arbeitsagenturen haben die in Abs 3 genannten Daten den nach § 10 AsylbLG zuständigen Behörden (idR den Sozialämtern) mitzuteilen. Die **Leistungsgewährung** setzt die Kenntnis u. Bewertung einer Vielzahl von Sachverhalten u. Maßnahmen im Bereich des AufR u. der Zulassung der Beschäftigung voraus. 5

§ 91 Speicherung und Löschung personenbezogener Daten

(1) ¹Die Daten über die Ausweisung und die Abschiebung sind zehn Jahre nach dem Ablauf der in § 11 Abs. 1 Satz 3 bezeichneten Frist zu löschen. ²Sie sind vor diesem Zeitpunkt zu löschen, soweit sie Erkenntnisse enthalten, die nach anderen gesetzlichen Bestimmungen nicht mehr gegen den Ausländer verwertet werden dürfen.

(2) Mitteilungen nach § 87 Abs. 1, die für eine anstehende ausländerrechtliche Entscheidung unerheblich sind und voraussichtlich auch für eine spätere ausländerrechtliche Entscheidung nicht erheblich werden können, sind unverzüglich zu vernichten.

(3) § 20 Abs. 5 des Bundesdatenschutzgesetzes sowie entsprechende Vorschriften in den Datenschutzgesetzen der Länder finden keine Anwendung.

Vorläufige Anwendungshinweise

91 Zu § 91 Speicherung und Löschung personenbezogener Daten

91.0 Anwendungsbereich
§ 91 trifft bereichsspezifische Regelungen über die Vernichtung von Daten (Absätze 1 und 2) und schließt die Anwendung bestimmter Vorschriften des allgemeinen Datenschutzrechts aus (Absatz 3).
91.1 Vernichtung von Unterlagen über Ausweisung und Abschiebung
91.1.1 Die Frist für die Vernichtung der zu den Ausländerakten gehörenden Unterlagen über Ausweisung und Abschiebung beginnt erst mit Ablauf der Sperrwirkung, die nach § 11 Abs. 1 Satz 2 als Folge der Ausweisung und Abschiebung eintritt und die nach § 11 Abs. 1 Satz 3 in der Regel auf Antrag befristet wird. Ist die Sperrwirkung nicht befristet, ist § 91 Abs. 1 nicht anzuwenden. In diesem Fall sind die Unterlagen spätestens fünf Jahre nach dem Tod des Betroffenen oder spätestens mit Ablauf seines 90. Lebensjahres zu vernichten. Um eine fristgerechte und vollständige Vernichtung zu gewährleisten, empfiehlt es sich, die Vorgänge über Ausweisung und Abschiebung in einer Teilakte der Ausländerakte gesondert zu führen. Unterlagen, die Angaben für die Erhebung von Kosten enthalten, unterliegen bis zur Begleichung nicht der Vernichtung.
91.1.2 Ein gesetzliches Verwertungsverbot im Sinne des § 91 Abs. 1 Satz 2 ergibt sich insbesondere aus § 51 des Bundeszentralregistergesetzes (BZRG).
91.1.3 Das Vernichten von Unterlagen umfasst auch die Löschung der entsprechenden nach der Aufenthaltsverordnung zu speichernden Daten (§ 68 Abs. 2 AufenthV).

91.1.4 Ist die Behörde, die die Abschiebung veranlasst hat, nicht die Behörde, die die Ausweisung verfügt hat, ist die Akte an die Behörde zurückzugeben, die die Ausweisung verfügt hat. Dieser obliegt die Vernichtung der Unterlagen über Ausweisung und Abschiebung.

91.2 Vernichtung von Mitteilungen nach § 87
91.2.1 Die Behörde, der die Mitteilung zuständigkeitshalber übersandt worden ist, hat unverzüglich zu prüfen, ob die Daten für die anstehende ausländerrechtliche Entscheidung noch erheblich sind oder für eine spätere ausländerrechtliche Entscheidung noch erheblich werden können. Sie trifft die Entscheidung, ob diese Voraussetzungen gegeben sind. Die Prüfung der Entscheidungserheblichkeit und die Vernichtung der Mitteilungen sind aktenkundig zu machen. Die Vernichtung unterbleibt, soweit die Mitteilungen für ein bereits eingeleitetes datenschutzrechtliches Kontrollverfahren benötigt werden.
91.2.2 Die Vorschriften des § 91 Abs. 2 und der Nummer 91.2.1 gelten entsprechend für personenbezogene Daten, die nach § 87 Abs. 2 bis 4 oder den aufgrund von § 99 Abs. 1 Nr. 14 erlassenen Rechtsverordnungen ohne Ersuchen übermittelt worden sind. Ohne Bedeutung ist in diesem Zusammenhang, ob die Übermittlung aus Versehen oder aus Unkenntnis der Sachverhalts- oder Rechtslage erfolgt ist.

91.3 Ausschluss des datenschutzrechtlichen Widerspruchs
Gegen die Nutzung der Daten eines Ausländers zu ausländerrechtlichen Zwecken findet kein Widerspruch nach § 20 Abs. 5 BDSG oder entsprechenden Vorschriften der Datenschutzgesetze der Länder statt.

I. Entstehungsgeschichte

1   Die Vorschrift entspricht dem **GesEntw** (BT-Drs 15/420 S. 33).

II. Löschung

2   Die Bestimmung weicht hinsichtlich der Vernichtung von § 20 V BDSG u. entsprechender Ges der Länder ab. Unterlagen über Ausweisung u. Abschiebung sind zehn Jahre nach Ablauf der **Sperrfrist** des § 11 I 3 zu vernichten. Ist die Sperrwirkung nicht befristet, soll die Löschung fünf Jahre nach dem Tod des Betroffenen oder spätestens mit Ablauf seines 90. Lebensjahres erfolgen (Nr 91.1.1 S. 3 VAH). Ein Verwertungsverbot ergibt sich insb aus § 51 BZRG. Außer der Vernichtung der Unterlagen ist auch die Löschung der dazugehörigen gespeicherten Daten erforderlich (§ 68 II AufenthV). Mitteilungen öffentl Stellen nach § 87 I sind unverzüglich zu löschen.

§ 91 a Register zum vorübergehenden Schutz

(1) Das Bundesamt für Migration und Flüchtlinge führt ein Register über die Ausländer nach § 24 Abs. 1, die ein Visum oder eine Aufenthaltserlaubnis beantragt haben, und über deren Familienangehörige im Sinne des Artikels 15 Abs. 1 der Richtlinie 2001/55/EG zum Zweck der Aufenthaltsgewährung, der Verteilung der aufgenommenen Ausländer im Bundesgebiet, der Wohnsitzverlegung aufgenommener Ausländer in andere Mitgliedstaaten der Europäischen Union, der Familienzusammenführung und der Förderung der freiwilligen Rückkehr.

(2) Folgende Daten werden in dem Register gespeichert:
1. zum Ausländer:
   a) die Personalien (Familienname, Geburtsname, Vorname, Geburtsdatum und Geburtsort, Geschlecht, Staatsangehörigkeiten, letzter Wohnort im Herkunftsland, Herkunftsregion sowie freiwillig gemachte Angaben zur Religionszugehörigkeit),
   b) Angaben zum Beruf und zur beruflichen Ausbildung,

c) das Eingangsdatum seines Antrages auf Erteilung eines Visums oder einer Aufenthaltserlaubnis, die für die Bearbeitung seines Antrages zuständige Stelle und Angaben zur Entscheidung über den Antrag oder den Stand des Verfahrens,
d) Angaben zu seinen Identitäts- und Reisedokumenten (Art, Nummer, ausstellende Stelle, Ausstellungsdatum und Gültigkeitsdauer),
e) die AZR-Nummer und die Visadateinummer,
f) Zielland und Zeitpunkt der Ausreise,
2. die Personalien nach Nummer 1 Buchstabe a mit Ausnahme der freiwillig gemachten Angaben zur Religionszugehörigkeit der Familienangehörigen des Ausländers nach Absatz 1,
3. Angaben zu Dokumenten zum Nachweis der Ehe, der Lebenspartnerschaft oder der Verwandtschaft.

(3) Die Ausländerbehörden und die Auslandsvertretungen sind verpflichtet, die in Absatz 2 bezeichneten Daten unverzüglich an die Registerbehörde zu übermitteln, wenn
1. eine Aufenthaltserlaubnis nach § 24 Abs. 1 oder
2. ein Visum zur Inanspruchnahme vorübergehenden Schutzes im Bundesgebiet beantragt wurden.

(4) §§ 8 und 9 des AZR-Gesetzes gelten entsprechend.

(5) Die Daten dürfen auf Ersuchen an die Ausländerbehörden, Auslandsvertretungen und andere Organisationseinheiten des Bundesamtes für Migration und Flüchtlinge einschließlich der dort eingerichteten nationalen Kontaktstelle nach Artikel 27 Abs. 1 der Richtlinie 2001/55/EG zum Zweck der Erfüllung ihrer ausländer- und asylrechtlichen Aufgaben im Zusammenhang mit der Aufenthaltsgewährung, der Verteilung der aufgenommenen Ausländer im Bundesgebiet, der Wohnsitzverlegung aufgenommener Ausländer in andere Mitgliedstaaten der Europäischen Union, der Familienzusammenführung und der Förderung der freiwilligen Rückkehr übermittelt werden.

(6) [1] Die Registerbehörde hat über Datenübermittlungen nach Absatz 5 Aufzeichnungen zu fertigen. [2] § 13 des AZR-Gesetzes gilt entsprechend.

(7) [1] Die Datenübermittlungen nach den Absätzen 3 und 5 erfolgen schriftlich, in elektronischer Form oder im automatisierten Verfahren. [2] § 22 Abs. 2 bis 4 des AZR-Gesetzes gilt entsprechend.

(8) [1] Die Daten sind spätestens zwei Jahre nach Beendigung des vorübergehenden Schutzes des Ausländers zu löschen. [2] Für die Auskunft an den Betroffenen und die Sperrung der Daten gelten die § 34 Abs. 1 und 2 und § 37 des AZR-Gesetzes entsprechend.

Vorläufige Anwendungshinweise

91a Zu § 91a Register vorübergehender Schutz

91a.0 Allgemeines
Das Register wird vom Bundesamt für Migration und Flüchtlinge (BAMF) geführt. Die Aufnahme in das Register knüpft an die Beantragung einer Aufnahmeerlaubnis oder eines Visums zum vorübergehenden Schutz nach § 24 Abs. 1 an (siehe unten Nr. 91a.1.2).

91a.1 Datenübermittlung an die Registerbehörde
91a.1.1 Die exakten Daten, die für das Register zu erheben und zu übermitteln sind, bestimmen sich – entsprechend den Vorgaben des Gesetzes – nach der vom BAMF erstellten Eingabemaske für das automatisierte Verfahren bzw. nach einem dieser Maske entsprechenden Formblatt.
91a.1.2 Die Verpflichtung zur Datenübermittlung an das BAMF entsteht für eine Auslandsvertretung oder eine Ausländerbehörde mit dem Zeitpunkt, in dem dort ein Visum zur Inanspruchnahme vorübergehenden Schutzes oder eine Aufenthaltserlaubnis nach § 24 Abs. 1 beantragt wird. Dabei setzt die Stellung eines solchen Antrags voraus, dass überhaupt ein Beschluss des Rates der Europäischen Union gemäß der Richtlinie 2001/55/EG gefasst worden ist. Da zu den übermittlungspflichtigen

1 AufenthG § 91 a   1. Teil. Aufenthaltsgesetz

Daten nach § 91 a Abs. 2 Nr. 1 c) auch die Angaben zur Entscheidung über den Antrag gehören, ist diese Entscheidung – ggf in einem zweiten Schritt – an das Register zu übermitteln. Eine Versagung des Antrags kann sich insbesondere aus § 24 Abs. 2 i. V. m. § 60 Abs. 8 ergeben.

91 a.2 Verantwortung für Registerinhalt, Datenpflege, Aufzeichnungspflicht bei Speicherung
91 a.2.0 Die Vorschriften des AZR-Gesetzes über die Verantwortung für den Registerinhalt und die Datenpflege (§ 8 AZR-Gesetz) sowie über die Aufzeichnungspflicht bei Speicherung (§ 9 AZR-Gesetz) gelten entsprechend.
91 a.2.1 Die Ausländerbehörden und Auslandsvertretungen sind gegenüber der Registerstelle für die Zulässigkeit der Übermittlung sowie für die Richtigkeit und Aktualität der von ihnen übermittelten bzw. von ihnen erfassten Daten verantwortlich. Sie haben die Registerstelle unverzüglich zu unterrichten, wenn:
– die übermittelten Daten unrichtig werden oder sich ihre Unrichtigkeit herausstellt und keine Korrektur im automatisierten Verfahren erfolgt bzw. erfolgen kann,
– die Daten zur Aufgabenerfüllung nicht mehr benötigt werden oder
– der Betroffene die Richtigkeit der Daten bestreitet und keine Klärung herbeigeführt werden kann.
91 a.2.2 Die Registerbehörde stellt programmtechnisch sicher, dass die zu speichernden Daten zuvor auf ihre Schlüssigkeit und Vollständigkeit (Pflichtangaben) geprüft werden und gespeicherte Daten durch die Verarbeitung nicht ungewollt gelöscht oder geändert werden. Stellt die Registerbehörde bei der Prüfung Fehler fest, teilt sie diese der übermittelnden Stelle mit. Die übermittelnde Stelle ist verpflichtet, diese Fehlermeldung unverzüglich zu bearbeiten und die zutreffenden Daten erneut an die Registerbehörde zu übermitteln.
91 a.2.3 Ausländerbehörden und Auslandsvertretungen sind berechtigt und verpflichtet, die von ihnen übermittelten Daten auf Richtigkeit und Aktualität zu prüfen, soweit dazu Anlass besteht (Datenpflege), entweder durch Direktzugriff auf das Register (im automatisierten Verfahren) oder durch entsprechende Ersuchen an die Registerbehörde (in schriftlicher oder elektronischer Form).
91 a.2.4 Bei einem Wechsel der Zuständigkeit gelten Nr. 91 a.2.1 und 3 entsprechend für die Stelle, auf die die Zuständigkeit übergegangen ist.
91 a.2.5 Die Registerbehörde hat als speichernde Stelle Aufzeichnungen zu fertigen, aus denen sich die übermittelten Daten, die übermittelnde Stelle, die für die Übermittlung verantwortliche Person und der Übermittlungszeitpunkt ergeben müssen.
91 a.2.6 Diese Aufzeichnungen dürfen nur für Auskünfte an den Betroffenen (vgl. § 34 AZR-Gesetz), für die Unterrichtung über die Berichtigung, Löschung oder Sperrung von Daten (vgl. § 38 AZR-Gesetz), für Zwecke der Datenschutzkontrolle, der Datensicherung oder zur Sicherstellung eines ordnungsgemäßen Betriebes der Datenverarbeitungsanlage verwendet werden. Sie sind durch geeignete Maßnahmen gegen unberechtigten Zugriff zu sichern und werden am Ende des Kalenderjahres, das dem Jahr ihrer Erstellung folgt, vernichtet, sofern sie nicht für ein bereits eingeleitetes Kontrollverfahren benötigt werden.

91 a.3 Datenübermittlung durch die Registerbehörde
91 a.3.1 Die im Register gespeicherten Daten können – auf entsprechendes Ersuchen – von der Registerbehörde an Ausländerbehörden, Auslandsvertretungen sowie andere Organisationseinheiten des BAMF, einschließlich der beim BAMF eingerichteten nationalen Kontaktstelle, übermittelt werden.
91 a.3.2 Eine Übermittlung erfolgt ausschließlich zu folgenden Zwecken:
– Erfüllung von ausländer- und asylrechtlichen Aufgaben im Zusammenhang mit der Aufenthaltsgewährung,
– Verteilung der aufgenommenen Ausländer im Bundesgebiet,
– Wohnsitzverlegung aufgenommener Ausländer in andere Mitgliedstaaten der Europäischen Union,
– Familienzusammenführung oder
– Förderung der freiwilligen Rückkehr.
91 a.3.3 Ein Ersuchen um Datenübermittlung hat grundsätzlich in schriftlicher (auch elektronischer) Form an die Registerstelle zu erfolgen (vgl. Nr. 91 a.5.1.1). Im Ersuchen ist der Grund für die Datenübermittlung anzugeben (z. B. Familienzusammenführung).
91 a.3.4 Die Antwort der Registerbehörde erfolgt ebenfalls in schriftlicher (auch elektronischer) Form.

91 a.4 Aufzeichnungspflicht bei Datenübermittlung
91 a.4.0 Hinsichtlich der Protokollierung der Datenübermittlungen findet § 13 AZR-Gesetz entsprechende Anwendung.
91 a.4.1 Die Registerbehörde führt über die von ihr aufgrund von Datenübermittlungsersuchen vorgenommenen Abrufe aus dem Register Aufzeichnungen, in denen der Zweck, die bei der Durch-

führung des Abrufs verwendeten Daten, die übermittelten Daten, der Tag und die Uhrzeit sowie die Bezeichnung der ersuchenden Stellen und die abrufende und verantwortliche Person erfasst werden.
91 a.4.2 Diese Aufzeichnungen dürfen nur für Auskünfte an den Betroffenen (vgl. § 34 AZR-Gesetz), für die Unterrichtung über die Berichtigung, Löschung oder Sperrung von Daten (vgl. § 38 AZR-Gesetz) oder zur datenschutzrechtlichen Kontrolle der Zulässigkeit der Abrufe verwendet werden. Sie sind durch geeignete Maßnahmen gegen unberechtigten Zugriff zu sichern und am Ende des Kalenderjahres, das dem Jahr ihrer Erstellung folgt, zu vernichten, sofern sie nicht für ein bereits eingeleitetes Kontrollverfahren benötigt werden.

91 a.5 Verfahren der Datenübermittlung, automatisiertes Verfahren
91 a.5.1.1 Die Übermittlung von Daten nach Nr. 91 a.1.2 erfolgt
– im automatisierten Verfahren als Direkteingabe in das Register,
– in elektronischer Form per E-Mail oder
– in schriftlicher Form.
91 a.5.1.2 In den Fällen des automatisierten Verfahrens erfolgt die Erfassung der Daten für das Register direkt durch die eingebende berechtigte Stelle, insbesondere durch die Ausländerbehörden. Der Zugang wird dabei durch Benutzernamen und Passwort geschützt. Erfolgt eine elektronische oder schriftliche Übermittlung nimmt das BAMF die Erfassung im Register anhand der übermittelten Daten selbst vor.
91 a.5.1.3 Für die Fälle, in denen das automatisierte Verfahren keine Anwendung findet, stellt das BAMF den mit der Datenerhebung befassten Stellen ein Formblatt zur Verfügung. Die Datensätze für das Register werden (außer beim automatisierten Verfahren) ausschließlich unter Nutzung dieses Formblatts an die Registerstelle beim BAMF übermittelt.
91 a.5.1.4 Die Änderung oder Ergänzung von Daten im Register verläuft analog zur Ersterfassung von Datensätzen.
91 a.5.2.1 Die Übermittlung von Daten aus dem Register nach Nr. 91 a.3.1 erfolgt ebenfalls auf den unter Nr. 91 a.5.1.1 genannten Übermittlungswegen.
91 a.5.2.2 Im Rahmen des automatisierten Datenabrufverfahrens wird die Möglichkeit geschaffen, den berechtigten Stellen, insbesondere den Ausländerbehörden, den Zugriff auf vorher genehmigte Datenfelder zu erteilen. Die Authentifizierung erfolgt dabei über Benutzernamen und Passwort.
91 a.5.3.0 Für das automatisierte Abrufverfahren gilt § 22 Abs. 2 bis 4 des AZR-Gesetzes entsprechend.
91 a.5.3.1 Das automatisierte Abrufverfahren darf nur eingerichtet werden, soweit es wegen der Vielzahl der Übermittlungsersuchen oder der besonderen Eilbedürftigkeit unter Berücksichtigung der schutzwürdigen Interessen der Betroffenen angemessen ist und die beteiligten Stellen die zur Datensicherung nach § 9 des Bundesdatenschutzgesetzes (BDSG) erforderlichen technischen und organisatorischen Maßnahmen getroffen haben. Im Fall einer Aufnahmeaktion im Zusammenhang mit einer Massenflucht nach § 24 Abs. 1 dürfte im Hinblick auf die Zwecke des Registers (insbesondere Familienzusammenführung) auch unter Berücksichtigung der schutzwürdigen Interessen des Betroffenen eine das automatisierte Verfahren rechtfertigende Eilbedürftigkeit gegeben sein.
91 a.5.3.2 Bei jedem Abruf von Daten im automatisierten Verfahren hat die Registerbehörde Aufzeichnungen über den Abruf zu erstellen. Die Aufzeichnungen müssen die in Nr. 91 a.4.1 genannten Angaben enthalten.
91 a.5.3.3 Für die Verwendung dieser Aufzeichnungen sow ie deren Sicherung gegen unberechtigten Zugriff und Löschung gelten die Ausführungen zu Nr. 91 a.4.2 entsprechend.
91 a.5.3.4 Die Verantwortung für die Zulässigkeit des einzelnen Abrufs trägt die abrufende Stelle. Die Registerbehörde überprüft die Zulässigkeit der Abrufe nur, wenn dazu Anlass besteht. Abrufe von Daten aus dem Register im automatisierten Verfahren dürfen nur von Bediensteten vorgenommen werden, die vom Leiter ihrer Behörde hierzu besonders ermächtigt sind.
91 a.5.3.5 Die Registerbehörde hat sicherzustellen, dass im automatisierten Verfahren Daten nur abgerufen werden können, wenn die abrufende Stelle einen Verwendungszweck angibt, der ihr den Abruf der Daten erlaubt.

91 a.6 Löschung und Sperrung von Daten, Auskunft an den Betroffenen
91 a.6.1 Die Daten sind von der Registerbehörde spätestens zwei Jahre nach Beendigung des vorübergehenden Schutzes des Ausländers zu löschen. Für die Beendigung des vorübergehenden Schutzes sind insbesondere die Artikel 4 und 6 der Richtlinie 2001/55/EG maßgebend.
91 a.6.2 Hinsichtlich der Sperrung der Daten gilt § 37 AZR-Gesetz entsprechend.
91 a.6.3 Auskünfte an den Betroffenen über die zu seiner Person gespeicherten Daten werden ausschließlich von der Registerbehörde vorgenommen. Die Auskünfte, auch soweit sie sich auf Herkunft

1 AufenthG § 91 b   1. Teil. Aufenthaltsgesetz

oder Empfänger der Daten beziehen, werden auf Antrag erteilt. Der Antrag muss die Grundpersonalien (Name, Vornamen, Geburtsname, Geburtsdatum, Geburtsort, Geschlecht, Staatsangehörigkeiten) enthalten. Die Registerbehörde bestimmt das Verfahren, insbesondere die Form der Auskunftserteilung nach pflichtgemäßem Ermessen. Eine Auskunftserteilung der Registerbehörde unterbleibt, soweit mindestens eines der Kriterien nach § 34 Abs. 2 AZR-Gesetz vorliegt und deswegen das Interesse des Betroffenen an der Auskunftserteilung zurücktreten muss.

I. Entstehungsgeschichte

1   Die Vorschrift war in dem **GesEntw** (BT-Drs 15/420) nicht enthalten. Sie wurde erst aufgrund des Vermittlungsverf (BT-Drs 15/3479 S. 11 f) eingefügt.

II. Allgemeines

2   Mit dieser Vorschrift wird ein **Register** für Ausl eingerichtet, die aufgrund eines EU-Beschlusses nach der RL 2001/55/EG gemäß § 24 aufgenommen werden sollen.

III. Datenübermittlung und -speicherung

3   In Abs 2 sind die Daten aufgeführt, die beim BAMF als Registerbehörde gespeichert werden sollen. Zu deren Übermittlung sind AuslBeh u. AuslVertr verpflichtet, bei denen die aufzunehmenden Personen die Erteilung eines entsprechenden Visums oder einer AE beantragen. Die Weitergabe der Daten an andere Stellen ist an Verwendungszwecken orientiert in Abs 3 geregelt. Die Löschung der Daten erfolgt spätestens zwei Jahre nach Beendigung des vorübergehenden Schutzes.

§ 91 b Datenübermittlung durch das Bundesamt für Migration und Flüchtlinge als nationale Kontaktstelle

Das Bundesamt für Migration und Flüchtlinge als nationale Kontaktstelle nach Artikel 27 Abs. 1 der Richtlinie 2001/55/EG darf die Daten des Registers nach § 91 a zum Zweck der Verlegung des Wohnsitzes aufgenommener Ausländer in andere Mitgliedstaaten der Europäischen Union oder zur Familienzusammenführung an folgende Stellen übermitteln:

1. nationale Kontaktstellen anderer Mitgliedstaaten der Europäischen Union,
2. Organe und Einrichtungen der Europäischen Gemeinschaften,
3. sonstige ausländische oder über- und zwischenstaatliche Stellen, wenn bei diesen Stellen ein angemessenes Datenschutzniveau nach Maßgabe des § 4 b Abs. 3 des Bundesdatenschutzgesetzes gewährleistet ist.

Vorläufige Anwendungshinweise

91 b Zu § 91 b Datenübermittlung durch das Bundesamt für Migration und Flüchtlinge als nationale Kontaktstelle

91 b.1 Die nationale Kontaktstelle ist eine getrennt von der Registerbehörde beim BAMF eingerichtete Arbeitseinheit. Sie ist für die Übermittlung der Registerdaten zum Zweck der Verlegung des Wohnsitzes aufgenommener Ausländer in andere Mitgliedstaaten der Europäischen Union oder zur Familienzusammenführung zuständig. Die Datenübermittlung durch die nationale Kontaktstelle erfolgt an folgende Stellen:

– nationale Kontaktstellen anderer Mitgliedstaaten der Europäischen Union,

Datenübermittlung durch das BAMF als nationale Kontaktstelle § 91 b **AufenthG 1**

– Organe und Einrichtungen der Europäischen Gemeinschaften,
– sonstige ausländische oder über- und zwischenstaatliche Stellen, wenn bei diesen Stellen ein angemessenes Datenschutzniveau nach Maßgabe des § 4 b Abs. 3 des Bundesdatenschutzgesetzes (Übermittlung personenbezogener Daten ins Ausland sowie an über- und zwischenstaatliche Stellen) gewährleistet ist.

91 b.2 Die Bestimmungen zur Aufzeichnungspflicht bei der Übermittlung von Daten nach Nr. 91 a.4 gelten für die nationale Kontaktstelle entsprechend.

I. Entstehungsgeschichte

Die Vorschrift war in dem **GesEntw** (BT-Drs 15/420) nicht enthalten. Sie wurde erst 1 aufgrund des Vermittlungsverf (BT-Drs 15/3479 S. 12) eingefügt.

II. Datenübermittlung

Mit dieser Vorschrift wird eine Rechtsgrundlage für die Datenübermittlung durch das 2 BAMF als **Kontaktstelle** nach Art. 27 I RL 2001/55/EG geschaffen. Diese ist getrennt von der Registerstelle beim BAMF eingerichtet. Die Übermittlung von Daten an die genannten Stellen ist notwendig bei der Familienzusammenführung oder der Wohnsitzverlegung eines vorläufig aufgenommenen Flüchtlings innerhalb der EU.

Kapitel 8. Beauftragte für Migration, Flüchtlinge und Integration

§ 92 Amt der Beauftragten

(1) Die Bundesregierung bestellt eine Beauftragte oder einen Beauftragten für Migration, Flüchtlinge und Integration.

(2) ¹ Das Amt der Beauftragten wird beim Bundesministerium für Familie, Senioren, Frauen und Jugend eingerichtet und kann von einem Mitglied des Deutschen Bundestages bekleidet werden. ² Ohne dass es einer Genehmigung (§ 5 Abs. 2 Satz 2 des Bundesministergesetzes, § 7 des Gesetzes über die Rechtsverhältnisse der Parlamentarischen Staatssekretäre) bedarf, kann die Beauftragte zugleich ein Amt nach dem Gesetz über die Rechtsverhältnisse der Parlamentarischen Staatssekretäre innehaben. ³ Die Amtsführung der Beauftragten bleibt in diesem Falle von der Rechtsstellung nach dem Gesetz über die Rechtsverhältnisse der Parlamentarischen Staatssekretäre unberührt.

(3) ¹ Die für die Erfüllung der Aufgaben notwendige Personal- und Sachausstattung ist zur Verfügung zu stellen. ² Der Ansatz ist im Einzelplan 17 des Bundesministeriums für Familie, Senioren, Frauen und Jugend in einem eigenen Kapitel auszuweisen.

(4) Das Amt endet, außer im Falle der Entlassung, mit dem Zusammentreten eines neuen Bundestages.

I. Entstehungsgeschichte

1 Die Vorschrift stimmt mit dem **GesEntw** (BT-Drs 15/420) überein. Vorgänger war § 91 a AuslG, der als ges Grundlage für dieses Amt am 1. 11. 1997 in Kraft getreten war (Ges vom 29. 10. 1997, BGBl. I 2584).

2 Zunächst war **seit November 1978** ein „Beauftragter der BReg für die Integration der ausl Arbeitnehmer u. ihrer Familien" (Kühn) tätig, der ein Jahr später ein Memorandum „Stand u. Entwicklung der ausl Arbeitnehmer u. ihrer Familien in der BR Deutschland" vorlegte. Die zweite Amtsinhaberin (Funcke) hatte das Amt von Januar 1981 an über 10 Jahre inne (zu ihrem letzten Bericht vgl ZAR 1991, 104); sie gab ihren Auftrag im Juli 1991 ua mit dem Ziel zurück, Anlass zu geben, „die Integrations- u. Migrationspolitik sowie die Gestaltung, Ausstattung u. Abstützung des Amtes neu zu überdenken u. den gegebenen Aufgaben entsprechend anzupassen" (vgl ZAR 1991, 106). Ihre Nachfolgerin (Schmalz-Jacobsen) trat ihr Amt im November 1991 an, u. zwar als" Beauftragte der BReg für die Belange der Ausländer" (ZAR 1992, 50). Sie verabschiedete sich im Oktober 1998 mit einem Memorandum (August 1998) über die Notwendigkeit einer besseren Integration der in Deutschland lebenden Ausl (ZAR 1998, 242). Im November 1998 wurde die neue Beauftragte (Beck) zur „Beauftragten der BReg für Ausländerfragen" ernannt (vgl ZAR 1999, 2). Sie ist auch in der laufenden Legislaturperiode weiter im Amt. In Abkürzung der neuen Amtsbezeichnung wird sie meist „Integrationsbeauftragte" genannt.

Aufgaben § 93 AufenthG 1

II. Allgemeines

Außer der Beauftragten der BReg bestehen **ähnliche Einrichtungen** (Beauftragte u. 3
Beiräte) auch auf den Ebenen der (meisten) Länder u. (vieler) Kommunen). Deren Rechtsstellung, Aufgaben u. Zuständigkeiten sind nicht einheitlich geregelt, weder durch Bundesges noch durch Absprachen der Länder (zu kommunalen Ausländerbeiräten vgl vor allem Grindel, Ausländerbeauftragte, 1984; Hoffmann, Beiräte, Wahlrecht, Bürgerrecht, 1986; Hoffmann/Even, ZAR 1985, 124; v. Kodolitsch/Schuleri-Hartje, ZAR 1987, 83; Mann, NWVBl 1990, 222).

III. Amtsverhältnis

Die **Bestellung** der Ausländerbeauftragten erfolgt wie schon früher durch die BReg, die 4
sowohl über die Bestellung selbst als auch über die Personenauswahl ohne Mitwirkung anderer befindet. Das Amt war zunächst dem BM für Arbeit u. Sozialordnung zugeordnet, das vor allem für Fragen ausl Arbeitnehmer zuständig war, nicht dem für Aufenthaltsfragen zuständigen BMI. Jetzt gehört sie dem BMFSFJ an. Die Beauftragte kann Mitglied des BT u. auch Parlamentarische Staatssekretärin sein. Sie wird durch einen Arbeitsstab unterstützt u. ist in der Weise abgesichert, dass sie die notwendigen Personal- u. Sachmittel aus einem eigenen Kapitel des Einzelplans 17 des Haushaltsplans erhält. Ihr Amt endet wie das der Bundesminister infolge **Entlassung** durch den Bundeskanzler oder mit Zusammentreten eines neuen BT.

§ 93 Aufgaben

Die Beauftragte hat die Aufgaben,
1. die Integration der dauerhaft im Bundesgebiet ansässigen Migranten zu fördern und insbesondere die Bundesregierung bei der Weiterentwicklung ihrer Integrationspolitik auch im Hinblick auf arbeitsmarkt- und sozialpolitische Aspekte zu unterstützen sowie für die Weiterentwicklung der Integrationspolitik auch im europäischen Rahmen Anregungen zu geben;
2. die Voraussetzungen für ein möglichst spannungsfreies Zusammenleben zwischen Ausländern und Deutschen sowie unterschiedlichen Gruppen von Ausländern weiterzuentwickeln, Verständnis füreinander zu fördern und Fremdenfeindlichkeit entgegenzuwirken;
3. nicht gerechtfertigten Ungleichbehandlungen, soweit sie Ausländer betreffen, entgegenzuwirken;
4. den Belangen der im Bundesgebiet befindlichen Ausländer zu einer angemessenen Berücksichtigung zu verhelfen;
5. über die gesetzlichen Möglichkeiten der Einbürgerung zu informieren;
6. auf die Wahrung der Freizügigkeitsrechte der im Bundesgebiet lebenden Unionsbürger zu achten und zu deren weiterer Ausgestaltung Vorschläge zu machen;
7. Initiativen zur Integration der dauerhaft im Bundesgebiet ansässigen Migranten auch bei den Ländern und kommunalen Gebietskörperschaften sowie bei den gesellschaftlichen Gruppen anzuregen und zu unterstützen;
8. die Zuwanderung ins Bundesgebiet und in die Europäische Union sowie die Entwicklung der Zuwanderung in anderen Staaten zu beobachten;
9. in den Aufgabenbereichen der Nummern 1 bis 8 mit den Stellen der Gemeinden, der Länder, anderer Mitgliedstaaten der Europäischen Union und der Europäischen

Union selbst, die gleiche oder ähnliche Aufgaben haben wie die Beauftragte, zusammenzuarbeiten;
10. die Öffentlichkeit zu den in den Nummern 1 bis 9 genannten Aufgabenbereichen zu informieren.

I. Entstehungsgeschichte

1   Die Vorschrift entspricht dem **GesEntw** (BT-Drs 15/420 S. 33).

II. Aufgaben

2   Der Aufgabenkatalog sichert der Beauftragten konkrete Möglichkeiten der umfassenden politischen **Einflussnahme** auf Verwaltung u. Gesetzgebung hinsichtlich aller Ausl betreffenden Fragen. Die hier bezeichneten Gegenstände, Ziele u. Formen ihrer Tätigkeit reichen über die ursprünglich durch Kabinettsbeschlüsse vom 14. 11. 1991 u. 7. 12. 1994 festgelegten Zuständigkeiten hinaus (zur Entwicklung des Amts insgesamt § 92 Rn 2).

3   Der **Personenkreis** ist nicht mehr wie ursprünglich auf Arbeitnehmer u. ihre Familien beschränkt. Er besteht vor allem aus der dauerhaft ansässigen ausl Bevölkerung, schließt aber auch andere im Bundesgebiet „befindliche" Ausl ein, insb solche, die vorübergehend in Deutschland leben oder hier als Flüchtlinge Schutz suchen. Nicht genannt sind Spätaussiedler, da es sich bei ihnen um Dt handelt (vgl Art 116 GG; §§ 7, 40 a StAG) u. sie auch nicht etwa dadurch zu Ausl werden, dass sie zusammen mit Ausl an einem Integrationskurs teilnehmen (vgl § 9 I BVFG; § 4 I IntV). Sofern sie keine Bescheinigung als dt Volkszugehörige oder Familienmitglieder nach § 15 I oder 2 BVFG erhalten u. im Bundesgebiet bleiben, unterliegen sie wie sonstige Ausl den Zuständigkeiten der Beauftragten.

4   Die möglichen **Gegenstände** ihrer Tätigkeit sind nicht auf Einreise, Aufenthalt u. Integration beschränkt. Eingeschlossen sind vielmehr auch Diskriminierung, Einbürgerung u. Freizügigkeit der Unionsbürger sowie die Zuwanderung in anderen Unionsstaaten. Andererseits sind nur die Förderung der Integration u. die Weiterentwicklung der Integrationspolitik inbegriffen. Dagegen soll die allg Zuwanderung nur beobachtet, nicht mit Anregungen oder Vorschlägen bedacht werden. Vor allem die Anwerbung oder Zulassung von Erwerbstätigen gehören damit nicht zu den Aufgabenbereichen der Beauftragten.

5   Ungeachtet der Unterschiede in den jew Formulierungen gehen die **Kompetenzen** über die früher ausgeübten Tätigkeiten hinaus. Ihre Aufgabe besteht nicht nur in Beobachtung, Anregungen u. Information, sie umfasst auch Vorschläge, Förderung, Entgegenwirken u. Zusammenarbeit, allerdings bezogen auf jew eng begrenzte Bereiche. In § 94 sind einige besonders wichtige Arbeitsfelder u. Tätigkeiten ausdrücklich hervorgehoben u. als Befugnisse u. Pflichten ausgestaltet. Gewisse **Überscheidungen** mit den Zuständigkeiten des BAMF (u. damit des BMI) sind nicht auszuschließen, zB bei der Beobachtung der Migrationsbewegungen u. den Anregungen für die Weiterentwicklung der Integrationspolitik (vgl § 75 Nr 3, 4 u. 9). Die gesamte Planung u. Durchführung der Integrationskurse als eines der wichtigsten Förderungsinstrumente ist allein dem BAMF anvertraut u. ebenso die komplette Migrationsforschung. Noch gewichtiger wären die Unterschiede der Aufgabenbereiche u. der Funktionen im Verhältnis zu dem unabhängigen Sachverständigenrat für Zuwanderung und Integration gewesen, wenn dieser wie zunächst geabsichtigt (§ 76 AufenthG-E; BT-Drs 15/420 S. 29) eingerichtet worden wäre. Dies belegt nicht zuletzt dessen Jahresgutachten 2004 „Migration und Integration – Erfahrung nutzen, Neues wagen" (dazu Haberland, ZAR 2004, 379).

§ 94 Amtsbefugnisse

(1) ¹Die Beauftragte wird bei Rechtsetzungsvorhaben der Bundesregierung oder einzelner Bundesministerien sowie bei sonstigen Angelegenheiten, die ihren Aufgabenbereich betreffen, möglichst frühzeitig beteiligt. ²Sie kann der Bundesregierung Vorschläge machen und Stellungnahmen zuleiten. ³Die Bundesministerien unterstützen die Beauftragte bei der Erfüllung ihrer Aufgaben.

(2) Die Beauftragte erstattet dem Deutschen Bundestag mindestens alle zwei Jahre einen Bericht über die Lage der Ausländer in Deutschland.

(3) ¹Liegen der Beauftragten hinreichende Anhaltspunkte vor, dass öffentliche Stellen des Bundes Verstöße im Sinne des § 93 Nr. 3 begehen oder sonst die gesetzlichen Rechte von Ausländern nicht wahren, so kann sie eine Stellungnahme anfordern. ²Sie kann diese Stellungnahme mit einer eigenen Bewertung versehen und der öffentlichen und deren vorgesetzter Stelle zuleiten. ³Die öffentlichen Stellen des Bundes sind verpflichtet, Auskunft zu erteilen und Fragen zu beantworten. ⁴Personenbezogene Daten übermitteln die öffentlichen Stellen nur, wenn sich der Betroffene selbst mit der Bitte, in seiner Sache gegenüber der öffentlichen Stelle tätig zu werden, an die Beauftragte gewandt hat oder die Einwilligung des Ausländers anderweitig nachgewiesen ist.

I. Entstehungsgeschichte

Die Vorschrift entspricht dem **GesEntw** (BT-Drs 15/420 S. 33). 1

II. Allgemeines

Die Umschreibung der Amtsbefugnisse geht ebenso wie der Aufgaben in § 93 über die 2 frühere Rechtslage (Kabinettsbeschlüsse vom 14. 11. 1991 u. 7. 12. 1994) hinaus. Sie enthält **Befugnisse** u. **Pflichten** sowie Verpflichtungen anderer Stellen.

Bei **Rechtsetzungsvorhaben** sind eine möglichst frühzeitige Beteiligung u. das Recht 3 zu Vorschlägen u. Stellungnahmen gegenüber der BReg eingeräumt. Sie kann sich also nicht unmittelbar an BT oder BR wenden (Ausnahme in Abs. 2). Rechtsetzung umfasst außer Ges auch den Erlass von RVO. Unter sonstigen Angelegenheiten sind alle Tätigkeiten der BReg zu verstehen, gleichgültig, ob sie verwaltungsinterner Natur sind wie der Erlass allg VwV oder das Verhältnis zu den Bundesländern, zur EU oder zu anderen Staaten angehen.

Immer aber muss ihr **Aufgabenbereich** betroffen sein. Da die Aufgaben in § 93 nicht 4 nur gegenständlich, sondern auch der Tätigkeit nach festgelegt sind, erscheint die Reichweite dieser Bezugnahme fraglich. Werden die Beteiligungs-, Vorschlags- u. Stellungnahmerechte sowohl auf die Tätigkeitsfelder als auch auf die Tätigkeitsformen beschränkt, darf die Beauftragte zB keine Entwürfe für eine Gesetzgebung über Nichtdiskriminierung oder erleichterte Einbürgerung vorlegen; denn dies fällt nicht unter die Begriffe des Entgegenwirkens u. der Information. Eine derartige Einengung würde indes den Unterschied zwischen „Aufgaben" u. „Aufgabenbereich" vernachlässigen u. die offenbar erwünschte möglichst breite u. umfassende Information der BReg mit dem Erfahrungswissen der Beauftragten unangemessen beschneiden.

Der **Bericht** über die Lage der Ausl in Deutschland ist dem BT mindestens alle zwei Jahre 5 zu erstatten. Früher wurde er erst nur insgesamt zweimal vorgelegt, im März 1993 u. im Dezember 1995. Der 3. Bericht datiert vom Dezember 1997 (dazu ausführlich Kraus, ZAR 1998, 195; dazu auch Handbuch u. CD „Migration u. Integration in Zahlen"). Der 4. Bericht wurde 1999 vorgelegt (BT-Drs 14/2674), der 5. Bericht 2001 u. der 6. im Jahre 2003. Darüber hinaus hat die Beauftragte inzwischen aufgrund eines Beschlusses des BT vom 8. 6. 2000 (vgl BT-Drs 14/1550) jährliche Migrationsberichte vorgelegt (zum zweiten Bericht Hagedorn, ZAR 2004, 146). Der Bericht 2004 wurde vom Zuwanderungsrat vorbereitet (dazu Kraus, ZAR 2005, 41).

6   Neu ist die Befugnis, zu nicht gerechtfertigten Ungleichbehandlungen oder sonstigen Verstößen gegen Rechte von Ausl **Stellungnahmen** anzufordern. u. diese gegenüber der öffentlichen Stelle u. deren vorgesetzten Stelle zu bewerten. Die jew betroffenen Stellen sind außerdem zur **Auskunft** u. zur Beantwortung von Fragen verpflichtet. In diesem Zusammenhang ist die Beauftragte zwar wie insgesamt auf den Bereich des Bundes beschränkt; die Tätigkeit der AuslBeh der Länder ist also nicht einbezogen. Sie kann aber sowohl Einzelfälle als auch allg Verhältnisse u. Entwicklung zum Anlass nehmen, tätig zu werden.

Kapitel 9. Straf- und Bußgeldvorschriften

§ 95 Strafvorschriften

(1) Mit Freiheitsstrafe bis zu einem Jahr oder mit Geldstrafe wird bestraft, wer
1. entgegen § 3 Abs. 1 in Verbindung mit § 48 Abs. 2 sich im Bundesgebiet aufhält,
2. ohne erforderlichen Aufenthaltstitel nach § 4 Abs. 1 Satz 1 sich im Bundesgebiet aufhält, vollziehbar ausreisepflichtig ist und dessen Abschiebung nicht ausgesetzt ist,
3. entgegen § 14 Abs. 1 Nr. 1 oder 2 in das Bundesgebiet einreist,
4. einer vollziehbaren Anordnung nach § 46 Abs. 2 Satz 1 oder 2 oder § 47 Abs. 1 Satz 2 oder Abs. 2 zuwiderhandelt,
5. entgegen § 49 Abs. 1 eine Angabe nicht, nicht richtig oder nicht vollständig macht, sofern die Tat nicht in Absatz 2 Nr. 2 mit Strafe bedroht ist,
6. entgegen § 49 Abs. 8 eine dort genannte Maßnahme nicht duldet,
6 a. entgegen § 54 a wiederholt einer Meldepflicht nicht nachkommt, wiederholt gegen räumliche Beschränkungen des Aufenthalts oder sonstige Auflagen verstößt oder trotz wiederholten Hinweises auf die rechtlichen Folgen einer Weigerung der Verpflichtung zur Wohnsitznahme nicht nachkommt oder entgegen § 54 a Abs. 4 bestimmte Kommunikationsmittel nutzt,
7. wiederholt einer räumlichen Beschränkung nach § 61 Abs. 1 zuwiderhandelt oder
8. im Bundesgebiet einer überwiegend aus Ausländern bestehenden Vereinigung oder Gruppe angehört, deren Bestehen, Zielsetzung oder Tätigkeit vor den Behörden geheim gehalten wird, um ihr Verbot abzuwenden.

(2) Mit Freiheitsstrafe bis zu drei Jahren oder mit Geldstrafe wird bestraft, wer
1. entgegen § 11 Abs. 1 Satz 1
   a) in das Bundesgebiet einreist oder
   b) sich darin aufhält oder
2. unrichtige oder unvollständige Angaben macht oder benutzt, um für sich oder einen anderen einen Aufenthaltstitel zu beschaffen oder einen so beschafften Aufenthaltstitel wissentlich zur Täuschung im Rechtsverkehr gebraucht.

(3) In den Fällen des Absatzes 1 Nr. 3 und des Absatzes 2 Nr. 1 Buchstabe a ist der Versuch strafbar.

(4) Gegenstände, auf die sich eine Straftat nach Absatz 2 Nr. 2 bezieht, können eingezogen werden.

(5) Artikel 31 Abs. 1 des Abkommens über die Rechtsstellung der Flüchtlinge bleibt unberührt.

Übersicht

	Rn
I. Entstehungsgeschichte	1
II. Allgemeines	2
III. Täter und Teilnehmer	4
IV. Tathandlungen	5
1. Nichtbesitz eines Passes	5
2. Unerlaubter Aufenthalt	7
3. Unerlaubte Einreise	14
4. Verstoß gegen Ausreiseverbot	16
5. Verstoß gegen Beschränkung politischer Betätigung	17
6. Unrichtige oder unvollständige Angaben	18
7. Nichtduldung erkennungsdienstlicher Maßnahmen	19
8. Verstoß gegen Meldepflicht u. a.	20

	Rn
9. Zugehörigkeit zu geheimem Ausländerverein	22
10. Verstoß gegen Aufenthaltsverbot	23
11. Erschleichen eines Aufenthaltstitels	24
12. Versuch	27
V. Innerer Tatbestand	28
VI. Teilnahme	29
VII. Flüchtlinge	30
VIII. Strafe	32

I. Entstehungsgeschichte

1   Die Strafvorschriften der §§ 95 ff haben Vorläufer in § 13 APVO 1938 (RGBl. 1938 II 1053) u. § 11 PassG (BGBl. 1952 I 290; Aurnhammer, S. 7 ff). Die Vorschrift des § 95 stimmt bis auf die erst aufgrund des Vermittlungsverf in Abs 1 eingefügte Nr 6 a mit dem **GesEntw** überein (BT-Drs 15/420 S. 34, 15/3479 S. 12).

II. Allgemeines

2   Die Vorschrift ist im **Zusammenhang** mit §§ 84 bis 86 AsylVfG u. §§ 9, 10 FreizügG/EU zu sehen (zum früheren Recht Heinrich, ZAR 2003, 166; v. Pollern, ZAR 1987, 12 u. 1996, 175), die als spezielle Straftatbestände grundsätzlich Vorrang genießen. Die Tatbestände des Abs 1 u. 2 werden gemeinsam erläutert, weil sie sich nur im Strafmaß unterscheiden.

3   Das **besondere Ausländerstrafrecht** verfolgt als Schutzzweck die Stabilisierung der verwaltungsrechtlichen Ordnungssysteme des AufenthG u. des AsylVfG (Aurnhammer, S. 76 ff). Es hat in der polizeilichen u. strafgerichtlichen Praxis mit Zunahme der Regelungsdichte mehr u. mehr an Bedeutung gewonnen (Aurnhammer, S. 43 ff; Ahlf, ZAR 1993, 132; Steffen, NZSt 1993, 462; Presse- u. Informationsamt der BReg, Die Kriminalität in der BR Deutschland, Bulletin Nr 48 vom 12. 6. 1997; Ausländerbeauftragte der BReg, Bericht über die Lage der Ausländer, Sept. 2002, S. 298; Jahresgutachten 2004, S. 348 ff, 367 ff). Die gemeinsame Besonderheit aller einschlägigen Vorschriften ist darin zu sehen, dass sie in der einen oder anderen Form an verwaltungsrechtliche Sachverhalte oder Verwaltungsakte anknüpfen u. damit ihre Bestimmtheit jew sorgfältiger Prüfung bedarf (Aurnhammer, S. 106 ff). Die **Verwaltungsakzessorietät** des Ausländerstrafrechts wirft unabhängig davon die Frage auf, ob die Strafbarkeit nur von der Wirksamkeit des VA oder auch von anderen Kriterien abhängt, insbes von dessen Rechtmäßigkeit. Im Wesentlichen unbestritten ist, dass der Verstoß gegen einen nach § 44 VwVfG nichtigen VA straflos bleibt u. die Strafbarkeit zumindest die Vollziehbarkeit des VA voraussetzt (Aurnhammer, S. 120 mwN). Die vom BGH vertretene strikte Abhängigkeit des Strafrechts von den im Zeitpunkt der Handlung maßgeblichen Verhaltenspflichten (BGHSt 23, 91; dazu Odenthal, NStZ 1991, 419; Wüterich, NStZ 1987, 107) wird in Lit u. Rspr vor allem für den Fall der nachträglichen Aufhebung des rechtswidrigen VA in Zweifel gezogen (Aurnhammer, S. 119 ff mwN; OLG Frankfurt, EZAR 355 Nr 4).

III. Täter und Teilnehmer

4   Zum Täterkreis des § 95 können nicht nur Ausl gehören, sondern **auch Dt**. So sind die Zugehörigkeit zu einem Ausländerverein (Abs 1 Nr 8) u. falsche Angaben nach Abs 2 Nr 2 auch Dt möglich (vgl Aurnhammer, S. 151 f). Diese Auslegung erscheint gerechtfertigt, nachdem der Gesetzgeber diese von der Rspr gegen das überwiegende auslr Schrifttum vertretene Ansicht (vgl dazu OLG Karlsruhe, EZAR 355 Nr 37 mwN; Heinrich, ZAR

2003, 166 mwN) nicht durch eine Klarstellung missbilligt hat. Der Täterkreis ergibt sich damit aus der Beschreibung von Tathandlungen u. nicht aus einem bestimmten Täterbegriff (vgl dazu auch § 84 AsylVfG Rn 3).

IV. Tathandlungen

1. Nichtbesitz eines Passes

Unter Strafe gestellt ist nicht die Passlosigkeit, sondern der Aufenthalt unter Verstoß gegen 5 §§ 3 I, 48 II. Pass oder Passersatz müssen **erforderlich** sein (§ 3). Ein gefälschtes oder verfälschtes Passpapier ist nicht ausreichend u. damit nicht das erforderliche. Anders verhält es sich mit einem unredlich erworbenen Passdokument, das auf den Inhaber ausgestellt ist. Verwahrung des Passes (§ 50 VI) oder Abgabe im Rahmen einer Haftverschonung führen nicht zur Passlosigkeit (Leopold/Vallone, ZAR 2005, 66). Der Pass braucht nicht mitgeführt zu werden, es genügt vielmehr der Besitz (Leopold/Vallone, aaO). Hieran fehlt es jedoch, wenn das Passdokument abgelaufen, entwendet, „veräußert" oder sonst verloren gegangen ist. Wie sich aus der Bezugnahme auf § 48 II entnehmen lässt, genügt für die Erfüllung der Ausweispflicht auch ein **Ausweisersatz.** AufTit oder Duldung müssen mit Lichtbild versehen u. als Ausweisersatz bezeichnet sein.

Unklar kann die Rechtslage erscheinen, wenn ein solches Dokument nicht ausgestellt ist. 6 Hier kommt zunächst die Bezugnahme auf § 48 II insofern zum Tragen, als dort beim Fehlen eines erforderlichen Identitätsdokuments zumutbare Bemühungen um die Beschaffung eines neuen Passes verlangt werden. Daher macht sich strafbar nur, wer zumutbare Anstrengungen dieser Art unterlässt u. passlos bleibt (Heinrich, ZAR 2003, 166). Falls die Bemühungen unzumutbar sind oder nicht zum Erfolg führen, muss es genügen, wenn der Ausl einen **Anspruch** auf einen dt Ausweisersatz besitzt u. dessen Erteilung beantragt hat (Leopld/Vallone, aaO; Hailbronner, § 95 AufenthG Rn 9; ebenso für den „Besitz" der Duldung nach § 92 I Nr 1 AuslG: BVerfG-Kammer, EZAR 355 Nr 34 m. Anm. Pfaff, 2003, 148). In der Verwaltungspraxis ist ein solcher Anspruch anerkannt, wenn der Ausl ein Passdokument nicht in zumutbarer Weise erlangen kann (vgl Nr 48.2.1 S. 6 VAH; Leopld/Vallone, aaO). Daher steht dem Besitz eines Passes oder Passersatzes der Anspruch eines Ausl auf einen Ausweisersatz gleich, falls er einen AufTit besitzt oder seine Abschiebung ausgesetzt ist.

2. Unerlaubter Aufenthalt

Erfasst ist der Aufenthalt trotz vollziehbarer Ausreisepflicht (§ 58 II) u. **ohne erforderli-** 7 **chen AufTit** iSd § 4 I, wenn der Aufenthalt nicht wenigstens geduldet ist. Ein gefälschter oder verfälschter AufTit ist nicht der erforderliche, weil er die Identifizierungsfunktion nicht erfüllen kann. Dagegen ist der erschlichene Titel existent u. aus strafrechtlicher Sicht ausreichend (OLG Frankfurt, StV 1999, 95; Heinrich, ZAR 2003, 166). Der Ausl muss AufTit oder Duldung besitzen, er braucht sie nicht unbedingt mitzuführen. Ein Anspruch auf einen AufTit genügt indes nicht. Anders als bei der Ausstellung der Duldung (Rn 6, 13), die lediglich die Aussetzung der Abschiebung feststellt, bedarf es für die Erteilung eines AufTit eines dahingehenden Antrags des Ausl (§ 81 I), die Erteilung hängt also nicht allein von dem Verhalten der AuslBeh ab, was im Interesse der Bestimmtheit des Straftatbestands nicht hinnehmbar wäre.

Einen AufTit **benötigt nicht,** wer vom Erfordernis des AufTit befreit ist (§§ 15 ff Auf- 8 enthV oder Art 20 I SDÜ; ausführlich dazu u. zu Folgendem Heinrich, ZAR 2003, 166). Dem Sinn u. Zweck der Vorschrift zufolge ist auch nicht betroffen, wer sich aus anderen Gründen erlaubt im Bundesgebiet aufhält: als freizügigkeitsberechtigter Unionsbürger oder gleichgestellter EWR-Staater oder Schweizer, als Inhaber einer Betretenserlaubnis (§ 11 II), als Asylbew mit Anspruch auf AufGest (§§ 55, 63 AsylVfG; vgl auch Abs 5) oder Duldung

1 AufenthG § 95
1. Teil. Aufenthaltsgesetz

(§§ 43 III, 71 V 2, 71 a III AsylVfG; zu § 71 V 2 AsylVfG BayObLG, NVwZ-Beil 1996, 62), als Antragsteller mit fiktiver Rechtsstellung nach § 81 III oder IV oder als Drittstaater mit einem Schengen-Visum oder einem AufTit eines anderen Schengen-Staats (Art 19 I, 21 I SDÜ). Diesen Personen gleichgestellt ist das hier geborene Kind, dem von Amts wegen ein AufTit zu erteilen oder dem eine Antragsfrist von sechs Monaten eingeräumt ist (§§ 33, 81 II 2); allerdings muss es auch das erforderliche Passpapier besitzen, weil ihm sonst ein AufTit nicht erteilt werden darf. Ausgenommen sind auch assoziationsberechtigte Türken, weil diese über ein gemeinschaftsrechtliches AufR verfügen u. ihnen daher die AE lediglich zu Beweiszwecken ausgestellt (nicht „erteilt") wird (§ 4 I 1, V). Sie begehen eine Ordnungswidrigkeit, wenn sie das AufR nicht nachweisen können (vgl § 98 II Nr 1).

9 **Unklar** kann erscheinen, ob sich ohne erforderlichen AufTit im Bundesgebiet aufhält, wer nicht den richtigen AufTit besitzt. Gerade mit Rücksicht auf das streng auf den Aufenthaltszweck ausgerichtete Zulassungssystem lässt sich die Ansicht, der Besitz eines beliebigen AufTit genüge der AufTit-Pflicht, kaum rechtfertigen. Worauf die unterschiedlichen Formulierungen in Abs 1 Nr 1 einerseits („ohne erforderlichen...") u. in § 14 I Nr 2 andererseits („den erforderlichen...") beruhen, ist nicht nachzuvollziehen, zumal der Gesetzgeber die Wahl des bestimmten Artikels in § 14 I Nr 1 gegenüber § § 58 I Nr 1 AuslG mit der Absicht zu begründen versucht hat, irgendeinen Titel genügen zu lassen (dazu ausführlich § 14 Rn 6 ff). Die damit noch vergrößerten Schwierigkeiten bei der Gesetzesauslegung können angesichts der ohnehin bestehenden Unsicherheiten bei der Tatbestandsfeststellung die Annahme rechtfertigen, dieser Straftatbestand sei **nicht ausreichend bestimmt** (betr § 92 I Nr 6 AuslG ebenso BGH, EZAR nF 89 Nr 1; vgl Rn 14).

10 Ergänzend ist darauf hinzuweisen, dass nach § 92 I Nr 3 AuslG ua (nicht selten vorkommende) Verstöße gegen **Erwerbstätigkeitsauflagen** strafbar waren. Dabei war genau darauf zu beachten, welche Beschränkungen die jew Auflage enthielt u. welche Tätigkeiten als Erwerbstätigkeit galten (vgl § 12 DVAuslG; zu Gefälligkeitsleistungen für Verwandte OLG Düsseldorf, NZSt 1994, 290). Im Falle des Positivstaaters wurde angenommen, dass sein Aufenthalt mit Aufnahme der Erwerbstätigkeit unerlaubt wurde (BGH, NStZ 1990, 443; BayObLG, EZAR 355 Nr 29; BayObLG, BayVBl 1997, 123; OLG Karlsruhe, NStZ-RR 1998, 61; v. Pollern, ZAR 1996, 175). Da nunmehr die Berechtigung zur Ausübung einer Erwerbstätigkeit zum notwendigen Inhalt des AufTit gehört (§ 4 II), kann ein Verstoß nur strafbar sein, wenn der Ausl in einem solchen Fall nicht über den erforderlichen AufTit verfügt. Um eine Auflage iSd erst später eingefügten Nr 6 a (dazu Rn 1) handelt es sich zumindest nicht in jedem Fall (dazu Rn 21; § 4 Rn 46 ff).

11 Strafbar ist schon der Aufenthalt nach **Versagung des AufTit,** u. zwar auch dann, wenn später die Fiktion des § 81 III 1 gerichtlich mit Wirkung ex tunc angeordnet wird (betr § 69 III AuslG OLG Frankfurt, EZAR 355 Nr 4; zur Duldung Rn 13). Strafbar ist auch der Aufenthalt einer Prostituierten ohne einen AufTit, der zur Erwerbstätigkeit berechtigt (BGH, EZAR 355 Nr 11). Ebenso der Aufenthalt eines Ausl, dessen Befreiung nach der EUVisaVO mit Überschreiten der Drei-Monats-Grenze, Ungültigwerden des Passes oder Aufnahme einer Erwerbstätigkeit endet.

12 Weder wegen Nichtbesitzes eines erforderlichen AufTit noch wegen eines Aufenthaltsverbots macht sich dagegen strafbar, wer einer **räumlichen Beschränkung** des AufTit oder Duldung (§§ 12 I 2, 61 I) zuwiderhandelt (BVerfG-Kammer, EZAR 355 Nr 27; BGH, NJW 1997, 599). Zwar besitzt der Ausl in diesen Fällen keinen für das übrige Bundesgebiet gültigen AufTit, strafbar soll das Verhalten aber nach dem Willen des Gesetzgebers nicht sein, wie vor allem durch die speziellen Vorschriften der Nr 7 u. des § 98 III Nr. 1 u. der §§ 85 Nr. 3, 86 I AsylVfG bestätigt wird. Anders kann es sich dagegen bei dem Inhaber einer Grenzgängerkarte verhalten, die von vornherein nur den Aufenthalt für einen bestimmten Aufenthaltsbezirk erlaubt (vgl BayObLG, NStZ-RR 2000, 123).

13 Für die Strafbarkeit ist die Vollziehbarkeit der Ausreisepflicht (dazu § 58 II) vorausgesetzt (zum früheren Recht ebenso Aurnhammer, S. 128). Schließlich ist verlangt, dass die Abschiebung nicht ausgesetzt ist. Die **Duldung** des Aufenthalts schließt also die Strafbarkeit

Strafvorschriften　　　　　　　　　　　　　　　　　　§ 95 **AufenthG** 1

aus. Damit ist die Folgerung aus der Rspr des BVerfG gezogen, wonach nicht auf den Besitz der Duldung abgestellt werden darf, wenn deren Ausstellung von dem Verhalten der AuslBeh abhängt (betr § 92 I Nr 1 AuslG: BVerfG-Kammer, EZAR 355 Nr 34 m. Anm. Pfaff, 2003, 148; Hailbronner, § 95 AufenthG Rn 14; vgl Rn 6; Leopold/Vallone, ZAR 2005, 66; OLG Frankfurt, EZAR 355 Nr 26). Ausgesetzt ist die Abschiebung immer dann, wenn sie aus welchen Gründen auch immer vorübergehend nicht vollzogen wird (dazu § 60 a Rn 11 ff).

3. Unerlaubte Einreise

Die Einreise muss **unerlaubt iSd § 14 I Nr 1 oder 2** sein. Daher genügt nicht der Besitz　14 irgendeines Visums, sondern der Ausl muss das für den vorgesehenen Aufenthaltszweck erforderliche Visum besitzen (dazu ausführlich Rn 9 u. § 14 Rn 6 ff; aA BayObLG, EZAR 355 Nr 29). Einerseits hat der Aufenthaltszweck gerade nach dem neuen aufr System eine zentrale Bedeutung, andererseits ist die strafrechtlich erforderliche Bestimmtheit der Norm nicht ausreichend gewährleistet. Sowohl die Rechtsauslegung als auch die Tatbestandsfeststellung bereiten so ungewöhnliche Schwierigkeiten, dass das Ergebnis im Einzelfall schwer vorhersehbar sein kann (betr § 92 I Nr 6 AuslG ebenso BGH, EZAR nF 89 Nr 1 m. Anm. Renner, ZAR 2005, 249).

Die **Einreise** ist in § 13 definiert; danach ist zwischen Einreise am zugelassenen Grenz-　15 übergang u. anderswo zu unterscheiden (anders für § 47 I Nr 1 AuslG 1965 noch OLG Karlsruhe, EZAR 355 Nr 3). Die Einreise kann auch zum Zwecke der Durchreise erfolgen. Wird der Ausl bereits an der gemeinsamen Kontrollstelle auf dem Gebiet des Nachbarstaats angehalten, handelt es sich nur um einen Versuch, weil die Einreise unter diesen Umständen erst mit Überschreiten der Grenzlinie erfolgen kann. Unzutreffende Angaben eines Asylbew über die Modalitäten seiner Einreise dürfen in einem Strafverf auch ohne seine Zustimmung verwertet werden (BGH, EZAR 355 Nr 9). Unzutreffende Verfolgungsbehauptungen sind nicht strafbar (vgl §§ 34, 35 AsylVfG; Krehl, NJW 1991, 1397).

4. Verstoß gegen Ausreiseverbot

Die Untersagung der **Ausreise** (§ 46 II 1 oder 2) muss vollziehbar sein. Sie muss　16 bestandskräftig oder für sofort vollziehbar erklärt sein (§ 80 II 1 Nr 4 VwGO). Bei gerichtlicher Aussetzung des Vollzugs u. Abweisung der Anfechtungsklage in erster Instanz genügt es, wenn drei Monate nach Ablauf der ges Begründungsfrist für das Rechtsmittel gegen die Klageabweisung vergangen sind (§ 80 b I VwGO). Die Ausreise ist erst mit dem tatsächlichen Überschreiten der Grenzlinie (dazu § 13) vollendet. Zuvor handelt es sich nur um einen (straflosen) Versuch. Aus diesem Grund läuft diese Strafvorschrift weitgehend leer (dazu Aurnhammer, S. 194; Heinrich, ZAR 2003, 166). Unerheblich ist, ob der Ausl in den Nachbarstaat einreisen u. dort bleiben darf. Wird das Ausreiseverbot erst nach dem Grenzübertritt vollziehbar, ist der Tatbestand nicht erfüllt (BayVGH, BayVBl 1996, 50).

5. Verstoß gegen Beschränkung politischer Betätigung

Die Zuwiderhandlung gegen § 47 braucht nicht **wiederholt** zu sein. Wegen Vollzieh-　17 barkeit vgl Rn 16. Da für die Auflage zu einem Visum üblicherweise keine Rechtsbehelfsbelehrung erteilt wird, verlängert sich die Klagefrist von einem Monat auf ein Jahr nach Bekanntgabe (§§ 58 II, 74 I VwGO); Vollziehbarkeit tritt daher bei Auflagen zu einem Visum erst mit rechtskräftiger Klageabweisung oder ungenutztem Ablauf der Jahresfrist ein.

6. Unrichtige oder unvollständige Angaben

Strafbar sind sowohl die gänzliche **Unterlassung** der notwendigen Angaben als auch　18 unvollständige oder falsche Angaben (vgl auch Rn 24 f). Wegen Falschangaben (allg zur Manipulation von Angaben Röschert, ZAR 1984, 201) nach Abs 1 Nr 5 oder Abs 2 Nr 2 strafbar sind nicht Asylbew, weil deren Mitwirkungspflichten nicht in § 49 I, sondern in § 15 AsylVfG geregelt sind, weil diese weder einen AufTit noch eine Duldung, sondern eine AufGest anstreben u. weil der Gesetzgeber das Erschleichen von Asyl nicht unter Strafe stellen wollte, wie sich nicht zuletzt aus § 84 AsylVfG ergibt, der nur den Dritten unter Strafe stellt, nicht den Asylbew selbst (vgl v. Pollern, ZAR 1996, 175; BGH, NJW 1997, 333). Wenn die unzutreffenden Angaben nicht von dem Ausl stammen, muss er sie im Rahmen seiner Mitwirkungsverpflichtung verwenden. Die Tat ist mit der Angabe gegenüber einer Behörde oder einer sonstigen Stelle vollendet, die mit Vollzug des AufenthG betraut ist; es braucht nicht die zuständige Stelle zu sein. Die Falschangaben brauchen auch nicht für den beabsichtigten Zweck geeignet zu sein u. diesen zu erfüllen (Aurnhammer, S. 68). Eine unrichtige Angabe ist auch in der **Vortäuschung** einer ehelichen Lebensgemeinschaft zu sehen (BayObLG, NVwZ 1983, 181; BayObLG, EZAR 355 Nr 8; BayObLG, NStZ 1990, 187; betr Beihilfe des Vermittlers OLG Frankfurt, NStZ 1993, 393).

7. Nichtduldung erkennungsdienstlicher Maßnahmen

19 Es genügen bei Maßnahmen nach § 49 VIII nur aktive Weigerung u. Sichentziehen, auch Nichterscheinen zu einem festgesetzten Termin, aber nicht rein **passives** Verhalten. Es reicht aus, wenn die Maßnahme durch den Ausl nicht unwesentlich verzögert wird, letztlich aber doch durchgeführt werden kann (Senge in Erbs/Kohlhaas, § 92 AuslG Rn 19). Die Maßnahmen müssen vollziehbar sein. Auf ihre rechts- u. ermessensfehlerfreie Anordnung kommt es im Blick auf den Akzessorietätsgrundsatz (Rn 3) dagegen nicht an.

8. Verstoß gegen Meldepflicht u. a.

20 Strafbar ist (nach Nr 6 a) nur die **wiederholte** Zuwiderhandlung gegen Meldepflichten im Falle des § 54 a sowie gegen räumliche Beschränkungen u. sonstige Auflagen; es muss also mindestens der zweite Verstoß sein. Nach Nr 7 ist der wiederholte Verstoß gegen § 61 I strafbar. In den beiden letzten Fallgestaltungen der Nr 6 a müssen wiederholte belehrende Hinweise vorausgegangen sein.

21 Die sonstige Auflage muss vollziehbar sein (zu § 92 I Nr 3 AuslG BayObLG, EZAR 355 Nr 36). Mit dem Begriff der „sonstigen **Auflagen**" sind nicht die Nebenbestimmungen (so auch die Formulierung in § 84 I Nr 3) gemeint, mit denen die Berechtigung zur Ausübung einer Erwerbstätigkeit inhaltlich bestimmt wird (vgl § 4 II Rn 46 ff). Der Gesetzgeber hat erkennbar angenommen, die illegale Erwerbstätigkeit, die durch § 92 I Nr 3 AuslG unter Strafe gestellt war (vgl Rn 10), werde durch Abs 1 Nr 2 erfasst (BT-Drs 15/420 S. 98: Abs 1 Nr 1 bis 4, 6 u. 8 „entsprechen" § 92 I AuslG). Für die nachträgliche Einfügung der Nr 6 a fehlt es an Gesetzgebungsmaterialien, der Inhalt u. der Zusammenhang mit anderen Ergänzungen zum Zwecke der Bekämpfung des Terrorismus sprechen jedoch eindeutig gegen die Annahme, der Gesetzgeber habe die praktisch sehr bedeutsame Beschäftigungskriminalität zunächst übersehen u. sodann durch den wenig spezifischen Begriff der sonstigen Auflagen berücksichtigen wollen.

9. Zugehörigkeit zu geheimem Ausländerverein

22 Die Zugehörigkeit zu einer geheimen Vereinigung genügt, irgendwelche **Aktivitäten** oder eine hervorgehobene Position sind nicht erforderlich. Ebenso wenig eine formelle Mitgliedschaft, wenn diese nicht üblich oder verlangt ist. „Karteileichen" sind nicht gemeint, aber bloß finanzielle Unterstützung als Mitglied reicht aus. Dagegen erfüllt den Tatbestand nicht, wer den Verein nur unterstützt, ohne ihm anzugehören. Ein Vereinsverbot (dazu BVerwGE 55, 178) muss zumindest möglich erscheinen (zur Strafbarkeit nach § 20 I 1 Nr 4 VereinsG vgl BVerfG-Kammer, EZAR 355 Nr 30).

Strafvorschriften § 95 **AufenthG 1**

10. Verstoß gegen Aufenthaltsverbot

Strafbar sind auch Einreise oder Aufenthalt entgegen einem **Verbot** aufgrund Ausweisung 23
oder Abschiebung (§ 11 I 1). Der Tatbestand kann durch Verbleiben im Inland trotz Ausweisung u. vollziehbarer Ausreisepflicht verwirklicht werden (Aurnhammer, S. 27, 131) oder durch erneute Einreise oder nach Ablauf einer evtl Betretenserlaubnis. Die Wiedereinreisesperre greift auch dann ein, wenn sich Ausweisung oder Abschiebung nachträglich als rechtswidrig erweisen. Das Gegenteil könnte allenfalls in einem Eilverf bei summarischer Prüfung angenommen werden (so VGH BW, InfAuslR 1992, 341). Die Sperre kann aber nur entfallen, wenn die Ausweisungsverfügung tatsächlich als rechtswidrig aufgehoben wird.

11. Erschleichen eines Aufenthaltstitels

Die unrichtige oder unvollständige Angabe braucht nicht zur Erteilung eines AufTit zu 24
führen oder sich hierfür zu eignen; es genügt die Eignung zur Beschaffung eines unrechtmäßigen Titels (OLG Karlsruhe, EZAR 355 Nr 37). Täter kann auch ein Dt sein (Rn 4). Unrichtige Angaben können darin bestehen, die Absicht der Aufnahme einer ehelichen Lebensgemeinschaft vorzutäuschen (BayObLG, EZAR 355 Nr 8 mwN). Dies lässt sich aber nicht feststellen, wenn die Ehepartner eine häusliche Gemeinschaft aufnehmen; der unbedingte Wille zur Ehe auf Lebenszeit ist nicht verlangt (BayObLG, EZAR 355 Nr 25).

Unwahre Angaben (vgl auch Rn 18) können zB zur Erteilung eines **Visums** führen, wenn 25
ein Besuch oder eine Durchreise vorgetäuscht werden, in Wirklichkeit aber ein Daueraufenthalt angestrebt wird. Strafbar ist deshalb, wer eine Touristenreise vortäuscht, aber eine Erwerbstätigkeit anstrebt (BGH, EZAR 355 Nr 24). Dt Strafrecht ist aber nicht anwendbar, wenn die Angaben bei der AuslVertr eines anderen Staats zur Erlangung eines Schengen-Visums gemacht werden (BayObLG, EZAR 355 Nr 23; vgl aber § 96 IV). Eine unzutreffende Angabe ist nicht schon dann irrelevant, wenn dem Ausl aus einem anderen Grund ein AufTit zusteht (Aurnhammer, S. 68; aA VG Koblenz, InfAuslR 1992, 86). Wer den in seinen Reisepass eingestempelten Zurückweisungsvermerk einer ausl Behörde durch Überkleben unkenntlich macht, begeht weder Urkundenfälschung noch Urkundenunterdrückung (BayObLG, EZAR 355 Nr 7). Wird aufgrund unzutreffender Angaben eine Urkunde hergestellt, kommt mittelbare Falschbeurkundung (§ 271 StGB) in Betracht (BGH, NJW 1996, 2170).

Ein erschlichener AufTit wird zur Täuschung im Rechtsverkehr **gebraucht,** wenn das 26
Visum der Grenzbehörde vorgelegt wird (Heinrich, ZAR 2003, 166; Lorenz. NStZ 2002, 640).

12. Versuch

Unter Strafe gestellt ist die Vollendung der Tat. Der Versuch ist – ausgenommen nach 27
Abs 1 Nr 3 u. Abs 2 Nr 1 Bst a – **nicht strafbar** (§ 23 I StGB).

V. Innerer Tatbestand

In jedem Fall ist **Vorsatz** erforderlich; denn Fahrlässigkeit ist nicht ausdrücklich unter 28
Strafe gestellt (§ 15 StGB; vgl aber § 93 I). Bedingter Vorsatz genügt, wobei eine besondere Belehrung über bestehende Rechtspflichten nicht vorausgesetzt wird. Fehlende Kenntnis der Rechtsvorschriften schließt Strafe nicht aus. Der Vorsatz kann infolge Irrtums über Tatumstände ausgeschlossen sein (§ 15 StGB). Fehlendes Bewusstsein der Pflichtwidrigkeit gehört zur Schuldseite (Aurnhammer, S. 174 ff), schließt also den Vorsatz nicht aus. Im Allg genügt aber ein Verbotsirrtum nicht, weil dieser idR auch bei Ausl nicht unvermeidbar ist (§ 17 StGB). Die Einzelfallumstände u. die persönliche Einsichtsfähigkeit entscheiden, ob der Verbotsirrtum vermeidbar ist.

VI. Teilnahme

29 Anstiftung u. Beihilfe sind nach §§ 27 f StGB strafbar (Aurnhammer, S. 152 f; OLG Frankfurt, NStZ 1993, 393). Beihilfe durch Gewährung von Unterkunft u. Verpflegung setzt voraus, dass der Haupttäter seinen weiteren Aufenthalt davon abhängig macht (BayObLG, EZAR 355 Nr 19). Beihilfe durch Gewährung von Unterkunft oder Arbeitslohn soll daher nicht vorliegen, wenn der Täter zur Fortsetzung seines Tuns unter allen Umständen entschlossen ist, der Gehilfe also den illegalen Aufenthalt nicht objektiv fördert oder erleichtert (OLG Düsseldorf, EZAR 355 Nr 28). Es ist allerdings eine Tatfrage, ob ein Täter durch solche Leistungen zumindest psychisch unterstützt wird. Abs. 2 erhöht den Strafrahmen für besonders strafwürdig erscheinende Handlungen.

VII. Flüchtlinge

30 Die unberührt bleibende Geltung von Art. 31 GK wirkt sich bei den Tatbeständen des Abs 1 Nr 1 bis 3 als persönlicher **Strafaufhebungsgrund** aus (Aurnhammer, S. 163 f). Indes kann sich hierauf nur berufen, wer unmittelbar aus dem Verfolgerstaat einreist u. sich unverzüglich bei den zuständigen Stellen meldet. Unverzüglich bedeutet ohne schuldhaftes Zögern (BVerfG-Kammer, NVwZ 1987, 1068). Zudem kann als Flüchtling nur angesehen werden, wer nach dem Ergebnis des Asylverf aufgrund der verbindlichen Entscheidung des BAMF als solcher anzusehen ist (§§ 2–4 AsylVfG). Bei versuchter Einreise über einen sicheren Drittstaat wird ihm sowohl die Asylanerkennung (Art 16a II GG; § 26a AsylVfG) als auch die Flüchtlingsanerkennung (§ 60 I) versagt (§ 31 I 2, 34a I AsylVfG). Über Letztere wird nur dann entschieden, wenn ihm die Einreise mittels unzutreffender Angaben gegenüber der Grenzbehörde oder unter Umgehung der Grenzkontrollen gelungen ist; dann hat er aber nicht unverzüglich um Asyl nachgesucht.

31 Das AsylR des Art 16a I kommt anders als Art 31 GK als **Rechtfertigungsgrund** in Betracht (Aurnhammer, S. 163 ff). Allerdings ist die Rechtswidrigkeit aufgrund der Restriktionen durch Drittstaatenklausel, Flughafenverf u. § 13 AsylVfG praktisch nur noch in den Fällen ausgeschlossen, in denen der Ausl nicht aus einem sicheren Herkunftsstaat stammt u. auf dem Luftweg einreist, ohne dabei einen sicheren Drittstaat zu berühren (ähnlich Auernhammer aaO).

VIII. Strafe

32 Die angedrohte **Freiheitsstrafe** von bis zu einem oder bis zu drei Jahren beträgt mindestens einen Monat (§ 38 II StGB). Die **Geldstrafe** beläuft sich auf fünf bis 360 Tagessätze (§ 40 StGB). Die Strafe für Versuch kann um die Hälfte gemindert werden (§ 50 StGB). Die Einziehung betrifft nur die Urkunden nach Abs 2 Nr 2.

§ 96 Einschleusen von Ausländern

(1) Mit Freiheitsstrafe bis zu fünf Jahren oder mit Geldstrafe wird bestraft, wer einen anderen zu einer der in § 95 Abs. 1 Nr. 1, 2 oder 3 oder Abs. 2 bezeichneten Handlungen anstiftet oder ihm dazu Hilfe leistet und
1. dafür einen Vermögensvorteil erhält oder sich versprechen lässt oder
2. wiederholt oder zu Gunsten von mehreren Ausländern handelt.

(2) Mit Freiheitsstrafe von sechs Monaten bis zu zehn Jahren wird bestraft, wer in den Fällen des Absatzes 1
1. gewerbsmäßig handelt,
2. als Mitglied einer Bande, die sich zur fortgesetzten Begehung solcher Taten verbunden hat, handelt,
3. eine Schusswaffe bei sich führt, wenn sich die Tat auf eine Handlung nach § 95 Abs. 1 Nr. 3 oder Abs. 2 Nr. 1 Buchstabe a bezieht,
4. eine andere Waffe bei sich führt, um diese bei der Tat zu verwenden, wenn sich die Tat auf eine Handlung nach § 95 Abs. 1 Nr. 3 oder Abs. 2 Nr. 1 Buchstabe a bezieht, oder
5. den Geschleusten einer das Leben gefährdenden, unmenschlichen oder erniedrigenden Behandlung oder der Gefahr einer schweren Gesundheitsschädigung aussetzt.

(3) Der Versuch ist strafbar.

(4) Absatz 1 Nr. 1, Absatz 2 Nr. 1 und Absatz 3 sind auf Zuwiderhandlungen gegen Rechtsvorschriften über die Einreise und den Aufenthalt von Ausländern in das europäische Hoheitsgebiet einer der Vertragsstaaten des Schengener Durchführungsübereinkommens anzuwenden, wenn
1. sie den in § 95 Abs. 1 Nr. 2 oder 3 oder Abs. 2 Nr. 1 bezeichneten Handlungen entsprechen und
2. der Täter einen Ausländer unterstützt, der nicht die Staatsangehörigkeit eines Mitgliedstaates der Europäischen Union oder eines anderen Vertragsstaates des Abkommens über den Europäischen Wirtschaftsraum besitzt.

(5) In den Fällen des Absatzes 2 Nr. 1, auch in Verbindung mit Absatz 4, und des Absatzes 2 Nr. 2 bis 5 ist § 73 d des Strafgesetzbuches anzuwenden.

I. Entstehungsgeschichte

Die Vorschrift entspricht dem **GesEntw** (BT-Drs 15/420 S. 34). 1

II. Allgemeines

Es handelt sich um **qualifizierte Tatbestände,** die ebenso akzessorisch sind wie die des 2 § 95 (dazu § 95 Rn 3). Sie sind, vor allem im Strafmaß, durch den Willen des Gesetzgebers zur verstärkten Bekämpfung der illegalen Einreise u. vor allem des organisierten u. gewerbsmäßigen Schlepperwesens gekennzeichnet (vgl v. Pollern, ZAR 1996, 175; Aurnhammer, S. 153 f; BT-Drs 9/847 S. 11; 11/6321 S. 85; 12/5683 S. 8; 12/6853 S. 31 f).

III. Täter und Teilnehmer

Täter kann anders als zT bei § 95 (dort Rn 3) jedermann, also **auch ein Dt** sein. Der 3 begünstigte Ausl kann wegen seiner notwendigen Teilnahme durch Verwirklichung der Haupttat nicht bestraft werden. Ob dies bei darüber hinausgehenden Tatbeiträgen anders zu beurteilen ist, ist streitig (aA Aurnhammer, S. 159 ff).

IV. Tathandlungen

Das Einschleusen knüpft an eine der Handlungen des § 95 Abs 1 Nr 1, 2 oder 3 oder des 4 Abs 2 an (zu straflosem Aufenthalt u. strafloser Einreise vgl § 95 Rn 9, 14 f). Die Teilnahmehandlung des Anstiftens oder Hilfeleistens ist **verselbständigt**. Sie setzt im Hinblick auf Wortwahl (vgl §§ 26, 27 StGB) u. Entstehungsgeschichte (anders als das Verleiten nach § 84 AsylVfG) eine rechtswidrige u. vorsätzliche, nicht aber eine schuldhafte Haupttat voraus (Aurnhammer, S. 156 ff; Heinrich, ZAR 2003, 166; BayObLG, StV 1999, 382). Bei Schleusung von Kleinkindern kann es uU schon an der Handlungsfähigkeit fehlen (Heinrich, ZAR 2003, 166 mwN in Fn 92).

5   Anstiften u. Hilfeleisten ist wie **Anstiftung u. Beihilfe** (§§ 26, 27 StGB) zu verstehen, also als Fördern u. Hilfe in jeder Form. Die Handlung braucht nicht den Grenzübertritt unmittelbar zu betreffen, es genügt, wenn sie die Vorbereitung der Einreise anregt, fördert, unterstützt oder sonst möglich macht. Dazu zählen vor allem Anwerben für Schwarzarbeit, Beschaffen von u. Hinweise auf Einreisewege, Beförderungsmittel, Unterkunft, Verpflegung, Beschäftigung, Eheschließung, Übersetzerdienste (ähnlich v. Pollern, ZAR 1996, 175; Senge, § 92 a AuslG Rn 4).

6   Es genügt (mangels **Haupttat**) nicht das bloße Unterbringen in einer Wohnung (BGH, EZAR 355 Nr 11), die illegale Beschäftigung (OVG RhPf, MDR 1992, 894), der Transport heiratswilliger Frauen aus Positivstaaten (vgl EUVisaVO). Beim Kirchenasyl ist danach zu unterscheiden, welche Hilfeleistungen unter welchen Umständen gewährt werden. Eine generelle Straffreiheit ist ebenso wenig anzuerkennen wie Sozialadäquanz u. Gründe für eine Rechtfertigung oder das Absehen von Strafe; Einzelfallumständen u. persönlichen Beweggründen kann also nur bei der Strafzumessung Rechnung getragen werden (dazu Aurnhammer, S. 181 ff; Huber, ZAR 1988, 153; Jacobs, ZevKR 1990, 37; Müller, ZAR 1996, 170; Robbers, AöR 1988, 43; Rothkegel, ZAR 1997, 121).

7   Unter **Vermögensvorteil** ist jede günstigere Gestaltung der Vermögenslage zu verstehen, der Täter muss gegen Entgelt handeln (Heinrich, ZAR 2003, 166; Westphal/Stoppa, NJW 1999, 2137). Der Vermögensvorteil braucht nicht rechtswidrig zu sein u. von dem begünstigten Ausl erbracht zu werden, er muss aber in einem finalen Zusammenhang mit der Förderung u. Unterstützung des illegalen Verhaltens des Ausl stehen (BGH, NJW 1989, 1435).

8   **Wiederholt** handelt, wer schon zuvor eine derartige Handlung begangen hat. Diese braucht aber nicht bestraft oder sonst geahndet worden zu sein (BGH, NJW 1999, 2829). Auf die Bewertung als Handlungsmehrheit oder fortgesetzte Handlung (dazu BGHSt 40, 138) kommt es nicht an. Nachdem die frühere Sechser-Banden-Klausel seit 1. 11. 1997 aufgehoben ist, genügt es, wenn mehrere, also mindestens zwei Ausl begünstigt werden.

9   Wer **gewerbsmäßig** handelt, unterliegt einer weiteren Qualifizierung. Er muss sich aus einer wiederholten Tatbegehung eine nicht nur vorübergehende Einnahmequelle von einigem Gewicht verschaffen wollen, wobei diese Absicht schon durch eine einzige Tat bestätigt sein kann (BGHSt 1, 383; 19, 63). **Bandenmäßig** handelt, wer sich zur fortgesetzten Begehung mit mindestens einer weiteren Person zusammengeschlossen hat. Es braucht sich nicht notwendig um eine kriminelle Vereinigung iSd § 129 StGB zu handeln.

10 Die weiteren Tatbestände des Mitführens einer Schusswaffe oder einer anderen **Waffe** oder der Lebens- oder schweren Gesundheitsgefährdung sollen eine noch wirksamere Bekämpfung der Schleuserkriminalität u. der zunehmenden Skrupellosigkeit ermöglichen (BT-Drs 15/420 S. 98).

11 Bei Zuwiderhandlung gegen Vorschriften über Einreise u. Aufenthalt in einem anderen **SDÜ-Vertragsstaat** greifen in dem in Abs 4 genannten Umfang ebenfalls die Qualifizierungen der Abs 1–3 ein. Es kann sich auch um eine Auslandstat handeln; dazu braucht kein zusätzlicher Anknüpfungspunkt wie die dt StAng des Täters oder Wohnsitz oder Ergreifung in Deutschland gegeben zu sein (aA Senge, § 92 a AuslG Rn 20).

12 Der **Versuch** ist bei allen Begehungsformen strafbar (Abs 3).

V. Innerer Tatbestand

13 Erforderlich ist **Vorsatz** im selben Umfang wie nach § 95 (dort Rn 28).

VI. Strafe

Der **Strafrahmen** ist gegenüber § 95 deutlich erhöht. Die Freiheitsstrafen reichen bis zur **14** Höchststrafe von zehn Jahren nach Abs 2 (zur Geldstrafe vgl § 95 Rn 32).

§ 97 Einschleusen mit Todesfolge; gewerbs- und bandenmäßiges Einschleusen

(1) Mit Freiheitsstrafe nicht unter drei Jahren wird bestraft, wer in den Fällen des § 96 Abs. 1, auch in Verbindung mit § 96 Abs. 4, den Tod des Geschleusten verursacht.

(2) Mit Freiheitsstrafe von einem Jahr bis zu zehn Jahren wird bestraft, wer in den Fällen des § 96 Abs. 1, auch in Verbindung mit § 96 Abs. 4, als Mitglied einer Bande, die sich zur fortgesetzten Begehung solcher Taten verbunden hat, gewerbsmäßig handelt.

(3) In minder schweren Fällen des Absatzes 1 ist die Strafe Freiheitsstrafe von einem Jahr bis zu zehn Jahren, in minder schweren Fällen des Absatzes 2 Freiheitsstrafe von sechs Monaten bis zu zehn Jahren.

(4) § 73 d des Strafgesetzbuches ist anzuwenden.

I. Entstehungsgeschichte

Die Vorschrift entspricht dem **GesEntw** (BT-Drs 15/420 S. 34). **1**

II. Allgemeines

Es handelt sich um Tatbestände, die durch den Tod des Geschleusten u. die bandenmäßige **2** Begehung verschärft sind.

III. Täter und Teilnehmer

Täter können sowohl Ausl als **auch Dt** sein. **3**

IV. Tathandlungen

Die Tathandlung des Abs 1 besteht in der Verwirklichung des § 96 I, auch iVm § 96 IV, **4** wenn dadurch der **Tod** des geschleusten Ausl verursacht wird. Abs 2 besteht in einer **Kumulation** der banden- u. der gewerbsmäßigen Verwirklichung des § 96 I. Der Versuch ist strafbar (§ 23 I StGB).

V. Innerer Tatbestand

Auch in dieser Begehungsweise ist **Vorsatz** erforderlich. Der Tod des Geschleusten **5** braucht nur fahrlässig herbeigeführt zu sein (§ 18 StGB).

VI. Strafe

Der **Strafrahmen** ist gegenüber § 96 erhöht u. den §§ 227 I, 235 V StGB angenähert. Durch Abs 3 soll ein Wertungswiderspruch zwischen gewerbs- u. bandenmäßiger Begehungsweise in einem minder schweren Fall u. der gewerbsmäßigen oder bandenmäßigen Begehungsweise verhindert werden (BT-Drs 15/420 S. 98 f).

§ 98 Bußgeldvorschriften

(1) Ordnungswidrig handelt, wer eine in § 95 Abs. 1 Nr. 1 oder 2 oder Abs. 2 Nr. 1 Buchstabe b bezeichnete Handlung fahrlässig begeht.

(2) Ordnungswidrig handelt, wer

1. entgegen § 4 Abs. 5 Satz 1 einen Nachweis nicht führt,
2. entgegen § 13 Abs. 1 Satz 2 sich der polizeilichen Kontrolle des grenzüberschreitenden Verkehrs nicht unterzieht oder
3. entgegen § 48 Abs. 1 oder 3 Satz 1 eine dort genannte Urkunde oder Unterlage nicht oder nicht rechtzeitig vorlegt, nicht oder nicht rechtzeitig aushändigt oder nicht oder nicht rechtzeitig überlässt.

(3) Ordnungswidrig handelt, wer vorsätzlich oder fahrlässig

1. einer vollziehbaren Auflage nach § 12 Abs. 2 Satz 2 oder Abs. 4 oder einer räumlichen Beschränkung nach § 54 a Abs. 2 oder § 61 Abs. 1 Satz 1 zuwiderhandelt,
2. entgegen § 13 Abs. 1 außerhalb einer zugelassenen Grenzübergangsstelle oder außerhalb der festgesetzten Verkehrsstunden einreist oder ausreist oder einen Pass oder Passersatz nicht mitführt,
3. einer vollziehbaren Anordnung nach § 46 Abs. 1, § 54 a Abs 1 Satz 2 oder Abs. 3 oder § 61 Abs. 1 Satz 2 zuwiderhandelt,
3 a. entgegen § 54 a Abs. 1 Satz 1 eine Meldung nicht, nicht richtig oder nicht rechtzeitig macht,
4. entgegen § 80 Abs. 4 einen der dort genannten Anträge nicht stellt oder
5. einer Rechtsverordnung nach § 99 Abs. 1 Nr. 7 oder 10 zuwiderhandelt, soweit sie für einen bestimmten Tatbestand auf diese Bußgeldvorschrift verweist.

(4) In den Fällen des Absatzes 2 Nr. 2 und des Absatzes 3 Nr. 2 kann der Versuch der Ordnungswidrigkeit geahndet werden.

(5) Die Ordnungswidrigkeit kann in den Fällen des Absatzes 2 Nr. 2 mit einer Geldbuße bis zu fünftausend Euro, in den Fällen der Absätze 1 und 2 Nr. 1 und 3 und des Absatzes 3 Nr. 2 mit einer Geldbuße bis zu dreitausend Euro und in den übrigen Fällen mit einer Geldbuße bis zu tausend Euro geahndet werden.

(6) Artikel 31 Abs. 1 des Abkommens über die Rechtsstellung der Flüchtlinge bleibt unberührt.

I. Entstehungsgeschichte

1 Die Vorschrift entsprach ursprünglich dem **GesEntw** (BT-Drs 15/420 S. 34 f). Mit Wirkung vom 18. 3. 2005 wurden in Abs 3 bei Nr 1 u. Nr 3 die Bezugnahmen auf § 54a u. außerdem Nr 3 a eingefügt (Art 1 Nr 15 ÄndGes vom 14. 3. 2005, BGBl. I 721).

Bußgeldvorschriften § 98 AufenthG 1

II. Allgemeines

Die Vorschrift geht auf § 48 AuslG 1965 zurück. Sie ist in enger Beziehung zu §§ 95 bis 2
97 u. im **Zusammenhang** mit den Bußgeld- u. Strafvorschriften der §§ 84 bis 86 AsylVfG
u. § 10 FreizügV/EU zu sehen (dazu im Einzelnen v. Pollern, ZAR 1987, 12 u. 1996, 175).

III. Täter und Teilnehmer

Täter kann in den meisten Fällen nur ein **Ausl** sein; für Abs 1, Abs 3 Nr 4 kommen auch 3
Dt als Täter in Betracht. Zwischen Tätern u. Teilnehmern wird nicht unterschieden (§ 14 I
OWiG).

IV. Tathandlungen

Die Tathandlungen bestehen aus Zuwiderhandlungen gegen Ordnungsvorschriften. Das 4
unterschiedliche Gewicht kommt in der Staffelung der Geldbußen nach Abs 5 zum
Ausdruck. Die illegale Einreise ausl Flüchtlinge kann nach Maßgabe des Art 31 I GK nicht
geahndet werden (dazu § 95 Rn 30 f). In den Fällen des Abs 1 geht es um die fahrlässige
Erfüllung der Tatbestände des § 95 I Nr 1 oder 2 oder II Nr 1 Bst b (dort Rn 5–13, 23).
Fahrlässig handelt, wer die Sorgfalt außer Acht lässt, die er nach den Umständen u. seinen
persönlichen Fähigkeiten zu beachten verpflichtet u. imstande ist. Da die Notwendigkeit des
Besitzes gültiger Reise- u. Identitätsdokumente zum allg Erfahrungswissen zählt, kann von
Ausl allg insb verlangt werden, dass sie deren Geltungsdauer überprüfen u. ggf die erforder-
lichen Schritte zur Verlängerung oder zur Beschaffung neuer Dokumente unternehmen.

Assoziationsberechtigte **Türken** müssen die AE zu Nachweiszwecken beantragen. Mehr, 5
aber auch nicht weniger ist von ihnen zu verlagen. Sonst verstoßen sie gegen § 4 V.

Das **Umgehen der Kontrollen** ist hier nur erfasst, soweit es nicht unter Abs 3 Nr 2 fällt. 6
Also erfüllt den Tatbestand zB, wer an einem Haltezeichen oder Kontrollbeamten ohne
weiteres vorbeifährt oder sich in einem Fahrzeug oder einem sonstigen Verkehrsmittel
versteckt oder einen Pass, den er mitführt, nicht vorzeigt.

Die Nichtvorlage von **Urkunden** iSd § 48 I oder III 1 setzt deren Besitz voraus. Sonst 7
macht sich der Ausl evtl nach § 95 I Nr 1 oder 2 strafbar.

Die vorsätzlichen oder fahrlässigen Verstöße **gegen Auflagen** betreffen andere Auflagen 8
als nach § 95 I Nr 4 (dazu § 95 Rn 12, 21; vgl § 95 I Nr 6 a).

Das Verhalten gegenüber **Grenzkontrollen** ist nach Abs 3 Nr 2 nur in bestimmten 9
Formen ordnungswidrig; sonst ist das Umgehen von Kontrollen durch Abs 2 Nr 2 erfasst
(vgl Rn 6). Dabei geht es um das Überschreiten der „grünen" oder „blauen" Grenze, das
Passieren der Grenzkontrollstelle außerhalb der Verkehrszeiten. Der Tatbestand ist nicht
erfüllt, soweit aufgrund des SDÜ oder anderer Vereinbarungen keine Grenzkontrolle stattfindet. Nichtmitführen des Passes setzt dessen Besitz voraus. Einreise ohne Pass oder ohne
gültigen Pass erfüllt schon den Straftatbestand des § 95 I Nr 3.

Der Verstoß gegen **räumliche Beschränkungen** ist ähnlich gestaltet wie § 86 I AsylVfG 10
für Asylbew. Damit soll erreicht werden, dass Ausl ohne AufTit insoweit nicht besser stehen
als solche mit AufTit u. Asylbew (BT-Drs 15/420 S. 99). Zudem sind die Sonderfälle des
§ 54 a einbezogen.

Die Unterlassung von **Anträgen nach § 80 IV** kann auch von Dt begangen werden. 11

Mit der Bezugnahme auf die **AufenthV** sind die dortigen Bußgeldbestimmungen in § 77 12
einbezogen.

Der **Versuch** der Ordnungswidrigkeit kann nur in den Fällen des Abs 2 Nr 2 u. des 13
Abs 3 Nr 2 geahndet werden (Abs 4).

V. Innerer Tatbestand

14 Der Täter muss grundsätzlich **vorsätzlich** handeln (§ 10 OWiG). Nur in den Fällen der Abs 1 u. 3 ist Fahrlässigkeit ausreichend. Ein vermeidbarer Verbotsirrtum wirkt nur schuldausschließend (§ 11 II OWiG). Vermeidbar ist er grundsätzlich auch bei Ausl, u. zwar trotz der Herkunft aus einem anderen Rechts- u. Kulturkreis.

VI. Geldbuße

15 Die Höhe der Geldbußen ist in Abs 5 im Einzelnen mit **Höchstbeträgen** begrenzt. Sonst beträgt sie fünf u. höchstens 1000 Euro (§ 17 I OWiG).

Kapitel 10. Verordnungsermächtigungen; Übergangs- und Schlussvorschriften

§ 99 Verordnungsermächtigung

(1) Das Bundesministerium des Innern wird ermächtigt, durch Rechtsverordnung mit Zustimmung des Bundesrates
1. zur Erleichterung des Aufenthalts von Ausländern Befreiungen vom Erfordernis des Aufenthaltstitels vorzusehen, das Verfahren für die Erteilung von Befreiungen und die Fortgeltung und weitere Erteilung von Aufenthaltstiteln nach diesem Gesetz bei Eintritt eines Befreiungsgrundes zu regeln sowie zur Steuerung der Erwerbstätigkeit von Ausländern im Bundesgebiet Befreiungen einzuschränken,
2. zu bestimmen, dass der Aufenthaltstitel vor der Einreise bei der Ausländerbehörde oder nach der Einreise eingeholt werden kann,
3. zu bestimmen, in welchen Fällen die Erteilung eines Visums der Zustimmung der Ausländerbehörde bedarf, um die Mitwirkung anderer beteiligter Behörden zu sichern,
4. Ausländer, die im Zusammenhang mit der Hilfeleistung in Rettungs- und Katastrophenfällen einreisen, von der Passpflicht zu befreien,
5. andere amtliche deutsche Ausweise als Passersatz einzuführen oder zuzulassen,
6. amtliche Ausweise, die nicht von deutschen Behörden ausgestellt worden sind, allgemein als Passersatz zuzulassen,
7. zu bestimmen, dass zur Wahrung von Interessen der Bundesrepublik Deutschland Ausländer, die vom Erfordernis des Aufenthaltstitels befreit sind und Ausländer, die mit einem Visum einreisen, bei oder nach der Einreise der Ausländerbehörde oder einer sonstigen Behörde den Aufenthalt anzuzeigen haben,
8. zur Ermöglichung oder Erleichterung des Reiseverkehrs zu bestimmen, dass Ausländern, die bereits bestehende Berechtigung zur Rückkehr in das Bundesgebiet in einem Passersatz bescheinigt werden kann,
9. zu bestimmen, unter welchen Voraussetzungen ein Ausweisersatz ausgestellt werden kann und wie lange er gültig ist,
10. die ausweisrechtlichen Pflichten von Ausländern, die sich im Bundesgebiet aufhalten, zu regeln hinsichtlich der Ausstellung und Verlängerung, des Verlustes und des Wiederauffindens sowie der Vorlage und der Abgabe eines Passes, Passersatzes und Ausweisersatzes sowie der Eintragungen über die Einreise, die Ausreise, das Antreffen im Bundesgebiet und über Entscheidungen der zuständigen Behörden in solchen Papieren,
11. Näheres zum Register nach § 91a sowie zu den Voraussetzungen und dem Verfahren der Datenübermittlung zu bestimmen,
12. zu bestimmen, wie der Wohnsitz von Ausländern, denen vorübergehend Schutz gemäß § 24 Abs. 1 gewährt worden ist, in einen anderen Mitgliedstaat der Europäischen Union verlegt werden kann,
13. die Muster und Ausstellungsmodalitäten für die bei der Ausführung dieses Gesetzes zu verwendenden Vordrucke sowie die Aufnahme und die Einbringung von Merkmalen in verschlüsselter Form nach § 78 Abs. 3 nach Maßgabe der gemeinschaftsrechtlichen Regelungen und nach § 78 Abs. 6 und 7 festzulegen,

14. zu bestimmen, dass die
   a) Meldebehörden,
   b) Staatsangehörigkeits- und Bescheinigungsbehörden nach § 15 des Bundesvertriebenengesetzes,
   c) Pass- und Personalausweisbehörden,
   d) Sozial- und Jugendämter,
   e) Justiz-, Polizei- und Ordnungsbehörden,
   f) Bundesagentur für Arbeit,
   g) Finanz- und Hauptzollämter,
   h) Gewerbebehörden,
   i) Auslandsvertretungen und
   j) Träger der Grundsicherung für Arbeitssuchende

ohne Ersuchen den Ausländerbehörden personenbezogene Daten zu Ausländern, Amtshandlungen und sonstige Maßnahmen gegenüber Ausländern sowie sonstige Erkenntnisse über Ausländer mitzuteilen haben; die Rechtsverordnung bestimmt Art und Umfang der Daten, die Maßnahmen und die sonstigen Erkenntnisse, die mitzuteilen sind; Datenübermittlungen dürfen nur insoweit vorgesehen werden, als die Daten zur Erfüllung der Aufgaben der Ausländerbehörden nach diesem Gesetz oder nach ausländerrechtlichen Bestimmungen in anderen Gesetzen erforderlich sind.

(2) ¹Das Bundesministerium des Innern wird ferner ermächtigt, durch Rechtsverordnung mit Zustimmung des Bundesrates zu bestimmen, dass

1. jede Ausländerbehörde eine Datei über Ausländer führt, die sich in ihrem Bezirk aufhalten oder aufgehalten haben, die bei ihr einen Antrag gestellt oder Einreise und Aufenthalt angezeigt haben und für und gegen die sie eine ausländerrechtliche Maßnahme oder Entscheidung getroffen hat,
2. die Auslandsvertretungen eine Datei über die erteilten Visa führen und
3. die mit der Ausführung dieses Gesetzes betrauten Behörden eine sonstige zur Erfüllung ihrer Aufgaben erforderliche Datei führen.

²Nach Satz 1 Nr. 1 und 2 werden erfasst die Personalien einschließlich der Staatsangehörigkeit und der Anschrift des Ausländers, Angaben zum Pass, über ausländerrechtliche Maßnahmen und über die Erfassung im Ausländerzentralregister sowie über frühere Anschriften des Ausländers, die zuständige Ausländerbehörde und die Abgabe von Akten an eine andere Ausländerbehörde. ³Die Befugnis der Ausländerbehörden, weitere personenbezogene Daten zu speichern, richtet sich nach den datenschutzrechtlichen Bestimmungen der Länder.

(3) ¹Das Bundesministerium des Innern kann Rechtsverordnungen nach Absatz 1 Nr. 1 und 2, soweit es zur Erfüllung einer zwischenstaatlichen Vereinbarung oder zur Wahrung öffentlicher Interessen erforderlich ist, ohne Zustimmung des Bundesrates erlassen und ändern. ²Eine Rechtsverordnung nach Satz 1 tritt spätestens drei Monate nach ihrem Inkrafttreten außer Kraft. ³Ihre Geltungsdauer kann durch Rechtsverordnung mit Zustimmung des Bundesrates verlängert werden.

I. Entstehungsgeschichte

1 Die Vorschrift entspricht zum größten Teil dem **GesEntw** (BT-Drs 15/420 S. 35). Aufgrund des Vermittlungsverf (BT-Drs 15/3479 S. 12 f) wurden aber zahlreiche Veränderungen vorgenommen. Vor allem wurden Nr 6, 9 u. 12 eingefügt u. Nr 1, 8 u. 11 neu gefasst. Mit Wirkung vom 18. 3. 2005 wurde Abs 1 Nr 14 neu gefasst (Art 1 Nr 16 ÄndGes vom 14. 3. 2005, BGBl I 721).

II. Ermächtigungen

In dieser Vorschrift sind alle notwendigen Ermächtigungen des BMI für den Erlass von 2
RVO zusammengefasst. Die Ermächtigungen für den BMWA befinden sich in § 42 III. Die
Ermächtigungen erfüllen grundsätzlich die Anforderungen des Art 80 I GG. Danach müssen
in der Ermächtigungsnorm nicht nur die Zwecke geregelt sein, sondern das gesamte Programm der RVO (BVerfGE 58, 257). Zudem muss das Ausmaß der Ausfüllung der Ermächtigungen vorhersehbar sein (BVerfGE 56, 1). Diese Anforderungen sind schon deswegen
eher als zB durch § 10 II AuslG (dazu Voraufl, § 10 AuslG Rn 6–9) erfüllt, weil der Gesetzgeber vor allem das Verhältnis zwischen Aufenthalt u. Beschäftigung neu geordnet u. die
Berechtigung zur Ausübung einer Erwerbstätigkeit in Grundsätzen wie Einzelheiten selbst
ausführlich geregelt hat.

§ 100 Sprachliche Anpassung

¹ Das Bundesministerium des Innern kann durch Rechtsverordnung ohne Zustimmung des Bundesrates die in diesem Gesetz verwendeten Personenbezeichnungen, soweit dies ohne Änderung des Regelungsinhalts möglich und sprachlich sachgerecht ist, durch geschlechtsneutrale oder durch maskuline und feminine Personenbezeichnungen ersetzen und die dadurch veranlassten sprachlichen Anpassungen vornehmen. ² Das Bundesministerium des Innern kann nach Erlass einer Verordnung nach Satz 1 den Wortlaut dieses Gesetzes im Bundesgesetzblatt bekannt machen.

I. Entstehungsgeschichte

Die Vorschrift entspricht dem **GesEntw** (BT-Drs 15/420 S. 36). 1

II. Anpassung

Unter sprachlicher Anpassung ist die Formulierung nach Maßgabe von § 1 II Bundesgleichstellungsges vom 30. 11. 2001 (BGBl. I 3234) gemeint.

§ 101 Fortgeltung bisheriger Aufenthaltsrechte

(1) ¹ Eine vor dem 1. Januar 2005 erteilte Aufenthaltsberechtigung oder unbefristete
Aufenthaltserlaubnis gilt fort als Niederlassungserlaubnis entsprechend dem ihrer Erteilung zu Grunde liegenden Aufenthaltszweck und Sachverhalt. ² Eine unbefristete Aufenthaltserlaubnis, die nach § 1 Abs. 3 des Gesetzes über Maßnahmen für im Rahmen humanitärer Hilfsaktionen aufgenommene Flüchtlinge vom 22. Juli 1980 (BGBl. I
S. 1057) oder in entsprechender Anwendung des vorgenannten Gesetzes erteilt worden
ist, und eine anschließend erteilte Aufenthaltsberechtigung gelten fort als Niederlassungserlaubnis nach § 23 Abs. 2.

(2) Die übrigen Aufenthaltsgenehmigungen gelten fort als Aufenthaltserlaubnisse
entsprechend dem ihrer Erteilung zu Grunde liegenden Aufenthaltszweck und Sachverhalt.

1 AufenthG § 101   1. Teil. Aufenthaltsgesetz

Vorläufige Anwendungshinweise

101 Zu § 101 Fortgeltung bisheriger Aufenthaltsrechte

101.0 Die Übergangsvorschrift in § 101 ordnet die Fortgeltung bestehender Aufenthaltsrechte an und regelt die kraft gesetzlicher Anordnung automatisch eintretende („gilt fort als") Überleitung von nach dem Ausländergesetz erteilten Aufenthaltsgenehmigungen auf die nach dem Aufenthaltsgesetz vorgesehenen Aufenthaltstitel. Es ist daher grundsätzlich nicht erforderlich und auch nicht vorgesehen, bestehende Aufenthaltsgenehmigungen nach dem Ausländergesetz vor Ablauf ihrer Geltungsdauer durch Erteilung eines Aufenthaltstitels nach dem Aufenthaltsgesetz zu ersetzen. Soweit dennoch entsprechende Anträge gestellt werden sollten, ist zu prüfen, ob diesbezüglich ein Rechtsschutzinteresse angenommen werden kann (vgl. näher hierzu unter Nummer 101.1.2 und 101.2.2).

101.1 Nach Absatz 1 Satz 1 gilt eine vor dem 1. Januar 2005 erteilte Aufenthaltsberechtigung oder unbefristete Aufenthaltserlaubnis als Niederlassungserlaubnis (vgl. 9 Abs. 1) fort.

101.1.1 Durch die von Gesetzes wegen mit unmittelbarer Wirkung eintretende Überleitung können die Inhaber einer derartigen Aufenthaltsgenehmigung nach altem Recht daher ab dem 1. Januar 2005 die für Inhaber einer Niederlassungserlaubnis vorgesehenen Rechte (z. B. den besonderen Ausweisungsschutz nach § 56 Abs. 1 Nr. 1) in Anspruch nehmen, ohne dass es der förmlichen Erteilung einer Niederlassungserlaubnis bedarf.

101.1.2 Im Gegensatz zu den befristeten Aufenthaltsgenehmigungen, bei denen es nach Fristablauf ohnehin zur förmlichen Erteilung eines neuen Aufenthaltstitels nach dem Aufenthaltsgesetz kommt, entfällt dies bei der Aufenthaltsberechtigung und der unbefristeten Aufenthaltserlaubnis wegen ihres Charakters als Verwaltungsakt mit Dauerwirkung. Hier kann aus Gründen der Rechtssicherheit, vor allem für Inhaber einer befristeten Aufenthaltserlaubnis, grundsätzlich ein Rechtsschutzinteresse im Hinblick auf die förmliche Erteilung einer Niederlassungserlaubnis angenommen werden.

101.1.3 Die Überleitung erfolgt entsprechend dem der Erteilung der Aufenthaltsberechtigung oder unbefristeten Aufenthaltserlaubnis zugrunde liegenden Aufenthaltszweck und Sachverhalt, so dass eine entsprechende Zuordnung zu erfolgen hat.

101.1.3.1 Das Aufenthaltsgesetz nimmt aus Gründen der Klarstellung in Absatz 2 Satz 2 selbst eine Zuordnung für unbefristete Aufenthaltserlaubnisse vor, die nach § 1 Abs. 3 des Gesetzes über Maßnahmen für im Rahmen humanitärer Hilfsaktionen aufgenommene Flüchtlinge oder in entsprechender Anwendung dieses Gesetzes (insbesondere bei jüdischen Emigranten aus der ehemaligen Sowjetunion) erteilt wurden. Diese gelten als Niederlassungserlaubnisse nach § 23 Abs. 2 fort. Gleiches gilt in diesen Fällen für nachfolgend aufgrund der Verfestigung des Aufenthalts erteilte Aufenthaltsberechtigungen.

101.1.3.1.1 Die gesetzliche Klarstellung war u. a. deshalb erforderlich, weil nur bei Überleitung zum Regelungsbereich des § 23 Abs. 2 die Möglichkeit eröffnet ist, abweichend von § 9 Abs. 1, wonach die Niederlassungserlaubnis grundsätzlich nicht beschränkt werden kann, eine wohnsitzbeschränkende Auflage zu erteilen (vgl. § 23 Abs. 2 Satz 2). Dies entspricht der geltenden Verwaltungspraxis in Fällen der Sozialhilfebedürftigkeit.

101.1.3.1.2 Für den vorgenannten Personenkreis enthält § 103 eine weitere Sonderregelung, durch die Rechtsnachteile vermieden werden sollen, die sonst mit dem Außerkrafttreten des Gesetzes über Maßnahmen für im Rahmen humanitärer Hilfsaktionen aufgenommene Flüchtlinge verbunden wären (vgl. die Erläuterungen hierzu unter Nummer 103).

101.1.3.2 Asylberechtigte, die im Besitz einer unbefristeten Aufenthaltserlaubnis oder einer Aufenthaltsberechtigung sind, erhalten im Hinblick auf den humanitären Aufenthaltszweck eine Niederlassungserlaubnis nach § 26 Abs. 3.

101.1.3.3 Weitere in Betracht kommende Überleitungsziele sind:
- § 9 Abs. 2 (Regeltatbestand bei Aufenthaltsverfestigung), in Fällen der Erteilung einer unbefristeten Aufenthaltserlaubnis nach § 24 AuslG bzw. einer Aufenthaltsberechtigung nach § 27 AuslG;
- § 26 Abs. 4 (Mehrjähriger humanitär bedingter Aufenthalt), in Fällen der Erteilung einer unbefristeten Aufenthaltserlaubnis nach § 35 Abs. 1 AuslG;
- § 28 Abs. 2 (Familiennachzug zu Deutschen), in Fällen der Erteilung einer unbefristeten Aufenthaltserlaubnis nach § 25 Abs. 3 AuslG;
- § 31 Abs. 3 (Eigenständiges Aufenthaltsrecht der Ehegatten), in Fällen der Erteilung einer unbefristeten Aufenthaltserlaubnis nach § 25 Abs. 2 AuslG;
- § 35 Abs. 1 (Eigenständiges Aufenthaltsrecht der Kinder), in Fällen der Erteilung einer unbefristeten Aufenthaltserlaubnis nach § 26 Abs. 1 AuslG in Verbindung mit § 21 Abs. 3 AuslG.

101.2 Unter den Begriff der „übrigen Aufenthaltsgenehmigungen" in Absatz 2 fallen die befristete Aufenthaltserlaubnis, die Aufenthaltsbewilligung und die Aufenthaltsbefugnis. Diese Aufenthaltgeneh-

Fortgeltung bisheriger Aufenthaltsrechte § 101 **AufenthG 1**

migungen alten Rechts werden nach Absatz 2 unmittelbar kraft Gesetzes in eine Aufenthaltserlaubnis nach dem Aufenthaltsgesetz (vgl. § 7) übergeleitet.

101.2.1 Infolge der Überleitung finden ab dem 1. Januar 2005 für Inhaber befristeter Aufenthaltsgenehmigungen nach dem Ausländergesetz die am jeweiligen Aufenthaltszweck orientierten Regelungen des Aufenthaltsgesetzes Anwendung, ohne dass es der förmlichen Erteilung einer Aufenthaltserlaubnis nach neuem Recht bedarf. Beispielsweise können Studenten bereits die nach § 16 Abs. 3 erweiterte Möglichkeit zur Beschäftigung an bis zu 90 Tagen oder 180 halben Tagen pro Jahr in Anspruch nehmen bzw. entfällt der generelle Ausschluss jeglicher Verfestigung (und damit die Sperrwirkung des Übergangs zu einer Aufenthaltserlaubnis) bezüglich der Aufenthaltsbewilligungen nach dem Ausländergesetz.

101.2.2 Aufgrund dieser Fortgeltung bestehender Aufenthaltsrechte und ihrer unmittelbaren Überleitung, erhalten die Rechtsinhaber alle mit dem neuen Recht verbundenen Vorteile, auch wenn sie nur im Besitz eines Dokuments sind, das noch den alten Rechtszustand dokumentiert. Da nach Ablauf der befristeten Geltungsdauer ohnehin die förmliche Erteilung eines Aufenthaltstitels nach dem Aufenthaltsgesetz erforderlich wird und den Betroffenen in der Übergangszeit keine Rechtsnachteile entstehen, dürfte es bei einem Antrag auf vorzeitige Erteilung einer Aufenthaltserlaubnis nach neuem Recht in der Regel an dem erforderlichen Rechtsschutzinteresse fehlen, so dass Anträge dieser Art grundsätzlich abgelehnt werden können. Auf Nummer 44.1.2 und 44.1.3 wird hingewiesen.

101.2.3 Entsprechend der im Aufenthaltsgesetz angelegten Ausrichtung der Aufenthaltstitel auf bestimmte Aufenthaltszwecke richtet sich die Fortgeltung der nach Ausländergesetz erteilten Aufenthaltsbewilligungen, Aufenthaltsbefugnisse und befristeten Aufenthaltserlaubnisse als Aufenthaltserlaubnis nach dem Aufenthaltsgesetz nach ihrer ursprünglichen Zweckbestimmung:

101.2.3.1 Aufenthaltsbewilligungen, die nach § 28 AuslG zu Studien- und Ausbildungszwecken erteilt wurden, gelten als Aufenthaltserlaubnisse nach §§ 16, 17 fort.

101.2.3.2 Aufenthaltserlaubnisse und Aufenthaltsbewilligungen, die nach § 10 AuslG in Verbindung mit den hierzu ergangenen Rechtsverordnungen (AAV, IT-AV) zum Zwecke einer unselbständigen Erwerbstätigkeit erteilt wurden, gelten als Aufenthaltserlaubnisse nach § 18 fort.

101.2.3.3 Aufenthaltserlaubnisse und Aufenthaltsbewilligungen, die nach § 7 Abs. 1 in Verbindung mit § 15 oder § 28 AuslG zum Zweck der Ausübung einer selbständigen Erwerbstätigkeit erteilt wurden, gelten als Aufenthaltserlaubnisse nach § 21 fort.

101.2.3.4 Aufenthaltsbefugnisse, die nach § 30, §§ 32 bis 33 AuslG zur Gewährung eines Aufenthalts aus völkerrechtlichen, humanitären oder politischen Gründen erteilt wurden, gelten als Aufenthaltserlaubnisse nach §§ 22 bis 26 fort.

101.2.3.5 Aufenthaltserlaubnisse, die nach den §§ 17 ff. AuslG, Aufenthaltsbewilligungen, die nach § 29 AuslG und Aufenthaltsbefugnisse, die nach § 31 AuslG zum Zwecke des Familiennachzugs erteilt wurden, gelten als Aufenthaltserlaubnisse nach §§ 27 bis 36 fort.

101.2.3.6 Aufenthaltserlaubnisse, die nach § 16 AuslG aus Gründen der Wiederkehr erteilt wurden, gelten als Aufenthaltserlaubnisse nach § 37 fort.

I. Entstehungsgeschichte

Die Vorschrift stimmt mit dem **GesEntw** überein (BT-Drs 15/420 S. 36), in den lediglich 1 noch das Datum eingefügt wurde.

II. Allgemeines

Die **Umwandlung** der nach dem AuslG erteilten AufGen erfolgt kraft Ges u. nicht durch 2 VA. Sie wird nachträglich im Pass verlautbart. Vorausgesetzt ist, dass die AufGen nicht vor dem 1. 1. 2005 erloschen sind (zB nach § 44 I AuslG). Die vor Inkrafttreten des AufenthG zurückgelegten Zeiten des rechtmäßigen Aufenthalts oder des Besitzes einer AufGen werden auf die nach dem neuen Recht erforderlichen Zeiten nur angerechnet, wenn dies ausdrücklich bestimmt ist wie in § 102 II.

III. Fortgeltung alter Aufenthaltstitel

3   Die Überleitung der AufGen in die AufTit ist deshalb nicht einfach zu bewerkstelligen, weil die unterschiedlichen **Aufenthaltszwecke** nach neuem Recht nicht mehr vollständig aus dem Titel selbst entnommen u. erkannt werden können. Daher ist zunächst die formelle Überleitung in den neuen AufTit vorzunehmen u. sodann der Aufenthaltszweck zu bestimmen.

4   Die **unbefristeten** AufGen, nämlich die AufBer u. die unbefristete AufErl, gelten als NE fort. Die **übrigen**, nämlich befristete AufErl, AufBew u. AufBef gelten als AE fort. Der den Titeln jew eigene Zweck bleibt dabei erhalten. AufGest u. AufErl-EG sind nicht betroffen; sie stellen weder eine AufGen iSd § 5 AuslG noch einen AufTit iSd § 4 I 2 dar. Bei der NE ist die Besonderheit der in Deutschland aufgenommenen jüdischen Emigranten berücksichtigt.

§ 102 Fortgeltung ausländerrechtlicher Maßnahmen und Anrechnung

(1) ¹Die vor dem 1. Januar 2005 getroffenen sonstigen ausländerrechtlichen Maßnahmen, insbesondere zeitliche und räumliche Beschränkungen, Bedingungen und Auflagen, Verbote und Beschränkungen der politischen Betätigung sowie Ausweisungen, Abschiebungsandrohungen, Aussetzungen der Abschiebung und Abschiebungen einschließlich ihrer Rechtsfolgen und der Befristung ihrer Wirkungen sowie begünstigende Maßnahmen, die Anerkennung von Pässen und Passersatzpapieren und Befreiungen von der Passpflicht, Entscheidungen über Kosten und Gebühren, bleiben wirksam. ²Ebenso bleiben Maßnahmen und Vereinbarungen im Zusammenhang mit Sicherheitsleistungen wirksam, auch wenn sie sich ganz oder teilweise auf Zeiträume nach Inkrafttreten dieses Gesetzes beziehen. ³Entsprechendes gilt für die kraft Gesetzes eingetretenen Wirkungen der Antragstellung nach § 69 des Ausländergesetzes.

(2) Auf die Frist für die Erteilung einer Niederlassungserlaubnis nach § 26 Abs. 4 wird die Zeit des Besitzes einer Aufenthaltsbefugnis oder einer Duldung vor dem 1. Januar 2005 angerechnet.

Vorläufige Anwendungshinweise

102 Zu § 102 Fortgeltung ausländerrechtlicher Maßnahmen und Anrechnung

102.1 Neben der Fortgeltung bisheriger Aufenthaltsrechte (vgl. § 101) ordnet das Aufenthaltsgesetz auch die Fortgeltung der vor dem 1. Januar 2005 getroffenen sonstigen ausländerrechtlichen Maßnahmen an.

102.1.1 Ausdrücklich genannt sind in Satz 1 und 2:
– zeitliche und räumliche Beschränkungen (§ 3 Abs. 5, § 12 Abs. 1 und 2 AuslG),
– Bedingungen und Auflagen (§ 14 AuslG),
– Verbote und Beschränkungen der politischen Betätigung (§ 37 AuslG),
– Ausweisungen (§§ 45 bis 47 AuslG), Abschiebungsandrohungen (§ 50 AuslG) und Abschiebungen (§ 49 AuslG) einschließlich ihrer Rechtsfolgen (insbesondere Sperrwirkung nach § 8 Abs. 2 S. 1 und 2 AuslG) und der Befristung ihrer Wirkungen (Befristung der Sperrwirkung nach § 8 Abs. 2 S. 3 AuslG),
– Anerkennung von Pässen und Passersatzpapieren und Befreiungen von der Passpflicht (§ 4 Abs. 2 AuslG in Verbindung mit der Verordnung zur Durchführung des Ausländergesetzes),
– sonstige „begünstigende Maßnahmen",
– Entscheidungen über Kosten und Gebühren (§ 81 AuslG in Verbindung mit der Ausländergebührenverordnung, §§ 82 ff. AuslG),
– Maßnahmen und Vereinbarungen im Zusammenhang mit Sicherheitsleistungen, auch wenn sie sich ganz oder teilweise auf Zeiträume nach Inkrafttreten des Zuwanderungsgesetzes beziehen.

102.1.2 In Satz 1 ebenfalls ausdrücklich genannt sind Aussetzungen der Abschiebung. Damit bleiben auch vor dem 1. Januar 2005 erteilte Duldungen (vgl. § 55 Abs. 1 AuslG) für den Zeitraum ihrer

Geltungsdauer weiter wirksam. Nach Ablauf der Geltungsdauer muss entschieden werden, ob nach § 25 Abs. 3 bis 5 eine Aufenthaltserlaubnis bzw. – unter Anrechung der Duldungszeiten (vgl. hierzu Nummer 102.2) – nach § 26 Abs. 4 eine Niederlassungserlaubnis erteilt werden kann oder die Duldung nach § 60 a zu verlängern ist (vgl. hierzu den bundeseinheitlichen Vordruck nach § 58 Nr. 2 in Verbindung mit Anlage D 2 a und ggf. D 2 b der Aufenthaltsverordnung).

102.1.3 Die Fiktionswirkungen nach § 69 AuslG gelten nach Satz 3 fort. Nach Ablauf der Geltungsdauer einer Fiktionsbescheinigung ist eine Fiktionsbescheinigung nach § 81 Abs. 5 auszustellen (vgl. hierzu den bundeseinheitlichen Vordruck nach § 58 Nr. 3 in Verbindung mit Anlage D 3 der Aufenthaltsverordnung), soweit über den Antrag auf Erteilung einer Aufenthaltsgenehmigung, der in die Beantragung eines Aufenthaltstitels nach dem Aufenthaltsgesetz umzudeuten ist, noch nicht entschieden werden kann. Die Fiktionswirkung gilt aus Gründen des Vertrauensschutzes auch dann fort, wenn nach § 81 Abs. 3 oder 4 keine Fiktionswirkung eintreten würde.

102.1.4 Das Gesetz enthält keine abschließende Aufzählung der in Betracht kommenden sonstigen ausländerrechtlichen Maßnahmen (vgl. den Wortlaut: „insbesondere").

102.2 Nach § 26 Abs. 4 kann – abweichend vom Regeltatbestand in § 9 – bei humanitären Aufenthalten unter erleichterten Voraussetzungen eine Niederlassungserlaubnis erteilt werden. Die Übergangsvorschrift in Absatz 2 sieht diesbezüglich vor, dass auf die Frist von sieben Jahren für die Erteilung einer Niederlassungserlaubnis auch die vor dem 1. Januar 2005 liegenden Zeiten des Besitzes einer Aufenthaltsbefugnis nach dem Ausländergesetz sowie die Zeiten des Besitzes einer Duldung anzurechnen sind.

102.2.1 Durch diese spezielle Anrechnungsvorschrift soll zum einen eine Benachteiligung von Ausländern ausgeschlossen werden, die nach neuem Recht zwar eine Aufenthaltserlaubnis erhalten (vgl. § 25 Abs. 3), für die nach dem Ausländergesetz jedoch lediglich die Duldung vorgesehen war, so dass sie nur deshalb die Voraussetzungen für eine Aufenthaltsverfestigung nach § 26 Abs. 4 nicht erfüllen würden.

102.2.2 Die Regelung erfasst zum anderen Personen, die nach neuem Recht ebenfalls eine Aufenthaltserlaubnis erhalten (vgl. § 25 Abs. 3), wohingegen ihnen nach dem Ausländergesetz nur eine Aufenthaltsbefugnis erteilt wurde. Durch die Überleitungsvorschrift in § 101 Abs. 2 gelten diese Aufenthaltsbefugnisse mit Wirkung ab 1. Januar 2005 als Aufenthaltserlaubnis nach neuem Recht. Dadurch ist Konventionsflüchtlingen, denen bereits vor Inkrafttreten des Zuwanderungsgesetzes das sog. „kleine Asyl" zuerkannt worden war, drei Jahre nach Inkrafttreten des Zuwanderungsgesetzes nach § 26 Abs. 3 in Verbindung mit § 101 Abs. 2 eine Niederlassungserlaubnis zu erteilen. Bei Konventionsflüchtlingen, die bereits vor Ablauf dieser drei Jahre insgesamt seit sieben Jahren eine Anerkennung nach § 51 Abs. 1 des Ausländergesetzes besitzen, kommt die Anrechnungsvorschrift in § 102 Abs. 2 zum Tragen. Diese bewirkt, dass Zeiten des Besitzes einer Aufenthaltsbefugnis auf die nach § 26 Abs. 4 erforderlichen Zeiten des Besitzes einer Aufenthaltserlaubnis angerechnet werden. Danach kann beispielsweise ein Ausländer, der zum 1. Januar 2005 seit fünf Jahren als Konventionsflüchtling anerkannt war, bereits nach zwei Jahren gemäß § 26 Abs. 4 in Verbindung mit § 101 Abs. 2, § 102 Abs. 2 eine Niederlassungserlaubnis erhalten. Diese Regelungen bewirken entsprechend der vom Zuwanderungsgesetz intendierten Angleichung der Rechtsstellung von Asylberechtigten und Flüchtlingen mit „kleinem Asyl" eine Privilegierung von GFK-Flüchtlingen gegenüber dem geltenden Recht, wo sie gemäß § 35 Abs. 1 des Ausländergesetzes frühestens nach acht Jahren eine unbefristete Aufenthaltserlaubnis erhalten konnten. Insgesamt ergibt sich aus dem Regelungszusammenhang des § 26 Abs. 3 und 4 in Verbindung mit § 101 Abs. 2, § 102 Abs. 2 für Ausländer mit sog. „kleinem Asyl" ein von der Dauer der Flüchtlingsanerkennung abhängiger gestufter Übergang zum neuen Recht.

I. Entstehungsgeschichte

Die Vorschrift stimmt im Wesentlichen mit dem **GesEntw** (BT-Drs 15/420 S. 36) überein. Aufgrund des Vermittlungsverf (BT-Drs 15/3479 S. 13) wurde S. 2 angefügt. **1**

II. Fortgeltende Maßnahmen und Anrechnungen

Die Vorschrift soll gewährleisten, dass abgeschlossene auslr Verwaltungsverf von der Neuregelung des AuslR unberührt bleiben. Nebenbestimmungen sollen fortgelten; die Anrech- **2** nungen von Voraufenthalten sollen Schlechterstellung von Flüchtlingen verhindern, die früher nur eine Duldung besaßen (vgl BT-Drs 15/420 S. 100; § 26 Rn 9).

3   Die im Ges angeführten Beispiele zeigen, dass grundsätzlich **nur behördliche Maßnahmen** einschließlich ihrer ges Folgen fortgelten sollen, u. sonst nur die nicht auf Ges beruhende aufr Rechtspositionen nach § 69 AuslG. Auch bei Letzteren ist zu beachten, dass die Voraussetzungen wie die Folgen der Fiktionen sich grundsätzlich verändert haben.

4   Die Fortgeltung schließt den **Widerruf** des (ursprünglich rechtmäßigen) VA u. das **Wiederaufgreifen** des Verf wegen zwischenzeitlicher Rechtsänderung (§§ 49, 51 I Nr. 1 VwVfG bzw Landes-VwVfG) aus. Nicht ausgeschlossen sind Rücknahme, Widerruf u. Wiederaufgreifen wegen veränderter tatsächlicher Verhältnisse. Soweit die Geltung der Maßnahmen ausläuft (zB infolge Zeitablaufs), ist bei einer erneuten Entscheidung neues Recht anzuwenden. Dasselbe gilt zB für einen (erneuten) Antrag auf Befristung nach § 11 I.

§ 103 Anwendung bisherigen Rechts

¹ Für Personen, die vor dem Inkrafttreten dieses Gesetzes gemäß § 1 des Gesetzes über Maßnahmen für im Rahmen humanitärer Hilfsaktionen aufgenommene Flüchtlinge vom 22. Juli 1980 (BGBl. I S. 1057) die Rechtsstellung nach den Artikeln 2 bis 34 des Abkommens über die Rechtsstellung der Flüchtlinge genießen, finden die §§ 2 a und 2 b des Gesetzes über Maßnahmen für im Rahmen humanitärer Hilfsaktionen aufgenommene Flüchtlinge in der bis zum 1. Januar 2005 geltenden Fassung weiter Anwendung. ² In diesen Fällen gilt § 52 Abs. 1 Satz 1 Nr. 4 entsprechend.

Vorläufige Anwendungshinweise

103 Zu § 103 Anwendung bisherigen Rechts

103.1 Zum 1. Januar 2005 tritt das Gesetz über Maßnahmen für im Rahmen humanitärer Hilfsaktionen aufgenommene Flüchtlinge (HumHAG) außer Kraft (vgl. Artikel 15 Abs. 3 Nr. 3 Zuwanderungsgesetz). Personen, die zuvor dem Anwendungsbereich des HumHAG unterfielen, haben den Status eines Flüchtlings nach den Artikeln 2 bis 34 des Abkommens über die Rechtsstellung der Flüchtlinge vom 28. Juli 1951 (Genfer Flüchtlingskonvention) inne (vgl. § 1 Abs. 1 HumHAG). Die Übergangsvorschrift in § 103 Satz 1 bestimmt, dass für diese Personen die §§ 2 a und 2 b des HumHAG in der bis zum 1. Januar 2005 geltenden Fassung weiterhin Anwendung finden. Damit wird sichergestellt, dass die speziellen Regelungen über das Erlöschen und den Widerruf der Rechtsstellung als Flüchtlinge im Sinne der Genfer Flüchtlingskonvention weiterhin Anwendung finden.

103.2 Im Fall des Statusfortfalls ist gleichzeitig zu prüfen, ob die Niederlassungserlaubnis nach § 23 Abs. 2 bzw. die nach Überleitung als Niederlassungserlaubnis nach § 23 Abs. 2 fortgeltende unbefristete Aufenthaltserlaubnis oder Aufenthaltsberechtigung zu widerrufen ist. Nach der Übergangsvorschrift in § 103 Satz 2 ist dabei die Regelung in § 52 Abs. 1 Nr. 4 AufenthG entsprechend anzuwenden.

I. Entstehungsgeschichte

1   Die Vorschrift stimmt im Wesentlichen mit dem **GesEntw** (BT-Drs 15/420 S. 36) überein. Aufgrund des Vermittlungsverf (BT-Drs 15/3479 S. 13) wurde in S. 2 „Satz 1" eingefügt.

II. Anwendung bisherigen Rechts

2   Die Vorschrift soll die asylr u. aufr Rechtstellungen nach dem außer Kraft getretenen HumAG absichern.

Übergangsregelungen § 104 AufenthG 1

§ 104 Übergangsregelungen

(1) ¹Über vor dem 1. Januar 2005 gestellte Anträge auf Erteilung einer unbefristeten Aufenthaltserlaubnis oder einer Aufenthaltsberechtigung ist nach dem bis zu diesem Zeitpunkt geltenden Recht zu entscheiden. ² § 101 Abs. 1 gilt entsprechend.

(2) ¹Bei Ausländern, die vor dem 1. Januar 2005 im Besitz einer Aufenthaltserlaubnis oder Aufenthaltsbefugnis sind, ist es bei der Entscheidung über die Erteilung einer Niederlassungserlaubnis hinsichtlich der sprachlichen Kenntnisse nur erforderlich, dass sie sich auf einfache Art in deutscher Sprache mündlich verständigen können. ² § 9 Abs. 2 Satz 1 Nr. 3 und 8 findet keine Anwendung.

(3) Bei Ausländern, die sich vor dem 1. Januar 2005 rechtmäßig in Deutschland aufhalten, gilt hinsichtlich der vor diesem Zeitpunkt geborenen Kinder für den Nachzug § 20 des Ausländergesetzes in der zuletzt gültigen Fassung, es sei denn, das Aufenthaltsgesetz gewährt eine günstigere Rechtsstellung.

(4) ¹Dem volljährigen ledigen Kind eines Ausländers, bei dem bis zum Inkrafttreten dieses Gesetzes unanfechtbar das Vorliegen der Voraussetzungen des § 51 Abs. 1 des Ausländergesetzes festgestellt wurde, wird in entsprechender Anwendung des § 25 Abs. 2 eine Aufenthaltserlaubnis erteilt, wenn das Kind zum Zeitpunkt der Asylantragstellung des Ausländers minderjährig war und sich mindestens seit der Unanfechtbarkeit der Feststellung der Voraussetzungen des § 51 Abs. 1 des Ausländergesetzes im Bundesgebiet aufhält und seine Integration zu erwarten ist. ²Die Erteilung der Aufenthaltserlaubnis kann versagt werden, wenn das Kind in den letzten drei Jahren wegen einer vorsätzlichen Straftat zu einer Jugend- oder Freiheitsstrafe von mindestens sechs Monaten oder einer Geldstrafe von mindestens 180 Tagessätzen verurteilt worden ist.

(5) Ausländer, die zwischen dem 1. Januar 2004 und dem 31. Dezember 2004 als Asylberechtigte anerkannt worden sind oder bei denen in diesem Zeitraum das Vorliegen der Voraussetzungen nach § 51 Abs. 1 des Ausländergesetzes festgestellt worden ist oder denen in diesem Zeitraum eine unbefristete Aufenthaltserlaubnis nach § 1 des Gesetzes über Maßnahmen für im Rahmen humanitärer Hilfsaktionen aufgenommene Flüchtlinge vom 22. Juli 1980 (BGBl. I S. 1057) oder in entsprechender Anwendung des vorgenannten Gesetzes erteilt worden ist, haben einen Anspruch auf die einmalige kostenlose Teilnahme an einem Integrationskurs nach § 44 Abs. 1, wenn sie nicht vor dem 1. Januar 2005 mit der Teilnahme an einem Deutsch-Sprachlehrgang begonnen haben.

Vorläufige Anwendungshinweise

104 Zu § 104 Übergangsregelungen

104.1 Anträge auf Erteilung einer unbefristeten Aufenthaltserlaubnis oder einer Aufenthaltsberechtigung, die vor dem 1. Januar 2005 gestellt wurden, sind nach dem bis dahin geltenden Recht zu entscheiden. Die Übergangsregelung in § 101 Abs. 1 über die Fortgeltung bisheriger Aufenthaltsrechte gilt entsprechend. Damit sollen Rechtsnachteile vermieden werden, die sich aus der Systemänderung im Bereich der Aufenthaltstitel sonst ergeben würden, wonach mit der Niederlassungserlaubnis nur noch ein unbefristeter Aufenthaltstitel vorgesehen ist, an dessen Erteilung – vor allem gegenüber der unbefristeten Aufenthaltserlaubnis – weitergehende Anforderungen gestellt werden.
104.1.1 Aus der entsprechenden Anwendbarkeit der Übergangsregelung in § 101 Abs. 1 folgt zunächst, dass Anträge auf Erteilung einer unbefristeten Aufenthaltserlaubnis oder einer Aufenthaltsberechtigung als Anträge auf Erteilung einer Niederlassungserlaubnis fortgelten, also weiterhin Gültigkeit behalten, und das Antragsziel entsprechend umzudeuten ist.
104.1.2 Als materielle Beurteilungsgrundlage für die Entscheidung nach altem Recht kommen in Betracht:
– §§ 24 bis 26, § 27a AuslG, § 68 AsylVfG und § 1 Abs. 3 HumHAG bei Anträgen auf Erteilung einer unbefristeten Aufenthaltserlaubnis;
– §§ 27, 27a AuslG bei Anträgen auf Erteilung einer Aufenthaltsberechtigung.

Soweit die Anträge danach positiv zu entscheiden sind, ist in entsprechender Anwendung der Übergangsregelung in § 101 Abs. 1 eine Niederlassungserlaubnis zu erteilen.
104.2 Absatz 2 enthält eine Übergangsregelung für die Erteilung einer Niederlassungserlaubnis nach § 9 AufenthG. Sie gilt für Personen, die vor dem 1. Januar 2005 bereits im Besitz einer Aufenthaltserlaubnis oder einer Aufenthaltsbefugnis gewesen sind. In diesem Fall gelten folgende – für den Antragsteller günstige – Abweichungen von den Erteilungsvoraussetzungen des § 9 Abs. 2:
104.2.1 – § 9 Abs. 2 Satz 1 Nr. 3 findet keine Anwendung: Für die Erteilung einer unbefristeten Aufenthaltserlaubnis nach § 24 AuslG war es nicht erforderlich, eine Alterssicherung in Höhe von Pflichtbeiträgen oder freiwilligen Beiträgen zur gesetzlichen Rentenversicherung von mindestens 60 Monaten oder vergleichbarer Absicherung nachzuweisen. Die Beibehaltung dieser Rechtslage dient der Vermeidung von Rechtsnachteilen, die sich infolge der Systemänderung im Bereich der Aufenthaltstitel sonst ergeben würden, weil mit der Niederlassungserlaubnis nur noch ein unbefristeter Aufenthaltstitel mit gegenüber der unbefristeten Aufenthaltserlaubnis strengeren Erteilungsvoraussetzungen vorgesehen ist.
104.2.2 – § 9 Abs. 2 Satz 1 Nr. 7: Hinsichtlich der Sprachkenntnisse genügt es, dass sich der Ausländer auf einfach Art in deutscher Sprache mündlich verständigen kann (vgl. § 24 Abs. 1 Nr. 4 AuslG). Auf die weitergehende Anforderung in § 9 Abs. 2 Nr. 7, wonach ausreichende Kenntnisse der deutschen Sprache erforderlich sind, wird verzichtet, da der betroffene Personenkreis an dem neu geschaffenen staatlichen Grundangebot zur Integration (vgl. §§ 43–45) noch nicht partizipieren konnte. Daraus soll kein Rechtsnachteil erwachsen. Zur Feststellung, ob sich der Ausländer auf einfache Art in deutscher Sprache mündlich verständigen kann, vgl. Nummer 9. 2. 10.4.
104.2.3 – § 9 Abs. 2 Satz 1 Nr. 8 findet keine Anwendung: Die unter Nummer 104.2. 2 genannte Intention gilt auch hinsichtlich der nach § 9 Abs. 2 Nr. 8 AufenthG erforderlichen Grundkenntnisse der Rechts- und Gesellschaftsordnung und der Lebensverhältnisse im Bundesgebiet, die erst mit dem neuen Recht allen Neuzuwanderern mit dauerhafter Aufenthaltsperspektive in einem Orientierungskurs vermittelt werden.
104.3 Absatz 3 enthält eine Meistbegünstigungsklausel zum Kindernachzug für Ausländer, die sich bereits vor dem 1. Januar 2005 rechtmäßig in Deutschland aufgehalten haben. Erfasst werden hiervon alle Kinder, die noch vor dem 1. Januar geboren worden sind.
104.3.1 Für diesen Personenkreis gelten weiterhin die Regelungen in § 20 AuslG, so dass u. a. für alle von der Übergangsregelung erfassten Kinder auch danach ein Nachzugsanspruch bis zur Vollendung des 16. Lebensjahres besteht (§ 20 Abs. 2 Nr. 2 AuslG).
104.3.2 Soweit die Regelungen des Aufenthaltsgesetzes jedoch günstiger sind, finden diese Anwendung.
104.3.2.1 Dies kommt beispielsweise bei Kindern in Betracht, die das 16. Lebensjahr bereits vollendet haben, aber der deutsche Sprache beherrschen oder bei denen gewährleistet erscheint, dass sie sich aufgrund ihrer bisherigen Ausbildung und Lebensverhältnisse in die Lebensverhältnisse in der Bundesrepublik Deutschland einfügen können. Nach § 32 Abs. 2 besteht in diesem Fall ein Nachzugsanspruch, während nach § 20 Abs. 4 Nr. 1 AuslG nur eine Nachzugsmöglichkeit im Ermessenswege eingeräumt ist.
104.4 Mit der Übergangsregelung in Absatz 4 wird erreicht, dass den vor Inkrafttreten des Aufenthaltsgesetzes während des Verfahrens im Bundesgebiet volljährig gewordenen Kindern eine Aufenthaltserlaubnis erteilt werden kann. Nach der bisher geltenden Rechtslage war dies nicht der Fall, da die Kinder lediglich eine Aufenthaltsbefugnis nach § 31 des AuslG erhalten konnten, wenn sie auch zum Zeitpunkt der rechtskräftigen Zuerkennung der Voraussetzungen des § 51 des AuslG an den Elternteil noch minderjährig waren. Während des Verfahrens volljährig gewordene Kinder hatten dagegen keine Möglichkeit, einen Aufenthaltstitel zu erhalten. Aufgrund der Übergangsregelung ist hinsichtlich der Minderjährigkeit der Kinder auf den Zeitpunkt der Asylantragstellung abzustellen, so dass sie auch dann Anspruch auf einen Aufenthaltstitel haben, wenn sie im Zeitpunkt des Abschlusses des Verfahrens bereits volljährig geworden sind.
104.4.1 Die Aufenthaltserlaubnis für das Kind wird in entsprechender Anwendung des § 25 Abs. 2 erteilt, d. h. soweit die Rechtsfolgen an den Aufenthaltszweck anknüpfen, gilt die Aufenthaltserlaubnis als eine Aufenthaltserlaubnis nach § 25 Abs. 2. Hingegen ist es nicht erforderlich, dass die Voraussetzungen des § 25 Abs. 2 selbst vorliegen müssen.
104.4.2 Dies gilt jedoch nicht uneingeschränkt bei erheblichen Straftaten. Die Erteilung der Aufenthaltserlaubnis kann versagt werden, wenn das Kind in den letzten drei Jahren wegen einer vorsätzlichen Straftat zu einer Jugend- oder Freiheitsstrafe von mindestens sechs Monaten oder einer Geldstrafe von mindestens 180 Tagessätzen verurteilt worden ist. Insoweit wird derselbe Maßstab zugrunde gelegt, wie für die Aufenthaltsverfestigung nach § 9 Abs. 2 Nr. 4 und § 35 Abs. 3 Satz 1 Nr. 2.

104.4.3 Weitere Voraussetzung ist, dass sich das Kind mindestens seit der Unanfechtbarkeit der Feststellung der Voraussetzungen des § 51 AuslG im Bundesgebiet aufhält und seine Integration zu erwarten ist. Es muss also damit zu rechnen sein, dass das Kind sich in die hiesigen Lebensverhältnisse einordnen und ausreichende Kenntnisse der deutschen Sprache erwerben wird.

I. Entstehungsgeschichte

Die Vorschrift stimmt im Wesentlichen mit dem **GesEntw** (BT-Drs 15/420 S. 36) überein. Aufgrund des Vermittlungsverf (BT-Drs 15/3479 S. 13) wurde in Abs 2 „Satz 1" eingefügt. Mit Wirkung vom 18. 3. 2005 wurde Abs 5 angefügt (Art 1 Nr 17 ÄndGes vom 14. 3. 2005, BGBl. I 721). 1

II. Übergangsregelungen

Die Vorschrift ermöglicht die weitere Anwendung früheren Rechts in laufenden Verf, um Schlechterstellungen zu vermeiden (Abs 1). Dies gilt vor allem für Art u. Umfang der notwendigen Deutschkenntnisse (Abs 2). Die teilweise Verschlechterung der Bedingungen für den Kindernachzug soll nicht für bereits hier lebende Eltern gelten (Abs 3). Die Vorteile des Familienabschiebungsschutzes soll auch in Übergangsfällen genutzt werden (Abs 4). Schließlich wird der kostenlose Besuch eines Integrationskurses im Jahre 2004 anerkannten Asylberechtigten u. GK-Flüchtlingen ermöglicht (Abs 5). 2

§ 105 Fortgeltung von Arbeitsgenehmigungen

(1) ¹Eine vor Inkrafttreten dieses Gesetzes erteilte Arbeitserlaubnis behält ihre Gültigkeit bis zum Ablauf ihrer Geltungsdauer. ²Wird ein Aufenthaltstitel nach diesem Gesetz erteilt, gilt die Arbeitserlaubnis als Zustimmung der Bundesagentur für Arbeit zur Aufnahme einer Beschäftigung. ³Die in der Arbeitserlaubnis enthaltenen Maßgaben sind in den Aufenthaltstitel zu übernehmen.

(2) Eine vor Inkrafttreten dieses Gesetzes erteilte Arbeitsberechtigung gilt als uneingeschränkte Zustimmung der Bundesagentur für Arbeit zur Aufnahme einer Beschäftigung.

Vorläufige Anwendungshinweise

105 Zu § 105 Fortgeltung von Arbeitsgenehmigungen

105.1.1 Nach Absatz 1 Satz 1 behält eine vor Inkrafttreten des Aufenthaltsgesetzes erteilte Arbeitserlaubnis ihre Gültigkeit bis zum Ablauf ihrer Geltungsdauer. Bei Erteilung eines Aufenthaltstitels gilt die Arbeitserlaubnis als Zustimmung der Arbeitsverwaltung. Wird ein Aufenthaltstitel erteilt, der nicht kraft Gesetzes zur Ausübung einer Erwerbstätigkeit berechtigt, sind die in der Arbeitserlaubnis enthaltenen Maßgaben in den Aufenthaltstitel zu übernehmen.
105.1.2 Bisherigen Duldungsinhabern wird nach Ablauf deren Geltungsdauer entweder eine Aufenthaltserlaubnis nach § 25 Abs. 3 bis 5 erteilt oder die Duldung verlängert.
105.1.2.1 Im Zeitraum der Fortgeltung der Duldung kann eine Beschäftigung im Rahmen der erteilten Arbeitserlaubnis fortgesetzt werden. Wird vor dem zeitlichen Ablauf der Arbeitserlaubnis eine neue Duldung (Vordruck Anlage D 2a zur AufenthV) erteilt, ist zur Erwerbstätigkeit auf die geltende Arbeitserlaubnis zu verweisen.
105.1.2.2 Wird eine Aufenthaltserlaubnis nach § 25 Abs. 3 bis 5 erteilt, so gilt die erteilte Arbeitserlaubnis bis zum Ablauf ihrer Geltungsdauer als Zustimmung zur Beschäftigung fort. Die Beschränkungen der Arbeitserlaubnis sind in die Nebenbestimmungen zur Aufenthaltserlaubnis zu übernehmen.
105.1.3 Bei Asylbewerbern ist bei der Ausstellung bzw. Verlängerung der Geltungsdauer der Bescheinigung über die Aufenthaltsgestattung nach § 63 AsylVfG eine noch geltende Arbeitserlaubnis (Num-

mer 105.1.1 Satz 1) als Zustimmung der Arbeitsverwaltung zu werten. Bei der Erlaubnis einer Beschäftigung ist in der Bescheinigung über die Aufenthaltsgestattung auf die geltende Arbeitserlaubnis zu verweisen.

105.2 Eine vor Inkrafttreten des Aufenthaltsgesetzes erteilte Arbeitsberechtigung gilt als uneingeschränkte Zustimmung der Arbeitsverwaltung zur Aufnahme einer Beschäftigung. Eine der Arbeitsberechtigung entsprechende Erlaubnis zur Beschäftigung ist nach der Neuregelung des Arbeitsmarktzuganges im Rahmen des § 9 BeschVerfV vorgesehen. Soweit ein Aufenthaltstitel erteilt wird, der nicht kraft Gesetzes zur Ausübung einer Erwerbstätigkeit berechtigt, ist die Aufenthaltserlaubnis mit der Nebenbestimmung „Selbständige Erwerbstätigkeit nicht erlaubt, Beschäftigung uneingeschränkt erlaubt" zu versehen.

105.3 § 46 Abs. 1 und 3 BeschV ergänzen die Bestimmungen des § 105 (siehe Nummer 42.1.6).

I. Entstehungsgeschichte

1   Die Vorschrift stimmt im Wesentlichen mit dem **GesEntw** (BT-Drs 15/420 S. 36) überein. Aufgrund des Vermittlungsverf (BT-Drs 15/3479 S. 13) wurde in Abs 1 u. 2 „Satz 1" jew „Bundesanstalt" durch „Bundesagentur" ersetzt.

II. Fortgeltung von Arbeitsgenehmigungen

2   Die mit §§ 4, 39 vorgenommene Systemänderung zwingt zur Umwandlung der ArbGen in Zustimmungen der BA je nach Inhalt u. Geltungsdauer.

§ 106 Einschränkung von Grundrechten

(1) **Die Grundrechte der körperlichen Unversehrtheit (Artikel 2 Abs. 2 Satz 1 des Grundgesetzes) und der Freiheit der Person (Artikel 2 Abs. 2 Satz 2 des Grundgesetzes) werden nach Maßgabe dieses Gesetzes eingeschränkt.**

(2) [1] **Das Verfahren bei Freiheitsentziehungen richtet sich nach dem Gesetz über das gerichtliche Verfahren bei Freiheitsentziehungen.** [2] **Ist über die Fortdauer der Abschiebungshaft zu entscheiden, so kann das Amtsgericht das Verfahren durch unanfechtbaren Beschluss an das Gericht abgeben, in dessen Bezirk die Abschiebungshaft vollzogen wird.**

I. Entstehungsgeschichte

1   Die Vorschrift entspricht dem **GesEntw** (BT-Drs 15/420 S. 36).

II. Einschränkung der Grundrechte aus Art. 2 Abs. 2 GG

2   Die Vorschrift soll dem **Zitiergebot** des Art. 19 I 2 GG (dazu § 37 AsylVfG Rn 3) Genüge tun. Ausl stehen unter dem Schutz der Grundrechte, soweit sie nicht Dt vorbehalten sind (§ 37 AsylVfG Rn 2). Art 2 II 1 GG wird durch erkennungsdienstliche Maßnahmen (§ 49) tangiert u. Art. 2 II 2 GG durch die Abschiebungshaft (§ 62).

III. Fortdauer der Abschiebungshaft

Für die Entscheidung über die Fortdauer der Vorbereitungshaft (nicht der Sicherungshaft) ist (auch) das AG des Haftorts **zuständig**. Vorausgesetzt ist die Verweisung durch das die Haft anordnende Gericht (vgl § 62 Rn 24). Die LdReg kann durch RVO die Zuständigkeit für Haftsachen ganz oder zT auf bestimmte Gerichte oder ein Gericht konzentrieren (§ 4 III FEVG, eingef durch Art. 3 Nr. 1 **AsylVfÄndG 1993**). 3

§ 107 Stadtstaatenklausel
Die Senate der Länder Berlin, Bremen und Hamburg werden ermächtigt, die Vorschriften dieses Gesetzes über die Zuständigkeit von Behörden dem besonderen Verwaltungsaufbau ihrer Länder anzupassen.

I. Entstehungsgeschichte

Die Vorschrift entspricht dem **GesEntw** (BT-Drs 15/420 S. 36). 1

II. Bedeutung

Die Vorschrift ermöglicht eine **Anpassung** der Zuständigkeiten an die Besonderheiten der Stadtstaaten. 2

Zweiter Teil
Freizügigkeitsgesetz/EU

Gesetz über die allgemeine Freizügigkeit von Unionsbürgern
(Freizügigkeitsgesetz/EU – FreizügG/EU) vom 30. Juli 2004 (BGBl. I 1950, 1986), geändert durch Art. 25
Gesetz zur Umbenennung des Bundesgrenzschutzes in Bundespolizei vom 21. Juni 2005 (BGBl. I 1818)

Vorbemerkung

I. Freizügigkeit

Die Entwicklung der europäischen Gemeinschaften seit den Römischen Verträgen hat 1 ihren sichtbaren Ausdruck stets in der **Freizügigkeit der Menschen** gefunden. Ungeachtet der wirtschaftlichen Bedeutung der sonstigen Marktfreiheiten haben die Personenverkehrsfreiheiten immer einen wichtigen Rang bei der Heranbildung eines europäischen Bewusstseins eingenommen. Die weitreichenden Fortschritte bei der Einigung Europas lassen sich an den Vertragswerken der letzten fünf Jahrzehnte ablesen, zuletzt an den Verträgen von Maastricht (1992), Amsterdam (1997) u. Nizza (2001). Der aktuelle Stand ergibt sich aus den konsolidierten Fassungen des EU-Vertrags u. des EG-Vertrags, der Akte über den Beitritt von zehn weiteren Staaten (2003) sowie dem EWR-Vertrag u. den Abkommen mit der Schweizerischen Eidgenossenschaft (Texte in Teil 5 Nr 1.1 bis 1.5).

Die Personenverkehrsfreiheiten der StAng der Mitgliedstaaten wurden mit einer Reihe von 2 Verordnungen u. Richtlinien **näher geregelt,** zuletzt Anfang der 1990er Jahre (Texte in Teil 5 Nr 1.6 bis 1.17). Die weitere Entwicklung wird dokumentiert durch die Einrichtung der Unionsbürgerschaft u. die darauf beruhende Freizügigkeit im gesamten Hoheitsgebiet der Mitgliedstaaten (Art 17 u. 18 EG). Mit der Freizügigkeits-RL von 2004 (RL 2004/38/EG; Text in Teil 5 Nr 1.18 – im Folgenden: Freizüg-RL) werden die bisher erreichten Rechtspositionen zusammengefasst u. vereinfacht u. zugleich weitere Verbesserungen auf dem Weg zu einer vollständigen Angleichung der Aufenthaltsrechte von Inländern u. Unionsbürgern erreicht (zum Inhalt Hailbronner, ZAR 2004, 259; vgl auch Groß, ZAR 2005, 81). Zusammen mit der weitreichenden Europäisierung des Rechts der Einreise u. des Aufenthalts der Drittstaatsangehörigen (dazu Vorbem AufenthG Rn 22 ff) sind damit die Grundlagen für ein einheitliches europäisches Migrationsrecht geschaffen. Die Fristen für die Umsetzung der europäischen Vorgaben laufen in den nächsten zwei Jahren ab. Im Jahre 2007 werden nach dem voraussichtlichen Beitritt von Bulgarien u. Rumänien die eigenständigen Ausländerrechtsordnungen von 27 Staaten Europas der Geschichte angehören. Sie werden abgelöst sein durch ein sehr dichtes Netz gemeinschaftsrechtlicher Regelungen.

Ungeachtet der Einzelheiten der allmählichen Fortentwicklung der EU-Freizügigkeit 3 (dazu Hailbronner, ZAR 2002, 7; Welte, ZAR 2003, 273) sind zwei **Grundzüge** des EU-Migrationsrechts zu beachten: die von Anfang an bestehende Familienfreundlichkeit u. der qualitative Sprung durch die Schaffung der Unionsbürgerschaft. Obgleich der EWG-Vertrag hierfür keine ausdrücklichen Kompetenzen vorsah, wurde die Freizügigkeit der Arbeitnehmer durch Titel III der VO/EWG 1612/68 auch den Angehörigen der Großfamilie des Arbeitnehmers gewährleistet, u. zwar ungeachtet deren StAng (dazu Renner, NVwZ 2004, 792). Begründet wurde diese weitreichende Regelung allein mit der Menschenwürde des aus ökonomischen Gründen an der Marktfreiheit teilnehmenden Arbeitnehmers (ähnlich Begründungserwägung Nr 5 zur Freizüg-RL). Besondere Aufmerksamkeit verdient auch die

2 FreizügG/EU Vorbem 2. Teil. Freizügigkeitsgesetz

Anknüpfung der Freizügigkeit an die StAng zusammen mit der Einrichtung der Unionsbürgerschaft durch Art 17 u. 18 EG (ex Art 8 u. 8 a EGV). Die mit diesem Status verbundenen Rechte ergeben nicht die Stellung eines StAng (dazu Hailbronner/Renner, Einl G Rn 39 ff), die Freizügigkeit bildet jedoch einen zentralen Bestandteil. Die Unionsbürgerschaft ist der Grundstatus der Angehörigen der Mitgliedstaaten (EuGH, Slg 2001, I-6193 = EZAR 830 Nr 20 – Grzelczyk), u. Art 18 I EG gewährleistet die Freizügigkeit unter den dort genannten Bedingungen u. Einschränkungen, diese müssen aber ihrerseits unter Beachtung des Grundsatzes der Verhältnismäßigkeit ausgelegt werden u. ggf außer Anwendung bleiben (EuGH, EZAR 814 Nr 9 = NJW 2002, 3610 – Baumbast). Wer als Unionsbürger kein AufR als Wanderarbeitnehmer mehr besitzt, kann sich für den weiteren Aufenthalt unmittelbar auf Art 18 I EG berufen (EuGH, EZAR 814 Nr 9 – Baumbast).

II. Umsetzung in Deutschland

4   Die Umsetzung der gemeinschaftsrechtlichen Regelungen für Angehörige der Mitgliedstaaten einerseits u. der Drittstaatsangehörigen andererseits erfolgte in Deutschland systemgerecht in unterschiedlicher Form. Die besonders in den letzten Jahren ergangenen EU-Regelungen für Nicht-Unionsbürger wurden u. werden in der innerstaatl Rechtsordnung in der Weise berücksichtigt, dass sie in das sonstige AuslR einbezogen werden, zuletzt durch das ZuwG in das AufenthG u. das AsylVfG. Die Freizügigkeit wurde u. wird dagegen in einem eigenen Ges gesondert umgesetzt. Zunächst geschah dies in dem **AufenthG/EWG** vom 22. 7. 1969 (Text in Kanein, Ausländergesetz, erläuterte Ausgabe, 1974, S. 203 ff) mit seinen späteren Änderungen, zuletzt im Jahre 2003 (Ges vom 23. 12. 2003, BGBl. I 2848). Mit diesen Änderungen wurde zT verspätet u. unzureichend versucht, die Entwicklungen des Gemeinschaftsrechts formell nachzuzeichnen. So wurden die RL vom Beginn der 1990er Jahre 1997 in der Verordnung über die allgemeine Freizügigkeit von Staatsangehörigen der Mitgliedstaaten der Europäischen Union (FreizügV/EG; BGBl. 1997 I 1810) umgesetzt. Seit Anfang 2005 sind das AufenthG/EWG u. die FreizügV/EG durch das Freizügigkeitsgesetz/EU ersetzt (Art 2, 15 III Nr 2 u. 8 ZuwG).

5   Die zentrale **Bedeutung** des gesamten EU-Migrationsrechts für Deutschland u. der damit einhergehende Schwund der mitgliedstaatlichen Kompetenzen wird nicht zuletzt an dem hohen Anteil der davon unmittelbar betroffenen ausl Wohnbevölkerung deutlich. Am Jahresende 2004 stammten von den 6,7 Mio. Ausländern in Deutschland 31,1% aus EU-Mitgliedstaaten u. 26,3% aus der Türkei. Mehr als ein Fünftel aller Ausländer in Deutschland (21,4%) wurde hier geboren, von den Türken sogar 35%. Da von den türkischen StAng mehr als die Hälfte die Voraussetzungen für ein AufR als Arbeitnehmer oder Familienangehörige aufgrund Art 6 u. 7 ARB 1/80 erfüllen dürfte, unterliegt damit der Aufenthalt von etwa der Hälfte der ausl Wohnbevölkerung schon jetzt unmittelbar dem EU-Recht (vgl auch § 4 I u. V AufenthG).

6   Der dt Gesetzgeber wollte mit einer **Gesamtrevision** der Freizügigkeitsregeln für Unionsbürger den veränderten europäischen Rahmenbedingungen Rechnung tragen (BT-Drs 15/420 S. 65, 101). Er hat sich dabei zT an der Freizüg-RL orientiert, diese aber noch nicht formell u. in materieller Hinsicht vollständig umgesetzt (dazu näher Groß, ZAR 2005, 81). Die noch fälligen weiteren **Anpassungen** müssen schon in den nächsten Monaten vorgenommen werden (bis 30. 4. 2006). Dabei ist darauf zu achten, dass die VO/EWG 1612/68 geändert aufrechterhalten ist, dass aber die übrigen RL allesamt aufgehoben sind, nämlich die 64/221/EWG, 68/360/EWG, 72/194/EWG, 73/148/EWG, 75/43/EWG, 75/35/EWG, 90/364/EWG, 90/365/EWG u. 93/96/EWG. Das gemeinschaftsrechtliche Freizügigkeitsrecht wird auch in naher Zukunft eher prozesshaft verlaufen als sich statisch zu verhalten. Dazu werden auch die bis längstens 2011 laufenden Übergangsregelungen für die Beitrittsstaaten aus dem Jahre 2004 u. die 2007 zu erwartenden für Bulgarien u. Rumänien beitragen.

Anwendungsbereich § 1 **FreizügG/EU** 2

Der derzeit **geltende Inhalt** der Unionsbürgerfreizügigkeit kann nur anhand der einschlägigen Bestimmungen des Vertrags u. der noch gültigen VO u. RL bestimmt werden. Dabei ist maßgeblich zu berücksichtigen die inzwischen weit fortentwickelte u. umfangreiche Rspr des EuGH, die auch Eingang gefunden hat in die Freizüg-RL. Diese Grundlagen sind in den VAH ebenso berücksichtigt wie die Gesetzesbegründung (BT-Drs 15/420 S. 101 ff). Nach alledem wird in den nachfolgenden Erläuterungen darauf verzichtet, auf die Übereinstimmung einzelner Bestimmungen des FreizügG/EU mit der Rspr des EuGH einerseits u. der Freizüg-RL andererseits näher einzugehen. Wie bei der Kommentierung des AufenthG wird empfohlen, in den nächsten Monaten die weiteren Schritte bei der Umsetzung des EU-Rechts u. der Formulierung aufmerksam zu verfolgen (aktuelle Berichte vor allem in der ZAR u. bei www.migrationsrecht.net). Hinsichtlich der Rspr des EuGH zur Rechtsstellung der Unionsbürger wird vor allem auf die systematische Sammlung der wichtigsten Entscheidungen von 1982 bis 2004 in der EZAR (unter 800 bis 840) u. seit 2004 in der EZAR NF (unter 10 bis 19) hingewiesen. 7

§ 1 Anwendungsbereich

Dieses Gesetz regelt die Einreise und den Aufenthalt von Staatsangehörigen anderer Mitgliedstaaten der Europäischen Union (Unionsbürger) und ihrer Familienangehörigen.

Vorläufige Anwendungshinweise

1 Zu § 1 Anwendungsbereich

1.0 Allgemeines
1.0.1 Art. 2 Zuwanderungsgesetz regelt das Aufenthaltsrecht der Unionsbürger und ihrer Familienangehörigen neu. Das Freizügigkeitsrecht der Unionsbürger und ihrer Familienangehörigen, das bisher im Aufenthaltsgesetz/EWG, der Freizügigkeitsverordnung/EG und subsidiär im Ausländergesetz geregelt war, wird nun für sämtliche Personengruppen von Unionsbürgern im Freizügigkeitsgesetz/EU (FreizügG/EU) zusammengefasst. Aufenthaltsgesetz/EWG und die Freizügigkeitsverordnung/EG werden durch Artikel 15 Zuwanderungsgesetz aufgehoben.
1.0.2 Im Unterschied zur früheren Rechtslage, wonach das Ausländergesetz subsidiär zur Anwendung kam, soweit das Aufenthaltsgesetz/EWG oder die Freizügigkeitsverordnung/EU keine abweichenden Vorschriften enthielten (§ 2 Abs. 2 Ausländergesetz, § 15 Aufenthaltsgesetz/EWG, § 9 Freizügigkeitsverordnung/EU) findet das Aufenthaltsgesetz nur noch Anwendung
– in ausdrücklichen Verweisungsfällen (§ 11 Abs. 1 S. 1 und 2 FreizügG/EU),
– in den Fällen, in denen es eine günstigere Rechtsstellung vermittelt als das Freizügigkeitsgesetz/EU (§ 11 Abs. 1 S. 3),
– sowie wenn die Ausländerbehörde das Nichtbestehen oder den Verlust des Rechts nach § 2 Abs. 1 oder des Rechts nach § 2 Abs. 5 festgestellt hat (§ 11 Abs. 2).
So finden z. B. die allgemeinen Ausweisungsregelungen, anders als bisher, keine Anwendung mehr, da die Rechtsgrundlage für die Aufenthaltsbeendigung von Unionsbürgern durch eine eigenständige Norm im Freizügigkeitsgesetz/EU abschließend geregelt ist (§ 6 FreizügG/EU).
1.0.3 Verlieren die o. g. Personen ihr gemeinschaftsrechtliches Freizügigkeitsrecht (z. B. drittstaatsangehörige Ehepartner nach Scheidung vom Unionsbürger, Unionsbürger nach Feststellung des Verlustes nach § 6 FreizügG/EU), sind sie gemäß § 11 Abs. 2 FreizügG/EU als „Ausländer" i. S. des Aufenthaltsgesetzes zu behandeln, es sei denn, das Freizügigkeitsgesetz/EU enthält spezielle Vorschriften (z. B. § 2 Abs. 5, § 9).
1.0.4 Das FreizügG/EU verzichtet auf eine Definition gemeinschaftsrechtlicher Begriffe, sondern setzt sie – in ihrer jeweiligen Konkretisierung durch die Rechtsprechung des EuGH voraus. Dies ermöglicht eine bessere Berücksichtigung der Weiterentwicklung des Gemeinschaftsrechts bei der Gesetzesanwendung.

1.1 Europäisches Gemeinschaftsrecht
1.1.1 Das Freizügigkeitsrecht von Unionsbürgern ist in der Richtlinie 2004/38/EG vom 29. April 2004 – sog. Freizügigkeitsrichtlinie (FreizügRL) – neu geregelt. Die Richtlinie ist am 30. April 2004 in Kraft getreten und bis zum 30. April 2006 in nationales Recht umzusetzen. Mit der Richtlinie wird das

bislang verstreut geregelte Sekundärrecht zum Aufenthaltsrecht der Unionsbürger zusammengefasst, die Ausübung des Freizügigkeitsrechts erleichtert (u. a. Abschaffung der Aufenthaltserlaubnispflicht) und gestärkt (z. B. Schaffung eines Daueraufenthaltsrechts). Das bisherige Sekundärrecht – geregelt in 2 Verordnungen und 9 Richtlinien – gilt noch bis zum Ablauf der Umsetzungsfrist weiter.

1.1.2 Das Europäische Gemeinschaftsrecht hat grundsätzlich Vorrang vor dem Freizügigkeitsgesetz, es sei denn, das nationale Recht enthält günstigere Regelungen. Die Verordnungen des Rates und der Kommission sind verbindlich und gelten unmittelbar in jedem Mitgliedstaat (Art. 249 EGV). Die EG-Richtlinien bedürfen der Umsetzung in innerstaatliches Recht. Sind Richtlinien nicht oder nicht ausreichend in innerstaatliches Recht umgesetzt worden, gelten sie nach Ablauf der Umsetzungsfrist und unter der Voraussetzung, dass sie unbedingt und hinreichend genau bestimmt sind, als unmittelbar anwendbar. Die mit der Ausführung des Freizügigkeitsgesetzes/EU beauftragten Behörden haben das durch die Richtlinien zu erreichende Ziel im Rahmen bestehender Auslegungs- oder Ermessensspielräume zu berücksichtigen.

1.1.3 Derzeit besteht im europarechtlichen Freizügigkeitsrechts die Besonderheit, dass einerseits die bisherigen Regelungen noch in Kraft sind, andererseits aber die neue FreizügRL, die das gesamte Rechtsgebiet revidiert und das bisherige Recht nach Ablauf der Umsetzungsfrist aufheben wird, schon gilt. In zahlreichen Punkten stimmen bisheriges und neues Gemeinschaftsrecht überein; es gibt jedoch auch Abweichungen. Sofern die Richtlinienumsetzung mit dem vorliegenden FreizügG/EU bereits vorweggenommen ist, ist die RL zur Auslegung des Gesetzestextes bereits heranzuziehen. Darauf ist in den Anwendungshinweisen jeweils ausdrücklich hingewiesen (z. B. 5.1.2.1). Ansonsten unterbleibt ein entsprechender Hinweis. Die gemeinschaftsrechtliche Vorgabe soll in diesen Fällen erst dann Anwendung finden, wenn die Umsetzung in das nationale Recht erfolgt ist (Beispiel: Regelungen zum Daueraufenthaltsrecht nach der FreizügRL begünstigen alle Familienangehörigen; die nationale Regelung dagegen nur die Kernfamilie).

1.1.4 Das FreizügG/EU sieht die Abschaffung der Aufenthaltserlaubnis für sämtliche Gruppen von Unionsbürgern (Erwerbstätige und Nichterwerbstätige) vor. Statt der Aufenthaltserlaubnis, die nur auf Antrag erteilt wurde, wird den Unionsbürgern sowie den Familienangehörigen, die Staatsangehörige eines Mitgliedstaates der EU sind, nunmehr im vereinfachten Verfahren von Amts wegen eine Bescheinigung über das Aufenthaltsrecht ausgestellt (§ 5 Abs. 1). Drittstaatsangehörigen Familienangehörigen wird von Amts wegen eine Aufenthaltserlaubnis-EU erteilt.

1.1.5 Das Aufenthaltsrecht der Unionsbürger und ihrer Familienangehörigen wird gestärkt, indem die Regelungen der Aufenthaltsbeendigung unter Berücksichtigung der Rechtsprechung des EuGH präzisiert werden. Zudem erhalten Unionsbürger und ihre Familienangehörigen ein verfestigtes Aufenthaltsrecht, das nach fünfjährigem ständigem rechtmäßigem Aufenthalt nicht mehr an das Vorliegen der Freizügigkeitsvoraussetzungen gebunden ist und dessen Verlust nur noch aus besonders schwerwiegenden Gründen der öffentlichen Ordnung, Sicherheit und Gesundheit festgestellt werden kann (§ 2 Abs. 5 i. V. m. § 6 Abs. 3, entspricht Art. 28 Abs. 2 FreizügRL).

1.2 Anwendungsbereich

Aus dem Anwendungsbereich des § 1 ergibt sich i. V. m. § 11, dass es sich hier um Spezialregelungen zur Freizügigkeit der Unionsbürger und ihrer Familienangehörigen handelt, losgelöst vom allgemeinen Aufenthaltsrecht.

I. Entstehungsgeschichte

1   Die Vorschrift entspricht dem **GesEntw** (BT-Drs 15/420 S. 37).

II. Regelungsbereich

2   Abs 1 umschreibt den Anwendungsbereich des Ges. Wenn dabei der Begriff der **Regelung** verwandt wird, darf dies nicht über den primären Charakter des Ges als Umsetzungsakt hinwegtäuschen. Eine materielle Regelung konstitutiver Art kann in den einzelnen Bestimmungen nur insoweit gesehen werden, als dem mitgliedstaatlichen Gesetzgeber angesichts der EU-Kompetenzen eine Befugnis hierzu verblieben ist. Diese Ausgangslage kommt auch in der Systematik des neuen Ges zum Ausdruck. Das AufenthG ist danach nur anzuwenden,

Anwendungsbereich § 1 **FreizügG/EU 2**

wenn ausdrücklich darauf verwiesen wird (§ 11 I 1 u. 2), wenn es eine günstigere Behandlung enthält (§ 11 I 3) oder wenn das Freizügigkeitsrecht nicht besteht oder entfallen ist (§ 11 II).

Das Verhältnis zwischen der EU-Rechtsordnung u. dem nationalen Recht ist durch einen **Anwendungsvorrang** des Gemeinschaftsrechts gekennzeichnet. Wenn sich dt Rechtsvorschriften nicht mit gemeinschaftsrechtlichen Normen vereinbaren lassen, dürfen sie nicht angewandt werden. Dieser Vorrang gilt schon für die in EU-Normen verwandten Begriffe. Diese sind ausschließlich nach Gemeinschaftsrecht auszulegen. Dies gilt für Begriffsbildungen, die nur im EU-Recht auftreten, wie für solche, die auch dem nationalen Recht bekannt sind u. von ihm definiert sind. So ist die Erwerbstätigkeit für das Aufenthaltsrecht in § 2 II AufenthG unter Bezugnahme auf das dt Sozialrecht definiert, das Gemeinschaftsrecht kennt aber eigene Begriffsbestimmungen für Erwerbstätigkeit u. Arbeitnehmer. 3

Der Vorrang des Gemeinschaftsrechts kann auch insoweit berücksichtigt werden, als bei einzelnen Ausführungsbestimmungen bereits auf den Inhalt der **Freizüg-RL** geachtet wird u. nicht auf die danach aufgehobenen Rechtsakte. In der neuen RL ist nämlich ungeachtet der noch laufenden Umsetzungsfrist die aktuelle Auffassung des EU-Normgebers vom Inhalt des Freizügigkeitsrechts zum Ausdruck gelangt. Bei alledem darf nur nicht außer Acht gelassen werden, dass die Freizügigkeit nicht auf Sekundärrecht beruht, sondern auf Art 18 EG. Danach aber haben alle Unionsbürger iSd Art 17 EG aufgrund ihrer StAng das Recht, sich vorbehaltlich der im Vertrag u. in den Durchführungsvorschriften vorgesehenen Beschränkungen u. Bedingungen frei im Hoheitsgebiet der Mitgliedstaaten zu bewegen u. aufzuhalten. 4

Die **Urteile des EuGH** entfalten keine allg Bedeutung in demselben Sinne wie die Entscheidungen des BVerfG, die zT gesetzesgleich wirken (vgl Art 93 GG). Soweit der EuGH in Verf über Vorlagen nationaler Gericht oder in Vertragsverletzungsverfahren die Unvereinbarkeit des mitgliedstaatlichen Rechts mit EU-Recht feststellt (Art 220, 228, 234 EG), sind die Gerichte in dem betr Verf u. die Mitgliedstaaten hieran gebunden. Der EuGH kann weder entgegenstehende Gerichtsentscheidungen aufheben noch Gesetze der Mitgliedstaaten für nichtig erklären. Gleichwohl werden seine Entscheidungen im Rahmen der EU-Rechtsetzung wie bei dessen Auslegung durch Gesetzgeber, Verwaltung u. Gerichte der Mitgliedstaaten berücksichtigt. 5

III. Anwendungsbereich

Der vom Ges erfasste **Personenkreis** ist mit den StAng anderer Mitgliedstaaten u. ihren Familienangehörigen umschrieben. In erster Linie geht es dabei um diejenigen Unionsbürger (außer Dt), die Freizügigkeit genießen. Wer diese Voraussetzungen nicht erfüllt, ist sonstiger Ausl, kann sich aber auf die Anrechnungsregel des § 11 III berufen. Angehörige von EWR-Staaten sind Unionsbürgern gleichgestellt (vgl § 12). Angehörige der Beitrittstaaten aus dem Jahre 2004 unterliegen Übergangsvorschriften (vgl § 13). Mit Familienangehörigen sind auch diejenigen gemeint, die nicht selbst Unionsbürger sind. 6

Die **Unionsbürgerschaft** wird durch die StAng eines der Mitgliedstaaten vermittelt u. stellt keine eigene StAng dar, vermittelt aber besondere Rechte, die sonst ihrer Art nach mit einer StAng verbunden sind (Art 17 bis 22 EG): Freizügigkeit, Wahlrecht zum Europaparlament, Wahlrecht bei den Kommunalwahlen des Aufenthaltsmitgliedstaats u. Petitionsrecht sowie diplomatischen u. konsularischen Schutz durch die AuslVertr eines anderen Unionsstaats. Sie ist damit ähnlich strukturiert wie das **Indigenat** im Dt Bund, das den Untertanen aller Bundesstaaten gewisse Rechte vermittelte, vor allem die Gleichbehandlung im ganzen Bund (Hailbronner/Renner, Einl G Rn 55). 7

Wer **StAng eines Mitgliedstaats** u. damit Unionsbürger ist, bestimmt allein u. ausschließlich der Mitgliedstaat. Erwerb u. Verlust der StAng richtet sich allein nach innerstaatl Recht (Renner, AiD Rn 5/77–80). Die Mitgliedstaaten können erforderlichenfalls angeben, wer für die Zwecke des Gemeinschaftsrechts als ihr StAng anzusehen ist (vgl 2. Erklärung 8 zur Schlussakte des EUV, BGBl 1992 II 1251; vgl EuGH, EZAR 800 Nr 7 – Kaur). So hat die BR Deutschland bei ihrem Beitritt erklärt, dass alle Dt iSd Art 116 I GG als ihre StAng anzusehen sind (BGBl. 1975 II 764). Frankreich u. das Vereinigte Königreich haben Erklärungen zur Rechtsstellung der Bewohner ihrer außereuropäischen Gebiete abgegeben (näher Renner, AiD Rn 5/80).

9 Die Mitgliedstaaten dürfen von ihrer **souveränen Befugnis** zur Regelung ihrer StAng nicht in der Weise Gebrauch machen, dass die Freiheiten aus dem Vertrag zunichte gemacht werden (EuGH, Slg 1989, 111 – Gullung). Gehört ein Unionsbürger zwei Mitgliedstaaten an, dürfen ihm Rechte auf Namensänderung nach dem Recht eines der beiden Staaten nicht vorenthalten werden (EuGH, EZAR 800 Nr 8 – Garcia Avello). Schließlich tritt bei einem Unionsbürger, der außerdem noch die StAng eines Nicht-EU-Staats besitzt, die StAng des Mitgliedstaats bei Anwendung des Gemeinschaftsrechts nicht zurück, auch wenn dies nach dem Recht des Mitgliedstaats vorgesehen ist (EuGH, Slg 1988, 111 = EZAR 811 Nr 17 – Micheletti).

§ 2 Recht auf Einreise und Aufenthalt

(1) Freizügigkeitsberechtigte Unionsbürger und ihre Familienangehörigen haben das Recht auf Einreise und Aufenthalt nach Maßgabe dieses Gesetzes.

(2) Gemeinschaftsrechtlich freizügigkeitsberechtigt sind:
1. Unionsbürger, die sich als Arbeitnehmer, zur Arbeitssuche oder zur Berufsausbildung aufhalten wollen,
2. Unionsbürger, wenn sie zur Ausübung einer selbständigen Erwerbstätigkeit berechtigt sind (niedergelassene selbständige Erwerbstätige),
3. Unionsbürger, die, ohne sich niederzulassen, als selbständige Erwerbstätige Dienstleistungen im Sinne des Artikels 50 des Vertrages zur Gründung der Europäischen Gemeinschaft erbringen wollen (Erbringer von Dienstleistungen), wenn sie zur Erbringung der Dienstleistung berechtigt sind,
4. Unionsbürger als Empfänger von Dienstleistungen,
5. Verbleibeberechtigte im Sinne der Verordnung (EWG) Nr. 1251/70 der Kommission vom 29. Juni 1970 über das Recht der Arbeitnehmer, nach Beendigung einer Beschäftigung im Hoheitsgebiet eines Mitgliedstaates zu verbleiben (ABl. EG Nr. L 142 S. 24, 1975 Nr. L 324 S. 31) und der Richtlinie 75/34/EWG des Rates vom 17. Dezember 1974 über das Recht der Staatsangehörigen eines Mitgliedstaates, nach Beendigung der Ausübung einer selbständigen Tätigkeit im Hoheitsgebiet eines anderen Mitgliedstaates zu verbleiben (ABl. EG 1975 Nr. L 14 S. 10),
6. nicht erwerbstätige Unionsbürger unter den Voraussetzungen des § 4,
7. Familienangehörige unter den Voraussetzungen der §§ 3 und 4.

(3) [1] Vorübergehende Arbeitsunfähigkeit infolge Krankheit oder Unfalls lassen das Recht nach § 2 Abs. 1 unberührt. [2] Dies gilt auch für die von der zuständigen Agentur für Arbeit bestätigten Zeiten unfreiwilliger Arbeitslosigkeit eines Arbeitnehmers sowie für Zeiten der Einstellung einer selbständigen Tätigkeit infolge von Umständen, auf die der Selbständige keinen Einfluss hatte.

(4) [1] Unionsbürger bedürfen für die Einreise keines Visums und für den Aufenthalt keines Aufenthaltstitels. [2] Familienangehörige, die nicht Unionsbürger sind, bedürfen für die Einreise eines Visums, sofern eine Rechtsvorschrift dies vorsieht.

(5) [1] Unionsbürger, ihre Ehegatten oder Lebenspartner und ihre unterhaltsberechtigten Kinder, die sich seit fünf Jahren ständig rechtmäßig im Bundesgebiet aufgehalten haben, haben unabhängig vom weiteren Vorliegen der Freizügigkeitsvoraussetzungen das Recht auf Einreise und Aufenthalt. [2] Für Kinder unter 16 Jahren gilt dies nur, wenn ein Erziehungsberechtigter sich rechtmäßig im Bundesgebiet aufhält.

(6) Für die Ausstellung der Bescheinigung über das Aufenthaltsrecht, der Aufenthaltserlaubnis-EU und des Visums werden keine Gebühren erhoben.

Vorläufige Anwendungshinweise

2 Zu § 2 Recht auf Einreise und Aufenthalt

2.1 Absatz 1 beschreibt den Wesensgehalt des Freizügigkeitsrechts der Unionsbürger und ihrer Familienangehörigen, unabhängig von ihrer Staatsangehörigkeit. Bei Vorliegen der gemeinschaftsrechtlichen Voraussetzungen gewährt das Gemeinschaftsrecht jedem Unionsbürger und seinen Familienangehörigen unmittelbar das Recht auf Freizügigkeit und freie Wahl des Wohnsitzes im Hoheitsgebiet der Mitgliedstaaten der EU. Dies schließt das Recht ein, den Arbeitsplatz frei von nationalen Behinderungen zu suchen und sich an einem frei gewählten Ort niederzulassen. Die Voraussetzungen und Bedingungen sind im FreizügG/EU und im Gemeinschaftsrecht geregelt. Welche Personengruppen im Einzelnen unter welchen Voraussetzungen „freizügigkeitsberechtigt" im Sinne des Gemeinschaftsrecht sind, wird im Absatz 2 definiert.

2.2.1 Absatz 2 benennt die nach Gemeinschaftsrecht (Primär- und -Sekundärrecht) freizügigkeitsberechtigten Personengruppen. Gemeinschaftsrechtliche Begriffe, wie z. B. der durch die Rechtsprechung des EuGH konkretisierte Arbeitnehmerbegriff sowie die tatbestandlichen Voraussetzungen für die Freizügigkeit werden vom Freizügigkeitsgesetz/EU vorausgesetzt und nicht modifiziert. Dies gilt auch für die Definition der übrigen Personengruppen (Studenten, Rentner, sonstige Nichterwerbstätige).

2.2.2 Gemeinschaftsrechtlicher Begriff des „Arbeitnehmers"

2.2.2.1 Nach Gemeinschaftsrecht gilt als „Arbeitnehmer", wer im Rahmen eines Arbeitsverhältnisses während einer bestimmten Zeit eine tatsächliche, echte und nicht nur völlig untergeordnete oder unwesentliche Tätigkeit für einen anderen nach dessen Weisung ausübt, für die er als Gegenleistung eine Vergütung erhält. Dabei ist nur auf objektive Kriterien abzustellen. Die rechtliche Einordnung des Verhältnisses zwischen Empfänger und Geber der Arbeitsleistung nach nationalem Recht ist unerheblich. Unerheblich ist ferner, woher die Mittel für die Vergütung des Arbeitnehmers stammen, ob das Rechtsverhältnis nach nationalem Recht ein Rechtsverhältnis eigener Rechtsform ist oder wie hoch die Produktivität des Betroffenen ist. Vor diesem Hintergrund hat der EuGH bereits Tätigkeiten mit einer Wochenarbeitszeit von 10 bis 12 Wochenstunden für die Begründung des Arbeitnehmerstatus ausreichen lassen. Bezüglich der aus einer Tätigkeit zu erzielenden Mindestvergütung ist eine betragsmäßige Festlegung noch nicht erfolgt. Bis zu einer evtl. Klärung durch den EuGH ist deshalb von einer Geringfügigkeitsgrenze entsprechend der in der Sozialversicherung festgelegten Grenze (seit 1. Januar 2002: € 400) auszugehen. Eine Befristung der Arbeitsverträge ist unerheblich.

2.2.2.2 Der Arbeitnehmerstatus endet, wenn der Unionsbürger den deutschen Arbeitsmarkt endgültig verlassen hat, etwa weil er das Rentenalter erreicht hat oder auf Dauer in seinen Herkunftsstaat zurückgekehrt ist oder weil er vollständig und dauernd erwerbsunfähig wurde. Im letzteren Fall ist zu prüfen, ob die Voraussetzungen für die Verbleibeberechtigung bzw. ein Daueraufenthaltsrecht vorliegen.

2.2.2.3 Bei den bisher in § 6 a Aufenthaltsgesetz/EWG geregelten Voraussetzungen für die Verbleibeberechtigung wird ausdrücklich auf gemeinschaftsrechtliche Rechtsgrundlagen verwiesen. Hinsichtlich der tatbestandlichen Voraussetzungen der Freizügigkeit von nichterwerbstätigen Unionsbürgern wird auf § 4 verwiesen, hinsichtlich der Voraussetzungen für Familienangehörige auf §§ 3 und 4.

2.3 Die Regelung in Absatz 3 übernimmt die Regelung des Artikel 7 der Richtlinie Nr. 68/360 (ABl. Nr. L 257, Seite 13); Art. 7 Abs. 3 FreizügRL enthält eine entsprechende Regelung.

2.4.1 Artikel 3 Abs. 2 RL 68/360 und Artikel 3 Abs. 2 RL 73/148 erlauben den Mitgliedstaaten, für Familienangehörige eines Unionsbürgers, der die Staatsangehörigkeit eines Drittlandes innehat, einen Einreisesichtvermerk zu verlangen (Art. 5 Abs. 2 Freizügigkeitsrichtlinie). Die Visumpflicht von drittstaatsangehörigen Familienangehörigen richtet sich in Deutschland bei Kurzaufenthalten nach der EU-Visum-Verordnung (Verordnung-EG Nr. 539/2001; ABl. EG Nr. L 81 Seite 1) in der jeweils geltenden Fassung, bei längerfristigen Aufenthalten nach § 6 Abs. 4 AufenthG i. V. m. der Verordnung zur Durchführung des Zuwanderungsgesetzes.

2.4.2 In diesem Zusammenhang ist die Rechtsprechung des EuGH zu Einreise- und Aufenthaltsrecht von drittstaatsangehörigen Familienangehörigen, insbesondere das Urteil in der Rechtssache MRAX, C-459/99 vom 25. 7. 2002 zu beachten.

2.5.1 Absatz 5 gewährt ein Recht auf Einreise und Aufenthalt nach mindestens fünfjährigem ständigem Aufenthalt im Bundesgebiet unabhängig vom weiteren Vorliegen der gemeinschaftsrechtlichen Freizügigkeitsvoraussetzungen gemäß § 2 Abs. 2. Zudem erhöht sich der Ausweisungsschutz (§ 5 Abs. 6). Die Vorschrift nimmt die Umsetzung des in der FreizügRL neu eingeführten Daueraufenthaltsrechts teilweise vorweg (Art. 16 Abs. 1 FreizügRL).

2.5.2 Begünstigt wird die Kernfamilie (Unionsbürger, Ehegatte oder Lebenspartner und ihre unterhaltsberechtigten Kinder), deren Bindungen regelmäßig mit der Dauer des Aufenthalts im Aufnahmemitgliedstaat stärker werden. Voraussetzung ist ein seit fünf Jahren ständiger rechtmäßiger Aufenthalt im Bundesgebiet.

2.5.3 Nach fünfjährigem ständigem rechtmäßigen Aufenthalt der beiden Ehepartner kann das verfestigte Freizügigkeitsrecht auch durch eine Scheidung nicht beendet werden, da § 2 Abs. 5 das Aufenthaltsrecht unabhängig vom Vorliegen der Freizügigkeitsvoraussetzungen, zu der gemäß § 2 Abs. 2 Nr. 7 auch die Familienangehörigeneigenschaft gehört, gewährt.

2.5.4 Nach dem bisherigen Recht wurde nach fünfjährigem Aufenthalt eine unbefristete Aufenthaltserlaubnis erteilt (§ 7a AufenthG/EWG), was mit einem erhöhten Ausweisungsschutz verbunden war. Der Kreis der Begünstigten war allerdings auf Erwerbstätige, Empfänger von Dienstleistungen sowie verbleibeberechtigte Erwerbstätige und deren Ehegatten (§ 7a Abs. 2) beschränkt. Zudem waren über den fünfjährigen ständigen Aufenthalt hinaus weitere Voraussetzungen erforderlich (Sprach- und Wohnraumerfordernis, gesicherte wirtschaftliche Verhältnisse). Die nun angepassten Voraussetzungen entsprechen bereits den Vorgaben nach der FreizügRL.

2.5.5 Gemäß Artikel 6 Abs. 2 RL Nr. 68/360 bzw. Art. 4 Abs. 1 S. 3 RL 73/148 berühren Aufenthaltsunterbrechungen bei Arbeitnehmern und Selbständigen, die sechs aufeinanderfolgende Monate nicht überschreiten, sowie eine durch Militärdienst gerechtfertigte Abwesenheit, nicht die Gültigkeit der Aufenthaltserlaubnis. Diese gemeinschaftsrechtlichen Vorgaben haben nach der neuen Rechtslage zweierlei Bedeutung. Zum Einen kann der Verlust des Aufenthaltsrechts beim Vorliegen dieser Tatbestände nicht festgestellt und damit auch die Bescheinigung gemäß § 5 nicht eingezogen werden, zum anderen werden die Tatbestände auf die Kontinuität des rechtmäßigen Aufenthalts angewendet (§ 5 Abs. 5 S. 2 i. V. m. § 3 Abs. 3 S. 2). Dies bedeutet, dass die genannten Aufenthaltsunterbrechungen bei der Fristberechnung zum Erwerb des Daueraufenthaltsrechts unbeachtlich sind. Die abweichende Vorschrift des § 5 Abs. 5 Satz 2 i. V. m. § 3 Abs. 3 Satz 2, wonach nur eine vorübergehende Abwesenheit von drei Monaten erlaubt ist, kann aufgrund des Anwendungsvorrangs des Gemeinschaftsrechts, zumindest bei Erwerbstätigen, nicht zum Tragen kommen. Die nationalen Regelungen sind im Sinne des Gemeinschaftsrechts anzuwenden.

2.5.6 Um die Betreuung von Kindern unter 16 Jahren sicherzustellen, wurde Satz 2 eingefügt. In diesem Zusammenhang wird auf die jüngste Rechtsprechung des EuGH hingewiesen (Urteil in der Rechtssache Baumbast und R vom 17 September 2002, C-413/99). Gemäß Artikel 12 der Verordnung Nr. 1612/68 (wird durch die FreizügRL nicht aufgehoben!) haben Kinder ein Aufenthaltsrecht im Aufnahmemitgliedstaat, um dort, wie in diesem Artikel vorgesehen, am allgemeinen Unterricht teilzunehmen. Der EuGH hat entschieden, dass Artikel 12 dahin auszulegen ist, dass er dem Elternteil, der die Personensorge für die Kinder tatsächlich wahrnimmt, ungeachtet seiner Staatsangehörigkeit den Aufenthalt bei den Kindern erlaubt. Dadurch soll den Kindern die Wahrnehmung ihres genannten Rechts erleichtert werden, selbst wenn die Eltern inzwischen geschieden sind oder der Elternteil, der Unionsbürger ist, nicht mehr Wanderarbeitnehmer im Aufnahmemitgliedstaat ist.

2.6 Von der Möglichkeit, für die Erteilung und Verlängerung von Aufenthaltsdokumenten für Staatsangehörige von EU-Staaten Gebührenfreiheit vorzusehen (Artikel 9 Abs. 1 RL Nr. 68/360; Art. 25 Abs. 2 FreizügRL) wird – wie bisher (§ 9 Abs. 1 Nr. 2 Ausländergebührenverordnung) – Gebrauch gemacht. Sichtvermerke sind bereits gemäß Artikel 9 Abs. 2 RL Nr. 68/360 (Art. 5 Abs. 2 S. 4 FreizügRL) kostenlos zu erteilen.

Übersicht

	Rn
I. Entstehungsgeschichte	1
II. Allgemeines	2
III. Einreise und Aufenthalt	3
IV. Personengruppen	7
1. Arbeitnehmer	7
2. Selbständige	13
3. Dienstleistungserbringer	14
4. Dienstleistungsempfänger	15
5. Verbleibeberechtigte	16
6. Nichterwerbstätige	17
7. Familienangehörige	18

I. Entstehungsgeschichte

Die Vorschrift stimmt im Wesentlichen mit dem **GesEntw** (BT-Drs 15/420 S. 37) überein. Aufgrund des Vermittlungsverf (BT-Drs 15/3479 S. 13) wurden in Abs 3 S. 2 das „Arbeitsamt" durch die „Agentur für Arbeit" u. in Abs 6 das Wort „Erteilung" durch „Ausstellung" ersetzt. 1

II. Allgemeines

Die Vorschrift **beschreibt** den Kreis der Freizügigkeitsberechtigten u. den Umfang ihrer Rechte bei Einreise u. Aufenthalt sowie die Gebührenfreiheit der vorgesehenen Dokumente. Für Nichterwerbstätige u. ihre Familien ist das Nähere in § 4 bestimmt, für Familienangehörige Erwerbstätiger in § 3. Auch insoweit ist auf den Anwendungsvorrang des primären u. des sekundären Gemeinschaftsrechts Bedacht zu nehmen, mit dem es nicht vereinbar ist, wenn das Ges den Eindruck erwecken sollte, es treffe eigenständige Regelungen. Daher ist zu Recht in Abs 1 formuliert „haben das Recht ..." u. der Begriff der Erteilung in Abs 6 durch „Ausstellung" ersetzt (Rn 1) worden. Missverständnisse könnten allenfalls noch dadurch entstehen, dass die Rechte der Unionsbürger „nach Maßgabe dieses Gesetzes" bestehen sollen. Diese Formulierung kann indes ohne weiteres so verstanden werden, dass in diesem Ges der Bestand der Rechte beschrieben werden soll. Abschließende Vollständigkeit u. Verbindlichkeit gegenüber dem Anwendungsvorrang des EU-Rechts sind damit nicht gemeint. 2

III. Einreise und Aufenthalt

Sowohl der Kreis der berechtigten Personen als auch Art u. Umfang der ihnen zustehende Einreise- u. Aufenthaltsrechte ergeben sich allein aus dem EU-Recht. Darauf weisen die Formulierungen des Ges mehrfach hin. Welcher Unionsbürger freizügigkeitsberechtigt ist u. welche Rechte damit im Einzelnen verbunden sind, lässt sich letztlich allein dieser supranationalen Rechtsordnung entnehmen. Zu den besonderen Bedingungen u. Auswirkungen der Personenverkehrsfreiheiten gehören außer der Einreise u. dem Aufenthalt auch die Art u. Weise der verwaltungsmäßigen Bestätigung u. der Beendigung des Rechtsstatus. Diese sind vor allem in §§ 5 bis 8 deklaratorisch niedergelegt. 3

Hinsichtlich der einzelnen Gruppen von Freizügigkeitsberechtigten ist vorab kurz an die **Entwicklung** u. den derzeitigen Stand der Freizügigkeitsrechte zu erinnern (vgl Vorbem Rn 3). Ausgangspunkt der Freizügigkeitsvorschriften war die Entwicklung des Wirtschaftslebens der Gemeinschaft (dazu Hailbronner, ZAR 1984, 176). Gewerbsunzucht gehörte nicht dazu (BVerwGE 60, 284; aA HessVGH, EZAR 106 Nr 10), wohl aber ein Ausbildungsverhältnis, die Inanspruchnahme von Leistungen durch Touristen, Patienten, Studien- oder Geschäftsreisende (EuGH, EZAR 810 Nr 2). In der Vergangenheit wurden die Personengruppen u. die jeweiligen Voraussetzungen der Freizügigkeit jew im Sekundärrecht näher bestimmt. 4

Mit Art 8a EGV u. den RL des EG-Rats vom 28. 6. 1990 u. 29. 10. 1993 zugunsten von Studenten u. anderen Personen (Texte in Teil 5 Nr 1.14 bis 1.16) war dann jedoch die unmittelbare Beziehung zum Wirtschaftsverkehr gelockert u. zT aufgegeben (näher dazu Fischer, ZAR 1998, 159). Nunmehr folgt die Freizügigkeit unmittelbar aus Art 18 EG, u. die jetzt letztlich nur noch in der VO/EWG 1612/68 u. der Freizüg-RL enthaltenen Voraussetzungen sind ihrerseits als Beschränkung aufzufassen u. im Lichte dieses **Grund-** 5

status der Unionsbürger auszulegen. Zur näheren Bestimmung sind vor allem die Grundsätze der Verhältnismäßigkeit u. der Nichtdiskriminierung aus Gründen der StAng heranzuziehen.

6   Diesem **System** folgt auch die Freizüg-RL, indem sie die Freizügigkeit als elementares Recht des Unionsbürgers u. als eine der Grundfreiheiten des Binnenmarkts bezeichnet u. sich zum Ziel setzt, die bisherige getrennte Behandlung u. die geltenden bereichsspezifischen u. fragmentarischen Ansätze zu überwinden, um die Ausübung des Freizügigkeitsrechts zu vereinfachen, zu erleichtern u. zu verstärken (Erwägungsgründe Nr 1 bis 4). Diesen Ausgangsthesen folgend sind in der RL nicht mehr einzelne Gruppen von Berechtigten aufgeführt, sondern nur noch die Unionsbürger u. ihre Familienangehörigen genannt, die sich in einen anderen Mitgliedstaat als den ihrer StAng begeben oder sich dort aufhalten (Art 3 I). Eine Unterscheidung zwischen Arbeitnehmern u. Selbständigen, Studenten u. anderen Auszubildenden sowie sonstigen Personen wird zB insofern getroffen, als die zuerst genannten Erwerbstätigen ausreichende Existenzmittel u. einen umfassenden Krankenversicherungsschutz nicht nachzuweisen brauchen (Art 7). Ansonsten hat die Zugehörigkeit zu einer bestimmten Personengruppe ihre frühere grundlegende Bedeutung verloren (vgl dazu auch Groß, ZAR 2005, 81; Hailbronner, ZAR 2004, 259). So gesehen hat die deklaratorische Aufzählung in Abs 2 nur noch eingeschränkte Bedeutung.

IV. Personengruppen

1. Arbeitnehmer

7   Arbeitnehmer im gemeinschaftsrechtlichen Sinne ist, wer für einen anderen eine bestimmte Zeit lang eine Leistung erbringt u. dafür eine Gegenleistung erhält (EuGH, Slg 1986, 2121 = EZAR 811 Nr 7 – Lawrie Blum; Slg 1996, I-3089 = EZAR 826 Nr 3 – Ascher; Slg 1998, I-2691 = EZAR 830 Nr 20 – Martinez Sala; Slg 1998, I-7747 = EZAR 816 Nr 1 – Birden; Slg 1999, I-3289 = EZAR 811 Nr 41 – Meeusen). Dabei muss es sich um eine tatsächliche u. echte **Tätigkeit des Wirtschaftslebens** handeln (dazu Hailbronner, ZAR 1990, 107). Hierzu zählt zB die vorwiegend sozial geprägte Beschäftigung zur Rehabilitation u. Wiedereingliederung in das Berufsleben nicht (EuGH, EZAR 811 Nr 10), wohl aber die gewerbliche Tätigkeit von Mitgliedern einer Religions- oder Weltanschauungsgemeinschaft, soweit deren Leistung als mittelbare Gegenleistung für die Arbeit der Mitglieder betrachtet werden kann (EuGH, EZAR 800 Nr 6). Als Arbeitnehmer sind auch Teilzeitbeschäftigte anzusehen, die ein unter der Mindestgrenze liegendes Einkommen erzielen (EuGH, EZAR 811 Nr 1); die Tätigkeiten dürfen sich nur nicht als völlig untergeordnet u. unwesentlich darstellen (OVG NRW, EZAR 028 Nr 5; aA betr Gelegenheitsarbeit VGH BW, EZAR 124 Nr 9). Unerheblich sind grundsätzlich Art u. Motiv der Tätigkeit sowie ihr gesellschaftliches Ansehen. Bei Sportlern ist entscheidend, ob sie den Sport gegen Entgelt u. unter der Regie des Arbeitgebers ausüben (EuGH, EZAR 811 Nr 24 – Boosmann; dazu Nettesheim, NVwZ 1996, 342; EuGHE 1984, 1403 u. 1976, 1333 u. 1974, 1405).

8   Gründe für eine unschädliche **Unterbrechung** der Beschäftigung als Arbeitnehmer oder der Tätigkeit als Selbständiger sind in Abs 3 aufgeführt. Diese sind zT entsprechend Art 7 III Freizüg-RL formuliert, weichen aber zT davon ab. Wer nach einer Arbeitstätigkeit u. einem anschließenden Studium wieder eine Beschäftigung aufnehmen will, ist weiterhin als Arbeitnehmer anzusehen (EuGH, Slg 1988, 3161 = EZAR 830 Nr 9 – Lair). Der notwendige Zusammenhang besteht nicht mehr bei einer Rückkehr nach 17 Jahren (EuGH, EZAR 810 Nr 13 – Collins).

9   Freizügigkeit ist auch für die **Arbeitssuche** gewährleistet. Bisher wurde die Dauer auf mindestens drei Monate veranschlagt (vgl EuGH, EZAR 811 Nr 1; EuGH, InfAuslR 1991, 151; näher Renner, AiD Rn 5/90 ff) u. zT angenommen, dass die Arbeitnehmereigenschaft

bei dauernder Arbeitslosigkeit u. fehlender Vermittelbarkeit entfällt (VGH BW, EZAR 106 Nr 12). Künftig beträgt der Zeitraum für die Arbeitssuche mindestens sechs Monate u. ist nach einer Beschäftigungsdauer von mindestens einem Jahr unbegrenzt (Art 7 III Bst b u. c Freizüg-RL).

Unter die Arbeitnehmerfreizügigkeit fallen herkömmlich auch entgeltliche Tätigkeiten, 10 die ausschließlich oder überwiegend der **Ausbildung** dienen (Renner, AiD Rn 5/84 f), u. außerdem die Ausbildung eines ehemaligen Arbeitnehmers oder eines Familienangehörigen eines Arbeitnehmers iSd VO/EWG 1612/68 (EuGH, Slg 1988, 3161 = EZAR 830 Nr 9 – Lair). Künftig werden Ausbildungsaufenthalte nur hinsichtlich der Absicherung der Existenzmittel u. der Krankenversorgung sowie der anschließenden Arbeitssuche besonders behandelt (Art 7 I Bst c, III Bst d Freizüg-RL; vgl § 4).

Von der Arbeitnehmerfreizügigkeit ausgenommen ist der Bereich der **öffentl Verwal-** 11 **tung** (Art 39 IV EG). Dieser Begriff ist gemeinschaftsrechtlich auszulegen u. nicht nach Maßgabe des jew nationalen Rechts (EuGH, EuGRZ 1981, 129). Entscheidend ist, ob die Stelle eine mittelbare oder unmittelbare Teilnahme an der Ausübung hoheitlicher Befugnisse u. an der Wahrnehmung von Aufgaben mit sich bringt, die auf die Wahrnehmung der allg Belange des Staats oder anderer öffentlicher Körperschaften gerichtet ist (EuGH, EZAR 811 Nr 3 u. 7; EuGHE 1980, 3881; dazu Hailbronner, ZAR 1988, 3 u. 1984, 176; vgl auch § 4 I Nr 1, II BRRG u. dazu Battis, NJW 1994, 1093; Everling, DVBl. 1990, 225; Höllscheidt/Baldus, NWVBl. 1997, 41). Ausgenommen sind dagegen nicht solche Tätigkeiten, die zum **allg Wirtschaftsverkehr** gehören, etwa die eines Lokomotivführers, eines Kantinenarbeiters oder einer Säuglingsschwester (EuGH, EZAR 811 Nr 3). Ein Studienreferendar ist während des Vorbereitungsdienstes für ein Lehramt als Arbeitnehmer außerhalb des öffentlichen Dienstes iSd Art 39 IV EG anzusehen, wenn er Unterricht erteilt u. eine Vergütung erhält; die Rechtsnatur des Beschäftigungsverhältnisses ist gleichgültig (EuGH, EZAR 811 Nr 7). Dasselbe gilt für einen Fremdsprachenlektor, der an einer Universität angestellt ist (EuGH, EZAR 811 Nr 9).

Die Ausnahme des Art 39 IV EG bedeutet nur, dass anderen Unionsbürgern der Zugang 12 zu diesen Beschäftigungen verwehrt werden darf. Wenn ein Mitgliedstaat von diesem **Vorbehalt** zugunsten von Inländern keinen Gebrauch macht (generell oder im Einzelfall), dann genießt der dort beschäftigte Unionsbürger in vollem Umfang Freizügigkeit als Arbeitnehmer.

2. Selbständige

Mit der **selbständigen Tätigkeit** ist die Erwerbstätigkeit gemeint, die nicht als Beschäf- 13 tigung, sondern selbständig durch einen Niedergelassenen ausgeübt wird (zum dt Recht vgl § 2 AufenthG Rn 9 ff). Eine allg Definition des Selbständigen u. seiner auf Gewinn ausgerichteten Tätigkeit (dazu OVG NRW, EZAR 028 Nr 5) gibt es für das Gemeinschaftsrecht nicht. Ausschlaggebend ist auch hier das Gesamtbild der Tätigkeit. Grundsätzlich entscheiden die Merkmale der Eigenverantwortlichkeit u. des unternehmerischen Risikos (vgl EuGH, Slg 1989, 4459). Im Einzelnen können für Selbständigkeit die persönliche Unabhängigkeit u. die freie Wahl von Zeit, Ort u. Dauer der Tätigkeit sowie der Art der Durchführung der Aufgabe sprechen. Die Abgrenzung zwischen Arbeitnehmerbeschäftigung u. selbständiger Dienstleistung kann Schwierigkeiten bereiten, wenn die wahren Verhältnisse verschleiert werden sollen (zu Unterbrechungen vgl Art 12). Für die Freizügigkeit kann die Zuordnung aber letztlich offen bleiben, weil die Angehörigen beider Personengruppen berechtigt sind.

3. Dienstleistungserbringer

Wichtiger ist die Abgrenzung von der Dienstleistungsfreiheit, die dadurch gekennzeichnet 14 ist, dass der Unternehmer seine Leistung außerhalb des Staats seiner Niederlassung erbringt. Unter den Begriff der grenzüberschreitenden Dienstleistung fallen alle Arten gewerblicher oder beruflicher Leistungen, die gegen Entgelt erbracht werden. Eine besondere Stellung nehmen Dienstleister insofern ein, als ihre Tätigkeit durch die VO/EG 96/71 (Text in Teil 5 Nr 1.17) Beschränkungen unterworfen ist, wenn entsandte Arbeitnehmer eingesetzt werden. Ähnliche Ausnahmen von der Dienstleistungsfreiheit gelten im Verhältnis einiger Mitgliedstaaten zu den Beitrittstaaten von 2004 (dazu § 13 Rn 5 ff).

4. Dienstleistungsempfänger

15 Nach anfänglichen Zweifeln in einem Teil des Schrifttums ist inzwischen anerkannt, dass Unionsbürger auch dann freizügigkeitsberechtigt sind, wenn sie während des Aufenthalts in dem anderen Mitgliedstaat lediglich **Dienstleistungen** in Anspruch nehmen wollen, zB als Touristen, Patienten oder Studienreisende (vgl zB EuGH, Slg 1984, 377 = EZAR 810 Nr 2). Dieser Aufenthaltszweck erfordert künftig nur insofern eine besondere Beachtung, als wegen der fehlenden Erwerbstätigkeit die Sicherung von Unterhalt u. Krankenversorgung nachgewiesen werden muss (zum Nachweis von StAng u. Identität ohne Ausweis vgl EuGH, EZAR NF 10 Nr 1 – Oulane).

5. Verbleibeberechtigte

16 Zum **weiteren Verbleib** in dem Aufenthaltsmitgliedstaat berechtigt ist, wer aus dem Erwerbsleben ausgeschieden ist, nachdem er dort zuvor als Arbeitnehmer oder als Selbständiger erwerbstätig war. Während zunächst die besonderen Anforderungen der VO/EWG 1251/70 u. der RL 72/194/EWG, 75/34/EWG u. 75/35/EWG (Texte in Teil 5 Nr 1.9, 1.10, 1.12 u. 1.13) galten, wird künftig das Ausscheiden aus dem Berufsleben nur noch für die Existenzsicherung u. das Daueraufenthaltsrecht von Bedeutung sein (Art 7 I Bst b, 17 Freizüg-RL). Rentner, die zuvor anderswo berufstätig waren, fallen unter die Nichterwerbstätigen (Rn 17).

6. Nichterwerbstätige

17 Dieser Begriff hat eine gewisse **Auffangfunktion,** die aus den RL 90/364/EWG, 90/365/EWG u. 93/96/EWG (Texte in Teil 5 Nr 1.14 bis 1.16) herrührt. Erfasst sind Rentner, die in einem anderen Mitgliedstaat erwerbstätig waren, Studenten u. andere Auszubildende u. sonstige Personen, die über kein Einkommen aus Erwerbstätigkeit verfügen. Die für sie wegen ihrer wirtschaftlichen Stellung geltenden besonderen Voraussetzungen sind in § 4 aufgenommen.

7. Familienangehörige

18 Schließlich bilden auch die Familienangehörigen eine **heterogene Gruppe.** Hier sind die Mitglieder der Familien eines Freizügigkeitsberechtigten ungeachtet ihrer eigenen StAng versammelt. Es sind nicht nur Ehegatten u. minderjährige ledige Kinder, u. sie können entweder die StAng eines Nicht-EU-Staats besitzen oder staatenlos sein. Ihre Rechtspositionen sind in § 3 u. für Nichterwerbstätige in § 4 näher behandelt, Visumfragen dagegen in Abs 4 S. 2.

19 Während die Unionsbürger für die Einreise keines Visums bedürfen, kann von ihren drittstaatsangehörigen Familienangehörigen, ein **Visum** verlangt werden (Art 3 II RL 68/360/EWG; Art 3 II RL 73/148/EWG; ebenso Art 5 II Freizüg-RL). Vorausgesetzt ist, dass sie grundsätzlich aufgrund ihrer StAng (Anhang I zur EUVisaVO) oder wegen der Dauer ihres Aufenthalts (§ 6 IV AufenthG) visumpflichtig sind. Diese Befugnis der Mitgliedstaaten wird aber in ihren Auswirkungen insoweit eingeschränkt, als zB ein Ehegatte ohne Pass u. Visum, der seine Identität u. die Ehe mit einem Unionsbürger anderweitig nachweisen kann, nicht an der Grenze zurückgewiesen werden darf (EuGH, EZAR 814 Nr 8 – MRAX). Dem Ehegatten darf nach diesem Urteil auch nicht das AufR wegen illegaler Einreise oder nach Ablauf des Visums verweigert werden. Darin kommt der rein ordnungs-

Familienangehörige § 3 FreizügG/EU 2

rechtliche Charakter der Visumpflicht zum Ausdruck, die nach europäischem Verständnis ohnehin nur den Grenzübertritt betrifft (dazu § 5 AufenthG Rn 53; § 6 AufenthG Rn 3).

§ 3 Familienangehörige

(1) ¹Familienangehörige der in § 2 Abs. 2 Nr. 1 bis 3 genannten Personen haben das Recht nach § 2 Abs. 1, wenn sie bei der freizügigkeitsberechtigten Person, deren Familienangehörige sie sind, Wohnung nehmen. ²Familienangehörige der in § 2 Abs. 2 Nr. 4 und 5 genannten Personen haben das Recht nach § 2 Abs. 1, letztere nach Maßgabe der Absätze 4 und 5.

(2) Familienangehörige im Sinne des Absatzes 1 sind
1. der Ehegatte und die Verwandten in absteigender Linie, die noch nicht 21 Jahre alt sind,
2. die Verwandten in aufsteigender und in absteigender Linie der in Absatz 1 genannten Personen oder ihrer Ehegatten, denen diese Personen oder ihre Ehegatten Unterhalt gewähren.

(3) ¹Familienangehörige eines verstorbenen Erwerbstätigen (§ 2 Abs. 2 Nr. 1 bis 3), die im Zeitpunkt seines Todes bei ihm ihren ständigen Aufenthalt hatten, haben das Recht nach § 2 Abs. 1, wenn
1. der Erwerbstätige sich im Zeitpunkt seines Todes seit mindestens zwei Jahren ständig im Geltungsbereich dieses Gesetzes aufgehalten hat oder
2. der Erwerbstätige infolge eines Arbeitsunfalls oder einer Berufskrankheit gestorben ist oder
3. der überlebende Ehegatte des Erwerbstätigen Deutscher im Sinne von Artikel 116 des Grundgesetzes ist oder diese Rechtsstellung durch Eheschließung mit dem Erwerbstätigen bis zum 31. März 1953 verloren hat.

²Der ständige Aufenthalt im Sinne von Nummer 1 wird durch vorübergehende Abwesenheit bis zu insgesamt drei Monaten im Jahr oder durch längere Abwesenheit zur Ableistung des Wehrdienstes oder eines Ersatzdienstes nicht berührt.

(4) Familienangehörige eines Verbleibeberechtigten (§ 2 Abs. 2 Nr. 5) oder eines verstorbenen Verbleibeberechtigten, die bereits bei Entstehen seines Verbleiberechts ihren ständigen Aufenthalt bei ihm hatten, haben das Recht nach § 2 Abs. 1.

(5) ¹Das Recht der Familienangehörigen nach den Absätzen 3 und 4 muss binnen zwei Jahren nach seinem Entstehen ausgeübt werden. ²Es wird nicht beeinträchtigt, wenn sie das Bundesgebiet während dieser Frist verlassen.

(6) Auf die Einreise und den Aufenthalt des nicht freizügigkeitsberechtigten Lebenspartners einer nach § 2 Abs. 2 Nr. 1 bis 5 zur Einreise und zum Aufenthalt berechtigten Person sind die für den Lebenspartner eines Deutschen geltenden Vorschriften des Aufenthaltsgesetzes anzuwenden.

Vorläufige Anwendungshinweise

3 Zu § 3 Familienangehörige

3.1 Absatz 1 stellt klar, dass die Familienangehörigen von freizügigkeitsberechtigten Arbeitnehmern und selbständigen Erwerbstätigen ein abgeleitetes Aufenthaltsrecht genießen. Die Freizügigkeit der Familienangehörigen dient primär dem Zweck, die Ausübung der Freizügigkeit durch die Unionsbürger zu erleichtern. Die Freizügigkeit der Familienangehörigen ist daher auch auf die Herstellung der Familieneinheit ausgerichtet und in Bestand und Dauer mit dem Aufenthaltsrecht des freizügigkeitsberechtigten Unionsbürgers verknüpft. Den Angehörigen der in § 2 Abs. 2 Nrn. 1 bis 3 genannten Erwerbstätigen steht das abgeleitete Aufenthaltsrecht dann zu, wenn sie bei dem freizügigkeitsberechtigten Erwerbstätigen „Wohnung nehmen". Es muss also eine gemeinsame Wohnung, wenn auch nur vorübergehend, vorhanden sein. Nach der Rechtsprechung des EuGH (Urteil in der Rechtssache Diatta, Slg. 1985, 567, Rdnr. 18, C-267/83 vom 13. Februar 1985; ebenso Rechtssache Baumbast und R, C-413/99 vom 17. September 2002, Rdnr. 62) lässt sich aus Artikel 10 der Verordnung 1612/68 („Wohnung nehmen") nicht entnehmen, dass der Familienangehörige in der Wohnung des Wanderarbeitnehmers ständig wohnen muss, sondern – wie sich aus Artikel 10 Abs. 3 ergebe – lediglich, dass die Wohnung, über die der Arbeitnehmer verfügt, normalen Anforderungen an die Aufnahme seiner Familie entsprechen muss. Artikel 10 Abs. 3 VO 1612/68 gilt unmittelbar, selbst wenn eine Regelung wie in § 7 Abs. 1 Aufenthaltsgesetz/EWG nicht in das Freizügigkeitsgesetz/EU übernommen wurde. Die FreizügRL verwendet die Begriffe „begleiten oder nachziehen". Auch diese zielen auf die Herstellung der Familieneinheit ab.

3.2 Absatz 2 enthält die Legaldefinition der Familienangehörigen von Erwerbstätigen, Dienstleistungsempfängern und Verbleibeberechtigten. Sie entspricht der Definition in § 1 Abs. 2 Aufenthaltsgesetz/EWG sowie im Wesentlichen der Definition in Artikel 10 Abs. 1 VO Nr. 1612/68.

3.3 Absatz 3 regelt das eigenständige Aufenthaltsrecht der Familienangehörigen von verstorbenen Erwerbstätigen und übernimmt wortgleich die Vorschrift des § 7 Abs. 2 Aufenthaltsgesetz/EWG, die sich an Artikel 3 Abs. 2 der Verordnung Nr. 1251/70 bzw. 75/34/EWG anlehnt. Art. 17 Abs. 4 FreizügRL entspricht der bisherigen gemeinschaftsrechtlichen Regelung. Sofern es für das Tatbestandsmerkmal des ständigen Aufenthalts auf die Kontinuität des Aufenthalts ankommt, gilt das unter 2.5.5 Gesagte.

3.4 Absatz 4 regelt die Entstehung des Daueraufenthaltsrechts von Familienangehörigen lebender oder verstorbener Verbleibeberechtigter und übernimmt die Vorschrift des § 7 Abs. 3 Aufenthaltsgesetz/EWG, die sich an die Vorschrift des Artikel 3 Abs. 1 VO Nr. 1251/70 bzw. 75/34/EWG anlehnt. Im Gegensatz zu Absatz 3 setzt Absatz 4 nach seinem Wortlaut voraus, dass das Verbleiberecht nur entsteht, wenn der Familienangehörige bereits bei Entstehen des Verbleiberechts des Erwerbstätigen bei diesem seinen Aufenthalt genommen hat (Art. 17 Abs. 3 FreizügRL: Angehörige, die sich mit dem Verbleibeberechtigten dort aufhalten). Ausnahmen sind dann zulässig, wenn der Status als Familienangehöriger erst während des Ruhestandes erworben wird; auch in diesem Fall muss ein Nachzugsrecht bestehen.

3.5 Die gesetzliche Ausschlussfrist für die Geltendmachung der Rechte nach den Absätzen 3 und 4 entspricht der Regelung in § 7 Abs. 4 Aufenthaltsgesetz/EWG sowie der Regelung in Artikel 5 der Verordnung Nr. 1251/70. Ausübung bedeutet in diesem Zusammenhang, dass das Recht zum Aufenthalt innerhalb der Frist in Anspruch genommen werden muss.

3.6 Absatz 6 regelt das Recht auf Einreise und Aufenthalt der Lebenspartner (§ 1 Abs. 1 Satz 1 LPartG) freizügigkeitsberechtigter Unionsbürger, soweit diese Lebenspartner nicht selbst unmittelbar freizügigkeitsberechtigt sind. Der EuGH hat aus Artikel 7 Abs. 2 der Verordnung 1612/68 ein Aufenthaltsrecht für den nichtehelichen Lebenspartner eines Freizügigkeitsberechtigten Arbeitnehmers hergeleitet, soweit das Recht des Aufnahmemitgliedstaates dem nichtehelichen Lebenspartner seiner eigenen Staatsangehörigen ein solches Recht einräumt (Urteil des EuGH vom 17. 4. 1986, Rs. 59/85-Florence Reed). Dementsprechend erklärt Absatz 6 die für den Lebenspartner eines Deutschen geltenden Vorschriften des Aufenthaltsgesetzes für anwendbar (§ 27 Abs. 2 i. V. m. §§ 3, 9 Abs. 3, § 28 bis 31 und 51 Abs. 2 AufenthG).

Übersicht

	Rn
I. Entstehungsgeschichte	1
II. Allgemeines	2
III. Familienzusammenführung bei Erwerbstätigen	6

I. Entstehungsgeschichte

1   Die Vorschrift stimmt mit dem **GesEntw** (BT-Drs 15/420 S. 38) überein.

II. Allgemeines

2   Mit dieser Vorschrift wird das Einreise- u. Aufenthaltsrecht von Familienangehörigen Erwerbstätiger im weiteren Sinne zusammengefasst (zu Nichterwerbstätigen vgl § 4). Wie die Bezugnahme auf § 2 I verdeutlicht, unterscheidet sich dieses Freizügigkeitsrecht nicht

von dem des Stammberechtigten. Die **Freizügigkeit** ist nicht auf bestimmte Vorgänge u. Situationen wie gemeinsamer Zuzug oder Nachzug beschränkt, sondern besteht allg für das familiäre Zusammenleben, für die Herstellung u. Beibehaltung der Familieneinheit. Die Freizüg-RL benutzt die Begriffe „begleiten" oder „nachziehen" (zB in Art 6 II u. Art 7 I Bst d). Grundsätzlich bleibt das familiär abgeleitete Freizügigkeitsrecht auch akzessorisch, kann sich aber verselbständigen. Eine besondere Regelung gilt für Lebenspartner. Die EU-Regeln weichen im Grundsatz u. in Einzelheiten von dem dt Familienaufenthaltsrecht (dazu § 27 Rn 2 ff, 12 ff.) ab (dazu auch Hailbronner, ZAR 2004, 259; Renner, NVwZ 2004, 792).

Die **Grundlagen** der EU-Familienfreizügigkeit finden sich in Art 10 VO/EWG 1612/68 **3** u. beruhen auf der Erkenntnis, dass die Freizügigkeit sonst nicht in Freiheit u. Würde ausgeübt werden kann (vgl Begründungserwägung Nr 5 zur Freizüg-RL). In der Freizüg-RL sind sowohl der weite Familienbegriff, die weitgehende Gleichstellung u. die Verselbständigung bestätigt als auch zusätzlich Erleichterungen für Familienangehörige empfohlen (Art 2, 3 II, 5 II, 6 II, 7 II, 9, 12 bis 14, 20). Zudem sind ausdrücklich die Verpflichtungen zur Gleichbehandlung mit Inländern in jeder Beziehung, die Maßgeblichkeit der materiellen Berechtigung, die begrenzte Funktion von Ordnungsbestimmungen u. die grundlegende Bedeutung des Verhältnismäßigkeitsprinzips hervorgehoben (Art 24–26, 28, 35, 36). Schließlich sind bei der Auslegung u. Anwendung der familienbezogenen Regeln die EMRK u. vor allem deren Art 8 (vgl Art 6 II EUV; dazu Weichselbaum, ZAR 2003, 359) sowie das Verbot der Diskriminierung aus Gründen der StAng (Art 12 I EG) besonders zu beachten.

Im Rahmen der Familienzusammenführung wirkt sich die ungleiche Behandlung von **4** Unionsbürgern u. Dt aus. Die **Inländerungleichbehandlung** kommt dadurch zustande, dass Gemeinschaftsrecht nur auf Unionsbürger anzuwenden ist, die bereits von ihrer Freizügigkeit Gebrauch gemacht haben, u. dass das dt Recht den Kreis der Nachzugsberechtigten enger fasst als das EU-Recht u. auch hinsichtlich des Zusammenlebens strengere Grundsätze verficht. Rein inlandsbezogene Sachverhalte fallen nicht unter EU-Recht (vgl EuGH, Slg 1984, 2539 = EZAR 810 Nr 3; EuGH, Slg 1992, I-4265 = EZAR 814 Nr 3 – Singh; EuGH, EZAR 811 Nr 39 – Terhove) u. damit auch nicht unter die Freizüg-RL. Gegen Art 3 GG verstößt diese Ungleichbehandlung nicht, weil hier unterschiedliche Kompetenz- u. Rechtsordnungen in Widerstreit geraten (vgl VGH BW, EZAR 028 Nr 4). Während das FreizügG/EU dieses Problem nicht klar zu erkennen gibt, lässt sich der Entstehungsgeschichte der Freizüg-RL entnehmen, dass ursprünglich die Beseitigung dieser Diskriminierung vorgeschlagen, dies aber auch am Widerstand Deutschlands gescheitert ist (dazu Hauschild, ZAR 2003, 266).

III. Familienzusammenführung bei Erwerbstätigen

Die Definition der Familienangehörigen in Abs 2 entspricht im Wesentlichen der in **5** Art 2 Nr 2 Freizüg-RL (betr Lebenspartner vgl Rn 13). **Berechtigt** sind die jew Verwandten in aufsteigender und absteigender Linie des Unionsbürgers oder seines Ehegatten, also auch Stiefkinder u. Stiefeltern mit einer anderen StAng als der eines Mitgliedstaats.

Der **Aufenthaltszweck** besteht in der Aufrechterhaltung oder Herstellung des Zusam- **6** menlebens, wie die Begriffe des Begleitens u. des Nachziehens (zB in Art 3 I Freizüg-RL) verdeutlichen. Eine dauernde familiäre Lebensgemeinschaft ist indes anders als nach § 27 AufenthG nirgends verlangt. Auch aus Art 10 I u. III VO/EWG („Wohnung nehmen") lässt sich nur folgern, dass anfangs eine ausreichende Wohnung vorhanden sein muss (EuGH, Slg 1985, 575 = EZAR 811 Nr 5 – Diatta; EuGH, NJW 2002, 3610 = EZAR 814 Nr 9 – Baumbast). Die Verlängerung des AufR darf auch nicht von weiterhin angemessenen Wohnverhältnissen abhängig gemacht werden (EuGH, EZAR 810 Nr 5 =

NVwZ 1989, 745 betr Vertragsverletzung durch Deutschland). Das Wohnraumerfordernis ist in der Freizüg-RL nicht mehr enthalten (Hailbronner, ZAR 2004, 259). Getrenntleben beseitigt das Freizügigkeitsrecht nicht; dieses dauert vielmehr bis zur Ehescheidung an (EuGH, Slg 1985, 567).

7   Auch nach der **Aufhebung der Ehe** geht das Freizügigkeitsrecht nicht verloren, falls der Familieangehörige selbst Unionsbürger ist (vgl Art 13 I Freizüg-RL). Bei Drittstaatsangehörigen muss einer der folgenden Voraussetzungen vorliegen: Bestand der Ehe mindestens drei Jahre; besonders schwierige Umstände; Sorgerecht für das Kind des Unionsbürgers; Umgangsrecht nur im Aufnahmemitgliedstaat auszuüben (Art 13 II Freizüg-RL). Der weitere Aufenthalt ist nach dem Tod oder dem Wegzug des Unionsbürgers auch dann unabhängig von der Aufenthaltsdauer gewährleistet, wenn das minderjährige Kind von seinem Schulbesuchsrecht nach Art 12 VO/EWG Gebrauch macht u. der drittstaatsangehörige Elternteil die persönliche Sorge ausübt (Art 12 III Freizüg-RL; ähnlich für Kind u. Elternteil EuGH, NJW 2002, 3610 = EZAR 814 Nr 9 – Baumbast). Das Schulbesuchsrecht ist übrigens weder durch eine Altersgrenze noch durch das Erfordernis der Unterhaltsgewährung eingeschränkt (EuGH, EZAR 814 Nr 5 = NVwZ 1996, 53 – Gaal).

8   Nach Auflösung der Ehe oder der sonstigen familiären Beziehung durch **Tod** eines Erwerbstätigen geht das Freizügigkeitsrecht unter den Voraussetzungen des Abs 3 nicht verloren. Nach dem Tod eines Verbleibeberechtigten gelten diese Erfordernisse nicht. In beiden Fällen muss das Recht aber binnen zwei Jahren nach Entstehen geltend gemacht werden. Der zweijährige ständige Aufenthalt muss dem Tod des Arbeitnehmers unmittelbar vorausgehen (EuGH, EZAR 814 Nr 10 = InfAuslR 2003, 169 – Givane).

9   Kein AufR vermögen **Scheinehen** zu vermitteln (vgl Borrmann, ZAR 2004, 61; Jöst, InfAuslR 2000, 204). Darunter kann Zweierlei verstanden werden (vgl auch § 27 AufenthG Rn 14): Entweder wird die Ehe lediglich zur Beschaffung eines sonst nicht erreichbaren AufR geschlossen, oder die Verbindung ist nicht auf die Führung einer ehelichen Lebensgemeinschaft gerichtet (so BVerfGE 76, 1 = EZAR 105 Nr 20). Das Gemeinschaftsrecht rückt eher den Missbrauchsgedanken in den Vordergrund (so die Überschrift zu Art 35 Freizüg-RL). Danach ist die Scheinehe auf die Umgehung der Nachzugsvorschriften u. die Beschaffung eines AufR gerichtet (EuGH, EZAR 811 Nr 48 – Akrich).

10 Die Verf zur Verhinderung u. zu Beseitigung eines AufR auf der Grundlage einer Scheinehe bestimmen die Mitgliedstaaten. Die von ihnen erlassenen **Maßnahmen** müssen verhältnismäßig sein, schriftlich mitgeteilt werden u. gerichtlich überprüft werden können (Art 35 Freizüg-RL). Unabhängig von der Art des Verf (Ablehnung, Rücknahme oder nachträgliche Befristung eines AufTit) ist der Scheinehe die aufr Wirkung zu versagen (zu Art 7 ARB 1/80 vgl EuGH, Slg 1997, I-3069 = EZAR 811 Nr 32 – Kol).

11 Soweit eine **Unterhaltsleistung** von dem Unionsbürger oder dem Ehegatten vorausgesetzt wird, ist kein umfassender oder voller Unterhalt gemeint. Es müssen aber Leistungen sein, die sich angesichts der Art u. der Regelmäßigkeit dazu eignen, wenigstens einen Unterhaltsbeitrag zu leisten (BVerwGE 94, 239 = EZAR 524 Nr 2). Die Inanspruchnahme von Sozialleistungen allein spricht nicht gegen eine Unterhaltsgewährung (EuGH, Slg 1987, 2811). Auf die Gründe der Unterstützung kommt es nicht an (betr Angehörige von Verbleibeberechtigten EuGH, Slg 1987, 2832 = EZAR 814 Nr 1)

12 Ein AufR ohne weitere Voraussetzungen genießen bestimmte Personen nach fünf Jahren rechtmäßigen Aufenthalts (Abs 5): Ehegatten, unterhaltsberechtigte Kinder. Bei Kindern unter 16 muss sich ein Erziehungsberechtigter rechtmäßig in Deutschland aufhalten. Nach Ablauf von fünf Jahren kann der Verlust der Freizügigkeit aufgrund Fortfalls der Voraussetzungen nicht mehr u. sonst nur aus besonders schwerwiegenden Gründen festgestellt werden (§§ 5 V, 6 III) Hier handelt es sich um einen Vorgriff auf das in Art 16 ff Freizüg-RL vorgesehene **Daueraufenthaltsrecht.** Dafür ist derselbe Ausweisungsschutz vorgesehen (Art 28 II), es sind aber alle u. nicht nur die Mitglieder der Kernfamilie privilegiert (Art 16 II, 18), u. bestimmte aus dem Erwerbsleben Ausgeschiedene erwerben das Daueraufenthaltsrecht schon früher (Art 17).

Nicht freizügigkeitsberechtigte **Lebenspartner** (vor allem aus Nicht-EU-Staaten) sind 13 wie Lebenspartner eines Dt nach § 27 II AufenthG zu behandeln. Diese Gleichstellung beruht auf der Überlegung, dass Art 7 II VO/EWG 1612/68 die Gleichbehandlung in dem Umfang verlangt, wie der Aufenthaltsmitgliedstaat nichteheliche Lebensgemeinschaften zulässt u. schützt (vgl EuGH, Slg 1986, 1283 = EZAR 810 Nr 4 – Reed). Außerhalb der eingetragenen Partnerschaft können sich nichteheliche Partner in Deutschland aber nicht auf das Gleichbehandlungsgebot berufen (Hailbronner, ZAR 2004, 259).

§ 4 Nicht erwerbstätige Freizügigkeitsberechtigte

¹ **Nicht erwerbstätige Unionsbürger und ihre Familienangehörigen, die bei dem nicht erwerbstätigen Freizügigkeitsberechtigten ihre Wohnung nehmen, haben das Recht nach § 2 Abs. 1, wenn sie über ausreichenden Krankenversicherungsschutz und ausreichende Existenzmittel verfügen.** ² **Familienangehörige im Sinne dieser Vorschrift sind:**
1. **der Ehegatte und die Kinder, denen Unterhalt geleistet wird,**
2. **die sonstigen Verwandten in absteigender und aufsteigender Linie sowie die sonstigen Verwandten des Ehegatten in aufsteigender Linie, denen Unterhalt geleistet wird, sowie der Lebenspartner.**

³ **Abweichend von Satz 1 haben als Familienangehörige eines Studenten nur der Ehegatte, der Lebenspartner und die unterhaltsberechtigten Kinder das Recht nach § 2 Abs. 1.**

Vorläufige Anwendungshinweise

4 Zu § 4 Nichterwerbstätige Freizügigkeitsberechtigte

4.1 Voraussetzungen des Freizügigkeitsrechts
Satz 1 knüpft an die gemeinschaftsrechtlichen Voraussetzungen des Freizügigkeitsrechts nichterwerbstätiger Unionsbürger und ihrer Familienangehörigen an. Diese ergeben sich jeweils aus Artikel 1 der drei sog. „Nichterwerbstätigen-Richtlinien" Nr. 90/364 (sonstige Nichterwerbstätige), Nr. 90/365 (Rentner) und Nr. 93/96 (Studenten). Die Voraussetzungen wurden in die FreizügRL übernommen (Art. 7 Abs. 1 b und c). Voraussetzungen des Freizügigkeitsrechts nach Satz 1 sind eigenständige Existenzsicherung und hinreichender Krankenversicherungsschutz. Diese bisher in den §§ 7 und 8 der Freizügigkeitsverordnung/EG geregelten Voraussetzungen wurden in § 4 in gestraffter Form zusammengefasst. Im Unterschied zum bisherigen Recht, nach dem der Nachweis des Vorliegens dieser Voraussetzung verlangt werden konnte (§ 1 Absatz 4 Freizügigkeitsverordnung/EG), reicht nunmehr die Glaubhaftmachung vor Ausstellung der Bescheinigung aus (vgl. dazu § 5 Absatz 3).
4.1.1 Ausreichender Krankenversicherungsschutz
Der notwendige, gemeinschaftsrechtlich vorausgesetzte Krankenversicherungsschutz ist als ausreichend anzusehen, wenn er im Unfang der gesetzlichen Krankenversicherung folgende Leistungen umfasst:
– ärztliche und zahnärztliche Behandlung,
– Versorgung mit Arznei-, Verband-, Heil- und Hilfsmittel,
– Krankenhausbehandlung,
– medizinische Leistungen zur Rehabilitation und
– Leistungen bei Schwangerschaft und Geburt.
4.1.2 Ausreichende Existenzmittel
4.1.2.1 Existenzmittel sind alle gesetzlich zulässigen Einkommen und Vermögen in Geld oder Geldeswert oder sonstige eigene Mittel, insbesondere Unterhaltsleistungen von Familienangehörigen oder Dritten, Stipendien, Ausbildungs- oder Umschulungsbeihilfen, Arbeitslosengeld, Invaliditäts-, Hinterbliebenen-, Vorruhestands- oder Altersrenten, Renten wegen Arbeitsunfall, Berufs- oder Erwerbsunfähigkeit oder sonstige auf einer Beitragsleistung beruhende öffentliche Mittel.
4.1.2.2 Nicht übernommen wurde der in § 8 Abs. 3 Satz 1 Freizügigkeitsverordnung/EG als „Orientierungsmarke" festgelegte so genannte Bedarfseckwert für Alleinstehende und Haushaltsvorstände und die hieraus abgeleiteten Bedarfseckwerte für weitere Haushaltsangehörige (§ 8 Abs. 3 Satz 2 ff Freizügigkeitsverordnung/EG). Gemäß Art. 8 Abs. 4 FreizügRL darf ein fester Betrag nicht festgelegt werden. Aufgrund des in § 5 FreizügG/EU festgelegten vereinfachten Verfahrens wird grundsätzlich ein Nachweis der Voraussetzungen der ausreichenden Existenzmittel vor Ausstellung der Bescheinigung nicht mehr verlangt. Eine Glaubhaftmachung der Voraussetzung der ausreichenden Existenzmittel kann zwar

im Einzelfall verlangt werden (z. B. wenn besondere Umstände auf das Nichtvorliegen von Existenzmitteln hinweisen), dies wird in der Regel nicht der Fall sein. Grundsätzlich ist davon auszugehen, dass ausreichende Existenzmittel vorliegen, wenn während des Aufenthalts keine Sozialhilfeleistungen des Aufnahmemitgliedstaats in Anspruch genommen werden müssen. Wenn allerdings im Einzelfall nachträglich ein Antrag auf Sozialhilfeleistungen gestellt wird, liegt ein besonderer Anlass im Sinne des § 5 Abs. 4 FreizügG/EG vor, wonach der Fortbestand der Voraussetzung für das Aufenthaltsrecht (hier: ausreichende Existenzmittel) überprüft werden kann. In diesen Fällen würden die bisherigen Bedarfseckwerte als Orientierungsmarke nicht ausreichen; es wird eine exakte Vergleichsberechnung unter Einbeziehung der regionalen, sozialhilferechtlichen Bedarfssätze erforderlich sein. Gemäß Art. 8 Abs. 4 FreizügRL müssen die persönlichen Umstände berücksichtigt werden. Der geforderte Betrag darf nicht über dem Schwellenwert liegen, unter dem Deutschen Sozialhilfe gewährt wird. Ein bestimmter Schwellenwert kann hier nicht genannt werden, da die Werte regional unterschiedlich sind.

4.2 Familienangehörige
Satz 2 übernimmt inhaltsgleich die Definition der Familienangehörigen des § 1 Absatz 2 Satz 2 Freizügigkeitsverordnung/EG, die der gemeinschaftsrechtlichen Definition entspricht (Art. 1 der RL 90/364 und 90/365). Unter Berücksichtigung des Lebenspartnerschaftsgesetzes wurde die Definition auch hier entsprechend ergänzt. Auf die Ausführungen zu Nummer 3.6 wird verwiesen.

4.3 Familienangehörige von Studenten
4.3.1 Der Kreis der Familienangehörigen wird, wie bisher in § 1 Abs. 3 Freizügigkeitsverordnung/EG, bei Studenten enger gezogen als bei den übrigen nichterwerbstätigen Freizügigkeitsberechtigten. Freizügigkeitsberechtigt sind nur der Ehegatte, unterhaltsberechtigte Kinder sowie der Lebenspartner. Dies entspricht den Vorgaben des Gemeinschaftsrechts (Artikel 2 Absatz 2 Satz 2 RL Nr. 93/96; Art. 7 Abs. 4 FreizügRL).
4.3.2 Hinweis: Voraussetzung für das Freizügigkeitsrecht von Kindern eines Studenten ist nach dem Wortlaut des FreizügG/EU deren Unterhaltsberechtigung, während bei den Abkömmlingen der übrigen Nichterwerbstätigen die faktische Unterhaltsgewährung/-leistung genügt. Da es nach Art. 7 Abs. 4 FreizügRL auf die faktische Unterhaltsgewährung ankommt, sollte der Gesetzestext bereits jetzt entsprechend interpretiert werden.
4.3.3 Student im Sinne dieses Gesetzes ist eine Person, die eine Zulassung zu einer staatlichen oder nach Landesrecht staatlich anerkannten Universität, pädagogischen Hochschule, Kunsthochschule, Fachhochschule oder sonstigen anerkannten Lehranstalt, die eine über die Allgemeinbildung hinausgehende berufliche Qualifikation vermittelt, besitzt oder an einer solchen immatrikuliert ist.

I. Entstehungsgeschichte

1   Die Vorschrift entspricht dem **GesEntw** (BT-Drs 15/1420 S. 38).

II. Allgemeines

2   Das Aufenthaltsrecht der Nichterwerbstätigen u. deren Familienmitglieder ist gesondert geregelt. Der begünstigte Personenkreis ist enger, u. die Sicherung der **Existenzmittel** u. der **Krankenversorgung** wird anders als bei Erwerbstätigen gehandhabt. Das Freizügigkeitsrecht stößt immer dann an Grenzen der EU-Kompetenzordnung, wenn öffentl Hilfen zur Sicherung des Existenzminimums in Anspruch genommen werden müssen; denn die allg Sozialhilfesysteme der Mitgliedstaaten sind (anders als die Sozialversicherungen) weder vereinheitlicht noch harmonisiert noch wenigstens einander angeglichen. Die wirtschaftliche Selbstversorgung muss bei Nichterwerbstätigen immer gesichert sein (vgl jew Art 1 der RL 90/364/EWG, 90/365/EWG u. 93/96/EWG sowie Art 7 I Bst b Freizüg-RL).
3   Diese Grundanforderungen bereiten immer dann Schwierigkeiten, wenn sie mit der Garantie der **Gleichbehandlung** mit Inländern (Art 12, 39 II EG; Art 24 Freizüg-RL; Art 6 ff VO/EWG) zusammenstoßen. Die Diskriminierungsverbote erzwingen nicht nur eine Gleichstellung bei Betätigungen allg Art in dem Aufenthaltsmitgliedstaat, sondern in

gewissem Umfang auch bei der Gewährung allg Sozialleistungen (dazu krit Hailbronner, ZAR 2004, 259). Nach Art 24 II Freizüg-RL sind die Mitgliedstaaten während der ersten drei Monate nicht zur Leistung von Sozialhilfe u. bis zum Erreichen des Daueraufenthaltsrechts auch nicht zur Studienbeihilfen verpflichtet. Das AufR der Unionsbürger u. ihrer Familienangehörigen ist aber nur dann gefährdet, wenn sie Sozialhilfeleistungen in unangemessener Weise in Anspruch nehmen (Art 14 I Freizüg-RL).

Diese Einschränkung kommt in § 4 nicht zum Ausdruck, obwohl der **EuGH** bereits mit 4 einer derartigen **Tendenz** das geltende Recht ausgelegt hat. Danach dürfen die Mitgliedstaaten zwar die Gewährung einer Beihilfe zur Arbeitssuche aufgrund objektiver Erwägungen an ein Wohnraumerfordernis anknüpfen, die Gleichbehandlungsverpflichtung beruht aber in diesem Fall auf Art 6 EG u. damit allein auf der Unionsbürgerschaft (vgl EuGH, EZAR 810 Nr 13 – Collins). Daher dürfen Unionsbürger uU nicht von beitragsunabhängigen Sozialleistungen wie dem belgischen Minimex ausgeschlossen werden; die Finanzen des Aufnahmemitgliedstaats dürften nur nicht über Gebühr belastet werden (EuGH, EZAR 805 Nr 3 – Grzelczyk).

III. Nichterwerbstätige und deren Familienangehörige

Der freizügigkeitsberechtigte **Personenkreis** besteht einmal aus den nicht erwerbstätigen 5 Unionsbürgern selbst. Diese Personen sind nicht mehr im Einzelnen (zB als Studenten oder Rentner) einzeln benannt, sie sind nur negativ definiert im Unterschied zu den Erwerbstätigen. Die freizügigkeitsberechtigten Familienangehörigen sind dagegen bei Rentnern, Studenten u. sonstigen Nichterwerbstätigen unterschiedlich bestimmt. Bei Studenten sind nach S. 3 nur der Ehegatte, der Lebenspartner u. die unterhaltsberechtigten Kinder berechtigt. Sonst gehören auch die Kinder dazu, denen tatsächlich (uU ohne Rechtspflicht) Unterhalt geleistet wird, u. außerdem die Verwandten in absteigender u. aufsteigender Linie, die Unterhalt erhalten. Ein AufR genießt auch der Elternteil, der für ein freizügigkeitsberechtigtes Kleinkind tatsächlich sorgt (EuGH, EZAR NF 14 Nr 1 – Zhu und Chen). Diese Unterscheidungen kennt die Freizüg-RL nicht, die zB eingeschriebene Studenten gesondert regelt (vgl Art 7; anders noch Art 1 RL 93/96/EG; vgl aber Nr 4.3.2 VAH).

Ausreichende **Existenzmittel** u. ausreichender **Krankenversicherungsschutz** werden 6 verlangt, um die Inanspruchnahme öffentl Hilfen im Bedarfsfall zu verhindern. Was jew ausreicht, ist weder hier noch in der Freizüg-RL näher bestimmt. Die Krankenversicherung muss die üblichen Leistungen umfassen wie auch nach § 2 III AufenthG: Arzt, Zahnarzt, Krankenhaus, Rehabilitation, Schwangerschaft u. Geburt. Die Herkunft der Existenzmittel ist gleichgültig, die Höhe richtet sich nach den persönlichen Verhältnissen. Die Mitgliedstaaten dürfen keinen festen Betrag vorschreiben, der individuelle Wert darf aber den Schwellenwert für die Sozialhilfe oder ggf die Mindestrente nicht übersteigen (Art 8 IV Freizüg-RL). Der Nachweis kann durch eine Erklärung oder ein gleichwertiges Mittel erbracht werden u. darf sich ebenfalls nicht auf einen bestimmten Betrag beziehen; es muss glaubhaft gemacht werden, dass während des Aufenthalts keine Sozialhilfe bezogen werden muss (Art 7 I Bst c, 8 III Freizüg-RL).

§ 5 Bescheinigung über das gemeinschaftsrechtliche Aufenthaltsrecht, Aufenthaltserlaubnis-EU

(1) Freizügigkeitsberechtigten Unionsbürgern und ihren Familienangehörigen mit Staatsangehörigkeit eines Mitgliedstaates der Europäischen Union wird von Amts wegen eine Bescheinigung über das Aufenthaltsrecht ausgestellt.

(2) Familienangehörigen, die nicht Unionsbürger sind, wird von Amts wegen eine Aufenthaltserlaubnis-EU ausgestellt.

(3) ¹Die zuständige Ausländerbehörde kann verlangen, dass die Voraussetzungen des Rechts nach § 2 Abs. 1 innerhalb angemessener Fristen glaubhaft gemacht werden. ²Für die Glaubhaftmachung erforderliche Angaben und Nachweise können von der zuständigen Meldebehörde bei der meldebehördlichen Anmeldung entgegengenommen werden. ³Diese leitet die Angaben und Nachweise an die zuständige Ausländerbehörde weiter. ⁴Eine darüber hinausgehende Verarbeitung oder Nutzung durch die Meldebehörde erfolgt nicht.

(4) Der Fortbestand der Erteilungsvoraussetzungen kann aus besonderem Anlass überprüft werden.

(5) ¹Sind die Voraussetzungen des Rechts nach § 2 Abs. 1 innerhalb von fünf Jahren nach Begründung des ständigen Aufenthalts im Bundesgebiet entfallen, kann der Verlust des Rechts nach § 2 Abs. 1 festgestellt und die Bescheinigung über das gemeinschaftsrechtliche Aufenthaltsrecht eingezogen und die Aufenthaltserlaubnis-EU widerrufen werden. ²§ 3 Abs. 3 Satz 2 gilt entsprechend.

Vorläufige Anwendungshinweise

5 Zu § 5 Bescheinigung über das gemeinschaftsrechtliche Aufenthaltsrecht, Aufenthaltserlaubnis-EU

5.1 Freizügigkeitsberechtigten Unionsbürgern und ihren Familienangehörigen, die ebenfalls Unionsbürger sind, wird von Amts wegen eine Bescheinigung über das Aufenthaltsrecht ausgestellt.
5.1.1 Mit der Abschaffung der Aufenthaltserlaubnis-EG, die auf Antrag erteilt wurde, werden Verfahrenserleichterungen als Zeichen für die fortschreitende Angleichung der Rechtsstellung der Unionsbürger an die Rechtsstellung von Deutschen eingeführt (zum Verfahren siehe unter Nummer 5.3). Diesem vereinfachten Verfahren wurde auch dadurch Rechnung getragen, dass auf bundeseinheitliche Vordrucke mit fälschungssicheren Merkmalen verzichtet worden ist.
5.1.2 Folgende Hinweise sollten jedoch bundeseinheitlich beachtet werden:
5.1.2.1 – Durch die Angabe der Nummer des Identitätsdokuments des Inhabers sollte der Bezug zum Personaldokument hergestellt werden. Art. 8 Abs. 2 S. 2 FreizügRL sieht vor, dass die Bescheinigung Name und Anschrift sowie Zeitpunkt der Anmeldung angibt.
5.1.2.2 – Auf die Angabe der Personengruppe nach § 2 Abs. 2 FreizügG/EU sollte grundsätzlich verzichtet werden, insbesondere dann, wenn die Bescheinigung ohne Angabe eines Gültigkeitszeitraums ausgestellt wird. Ergeben sich im Laufe der ersten 5 Jahre Zweifel an dem Fortbestehen der Ausübungsvoraussetzungen, z. B. bei Mitteilung des Sozialamts über die Beantragung von Sozialhilfe, sind die Freizügigkeitsvoraussetzungen im Einzelfall nachzuprüfen, unabhängig von dem – ggf zu aktualisierenden – Inhalt der Bescheinigung.
5.1.2.3 Die Bescheinigung kann von Anfang an ohne Angabe eines Gültigkeitszeitraums ausgestellt werden. Sie kann mit der Angabe eines Gültigkeitszeitraums versehen werden, wenn der geplante Aufenthalt von vornherein vorübergehender Natur ist.
5.1.2.4 Hinweis: Bisher war es Praxis, eine Aufenthaltserlaubnis-EU mit einer Gültigkeitsdauer von zunächst fünf Jahren auszustellen. Dies ist zurückzuführen auf die entsprechende gemeinschaftsrechtliche Vorgabe (für Arbeitnehmer in Art. 6 Abs. 1 RiLi 68/360). Da es im nationalen Recht nun keine Aufenthaltserlaubnis-EU mehr gibt, finden auch die daran anknüpfenden gemeinschaftsrechtlichen Bestimmungen keine Anwendung mehr. Die FreizügRL kennt keinen „Gültigkeitszeitraum" für die Bescheinigung. Auf die Angabe eines solchen sollte daher verzichtet werden.
5.1.2.5 Obwohl die Ausstellung der Bescheinigung in einem vereinfachten Verfahren erfolgt, fällt ein Verwaltungsvorgang an, der in geeigneter Weise zu dokumentieren ist. Für Unionsbürger sind weiterhin Ausländerakten zu führen.
5.1.3 Muster der Bescheinigung:
Kopfbogen der ausstellenden Behörde
Bescheinigung gemäß § 5 FreizügG/EU
Name, Vorname:
Geburtsdatum:
Staatsangehörigkeit:
Anschrift:
Zeitpunkt der Anmeldung:

Bescheinigung über das gemeinschaftsrechtliche Aufenthaltsrecht § 5 **FreizügG/EU 2**

Die Inhaberin/der Inhaber dieser Bescheinigung ist Staatsangehörige/r eines Mitgliedstaates der Europäischen Union oder der Europäischen Wirtschaftsgemeinschaft und nach Maßgabe des Freizügigkeitsgesetzes/EU zur Einreise und zum Aufenthalt in der Bundesrepublik Deutschland berechtigt.
(Der Inhaber/die Inhaberin dieser Bescheinigung benötigt zur Aufnahme einer unselbständigen, arbeitsgenehmigungspflichtigen Erwerbstätigkeit eine Arbeitserlaubnis- oder Arbeitsberechtigung-EU.)
Diese Bescheinigung gilt nur in Verbindung mit folgendem Identitätsdokument der Inhaberin/des Inhabers:

_____

Bezeichnung des Dokuments; Seriennummer
Im Auftrag
(Siegel)

_____

Datum, Unterschrift

5.2.1 Die Familienangehörigen eines Unionsbürgers, die Drittstaatsangehörige sind, erhalten von Amts wegen (früher: auf Antrag) eine Aufenthaltserlaubnis-EU. Dieses neu gestaltete Dokument orientiert sich in seiner Form an der bisherigen Aufenthaltserlaubnis-EG und weist entsprechende Sicherheitsmerkmale gegen Fälschung auf. Das Dokument wird aus Kostengründen auch bei Schweizer Bürgern und deren Familienangehörigen eingesetzt.
5.2.2 Da Familienangehörige von Unionsbürgern grundsätzlich ein vom Aufenthaltsrecht des Unionsbürgers abgeleitetes Aufenthaltsrecht haben, kann bei Familienangehörigen der Gültigkeitszeitraum der Aufenthaltserlaubnis-EU entsprechend dem Gültigkeitszeitraum der Bescheinigung des Unionsbürgers festgelegt werden.
5.2.3 Ebenso wie die bisherige Aufenthaltserlaubnis-EG hat die Aufenthaltserlaubnis-EU rein deklaratorischen Charakter, d. h. das Freizügigkeitsrecht wird originär durch den EG-Vertrag und seine Durchführungsbestimmungen begründet und nicht durch die Erteilung einer Aufenthaltserlaubnis.
5.2.4 In diesem Zusammenhang wird auf das Urteil des EuGH in der Rechtssache MRAX, C-459/99 vom 25. Juli 2002 hingewiesen.
5.3 Die Ausländerbehörde kann grundsätzlich die Glaubhaftmachung der aufenthaltsrechtlichen Voraussetzungen durch Angaben und Vorlagen der erforderlichen Nachweise sowohl bei Unionsbürgern als auch bei deren Familienangehörigen verlangen.
5.3.1.1 Unionsbürger
5.3.1.1.1 Um die gesetzlich angestrebte Verfahrenserleichterung tatsächlich erreichen zu können, ist bei Unionsbürgern vor Ausstellung der Bescheinigung grundsätzlich vom Bestehen der Freizügigkeitsvoraussetzungen (Arbeitnehmerstatus, Einschreibung als Student, ausreichende Existenzmittel und KV-Schutz) auszugehen, wenn die Person erklärt, dass eine der geforderten Ausübungsvoraussetzungen vorliegt und keine Zweifel an seiner Erklärung bestehen. In diesem Fall ist von der Vorlage entsprechender Dokumente zur Glaubhaftmachung vor Ausstellung der Bescheinigung abzusehen.
5.3.1.1.2 Falls im Einzelfall auf eine Prüfung nicht verzichtet werden kann, können von einem freizügigkeitsberechtigten Unionsbürger nur folgende, von der FreizügRL abschließend vorgegebene Dokumente gefordert werden (Art. 8 Abs. 3):
– gültiger Personalausweis oder Reisepass,
– bei Erwerbstätigen: Einstellungsbestätigung des Arbeitgebers oder Beschäftigungsbescheinigung; Nachweis der Selbständigkeit,
– bei Nichterwerbstätigen: Nachweis, dass ausreichende Existenzmittel und umfassender Krankenversicherungsschutz vorhanden sind,
– bei Studenten: Bescheinigung über Einschreibung und über umfassenden Krankenversicherungsschutz, Erklärung oder gleichwertiges Mittel, wobei nicht verlangt werden darf, dass sie sich auf einen bestimmten Existenzmittelbetrag beziehen.
5.3.1.1.3 Bei den Familienangehörigen, die ebenfalls Unionsbürger sind, können nur folgende, ebenfalls von der RL vorgegeben Dokumente gefordert werden (Art. 8 Abs. 5):
– gültiger Personalausweis oder Reisepass,
– Bescheinigung über das Bestehen der familiären Beziehungen, – ggf die Bescheinigung des Unionsbürgers über sein Aufenthaltsrecht,
– bei Verwandten in absteigender und aufsteigender Linie der urkundliche Nachweis über die in § 3 Abs. 2 bzw. § 4 S. 2 genannten Voraussetzungen,
– bei Lebenspartnern ein Nachweis über die Lebenspartnerschaft.
5.3.1.1.4 Um auszuschließen, dass dem Aufenthaltsrecht bereits von Anfang an Gründe der öffentlichen Ordnung, Sicherheit und Gesundheit entgegenstehen (vgl. auch § 6 Abs. 1 Satz 2), ist in jedem Fall

eine AZR-Abfrage durchzuführen. Hierbei ist auch die Dokumentennummer des vorgelegten Identitätsdokuments zu prüfen (als gestohlen gemeldet?).
5.3.1.1.5 Ergeben sich aus der Abfrage mögliche Gründe, die dem Bestehen eines Aufenthaltsrechts entgegenstehen (Sperrzeiten aus Voraufenthalten, Ausschreibung zur Einreiseverweigerung), ist zu prüfen, ob aufenthaltsbeendende Maßnahmen im Einzelfall unter Beachtung der gemeinschaftsrechtlichen Anforderungen (vgl. auch Art. 6 Abs. 2) gerechtfertigt sind.
5.3.1.1.5 Hinweis: Im Fall einer Wiedereinreisesperre ist im Einzelfall zu prüfen, ob die Sperrwirkung, die zeitlich befristet sein muss und nicht lebenslänglich sein darf (vgl. EuGH-Urteil Adoui und Cornuaille, Rs. 115 u. 116/81 v. 18. Mai 1982) nicht nachträglich zu befristen bzw. die Frist zu verkürzen ist, weil die Gründe, die zu der Sperre geführt haben, zwischenzeitlich weggefallen sind (BVerwGE 110, 140 ff.).
5.3.1.2 Familienangehörige aus Drittstaaten
5.3.1.2.1 Staatsangehörigen aus Drittstaaten, die zum Zwecke der Familienzusammenführung bei dem Unionsbürger Wohnung nehmen, wird von Amts wegen (nicht nur auf Antrag!) eine Aufenthaltserlaubnis-EU ausgestellt.
5.3.1.2.2 In diesen Fällen ist, wie bisher, das Vorliegen der Freizügigkeitsvoraussetzungen durch die Ausländerbehörde zu prüfen. Im Hinblick auf den notwendigen Prüfungszeitraum kann für die Übergangszeit bei Bedarf eine formlose Bescheinigung über die Antragstellung als Familienangehöriger eines Unionsbürgers erteilt werden (Art. 10 Abs. 1 S. 2 FreizügRL verlangt dies). Die aktuelle Rechtsprechung des EuGH zum Aufenthaltsrecht drittstaatsangehöriger Familienangehöriger (vgl. unter 2.4.2, 5.2.4) ist bei der Entscheidung zu beachten.
5.3.1.2.3 Von den drittstaatsangehörigen Familienangehörigen können nur folgende Dokumente gefordert werden (Art 10 Abs. 2 FreizügRL):
– gültiger Reisepass,
– Bescheinigung über das Bestehen der familiären Beziehung,
– Bescheinigung des Unionsbürgers über das Aufenthaltsrecht,
– bei Verwandten in absteigender und aufsteigender Linie der urkundliche Nachweis über die in § 3 Abs. 2 bzw. § 4 S. 2 genannten Voraussetzungen,
– bei Lebenspartnern ein Nachweis über die Lebenspartnerschaft.
5.3.2 Als Verfahrenserleichterung ist vorgesehen, dass die Angaben zu den Freizügigkeitsvoraussetzungen (Vorlage des Identitätsdokuments, Angaben zum „Arbeitnehmerstatus") im Zusammenhang mit der meldebehördlichen Anmeldung gegenüber der zuständigen Meldebehörde abgegeben werden können. Nach Art. 8 Abs. 2 FreizügRL darf eine Verpflichtung zur Meldung bei der Ausländerbehörde erst nach einem Aufenthalt von drei Monaten vorgesehen sein. Da die Meldevorschriften der Länder eine Meldung bereits spätestens 14 Tage nach Beziehen einer Wohnung vorsehen, muss dem Unionsbürger die Option bleiben, seine Angaben zu den Freizügigkeitsvoraussetzungen bei der Ausländerbehörde separat vorzunehmen. Diese Vorgabe der FreizügRL sollte bereits bei der Einführung des neuen Verfahrens Berücksichtigung finden.
5.3.4 Die Meldebehörde leitet die Angaben zu den Freizügigkeitsvoraussetzungen außerhalb der Meldedatenübermittlung an die Ausländerbehörde weiter. Die Festlegung des genauen Verfahrensablaufs bleibt den Ländern überlassen.
5.3.5 Eine über die dargestellte „Botenfunktion" der Meldebehörde hinausgehende Kompetenz bezüglich aufenthaltsrechtlicher Datenverarbeitung wird nicht geschaffen.
5.4 Die Ausländerbehörde kann innerhalb der ersten fünf Jahre des ständigen rechtmäßigen Aufenthalts den Fortbestand der Erteilungsvoraussetzungen aus besonderem Anlass prüfen (vgl. auch Absatz 5). Ein besonderer Anlass liegt insbesondere dann vor, wenn nichterwerbstätige Unionsbürger oder deren Familienangehörige Sozialhilfe in Anspruch nehmen wollen (vgl. Ausführungen zu 5.1 a. E.). Dies entspricht Art. 14 Abs. 2 FreizügRL
5.5.1 Der Verlust des Freizügigkeitsrechts aufgrund des Fehlens der Ausübungsvoraussetzungen (§§ 2 bis 4) kann nur innerhalb der ersten 5 Jahre nach Begründung des ständigen Aufenthaltsrechts festgestellt werden. Die Feststellung des Verlustes ist mit der Einziehung der Bescheinigung bzw. dem Widerruf der Aufenthaltserlaubnis-EU zu verbinden. Nach fünf Jahren rechtmäßigem Aufenthalt ist die Feststellung des Verlustes nur noch aus besonders schwer wiegenden Gründen der öffentlichen Ordnung, Sicherheit oder Gesundheit möglich (vgl. § 6 Abs. 3 FreizügG/EU).
5.5.2 Hinsichtlich der Definition des „ständigen Aufenthalts" wird auf § 3 Abs. 3 Satz 2 verwiesen, der sich an die Regelung über das Weiterbestehen des Aufenthaltsrechts von Familienangehörigen von verstorbenen Erwerbstätigen anlehnt. Siehe hierzu 2.5.5

Bescheinigung über das gemeinschaftsrechtliche Aufenthaltsrecht § 5 **FreizügG/EU 2**

Übersicht

	Rn
I. Entstehungsgeschichte	1
II. Allgemeines	2
III. Formalitäten für Einreise und Aufenthalt	4
IV. Überprüfungen	10
V. Rechtsschutz	13

I. Entstehungsgeschichte

Die Vorschrift entspricht im Wesentlichen dem **GesEntw** (BT-Drs 15/420 S. 38). Auf- 1 grund des Vermittlungsverf (BT-Drs 15/420 S. 13) wurde Abs 3 S 2 neu gefasst, in Abs 1 u. 2 wurde jew das Wort „erteilt" durch „ausgestellt" ersetzt, u. in Abs 3 S. 3 wurde nach „Angaben" eingefügt: „und Nachweise".

II. Allgemeines

Das Einreise- u. Aufenthaltsrecht der freizügigkeitsberechtigten Angehörigen von EU- 2 Staaten u. ihrer Familienangehörigen **wurzelt im Gemeinschaftsrecht** u. richtet sich daher hinsichtlich Begründung u. Beendigung insgesamt nicht nach nationalem Recht (dazu schon Hailbronner, ZAR 1984, 176). Die Freizügigkeit ist von keiner AufGen u. keinem AufTit abhängig, ein irgendwie gestaltetes Dokument also nur von deklaratorischer Bedeutung (vgl EuGHE 1976, 497; 1980, 2171). Das Dokument muss einen Hinweis auf die VO/EWG 1612/68 enthalten (Art 4 I RL 73/148/EWG; Art 3, 4 II RL 68/360/EWG). Ein Verstoß gegen die Verpflichtung zur Einholung einer AufGen stellt keine Straftat, sondern nur eine Ordnungswidrigkeit dar (EuGHE 1976, 1185; 1977, 1495). Wird eine Aufenthaltserklärung verlangt, darf die Frist nicht unangemessen kurz (drei Tage) bemessen u. die Nichteinhaltung nicht mit Freiheitsstrafe bedroht sein (EuGH, EZAR 810 Nr 6). Gefordert werden kann die Vorlage eines Passes oder Personalausweises (Art 3 RL 68/360) u. bei Familienangehörigen der Nachweis von Verwandtschaft, Wohnung u. Unterhalt (Art 3 III, 4 I RL 68/360). Ein gültiger Personalausweis genügt auch dann, wenn dieser nicht zur Ausreise aus dem Heimatstaat berechtigt (EuGH, EZAR 811 Nr 13; aA wohl VGH BW, EZAR 106 Nr 11; zur Ungleichbehandlung bei Verstößen gegen die Ausweispflicht in Deutschland vgl EuGH, EZAR 810 Nr 10).

Nunmehr schreibt die Freizüg-RL vereinfachte Verwaltungsformalitäten für Unions- 3 bürger u. deren Angehörige vor (Art 8, 9). Sie sollen nicht nur zur Vereinfachung u. Beschleunigung beitragen, sondern auch deutlich machen, dass Freizügigkeitsberechtigte hinsichtlich Einreise u. Aufenthalt wie Inländer zu behandeln sind, weil sie sich nur hinsichtlich der StAng von diesen unterscheiden u. eben diese nicht zur Diskriminierung führen darf. Die Unionsbürger erhalten eine bloße Anmeldebescheinigung u. ihre freizügigkeitsberechtigten Familienmitglieder eine Aufenthaltskarte. Damit wird in beiden Fällen der besondere Charakter der Bestätigung des Freizügigkeitsrechts ausgedrückt. Unionsbürger müssen sich anmelden u. erhalten hierüber unverzüglich eine Bescheinigung. Ihre Angehörigen erhalten auf Antrag eine Aufenthaltskarte für fünf Jahre. Sowohl die Melde- als auch die Antragsfrist betragen drei Monate. In den ersten drei Monaten sind überhaupt keine Formalitäten zu erfüllen. An diesen Vorgaben sind die Regeln des § 5 ausgerichtet, sie erscheinen aber innerhalb der den Mitgliedstaaten obliegenden Aufgabe der Schaffung geeigneter Verfahrensregeln verbesserungsbedürftig.

III. Formalitäten für Einreise und Aufenthalt

4 Für die **Einreise** darf u. wird von dem Unionsbürger kein Visum verlangt; drittstaatsangehörige Familienangehörige bedürfen dagegen eines Visums nach Maßgabe der EUVisaVO (§ 2 IV). Grundsätzlich besteht Ausweispflicht (§ 8), die Formalitäten bei der Anmeldung sind jedoch im Vergleich mit Drittstaatsangehörigen wesentlich erleichtert (Art 8, 10 Freizüg-RL). Zudem darf der Nichtbesitz von Ausweis u. Visum nicht zur Verweigerung von Einreise u. Aufenthalt führen (§ 2 Rn 19). Der Nachweis des Freizügigkeitsrechts kann letzten Ende in derselben Weise geführt werden wie bei dem Inländer, der nicht darauf beschränkt ist, seine dt StAng mit einem Reisepass, einem Personalausweis oder einem StAng-Ausweis zu belegen. Über die Kontrolle von Pass oder Personalausweis hinausgehende Förmlichkeiten sind unzulässig (Hailbronner, ZAR 2004, 299). Eine systematische Kontrolle der Anmeldebescheinigung ist ebenso gemeinschaftsrechtswidrig (EuGH, Slg 1989, 997 – Belgien) wie das Verlangen, Auskünfte über den Aufenthaltszweck zu geben (EuGH, Slg 1991, I-2637 = EZAR 811 Nr 14 – Niederlande).

5 Die **Anmeldeformalitäten** sind weder für die ersten drei Monate noch für einen längeren Aufenthalt im Einzelnen durch die Freizüg-RL vorgeschrieben. Daher ist die Verteilung der Aufgaben auf Meldebehörden u. AuslBeh grundsätzlich ebenso richtlinienkonform wie die Vergabe zweier unterschiedlicher Dokumente. In mehrfacher Hinsicht sind aber die bisherigen Regeln verbesserungsbedürftig.

6 Eine **Meldung** ist für Unionsbürger nur für Aufenthalte über drei Monate vorgesehen (Art 8 I Freizüg-RL), für Nicht-Unionsbürger muss die Antragsfrist mindestens drei Monate betragen. Ungeachtet dessen gelten die Meldepflichten aufgrund Landesrechts für Freizügigkeitsberechtigte wie für Dt. Grundsätzlich wird dies weder als Diskriminierung noch als unzulässige Behinderung für die Inanspruchnahme der Freizügigkeit angesehen werden können. Bedenken könnten sich aus der geradezu bunten Vielfalt der Melderechte der Bundesländer ergeben, die einen Unionsbürger vor einer Reise durch Deutschland zu diffizilen Erkundigungen über die jew geltenden Fristen u. sonstigen Formalien (wie amtliche Vordrucke, Vermieterbestätigungen ua) zwingt. Auch wenn damit die Freizügigkeit nicht unzulässig behindert wird, wäre eine Vereinheitlichung gerade deshalb angezeigt, weil mit der Meldung das aufr Verf in Gang gesetzt wird: Es ist unzweckmäßig, wenn die aufr Meldepflichten unkoordiniert neben den polizeirechtlichen bestehen u. erfüllt werden sollen.

7 Inhalt der Meldungen u. die dabei zu verlangenden **Nachweise** sind in § 5 nicht genannt. Sie ergeben sich für Unionsbürger u. Nicht-Unionsbürger im Einzelnen unmittelbar aus Art 8 III u. IV u. aus Art 9 II Freizüg-RL. Die Vorlage von Dokumenten darf aber nicht routinemäßig verlangt werden, sondern nur, wenn nach den Glaubhaftmachungen Anlass dazu besteht. Nur Zweifel sollen eine Nachprüfung der Angaben rechtfertigen. Sonst kann die angestrebte Vereinfachung nicht erreicht werden.

8 Die **Ausstellung** der Bescheinigung u. der Aufenthaltskarte erfolgt von Amts wegen (Abs 2). Insoweit wird also nicht darauf abgehoben, dass in Art 9 FreizügRL für drittstaatsangehörige Familienmitglieder von einem Antrag die Rede ist. Die Zuständigkeit soll allem Anschein nach bei der zuständigen AuslBeh liegen (vgl Abs 3 S. 1). Unklar könnte danach sein, ob damit eine zweifache Meldung verlangt wird: beim Meldeamt u. bei der AuslBeh. Dies wäre zweifellos als unzulässige Erschwerung gegenüber Dt anzusehen. Um den danach notwendigen Datentransfer zwischen Melde- u. AuslBeh zu erübrigen u. die unverzügliche Ausstellung der Dokumente zu gewährleisten, könnten auch die Meldeämter für zuständig erklärt werden. Vorteilhaft, wenn nicht geboten wäre eine bundeseinheitliche Regelung.

9 Um Missverständnissen vorzubeugen, wäre es zudem zweckmäßig, für die Bescheinigung ein **Muster** ges u. nicht nur durch VwV (vgl Nr 5.1.3 VAH) vorzuschreiben. Die Bescheinigung muss zumindest Namen, Vornamen u. Anschrift sowie Datum der Anmeldung enthalten (Art 8 II 2 Freizüg-RL). Der Inhalt der Aufenthaltskarte für drittstaatsangehörige Familien-

mitglieder ist durch Art 10 I Freizüg-RL vorgegeben: „Aufenthaltskarte für Familienangehörige eines Unionsbürgers". Die Geltungsdauer der Bescheinigung kann offen bleiben oder einem vorgesehenen begrenzten Aufenthaltszweck entsprechend befristet werden. Die Aufenthaltskarte gilt fünf Jahre oder wird ebenfalls entsprechend befristet (Art 11 Ii Freizüg-RL).

IV. Überprüfungen

Ungeachtet dieser formellen Vereinfachungen ist zu berücksichtigen, dass aus materiellen 10 Gründen das Freizügigkeitsrecht entweder nicht zum Entstehen gelangen oder enden kann. So können die Voraussetzungen des § 2 I entfallen oder die entgegenstehenden Gründe der öffentlichen Sicherheit u. Ordnung iSd § 6 von Anfang an vorliegen oder während des Aufenthalts eintreten. Aus diesem Grunde erscheint es angezeigt, für entsprechende **Überprüfungen** eine Aktengrundlage zu schaffen. Es sind also Akten bei der AuslBeh anzulegen für den Fall, dass der Anmeldende kein Freizügigkeitsrecht besitzt oder es verliert u. damit dem AufenthG unterfällt.

Routinemäßige Überprüfungen finden nicht statt. Ein **besonderer Anlass** iSd Abs 4 11 kann bestehen, wenn es zB Hinweise auf einen nicht beanstandungsfreien früheren Aufenthalt gibt. Aufgrund einer dann gerechtfertigten AZR-Abfrage können sich Anhaltspunkte für Ausweisungsgründe oder Aufenthaltssperren ergeben. Bei Angehörigen neuer Mitgliedstaaten können Bedenken auftreten, ob sich der Aufenthalt in den zugelassenen Bereichen hält oder Verstöße gegen die Übergangsregelungen vorliegen. Nachprüfungen können also nicht nur beim Fortfall von Freizügigkeitsvoraussetzungen veranlasst sein, sondern schon bei der Anmeldung.

Das **Ergebnis** der Überprüfungen kann darin bestehen, dass das Nichtentstehen oder der 12 Verlust des Freizügigkeitsrechts nach Maßgabe von § 6 festgestellt werden. Dann sind die dort genannten materiellen u. formellen Voraussetzungen einzuhalten. Kann dagegen ein Freizügigkeitsrecht iSd § 2 I von Anfang nicht festgestellt werden, ist die Ausstellung der Bescheinigung oder der Aufenthaltskarte abzulehnen. Bei späterem Fortfall entbehren beide Dokumente der Grundlage. Da beide nur deklaratorisch wirken, sind sie einzuziehen, um ihren Rechtsschein zu beseitigen. Ob ihnen Regelungscharakter iSd § 35 VwVfG zukommt, erscheint nicht sicher (vgl auch Rn 13, § 6 Rn 15 u. § 7). Daher ist auch nicht sicher, ob die AE-EU des Nicht-Unionsbürgers zu widerrufen ist, wie es Abs 5 vorsieht.

V. Rechtsschutz

Sowohl bei der Aufenthaltsbescheinigung als auch bei der AE-EU (künftig Aufenthalts- 13 karte) handelt es sich um eine Bestätigung u. damit um einen feststellenden VA. Eine Regelung iSd § 35 VwVfG enthält vor allem die Versagung eines der beiden Dokumente. Daher sind dagegen die Rechtsbehelfe des Widerspruchs u. der **Klage** zulässig, u. zwar gerichtet auf die **Verpflichtung** zur Ausstellung (nicht: Erteilung) des abgelehnten Dokuments (§§ 42 II, 68 VwGO). Entsteht in anderem Zusammenhang Streit über die Freizügigkeitsberechtigung (zB im Sozialrecht), dann ist diese Frage inzidenter zu klären.

§ 6 Verlust des Rechts auf Einreise und Aufenthalt

(1) ¹Der Verlust des Rechts nach § 2 Abs. 1 kann unbeschadet des § 5 Abs. 5 nur aus Gründen der öffentlichen Ordnung, Sicherheit oder Gesundheit (Artikel 39 Abs. 3, Artikel 46 Abs. 1 des Vertrages über die Europäische Gemeinschaft) festgestellt und die Bescheinigung über das gemeinschaftsrechtliche Aufenthaltsrecht eingezogen und die Aufenthaltserlaubnis-EU widerrufen werden. ²Aus den in Satz 1 genannten Gründen kann auch die Einreise verweigert werden.

(2) ¹Die Tatsache einer strafrechtlichen Verurteilung genügt für sich allein nicht, um die in Absatz 1 genannten Entscheidungen oder Maßnahmen zu begründen. ²Es dürfen nur im Bundeszentralregister noch nicht getilgte strafrechtliche Verurteilungen und diese nur insoweit berücksichtigt werden, als die ihnen zu Grunde liegenden Umstände ein persönliches Verhalten erkennen lassen, das eine gegenwärtige Gefährdung der öffentlichen Ordnung darstellt. ³Es muss eine tatsächliche und hinreichend schwere Gefährdung vorliegen, die ein Grundinteresse der Gesellschaft berührt.

(3) Der Verlust des Rechts auf Einreise und Aufenthalt kann nach ständigem rechtmäßigen Aufenthalt im Bundesgebiet von mehr als fünf Jahren Dauer nur noch aus besonders schwer wiegenden Gründen festgestellt werden.

(4) Die in den Absätzen 1 und 3 genannten Entscheidungen oder Maßnahmen dürfen nicht zu wirtschaftlichen Zwecken getroffen werden.

(5) Wird der Pass, Personalausweis oder sonstige Passersatz ungültig, so kann dies die Aufenthaltsbeendigung nicht begründen.

(6) ¹Vor der Feststellung nach Absatz 1 soll der Betroffene persönlich angehört werden. ²Die Feststellung bedarf der Schriftform.

Vorläufige Anwendungshinweise

6 Zu § 6 Verlust des Rechts auf Einreise und Aufenthalt

6.1.1 Die Freizügigkeit von Unionsbürgern und deren Familienangehörigen kann – neben der Beendigungsmöglichkeit nach § 5 Abs. 5 in den ersten fünf Jahren des Aufenthalts – nur aus Gründen der öffentlichen Ordnung, Sicherheit oder Gesundheit im Sinne des Artikel 39 Abs. 3 und Artikel 46 Abs. 1 des EGV beschränkt werden (auch Art. 27 ff FreizügRL). Im Unterschied zum früheren Recht (§ 12 Abs. 1 Satz 1 Aufenthaltsgesetz/EWG verweist auf die aufenthaltsbeschränkende Maßnahme der Ausweisung) ist die Ausweisung als Instrument des allgemeinen Ausländerrechts nicht auf Unionsbürger und deren Familienangehörige anwendbar, da § 6 eine abschließende Regelung enthält.

6.1.2 Satz 2 stellt klar, dass diese Gründe auch bereits zur Verweigerung der Einreise führen können.

6.2.1 Absatz 2 konkretisiert die gemeinschaftsrechtlichen, durch die Rechtsprechung des EuGH ausgeformten Vorgaben zur Aufenthaltsbeschränkung nach einer strafrechtlichen Verurteilung. Danach muss der Verstoß gegen die öffentliche Ordnung eine tatsächliche und hinreichend schwere Gefährdung darstellen, die ein Grundinteresse der Gesellschaft berührt. Ein solcher Verstoß wird auch durch wiederholte Begehung von Ordnungswidrigkeiten oder durch wiederholte Begehung leichter Kriminalität nicht zu bejahen sein. Selbst bei mittelschwerer oder schwerer Delinquenz genügt allein die Tatsache einer strafrechtlichen Verurteilung nicht, um freizügigkeitsbeschränkende Maßnahmen zu begründen (vgl. Artikel 3 Absatz 2 RL Nr. 64/221/EWG, § 12 Abs. 4 Aufenthaltsgesetz/EWG). Art. 27, 28 FreizügRL geben diese vom EuGH präzisierten Vorgaben wieder.

6.2.2 Rückschlüsse dürfen insofern nur aus den noch nicht getilgten Eintragungen zu strafrechtlichen Verurteilungen im Bundeszentralregister gezogen werden. § 6 soll damit – besser als der bisherige § 12 Aufenthaltsgesetz/EWG – verdeutlichen, dass nicht jede frühere strafrechtliche Verurteilung zum Anlass für eine Aufenthaltsbeendigung genommen werden kann. Tatbestände, die bei Drittausländern die zwingende Ausweisung bzw. die Regelausweisung zur Folge haben, dürfen bei Unionsbürgern nicht zur quasi-automatischen Ausweisung ohne gründliche Gefahrenprognose führen. Die Gefahrenprognose ist zu begründen. Die Entscheidung des Strafgerichts zur Strafaussetzung zur Bewährung ist auch für die Gefahrenprognose der Ausländerbehörde verbindlich.

6.2.3 Bei der Entscheidung über den Verlust des Aufenthaltsrechts sind darüber hinaus die Dauer des rechtmäßigen Aufenthaltes, der Grad der Integration in Deutschland sowie die familiären und sonstigen sozialen Bindungen im Herkunftsstaat zu berücksichtigen. Art. 28 Abs. 1 FreizügRL nennt als zu berücksichtigende Faktoren konkretisierend Alter, Gesundheitszustand, familiäre und wirtschaftliche Lage im Aufnahmestaat.

6.3 Nach ständigem rechtmäßigen Aufenthalt von mehr als fünf Jahren sind freizügigkeitsbeschränkende Maßnahmen nur aus besonders schwerwiegenden Gründen der öffentlichen Ordnung und Sicherheit zulässig (zu den möglichen Abwesenheitsgründen, die die Kontinuität des Aufenthalts nicht unterbrechen, siehe 2.5.5). Wie bisher bereits in § 12 Abs. 1 Satz 2 Aufenthaltsgesetz/EWG wird hier ein besonders verfestigter Aufenthaltsstatus für langfristig in Deutschland aufhältige freizügigkeitsberechtig-

te Unionsbürger und ihre Familienangehörigen gewährt, denen ein besonderer Schutz zuteil wird. Dieser geht zunächst noch über die gemeinschaftsrechtlichen Vorgaben hinaus; Art. 28 Abs. 2 FreizügRL sieht diesen Schutz nun ebenfalls vor. Im Unterschied zum bisherigen § 12 Abs. 1 Satz 2 Aufenthaltsgesetz/EWG („aus schwerwiegenden Gründen") sind freizügigkeitsbeschränkende Maßnahmen nur noch aus „besonders schwerwiegenden Gründen" zulässig, die Anforderungen sind also noch enger gefasst als bisher.
6.3.1 In welchen Fällen ein „besonders schwerwiegender Grund" vorliegt, ist im Einzelfall unter Berücksichtigung der zuvor dargestellten Kriterien zu entscheiden.
6.3.2 Erfolgt die Feststellung des Verlustes des Freizügigkeitsrechts zu Recht, wird weder die anteilige Dauer des zunächst rechtmäßigen Aufenthalts noch die anschließende Dauer des ausländerbehördlichen bzw. verwaltungsgerichtlichen Verfahrens bei einer erneuten Einreise nach Ablauf der Wiedereinreisesperre gemäß § 7 Abs. 2 Satz 2 berücksichtigt.
6.4 Absatz 4 greift – inhaltlich unverändert gegenüber dem bisherigen § 12 Abs. 2 Aufenthaltsgesetz/ EWG – die Vorgabe des Artikel 2 Abs. 2 RL Nr. 64/221/EWG (Art. 27 Abs. 1 S. 2 FreizügRL) auf und untersagt die Beschränkung der Freizügigkeit zu wirtschaftlichen Zwecken, wie z. B. zum Schutz einheimischer Unternehmer oder des einheimischen Arbeitsmarktes.
6.5 Absatz 5 entspricht Artikel 3 Abs. 3 RL Nr. 64/221/EWG und tritt an die Stelle des – inhaltsgleichen – § 12 Abs. 5 Aufenthaltsgesetz/EWG. Die FreizügRL enthält diese Bestimmung nicht mehr ausdrücklich. Dass der Grundsatz weiter gilt, ergibt sich jedoch mittelbar aus den hohen Hürden, die das Gemeinschaftsrecht für eine Ausweisung aufstellt.
6.6 Artikel 8 der RL Nr. 64/221/EWG verweist hinsichtlich der Rechtsbehelfe auf das nationale Recht. Absatz 6 soll diesem Erfordernis Rechnung tragen. Die Anhörung richtet sich nach § 28 VwVfG.
6.7 Ergänzende Anmerkung: Die durch Verweisungen im bisherigen 12 Abs. 1 Satz 1 Aufenthaltsgesetz/EWG eröffnete Möglichkeit zur zeitlichen und räumlichen Beschränkung sowie zur Anordnung von Bedingungen und Auflagen, gegen die schon seit längerem erhebliche gemeinschaftsrechtliche Bedenken bestanden, ist mit der Revision des Aufenthaltsrechts der Unionsbürger weggefallen.

Übersicht

	Rn
I. Entstehungsgeschichte	1
II. Allgemeines	2
III. Verlustgründe	3
IV. Verfahren und Rechtsschutz	14

I. Entstehungsgeschichte

Die Vorschrift entspricht dem **GesEntw** (BT-Drs 15/420 S. 38). 1

II. Allgemeines

Die Vorschrift beschreibt die Gründe für die Beendigung des Freizügigkeitsrechts, die zur 2 Verweigerung der Einreise u. zur Beendigung des Aufenthalts führen. Mit der Bezugnahme auf Art 19 III u. 46 I EG wird klargestellt, dass weder sekundäres Gemeinschaftsrecht noch gar nationales Recht die Freizügigkeit beenden können. Mit den weiteren Bestimmungen werden die wichtigsten materiellen u. formellen **EU-Regeln wiedergegeben,** die sich aus der Freizüg-RL u. der Rspr des EuGH ergeben. Deren Eigenart ist in § 11 zB dadurch berücksichtigt, dass die Ausweisungsvorschriften der §§ 53 ff AufenthG auf Freizügigkeitsberechtigte nicht angewandt werden. Ob aber zB die Einreise- u. Aufenthaltssperre nach § 11 II für diesen Personenkreis gelten kann u. was eine „entsprechende Anwendung" im Blick auf die alleinige Geltung von materiellem EU-Recht bedeuten kann, lässt weder § 6 noch § 11 erkennen.

III. Verlustgründe

3   Die **Begriffe** der öffentl Ordnung, Sicherheit u. Gesundheit sind gemeinschaftsrechtlicher Natur u. deswegen eigenständig auszulegen. Die wichtigsten **Grundsätze** sind in Abs 2 zusammengefasst (vgl auch Art 27 Freizüg-RL; zu Einzelheiten mwN der Rspr des EuGH vgl Hailbronner, ZAR 2004, 299; Renner, AiD Rn 5/130–157). Es muss eine tatsächliche u. hinreichend schwere Gefährdung vorliegen, die ein Grundinteresse der Gesellschaft berührt. Wirtschaftliche Erwägungen dürfen nicht angestellt werden, u. strafrechtliche Verurteilungen allein genügen nicht. Ausreichend sind vielmehr nur Gründe für eine gegenwärtige Gefährdung, die auf einem persönlichen Verhalten beruht. Deshalb ist zB eine generalpräventiv begründete Ausweisung unzulässig (EuGH, Slg 1975, 297 – Bonsignore). Bei alledem ist Freizügigkeit im Blick auf die Unionsbürgerschaft als den grundlegende Status (vgl EuGH, EZAR 810 Nr 13 – Collins) weit auszulegen (EuGH, Slg 1991, I-745 – Antonissen; EuGH, Slg 1997, I-1035 = EZAR 810 Nr 8 – Belgien) u. die Ausnahmen hiervon entsprechend eng (EuGH, Slg 2000, I-9265 = EZAR 822 Nr 8 – Yiadom).

4   Dabei ist es unerheblich, in welchen verfahrensrechtlichen **Formen** die „Bedingungen" u. „Beschränkungen" iSd Art 18 I EG, der „Vorbehalt" iSd Art 39 II EG u. die „Sonderregelungen" iSd Art 46 I EG (auch iVm § 55 EG) verwirklicht werden. In Betracht kommen vor allem Zurückweisung, Versagung eines AufR, Ausweisung u. Abschiebung sowie nachträgliche Befristungen u. Aufenthaltsverbote- oder sperren.

5   Der **EuGH** hat dazu in jüngster Zeit in drei Entscheidungen weitere Grundsätze aufgestellt, die einen tieferen Einblick in die Strukturen der zulässigen Beschränkungsmaßnahmen erlauben u. über die Grundsätze des Abs 2 hinaus zu beachten sind. Ein Mitgliedstaat darf den Aufenthalt eines Unionsbürgers auf einen Teil seines Staatsgebiets beschränken, wenn Gründe der öffentl Ordnung oder Sicherheit aufgrund des individuellen Verhaltens dies rechtfertigen, für eigene Staatsangehörige entsprechende repressive Maßnahmen vorgesehen sind u. sonst nur ein Aufenthaltsverbot oder das Verlassen des Mitgliedstaats in Betracht kämen (EuGH, EZAR 810 Nr 12 – Olazabal). Unzulässig ist danach die Ausweisung auf Lebenszeit nach einer Verurteilung wegen der Beschaffung von ausschließlich zum Eigenverbrauch bestimmten Betäubungsmitteln (EuGH, EZAR 810 Nr 11 – Calfa). Eine Ausweisung darf nicht allein wegen der rechtskräftigen Bestrafung wegen eines vorsätzlichen Betäubungsmitteldelikts zwingend vorgeschrieben werden, u. nach der Verurteilung eingetretene Tatsachen müssen ebenso berücksichtigt werden wie familiäre Bindungen (EuGH, EZAR 810 Nr 14 – Orfanopoulos und Oliveri; dazu Anm Renner, ZAR 2004, 195).

6   Mit diesen Entscheidungen wird bekräftigt, dass Beschränkungen u. Beendigung des Aufenthalts nur zur Abwehr erheblicher Störungen der öffentl Ordnung oder Sicherheit zugelassen sind, die aktuell von dem Unionsbürger selbst ausgehen. Nur eine derart aktuelle, konkrete u. auf die Einzelperson bezogene **Gefährdungsprognose** kann eine Grundlage für Beschränkungen u. die Beendigung des Freizügigkeitsrechts bilden. Der Rückgriff auf Verurteilungen in bestimmter Höhe u. wegen bestimmter Delikte ist deshalb unzureichend, weil bei einem System wie der Ist- oder Regel-Ausweisung nicht das aktuelle persönliche Gefährdungspotential ausschlaggebend ist, sondern die unwiderlegbar nach allg Annahmen u. Erfahrungen vermutete Gefährdung aufgrund eines pauschal als gravierend eingestuften Verhaltens in der Vergangenheit. Die Übernahme der Gefahrenprognose durch den dt Gesetzgeber in den Fällen der §§ 53, 54 AufenthG ist für Drittstaatsangehörige gesetztechnisch vertretbar, auch wenn die AuslBeh damit ausgeschaltet wird. Sie verhindert aber eine zeit- u. wirklichkeitsnahe Einschätzung der Gefährdung, auf die allein eine Beendigung der Freizügigkeit bei Unionsbürgern u. ihren Familien gestützt werden darf.

7   Darüber hinaus ist das dt Ausweisungssystem (nach §§ 45 ff AuslG u. §§ 53 ff AufenthG) mit den dargestellten europarechtlichen Grundsätzen deshalb nicht zu vereinbaren, weil es

der AuslBeh ausnahmslos verwehrt ist, vor der Ausweisung eine **Interessen- u. Güterabwägung** vorzunehmen. Die AuslBeh ist nämlich nicht nur daran gehindert, die für die Prognoseerstellung erheblichen zwischenzeitlichen Sachverhaltsänderungen zu berücksichtigen, sondern sie darf gegenüber dem ges unwiderleglich dekretierten öffentl Interesse an der Aufenthaltsbeendigung keinerlei privaten Interessen des Betroffenen ins Spiel bringen. Die persönlichen Verhältnisse des Betroffenen finden zT Eingang in die Prognose, weil hierfür nicht nur Art, Schwere u. Wahrscheinlichkeit des Gefahreneintritts maßgeblich sind, sondern auch die persönlichen Eigenschaften, Neigungen u. Sozialisationsbedingungen. Die für den Betroffenen u. seine Familie aus der Aufenthaltsbeendigung folgenden Nachteile u. Beeinträchtigungen in ideeller u. materieller Hinsicht bleiben jedoch außer Acht. Damit kann die Verhältnismäßigkeit der Mittel nicht beachtet, u. es können Grundrechte u. Menschenrechte (vor allem Art 8 EMRK) sowie andere schutzwerte Güter u. Beziehungen nicht berücksichtigt werden. Diese rigorose Beschneidung individueller Interessen im Zusammenhang mit dem fundamentalen Status des Unionsbürgers aus Art 18 EG ist nicht vertragskonform.

Dagegen fordert das EU-Recht nicht das Institut der **Ermessensausweisung.** Soweit **8** sich der EuGH in dem Urteil Orfanopoulos u. Oliveri (Rn 5) mit der Ermessensausweisung nach dt Recht auseinandersetzt, geschieht dies nicht, weil das Europarecht eine solche zwingend fordert. Keine der hier einschlägigen Normen u. auch keine andere Entscheidung des EuGH deuten auf das Ermessen als eine europarechtlich zwingende Einrichtung hin. Der EuGH musste sich mit der Ermessensausweisung beschäftigen, weil das dt System, wenn denn Ist- u. Regelausweisung nicht auf Unionsbürger anwendbar sind, als Alternative nur die Ermessensausweisung bietet. Dabei soll nicht eine gewisse Verwunderung darüber verschwiegen werden, dass es dem vorlegenden VG u. der BReg offenbar nicht gelungen ist, dem EuGH die Struktur des dt Ausweisungsrechts verständlich zu machen; sonst wäre der EuGH nicht an mehreren Stellen zu Mutmaßungen über dessen Inhalt u. zu alternativen Lösungen gezwungen gewesen. Entscheidend aber ist: Der EuGH hat nicht die fehlenden Ermessensspielräume der Verwaltung vermisst, sondern die Unmöglichkeit der Berücksichtigung von zwischenzeitlichen Sachlagenänderungen u. von privaten, insb familiären Umständen u. Bindungen. Dies aber sind Elemente der Güterabwägung u. nicht eines darüber hinausgehenden u. sich anschließenden Handlungsermessens.

Wenn das BVerwG demgegenüber die Auffassung vertritt, der EuGH habe als Grundlage **9** für eine EU-Ausweisung eine Ermessensentscheidung gefordert (BVerwG, EZAR 034 Nr 17), so beruht dies evtl auf einem **Missverständnis.** Die Berücksichtigung der Grundrechte u. der Verhältnismäßigkeit schließt die Beachtung von Art 8 EMRK ein u. ist nicht in das Ermessen der Verwaltung gestellt, sondern gehört zu dem rechtlich gebundenen u. gerichtlich kontrollierbaren Abwägungsvorgang (vgl EuGH, Slg 2002, I-6279 = EZAR 812 Nr 19 – Carpenter; EGMR, EZAR 935 Nr 11 – Boultif). Ebenso verhält es sich nach § 55 AufenthG, der die notwendigen Kriterien für die Interessenabwägung nennt u. deren Berücksichtigung nicht dem Ermessen der Verwaltung anheimstellt. Der Begriff der „Berücksichtigung" kennzeichnet die nur relative Bedeutung der genannten Werte u. Interessen. Dies bedeutet aber nicht, dass die Verwaltung diese u. die Grundrechte frei nach Ermessen beachten kann. Der Begriff verdeutlicht nur die Notwendigkeit der Abwägung widerstreitender Rechte, Werte, Belange u. Interessen mit der Folge, dass notwendigerweise einige von ihnen zurückzustehen haben u. nur teilweise oder überhaupt nicht durchdringen können.

Die Einräumung eines Wertungs- oder Handlungsermessens widerspräche der **Kon- 10 struktion der Freizügigkeit.** Weder das Entstehen noch die Beendigung des Freizügigkeitsrechts hängen von einer Verwaltungsentscheidung ab, sie ergeben sich vielmehr aus dem Vertrag. Beginn u. Ende der Freizügigkeit können nur deklaratorisch festgestellt werden. Ob der weitere Aufenthalt trotz einer gewissen Gefährdungen der öffentl Ordnung u. Sicherheit bei Abwägung der widerstreitenden Rechte u. Interessen (noch) hinzunehmen ist, kann nur bejaht oder verneint werden. Tertium non datur. Weder den Mitgliedstaaten noch ihren Regierungen oder Verwaltungen ist insoweit eine Dispositionsbefugnis eingeräumt. Wenn in den Normen in diesem Zusammenhang die Begriffe „Dürfen" u. „Können" verwandt werden, bedeutet dies so viel wie in den Entscheidungen des EuGH die Formulierung: „Art 39 EG steht nicht entgegen, wenn". Den Mitgliedstaaten steht es allerdings frei, Unionsbürgern, die nicht oder nicht mehr freizügigkeitsberechtigt sind, ein AufR nach ihren eigenen Vorschriften zu gewähren. Dann sind diese Personen aber im Verhältnis zu den anderen Mitgliedstaaten als Drittstaatsangehörige zu behandeln.

11   Aus welchen tatsächlichen **Gründen** im Einzelnen das Freizügigkeitsrecht aufgrund einer Gefährdung der öffentl Sicherheit, Ordnung oder Gesundheit nicht entsteht oder endet, entzieht sich aber sonst einer festen Kategorisierung u. lässt sich anhand der Rspr zT nur annähernd an Fallgruppen feststellen (vgl Hailbronner, ZAR 2004, 299; Renner, AiD Rn 5/130–157). Bloße Regelwidrigkeiten scheiden von vornherein aus. Fehlen oder Ungültigkeit des Passes oder Personalausweises (Abs 5) reichen hierfür ebenso wenig (EuGH, Slg 2002, I-6591 = EZAR 814 Nr 8 – MRAX) wie die „nicht unangemessene" Inanspruchnahme von Sozialhilfeleistungen (vgl Art 14 II Freizüg-RL).

12   Für die Frage, ob von einem Unionsbürger eine **relevante Gefährdung** ausgeht, ist auch danach zu fragen, in welcher Weise der Aufenthaltsmitgliedstaat in Fällen dieser Art gegen eigene StAng vorgeht. Gehen seine repressiven Maßnahmen nicht über Geldstrafen oder Freiheitsstrafen auf Bewährung hinaus, ist damit belegt, dass es insoweit nicht ein wichtiges Gemeinschaftsgut zu schützen gilt. Daher genügt grundsätzlich eine Verurteilung zu einer zur Bewährung ausgesetzten Freiheitsstrafe nicht für die Prognose einer hinreichend schweren Gefährdung. Wenn einerseits öffentl Interessen nicht gegen die Erprobung eines Lebens in Freiheit sprechen, kann andererseits nicht festgestellt werden, dass dies die öffentl Ordnung hinreichend schwer gefährdet.

13   Nach fünf Jahren rechtmäßigem Aufenthalt tritt eine **Verfestigung** ein, die künftig als Daueraufenthaltsrecht ausgestaltet ist (vgl Art 16 ff Freizüg-RL), die sich aber auch schon jetzt auswirkt. Nach fünf Jahren brauchen die Voraussetzungen des § 2 I nicht mehr vorzuliegen (§ 2 II), während zuvor die Beendigung noch festgestellt werden kann (§ 5 V). Schließlich geht das Freizügigkeitsrecht nach Ablauf von fünf Jahren nur verloren, wenn **schwerwiegende** Gründe der öffentl Sicherheit oder Ordnung vorliegen (Abs 3; Art 28 II Freizüg-RL). Nur **zwingende** Gründe können eine Beendigung rechtfertigen nach zehn Jahren Aufenthalt oder bei Minderjährigen, es sei denn, das Kindeswohl verlangt die Ausweisung (Art 28 III Freizüg-RL). Diese weitere Verfestigung ist mit Abs 3 noch nicht berücksichtigt (so auch Hailbronner, ZAR 2004, 299).

IV. Verfahren und Rechtsschutz

14   Das Nichtbestehen u. der Fortfall der Freizügigkeit sind von der AuslBeh **festzustellen**. Bescheinigung u. AE-EU verlieren damit ihre materielle Grundlage in dem Sinne, dass sie unrichtig werden. Sie sind daher einzuziehen, damit nicht ein unrichtiger Rechtsschein erweckt werden kann. Die AE-EU ist nicht anders zu behandeln als die Bescheinigung. Ihre Bezeichnung als AE verschleiert ihre rein deklaratorische Funktion. Die demnächst an ihre Stelle tretende Aufenthaltskarte steht hinsichtlich der Beendigung des AufR der Bescheinigung gleich.

15   Die deklaratorische Feststellung der Beendigung des Freizügigkeitsstatus stellt einen VA iSd § 35 VwVfG dar. Daher kann sie mit Widerspruch u. Klage **angefochten** werden (§§ 42 I, 68 VwGO). Mindestens einer dieser Rechtsbehelfe müssen eine vollständige Überprüfung (nicht nur der Recht-, sondern auch der Zweckmäßigkeit) ermöglichen (Art 9 RL 64/221/EWG; EuGH, EZAR 810 Nr 14 – Orfanopoulos und Oliveri; EuGH, EZAR NF 19 Nr 9 – Dörr und Ünal).

§ 7 Ausreisepflicht

(1) ¹Unionsbürger sind ausreisepflichtig, wenn die Ausländerbehörde unanfechtbar festgestellt hat, dass das Recht auf Einreise und Aufenthalt nicht besteht. ²Familienangehörige, die nicht Unionsbürger sind, sind ausreisepflichtig, wenn die Ausländerbehörde die Aufenthaltserlaubnis-EU unanfechtbar widerrufen oder zurückgenommen hat. ³In dem Bescheid soll die Abschiebung angedroht und eine Ausreisefrist gesetzt werden. ⁴Außer in dringenden Fällen muss die Frist, falls eine Aufenthaltserlaubnis-EU oder eine Bescheinigung über das gemeinschaftsrechtliche Aufenthaltsrecht noch nicht ausgestellt ist, mindestens 15 Tage, in den übrigen Fällen mindestens einen Monat betragen.

(2) ¹Unionsbürger und ihre Familienangehörigen, die ihr Freizügigkeitsrecht nach § 6 Abs. 1 oder Abs. 3 verloren haben, dürfen nicht erneut in das Bundesgebiet einreisen und sich darin aufhalten. ²Das Verbot nach Satz 1 wird befristet. ³Die Frist beginnt mit der Ausreise.

Vorläufige Anwendungshinweise

7 Zu § 7 Ausreisepflicht

7.1.1 Absatz 1 legt die Voraussetzungen der Ausreisepflicht für Unionsbürger und Familienangehörige fest. Bisher richtete sich die Ausreisepflicht nach § 42 Ausländergesetz. Bei Unionsbürgern wird die Ausreisepflicht an die unanfechtbare Feststellung des Wegfalls bzw. des Fehlens der Freizügigkeitsberechtigung durch feststellenden Verwaltungsakt geknüpft, bei Familienangehörigen, die nicht Unionsbürger sind, an den unanfechtbaren Widerruf einer rechtmäßig erteilten oder die unanfechtbare Rücknahme einer (rechtswidrig erteilten) Aufenthaltserlaubnis-EU durch die Ausländerbehörde.
7.1.2 Über die Verweisung des § 11 Abs. 1 auf § 50 Abs. 3 bis 7 sind folgende Regelungen über die Ausreisepflicht aus dem Aufenthaltsgesetz anwendbar:
– Abs. 3: Unterbrechung der Ausreisepflicht
– Abs. 4: Erfüllung der Ausreisepflicht durch Einreise in einen anderen EU-Staat
– Abs. 5: Anzeigepflicht bei Wohnungswechsel oder Verlassen des Bezirks der Ausländerbehörde
– Abs. 6: Verwahrung des Passes oder Passersatzes
– Abs. 7: Ausschreibung zur Aufenthaltsermittlung oder Festnahme
7.1.3 Die Durchsetzung der Ausreisepflicht (Aufenthaltsbeendigung) richtet sich nach dem AufenthG, soweit das FreizügG/EU keine abweichenden Regelungen enthält (§ 11 Abs. 2 FreizügG/EU). Sonderregelungen trifft § 7 Abs. 1 S. 3 u. 4: Die Abschiebung soll im Bescheid angedroht und eine Ausreisefrist festgelegt werden. Außer in dringenden Fällen soll die Ausreisefrist mindestens 15 Tage betragen, wenn die Bescheinigung bzw. die Aufenthaltserlaubnis-EU noch nicht ausgestellt worden ist, in den übrigen Fällen mindestens einen Monat. Im Übrigen gelten die Vorschriften über die Durchsetzung der Ausreisepflicht in Kapitel 5 Abschnitt 2 des AufenthG (§ 57 ff AufenthG).

7.2 Wiedereinreisesperre

7.2.1 Zu beachten ist, dass das Wiedereinreiseverbot nach Absatz 2 nur in den Fällen des § 6 eintritt, nicht dagegen im Fall des § 5 Abs. 5.
7.2.2 Gemeinschaftsrechtliche Bedenken gegen eine stets von Amts wegen befristende Wiedereinreisesperre bestehen nicht. Die FreizügRL geht in Art. 32 von der Zulässigkeit eines Aufenthaltsverbots aus. Der EuGH hat lediglich deutlich gemacht, dass eine lebenslängliche, unwiderrufliche und nicht befristbare gesetzliche Wiedereinreisesperre mit dem Gemeinschaftsrecht unvereinbar wäre. Bei langfristig fortbestehender Rückfall- bzw. Gefährdungsprognose ist weiterhin ein langfristiger Ausschluss der Wiedereinreise möglich. In diesem Zusammenhang wird auf die Rechtsprechung des Bundesverwaltungsgerichts verwiesen. Danach muss bei der Entscheidung über den Antrag auf Befristung der Wirkungen der Ausweisung und bei der Bemessung der Dauer der Frist kraft Anwendungsvorrangs des Gemeinschaftsrechts geprüft werden, ob die Gründe, die die Einschränkung der Freizügigkeit gerechtfertigt haben, noch fortbestehen oder zwischenzeitlich entfallen sind. Nach Art. 32 FreizügRL hat der Betroffene nach einem den Umständen entsprechenden Zeitraum, spätestens nach drei Jahren, einen Anspruch darauf, dass die Einreisesperre auf seinen Antrag hin überprüft wird.
7.2.3 Die Frist beginnt grundsätzlich mit der Ausreise. Dies schließt jedoch nicht aus, dass im Einzelfall bei Berücksichtigung der Rechtsprechung des BVerwG (Urteil vom 7. Dezember 1999, BVerwGE

110, 140–151) die Wiedereinreise nach Wegfall der die Einschränkung rechtfertigenden Gründe ohne weitere Voraussetzungen, wie beispielsweise einer vorherigen Ausreise, zu gestatten ist.

I. Entstehungsgeschichte

1   Die Vorschrift entspricht im Wesentlichen dem **GesEntw** (BT-Drs 15/420 S. 39). Aufgrund des Vermittlungsverf (BT-Drs 15/3479 S. 13) wurde nur in Abs 4 das Wort „erteilt" durch „ausgestellt" ersetzt.

II. Ausreisepflicht, Ausreisefrist und Abschiebungsandrohung

2   Die **Ausreisepflicht** setzt bei Unionsbürgern u. ihren Familienangehörigen erst mit Bestandskraft der Feststellung der Beendigung der Freizügigkeit ein. Die in Abs 1 getroffene Unterscheidung zwischen Unionsbürgern u. ihrer Familie lässt sich ebenso wenig halten wie im Rahmen von § 6 (dazu § 6 Rn 14). In beiden Fällen ist ein feststellender VA über die Beendigung zu treffen. Ergänzend gelten § 50 III bis VII AufenthG (§ 11 I). Es soll eine **Ausreisefrist** gesetzt werden, die mindestens 15 Tage betragen muss, nach Ausstellung der Bescheinigung oder der AE-EU mindestens einen Monat. Diese Frist kann auch während einer Haft gesetzt werden, weil auch unter den besonderen Umständen der Haft die Ausreise selbst organisiert werden kann (dazu § 50 AufenthG Rn 10 f; VGH BW, EZAR 044 Nr 1). Die **Abschiebung** soll angedroht werden. Der weitere Aufenthalt während des Verf ist grundsätzlich gesichert (Art 31 Freizüg-RL; Hailbronner, ZAR 2004, 299).

III. Einreise- und Aufenthaltssperre

3   Die **Sperrwirkung** von Ausweisung u. Abschiebung (§ 11 I AufenthG) ist auf Freizügigkeitsberechtigte nicht anwendbar (vgl § 11 I). Die Feststellung des Verlusts des Freizügigkeitsrechts hat aber ähnliche Folgen. Den Betroffenen sind Einreise u. Aufenthalt verwehrt, diese Wirkung ist aber von Amts wegen zu befristen. Damit wird die Freizügigkeit nach Ablauf der Frist wieder hergestellt, ohne dass es eines Befristungsverfahrens wie nach § 11 I AufenthG bedarf. Das Freizügigkeitsrecht wird damit für eine bestimmte Zeit ausgesetzt. Die Frist ist nach der voraussichtlichen Dauer der Gefährdung zu bemessen. Andere als Gefährdungskriterien dürfen bei dieser Prognose nicht verwandt werden.

4   Die **Frist** ist, wenn dies aufgrund einer Veränderung der Prognosegrundlagen gerechtfertigt ist, auf Antrag oder von Amts wegen zu **verkürzen.** Dies ist zwar nicht ausdrücklich bestimmt, ergibt sich aber aus der Zulässigkeit des Wiederaufgreifens (§ 51 VwVfG), vor allem aber aus dem Zweck des EU-Einreise- u. Aufenthaltsverbots. Dessen Berechtigung entfällt mit dem Ende der Gefährdung. Wenn also eine erneute aktuelle Prognose keine hinreichende Gefährdung mehr ergibt, ist die Frist auf Null zu verkürzen. Die Veränderung der Prognose kann sich aus einer wider Erwarten raschen Resozialisierung oder aus dem Hinzutreten neuer Tatsachen ergeben, die eine günstigere Prognose rechtfertigen, wie zB Eheschließung, Ausbildungsabschluss, Zusage eines Arbeitsplatzes oder Straferlass nach Bewährung. Einer Aufhebung der Sperre steht, wenn die Gefährdung aktuell nicht mehr besteht, auch nicht entgegen, dass der Betroffene noch nicht ausgereist ist (ebenso schon für § 8 II AuslG BVerwGE 110. 140 = EZAR 039 Nr 5).

5   Diese Verfahrensweise stellt sich **anders als nach § 11 AufenthG** dar. Mit der Fristverkürzung wird nämlich unmittelbar ohne weiteren Akt die Freizügigkeit wieder hergestellt. Anders als nach § 11 I AufenthG wird nicht in zwei Stufen zunächst über die

Befristung u. dann über einen AufTit entschieden. Anders als dort dürfen keine Auflagen verfügt werden, zB über die Erstattung der Abschiebungskosten. Die zwingende Befristung von Anfang an u. die jederzeitige Überprüfung führen dazu, dass die Gefährdungsprognose auf einen bestimmten Zeitraum ausgerichtet sein darf u. muss u. aktualisiert werden muss, wenn hierfür ein triftiger Anlass besteht.

Unter diesen Umständen bestehen **Bedenken** gegen die Zulässigkeit einer derartigen Sperre aus der Sicht des Gemeinschaftsrechts nicht. Aus Art 32 Freizüg-RL lässt sich die Zulässigkeit eines Aufenthaltsverbots entnehmen. Danach kann ein Antrag auf Aufhebung nach einem den Umständen entsprechend angemessenen Zeitraum, spätestens nach drei Jahren gestellt werden, u. daraufhin muss geprüft werden, ob das Verbot trotz geänderter Umstände noch gerechtfertigt ist. Damit ist sichergestellt, dass das Freizügigkeitsrecht nur solange verloren geht, wie öffentl Sicherheit oder Ordnung gefährdet sind. Der Unionsbürger u. seine Angehörigen können also jederzeit die Gefährdungsprognose anhand geänderter Tatsachen überprüfen lassen. Die Freizügigkeit ist nur so lange aufgehoben wie unbedingt notwendig. 6

§ 8 Ausweispflicht

Unionsbürger und ihre Familienangehörigen sind verpflichtet,
1. bei der Einreise in das Bundesgebiet einen Pass oder anerkannten Passersatz
   a) mit sich zu führen und
   b) einem zuständigen Beamten auf Verlangen zur Prüfung auszuhändigen,
2. für die Dauer des Aufenthalts im Bundesgebiet den erforderlichen Pass oder Passersatz zu besitzen,
3. den Pass oder Passersatz sowie die Bescheinigung über das gemeinschaftsrechtliche Aufenthaltsrecht und die Aufenthaltserlaubnis-EU den mit der Ausführung dieses Gesetzes betrauten Behörden vorzulegen, auszuhändigen und vorübergehend zu überlassen, soweit dies zur Durchführung oder Sicherung von Maßnahmen nach diesem Gesetz erforderlich ist.

Vorläufige Anwendungshinweise

8 Zu § 8 Ausweispflicht

Die Vorschrift regelt – wie zuvor § 10 Aufenthaltsgesetz/EWG – die Ausweispflicht der Unionsbürger. Die Vorschrift wurde an die Empfehlungen des Bundesministeriums der Justiz zur Ausgestaltung von Straf- und Bußgeldvorschriften im Nebenstrafrecht vom 16. Juli 1999 (Bundesanzeiger Nr. 178 a vom 22. 9. 1999) angepasst. Danach soll ein verwaltungsrechtliches Gebot nach Möglichkeit genau mit der entsprechenden Bußgeldvorschrift (hier § 10) korrespondieren.

I. Entstehungsgeschichte

Die Vorschrift entspricht dem **GesEntw** (BT-Drs 15/420 S. 39). 1

II. Ausweispflicht

Passpflicht u. Ausweispflichten nach §§ 3 I, 48 AufenthG gelten nicht für Freizügigkeitsberechtigte (vgl § 11 I). Stattdessen gelten eigene Bestimmungen über die Pflicht, Pass oder Passersatz sowie Bescheinigung oder AE-EU zu besitzen, mit sich zu führen, vorzulegen, auszuhändigen oder vorübergehend zu überlassen. Diese Vorschriften stimmen im Grundsatz mit Art 5 bis 8 Freizüg-RL überein. Nicht berücksichtigt ist allerdings die Regelung des 2

Art 5 IV Freizüg-RL, wonach vor einer Zurückweisung ausreichend Gelegenheit gegeben werden muss, fehlende Reisepapiere zu besorgen oder in anderer Weise Identität u. Freizügigkeitsrechte zu belegen. Insoweit enthält § 8 also nur Grundsätze, von denen erforderlichenfalls im Interesse der Freizügigkeit abgewichen werden muss, wie der EuGH schon in dem Urteil MRAX (dazu § 2 Rn 19) entschieden u. im Februar 2005 im Falle eines Dienstleistungsempfängers bestätigt hat (EuGH, EZAR NF 10 Nr 1 – Oulane).

§ 9 Strafvorschriften

Mit Freiheitsstrafe bis zu einem Jahr oder mit Geldstrafe wird bestraft, wer entgegen § 7 Abs. 2 Satz 1 in das Bundesgebiet einreist oder sich darin aufhält.

Vorläufige Anwendungshinweise

9 Zu § 9 Strafvorschriften

9.1 § 9 sieht nunmehr eine eigene Strafvorschrift für Unionsbürger bei Verstoß gegen das Wiedereinreiseverbot des § 7 Abs. 2 Satz 1 vor. Bisher war diese Sanktion durch § 92 Abs. 2 Nr. 1 Ausländergesetz abgedeckt.

9.2 Die zunehmende Gleichstellung von Unionsbürgern mit Inländern rechtfertigt es, eine unerlaubte Einreise bei Unionsbürgern milder zu bestrafen als bei sonstigen Drittausländern. Das Strafmaß orientiert sich deshalb an der Vorschrift des § 24 Passgesetz, wonach Deutsche bestraft werden, die gegen ein Ausreiseverbot verstoßen haben (Freiheitsstrafe bis zu einem Jahr oder Geldstrafe).

I. Entstehungsgeschichte

1   Die Vorschrift entspricht dem **GesEntw** (BT-Drs 15/420 S. 39).

II. Unerlaubte Einreise

2   Mit Strafe bedroht ist die Einreise **entgegen einem Einreiseverbot.** Gegen diesen Straftatbestand ist aus der Sicht des Freizügigkeitsrechts nichts zu erinnern. Das Einreiseverbot wirkt für sich genommen nicht unverhältnismäßig u. ist bei Fortfall der Gefährdung aufzuheben (vgl § 7 Rn 4 ff). Die Strafdrohung ist ebenfalls nicht unverhältnismäßig.

§ 10 Bußgeldvorschriften

(1) Ordnungswidrig handelt, wer entgegen § 8 Nr. 1 Buchstabe b einen Pass oder Passersatz nicht oder nicht rechtzeitig aushändigt.

(2) Ordnungswidrig handelt, wer vorsätzlich oder leichtfertig entgegen § 8 Nr. 2 einen Pass oder Passersatz nicht besitzt.

(3) Ordnungswidrig handelt, wer vorsätzlich oder fahrlässig entgegen § 8 Nr. 1 Buchstabe a einen Pass oder Passersatz nicht mit sich führt.

(4) Die Ordnungswidrigkeit kann in den Fällen der Absätze 1 und 3 mit einer Geldbuße bis zu zweitausendfünfhundert Euro, in den übrigen Fällen mit einer Geldbuße bis zu tausend Euro geahndet werden.

(5) Verwaltungsbehörden im Sinne des § 36 Abs. 1 Nr. 1 des Gesetzes über Ordnungswidrigkeiten sind in den Fällen der Absätze 1 und 3 die Bundespolizeiämter.

Anwendung des Aufenthaltsgesetzes § 11 **FreizügG/EU 2**

Vorläufige Anwendungshinweise

10 Zu § 10 Bußgeldvorschriften
10.1 § 10 übernimmt die Regelungen des zuletzt durch das 5. Gesetz zur Änderung des Aufenthaltsgesetzes/EWG geänderten § 12 a Aufenthaltsgesetz/EWG und stellt damit eine inländergleiche, diskriminierungsfreie bußgeldrechtliche Sanktionierung der Pass- und Ausweisverstöße sicher.
10.2 Danach wird mit einem Bußgeld belegt, wer
10.2.1 – bei der Einreise einen Pass oder Passersatz nicht rechtzeitig aushändigt,
10.2.2 – vorsätzlich oder leichtfertig während der Aufenthaltsdauer einen Pass oder Passersatz nicht besitzt.
10.3 Die Umformulierung der Bußgeldvorschrift erfolgt aus Gründen der Rechtsförmlichkeit und zur Anpassung an die Empfehlungen des Bundesministeriums der Justiz zur Ausgestaltung von Straf- und Bußgeldvorschriften im Nebenstrafrecht. Die Geldbuße wurde nicht der im Nebenstrafrecht üblichen Staffelung nach Tausender-Beträgen angeglichen. § 25 des Passgesetzes, der hier als Vergleichsmaßstab dient, sieht für ein vergleichbares Vorhaben von Deutschen einen Bußgeldbetrag von 2500 Euro vor und die Heraufsetzung auf 3000 Euro würde eine Diskriminierung von Unionsbürgern ohne zureichenden sachlichen Grund darstellen.

I. Entstehungsgeschichte

Die Vorschrift entspricht dem **GesEntw** (BT-Drs 15/420 S. 39). 1

II. Ordnungswidrigkeiten

Gegen die Tatbestände u. die Bußgelder bestehen keine durchgreifenden **Bedenken**. Bei 2
ähnlichem Verhalten Dt bestehen ebenfalls Sanktionsmöglichkeiten (vgl § 5 I Nr 1 Personalausweises), u. das Bußgeld nach § 25 PassG beträgt ebenfalls 2500 Euro.

§ 11 Anwendung des Aufenthaltsgesetzes

(1) ¹ Auf Unionsbürger und ihre Familienangehörigen, die nach § 2 Abs. 1 oder Abs. 5 das Recht auf Einreise und Aufenthalt haben, finden § 3 Abs. 2, § 11 Abs. 2, die §§ 13, 14 Abs. 2, die §§ 36, 44 Abs. 4, § 46 Abs. 2, § 50 Abs. 3 bis 7, die §§ 69, 74 Abs. 2, die §§ 77, 80, 85 bis 88, 90, 91, 96, 97 und 99 des Aufenthaltsgesetzes entsprechende Anwendung. ² Die Mitteilungspflichten nach § 87 Abs. 2 Nr. 1 bis 3 des Aufenthaltsgesetzes bestehen insoweit, als die dort genannten Umstände auch für die Feststellung nach § 5 Abs. 5 und § 6 Abs. 1 entscheidungserheblich sein können. ³ Das Aufenthaltsgesetz findet auch dann Anwendung, wenn es eine günstigere Rechtsstellung vermittelt als dieses Gesetz.
(2) Hat die Ausländerbehörde das Nichtbestehen oder den Verlust des Rechts nach § 2 Abs. 1 oder des Rechts nach § 2 Abs. 5 festgestellt, findet das Aufenthaltsgesetz Anwendung, sofern dieses Gesetz keine besonderen Regelungen trifft.
(3) Zeiten des rechtmäßigen Aufenthalts nach diesem Gesetz unter fünf Jahren entsprechen den Zeiten des Besitzes einer Aufenthaltserlaubnis, Zeiten über fünf Jahren dem Besitz einer Niederlassungserlaubnis.

Vorläufige Anwendungshinweise

11 Zu § 11 Anwendung des Aufenthaltsgesetzes
11.1.1 Auf Unionsbürger und ihre Familienangehörigen, die aufgrund des Gemeinschaftsrechts freizügigkeitsberechtigt sind (§ 2 Abs. 1) oder die – unabhängig von weiteren Vorliegen der gemeinschaftsrechtlichen Voraussetzungen – zum weiteren Aufenthalt berechtigt sind (§ 2 Abs. 5), finden die

Regelungen des Aufenthaltsgesetzes nur insoweit Anwendung, als dies in Satz 1 durch ausdrücklichen Verweis vorgesehen ist. Anwendbar sind folgende Bestimmungen des Aufenthaltsgesetzes:
- § 3 Abs. 2 – Ausnahmen von der Passpflicht,
- § 11 Abs. 2 – Betretenserlaubnis,
- § 13 – Grenzübertritt,
- § 14 Abs. 2 – Ausnahmevisa und -Passersatzpapiere,
- § 36 – Nachzug sonstiger Familienangehöriger,
- § 44 Abs. 4 – Teilnahme an Integrationskurs, jedoch ohne Anspruch,
- § 46 Abs. 2 – Ausreiseverbot,
- § 50 Abs. 3 bis 7 – zur Ausreisepflicht,
- § 69 – Gebühren für bestimmte Amtshandlungen
- § 74 Abs. 2 – Weisungsbefugnis der Bundesregierung,
- § 77 – Formvorschriften,
- § 80 – Handlungsfähigkeiten Minderjähriger,
- § 85 – Berechnung von Aufenthaltszeiten,
- §§ 86 bis 88, 90, 91 – Datenübermittlung und Datenschutz,
- §§ 96, 97– Einschleusen von Ausländern,
- § 99 – Verordnungsermächtigung.

Die Anwendbarkeit des § 87 Abs. 2 Nr. 1 bis 3 AufenthG ist gemäß S. 2 auf die Fälle beschränkt, in denen die mitzuteilenden Tatsachen für die Feststellung gemäß § 5 Abs. 5 und § 6 Abs. 1 relevant sein können.

11.1.2 Die Meistbegünstigungsklausel in Satz 3 stellt sicher, dass das Aufenthaltsgesetz darüber hinaus immer dann Anwendung findet, wenn es im Einzelfall eine günstigere Rechtsstellung vermittelt als das Freizügigkeitsgesetz. Dies soll eine nach dem Gemeinschaftsrecht unzulässigen Schlechterstellung von Unionsbürgern gegenüber sonstigen Ausländern verhindern.

11.2.1 Auf Unionsbürger und ihre Familienangehörigen, bei denen die Ausländerbehörde das Nichtbestehen oder den Verlust des Rechts nach § 2 Abs. 1 oder Abs. 5 festgestellt hat, findet dieses Gesetz keine Anwendung. Die Betroffenen unterliegen dem allgemeinen Ausländerrecht. Entsprechend dem Grundsatz, dass Unionsbürger und ihre Angehörigen weitestgehend aus dem Geltungsbereich des allgemeinen Ausländerrechts herausgenommen werden, setzt dies einen – nicht notwendigerweise unanfechtbaren – Feststellungsakt der zuständigen Behörde voraus. Damit gilt für den in § 1 FreizügG/EU beschriebenen Personenkreis zunächst eine Vermutung der Freizügigkeit.

11.2.2 Auch die Aufenthaltsbeendigung zur Durchsetzung der Ausreisepflicht, die durch – unanfechtbaren – Feststellungsakt entsteht, richtet sich nach dem AufenthG, sofern das FreizügG/EU keine abweichenden Regelungen trifft (siehe 7.1.2/7.1.3).

11.3 Da das Aufenthaltsgesetz an den Besitz von Aufenthaltstiteln anknüpft, wird in Absatz 3 bestimmt, dass rechtmäßige Aufenthalte nach dem Freizügigkeitsgesetz von unter fünf Jahren dem Besitz einer Aufenthaltserlaubnis und Aufenthalte von längerer Dauer den Besitz einer Niederlassungserlaubnis gleichstehen.

I. Entstehungsgeschichte

1   Die Vorschrift stimmt im Wesentlichen mit dem **GesEntw** (BT-Drs 15/420 S. 39) überein. Aufgrund des Vermittlungsverf (BT-Drs 15/3479 S. 14) wurde S. 2 in Abs 1 angefügt; außerdem wurden § 86 in der Aufzählung gestrichen sowie „§ 44 III" durch „§ 44 IV" u. „§ 74 II" durch „die §§ 69, 74 II" ersetzt.

II. Anwendung des Aufenthaltsgesetzes

2   In Abs 1 sind diejenigen Vorschriften (positiv) aufgezählt, die auch auf freizügigkeitsberechtigte Unionsbürger u. Familienangehörige **entsprechend** anzuwenden sind. Insoweit bestehen keine eigenen Regelungen für Freizügigkeitsberechtigte, u. die entsprechende Anwendung stößt auch auf keine Bedenken aus der Sicht des EU-Rechts. Erforderlichenfalls

müssen einzelne Voraussetzungen dem Umstand angepasst werden, dass die Freizügigkeit nicht administrativ verliehen wird, sondern kraft Vertrags besteht.

Das AufenthG **gilt** in vollem Umfang für Personen, bei denen bestandskräftig feststeht, 3 dass sie das Freizügigkeitsrecht nicht oder nicht mehr besitzen. Außerdem ist das AufenthG immer dann anzuwenden, wenn es günstiger ist als das FreizügG/EU. Damit wird einer durch Gemeinschaftsrecht untersagten Schlechterstellung von Unionsbürgern vorgebeugt.

Die **Anrechnung** von Aufenthaltszeiten während der Geltung der Freizügigkeit dient der Besitzstandswahrung. Mit der Fiktion des Besitzes der AE oder der NE wird uU der weitere Aufenthalt gesichert, zB nach Verlust der StAng eines Mitgliedstaats. Endet das Freizügigkeitsrecht allerdings wegen einer spezifischen Störung der öffentl Ordnung oder Sicherheit, dann wird gleichzeitig ein Ausweisungsgrund iSd §§ 53 ff AufenthG erfüllt, der AE u. NE entgegenstehen kann (§ 5 I 1 Nr 2 AufenthG).

§ 12 Staatsangehörige der EWR-Staaten

Dieses Gesetz gilt auch für Staatsangehörige der EWR-Staaten und ihre Familienangehörigen im Sinne dieses Gesetzes.

Vorläufige Anwendungshinweise
12 Zu § 12 Staatsangehörige der EWR-Staaten

Das Freizügigkeitsgesetz gilt – wie bisher auch schon das Aufenthaltsgesetz/EWG – für Staatsangehörige der EWR-Staaten und ihrer Familienangehörigen in gleichem Maße (vgl. § 15 c Aufenthaltsgesetz/EWG).

I. Entstehungsgeschichte

Die Vorschrift entspricht dem **GesEntw** (BT-Drs 15/420 S. 39). 1

II. Geltung für EWR-Staater

Das Abk über den EWR (Text in Teil 5 Nr 1.4) sieht eine gegenseitige **Gleichstellung** von 2 Unionsbürgern u. EWR-Staatern vor. EWR-Recht genießt denselben Anwendungsvorrang wie EU-Recht. Die Vorschrift gilt gegenüber den EWR-Mitgliedern Island, Norwegen u. Liechtenstein (dazu Welte, ZAR 1994, 80).

Für **Schweizerbürger** gilt die Vorschrift nicht, weil die Schweiz den Beitritt zum EWR 3 in einer Volksabstimmung im Dezember 1992 abgelehnt hat. Durch die in einer Volksabstimmung im Mai 2000 gebilligten sektoriellen Verträge mit der EU u. ihren Mitgliedstaaten ist jedoch eine weitgehende Gleichstellung von Unionsbürgern u. Schweizern vereinbart. Seit Juni 2002 gilt die EU-Freizügigkeit auch im Verhältnis zur Schweiz (Text des Abk in Teil 5 Nr 1.5; dazu Bericht in ZAR 2002, 212; Fehrenbacher, ZAR 2002, 278; Kälin, ZAR 2002, 123; Westphal, InfAuslR 2002, 329). Die Schweiz ist zwar weder im AufenthG noch im Freizüg/EU erwähnt, dies ändert aber nichts an der vorrangigen Geltung des Freizügigkeitsabk EU/Schweiz (zweifelnd wohl Gutmann, ZAR 2003, 60). Besonders erwähnt sind Schweizer jetzt in §§ 4 III 1 Nr 2, 8 I 2, 10 I 1 Nr 2, 11 S. 2 StAG (Art 6 Nr 9 ÄndGes vom 14. 3. 2005, BGBl. I 721).

§ 13 Staatsangehörige der Beitrittsstaaten

Soweit nach Maßgabe des Vertrages vom 16. April 2003 über den Beitritt der Tschechischen Republik, der Republik Estland, der Republik Zypern, der Republik Lettland, der Republik Litauen, der Republik Ungarn, der Republik Malta, der Republik Polen, der Republik Slowenien und der Slowakischen Republik zur Europäischen Union

(BGBl. 2003 II S. 1408) abweichende Regelungen anwendbar sind, findet dieses Gesetz Anwendung, wenn die Beschäftigung durch die Bundesagentur für Arbeit gemäß § 284 Abs. 1 des Dritten Buches Sozialgesetzbuch genehmigt wurde.

Vorläufige Anwendungshinweise

13 Zu § 13 Staatsangehörige der Beitrittstaaten
Die neuen Unionsbürger aus den mittel- und osteuropäischen neuen EU-Mitgliedsstaaten sind aufenthaltsrechtlich – wie schon nach dem AufenthG/EWG – ebenso zu behandeln wie die Staatsangehörigen aus den bisherigen Mitgliedstaaten. Lediglich Arbeitnehmer haben erst dann die Rechte gemäß § 2 Abs. 1, wenn die Bundesagentur für Arbeit für arbeitsgenehmigungspflichtige Beschäftigungen die Arbeitsgenehmigung-EU erteilt hat.
13.1 § 13 FreizügG/EU verweist auf den neu gefassten § 284 Sozialgesetzbuch Drittes Buch (SGB III). § 284 SGB III schreibt die Arbeitsgenehmigungspflicht für die neuen Unionsbürger, die den Übergangsregelungen unterliegen, fest. Sie benötigen vor Aufnahme der arbeitsgenehmigungspflichtigen Beschäftigung eine sog. Arbeitserlaubnis-/bzw. Arbeitsberechtigung-EU.
13.2 Der Arbeitsmarktzugang für die neuen Unionsbürger wird ausschließlich von der Arbeitsverwaltung geprüft und abschließend beurteilt.
13.3 Auf der Bescheinigung über das Aufenthaltsrecht ist für die Staatsangehörigen der neuen EU-Mitgliedstaaten, die den Übergangsregelungen unterliegen, die Arbeitsgenehmigungspflicht zu vermerken (Muster der Bescheinigung in der Anlage).
13.4 Die Bescheinigung wird für Arbeitnehmer – sofern es sich nicht um eine arbeitsgenehmigungsfreie Tätigkeit handelt – erst nach Erteilung der Arbeitsgenehmigung-EU ausgestellt. Es bleibt damit auch bei der bisherigen Praxis, dass die Arbeitsverwaltung grundsätzlich erste Anlaufstelle für die neuen Unionsbürger ist. Lediglich wenn es sich um eine arbeitsgenehmigungsfreie Tätigkeit handelt, ist die Ausländerbehörde erste Anlaufstelle.

I. Entstehungsgeschichte

1   Die Vorschrift war in dem **GesEntw** (BT-Drs 15/3479) noch nicht enthalten. Sie wurde erst aufgrund des Vermittlungsverf (BT-Drs 15/3479 S. 14) **eingefügt**.

II. Allgemeines

2   Der **Beitritt** von zehn Staaten aus Ost- u. Mitteleuropa zur EU im Mai 2004 wurde durch Anpassungsmaßnahmen vorbereitet u. durch Überleitungsvorschriften erleichtert (Dienelt, ZAR 2004, 393; Fehrenbacher, ZAR 2004, 22 u. 240; Renner, ZAR 2002, 380 u. 2004, 203; Wollenschläger/Pietsch, ZAR 2003, 259). Rechtliche Besonderheiten ergeben sich daraus, dass mit einem Teil dieser Staaten (MOE-Staaten) Europaabk geschlossen waren, die grundsätzlich Niederlassungsfreiheit gewährten (Fehrenbacher, ZAR 2004, 22; Sieveking, ZAR 2003, 342). Bulgarien u. Rumänien sollen erst 2007 betreten; ihre StAng können sich bis dahin auf Rechte aus den MOE-Abk berufen (Text des Abk EU/Bulgarien in Teil 5 Nr 3.5; dazu ausführlich Draganova, ZAR 2004, 168; zum Nachweis einer selbständigen Erwerbstätigkeit jüngst EuGH, EZAR NF 19 Nr 2 – Panayotova ua).

3   Seit dem Beitritt sind die StAng der neuen EU-Staaten ungeachtet der Übergangsregelungen Unionsbürger u. nehmen grundsätzlich an allen Rechten u. Verpflichtungen teil. Sie genießen damit nach Art 18 EG u. dem einschlägigen Sekundärrecht allein aufgrund ihrer StAng in gleicher Weise wie die StAng der „alten" Mitgliedstaaten **Freizügigkeit** im gesamten Hoheitsgebiet der EU-Staaten (dazu Fehrenbacher, ZAR 2004, 240). Die Übergangsbestimmungen in der Beitrittsakte (Text in Teil 5 Nr 1.3) beschränken diese Freizügigkeit partiell innerhalb ihres Geltungsbereichs. Soweit diese Beschränkungen nicht eingreifen, herrscht Freizügigkeit wie innerhalb des Kreises der früheren Mitgliedstaaten. Auch insoweit gilt der Grundsatz, dass Ausnahmen restriktiv auszulegen sind.

Zunächst folgen **Beschränkungen** im Verhältnis zu Drittstaatsangehörigen daraus, dass der 4
Schengen-Besitzstand zunächst nicht in vollem Umfang übernommen ist (Art 3 I der Beitrittsakte u. Anhang I). Vor allem gelten die Bestimmungen über das Schengen-Visum u. über den Fortfall der Personenkontrollen noch nicht im Verhältnis zu den neuen Mitgliedstaaten. Insoweit werden die Schengen-Regelungen durch den EU-Rat in Kraft gesetzt werden, wenn die Voraussetzungen vor allem hinsichtlich der neuen Außengrenzen gegeben sind. Sodann sind in dem Beitrittsvertrag Übergangsregelungen getroffen, die es den Mitgliedstaaten erlauben, die Freizügigkeit der Arbeitnehmer u. der Dienstleistungserbringer mit entsandten Arbeitnehmern in bestimmten Bereichen übergangsweise nach einem Stufenmodell 2+3+2 bis längstens sieben Jahre nach dem Beitritt auszusetzen (dazu Fehrenbacher, ZAR 2004, 22).

III. Beschränkungen für Arbeitnehmer und Dienstleistungserbringer

Für **Arbeitnehmer** ist die Freizügigkeit nach diesem Stufenmodell für 2+3+2 Jahre 5
übergangsweise einschränkbar (ausgenommen im Verhältnis zu Malta u. Zypern), allerdings sind die Mitgliedstaaten frei, hiervon Gebrauch zu machen. Außerdem haben Deutschland u. Österreich für **Dienstleistungserbringer** mit entsandten Arbeitnehmern (in einigen Branchen, vor allem im Baugewerbe) Schutzklauseln für diese Zeiträume vereinbart u. machen von dieser Möglichkeit auch Gebrauch (vgl jew Anhang V: Liste nach Art 24 Beitrittsakte; Texte in Teil 5 Nr 1.3). Außerhalb der betroffenen Branchen können Unternehmer aus den Beitrittstaaten ohne Beschränkung auch Arbeitnehmer aus Drittstaaten einsetzen (Fehrenbacher, ZAR 2004, 240; EuGH, EZAR 812 Nr 2 – Vander Elst). Schließlich ist die Niederlassungsfreiheit von den Beschränkungen nicht betroffen: dazu muss aber der Betriebssitz in den Staat verlegt werden, in dem die Erwerbstätigkeit ausgeübt wird.

Arbeitnehmer sind von den Beschränkungen **ausgenommen,** wenn sie am 1. 5. 2004 6
für mindestens zwölf Monate zum dt Arbeitsmarkt zugelassen waren (Nr 2 II u. III des jew Anhangs zu Art 24 der Beitrittsakte). Sie haben dann weiterhin Zugang zu Beschäftigungen in Deutschland, sind aber nicht als Arbeitnehmer in anderen EU-Staaten freizügigkeitsberechtigt, wenn u. soweit diese ebenfalls Beschränkungen vorgenommen haben. Fraglich könnte sein, ob der Arbeitnehmer bereits vor dem Beitrittszeitpunkt zwölf Monate beschäftigt gewesen sein muss (Fehrenbacher, ZAR 2004, 22 u. 244; Sieveking, ZAR 2003, 342; Westphal/Stoppa, InfAuslR 2004, 133) oder ob es genügt, wenn er für diesen Zeitraum zugelassen u. in diesem Zeitpunkt beschäftigt war (zu diesen Auslegungszweifeln Renner, ZAR 2004, 203). Wer danach als Arbeitnehmer Freizügigkeit genießt, erhält eine (deklaratorische wirkende) ArbBer (§ 12 a I ArGV).

Familienangehörige mit Wohnsitz in Deutschland am 1. 5. 2004 haben Zugang zum 7
Arbeitsmarkt, wenn der Arbeitnehmer mindestens zwölf Monate beschäftigt war; später zuziehende Familienmitglieder müssen 18 Monate warten, längstens jedoch bis 1. 5. 2007 (Nr 8 des jew Anhangs zu Art 25 der Beitrittsakte). Dann erhalten sie ebenfalls eine ArbBer (§ 12 a II ArGV). Der Kreis der danach begünstigten Familienangehörigen kann fraglich sein, weil nach Nr 8 aaO Art 11 VO/EWG anzuwenden ist, die Begünstigten dagegen unter Hinweis auf Art 10 VO/EWG 1612/68 bezeichnet sind. Da eine Erweiterung des Art 11 VO/EWG nicht beabsichtigt war, sind nur die dort genannten Ehegatten u. minderjährigen oder mit Unterhalt versorgten Kinder berechtigt (Dienelt, ZAR 2004, 303).

Andere StAng neuer Mitgliedstaaten bedürfen der **Zulassung** nach den allg Regeln. Sie 8
genießen dabei Vorrang vor Drittstaatsangehörigen (Nr 14 II des jew Anhangs zu Art 24 Beitrittsakte; § 284 IV SGB III). Wenn diese erfolgt ist, erhalten sie eine ArbErl-EU (§ 284 III SGB III), u. das FreizügG/EU ist in vollem Umfang auf sie anwendbar. Nur dieser Fall ist Gegenstand der Regelung des § 13. Die StAng neuer Mitgliedstaaten erhalten danach eine Bescheinigung nach § 5, sie soll ihnen aber erst nach Erteilung der ArbGen-EU ausgestellt werden (Nr 14. 4 VAH).

Dritter Teil
Artikel 16 a Grundgesetz

(1) Politisch Verfolgte genießen Asylrecht.

(2) ¹Auf Absatz 1 kann sich nicht berufen, wer aus einem Mitgliedstaat der Europäischen Gemeinschaften oder aus einem anderen Drittstaat einreist, in dem die Anwendung des Abkommens über die Rechtsstellung der Flüchtlinge und der Konvention zum Schutze der Menschenrechte und Grundfreiheiten sichergestellt ist. ²Die Staaten außerhalb der Europäischen Gemeinschaften, auf die die Voraussetzungen des Satzes 1 zutreffen, werden durch Gesetz, das der Zustimmung des Bundesrates bedarf, bestimmt. ³In den Fällen des Satzes 1 können aufenthaltsbeendende Maßnahmen unabhängig von einem hiergegen eingelegten Rechtsbehelf vollzogen werden.

(3) ¹Durch Gesetz, das der Zustimmung des Bundesrates bedarf, können Staaten bestimmt werden, bei denen aufgrund der Rechtslage, der Rechtsanwendung und der allgemeinen politischen Verhältnisse gewährleistet erscheint, daß dort weder politische Verfolgung noch unmenschliche oder erniedrigende Bestrafung oder Behandlung stattfindet. ²Es wird vermutet, daß ein Ausländer aus einem solchen Staat nicht verfolgt wird, solange er nicht Tatsachen vorträgt, die die Annahme begründen, daß er entgegen dieser Vermutung politisch verfolgt wird.

(4) ¹Die Vollziehung aufenthaltsbeendender Maßnahmen wird in den Fällen des Absatzes 3 und in anderen Fällen, die offensichtlich unbegründet sind oder als offensichtlich unbegründet gelten, durch das Gericht nur ausgesetzt, wenn ernstliche Zweifel an der Rechtmäßigkeit der Maßnahme bestehen; der Prüfungsumfang kann eingeschränkt werden und verspätetes Vorbringen unberücksichtigt bleiben. ²Das Nähere ist durch Gesetz zu bestimmen.

(5) Die Absätze 1 bis 4 stehen völkerrechtlichen Verträgen von Mitgliedstaaten der Europäischen Gemeinschaften untereinander und mit dritten Staaten nicht entgegen, die unter Beachtung der Verpflichtungen aus dem Abkommen über die Rechtsstellung der Flüchtlinge und der Konvention zum Schutz der Menschenrechte und Grundfreiheiten, deren Anwendung in den Vertragsstaaten sichergestellt sein muß, Zuständigkeitsregelungen für die Prüfung von Asylbegehren einschließlich der gegenseitigen Anerkennung von Asylentscheidungen treffen.

Übersicht

	Rn
I. Entstehungsgeschichte	1
II. Allgemeines	5
1. Völkerrecht	5
2. Auslieferung	7
3. Abschiebung	9
4. Asylabkommen	11
III. Rechtsstellung politisch Verfolgter	12
1. Änderung des Grundgesetzes	12
2. Einschränkungen	15
3. Entstehung und Umfang des Grundrechts	16
IV. Politisch Verfolgter	19
1. Allgemeines	19
2. Verfolgung	27
3. Staatliche Verfolgung	34
4. Politische Verfolgung	40

	Rn
5. Einzel- und Gruppenverfolgung	44
6. Vor- und Nachfluchtgründe	49
a) Allgemeines	49
b) Rechtsprechung	50
c) Objektiver Nachfluchttatbestand	54
d) Subjektiver Nachfluchttatbestand	56
7. Strafverfolgung	61
8. Inländische Fluchtalternative	66
V. Verfolgungsfreier Herkunftsstaat	69
1. Allgemeines	69
2. Bestimmung verfolgungsfreier Herkunftsstaaten	70
3. Vermutung	75
4. Verwaltungsverfahren	79
5. Rechtsschutz	85
VI. Anderweitiger Verfolgungsschutz	89
1. Allgemeines	89
2. Ausschluss des Asylrechts	93
3. Durchreise durch einen sicheren Drittstaat	99
4. Fiktive Verfolgungssicherheit	104
5. Verwaltungsverfahren	108
6. Rechtsschutz	111
VII. Verfahrensrecht	115
VIII. Genfer Flüchtlingskonvention	119
IX. Asylabkommen	127
X. Europäisches Asylrecht	131

I. Entstehungsgeschichte

1   Abs 1 stimmt wörtlich mit Art 16 II 2 GG überein, der bis 29. 6. 1993 galt (Vorbem AsylVfG Rn 15). Das Grundrecht auf Asyl ist in seiner Entstehung im Zusammenhang mit dem Auslieferungsverbot des Art 16 II 1 GG zu sehen, das bestimmt: „Kein Deutscher darf an das Ausland ausgeliefert werden." Die anderen Bestimmungen des Art 16 a GG haben kein **Vorbild** im GG.

2   Die **Geschichte** des AsylR reicht bis in die Anfänge der Menschheit zurück (Kimminich in BK, Art 16 Rn 126 ff). Im VR hat sich das AsylR als Recht der Staaten zur Asylgewährung entwickelt, ein Individualrecht auf Asyl ist damit aber nicht verbunden; vereinzelte Bestrebungen zur Schaffung eines Rechts des Flüchtlings auf Asyl auf internationaler Ebene sind erfolglos verlaufen (Hailbronner in Beitz/Wollenschläger, S. 69 ff; Kimminich, aaO Rn 133 ff). Sowohl Art 14 AEMR als auch Art 1 ff GK setzen die Gewährung von Asyl durch eine vorangegangene autonome Entscheidung des Aufnahmestaats voraus. Früheren dt Verfassungen war das AsylR unbekannt. Die Verfassungen von Bayern (Art 105), Hessen (Art 7) u. Rheinland-Pfalz (Art 16) gewährleisten allerdings Schutz vor Ausweisung u. Auslieferung allen Ausl, die unter Nichtbeachtung der in der jew Verfassung niedergelegten Grundrechte im Ausland verfolgt werden u. in das jew Bundesland geflohen sind.

3   Dem **Parlamentarischen Rat** lag zunächst nur ein Entw zur Auslieferung vor, der lautete (Art 4 HChE): „(1) Kein Deutscher darf einer fremden Macht ausgeliefert werden. (2) Wer unter Nichtbeachtung der in dieser Verfassung niedergelegten Grundrechte verfolgt wird, wird nicht ausgeliefert." (Kreuzberg/Wahrendorf, S. 17). Im Grundrechtskatalog von Bergsträsser (SPD) lautete Art 14: „Fremde genießen den Schutz vor Auslieferung und Ausweisung, wenn sie unter Verletzung der in dieser Verfassung niedergelegten Grundrechte im Ausland verfolgt werden und nach dem Geltungsbereich dieses Grundgesetzes geflohen sind." (Kreuzberg/Wahrendorf, S. 26). In Art 4 des Entw des Redaktionskomitees des Ausschusses für Grundsatzfragen hieß es dagegen: „Kein Deutscher darf an das Ausland ausgeliefert werden. Politisch Verfolgte genießen Asylrecht im Rahmen des allgemeinen Völkerrechts." Dieser Text wurde nach Streichung der letzten fünf Wörter im Grundsatz-

Allgemeines **GG 3**

ausschuss angenommen (Kreuzberg/Wahrendorf, S. 28, 37, 41). Die Beratungen im Hauptausschuss befassten sich eingehend mit VR, politischem Delikt u. Auslieferung sowie den Erfahrungen Dt im Exil vor 1945 (Kreuzberg/Wahrendorf, S. 43 ff). Sie mündeten in der späteren Fassung des Art 16 II 2 GG, die sowohl vom Hauptausschuss als auch vom Plenum des Parlamentarischen Rates gebilligt wurde (Kreuzberg/Wahrendorf, S. 64, 67).

Die **Änderung** des Art 16 II 2 GG wurde vermehrt seit den 1980er Jahren mit sehr **4** unterschiedlicher Begründung dringend gefordert u. zT ebenso strikt abgelehnt (dazu zB Bachof in Fschr. Dürig, 1990, S. 319 ff; Bertrams, DVBl. 1990, 1129; Bierwirth/Göbel-Zimmermann, ZRP 1992, 470; Bleckmann, Verfassungsrechtliche Probleme einer Beschränkung des Asylrechts, 1992; Brugger, JZ 1993, 119; Frowein/Zimmermann, Der völkerrechtliche Rahmen für die Reform des deutschen Asylrechts; Hailbronner in Fschr. Zeidler, 1987, S. 919 ff; ders., NVwZ 1990, 1139; Hailbronner/Cordes, NVwZ 1991, 713; Huber, ZRP 1992, 123; Korbmacher in Fschr. Zeidler, 1987, S. 901 ff; Langer, DÖV 1993, 273; Lummer, Asyl – Ein mißbrauchtes Recht, 3. Aufl., 1992; Philipp, NJW 1981, 1860; Quaritsch, Recht auf Asyl, 1985; Reichert, ZAR 1991, 121; Rothkegel, NVwZ 1992, 232; Schenk, ZRP 1992, 102; Schraml, AWR-Bulletin 1991, 65; Schwartz, Wirtschaftliche Grenzen und Schranken des Asylgrundrechts, 1992; Selk, Asylrecht und Verfassung, 1990; Sendler in Fschr. Zeidler, 1987, S. 871 ff; Wollenschläger/Becker, AöR 115 [1990], 369). Änderung oder Abschaffung des Asylgrundrechts waren auch Gegenstand legislativer Entwürfe (vgl Vorbem AsylVfG Rn 11 f), bis die Änderung des GG 1993 aufgrund eines gemeinsamen GesEntw von CDU/CSU, SPD u. FDP (BT-Drs. 12/4152) verwirklicht wurde (Vorbem AsylVfG Rn 18).

II. Allgemeines

1. Völkerrecht

Der Schutz politisch Verfolgter ist Gegenstand unterschiedlicher Regelungen auf staatl, **5** zwischenstaatl u. überstaatl Ebene. Dem allg **Völkerrecht** ist das AsylR nur als Befugnis der Staaten bekannt, den Angehörigen fremder Staaten Asyl zu gewähren (Reichel, S. 33 ff mwN). Die Aufnahme eines politisch Verfolgten stellt kein vr Delikt gegenüber dem Herkunftsstaat dar. Asylr Abkommen wie die GK oder die OAU-Konvention (zu Letzterer Köfner/van Krieken, ZAR 1984, 151) verhalten sich lediglich über die Rechtsstellung der Flüchtlinge im Asyl u. nicht über deren Aufnahme ins Asyl. Soweit politisch Verfolgten aufgrund Völkervertragsrechts wegen der von ihnen erlittenen oder wegen der ihnen drohenden Maßnahmen menschenrechtlicher Schutz vor Folter, grausamer oder erniedrigender Bestrafung oder Behandlung oder ähnlichen Beeinträchtigungen zusteht (Art 3 EMRK, Art 3 UN-Folterkonv), handelt es sich nicht um asylr Instrumente.

Schließlich gewährleisten auch die unter Beteiligung der BR Deutschland zustande **6** gekommenen **Asylabkommen** von zunächst Schengen u. später von Dublin (Rn 127 ff) kein AsylR. Sie erschöpfen sich in zwischenstaatl Verfahrensregeln, ohne die materiellen Voraussetzungen des AsylR festzulegen. Sie sichern zwar dem Flüchtling die Durchführung zumindest eines Verf zur Überprüfung der Voraussetzungen des Art 1 GK in einem der Vertragsstaaten; sie verpflichten diese aber nicht zur Aufnahme politisch Verfolgter u. lassen auch die Möglichkeit der Anwendung von Regelungen über sichere Drittstaaten unberührt. Sie sind zwar derart bestimmt u. verbindlich abgefasst, dass sie sich unmittelbar zugunsten des Flüchtlings auswirken u. nicht zwingend einer weiteren Umsetzung durch nationales Recht bedürfen. Der Flüchtling selbst kann aber daraus kein Recht auf Aufnahme als politisch Verfolgter nach bestimmten materiellen Kriterien herleiten. Die Asylgewährung bleibt auch nach diesem Vertragssystem ein freies, nur aus Gebiets- u. Personalhoheit sowie Souveränität fließendes u. sonst nicht beschränktes Recht der Staaten. Zur Bedeutung der jetzt erlassenen **EU-Asyl-Richtlinien** für die gegenwärtige u. die künftige Rechtslage vgl Rn 131 ff.

2. Auslieferung

7 AsylR kommt herkömmlicherweise auch u. gerade politischen Straftätern zugute. Das Verhältnis der **Nichtauslieferung** „flüchtiger Verbrecher" (so der Untertitel von Bulmerinq, Asylrecht, 1853) zum AsylR politisch Verfolgter hat sich im Laufe der letzten zwei Jahrhunderte nicht gradlinig entwickelt (dazu Franke, Politisches Delikt und Asylrecht, 1979; Reiter, Politisches Asyl im 19. Jahrhundert, 1992; Stein, Die Auslieferungsausnahme bei politischen Delikten, 1983; Zeidler/Hailbronner in Fschr. Sieverts, 1978, S. 112 ff). Ungeachtet dessen ist für das AsylR festzustellen, dass Maßnahmen gegen politische Straftäter auch dann asylrechtsbegründend sein können, wenn sie der staatl Selbstverteidigung dienen (BVerfGE 80, 315).

8 Die Nichtauslieferung politischer Straftäter bildet einen Teil des politisch Verfolgten garantierten grundrechtlichen Schutzes. Ungeachtet der unterschiedlichen Betrachtungsweise sind Auslieferungsverbot u. Asylgewährung sowohl historisch als auch nach dem GG eng miteinander verknüpft. Die Auslieferungsausnahmen nach § 29 DAG erhielten mit Inkrafttreten des GG eine **verfassungsrechtliche Grundlage,** die auch die in § 6 IRG genannten Fallgestaltungen trägt. Die Unabhängigkeit des auslieferungsrechtlichen Verf vom Ergebnis des asylr Statusverf (§ 45 S. 2 AuslG 1965; § 18 S. 2 AsylVfG 1982; § 4 S. 2 AsylVfG) bestätigt mittelbar die gemeinsame Basis. Unabhängig von den möglichen Zweifeln an dem Ausmaß der Identität zwischen den im Asylverf einerseits u. im Auslieferungsverf. andererseits geschützten Personengruppen ist unstreitig, dass der dem Auslieferungsverbot unterliegende Ausl am AsylR teilhat. Das Grundrecht auf Asyl schützt nämlich nicht nur vor Zurückweisung u. Abschiebung (BVerwGE 49, 202), sondern auch vor Auslieferung (vgl etwa BVerfGE 52, 391; 63, 215).

3. Abschiebung

9 Der Schutz vor Abschiebung in den Verfolgerstaat bildet den **Kern** des AsylR. Das Schutzbedürfnis des politisch Verfolgten verbietet jedwede Überstellung an den Verfolgerstaat. Auf welche Art u. Weise der Verfolgte dem (erneuten) Zugriff des Verfolgerstaats ausgesetzt wird, ist unerheblich. Asylr Schutzgebote dürfen nicht mittels Formenmissbrauchs umgangen werden. Zu Recht ist die Asylanerkennung in Politik, Gesetzgebung u. Rspr. in den Mittelpunkt gestellt worden; denn das zentral geführte u. mit Allgemeinverbindlichkeit (ausgenommen die Auslieferung) ausgestattete Asylanerkennungsverf ist in besonders effizienter Weise zur Gewährleistung des Asylgrundrechts geeignet (BVerfGE 56, 216). Die Entscheidung des Gesetzgebers für die Einrichtung eines Statusverf darf aber nicht vergessen lassen, dass Asyl nur, aber in jedem Fall auch Abweisung an der Grenze, Zurückschiebung u. Auslieferung sowie Abschiebung in den Einflussbereich des Verfolgerstaats untersagt. Der historische Gesetzgeber hat diese Grundsätze zu verwirklichen getrachtet, als er im AuslG 1965 das „kleine Asyl" (§ 14) verankerte, gleichzeitig aber das Anerkennungsverf aus der AsylVO übernahm; damit hat er unmissverständlich die asylr Basis des Abschiebungsschutzes politisch Verfolgter bestätigt (vgl § 4 AsylVfG Rn 3).

10 Hiernach kann es in gewissem Sinne missverständlich erscheinen, wenn das BVerfG in seiner Grundsatzentscheidung über subjektive **Nachfluchtgründe** für die von der Asylanerkennung ausgeschlossenen willkürlich geschaffenen Nachfluchttatbestände auf den Schutz des § 14 AuslG 1965 u. des Art 3 EMRK hingewiesen hat (BVerfGE 74, 51). Indem das BVerfG mit der Betonung des für notwendig erachteten Kausalzusammenhangs zwischen Verfolgung, Flucht u. Asyl Exilpolitiker u. andere von Verfolgung bedrohte Personen ohne Vorverfolgung aus dem Schutzbereich des Asylgrundrechts ausgeschlossen hat, verwehrt es diesem Kreis zweifellos Verfolgter eigentlich asylr Schutz. Dabei darf jedoch nicht außer Acht gelassen werden, dass sich die Entscheidung unmittelbar lediglich mit der förmlichen Asylanerkennung befasst hat u. nicht mit dem Schutzbereich des Abschiebungsverbots. Gerade weil der herkömmlich politisch Verfolgten garantierte Abschiebungsschutz auf vr

Rechtsstellung politisch Verfolgter **GG 3**

Vorgaben, insb Art 33 GK, beruht, kann dessen Übereinstimmung mit gewachsenem Flüchtlingsvölkerrecht nicht bestritten werden, das nach den Beratungen im Parlamentarischen Rat eine wichtige Grundlage des Asylgrundrechts darstellt.

4. Asylabkommen

Da die Bestimmungen der Abs 1 bis 4 vr Asylverträgen über die in Abs 5 genannten Fragen mit den dort bezeichneten Partnern nicht entgegenstehen, können sie von ihnen **abweichen** (Rn 127 ff). Damit wird keine neue Grundlage für die Gewährung von Asyl geschaffen, die hierfür maßgeblichen Regeln brauchen sich aber nicht im Rahmen der Abs 1 bis 4 zu halten. Abkommen anderer Art über die Übernahme von Ausl, insb von Flüchtlingen (vgl § 57 AufenthG Rn 19), fallen nicht hierunter. Außer den Abkommen von Schengen und Dublin (SDÜ u. DÜ) sollen ähnliche Verträge auch mit anderen Staaten geschlossen werden, in denen die Anwendung von GK u. EMRK sichergestellt ist (BT-Drs 12/4152 S. 3). Damit allein wird aber noch kein geschlossenes System der Schutzgewährung für Flüchtlinge geschaffen. Die an rein formale Kriterien anknüpfenden Zuständigkeitsregeln der VO/EG 343/2003 (die das DÜ u. die zuvor geltenden Art 28 ff SDÜ abgelöst haben) nehmen zwar Bezug auf gewisse europäische Standards auf der Grundlage von GK u. EMRK, sie begründen aber damit noch kein einheitliches materielles europäisches AsylR; dies gilt auch für den Gemeinsamen Standpunkt des EU-Rats vom 4. 3. 1996 über den Begriff des Flüchtlings iSd Art 1 GK (ABl. EG L 63 vom 13. 3. 1996 S. 2). Schließlich fehlt es an einer umfassenden europäischen Verteilungsregelung, ausgenommen nur die Kriegs- u. die Bürgerkriegsflüchtlinge, die unter die EU-Richtlinie über den Massenzustrom von Flüchtlingen fallen (dazu Rn 132 f). Zu einer qualitativen Veränderung der künftigen (u. uU auch schon der gegenwärtigen Rechtslage) werden allerdings die jetzt erlassenen **EU-Asyl-Richtlinien** beitragen (dazu Rn 132 ff).

III. Rechtsstellung politisch Verfolgter

1. Änderung des Grundgesetzes

Die Ersetzung des Art 16 II 2 durch Art 16 a GG berührt ebenso wenig wie der frühere GesEntw der CDU/CSU-Fraktion vom 18. 2. 1992 (BT-Drs 12/2112) die verfassungsrechtliche Garantie des **Individualanspruchs auf Asyl**. Asyl ist nicht auf eine reine Institutsgarantie reduziert. Trotz der Einschränkungen durch Abs 2, 3 u. 5 bleibt der Grundrechtscharakter des Abs 1 erhalten, wie auch die Änderung des Art 18 S. 1 GG bestätigt. Die Regelungen des Abs 2 S. 3, Abs 4 u. 5 GG betreffen den grundsätzlich auch Ausländern in Deutschland zustehenden Rechtsschutz, sie modifizieren also die Garantie des Art 19 IV 1 GG. Hiergegen bestehen verfassungsrechtliche Bedenken zumindest aus formellen Gründen nicht. Insofern sind überdies auch allg Regeln des VR (vgl Art 25 GG) nicht tangiert.

Die **Ewigkeitsgarantie** des Art 79 III GG steht den durch Abs 2 bis 5 vorgenommenen Änderungen der Asyl- und Rechtsschutzgewährleistung letztlich nicht entgegen (Rn 85 ff, 93, 100, 105, 109, 114, 115 ff; Hailbronner, ZAR 1993, 107; Renner, ZAR 1993, 118; betr. Drittstaatenklausel ebenso Classen, DVBl. 1993, 700). Soweit die Gewährleistung des Grundrechts auf Asyl in Abs 1 durch die nachfolgenden Abs für einige wichtige Fallgruppen ausgeschlossen oder beschränkt wird, handelt es sich zwar zT auch um Einschränkungen, welche die personelle Reichweite des Asylgrundrechts ganz erheblich begrenzen. Auch wenn die Voraussetzungen für die Inanspruchnahme des Grundrechts damit gegenüber dem früheren Rechtszustand wesentlich verengt werden, lässt sich dies aber nicht in entsprechender Anwendung von Art 19 II GG beanstanden. Die Verfassung bietet keine Vorkehrung dagegen, dass ein Grundrecht seinen Voraussetzungen nach nur wenigen Personen zustehen

11

12

13

kann. Soweit die Achtung der Menschenwürde (Art 1 GG) oder das Verbot der Todesstrafe (Art 102 GG) die Nichtabweisung von Flüchtlingen gebieten, um sie vor Tod oder Folter oder anderer menschenunwürdiger Behandlung zu bewahren, bleibt der daraus erwachsende individuelle Schutzanspruch trotz der Asylrechtsänderung, wenn auch in eingeschränktem Umfang, erhalten (Rn 83, 85, 114). Hinsichtlich des Rechtsschutzes ist zu beachten, dass dieser auch durch eine Verfassungsänderung nicht entzogen werden darf, soweit es um die Verteidigung des Lebens, der elementaren Freiheiten und der körperlichen Unversehrtheit geht (BVerfGE 30, 1; Rn 85 ff, 111 ff; Renner, ZAR 1993, 118).

14 Obwohl die Einzelregelungen über verfolgungsfreie Herkunftsstaaten, verfolgungssichere Drittstaaten u. Rechtsschutz den herkömmlichen Rahmen von Grundrechtsbestimmungen sprengen, sind sie nicht allein wegen ihrer Form zu beanstanden. Diese ungewöhnlich wirkende Gesetzestechnik ist auf die Schwierigkeit zurückzuführen, politische Kompromisse umzusetzen u. einen entsprechend gezielten **Gesetzesvorbehalt** präzise zu formulieren. Soweit dem Gesetzgeber ausdrückliche Regelungsaufträge erteilt sind (Abs 2 S. 2, Abs 3 S. 1, Abs 4 S. 2), ist nicht ohne weiteres sicher, dass die gleichzeitig erfolgten Änderungen des AsylVfG den gesetzgeberischen Spielraum einerseits einhalten u. andererseits voll ausschöpfen. Entsprechendes gilt, soweit ohne ausdrücklichen Vorbehalt im GG Ausführungsbestimmungen durch einfaches Ges oder durch vr Vertrag getroffen werden dürfen, nämlich zu Abs 2 S. 3, Abs 3 S. 2 u. Abs 5.

2. Einschränkungen

15 Abs 2, 3 u. 5 beschreiben die Fälle des Ausschlusses u. der **Einschränkung des AsylR abschließend.** Deshalb fehlt es an verfassungsrechtlichen Grundlagen für die Einreiseverweigerung nach rechtskräftiger Verurteilung wegen einer besonders schweren Straftat zu Freiheitsstrafe von mindestens drei Jahren (§ 18 III Nr 3 AsylVfG) u. für die Ablehnung des Asylantrags als offensichtlich unbegründet nach rechtskräftiger Ausweisung gemäß §§ 53, 54 AufenthG oder nach rechtskräftiger Verurteilung wegen eines Verbrechens oder wegen einer besonders schweren Straftat, nach einem Verbrechen gegen den Frieden, einem Kriegsverbrechen oder einem Verbrechen gegen die Menschlichkeit (§ 30 III Nr 6, IV AsylVfG iVm § 60 VIII AufenthG). Die Ausweisung politisch Verfolgter kann zwar noch mit Abs 1 zu vereinbaren sein, weil damit nur ein Ausreisebefehl erteilt wird; Zurückweisung u. Abschiebung Asylber in den Verfolgerstaat werden jedoch im Schrifttum ganz überwiegend für verfassungswidrig erachtet (vgl die Nw bei § 60 AufenthG Rn 27). Die genannten Ausschlusstatbestände stimmen zwar teilweise mit Art 33 II GK überein; die dortigen Voraussetzungen sind aber nicht als Ausschlusstatbestand unmittelbar in Art 16 a GG aufgenommen worden. Deshalb existiert, da die GK nicht in das GG inkorporiert ist, keine sichere verfassungsrechtliche Basis für die Übernahme dieser Beschränkungen der förmlichen Asylanerkennung in das AsylVfG, und zwar auch nicht als Fall evidenter Unbegründetheit. Der vom BVerfG angenommene Terrorismusvorbehalt (Rn 64 f) bietet hierfür ebenfalls keine Grundlage. Eine insgesamt andere Bewertung kann sich freilich hinsichtlich der Flüchtlingsanerkennung ergeben, nicht zuletzt aufgrund der EU-Richtlinien zum Asylstatus u. zum Asylverfahren (dazu Rn 131 ff).

3. Entstehung und Umfang des Grundrechts

16 Die durch das AsylR vermittelte Rechtsstellung wird **konstitutiv** mit dem Schutzgesuch erworben, nicht erst durch eine staatl Verleihung; die Asylanerkennung hat lediglich **deklaratorische** Bedeutung, wenn sie auch zur wirksamen Durchsetzung des AsylR erforderlich ist (vgl § 2 AsylVfG Rn 11). Die Abwehrrechte, die den Kern des Asyls ausmachen, nämlich Schutz vor Zurückweisung an der Grenze, Zurückschiebung, Abschiebung sowie Auslieferung, genießt der politisch Verfolgte ohne weiteres. Die über diesen Mindestschutz hinausgehenden Rechte u. Vergünstigungen sind dagegen von der staatl Zuerkennung abhängig.

Politisch Verfolgter **GG 3**

Da sie meist die förmliche Asylanerkennung voraussetzen, wirkt diese insoweit konstitutiv (§ 2 AsylVfG Rn 12).

Das asylr **Abschiebungsverbot** (vgl § 60 I 1 AufenthG) gehört zu dem durch Abs 1 17 gesicherten Grundbestand an Schutzrechten des politisch Verfolgten. Ungeachtet der möglichen Differenzen zwischen Abs 1 einerseits u. § 60 I 1 AufenthG u. Art 33 GK andererseits (dazu Rn 120 u. § 1 AsylVfG Rn 14 ff) kommt jeder politisch Verfolgte auch in den Genuss des Abs 1. Die Beschreibung der Rechtsstellung „sonstiger politisch Verfolgter" in § 3 AsylVfG bestätigt dies ausdrücklich. Nur den förmlich als Asylber anerkannten politischen Flüchtlingen ist ein AufR auf Dauer einzuräumen, das ihnen die Führung eines menschenwürdigen Lebens im Bundesgebiet sichert (vgl dazu BVerwGE 49, 202), das aber andererseits seinem Zweck entsprechend grundsätzlich an das Fortbestehen der Verfolgungsgefahr gebunden ist. Damit sind anerkannte Asylber vor allem auch gegen die Überstellung an einen sicheren Drittstaat geschützt. Eben dies ist den politisch Verfolgten ohne förmlichen Status aber nicht garantiert; sie laufen Gefahr, in einen anderen als den Verfolgerstaat abgeschoben zu werden, falls ihnen dort nicht die unmittelbare oder mittelbare Weiterschiebung in den Verfolgerstaat droht (vgl §§ 3, 70 I AsylVfG).

Asylbew partizipieren an dem Schutz des Abs 1 deshalb, weil ihnen der Aufenthalt im 18 Bundesgebiet vor einer verbindlichen Entscheidung über die Asylberechtigung grundsätzlich nicht verwehrt werden darf. Sie sind mit der Äußerung des Asylgesuchs **vorläufig** zum Bundesgebiet **zugelassen;** das ihnen durch Ges verliehene vorläufige AufR der AufGest entsteht unabhängig von der späteren Dokumentation durch Ausstellung einer dahingehenden Bescheinigung (§ 55 AsylVfG Rn 2).

IV. Politisch Verfolgter

1. Allgemeines

Die Inanspruchnahme des Grundrechts auf Asyl steht auch ohne ausdrückliche Beschrän- 19 kung in Abs 1 **nur Ausl** zu (zu der Einschränkung in § 1 AsylVfG vgl dort Rn 33). Ausgenommen sind Dt iSd Art 116 I GG, weil ihnen Zugang u. Verbleib sowie Freizügigkeit im Bundesgebiet ohnehin gewährleistet sind. Dies wurde trotz anfänglicher Zweifel schließlich auch im Parlamentarischen Rat klargestellt (Kreuzberg/Wahrendorf, S. 34 f, 49 ff).

Begünstigt ist auch der **Staatenlose,** wenn er im Staat seines gewöhnlichen Aufenthalts 20 aus politischen Gründen verfolgt zu werden droht (dazu Große, InfAuslR 2002, 449). Hierzu gehören De-facto-Staatenlose u. Personen mit ungeklärter fremder StAng; für sie alle gilt der Schutzgedanke des Abs 1 (vgl auch § 1 AsylVfG Rn 32). Entfällt allerdings der Staat des gewöhnlichen Aufenthalts infolge asylr unerheblicher Ausweisung oder Aussperrung, fehlt auch der Ausgangspunkt für eine staatl oder einem Staat zurechenbare Verfolgung; damit geht zugleich die Anknüpfung asylr Schutzes verloren, so dass eine Lösung des Schicksals dieser Personen nur nach dem StlÜbk in Betracht kommt (BVerwG, EZAR 200 Nr 11 u. 15, 630 Nr 22).

Der für das dt AsylR zentrale Begriff der politischen Verfolgung ist **unmittelbar Art 16 a** 21 **I GG** zu entnehmen (zu der insoweit maßgeblichen Rspr des BVerfG: Marx, InfAuslR 2004, 21; Roeser, EuGRZ 1998, 429 u. 2000, 346; Schenk, NVwZ 2002, 801; zu den verfassungsrechtlichen Anforderungen an Asylentscheidungen Jobs, ZAR 2002, 219; zur Verfassungsbeschwerde in Asylsachen Protz, ZAR 2002, 309). Danach ist als politisch Verfolgter anzusehen, wer bei einer Rückkehr in seine Heimat aus politischen Gründen Verfolgungsmaßnahmen für Leib oder Leben oder Beeinträchtigungen seiner persönlichen Freiheit zu erwarten hat (BVerfGE 54, 341). Dem Asylanspruch des GG liegt die von der Unverletzlichkeit der Menschenwürde bestimmte Überzeugung zugrunde, dass kein Staat über das Recht verfügt, Leib, Leben oder persönliche Freiheit des Einzelnen aus Gründen zu gefährden oder zu verletzen, die allein in dessen politischer Überzeugung oder religiöser Grundentscheidung oder in unverfügbaren, jedem Menschen von Geburt an anhaftenden Merkmalen liegen (BVerfGE 76, 143; BVerwGE 67, 184). Das AsylR gilt dem Flüchtling, der sich aufgrund ihn aus dem staatl Friedensverband ausgrenzender Verfolgung in einer für ihn ausweglosen Lage befindet (BVerfGE 74, 51; 76, 143; 80, 315).

22 Während Art 16a I GG eine **objektive Beurteilung** der Verfolgungsgefahr verlangt, stellt Art 1 A Nr 2 GK auf die eher subjektiv gefärbte „begründete Furcht" („well-founded fear") vor Verfolgung ab, für die „gute Gründe („good reasons") gegeben sein müssen. Für das Refoulement-Verbot des Art 33 GK u. das ihm nachgebildete Abschiebungsverbot des § 60 I 1 AufenthG wiederum kommt es auf eine objektive Bedrohung der dort genannten Art an. Ungeachtet dieser Unterschiede wurde bisher für die innerstaatliche Rechtsanwendung eine Identität der Verfolgungsbegriffe zugrunde gelegt (näher dazu Rn 119 f; § 1 AsylVfG Rn 14 ff; § 60 AuslG Rn 8). Ob diese Annahme einer weitgehenden Kongruenz beider Schutzbereiche möglicherweise aufgrund der EU-Asyl-Richtlinien u. der an ihnen ausgerichteten Definitionen des § 60 I 3 u. 4 AufenthG modifiziert werden muss, ist nicht sicher, zumindest aber nicht von vornherein auszuschließen (dazu Rn 131 ff).

23 Versuche einer **allg Definition** der politischen Verfolgung sind mannigfach unternommen worden. Eine in jeder Beziehung allg anerkannte Rechtsüberzeugung hat sich aber weder daraus noch aus der Rspr des BVerfG u. des BVerwG entwickelt. Eine solche anerkannte Rechtsmeinung lag weder den Beratungen des Parlamentarischen Rates zugrunde (vgl Kreuzberg/Dahrendorf, S. 19 ff), noch kann sie den zahlreichen vr Vereinbarungen über Asyl- u. Flüchtlingsrecht entnommen werden (vgl zB Berberich, ZAR 1985, 30; Hailbronner in Beitz/Wollenschläger, S. 69 ff; ders., ZAR 1987, 3; Hofmann, ZAR 1984, 155; Jahn in Beitz/Wollenschläger, S. 143 ff; Kälin, ZAR 1986, 172; Kimminich, Rechtsstatus S. 100 ff; Köfner/van Krieken, ZAR 1984, 151; v. Pollern, S. 48 ff; UNHCR, Hdb. über Verf u. Kriterien zur Feststellung der Flüchtlingseigenschaft, 1979; Veiter, AsylR als Menschenrecht, 1969; Wollny, ZAR 1989, 116).

24 Ob es im Zuge der seit den 1980er Jahren angestrebten Harmonisierung des AsylR auf **europäischer Ebene** gelingen würde, einen einheitlichen Flüchtlingsbegriff zu finden, war lange Zeit unsicher. Dahingehende politische Bemühungen ließen zunächst eine eindeutige materielle Definitionsbasis nicht erkennen (vgl zB v. Arnim, Hein, Huber, de Jong, Kimminich, Koisser, Kröning, Langguth, Leuprecht, Manfrass, Melander, Nicolaus, Rothkegel u. Stöckli in Barwig ua, AsylR im Binnenmarkt; ECRE, Asylum in Europe; Reichert, ZAR 1991, 37; Schäuble, ZAR 1991, 56; zu Verträgen iSd Abs 5 vgl Rn 127 ff). Die Rspr des BVerfG zum Asylgrundrecht hat sich zunehmend von der Anlehnung an die GK entfernt u. damit den Sonderweg des dt AsylR bekräftigt (vgl Rennert, ZAR 1991, 155). Nachdem nunmehr mit den **EU-Asyl-Richtlinien** auf der Grundlage einer weitgehenden Vergemeinschaftung des AsylR durch den Amsterdamer Vertrag einheitliche europäische Mindestnormen festgelegt sind, lässt sich die Frage, ob zumindest für Europa ein einheitlicher Flüchtlingsbegriff gilt oder jedenfalls allmählich entwickeln wird, besser beantworten als noch vor einigen Jahren (dazu Rn 131 ff). Da die Definitionen des § 60 I AufenthG an den neuen europäischen Standards ausgerichtet u. nicht auf die Anwendung der GK beschränkt sind, tritt die Abweichung der bisherigen Auslegung des Verfolgtenbegriffs des GG von dem internationalen Flüchtlingsbegriff noch einmal deutlich zu Tage. Daher ist es jetzt so angezeigt u. dringlich wie nie, diese Divergenz erneut zu überdenken u. sie möglichst zu beseitigen (dazu Rn 131 ff).

25 Ungeachtet dessen werden nachfolgend zunächst die **einzelnen Kriterien** zur Feststellung politischer Verfolgung iSd Art 16a I GG anhand der Rspr des BVerfG u. des BVerwG dargestellt u., soweit angezeigt, krit betrachtet (vgl dazu auch Rennert, ZAR 1991, 155; Schenk, S. 17 ff; zur älteren Rspr des BVerwG umfassend Schaeffer, Asylberechtigung, 1980). Soweit es Einzelinformationen über Herkunftsländer, Verfolgtengruppen oder bestimmte Sachprobleme angeht, muss auf die allg zugänglichen Datenbanken, auf Fachschrifttum, Zeitschriften u. Entscheidungssammlungen der Gerichte sowie auf die systematische

Politisch Verfolgter **GG 3**

Sammlung der EZAR (nF seit 2005) verwiesen werden. Hinsichtlich der Verfahrensregeln wird auf Rn 79 ff, 108 ff, 115 ff u. die einschlägigen Vorschriften des AsylVfG, insb §§ 13 ff, 23 ff, 34 ff, 74 ff, Bezug genommen.

Auf eine nach Herkunftsländern oder Stichwörtern gegliederte **Übersicht** (wie noch in 26 der 4. Aufl., S. 539 ff) wird aus verschiedenen Gründen verzichtet. Die Gerichtsentscheidungen zu einzelnen Ländern oder Verfolgungstatbeständen sind inzwischen so zahlreich geworden, dass sie nicht mehr zuverlässig ausgewählt, methodisch ausgewertet u. so übersichtlich dargestellt werden können, dass der Leser einen Nutzen hieraus ziehen kann. Zudem sind die politischen Entwicklungen in den Hauptherkunftsländern, insb in den Staaten des früheren Ostblocks, Asiens u. Afrikas in den letzten beiden Jahrzehnten so stürmisch verlaufen, dass ein großer Teil älterer Rspr als gänzlich überholt angesehen werden muss. Darüber hinaus zeigt die seit den früher 1980er Jahren verstärkte Beschneidung des Instanzenzugs Wirkung: die Einheitlichkeit der Rspr. ist, wie vorauszusehen war, in Gefahr geraten, einzelne Entscheidungen der Instanzgerichte geben also immer weniger verlässliche Auskunft über die wirkliche Rechtslage. Schließlich verfallen auch rechtskräftige Entscheidungen des BVerwG, der OVG/VGH u. der VG zunehmend öfter der Aufhebung durch das BVerfG, geben also nicht unbedingt immer den aktuellen Stand der Rspr wieder. Letztendlich hat die Umstrukturierung des Asylgrundrechts aufgrund der GG-Änderung 1993 sogar ehedem allg anerkannte Grundsätze relativiert u. obsolet werden lassen.

2. Verfolgung

Verfolgung im grundgesetzlichen Sinne bedeutet zunächst eine Rechtsgutbeeinträchti- 27 gung von asylr erheblicher Intensität, durch die der Flüchtling in eine ausweglose Lage geraten ist (BVerfGE 80, 315). Ein **Eingriff** in Leib, Leben oder persönliche Freiheit stellt insoweit stets eine asylbegründende Maßnahme dar; Beeinträchtigungen anderer Rechte, etwa der Freiheit der Religion oder der wirtschaftlichen Betätigung, genügen nur dann, wenn sie nach Intensität u. Schwere die **Menschenwürde** tangieren u. über das hinausgehen, was die Bewohner des Heimatstaats allg system- u. situationsbedingt hinzunehmen haben (BVerfGE 54, 341; BVerwGE 74, 31; BVerwG, EZAR 202 Nr 9). Eingriffe in unterschiedliche Schutzgüter mit jew nicht ausreichender Intensität stellen auch in ihrer Gesamtheit keine asylrelevante Verfolgung dar (BVerwGE 88, 367; BVerwG, NVwZ-RR 1995, 607). Sie dürfen aber nicht völlig isoliert betrachtet werden (aA wohl BVerwGE 82, 171). Ein Klima allg moralischer, religiöser oder gesellschaftlicher Verachtung kann insgesamt die Prognose politischer Verfolgung rechtfertigen (BVerwGE 88, 367). Unabhängig von dem Rechtsgut muss es sich um eine gezielte Beeinträchtigung handeln, die aus der staatlichen Friedensordnung ausgrenzen soll (BVerfGE 80, 315). Zu den Auswirkungen der EU-Asyl-RL u. § 60 I 4 AufenthG s. Rn 131 ff.

Ausbürgerung oder sonstige Aussperrung vom Staatsgebiet kann die schärfste Form der 28 Ausgrenzung darstellen (dazu BVerwG, EZAR 200 Nr 31). Anders kann es sich dagegen mit einer Ausbürgerung wegen Wehrdienstentziehung handeln (betr Türkei OVG Lüneburg, EZAr 202 Nr 32) oder bei einer nur vorübergehenden Wiedereinreisesperre (BVerwG, DVBl. 1997, 912). Ist die Staatenlosigkeit nicht in asylrelevanter Weise herbeigeführt, muss das Schicksal des Betroffenen nach den Regeln über Staatenlose gelöst werden. Ob **Inhaftierungen** oder **Körperverletzungen** dadurch relativiert werden dürfen, dass im Herkunftsstaat geltende Maßstäbe herangezogen werden (so wohl Rennert, ZAR 1991, 155), erscheint äußerst fraglich. Leib, Leben u. persönliche Freiheit sind asylr ähnlich absolut geschützt wie nach allg menschenrechtlichen Normen, etwa durch Art 2 u. 5 EMRK. Bloße körperliche Belästigungen oder Freiheitsbeschränkungen stellen ohnehin keine Eingriffe in die genannten Rechtsgüter dar. Anders können sich zB zwangsweise Beschneidungen darstellen (BVerwGE 89, 162; betr Genitalverstümmelung in Nigeria VG Aachen, EZAR 202 Nr 34; allg dazu Bumke, NVwZ 2002, 423) oder Razzien, bei denen es wiederholt zu Folter, Vergewaltigung u. Brandstiftung kommt (BVerfG-K, NVwZ 1992, 1081). Zum Schutz gegen asylr nicht relevante Verletzungen vgl § 60 VII AufenthG.

29 Eingriffe in die berufliche oder sonstige **wirtschaftliche Betätigung** müssen das Existenzminimum u. damit die Grundlagen eines menschenwürdigen Daseins ernsthaft in Frage stellen (BVerfGE 76, 143; BVerwG, NVwZ 1987, 701). Eine Existenzgefährdung genügt zB dann nicht, wenn ihr durch einen Tätigkeitswechsel begegnet werden kann (BVerwG, Bh. 402.25 § 1 Nr 104) oder wenn zwar ein Studium verhindert wird, eine andere Berufsausbildung aber möglich bleibt (BVerwG, InfAuslR 1988, 22). Das teilweise Vorenthalten von Lohn gefährdet im Allg noch nicht die Existenz (BVerfGE 88, 367), u. die teilweise Wegnahme landwirtschaftlichen Besitzes kann uU durch Lohnarbeit ausgeglichen werden (BVerwG, Bh 402.25 § 1 Nr 104).

30 Religiöse Verfolgung ist asylrelevant, wenn sie darauf abzielt, die Angehörigen der Religionsgruppe physisch zu vernichten, mit vergleichbar schweren Sanktionen zu bedrohen oder ihrer religiösen Identität zu berauben (BVerfGE 76, 143). Geschützt sind danach als Bestandteile des **religiösen Existenzminimums** anerkanntermaßen die Religionsausübung im häuslich-privaten Bereich, Gebet u. Gottesdienst mit anderen Gläubigen sowie Glaubensgespräch u. -bekenntnis im nachbarschaftlich-kommunikativen Bereich (BVerfG aaO; BVerwG, NVwZ 1989, 477). Innen- u. Außenbereich sollen in der Weise voneinander abgegrenzt werden, dass der Besitz u. das Bekennen des Glaubens im privaten Bereich u. in der persönlichen Gemeinschaft Gleichgesinnter geschützt sind (BVerwG, NVwZ 1996, 82; zum Schutz des religiösen Minimums nach § 53 VI AuslG = § 60 VII AufenthG BVerwG, EZAR 043 Nr 45). Welche Bestandteile des religiösen Lebens unverzichtbar sind, kann nicht allg für alle religiösen Gemeinschaften festgestellt werden, sondern hängt vorwiegend von deren Selbstverständnis ab (BVerfGE 81, 58). Objektiv zu bestimmen ist allerdings die Gewährleistung des Existenzminimums (BVerwG 80, 321). Daher kommt es nicht darauf an, ob eine Religionsgemeinschaft gewisse äußere Bekenntnisformen für sich als identitätsbestimmend erachtet (BVerfGE 76, 143; BVerfGE 87, 52). Ob diese Relativierung freilich dem asylr Schutz der religiösen Selbstbestimmung gerecht zu werden vermag, ist zweifelhaft, weil das religiöse Bekenntnis nicht nur in einer irgendwie gearteten „sozial verträglichen" Form geschützt ist, sondern in allen für eine wirksame Ausübung unerlässlichen Ausformungen. Zwar kann der Grundrechtsschutz des Art 4 GG nicht „per Asylgrundrecht exportiert" werden, es darf aber umgekehrt der Schutz des religiös Verfolgten nicht nach den Maßstäben eines vorgeblich „rational reduzierten", in Wirklichkeit vollkommen säkularisierten, ja eigentlich schon anti- oder jedenfalls areligiös geprägten mitteleuropäischen Verständnisses den vermeintlichen Gegebenheiten eines in Auflösung begriffenen ehemals christlichen Europas angepasst werden. Für den Grundgesetzgeber und auch jetzt noch allein maßgeblich ist die Überzeugung von der Schutzbedürftigkeit „unveräußerlicher Werte", zu denen neben der politischen auch die religiöse Überzeugung gehört, u. zwar unabhängig von ihrer Nachvollziehbarkeit u. Sozialverträglichkeit. Es versteht sich von selbst, muss aber im Blick auf aktuelle Beurteilungen des islamischen Fundamentalismus erneut hervorgehoben werden, dass der asylr Schutz nicht auf Angehörige christlicher Religionen oder auf religiöse Gemeinschaften beschränkt ist, die dem Christentum inhaltlich oder organisatorisch vergleichbar sind oder nahe stehen.

31 Bei entsprechender Glaubenslehre u. -praxis kann der Erhalt einer Religionsfamilie **existenznotwendig** sein (BVerfGE 81, 58). Das auf besonders strengen religiösen Wertvorstellungen beruhende strafbewehrte Verbot, sich mit einer Freundin in der Öffentlichkeit zu treffen, soll nicht in den Kernbereich der Religionsfreiheit eingreifen (BVerwG, EZAR 202 Nr 16). Ebenso wenig die Untersagung der Verwendung bestimmter religiöser Bezeichnungen, Merkmale oder Symbole in der Öffentlichkeit (BVerfGE 76, 143; aA betr Strafe für muslimischen Gebetsruf BVerwG, EZAR 201 Nr 24), dem Verbot der Teilnahme an einem „öffentlichen Gottesdienst" (BVerwG, EZAR 201 Nr 35) oder das allg Gebot, die Staatsflagge zu grüßen (BVerwGE 80, 321). Anders verhält es sich bei einem strafbewehrten Verbot des organisatorischen Zusammenschlusses u. der gemeinschaftlichen Religionsaus-

übung (BVerwGE 80, 321) oder der Missionierung (BayVGH, EZAR 202 Nr 10) sowie der Todesstrafe wegen Apostasie bei öffentlicher Ausübung der Religion (BVerfGE 76, 143) oder von Freiheitsstrafe wegen Verwendung des muslimischen Gebetsrufs u. Tragens der *kalima* durch einen Ahmadi (BVerwG, EZAR 201 Nr 24). Vom Verbot bestimmter Betätigungsformen sind jedoch nur die jew Tätigen betroffen, nicht allg die gesamte Religionsgruppe (BVerfGE 76, 143). Die Einrichtung einer Staatsreligion berührt für sich genommen noch nicht den Kernbereich anderer Religionen (BVerfGE 76, 143). Gezielte Strafvorschriften gegen den religiösen Privatbereich sind dagegen nur dann irrelevant, wenn der Einzelne aufgrund festgestellter Rechtspraxis davor sicher ist (vgl BVerfG-K, AuAS 1995, 170). Körperstrafen islamischen Rechts können je nach Strafpraxis durchaus asylr relevante Zwecke verfolgen (aA im Einzelfall BVerwG, EZAR 202 Nr 16; vgl auch Heldmann, ZAR 1990, 137).

Ob die Pflicht zur Teilnahme am islamischen **Religionsunterricht** für christliche Kinder einen asylerheblichen Eingriff darstellt, hängt gewiss von den tatsächlichen Umständen ab, kann aber nicht rundweg verneint werden (aA BVerwG, EZAR 202 Nr 9). Das religiöse Existenzminimum ist zumindest dann nicht mehr gewahrt, wenn minderjährige Christen in einem staatl Waisenhaus nach islamischen Wertvorstellungen erzogen u. zusätzlich durch islamischen Religionsunterricht zu einem ihrer Religion widerstrebenden Bekenntnis gezwungen werden. Der hierin liegende tatsächliche Eingriff kann nicht durch die rechtliche Überlegung relativiert werden, es handele sich dabei nicht um Indoktrination oder Umerziehung (so aber BVerwG, EZAR 202 Nr 17). Damit wäre die für eine Religionsgemeinschaft u. damit für einen Gläubigen je nach Inhalt u. Selbstverständnis existenzielle Bedeutung der Unterrichtung im Glauben u. der Weitergabe religiöser Erfahrungen u. Überlieferungen zu Unrecht vernachlässigt. 32

Die Folgen langfristiger **Anpassungsprozesse** aufgrund allg Veränderung der Lebensgrundlagen werden zwar vom AsylR nicht erfasst (BVerwG, EZAR 203 Nr 2). Damit scheidet aber nicht jeder „Anpassungsdruck" aus dem Schutzbereich des Asylgrundrechts aus (BVerfGE 81, 58). Zwangsweise Umerziehung u. Zwangsassimilation bleiben asylbegründend, auch wenn sie längerfristig angelegt sind u. schleichend wirken (aA BVerwGE 62, 123; BVerwG, EZAR 202 Nr 17). Hier ist eine kurzfristige Betrachtung nicht ausreichend, es zählen allein Dauerwirkungen, sofern sie nicht völlig unbeabsichtigt eintreten. Allg **Notlagen** aufgrund von Naturkatastrophen, Korruption oder Misswirtschaft scheiden schon deshalb aus, weil sie nicht durch einen Eingriff verursacht sind, der an asylerhebliche persönliche Merkmale anknüpft. Das AsylR kann zudem nicht dazu dienen, die allg Lebenssituation des Flüchtlings zu verbessern (BVerfGE 54, 341; 80, 315; vgl auch § 30 II AsylVfG). 33

3. Staatliche Verfolgung

Als Verfolgungsmaßnahmen kommen nur **staatliche oder dem Staat zurechenbare** Handlungen in Betracht (BVerfGE 54, 341; 76, 143; 80, 315; BVerwGE 95, 42; dazu Marx, ZAR 2001, 12; zu den EU-Asyl-RL u. § 60 I 4 AufenthG s. Rn 131 ff). Der asylr Eingriff kann entweder vom Staat oder seinen Organen selbst ausgehen oder von ihnen zu verantworten sein. Insb die faktische Einheit von Staat u. Staatspartei oder von Staat u. Staatsreligion kann es rechtfertigen, dem Staat Maßnahmen von Angehörigen der Staatspartei oder der Staatsreligion als eigene Verfolgung zuzurechnen (BVerfGE 54, 341). 34

Dem Staat sind nicht nur die ihn uU allein beherrschende Partei oder Religionsgemeinschaft **gleichzusetzen;** dem Staat steht vielmehr auch gleich, wer ihn ersetzt oder verdrängt hat u. faktisch die Staatsgewalt ausübt (BVerwGE 80, 315; BVerwG, EZAR 202 Nr 6). Die **quasistaatliche** Gewalt soll staatsähnlich organisiert, effektiv u. stabilisiert sein (BVerwG, EZAR 200 Nr 32). Die Anforderungen an die Effektivität der Herrschaftsgewalt über das Staatsgebiet dürfen aber nicht überspannt werden (betr Afghanistan unter den Taliban BVerfG-K, EZAR 202 Nr 30; dazu Marx, InfAuslR 2000, 513). Solange der Staat freilich die effektive Gebietsgewalt verloren (betr Irak im Januar 2004 OVG SaAnh, EZAR 202 35

Nr 35; allg zum Irak Klug/Betz, ZAR 2003, 13) u. (im offenen oder Guerilla-Bürgerkrieg) nicht wiedererlangt hat u. nur die Rolle einer Bürgerkriegspartei ausübt, fehlt es grundsätzlich an einer staatlichen Gewalt, von der asylrelevante Verfolgungshandlungen ausgehen können (BVerfGE 80, 315; zum Bürgerkrieg Rn 38 u. § 1 AsylVfG Rn 18).

36 Der Staat ist asylr nicht nur für eigene Verfolgungshandlungen verantwortlich, sondern auch für Handlungen **„privater" Einzelner oder Gruppen,** wenn er diese anregt, unterstützt, billigt oder tatenlos hinnimmt u. damit den Betroffenen den ihnen zustehenden Schutz versagt, weil er hierzu nicht willens oder nicht imstande ist (BVerfGE 54, 341). Damit wird dem Staat fremdes Verhalten zugerechnet, weil er selbst seiner gegenüber allen Staatsangehörigen ungeachtet Rasse, Religion oder anderer Merkmale obliegenden Schutzpflicht nicht nachkommt. Fehlende Schutzfähigkeit kann erst angenommen werden, wenn der Staat zur Verhinderung von Übergriffen für eine gewisse Dauer außerstande ist (BVerwGE 67, 317).

37 Zurechenbarkeit setzt Kenntnis u. zumindest Duldung von Übergriffen voraus (BVerfGE 80, 315). Fehlender Schutzwille ist immer asylrelevant (BVerwGE 70, 232; BVerwG, EZAR 202 Nr 4). Daher müssen die Sicherheitskräfte zum Schutz verpflichtet u. auch landesweit dazu angehalten werden (BVerwG, EZAR 202 Nr 24). Mangelnde **Schutzfähigkeit** allein rechtfertigt noch keine Zurechnung (BVerfGE 80, 315; 81, 58; 83, 216; BVerwGE 74, 41). Auch im AsylR gilt also der Grundsatz: ultra posse nemo obligatur (Rennert, ZAR 1991, 155). Da kein Staat lückenlosen Schutz zu gewährleisten vermag (BVerwGE 72, 269), kommt es darauf an, ob er die ihm an sich zur Verfügung stehenden Mittel einsetzt (BVerfGE 74, 41). Ihm muss für Schutzmaßnahmen uU eine gewisse Zeitspanne zugebilligt werden, bis er auf Übergriffe reagieren kann (BVerwGE 70, 232; 72, 269; BVerwG, EZAR 202 Nr 12). Seine Verantwortlichkeit endet aber nicht dadurch, dass er aus innenpolitischen Gründen gegen gesellschaftlich mächtige Gruppen nicht vorgeht (BVerwG, EZAR 202 Nr 26) oder das Gesetz des Handelns an andere Kräfte verloren hat u. sich gegen sie nicht durchzusetzen vermag (BVerwGE 67, 317; 74, 160).

38 Schutz vor den Folgen anarchischer Zustände oder der Auflösung der Staatsgewalt bietet das AsylR überhaupt nicht (BVerfGE 80, 315). Auch im **Bürgerkrieg** kann aber asylrelevante Verfolgung stattfinden (BVerwG, EZAR 201 Nr 4). Es kommt darauf an, ob der Staat noch die überlegene Macht besitzt u. Einzelne oder bestimmte Gruppen in Anknüpfung an asylerhebliche Merkmale selektiert (BVerfGE 80, 315; BVerwGE 72, 269; dazu Marx, ZAR 1999, 48; zur Rspr Klug, NVwZ-Beil 2001, 65). Im offenen Bürgerkrieg stellen Maßnahmen, die der Rückeroberung eines Gebiets dienen u. ein typisch militärisches Gepräge aufweisen, grundsätzlich keine politische Verfolgung dar (Rn 35); anders verhält es sich jedoch bei Übergriffen auf die nichtbeteiligte Zivilbevölkerung oder bei gezielter physischer Vernichtung oder Zerstörung der ethnischen, kulturellen oder religiösen Identität der gesamten aufständischen Bevölkerung (BVerfGE 80, 315). Genozid oder ähnliche kollektive Vernichtungsaktionen bleiben auch während des offenen Bürgerkriegs asylrechtsbegründend. Ebenso verhält es sich während eines Guerilla-Bürgerkriegs, in dem die staatliche Friedensordnung prinzipiell aufgehoben ist.

39 Asylr hat der Staat nicht allg für **Amtswalterexzesse** einzustehen (BVerfGE 80, 315), die er weder kennt noch sonst aufgrund eigenen Verhaltens zu vertreten hat. Erforderlich sind aber im Einzelfall genauere Feststellungen zur Singularität des Übergriffs (BVerfG-K, EZAR 202 Nr 33). Asylr nicht verantwortlich ist der Staat auch für kriminelle Privatorganisationen (zB Mafia), solange sie ihm nicht aufgrund Unterstützung oder Billigung zuzurechnen sind (Rennert, ZAR 1991, 155). Übergriffe sind ihm aber bei Kenntnis u. Billigung u. tatenloser Hinnahme oder aufgrund Untätigkeit zuzurechnen (BVerwGE 74, 160).

4. Politische Verfolgung

40 Verfolgungsmaßnahmen sind politisch, wenn sie auf asylerhebliche persönliche Merkmale oder Eigenschaften abzielen. Das Attribut „politisch" besagt allein noch nichts über den erforderlichen Charakter einer Verfolgungsmaßnahme. Es gewinnt seine Bedeutung erst aus

dem historischen Rückblick auf die Flüchtlingsströme des letzten Jahrhunderts u. aus der vr Regelungstradition, die ihren Ausdruck vor allem in der Begriffsbestimmung des Art 1 A Nr 2 GK gefunden hat. In Anlehnung hieran ist eine Verfolgung als „politisch" anzusehen, wenn sie auf bestimmte **persönliche Merkmale** abzielt, nämlich auf Rasse, Religion, Nationalität, politische Überzeugung oder Zugehörigkeit zu einer bestimmten sozialen (besser: gesellschaftlichen = englisch „social") Gruppe (BVerfGE 76, 143; BVerwGE 67, 195; 69, 320). Politische Verfolgung ist dadurch geprägt, dass sie dem Einzelnen in Anknüpfung an asylerhebliche Merkmale gezielt Rechtsverletzungen zufügt, die ihn ihrer Intensität nach aus der übergreifenden Friedensordnung der staatlichen Einheit ausgrenzen (BVerfGE 80, 315). Der Schutz der politischen Überzeugung kommt auch deren Äußerung zugute; staatl Maßnahmen gegen Meinungsäußerungen richten sich meist gegen die zugrunde liegende Überzeugung u. sollen diese treffen (vgl Rn 42, 62). Ob Abs 1 hinsichtlich der Anknüpfungspunkte über Art 1 A Nr 2 GK hinausgeht, ist fraglich (zur Gruppe der Begüterten vgl BVerfG-A, EZAR 150 Nr 7; betr irreversibel Homosexuelle als Mitglied einer gesellschaftlichen Gruppe vgl HessVGH, 21. 8. 1986 – 10 OE 69/83 –; offen gelassen von BVerwGE 79, 143; betr nichteheliches Kind aus Iran VG Darmstadt, EZAR 201 Nr 36; betr Homosexuelle aus Jemen VG Gießen, EZAR 201 Nr 31; betr geschlechtsspezifische Verfolgung allg Bumke, NVwZ 2002, 423; betr Schweiz Kälin, ASYL 2/2001, 7). Dem Verfolgerstaat kommt insoweit die alleinige Definitionskompetenz zu. Zu den asylerheblichen Merkmalen zählt das Geschlecht nicht, die Verfolgung frauenspezifischer Verhaltensweisen kann aber den politischen Zweck indizieren (vgl Gebauer, ZAR 1988, 120; Hailbronner, ZAR 1998, 152 mwN; VGH BW, InfAusIR 1990, 346; HessVGH, InfAusIR 1989, 253).

Diese spezifische **Zielrichtung** ist anhand des inhaltlichen Charakters nach der „erkennbaren Gerichtetheit der Maßnahme selbst" zu beurteilen u. nicht nach den subjektiven Motiven des Verfolgenden (BVerfGE 76, 143; 80, 315; BVerwG, EZAR 202 Nr 18). Die an der sog. **„Motivationslehre"** des BVerwG schon immer geübte Kritik (ua Köfner/Nicolaus, ZAR 1986, 11; Marx, ZAR 1981, 42; Roth, ZAR 1988, 164) war insofern zutreffend, als sie auf methodische Defizite aufmerksam machte u. teilweise Fehlentwicklungen in der Rspr. aufdeckte. Bei richtig verstandener Auslegung ist „Motivation" indes nur objektiv in dem Sinne zu verstehen, dass „Verfolgungstendenz" oder „Intention" der Verfolgungsmaßnahmen gemeint sind (so BVerwGE 62, 123), dass die Maßnahme auf eines der erwähnten persönlichen Merkmale „gerichtet sein" muss (so BVerwGE 67, 195) oder daß zB mit einer Strafverfolgung über die Ahndung eines Moralverstoßes hinausgehende „Absichten" verfolgt werden u. die betr Person „getroffen werden soll" (BVerwGE 79, 143). Auf subjektive Empfindungen der handelnden Person kann es dagegen nicht ankommen (BVerwG, EZAR 202 Nr 18). 41

Zur Feststellung von Zweckrichtung, Intention oder „Gerichtetheit" der Maßnahme bedarf es der Ermittlung aussagekräftiger **Indizien,** u. diese können meist nur gewonnen u. zutreffend gewürdigt werden, wenn zB auch die Struktur des Verfolgerstaats, dessen Strafrechtssystem u. das Verhältnis verschiedener Volksgruppen untereinander in die Betrachtung einbezogen werden. Insofern handelt es sich zT um dieselben Faktoren, die auch für die „Motivation" des Verfolgerstaats ausschlaggebend sein sollten (vgl zB BVerwGE 67, 195; übrigens verwendet das BVerfG den Begriff der Motivation in diesem Zusammenhang ebenfalls, vgl Schenk, S. 35 Rn 116). Dies wird vor allem bei schweren Menschenrechtsverletzungen wie Folter deutlich, die nicht per se ein AsylR begründen (vgl BVerfGE 81, 142; BVerfG-K, EZAR 201 Nr 27 u. 206 Nr 6; BVerwGE 67, 195; 71, 180; 74, 226; BVerwG, EZAR 201 Nr 19, 630 Nr 25), die politische Tendenz aber ggf indizieren. Die Zielrichtung einer Strafnorm kann sich verändern u. ihren politischen Charakter verlieren (BVerwG, EZAR 201 Nr 25). 42

Ob der Betroffene das vom Verfolger angenommene **asylerhebliche Merkmal** tatsächlich besitzt, ist nicht entscheidend (BVerwGE 55, 82; 75, 99; BVerfG-K, InfAusIR 1991, 199). Bei mittelbarer Verfolgung kann sich die asylrelevante Zweckrichtung daraus ergeben, dass sie bei den unmittelbaren Verfolgern vorliegt (BVerwG, DVBl. 1984, 783; BVerwG, 43

InfAuslR 1990, 211). Mit deren Unterstützung oder Duldung übernimmt der Staat die Verantwortung auch für die zugrundeliegende Intention der Verfolger. Fehlt es den Verfolgungshandlungen selbst an der notwendigen Finalität, reicht es aus, wenn die Unterstützung oder das Nichteingreifen des Staats auf eine asylrelevante Intention zurückzuführen sind (ähnlich Rennert, ZAR 1991, 155). Entweder zielen also die nichtstaatlichen Maßnahmen auf asylrelevante persönliche Merkmale, oder der Staat versagt den Schutz gegenüber unpolitischen Übergriffen wegen solcher Merkmale (vgl BVerwG, NVwZ 1996, 85; betr falsche Verdächtigung durch einen asylr irrelevant handelnden Denunzianten BVerfG-K, EZAR 201 Nr 34). Zur Freiheit der politischen Überzeugung gehört auch deren Äußerung mit dem Ziel der Gewinnung Dritter; staatl Maßnahmen gegen Meinungsäußerungen sollen meist die Gesinnung treffen (vgl BVerwGE 80, 136; 67, 195; 77, 258).

5. Einzel- und Gruppenverfolgung

44   Politische Verfolgung des Individuums kann auch in Form einer **Kollektivverfolgung** stattfinden. Die jew Einzelperson muss von konkreten Verfolgungsmaßnahmen betroffen oder bedroht sein. Eine derartige Lage ist aber nicht nur bei zielgerichteter Verfolgung eines Einzelnen denkbar. Das geschichtliche „Erlebnis ungezählter Verfolgungs- u. Vertreibungsschicksale vor allem auch während der NS-Zeit und nach 1945" (so BVerfGE 76, 143) verdeutlicht vielmehr eindrucksvoll, dass politische Verfolgung herkömmlich meist Gruppen von Menschen derselben Rasse, Religion usw treffen sollte u. getroffen hat. Einzelschicksale wie die bekannter dt Emigranten während der NS-Zeit können gewiss augenfällig Sinn, Zweck u. moralische Berechtigung des AsylR belegen; der Parlamentarische Rat hatte aber auch die massenhaften Verfolgungsaktionen vor, in u. nach den beiden Weltkriegen vor Augen, als er das Grundrecht auf Asyl schuf. Asyl nach dem GG ist kein Exklusivrecht für herausgehobene Einzelne, sondern eine Verheißung für verfolgte Menschen auch u. gerade dann, wenn sie einer als Gesamtheit verfolgten Gruppe angehören.

45   Asylrelevante Verfolgung kann sich damit auch gegen Gruppen von Menschen richten, die durch gemeinsame Merkmale oder Eigenschaften wie Rasse, Religion usw gekennzeichnet u. verbunden sind (BVerfGE 54, 341; BVerwGE 70, 232; 79, 79). Dabei ist per definitionem jeder Gruppenzugehörige verfolgt, es sei denn, er ist trotz Gruppenzugehörigkeit von der Verfolgung ausgenommen. Entgegen der Auffassung des BVerwG spricht nicht eine **„Regelvermutung"** für die Einbeziehung jedes Gruppenzugehörigen in die Kollektivverfolgung (so aber zB BVerwGE 70, 232; 79, 79) oder ein Erfahrungssatz, sondern eben der Tatbestand dieser Verfolgungsart, die lediglich auf quantitativen Annahmen beruht u. keinen neuen Verfolgungstyp darstellt (krit auch Dürig, S. 50 ff). Ergreift eine Verfolgung nicht so gut wie alle Angehörigen einer Gruppe, kann von einer Kollektivverfolgung nicht gesprochen werden. Dann genügt für das einzelne Mitglied nicht die Feststellung der Zugehörigkeit zur Gruppe; die Verfolgung muss vielmehr im Einzelnen dargetan u. nachgewiesen werden.

46   Die Gruppenverfolgung stellt keine eigenständige Grundlage der Asylgewährung dar. Sie bildet nur ein **Mittel zur Feststellung** der Individualverfolgung. Dasselbe gilt für die „Einzelverfolgung wegen Gruppenzugehörigkeit" (so BVerwGE 70, 232; 74, 31; vgl BVerfGE 83, 216). Maßgeblich sind u. bleiben die Anknüpfung an asylrelevante persönliche Merkmale u. die Intensität der Betroffenheit oder der Gefährdung. Die zT von der Rspr herausgearbeiteten Typen ergeben kein neues System mit neuen Verfolgungskategorien. Sie spiegeln nur das facettenreiche Erscheinungsbild politischer Verfolgung wider, mit fließenden Übergängen u. Zwischenstufen (BVerfGE 83, 216). Sie unterscheiden sich allerdings von anderen Hilfsmitteln zur Ermittlung von Verfolgungsschicksalen wie zB der tatsächlichen Vermutung der Einbeziehung von Eltern u. Kindern in die Verfolgung (dazu BVerwGE 65, 244; BVerwG, EZAR 204 Nr 2 u. 3; Anm. Bell, ZAR 1986, 188) sowie anderen Verwandten (BVerwGE 79, 244). Derartige Annahmen einer sippenhaftähnlichen Erstreckung der Verfolgung können aber nicht auf rechtliche Grundlagen gestützt werden, sondern nur auf geeignete u. aussagekräftige tatsächliche Umstände.

Während für die unmittelbare Kollektivverfolgung Zweckrichtung u. Reichweite staatlicher Normen u. Anordnungen ohne Rücksicht auf tatsächliche Verfolgungsschläge ausschlaggebend sind (BVerwGE 96, 200), werden für die Annahme einer mittelbaren Kollektivverfolgung im Allg **pogromartige oder flächendeckende Ausmaße** (BVerwGE 85, 266; BVerwG, EZAR 202 Nr 15, 18) oder Massenausschreitungen (BVerfGE 83, 216) verlangt. Entscheidend bleibt immer die Verfolgungsdichte, die allein von Schwere u. Häufigkeit der Verfolgungsschläge bestimmt wird (BVerwG, EZAR 202 Nr 27) u. für jedes Gruppenmitglied die Gefahr der Verfolgung heraufbeschwören muss (BVerwG, EZAR 202 Nr 23). Die Unterscheidung zwischen unmittelbarer u. mittelbarer Kollektivverfolgung ist insofern wichtig, als die Erstere jeden Gruppenzugehörigen idR sofort u. unmittelbar gefährdet (dazu BVerfGE 83, 216), während es im zweiten Fall für das Maß der Gefährdung bei dem einzelnen Gruppenmitglied auf die Art der Übergriffe u. der staatl Reaktion hierauf ankommt. Unabhängig davon setzt Gruppenverfolgung allg die Gefahr der Verfolgung der Gruppenangehörigen insgesamt voraus u. nicht nur eine latente oder potentielle Gefährdung oder ein „feindliches Klima" (BVerwG, EZAR 202 Nr 18).

47

Eine regionale oder sonstige **Begrenzung der verfolgten Gruppe** ist denkbar, es handelt sich dann aber nicht mehr um eine Gruppenverfolgung im eigentlichen Sinne. Werden Angehörige einer ethnischen, religiösen oder politischen Gruppe nicht landesweit, sondern nur in bestimmten Gegenden verfolgt, fehlt es eigentlich an den Voraussetzungen für die Annahme einer Kollektivverfolgung. Im Einzelfall können freilich aus der festgestellten „begrenzten Gruppenverfolgung" mittels Erfahrungssatz oder Anscheinsbeweis Schlüsse auf das allg Schicksal von Gruppenzugehörigen gezogen werden, falls diese aus dem von Verfolgung betroffenen Gebiet stammen oder dorthin zurückkehren. Ebenso verhält es sich mit personenbezogenen Begrenzungen einer Gruppe, etwa durch ein bestimmtes Alter, die Herkunft oder das Geschlecht. Die regionale soll von der örtlich begrenzten Gruppenverfolgung danach unterschieden werden, ob der Staat die gesamte Gruppe in den Blick genommen hat u. von der Verfolgung in bestimmten Gegenden nur aus Gründen der Opportunität oder aufgrund anderer Überlegungen absieht u. sich damit insgesamt gesehen als Verfolgerstaat erweist (regionale Verfolgung) oder nicht (BVerwGE 101, 134; 105, 204).

48

6. Vor- und Nachfluchtgründe

a) Allgemeines

Vor- u. Nachfluchtgründe unterscheiden sich durch den **Zeitpunkt ihres Entstehens** voneinander: vor oder nach Verlassen des Verfolgerstaats. Die Differenzierung wirkt sich auf den Prognosemaßstab u. die Beweisanforderungen aus. Nach der Rspr des BVerfG (BVerfGE 74, 51; 80, 315) u. im Anschluss daran auch des BVerwG (BVerwGE 77, 258; 85, 139) erstreckt sich das Asylgrundrecht grundsätzlich nur auf Vorfluchttatbestände u. nur ausnahmsweise auf **objektive** u. **subjektive** Nachfluchtgründe (zur Unterscheidung auch § 28 AsylVfG Rn 2). Ein Teil der subjektiv geschaffenen Nachfluchttatbestände wird bei der Asylanerkennung gemäß § 28 AsylVfG nicht berücksichtigt (§ 28 AsylVfG Rn 7); die Feststellung der Voraussetzungen des § 60 I AufenthG ist dadurch aber nicht ausgeschlossen (§ 60 AufenthG Rn 12). Die Grundsatzrechtsprechung des BVerfG u. des BVerwG zu Nachtfluchtgründen bedarf der näheren Darstellung, weil hierdurch der Kernbereich asylr Schutzes berührt wird u. bei fortschreitender Ausformung dieser Rspr das AsylR insgesamt ausgehöhlt zu werden droht (vgl § 28 AsylVfG Rn 2 ff).

49

b) Rechtsprechung

Nach der Rspr des BVerfG setzt das Asylgrundrecht von seinem Tatbestand her den **kausalen Zusammenhang** zwischen Verfolgung u. Flucht voraus u. erlaubt daher eine Erstreckung auf Nachfluchttatbestände nur, wenn sie nach Sinn u. Zweck der Asylverbürgung, wie sie dem Normierungswillen des Verfassungsgebers entspricht, gefordert wird

50

(BVerfGE 74, 51; 80, 315). Dies folgt das BVerfG ua aus verschiedenen Äußerungen im Schrifttum über das vr Institut des Asyls, das durch Art 16 II 2 bzw. 16 a I GG – abgesehen von der Gewährung eines Rechtsanspruchs auf Asyl – nicht habe verändert werden sollen. Das BVerwG hat diese Grundsätze in Abkehr von seiner früheren jahrzehntelangen Judikatur sofort aufgenommen u. als nach § 31 BVerfGG bindend anerkannt (BVerwGE 77, 258; aA VGH BW, InfAuslR 1988, 93). In der Folgezeit hat es den Versuch unternommen, die **„Leitlinie"** des **BVerfG** auf verschiedene Arten von Nachfluchttatbeständen anzuwenden (dazu schon Treiber, ZAR 1987, 151). Dabei legt es die Ausgangsthese zugrunde: Wer unverfolgt seine Heimat verlassen hat, kann nur aufgrund beachtlicher Nachfluchtgründe als asylberechtigt anerkannt werden (BVerwG, EZAR 202 Nr 18).

51   Diese Rechtsfindung ist wegen ihrer Methode u. ihres Ergebnisses **vielfach kritisiert** worden (ua Brunn, NVwZ 1987, 301; GK-AsylVfG, Vorbem zu § 1 Rn 214.6; J. Hofmann, ZAR 1987, 115 u. DÖV 1987, 491; R. Hofmann, NVwZ 1098, 295; Huber, NVwZ 1987, 391; Kimminich, JZ 1987, 194; Wolf, InfAuslR 1987, 60; Wollenschläger/Becker, ZAR 1987, 51, 54). Darüber hinaus fällt auf, dass das BVerfG bei der Bestimmung des vr Asylbegriffs die vr Vertragspraxis dieses Jahrhunderts ebenso wenig erwähnt hat wie etwa das dt Standardwerk über internationales Flüchtlingsrecht von Kimminich (Der internationale Rechtsstatus des Flüchtlings, 1962). Dies verwundert umso mehr, als der GK als dem maßgeblichsten Vertragswerk dieser Art die strenge Unterscheidung zwischen Vor- u. Nachfluchtgründen unbekannt ist u. das BVerfG ua auf das Werk von Bulmerinq von 1853 zurückgreift, das sich ausschließlich mit dem Asyl als Schutz des flüchtigen Verbrechers vor Auslieferung befasst, nicht aber mit dem politischen Flüchtling. Schließlich hat das BVerfG auf eine Auseinandersetzung mit der eigenen Rspr zur Auslieferung von Exilpolitikern (BVerfGE 9, 174; 38, 398; 64, 46) verzichtet u. diese nur eher beiläufig erwähnt. Dies ist zumindest insofern bemerkenswert, als das BVerfG zur Auslegung auch Äußerungen aus dem Parlamentarischen Rat heranzieht, die es früher nur dazu veranlasst haben, Nachfluchtgründe „besonders streng zu prüfen". Schließlich ist nicht darauf eingegangen, dass auch der Flüchtlingsbegriff des Art 1 A Nr 2 GK u. das Refoulementverbot des Art 33 GK nicht auf einer Retrospektive aufbauen, sondern allein das künftige Schicksal des Flüchtlings im Auge haben (dazu Rn 119 ff). Da diese „Opferperspektive" mit der neuen Definition des § 60 I 1 AufenthG nunmehr für die Flüchtlingsanerkennung verbindlich ist u. mit den EU-Asyl-Richtlinien in Einklang steht, ist auch insoweit die bisherige Grundrechtsauslegung einer Überprüfung zu unterziehen (dazu Rn 131 ff).

52   Die Eigenschaft eines politisch Verfolgten iSd Art 16 a I GG beruht vorrangig auf einer Gefahrenprognose, für das Schicksal in der Vergangenheit nur als ein – wenn auch gewichtiges – Anzeichen eine Rolle spielt. Das AsylR setzt **aktuelle Schutzbedürftigkeit** voraus, es stellt keinen Ausgleich für bereits erlittene Verfolgung dar. Diese wird allerdings bei der Wahrscheinlichkeitsprognose u. bei der Feststellung der Zumutbarkeit der Rückkehr gebührend berücksichtigt. Daher ist, wer bereits vor der Ausreise von Verfolgung betroffen oder unmittelbar bedroht war, als politisch verfolgt anzusehen, wenn die **Wiederholung von Verfolgungsmaßnahmen** nicht mit hinreichender Sicherheit ausgeschlossen werden kann (BVerfGE 54, 341; 80, 315; BVerwGE 70, 169; BVerwG, EZAR 202 Nr 18). Ein pauschales Regel-Ausnahme-Verhältnis bei Nachfluchtgründen wird dem humanitären Anliegen des AsylR dagegen nicht gerecht. Letztlich zeigt dies die Grundsatzentscheidung des BVerfG selbst, indem es auf völkerrechtlich begründete Schutzinstrumente zugunsten politisch Verfolger hinweist, nämlich auf Art 33 GK u. Art 3 EMRK (BVerfGE 74, 51). Die gleichzeitige Erwähnung des „kleinen Asyls" des § 14 AuslG 1965 ist nicht ganz verständlich, waren dort doch dieselben Tatbestandsvoraussetzungen genannt wie in Art 1 A Nr 2 GK, der nach allg Auffassung im Wesentlichen mit dem Schutzbereich des Art 16 a I GG identisch ist (BVerfGE 54, 341; auch Rn 22, 40), u. sollte Art 16 II 2 GG ursprünglich nach dem Willen des Gesetzgebers allein dort seinen Niederschlag finden (BT-Drs IV/868 S. 20; vgl auch Rn 9 f).

53   Handelt es sich nach der Rspr von BVerfG u. BVerwG um einen unbeachtlichen Nachfluchtgrund, steht der Ausl **außerhalb des Schutzbereichs** des Art 16 a I GG (BVerwGE

80, 233). Er ist nicht nur von der förmlichen Asylanerkennung ausgeschlossen wie nach § 28 AsylVfG, sondern genießt überhaupt kein AsylR. Er kann sich weder gegenüber der Abschiebung nach § 51 I AuslG (Rn 9 f) noch gegenüber der Auslieferung (dazu Rn 7 f) auf politische Verfolgung berufen.

c) Objektiver Nachfluchttatbestand

Objektive Nachfluchtgründe beruhen auf Vorgängen oder Ereignissen, die **ohne (neues)** 54 **Zutun des Asylbew** nach seiner Ausreise entstehen. Nachträgliche Veränderungen der politischen Verhältnisse im Heimatstaat gehören ebenso hierher wie die Einleitung von Maßnahmen aufgrund eines Vorfluchtverhaltens des Asylbew (zu Letzterem auch BVerwGE 80, 233). Die Einbeziehung in den asylr Schutz erscheint bei ihnen trotz fehlenden Kausalzusammenhangs zwischen Verfolgung u. Flucht gerechtfertigt, weil die Verfolgung an Gruppenmerkmale anknüpft oder auf früheres Verhalten des Asylbew im Heimatstaat zurückgeht (BVerfGE 74, 51). Beruht die Verfolgungsgefahr bei Rückkehr auf zwischenzeitlichem Fortfall des Schutzes durch Familienangehörige, handelt es sich um einen objektiven Nachfluchttatbestand (BVerwGE 85, 12); die auf einem Getrenntleben der Familie aufbauende individuelle Gefahrenprognose verstößt nicht gegen Art 6 I GG (so aber BVerwGE 90, 364). Das Verfolgung auslösende Geschehen braucht nicht im Heimatstaat verwirklicht zu sein (BVerwGE 88, 92). Auch Handlungen eines Dritten im Zufluchtsland können einen objektiven Nachfluchttatbestand begründen, so zB die Befragung durch Geheimdienste (VG Würzburg, EZAR 206 Nr 11).

Veränderungen in der **Person des Asylbew** können dagegen bei strikter Anwendung der 55 Grundsätze des BVerfG ohne Ausnahme nicht als objektive Gründe anerkannt werden. Sie sind allenfalls als subjektive beachtlich.

d) Subjektiver Nachfluchttatbestand

Subjektive Nachfluchttatbestände kommen nur ausnahmsweise als Asylgrund in Betracht, 56 weil der Ausl sie aus eigenem Entschluss u. risikolos nachträglich schafft; idR setzt ihre Anerkennung voraus, dass sie sich als **Fortsetzung** einer schon im Heimatstaat vorhandenen u. erkennbar betätigten festen Überzeugung darstellen (BVerfGE 74, 51; vgl § 28 AsylVfG Rn 10 ff). Diese Überzeugung braucht nicht schon dem Heimatstaat bekannt geworden zu sein oder zu einer Vorverfolgung geführt zu haben (BVerfG-K, InfAuslR 1990, 197).

Die später geäußerte muss aber mit der früher schon vorhandenen u. betätigten Auf- 57 fassung der Sache nach übereinstimmen, also eine **inhaltliche Kontinuität** aufweisen (BVerfG-K, InfAuslR 1990, 197; BVerwG, InfAuslR 1988, 22 u. 254). Dabei schadet es nicht, wenn die exilpolitische Betätigung in einer anderen Organisation als im Heimatland stattfindet (BVerwG, InfAuslR 1990, 128). Die frühere Betätigung braucht dem Staat auch nicht bekannt geworden zu sein (BVerfG-K, InfAuslR 1989, 31). Ein Glaubenswechsel wird nach denselben Kriterien beurteilt (BVerwG, Bh. 310 § 108 VwGO Nr 213), ebenso eine Wehrdienstverweigerung (BVerwG, NVwZ 1990, 267 u. EZAR 206 Nr 9). Dieser Rspr kann zumindest dann nicht mehr gefolgt werden, wenn sie mittelbar die Beibehaltung einer einmal vorhandenen politischen oder religiösen Überzeugung verlangt u. andernfalls AsylR versagt. Diese Auffassung wird durch die Überlegungen zur risikolosen Schaffung von Asylgründen nicht mehr gedeckt. Sie ist inhuman, weil sie eine Unveränderlichkeit politischer u. religiöser Einstellungen als zwingend konstatiert u. den Asylbew vor die Wahl stellt, seine Überzeugung zu unterdrücken oder seine Überstellung an den Verfolgerstaat hinzunehmen.

Der notwendige **zeitliche Zusammenhang** bei der Fortsetzung einer politischen Be- 58 tätigung ist unterbrochen, wenn der Ausl exilpolitische Aktivitäten erst nach langjähriger Enthaltsamkeit (über 20 Jahre) aufnimmt (BVerwG, EZAR 630 Nr 27). Alter u. Entwicklung des Asylbew sind hierbei aber sachbezogen zu berücksichtigen (BVerfG-K, BayVBl. 1989, 561).

59 Die **Asylantragstellung** kommt als Asylgrund nur dann in Betracht, wenn sich der Asylbew schon vor der Ausreise aus dem Heimatstaat in einer latenten Gefährdungslage befand (BVerwGE 80, 131; 81, 170; BVerwG, EZAR 200 Nr 22 u. 22). Eine derartige Situation besteht nicht schon dann, wenn der Ausl in seiner Heimat als politisch verdächtig angesehen wurde (BVerwGE 81, 170); ein Übergriff muss nicht ganz entfernt u. „real" möglich erscheinen (BVerwG, Bh. 402.25 § 1 AsylVfG Nr 110). Ähnliche Maßstäbe werden auf Tatbestände der sog. **Republikflucht** angewandt. Illegales Verlassen des Heimatstaats oder illegaler Verbleib im Ausland begründen nur dann ein AsylR, wenn zuvor schon eine Gefährdungslage bestand, in der Verfolgung nicht hinreichend wahrscheinlich, aber auch nicht auszuschließen war (BVerfGE 81, 347; BVerwGE 80, 131; 81, 41; 87, 187; BVerwG, EZAR 201 Nr 14). Dem Ausl ist die Rückkehr zuzumuten, wenn ihm Straffreiheit garantiert ist (betr Vietnam BVerwGE 91, 150 u. EZAR 231 Nr 6).

60 Ausgeschlossen sind nicht alle **selbst geschaffenen Nachfluchttatbestände.** Das BVerfG (BVerfGE 74, 51) hat ausdrücklich auf den nicht abschließenden Charakter seiner Leitlinien hingewiesen u. deutlich hervorgehoben, dass der Ausschluss von der Asylanerkennung im Hinblick auf die „Verfolgungsprovokation" erfolgt. So sind die Eheschließung mit einem Asylber nach Verlassen des Heimatstaats u. die damit heraufbeschworene Gefahr der geiselähnlichen Inanspruchnahme selbst veranlasst (OVG Lüneburg, EZAR 206 Nr 2). Die mit einer solchen Eheschließung verbundene Gefährdung ist aber nicht provokativ vom sicheren Ort aus herbeigeführt u. deshalb nach Sinn u. Zweck der Nachfluchtregelung nicht als Nachfluchttatbestand ausgeschlossen (BVerwGE 90, 127).

7. Strafverfolgung

61 Schwierig u. umstritten ist, unter welchen Umständen Strafverfolgung asylbegründend wirkt. Auszugehen ist von dem Grundsatz, dass die Verfolgung **kriminellen Unrechts** keine politische Verfolgung darstellt, u. zwar auch dann nicht, wenn die Straftat selbst aus politischer Überzeugung begangen wurde (Renner, NJW 1984, 1257 u. NJW 1989, 1247, jew mwN). Sodann ist zu beachten, dass sich das traditionelle Verbot der **Auslieferung** politischer Straftäter heute nach Voraussetzungen, Zweck u. Rechtsfolge grundsätzlich von dem Asyl für politisch Verfolgte unterscheidet (BVerfGE 60, 348; 64, 46). Andererseits ist zu berücksichtigen, dass grundsätzlich auch Maßnahmen der staatl Selbstverteidigung gegen politisch motivierte Straftaten ein AsylR begründen können (BVerfGE 80, 315).

62 **Polizeiliche oder strafprozessuale Maßnahmen** können politische Verfolgung darstellen, wenn sie an asylerhebliche persönliche Merkmale oder Eigenschaften anknüpfen u. auf diese abzielen (BVerwGE 67, 184 u. 195). In Betracht kommen ges Regelungen, administrative Maßnahmen oder Strafsanktionen, wenn sie nur eine entsprechende Tendenz aufweisen (BVerwGE 62, 123). Eine derartige Tendenz oder Zweckrichtung kann sich zB aus dem Tatbestand der Strafvorschrift, der Höhe u. Ungewissheit der Strafe oder der Strafzumessung („Politmalus") ergeben (zB BVerwGE 69, 320; 79, 143; 80, 136; BVerwG, EZAR 201 Nr 7; BVerwG, InfAuslR 1990, 205; VG Berlin, EZAR 201 Nr 6) oder aber aus der Art der Behandlung durch Polizei oder Strafvollzugsorgane (BVerwGE 81, 142; BVerwGE 74, 226; BVerwG, 201 Nr 19) oder Militärbehörden (BVerwGE 62, 123; 69, 320; 81, 41; BVerwG, EZAR 201 Nr 10, 18 u. 600 Nr 6). Darunter fällt zB die Todesstrafe für Wehrdienstentziehung, wenn sie auf die politische Gesinnung abzielt (BVerwG, EZAR 206 Nr 9), u. die Freiheitsstrafe in ungewisser Höhe für Homosexuelle, wenn sie sich gegen das irreversible Persönlichkeitsmerkmal richtet (BVerwGE 79, 143).

63 Auch Maßnahmen der **staatl Selbstverteidigung** können ein AsylR begründen. Bei Maßnahmen zur Verteidigung des Bestands oder der Identität des Staats gegen auf politischer Überzeugung beruhende Taten bedarf es sogar einer besonderen Begründung, wenn diese nicht als asylrelevant angesehen werden sollen (BVerfGE 80, 315; BVerfG-K, InfAuslR 1991, 18 u. 1992, 215 sowie 1994, 105). Hierfür müssen zusätzliche Kriterien festgestellt werden (BVerfGE 81, 142), insb bei Strafvorschriften gegen politische Meinungsäußerungen u.

Politisch Verfolgter **GG 3**

politische Rechtsgüter wie die gesellschaftliche Ordnung oder den Bestand des Staats (HessVGH, InfAuslR 1988, 267 u. 1991, 332).

In den Schutzbereich des Asylgrundrechts soll dagegen nicht die Verfolgung von Gewalttätern fallen, die ihre politischen Ziele mit terroristischen Mitteln verfolgen oder derartige Handlungen unterstützen (BVerfGE 80, 315; 81, 142; BVerfG-K, EZAR 201 Nr 20, 27; dazu Davy, ZAR 2003, 43; Dawin, NVwZ 1992, 335; Odendahl, InfAuslR 1990, 167; Renner, ZAR 2003, 52). Auch bei der Bekämpfung des **Terrorismus** soll allerdings politische Verfolgung denkbar sein, wenn zB zusätzliche Umstände für eine politische Verfolgung sprechen (BVerfG-K, EZAR 201 Nr 30) oder der einzelne Gewalttäter wegen seiner Gesinnung härter als üblich behandelt oder wenn ein sonst Unbeteiligter im Zuge des Gegenterrors unter Druck gesetzt wird (BVerfGE 80, 315; BVerfG-K, EZAR 201 Nr 27). Der Ausschluss des AsylR soll allg Unterstützer u. andere Mittäter bei Terrorakten treffen (so zumindest in der Tendenz BVerwGE 80, 136; 87, 141 u. 152; BVerwG, EZAR 202 Nr 26 u. 206 Nr 10; BVerwG, InfAuslR 1990, 205). Entsprechende Maßnahmen des Herkunftsstaats sollen nicht erforderlich sein (BVerfG-K, EZAR 200 Nr 36). Allerdings soll der Versuch der Widerlegung des Terrorismusverdachts sorgfältig behandelt werden (so BVerwG, EZAR 201 Nr 33). Eine pauschale Ausgrenzung lässt jedoch schon außer Acht, dass Terrorismus u. Gewaltanwendung nicht gleichzusetzen sind (BVerfG-K, EZAR 201 Nr 23). Der Ausschluss soll nur gelten, wenn der Asylbew eine bereits früher in der Heimat begonnene Terrortätigkeit fortsetzt (so BVerfGE 81, 142) oder wegen später verübter Terrortaten verfolgt wird (so BVerfG-K, NVwZ 1992, 261). Deshalb genügen für sich genommen hervorgehobene Tätigkeiten für eine separatistische Organisation nicht (BVerfG-K, EZAR 201 Nr 23 u. InfAuslR 1991, 18; vgl auch BVerfG-K, EZAR 630 Nr 33). Zum Ausschluss der Flüchtlingsanerkennung nach § 60 VIII AufenthG vgl dort.

Soweit diese Rspr darauf hinausläuft, den politischen Terroristen u. seine Unterstützer für asylunwürdig zu erklären, wäre dies mit Art 18 GG nicht zu vereinbaren. Zudem ist eine derartige Beschneidung des personalen Schutzbereichs in Art 16a selbst weder erwähnt noch vorgesehen (dazu auch Rn 15). Die **Einschränkung** zu Lasten von Terroristen soll sich indes unmittelbar aus dem Gewährleistungsinhalt des Art 16a I GG ergeben (BVerfG-K, DVBl. 1991, 697). Die Ableitung der Begrenzung des personalen Schutzbereichs aus dem Zweck des AsylR, Schutz u. Frieden zu gewährleisten, kann bei genauerer Betrachtung nicht überzeugen, zumal hierfür präzise systematische oder inhaltliche Kriterien nicht zur Verfügung gestellt werden. Zu Recht hat das BVerwG (früher) darauf hingewiesen, dass dem Asylgrundrecht die Ausschlussklauseln des Art 1 F GK unbekannt sind (BVerwGE 68, 171). Ob diese Argumentation nach Erlass der EU-Asyl-Richtlinien aufrecht erhalten werden kann, hängt vor allem von dem grundlegenden Verhältnis zwischen deutschem Asylgrundrecht u. europarechtlichen Asylmindestnormen ab (dazu näher Rn 131 ff).

8. Inländische Fluchtalternative

In seinem Heimatstaat politisch verfolgt ist nur, wer dort nirgends verfolgungsfrei leben kann. Grundsätzlich ist deshalb eine inländische Fluchtalternative für Personen anzunehmen, die nur in einem Teil des Staatsgebiets verfolgt, anderswo aber nicht von Verfolgung betroffen werden (BVerfGE 80, 315; BVerwG, EZAR 200 Nr 5; BVerwGE 67, 314; BVerwG, EZAR 203 Nr 4). Diese **Prognose** ist landesweit zu treffen u. nicht auf die ursprüngliche Heimatregion begrenzt (BVerwG, InfAuslR 1989, 107). Anders als bei der externen Fluchtalternative (Rn 89 ff) genügt hier die Möglichkeit des Schutzfindens (BVerwG, EZAR 203 Nr 3). Das Bestehen einer inländischen Alternative schließt schon die Vorverfolgung aus. Ihre Voraussetzungen sind daher nicht nur für die Zeit der Rückkehr, sondern auch für den Zeitpunkt der Flucht zu prüfen (BVerfGE 81, 58; aA noch BVerwGE 67, 314).

Die Bedingungen, unter denen eine interne Fluchtalternative angenommen werden kann, sind in der Rspr noch nicht vollends geklärt. Auszugehen ist von dem Grundsatz, dass AsylR nur genießt, wer sich landesweit in einer ausweglosen Lage befindet, weil er vor einer regionalen Verfolgung in einem anderen Teilgebiet seines Heimatstaats keine **zumutbare Zuflucht** finden kann (BVerfGE 80, 315; 81, 58). Auf eine interne Alternative kann nur verwiesen werden, wer an diesem Ort vor politischer Verfolgung hinreichend sicher ist und wem dort auch keine anderen Nachteile u. Gefahren drohen, die nach ihrer Intensität u. Schwere einer asylerheblichen Beeinträchtigung gleichkommen, sofern diese existentielle Gefährdung am Herkunftsort so nicht bestünde (BVerfGE 80, 315). Eine derartige Situation ist in jedem Fall mittelbarer Verfolgung zu prüfen, kann aber auch bei unmittelbarer staatlicher Verfolgung eintreten (BVerfG aaO), da manche Staaten insb in Asien u. Afrika über eine landesweit wirksame Herrschaftsgewalt nicht verfügen. Selbstverständlich muss am inländischen Ausweichort die Gefahr weiterer Verfolgung gebannt sein, u. diese darf auch nicht in anderer Form aufleben. Für die Frage der internen Alternative muss der Herkunftsstaat als Gesamtheit betrachtet werden (betr Irak BVerwG, EZAR 203 Nr 13). Die Alternative kann auch bei faktischem Verlust der Gebietsgewalt in einer Region entgegengehalten werden (BVerwG, EZAR 203 Nr 12). Die Ausweichregion muss tatsächlich erreichbar sein (betr Irak OVG SaAnh, EZAR 203 Nr 14). Unzumutbar ist die Inanspruchnahme der Alternative nur dann, wenn sie dauerhaft nicht möglich ist (BVerwG, EZAR 203 Nr 15). In wirtschaftlicher Hinsicht sollen Bedingungen genügen, die nicht schlechter sind als in der Herkunftsregion (OVG SaAnh, EZAR 203 Nr 17). Um die Zumutbarkeit der Lebensbedingungen zu prüfen, sollen auch Einzelheiten der Versorgung durch internationale Organisationen aufgeklärt werden (betr Kalorienrationen im Nordirak BVerwG, EZAR 203 Nr 16).

68 Freiheit vor politischer Verfolgung u. vor existentiellen Gefährdungen braucht bei örtlich **begrenzter Gruppenverfolgung** (zur Abgrenzung gegenüber regionaler Gruppenverfolgung Rn 48) nicht festgestellt zu werden (BVerwGE 105, 204). Sie soll dagegen bei regionaler Verfolgung auch für diejenigen Flüchtlinge erforderlich sein, die nicht aus dem Verfolgungsgebiet stammen u. daher auch nicht (unbedingt) dorthin „zurück"kehren (BVerwGE 101, 134; BVerwG, EZAR 203 Nr 7). Eine derartige Betrachtungsweise erscheint nur gerechtfertigt, wenn neben der aktuellen regionalen Verfolgung für die übrigen Landesteile eine latente Gefährdung besteht u. für die Rückkehrprognose Zumutbarkeitsüberlegungen in Anlehnung an Art 1 C Nr 5 II GK angestellt werden (zu den Auswirkungen der EU-Asyl-Richtlinien auf diese Auslegungsgrundsätze näher Rn 131 ff).

V. Verfolgungsfreier Herkunftsstaat

1. Allgemeines

69 Die Herkunft aus einem verfolgungsfreien Staat schließt das Asylgrundrecht nicht aus, sondern zwingt den Ausl aufgrund der verfassungsrechtlichen Vermutung lediglich zu einer **substantiierten Darlegung** seines Verfolgungsschicksals (Renner, ZAR 1993, 118). In der Sache unterscheidet sich die damit ausdrücklich verfassungsrechtlich festgelegte Mitwirkungspflicht nicht von der früheren Rechtslage u. von den bereits nach Abs 1 bestehenden Anforderungen, die von dem Grundrechtsträger u. Asylbew die Begründung seines Schutzgesuchs unter Angabe von personenbezogenen Einzelheiten verlangen. Diese können aus Tatsachen bestehen, die entweder nur in der Person des Bewerbers gegeben oder aber bei anderen Personen verwirklicht sind. Die Anforderungen an die Darlegung eines Kollektivverfolgungsschicksals unterscheiden sich zwar von denen bei isolierter Individualverfolgung (Rn 44 ff). Gruppenverfolgung ist aber gleichwohl eine typische Verfolgungsart (Rn 44), deren Anerkennung weder durch Abs 3 noch aufgrund sonstiger Erwägungen ausgeschlossen ist. Mit der widerleglichen Vermutung der Nichtverfolgung wird weder die regionale Anwendung der GK noch das Asylgrundrecht hinsichtlich des persönlichen Geltungsbereichs u. seines Schutzziels, wohl aber der verfahrensbezogene Gewährleistungsinhalt beschränkt (BVerfGE 94, 115; dazu Maaßen/de Wyl, ZAR 1997, 9; Renner, ZAR 1996,

103). Die Herkunftsstaatenklausel sieht eine Arbeitsteilung in der Weise vor, dass dem Gesetzgeber ein Teil der sonst dem BAMF u. den Gerichten übertragenen Aufgaben zugewiesen ist (BVerfGE 94, 115).

2. Bestimmung verfolgungsfreier Herkunftsstaaten

Die Bestimmung verfolgungsfreier Staaten ist dem (einfachen) **Gesetzgeber übertragen,** 70 obwohl der Verfassungsgeber eigentlich diese Festlegung ebenso wie bei den sicheren Drittstaaten selbst hätte treffen können. Gründe der notwendigen Aktualität u. außenpolitischen Rücksichtnahme können für diese verfassungspolitische Zurückhaltung sprechen. In keinem Fall darf aber aus der unterschiedlichen Konstruktion von Abs 2 u. 3 der Schluss gezogen werden, die EU-Mitgliedstaaten seien nach der Wertung des Verfassungsgebers – vermuteterweise – keine verfolgungsfreien Staaten. Dies gilt entsprechend für die Aufstellung der Anlage II zum AsylVfG durch den Gesetzgeber. Die Aufnahme in diese Liste ist nämlich auch bei Erfüllung der drei Kriterien für Verfolgungsfreiheit nicht zwingend, sondern dem Ermessen von BT u. BR überlassen. Damit werden zwar politische Streitigkeiten um die Aufnahme in diese Liste u. erst recht um die Streichung eines einmal aufgenommenen Staats programmiert, dies erscheint aber nicht system- oder sonst sachwidrig. Bedenken bestehen auch nicht unter dem Gesichtspunkt der Gewaltenteilung, obwohl eine Zuständigkeit der Exekutive ebenfalls nicht zu beanstanden gewesen wäre (dies befürwortet Hailbronner, ZAR 1993, 107). In der Liste sind nur noch zwei Staaten (Ghana u. Senegal) aufgeführt, die nicht der EU angehören oder bald beitreten werden.

Die ges Bestimmung eines Herkunftsstaats nach Abs 3 setzt nach alledem keine absolute 71 **Verfolgungsfreiheit** voraus; es genügt, wenn aufgrund der dort genannten objektiven Kriterien die Nichtverfolgung gewährleistet erscheint. Die Existenz von Ausnahmen entspricht der Konstruktion der widerleglichen Vermutung. Dieser geringere Sicherheitsgrad ist hinnehmbar, weil darauf nur eine widerlegliche Vermutung aufgebaut, dem Risiko eines abweichenden Einzelschicksals also Rechnung getragen ist. Der Vermutungsfunktion der Aufnahme in die entsprechende Länderliste wird der geltende Wortlaut eher gerecht als der GesEntw („gilt nicht als politisch verfolgt"; vgl Rn 4). Hiermit korrespondieren die Anforderungen an die Erschütterung der Vermutung (Rn 75 ff).

Als verfolgungsfrei darf ein Staat nur bestimmt werden, wenn dort außer politischer 72 Verfolgung auch keine unmenschliche oder erniedrigende Bestrafung oder Behandlung stattfindet. Damit ist Art 3 EMRK zusätzlich als Maßstab herangezogen. Insoweit kommt es auf die Asylrelevanz schwerer **Menschenrechtsverletzungen** (Rn 42) also nicht an. Insgesamt gesehen wird damit den fließenden Übergängen asylr erheblicher u. unerheblicher Menschenrechtsverletzungen Rechnung getragen (BVerfGE 94, 115). Die Möglichkeit der Widerlegung besteht insoweit allerdings nicht (Rn 76).

Unklar erscheint zunächst die in der Begr des GesEntw geäußerte Ansicht, Freiheit vor 73 politischer Verfolgung müsse **grundsätzlich landesweit** bestehen (BT-Drs 12/4152 S. 4; Huber, NVwZ 1993, 736). Vr ist Asylgewährung nur zulässig, wenn der Herkunftsstaat seiner Schutzverpflichtung innerhalb seines Territoriums nicht nachkommt (vgl Rn 5). Dementsprechend setzt Asylschutz nach innerstaatl Recht die Unmöglichkeit eines verfolgungsfreien Lebens an irgendeinem Ort im Heimatstaat voraus (Rn 66 ff). Wie der Verfolgerstaat seine Verpflichtung zum Schutz seiner Bürger durch Bereitstellen verfolgungsfreier Gebiete erfüllen kann, ist der Flüchtling gehalten, vor einem Asylgesuch im Ausland zunächst dort Schutz zu suchen. Verfolgungsfreiheit darf aber dennoch trotz Bestehens einer inländischen Fluchtalternative bei zB regionaler Verfolgung einer Volksgruppe nicht angenommen werden; denn sie setzt das (wenn auch nicht ausnahmslose, Rn 71) Fehlen von asylr oder menschenrechtlich relevanter Verfolgung voraus. Eine auf eine oder mehrere Gruppen bezogene Feststellung von Verfolgungsfreiheit ist allerdings nicht vorgesehen (dazu Hailbronner, ZAR 1993, 107). Deshalb muss Sicherheit vor Verfolgung landesweit u. für alle Personen- u. Bevölkerungsgruppen bestehen (BVerfGE 94, 115).

74 Die vorgeschriebenen **Anknüpfungspunkte** für die ges Vermutung von Verfolgungsfreiheit – Rechtslage, Rechtsanwendung u. allg politische Verhältnisse – sind für eine sachgerechte Bewertung geeignet. Der Gesetzgeber muss sich ein Gesamturteil über die maßgeblichen politischen Verhältnisse bilden; die Gesamtwürdigung darf nicht unvertretbar sein, der Gesetzgeber muss sich zumindest von guten Gründen leiten lassen (BVerfGE 94, 115). Bei Erhebung u. Aufbereitung der Tatsachen kommt ihm ein gewisser Entscheidungsspielraum u. darüber hinaus für die Prognose noch ein Einschätzung- u. Wertungsspielraum zu (BVerfGE 94, 11). Obwohl nicht vorgesehen bleibt es möglich, dass bei der Benennung verfolgungsfreier Staaten entweder einschlägige unabhängige Organisationen wie UNHCR oder a. i. mitwirken oder die Ergebnisse der Asylentscheidungen über Bewerber aus den in Betracht kommenden Staaten in Deutschland oder in allen EU-Staaten (Anerkennungsquoten) heranzuziehen sind. Die Einschaltung kompetenter internationaler Organisationen u. der Rückgriff auf die Beurteilung durch sachkundige Behörden u. Gerichte wären in besonderer Weise geeignet, den Gesetzgeber bei der schwierigen Entscheidung über den Inhalt der Länderliste II zu unterstützen u. zu beraten. Sonst kann die Gefahr bestehen, dass sich die Mehrheit in BT u. BR allein von Auskünften des Auswärtigen Amts oder der Auslandsvertretungen (Deutschlands oder anderer EG-Staaten) leiten lässt, die sich in der Vergangenheit schon in einer Vielzahl von Fällen als schlicht unzutreffend erwiesen haben. Der Hinweis auf die Anerkennungsquote in der Begr des GesEntw (BT-Drs 12/4152 S. 4) oder in sonstigen Gesetzesmaterialien allein bietet keine Gewähr für deren Berücksichtigung bei Aufnahme eines Staats in die Länderliste II im Einzelfall; außerdem darf nicht allein auf die beim BAMF erreichte Quote abgestellt werden, weil im Gerichtsverf zT erhebliche Korrekturen (nach oben oder unten) erfolgen.

3. Vermutung

75 Die Konstruktion einer **widerleglichen Vermutung** begegnet im Grundsatz keinen durchgreifenden Bedenken. Die Geltendmachung der Gefahr politischer Verfolgung wird durch sie nicht unzumutbar erschwert. Dabei ist freilich wichtig, dass die Aufnahme in die Liste verfolgungsfreier Staaten keine absolute Sicherheit vor politischer Verfolgung u. vor unmenschlicher oder erniedrigender Behandlung verlangt (Rn 71). Allerdings muss nicht nur die Gefahr politischer Verfolgung als so gut wie ausgeschlossen erscheinen, sondern auch die Anwendung der durch Art 3 MRK erfassten menschenrechtswidrigen Strafverfolgungs- u. Behandlungspraktiken (Rn 72). Aus welchem Grund der Anwendung von Folter u. der Verhängung u. Vollstreckung der Todesstrafe im Zusammenhang mit der Widerlegung der Vermutung keine Bedeutung zukommen soll, erscheint allerdings nicht verständlich. Denn die allg von der Völkergemeinschaft geächtete Folter – u. auch die Todesstrafe – kann erfahrungsgemäß die Gefahr politischer Verfolgung ebenso indizieren wie unmenschliche oder erniedrigende Behandlung (vgl auch Rn 42).

76 Wenn die **Widerlegungsmöglichkeit** auf die Gefahr politischer Verfolgung **beschränkt** ist (vgl BVerfGE 94, 115), so beruht dies allein auf dem asylbezogenen Regelungszweck u. hat nicht etwa zur Folge, dass die erwähnten anderen Maßnahmen (Todesstrafe, Folter, unmenschliche oder erniedrigende Behandlung) im Widerlegungsverf nicht vorgetragen werden dürfen. Diese können vielmehr zum Zwecke der Darlegung eines asylrelevanten individuellen Sachverhalts herangezogen werden u. müssen in diesem Zusammenhang geprüft werden. Die Unterschiede zwischen den Grundlagen der Nichtverfolgungsvermutung (politische Verfolgung u. andere Maßnahmen) einerseits u. den Zielen der ges Vermutung u. der Widerlegung dieser Vermutung (jeweils politische Verfolgung) andererseits bekräftigen freilich die frühere u. geltende Verfassungsrechtslage, wonach AsylR nur bei festgestellter politischer Verfolgungstendenz gewährt wird u. nicht allg gegenüber menschenrechtswidrigen Maßnahmen (Rn 42). Damit kann aber nicht der verfassungsrechtliche Schutz beseitigt werden, der auch Ausl nach Art 1 u. 102 GG zusteht. Dieser ist zwar zusätzlich durch Art 3 EMRK u. Art 3 UN-Folterkonv völkervertraglich gesichert, er muss

aber ungeachtet der Vorschriften des AsylVfG über Einreiseverweigerung, Zurückschiebung u. Abschiebung beachtet werden (vgl Rn 83).

Die Widerlegung zielt auf den in sich **schlüssigen Vortrag** eines individuellen Verfolgungsschicksals ab. Insoweit ist der Wortlaut ebenfalls klarer als nach dem GesEntw („aus denen sich ergibt, dass er ... verfolgt wird"). Die Widerlegung muss sich an dem Inhalt der ges Vermutung der Verfolgungsfreiheit ausrichten. Die Aufnahme in die Länderliste II trifft primär eine Aussage über das Fehlen politischer Verfolgung von Personengruppen u. lässt ein davon abweichendes Verhalten des Herkunftsstaats im Einzelfall offen. Damit bleibt dem Flüchtling, der entweder diesem Land als Staatsangehöriger zugehören oder dort als Staatenloser ansässig gewesen sein kann, der Vortrag von Tatsachen vorbehalten, welche die Gefahr politischer Verfolgung für seine Person ergeben können. Je mehr er sich auf allg Verhältnisse beruft, desto weniger wird die Widerlegung gelingen. Verfolgungsgefahren können sich ungeachtet § 28 AsylVfG auch aus Nachfluchttatbeständen ergeben. Nichtpolitische Menschenrechtsverletzungen oder -gefährdungen können zumindest Indizien für politische Verfolgung darstellen. 77

Verlangt ist lediglich entsprechend **substantiiertes Vorbringen,** nicht der Nachweis der Verfolgungsgefahr selbst. Die vorgetragenen Tatsachen müssen nur die Annahme einer Abweichung vom vermuteten Regelfall für den jew Ausl erlauben. Der Asylbew muss die Vermutung also durch geeignetes Vorbringen erschüttern u. nicht im eigentlichen Sinne widerlegen oder gar die politische Verfolgung nachweisen (dazu näher § 29a AsylVfG Rn 10 ff). Ist ihm die Erschütterung der Vermutung gelungen, bedarf es der Feststellung asylrelevanter Verfolgung wie im Normalfall. Hierbei können ihm freilich die Erkenntnisse über die allg Situation in seinem Heimatstaat entgegengehalten werden. Es findet also ein zweistufiges Verf statt, das je nach Beweislage auch in der Abweisung des Asylantrags als offensichtlich unbegründet (nach § 30) enden kann (zu den Auswirkungen der EU-Asyl-Richtlinien auf diese Auslegungsfragen näher Rn 131 ff). 78

4. Verwaltungsverfahren

Mit dieser verfassungsrechtlichen Vorgabe wäre eine ges Vorschrift unvereinbar, die schon den Zugang zum Verf (u. zum Bundesgebiet) von einem Nachweis der Verfolgung abhängig machte. Eine materielle Prüfung des Asylgesuchs erfordert zwar den substantiierten Vortrag erheblicher Tatsachen (BT-Drs 12/4152 S. 4), dem Flüchtling muss aber zunächst einmal die Gelegenheit zu einem entsprechend qualifizierten Vorbringen gegeben werden. An der **Grenze** sind die dafür notwendigen personellen u. sonstigen administrativen Ressourcen in aller Regel nicht gegeben u. können wohl auch in Zukunft nicht ohne weiteres bereitgestellt werden. Deshalb erscheint es folgerichtig, wenn die Einreiseverweigerung nicht allg auf den Fall der Herkunft aus einem verfolgungsfreien Land ausgedehnt ist (vgl § 18 II AsylVfG). 79

Soweit § 18a AsylVfG die Zurückweisung von Asylbew aus sicheren Herkunftsstaaten ermöglicht, die auf dem **Luftweg** einzureisen versuchen, wird von diesen Grundsätzen nicht abgewichen. Indem das BAMF die erforderliche Sachprüfung vornimmt u. die Grenzbehörde die Einreiseverweigerung nur im Falle der Ablehnung als offensichtlich unbegründet aussprechen u. vollziehen kann, ist dem Flüchtling die Möglichkeit der Erschütterung der Vermutung durch schlüssigen Vortrag im regulären Verwaltungsverf gewährleistet (dazu § 18a AsylVfG Rn 15 ff). Der Straffung des Verf vor dem BAMF steht Verfassungsrecht nicht entgegen. Es muss nur sichergestellt sein, dass dem Asylbew nicht der volle Nachweis des Gegenteils überbürdet wird (vgl Rn 78). 80

Als verfassungsrechtlich zulässig kann es zudem angesehen werden, im Falle der Herkunft aus einem ges als verfolgungsfrei (oder sicher) eingestuften Herkunftsstaat die Abweisung des Asylantrags als offensichtlich unbegründet ges vorzusehen u. daran grundsätzlich eine **beschleunigte Abschiebung** zu knüpfen (§§ 29a I, 30, 36 AsylVfG). Die Einstufung des Asylgesuchs eines Flüchtlings aus einem derartigen Staat als offensichtlich unbegründet legt schon die Formulierung des Abs 4 S. 1 nahe. 81

82 **Weitergehende Beschränkungen** bei der Geltendmachung eines Asylgesuchs sind indes nicht durch Abs 3 gedeckt. § 29 a I AsylVfG ermöglicht lediglich zwei Alternativen der Behördenentscheidung – offensichtlich unbegründet oder begründet – u. schließt eine negative Evidenzentscheidung nur für den Fall aus, dass aufgrund der von dem Ausländer angegebenen Tatsachen u. Beweismittel eine von der Vermutung abweichende Verfolgungsgefahr anzunehmen ist. Eine damit etwa beabsichtigte Beschränkung der Sachprüfung entspräche nicht den grundgesetzlichen Vorgaben; Sachgründe für den Ausschluss der Amtsermittlung in diesem Bereich sind nicht erkennbar. Maßgeblich muss auch hier die mit Hilfe aller zur Verfügung stehender Erkenntnismittel gewonnene Überzeugung des Entscheiders beim BAMF oder des Gerichts bleiben. Vor allem darf nicht die Heranziehung derjenigen Gutachten u. Berichte verwehrt werden, auf denen die Aufnahme des Herkunftsstaats in die Länderliste II beruht. Deren Kenntnis kann billigerweise nicht dem Flüchtling abverlangt werden.

83 Die jetzt geltenden Regelungen über die Behandlung von Asylbew aus als verfolgungsfrei geltenden Ländern lassen einmal die Erschütterung der Vermutung der Nichtverfolgung zu; sie sehen aber auch zusätzlich wie im Normalfall die Berücksichtigung von **Abschiebungshindernissen** nach § 60 AufenthG vor (§§ 29 a I, 30 I, 31 AsylVfG). Damit ist sichergestellt, dass insb die Gefahr von Folter, Todesstrafe u. unmenschlicher oder erniedrigender Behandlung im Verwaltungsverf geprüft u. damit im Einzelfall die vom Gesetzgeber für die Aufnahme des Herkunftsstaats in die Länderliste II herangezogenen allg Verhältnisse in dem Herkunftsstaat in dieser Hinsicht einer Kontrolle unterzogen werden. Mit diesen einfachges Regelungen werden die Verpflichtungen aus Art 1 u. 102 GG sowie aus Flüchtlings-, Menschenrechts- u. Folterkonv (Rn 13, 76) erfüllt (betr Todesstrafe vgl BVerfGE 94, 115).

84 Die Berücksichtigung dieser Abschiebungshindernisse ist freilich in dem am **Flughafen** geführten Verf nicht ges vorgeschrieben. Die dort (vorsorglich) erlassene Abschiebungsandrohung ist nur für den Fall der Einreise von Bedeutung, hemmt also die Zurückweisung nicht. Damit ist auch die Einhaltung der aus Art 1 u. 102 GG fließenden Verbote der Überstellung an den Herkunftsstaat nicht gesichert. Insoweit bestehen dieselben Bedenken wie bei der Zurückweisung an der Grenze überhaupt (vgl § 18 AsylVfG Rn 12). Sie können nur dadurch ausgeräumt werden, dass die Grenzbehörde ihrerseits vor der endgültigen Zurückweisung entsprechend konkretisierten ernsthaften Befürchtungen nachgeht u. ggf von einer Zurückweisung absieht u. damit die Anwendung der §§ 29 a I, 30 I, 31 AsylVfG wie sonst nach der Einreise (vgl Rn 83) ermöglicht. Unberührt bleibt ohnehin die Möglichkeit, unter Berufung auf die Gefahr von Folter oder Todesstrafe die Vermutung der Verfolgungsfreiheit für den Einzelfall zu erschüttern (Rn 76).

5. Rechtsschutz

85 Der **gerichtliche Schutz** gegen aufenthaltsbeendende Maßnahmen ist im Falle der Herkunft aus einem verfolgungsfreien Land (u. in anderen Fällen evidenter Aussichtslosigkeit) in mehrfacher Hinsicht **eingeschränkt** (Abs 4 S. 1): Rechtsschutz ist in das Eilverf verlagert, die Möglichkeit der Stattgabe ist strikt eingeengt, u. zudem sind ges Beschränkungen des Prüfungsumfangs sowie des berücksichtigungsfähigen Vorbringens zugelassen. Damit ist die Garantie des Art 19 IV GG erheblich modifiziert. Denn sie verlangt für den Sofortvollzug aufenthaltsbeendender Maßnahmen eine besondere Gewähr der Richtigkeit der zu vollziehenden Behördenentscheidung. Das Risiko des irreparablen Vollzugs von Fehlentscheidungen muss angesichts des hohen Rangs der durch das Asylgrundrecht geschützten Rechtsgüter u. wegen der Gefahr seiner Vernichtung beim Vollzug unrichtiger Entscheidungen durch eine zweckentsprechende Ausgestaltung der gerichtlichen Überprüfung möglichst klein gehalten werden (BVerfGE 65, 76). Unter aufenthaltsbeendenden Maßnahmen sind alle Akte zu verstehen, die das asylr vorläufige Bleiberecht ausschließen, also auch solche, die einen Aufenthalt durch Einreise im Rechtssinne von vornherein verhindern sollen (vgl BVerfGE 94, 166).

Anderweitiger Verfolgungsschutz **GG 3**

Es ist fraglich, ob es diesen Anforderungen genügt, wenn der Vollzug aufenthaltsbeenden- 86
der Maßnahmen nur bei **ernstlichen Zweifeln** des Gerichts an deren Rechtmäßigkeit
zugelassen werden darf. Eine derartige Regelung kennt das geltende (einfache) Recht sonst
nur für die Anforderung öffentlicher Abgaben und Kosten (§ 80 IV S. 3, V, VI VwGO). Die
Gleichsetzung der Interessen eines potentiell asylber Ausl mit denen eines evtl zu Unrecht
von einer öffentl Kasse in Anspruch genommenen Schuldners muss bedenklich erscheinen.
Sachgerechter wäre die Beibehaltung der früheren Rechtslage gewesen, die aufgrund der allg
im Rahmen des Verf nach § 80 V VwGO üblichen Regeln einen Sofortvollzug bei Zweifeln an der Offensichtlichkeit der Unbegründetheit des Asylgesuchs ausschloss. Andererseits
kann nicht festgestellt werden, dass die Veränderung des Entscheidungsmaßstabs gegen
Grundsätze des Rechtsstaats (Art 20 III GG) verstößt, die anders als Art 19 IV GG auch
gegen eine Verfassungsänderung gefeit sind (Art 79 III GG; im Ergebnis ebenso Hailbronner, ZAR 1993, 107). Der Verfassungsgeber hat nach alledem nur von seiner Befugnis
Gebrauch gemacht, das aus dem Asylgrundrecht fließende vorläufige Bleiberecht „ein Stück
weit" zurückzunehmen (betr Flughafenverf BVerfGE 94, 166; dazu Maaßen/de Wyl, ZAR
1997, 9; Renner, ZAR 1996, 103).

Dabei ist aber genau darauf zu achten, worauf sich die ernstlichen Zweifel beziehen 87
müssen: isoliert auf die Rechtmäßigkeit der Einreiseverweigerung oder (auch) auf die
Offensichtlichkeit der Unbegründetheit des Asylantrags. Da letztere die Grundlage der
Einreiseverweigerung bildet, ist der zweiten Auslegung der Vorzug zu geben (Renner, ZAR
1993, 118 u. 1996, 103). Damit genügen letztlich **ernstliche Zweifel an der Aussichtslosigkeit** des Asylbegehrens. Denn nur die offensichtliche Unbegründet des Asylantrags
erlaubt den Sofortvollzug der Einreiseverweigerung, nicht schon die einfache Unbegründetheit (BVerfGE 94, 166; § 36 AsylVfG Rn 22). Ernstliche Zweifel in diesem Sinne sind zB
gegeben, wenn der Ausgang des Hauptsacheverf offen ist, weil die Angaben des Ausl
schlüssig u. zur Widerlegung der ges Vermutung geeignet erscheinen. Dann bestehen
nämlich auch ernsthafte Zweifel an der Rechtmäßigkeit der aufenthaltsverhindernden Maßnahme.

Bedenken bestehen gegen den **Gesetzesvorbehalt** hinsichtlich der Beschränkung des 88
Prüfungsumfangs u. der Präklusion verspäteten Vorbringens. Die Beschreibung der in
Betracht kommenden ges Beschränkungen ist so umfassend, dass ihr Ausmaß nicht abzusehen ist. Über den jetzt geltenden Umfang (vgl § 36 Abs 4 AsylVfG) hinaus könnte etwa die
Prüfungsgrundlage auf im Inland gegebene oder bekannte Tatsachen eingeengt werden (vgl
dazu § 67 AuslG).

VI. Anderweitiger Verfolgungsschutz

1. Allgemeines

Die (versuchte) Einreise aus einem sog. sicheren Drittstaat ist diejenige Fallgestaltung, die 89
das **Kernstück der Asylreform 1993** eigentlich ausmacht. Die Bestimmungen des Art 16a
II GG dürfen indes nicht isoliert betrachtet u. bewertet werden, sondern nur in engem
Zusammenhang mit den sonstigen Regelungen anderweitigen Verfolgungsschutzes u. dem
Vertragsvorbehalt in Abs 5 sowie den Rechtsschutzbeschränkungen des Abs 4. Dabei ist es
als maßgebliches politisches Ziel dieser Regelungen anzusehen, die BR Deutschland vor
dem weiteren Zuzug von Flüchtlingen wirksam abzuschotten u. insbesondere die mit den
Flüchtlingsbewegungen in u. nach Europa verbundenen Lasten möglichst stärker als bisher
auf die europäischen Nachbarstaaten zu verteilen. Damit sollte die neugewonnene Mittellage
Deutschlands dazu genutzt werden, ohne ein offizielles europäisches Asylaufnahmesystem
eine als überproportionale dargestellte Belastung der BR Deutschland mit Flüchtlingen
abzubauen. Ob mit diesem zunächst isolierten Alleingang der BR Deutschland die Bestrebungen zur europäischen Harmonisierung des AsylR im Ergebnis behindert oder gefördert

793

werden konnten, hing weniger von der rechtlichen Qualität der Neuregelung als von deren Durchsetzbarkeit gegenüber den Drittstaaten ab.

90   Allen Bestimmungen über anderweitigen Schutz vor Verfolgung gleich welcher rechtlichen Konstruktion liegt die zutreffende Vorstellung von der mangelnden **Schutzbedürftigkeit** desjenigen Flüchtlings zugrunde, der in einem anderen Staat als dem Verfolgerstaat (Drittstaat) frei von Verfolgung leben kann oder könnte. Voraussetzungen u. Folgen eines derartigen Befundes können indes sehr unterschiedlich ausgestaltet werden. Ungeachtet dessen bleibt trotz einer wie auch immer gearteten Sicherheit im Drittstaat die Gefahr der Verfolgung bei einer Rückkehr in den Herkunftsstaat unberührt; sonst handelte es sich um keinen (aktuell) politisch Verfolgten. Jede unmittelbare oder mittelbare Überstellung an den politisch verfolgenden Heimatstaat lässt also die Schutzbedürftigkeit wieder aufleben. Die Schutzbedürftigkeit entfällt mit dem anderweitigen Schutz also nur relativ u. vorläufig, nicht jedoch allseits u. endgültig.

91   Für anderweitigen Schutz vor Verfolgung existieren im Wesentlichen die folgenden **5 Modelle:** (1) Es besteht aktuelle Sicherheit vor Verfolgung durch Aufenthalt u. Schutz in einem konkreten anderen Staat. (2) Dem Flüchtling wird die Möglichkeit der Inanspruchnahme eines derartigen Schutzes entgegengehalten. (3) Der Flüchtling hat eine früher erreichte Verfolgungssicherheit verloren oder aufgegeben. (4) Dem Flüchtling wird die Möglichkeit der Inanspruchnahme anderweitiger Verfolgungssicherheit in der Vergangenheit entgegengehalten. (5) Ein anderer Staat ist für die Prüfung des Asylbegehrens zuständig.

92   Im geltenden dt Recht (zu den Modellen der EU-Asyl-Richtlinien vgl Renner, ZAR 2004, 305) sind jetzt **fast alle Varianten vertreten,** nämlich alle mit Ausnahme von (2). Während § 27 I AsylVfG (wie früher § 2 AsylVfG 1982) die Asylanerkennung im Fall (3) versagt u. § 25 II AufenthG dem Flüchtling bei fehlender Ausreisemöglichkeit (in den Drittstaat oder einen anderen Staat) eine AE bereitstellt (bis Ende 2004 nach § 70 I AsylVfG eine AufBef), folgen Abs 2 der Variante (4) u. Abs 5 der Variante (5). Die Einreiseverweigerung nach § 18 II Nr 1 u. 2 AsylVfG baut auf dem Vorliegen der Fallgestaltung (3, offensichtlich) oder (4) auf, während die Unbeachtlichkeit des Asylantrags nach § 29 I AsylVfG die offensichtliche Erfüllung der Voraussetzungen zu (3) u. darüber hinaus die Rückführbarkeit in den Drittstaat oder einen sicheren Viertstaat voraussetzt, ähnlich wie (1).

2. Ausschluss des Asylrechts

93   Die Einreise aus einem sicheren Drittstaat begrenzt nicht bloß das Recht auf Asylgewährung, sondern lässt es von vornherein **nicht zur Entstehung gelangen.** Auf die Formulierung im Einzelnen kommt es dabei nicht an. Statt „Auf Absatz 1 kann sich nicht berufen ..." könnte es auch heißen: „Asylrecht genießt nicht ..." oder „Dies gilt nicht ..." oder „Asyl wird nicht gewährt ...". In jedem Fall werden die Betroffenen aus dem Kreis der Grundrechtsträger ausgeschlossen, nicht nur aus dem Asylverf; denn sie haben „grundsätzlich keinen Anspruch auf Asyl" (Begr des GesEntw BT-Drs 12/4450 S. 2; ebenso BT-Drs. 12/4152 S. 3), u. die „Einreise aus einem sicheren Drittstaat bewirkt den Ausschluss der Berufung auf das Asylgrundrecht, so daß auch keine aufenthaltsrechtlichen Vorwirkungen i. S. eines vorläufigen Bleiberechts entstehen." (aaO S. 14 f bzw. S. 4). Damit ist Abs 1 in der Weise eingeschränkt, dass nicht jeder politisch Verfolgte (mehr) um Asyl in Deutschland nachsuchen darf (Hailbronner, ZAR 1993, 107; Renner, ZAR 1993, 118). Die Drittstaatenklausel des Abs 2 beschränkt also den **persönlichen Geltungsbereich** des Grundrechts auf Asyl (BVerfGE 94, 49; dazu Maaßen/de Wyl, ZAR 1996, 158; Renner, ZAR 1996, 103).

94   Hiermit lässt sich trotz eines scheinbaren Widerspruchs zu Abs 2 vereinbaren, dass die Verwaltung **ausnahmsweise** aus vr, humanitären oder politischen Gründen nach **Einreise** aus einem sicheren Drittstaat von der Einreiseverweigerung oder Zurückschiebung absehen kann (§ 18 IV Nr 2 AsylVfG). Insoweit wird nicht Asyl außerhalb Abs 1 u. 2 aufgrund einfachen Rechts gewährt, sondern lediglich die Einreise zu bestimmten Zwecken zugelas-

Anderweitiger Verfolgungsschutz **GG 3**

sen. Soweit die Einreise wegen der Zuständigkeit der BR Deutschland aufgrund eines Asylabkommens gestattet wird (§ 18 IV Nr 1 AsylVfG), beruht dies auf den Besonderheiten des Vertragsasyls iSd Abs 5 (Rn 125 ff) u. nicht auf einer von der Verfassung zugelassenen Ausnahme, die in das Ermessen des Gesetzgebers gestellt ist (aA Classen, DVBl. 1993, 700).

Dem zentralen Ausgangspunkt für diese Konstruktion liegt die Annahme zugrunde, die **Schutzbedürftigkeit** des Flüchtlings entfalle in vollem Umfang allein infolge der Reise durch einen verfolgungssicheren Drittstaat. Es ist zwar richtig, dass mit der Gewährung asylr Schutzes durch einen anderen Staat Asyl in Deutschland entbehrlich wird. Durch einen einmal gewährten Verfolgungsschutz wird aber die Verfolgung nicht für immer beendet u. verliert der Flüchtling nicht seine Eigenschaft als politisch Verfolgter (Rn 90; Classen, DVBl. 1993, 700). Verlässt er den sicheren Drittstaat, lebt seine Schutzbedürftigkeit wieder auf. Asyl bedeutet im Kern Schutz vor Abweisung an der Grenze, vor Zurückschiebung, Abschiebung u. Auslieferung einschließlich aller aufenthaltsbeendenden Maßnahmen, die eine Kettenabschiebung in den Verfolgerstaat ermöglichen (BVerwGE 49, 202; vgl auch Rn 7 ff). 95

Die Berufung der Entwurfsbegründungen auf den Fortfall der Schutzbedürftigkeit nach Durchreise durch einen sicheren Drittstaat (BT-Drs 12/4152 S. 4) scheint auf einem **Missverständnis** zu beruhen, das die Asylgewährung auf die Asylstatusfeststellung beschränkt. Nach früherem u. zT noch geltendem Recht steht anderweitige Verfolgungssicherheit lediglich der förmlichen Asylanerkennung entgegen, ermöglicht aber nicht die Abschiebung in den Verfolgerstaat (vgl § 2 AsylVfG 1982 u. §§ 27, 29, 35 AsylVfG). Ebenso wenig verliert ein von politischer Verfolgung bedrohter Straftäter seinen grundrechtlichen Anspruch auf Auslieferungsschutz allein deswegen, weil er sich vor der Einreise in die BR Deutschland in einem sicheren Drittstaat aufgehalten hat (vgl § 6 IRG). 96

Diese Grundsätze sind seit langem in einfaches Normen verankert, sie gehören aber auch zu dem unveränderlichen Bestand des AsylR überhaupt. Insb der Schutz vor Abschiebung u. Auslieferung gehört nach der historischen Entwicklung des Asyls seit der Mitte des 19. Jahrhunderts u. nach dem erklärten Willen des Grundgesetzgebers zu dem festen Kernbestand des Asyls (Rn 7 ff), u. zwar **ohne Rücksicht auf einen Aufenthalt in einem anderen Staat**. Das „kleine Asyl" (§ 14 AuslG 1965, § 51 I AuslG) stellt ebenso eine Ausformung des Asylgrundrechts dar wie das Auslieferungsverbot des § 6 II IRG; beide Institute stehen jedenfalls dem Grundsatz nach nicht im Belieben des einfachen Gesetzgebers. Anderweitige Verfolgungssicherheit kann demzufolge der förmlichen Asylgewährung entgegenstehen u. dazu führen, dass der Ausl in den sicheren Drittstaat ausreisen muss oder verbracht wird. Sie beseitigt aber nicht die Verfolgteneigenschaft u. das aktuelle Schutzbedürfnis vor einer wie auch immer gearteten Überstellung in den Verfolgerstaat. 97

Da Abs 2 keine dahingehende Einschränkung erkennen lässt, scheint bei Einreise aus einem sicheren Drittstaat auch ein grundrechtlich gesicherter asylr Abschiebungs- oder Auslieferungsschutz ausgeschlossen. Die Gewährleistung entsprechenden Schutzes durch einfachges Vorschriften (§§ 27, 29, 35 AsylVfG; § 60 II AuslG; § 6 IRG) scheint insoweit **nicht mehr verfassungsrechtlich abgesichert** u. damit weitgehend der Disposition des einfachen Gesetzgebers zu unterliegen. Hierfür kann sprechen, dass das BVerfG in diesem Zusammenhang nur auf die „relative Schutzposition" nach §§ 50 III, 51 I AuslG u. das Refoulementverbot des Art 3 EMRK hinweist (BVerfGE 94, 49; dazu Renner, ZAR 1996, 103). Ungeachtet dessen betrifft Abs 2 jedenfalls nur das Verhältnis zu dem sicheren Drittstaat u. eröffnet nicht die Möglichkeit der Überführung in den (angeblichen) Verfolgerstaat. 98

3. Durchreise durch einen sicheren Drittstaat

Der Ausschluss des Asylrechts ist an die (versuchte) Einreise „aus" einem sicheren Staat geknüpft. Damit ist nicht der Herkunftsstaat gemeint, sondern der Drittstaat, der Schutz vor Verfolgung geboten hat, bieten konnte oder kann. Es braucht sich **nicht unbedingt** um einen **Anrainerstaat** zu handeln, bei der Anreise auf dem Luft- oder Seeweg kommen 99 vielmehr auch Staaten in Betracht, die über keine gemeinsame Landgrenze mit Deutschland verfügen. Unklar bleibt aber trotz der eigentlich eindeutigen Formulierung („aus"), ob die vorherige Durchreise „durch" einen anderen Staat (auf dem Land- oder Luftweg) genügt. Denn die Entwurfsbegründung erweckt teilweise den Eindruck, als sollten auch Ausl betroffen sein, die „über" sichere Drittstaaten einreisen (BT-Drs. 12/4152 S. 3 li. Sp. und S. 4 li. Sp.). An anderen Stellen der Begr ist dagegen entsprechend der Entwurfsfassung das Wort „aus" gewählt, das für die unmittelbare Anreise aus dem anderen Staat spricht. Dennoch kommt nicht nur der letzte Staat vor Erreichen der dt Grenze in Betracht, sondern jeder Durchreisestaat; ausgenommen sein soll die Durchfahrt mit einem öffentlichen Verkehrsmittel ohne Halt (BVerfGE 94, 49; dazu Maaßen/de Wyl, ZAR 1996, 158; Renner, ZAR 1996, 103; nicht ausgenommen dagegen Durchfahrt in geschlossenem LKW: BVerwG, EZAR 208 Nr 12; OVG NRW, EZAR 208 Nr 11). Zudem ist der Transit unabhängig davon schädlich, ob er sich nach dem Recht des Drittstaats als Einreise darstellt u. wie er etwa auf dem Flughafen tatsächlich ausgestaltet ist (Hailbronner, Art 16 a GG Rn 330–333).

100 Entgegen der lange geltenden früheren Rechtslage genügt seit Juli 1993 die bloße Durchreise durch einen als sicher geltenden Staat, um asylr Schutz auszuschließen. Abgestellt wird weder auf einen bereits gewährten u. dann aufgegebenen Schutz vor Verfolgung noch auf eine für den Flüchtling potentiell erreichbare Sicherheit vor Verfolgung (vgl Rn 91). Der Kreis der verfolgungssicheren Staaten ist objektiv beschrieben, die auf die bloße Durchreise gegründete Annahme der Verfolgungssicherheit weist keinerlei Bezug zum Schicksal des Flüchtlings oder seiner Flüchtlingsgruppe auf. An die Stelle realer Sicherheit ist die **theoretische objektive Möglichkeit von Verfolgungsschutz** getreten. In vielen Fällen stellt die verfassungsrechtliche Annahme fehlender Schutzbedürftigkeit deshalb eine reine Fiktion dar. Sie ist aber weder nach der GK noch sonst als unzulässig anzusehen (vgl Rn 119 ff; ebenso Hailbronner, ZAR 1993, 107).

101 Die **Durchreise** durch einen Drittstaat muss indes **positiv feststehen.** Bei ungeklärtem Reiseweg genügt nicht irgendeine Wahrscheinlichkeit der Durchreise durch einen sicheren Drittstaat für den Ausschluss des AsylR. Zwar entsteht das Grundrecht auf Asyl praktisch nur noch, falls der Flüchtling nicht durch einen sicheren Drittstaat einreist (Rn 93); dies wiederum kann entweder auf dem Luftweg oder über einen Anrainerstaat erfolgen, der (noch) nicht in der Anlage I zum AsylVfG enthalten ist. Es kann nur fraglich erscheinen, ob die Bedingung einer derartigen Einreise als (negatives) Tatbestandsmerkmal angesehen werden kann, das der Flüchtling vorzutragen (vgl § 25 I 2 AsylVfG) u. erforderlichenfalls zu beweisen hat. Es könnte sich vielmehr um einen Ausschlusstatbestand, den der Staat zu beweisen hat, handeln (zum Streit bei § 27 AsylVfG vgl dort Rn 42 ff).

102 Aus Wortwahl u. Entstehungsgeschichte der Vorschrift (BT-Drs. 12/4450 S. 20) lässt sich zwar kein sicherer Rückschluss darauf ziehen, ob der **Reiseweg** genau ermittelt werden muss oder ob die Feststellung genügt, dass der Ausl nur aus einem sicheren Drittstaat angereist sein kann; für die letztere Auslegung kann jedoch der Zweck der Drittstaatenregelung ins Feld geführt werden (so BVerfGE 94, 49; ähnlich BVerwG, EZAR 208 Nr 5). Da der persönliche Geltungsbereich auf nicht durch einen sicheren Drittstaat gereiste Flüchtlinge beschränkt ist, hat der Asylbew diese Voraussetzungen darzutun u. erforderlichenfalls nachzuweisen (BayVGH, EZAR 208 Nr 13). BAMF u. Gericht dürfen sich allerdings nicht mit Vermutungen begnügen. Sie müssen sich vielmehr Überzeugungsgewissheit über die Einreise des Asylbew auf dem Landweg verschaffen u. dürfen ihre Erkenntnis nicht allein auf die Verletzung von Mitwirkungspflichten durch den Asylbew stützen (OVG SaAnh, EZAR 208 Nr 9). Bei der Tatsachenfeststellung dürfen sie allerdings auch das Vernichten von Reiseunterlagen oder sonstigen Dokumenten durch den Asylbew würdigen (BVerwG, EZAR 208 Nr 14).

103 Mit der Zulassung von **Alternativfeststellungen** zum Reiseweg gerät allerdings der mit der Drittstaatenklausel eigentlich verfolgte Zweck ins Hintertreffen, den Ausl in den Drittstaat zurückzuführen, damit er dort sein Schutzbegehren stellen u. durchführen lassen kann

Anderweitiger Verfolgungsschutz **GG 3**

(zu Letzterem BT-Drs 12/4450 S. 20). Die Möglichkeit der Rückführung ist zwar nicht ausdrücklich für die Anwendung der Drittstaatenklausel vorausgesetzt (zutreffend VGH BW, EZAR 208 Nr 3), deren praktische Wirksamkeit erleidet aber eine schwere Einbuße, wenn auf die Feststellung des konkreten Durchreisestaats verzichtet wird (dazu HessVGH, EZAR 208 Nr 6; VG Leipzig, EZAR 208 Nr 4). Die beabsichtigte europäische Lastenverteilung scheidet dann von vornherein aus.

4. Fiktive Verfolgungssicherheit

Die Verweisung des Flüchtlings auf einen anderen Schutzstaat ist ohne weiteres berechtigt, wenn dieser fortdauernden Schutz gewährt u. zur Rückübernahme bereit ist oder wenigstens zur (erstmaligen) Schutzgewährung bereit wäre. Der Schutzbedürftigkeit eines politisch Verfolgten wird es aber eigentlich nicht gerecht, wenn anhand allgemeiner u. nicht personenbezogener hypothetischer Annahmen eine **Schutzgewährung unterstellt** wird. Ratifikation u. Anwendung der GK u. der EMRK können als Indizien für die mögliche Aufnahme politischer Flüchtlinge dienen. Sie besagen aber noch nichts über die Aufnahme im Einzelfall. Die Schutzbedürftigkeit gilt aber als entfallen, auch wenn der Ausl dort kein Asylersuchen vorgebracht oder gar unerkannt das Land durchquert oder nur im Flugtransit berührt hat oder wenn sein Asylgesuch aus formellen Gründen abgewiesen worden ist. Entscheidend ist allein, ob der andere Staat die beiden Konventionen anwendet. Es ist nicht einmal verlangt, dass etwa die GK in diesem Staat überhaupt für Personen aus dem Herkunftsstaat des Betroffenen gilt. Damit ist aber das Risiko einer unmittelbaren oder mittelbaren Überstellung an den Verfolgerstaat **(Kettenabschiebung)** nicht ausgeschlossen. 104

Für die EU-Mitgliedstaaten ist die Gewährleistung der GK u. der EMRK in der Verfassung festgeschrieben. Die Einbeziehung aller EU-Staaten wirkt dynamisch, gilt also auch für jeden Fall einer Erweiterung der Gemeinschaft. Damit gehören seit der Erweiterung im Mai 2004 die Beitrittsländer zu den sicheren Drittstaaten, auch wenn sie bis dahin nicht in der Anlage I zum AsylVfG enthalten waren. Die Aufnahme in die Länderliste I setzt lediglich die Anwendung dieser beiden Konventionen voraus. Weitere Anforderungen werden nicht gestellt. Insb wird nicht die Gewährleistung eines bestimmten Mindeststandards an Verfahrens- u. Rechtsschutzregeln verlangt. Erst recht ist nicht auf die Bereitschaft oder Verpflichtung dieser Staaten zur Rückübernahme des Betroffenen u. zur sachlichen Prüfung des Asylgesuchs abgestellt. Dies alles könnte verfassungsrechtlich beanstandet werden, wenn Abs 1 nicht durch Abs 2 eingeschränkt wäre. Das Grundrecht des Abs 1 bietet aber **keine absolute Gewährleistung** mehr wie früher Art 16 II 2 GG, u. Art 33 GK u. Art 3 EMRK verbieten die Zurückweisung in den sicheren Drittstaat nicht (Hailbronner, ZAR 1993, 107). 105

Die Bestimmung zum sicheren Drittstaat erfolgt nach einem **Konzept der normativen Vergewisserung,** das den Gesetzgeber verpflichtet, die Sicherstellung der Anwendung von GK u. EMRK zu prüfen (BVerfGE 94, 49). Zu diesem Zweck muss auch festgestellt werden, ob der Drittstaat den Flüchtling nach seiner Rechtsordnung in den (angeblichen) Verfolgerstaat abschieben darf, ohne zuvor geprüft zu haben, ob ihm dort Maßnahmen iSv Art 33 GK oder Art 3 EMRK drohen. Dem Gesetzgeber steht für die Gewinnung der Tatsachengrundlage ein Spielraum bei der Auswahl der Erkenntnismittel zu; seine Beurteilung muss sich als vertretbar erweisen. Der Drittstaat darf weder einzelne Personengruppen von dem Refoulementverbot ausnehmen noch in einen Viertstaat weiterschieben, in dem Art 33 GK u. Art 3 EMRK nicht förmlich geprüft werden. Von diesem Konzept nicht erfasst sind die folgenden Fallgestaltungen: Gefahr der Todesstrafe oder eines Verbrechens im Zusammenhang mit der Rückführung, schlagartige Änderung der Verhältnisse im Drittstaat, Verfolgungsmaßnahmen des Drittstaats, Nichteinhaltung der Verpflichtungen aus GK u. EMRK im Ausnahmefall. In diesen Fällen greift also das Drittstaatenkonzept bestimmungsgemäß nicht. 106

Einfachges ist Vorsorge für den Fall getroffen, dass ein als sicher eingestufter Staat die ursprünglich angenommenen **Voraussetzungen nicht mehr erfüllt.** Dann kann die BReg 107

797

ohne Zustimmung des BR durch RVO anordnen, dass ein Staat der Anlage I zum AsylVfG nicht mehr als sicherer Drittstaat gilt. Dies kommt etwa in Betracht, wenn ein Staat seinen Verpflichtungen aus der GK zuwiderhandelt, indem er das Refoulementverbot verletzt u. Flüchtlinge in den Herkunftsstaat überstellt, ohne zuvor ein ausreichendes Asylprüfungsverf durchgeführt zu haben. Innerhalb von sechs Monaten kann entweder die RVO aufgehoben oder durch Änderung der Länderliste I hinfällig werden; sonst tritt sie von selbst nach Ablauf dieser Frist außer Kraft. Falls die RVO aufgrund plötzlicher Veränderungen im Drittstaat nicht zeitgerecht erlassen werden kann, kommt eine Ausnahme im Einzelfall in Betracht (dazu Rn 106).

5. Verwaltungsverfahren

108 Für das Verwaltungsverf enthält das GG keine allg Vorgaben (zum Sofortvollzug Rn 111). Auf das Bestehen von **Zurückweisungs- oder Abschiebungshindernissen** kommt es aber für den Erlass aufenthaltsbeendender Maßnahmen nicht an. Hierunter sind sowohl die Einreiseverweigerung (Zurückweisung) u. der Zurückschiebung (vgl §§ 18, 19 III AsylVfG) als auch die Abschiebungsandrohung nach Ablehnung des Asylgesuchs (vgl §§ 26 a, 27, 31 IV AsylVfG) zu verstehen. Beendigung des Aufenthalts ist nicht streng rechtlich von Verhinderung des Aufenthalts zu unterscheiden. Denn die Bestrebungen des Gesetzgebers waren von Anfang an darauf gerichtet, aus sicheren Drittstaaten kommenden Flüchtlingen den Zugang zum Bundesgebiet möglichst von vornherein zu verwehren. Die Aufrechterhaltung weiterer Bestimmungen über anderweitigen Verfolgungsschutz (Rn 92) beruht auf der Erkenntnis, dass dies nicht lückenlos gelingen kann. Sie spricht aber nicht gegen die Absicht des verfassungsändernden Gesetzgebers zur Anwendung der Drittstaatenklausel an der Grenze. Infolgedessen gilt Abs 2 für jeden Ausl, der über einen sicheren Drittstaat „anreist" (so auch BVerfGE 94, 49).

109 Damit ist die Beachtung der **Verbote u. Hindernisse** der Art 1 u. 102 GG, Art 33 GK, Art 3 EMRK u. Art 3 UN-Folterkonv vor Erlass aufenthaltsbeendender u. aufenthaltsverhindernder Maßnahmen nicht mehr unbedingt gewährleistet (vgl Rn 13). Dies wird durch die Zulässigkeit der Vollziehung aufenthaltsbeendender Maßnahmen trotz eines Rechtsbehelfs verdeutlicht. Denn nicht erst u. nur für den Sofortvollzug, sondern schon für die Maßnahme selbst ist über die Einreise aus dem sicheren Drittstaat hinaus nichts weiter zu prüfen. Der einfache Gesetzgeber hat diese verfassungsrechtliche Vorgaben strikt umgesetzt (vgl §§ 31 IV, 34 a AsylVfG). Für die vom BVerfG für möglich erachtete Erteilung einer Duldung aus dringenden persönlichen oder humanitären Gründen nach § 55 III AuslG (BVerfGE 94, 49) fehlt es nach neuem Recht an einer entsprechenden Grundlage. Eine Duldung kommt im Zusammenhang mit der Drittstaatenklausel nur dann noch in Betracht, wenn die Abschiebung aus (sonstigen) rechtlichen oder tatsächlichen Gründen unmöglich ist (§ 60 a II AufenthG). Sie ist (wie die Abschiebung) allerdings nur nach der Einreise zulässig. Vor diesem Zeitpunkt verbleibt nur ein tatsächliches Zuwarten mit der Rückführung in einen anderen Staat durch Einreiseverweigerung bis zur Beseitigung des Hindernisses.

110 Damit werden aus sicheren Drittstaaten eingereiste Asylsuchende in dieser Hinsicht **schlechter gestellt** als andere Ausl im Rahmen des allg AufR nach der Einreise (vgl §§ 15 IV, 60, 62 AufenthG). Abs 2 S. 3 kann somit dazu führen, dass die Flüchtlinge wegen der Einhaltung der genannten Schutzregelungen ebenfalls auf die Durchreisestaaten verwiesen werden, ohne dass hierfür hinsichtlich der jew Person konkrete Anhaltspunkte gegeben sind oder wenigstens vermutet werden könnten. Auch insoweit hat es nach dem GG mit der Feststellung der objektiven Voraussetzungen nach Abs 2 S. 1 sein Bewenden (Rn 105). Die Berufung auf ein Abweichen von der sonst üblichen Praxis der Einhaltung der beiden Konventionen oder auf ein Fehlverhalten im Einzelfall ist ausgeschlossen (BVerfGE 94, 49). Eine derartige Auslegung lässt sich mit den aus Art 1 u. 102 GG fließenden Schutzpflichten (Rn 13) nur schwer vereinbaren. Deren Beachtung ist durch Abs 2 S. 3 nur dann nicht

Anderweitiger Verfolgungsschutz **GG 3**

ausgeschlossen, wenn sie durch das Konzept der normativen Vergewisserung nicht erfasst sind (dazu Rn 106).

6. Rechtsschutz

Der Rechtsschutz gegen aufenthaltsbeendende Maßnahmen (dazu Rn 108) ist nach Abs 2 S. 3 in der Weise eingeschränkt, dass der **Sofortvollzug** ohne Rücksicht auf Rechtsbehelfe zugelassen wird. Unter Rechtsbehelfen sind Widerspruch u. Klage sowie Anträge auf vorläufigen Rechtsschutz zu verstehen. Die Verfassungsbeschwerde zählt nicht dazu. Die Formulierung „können ... vollzogen werden" regelt den Sofortvollzug insoweit endgültig, als dieser weder durch die Behörde noch durch das Gericht ausgesetzt werden darf. Die Anwendung der Bestimmungen der §§ 80, 123 VwGO mit dem Ziel eines Aufschubs der genannten Maßnahmen ist damit ausgeschlossen (vgl dazu § 34 II AsylVfG). Nur dem BVerfG bleibt die Möglichkeit des Erlasses einer einstweiligen Anordnung. Unter aufenthaltsbeendende Maßnahmen können rechtlich nur solche gelten, die nach der Einreise ergriffen werden. Gemeint ist aber die Beendigung des tatsächlichen Aufenthalts im Inland, und dieser beginnt bereits beim Erreichen der Grenzstation (Rn 108). **111**

Aufgrund Abs 2 S. 3 soll nicht lediglich der sonst generell bestehende Suspensiveffekt von Rechtsbehelfen (vgl § 80 I VwGO) entfallen mit der Folge, dass dieser behördlich oder gerichtlich im Einzelfall wieder hergestellt werden kann (vgl § 80 III, V VwGO). Eine derartige Regelung obliegt sonst dem (einfachen) Gesetzgeber (vgl § 80 II 1 Nr 1 VwGO) u. hätte deshalb nicht der Aufnahme in die Verfassung bedurft. Der Verfassungsgesetzgeber wollte aber den aus einem sicheren Drittstaat einreisenden Ausl **in keinem Fall ein Rechtsschutzverf im Bundesgebiet** ermöglichen. Diesem soll es lediglich unbenommen bleiben, vom Ausland her einen Rechtsbehelf vor dt Behörden oder Gerichten zu verfolgen (so Begr des GesEntw, BT-Drs 12/4152 S. 4). **112**

Mit dem ausnahmslosen Ausschluss des Suspensiveffekts u. der Inanspruchnahme vorläufigen Rechtsschutzes vor Überstellung an den Drittstaat wird dem Flüchtling bei wortgetreuer Auslegung jedweder **effektive Rechtsschutz versagt.** Ihm ist insb die Berufung darauf verwehrt, er sei überhaupt nicht aus dem betr Staat eingereist, dieser gehöre nicht zu dem Kreis der sicheren Drittstaaten oder dessen Aufnahme in die Länderliste I sei mangels Vorliegens der Voraussetzungen des Abs 2 S. 2 verfassungswidrig. Außerdem ist einem möglichen Erfolg in der Hauptsache von vornherein die Durchsetzbarkeit genommen. Auch wenn sich später herausstellt, dass der Flüchtling nicht aus einem sicheren Drittstaat eingereist ist oder dass der Drittstaat die verfassungsrechtlichen Anforderungen des Abs 1 nicht erfüllt, kann dies dem Flüchtling kaum noch nutzen. Ist er von dem Drittstaat aus unmittelbar oder mittelbar in den Herkunftsstaat überstellt worden, kommt die Hilfe der BR Deutschland in Form der Asylanerkennung zu spät. Ist ihm die endgültige Aufnahme durch den Drittstaat gelungen, ist er zwar hinreichend vor Verfolgung geschützt, die BR Deutschland aber ihrer Aufnahmeverpflichtung ledig. Nur wenn er sich noch in einem Viertstaat aufhält, der nicht als verfolgungssicher gilt, könnte er von seinem Prozesserfolg profitieren. Damit könnte Abs 2 S. 3 von dem durch Art 19 IV GG auch Ausl gewährleisteten fundamentalen rechtsstaatl Grundsatz des Suspensiveffekts (vgl BVerfGE 35, 263) abweichen u. effektiven Rechtsschutz auch für einen Bereich ausschließen, in dem Leib u. Leben gefährdet werden können u. in dem deshalb von Art 19 IV GG grundsätzlich nicht abgewichen werden darf (vgl BVerfGE 30, 1). Diese Grundsätze nehmen als Bestandteile des Rechtsstaats (Art 20 III GG) an der **Ewigkeitsgarantie** des Art 79 III GG teil. Deshalb kann es als fraglich erscheinen, ob Abs 2 S. 3 hiermit zu vereinbaren ist. Allerdings wird das für den Flüchtling entstehende Risiko durch die Anforderungen des Abs 1 S. 1 an den Drittstaat minimalisiert. Nach dem Konzept der normativen Vergewisserung ist die Anwendung von GK u. EMRK in dem Drittstaat sichergestellt u. die Modifikation der Rechtsschutzgarantie des Art 19 IV GG gerechtfertigt (BVerfGE 94, 49). Die Berufung auf eine ernsthafte Gefährdung der Schutzgüter von Art 1 u. 102 GG in Ausnahmefällen bleibt davon allerdings **113**

799

unberührt (vgl Rn 110); insoweit ist auch vorläufiger Rechtsschutz nicht ausgeschlossen (BVerfGE 94, 49).

114 Nach alledem sind die Vorschriften über Verweigerung u. Beendigung des Aufenthalts bei Anreise aus einem sicheren Drittstaat (§§ 18 II Nr 1, 18a I 6, 31 IV, 34a I AsylVfG) **verfassungsgemäß,** allerdings mit gewissen Vorbehalten (BVerfGE 94, 49): Die Durchreise durch einen sicheren Drittstaat darf nicht ernstlich zweifelhaft sein. In den außerhalb des Konzepts der normativen Vergewisserung liegenden Fällen (Rn 106) muss Einwendungen gegen die Überstellung an den Drittstaat nachgegangen werden.

VII. Verfahrensrecht

115 Die Vorschriften des Abs 4 (zu Abs 2 S. 3 vgl Rn 108 ff u. zu Abs 5 vgl Rn 124 ff) befassen sich in erster Linie mit der **Vollziehung** aufenthaltsbeendender Maßnahmen u. dem **Rechtsschutz** hiergegen. Sie enthalten aber mittelbar auch die Qualifizierung der Anträge von Ausl aus verfolgungsfreien Herkunftsstaaten als offensichtlich unbegründet (vgl Rn 81) u. die Zulassung weiterer Fallgruppen offensichtlicher Unbegründetheit. Der dem Gesetzgeber erteilte Regelungsauftrag bezieht sich auch auf die letztere Bestimmung. Hinsichtlich der verfolgungsfreien Staaten hat der Gesetzgeber mit § 29a I AsylVfG u. mit dem erheblich erweiterten Katalog der Fälle evidenter Unbegründetheit in § 30 III u. IV AsylVfG von dieser Ermächtigung Gebrauch gemacht.

116 Dem Gesetzgeber steht es auch ohne **Gesetzesvorbehalt** frei, für bestimmte Gruppen aussichtsloser Asylgesuche besondere Verf vorzusehen, die eine beschleunigte Behandlung u. eine schnelle Aufenthaltsbeendigung bei negativem Asylbescheid ermöglichen (BVerfGE 51, 216). Der ausdrückliche Regelungsauftrag ist gleichwohl angebracht; es wäre nur zweckmäßig gewesen, die in Betracht kommenden Fallgruppen näher einzugrenzen, damit besser absehbar wird, aus welchen Gründen der Gesetzgeber Asylanträge aus dem regulären Verf herausnehmen u. einer Sonderbehandlung zuführen darf.

117 Die in § 30 III AsylVfG aufgenommenen Beispiele zeichnen sich dadurch aus, dass sie fast ausschließlich die Verletzung von Mitwirkungsverpflichtungen sanktionieren, die Aussichtslosigkeit des Asylbegehrens also nicht (allein) aus einer Sachprüfung ableiten. Hierin ist eine **grundlegende Änderung** der früheren Rechtslage zu sehen, wonach für die Qualifizierung eines Asylantrags als offensichtlich unbegründet allein die Rechts- u. Tatsachenlage u. die Spruchpraxis der Behörden u. Gerichte ausschlaggebend war (vgl § 30 AsylVfG Rn 3 ff). Mangels näherer Beschreibung des Gesetzesvorbehalts ist es seither dem einfachen Gesetzgeber gestattet, uU auch minimale Regelverstöße zum Anlass für sofortige Abschiebungen zu nehmen, falls nur ein sonstiger Anhaltspunkt für die Unbegründetheit des Asylbegehrens festgestellt werden kann.

118 Hinsichtlich der sofortigen Vollziehbarkeit u. des Rechtsschutzes bestehen insofern ähnliche **Bedenken** wie bei den Anträgen von Asylsuchenden aus als verfolgungsfrei geltenden Ländern (vgl Rn 85 ff). Da in den Fällen des § 30 III AsylVfG allerdings eine Sachprüfung vorgesehen ist, fehlt es nicht an einer Entscheidung über die Gefahr politischer Verfolgung u. über das Refoulementverbot nach § 60 I AufenthG (Art 33 GK). Außerdem werden Abschiebungsverbote und -hindernisse nach § 60 II bis VII AufenthG geprüft (§ 31 III AsylVfG).

VIII. Genfer Flüchtlingskonvention

119 Die Bestimmungen der GK (vom 28. 7. 1951 idF des Protokolls vom 31. 1. 1967, BGBl. 1954 II 559, 1968 II 1293) sind aufgrund des Vertragsges v. 1. 9. 1953 (BGBl. II 559) innerstaatl auch in der Weise verbindlich, dass sie ausl Flüchtlingen zumindest zT **unmittel-**

bare durchsetzbare Rechtspositionen verleihen (BVerwGE 87, 11; 88, 254). Allerdings gewähren sie kein Recht auf Asyl, sondern regeln lediglich Rechte im Asyl (Rn 6). Unter der Geltung des § 28 AuslG 1965 wurden desungeachtet Flüchtling iSd Definition des Art 1 GK ebenso als Asylber anerkannt wie politisch Verfolgte iSd Art 16 II 2 GG aF; diese teilweise (zusätzliche) Einbeziehung der GK in das dt Recht endete mit dem AsylVfG 1982, weil danach nur Art 16 II 2 GG aF als Grundlage für die förmliche Asylanerkennung verblieb (§ 1 AsylVfG Rn 5). Das Refoulementverbot des Art 33 GK fand ebenfalls erstmals 1965 als „kleines Asyl" seinen Niederschlag im AuslG, u. zwar in § 14 AuslG 1965; es blieb in § 51 I des AuslG 1990 u. jetzt in § 60 I AufenthG erhalten u. bildet damit seit Anfang 1991 die Grundlage für die Flüchtlingsanerkennung durch das BAFl./BAMF (§ 1 AsylVfG Rn 7; § 60 AufenthG Rn 2 ff).

Der frühere Streit um die **Identität der Schutzbereiche** von § 51 I AuslG (= Art 33 I **120** GK) u. Art 1 A Nr 2 GK konnte schon als beigelegt angesehen werden, nachdem die dahingehende Rspr des BVerwG (seit BVerwGE 89, 296) vom Gesetzgeber gebilligt u. übernommen war (dazu näher § 1 AsylVfG Rn 14 ff). Nunmehr ist mit den Legaldefinitionen des § 60 I AufenthG u. der EU-Asyl-Richtlinien (dazu Rn 133 ff) der Schutzumfang des Refoulementverbots genauer bestimmt u. zwar mittelbar auch für Art 16 a GG (dazu Rn 136 f).

Die GK hat freilich zunächst durch Abs 1 u. 5 zusätzlich an **Bedeutung** für das innerstaatl **121** Recht gewonnen, indem sie mittelbar zur Grundlage für verfassungsrechtliche Einschränkungen des Anspruchs auf Asyl geworden ist. Da dort nicht nur die Ratifikation der GK in anderen Staaten vorausgesetzt ist, sondern auch deren Anwendung bzw. Beachtung, hat der dt Gesetzgeber damit indirekt eine **Kontrolle** über die Einhaltung der GK durch andere Vertragspartner übernommen. Dies mag gerade angesichts des Fehlens einer internationalen richterlichen Kontrollinstanz (zur Überwachung durch UNHCR vgl Art 35 GK) befremdlich wirken, dient aber lediglich der Vorsorge, dass die BR Deutschland durch Verweisung von Flüchtlingen an Drittstaaten nicht ihrerseits die Konvention verletzt, insb durch Nichtbeachtung des Verbots der Kettenabschiebung. Aus diesem Grunde u. wegen der Auslegung von § 51 I AuslG waren zumindest seit 1993 die Grundlagen des Flüchtlingsrechts der GK bei der Rechtsanwendung in Deutschland zT unmittelbar zu beachten. Dabei konnten die im Hdb des UNHCR über Verf u. Kriterien zur Feststellung der Flüchtlingseigenschaft (UNHCR-Hdb) niedergelegten Regeln (zu deren Bedeutung Heberlein, InfAuslR 2001, 43) ebenso herangezogen werden wie die Beschlüsse des UNHCR-Exekutivkomitees u. der Gemeinsame Standpunkt des EU-Rates vom 4. 3. 1996 betr die harmonisierte Anwendung des Begriffs „Flüchtling" in Art 1 GK (ABl. L 63 vom 13. 3. 1996 S. 2 = EU-Stp). Ihnen kam keine vr oder innerstaatl Verbindlichkeit zu, sie gaben aber weitestgehend die allg Rechtsüberzeugung der Konventionsstaaten u. deren Praxis wieder. Nachfolgend werden zunächst die von der dt Rspr auf dieser Grundlage vertretenen Auslegungsgrundsätze wiedergegeben. Die **Veränderungen** durch die Legaldefinitionen des § 60 I AufenthG sind in den dortigen Erläuterungen beschrieben, die aus den EU-Asyl-Richtlinien zu ziehenden Folgerungen werden hier unter X. Europäisches Asylrecht (Rn 131 ff) dargestellt.

Die GK (u. damit auch das Refoulementverbot des Art 33) setzt nach dem Verständnis **122** der dt Rspr ebenso wie Abs 1 die Gefahr **staatl Verfolgung** voraus (zu Abs 1 vgl Rn 34 ff), wobei eine quasi-staatliche Verfolgung gleichsteht (BVerwGE 95, 42; BVerwG, EZAR 231 Nr 10). Die Verfolgung wird auch dann dem Staat zugerechnet, wenn sie von nichtstaatlichen Personen ausgeht und die Behörden wirksamen Schutz verweigern oder nicht zu leisten vermögen (Nr 65 UNHCR-Hdb) bzw die Verfolgung durch Dritte fördern oder billigen oder willentlich untätig bleiben (Nr 5.2 EU-Stp). Unter den Verfolgungsbegriff der GK fallen während des Bürgerkriegs auch militärische Maßnahmen gegen die Zivilbevölkerung oder schwerwiegende Menschenrechtsverletzungen bei aktiven Kämpfern (Marx, ZAR 1992, 3). Sonst bleiben Gefahren während eines Bürgerkriegs oder eines anderen allgemeinen Konflikts mangels Gebietsgewalt außer Betracht (BVerwGE 95, 42), es sei denn, sie gehen von Stellen aus, die faktisch Staatsgewalt ausüben (Nr 6 EU-Stp). Gegen Eingriffe geschützt sind nicht alle gewöhnlich garantierten **Rechtsgüter**. Relevant sind vielmehr nur schwerwiegende Verstöße gegen die Menschenrechte oder andere im Einzelfall gravierende Bedrohungen, wobei auch jew für sich unerhebliche kumuliert einen Verfolgungstatbestand ergeben können (Nr 51–53 UNHCR-Hdb; Nr 4 EU-Stp). Schließlich kann im Falle der **Gruppenverfolgung** die Einzelverfolgung vereinfacht prima facie für jedes Gruppenmitglied festgestellt werden (Nr 44 UNHCR-Hdb; Nr 2 EU-Stp). Die Verfolgung muss an die flüchtlingsrechtlich relevanten **persönlichen Merkmale** Rasse, Religion, Staatsangehörigkeit, politische Überzeugung oder Zugehörigkeit zu einer bestimmten sozialen (besser: gesellschaftlichen) Gruppe (Art 1 A Nr 2, Art 33 GK) anknüpfen. Der Zweck der Verfolgungsmaßnahmen muss an diesen Merkmalen ausgerichtet sein.

123   Die GK gilt unterschiedslos für **Vor- u. Nachfluchtgründe** (zu Abs 1 vgl 49 ff); denn der GK ist diese Unterscheidung fremd (Koisser/Nicolaus, ZAR 1991, 10; Marx, ZAR 1992, 3; Roth, ZAR 1988, 166; BVerwGE 55, 82; aA Welte, NVwZ 1991, 755). Der Ausl braucht seinen Heimatstaat nicht illegal verlassen u. er braucht dort noch keine Verfolgung erlitten zu haben; der Flüchtling sur place, der zB erst während des Aufenthalts im Ausland exilpolitisch tätig wird, ist in seiner Rechtsstellung nicht eingeschränkt (vgl UNHCR-Hdb Nr 94 ff).

124   Ausl Flüchtling ist nicht ohne weiteres, wem Verfolgung nur in einem bestimmten Teil seines Heimatstaats droht, wenn ihm anderswo eine **interne Fluchtalternative** (dazu Rn 66 ff) offen steht. Die Furcht vor Verfolgung braucht sich nicht immer auf das gesamte Staatsgebiet zu erstrecken; eine inländische Zufluchtsmöglichkeit wird dem Flüchtling nicht entgegengehalten, wenn deren Inanspruchnahme vernünftigerweise nicht erwartet werden kann (UNHCR-Hdb Nr 91).

125   Eine Verweisung auf andere Aufnahmestaaten im Sinne einer **externen Fluchtalternative** (dazu Rn 89 ff) kennt die GK nicht, da die Flüchtlingseigenschaft durch die Aufnahme in einem anderen Staat nicht verloren geht. Sie wird erst recht nicht durch die potentielle Möglichkeit der Durchführung eines konventionsgemäßen Verf in einem anderen Staat aufgehoben (Huber, NVwZ 1993, 736). Das Refoulementverbot des Art 33 GK verbietet aber nur die Zurückweisung in den Verfolgerstaat u. steht der Verweisung auf den Schutz eines anderen sicheren Staats nicht entgegen, falls dieser aufnahmebereit ist (vgl Marx, ZAR 1992, 3). Eine Zweitanerkennung kann auch nach der GK nicht verlangt werden (§ 27 AsylVfG Rn 6).

126   Das **Refoulementverbot** gilt nach allg Rechtsüberzeugung u. Praxis der meisten Vertragsstaaten **schon an der Grenze** u. vermittelt den Flüchtlingen einen gewissen Rechtsschutz durch ein vorläufiges AufR (Hailbronner, ZAR 1987, 5; Marx, ZAR 1992, 3 mwN in Fn 145 f; UNHCR-Exekutivkomitee, Nr 6 – XXVII –; anders noch Kimminich, S. 327).

IX. Asylabkommen

127   Durch Abs 5 sollen Ratifikation u. Durchführung von Asylabkommen, insb der Übereinkommen von Dublin u. Schengen, „mit allen Rechten u. Pflichten" sowie der Abschluss entsprechender Verträge mit anderen Staaten, in denen die Anwendung der GK u. der EMRK sichergestellt ist, ermöglicht werden (BT-Drs 12/4152 S. 4). Ungeachtet der Formulierung im Einzelnen sollen auf dieser Grundlage Verträge über Fragen der Zuständigkeit u. der gegenseitigen Anerkennung geschlossen werden können, die von den Anforderungen der Abs 1 bis 4 in mehr oder weniger großem Umfang abweichen. Die **Bedeutung der Vorschrift** im Prozess der europäischen Einigung ergibt sich erst bei einer Zusammenschau mit Art 23, 24 I u. 45 GG (zu Art 24 I GG Dörr, DÖV 1993, 696). Soweit das AsylR in Europa nicht nur harmonisiert werden soll, sondern in die Zuständigkeit der EG übertragen ist, ist dies durch Art 23 GG ermöglicht (Hailbronner, Art 16 a GG Rn 444 a). Nur Verträge zwischen allen oder einzelnen EG-Mitgliedstaaten bedürfen noch einer besonderen Ermächtigung.

Europäisches Asylrecht

Der **Inhalt dieser Verträge** ist dahin beschrieben, dass Regelungen über die Zuständig- 128
keit für die Prüfung von Asylbegehren u. über die gegenseitige Anerkennung von Asylentscheidungen zugelassen sind. Damit wird die Bindung an die Vorgaben der Abs 1 bis 4 nicht gänzlich aufgehoben. Bei wörtlicher Auslegung dieser Formulierungen erscheint nicht genügend klar, dass neben der Prüfung von Asylgesuchen auch die Entscheidung hierüber erfasst sein soll; unsicher bleibt zudem, ob auch aufenthaltsbeendende Maßnahmen im Anschluss an die Asylentscheidung oder bei Gelegenheit derselben in die Zuständigkeitsregelung u. die gegenseitige Anerkennung einbezogen werden dürfen (ebenso wohl Hailbronner, ZAR 1993, 107). Schließlich ist auch die gerichtliche Kontrolle nicht ausdrücklich angesprochen. Insofern muss aber die Absicht des verfassungsändernden Gesetzgebers unterstellt werden, auch Inhalte dieser Art in die Regelung des Abs 5 einzubeziehen. Denn die Abkommen von Schengen u. Dublin, die zunächst als Verträge iSd des Abs 5 in Betracht kommen u. in Kraft gesetzt werden sollten, enthielten derartige Regelungen (vgl Vorbem AsylVfG Rn 21 ff).

Die Formulierung „stehen nicht entgegen" macht eigentlich nicht hinreichend deutlich, 129
dass damit dem Gesetzgeber die Ermächtigung erteilt werden soll, bei der Ratifizierung von Verträgen von der Beachtung der Abs 1 bis 4 abzusehen u. ganz oder teilweise davon **abzuweichen.** Insoweit muss aber angesichts des Inhalts der bei der Verfassungsänderung bereits vorliegenden Abkommen von Dublin u. Schengen ebenfalls ein dahingehender Wille des Gesetzgebers angenommen werden. Sonst wäre gerade die innerstaatl Umsetzung dieser Verträge in Frage gestellt. Damit sind auch Modifikationen des Verwaltungs- u. des Gerichtsverf außerhalb von Abs 2 S. 3 u. Abs 4 aufgrund von Asylabkommen ermöglicht.

Die Asylabkommen von Dublin u. Schengen enthielten keine asylr Vorschriften materiel- 130
ler Art, sondern lediglich **Kriterien** zur Bestimmung der **Zuständigkeit.** Im Wesentlichen waren dies: Erteilung eines Visums u. Ort des Grenzübertritts (Art 4 ff DublÜbk; Art 29 III, 30 SchengÜbk; dazu Hoffmann, InfAuslR 1999, 94; Löper, ZAR 2000, 16). Die Zuständigkeit wurde nicht durch die Einreise aus einem sicheren Drittstaat iSd Abs 2 ausgeschlossen, gleichgültig, ob dieser ein Vertragsstaat war oder nicht. Andererseits verpflichteten beide Abkommen zur Durchführung eines Asylverf (Art 3 DublÜbk; Art 29 I SchengÜbk). Damit sollte dem Flüchtling wenigstens ein Asylverf im jew Vertragsgebiet offenstehen (Bleckmann, S. 67; Classen, DVBl. 1993, 700). Seit Inkrafttreten des DÜ am 1. 9. 1997 waren die Bestimmungen der Art 28–38 SDÜ außer Kraft (Vorbem AsylVfG Rn 23; dazu Hailbronner/Thiery, ZAR 1997, 55). Im Ergebnis führten die Vertragsbestimmungen zur Nichtanwendung der Drittstaatenklausel im Verhältnis zu den DÜ-Vertragsstaaten; übrig blieben von den Anrainerstaaten nur Polen, Tschechien u. Schweiz (Reermann, ZfSH/SGB 1998, 323). Mit der auf der Grundlage von Art 63 I Bst a EG (dazu Rn 131) erlassenen VO/EG 343/2003 vom 18. 2. 2003 zur Festlegung der Kriterien und Verfahren zur Bestimmung des Mitgliedstaats, der für die Prüfung eines von einem Drittstaatsangehörigen in einem Mitgliedstaat gestellten Asylantrags zuständig ist (ABl. L 50 vom 25. 2. 2003 S. 1) sind die Regeln des DÜ mit geringfügig abgeändertem Inhalt übernommen u. in Gemeinschaftsrecht überführt. Nur im Verhältnis zu Dänemark gilt das DÜ fort (Hailbronner, Art 16 a GG Rn 447).

X. Europäisches Asylrecht

Nach dem Stadium der Empfehlungen u. Entschließungen unter der Regie von Kapitel 131
K.14 des Maastrichter Vertrags sind die Bereiche des materiellen u. des formellen AsylR mit dem Amsterdamer Vertrag fast vollständig in die **Zuständigkeit der EU** übergegangen (Art 63 EG; dazu Funke-Kaiser, VBlBW 2002, 409; Hailbronner, ZAR 2002, 259 u. 2004, 297; Huber, InfAuslR 2000, 302; Marx, ZAR 2002, 43; Schmahl, ZAR 2001, 3; Sieveking, ZSR 2001, 3; Weber, EuGRZ 1999, 301; Wollenschläger, EuGRZ 2001, 354). Die dort

vorgesehenen Regelungen sind nicht an Abs 5 zu messen, da es sich um keine neuen völkerrechtlichen Zuständigkeitsverträge handelt, sie beruhen vielmehr auf der Übertragung weiterer Hoheitsrechte durch den neugefassten EG-Vertrag, die allein an Art 23 GG zu messen ist (Hailbronner, Art 16a GG Rn 444b). Mit dem Vertrag von Nizza ist das Abstimmungsverf für die Asylbereiche dahin geändert, dass von der Einstimmigkeit zur qualifizierten Mehrheit übergegangen wird, sobald die wesentlichen Grundsätze gemeinschaftsrechtlich geregelt sind. Auch insoweit sind Bedenken aus der Sicht des GG nicht zu erheben.

132 Das Stadium für das Mehrheitsverf ist inzwischen erreicht. Die EU hat **wesentliche Kompetenzen** mit dem Erlass asylr Normen **wahrgenommen** (dazu näher Vorbem AsylVfG Rn 20 ff). Sie hat die Zuständigkeitsbestimmungen auf der Grundlage von SDÜ/DÜ durch die VO/EG 343/2003 (s. Rn 130) in Gemeinschaftsrecht überführt u. hierzu in der VO/EG 1560/2003 vom 2. 9. 2003 (ABl. L 222 vom 5. 9. 2003 S. 3) Durchführungsbestimmungen erlassen (dazu Piotrowicz, ZAR 2003, 383; Schröder, ZAR 2003, 16). Darüber hinaus hat sie ua noch die folgenden Regelungen im Asyl- u. Flüchtlingsbereich getroffen: RL 2001/55/EG vom 20. 7. 2001 über Mindestnormen für die Gewährung vorübergehenden Schutzes im Falle eines Massenzustroms von Vertriebenen und Maßnahmen zur Förderung einer ausgewogenen Verteilung der Belastungen, die mit der Aufnahme dieser Personen und den Folgen dieser Aufnahme verbunden sind (ABl. L 212 S. 12); RL 2003/9/EG vom 27. 1. 2003 zur Festlegung von Mindestnormen für die Aufnahme von Asylbew in den Mitgliedstaaten (ABl. L 31 S. 18); RL 2004/83/EG vom 29. 4. 2004 über Mindestnormen für die Anerkennung und den Status von Drittstaatsangehörigen oder Staatenlosen als Flüchtlinge oder als Personen, die anderweitig internationalen Schutz benötigen, und über den Inhalt des zu gewährenden Schutzes (ABl. L 304 vom 30. 9. 2004 S. 12; dazu Duchrow, ZAR 2004, 339; Hailbronner, ZAR 2002, 259 u. 2003, 299; Lehnguth, ZAR 2003, 305; Sitaropoulos, ZAR 2003, 379); die RL vom 29. 4. 2004 über Mindestnormen für Verfahren in den Mitgliedstaaten über die Zuerkennung und die Aberkennung des Status von Asylbewerbern und anderen Flüchtlingen, die internationalen Schutz benötigen, ist beschlossen, aber noch nicht erlassen; dazu Hailbronner, ZAR 2002, 259 u. 2003, 299; Renner, ZAR 2003, 88 u. 2004, 305; Zimmermann, ZAR 2003, 354). Zur Behandlung unbegleiteter Minderjähriger in den EU-Asyl-RL näher Peter, ZAR 2005, 11.

133 Die **Umsetzung** dieser EU-Normen in dt Recht ist bisher nur teilweise erfolgt. Die RL über Mindestnormen im Falle eines Massenzustroms ist mit §§ 2 VI, 24 I AufenthG in dt Recht übertragen. Die RL über die Aufnahmebedingungen ist durch die Regelungen des AsylVfG über das asylr AufR sowie über Unterbringung u. Versorgung berücksichtigt. Die Qualifikations-RL 2007/83/EG bedarf der Umsetzung bis 10. 10. 2006 (zu Einzelheiten Duchrow, ZAR 2004, 339), für die Verfahrens-RL wird nach der Verkündung ebenfalls eine Umsetzungsfrist von zwei Jahren laufen (zu Einzelheiten Renner, ZAR 2004, 305).

134 Ungeachtet der für die Qualifikations-RL noch laufenden u. der für die Verfahrens-RL noch nicht begonnenen Umsetzungsfrist stellt sich die Frage, ob u. ggf wie deren Bestimmungen bereits jetzt zu berücksichtigen sind, ob sie mit anderen Worten bereits „**Vorwirkungen**" entfalten. Während eine VO vom Tage ihres Inkrafttretens an unmittelbar anzuwenden ist u. dabei mitgliedstaatlichem Recht vorgeht, kann eine RL unmittelbare Wirkungen nur bei ausreichend konkreter Fassung u. erst bei Ablauf der Umsetzungsfrist entfalten. Dabei sind aber Anwendungsbereich, Gegenstand u. Inhalt der RL besonders sorgfältig zu prüfen.

135 Qualifikations- u. Verfahrens-RL stimmen im **Anwendungsbereich** nicht vollständig miteinander überein. Beide betreffen zwar nicht nur politisch Verfolgte, die um Schutz nachsuchen, sondern auch anderweitig Schutzbedürftige. Während sich die Qualifikation-RL aber nur mit der Anerkennung dieser Personen als Flüchtlinge u. als anderweitig Schutzbedürftige u. nicht mit der Anerkennung als Asylberechtigte befasst, gelten die Mindestnormen der Verfahrens-RL für alle Anträge auf Asyl u. subsidiären Schutz.

136 Trotz Nichteinbeziehung des **Asylstatus** in die Qualifikations-RL hat der dt Gesetzgeber die Definitionen von nichtstaatl u. geschlechtsbezogener Verfolgung in § 60 I AufenthG an

der RL 2007/83/EG ausgerichtet u. dort Bestimmungen über die Auslegung u. Anwendung der GK hinausgetroffen (Rn 120). In § 60 I AufenthG ist der Grundsatz des Refoulement zunächst nur „In Anwendung" der Konvention aufgestellt u. damit allein für die Anerkennung als ausl Flüchtling („Feststellung der Voraussetzungen des § 60 I") maßgeblich (S. 1). Durch S. 2 sind aber als asylber anerkannte politisch Verfolgte einbezogen (vgl § 2 AsylVfG; § 60 AufenthG Rn 12). Auch die nachfolgenden Sätze gelten nicht nur für die Auslegung u. Anwendung der GK. AufenthG u. AsylVfG unterscheiden die förmliche Asylanerkennung sonst streng von der Flüchtlingsanerkennung. Daran hat sich durch Erlass des ZuwG nichts geändert. Die aufr Folgen sind nunmehr dieselben, weil beiden Personengruppen eine AE garantiert ist; für den aufr Status wird aber gerade zwischen beiden Tatbeständen klar unterschieden (§ 25 I u. II AufenthG).

Danach ist zwar die künftige Auslegung von Abs 1 nicht durch die Qualifikations-RL **137** vorgegeben, insb das BVerfG also frei in der Bestimmung des **Schutzbereichs des Asylgrundrechts.** Vor allem die sehr unterschiedlichen Fallgestaltungen nichtstaatl u. geschlechtsbezogener Verfolgung kommen als Gegenstand für eine eigene Interpretation in Betracht. Da sich das BVerfG bisher anders als das BVerwG zur geschlechtsspezifischen Verfolgung noch nicht ausdrücklich geäußert hat, kann das mögliche Ergebnis nicht sicher vorhergesagt werden. Anders verhält es sich mit der nichtstaatl Verfolgung, für die das BVerfG die Rspr des BVerwG zT korrigiert hat (vgl Rn 34 ff). Grundsätzlich wäre eine Übernahme der jetzt auf europäischer Ebene gefundenen Begriffsbestimmungen für das Grundrecht auf Asyl nicht ausgeschlossen. Trotz der Eigenständigkeit der dt Asylregelungen dürfen nämlich deren Verbindungen zum internationalen Flüchtlingsrecht nicht vernachlässigt werden.

Immerhin hat sich der Verfassungsgeber bei der Schaffung des grundgesetzlich verbürgten **138** AsylR auf die **völkerrechtliche Tradition** des Asyls berufen (Rn 3) u. schon bei den Beratungen des Parlamentarischen Rates die damaligen Verhandlungen über die dann 1951 zustande gekommene GK im Auge gehabt. In ähnlicher Weise beruft sich auch die Qualifikations-RL auf die GK als „einen wesentlichen Bestandteil des internationalen Rechtsrahmens für den Schutz von Flüchtlingen" (Erwägungsgrund Nr 4). Andererseits beschreibt die RL nicht etwa einen bereits vorhandenen festen Bestand an nach jeder Richtung hin einheitlichen Auslegungen, sondern beschränkt sich auf Mindestnormen mit dem Ziel der „Angleichung" der Rechtsvorschriften über Anerkennung u. Inhalt der Flüchtlingseigenschaft (Erwägungsgrund Nr 7). Damit werden einerseits Unterschiede in der bisherigen Auslegung der GK festgestellt u. zugleich Spielräume für die Zukunft ausdrücklich belassen. Andererseits sind damit für die Flüchtlingseigenschaft die nunmehr gefundenen Definitionen als Minimalstandard verbindlich. Insoweit sind die Begriffsbestimmungen als ein fester Teil des gegenwärtigen Flüchtlingsvölkerrechts zu begreifen. Für das dt Asylgrundrecht kann eine entsprechende Verbindlichkeit aber nur dann angenommen werden, wenn u. soweit das VR trotz eines gewissen Wandels in der zweiten Hälfte des 20. Jhdt nach wie vor als Grundlage für das Asyl des GG anerkannt wird. Dabei kann jedenfalls in diesem Zusammenhang grundsätzlich angenommen werden, dass die auf die GK ausgerichteten Mindestnormen schon wegen des zahlreiche Staaten auch außerhalb Europas umfassenden Geltungsbereichs dieses Vertragswerks einen gewichtigen Teil des allg VR bilden.

Hinsichtlich der **Flüchtlingsdefinition** hat sich das BVerfG ausdrücklich auf die gängige **139** Auslegung von Art 1 A Nr 2 GK durch dt Behörden u. Gerichte bezogen, aber zugleich angedeutet, dass der Schutzbereich des Asylgrundrechts darüber hinausgehen könnte (BVerfGE 54, 341; ebenso BVerwGE 79, 143 für die Verfolgung Homosexueller im Iran). Andererseits hat das BVerfG die Anerkennung von **Nachfluchttatbeständen** als Asylgrund erheblich begrenzt u. nur ausnahmsweise zugelassen (Rn 50 ff), während das Refoulementverbot der GK eine derartige Beschränkung nicht enthält. Die Anerkennung von objektiven wie subjektiven Nachfluchtgründen wird daher folgerichtig zum Mindestbestand des Schutzes nach der GK u. gleichzeitig auch des subsidiären Schutzstatus gezählt, wobei Nachfluchtaktivitäten „insbesondere" dann relevant sein sollen, wenn sie Ausdruck u. Fortsetzung einer bereits im Herkunftsland bestehenden Überzeugung oder Ausrichtung sind (Art 5 I u. II RL 2004/83/EG). Damit werden nachträglich die Bedenken bestätigt, dass die Nachfluchtgrund-Entscheidung des BVerfG mit dem allg Flüchtlingsvölkerrecht zumindest im Ansatz nicht voll in Übereinstimmung steht (dazu Rn 51). Die für einzelne Fallkonstellationen auch im Ergebnis bestehenden Unterschiede in den Definitionen der relevanten Nachfluchtaktivitäten könnten dadurch beseitigt werden, dass die Formel des Art 5 II RL 2004/83/EG als eine aktuelle vr Grundlage auch zur Auslegung des Asylgrundrechts herangezogen wird. Sonst besteht die aufgezeigte Divergenz fort. Die Rechtsfolgen sind indes sehr beschränkt, nachdem die mit dem jew Status verbundenen Rechtsfolgen im AufR u. auch im Arbeits- u. Sozialrecht einander angeglichen worden sind (vgl vor allem § 25 I u. II AufenthG).

140 Für die **nichtstaatliche Verfolgung** hat das BVerfG im Bereich der Asylanerkennung eine teilweise von der Rspr des BVerwG abweichende Auslegung vor allem im Blick auf die für notwendig erachtete umfassende Gebietsherrschaft vertreten (dazu Rn 35). Für den **Bürgerkrieg** hat es wie das BVerwG ebenfalls auf die Möglichkeit effektiver staatlicher Gewaltausübung abgehoben u. Maßnahmen im offenen Bürgerkrieg grundsätzlich nicht als asylrelevant angesehen (dazu Rn 38). Für die Flüchtlingsanerkennung hat das BVerwG diese Grundsätze übernommen (BVerwG, EZAR 230 Nr 2 m. Anm. Renner, ZAR 1994, 85), während das BVerfG keine Gelegenheit hatte, sich hierzu ausdrücklich zu äußern. Mit der Qualifikations-RL ist dagegen auf die Sicht des Opfers abgestellt u. der Fall einbezogen, dass die Verfolgung von nichtstaatl Akteuren ausgeht u. Schutz weder von innerstaatl noch von internationalen Akteuren geboten werden kann (Art 6, 7). Diese Tatbestandsbestimmung hat der dt Gesetzgeber für die **Asyl- u. die Flüchtlingsanerkennung** im Wesentlichen übernommen (Rn 120, 136 f) u. damit die auch für diesen Bereich zT abweichende Rspr des BVerwG korrigiert (dazu Duchrow, ZAR 2004, 339). Insoweit kommt es also auf die fristgerechte Umsetzung der RL 2003/83/EG nicht an. Da diese Grundregeln nunmehr auch auf die **Asylanerkennung** angewandt werden sollen, könnte es darauf ankommen, ob das Flüchtlingsvölkerrecht auch in seiner aktuellen Form die Auslegung des Asylgrundrechts mitbestimmt. Bei dieser Betrachtung sollte nicht außer Acht gelassen werden, dass weder der EU-Rat noch die BR Deutschland oder andere Mitgliedstaaten dezidiert die Auffassung vertreten haben, dass die jetzt in der RL gefundenen Formeln über die bisher geltenden anerkannten Standards bei Auslegung der GK hinausgingen. Die Formulierungen in § 60 I 4 AufenthG waren zT politisch umstritten, sie sind aber nicht als Ausweitung des Flüchtlingsschutzes verstanden u. von der BReg oder den gesetzgebenden Körperschaften auch nicht als solche vertreten worden. Schließlich ist im gesamten Gesetzgebungsverf nicht geltend gemacht worden, dass die Relevanzkriterien für das Asylgrundrecht hinsichtlich der Staatlichkeit hinter denen für die Flüchtlingseigenschaft zurückbleiben sollten.

141 Ähnlich verhält es sich mit **geschlechtsspezifischen Verfolgungsgründen.** Zu deren Relevanz haben sich BVerfG u. BVerwG nicht so deutlich geäußert, dass von einer gefestigten Rspr ausgegangen werden könnte. Angesichts der Nichterwähnung des Geschlechts als Anknüpfungspunkt für Verfolgungen in Art 1 A Nr 2 GK bezogen u. beziehen sich Meinungsverschiedenheiten in Lit u. Rspr auf die Möglichkeit der Zuordnung des Geschlechts zu einem der ausdrücklich genannten Kriterien. Abgesehen von der Auslegung insb des persönlichen Merkmals der Zugehörigkeit zu einer bestimmten sozialen Gruppe geht es hauptsächlich um die Bewertung der Tatsachengrundlagen, die oft so stark von kulturellen, gesellschaftlichen u. politischen Einstellungen geprägt sind, dass die Bedeutung des Geschlechts für die Verfolgung nicht einwandfrei zu ermitteln ist. Auf eben diesen Zustand wird in der RL 2003/83/EG Bezug genommen, die auf die Notwendigkeit hinweist, für diesen Verfolgungsgrund „einen gemeinsamen Ansatz ... zu entwickeln" (Erwägungsgrund Nr 21). Die zu diesem Zweck formulierten Grundsätze über die Bedeutung des Geschlechts bei Verfolgung wegen Zugehörigkeit zu einer bestimmten sozialen Gruppe (Art 10 I Bst. d) vermeiden eine zu starke Festlegung u. sind damit geeignet, flexibel auf die Verhältnisse in dem Herkunftsland u. den Einzelfall angewandt zu werden. Schon aus

Europäisches Asylrecht **GG 3**

diesem Grunde kann nicht festgestellt werden, dass sich die Rechtslage mit dieser RL gegenüber dem Stand von Ende 2004 verändert hat oder bei deren Umsetzung verändern wird. Dies gilt für die Flüchtlingseigenschaft wie für das Asylgrundrecht gleichermaßen. Allerdings ist seit Beginn des Jahres 2005 die Regelung des § 60 I 2 u. 3 AufenthG iVm § 2 AsylVfG zu beachten, wonach eine auf die Gruppenzugehörigkeit bezogene Verfolgung auch dann vorliegen kann, wenn sie allein an das Geschlecht anknüpft (über Art 10 I Bst. d RL 2003/83/EG hinausgehend nach Duchrow, ZAR 2004, 339). Falls mit dieser Formulierung die Anerkennung von Fällen ausgeschlossen werden sollte, in denen das Geschlecht lediglich einen von mehreren Anknüpfungspunkten darstellt, wäre sie bei Umsetzung der RL entsprechend zu ändern. Ungeachtet dessen können die Grundsätze der RL für die **Asylanerkennung** unmittelbar übernommen werden.

Hinsichtlich des **Zeitpunkts** der Berücksichtigung der neuen Begriffs- u. Tatbestandsbestimmungen ist jew nach dem Stand der Rspr u. dem Inhalt der neuen Bestimmungen zu unterscheiden. Die neuen Definitionen für die **Nachfluchtgründe** (Art 5 RL 2003/83/EG) betreffen unmittelbar nur die Asyl- u. nicht die Flüchtlingsanerkennung. In letzterer Hinsicht ist deren Anwendung formell von der Umsetzung der EG-RL abhängig. Da aber bisher keine verbindlichen Festlegungen für diesen Bereich im innerstaatl Recht existieren, können die neuen Definitionen anstelle der bisherigen Grundlagen (dazu Rn 49 ff) **sofort angewandt** werden (zu den Besonderheiten für Nachfluchtgründe im Folgeantragsverf vgl § 28 II AsylVfG; Duchrow, ZAR 2044, 339). Hinsichtlich des Asylgrundrechts könnte angesichts der festgestellten Abweichungen (dazu Rn 139) entweder der Wortlaut von § 28 I AsylVfG, der auf den Nachfluchtgrundbeschluss des BVerfG zurückgeht, im Zuge der Umsetzung der RL entsprechend geändert werden oder die Rspr von sich aus die RL-Definitionen zur Auslegung auch des Asylgrundrechts heranziehen. **142**

Hinsichtlich der **Staatlichkeit** der Verfolgung gelten die neuen Regeln des § 60 I 4 AufenthG seit Anfang Januar 2005. Auch im Hinblick auf die vr Grundlagen des dt AsylR (dazu Rn 140) erscheint es vertretbar, bei der Asylanerkennung ebenso zu verfahren. **143**

Ebenso verhält es sich mit der Berücksichtigung des **Geschlechts.** Für die Flüchtlingseigenschaft u. das daraus folgende Abschiebungshindernis u. für die Asylberechtigung gilt der Grundsatz des § 60 I 3 AufenthG seit dessen Inkrafttreten. Bleibt er hinter Art 10 I Bst d RL 2003/83/EG zurück (dazu Rn 141), wird sich die Rechtslage nach der Umsetzung der RL verändern. Unabhängig davon könnte die RL-Mindestnorm auch als aktueller vr Standard für die Asylanerkennung sofort zur Auslegung herangezogen werden. **144**

Über diese einzelnen Begriffe u. Verfolgungskriterien hinaus werden sich aufgrund der EU-Qualifikations- u. der EU-Verfahrensrichtlinie die bisherigen Elemente der Flüchtlingseigenschaft u. der sonstigen Schutzbedürftigkeit vor allem durch Einbeziehung des subsidiären Schutzes in das europäische Schutzsystem, durch einen neuen Schadensbegriff u. eine Neuordnung der Drittstaatenklauseln **erheblich verändern.** Allein schon die Bestimmungen über die Furcht vor Verfolgung wegen der Zugehörigkeit zu einer bestimmten sozialen Gruppe weisen auf neue Konzepte hin, die nicht zuletzt die Behandlung der Fälle geschlechtsbezogener Verfolgung nachhaltig beeinflussen werden (dazu Marx, ZAR 2005, 177). **145**

Vierter Teil
Asylverfahrensgesetz

Asylverfahrensgesetz (AsylVfG) vom 26. 6. 1992 (BGBl. I 1126); geändert durch Art 1 Gesetz zur Änderung asylverfahrensrechtlicher, ausländerrechtlicher und staatsangehörigkeitsrechtlicher Vorschriften vom 30. 6. 1993 (BGBl. I 1062); in der Fassung der Bekanntmachung vom 27. 7. 1993 (BGBl. I 1361); geändert durch Art 2 Fünftes Gesetz zur Änderung des Gesetzes über das Bundesverfassungsgericht vom 2. 8. 1993 (BGBl. I 1442); Art 3 Verbrechensbekämpfungsgesetz vom 28. 10. 1994 (BGBl. I 3184); Art 1 Gesetz zur Änderung des Asylverfahrensgesetzes vom 31. 3. 1995 (BGBl. I 430); Art 1 Zweites Gesetz zur Änderung des Asylverfahrensgesetzes vom 28. 3. 1996 (BGBl. I 550); Art 3 Sechstes Gesetz zur Änderung der Verwaltungsgerichtsordnung und anderer Gesetze vom 1. 11. 1996 (BGBl. I 1626); Art 3 Erstes Gesetz zur Änderung des Asylbewerberleistungsgesetzes vom 26. 5. 1997 (BGBl. I 1130); Art 33 Abs 1 Justizmitteilungsgesetz und Gesetz zur Änderung kostenrechtlicher und anderer Gesetze vom 18. 6. 1997 (BGBl. I 1430); Art 2 Gesetz zur Änderung ausländerrechtlicher und asylverfahrensrechtlicher Vorschriften vom 29. 10. 1997 (BGBl. I 2584); Art 8 II Gesetz zur Umstellung des Kostenrechts und der Steuerberatergebührenordnung auf Euro vom 27. 4. 2001 (BGBl. I 751); Art 33 Sechstes Euro-Einführungsgesetz vom 3. 12. 2001 (BGBl I 3306); Art 4 Gesetz zur Bereinigung des Rechtsmittelrechts im Verwaltungsprozess vom 20. 12. 2001 (BGBl. I 3987); Art 12 Terrorismusbekämpfungsgesetz vom 9. 1. 2002 (BGBl. I 361); Art. 19 Viertes Gesetz für moderne Dienstleistungen am Arbeitsmarkt vom 24. 12. 2003 (BGBl. I 2954); Art. 30 Gesetz zur Einordnung des Sozialhilferechts in das Sozialgesetzbuch vom 27. 12. 2003 (BGBl. I 3022); Art 4 Abs 14 Kostenrechtsmodernisierungsgesetz vom 5. 5. 2004 (BGBl. I 718); Art 3 Zuwanderungsgesetz vom 30. 7. 2004 (BGBl. I 1950); Art 6 Nr 7 Ges zur Änderung des Aufenthaltsgesetzes und anderer Gesetze vom 14. 3. 2005 (BGBl. I 721).

Vorbemerkung

Übersicht

	Rn
I. Asylverordnung	1
II. Ausländergesetz 1965	2
III. Asylverfahrensgesetz 1982	5
IV. DDR	10
V. Asylrechtsreformen 1992 und 1993	11
VI. Gesetzesänderungen 1994 bis 2004	16
VII. Europäisierung	20

I. Asylverordnung

Nach Inkrafttreten des GG am 23. 5. 1949 fehlte zunächst ein Verf zur Feststellung der **1** Asylberechtigung iSd Art 16 II 2 GG. Im Januar 1953 entstand dann zwar das BAFl, das aufgrund der seit 10. 1. 1953 geltenden **AsylVO** zentral über die Anerkennung eines ausl Flüchtlings iSd Art 1 GK entschied (§§ 5 ff). Soweit sich beide Personenkreise decken (§ 1 Rn 13, 17), war damit ein Instrument geschaffen, das auch der Gewährleistung asylr Schutzes diente. Bei den allg AuslBeh verblieb aber die Kompetenz zur Berücksichtigung der Gefahr politischer Verfolgung bei Ausweisung u. Abschiebung für den Fall, dass ein Ausl die Feststellung der Flüchtlingseigenschaft nach der GK nicht beantragt oder nicht erreicht hatte (BVerwG, Bh. 11 Art 16 GG Nr 1, 2).

II. Ausländergesetz 1965

2   Durch § 55 II des am 1. 10. 1965 in Kraft getretenen **AuslG 1965** wurde die AsylVO aufgehoben. Nach dem RegEntw sollte die AsylVO bestehen bleiben u. das AsylR nur in § 14 in Form eines Abschiebungsverbots aufgenommen werden (BT-Drs IV/868 S. 20); im Gesetzgebungsverf wurde jedoch beschlossen, das gesamte Asylverf in das Ges einzubeziehen (BT-Drs IV/3013 S. 6 ff). Dementsprechend enthielt das AuslG 1965 Bestimmungen über den Personenkreis der Asylber (§ 28), das Anerkennungsverf vor den Ausschüssen des BAFl (§§ 29 bis 34), den BB (§ 35), Wiederaufnahme u. Widerruf (§§ 36, 37), die Beteiligung des UNHCR, die Rechtsstellung der Asylber (§§ 43, 44) u. die Verbindlichkeit der Anerkennungsentscheidung (§ 45) sowie über Meldepflicht, Aufenthalt u. Verteilung der Asylbew (§§ 38, 40, 42) u. die Sammellager (§ 39).

3   Angesichts erheblich gestiegener Asylbewerberzahlen seit Mitte der 1970er Jahre (1971: 5388; 1975: 9627; 1978: 33 136) unternahm der Gesetzgeber 1978 den ersten Versuch zur **Beschleunigung** der Asylanerkennungsverf. Mit Wirkung vom 1. 8. 1978 wurden das behördliche u. das gerichtliche Asylverf verkürzt, indem der Widerspruch gegen die Entscheidung des Anerkennungsausschusses u. die Berufung im Falle einstimmiger Abweisung der Asylklage als offensichtlich unbegründet durch das VG ausgeschlossen wurden (§§ 33, 34 AuslG 1965 idF des Art 1 Nr 2 u. 3 AsylVfBG). Darüber hinaus wurde die alleinige Zuständigkeit des VG Ansbach u. des BayVGH für Asylstreitverf mit Wirkung vom 1. 1. 1980 an aufgehoben (2. VwGOÄndG) mit der Folge, dass diese seitdem über alle Bundesländer **verteilt** sind.

4   Aufgrund einer weiteren Zunahme der Asylgesuche (1980: 107 818 Asylbew) entschloss sich der Gesetzgeber 1980 zu **zusätzlichen** Maßnahmen zur **Beschleunigung** der Verf. Mit Wirkung vom 17. 8. 1980 wurden die AuslBeh zur Zustellung ablehnender Bescheide des BAFl u. zum Erlass aufenthaltsbeendender Maßnahmen im Anschluss an eine Asylablehnung verpflichtet u. die Asylklage mit der Anfechtungsklage gegen diese Maßnahmen kraft Ges in einem Verf verbunden (§§ 2, 5, 7 2. AsylVfBG).

III. Asylverfahrensgesetz 1982

5   Als weder diese Verfahrensrestriktionen noch die gleichzeitig ergriffenen „**flankierenden Maßnahmen**" (ua Visumzwang für die Hauptherkunftsländer, Arbeitsverbot, Unterbringung in Sammelunterkünften, Sozialhilfe idR als Sachleistung) die erhoffte abschreckende Wirkung auf unberechtigterweise um Asyl nachsuchende Ausl zeitigten, wurden bereits im Jahre 1981 erneut Änderungen des AsylVfR vorgeschlagen (vgl BT-Drs 9/221). Nach Anrufung des **Vermittlungsausschusses** (BT-Drs 9/1705 u. 9/1792) wurde das Ges schließlich mit Änderungen angenommen u. verkündet (BGBl. I 946) u. trat am 1. 8. 1982 in Kraft **(AsylVf-ÄndG 1982)**. Es enthielt vor allem eine neue Definition des anderweitigen Schutzes vor Verfolgung, den speziellen Aufenthaltstitel der AufGest, die Figur des offensichtlich unbegründeten Asylantrags sowie die Einrichtungen der Zulassungsberufung u. des Einzelrichters.

6   Die Geltung der zunächst befristeten Regelungen der §§ 11, 20 III wurde im Juli 1984 aufgrund positiver Erfahrungen mit der Kategorie des offensichtlich unbegründeten Asylantrags (BT-Drs 10/1159, 10/1255) bis Ende 1988 verlängert **(AsylVfÄndG 1984)**.

7   Im Januar 1987 wurde das Asylverwaltungsverf durch das Ges zur Änderung asylvfr, arberlr u. auslr Vorschriften **(AsylVfÄndG 1987)** um einige wichtige Neuerungen verändert. Insb wurden willkürlich geschaffene Nachfluchtgründe für asylanerkennungsrechtlich unbeachtlich erklärt (§ 1 a) u. die Voraussetzungen für die ausl Fluchtalternative (anderweitiger Schutz) u. die Einreiseverweigerung neu bestimmt (§§ 2, 7 III, 9 I).

Vorbemerkung **AsylVfG 4**

In der Folgezeit gerieten asylvfr Probleme angesichts der Bestrebungen zur Neuregelung **8** des gesamten AuslR vorübergehend in den Hintergrund. Schon im Mai 1988 brachte aber die BReg einen Entw zur Änderung asylvfr u. auslr Vorschriften im BT ein, der vor allem darauf abzielte, die Ende 1988 auslaufende Befristung der §§ 11, 20 III aufzuheben u. die Beschwerde gegen Entscheidungen über Prozesskostenhilfe in Asylsachen auszuschließen (BT-Drs 11/2302). Aufgrund der Empfehlung des BT-IA (BT-Drs 11/3189) wurde mit Ges zur Änderung asylvfr u. auslr Vorschriften vom 20. 12. 1988 **(AsylVfÄndG 1988)** § 11 als Dauerregelung ausgestaltet u. den Ländern die Bestimmung zentraler Behörden für aufenthaltsbeendende Maßnahmen ermöglicht.

Von den Bestrebungen um eine seit längerem in Aussicht genommene grundlegende **9 Reform des AuslR** (vgl Vorbem AuslG Rn 4 ff) war das Asylanerkennungsverf zunächst nicht unmittelbar betroffen. Erst in dem RegEntw (BT-Drs 11/6321) wurden Änderungen des AsylVfR vorgeschlagen. Vorgesehen war vor allem eine weitere Verschränkung des asylr u. des aufr Verf, ua durch Einbeziehung des Art 1 A Nr 2 GK in die Prüfung des BAFl. Der BT-IA (BT-Drs 11/6955) trat darüber hianus ua für die Einführung des Familienasyls u. den Ausschluss der Beschwerde in gerichtlichen Eilverf über Abschiebungsandrohungen ein. BT u. BR nahmen den Entw idF des Beschlussempfehlung des BT-IA an. Das Ges zur Novellierung des AuslR wurde am 14. 7. 1990 verkündet (BGBl. I 1354). Die dort enthaltenen Ermächtigungen zum Erlass von RVO traten sofort, ein Teil der Beschleunigungsregeln Mitte Oktober 1990 u. die übrigen Bestimmungen dann am 1. 1. 1991 in Kraft (Art 15 AuslRNG; Art 1, 3 AuslRNÄndG).

IV. DDR

In dem Gebiet der **früheren DDR** galt bei deren Beitritt zur BR Deutschland am 3. 10. **10** 1990 die AsylVO vom 11. 7. 1990 (GBl. DDR I 869). Danach war das AsylVfG auch in diesem Gebiet mit der Maßgabe anzuwenden, dass die anhängigen Verf vom BAFl zu Ende geführt wurden (Anl I Kap II Sachgebiet B Abschn III Nr 6 Einigungsvertrag vom 31. 8. 1990, BGBl. II 885).

V. Asylrechtsreformen 1992 und 1993

Schon im Jahre 1990 wurden im BR **neue Vorschläge** für weitere Änderungen des **11** AsylR (BR-Drs 175/90, 675/90 u. 655/90) u. in den Jahren 1991 u. 1992 im BT mehrere GesEntw und Anträge vorgelegt, die sich mit Asyl- u. Flüchtlingsrecht befassten (BT-Drs 12/852, 12/1216, 12/1296, 12/2089, 12/2097, 12/2100; näher dazu 7. Aufl, Rn 11, 12). Hinzu kam der Entw der BReg eines Ges zu dem Schengener Übereinkommen vom 19. 6. 1990 betreffend den schrittweisen Abbau der Grenzkontrollen an den gemeinsamen Grenzen (BR-Drs 121/92).

Nachdem die Zahl der Asylbew infolge des Zusammenbruchs des ehemaligen Ostblocks **12** u. insb der kriegerischen Auseinandersetzungen im ehemaligen Jugoslawien erneut zugenommen hatte (1989: 121 318; 1990: 193 063; 1991: 256 112; vgl auch von Pollern, ZAR 1992, 24), kam es im Oktober 1991 zu einer parteiübergreifenden Einigung über Verfahrensfragen. In einem Gespräch mit dem Bundeskanzler am 10. 10. 1991 wurden „Zielvorstellungen" über eine Änderung des AsylVfR u. über die Art der Unterbringung von Asylbew vereinbart (ZAR 1991, 154). Aufgrund dieser politischen Vorgaben erarbeiteten BMI u. BMJ sowie die BT-Fraktionen von CDU/CSU, SPD u. FDP den Entw eines Ges zur **Neuregelung** des Asylverf – GesEntw 1992 – (vgl ZAR 1992, 2), der am 12. 2. 1992 im BT eingebracht wurde (BT-Drs 12/2062). Er enthielt neben Änderungen des AuslG u. der VwGO vor allem ein vollständig neu gefasstes AsylVfG. Antragstellung, Anhörung,

4 AsylVfG

Entscheidung u. Aufenthaltsbeendigung sowie Unterbringung sollten neu geordnet werden. Außerdem sollten Zurückweisungen u. Abschiebehaft erleichtert u. Schlepper höher bestraft werden. Schließlich war eine Reihe tatsächlicher Unterstützungsmaßnahmen vorgesehen (BT-Drs 12/2062 S. 27 f): Überlassung frei werdender Kasernen durch den Bund, Abstellung von 500 Bediensteten der Länder an den Bund, beschleunigter Ausbau des Fingerabdrucksystems AFIS durch das BKA, verschärfte Grenzkontrollen gegenüber Nicht-EG-Staaten. Das Ges wurde in der vom IA empfohlenen Fassung durch BT u. BR **verabschiedet,** nachdem einige Änderungsanträge der SPD-Fraktion abgelehnt worden waren (BT-Plenarprot Nr 12/96; näher dazu 7. Aufl, Rn 11–15), u. am 30. 6. 1992 verkündet (BGBl. I 1126). Es trat am 1. 7. 1992 **in Kraft** (Art 7 AsylVfNG); für wesentliche Verfahrensbereiche galten jedoch bis Ende März 1993 umfangreiche Übergangsvorschriften (Art 5 AsylVfNG). Der Wortlaut der **Übergangsfassung** wurde am 9. 10. 1992 bekannt gemacht (BGBl. I 1733).

13   Im ersten Halbjahr 1992 suchten mehr als doppelt so viele Ausl um Asyl nach als im ersten Halbjahr 1991 (ZAR 1992, 98), u. dieser Trend hielt in den folgenden Monaten an (v. Pollern, ZAR 1992, 26). Daraufhin kam es am 6. 12. 1992 zu einem erneuten Spitzengespräch der Parteiführungen von CDU, CSU, SPD u. FDP beim Bundeskanzler, bei dem grundlegende Änderungen des Asyl- u. Flüchtlingsrechts sowie des StAngR u. Aussiedlerrechts vereinbart wurden (**„Asylkompromiss"**, vgl ZAR AKTUELL Nr 4/1992). Kernpunkte der Absprachen bildeten Änderungen des GG u. des AsylVfG mit dem Ziel, Flüchtlinge grundsätzlich auf sichere Drittstaaten zu verweisen u. Grundlagen für die Asylabkommen von Schengen u. Dublin zu schaffen.

14   Mit dem Anfang 1993 vorgelegten GesEntw von CDU/CSU, SPD u. FDP zur **Änderung des GG** (Art 16 u. 18) wurde vorgeschlagen, Art 16 II 2 GG zu streichen, stattdessen in Art 16a GG das Grundrecht auf politisches Asyl zu gewährleisten u. gleichzeitig Regeln über sichere Herkunftsstaaten, sichere Drittstaaten u. Asylabkommen zu treffen (BT-Drs 12/4152; Bericht in ZAR 1993, 2). Außerdem sollte auf der Grundlage dieser Verfassungsänderungen eine **umfangreiche Novellierung** von AsylVfG, AuslG u. RuStAG vorgenommen werden (BT-Drs 12/4450; Bericht in ZAR 1993, 104). Der GesEntw enthielt vor allem Regeln über verfolgungsfreie Herkunftsstaaten, sichere Drittstaaten, Ausschluss u. Beschleunigung des Rechtsschutzes sowie die Aufnahme von Kriegs- u. Bürgerkriegsflüchtlingen. Außerdem sollte der Erwerb der dt StAng durch nichteheliche Kinder dt Väter (§ 4 RuStAG) u. durch Einbürgerung von Ausl (§§ 85, 86 AuslG) erleichtert werden.

15   Nachdem der BT-IA einige Veränderungen empfohlen hatte, vor allem ein Sonderverfahren an Flughäfen u. Aufnahme weiterer Länder in die Listen der verfolgungsfreien u. der sicheren Staaten (BT-Drs 12/4984), wurden die Ges-Entw von BT u. BR verabschiedet. Die **GG-Änderung** wurde am 29. 6. 1993 verkündet (BGBl. I Nr 31 S. 1002) u. trat am 30. 6. 1993 in Kraft; die Änderung der anderen Ges folgte am 1. 7. 1993 (BGBl. I Nr 33 vom 1. 7. 1993) – **AsylVfÄndG 1993** –. Aufgrund der Ermächtigung in Art 4 AsylVfÄndG 1993 hat der BMI am 1. 8. 1993 den Wortlaut der ab 1. 7. 1993 geltenden **Neufassung** am 27. 7. 1993 bekannt gemacht (BGBl. I 1361). Das **BVerfG** hat die Neuregelung des Asylrechts im Mai 1996 als verfassungsgemäß bestätigt: BVerfGE 94, 115 = EZAR 207 Nr 1 – sichere Herkunftsstaaten; BVerfGE 94, 49 = EZAR 208 Nr 7 – sicherer Drittstaat; BVerfGE 94, 166 = EZAR 632 Nr 25 – Flughafenverf. Die vom BVerfG in geringem Umfang angemahnten Verbesserungen des Verf wurden alsbald in die Wege geleitet u. sind inzwischen erfolgt, vor allem die Organisation der anwaltlichen Beratung im Flughafenverf (dazu ZAR 1998, 95).

Vorbemerkung AsylVfG 4

VI. Gesetzesänderungen 1994 bis 2004

In der Folgezeit wurde das AsylVfG **mehrfach geändert,** wenn auch nur in weniger 16
wichtigen Einzelheiten. Mit dem Verbrechensbekämpfungsges vom 28. 10. 1994 (BGBl. I
3186) wurden die Strafvorschriften der §§ 84 u. 84a u. mit dem 2. AsylVfGÄndG vom
28. 3. 1996 (BGBl. I 550) § 71 I 3 neu gefasst. Seit Oktober 1994 galt Gambia nicht mehr
als sicherer Herkunftsstaat (VO vom 6. 10. 1994, BGBl. I 2850) u. wurde später auch aus
der Anlage II (zu § 29a) gestrichen (Ges vom 31. 3. 1995; BGBl. I 430). Senegal galt seit
4. 4. 1996 nicht mehr als sicherer Herkunftsstaat (VO vom 27. 3. 1996, BGBl. I 551); diese
Regelung lief aber am 3. 10. 1996 aus. Durch das 6. VwGOÄndG wurde § 78 VI zum 1. 1.
1997 gestrichen (Ges vom 1. 11. 1996, BGBl. I 1626) u. mit Wirkung vom 1. 6. 1997
Abs 2a in § 8 eingefügt (Ges vom 26. 5. 1997, BGBl. I 1130). Sodann wurden zum 1. 11.
1997 die §§ 14, 18a, 22, 26, 33, 67 u. 73 geändert (Ges vom 29. 10. 1997, BGBl. I 2584).
Die innerstaatl aslylvfr Zuständigkeiten im Rahmen des SDÜ (Rn 21) wurden durch VO
vom 26. 11. 1993 (BGBl. I 1914) u. nach Inkrafttreten des DÜ (Rn 22) durch VO vom
4. 12. 1997 (BGBl. I 2582) bestimmt. Ab 1. 1. 2002 wurden alle DM-Beträge in Euro-
Beträge umgewandelt (Art 8 II Ges vom 27. 4. 2001, BGBl. I 751; Art 33 Ges vom 3. 12.
2001, BGBl. I 3306) u. § 78 im Zuge der VwGO-Bereinigung neu formuliert (Art. 4 Ges
vom 20. 12. 2001, BGBl. I 3987). Außerdem wurden zum selben Zeitpunkt im Rahmen
der Terrorismusbekämpfung Sprachaufzeichnungen u. deren Verwertung geregelt u. Vorschriften über die Identitätssicherung geändert (Art 12 Ges vom 9. 1. 2002, BGBl. I 361; zu
diesem Ges allg Marx, ZAR 2002, 127). Sodann wurden im Zuge der Sozialrechtsreformen
von 2003/04 die Bezeichnungen „Arbeitslosenhilfe" u. „Bundessozialhilfegesetz" in § 8
III 2 mit Wirkung vom 1. 1. 2005 angepasst (Art 19 Ges vom 24. 12. 2003, BGBl. I 2954;
Art 30 Ges vom 27. 12. 2003, BGBl. I 3022). Schließlich wurde die Vorschrift des § 83b II
über den Gegenstandswert im Zusammenhang mit der Modernisierung des Kostenrechts
gestrichen (Art 14 Ges vom 5. 5. 2004 (BGBl. I 718).

Im Zuge der Vorbereitung eines modernen Zuwanderungsrechts wurden auch weitere 17
Verbesserungen des AsylR u. des asylr Verf diskutiert. Die vom BMI berufene **Unabhängi-
ge Kommission „Zuwanderung"** hat hierzu mehrere Gutachten eingeholt u. in ihrem
Bericht vom Juli 2001 in dem Kapitel „Humanitär handeln" nach einer umfassenden
Erörterung der in Betracht kommenden Lösungsansätze konkrete Empfehlungen gegeben
(ZuwBer S. 123 ff; dazu ZAR 2001, 146; Renner, ZAR 2001, 147). Änderungen der
Art. 16a u. 19 IV GG wurden abgelehnt, dafür aber wirksame Maßnahmen zur Beschleuni-
gung des Asylverf mit dem Ziel einer Verfahrensdauer von längstens einem Jahr einschließlich des Gerichtsverf vorgeschlagen. Hierzu sollten vor allem die Sachaufklärung durch das
BAFl u. dessen Beteiligung am Gerichtsverf sowie die Rahmenbedingungen für die Gerichte
verbessert werden. Weiter wurde außer den für Ausl allg vorgesehenen Maßnahmen zur
Verhinderung von Missbrauch u. zur Erleichterung der Rückführung ua empfohlen: Aufhebung der Weisungsunabhängigkeit des Entscheider des BAFl; Abschaffung des BB; Straffung des Folgeantragsverf; Angleichung der Aufenthaltsbedingungen für Asylber u. GK-
Flüchtlinge; Erleichterung des Übergangs von der Duldung zur AufBef; Kostenteilung betr
Kriegs- u. Bürgerkriegsflüchtlinge zwischen Bund u. Ländern.

Das BMI hat alsbald nach Vorlage des ZuwBer den **Entw für ein ZuwG** vorgelegt (dazu 18
ZAR 2001, 194). Dabei wurden einige Empfehlungen der Kommission aufgegriffen u.
auch weitere Änderungen des Aufenthaltsrechts (AufenthG statt AuslG) u. des AsylVfG
vorgeschlagen. Der Entw der BReg u. der Regierungsfraktionen vom November 2001
(Art 1 u. 3 ZuwG-E; BR-Drs 921/01; BT-Drs 14/7387; dazu ZAR 2002, 2) wurde zT
während der Beratungen in BR u. BT ergänzt u. modifiziert (BT-Drs 14/8395, 14/8414;
dazu ZAR 2002, 122). Der derart veränderte Entw sah im Wesentlichen folgende asylr
Neuregelungen im AufenthG u. im AsylVfG vor: Abschiebungsschutz auch wegen ge-

813

4 AsylVfG 4. Teil. Asylverfahrensgesetz

schlechtsbezogener u. wegen nichtstaatlicher Verfolgung; Aufhebung der Einrichtung des BB u. der Weisungsunabhängigkeit der Entscheider; Aussetzung der Entscheidungen durch das BMI für sechs Monate; Einbeziehung von Kindern unter 16 Jahren in den Asylantrag; Erstreckung des GK-Abschiebungsschutzes auf Familienangehörige wie beim Familienasyl; Anrechnung des Aufenthalts als Asylbew auch nach Anerkennung als GK-Flüchtling. An die Stelle des BAFl sollte nach dem Entw das Bundesamt für Migration u. Flüchtlinge (BAMF) treten.

19   Das **ZuwG** u. die mit ihm vorgenommenen asylr Neuregelungen (dazu Duchrow, ZAR 2002, 269) wurden am 1. 3. 2002 im BT u. am 22. 3. 2002 im BR gebilligt (dazu ZAR 2002, 122). Das Ges vom 20. 6. 2002 wurde, nachdem es der Bundespräsident trotz Bedenken wegen des Abstimmungsverf im BR unterzeichnet hatte (dazu ZAR 2002, 210), am 25. 6. 2002 im BGBl. verkündet (BGBl. I 1946) u. trat teilweise bereits am 26. 6. 2002 u. am 1. 7. 2002 in Kraft (Art 15 I u. II; dazu ZAR 2002, 258). Aufgrund von Unstimmigkeiten bei der Stimmenbewertung im BR kam es zu einem Normenkontrollverf vor dem BVerfG, in dem das BVerfG mit Urteil vom 18. 12. 2002 (BGBl. 2003 I 126; NJW 2003, 339; dazu Renner, NJW 2003, 332) feststellte, dass das ZuwG nicht verfassungskonform zustande gekommen war u. deshalb nichtig ist (Vorbem AuslG Rn 16). Alsbald danach wurde der ZuwG-E im Januar 2003 von der BReg erneut u. unverändert in das Gesetzgebungsverf eingebracht (BR-Drs 22/03 = BT-Drs 15/420; dazu ZAR 2003, 42) u. im Februar u. März 2003 in BR u. BT beraten (ZAR 2003, 122). Entspr der Empfehlung u. dem Bericht des BT-Innenausschusses vom 7. 7. 2003 (BT-Drs 15/955) stimmte der BT am 9. 5. 2003 diesem Entwurf ohne Änderungen zu u. lehnte den Vorschlag der FDP für ein Gesetz zur Steuerung u. Begrenzung der Zuwanderung (BT-Drs 15/538) ab (Plenarprot 15/44; dazu ZAR 2003, 162). Daraufhin rief die BReg den Vermittlungsausschuss an (BT-Drs 15/365). Dieser hat nach langen Beratungen schließlich eine Lösung gefunden (BT-Drs 15/3479), die am 1. 7. 2004 vom BT u. am 9. 7. 2004 vom BR angenommen wurde (dazu ZAR 2004, 214). Mit dem am 5. 8. 2004 verkündeten **ZuwG vom 30. 7. 2004** wurden auch zahlreiche Vorschriften des AsylVfG geändert, vor allem im Hinblick auf die neuen aufr Regeln des AufenthG (Art 3 ZuwG, BGBl. I 1950), u. zwar zT schon zum 5. 8. 2004 u. 1. 9. 2004 u. ansonsten zum 1. 1. 2005 (Art 15 I u. II ZuwG). Mit Wirkung vom 18. 3. 2005 wurde in § 16 ein neuer Abs 4 a angefügt (Art 6 Nr 7 ÄndGes vom 14. 3. 2005, BGBl. I 717).

VII. Europäisierung

20   Außer den mit dem AsylVfG 1992, der Asylnovelle 1993 u. der später vorgenommenen teils einschneidenden Veränderungen des dt AsylR wirkten sich zunehmend die Bestrebungen zur **europäischen Harmonisierung** aus, die zunächst wegen der fehlenden Zuständigkeit der EG zur Regelung asylr Fragen ergriffen wurden (zum Folgenden insgesamt auch Art 16 a GG Rn 131 ff). Die Entschließung des Rats der EG über Mindestgarantien für Asylverf vom 20. 6. 1995 (ABl. EG C 274 S. 13) hatte ebenso wie der Gemeinsame Standpunkt des EG-Rats betr die harmonisierende Anwendung der Definition des Begriffs „Flüchtling" in Art. 1 GK vom 4. 3. 1996 (ABl. EG L 63 S. 2) nur empfehlenden Charakter u. konnte nur als erster Versuch auf dem Weg zu einem in Europa einheitlichen materiellen u. formellen Asyl- u. Flüchtlingsrecht verstanden werden. Die Möglichkeiten der intergouvernementalen Zusammenarbeit der Mitgliedstaaten innerhalb der dritten Säule des EUV von Maastricht (BGBl. 1992 II 1253) wurden für das AsylR nicht genutzt.

21   Zuvor hatte ein wichtiger Abschnitt in Richtung Vereinheitlichung schon mit dem **Schengener Vertragswerk** begonnen. Allerdings kam die Ratifikation des Schengener Übereinkommens vom 14. 6. 1985 betr den schrittweisen Abbau der Kontrollen an den gemeinsamen Grenzen – SÜ – (BAnz 1990 Nr 217) u. des diesbezüglichen Durchführungs-

Vorbemerkung **AsylVfG 4**

übereinkommens vom 19. 5. 1990 – **SDÜ** – zunächst nur schleppend voran. Das Ges zum SDÜ wurde am 21. 2. 1992 von der BReg im BR eingebracht (BR-Drs 121/92) u. dort am 9. 7. 1992 verabschiedet, nachdem die von der CDU/CSU zunächst für erforderlich gehaltene Änderung des GG (vgl BT-Drs 12/2112) in Kraft getreten war. Nach Verabschiedung durch den BT wurde das Ges vom 15. 7. 1993 am 23. 7. 1993 verkündet (BGBl. II 1010). Das SDÜ wurde ab März 1995 von den Vertragspartnern (Belgien, Deutschland, Frankreich, Griechenland, Italien, Luxemburg, Niederlande, Portugal, Spanien) auch tatsächlich angewandt (dazu näher Beinhofer, BayVBl. 1995, 194; Hailbronner/Thiery, ZAR 1997, 55). Später trat es auch in Dänemark, Finnland, Griechenland, Island, Norwegen, Österreich u. Schweden in Kraft.

Auf der Ebene der EG-Mitglieder wurde zunächst das Übereinkommen über die Bestimmung des zuständigen Staates für die Prüfung eines in einem Mitgliedstaat der EG gestellten Asylantrags – **Dubliner Übereinkommen** – geschlossen. Das DÜ wurde von der BR Deutschland im Frühjahr 1994 ratifiziert (BGBl. 1994 II 791). Es trat am 1. 9. 1997 für alle Mitgliedstaaten in Kraft u. hat damit die im Wesentlichen inhaltsgleichen Asyl-Bestimmungen der Art 28 bis 38 SDÜ abgelöst (BR-Drs 705/97; „Bonner Protokoll" vom 26. 4. 1994, BGBl. II 738; ZAR 1998, 47; zum Geltungsbereich Bek vom 2. 7. u. 2. 12. 1997, BGBl. 1997 II 1452 u. 1998 II 62). Dem DÜ kam vor allem deshalb besondere Bedeutung zu, weil es als Grundlage für eine wirksame weitergehende Europäisierung in Betracht gezogen wurde (dazu Löper, ZAR 2000, 16). 22

Erst mit dem Amsterdamer Vertrag vom 2. 10. 1997 (BGBl. 1998 II 387, 454), der am 1. 5. 1999 in Kraft trat (BGBl. II 296), wurde die Grundlage für eine durchgreifende **Vereinheitlichung** des Asyl- u. Flüchtlingsrechts geschaffen. Durch Art. 63 EG sind dem EG-Rat umfassende Kompetenzen zur Regelung folgender Fragen in Übereinstimmung mit der GK verliehen: Zuständigkeitskriterien u. -verfahren; Mindestnormen für die Aufnahme von Asylbew, die Annerkennung von Flüchtlingen u. die Zuerkennung u. Aberkennung der Flüchtlingseigenschaft; vorübergehender Schutz für vertriebene u. anderweitig schutzbedürftige Personen; Förderung einer ausgewogenen Verteilung der Belastungen (dazu Hailbronner, ZAR 2002, 259; Schmahl, ZAR 2001, 3). 23

Von diesen Kompetenzen hat der EG-Rat inzwischen mehrmals nach einem detaillierten Arbeitsplan der Kommission (vgl Mitteilungen KOM/2000/0755, KOM/2000/0757, KOM/2001/628; dazu ZAR 2001, 44 f u. 2002, 82) durch Erlass von **Rechtsakten** Gebrauch gemacht (vgl auch Art 16a GG Rn 131 ff). Als erstes wurde am 11. 12. 2000 die VO/EG 2725/2000 über die Einrichtung von EURODAC erlassen, die dann am 15. 12. 2000 in Kraft trat (ABl. EG L 316 S. 1; dazu Schröder, ZAR 2001, 71). Am 28. 9. 2000 erging die Entscheidung des Rates über die Errichtung eines Europäischen Flüchtlingsfonds (ABl. EG L 252 S. 12). Vom 1. 4. 2001 an galt das Übereinkommen der EG mit Island u. Norwegen über die Asylzuständigkeiten entspr dem DÜ (Beschluss vom 15. 3. 2001, ABl. EG L 93 S. 38, L 112 S. 16). Am 7. 8. 2001 trat die RL 2001/55/EG vom 20. 7. 2001 über Mindestnormen für die Gewährung vorübergehenden Schutzes im Falle eines Massenzustroms von Vertriebenen u. Maßnahmen zur Förderung einer ausgewogenen Verteilung der damit verbundenen Belastungen auf die Mitgliedstaaten in Kraft (ABl. EG L 212 S. 12). Im April 2001 wurden dem EG-Rat Durchführungsbefugnisse im Rahmen des SDÜ betr Gemeinsame Konsularische Instruktion u. betr Grenzkontrollen übertragen (VO/EG 789/2001 u. 790/2001; ABl. EG L 116 S. 2, 5; dazu ZAR 2001, 284). Am 27. 1. 2003 erließ der Rat die RL 2003/9/EG zur Festlegung von Mindestnormen für die Aufnahme von Asylbew in den Mitgliedstaaten (ABl. EG L 31 S. 18). Außerdem wurde das DÜ abgelöst durch die VO/EG 343/2003 vom 18. 2. 2003 zur Festlegung der Kriterien und Verfahren zur Bestimmung des Mitgliedstaats, der für die Prüfung eines in einem Mitgliedstaat gestellten Asylantrags zuständig ist (ABl. EG L 50 S. 1; dazu Piotrowicz, ZAR 2003, 383; Schröder, ZAR 2003, 126). Durchführungsbestimmungen hierzu wurden in der VO/EG 1560/2003 vom 2. 9. 2003 (ABl. EG L 222 vom 5. 9. 2003 S. 3) erlassen. 24

25 Auch in der **Folgezeit** haben Rat u. Kommission die Entwicklung einer gemeinsamen Asylpolitik plangerecht weiter vorangetrieben. Die Kommission hat im September 2000 eine RL über Mindestnormen für die Verf über die Zuerkennung oder Aberkennung der Flüchtlingseigenschaft (KOM/2000/578 endg; skeptisch dazu BR, BR-Drs 762/00; dazu ZAR 2000, 242 u. 2001, 143) vorgeschlagen u. aufgrund von Kritik u. Bedenken im Juni 2002 einen neuen Entwurf vorgelegt (KOM/2002/326 endg; dazu Hailbronner, ZAR 2002, 259 u. 2003, 299; Renner, ZAR 2003, 88; Zimmermann, ZAR 2003, 354). Im September 2001 folgte der Vorschlag für eine RL über Mindestnormen für die Anerkennung u. den Status von Drittstaatsangehörigen u. Staatenlosen als Flüchtlinge oder als Personen, die anderweitig internationalen Schutz benötigen (KOM/2001/510; dazu ZAR 2002, 82; Lehnguth, ZAR 2003, 305; Marx, ZAR 2002, 83, Sitaropoulos, ZAR 2003, 379). Beide RL-Entwürfe sind im Rat u. im Parlament ausführlich beraten u. noch vor der EU-Erweiterung im Mai 2004 verabschiedet worden: RL 2004/83/EG vom 29. 4. 2004 über Mindestnormen für die Anerkennung und den Status von Drittstaatsangehörigen oder Staatenlosen als Flüchtlinge oder als Personen, die anderweitig internationalen Schutz benötigen, und über den Inhalt des zu gewährenden Schutzes (ABl. EG L 304 vom 30. 9. 2004 S. 12; dazu Hailbronner, ZAR 2002, 259 u. 2003, 299; Lehnguth, ZAR 2003, 305; Sitaropoulos, ZAR 2003, 379); RL über Mindestnormen für Verfahren in den Mitgliedstaaten über die Zuerkennung und die Aberkennung des Status von Asylbewerbern und anderen Flüchtlingen, die internationalen Schutz benötigen (am 29. 4. 2004 beschlossen, aber noch nicht erlassen; dazu Hailbronner, ZAR 2002, 259 u. 2003, 299; Renner, ZAR 2003, 88 u. 2004, 305; Zimmermann, ZAR 2003, 354). Schließlich sind die Regeln über den Europäischen Flüchtlingsfonds für die Jahre 2005 bis 2010 aktualisiert worden (Entscheidung des Rats 2004/904/EG vom 2. 12. 2004, ABl. EG L 381 vom 28. 12. 2004 S. 52).

Asylverfahrensgesetz (AsylVfG)

Inhaltsübersicht

	§§
Erster Abschnitt. Allgemeine Bestimmungen	
Geltungsbereich	1
Rechtsstellung Asylberechtigter	2
Rechtsstellung sonstiger politisch Verfolgter	3
Verbindlichkeit asylrechtlicher Entscheidungen	4
Bundesamt	5
(aufgehoben)	6
Erhebung personenbezogener Daten	7
Übermittlung personenbezogener Daten	8
Hoher Flüchtlingskommissar der Vereinten Nationen	9
Zustellungsvorschriften	10
Ausschluß des Widerspruchs	11
Vorübergehende Aussetzung von Entscheidungen	11 a
Zweiter Abschnitt. Asylverfahren	
Erster Unterabschnitt. Allgemeine Verfahrensvorschriften	
Handlungsfähigkeit Minderjähriger	12
Asylantrag	13
Antragstellung	14
Familieneinheit	14 a
Allgemeine Mitwirkungspflichten	15
Sicherung der Identität	16
Sprachmittler	17
Zweiter Unterabschnitt. Einleitung des Asylverfahrens	
Aufgaben der Grenzbehörde	18
Verfahren bei Einreise auf dem Luftwege	18 a
Aufgaben der Ausländerbehörde und der Polizei	19
Weiterleitung an eine Aufnahmeeinrichtung	20
Verwahrung und Weitergabe von Unterlagen	21
Meldepflicht	22
Übernahme zur Durchführung eines Asylverfahrens	22 a
Dritter Unterabschnitt. Verfahren beim Bundesamt	
Antragstellung bei der Außenstelle	23
Pflichten des Bundesamtes	24
Anhörung	25
Familienasyl und Familienabschiebungsschutz	26
Sichere Drittstaaten	26 a
Anderweitige Sicherheit vor Verfolgung	27
Nachfluchttatbestände	28
Unbeachtliche Asylanträge	29
Sicherer Herkunftsstaat	29 a
Offensichtlich unbegründete Asylanträge	30
Entscheidung des Bundesamtes über Asylanträge	31
Entscheidung bei Antragsrücknahme oder Verzicht	32
Ruhen des Verfahrens	32 a
Nichtbetreiben des Verfahrens	33

	§§
Vierter Unterabschnitt. Aufenthaltsbeendigung	
Abschiebungsandrohung	34
Abschiebungsanordnung	34a
Abschiebungsandrohung bei Unbeachtlichkeit des Asylantrages	35
Verfahren bei Unbeachtlichkeit und offensichtlicher Unbegründetheit	36
Weiteres Verfahren bei stattgebender gerichtlicher Entscheidung	37
Ausreisefrist bei sonstiger Ablehnung und bei Rücknahme des Asylantrages	38
Abschiebungsandrohung nach Aufhebung der Anerkennung	39
Unterrichtung der Ausländerbehörde	40
(aufgehoben)	41
Bindungswirkung ausländerrechtlicher Entscheidungen	42
Vollziehbarkeit und Aussetzung der Abschiebung	43
(aufgehoben)	43a
(aufgehoben)	43b
Dritter Abschnitt. Unterbringung und Verteilung	
Schaffung und Unterhaltung von Aufnahmeeinrichtungen	44
Aufnahmequoten	45
Bestimmung der zuständigen Aufnahmeeinrichtung	46
Aufenthalt in Aufnahmeeinrichtungen	47
Beendigung der Verpflichtung, in einer Aufnahmeeinrichtung zu wohnen	48
Entlassung aus der Aufnahmeeinrichtung	49
Landesinterne Verteilung	50
Länderübergreifende Verteilung	51
Quotenanrechnung	52
Unterbringung in Gemeinschaftsunterkünften	53
Unterrichtung des Bundesamtes	54
Vierter Abschnitt. Recht des Aufenthalts während des Asylverfahrens	
Aufenthaltsgestattung	55
Räumliche Beschränkung	56
Verlassen des Aufenthaltsbereichs einer Aufnahmeeinrichtung	57
Verlassen eines zugewiesenen Aufenthaltsbereichs	58
Durchsetzung der räumlichen Beschränkung	59
Auflagen	60
Erwerbstätigkeit	61
Gesundheitsuntersuchung	62
Bescheinigung über die Aufenthaltsgestattung	63
Ausweispflicht	64
Herausgabe des Passes	65
Ausschreibung zur Aufenthaltsermittlung	66
Erlöschen der Aufenthaltsgestattung	67
(aufgehoben)	68
(aufgehoben)	69
(aufgehoben)	70
Fünfter Abschnitt. Folgeantrag, Zweitantrag	
Folgeantrag	71
Zweitantrag	71a
Sechster Abschnitt. Erlöschen der Rechtsstellung	
Erlöschen	72
Widerruf und Rücknahme	73
Ausländische Anerkennung als Flüchtling	73a
Siebenter Abschnitt. Gerichtsverfahren	
Klagefrist; Zurückweisung verspäteten Vorbringens	74
Aufschiebende Wirkung der Klage	75
Einzelrichter	76
Entscheidung des Gerichts	77
Rechtsmittel	78
Besondere Vorschriften für das Berufungsverfahren	79

Inhaltsübersicht **AsylVfG 4**

	§§
Ausschluß der Beschwerde	80
Ruhen des Verfahrens	80 a
Nichtbetreiben des Verfahrens	81
Akteneinsicht in Verfahren des vorläufigen Rechtsschutzes	82
Besondere Spruchkörper	83
Unterrichtung der Ausländerbehörde	83 a
Gerichtskosten, Gegenstandswert	83 b

Achter Abschnitt. Straf- und Bußgeldvorschriften

Verleitung zur mißbräuchlichen Antragstellung	84
Gewerbs- und bandenmäßige Verleitung zur mißbräuchlichen Asylantragstellung	84 a
Sonstige Straftaten	85
Bußgeldvorschriften	86

Neunter Abschnitt. Übergangs- und Schlußvorschriften

Übergangsvorschriften	87
Übergangsvorschriften aus Anlaß der am 1. Juli 1993 in Kraft getretenen Änderungen	87 a
Übergangsvorschrift aus Anlass der am 1. September 2004 in Kraft getretenen Änderungen	87 b
Verordnungsermächtigungen	88
Einschränkung von Grundrechten	89
(aufgehoben)	90

Anlage I (zu § 26 a)

Finnland
Norwegen
Österreich
Polen
Schweden
Schweiz
Tschechische Republik

Anlage II (zu § 29 a)

Bulgarien
Ghana
Polen
Rumänien
Senegal
Slowakische Republik
Tschechische Republik
Ungarn

Erster Abschnitt. Allgemeine Bestimmungen

§ 1 Geltungsbereich

(1) Dieses Gesetz gilt für Ausländer, die Schutz als politisch Verfolgte nach Artikel 16 a Abs. 1 des Grundgesetzes oder Schutz vor Abschiebung oder einer sonstigen Rückführung in einen Staat beantragen, in dem ihnen die in § 60 Abs. 1 des Aufenthaltsgesetzes bezeichneten Gefahren drohen.

(2) Dieses Gesetz gilt nicht für heimatlose Ausländer im Sinne des Gesetzes über die Rechtsstellung heimatloser Ausländer im Bundesgebiet in der im Bundesgesetzblatt Teil III, Gliederungsnummer 243–1, veröffentlichten bereinigten Fassung in der jeweils geltenden Fassung.

Übersicht

	Rn
I. Entstehungsgeschichte	1
II. Allgemeines	3
III. Politisch Verfolgter	13
IV. Ausländischer Flüchtling	14
V. Kriegs- oder Bürgerkriegsflüchtling	18
VI. Heimatloser Ausländer	19
VII. Andere Personengruppen	23

I. Entstehungsgeschichte

1   Im **GesEntw 1982** (BT-Drs 9/875) war vorgesehen, in § 1 I zu regeln, dass Ausl, die politisch Verfolgte nach Art 16 II 2 GG sind, auf Antrag als Asylber anerkannt werden, sofern sie nicht bereits in einem anderen Staat Schutz vor Verfolgung gefunden haben. Dies entsprach im Wesentlichen dem Inhalt des § 28 AuslG 1965; übernommen war nur nicht die Anerkennungsgrundlage des Art 1 GK, weil diese von Art 16 II 2 GG eingeschlossen werde (BT-Drs 9/875 S. 14). In § 1 II war zusätzlich eine Definition des anderweitigen Schutzes enthalten. Im BT wurde die Vorschrift auf die Umschreibung des Geltungsbereichs beschränkt u. dabei um die Abgrenzung gegenüber HAG u. HumAG erweitert; der anderweitige Schutz wurde insgesamt in den neuen § 2 AsylVfG 1982 übernommen (BT-Drs 9/1630 S. 15 f).

2   Die Vorschrift entspricht § 1 **GesEntw 1992** (BT-Drs 12/2062 S. 1); mit Wirkung vom 1. 7. 1993 wurde nur in Abs 1 das Zitat „Art 16 II 2" durch Art 16 a I ersetzt. Sie bestimmt ähnlich wie schon § 1 AsylVfG 1982 den persönlichen u. sachlichen Geltungsbereich des AsylVfG. Entspr dem GesEntw (BT-Drs 15/420 S. 40) wurde mit Wirkung vom 1. 1. 2005 in Abs 1 die Angabe des § 51 I AuslG durch § 60 I AufenthG ersetzt u. die ursprünglich in Abs 2 Nr 2 enthaltene Erwähnung der Kontingentflüchtlinge gestrichen (Art 3 Nr 2 ZuwG).

II. Allgemeines

3   Die – von 1982 an ungenau formulierte – Beschreibung des Geltungsbereichs des AsylVfG in § 1 I hat im Wesentlichen **deklaratorische Bedeutung.** Materielle Grundlage der Asylanerkennung wie des asylr Abschiebungsschutzes ist zunächst allein das Asylgrund-

Geltungsbereich § 1 **AsylVfG** 4

recht des GG, u. der persönliche u. sachliche Anwendungsbereich des Ges bestimmt sich im Zweifel ohnehin nach dem Inhalt der – zT später geänderten – Einzelvorschriften. Der Wortlaut des § 1 I beansprucht keine ausschließliche Geltung des AsylVfG für jedweden asylr Schutz aufgrund Art 16a GG; er spricht aber gegen eine Anwendung auf andere Ausl als politisch Verfolgte iSd GG. Wird lediglich Abschiebungsschutz nach § 60 II ff AufenthG begehrt, greift das AsylVfG nicht ein; das BAMF hat aber anlässlich eines Asylverf diese auslr Schutzbestimmungen ebenfalls zu prüfen (§§ 5 I 2, 31 III, 32) sowie auch Abschiebungsandrohung u. -anordnung gegenüber erfolglosen Asylbew zu erlassen (§§ 34 ff).

Zum besseren Verständnis bei Zweifelsfragen, die nicht zuletzt aufgrund der Ersetzung 4 des Art 16 II 2 GG durch Art 16a GG auftreten können, ist vorab auf die **Entstehungsgeschichte** (allg dazu Rn 1 f; Vorbem Rn 1 ff) u. den dort dokumentierten Willen des Gesetzgebers näher einzugehen (zur Entstehungsgeschichte des Art 16 II 2, 16a GG s. Rn 1 ff).

Die **Anerkennung** nach §§ 5 ff AsylVO (als ausl Flüchtling) beruhte ausschließlich auf 5 Art 1 GK, die Anerkennung nach § 28 AuslG 1965 (als Asylber) dagegen auf Art 16 II 2 GG oder Art 1 GK; die gesonderte Erwähnung des Flüchtlingsbegriffs der GK im AuslG 1965 hatte nach Aufhebung der Stichtagsregelung in Art 1 GK (Ereignisse vor 1951) durch das Zusatzprotokoll von 1967 an Bedeutung verloren. Soweit beide Normen sich decken (Rn 13, 17), ist eine sachliche Änderung weder bei Aufhebung der AsylVO u. Inkrafttreten des § 28 AuslG 1965 noch bei dessen Ablösung durch § 1 I AsylVfG 1982 eingetreten. Soweit der Personenkreis des Art 1 GK über den des Art 16 II 2 GG (u. jetzt des Art 16a I GG) hinausreicht (vgl aber § 60 AufenthG Rn 3 ff), war nach Inkrafttreten von § 1 I AsylVfG 1982 eine Lücke entstanden; zumindest für statutäre Flüchtlinge nach Art 1 A Nr 1 GK fehlt es seitdem an einem Statusverfahren (Köfner/Nicolaus, ZAR 1986, 11; Roth, ZAR 1988, 164; BVerwG, ZAR 200 Nr 22 betr Art 1 A Nr 2 GK; BVerwGE 88, 254 betr Art 1 D GK; vgl auch § 51 AuslG Rn 5).

§ 1 I AsylVfG 1982 war zunächst insofern **ungenau gefasst,** als für Ausl, die Schutz als 6 politisch Verfolgte anders als durch Anerkennung als Asylber suchten (Gewährung von bloßem Abschiebungsschutz) nicht das AsylVfG galt, sondern (weiterhin nur) § 14 I AuslG 1965. Da die Vorschrift allg den Antrag auf „Schutz" u. nicht nur den auf „Anerkennung" erfasste u. erfasst, kann sie nicht ohne weiteres auf den Fall des förmlichen Anerkennungsantrags beschränkt werden; in der Geltendmachung von Abschiebungsschutz wegen politischer Verfolgung kann ebenfalls ein „Antrag" auf Asylschutz gesehen werden. Gemeint war, dass das AsylVfG den Schutz des politisch Verfolgten durch Asylanerkennung regelt u. die Statusfeststellung auf nach dem GG asylber Personen beschränkt. Die Formulierung schließt die Existenz von Asylschutznormen in anderen Ges nicht aus (zB § 14 I AuslG 1965, § 60 I AufenthG, § 6 IRG).

Die **(Wieder-)Einbeziehung der GK** in das AsylVfR durch Änderung ua der §§ 7 I, 7 12 VI, VII AsylVfG 1982 (durch Art 3 AuslRNG; jetzt §§ 13 I, 31 II) hat den sachlichen wie personellen Geltungsbereich des AsylVfG 1982 erweitert (Koisser/Nicolaus, ZAR 1991, 9). Der Asylantrag kann seitdem die Feststellung des Abschiebungshindernisses aus § 51 I AuslG u. jetzt § 60 I AufenthG (= Art 33 GK) umfassen oder auf sie beschränkt sein. Eine insoweit positive Entscheidung des BAMF stellt zwar keine Asylber (wie nach § 28 AuslG 1965) fest, wirkt aber wie eine förmliche **Flüchtlingsanerkennung** (§ 3 = § 51 III AuslG bis zur Änderung durch Art 2 Nr 6 AsylVfNG) u. kann daher als solche bezeichnet werden. Da mit Rücksicht auf Entstehungsgeschichte u. Neuregelungszweck die Flüchtlinge trotz der eher subjektiv gefassten Definition des Art 1 A Nr 2 GK mit den durch das objektiv formulierte Non-refoulement-Gebot geschützten übereinstimmen sollen, ist insoweit eine Differenz nicht mehr festzustellen (dazu näher Rn 16 f u. § 60 AufenthG Rn 4). Damit ist zumindest für einen großen Teil der ausl Flüchtlinge wieder ein Verf zur Feststellung der Flüchtlingseigenschaft bereitgestellt (§ 60 AufenthG Rn 3 ff). Wieder einbezogen in das AsylVfG ist seitdem der Personenkreis derjenigen ausl Flüchtlinge, die nicht zugleich politisch Verfolgte iSd Art 16 II 2 bzw. 16a I GG sind (Art 16a GG Rn 22); diese Personen

821

werden indes nicht als Asylber anerkannt. Insgesamt wäre danach eigentlich eine formelle Änderung des § 1 schon durch das AuslRNG angezeigt gewesen; der damalige GesEntw nahm dazu aber keine Stellung (BT-Drs 11/6321 S. 88 f).

8   Die im Jahre 1992 erfolgte **Ergänzung** des Abs 1 gegenüber § 1 I AsylVfG 1982 um den Schutz vor Gefahren iSd § 51 AuslG (durch Art 1 Nr 1 AsylVfNG) u. jetzt § 60 I AufenthG berücksichtigt zu Recht die bereits beschriebene Situation, dass das AsylVfG seit Inkrafttreten des AuslRNG ohnehin auch für solche Ausl gilt, welche die Feststellung der Voraussetzungen des § 51 Abs 1 AuslG u. jetzt § 60 I AufenthG beantragen. Einer ausdrücklichen Abgrenzung gegenüber der Auslieferung bedurfte es nicht, obwohl diese ebenfalls als eine Art Rückführung angesehen werden kann; denn das IRG stellt insoweit eine lex specialis dar.

9   Nach alledem enthält Abs 1 zunächst der Sache nach die Aussage, dass das AsylVfG asylr Schutz **für politisch Verfolgte** durch förmliche Asylanerkennung – abschließend – regelt u. auf diesen Personenkreis begrenzt. Darüber hinaus bedeutete die Vorschrift aber schon für das AsylVfG idF des AusRNG, dass Asylschutz für politisch Verfolgte, die zugleich die Voraussetzungen des Art 33 GK erfüllten, auch in anderer Weise als durch Statusfeststellung, welche als **Flüchtlingsanerkennung** wirkt (§ 4 Rn 5), (nur) nach dem AsylVfG gewährt wurde. Dies folgte aus der seit 1. 1. 1991 geltenden Novellierung des AsylVfR auch ohne Änderung des Wortlauts des (damaligen) § 1 I AsylVfG 1982. Der 1992 eingefügte Hinweis auf das Rückführungsverbot des § 51 I AuslG (jetzt § 60 I AufenthG) bestätigt lediglich diese Rechtslage. Danach existiert kein gesondertes Verf zur Feststellung der Voraussetzungen des Art 1 A Nr 2 GK, u. innerhalb des Asylverf ist eine unmittelbare Berufung auf die GK nicht vorgesehen (BVerwG, EZAR 043 Nr 3).

10 Der Begriff „**Rückführung**" in der Beschreibung des Geltungsbereichs fällt auf, weil der im Zusammenhang damit angeführte § 60 I AufenthG nur die Abschiebung verbietet. Unter Rückführung sind außer der Abschiebung u. der Auslieferung (Rn 8) auch Zurückweisung an der Grenze (Einreiseverweigerung) u. Zurückschiebung zu verstehen. An den insoweit einschlägigen Stellen (§§ 18 II, III, 18 a) ist zwar § 60 I AufenthG nicht erwähnt, dies ändert aber nichts an der umfassenden Definition des Anwendungsbereichs in Abs 1.

11 Wenn und soweit der Begriff des ausl Flüchtlings nach Art 33 I GK weiter reicht als der des politisch Verfolgten nach Art 16 a I GG, ergibt sich schließlich für diesen Personenkreis – über den Wortlaut des Abs 1 hinaus – die Anwendung des AsylVfG. Damit bietet das AsylVfG seit Erlass des AsylVNG außer der Flüchtlingsanerkennung auch einen **weitergehenden asylr** Schutz für politisch Verfolgte. Wenn nämlich eine förmliche Anerkennung nicht angestrebt wird, ist die Gefahr politischer Verfolgung vom BAMF nach asylvfr Regeln zu prüfen u. nicht gesondert von der AuslBeh (wie nach § 14 AuslG 1965).

12 Die Bestimmungen des Abs 2 wirken anders als die des Abs 1 **konstitutiv,** indem sie die genannten Personen (bis Ende 2004 auch Kontingentflüchtlinge) von der Anwendung des AsylVfG überhaupt ausnehmen. Nach den Änderungen durch das AuslRNG bezieht sich der Ausschluss auch auf die Feststellung der Voraussetzungen für Abschiebungsschutz nach § 60 I AufenthG durch das BAMF u. gilt – materiell – für alle Bestimmungen, nicht nur für die über die förmliche Asylanerkennung.

III. Politisch Verfolgter

13 Der **begünstigte Personenkreis** wird vom AsylVfG nicht weiter definiert; er ist unmittelbar Art 16 a I GG zu entnehmen (vgl dort Rn 21). Eine mögliche Differenz zwischen dieser Vorschrift u. Art 33 I GK kann sich nur im Rahmen des § 60 I AufenthG auswirken (dort Rn 8). Ähnliches gilt, soweit §§ 26 a, 27, 28 die Asylanerkennung einschränken; in diesen Fällen handelt es sich ungeachtet dessen, ob ihnen Asylschutz zusteht, um Asylsuchende. Für Kriegs- u. Bürgerkriegsflüchtlinge ist seit 1. 7. 1993 eine andere Form der

Geltungsbereich § 1 **AsylVfG** 4

Aufnahme eingeführt (Rn 18). Grundsätzlich entscheidet allein das Asylgesuch, nicht die materielle Berechtigung über die Anwendung der Verfahrensregeln.

IV. Ausländischer Flüchtling

Abs 1 erfasst nur diejenigen Personen, welche die Voraussetzungen des § 60 I AufenthG 14 erfüllen. Für **andere ausl Flüchtlinge** steht damit – anders als nach § 28 AuslG 1965 – nach wie vor kein Feststellungsverf zur Verfügung (§ 60 AufenthG Rn 3 ff). Eine vollständige Einbeziehung aller ausl Flüchtlinge iSv Art 1 GK in das AsylVfG erscheint aber ua deshalb wünschenswert, weil eine europäische Harmonisierung des AsylR allein auf der Grundlage der Flüchtlingsdefinitionen des Art 1 GK erreichbar u. auch erstrebenswert ist (dazu Vorbem Rn 13 ff u. Art 16 a GG Rn 131 ff).

Der auf eine **volle Einbeziehung der GK** in das AsylVfG abzielende Änderungsvor- 15 schlag der SPD wurde anlässlich der Verabschiedung des AsylVfNG im BT-IA abgelehnt (BT-Drs 12/2718 S. 60; vgl auch Koisser/Nicolaus, ZAR 1992, 9; GesEntw des MdB Jelpke ua, BT-Drs 12/2097). Die dafür gegebene Begründung, Art 16 GG gehe zT über die GK hinaus u. die Rspr solle nicht zu einer Erweiterung des Anwendungsbereichs des AsylVfG veranlasst werden, trifft den Kern des Problems nicht. Vor allem ist damit nicht erklärt, warum die Rechtslage unter Geltung des § 28 AuslG 1965 unbefriedigend war u. trotz des Zwangs zu einer europäischen Lösung auf eben dieser Grundlage nicht wiederhergestellt werden sollte.

Eine teilweise Auflösung dieser Unstimmigkeit ist denkbar, wenn man die nach dem 16 Wortlaut bestehenden Unterschiede zwischen den **Flüchtlingsbegriffen** des Art 1 A Nr 2 GK u. des Art 33 I GK vernachlässigt. Dabei wird das subjektive Element der wohlbegründeten Verfolgungsfurcht in der ersteren GK-Bestimmung ausgeklammert (dazu Art 16 a GG Rn 22; ausführlich zu den Unterschieden Marx, ZAR 1992, 3). Nachdem seit längerem überwiegend die Ansicht vertreten wird, die Bestimmung des § 60 I AufenthG (früher § 51 I AuslG) sei im Hinblick auf Entstehungsgeschichte u. dort zum Ausdruck gelangten gesetzgeberischen Willen so auszulegen u. anzuwenden, dass sie mit dem (subjektiv-orientierten) Flüchtlingsbegriff des Art 1 A Nr 2 GK übereinstimmt (seit BVerwGE 89, 296; BayVGH, EZAR 231 Nr 2), kann angenommen werden, dass der Gesetzgeber diese Auslegung billigend in seinen Willen aufgenommen hat.

Die **Unterschiede** zwischen der Gruppe der politisch Verfolgten iSd Art 16 a I GG, die 17 eine Asylanerkennung beanspruchen können, u. den ausl Flüchtlingen iSd Art 1 GK (vgl Rn 13) bestehen also nur noch hinsichtlich der statutären Flüchtlinge fort. Obwohl der unverändert gebliebenen Formulierung des § 60 I AufenthG zufolge die Bedrohung objektiv festzustellen u. deshalb nicht mit der nach Art 1 A Nr 2 GK maßgeblichen subjektiven Verfolgungsfurcht identisch ist (§ 60 AufenthG Rn 3 f), ist aufgrund vom Gesetzgeber gebilligter Rechtsprechungspraxis anzunehmen, dass sich die beiden Flüchtlingsbegriffe des Art 1 A Nr 2 u. des Art 33 GK jedenfalls für die innerstaatliche Rechtsanwendung decken (betr andere ausl Flüchtlinge vgl § 2 Rn 16).

V. Kriegs- oder Bürgerkriegsflüchtling

Seit 1. 7. 1993 gelten Sonderregeln für Kriegs- oder Bürgerkriegsflüchtlinge (§ 32 a 18 AsylVfG u. zunächst § 32 a AuslG, seit 1. 1. 2005 §§ 2 VI, 24 AufenthG). Damit wird dieser Personengruppe eine andere Form der Aufnahme im Bundesgebiet angeboten. Wenn sie davon Gebrauch machen, verzichten sie – auf Zeit oder auf Dauer – auf die Inanspruchnahme der Rechte als politisch Verfolgte. Ihre materiellen Rechtspositionen werden dadurch nicht berührt. Die Einräumung der Rechte nach § 24 AufenthG verlangt nicht die Feststellung der Voraussetzungen des Art 16 a I GG oder des § 60 I AufenthG u. hat diese nicht zur Folge (vgl Art 16 a GG Rn 35, 38).

VI. Heimatloser Ausländer

19 Heimatloser Ausl ist ein nichtdt fremder StAng oder Staatenloser, der sich am 30. 6. 1950 im Bundesgebiet aufhielt u. der Obhut der IRO oder des UNHCR (dazu Nicolaus, ZAR 1991, 113) untersteht (§ 1 I HAG); dabei handelt es sich vor allem um während des Zweiten Weltkriegs **verschleppte Personen** (displaced persons). Die Rechtsstellung erwirbt auch, wer seinen ständigen Aufenthalt im Bundesgebiet nach dem 1. 7. 1948 aufgegeben hat u. binnen zwei Jahren zurückgekehrt ist (§§ 1 I, 2 III HAG).

20 **Gleichgestellt** sind die Nachkommen dieser Personen, sofern sie am 1. 1. 1991 rechtmäßig ihren gewöhnlichen Aufenthalt im Bundesgebiet hatten (§ 1 II HAG); das Aufenthaltserfordernis bestand vor diesem Stichtag nicht (vgl Art 4 Nr 1 AuslRNG). Ende September 1980 hielten sich 48 670 heimatlose Ausl im Bundesgebiet auf (Henkel in Beitz/Wollenschläger, S. 719 Fn 589 e), Mitte Mai 1985 etwa 42 000 (BT-Drs 10/3346 S. 4) u. im Januar 1990 noch 39 000 (UNHCR, BT-IA, Prot. Nr 24/1/90 S. 528). Für 1998 wurde die Zahl der aufgenommenen heimatlosen Flüchtlinge noch mit 15 000 angegeben (Lagebericht der Ausländerbeauftragten, 2000, S. 239).

21 Zum **Ausschluss** der heimatlosen Ausl aus dem Geltungsbereich des AsylVfG ist zunächst zu bemerken, dass damit deren mögliche Eigenschaft als politisch Verfolgte iSd Art 16 a GG noch nicht verloren geht; die Durchsetzung ihrer asylr Rechte wird allerdings erheblich erschwert. Davon abgesehen erscheint ihr Ausschluss angezeigt u. gerechtfertigt, weil ihr Status noch gesicherter ist als der anerkannter Asylber (Marx, § 1 Rn 44).

22 Der heimatlose Ausl genießt **weitergehende Freiheitsrechte** als der anerkannte Asylber (§§ 13, 16 HAG; vgl dagegen § 2 iVm Art 13, 15, 17 bis 19, 26 GK). Er bedarf vor allem keiner AufGen (§ 12 HAG), während der Asylber zwar einen Anspruch auf eine AE hat, deren Erteilung aber im Falle einer vorherigen besonders qualifizierten Ausweisung ausgeschlossen ist (§ 25 I 2 AufenthG). Er wird unter erleichterten Voraussetzungen eingebürgert (§ 21 HAG), während der Asylber auf ein bloßes Wohlwollensgebot verwiesen ist (§ 2 iVm Art 34 GK; BVerwGE 49, 44; zur Hinnahme von Mehrstaatigkeit vgl § 12 I Nr 6 StAG). Vor allem aber ist er ohne jede Einschränkung vor Ausweisung, Abschiebung, Zurückweisung u. Auslieferung in einen Staat, in dem ihm politische Verfolgung droht, sicher (§ 23 III HAG; vgl dagegen § 6 I 2 IRG; §§ 15 IV, 56 I Nr 5, 60 VIII AufenthG; § 2 iVm Art 32 I, 33 II GK). Er verliert diese starke Rechtsstellung nur bei Erwerb einer fremden StAng oder bei Verlegung seines gewöhnlichen Aufenthalts ins Ausland (§ 2 I HAG), während bei dem Asylber außer dem Erlöschen der Anerkennung auch deren Rücknahme oder Widerruf möglich sind (§§ 72, 73).

VII. Andere Personengruppen

23 Die Beschränkung der Anwendung des AsylVfG auf um Asyl nachsuchende Ausl schließt **Dt iSd Art 116 I GG,** also Dt wie Statusdt, aus. Dies folgt schon aus Art 16 a I GG, der asylr Schutz nur demjenigen verheißt, dem nicht schon als Dt Zugang u. Verbleib im Bundesgebiet offen stehen. Anwendbar bleibt das AsylVfG damit auf einen ausl StAng, der nicht zugleich Dt iSd Art 116 I GG ist, auch dann, wenn dieser als dt Volkszugehöriger anzusehen ist u. die Ausstellung eines Spätaussiedlerbescheinigung oder einer Bescheinigung als Familienangehöriger nach §§ 1, 3, 15 BVFG beantragt hat. Die Rechtsstellung eines Statusdt kann er nur durch Aufnahme als solcher in Deutschland erwerben; eine Genehmigung zum Aufenthalt als Ausl genügt ebenso wenig wie die Entgegennahme des Bescheini-

Geltungsbereich   §1 **AsylVfG 4**

gungsantrags (Hailbronner/Renner, Art 116 GG Rn 75 f). Schon seit 1. 7. 1990 ist ein
formelles Aufnahmeverf einzuhalten (AAG), wonach eine Aufnahme ohne Aufnahmebescheid, der grundsätzlich vom Ausland her zu beantragen ist, nicht mehr möglich ist. Seit
1. 1. 1993 gibt es statt der Aussiedler nur noch Spätaussiedler, die auf Antrag eine entspr
Bescheinigung erhalten (§§ 1 II Nr 3, 4, 5, 15, 100 BVFG; Hailbronner/Renner, Art 116
GG Rn 26, 31). Mit der Aushändigung der Bescheinigung als Spätaussiedler oder Familienangehöriger nach § 15 BVFG erwirbt dieser die dt StAng (§ 7 StAG).

Die Behauptung, aus ethnischen Gründen **wegen der dt Volkszugehörigkeit vertrie-** 24
ben worden zu sein, ist idR nicht mit der Annahme vereinbar, aus politischen Gründen
verfolgt worden zu sein u. aus diesem Grund das Heimatland verlassen zu haben; Ausnahmen
sind jedoch denkbar (BVerwG, NVwZ 1984, 41). Mit dem Erwerb der Rechtsstellung als
Dt nach Art 116 I GG u. der dt StAng nach § 7 StAG scheidet der Flüchtling aus dem
Personenkreis des AsylVfG aus; eine bereits erfolgte Asylanerkennung wird ohne weiteres
gegenstandslos (§ 72 I Nr 3 betr Erlöschen nicht anwendbar, weil dort Erwerb einer fremden StAng vorausgesetzt; vgl dort Rn 21).

Nicht vom AsylVfG ausgeschlossen sind Personen, auf die das AuslG nicht anwendbar ist 25
(§ 1 II AufenthG), weil sie **nicht der dt Gerichtsbarkeit unterliegen** oder weil sie im
diplomatischen oder konsularischen Dienst tätig sind. Die Freistellung von auslr Vorschriften
darf diesen Personen nämlich nicht den Schutz entziehen, der ihnen nach Art 16a I GG
zusteht. Aufgrund des Prot zum EGV über die Gewährung von Asyl für Staatsangehörige
von EU-Mitgliedstaaten (BGBl. 1998 II 429) gelten die Mitgliedstaaten für einander als
sichere Herkunftsstaaten. Danach dürfen Asylanträge von Unionsbürgern nur noch unter
bestimmten Voraussetzungen zur Bearbeitung zugelassen werden. Damit ist gegenüber der
GK kein unzulässiger geografischer Vorbehalt erklärt, sondern lediglich die Anwendung der
Herkunftsstaatenregelung im Innenverhältnis vereinbart (vgl § 29 a Rn 3).

Ausl iSd § 1 I ist auch der **Staatenlose** (vgl § 2 I AufenthG); er bedarf des Schutzes, 26
wenn ihm im früheren Heimatstaat oder im Staat seines gewöhnlichen Aufenthalts Verfolgung droht. Zu den Staatenlosen zählen auch De-facto-Staatenlose u. Personen mit
ungeklärter fremder StAng; für sie alle gilt sowohl die Legaldefinition des § 1 II AuslG als
auch der Schutzgedanke des Art 16a I GG (anders betr Reiseausweis nach Art 28 StlÜbk
Hailbronner/Renner, Einl F Rn 105 ff; BVerwG, EZAR 252 Nr 6 u. 7). Solange sie nicht
als Dt von der Anwendung des AufenthG u. dem AsylR ausgenommen sind, unterliegen sie
diesen für Nichtdt erlassenen Bestimmungen (vgl Art 16a GG Rn 20; § 1 AufenthG
Rn 26 f).

Kontingentflüchtlinge bilden eine besondere Personengruppe, die dementsprechend bis 27
Ende 2004 in Abs 2 genannt waren. Bei ihnen handelt es sich (nach dem bis Ende 2004
geltenden HumAG) um Personen, die im Rahmen humanitärer Hilfsaktionen aufgrund
eines Sichtvermerks oder einer Übernahmeerklärung aufgenommen worden sind; dieselbe
Rechtsstellung genießt, wer bis Ende 1990 im Alter unter 16 Jahren ohne Sichtvermerk
oder Übernahmeerklärung aufgrund humanitärer Aktionen aufgenommen worden ist (§ 1
HumAG). Mitte Mai 1985 hielten sich etwa 30 000 Kontingentflüchtlinge im Bundesgebiet
auf (BT-Drs 10/3346 S. 4), u. zwar fast ausnahmslos Vietnamesen („boat people"; vgl
BT-Drs 8/4248 S. 8). Seit 1990 kamen jüdische Emigranten aus den Gebieten der ehemaligen UdSSR hinzu, die wie Kontingentflüchtlinge behandelt wurden (dazu Rn 29; ZAR
AKTUELL Nr 1/1991; ZAR 1999, 239). Von 1992 bis 1998 stieg die Anzahl der in
Deutschland lebenden Kontingentflüchtlinge von 38 000 auf über 102 000 an (Ausländerbeauftragte, Lagebericht 2000, S. 239). Von 1993 bis Ende 2002 sind insgesamt 164 492
jüdische Emigranten aus den Nachfolgestaaten der UdSSR nach Deutschland zugewandert;
hinzu kommen 8535 Personen, die bis 1991 eingereist waren (Ausländerbeauftragte, Migrationsbericht, 2003, S. 26). Das HumAG ist mit Wirkung vom 1. 1. 2005 aufgehoben
(Art 15 II Nr 3 ZuwG).

Für die Aufnahme war ein förmliches **Aufnahmeprogramm** der BReg oder der Länder 28
nicht vorausgesetzt, es genügte der Zusammenhang mit Hilfsaktionen für einen kleineren

oder größeren Personenkreis oder aber das humanitäre Anliegen im Einzelfall (Hailbronner, § 1 AsylVfG Rn 15; VGH BW, EZAR 240 Nr 1; OVG Lüneburg, EZAR 240 Nr 3). Ein gemeinsamer Beschluss der Ministerpräsidenten oder der IM konnte der Aufnahme vorausgehen, war aber nicht unbedingt erforderlich. Entscheidend waren die Übernahmeerklärung des BMI (§ 33 AuslG; § 22 AuslG 1965) oder der Sichtvermerk der Auslandsvertretung nach Zustimmung der zuständigen AuslBeh (§ 3 III 1 AuslG; § 11 DVAuslG) sowie Grund u. Zweck dieser Maßnahmen. Kontingentflüchtling ist deshalb auch, wer als Teil einer durch bestimmte (betr Bahai aus Iran BVerwG, EZAR 240 Nr 4; zur notwendigen Aufnahme auf Dauer BVerwG, EZAR 240 Nr 6; VGH BW, EZAR 214 Nr 4 u. InfAuslR 1997, 329; HessVGH, EZAR 240 Nr 7; OVG NRW, EZAR 240 Nr 5). Kontingentflüchtlinge konnten Asylber sein, sie mussten es aber nicht. Die Aufnahme als Kontingentflüchtling setzte die Eigenschaft eines politisch Verfolgten nicht voraus u. stellte sie folglich auch nicht fest. Charakteristisch war nur, allg gesehen, ein Flüchtlingsschicksal (vgl BVerwG, EZAR 240 Nr 4; VGH BW, EZAR 214 Nr 4). Der Kontingentflüchtling benötigte ebenso wie der Asylber eine **AufGen**; seit 1. 1. 1991 stand ihm in gleicher Weise wie dem anerkannten Asylber eine unbefristete AufErl. zu (§ 1 III HumAG; § 68 I AsylVfG aF). Gegen **Ausweisung u. Abschiebung war** er genauso gesichert wie der Asylber; denn auch er genoss die Rechtsstellung eines ausl Flüchtlings nach Art 2 bis 34 GK (§ 1 I HumAG) u. durfte deshalb ebenso wie der Asylber nur aus schwerwiegenden Gründen der öffentlichen Sicherheit u. Ordnung ausgewiesen (§ 48 I 1 Nr 5 AuslG) u. bei Gefahr politischer Verfolgung nicht in den Verfolgerstaat abgeschoben (§ 51 I, II Nr 1 u. 2 AuslG) werden. Nach alledem bestanden keine durchgreifenden Bedenken gegen den Ausschluss der Kontingentflüchtlinge aus den einzelnen Verf nach dem AsylVfG (7. Aufl, Rn 30 mwN).

29 Zweifelhaft konnte die aufr Rechtsgrundlage für **jüdische Emigranten** (Fn 27) erscheinen, auf die das HumAG analog angewandt wurde (dazu dazu Gruber/Rüßler, ZAR 2002, 94; Hochreuter, NVwZ 2000, 176; Raabe, ZAR 2004, 410; Spiegel in BAFl, 50 Jahre Behörde im Wandel, 2003, S. 85; Rüßler, ZAR 2000, 268; Weizsäcker, ZAR 2004, 83). Aufgrund der am 9. 1. 1991 im Anschluss an eine in der DDR seit Anfang 1990 geltende Regelung zwischen den Regierungschefs von Bund u. Ländern verabredeten entspr Anwendung des HumAG wurde wie folgt verfahren (KommBer S. 33): Prüfung der persönlichen Verhältnisse durch die Auslandsvertretung; Weiterleitung des Aufnahmeantrags an das Bundesverwaltungsamt (seit 2003 an das BAFl); Verteilung auf die Bundesländer nach dem Königsteiner Schlüssel; Erteilung des Einreisevisums, das binnen eines Jahres abgeholt sein muss u. drei Monate gilt. Einerseits sollte das HumAG nicht unmittelbar angewandt werden, weil es sich weder um eine einmalige Aufnahmeaktion handelte noch eine Kontingentierung erfolgte. Andererseits sollten sich die Rechtsfolgen vollständig nach dem HumAG richten (dagegen OVG Berlin, EZAR 018 Nr 2: keine Kontingentflüchtlinge, keine Anwendung von Art 2 bis 34 GK), vor allem die Erteilung einer unbefristeten AufErl analog § 1 III HumAG. Der Gesetzgeber hatte diese Verfahrensweise als rechtskonform anzuerkennen beabsichtigt, indem er bei Personen, die „wie ein Flüchtling nach dem HumAG behandelt" werden, die Hinnahme von Mehrstaatigkeit bei der Einbürgerung vorschrieb (§ 87 I 2 Nr. 6 AuslG). Zudem konnte jeder Aufgenommene aufgrund einer mittlerweile jahrelangen Verwaltungspraxis Gleichbehandlung verlangen (Art. 3 Abs. 1 GG). Zur nunmehrigen Rechtslage vgl § 23 II AufenthG (dort Rn 6 f) u. für die Einbürgerung § 12 I 2 Nr 6 StAG.

§ 2 Rechtsstellung Asylberechtigter

(1) Asylberechtigte genießen im Bundesgebiet die Rechtsstellung nach dem Abkommen über die Rechtsstellung der Flüchtlinge vom 28. Juli 1951 (BGBl. 1953 II S. 559).

(2) Unberührt bleiben die Vorschriften, die den Asylberechtigten eine günstigere Rechtsstellung einräumen.

Rechtsstellung Asylberechtigter   § 2 **AsylVfG 4**

(3) **Ausländer, denen bis zum Wirksamwerden des Beitritts in dem in Artikel 3 des Einigungsvertrages genannten Gebiet Asyl gewährt worden ist, gelten als Asylberechtigte.**

Übersicht

	Rn
I. Entstehungsgeschichte	1
II. Allgemeines	3
III. Asylberechtigter	6
IV. Rechtsstellung	10
1. Rechtsstellung kraft Art 16 a I GG	10
2. Rechtsstellung anerkannter Asylberechtigter	13
3. Anderweitige Begünstigung	16
V. Arbeits- und Sozialrecht	22
1. Allgemeines	22
2. Erwerbstätigkeitsrecht	25
3. Sozialrecht	26

I. Entstehungsgeschichte

Die Vorschrift entspricht im Wesentlichen § 3 **GesEntw 1982** (BT-Drs 9/875 S. 3). 1 Diese übernahm in Abs 1 die Regelung des § 44 I AuslG 1965, die für anerkannte politisch Verfolgte galt (§ 28 Nr 1 AuslG iVm Art 16 II 2 GG). In § 44 II, III AuslG 1965 war für anerkannte Konventionsflüchtlinge (§ 28 Nr 2 AuslG 1965 iVm Art 1 GK) einschränkend bestimmt, dass sie statt eines Reise- u. Personalausweises einen Fremdenpass erhielten. Abs 2 stimmt dem Inhalt nach mit § 44 IV AuslG 1965 überein. Abs 3 wurde durch den Einigungsvertrag angefügt (Vorbem Rn 10).

Die Vorschrift wurde unverändert aus dem **GesEntw 1992** (BT-Drs 12/2062 S. 5) über- 2 nommen, in dem nur der Geltungsbereich neu bestimmt war („Bundesgebiet" statt „Geltungsbereich dieses Gesetzes"). Die Asylnovelle 1993 ließ sie ebenso unberührt wie das ZuwG.

II. Allgemeines

Abs 1 betrifft die **allg Rechtsstellung** der anerkannten Asylber, während Abs 2 diesen 3 Personen die jew bessere Rechtsstellung nach anderen Vorschriften vorbehält. Die Rechtsfolgen der Anerkennung sind in Abs 1 nicht abschließend erfasst. Für andere Flüchtlinge als anerkannte Asylber bleiben abweichende Vorschriften ohnehin unberührt. Damit ist auch nicht darüber entschieden, ob ausl Flüchtlinge sich auf die in der GK vorgesehenen Rechte unmittelbar berufen können (dazu Rn 22; zu den Folgerungen aus den EU-Asyl-RL vgl Art 16 a GG Rn 131 ff).

Das Ges bestimmt den **Zeitpunkt,** von dem ab dem Asylber die verschiedenartigen 4 Rechtspositionen der GK zustehen, nicht. Der Anspruch auf eine AE (§ 25 I 1 AufenthG) setzt eine unanfechtbare Anerkennung voraus. Zudem ist weder für die Rechte aus der GK noch für weitergehende innerstaatl Leistungsges ausdrücklich der Zeitpunkt des Rechtserwerbs festgelegt. Er lässt sich nur aus der Rechtsnatur der Statusentscheidung (Rn 11) oder der Fassung der jew Leistungsnorm (Rn 13) bestimmen.

Das Ges beschränkt die Anerkennungswirkungen auf das Bundesgebiet als den **Geltungs-** 5 **bereich** des AsylVfG. Rechtswirkungen im Ausland legt das AsylVfG der Asylanerkennung nicht bei. Davon abgesehen kann die durch Ausstellung des Konventionspasses nach Art 28 GK dokumentierte Aufnahme als ausl Flüchtling auch gegenüber anderen Vertragsstaaten Wirkungen zeitigen (vgl §§ 7, 11 ff GK-Anhang; dazu Nicolaus in Barwig ua, Binnenmarkt S. 133). Es muss sich um eine Anerkennung in Deutschland handeln. Die Anerkennung als

827

politischer Flüchtling im Ausland, auch in einem anderen GK-Vertragsstaat, vermittelt diese Rechtsstellung nicht ohne weiteres für die BR Deutschland u. ist für sie grundsätzlich nicht verbindlich (BVerfGE 52, 391; vgl aber § 60 I 2 AufenthG).

III. Asylberechtigter

6   Als unmittelbare Rechtsinhaber kommen nur **anerkannte Asylber** in Betracht, nicht also Asylbew; das AsylVfG dient in seiner Gesamtheit der Sicherung des AsylR durch eine verbindliche Anerkennungsentscheidung, an die der Gesetzgeber die gesicherte Rechtsstellung nach der GK anbindet. Deshalb ist unter „Asylber" der als Asylber anerkannte Flüchtling zu verstehen. Unabhängig davon, ob die Anerkennung konstitutiv oder deklaratorisch wirkt, ist der Ausl erst mit der Bestandskraft des Anerkennungsbescheids als Asylber zu behandeln. Eine dahingehende gerichtliche Verpflichtung allein genügt nicht, auch wenn sie rechtskräftig ist; sie muss zunächst durch Ausstellung eines Anerkennungsbescheids durch das BAFl erfüllt werden.

7   Die Rechtsstellung nach § 2 genießt außerdem, wem **Familienasyl** gewährt ist. Denn dieser Personenkreis, dem früher die Rechtsstellung eines Asylber verliehen wurde (§ 7 a III AsylVfG 1991), erhält jetzt unmittelbar den Status der Asylber (§ 26 I–III). Die insoweit (abgeleitet) berechtigten nahen Familienangehörigen stehen damit den (originär) Asylber in vollem Umfang gleich.

8   Mit Recht wurde dagegen der Personenkreis anlässlich der Änderung der §§ 7 I, 12 III, VI, VII AsylVfG 1982 (durch Art 3 AuslRNG) nicht auf Personen ausgedehnt, deren Eigenschaft als **ausl Flüchtlinge** festgestellt (vgl § 51 I, II AuslG), deren Asylberechtigung aber nicht anerkannt ist. Ihnen kommt die Rechtsstellung nach der GK unmittelbar aufgrund § 3 (früher § 51 III AuslG) zu. **Kontingentflüchtlinge** (vgl § 1 Rn 27 ff) standen aufgrund § 1 HumAG (aufgehoben seit 1. 1. 2005) gleich, ebenso Personen, die wie solche behandelt wurden (vgl. § 1 Rn 29).

9   Gleichgestellt ist auch, wem in der **DDR** bis zu deren Beitritt zur BR Deutschland am 3. 10. 1990 Asyl gewährt wurde. Diese durch den Einigungsvertrag eingefügte Klausel bezweckt eine Gleichbehandlung der betreffenden Personen ohne Rücksicht auf die Verschiedenheit der maßgeblichen Rechtsgrundlagen. In der (ehemaligen) DDR wurde nämlich zunächst als Asylber nur anerkannt, wer wegen seines Eintretens für Frieden, Demokratie, Sozialismus und nationale Befreiung in einem anderen Staat verfolgt wurde (Art 23 Verf.-DDR 1968; iÜ vgl Elsner, ZAR 1990, 157). Seit 1. 8. 1990 war für die Asylgewährung Art 33 GK maßgeblich; allerdings war die Asylanerkennung bei selbst geschaffenen Nachfluchttatbeständen u. bei anderweitiger Verfolgungssicherheit ausgeschlossen (§ 1 Asyl-VO-DDR; vgl Vorbem Rn 10).

IV. Rechtsstellung

1. Rechtsstellung kraft Art 16 a I GG

10   Das AsylR des Art 16 a I GG schützt den politisch Verfolgten vor allen staatl Maßnahmen, die ihn unmittelbar oder mittelbar dem Zugriff des Verfolgerstaats aussetzen, also insb vor Zurückweisung an der Grenze, vor Zurückschiebung, Abschiebung oder Auslieferung in den Verfolgerstaat oder einen anderen Staat, der ihn dem Verfolgerstaat überstellen würde (BVerwGE 49, 202; 62, 206; vgl Art 16 a GG Rn 9). Diese Abwehrrechte machen den **Kerngehalt** des Asyls aus, sie werden aber ergänzt durch die staatl Verpflichtung zur Sicherung eines menschenwürdigen Daseins (BVerwGE 49, 202). Der subjektive Asylanspruch verbürgt damit ein klassisches Abwehrrecht u. gewährleistet gleichzeitig einen

gesicherten Aufenthalt (dazu Baumüller, NVwZ 1982, 222; Marx, § 2 Rn 4; Renner, NVwZ 1983, 649; Rühmann, NVwZ 1982, 109; BVerfGE 54, 341, 356; 65, 216, 235).

Politisch Verfolgte genießen AsylR, ohne dass es dazu einer staatl Verleihung bedarf. Die 11 einzelnen Verfahrensarten (Asylanerkennung, Flüchtlingsanerkennung, Abschiebungs- u. Auslieferungsschutz) dienen nur der notwendigen verwaltungsmäßigen Durchsetzung des Asylgrundrechts, sie gewähren es **nicht konstitutiv**. Die Feststellung der Asylberechtigung ist erforderlich, um dem „Status des Asylber Anerkennung zu verschaffen" (BVerfGE 60, 253, 295 f); der für andere Behörden (ausgenommen das Auslieferungsverf) verbindliche Anerkennungsbescheid des BAMF (§ 4) entfaltet eine „gleichsam konstitutive Wirkung" (BVerfGE aaO), weil der Anspruch auf Asyl zu seiner Verwirklichung eines Antrags des Flüchtlings u. eines das Grundrecht dokumentierenden staatl Akts bedarf (Renner, NVwZ 1983, 649; ders., NJW 1989, 1246).

Die unmittelbar aus dem Asylgrundrecht fließenden **Rechte entstehen** deshalb mit 12 seiner Inanspruchnahme, frühestens mit dem Erreichen des Bundesgebiets; sie werden entweder durch die Asyl- oder Flüchtlingsanerkennung verbrieft oder in der Entscheidung über die Unzulässigkeit der Auslieferung nach § 6 I IRG als gegeben festgestellt (ebenso oder ähnlich: Kimminich in BK, Art 16 Rn 356; Marx, § 55 Rn 3; Renner, NVwZ 1983, 649 mwN in Fn 51) Anders verhält es sich mit den über den Kernbestand des Art 16 a I GG hinaus verliehenen Rechten; sie entstehen nach Maßgabe der sie gewährenden Norm, meist erst nach rechtsbeständiger Asylanerkennung.

2. Rechtsstellung anerkannter Asylberechtigter

Die Formulierung des Abs 1 nimmt Bedacht auf die dargestellte verfassungsrechtliche 13 Lage; sie vermeidet mit dem Ausdruck „genießen" den Eindruck, als gewähre der Staat die Rechtsstellung nach der GK ohne rechtliche Verpflichtung u. ohne dass dem Asylber zuvor schon die Rechte aus Art 16 a I GG zustünden. Soweit es vor allem das Verbot von Zurückweisung, Zurückschiebung u. Abschiebung in den Verfolgerstaat angeht, wirkt die Asylanerkennung letztlich nur **deklaratorisch**, weil sie den Rechtszustand nach Art 16 a I GG bloß feststellt. Insoweit verschafft Abs 1 dem politisch Verfolgten keine zusätzlichen Rechte; auf Abschiebungsschutz kann er sich auch ohne Rückgriff auf Art 33 I GK berufen.

Außerdem werden dem anerkannten Verfolgten aber durch die Anerkennung u. die 14 Einbeziehung in die Rechtsstellung nach der GK zum großen Teil weitergehende Rechtspositionen eröffnet, die ihm nicht schon von Verfassungs wegen zustehen. In diesem Umfang entfaltet der Anerkennungsbescheid **konstitutive** Wirkung. Von welchem Zeitpunkt an dem Asylber diese Rechte verliehen sind, hängt von deren gesetzlichen Ausgestaltung ab; ein rückwirkender Erwerb ist die Ausnahme. Über Art 2 bis 34 GK hinaus spricht § 25 I AufenthG dem Asylber eine AE zu; auch dieser Anspruch entsteht erst mit Bestandskraft der Anerkennung, weil zuvor nur die Abschiebung für die Dauer der Verfolgungsgefahr verboten ist, ein bestimmter formeller Aufenthaltsstatus aber nicht gewährt werden muss.

Eine Sonderstellung nehmen im Rahmen des **Familienasyls** einbezogene Familienange- 15 hörige ein. Sie werden nicht aufgrund festgestellter eigener Verfolgung anerkannt. Ihnen wird der Status des Asylber vielmehr aufgrund einer Vermutung zuerkannt, die nach Auffassung des Gesetzgebers unwiderleglich für die Einbeziehung der nahen Angehörigen in die Verfolgung eines anerkannten Asylber streitet (§ 26 Rn 2, 4). Ihre Asylanerkennung erfolgt mittels Ableitung von der Asylberechtigung des Stammberechtigten u. fußt auf der Annahme einer Ausdehnung der politischen Verfolgung auf Ehegatten u. minderjährige Kinder. Sie wirkt deshalb ebenso deklaratorisch wie sonst (anders noch § 7 a III AsylVfG 1991; vgl 5. Aufl, § 3 AsylVfG Rn 13).

3. Anderweitige Begünstigung

Die Rechtsstellung hinsichtlich Aufenthalt, Ausweisung, Einbürgerung u. berufliche u. 16 soziale Förderung ist sowohl in Art 2 bis 32 GK als auch im AsylVfG, im AufenthG, in

BeschV u. BeschVfV sowie anderen Normen geregelt. Abs 2 stellt sicher, dass der Asylber die jew für ihn **günstigste Möglichkeit** wählen kann. Die GK-Rechte gelten aufgrund Transformation unmittelbar, vor allem der Anspruch auf einen Reiseausweis (BVerwGE 88, 254). Daher kann sich auf sie auch berufen, wer nicht Flüchtling iSd Art 1 A GK ist (Koisser/Nicolaus, ZAR 1991, 9; Nicolaus/Saramo, ZAR 1989, 67; Rothkegel, ZAR 1988, 99; BVerwG aaO); zB statutäre Flüchtlinge nach Art 1 D GK (BVerwGE 89, 296; VGH BW, EZAR 232 Nr 3; zur Ausschließlichkeit des AsylVfG für Flüchtlinge iSd Art 1 A Nr 2, Art 33 Abs 1 GK vgl § 1 Rn 9).

17 Für den Aufenthalt am wichtigsten ist, dass mit der Asylanerkennung der Anspruch auf eine (befristete) AE entsteht (§ 25 I AufenthG); in der GK ist ein **Aufenthaltsrecht** dagegen nicht verliehen. Art 26 GK garantiert die Freizügigkeit nach Maßgabe der für alle Ausl geltenden Bestimmungen (dazu HessVGH, EZAR 462 Nr 2); die freie Wahl des Aufenthaltsorts ist damit mangels solcher allg Beschränkungen gesichert (§§ 55 ff gelten nur für Asylbew). Sie darf auch grundsätzlich nicht über Auflagen zur AE nach § 12 II AufenthG beschränkt werden; dies verstieße gegen Art 2 I des 4. ZusProt zur EMRK (BGBl. 1968 II 423), es sei denn, die Beschränkung wäre aus Gründen der öffentl Sicherheit u. Ordnung oa gerechtfertigt (zur Gewährung einer Unterkunft Rn 24).

18 Um die Freizügigkeit im Inland zu gewährleisten u. auch Auslandsreisen zu ermöglichen, erhält der Asylber einen (Internationalen) **Reiseausweis** (Art 28 GK; dazu Renner, AuslRiD Rn 5/57 ff; HessVGH, InfAuslR 1989, 86). In vielen europäischen Staaten ist er vom Sichtvermerkszwang befreit (vgl Europ Übk vom 20. 4. 1959). Weitgehend geschützt ist der Asylber gegen **Ausweisung** (§ 56 I 1 Nr 5 AufenthG; Art 32 GK) u. **Abschiebung** (§ 60 I AufenthG; Art 33 GK) sowie Auslieferung (§ 6 I IRG).

19 Seinen Aufenthaltsanspruch verliert der Asylber nicht schon bei einer **Auslandsreise** (vgl § 51 VII AufenthG). Solange der GK-Reiseausweis gültig ist, hat die BR Deutschland die Wiedereinreise zu gestatten (§ 13 Nr 1 GK-Anhang). Nach Ablauf der Gültigkeitsdauer ist die Einreise ohne Sichtvermerk auch nicht aus einem Vertragsstaat des og Übk vom 20. 4. 1959 gestattet; denn hierfür sind die Gültigkeit des Reiseausweises u. eine beabsichtigte Aufenthaltsdauer von nicht mehr als drei Monaten gerade vorausgesetzt (Art 1 Übk). Die AE erlischt nach Ablauf des dt Reiseausweises; falls inzwischen die Zuständigkeit für den Reiseausweis auf einen anderen Staat übergegangen ist, besteht auch kein Anspruch auf einen neuen Aufenthaltstitel (§ 51 VII AufenthG; früher nur Widerruf nach § 43 I Nr 1 AuslG).

20 Verlegt der Asylber seinen **gewöhnlichen Aufenthalt** in einen anderen Staat u. erhält er dort einen neuen GK-Ausweis (§ 11 GK-Anhang), entfällt mit dem Schutzbedürfnis auch die Grundlage für das Wiedereinreiserecht. Mit Verlegung des gewöhnlichen Aufenthalts ins Ausland u. mit der Annahme eines GK-Ausweises eines anderen Staats erlöschen weder Asyl- oder Flüchtlingsanerkennung (§ 72) noch AE; Anerkennung u. AE können aber uU widerrufen werden (§ 73 I 1; § 52 I 1 Nr 4 AufenthG). Zumindest braucht dem Ausl, falls er keine gültige AE mehr besitzt, diese nicht erteilt zu werden (§ 51 VII 2 AufenthG); aus Art 16a I GG unmittelbar kann er Abschiebungsschutz, nicht aber unbedingt weitere Aufenthaltsrechte herleiten (OVG HH, EZAR 211 Nr 1).

21 Die **politische Betätigung** ist für Asylber wie für andere Ausl gewährleistet (Art 5 I GG; § 47 I 1 AufenthG). Versammlungs- u. Vereinigungsfreiheit steht ihnen nicht kraft Verfassung (vgl Art 8 GG), wohl aber nach einfachem Recht (§ 1 I VersG; § 1 I VereinsG) zu. Die ihnen durch Art 15 GK zugedachte Meistbegünstigung im Vereinsrecht gilt ausdrücklich nicht für politische oder Erwerbsvereine. Die politische Betätigung kann im Einzelfall beschränkt oder untersagt werden (§ 47 I 2, II AufenthG), hierbei ist jedoch auf die Sondersituation der Asylber Bedacht zu nehmen (vgl auch § 47 AufenthG Rn 5 ff). Schließlich ist im Interesse einer möglichst vollständigen Eingliederung die **Einbürgerung** zu erleichtern (Art 34 GK; Wohlwollensgebot nach BVerwGE 49, 44; Erleichterungen nach Nr 8.1.3.1 StAR-VwV; Hailbronner/Renner, § 8 StAG Rn 93 ff; zur Mehrstaatigkeit § 12 I 2 Nr 6 StAG).

V. Arbeits- und Sozialrecht

1. Allgemeines

Anerkannte Asylber genießen die Rechtsstellung ausl Flüchtlinge nach der GK (Abs 1). **22** Außerdem sind für sie aufgrund humanitär u. sozialstaatl geprägter verfassungsrechtlicher Schutzverpflichtung (Art 1 I, 16 a I, 20 III GG) die Voraussetzungen eines menschenwürdigen Daseins zu schaffen; damit ist ihnen Hilfe für **persönliche u. berufliche Entfaltung** garantiert (BVerwGE 49, 202). In erster Linie bedeutet dies eine sichere aufr Stellung (Art 26 bis 28, 32, 33 GK; § 25 I AufenthG) u. eine bevorzugte Behandlung im Einbürgerungsverf (Rn 21; Art 34 GK; BVerwGE 49, 44; Henkel in Beitz/Wollenschläger, S. 711 ff). Soweit in der GK übernommene u. durch Ratifikation in innerstaatl Recht transformierte Verpflichtungen nach Wortlaut, Zweck u. Inhalt geeignet u. hinreichend bestimmt sind, wie innerstaatl Regelungen rechtliche Wirkungen zu entfalten, kann der Flüchtling aus der GK unmittelbare Rechte herleiten (BVerwGE 88, 254; 89, 296). Sind GK-Vorschriften danach nicht unmittelbar zugunsten der Flüchtlinge anwendbar u. auch nicht in (sonstige) Bundes- oder Landesges umgesetzt, sind diese zumindest im Hinblick auf die die BR Deutschland verpflichtenden GK-Normen so auszulegen, dass diese verwirklicht werden können, zB Inländergleichbehandlung erreicht wird.

Darüber hinaus genießen Asylber vor allem freien Zugang zu **Ausbildung, Beruf u.** **23** **Arbeit** (Risse in Beitz/Wollenschläger, S. 541 ff; Wollenschläger, ZAR 1985, 156). Beim Besuch der Volksschule sind sie wie Inländer zu behandeln (Art 22 I GK); bei Aufnahme unselbständiger Erwerbstätigkeit ist ihnen Meistbegünstigung zugesichert (Art 17 I GK). Im Bildungs- u. Unterrichtswesen außerhalb der Volksschule sowie im Bereich der Selbständigen u. der freien Berufe ist eine möglichst günstige Behandlung vorgeschrieben (Art 18, 19, 22 II GK; betr Schule Reuter, ZAR 2001, 111; betr Schule u. Hochschule Haberland/Lindenberg in Beitz/Wollenschläger, S. 654 ff; betr Gewerbe u. freie Berufe Haberland, ebd. S. 671 ff; zur Eintragung in die Architektenliste BayVGH, EZAR 332 Nr 1); dies ist aber nicht gleichbedeutend mit Meistbegünstigung oder Inländergleichbehandlung.

Bei öffentlicher **Fürsorge** u. auf den wichtigen Gebieten des Arbeitsrechts u. der **24** **sozialen Sicherheit** (Lohn, Arbeitszeit, Urlaub, Sozialversicherung ua) sind sie (rechtlich oder praktisch aufgrund ihres aufr Status) Dt gleichgestellt (Art 23, 24 GK; Röseler in Barwig, Sozialer Schutz, S. 273 ff). Im **Wohnungswesen** gilt dagegen nur das Prinzip der möglichst günstigen u. im Vergleich zu anderen Ausl nicht diskriminierenden Behandlung (Art 21 GK; Haberland in Beitz/Wollenschläger, S. 688 ff). Daher darf der Sozialhilfeträger, der zur Unterbringung verpflichtet ist, Asylber aus Kostengründen auf Wohnungen außerhalb des Gemeindegebiets verweisen, nicht aber zwecks Verhinderung eines größeren Ausländeranteils (HessVGH, EZAR 462 Nr 2).

2. Erwerbstätigkeitsrecht

Anerkannte Asylber sind gegenüber anderen Ausl beim Zugang zum Arbeitsmarkt **25** **privilegiert.** Sie bedürfen für die Ausübung einer Erwerbstätigkeit nicht der Zustimmung der BA, da ihre AE die Berechtigung zur Erwerbstätigkeit einschließt (§ 25 I 4 AufenthG). Diese Berechtigung gilt unbefristet u. unbeschränkt für alle Berufe u. für das gesamte Bundesgebiet, sie kann weder beruflich noch zeitlich noch räumlich beschränkt werden. Asylber dürfen außerdem ohne weiteres eine selbständige Erwerbstätigkeit ausüben. Sie bedürfen nicht der besonderen Zulassung nach § 21 AufenthG, weil ihre AE allg die Ausübung einer Erwerbstätigkeit umfasst u. nicht nur die Ausübung einer Beschäftigung. Zu den zur Ausübung einer Erwerbstätigkeit allg Berechtigten gehören neben anerkannten Asylber seit Beginn des Jahres 2005 auch anerkannte GK-Flüchtlinge (§ 25 II 2 AufenthG).

3. Sozialrecht

26 In den einzelnen Zweigen der **Sozialversicherung** erfahren Asylber im Wesentlichen dieselbe Behandlung wie Dt (Art 24 GK; § 305 S. 1 Nr 2 SGB V; § 321 S. 1 Nr 2 SGB VI; § 211 S. 1 Nr 2 SGB VII; § 23 I 4 SGB XII). Besonderheiten bei Aufenthalt im Ausland kommen bei ihnen nicht zum Tragen, da die Rückkehr wegen Verfolgungsgefahr ausgeschlossen ist u. die Asylanerkennung ua bei Rückkehr in den Heimatstaat oder Annahme einer anderen StAng erlischt (§ 72 I Nr 1, 3). Im Rahmen der Arbeitslosenversicherung werden Asylber bei Maßnahmen der beruflichen Ausbildung, Fortbildung u. Umschulung gefördert, ohne wie andere Ausl Wartezeiten erfüllen zu müssen (§§ 59 ff SGB III; Haberland in Beitz/Wollenschläger, S. 623 ff, 638 ff, 645 ff).

27 **Sozialhilfe** können Asylber wie Dt beanspruchen; Beschränkungen der Sozialhilfeleistungen an Ausl nach § 23 SGB XII oder AsylbLG gelten für sie nicht (Art 23 GK; Bachmann in Beitz/Wollenschläger, S. 700 ff; Fasselt in Barwig, Sozialer Schutz, S. 315 ff). Hierzu müssen sie lediglich eine AE (oder eine NE) besitzen u. sich voraussichtlich dauerhaft in Deutschland aufhalten (§ 23 I 4 SGB XII). Die letztere Voraussetzung erfüllen sie auch dann, wenn die Widerrufsmöglichkeiten nach Fortfall der Verfolgungsgefahr berücksichtigt wird u. die zwingende Überprüfung innerhalb von drei Jahren nach § 73 IIa noch nicht stattgefunden hat. Ihr Aufenthalt ist nicht vorübergehender Natur, sondern auf Dauer angelegt, auch wenn sie zunächst nur eine einjährige AE besitzen sollten (vgl § 44 I 2 AufenthG).

28 Im **Kindergeldrecht** erfüllen Asylber u. deren Kinder, solange sie im Bundesgebiet Wohnsitz oder gewöhnlichen Aufenthalt haben u. eine AE oder NE besitzen, die Leistungsvoraussetzungen (§ 1 III 1 Nr 1 u. 3 BKGG; § 62 II Nr 1 u. 3 EStG). Dasselbe gilt für **Erziehungsgeld** (§ 1 VI 2 Nr 1 u. 3 BerzGG) u. **Ausbildungsförderung** (§ 8 I Nr 6 BAföG). Für die **Gewaltopferentschädigung** ist ein rechtmäßiger oder geduldeter Aufenthalt vorausgesetzt (§ 1 Abs. 5 OEG).

29 Asylber gelangen zudem in den Genuss von Integrationsfördermitteln. Da Integration u. Teilnahme am Bildungs- u. Berufsleben ohne ausreichende Deutschkenntnisse nicht möglich sind, wird vor allem der Erwerb dt Sprachkenntnisse gefördert. Asylber sind daher berechtigt, an einem **Integrationskurs** teilzunehmen, wenn sie erstmalig eine AE erhalten (§ 44 I 1 Nr 1 Bst c AufenthG; zur Dauerhaftigkeit des Aufenthalts vgl Rn 27).

§ 3 Rechtsstellung sonstiger politisch Verfolgter

Ein Ausländer ist Flüchtling im Sinne des Abkommens über die Rechtsstellung der Flüchtlinge, wenn das Bundesamt für Migration und Flüchtlinge oder ein Gericht unanfechtbar festgestellt hat, daß ihm in dem Staat, dessen Staatsangehörigkeit er besitzt oder in dem er als Staatenloser seinen gewöhnlichen Aufenthalt hatte, die in § 60 Abs. 1 des Aufenthaltsgesetzes bezeichneten Gefahren drohen.

Übersicht

	Rn
I. Entstehungsgeschichte	1
II. Allgemeines	2
III. Flüchtlingsanerkennung	5
IV. Rechtsstellung anerkannter ausländischer Flüchtlinge	7
V. Erwerbstätigkeits- und Sozialrecht	8

I. Entstehungsgeschichte

1 Die Vorschrift wurde entspr dem **GesEntw 1992** (BT-Drs 12/2062 S. 5) aufgrund systematischer Überlegungen aus § 51 III AuslG – mit Änderungen vor allem in der Formulie-

rung – mit Wirkung vom 1. 7. 1992 nach hier übernommen worden. Mit Wirkung vom 1. 1. 2005 wurde entspr dem GesEntw (BT-Drs 15/420 S. 40) außer der Bezeichnung des BAMF auch die Bezugnahme auf das AufenthG aktualisiert (Art 3 Nr 3 ZuwG).

II. Allgemeines

Trotz einiger Änderungen im Wortlaut stimmt die Vorschrift im Wesentlichen mit **2** § 51 III AuslG aF überein. Schon die Überschrift verdeutlicht zu Recht, dass es sich bei den iSv § 60 I AufenthG gefährdeten Personen um **politisch Verfolgte** handelt, die Abschiebungsschutz genießen, aber keine förmliche Asylanerkennung erhalten (dazu Art 16 a GG Rn 17). Die neue Formulierung („ist Flüchtling") bringt die beabsichtigte Rechtsfolge besser als die frühere („erfüllt zugleich die Voraussetzungen...") zum Ausdruck. Der Feststellung nach § 60 I AufenthG kommt damit die Funktion einer **Statusentscheidung** zu. Mit der Bezugnahme auf die GK insgesamt statt früher auf (nur) Art 1 GK ist ebenfalls keine sachliche Änderung verbunden. Dasselbe gilt für die ausdrückliche Differenzierung zwischen Staatenlosen u. Ausl mit fremder StAng; insoweit ist lediglich zur Verdeutlichung zT der Text des Art 1 A Nr 2 GK aufgenommen (zu den Folgerungen aus den EU-Asyl-RL vgl Art 16 a GG Rn 131 ff).

Die Rechtsfolge der Feststellung der Voraussetzungen des § 60 I AufenthG besteht in der **3** Feststellung der Eigenschaft eines ausl Flüchtlings iSd GK. Da diese in Art 1 A Nr 2 GK definiert ist, könnte sich hier der evtl Unterschied zwischen Art 1 A Nr 2 GK einerseits u. Art 33 I GK auswirken, dem § 60 I AufenthG nachgebildet ist (§ 1 Rn 8; § 60 AufenthG Rn 3 ff). In diesem Umfang könnte es sich um eine **konstitutive Erstreckung** u. nicht nur um eine „Klärung des Rechtsstatus" handeln (aA BT u. BR, BT-Drs 11/6541 S. 4; 11/6960 S. 25). Zu deren Verbindlichkeit vgl § 4.

Ihrer Rechtsfolgenanordnung wegen kann die Feststellung der Voraussetzungen des § 60 I **4** AufenthG nach alledem als **Flüchtlingsanerkennung** bezeichnet werden. Dadurch sollen Ähnlichkeiten mit der Asylanerkennung u. die Nähe zu den Asylber deutlich gemacht u. vor allem ein brauchbarer Ersatz für die vom Gesetzgeber gewählte umständliche Formulierung „Feststellung der Voraussetzungen des § 60 Abs. 1 des Aufenthaltsgesetzes" geschaffen werden. Anders als § 2 für Asylber enthält § 3 keine Aussage über die aus der Flüchtlingseigenschaft fließenden Rechte auf dem Gebiet des Arbeits- u. Sozialrechts; diese ergeben sich unmittelbar aus der GK u. den Leistungsges (dazu Rn 8 ff). Unberührt bleibt jedoch das Refoulementverbot (Art 33 GK), das keine unanfechtbare förmliche Statusentscheidung voraussetzt.

III. Flüchtlingsanerkennung

Grundlage der ges festgelegten Flüchtlingseigenschaft ist die **positive Entscheidung** des **5** BAMF oder einer Gerichts. Mit der – unanfechtbaren – gerichtlichen Feststellung ist die gerichtliche Verpflichtung des BAMF zur Feststellung gemeint. In Betracht kommen nicht: Entscheidungen in Eilverf oder obiter dicta oder Inzidentfeststellungen in anderen Entscheidungen. Abzustellen ist allein auf die rechtskräftige Gerichtsentscheidung; auf die administrative Ausführung des Urteils durch einen Feststellungsbescheid des BAMF kommt es (anders als nach § 51 III AuslG aF) nicht an. Die Rechtswirkungen treten vielmehr sofort mit Rechtskraft der Entscheidung ein.

Mit der Beschränkung auf innerstaatl gerichtliche Feststellungen zu § 60 I AufenthG sind **6** Personen **ausgenommen,** deren Flüchtlingseigenschaft in anderer Weise festgestellt ist. Nach § 60 I 2 AufenthG liegen zwar die Voraussetzungen des § 60 I 1 AufenthG außer bei Asylber auch bei im Ausland anerkannten ausl Flüchtlingen u. im Inland gleichgestellten

Personen vor; diese Personenkreise sind hier aber nicht erfasst (Rn 3). Asylber fallen unter § 2, auf heimatlose Ausl (u. bis Ende 2004 auch Kontingentflüchtlinge) ist das AsylVfG nicht anwendbar (§ 1 II), u. für statutäre Flüchtlinge (Art 1 D GK) bedarf es nicht der Feststellung des § 60 I AufenthG (§ 2 Rn 16). Heimatlose Ausl stehen aber weitgehend Inländern gleich (zB §§ 16–19 HAG) u. können sich auf Art 2–34 GK berufen (§ 1 I HumAG), u. statutäre Flüchtlinge kommen unmittelbar in den Genuss der GK-Rechte.

IV. Rechtsstellung anerkannter ausländischer Flüchtlinge

7   Die aus der Statusentscheidung folgenden **Rechte** sind in erster Linie Art 2–32 GK u. dem sonstigen innerstaatl Recht zu entnehmen. Wie bei Asylber wirkt die Statusentscheidung quasikonstitutiv. Nach Erwägungsgrund Nr 14 RL 2003/83/EG ist die Anerkennung ein deklaratorischer Akt. Grundsätzlich stehen anerkannte Flüchtlinge Asylber gleich, letztere genießen aber zT über die GK hinausgehende Rechte. Seit Anfang 2005 erhält allerdings der Konventionsflüchtling ebenso eine (befristete) AE wie der Asylber (§ 25 I u. II AufenthG) u. nicht wie früher statt einer unbefristeten AufErl nach § 68 I AsylVfG aF nur eine AufBef nach Maßgabe des § 70 AsylVfG aF. Nunmehr erwachsen den Kontingentflüchtlingen aus einem geringwertigeren Aufenthaltsstatus, den der Gesetzgeber früher wegen des Unterschieds zwischen verfassungsrechtlicher Asylgewährung u. konventionsrechtlichem Abschiebungsschutz für gerechtfertigt hielt, auch sonst keine Nachteile mehr. Nunmehr ist die erklärte gesetzgeberische Absicht zur Differenzierung, die letztlich aus dem Willen zur strikten Durchsetzung der Drittstaatenregelung herrührte, mit der Folge der durchgehenden Ungleichbehandlung aufgegeben.

V. Erwerbstätigkeits- und Sozialrecht

8   Vor allem im Arbeits- u. Sozialrecht wirkt es sich aus, dass der Gesetzgeber GK-Flüchtlinge nunmehr im selben Maße für **schutzbedürftig** erachtet wie Asylber. Ohnehin können sich Konventionsflüchtlinge auf die Gewährleistungen u. Rechte der Art 2–32 GK berufen. Ansonsten stehen ihnen dieselben Rechte zu wie Asylber, soweit sie diesen nicht ausdrücklich vorbehalten sind.

9   Für eine **Arbeitnehmertätigkeit** benötigen GK-Flüchtlinge ebenso wenig die Zustimmung der BA wie Asylber; denn die ihnen zustehende AE berechtigt sie ohne weiteres zur Ausübung einer Erwerbstätigkeit (§ 25 I 4 AufenthG). Außerdem sind sie aus diesem Grund aufr dazu befugt, eine selbständige Erwerbstätigkeit auszuüben. Sie müssen nur wie Inländer die sonstigen Voraussetzungen für eine derartige Tätigkeit erfüllen, zB bestimmte Prüfungen abgelegt haben, Berufserlaubnisse besitzen oder zu einem reglementierten Beruf zugelassen sein.

10 **Kindergeld** ist GK-Flüchtlingen ebenso zu gewähren wie Asylber (vgl Art 23 GK), solange sie im Bundesgebiet Wohnsitz oder gewöhnlichen Aufenthalt haben u. eine AE oder NE besitzen (§ 1 III 1 Nr 1 u. 3 BKGG; § 62 II Nr 1 u. 3 EStG; zur Verfassungswidrigkeit des Fortfalls des Kindergelds für Besitzer einer AufBef für frühere Zeiträume BVerfG, EZAR nF 87 Nr 2 m Anm Renner, ZAR 2005, 29). Falls der Flüchtling als Arbeitnehmer innerhalb der EG gewandert ist u. seine Situation damit einen Gemeinschaftsrechtsbezug aufweist, ist er Dt gleichgestellt (Art 2 VO/EWG 1408/71; EuGH, EZAR 831 Nr 38; weitergehend LSG BW, EZAR 452 Nr 2). Flüchtlinge türkischer StAng können sich zudem ungeachtet des Besitzes eines besonderen AufTit auf das dt-türkische Abk über Soziale Sicherheit berufen, sofern sie ihren gewöhnlichen Aufenthalt in Deutschland haben (BSG, EZAR 454 Nr 9). Entsprechendes gilt für Flüchtlinge aus Bosnien u. Herzegowina (dt-jugoslawisches Abk; BSG, EZAR 454 Nr 8). GK-Flüchtlinge mit AE oder NE sind auch zum Bezug von **Ausbildungsförderung** berechtigt (§ 8 I Nr 6 BAföG).

Ähnliche Grundsätze gelten für das (bundesrechtliche) **Erziehungsgeld** (§ 1 VI 2 Nr 1 u 11
3 BErzGG). Der frühere Ausschluss der Besitzer einer AufBef vom Kindergeld war verfassungswidrig (BVerfG, EZAR nF 87 Nr 1 m Anm Renner, ZAR 2005, 29). Unabhägig davon ist einerseits zu beachten, dass Erziehungsgeld von Art 23, 24 GK nicht erfasst wird u. das Diskriminierungsverbot des Art 3 VO/EWG 1408/71 auf einen unmittelbar aus dem Heimatstaat eingereisten Flüchtling nicht anwendbar ist (BSG, EZAR 457 Nr 2). Andererseits handelt es sich beim Kindergeld um eine Familienleistung iSd Art 4 ARB 3/80 mit der Folge, dass türkische StAng, auch wenn sie nicht innerhalb der EU gewandert sind, nach Art 3 ARB 3/80 nicht ungleich behandelt werden dürfen (BSG, EZAR 455 Nr 12). Dieses Diskriminierungsverbot gilt auch für das Landeserziehungsgeld (betr Bayern BSG, EZAR 455 Nr 15).

Im Bereich der **Sozialhilfe** sind auch anerkannte GK-Flüchtlinge nicht schlechter gestellt 12 als Dt (vgl Art 23 GK). Hierzu müssen sie lediglich eine AE (oder eine NE) besitzen u. sich voraussichtlich dauerhaft in Deutschland aufhalten (§ 23 I 4 SGB XII). Die letztere Voraussetzung erfüllen sie auch dann, wenn die Widerrufsmöglichkeiten innerhalb von drei Jahren u. nach Fortfall der Verfolgungsgefahr (§ 73 IIa) berücksichtigt wird (zur Dauerhaftigkeit des Aufenthalts s. § 2 Rn 27).

Keinen unbedingten Anspruch auf Gleichbehandlung mit Asylber haben GK-Flüchtlinge 13 bei Maßnahmen der **Integrationsförderung**. Sie sind aber zur Teilnahme an einem Integrationskurs berechtigt, wenn sie erstmals eine AE aufgrund ihrer Anerkennung erhalten (§ 44 I 1 Nr 3 AufenthG). Die letztere Voraussetzung erfüllen sie auch dann, wenn die Widerrufsmöglichkeiten nach Fortfall der Verfolgungsgefahr berücksichtigt wird u. die zwingende Überprüfung innerhalb von drei Jahren nach § 73 II a noch nicht stattgefunden hat. Ihr Aufenthalt ist nicht vorübergehender Natur, sondern auf Dauer angelegt, auch wenn sie zunächst nur eine einjährige AE besitzen sollten (vgl § 44 I 2 AufenthG).

§ 4 Verbindlichkeit asylrechtlicher Entscheidungen

¹**Die Entscheidung über den Asylantrag ist in allen Angelegenheiten verbindlich, in denen die Anerkennung oder das Vorliegen der Voraussetzungen des § 60 Abs. 1 des Aufenthaltsgesetzes rechtserheblich ist.** ²**Dies gilt nicht für das Auslieferungsverfahren sowie das Verfahren nach § 58 a des Aufenthaltsgesetzes.**

Übersicht

	Rn
I. Entstehungsgeschichte	1
II. Allgemeines	2
III. Bindungswirkung	3
1. Entscheidung über den Asylantrag	3
2. Beginn und Ende der Bindungswirkung	9
3. Geltungsbereich der Bindungswirkung	11
IV. Auslieferung	13
V. Abschiebungsanordnung	20

I. Entstehungsgeschichte

Die Vorschrift geht auf § 45 AuslG 1965 sowie § 18 AsylVfG 1982 u. § 51 II 3 AuslG 1 zurück. Sie entspricht dem **GesEntw 1992** (12/2062 S. 5) u. verbindet im Wesentlichen die Regelungen des § 18 AsylVfG 1982 u. des § 60 I 5 AufenthG. Vom 1. 1. 2005 an ist die frühere Bezugnahme auf § 51 I AuslG durch die auf § 60 I AufenthG ersetzt (vgl GesEntw 15/420 S. 44) u. die neue Abschiebungsanordnung nach § 58 a AufenthG aufgrund des Vermittlungsverf (dazu BT-Drs 15/3479 S. 14) zusätzlich berücksichtigt (Art 3 Nr 3 a ZuwG).

II. Allgemeines

2   Ohne eine besondere Bestimmung über die Verbindlichkeit von Entscheidungen im Asylverf wirkten diese zunächst nur **inter partes**. Gebunden wären also nur die an diesem Verf beteiligten Personen, nicht jedoch andere Stellen, insb die AuslBeh. Im Allg ist ein VA über den Kreis der Verfahrensbeteiligten hinaus für andere Personen nur im Rahmen der Tatbestands- oder Feststellungswirkung verbindlich. Während S. 1 eine weitreichende Sonderregelung trifft, werden die Verf über die Auslieferung u. die isolierte ministerielle Abschiebungsanordnung durch S. 2 ausdrücklich hiervon ausgenommen u. damit nach allg Grundsätzen behandelt.

III. Bindungswirkung

1. Entscheidung über den Asylantrag

3   Es muss sich um eine **Entscheidung des BAMF** über Asylanträge (vgl § 5 I 1) handeln. Eine gerichtliche Verpflichtung zur Asylanerkennung genügt (anders als bei auslr Entscheidungen nach § 42) nicht. Diese bindet nur die Beteiligten (§ 121 VwGO), also den Asylbew u. die BR Deutschland. Bindend wirkt indes der auf die Verpflichtung hin ergehende BAMF-Bescheid.

4   Bindungswirkung entfalten Entscheidungen über **Asylanträge,** u. dies ist iSd §§ 5 I 1, 13 zu verstehen. Damit besteht ein Unterschied zu § 18 S. 1 AsylVfG 1982, der „Entscheidungen des BAFl im Asylverf" Verbindlichkeit beilegt. Diese Vorschrift war dahin auszulegen, dass sie nur die Asylanerkennung betraf (5. Aufl, § 18 AsylVfG Rn 5), während § 51 II 3 AuslG aF eine entspr Regelung für die Flüchtlingsanerkennung enthielt. Erfasst sind demnach vor allem Bescheide des BAMF über Asylanerkennung u. die Voraussetzungen des § 60 I AufenthG; dies verdeutlicht zudem die Beschreibung der Angelegenheiten, für die eine Bindungswirkung besteht. Auch **Widerruf u. Rücknahme** sind betroffen. Über sie hat zwar der BAMF-Leiter (§ 73 IV 1) zu befinden, es geht aber in der Sache um die Begründetheit des Asylantrags iSd §§ 5 I 1, 13 II. Ähnlich verhält es sich beim Streit um das Erlöschen (vgl § 72 Rn 33). Feststellungen zu § 60 III ff AufenthG u. Abschiebungsandrohungen gehören dagegen zwar zur Zuständigkeit des BAMF, sie betreffen aber auslr Fragen u. nicht das Asylbegehren (vgl § 5 I 2); ihre Verbindlichkeit regelt § 42.

5   Die früher gebotene analoge Anwendung auf die Gewährung von **Familienasyl** (5. Aufl, § 18 AsylVfG Rn 6) ist nicht mehr erforderlich; denn nunmehr wird dem Familienangehörigen nicht mehr (nur) die Rechtsstellung eines Asylber gewährt (§ 7 a III AsylVfG 1982), sondern er wird (selbst) als Asylber anerkannt (§ 26 I u. II). Dasselbe gilt jetzt für den Familienabschiebungsschutz (§ 26 IV).

6   Unter Entscheidungen sind **sowohl positive als auch negative** zu verstehen. Wäre nur die dem Asylantrag stattgebende förmliche Asyl- oder Flüchtlingsanerkennung gemeint, hätte eine entspr Textfassung nahegelegen. Bei ablehnenden Entscheidungen ist aber jew nach dem Grund der Ablehnung zu unterscheiden. Die Wirkung der Bestandskraft (vgl § 43 I, II VwVfG) erstreckt sich auf den Entscheidungstenor u. im Falle der Ablehnung auch auf die hierfür tragenden Gründe, nicht aber auf weitere Entscheidungselemente wie Vorfragen u. Hinweise.

7   Bei einem bestandskräftig gewordenen Ablehnungsbescheid kommt es allein auf die **Gründe** des BAMF an, bei einem Gerichtsverf auch auf die Begründung der (rechtskräftigen) Gerichtsentscheidung. Wird zB die Asylanerkennung wegen anderweitiger Verfolgungssicherheit (§ 27) oder wegen gewillkürter Nachfluchtgründe (§ 28) abgelehnt, erfasst die Bindungswirkung jew zwei Feststellungen: „Asylanerkennung abgelehnt" u. „anderwei-

Verbindlichkeit asylrechtlicher Entscheidungen § 4 **AsylVfG 4**

tige Verfolgungssicherheit gegeben" bzw. „Nachfluchttatbestand aus eigenem Entschluss geschaffen". Beschränkt sich die Ablehnung auf die Asylanerkennung u. werden gleichzeitig die Voraussetzungen des § 60 I AufenthG festgestellt, sind außer der Flüchtlingsanerkennung auch die Gründe verbindlich, die trotz Gefahr politischer Verfolgung iSd § 60 I AufenthG die förmliche Asylanerkennung ausschließen, also zB die Tatbestände der §§ 27, 28.

Wird der Bescheid nicht angefochten oder bleibt Rechtsschutz aus formellen Gründen **8** (zB Fristversäumnis) erfolglos, stehen die Gründe für die Ablehnung der Anerkennung bindend fest. Im letzteren Fall ist außerdem das Fehlen der betr Sachurteilsvoraussetzung festgestellt, allerdings nach § 121 VwGO nur mit Wirkung für u. gegen die Prozessbeteiligten. Erfolgt eine **gerichtliche Sachprüfung,** treten die Ablehnungsgründe des Gerichts an die Stelle der Gründe des Ablehnungsbescheids.

2. Beginn und Ende der Bindungswirkung

Die Bindungswirkung tritt mit dem Bescheid des BAMF ein. Soweit der Suspensiveffekt **9** der Klage (§ 80 I VwGO) durch § 75 ausgeschlossen ist, ändert eine Klageerhebung hieran zunächst nichts. Deshalb wirken zB ein Anerkennungsbescheid oder eine Ablehnung als offensichtlich unbegründet auch im Falle der Anfechtung **vorläufig als verbindlich.** Eine Klage gegen eine „schlichte" Antragsablehnung (§ 38 I) oder Widerruf oder Rücknahme (§ 73) verhindert dagegen den sofortigen Eintritt der Bindungswirkung (§ 75).

Die Bindungswirkung **entfällt** mit Erlöschen der Anerkennung (§ 72 I); daher sind **10** Anerkennungsbescheid u. Reiseausweis unverzüglich abzugeben (§ 72 II). Unabhängig vom Zeitpunkt der Bestandskraft einer evtl. Verfügung über die Verpflichtung zur Herausgabe des Konventionspasses (§ 72 II) endet die Bindungswirkung sofort mit dem Eintritt eines Erlöschenstatbestands. Rücknahme u. Widerruf lassen die Bindungswirkung nicht rückwirkend entfallen, sondern nur für die Zukunft; denn sie wirken lediglich ex nunc (vgl § 73 Rn 26). Sie beseitigen die Bindungswirkung erst mit Eintritt der Bestandskraft, u. daher entsteht auch die Abgabepflicht nach § 72 II erst in diesem Zeitpunkt (§ 73 IV).

3. Geltungsbereich der Bindungswirkung

Die Bindungswirkung ist hinsichtlich der **Asylanerkennung** auf Angelegenheiten be- **11** schränkt, in denen es auf diese Statusentscheidung ankommt. Hierfür kommen nur Sachbereiche mit Vorschriften in Betracht, nach denen die förmliche Asylanerkennung ausdrücklich oder der Sache nach **rechtserheblich** ist (zB § 2 I; § 25 I AufenthG; weitere Beispiele bei § 2 Rn 16 ff, 22 ff). Es kann sich um Eingriffs- oder Leistungstatbestände zugunsten oder zu Lasten anerkannter oder abgelehnter Asylsuchender handeln. Nicht genügend ist eine rein tatsächliche Bedeutung für die Auslegung oder Anwendung einer Rechtsvorschrift. Andererseits reicht eine mittelbare Beziehung aus, etwa bei der Bewertung persönlicher Lebensumstände im Rahmen einer Strafzumessung, Steuerstundung oder Sozialleistung; wichtig ist nur, dass die Anerkennung oder Ablehnung (u. die damit bejahte oder verneinte Gefahr politischer Verfolgung) aus Rechtsgründen für die Normanwendung – wenn auch nur im Zuge von Billigkeitserwägungen – erheblich ist.

Hinsichtlich der **Flüchtlingsanerkennung** ist die Bindung seit 1. 7. 1992 auf alle **12** einschlägigen Angelegenheiten u. damit auf alle irgendwie kompetenten Behörden ausgedehnt. Die damalige Vereinheitlichung ist sinnvoll, weil sie im Interesse einer jetzt ohnehin weiter geförderten Gleichstellung beider Gruppen politisch Verfolgter liegt. Bestehen bleibt die sonstige Trennung beider Bereiche: die Asylanerkennung wirkt nicht wie eine Feststellung nach § 60 I AufenthG u. umgekehrt. Auch die Voraussetzungen des § 60 I AufenthG müssen für eine andere Angelegenheit rechtserheblich sein, wenn sie bindend sein sollen (vgl Rn 11), so zB für die voraussichtliche Dauer des Aufenthalts nach § 44 I AufenthG.

IV. Auslieferung

13   Das Auslieferungsverf ist (wie schon nach § 45 S. 2 AuslG 1965 u. § 18 S. 2 AsylVfG 1982) von der Bindungswirkung **ausgenommen**. Die Beurteilung der Verfassungsmäßigkeit dieser Ausnahme ist von der Frage zu trennen, ob ein politisch Verfolgter überhaupt ausgeliefert werden darf. Die Auslieferung ist unzulässig, wenn sie wegen einer politischen Straftat – ausgenommen Völkermord, Mord oder Totschlag – begehrt wird (§ 6 I IRG) oder wenn politische Verfolgung ernsthaft zu befürchten ist (§ 6 II IRG). In diesen beiden Alternativen kommt die fehlende Vollidentität zwischen politischem Straftäter u. politisch Verfolgtem (vgl BVerfGE 60, 348; Renner, NJW 1984, 1257 mwN; vgl auch Art 16a GG Rn 8) zum Ausdruck.

14   Das – nicht durch eine Ausnahme für Völkermord ua eingeschränkte – **Auslieferungsverbot** bei politischer Verfolgung (§ 6 II IRG: „... ernstliche Gründe für die Annahme...") schließt jedenfalls grundsätzlich einen Eingriff in das Asylgrundrecht durch Auslieferung des Verfolgten an den Verfolgerstaat aus (Renner, NJW 1984, 1257; Weber, ZAR 1984, 16). Die ernstlichen Gründe für die Annahme einer Verfolgungsgefahr unterscheiden sich letztlich nicht von der nach Art 16a I GG u. nach § 60 I AufenthG maßgeblichen objektiven Verfolgungsgefahr (dazu Art 16a GG Rn 22; § 1 Rn 17; § 60 AufenthG Rn 4). Ob die Gefahr einer derartigen Verfolgung durch Zusicherungen des Verfolgerstaats (sog. **Spezialitätsgrundsatz;** vgl § 11 IRG) jemals mit der nach Art 16a I GG zu fordernden Sicherheit ausgeschlossen werden kann, erscheint fraglich (dagegen vor allem Kimminich, AnwBl 1985, 416; im Einzelfall betr Türkei ablehnend BVerfGE 63, 197).

15   Das im Auslieferungsverf zuständige OLG hat die Gefahr politischer Verfolgung **selbständig zu prüfen**. Dabei kann es Erkenntnisgrundlagen des BAMF u. der Gerichte (Gutachten, amtliche Auskünfte, Zeugenaussagen ua) heranziehen u. übernehmen, in der Auswertung jedoch in Einzelheiten u. im Ergebnis abweichen. Allg muss es Feststellungen im Asylverf (auch vor Rechtskraft) zur Kenntnis nehmen u. berücksichtigen. Es darf dort gewonnene positive Erkenntnisse über den Tatbestand politischer Verfolgung nicht einfach übergehen (BVerfGE 52, 391) u. muss negative Erkenntnisse bei berechtigtem Anlass überprüfen (BVerfGE 60, 348; 63, 197) sowie bei nachträglicher rechtskräftiger Asylanerkennung die Zulässigkeit der Auslieferung erneut untersuchen (BVerfGE 64, 46). Schließlich darf es die Beurteilung der politischen Verhältnisse in dem die Auslieferung begehrenden Staat nicht der BReg überlassen (BVerfGE 63, 215).

16   Da die Sicherung des Asylgrundrechts damit letztlich nicht von der Verbindlichkeit der Anerkennungsentscheidung für das Auslieferungsverf abhängt, kann S. 2 insoweit nicht als verfassungswidrig angesehen werden (BVerfGE 60, 348; 64, 46; Renner, NJW 1984, 1257; Weber, ZAR 1984, 21; Zöbeley, NJW 1983, 1703; aA Kimminich, AnwBl 1985, 416; zweifelnd OLG Celle, InfAuslR 1984, 105). Dennoch verbleiben **gewichtige Bedenken** zumindest wegen der teilweisen Ineffektivität des Grundrechtsschutzes im Auslieferungsverf. Bei vorangegangener Asylanerkennung nach oft jahrelangem Streitverf erscheint eine nochmalige Überprüfung durch das OLG wenig zweckmäßig. Bei unveränderten Verhältnissen beim Verfolgten u. im Verfolgerstaat muss eine anders lautende Entscheidung im Auslieferungsverf auf Unverständnis stoßen u. berechtigtes Vertrauen auf den Fortbestand asylr Schutzes zerstören; dies widerspricht rechtsstaatlichem Vertrauensschutz. Angesichts der unterschiedlichen Struktur beider Verf u. der besonderen Eilbedürftigkeit des Auslieferungsverf – zumindest in Haftfällen – lässt sich in der Praxis eine zufrieden stellende Verfahrensweise oft nicht erreichen (vgl aber jetzt die Änderung des Verf in § 60 IV AufenthG gegenüber § 53 III AuslG).

17   Die zahlreichen Vorschläge für eine **formelle Harmonisierung** von Asylanerkennungs- u. Auslieferungsverf (BT-Drs 10/423, 10/1025, 10/6151; ZAR 1984, 126) sind in den Ansätzen zu begrüßen (vgl dazu Hailbronner/Olbrich, NVwZ 1985, 297; Renner, NJW 1984, 1257 u. ZAR 1985, 106; Weber, ZAR 1984, 16). Anlass für die Ersten ernsthaften

Versuche einer Lösung des Verfahrenskonflikts zwischen Asyl u. Auslieferung gab der Fall des türkischen StAng Kemal Altun, der vom BAMF als Asylber anerkannt war u. während der Verhandlung vor dem VG Berlin Selbstmord beging, weil er seine Auslieferung befürchtete (dazu VG Berlin, EZAR 201 Nr 6).

Eine **Problemlösung** über die Verbindlichkeit einer bestandskräftigen Asylanerkennung 18 für das Auslieferungsverf u. die Aussetzung des Auslieferungsverf bis zum rechtskräftigen Abschluss des Asylverf (so GesEntw der BT-Fraktion DIE GRÜNEN, BT-Drs 10/423) könnte gewiss alle verfassungsrechtlichen Zweifel beseitigen, sie ist aber nicht zwingend verfassungsrechtlich geboten u. politisch kaum zu realisieren. Ähnliches gilt für den Vorschlag einer noch weitergehenden Verzahnung beider Verf (GesEntw der SPD-Fraktion, BT-Drs 10/1025) oder einer verfahrensmäßigen Konzentration von Anerkennungs-, Auslieferungs- u. Abschiebungsverf vor dem OLG (GesEntw der BT-Fraktionen von CDU/CSU u. FDP, BT-Drs 10/6151).

Ab 1. 1. 1991 wurden die Verf in der Weise miteinander verknüpft, dass die **Abschie-** 19 **bung** bis zur Entscheidung über die Auslieferung **ausgesetzt** war (§ 53 III AuslG). Damit war dem Auslieferungsverf ein teilweiser Vorrang vor dem auslr Verf eingeräumt. Das Asyl- u. Flüchtlingsanerkennungsverf war damit weder formell noch materiell mit der Auslieferung harmonisiert. Da nunmehr die Abschiebung mit Zustimmung der für die Bewilligung der Auslieferung zuständigen Stelle bereits vor der Auslieferungsentscheidung erfolgen darf (§ 60 IV AufenthG), ist der Vorrang der Auslieferungsbehörde nunmehr gestärkt (§ 60 AufenthG Rn 57 f).

V. Abschiebungsanordnung

Außer dem Auslieferungsverf ist auch das seit Anfang 2005 mögliche Verf um die 20 ministerielle Abschiebungsanordnung des § 58a AufenthG von der Bindungswirkung ausgenommen. Damit sind dort die vorgesehene Entbehrlichkeit einer Ausweisung u. Abschiebungsandrohung u. die Nichtbindung an andere Verfahrensergebnisse **bekräftigt.** Auch eine Asyl- oder Flüchtlingsanerkennung hindert danach nämlich die Abschiebung nicht ohne weiteres, sondern ermächtigt den Minister zur eigenständigen Prüfung der Voraussetzungen des § 60 I AufenthG u. anderer Hindernisse.

§ 5 Bundesamt

(1) ¹Über Asylanträge einschließlich der Feststellung, ob die Voraussetzungen des § 60 Abs. 1 des Aufenthaltsgesetzes vorliegen, entscheidet das Bundesamt für Migration und Flüchtlinge. ²Es ist nach Maßgabe dieses Gesetzes auch für ausländerrechtliche Maßnahmen und Entscheidungen zuständig.

(2) ¹Das Bundesministerium des Innern bestellt den Leiter des Bundesamtes. ²Dieser sorgt für die ordnungsgemäße Organisation der Asylverfahren.

(3) ¹Der Leiter des Bundesamtes soll bei jeder Zentralen Aufnahmeeinrichtung für Asylbewerber (Aufnahmeeinrichtung) mit mindestens 500 Unterbringungsplätzen eine Außenstelle einrichten. ²Er kann in Abstimmung mit den Ländern weitere Außenstellen einrichten.

(4) ¹Der Leiter des Bundesamtes kann mit den Ländern vereinbaren, ihm sachliche und personelle Mittel zur notwendigen Erfüllung seiner Aufgaben in den Außenstellen zur Verfügung zu stellen. ²Die ihm zur Verfügung gestellten Bediensteten unterliegen im gleichen Umfang seinen fachlichen Weisungen wie die Bediensteten des Bundesamtes. ³Die näheren Einzelheiten sind in einer Verwaltungsvereinbarung zwischen dem Bund und dem Land zu regeln.

Übersicht

	Rn
I. Entstehungsgeschichte	1
II. Allgemeines	3
III. Zuständigkeit	4
IV. Organisation	9
V. Entscheider	17

I. Entstehungsgeschichte

1 Die Vorschrift geht auf ähnliche Bestimmungen in §§ 5 ff **AsylVO** u. §§ 29 f **AuslG 1965** zurück, die eine Entscheidung durch einen dreiköpfigen Ausschuss vorsahen. Die dem nachfolgende Vorschrift des § 4 **AsylVfG 1982** entsprach in ihrer ursprünglichen Fassung im Wesentlichen dem GesEntw 1982 (§§ 7 I bis III, 8 IV E, BT-Drs 9/875 S. 4), nur die damalige Festlegung der Mindestqualifikation des Einzelentscheiders (Beamter des gehobenen Dienstes) wurde noch auf Empfehlung des BT-IA eingefügt (BT-Drs 6/1630 S. 17). Mit Wirkung vom 15. 1. 1987 wurden auf Initiative des BR (BT-Drs 10/3678 zwei Sätze über Außenstellen des BAFl in dem damaligen Abs 2 angefügt (Art 1 Nr 3 **AsylVfÄndG 1987**).

2 Die Vorschrift lehnte sich ursprünglich in Abs 1, 2 S. 1 u. 2, Abs 3 u. 4 dem § 4 AsylVfG 1982 an u. stimmte insoweit mit dem **GesEntw 1992** (BT-Drs 12/2062 S. 5) überein; die Bestimmungen des (ursprünglichen) Abs 2 S. 3 u. Abs 5 wurden auf Vorschlag des BT-IA zur Vermeidung des sonst für das BAFl befürchteten Personalmangels eingefügt (BT-Drs 12/2718 S. 10, 59 f). Die Behördenbezeichnungen in (dem ursprünglichen) Abs 2 S. 3 u. Abs 3 S. 1 wurden mit Wirkung vom 1. 7. 1993 geändert **(Art 1 Nr 52 AsylVfÄndG 1993)**. Weitere Änderungen wurden aufgrund des GesEntw für ein ZuwG (BT-Drs 15/420 S. 40) vorgenommen (Art 3 Nr 4 ZuwG): Einbeziehung des § 60 I AufenthG in Abs 1 S. 1; Änderung der Behördenbezeichnung: BAMF statt BAFl; Aufhebung der Weisungsunabhängigkeit u. der besonderen Qualifikationsanforderungen an die Entscheidungsbeamten durch Streichung des ursprünglichen Abs 2). Die Streichung des Abs 2 ist bereits seit 1. 9. 2004 in Kraft, die übrigen Änderungen seit 1. 1. 2005 (Art 15 I, II ZuwG).

II. Allgemeines

3 Das BAFl wurde 1965 als Nachfolger der Bundesdienststelle für die Anerkennung ausl Flüchtlinge in Zirndorf eingerichtet (Ges vom 28. 4. 1965, BGBl. I 353; zur Geschichte vgl Bundesamt, 50 Jahre Behörde im Wandel, 2003; Leicht, ZAR 2004, 43; Berichte in ZAR 2003, 426 u. 2004, 39). Hierzu war der Bund befugt, da ihm die konkurrierende Gesetzgebung über das Aufenthalts- u. Niederlassungsrecht der Ausl zusteht (Art 74 Nr 4, 87 III GG). Das Amt (seit 1. 9. 2004: BAMF) ist als zentrale Bundesbehörde (Bundesoberbehörde ohne Mittel- u. Unterbehörden; vgl dazu Rn 9 ff) in dem in Abs 1 beschriebenen Bereich zuständig (zu weiteren zuwanderungsrechtlichen Zuständigkeiten vor allem nach § 75 AufenthG, zB Aussiedler, Integration, Sprachkurse, jüdische Emigranten, Dokumentation, vgl ZAR 2003, 210, 254, 255, 426; Griesbeck, ZAR 2003, 303; Schmidt/Gräfin Praschma, ZAR 2001, 59). Es hat seinen Sitz jetzt in Nürnberg (Zollhausstraße 95; Postanschrift 90343 Nürnberg, Tel. 0911–9430, Fax 0911–9434000, www.bamf.de, E-Mail: Poststelle@bamf.bund400.de). Die Aufgabenzuweisung muss im Zusammenhang mit den Kompetenzen der AuslBeh u. der Grenzbehörden gesehen werden. Da die Beurteilung auslandsbezogener Sachverhalte im AsylR im Vordergrund steht, sprechen gewichtige Sachgründe für die Bündelung der Kompetenzen bei einer zentralen Bundesbehörde; gleichwohl wäre eine Aufgabenzuweisung an die AuslBeh der Länder zumindest für aussichtslos erscheinende

Asylgesuche von Verfassungs wegen nicht zu beanstanden (BVerfGE 56, 216; vgl Rn 6). Ähnlich verhält es sich mit der früheren Weisungsfreiheit der Entscheidungsbediensteten (früher „Einzelentscheider"); ihre jetzt erfolgte Aufhebung kann die politische Verantwortlichkeit des BMI stärken u. aufgrund der gleichzeitigen Abschaffung des BB die Verf im Falle eines positiven Bescheids des BAMF wesentlich abkürzen (dazu KommBer S. 143 f).

III. Zuständigkeit

Mit der Zuweisung der Kompetenz zur Entscheidung über Asylanträge an das BAMF ist zunächst nur dessen **Entscheidungsmonopol** begründet. Für die Entgegennahme des förmlichen Asylantrags ist indes ebenfalls das BAMF zuständig; schriftlich bei der AuslBeh eingehende Anträge u. mündliche Gesuche sind ohne weitere Ermittlungen dorthin weiterzuleiten (§§ 14, 19; anders noch § 8 I AsylVfG 1982). Soweit Grenzbehörden u. AuslBeh im Zusammenhang mit der Äußerung des Asylgesuchs iSd § 13 I bestimmte Aufgaben wahrzunehmen haben (§§ 15 bis 21), berührt dies nicht die alleinige Zuständigkeit des BAMF zur Entscheidung.

Die Zuständigkeit des BAMF zur Entscheidung über Asylanträge umfasst seit der (Wieder-)Einbeziehung der ausl Flüchtlinge nach Art 33 I GK in das Anerkennungsverf (durch das AuslRNG) außer der **Asylanerkennung** auch die **Flüchtlingsanerkennung** (zu letzterer § 1 Rn 7). Dies ist nunmehr durch Ergänzung des Wortlauts des Abs 1 S. 1 eindeutig klargestellt. Einbezogen war schon immer das **Familienasyl;** denn auch nach § 7 a III AsylVfG 1991 setzte dies einen Asylantrag voraus u. stellte dies nur eine andere Form der Asylgewährung dar. Nunmehr handelt es sich lediglich um einen anderen Tatbestand für die Asylanerkennung (§ 26). Erfasst sind auch Rücknahme u. Widerruf (§ 73 Rn 28–31) sowie der Streit um das (sonstige) Erlöschen (§ 72 Rn 32 f). Obwohl die Befugnisse der Grenzbehörden zur Einreiseverweigerung (§§ 18, 18 a) u. der AuslBeh zur Nichtweiterleitung von Folge- u. Zweitanträgen (§§ 71, 71 a) der Auslegung bedürfen, erscheint die Aufgabenverteilung insgesamt **nicht unklar.** Denn die anderen Behörden treffen keine Sachentscheidung über den Asylantrag. Den berechtigten Bedenken gegen eine allzu weitreichende Verlagerung von asylr Aufgaben auf nicht in derselben Weise wie das BAFl sachkundige u. erfahrene AuslBeh ist insb durch §§ 18 a I bis III, 71 V 2, 71 a I Rechnung getragen.

Mit Wirkung vom 1. 7. 1992 sind dem BAFl außer der Asyl- u. Flüchtlingsanerkennung auch **auslr Maßnahmen** u. Entscheidungen übertragen, die früher den AuslBeh der Länder oblagen. Das Nähere ist im Ges selbst bestimmt („nach Maßgabe dieses Gesetzes"). Dabei handelt es sich vor allem um die Feststellung von Abschiebungshindernissen nach § 60 II–VII AufenthG (§ 24 II), die Abschiebungsandrohung (§§ 34 ff) u. die Abschiebungsanordnung (§ 34 a). Die Abschiebung selbst ist weiterhin Ländersache, ebenso die Duldung. Eine klare **Abgrenzung** der Kompetenzen zur Ausführung des § 60 II ff AufenthG zwischen BAMF u. AuslBeh ist je nach Verfahrensverlauf oft erschwert. Kompetenzstreitigkeiten sind denkbar, nicht zuletzt bei Folgeanträgen (vgl dazu die kompliziert erscheinenden Regeln der §§ 34 ff, 71) u. auch mit Hilfe der Bindungswirkung nach § 42 nicht restlos zu verhindern. Einerseits trägt der Bund mit Erlass der Abschiebungsandrohung letztlich auch Verantwortung für die Einhaltung der Bestimmungen über die Abschiebung. Andererseits sind die Länder weiterhin für die Abschiebung, insb die Beachtung der Aussetzungs- u. Duldungsgründe der §§ 60 II–VII, 60 a AufenthG zuständig u. verantwortlich.

Die Kompetenzenabgrenzung wird dadurch erschwert, dass das BVerwG zwischen **zielstaats- u. inlandsbezogenen Abschiebungshindernissen** unterscheidet u. nur erstere in § 60 AufenthG verankert sieht (dazu § 60 AufenthG Rn 47). Danach fallen nur diese Hindernisse in die Zuständigkeit des BAMF, während die Prüfung inlandsbezogener Einwendungen gegen die Abschiebung allein der AuslBeh im Rahmen der Duldungserteilung nach § 55 II AuslG (jetzt also § 60 a II AufenthG) obliegen soll (BVerwG, EZAR 043 Nrn. 21, 24, 27). Bei der Abgrenzung auftretende Schwierigkeiten sind vor allem wegen der das AsylR sichernden Funktion der Verfahrensregeln (dazu BVerfGE 56, 216) möglichst zu vermeiden. Nur klare Kriterien können diese Aufgabe erfüllen; sie sollten vom Gesetzgeber aufgestellt u. nicht der Rspr überlassen werden.

8   Außerhalb des AsylVfG waren dem (damaligen) BAFl zunächst **weitere Aufgaben** im Rahmen des SDÜ übertragen (AsylZBV; dazu Hailbronner/Thiery, ZAR 1997, 55). Nach Ablösung des asylr Teils des SDÜ durch das DÜ am 15. 9. 1997 galten diese Kompetenzen des BAFl gegenüber den Vertragspartnern des DÜ fort (AsylZBV vom 4. 12. 1997, BGBl. I 2852; geändert am 26. 2. 2003, BGBl. I 302). Seit 17. 3. 2003 ist die VO/EG 343/2003 vom 18. 2. 2003 (dazu Piotrowicz, ZAR 2003, 383) in Kraft. Sie ist an die Stelle des DÜ getreten, das jetzt nur noch im Verhältnis zu Dänemark gilt (Schröder, ZAR 2003, 126). Dieses gemeinschaftsrechtliche Verteilungssystem ist auf alle seit 1. 9. 2003 gestellten Asylanträge anzuwenden (Art 29 II VO/EG 343/2003). Das BAMF ist auch insoweit zuständig geblieben. Es übermittelt Übernahmeersuchen u. Rücküberhnahmeanträge an andere EU-Staaten u. prüft umgekehrt deren Ersuchen. Außerdem führt es den Informationsaustausch mit personenbezogenen Daten durch. Schließlich prüft das BAMF anhand des Art 5 VO/EG 343/2003 die Zuständigkeit eines anderen Staats für die Durchführung des Asylverf u. erlässt bei dessen Einverständnis die Abschiebungsanordnung nach § 34 a. Die Drittstaatenklausel findet gegenüber den EU-Staaten (für Dänemark aufgrund des DÜ) keine Anwendung mehr (vgl BVerfGE 94, 166), war also an der Landgrenze bis Ende April 2004 nur noch gegenüber Polen, Tschechien u. der Schweiz von Bedeutung (Löper, ZAR 2000, 16; Reermann, ZfSH/SGB 1998, 323) u. ist es seit dem EU-Beitritt der beiden ersteren Staaten nur noch gegenüber der Schweiz.

IV. Organisation

9   Der BMI bestellt den Leiter (Präsidenten) des BAMF u. kann diesem Weisungen erteilen. Nach Abschaffung der Weisungsfreiheit der Entscheider ist er dabei nicht mehr gegenständlich u. inhaltlich beschränkt. Der Leiter ist für die **Organisation** der Verf u. des Amts verantwortlich, u. zwar für die personelle wie für die sachliche Organisation (Antragstellung, Anhörung, Entscheidung, Zustellung, Prozessvertretung, Dokumentation, Dolmetscher ua). Hierzu gehört auch die Einrichtung von Außenstellen (Rn 11 f) sowie von Dienststellen für das Flughafenverf (§ 18 a) mit seinen besonderen Anforderungen hinsichtlich Beratung u. Anhörung u. für die vertragliche Kooperation auf europäischer Ebene (dazu Rn 8). Ob sich die Verantwortlichkeit des Leiters auch auf die ordnungsgemäße Organisation der auslr Maßnahmen u. Entscheidungen erstreckt, ist nach dem Wortlaut nicht sicher, im Hinblick auf die erweiterte Zuständigkeit des BAMF aber zu bejahen, weil auch sie zum Asylverf iwS gehören. Sie umfasst außer der allg Organisation der Asylverf, jetzt auch die Durchführung eines einzelnen Verf. Einen unzulässigen Eingriff stellt es daher auch nicht dar, wenn die Entscheidung bestimmter, nach Herkunftsland oder Flüchtlingsgruppe bezeichneter Verf aus organisatorischen Gründen (zB Zuwarten auf Sachverständigengutachten oder amtliche Auskünfte), die mit inhaltlichen Gründen zusammenfallen können, zeitweilig eingestellt wird (**„Entscheidungsstopp"**). Allerdings ist diese Befugnis nach § 11 a (eingefügt durch Art 3 Nr 8 ZuwG-E) für einen Entscheidungsstopp für längstens sechs Monate nur dem BMI zum Zwecke der besseren Aufklärung eingeräumt. Die Aussetzung einer Entscheidung hindert im Übrigen nicht die weitere Bearbeitung, vor allem die Aufklärung individueller Verfolgungstatsachen.

10   Die **Organisationsgewalt** steht der BReg zu (Art 86 S. 2 GG). Diese kann auch allg VwV erlassen (Art 86 S. 1 GG). Die früher vorgesehene Möglichkeit der näheren Regelung des Verf durch RVO des BMI (§ 4 IV AsylVfG 1982) wurde nie verwirklicht u. ist deshalb

Bundesamt § 5 AsylVfG 4

seit 1. 7. 1992 entfallen. Eine allg VwV hätte Bedacht zu nehmen auf die Weisungsfreiheit der Entscheider u. die Unterschiede zwischen Sachentscheidung u. vorbereitender Tätigkeit (Rn 17 ff).

Die Organisationsgewalt der BReg umfasst auch die Einrichtung von (unselbständigen) **Außenstellen.** Durch die ges Verpflichtung u. Ermächtigung zur Einrichtung von Außenstellen ist die Organisationsgewalt der BReg nur insofern eingeschränkt, als im Falle des Abs 3 S. 2 eine Abstimmung mit den Ländern (gemeint wohl: mit dem betr Land) verlangt wird. Die Verwirklichung der Einrichtungsverpflichtung setzt die nötigen Finanzmittel voraus. Unter einem ähnlichen Vorbehalt steht die Vorschrift über die Beschaffung sachlicher u. personeller Mittel für die Außenstellen; sie stellt letztlich nur einen Appell an die Haushaltsgesetzgeber von Bund u. Ländern dar. 11

Der Sinn der Beschränkung der **Pflicht zur Einrichtung von Außenstellen** auf solche bei „Zentralen" AufnEinr (Abs 3 S. 1) leuchtet nicht ein, zumal dieser Begriff nicht im Ges definiert ist u. die Länder nicht zur Einrichtung derartiger Zentralen verpflichtet sind (vgl § 44 I). Außenstellen sind also grundsätzlich bei allen AufnEinr mit einer Kapazität von mehr als 499 Plätzen zu schaffen. Ausnahmen sind nur aufgrund anormaler Umstände im Einzelfall zugelassen („soll ... einrichten"). Es bleibt aber zulässig, zB mehrere örtlich getrennte Gebäude organisatorisch zu einer einheitlichen Einrichtung zu verbinden, sofern nur eine gewisse räumliche Nähe gegeben ist (so auch Begr. des GesEntw, BT-Drs 12/2062 S. 29). Sollte es sich in Abs 3 jedoch insgesamt um eine Legaldefinition der AufnEinr handeln, wäre unsicher, ob die Länder nach § 44 I erforderlichenfalls mehrere „Zentrale AufnEinr" zu schaffen haben. 12

Die durch Abs 4 ermöglichte **Verwaltungsvereinbarung** soll dem BAMF zusätzliche Sach- u. Personalressourcen erschließen. Die auf Vorschlag des BT-IA eingefügte Bestimmung geht auf die Verpflichtung der Länder in den „Zielvorstellungen" vom 10. 10. 1991 zurück, dem Bund 500 Bedienstete als Entscheider zur Verfügung zu stellen (Vorbem Rn 11; BT-Drs 12/2062 S. 26). Das Ges lässt die dienstrechtliche Form der „Abgabe" von Landesbediensteten an den Bund offen. Diese Personalunterstützung ist wohl nicht von vornherein zeitlich begrenzt, sondern auf Dauer angelegt. Sie kann in verschiedener Weise erfolgen: durch Übertritt in den Bundesdienst oder Abordnung auf Zeit. An Organleihe oder Betrauung (BVerfGE 61, 1) ist wohl nicht gedacht. Eine unzulässige Mischverwaltung (Jarass/Pieroth, Art 30 Rn 10) muss in jedem Fall vermieden werden. 13

Die Außenstellen dürfen **mit allen Aufgaben betraut** werden, die dem BAMF obliegen, auch mit auslr Maßnahmen u. Entscheidungen. Die Bestimmung über die Antragstellung bei der Außenstelle (§ 23 I) steht einer weitergehenden Tätigkeit der Außenstelle nicht entgegen (OVG NRW, EZAR 210 Nr 6). Die örtliche Nähe von AufnEinr u. Außenstelle soll nach dem erkennbaren Willen des Gesetzgebers das gesamte Asylverf beschleunigen. Dieses Ziel wäre nicht zu erreichen, wenn die Außenstellen nur die Asylanträge entgegennehmen u. evtl noch die Anhörung (§ 25) durchführen dürften. Es lässt sich schon aus § 46 I 1, II 1 entnehmen, dass die Asylanträge in den Außenstellen nicht nur entgegengenommen, sondern auch „bearbeitet" werden sollen, u. hierunter ist die umfassende Behandlung bis zur Entscheidung zu verstehen. Seit längerem sind die Außenstellen auch mit der Prozessvertretung in erster Instanz und bis zur Berufungszulassung in zweiter Instanz betraut (Erl vom 26. 2. 1993 u. 14. 10. 1994, GMBl 1993, 167 u. 1994, 1243). 14

Gegen dieses System der Außenstellen wurden vereinzelt verfassungsrechtliche Bedenken geäußert (vgl VG Düsseldorf, InfAuslR 1993, 111). Zwar darf die Verwaltungskompetenz des Bundes für die Durchführung des AsylVfG insoweit durch Bundesges begründet werden (Art 87 III 1 GG), dem Bund ist es aber im Rahmen der bundesunmittelbaren Verwaltung grundsätzlich verwehrt, außer Bundesoberbehörden (wie das BAMF) auch noch einen eigenen **Verwaltungsunterbau** einzurichten; ein dahingehendes Ges wäre nur unter den Voraussetzungen des Art 87 III 2 GG zulässig (vgl Rn 2; Jarass/Pieroth, Art 87 Rn 8 f, 12). Unzulässig wäre auch eine Umgehung dieser grundgesetzlichen Anforderungen (insoweit zutreffend VG Düsseldorf, aaO). 15

843

16   Die gegen die ges Ausgestaltung der Außenstellen erhobenen **Bedenken** greifen aber letztlich nicht durch (OVG NRW, EZAR 210 Nr 6; VG Ffm, NVwZ 1993, 810; offen gelassen von BVerfG-K, NVwZ-Beil 1993, 12). Die Außenstellen sind nur unselbständige Teile des BAMF u. handeln deshalb immer als Bundesoberbehörde. Ihnen ist weder durch § 5 noch sonst eine organisatorische Selbständigkeit verliehen, die sie als „Unterbehörden" erscheinen lassen könnte. Die vom Ges zugelassene u. zeitweise verwirklichte erhebliche Vermehrung der Außenstellen bedeutet (noch) keine Dekonzentration mit der Folge des Entstehens von Unterbehörden (aA VG Düsseldorf, InfAuslR 1993, 111). Dies wäre allenfalls zu erwarten, wenn sie wirklich organisatorisch verselbständigt würden. Dies ist aber bisher nicht geschehen, u. außerdem ist ihre Anzahl aufgrund des spürbaren Rückgangs der Bewerberzahlen in den letzten Jahren erheblich verringert worden.

V. Entscheider

17   Der an die Stelle des früheren Anerkennungsausschusses (Rn 1) getretene einzelne Bedienstete (Beamter oder Angestellter) war für die Entscheidung über den einzelnen Asylantrag zuständig (nach §§ 13, 14: Asyl- u. Flüchtlingsanerkennung, vgl Rn 5). Zu diesen Aufgaben des (Einzel-)Entscheiders gehörten die dem BAFl darüber hinaus obliegenden Aufgaben des BAFl (Entgegennahme des Antrags, Anhörung, Widerruf oder Rücknahme, Feststellungen zu § 53 AuslG, Abschiebungsandrohung u. -anordnung) nicht. Die letzteren drei Gegenstände gehören zu dem Entscheidungsprogramm der §§ 31 ff, waren aber von dem ursprünglichen Abs 2 S. 1 nicht erfasst; vor allem war dort § 51 1, nicht aber § 53 AuslG ausdrücklich erwähnt. Über Widerruf u. Rücknahme entscheidet der Leiter des BAMF oder ein von diesem Beauftragter (§ 73 IV 1), u. die übrigen Aufgaben können grundsätzlich jedem (dafür angestellten) Bediensteten übertragen werden. Nach Aufhebung der Weisungsfreiheit haben die Entscheider ihre ges festgelegten Zuständigkeiten verloren. Der Leiter des BAMF kann die insgesamt anfallenden Aufgaben einschließlich der **Bearbeitung** u. **Entscheidung** von Asylanträgen ohne weitere ges Beschränkung kraft seiner Organisationsgewalt organisieren u. auf die Bediensteten verteilen.

18   Die formelle **Mindestqualifikation** der Entscheider wurde im Laufe der Zeit zunehmend vermindert: Befähigung des Vorsitzenden des Anerkennungsausschusses zum Richteramt oder zum höheren Verwaltungsdienst (§ 30 I AuslG 1965); Einzelentscheider aus dem gehobenen Dienst (§ 4 III 2 AsylVfG 1982): später aufgrund einer RVO auch Beamte des mittleren Dienstes mit bestimmten Qualifikationen (früherer Abs 2 S. 3). Nach Ansicht des BVerfG bedürfen die Entscheider im Flughafenverf einer „bestimmten Qualifikation" u. einer eingehenden Schulung u. Fortbildung (BVerfGE 94, 166). Allerdings hält das BVerfG den Ausbildungsstand ohne weiteres aufgrund der eigenen Schilderungen von Bediensteten des Amts für ausreichend u. knüpft an die Nichterfüllung seiner Forderung ohnehin keine rechtlichen Konsequenzen.

19   Außer der formellen Qualifikation des Entscheiders legte das Ges ursprünglich vor allem dessen **Weisungsunabhängigkeit** bei der Entscheidung fest. Damit sollte das AsylR von politischen Einflussnahmen freigehalten werden, welche die Richtigkeit der letztlich allein an Art 16a GG u. Art 33 GK auszurichtenden Asylentscheidung beeinträchtigen oder auch außenpolitische Schwierigkeiten verursachen könnten. Die Weisungsfreiheit fand ein Gegengewicht in der Beteiligungs- u. Rechtsmittelbefugnis des gegenüber dem BMI weisungsgebundenen BB u. wurde begrenzt durch die Kompetenzen des ebenfalls dem BMI weisungsunterworfenen BAFl-Leiters. Sie umfasste nicht die persönliche Unabhängigkeit der zur Entscheidung berufenen Bediensteten, hatte also vor allem keine unmittelbaren Auswirkungen auf Planung des Personaleinsatzes, personelle Geschäftsverteilung u. Zuweisung sog. Länderbereiche. Damit konnte sie der richterlichen Unabhängigkeit (Art 97 GG; § 1 DRiG) nicht gleichgesetzt werden. Die Weisungsfreiheit war auf die Entscheidung über

den Asylantrag **gegenständlich beschränkt;** hierzu gehörten nur Asyl- u. Flüchtlingsanerkennung. Geschützt war die Entscheidungsfindung in vollem Umfang bis zu ihrem Abschluss.

Nach **Aufhebung der Weisungsfreiheit** (seit 1. 9. 2004) ist zB eine Anordnung, Sachfragen ganz oder zT in bestimmter Weise zu entscheiden, nicht mehr unzulässig: zB Verfolgung der Gruppe A, Fluchtalternative im Landesteil B, Sippenhaft im Staat C zu bejahen oder zu verneinen. Zulässig sind auch allg Verfahrensanordnungen, die sich unmittelbar auf die Entscheidung auswirken: zB Asylanträge von Angehörigen des Staats X ohne Einholung weiterer Gutachten zur allg Lage nach einem Putsch sofort zu entscheiden oder umgekehrt ein bestimmtes Gutachten abzuwarten (vgl aber Rn 9 u. §§ 11 a). Wie auch schon früher ist es zulässig, allg anzuordnen, die Bearbeitung der Anträge aus bestimmten Herkunftsländern (zB zum Zwecke der Vereinfachung u. Beschleunigung) zeitlich vorzuziehen. Schließlich erfordert das System der Außenstellen allg Anordnungen über deren Entscheidungsprogramm. Dabei können sowohl die in der jew Außenstelle zu bearbeitenden Staaten als auch die Reihenfolge der Bearbeitung bestimmt werden. Unbedenklich ist nun auch ein „Entscheidungsstopp" des BMI für bestimmte Verfahrensgruppen, wenn die Voraussetzungen des neuen § 11 a eingehalten werden (dazu auch Rn 9). Mit den dort festgelegten engen Bedingungen ist dem Umstand Rechnung getragen, dass das Ges generell bei tatsächlichen Änderungen der Verfolgungslage den Widerruf vorsieht, nicht aber die Nichtbescheidung bei letztlich immer möglichen Änderungen der Verhältnisse. Unbedenklich sind schließlich Anordnungen für die Anhörung u. Ermittlung sowie auslr Maßnahmen; diese waren auch früher wegen der gegenständlichen Begrenzung der Weisungsfreiheit nicht unzulässig. 20

§ 6 *Bundesbeauftragter*

(1) Beim Bundesamt wird ein Bundesbeauftragter für Asylangelegenheiten bestellt.

(2) ¹ Der Bundesbeauftragte kann sich an den Asylverfahren vor dem Bundesamt und an Klageverfahren vor den Gerichten der Verwaltungsgerichtsbarkeit beteiligen. ² Ihm ist Gelegenheit zur Äußerung zu geben. ³ Gegen Entscheidungen des Bundesamtes kann er klagen.

(3) ¹ Der Bundesbeauftragte wird vom Bundesministerium des Innern berufen und abberufen. ² Er muß die Befähigung zum Richteramt oder zum höheren Verwaltungsdienst haben.

(4) Der Bundesbeauftragte ist an Weisungen des Bundesministeriums des Innern gebunden.

Übersicht

	Rn
I. Entstehungsgeschichte	1
II. Fortgeltung	2

I. Entstehungsgeschichte

Die Vorschrift stimmte ursprünglich fast wörtlich mit § 35 AuslG 1965 u. § 5 AsylVfG 1982 überein. Sie entsprach im Wesentlichen dem **GesEntw 1992** (12/2062 S. 5). Auf Vorschlag des BT-IA wurde S. 2 in Abs 2 eingefügt u. die Beteiligung nach Abs 2 S. 1 auf Klageverf beschränkt (BT-Drs 12/2718 S. 10). Mit Wirkung vom 1. 7. 1993 wurden die Behördenbezeichnungen in Abs 3 S. 1 u. Abs 4 geändert (Art 1 Nr 52 **AsylVfÄndG 1993**). Die Vorschrift wurde entspr dem GesEntw (BT-Drs 15/420 S. 40) im Zusammenhang mit der Abschaffung der Weisungsfreiheit der Entscheider des BAMF mit Wirkung vom 1. 9. 2004 **aufgehoben** (Art. 3 Nr 5, Art 15 II ZuwG). Die Einrichtung des BB war schon seit langem umstritten, vor allem aber eng mit der Entscheidungsfreiheit der Ent- 1

4 AsylVfG § 7   4. Teil. Asylverfahrensgesetz

scheider verknüpft u. von dieser abhängig (dazu 7. Aufl, Rn 2 f; zu der „zunehmend einseitigen Praxis" des BB vgl BVerfG-K, EZAR 210 Nr 17; Göring, InfAuslR 1999, 254).

II. Fortgeltung

2   Die Vorschrift gilt nur eng begrenzt **übergangsweise** weiter (§ 87 b). Sie hat nur noch für die bei ihrem Außerkrafttreten bereits anhängigen Gerichtsverf Bedeutung. Deren Anzahl u. restliche Dauer sind überschaubar. Die Stellung des BB u. dessen Beteiligungsrechte werden dabei kaum einmal eine Rolle spielen. Deshalb wird auf die weitere Kommentierung verzichtet u. auf die Erläuterungen in der 7. Aufl, Rn 2–18 Bezug genommen.

§ 7 Erhebung personenbezogener Daten

(1) ¹ Die mit der Ausführung dieses Gesetzes betrauten Behörden dürfen zum Zwecke der Ausführung dieses Gesetzes personenbezogene Daten erheben, soweit dies zur Erfüllung ihrer Aufgaben erforderlich ist. ² Daten im Sinne des § 3 Abs. 9 des Bundesdatenschutzgesetzes sowie entsprechender Vorschriften der Datenschutzgesetze der Länder dürfen erhoben werden, soweit dies im Einzelfall zur Aufgabenerfüllung erforderlich ist.

(2) ¹ Die Daten sind beim Betroffenen zu erheben. Sie dürfen auch ohne Mitwirkung des Betroffenen bei anderen öffentlichen Stellen, ausländischen Behörden und nichtöffentlichen Stellen erhoben werden, wenn

1. dieses Gesetz oder eine andere Rechtsvorschrift es vorsieht oder zwingend voraussetzt,
2. es offensichtlich ist, daß es im Interesse des Betroffenen liegt und kein Grund zu der Annahme besteht, daß er in Kenntnis der Erhebung seine Einwilligung verweigern würde,
3. die Mitwirkung des Betroffenen nicht ausreicht oder einen unverhältnismäßigen Aufwand erfordern würde,
4. die zu erfüllende Aufgabe ihrer Art nach eine Erhebung bei anderen Personen oder Stellen erforderlich macht oder
5. es zur Überprüfung der Angaben des Betroffenen erforderlich ist.

² Nach Satz 2 Nr. 3 und 4 sowie bei ausländischen Behörden und nichtöffentlichen Stellen dürfen Daten nur erhoben werden, wenn keine Anhaltspunkte dafür bestehen, daß überwiegende schutzwürdige Interessen des Betroffenen beeinträchtigt werden.

Übersicht

	Rn
I. Entstehungsgeschichte	1
II. Allgemeines	2
III. Datenerhebung	5
IV. Ausländerzentralregister	12

I. Entstehungsgeschichte

1   Die Vorschrift stimmt mit dem **GesEntw 1992** (BT-Drs 12/2062 S. 6) überein; sie hat keinen Vorläufer im AuslG 1965 oder AsylVfG 1982. Abs 1 S. 2 wurde entspr dem GesEntw (BT-Drs 15/420 S. 40) mit Wirkung vom 1. 1. 2005 eingefügt (Art 3 Nr 6 ZuwG).

II. Allgemeines

Mit den Regelungen der §§ 7 u. 8 versucht der Gesetzgeber ähnlich wie mit §§ 86 bis 2
91 b AufenthG, der verfassungsrechtlichen Forderung nach einer bereichsspezifischen ges
Ermächtigungsgrundlage für die zwangsweise Erhebung personenbezogener Daten u. deren
Verarbeitung (BVerfGE 65, 1) nachzukommen (zur Feststellung der Identität vgl § 49
AufenthG u. §§ 16, 18 V, 22 I 2). Das vom BVerfG aaO näher umrissene **Grundrecht auf
informationelle Selbstbestimmung** steht in Deutschland befindlichen Ausl ebenso zu
wie Dt u. verleiht diesen die Befugnis, über Preisgabe u. Verwendung ihrer Daten grundsätzlich selbst zu befinden. Aus welchen Gründen für das Asylverf besondere Regelungen für
notwendig gehalten werden u. die allg für Ausl geltenden §§ 86 bis 91 b AufenthG nicht
genügen, ist weder in der Begr des GesEntw 1992 (BT-Drs 12/2062 S. 29) angegeben noch
sonst erkennbar. Eine Erklärung hierfür wäre schon wegen der ausgeprägten Verfahrensabhängigkeit des Asylgrundrechts, der hohen Sensibilität von Asyldaten u. des daher erforderlichen besonderen Schutzes notwendig gewesen. Ein Verstoß gegen Art 16 a I GG wäre
insb anzunehmen, wenn Asylvorbringen unmittelbar oder mittelbar (über die dt Auslandsvertretung oder befreundete Geheimdienste) dem (angeblichen) Verfolgerstaat zugetragen
würde (dazu Rittstieg, InfAuslR 1984, 122).

Die **teilweise Übernahme** allg auslr Vorschriften lässt nicht deutlich erkennen, ob u. ggf 3
wie diese neben §§ 7 u. 8 auf Asylbew anwendbar bleiben sollen. So erscheint zB nicht
sicher, ob die die Spontanmitteilungspflichten nach § 87 II AufenthG, die Einschränkungen
durch besondere ges Verwendungsregeln nach § 88 AufenthG u. die Vorkehrungen für eine
rechtzeitige Löschung nach § 91 AufenthG auch für Asylsuchende gelten sollen. Nach
Einfügung des § 8 IV durch den BT-IA u. nach Änderung des § 8 III durch Art 1 Nr 2
AsylVfÄndG 1993 erscheint dies noch unsicherer als zuvor (dazu § 8 Rn 2).

Obwohl von Verfassungs wegen notwendig, fehlen (abgesehen von § 16 IV, V) allg 4
Regelungen über die Speicherung personenbezogener Daten der Asylbew (Akten, Register
u. EDV-gestützte Dokumentationen va beim BAMF), über Löschung u. Sperrung sowie
Auskunftsrechte der Betroffenen. Da es sich hier um **asylspezifische Datensammlungen**
handelt, sind die für das allg AuslR geschaffenen Vorschriften zumindest nicht unmittelbar
anwendbar. Dies hat der Gesetzgeber zu erkennen gegeben, indem er eine Verweisung oder
Bezugnahme weder im Ges noch in dessen Begr für erforderlich gehalten hat; außerdem
beziehen sich die §§ 62 ff AufenthV nicht auf Daten des BAMF. Teilweise besteht zwar eine
durchaus ähnliche Interessenlage, eine **analoge Anwendung,** die eine sonst uU verfassungswidrige Lücke verhindern könnte (zum AZRG vgl Rn 10 f), kommt aber wegen der
besonderen Sensibilität der Asylbew-Daten (dazu Hailbronner, § 7 AsylVfG Rn 7 f) **nicht**
in Betracht. Das Ges legt zwar eine Aktenführung beim BAMF zugrunde (vgl §§ 15 II, III,
16, 25 VII, 36 II, 40, 82) u. gestattet dem AZR Speicherung u. Übermittlung von durch
das BAMF übermittelten Daten über Asylbew (§§ 2 II Nr 1–3, 6 I Nr 4, II, 7, 10 ff, 22
AZRG). Ungeachtet der insoweit bestehenden Beschränkungen des Inhalts der jew gespeicherten u. übermittelten Daten könnten sich zumindest die Vernichtungsvorschriften des
§ 91 II AufenthG für eine analoge Anwendung eignen, diese scheidet aber mangels unbewusster Lücke aus. Daher sind die Vorschriften des BDSG bzw. der Länderges über das Verf
bei Datenerhebung ergänzend heranzuziehen.

III. Datenerhebung

Zur Datenerhebung, also zum Beschaffen von personenbezogenen Daten (§ 3 I, IV 5
BDSG), sind **alle** mit der Ausführung des AsylVfG betrauten **Behörden** befugt, also außer
BAMF u. AuslBeh insb auch Grenzbehörden, Bundes- u. Länderpolizeien, Verteilungs- u.

4 AsylVfG § 7 4. Teil. Asylverfahrensgesetz

Zuweisungsstellen, AufnEinr, Bundesverwaltungsamt, Bundeskriminalamt sowie Gesundheits- u. Strafverfolgungsbehörden. Zufällig angefallene, also nicht gezielt beschaffte Daten dürfen weiter verarbeitet werden, wenn sie zur Aufgabenerfüllung nötig sind (§ 14 BDSG).

6 Der **Erhebungszweck** ist nur durch eine nach allen Seiten offene Generalklausel umschrieben; auch durch § 8 I ist er nicht näher eingegrenzt. Die Voraussetzung der Erforderlichkeit für die jeweilige Aufgabenerfüllung ist so ungenau u. weit gefasst, dass der Erhebungszweck dadurch auch nicht mit der notwendigen Bestimmtheit (BVerfGE 76, 1) definiert ist (ähnlich GK-AsylVfG, § 7 Rn 17, 21; Hailbronner, § 7 AsylVfG Rn 13; Marx, § 7 Rn 7; vgl § 75 AuslG Rn 4). Die Erweiterung durch Abs 1 S. 2 begegnet wegen der Unbestimmtheit des Erhebungszwecks denselben Bedenken.

7 Grundsätzlich unbedenklich ist die Erhebung persönlicher Daten bei dem Asylbew selbst im Rahmen von dessen ges Mitwirkungspflichten, weil dieser über Umfang, Grund u. Urheber der Datenerhebung unterrichtet ist (dazu Schriever-Steinberg, ZAR 1991, 66). Der Kreis der darüber hinaus zur Erhebung heranzuziehenden Stellen ist aber noch weiter gespannt als nach § 87 II AufenthG, weil die **Auskunftsstellen** nicht näher umschrieben u. begrenzt sind (zu den in Betracht kommenden Behörden u. Stellen vgl iÜ § 87 AufenthG Rn 7 ff). Deshalb bestehen hier zumindest dieselben Zweifel an der Verfassungsmäßigkeit wie dort. Schließlich zählen zu den anderen öffentl Stellen alle sonstigen inländischen Behörden (§ 2 I, II BDSG) u. öffentlich-rechtlichen Einrichtungen u. Vereinigungen u. zu den nichtöffentl Stellen alle privaten natürlichen u. juristischen Personen, Gesellschaften u. sonstigen Vereinigungen (§ 2 IV BDSG). Unter ausl Behörden sind auch die Polizei- u. Geheimdienste anderer Staaten zu verstehen.

8 Bedenken bestehen auch wegen der zT pauschalen u. kaum begrenzbaren **formellen Voraussetzungen** für die Datenerhebung bei Dritten (dazu § 86 AufenthG Rn 6). Ohne **Mitwirkung** des Betroffenen bedeutet nicht ohne Weiteres ohne dessen Kenntnis (Hailbronner, § 7 AsylVfG Rn 22); eine Unterrichtung ist aber nicht vorgeschrieben, wenn auch zT zweckmäßig. Zudem sind die Tatbestände weit gefasst, wenn auch abschließend aufgezählt. Wann der Aufwand einer Mitwirkung des Betroffenen unverhältnismäßig ist, kann ohne weitere ges Präzisierung weder allg noch für den Einzelfall sicher ermittelt u. bestimmt werden. Auch bei diesem Ausnahmetatbestand ist immer der Vorrang der informationellen Selbstbestimmung zu beachten. Bloße Verfahrenserleichterungen u, Beschleunigungsinteressen treten dahinter zurück. Die Art der anfallenden Aufgaben erfordert eine Datenerhebung bei Dritten zB dann, wenn der Betroffene über die Daten nicht verfügt u. sie auch nicht beschaffen kann (Hailbronner, § 7 AsylVfG Rn 31). Zur Überprüfung der Angaben des Betroffenen erforderlich ist sie nur bei konkreten Anhaltspunkten für deren Unrichtigkeit, nicht etwa generell zum Zwecke einer besseren Erkenntnisbildung u. Wahrheitsfindung.

9 Eine **Datenerhebung bei Dritten** ist rechtlich vorgesehen oder zwingend vorausgesetzt, wenn andere als die zur Durchführung des AsylVfG berufenen Stellen tätig werden. Ein mutmaßliches Einverständnis kann nur angenommen werden, wenn die Datenerhebung tatsächlich vorteilhaft für den Betroffenen ist u. daher auf dessen Einwilligung verzichtet werden kann (Hailbronner, § 7 AsylVfG Rn 25).

10 Die Einschränkung nach Abs 2 S. 2 genügt zumindest für ausl öffentl Stellen nicht, weil bei Asylbew allg in diesen Fällen eine erhebliche Gefährdung befürchtet werden muss; insofern sind **überwiegende schutzwürdige Belange** idR anzunehmen. Es wäre sachgerechter gewesen, Auskunftsersuchen an den (angeblichen) Verfolgerstaat von der vorherigen Anhörung des Asylbew abhängig zu machen (GK-AsylVfG, § 7 Rn 77: Anhörung geboten). Letztlich kann ohne eine Anhörung des Betroffenen die notwendige Interessenabwägung nicht vorgenommen werden (so auch Hailbronner, § 7 AsylVfG Rn 30). Außerdem sind Auskünfte von Behörden des (angeblichen) Verfolgerstaats für die Aufklärung von Verfolgungsbehauptungen ohnehin gänzlich ungeeignet; ebenso die Vernehmung dort lebender Zeugen (dazu BVerwG, EZAR 630 Nr 6). Dagegen sind solche Auskünfte aufgrund verdeckter Ermittlungen (zB Anfrage über Auswärtiges Amt u. Vertrauensanwalt) nicht schlechthin ungeeignet, jedoch besonders sorgfältig auf ihren Wahrheitsgehalt zu

untersuchen. Mit dieser Maßgabe ist zB nicht ausgeschlossen, im Abschiebungsverf auch unmittelbar Auskünfte des Heimatstaats über dort erfolgte Anklagen u. Verurteilungen oder sonstige strafrechtliche Maßnahmen einzuholen (zB dt-türkische Vereinbarung von 1997). Eine Einwilligung (so der Bundesbeauftragte für den Datenschutz, BT-Drs 12/2718 S. 62) kann aber billigerweise nicht verlangt werden, weil sonst die Sachverhaltsaufklärung – uU selektiv – durch den Asylbew verhindert werden könnte.

Personenbezogene Datenerhebung und -austausch **mit anderen Staaten** findet auch aufgrund sonstiger Verpflichtungen außerhalb der §§ 7 ff statt, vor allem nach dem SDÜ (über SIS u. EURODAC; vgl Schröder, ZAR 2001, 71; dazu § 86 AufenthG Rn 2). Der früher betr Asylbew nach Art 15 DÜ vereinbarte Datenaustausch zwecks Bestimmung des für einen Asylantrag zuständigen Staats findet nunmehr zu demselben Zweck nach Art 21 VO/EG 343/2003 (in Kraft seit 17. 3. 2003) statt. Die Übermittlung personenbezogener Daten ist danach auf Antrag eines anderen Mitgliedstaats für die Zuständigkeitsbestimmung, die Asylantragsprüfung oder die Erfüllung der Verpflichtungen aus dieser VO nur zulässig, wenn die Daten sachdienlich u. relevant sind u. nicht über das erforderlich Maß hinausgehen (Abs 1). Außer den im Einzelnen genannten notwendigen Informationen über Person u. Verf (Abs 2) können auf Antrag auch die Gründe für das Asylgesuch u. die Asylentscheidung mitgeteilt werden. Einem solchen Ersuchen kann der ersuchte Mitgliedstaat aber nur mit Zustimmung des Asylbew stattgeben, u. er kann es ablehnen, wenn eigene wichtige Interessen gefährdet sein können oder Grundrechte oder -freiheiten der betroffenen oder anderer Personen (Abs 3). Schließlich sind Verfahrensmodalitäten, Zweckbindung u. Rechte des Betroffenen auf Auskunft, Berichtigung u. Löschung sowie Aufbewahrungszeit streng geregelt (Abs 4 bis 12). Für die Datenübermittlung zuständig sind BAMF u. Grenzbehörden (§§ 1 Nr 5, 2 I 1 Nr 3, II Nr 3 AsylZBG). 11

IV. Ausländerzentralregister

Die Vorschriften des AZRG (allg dazu Bäumer in GK-AsylVfG, Teil IX-3; Heyder, ZAR 1994, 153; Reichert, ZAR 1990, 66; Schriever-Steinberg, ZAR 1990, 68; dies., DuD 1994, 559; Streit/Srocke, ZAR 1999, 109; Streit, ZAR 2002, 237; Streit/Heyder, AZRG-Kommentar, 1997; dies., ZAR 1999, 100; Weichert, InfAuslR 1987, 205 u. 1988, 108 sowie 1989, 1) regeln die Datenverarbeitung in den beiden Datenbeständen des AZR (allg Datenbestand u. Visadatei) u. die damit verbundenen Eingriffe in das informationelle Selbstbestimmungsrecht. Sie gehen als **bereichsspezifisch** den Datenschutzges des Bundes u. der Länder sowie §§ 86 ff AufenthG u. § 7 f AsylVfG vor. 12

Die **Aufgabe** des AZR besteht ausschließlich in der Unterstützung anderer Behörden u. Stellen durch Speicherung u. Übermittlung gespeicherter Daten (§ 1 II AZRG). Das AZR betreibt also nur die Information anderer Stellen u. nicht die eigene Erhebung von Daten. Es lässt demzufolge auch die Existenz andernorts gespeicherter Daten über Ausl unberührt. 13

§ 8 Übermittlung personenbezogener Daten

(1) Öffentliche Stellen haben auf Ersuchen (§ 7 Abs. 1) den mit der Ausführung dieses Gesetzes betrauten Behörden ihnen bekannt gewordene Umstände mitzuteilen, soweit besondere gesetzliche Verwendungsregelungen oder überwiegende schutzwürdige Interessen des Betroffenen nicht entgegenstehen.

(2) Die zuständigen Behörden unterrichten das Bundesamt unverzüglich über ein förmliches Auslieferungsersuchen und ein mit der Ankündigung eines Auslieferungsersuchens verbundenes Festnahmeersuchen eines anderen Staates sowie über den Abschluß des Auslieferungsverfahrens, wenn der Ausländer einen Asylantrag gestellt hat.

(2 a) Die mit der Ausführung dieses Gesetzes betrauten Behörden teilen Umstände und Maßnahmen nach diesem Gesetz, deren Kenntnis für die Leistung an Leistungs-

berechtigte des Asylbewerberleistungsgesetzes erforderlich ist, sowie die ihnen mitgeteilten Erteilungen von Arbeitserlaubnissen an diese Personen und Angaben über das Erlöschen, den Widerruf oder die Rücknahme der Arbeitserlaubnisse den nach § 10 des Asylbewerberleistungsgesetzes zuständigen Behörden mit.

(3) [1] Die nach diesem Gesetz erhobenen Daten dürfen auch zum Zwecke der Ausführung des Aufenthaltsgesetzes und der gesundheitlichen Betreuung und Versorgung von Asylbewerbern sowie für Maßnahmen der Strafverfolgung und auf Ersuchen zur Verfolgung von Ordnungswidrigkeiten den damit betrauten öffentlichen Stellen, soweit es zur Erfüllung der in ihrer Zuständigkeit liegenden Aufgaben erforderlich ist, übermittelt und von diesen dafür verarbeitet und genutzt werden. [2] Sie dürfen an eine in § 35 Abs. 1 des Ersten Buches Sozialgesetzbuch genannte Stelle übermittelt und von dieser verarbeitet und genutzt werden, soweit dies für die Aufdeckung und Verfolgung von unberechtigtem Bezug von Leistungen nach dem Zwölften Buch Sozialgesetzbuch, von Leistungen der Kranken- und Unfallversicherungsträger oder von Arbeitslosengeld oder Leistungen zur Sicherung des Lebensunterhalts nach dem Zweiten Buch Sozialgesetzbuch erforderlich ist und wenn tatsächliche Anhaltspunkte für einen unberechtigten Bezug vorliegen. [3] § 88 Abs. 1 bis 3 des Aufenthaltsgesetzes findet entsprechende Anwendung.

(4) Eine Datenübermittlung aufgrund anderer gesetzlicher Vorschriften bleibt unberührt.

(5) Die Regelung des § 20 Abs. 5 des Bundesdatenschutzgesetzes sowie entsprechende Vorschriften der Datenschutzgesetze der Länder finden keine Anwendung.

I. Entstehungsgeschichte

1 Die Vorschrift entsprach ursprünglich in Abs 1 bis 3 S. 1 u. 2 dem **GesEntw 1992** (BT-Drs 12/2062 S. 6); Abs 4 wurde vom BT-IA zusätzlich vorgeschlagen u. dafür die zunächst vorgesehene Bezugnahme auf § 15 V BDSG in Abs 3 S. 3 gestrichen (BT-Drs 12/2817 S. 12). Die Vorschrift hat ebenso wie § 7 kein Vorbild im AsylVfG 1982. Mit Wirkung vom 1. 7. 1993 wurde Abs 3 entspr dem **GesEntw 1993** (BT-Drs 12/4450 S. 3) vollständig neu gefasst (Art 1 Nr 2 **AsylVfÄndG 1993**), indem S. 2 u. 3 angefügt u. die Verwertung auch anderen als den AuslBeh ermöglicht wurde. Zum 1. 6. 1997 wurden Abs 2 a eingefügt u. in Abs 3 S. 2 die Wörter „u. dem AsylbLG" gestrichen (Ges vom 26. 5. 1997, BGBl. I 1130). Mit Wirkung vom 1. 1. 2005 wurden entspr dem GesEntw (15/420 S. 40) die Formulierungen in Abs 3 S. 1 u. 3 der Ersetzung des AuslG durch das AufenthG angepasst u. Abs 5 angefügt (Art 3 Nr 7 ZuwG).

II. Allgemeines

2 Die Vorschrift soll die datenschutzrechtlichen Erfordernisse bei der Datenübermittlung berücksichtigen (BT-Drs 12/2062 S. 29). Diesem Ziel kann sie aber auch im Zusammenspiel mit § 7 kaum gerecht werden. Ebenso wie bei § 7 ist das **Verhältnis** zu den allg für Ausl geltenden Bestimmungen der §§ 86 ff AufenthG **unklar**, u. außerdem fehlen unerlässliche Bestimmungen über Speicherung, Sperrung u. Auskünfte (dazu § 7 Rn 2 ff; ähnlich GK-AsylVfG, § 8 Rn 21 f). Mit Abs 4 sollen aufgetretene Zweifel über die Anwendbarkeit anderer Bestimmungen über Datenübermittlung beseitigt werden (BT-Drs 12/2718 S. 60); dies kann dahin verstanden werden, dass §§ 86 ff AufenthG immer ergänzend anzuwenden sind. Die in Abs 3 S. 3 seit 1. 7. 1993 ausdrücklich angeordnete entspr Anwendung des § 88 I bis III AufenthG (früher § 77 I bis III AuslG) spricht indes gegen eine generelle

Übermittlung personenbezogener Daten § 8 **AsylVfG** 4

subsidiäre Geltung der §§ 86 ff AufenthG (zum AZRG vgl § 7 Rn 12 f). Ergänzend heranzuziehen sind daher die Vorschriften des BDSG u. der Ländesges über den Schutz Betroffener u. das Verf bei der Datenübermittlung (GK-AsylVfG, § 8 Rn 6). Ausgenommen sind nur seit 1. 1. 2005 die in Abs 5 genannten Vorschriften.

III. Datenübermittlung und -verwendung

Die Regelungen über **Mitteilungsverpflichtungen** u. **Datenverwendung** in Abs 1 3 entsprechen weitgehend §§ 86, 87 I AufenthG (vgl § 86 AufenthG Rn 2 ff, § 87 AufenthG Rn 2 ff). Die zusätzliche Einschränkung bei Kollisionen mit Interessen des Asylbew ist ebenso weitgehend auszulegen wie nach § 7 II 2 (vgl § 7 Rn 8). Übermittlungspflichtig sind nur öffentl Stellen iSd § 2 I–III BDSG (§ 7 Rn 7), nicht also Arbeitgeber-, Arbeitnehmer- oder Wohlfahrtsverbände sowie Kirchen. Zu übermitteln sind nur aus der amtlichen Aufgabenerfüllung bereits bekannte Daten, sofern sie rechtmäßig erhoben sind (Weichert, InfAuslR 1993, 385). Außerdem setzt die Datenerhebung durch den Empfänger die Einhaltung von § 7 II voraus. Schließlich verdeutlicht die Bezugnahme auf Ersuchen nach § 7 I den Übermittlungszweck, die Ausführung des AsylVfG. Die Verantwortlichkeit für die Einhaltung der Datenschutzvorschriften trifft in erster Linie die ersuchende Stelle (vgl § 15 II BDSG).

Die Unterrichtungspflichten in **Auslieferungsfällen** bestehen ohne Ersuchen (Spontan- 4 mitteilung); sie dienen der Beachtung des Abschiebungshindernisses des § 60 IV AufenthG. Die Verwendbarkeit der Mitteilung ist durch Abs 3 S. 1 erweitert, bleibt aber iÜ eng auf das Asylverf beschränkt. Damit ist zwar die Verwertung durch BAMF oder AuslBeh außerhalb der Feststellungen zu § 60 IV AufenthG nicht ausdrücklich ausgeschlossen, dies ist aber aus der besonderen Schutzbedürftigkeit der für eine Auslieferung üblicherweise anfallenden Daten zu folgern. Wegen der Datenübermittlung an UNHCR vgl § 9 II.

Die Datenübermittlung u. -verwendung zum Zwecke der **Ausführung des AufenthG** 5 erscheint im Grundsatz unbedenklich. Asylbew unterliegen generell auch dem allg AufR, u. Informationen über das Asylverf können sehr oft auch für die Anwendung des AufenthG – zugunsten oder zu Lasten des Ausl – bedeutsam sein. Sie werden vor allem für aufenthaltsbeendende Maßnahmen nach erfolglosem Abschluss des Asylverf benötigt, soweit diese nach §§ 34 ff noch in die Kompetenz der AuslBeh fallen (zur Erhebung vgl vor allem § 7 II 2 u. 3). Dessen ungeachtet ist der Übermittlungszweck ebenso wenig hinreichend bestimmt wie der Erhebungszweck in § 7 I (vgl § 7 Rn 6; ebenso Marx, § 8 Rn 3). Die Verantwortung für die Mitteilung aufgrund eines Ersuchens trägt allein die ersuchende Stelle (vgl § 15 II 1 BDSG). Mitzuteilen sind nur bereits vorhandene rechtmäßig erhobene Daten (Weichert, InfAuslR 1993, 385). Schutzwürdige Belange des Betroffenen gehen grundsätzlich vor, ebenso besondere ges Verwendungsregeln (zB §§ 14 IV, 40 I BDSG; § 35 SGB X; § 4 MRRG; § 16 BStatG; § 30 AO).

Die seit 1. 7. 1993 geltende Erweiterung des Abs 3 soll der Ahndung u. Bekämpfung 6 **unberechtigten Leistungsbezugs** u. der Abwehr von **Gesundheitsgefahren** dienen (BT-Drs 12/4450 S. 16). In dem seit 1. 6. 1997 geltenden Abs 2a sind Mitteilungspflichten im Rahmen der **Durchführung des AsylbLG** geregelt, die zuvor zT in Abs 3 S. 2 erfasst waren. Ziel ist eine wirksamere Kontrolle des unberechtigten Leistungsbezugs (dazu auch die Einfügung von § 11 III AsylbLG u. § 71 II a SGB X; dazu Deibel, ZAR 1998, 28; Streit/Hübschmann, ZAR 1998, 266), die ohne die vor allem bei BAMF u. AuslBeh vorhandenen Kenntnisse über Tatbestandsvoraussetzungen für AsylbLG-Leistungen nicht erreicht werden kann.

Voraussetzung für Abs 3 ist immer die Erhebung der Daten nach dem AsylVfG, eine 7 Erhebung nach anderen Ges, insb nach §§ 86 ff AufenthG genügt nicht für eine Übermittlung u. Verwendung unter den besonderen Voraussetzungen des Abs 3. Die Übermittlung an OWiG-Behörden ist nur auf deren Ersuchen hin zulässig, die Übermittlung an Sozialleistungs- u. Sozialversicherungsträger nur bei Vorliegen tatsächlicher Anhaltspunkte für einen unberechtigten Leistungsbezug. Hierauf kann aus der Stellung mehrerer Asylanträge durch eine Person allein noch nicht geschlossen werden. Einmal kann es sich um einen Folge- oder einen Zweitantrag handeln, u. zum anderen muss zumindest die Inanspruchnahme von Leistungen überhaupt festgestellt sein.

8   Für die Übermittlung von Daten zum Zwecke der **Strafverfolgung** ist nach deren Herkunft u. Inhalt zu differenzieren. Stammen die Angaben vom Asylbew selbst, hat er sie freiwillig gemacht u. ist er mit deren Weitergabe einverstanden, bestehen keine Bedenken. Ebenso verhält es sich, wenn die Daten sonstwie aus anderer Quelle bekannt geworden sind (vgl § 14 II Nr 7 BDSG). Problematisch erscheint die Übermittlung von Daten, die bei Schilderung des Verfolgungsschicksals entspr §§ 15, 25 angefallen sind; denn damit wird die Selbstbezichtigung der Begehung von Straftaten unmittelbar für Strafverfahrenszwecke genutzt (GK-AsylVfG, § 8 Rn 34 f; Marx, § 8 Rn 8; Weichert, InfAuslR 1993, 385; aA Hailbronner, § 8 AsylVfG Rn 25). Der BGH hat zwar die Übermittlung von Angaben über den Reiseweg im Asylverf für ein Strafverf wegen illegaler Einreise gebilligt, weil die Interessenabwägung in diesem Fall zugunsten der Sachaufklärung im Strafverf ausfiel (BGH, EZAR 355 Nr 9). Diese Abwägung kann aber ein Verwertungsverbot rechtfertigen, wenn dem Asylbew nicht nur die Überstellung an einen sicheren Drittstaat droht, sondern die Anerkennung als politisch Verfolgter auf dem Spiel steht, er also zB vor die Wahl gestellt ist, zur Begründung des Asylbegehrens die Begehung von Straftaten im Heimatstaat einzuräumen oder ohne diese Angaben abgelehnt u. in den Verfolgerstaat abgeschoben zu werden.

9   Andere ges Vorschriften, die **unberührt** bleiben, finden sich zB in den allg Vorschriften über die Aufgaben der Geheimdienste; ob hierauf die Abgabe von Akten oder Aktenauszügen über Asylbew an Verfassungsschutz, Bundesnachrichtendienst oder den Militärischen Abschirmdienst gestützt werden kann, ist indes höchst fraglich, zumal die Gefahr der Weitergabe an Stellen des Verfolgerstaats besteht (GK-AsylVfG, § 8 Rn 46 ff; Hailbronner, § 8 AsylVfG Rn 27).

§ 9 Hoher Flüchtlingskommissar der Vereinten Nationen

(1) Der Ausländer kann sich an den Hohen Flüchtlingskommissar der Vereinten Nationen wenden.

(2) Das Bundesamt übermittelt dem Hohen Flüchtlingskommissar der Vereinten Nationen auf dessen Ersuchen zur Erfüllung seiner Aufgaben nach Artikel 35 des Abkommens über die Rechtsstellung der Flüchtlinge seine Entscheidungen und deren Begründungen.

(3) [1] Sonstige Angaben, insbesondere die vorgetragenen Verfolgungsgründe dürfen, außer in anonymisierter Form, nur übermittelt werden, wenn sich der Ausländer selbst an den Hohen Flüchtlingskommissar der Vereinten Nationen gewandt hat oder die Einwilligung des Ausländers anderweitig nachgewiesen ist. [2] Der Einwilligung des Ausländers bedarf es nicht, wenn dieser sich nicht mehr im Bundesgebiet aufhält und kein Grund zu der Annahme besteht, daß schutzwürdige Interessen des Ausländers entgegenstehen.

(4) Die Daten dürfen nur zu dem Zweck verwendet werden, zu dem sie übermittelt wurden.

I. Entstehungsgeschichte

1   Abs 1 geht auf § 41 AuslG 1965 u. § 24 AsylVfG 1982 (§ 26 E, BT-Drs 9/875 S. 7) zurück. Die Vorschrift stimmt insgesamt im Wesentlichen mit dem **GesEntw 1992** (BT-Drs

12/2062 S. 6) überein. Auf Veranlassung des BT-IA wurde die Übermittlung, die nach dem GesEntw nur Personalien u. Verfahrensstand betreffen sollte, auf Entscheidungen u. deren Gründe ausgedehnt; gleichzeitig wurde die Übermittlung anonymisierter Verfolgungsgründe allg zugelassen (BT-Drs 12/2817 S. 12).

II. Allgemeines

UNHCR überwacht als **Einrichtung der UN** seit 1949 die Durchführung der 2 Bestimmungen der GK; die Vertragsstaaten der GK haben sich dazu verpflichtet, ihn dabei zu unterstützen u. ihm die erforderlichen Auskünfte zu erteilen (Art 35 f GK). Zu den Aufgaben von UNHCR gehört ua der Rechtsschutz für Flüchtlinge sicherzustellen (Art 1, 8 UNHCR-Statut; dazu allg von Glahn, Der Kompetenzwandel internationaler Flüchtlingsorganisationen, 1992; Nicolaus, ZAR 1991, 113; Türk, Das Flüchtlingskommissariat der Vereinten Nationen, 1992). Das **Exekutivkomitee** des Programms von UNHCR unterstützt ihn mit allg Beschlüssen zur Auslegung u. Anwendung der GK (Zusammenstellung in UNHCR, Die Beschlüsse des Exekutivkomitees, 1989 ff). Die Kriterien zur Feststellung der **Flüchtlingseigenschaft** hat UNHCR in einem Handbuch (erschienen 1979) zusammengestellt. UNHCR unterhält in Deutschland zwei Dienststellen (10179 Berlin, Wallstr. 9–13, Tel. 0 30–20 22 02 00; 90461 Nürnberg, Frankenstr. 210, Tel. 09 11–44 21 00).

III. Verbindungsaufnahme mit UNHCR

UNHCR steht ein **Mitwirkungsrecht** an Asylverf aufgrund der GK nicht zu. Er wird 3 üblicherweise wie andere Einrichtungen, Verbände ua an der Vorbereitung von Ges im Bereich des Flüchtlingsrechts beteiligt (Koisser/Nicolaus, ZAR 1991, 9). Ein allg Recht zur Teilnahme an einzelnen Verf ist ihm auch nach innerstaatl Recht nicht eingeräumt. UNHCR erhält allerdings Informationen nach Abs 2 bis 4, u. Vertreter von UNHCR können an der nichtöffentlichen **Anhörung** beim BAMF teilnehmen (§ 25 VI 1).

Der Asylbew kann sich iÜ **an UNHCR wenden.** Mit UNHCR sind dessen Dienst- 4 stellen in Deutschland (vgl Rn 2) gemeint. Eine aktive Unterstützung durch dt Behörden ist nicht verlangt; dies war auch nach § 24 AsylVfG 1982 trotz dessen Fassung („... ist Gelegenheit zu geben ...") nicht notwendig. Andererseits hat aber jede Art von Behinderung zu unterbleiben. Sonst wäre die Erfüllung des Auftrags von UNHCR ebenso behindert wie die Inanspruchnahme von Hilfe zum Rechtsschutz durch den Flüchtling. Die Möglichkeit, sich lediglich schriftlich an UNHCR zu wenden oder zB telefonisch Verbindung mit ihm aufzunehmen, wird uU den Aufgaben von UNHCR u. dem Schutzanliegen des Flüchtlings nicht gerecht. Falls ein Vertreter von UNCR an der Anhörung teilnimmt (§ 25 VI 1), besteht dort Gelegenheit zur Kontaktaufnahme. Darüber hinaus kann im Einzelfall Anlass dazu bestehen, dem Asylbew das Aufsuchen des Amts von UNHCR zu ermöglichen. Zu diesem Zweck soll ihm das Verlassen des Aufenthaltsbezirks erlaubt werden (§§ 57 II, 58 II).

Begünstigt ist jeder Ausl, der um Asyl nachsucht (vgl § 13); ein Asylantrag iSd § 14 I ist 5 nicht vorausgesetzt. Gleichgültig ist insb, ob nur die Flüchtlingsanerkennung oder auch die Asylanerkennung beantragt ist. Familienangehörige sind nur dann berechtigt, wenn sie selbst Asyl begehren oder sonst um Schutz nachsuchen. Die Annahme als Mandatsflüchtling durch UNHCR bindet dt Behörden nicht, führt jedoch zur Gewährung von Rechtsschutz durch UNHCR.

IV. Datenübermittlung an UNHCR

6   Die seit 1. 7. 1992 geltenden Regelungen über Datenübermittlung vom BAMF an UNHCR u. den Verwendungsschutz (Abs 2 bis 4) dienen zT der **Ausführung von Art 35 GK**. Sie enthalten aber insb keine Vorschriften über die Löschung der Daten nach Zweckerfüllung u. über die Auskunft an den Betroffenen. Sie betreffen auch nicht die Informationen, die UNHCR durch eine Verbindungsaufnahme nach Abs 1 oder durch Teilnahme an einer Anhörung nach § 25 VI 1 erhält.

7   Mit den **Einschränkungen** nach Abs 2 bis 4 entspricht das Ges im Wesentlichen dem schon früher praktizierten Unterrichtungsverf Die UNHCR übertragene Überwachungsaufgabe hinsichtlich der Durchführung der GK (Art 35 I, II GK) wäre erheblich erschwert worden, wenn die ursprünglich vorgesehenen Beschränkungen (dazu BT-Drs 12/2062 S. 6, 29) eingeführt worden wären.

8   **Datenschutzgründe** stehen der Regelübermittlung der vorgetragenen Asylgründe nicht entgegen, weil die Verwendung eng begrenzt ist u. eine zweckwidrige Verwendung durch UNHCR hinreichend sicher ausgeschlossen erscheint. Zumindest gilt dies für eine anonymisierte Mitteilung von Daten über Person u. Fluchtgründe der Asylbew u. außerdem bei Kontaktaufnahme durch den Asylbew selbst oder bei dessen Zustimmung. Eine generelle Einwilligung sieht das Ges nicht vor, sie kann aber jew bei Antragstellung eingeholt werden, u. zwar auch formularmäßig. Freiwilligkeit muss allerdings durch eine entspr Belehrung sichergestellt sein.

§ 10 Zustellungsvorschriften

(1) Der Ausländer hat während der Dauer des Asylverfahrens vorzusorgen, daß ihn Mitteilungen des Bundesamtes, der zuständigen Ausländerbehörde und der angerufenen Gerichte stets erreichen können; insbesondere hat er jeden Wechsel seiner Anschrift den genannten Stellen unverzüglich anzuzeigen.

(2) [1] Der Ausländer muß Zustellungen und formlose Mitteilungen unter der letzten Anschrift, die der jeweiligen Stelle auf Grund seines Asylantrages oder seiner Mitteilung bekannt ist, gegen sich gelten lassen, wenn er für das Verfahren weder einen Bevollmächtigten bestellt noch einen Empfangsberechtigten benannt hat oder diesen nicht zugestellt werden kann. [2] Das gleiche gilt, wenn die letzte bekannte Anschrift, unter der der Ausländer wohnt oder zu wohnen verpflichtet ist, durch eine öffentliche Stelle mitgeteilt worden ist. [3] Der Ausländer muß Zustellungen und formlose Mitteilungen anderer als der in Absatz 1 bezeichneten öffentlichen Stellen unter der Anschrift gegen sich gelten lassen, unter der er nach den Sätzen 1 und 2 Zustellungen und formlose Mitteilungen des Bundesamtes gegen sich gelten lassen muß. [4] Kann die Sendung dem Ausländer nicht zugestellt werden, so gilt die Zustellung mit der Aufgabe zur Post als bewirkt, selbst wenn die Sendung als unzustellbar zurückkommt.

(3) [1] Betreiben Eltern oder Elternteile mit ihren minderjährigen ledigen Kindern oder Ehegatten jeweils ein gemeinsames Asylverfahren und ist nach Absatz 2 für alle Familienangehörigen dieselbe Anschrift maßgebend, können für sie bestimmte Entscheidungen und Mitteilungen in einem Bescheid oder einer Mitteilung zusammengefaßt und einem Ehegatten oder Elternteil zugestellt werden. [2] In der Anschrift sind alle Familienangehörigen zu nennen, die das 16. Lebensjahr vollendet haben und für die die Entscheidung oder Mitteilung bestimmt ist. [3] In der Entscheidung oder Mitteilung ist ausdrücklich darauf hinzuweisen, gegenüber welchen Familienangehörigen sie gilt.

(4) [1] In einer Aufnahmeeinrichtung hat diese Zustellungen und formlose Mitteilungen an die Ausländer, die nach Maßgabe des Absatzes 2 Zustellungen und formlose Mitteilungen unter der Anschrift der Aufnahmeeinrichtung gegen sich gelten lassen

Zustellungsvorschriften § 10 **AsylVfG** 4

müssen, vorzunehmen. Postausgabe- und Postverteilungszeiten sind für jeden Werktag durch Aushang bekanntzumachen. ²Der Ausländer hat sicherzustellen, daß ihm Posteingänge während der Postausgabe- und Postverteilungszeiten in der Aufnahmeeinrichtung ausgehändigt werden können. ³ Zustellungen und formlose Mitteilungen sind mit der Aushändigung an den Ausländer bewirkt; im übrigen gelten sie am dritten Tag nach Übergabe an die Aufnahmeeinrichtung als bewirkt.

(5) Die Vorschriften über die Ersatzzustellung bleiben unberührt.

(6) ¹Müßte eine Zustellung außerhalb des Bundesgebiets erfolgen, so ist durch öffentliche Bekanntmachung zuzustellen. ²Die Vorschriften des § 15 Abs. 2 und 3, Abs. 5 Satz 2 und 3 und Abs. 6 des Verwaltungszustellungsgesetzes finden Anwendung.

(7) Der Ausländer ist bei der Antragstellung schriftlich und gegen Empfangsbestätigung auf diese Zustellungsvorschriften hinzuweisen.

Übersicht

	Rn
I. Entstehungsgeschichte	1
II. Allgemeines	2
III. Mitwirkungspflichten	4
IV. Vereinfachte Zustellung oder Mitteilung	10
1. Allgemeines	10
2. Zustellung oder Mitteilung an Bevollmächtigte	12
3. Besondere Arten der Zustellung oder Mitteilung	15
V. Belehrungspflicht	25

I. Entstehungsgeschichte

Die Vorschrift geht auf § 17 AsylVfG 1982 zurück, der damals im Wesentlichen dem **1** GesEntw 1982 (§ 12; BT-Drs 9/875 S. 5) entsprach. Damit stimmte sie ursprünglich entspr dem **GesEntw 1992** (BT-Drs 12/2062 S. 6) größtenteils überein. Auf Vorschlag des BT-IA wurde allerdings Abs 1 dahin geändert, dass nicht die Mitteilungen aller mit dem Ges betrauter Behörden erfasst sind (BT-Drs 12/2817 S. 12, 60). Mit Wirkung vom 1. 7. 1993 wurden aufgrund des **GesEntw 1993** (BT-Drs 12/4450 S. 5), abgeändert durch den BT-IA (BT-Drs 12/4984 S. 10), in Abs 1 die S. 2 u. 3 u. außerdem die neuen Abs 3 bis 5 eingefügt (Art 1 Nr 3 **AsylVfÄndG 1993**).

II. Allgemeines

Die **Sonderregeln** über besondere Mitwirkungspflichten im behördlichen u. gericht- **2** lichen Verf u. über vereinfachte Zustellungen u. Mitteilungen weichen von den allg hierfür geltenden Bestimmungen (vgl § 41 VwVfG; VwZG des Bundes u. der Länder; § 56 VwGO) erheblich ab. Die Verletzung von Mitteilungspflichten ermöglicht die Anwendung spezieller Zustellungsarten, vorausgesetzt ist aber eine besondere Belehrung des Ausl hierüber. Unberührt bleiben die Pflichten zur Mitwirkung nach §§ 15, 47 III u. die Sonderbestimmungen über Zustellungen in §§ 18a III 3, 31 I, 36 III 9, 50 V. Für Abs 2 S. 2 u. 3, Abs 3 u. 4 gilt die **Übergangsvorschrift** des § 87a II Nr 1.

Die Sonderstellung der Vorschrift ist im Zusammenhang mit der verfassungsrechtlichen **3** Verpflichtung zu sehen, auch Ausl **rechtliches Gehör** u. **effektiven Rechtsschutz** zu gewährleisten (Art 16a, 19 IV, 103 I GG). Eine vom allg Verfahrensrecht (VwZG des Bundes u. der Länder, §§ 180 ff ZPO) abweichende Behandlung erscheint zweckmäßig u. auch gerechtfertigt, weil den Ausl ausreichende Kenntnisse über das dt Verfahrensrecht u. die

Restriktionen des AsylVfG (kurze Fristen, Rechtsmittelbeschränkungen) meist fehlen u. gerade die Flüchtlinge wegen der ungesicherten Wohnverhältnisse (AufnEinr, GemUnt, Wechsel während des Verf) oft für Behörden, Gerichte u. Bevollmächtigte nur schwer zu erreichen sind. Die Sonderregelungen sind insgesamt verfassungsrechtlich nicht zu beanstanden (BVerfG-K, EZAR 210 Nr 7 u. 11), erscheinen aber angesichts der beinahe perfekten Betreuung u. Beaufsichtigung der Asylbew u. eines umfassenden behördlichen Meldesystems eher wie ein „Offenbarungseid des modernen Verwaltungsstaats" (so Hailbronner, § 10 AsylVfG Rn 9).

III. Mitwirkungspflichten

4   Die Sonderregeln über besondere Mitwirkungspflichten (zur vereinfachten Zustellung oder Mitteilung vgl Rn 10, 18, 21) **gelten** nur für das Verf nach dem AsylVfG u. nur für BAMF, AuslBeh u. Asylgericht. Sie sind also nicht anwendbar auf Auslieferungs- oder Strafverf u. auf auslr Verf (iÜ vgl § 15 VwZG) sowie im Verhältnis zu anderen Behörden oder Stellen, zB Grenzbehörde, Polizei, AufnEinr, Verteilungsbehörde. Die ursprünglich vorgeschlagene Ausdehnung auf alle mit der Ausführung des AsylVfG betrauten Behörden (§ 10 I GesEntw 1992, BT-Drs 12/2062 S. 6) wurde als zu weitgehend erachtet (BT-Drs 12/2718 S. 60).

5   Die Beschränkung auf das **Asylverf** ergibt sich aus dem Regelungsgegenstand des AsylVfG u. den entspr einengenden Formulierungen in Abs 1 u. 3, die den Anwendungsbereich nicht nur zeitlich, sondern auch gegenständlich auf das asylr Verf begrenzen (zu der Ausdehnung auf weitere zuständige Stellen in Abs 2 S. 3 seit 1. 7. 1993 vgl Rn 10, 18, 21). Hätten alle Maßnahmen während des Asylverf für u. gegen Asylbew, also zB auch Ausweisungen nach allg AuslR, gemeint sein sollen, wäre statt der Aufzählung in Abs 1 eine § 52 Nr 2 S. 3 VwGO ähnliche Beschreibung angezeigt gewesen. Außer Asyl- u. Flüchtlingsanerkennung u. den damit verbundenen Maßnahmen des BAFl u. der zuständigen AuslBeh gehört ua auch das Verf über Widerruf oder Rücknahme dazu. „Während der Dauer des Asylverf" ist dahin zu verstehen, dass die Zeit bis zur endgültigen Abwicklung des Asylverf einschließlich Folge- u. Zweitantragsverf gemeint ist (Hailbronner, § 10 AsylVfG Rn 14 ff), also entweder bis zur Erfüllung der Ausreisepflicht im Ablehnungsfall (betr Folgeantrag vgl BVerfGE 80, 313) oder bis zur Rechtskraft der Asylanerkennung oder nach Flüchtlingsanerkennung bis zum Entstehen des Anspruchs auf eine AE nach § 25 I oder II AufenthG. Trotz der insoweit offenen Formulierung „eines angerufenen Gerichts" ist nur das Asylgericht iSd § 52 Nr 2 S. 3 VwGO gemeint, das im Anschluss an BAMF oder AuslBeh tätig wird. Die Beschränkung auf das Verhältnis zwischen Asylbew u. BAMF oder AuslBeh sollte nicht im Falle eines Rechtsstreits betr das Verhältnis zu anderen Behörden durchbrochen werden (Hailbronner, § 10 AsylVfG Rn 32). Erfasst ist also durch Abs 1 zB nicht das VG, das über einen Zuweisungsstreit zwischen Asylbew u. einer anderen als den in Abs 1 genannten Stellen oder über die Zurückweisung durch die Grenzbehörde zu entscheiden hat (zur Ausdehnung der Zustellungsvereinfachung auf andere öffentl Stellen seit 1. 7. 1993 vgl jedoch Rn 10, 18, 21).

6   Die Pflicht des Ausl, **Vorkehrungen zu treffen,** damit ihn Mitteilungen (dh Zustellungen ua) der genannten Stellen jederzeit erreichen können, ist umfassend. Als (wichtiges) Beispiel ist die Pflicht zur unverzüglichen (ohne schuldhaftes Handeln) Anzeige des Wechsels der Anschrift genannt. Dazu gehören aber auch: Angabe der ersten Anschrift bei (oder nach) Stellung des Asylantrags; bei Untermiete Angabe des Namens des Hauptmieters; deutliche Namensangaben an Wohnung u. Briefkasten; Nachfrage nach Post bei Heimleiter u. anderen Empfangsberechtigten; Nachsendeauftrag. Während des Aufenthalts in einer AufnEinr hat der Ausl darüber hinaus die Möglichkeit der Aushändigung von Post während der dafür angesetzten Zeiten sicherzustellen (vgl Abs 4 u. iÜ § 47 III). Bei Verbüßung einer mehrjährigen **Freiheitsstrafe** ist zustellungsrechtlich die bisherige Wohnung aufgegeben

Zustellungsvorschriften **§ 10 AsylVfG 4**

(BVerwG, EZAR 610 Nr 21). Ist eine genaue Anschrift nicht angegeben, ist uU die Pflicht aus Abs 1 verletzt; dies rechtfertigt aber nicht die Verweigerung der Annahme eines Asylantrags (HessVGH, InfAuslR 1987, 263). Bei beharrlicher Weigerung, den Aufenthaltsort bekannt zu geben, kann jedoch das Rechtsschutzbedürfnis für Asylantrag u. Rechtsverfolgung entfallen (HessVGH, EZAR 630 Nr 24 u. DVBl. 1989, 1275).

Jeder Wechsel der Anschrift ist **unverzüglich anzuzeigen,** also ohne schuldhaftes Zögern, wobei angesichts der auch sonst äußerst kurzen Fristen nach dem AsylVfG idR längstens eine Woche hinzunehmen ist (Hailbronner, § 10 AsylVfG Rn 36; aA GK-AsylVfG, § 10 Rn 16: ein Monat). Mit Anschrift ist der Ort gemeint, an dem man tatsächlich lebt u. erreichbar ist. Gewechselt ist die Wohnung erst, wenn die Erreichbarkeit berührt ist (Hailbronner, § 10 AsylVfG Rn 23). Deshalb kann die Angabe einer Korrespondenzanschrift genügen, wenn Benachrichtigung u. Weitergabe der Post sichergestellt sind (HessVGH, EZAR 226 Nr 7). Ausreichen kann auch die Beauftragung einer Sozialarbeiterin (BVerfG-K, EZAR 210 Nr 11) Den Asylbew trifft jedoch eine gesteigerte Sorgfaltspflicht bei Auswahl u. Kontrolle von Mittelspersonen; er allein trägt das Risiko einer unterlassenen, unvollständigen, verspäteten oder fehlgeleiteten Mitteilung. 7

Die Pflichten aus Abs 1 bestehen unabhängig von der **Unterrichtung der beteiligten Behörden** untereinander (zB nach § 54 Nr 1; BVerfG-Kammer, EZAR 210 Nr 7, 11). Eindeutig überzogen wäre jedoch eine Auslegung, die den Asylbew verpflichtete, den Umzug auch der diesen verfügenden Behörde mitzuteilen (Hailbronner, § 10 AsylVfG Rn 30 f). Soweit in der Rspr der BVerfG-Kammer (aaO; vgl auch HessVGH, EZAR 210 Nr 10) dahingehende Formulierungen verwandt werden, lagen dort immer andere Fallgestaltungen zugrunde, in denen beide Behörden nicht identisch waren. Die eher programmatischen allg Aussagen waren nicht entscheidungstragend u. sind wohl so zu verstehen, dass die Mitteilungspflicht auch dann gilt, wenn die beiden Behörden derselben Gebietskörperschaft angehören (Verteilungs- u. Ausländerbehörde des Landes) u. der Wohnungswechsel mittelbar auf der Entscheidung einer Stelle beruht, aber nicht von dieser verfügt wurde (zB BAMF in den Fällen der §§ 48 Nr 2, 50 I 1 Nr 1). 8

Die Möglichkeit einer Mitteilung an den **Bevollmächtigten** befreit nicht von den Pflichten aus Abs 1 (HessVGH, EZAR 226 Nr 7). Die Bestellung eines Bevollmächtigten steht der Anwendung der Zustellungserleichterungen des Abs 2 S. 1 entgegen, befreit aber nicht von den allg Mitteilungspflichten. Eine andere Auslegung ginge an der Unterrichtungsfunktion der Anzeigepflicht vorbei u. bedeutete reinen Formalismus (zur Einschaltung Dritter als Boten oder Bevollmächtigte vgl Rn 7). Der Ausl muss auch außerhalb von Zustellungen u. Mitteilungen, die an den Bevollmächtigten zu richten sind, u. für den Fall, dass das Vollmachtsverhältnis beendet wird, tatsächlich erreichbar sein. Die Beschränkung des Aufenthalts während des Verf (§§ 47 ff) lässt die ges Verpflichtung, stets erreichbar zu sein, als nicht unzumutbar erscheinen. Kurzfristige Abwesenheit schadet nicht. Bei länger andauerndem Verlassen des Aufenthaltsorts muss der Asylbew dafür Sorge tragen, dass ihm Mitteilungen nachgesandt oder weitergegeben werden. Für die Zuverlässigkeit beauftragter Personen hat er letztlich einzustehen (etwa bei Fristversäumnis, vgl § 60 VwGO). 9

IV. Vereinfachte Zustellung oder Mitteilung

1. Allgemeines

Die Sonderregeln über vereinfachte Zustellung oder Mitteilung galten nach Abs 1 zunächst nur für einen **beschränkten Kreis** von Behörden u. Gerichten (BAMF, AuslBeh u. Asylgericht), seit Einfügung von S. 3 in Abs 2 (zum 1. 7. 1993) wirken sie aber auch zugunsten anderer öffentl Stellen (Rn 4f, 18, 21). Geblieben ist jedoch der notwendige unmittelbare zeitliche u. gegenständliche Zusammenhang mit dem Asylverf (dazu Rn 5). Unter **Zustellung** ist eine besondere Form der Bekanntgabe zu verstehen, die ges oder 10 behördlicher Anordnung bedarf (vgl § 1 III VwZG; § 41 V VwVfG; § 56 I VwGO; zB § 31 I) u. nur in bestimmten Formen bewirkt werden kann (vgl §§ 2 ff VwZG): durch Post mit Zustellungsurkunde oder eingeschriebenen Brief; durch Behörde gegen Empfangsbekenntnis oder mittels Vorlegen der Urschrift; im Ausland durch ausl Behörde oder dt Auslandsvertretung; durch öffentl Bekanntmachung. In Abs 2 ist die **formlose Mitteilung** der Zustellung gleichgestellt. Als „formlos" ist jede Mitteilung anzusehen, die nicht der Zustellung bedarf (BT-Drs 12/4450 S. 16).

11   Bei Verwendung der allg zugelassenen Zustellungsarten, die den besonderen vorgehen, ergeben sich wegen der idR ungesicherten Lebensverhältnisse der Asylbew einige **Besonderheiten,** die ungeachtet des § 10 zu berücksichtigen sind. Auch in einer **GemUnt** (betr AufnEinr vgl Rn 19) muss idR an den Adressaten persönlich zugestellt werden. Eine Ersatzzustellung an einen erwachsenen Hausgenossen oder den Hauswirt oder Vermieter oder durch Niederlegung (§ 3 III VwZG iVm §§ 181 f ZPO; § 10 I, II VwZG) ist nur zulässig, wenn der Asylbew unter der angegebenen Anschrift noch wohnt (BayObLG, EZAR 135 Nr 11; OVG RhPf, NVwZ 1989, 496) u. trotz Suchens nicht anzutreffen ist (VGH BW, NVwZ-Beil 1999, 42; BayVGH, NVwZ 1986, 842; HessVGH, NJW 1989, 140). Ausl dürfen nicht schon wegen mangelnder Sprachkenntnisse als generell abwesend betrachtet werden; ebenso wenig befreien Schwierigkeiten bei der Personenfeststellung von der Einhaltung der gewöhnlichen Zustellungsvorschriften. Als **Hauswirt** kann nicht schon jeder Betreuer gelten (BVerwG, NVwZ 1986, 842: nicht bloßer Angestellter), es sei denn, er übt Hausgewalt im Auftrag des Vermieters aus. Er muss zudem in demselben Haus wohnen (§ 11 I VwZG; § 182 II ZPO; aA BayVGH, NVwZ 1997, 745: analog für Leiter einer GemUnt, der nicht dort wohnt). Als **Mitbewohner** kommt eine Aufsichts- oder Betreuungsperson nur in Betracht, wenn sie in der Unterkunft nicht nur arbeitet, sondern auch wohnt. Schließlich handelt es sich bei einer GemUnt nicht um eine **Anstalt,** für deren Insassen der Anstaltsleiter Zustellungen entgegennehmen darf (HessVGH, NJW 1989, 140). Über Niederlegung bei der Post ist der Asylbew ordnungsgemäß zu benachrichtigen (VG Gelsenkirchen, AuAS 2001, 237: bei fehlendem Hausbriefkasten ist der Beweis durch Postzustellungsurkunde widerlegt).

2. Zustellung oder Mitteilung an Bevollmächtigte

12   Bei Bestellung eines **Bevollmächtigten** oder Zustellungsbevollmächtigten greifen die Sonderregeln der Abs 2 bis 4 u. 6 nicht ein, weil dann Zustellungen u. Mitteilungen zumindest auch an diese Verfahrensvertreter erfolgen können (vgl §§ 14 III, 41 I 2 VwVfG; § 8 I 2 VwZG; § 67 III 3 VwGO). Ein Zustellungsbevollmächtigter ist nur zur Entgegennahme von Zustellungen oder Mitteilungen ermächtigt, nicht zum Einlegen von Rechtsmitteln oder zu anderen Prozesshandlungen.

13   Im Verwaltungsprozess ist die Vollmacht **schriftlich** zu erteilen (§ 67 III 1 VwGO); sie kann aus besonderem Anlass auch von Amts wegen überprüft werden (BVerwG, EZAR 600 Nr 4). Im Verwaltungsverf genügt die formlose Bevollmächtigung, es kann aber ein schriftlicher Nachweis verlangt werden (§ 14 I 3 VwVfG). Die Vollmacht **erlischt** erst mit wirksamer Kündigung, nicht schon mit einseitiger Niederlegung des Mandats durch den Bevollmächtigten gegenüber dem Gericht (BVerwG, EZAR 610 Nr 21). Der Widerruf wird Behörde oder Gericht gegenüber erst mit Zugang wirksam (§ 14 I 4 VwVfG).

14   Ist ein Bevollmächtigter bestellt, sollen sich BAMF oder andere Behörden an ihn wenden (§ 14 III 1 VwVfG). Soweit die Mitwirkungspflicht reicht, kann sich die Behörde an den Ausl selbst wenden; in diesem Fall soll sie den Bevollmächtigten verständigen (§ 14 III 2, 3 VwVfG). **Zustellungen** können **an den Bevollmächtigten** gerichtet werden, nach Vorlage einer schriftlichen Vollmacht müssen sie an ihn gerichtet werden (§ 8 I 1, 2 VwZG; dazu BVerwG, EZAR 610 Nr 21; BayObLG, EZAR 135 Nr 11; HessVGH, HessVGRspr 1989, 59 u. 1991, 30; OVG Hamburg, NVwZ-RR 1993, 110). Im Gerichtsverf sind nach Bestellung eines Bevollmächtigten alle Zustellungen oder Mitteilungen des Gerichts an

diesen zu richten (§ 67 III 3 VwGO; § 8 IV VwZG); bei Anordnung des persönlichen Erscheinens des Ausl ist die Ladung (auch) ihm zuzustellen.

3. Besondere Arten der Zustellung oder Mitteilung

Ist ein Bevollmächtigter oder Zustellungsbevollmächtigter nicht bestellt oder kann diesem nicht zugestellt werden, sieht das Ges **mehrere Sonderregeln** für die Zustellung vor. Die Abs 2 bis 4 u. 6 gelten allesamt nur für diesen Fall, auch wenn diese Bedingung nur in Abs 2 ausdrücklich genannt ist (so auch BT-Drs 12/4450 S. 17). Diese Zustellungsarten sind nicht obligatorisch; ihnen geht der allg Grundsatz vor, dass an jedem Ort zugestellt werden kann, an dem der Ausl angetroffen wird (§ 10 VwZG), u. außerdem verbleibt die Möglichkeit der Ersatzzustellung (§ 11 VwZG). Als Rechtsfolgen sind bei Abs 2 bis 4 ua unterschiedliche Zustellfiktionen vorgesehen. **15**

Der Ausl muss die Zustellung oder Mitteilung an die **letzte** der jew Stelle genannten **Anschrift** gegen sich gelten lassen, also nicht an eine früher genannte u. unabhängig von der Richtigkeit der Meldung. Ist der jew Stelle (iSd Abs 1) keine weitere als die im Asylantrag genannte bekannt, ist letztere maßgeblich. In Betracht kommt für die Zustellung auch eine Anschrift, die von einer öffentl Stelle mitgeteilt wurde. Auf den Zweck der Mitteilung kommt es nicht an. Sie braucht insb nicht zielgerichtet erfolgt sein; es genügt, wenn die Anschrift aus einem anderen Anlass angegeben wurde. Die Art der Übermittlung (schriftlich, mündlich ua) u. der Aufbewahrung (Akte, EDV-Dokumentation ua) ist ebenfalls unerheblich. Entscheidend ist die (objektive) Kenntnis der Behörde oder des Gerichts. Als behörden- oder gerichtsbekannt gelten dabei alle Daten, die in den Machtbereich der jew Stelle gelangt sind u. dort noch existieren. Soweit auf eine Wohnverpflichtung abgestellt ist, handelt es sich um die nach § 47 I. Soweit es auf den Ort des tatsächlichen Wohnens ankommen soll, ist darunter zwar nicht der **Wohnort** im eigentlichen Sinne zu verstehen, gleichwohl aber eine gewisse Stetigkeit zu verlangen u. eine nur vorübergehende Anwesenheit zum Zwecke des Schlafens u. Essens nicht ausreichend. Ob der Ausl unter der genannten Anschrift tatsächlich gewohnt hat, die Anschrift also zutraf, ist nach Gesetzeswortlaut u. -zweck unerheblich. Notwendig ist jedoch eine Übereinstimmung der aufgrund der Mitteilung einer anderen öffentl Stelle bekannten Anschrift mit den aktuellen Lebensverhältnissen (Hailbronner, § 10 AsylVfG Rn 50; BT-Drs 12/4450 S. 16; insoweit abw noch 7. Aufl); denn das Ges stellt auf die Gegenwart ab, der Asylbew soll also erkennbar nicht das Risiko der Unrichtigkeit einer nicht von ihm stammenden Mitteilung tragen. **16**

Kann die Sendung dem Ausl unter keiner dieser Anschriften zugestellt werden, **gilt die Zustellung** als mit der Aufgabe zur Post bewirkt; abzustellen ist auf den letzten (erfolglosen) Zustellungsversuch. Die Sendung ist endgültig unzustellbar, wenn keine der allg Zustellformen zum Erfolg führt (vgl Rn 10 f; OVG SaAnh, NVwZ-Beil. 1996, 43), auch nicht die Ersatzzustellung (vgl Abs 5; BayVGH, BayVBl. 1997, 411). Dies kann nur vorkommen, wenn der Asylbew an der zuletzt genannten Anschrift tatsächlich nicht wohnt (Hailbronner, § 10 AsylVfG Rn 57). Als „unzustellbar" kommt die Sendung auch dann zurück, wenn der „Empfänger unbekannt verzogen" oder sein „Aufenthaltsort unbekannt" ist. Die Fiktion knüpft in diesem Fall an die Aufgabe zur Post, nicht an den dritten Tag danach (wie nach § 4 I VwZG) oder an einen anderen Zeitpunkt (wie nach § Abs 4 S. 4; dazu Rn 21) an, weil nicht einmal eine Ersatzzustellung möglich ist. **17**

Seit 1. 7. 1993 ist die Zustellungsmöglichkeit an die letzte bekannte Anschrift auf **andere** als in Abs 1 genannte öffentl **Stellen** ausgedehnt. In Betracht kommen ua Sozialamt, öffentliche Kassen, Polizei, Staatsanwaltschaft u. andere Gerichte als das angerufene Asylgericht. Eine Beschränkung auf mit Asylverf befasste Stellen lässt der Wortlaut nicht erkennen u. ist iÜ auch nicht sachlich geboten (Hailbronner, § 10 AsylVfG Rn 54; aA GK-AsylVfG, § 10 Rn 161). Verwandt werden darf aber nur die dem BAMF aufgrund des Asylantrags bekannte oder vom Asylbew oder einer öffentl Stelle mitgeteilte Anschrift, wobei diese im letzteren Fall auch noch aktuell zutreffen muss. Die zugrunde liegende Angelegenheit braucht keine **18** asylr zu sein, die Zustellung oder Mitteilung muss aber während des Asylverf ergehen; denn diese Einschränkung der Mitwirkungspflicht nach Abs 1 gilt auch für die nachfolgenden Zustellmodalitäten.

19 Die Erleichterungen u. Vereinfachungen für Zustellungen oder Mitteilungen **in einer AufnEinr** (nicht auf GemUnt anwendbar: VGH BW, NVwZ-Beil 1999, 42; BayVGH, EZAR 604 Nr 3) setzen die Zulässigkeit der Zustellung an diesem Ort nach Abs 2 voraus. Die AufnEinr muss eine danach maßgebliche Anschrift darstellen. Die Fortdauer der Wohnverpflichtung ist also nicht erforderlich, wenn danach keine Anschrift mehr mitgeteilt worden ist. Indem die AufnEinr zur Vornahme von Zustellungen oder Mitteilungen verpflichtet wird, wird sie als **Übermittler** in den Zustellungsvorgang eingeschaltet. Sie wird damit weder zum Absender noch zum Empfänger. Die mit dem GesEntw vorgesehene Empfangsberechtigung des Leiters der AufnEinr mit dem Recht zur Unterbevollmächtigung (BT-Drs 12/4450 S. 3, 17) wurde zu Recht wegen erheblicher Bedenken gegen diese Konstruktion nicht eingeführt.

20 Mit den vom Ges vorgesehenen Vorkehrungen für Zustellungen in AufnEinr soll die Möglichkeit der Kenntnisnahme gewährleistet werden, verlässlich sind aber die vorgeschriebenen Modalitäten nicht. Sie können in vielen Fällen nur die Fiktion einer Kenntnisnahme begründen. Die **Bekanntgabe** der Ausgabezeiten durch Aushang muss deutlich u. unmissverständlich auch den Ort der Ausgabe benennen. Um das Verständnis zu erleichtern, sollte sie außer in dt Sprache auch in gängigen Fremdsprachen erfolgen; zwingend geboten ist dies indessen nicht.

21 Die **Fiktion** der Zustellung am dritten Tag nach der Übergabe an die AufnEinr (anders im Falle des Abs 2; dazu Rn 17) greift stets ein, wenn eine Aushändigung – aus welchen Gründen auch immer – nicht innerhalb drei Tagen erfolgt ist, wobei in diese Frist Samstage, Sonntage u. Feiertage einzurechnen sind (OVG SaAnh, EZAR 604 Nr. 4; VG München, AuAS 2000, 128). Wird sie während dieses Zeitraums bewirkt, ist der Zeitpunkt der Aushändigung maßgebend. Eine spätere Übergabe an den Asylbew setzt keine neue Frist in Gang, weil dann die Drei-Tage-Regelung vorgeht.

22 Für Schriftstücke an **Mitglieder einer Familie** (Ehegatten oder Eltern/Elternteile mit minderjährigen ledigen Kindern) sind Adressierung u. Formulierung der Bescheide sowie deren Zustellung erleichtert. Damit wird von dem sonst geltenden allg Zustellungsrecht abgewichen, das grundsätzlich die Übermittlung je eines Exemplars an jeden Adressaten verlangt. Erfasst sind nur Entscheidungen oder Mitteilungen im asylr Verwaltungsverf, nicht solche im Gerichtsverf (vgl BT-Drs 12/4450 S. 17); dafür spricht die Verwendung der Begriffe „Bescheid" u. „Mitteilung". Die betroffenen Personen müssen ein gemeinsames Asylverf im technisch-organisatorischen Sinne betreiben (parallele Verf also nicht ausreichend) u. über eine nach Abs 2 maßgebliche gemeinsame Anschrift verfügen. Eine Beschränkung auf das BAMF ergibt sich weder aus dem Gesetzestext noch aus dem Regelungszusammenhang, allenfalls aus der Begründung des GesEntw (BT-Drs 12/4450 S. 17). Daher kann auch eine andere öffentl Stelle iSd Abs 1 u. Abs 2 S. 3 von der Vereinfachung Gebrauch machen; allerdings nur, wenn alle Familienmitglieder ein gemeinsames Asylverf betreiben (Hailbronner, § 10 AsylVfG Rn 72; aA Marx, § 10 Rn 33). Die Voraussetzungen müssen im Zeitpunkt der Absendung vorliegen. In dem Bescheid sind alle materiell betroffenen Personen aufzuführen, in der Anschrift alle über 16 jährigen, da diese selbst handlungsfähig (§ 12) u. zur Entgegennahme berechtigt sind. Die Unterscheidung zwischen Personen über 16 Jahren, für welche die Entscheidung oder Mitteilung „bestimmt" ist, u. Personen, gegenüber denen sie „gilt", nimmt Rücksicht auf die Lage unter 16 Jahre alter Asylbew. Auf ihre Einbeziehung in den Geltungsbereich muss in der Entscheidung oder Mitteilung ausdrücklich hingewiesen werden; ihre Namen sind aber in der Anschrift entbehrlich. Dagegen müssen die Eltern jüngerer Kinder (als ges Vertreter) in der Adresse genannt sein, auch wenn der Bescheid sie materiell nicht betrifft. Unabhängig von der Anzahl der Personen braucht nur ein einziger Bescheid gefertigt u. zugestellt oder mitgeteilt zu werden. Zustellung oder Aushändigung an einen der Adressaten genügt.

Ist schon im Asylantrag keine Anschrift genannt u. der Aufenthalt des Ausl unbekannt 23 (betr Rechtsschutzbedürfnis vgl Rn 7), ist **öffentl zuzustellen** (§ 15 I VwZG). Diese Möglichkeit sollte bei unbekanntem Inlandsaufenthalt ersichtlich durch Abs 5 u. 6 nicht ausgeschlossen werden (Hailbronner, § 10 AsylVfG Rn 101; OVG SaAnh, NVwZ-Beil 1997, 43). Dasselbe gilt, wenn sich der Ausl (an einem bekannten Ort) im Ausland aufhält (Abs 6). Unausführbarkeit oder mangelnde Erfolgsaussichten der Zustellung im Ausland (wie § 15 I Bst c VwZG) sind dann nicht vorausgesetzt. Nur Zustellungen erfolgen durch öffentliche Bekanntmachung, formlose Mitteilungen können auch an eine Anschrift im Ausland übersandt werden.

Das Schriftstück oder eine Benachrichtigung über den Ort, an dem es eingesehen werden 24 kann, sind öffentl **auszuhängen**; der Ausl ist, wenn seine Anschrift (im Ausland) bekannt ist, von der öffentl Zustellung u. dem Inhalt des Schriftstücks formlos zu benachrichtigen, die Wirksamkeit der öffentl Zustellung ist aber davon nicht abhängig (Abs 5 S. 2 iVm § 15 II, V 2, 3 VwZG). Die Benachrichtigung muss zumindest Art, Inhalt u. Datum des Schriftstücks sowie erlassende Behörde bezeichnen (BayVGH, BayVBl. 1989, 246). Die Zustellung gilt bei einer Ladung einen Monat nach dem Aushängen als bewirkt (§ 15 III 1, 2 VwZG). Veröffentlichungen in der Presse, Suchvermerk im Bundeszentralregister u. andere Nachforschungen entfallen (§ 15 IV, V 1 VwZG ist gemäß Abs 3 S. 2 nicht anzuwenden).

V. Belehrungspflicht

Das BAMF trifft wegen der weitreichenden Folgen der vereinfachten Zustellungsmög- 25 lichkeiten eine hinsichtlich Form u. Inhalt besonders geartete **Belehrungspflicht**. Deren Handhabung muss mangelnde Kenntnisse u. Erfahrungen des Asylbew in dreifacher Hinsicht berücksichtigen u. ausgleichen: betr Deutschkenntnisse u. allg äußere Umstände in einer fremden Umgebung sowie Ablauf des Asylverf einschließlich des Behördenaufbaus (BVerfG-Kammer, EZAR 210 Nrn 7 u. 11; BVerfG-Kammer, BayVBl 1996, 727; HessVGH, EZAR 210 Nr 10).

Der „Hinweis" muss **schriftlich** u. gegen Empfangsbestätigung erfolgen. Dem Ausl ist 26 also der Text des Hinweises auszuhändigen oder sonst zu überlassen. IdR genügt die Übertragung in eine dem Asylbew verständliche Sprache, sofern sie nicht „strikt an juristischen Begrifflichkeiten orientiert" bleibt, sondern im Hinblick auf den „Verständnishorizont" des Asylbew (so BVerfG-Kammer aaO) die besonderen Mitwirkungspflichten u. die Folgen ihrer Nichtbeachtung beschreibt. Falls der Asylbew des Lesens nicht mächtig ist, muss er mündlich belehrt werden, wobei auf seinen Bildungsstand u. seine mangelnde Befähigung zu schriftlichen Umzugsanzeigen Bedacht zu nehmen ist.

Soll der „Hinweis" seinen Zweck erfüllen, darf er sich nicht in einem bloßen Hinweis im 27 wörtlichen Sinne erschöpfen, sondern muss den Inhalt des § 10 **möglichst verständlich wiedergeben.** Dazu gehören neben den einzelnen Fallkonstellationen u. den jew Zustellfiktionen die besonderen Mitwirkungspflichten, da diese formell u. materiell Teil der „Zustellungsvorschriften" sind. Besonders einzugehen ist auf die Fälle der Adressenänderung, der Fortsetzung des BAMF-Verf im Gerichtsverf, der Unterbringung in einer Aufn-Einr u. des gemeinsamen Asylverf von Familienangehörigen sowie der Änderung der Wohnanschrift auf behördliche Veranlassung (zu letzterer Rn. 8). Soweit auf andere Vorschriften Bezug genommen wird, ist auch deren Inhalt zu referieren. Der hierfür meist verwandte Merkblatt-Vordruck erfüllt diese Anforderungen. Er ist, wie im GesEntw 1982 angekündigt (BT-Drs 9/875 S. 18), in die Sprachen der Hauptherkunftsländer übersetzt; dies wäre an sich nicht notwendig, weil die Amtssprache Dt ist (§ 23 I VwVfG; zur Fristversäumnis infolge Sprachunkenntnis § 74 Rn 50).

Sind die Hinweise nach Abs 7 nicht ordnungsgemäß erfolgt, sind die Bestimmungen über 28 die **vereinfachte Zustellung** nicht anwendbar (BVerwG, EZAR 610 Nr 21; OVG RhPf,

InfAuslR 1988, 170). Die Erfüllung der Belehrungspflicht soll erkennbar Voraussetzung für die Anwendbarkeit der Sonderregeln des § 10 sein. Sonst hätten die besonderen Formerfordernisse (Schriftlichkeit, Empfangsbestätigung) nicht nachträglich eingefügt zu werden brauchen (vgl BT-RA, BT-Drs 9/1630 S. 20).

29 Ohne ausdrücklichen Hinweis gelten auch die besonderen Pflichten nach Abs 1 nicht. Nicht nur die für den Ausl nachteiligen Spezialvorschriften über vereinfachte Zustellung oder Mitteilung setzen eine vorangehende ordnungsgemäße Belehrung voraus. Die **besonderen Mitwirkungspflichten** des Abs 1 gehen nämlich weit über das allg Verfahrensrecht hinaus u. bilden die Grundlage u. damit einen Teil der besonderen Zustellvorschriften. Ihre Kenntnis kann nicht ohne weiteres vorausgesetzt werden. Davon unberührt bleiben die jeden Ausl oder Verfahrensbeteiligten treffenden Mitwirkungs- u. Sorgfaltspflichten, bei deren (schuldhafter) Verletzung etwa Wiedereinsetzung in den vorigen Stand (§ 60 VwGO) nicht gewährt werden kann.

30 Zweifelhaft erscheint, ob die **Belehrung nachgeholt** werden kann (offen gelassen für den Fall der Gesetzesänderung von BVerwG, EZAR 610 Nr 21). Die Formulierung „bei der Antragstellung" deutet auf Gleichzeitigkeit hin, sie könnte aber auch dahin ausgelegt werden, dass die Belehrung anlässlich des Asylantrags erfolgen soll u. möglichst sofort nach Stellung des schriftlichen Antrags (dafür Bauer, VBlBW 1995, 341; Hailbronner, § 10 AsylVfG Rn 114). Dem Unterrichtungszweck wäre auch durch ein Nachholen Genüge getan; die besonderen Zustellungsvorschriften dürfen dann aber erst von diesem Zeitpunkt ab angewandt werden. Für am 1. 7. 1993 bereits anhängige Verf ist eine solche nachträgliche Belehrung ausdrücklich vorgesehen (§ 87 a II Nr 1).

§ 11 Ausschluß des Widerspruchs
Gegen Maßnahmen und Entscheidungen nach diesem Gesetz findet kein Widerspruch statt.

I. Entstehungsgeschichte

1 Die Vorschrift stimmt mit dem **GesEntw 1992** (BT-Drs 12/2062 S. 7) überein. Sie gilt seit 1. 7. 1992 u. geht erheblich über die früheren Regelungen (zB §§ 10 III, 11 II, 12 VIII, 22 X, 28 VI AsylVfG 1982) hinaus.

II. Allgemeines

2 Die Ausdehnung des Ausschlusses des Widerspruchs (vgl §§ 68 ff VwGO) auf alle Maßnahmen u. Entscheidungen nach dem AsylVfG kann die davon betroffenen „Nebenverf" **beschleunigen.** ZT wird damit aber die eigentliche Auseinandersetzung nur in das gerichtliche Verf, insb das Eilverf **verlagert,** so etwa dann, wenn ein Zuweisungsbescheid ohne vorherige Anhörung u. ohne Begründung ergeht (§ 50 IV 3 u. 4). Die eigentlich aus rechtsstaatlichen Gründen gebotene Anhörung des Betroffenen ist damit innerhalb des Verwaltungsverf so gut wie unmöglich geworden. Stattdessen hat die Belastung der Gerichte weiter zugenommen, zumal diese ihre Entscheidung immer auf die aktuelle Sachlage abzustellen (§ 77 I) u. deshalb grundsätzlich auch solche Tatsachen zu berücksichtigen haben, die der Asylbew (erst) aufgrund der im Gerichtsverf gebotenen Anhörung vorträgt. Hierzu wären sie aber bei Anfechtungsklagen idR nicht verpflichtet (vgl § 77 Rn 2 ff).

III. Widerspruchsausschluss

Der Widerspruch ist gegen alle VA ausgeschlossen, die **auf der Grundlage des AsylVfG** 3 ergehen. Gleichgültig ist, welche Behörde sie erlässt u. ob sie formell oder materiell rechtmäßig ergangen sind. Verfassungsrechtliche Einwände können hiergegen nicht mit Erfolg vorgebracht werden. Der Gesetzgeber ist durch das Rechtsstaatsprinzip nicht gehindert, die Überprüfung des VA innerhalb des Verwaltungsverf für einzelne Sachgebiete auszuschließen. Der hier einschlägige **Beschleunigungszweck** rechtfertigt den pauschalen Ausschluss, obwohl in einigen Fällen (zB §§ 41 II, 43 III, 50 IV, 51, 57 I, 58 I, 60 I, II, 65 II) keine reine Rechtsentscheidung zu treffen, sondern Ermessen auszuüben ist, das von der Widerspruchsbehörde überprüft u. nach einheitlichen Richtwerten gesteuert werden könnte.

Ebenso wie bei ähnlichen Formulierungen an anderer Stelle (zB §§ 74 I, 75, 76 I, 77 I, 4 78 I, 80, 81, 83 I, 83 b) stellt sich auch hier die Frage, ob die **Abgrenzung** (materiell) nach dem Sitz der jew Rechtsgrundlage oder (formell) nach der Veranlassung durch den Asylantrag eines Ausl vorgenommen werden soll. Im letzteren Fall wären alle Maßnahmen gegen einen Asylbew erfasst. Gegen eine derart weitgehende Auslegung spricht schon der Wortlaut, der auf die Grundlage der Maßnahme u. nicht auf die Person des Betroffenen abstellt. Zudem sind Sinn u. Zweck des Ausschlusses des Widerspruchs eindeutig auf die Beschleunigung von Maßnahmen nach dem AsylVfG gerichtet, u. zwar ungeachtet der behördlichen Zuständigkeit u. des Inhalts. Deshalb sind nicht nur asylablehnende u. aufenthaltsbeendende Maßnahmen des BAMF erfasst, sondern zB auch die Maßnahmen der Grenzbehörden nach §§ 18 II, 18 a III, VI, 21 I, der AuslBeh nach §§ 41 II, 43 III, 58 I, V, 60 I, 63 I, III 2, 71 a III oder der Verteilungsbehörden nach §§ 50 I, IV, 51 II (vgl auch § 74 Rn 11).

Damit sind vor allem diejenigen Maßnahmen der AuslBeh ausgenommen, die zwar 5 gegenüber einem (ehemaligen) Asylbew ergriffen werden, aber auf eine materielle **Grundlage außerhalb des AsylVfG** gestützt sind. Dies betrifft zB die Ausweisung eines Asylbew, die Versagung eines AufTit während des Asylverf u. die Ablehnung einer AE trotz erfolgter Asyl- oder Flüchtlingsanerkennung. Unklar ist diese Frage aber wegen der Aufteilung der Aufgaben bei Begründung u. Durchsetzung der Ausreisepflicht zwischen BAMF u. AuslBeh für Entscheidungen u. Maßnahmen während des auf die Abschiebungsandrohung des BAMF folgenden Abschiebungsverf. Einreiseverweigerung u. Abschiebung werden nach dem AufenthG sowie den Verwaltungsvollstreckungsges des Bundes u. der Länder vollzogen, u. die Duldung ergeht nach § 60 a AufenthG. Gleichwohl betreffen diese Vollzugsmaßnahmen unmittelbar die Aufenthaltsbeendigung nach dem AsylVfG (vgl § 80 Rn 2). Ebenso verhält es sich mit den Maßnahmen der AuslBeh nach §§ 41 II, 71 a III 1; gegen sie findet daher ebenfalls kein Widerspruch statt.

§ 11 a Vorübergehende Aussetzung von Entscheidungen

¹ **Das Bundesministerium des Innern kann Entscheidungen des Bundesamtes nach diesem Gesetz zu bestimmten Herkunftsländern für die Dauer von sechs Monaten vorübergehend aussetzen, wenn die Beurteilung der asyl- und abschiebungsrelevanten Lage besonderer Aufklärung bedarf.** ² **Die Aussetzung nach Satz 1 kann verlängert werden.**

I. Entstehungsgeschichte

Die Vorschrift war in dem **ZuwGEntw 2001/2** (BT-Drs 14/7387 u. 14/7987) nicht 1 enthalten. Sie wurde erst aufgrund des neuen GesEntw (BT-Drs 15/420 S 40) eingefügt u. ist am 1. 1. 2005 in Kraft getreten (Art 3 Nr 8, Art 15 I ZuwG).

II. Allgemeines

2   Die **Befugnis des Leiters des BAMF** u. damit auch des BMI zu Verfahrensanordnungen mit dem Ziel, Zeit zu gewinnen, war unter der Geltung der Weisungsfreiheit der Entscheider nicht sicher. Während eine solche Weisung aus rein organisatorischen Gründen ohne Zweifel ergehen durfte, musste sie zweifelhaft erscheinen, wenn das Zuwarten den Inhalt der Entscheidung beeinflussen konnte (dazu § 5 Rn 9, 20). Hieran hat sich im Grunde genommen nichts geändert. Allerdings ist die Weisungsungebundenheit aufgehoben, u. der Gesetzgeber hat eine bestimmte Fallgruppe geregelt u. für sie eine sichere Grundlage geschaffen. Ob daraus Folgerungen auch für andere Situationen gezogen werden müssen, kann erst beurteilt werden, wenn der Geltungsbereich der neuen Vorschrift genauer umrissen ist.

III. Entscheidungsstopp

3   Die **Befugnis** zur vorübergehenden Verfahrensaussetzung ist in mehrfacher Hinsicht **begrenzt.** Betroffen sind nur Entscheidungen des BAMF, nicht Maßnahmen oder Entscheidungen anderer Stellen u. nicht sonstige Tätigkeiten des BAMF im Vorfeld oder nach einer Entscheidung. Die Grundlage muss sich im AsylVfG befinden; insoweit ist der **Gegenstand** der Verf in derselben Weise zu bestimmen wie bei dem Ausschluss des Widerspruchs (vgl § 11 Rn 3–5). Neben Anerkennungsverf sind also vor allem auch Rücknahme- u. Widerrufsverf eingeschlossen.

4   Die Aussetzung ist auf das BAMF-Verf beschränkt, wirkt sich also nach der Entscheidung während eines anschließenden **Gerichtsverf** grundsätzlich nicht mehr aus. Dieses könnte nur nach § 173 VwGO iVm § 251 ZPO zum Ruhen gebracht werden. Der Gesetzgeber hat mit Rücksicht auf die richterliche Unabhängigkeit bewusst auf eine entspr Bestimmung für das gerichtliche Verf verzichtet. Nicht anders verhält es sich, wenn gegen die Untätigkeit des BAMF Klage erhoben ist (§ 75 VwGO). Das Gericht hat dann ebenso wie im Falle der vorherigen Asylablehnung durch das BAMF selbst auf der Grundlage der aktuellen Tatsachenlage in der Sache zu entscheiden, falls sich die Untätigkeit als ungerechtfertigt erweist.

5   Zur Verfahrensaussetzung **befugt** ist nur das BMI, nicht der Leiter des BAMF. Damit soll angesichts der allg Bedeutung der politischen Verantwortlichkeit des BMI für die Verfahrensaussetzung Rechnung getragen werden. Aus diesem Grund kommt auch eine allg Delegation dieser Befugnis an das BAMF nicht in Betracht. Dieses Entscheidungsmonopol schließt nicht aus, sondern setzt umgekehrt geradezu voraus, dass über die Aussetzung auf der Grundlage der Erkenntnisse des BAMF als der sachkundigen Behörde entschieden wird.

6   Anlass für die vorübergende Aussetzung von Entscheidungen ist eine für die Beurteilung notwendige besondere Aufklärung der asyl- u. abschiebungsrelevanten Lage in einem Herkunftsland. Der **Zweck** des Zuwartens besteht also darin, weitere Ermittlungen u. Aufkärungen zu ermöglichen. Nicht die rechtliche oder tatsächliche Schwierigkeit der Beurteilung darf der Grund für Verzögerungen sein, sondern nur die Notwendigkeit besonderer Aufklärung. Darunter sind zusätzliche allg Aufklärungsmaßnahmen in Form eigener Ermittlungen des BAMF oder der Einholung von Sachverständigengutachten oder sonstigen Auskünften sachverständiger Stellen oder Personen zu verstehen, die auch einen größeren Zeitaufwand erfordern. Sie können asylrechtlich relevante Tatsachen u. Entwicklungen betreffen, aber auch solche Umstände, aus denen sich sonstige Abschiebungshindernisse nach § 60 AufenthG ergeben können. Dagegen kann es sich grundsätzlich nicht um Tatsachen handeln, die den Vollzug der Abschiebungsandrohung beeinflussen könnten (zB Schließung der Flughäfen oder sonstige Zugangshindernisse); denn hierdurch wird die zwingend zu erlassende Abschiebungsandrohung nicht tangiert.

Die Notwendigkeit weiterer zeitaufwändiger Aufklärung muss sich für ein **bestimmtes** 7
Herkunftsland oder mehrere Länder ergeben. Es genügt nicht, wenn bestimmte individuelle Tatsachen überprüft werden müssen. Aus einer solchen Überprüfung kann aber die Notwendigkeit von Ermittlungen über allg Zustände u. Verhältnisse in dem Herkunftsland folgen. Betreffen die Unklarheiten nicht ein ganzes Staatsgebiet, sondern nur einen Teil desselben oder eine bestimmte Bevölkerungsgruppe, kann dies ebenfalls zur Grundlage für weitere allg Aufklärungsmaßnahmen genommen werden. Insoweit hat der BMI zu beurteilen, ob die begrenzt notwendigen Aufklärungen eine Aussetzung aller Verf aus einem Herkunftsland erforderlich machen.

Die Aussetzung der Entscheidungen ist nur für ein bestimmtes Herkunftsland zulässig, sie 8
darf nicht auf eine bestimmte Region oder eine bestimmte Bevölkerungsgruppe begrenzt werden. Der Gesetzgeber hätte diese Differenzierung vornehmen können, hat aber wohl schon wegen der Schwierigkeit einer genaueren Abgrenzung darauf verzichtet. Daher darf die Aussetzung nur **für ein ganzes Land** vorgenommen werden oder gar nicht. Dem BMI bleibt insoweit kein weiteres Ermessen.

Die **Dauer** der Aussetzung ist ebenfalls mit sechs Monaten zwingend vorgegeben. Diese 9
Zeitangabe legt keinen Höchstzeitraum fest, sondern einen festen Zeitraum. Die Aussetzung darf also weder auf kürzere Zeit angeordnet noch nachträglich verkürzt werden. Für die Verlängerung sind dagegen keine festen Zeiten angegeben. Die Verlängerung kann das BMI also auf den noch erforderlichen Zeitaufwand zuschneiden. Auch weitere Verlängerungen sind nicht ausgeschlossen, wenn sie sich als notwendig erweisen.

Zweiter Abschnitt. Asylverfahren

Erster Unterabschnitt. Allgemeine Verfahrensvorschriften

§ 12 Handlungsfähigkeit Minderjähriger

(1) Fähig zur Vornahme von Verfahrenshandlungen nach diesem Gesetz ist auch ein Ausländer, der das 16. Lebensjahr vollendet hat, sofern er nicht nach Maßgabe des Bürgerlichen Gesetzbuches geschäftsunfähig oder im Falle seiner Volljährigkeit in dieser Angelegenheit zu betreuen und einem Einwilligungsvorbehalt zu unterstellen wäre.

(2) ¹Bei der Anwendung dieses Gesetzes sind die Vorschriften des Bürgerlichen Gesetzbuches dafür maßgebend, ob ein Ausländer als minderjährig oder volljährig anzusehen ist. ²Die Geschäftsfähigkeit und die sonstige rechtliche Handlungsfähigkeit eines nach dem Recht seines Heimatstaates volljährigen Ausländers bleiben davon unberührt.

(3) Im Asylverfahren ist vorbehaltlich einer abweichenden Entscheidung des Vormundschaftsgerichts jeder Elternteil zur Vertretung eines Kindes unter 16 Jahren befugt, wenn sich der andere Elternteil nicht im Bundesgebiet aufhält oder sein Aufenthaltsort im Bundesgebiet unbekannt ist.

Übersicht

	Rn
I. Entstehungsgeschichte	1
II. Allgemeines	2
III. Verfahrenshandlungsfähigkeit und Minderjährigkeit	3
IV. Verfahrenshandlungsunfähigkeit und Vertretung	6

I. Entstehungsgeschichte

1   Die Vorschrift hatte kein Vorbild im AuslG 1965. Sie entspricht im Wesentlichen § 6 AsylVfG 1982 u. § 68 III AuslG. In ihrer ursprünglichen Fassung stimmte sie mit dem **GesEntw 1992** (BT-Drs 12/2062 S. 7) überein. Mit Wirkung vom 1. 7. 1993 wurde entspr dem GesEntw 1993 (BT-Drs 12/4450 S. 3) Abs 3 angefügt (Art 1 Nr 4 **AsylVfÄndG 1993**).

II. Allgemeines

2   Allg knüpft die **Handlungsfähigkeit** im Verf an die Geschäftsfähigkeit u. damit idR an die Volljährigkeit an (§ 12 VwVfG; § 62 VwGO; §§ 53 ff ZPO; § 2 BGB); die materielle Rechtsfähigkeit ist dafür ohne Bedeutung. Die **Geschäftsfähigkeit** von Ausl richtet sich nach deren Heimatrecht (Art 7 EGBGB). Für das Verf im Inland gilt die lex fori mit der Folge der Anwendbarkeit dt Rechts ohne Rücksicht auf das Verfahrensrecht im Heimatstaat des Ausl; dessen Heimatrecht kann sich also grundsätzlich nur mittelbar über die Geschäftsfähigkeit auswirken. Ausnahmsweise ist ein nach dt Recht handlungsunfähiger Ausl als handlungsfähig anzusehen, wenn er es nach seinem Heimatrecht ist (§ 55 ZPO analog nach

§ 12 II VwVfG oder § 63 III VwGO). Zum Änderungsbedarf betr unbegleitete Minderjähriger aufgrund der RL 2003/9/EG vom 27. 1. 2003 zur Festlegung von Mindestbedingungen für die Aufnahme von Asylbewerbern in den Mitgliedstaaten (ABl. EG L 31 vom 6. 2. 3003 S. 18), der RL 2004/83/EG vom 29. 4. 2004 über Mindestnormen für die Anerkennung und den Status von Drittstaatsangehörigen oder Staatenlosen als Flüchtlinge oder als Personen, die anderweitig internationalen Schutz benötigen, und über den Inhalt des zu gewährenden Schutzes (ABl. EG L 304 vom 30. 9. 2004 S. 12) u. der RL über Mindestnormen für Verfahren in den Mitgliestaaten zur Zuerkennung oder Aberkennung der Flüchtlingseigenschaft (noch nicht verkündet) näher Peter, ZAR 2004, 11.

III. Verfahrenshandlungsfähigkeit und Minderjährigkeit

Die Vorschrift regelt sowohl die aktive als auch die passive Verfahrenshandlungsfähigkeit; **3** sie betrifft nicht nur die „Vornahme von Verfahrenshandlungen", sondern ua auch die Entgegennahme von Verfahrenserklärungen u. Entscheidungen. Sie beschränkt sich auf Verf **nach dem AsylVfG,** umfasst damit aber außer den Verf vor dem BAMF auch solche vor AuslBeh, Grenzbehörde u. Verteilungsbehörde, nicht jedoch solche nach dem AsylbLG (vgl dazu auch § 76 Rn 7 f; zum auslr Verf vgl § 80 AufenthG). Sie enthält keine besondere Bestimmung über Zurückweisung, Zurück- oder Abschiebung Minderjähriger; die Anwendung von § 80 II AufenthG auf Asylbew unter 16 Jahren ist damit aber nicht ausgeschlossen. Schon die Äußerung des Willens, um Asylschutz nachzusuchen (nach § 13 I), stellt eine Verfahrenshandlung nach dem AsylVfG u. nicht bloß einen Realakt dar (§ 13 Rn 3; aA Göbel-Zimermann, Rn 202; Hailbronner, § 10 Rn 28). Denn schon das Asylgesuch u. nicht erst der förmliche Asylantrag (§ 14) löst die Verfahren zur Feststellung der Voraussetzungen des Art 16a GG u. des § 60 AufenthG (§ 13 I, II), die besonderen Mitwirkungspflichten (§§ 13 III, 15, 16, 22, 23) u. die AufGest (§§ 55, 67 I Nr 2) aus. Infolgedessen kann der auf Asylgewährung ausgerichtete Willenserklärung die verfahrensrechtliche Wirkung nicht abgesprochen werden; die Asylantragstellung leitet lediglich eine weitere Verfahrensstufe mit weiteren Rechtsfolgen ein.

Für das Asylverf beginnt die Verfahrenshandlungsfähigkeit mit **Vollendung des 16. Le-** **4** **bensjahres,** Geschäftsunfähigkeit u. Betreuungsbedürftigkeit richten sich allein nach §§ 104 ff BGB. Damit ist die sonst denkbare Anwendung ausl Rechts (Rn 2) ausgeschlossen, u. zwar auch die Regelungen des § 12 II VwVfG iVm § 55 ZPO u. Art 7 EGBGB (Rn 2); denn § 12 ist eine Vorschrift des öffentl Rechts, die den allg Bestimmungen vorgeht (§ 12 I Nr 2 VwVfG). Vorrangig ist das Heimatrecht nur zu Gunsten von danach (zB aufgrund Eheschließung) als erwachsen geltenden Kindern unter 16 Jahren. Die **Altersgrenze** ist zwar an die im allg AuslR geltenden Grenzen für Nachzug u. Wiederkehr angelehnt, gilt aber ungeachtet dessen, dass Asylber jeder Ausl ohne Rücksicht auf sein Alter sein kann (zum Streitstand nach früherem Recht BVerwG, EZAR 600 Nr 4). Sie unterscheidet auch nicht nach dem Maß der Einsichtsfähigkeit im Einzelfall.

Die Grenze zwischen **Minderjährigkeit** u. Volljährigkeit ist für den Bereich des AsylVfG **5** ebenso festgelegt wie für das AuslG (dazu § 80 AufenthG Rn 4) u. damit gegenüber dem früheren Rechtszustand vereinheitlicht.

IV. Verfahrenshandlungsunfähigkeit und Vertretung

Handlungsunfähig sind unter 16 Jahre alte Ausl u. außerdem solche, die im Falle der **6** Volljährigkeit in dieser Angelegenheit zu betreuen u. einem Einwilligungsvorbehalt zu unterstellen wären. Sie bedürfen der **Vertretung** durch ihren ges Vertreter (Eltern, Betreuer, Pfleger). Ist ein ges Vertreter nicht vorhanden oder im Bundesgebiet nicht erreichbar, ist auf

Ersuchen der Behörde vom Vormundschaftsgericht ein geeigneter Vertreter zu bestellen (§ 16 VwVfG; für das Gerichtsverf vgl Rn 8). Zulässig ist auch eine Ergänzungspflegschaft (§ 1909 BGB) mit dem Aufgabenbereich „Vertretung im Asylverf"; ein dafür notwendiges Fürsorgebedürfnis besteht immer im Falle eines Asylgesuchs des Handlungsunfähigen (Göbel-Zimmermann, Rn 205). Teilweise wird ein „Tandem-Modell" praktiziert, indem ein Rechtsanwalt für den asylr Wirkungskreis u. außerdem das Jugendamt zum Pfleger bestellt werden (Jockenhövel-Schiecke, ZAR 1998, 165).

7   Die Bestimmungen des § 80 II AufenthG sind auf das auslr Verf beschränkt u. auf das Asylverf nicht übertragbar. Mit Wirkung vom 1. 7. 1993 wurde aber die Vertretung im Asylverf durch Abs 3 für einen speziellen Fall ges geregelt. Die sonst erforderliche **gemeinschaftliche Vertretung beider Eltern** wird auf einen Elternteil beschränkt, falls sich der andere nicht im Bundesgebiet aufhält oder sein Aufenthaltsort im Inland unbekannt ist. Die Alleinvertretung durch einen Elternteil greift nicht schon dann ein, wenn der andere die Mitwirkung verweigert oder sonst untätig bleibt. Eine abweichende vormundschaftsgerichtliche Regelung bleibt bei Auslandsaufenthalt oder unbekanntem Inlandsaufenthaltsort unberührt.

8   Die Handlungsfähigkeit ist im Verwaltungs- u. Gerichtsverf **von Amts wegen** zu prüfen. Bei Handlungsunfähigkeit ist für Schutzmaßnahmen u. eine Vertretung zu sorgen; eine Abweisung des Asylantrags als unzulässig kommt angesichts der amtl Fürsorgepflicht (§ 12 VwVfG) u. des Schutzzwecks des AsylR kaum in Betracht (dazu § 80 AufenthG Rn 8; Baer, ZAR 1991, 135; Jockenhövel-Schiecke, ZAR 1998, 165). Das unter 16 Jahre alte Kind ist vom Jugendamt in Obhut zu nehmen (§ 42 SGB VIII), ihm ist ein Vormund oder ein Pfleger mit dem Wirkungskreis der Vertretung im Asylverf zu bestellen. Allein diese Handhabung entspricht der Schutzverpflichtung nach Art 22 KRK (die allerdings für die BR Deutschland innerstaatl keine Bindungswirkung entfaltet; vgl Renner, AuslRiD Rn 6/162 ff; aA Marx, § 12 Rn 22). Ein Verwaltungsakt gegenüber einem Handlungsunfähigen u. seine Zustellung sind unwirksam (BVerwG, EZAR 600 Nr 6; danach sind die Angaben des Handlungsunfähigen zum Asylgesuch nicht verwertbar). Im gerichtlichen Verf ist der Handlungsunfähige **prozessunfähig** (§ 62 VwGO). Eine Prüfung erfolgt, wenn Veranlassung hierzu besteht, also vernünftige Zweifel aufkommen (BVerwG, EZAR 600 Nr 4). Dem Prozessunfähigen gegenüber dürfen keine Prozesshandlungen vorgenommen werden. Insb darf seine Klage nicht (ohne weiteres) als unzulässig verworfen werden. Zunächst ist zu versuchen, einen Prozesspfleger zu bestellen (§ 62 III VwGO iVm § 57 ZPO).

9   Der Mangel der Vertretung kann durch (nachträgliche) **Genehmigung** des ges Vertreters geheilt werden; diese kann auch stillschweigend, etwa durch Einlegung von Rechtsmitteln, erklärt werden u. wirkt zurück, u. zwar auf den Beginn des Verf (BVerwG, EZAR 600 Nr 6). Die Genehmigung kann auf die Prozessführung beschränkt werden, um die Nichtbeachtung der Handlungsunfähigkeit geltend machen zu können. Eine Genehmigung ist auch durch den Asylbew selbst möglich, wenn er 16 Jahre alt wird oder sonst seine Handlungsfähigkeit (wieder-)erwirbt.

10 Bis zur Entscheidung über die Handlungsfähigkeit ist der Ausl im Verf als handlungsfähig zu behandeln (BGH, NJW 1986, 1358). Herrscht Streit über den **Geburtszeitpunkt,** kann auf Antrag ein dt Geburtenbuch angelegt u. dort das vom Standesamt ermittelte Datum eingetragen werden (BVerwG, Bh 402.25 § 6 AsylVfG Nr 4). Eintragungen in ausl Urkunden sind zunächst als richtig zu behandeln, erforderlichenfalls aber von Amts wegen zu überprüfen (BayVGH, NVwZ 1982, 322). Kommen mehrere Zeitpunkte ernsthaft in Betracht, ist im Interesse des Minderjährigenschutzes der späteste als richtig anzunehmen (BVerwG, EZAR 600 Nr 6). Fehlt es an geeigneten Urkunden oder anderen Hilfsmitteln, bleibt nur eine Schätzung aufgrund äußeren Anscheins (OVG Berlin, NVwZ-Beil 1998, 91) durch lebens- u. berufserfahrene Personen (dazu Jockenhövel-Schiecke, ZAR 1998, 165; BT-Drs 13/4861 S. 19), wobei im Zweifel medizinischer Sachverstand zu Rate zu ziehen ist (ähnlich Göbel-Zimmermann, Rn 202; zu den bis Mitte der 1990er Jahre üblichen röntge-

nologischen Untersuchungen der Handwurzelknochen vgl Wenzel, ZAR 1996, 22; Göbel-Zimmermann, InfAuslR 1995, 166). Zur Altersfeststellung vgl allg § 49 AufenthG.

§ 13 Asylantrag

(1) Ein Asylantrag liegt vor, wenn sich dem schriftlich, mündlich oder auf andere Weise geäußerten Willen des Ausländers entnehmen läßt, daß er im Bundesgebiet Schutz vor politischer Verfolgung sucht oder daß er Schutz vor Abschiebung oder einer sonstigen Rückführung in einen Staat begehrt, in dem ihm die in § 60 Abs. 1 des Aufenthaltsgesetzes bezeichneten Gefahren drohen.

(2) Mit jedem Asylantrag wird sowohl die Feststellung, daß die Voraussetzungen des § 60 Abs. 1 des Aufenthaltsgesetzes vorliegen, als auch, wenn der Ausländer dies nicht ausdrücklich ablehnt, die Anerkennung als Asylberechtigter beantragt.

(3) [1] Ein Ausländer, der nicht im Besitz der erforderlichen Einreisepapiere ist, hat an der Grenze um Asyl nachzusuchen (§ 18). [2] Im Falle der unerlaubten Einreise hat er sich unverzüglich bei einer Aufnahmeeinrichtung zu melden (§ 22) oder bei der Ausländerbehörde oder der Polizei um Asyl nachzusuchen (§ 19).

Übersicht

	Rn
I. Entstehungsgeschichte	1
II. Allgemeines	2
III. Asylgesuch und Asylantrag	3
1. Allgemeines	3
2. Zuständigkeit	8
3. Inhaltliche Prüfung	10
4. Asylantrag und Abschiebungsschutz	11
5. Familienasyl	15
6. Asylantrag vom Ausland her	16
7. Einreise ohne Einreisepapiere	19

I. Entstehungsgeschichte

Die Vorschrift geht in Abs 1 u. 2 auf § 7 I **AsylVfG 1982** zurück. Ihre ursprüngliche 1 Fassung entsprach dem **GesEntw 1982** (BT-Drs 9/875 S. 3; vgl auch AuslVwV aF Nr 3 S. 1 u. BVerfGE 56, 216). Vom 1. 1. 1991 an wurde Abs 1 (damals S. 1) entspr dem GesEntw 1990 (BT-Drs 11/6321 S. 34) geändert u. S. 2 (jetzt Abs 2) angefügt (Art 3 Nr 2 Bst a AuslRNG). Abs 1 u. 2 stimmen mit dem **GesEntw 1992** (BT-Drs 12/2062 S. 7) überein. Abs 3 wurde entspr dem GesEntw 1993 (BT-Drs 12/4450 S. 4) mit Wirkung vom 1. 7. 1993 angefügt (Art 1 Nr 5 **AsylVfÄndG 1993**). In Abs 1 wurden entspr dem GesEnt (BT-Drs 15/420 S. 44) mit Wirkung vom 1. 1. 2005 die Hinweise auf § 51 I AuslG durch die Bezugnahmen auf § 60 I AufenthG ersetzt (Art 3 Nr 51 **ZuwG**).

II. Allgemeines

Abs 1 gibt die Grundlage für die Behandlung von Ausl, die um asylr Schutz nachsuchen. 2 Er legt die **Antragsbedürftigkeit** zugrunde u. bestimmt zusammen mit § 1 den Anwendungsbereich des AsylVfG u. zugleich auch den Gegenstand des asylgerichtlichen Verf (dazu § 74 Rn 9; Rennert, DVBl. 2001, 161). Mit den seit 1. 1. 1991 geltenden Änderungen (Rn 1) wurde die Voraussetzungen für die gleichzeitige Flüchtlingsanerkennung geschaffen (vgl Abs 2). Abs 3 gibt die Weichenstellung für den Verfahrensablauf vor.

III. Asylgesuch und Asylantrag

1. Allgemeines

3   Die ges Begriffsbestimmung stellt sicher, dass **jedes Asylgesuch** unabhängig von seiner Form als Antrag auf asylr Schutz gewertet u. behandelt wird (ähnlich Art 1 I Bst b DÜ: „Antrag, mit dem ein Ausl ... um Schutz ersucht"). Eine Äußerung, die danach nicht als Asylantrag zu werten ist, liegt von vornherein außerhalb des Schutzbereichs des Art 16 a GG. Infolge der Änderung durch das AuslRNG (Rn 1) kommt es auf das Ziel des Schutzersuchens – Asylanerkennung oder Abschiebungsschutz/Flüchtlingsanerkennung – nicht mehr an. Dieser Begriff des Asylantrags (iSd Asylgesuchs) ist von dem des § 14 I (iSd förmlichen Antrags) zu **unterscheiden.** Da das Ges den Begriff „Asylantrag" zT im doppelten Sinne verwendet, ist jew sorgfältig dessen Bedeutung zu bestimmen, zB für den Zeitpunkt des Entstehens der ges AufGest (§ 55 Rn 3). Aus §§ 30 III Nr 3, 55 I 1 u. 3, 67 I Nr 2 ergibt sich deutlich der Unterschied zwischen Gesuch u. Antrag. Teilweise ist nur das Asylgesuch gemeint (§§ 13 III, 16 I, 18 I, 18 a I, 19 I, 22 a, 44, 55), teilweise nur der förmliche Asylantrag (§§ 22 I, 23, 24 II, 26 II, 29 I, 29 a I, 30–33, 34 a–38, 63 I). Nachfolgend wird unter Asylantrag beides verstanden, sofern nicht ausdrücklich unterschieden wird, zB bei Inhalt, Rücknahme u. Einbeziehung der Familie. In jedem Fall handelt es sich um eine verfahrensrechtlich bedeutsame Willenserklärung u. nicht nur um einen bloßen Realakt (dazu § 12 Rn 3).

4   **Form u. Formulierung** des Asylgesuchs sind nicht maßgeblich. Es kann auch fernmündlich (VG Wiesbaden, InfAuslR 1990, 177), fernschriftlich, durch Telefax (VG Karlsruhe, NJW 1988, 664), in fremder Sprache oder durch konkludentes Handeln geäußert werden, auch durch einen Bevollmächtigten. Das Wort „Asyl" braucht nicht verwandt zu werden, es genügt jede andere Umschreibung des Wunsches, als Flüchtling vor politischer Verfolgung Zuflucht zu erhalten. Andererseits kann der Ausruf „Asyl!" das Schutzersuchen schon so deutlich zum Ausdruck bringen, dass es mit Rücksicht auf die jew Lebensumstände keiner weiteren Worte oder Gesten bedarf (aA GesEntw 1990, BT-Drs 9/875 S. 15); etwa beim Überwinden von Grenzbefestigungen eines Anrainerstaats, der für politische Verfolgungen bekannt ist, oder bei der Zwischenlandung eines Flugzeugs auf einem dt Flughafen. Regelmäßig ist aber eine **kurze Begründung** mit Hinweisen auf die Gefahr politischer Verfolgung nötig (OVG NRW, NVwZ-RR 1989, 390). Aus dieser Begründung kann sich durchaus ergeben, dass das Institut des Asyls missverstanden wird als Zuzugsrecht zu anderen Zwecken; wird dies deutlich u. ist von politischer Verfolgung auch nach den eigenen Worten des Flüchtlings überhaupt nicht die Rede, liegt kein Asylgesuch iSd Abs 1 vor. Zur Ablehnung eines derartigen Asylantrags vgl § 30 V.

5   Kein Asylgesuch stellt das Begehren von **Abschiebungsschutz nach § 60 II–VII AufenthG** dar. Auch wenn asylrelevante gegen asylirrelevante Maßnahmen bisweilen schwer abzugrenzen sind, entscheidet sich hier das weitere verfahrensrechtliche Schicksal des Ausl. Deshalb liegt ungeachtet des formellen Antrags ein Asylersuchen vor, wenn das Vorbringen zumindest auch auf die Gefahr politischer Verfolgung hindeutet (ähnlich Marx, § 13 Rn 18). Insoweit steht dem Ausl keine Dispositionsbefugnis zu. Damit wird sofort eine möglichst umfassende Prüfung vorgenommen u. die Berücksichtigung des § 53 AuslG nicht abgeschnitten, sondern in die Prüfung einbezogen (vgl §§ 31 III, 32). Andernfalls ist die Berufung auf Abschiebungshindernisse nach § 60 II–VII AufenthG von der AuslBeh als Grundlage für eine AE (§§ 7, 25 III–V AufenthG) zu prüfen oder als selbständige Feststellungsantrag zu prüfen u. zu bescheiden (dazu Rennert, DVBl. 2001, 161).

6   Die **Rücknahme** des Asylantrags ist zulässig (§§ 67 I Nr 3, 71 gehen hiervon aus), u. zwar auch noch nach seiner Bescheidung (vgl Kopp, VwVfG, § 9 Rn 47; Stelkens, ZAR 1985, 15). Angesichts der Dispositionsfreiheit des Asylbew über sein Asylgrundrecht bedarf die Rücknahme nicht der Zustimmung der AuslBeh oder des BAMF (aA beiläufig

HessVGH, HessVGRspr 1989, 57). Sie ist ebenso formlos möglich wie die Antragstellung (aA HessVGH aaO: nur schriftlich bei schriftlichem Antrag). Der Flüchtling kann sich freilich seinen verfahrensrechtlichen Pflichten u. Obliegenheiten nicht dadurch entziehen, dass er das an der Grenze geäußerte Asylgesuch „zurückzieht" u. anschließend bei einer AuslBeh seiner Wahl (HessVGH, 13. 10. 1988 – 12 TG 1845/88 –; OVG NRW, NVwZ 1987, 524) oder einer sonstigen Stelle Asyl beantragt. Mit der bloß formalen Rücknahmeerklärung wird das Asylersuchen unter diesen Umständen bei objektiver Betrachtung nicht hinfällig. Es kommt entscheidend darauf an, ob sich dem Gesamtverhalten des Ausl entnehmen lässt, dass er in Wahrheit weiterhin Schutz vor politischer Verfolgung sucht. Wird der Asylantrag erst nach rechtskräftiger gerichtlicher Entscheidung zurückgenommen, bleibt die Wirksamkeit der Gerichtsentscheidung ebenso unberührt wie die des BAMF-Bescheids. Beide erledigen sich nicht etwa nachträglich von selbst. Im Falle der Anerkennung ist die Rücknahme als Verzicht zu behandeln, der die Anerkennung erlöschen lässt (§ 72 I Nr 4). Diese Grundsätze gelten für das Gesuch wie für den Antrag. Wird das Asylgesuch vor Stellung des förmlichen Antrags zurückgezogen, endet die bereits entstandene AufGest vor deren Bescheinigung (vgl §§ 55 I 1, 63 I), bei Rücknahme nach Antragstellung mit Zustellung des BAMF-Bescheids (§ 67 I Nr 3) u. sonst bei nicht rechtzeitiger Antragstellung (§ 67 I Nr 2).

Die Personen, auf die sich der Antrag beziehen soll, müssen eindeutig bezeichnet sein **7** (zum Familienasyl Rn 15). Hierzu bedarf es aber nicht einer Wohnanschrift im Inland (HessVGH, InfAuslR 1987, 263). Der Antrag eines Verheirateten schließt nicht von selbst Ehepartner ein. Die Aufführung von **Familienangehörigen** in dem amtlichen Antragsformular bedeutet daher nicht schon deren Einbeziehung in das Antragsverf (zu Kindern jetzt § 14 a; betr Kinder zum früheren Recht VG Stuttgart, InfAuslR 1990, 178). Im Gegenteil: Selbst wenn Ehegatten formell als Antragsteller auftreten, sollte bei Zweifeln, etwa beim Fehlen jeglicher auf sie bezogener Begründung, durch Rückfrage klargestellt werden, ob wirklich ein Asylantrag (auch) für sie beabsichtigt ist. Oft scheint nämlich das Interesse des Kostenträgers an einer einheitlichen sozialhilferechtlichen Behandlung der Familie Einfluss auf die Antragstellung auszuüben. Allerdings muss im Hinblick auf die Zuerkennung von Familienasyl auch das Interesse eines evtl nicht selbst verfolgten Familienmitglieds an der rechtzeitigen Antragstellung schon bei Bestimmung des Kreises der Antragsteller beachtet werden. Daher muss die mögliche Familienasylberechtigung bei Ermittlung des Willens aufgrund einer sonst unklaren Willensäußerung berücksichtigt werden.

2. Zuständigkeit

Dem Asylersuchen darf die **Qualität als Asylantrag** nicht unter Hinweis auf die fehlende **8** behördliche Zuständigkeit abgesprochen werden. Die Definition lässt die Zuständigkeit für die Entgegennahme des Asylantrags nicht erkennen. Diese ergibt sich erst aus §§ 14, 18 I, 18 a I. Aus Abs 1 einerseits u. § 14 andererseits wird deutlich, dass zwischen dem Asylgesuch als dem zunächst formlos geäußerten Wunsch nach asylr Schutz u. dem Asylantrag zu unterscheiden ist (Rn 3). Der – förmliche – Asylantrag ist beim BAMF (idR einer Außenstelle) zu stellen, u. erst dort wird die Begründung in einer Niederschrift festgehalten (§§ 14, 23 ff). Der zuvor formlos geäußerte Asylwunsch stellt aber ebenso schon einen Asylantrag dar wie der schriftliche Antrag an eine unzuständige Behörde. Das Gesuch muss freilich gegenüber einer staatl Stelle geäußert werden, zB bei der AuslBeh (VGH BW, VBlBW 1993, 442; HessVGH, DÖV 1994, 659) oder dem Haftrichter (BayObLG, InfAuslR 1999, 464; OLG Frankfurt/Main, EZAR 048 Nr 45).

An der **Grenze** muss der ohne ausreichende Dokumente einreisende Ausl um Asyl **9** nachsuchen u. die Grenzbehörde den Asylantrag ungeachtet dessen zur Kenntnis nehmen u. beachten, dass sie für die förmliche Annahme des Antrags nicht zuständig ist, sondern den Ausl an die nächstgelegene AEinr weiterzuleiten hat (§ 18 I), am Flughafen der dortigen

Außenstelle des BAMF (§ 18 a I). Ähnlich verhält es sich bei Asylgesuchen gegenüber **AuslBeh** oder **Polizei** (§ 19 I) Sodann ist das BAMF allein zuständig, u. zwar ohne Rücksicht auf den Aufenthaltsort. Unberührt davon bleibt die Zulässigkeit von Einreiseverweigerung oder Zurückschiebung (§§ 18 II, III, 18 a III 1).

3. Inhaltliche Prüfung

10   Die Charakterisierung eines Asylgesuchs als Asylantrag ist von jeder inhaltlichen Überprüfung unabhängig. Erforderlich, aber auch ausreichend ist die Behauptung, bei einer Rückkehr in den Heimatstaat von politischen Verfolgungsmaßnahmen iSd Art 16 a I GG oder § 60 I AufenthG bedroht zu sein. Ob die **materiellen Voraussetzungen** (politische Zweckrichtung, Intensität, staatl Verantwortung, Beachtlichkeit ua) erfüllt sind, ist unerheblich. Eine inhaltliche Prüfung ist nur insoweit zulässig, als bei Unklarheiten oder Missverständnissen nachgefragt u. der Ausl zur Erklärung angehalten werden darf u. muss (VG Ansbach, InfAuslR 1990, 71). Liegt aber ein Asylantrag vor, darf seine Entgegennahme nicht mit Hinweisen auf Unzulässigkeit, Unschlüssigkeit, Unbegründetheit oder „Missbräuchlichkeit" verweigert werden (Stelkens, ZAR 1985, 15, 18; HessVGH, NVwZ-Beil 1998, 72 u. InfAuslR 1987, 263). Das AsylVfG gibt für die Behandlung von Asylanträgen ein gegliedertes u. gestuftes System vor, das im Blick auf das Rechtsstaatsgebot strikt einzuhalten ist u. eine inhaltliche Vorabprüfung verbietet (vgl allg BVerfGE 56, 216).

4. Asylantrag und Abschiebungsschutz

11   Unter der Geltung des § 14 AuslG 1965 stand es dem politisch Verfolgten frei, entweder die Asylanerkennung zu beantragen oder bloß um Abschiebungsschutz (**„kleines Asyl"**) nachzusuchen. Ihm durfte ein Asylantrag nicht aufgezwungen werden (Laubinger, VerwArch 1985, 201; Renner, ZAR 1985, 88 u. in Fschr Zeidler, S. 1003, 1024; aA nur OVG RhPf, EZAR 134 Nr 2). Anders konnte es sich verhalten, wenn ein Ausl unter Berufung auf politische Verfolgung eine AufErl beantragte. Dieses Vorbringen konnte durchaus als Asylantrag iSd § 13 I (= § 7 I AsylVfG 1982) verstanden werden (so OVG NRW, NVwZ 1987, 255), es sei denn, der Ausl lehnte dies ausdrücklich ab u. riskierte damit die Ablehnung seines Antrags zumindest aus Ermessensgründen nach § 2 I AuslG 1965. Erheblichen Bedenken begegnet – auch nach jetzt geltendem Recht – der mittelbare Zwang zum Antrag auf Asylanerkennung durch Verweigerung von Sozialhilfe mit der Begründung, neben dem Antrag auf Flüchtlingsanerkennung sei auch der Asylanerkennungsantrag zumutbar (so aber OVG Hamburg, EZAR 461 Nr 13 m. abl Anm Goerlich, ZAR 1990, 41).

12   Mit Wirkung vom 1. 1. 1991 hat der Gesetzgeber von der ihm zukommenden Befugnis zur Bestimmung des Verf zur Verwirklichung des Grundrechts auf Asyl Gebrauch gemacht u. dem Flüchtling eine (begrenzte) **Wahlmöglichkeit** eröffnet (vgl Koisser/Nicolaus, ZAR 1991, 9). Entweder begehrt er die Asyl- u. zugleich die Flüchtlingsanerkennung oder lediglich letztere (zur Feststellung von Hindernissen nach § 60 I–VII AufenthG vgl Rn 5). Die Feststellung der Voraussetzungen des § 60 I AufenthG, die zur Anerkennung als GK-Flüchtling führt (§ 3), ist nur dann alleiniger Gegenstand des Asylantrags u. der Prüfung u. Entscheidung des BAMF, wenn der Asylbew die förmliche Statusanerkennung ablehnt. Das Recht, ausschließlich um die Asylanerkennung nachzusuchen, ist dem Flüchtling nicht eingeräumt. Ausgeschlossen ist schließlich die Möglichkeit, um Schutz vor Verfolgung außerhalb eines Asylverf nachzusuchen (u. den damit verbundenen Restriktionen zu entgehen). Auf Gefährdungen sonstiger Art kann sich der Ausl allerdings mit dem Ziel berufen, eine AE aus humanitären Gründen nach § 25 III–V AufenthG oder eine Duldung nach § 60 a AufenthG zu erhalten (dazu Rn 5).

13   An der Kompetenz des Gesetzgebers zur Regelung dieser Frage besteht kein Zweifel; ebenso wenig ist zu beanstanden, dass die beiden früher auf AuslBeh u. BAMF verteilten Schutzinstrumente beim BAMF als der besonders sachverständigen zentralen Bundesbehör-

de **zusammengefasst** sind (vgl allg BVerfGE 56, 216) u. dem Asylbew weitgehend die Disposition über die Art des asylr Schutzes überlassen worden ist. Wenn er nunmehr die Anerkennung als Asylber nicht mehr isoliert beantragen kann, ist dies allein dadurch sachlich gerechtfertigt, dass bei negativem Ausgang des Anerkennungsverf auch früher asylr Abschiebungshindernisse – nach § 14 I AuslG 1965 – zu untersuchen waren, u. zwar nachträglich durch die idR weniger sachkundige örtliche AuslBeh, also mit zusätzlichem Zeit- u. Arbeitsaufwand u. einer geringeren Richtigkeitsgewähr.

Das Verhältnis der beiden Anträge zueinander ist vom Beginn des Verf bis zur Entscheidung des BAMF eindeutig: Asyl- u. Flüchtlingsanerkennung werden kumulativ beantragt, u. beide Anträge werden gesondert beschieden (§§ 13, 31 II). Entspr der ursprünglichen **Dispositionsfreiheit** steht dem Asylbew auch später die Beschränkung auf die Flüchtlingsanerkennung frei. Auch nach Erlass des Bescheids des BAMF gibt es hiergegen keine Bedenken. Anders verhält es sich im umgekehrten Fall. Ist anfangs nur die Flüchtlingsanerkennung begehrt u. vom BAMF beschieden, ist dem Asylbew eine Erweiterung des Antrags auf die Voraussetzungen des Art 16 a GG verwehrt (vgl § 74 Rn 9). **14**

5. Familienasyl

Die Anerkennung des Ehegatten oder Kindes eines politisch Verfolgten als Asylber nach § 26 setzt einen Asylantrag voraus, ein besonderer Antrag auf Familienasyl ist nicht vorgesehen (vgl Rn 7). Familienasyl iSd § 26 (früher Gewährung nach § 7 a III AsylVfG 1991) wird deshalb von dem Asylantrag mitumfasst (vgl § 26 Rn 10; ebenso Bierwirth in Barwig, AuslR, S. 229, 233 f; ähnlich Koisser/Nicolaus, ZAR 1991, 31). Ob einem Asylantrag durch Gewährung des Familienasyls stattgegeben werden kann, braucht bei Antragstellung noch nicht festzustehen oder als möglich zu erscheinen. Daher kann in jedem Asylantrag gleichzeitig das (hilfsweise) Gesuch um Familienasyl gesehen werden. Ob u. in welcher Weise diesem Gesuch zu entsprechen ist, hat das BAMF im Verfahren über den Asylantrag zu beurteilen u. zu entscheiden (vgl § 26 Rn 18; Bierwirth, aaO S. 235; aA Koisser/Nicolaus, aao S. 32 f). **15**

6. Asylantrag vom Ausland her

Grundsätzlich kann ein Asylantrag **nur im Inland** gestellt werden, weil territoriales Asyl nach Art 16 a (ebenso wie Abschiebungsschutz nach § 60 I AufenthG, Art 33 GK) nur auf dem Gebiet der BR Deutschland gewährt werden kann. Dementsprechend geht das AsylVfG grundsätzlich von der Anwesenheit des Asylbew während der gesamten Dauer des Verf aus. Indes ist bei einem Asylersuchen an der Grenze nicht (allein) auf die körperliche Anwesenheit im Bundesgebiet abzustellen, sondern ein Asylgesuch auch dann anzunehmen, wenn der Ausl das Gebiet der BR Deutschland noch nicht oder noch nicht vollständig betreten hat (betr Einreiseverweigerung u. Zurückschiebung vgl §§ 18 II, III, 18 a III 1). **16**

Außerdem kann dem zurückgewiesenen oder sonst zwangsweise nach Antragstellung ins Ausland verbrachten Flüchtling die Fortführung des Asylverf nicht mit dem Hinweis auf die **Verweigerung** oder **Beendigung** des **Inlandsaufenthalts** verwehrt werden (betr vorzeitige Abschiebung vgl BVerwGE 69, 323). Schließlich kann ein Asylantrag auch von einem Ausl gestellt werden, der sich in einem anderen der VO/EG 343/2003 unterliegenden EU-Staat (ausgenommen Dänemark; früher Vertragsstaat des DÜ u. davor des SDÜ) aufhält, allerdings mit der Folge, dass der Aufenthaltsstaat den zuständigen Staat zu bestimmen hat u. als der Asylantragsstaat gilt. **17**

Ob u. in welcher Weise einem im Ausland befindlichen Ausl asylr Schutz gewährt werden kann, das vom Ausland her gestellte Asylgesuch also Erfolg verspricht (vgl auch Art 16 a GG Rn 16 ff; Bethäuser, ZRP 1986, 129; Bierwirth, ZAR 1987, 64; Denninger/Rachor, ZAR 1988, 51; Grabherr, NVwZ 1989, 38; Kreßel, DÖV 1988, 501; BVerwG, EZAR 220 Nr 3), hat keinen Einfluss auf dessen Eigenschaft als Asylantrag. Deshalb handelt es sich bei dem **im** **18**

Ausland, insb bei einer dt Auslandsvertretung geäußerten Gesuch um Schutz gegen politische Verfolgung um einen Asylantrag iSd Abs 1 (Denninger/Rachor, ZAR 1987, 51, 56; aA wohl Bierwirth, ZAR 1987, 64; Grabherr, NVwZ 1989, 38). Der erforderliche förmliche Asylantrag kann bei einer AuslBeh eingereicht werden u. ist von dieser an das BAMF weiterzureichen (§ 14 II 2); dort kann es sodann in Abwesenheit des Ausl beschieden werden (zu Art 12 DÜ vgl Rn 17).

7. Einreise ohne Einreisepapiere

19   Die seit 1. 7. 1993 geltenden Verpflichtungen zur Antragstellung an der Grenze u. zur unverzüglichen Antragstellung nach der Einreise entspringen dem „Anliegen, die Zuwanderung zu steuern und begrenzen zu können", u. sollen verhindern, dass die Drittstaatenregelungen „durch illegale Einreisen umgangen werden" (BT-Drs 12/4450 S. 16 f). Sie zielen vor allem darauf ab, mit der Meldepflicht an der Grenze die Möglichkeit der Zurückweisung in den sicheren Drittstaat zu erhalten. Sie schließen den ohne erforderliche Einreisepapiere einreisenden Flüchtling nicht von der Inanspruchnahme des AsylR aus. Sie bilden aber ges **Obliegenheiten,** deren Nichterfüllung negative Konsequenzen zeitigt. Bei Einreise aus einem sicheren Drittstaat entsteht die AufGest erst mit förmlicher Antragstellung (§ 55 I 2), u. Straffreiheit trotz unerlaubter Einreise (§ 95 IV AufenthG iVm Art 31 I GK) tritt nur nach unverzüglicher Meldung bei den Behörden ein.

20   Der Einführung der Grenzantragsverpflichtung scheint die Auffassung zugrunde zu liegen, auch ein politisch Verfolgter sei grundsätzlich nur dann zum Grenzübertritt berechtigt, wenn er über die erforderlichen Einreisepapiere verfüge. Dem kann nur mit Einschränkungen zugestimmt werden. **Visum- u. Passpflicht** werden durch die Absicht des Ausl, um Asyl nachzusuchen, nicht berührt (§ 3 AufenthG Rn 17; § 15 AufenthG Rn 17). Ein Asylsuchender ist zur Einholung eines Sichtvermerks aber nur verpflichtet, wenn ihm dies im Einzelfall zumutbar ist (BVerfG-K, NVwZ 1987, 1068). Er darf vor allen Dingen nicht an der Einreise aus dem Verfolgerland gehindert werden, wenn er das sonst erforderliche Visum nicht besitzt (BVerwGE 62, 206; BVerwG, EZAR 220 Nr 2, 221 Nr 1, 223 Nr 7; § 55 Rn 3). Die Durchreise durch einen potentiell Sicherheit bietenden Drittstaat beendet nicht den Zustand der Flucht (vgl BVerwGE 78, 332; 79, 347; BVerwG, EZAR 220 Nr 3).

21   Die **Erforderlichkeit von Einreisepapieren** bei Asylbew hat zwar auch der Verordnungsgeber mittelbar durch § 39 Nr 4 AufentV zum Ausdruck gebracht; diese Bestimmung soll Asylbew begünstigen, u. deshalb wird bei diesen ausnahmsweise eine erlaubte Einreise nicht verlangt werden können (vgl § 5 II 2 AufenthG). Hatte aber ein Ausl den Asylentschluss bereits vor der Einreise gefasst, verfügte er uU nicht über den nach § 4 AufenthG erforderliche AufTit iSd § 14 I Nr 2 AufenthG. Soweit die Befreiung von der Visumspflicht nämlich von der Einreiseabsicht abhängt oder das Visum für einen anderen Zweck als die Asylantragstellung (letzteres kommt so gut wie nie vor) erteilt war, konnte die Absicht der Asylsuche dazu führen, dass die Einreise unerlaubt war (§ 14 AufenthG Rn 6 ff).

22   Ungeachtet dieser grundsätzlichen Bedenken ist die Einführung der Grenzantragspflicht letztlich deshalb nicht zu beanstanden, weil die Inanspruchnahme des AsylR damit nicht ausgeschlossen wird u. die Ungleichbehandlung gegenüber anderen Asylbew nicht als sachwidrig angesehen werden kann. Wenn u. soweit der Flüchtling danach bei der Einreise über Visum u. Pass verfügen muss, ist er zur **Äußerung des Asylbegehrens** an der Grenze verpflichtet. Unter erforderlichen Einreisedokumenten sind die für die Einreise jew benötigten Pass- u. sonstigen Reisedokumente zu verstehen, als auch einen erforderlichen AufTit, oder ein Visum. Letzteres folgt aus dem in Abs 3 S. 2 erwähnten Zusammenhang mit der unerlaubten Einreise (vgl § 14 I Nr. 2 AufenthG).

23   Nach **unerlaubter Einreise** muss sich der Ausl entweder bei einer AEinr melden oder bei einer AuslBeh oder der Polizei um Asyl nachsuchen; im zweiten Fall wird er an die nächste AEinr weitergeleitet (§ 19 I). Danach wird der förmliche Asylantrag von der

Außenstelle (§ 23) aufgenommen. Der Begriff der unerlaubten Einreise muss hier anders verstanden werden als nach der Definition des § 14 I AufenthG; denn hier soll offenbar nur der Ausl erfasst werden, der seiner Verpflichtung zuwider nicht an der Grenze um Asyl nachgesucht hat, sondern eingereist ist (Hailbronner, § 13 AsylVfG Rn 51 f). Damit ist vor allem derjenige gemeint, der außerhalb des Grenzübergangsstelle („grüne" oder „blaue" Grenze) oder außerhalb der Verkehrsstunden die Grenze überschreitet, aber auch derjenige, der ohne erforderliche Einreisepapiere die Grenzstelle passiert, weil eine Kontrolle nicht oder nicht wirksam erfolgt. Die erste Gruppe ist nach Fortfall der Binnengrenzen erheblich angewachsen. Von Abs 3 nicht betroffen sind Ausl mit ausreichenden Einreisepapieren; sie können ihr Asylgesuch im Inland gegenüber jeder in Betracht kommenden Behörde äußern, vor allem gegenüber AuslBeh u. Polizei.

§ 14 Antragstellung

(1) [1] Der Asylantrag ist bei der Außenstelle des Bundesamtes zu stellen, die der für die Aufnahme des Ausländers zuständigen Aufnahmeeinrichtung zugeordnet ist. [2] Der Ausländer ist vor der Antragstellung schriftlich und gegen Empfangsbestätigung darauf hinzuweisen, dass nach Rücknahme oder unanfechtbarer Ablehnung seines Asylantrags die Erteilung eines Aufenthaltstitels gemäß § 10 Abs. 3 des Aufenthaltsgesetzes Beschränkungen unterliegt. [3] In Fällen des Absatzes 2 Satz 1 Nr. 2 ist der Hinweis unverzüglich nachzuholen.

(2) [1] Der Asylantrag ist beim Bundesamt zu stellen, wenn der Ausländer
1. einen Aufenthaltstitel mit einer Gesamtgeltungsdauer von mehr als sechs Monaten besitzt,
2. sich in Haft oder sonstigem öffentlichen Gewahrsam, in einem Krankenhaus, einer Heil- oder Pflegeanstalt oder in einer Jugendhilfeeinrichtung befindet, oder
3. noch nicht das 16. Lebensjahr vollendet hat und sein gesetzlicher Vertreter nicht verpflichtet ist, in einer Aufnahmeeinrichtung zu wohnen.

[2] Die Ausländerbehörde leitet einen bei ihr eingereichten schriftlichen Antrag unverzüglich dem Bundesamt zu.

(3) [1] Befindet sich der Ausländer in den Fällen des Absatzes 2 Satz 1 Nr. 2 in
1. Untersuchungshaft,
2. Strafhaft,
3. Vorbereitungshaft nach § 62 Abs. 1 des Aufenthaltsgesetzes,
4. Sicherungshaft nach § 62 Abs. 2 Satz 1 Nr. 1 des Aufenthaltsgesetzes, weil er sich nach der unerlaubten Einreise länger als einen Monat ohne Aufenthaltsgenehmigung im Bundesgebiet aufgehalten hat,
5. Sicherungshaft nach § 62 Abs. 2 Satz 1 Nr. 2 bis 5 des Aufenthaltsgesetzes,

steht die Asylantragstellung der Anordnung oder Aufrechterhaltung von Abschiebungshaft nicht entgegen. [2] Dem Ausländer ist unverzüglich Gelegenheit zu geben, mit einem Rechtsbeistand seiner Wahl Verbindung aufzunehmen, es sei denn, er hat sich selbst vorher anwaltlichen Beistands versichert. [3] Die Abschiebungshaft endet mit der Zustellung der Entscheidung des Bundesamtes, spätestens jedoch vier Wochen nach Eingang des Asylantrags beim Bundesamt, es sei denn, der Asylantrag wurde als unbeachtlich oder offensichtlich unbegründet abgelehnt.

Übersicht

	Rn
I. Entstehungsgeschichte	1
II. Allgemeines	2
III. Antragstellung	5
IV. Asylantrag aus der Haft	16

I. Entstehungsgeschichte

1   Die Vorschrift geht auf § 38 AuslG 1965 u. § 8 I AsylVfG 1982 zurück. Sie stimmt in Abs 1 u. 2 bis auf die (redaktionelle) Auswechslung des Begriffs „Erstaufnahmeeinrichtung" gegen „Aufnahmeeinrichtung" in Abs 2 S. 1 Nr 3 mit dem **GesEntw 1992** (BT-Drs 12/2062 S. 7) überein (BT-Drs 12/2718 S. 14). Abs 3 wurde entspr dem GesEntw 1993 (BT-Drs 12/4450 S. 4) zum 1. 7. 1993 angefügt (Art 1 Nr 6 **AsylVfÄndG 1993**) u. Abs 4 zum 1. 11. 1997 (Ges vom 29. 10. 1997, BGBl. I 2584) aufgrund des GesEntw des BR (BT-Drs 13/3331), der mehrfach im Laufe des Gesetzgebungsverf verändert wurde(BT-Drs 13/5986 S. 13 f; BT-Drs 13/4948 S. 10 f; BT-Drs 13/6668 S. 12; BT-Drs 13/7956 S. 4). Die Hinweisverpflichtung in Abs 1 S. 2 u. 3 ist entspr dem GesEntw (BT-Drs 15/420 S. 40 mit Wirkung vom 1. 1. 2005 eingefügt; zum selben Zeitpunkt sind die Bezugnahmen auf § 57 AuslG durch solche auf § 62 AufenthG ersetzt, der Begriff der „AufGen" in Abs 2 S. 1 Nr 1 durch den des AufTit ersetzt u. der frühere Abs 3 (betr Kriegs- u. Bürgerkriegsflüchtlinge) gestrichen (Art 3 Nr 9 **ZuwG**).

II. Allgemeines

2   Die **Organisation der Verf** zur Verwirklichung des Asylgrundrechts unterliegt weitgehend der gesetzgeberischen Gestaltungsfreiheit; asylr Verfahrensbestimmungen müssen aber so beschaffen sein u. ausgelegt u. angewandt werden, dass sie dem Grundrecht auf Asyl möglichst zur Geltung verhelfen (BVerfGE 56, 216; 65, 76; 67, 43). Verfassungsrechtlich unzulässig ist es insb, dem Asylbew den regulären Weg zur Statusfeststellung durch Maßnahmen der AuslBeh abzuschneiden, solange diesen nicht die Kompetenz zur Sachprüfung eindeutig aussichtsloser Asylgesuche übertragen ist (BVerfGE 56, 216). Diesen Anforderungen genügen die Vorschriften über Antragstellung u. Bescheidung durch das BAMF nach §§ 13 ff ebenso wie die frühere Aufteilung der Zuständigkeiten zwischen AuslBeh u. BAMF nach §§ 7 ff AsylVfG 1982.

3   Durch die **Konzentration der Zuständigkeit** für die Antragstellung beim BAMF wird eine möglichst frühzeitige u. schnelle Kontrolle über den Neuzugang bewirkt. Eine solche fehlt idR, wenn ein Asylersuchen etwa mündlich bei einer Grenzbehörde geäußert wird. Während ein Asylersuchen iSd § 13 I keiner Form bedarf u. dennoch alle Folgen eines Asylgesuchs auslöst (§ 55 Rn 6), wird das Gesuch mit der förmlichen Entgegennahme durch die zuständige Stelle aktenkundig u. zum Gegenstand eines asylr Verwaltungsverf (zu den Unterschieden näher § 13 Rn 3 ff).

4   Die Änderungen gegenüber dem früheren Rechtszustand (§ 8 AsylVfG 1982) ergeben sich aus der damals **neuen Aufgabenverteilung** zwischen AuslBeh u. BAMF, die eine Anhörung des Asylbew durch die AuslBeh nicht mehr kennt u. deshalb die Antragstellung beim BAMF als der allein entscheidenden Stelle nahe legt. Die Unterscheidung zwischen BAMF u. dessen Außenstellen soll zur beschleunigten Entgegennahme, Bearbeitung u. Erledigung beitragen. Die **Zuständigkeit** ist freilich recht kompliziert geregelt, weil sich die zuständige Stelle uU erst aufgrund mehrerer nach § 46 I u. II zu treffender Behördenentscheidungen ergibt u. ua davon abhängt, ob der AEinr eine Außenstelle des BAMF zugeordnet ist u. ob diese Asylgesuche von Flüchtlingen aus dem entspr Herkunftsland bearbeitet.

III. Antragstellung

5   Die Zuständigkeit für die Antragstellung liegt jetzt ausschließlich beim BAMF, nicht mehr bei der AuslBeh (zum früheren Recht 5. Aufl, § 8 AsylVfG Rn 3–6). Konkret zuständig

Antragstellung § 14 **AsylVfG 4**

sind die **Zentrale** des BAMF (in Nürnberg) oder eine der **Außenstellen** in den Ländern (dazu allg § 5 Rn 3). Die BAMF-Zentrale ist nur für die Fallgestaltungen des Abs 2 zuständig, in denen der Gesetzgeber eine Antragstellung bei der Außenstelle für nicht geboten u. angesichts deren Funktion für unzweckmäßig hält. Die Antragstellung ist dadurch erschwert, dass ein mündlicher Antrag bei der AuslBeh nicht mehr zugelassen ist (Rn 14; vgl § 19). Nicht in einer AEinr lebende Ausl, die der dt Schriftsprache nicht mächtig u. nicht durch einen Bevollmächtigten vertreten sind, sind daher grundsätzlich dazu gezwungen, nach Nürnberg zu reisen, um ihren Asylantrag ordnungsgemäß zu stellen. Gerade die Angehörigen der Personengruppen des Abs 2 Nr 2 u. 3 werden hierzu oft nicht in der Lage sein.

Anknüpfungspunkt für die Zuständigkeit (der Außenstelle nach Abs 1) sind nicht mehr **6** der tatsächliche Aufenthaltsort oder die Bestimmung durch die Grenzbehörde (wie nach §§ 8 I, 9 I 1 AsylVfG 1982). Die **Zuständigkeit** für die Antragstellung ergibt sich vielmehr unmittelbar u. zwingend aus der Zuständigkeit zur Aufnahme. Diese wiederum hängt nach § 46 vom Ort der Meldung, der freien Kapazität, der Bearbeitungszuständigkeit u. erforderlichenfalls der zentralen Verteilung ab (§ 46 Rn 3 ff). Primär wird die Zuständigkeit damit durch den Asylbew selbst bestimmt, mittelbar aber durch die Entscheidungen der LdReg über die Einrichtung von AEinr sowie des BAMF über die Schaffung von Außenstellen u. die Verteilung der Herkunftsländer auf Zentrale u. Außenstellen. Auch wenn eine Entscheidung der zentralen Verteilungsstelle notwendig wird (§ 46 II), wird die Zuständigkeit einer Außenstelle begründet, nicht die der Zentrale des BAMF. Wegen dieses Zuständigkeitssystems genügt die Meldung des Ausl bei irgendeiner AEinr; dort wird die zuständige AEinr nach § 46 mit Hilfe des EASY ermittelt.

Die Zuständigkeit des BAMF (Zentrale) kommt nur in den Ausnahmefällen des Abs 2 **7** S. 1 in Frage. Die **Ausnahmen** sind unmittelbar für die Antragstellung bedeutsam, mittelbar aber auch für die Aufenthaltsbeschränkung des Asylbew selbst; denn die Zuständigkeit zur Antragstellung entscheidet grundsätzlich auch über den Aufenthalt (vgl § 47). Unter „Bundesamt" ist hier die Zentrale (in Nürnberg) zu verstehen, nicht die Außenstellen; dies wird nicht zuletzt aus den unterschiedlichen Formulierungen in Abs 1 u. 2 deutlich.

Bei dem **AufTit** (Abs 2 S. 1 Nr 1) kommt es nicht auf dessen Art an, eine AufGest (nach **8** § 53 I 1) ist aber kein AufTit (§ 4 I 2 AufenthG); erst recht nicht eine Duldung (§ 60a AufenthG). Der AufTit braucht nicht von der AuslBeh ausgestellt zu sein; es genügt auch ein während des Antragsverf ges verlängerter Titel nach § 81 IV AufenthG. Da die Gesamtgeltungsdauer sechs Monate überschreiten muss u. der ges verlängerte Titel mit der Antragsbescheidung erlischt, kommt nur der Fall des Verlängerungsantrags in Betracht. Beim Erstantrag entsteht lediglich ein fiktiv erlaubter Aufenthalt (§ 81 II 1 AufenthG), die Fiktionsbescheinigung (§ 81 V AufenthG) ist kein AufTit, u. außerdem ist mit einer Bescheidung binnen sechs Monaten zu rechnen.

Die **Gesamtgeltungsdauer** muss mindestens sechs Monate betragen, nicht die restliche. **9** Es kann sich auch um eine verlängerte AE (§ 8 I AufenthG) handeln, deren Verlängerungszeitraum kürzer als sechs Monate ist. In jedem Fall muss der Ausl sie aber (noch) besitzen, sie darf also insb nicht erloschen sein (dazu § 51 AufenthG Rn 2 ff). Entscheidend ist die Überlegung, dass längerfristig zum Aufenthalt zugelassene Ausl nicht zur Aufgabe ihrer Unterkunft u. zum Wohnen in einer AEinr gezwungen werden sollen. Ob in der verbleibenden restlichen Zeit der Geltungsdauer das Asylverf abgeschlossen werden kann, ist unerheblich.

Für den Aufenthalt in einer Haft- oder sonstigen **Anstalt** oder Einrichtung iSd Abs 2 S. 1 **10** Nr 2 spielt der Grund keine Rolle. Ebenso unerheblich ist, ob der Ausl infolge der Unterbringung rechtlich oder tatsächlich am Verlassen der Einrichtung gehindert u. nicht zum Wohnen in einer AEinr imstande ist (zur Wohnverpflichtung vgl auch § 47 I 2).

Die Ausnahme zugunsten **Minderjähriger** unter 16 Jahren knüpft an die fehlende Ver- **11** pflichtung des ges Vertreters zum Wohnen in einer AEinr an. Dem Flüchtlingskind soll das

877

Leben in einer derartigen Einrichtung mit ihren regelmäßig negativen psychischen Folgen erspart bleiben (vgl aber § 47 II). Diesem Sinn u. Zweck entspr genügt es, wenn zumindest ein Elternteil nicht dort zu wohnen braucht. Der Grund hierfür kann zB darin bestehen, dass für den Elternteil eine Ausnahme nach Abs 2 S. 1 Nr 1 gegeben oder die Wohnverpflichtung in der AEinr abgelaufen ist (vgl §§ 47 I, 48, 49).

12 Wird der Antrag danach bei einer **unzuständigen Stelle** gestellt, ist er entgegenzunehmen, braucht aber nicht unbedingt an die Zentrale des BAMF weitergeleitet zu werden; die unzuständige Stelle ist aber hierzu befugt (vgl Stelkens, ZAR 1985, 15, 18; aA zum früheren Recht betr Weiterleitung an BAMF BVerwG, EZAR 221 Nr 5). Beantragt der Ausl aber nach der erforderlichen Beratung u. Belehrung (§ 25 VwVfG) die Abgabe an die zuständige Behörde, wird diese erfolgen müssen. Dies gilt auch im Verhältnis zwischen der Zentrale u. den Außenstellen des BAMF; denn letztere sind ungeachtet ihres organisatorischen Verhältnisses zum BAMF (dazu § 5 Rn 15 f) im Rahmen des Abs 2 unzuständig für die Entgegennahme des Asylantrags.

13 Für die AuslBeh ordnet Abs 2 S. 2 dagegen zwingend die unverzügliche **Weiterleitung** an die Zentrale des BAF an. Die Pflicht zur Weiterleitung setzt die zur Entgegennahme voraus. Eine irgendwie geartete Zuständigkeit der AuslBeh, etwa nach § 71 AufenthG oder § 3 VwVfG bzw. Landes-VwVfG ist nicht verlangt. Da die Weiterleitungspflicht in Abs 2 enthalten ist, ist sie formell auf Ausnahmefälle iSd Abs 2 S. 1 beschränkt. Dennoch kann Abs 2 S. 2 in anderen Fallkonstellationen **analog** angewandt werden, zumal gerade bei einem schriftlichen Antrag mangels Angaben über die Ausnahmekriterien des Abs 2 die Frage nach der Zuständigkeit – der Zentrale oder einer Außenstelle des BAMF – offen sein kann.

14 Die Weiterleitung ist nur für schriftliche Anträge vorgeschrieben. Die Aufnahme eines (mündlichen) Antrags zur Niederschrift ist weder im VwVfG noch im AsylVfG vorgesehen. **Mündliche Anträge** sind danach überhaupt nur beim BAMF (Zentrale oder Außenstelle) möglich. Wer bei der AuslBeh ein Asylgesuch iSd § 13 I äußert, ist in den Fällen des § 14 I an die nächste AEinr weiterzuleiten (§ 19 I); dies gilt auch, wenn das Asylersuchen anders als schriftlich kundgetan wird (iÜ vgl Rn 5 f).

15 Seit Anfang 2005 gilt eine zusätzliche **Hinweispflicht.** Der Asylbew ist danach unverzüglich u. in Haftfällen nachträglich schriftlich u. gegen Empfangsbekenntnis auf die ges Beschränkungen für die Erteilung eines AufTit nach erfolglosem Abschluss des Asylverf in § 10 III AufenthG hinzuweisen. Die **Form** der Belehrung stimmt mit der des Hinweises auf die Zustellungsvorschriften des § 10 überein (§ 10 V; vgl § 10 Rn 25 ff). Die Belehrung muss die Differenzierungen in § 10 III möglichst verständlich wiedergeben; dazu reicht die Wiederholung des Wortlauts schon deshalb nicht, weil dort die Kenntnis des Inhalts von Abschnitt 5 vorausgesetzt wird. Der **Zweck** der Belehrung ist darin zu sehen, den Ausl auf von ihm nicht erwartete Folgen des Asylgesuchs hinzuweisen, ihn also in gewissem Sinne zu „warnen". Die **Folgen** einer unterlassenen oder fehlerhaften Belehrung bestehen nicht in der Unanwendbarkeit der Beschränkungen des § 10 III AufenthG. Diese gelten ungeachtet der Kenntnis des Asylbew, dieser kann sich aber bei ordnungsgemäß erfolgter Belehrung nicht mehr auf Vertrauensschutz berufen, was sonst uU im Rahmen von Ermessensvorschriften möglich wäre.

IV. Asylantrag aus der Haft

16 Mit dem zum 1. 11. 1997 eingefügten Abs. 3 (früher: 4) soll verhindert werden, dass der Ausl, der um Asyl nachsucht, während er sich in **öffentlichem Gewahrsam** befindet, wegen des dann ausgelösten Bleiberechts entlassen werden muss u. untertauchen u. (erneut) Straftaten begehen kann (BT-Drs 13/4948 S. 10). Dieses Ziel ist im Gesetzestext nicht zum Ausdruck gelangt. Daher hängt die Anwendung nicht vom Nachweis einer Missbrauchs-

Antragstellung § 14 **AsylVfG 4**

absicht ab, diese wird vielmehr generell ohne Möglichkeit der Widerlegung unterstellt. Die danach im Hinblick auf die Verhältnismäßigkeit notwendige Begrenzung des Anwendungsbereichs soll durch abschließende Aufzählung der Gewahrsamsarten u. strikte Befristung erreicht werden. Diese sind angesichts des Ausnahmecharakters u. des ges Zwecks der Missbrauchsabwehr sorgfältig u. möglichst wortlautgetreu auszulegen. Eine erweiternde Auslegung über den Wortlaut hinaus verbietet sich ohnehin.

Die Neuerungen bewirken keine Änderung für die Antragstellung aus der Haft, die nach Maßgabe von Abs. 2 S. 1 Nr. 2 beim BAMF erfolgen muss. Sie betreffen unmittelbar weder den förmlichen Asylantrag noch die Verpflichtungen zur unverzüglichen Äußerung des Asylgesuchs aus § 13 III, sondern allein die aufr **Folgen** des Antrags u. setzen außerdem mittelbar eine **Frist** für dessen Bescheidung. Nicht die Dauer der Abschiebungshaft ist zeitlich begrenzt, sondern deren Fortdauer nach vier Wochen Verfahrensgang beim BAMF. Andere Gründe für die Beendigung der Haft (zB Fortfall der Ausreisepflicht aus anderen Gründen) bleiben hiervon unberührt. Trotz der damit erreichten Verschärfungen soll der Grundsatz erhalten und klargestellt werden, dass ein potentielles Asylgesuch nicht die sofortige Inhaftierung nach der Einreise u. vor der Antragstellung bewirken kann (so BT-Drs 13/4948 S. 10). 17

Grundlage u. **Wirkungsweise** der Regelung sind je nach Haftart verschieden. Das Asylgesuch u. das damit verbundene ges AufR der AufGest beenden die Ausreisepflicht u. führen damit grundsätzlich zur Beendigung von Vorbereitungs- u. Sicherungshaft. § 14 IV verhindert diese regulären Folgen des Asylgesuchs u. ermöglicht Abschiebungshaft trotz AufGest u. Aufhebung der Ausreisepflicht. Anders verhält es sich mit Straf- u. Untersuchungshaft, deren Fortdauer von einem Asylbegehren unberührt bleibt. In diesen Haftfällen kommt Abschiebungshaft nur (begrenzt) in Form von Überhaft in Betracht (dazu § 62 AufenthG Rn 24). Die noch verbleibende Dauer der Untersuchungs- oder Strafhaft steht also für die Entscheidung des BAMF ohnehin zur Verfügung. 18

Andere als die genannten **Haftarten** scheiden aus. So ist Sicherungshaft nach § 62 II 1 Nr. 1 AufenthG aus anderen als den erwähnten Gründen ausgenommen, ebenso Polizei- oder Behördengewahrsam (dazu OLG Ffm, InfAuslR 1998, 457; LG Berlin, InfAuslR 2000, 238). Nicht ausdrücklich erfasst sind Zurückweisungs- u. Zurückschiebungshaft. Für sie ist zwar in § 15 IV, 57 III AufenthG u. in § 33 III 3 auf § 62 AufenthG Bezug genommen. § 14 IV ist dort aber nicht unmittelbar einbezogen u. erwähnt selbst nur Haft im Falle von Ausweisung u. Abschiebung. Vor allem unterscheiden sich Zurückweisung u. Zurückschiebung so sehr von Ausweisung u. Abschiebung, dass sich auch ihr Verhältnis zu einem Asylgesuch anders darstellt. Zudem passt die gesetzgeberische Motivation, Missbrauch u. Untertauchen zu verhindern, nicht ohne Weiteres auf Zurückweisung und Zurückschiebung an der Grenze, u. diese Fallgruppen wurden im Zuge der Gesetzgebung auch nicht erörtert. 19

Unter **Asylantragstellung** ist nach Wortlaut u. Regelungszusammenhang der förmliche Asylantrag u. nicht das Asylgesuch (zum Unterschied § 13 Rn 3 ff) zu verstehen. Zwar löst bereits das Asylgesuch die AufGest aus u. beseitigt die Ausreisepflicht. Der Zeitraum bis zur Antragstellung ist aber grundsätzlich zu vernachlässigen, weil der Antrag mit Hilfe der Haftanstalt sofort schriftlich dem BAMF übermittelt werden kann. Nur ein Erstantrag ist betroffen; ein Folge- oder Zweitantrag hindert vor Einleitung eines weiteren Asylverf ohnehin die Fortdauer der Haft nicht. 20

Die **Haft endet,** wenn das BAMF den Asylantrag als (schlicht) unzulässig oder unbegründet ablehnt oder ihm zumindest teilweise stattgibt, mit Zustellung des Bescheids, spätestens jedoch vier Wochen nach Antragstellung. In diesen Fällen wird die AufGest voll wirksam. Nur bei Ablehnung als unbeachtlich oder offensichtlich unbegründet kann Abschiebungshaft ohne Rücksicht auf den Asylantrag fortgesetzt werden. Dies gilt auch, wenn der Asylantrag wegen Zuständigkeit eines anderen Staats nach dem DÜ (jetzt VO/EG 343/2000) unbeachtlich ist u. das BAMF die Abschiebung in diesen Staat anordnet (OLG Zweibrücken, EZAR 048 Nr. 58). 21

22 Die **Vierwochenfrist** begegnet insoweit Bedenken, als sie Haft ohne Rücksicht auf die Möglichkeit der Einhaltung dieser Frist zulässt u. keine Regelung wie die in § 18 a VI Nr. 1 enthält. Diesen Bedenken ist durch grundrechtskonforme Auslegung Rechnung zu tragen. Falls von vornherein feststeht, dass innerhalb von vier Wochen keine Entscheidung getroffen werden kann – weder eine positive noch eine negative –, steht der Verhältnismäßigkeitsgrundsatz dem Haftantrag wie der Anordnung der Haft entgegen; denn er begrenzt im Blick auf Art. 104 II 1 GG die Abschiebungshaft in jedem Fall (dazu § 62 AufenthG Rn 5, 11).

23 Die **Frist beginnt** ohne Rücksicht auf die Haftart mit Eingang des Asylantrags beim BAMF (BayObLG, EZAR 048 Nr 42). Für Ausl unter 16 Jahren ist der Asylantrag nur bei Vertretung oder nachträglicher Genehmigung durch den ges Vertreter wirksam gestellt (BayObLG, EZAR 048 Nr 50). Die Abschiebungshaft endet vier Wochen nach Antragstellung, wenn bis dahin nicht entschieden ist, wobei es auf den Grund der Verzögerung nicht ankommt. So läuft die Frist auch dann ab, wenn Bemühungen des BAMF um Übernahme des Asylbew durch einen anderen Staat längere Zeit beanspruchen (betr DÜ-Staat BayObLG, EZAR 048 Nr 52). Die Frist endet erst mit der Zustellung des BAMF-Bescheids; der Zeitpunkt des internen Erlasses spielt keine Rolle (LG Berlin, NVwZ-Beil 1998, 329).

24 Umstritten sind einzelne Voraussetzungen für die Zulässigkeit von Abschiebungshaft trotz Asylantrags während Sicherungshaft infolge sofort vollziehbarer Ausreisepflicht nach unerlaubter Einreise bei **Aufenthalt** von mehr als einem Monat **ohne AufTit.** Das Asylgesuch hätte in Falle des § 62 I 1 Nr 1 AufenthG wie auch sonst die Beendigung der Ausreisepflicht (vgl § 50 I AufenthG) zur Folge. Dies soll verhindert werden, weil ein länger dauernder illegaler Aufenthalt in der Vergangenheit die Gefahr des Untertauchens u. der Begehung (weiterer) Straftaten für die Zukunft indiziert. Allerdings ergibt der länger als einem Monat währende unerlaubte Inlandsaufenthalt für sich genommen keinen Haftgrund nach § 62 II 1 Nr. 1 AufenthG. Er dient nur als besondere Qualifikation zur Rechtfertigung der Zulässigkeit von Abschiebungshaft trotz anschließenden Asylantrags u. muss daher nach dessen Stellung zusätzlich festgestellt werden. Die Monatsfrist gilt nur im Falle des § 14 IV 1 Nr 4, nicht also bei (zusätzlicher) Begründung der Haft mit einem Verdacht nach § 62 II 1 Nr 5 AufenthG.

25 In aller Regel wird der Ausl in einem solchen Fall auch seinen **Meldepflichten** aus § 13 III an der Grenze u. im Inland nicht nachgekommen sein. Hieran knüpft das Ges aber keine Folgen. Ein solcher Gesetzesverstoß rechtfertigt für sich genommen nicht die Haft nach § 62 II AufenthG, hindert nicht die AufGest nach §§ 55, 63 u. ist auch nicht strafbewehrt (§§ 84 ff). Maßgeblich ist nur der Aufenthalt ohne AufTit über mehr als ein Jahr. Nur dieser objektive Tatbestand soll die Haft rechtfertigen, nicht der Verstoß gegen Mitwirkungspflichten, der nur unter Beachtung der subjektiven Motive und Möglichkeiten festgestellt werden könnte. Abschiebungshaft ist also allein aufgrund einer Verletzung der Pflichten aus § 13 III nicht zulässig (OLG Düsseldorf, NVwZ-Beil 2000, 47; OLG Karlsruhe, NVwZ-Beil 2000, 111; aA BayObLG, BayObLGZ 1999, 97).

26 Die **Monatsfrist** läuft vom Zeitpunkt der (letzten) Einreise an u. wird nach dem Zeitpunkt der Asylantragstellung bemessen. Weder die Festnahme noch die Haftanordnung (so aber OLG Düsseldorf, NVwZ-Beil 2000, 47) erscheinen als sachgerechte Anknüpfungspunkte. Die Fortdauer von Abschiebungshaft wird mit der späten Asylantragstellung gerechtfertigt. Zeitpunkt u. nähere Gründe der bereits zuvor angeordneten anderweitigen Haft sind nicht ausschlaggebend.

27 Der illegale Aufenthalt von mehr als einem Monat ist als Haftvoraussetzung von der AuslBeh darzutun u. vom Haftrichter **festzustellen.** Den Ausl treffen zwar die Mitwirkungspflichten aus § 15 II Nr 1, 4 u. 5, II Nr 2–5, er kann diesen aber mit schlüssigen u. glaubhaften Angaben genügen, wenn er geeignete Beweisunterlagen nicht oder nicht mehr besitzt (Marx, § 14 Rn 30 f). Zu seinem Nachteil können ihm indes Versuche der Beweisvereitelung oder Verschleierung gereichen.

§ 14a Familieneinheit

(1) Mit der Asylantragstellung nach § 14 gilt ein Asylantrag auch für jedes Kind des Ausländers als gestellt, das ledig ist, das 16. Lebensjahr noch nicht vollendet hat und sich zu diesem Zeitpunkt im Bundesgebiet aufhält, ohne im Besitz eines Aufenthaltstitels zu sein, wenn es zuvor noch keinen Asylantrag gestellt hatte.

(2) ¹ Reist ein lediges, unter 16 Jahre altes Kind des Ausländers nach dessen Asylantragstellung ins Bundesgebiet ein oder wird es hier geboren, so ist dies dem Bundesamt unverzüglich anzuzeigen, wenn ein Elternteil eine Aufenthaltsgestattung besitzt oder sich nach Abschluss seines Asylverfahrens ohne Aufenthaltstitel oder mit einer Aufenthaltserlaubnis nach § 25 Abs. 5 Satz 1 des Aufenthaltsgesetzes im Bundesgebiet aufhält. ² Die Anzeigepflicht obliegt neben dem Vertreter des Kindes im Sinne von § 12 Abs. 3 auch der Ausländerbehörde. ³ Mit Zugang der Anzeige beim Bundesamt gilt ein Asylantrag für das Kind als gestellt.

(3) Der Vertreter des Kindes im Sinne von § 12 Abs. 3 kann jederzeit auf die Durchführung eines Asylverfahrens für das Kind verzichten, indem er erklärt, dass dem Kind keine politische Verfolgung droht.

Übersicht

	Rn
I. Entstehungsgeschichte	1
II. Allgemeines	2
III. Asylantragstellung	3

I. Entstehungsgeschichte

Die Vorschrift wurde entspr dem **GesEntw** (BT-Drs 15/420 S. 41) u. einer Korrektur im Vermittlungsverf (BT-Drs 15/3479 S. 14) mit Wirkung vom 1. 1. 2005 eingefügt (Art 3 Nr 10 ZuwG). 1

II. Allgemeines

Das Verhältnis von Eltern zu ihren Kindern spielt im Asylverf eine besondere Rolle. Asylr teilen die Mitglieder der Kernfamilie nicht unbedingt ihr Schicksal, weil gegen die Eltern gerichtete Verfolgungsmaßnahmen nicht unbedingt auch die Kinder treffen. Andererseits gibt es in vielen Verfolgerstaaten seit langem sichere Anhaltspunkte für einen solchen Verfolgungszusammenhang. Da Kinder auch aufr mit ihren Eltern verbunden sind, wurde das Familienasyl geschaffen, um einen einheitlichen Status innerhalb der Familie zu ermöglichen, u. von 2005 an um den Familienabschiebungsschutz erweitert (zu alledem § 26 u. die dortige Kommentierung). Als misslich erwies sich unter diesen Umständen schon seit langem, dass die trotz alledem eigenständige Stellung der Kinder oft dazu genutzt wurde, den bloßen Verfahrensaufenthalt zu verlängern, ohne dass eine plausible Aussicht auf Erfolg in der Sache selbst bestand. Um solchen möglichen Missbräuchen durch sukzessive Antragstellung ohne die Chance eines gesicherten Aufenthalts vorzubeugen, wurde nun eine Art zwingender Antragsverbund geschaffen. Die Vorschrift erweitert den Kreis der Asylbew grundsätzlich ohne Mitwirkung der betroffenen Eltern u. Kinder. 2

III. Asylantragstellung

3   Grundlage ist der schriftliche Asylantrag eines Elternteils, angeknüpft wird also nicht bereits an dessen Asylgesuch iSd § 13. Die Begründung des Asylantrags ist unerheblich. Dieser kann eigenständig begründet sein, er kann aber auch auf einen familiären Zusammenhang gestützt u. deshalb letztlich auf die Zuerkennung von Familienasyl gerichtet sein. Schließlich kann es sich auch um einen Folgeantrag handeln.

4   **Erfasst** ist jedes Kind, das ledig u. noch keine 16 Jahr alt ist, in Deutschland lebt, aber keinen AufTit besitzt. Außerdem darf es selbst zuvor noch keinen Asylantrag gestellt haben. Ob dieser bereits beschieden ist, spielt keine Rolle. Es kann sich auch um einen Antrag nach § 14a im Anschluss an den Asylantrag des anderen Elternteils handeln. Maßgeblicher Zeitpunkt ist der der förmlichen Asylantragstellung durch den Elternteil.

5   In das Antragsverf eines Elternteils **einbezogen** wird auch das später in Deutschland geborene oder im Alter unter 16 Jahren und ledig eingereiste Kind. Auf die Erlaubtheit der Einreise kommt es nicht an. Voraussetzungen u. Art der Einbeziehung sind gegenüber dem Grundfall nur etwas abgewandelt. **Grundlage** ist ein noch laufendes oder ein bereits abgeschlossenes Asylverf eines Elternteils. Dieser muss entweder (während des Asylverf) eine AufGest oder (nach erfolglosem Asylverf) eine humanitäre AE nach § 25 I 1 AufenthG besitzen oder sich nach Abschluss seines Asylverf ohne AufTit weiter in Deutschland aufhalten. Hat der Elternteil einen Folgeantrag gestellt, gehört er entweder zur letzten Gruppe oder besitzt, falls sein Antrag als beachtlich eingestuft wurde, (erneut) eine AufGest.

6   Die Einbeziehung des nachgereisten oder im Inland geborenen Kindes ist vom Eingang der **Anzeige** beim BAMF abhängig. Kommt der Anzeigepflichtige seiner Verpflichtung nicht nach oder erfährt das BAMF aus anderen Gründen nicht von der Existenz des Kindes, tritt die Rechtsfolge der Antragstellung durch das Kind nicht ein. Da das Kind selbst nicht verfahrenshandlungsfähig ist, obliegt die Anzeige in erster Linie dessen Vertreter iSd § 12 III. Außerdem ist auch die AuslBeh verpflichtet, dem BAMF die Geburt oder die Einreise des Kindes mitzuteilen.

7   **Rechtsfolge** ist in allen Fällen der Asylantrag des Kindes. Das Kind wird in vollem Umfang so behandelt, als habe es einen eigenen Asylantrag gestellt. Falls es sich bereits einmal in Deutschland aufgehalten u. erfolglos um Asyl nachgesucht hat, handelt es sich dabei um einen Folgeantrag. Das Kind erhält vor allem eine AufGest (§ 55), u. ihm muss Gelegenheit zur Begründung des Asylersuchens gegeben werden (dazu § 25).

8   Eine Ausnahme von der Eröffnung eines eigenen Asylverf für das Kind ist nur für den Fall vorgesehen, dass der Vertreter des Kindes erklärt, dem Kind drohe keine politische Verfolgung. Das Ges sieht in dieser Erklärung einen **Verzicht** auf ein Asylverf, auch wenn dieser Begriff von dem Vertreter nicht erwähnt werden sollte. Dieser Verzicht ist zeitgebunden wie das AsylR selbst. Er kann sich wie die geforderte Erklärung nur auf die im Zeitpunkt der Erklärung gegebene aktuelle Tatsachenlage beziehen, wird also bei späteren Änderungen der Sachlage hinfällig. Dem trägt § 71 I 2 dadurch Rechnung, dass der später gestellte Asylantrag als Folgeantrag behandelt wird. Der Verzicht kann jederzeit erklärt werden, also auch vor der Anzeige der Einreise oder der Geburt beim BAMF. Die Erklärung über die Verfolgungsfreiheit u. damit der Verzicht kann nur bis zum Eingang beim BAMF widerrufen werden, eine Rücknahme ist nur in entspr Anwendung der §§ 119 ff BGB ausnahmsweise bei arglistiger Täuschung, Drohung oder unzulässigem Druck sowie bei Wiederaufgreifensgründen zulässig. Ungeachtet dieser Möglichkeiten kann der Asylantrag auch zurückgenommen werden, ohne dass irgendeine Erklärung zur Verfolgungsgefahr abgegeben wird.

Allgemeine Mitwirkungspflichten § 15 AsylVfG 4

§ 15 Allgemeine Mitwirkungspflichten

(1) ¹Der Ausländer ist persönlich verpflichtet, bei der Aufklärung des Sachverhalts mitzuwirken. ²Dies gilt auch, wenn er sich durch einen Bevollmächtigten vertreten läßt.

(2) Er ist insbesondere verpflichtet,

1. den mit der Ausführung dieses Gesetzes betrauten Behörden die erforderlichen Angaben mündlich und nach Aufforderung auch schriftlich zu machen;
2. das Bundesamt unverzüglich zu unterrichten, wenn ihm ein Aufenthaltstitel erteilt worden ist;
3. den gesetzlichen und behördlichen Anordnungen, sich bei bestimmten Behörden oder Einrichtungen zu melden oder dort persönlich zu erscheinen, Folge zu leisten;
4. seinen Paß oder Paßersatz den mit der Ausführung dieses Gesetzes betrauten Behörden vorzulegen, auszuhändigen und zu überlassen;
5. alle erforderlichen Urkunden und sonstigen Unterlagen, die in seinem Besitz sind, den mit der Ausführung dieses Gesetzes betrauten Behörden vorzulegen, auszuhändigen und zu überlassen;
6. im Falle des Nichtbesitzes eines gültigen Passes oder Paßersatzes an der Beschaffung eines Identitätspapiers mitzuwirken;
7. die vorgeschriebenen erkennungsdienstlichen Maßnahmen zu dulden.

(3) Erforderliche Urkunden und sonstige Unterlagen nach Absatz 2 Nr. 5 sind insbesondere

1. alle Urkunden und Unterlagen, die neben dem Paß oder Paßersatz für die Feststellung der Identität und Staatsangehörigkeit von Bedeutung sein können,
2. von anderen Staaten erteilte Visa, Aufenthaltsgenehmigungen und sonstige Grenzübertrittspapiere,
3. Flugscheine und sonstige Fahrausweise,
4. Unterlagen über den Reiseweg vom Herkunftsland in das Bundesgebiet, die benutzten Beförderungsmittel und über den Aufenthalt in anderen Staaten nach der Ausreise aus dem Herkunftsland und vor der Einreise in das Bundesgebiet sowie
5. alle sonstigen Urkunden und Unterlagen, auf die der Ausländer sich beruft oder die für die zu treffenden asyl- und ausländerrechtlichen Entscheidungen und Maßnahmen einschließlich der Feststellung und Geltendmachung einer Rückführungsmöglichkeit in einen anderen Staat von Bedeutung sind.

(4) ¹Die mit der Ausführung dieses Gesetzes betrauten Behörden können den Ausländer und Sachen, die von ihm mitgeführt werden, durchsuchen, wenn der Ausländer seinen Verpflichtungen nach Absatz 2 Nr. 4 und 5 nicht nachkommt und Anhaltspunkte bestehen, daß er im Besitz solcher Unterlagen ist. ²Der Ausländer darf nur von einer Person gleichen Geschlechts durchsucht werden.

(5) Durch die Rücknahme des Asylantrags werden die Mitwirkungspflichten des Ausländers nicht beendet.

Übersicht

	Rn
I. Entstehungsgeschichte	1
II. Allgemeines	2
III. Mitwirkungs- und Duldungspflichten	5

I. Entstehungsgeschichte

Die Vorschrift fasst die früher an verschiedenen Stellen statuierten Mitwirkungsverpflichtungen (§§ 8 II, 8a I, 9 II u. IV, 12 I, 26 I AsylVfG 1982) zusammen. In ihrer ursprüng- 1 lichen Fassung stimmte sie mit dem **GesEntw 1992** (BT-Drs 12/2062 S. 7 f) überein. Mit Wirkung vom 1. 7. 1993 wurden entspr dem GesEntw 1993 (BT-Drs 12/4450 S. 4) Nr 6 in Abs 2 (früher § 16 II 2, 3) u. Abs 4 eingefügt (Art 1 Nr 7 **AsylVfÄndG 1993**). In Abs 2 Nr 2 wurde entspr dem GesEntw (BT-Drs 15/420 S. 41) zum 1. 1. 2005 der Begriff der AufGen durch den des AufTit ersetzt (Art 3 Nr 11 **ZuwG**).

II. Allgemeines

2   Der **Grundsatz** der Mitwirkungsverpflichtung (Abs 1 S. 1) ist erstmals ausdrücklich ges verankert. Früher waren im AsylVfG 1982 nur einzelne Pflichten genannt, zB nach §§ 8 II 1, 12 I 3. Der Katalog allg Mitwirkungs- u. Duldungspflichten (Abs 2) ist exemplarischer Art Er steht neben den an anderer Stelle aufgeführten besonderen Pflichten, zB nach §§ 10 I, 22, 25 I, 33, 50 VI, 74 II 1, 81, u. wird ergänzt durch behördliche Pflichten zur Anhörung des Asylbew, zB nach § 24 I 2. Die Pflichten bestehen (ausgenommen Abs 2 Nr 2) gegenüber allen mit der Ausführung des AsylVfG betrauten Behörden, also nicht nur gegenüber BAMF u. AuslBeh, u. zwar gegenständlich beschränkt auf deren jew Aufgabenkreis.

3   Der Umfang der Mitwirkungspflichten wird im Grundsatz u. im konkreten Einzelfall begrenzt durch die **Amtsermittlungspflicht** des BAMF (§ 24 I 1). Das Verhältnis von Amtsaufklärungspflicht zu Darlegungs- u. Mitwirkungspflicht wird bestimmt durch die Eigenart des Asylgrundrechts (dazu § 74 Rn 25 ff); trotz des grundgesetzlichen Asylanspruchs sind jedoch Darlegung u. Nachweis der tatsächlichen Voraussetzungen für die Inanspruchnahme dieses Rechts letztlich Sache des Asylsuchenden. Prinzipiell bestehen deshalb keine Bedenken gegen den in Abs 1 statuierten Grundsatz; im Einzelfall können dennoch Notwendigkeit u. Zweckmäßigkeit einiger Regelungen zweifelhaft erscheinen.

4   Bei den in Abs 2 beispielhaft u. nicht abschließend aufgezählten Pflichten handelt es sich um besondere Mitwirkungspflichten iSd § 26 II VwVfG. Aus ihnen erwächst dem BAMF **keine Anhörverpflichtung** wie nach § 24 I 2 (ebenso für § 8 II AsylVfG 1982: Marx/Strate/Pfaff, § 8 Rn 24; Meissner, VBlBW 1982, 385, 388; Stelkens, ZAR 1985, 15, 21 f; VGH BW, ESVGH 34, 240; BayVGH, EZAR 225 Nr 3; HessVGH, EZAR 224 Nr 8). Die Maßnahmen nach Abs 2 dienen nämlich nicht der Gewährung rechtlichen Gehörs (wie nach § 28 I VwVfG) vor Erlass eines VA, also nach einem gewissen Abschluss der Ermittlungen, sondern allein der Antragsbegründung.

III. Mitwirkungs- und Duldungspflichten

5   Die Verpflichtung zur Mitwirkung bei der Sachverhaltsaufklärung dient der Durchsetzung des Asylanspruchs u. liegt deshalb primär im Interesse des asylsuchenden Ausl selbst (Rn 2 ff). Die persönliche Verpflichtung zur Mitwirkung ist, wie durch Abs 1 S. 2 verdeutlicht wird, als Verpflichtung zur **persönlichen Mitwirkung** zu verstehen. Der Asylbew kann insoweit nicht durch einen Bevollmächtigten vertreten werden, wohl aber Erklärungen durch diesen übermitteln lassen (ähnlich Hailbronner, § 15 AsylVfG Rn 2; Marx, § 15 Rn 3). Erklärungen, Handlungen u. sonstiges Mitwirken obliegen allein dem Asylbew; sie sind allein durch ihn vorzunehmen u. zu bewirken u. damit auch unvertretbar iSd Vollstreckungsrechts. Auf den Grundsatz in Abs 1 kann immer dann zurückgegriffen werden, wenn für einzelne Handlungen oder Duldungen keine konkreten Normen in Abs 2 oder an anderer Stelle existieren, allerdings nur betr Sachverhaltsaufklärung (zu Sprachaufzeichnungen vgl § 16 Rn 9–20). Die notwendige Konkretisierung kann durch entspr allg oder auf den Einzelfall bezogene Fragen u. Aufforderungen der Behörde erfolgen (betr „Angaben" vgl Abs 2 Nr 1).

Allgemeine Mitwirkungspflichten § 15 **AsylVfG 4**

Inhalt u. Gegenstand der **Erklärungspflicht** sind nicht näher erläutert; sie ergeben sich 6
vor allem aus § 25 I u. II. Die Verpflichtung zu mündlichen oder schriftlichen Angaben
besteht gegenüber allen mit der Ausführung des AsylVfG betrauten Behörden, nicht nur
gegenüber BAMF u. AuslBeh.

Die Unterrichtung über die **Erteilung eines AufTit** soll das BAMF in die Lage 7
versetzen, das Verhältnis zur AufGest, die Wohnverpflichtung u. Passfragen zu klären (vgl
§§ 48 Nr 3, 55 II, 63 I, 65 I, 67). Ein besonderer Grund für diese früher unbekannte
Verpflichtung ist freilich nicht ohne weiteres einzusehen, kann doch die AuslBeh das BAMF
von der Erteilung einer AufTit im Zweifel schneller u. zuverlässiger unterrichten (§ 52
greift allerdings nicht ein). Die Erteilung der AufGest (§ 55 I) wird von der Mitteilungspflicht
schon deshalb nicht erfasst, weil sie keinen AufTit darstellt (vgl § 4 I 2 AufenthG).
Bei dem fiktiv erlaubten Aufenthalt nach § 81 III 1 AufenthG handelt es sich um keine
„erteilte", sondern um eine durch die Bescheinigung lediglich bestätigte ges Erlaubnis; sie
braucht ihr auch nicht gleichgestellt zu werden. Dagegen stellt der ges verlängerte AufTit
nach § 81 IV AufenthG einen vollgültigen Titel dar.

Die Verpflichtung zur **Befolgung von Anordnungen** ergibt sich eigentlich schon aus 8
Sinn u. Zweck der ges oder behördlichen Anordnung selbst. Die zusätzliche normative
Festlegung von Handlungs- u. Duldungspflichten dient aber der uU erforderlichen zwangsweisen
Durchsetzung bei Nichtbefolgung (zum früheren Recht VG Frankfurt/M., NJW
1983, 189). Unter „Einrichtungen" sind außer den AEinr auch andere Stellen zu verstehen,
die keine Behörden sind. Es brauchen keine öffentl Einrichtungen zu sein; auch private
Organisationen, die zB eine GemUnt betreiben, gehören dazu.

Die Pflicht zur Vorlage, Aushändigung u. Überlassung des **Passes** oder Passersatzes ergibt 9
sich für Ausl allg bereits aus §§ 3, 48 I u. II AufenthG. Für Asylbew wird sie durch Abs 2
Nr 4 erweitert, da die Erforderlichkeit nicht im Einzelfall festzustellen ist, sondern generell
vom Ges unterstellt wird (ähnlich früher § 26 AsylVfG 1982). Betroffen sind ausl Pässe u.
Passersatzpapiere iSd § 3 AuslG, §§ 2 ff AufenthV: vor allem Nationalpass, Reisepass, Kinderausweis,
Seefahrtbuch, Staatenlosenausweis oder GK-Reiseausweis. Der türkische Personalausweis
ist kein Passersatz (VG Köln, InfAuslR 1989, 359). Zur Verwahrung vgl § 21,
zur Ausweispflicht während des Asylverf vgl § 64 I, zur Herausgabe vgl § 65.

Die Pflicht zur Vorlage von für das Asylbegehren bedeutsame **Urkunden** u. anderen 10
Unterlagen ergibt sich ebenso wie die Darlegungsverpflichtung ohne Weiteres aus der allg
Mitwirkungspflicht (früher § 8 II 3 AsylVfG 1982). Die (nicht abschließende) Aufzählung
der Unterlagen (Abs 3) ist im Grundsatz nicht zu beanstanden. Zu den Reiseunterlagen iSd
Abs 3 Nr 4 zählen auch Rechnungen u. Quittungen über Beförderung, Unterkunft u.
Versorgung auf der Reise. Sonstige Urkunden u. Unterlagen iSd Abs 3 Nr 5 beziehen sich
nicht nur auf asylr relevante Tatsachen, sondern auch auf Rückführungsmaßnahmen. Soweit
die Urkunden oder sonstigen Unterlagen dem Asylbew gehören oder der Verfügungshoheit
eines fremden Staats unterliegen, könnten Bedenken gegen die Vorlagepflicht bestehen.
Diese sind durch die Rückgabebestimmungen der §§ 21 V u. 65 weitestgehend ausgeräumt
(betr Weitergabe u. Verwahrung der Unterlagen vgl § 21).

Die Mitwirkung bei der Beschaffung eines **Identitätspapiers** wird bereits durch die 11
Handlungsverpflichtungen nach § 48 III AufenthG erfasst. Auch für den Asylbew wird nach
negativem Abschluss sowohl für die freiwillige als auch für die zwangsweise Ausreise ein
Identitätsdokument benötigt. Zu bedenken bleibt aber, dass dem Asylbew damit auch schon
während des Asylverf die Inanspruchnahme des Schutzes des (angeblichen) Verfolgerstaats
angesonnen wird (durch Mitwirkung bei Erlangung eines Passes ua). Dies ist dem politisch
Verfolgten aber grundsätzlich **nicht zuzumuten**. Denn damit rückt er zumindest zT von
seinem Asylvorbringen ab, wie die Erlöschensregelung des § 72 I Nr 1 deutlich macht.
Diese ist zwar nicht analog auf Asylbew anzuwenden, die Inanspruchnahme des Schutzes des
Heimatstaats kann aber durchaus allg oder im Einzelfall gegen die Annahme einer ernsthaften
Verfolgungsgefahr sprechen (vgl BVerwGE 78, 152). Daher ist eine Mitwirkung bei
der Passbeschaffung nur erforderlich u. zumutbar, wenn ein Identitätspapier benötigt u. der

Asylbew selbst oder sein Asylersuchen dadurch nicht gefährdet werden. Maßgeblich sind die Einzelfallumstände (Hailbronner, § 15 AsylVfG Rn 27–30; VGH BW, InfAuslR 1999, 287; VGH BW, EZAR 060 Nr. 7: unbedenklich sind Vorbereitungen für Beschaffung nach Abschluss des Asylverf; aA Marx, § 15 Rn 11–14: grundsätzlich unzumutbar). Für Passbeschaffung sind nicht nur BAMF u. AuslBeh zuständig, sondern nach § 43 auch das BMI während der Wohnverpflichtung nach § 47. Die AuslBeh wird nicht erst mit Erlöschen der AufGest berechtigt, den Asylbew zur Mitwirkung bei der Passbeschaffung zu verpflichten (so aber VGH BW aaO), sie ist aber an einer sachgemäßen Beurteilung der für den Asylbew mit der Verbindungsaufnahme zu dem Heimatstaat verbundenen Gefahren idR gehindert, bevor das BAMF den Asylantrag negativ beschieden hat (ähnlich Hailbronner, § 15 AsylVfG Rn 29; weitergehend VG Chemnitz, InfAuslR 2000, 246).

12   Die Pflicht zur Duldung **erkennungsdienstlicher Maßnahmen** (ebenso § 49 VIII AufenthG) ergibt sich eigentlich schon aus deren Zulässigkeit (§ 16); denn diese hängt nicht von der Einwilligung des Betroffenen ab (zum früheren Recht 5. Aufl, § 13 AsylVfG Rn 8).

13   Die (vor dem 1. 7. 1993 in § 16 II geregelte) Möglichkeit der – auch körperlichen – **Durchsuchung** soll verhindern, dass der Ausl einen Pass oder Passersatz mitführt, aber nicht herausgibt, sondern am Körper oder in seinem Gepäck oder sonst in seinen Sachen versteckt (BT-Drs 12/2718 S. 60). Es müssen freilich konkrete Anhaltspunkte für den dahingehenden Verdacht vorliegen. Die Nichtabgabe eines Passes oder Passersatzes reicht dafür nicht. Andererseits erfüllt der Ausl seine Passherausgabepflicht nicht durch Aushändigung eines falschen Passpapiers; auch in diesem Fall ist deshalb eine Durchsuchung zulässig, wenn Indizien dafür sprechen, dass der Ausl weitere – uU echte oder andere falsche – Passdokumente mitführt. Die Einschränkung auf geschlechtsgleiche Untersuchungspersonen gilt nicht hinsichtlich mitgeführter Sachen. Die Durchsuchung von Wohnungen zur Vollstreckung einer Passauflage richtet sich nach Landesrecht u. erfordert eine gerichtliche Anordnung (dazu VGH BW, EZAR 622 Nr. 36).

14   Die für den Fall der **Rücknahme** des Asylantrags angeordnete ausnahmslose Fortdauer der Mitwirkungspflichten erscheint weder sachgerecht noch verhältnismäßig. Die meisten Verpflichtungen zur Mitwirkung enden ihrer Art nach mit endgültiger Ablehnung des Asylantrags oder nach endgültiger Asyl- oder Flüchtlingsanerkennung. Darüber hinaus ist nicht einzusehen, warum der Ausl trotz Rücknahme des Asylantrags weiterhin allen Verpflichtungen zur Mitwirkung unterworfen bleiben soll. So leuchtet etwa nicht ein, dass er auch nach Antragsrücknahme noch verpflichtet sein soll, den von einem anderen Staat erteilten Konventionspass dem BAMF zu überlassen, erkennungsdienstliche Maßnahmen zu dulden oder die Erteilung von AufTit dem BAMF mitzuteilen. Mitwirkungspflichten nach Rücknahme des Asylantrags ergeben allenfalls im Hinblick auf aufenthaltsbeendende Maßnahmen im Einzelfall einen Sinn. Diesen Bedenken ist durch eine entspr Auslegung von §§ 21 V, 65 Rechnung zu tragen. Abs 5 ist damit zT wirkungslos.

15   Unter **Rücknahme** ist die vollständige Rücknahme des Asylantrags iSd §§ 13, 14 zu verstehen. Die nachträgliche Beschränkung auf die Flüchtlingsanerkennung steht nicht gleich, weil das Asylverf dann betr Art 16 a GG fortgeführt u. nicht nach § 32 eingestellt wird. Anders verhält es sich mit den **Rücknahmefiktionen** der §§ 32 a II, 33 I, II; denn diese beenden formell das Asylverf, lassen aber das öffentliche Interesse am Fortbestand der Mitwirkungspflichten ebenso unberührt wie bei ausdrücklich erklärter Rücknahme, solange sich der Ausl noch in Deutschland aufhält (betr § 32 aA Marx, § 15 Rn 13). Dagegen ist der **Verzicht** des Vertreters des Kindes nach § 14 a III nicht einer Rücknahme gleichzusetzen, obwohl die dort erfasste Erklärung über die fehlende Verfolgungsgefahr ebenfalls die Beendigung des Asylverf zur Folge hat. Der Gesetzgeber hat bei Einfügung von § 14 a auf eine entspr Ergänzung wie in § 71 I 2 verzichtet u. damit eine Gleichbehandlung bewusst unterlassen. Dem kann nicht durch eine analoge Anwendung zur Ausfüllung einer Gesetzeslücke begegnet werden.

§ 16 Sicherung der Identität

(1) ¹Die Identität eines Ausländers, der um Asyl nachsucht, ist durch erkennungsdienstliche Maßnahmen zu sichern, es sei denn, daß er noch nicht das 14. Lebensjahr vollendet hat. ²Nach Satz 1 dürfen nur Lichtbilder und Abdrucke aller zehn Finger aufgenommen werden. ³Zur Bestimmung des Herkunftsstaates oder der Herkunftsregion des Ausländers kann das gesprochene Wort außerhalb der förmlichen Anhörung des Ausländers auf Ton- oder Datenträger aufgezeichnet werden. ⁴Diese Erhebung darf nur erfolgen, wenn der Ausländer vorher darüber in Kenntnis gesetzt wurde. ⁵Die Sprachaufzeichnungen werden beim Bundesamt aufbewahrt.

(2) Zuständig für die Maßnahmen nach Absatz 1 sind das Bundesamt und, sofern der Ausländer dort um Asyl nachsucht, auch die in den §§ 18 und 19 bezeichneten Behörden sowie die Aufnahmeeinrichtung, bei der sich der Ausländer meldet.

(3) ¹Das Bundeskriminalamt leistet Amtshilfe bei der Auswertung der nach Absatz 1 gewonnenen Fingerabdruckblätter zum Zwecke der Identitätssicherung. ²Es darf hierfür auch von ihm zur Erfüllung seiner Aufgaben aufbewahrte erkennungsdienstliche Unterlagen verwenden. ³Das Bundeskriminalamt darf den in Absatz 2 bezeichneten Behörden den Grund der Aufbewahrung dieser Unterlagen nicht mitteilen, soweit dies nicht nach anderen Rechtsvorschriften zulässig ist.

(4) ¹Die nach Absatz 1 Satz 1 und 2 gewonnenen Unterlagen werden vom Bundeskriminalamt getrennt von anderen erkennungsdienstlichen Unterlagen aufbewahrt und gesondert gekennzeichnet. ²Entsprechendes gilt für die Verarbeitung in Dateien.

(4 a) ¹Die nach Absatz 1 Satz 1 gewonnenen Daten dürfen zur Feststellung der Identität oder Staatsangehörigkeit des Ausländers an das Bundesverwaltungsamt übermittelt werden, um sie mit den Daten nach § 49 b des Aufenthaltsgesetzes abzugleichen. ²§ 89 a des Aufenthaltsgesetzes findet entsprechende Anwendung.

(5) ¹Die Verarbeitung und Nutzung der nach Absatz 1 gewonnenen Unterlagen ist auch zulässig zur Feststellung der Identität oder Zuordnung von Beweismitteln, für Zwecke des Strafverfahrens oder zur Gefahrenabwehr. ²Die Unterlagen dürfen ferner für die Identifizierung unbekannter oder vermisster Personen verwendet werden.

(6) ¹Nach Absatz 1 gewonnene Unterlagen sind zehn Jahre nach unanfechtbarem Abschluss des Asylverfahrens zu vernichten. ²Die entsprechenden Daten sind zu löschen.

Übersicht

	Rn
I. Entstehungsgeschichte	1
II. Allgemeines	2
III. Identitätssicherung	5
1. Erkennungsdienstliche Maßnahmen	5
2. Sprachaufzeichnungen	10
IV. Nutzung	22
V. Vernichtung	24
VI. Verwaltungsverfahren und Rechtsschutz	25

I. Entstehungsgeschichte

Die Vorschrift geht auf § 13 AsylVfG 1982 zurück, der erst im Vermittlungsausschuss 1 endgültig formuliert worden war (vgl BT-Drs 9/875 S. 5, 9/1630 S. 7, 9/1792 S. 2). Sie stimmte in der ursprünglichen Fassung bis auf S. 2 u. 3 in Abs 2, die auf Vorschlag des BT-IA (BT-Drs 12/2718 S. 15) nachträglich eingefügt wurden, mit dem **GesEntw 1992** (BT-Drs 12/2062 S. 8) überein. Mit Wirkung vom 1. 7. 1993 wurden aufgrund des GesEntw 1993 (BT-Drs 12/4450 S. 4) Abs 2 geändert (zT Übernahme in § 15 IV) u. Nr 4 in Abs 6 eingefügt (Art 1 Nr 8 **AsylVfÄndG 1993**). Mit Wirkung vom 1. 1. 2002 wurden aufgrund des RegEntw (BT-Drs 14/7727) in Abs 1 S. 3 bis 5 eingefügt sowie Abs 5 S. 1 u. Abs 6 neu gefasst (Art 12 Nr 1 **TerrbekG**). Abs 4a wurde mit Wirkung vom 18. 3. 2005 angefügt (Art 6 Nr 7 Ges vom 14. 3. 2005, BGBl. I 721).

II. Allgemeines

2   Die Vorschrift weicht wie schon § 13 AsylVfG 1982 erheblich von den allg auslr Bestimmungen (früher des § 41 AuslG u. jetzt des § 49 AufenthG) ab, wenn auch seit 2002 in beiden Fällen einheitlich die Sprachaufzeichnung fakultativ eingeführt ist. Da der Ges-Entw 1992 u. die Materialien zum AsylVfG 1982 u. zum AufenthG keine Aussagen über das Verhältnis beider Vorschriften zueinander enthalten, muss angenommen werden, dass § 16 die nach Voraussetzungen u. Folgen **speziellere Regelung** darstellt u. für Asylbew nicht durch § 49 AufenthG ergänzt wird; hierfür spricht auch die parallele Ergänzung um die Zulässigkeit von Sprachaufzeichnungen ab 2002. Ein Verstoß gegen die Duldungspflicht ist weder strafbar noch ordnungswidrig (vgl §§ 84–86; anders seit 1. 1. 2005 § 95 I Nr 6 AufenthG für die Duldungspflichten nach § 49 VIII AufenthG).

3   Soweit **in anderen Vorschriften** erkennungsdienstliche Maßnahmen zugelassen sind (zB §§ 81b, 163b StPO; § 19 BPolG; Polizeiges der Länder), sind sie bei Vorliegen der jew Voraussetzungen auch während des Asylverf gestattet. Sie dürfen nur nicht zur Umgehung des § 16 verwandt werden. Außerdem ist zu beachten, dass weder die Einreise ohne Visum oder gültige Reisedokumente noch die Stellung eines Folgeantrags eine Straftat darstellen, die entspr Ermittlungsmaßnahmen rechtfertigen (Huber, InfAuslR 1981, 38). Die hier wie in § 41 AuslG (jetzt § 49 AufenthG) mit Wirkung vom 1. 1. 2002 geregelten Sprachaufzeichnungen stellen eine sonst ges nicht erwähntes Identifikationsmittel dar.

4   Gegen die **Verfassungsmäßigkeit** der Vorschrift bestanden hinsichtlich der EDV-Behandlung zumindest zunächst Bedenken. Da erkennungsdienstliche Maßnahmen in allg Persönlichkeitsrecht u. körperliche Bewegungsfreiheit oder Unversehrtheit eingreifen (Art 2 I iVm Art 1 I, Art 2 II GG), bedarf es einer ges Ermächtigung, die den rechtsstaatlichen Anforderungen an Bestimmtheit u. Verhältnismäßigkeit gerecht wird (betr informationelle Selbstbestimmung vgl BVerfGE 65, 1). Bei sachgemäßer Auslegung u. Anwendung konnten diese Anforderungen bei § 13 AsylVfG 1982 erfüllt werden (5. Aufl, § 13 AsylVfG Rn 4 mwN). Die 1993 erfolgten Änderungen zwangen aber zu einer Überprüfung dieser Bewertung. Angesichts der Weite der Eingriffsvoraussetzungen u. der möglichen Nutzung der generell auf Vorrat angelegten Sammlung sensibler Daten waren die datenschutzrechtlichen Grundsätze der Bestimmtheit u. der Verhältnismäßigkeit durch die neuen Bestimmungen über die ED-Maßnahmen zT nicht mehr eingehalten (vgl auch Anm zu §§ 7, 8). Anders verhält es sich jetzt aufgrund der zwischenzeitlich veränderten tatsächlichen Verhältnisse (dazu Rn 9) u. allg bei den Sprachaufzeichnungen, weil diese nicht generell erfolgen, sondern nur bei Zweifeln über Herkunftsstaat oder -region u. zudem aufgrund Ermessens.

III. Identitätssicherung

1. Erkennungsdienstliche Maßnahmen

5   Die seit 1. 7. 1992 vorgeschriebene generelle Identitätskontrolle grundsätzlich aller Asylbew (die Ausnahme aufgrund einer unbefristeten AufGen war zahlenmäßig unbedeutend u. ist seit 1. 1. 2002 aufgehoben) stellt insgesamt wegen der Erweiterung des **Umfangs** eine eindeutige Verschärfung der Rechtslage dar. Denn die Identitätsprüfung war früher nur bei

Sicherung der Identität § 16 **AsylVfG** 4

Zweifeln an der Identität zulässig, u. daraus konnten auch Folgerungen auf den jew Zweck gezogen werden (dazu 5. Aufl, § 13 AsylVfG Rn 5 f). Die Änderung gebietet dagegen erkennungsdienstliche Maßnahmen auch bei Erstantragstellern mit gültigen Personalpapieren u. Reisedokumenten sowie bei Einreiseverweigerung oder Zurückschiebung (vgl die Bezugnahmen auf § 18 in Abs 2). Mit der seit Anfang 2002 wirksamen Streichung der Ausnahme des Besitzes einer unbefristeten AufGen (jetzt NE) wird der Personenkreis den Vorgaben des Art § I 1 VO/EG 2725/2000 (betr Eurodac) angepasst.

Anders als nach § 49 I AufenthG ist zudem der **Zweck des Eingriffs** nicht weiter 6
umschrieben; er ergibt sich aus der Notwendigkeit, im Asylverf für die Asylanerkennung u. für aufenthaltsbeendende Maßnahmen die Identität eindeutig zu sichern. Die Maßnahmen sind deshalb in jedem Verfahrensstadium zulässig. Es kommt nicht darauf an, ob im Einzelfall Vorsorge für einen vermuteten erneuten Einreiseversuch getroffen oder nur die Identität im Asylverf gesichert werden soll.

Als **Mittel** der Identitätssicherung sind andere ED-Maßnahmen als Lichtbilder u. Finger- 7
abdrucke nicht mehr zugelassen (zum früheren Rechtszustand vgl 5. Aufl, § 13 AsylVfG Rn 7); ausgeschlossen sind damit auch neuere gentechnische Methoden ohne Rücksicht auf Eingriffsschwere u. Erfolgsaussichten. Die ihrer Art nach statthaften Maßnahmen dürfen **gegen den Willen** des Asylbew durchgeführt werden, obwohl die Vorschrift anders als im GesEntw 1982 (Rn 1) nicht ausdrücklich so formuliert ist. Das Einverständnis ist nicht gefordert; liegt es vor, bestehen ohnehin keine Bedenken. Eine zwangsweise Durchsetzung sieht § 16 nicht vor; sie wird aber durch § 15 II Nr 7 ermöglicht, wonach der Asylbew zur Duldung der ED-Maßnahmen verpflichtet ist (vgl Rn 14).

Diese rein prophylaktische **Datengewinnung auf Vorrat** kann bedenklich erscheinen, 8
soweit sie nicht pauschal geboten ist u. für den Einzelnen unverhältnismäßig wirkt. Die ursprünglich zur Begründung dieser Verschärfung dienenden Hinweise auf Mehrfachantragsfälle insb in den Niederlanden (GesEntw 1993, BT-Drs 12/2062 S. 30 f) u. auf die Verschleierung der Identität durch „einen ganz erheblichen Teil der Asylbew" (BT-IA, BT-Drs 12/2718 S. 56) konnten daran wenig ändern. Es fällt auf, dass der Anteil nur umschrieben, nicht aber wenigstens durch Schätzung absoluter oder relativer Zahlen quantifiziert war. Dies wog schwer, weil auch andernorts Nachweise für derartige Missstände größeren Ausmaßes nicht zu finden waren. Die Beschränkung auf Lichtbilder u. Fingerabdrücke milderte zwar den Eingriff, ließ ihn aber trotzdem noch nicht als verhältnismäßig erscheinen.

Diese **Grundlagen** haben sich **verändert,** nachdem der Anteil der passlosen Asylbew in 9
Deutschland auf über 80% gestiegen ist (KommBer S. 147). Diese für die Notwendigkeit von Sprachaufzeichnungen angeführte neuere Entwicklung (BT-Drs 14/7727 zu Art 10 Nr 1) ist für Identifizierungsmaßnahmen allg von Bedeutung. Passlosigkeit allein verhindert die Feststellung der Staatsangehörigkeit nicht, erschwert diese aber erheblich. Daher können ED-Maßnahmen in diesen Fällen ohne Weiteres gerechtfertigt erscheinen, es genügte jedoch vollkommen, wenn sie für Personen ohne Pass nach Ermessen vorgesehen wären. Hinzu kommt indes die nach Fortfall der meisten Grenzkontrollen in Europa zunehmende Binnenwanderung von Flüchtlingen u. anderen Ausl, die europaweite Kontrollen erfordern. Diese Entwicklung liegt den Verpflichtungen zur Abnahme von Fingerabdrucken nach Art 4, I 1, 8 I 1 VO/EG 2725/2000 (Eurodac) bei Asylbew u. illegal Einreisenden zugrunde. Daher kann die generelle Anordnung in Abs 1 S. 1 nunmehr als **sachlich gerechtfertigt** angesehen werden.

2. Sprachaufzeichnungen

Sprachaufzeichnungen u. -analysen gehören nicht zu den herkömmlichen ED-Maß- 10
nahmen, werden jedoch vom BAMF seit 1997 zur Herkunftsbestimmung verwandt, wobei auch früher nicht die Angaben bei der Anhörung benutzt wurden, sondern außerhalb der Anhörung gefertigte Tonbandaufzeichnungen (Schramberger, EE-Brief 2/1998, 1). Die

Aufzeichnungen wurden damals im Schrifttum zT mangels ausdrücklicher Erwähnung im Ges als unzulässiger Eingriff in die informationelle Selbstbestimmung angesehen u. ihre Verwertbarkeit wegen fehlender Benennung der Gutachter bezweifelt (Heinhold, InfAuslR 1998, 299; aA VG Potsdam, EZAR 210 Nr 6 = NVwZ-Beil 2001, 35). Mit der Einfügung von S. 3 in Abs 1 sollte eine ges Grundlage für Aufzeichnungen geschaffen werden (BT-Drs 14/7727 zu Art 10 Nr 1).

11 Unmittelbar betrifft der eingefügte S. 3 nur die **Aufzeichnung** des gesprochenen Worts u. deren Duldung durch den Asylbew. Zugleich wird damit aber dessen Verpflichtung zur **Mitwirkung** außerhalb der förmlichen Anhörung nach § 25 ausgedrückt. Diese Form der Mitwirkung ist nicht in § 15 II oder III ausdrücklich genannt, stellt sich aber als Beitrag zur Aufklärung des Sachverhalts nach § 15 I dar. Der Gesetzgeber sieht die mündlichen Sprechbeiträge erkennbar als Teil der Mitwirkungspflicht an, die – wenn auch nur mittelbar – der Ermittlung des Sachverhalts ebenso dienen sollen wie sonstige schriftliche oder mündliche Angaben. Als weitere Besonderheit kommt hinzu, dass nicht der Inhalt des gesprochenen Worts ausgewertet wird, sondern dessen äußere Form.

12 Sprachaufzeichnungen zum Zwecke der Bestimmung von **Herkunftsstaat** oder -region sollen eine für viele Bereiche des Asylverf bedeutsame Frage klären helfen. Die Kenntnis der Herkunft ist in mehrfacher Hinsicht rechtlich u. tatsächlich relevant: Feststellung der Staatsangehörigkeit u. des Verfolgerstaats als Verursacher der Verfolgungsgefahr; Qualifizierung als verfolgungsfreier Herkunftsstaat; Bewertung des allg u. des individuellen Asylvorbringens; Beschaffung von Rückreisedokumenten; Bestimmung des Zielstaats der Abschiebung oder des in der Androhung auszunehmenden Zielstaats. Mit einer sachverständigen Auswertung der Aufzeichnungen können allg Rückschlüsse auf das sprachliche Umfeld gezogen werden. Diese sind also generell als Hilfsmittel für die Herkunftsbestimmung geeignet; zumindest können mit ihnen aufgrund der sonstigen Indizien verbleibende Unsicherheiten beseitigt werden.

13 Damit u. mit den nachfolgend dargestellten Voraussetzungen sind die rechtsstaatlichen Erfordernisse der **Bestimmtheit** u. **Verhältnismäßigkeit** gewahrt (zur ED-Behandlung Rn 4, 8, 9). Sprachaufzeichnung u. -auswertung greifen weder in die körperliche Unversehrtheit noch in die informationelle Selbstbestimmung (insoweit aA Heinhold, InfAuslR 1998, 299) ein. Anders als beim Lügendetektor (BVerfGE 56, 37) geht es hier nicht um die Registrierung unwillkürlicher körperlicher Reaktionen, eine Entwertung der Aussage u. eine Herabwürdigung der Person zum Anhängsel eines Apparats sowie eine erzwungene Selbstbezichtigung. Vielmehr muss der Asylbew lediglich eine Bewertung der Sprechweise auf Herkunftsindizien hin dulden. Dies erscheint nicht als besondere Beeinträchtigung; schließlich wird das Asylvorbringen ohnehin einer gründlichen tatsächlichen u. rechtlichen Würdigung unterzogen. Dabei steht zwar der Aussagegehalt im Vordergrund, daneben dürfen aber ohne Zweifel Mimik, Gestik u. das übrige Verhalten wie auch sonst zur Beurteilung der Glaubwürdigkeit herangezogen werden.

14 Mit den Sprachaufzeichnungen ist ein bestimmter Zweck untrennbar verbunden. Sie erlauben nämlich bei sachverständiger Auswertung Rückschlüsse auf das heimische Sprachumfeld des Sprechenden. So gesehen ist mit der ges Zulassung der Sprachaufzeichnung zugleich die **Sprachanalyse** oder Sprechweisenanalyse als geeignetes Erkenntnismittel u. als Zweck der Aufzeichnung anerkannt. Diese zielt nicht wie die Analyse von Stimmen oder Fingerabdrucken auf die Identifizierung der sprechenden Person ab, sondern soll zur Ermittlung der Mutter- oder Heimatsprache u. mittelbar zur Bestimmung des Herkunftsstaats u. mittelbar möglichst auch der Staatsangehörigkeit führen. Die Sprechweise kann die sprachliche Herkunft verraten. Trotz individueller Besonderheiten lassen sich sehr oft Merkmale herausfinden, die allg einen Sprachraum kennzeichnen, zB Aussprache, Tonfall, Betonung, Redensarten, häufige Verwendung bestimmter Ausdrücke. Auf diese Weise können nicht nur Stammessprachen u. Dialekte ermittelt werden, sondern zB auch Sprechvarianten von Weltsprachen wie Englisch u. Französisch, wie sie sich in ehemaligen Kolonialgebieten entwickelt haben.

Sprachaufzeichnungen sind nunmehr **zur Bestimmung** der örtlichen Herkunft zugelassen, also nicht wie erkennungsdienstliche Maßnahmen in jedem Fall u. ohne Ansehen der Person u. des jew Asylvorbringens zwingend vorgeschrieben. Infolgedessen sind über die generelle Erforderlichkeit u. Geeignetheit von Sprachaufzeichnungen u. -analysen hinaus die Einzelfallumstände maßgeblich. Erforderlich zur Ermittlung der Herkunft sind Sprachaufzeichnungen nur, wenn aufgrund der eigenen Angaben des Ausl, der schriftlichen Unterlagen u. seiner Sprechweise eine hinreichende Sicherheit nicht erreicht werden kann u. andere Hilfsmittel nicht zur Verfügung stehen. Geeignet sind sie für den beabsichtigten Zweck nur, wenn sich aus ihnen in Verbindung mit anderen verfügbaren Daten wegen der Eigenart einer Sprache oder Sprachfamilie voraussichtlich Erkenntnisse über die Herkunft gewinnen lassen. 15

Sprachaufzeichnungen sind außerdem in das behördliche **Ermessen** gestellt. Daher ist im Einzelfall zu beurteilen, ob sie in ihrer konkreten Form die Ermittlung von Heimatland oder -region angesichts des individuellen Vorbringens, der Sprachverhältnisse in den in Betracht kommenden Staaten u. der zur Verfügung stehenden Analysemethoden erleichtern können, also Erfolg versprechen. Aufwand u. Gewinn sind abzuwägen, wobei der Eingriff gegenüber dem Asylbew in aller Regel nicht besonders schwer wiegt, sofern dieser für die Unsicherheiten bei Feststellung seines Heimatstaats zumindest mit verantwortlich ist. 16

Ausgenommen sind die Angaben im förmlichen Anhörungsverf vor BAMF, AuslBeh u. Grenzbehörde. Die Darstellung des Verfolgungsschicksals u. die sonstigen Erklärungen bei der Anhörung werden ausschließlich für die inhaltliche Sachaufklärung gefordert, abgegeben u. bewertet. Dagegen wird mit der zusätzlichen Sprachaufzeichnung die Grundlage für eine Auswertung nach anderen Methoden u. für andere Zwecke geschaffen. Würden hierfür die Angaben bei der förmlichen Anhörung verwandt, bestünde die Gefahr, dass die Aufmerksamkeit nicht auf deren Inhalt gerichtet wäre, sondern auf die Art der Darstellung u. des Sprechens. Darunter könnte der Wahrheitsgehalt leiden. 17

Der Asylbew muss zuvor in **Kenntnis** gesetzt werden, braucht aber nicht einverstanden zu sein. Verdeckte Bandaufzeichnungen von Gesprächen außerhalb der förmlichen Anhörung wären unzulässig. Die vorherige Bekanntgabe beugt einer Überrumpelung vor u. sichert das rechtliche Gehör. Sie kann zugleich Missbrauch begünstigen, wenn der kooperationsunwillige Asylbew seine Sprechweise verstellt oder sonst zu Täuschungszwecken modifiziert. Dem kann entgegengewirkt werden, indem entweder ein unbekannter Text zum Vorlesen gegeben oder eine beiläufige verfahrensfremde Unterhaltung aufgezeichnet wird. 18

Die **Auswertung** der gesprochenen Texte liefert lediglich Indizien für die Glaubhaftigkeit der Angaben zu Herkunft u. Staatsangehörigkeit (VG Gelsenkirchen, AuAS 2001, 237). Sie erfordert den Vergleich mit der Sprachpraxis entspr Personengruppen in den in Betracht kommenden Ländern und Regionen (dazu näher Heinhold, InfAuslR 1998, 299; Jobs, ZAR 2001, 173; VG Potsdam, EZAR 210 Nr. 16 = NVwZ-Beil. 2001, 138). Mit einigem Erfolg konnten Sprachanalysen bisher für Länder in Nord- u. Westafrika, auf dem Balkan u. im Kaukasus sowie einzelne Gebiete des Irak durchgeführt werden (N bei Jobs, aaO Fn 5–7). 19

Analyse u. Schlussfolgerungen erfordern besonderen **Sachverstand.** Anders als bei sonstigen prozessualen oder materiellen Fragen bedarf es dazu besonderer Kenntnisse vorwiegend nicht juristischer Art. Es geht nicht um die Übertragung in eine andere Sprache, die Dolmetscher oder Übersetzer erledigen könnten. Gefragt ist vielmehr eine sprachliche Bewertung, die in aller Regel nur ein Sachverständiger vornehmen kann. Dessen Person u. Qualifikation (eigene Beherrschung der Sprache, Kenntnis der örtlichen Verhältnisse, Sprachstudium ua) müssen bekannt sein, weil sonst seine Sachkunde u. Erfahrung nicht beurteilt werden können (Heinhold, InfAuslR 1998, 299; Jobs, ZAR 2001, 173; zur Sachkunde VG Potsdam, EZAR 210 Nr 16 = NVwZ 2001, 35). 20

Die Aufzeichnungen **bleiben beim BAMF** verwahrt. Sie werden nicht dem BAK übermittelt, stehen aber zur Verwendung im Rahmen von Abs 5 zur Verfügung. 21

IV. Nutzung

22 Die Verwendung der nach Abs 1 S. 1 u. 2 gewonnenen Erkenntnisse (Lichtbilder u. Fingerabdrucke) zum Zwecke der Identitätssicherung ist im Grundsatz unbedenklich. Ebenso der Abgleich mit bereits beim BKA vorhandenen Unterlagen. Die in Abs 5 vorgesehene **Änderung des Nutzungszwecks** ist aber an keine genau umschriebenen Voraussetzungen geknüpft. Sie soll vielmehr eine allg Nutzung in AFIS (automatisiertes Fingerabdruckidentifizierungssystem) erlauben, insb eine genaue Spurenzuordnung (vgl BT-Drs 12/2062 S. 26 unter 5.1; BT-Drs 12/2718 S. 57). Aufklärung von Straftaten u. polizeiliche Abwehr von Gefahren sowie Identifizierung unbekannter oder vermisster Personen stellen kaum rechtsstaatlich eingrenzbare Verwendungszwecke dar. Die **Gefahr einer umfassenden Auswertung** für allg strafprozessuale Zwecke liegt zumindest jetzt auf der Hand, nachdem mit Wirkung vom 1. 1. 2002 die Notwendigkeit entfallen ist, dass bestimmte Tatsachen für die Wahrscheinlichkeit der Aufklärung einer Straftat sprechen u. es zur Abwehr erheblicher Gefahren für die öffentliche Sicherheit erforderlich ist. Auch wenn zunächst die Personaldatenspeicherung vermieden werden soll (so die BReg, BT-Drs 12/2718 S. 57), wird der Eingriff in das personelle Selbstbestimmungsrecht dadurch nicht ungeschehen gemacht.

23 Die Verwendungsregelung gilt nur für Unterlagen nach Abs 1, also nicht für **Passdokumente,** die bei einer Untersuchung nach § 15 IV gefunden werden. Für deren weitere Behandlung, Aufbewahrung u. Rückgabe sind die §§ 15 II Nr 4, IV, 21, 65 maßgeblich.

V. Vernichtung

24 **Vernichtung** von Unterlagen u. Löschung von Daten nach Abs 1 sind nach Abs 6 seit Anfang 2002 einheitlich nach zehn Jahren wegen Zweckerreichung vorgeschrieben. Die bis dahin geltende Unterscheidung nach der Art des Erledingungsgrunds ist jetzt entfallen. Zur Vernichtung verpflichtet sind alle Stellen, die Unterlagen aufbewahren, also außer dem BAMF auch das BKA u. andere Behörden nach Abs 2 u. 3 S. 3. Auch hier sind bei einer Durchsuchung gefundene Passpapiere nicht erfasst (vgl Rn 23).

VI. Verwaltungsverfahren und Rechtsschutz

25 **Zuständig** sind die in Abs 2 bezeichneten Behörden, also nicht nur das BAMF, u. ohne eine Rangfolge (vgl „auch" u. außerdem §§ 18 V, 19 II). Damit sind mehrmalige ED-Maßnahmen grundsätzlich zulässig, sofern sie sich als notwendig erweisen (zB wegen Unvollständigkeit, Unsicherheit oder zwischenzeitlicher neuer Erkenntnisse). Der **Widerspruch** ist seit 1. 7. 1992 ausgeschlossen (§ 11).

26 Die Anordnung der ED-Maßnahmen nach Abs 1 ist ein VA, gegen den nach Ausschluss des Widerspruchs unmittelbar das Rechtsmittel der **Anfechtungsklage** gegeben ist (§ 42 I VwGO); diese entfaltet keine aufschiebende Wirkung (§ 75). Gegen den Sofortvollzug ist der Aussetzungsantrag nach § 80 V VwGO zulässig. Androhung u. Festsetzung von Zwangsgeld sowie unmittelbarer Zwang zur Durchsetzung der Duldungspflicht (§§ 11, 12 VwVG u. Landesges sowie UZwG) stellen Vollstreckungsakte dar; die Suspensivwirkung der gegen sie gerichteten Rechtsmittel ist zT durch Landesrecht ausgeschlossen (vgl § 80 II 2, III VwGO). Der Anspruch auf Vernichtung u. Löschung kann mit der allg Leistungsklage durchgesetzt werden; Vernichtung u. Löschung sind Realakte. Gegenüber einer unberechtigten Weitergabe von Daten ist die allg Feststellungsklage (§ 43 I VwGO) zulässig (zur Weitergabe einer Asylniederschrift BayVGH, EZAR 600 Nr 7).

§ 17 Sprachmittler

(1) Ist der Ausländer der deutschen Sprache nicht hinreichend kundig, so ist von Amts wegen bei der Anhörung ein Dolmetscher, Übersetzer oder sonstiger Sprachmittler hinzuzuziehen, der in die Muttersprache des Ausländers oder in eine andere Sprache zu übersetzen hat, in der der Ausländer sich mündlich verständigen kann.

(2) Der Ausländer ist berechtigt, auf seine Kosten auch einen geeigneten Sprachmittler seiner Wahl hinzuzuziehen.

Übersicht

	Rn
I. Entstehungsgeschichte	1
II. Allgemeines	2
III. Sprachmittler	3

I. Entstehungsgeschichte

Die Vorschrift geht auf §§ 8 IV 1, 12 II AsylVfG 1982 zurück. Sie entspricht dem **GesEntw 1992** (BT-Drs 12/2062 S. 8).   **1**

II. Allgemeines

Die **Verpflichtung zum Einsatz** eines Dolmetschers ergab sich früher aus § 23 VwVfG.   **2** Die jetzt erfolgte Festschreibung der Verpflichtung zur Beiziehung eines Dolmetschers, Übersetzers oder sonstigen Sprachmittlers ist angezeigt, da in der früheren Praxis bei der Anhörung durch die AuslBeh meist hiervon abgesehen wurde. Sie gilt nicht für das Gerichtsverf (vgl § 74 Rn 38). Die Befugnis zur Hinzuziehung eines eigenen Sprachmittlers entspricht im Wesentlichen dem früheren Rechtszustand (§§ 8 IV 1, 12 II AsylVfG 1982). Die Hinzuziehung eines Sprachmittlers entspringt dem rechtsstaatlichen Gebot des rechtlichen Gehörs im Verf (vgl Kopp, VwVfG, § 23 Rn 2; Stelkens/Bonk/Sachs, § 23 Rn 4; zum Strafverf vgl BVerfGE 64, 135; zum Flughafenverf nach § 18a vgl BVerfGE 94, 166). Art 6 II EMRK gilt nur für das Strafverf u. ist auf Verwaltungsverf nicht anwendbar (aA Marx, § 17 Rn 3). Für fremdsprachige Schriftstücke muss auf Verlangen eine Übersetzung vorgelegt werden, erforderlichenfalls wird sie von Amts wegen veranlasst (§ 23 II VwVfG u. Landesges). Zur Ermittlung der Herkunftssprache durch Auswertung von Sprachaufzeichnungen außerhalb der Anhörung vgl § 16 Rn 10–21.

III. Sprachmittler

Der Begriff des Sprachmittlers wird als sonst nicht bekannter **Oberbegriff** für Dolmet-   **3** scher u. Übersetzer sowie andere Personen verwandt, die zur Übertragung in die deutsche u. die betr Fremdsprache imstande sind (zu den Anforderungen Rn 5 ff). Übersetzer u. Dolmetscher verfügen jew über eine anerkannte Ausbildung, sonstige Sprachmittler sind sprachkundige Personen ohne formellen Ausbildungsabschluss u. ohne öffentliche Zulassung. Obwohl Übersetzer in erster Linie für die Übertragung schriftlicher Texte in Betracht kommen, sind sie idR aufgrund ihrer Sprachkenntnisse auch zur Übertragung von Verhandlungen u. Vernehmungen imstande. Eine Simultanübertragung werden (bloße) Übersetzer allerdings oft nicht leisten können; sie ist auch nicht zur Sachaufklärung oder Gewährung rechtlichen Gehörs unbedingt geboten.

4   Ohne Sprachmittler können Anhörungen idR nicht ordnungsgemäß durchgeführt werden (Stelkens, ZAR 1985, 15). Denn die meisten Asylbew verfügen – anders als die schon lange in Deutschland lebenden anderen Ausl – nicht über Deutschkenntnisse, die sie zur Darlegung meist kompliziert gelagerter Asylsachverhalte befähigen. Das BAMF ist deshalb **zur Hinzuziehung** eines Sprachmittlers ungeachtet dessen **verpflichtet,** dass der Asylbew Antrag u. Begründung grundsätzlich in Übersetzung beizubringen hat (§ 23 VwVfG). Denn die mündliche Anhörung kann anders nicht zweckentsprechend durchgeführt werden. Immerhin hat das BAMF, wenn kein schriftlicher Asylantrag vorliegt, zunächst einmal die Voraussetzungen des § 13 I festzustellen u. dabei auch das Antragsbegehren nach § 13 I 2 zu klären. Die Hinzuziehung eines Dolmetschers entspricht schließlich auch den Empfehlungen des UNHCR-Exekutivkomitees (UNHCR, Internat. Rechtsschutz für Flüchtlinge, Nr 8 S. 17).

5   Als **Sprachmittler** dürfen auch Personen ohne qualifizierte Sprachausbildung u. ohne formellen Ausbildungsabschluss eingesetzt werden. Während die Hinzuziehung eines Sprachmittlers obligatorisch ist, steht dessen Auswahl im Ermessen des BAMF Dabei kommt es zunächst auf die allg Fähigkeit zur Sprachübertragung u. außerdem auf die Verständigung mit dem Ausl in einer diesem geläufigen Sprache, idR der Muttersprache, an. Die allg Beeidigung von Dolmetschern ist vor dem BAMF wie vor Gericht (vgl § 169 GVG) nicht unbedingt erforderlich. Dennoch sollte **möglichst** auf **Berufsdolmetscher** zurückgegriffen werden, weil außer zureichenden Kenntnissen der Sprache auch solche der Kultur, Gesellschaft u. Staatsorganisation des Herkunftslandes sowie die Beherrschung der Befragungs- u. Übersetzungstechnik verlangt werden (zum Bestellungsverf in HH vgl Driesen, ZAR 1988, 170). Ungeachtet der formellen Qualifikation hat das BAMF die Fähigkeiten des Sprachmittlers bei der Übertragung selbst zu kontrollieren (dazu Stelkens, ZAR 1985, 15: zB wörtliche Wiedergabe, Übersetzung Satz für Satz u. sofortiges Protokollieren, Übersetzung von Nachfragen des Asylbew u. des Sprachmittlers).

6   Zudem ist auf uneingeschränkte **Objektivität** zu achten, die gerade in Asylverf durch eigene Stellungnahmen des Sprachmittlers zur Berechtigung der Asylgründe gefährdet sein kann. Ebenso wichtig wie die richtige Auswahl ist der sachgemäße Einsatz des Sprachmittlers einschl Anleitungen über die Art der Befragung u. der Übertragung (Stelkens, ZAR 1985, 15). Der Einsatz eines Sprachmittlers, der sich mit dem Asylbew nur unzureichend in einer Sprache verständigen kann, die nicht die Muttersprache des Asylbew ist, verletzt den Anspruch auf rechtliches Gehör (betr Gerichtsverf OVG NRW, InfAuslR 1984, 22). Dem Asylbew steht ein **Ablehnungsrecht** wegen Besorgnis der Befangenheit zu (analog § 191 GVG). Ein erfolgreich abgelehnter Sprachmittler darf nicht weiter tätig sein; von ihm stammende Übertragungen dürfen nicht berücksichtigt werden (BVerwG, NJW 1985, 757).

7   Der Asylbew kann als Sprachmittler jede dafür geeignete Person **seiner Wahl** mitbringen. Er kann jedoch anders als nach früherer Rechtslage daran gehindert werden, eine ihm persönlich vertraute, aber zum Dolmetschen unzureichend befähigte Person hinzuziehen, die als Behördendolmetscher abgelehnt werden könnte (betr Verwandte vgl BVerwG, NJW 1984, 2055). Die Einschränkung, dass es sich bei dem privaten Sprachmittler um einen „geeigneten" handeln muss, erscheint sachgerecht. Noch besser wäre es, an den amtl wie an den privaten Sprachmittler bestimmte gleiche Anforderungen zu stellen, etwa die Notwendigkeit der öffentl Bestellung oder der allg Beeidigung. Die jetzt eingeführte **unterschiedliche Behandlung** kann zur Zurückweisung eines privaten Sprachmittlers mit der Begründung führen, dieser sei ungeeignet. Eine derartige Kontrolle erscheint eigentlich nicht notwendig, weil der amtl Sprachmittler zur verantwortlichen Übertragung in die dt u. in die fremde Sprache herangezogen wird u. dem privaten Sprachmittler danach ohnehin nur eine beobachtende, kontrollierende u. unterstützende Rolle zukommt. Dem BAMF steht es frei, neben dem von ihm akzeptierten privaten Sprachmittler einen eigenen einzusetzen.

Zweiter Unterabschnitt. Einleitung des Asylverfahrens

§ 18 Aufgaben der Grenzbehörde

(1) Ein Ausländer, der bei einer mit der polizeilichen Kontrolle des grenzüberschreitenden Verkehrs beauftragten Behörde (Grenzbehörde) um Asyl nachsucht, ist unverzüglich an die zuständige oder, sofern diese nicht bekannt ist, an die nächstgelegene Aufnahmeeinrichtung zur Meldung weiterzuleiten.

(2) Dem Ausländer ist die Einreise zu verweigern, wenn
1. er aus einem sicheren Drittstaat (§ 26 a) einreist,
2. die Voraussetzungen des § 27 Abs. 1 oder 2 offensichtlich vorliegen oder
3. er eine Gefahr für die Allgemeinheit bedeutet, weil er in der Bundesrepublik Deutschland wegen einer besonders schweren Straftat zu einer Freiheitsstrafe von mindestens drei Jahren rechtskräftig verurteilt worden ist, und seine Ausreise nicht länger als drei Jahre zurückliegt.

(3) Der Ausländer ist zurückzuschieben, wenn er von der Grenzbehörde im grenznahen Raum in unmittelbarem zeitlichem Zusammenhang mit einer unerlaubten Einreise angetroffen wird und die Voraussetzungen des Absatzes 2 vorliegen.

(4) Von der Einreiseverweigerung oder Zurückschiebung ist im Falle der Einreise aus einem sicheren Drittstaat (§ 26 a) abzusehen, soweit
1. die Bundesrepublik Deutschland auf Grund eines völkerrechtlichen Vertrages mit dem sicheren Drittstaat für die Durchführung eines Asylverfahrens zuständig ist oder
2. das Bundesministerium des Innern es aus völkerrechtlichen oder humanitären Gründen oder zur Wahrung politischer Interessen der Bundesrepublik Deutschland angeordnet hat.

(5) Die Grenzbehörde hat den Ausländer erkennungsdienstlich zu behandeln.

Übersicht

	Rn
I. Entstehungsgeschichte	1
II. Allgemeines	3
III. Weiterleitung	5
IV. Einreiseverweigerung	10
1. Zurückweisung	10
2. Sicherer Drittstaat	16
3. Sicherheit in einem anderen Staat	19
4. Besitz eines GK-Reiseausweises	22
5. Gefahr für die Allgemeinheit	23
V. Zurückschiebung	26
VI. Absehen von Einreiseverweigerung oder Zurückschiebung	28
VII. Verfahren und Rechtsschutz	31
1. Verwaltungsverfahren	31
2. Rechtsschutz	37

I. Entstehungsgeschichte

Das **AuslG 1965** kannte keine Vorschriften über Kompetenzen der Grenzbehörde zur **1** Einreiseverweigerung trotz Asylgesuchs (vgl § 38 AuslG 1965). Nach dem **GesEntw 1982** (§ 6 II E, BT-Drs 9/875 S. 4) sollte die Einreiseverweigerung in den Fällen des „Nichtantrags" (§ 4 II E) eingreifen. § 9 I 2 AsylVfG 1982 sah ursprünglich entspr der Empfehlung

4 AsylVfG § 18

des BT-RA (BT-Drs 9/1630 S. 6) nur für die Fälle des § 7 II u. III AsylVfG 1982 eine Einreiseverweigerung vor; dies wurde durch das AsylVfÄndG 1987 mit Wirkung vom 15. 1. 1987 geändert (Art 1 Nr 7 **AsylVfÄndG 1987**). In Abs 2 bis 4 des § 9 AsylVfG 1982 waren Anhörung, Mitteilung an die AuslBeh u. Folgeverpflichtung geregelt (vgl BT-Drs 9/875 S. 4; 9/1630).

2 Die Vorschrift stimmte in der ursprünglichen Fassung mit dem **GesEntw 1992** (BT-Drs 12/2062 S. 8) überein. Mit Wirkung vom 1. 7. 1993 wurde sie, im Wesentlichen dem GesEntw 1993 folgend (BT-Drs 12/4450 S. 4, 12/4984 S. 12), wie folgt geändert: in Abs 1 wurde die Alternative der zuständigen AEinr eingefügt, in Abs 2 die Nr 3 neu aufgenommen u. die übrigen Fälle neu formuliert, Abs 4 neu eingefüg u. in Abs 5 „in den Fällen des Abs 1" gestrichen (Art 1 Nr 9 **AsylVfÄndG 1993**).

II. Allgemeines

3 Die grundsätzlich bestehende Weiterleitungspflicht folgt aus dem **Zurückweisungsverbot,** das durch Art 16a I GG garantiert ist (Art 16a GG Rn 9) u. das dem vr Grundsatz des Non-refoulement entspricht, der seinerseits vor allem in Art 33 GK u. § 60 I AufenthG zum Ausdruck gelangt ist (vgl Rn 10 ff). Ihm liegt die Pflicht zur formalen Vorabprüfung zugrunde, die zunächst lediglich der Feststellung eines Asylgesuchs iSd § 13, dann aber auch der Voraussetzungen anderweitiger Verfolgungssicherheit dient. Im Grundsatz bestehen gegen diese Übertragung asylr Kompetenzen auf die Grenzbehörden keine Bedenken, soweit damit eindeutig aussichtslose Fälle der Sachprüfung durch das BAMF entzogen werden (dazu allg BVerfGE 56, 216). Dabei darf allerdings nie die grundsätzliche Verpflichtung zur **Gestattung der Einreise** des asylsuchenden Flüchtlings (vgl Reermann, ZAR 1982, 127) vernachlässigt werden.

4 Die Bedeutung der Vorschriften über die Einreiseverweigerung haben sich nach Inkrafttreten der **Abkommen von Schengen u. Dublin** – zunächst des SDÜ u. dann des DÜ – u. dann schließlich der **VO/EG 343/2003** (der nur Dänemark nicht unterliegt; dazu Art. 16a Rn 131 ff; Vorbem AsylVfG Rn 20 f) – entscheidend verändert. Seitdem gehen Prüfung u. Feststellung des (zunächst vertragsrechtlich u. jetzt gemeinschaftsrechtlich) zuständigen Asylstaats vor. Da infolgedessen die (neue) Drittstaatenklausel im Verhältnis zu den anderen (Vertrags- u. jetzt EU-)Staaten nicht mehr angewandt wird (vgl Rn 27, 29; § 5 Rn 8; betr SDÜ vgl BVerfGE 94, 166; betr DÜ Reermann, ZfSH/SGB 1998, 323), wird auch Abs 2 Nr 1 insoweit nicht mehr praktiziert. Allerdings bleibt die BR Deutschland zur Zurückweisung in einen sicheren Drittstaat außerhalb der anderen an den Zuständigkeitsregelungen beteiligten Staaten dann berechtigt, wenn sie insoweit zuständig ist.

III. Weiterleitung

5 Die Weiterleitung des asylsuchenden Ausl ist im Hinblick auf das generelle Zurückweisungsverbot von Rechts wegen die **Regel** (zusätzlich nach Abs 4 zwingend), die Einreiseverweigerung die **Ausnahme,** wenn auch letztere aufgrund der Drittstaatenklausel bei Einreise auf dem Landweg tatsächlich die Regel bildet. Die Weiterleitung erfolgt an die nach §§ 22 II 2, 46 zuständige AEinr oder, falls diese nicht bekannt ist, an die nächstgelegene. Sie dient dem Zweck, das gegenüber der Grenzbehörde geäußerte Asylgesuch (§ 13) durch förmliche Antragstellung beim BAMF (§ 14 I) für die anschließende Bescheidung zu dokumentieren. Die Meldung bei der AEinr leitet das weitere Verf vor der Außenstelle ein (§§ 14 I, 20 II, 22 I, 23). Wirksam ist das Asylgesuch schon zuvor gestellt u. zeitigt deshalb schon alle Folgen aus Art 16a GG. Vor allem schützt es den Asylbew in aufr Hinsicht

Aufgaben der Grenzbehörde § 18 **AsylVfG** 4

unabhängig davon, dass dieser erst nach Antragstellung eine Bescheinigung über die ges AufGest erhält (§ 63 I).

Vor der Weiterleitung des Ausl hat die Grenzbehörde ausschließlich das Vorliegen eines **6** Asylantrags iSd § 13 I u. die Voraussetzungen für eine Einreiseverweigerung (gleichbedeutend mit Zurückweisung an der Grenze; OVG Hamburg, NVwZ 1983, 434) zu prüfen. Hierzu sind nicht dieselben **Ermittlungen** unter denselben Vorkehrungen erforderlich wie beim BAMF nach §§ 24, 25. Die Vorschriften des § 25 über die besonderen Mitwirkungspflichten des Asylbew gelten nur für das Verf vor dem BAMF; vor der Grenzbehörde greifen nur die allg Mitwirkungspflichten nach § 15 ein. Ihre Bedeutung für die Grenzbehörden richtet sich nach deren Aufgaben u. Zuständigkeiten. Diese sind aber eindeutig begrenzt u. erlauben keine inhaltliche Prüfung des Asylgesuchs (Marx, § 18 Rn 24; HessVGH, EZAR 201 Nr 4; OVG Lüneburg, NVwZ 1987, 1110). Die Grenzbehörden haben sich daher, wenn ein Asylbegehren iSd § 13 I festgestellt ist, auf die im Hinblick auf Abs 2 notwendigen Angaben über Reiseweg, Aufenthalt in anderen Staaten u. GK-Reiseausweis sowie hohe Freiheitsstrafen zu **beschränken** u. den Ausl nur insoweit zu Angaben anzuhalten.

Über dessen Erklärungen ist zweckmäßigerweise eine **Niederschrift** anzufertigen, ob- **7** wohl hier eine § 25 VII vergleichbare Vorschrift fehlt (früher § 9 II iVm § 8 II 4 AsylVfG 1982). Es ist sicher unschädlich, wenn dort auch nähere Einzelheiten über geltend gemachte Verfolgungsgründe enthalten sind. Diese bisweilen zu beobachtende Verfahrensweise darf aber nicht dazu benutzt werden, der Grenzbehörde ein materielles Prüfungsrecht zuzugestehen, etwa zur Asylrelevanz von strafrechtlichen Ermittlungen, mittelbaren Verfolgungsmaßnahmen, Bürgerkriegshandlungen oder Gruppenverfolgungen oder zur Existenz einer internen Fluchtalternative. **Dienstliche Weisungen,** die den Grenzbeamten demgegenüber früher eine wenn auch überschlägige Asylrelevanzkontrolle vorschrieben (dazu Marx, § 18 Rn 24), verstießen gegen Art 16 a GG u. § 18. Gibt der Asylbew vor der Grenzbehörde Erklärungen zu Ursachen, Umständen oder Folgen der Flucht ab, dürfen ihm diese nicht in der Weise entgegengehalten werden, dass späteres Vorbringen ohne weiteres als gesteigert u. deshalb unglaubhaft bewertet wird (HessVGH, EZAR 210 Nr 4).

Die Anwendung der Vorschrift auf **Folgeantragsteller** ist nicht ausdrücklich geregelt. **8** Der Folgeantrag stellt grundsätzlich einen Asylantrag dar, wird aber nach den Sonderbestimmungen des § 71 behandelt. Er vermittelt nicht unbedingt ein Bleiberecht u. bedarf nicht in jedem Fall einer förmlichen Bescheidung durch das BAMF. Das zwischenzeitliche Verlassen des Bundesgebiets ändert hieran nichts; nur für eine Rückschiebung in den sicheren Drittstaat ist die Negativ-Mitteilung des BAMF entbehrlich (§ 71 VI). Daher kann die Einreise entweder nach § 18 II oder nach Abs 1 verweigert werden; auch iÜ braucht die Einreise nicht ohne Weiteres gestattet zu werden. Hierfür sprechen Wortlaut u. Regelungszusammenhang sowie Sinn u. Zweck des Abs 1 u. von § 71 (ähnlich Hailbronner, § 18 a AsylVfG Rn 30–33; aA Marx, § 18 a Rn 26 ff; VG München, EZAR 220 Nr 4). Da es an einer speziellen Regelung für den Folgeantrag an der Grenze u. an der Sachprüfungskompetenz der Grenzbehörde fehlt, ist das Verf möglichst dort an Ort u. Stelle unter Mitwirkung des BAMF durchzuführen. Wesentlich ist nur dessen alleinige Sachentscheidungsbefugnis. Daher sind angesichts der Regelungslücke u. der ähnlichen Interessenlage die Regeln des § 71 entspr anzuwenden, das BAMF hat also über die Einleitung eines neuen Asylverf zu befinden (innerhalb des Zwei-Jahres-Zeitraums nur Mitteilung nach § 71 V 2). Anschließend ist die Einreise bei negativer Entscheidung des BAMF zu verweigern (so auch Erl des BMI vom Juli 1997, zit. bei Westphal/Stopppa, Nr. 11.20.1), weil dem Ausl an der Grenze keine weitergehenden Bleiberechte als gegenüber AuslBeh im Inland zustehen u. deshalb ein unerlaubter Einreiseversuch iSd § 15 I AufenthG vorliegt.

Die Sicherung der Identität durch **erkennungsdienstliche Behandlung** (§ 16 I) obliegt **9** bei Weiterleitung der Grenzbehörde (Abs 5; § 16 II). Der Besitz eines amtl Lichtbildausweises erlaubt kein Absehen von der ED-Behandlung (anders nur § 19 II 2 aF für AuslBeh u. Polizei). Die ED-Behandlung ist seit 1. 7. 1993 auch bei Einreiseverweigerung u. Zurückschiebung zulässig (vgl Rn 2).

IV. Einreiseverweigerung

1. Zurückweisung

10   Ein asylsuchender Flüchtling darf grundsätzlich nicht an der Grenze zurückgewiesen werden (BVerwGE 62, 206; 95, 42; vgl auch Art 16 a GG Rn 9). Das Grundrecht auf Asyl verbürgt demjenigen, der Schutz vor politischer Verfolgung sucht, dass er nicht an der Grenze zurückgewiesen u. nicht unmittelbar oder mittelbar in den Verfolgerstaat abgeschoben wird (BVerwGE 49, 202; vgl Art 16 a GG Rn 9). Hieraus folgt für den Asylbew, dessen Asylberechtigung noch nicht feststeht, ein **Bleiberecht** bis zu deren endgültigen Klärung, damit das ihm möglicherweise zustehende Asylgrundrecht nicht gefährdet oder gar vereitelt wird. Diesem Zweck entspr kann sich das AufR des Asylbew auf bloßen Abschiebungsschutz als den Kerngehalt des Asylrechts beschränken (§ 2 Rn 10; Art 16 a GG Rn 9). Zurückweisung oder sonstige Überstellung in den Verfolgerstaat sind aber grundsätzlich ausgeschlossen. Das AsylR entsteht nämlich mit Erreichen der Grenze, die spätere Asylanerkennung wirkt nur deklaratorisch (§ 2 Rn 11).

11   Grundsätzlich dieselbe Rechtsfolge ergibt sich aus Art 33 GK, der es den Vertragsstaaten verbietet, Flüchtlinge in irgendeiner Weise in Staaten zu überstellen, in denen sie von politischer Verfolgung bedroht sind (Art 16 a Rn 126; dazu Frowein/Kühner, ZaöRV 1983, 537; Gornig, EuGRZ 1986, 521; Hailbronner, ZAR 187, 3; Kälin, Das Prinzip des Non-refoulement, 1982; ders., ZAR 1986, 172; Kimminich, Rechtsstatus S. 172). Die Vorschrift des Art 33 GK verschafft politischen Flüchtlingen ein unmittelbar verbindliches Recht auf **Abschiebungs- u. Zurückweisungsschutz,** da die GK durch Zustimmungsges zu diesem Zweck in innerstaatl Recht inkorporiert worden ist (BVerwGE 95, 42). Darüber hinaus ist der Grundsatz des Non-refoulement auch durch § 60 I AufenthG Bestandteil des Bundesrechts geworden. Die Pflicht zur Zurückweisung (auch am Flughafen, § 18 a I 6) kann die Einhaltung des **Refoulement-Verbots gefährden,** das die Kettenabschiebung einschließt; außerdem können die **Hindernisse** des Art 3 EMRK u. des Art 3 UN-Folterkonvention vernachlässigt werden. Diese Schranken müssen ebenso beachtet werden wie die aus Art 1 u. Art 102 folgenden Unterlassungs- u. Schutzpflichten bei ernsthafter Gefahr von Folter oder Todesstrafe (vgl § 60 II, III, V AufenthG).

12   Bei einem als sicher geltenden Drittstaat ist eine derartige Prüfung im Einzelfall ausgeschlossen, es sei denn, es handelt sich um einen der fünf Ausnahmefälle, die vom Konzept der normativen Vergewisserung nicht erfasst sind: Todesstrafe, staatl nicht zu verhinderndes Verbrechen, schlagartige Veränderung der asylr relevanten Lage, Versagung jeglicher Prüfung der Flüchtlingseigenschaft oder Verfolgung durch den Drittstaat im Einzelfall (Art 16 a GG Rn 13, 106, 110, 114); dagegen kann sie in den Fällen des § 27 I u. II vorgenommen werden. Hinsichtlich dieser fünf Ausnahmekonstellationen ist keine routinemäßige Prüfung in jedem Einzelfall angezeigt, sondern nur dann, wenn ein Sonderfall konkret dargetan ist u. sich aufdrängt u. die Gefahr nicht durch Rückfragen u. Zusicherungen des Drittstaats ausgeräumt werden kann (Hailbronner, § 18 AsylVfG Rn 18). Die Todesstrafe ist in den in Betracht kommenden Drittstaaten abgeschafft oder wird nicht mehr praktiziert; die anderen Konstellationen können allenfalls singulär auftreten (vgl § 26 a Rn 14).

13   Der asylsuchende Flüchtling ist, sofern er unmittelbar aus dem Verfolgerstaat in Deutschland einreist, von der Einhaltung der **allg Einreisevoraussetzungen** in folgender Weise befreit (vgl Art 31 GK; § 95 V AufenthG): Ihm darf der Mangel eines erforderlichen Visums ebenso wenig entgegengehalten werden (BVerwGE 62, 215; 95, 42; BVerwG, EZAR 221 Nr 1, 5 u. 223 Nr 7) wie der Nichtbesitz von gültigen Personaldokumenten wie Ausweis, Reisepass oder Identitätskarte (§ 13 Rn 20). Er muss sich nur unverzüglich bei der Grenzbehörde oder der nächsten AuslBeh melden (Art 31 GK; zu § 38 I AuslG 1965 vgl BVerwG, EZAR 221 Nr 5).

14   In diesem Zusammenhang ist darauf hinzuweisen, dass die gezielte Ausdehnung der **Visumpflicht** auf Hauptherkunftsländer von Flüchtlingen, die Einschränkung des Transit-

privilegs für Flugpassagiere aus eben diesen Staaten, die Beförderungsverbote für Ausl ohne erforderliches Visum u. die Sanktionen bei Verstößen hiergegen zwar den Zugang von politisch Verfolgten zum Bundesgebiet empfindlich betroffen, im Ergebnis jedoch nicht auf Dauer eingeschränkt haben. Die Asylbewerberzahlen haben zu Beginn der 1980er Jahre zunächst abgenommen (von 107 818 im Jahre 1980 auf 19 737 im Jahre 1983), sind dann aber (über 73 832 im Jahre 1985 u. 103 076 im Jahre 1988) wieder kräftig angestiegen u. haben mit 121 318 im Jahre 1989, 193 063 im Jahre 1991 u. 438 191 im Jahre 1992 neue Höhepunkte erreicht (vgl vom Pollern, ZAR 1981, 33; 1982, 93; 1983, 84; 1984, 110; 1985, 79; 1986, 67; 1987, 28; 1988, 61; 1989, 23; 1990, 19; 1991, 80; 1992, 24; 1993, 26). Nach der weitgehenden Einschränkung des Asylgrundrechts im Jahre 1993 (vgl Vorbem AsylVfG Rn 16 ff) haben sich die jährlichen Zugangszahlen zunächst auf einem Niveau von etwa 100 000, das noch 1980 als alarmierend galt, eingependelt. In den Jahren 1994 u. 1995 meldeten sich jew etwa 127 000 Asylbew, 1996 noch 116 367, 1997 104 303, 1998 noch 98 644 u. 1999 noch 95 113; im Jahre 2000 waren es schließlich nur noch 78 564 u. 2001 wieder 88 287, 2002 dann 71 727, 2003 nur 50 563 u. 2004 schließlich nur noch 35 607 (von Pollern, ZAR 1994, 29; 1995, 64; 1996, 86; 1997, 90; 1998, 128; 1999, 128; 2000, 77; 2001, 76; 2002, 106; 2003, 103; 2004, 107; 2005, 190). Inzwischen ist allerdings die Anzahl der Folgeanträge so gewachsen, dass sie ein Drittel bis zur Hälfte der Erstanträge ausmacht (1999 zusätzlich 43 206 u. 2004 zusätzlich 14 545 Folgeanträge) Dabei handelt es sich meist um Ausl, die sich nach Abschluss des vorangegangenen Verf noch im Inland aufhielten.

Dessen ungeachtet ist nicht zu verkennen, dass die erhebliche Erschwerung des **Errei-** 15 **chens des Staatsgebiets** zu Land oder durch die Luft vielen potentiell asylber Ausl die ihnen durch Art 16a GG verheißene Inanspruchnahme des Grundrechts auf Asyl unmöglich machen kann. Neben der Drittstaatenregelung sind dafür auch die Maßnahmen im Vorfeld der Grenze, insb im Luftverkehr, verantwortlich. Ob Asyl auch vom Ausland her in Anspruch genommen werden oder ob zumindest ein Anspruch auf Erteilung eines Visums zur Beantragung von Asyl im Bundesgebiet bestehen kann, ist streitig (§ 13 Rn 18). Bedenken bestehen gegenüber Maßnahmen der BR Deutschland wie dem Transportverbot für Asylbew nach wie vor (dazu BVerwG, EZAR 220 Nr 3; § 13 Rn 16 ff; § 74 AuslG Rn 5; zu dessen Zulässigkeit inzwischen aber BVerfG, EZAR 220 Nr 5). Nach Inkrafttreten von SDÜ u. DÜ sowie jetzt der VO/EG 343/2003 wird die Einreiseverweigerung im Verhältnis zu den anderen beteiligten Staaten nicht mehr praktiziert (Rn 4, 29).

2. Sicherer Drittstaat

Die früheren Regelungen über die Einreiseverweigerung nach offensichtlichem anderwei- 16 tigem Verfolgungsschutz (§§ 7 II, 9 II AsylVfG 1982) sind zT aufrechterhalten (Abs 2 Nr 2 iVm § 27 I u. II; zum Verhältnis der verschiedenen Drittstaatenklauseln zueinander vgl Art 16a GG Rn 91 f). Diese auf die individuelle Verfolgungssicherheit abstellenden Bestimmungen sind aber jetzt aufgrund Art 16a II GG um den Tatbestand der Einreise aus einem sicheren Drittstaat ergänzt. Da allein die objektive Durchreise durch einen sicheren anderen Staat das AsylR ausschließt (Art 16a GG Rn 100; § 26a Rn 9), genießt dieser auf einer Entscheidung des Gesetzgebers über die allg Verfolgungssicherheit beruhende Zurückweisungsgrund **Vorrang** vor den anderen, die eine mehr oder weniger genaue Feststellung der Verfolgungssicherheit im Einzelfall verlangen (zum Änderungsbedarf aufgrund der EU-Asyl-RL vgl Art 16a Rn 131 ff). Zudem ist hier anders als nach Abs 2 Nr 2 keine Offensichtlichkeit erforderlich.

Für den Tatbestand der (versuchten) Einreise aus einem sicheren Drittstaat bedarf es 17 zunächst nur der **Feststellung,** dass dieser Staat der EU angehört oder in der Anlage I (zu § 26a) aufgeführt u. nicht durch RVO der BReg aus dem Kreis der sicheren Drittstaaten herausgenommen ist (zum Vorrang der VO/EG 343/2003 vgl Rn 4, 15). Bei den Mitgliedstaaten der EU sind Veränderungen im Bestand zu berücksichtigen; assoziierte Staaten zählen aber erst nach ihrem Beitritt dazu. Erfüllt ein Staat die Voraussetzungen des Art 16a II GG nicht (mehr), zB infolge Kündigung der GK oder EMRK oder mangels Gewährleistung der Anwendung dieser Abkommen, ist eine **Korrektur** nur durch Gesetzgeber oder BVerfG (auf abstrakte oder konkrete Normenkontrolle sowie Verfassungsbeschwerde hin) oder aber durch die BReg durch RVO nach § 26 a III möglich (§ 26 a Rn 3).

18 Der Flüchtling muss das **Staatsgebiet** des sicheren Drittstaats zumindest bei der Durchreise **berührt** haben. Irgendwelche anderen Umstände, die zB auf einen konkreten Schutz vor Verfolgung oder Menschenrechtsverletzungen hindeuten, sind unerheblich. Insb kommt es nicht auf eine tatsächliche oder potentiell realisierbare Aufnahme als Flüchtling an (Art 16 a Rn 100). Deshalb genügt auch eine Durchreise auf kurzer Strecke, für kurze Zeit u. ohne Kontakt zu staatl oder anderen Stellen; grundsätzlich jedoch nicht ein bloßer Flugtransit, weil die Transitpassage – rechtlich gesehen – eine Einreise in den Transitstaat nicht einschließt (§ 18 a Rn 5) u. jedenfalls meist die Chance eines Asylgesuchs nicht besteht, weil die Passagiere entweder das Flugzeug nicht verlassen oder im Transitraum ein Asylgesuch nicht äußern können (zu einem anders gelagerten Fall in Paris HessVGH, AuAS 2001, 104). Nach der Rspr des BVerfG ist nicht nur die unmittelbare Einreise aus dem sicheren Drittstaat für das AsylR schädlich, sondern auch die vorherige Durchreise durch einen solchen (BVerfGE 94, 166; Art 16 a GG Rn 99; § 26 a Rn 5). Bei Einreise auf dem Landweg kommen danach nicht nur Anrainerstaaten in Betracht u. bei Einreise über See nicht nur der zuletzt angelaufene Staat (vgl die in Anlage I genannten Staaten).

3. Sicherheit in einem anderen Staat

19 Der Tatbestand des Abs 2 Nr 1 iVm § 27 I setzt die **eindeutige Erkenntnis der Verfolgungssicherheit** in einem anderen Staat voraus (zum Verhältnis der verschiedenen Drittstaatenklauseln zueinander vgl Art 16 a GG Rn 91 f). An der Verfolgungssicherheit darf vernünftigerweise kein Zweifel bestehen (so bereits zur früheren Rechtslage: Kanein, NVwZ 1983, 377; Wollenschläger/Becker, DÖV 1987, 1096; VGH BW, DÖV 1988, 227; BayVGH, EZAR 225 Nr 4; HessVGH, EZAR 220 Nr 1). Entspr den Anforderungen an die Evidenzentscheidungen nach § 11 I AsylVfG 1982 (BVerfGE 67, 43) u. nach § 32 VI AsylVfG 1982 (BVerfGE 65, 76) ist hierfür die Erkenntnis zu verlangen, dass an der Richtigkeit der tatsächlichen Feststellungen vernünftigerweise keine Zweifel bestehen u. dass sich die Annahme anderweitiger Verfolgungssicherheit nach allg Auffassung geradezu aufdrängt. Eindeutig müssen sowohl die rechtliche Würdigung (vgl Gramlich, ZRP 1986, 208) als auch die tatsächliche Beurteilung sein (zur Antragstellung in Belgien BayVGH, EZAR 225 Nr 4; zum Aufenthalt in Spanien OVG Hamburg, EZAR 611 Nr 3; betr Iraner in Israel HessVGH, 12. 3. 1985 – 10 TG 26/85 –; betr Afghanen in Pakistan HessVGH, EZAR 220 Nr 1).

20 Die **Grundlage** für die erforderlichen Evidenzfeststellungen bilden die Angaben des Ausl über Fluchtweg u. Aufenthalt in einem anderen Staat (nicht nur Anrainerstaat, vgl § 26 a Rn 5). Die Grenzbehörde hat ihrerseits parate Erkenntnisse über die dortigen Verhältnisse heranzuziehen u. zu verwerten, wobei bei fehlender Evidenz die BR Deutschland die Beweislast trägt (vgl allg § 27 Rn 42 ff). Unabhängig hiervon mangelt es allg an der Offensichtlichkeit, wenn umfangreiche Recherchen nötig werden. Kann die glaubhafte Darstellung des Flüchtlings über fehlende Verfolgungssicherheit nicht ohne weiteres widerlegt werden, liegt die anderweitige Sicherheit nicht auf der Hand, auch wenn sie überwiegend wahrscheinlich sein sollte.

21 Die **Vermutungsregelung** des § 27 III greift auch hier ein, weil sie den Grundtatbestand des § 27 I betrifft. Da hier offensichtliche Verfolgungssicherheit verlangt wird, muss der Vermutungstatbestand ohne jede Einschränkung auf der Hand liegen. Außerdem wird die Vermutung schon durch einen ernsthaften Zweifel (an der Beendigung der Flucht oder der Verfolgungssicherheit) erschüttert; entspr § 27 III 2 genügt der schlüssige Vortrag, wonach eine Abschiebung in den Verfolgerstaat nicht auszuschließen war. Nur so lässt sich die Offensichtlichkeit anderweitiger Verfolgungssicherheit im Wege der Vermutung nach drei-

Aufgaben der Grenzbehörde § 18 **AsylVfG** 4

monatigem Aufenthalt in einem Drittstaat unter Beachtung der beschränkten Erkenntnismöglichkeiten der Grenzbehörden u. der besonderen Verhältnisse bei den üblichen Grenzkontrollen begründen. Werden diese Anforderungen beachtet, ist die Regelung auch insoweit nicht als verfassungswidrig zu beanstanden (zum Verhältnis der verschiedenen Drittstaatenklauseln zueinander Art 16 a GG Rn 91 f).

4. Besitz eines GK-Reiseausweises

Der Tatbestand des Abs 2 Nr 2 iVm § 27 II verlangt **offensichtliche Umstände** hinsichtlich des Besitzes des GK-Reiseausweises, der daraus abzuleitenden Vermutung u. der Widerlegung. Grundsätzlich erlaubt der Besitz eines Reiseausweises nach Art 28 GK am ehesten den Schluss auf eine bereits erreichte externe Fluchtalternative. Da die Widerlegung der daraus folgenden Vermutung in mehrfacher Weise zugelassen ist (§ 27 Rn 64 f), ist der Flüchtling imstande, fehlende Verfolgungssicherheit auch wirksam geltend zu machen. Das wird ihm vor allem dann gelingen (vgl Bethäuser, S. 127 ff), wenn der Ausweis nicht die Aufnahme als Flüchtling dokumentiert (Art 28 Nr 1 S. 2 GK) oder allein zur Weiterwanderung in einen endgültigen Aufnahmestaat ausgestellt ist (idR in Griechenland, Italien, Spanien u. der Türkei, in Somalia u. Sudan). 22

5. Gefahr für die Allgemeinheit

Die Vorschrift über die Zurückweisung wegen Gefährdung der Allgemeinheit nach rechtskräftiger Verurteilung zu einer Freiheitsstrafe von mindestens drei Jahren ist Art 33 II GK nachgebildet, **weicht** aber hiervon ebenso **ab** wie von § 56 I Nr 5 AufenthG (Ausweisung: allg schwerwiegende Gründe der öffentlichen Sicherheit u. Ordnung) u. § 60 VIII AuslG (Abschiebung: auch Gefahr für die Sicherheit), ohne dass Sachgründe hierfür genannt (BT-Drs 12/4450 S. 19 verweist nur auf eine „Übereinstimmung" mit Art 33 II GK) oder erkennbar sind. 23

Vor allem fehlt es an einer **verfassungsrechtlichen Grundlage**. In Art 16 a II, III, V GG sind die Fälle des Ausschlusses u. der Beschränkung des Asylanspruchs abschließend beschrieben; sie dürfen nicht vom einfachen Gesetzgeber ohne weiteres im Rahmen einer allg Güterabwägung beliebig erweitert werden (Art 16 a GG Rn 15). Die Ausweisung politisch Verfolgter kann auch ohne dahingehende ausdrückliche Einschränkung des Art 16 a I GG noch als verfassungskonform gelten, weil damit nur ein Ausreisebefehl erteilt wird (§ 56 AuslG Rn 13); die Abschiebung politisch Verfolgter ist jedoch als **grundrechtswidrig** anzusehen, wenn u. soweit sie diese Ausl unmittelbar oder mittelbar dem Zugriff des Verfolgerstaats aussetzt (Art 16 a GG Rn 15; § 60 AufenthG Rn 27). Dies trifft auch für die Einreiseverweigerung gegenüber einem asylsuchenden Ausl zu, der sich auf politische Verfolgung beruft u. entweder direkt oder indirekt in den (angeblichen) Verfolgerstaat überstellt wird. In gewisser Hinsicht steht hiermit im Einklang, dass das Verbot des Art 3 EMRK als „notstandsfest" zu gelten hat, also auch bei extremer Gefährdung der Allgemeinheit nicht eingeschränkt ist (EGMR, EZAR 933 Nr 4 – Chahal; ebenso schon Kälin, ZAR 1986, 172). Der EGMR hat aber bisher Art 3 EMRK auf die Einreise nicht angewandt (Hailbronner, § 18 AsylVfG Rn 37 f; ders., ZAR 1987, 3). 24

Unabhängig davon ist die Vorschrift im Hinblick auf den mit der Zurückweisung verbundenen hohen Gefährdungsgrad **eng auszulegen**. Die Gefahr für die Allgemeinheit wird nach dem Ges vordergründig gesehen allein mit der Bestrafung begründet („weil er ... verurteilt worden ist"). Dabei ist jedoch zu berücksichtigen, dass die Dauer der Strafhaft zumindest auch durch den Grad der Gefährdung bestimmt wird u. diese nach Strafverbüßung nicht ohne Weiteres fortbesteht. Mit der Anerkennung einer derartigen Kausalität würde die Ineffizienz des Strafvollzugs ges festgeschrieben. Deshalb sind außer der Strafverurteilung u. dem Zeitraum von drei Jahren seit der letzten Ausreise die besondere Schwere der Straftat u. das Fortbestehen der Gefahr für die Allgemeinheit sorgfältig zu prüfen (vgl dazu § 60 AufenthG Rn 28 ff). Die eingeschränkten Ermittlungsmöglichkeiten an der 25

4 AsylVfG § 18   4. Teil. Asylverfahrensgesetz

Grenze können jedenfalls keinen Eingriff in das Asylgrundrecht rechtfertigen, der uU als unverhältnismäßig anzusehen ist.

V. Zurückschiebung

26 Die **Ergänzung** der Befugnis zur Einreiseverweigerung (§ 9 I AsylVfG 1982) um die Pflicht zur Zurückschiebung ist im Grundsatz nicht zu beanstanden, zumal die Voraussetzungen strenger sind als nach § 15 AufenthG (zum Grenzübertritt vgl § 13 AufenthG). Der grenznahe Raum ist freilich ebenso wenig näher bestimmt wie der zeitliche Zusammenhang. Beide sind im Interesse einer effektiven Sicherung des Asylgrundrechts eng auszulegen. Einerseits muss die Einreise schon stattgefunden haben, weil sonst Abs 2 unmittelbar eingreift; andererseits muss der Zusammenhang so eng sein, dass eine Gleichstellung sachgerecht u. geboten erscheinen kann. Anders als nach § 19 III sind hier die weiten zeitlichen Grenzen des § 57 I AufenthG nicht maßgeblich. Eine Zurückschiebung durch die Grenzbehörde ist nur **„an der Grenze"** zulässig, wie sich § 64 III Nr 1 AufenthG entnehmen lässt (vgl auch § 19 III). Unter grenznahem Raum kann dasselbe verstanden werden wie nach § 14 I Zollverwaltungsges: 30 km in der Tiefe von der Landgrenze u. 50 km von der Seegrenze.

27 Hinsichtlich des Zielstaats u. der Beachtung des Refoulement-Verbots u. anderer Hindernisse gelten dieselben **Einschränkungen** wie für die Einreiseverweigerung (dazu Rn 10 ff). Die Modalitäten der Rückübernahme durch Drittstaaten sind allg in Abkommen geregelt (dazu § 58 AufenthG Rn 19). Auch die Rückschiebung tritt im Verhältnis zu den an der VO/EG 343/2003 beteiligten Staaten (früher des DÜ u. davor des SDÜ) zurück (vgl Rn 4, 15, 29). Entweder ist die BR Deutschland für das Asylgesuch zuständig (vgl Abs 4 Nr 1), oder es wird vom BAMF ein Übernahmeverf eingeleitet (VO/EG 343/2003; § 1 AsylZBV), oder die Übernahme erfolgt in einem beschleunigten Verf aufgrund einer zweiseitigen Absprache (vgl § 2 I AsylZBG). Zulässig bleibt die Zurückschiebung in einen sonstigen sicheren Drittstaat (Rn 4). Kommt eine Zurückschiebung oder eine Übergabe an einen Vertragsstaat nicht in Betracht, ist der Ausl gemäß Abs 1 weiterzuleiten.

VI. Absehen von Einreiseverweigerung oder Zurückschiebung

28 Das Absehen von Einreiseverweigerung oder Zurückschiebung ist methodisch schwer einzuordnen, weil die in Betracht kommenden **Gründe verschiedenartig** sind. Im ersten Fall wird vr Verträgen Rechnung getragen, im zweiten Fall unangreifbaren politischen Entscheidungen. Ein Absehen von Zurückweisung oder -schiebung ist nur nach Einreise aus einem sicheren Drittstaat iSd § 26 a zugelassen, nicht nach anderweitiger Sicherheit oder Gefahr für die Allgemeinheit. Es verpflichtet ohne weitere Prüfung zur Weiterleitung nach Abs 1.

29 Einreiseverweigerung oder Zurückschiebung sind ausgeschlossen, wenn Deutschland aufgrund eines vr Vertrags für das Asylgesuch zuständig ist. Insofern erweisen sich die Besonderheiten des **Vertragsasyls,** das ein AsylR in Abweichung von der Drittstaatenklausel zulässt (Art 16 a GG Rn 94, 128 ff). Die BR Deutschland verzichtet in diesem Fall mangels effektiven Schutzes auf deren Anwendung. Der Vertragsstaat muss zugleich sicherer Drittstaat sein. Zunächst nach Inkrafttreten des SDÜ u. dann des DÜ war die Einreiseverweigerung im Verhältnis zu den Vertragsstaaten ausgeschlossen, ansonsten aber zulässig nunmehr ist an die Stelle des vertraglichen Vereinbarung die VO/EG 343/2003 als Gemeinschaftsrecht getreten (vgl Rn 4, 15, 27; § 4 Rn 8).

30 Die **Anordnung des BMI** muss auf vr, humanitären oder allg politischen Gründen beruhen; sie ist aber für sich genommen bindend u. einer Überprüfung nicht zugänglich. Sie steht einer Zurückweisung oder -schiebung nur dann entgegen, wenn sie bereits

ergangen ist. Damit ist keine Möglichkeit eröffnet, sich gegen diese Maßnahmen unter Hinweis auf Bemühungen zu wehren, eine entspr Anordnung erst herbeizuführen. Vr Verpflichtungen müssen unmittelbar aus bindenden Abmachungen folgen. Humanitäre Gründe für ein Abweichen von der Drittstaatenregelung können sich in den Fällen ergeben, in denen entweder das normative Konzept nicht greift (dazu Rn 12) oder der Ausl zB als Familienmitglied übernommen wird (VO/EG 343/2003). Politische Interessen können gegenüber der Drittstaatenregelung zB im Hinblick auf die Person des Asylbew oder wegen außenpolitischer Rücksichtnahme auf den Drittstaat überwiegen. Von der Art des Ausnahmefalls abhängig ist das weitere aufr Schicksal dieser Personen; in Betracht kommt außer dem Asylverf mit AufGest auch eine Aufnahme nach §§ 22 oder 24 AufenthG mit den daraus folgenden aufr Konsequenzen. Ausgeschlossen ist nur eine spätere asylr Einwendung wegen der Einreise aus einem sicheren Drittstaat (§ 26 a I Nr 3).

VII. Verfahren und Rechtsschutz

1. Verwaltungsverfahren

Grenzbehörden sind die mit der Kontrolle des grenzüberschreitenden Verkehrs beauftragten Behörden (vgl auch § 71 II AufenthG). Dies sind die Bundespolizei oder an dessen Stelle Behörden der Bundesländer (Bayern, Bremen, Hamburg) oder der Zollverwaltung. Ihre Zuständigkeit ist unabhängig davon, ob der Ausl bereits die Grenzlinie überschritten hat oder ob er sich – etwa im Falle einer gemeinsamen Grenzschutzstelle auf dem Territorium des Nachbarstaats – noch außerhalb des Bundesgebiets befindet. 31

Für die Grenzbehörden gelten zunächst die allg Verfahrensvorschriften, also auch die §§ 24, 25, 28 VwVfG über Amtsermittlung, Beratung, Auskunft u. Anhörung. Außerdem treffen den Ausl die allg u. auch die **besonderen Mitwirkungspflichten** aus § 15 auch gegenüber der Grenzbehörde. Allerdings ist der Gegenstand der Anhörung der eingeschränkten Kompetenz dieser Behörde anzupassen (Rn 6). Zur Mitteilungspflicht der Grenzbehörde u. der Folgeverpflichtung des Asylbew vgl § 20 I. 32

Die Einreiseverweigerung stellt eine **besondere Form der Zurückweisung** dar, für die folglich die Regeln des § 15 AufenthG nicht gelten. Es handelt sich um einen VA iSd § 35 VwVfG u. nicht nur über einen Realakt (vgl § 15 AufenthG Rn 19). Mit ihr wird gleichzeitig die Weiterleitung an die AuslBeh abgelehnt. Zudem wird der VA-Charakter der Einreiseverweigerung nunmehr durch § 18 a I 1 bestätigt, der ua die „Entscheidung über die Einreise" regelt. Entsprechendes gilt für die Zurückschiebung. 33

Es ist streitig, ob die Einreiseverweigerung in eine bestehende Rechtsposition eingreift, also belastend wirkt (so ua Marx, § 18 Rn 41 ff) oder der Ausl mit dem Einreisebegehren eine ihm günstige Rechtsposition erst zu erlangen sucht, also den Erlass eines begünstigenden VA in der Form der Weiterleitung an die zuständige AuslBeh anstrebt (so OVG Hamburg, EZAR 611 Nr 3; HessVGH, EZAR 220 Nr 1). Da das Asylgrundrecht grundsätzlich erst mit dem Erreichen des Bundesgebiets entsteht (§ 13 Rn 16; § 2 Rn 12), hat der Ausl, solange ihm die Einreise verwehrt wird, eine aus Art 16 a I GG fließende Rechtsstellung noch nicht erreicht. Er begehrt vielmehr die **Zulassung zum Bundesgebiet** zum Zwecke der Inanspruchnahme des vorläufigen Bleiberechts bis zur endgültigen Klärung seiner Asylberechtigung. Auch wenn diese in der Form einer Feststellung erfolgt, kann die Verweigerung der Einreise nach alledem noch nicht als Eingriffsakt gewertet werden (vgl auch § 18 a V). Dies gilt entspr für die Zurückschiebung, mit der gleichzeitig die Weiterleitung an die AEinr versagt wird. 34

Die Einreiseverweigerung erfolgt **idR mündlich,** da für sie im allg Schriftform nicht vorgeschrieben ist (Ausnahme nach § 18 a III 2); auf unverzügliches Verlangen ist sie schriftlich zu bestätigen, da hieran ein berechtigtes Interesse besteht (§ 37 II VwVfG). Eine Begründung ist nur bei schriftlichem Erlass oder bei schriftlicher Bestätigung erforderlich 35

(§ 39 I VwVfG). Die Einreiseverweigerung ist als unaufschiebbare Maßnahme von Polizeivollzugsbeamten sofort vollziehbar (§ 80 II Nr 2 VwGO). Ihr **Vollzug** wird nicht wie bei der Abschiebungsandrohung nach § 36 III 8 zeitweilig ausgesetzt; die Sonderregeln des § 36 III über den vorläufigen Rechtsschutz (Antragsfrist u. Vollzugsaussetzung) sind nicht für entspr anwendbar erklärt u. auch nicht analog anzuwenden. Entsprechendes gilt für die Zurückschiebung.

36 Die **Zuständigkeit** des BAMF ergibt sich bei einem Asylgesuch an der Grenze nach der Weiterleitung aus der Anordnung der Grenzbehörde (Abs 1). Die zuständige Außenstelle bestimmt § 22 II 2. Dies gilt auch im Falle des Abs 4.

2. Rechtsschutz

37 Da die Verweigerung der Einreise ebenso wie die Zurückweisung an der Grenze nach § 15 AufenthG einen VA darstellt, der auf die Vorenthaltung einer Vergünstigung gerichtet ist (Rn 34), ist die **Verpflichtungsklage** (Widerspruch ausgeschlossen nach § 11) der richtige Rechtsbehelf (OVG Hamburg, EZAR 611 Nr 3; HessVGH, EZAR 220 Nr 1). Dies wird dadurch bestätigt, dass sich jeder vorläufige Rechtsschutz im Flughafenverf auf die „Gewährung der Einreise" u. die „Anordnung des Gerichts, dem Ausl die Einreise zu gestatten" richtet (§ 18a V). Entsprechendes gilt für die Zurückschiebung. Daneben die Verpflichtung zur Weiterleitung an die zuständige Außenstelle des BAMF mittels Klage zu beantragen, erübrigt sich, weil sich dies – spiegelbildlich – als Folge der Zulassung der Einreise von selbst ergibt. Vorläufiger Rechtsschutz ist nach § 123 u. nicht nach § 80 V VwGO zu gewähren (OVG Hamburg aaO; HessVGH aaO; aA Marx, § 18 Rn 41, 43). Die Sondervorschriften des § 36 III sind nicht, auch nicht analog anzuwenden. Soweit die Zurückweisung in einen sicheren Drittstaat erfolgen soll, ist der Rechtsschutz nicht ausdrücklich eingeschränkt, obwohl dies in Art 16a II 3 GG eigentlich vorgesehen (vgl aber Art 16a GG Rn 108, 111 ff) u. mit § 34a II für die Abschiebung auch angeordnet ist. Gleichwohl greift das Verbot des Art 16a II 3 GG nach der Rechtsprechung des BVerfG auch gegenüber der Zurückweisung u. -schiebung in den sicheren Drittstaat ein, weil danach auch Maßnahmen erfasst sind, die eine Einreise u. Aufenthaltsbegründung um auslr Sinne verhindern sollen (BVerfGE 94, 166; so auch Hailbronner, § 18 AsylVfG Rn 55; krit. Goebel-Zimmermann, Rn 224, 291 ff). Entsprechendes gilt für die Zurückschiebung. Die Beschwerde ist in jedem Fall ausgeschlossen (§ 80).

38 **Örtlich zuständig** ist das Gericht, in dessen Bezirk die Einreise verweigert wird (§ 52 Nr 2 S. 3, Nr 3 S. 1 VwGO). Maßgeblich ist nicht der Sitz der Grenzschutzbehörde, sondern der Ort, an dem die (mündliche) Einreiseverweigerung ausgesprochen wird (OVG Hamburg, EZAR 611 Nr 3; HessVGH, EZAR 220 Nr 1). Daran ändert sich nichts, wenn dieser VA auf schriftliche oder mündliche Anweisung einer Aufsichtsbehörde hin ergeht, die ihren Sitz innerhalb eines anderen Gerichtsbezirks hat.

§ 18a Verfahren bei Einreise auf dem Luftwege

(1) ¹Bei Ausländern aus einem sicheren Herkunftsstaat (§ 29a), die über einen Flughafen einreisen wollen und bei der Grenzbehörde um Asyl nachsuchen, ist das Asylverfahren vor der Entscheidung über die Einreise durchzuführen, soweit die Unterbringung auf dem Flughafengelände während des Verfahrens möglich oder lediglich wegen einer erforderlichen stationären Krankenhausbehandlung nicht möglich ist. ²Das gleiche gilt für Ausländer, die bei der Grenzbehörde auf einem Flughafen um Asyl nachsuchen und sich dabei nicht mit einem gültigen Paß oder Paßersatz ausweisen. ³Dem Ausländer ist unverzüglich Gelegenheit zur Stellung des Asylantrages bei der Außenstelle des Bundesamtes zu geben, die der Grenzkontrollstelle zugeordnet ist. ⁴Die persönliche Anhörung des Ausländers durch das Bundesamt soll unverzüglich stattfinden. ⁵Dem Ausländer ist danach unverzüglich Gelegenheit zu geben, mit einem

Einreise auf dem Luftwege   § 18a AsylVfG 4

Rechtsbeistand seiner Wahl Verbindung aufzunehmen, es sei denn, er hat sich selbst vorher anwaltlichen Beistands versichert. ⁶ § 18 Abs. 2 bleibt unberührt.

(2) Lehnt das Bundesamt den Asylantrag als offensichtlich unbegründet ab, droht es dem Ausländer nach Maßgabe der §§ 34 und 36 Abs. 1 vorsorglich für den Fall der Einreise die Abschiebung an.

(3) ¹ Wird der Asylantrag als offensichtlich unbegründet abgelehnt, ist dem Ausländer die Einreise zu verweigern. ² Die Entscheidungen des Bundesamtes sind zusammen mit der Einreiseverweigerung von der Grenzbehörde zuzustellen. ³ Diese übermittelt unverzüglich dem zuständigen Verwaltungsgericht eine Kopie ihrer Entscheidung und den Verwaltungsvorgang des Bundesamtes.

(4) ¹ Ein Antrag auf Gewährung vorläufigen Rechtsschutzes nach der Verwaltungsgerichtsordnung ist innerhalb von drei Tagen nach Zustellung der Entscheidungen des Bundesamtes und der Grenzbehörde zu stellen. ² Der Antrag kann bei der Grenzbehörde gestellt werden. ³ Der Ausländer ist hierauf hinzuweisen. ⁴ § 58 der Verwaltungsgerichtsordnung ist entsprechend anzuwenden. ⁵ Die Entscheidung soll im schriftlichen Verfahren ergehen. ⁶ § 36 Abs. 4 ist anzuwenden. ⁷ Im Falle der rechtzeitigen Antragstellung darf die Einreiseverweigerung nicht vor der gerichtlichen Entscheidung (§ 36 Abs. 3 Satz 9) vollzogen werden.

(5) ¹ Jeder Antrag nach Absatz 4 richtet sich auf Gewährung der Einreise und für den Fall der Einreise gegen die Abschiebungsandrohung. ² Die Anordnung des Gerichts, dem Ausländer die Einreise zu gestatten, gilt zugleich als Aussetzung der Abschiebung.

(6) Dem Ausländer ist die Einreise zu gestatten, wenn
1. das Bundesamt der Grenzbehörde mitteilt, daß es nicht kurzfristig entscheiden kann,
2. das Bundesamt nicht innerhalb von zwei Tagen nach Stellung des Asylantrags über diesen entschieden hat oder
3. das Gericht nicht innerhalb von vierzehn Tagen über einen Antrag nach Absatz 4 entschieden hat.

Übersicht

	Rn
I. Entstehungsgeschichte	1
II. Allgemeines	2
III. Personenkreis	6
1. Ausländer aus sicherem Herkunftsstaat	6
2. Ausländer ohne gültige Passpapiere	7
IV. Verwaltungsverfahren	11
1. Asylgesuch bei der Grenzbehörde	11
2. Unterbringung am Flughafen	13
3. Asylantrag	15
4. Anhörung	17
5. Entscheidung des Bundesamts	18
6. Entscheidung der Grenzbehörde	20
V. Rechtsschutz	23
1. Allgemeines	23
2. Rechtsmittelfristen	26
3. Entscheidungsverfahren	29

I. Entstehungsgeschichte

Die Vorschrift wurde mit Wirkung vom 1. 7. 1993 auf Vorschlag des BT-IA (BT-Drs 1 12/4984 S. 12) eingefügt (Art 1 Nr 10 **AsylVfÄndG 1993**). Sie hat kein Vorbild im AuslG 1965 oder AsylVfG 1982 u. war im GesEntw 1993 nicht enthalten; die CDU/CSU-Frakti-

4 AsylVfG § 18 a 4. Teil. Asylverfahrensgesetz

on hatte aber eine derartige Regelung, beschränkt auf die Einreise aus einem sicheren Drittstaat, bereits angeregt (BT-Drs 12/4450 S. 16). Zum 1. 11. 1997 wurde Abs 1 S. 1 betr stationäre Krankenhausbehandlung ergänzt (Ges vom 29. 10. 1997, BGBl. I 2584).

II. Allgemeines

2   Nach dem Konzept der sicheren Drittstaaten ist die Anerkennung politisch Verfolgter, die auf dem Landweg einreisen, in Zukunft erheblich erschwert, tendenziell sogar ausgeschlossen. Deshalb richtet sich das Augenmerk mehr auf den **Zugang über die See und aus der Luft.** Für Seehäfen bedarf es nicht unbedingt einer Sonderregelung, weil die Häfen, die am ehesten als letzte Anlaufstelle von Fähren in Betracht kommen, meist in als sicher geltenden Drittstaaten (Finnland, Großbritannien, Norwegen, Schweden) liegen. Einreisen von Asylbew mit dem Flugzeug waren in den vergangenen zehn Jahren nur in sehr geringem Umfang festzustellen, nämlich fast immer weniger als 5% u. seit zwei Jahren weniger als 2% (1991: 3,8%, 1992: 1,6%; 1993: 1,9%; 1994: 4,3%; 1995: 4,5%; 1996: 5,09%; 1997: 3,03%; 1998: 2,88%; 1999: 2,28%; 2000: 1,59%; 2001: 1,49%; vgl von Pollern, ZAR 1993, 26; 2002, 106; vgl. auch BMI, Asylerfahrungsbericht 1994, S. 21 f). Da dieser Anteil je nach der Entwicklung in Verfolgerstaaten zunehmen könnte, wurde die Flughafenregelung geschaffen. Sie wird nicht durch die VO/EG 343/2003 (früher des DÜ u. zuvor des SDÜ) tangiert, u. auch die EG-Richtlinie über Mindestgarantien für das Asylverf (vom 20./21. 6. 2002, ABl. EG C 274 S. 13) lässt ein besonderes Verf zur Prüfung offensichtlich unbegründeter Asylanträge an der Grenze zu (Art 24 f).

3   Das Flughafenverf ist in Art 16 a GG nicht ausdrücklich verankert. Daher fehlt es auch an einer näheren **Begründung** für dessen Voraussetzungen u. Folgen. Der Vorschlag der CDU/CSU-Fraktion war bereits in der Begr des GesEntw 1993 enthalten, aber auf die Einreise aus sicheren Drittstaaten beschränkt u. lediglich mit der Überlegung erläutert, dass „im Falle der Ablehnung des Asylantrags zumindest die Rückführung in den Staat des Abflughafens problemlos gesichert" sei (BT-Drs 12/4450 S. 16). In den Vorschlag des BT-IA wurde die Regelung mit der wenig aufschlussreichen Begr übernommen: „Aufnahme entsprechend der Gesetzesbegründung ..., jedoch in geänderter Fassung" (BT-Drs 12/4984 S. 48). Der BT-IA hatte während der Beratungen darauf hingewiesen (BT-Drs 12/4984 S. 48), dass „häufig Personen ohne Sichtvermerk mit Flugzeugen nach Deutschland kämen u. viele von Schlepperbanden nach Deutschland geschleust würden". Es gehe insb um Personen, die aus sicheren Herkunftsländern oder ohne Ausweispapiere kämen; ihre schnelle Rückführung sei nach einer Aufnahme nicht möglich. Ein Verf auf Flughäfen werde in den Niederlanden, Dänemark u. Frankreich erfolgreich angewandt (zu Niederlande, Frankreich u. Schweiz näher Hailbronner, § 18 a AsylVfG Rn 8–10).

4   Grundlage der Sonderregelung für Flughäfen bilden die **besonderen Verhältnisse** bei der Einreise von Flugpassagieren (dazu allg Ritter, ZAR 1999, 176). Einerseits ist am Flughafen eine Kontrolle weitaus leichter möglich als an den Landgrenzen, andererseits bereiten die Rückführung u. die zwischenzeitliche Unterbringung hier mehr Schwierigkeiten als dort. In beiden Fällen erfolgt die Einreise in erster Linie mit dem Passieren der zugelassenen Grenzübergangsstelle, während sonst auf das Überschreiten der Grenze abzustellen ist (§ 13 II AufenthG). Eine reguläre **Einreise** setzt also das Passieren der zugelassenen Übergangsstelle mit Gestattung der Grenzbehörde voraus; sonst wird die Einreise faktisch vollzogen, was am Flughafen infolge der dortigen Grenzsicherungen praktisch kaum vorkommen kann. Liegen die Voraussetzungen für eine Einreise nach § 13 II AufenthG nicht vor, befindet sich der Ausl rechtlich gesehen noch in dem **Staat des letzten Abflughafens,** wobei ein dortiger Transitaufenthalt nicht zählt. Daraus folgt die generelle Möglichkeit der Zurückweisung oder Einreiseverweigerung in diesem Stadium des Einreisevorgangs. Richtigerweise ist daher in Abs 1 S. 1 auf die Einreiseabsicht abgestellt u. konsequenterweise

nach Abs 1 S. 6 die Einreiseverweigerung nach § 18 II offengehalten (zum Verhältnis zwischen Einreise u. „Entscheidung über die Einreise" vgl Rn 11).

In den Sonderregeln für den Flughafen liegt **kein Verstoß gegen Art 33 GK u. Art** 5 **EMRK** (Hailbronner, § 18 a AsylVfG Rn 15–17). Beide Vorschriften sehen kein bestimmtes Prüfungsverf vor, sondern setzen lediglich eine Überprüfung des Begehrens voraus, die eine wirksame Durchsetzung dieser Refoulementverbote ermöglicht u. bei der rechtliches Gehör gewährt wird. Beides ist gewährleistet, weil beide Verbote vom BAMF geprüft werden; der Unterschied zum normalen Verf besteht nur darin, dass das Flughafenverf rechtlich vor der Einreise u. örtlich auf dem Flughafengelände stattfindet. Die gerichtliche Überprüfung ist zwar gegenüber dem normalen Verf gestrafft, sie ist aber ohnehin nicht zwingend durch GK oder EMRK vorgeschrieben. Ebenso wenig verstößt § 18 a gegen Art 16 a GG; denn vorläufiges Bleiberecht sowie behördliche u. gerichtliche Überprüfung sind gewährleistet, wenn auch – rechtlich gesehen – vor der Einreise (BVerfGE 94, 166; Maaßen/de Wyl, ZAR 1997, 9). Angesichts der vom BVerfG vorgenommenen substantiellen Modifizierungen (ua Nachfrist, asylrechtskundige Beratung, Übersetzung von Entscheidungen) wäre zwischenzeitlich eine Anpassung des Gesetzestextes angebracht gewesen, zumal der Umfang der verfassungskonformen Auslegung nicht ganz unproblematisch erscheint (dazu Lübbe-Wolff, DVBl. 1996, 825). Insgesamt sind Verwaltungs- u. Gerichtsverf gegenüber dem Regelfall des Asylgesuchs nach der Einreise örtlich u. zeitlich konzentriert, im Verhältnis zu Fällen der Zurückweisung u. -schiebung an der Grenze aber erheblich rechtsstaatlicher u. rechtsschutzfreundlicher gestaltet. Nach der Rspr des BVerfG ist das Flughafenverf nicht mit einer Freiheitsentziehung oder -beschränkung iSd Art 104 GG verbunden; der Aufenthalt im Transitbereich ist nicht der dt Staatsgewalt als Beschränkung der Bewegungsfreiheit zuzurechnen (BVerfGE 94, 166). Dies gilt auch, wenn die vorgesehenen Zeiträume der Unterbringung aus Gründen überschritten werden, die allein der Asylbew zu vertreten hat (Hailbronner, § 18 a AsylVfG Rn 52–54; de Wyl, ZAR 1997, 82; Lehngut/Maaßen, DÖV 1997, 316; aA OLG Ffm, NVwZ-Beil. 1997, 6 u. EZAR 048 Nr 32). Im Blick auf Art 16 a I GG kann allerdings die dem Ausl entgegengehaltene Möglichkeit der Rückreise in den (möglichen) Verfolgerstaat als zweifelhaft erscheinen (Goebel-Zimmermann, Rn 229; Lübbe-Wolff, DVBl. 1996, 825; aA Kugelmann, ZAR 1994, 158). Wird entgegen dem BVerfG eine Freiheitsbeschränkung im Verantwortungsbereich der dt Staatsgewalt angenommen (dazu EGMR, EZAR 932 Nr 1 – Ammur; dazu Goebel-Zimmermann/Masuch, InfAuslR 1997, 176), erscheint sie im Blick auf Art 3 EMRK unbedenklich, weil sie ges geregelt ist u. nicht unverhältnismäßig wirkt (Goebel-Zimmermann, Rn 231; Kugelmann, ZAR 1994, 158).

III. Personenkreis

1. Ausländer aus sicherem Herkunftsstaat

Entspr dem ursprünglichen Vorschlag der CDU/CSU-Fraktion (Rn 1, 3) unterliegen 6 dem Flughafenverf in erster Linie Asylbew aus sicheren Herkunftsstaaten. Maßgeblich ist in erster Linie die StAng eines der in Anlage II aufgeführten Länder; denn damit gilt für den Ausl ein verfolgungsfreies Leben in diesem Staat als gewährleistet. Bei einem Staatenlosen ist auf den letzten Wohnsitz oder gewöhnlichen Aufenthalt abzustellen. Unerheblich ist der Reiseweg; die vorherige Durchreise durch einen sicheren Drittstaat schließt das Flughafenverf nicht unbedingt aus. Da allerdings § 18 II unberührt bleibt (Abs 1 S. 6), besteht für die Grenzbehörde zumindest in gewissen Fällen zunächst eine Art **Wahlrecht** zwischen sofortiger Einreiseverweigerung u. Einleitung des Vorabverf beim BAMF (ähnlich Göbel-Zimmermann, Rn 235 f). Liegen die Voraussetzungen des § 18 II vor, reist der Ausl also zB aus einem sicheren Drittstaat ein, hat zwar die Zurückweisungspflicht Vorrang (Hailbronner, § 18 a AsylVfG Rn 34 f; Kugelmann, ZAR 1994, 158); sie tritt aber zurück, wenn sie sich endgültig nicht durchsetzen lässt, weil zB der sichere Drittstaat die Rückübernahme verweigert (Gefahr des refugee in orbit) oder einer der Ausnahmegründe vom Konzept der normativen Vergewisserung (§ 18 Rn 12) glaubhaft gemacht wird. Ist dies vorhersehbar, wäre die Anwendung des § 18 II auch im Falle des gegenüber dem Ausl gelungenen Nachweises der Durchreise durch den Drittstaat kontraproduktiv. Ähnliche Möglichkeiten eröffnen sich dem BAMF im Vorabverf oder nach Weiterleitung (näher dazu Rn 18 f): Ablehnung als unbeachtlich, falls Verfolgungssicherheit u. Rückführbarkeit binnen drei Monaten offensichtlich (§ 29 I, II) oder als offensichtlich unbegründet (Abs 2; § 29 a I).

2. Ausländer ohne gültige Passpapiere

7   Die Verpflichtung, bei der Einreise einen Pass oder Passersatz zu besitzen, sofern keine Befreiung eingreift (§ 3 AufenthG), trifft auch Ausl, die um Asyl nachsuchen wollen. Ihnen kann zwar die Einreise ohne gültige Einreisepapiere nicht vorgeworfen oder als materiell illegal entgegengehalten werden (§ 13 Rn 20 ff), es erscheint aber **grundsätzlich zulässig,** sie einem asylr Sonderverf zu unterwerfen, wenn sie ihrer Passpflicht nicht genügen. Ihnen darf nur die Inanspruchnahme des AsylR nicht unmöglich gemacht oder unzumutbar erschwert werden (dazu § 18 Rn 13 ff). Die Unterscheidung zwischen Asylbew mit u. ohne ordentliche Passpapiere ist nicht von vornherein unsachgerecht, wenn sie auch nicht gerade geboten erscheint. Die Einreise mit falschem Pass oder mit Hilfe von Schleusern kann auf eine unberechtigte Inanspruchnahme des AsylR hindeuten; dieser Schluss ist aber nicht etwa ausnahmslos gerechtfertigt. Im Gegenteil: wer politisch verfolgt wird, erhält erfahrungsgemäß von dem Verfolgerstaat keine Reisepapiere, die ihm eine „geordnete" Flucht ermöglichen. Ein gültiger Pass spricht prima facie gegen u. nicht für eine politische Verfolgung. **Passlosigkeit ist politisch Verfolgten arteigen.** An dieser grundlegenden Rechtstatsache hat sich die Auslegung der Sonderregeln für Flugpassagiere ohne gültigen Pass auszurichten. Sie müssen wie allg dazu geeignet u. darauf angelegt sein, dem Asylgrundrecht zur Geltung zu verhelfen (BVerfGE 56, 216).

8   Betroffen sind nicht nur Ausl, die der **Passpflicht** unterliegen. Eine Befreiung von der Passpflicht (§ 3 II AufenthG) endet zwar nicht mit dem Entschluss des Ausl, um Asyl nachzusuchen. Sinn u. Zweck der Regelung sprechen aber eindeutig dafür, den Gesetzestext wörtlich dahin auszulegen, dass es allein auf die Nichtvorlage eines gültigen Passes oder Passersatzes ankommt u. nicht auf dessen Erforderlichkeit (anders zB § 14 I Nr 1 AufenthG). Erkennbar geben die mit der Passlosigkeit verbundenen Schwierigkeiten bei Feststellung der Identität, Prüfung der Verfolgungsbehauptungen u. Vorbereitung der Rückführung Veranlassung für das Sonderverf. Dieses soll mit der Nichterfüllung der allg Mitwirkungspflicht nach § 15 I Nr 4 eingreifen, ohne dass es auf den Grund dafür ankommt, dass sich der Ausl nicht ordnungsgemäß ausweisen kann. Nur wer sich – positiv – mit einem gültigen Pass oder Passersatz (dazu allg § 15 Rn 9) ausweist, fällt nicht unter Abs 1. Das Dokument kann von dem Ausl vorgelegt oder bei ihm gefunden sein; es genügt aber nicht, dass er es vorlegen könnte (Hailbronner, § 18 a AsylVfG Rn 29). Ist die Ungültigkeit nicht eindeutig festzustellen, muss die Einreise gestattet werden (BVerfGE 94, 166). Auf den Besitz eines erforderlichen Visums kommt es nicht an. **Ungültig** ist jedes Passpapier, dessen Geltungsdauer abgelaufen ist, aber auch jedes gefälschte oder verfälschte. Entscheidend sind Gegenstand u. Inhalt der Fälschung; diese muss die Ausstellungsdaten oder Namen, StAng oder andere für die Personenidentität wichtigen Eintragungen betreffen. Visa oder andere amtl Reisevermerke, die von Unbefugten eingetragen oder nachträglich verändert sind, berühren nicht die Gültigkeit des Passes als Identitätspapier.

9   Die Vorschrift ist ebenso wie § 18 auch auf **Folgeantragsteller** anzuwenden, wobei nur die Besonderheiten hinsichtlich Entscheidung über den Antrag (grundsätzlich zuständig allein das BAMF) sowie Aufenthalt u. Verbleib des Folgeantragstellers (zunächst keine AufGest) zu berücksichtigen sind (dazu § 18 Rn 8).

Einreise auf dem Luftwege § 18a **AsylVfG** 4

Grundsätzlich unterliegen auch **Minderjährige** dem Flughafenverf (Hailbronner, § 18a 10 AsylVfG Rn 37; krit Göbel-Zimmermann, InfAuslR 1995, 166; vgl auch Jockenhövel-Schiecke, ZAR 1987, 171 u. 1998, 165; Menzel, ZAR 1996, 22). Soweit sie nicht von Vertretungsberechtigten begleitet oder diese nicht am Flughafen anwesend sind, ist allerdings die Einleitung der auch sonst üblichen Schutzmaßnahmen erforderlich (vgl § 12 Rn 8 u. § 80 AufenthG Rn 8). Außerdem muss ihre Unterbringung auf dem Flughafengelände „möglich", dort also eine kindgerechte Versorgung gewährleistet sein. Dazu bedarf es auch einer Betriebsgenehmigung nach § 45 SGB VIII, da es sich bei der Unterkunft am Flughafen nicht um eine GemUnt handelt (vgl § 44 III).

IV. Verwaltungsverfahren

1. Asylgesuch bei der Grenzbehörde

Das Asylgesuch iSd § 13 muss **vor dem Grenzübertritt** geäußert werden; ist dem Ausl 11 schon die Einreise gelungen (Rn 4), sind allenfalls noch eine Zurückschiebung nach § 18 III oder eine Abschiebung zulässig (dazu Rn 5). Das Flughafenverf beruht auf der Annahme, der noch im Transitbereich befindliche Ausl sei noch nicht im Rechtssinne eingereist (BVerfGE 94, 166). Unschädlich ist sowohl eine externe stationäre Krankenbehandlung als auch ein kontrolliertes vorübergehendes Verlassen des Transitbereichs nach Maßgabe des § 13 II 2 AufenthG. Bei illegalem Verlassen ist jedoch die Einreise gelungen (vgl § 13 II 3 AufenthG). Entscheidend ist also im Falle des Entweichens u. des unerlaubten Einreiseversuchs, ob bei erlaubtem Passieren der Grenze für einen vorübergehenden Zweck die Kontrolle möglich bleibt oder im anderen Fall die Begrenzung des Transitbereichs überschritten ist. Diese Grenze für das Flughafenverf ergibt sich aus der Beschränkung auf einreisewillige Personen u. der Funktion der Einreiseverweigerung im Anschluss an die BAMF-Entscheidung. Die Zeitbestimmung „vor der Entscheidung über die Einreise" stellt demgegenüber nur die Reihenfolge der Entscheidungen von BAMF u. Grenzbehörde klar (Goebel-Zimmermann, Rn 246; Marx, § 18a Rn 6–8, 11; GK-AsylVfG, § 18a Rn 10; zT aA Hailbronner, § 18a AsylVfG Rn 45–49). Sie führt nicht zur Erweiterung von Zurückweisungsmöglichkeiten im Anschluss an eine gelungene unkontrollierte Einreise.

Der Ausl kann das **Asylgesuch** entspr § 13 I mündlich oder schriftlich (auch in fremder 12 Sprache) äußern u. später gegenüber dem BAMF begründen. Er kann in beiden Verfahrensstadien auch Bezug nehmen auf Ausführungen eines Bevollmächtigten, dessen Beistands er sich zuvor versichert hat (Abs 1 S. 5). Für das Verf vor der Grenzbehörde gelten die üblichen Regeln (vgl § 18 Rn 31 ff), soweit in Abs 1 bis 3 nichts Abweichendes bestimmt ist. Soweit der Asylbew vor der Grenzbehörde auch Angaben zu den Asylgründen macht, muss deren spätere Bewertung im Asylverf Bedacht nehmen auf die begrenzte Funktion der Grenzbehörde u. die äußeren Bedingungen der dortigen Befragung (BVerfGE 94, 166; HessVGH, EZAR 210 Nr 4). Angesichts der beschränkten Funktion der Grenzbehörde wäre eine ges Klarstellung für deren Aufklärungsaufgaben durchaus zweckmäßig.

2. Unterbringung am Flughafen

Das Flughafenverf ist nur bei gesicherter Unterbringung auf dem Flughafengelände durch- 13 zuführen. Sonst besteht ein Anspruch auf Gestattung der Einreise zur Durchführung eines regulären Asylverf, es sei denn, die Unterbringung scheitert nur an der Notwendigkeit einer stationären Krankenhausbehandlung (vgl auch § 13 II 2 AufenthG). Zur Bereitstellung entspr **Unterkünfte** sind Flughafenunternehmer seit 1. 7. 1993 verpflichtet (§ 65 AufenthG, früher § 74a AuslG; zur Kostentragung § 65 AufenthG Rn 2). Diese dienen aber lediglich der Unterbringung von Personen, die ohne erforderlichen Pass oder Sichtvermerk einzureisen versuchen. Der **Personenkreis** des Abs 1 S. 1 u. 2 ist damit nur teilidentisch (Asylbew aus sicheren Herkunftsstaaten mit Pass). Soweit die Frist von zusammen 19 Tagen Aufenthalt im Transitbereich überzogen wird, ist streitig, ob es sich um eine Freiheitsentziehung handelt (dazu Rn 5). Dem Ges zufolge muss nur die Unterbringung möglich sein; damit ist aber notwendigerweise auch die Befriedigung der existenziellen Bedürfnisse verbunden, insb Ernährung u. Krankenbetreuung. Eine ausreichende **Versorgung** mit dem zum Leben Notwendigen ist für eine menschenwürdige Unterbringung unerlässlich. Angesichts der Höchstaufenthaltsdauer von 19 (2 + 3 + 14) Tagen können Vorkehrungen erforderlich werden, die über den Standard einer notdürftigen Versorgung von Reisenden („Bahnhofsmission") weit hinausgehen. Dabei ist vor allem auf die Belastungen durch die „Reise", die für den politisch Verfolgten mit einer Touristenreise nicht vergleichbar ist, u. durch die Unsicherheiten während des Asylverf Bedacht zu nehmen. Deswegen erscheint auch die Betreuung durch einen Sozialdienst dringend erforderlich, zumal Kapazitäten von über 500 Plätzen (am Rhein-Main-Flughafen) eingerichtet sind (dazu Mai, ZAR 2002, 211).

14   Neben Unterbringung u. Versorgung der Ausl muss auch die **Durchführung des Verf** vor Grenzbehörde u. BAMF sichergestellt sein (BVerfGE 94, 166; dazu auch de Wyl, ZAR 1997, 82). Während erstere notwendigerweise auf dem Flughafengelände eingerichtet u. dort zur Befragung der Ausl in der Lage sein muss, kann die Außenstelle des BAMF auch anderswo untergebracht sein; sie muss nur der Grenzkontrollstelle zugeordnet sein. Dasselbe gilt für das Gericht, das uU für mündliche Anhörungen Räume am Flughafen benötigt (dazu Rn 30). Die sehr kurzen Fristen für BAMF u. Gericht können bei Berechnung der Unterbringungs- u. Verwaltungskapazitäten einkalkuliert werden. Entscheidend bleibt aber die Frage der Unterbringung während des Verf, u. hierfür ist allein die Grenzbehörde zuständig u. verantwortlich, weder der Flughafenbetreiber noch das BAMF.

3. Asylantrag

15   Nach dem Asylgesuch muss dem Ausl unverzüglich die Antragstellung iSd § 14 vor der zuständigen Außenstelle des BAMF ermöglicht werden. Unverzüglich bedeutet hier ohne objektiv vertretbares Zögern, wobei die insgesamt kurzen Fristen von zwei u. drei Tagen für Verwaltungsverf u. vorläufigen Rechtsschutz als Richtschnur dienen sollten. Eine nicht unverzügliche Weiterleitung löst kein Recht auf Einreise aus, es drohen nur die Säumnisfolgen des Abs 6 Nrn. 1 u. 2. Der Antragstellung müssen aber nach obigen Ausführungen positive Feststellungen über folgende **formelle Voraussetzungen** vorausgehen: (1) Asylgesuch, (2) Herkunft aus sicherem Staat oder Nichtbesitz gültiger Passpapiere, (3) keine Einreiseverweigerung nach § 18 II, (4) Unterbringung am Flughafen gewährleistet.

16   Die **Außenstelle** muss der Grenzkontrollstelle zugeordnet sein; sie muss nicht ausdrücklich für die Bearbeitung von Asylgesuchen bestimmter Nationalitäten (wie nach § 46 I 1) bestimmt sein. Sonst könnte sie die Fälle der Ausl ohne gültige Passpapiere nicht bearbeiten. Die Außenstelle muss nicht nur zur Entgegennahme des Asylantrags, sondern auch zu dessen Bescheidung kraft Organisationsanordnung ermächtigt sein (dazu § 5 Rn 11, 14). Die Außenstelle kann die Entgegennahme des Antrags dann ablehnen, wenn sie voraussichtlich nicht kurzfristig oder zumindest nicht binnen zwei Tagen nach Antragstellung entscheiden kann (vgl Abs 6 Nr 1 u. 2).

4. Anhörung

17   Das Anhörungsverf richtet sich in vollem Umfang nach §§ 24, 25. Von ihm kann abgesehen werden, wenn eine (sofortige) Anerkennung beabsichtigt ist (§ 24 I 3). **Besonderheiten** ergeben sich (abgesehen von dem außerordentlichen Zeitdruck) vor allem aus den regelmäßig mangelnden Deutschkenntnissen (vgl BVerfGE 60, 253) u. der psychischen u. zT auch physischen Ausnahmesituation eines Flüchtlings bei Erreichen der „sicheren" Grenze; letzterem muss durch Einsatz geschulten u. kundigen Personals u. durch die sonstigen Rahmenbedingungen Rechnung getragen werden, um möglichst vollständige u. wahrheitsgetreue Angaben des Ausl u. damit eine tragfähige Entscheidungsgrundlage zu erreichen (BVerfGE 94,

166). Diesem Ziel dienen die hierfür vom BVerfG aufgestellten Leitlinien für ein faires, loyales u. verständnisvoll geführtes Verf, wobei nicht jede Abweichung oder Unzulänglichkeit als Verfassungsverstoß zu werten ist. Zudem ist zu beachten, dass die Tatbestände des § 25 II am Flughafen nicht gegeben sein können. Den in § 25 VI genannten Personen muss bzw kann auch am Flughafen die Teilnahme gestattet werden. Falls der Asylbew bereits einen Bevollmächtigten beauftragt hat, darf auch dieser bei der Anhörung zugegen sein (§ 14 IV VwVfG). Die erst nach der Anhörung bestehende besondere Verpflichtung des BAMF nach Abs 1 S. 5 spricht nicht gegen das Teilnahmerecht des Bevollmächtigten (Marx, § 18 a Rn 52 ff; BVerwG, EZAR 210 Nr 5). Es ist indes nicht verfassungsrechtlich geboten, dem Asylbew bereits vor der Anhörung Gelegenheit zur Aufnahme der Verbindung mit einem Rechtsanwalt seiner Wahl zu geben (BVerfGE 94, 166; vgl auch Rn 23).

5. Entscheidung des Bundesamts

Dem BAMF stehen alle Entscheidungsmöglichkeiten offen. Das am Flughafen vorgezogene Verf stellt insoweit ein **reguläres Asylverf** dar. Weder bei Ausl aus sicheren Herkunftsstaaten noch bei solchen ohne gültige Passpapiere ist das BAMF bei der Prüfung des Asylantrags inhaltlich beschränkt, bei Eingreifen der Herkunftsstaatenregelung muss der Asylbew aber die Vermutung der Verfolgungsfreiheit durch substantiierten Vortrag ausräumen (vgl BVerfGE 94, 115). Das BAMF kann dem Asylantrag stattgeben oder ihn in vollem Umfang oder teilweise ablehnen; nach Maßgabe des § 31 III ist auch über Abschiebungshindernisse nach § 60 I–III, V, VIII u. IX AufenthG zu entscheiden (vgl § 15 IV 1 AufenthG, der auch für die Zurückweisung in der Form der Einreiseverweigerung gilt). Nur bei vollständiger Ablehnung als offensichtlich unbegründet iSd § 30 I kommt es zu den weiteren Entscheidungen nach Abs 2 u. Abs 3 S. 1. Zu beachten sind freilich die seit 1. 7. 1993 erweiterten Kataloge der Gründe für Unbeachtlichkeit (vgl § 29) u. offensichtliche Unbegründetheit (vgl §§ 29 a I, 30 I bis 5) eines Asylantrags. Passlosigkeit allein rechtfertigt nicht die Ablehnung als offensichtlich unbegründet, wohl aber zB Täuschung über Identität oder StAng oder gröbliche Verletzung von Mitwirkungspflichten (§ 30 III Nrn 2, 5) u. vor allem Herkunft aus einem sicheren Herkunftsstaat (§ 29 a I). Die Sonderregeln des Abs 2 über offensichtlich unbegründete Anträge schmälern die sonstigen Kompetenzen des BAMF zur Entscheidung nicht (Goebel-Zimmermann, Rn 253; GK-AsylVfG, § 18 a Rn 52; Hailbronner, § 18 a AsylVfG Rn 67 ff, 75; aA Marx, § 18 a Rn 57 f). Bei Feststellung der Voraussetzungen des Art 16 a I GG oder des § 60 I oder II bis VII AufenthG oder bei Antragsablehnung als unbeachtlich oder (schlicht) unbegründet ist die Einreise mangels Vorliegens der Voraussetzungen der §§ 18 II, 18 a III 1 zu gestatten (vgl Rn 20). Die Weiterleitung erfolgt analog § 18 I. Ebenso ist im Falle des Abs 6 Nrn 1 oder 2 zu verfahren, falls das BAMF im Flughafenverf andere Entscheidungen als die Ablehnung als offensichtlich unbegründet nicht treffen sollte (so die Praxis nach Marx, § 18 a Rn 57 f).

Nur bei Ablehnung des Asylantrags als offensichtlich unbegründet in vollem Umfang (§ 30 I) ergeht eine vorsorgliche **Abschiebungsandrohung** unter Beachtung der §§ 34, 36 I. Diese soll dem Fall vorbeugen, dass dem Ausl die Einreise gelingt, obwohl sie ihm nicht zu gestatten, sondern zu verweigern ist (Rn 4, 20). Kommt es nur zu einer nicht qualifizierten Antragsablehnung, hat das BAMF eine reguläre Abschiebungsandrohung nach §§ 34 ff zu erlassen. Dem Ausl ist dann die Einreise zu gestatten, weil die Voraussetzungen für die Zurückweisung an der Grenze (§ 18 II oder § 18 a III 1) nicht vorliegen (Rn 18). Dieser Fall ist in Abs 6 nicht genannt, weil dort nur auf formale zeitliche Verfahrenshindernisse abgestellt ist.

6. Entscheidung der Grenzbehörde

Nach Antragsablehnung als offensichtlich unbegründet hat die Grenzbehörde die **Einreise zu verweigern** u. die weiteren sonst im Falle des § 18 II üblichen Maßnahmen zu treffen (Zurückweisung in den Abflugstaat). Nach Antragsablehnung als schlicht unbegründet oder bei Stattgabe ist keine Einreiseverweigerung vorgesehen, sondern das reguläre Verf einzuhalten. Im beiden Fällen ist der Asylbew an die zuständige AEinr **weiterzuleiten** (§ 18 I), wo er allerdings nach seiner persönlichen Meldung (§ 22 I) keinen Asylantrag (§ 23) mehr bei der betr Außenstelle zu stellen hat, sondern während des weiteren Verf nach Maßgabe der §§ 46 ff wohnt.

21 Die **Einreise** ist außerdem nach Ablauf der Fristen des Abs 6 Nr 2 oder 3 oder aufgrund der Mitteilung des BAMF nach Abs 6 Nr 1 **zu gestatten.** In keinem dieser Fälle steht der Grenzbehörde ein eigener Entscheidungsspielraum zur Verfügung. Nach Eintritt der Voraussetzungen hat sie unverzüglich zu handeln, weil jedes weitere Festhalten eine unzulässige Freiheitsentziehung darstellen kann (dazu Rn 12).

22 Die Grenzbehörde hat bei qualifizierter Ablehnung des Asylantrags den Bescheid des BAMF zusammen mit der dann obligatorischen (schriftlichen) Einreiseverweigerung dem Ausl **zuzustellen.** Beiden Bescheiden ist jew eine Rechtsmittelbelehrung beizufügen, in der auch der Hinweis nach Abs 4 S. 3 enthalten sein muss. Der Ausl ist sowohl über die Klage als auch über den Antrag auf vorläufigen Rechtsschutz gemäß § 58 VwGO zu belehren. Ihm werden entspr den Vorgaben des BVerfG (BVerfGE 94, 166; dazu Maaßen/de Wyl, ZAR 1997, 9) die Entscheidungsgründe u. die Rechtsbehelfsverf mündlich mit Hilfe eines Dolmetschers erläutert. Außerdem wird er auf eine Liste mit Rechtsanwälten aufmerksam gemacht, falls er noch nicht anwaltlich vertreten ist. Schließlich kann er kostenlos eine asylrechtskundige, unabhängige Beratung in Anspruch nehmen, die am Rhein-Main-Flughafen in Zusammenarbeit mit der Rechtsanwaltskammer eingerichtet u. an jedem Tag einsatzbereit ist (dazu ZAR 1998, 95; BT-Drs 13/9116). Im Interesse größerer Rechtsklarheit wäre eine ausdrückliche ges Fixierung dieser besonderen Verfahrensvorkehrungen gewiss nicht unsachgerecht. In den anderen Fällen, in denen eine Einreiseverweigerung nicht erfolgt, verbleibt es bei dem regulären Verf der Zustellung des Bescheids durch das BAMF.

V. Rechtsschutz

1. Allgemeines

23 Der Rechtsschutz ist in Flughafenfällen entspr der Ermächtigung des Art 16 a IV GG **stark eingeschränkt.** Daher sind Grenzbehörde u. BAMF gehalten, die dort herrschenden besonders ungünstigen Umstände durch geeignete Vorkehrungen auszugleichen, um dem Asylbew das Verstehen der Asylablehnung u. der Mindestvoraussetzungen für den Rechtsschutz zu ermöglichen u. ihm eine asylrechtskundige Beratung zu sichern (dazu Rn 22). Gegen Asylantragsablehnung u. Einreiseverweigerung sowie Feststellung zu § 60 AufenthG u. Abschiebungsandrohung sind grundsätzlich Klage u. Eilantrag gegeben, die Zulässigkeitsvoraussetzungen u. das Entscheidungsverf sind aber gegenüber dem Normalfall (vgl §§ 36, 74 ff) erheblich abgewandelt. Das Gesamtsystem ist unklar, weil sich die Sonderregeln für das gerichtl Flughafenverf ausschließlich mit dem vorläufigen Rechtsschutz befassen, obwohl Anträge nach §§ 80 V oder 123 VwGO Rechtsmittel zur **Hauptsache** zwingend voraussetzen (zur früheren Rechtslage BVerfG-A, EZAR 631 Nr 4). Die Anordnung der aufschiebenden Wirkung kann sich nämlich nur auf eine erhobene oder zu erhebende Klage (vgl § 80 V 2 VwGO) beziehen (Widerspruch ausgeschlossen nach § 11), u. die einstweilige Anordnung dient ebenfalls der Sicherung des Erfolgs der Klage, auch wenn sie schon vor deren Erhebung erlassen werden kann (§ 123 I VwGO).

24 Der im Vordergrund stehende **vorläufige Rechtsschutz** richtet sich kraft Ges auf Gewährung der Einreise (§ 123 I VwGO) u. für den Fall der Einreise auf Anordnung der aufschiebenden Wirkung der Anfechtungsklage gegen die Abschiebungsandrohung (§ 80 V VwGO; allg dazu § 18 Rn 34, 37). Zudem gilt die Anordnung der Gestattung der Einreise im Eilverf kraft Ges zugleich als Aussetzung des Vollzugs der Abschiebungsandrohung. Damit erübrigt sich im Falle des Erfolgs des Antrags gegen den Bescheid der Grenzbehörde die eigenständige Überprüfung der Abschiebungsandrohung des BAMF.

Die infolge des Ausschlusses des Widerspruchs (§ 11) unmittelbar zulässige **Klage** richtet sich zunächst gegen den Bescheid der Grenzbehörde u. zielt damit auf die Verpflichtung zur Weiterleitung ab, was unausgesprochen die Kassation der Einreiseverweigerung einschließt. Außerdem betrifft sie den auslr Teil des Bescheids des BAMF, indem mit ihr für den Fall des Erfolgs gegenüber der Grenzbehörde die Aufhebung der vorsorglich erlassenen Abschiebungsandrohung begehrt wird. Dies entspricht den og Rechtsschutzzielen des Antrags auf vorläufigen Rechtsschutz, die ges dahin festgelegt sind, dass die Gewährung der Einreise u. für den Fall der Einreisegestattung die Aussetzung des Vollzugs der Abschiebungsandrohung begehrt werden. Dabei ist zugrunde zu legen, dass die Weiterleitung nach § 18 I gleichbedeutend ist mit der Einreisegewährung oder -gestattung iSd Abs 5. Darüber hinaus ist das Rechtsschutzbegehren des Ausl auf Verpflichtung zur Asylanerkennung u. zu Feststellungen nach § 60 AufenthG gerichtet. Insoweit unterscheidet sich das Verf am Flughafen nicht von dem in den Fällen des § 36 I. 25

2. Rechtsmittelfristen

Die Fristenregelung ist nicht ausreichend klar. Der Eilantrag ist binnen drei Tagen nach Zustellung durch die Grenzbehörde zu stellen; diese Frist kann durch Übergabe an die Grenzbehörde gewahrt werden, weil der Antrag auch dort gestellt werden kann. In der Rechtsmittelbelehrung muss auf die Möglichkeit der Antragstellung bei der Grenzbehörde ausdrücklich hingewiesen werden. Während die **Klagefrist** in den Fällen des § 36 der dortigen Antragsfrist von einer Woche angepasst ist (§ 74 I Hs. 2), fehlt es für die Dreitagefrist an einer derartigen Harmonisierung. Deshalb gilt in Flughafenfällen die Klagefrist von zwei Wochen (§ 74 I Hs. 1). Eine analoge Anwendung des § 18 a IV 1 auf die Klagefrist erscheint angesichts des eindeutigen Gesetzeswortlauts der §§ 18 a IV 1, 74 I u. der notwendigen Rechtssicherheit im Bereich der Fristen nicht zulässig. Die Verfassungsmäßigkeit der Drei-Tage-Frist hat das BVerfG bestätigt (BVerfGE 94, 166; zur Begründung Rn 27). 26

Das Auseinanderfallen der Fristen für Klage u. Eilantrag hindert nicht die **zügige Entscheidung** über letzteren. Der Eingang der Klage braucht nicht abgewartet zu werden (vgl Rn 30); vorläufiger Rechtsschutz ist schon vor Klageerhebung zulässig (Schenke, JZ 1996, 1160). Der Asylbew sollte freilich die fristgerechte Erhebung einer Klage ankündigen. Dann kann ihm im Hinblick darauf vorläufiger Rechtsschutz gewährt werden. Der Eilantrag braucht nicht innerhalb der Frist begründet zu werden. Das Gericht ist aber ohne Rücksicht auf eine Begründung des Antrags oder der Klage zu möglichst sofortiger Entscheidung gezwungen, darf also idR nicht zuwarten. Auf Antrag des Asylbew ist eine Nachfrist zur Begründung von weiteren vier Tagen einzuräumen, u. zwar ohne Rücksicht auf hierfür geltend gemachte besondere Gründe (BVerfGE 94, 166). Auch insoweit wäre eine Gesetzesergänzung im Anschluss an die verfassungskonforme Modifizierung durch das BVerfG (krit dazu Lübbe-Wolff, DVBl. 1996, 825) durchaus angezeigt, um die gerade im Bereich von Fristen notwendige Eindeutigkeit ges Bestimmungen zu gewährleisten (vgl auch Rn 22, 30). 27

Nur bei Einhaltung der Antragsfrist ist die **Abschiebung** kraft Ges vorläufig **ausgesetzt**. Gegen die Versäumung der Antragsfrist kann zwar unter den Voraussetzungen des § 60 VwGO Wiedereinsetzung in den vorigen Stand gewährt werden (dazu § 74 Rn 20 ff). Dies kann aber ebenso wie in den Fällen des § 36 I evtl einen endgültigen Rechtsverlust nicht verhindern, weil die Abschiebung während des Wiedereinsetzungsverf nicht (weiter) ausgesetzt ist (vgl § 36 Rn 16 ff, 20). Dem kann mit einem Antrag nach § 123 I VwGO begegnet werden, der allerdings nur dann Erfolg verspricht, wenn sowohl das Wiedereinsetzungsgesuch als auch der Eilantrag selbst begründet erscheinen. 28

3. Entscheidungsverfahren

29 Die Sonderregeln für das Gerichtsverf sind von dem Bestreben zu **absoluter Beschleunigung** geprägt. Zu diesem Zweck hat die Grenzbehörde dem VG vorab unverzüglich eine Abschrift ihrer Entscheidung u. die Akten des BAMF (mit dessen Entscheidungen) zu übermitteln. Für die notwendige Überprüfung der Einhaltung der Antragsfrist unerlässlich ist außerdem die Beifügung eines Nachweises über die Zustellung (§ 36 II 2 analog). Wird der Eilantrag bei der Grenzbehörde gestellt, ist er ebenfalls unverzüglich dem VG zu übersenden.

30 Über den Eilantrag wird idR durch den Einzelrichter **entschieden** (vgl § 76 IV). Mündliche Verhandlung ist grundsätzlich zulässig (§§ 101 III, 123 IV VwGO), die Entscheidung soll aber (möglichst) im schriftlichen Verf ergehen. Die Verhandlung kann auch auf dem Flughafengelände stattfinden, sofern dort die Öffentlichkeit gewährleistet ist. Begleitete u. kontrollierte Teilnahme an der Verhandlung des VG außerhalb des Transitbereichs bedeutet noch keine Einreise (vgl § 13 II 2 AufenthG). Indem die Anwendung von § 36 IV angeordnet ist, gelten auch die dortigen Präklusionsvorschriften (dazu § 36 Rn 25). Das Gericht ist gehalten, binnen zwei Wochen zu entscheiden; sonst erübrigt sich nämlich die Entscheidung durch die Einreisegestattung nach Abs 6 Nr 3. Es darf gleichzeitig über Klage u. Eilantrag entschieden werden, das Auseinanderfallen der Fristen (Rn 26 f) steht dem aber uU entgegen. Für die Wirksamkeit der Entscheidung soll es auf die Übergabe des Tenors an die Geschäftsstelle ankommen, wie die Bezugnahme auf § 36 III 9 in Abs 4 S. 7 nahe legt. Sonst ist aber ausschließlich Abs 4 u. nicht Abs 3 des § 36 anzuwenden (Abs 4 S. 6). Danach brauchen zwar schriftliche Gründe für die VG-Entscheidung nicht vorzuliegen, dem Asylbew muss aber die Ablehnung des Eilantrags in verständlicher Form vor Vollzug der Einreiseverweigerung mitgeteilt werden (BVerfGE 94, 166; vgl Rn 22). Auch insoweit wäre eines Ergänzung des Gesetzeswortlauts eigentlich geboten, um die besonderen rechtsstaatlichen Voraussetzungen für das Flughafenverf dem Rechtsuchenden wie dem Rechtsanwender zu verdeutlichen (dazu auch Rn 22, 27).

31 Als Maßstab für den vorläufigen Rechtsschutz sind **ernstliche Zweifel** an der Rechtmäßigkeit des angegriffenen VA erforderlich (dazu allg Art 16 a GG Rn 86 f; § 36 Rn 21 ff). Der Eilantrag hinsichtlich der Einreiseverweigerung ist zwar auf eine einstweilige Anordnung gerichtet (Rn 24) u. nicht wie in § 36 IV 1 auf die Aussetzung der Abschiebung. Die dort vorgesehenen Anforderungen an eine stattgebende Entscheidung sind aber auf den Fall des Abs 3 S. 1 übertragbar. Einerseits hängt nämlich die Einreiseverweigerung ebenso wie die Abschiebungsandrohung im Falle des § 36 I im Wesentlichen vom Bestand der qualifizierten Antragsablehnung ab, u. andererseits besteht ein enger Sachzusammenhang zwischen Einreiseverweigerung u. Abschiebungsandrohung, wie Abs 5 S. 1 verdeutlicht. Die ernstlichen Zweifel müssen sich demnach auch auf die Voraussetzungen der Einreiseverweigerung, also der Antragsablehnung als offensichtlich unbegründet u. der Feststellung zu § 53 AuslG, beziehen (BVerfGE 94, 166; vgl auch § 36 Rn 21 f).

32 Das **Schicksal der Klage** nach einem Erfolg des Antrags auf vorläufigen Rechtsschutz ist unsicher. Soweit sie sich gegen die Verweigerung der Einreise richtet, ist die Hauptsache erledigt, weil die Gestattung der Einreise nicht vorläufig wirkt, sondern endgültig. Diesem Ergebnis, das auf der faktisch endgültigen Wirkung des vorläufigen Rechtsschutzes in diesem Punkt beruht, entspricht die Konstruktion mit der vorsorglichen Abschiebungsandrohung. Denn die hiergegen gerichtete Klage ist fortzuführen. Da der Abschiebungsandrohung (ebenso wie nach § 36) die Ablehnung des Asylantrags als offensichtlich unbegründet zugrunde liegt u. das BAMF bei beachtlichen Asylanträgen immer gleichzeitig über § 60 II–VII AufenthG befinden muss (§ 31 II), bleiben die dahingehenden Verpflichtungsklagen zu bescheiden. Abgesehen von der Einreiseverweigerung entspricht das anschließende Klageverf damit in vollem Umfang dem im Falle des § 36 I.

33 Da ein ordentlicher Rechtsbehelf gegen die Ablehnung vorläufigen Rechtsschutzes ausgeschlossen ist (§ 80), kommt allenfalls ein **Abänderungsantrag** in Betracht (§ 80 VII

Aufgaben der Ausländerbehörde und der Polizei § 19 **AsylVfG 4**

VwGO; analog § 927 ZPO auch für den Antrag nach § 123 VwGO). Außerdem ist nur die **Verfassungsbeschwerde** mit der Möglichkeit des Erlasses einer einstweiligen Anordnung des BVerfG gegeben. Damit lässt sich aber nicht in jedem Fall eine Entscheidung des BVerfG vor Vollzug der Einreiseverweigerung erreichen; insb kommt eine einstweilige Anordnung nach Ablehnung des Asylantrags als offensichtlich unbegründet kaum in Betracht (BVerfGE 94, 166).

§ 19 Aufgaben der Ausländerbehörde und der Polizei

(1) Ein Ausländer, der bei einer Ausländerbehörde oder bei der Polizei des Landes um Asyl nachsucht, ist in den Fällen des § 14 Abs. 1 unverzüglich an die zuständige oder, soweit diese nicht bekannt ist, an die nächstgelegene Aufnahmeeinrichtung zur Meldung weiterzuleiten.

(2) Die Ausländerbehörde und die Polizei haben den Ausländer erkennungsdienstlich zu behandeln (§ 16 Abs. 1).

(3) ¹ **Ein Ausländer, der aus einem sicheren Drittstaat (§ 26 a) unerlaubt eingereist ist, kann ohne vorherige Weiterleitung an eine Aufnahmeeinrichtung nach Maßgabe des § 57 Abs. 1 des Aufenthaltsgesetzes dorthin zurückgeschoben werden.** ² **In diesem Falle ordnet die Ausländerbehörde die Zurückschiebung an, sobald feststeht, daß sie durchgeführt werden kann.**

(4) Vorschriften über die Festnahme oder Inhaftnahme bleiben unberührt.

Übersicht

	Rn
I. Entstehungsgeschichte	1
II. Weiterleitung	2
III. Zurückschiebung	5
IV. Erkennungsdienstliche Behandlung	7
V. Rechtsschutz	9

I. Entstehungsgeschichte

Die Vorschrift hat kein Vorbild im AsylVfG 1982. Sie stimmt in ihrer ursprünglichen 1 Fassung mit dem **GesEntw 1992** (BT-Drs 12/2062 S. 9) überein. Mit Wirkung vom 1. 7. 1993 wurde in Abs 1 die Alternative der zuständigen AEinr eingefügt, S. 2 in Abs 2 gestrichen (betr Lichtbildausweis) u. Abs 3 neu eingefügt (Art 1 Nr 11 **AsylVfÄndG 1993**). Mit Wirkung vom 1. 1. 2005 wurde entspr dem GesEntw (BT-Drs 17420 S, 41) in Abs 3 die Bezugnahme auf § 61 I AuslG durch die auf § 57 I AufenthG ersetzt (Art 3 Nr 12 **ZuwG**).

II. Weiterleitung

Die Weiterleitung durch AuslBeh oder Landespolizei setzt ein **Asylgesuch** nach § 13 I 2 voraus (wegen eines beim BAMF gestellten „Nicht-Asylantrags" vgl § 30 III); außerdem darf keiner der Fälle des § 14 II 1 vorliegen. Legt der Ausl der AuslBeh ein schriftliches Asylgesuch vor, ist dieses dem BAMF (nicht der nächsten AEinr) weiterzuleiten (§ 14 II 2). Wird bei der Polizeibehörde ein solches schriftliches Gesuch abgegeben, ist der Ausl (nach Abs 1) weiterzuleiten, nicht aber unbedingt das Gesuch (§ 14 Rn 12 ff). Die AufGest entsteht sofort mit dem Asylgesuch u. nicht erst mit dem Asylantrag, es sei denn, der Ausl ist aus einem sicheren Drittstaat angereist (§ 55 I).

3   Die Weiterleitung des Asylbew erfolgt unter denselben **Voraussetzungen** u. zu demselben Zweck wie nach § 18 (dort Rn 3 f). Ziel ist die nach §§ 22 II 2, 46 zuständige AEinr u., falls diese nicht oder noch nicht bekannt ist, die nächstgelegene. Die Folgeverpflichtung des Ausl ergibt sich aus §§ 15 I Nr 3, 22 I (Durchsetzung ggf nach § 59).

4   Für den Fall der **Festnahme** oder Inhaftnahme ist von einer Weiterleitung abzusehen. Es muss nur gewährleistet werden, dass der Asylantrag ordnungsgemäß nach § 14 II gestellt werden kann.

III. Zurückschiebung

5   Seit 1. 7. 1993 ist bei Einreise aus einem sicheren Drittstaat die Zurückschiebung durch die **AuslBeh** zulässig (zur AufGest in diesen Fällen Rn 2), sofern nicht die Anwendung der Drittstaatenklausel im Verhältnis zu den an der VO/EG 343/2003 teilnehmenden EU-Staaten (früher des DÜ u. zuvor des SDÜ) ausgeschlossen ist (vgl § 5 Rn 8, § 18 Rn 4, 15, 29). Sonst erfolgt eine Rückschiebung nur durch die Grenzbehörde aus dem Grenzgebiet (§ 18 III; § 71 III Nr 1 AuslG). Da die AuslBeh die Zurückschiebung anzuordnen hat, ist sie auch für die notwendigen Feststellungen verantwortlich; die Polizei hat aber zuvor eine entspr Prüfung bei den bei ihr sich meldenden Personen vorzunehmen.

6   Erforderlich sind die zweifelsfreie **Feststellung** des Tatbestands des § 26 a, des konkreten Durchreisestaats u. der unerlaubten Einreise (iSd § 14 AufenthG) sowie die Einhaltung der zeitlichen Grenzen des § 57 I AufenthG. Außerdem muss absehbar sein, dass die Zurückschiebung nicht undurchführbar ist, weil zB der Drittstaat die Rückübernahme ablehnt oder der Ausl reiseunfähig ist. Die AuslBeh hat keine asylr Prüfung vorzunehmen, sondern ist auf die Feststellung des Reisewegs beschränkt. Im Unterschied zu § 18 III ist hier die Zurückschiebung nicht obligatorisch, sondern in das (pflichtgemäße) Ermessen der AuslBeh gestellt. Dabei kann zB berücksichtigt werden, ob die Ermittlung der Reiseroute einen unverhältnismäßigen Aufwand verursacht. Der Ausl kann auch an die zuständige AEinr mit dem Ziel weitergeleitet werden, bei der dortigen Außenstelle ein Asylverf durchzuführen. Er kann der Zurückschiebung durch die AuslBeh schließlich dadurch entgehen, dass er seinen Asylantrag ordnungsgemäß bei einer Außenstelle des BAMF stellt (§ 14 I) u. damit kraft Ges eine AufGest erwirbt (§ 55 I).

IV. Erkennungsdienstliche Behandlung

7   Vor Weiterleitung oder Zurückschiebung ist wie bei der Grenzbehörde nach § 18 V eine ED-Behandlung (§ 16 I) vorzunehmen. **Zuständig** sind AuslBeh oder Polizei des Landes (§ 16 II). Der frühere Ausnahmefall (amtl Lichtbildausweis) ist seit 1. 7. 1993 entfallen (Rn 1).

8   Zu den ED-Maßnahmen gehört nicht die **Durchsuchung** nach § 15 IV. Diese dient der Sicherstellung von Passpapieren u. damit mittelbar auch der Identitätssicherung, ist aber von den hier allein zulässigen Maßnahmen nach § 16 I klar unterschieden. Weiterleitung u. ED-Behandlung schließen eine Festnahme oder Inhaftierung nach polizeilichen, strafprozessualen oder auslr Vorschriften nicht aus.

V. Rechtsschutz

9   Gegen die Zurückschiebung kann **Verpflichtungsklage** mit dem Ziel der Verpflichtung zur Weiterleitung erhoben werden; insoweit besteht eine ähnliche Lage wie bei der Einreise-

Weiterleitung an eine Aufnahmeeinrichtung § 20 AsylVfG 4

verweigerung durch die Grenzbehörde (vgl § 18 Rn 37). Einstweiliger Rechtsschutz ist dagegen nach der Rspr des BVerfG ausgeschlossen, obwohl § 34 a II nur die Abschiebung betrifft (vgl § 18 Rn 37; Hailbronner, § 19 Rn 21 f).

§ 20 Weiterleitung an eine Aufnahmeeinrichtung
(1) Der Ausländer ist verpflichtet, der Weiterleitung nach § 18 Abs. 1 oder § 19 Abs. 1 unverzüglich oder bis zu einem ihm von der Behörde genannten Zeitpunkt zu folgen.
(2) [1] Kommt der Ausländer nach Stellung eines Asylgesuchs der Verpflichtung nach Absatz 1 vorsätzlich oder grob fahrlässig nicht nach, so gilt für einen später gestellten Asylantrag § 71 entsprechend. [2] Abweichend von § 71 Abs. 3 Satz 3 ist eine Anhörung durchzuführen. [3] Auf diese Rechtsfolgen ist der Ausländer von der Behörde, bei der er um Asyl nachsucht, schriftlich und gegen Empfangsbestätigung hinzuweisen. [4] Kann der Hinweis nach Satz 3 nicht erfolgen, ist der Ausländer zu der Aufnahmeeinrichtung zu begleiten.
(3) [1] Die Behörde, die den Ausländer an eine Aufnahmeeinrichtung weiterleitet, teilt dieser unverzüglich die Weiterleitung, die Stellung des Asylgesuchs und den erfolgten Hinweis nach Absatz 2 Satz 3 schriftlich mit. [2] Die Aufnahmeeinrichtung unterrichtet unverzüglich, spätestens nach Ablauf einer Woche nach Eingang der Mitteilung nach Satz 1, die ihr zugeordnete Außenstelle des Bundesamtes darüber, ob der Ausländer in der Aufnahmeeinrichtung aufgenommen worden ist, und leitet ihr die Mitteilung nach Satz 1 zu.

Übersicht

	Rn
I. Entstehungsgeschichte	1
II. Allgemeines	2
III. Folgeverpflichtung	3
IV. Mitteilungspflichten	8

I. Entstehungsgeschichte

Die Vorschrift hat kein Vorbild im AsylVfG 1982. Sie stimmte ursprünglich im Wesentli- 1 chen mit dem GesEntw 1992 überein; dort war allerdings Abs 2 auf Ausl beschränkt, denen der Aufenthalt nur für das Asylverf gestattet ist (BT-Drs 12/2062 S. 9; BT-Drs 12/2718 S. 17, 60). Seit 1. 1. 2005 ist sie entspr dem GesEntw (BT-Drs 15/420 S. 41) vollständig neu gefasst (Art 3 Nr 13 ZuwG). Zuvor lautete sie:

„(1) Die Behörde, die den Ausländer an eine Aufnahmeeinrichtung weiterleitet, teilt dieser die Weiterleitung unverzüglich mit.
(2) Der Ausländer ist verpflichtet, der Weiterleitung unverzüglich zu folgen."

II. Allgemeines

Die Folge- u. Mitteilungspflichten dienen der **Kontrolle,** ob der Ausl der Weiterleitung 2 durch Grenzbehörde (§ 18 I), AuslBeh (§ 19 I), Polizei (§ 19 I) oder (eine andere) AEinr (§ 22 I 2) nachkommt. Auf Nachlässigkeiten des Asylbew wird in schweren Fällen mit der Einstufung des Asylgesuchs als Folgeantrag reagiert. Die Kommunikation zwischen den beteiligten Behörden wird durch ges Verpflichtungen verbessert.

III. Folgeverpflichtung

3 Die ges Festlegung der **Folgeverpflichtung** (Durchsetzung ggf nach § 59; Verstoß nicht mehr mit Strafe bedroht wie nach § 34 I AsylVfG 1982; vgl aber §§ 85 Nr 2, 86 I) modifiziert § 15 II Nr 3. Weiterleitung u. Verpflichtung zur unverzüglichen Befolgung fallen nach Abs 2 zusammen. Der betroffene Personenkreis ist mit dem der nach einem Asylgesuch weiterzuleitenden Ausl identisch. Er ist nicht beschränkt auf Personen, denen der Aufenthalt nur für das Asylverf gestattet ist (so noch Abs 2 des Entw; vgl Rn 1).

4 Betroffen ist also nicht nur, wem die ges AufGest nach § 55 I zusteht. Der **Adressatenkreis** ist am besten negativ zu beschreiben. Ausgenommen ist vor allem der Inhaber eines mindestens sechsmonatigen AufTit (§ 14 II 1 Nr 1); denn er ist von der Antragstellung bei der Außenstelle, der Meldung in der AEinr, der Weiterleitung an die zuständige AEinr u. dem dortigen Wohnen befreit (§§ 14, 22 I, 47 I). Dasselbe gilt für die von § 14 II 1 Nrn. 2 u. 3 erfassten Personen. Weiterzuleiten ist also auch, wer einen AufTit (§ 4 I 2 AufenthG) mit einer Geltungsdauer von weniger als sechs Monaten besitzt oder wer sich auf einer anderen asylunabhängigen Grundlage – aufgrund ges oder behördlicher Anordnung – im Bundesgebiet aufhält. Betroffen könnten an sich auch **Folgeantragsteller u. Zweitantragsteller** sein; dazu kann es jedoch nur selten kommen. Folge- u. Zweitantrag, die für sich noch keine AufGest auslösen, sind nämlich idR bei der Außenstelle des BAMF zu stellen (vgl § 71 Rn 36 ff; § 71 a Rn 6), eine Weiterleitung durch AuslBeh u. Polizei ist nicht vorgesehen (§ 71 II 5) u. kommt im Falle der Grenzbehörde nur nach Einleitung eines weiteren Asylverf durch das BAMF in Betracht (dazu § 18 Rn 8; 18 a Rn 9; ähnlich Hailbronner, § 20 AsylVfG Rn 9).

5 Der Verpflichtung ist unverzüglich Folge zu leisten. Der **Zeitraum** ist wie in ähnlichen Fällen nicht allein objektiv zu bestimmen, mit „sofort" gleichzusetzen. Er nimmt vielmehr Rücksicht auf die individuellen Möglichkeiten, sich möglichst bald zu der zuständigen Stelle zu begeben. Um nachträgliche Schwierigkeiten bei der Beurteilung der Unverzüglichkeit vorzubeugen, kann die Behörde, die weiterleitet, einen festen Zeitraum bestimmen. Dieser muss aber den objektiven Reisemöglichkeiten ebenso Rechnung tragen wie den persönlichen Verhältnissen des Asylbew.

6 Während früher die Nichtbefolgung der Verpflichtung für das Asylverf folgenlos blieb, ist seit 2005 eine Sanktion bei vorsätzlicher oder grob fahrlässiger Verhaltensweise eingeführt: Ein später gestellter Asylantrag wird als Folgeantrag behandelt, eine Anhörung ist aber in jedem Fall vorgesehen. Damit tritt eine **Verwirkung** der bis dahin entstandenen u. bekannten Verfolgungsgründe ein. Zumindest für die Flüchtlingsanerkennung erscheint dies bedenklich, weil damit dem Asylbew die Berufung auf das zwingende Refoulementverbot genommen wird. Daher hat das BAMF in dem späteren Verf jedenfalls die Voraussetzungen des Vorsatzes u. der groben Fahrlässigkeit besonders sorgfältig zu untersuchen. Erforderlich ist nicht nur die Kenntnis der Folgeverpflichtung u. der Folgen ihrer Verletzung, sondern auch der Wille, ihr nicht nachzukommen.

7 Einer möglichen Verletzung des Refoulementverbots soll auch die zwingende schriftliche **Belehrung** vorbeugen. Für sie sind dieselben Förmlichkeiten vorgeschrieben wie für die Belehrung über die Zustellungsbesonderheiten von § 10 (vgl dort Rn 25 ff). Ohne den Nachweis einer ordnungsgemäßen Belehrung können die vorgesehenen nachteiligen Folgen nicht eintreten. Ist der Hinweis aus welchen Gründen auch immer nicht durchführbar, muss der Ausl zur AEinr begleitet werden.

IV. Mitteilungspflichten

8 Die weiterleitenden Behörden u. die AEinr treffen **unterschiedliche Mitteilungspflichten**. Die Mitteilung der weiterleitenden Stelle darf sich nicht in der bloßen Weiterlei-

Verwahrung und Weitergabe von Unterlagen § 21 **AsylVfG** 4

tung der Unterlagen nach § 21 I erschöpfen. Weitere Angaben (zB zur ED-Behandlung oder zu Unterlagen nach § 21 I) waren schon früher zulässig, aber nicht vorgeschrieben. Seit 2005 sind nunmehr die Verpflichtungen im Einzelnen genannt. Ebenso strikt ist jetzt die AEinr zu entspr Kontrollmitteilungen verpflichtet. Diese Pflichten sind als Folge der dem Asylbew obliegenden Verpflichtungen zu begreifen. Es fehlt allerdings an Konsequenzen bei Nichterfüllung der Amtspflichten.

§ 21 Verwahrung und Weitergabe von Unterlagen

(1) ¹Die Behörden, die den Ausländer an eine Aufnahmeeinrichtung weiterleiten, nehmen die in § 15 Abs. 2 Nr. 4 und 5 bezeichneten Unterlagen in Verwahrung und leiten sie unverzüglich der Aufnahmeeinrichtung zu. ²Erkennungsdienstliche Unterlagen sind beizufügen.

(2) Meldet sich der Ausländer unmittelbar bei der für seine Aufnahme zuständigen Aufnahmeeinrichtung, nimmt diese die Unterlagen in Verwahrung.

(3) Die für die Aufnahme des Ausländers zuständige Aufnahmeeinrichtung leitet die Unterlagen unverzüglich der ihr zugeordneten Außenstelle des Bundesamtes zu.

(4) Dem Ausländer sind auf Verlangen Abschriften der in Verwahrung genommenen Unterlagen auszuhändigen.

(5) Die Unterlagen sind dem Ausländer wieder auszuhändigen, wenn sie für die weitere Durchführung des Asylverfahrens oder für aufenthaltsbeendende Maßnahmen nicht mehr benötigt werden.

Übersicht

	Rn
I. Entstehungsgeschichte	1
II. Verwahrung und Weitergabe	2
III. Aushändigung	4

I. Entstehungsgeschichte

Die Vorschrift hat kein Vorbild im AsylVfG 1982, ausgenommen den dortigen § 26 über **1** die Hinterlegung der Passpapiere. Sie entsprach mit Ausnahme der Abs 4 u. 5, die auf Vorschlag des BT-IA angefügt wurden (BT-Drs 12/2718 S. 18), in ihrer ursprünglichen Fassung dem **GesEntw 1992** (BT-Drs 12/2062 S. 9). Mit Wirkung vom 1. 7. 1993 wurde S. 2 in Abs 1 angefügt (Art 1 Nr 12 **AsylVfÄndG 1993**).

II. Verwahrung und Weitergabe

Die Regelung der Verwahrung u. Weitergabe von Pässen u. Passersatzpapieren (dazu **2** §§ 3, 48 AufenthG) u. anderer asylvfr erheblicher **Unterlagen** (vgl § 15 II Nr 4 u. 5, III; seit 1. 7. 1993 auch ED-Unterlagen) ist erforderlich u. im Grundsatz auch sachgerecht. Mit ihrer Hilfe soll sichergestellt werden, dass die für das Asylverf u. ggf die Aufenthaltsbeendigung benötigten Unterlagen von der ersten amtl Anlaufstelle in Verwahrung genommen u. an die zur Entscheidung berufenen Behörde weitergegeben werden. Eine Sach- oder Geeignetheitsprüfung findet dabei nicht statt. Die Weiterleitung muss insgesamt unverzüglich erfolgen, um dem BAMF eine möglichst zügige Bearbeitung u. Bewertung zu ermöglichen.

Die Regeln über Verwahrung u. Weitergabe knüpfen an die Verpflichtung des Ausl zur **3** Aushändigung der Unterlagen (auch der bei Durchsuchungen nach § 16 II 2 gefundenen)

u. an die Weiterleitung durch Grenzbehörde, AuslBeh u. Polizei sowie unzuständige AEinr an. Andere Stellen sind weder zur Verwahrung noch zur Weiterleitung von Unterlagen verpflichtet. Die unmittelbar bei der zuständigen AEinr abgegebenen Unterlagen werden ebenso wie die von anderen Stellen dorthin gelangten an die zuständige **Außenstelle** des BAMF weitergereicht. Im Falle der Antragstellung beim BAMF (§ 14 II) werden die Unterlagen behördenintern dem zuständigen Entscheider zugeleitet.

III. Aushändigung

4   Mit der Aushändigung von **Abschriften** (wohl auch Ablichtungen) auf Antrag soll dem Asylbew eine anderweitige Verwendung der Unterlagen (auch Pässen) ermöglicht werden. Es bedarf nicht des Nachweises eines besonderen Grundes oder Interesses, etwa der Notwendigkeit einer privaten Übersetzung des Inhalts einer Urkunde. Der Asylbew ist auf das Recht, Abschriften zu verlangen, hinzuweisen (§ 25 VwVfG). Verpflichtet ist jede Behörde, die in Verwahrung genommene Unterlagen besitzt, u. zwar ohne Beschränkung auf einen bestimmten Zeitraum. Statt der Aushändigung kommt auch eine Übersendung in Betracht. Ggf sind Auslagen nach den Verwaltungskostengesetzen zu erstatten (Hailbronner, § 21 Rn 14 f: unwahrscheinlich).

5   Die Aushändigung der Unterlagen (im Original) bei deren Entbehrlichkeit für das weitere Verf einschl der Aufenthaltsbeendigung ist zwingend vorgeschrieben (für Passpapiere vgl § 65 I). Sie bedarf keines Antrags u. ist auch nicht auf eine bestimmte Behörde oder einen bestimmten Zeitraum beschränkt. Gemeint ist die Wiederaushändigung auf Dauer, also die **Rückgabe**. Vorausgesetzt ist, dass die Unterlagen auf Dauer, nämlich „nicht mehr" benötigt werden. Während des laufenden Verf wird dies eher die Ausnahme darstellen. UU kann ein Teil der Unterlagen noch bis zur Aufenthaltsbeendigung zurückgehalten werden; andere sind dann aber, falls entbehrlich, schon früher zurückzugeben.

6   Durch Abs 4 u. 5 ist die **vorübergehende Aushändigung** der Unterlagen nicht ausgeschlossen (GK-AsylVfG, § 21 Rn 86; Hailbronner, § 21 AsylVfG Rn 18). Es fehlen zwar ausdrückliche Bestimmungen der nach § 65 II für Pässe geltenden Art. Dies spricht aber nicht gegen die Zulässigkeit einer solchen Handhabung im Wege des Ermessens. Die vorübergehende Herausgabe kann etwa zum Zwecke der eigenen Herstellung von Ablichtungen oder Abschriften oder zur gutachterlichen Überprüfung der Echtheit erforderlich werden. Vorausgesetzt sind jedoch die zeitweilige Entbehrlichkeit der Unterlagen u. die Gewähr einer rechtzeitigen Rückgabe.

7   Da für den Asylbew die Erfüllung der Verpflichtung zur Abgabe der Unterlagen eine wesentliche Bedeutung hat, kann entspr dem Rechtsgedanken des § 368 BGB u. des § 107 StPO angenommen werden, dass ihm hierüber eine **Quittung** auszustellen ist (ausführlich GK-AsylVfG, § 21 Rn 23–27, 70; ebenso Hailbronner, § 21 AsylVfG Rn 9). Die Möglichkeit des Erhalts von Abschriften nach Abs 4 steht dem nicht entgegen; denn damit kann nicht belegt werden, welche Unterlagen er der Behörde übergeben hat. Darüber hinaus erscheint es zweckmäßig, ihm außer der Quittung über einbehaltene Unterlagen auch eine Ablichtung des Passes oder sonstiger Identitätsdokumente u. eine Weiterleitungsbescheinigung auf den Weg zur zuständigen AEinr mitzugeben, weil er sich sonst nicht ausweisen kann; denn die schriftliche AufGest erhält er erst später (§ 63 I; GK-AsylVfG § 21 Rn 30 ff; Hailbronner, § 21 AsylVfG Rn 10).

§ 22 Meldepflicht

(1) ¹ Ein Ausländer, der den Asylantrag bei einer Außenstelle des Bundesamtes zu stellen hat (§ 14 Abs. 1), hat sich in einer Aufnahmeeinrichtung persönlich zu melden. ² Diese nimmt ihn auf oder leitet ihn an die für seine Aufnahme zuständige Aufnahme-

Meldepflicht § 22 AsylVfG 4

einrichtung weiter; im Falle der Weiterleitung ist der Ausländer, soweit möglich, erkennungsdienstlich zu behandeln.

(2) ¹ Die Landesregierung oder die von ihr bestimmte Stelle kann bestimmen, daß
1. die Meldung nach Absatz 1 bei einer bestimmten Aufnahmeeinrichtung erfolgen muß,
2. ein von einer Aufnahmeeinrichtung eines anderen Landes weitergeleiteter Ausländer zunächst eine bestimmte Aufnahmeeinrichtung aufsuchen muß.
² Der Ausländer ist während seines Aufenthaltes in der nach Satz 1 bestimmten Aufnahmeeinrichtung erkennungsdienstlich zu behandeln. ³ In den Fällen des § 18 Abs. 1 und des § 19 Abs. 1 ist der Ausländer an diese Aufnahmeeinrichtung weiterzuleiten.

(3) ¹ Der Ausländer ist verpflichtet, der Weiterleitung an die für ihn zuständige Aufnahmeeinrichtung nach Absatz 1 Satz 2 oder Absatz 2 unverzüglich oder bis zu einem ihm von der Aufnahmeeinrichtung genannten Zeitpunkt zu folgen. ² Kommt der Ausländer der Verpflichtung nach Satz 1 vorsätzlich oder grob fahrlässig nicht nach, so gilt § 20 Abs. 2 und 3 entsprechend. ³ Auf diese Rechtsfolgen ist der Ausländer von der Aufnahmeeinrichtung schriftlich und gegen Empfangsbestätigung hinzuweisen.

Übersicht

	Rn
I. Entstehungsgeschichte	1
II. Allgemeines	2
III. Meldung und Aufnahme	3
IV. Folgeverpflichtung	8

I. Entstehungsgeschichte

Die Vorschrift hat kein Vorbild im AsylVfG 1982. Sie entsprach in ihrer ursprünglichen Fassung dem **GesEntw** (BT-Drs 12/2062 S. 9). Mit Wirkung vom 1. 7. 1993 wurde in Abs 1 S. 2 der 2. Hs. angefügt (Art 1 Nr 13 **AsylVfÄndG 1993**). Zum 1. 11. 1997 wurde Abs 2 um S. 1 Nr 2 u. S. 2 erweitert (Ges vom 29. 10. 1997, BGBl. I 2584). Mit Wirkung vom 1. 1. 2005 ist entspr dem GesEntw (BT-Drs 15/420 S. 41) Abs 3 angefügt (Art 3 Nr 14 **ZuwG**). 1

II. Allgemeines

Die **persönliche Meldung** ist nicht mit der Antragstellung gleichzusetzen (dazu § 14 Rn 2). Die Meldepflicht soll sicherstellen, dass vor der nachfolgenden Antragstellung bei der Außenstelle die Unterbringung gesichert ist (BT-Drs 12/2062 S. 32). Der Meldepflicht des Ausl entspricht eine **Aufnahmepflicht** der (angegangenen oder einer anderen zuständigen) AEinr. Dies ist zwar in der Überschrift u. im Wortlaut des Abs 1 nicht besonders zum Ausdruck gebracht, ergibt sich aber deutlich aus der Formulierung des Abs 1 S. 2 Hs. 1. Aufnahme oder Weiterleitung zur Aufnahme sind keine fakultativen Alternativen, sondern jew bei Erfüllung der Voraussetzungen obligatorisch. Im Hinblick auf die den Ländern nachträglich eingeräumte Möglichkeit der Konzentration der Meldungen ist auf den Unterschied zwischen AEinr zu achten, die nur für die Meldung u. die auch für die Aufnahme zuständig sind. Die Folgeverpflichtung ist seit 2005 ähnlich wie nach § 20 geregelt. 2

III. Meldung und Aufnahme

Die Meldepflicht nach Abs 1 gilt nur für die von § 14 I erfassten Asylbew; **ausgenommen** sind also alle Personen nach § 14 II u. Folgeantragsteller (§ 71 II). Die Meldepflicht ist 3 nicht davon abhängig, dass in der AEinr noch Platz frei ist u. in der zugeordneten Außenstelle Asylgesuche aus dem betr Herkunftsland bearbeitet werden. Diese Fragen spielen nur bei der Bestimmung der für die Aufnahme zuständigen AEinr nach § 46 I eine Rolle. Eine Frist für die Meldung ist nicht bestimmt, aus den Pflichten zur unverzüglichen Meldung nach unerlaubter Einreise (§ 13 III 2) u. zur unverzüglichen Befolgung der Weiterleitung (§§ 20 II, 22 III) sowie dem allg Beschleunigungszweck des gesamten Antrags-, Melde-, Unterbringungs- u. Entscheidungsverf folgt jedoch die Verpflichtung zur persönlichen Meldung ohne vermeidbaren Zeitverzug (ähnlich Hailbronner, § 22 AsylVfG Rn 7).

4   Die **Bestimmung der LdReg** nach Abs 2 S. 1 Nr 1 u. 2 kann nur die für Abgabe u. Entgegennahme der Meldung zuständige AEinr festlegen, nicht die für die Aufnahme zuständige (vgl dazu § 46 I). Mittelbar wirkt sich diese Festlegung auf das Ziel der Weiterleitung durch Grenzbehörde oder AuslBeh aus (§§ 18 I, 19 I). Sie beschränkt aber die Wahl des Meldeorts durch den Asylbew nur teilweise. Denn die Bestimmung kann nur innerhalb des Landes erfolgen, nicht über Ländergrenzen hinweg. Die Vorschrift bezweckt lediglich eine Konzentration jew innerhalb eines Landes (auch Stadtstaats), nicht jedoch eine länderübergreifende Verteilung. Sie ermöglicht die Bündelung der Meldungen bei einer zentralen Anlauf- oder Meldestelle auch dann, wenn in einem Bundesland mehrere AEinr (mit oder ohne Außenstellen des BAMF) bestehen.

5   Der Ausl **genügt** deshalb **seiner Meldepflicht,** indem er sich entweder bei „einer" AEinr iSd Abs 1 oder bei der „bestimmten" AEinr iSd Abs 2 S. 1 Nr 1 u. 2 persönlich meldet, wo er dann jew aufgenommen oder weitergeleitet wird. Ihm steht also (nur) die Wahl des Landes frei, in dem er sich an der Grenze, bei einer Polizeibehörde, einer AuslBeh oder unmittelbar in einer AEinr meldet u. um Asyl nachsucht.

6   Eine **schriftliche Meldung** genügt ebenso wenig wie die Vertretung durch eine andere Person. Auch Asylbew unter 16 Jahren müssen ungeachtet ihrer fehlenden Verfahrenshandlungsfähigkeit (§ 12) persönlich erscheinen (Ausnahmen in § 14 II 1 Nr 3; wegen der Verteilung von Familienangehörigen vgl §§ 46 III, 51).

7   Die Weiterleitungspflicht gilt unmittelbar nur gegenüber der für die Aufnahme zuständigen AEinr, ist aber entspr auf die erst durch Ergänzung von Abs 2 (vgl Rn 1) geschaffene Konstellation anzuwenden, dass zunächst die Meldung bei einer zentralen Stelle eines Landes erfolgen muss (ebenso Hailbronner, § 22 AsylVfG Rn 9). Im Falle der Weiterleitung an die für die Aufnahme zuständige AEinr hat die (vom Ausl angegangene) AEinr zur **Identitätssicherung** möglichst eine ED-Behandlung durchzuführen (Abs 1 S. 2); hierauf kann nur verzichtet werden, wenn die Zeit oder die technischen Mittel hierfür fehlen. Eine unbedingte Verpflichtung trifft die für die Meldung als zuständig bestimmte AEinr (Abs 2 S. 2). Diese Pflichten stehen unabhängig neben denen der Grenzbehörde u. der AuslBeh sowie der Polizei (vgl §§ 16 II, 18 V, 19 II). Dieselbe Pflicht trifft die AEinr über den Wortlaut hinaus auch dann, wenn sie den Asylbew zunächst analog Abs 1 S. 2 nur an die für die Meldung zuständige AEinr weiterleitet. Ihre Zuständigkeit für die ED-Behandlung ergibt sich bereits aus § 16 II, weil dort die AEinr bezeichnet ist, bei der sich der Ausl (tatsächlich) meldet u. es sich dabei nicht unbedingt um die für die Meldung zuständige handeln muss. Da die Pflichten zur ED-Behandlung die Feststellung der Identität gewährleisten sollen, besteht kein Bedürfnis u. kein Zwang zur Wiederholung durch die jew nächste Stelle. Eine nochmalige Behandlung ist allenfalls bei Zweifeln oder zur Ergänzung erforderlich u. zulässig.

IV. Folgeverpflichtung

8   Ähnlich wie in § 20 ist seit 2005 eine **ausdrückliche Verpflichtung** zur Befolgung der Weiterleitungsanordnung festgelegt. Voraussetzungen, Belehrung u. Rechtsfolgen sind wie dort geregelt (dazu § 20 Rn 3–7). Besondere Mitteilungspflichten der beteiligten Stellen sind nicht eingeführt.

§ 22 a Übernahme zur Durchführung eines Asylverfahrens

¹ **Ein Ausländer, der auf Grund eines völkerrechtlichen Vertrages zur Durchführung eines Asylverfahrens übernommen ist, steht einem Ausländer gleich, der um Asyl nachsucht.** ² **Der Ausländer ist verpflichtet, sich bei oder unverzüglich nach der Einreise zu der Stelle zu begeben, die vom Bundesministerium des Innern oder der von ihm bestimmten Stelle bezeichnet ist.**

I. Entstehungsgeschichte

Die Vorschrift wurde entspr dem **GesEntw 1993** (BT-Drs 12/4450 S. 4 f) mit Wirkung vom 1. 7. 1993 eingefügt (Art 1 Nr 14 **AsylVfÄndG 1993**). 1

II. Vertragsasyl

Die **Gleichstellung** der vertraglich übernommenen Ausl mit den in Deutschland um 2 Asyl nachsuchenden ist zweckmäßig. Ihre Übernahme folgt aus der dt Zuständigkeit nach dem jew Vertrag. Für sie gelten grundsätzlich dieselben formellen u. materiellen Vorschriften wie für in Deutschland unmittelbar um Asyl nachsuchende Ausl, allerdings modifiziert durch die für sie geschaffenen **Sonderbestimmungen** (vgl Art 16 a V GG; §§ 18 IV Nr 1, 26 a I 3 Nr 2, 71 a). Ihrer Behandlung ist die Annahme zugrundegelegt, dass sie ihr im anderen Vertragsstaat geäußertes Asylgesuch aufrechterhalten u. es auf Deutschland beziehen. Die Übernahme löst deshalb grundsätzlich dieselben rechtlichen Wirkungen aus wie sonst das Asylgesuch iSd § 13, also vor allem die AufGest (§ 55 I).

Die Übernahme muss wie nach Art 10 DÜ (früher Art 28–30 SDÜ) auf die Durch- 3 führung eines Asylverf gerichtet sein; die sonstige Übernahme iSd §§ 33, 61 I 2 AuslG steht nicht gleich. Eine Übernahme von Asylbew war bisher **nur im DÜ** vorgesehen. Nach dessen Ablösung durch die VO/EG 343/2003 fehlt es an einem ähnlichen Vertragswerk; nur im Verhältnis zu Dänemark gilt DÜ fort u. nicht diese VO/EG. Schließlich regeln weder GK noch EMRK noch die mit anderen Staaten geschlossenen Übernahmeabkommen (dazu § 49 AuslG Rn 13) die Übernahme der Zuständigkeit für Asylverf u. Asylbew.

Übernahme u. Gleichstellung mit ursprünglich in Deutschland um Asyl nachsuchenden 4 Ausl haben zur Folge, dass diese im Stadium des Asylgesuchs in das dt Verf überführt werden. Die bereits in dem anderen Staat unternommenen weiteren Verfahrensschritte werden vernachlässigt, da nicht das dortige Verf fortgeführt wird. Allerdings kann der Ausl das Asylverf durch **Rücknahme** seines Gesuchs ebenso beenden, wie wenn es (erstmalig) im Inland geäußert worden wäre (dazu § 13 Rn 6). Hierfür genügt auch die Erklärung, das Asylgesuch in Deutschland nicht weiterverfolgen zu wollen (Hailbronner, § 22 a AsylVfG Rn 7). Auf Gründe u. Motive hierfür kommt es nicht an. Eine wirksame Rücknahme liegt auch dann vor, wenn mit ihr die dt. Verfahrensbestimmungen umgangen werden sollen. Sie berührt allerdings nicht die Zuständigkeit Deutschlands für die Aufenthaltsbeendigung. Wird das Asylgesuch anschließend erneuert, greifen die Bestimmungen des § 71 über den Folgeantrag ein, nicht die des § 71 a über den Zweitantrag; denn das erste Verf ist nicht in dem Vertragsstaat, sondern in Deutschland erfolglos abgeschlossen worden.

Die Vertragsasylbew werden insoweit **anders behandelt** als sonstige Asylbew, als sie sich 5 zu der für sie bestimmten Stelle zu begeben, sich also dort zu melden haben. Sie können sich nicht zu einer beliebigen AEinr oder Außenstelle des BAMF begeben. Die Bezeichnung der zuständigen Stelle kann in allg Form ergehen, zB durch Organisationsanordnung des BMI oder des BAMF In Betracht kommt eine zentrale Anlaufstelle oder eine AEinr je Land.

6 Das **weitere Verf** nach der Meldung richtet sich nach dem AsylVfG, vor allem nach §§ 14 ff, 18 ff, 63. Eine Meldung bei der Grenzbehörde scheidet aufgrund der Übernahme aus; in Betracht komm AuslBeh oder zuständige AEinr. Nach der förmlichen Antragstellung erhält der Ausl eine Bescheinigung über die ihm mit der Einreise kraft Ges zustehende AufGest (§§ 55 I, 63 I). Abschiebung oder Zurückschiebung in den abgebenden Staat als sicheren Drittstaat sind ausgeschlossen (vgl §§ 18 IV Nr 1, 26 a I 3 Nr 2, 34 a I), in einen anderen Drittstaat aber grundsätzlich zulässig (Hailbronner, § 22 a AsylVfG Rn 8; aA Marx, § 22 a Rn 5).

Dritter Unterabschnitt. Verfahren beim Bundesamt

§ 23 Antragstellung bei der Außenstelle

(1) Der Ausländer, der in der Aufnahmeeinrichtung aufgenommen ist, ist verpflichtet, unverzüglich oder zu dem von der Aufnahmeeinrichtung genannten Termin bei der Außenstelle des Bundesamtes zur Stellung des Asylantrages persönlich zu erscheinen.

(2) ¹Kommt der Ausländer der Verpflichtung nach Absatz 1 vorsätzlich oder grob fahrlässig nicht nach, so gilt für einen später gestellten Asylantrag § 71 entsprechend. ²Abweichend von § 71 Abs. 3 Satz 3 ist eine Anhörung durchzuführen. ³Auf diese Rechtsfolgen ist der Ausländer von der Aufnahmeeinrichtung schriftlich und gegen Empfangsbestätigung hinzuweisen. ⁴Die Aufnahmeeinrichtung unterrichtet unverzüglich die ihr zugeordnete Außenstelle des Bundesamtes über die Aufnahme des Ausländers in der Aufnahmeeinrichtung und den erfolgten Hinweis nach Satz 3.

Übersicht

	Rn
I. Entstehungsgeschichte	1
II. Allgemeines	2
III. Persönliche Antragstellung	3
IV. Folgeverpflichtung und Mitteilungspflichten	11

I. Entstehungsgeschichte

1 Die Vorschrift geht auf § 8 II 1 AsylVfG 1982 zurück. Sie entspricht dem **GesEntw 1992** (BT-Drs 12/2062 S. 9). Abs 2 wurde dem GesEntw entspr (BT-Drs 15/420 S. 41) mit Wirkung vom 1. 1. 2005 angefügt (Art 3 Nr 15 **ZuwG**).

II. Allgemeines

2 Die Verpflichtung zum persönlichen Erscheinen bei der Außenstelle des BAMF folgt aus der Kompetenz des BAMF zur Entgegennahme des Asylantrags (§ 14 I; anders noch § 8 I 1, II 1 AsylVfG 1982). Die **förmliche Antragstellung** ist von dem Asylgesuch iSd § 13 zu unterscheiden (§ 13 Rn 3; § 14 Rn 3). Sie erfolgt zur Niederschrift im Rahmen der obligatorischen Anhörung (vgl §§ 24 I 2, 25 VII).

III. Persönliche Antragstellung

Der Asylbew muss zur Antragstellung bei der Außenstelle des BAMF persönlich erschei- 3
nen; dies braucht nicht notwendig die zugeordnete Außenstelle iSd § 46 I zu sein (dazu
Bell/von Nieding, ZAR 1995, 119). Schriftlichkeit u. Vertretung sind nicht gestattet (dazu
auch § 22 Rn 6). Der Erscheinenspflicht entspricht eine behördliche Anhörverpflichtung
(§ 24 I 2). Die Pflicht zum Erscheinen in der Außenstelle setzt aber die vorherige **Aufnahme** in einer AEinr voraus. In der hierfür zuständigen Einrichtung (§ 46 I) hat der
Asylbew grundsätzlich Wohnung zu nehmen (§ 47), um jederzeit erreichbar zu sein. Nur
wenn die Wohnung feststeht, soll der Asylantrag förmlich angebracht werden können.

Demzufolge fehlt es an einer ähnlichen Bestimmung für den **Fall der Antragstellung** 4
beim BAMF (§ 14 II 1). Für diesen läuft die Verpflichtung zum persönlichen Erscheinen
nach § 15 II Nr 3 leer. Denn es ist nicht geregelt, auf welche Weise der Antrag „beim
Bundesamt" (§ 14 II 1) zu stellen (u. zu begründen) ist. Die persönliche Antragstellung
beim BAMF wird nicht dadurch zur Pflicht, dass dem Ausl nach Äußerung des Asylgesuchs
das Erscheinen beim BAMF behördlich aufgegeben wird. Eine derartige Verpflichtung ist
nicht ges besonders festgelegt; dies aber wäre unbedingt erforderlich (§ 26 II 2 VwVfG).
Die Pflicht zur persönlichen Antragstellung beim BAMF lässt sich auch nicht aus der
Anhörverpflichtung des BAMF nach § 24 I 2 folgern; diese setzt nämlich erst nach Antragstellung ein. Eine solche Rechtspflicht kann auch nicht mittelbar aus § 25 IV 5, V geschlossen werden. Die dort vorgesehenen Nachteile bei Nichterscheinen beziehen sich ebenfalls
auf die Anhörung nach erfolgter Antragstellung.

Dieses Auslegungsergebnis ist sachgerecht. Denn aus den **Besonderheiten** der durch 5
§ 14 II 1 erfassten Personengruppen lässt sich schließen, dass diesen die persönliche mündliche Antragstellung beim BAMF entweder praktisch gar nicht möglich ist (§ 14 II 1 Nr 2)
oder mit Rücksicht auf deren aufr Stellung (§ 14 II 1 Nrn. 1 u. 3) nicht zugemutet werden
soll. Stattdessen kann der Antrag auch schriftlich unmittelbar beim BAMF gestellt oder über
die AuslBeh eingereicht (§ 14 II 2) werden.

Der **Zeitpunkt** des persönlichen Erscheinens richtet sich entweder nach den individuel- 6
len Verhältnissen („unverzüglich" = ohne schuldhaftes Zögern; ähnlich wie § 121 BGB)
oder nach behördlicher Terminsbestimmung (für nachgeborene Kinder Asylber vgl § 26
II 2). Kommt der Asylbew seiner Pflicht nicht von sich aus rechtzeitig nach, ist er durch
Bestimmung eines Termins dazu anzuhalten. Dieser fällt idR mit dem Anhörungstermin
zusammen (dazu § 25 IV).

Unklar ist, warum der Termin von der AEinr zu „nennen", also **bekanntzugeben** ist. Da 7
der Asylbew bei der Außenstelle zu erscheinen hat u. dort angehört wird (§ 24 I 2), hat
diese eigentlich auch den Termin festzulegen. Dann aber kann sie ihn dem Ausl eigentlich
auch „nennen". Schließlich erfolgen auch die Mitteilung u. die Verständigung nach § 25 IV
durch die Außenstelle u. nicht durch die AEinr. Um später einen Verstoß gegen die
Erscheinenspflicht feststellen zu können, bedarf es eigentlich einer klaren Regelung, durch
wen der Termin mitgeteilt wird. Da das Ges die AEinr mit der „Nennung" des Termins
betraut, ist insoweit für ein Handeln der Außenstelle kein Raum. Terminsbestimmung u.
-mitteilung erfolgen also letztlich durch unterschiedliche Stellen.

Die **Form** der Terminsmitteilung ist nicht vorgeschrieben. Die „Nennung" kann also 8
schriftlich, mündlich oder in jeder anderen Form erfolgen (vgl § 25 IV). Immer muss aber
die Möglichkeit der Kenntnisnahme gesichert sein. Dabei ist auf die Besonderheiten einer
Massenunterkunft u. die sprachbedingten u. sonstigen Verständigungsschwierigkeiten mit
Ausl Bedacht zu nehmen. So erscheint es etwa nicht ausreichend, Anhörtermine durch
Sammelaushang an einem Schwarzen Brett oder durch Lautsprecheraufruf auf dem Flur
bekannt zu geben. Allein wegen der Gefahr der Namensverwechselung bei vielen Personen
mit dem gleichen Familiennamen wäre damit eine zuverlässige Unterrichtung der Asylbew
über ihren Antragstermin, der idR mit dem Anhörungstermin zusammenfällt (§ 25 IV),

4 AsylVfG § 24   4. Teil. Asylverfahrensgesetz

nicht gewährleistet. Der Bevollmächtigte braucht nicht unmittelbar durch die AEinr unterrichtet zu werden (vgl § 14 II 3 VwVfG); ihn zu benachrichtigen ist Sache des Asylbew selbst. Hierfür ist es unerheblich, ob die Tätigkeit von Bevollmächtigten „in diesem Verfahrensstadium Aufwand u. Kosten meist disproportional zum Nutzen" u. die Asylbew tatsächlich „durch erfahrene Schlepper ... gut informiert" sind (so aber Hailbronner, § 23 AsylVfG Rn 16).

9   Die **Folgen eines Verstoßes** gegen die Pflicht zur persönlichen Antragstellung sind nur zT ausdrücklich geregelt. Die Versäumung der Zweiwochenfrist des § 67 I Nr 2 lässt die AufGest erlöschen. § 25 V greift bei in AEinr lebenden Asylbew nicht ein u. betrifft nur den Anhörungstermin. § 33 ist mangels eines eingeleiteten Verf nicht anwendbar (§ 33 Rn 4). Bei unbekanntem Aufenthalt ist die Ausschreibung zulässig (§ 66 I). Strafen oder Geldbußen sind nicht vorgesehen (§§ 85 f). Da der Termin idR gleichzeitig zur Anhörung bestimmt wird, richtet sich die Erledigung des Verf nach § 25 IV 4. Diese Vorschrift ist entspr anwendbar, wenn der Ausl (schon) nicht zur Antragstellung erscheint (vgl § 25 Rn 22; aA Marx, § 23 Rn 10).

10   Die **Antragstellung** erfolgt mündlich oder durch Abgabe eines Schriftstücks oder durch Unterzeichnung oder sonstige Genehmigung einer Niederschrift. Im Wesentlichen geht es um das aktenmäßige Festhalten des Asylgesuchs iSd § 13. Der Einsatz eines Sprachmittlers (§ 17) ist dabei nicht notwendig, da es sich noch nicht um die Anhörung handelt, aber durchaus zweckmäßig. Gleichzeitig erfolgen die Belehrungen nach §§ 10 VII, 25 III 2 iVm § 36 IV. Mit Hilfe der Dateien von AZR u. ASYLON (= Asyl online) ist festzustellen, ob es sich um einen Erst-, Folge- oder Zweitantrag handelt. Stellt sich heraus, dass nur ein weiterer Antrag unter richtigem oder falschem Namen versucht wird, ist das Vorbringen als weitere Begründung des noch laufenden Verf zu behandeln. Für eine Person kann nämlich wegen des höchstpersönlichen Charakters der Asylgewährung nur ein Asylantrag gestellt u. ein Asylverf geführt werden. Die Verwendung unzutreffender Personalangaben führt nicht zur Eröffnung jew neuer Verf, kann aber in aller Regel im Rahmen der Glaubwürdigkeit nachteilig gewürdigt werden.

IV. Folgeverpflichtung und Mitteilungspflichten

11   Die **Folgeverpflichtung** des Asylbew sowie die Rechtsfolgen der schuldhaften Verletzung dieser Verpflichtung u. die zwingende Belehrung sind ebenso geregelt wie nach § 20 (zu Einzelheiten dort Rn 3–7). Die **Mitteilungspflichten** im Verhältnis zwischen AEinr u. Außenstelle des BAMF sind ähnlich gestaltet wie in § 20.

§ 24 Pflichten des Bundesamtes

(1) ¹Das Bundesamt klärt den Sachverhalt und erhebt die erforderlichen Beweise. ²Es hat den Ausländer persönlich anzuhören. ³Von einer Anhörung kann abgesehen werden, wenn das Bundesamt den Ausländer als asylberechtigt anerkennen will oder wenn der Ausländer nach seinen Angaben aus einem sicheren Drittstaat (§ 26 a) eingereist ist. ⁴Von der Anhörung ist abzusehen, wenn der Asylantrag für ein im Bundesgebiet geborenes Kind unter sechs Jahren gestellt und der Sachverhalt auf Grund des Inhalts der Verfahrensakten der Eltern oder eines Elternteils ausreichend geklärt ist.

(2) Nach Stellung eines Asylantrages obliegt dem Bundesamt auch die Entscheidung, ob die Voraussetzungen für die Aussetzung der Abschiebung nach § 60 Abs. 2 bis 7 des Aufenthaltsgesetzes vorliegen.

(3) Das Bundesamt unterrichtet die Ausländerbehörde unverzüglich über die getroffene Entscheidung und die von dem Ausländer vorgetragenen oder sonst erkennbaren

Pflichten des Bundesamtes § 24 **AsylVfG** 4

Gründe für eine Aussetzung der Abschiebung, insbesondere über die Notwendigkeit, die für eine Rückführung erforderlichen Dokumente zu beschaffen.

Übersicht

	Rn
I. Entstehungsgeschichte	1
II. Allgemeines	2
III. Sachverhaltsermittlung	4
1. Tatsachenfeststellung und Beweiserhebung	4
2. Persönliche Anhörung	8
3. Rechtliches Gehör	10
IV. Abschiebungshindernisse nach § 60 II bis VII AufenthG	11
V. Unterrichtung der Ausländerbehörde	14

I. Entstehungsgeschichte

Während der Inhalt von Abs 1 ungefähr § 12 I 1 u. 2, IV 1 Nr 1 AsylVfG 1982 **1** entspricht, haben die übrigen Bestimmungen keine Vorbilder im AsylVfG 1982. Die Vorschrift stimmt in der ursprünglichen Fassung mit dem **GesEntw 1992** (BT-Drs 12/2062 S. 9) überein, ausgenommen Abs 1 S. 2, der durch den BT-IA eingefügt wurde (BT-Drs 12/2718 S. 18; vgl auch § 25 Rn 1). Mit Wirkung vom 1. 7. 1993 wurden in Abs 1 S. 3 die den sicheren Drittstaat betr Alternative u. S. 4 angefügt (Art 1 Nr 15 **AsylVfÄndG 1993**). Vom 1. 1. 2005 an sind entspr dem GesEntw in Abs 2 die Wörter „Abschiebungshindernisse nach § 53 des Ausländergesetzes" durch die Bezugnahme auf § 60 II–VII AufenthG ersetzt (Art 3 Nr 16 **ZuwG**).

II. Allgemeines

Die Sachverhaltsfeststellung stellt neben den Entscheidungen den **Kern der Tätigkeit** **2** des BAMF dar. Das Feststellungsverf fand nach §§ 29 bis 33 AuslG 1965 noch zweistufig vor dem Leiter (Vorprüfung) u. sodann vor dem Anerkennungsausschuss statt. Obwohl der Begriff der „Vorprüfung" auch später trotz Einführung des Einzelentscheiders u. Wegfalls eines weiteren Termins vor dem BAMF noch bis Ende Juni 1992 beibehalten wurde (vgl § 12 I 1 AsylVfG 1982), sind jetzt die Verpflichtungen des BAMF zur Sachverhaltsfeststellung (auch außerhalb einer Verhandlung) u. zur Anhörung in Abs 1 zusammengefasst. Damit sind auch die Feststellungen u. die Anhörung durch die AuslBeh (§ 8 AsylVfG 1982) entfallen. Die zum Zweck der Anhörung stattfindende Verhandlung vor dem BAMF ist die Einzige, falls nicht mehrere Termine notwendig werden. Sie braucht nicht vom Entscheider durchgeführt zu werden (vgl § 5 Rn 17). Die Bestimmungen des § 25 regeln Inhalt u. Form der Anhörung.

Soweit die Verfahrensweise nicht nach §§ 23 bis 25 besonders geregelt ist, sind die **3** Vorschriften des **VwVfG ergänzend** heranzuziehen (§ 1 I VwVfG), zB die §§ 24, 26 VwVfG; schließlich modifiziert Abs 1 nur den allg Untersuchungsgrundsatz des § 24 VwVfG. Für das Flughafenverf nach § 18 a hat das BVerfG gewisse Mindestanforderungen an die Qualität der BAMF-Behörden u. das Verf bei der persönlichen Anhörung gestellt (BVerfGE 94, 166; vgl § 18 a Rn 5, 17, 22, 27), die im Grundsatz auch für das allg Asylverf gelten. Denn sie folgen aus dem Rechtsstaatsprinzip u. sind zum großen Teil nicht auf die besondere Situation am Flughafen gemünzt, sondern ergeben sich allg aus dem Mangel an Rechts- u. Sprachkenntnissen sowie der besonderen psychischen u. physischen Verfassung eines Flüchtlings, der erstmals einer Behörde des Zufluchtsstaats gegenübertritt. Allerdings bleiben Verstöße gegen die hieraus abzuleitenden besonderen Verfahrenspflichten ohne rechtliche Konsequenz (betr Flughafenverf BVerfGE 94, 166). Die früher für das BAMF vorgesehene Verfahrensordnung (§ 29 III AuslG 1965; § 4 IV 1982) ist nie erlassen worden. Mit Organisationsanordnungen könnte der Leiter des BAMF ua Organisation, Geschäftsverteilung regeln (dazu § 5 Rn 14 ff), Abweichungen von ges Verfahrensbestimmungen sind aber nicht zulässig.

III. Sachverhaltsermittlung

1. Tatsachenfeststellung und Beweiserhebung

4   Das Verf vor dem BAMF wird vom **Untersuchungsgrundsatz** beherrscht, der allerdings durch die **Mitwirkungspflichten** des Asylbew begrenzt ist (§§ 15, 25 I, II; zum früheren Recht Deibel, InfAuslR 1984, 114; Renner, ZAR 1985, 62, 68; Stelkens, ZAR 1985, 15; jew mwN). Der Ausl hat bei der Anhörung vor dem BAMF nach § 25 I ebenso wie allg nach § 15 I 1 die Umstände in seiner persönlichen Sphäre, aus denen er die Gefahr politischer Verfolgung ableitet, schlüssig darzutun u. dabei auch etwaige Widersprüche aufzulösen; hinsichtlich der allg Lage im Verfolgerstaat genügen insoweit schon taugliche Hinweise, auch wenn diese nicht weiter konkretisiert sind (§ 25 Rn 4; § 74 Rn 25 ff). Wie allg nach § 15 II Nr 5, III hat der Asylbew auch beim BAMF in seinem Besitz befindliche Schriftstücke, auf die er sich beruft, vorzulegen. Auf dieser Grundlage obliegt dem BAMF die Pflicht zu umfassender Sachverhaltsfeststellung.

5   Zu diesem Zweck hat das BAMF den Sachverhalt auf der Grundlage des Vorbringens des Asylbew u. der ihr zur Verfügung stehenden allg Kenntnisse über die Verhältnisse in dem (angeblichen) Verfolgerstaat **aufzuklären** u. über beweisbedürftige Tatsachen **Beweis zu erheben** (dazu im Einzelnen Stelkens, ZAR 1985, 15). Als **Beweismittel** kommen neben der Anhörung des Asylbew vor allem in Betracht: Behördenakten, auch zB von Familienangehörigen; Zeugen; Sachverständigengutachten; amtl Auskünfte; Berichte u. Stellungnahmen von Menschenrechtsorganisationen wie amnesty international oder Gesellschaft für bedrohte Völker; Medienberichte. Das BAMF verfügt über eine umfassende Sammlung u. Dokumentation derartiger Erkenntnisquellen, zu denen auch Vorprüfungsprotokolle aus anderen Asylverf zählen (zur Beweisaufnahme vgl auch § 74 Rn 32 ff; zu verschiedenen **Asyldokumentationen** vgl Jannasch, ZAR 1990, 69; Stanek, ZAR 1995, 72 u. 1998, 227; Schmidt/Praschma, ZAR 2001, 59; Berichte in Fschr ZDWF, S. 57 ff, 111 ff, 129 ff, 135 ff, 139 ff, 147 ff).

6   Der **Gegenstand** der Aufklärungspflichten des BAMF entspricht dessen Entscheidungskompetenz. Grundsätzlich gehören dazu Asylanerkennung (einschließlich Familienasyl), Flüchtlingsanerkennung, Abschiebungshindernisse des § 60 AufenthG u. Abschiebungsandrohung. Soweit der Entscheidungsrahmen des BAMF obligatorisch oder fakultativ eingeschränkt ist (§ 30 II 1, III 2), wirkt sich dies auch auf Gegenstand u. Umfang der Aufklärung aus. Dabei ist gleichgültig, ob es sich um einen Erst-, Zweit- oder Folgeantrag handelt (bei den beiden letzteren sind nur die Beschränkungen aus §§ 71, 71 a zu beachten)

7   Der **Umfang** der Aufklärungspflichten des BAMF hat sich gegenüber der früheren Rechtslage insoweit geändert, als der Antragstellung (§ 23) u. der Anhörung (Abs 1 S. 2, § 25) vor dem BAMF keine Antragstellung mit Anhörung u. Erstbefragung vor der AuslBeh mehr vorausgeht (Rn 2). Damit kommt der Tätigkeit des BAMF jetzt die ausschließliche Bedeutung zu. Die Prüfungsgrundlage ist eingeengt, weil Angaben gegenüber der AuslBeh fehlen. Weder die Grenzbehörden noch die AuslBeh oder die Polizei haben anlässlich der Äußerung des Asylbegehrens (§§ 18 I, 19 I) die Verfolgungsbehauptungen des Ausl in irgend einer verbindlichen Art entgegenzunehmen u. festzuhalten. Damit kann das BAMF weder seine Ermittlungen auf solche Angaben des Asylbew aufbauen noch die spätere Sachverhaltsschilderung vor dem BAMF dem früheren Sachvortrag bei der AuslBeh gegenüberstellen (zur Grenzbehörde vgl § 18 Rn 7, § 18 a Rn 11).

2. Persönliche Anhörung

Die persönliche Anhörung ist **zwingend** vorgeschrieben (Ausnahmen nach Abs 1 S. 3 u. 8 4). Sie bildet das Kernstück der Ermittlungen u. damit des gesamten BAMF-Verf (zur Bedeutung schon nach früherem Recht vgl HessVGH, EZAR 210 Nr 2). Der Sache nach setzt sie die Antragstellung fort. Deshalb ist es auch unbedenklich, dass sie dieser unmittelbar zeitlich nachfolgen kann (§ 25 IV 1). Damit kann nicht nur das Verf beschleunigt, sondern auch der Aufenthalt in den zentralen Einrichtungen (vgl dazu Kraus/Möser, ZAR 1983, 194) verkürzt werden (betr Einzelheiten vgl § 25 Rn 2 ff).

Abgesehen werden kann von der Anhörung, falls das BAMF ohnehin eine Asylanerken- 9 nung beabsichtigt; eine Flüchtlingsanerkennung allein genügt nicht. Außerdem ist eine Anhörung entbehrlich, wenn nach der von dem Ausl selbst angegebenen Einreise aus einem sicheren Drittstaat nur eine Entscheidung nach §§ 26 a I 1, 31 IV in Betracht kommt. Eine Anhörung darf nicht stattfinden, wenn der Sachverhalt bei einem hier geborenen Asylbew unter sechs Jahren (im Zeitpunkt der Antragstellung) ausreichend geklärt ist. Ferner kann von einer Anhörung abgesehen werden, soweit nur über die Durchführung eines weiteren Asylverf aufgrund eines Folge- oder eines Zweitantrags zu befinden ist (§§ 71 III 3, 71 a II 2) oder wenn der Asylbew einer Ladung unentschuldigt nicht gefolgt ist (§ 25 V 1).

3. Rechtliches Gehör

Zu allen **entscheidungserheblichen Tatsachen** ist dem Asylbew rechtliches Gehör zu 10 gewähren (§ 28 VwVfG; Stelkens, ZAR 1985, 15). In der Anhörung nach Abs 1 S. 2 ist ein rechtliches Gehör nicht zu sehen; sie dient vielmehr nur der Aufklärung des Sachverhalts unter Modifizierung von § 24 VwVfG. Die davon unabhängige Pflicht zur Gewährung rechtlichen Gehörs nach Abschluss der Ermittlungen kann aber mit dieser Anhörung verbunden werden. Zu diesem Zweck sind dem Asylbew zunächst ua die beigezogenen Akten, Gutachten oder Auskünften zu benennen u. ihr Inhalt mitzuteilen. Dabei geht es ebenso wie im Gerichtsverf nicht darum, „alle möglichen Erkenntnisquellen mitzuteilen" (dazu Hailbronner, § 24 AsylVfG Rn 29), sondern ausschließlich um diejenigen, auf die nach einer sorgfältigen rechtlichen u. auf Tatsachen bezogenen wertenden Vorauswahl eine Entscheidung voraussichtlich gestützt werden kann. Erforderlichenfalls sind dem Asylbew die Erkenntnisquellen zur Einsichtnahme zeitweilig zu überlassen. Vor allem bei komplizierten Gutachten, etwa über die Rechtslage in einem fremden Staat, genügt nicht eine nur mündliche Unterrichtung über das wesentliche Ergebnis, um eine sachgerechte Kenntnisnahme zu ermöglichen. Schließlich ist Gelegenheit zur Stellungnahme zur Beweisaufnahme u. zu eigenen Beweisanträgen zu geben. Diese kann nicht durch bloße Hinweise auf Rspr in vergleichbaren Fällen ersetzt werden (BVerwG, EZAR 630 Nr 10). Zusammengefasst: Rechtliches Gehör ist in ähnlicher Weise zu gewähren wie vor Gericht (vgl dazu § 78 Rn 29 ff; Fritz, ZAR 1984, 189; Renner, ZAR 1985, 62).

IV. Abschiebungshindernisse nach § 60 II bis VII AufenthG

Abs 2 gehört systematisch zu § 31 (vgl dort Abs 3). Ungeachtet der allein auf die Ent- 11 scheidungskompetenz abstellenden Formulierung (vgl auch § 5 I 2) beschreibt Abs 2 gleichzeitig den **erweiterten Umfang der Sachverhaltsermittlung** u. Anhörung durch das BAMF In der Sache sind damit die Pflichten des BAMF nach Abs 1 auf die Tatbestände des § 60 II–VII AufenthG erstreckt. Duldungsgründe der in § 60 a II AufenthG genannten Art sind nicht erfasst (zur Mitteilungspflicht vgl aber Abs 3). Die tatsächlichen Grundlagen für die Entscheidung über Asyl- u. Flüchtlingsanerkennung einerseits u. Abschiebungshindernisse nach § 60 II–VII AufenthG andererseits werden sich oft überschneiden. Sie können gleichzeitig auch für Ländererlasse nach § 60 a I AufenthG u. für AuslBeh-Entscheidungen

4 AsylVfG § 25 4. Teil. Asylverfahrensgesetz

nach § 60 a II AufenthG bedeutsam werden (dazu auch Rn 14). Eine klare Trennung wird noch dadurch erschwert, dass nach der Rspr des BVerwG vom BAMF inlandsbezogene Abschiebungshindernisse nicht berücksichtigt werden dürfen (§ 60 AufenthG Rn 47; § 5 Rn 7).

12   Das Verhältnis zwischen **Amtsermittlungspflichten** des BAMF u. **Mitwirkungspflichten** des Asylbew (grundsätzlich dazu Rn 4; § 25 Rn 3 ff; § 74 Rn 25 ff) richtet sich im Bereich des § 60 II–VII AufenthG nach der Art des jew Hindernisses. Die Gefahr von Folter u. Todesstrafe sowie unmenschlicher Behandlung (§ 60 II, III, V AufenthG) muss von dem Asylbew selbst substantiiert vorgetragen werden, bedarf aber dann einer eingehenden Prüfung des BAMF mit allen zu Gebote stehenden Mitteln, über die der Asylbew seinerseits (meist) nicht verfügt. Während sich diese Tatsachenaufklärung ganz überwiegend auf das Ausland bezieht, bedarf es zur Feststellung eines Auslieferungsersuchens (§ 60 IV AufenthG) idR nur einer Anfrage bei dem BMJ oder dem zuständigen OLG.

13   Da das BAMF auch für die **Androhung der Abschiebung** zuständig ist (§§ 34 ff), erweitert sich die Reichweite der Sachverhaltsaufklärung entspr Hierauf ist zwar ausdrücklich weder in § 24 noch in §§ 34 ff eingegangen; der in dieser Hinsicht nochmals erweiterte Umfang der dem BAMF obliegenden Sachverhaltsfeststellung ergibt sich aber ohne Weiteres aus dessen Kompetenzbereich (vgl § 5 I 2). Dabei stimmt die für die Abschiebungsandrohung maßgebliche Tatsachengrundlage weitestgehend mit der für die Abschiebung selbst überein. Im Rahmen der Abschiebungsandrohung sind nämlich alle rechtlichen u. tatsächlichen Umstände zu berücksichtigen, die an einer Abschiebung hindern können. Dem steht nicht entgegen, dass § 25 II nur eine diesbezügliche Darlegungsverpflichtung des Ausl festlegt.

V. Unterrichtung der Ausländerbehörde

14   Die **Mitteilungspflichten** des Abs 3 ergeben sich aus der seit 1. 7. 1992 geltenden neueren Kompetenzabgrenzung zwischen AuslBeh u. BAMF Unter Entscheidung sind die nach §§ 31 ff, 71, 71 a zu treffenden Entscheidungen zu verstehen. Hinsichtlich der **Duldung** ist zwar das BAMF grundsätzlich nicht zur Feststellung u. Entscheidung berufen (Ausnahmen nach § 43 a III, IV), bei seiner Sachverhaltsaufklärung können aber Umstände erkennbar werden, die im Rahmen der § 60 a II AufenthG von Bedeutung sind. Dasselbe gilt grundsätzlich für die **Beschaffung von Pässen** u. anderen für die Rückführung erforderlichen Dokumente (Ausnahmen nach § 43 b).

15   Die Unterrichtung erfolgt zweckmäßigerweise durch **Übersendung** von Abdrucken oder Ablichtungen der einschlägigen Entscheidungen, Niederschriften, Schriftsätze u. Beweisurkunden. Die Abgabe der vollständigen BAMF-Akten empfiehlt sich weniger, eher schon die Anlage u. Überlassung einer Zweitakte. Da sich die AuslBeh selbst ein Bild über Abschiebungs- u. Duldungsgründe zu machen hat, ist weder ein Gutachten noch eine ähnliche Stellungnahme des BAMF erforderlich (anders früher nach Nr 3 S. 4 zu § 14 AuslVwV 1977 betr kleines Asyl nach § 14 I AuslG 1965). Eine Beteiligung des BAMF ist nur für § 60 VII AufenthG (zielstaatsbezogene Hindernisse) vorgeschrieben (§ 72 II AufenthG).

§ 25 Anhörung

(1) ¹Der Ausländer muß selbst die Tatsachen vortragen, die seine Furcht vor politischer Verfolgung begründen, und die erforderlichen Angaben machen. ²Zu den erforderlichen Angaben gehören auch solche über Wohnsitze, Reisewege, Aufenthalte in anderen Staaten und darüber, ob bereits in anderen Staaten oder im Bundesgebiet ein Verfahren mit dem Ziel der Anerkennung als ausländischer Flüchtling oder ein Asylverfahren eingeleitet oder durchgeführt ist.

(2) Der Ausländer hat alle sonstigen Tatsachen und Umstände anzugeben, die einer Abschiebung oder einer Abschiebung in einen bestimmten Staat entgegenstehen.

Anhörung § 25 AsylVfG 4

(3) ¹Ein späteres Vorbringen des Ausländers kann unberücksichtigt bleiben, wenn andernfalls die Entscheidung des Bundesamtes verzögert würde. ²Der Ausländer ist hierauf und auf § 36 Abs. 4 Satz 3 hinzuweisen.

(4) ¹Bei einem Ausländer, der verpflichtet ist, in einer Aufnahmeeinrichtung zu wohnen, soll die Anhörung in zeitlichem Zusammenhang mit der Asylantragstellung erfolgen. ²Einer besonderen Ladung des Ausländers und seines Bevollmächtigten bedarf es nicht. ³Entsprechendes gilt, wenn dem Ausländer bei oder innerhalb einer Woche nach der Antragstellung der Termin für die Anhörung mitgeteilt wird. ⁴Kann die Anhörung nicht an demselben Tag stattfinden, sind der Ausländer und sein Bevollmächtigter von dem Anhörungstermin unverzüglich zu verständigen. ⁵Erscheint der Ausländer ohne genügende Entschuldigung nicht zur Anhörung, entscheidet das Bundesamt nach Aktenlage, wobei auch die Nichtmitwirkung des Ausländers zu berücksichtigen ist.

(5) ¹Bei einem Ausländer, der nicht verpflichtet ist, in einer Aufnahmeeinrichtung zu wohnen, kann von der persönlichen Anhörung abgesehen werden, wenn der Ausländer einer Ladung zur Anhörung ohne genügende Entschuldigung nicht folgt. ²In diesem Falle ist dem Ausländer Gelegenheit zur schriftlichen Stellungnahme innerhalb eines Monats zu geben. ³Äußert sich der Ausländer innerhalb dieser Frist nicht, entscheidet das Bundesamt nach Aktenlage, wobei auch die Nichtmitwirkung des Ausländers zu würdigen ist. ⁴§ 33 bleibt unberührt.

(6) ¹Die Anhörung ist nicht öffentlich. ²An ihr können Personen, die sich als Vertreter des Bundes, eines Landes, des Hohen Flüchtlingskommissars der Vereinten Nationen oder des Sonderbevollmächtigten für Flüchtlingsfragen beim Europarat ausweisen, teilnehmen. ³Anderen Personen kann der Leiter des Bundesamtes oder die von ihm beauftragte Person die Anwesenheit gestatten.

(7) Über die Anhörung ist eine Niederschrift aufzunehmen, die die wesentlichen Angaben des Ausländers enthält.

Übersicht

	Rn
I. Entstehungsgeschichte	1
II. Allgemeines	2
III. Mitwirkungspflichten	3
IV. Präklusion	9
V. Anhörung	12
1. Allgemeines Verfahren	12
2. In einer Aufnahmeeinrichtung Wohnpflichtige	17
3. Nicht in einer Aufnahmeeinrichtung Wohnpflichtige	23

I. Entstehungsgeschichte

Die Vorschrift übernimmt ua die Bestimmungen der §§ 8 II, 8 a I, 12 I 3, III 1 AsylVfG 1982. Sie stimmte in der ursprünglichen Fassung mit dem **GesEntw 1992** (BT-Drs 12/2062 S. 9 f) überein, ausgenommen Abs 5, aus dem auf Vorschlag des BT-IA die Bestimmung über den Fall der „Sofortanerkennung" in § 24 I 3 übernommen wurde (BT-Drs 12/2817 S. 19 f). Mit Wirkung vom 1. 7. 1993 wurde Abs 3 S. 2 um den Hinweis auf § 36 IV 3 erweitert (Art 1 Nr 16 **AsylVfÄndG 1993**).

II. Allgemeines

Die Vorschrift bestimmt **Inhalt u. Verf** der Anhörung durch das BAMF, die durch § 24 I 2 grundsätzlich zur Pflicht gemacht ist. Sie ergänzt außerdem die allg Mitwirkungspflichten

2

des Asylbew aus §§ 10 I, 15 I bis III für die Zwecke der Sachverhaltsermittlung u. der Anhörung durch das BAMF.

III. Mitwirkungspflichten

3   Die Darlegungspflichten nach Abs 1 u. 2 bilden die **Grundlage** für das asylr Verf, das mit dem Asylgesuch iSd § 13 beginnt. Die Notwendigkeit eines schlüssigen Vortrags ergibt sich aus der grundrechtssichernden Aufgabe des VerfR u. der Eigenart des Asylgrundrechts, das die Behauptung politischer Verfolgung voraussetzt (dazu Renner, ZAR 1982, 62; Rothkegel, NVwZ 1990, 717) u. den Asylbew oft als einziges Beweismittel, als „Zeugen in eigener Sache" (so BVerfGE 94, 166) kennt. Dabei ist jedoch darauf Bedacht zu nehmen, dass die Gefahr einer derartigen Verfolgung auf den allg Verhältnissen im Herkunftsstaat und/oder auf individuellen Umständen beruhen kann. Dementsprechend befasst sich die Vermutung des Art 16a III 1 GG mit der allg Lage, während die Widerlegung durch schlüssigen Tatsachenvortrag die persönliche Situation des Flüchtlings betrifft (dazu Art 16a GG Rn 69; § 29a Rn 9). Diese Unterscheidung ergibt sich zwangsläufig aus der naturgemäßen Beschränktheit der Kenntnis- u. Erkenntnismöglichkeiten des Einzelnen u. wirkt sich unmittelbar auf das Verhältnis der Mitwirkungspflichten zur Amtsaufklärungspflicht aus (§ 24 Rn 4, 12).

4   Der Ausl muss die Ereignisse u. Umstände in seiner **persönlichen Sphäre,** aus denen er die Gefahr politischer Verfolgung ableitet, schlüssig dartun u. dabei auch etwaige Widersprüche auflösen; hinsichtlich der **allg Lage** im (angeblichen) Verfolgerstaat genügen dagegen taugliche Hinweise, auch wenn diese nicht weiter konkretisiert sind. Das seine persönliche Lage betreffende Vorbringen muss geeignet sein, den Asylanspruch zu tragen (BVerwG, EZAR 630 Nr 13, 23 u. 25) u. insb auch den politischen Charakter der Verfolgungsmaßnahmen festzustellen (BVerwG, EZAR 630 Nr 8). Bezüglich der allg Situation im Herkunftsstaat reicht es aus, wenn die vorgetragenen Tatsachen die Möglichkeit einer Verfolgung als nicht entfernt liegend erscheinen lassen (BVerwGE 66, 237).

5   Die Darlegungsverpflichtung richtet sich einmal nach der **Art der Verfolgungsbehauptungen.** Sodann reicht die Mitwirkungspflicht nur so weit, wie sie **praktisch erfüllbar** ist (betr Verwaltungsprozess BVerwGE 66, 237). Bei der Schilderung persönlicher Erlebnisse kann der Flüchtlinge idR auf zuverlässige Kenntnisse u. ein sensibilisiertes Erinnerungsvermögen zurückgreifen. Gerade dies wird aber idR durch Erfahrungen mit Menschenrechtsverletzungen wie Folter, Vergewaltigung u. ähnlich schweren Eingriffen erheblich beeinträchtigt (vgl BVerfGE 94, 166; Birck, ZAR 2002, 28; Brand ua, Bedingungen für die Anhörung von Flüchtlingen im Rahmen des Asylverf, die ua Folter u. andere traumatische Erfahrungen erlitten haben, 2. Aufl, 1993; Gierlichs ua, ZAR 2005, 158; Graessner/Weber, Umgang mit Folteropfern, 1996; dies., ZAR 1997, 189; Jakober, ZAR 2005, 152; Müller-Volck, ZAR 1998, 125; krit zur Kritik der Praxis des BAMF Kaden, ZAR 1997, 137). Vorgänge im Heimatstaat außerhalb der privaten Sphäre kann der Asylbew zudem mit wachsendem zeitlichen Abstand meist nur noch allg zugänglichen Quellen entnehmen. Dagegen besitzt er idR über Ereignisse u. Verhältnisse in Deutschland, die Nachfluchtgründe ergeben können, bessere Kenntnisse.

6   Die Verpflichtung, den **Reiseweg** u. vor allem Aufenthalte u. **Asylgesuche** im Ausland anzugeben, gewinnt nach Einführung des Systems sicherer Drittstaaten (Art 16a II GG; § 26a) eine besondere Bedeutung. Neben Asyl- oder Flüchtlingsanerkennungsverf im Ausland sind auch solche im Bundesgebiet anhängige oder durchgeführte Verf anzugeben. Verf in der DDR oder Berlin (Ost) zählen ebenfalls dazu, obwohl diese Gebiete Deutschlands bis zur Wiedervereinigung im Oktober 1990 weder Ausland darstellten noch zum Bundesgebiet gehörten; denn Abs 1 bezweckt eine vollständige Übersicht über alle Arten von Asylverf in der Vergangenheit. Bei den Verf im Ausland kommt es nicht auf die jew Verfahrensart an.

Im Inland ist der Fall des „kleinen Asyls" nach § 14 AuslG 1965 eigentlich nicht erfasst. Denn die bloße Berufung auf asylr Abschiebungsschutz leitete damals kein Asylverf ein u. war auch nicht auf eine Feststellung der Flüchtlingseigenschaft nach Art 1 GK gerichtet. Dasselbe gilt für den Ausl, der sich im Auslieferungsverf auf die Gefahr politischer Verfolgung berufen hat (§ 6 IRG).

Die Mitwirkungsverpflichtung reicht über asylr Sachverhalte hinaus u. umfasst entspr der erweiterten Kompetenz des BAMF (§§ 5 I 2, 24 II) auch die Grundlagen für **Abschiebungshindernisse**. Damit sind alle denkbaren Hindernisse gemeint, insb die in § 60 II–VII AufenthG genannten. Das Abschiebungsverbot des § 60 I AufenthG (Art 33 GK) ist asylr Art u. schon durch Abs 1 erfasst. Dem Asylbew obliegt daher vor allem der Vortrag von Tatsachen über die Gefahr von Todesstrafe, Folter, menschenunwürdiger oder erniedrigender Behandlung oder existenzieller Gefährdung (Art 1 u. 102 GG; Art 3 EMRK; Art 3 UN-Folterkonv; § 60 II, III, V–VII AuslG). Gründe für eine allg Aussetzung der Abschiebung für bestimmte Gruppen oder Staaten (§ 60a I AufenthG) oder für eine Duldung (§ 60a II AufenthG) zählen nicht dazu, es sei denn, es handelt sich um in der Person des Asylbew liegende Umstände. 7

Auch insoweit richtet sich der **Umfang** der notwendigen Darlegungen nach der Art der Tatsachen u. dem Wissen des Ausl u. ist deshalb nicht allg genau bestimmbar. Soweit es zB die näheren rechtlichen u. tatsächlichen Voraussetzungen der Todesstrafe angeht, genügt der Asylbew den Anforderungen des Abs 2 mit der Äußerung einer entspr Befürchtung aufgrund einer von ihm begangenen oder ihm zumindest angelasteten Straftat. Einzelheiten der Rechtslage u. Vollzugspraxis gehören grundsätzlich nicht zu dem persönlichen Wissensbestand des Ausl; sie müssen vom BAMF ermittelt werden, soweit sie entscheidungserheblich sind. 8

IV. Präklusion

Die fakultative Präklusion späteren asylr oder auslr Vorbringens (früher nach § 8a I 2 AsylVfG 1982 nur auf sonstige Abschiebungshindernisse bezogen) begegnet ähnlichen **Bedenken** wie die frühere asylvfr Regelung (§ 8a AsylVfG 1982) u. § 82 I 3, II AufenthG (§ 82 AufenthG Rn 7 ff). Die früher bestehenden methodischen Schwierigkeiten im Verhältnis zur gerichtlichen Überprüfung sind zT dadurch gelöst, dass die Gerichte jetzt gemäß § 77 II auf die Rechts- u. Sachlage im Zeitpunkt ihrer Entscheidung abzustellen haben. Daraus u. aus § 34 IV 3 erwachsen indes andere Probleme (vgl § 77 Rn 3 ff). 9

Die Nichtberücksichtigung späteren Vorbringens gilt zunächst nur für das Verf vor dem BAMF (für das Gerichtsverf vgl §§ 36 IV 3, 74 II). Der Ausschluss kann trotz der undifferenzierten Formulierung nur Umstände in der Vergangenheit betreffen, nicht **neue Tatsachen** oder Beweismittel; eine andere Auslegung widerspräche allg Verfahrensgrundsätzen (vgl § 74 II; § 51 VwVfG). Die Präklusion setzt zudem die (sichere) Gefahr der **Verfahrensverzögerung** voraus. Geringfügige Verzögerungen haben dabei außer Betracht zu bleiben, weil Entgegennahme u. Bewertung neuen Vortrags immer zeitlichen Aufwand verursachen. Schließlich ist dem BAMF **Ermessen** eingeräumt; es kann u. muss also etwa Entschuldigungsgründe für späteres Vorbringen gebührend berücksichtigen (dazu allg Brandt, NVwZ 1997, 233). 10

Der **Hinweis** auf die Möglichkeit der Präklusion (mit Auswirkungen auf das Gerichtsverf nach § 36 IV 3) muss so rechtzeitig erfolgen, dass der Ausl seiner Mitwirkungsverpflichtung noch rechtzeitig nachkommen kann. Es genügt nicht die bloße Verweisung auf die Bestimmung des Abs 3 S. 1. Der Asylbew muss vielmehr inhaltlich über den Tatbestand des verspäteten Vorbringens u. die Konsequenzen eines Verstoßes gegen seine Mitwirkungsverpflichtungen in einer für ihn verständlichen Art u. Weise belehrt werden. Am besten wird dies sofort bei der Antragstellung mit dem Hinweis nach § 10 VII verbunden. 11

V. Anhörung

1. Allgemeines Verfahren

12 Die **persönliche** Anhörung ist zwingend vorgeschrieben. Sie bildet neben der Sachverhaltsermittlung das Kernstück des Verf vor dem BAMF (§ 24 Rn 2, 8; zur Bedeutung nach früheren Recht vgl HessVGH, EZAR 210 Nr 2) u. kann weder durch die Anhörung eines Vertreters noch durch eine schriftliche Stellungnahme ersetzt werden. Soweit in §§ 24, 25 keine Bestimmungen über die Anhörung getroffen sind, gelten die allg Verfahrensvorschriften (vgl § 24 Rn 3). Zur Anhörung ist ein Sprachmittler beizuziehen (vgl § 17).

13 Die **Nichtöffentlichkeit** der Anhörung stellt keine Besonderheit gegenüber dem allg Verfahrensrecht dar (vgl §§ 28, 30 VwVfG sowie für das förmliche Verf §§ 67 I 1, 68 I 1 VwVfG). Sie ist für das Asylverf betont, weil die Person des Asylbew u. dessen Angaben besonders gefährdet sind u. daher uneingeschränkten Schutz gegen Veröffentlichungen benötigen. Politisch Verfolgte sind oft auch im Aufnahmestaat nicht sicher vor Nachstellungen, insb durch Geheimdienste des Heimatstaats (vgl VG Berlin, InfAuslR 1983, 300).

14 Außer den in Abs 6 genannten Personen können an der Anhörung aus Rechtsgründen der BB, Sachverständige, Zeugen, Auskunftspersonen u. Sprachmittler **teilnehmen**. Außerdem kann der Asylbew einen Sprachmittler seiner Wahl hinzuziehen (§ 17 II) u. sich selbstverständlich auch von einem Bevollmächtigten begleiten lassen (zur Zurückweisung BVerwG, EZAR 210 Nr 5), ohne dass er damit von seinen persönlichen Mitwirkungspflichten befreit wird. Schließlich ist bestimmten Amtspersonen die Anwesenheit gestattet; deren dienstliches Interesse braucht nicht nachgewiesen zu werden.

15 Die Ausnahmen für andere Personen bewilligt der Leiter des BAMF oder dessen Beauftragter, also uU der Anhör- oder Entscheidungsbedienstete, nach pflichtgemäßem **Ermessen**. Dabei genießen vor allem die Interessen des Asylbew am Schutz seiner Privatsphäre u. das öffentliche Interesse an wahrheitsgemäßen Angaben des Ausl u. von Zeugen u. Sachverständigen Vorrang vor den Belangen der betr Personen. Familienangehörigen ist die Anwesenheit dann nicht zu gestatten, wenn dadurch die Angaben des Asylbew oder spätere eigene Aussagen beeinflusst werden können.

16 Die **Niederschrift** muss alle wesentlichen Angaben des Asylbew enthalten u. außerdem die notwendigen Feststellungen zum Verf, etwa über Bevollmächtige, Dolmetscher u. andere Teilnehmer. Die Angaben des Asylbew sollten am besten in ihrer wörtlichen Übersetzung wiedergegeben werden, uU mit den dazugehörigen Fragen. Verständigungsschwierigkeiten sollten ebenso festgehalten werden wie eine zögerliche oder ausweichende Beantwortung von Fragen. Für die Niederschrift ist hier anders als nach § 36 II 1 eine Übermittlung an den Asylbew nicht ausdrücklich vorgeschrieben, aber gleichwohl zu verlangen u. in der Praxis auch üblich.

2. In einer Aufnahmeeinrichtung Wohnpflichtige

17 Für zum Wohnen in einer AEinr verpflichtete Asylbew ist die **Direktanhörung obligatorisch**. Von ihr kann (anders als nach Abs 5 S. 1) nur in den Ausnahmefällen des § 24 I 3 u. 4 abgesehen werden. Die näheren Umstände wie Terminierung, Ort u. Zeitpunkt sind grundsätzlich anders geregelt als für Asylbew, die außerhalb einer AEinr wohnen dürfen. Ob der Asylbew seiner Wohnverpflichtung nachkommt, ist unerheblich. Die auf unbedingte Beschleunigung ausgerichteten Bestimmungen des Abs 4 sind auch anwendbar, wenn der Asylbew sich überhaupt nicht in der AEinr meldet, vorübergehend abwesend ist oder die AEinr auf Dauer verlassen hat. Abs 4 S. 5 kann auf den nicht zur Antragstellung erschienen Ausl analog angewandt werden, weil seine Situation der des nicht zur Anhörung erschienenen vergleichbar ist (vgl § 23 Rn 9).

18 Der **Ort der Anhörung** ist nicht vorgeschrieben. Vorgesehen ist sie in der der AEinr zugeordneten Außenstelle. Dort ist nämlich der Antrag zu stellen (§ 14 I), u. die auf

Anhörung   § 25 **AsylVfG 4**

Beschleunigung ausgerichteten Vorschriften des Abs 2 lassen darauf schließen, dass die Anhörung nicht nur in zeitlicher, sondern auch in örtlicher Nähe erfolgen soll. Gleichwohl ist nicht ausgeschlossen, dass die Anhörung bei einer anderen Außenstelle oder auch beim BAMF durchgeführt wird. Die Zuständigkeit der AEinr ist zwar ua von der Bearbeitung der Asylanträge aus dem jew Herkunftsland durch die entspr Außenstelle abhängig (§ 46 I). Damit ist aber nicht die Möglichkeit verschlossen, die Anhörung anderswo vorzunehmen, wenn dies angezeigt ist. Ein solcher Fall kann zB eintreten, wenn die Bearbeitung des betr Herkunftslandes von der zugeordneten Außenstelle auf eine andere Außenstelle oder das BAMF übergegangen ist.

Der enge **zeitliche Zusammenhang** zwischen Antragstellung u. Anhörung ist die 19 Regel. Der Zeitraum ist nicht genau festgelegt. Es braucht kein „unmittelbarer" Zusammenhang zu bestehen (anders noch § 12 III 1 AsylVfG 1982). Das Ges lässt es genügen, wenn der Termin innerhalb einer Woche nach Antragstellung mitgeteilt wird (nicht notwendigerweise auch stattfindet wie nach § 12 III 2 AsylVfG 1982). Die Regel ist aber die Anhörung am selben Tag.

Findet die Anhörung nicht am selben Tag wie die Antragstellung statt, sind Asylbew u. 20 Bevollmächtigter unverzüglich zu verständigen. Ist der zeitliche Zusammenhang gewahrt oder der Termin zumindest bei der Antragstellung oder binnen einer Woche danach mitgeteilt, bedarf es keiner besonderen **Ladung.** Ist der zeitliche Zusammenhang oder der Wochenzeitraum nicht eingehalten, ist eine Ladung erforderlich. Ist ein Bevollmächtigter bestellt, kann sie an ihn oder den Asylbew ergehen; im letzteren Fall ist der Bevollmächtigte zu verständigen (§ 14 III VwVfG). Förmliche Ladung ist nicht vorgeschrieben, im Hinblick auf Abs 4 S. 5 aber zweckmäßig. Verständigung oder Mitteilung sind aus demselben Grund aktenkundig zu machen. Für Zustellung wie formlose Mitteilung gelten gerade in der AEinr die Sondervorschriften des § 10.

Selbst bei entschuldigter Verhinderung des Bevollmächtigten ist ein **neuer Termin** nicht 21 zwingend vorgesehen (anders noch § 12 III 5 AsylVfG 1982). Dies behindert die Interessen- u. Rechtsverfolgung des Asylbew einschneidend. Deshalb sollte ungeachtet des erklärten gesetzgeberischen Willens zur Beschleunigung (BT-Drs 12/2062 S. 32) bei sachgerechter Anwendung der Anhörungsvorschriften im Falle der Verhinderung des Bevollmächtigten möglichst ein anderer Termin bestimmt werden. Die Anhörung dient auch der Erfüllung des rechtsstaatlichen Gebots des rechtlichen Gehörs; demgegenüber haben staatliche Interessen an einer Verfahrensbeschleunigung zumindest dann zurückzutreten, wenn die Verzögerung nur einen oder wenige Tage ausmacht.

Schriftliche Äußerungen sind neben den mündlichen Angaben zugelassen, obwohl dies 22 in Abs 4 anders als in Abs 5 S. 2 nicht besonders erwähnt ist. Dies gilt vor allem bei Entscheidung nach Aktenlage aufgrund unentschuldigten Fernbleibens, was zunächst die ordnungsgemäße Mitteilung des Termins – oder Ladung (Rn 20) – voraussetzt. Eine unentschuldigte Terminsversäumnis darf nicht ohne weiteres u. ausnahmslos zu Lasten des Asylbew gewürdigt werden. Vor allem gibt es keinen allg Erfahrungssatz des Inhalts, dass ein zur Anhörung nicht erschienener Asylbew keinen Asylgrund hat (betr Gerichtstermin BVerwG, EZAR 630 Nr 10). Freilich kann aus einem derartigen Verhalten auf ein Desinteresse des Asylbew am Verf u. damit uU auf mangelnde Verfolgungsfurcht geschlossen werden.

3. Nicht in einer Aufnahmeeinrichtung Wohnpflichtige

Bei anderen als in einer AEinr wohnpflichtigen Asylbew ist der Zeitraum für die Anhörung 23 nicht Ges geregelt. Insoweit sind auch die allg Vorschriften über die Ladung nicht außer Kraft gesetzt. Ferner sind über § 24 I 3 u. 4 hinausgehend **Ausnahmen** von der Pflicht zur persönlichen Anhörung (§ 24 I 2) zugelassen. Ist das Fernbleiben wegen Reiseunfähigkeit oder aus anderen zwingenden Gründen entschuldigt, ist ein neuer Termin zu bestimmen.

Sonst ist Gelegenheit für eine **schriftliche Äußerung** zu geben. Mit der Einräumung der 24 Stellungnahmefrist kann eine Aufforderung nach § 33 verbunden werden. Erfolgt keine

Äußerung, muss die unentschuldigte Terminsversäumnis im Hinblick auf ein ernsthaftes Verfahrensinteresse u. eine Verfolgungsfurcht des Asylbew gewürdigt werden (Rn 22). Ob das BAMF die Anforderungen für die Entscheidung nach Aktenlage eingehalten hat, kann im Gerichtsverf nur beschränkt überprüft werden; nur die materielle Bewertung hat Einfluss auf die Begründetheit des Asylantrags, nicht die Verfahrensweise des BAMF.

§ 26 Familienasyl und Familienabschiebungsschutz

(1) Der Ehegatte eines Asylberechtigten wird auf Antrag als Asylberechtigter anerkannt, wenn
1. die Anerkennung des Ausländers als Asylberechtigter unanfechtbar ist,
2. die Ehe schon in dem Staat bestanden hat, in dem der Asylberechtigte politisch verfolgt wird,
3. der Ehegatte einen Asylantrag vor oder gleichzeitig mit dem Asylberechtigten oder unverzüglich nach der Einreise gestellt hat und
4. die Anerkennung des Asylberechtigten nicht zu widerrufen oder zurückzunehmen ist.

(2) ¹Ein zum Zeitpunkt seiner Asylantragstellung minderjähriges lediges Kind eines Asylberechtigten wird auf Antrag als asylberechtigt anerkannt, wenn die Anerkennung des Ausländers als Asylberechtigter unanfechtbar ist und diese Anerkennung nicht zu widerrufen oder zurückzunehmen ist. ²Für im Bundesgebiet nach der unanfechtbaren Anerkennung des Asylberechtigten geborene Kinder ist der Asylantrag innerhalb eines Jahres nach der Geburt zu stellen.

(3) Absatz 2 gilt nicht für Kinder eines Ausländers, der nach Absatz 2 als Asylberechtigter anerkannt worden ist.

(4) ¹Ist der Ausländer nicht als Asylberechtiger anerkannt worden, wurde für ihn aber unanfechtbar das Vorliegen der Voraussetzungen des § 60 Abs. 1 des Aufenthaltsgesetzes festgestellt, gelten die Absätze 1 bis 3 entsprechend. ²An die Stelle der Asylberechtigung tritt die Feststellung, dass für den Ehegatten und die Kinder die Voraussetzungen des § 60 Abs. 1 des Aufenthaltsgesetzes vorliegen.

Übersicht

	Rn
I. Entstehungsgeschichte	1
II. Allgemeines	2
III. Rechtsstellung	3
1. Allgemeines	3
2. Asyl- oder Flüchtlingsanerkennung eines Familienmitglieds	5
3. Asylgesuch des Ehegatten oder Kindes	9
4. Ehegatte	12
5. Kind	14
IV. Verwaltungsverfahren und Rechtsschutz	17
1. Verhältnis zur Asyl- und Flüchtlingsanerkennung	17
2. Verwaltungsverfahren	20
3. Gerichtliches Verfahren	23

I. Entstehungsgeschichte

1   Die Vorschrift entspricht nur zT § 7 a III AsylVfG 1982 u. dem **GesEntw 1992** (BT-Drs 12/2062 S. 10). Auf Empfehlung des BT-IA (BT-Drs 12/2718 S. 20, 60) werden auch die Familienangehörigen förmlich als Asylber anerkannt. Für die Kinder wird auf den Zeitpunkt ihrer Antragstellung u. nicht mehr auf den „des Eintritts der Unanfechtbarkeit der Anerkennung" des Elternteils abgestellt. Abs 2 S. 2 u. Abs 3 sind zusätzlich eingefügt. Zum 1. 11.

Familienasyl § 26 **AsylVfG** 4

1997 wurde Nr 1 in Abs 1 eingefügt (Ges vom 29. 10. 1997, BGBl. I 2584). Mit Wirkung vom 1. 1. 2005 ist entspr dem GesEntw (BT-Drs 15/420 S. 4 f) die Regelung auf Angehörige anerkannter Konventionsflüchtlinge erstreckt, indem Abs 4 angefügt u. die Überschrift entspr ergänzt ist; zudem ist Abs 2 klarstellend neu gefasst (Art 3 Nr 17 **ZuwG**).

II. Allgemeines

Der **Zweck** der Institution Familienasyl ist darin zu sehen, BAMF u. Gerichte zu entlasten, indem eine uU schwierige Prüfung eigener Verfolgungsgründe der nahen Angehörigen eines Verfolgten erübrigt wird, u. außerdem deren Integration zu fördern (BT-IA, BT-Drs 11/6960 S. 29 f). Die Einführung des Familienasyls trägt zahlreichen Erfahrungen mit familienbezogenen Verfolgungen, zT sippenhaftähnlicher Art Rechnung (vgl dazu BVerwGE 65, 244; 75, 304; 79, 244; BVerwG, EZAR 204 Nr 2 u. 3; Bell, ZAR 1986, 188). Das Familienasyl geht auf langjährige Empfehlungen des UNHCR (N bei Koisser/ Nicolaus, ZAR 1991, 31 Fn 3 f, 10 ff; Henkel, ZAR 1981, 85), von Verbänden u. in der Wissenschaft (Köfner/Nicolaus, Grundlagen S. 247 ff; Renner, NJW 1989, 1251) zurück. Seine praktische Bedeutung ist angesichts der restriktiven formellen Voraussetzungen eher als gering zu veranschlagen; jedenfalls kommt es nicht etwa allen Mitgliedern der Kernfamilie eines Asylber zugute. Schon im Blick auf eine europäische Harmonisierung war zudem lange Zeit beanstandet worden, dass es an einer insoweit besonders wichtigen Einbeziehung der Angehörigen von Konventionsflüchtlingen fehlte (vgl dazu KommBer S. 164). Mit dem ZuwG ist diesen Forderungen nunmehr Rechnung getragen, um die Flüchtlingsfamilie insgesamt mit einem einheitlichen Status auszustatten (vgl BT-Drs 15/420 S. 109; dazu auch die Vorschriften über die Wahrung des Familienverbands in Art 23 II RL 2004/83/EG). 2

III. Rechtsstellung

1. Allgemeines

Die Gewährung von Familienasyl führt wie schon früher zur selben Rechtsstellung wie die Asylanerkennung; die **Identität** des verliehenen Status besteht trotz der unterschiedlichen Grundlagen u. Verf (Bierwirth in Barwig, AuslR, S. 229). In der Vergangenheit konnte streitig sein, ob § 7 a III AsylVfG 1982 neben Art 16 II 2 GG eine taugliche Grundlage für eine Asylanerkennung abgeben konnte (so aber BVerwG, EZAR 215 Nr 2; krit Anm. Renner, ZAR 1992, 35; ähnlich noch §§ 31 IV, 70 I, 71 I, II AsylVfG-E 1992, BT-Drs 12/2062). Die mit § 26 vorgenommene Gleichstellung liegt im Interesse des Integrationsziels wie der Verfahrensökonomie (Rn 2). Der Status ist in beiden Fällen gleich, nur die Erwerbstatbestände unterscheiden sich (Art 16 a I GG einerseits u. § 26 andererseits; zur Geltung der Drittstaatenregelung vgl Rn 11). Die Gleichstellung folgt allerdings ebenso wenig zwingend aus Art 6 u. 16 a GG wie die Einrichtung des Familienasyls selbst (vgl dazu BVerfG-K, NVwZ 1991, 978; BVerwG, InfAuslR 1995, 302; Zimmermann, S. 132). Sie geht vielmehr über Art 16 a I GG hinaus u. rechtfertigt sich als einfaches Begünstigung der Familie (BVerwGE 89, 315). Der „Terrorismusvorbehalt" (vgl Art 16 a GG Rn 64) soll auch gegenüber dem Anspruch auf Familienasyl gelten (OVG NRW, AuAS 2000, 196). Bei Vorliegen der Voraussetzungen soll über § 60 I AufenthG nicht entschieden werden (§ 31 IV 1). Diese Grundsätze gelten für den 2005 eingeführten Familienabschiebungsschutz entspr Die Beendigung des Status des Familienasyls (als Status des Asylbew) u. des Familienabschiebungsschutzes (als Status des anerkannten Flüchtlings) ist in §§ 72 I, 73 I, II geregelt. 3

Die Gleichstellung von Ehegatten u. minderjährigen ledigen Kindern mit dem als Asylber oder als Flüchtling anerkannten Familienmitglied geht auf zahlreiche Erfahrungen mit 4

familienbezogenen Verfolgungen, zT sippenhaftähnlicher Art zurück. Sie hängt aber nicht von der Feststellung derartiger Verhältnisse oder von der Berechtigung entspr tatsächlicher Vermutungen (Rn 2) ab. Eine Einbeziehung in die Verfolgung des Asylber oder Flüchtlings braucht weder behauptet noch vermutet noch festgestellt zu werden. Die Asylanerkennung u. Flüchtlingsanerkennung der Mitglieder der Kernfamilie ist bewusst von einer solchen Grundlage gelöst.

2. Asyl- oder Flüchtlingsanerkennung eines Familienmitglieds

5   Grundvoraussetzung für Familienasyl ist die **Asyl- oder Flüchtlingsanerkennung** eines Mitglieds der Kernfamilie, u. zwar eines Ehegatten oder Elternteils, nicht eines Kindes oder Geschwisters (OVG SaAnh, EZAR 215 Nr 16). Eine Flüchtlingsanerkennung genügte bis Ende 2004 nicht (zur früheren Rechtslage BVerwG, EZAR 202 Nr 24; vgl auch Rn 10). Der Anerkennung durch das BAMF ist dessen rechtskräftige Verpflichtung hierzu gleichzustellen; Verfahrensverzögerungen bei der Ausstellung des Anerkennungsbescheids können nicht zu Lasten des Familienangehörigen gehen. Die Verfolgung muss in dem Herkunftsstaat nicht aktuell stattfinden („verfolgt wird"); es kommt vielmehr nur auf die Verfolgungsgefahr bei Rückkehr an. Abgestellt ist auf den Herkunftsstaat (auch eines Staatenlosen), weil nur bei dort drohender Verfolgung ein AsylR oder Abschiebungsschutz besteht.

6   Die Anerkennung des Stammberechtigten brauchte bis zur Änderung ab 1. 11. 1997 (Rn 1) nicht **unanfechtbar** zu sein (vgl zB BVerwGE 89, 315). Da nunmehr wegen des umständlichen Verf bei Widerruf des Familienasyls nach Aufhebung der Asylanerkennung während des Verf des Stammberechtigten insoweit Bestandskraft verlangt ist, kann eine erhebliche Verfahrensverzögerung eintreten. Denn im Regelfall der gleichzeitigen Antragstellung aller Familienangehörigen muss nach der Asylanerkennung des Ehegatten oder Elternteils das Verf des anderen Ehegatten oder des Kindes abgetrennt u. bis zum Eintritt der Bestandskraft ausgesetzt werden (HessVGH, 4. 10. 1998 – 6 UE 210/98 –; VG Würzburg, EZAR 215 Nr 18). Entspr Überlegungen gelten für den Familienabschiebungsschutz. Das Erfordernis der Bestandskraft der Anerkennung des Stammberechtigten gilt auch für minderjährige Kinder (dazu BVerwG, EZAr 215 Nr 19); dies ist durch die Neufassung von 2005 klargestellt (zur früheren Fassung betr Asylanerkennung BVerwG, EZAR 215 Nr 19).

7   Ob Familienasyl von einem seinerseits Familienasylber **abgeleitet** werden kann, ist str. Das BVerwG verneint die Frage unter Hinweis auf Wortlaut, Systematik, Sinn u. Zweck sowie Entstehungsgeschichte (NVwZ 1994, 505 u. EZAR 215 Nr 9; ebenso GK-AsylVfG, § 26 Rn 56 f; aA Bierwirth in Barwig, AuslR, S. 235; Hailbronner, § 26 AsylVfG Rn 15 f; Henkel in Barwig, AuslR, S. 204; VGH BW, VBlBW 1995, 287; Koisser/Nicolaus, ZAR 1991, 35; Marx, § 26 Rn 13). Dem ist entgegenzuhalten, dass auch der Familienasylber wegen (unwiderleglich vermuteter) politischer Verfolgung im Heimatstaat anerkannt wird (Wortlaut von Abs 1 Nr 2), die erworbene Rechtsstellung der des Asylber in vollem Umfang gleichsteht u. Abs 3 nur die Vermittlung des Familienasyls an weitere Abkömmlinge ausschließt (Rn 15), also im Umkehrschluss ansonsten eine derartige „Weitergabe" gerade zulässt. Bei Einführung des Familienasyls in § 7a AsylVfG 1982 wurde die Notwendigkeit eines gleichen Status für Angehörige der Kernfamilie u. einer Verfahrensvereinfachung betont u. von einer generellen Erstreckung der Verfolgung auf der Grundlage der damaligen Rspr des BVerwG auf andere Familienangehörige ausgegangen (vgl BT-Drs 11/6960 S. 60). Schließlich ist eine zahlenmäßig bedeutsame Ausweitung des Anwendungsbereichs nicht zu erwarten, weil Ehegatten von als familienasylberechtigt anerkannten Kindern praktisch an der Voraussetzung des Bestands der Ehe im Verfolgerstaat scheitern u. es danach im Wesentlichen um nichteheliche u. voreheliche Kinder geht (ebenso Hailbronner, § 26 AsylVfG Rn 15–18; vgl auch Rn 14 f). Dieselben Überlegungen gelten für den Familienabschiebungsschutz.

8   Über Familienasyl u. -abschiebungsschutz kann nicht positiv entschieden werden, wenn eigentlich dessen Grundlage bereits entfallen ist. Deshalb darf die Asylber nicht schon **zuvor erloschen** sein (dazu § 72); dies bedurfte keiner ausdrücklichen Regelung. Aus demselben

Familienasyl § 26 **AsylVfG** 4

Grunde ist vor Gewährung des Familienasyls auch die Frage des Widerrufs oder der Rücknahme der Asylanerkennung zu prüfen (dazu § 73). Allerdings genügen insoweit bloße Zweifel nicht, um Familienasyl zu versagen. Die Voraussetzungen für **Widerruf oder Rücknahme** müssen in vollem Umfang vorliegen. Außerdem muss zumindest eine entspr Äußerung des dafür zuständigen Leiters des BAMF oder dessen Beauftragten (§ 73 IV 1) ergehen. Denn die Ansicht des für Familienasyl- oder -abschiebungsschutz zuständigen Bediensteten (§ 5 Rn 17) hierüber allein genügt nicht. Solange Widerruf oder Rücknahme nicht erfolgt sind, darf Familienasyl- oder -abschiebungsschutz nicht endgültig abgelehnt werden. Bis zum Widerruf oder zur Rücknahme darf allerdings zugewartet werden, wenn deren Voraussetzungen vorliegen. Das hierin liegende **Risiko** für den Stammberechtigten ist in der Praxis als **gering** zu veranschlagen. Wenn über Asylberechtigung u. Flüchtlingsanerkennung sowie Familienasyl u. Familienabschiebungsschutz gleichzeitig oder in engem zeitlichen Zusammenhang entschieden wird, läuft die Widerrufs- u. Rücknahmeklausel leer. Sie kann nur an Bedeutung gewinnen, wenn zwischen beiden eine erhebliche Zeitspanne liegt (Koisser/Nicolaus, ZAR 1991, 31, 36). Im Gerichtsverf hat das Widerrufs- oder Rücknahmeverf Vorrang; das Asylverf des Familienangehörigen ist um den Preis der Verfahrensverzögerung auszusetzen, um Statusdifferenzen u. Folgeanträge zu vermeiden (Hailbronner, § 26 AsylVfG Rn 26).

3. Asylgesuch des Ehegatten oder Kindes

Das Familienmitglied muss **ebenfalls einen Asylantrag** iSd § 13 I gestellt haben, u. zwar 9
der Ehegatte vor oder gleichzeitig mit dem Asylber oder aber bei späterer Einreise unverzüglich danach. Hält sich der Ehegatte bei Antragstellung (durch den später anerkannten Ausl) bereits in Deutschland auf, reicht also ein späterer Antrag für ein Familienasyl nicht aus. Bei späterer Einreise muss der Antrag ohne schuldhaftes Zögern (vgl § 121 BGB) gestellt werden. Für ein nach dem Antrag des Elternteils, aber vor dessen Anerkennung im In- oder Ausland geborenes Kind war der Antrag vor der Änderung zum 1. 1. 2005 (analog Abs 1 Nr 3) unverzüglich nach Geburt oder Einreise zu stellen (HessVGH, EZAR 633 Nr 30; OVG NRW, EZAR 215 Nr 22; VG Münster, EZAR 215 Nr 11; Hailbronner, § 26 AsylVfG Rn 33: idR zwei Wochen nach Geburt; BVerwG, EZAR 215 Nr 15: idR zwei Wochen nach Geburt; VGH BW, VBlBW 2001, 185: idR zwei Wochen nach Einreise; aA BayVGH, EZAR 215 Nr 10). Nunmehr gibt es grundsätzlich keine Antragsfrist für Kinder mehr, diese müssen den Antrag nur vor Vollendung des 18. Lebensjahres stellen. Ausgenommen ist der Fall der Fall der Geburt nach der Anerkennung des Elternteils (vgl auch Rn 16). Den im Bundesgebiet nachgeborenen Kindern ist nämlich eine Antragsfrist von einem Jahr nach der Geburt eingeräumt (nur diesen Kindern: VGH BW, ESVGH 51, 180; betr Übergangsfälle vgl BVerwG, EZAR 215 Nr 9), die als Ausschlussfrist ausgestaltet ist u. daher auch bei unverschuldeter Versäumung nicht verlängert werden kann. Das Kind muss aber im Bundesgebiet geboren sein; zwischenzeitlich im Ausland geborene u. dort verbliebene Kinder sind ohne Rücksicht auf eine mögliche Einbeziehung in die Verfolgung des Elternteils nicht berechtigt (Hailbronner, § 26 AsylVfG Rn 27).

Erforderlich ist nur das **Schutzsuchen** vor politischer Verfolgung, nicht ein besonderer 10
Antrag auf Familienasyl oder Familienabschiebungsschutz (§ 13 Rn 15). Unschädlich ist es auch, wenn die Ehe oder die Abstammung von dem Asylber oder Flüchtling oder dessen Verfolgung (zunächst) überhaupt nicht erwähnt werden. Unerheblich ist dem Wortlaut nach ferner, ob der Ehegatte seinen Asylantrag **auf Flüchtlingsanerkennung beschränkt** hat (vgl § 13 I 2). Familienasyl kann freilich in diesem Fall nach Sinn u. Zweck der Regelung angesichts unterschiedlicher Rechtsfolgen (vgl § 2 einerseits u. § 3 andererseits) nicht gewährt werden (Koisser/Nicolaus, ZAR 1991, 31; vgl auch Rn 5). Sonst träte ein mit dem Antrag nicht übereinstimmendes Ergebnis ein. Denn aufgrund eines nach § 13 I 2 beschränkten Asylantrags kann nicht die volle Rechtsstellung nach § 2 erlangt werden, sondern nur diejenige nach § 3 iVm § 60 I AufenthG. Hiermit wäre nicht vereinbar, wenn auf einen

solchen Antrag nach eingeschränkter Prüfung der Voraussetzungen des Familienasyls der Status eines Asylber, also ein rechtliches Mehr zugebilligt würde. Die Richtigkeit dieser Überlegung wird dadurch bestätigt, dass der zuerst beschiedene Asylantrag zu einer Asyl- u. nicht nur zu einer Flüchtlingsanerkennung geführt haben muss. Nur Ehegatten u. Kinder Asylber erhalten Familienasyl, nicht aber Angehörige von ausl Flüchtlingen. Damit wird ein einheitlicher Status in der Familie gewährleistet, bis Ende 2004 freilich nur bei Personen, die die Voraussetzungen des Art 16 a GG erfüllen u. die Asylanerkennung wünschen. Nach Einführung des Familienabschiebungsschutzes seit Anfang 2005 erhält der Ehegatte auf einen beschränkten Antrag hin ebenso (Familien-)Abschiebungsschutz wie der Stammberechtigte, wird also als Flüchtling anerkannt.

11   Grundsätzlich ausgeschlossen ist Familienasyl bei **Einreise aus einem sicheren Drittstaat** (Hailbronner, § 26 AsylVfG Rn 7 a; BVerfG-K, EZAR 215 Nr 21; BVerwG, EZAR 215 Nr 14; OVG NRW, EZAR 215 Nr 13). Der Familienangehörige steht bei abgeleiteter Anerkennung im Wege des Familienasyls nicht besser als bei originärer Asylanerkennung. Die Berufung auf Familienasyl ist dagegen in den Ausnahmefällen des § 26 a I 3 zulässig (BVerwG aaO), zB nach Einreise aus einem der VO/EG 343/2003 unterliegenden EU-Staat (früher eines Vertragsstaats des DÜ; dazu § 4 Rn 8; § 18 Rn 4, 15, 29; Hailbronner/Thiery, ZAR 1997, 55). Dies gilt nicht für den seit 2005 eingeführten Familienabschiebungsschutz, da die Drittstaatenklausel lediglich die Asyl-, nicht jedoch die Flüchtlingsanerkennung ausschließt.

4. Ehegatte

12   Begünstigt sind Ehegatten, wenn die Ehe schon im Verfolgerstaat bestanden hat; ein Verlöbnis genügt nicht. Die Ehe braucht nicht dort geschlossen zu sein. Die Eheleute müssen aber nach der Eheschließung zumindest übergangsweise einmal zusammen im Heimatstaat des Asylber gelebt haben. Der bloße Bestand der einmal geschlossenen Ehe reicht nicht für die dem Familienasyl zugrundeliegende Verfolgungsgemeinschaft aus. Es muss dort eine **familiäre Lebensgemeinschaft** bestanden haben (BVerwG, EZAR 215 Nr 5). Denn es wird der Bestand der Ehe „in dem" Herkunftstaat des Asylber oder anerkannten Flüchtlings verlangt. Die Gültigkeit der Ehe beurteilt sich nach dem Recht des Wohnsitz- oder hilfsweise des Aufenthaltsstaats, wobei vorher erworbene Rechte zu achten sind (Art 12 GK). Auch polygame Ehen kommen also in Betracht (Birk/Repp, ZAR 1992, 14; Koisser/Nicolaus, ZAR 1991, 31), ebenso Handschuhehen (Hailbronner, § 26 AsylVfG Rn 20; VG Wiesbaden, EZAR 215 Nr 8), nicht jedoch religiös geschlossene Ehen, wenn u. solange sie nicht staatlich anerkannt sind, zB Imamehen (dazu OVG RhPf, EZAR 215 Nr 6). Dagegen kann am Tatbestand einer gültigen Ehe nicht allein deswegen gezweifelt werden, weil mit ihr aufr Vorteile angestrebt werden (aA Birk/Repp, ZAR 1992, 14; Hailbronner, § 26 AsylVfG Rn 20); fraglich kann in Fällen dieser Art nur der Bestand der ehelichen Lebensgemeinschaft sein (dazu Rn 12). Der Ehegatte kann auch eine andere StAng besitzen oder staatenlos sein (krit dazu Koisser/Nicolaus aaO).

13   Die **Ehe** muss auch im Zeitpunkt der Entscheidung (dazu auch Rn 22, 25) noch **bestehen,** darf also weder durch Scheidung noch durch Tod aufgelöst sein (BayVGH, EZAR 215 Nr 7). Unschädlich ist eine Scheidung nur, wenn die Partner zwischenzeitlich wieder geheiratet haben (BayVGH, EZAR 215 Nr 7; VG Berlin, AuAS 1996, 188). Ob die Vorschrift auch bei Ehescheidung nach der Flucht – in Anlehnung an die Rspr zu § 1 III BVFG (vgl dazu Hailbronner/Renner, StAngR Art 116 GG Rn 67, 68 f) – anwendbar ist (dafür Koisser/Nicolaus, ZAR 1991, 31), erscheint höchst fraglich. Denn der Ehegatte soll erkennbar nur mit Rücksicht darauf begünstigt werden, dass er bei einer Rückkehr in seine Heimat in die seinem Ehepartner bevorstehende Verfolgung einbezogen würde. Die Wahrscheinlichkeit eines solchen Schicksals wäre aber idR nach einer Ehescheidung oder dem Tod des politisch Verfolgten erheblich geringer einzuschätzen. Sofern sich die dem einen Ehepartner drohende Verfolgungsgefahr trotz Scheidung oder Tod weiter auf den anderen auswirkt, kann dieser die Asyl- oder Flüchtlingsanerkennung aus eigenem Recht erreichen.

Familienasyl § 26 **AsylVfG 4**

5. Kind

Als Kinder kommen eheliche u. nichteheliche sowie adoptierte in Betracht (Koisser/ 14
Nicolaus, ZAR 1991, 31). Sie können eine andere StAng besitzen als der Elternteil (VGH
BW, EZAR 215 Nr 23). Sie müssen aber bereits geboren sein, die Leibesfrucht ist also nicht
berechtigt (VG Brm., EZAR 215 Nr 1; zu Geburtsort u. -zeit Rn 9). Es muss sich um ein
Kind des als Asylber oder Flüchtling **anerkannten Ehegatten** handeln. Wird dem anderen
Ehegatten Familienasyl gewährt, kommen dessen nichteheliche oder aus früherer Ehe
stammende Kinder ebenfalls in den Genuss des Familienasyls (Rn 7; im Ergebnis ebenso
schon nach altem Recht Bierwirth in Barwig, AuslR, S. 235 f; Koisser/Nicolaus aaO). Denn
dieses wird allg Kindern „des Asylber" gewährt, die bei der „Anerkennung" schon lebten
oder danach im Bundesgebiet geboren wurden (vgl auch Rn 9). Wenn der Ehegatte zum
Zwecke eines einheitlichen Rechtsstatus in der Familie dieselbe Rechtsstellung wie der
Asylber erhält, dann verdienen auch seine Kinder dieselbe Behandlung, weil nur so die
bessere Integration der ganzen Familie gewährleistet wird. Bei anderer Auslegung hinge die
Rechtsstellung der (nicht gemeinsamen) Kinder uU nur von der Reihenfolge der Bearbeitung der Asylanträge ab; dieses Ergebnis verträgt sich nicht mit den Zielen des Ges, das auch
bei der Rechtsstellung der Ehegatten nicht danach unterscheidet, wer als erster als Asylber
anerkannt u. wer „nur" familienasylber ist (Rn 7). Diese Grundsätze gelten seit 2005 entspr
für Kinder von als Flüchtling anerkannten Personen.

Ausgeschlossen ist dagegen die Weitergabe an die **Enkel** des Stammberechtigten. Aus 15
Abs 3 lässt sich im Umkehrschluss folgern, dass Kinder von nach Abs 1 Anerkannten ihrerseits Familienasyl oder -abschiebungsschutz erhalten können (vgl Rn 14; betr Asylanerkennung VGH BW, InfAuslR 1993, 200). Ohne einen derartigen Hintergrund wäre Abs 3
gänzlich überflüssig. Sein Sinn ist allein darin zu sehen, dass der Gesetzgeber die Grundannahme der Verfolgungsgemeinschaft der Kernfamilie nicht über drei Generationen hin für
gerechtfertigt hält.

Die Kinder müssen im Zeitpunkt ihres eigenen Asylgesuchs **minderjährig** u. **ledig** 16
sein. Dies gilt auch für diejenigen Kinder des Ehegatten, die nicht zugleich Kinder des
Asylber oder anerkannten Flüchtlings sind (Rn 14). Die Minderjährigkeit richtet sich
gemäß Art 12 GK u. § 12 II nach dt Recht, wobei es beim Folgeantrag auf dessen
Antragszeitpunkt ankommt u. nicht auf den des Erstantrags (BVerwGE 101, 341). Während
nach § 7a III S. 2 AsylVfG 1982 der Zeitpunkt der Anerkennung maßgeblich war
(BVerwGE 89, 309 u. 315), sollte es nach dem GesEntw auf den Eintritt der Unanfechtbarkeit ankommen (BT-Drs 12/2062 S. 10); mit dieser Änderung (unzutreffend die Begr
des GesEntw, BT-Drs 12/2062 S. 32, die keine Änderung annimmt) war eine gewisse
Schlechterstellung für ältere Kinder verbunden. Die endgültige Fassung (vom BT-IA empfohlen, BT-Drs 12/2718 S. 20) rückt eher die asylr Verbundenheit der Kinder mit dem
verfolgten Elternteil in den Vordergrund, indem sie auf die **Antragstellung** durch das
Kind abstellt. Damit trägt das Kind nicht das Risiko eines langen Verf (BT-Drs 12/2718
S. 75; VGH BW, InfAuslR 1993, 200; nach Anknüpfen an unanfechtbare Asylanerkennung
auch BVerwG, AuAS 2001, 226).

IV. Verwaltungsverfahren und Rechtsschutz

1. Verhältnis zu Asyl- und Flüchtlingsanerkennung

Verfahrensart u. Zuständigkeit sind nicht ausdrücklich geregelt. Sie lassen sich nur aus 17
der Rechtsnatur des Familienasyls u. des Familienabschiebungsschutzes u. aus deren
Verhältnis zu Asyl- u. Flüchtlingsanerkennung ermitteln. Die Gewährung des Familienasyls u. -abschiebungsschutzes steht nur zT neben diesen beiden Anerkennungsformen.
Sie vermittelt dieselbe Rechtsstellung wie die Asyl- u. die Flüchtlingsanerkennung. Des-

halb hat der Gesetzgeber im Zusammenhang mit der Einführung des Familienasyls u. später des Familienabschiebungsschutzes zu Recht von einer Änderung der die Asylberechtigung u. die Flüchtlingsanerkennung regelnden Vorschriften abgesehen. Es bedurfte keiner weiteren Sonderregelungen über Verf, Zuständigkeit u. Entscheidung (zum Widerruf § 73 I 2).

18   Familienasyl erfordert **keinen speziellen Familienasyl- oder Familienschutzantrag,** sondern wird auf einen allg Asylantrag hin gewährt; ist dieser allerdings gemäß § 13 I 2 beschränkt, kann nur Familienabschiebungsschutz gewährt werden (vgl Rn 11). Während dem Ausl die Wahl zwischen dem Status eines Asylber iSd Art 16a I GG u. dem eines ausl Flüchtlings iSd GK freigestellt ist (vgl §§ 3, 13 I 2; § 60 I AufenthG), wird ihm eine **Disposition** über die abgeleitete Rechtsstellung nicht zugestanden. Diese wird ihm vielmehr, wenn die ges Voraussetzungen vorliegen, gewährt, ohne dass er auf der Asyl- oder Flüchtlingsanerkennung „aus eigenem Recht" bestehen kann. Die Absicht des Gesetzgebers, die uU aufwändige Ermittlung u. Prüfung eigener Asylgründe des nahen Angehörigen zu erübrigen (vgl BT-Drs 11/6960 S. 29 f), verträgt sich nicht mit einem Vorrang der Asyl- u. Flüchtlingsanerkennung u. einer nur subsidiären Bedeutung des Familienasyls u. des Familienabschiebungsschutzes.

19   Ernstliche verfassungsrechtliche **Bedenken** bestehen gegen dieses Regelungssystem nicht. Sie könnten nur dann durchgreifen, wenn einem politisch Verfolgten der nach Art 16a I GG verheißene Schutz versagt oder beschnitten würde. Wer als politischer Verfolgter auf den förmlichen Anerkennungsstatus verzichtet u. sich mit der – ähnlich sicheren, aber nicht völlig gleichwertigen – Flüchtlingsanerkennung zufrieden gibt, wird nicht von Staats wegen in seinem Asylgrundrecht tangiert. Ebenso wenig stellt es einen Verstoß gegen Art 16a I GG dar, wenn Familienasyl einen Asylanerkennungsantrag sowohl bei dem zuerst anerkannten Asylbew als auch bei seinen Angehörigen voraussetzt. Durch den Ausschluss vom Familienasyl wird kein politisch Verfolgter an der Erlangung asylr Schutzes gehindert. Umgekehrt wird die Grundrechtsstellung des politisch verfolgten Angehörigen nicht dadurch verfassungswidrig eingeschränkt, dass er uU auf seinen Asylanerkennungsantrag „nur" Familienasyl erhält. Die ihm zuteil werdende Rechtsstellung unterscheidet sich nicht von der des Asylber (zur Entscheidung über § 51 I AuslG vgl § 31 V). Außerdem zudem müssen die Verfahrensvorschriften so ausgelegt u. angewandt werden, dass der politisch verfolgte Angehörige eines Asylber infolge des Familienasyls keinen endgültigen Rechtsverlust erleidet, falls er des Familienasyls verlustig geht (vgl § 73 I 2).

2. Verwaltungsverfahren

20   Das Verf wird eingeleitet durch einen nicht eingeschränkten Asylantrag (§ 13 I 2; Rn 10) u. führt zur **Asylanerkennung,** wenn die besonderen Voraussetzungen des Familienasyls vorliegen. Es bedarf keines gesonderten Antrags auf Gewährung von Familienasyl (Rn 10). Nach der – seit 1. 11. 1997 (Fn 1) notwendigerweise bestandskräftigen – Anerkennung des asylber Familienmitglieds werden Ermittlung u. Prüfung auf den jew Tatbestand des Familienasyls beschränkt. Die besonderen Ermittlungs- u. Mitwirkungspflichten der §§ 15, 24, 25 gelten nur noch insoweit, als dies für die Entscheidung über das Familienasyl erforderlich ist. Vor allem können Nachforschungen über Verfolgungstatbestände in der Vergangenheit u. künftige Verfolgungsgefahren unterbleiben, wenn Familienasyl bereits ernsthaft in Betracht kommt. Die **Reihenfolge der Prüfung** kann sich nach prozessökonomischen Gesichtspunkten richten, immer aber ist die Bestandskraft der Asylanerkennung des Stammberechtigten abzuwarten; erforderlichenfalls ist das Verf bis dahin auszusetzen. Diese Grundsätze gelten für den Familienabschiebungsschutz entspr

21   **Zuständig** ist das BAMF, weil es um die Bescheidung eines Asylantrags geht. Der Gesetzgeber hätte gewiss die AuslBeh mit der Gewährung des Familienasyls u. des Familienabschiebungsschutzes betrauen können; denn im Kern handelt es sich um eine aufr Entscheidung aufgrund abgeleiteten AsylR, u. bei fehlender Zuständigkeitszuweisung an den

Bund wären die AuslBeh der Länder gemäß Art 30, 83 GG, § 63 I AuslG allein zuständig (hierauf weisen Koisser/Nicolaus, ZAR 1991, 31 zu Recht hin). Für die Entscheidung über Asylanträge ist aber grundsätzlich das BAMF zuständig, falls nicht Grenzbehörden oder AuslBeh ausnahmsweise Kompetenzen zugewiesen sind (§§ 18 ff), u. eine derartige ausdrückliche Bestimmung zugunsten der AuslBeh ist bei Einführung des Familienasyls u. auch später nicht getroffen worden. Zudem geben die Gesetzesmaterialien keinen Hinweis auf eine dahingehende Absicht (vgl BT-Drs 11/6960 S. 29 f).

Die Entscheidung ergeht in der Weise, dass dem Asylantrag durch Asylanerkennung oder 22 Feststellung der Voraussetzungen des § 60 I AufenthG entsprochen wird. Die Rechtsgrundlage könnte zwar im Tenor angegeben werden (so Hailbronner, § 26 AsylVfG Rn 9), die Zweckmäßigkeit einer solchen Verfahrensweise erscheint aber eher fraglich; die Rechtsgrundlage (Art 16 a I GG oder § 60 I AufenthG) wird auch sonst nicht genannt u. kann, falls sie für andere Verf oder Behörden von Bedeutung ist, ohne Weiteres den Gründen entnommen werden. Eine teilweise Ablehnung des Asylantrags ist in der Gewährung von Familienasyl oder Familienabschiebungsschutz nicht zu sehen. Falls der Angehörige dennoch weiter die Asyl- oder Flüchtlingsanerkennung aufgrund der Gefahr eigener Verfolgung beanspruchen sollte, fehlt ihm hierfür das **Rechtsschutzinteresse** (betr Asylanerkennung Koisser/Nicolaus, ZAR 1991, 31). Denn er erlangt mit dem Familienasyl oder dem Familienabschiebungsschutz eine Rechtsstellung, die ihm dieselben Rechte sichert u. ihn auch auf Dauer nicht schlechter stellt als bei förmlicher Asyl- oder Flüchtlingsanerkennung aus eigenem Recht. Unter diesen Umständen hat er kein Recht auf Durchführung eines „normalen" Anerkennungsverf; seine dahingehenden Wünsche müssen hinter dem öffentl Interesse an einer vereinfachten u. beschleunigten Entscheidung zurückstehen (vgl Rn 19).

3. Gerichtliches Verfahren

Im gerichtlichen Verf ist die Entscheidung des BAMF in dem Umfang zu **überprüfen**, in 23 dem sie durch den Asylbew angegriffen wird. Dabei stellt die Klage des negativ beschiedenen Asylbew immer eine Verpflichtungsklage (§ 42 II VwGO) dar; denn mit ihr wird in jedem Fall eine Verpflichtung des BAMF angestrebt, zum einen zur Asylanerkennung (BVerwG, EZAR 610 Nr 15; HessVGH, EZAR 210 Nr 2) u. zum anderen zur Flüchtlingsanerkennung. Familienasyl u. Familienabschiebungsschutz werden immer zusammen mit der Asylanerkennung rechtshängig, weil (nur) der Asylantrag deren Gewährung einschließt; die Klageart ändert sich dadurch nicht.

Auch im gerichtlichen Verfahren steht dem Asylbew innerhalb des nicht nach § 13 I 2 24 beschränkten Asylantrags **keine Dispositionsfreiheit** über das Familienasyl zu. Erweist sich der Anerkennungsantrag „nur" aufgrund von § 26 als begründet, ist das BAMF auf die Klage des Asylbew zur Asylanerkennung zu verpflichten. Dem steht nicht entgegen, dass das BAMF uU noch keinen Anlass zur Prüfung des Familienasyls hatte; denn insoweit handelt es sich nur um die Auswechselung der Anerkennungsgrundlage, ähnlich wie bei der Umstellung von Vorflucht- auf Nachfluchtgründe. Entsprechendes gilt für den Familienabschiebungsschutz.

Für Familienasyl u. Familienabschiebungsschutz gelten hinsichtlich des für Rechts- u. 25 Sachlage maßgeblichen **Zeitpunkts** keine Besonderheiten. Für die Verpflichtungsklage kommt es insoweit im Allg auf den Zeitpunkt der (letzten) gerichtlichen Tatsachenentscheidung an (§ 77 I 1; so auch schon früher BVerfGE 54, 341; BVerwGE 67, 314; BVerwG, EZAR 200 Nr 3 u. 631 Nr 10; HessVGH, EZAR 210 Nr 2). Entscheidend ist danach – im Falle der gerichtlichen Anfechtung – nicht der Erlass des BAMF-Bescheids u. ebenso wenig die aufgrund rechtskräftiger gerichtlicher Verpflichtung ergehende spätere Anerkennung, sondern die Sachentscheidung des VG bzw. des OVG/VGH.

Die Dauer der Gerichtsverf können daher die Erfolgsaussichten des Asylbew je nach der 26 zwischenzeitlichen Entwicklung im Verfolgerland beeinflussen. Für Familienasyl u. Familienabschiebungsschutz können sich **Änderungen** der tatbestandlichen Voraussetzungen **während des Gerichtsverf** in mehrfacher Hinsicht ergeben: zB betr Asyl- oder Flüchtlingsanerkennung des asylber oder abschiebungsschutzber Ehegatten oder Elternteils, Bestand der Ehe, Minderjährigkeit, Ledigsein. Für Alter u. Familienstand des Kindes kommt es nach Abs 2 Satz 1 nur auf den Zeitpunkt der Antragstellung an (BVerwG, AuAS 2001, 226; vgl auch VG Arnsberg, InfAuslR 2001, 245). Anders verhält es sich mit dem Fortbestand der Asylanerkennung u. der Ehe.

27   Trotz gewisser Bedenken (dazu Koisser/Nicolaus, ZAR 1991, 31) erscheint es nicht geboten, für Familienasyl oder Familienabschiebungsschutz von dem **allg maßgeblichen Beurteilungszeitpunkt** abzugehen. Dies gilt auch für die Asyl- oder Abschiebungsschutzberechtigung des anerkannten Familienmitglieds. Unter Asylber oder Abschiebungsschutzber versteht das AsylVfG zT auch Personen, deren Anerkennung noch nicht bestandskräftig ist (zB § 58 IV). Da Abs 1 demgegenüber (seit 1. 11. 1997, dazu Rn 1) die Bestandskraft der Anerkennung voraussetzt, genügt die nicht bestandskräftige Anerkennung nicht (Rn 6), u. sie muss im Zeitpunkt der Gerichtsentscheidung noch bestehen (Rn 8). Wenn nach alledem zB während des Gerichtsverf geschiedene Ehegatten oder Ehegatten oder Kinder von inzwischen nicht mehr als Asylber oder als Flüchtling Anerkannten nicht in den Genuss des Familienasyls oder des Familienabschiebungsschutzes gelangen, so widerspricht dies nicht dem Zweck dieser Familienschutzinstitute, die Integration der Kernfamilie anerkannter Asylber oder Flüchtlings zu erleichtern. Die ges Begrenzung des begünstigten Personenkreises führt freilich zwangsläufig zum Ausschluss anderer Personen, auch wenn dies nicht wünschenswert sein mag oder der Praxis anderer GK-Vertragsstaaten widerspricht (so Koisser/Nicolaus, ZAR 1991, 31).

§ 26 a Sichere Drittstaaten

(1) ¹Ein Ausländer, der aus einem Drittstaat im Sinne des Artikels 16 a Abs. 2 Satz 1 des Grundgesetzes (sicherer Drittstaat) eingereist ist, kann sich nicht auf Artikel 16 a Abs. 1 des Grundgesetzes berufen. ²Er wird nicht als Asylberechtigter anerkannt. ³Satz 1 gilt nicht, wenn

1. der Ausländer im Zeitpunkt seiner Einreise in den sicheren Drittstaat im Besitz eines Aufenthaltstitels für die Bundesrepublik Deutschland war,
2. die Bundesrepublik Deutschland auf Grund eines völkerrechtlichen Vertrages mit dem sicheren Drittstaat für die Durchführung eines Asylverfahrens zuständig ist oder
3. der Ausländer auf Grund einer Anordnung nach § 18 Abs. 4 Nr. 2 nicht zurückgewiesen oder zurückgeschoben worden ist.

(2) Sichere Drittstaaten sind außer den Mitgliedstaaten der Europäischen Gemeinschaften die in Anlage I bezeichneten Staaten.

(3) ¹Die Bundesregierung bestimmt durch Rechtsverordnung ohne Zustimmung des Bundesrates, daß ein in Anlage I bezeichneter Staat nicht mehr als sicherer Drittstaat gilt, wenn Veränderungen in den rechtlichen oder politischen Verhältnissen dieses Staates die Annahme begründen, daß die in Artikel 16 a Abs. 2 Satz 1 des Grundgesetzes bezeichneten Voraussetzungen entfallen sind. ²Die Verordnung tritt spätestens sechs Monate nach ihrem Inkrafttreten außer Kraft.

Übersicht

	Rn
I. Entstehungsgeschichte	1
II. Allgemeines	2
III. Sicherer Drittstaat	3
IV. Einreise	5
V. Ausschluss des Asylrechts	9

I. Entstehungsgeschichte

Die Vorschrift wurde aufgrund Art 16 a II GG mit Wirkung vom 1. 7. 1993 eingefügt **1** (Art 1 Nr 17 **AsylVfÄndG 1993**). Sie entspricht dem **GesEntw 1993** (BT-Drs 12/4450 S. 5). Mit Wirkung vom 1. 1. 2005 wurde der Begriff der AufGen in Abs 1 S. 2 Nr 1 durch AufTit ersetzt (Art 3 Nr 52 **ZuwG**).

II. Allgemeines

Die Schaffung der Drittstaatenklausel durch Art 16 a II GG hat Voraussetzungen, Umfang **2** u. Rechtsfolgen des anderweitigen Verfolgungsschutzes **grundlegend verändert** (Art 16 a GG Rn 89 f; zur Verfassungsmäßigkeit BVerfGE 94, 49). Eine systematische Betrachtung wird dadurch erschwert, dass die anderen Regeln der §§ 19 II, 27, 29 über die anderweitige Sicherheit – wenn auch modifiziert – beibehalten u. zusätzlich die Bestimmungen der vr Verträge iSd Art 16 a V GG zu beachten u. in das AsylVfG einbezogen sind. Im Verhältnis zu den der VO/EG 343/2003 unterliegenden EU-Staaten (außer Dänemark; früher Vertragsstaaten des DÜ u. zuvor des SDÜ) wird die Drittstaatenklausel allerdings nicht angewandt (§ 5 Rn 8; § 18 Rn 4, 15, 29). Betr Einreise vor dem 1. 7. 1993 vgl **Übergangsregelung** in § 87 a I. Zu den aufgrund der EU-Asyl-RL notwendigen Veränderungen vgl Art 16 a GG Rn 131 ff.

III. Sicherer Drittstaat

Der **Kreis** der sicheren Drittstaaten wird durch GG, Anlage I zum AsylVfG („**Länder- 3 liste I**") u. RVO bestimmt. Sichere Drittstaaten sind die in Art 16 a II GG genannten EG-Staaten u. die in Anlage I vom Gesetzgeber bezeichneten Staaten (von denen einige inzwischen der EU beigetreten sind). Erfüllt einer der Letzteren die Voraussetzungen des Art 16 a II 1 GG nicht mehr, hat die BReg durch RVO anzuordnen, dass er nicht mehr als sicherer Drittstaat gilt u. zu behandeln ist. Für EG-Staaten wäre eine GG-Änderung erforderlich. Ist binnen sechs Monaten Anlage I nicht geändert, gilt der Staat wieder als sicher. Die RVO könnte dann nur bei veränderten Umständen wiederholt werden; sonst würde die Kontrollbefugnis von BT u. BR unterlaufen. Genügt ein Staat der Anlage I von Anfang an nicht den Anforderungen des Art 16 a II 1 GG, ist Anlage I insoweit verfassungswidrig u. auf Verfassungsbeschwerde oder im Wege abstrakter oder konkreter Normenkontrolle für nichtig zu erklären (§§ 76 ff, 80 ff, 90 ff BVerfGG).

Gegen die Aufnahme einiger Länder in Anlage I konnten anfangs **Bedenken** bestehen. In **4** Polen erschienen zumindest anfänglich weder die ordnungsgemäße Bearbeitung von Asylanträgen noch die Einhaltung des Refoulement-Verbots gesichert (vgl Henkel, ZAR 1993, 79; Zimmermann, DÖV 1993, 559). Die Beachtung des Verbots der Weiterschiebung war auch in der Schweiz (dazu Schmid, ZAR 1993, 82) nicht unbedingt gewährleistet. Weder aus der Gesetzesbegründung noch aus anderen Materialien ließen sich Anhaltspunkte dafür entnehmen, welche Rechtstatsachen für die Annahme des Gesetzgebers ausschlaggebend waren, in diesen Ländern sei die Anwendung der GK u. der EMRK sichergestellt iSd Art 16 a II 1 GG. Dennoch führten die erwähnten Zweifel nicht zur Annahme der Verfassungswidrigkeit eines Teils der Anlage 1 (dazu allg BVerfGE 94, 49; Art 16 a GG Rn 104 ff). Nach dem Konzept der normativen Vergewisserung reichen der Beitritt zu GK u. EMRK u. die ges Pflicht zur Prüfung der Verbote des Art 33 GK u. des Art 3 EMRK aus. Außerdem steht dem Gesetzgeber für die Gewinnung der Tatsachengrundlage ein Spielraum bei der Auswahl der Erkenntnismittel zu. Schließlich braucht sich seine Beurteilung nur als vertretbar zu erweisen (zu „Ausnahmen" vom Konzept der normativen Vergewisserung vgl Rn 14).

IV. Einreise

5 Aus einem sicheren Drittstaat eingereist ist nach der Rspr des BVerfG nicht nur, wer **unmittelbar** nach dem Verlassen dieses Staats ins Bundesgebiet eingereist ist (§ 18 Rn 18). Es genügt, dass er „über" einen solchen Staat gereist ist (ähnlich schon BT-Drs 12/4152 S. 3, 4; 12/4450 S. 20; vgl Art 16 a GG Rn 99). Für die Reise durch einen sicheren Drittstaat reicht tatsächlicher Gebietskontakt zu diesem Staat aus. Weder eine rechtlich relevante Ein- oder Ausreise noch ein Schutzersuchen oder eine Aufnahme werden verlangt (Art 16 a GG Rn 100). Die Einreise kann auf dem Land-, dem Luft- oder dem Seeweg erfolgen. Dabei dürfen auch andere Staaten berührt werden.

6 Es braucht nach der Rspr des BVerfG kein **bestimmter Staat** festgestellt zu werden, aus dem der Ausl eingereist ist (BVerfGE 94, 49; Art 16 a Rn 101; so auch BVerwGE 100, 123; aA zB früher HessVGH, EZAR 208 Nr 6). Es genügen zwar keine Vermutungen, aber doch die Gewissheit, der Asylbew könne nur aus einem sicheren Drittstaat eingereist sein. Da Deutschland nur von sicheren Drittstaaten umgeben ist, bedarf es, wenn der Ausl erwiesenermaßen weder aus der Luft noch über die See eingereist ist, nicht der positiven Feststellung eines bestimmten Transitstaats. Damit wird die ohnehin hypothetische Natur der Drittstaatenklausel noch verstärkt u. die Zahl der allg unerwünschten „refugees in orbit" entgegen dem Willen des Gesetzgebers (dazu BT-Drs 12/4450 S. 15) noch vergrößert (vgl Art 16 a GG Rn 101 ff). Insofern besteht ein Unterschied zu den vr Regelungen iSd Art 16 a V GG, die eine sichere Bestimmung des zuständigen Vertragsstaats verlangen.

7 Da es nach der Rspr des BVerfG die Feststellung genügt, dass der Flüchtling über keinen anderen als einen sicheren Drittstaat eingereist ist (so auch CDU/CSU im Gegensatz zu SPD u. FDP, BT-Drs 12/4450 S. 20), kann das vom Gesetzgeber selbst gesteckte Ziel der Drittstaatenregelungen jedenfalls nicht in vollem Umfang erreicht werden. Diese sollen nämlich verhindern, dass sich für einen Flüchtling „aus formalen Gründen letztlich **kein Staat verantwortlich** fühlt" (so BT-Drs 12/4450 S. 15). Die Rückführbarkeit ist zwar nicht Voraussetzung für die Anwendung des § 26 a, weil schon Art 16 a II GG selbst den Ausschluss des Flüchtlings vom AsylR ohne Rücksicht darauf verfügt, ob der Drittstaat die Durchreise anerkennt oder gar den Flüchtling zurücknimmt; die Auslegung durch BVerfG u. BVerwG, die diese Wirkung durch fiktive oder alternative Feststellungen noch verstärkt, liegt bei objektiver Betrachtung weder im privaten Interesse des Ausl noch im öffentl Interesse der BR Deutschland u. der Staatengemeinschaft. Dementsprechend muss die Abschiebungsanordnung nach § 34 a I den Drittstaat konkret bezeichnen u. sind Zurückweisung u. Zurückschiebung (§§ 18 II u. III, 19 III) ebenfalls nur in einen bestimmten Staat zulässig u. möglich.

8 Schließlich stellt sich in diesem Zusammenhang die Frage, ob es sich bei Art 16 a II GG um einen Ausschlusstatbestand handelt, dessen Vorliegen der Staat **darlegen u. beweisen** muss (aA BVerwG zum früheren Recht: BVerwGE 78, 332; EZAR 205 Nr 14 u. 15; dazu Anm. Bethäuser, ZAR 1992, 33 u. 35) oder ob die Nichtdurchreise durch einen sicheren Drittstaat ein zusätzliches Tatbestandsmerkmal des Asylanspruchs darstellt, das der Flüchtling darzutun u. zu beweisen hat. Das BVerfG hat sich für die letztere Auslegung entschieden u. sieht in der Nichtanwendung der Drittstaatenklausel eine Voraussetzung für den Asylanspruch (BVerfGE 94, 49; ebenso BVerwG, EZAR 208 Nr 14; Art 16 a GG Rn 93). Nur für den – wohl eher theoretischen – Ausnahmefall des Bahntransits ohne Zwischenaufenthalt soll die Drittstaatenklausel nicht eingreifen (Art 16 a GG Rn 100). Angesichts der Beschränkung des AsylR auf nicht aus einem sicheren Drittstaat eingereiste Personen (Art 16 a GG Rn 93) müssen diese die Einreise auf dem Luftweg dartun u. beweisen, also ihrerseits die Einreise auf dem Land- oder Seeweg ausschließen (Hailbronner, § 26 a AsylVfG Rn 39; BayVGH, EZAR 208 Nr 13).

V. Ausschluss des Asylrechts

Wie der Asylantrag nach Einreise aus einem sicheren Drittstaat **verfahrensmäßig behandelt** werden soll, erscheint zunächst unklar. Dem durch Art 16 a II GG angeordneten Ausschluss der Berufung auf das AsylR entspricht die Formulierung des Abs 1 S. 1. Die Nichtanerkennung als Asylberechtigter (Abs 1 S. 2) ist nur eine von mehreren Konsequenzen hieraus (Art 16 a GG Rn 93, 95, 98) u. hätte eigentlich keiner weiteren Erwähnung bedurft. Die Lösung ergibt sich wohl aus § 31 I 3 u. IV, wo für den Fall des § 26 a die Ablehnung des Asylantrags vorausgesetzt ist. Das BAMF hat also die Feststellungen in Abs 1 S. 1 u. 2 der Antragsablehnung zugrunde zu legen, braucht sie aber nicht in den Tenor des Bescheids aufzunehmen. 9

Die **Ausnahmen** in Abs 1 S. 3 sind systematisch nur schwer einzuordnen. Art 16 a II GG schließt nämlich die Berufung auf das AsylR gänzlich aus u. lässt Ausnahme hiervon nicht zu. Insofern fehlt es eigentlich an einer verfassungsrechtlichen Grundlage für eine Asylanerkennung in den betroffenen Fallgruppen. Die Fallvariante der völkervertraglichen Zuständigkeit der BR Deutschland lässt sich allerdings auf die Besonderheiten des Vertragsasyls nach Art 16 a V GG zurückführen u. als eine Einschränkung des Art 16 a II GG begreifen (Art 16 a GG Rn 128 f). Ansonsten handelt es sich hier um eine Asylgewährung aufgrund einfachen Ges außerhalb der grundgesetzlichen Verpflichtungen. 10

Der **Besitz eines AufTit** für die BR Deutschland bei der Einreise in den sicheren Drittstaat ist in dem Sinne zu verstehen, dass der Ausl sie besessen, aber nicht unbedingt mitgeführt haben muss. Auf die Art (§ 4 I 2 AufenthG) kommt es nicht an; es kann sich auch um eine Bescheinigung-EU, eine AE-EU oder eine AE aufgrund § 25 I AufenthG handeln. Ob die AE nach der Einreise in den anderen Staat erloschen ist (§ 51 AufenthG) oder der Ausl sie bei der Einreise in die BR Deutschland noch besaß, ist unerheblich; anders verhält es sich nur, wenn etwa einer der Tatbestände des § 51 I AufenthG vor der oder durch die Ausreise erfüllt wurde. Für die Praxis bedeutsam wurde sie zunächst mit Inkrafttreten des SDÜ u. sodann des DÜ, da die Drittstaatenklausel im Verhältnis zu den Vertragspartnern (jetzt den der VO/EG 343/2003 unterliegenden EU-Staaten außer Dänemark) nicht mehr anzuwenden ist (vgl BVerfGE 94, 49; Reermann, ZfSH/SGB 1998, 323; Art 16 a GG Rn 100; § 5 Rn 8; § 18 Rn 4, 15, 29). 11

Die **völkervertragliche Zuständigkeit** kann auf unterschiedlichen Gründen beruhen (vgl auch § 18 IV Nr 1). Sie braucht nicht auf einen früheren Aufenthalt in Deutschland zurückzugehen (vgl dazu Art 16 a GG Rn 130). 12

Die Art der Gründe der **Anordnung des BMI** nach § 18 IV Nr 2 ist ohne Bedeutung. Die Anordnung muss nur ursächlich für Nichtzurückweisung oder Nichtzurückschiebung gewesen sein. Eine nachträgliche Anordnung nach Ablauf der Frist für die Zurückschiebung (§ 19 II) reicht aber nicht. 13

Von diesen drei Fällen sind die **fünf Fallgruppen** zu unterscheiden, die das BVerfG als durch das Konzept der normativen Vergewisserung ausnahmsweise nicht erfasst ansieht: Todesstrafe, staatl nicht zu verhinderndes Verbrechen, Versagung jeglicher Flüchtlingsüberprüfung, schlagartige Lageänderung, Einzelfallverfolgung durch Drittstaat (vgl § 18 Rn 12). In diesen Fällen greift der verfassungsrechtliche Ausschluss des AsylR von vornherein nicht durch. 14

§ 27 Anderweitige Sicherheit vor Verfolgung

(1) Ein Ausländer, der bereits in einem sonstigen Drittstaat vor politischer Verfolgung sicher war, wird nicht als Asylberechtigter anerkannt.

(2) Ist der Ausländer im Besitz eines von einem sicheren Drittstaat (§ 26 a) oder einem sonstigen Drittstaat ausgestellten Reiseausweises nach dem Abkommen über die

4 AsylVfG § 27

Rechtsstellung der Flüchtlinge, so wird vermutet, daß er bereits in diesem Staat vor politischer Verfolgung sicher war.

(3) ¹Hat sich ein Ausländer in einem sonstigen Drittstaat, in dem ihm keine politische Verfolgung droht, vor der Einreise in das Bundesgebiet länger als drei Monate aufgehalten, so wird vermutet, daß er dort vor politischer Verfolgung sicher war. ²Das gilt nicht, wenn der Ausländer glaubhaft macht, daß eine Abschiebung in einen anderen Staat, in dem ihm politische Verfolgung droht, nicht mit hinreichender Sicherheit auszuschließen war.

Übersicht

	Rn
I. Entstehungsgeschichte	1
II. Allgemeines	6
III. Verfassungsmäßigkeit	15
IV. Anderweitige Sicherheit vor politischer Verfolgung	19
1. Anderer Staat und sonstiger Drittstaat	19
2. Zeitpunkt	20
3. Verfolgungsgefahr	24
4. Rückkehrmöglichkeit	26
5. Beendigung der Flucht	27
6. Objektive Sicherheit in einem anderen Staat	32
7. Umfang der Verfolgungssicherheit außerhalb des Abschiebungsschutzes	38
8. Feststellung der Verfolgungssicherheit	42
V. Anderweitige Sicherheit bei Aufenthalt in einem sonstigen Drittstaat (Vermutung)	45
1. Verfassungsmäßigkeit	45
2. Aufenthalt in einem Drittstaat	48
3. Verfolgungsfreier Aufenthalt von mehr als drei Monaten	49
4. Inhalt der Vermutung	54
5. Widerlegung der Vermutung	56
VI. Anderweitige Sicherheit bei Besitz eines GK-Reiseausweises (Vermutung)	61
1. Bedeutung der Vermutung	61
2. Verfassungsmäßigkeit	62
3. Reiseausweis	63
4. Widerlegung der Vermutung	64

I. Entstehungsgeschichte

1   Während in § 5 **AsylVO** die Anerkennung als ausl Flüchtling nicht ausdrücklich für den Fall anderweitiger Anerkennung oder Verfolgungssicherheit eingeschränkt war, wurde nach § 28 **AuslG 1965** nicht als Asylber anerkannt, wer als politisch Verfolgter oder als ausl Flüchtling bereits in einem anderen Land Anerkennung nach der GK oder anderweitig Schutz vor Verfolgung gefunden hatte.

2   Diese Einschränkung der Anerkennung sollte in das AsylVfG übernommen werden, allerdings in veränderter Form (§ 2 **GesEntw 1982**; BT-Drs 9/875 S. 3, 14 f). Die Vorschrift des § 2 lautete nach geringfügiger redaktioneller Änderung durch den BT-RA (BT-Drs 9/1630 S. 2, 16) ursprünglich:

> „Anderweitiger Schutz vor Verfolgung
> (1) Ausländer, die bereits in einem anderen Staat Schutz vor Verfolgung gefunden haben, werden nicht als Asylberechtigte anerkannt.
> (2) Schutz vor Verfolgung hat ein Ausländer gefunden, der sich in einem anderen Staat, in dem ihm keine politische Verfolgung droht, nicht nur vorübergehend aufhalten kann, und wenn nicht zu befürchten ist, dass er in einen Staat abgeschoben wird, in dem ihm politische Verfolgung droht."

3   Die Vorschrift des § 2 AsylVfG 1982 wurde mit Wirkung vom 15. 1. 1987 gänzlich neu gefasst, die Überschrift eingeschlossen (Art 1 Nr 2 **AsylVfÄndG 1987**); damit sollte die enge Auslegung durch das BVerwG (BVerwGE 69, 289: freie Wahl des Zufluchtslandes u.

gesicherte Lebensgrundlage) korrigiert werden (BT-Drs 10/3678 S. 7 f; BT-Drs 10/6416 S. 20 ff). Danach wurde nicht als Asylber anerkannt, wer bereits in einem anderen Staat vor politischer Verfolgung sicher war (Abs 1). Nach Abs 2 wurde die Verfolgungssicherheit nach einem Aufenthalt von drei Monaten in einem anderen Staat vermutet; die Vermutung war widerlegt, wenn glaubhaft gemacht wurde, dass die Abschiebung in einen Verfolgerstaat nicht hinreichend sicher auszuschließen war.

Die Vermutung anderweitiger Verfolgungssicherheit aufgrund des Besitzes eines **GK-Reiseausweises** war erstmals in § 7 III AsylVfG 1982 enthalten (vgl § 4 II Nr 2 AsylVfG-E, BT-Drs 9/875 S. 3; BT-Drs 9/1630 S. 6); sie wurde ebenfalls 1987 geändert (Art 1 Nr 4 AsylVfÄndG 1987). **4**

Die jetzige Vorschrift stimmte in der ursprünglichen Fassung mit dem **GesEntw 1992** (BT-Drs 12/2062 S. 10) überein. Mit Wirkung vom 1. 7. 1993 wurden die Formulierungen dem eingefügten § 26 a angepasst (Art 1 Nr 18 **AsylVfÄndG 1993**). Für Einreisen vor dem 1. 7. 1993 vgl die **Übergangsvorschrift** des § 87 a I 2. **5**

II. Allgemeines

Die Vorschrift engt nicht den Begriff des politisch Verfolgten oder des ausl Flüchtlings ein, sondern grenzt die Betroffenen nur aus der **förmlichen Asylanerkennung** aus. Dies ergibt sich nicht nur aus dem Wortlaut (auch des § 28 AuslG 1965) u. der Entstehungsgeschichte (vgl Rn 1 bis 5), sondern auch aus allg flüchtlingsrechtlichen Grundsätzen. Die Eigenschaft als ausl Flüchtling geht nicht dadurch verloren, dass der Ausl von einem Aufnahmeland, in dem er anerkannt ist, illegal in ein anderes wechselt; damit gibt er allenfalls die GK-Rechte auf, die einen rechtmäßigen Aufenthalt voraussetzen, aber nicht den Schutz des Art 33 GK (BVerwG, Bh. 402.21 § 2 HAG Nr 1 u. 402.22 Art 1 GK Nr 3). Eine Zweitanerkennung ist nach der GK freilich nicht gewährleistet. Wer also in einem anderen Staat nach der GK aufgenommen u. anerkannt ist, hat keinen Anspruch auf nochmalige Anerkennung in einem weiteren Vertragsstaat (BVerwG, Bh. 402.22 Art 1 GK Nr 6; Köfner/Nicolaus, Grundlagen S. 386 ff). **6**

Dementsprechend zielt auch § 27 darauf ab, den Betroffenen aus der Asylanerkennung auszunehmen, nicht aber aus dem Kreis der politisch Verfolgten iSd § 1 I u. iSd Art 16 a I GG. Wer nach andernorts erreichter Verfolgungssicherheit nach Deutschland gelangt, befindet sich insoweit noch im Zustand der Verfolgung, als er diese bei einer Rückkehr in seine Heimat zu erwarten hat. Seine deswegen fortbestehende Schutzbedürftigkeit ist nicht davon abhängig, ob ihm die Wiedereinreise in das Erstaufnahmeland offensteht. Der Ausschluss aus der Anerkennung knüpft an die **Aufgabe der bereits erreichten Verfolgungssicherheit** an, nicht an den Verlust der Verfolgteneigenschaft u. auch nicht an die Möglichkeit der Rückreise in den Erstaufnahmestaat, die allerdings für Inhaber eines GK-Reiseausweises garantiert ist (§ 13 GK-Anhang). **7**

Mit der Ausschlussklausel der externen Fluchtalternative wird dem Anerkennungsbegehren des Verfolgten die (freiwillige) Aufgabe bereits erreichten Verfolgungsschutzes mit der Folge entgegengehalten, dass die Anerkennung versagt wird. Der Verfolgte wird damit nicht aus dem **Anwendungsbereich des Art 16 a I GG** ausgeschlossen (Bethäuser, DÖV 1991, 20; Dürig, S. 144; Hildner, ZAR 1983, 132; Kimminich, Aufenthalt, S. 177; ders., Grundprobleme, S. 135; Köfner/Nicolaus, S. 385 f; Rühmann, ZAR 1984, 30; ders., DVBl. 1987, 790; aA Quaritsch, S. 122 ff). Dies ist nur anzunehmen, solange sich der Ausl im Erstasylland aufhält; dann kann er sich nämlich auf den Schutz des Art 16 a I GG nicht berufen, weil dieser (zumindest grundsätzlich) das Erreichen der Grenze voraussetzt. § 27 ist also nicht Ausdruck einer Subsidiarität des AsylR in dem Sinne, dass das Erreichen von Verfolgungssicherheit in einem Drittstaat zum Verlust der Verfolgteneigenschaft führt oder die Aufgabe eines einmal erlangten asylr Verfolgungsschutzes einem Verzicht auf das Grundrecht aus **8**

Art 16a I GG gleichkommt. Der Ausschlussklausel kommt insofern nur eine verfahrensrechtliche u. keine materiellrechtliche Bedeutung zu; materiellrechtlich wirkt sie nur dadurch, dass sie den Umfang der dem politisch Verfolgten gewährten Schutzrechte auf den bloßen Abschiebungsschutz beschränkt (aA wohl Hildner, ZAR 1983, 132; Sendler in Fschr. Zeidler, S. 871, 877).

9 Die **frühere Rspr des BVerwG** stimmte mit dieser Auffassung in vollem Umfang überein. So formulierte das BVerwG etwa in einer Entscheidung vom 31. 3. 1981: „Auch wenn hiernach der Kläger politisch Verfolgter im Sinne des Art 16 Abs 2 Satz 2 GG sein sollte, hätte er ... nach § 28 AuslG (1965) keinen Anspruch auf Anerkennung als Asylberechtigter, wenn er bereits in Italien ... anderweitig Schutz vor Verfolgung gefunden hat" (BVerwG, EZAR 205 Nr 1). Unter dem 5. 6. 1984 führte das BVerwG unter Berufung auf den Gesetzgeber (BT-Drs 9/875 S. 13) mit Recht aus, die Vorschrift des § 2 AsylVfG 1982 diene der Aufgabe, „einer Doppel- oder Mehrfachanerkennung Asylberechtigter entgegenzuwirken", u. stellte sodann klar: „Der Begriff des politisch Verfolgten erfährt durch sie keine Einschränkung; er wird durch sie nicht berührt." (BVerwGE 69, 289). In einer Entscheidung vom 2. 12. 1986 ist dementsprechend betont, trotz anderweitigen Schutzes stehe dem Betroffenen der „aus Art 16 Abs 2 Satz 2 GG verbleibende Asylschutz" nach Art 33 GK u. § 14 I AuslG 1965 zu (BVerwGE 75, 181).

10 Unter dem 21. 6. 1988 ging das BVerwG dann **einen Schritt weiter,** wenn es ausführte, § 2 AsylVfG gebe „in inhaltlicher Übereinstimmung mit Art 16 Abs 2 Satz 2 GG verlautbarend das wieder, was sich ohnehin aus dieser Grundrechtsbestimmung ergibt, die eine durch Verfolgung und Flucht entstandene ausweglose Lage des politisch Verfolgten beseitigen will und demzufolge nicht eingreift, wenn diese Situation bereits vor dem Erreichen der Bundesrepublik Deutschland behoben ist." (BVerwGE 79, 347). Schließlich übertrug es diesen Gedanken dann auf den Fall des nach Verlassen Deutschlands in einem Drittstaat gefundenen Verfolgungsschutzes u. erklärte ganz unmissverständlich, dass „der Ausschluss auch dieser Asylbewerber aus dem Kreis der Asylberechtigten unmittelbar aus Art 16 Abs 2 Satz 2 GG" folge, „weil diese Verfassungsbestimmung ... Schutzlosigkeit vor drohender Verfolgung als Voraussetzung hat." (BVerwGE 81, 164).

11 In der Folgezeit wurde diese Rspr **fortgesetzt** (BVerwG, EZAR 205 Nr 14 u. 15; dazu Anm. Bethäuser, ZAR 1992, 33 u. 35) u. scheinbar zT durch zumindest missverständliche Formulierungen einer Kammer des BVerfG aufgenommen. Diese führte nämlich aus, anderweitige Sicherheit schließe den Asylanspruch aus (BVerfG-K, EZAR 205 Nr 16; dazu Anm. Bethäuser, ZAR 1992, 127). Entgegen der dort zugrundegelegten Annahme zieht der Gesetzgeber aus der einmal erlangten u. dann aufgegebenen externen Alternative nicht den Schluss auf die Aberkennung des Asylanspruchs, sondern versagt lediglich die Asylanerkennung. Das Ges stellt für die Feststellung anderweitiger Verfolgungssicherheit auch nicht auf den Zeitpunkt der Einreise nach Deutschland oder der Asylentscheidung ab, sondern auf den des Aufenthalts im Drittstaat. Die Annahme der Kammer des BVerfG, es komme nach der Rspr des BVerwG insoweit auf den Fortbestand dieser Sicherheit bis zum Zeitpunkt der Asylentscheidung an, ist unzutreffend. Die von der Kammer des BVerfG zitierten Entscheidungen des BVerwG betreffen zT die frühere Rechtslage (BVerwGE 67, 314 u. 75, 181) u. waren deshalb überholt, nachdem § 2 AsylVfG 1982 im Januar 1987 geändert worden war (Rn 2).

12 Gegenüber dieser **Tendenz der Argumentation** unmittelbar aus Art 16 II 2 GG aF ist daran zu erinnern, dass die Frage nach der Schutzbedürftigkeit des Verfolgten allein aufgrund einer Gefahrenprognose für den Fall der künftigen Rückkehr in den Verfolgerstaat zu beantworten ist u. die Verfolgungsgefahr deshalb weder durch eine potentielle Aufnahme in einem sicheren Drittstaat beseitigt wird noch durch eine dort einmal erlangte, aber wieder aufgegebene Sicherheit vor Verfolgung (vgl etwa BVerfGE 52, 391 u. 63, 215 für das Auslieferungsverf) u. auch nicht durch eine Asylgewährung in Deutschland. Befindet sich der Verfolgte freilich in Sicherheit, weil er nach dem Verlassen Deutschlands einen sicheren Drittstaat gefunden hat, liegt kein Fall des AsylR in Deutschland nach Art 16 a I GG vor.

Die **Richtigkeit** der hier vertretenen Auffassung wurde durch die Änderungen des asylr 13
Verf aufgrund des AuslRNG **bestätigt**. Die Verbindung von Asyl- u. Flüchtlingsanerkennung durch § 51 I, III AuslG u. die entspr Änderungen ua der §§ 7, 12, 28 AsylVfG 1982 sollten gerade die Fälle anderweitiger Verfolgungssicherheit einer Lösung zuführen. In der Vergangenheit hatte das BAMF nicht selten die Verfolgungsgefahr offengelassen u. die Anerkennung im Hinblick auf § 2 AsylVfG 1982 abgelehnt, u. infolgedessen hatte die AuslBeh dann selbständig die Voraussetzungen des „kleinen Asyls" des § 14 I AuslG 1965 zu prüfen. Mangels ausreichender Kenntnisse, Informationen u. Erfahrungen zeigte sich die AuslBeh dann entweder zu einer sachgerechten Entscheidung nicht imstande oder holte eine gutachterliche Auskunft des (damaligen) BAFl ein. Im Ergebnis bedeutete dies Zeit- u. oft auch Qualitätsverlust.

Die 1993 vorgenommene **Reform des AsylR** hat an diesen Grundsätzen nichts geän- 14
dert. Im Gegenteil: Sie wurden noch klarer herausgestellt u. in ihrer Fortgeltung bekräftigt. Der Verfassungsgeber hat das AsylR durch Art 16 a II GG nur hinsichtlich der als sicher geltenden Transitstaaten ausgeschlossen u. iÜ nicht erkennen lassen, dass der Asylanspruch ohnehin durch den Gedanken der mangelnden Schutzbedürftigkeit nach anderweitigem Schutz in seinem Bestand eingeschränkt sei. Ein derartiger Grundsatz ist weder in Art 16 a GG zum Ausdruck gelangt noch in der Begr der Verfassungsänderung (BT-Drs 12/4152) angeklungen. Deshalb konnte der Gesetzgeber eine derartige Schranke des AsylR auch nicht im AsylVfG „bestätigend nachzeichnen". Folgerichtig kennt das geänderte AsylVfG jetzt beide Fallgestaltungen u. behandelt sie unterschiedlich. Während bei Einreise aus einem sicheren Drittstaat die Berufung auf das AsylR u. die Asylanerkennung gänzlich ausgeschlossen sind (§§ 18 II, III, 26 a I, 31 IV AsylVfG), steht anderweitige Verfolgungssicherheit nach wie vor nur der förmlichen Anerkennung entgegen, lässt aber den asylr Schutz nach § 60 I AufenthG (früher § 51 I AuslG) unberührt (vgl §§ 30 I, 31 II AsylVfG).

III. Verfassungsmäßigkeit

Unter Berücksichtigung dieser Umstände u. der nachfolgend dargestellten Auslegung 15
bestehen gegen die **Verfassungsmäßigkeit** der Ausschlussklausel keine durchgreifenden verfassungsrechtlichen Bedenken (BVerwGE 77, 150). Der Schutz des politisch Verfolgten verlangt in erster Linie nur Schutz vor Zurückweisung, Zurückschiebung, Abschiebung oder Auslieferung in den Verfolgerstaat oder in einen Staat, in dem die Überstellung an den Verfolgerstaat droht (BVerwGE 49, 202). Die für andere Stellen verbindliche Asylanerkennung durch eine zentrale Bundesbehörde ist ein besonders geeignetes Mittel zur Sicherung dieses asylr Schutzes (BVerfGE 56, 216). Denn die Statusfeststellung gewährleistet die Beachtung des AsylR in allen staatl Bereichen u. trägt dazu bei, dem Asylber über den bloßen Abschiebungsschutz hinaus die Grundlagen eines menschenwürdigen Daseins zu sichern (§ 2 Rn 10 ff). Es verstößt aber weder gegen Art 16 a I GG noch gegen den Gleichheitssatz des Art 3 I GG, wenn der asylr Schutz für einen Flüchtling, der eine bereits anderswo erlangte Sicherheit vor Verfolgung aufgegeben hat, auf den Schutz vor Abschiebung (unmittelbar oder mittelbar) in den Verfolgerstaat beschränkt wird. Der Kern asylr Schutzes bleibt ihm damit nämlich erhalten, während ihm die mit der Statusfeststellung verbundenen weiteren Rechte im Hinblick auf sein eigenes Verhalten versagt werden.

Entscheidend ist also die Erhaltung des Schutzes vor Überstellung an den Verfolgerstaat 16
(BVerwGE 62, 215; 75, 181). Dieser essenzielle Gesichtspunkt wird nicht dadurch aufgegeben, dass der Gesetzgeber mit der Änderung vom Januar 1987 (Rn 3) den subjektiv ausgewählten Verfolgungsschutz durch die objektive Verfolgungssicherheit in einem Drittstaat ersetzt hat (BVerwGE 77, 150; offengelassen von BVerfGE 71, 276). Mit der Beschreibung der Voraussetzungen anderweitigen Verfolgungsschutzes bewegt sich der Gesetzgeber innerhalb des ihm offen stehenden Rahmens zur Ausgestaltung asylr Schutzes (so auch

BVerwGE 79, 347). Überschritten wäre der **legislatorische Gestaltungsspielraum** freilich dann, wenn in den Fällen des § 27 außer der förmlichen Anerkennung auch Abschiebungsschutz versagt würde. Einen völligen Ausschluss des AsylR sieht Art 16 a II GG nur für die dort genannten Fälle vor.

17   Bedenken können auch nicht daraus hergeleitet werden, dass dem Flüchtling durch die Regelung des § 27 die **freie Wahl des Zufluchtsorts** beschnitten wird. Weder durch Art 16 a I GG noch durch eine andere Norm ist dem Verfolgten die Auswahl des Staats gewährleistet, in dem er endgültig Asyl erhält. Er kann Fluchtweg u. -ziel bestimmen, soweit dies die Umstände zulassen; er kann auch das Erstzufluchtsland trotz dort erlangter Sicherheit vor Verfolgung verlassen. Ihm ist dann aber keine zweite Aufnahme in einem weiteren Staat, also eine Weiterwanderung unter Wahrung seines Status garantiert. Er bleibt weiter vor Überstellung an den Verfolgerstaat geschützt, darf aber auf den Staat der ersten Zuflucht u., falls dieser die Rückübernahme ablehnt, auf bloßen Abschiebungsschutz verwiesen werden.

18   Dem Flüchtling wird damit **kein fiktives Asylland** wider seinen Willen aufgedrängt, was mit Art 16 a I GG nicht vereinbar wäre (Hailbronner, NVwZ 1989, 303; Säcker, NVwZ 1989, 706; aA Korbmacher in Fschr Zeidler, S. 901, 917). Ihm wird allerdings ein objektiv sicherer Aufenthalt (unter bestimmten Voraussetzungen, Rn 24 ff) auch dann zugerechnet, wenn er ihn nur in Kauf genommen u. alsbald wieder aufgegeben hat. Dies verstößt weder gegen Art 1 I noch gegen Art 16 a I GG, weil ihm der Abschiebungsschutz immer garantiert bleibt. Freilich bedarf es einer sorgfältigen Ermittlung der Grundlagen der Sicherheit vor Verfolgung, um zu gewährleisten, dass der Flüchtling nicht unter Verstoß gegen Menschenwürde u. Selbstbestimmungsrecht (HessVGH, DVBl. 1984, 102) an einen Staat gebunden u. verwiesen wird, in dem ihm in Wahrheit keine Sicherheit gewährt wird (dazu Rn 32 ff).

IV. Anderweitige Sicherheit vor politischer Verfolgung

1. Anderer Staat und sonstiger Drittstaat

19   Bei dem **Staat der anderweitigen Sicherheit** muss es sich um Ausland gegenüber dem Heimat- oder Herkunftsstaat des Verfolgten u. der BR Deutschland handeln (BVerwG, EZAR 203 Nr 3). Dies war bei der DDR nicht der Fall (BVerfGE 36, 1). Durch das AsylVfÄndG 1993 hat sich die Bezeichnung des Staats der anderweitigen Sicherheit geändert. In Abs 1 u. 3 ist er durch den „sonstigen Drittstaat" ersetzt u. Abs 2 insoweit ergänzt. Dies dient der Abgrenzung gegenüber der neuen Drittstaatenklausel. Drittstaaten iSd § 27 sind nicht mit sicheren Drittstaaten iSd Art 16 a II 1 GG u. § 26 a I zu verwechseln. Die Einreise aus einem oder über einen sicheren Drittstaat schließt die Anwendung der Abs 1 u. 3 aus. Der Besitz eines GK-Reiseausweises ist nicht gleichbedeutend mit der Einreise aus dem Ausstellerstaat; deshalb sind in Abs 2 sichere u. sonstige Drittstaaten kumulativ erfasst. Auch insoweit geht aber § 26 a I vor, falls der Ausl unmittelbar aus dem Staat einreist, der den Ausweis ausgestellt hat.

2. Zeitpunkt

20   Die Sicherheit vor weiterer Verfolgung muss **während des Aufenthalts im Drittstaat** bestanden haben. Während § 2 AsylVfG 1982 (Rn 2) Ausl von der Asylanerkennung ausschloss, die „bereits in einem anderen Staat Schutz vor Verfolgung gefunden haben", ist nunmehr darauf abgestellt, dass der Ausl in dem anderen Staat vor Verfolgung „sicher war" (Abs 1 u. Abs 2, Abs 3 S. 1). Nach der ursprünglichen, im Perfekt formulierten Fassung war letztlich der Zeitpunkt der Asylentscheidung, ggf also der letzten gerichtlichen Tatsachenentscheidung maßgeblich (BVerwGE 67, 314; 75, 181). Demgegenüber ist jetzt (nur) die Lage in der Vergangenheit vor Verlassen des Drittstaats von Bedeutung (vgl HessVGH,

Anderweitige Sicherheit vor Verfolgung § 27 **AsylVfG 4**

EZAR 220 Nr 1). Es braucht also nicht untersucht zu werden, ob die Verfolgungssicherheit fortdauerte, wenn der Ausl den Drittstaat nicht verlassen hätte.

Die insoweit eindeutige Änderung des Wortlauts kann nicht einfach mit der Überlegung vernachlässigt werden, der Änderungsgesetzgeber habe nicht den nach Beantragung von Asyl im sicheren Drittstaat lebenden Verfolgten zusätzlich ein Anerkennungsrecht verschaffen wollen (so aber BVerwGE 81, 164; krit Anm Bethäuser, ZAR 1989, 80). Denn wer nach Antragstellung in Deutschland in ein sicheres Drittland weiterreist, fällt ohnehin nicht in den Schutzbereich des Art 16 a I GG (Rn 12, 23). Es geht hier vielmehr allein um die Flüchtlinge, die der zunächst gewährten Verfolgungssicherheit nach der Ausreise nach Deutschland verlustig gehen (zB infolge politischer Annäherung des Aufnahmestaats an den Verfolgerstaat). Diese Fallkonstellation war dem Gesetzgeber sicher nicht unbekannt. Eine Aufrechterhaltung der früheren Rechtslage wäre gewiss nicht unsachgerecht gewesen. Dies genügt aber nicht für eine **Interpretation gegen den Gesetzestext** (betr später entstandene Verfolgungsgründe vgl Rn 25). 21

Die **externe Fluchtalternative endet** allerdings, wenn der einmal gewährte Verfolgungsschutz später – während des Aufenthalts im Drittstaat – entzogen wird u. die Schutzbedürftigkeit infolgedessen wieder auflebt (BVerwGE 69, 289; BVerwG, EZAR 205 Nr 3) oder dies abzusehen ist (BVerwGE 75, 181). Der zunächst gewährte Verfolgungsschutz kann durch Widerruf entfallen oder durch tatsächlichen Entzug, nicht aber durch freiwilligen Verzicht (BVerwGE 75, 181). Damit kommt es letztlich auf die Verhältnisse beim Verlassen des Drittstaats an. Zu beachten bleibt nur, dass sich die Feststellung von Verfolgungssicherheit nicht allein auf diese Grundlage beschränken darf, sondern eine Prognose erfordert, die über diesen Zeitpunkt hinausreicht (Rn 32 ff). 22

Wer sich erst **nach Asylantragstellung** in Deutschland in einen Drittstaat begibt u. dort Verfolgungssicherheit erlangt, fällt von vornherein nicht unter den Schutz des Art 16 a I GG. Das Asylgrundrecht gewährleistet territoriales Asyl auf dem Boden der BR Deutschland. Grundsätzlich ermöglicht nur die räumliche Beziehung des Flüchtlings zum Bundesgebiet rechtlich u. tatsächlich den Schutz der dt Staatsgewalt vor dem Zugriff des Verfolgerstaats (Art 16 a GG Rn 16 ff; § 13 Rn 16; BayVGH, EZAR 200 Nr 8). In der Wiederausreise aus Deutschland ist meist schon die Rücknahme des Asylantrags zu sehen, evtl auch eine Verzichtserklärung oder die Aufgabe des Rechtsschutzinteresses an der Weiterverfolgung asylr Rechtsbehelfe. Zumindest lässt die Ausreise grundsätzlich die Schutzmöglichkeit der BR Deutschland entfallen; diese bleibt nur ausnahmsweise erhalten, wenn der Asylbew zwangsweise in den Verfolgerstaat verbracht wird (BVerwGE 69, 323). Aus diesen grundsätzlichen Erwägungen folgt die Unanwendbarkeit des Art 16 a I GG u. damit der Ausschluss des AsylR für den Fall nachträglicher Verfolgungssicherheit. Diese führt also nicht (nur) über § 27 zum Ausschluss von der Asylanerkennung (so aber BVerwGE 81, 164; vgl Rn 12). 23

3. Verfolgungsgefahr

Die Verfolgungsgefahr braucht noch nicht bei der Ausreise aus dem Verfolgerstaat bestanden zu haben. Es genügt, wenn sie während des Aufenthalts im Drittstaat entsteht. § 27 setzt **keine zeitliche Reihenfolge** in dem Sinne voraus, dass die Einreise in den Drittstaat erst nach der Verfolgung oder nach Entstehen der Verfolgungsgefahr stattfindet (BVerwG, EZAR 203 Nr 3). Der Ausschluss von der Asylanerkennung ist immer gerechtfertigt, wenn der Ausl in dem anderen Staat vor Verfolgung sicher war. Es kann sich auch um Nachfluchtgründe handeln, die erst nach der Einreise in diesen Staat geschaffen wurden oder ohne Zutun des Ausl entstanden. Es muss nur zuverlässig festgestellt werden, dass der Verfolgungsschutz (auch) diese Verfolgungsgefahr umfasste. 24

Ausgeschlossen sind damit Verfolgungsgründe, die erst **nach Verlassen des Drittstaats** entstanden sind (BVerwG, EZAR 200 Nr 16; VGH BW, InfAuslR 1988, 199). Auf sie konnte sich der anderweitige Schutz nicht beziehen. Ob sie von diesem erfasst worden wären, ist unerheblich (Hildner, ZAR 1983, 132; BVerwGE 80, 321; VGH BW, InfAuslR 25

1988, 199; BayVGH, InfAuslR 1985, 320; HessVGH, NVwZ 1986, 69). Die Sicherheitsprognose erfolgt nicht retrospektiv, sondern nach den Verhältnissen bei Aufgabe der Verfolgungssicherheit durch Ausreise aus dem Aufnahmestaat. Besteht allerdings ein innerer Zusammenhang zwischen früher u. später entstandenen Verfolgungsgründen derart, dass sie einen einheitlichen Verfolgungstatbestand ergeben, ergreift der Ausschluss der Anerkennung auch die nach der Aufgabe des Schutzes entstandenen (Teil-)Tatbestände (BVerwGE 77, 150; 78, 332; 80, 131).

4. Rückkehrmöglichkeit

26   Ob für den Flüchtling anderswo Verfolgungssicherheit bestand, ist nicht von der rechtlichen u. tatsächlichen Möglichkeit abhängig, in den Aufnahmestaat **zurückzukehren** (BVerwGE 75, 181; Kanein, NvWZ 1983, 377, 380; aA Bethäuser, S. 89; Gusy in Beitz/Wollenschläger, S. 247, 259). Diese Frage bezieht sich ohnehin nur auf die Vergangenheit, u. der Gesetzgeber hat auf eine entspr Klausel bewusst verzichtet (vgl BT-Drs 9/1630 S. 16). Wird die Asylanerkennung nach §§ 27, 29 abgelehnt, hat die AuslBeh die Rückkehrmöglichkeit im Rahmen des § 29 u. sodann nach §§ 25 III 2, V 1, 60 a II AufenthG zu prüfen.

5. Beendigung der Flucht

27   Die Frage anderweitigen Verfolgungsschutzes stellt sich nicht, solange sich der Verfolgte noch auf der Flucht befindet. Dem Flüchtling steht zwar kein uneingeschränktes Recht auf Auswahl des Asyllandes u. erst recht nicht auf Inanspruchnahme eines Zweit- oder Drittasyllandes zu. Asyl gewährt schließlich **keine Freizügigkeit** innerhalb der gesamten Völkergemeinschaft (Kimminich, Rechtsstatus S. 407). Andererseits war das Asylgrundrecht nicht (nur) auf Angehörige von Anrainerstaaten der BR Deutschland oder auf Flugzeugpassagiere gemünzt, sondern allg auf politisch Verfolgte, die Deutschland im Zustand der Flucht erreichen (BVerwG, EZAR 201 Nr 14 u. 202 Nr 14). Insoweit ist nicht nur die objektive Situation in den Ländern maßgeblich, die der Flüchtling auf seiner Flucht durchreist, sondern auch dessen – nach außen erkennbarer – Fluchtplan. Hieran hat sich durch Art 16 a II GG nichts geändert, weil die dortigen Voraussetzungen nur auf § 26 a, nicht aber auf § 27 übertragen worden sind (vgl Art 16 a GG Rn. 91).

28   Diese Voraussetzung der externen Fluchtalternative folgt unmittelbar aus Art 16 a I GG, ist also von der Formulierung des § 27 nicht abhängig (Bethäuser, NVwZ 1989, 728, 729). Asyl bedeutet nämlich Zuflucht als **Abschluss eines Fluchtvorgangs.** Nach der ursprünglichen Fassung des § 2 AsylVfG 1982 (Rn 2) war ein bewusstes u. gewolltes Zusammenwirken von Flüchtling u. Aufnahmestaat erforderlich, die freie Wahl des endgültigen Fluchtlandes also (einfaches) gewährleistet (BVerwGE 69, 289; HessVGH, DVBl. 1984, 102). Nach der seit 1987 geltenden Gesetzesfassung (Rn 3) kommt es zwar allein auf die objektiv gegebene Sicherheit vor Verfolgung an; ohne Beendigung der Flucht in einem anderen Staat kann aber Asyl in Deutschland bestimmungsgemäß nicht ausgeschlossen werden. Dies war auch dem Gesetzgeber bewusst; denn er hat im Rahmen des § 2 AsylVfG 1982 **unschädliche Zwischenaufenthalte** als möglich anerkannt (vgl BT-Drs 10/3678 s. 5, 10/6416 S. 21). Die Beendigung der Flucht ist (ebenso wie die Verfolgungssicherheit, Rn 32 ff) nach objektiven Kriterien festzustellen, nicht nach den subjektiven Vorstellungen des Flüchtlings (BVerwG, EZAR 202 Nr 14; VGH BW, EZAR 205 Nr 7). Maßgeblich sind damit freilich auch die Absichten des Flüchtlings, soweit sie objektiv feststellbar verlautbart werden.

29   Ob die Flucht dem äußeren Erscheinungsbild nach noch andauert oder **stationären Charakter** angenommen hat, hängt zuallererst vom eigenen Verhalten des Verfolgten ab. Benutzt er den Drittstaat erkennbar lediglich zur Durchreise, ohne sich dort niederzulassen oder sonst auf einen Verbleib einzurichten, ist die Flucht nicht beendet. Dies gilt zB, wenn er sich lediglich um Ausweis- u. Reisedokumente bemüht (BVerwGE 79, 347; BVerwG, EZAR 205 Nr 11). Ob umgekehrt aus der (späteren) Vernichtung der Reisedokumente auf die Beendigung der Flucht im Drittstaat geschlossen werden kann (so BVerwG, InfAuslR

Anderweitige Sicherheit vor Verfolgung §27 **AsylVfG 4**

1990, 99), ist zu bezweifeln (krit auch Bethäuser, DÖV 1991, 30). Unerheblich können die Vorstellungen bei Antritt der Flucht sein. Wer „Hals über Kopf", also ohne genaue Zielvorstellungen seine Heimat verlässt, beendet seine Flucht nicht ohne weiteres u. zwingend im ersten Staat, den er erreicht; ihm ist vielmehr ausreichend Zeit für weitergehende Überlegungen einzuräumen (BVerwG, EZAR 205 Nr 12; BVerwG, InfAuslR 1990, 168; OVG Lüneburg, InfAuslR 1988, 238).

Anders verhält es sich dagegen, wenn der Verfolgte um Aufnahme oder Anerkennung als 30 Flüchtling ersucht, sich in einem entspr Lager unterbringen lässt oder sich Arbeit u. Wohnung auf Dauer beschafft (BVerwG, EZAR 202 Nr 14). Auch die Unterkunft bei einem Verwandten kann genügen (VGH BW, EZAR 205 Nr 7). Immer muss dabei aber das **Ende der Flucht erkennbar** sein, was bei reinen Durchreiseländern kaum der Fall sein kann (Bethäuser, NVwZ 1989, 728). Wesentlich kommt es danach auf die Art der Tätigkeit an, die der Flüchtling entfaltet, u. auf die Dauer seines Aufenthalts. Da eine Flucht nicht einer normalen Reise gleichzusetzen ist (BVerwG, Bh. 402.22 Art 1 GK Nr 7), muss dem Flüchtling uU mehr Zeit als sonst unbedingt notwendig für die erforderliche Orientierung u. die Vorbereitung der Weiterreise belassen werden. Schließlich benötigt der Flüchtling mehr als nur den Fluchtplan. Er braucht Geld, Papiere, Beziehungen zu „Schleppern", Genehmigungen zur Ausreise u. Durchreise u. vor allem Kenntnisse über die Verhältnisse im angestrebten Asylland.

IdR können diese Angelegenheiten oft oder meist **innerhalb von drei Monaten** erledigt 31 sein. Ob dies die allg Vermutung erlaubt, nach Ablauf dieser Zeit sei nicht nur Sicherheit erlangt, sondern auch die Flucht beendet (so BVerwG, EZAR 202 Nr 14), erscheint indes äußerst fraglich u. damit gesetzeswidrig (Bethäuser, NVwZ 1989, 728, 729). Zu unterschiedlich sind die Verhältnisse in den in Betracht kommenden Staaten, zumindest in Afrika u. Asien, als dass eine derartige allg Annahme gerechtfertigt wäre. Nur der Gesetzgeber kann eine solche Vermutung aufstellen, nicht die Rspr ohne Ermittlung der wirklich benötigten Zeit für Vorbereitung u. Durchführung der Weiterreise (zu Abs 3 vgl Rn 48 ff).

6. Objektive Sicherheit in einem anderen Staat

Zwischen „**Schutz**" u. „**Sicherheit**" vor Verfolgung besteht kein Unterschied. Insofern 32 stimmt § 27 mit der früheren Fassung von § 2 AsylVfG 1982 (Rn 2) der Sache nach überein. Die Verfolgungssicherheit braucht jetzt anders als früher nur objektiv zu bestehen; gleichgültig ist, ob der Flüchtling sie – gesucht u. – „gefunden" hat. Wichtig ist nur, dass der Flüchtling weder in dem Aufnahmestaat selbst politisch verfolgt noch von dort unmittelbar oder mittelbar dem Zugriff des (Heimat-)Verfolgerstaats ausgesetzt wird. Die bloße Geltung von GK u. EMRK in dem anderen Staat reicht freilich anders als nach Art 16 a II GG nicht aus.

Mit Sicherheit vor politischer Verfolgung ist keine absolute in dem Sinne gemeint, dass 33 die Gefahr weiterer Verfolgung unter allen Umständen, auf immer u. ohne jeden Zweifel ausgeschlossen ist (BVerfG-K, NVwZ 1988, 90; BVerwGE 79, 347). Es darf nur **kein vernünftiger Zweifel** an der Sicherheit bestehen. Dabei ist eine Prognose ähnlich der über die zukünftige Verfolgung zu treffen (BVerwGE 75, 181), u. zwar für die voraussichtliche Dauer der Verfolgungsgefahr (BVerwG, EZAR 205 Nr 3, 11). Absolute Sicherheit kann nicht verlangt werden, aber ein hinreichend sicherer Ausschluss weiterer Verfolgung, wie ihn auch Abs 3 S. 2 fordert. Das notwendige Maß an Unwahrscheinlichkeit richtet sich nach Art u. Schwere der Verfolgungsgefahr. Auch eine befürchtete Kettenabschiebung muss sicher ausgeschlossen sein, selbst wenn dies im Hinblick auf das Verhalten der anderen beteiligten Staaten nur schwer festgestellt werden kann. Die rechtliche Unzulässigkeit einer Abschiebung in den Verfolgerstaat allein genügt nicht; es dürfen auch keine Zweifel an der tatsächlichen Einhaltung derartiger Normen bestehen.

Politische Verfolgung kann in dem Aufnahmestaat selbst drohen oder dadurch, dass der 34 Flüchtlinge unmittelbar oder mittelbar dem Zugriff des Verfolgerstaats ausgesetzt wird (BVerwGE 49, 202; 78, 332). Vor beiden Gefahren muss der Flüchtling hinreichend sicher geschützt sein. Die Verfolgung auf dem Territorium des Aufnahmestaats braucht nicht von diesem selbst auszugehen. Es kann sich auch um Übergriffe des Verfolgerstaats handeln, für die der Aufnahmestaat nicht verantwortlich zu machen ist, zB Nachstellungen durch Geheimdienste oder Bombardements von Flüchtlingslagern (HessVGH, EZAR 220 Nr 1; ähnlich BVerwG, EZAR 205 Nr 8). Auslieferung gefährdet ebenfalls die Verfolgungssicherheit; nur sehr vorsichtig wird die Gefahr einer nach der Auslieferung einsetzenden Verfolgung durch eine Zusage der Spezialität der Strafverfolgung (dazu für die BR Deutschland Renner, NJW 1984, 1257 mwN) ausgeschlossen werden können.

35 Die **Absicherung des Verfolgungsschutzes** im Aufnahmestaat nach innen wie nach außen kann in verschiedener Form erfolgen u. dokumentiert werden. Sie braucht nicht dem Standard der BR Deutschland oder anderer GK-Vertragsstaaten zu entsprechen; sie muss nur im Hinblick (auch) auf die Verfolgungsgefahr u. für deren voraussichtliche Dauer gewährt werden. In Betracht kommen Aufenthaltstitel jeder Art, die eine Überstellung an den Verfolgerstaat hindern, also auch bloße Duldungen (Bethäuser, S. 137 f; BVerwGE 77, 150; VGH BW, DVBl. 1983, 755; BayVGH, InfAuslR 1985, 320); nicht jedoch Ausweise, die lediglich die Identität, aber kein Aufenthalts-, Bleibe- oder Rückkehrrecht dokumentieren (VG Hamburg, InfAuslR 1983, 89). Nicht ausreichend sind danach, jew für sich genommen: UNHCR-Mandatsbescheinigung, GK-Reiseausweis zur Weiterreise, Fremdenpass oder Identitätskarte.

36 Das Angebot der Hilfe zur **Weiterreise in einen Viertstaat** genügt nicht den Anforderungen an die Verfolgungssicherheit. Ebenso wie die BR Deutschland zur Asylgewährung (nur) auf ihrem Territorium verpflichtet ist, kann dem Flüchtling als Verfolgungssicherheit nicht die mehr oder minder sichere Option auf ein verfolgungsfreies Leben in einem weiteren Staat entgegengehalten werden. Eine solche Verfahrensweise käme der Verweisung auf ein fiktives Aufnahmeland gleich. Das aber ist zumindest nach Wortlaut u. Sinn des § 27 ausgeschlossen (Hailbronner, NVwZ 1989, 303; Säcker, NVwZ 1989, 706).

37 Evtl kann asylr Schutz durch **Weitervermittlung** an einen sicheren Drittstaat gewährt werden (BVerwGE 49, 202; 78, 332; VGH BW, EZAR 205 Nr 7; Korbmacher in Fschr. Zeidler, S. 901, 916 f; Säcker, NVwZ 1989, 706; aA Bethäuser, ZAR 1988, 84); dies dürfte aber nicht gegen den Willen des Flüchtlings geschehen. Macht dieser freilich von einem derartigen Angebot Gebrauch, kann ihm dann tatsächlich Verfolgungssicherheit im Viertstaat gewährt sein, allerdings mit der Folge, dass ihm territoriales Asyl in Deutschland iSd Art 16a I GG nicht mehr zusteht (vgl Rn 12, 21). Der Aufenthalt in einem typischen Durchreiseland hindert die Asylanerkennung in Deutschland also nicht, wenn – außer dem Ausschluss von Abschiebungsmaßnahmen für die Dauer der Verfolgungsgefahr (Rn 34) – nur die Chance der Weiterwanderung in ein sicheres Aufnahmeland geboten wird (Bethäuser, NVwZ 1989, 728; aA Quaritsch, S. 137).

7. Umfang der Verfolgungssicherheit außerhalb des Abschiebungsschutzes

38 Ob Verfolgungssicherheit iSd § 27 über bloßen Abschiebungsschutz hinaus **bestimmte Lebensumstände** voraussetzt, war schon unter der Geltung des § 2 AsylVfG 1982 aF (Rn 2) umstritten. Der danach erforderliche nicht nur vorübergehende Aufenthalt war nach verbreiteter Ansicht nur dann gegeben, wenn er dem Flüchtling – außer dem Abschiebungsschutz – auch die Grundlagen für ein Leben unter den im Aufnahmestaat gegebenen Verhältnissen ermöglichte (BVerwGE 69, 289; BVerwG, EZAR 205 Nr 3). Teilweise wurden die Voraussetzungen für ein menschenwürdiges Leben verlangt (Hildner, ZAR 1983, 132), die vollen Rechte nach der GK (Gusy in Beitz/Wollenschläger, S. 247, 257) oder aber eine dem Asylgrundrecht angemessene Stellung (Bethäuser, S. 112). Nach aA sollte dagegen der „Kerngehalt" des Asyls, also Abschiebungsschutz (vgl BVerwGE 49, 202) genügen (Pagenkopf, NVwZ 1982, 590; Reermann, ZAR 1982, 127; BayVGH, BayVBl. 1983, 591). Im letzteren Sinne wollte der Gesetzgeber die Rspr des BVerwG durch die Neufassung von 1987 korrigieren (BT-Drs 10/6416 S. 20 f).

Anderweitige Sicherheit vor Verfolgung   § 27 **AsylVfG 4**

Obwohl § 27 (der Neufassung des § 2 AsylVfG 1982 durch das AsylVfÄndG 1987 **39** folgend) keine Anhaltspunkte für die Anforderungen an die Aufenthaltsbedingungen mehr enthält, muss der Aufenthalt so gestaltet sein, dass dem Flüchtling außer dem Schutz vor unmittelbarer oder mittelbarer Abschiebung in den Verfolgerstaat Hilfe zur **Überwindung der verfolgungsbedingten Schwierigkeiten** zur Verfügung steht; sonst rechtfertigt der Aufenthalt in dem Drittstaat die Verweigerung der Asylanerkennung nämlich nicht (Wollenschläger/Becker, ZAR 1987, 51; dies., DÖV 1987, 1096; BVerwGE 78, 332 m. zust Anm Bethäuser, ZAR 1988, 84; offengelassen noch von BVerwGE 77, 150; aA Quaritsch, S. 133 f). Damit brauchen die Lebensverhältnisse nicht denen für Asylber in Deutschland zu entsprechen, sie richten sich vielmehr nach den konkreten fluchtbedingten Bedürfnissen des Flüchtlings nach Maßgabe des Standards im Aufnahmestaat.

Zu den Fluchtfolgen zählen Heimat-, Obdach- u. Mittellosigkeit ebenso wie Hunger u. **40** Krankheit (BVerwGE 78, 332). Art u. Maß der **notwendigen Hilfestellung** richten sich zunächst nach dem Rechts- u. Wirtschaftssystem des Aufnahmestaats sowie dessen Ressourcen, die weit hinter denen entwickelter Industriestaaten zurückbleiben können (VGH BW, InfAuslR 1988, 25, 28). Der Flüchtling muss also uU eine erhebliche Einschränkung seiner in der Heimat gewohnten Lebensweise hinnehmen, in äußerst bescheidenen Verhältnissen leben (so BVerwGE 79, 347) u. vor allem mit weniger als dem zufrieden sein, was Asylbew in Deutschland geboten wird. Die Hilfen brauchen nicht vom Aufnahmestaat selbst geleistet zu werden; es kann sich auch um Hilfen privater Personen oder internationaler Organisationen handeln (BVerwG, EZAR 205 Nr 11).

Der Flüchtling darf jedoch nicht hilflos dem Tod durch Hunger oder Krankheit ausgesetzt **41** sein oder **am Rande des Existenzminimums** dahinvegetieren (BVerwGE 78, 332). Dies ist aber zB anzunehmen, wenn die Menschen in Flüchtlingslagern von Seuchen heimgesucht werden oder infolge von Luftangriffen ständig gefährdet sind (BVerwG, EZAR 205 Nr 8; OVG Lüneburg, InfAuslR 1988, 301). Ausreichend ist auch nicht die haftähnliche Unterbringung in einem Lager mit höchst unzureichender Versorgung, zumal dann, wenn als Ausweg nur Flucht, Untertauchen oder Verpflichtung zur Teilnahme am Krieg gegen den Heimatstaat in Betracht kommen (BayVGH, NVwZ-RR 1990, 376).

8. Feststellung der Verfolgungssicherheit

Die Feststellung anderweitiger Verfolgungssicherheit **schließt die Asylanerkennung 42 aus.** Sie zeitigt verfahrensrechtliche Wirkungen u. beschränkt zugleich den Schutz des Verfolgten inhaltlich auf das Verbot der Abschiebung; sie berührt aber nicht die Eigenschaft des Flüchtlings als politisch Verfolgten iSd Art 16 a I GG (Rn 6 ff). Dem politisch Verfolgten als Grundrechtsträger wird damit staatlicherseits eine Einschränkung auferlegt, die sich als Ausnahme von der generellen Behandlung politisch Verfolgter darstellt. Der gesetzgeberische Gestaltungsrahmen ist dadurch nicht überschritten; die Frage der **Beweislast** ist im Ges selbst aber nicht gelöst, sodass sie sich nach dem zugrundeliegenden materiellen Recht richtet (Dürig, S. 143 ff; § 74 Rn 36 f).

Der Flüchtling ist hinsichtlich der externen Fluchtalternative **darlegungspflichtig 43** (§ 25 I 2) u. hat auch in seinem Besitz befindliche Urkunden hierüber vorzulegen (§ 15 II Nr 5, III Nr 2 bis 5). Deshalb kommt es nicht darauf an, ob die Voraussetzungen des Abs 1 ohnehin zu dem Verfolgungstatbestand gehören, den der Asylbew schlüssig vorzutragen hat. Für das Risiko im Falle des non liquet ist aber darauf abzustellen, dass dem Verfolgten wegen der für die Vergangenheit festgestellten Verfolgungssicherheit trotz fortbestehender Verfolgung ausnahmsweise eine Position vorenthalten wird, die das Ges sonst für politisch Verfolgte bereithält. Deshalb ist es gerechtfertigt, die Nachteile der Nichterweislichkeit der Fluchtalternative der BR Deutschland u. nicht ihm aufzubürden (Bethäuser, S. 51; ders., NVwZ 1989, 728; Dürig, S. 144 f; Rühmann, ZAR 1984, 30; Wollenschläger/Becker, ZAR 1987, 51; dies., DÖV 1991, 20; BayVGH, DVBl. 1978, 509; OVG NRW, DVBl. 1987, 1225).

44 Die **gegenteilige Ansicht des BVerwG** (BVerwGE 78, 332; BVerwG, EZAR 202 Nr 14) vermag nicht zu überzeugen. Soweit der Asylbew widersprüchliche oder sonst unschlüssige oder unglaubhafte Angaben zum Aufenthalt in anderen Staaten macht, sind diese nach den allg Regeln zu bewerten u. ggf mit zuverlässigen Erkenntnissen über die Situation u. die Behandlung von Flüchtlingen in diesen Staaten zu widerlegen. Der Hinweis des BVerwG darauf, der Asylbew müsse im Zustand der Flucht nach Deutschland gelangt sein, hilft hier nicht weiter; denn der Flüchtling bleibt als politisch Verfolgter Inhaber des Grundrechts aus Art 16 a I GG, für dessen Inanspruchnahme die Nichtexistenz einer externen Fluchtalternative (in der Vergangenheit) nicht als (negative) Voraussetzung angesehen werden kann. Schließlich führte die Auffassung des BVerwG zu dem – unerträglichen – Ergebnis, dass dem Asylbew beim Nichtgelingen des Negativbeweises (für alle irgendwie in Betracht kommenden Staaten) ein nicht erwiesenes u. damit fiktives Aufnahmeland entgegengehalten u. letztlich aufgedrängt würde. Dies trüge nur zur Vermehrung der refugees in orbit bei, deren Existenz flüchtlingsrechtlich als ganz u. gar unerwünscht gilt (vgl nur BT-Drs 12/4450 S. 15).

V. Anderweitige Sicherheit bei Aufenthalt in einem sonstigen Drittstaat (Vermutung)

1. Verfassungsmäßigkeit

45 Die nur an die Dauer des Aufenthalts von mehr als drei Monaten in einem anderen Staat anknüpfende Vermutungsregelung erscheint auch u. vor allem wegen der damit verbundenen Schwierigkeit der Widerlegung für den Asylbew **verfassungsrechtlich bedenklich.** Die zugrundeliegende Annahme, der Flüchtlinge könne sich im Drittstaat innerhalb von drei Monaten über eine Weiterreise schlüssig werden u. dann die dafür notwendigen Vorbereitungen treffen, wird oft zutreffen (Rn 31). Die psychischen u. wirtschaftlichen Verhältnisse eines gerade vor politischer Verfolgung geflohenen Menschen sind aber gänzlich anders beschaffen als bei einem Touristen oder Geschäftsreisenden, u. die äußeren Umstände in Erstaufnahmestaaten der Dritten Welt gewährleisten dorthin gelangten Flüchtlingen im allg keine ruhige Besinnung über den weiteren Verlauf der Flucht u. keine geordnete Organisation des Aufenthalts u. der Weiterreise. Deshalb spricht viel für die Ungeeignetheit, Unzweckmäßigkeit u. Unverhältnismäßigkeit der Regelungen des Abs 3 u. damit für deren zumindest teilweise Verfassungswidrigkeit (so Bethäuser, ZRP 1986, 129; ders., NVwZ 1989, 728; Huber, NVwZ 1987, 391; Selk, S. 263 ff; aA ohne weit Begr Hailbronner, JZ 1987, 564; BVerwGE 79, 347; BVerwG, 202 Nr 14).

46 Die Bedenken rühren einmal daher, dass der Verfolgte die Nachteile der Nichterweislichkeit zu tragen hat u. damit letztlich auf eine **fiktive Fluchtalternative** verwiesen wird. Zum anderen hat der Gesetzgeber nicht genügend beachtet, dass der Flüchtling die Vermutung sehr oft mangels ausreichender Kenntnisse u. Informationsmöglichkeiten über die Verhältnisse in dem Drittstaat nicht widerlegen kann u. dies bei den in Betracht kommenden schwierigen Rechts- u. Tatsachenfragen nicht ungewöhnlich, sondern eher normal erscheinen muss. Schließlich ist die Frist recht kurz bemessen, um an die bloße Dauer des Aufenthalts im Drittstaat die schwerwiegende Folge des Ausschlusses von der Asylanerkennung zu knüpfen (so auch Müller, ZRP 1985, 223). Denn außer dem Entschluss zur Weiterreise nimmt deren Vorbereitung erhebliche Zeit in Anspruch, weil nicht nur Reisedokumente beschafft u. Fahrkarten erworben, sondern auch Durchreise- u. Einreiseerlaubnisse besorgt werden müssen, soll die Weiterreise nicht illegal erfolgen.

47 Diese gewichtigen Zweifel an der Verfassungsmäßigkeit der Gesamtregelung des Abs 3 (vgl auch BR-RA, BR-Drs 91/1/85 S. 16, 22, 572/1/86 S. 1 f; Denninger/Rachor, ZAR 1988, 51; Wollenschläger/Becker, DÖV 1987, 1096; dies., ZAR 1987, 51) können indes durch eine **verfassungskonforme Auslegung u. Anwendung** der einschlägigen Verfahrensregeln ausgeräumt werden (nachfolgend Rn 48 ff). Allerdings muss das Risiko einer Fehlentscheidung möglichst minimalisiert (so auch Dürig, S. 146 ff), im Interesse des Asylgrundrechts das höchstmögliche Maß an Richtigkeitsgewissheit angestrebt werden (zu letzterem allg BVerfGE 67, 43).

2. Aufenthalt in einem Drittstaat

Die Vermutung der Sicherheit vor politischer Verfolgung knüpft an den Aufenthalt von mehr als drei Monaten in einem sonstigen Drittstaat vor vor der Einreise nach Deutschland an. Die Regelung darf ebenso wenig wie Abs 1 analog auf einen Aufenthalt im Anschluss an die Asylantragstellung in Deutschland angewandt werden (vgl Rn 12, 21). Sie gilt nicht, wenn die Aufenthaltsdauer von drei Monaten nur mit Unterbrechungen in ein und demselben Staat oder aber in mehreren Staaten nacheinander erreicht worden ist. Grundlage der Vermutung ist nämlich die **Beständigkeit verfolgungsfreien Lebens** unter den Verhältnissen eines bestimmten Staats über den Zeitraum von über drei Monaten. Dieser Staat darf nicht zu den sicheren Drittstaaten iSd § 26 a I zählen. 48

3. Verfolgungsfreier Aufenthalt von mehr als drei Monaten

Die Vermutung setzt lediglich den Aufenthalt von mehr als drei Monaten in einem Staat voraus, in dem der Flüchtling nicht von politischer Verfolgung bedroht war. Damit wird aus der Nichtverfolgung über einen bestimmten Zeitraum (im Innern) auf dauerhafte Verfolgungssicherheit auch nach außen geschlossen. Der Aufenthalt selbst braucht nach dem Wortlaut nicht irgendwie gesichert zu sein, die **faktische Anwesenheit** genügt, der Flüchtling muss aber von Verfolgung frei bleiben u. darf auch nicht von ihr bedroht sein, u. zwar die ganze Zeit über. Dabei unterscheidet sich die Verfolgung oder Verfolgungsgefahr, von der er verschont geblieben ist, nicht von derjenigen, auf die sich die Vermutung bezieht. Für den Aufenthalt kommt es zwar nur darauf an, dass „in" dem Aufnahmestaat keine politische Verfolgung droht. Damit ist aber zugleich die Gefahr der Abschiebung oder sonstigen Überstellung in den Verfolgerstaat gemeint; denn sie ist gerade Gegenstand der Vermutung u. der Glaubhaftmachung. Schließlich kann ein Aufenthalt nicht als verfolgungsfrei bezeichnet werden, wenn dem Flüchtling „in" dem Drittstaat die Überstellung in den Verfolgerstaat droht oder diese sogar schon versucht worden ist. 49

Eine der Voraussetzungen der Verfolgungssicherheit iSd Abs 1 spielt für den Vermutungstatbestand keine Rolle: die **Beendigung der Flucht** (Rn 27 ff). Sie wird aufgrund der Zeitdauer des verfolgungsfreien Aufenthalts vermutet. Die zugrundeliegende Annahme, der Flüchtling habe sich innerhalb von drei Monaten über die Fortsetzung der Flucht schlüssig werden u. sie vorbereiten können, wird den Verhältnissen in den typischen Erstaufnahmeländern u. den dortigen persönlichen Lebensbedingungen der Flüchtlinge kaum gerecht, ist aber dennoch nicht lebensfremd oder sonst gänzlich unsachgerecht (Rn 45). Dabei ist auch zu bedenken, dass jede Art von Niederlassung ein Anzeichen für die Beendigung der Flucht abgeben kann (Rn 29), der Flüchtling also ohnehin drei Monate lang die Weiterreise in vollem Umfang offenhalten muss, um nicht schon den Tatbestand des Abs 1 zu erfüllen. Die Vermutungsregelung zwingt ihn also „nur" zur Verwirklichung seines weiteren Fluchtplans innerhalb von drei Monaten. 50

Die Vermutung baut ferner auf einer Grundlage auf, die eigentlich einen unmittelbaren Schluss auf Verfolgungssicherheit nicht zulässt. Zur Sicherheit vor Verfolgung iSd Abs 1 gehört nämlich außer dem Abschiebungsschutz auch Hilfe zur **Bewältigung verfolgungsbedingter existenzieller Schwierigkeiten** (Rn 38 ff). Wäre diese Hilfe aber zum Vermutungstatbestand zu rechnen, bedürfte es der Vermutung nicht, weil dann schon der Tatbestand des Abs 1 erfüllt wäre. Deshalb muss angenommen werden, dass sich die Vermutung nur an den tatsächlich verfolgungs- u. verfolgungsgefahrfreien Aufenthalt anschließt u. nach drei Monaten Aufenthalt selbst dann eingreift, wenn der Flüchtling unter existenzbedrohenden Folgen der Verfolgung leidet. Damit erwächst dem Flüchtling ein gewich- 51 tiger Nachteil daraus, dass er nicht schnell genug einen Aufnahmestaat verlassen hat, der den Anforderungen des Abs 1 nicht (voll) genügt. Dies kann als wenig sachgerecht angesehen werden, nicht aber schon als willkürlich.

52 Der Vermutungstatbestand enthält Tatsachen, für die der Asylbew nur zT darlegungspflichtig ist, nämlich die Verfolgungsfreiheit des Aufenthalts (ähnlich Dürig, S. 147 ff; Marx, § 2 Rn 28). Hinsichtlich des Aufenthalts u. dessen Dauer hat sich der Flüchtling zwar umfassend zu äußern u. Belege vorzulegen (§§ 15 II Nr 5, III, 25 II). Die Freiheit von politischer Verfolgung gehört aber zu dem Teil der Vermutungsbasis, der grundsätzlich der staatl Sphäre zuzurechnen ist, weil hieraus für die BR Deutschland günstige Schlüsse gezogen werden (Rn 42 ff). Zumindest gelten hier die allg Regeln über die **Darlegungspflichten,** wonach der Asylbew die seinem persönlichen Bereich zugehörenden Tatsachen vorzutragen u. die Behörde ihrerseits die allg Verhältnisse in dem ausl Staat **aufzuklären** hat (BVerwGE 65, 237; BVerwG, EZAR 630 Nr 13).

53 Ob für einen Flüchtling die Gefahr politischer Verfolgung im Drittstaat besteht, hängt aber vorwiegend von den allg Regeln dieses Staats über die Behandlung von Ausl u. nicht so sehr von den individuellen Verhältnissen des Flüchtlings ab. Während dieser über die ihm gewährten Aufenthaltsbedingungen (AufR, Flüchtlingsanerkennung, GK-Reiseausweis ua) u. die gegen ihn gerichteten behördlichen Maßnahmen (Ausweisung, Abschiebungsandrohung ua) berichten kann, ist es Sache des BAMF, über die allg rechtliche u. tatsächliche Lage der Flüchtlinge in dem betr Staat Auskunft zu geben. Hinweise u. Belege für das Nichtvorliegen der Gefahr politischer Verfolgung kann die BR Deutschland eher beibringen als der Flüchtling. Diesem obliegt also nicht der **Nachweis** drohender Verfolgungsgefahr.

4. Inhalt der Vermutung

54 Aus der Feststellung vorübergehenden verfolgungsfreien Aufenthalts – mit an Sicherheit grenzender Wahrscheinlichkeit – folgt aufgrund widerleglicher Vermutung die Annahme dauerhafter Sicherheit vor Verfolgung. Zum **Vermutungstatbestand** gehören: ununterbrochener Aufenthalt im sonstigen Drittstaat von mehr als drei Monaten; keine Verfolgung u. keine Verfolgungsgefahr während der gesamten Zeitspanne, einschließlich der Sicherheit vor unmittelbarer oder mittelbarer Überstellung an den Verfolgerstaat. Alle diese Elemente müssen zur Überzeugung des BAMF oder des Gerichts feststehen u. nicht nur wahrscheinlich erscheinen. Für die Vermutungsgrundlage, insb die allg Verhältnisse im Drittstaat trägt die BR Deutschland die Beweislast (Rn 42 ff).

55 Die **Vermutung** betrifft die danach fehlenden Elemente anderweitiger Verfolgungssicherheit: Beendigung der Flucht (Rn 27 ff); Gewährleistung von Hilfe zur Bewältigung der existentiellen Verfolgungsauswirkungen (Rn 38 ff); Fortbestand der Sicherheit vor Verfolgung für die voraussichtliche Dauer der Verfolgungsgefahr (Rn 20 ff). Diese Tatsachen stehen aufgrund der Vermutung bis zur Widerlegung nach Abs 3 S. 2 fest.

5. Widerlegung der Vermutung

56 Gegenstand der Erschütterung der Vermutung ist lediglich die Gefahr der Abschiebung in einen Verfolgerstaat. Die **Widerlegung** kann sich dem Wortlaut nach nicht auf die Fragen der Beendigung der Flucht u. der Hilfestellung hinsichtlich der Existenzgefährdung beziehen. Diese Elemente der Vermutung sind eigentlich nur durch die Glaubhaftmachung fortbestehender Verfolgungsgefahr (mit) zu widerlegen. Dies wäre aber zumindest hinsichtlich der Fluchtbeendigung nicht mit Art 16 a I GG zu vereinbaren; insoweit kann die Vermutung deshalb ebenfalls widerlegt werden (BVerwG, EZAR 205 Nr 12).

57 Auf die Gefahr einer Verfolgung durch den Drittstaat – durch eigene oder ihm zuzurechnende Verfolgungsmaßnahmen auf seinem Hoheitsgebiet – kommt es nicht an. Da ihr Fehlen zu den Vermutungsgrundlagen gehört, scheitert schon die Feststellung des verfolgungsfreien Aufenthalts, wenn der Flüchtling diesen – mit Erfolg – in Zweifel ziehen kann. Der Ausschluss der Abschiebungsgefahr ist – ebenso wie die Verfolgungsgefahr nach Abs 1

(Rn 20 ff) – für die **Dauer des Aufenthalts** festzustellen, nicht nach den Verhältnissen im Zeitpunkt der Asylentscheidung. Da die Abschiebungsgefahr vorausschauend für die voraussichtliche Dauer der Verfolgungsgefahr zu beurteilen ist, ist allerdings die bei der Ausreise schon absehbare weitere Entwicklung in die Prognose einzubeziehen.

Der Staat, in den die Abschiebung drohte, braucht nicht mit demjenigen identisch zu sein, 58 vor dessen Verfolgung der Ausl geflohen ist. Maßgeblich ist das Bestehen der Gefahr der Abschiebung in **irgendeinen Verfolgerstaat**. Es kann sich um den Heimatstaat des Ausl., bei Staatenlosen also um deren Herkunftsstaat handeln, aber auch um einen anderen Staat, in den die Abschiebung droht. Dem Flüchtling könnte die Rückkehrmöglichkeit in den Heimatstaat nur entgegengehalten werden, wenn ihm dort keine Verfolgung drohte. Zur Widerlegung bzw. Erschütterung der Vermutung genügt die **Glaubhaftmachung** des nicht hinreichenden Ausschlusses der Abschiebungsgefahr. Einerseits werden dem Asybew damit eine Darlegungs-, eine Beweisführungs- u. eine Beweislast auferlegt, andererseits werden diese durch das Mittel der Glaubhaftmachung u. das geringe Maß an Wahrscheinlichkeit gemildert, mit dem die Vermutung erschüttert werden kann. Ob dies zumutbar erscheint u. die Bedenken gegen die Vermutungsregelung insgesamt auszuräumen vermag, hängt von den Anforderungen an die Glaubhaftmachung ab.

Die Vermutung anderweitiger Verfolgungssicherheit ist erschüttert, wenn auch nur eine 59 geringe Wahrscheinlichkeit der Abschiebung bestand. Sind auch nur **geringe Zweifel** an der Sicherheit vor Verfolgung angebracht, kann diese nicht mehr als hinreichend sicher ausgeschlossen bezeichnet werden (ähnlich Dürig, S. 148).

Diese Zweifel brauchen nur glaubhaft gemacht zu werden (§ 173 VwGO iVm § 294 60 ZPO). Statt des sonst erforderlichen Wahrscheinlichkeitsgrads der mit an Sicherheit grenzenden Wahrscheinlichkeit genügt deshalb eine überwiegende Wahrscheinlichkeit. Als **Mittel der Glaubhaftmachung** kommen außer Zeugen, Sachverständigen, Urkunden u. amtlichen Auskünften auch die Angaben des Asylbew in Betracht, diese müssen nur schlüssig, substantiiert u. glaubhaft sein (vgl etwa VGH BW, InfAuslR 1989, 139). Durch die Zuweisung der Darlegungsobliegenheit an den Asylbew ist zwar die Amtsermittlungspflicht der Behörden u. Gerichte insoweit eingeschränkt. Dies befreit sie aber nicht von der Verpflichtung, umfassend rechtliches Gehör zu gewähren u. den Asylbew über alle tatsächlichen Umstände zu unterrichten, die für die Vermutung herangezogen u. verwertet werden sollen. Deshalb müssen sie ihn praktisch auch über diejenigen Tatsachen unterrichten, die für die Erschütterung der Vermutung Bedeutung erlangen können u. ihnen von Amts wegen bekannt sind. Sie haben deshalb ihnen vorliegende Berichte daraufhin auszuwerten, ob die Abschiebungsgefahr hinreichend sicher auszuschließen ist (betr Iraner in der Türkei zB OVG NRW, InfAuslR 1989, 177).

VI. Anderweitige Sicherheit bei Besitz eines GK-Reiseausweises (Vermutung)

1. Bedeutung der Vermutung

Mit dem Besitz eines GK-Reiseausweises wird dieselbe Vermutung verbunden wie mit 61 dem mehr als dreimonatigen Aufenthalt in einem verfolgungssicheren Drittstaat nach Abs 1. Der Reiseausweis führt nicht unmittelbar wie die offensichtliche Verfolgungssicherheit nach § 29 I zur Unbeachtlichkeit des Asylantrags, berechtigt aber ebenso wie diese zur Verweigerung der Einreise (§ 18 II 2 Nr 3). Dem liegt erkennbar die Annahme zugrunde, der Besitz des Ausweises bestätige idR zweifelsfrei die **Freiheit von Verfolgungsgefahren** in dem den Ausweis ausstellenden Konventionsstaat, die aus ihm folgende Vermutung könne aber erschüttert werden (so etwa BT-RA, BT-Drs 9/1630 S. 17 f). Die Möglichkeit der Rückführung in den anderen Konventionsstaat ist (außer in § 29) nicht vorausgesetzt, offenbar im Hinblick auf das grundsätzlich bestehende Rückkehrrecht (§ 13 Anhang-GK).

2. Verfassungsmäßigkeit

62 Eine Auslegung dahin, dass die die Verfolgungsfreiheit sichernden Bedingungen des Aufenthalts in dem anderen Staat zusätzlich zum Besitz des Reiseausweises erfüllt sein müssten (so noch § 4 II Nr 2 AsylVfG-E 1982, BT-Drs 9/875 S. 3), ist weder möglich noch verfassungsrechtlich geboten (Reermann, ZAR 1982, 127; krit Henkel, ZAR 1981, 85). Abs 2 ist nicht als Unterfall des Abs 1 formuliert oder zu verstehen, wie die Entstehungsgeschichte zeigt (Rn 2 ff). Zwar verträgt sich die Kompetenz der Grenzbehörden zur Aufenthaltsbeendigung ohne Sachprüfung (§ 18 II Nr 3) mit Art 16a I GG nur bei **eindeutiger Aussichtslosigkeit** (BVerfGE 56, 216; 67, 43). Gerade diese ist aber Ziel der Vermutung, ohne dass dies von vornherein als sachwidrig bezeichnet werden kann. Allerdings muss durch eine sachgemäße Auslegung u. Anwendung die Gefahr einer Überstellung in einen Staat ausgeschlossen werden, in dem der Flüchtling nicht sicher ist vor politischer Verfolgung.

3. Reiseausweis

63 Der Flüchtling muss einen Reiseausweis nach Art 28 GK, §§ 1 ff GK-Anlage besitzen. Andere Personal-, Identitäts- oder Reisedokumente reichen nicht aus (Marx, § 27 Rn 25; betr spanischen Fremdenpass VG Hamburg, InfAuslR 1983, 89). Gleichgültig sind nach dem Gesetzestext die Rechtsgrundlagen für die Ausstellung des Ausweises im Einzelnen u. die **Berechtigung zur Rückkehr.** Dem Gesetzgeber musste bekannt sein u. war bekannt (vgl BT-Drs 9/1630 S. 18), dass die Konventionsstaaten Reiseausweise auch für nicht sich rechtmäßig dort aufhaltende Flüchtlinge ausstellen (Art 28 Nr 1 S. 2 GK), dass die Rückkehrberechtigung auf (mindestens) drei Monate beschränkt werden darf (§ 13 Nr 3 GK-Anhang) u. dass in vielen Fällen der Reiseausweis nur zur Ausreise in ein vorher bestimmtes endgültiges Asylland erteilt wird (vgl für den Sudan Renner, NVwZ 1985, 889). Da Form u. Text des Reiseausweise diese Unterschiede – ausgenommen die Dauer der Rückkehrberechtigung – nicht erkennen lassen, fällt eine Differenzierung innerhalb des Begriffs „Reiseausweis" schwer. Es erscheint daher sinnvoll u. zumutbar, sie in den Bereich der Erschütterung der Vermutung zu verlagern (aA zT Marx, § 27 Rn 26).

4. Widerlegung der Vermutung

64 Das Ges enthält keine eigenständigen Regeln für die – ohne weiteres zulässige (vgl § 292 ZPO) – Widerlegung der Vermutung. Insb ist nicht wie nach Abs 3 S. 2 die Glaubhaftmachung nicht hinreichend ausgeschlossener Verfolgungsgefahr als Widerlegung zugelassen. Deshalb kann die Vermutung eigentlich nur dadurch widerlegt werden, dass die Sicherheit vor Verfolgung in dem den Ausweis ausstellenden GK-Staat nicht nur in Zweifel gezogen, sondern das **Gegenteil festgestellt** wird (Dürig, S. 148 f). Dies aber wäre angesichts der Unsicherheiten der Vermutungsbasis nur schwerlich mit Art 16a I GG zu vereinbaren. Als verfassungskonforme Alternative bietet sich eine **analoge Anwendung von Abs 3 S. 2** an (so auch Dürig, S. 149; für vollen Gegenbeweis Marx, § 27 Rn 26). Der Besitz des Reiseausweises vermittelt nach dem Inhalt des Art 28 GK u. der Praxis der Vertragsstaaten keine stärkere, sondern eher eine schwächere Wahrscheinlichkeit für Verfolgungssicherheit als der verfolgungsfreie Aufenthalt von über drei Monaten. Deshalb erscheint es geboten, die Regelungslücke durch eine Analogie zu Abs 3 S. 2 zu schließen.

65 Zur Widerlegung der Vermutung genügt es demnach, wenn der Ausl glaubhaft macht, die Gefahr politischer Verfolgung, insb durch Überstellung in den Verfolgerstaat sei nicht mit hinreichender Sicherheit ausgeschlossen (vgl Rn 56 ff). Es bedarf also nur eines **schlüssiges Vorbringens** darüber, dass zB im Falle des Art 28 Nr 1 S. 2 GK durch den Reiseausweis ein AufR nicht verbürgt wird. Zureichend ist auch die glaubhafte u. uU mit Dokumenten belegte Erklärung, der Ausweis sei nur zur Ausreise in die BR Deutschland als endgültiges Asylland bestimmt. Die Grenzbehörde u. das BAMF haben ihr amtliches Wissen

um rechtliche u. praktische Modalitäten der Ausstellung von GK-Reiseausweisen zu berücksichtigen u. den Flüchtling auf die Möglichkeit der Widerlegung der Vermutung hinzuweisen.

§ 28 Nachfluchttatbestände

(1) ¹Ein Ausländer wird in der Regel nicht als Asylberechtigter anerkannt, wenn die Gefahr politischer Verfolgung auf Umständen beruht, die er nach Verlassen seines Herkunftslandes aus eigenem Entschluß geschaffen hat, es sei denn, dieser Entschluß entspricht einer festen, bereits im Herkunftsland erkennbar betätigten Überzeugung. ²Satz 1 findet insbesondere keine Anwendung, wenn der Ausländer sich auf Grund seines Alters und Entwicklungsstandes im Herkunftsland noch keine feste Überzeugung bilden konnte.

(2) Stellt der Ausländer nach Rücknahme oder unanfechtbarer Ablehnung eines früheren Asylantrages erneut einen Asylantrag und stützt er sein Vorbringen auf Umstände im Sinne des Absatzes 1, die nach Rücknahme oder unanfechtbarer Ablehnung seines früheren Antrages entstanden sind, und liegen im übrigen die Voraussetzungen für die Durchführung eines Folgeverfahrens vor, kann in diesem in der Regel die Feststellung, dass ihm die in § 60 Abs. 1 des Aufenthaltsgesetzes bezeichneten Gefahren drohen, nicht mehr getroffen werden.

Übersicht

	Rn
I. Entstehungsgeschichte	1
II. Allgemeines	2
III. Selbstgeschaffener Nachfluchttatbestand	9
1. Regel	9
2. Ausnahmen	17
3. Nichtberücksichtigung im Asylanerkennungsverfahren	19
IV. Folgeantragsverfahren	21

I. Entstehungsgeschichte

Die Vorschrift geht auf § 1a AsylVfG, der mit Wirkung vom 15. 1. 1987 eingefügt wurde 1 (Art 1 Nr 1 **AsylVfÄndG 1987**). Sie stimmt im Wesentlichen mit dem **GesEntw 1992** (BT-Drs 12/2062 S. 10) überein. Auf Vorschlag des BT-IA wurden allerdings in S. 1 noch die Wörter „in der Regel" u. in S. 2 das Wort „insbesondere" eingefügt (BT-Drs 12/2817 S. 21). Mit Wirkung vom 1. 1. 2005 wurde entspr dem GesEntw (BT-Drs 15/420 S. 42) Abs 2 angefügt (Art 3 Nr 18 **ZuwG**).

II. Allgemeines

Vorflucht- u. Nachfluchtgründe unterscheiden sich voneinander durch den **Zeitpunkt** 2 **ihres Entstehens:** vor oder nach Verlassen des Verfolgerstaats (Art 16a GG Rn 49). Da die Gewährung von Asyl eine Verfolgungsprognose voraussetzt u. Vorgänge in der Vergangenheit nur in diesem Zusammenhang von Bedeutung sind, ist die Unterscheidung nicht selbstverständlich, aber herkömmlich dem AsylR eigen; sie wirkt sich auf den Prognosemaßstab u. die Beweisanforderungen aus (Art 16a GG Rn 52). Nachträglich eingetretene asylrelevante Umstände können **in der Person des Asylbew** entstehen (subjektive Fluchtgründe) oder allein in den äußeren Verhältnissen (objektive Fluchtgründe). Sie können sich ohne weiteres Zutun des Asylbew ergeben oder von ihm selbst frei geschaffen werden

4 AsylVfG § 28　　　　　　　　　　　　　　　4. Teil. Asylverfahrensgesetz

(gewillkürte Nachfluchtgründe). Alle diese Bezeichnungen erscheinen unzureichend, weil Asylgründe immer personenbezogen sind, indem sie an personelle Merkmale anknüpfen, u. weil die Asylgewährung allein auf die Verfolgungsgefahr abstellt u. die – idR vorangegangene – Flucht dagegen letztlich in den Hintergrund gerät (dazu Art 16 a GG Rn 52).

3　Ungeachtet der schwierigen u. nicht einheitlichen Terminologie ist festzuhalten, dass **Abs 1** subjektive Nachfluchttatbestände nicht vollends aus dem asylr Schutz ausgrenzt, sondern nur eine bestimmte Gruppe u. diese nur aus einer bestimmten Verfahrensart. Erfasst sind nur Umstände, die der Asylbew nach Verlassen seines Herkunftslandes aus eigenem Entschluss geschaffen hat. Zudem gilt dies nur idR u. insb in den S. 2 bezeichneten Fällen nicht. Schließlich bleiben solche Umstände nur im Asylanerkennungsverf unberücksichtigt, nicht also im Flüchtlingsanerkennungs- oder im Auslieferungsverf. Anders verhält es sich mit dem seit 2005 geltenden **Abs 2**, der subjektive Nachfluchttatsachen im Folgeverf idR auch aus der Flüchtlingsanerkennung ausschließt. Damit ist einerseits der Flüchtlingsschutz in den Fällen des Abs 1 erhalten, andererseits aber in den Folgefällen des Abs 2 sogar das Refoulementverbot aufgehoben. Im Folgenden werden zunächst Einzelheiten des Abs 1 behandelt.

4　Für die Auslegung von **Abs 1** entscheidend ist das Verhältnis der Vorschrift zur **Rspr des BVerfG** über gewillkürte Nachfluchtgründe (seit BVerfGE 74, 51). Während der parlamentarischen Beratungen über die Asylnovelle 1987 u. damit über die Einfügung des § 1a entschied das BVerfG, das Asylgrundrecht des Art 16 II 2 GG aF setze von seinem Tatbestand grundsätzlich den kausalen Zusammenhang zwischen Verfolgung u. Flucht voraus u. bei selbstgeschaffenen Nachfluchttatbeständen komme eine Asylberechtigung nur in Betracht, wenn sie sich als Ausdruck u. Fortführung einer schon im Heimatstaat erkennbar betätigten festen Überzeugung darstelle (Ls. aaO). Zur Begründung ist auf die Entwicklung des AsylR im VR zurückgegriffen u. betont, die betroffenen Ausl seien außerhalb des Art 16 II 2 GG aF uU durch Art 33 GK u. § 14 AuslG 1965, evtl auch durch Art 3 EMRK geschützt.

5　Nach dieser Rspr sind selbstgeschaffene Nachfluchttatbestände **grundsätzlich** aus dem Anwendungsbereich des Asylgrundrechts **ausgeschlossen.** Wer sich lediglich auf danach irrelevante Tatbestände beruft, ist kein politisch Verfolgter iSd GG; ihm wird nicht nur die Asylanerkennung versagt, sondern das Asylgrundrecht insgesamt. § 28 erfasst danach eigentlich nur Nachfluchttatbestände, die nach dieser Rspr noch beachtlich sind (objektive u. ausnahmsweise subjektive; so zu § 1 a AsylVfG 1987 BVerwGE 77, 258). Dem Gesetzgeber des § 1 a AsylVfG 1987 (Verabschiedung im BT am 13. 11. 1986, im BT am 19. 12. 1986) war die erst später veröffentlichte Entscheidung des BVerfG vom 26. 11. 1986 nicht bekannt; er beabsichtigte eine Einschränkung der Asylanerkennung in Fällen von Missbrauch, wollte aber den Rahmen des Art 16 II 2 GG aF nicht erweitern. Folgt man der „Leitlinie" des BVerfG (BVerfGE 74, 51) u. legt man ihr Gesetzeskraft bei (so BVerwG aaO), ist der Anwendungsbereich des § 28 (wie des § 1 a AsylVfG 1987) ganz erheblich eingeengt. Die Hinweise des BVerfG auf subsidiäre einfachges Schutzvorschriften dürfen jedenfalls nicht so verstanden werden, dass die Rspr des BVerfG nicht das Asylgrundrecht einschränke, sondern sich nur im Anerkennungsverf auswirke.

6　Es sprechen jedoch **gewichtige Gründe** gegen die Entscheidung des BVerfG vom 26. 11. 1986 u. deren vom BVerwG angenommene Bindungswirkung nach § 31 BVerfGG. Die Anerkennung von Nachfluchtgründen war ohnehin auch nach der früheren Rspr des BVerfG u. des BVerwG eingeschränkt u. zwang nicht zur Hinnahme von eindeutigem Missbrauch. Der Gesetzgeber des AuslRNG u. des AsylVfG 1992 hat sich nicht zur Bedeutung der neueren Rspr geäußert. Er hat insb nicht dazu Stellung genommen, ob u. in welchem Umfang § 1 a AsylVfG 1987 bzw. § 28 für typische selbstgeschaffene Nachfluchttatbestände gelten soll, etwa für Exilpolitik, Asylantrag, illegalen Verbleib im Ausland, Wechsel der politischen Überzeugung oder der Religionszugehörigkeit. Die nachfolgende Kommentierung erfolgt ungeachtet der danach noch bestehenden Unsicherheit über das Verhältnis der Vorschrift zu Art 16 a I GG in der neueren Auslegung durch BVerfG u. BVerwG.

In jedem Fall erscheint die Vorschrift als **mit Art 16 a I GG vereinbar**. Sie schließt die 7
betroffenen Personen lediglich aus dem förmlichen Asylanerkennungsverf aus u. belässt
ihnen den Kerngehalt asylr Schutzes (BVerwGE 49, 202), nämlich die Sicherheit vor
Zurückweisung an der Grenze, Auslieferung (vgl § 6 IRG) u. Abschiebung (vgl § 60 I
AufenthG). Sie differenziert unter den politisch Verfolgten nach sachlichen Kriterien, indem
sie Missbrauchstatbestände zu erfassen sucht, u. kann deshalb nicht als verfassungswidrige
Diskriminierung gewertet werden.

Allerdings muss bei ihrer Auslegung u. Anwendung bedacht werden, dass es sich um eine 8
Ausnahme von der in besonderer Weise effektiven Statusfeststellung handelt u. den Betroffenen das Asylgrundrecht weiterhin zusteht; eine möglichst **grundrechtsbewahrende Auslegung** ist deshalb geboten. Dabei ist weiter zu beachten, dass das GG eine Verwirkung von
Grundrechten wie des Art 16 a I GG nur aufgrund enger Voraussetzungen kennt u. dafür
eine Entscheidung des BVerfG in jedem Einzelfall verlangt (Art 18 GG). Ein allg Miss-
brauchsvorbehalt für Grundrechte ist damit nicht zu vereinbaren (betr Verfahrensmissbrauch
vgl BVerfGE 56, 216; betr Nachfluchtgründe vgl etwa BVerfGE 9, 174; 38, 398).

III. Selbstgeschaffener Nachfluchttatbestand

1. Regel

Selbstgeschaffene subjektive Nachfluchttatbestände sind nach der nunmehr Ges geworde- 9
nen Rspr **idR für die Asylanerkennung nicht relevant.** Die Anforderungen an die
erkennbare Betätigung im Heimatland u. die auch inhaltliche Kontinuität scheinen zT
überspannt (krit schon Hofmann, ZAR 1987, 115; Treiber, ZAR 1987, 151). Sie sind
primär auf die exilpolitische Betätigung zugeschnitten (BVerwG, EZAR 206 Nr 5) u.
deshalb insb auf Verfolgungsmaßnahmen wegen eines unveränderlichen (zB ethnischen oder
körperlichen) persönlichen Merkmals kaum übertragbar.

Als **subjektiv** können nur die vom Asylbew selbst bewusst u. gewollt geschaffenen 10
Verfolgungstatbestände gewertet werden. Dagegen sind alle Umstände u. Ereignisse, auf die
der Asylbew selbst keinen Einfluss ausüben kann, asylr als objektive Tatbestände anzusehen.
Einen objektiven u. nicht einen subjektiven Nachfluchttatbestand stellt daher der Wandel in
der politischen Einstellung des Heimatstaats gegenüber einer regimekritischen Organisation
dar (BVerwG, EZAR 206 Nr 4). Ebenso verhält es sich, wenn sich die Verfolgungsgefahr aus
der Nichtteilnahme an einer Volksbefragung ergibt, die erst nach der Ausreise stattfindet
(BVerwG, EZAR 205 Nr 15). Oder wenn nachträglich der Verdacht einer vor der Ausreise
begangenen Straftat entsteht (dazu u. zu Ausnahmen BVerwG, EZAR 206 Nr 19) oder erst
die Befragung des Asylbew durch Geheimdienste die Verfolgungsgefahr heraufbeschwört
(VG Würzburg, EZAR 206 Nr 11). Dasselbe gilt für Handlungen eines Dritten, welche die
Verfolgungsgefahr nach der Ausreise auslösen (BVerwGE 88, 92). Das die Verfolgung
begründende Geschehen braucht sich zudem nicht im Heimatstaat zu ereignen (BVerwGE
88, 92).

Hinsichtlich der **zeitlichen Grenze** zwischen Vor- u. Nachfluchttatbeständen kommt es 11
grundsätzlich auf die Ausreise aus dem Herkunftsstaat an. Übt dieser aber die effektive
Gebietshoheit auch über andere Gebiete aus, ist das Verlassen dieser Gebiete maßgeblich
(BVerwG, 206 Nr 5).

Die Voraussetzungen für ein **„asylneutrales" Verhalten** im Aufnahmestaat dürfen im 12
Blick auf die humanitäre Wurzel des AsylR nicht akribisch eng u. kleinherzig gefasst werden;
sonst wirken sie inhuman u. sind eines freihheitlichen Rechtsstaats unwürdig. So stellt etwa
das Unterlassen verfolgungshindernder Verhaltensweisen kein gewillkürtes Nachfluchtver-
halten dar (BVerwG, EZAR 206 Nr 4).

Die Anerkennung subjektiver Nachfluchttatbestände setzt idR voraus, dass sie sich als 13
Fortsetzung einer schon im Heimatstaat vorhandenen u. erkennbar betätigten festen Über-

zeugung darstellen (BVerfGE 74, 51). Diese Überzeugung braucht nicht schon dem Heimatstaat bekannt geworden zu sein oder zu einer Vorverfolgung geführt zu haben (BVerfG-K, InfAuslR 1990, 197). Die später geäußerte muss aber mit der früher schon vorhandenen u. betätigten Auffassung der Sache nach übereinstimmen, also eine **inhaltliche Kontinuität** aufweisen (BVerwG, InfAuslR 1988, 22 u. 254). Dabei schadet es nicht, wenn die exilpolitische Betätigung in einer anderen Organisation als im Heimatland stattfindet (BVerwG, InfAuslR 1990, 128). Ein Glaubenswechsel wird nach denselben Kriterien beurteilt (BVerwG, Bh. 310 § 108 VwGO Nr 213), ebenso eine Wehrdienstverweigerung (BVerwG, NVwZ 1990, 267), auch wenn die Wehrpflicht erst während des Auslandsaufenthalts entstanden ist (BVerwG, EZAR 206 Nr 9). Dieser Rspr kann zumindest dann nicht mehr gefolgt werden, wenn sie die Beibehaltung einer einmal vorhandenen politischen oder religiösen Überzeugung verlangt u. andernfalls AsylR versagt. Diese Auffassung wird durch die Überlegungen zur risikolosen Schaffung von Asylgründen nicht mehr gedeckt. Sie ist inhuman, weil sie den Asylbew vor die Wahl stellt, seine Überzeugung zu unterdrücken oder seine Überstellung an den Verfolgerstaat hinzunehmen (vgl Art 16 a GG Rn 54 ff).

14   Der notwendige **zeitliche Zusammenhang** bei der Fortsetzung einer politischen Betätigung ist unterbrochen, wenn der Ausl exilpolitische Aktivitäten erst nach langjähriger Enthaltsamkeit aufnimmt (BVerwG, EZAR 630 Nr 27: 20 Jahre; BVerwG, EZAR 200 Nr 22: neun Jahre). Alter u. Entwicklung des Asylbew sind hierbei aber sachbezogen zu berücksichtigen (BVerfG-K, BayVBl. 1989, 561).

15   Die **Asylantragstellung** kommt als Asylgrund nur dann in Betracht, wenn sich der Asylbew schon vor der Ausreise aus dem Heimatstaat in einer latenten Gefährdungslage befand (BVerwGE 80, 131; 81, 170; BVerwG, EZAR 200 Nr 22). Eine derartige Situation besteht nicht schon dann, wenn der Ausl in seiner Heimat als politisch verdächtig angesehen wurde (BVerwGE 81, 170); ein Übergriff muss nicht ganz entfernt u. „real" möglich erscheinen (BVerwG, Bh. 402.25 § 1 AsylVfG Nr 110).

16   Ähnliche Maßstäbe werden auf Tatbestände der **Republikflucht** angewandt Illegales Verlassen des Heimatstaats oder illegaler Verbleib im Ausland begründen nur dann ein AsylR, wenn zuvor schon eine Gefährdungslage bestand, in der Verfolgung nicht hinreichend wahrscheinlich, aber auch nicht auszuschließen war (BVerwG, EZAR 201 Nr 14; BVerwGE 81, 41).

2. Ausnahmen

17   Angesichts der weitgreifenden Regel gewinnen die **Ausnahmen** an Bedeutung, die in S. 2 **nur beispielhaft beschrieben** sind. Sie sind insgesamt dadurch gekennzeichnet, dass in diesen Fällen die grundsätzlichen Überlegungen zur Asylirrelevanz nicht zutreffen (Art 16 a GG Rn 60). Als atypisch stellen sich alle Fallgestaltungen dar, in denen dem Ausl nicht vorgehalten werden kann, er habe den Verfolgungstatbestand bewusst im Aufnahmeland risikolos geschaffen, ohne vor der Ausreise aus dem Heimatstaat eine zumindest ähnliche Überzeugung oder andere persönliche Merkmale besessen u. gezeigt zu haben. Danach ist als Ausnahme eigentlich auch der Fall desjenigen Ausländers in Betracht zu ziehen, der seine religiöse oder politische Überzeugung aufgrund ernsthafter Erwägungen wechselt, indem er zB als Iraner nach gewissenhafter Prüfung vom Islam zum Christentum übertritt oder nach dem Zusammenbruch des Kommunismus in Ost- und Südosteuropa als Rotchinese oder Kubaner seine maoistische Gesinnung aufgibt.

18   Exilpolitische Aktivitäten sind allg für die Asylanerkennung relevant, wenn eine „Vortätigkeit" im Herkunftsstaat **objektiv unmöglich** war. Dies kann einmal auf das geringe Lebensalter oder (nicht „und") ein gering entwickeltes politisches Bewusstsein zurückzuführen sein. Eine Kontinuität der Überzeugung kann auch dann nicht verlangt werden, wenn kein objektiver Anlass für eine frühere Überzeugungsbildung bestand (abgelehnt im Einzelfall von BVerwG, EZAR 206 Nr 9). Dasselbe gilt aber auch bei Geburt im Drittstaat (BVerfG-K, EZAR 200 Nr 29; BayVGH, EZAR 206 Nr 3).

3. Nichtberücksichtigung im Asylanerkennungsverfahren

Die Rechtsfolge in den Fällen des Abs 1 besteht in der Nichtberücksichtigung bei der Entscheidung über die Asylanerkennung. Dies war schon durch Änderung des Wortlauts des § 1 a AsylVfG seit 1. 1. 1991 ausdrücklich klargestellt u. ergibt sich jetzt eindeutig aus S. 1; eine andere Auslegung wäre mit Art 16 a I GG nicht vereinbar. Schon die ursprüngliche Formulierung „bei der Entscheidung" begrenzte die Rechtsfolge auf die im Mittelpunkt des AsylVfG stehende Asylanerkennung. Der **Ausschluss aus dem Anerkennungsverf** ist unbedingt; vor allem ist kein Raum für die zusätzliche Prüfung einer „objektiv" gegebenen Verfolgungsgefahr im Zeitpunkt der vermuteten Rückkehr. 19

Durch § 28 erfasste gewillkürte Nachfluchtgründe bleiben insb bedeutsam für **Abschiebung** u. **Flüchtlingsanerkennung** (§ 3 iVm § 51 I AuslG) sowie **Auslieferung** (§ 6 I IRG). Schließlich können hiernach ausgeschlossene Tatbestände für die Beurteilung des individuellen Gesamtschicksals bedeutsam bleiben. Sie können zwar weder selbständig noch zusammen mit anderen Umständen eine Asylanerkennung begründen (vgl BVerwGE 82, 181), müssen aber uU für die Frage der Ernsthaftigkeit früherer politischer Aktivitäten u. einer daraus für die Zukunft abzuleitenden Verfolgungsgefahr herangezogen werden. 20

IV. Folgeantragsverfahren

Mit **Abs 2** ist seit Anfang 2005 ein **wesentlich weitergehender Ausschluss** geschaffen. Dieser baut zwar auf Abs 1 u. den dort erfassten subjektiven Nachfluchtgründen auf u. lässt mit der Regelanordnung auch Ausnahmen zu. Er erweist sich aber deswegen als weit einschneidender als Abs 1, weil er den Ausl auch den **Flüchtlingsschutz der GK versagt.** Vorab ist daher zu betonen: Es muss sich um gewillkürte subjektive Umstände iSd Abs 1 handeln, die zur Begründung eines Folgeantrags iSd § 71 vorgebracht werden. Der Ausschluss nach Abs 1 greift dann ausnahmsweise nicht ein, wenn die Aktivitäten auf einer bereits früher geäußerten Einstellung beruhen u. zB wegen des jugendlichen Alters oder anderen objektiven Gründen nicht bereits früher unternommen wurden. Auch wenn sich nach Abschluss des vorangegangenen Asylverf eingetretene Umstände danach ausnahmsweise als relevant erweisen, können sie zur Asylanerkennung nur dann führen, wenn sie nach Maßgabe des § 71 zugelassen sind u. sich ihnen außerdem die behauptete Verfolgungsgefahr tatsächlich entnehmen lässt. Dann sind auch die Voraussetzungen des § 60 I AufenthG erfüllt. 21

Durch Abs 2 wird der Fall erfasst, dass der Ausl im Folgeverf subjektive Nachfluchtgründe vorträgt, die zwar nach Abs 1 nicht zur Asylanerkennung, wohl aber zur Flüchtlingsanerkennung führen können. Indem Abs 2 nunmehr auch das Refoulementverbot ausschließt, muss es als **zweifelhaft** erscheinen, ob dies auch nach Maßgabe der Rspr von BVerfG u. BVerwG noch mit dem Asylgrundrecht vereinbar ist (so auch Duchrow, ZAR 2004, 339). Das BVerfG hat im Nachfluchtgrundbeschluss ausdrücklich auf den aufgrund anderer Normen außerhalb der Asylanerkennung bestehen bleibenden Schutz hingewiesen (dazu Rn 4–8 u. BVerfGE 74, 51), die Schutzmöglichkeit nach § 60 VII 1 AufenthG kann aber kaum einen ausreichenden Ersatz bieten (so aber Begr des GesEntw, BT-Drs 420 S. 110). Hinsichtlich der GK geht der Hinweis auf den danach nur vorübergehend gewährleisteten Schutz (aaO S. 110) fehl, weil durch Abs 2 jeglicher Schutz versagt wird. Eine **verfassungskonforme** Auslegung lässt sich danach nur dadurch gewährleisten, dass der Regelfall restriktiv ausgelegt u. auf den Fall reduziert wird, dass ein offensichtlicher Missbrauch vorliegt. 22

Ungeachtet dessen stellt sich die Frage nach der **Vereinbarkeit** des Ausschlusses des Abschiebungshindernisses nach § 60 I AufenthG **mit Art 33 GK.** Das Refoulementverbot 23 der GK unterscheidet grundsätzlich nicht zwischen Vor- u. Nachfluchtgründen (dazu Art 16 a GG Rn 123). Da ausschließlich auf die Gefährdung bei Rückkehr abgestellt u. damit der Opferschutz in den Vordergrund gestellt wird, verbietet sich eine Schlechterstellung nachträglich geschaffener Tatbestände u. damit auch exilpolitischer Aktivitäten. Die Behandlung solcher Nachfluchttatbestände, die an Ort und Stelle entstehen („sur place"), sind zwar Gegenstand besonderer politischer Beobachtung der Staaten, u. es sollen daher gemeinsame EU-Konzepte für diesen Schutzbedarf entwickelt werden (Erwägungsgrund 18 der RL 2004/83/EG; dazu allg Art 16 a Rn 131 ff). Außerdem lässt Art 5 III RL 2004/83/EG den Ausschluss der Flüchtlingsanerkennung in den Fällen des Abs 2 idR zu, dieser erweist sich also als **richtlinienkonform.** Dennoch bleibt die Frage nach der Vereinbarkeit mit Art 33, zumal dieser Ausschluss den Mitgliedstaaten „unbeschadet der GK" ermöglicht wird. Diesem Wortlaut zufolge lässt die RL nämlich die Beurteilung nach der GK gerade offen (so wohl auch Duchrow, ZAR 2004, 339). Anders wäre dies nur zu beurteilen, wenn „unbeschadet" dahin zu verstehen wäre, dass die GK eine derartige Regelung zulässt.

24 Unabhängig davon ist festzustellen, dass ein Schutzbedarf in den betroffenen Fällen in dem Sinne weiter bestehen kann, dass **Abschiebungshindernisse** iSd § 60 II–VII AufenthG vorliegen. Im Folgeantragsverf müssen diese Hindernisse auch dann geprüft werden, wenn Asyl- u. Flüchtlingsanerkennung nicht möglich sind. Insoweit entspricht die derzeitige dt. Rechtslage auch der (noch umzusetzenden) RL 2004/83/EG (zur Geltung u. Umsetzung Art 16 a GG Rn 131 ff). Dort ist nämlich nur die Versagung der Flüchtlingsanerkennung in das Ermessen der Mitgliedstaaten gestellt (Art 5 III), nicht aber die Zuerkennung des subsidiären Schutzstatus. Dieser ist vielmehr zu gewähren, wenn ein ernsthafter Schaden in der folgenden Weise droht: Verhängung oder Vollstreckung der Todesstrafe; Folter oder unmenschliche Behandlung oder Bestrafung; ernsthafte individuelle Bedrohung infolge willkürlicher Gewalt in einem internationalen oder innerstaatl Konflikt (Art 15). Ein Ausschluss gewillkürter Nachfluchtgründe ist dafür nicht vorgesehen (vgl Art 17). In all diesen Fällen kann dem Schutzbedarf durch Erteilung einer AE nach § 25 III AufenthG Rechnung getragen werden (Duchrow, ZAR 2004, 339).

§ 29 Unbeachtliche Asylanträge

(1) **Ein Asylantrag ist unbeachtlich, wenn offensichtlich ist, daß der Ausländer bereits in einem sonstigen Drittstaat vor politischer Verfolgung sicher war und die Rückführung in diesen Staat oder in einen anderen Staat, in dem er vor politischer Verfolgung sicher ist, möglich ist.**

(2) [1] **Ist die Rückführung innerhalb von drei Monaten nicht möglich, ist das Asylverfahren fortzuführen.** [2] **Die Ausländerbehörde hat das Bundesamt unverzüglich zu unterrichten.**

(3) [1] **Ein Asylantrag ist ferner unbeachtlich, wenn auf Grund eines völkerrechtlichen Vertrages ein anderer Vertragsstaat, der ein sicherer Drittstaat (§ 26 a) ist, für die Durchführung eines Asylverfahrens zuständig ist oder die Zuständigkeit übernimmt.** [2] **§ 26 a Abs. 1 bleibt unberührt.**

Übersicht

	Rn
I. Entstehungsgeschichte	1
II. Allgemeines	2
III. Offensichtliche anderweitige Verfolgungssicherheit	4
IV. Offensichtliche Rückführbarkeit in einen anderen Staat	9
V. Verzögerung der Rückführung	15
VI. Zuständigkeit eines Vertragsstaats	16
VII. Verwaltungsverfahren und Rechtsschutz	17
1. Verwaltungsverfahren	17
2. Rechtsschutz	20

I. Entstehungsgeschichte

Abs 1 stimmte ursprünglich im Wesentlichen mit dem **GesEntw 1992** (BT-Drs 12/2062 S. 10) überein; nach dem Entw sollte eine Ausnahme für den Fall gelten, dass die Rückführung offensichtlich nicht möglich ist. Abs 2 wurde auf Vorschlag des BT-IA (BT-Drs 12/2817 S. 21, 61) angefügt. Mit Wirkung vom 1. 7. 1993 wurde Abs 3 angefügt u. in Abs 1 „anderen Staat" durch „sonstigen Drittstaat" ersetzt (Art 1 Nr 19 **AsylVfÄndG 1993**); Abs 3 S. 2 wurde auf Empfehlung des BT-IA angefügt (BT-Drs 12/4984 S. 16). Für Einreisen vor dem 1. 7. 1993 vgl die **Übergangsvorschrift** des § 87 a I 2. 1

II. Allgemeines

Die Kategorie des unbeachtlichen Asylantrags diente früher der Trennung der Zuständigkeiten von AuslBeh u. BAMF, u. zwar auch hinsichtlich der Folgeanträge (§§ 7 II 2, 10, 14 AsylVfG 1982), u. hatte die Nichtweiterleitung des Antrags zur Folge; damit wurde vom BAMF über diesen Antrag nicht entschieden. Nach Aufhebung der diesbezüglichen Kompetenzen der AuslBeh hat die **Unterscheidung** zwischen beachtlichen u. unbeachtlichen Asylanträgen diesen Sinn verloren. Sie erscheint deshalb eigentlich entbehrlich. 2

Wenn sie dennoch beibehalten ist, ist der Grund darin zu sehen, in den Fällen offensichtlicher anderweitiger Sicherheit u. der Möglichkeit der Rückführung in einen verfolgungssicheren Drittstaat auch die Prüfung der Voraussetzungen des § 51 I AuslG zu erübrigen. Ein unbeachtlicher Asylantrag steht nämlich jetzt hinsichtlich der Aufenthaltsbeendigung einem offensichtlich unbegründeten gleich, ohne dass es auf § 60 I AufenthG ankommen soll (vgl §§ 31 II, III, 36 I). Ob dies mit dem **Refoulementverbot** des Art 33 I GK vereinbar ist, erscheint fraglich. Dabei ist jedoch zu beachten, dass mit der positiven Evidenzfeststellung der Rückführbarkeit in einen verfolgungssicheren Staat der Sache nach auch über die Frage des Refoulement entschieden wird. Nicht zuletzt das Erfordernis der Rückführbarkeit hat zusammen mit der Einführung der neuen Drittstaatenklausel (Art 16 a II GG; § 26 a) u. des Vertragsasyls (Art 16 a V GG; Abs 3) zur Einschränkung des Anwendungsbereichs u. der praktischen Bedeutung von Abs 1 u. 2 beigetragen (so auch Hailbronner, § 29 AsylVfG Rn 6). 3

III. Offensichtliche anderweitige Verfolgungssicherheit

Die anderweitige Verfolgungssicherheit muss in einem **sonstigen Drittstaat** bestanden haben, also nicht in einem sicheren Drittstaat iSd § 26 a. Die Sonderregelung des § 26 a I bleibt unberührt u. ist vorrangig. 4

Die Verfolgungssicherheit iSd § 27 muss offensichtlich sein u. damit das Asylgesuch als **eindeutig aussichtslos** erscheinen lassen. Dann nur sind die Voraussetzungen erfüllt, unter denen die sofortige Rückführung in den anderen Staat zulässig ist. An der anderweitigen Verfolgungssicherheit darf **vernünftigerweise kein Zweifel** bestehen (Kanein, NVwZ 1983, 377; Marx, § 29 Rn 7; Wollenschläger/Becker, DÖV 1987, 1096; VGH BW, DÖV 1988, 227; BayVGH, EZAR 225 Nr 4; HessVGH, EZAR 220 Nr 1). 5

Für Abs 1 ist entspr den Anforderungen an die Evidenzentscheidungen nach § 11 I AsylVfG 1982 (vgl BVerfGE 67, 43) u. § 32 VI AsylVfG 1982 (vgl BVerfGE 65, 76) die Erkenntnis zu verlangen, dass an der Richtigkeit der tatsächlichen Feststellungen über die anderweitige Verfolgungssicherheit vernünftigerweise keine Zweifel bestehen u. dass sich die Annahme anderweitiger Verfolgungssicherheit nach allgemeiner Auffassung **geradezu aufdrängt** 6

(HessVGH aaO). Eindeutig muss sowohl die rechtliche Würdigung (vgl Gramlich, ZRP 1986, 208) als auch die tatsächliche Beurteilung sein (zur Antragstellung in Belgien BayVGH, EZAR 225 Nr 4; zum Aufenthalt in Spanien OVG Hamburg, EZAR 611 Nr 3; betr Iraner in Israel HessVGH, 12. 3. 1985 – 10 TG 26/85 –; betr Afghanen in Pakistan HessVGH, EZAR 220 Nr 1). Im Zweifel ist der Antrag deshalb nicht als unbeachtlich zu werten.

7 Die **Grundlage** für die erforderliche Evidenzfeststellung im Falle des Abs 1 stellen wie im Rahmen des § 27 die Angaben des Asylbew über Fluchtweg u. Aufenthalt in anderen Staaten dar; AuslBeh u. Grenzbehörde haben ihrerseits parate Erkenntnisse heranzuziehen u. zu verwerten, wobei im Falle mangelnder Evidenz die BR Deutschland die Beweislast trägt (vgl § 27 Rn 42 ff). Unabhängig hiervon mangelt es im allg an der Offensichtlichkeit, wenn umfangreiche Recherchen nötig werden. Kann die glaubhafte Darstellung des Flüchtlings über fehlende Sicherheit vor Verfolgung nicht ohne weiteres widerlegt werden, liegt die anderweitige Verfolgungssicherheit nicht auf der Hand, auch wenn sie überwiegend wahrscheinlich sein sollte.

8 Die Offensichtlichkeit kann sich im Falle des Grundtatbestands des § 27 I ergeben, aber auch aufgrund der **Vermutungen** nach § 27 II oder III. In diesen Fällen muss der Vermutungstatbestand (Besitz eines GK-Reiseausweises oder drei Monate Aufenthalt ohne Gefahr politischer Verfolgung) ohne jede Einschränkung feststehen. Außerdem kann die Vermutung jew schon durch geringe Zweifel (an der Beendigung der Flucht oder der Verfolgungssicherheit) erschüttert werden. Nur so lässt sich die Offensichtlichkeit anderweitiger Verfolgungssicherheit im Wege der Vermutung nach dreimonatigem Aufenthalt begründen. Werden diese Anforderungen beachtet, ist die Regelung auch insoweit nicht als verfassungswidrig beanstanden.

IV. Offensichtliche Rückführbarkeit in einen anderen Staat

9 Die Unbeachtlichkeit setzt auch die offensichtliche **Möglichkeit der Überstellung** in einen verfolgungssicheren Drittstaat voraus. Der Wortlaut verlangt die Evidenz auch hinsichtlich der Rückführbarkeit (zweifelnd Hailbronner, § 29 AsylVfG Rn 11); denn die Satzteile betr Verfolgungssicherheit u. Rückführbarkeit sind nicht durch Komma getrennt, die Rückführbarkeit bildet also keine weitere Bedingung neben der Offensichtlichkeit anderweitigen Schutzes. Der Zweck der Regelung ist darin zu sehen, von der Prüfung der Verfolgungsgefahr nur dann abzusehen, wenn dem Flüchtling ein verfolgungsfreier Aufenthalt in einem anderen Staat zweifelsfrei ermöglicht werden kann (betr § 7 AsylVfG 1982 vgl BT-Drs 11/6321 S. 89). Die Ersetzung des im RegEntw 1982 enthaltenen Begriffs der „Überstellung" (BT-Drs 11/6321 S. 34) durch den der „Rückführung" ist lediglich redaktioneller Art (BT-Drs 11/6990 S. 29). Die aus der Unbeachtlichkeit folgende sofortige Aufenthaltsbeendigung wird auf Fälle beschränkt, in denen der Flüchtling ohne Zweifel tatsächlich in einen verfolgungssicheren Drittstaat verbracht werden kann. Verhindert wird damit die ziellose Rückschiebung in uU mehrere Durchreiseländer.

10 Während die Feststellung der anderweitigen Sicherheit allein auf die Zeit des Aufenthalts im Drittstaat abstellt, kommt es für die Möglichkeit der Überstellung auf den **Zeitpunkt** der Entscheidung über die Unbeachtlichkeit an.

11 Als **Zielstaaten** kommen sowohl der sonstige sichere Drittstaat als auch jeder andere verfolgungssichere Staat in Betracht. Ausgenommen ist freilich der sichere Drittstaat iSd § 26 a; die Überstellung dorthin bleibt nach Abs 3 S. 2 vorrangig u. unberührt. Neben dem (den) bereits erreichten u. wieder verlassenen Drittstaat(en) werden alle anderen in Betracht kommenden Aufnahmestaaten berücksichtigt. Der andere Staat muss nicht nur Sicherheit vor politischer Verfolgung einschließlich der Hilfe zur Überwindung der fluchtbedingten existentiellen Nöte (vgl § 27 Rn 38 ff) bieten, sondern auch zur Aufnahme verpflichtet oder bereit sein.

Maßgeblich ist nicht, ob dem Flüchtling subjektiv eine (freiwillige) Rückkehr in den **12** freiwillig verlassenen Drittstaat rechtlich u. tatsächlich möglich ist. Es kommt vielmehr allein auf die **objektive Möglichkeit** der uU zwangsweisen Rückführung dorthin oder in einen anderen Verfolgungssicherheit bietenden Staat an. Diese – rechtliche u. tatsächliche – Möglichkeit der Überstellung kann sich aus völkerrechtlicher Verpflichtung (zB § 13 GK-Anhang; § 13 StlÜbk-Anhang; ÜbAbk. mit mehreren europäischen Staaten; vgl § 49 AuslG Rn 13) oder freiwilliger Aufnahmebereitschaft ergeben.

Auf die **Einstellung des Flüchtlings** wird nicht abgehoben; sein Einverständnis ist nicht **13** erforderlich. Seine Rückführung in den freiwillig verlassenen Erstaufnahmestaat ist insoweit unbedenklich, als er dort seine Flucht beendet hatte u. Verfolgungssicherheit genoss u. wieder erhalten wird. Soweit es einen anderen Staat angeht, den er zuvor noch nicht betreten oder wo er zumindest noch nicht seine Flucht beendet hatte u. vor Verfolgung sicher war, wird ihm uU ein Asylland wider seinen Willen aufgedrängt. Hiergegen müssen im Blick auf die umfassende Asylgarantie des Art 16 a I GG erhebliche Bedenken angemeldet werden. Der grundgesetzlich gewährleistete Schutz vor Abschiebung einschl. Kettenabschiebung in den Verfolgerstaat bleibt zwar bei Überstellung in einen Verfolgungssicherheit bietenden Viertstaat unberührt, beeinträchtigt wird aber das Selbstbestimmungsrecht des Flüchtlings, dem die Disposition über seine Flucht genommen wird (vgl etwa HessVGH, DVBl. 1984, 102; aA betr Dispositionsfreiheit Hailbronner, § 29 AsylVfG Rn 15).

Nun kann zwar asylr Schutz auch in der Weise gewährt werden, dass dem Flüchtling in **14** ein sicheres Zufluchtsland weitergeholfen wird (vgl § 27 Rn 37; BVerwGE 49, 202; 78, 332; VGH BW, EZAR 205 Nr 7; Korbmacher in Fschr Zeidler, S. 901, 917). Hiervon darf aber unter dem Gesichtspunkt der Subsidiarität des dt. Asylgrundrechts nur Gebrauch gemacht werden, wenn das Ersatzasylland ohne Einschränkungen **dasselbe Maß an Verfolgungssicherheit** bietet wie die BR Deutschland. Hinsichtlich des verfolgungssicheren Drittstaats, den der Verfolgte wieder verlassen hat, wird für die Unbeachtlichkeit des Asylantrags u. damit für den Erlass aufenthaltsbeendender Sofortmaßnahmen Offensichtlichkeit der Verfolgungssicherheit verlangt. Dieselben Anforderungen müssen auch an den Viertstaat gestellt werden, bevor der Flüchtling ohne Prüfung der Verfolgungsgründe abgeschoben wird.

V. Verzögerung der Rückführung

Die Unmöglichkeit der Rückführung entgegen der ursprünglichen positiven Evidenz- **15** prognose des BAMF kann sich schon vor Ablauf der drei Monate herausstellen. Die Vorschrift des Abs 2 greift auch dann ein, wenn sich eine spätere Rückführung als sicher erweist. Entscheidend ist in Wirklichkeit die **Tatsache der Rückführung,** nicht deren Möglichkeit. Denn der Flüchtling soll auf jeden Fall Klarheit über seine Rechtsstellung erhalten, wenn er nicht binnen drei Monaten in einen anderen Staat verbracht werden konnte (vgl BT-Drs 12/2817 S. 61). Die Gründe für die Unmöglichkeit können rechtlicher oder tatsächlicher Natur sein.

VI. Zuständigkeit eines Vertragsstaats

Ähnlich wie in § 18 IV Nr 1 wird in dem neuen Abs 3 seit 1. 7. 1993 das Zuständigkeits- **16** system einer vr **Vertragsregelung** berücksichtigt, die nach Art 16 a V GG Vorrang genießt. Wenn der andere Vertragsstaat für die Durchführung des Asylverf zuständig u. gleichzeitig ein sicherer Drittstaat iSd § 26 a II ist, erübrigt sich eine materiell-rechtliche Prüfung des Asylgesuchs durch die BR Deutschland u. kann die Abschiebung dorthin angeordnet werden (§ 34 a). Die vr Zuständigkeit kann (anders als im Falle des § 26 a) auch ohne die

4 AsylVfG § 29

Einreise aus diesem Vertragsstaat bestehen (OVG NRW, EZAR 223 Nr 16). Die Zuständigkeit kann auf zwingenden Bestimmungen (zB Ersteinreisestaat oder Ausstellung eines Visums; zur Ausstellung eines Schengen-Visums BayVGH, NVwZ-Beil 2001, 13; zum Ablauf eines Schengen-Visums VG Ansbach, NVwZ-Beil 2001, 61; zur Maßgeblichkeit eines Visums bei erneuter Einreise u. Folgeantrag VG Sigmaringen, InfAuslR 2001, 249) oder auf freiwilliger Übernahme (zB bei engen familiären Verbindungen des Ausl zu diesem Staat) beruhen. Im letzteren Fall kommt es nur auf die Übernahme an, nicht auf deren Berechtigung (VG Freiburg, NVwZ-RR 2002, 227; zum Fehlen eines fristgemäßen Übernahmeantrags nach Art 11 I 2 DÜ VG Düsseldorf, InfAuslR 2001, 246). Nach Inkrafttreten des DÜ ging das dort vereinbarte Zuständigkeitssystem vor u. ermöglichte die Abschiebung in den zuständigen Vertragsstaat (§ 5 Rn 8; § 18 Rn 4, 15, 29). Die Drei-Monats-Regelung des Abs 2 fand dabei keine Anwendung (Hailbronner, § 29 AsylVfG Rn 19; aA GK-AsylVfG, § 29 Rn 25). Unberührt blieben des Ausnahmen des § 26 a I 3; in diesen Fällen hatte das BAMF das Asylverf in vollem Umfang durchzuführen. War der sichere Drittstaat nicht vertraglich zur Übernahme verpflichtet oder nicht dazu bereit, war der Asylantrag beachtlich, führte aber nicht zur Asylanerkennung; das Asylverf war dann hinsichtlich § 51 I AuslG durchzuführen. Nach Inkrafttreten der VO/EG 2003/83 ist die Verteilung innerhalb der EU (ausgenommen Dänemark) nunmehr gemeinschaftsrechtlich u. nicht mehr vr geregelt.

VII. Verwaltungsverfahren und Rechtsschutz

1. Verwaltungsverfahren

17 Bei Unbeachtlichkeit des Asylantrags hat das BAMF eine **Ausreisefrist** von einer Woche zu setzen (§ 36 I) u. gleichzeitig über die **Abschiebungshindernisse** nach § 60 II–VII AufenthG zu befinden (§ 31 III) hat. Dabei werden Abschiebungshindernisse nach § 60 I AufenthG nicht festgestellt (§ 31 II; vgl Rn 3). Die Unbeachtlichkeit führt nicht zur Ablehnung des Asylantrags; weder § 29 noch §§ 31 II, 35, 36 I sehen dies vor. Das BAMF erlässt vielmehr ggf eine Abschiebungsandrohung (§§ 34, 35, 36 I) u. trifft Feststellungen zu § 60 II–VII AufenthG (§ 31 II 1). Im Falle der **vertraglichen Zuständigkeit** eines anderen sicheren Drittstaats wird die Abschiebung in diesen Staat angedroht (§ 35 S. 2).

18 Die **Feststellung der Unbeachtlichkeit** ergeht inzidenter im Rahmen der Abschiebungsandrohung u. stellt ebenso wie nach § 10 AsylVfG 1982 (dazu 5. Aufl, § 10 AsylVfG Rn 10) keinen VA dar. Erfolgt aber die Feststellung isoliert, weil zB wegen einer AufGen keine Abschiebungsandrohung ergeht, wird damit eine Regelung iSd § 35 VwVfG getroffen. Anders als nach § 10 AsylVfG 1982 (Nichtweiterleitung des Antrags von der AuslBeh an das BAMF) ergeht in diesem Fall keine andere Regelung, als deren Bestandteil die Feststellung der Unbeachtlichkeit angesehen werden könnte.

19 Die **Unmöglichkeit der Rückführung** binnen drei Monaten hat die Fortführung des Asylverf zur Folge. Damit wird das durch Feststellung der Unbeachtlichkeit zunächst „angehaltene" Asylverf zu dem Zweck weitergeführt, eine Sachentscheidung über Asyl- u. Flüchtlingsanerkennung zu treffen.

2. Rechtsschutz

20 Infolge des Ausschluss des Widerspruchs u. der aufschiebenden Wirkung der Klage (§§ 11, 75) ist der Rechtsschutz **weitgehend in das Eilverf verlagert.** Gegenstand ist entweder die Abschiebungsandrohung nach §§ 34, 35, 36 I (dazu § 34 Rn 15 f; vgl auch § 37 I) oder die isolierte Unbeachtlichkeitsfeststellung (Rn 18) oder aber die Fortführung nach Ablauf von drei Monaten (Abs 2).

21 Gegen die **Abschiebungsandrohung** ist im Hauptsacheverf die Anfechtungsklage (§ 42 I VwGO) zulässig u. für den vorläufigen Rechtsschutz der Antrag nach § 80 V

VwGO (§ 34 Rn 14 ff). In den letzten beiden og Fällen (Rn 20) kann die verweigerte Sachentscheidung oder die unterlassene **Fortführung** des Verf mit der Verpflichtungsklage (§ 42 II VwGO) erstritten werden. Anlass für einen entspr Eilantrag nach § 123 VwGO (Anordnungsgrund) besteht bei der isolierten Unbeachtlichkeitsfeststellung idR nicht, weil insoweit Sofortmaßnahmen (Aufenthaltsbeendigung ua) nicht drohen. Anders verhält es sich, falls trotz fehlender Möglichkeit der Rückführung nach drei Monaten aufenthaltsbeendende Maßnahmen vollzogen werden sollen.

§ 29 a Sicherer Herkunftsstaat

(1) Der Asylantrag eines Ausländers aus einem Staat im Sinne des Artikels 16 a Abs. 3 Satz 1 des Grundgesetzes (sicherer Herkunftsstaat) ist als offensichtlich unbegründet abzulehnen, es sei denn, die von dem Ausländer angegebenen Tatsachen oder Beweismittel begründen die Annahme, daß ihm abweichend von der allgemeinen Lage im Herkunftsstaat politische Verfolgung droht.

(2) Sichere Herkunftsstaaten sind die in Anlage II bezeichneten Staaten.

(3) ¹ Die Bundesregierung bestimmt durch Rechtsverordnung ohne Zustimmung des Bundesrates, daß ein in Anlage II bezeichneter Staat nicht mehr als sicherer Herkunftsstaat gilt, wenn Veränderungen in den rechtlichen oder politischen Verhältnissen dieses Staates die Annahme begründen, daß die in Artikel 16 a Abs. 3 Satz 1 des Grundgesetzes bezeichneten Voraussetzungen entfallen sind. ² Die Verordnung tritt spätestens sechs Monate nach ihrem Inkrafttreten außer Kraft.

Übersicht

	Rn
I. Entstehungsgeschichte	1
II. Allgemeines	2
III. Sicherer Herkunftsstaaten	4
IV. Nichtverfolgungsvermutung	7
V. Verwaltungsverfahren und Rechtsschutz	15

I. Entstehungsgeschichte

Die Vorschrift wurde mit Wirkung vom 1. 7. 1993 eingefügt (Art 1 Nr 20 **AsylVfÄndG** 1 1993). Sie hat kein Vorbild im AuslG oder AsylVfG 1982 u. entspricht im Wesentlichen dem **GesEntw 1993** (BT-Drs 4450 S. 5); auf Empfehlung des BT-IA (BT-Drs 12/4984 S. 16) wurde in Abs 1 die Passage „aufgrund der ... ist anzunehmen" durch „begründen die Annahme" ersetzt.

II. Allgemeines

Mit den auf Art 16 a III GG beruhenden Bestimmungen über sichere (verfolgungsfreie) 2 Herkunftsstaaten wird im Anschluss an ähnliche Regelungen im europäischen Ausland (zur Schweiz vgl Schmid, ZAR 1993, 81) **politisches Neuland** betreten, indem der Gesetzgeber fremde Staaten einer (positiven) Zensur hinsichtlich der Menschenrechtslage unterwirft (so vorgesehen nach der Schlussfolgerung der EG-Einwanderungsminister vom 30. 11./11. 12. 1992). Dagegen unterscheidet sich das rechtliche Konzept kaum von anderen Vermutungskonstruktionen u. verändert auch die Mitwirkungsverpflichtung des Asylbew nicht in systemwidriger Weise. Beschränkt wird nicht der persönliche Geltungsbereich des Asylgrundrechts, sondern nur dessen verfahrensbezogener Gewährleistungsinhalt, wobei eine

Arbeitsteilung zwischen Gesetzgeber einerseits u. Behörden u. Gerichten andererseits stattfindet (BVerfGE 94, 115). Die Widerlegung der Nichtverfolgungsvermutung bezieht sich ebenso wie in Art 16a III GG nicht auf die Gefahr unmenschlicher oder erniedrigender Bestrafung oder Behandlung, sondern nur auf eine drohende politische Verfolgung (dazu Art 16a GG Rn 76). Sie ist iÜ entgegen dem GesEntw (Rn 1) **nicht** (geringfügig) **anders formuliert als im GG** u. erscheint in der Sache deshalb gleichartig. Anders als Art 16a III 2 GG verlangt Abs 1 neben der Darlegung von Tatsachen auch die Angabe von Beweismitteln, lässt aber den schlüssigen Vortrag für die begründete Annahme politischer Verfolgung genügen.

3 Im Verhältnis zu anderen **EU-Staaten** ist aufgrund des Amsterdamer Vertrags zu beachten, dass Asylanträge von Angehörigen anderer Unionsstaaten grundsätzlich nicht angenommen u. behandelt werden dürfen. Gemäß Prot Nr 29 (BGBl. 1998 II 429) darf der Asylantrag eines Unionsbürgers nur berücksichtigt oder zur Bearbeitung zugelassen werden, wenn ein Mitgliedstaat den Notstand verhängt u. EMRK-Rechte außer Kraft setzt u. der Rat eine schwerwiegende u. anhaltende Verletzung der Verpflichtungen aus Art 6 EUV festgestellt hat. Abweichend davon kann ein Mitgliedstaat aufgrund einseitigen Beschlusses den Angehörigen eines anderen Mitgliedstaats zum Asylverf zulassen; dabei muss aber von der Vermutung ausgegangen werden, dass der Asylantrag offensichtlich unbegründet ist. Zu dem möglichen Änderungsbedarf bei Umsetzung der RL 2004/83/EG vgl Art 16a GG Rn 131 ff.

III. Sichere Herkunftsstaaten

4 Sichere Herkunftsstaaten sind aufgrund Art 16a III 1 GG **durch Ges** mit Zustimmung des BR zu bestimmen. Dabei hat sich der Gesetzgeber anhand von Rechtslage, Rechtsanwendung u. allg politischen Verhältnissen ein Gesamturteil über die für politische Verfolgung bedeutsamen Verhältnisse in dem jew Staat zu bilden (BVerfGE 94, 115). Es muss festgestellt werden, dass dort weder landesweit politische Verfolgung stattfindet noch bestimmte Personengruppen örtlich oder regional begrenzt verfolgt werden noch Nachfluchttatbestände zu Verfolgungsmaßnahmen führen (BVerfG aaO). Bei der Tatsachenermittlung kommt dem Gesetzgeber ein Entscheidungsspielraum u. bei der Tatsachenbewertung u. der Gefahrenprognose ein Einschätzungs- u. Wertungsspielraum zu; die ges Bestimmung eines verfolgungsfreien Staats kann nur als verfassungswidrig angesehen werden, wenn der Gesetzgeber sich nicht von guten Gründen hat leiten lassen (BVerfG aaO). Wenn die Einstufung als verfolgungsfreier Staat aufgrund von Veränderungen der rechtlichen oder politischen Verhältnisse nicht mehr gerechtfertigt erscheint, kann die BReg durch RVO ohne Zustimmung des BR bestimmen, dass der Staat nicht mehr als sicher gilt. Diese RVO gilt höchstens sechs Monate.

5 Die in Art 16a III 1 GG genannten Kriterien (dazu Art 16a GG Rn 17 ff) sollen nach dem GesEntw zum GG-ÄndG (BT-Drs 12/4152 S. 4) durch die Anerkennungsquote im Verwaltungsverf in einem überschaubaren Zeitraum ergänzt werden. Der GesEntw 1993 (BT-Drs 12/4450 S. 21) hat der dort vorgeschlagenen Anlage II dagegen den folgenden umfangreicheren **Kriterienkatalog** zugrundegelegt: Anerkennungsquote in den vergangenen Jahren; allg politische Lage; Achtung der Menschenrechte; Bereitschaft zur Gewährung des Zutritts zum Hoheitsgebiet für unabhängige internationale Organisationen zur Überwachung der Menschenrechtslage; Stabilität des Landes. Als Hilfsmittel dienten dem Gesetzgeber (BT-Drs 12/4450 S. 22): von den Behörden des Bundes gewonnene Erkenntnisse; Rechtsprechung; Materialien des UNHCR u. internationaler Menschenrechtsorganisationen. Wichtig ist nicht die Anwendung eines starren Kriterienkatalogs, sondern das Gesamturteil aufgrund einer Vielzahl von Faktoren, wobei für die abschließende Beurteilung die Anerkennungsquoten in Deutschland als Indiz eine Rolle spielen u. die in anderen europäischen Staaten hilfreich sein kann (BVerfGE 94, 115).

Sicherer Herkunftsstaat § 29a **AsylVfG 4**

Bei den in Anlage II aufgenommenen Staaten können zT **Bedenken** gegen die Annahme 6 bestehen, dort finde weder politische Verfolgung noch unmenschliche oder erniedrigende Bestrafung oder Behandlung statt. Immerhin wiesen Bulgarien, Ghana u. Rumänien anders als Gambia, Polen, Senegal, Tschechische Republik, Slowakische Republik u. Ungarn in den letzten beiden Jahren jew eine nicht zu vernachlässigende Anzahl von Asylanerkennungen auf, nämlich 14 u. 22, 23 u. 10 bzw. 116 u. 83 (von Pollern, ZAR 1992, 24 u. 1993, 26). Diese Zahlen sind erfahrungsgemäß je nach Ausgang von Gerichtsverf zT erheblich zu korrigieren. Trotzdem kann die Quote für diese Länder sehr wahrscheinlich mit weniger als 1% angesetzt werden. Da Art 16a III 1 GG keine absolute Verfolgungsfreiheit verlangt (Art 16a GG Rn 69ff) u. die Widerlegungsmöglichkeit für den Flüchtling besteht, ist die Ges Bestimmung auch dieser Länder als sichere Herkunftsstaaten letztlich **nicht zu beanstanden** (für Ghana: BVerfGE 94, 115).

IV. Nichtverfolgungsvermutung

Ein **Textvergleich** zwischen Art 16a III 1 GG u. Abs 1 (Rn 3) stellt klar, dass anders als 7 nach dem GesEntw (Rn 1) die Nichtverfolgungsvermutung nach Abs 1 nicht nur ausgeräumt ist, wenn sie in vollem Umfang widerlegt ist; vielmehr soll die Erschütterung durch schlüssigen Vortrag genügen. Freilich sollen bei der Überprüfung der Vermutung im Einzelfall nur vom Ausl vorgebrachte Tatsachen u. Beweismittel berücksichtigt werden, eine Kontrolle von Amts wegen soll scheinbar nicht stattfinden. Insoweit könnte die Grundlage des Art 16a III GG überschritten sein, wonach das in sich schlüssige u. substantiierte Vorbringen zu einer individuellen politischen Verfolgung vor dem Hintergrund der vom Gesetzgeber getroffenen Feststellung der allg Verfolgungsfreiheit auf seine Glaubhaftigkeit hin geprüft werden muss (BVerfGE 94, 115).

Hiergegen spricht freilich der erkennbare **gesetzgeberische Wille,** der zumindest eine 8 verfassungskonforme Auslegung nahelegt. In der Begr des GesEntw 1993 ist nämlich unter Hinweis auf den Text des Entw für Abs 1 („... ist anzunehmen, dass ...") ausgeführt: „Nur ein solches Vorbringen des Ausl widerlegt die Vermutung der Nichtverfolgung". Die Änderung des Wortlauts erfolgte aufgrund des Ergebnisses der Anhörung (BT-Drs 12/4984 S. 49). Dort war ausdrücklich auf die unterschiedliche Formulierung in GG u. AsylVfG u. das Wechselspiel zwischen Vermutung u. Widerlegung hingewiesen worden (BT-IA 12. Wp Prot Nr 55 S. 350ff, 386f, 421f u. Nr 56 S. 232ff, 264f, 315ff). Deswegen muss angenommen werden, dass der Gesetzgeber des AsylVfÄndG 1993 den des GG-ÄndG nicht „korrigieren", sondern durch eine systemgerechte u. praxistaugliche Umsetzung der Verfassung bestätigen wollte.

Während die **Vermutungsgrundlage** in der allg Freiheit des Herkunftsstaats von 9 politischer Verfolgung u. unmenschlicher oder erniedrigender Bestrafung oder Behandlung besteht, richten sich die Vermutung u. deren **Widerlegung** (nur) auf die Gefahr individueller politischer Verfolgung. Diese Beschränkung wird der Anspruchsgrundlage des Art 16a I GG gerecht; sie belässt dem Ausl insb die Möglichkeit des Vortrags menschenrechtswidriger Beeinträchtigungen u. dadurch indizierter politischer Verfolgung im Einzelfall (Art 16a GG Rn 76; zur Prüfung von § 60 II–VII AufenthG in diesen Fällen vgl § 31 III). Damit werden die Mitwirkungspflichten des Ausl über §§ 15, 25 hinaus nur insoweit erweitert, als er sich nicht mit der Darstellung einer allg Verfolgungssituation begnügen kann.

Die Nichtverfolgungsvermutung wird durch den schlüssigen Vortrag von Verfolgungs- 10 tatsachen **erschüttert;** eine positive Feststellung politischer Verfolgung ist hierfür (noch) nicht verlangt (Art 16a GG Rn 78). Es kommt vielmehr nach insoweit übereinstimmender Formulierung in GG u. AsylVfG allein darauf an, ob das Vorbringen des Flüchtlings die „Annahme" politischer Verfolgung im Einzelfall „begründet". Damit ist einerseits eine eher entfernt liegende Möglichkeit der Verfolgung nicht ausreichend, andererseits eine dahingehende positive Feststellung nicht verlangt. Dies entspricht der üblichen Vorgehensweise bei widerleglichen Vermutungen. Denn eine Vermutung ist bereits durch einen schlüssigen Gegenvortrag erschüttert u. muss daraufhin im normalen Verf auf ihre Richtigkeit hin überprüft werden.

11   Soweit in Abs 1 als Mittel der Widerlegung anders als Art 16 a III 1 GG außer Tatsachenvortrag auch die Benennung von **Beweismitteln** verlangt sind, wird damit der verfassungsrechtliche Rahmen nicht überschritten. Der Asylbew ist für die Verfolgungsgefahr darlegungspflichtig u. trägt den Nachteil der Nichterweislichkeit (§ 25 Rn 3 ff). Zur Darlegungspflicht gehört aber auch die Angabe von Beweismitteln, insb von Zeugen u. Sachverständigen. Damit wird ihm nichts Unmögliches abverlangt, weil die Beweismittel nicht von ihm beizubringen, sondern lediglich zu benennen sind. Gutachten, Zeugenaussagen ua brauchen nicht schon vorzuliegen.

12   Die Vermutung kann durch Vorbringen zur allg Situation in dem Herkunftsstaat wie zur persönlichen Lage des Asylbew erschüttert werden. Um ein von den allg Verhältnissen **abweichendes Schicksal** schlüssig zu behaupten, kann u. muss er ggf auch die Gründe des Gesetzgebers für die Aufnahme des Landes in die Anlage II angreifen. Insb kann er die Richtigkeit des nach dem Kriterienkatalog (Rn 5) zugrundegelegten allg Erkenntnisse bezweifeln u. hierzu zB auf anderslautende Berichte u. Gutachten verweisen. Damit greift er letztlich die Verfassungsmäßigkeit der Anlage II hinsichtlich seines Herkunftsstaats an (dazu §§ 76 ff, 80 ff, 90 ff BVerfGG).

13   Den **Schwerpunkt** bilden Tatsachen aus der persönlichen Sphäre des Asylbew u. hierauf bezogene Beweismittel. Diese sind aber nicht losgelöst von der allg Situation zu sehen u. können auch in den Grundlagen einer Gruppenverfolgung bestehen. Insoweit handelt es sich um von der Vermutung abweichendes Vorbringen, das ungeachtet dessen zulässig ist, dass damit zumindest zT auch die gesetzgeberischen Grundlagen der Vermutung tangiert sein können (Art 16 a GG Rn 70 ff). Zur Angabe von Beweismitteln genügt die Bezugnahme auf eine persönliche Vernehmung, weil diese oft das einzige Beweismittel darstellt (§ 24 Rn 5).

14   Damit wird der **Eigenart der widerlegbaren Vermutung** bei Herkunft aus einem als sicher geltenden Staat entsprochen. Die Vermutung soll nur die Entscheidung in den Fällen erleichtern, in denen sich der Ausl auf die allg Situation in seiner Heimat beruft u. zu seinem persönlichen Schicksal wenig oder nichts vorbringt. In diesen Fällen soll mit der qualifizierten Antragsablehnung die sofortige Abschiebung ermöglicht werden. Der Asylbew wird damit gezwungen, die Vermutung durch substantiierten Vortrag zu erschüttern. Der Nachweis des Gegenteils wird ihm in dieser Verfahrensstufe nicht abverlangt.

V. Verwaltungsverfahren und Rechtsschutz

15   Die Ablehnung des Asylantrags als **offensichtlich unbegründet** ist nach Art 16 a III GG nicht zwingend geboten, durfte aber vom Gesetzgeber für den Fall angeordnet werden, dass es bei der Nichtverfolgungsvermutung verbleibt. Erschüttert der Asylbew die Vermutung mit schlüssigem Vortrag von Tatsachen u. Beweismitteln, bedarf es der Sachaufklärung des BAMF im regulären Verf (§ 24 I). Zur Bewertung des individuellen Vortrags u. der hierzu erhobenen Beweise sind insb die vom Gesetzgeber bei Aufnahme des Landes in Anlage II verwandten Erkenntnismittel heranzuziehen (vgl Rn 5).

16   Gelingt dem Asylbew die Erschütterung der Vermutung nicht, ergeht die zwingende Evidenzentscheidung nach Abs 1. Sonst ist eine qualifizierte Ablehnung des Asylantrags nach dieser Bestimmung ausgeschlossen u. das **reguläre Verf** einzuhalten. Die ges Vermutung ist nur **widerlegt,** wenn die Beweisaufnahme insgesamt die Feststellung politischer Verfolgung rechtfertigt; in diesem Fall ist ein (ggf auf § 60 I AufenthG beschränkter) Anerkennungs-

Offensichtlich unbegründete Asylanträge § 30 AsylVfG 4

bescheid zu erlassen. Ist die Vermutung nach Bewertung der angegebenen Tatsachen u. Beweismittel nicht widerlegt, führt dies zur Ablehnung des Antrags als offensichtlich unbegründet (§ 30 I) oder als (schlicht) unbegründet.

Hiergegen ist der übliche **Rechtsschutz** gegeben (§ 30 Rn 21; § 31 Rn 11 f; § 34 Rn 14 ff). Die Beschränkungen des Art. 16 a IV 1 GG u. § 36 IV 1 greifen nur bei Ablehnung als offensichtlich unbegründet (nach Abs 1 oder § 30 I) ein. **17**

§ 30 Offensichtlich unbegründete Asylanträge

(1) Ein Asylantrag ist offensichtlich unbegründet, wenn die Voraussetzungen für eine Anerkennung als Asylberechtigter und die Voraussetzungen des § 60 Abs. 1 des Aufenthaltsgesetzes offensichtlich nicht vorliegen.

(2) Ein Asylantrag ist insbesondere offensichtlich unbegründet, wenn nach den Umständen des Einzelfalles offensichtlich ist, daß sich der Ausländer nur aus wirtschaftlichen Gründen oder um einer allgemeinen Notsituation oder einer kriegerischen Auseinandersetzung zu entgehen, im Bundesgebiet aufhält.

(3) Ein unbegründeter Asylantrag ist als offensichtlich unbegründet abzulehnen, wenn

1. in wesentlichen Punkten das Vorbringen des Ausländers nicht substantiiert oder in sich widersprüchlich ist, offenkundig den Tatsachen nicht entspricht oder auf gefälschte oder verfälschte Beweismittel gestützt wird,
2. der Ausländer im Asylverfahren über seine Identität oder Staatsangehörigkeit täuscht oder diese Angaben verweigert,
3. er unter Angabe anderer Personalien einen weiteren Asylantrag oder ein weiteres Asylbegehren anhängig gemacht hat,
4. er den Asylantrag gestellt hat, um eine drohende Aufenthaltsbeendigung abzuwenden, obwohl er zuvor ausreichend Gelegenheit hatte, einen Asylantrag zu stellen,
5. er seine Mitwirkungspflichten nach § 13 Abs. 3 Satz 2, § 15 Abs. 2 Nr. 3 bis 5 oder § 25 Abs. 1 gröblich verletzt hat, es sei denn, er hat die Verletzung der Mitwirkungspflichten nicht zu vertreten oder ihm war die Einhaltung der Mitwirkungspflichten aus wichtigen Gründen nicht möglich,
6. er nach §§ 53, 54 des Aufenthaltsgesetzes vollziehbar ausgewiesen ist oder
7. er für einen nach diesem Gesetz handlungsunfähigen Ausländer gestellt wird, nachdem zuvor Asylanträge der Eltern oder des allein personensorgeberechtigten Elternteils unanfechtbar abgelehnt worden sind.

(4) Ein Asylantrag ist ferner als offensichtlich unbegründet abzulehnen, wenn die Voraussetzungen des § 60 Abs. 8 des Aufenthaltsgesetzes vorliegen.

(5) Ein beim Bundesamt gestellter Antrag ist auch dann als offensichtlich unbegründet abzulehnen, wenn es sich nach seinem Inhalt nicht um einen Asylantrag im Sinne des § 13 Abs. 1 handelt.

Übersicht

	Rn
I. Entstehungsgeschichte	1
II. Allgemeines	2
III. Offensichtlich unbegründeter Asylantrag	3
1. Allgemeines	3
2. Wirtschaftliche Gründe und Kriegsfolgen	8
3. Verletzung von Mitwirkungspflichten	10
4. Gefahr für Sicherheit oder Allgemeinheit	19
5. Nichtantrag	20
IV. Verwaltungsverfahren und Rechtsschutz	21

I. Entstehungsgeschichte

1   Die Bestimmungen der Abs 1 u. 2 gehen auf § 11 I AsylVfG 1982 zurück; Abs 3 bis 5 haben keine Vorgänger. Die Vorschrift entsprach ursprünglich mit den Abs 1 bis 3 dem **GesEntw 1992** (BT-Drs 12/2062 S. 10 f). Mit Wirkung vom 1. 7. 1993 wurden, dem GesEntw 1993 im Wesentlichen entspr (BT-Drs 12/4450 S. 6, 12/4984 S. 16 f), in Abs 1 die Wörter „ist als offensichtlich unbegründet abzulehnen" durch „ist offensichtlich unbegründet" ersetzt, Abs 3 aF zu Abs 5 u. Abs 3 u. 4 neu eingefügt (Art. 1 Nr 21 **AsylVfÄndG 1993**). Mit Wirkung vom 1. 1. 2005 sind entspr dem GesEntw (BT-Drs 420 S. 42 die Bezugnahmen auf das AuslG in Abs 1, Abs 3 Nr 6 u. Abs 4 durch solche auf das AufenthG aktualisiert u. in Abs 3 die Nr 7 eingefügt (Art 3 Nr 19 **ZuwG**).

II. Allgemeines

2   Mit der **Legaldefinition** des Abs 1 werden letztlich dieselben Voraussetzungen aufgestellt wie früher durch § 11 I AsylVfG 1982. Die Einbeziehung des § 60 I AufenthG (früher § 51 I AuslG) zieht nur die Konsequenzen aus der Änderung des Antragsbegriffs u. der Erweiterung der Zuständigkeit des BAMF (BT-Drs 12/2062 S. 32 f). Die einzelnen Evidenzgründe sind ganz unterschiedlicher Art; sie stellen sich nicht einheitlich als Varianten eindeutig inhaltlicher Aussichtslosigkeit dar. Während in Abs 1 u. 2 jedenfalls tendenziell auf eine Sachprüfung u. in Abs 4 auf eine Güterabwägung abgestellt ist, geht es in Abs 3 u. 5 meist um prozedurale Besonderheiten, die nach dem Willen des Gesetzgebers eine qualifizierte Antragsablehnung u. eine daraus folgende beschleunigte Aufenthaltsbeendigung rechtfertigen. In keinem Fall ist dem BAMF Ermessen eingeräumt. Die Änderung der Formulierung des Abs 1 mit Wirkung vom 1. 7. 1993 (Rn 1) ist nur redaktioneller Art (BT-Drs 12/4450 S. 22) u. eigentlich überflüssig, wenn nicht gar missverständlich. Sie enthebt das BAMF jedenfalls nicht der Notwendigkeit, den Antrag bei Vorliegen der Voraussetzungen des Abs 1 als offensichtlich unbegründet abzulehnen; insofern besteht kein Unterschied zu den Tatbeständen der Abs 2 bis 5. Betr sichere Herkunftsstaaten vgl § 29 a I. Eine bloß inzidenter getroffene Feststellung der offensichtlichen Unbegründetheit wäre denkbar, ist aber nicht vorgesehen; insb nicht in §§ 34 ff. Zum Ausschluss eines AufTit s. § 10 III 2 AufenthG u. dort Rn 13 f sowie Dienelt, ZAR 2005, 120.

III. Offensichtlich unbegründeter Asylantrag

1. Allgemeines

3   Als **offensichtlich unbegründet** kann ein Asylantrag – in Anlehnung an die Rspr zu § 32 VI AsylVfG 1982 (BVerfGE 65, 76; 66, 312; 71, 276; BVerfG-A, EZAR 630 Nr 3) u. zu § 34 I AuslG 1965 (BVerwG, EZAR 610 Nr 2; BVerwGE 64, 216) – nur angesehen werden, wenn nach vollständiger Erforschung des Sachverhalts im maßgeblichen Zeitpunkt der Entscheidung **vernünftigerweise kein Zweifel** an der Richtigkeit der tatsächlichen Feststellungen bestehen kann u. sich bei einem solchen Sachverhalt die Ablehnung des Antrags nach dem Stand von Rspr und Lehre geradezu aufdrängt (BVerfGE 67, 43). Abstrakte Anforderungen an diese Evidenzentscheidung zu bestimmen, ist nicht möglich; die Umstände des Einzelfalls, vorwiegend Tatsachenfeststellung u. -würdigung entscheiden. Zur Umschreibung der eindeutigen Aussichtslosigkeit des Asylgesuchs werden unterschiedliche Formulierungen benutzt (vgl zB BVerfG-K, InfAuslR 1992, 75 u. 149). Danach dürfen an der Erfolglosigkeit keine vernünftigen Zweifel aufkommen (HessVGH, EZAR 226

Offensichtlich unbegründete Asylanträge § 30 **AsylVfG 4**

Nr 2), die Aussichtslosigkeit muss schon beim ersten Zusehen offen zutage treten (VGH BW, EZAR 226 Nr 3), die Antragsablehnung muss sich geradezu aufdrängen (OVG Hamburg, EZAR 226 Nr 1; HessVGH, EZAR 226 Nr 7).

Offensichtlich unzulässige Anträge fallen ebenfalls unter Abs 1. Das Ges erwähnt sie **4** zwar nicht, dies ist aber wohl nur auf ihre Seltenheit zurückzuführen. Offensichtlich unzulässig ist ein Asylantrag (betr Asylklage § 78 Rn 40), wenn am Fehlen des Sachbescheidungsinteresses kein vernünftiger Zweifel besteht u. damit die Antragsablehnung aufgrund eindeutiger Rechtslage geboten ist. Unzulässigkeit ist denkbar bei Anerkennungsanträgen von Familienasylber (§ 26 Rn 22) oder bei Fortfall des schutzwerten Interesses an der Weiterverfolgung des Asylgesuchs, etwa nach freiwilliger Rückkehr in den Herkunftsstaat ohne ausdrückliche oder stillschweigende Rücknahmeerklärung. Ebenso wie bei § 34 I AuslG 1965 (dazu BVerwGE 64, 216) ist die Einbeziehung eindeutig unzulässiger Anträge gerechtfertigt, weil die gesetzgeberischen Gründe für eine vorzeitige Aufenthaltsbeendigung für sie erst recht zutreffen.

Zweifel an der Aussichtslosigkeit können sich im rechtlichen oder im tatsächlichen **5** Bereich ergeben. Insoweit gelten ähnliche Maßstäbe wie nach § 78 I 1 (§ 78 Rn 40 ff). Nur bei gefestigter obergerichtlicher Rspr zu Rechtsfragen sind Erfolgsaussichten (nahezu) auszuschließen. Anders verhält es sich, wenn bei divergierender Judikatur der OVG/VGH eine Grundsatzentscheidung des BVerwG fehlt. Nicht eindeutig geklärt kann eine Rechtsfrage auch dann sein, wenn die Auffassung des BVerwG nicht nur vereinzelt mit gewichtigen Argumenten angegriffen oder wenn das BVerfG eine hierzu eingelegte Verfassungsbeschwerde zur Entscheidung angenommen, dh die Annahme nicht abgelehnt hat (§§ 93a, 93b BVerfGG). Für die Feststellung oder Bewertung tatsächlicher Umstände oder Entwicklungen ist primär auf die Rspr der Berufungsgerichte abzustellen, weil dem BVerwG insoweit Kompetenzen nicht zustehen. So beruht die Feststellung einer Gruppenverfolgung vor allem auf Tatsachen; eindeutige Aussichtslosigkeit kommt hier nur bei gefestigter obergerichtlicher Rspr oder bei entspr eindeutiger Auskunftslage (aufgrund von Gutachten, Auskünften oder anderen Erkenntnismitteln) in Betracht (vgl dazu auch BVerfG-K, NVwZ-Beil. 1994, 58, 1995, 3 u. 18, 1997, 9). Allg ist das BAMF gehalten, einen hinreichenden Grad an Verlässlichkeit anzustreben (betr Gerichtsverf BVerfGE 67, 143; BVerfG-K, NVwZ Beil. 1997, 9), den Sachverhalt möglichst weitgehend aufzuklären (BVerfG-K, InfAuslR 1992, 75), auch u. vor allem bei Verdacht der persönlichen Unglaubwürdigkeit (vgl BVerfG-K, InfAuslR 1990, 199 u. 1992, 75 sowie NVwZ-Beil. 1994, 1 u. 2).

Im Bereich der **individuellen Verfolgungstatsachen** kann sich offensichtliche Unbe- **6** gründetheit daraus ergeben, dass das Vorbringen eindeutig unschlüssig oder widersprüchlich oder unglaubhaft ist u. das BAMF trotz entspr Vorhalte oder sonstiger Versuche eine Aufklärung nicht erreicht hat. Insoweit können sich die besonderen Mitwirkungsverpflichtungen des Asylbew im Asylverf (§§ 15, 25; § 74 Rn 25 ff) zu dessen Nachteil auswirken. Das BAMF muss jedoch eine erschöpfende Aufklärung durch Anhörung nach den Regeln des § 25 zumindest versuchen (OVG SL, InfAuslR 1983, 79). Es darf das Vorbringen nicht allein deswegen als gesteigert u. damit unglaubhaft werten, weil der Asylbew nicht schon an der Grenze sein Schicksal lückenlos geschildert hat (HessVGH, EZAR 210 Nr 4; BVerfG-K, InfAuslR 1990, 199). Bei Herkunft aus einem verfolgungsfreien Staat gelten die bes. Regeln des Art. 16a III GG u. des § 29 a I.

Das Offensichtlichkeitsurteil muss den **gesamten Asylantrag** erfassen, idR also auch die **7** Voraussetzungen des § 60 I AufenthG (§ 13 I 2). Wenn dieser nicht auf Flüchtlingsanerkennung beschränkt ist, müssen die Voraussetzungen des Art. 16a I GG wie des § 50 I AufenthG so sicher ausgeschlossen werden, dass kein vernünftiger Zweifel bleibt. Zudem darf auch der Tatbestand des § 26 offensichtlich nicht vorliegen. Nur wenn Familienasyl ebenfalls ohne weiteres versagt werden muss, ist der Asylantrag insgesamt eindeutig aussichtslos. Deshalb muss das BAMF von Amts wegen die evtl Asylanerkennung von Ehegatten u. von Eltern minderjähriger lediger Kinder untersuchen, bevor es nach Abs 1 verfährt. Die notwendigen Angaben über die familiären Verhältnisse obliegen dem Asylbew, während das BAMF anhand seiner Akten den Ausgang der Asylverf anderer Familienmitglieder zu ermitteln hat. Jeder selbständig geltend gemachte Verfolgungsgrund muss offensichtlich unbegründet sein (BVerfG-K, NVwZ-Beil. 1994, 58). Unerheblich ist in diesem Zusammenhang, ob Abschiebungshindernisse iSd § 60 II–VII AufenthG vorliegen oder offensichtlich nicht vorliegen.

2. Wirtschaftliche Gründe und Kriegsfolgen

8   Mit der Berufung auf **wirtschaftliche Schwierigkeiten,** eine **allgemeine Notlage** oder **kriegerische Auseinandersetzungen** (allein) kann ein Asylanspruch nicht dargetan werden (ähnlich betr wirtschaftliche Not schon BVerfGE 54, 341). Erschöpft sich das Asylvorbringen ersichtlich in derartigen Gründen, liegt die Unbegründetheit auf der Hand. Insofern stellt Abs 2 nur Selbstverständliches klar. Praktische Konsequenzen sind überaus selten, weil Asylanträge so gut wie nie ausschließlich auf derart irrelevante Behauptungen gestützt sind. Die vom Ges vorausgesetzte Beziehung zum Aufenthalt in Deutschland kann missverständlich wirken; in Wahrheit geht es um die Gründe des Asylgesuchs.

9   Unzulässig wäre eine pauschale Betrachtungsweise, die nicht, wie vorgeschrieben, die Einzelfallumstände berücksichtigt. Die vom Ges genannten Motive müssen im Einzelfall **offensichtlich** vorliegen. Bei dieser Evidenzbeurteilung darf vor allem nicht außer acht gelassen werden, dass Bürgerkrieg u. nichtstaatliche Verfolgungsmaßnahmen nicht generell asylrelevante Verfolgung ausschließen u. das AsylR auch die wirtschaftliche Betätigungsfreiheit schützt (Art. 16 a GG Rn 28 f, 35, 36, 38).

3. Verletzung von Mitwirkungspflichten

10   Die Verletzung von Mitwirkungspflichten der in Abs 3 Nr 1–6 bezeichneten Art allein führt nicht zur offensichtlichen Unbegründetheit; die qualifizierte Antragsablehnung setzt vielmehr die vorangehende Einstufung des Asylantrags als unbegründet voraus. Für die Feststellung der Offensichtlichkeit kommt es nicht mehr allein auf die materielle Aussichtslosigkeit an, sondern hierfür können mehr oder weniger formelle **Regelverletzungen** ausschlaggebend sein. Der Gesetzgeber darf zwar Fallgruppen für ein vereinfachtes u. beschleunigtes Verf auswählen; er entfernt sich aber zunehmend von dem ihm durch Art. 16 a IV GG erteilten Regelungsauftrag (dazu Art. 16 a GG Rn 116 f), wenn er Verhaltensweisen sanktioniert, die einem Flüchtling nicht oder fairerweise nicht angelastet werden dürfen. Dies ist bei Auslegung u. Anwendung des Katalogs des Abs 3 Nr 1–6 immer zu beachten. Dies gilt erst recht für den seit 2005 geltenden Tatbestand des Abs 3 Nr 7. Dieser zielt wie der neue § 14 a darauf ab, das missbräuchliche Aneinanderreihen der Anträge von Familienangehörigen zu verhindern oder zu erschweren. Getroffen wird damit nicht ein Ausl, der zuvor eine Regelverletzung begangen hat, sondern ein **Kind,** dessen Eltern oder dessen allein personensorgeberechtigter Elternteil erfolglos um Asyl nachgesucht haben. Der Schluss von der Unbegründetheit des Asylantrags der Eltern oder des Elternteils mag idR gerechtfertigt sein, hier wird aber von vornherein das Asylgesuch des Kindes wegen des Misserfolgs der Eltern mit dem Risiko einer qualifizierten Ablehnung belastet. Das BAMF ist nicht zur zusätzlichen **Ermittlung** der einzelnen Tatbestände des Abs 3 verpflichtet, wenn der Antrag ablehnungsreif erscheint. Nur wenn die Voraussetzungen für die qualifizierte Ablehnung im Verlauf der Sachverhaltsaufklärung ohnehin festgestellt werden, kann auf sie zurückgegriffen werden. Es liefe dem Beschleunigungsanliegen zuwider, wenn das BAMF zu diesem Zweck zeit- u. kostenaufwändige Aufklärung betriebe, statt den Asylantrag sofort als (schlicht) unbegründet abzulehnen.

11   Die in Abs 3 unter Nr 1 zusammengefassten Tatbestände wurden zum größten Teil schon in der früheren Praxis des BAMF u. der Gerichte zum Anlass für eine qualifizierte Ablehnung genommen (vgl § 74 Rn 25); da sie zwar die Sachprüfung nicht einschränken, aber den Sofortvollzug ermöglichen, dürfen sie nur angewandt werden, wenn ihre formellen Voraussetzungen sicher festgestellt sind. Eine **umfassende Sachprüfung** ist ohnehin unerlässlich. Allerdings können oder müssen die unsubstantiierten, offensichtlich unzutreffen-

den oder auf gefälschte Urkunden gestützten Verfolgungsbehauptungen bei der Bewertung letztlich unbeachtet bleiben.

Ein Asylvorbringen ist nur dann in wesentlichen Punkten **unsubstantiiert oder widersprüchlich**, wenn eine Gesamtbetrachtung des Vorbringens diese Wertung erlaubt. Bei Beurteilung von Schlüssigkeit u. Widerspruchsfreiheit sind Bildungsstand, Sprachkenntnisse u. daraus resultierende Verständigungsschwierigkeiten zu beachten (zum Flughafenverf BVerfGE 94, 115; § 18a Rn 17). Unwesentlich sind Darlegungen, die entweder Nebensächliches enthalten oder gar nicht zur Sache gehören. Offensichtliche **Unvereinbarkeit mit den Tatsachen** kann sich nur aus dem Vergleich mit sicheren Feststellungen anderer Art über die allg Lage im Herkunftsstaat oder das persönliche Schicksal ergeben. Mit gefälschten oder verfälschten Beweismitteln sind offenbar Falschurkunden gemeint; „falsche" Zeugen oder Sachverständige kennt das Ges sonst nicht. Schriftliche Lügen sind nicht gemeint, ebenso wenig uU fragwürdige schriftliche Bekundungen von Personen im Heimatstaat (zu letzterem Ritter, NVwZ 1986, 29). Die **Fälschung von Dokumenten** für sich allein reicht nicht aus; der Asylbew muss sein Asylgesuch darauf stützen. 12

In der Vorlage eines falschen Passes oder sonstiger Identitätspapiere kann aber die **Täuschung** über Identität oder StAng gesehen werden. Das Asylverf beschränkt sich nicht auf die Verwaltungsstation beim BAMF; es beginnt uU bei der Grenzbehörde oder der Polizei u. endet beim Gericht letzter Instanz. Unter Verweigerung entspr Angaben ist nicht die Weigerung zu verstehen, Urkunden gem § 15 II Nr 4 u. 5, III vorzulegen. Die StAng gehört zu den erforderlichenfalls von Amts wegen aufzuklärenden Tatsachen, die für die Verfolgungsprognose wie für die Abschiebungsandrohung wesentlich sind (vgl BVerfG-K, EZAR 202 Nr 29). 13

Die **Einleitung mehrerer Verf** unter verschiedenen Personalien („Doppelantrag") kann die Glaubhaftigkeit des Vorbringens oder gar die persönliche Glaubwürdigkeit erschüttern. Ein „weiteres" Verf wird nicht durch einen Folge- oder Zweitantrag (§§ 71, 71a) eingeleitet, sondern durch einen Asylantrag während eines noch laufenden Asylverf; denn getroffen werden soll derjenige Flüchtlinge, der sich durch Stellung mehrerer Asylanträge ein mehrfaches Bleiberecht mit sozialer Absicherung verschaffen will. Durch einen weiteren Antrag wird in Wirklichkeit kein weiteres Verf eingeleitet; denn alle Asylanträge iSd §§ 13, 14, die von ein- u. derselben Person gestellt werden, gehören zu ein- u. demselben Verf (Bell/von Nieding, ZAR 1995, 181; vgl § 71 Rn 11). Sobald die Existenz mehrerer förmlicher Verf derselben Person entdeckt wird, sind diese miteinander zu verbinden; das Vorbringen in weiteren Anträgen ist als weitere (wenn auch uU widersprüchliche) Begründung des ersten Antrags zu verstehen. Beharrt der Asylbew auf einer Bescheidung dieses „Antrags", muss dieser als offensichtlich unzulässig abgelehnt werden. 14

Die Absicht, eine **drohende Aufenthaltsbeendigung** abzuwenden, kann aus der äußeren Abfolge von zB Abschiebungsandrohung u. Asylantrag gefolgert werden. Außer dem Zweck gehört aber auch noch eine dahingehende Absicht dazu. Ausreichende Gelegenheit für eine frühere Antragstellung (vgl §§ 13 III, 55 I 2) ist vorausgesetzt, aber dann nicht gegeben, wenn kein Anlass für den Asylantrag bestand, zB bei Besitz einer längerfristigen AE oder einer NE aufgrund mehrjähriger Erwerbstätigkeit oder Familiennachzugs, etwa zu dt Familienangehörigen. In diesen Fällen fehlt es bei späterer Beendigung des betr AufTit an der zweckgerichteten Antragstellung nach Versäumung einer ausreichenden Gelegenheit. 15

Nichtaufklärung des **Reisewegs** u. andere Pflichtverletzungen können im Einzelfall die Ablehnung des Asylantrags als offensichtlich unbegründet angezeigt erscheinen lassen; der Verstoß gegen Mitwirkungspflichten muss aber als gröblich erscheinen, also objektiv schwer wiegen u. subjektiv von erheblichem Gewicht sein. Fehlende Zurechenbarkeit oder subjektives Unvermögen aus wichtigem Grund können den Asylbew entlasten, zB beim Verschweigen von Tatsachen aufgrund ernsthafter Furcht vor Gefährdung von Angehörigen im Heimatstaat. Insgesamt muss ein persönliches Fehlverhalten des Asylbew festgestellt werden; die sonst im Prozessrecht mögliche Zurechnung von Anwaltsverschulden (dazu BVerfGE 60, 16

4 AsylVfG § 30   4. Teil. Asylverfahrensgesetz

253) ist hier also nicht möglich (Hailbronner, § 30 AsylVfG Rn 65; aA GK-AsylVfG, § 30 Rn 110).

17   Die Evidenzablehnung nach vollziehbarer **Ausweisung** (§§ 53, 54, 84 II AufenthG) erscheint bei sachgemäßer Auslegung vertretbar. Die Ausweisung eines Asylbew oder Asylber kann noch mit Art. 16a I GG vereinbar sein (§ 56 AufenthG Rn 11), die sofort vollziehbare Versagung asylr Schutzes nach Ausweisung aus zwingendem oder Regelgrund ebenfalls. Bei vorheriger Asylantragstellung muss die Ausweisung ohne Bedingung nach § 56 IV 2 Nr 1 AufenthG verfügt sein.

18   Bei einem **Minderjährigen** unter 16 Jahren genügt die Asylablehnung hinsichtlich der gemeinsam personensorgeberechtigten Eltern nur, wenn beide zuvor einen Asylantrag gestellt hatten. Zu einer sukzessiven Antragstellung von Eltern u. Kindern wird es unter der Geltung des neuen § 14a seltener kommen als vor 2005. Auch beim Misserfolg des Asylantrags der Eltern oder des Elternteils darf nur dann die Offensichtlichkeit des Antrags des Kindes angenommen werden, wenn sich dieser selbst als unbegründet erweist. Dabei kann auf die Asylgründe der Eltern oder des Elternteils zurückgegriffen werden, wenn für das Kind hierauf Bezug genommen wird. Ungeachtet dieser oft gegebenen Konstellation müssen die Asylgründe des Kindes unter 16 Jahren ebenso sorgfältig untersucht werden wie die von älteren Kindern oder von Erwachsenen.

4. Gefahr für Sicherheit oder Allgemeinheit

19   Für den Ausschluss des AsylR bei Gefahr für die Sicherheit der BR Deutschland oder die Allgemeinheit (§ 60 VIII AufenthG) fehlt es an einer verfassungsrechtlichen Grundlage (dazu Art. 16a GG Rn 15). Er ist verfassungsrechtlich ebenso zweifelhaft wie die Ausnahme vom Abschiebungsverbot in diesem Fall (vgl § 60 AufenthG Rn 27; § 18 Rn 23 ff; betr Abs 5 vgl auch GK-AsylVfG, § 30 Rn 131 ff). Das Vorliegen der (alternativen) Voraussetzungen des § 60 VIII AufenthG allein zwingt zur qualifizierten Ablehnung des Asylantrags. Da dieser nicht unbegründet zu sein braucht, ist eine **Sachprüfung entbehrlich** (für verfassungskonforme Auslegung mit der Konsequenz einer asylr Sachprüfung Hailbronner, § 30 AsylVfG Rn 77–84).

5. Nichtantrag

20   Für die Regelung in Abs 5 ist ein theoretisches oder praktisches **Bedürfnis** nicht erkennbar. Liegt dem Begehren nach ein Asylantrag im Sinne des § 13 I vor, fehlt es aber inhaltlich an einem entspr Vortrag, ist der Asylantrag schon nach Abs 1 evident unbegründet. Die Bestimmung bewirkt nur den Zwang zur entspr Antragsablehnung. Sie ist nur auf beim BAMF gestellte Anträge anwendbar; andere Behörden brauchen derartige Anträge nicht zu beachten u. weiterzuleiten.

IV. Verwaltungsverfahren und Rechtsschutz

21   Für das Verwaltungsverf gelten im Falle des § 30 (betr Abschiebungsandrohung vgl § 34; betr Ausreisefrist vgl § 36 I) **keine Besonderheiten** gegenüber der sonstigen (schlichten) Ablehnung des Asylantrags (vgl insb § 31 II). Eine qualifizierte Ablehnung ist allerdings nur dann zulässig, wenn beide asylr Begehren iSd § 13 I, II offensichtlich unbegründet sind (Rn 7).

22   Der Rechtsschutz ist hinsichtlich der qualifizierten Antragsablehnung im Grundsatz ebenso ausgestaltet **wie bei sonstiger Ablehnung** (vgl § 30 Rn 21; § 31 Rn 11 f; betr Klage vgl aber §§ 74 I, 75). Vorläufiger Rechtsschutz ist nur betr die Abschiebungsandrohung erforderlich, aber vor allem hinsichtlich des Prüfungsmaßstabs stark eingeschränkt, weil nur bei ernstlichen Zweifeln an der Rechtmäßigkeit möglich (Art. 16a IV GG; § 36 IV 1; § 36 Rn 5 ff).

§ 31 Entscheidung des Bundesamtes über Asylanträge

(1) ¹Die Entscheidung des Bundesamtes ergeht schriftlich. ²Sie ist schriftlich zu begründen und den Beteiligten mit Rechtsbehelfsbelehrung zuzustellen. ³Wird der Asylantrag nur nach § 26a abgelehnt, ist die Entscheidung zusammen mit der Abschiebungsanordnung nach § 34a dem Ausländer selbst zuzustellen. ⁴Sie kann ihm auch von der für die Abschiebung oder die Durchführung der Abschiebung zuständigen Behörde zugestellt werden. ⁵Wird der Ausländer durch einen Bevollmächtigten vertreten oder hat er einen Empfangsberechtigten benannt, soll diesem ein Abdruck der Entscheidung zugeleitet werden.

(2) ¹In Entscheidungen über beachtliche Asylanträge und nach § 30 Abs. 5 ist ausdrücklich festzustellen, ob die Voraussetzungen des § 60 Abs. 1 des Aufenthaltsgesetzes vorliegen und ob der Ausländer als Asylberechtigter anerkannt wird. ²Von letzterer Feststellung ist abzusehen, wenn der Antrag auf Feststellung der Voraussetzungen des § 60 Abs. 1 des Aufenthaltsgesetzes beschränkt war.

(3) ¹In den Fällen des Absatzes 2 und in Entscheidungen über unbeachtliche Asylanträge ist festzustellen, ob die Voraussetzungen des § 60 Abs. 2 bis 7 des Aufenthaltsgesetzes vorliegen. ²Davon kann abgesehen werden, wenn
1. der Ausländer als Asylberechtigter anerkannt wird,
2. das Vorliegen der Voraussetzungen des § 60 Abs. 1 des Aufenthaltsgesetzes festgestellt wird oder
3. der Asylantrag nach § 29 Abs. 3 unbeachtlich ist.

(4) ¹Wird der Asylantrag nur nach § 26a abgelehnt, ist nur festzustellen, daß dem Ausländer auf Grund seiner Einreise aus einem sicheren Drittstaat kein Asylrecht zusteht. ²In den Fällen des § 26 Abs. 1 bis 3 bleibt § 26 Abs. 4 unberührt.

(5) Wird ein Ausländer nach § 26 als Asylberechtigter anerkannt, soll von den Feststellungen zu § 60 Abs. 1 bis 7 des Aufenthaltsgesetzes abgesehen werden.

Übersicht

	Rn
I. Entstehungsgeschichte	1
II. Entscheidung	2
1. Asylantrag und Abschiebungshindernisse	2
2. Form	6
3. Zustellung	9
III. Verwaltungsverfahren und Rechtsschutz	10

I. Entstehungsgeschichte

Während Abs 1 u. 2 im Wesentlichen mit § 12 VI 1 bis 3 AsylVfG 1982 übereinstimmen, haben die übrigen Bestimmungen keine Vorbilder. Die Vorschrift entsprach ursprünglich im Wesentlichen dem **GesEntw 1992** (BT-Drs 12/2062 S. 11); nur der frühere Abs 4 (jetzt Abs 5) war im Wortlaut der Änderung des § 26 angepasst (BT-Drs 12/2817 S. 22, 61). Mit Wirkung v. 1. 7. 1993 wurden entspr dem GesEntw 1993 (BT-Drs 12/4450 S. 31) in Abs 1 die S. 3 bis 5 angefügt, in Abs 3 die Nr 2 u. 3. angefügt, Abs 4 neu eingefügt u. der frühere Abs 4 zu Abs 5 (Art. 1 Nr 22 **AsylVfÄndG 1993**). Mit Wirkung vom 1. 1. 2005 sind die Bezugnahmen auf §§ 51 I, 53 AuslG durch solche auf § 60 AufenthG aktualisiert; zudem ist in Abs 4 ein Satz angefügt (Art 3 Nr 20 **ZuwG**). 1

II. Entscheidung

1. Asylantrag und Abschiebungshindernisse

2 Hinsichtlich des Asylantrags bestehen weiterhin wie unter der Geltung des AsylVfG 1982 mehrere **Entscheidungsalternativen;** das Familienasyl wird allerdings jetzt durch Asylanerkennung gewährt u. ist seit 2005 um den Familienabschiebungsschutz ergänzt (§ 26). Entweder erfolgen auf einen unbeschränkten beachtlichen Asylantrag (betr unbeachtlichen § 29) hin Asyl- u. Flüchtlingsanerkennung oder aufgrund eines beschränkten Antrags nur die Flüchtlingsanerkennung. Oder der Asylantrag wird in vollem Umfang oder teilweise abgelehnt. Auch im Falle des § 26 a erfolgt eine Antragsablehnung (vgl Abs 1 S. 3, Abs 4); die dort in Abs 1 benutzten Formulierungen „nicht berufen" u. „nicht anerkannt" gehören nicht in den Tenor des Bescheids. Die Bestimmung des Abs 4 über die Beschränkung auf die Feststellung des Nichtbestehens eines AsylR wegen der Einreise aus dem sicheren Drittstaat soll lediglich weitere Ermittlungen ausschließen, insb zu § 60 I AufenthG (vgl aber Rn 4). Außerdem soll damit zum Ausdruck gebracht werden, dass eine Sachprüfung nicht stattfindet. Deswegen erscheint es unschädlich, wenn die Formulierung des Abs 4 in den Tenor aufgenommen wird. Entscheidend ist nur, dass der Asylantrag betr Asylanerkennung ohne Rücksicht auf eine evtl sachliche Berechtigung keinen Erfolg hat (vgl Rn 4). Die **Einbeziehung des § 30 V** in die Regelung des Abs 2 ist unverständlich. Handelt es sich bei einem Antrag an das BAMF dem Begehren nach um einen Asylantrag, der nicht unbeachtlich iSd § 29 ist, aber inhaltlich keinen Asylantrag darstellt u. deshalb offensichtlich unbegründet ist, dann setzt diese Entscheidung ohnehin auch eine Beurteilung des § 60 I AufenthG voraus.

3 Zusätzlich hat das BAMF (anders als unter Geltung des AsylVfG 1982) über **Abschiebungshindernisse nach § 60 II–VII AufenthG** zu befinden (vgl § 24 II). Dies ist nur in den Fällen der Asylanerkennung oder der (bloßen) Flüchtlingsanerkennung oder des § 29 III **entbehrlich.** Das insoweit eingeräumte Ermessen hat sich ua nach Art u. voraussichtlicher Dauer der Verfolgungsgefahr zu richten. Trotz der „Kann"-Formulierung wird idR bei förmlicher Asylanerkennung von einer Entscheidung über § 60 II–VII AufenthG abgesehen werden können. Feststellungen zu § 60 II–VII AufenthG sind auch im Falle des § 29 I notwendig betr Hindernisse gegenüber einem sicherem Drittstaat, nicht bezüglich Herkunftsstaat (§ 29 Rn 17; Hailbronner, § 31 AsylVfG Rn 23). Falls ein Hindernis besteht, ist Rückführung rechtlich ausgeschlossen u. Asylverf fortzuführen betr § 60 I u. II–VII AufenthG; ebenso bei tatsächlichem Hindernis (§ 29 Rn 12). Das jew Hindernis des § 60 II–VII AufenthG ist konkret festzustellen; dabei ist das Rangverhältnis zu beachten (betr BAMF s. Rn 10; betr Rechtsschutz s. Rn 11). Feststellungen zu § 60 II–VII AufenthG erfolgen gesondert, also nicht nur inzidenter bei Erlass (oder Unterlassen) der Abschiebungsandrohung (zu Rücknahme u. Widerruf vgl § 73 III).

4 Wenn die für den Fall der **Einreise aus einem sicheren Drittstaat** vorgesehene Abschiebungsanordnung nach § 34 a I nicht ergeht, ist ebenfalls das Entscheidungsprogramm der Abs 2 u. 3 (§ 60 I u. II–VII AufenthG) einzuhalten (Hailbronner, § 31 AsylVfG Rn 52 f; OVG NRW, EZAR 223 Nr 16). Diese Anordnung ist ausgeschlossen, wenn der Nachweis der Durchreise durch einen sicheren Drittstaat zwar gegenüber dem Flüchtling gelingt, aber von dem Drittstaat nicht anerkannt wird oder wenn die Rückführung in den Drittstaat nicht durchzusetzen ist, zB infolge Ablaufs der vertraglichen Übernahmefrist. In diesen Fällen erweist sich die Drittstaatenregelung letztlich als nicht durchführbar (Art. 16 a GG Rn 102 f) mit der Folge der um die Asylanerkennung verkürzten Sachprüfung durch das BAMF. Falls ein anderer DÜ-Vertragsstaat zuständig ist oder die Zuständigkeit übernimmt (nach Ersetzung des DÜ durch die VO/EG 343/2003 nur noch Dänemark), ist der Asylantrag unbeachtlich nach § 29 III u. der Ausl von diesem Staat zu übernehmen, ohne dass die og Prüfung stattfindet.

Im Falle des **Familienasyls** sind Feststellungen zu § 60 I u. II–VII AufenthG in aller Regel entbehrlich; sie verursachen nur einen überflüssigen Aufwand. Deshalb sind sie nur in atypischen Ausnahmefällen zu treffen, wenn sie unentbehrlich erscheinen (ähnlich BVerwG, EZAR 215 Nr 17). Insoweit ist das BAMF aufgrund der „Soll"-Bestimmung noch stärker gebunden als bei einer „Regel"-Bestimmung. Nach Bestandskraft der Verpflichtung zur Gewährung von Familienasyl wird die Klage betr § 60 I AufenthG (Fn 11) unzulässig (BVerwG, EZAR 215 Nr 17). Im Falle der Aufhebung des Familienasyls aufgrund Klage des BB (vor September 2004 anhängig; vgl § 87 b) ist betr § 60 I u. II–VII AufenthG ein neues Verf zu beantragen u. durchzuführen, das nicht § 71 unterliegt (BVerwG aaO). Bei Berufung auf die Anerkennung eines Familienmitglieds, der selbst nur als Flüchtling u. nicht asylber anerkannt ist, greift § 26 IV ein.

2. Form

Die Entscheidung über den Asylantrag ergeht schriftlich, ist zu begründen u. mit einer Rechtsbehelfsbelehrung zu versehen. Die Entscheidung muss anhand der **Gründe** nachvollziehbar sein, was gerade für die gerichtliche Überprüfung anschließender Sofortvollzugsmaßnahmen wichtig ist (vgl BVerfGE 65, 76; 67, 43; Fritz, NVwZ 1984, 698). Die Verwendung von Textbausteinen ist allg zulässig, wenn dadurch der individuelle Bezug nicht verloren geht (für Gerichtsverf HessVGH, NJW 1984, 2429). Auch Anerkennungsbescheide bedürfen im Hinblick auf Rechtsmittel des BB ausreichender Begründung, es sei denn, sie ergehen auf Verpflichtungsurteil hin; in diesem Fall genügt eine Bezugnahme auf die Gerichtsentscheidung.

In der **Rechtsbehelfsbelehrung** müssen Rechtsbehelf, Behörde oder Gericht mit Sitz u. Frist angegeben sein; sonst beträgt die Frist ein Jahr (§ 58 VwGO). Da Widerspruch ausgeschlossen ist (§ 11), ist über die Klage zu belehren u. ggf außerdem über die besonderen Anforderungen nach §§ 18 a IV, 36 III 1.

Die Entscheidung ist in **dt Sprache** abzufassen (§ 23 I VwVfG). Auch die Rechtsbehelfsbelehrung braucht nicht in die Muttersprache übersetzt zu werden (BVerwG, EZAR 610 Nr 1; betr Strafurteil BVerfGE 64, 135; betr Flughafenverf vgl § 18 a Rn 23). Führen mangelnde Sprachkenntnisse aber zur Fristversäumnis, kann dies Anlass zur Wiedereinsetzung in den vorigen Stand sein (BVerfGE 40, 95; 42, 120; 64, 135; vgl dazu auch § 74 Rn 20 ff).

3. Zustellung

Zustellungen erfolgen ausnahmslos **durch das BAMF,** nicht durch die AuslBeh (wie früher zT nach §§ 12 VII, 28 V AsylVfG 1982). Die weitere Veränderung der regulären Zustellungsvorschriften des § 8 I VwZG (dazu schon § 10) im Falle eines sicheren Drittstaats **verschlechtert** die Möglichkeiten eines ohnehin schon beschränkten Rechtsschutzes. Anwaltlicher Beistand wird oft selbst dann nicht erlangt werden können, wenn dem Bevollmächtigten ein Abdruck der Entscheidung zugeleitet wird (Marx, § 31 Rn 5: Verstoß gegen Art. 19 IV GG).

III. Verwaltungsverfahren und Rechtsschutz

Für das **Verwaltungsverf** bis zur Entscheidung sind vor allem die Vorschriften der §§ 5, 12, 15, 17, 24, 25 zu beachten, für die Rechtsmittelbelehrung §§ 11, 74 ff u. für die Zustellung § 10.

Der **Rechtsschutz** richtet sich nach dem Inhalt der Entscheidung. Gegen die Ablehnung von Asylanerkennung (einschl Familienasyl u.) oder Flüchtlingsanerkennung ist, da Widerspruch ausgeschlossen ist (§ 11), wie nach früherer Rechtslage die Verpflichtungsklage (§ 42 II VwGO) gegeben (§ 74 Rn 9). Ebenso verhält es sich bei isolierter Feststellung der Unbeachtlichkeit (§ 29 Rn 20) u. bei Feststellungen über Abschiebungshindernisse nach

4 AsylVfG § 32 4. Teil. Asylverfahrensgesetz

§ 60 II–VII AufenthG (auch insoweit Verpflichtungs- u. nicht Feststellungsklage: BVerwG, NVwZ-Beil 1996, 57; HessVGH, AuAS 1993, 163); auch insoweit sind das Rangverhältnis der Hindernisse des § 60 II–VII AufenthG u. das Verhältnis zum Familienasyl u. zum Familienabschiebungsschutz (dazu Rn 3–5) zu beachten. Die Abschiebungsandrohung (§§ 34, 35 iVm §§ 59, 60 I AufenthG) kann mit der Anfechtungsklage (§ 42 I VwGO) angegriffen werden (§ 34 Rn 14 f), für deren Bescheidung freilich § 77 I gilt.

12 **Vorläufiger Rechtsschutz** ist dementsprechend nach § 80 V oder nach § 123 VwGO zu gewähren, wenn eine Entscheidung trotz Klageerhebung sofort vollziehbar ist. Dies trifft für alle Entscheidungen des BAMF zu, ausgenommen nur die Ablehnung nach § 38 I u. Widerruf u. Rücknahme nach § 73 (§ 75).

§ 32 Entscheidung bei Antragsrücknahme oder Verzicht

¹**Im Falle der Antragsrücknahme oder des Verzichts gemäß § 14 a Abs. 3 stellt das Bundesamt in seiner Entscheidung fest, dass das Asylverfahren eingestellt ist und ob die in § 60 Abs. 2 bis 7 des Aufenthaltsgesetzes bezeichneten Voraussetzungen für die Aussetzung der Abschiebung vorliegen. ²In den Fällen des § 33 ist nach Aktenlage zu entscheiden.**

Übersicht

	Rn
I. Entstehungsgeschichte	1
II. Antragsrücknahme	2
III. Verzicht	5
IV. Entscheidung	6
V. Verwaltungsverfahren und Rechtsschutz	8

I. Entstehungsgeschichte

1 Die Vorschrift hat kein Vorbild im AsylVfG 1982. Sie entsprach in der ursprünglichen Fassung dem **GesEntw 1992** (BT-Drs 12/2062 S. 11). Mit Wirkung vom 1. 1. 2005 sind entspr dem GesEntw (BT-Drs 15/420 S. 42) die Bezugnahme auf § 53 AuslG durch die auf § 60 II–VII AufenthG ersetzt u. der Verzichtsfall zusätzlich erwähnt (Art 3 Nr 21 **ZuwG**).

II. Antragsrücknahme

2 Die **Antragsrücknahme** im allg Verwaltungsverfahren ist nicht geregelt; im Asylverf erfährt sie auch durch § 33 eine besondere praktische Bedeutung. Für die Antragsrücknahme bestehen anders als für die Antragstellung (§ 14) **keine Formvorschriften.** Da das Asylgesuch anders als der Asylantrag keiner besonderen Form bedarf (§ 13 I) u. die Rücknahme zumindest auch das Asylersuchen betrifft, kann diese auch anders als schriftlich erfolgen (§ 13 Rn 6; aA Hailbronner, § 32 AsylVfG Rn 6: analog § 64 VwVfG nur schriftlich oder zur Niederschrift). Angesichts der weitreichenden Folgen der Antragsrücknahme bedarf es zwar einer sorgfältigen Ermittlung des Erklärungsinhalts u. -willens (Rn 4) u. der zuverlässigen Übermittlung an die zuständige Stelle (Rn 3). Besondere Formerfordernisse aus Sondervorschriften über förmliche Verwaltungsverf abzuleiten, würde aber nicht dem Umstand gerecht, dass die wesentlichen Rechtsfolgen für u. gegen den Asylbew (§§ 15 ff, 55) bereits durch das formlos zulässige Asylgesuch ausgelöst werden u. für den actus contrarius daher strengere Anforderungen nur bei ges Fixierung vertretbar erscheinen. Rücknehmbar ist der Antrag bis zum Eintritt der Bestandskraft der Entscheidung, weil das Asylersuchen bis zu diesem Zeitpunkt der Disposition des Asylbew unterliegt (Rn 6; § 13 Rn 6; Hailbronner, § 32 AsylVfG Rn 16).

Für die Entgegennahme der Rücknahmeerklärung **zuständig** ist diejenige Behörde, bei 3
der der Asylantrag zu stellen war, also Außenstelle oder Zentrale des BAMF (§ 14; Hailbronner, § 31 AsylVfG Rn 7; aA Marx, § 32 Rn 4: auch AuslBeh); mangels besonderer Bestimmungen gelten für die Rücknahme als actus contrarius dieselben Regeln wie für die Antragstellung. In jedem Fall kann die Rücknahme gegenüber dem BAMF (Zentrale) als der für die Einstellung zuständigen Behörde erklärt werden, also auch nach Antragstellung bei der Außenstelle. Angesichts der weitreichenden Folgen der Antragsrücknahme (vgl ua §§ 34, 38 II, 67 I Nr 3, 71 I 1) kann es nicht als ausreichend angesehen werden, wenn die Rücknahme gegenüber AuslBeh oder Grenzbehörde oder Polizei erklärt wird, die sonst nur für die Entgegennahme eines Asylgesuchs zuständig sind. Geht bei diesen eine schriftliche Rücknahmeerklärung ein, haben sie diese analog §§ 14 I 2, 19 I an das BAMF weiterzuleiten.

Wann ein Asylantrag zurückgenommen ist, ist notfalls durch **Auslegung** einer dahin- 4
gehenden Erklärung zu ermitteln (betr § 33 vgl dort Rn 6). Gerade bei einer nichtschriftlichen Rücknahmeerklärung ist sorgfältig der wirkliche Wille des Ausl festzustellen. Eine Rücknahme kann je nach den Einzelfallumständen zB auch in der Erklärung gesehen werden, der Ausl betrachte die Sache als erledigt, verzichte auf Asyl oder wolle Deutschland ohne Asyl wieder verlassen. Sie darf nur nicht mit einer Bedingung versehen sein, zB gerichtet auf die Erteilung einer AE oder Duldung durch die AuslBeh. Ein Widerruf der Rücknahmeerklärung ist nur bis zum Eingang beim BAMF möglich, eine Rücknahme nur in entspr Anwendung der §§ 119 ff BGB ausnahmsweise bei arglistiger Täuschung, Drohung oder unzulässigem Druck sowie bei Wiederaufgreifensgründen (Hailbronner, § 31 AsylVfG Rn 11–15; vgl Kopp, VwVfG, Vorbem § 9 Rn 12 a).

III. Verzicht

Mit dem **Verzicht** nach § 14 a III ist ein eigenständiger Beendigungstatbestand geschaf- 5
fen, der nicht auf andere Fallgestaltungen übertragen werden kann (zu Widerruf u. Rücknahme der Verzichtserklärung vgl § 14 a Rn 8). Ebenso speziell ist das dafür vorgesehene Entscheidungsprogramm, das mit dem nach Antragsrücknahme übereinstimmt.

IV. Entscheidung

Die Entscheidung des BAMF lautet in beiden Fällen auf **Einstellung des Verf**. Eine 6
derartige Entscheidung ist sonst im Verwaltungsverf nicht vorgesehen, sondern nur im Gerichtsverf (vgl § 92 II VwGO). Sie wirkt ähnlich wie dort die gerichtliche Feststellung als feststellender Verwaltungsakt nicht konstitutiv, sondern nur deklaratorisch (Hailbronner, § 32 AsylVfG Rn 19–22; so betr § 33 wohl auch BVerwG, EZAR 631 Nr 38). Der Charakter des Verwaltungsakts ist nicht von einem vorherigen Streit über die Wirksamkeit der Rücknahme abhängig; in jedem Fall wird eine bereits eingetretene u. Rechtsfolgen (zB § 71) auslösende Erledigung festgestellt u. nicht etwa durch das BAMF herbeigeführt. Für die Entscheidung gelten die Formvorschriften des § 31 I 1 u. 2. Sie ist auch notwendig, wenn der Antrag bei Rücknahme oder Verzicht noch nicht von der dafür zuständigen Stelle entgegengenommen ist. Das BAMF hat gleichzeitig über Abschiebungshindernisse des § 60 II–VII AufenthG zu befinden u. erforderlichenfalls eine Abschiebungsandrohung mit einer Ausreisefrist von einer Woche, evtl von drei Monaten zu erlassen (§§ 34 I, 38 II, III). Dazu kann das BAMF Vorbringen des Ausl nur berücksichtigen, soweit dieses nach § 25 II erfolgt war oder nachträglich im Zusammenhang mit der Rücknahme erfolgt (soweit nicht nach § 25 III auszuschließen). Die Verfahrenseinstellung ist auch im Falle des § 33 auszusprechen.

Neben der Verfahrenseinstellung sind uU **weitere Entscheidungen** notwendig. Erfolgen 7
die Rücknahme oder der Verzicht nach einer Sachentscheidung des BAMF, ist diese gegen-

standslos; dies ist der Klarheit halber deklaratorisch auszusprechen (ähnlich wie nach § 269 III ZPO). Bei Antragsrücknahme oer Verzicht während des Gerichtsverf wird dieses entweder nach übereinstimmender Erledigterklärung mit Kostenentscheidung eingestellt (vgl § 161 II VwGO) oder die trotz Antragsrücknahme oder Verzicht aufrechterhaltene Klage abgewiesen. Allerdings kann uU eine nicht weiter spezifizierte Rücknahme- oder Verzichtserklärung auch dahin ausgelegt werden, dass Klage oder Rechtsmittel zurückgenommen werden; dann ist die Einstellung des Verwaltungsverf neben der des Gerichtsverf weder angezeigt noch zulässig (uU längere Ausreisefrist nach § 38 III).

V. Verwaltungsverfahren und Rechtsschutz

8   Die **Zuständigkeit** des BAMF lässt sich schon aus §§ 5, 31 III 1 ableiten; auch ohne die Vorschrift spräche kein durchgreifender Sachgrund für eine Zuständigkeit der AuslBeh, auch nicht betr § 60 II–VII AufenthG. Rücknahme u. Verzicht bedürfen nicht der Zustimmung von BAMF (bei vor 2005 anhängigen Klagen: und/oder des BB). Gegen die Verfahrenseinstellung kann der Ausl, wenn er die Ungültigkeit oder sonstige Unwirksamkeit der Antragsrücknahme oder des Verzichts geltend machen will, mit dem Antrag auf **Fortsetzung des Verf** vorgehen (vgl § 81 Rn 21 ff). Bei Ablehnung kann er Verpflichtungsklage (§ 42 II VwGO) erheben u. einen Eilantrag nach § 123 VwGO stellen. Gegen die Nichtfeststellung von **Abschiebungshindernissen** nach § 60 II–VII AufenthG kann er sich ebenfalls mit Verpflichtungsklage u. Antrag auf Erlass einer einstweiligen Anordnung wenden (dazu § 31 Rn 11); insoweit darf das VG „durchentscheiden", weil es insoweit nicht auf die weitergehenden Gestaltungsmöglichkeiten des BAMF ankommt (ähnlich Hailbronner, § 32 AsylVfG Rn 40). Gegen die Abschiebungsandrohung kann er mit Anfechtungsklage u. Antrag nach § 80 V VwGO vorgehen; diese lösen aber für sich keinen Suspensiveffekt aus (dazu § 75; § 36 III 8 gilt nicht analog).

9   Im **Hauptsacheverf** kann das VG lediglich die Entscheidung des BAMF über die Verfahrenseinstellung kassieren, nicht aber selbst Spruchreife herstellen u. über den Asylantrag entscheiden; ihm fehlt es nämlich an den Gestaltungsmöglichkeiten des BAMF nach §§ 34, 36, 38 (BVerwG, EZAR 631 Nr 38; Hailbronner, § 32 AsylVfG Rn 27–35; Marx, § 38 Rn 8; anders für Folgeantragsverf wegen der anderen Verfahrensstruktur BVerwG, EZAR 631 Nr 45; dazu § 71 Rn 46). Dagegen kann die Ablehnung der Feststellung von Hindernissen nach § 60 II–VII AufenthG durch Verpflichtung des BAMF hierzu korrigiert u. die Abschiebungsandrohung aufgehoben oder zumindest die Wochenfrist entspr § 38 III bis zu drei Monaten verlängert werden. Im **Eilverf** gelten die §§ 36, 37 weder unmittelbar noch analog (BVerwG, EZAR 631 Nr 38; Hailbronner, § 32 AsylVfG Rn 24–26).

§ 32 a Ruhen des Verfahrens

(1) ¹Das Asylverfahren eines Ausländers ruht, solange ihm vorübergehender Schutz nach § 24 des Aufenthaltsgesetzes gewährt wird. ²Solange das Verfahren ruht, bestimmt sich die Rechtsstellung des Ausländers nicht nach diesem Gesetz.

(2) Der Asylantrag gilt als zurückgenommen, wenn der Ausländer nicht innerhalb eines Monats nach Ablauf der Geltungsdauer seiner Aufenthaltserlaubnis dem Bundesamt anzeigt, daß er das Asylverfahren fortführen will.

I. Entstehungsgeschichte

1   Die Vorschrift wurde entspr dem **GesEntw 1993** (BT-Drs 12/4450 S. 6) mit Wirkung vom 1. 7. 1993 eingefügt (Art. 1 Nr 23 **AsylVfÄndG 1993**). Mit Wirkung vom 1. 1. 2005

Nichtbetreiben des Verfahrens § 33 **AsylVfG** 4

wurde entspr dem GesEntw (BT-Drs 15/420 S. 42) Abs 1 S. 1 neu gefasst u. in Abs 2 das Wort „AufBef" durch „AE" ersetzt (Art 3 Nr 22 **ZuwG**).

II. Ruhen des Verfahrens

Die **AE** muss nach § 24 AufenthG (nach einem entspr Beschluss des EU-Rats zur 2 Aufnahme bei einem Massenzustrom) erteilt sein, nicht nach §§ 22–24, 25 III–V AufenthG. Die Erteilung muss nach Äußerung des Asylgesuchs iSd § 13 erfolgt sein, auf die förmliche Antragstellung nach § 14 kommt es nicht an.

Die Ruhensregelung ist ebenso wie § 14 III auch ohne ausdrücklichen Auftrag durch 3 Art. 16a GG zulässig u. iÜ **verfassungskonform**; denn mit ihr wird das AsylR nicht auf Dauer ausgeschlossen. Während des Ruhens ist nur das AuslG anwendbar, also zB nicht § 33 II bei einer Reise in den Heimatstaat. Mit Ablauf der AE (Besitz) wird das AsylVfG wieder anwendbar, insb greift die ges AufGest (§ 55 I) wieder ein. Infolgedessen entsteht dann die Verlassenspflicht nach § 32a IX AuslG nicht.

III. Nichtfortführung des Verfahrens

Das BAMF wird durch die AuslBeh über den Ablauf der Geltungsdauer der AE nicht 4 besonders unterrichtet. Der Ausl ist aber zur **Anzeige** der Fortführung des Verf nach Ablauf seiner AE von sich aus verpflichtet; bei nicht rechtzeitiger Anzeige tritt Antragsrücknahme ein. Über diese Rechtsfolgen wird deAsylbew durch die AuslBeh schriftlich in einer ihm verständlichen Sprache belehrt (§ 24 VII AufenthG). Die Belehrung muss sachgerecht u. verständlich erfolgen u. darf sich nicht in der Wiederholung des Gesetzestextes erschöpfen. Sie braucht jedoch nicht so weitreichend zu sein wie die der schriftliche Hinweis nach § 10 VII. Damit sie ihre Warnfunktion erfüllen kann, sollte sie bei Ablauf der AE wiederholt werden. Bei nicht rechtzeitiger Anzeige wird das Verf eingestellt (§ 32); die AufGest erlischt mit Zustellung des BAMF-Bescheids (§ 67 I Nr 3). Bei Versäumung der Frist kommt Wiedereinsetzung in den vorigen Stand wegen Nichtverschuldens (§ 32 VwVfG) wie nach § 33 in Betracht (Hailbronner, § 32a AsylVfG Rn 14f).

§ 33 Nichtbetreiben des Verfahrens

(1) ¹Der Asylantrag gilt als zurückgenommen, wenn der Ausländer das Verfahren trotz Aufforderung des Bundesamtes länger als einen Monat nicht betreibt. ²In der Aufforderung ist der Ausländer auf die nach Satz 1 eintretende Folge hinzuweisen.

(2) Der Asylantrag gilt ferner als zurückgenommen, wenn der Ausländer während des Asylverfahrens in seinen Herkunftsstaat gereist ist.

(3) ¹Der Ausländer wird an der Grenze zurückgewiesen, wenn bei der Einreise festgestellt wird, daß er während des Asylverfahrens in seinen Herkunftsstaat gereist ist und deshalb der Asylantrag nach Absatz 2 als zurückgenommen gilt. ²Einer Entscheidung des Bundesamtes nach § 32 bedarf es nicht. ³§ 60 Abs. 1 bis 3 und 5 sowie § 62 des Aufenthaltsgesetzes finden entsprechende Anwendung.

I. Entstehungsgeschichte

Die Vorschrift hat kein Vorbild im AsylVfG 1982. Abs 1 entspricht dem **GesEntw 1992** 1 (BT-Drs 12/2062 S. 11). Abs 2 wurde entspr dem GesEntw 1993 (BT-Drs 12/4450 S. 6) mit Wirkung vom 1. 7. 1993 angefügt (Art. 1 Nr 24 **AsylVfÄndG 1993**). **Übergangsvorschrift** in § 87a II Nr 2. Mit Wirkung vom 1. 11. 1997 wurde Abs 3 angefügt (Ges vom 29. 10. 1997, BGBl. I 2584). Vom 1. 1. 2005 an sind entspr dem GesEntw (BT-Drs 15/420 S. 42) in Abs 3 die Bezugnahmen auf Abschiebungshindernisse u. Abschiebungshaft aktualisiert (Art 3 Nr 23 **ZuwG**).

II. Allgemeines

2   Die Übernahme des § 33 AsylVfG 1982 in das Verwaltungsverf ist **nicht unproblematisch;** denn diese Vorschrift hatte sich nicht uneingeschränkt bewährt (vgl auch § 81; für Zweitantrag § 71 a II 1). Grundsätzlich sind ähnlich strenge Anforderungen zu stellen wie bei § 81, da es sich um eine einschneidende Ausnahme von den allg Verfahrensregeln handelt u. die verfahrensmäßige Durchsetzung des Asylgrundrechts betroffen ist (ähnlich Hailbronner, § 33 AsylVfG Rn 3–6; BVerfG-K, NVwZ 1994, 62; BVerwGE 71, 213; HessVGH, EZAR 631 Nr 26). Dabei ist immer auf die verfassungsrechtliche Grundlage der Rücknahmefunktion Rücksicht zu nehmen, dass nämlich das Verhalten des Asylbew ein fehlendes Interesse an der Fortführung des Verf konkret erkennen lässt (Hailbronner, § 33 AsylVfG Rn 7). Das BAMF kann von sich aus das Verf betreiben, indem es einen Anhörtermin bestimmt, Gelegenheit zur schriftlichen Stellungnahme gibt u. notfalls nach Aktenlage entscheidet (§ 25 IV, V). Ob der Ausl das Verf „nicht betreibt", ist deshalb schwer festzustellen, weil in erster Linie nicht er, sondern das BAMF für den Fortgang des Verf verantwortlich ist. Für die Erfüllung seiner Mitwirkungspflichten können erforderlichenfalls Fristen gesetzt werden, falls er ihnen in dem Anhörtermin nicht nachkommt. Danach kann in der Sache entschieden werden.

3   Dies gilt auch im Falle des **Untertauchens.** Wer nämlich unter Missachtung seiner besonderen Mitwirkungspflichten als Asylbew seinen Aufenthalt verschweigt, hat kein schützenswertes Interesse an der Fortführung des Verf; dies hat das BVerfG für das Gerichtsverf als verfassungsgemäß bestätigt (§ 81 Rn 5). Damit kann der Asylantrag auch im Falle des Untertauchens unbedenklich abgelehnt werden. Die umständliche Verfahrensweise nach § 33 erbringt oft keinen Zeitgewinn. Die in den Fällen des Untertauchens von nicht anwaltlich vertretenen Asylbew bestehenden Zustellungsschwierigkeiten ergeben sich auch für die Zustellung des Bescheids nach Rücknahme gemäß §§ 33, 34, 38 II.

III. Rücknahmefiktion

1. Nichtbetreiben trotz Aufforderung

4   Nach Antragstellung (nicht vor Einleitung eines förmlichen Verf durch Antragstellung iSd § 14) ist grundsätzlich das BAMF u. nicht der Asylbew gehalten, das Verf zu fördern u. bis zur Spruchreife fortzuführen. Nur wenn der Asylbew seinen Mitwirkungspflichten aus §§ 10 I, 15, 25 I, II nicht nachkommt, betreibt er das Verf nicht. Die Aufforderung muss daher durch bestimmte **Zweifel am Fortbestand des Interesses** an der Fortführung des Asylverf veranlasst sein u. dem Asylbew konkrete Handlungen aufgeben; es genügt nicht, allg das Betreiben des Verf zu verlangen (vgl § 81 Rn 10 ff). IdR erfolgt zunächst die Anhörung, oder es wird Gelegenheit zur schriftlichen Stellungnahme gegeben (§ 25 IV, V). Fehlende Erreichbarkeit allein genügt nicht, gerade dann nicht, wenn die Zustellfiktion des § 10 II eingreift (dazu Hailbronner, § 33 AsylVfG Rn 7–10). Ein Interesse an der Fortführung des Verf ist idR anzunehmen, wenn der Asylantrag schriftlich begründet wurde; wenn der Anhörtermin nicht wahrgenommen wird, kann dies allerdings auf einen Fortfall des Interesses hindeuten. Maßgeblich ist das Ende der Monatsfrist. Es genügen nicht konkrete Zweifel am Fortbestand des Sachbescheidungsinteresses irgendwann während des Verf, sie müssen vielmehr bei Ablauf der Frist vorliegen.

5   Die **Aufforderung** muss mit der Belehrung nach Abs 1 S. 2 verbunden werden. Diese darf sich nicht in der Wiedergabe des Gesetzestextes erschöpfen, sondern muss über den

Nichtbetreiben des Verfahrens § 33 **AsylVfG 4**

Fortgang des Verf (Entscheidung über § 60 II–VII AufenthG, Abschiebungsandrohung) aufklären. Bei Versäumung des Anhörtermins können Aufforderung u. Belehrung mit der Verfügung nach § 25 V 2 verbunden werden. Um spätere Zweifel an der Möglichkeit zur Kenntnisnahme auszuschalten, empfiehlt sich die Zustellung der Aufforderungsverfügung; dies ist allerdings nicht vorgeschrieben, auch nicht in analoger Anwendung von § 31 I 2 (ebenso GK-AsylVfG, § 33 Rn 78; aA Hailbronner, § 33 AsylVfG Rn 15). Ohne Nachweis des Zugangs der Betreibensaufforderung besteht die Gefahr, dass zu Unrecht ein Untätigsein des Asylbew angenommen u. das Verf eingestellt wird.

Die Rücknahmefiktion setzt nach Abs 1 voraus, dass der Asylbew die von ihm verlangten **6** **Mitwirkungshandlungen** trotz Aufforderung länger als einen Monat **unterlässt** oder nicht zumindest den Fortbestand seines Interesses an der Weiterverfolgung seines Asylantrags substantiiert darlegt (vgl § 81 Rn 16). Die fingierte Rücknahme tritt nur ein, wenn der Asylbew das Verf überhaupt nicht betreibt; kommt er der Aufforderung zT nach, kann ihm ein Nichtbetreiben nicht vorgehalten werden (vgl § 81 Rn 17).

2. Reise in den Herkunftsstaat

Die endgültige Rückkehr in den Heimatstaat lässt ohne weiteres auf die Aufgabe des asylr **7** Schutzgesuchs schließen. Für einen vorübergehenden **Besuch** im Herkunftsstaat gilt dies nicht unbedingt. Deshalb ist die Einführung einer ges Rücknahmefiktion ohne vorherige Betreibensaufforderung zweckmäßig, aber im Hinblick auf die weitreichenden Folgen der Rücknahmefiktion nicht unproblematisch. Anlass, Zweck u. Dauer der Reise sind ohne Bedeutung (krit. Hailbronner, § 33 AsylVfG Rn 24–26). Der Ausl braucht noch nicht wieder ins Bundesgebiet zurückgekehrt zu sein. Eine Belehrung des Ausl über diese Folgen ist nicht vorgesehen. Sie kann aber anlässlich von Anträgen nach §§ 57, 58 erfolgen. Die Vorschrift ist nur auf Heimatbesuche ab 1. 7. 1993 anwendbar (§ 87 a II Nr 2). Die nach dem Heimataufenthalt versuchte Einreise wird durch Zurückweisung verhindert, ohne dass das BAMF nach § 32 entscheidet (Abs 3).

3. Fingierte Rücknahme

Die Rücknahmefiktion tritt kraft Ges ein u. bedarf keiner besonderen förmlichen Fest- **8** stellung. Es ergeht ein deklaratorischer **Einstellungsbescheid** nach § 32, der nicht im Ermessen des BAMF steht u. in dem auch über Abschiebungshindernisse nach § 53 AuslG zu befinden ist. Dieser ist dem Asylbew mit Begründung zuzustellen (§ 31 I), bei Aufenthalt im Ausland ggf durch öffentliche Zustellung (§ 10 III 1).

IV. Fortsetzung des Verfahrens

Das durch fingierte Rücknahme des Antrags beendete Verf kann nur aufgrund **Wieder-** **9** **einsetzung** in den vorigen Stand fortgeführt werden; sonst handelt es sich um einen Folgeantrag (§ 71 I). Die Wiedereinsetzung ist bei unverschuldeter Fristversäumnis zulässig (§ 32 VwVfG), nicht nur bei auf höherer Gewalt beruhender Fristversäumnis (vgl dazu § 81 Rn 21 ff). Wird mangelndes Verschulden anerkannt, ist das Verf unter Aufhebung des Einstellungsbescheids fortzuführen (vgl § 81 Rn 24). Andernfalls bleibt es bei der Verfahrenseinstellung. Dies ist durch Ablehnung des Wiedereinsetzungsantrags durch das BAMF auszusprechen. Für diesen Bescheid gelten die Formvorschriften des § 31 I.

V. Rechtsschutz

Bei der Aufforderung handelt es sich um eine verfahrensleitende Maßnahme u. nicht um **10** einen VA, der mit der Klage (§ 42 I VwGO) angefochten werden kann. Anfechtungsklage ist aber gegen den **Einstellungsbeschluss** gegeben (BVerwG, EZAR 631 Nr 38), während gegen die **Nichtfeststellung von Abschiebungshindernissen** iSd § 60 II–VII AufenthG mit der Verpflichtungsklage (§ 42 II VwGO) vorgegangen werden kann. Der Wiedereinsetzungsantrag kann nach Ablehnung ebenfalls vor Gericht mit einer Verpflichtungsklage weiterverfolgt werden. Vorläufiger Rechtsschutz ist dementsprechend mit Anträgen nach § 80 V VwGO (bei Anfechtungsklagen) oder nach § 123 VwGO (bei Verpflichtungsklagen) zu erreichen.

Vierter Unterabschnitt. Aufenthaltsbeendigung

§ 34 Abschiebungsandrohung

(1) ¹Das Bundesamt erläßt nach den §§ 59 und 60 Abs. 10 des Aufenthaltsgesetzes die Abschiebungsandrohung, wenn der Ausländer nicht als Asylberechtigter anerkannt wird und keinen Aufenthaltstitel besitzt. ²Eine Anhörung des Ausländers vor Erlaß der Abschiebungsandrohung ist nicht erforderlich.

(2) Die Abschiebungsandrohung soll mit der Entscheidung über den Asylantrag verbunden werden.

Übersicht

	Rn
I. Entstehungsgeschichte	1
II. Allgemeines	2
III. Aufenthaltsrechtliche Stellung	4
1. Aufenthaltsgestattung	4
2. Ausreisepflicht	5
3. Aufenthaltsrechte	8
IV. Abschiebungsandrohung	10
V. Rechtsschutz	14

I. Entstehungsgeschichte

1   Die Vorschrift entspricht dem **GesEntw 1992** (BT-Drs 12/2062 S. 11). Sie hat zT den Inhalt der §§ 10 I, 11 II 2, 28 I AsylVfG 1982 übernommen. Für Einreisen vor dem 1. 7. 1993 vgl die **Übergangsregelung** des § 87 a I. Mit Wirkung vom 1. 1. 2005 sind entspr dem GesEntw (BT-Drs 15/420 S. 42) die Bezugnahmen auf das AuslG durch solche auf das AufenthG aktualisiert u. der Begriff der AufGen durch den des AufTit ersetzt (Art 3 Nr 24 **ZuwG**).

II. Allgemeines

2   Mit der Übertragung der Zuständigkeit zum Erlass der Abschiebungsandrohung von der AuslBeh auf das BAMF zum 1. 7. 1992 ist eine grundsätzliche **Neuverteilung** ausländerpolizeilicher Kompetenzen mit dem Ziel einer weiteren Beschleunigung der Aufenthaltsbeendigung vorgenommen worden. Die Ausweitung der Zuständigkeit des Bundes ist nach Art 87 III 3 GG zulässig u. im Hinblick auf die Notwendigkeit einer einheitlichen Asylpolitik auch politisch vertretbar. Freilich können ähnliche Argumente auch für die Schaffung einer zentralen Zuwanderer- u. Abschiebebehörde vorgebracht werden, um dem Bund die Kontrolle über Zugang u. Verbleib von Ausl überhaupt zu übertragen. Ein Änderungsantrag der SPD-Fraktion, der auf eine weitergehende Zuständigkeit des BAMF abzielte (BT-Drs 12/2817 S. 57 ff), fand aber keine Mehrheit im BT (BT-Plenarprot 12/96 S. 7909 D; vgl auch § 24 I u. seit 1. 7. 1993 § 43 b).

Das BAMF ist nur für die ges festgelegten Sachentscheidungen über Asylanträge u. für die 3
ihm für einige Fallgestaltungen besonders übertragenen aufenthaltsbeendenden Maßnahmen
gegenüber Asylbew zuständig. Diese Zuständigkeiten sind in dem Sinne zwingend, dass eine
Abschiebungsandrohung durch die AuslBeh rechtswidrig ist (HessVGH, NVwZ-Beil 1998,
72). Außerdem sind sie **abschließend** u. nicht im Wege der Auslegung erweiterbar. Zur
Zuständigkeit des Bundes gehören aus dem Bereich der Aufenthaltsbeendigung insb nicht:
Abschiebung, Duldung, Abschiebungsanordnung (Ausnahme in § 34 a), Passbeschaffung.

III. Aufenthaltsrechtliche Stellung

1. Aufenthaltsgestattung

Bis zur Entscheidung des BAMF über Beachtlichkeit, Begründetheit oder Rücknahme 4
des Asylantrags (§§ 29 ff) steht dem Asylbew grundsätzlich kraft Ges eine **AufGest** zu
(§§ 55, 67). Für Folge- u. Zweitantragsteller entsteht dieses ges AufR erst mit Eröffnung
eines weiteren Asylverf durch das BAMF (§ 71 Rn 15; § 71 a Rn 5; anders noch nach
§§ 19 ff AsylVfG 1982; vgl 5. Aufl, § 10 AsylVfG Rn 5 ff). Die AufGest ist nicht davon
abhängig, ob der Asylantrag unbeschränkt gestellt oder auf § 60 I AufenthG beschränkt ist
oder aber eigentlich nur auf die Zuerkennung von Familienasyl oder Familienabschiebungsschutz abzielt. Bei Antragstellung bestehende kurzfristige AufTit oder Befreiungen erlöschen
mit Stellung des Asylantrags (§ 55 II).

2. Ausreisepflicht

Das Entstehen der Ausreisepflicht ist anders als früher in §§ 10 I, 11 I, 28 I 1 AsylVfG 5
1982 nicht besonders geregelt. Die Bestimmungen über Abschiebungsandrohung u. Ausreisefrist (§§ 34 ff) sowie Erlöschen der AufGest (§ 67) sagen unmittelbar nichts darüber aus.
So erlischt die AufGest zB bei Antragsrücknahme erst mit Zustellung des Einstellungs-
beschlusses des BAMF (§ 67 I Nr 3). Auch § 42 I AuslG enthält keine auf das Asylverf
zugeschnittenen Tatbestände über den Beginn der Ausreiseverpflichtung.

Deshalb kann das Entstehen der asylvfr Ausreisepflicht nur durch Auslegung der Vor- 6
schriften über die Aufenthaltsbeendigung ermittelt werden. Danach ergibt sich, dass die
Ausreisepflicht mit **Zustellung der Abschiebungsandrohung** beginnt; denn diese
schließt sich nach Abs 1 an die hinsichtlich der Asylanerkennung negative Entscheidung des
BAMF an (vgl auch Abs 2), u. die Ausreisefristen beginnen jew mit Zustellung dieser
Verfügung zu laufen (§§ 36 I, 37 II, 38 I, 39 I 2). Dies wird bestätigt durch die mit Wirkung
v. 1. 7. 1993 eingefügte Bestimmung des § 67 I Nr 5, wonach die AufGest auch mit
Bekanntgabe einer Abschiebungsanordnung nach § 34 a erlischt; denn in diesem Fall ergeht
keine Abschiebungsandrohung, mit der die Ausreisepflicht beginnen könnte. Sonstige Bestimmungen betreffen lediglich das Ende der Frist (§§ 37 II, 38 I 2) oder die Aussetzung
ihrer Vollziehung (§ 36 II 4).

Der Eintritt der **Vollziehbarkeit** der Ausreisepflicht lässt sich nicht der allg Bestimmung 7
des § 58 II AufenthG entnehmen; diese greift nur ein, wenn der Ausl bei Erlass der
Abschiebungsandrohung einen AufTit besitzt (vgl § 43 I). IÜ kommt es allein auf die
Vollziehbarkeit nach dem AsylVfG an (vgl § 43 I, II). Da die aufschiebende Wirkung der
Klage (§ 80 I VwGO) für asylvfr Streitigkeiten generell – ausgenommen die Fälle der
§§ 38 I, 73 – ausgeschlossen ist (§ 75), wird die Ausreisepflicht mit Ablauf der Ausreisefrist
vollziehbar (vgl § 58 II 2 AufenthG).

3. Aufenthaltsrechte

Als der Abschiebungsandrohung entgegenstehende Bleibeposition ist nur noch der **Besitz** 8
eines AufTit vorgesehen; folglich genügen nicht mehr sonstige Berechtigungen zum Auf-

enthalt oder die Ermöglichung des Aufenthalts aus asylverfahrensunabhängigen Gründen (wie nach §§ 10 I, 11 I, 28 I AsylVfG 1982). Dies erscheint grundsätzlich hinnehmbar. Nur der Besitz eines AufTit iSd § 4 I 2 AuslG (nicht AufGest), nicht schon ein Anspruch hierauf, schließt das Entstehen der Ausreisepflicht aus. Eine Bescheinigung-EU oder eine AE-EU genügen, da diese ein gemeinschaftsrechtliches AufR dokumentieren. Da das Ges keine von der AuslBeh erteilten AufTit verlangt, steht gleich, wessen AufTit fortgilt (§ 81 IV AufenthG) oder wer vom Erfordernis des AufTit befreit ist (§ 99 I Nr 1 AufenthG iVm §§ 15 ff AufenthV). Eine Gleichstellung ist aber ausgeschlossen, wenn der Aufenthalt (nur) kraft Ges erlaubt ist (§ 81 III 1 AufenthG); dies bestätigt die Vollziehbarkeitsregelung des § 43 II. Hinsichtlich des Besitzes eines AufTit ist zu beachten, dass die AufTit nach Maßgabe von § 84 II AufenthG uU ihre Rechtswirkungen schon vor dem endgültigen Verlust einbüßt, zB durch Ausweisung, auch wenn diese angefochten ist (Hailbronner, § 34 AsylVfG Rn 19).

9   Gegen die Nichtberücksichtigung (sonstiger) **asylunabhängiger Bleiberechte** bestehen letztlich keine durchschlagenden verfassungsrechtlichen Bedenken. Die vor allem in Betracht kommenden Fälle der „Dauerduldung" werden, falls eine humanitäre AE nicht erteilt ist, durch das System der §§ 60 II–VII, 60 a II AufenthG ausreichend aufgefangen. Wenn die trotz des Vorliegens von Abschiebungshindernissen zu erlassende Abschiebungsandrohung (vgl § 59 III AufenthG) nicht vollzogen werden kann, wird die Abschiebung kurzfristig – uU wiederholt – ausgesetzt (§ 60 a I, II AufenthG); nach längerer Duldung kann der Ausl eine AE erhalten (§ 25 V AufenthG).

IV. Abschiebungsandrohung

10   Eine Abschiebungsandrohung ist für das Asylverf ausnahmslos vorgeschrieben u. nicht nur wie nach allg AuslR für den Regelfall (§ 59 I AufenthG: „soll"). Von der Androhung kann also auch in atypischen Fällen nicht abgesehen werden; Abs 2 lässt Ausnahmen von der förmlichen Verbindung in einem Bescheid zu, nicht aber vom Erlass der Androhung selbst (HessVGH, AuAS 1997, 71; aA GK-AsylVfG, § 34 Rn 24–26). Sie kommt allg aufgrund **nicht erfolgter Asylanerkennung** in Betracht, also nicht nur nach Antragsablehnung. Der Asylanerkennung steht die Flüchtlingsanerkennung nicht gleich; erfolgt letztere etwa bei Unbeachtlichkeit des Asylantrags nach § 29, ergeht uU eine Abschiebungsandrohung (§ 35). Nach Widerruf oder Rücknahme der Asylanerkennung ergeht eine Abschiebungs-androhung erst nach Beendigung des AufTit, also durch die AuslBeh u. nicht durch das BAMF (BVerwG, EZAR 214 Nr 11; vgl § 73 Rn 27). Die Ausreisefristen sind ges vor-gegeben (§§ 36 I, 38, 39 I). Spielraum besteht nur in den Fällen des § 38 III u. des § 60 X 1 AufenthG. Der Zielstaat ist nach Maßgabe der §§ 59 II, 60 X 2 AufenthG zu bezeich-nen.

11   Das **Verf vor dem BAMF** folgt grundsätzlich denselben Regeln wie bei der Abschie-bungsandrohung durch die AuslBeh (vgl § 59 AufenthG Rn 2 ff). Die Frage der örtlichen Zuständigkeit stellt sich nicht, gleichgültig, ob die Zentrale des BAMF oder eine Außenstelle entscheidet. Denn letztere stellt keine selbständige Behörde mit eigener örtlicher Zuständig-keit dar; die Aufgabenzuweisung an die Außenstellen hat vielmehr ausschließlich inner-dienstlichen Charakter (§ 5 Rn 11 ff). Für den Erlass der Abschiebungsandrohung ist nicht die Zuständigkeit nach § 5 II maßgeblich (§ 5 Rn 17). Die Zuständigkeit umfasst auch notwendige Änderungen der Androhung nach gerichtlicher Aufhebung (OVG NRW, EZAR 611 Nr 11: auch nach zwischenzeitlicher Duldung durch AuslBeh) oder bei Ände-rungen hinsichtlich der Zielstaaten.

12   Eine vorherige **Anhörung** wird vom Ges nicht für erforderlich gehalten, aber auch nicht ausgeschlossen; ihre generelle Entbehrlichkeit befreit das BAMF nicht von den ihm sonst obliegenden Aufklärungspflichten. Das BAMF entscheidet über Beachtlichkeit oder Unbe-

Abschiebungsandrohung § 34 **AsylVfG 4**

achtlichkeit, Begründetheit oder Unbegründetheit, Abschiebungshindernisse u. Abschiebungsandrohung sowie Ausreisefrist selbständig u. ist in diesem Zusammenhang zur **Aufklärung** u. zu Ermittlungen von Amts wegen verpflichtet, wenn auch nach Maßgabe der Mitwirkungspflichten des Asylbew (§ 24 Rn 4, 12; § 25 Rn 3 ff; § 74 Rn 25 ff). Eine (nochmalige) Anhörung ist danach uU im Einzelfall zweckmäßig u. geboten, wenn die nach § 25 erfolgte (Erstanhörung) aufgrund einer grundlegenden Veränderung der für die Abschiebung erheblichen Umstände als überholt angesehen werden muss.

Die grundsätzlich vorgeschriebene **Verbindung** der Abschiebungsandrohung mit der 13 Asylentscheidung (ges Ausnahme in § 39 I 1) entspricht dem früheren Recht; allerdings war danach die AuslBeh für erstere u. das BAMF für letztere zuständig (§§ 12 VII, 28 V AsylVfG 1982). Die Ausnahmemöglichkeit kommt einem praktischen Bedürfnis entgegen, das von der Rspr auch nach früherer Rechtslage zugelassen wurde (vgl etwa BVerwGE 74, 189; VGH BW, VBlBW 1987, 230; HessVGH, NVwZ 1988, 569; OVG NRW, EZAR 223 Nr 11). Insb kann die Abschiebungsandrohung dann **nachträglich** ergehen, wenn sie noch umfangreichere Ermittlungen erfordert (zB nach § 51 IV 2 AuslG), eine frühere gerichtlich aufgehoben wurde (OVG NRW, EZAR 611 Nr 11) oder sie sich zB hinsichtlich eines Zielstaats als undurchführbar erweist u. daher durch Angabe eines anderen Zielstaats verändert werden soll. In allen diesen Fällen bleibt das BAMF sachlich zuständig (vgl Rn 3).

V. Rechtsschutz

Nach Ausschluss des Widerspruchs (§ 11) ist gegen die Abschiebungsandrohung unmittel- 14 bar die **Anfechtungsklage** (§ 42 I VwGO) gegeben (zum Rechtsschutz allg § 74 Rn 5 ff). Im Unterschied zur früheren Rechtslage ist aber nicht auf die Sach- u. Rechtslage im Zeitpunkt des Erlasses des Bescheids abzustellen; maßgeblich ist vielmehr der Zeitpunkt der gerichtlichen Entscheidung (§ 77 I).

Soweit die Abschiebungsandrohung (der Sache nach) nur für den Fall der rechtskräfti- 15 gen Ablehnung des Asylanerkennungsantrags ergeht (§ 38 I), bleibt die Anfechtungsklage gegen die Abschiebungsandrohung **erfolglos,** wenn diese nur mit der Behauptung angegriffen wird, Asyl sei zu Unrecht versagt worden (BayVGH, BayVBl. 1988, 117; HessVGH, EZAR 221 Nr 28; zu Unrecht weitergehend BayVGH, EZAR 631 Nr 1: kein Rechtsschutzinteresse). Beim Erfolg der Asylverpflichtungsklage wird die Abschiebungsandrohung nur gegenstandslos u. nicht rechtswidrig (BVerwGE 106, 339; HessVGH, EZAR 221 Nr 28). Wird der Klage hinsichtlich eines Abschiebungshindernisses nach § 60 AufenthG stattgegeben, ist die Androhung zT rechtswidrig, aber sonst rechtmäßig (vgl § 50 III 3 AuslG).

Vorläufiger Rechtsschutz ist nicht erforderlich, soweit die Anfechtungsklage aufschie- 16 bende Wirkung entfaltet (§§ 38 I, 73, 75). Ansonsten kann die gerichtliche Anordnung der aufschiebenden Wirkung der Klage gegen die Abschiebungsandrohung beantragt werden (§ 80 V VwGO; vgl § 36 III, IV). Die Entscheidungen über Asyl- u. Flüchtlingsanerkennung (einschl Familienasyl u. Familienabschiebungsschutz) sowie Abschiebungshindernisse nach § 60 II–VII AufenthG (§ 31) sind dem Vollzug nicht in dem Sinne zugänglich, dass sie durch aufenthaltsbeendende oder andere Maßnahmen sofort vollzogen werden können. Die Abschiebung, deren Aussetzung mit einem Eilantrag nach § 80 V VwGO erreicht werden soll, beruht vielmehr auf der (vollziehbaren) Abschiebungsandrohung u. diese auf der vollziehbaren Ausreisepflicht (Rn 5 ff). Gleichwohl ist im Rahmen des gerichtlichen Aussetzungsverf nach § 80 V VwGO nicht nur die Abschiebungsandrohung (grundsätzlich summarisch) zu überprüfen, sondern auch deren jew Grundlage, also die Feststellung der Unbeachtlichkeit oder die Ablehnung des Asylantrags als offensichtlich unbegründet (dazu im Einzelnen § 36 Rn 21 f).

§ 34 a Abschiebungsanordnung

(1) ¹Soll der Ausländer in einen sicheren Drittstaat (§ 26 a) abgeschoben werden, ordnet das Bundesamt die Abschiebung in diesen Staat an, sobald feststeht, daß sie durchgeführt werden kann. ²Dies gilt auch, wenn der Ausländer den Asylantrag auf die Feststellung der Voraussetzungen des § 60 Abs. 1 des Aufenthaltsgesetzes beschränkt oder vor der Entscheidung des Bundesamtes zurückgenommen hat. ³Einer vorherigen Androhung und Fristsetzung bedarf es nicht.

(2) Die Abschiebung in den sicheren Drittstaat darf nicht nach § 80 oder § 123 der Verwaltungsgerichtsordnung ausgesetzt werden.

I. Entstehungsgeschichte

1   Die Vorschrift entspricht im Wesentlichen dem **GesEntw 1993** (BT-Drs 12/4450 S. 6); Abs 1 wurde nur auf Vorschlag des BT-IA (BT-Drs 12/4984 S. 18) um den Fall der Beschränkung auf § 51 I AuslG ergänzt. Die Vorschrift wurde mit Wirkung v. 1. 7. 1993 eingefügt (Art 1 Nr 25 **AsylVfÄndG 1993**). Mit Wirkung vom 1. 1. 2005 wurde die Bezugnahme auf Abschiebungshindernisse in Abs 1 S. 2 entspr dem GesEntw (BT-Drs 15/420 S. 44) aktualisiert (Art 3 Nr 51 **ZuwG**).

II. Allgemeines

2   Mit der Abschiebungsanordnung wird für Einreisen nach dem 30. 6. 1993 die **Folgerung aus der Drittstaatenklausel** im Anschluss an Art 16a II 3 GG (zur Verfassungsmäßigkeit vgl BVerfGE 94, 49; Art 16 a GG Rn 100 ff) gezogen, falls weder Zurückweisung an der Grenze (Einreiseverweigerung nach §§ 18 II Nr 1, 18 a I 6) noch Zurückschiebung (§ 19 III) erfolgt sind. Die Bestimmung gilt für Folge- u. Zweitanträge entspr (§§ 71 IV 2, 71 a IV). Sie greift nicht ein, falls die Drittstaatenregelung aufgrund § 26 a I 3 oder im Verhältnis zu DÜ-Vertragsstaaten nicht anzuwenden ist (dazu § 5 Rn 8; § 18 Rn 4, 15, 29).

III. Abschiebungsanordnung

3   Der unmittelbare Erlass einer Abschiebungsanordnung statt einer vorausgehenden Androhung der Abschiebung für den Fall der nicht fristgemäßen Ausreise soll dem Umstand Rechnung tragen, dass im allg eine freiwillige Rückkehr des Ausl in den sicheren Drittstaat nicht möglich ist, weil die **Rückübernahmeübereinkommen** (dazu § 58 AufenthG Rn 19) kein individuelles Einreiserecht begründen (BT-Drs 12/4450 S. 23). Die Durchführbarkeit der Rückführung muss feststehen; diese muss nicht nur rechtlich zulässig, sondern in allernächster Zeit („sobald") auch tatsächlich möglich sein. Die praktische Möglichkeit hängt vor allem von der Einhaltung der jew vereinbarten Fristen u. insgesamt von der Zustimmung des anderen Staats ab. Erweist sie sich als nicht durchführbar, sind Hindernisse nach § 60 AufenthG zu prüfen (§ 31 Rn 4), wobei die Abschiebungsandrohung durch das BAMF ergeht (OVG NRW, EZAR 210 Nr 15); es ist nicht entspr § 29 II zu verfahren (Hailbronner, § 34 a AsylVfG Rn 31).

4   Die Abschiebungsanordnung ergeht nach **Ablehnung** des Asylantrags, hat den Zielstaat zu bezeichnen u. wird zusammen mit dem Ablehnungsbescheid zugestellt (§ 31 I 3); der Zielstaat braucht nicht der durchreiste Drittstaat zu sein, es kann auch ein anderer sicherer

Drittstaat sein. Ebenso ist bei Beschränkung des Antrags auf Flüchtlingsanerkennung oder nach **Rücknahme** des Asylantrags zu verfahren; die Möglichkeit der Rückführung in den sicheren Drittstaat kann also durch derartige Erklärungen nicht unterlaufen werden. Mit dieser Sondernorm werden die Vorschriften der §§ 34, 35, 36 verdrängt; insb ergeht keine Abschiebungsandrohung mit Fristsetzung nach §§ 34 I, 38 I. Das BAMF bleibt zuständig, auch wenn erstmals das VG § 26 a angewandt hat (OVG NRW, EZAR 210 Nr 15).

Vor Erlass der Abschiebungsanordnung sind nach der Rspr des BVerfG bei entspr sub- 5 stantiiertem Vorbringen **zusätzliche Prüfungen** vorzunehmen, die nicht vorweg nach dem Konzept der normativen Vergewisserung erfasst sind (BVerfGE 94, 49; dazu näher Art 16 a GG Rn 106; § 26 a, Rn 14). Das Abschiebungsverbot bei konkret drohender Todesstrafe (§ 60 III AufenthG) ist ebenso zu berücksichtigen wie die erhebliche konkrete Gefahr, in unmittelbarem Zusammenhang mit der Rückverbringung Opfer eines Verbrechens zu werden, das zu verhindern nicht in der Macht des Drittstaats steht. Ferner kann einer Abschiebungsanordnung die schlagartige Änderung der Verhältnisse im Drittstaat entgegenstehen, falls die Bundesregierung noch nicht gemäß § 26 a III verfahren konnte. Schließlich kann es vorkommen, dass der Drittstaat selber Verfolgungsmaßnahmen ergreift u. damit zum Verfolgerstaat wird oder im Einzelfall zB aus politischer Rücksichtnahme gegenüber dem Herkunftsstaat das Refoulementverbot nicht prüft.

IV. Rechtsschutz

Gegen die Anordnung der Abschiebung kann Anfechtungsklage (§ 42 I VwGO) erhoben 6 werden (dazu im Einzelnen § 74 Rn 5 ff). Mangels aufschiebender Wirkung (§ 75) wäre effektiver Rechtsschutz nur nach §§ 80 V oder 123 VwGO möglich mit dem Ziel, den Vollzug der Anordnung einstweilen bis zur Entscheidung in der Hauptsache auszusetzen. Eben dieser **vorläufige Rechtsschutz** ist aber durch Abs 2 aber aufgrund Art 16 a II 3 GG **ausgeschlossen.**

Während bei der Auslegung von Art 16 a II 3 GG Unklarheiten auftreten können 7 (Art 16 a GG Rn 111 ff), ist die Bedeutung von Abs 2 zweifelsfrei: Vorläufiger Rechtsschutz gegen den Vollzug der **Abschiebung in den sicheren Drittstaat** findet nicht statt. Damit wird auch der vorläufige Rechtsschutz im Hinblick auf mögliche Abschiebungshindernisse nach § 60 II–VII AufenthG ausgeschlossen, die ihre Grundlage zT in Art 1 oder 102 GG, Art 3 EMRK oder Art 3 UN-Folterkonvention haben. Denn „die Abschiebung ... darf nicht ... ausgesetzt werden", gleichgültig, aus welchem Grund. Auch insoweit soll der sichere Drittstaat Schutz bieten u. deshalb eine Einzelfallprüfung entbehrlich sein (Art 16 a GG Rn 109).

Abs 2 setzt die Rechtsschutzeinschränkung des Art 16 a II 3 GG insoweit **folgerichtig** 8 um, als er den Vollzug der Abschiebung in den sicheren Drittstaat ungeachtet der Anfechtungsklage zulässt u. insoweit vorläufigen Rechtsschutz vollständig ausschließt (Art 16 a GG Rn 109). Es könnte zwar unsicher erscheinen, ob unter aufenthaltsbeendenden Maßnahmen auch Zurückweisung u. Einreiseverweigerung zu verstehen sind (Art 16 a GG Rn 108). Die Abschiebung gehört aber auf jeden Fall dazu; denn sie beendet einen schon durch Einreise erreichten Aufenthalt. Aus dem Zusammenhang der Einzelbestimmungen des Art 16 a GG ergibt sich freilich, dass dort unter aufenthaltsbeendenden Maßnahmen nur solche zu verstehen sind, die den Ausl in den Drittstaat zurückführen (Art 16 a GG Rn 108).

In Art 16 a II 3 GG ist der Sofortvollzug nur „in den Fällen des Satzes 1" angeordnet, u. 9 deshalb stellt die festgestellte Einreise aus einem sicheren Drittstaat eigentlich die **unerlässliche Grundlage** dieses Rechtsschutzausschlusses dar (Art 16 a GG Rn 101). Indem Abs 2 vorläufigen Rechtsschutz vollständig versagt, verwehrt er dem Asylbew zumindest bei oberflächlicher Betrachtung auch die Berufung darauf, dass es sich bei ihm um keinen Fall des

Art 16 a II 1 GG handelt. Er kann allem Anschein nach nicht geltend machen, dass (1) der andere Staat die Anforderungen des Art 16 a II 1 u. 2 GG nicht erfüllt, (2) nicht als sicherer Staat iSd § 26 a in der Anlage II aufgeführt ist oder (3) nicht der letzte Durchreisestaat war. Abs 2 könnte insoweit über Art 16 a II 3 GG hinausgehen u. deshalb die Garantie effektiven Rechtsschutzes nach Art 19 IV GG tangieren. Dazu ist aber zunächst darauf hinzuweisen, dass Abs 2 nur anwendbar ist, wenn die Durchreise durch den sicheren Drittstaat nicht zweifelhaft ist (BVerfGE 94, 49; vgl § 26 a Rn 8).

10 Da dem Ausl der Rechtsschutz im Hauptsacheverf verbleibt, kann er dort seine Einwände vorbringen. Ob dies noch als **verfassungskonform** angesehen werden kann, erscheint fraglich. Soweit er mit der Anfechtungsklage gegen die Abschiebungsanordnung die Einreise aus dem betreffenden Staat bestreitet (ohne dass diese ernstlich zweifelhaft ist, dazu Rn 9), kann er aus tatsächlichen Gründen kaum einen Nachteil erleiden, weil er nur dann in den Drittstaat abgeschoben werden kann, wenn dieser die Durchreise anerkennt u. sich zur Rückübernahme bereit erklärt. Dasselbe gilt für den Einwand, der andere Staat sei überhaupt nicht in der Anlage II enthalten; denn eine Überstellung kann nur in einen dieser Staaten erfolgen.

11 Beanstandet der Ausl schließlich die **Aufnahme des Drittstaats** in die Anlage II, gerät er ohne einstweiligen Rechtsschutz in Gefahr, zunächst in diesen Staat verbracht u. dort verfolgt oder in einen Verfolgerstaat weitergeschoben zu werden. Dieses Risiko ist zumindest in denjenigen Staaten nicht auszuschließen, die zwar die GK u. die EMRK ratifiziert haben, bei denen aber die ordnungsgemäße Anwendung nicht unbedingt gesichert ist. Die Gefahr von Beeinträchtigungen ist indes relativ gering. Sie besteht in dem **Risiko des konventionswidrigen Verhaltens** des anderen Staats. Außerdem verbleibt dem Ausl die Möglichkeit, im Hauptsacheverf die Verfassungswidrigkeit der Aufnahme dieses Staats in die Anlage II zu rügen (dazu Art 16 a GG Rn 113). Schließlich ist der Ausl in dem anderen Staat nicht völlig ungesichert, weil dieser jedenfalls idR auch ein Verf zur Anwendung der beiden Konventionen bereitstellt. Alle diese Risiken hat das BVerfG für hinnehmbar erachtet (BVerfGE 94, 49; zu Modifikationen vgl Rn 5, 12).

12 Trotz alledem ist die **Gefahr des Refoulement** in dem Drittstaat nicht ganz auszuschließen. Dieses Risiko entspricht indes dem Spannungsfeld, in dem die Grundrechtsgarantie des Art 16 a I GG zu der Drittstaatenklausel des Art 16 a II GG steht. Dieses Verhältnis ist dadurch geprägt, dass das Asylgrundrecht nur noch für politisch Verfolgte gilt, die nicht aus einem sicheren Drittstaat nach Deutschland eingereist sind (Art 16 a GG Rn 93 ff). Außerdem sind die aus Art 16 a I u. Art 19 IV GG folgenden verfahrensrechtlichen Anforderungen dahin ausgestaltet, dass der Flüchtling auf die Inanspruchnahme gerichtlichen Rechtsschutzes vom Ausland her verwiesen ist (Art 16 a GG Rn 112 ff). Schließlich bleibt dem Ausl die Berufung auf eine ernsthafte Gefährdung der Schutzgüter der Art 1 oder 102 GG in den vom BVerfG anerkannten Fällen (vgl Rn 5) erhalten (Art 16 a GG Rn 110, 114). Insoweit kann er die Aussetzung der Abschiebung nach § 80 V VwGO erreichen.

§ 35 Abschiebungsandrohung bei Unbeachtlichkeit des Asylantrages

¹In den Fällen des § 29 Abs. 1 droht das Bundesamt dem Ausländer die Abschiebung in den Staat an, in dem er vor Verfolgung sicher war. ²In den Fällen des § 29 Abs. 3 Satz 1 droht es die Abschiebung in den anderen Vertragsstaat an.

I. Entstehungsgeschichte

1 Die Vorschrift galt schon ursprünglich für Fälle offensichtlicher anderweitiger Verfolgungssicherheit u. sah die Androhung der Abschiebung in den sicheren Drittstaat oder in jeden anderen europäischen Durchreisestaat, der die GK auf Flüchtlinge dieser Herkunft

anwendet, vor; damit stimmte sie im Wesentlichen mit dem **GesEntw 1992** (BT-Drs 12/2062 S. 11) überein, auf Vorschlag des BT-IA (BT-Drs 12/2817 S. 23) war aber die Passage „auf Flüchtlinge aus dem Herkunftsland des Ausl" eingefügt worden. Die jetzige Fassung gilt, im Wesentlichen dem GesEntw 1993 (BT-Drs 12/4450 S. 6) folgend, seit 1. 7. 1993 (Art 1 Nr 24 **AsylVfÄndG 1993**).

II. Unbeachtlicher Asylantrag

Die **Besonderheit** bei Unbeachtlichkeit des Asylantrags besteht darin, dass in diesem Fall der Asylantrag nicht abgelehnt wird u. eine Sachentscheidung (vom Falle des § 29 II abgesehen) nicht ergeht (§ 29 Rn 17). Die Einbeziehung des Vertragsstaats, der zugleich sicherer Drittstaat ist (§ 29 III 1), erweitert nur den Anwendungsbereich, ohne die Konstruktion an sich zu verändern. In den Fällen des § 29 I ist ausnahmslos u. in denen des § 29 III 1 regelmäßig, falls nicht ausnahmsweise davon abgesehen wird, über Hindernisse nach § 53 AuslG zu befinden (§ 31 III 1 u. 2 Nr 3).

III. Abschiebungsandrohung

Die Abschiebung wird nach S. 1 in denjenigen Staat angedroht, in dem der Ausl vor politischer Verfolgung (nach § 29 I offensichtlich) sicher war bzw ist. Es geht hier nur um **Zielstaaten**, die nicht schon zu den sicheren Drittstaaten iSd § 26 a gehören. Die Abschiebung in einen kraft GG oder Ges sicheren Drittstaat kommt ebenso wenig in Betracht wie die Überstellung in einen anderen europäischen oder außereuropäischen GK-Vertragsstaat (zT anders noch § 35 aF, vgl Rn 1). Nicht erwähnt, aber offenbar durch Bezugnahme auf den gesamten § 29 I gemeint ist die Abschiebung in einen anderen sicheren Drittstaat, nicht unbedingt in den Staat, in dem der Ausl bereits einmal Verfolgungssicherheit erfahren hat. Insoweit ist S. 1 nur ungenau formuliert (ebenso GK-AsylVfG, § 35 Rn 13) u. müsste durch den Zusatz „oder ist" ergänzt werden. Nach S. 2 ist nicht auf die Sicherheit in dem anderen Asylvertragsstaat abzustellen, sondern lediglich auf dessen Zuständigkeit oder dessen Bereitschaft zur Übernahme.

Vor der Abschiebungsandrohung sind die Voraussetzungen des § 29 I lediglich für die Vergangenheit zu prüfen, soweit die Abschiebung in den früher sicheren Drittstaat beabsichtigt ist (Alt. 1 von § 29 I); das **Fortbestehen von Verfolgungssicherheit** in diesem sonstigen sicheren Drittstaat ist nicht verlangt. Die notwendige Aufnahmebereitschaft (§ 29 II) dieses Staats ist indes nicht unbedingt mit seinem Willen gleichzusetzen, weiterhin Verfolgungsschutz zu gewährleisten. Insoweit können gegenüber der Abschiebungsandrohung **Bedenken** bestehen. Auch der aus einem sicheren Drittstaat kommende Flüchtling steht nämlich unter dem Schutz des Art 16 a I GG u. des Art 33 GK u. darf weder unmittelbar noch mittelbar in den Verfolgerstaat gebracht werden. Vor dieser Gefahr ist er zwar bei Überstellung in einen sonstigen sicheren Staat, dessen Sicherheit sich in der Vergangenheit als zweifelsfrei erwiesen hat, oder in einen anderen Asylvertragsstaat grundsätzlich hinreichend geschützt (vgl Art 16 a GG Rn 104 ff). Würde aber der Fortfall der Schutzbereitschaft nicht berücksichtigt, würde gegen das Refoulementverbot verstoßen (aA GK-AsylVfG, § 35 Rn 14: für §§ 27, 29 auf den aktuellen Schutz abzustellen; vgl auch GK-AsylVfG, § 27 Rn 115, 120 ff; § 29 Rn 10). Diese Bedenken bestehen nicht bei der Abschiebung in einen anderen sicheren Drittstaat iSd § 29 I Alt. 2 (Rn 3), weil insoweit auf die aktuellen Verhältnisse abgestellt ist.

Der Staat, in den der Ausl abgeschoben werden soll, muss bereits in der Androhung **bezeichnet** werden (ähnlich § 59 II AufenthG). Der sichere Erstaufnahmestaat (1. Alt. des § 29 I) oder der weitere Aufnahmestaat (2. Alt. des § 29 I) ergeben sich bereits aus den

Feststellungen zu § 29 I, sind aber auch in der Androhung zu nennen. Auch der Asylvertragsstaat ist genau zu bestimmen. Eine alternative Bezeichnung mehrerer sonstiger sicherer Drittstaaten ist zulässig, wenn alle die Voraussetzungen des § 29 I erfüllen. Im Falle des Vertragsasyls kommt dagegen nur ein einziger anderer Staat als zuständiger in Frage (nach Ersetzung des DÜ durch die VO/EG 343/2003 nur noch Dänemark).

IV. Verwaltungsverfahren und Rechtsschutz

6   Für Verwaltungsverf u. Rechtsschutz vgl § 34 Rn 11 f, 14 ff u. § 36 II bis IV. Entspr § 34 I 2 wird betr § 35 idR keine eigene **Anhörung** erforderlich, weil die notwendigen Grundlagen für die Abschiebungsmöglichkeiten schon bei der Anhörung nach § 25 ermittelt werden müssen. Nur ausnahmsweise kann eine weitere Anhörung erforderlich werden, wenn die maßgeblichen Verhältnisse in dem anderen Staat zuvor nicht ermittelt werden konnten oder sich geändert haben.

7   Mit der **Anfechtungsklage** u. dem **Eilantrag** nach § 80 V VwGO (dazu auch § 36 II bis IV) kann sich der Asylbew entweder gegen die zugrundeliegende Feststellung der Unbeachtlichkeit (§ 29 Rn 17), gegen die angedrohte Abschiebung überhaupt oder gegen die Abschiebung in ein bestimmtes Land wenden. Hat er nicht in vollem Umfang Erfolg, bleibt die Abschiebungsandrohung vollziehbar (§ 37 III). Dabei genießt das Eilverf wegen der Rechtsfolgen aus § 37 rechtlich u. praktisch den Vorrang. Mit der Unwirksamkeit von Abschiebungsandrohung u. Feststellung der Unbeachtlichkeit wird das Verf wieder beim BAMF anhängig (§ 37 I 2). Deshalb bedarf es grundsätzlich keiner gesonderten Verpflichtung zur Fortführung des Asylverf, u. auch ein „Durchentscheiden" auf Verpflichtungsklage hin erscheint durch § 37 I 2 ausgeschlossen.

§ 36 Verfahren bei Unbeachtlichkeit und offensichtlicher Unbegründetheit

(1) In den Fällen der Unbeachtlichkeit und der offensichtlichen Unbegründetheit des Asylantrages beträgt die dem Ausländer zu setzende Ausreisefrist eine Woche.

(2) [1]Das Bundesamt übermittelt mit der Zustellung der Entscheidung den Beteiligten eine Kopie des Inhalts der Asylakte. [2]Der Verwaltungsvorgang ist mit dem Nachweis der Zustellung unverzüglich dem zuständigen Verwaltungsgericht zu übermitteln.

(3) [1]Anträge nach § 80 Abs. 5 der Verwaltungsgerichtsordnung gegen die Abschiebungsandrohung sind innerhalb einer Woche nach Bekanntgabe zu stellen; dem Antrag soll der Bescheid des Bundesamtes beigefügt werden. [2]Der Ausländer ist hierauf hinzuweisen. [3]§ 58 der Verwaltungsgerichtsordnung ist entsprechend anzuwenden. [4]Die Entscheidung soll im schriftlichen Verfahren ergehen; eine mündliche Verhandlung, in der zugleich über die Klage verhandelt wird, ist unzulässig. [5]Die Entscheidung soll innerhalb von einer Woche nach Ablauf der Frist des Absatzes 1 ergehen. [6]Die Kammer des Verwaltungsgerichts kann die Frist nach Satz 5 um jeweils eine weitere Woche verlängern. [7]Die zweite Verlängerung und weitere Verlängerungen sind nur bei Vorliegen schwerwiegender Gründe zulässig, insbesondere wenn eine außergewöhnliche Belastung des Gerichts eine frühere Entscheidung nicht möglich macht. [8]Die Abschiebung ist bei rechtzeitiger Antragstellung vor der gerichtlichen Entscheidung nicht zulässig. [9]Die Entscheidung ist ergangen, wenn die vollständig unterschriebene Entscheidungsformel der Geschäftsstelle der Kammer vorliegt.

(4) [1]Die Aussetzung der Abschiebung darf nur angeordnet werden, wenn ernstliche Zweifel an der Rechtmäßigkeit des angegriffenen Verwaltungsaktes bestehen. [2]Tatsachen und Beweismittel, die von den Beteiligten nicht angegeben worden sind, bleiben unberücksichtigt, es sei denn, sie sind gerichtsbekannt oder offenkundig. [3]Ein Vorbrin-

Verfahren bei Unbeachtlichkeit und Unbegründetheit § 36 AsylVfG 4

gen, das nach § 25 Abs. 3 im Verwaltungsverfahren unberücksichtigt geblieben ist, sowie Tatsachen und Umstände im Sinne des § 25 Abs. 2, die der Ausländer im Verwaltungsverfahren nicht angegeben hat, kann das Gericht unberücksichtigt lassen, wenn andernfalls die Entscheidung verzögert würde.

Übersicht

	Rn
I. Entstehungsgeschichte	1
II. Allgemeines	2
III. Ausreisefrist	3
IV. Rechtsschutz	5
1. Allgemeines	5
2. Antragsfrist	7
3. Aussetzung der Abschiebung	20
4. Beschränkung der Entscheidungsgrundlage und Präklusion	23
5. Entscheidungsverfahren	26

I. Entstehungsgeschichte

Die Vorschrift enthielt ursprünglich nur zwei Abs u. entsprach im Wesentlichen dem GesEntw 1992 (BT-Drs 12/2062 S. 11); auf Vorschlag des BT-IA (BT-Drs 12/2817 S. 23) wurde nur die Gliederung geändert u. dabei auf die Notwendigkeit der Begründung in der Antragsschrift verzichtet (BT-Drs 12/2817 S. 61). Die seit 1. 7. 1993 geltende Neufassung (Art 1 Nr 27 **AsylVfÄndG 1993**) entspricht im Wesentlichen dem GesEntw 1993 (BT-Drs 12/4450 S. 6 f), der die Einfügung der neuen Abs 2 u. 4 vorsah; auf Empfehlung des BT-IA (BT-Drs 12/4817 S. 19) wurden in Abs 2 die Passage „mit dem Nachweis der Zustellung unverzüglich", in Abs 3 der S. 9 u. in Abs 4 S. 3 der letzte Nebensatz eingefügt. 1

II. Allgemeines

Die **Sonderregeln** über die Ausreisefrist u. das asylr Eilverf weichen erheblich von dem regulären Verf nach § 38 u. nach § 80 V VwGO ab. Der Anwendungsbereich umfasst die Fälle der Unbeachtlichkeit oder offensichtlichen Unbegründetheit des Asylantrags nach §§ 29 I, III, 29 a I u. 30 (analog für Folge- u. Zweitanträge nach §§ 71 IV, 71 a IV). Die Vorschriften des § 18 a gehen als leges speciales vor, ebenso der Ausschluss des vorläufigen Rechtsschutzes nach § 34 a II. Soweit andere Verwaltungsakte nach dem AsylVfG sofort vollziehbar sind, greifen die Sonderbestimmungen des § 36 nicht ein. Soweit sie den vorläufigen Rechtsschutz durch den Prüfungsmaßstab der ernstlichen Zweifel an der Rechtmäßigkeit der Maßnahme u. durch Präklusionen beschneiden (Abs 4), stellen sie sich als Ausformung von Art 16 a IV GG dar, der grundsätzlich als verfassungsgemäß anzusehen ist (BVerfGE 94, 166; Art 16 a GG Rn 115 ff). Die Notwendigkeit vorläufigen Rechtsschutzes folgt für die hier geregelten Fallgruppen aus § 75, der den Suspensiveffekt für diese Entscheidungskonstellationen ausschließt. Die – für unbeachtliche u. offensichtlich unbegründete Anträge unterschiedlichen – Wirkungen einer Korrektur im gerichtlichen Verf ergeben sich aus § 37 I oder II. 2

III. Ausreisefrist

Die Verkürzung der Ausreisefrist von früher zwei Wochen (§ 10 II AsylVfG 1982) auf eine Woche korrespondiert mit der **Wochenfrist** des Abs 3 S. 1 u. ist insoweit unbedenk- 3 lich. Es handelt sich aber anders als nach früherem Recht um eine fixe Frist u. nicht um eine Mindestfrist. Individuellen Besonderheiten wie besonderen Bindungen an Familienangehörige im Bundesgebiet, Wohnung, Arbeitsstelle ua kann also keine Rechnung getragen werden. Dies erscheint **unverhältnismäßig,** weil es zu Entscheidungen nach §§ 29, 30 auch bei Asylbew kommen kann, die nicht oder nicht mehr in einer AEinr wohnen, mit Familienangehörigen zusammenleben oder einer Erwerbstätigkeit nachgehen.

4   Soweit besonders intensive familiäre Bindungen an im Bundesgebiet lebende **Familienangehörige** eigentlich eine längere Frist erfordern, greift § 43 III ein. Eine verfassungskonforme Auslegung, die dem Grundsatz der Verhältnismäßigkeit allg gerecht wird, erscheint angesichts des eindeutigen Wortlauts kaum möglich. Ist die Ausreisefrist von einer Woche im Einzelfall unvertretbar kurz, kann allenfalls eine Duldung nach § 60a II AufenthG in Aussicht gestellt oder erteilt werden, um dringenden rechtlich geschützten privaten Interessen gebührend Rechnung tragen zu können (vgl § 38 Rn 4).

IV. Rechtsschutz

1. Allgemeines

5   Im Grundsatz ist der Rechtsschutz zunächst gegenüber §§ 10 III, 11 II AsylVfG 1982 unverändert geblieben. Früher war vor allem von Bedeutung, dass infolge §§ 10 III 7, 11 II AsylVfG 1982 garantiert war, dass der Asylbew das Verf um vorläufigen Rechtsschutz in jedem Fall vor einer Abschiebung einleiten u. zu Ende führen konnte. Die unterschiedlichen Fristen (Ausreise: mindestens zwei Wochen; Eilantrag: eine Woche; Klage: ein Monat) konnten zwar die Übersicht erschweren. **Wirksamer Rechtsschutz** war aber grundsätzlich unter (noch) zumutbaren Bedingungen erreichbar, weil der Stopppantrag auch bei der AuslBeh eingereicht werden konnte, nur innerhalb einer Woche gestellt, nicht aber begründet werden musste u. zum automatischen Aufschub der Abschiebung führte, ohne dass ein Gericht zuvor über den Sofortvollzug zu entscheiden oder die AuslBeh zum (freiwilligen) Abwarten der Gerichtsentscheidung zu veranlassen brauchte.

6   Die weitgehende Übernahme der Sofortvollzugsregelungen des § 10 III (u. des § 11 II) AsylVfG 1982 durch Abs 3 ist grundsätzlich unbedenklich. Die Antragsfrist von einer Woche hatte sich in der früheren Praxis als idR einhaltbar erwiesen, wenn auch die damit verbundenen Schwierigkeiten nicht verkannt werden dürfen u. deshalb die Zahl – erfolgreicher – Wiedereinsetzungsanträge verhältnismäßig groß war. Die Neuregelung des einstweiligen Rechtsschutzes erscheint aber im Ganzen gesehen wegen der zusätzlichen Beschleunigungselemente **verfassungsrechtlich sehr bedenklich,** nämlich wegen der Kürze der Antragsfrist u. der fehlenden Effektivität der Regelungen über Wiederaufnahme u. Aussetzung der Abschiebung (aA Hailbronner, § 36 AsylVfG Rn 32; Rennert, DVBl. 1994, 717). Sie geht zwar zT auf Art 16a IV GG zurück, wonach der mit einem einstweiligen Bleiberecht verbundene vorläufige Rechtsschutz „ein Stück weit" zurückgenommen ist (so BVerfGE 94, 49 u. 166), sie beschneidet diesen aber in den erwähnten Punkten über die verfassungsrechtlichen Vorgaben hinaus in unverhältnismäßiger Weise. Dabei ist allerdings die Befugnis des Gesetzgebers zugrunde zu legen, das vorläufige Bleiberecht in Fällen eindeutiger Aussichtslosigkeit aufgrund einer Abwägung mit staatlichen Interessen zurücktreten zu lassen (BVerfGE 56, 216; 67, 43). Außerdem sind die besonderen Vorkehrungen zu beachten, die für das BAMF-Verf angeordnet sind (Abs 2, Abs 3 S. 2), um für das nachfolgende gerichtliche Verf eine möglichst umfassende u. zuverlässige Grundlage zu schaffen.

2. Antragsfrist

7   Die Antragsfrist von einer Woche beginnt mit der Zustellung oder sonstigen Bekanntgabe des Bescheids des BAMF zu laufen. Mit ihr stimmt die Klagefrist überein (§ 74 I). Die

Inanspruchnahme dieses Rechtsschutzes ist dadurch erschwert, dass das **Einreichen des Antrags** bei der Behörde (früher § 10 III 4 AsylVfG 1982) nicht mehr zur Fristwahrung genügt. Da für die Abschiebungsandrohung das BAMF an die Stelle der AuslBeh getreten ist, wäre eine Abgabe des Antrags etwa bei der Außenstelle des BAMF bei der zuständigen AEinr sinnvoll u. zweckmäßig (für das Flughafenverf vgl § 18 a IV 2).

Das Ges schreibt zwar die **Begründung des Antrags** (seit 1. 7. 1993) nicht mehr **8** zwingend vor (wie Abs 2 S. 2 aF) u. lässt diese (entgegen dem GesEntw 1992, vgl Rn 1) insb auch außerhalb der Antragsschrift zu, in der Sache hat sich dadurch aber nichts geändert. Wegen des Gleichlaufs von Antrags- u. Klagefrist u. der Verpflichtung des Gerichts zu unverzüglicher Bescheidung des Eilantrags binnen einer weiteren Woche muss der Eilantrag praktisch doch innerhalb der Wochenfrist begründet werden, wenn er Erfolg haben soll. Hieran ändert nichts, dass die Frist zur Klagebegründung einen Monat beträgt (§ 74 II) u. die Beifügung des Bescheids des BAMF kein zwingendes Formerfordernis darstellt („soll") u. insb dann nicht eingehalten zu werden braucht, wenn der Asylbew kein weiteres Exemplar besitzt oder durch Kopieren anfertigen kann.

Die Einhaltung der (die Begründung einschließenden) Wochenfrist kann dem Asylbew in **9** sehr vielen Fällen selbst bei Anwendung **größter Sorgfalt** nicht gelingen können. Der Asylbew ist zu den notwendigen Angaben von Tatsachen u. Beweismitteln innerhalb einer Woche eigentlich nur imstande, wenn er sich in dieser kurzen Zeitspanne trotz regelmäßig unzureichender Deutschkenntnisse umfassend über die Entscheidungsgründe des BAMF informieren, die dort verwerteten schriftlichen Unterlagen einsehen, daraufhin eine eigene Stellungnahme vorbereiten u. dafür geeignete Beweismittel benennen kann. Hierzu ist er idR schon mangels ausreichender Sprachkenntnisse auf Beratung u. Unterstützung durch einen Betreuer oder Rechtsanwalt angewiesen; dies gilt vor allem, wenn es nicht um die eigene Lebenssphäre des Flüchtlings geht, sondern um die allg Verhältnisse im Herkunftsstaat. Schließlich fehlt es idR an der Hilfestellung, die der Asylbew im Flughafenverf durch die vom BVerfG für notwendig erachtete besondere Art der Eröffnung des BAMF-Bescheids samt Rechtsmittelbelehrung sowie die von Amts wegen bereit gehaltene kostenlose rechtskundige Beratung erfährt (vgl BVerfGE 94, 49; § 18 a Rn 17, 18, 23).

Die Einhaltung der Wochenfrist wird zusätzlich dadurch erschwert, dass in den AEinr u. **10** auch sonst ausreichendes Personal zur Betreuung u. **Beratung** idR fehlt, die räumlichen Beschränkungen des Aufenthalts des Asylbew (§§ 56, 57) das Aufsuchen eines Anwalts oder eines sonstigen Beraters erheblich behindern u. eine zur sachgemäßen Antragsbegründung regelmäßig erforderliche Akteneinsicht (vgl § 82) innerhalb der Wochenfrist oft unmöglich ist. Im Flughafenverf gilt zwar eine Frist von drei Tagen, diese kann aber durch Übergabe des Eilantrags an die Grenzbehörde gewahrt werden (§ 18 a IV). Außerdem ist dem Asylbew dort eine kostenlose Beratung durch ausgesuchte Spezialisten garantiert (BVerfGE 94, 166; § 18 a Rn 23).

Anders als nach dem GesEntw 1992 soll zwar die Erlaubnis für das Verlassen des Aufent- **11** haltsbereichs einer AEinr auch zum Aufsuchen einer Hilfsorganisation unverzüglich erteilt werden (§ 57 II); die Dauer der Genehmigungsprozedur verkürzt aber trotzdem die Wochenfrist aus **praktischen Gründen** nicht unerheblich. Wenn etwa der Bescheid am späten Freitagvormittag zugestellt wird, kann eine auslbeh Genehmigung infolge des regelmäßigen Dienstschlusses vieler AuslBeh am Freitagmittag (12 oder 13 Uhr) frühestens am darauf folgenden Montag schriftlich oder mündlich beantragt werden. Da in vielen AuslBeh die Bearbeitung derartiger Anträge mehr als einen Tag in Anspruch nimmt, steht damit mehr als die Hälfte der Antragsfrist aus rechtstatsächlichen Gründen idR für die Vorbereitung des Rechtsschutzantrags überhaupt nicht zur Verfügung. Der Rest der Frist wird überwiegend allein für die (inzwischen übliche) Postlaufzeit von mindestens zwei Tagen verbraucht. Deshalb erscheint es mehr als fraglich, ob idR die Frist von einer Woche ausreicht, die das BVerfG für das Flughafenverf, in verfassungskonformer Erweiterung von § 18 a IV 1 durch eine zusätzliche Begründungsfrist von vier Tagen, insgesamt für unerlässlich hält (vgl BVerfGE 94, 166; § 18 a Rn 27).

4 AsylVfG § 36

12 Der obligatorische **Hinweis** auf die Wochenfrist geschieht zweckmäßigerweise in Form einer schriftlichen Belehrung, die ohnehin für die Klagefrist erforderlich ist (§ 58 VwGO). Ohne ordnungsgemäße Belehrung kann von dem Asylbew die Kenntnis der Frist- u. Formerfordernisse nach Abs 3 nicht verlangt werden (für das Flughafenverf vgl BVerfGE 94, 166; § 18a Rn 23, 26). **Wiedereinsetzung** in den vorigen Stand ist bei unverschuldeter Versäumung der Wochenfrist zu gewähren (§ 60 VwGO; vgl § 74 Rn 20ff), damit ist aber nicht die Gefahr der Abschiebung nach Fristablauf ohne vorherige Entscheidung darüber, ob die Frist ordnungsgemäß in Lauf gesetzt u. schuldhaft versäumt ist, gebannt. Belehrungspflicht u. Wiedereinsetzungsmöglichkeit genügen nicht, um die Gesamtregelung als im Blick auf Art 19 IV GG unbedenklich erscheinen zu lassen (ebenso Schoch, DVBl. 1993, 1161; Marx, § 36 Rn 14; Göbel-Zimmermann, Rn 215; aA Hailbronner, § 36 AsylVfG Rn 36). Aufgrund der dargestellten rechtstatsächlichen Besonderheiten bei der Rechtsverfolgung für ausl Flüchtlinge ist ziemlich sicher, dass die Einhaltung der Wochenfrist die Ausnahme u. die Fristversäumnis die Regel sein kann. Eine solche Verfahrensgestaltung widerspricht aber dem grundgesetzlich geforderten System eines **effektiven Rechtsschutzes,** weil sie idR eine formell ordnungsgemäße u. potentiell erfolgreiche Rechtsverfolgung verhindert oder zumindest ganz erheblich erschwert.

13 Zur Unmöglichkeit, in den hier betroffenen Fällen wirksamen Rechtsschutz gegen die Aufenthaltsbeendigung zu erlangen, trägt entscheidend bei, dass die Gründe für eine Aussetzung der Abschiebung gegenüber dem allg Verwaltungsprozess eingeschränkt sind (Rn 21 f) u. der Flüchtling bereits während des Verf um vorläufigen Rechtsschutz **abgeschoben** werden kann (Rn 16, 20). Aufgrund letzterer Einschränkung kann er uU in seinem Heimatstaat schon der befürchteten Verfolgung ausgesetzt sein, bevor über sein Rechtsschutzgesuch entschieden ist. Anders als nach früherem Recht ist die Abschiebung jetzt nur noch im Falle rechtzeitiger Antragstellung ausgesetzt, also insb der Nachweis einer nicht ordnungsgemäßen Bekanntmachung oder einer unverschuldeten Fristversäumnis vom Inland aus vor der Abschiebung eigentlich nicht (mehr) möglich (vgl aber Rn 17 ff).

14 Gerade wegen labiler Wohnverhältnisse u. besonderer Umstände in AEinr u. GemUnt ergeben sich in der Praxis teilweise erhebliche Schwierigkeiten für die förmliche Zustellung des Bescheids u. die tatsächliche Kenntnisnahme durch den Adressaten. Infolgedessen wird im Asylprozess verhältnismäßig oft festgestellt, dass **Rechtsmittelfristen** mangels ordnungsgemäßer Zustellung überhaupt nicht in Lauf gesetzt oder aber **Wiedereinsetzungsgründe** glaubhaft gemacht sind. Dabei wird verhältnismäßig oft um die Einhaltung der sorfältig festzustellenden Voraussetzungen der Sonderregeln des § 10 gestritten. Die Geltendmachung entspr Mängel durch den Asylbew u. die gerichtliche Überprüfung werden aber durch die zeitliche Begrenzung der Aussetzung der Abschiebung auf eine Woche nach Bekanntmachung so gut wie unmöglich gemacht. Da der Ausl am achten Tag nach Bekanntgabe abgeschoben werden darf (u. nach dem Willen des Gesetzgebers auch unbedingt abgeschoben werden soll), wird er allenfalls kurz vor der Ausreise noch ein Wiedereinsetzungsgesuch selbst stellen oder durch einen Bevollmächtigten stellen lassen können. Einen Anspruch, die Entscheidung hierüber im Inland abwarten zu können, hat er nicht (mehr).

15 Damit erweisen sich die Bestimmungen über das geänderte Verf um vorläufigen Rechtsschutz in den Fällen der §§ 29, 30 als **nicht verfassungsgemäß** (Renner, ZAR 1992, 59), falls nicht eine verfassungskonforme Auslegung u. Handhabung des Wiedereinsetzungs- u. Abschiebungsverf gelingt (dazu Rn 16 ff). Denn sie verhindern bei wortgetreuer Anwendung im Regelfall eine sachgemäße Rechtsverfolgung u. lassen den Eintritt irreparabler Zustände ohne vorherigen effektiven Rechtsschutz zu. Ohne dass hierfür gewichtige Gründe des Gemeinwohls ins Feld geführt werden können, nimmt der Gesetzgeber in Kauf, dass politisch Verfolgte dem Zugriff des Verfolgerstaats ausgesetzt werden, ohne dass zuvor ein dt Gericht über die Frage der Asylberechtigung entscheiden kann. Um Missverständnissen u. Fehleinschätzungen vorzubeugen, sei betont, dass diejenigen Asylbew betroffen sind, deren Asylanträge vom BAMF als unbeachtlich oder offensichtlich

unbegründet eingestuft werden; ob diese wirklich eindeutig aussichtslos sind, sollte ja gerade im Gerichtsverf überprüft werden. Außerdem ergibt sich die Rechtzeitigkeit des Stoppantrags eben noch nicht zwingend aus der Addition „Zustelldatum plus sieben Tage". Gewiss fordert Art 19 IV GG nicht die Ausschaltung jeglichen „Restrisikos", wohl aber die Gewährleistung effektiven Rechtsschutzes für den Regelfall u. die möglichst wirksame Vermeidung des Eintritts irreparabler Zustände vor einer gerichtlichen Entscheidung.

Eine diesen verfassungsrechtlichen Anforderungen genügende Auslegung des Abs 3 ist **16** angesichts der Eindeutigkeit des Gesetzestextes nur schwer möglich. Weder die Ausreise- noch die Antragsfrist sind verlängerbar. Die ges Aussetzung der Vollziehung greift nur im Falle rechtzeitiger Antragstellung ein, u. die gerichtliche Aussetzung ist erst nach Antragseingang möglich. Deshalb kommt eine **Lösung der Konfliktsituation** nur über eine zweckentsprechende Auslegung des Begriffs der Rechtzeitigkeit der Antragstellung (dazu Rn 20), die auslbeh Befugnisse im Abschiebungsverf (dazu nachfolgend Rn 17 ff) u. ergänzend über die gerichtliche Handhabung des vorläufigen Rechtsschutzverf in Betracht (dazu Rn 20 ff).

Indes sind die Befugnisse der AuslBeh zum Zuwarten mit dem Vollzug der Abschiebung **17** durch § 60 a II AufenthG eng begrenzt. Ähnlich wie im Falle des § 43 III können jedoch in der vorliegenden Fallkonstellation, falls der Antrag eindeutig nicht rechtzeitig gestellt ist u. deshalb Wiedereinsetzung begehrt wird, dringende persönliche und/oder erhebliche öffentl Interessen angenommen werden, wenn ein Asylbew vor dem Vollzug der Abschiebung einen Stopppantrag nach § 80 V VwGO einreicht oder einzureichen versucht. Denn gewichtige öffentl u. private Belange können allg der Verhinderung der Rechtsverfolgung durch Vollzugsmaßnahmen entgegenstehen u. in bestimmten Fällen eine vorherige gerichtliche Entscheidung gebieten (dazu allg BVerfGE 35, 386). Die AuslBeh ist deswegen im Blick auf Art 16 a I, 19 IV GG gehalten, den weiteren Aufenthalt des Asylbew, der im Zuge des Abschiebungsverf einen Stopppantrag stellt oder stellen will, gemäß § 60 a II AufenthG bis zu einer Gerichtsentscheidung zu **dulden,** falls nicht die Abschiebung ohnehin kraft Ges ausgesetzt ist (dazu Rn 20).

Dazu gehört zunächst, dass dem Asylbew **Gelegenheit zur Antragstellung** gegeben **18** wird (wie betr sofort vollziehbare Ausweisung nach AuslVwV Nr 19 a III zu § 10 AuslG 1965). Darüber hinaus ist aber auch die gerichtliche **Entscheidung** über den Eilantrag **abzuwarten,** weil die Antragstellung allein den Rechtsschutz nicht effektiv sichert. Nach Antragstellung kann das VG zwar sofort entscheiden, u. zwar notfalls allein durch den Vorsitzenden (§ 80 VIII VwGO). Die dem Asylbew drohende Abschiebung ist damit aber noch nicht abgewendet. Nicht selten befindet sich dieser bei Antragstellung bereits in der Obhut von Vollzugsorganen auf dem Weg in das Abschiebungsflugzeug. Ein weiteres Zuwarten auf Anregung des VG ist zwar oft zu erreichen, beruht aber (wie auch in sonstigen Verf nach § 80 V VwGO) nur auf rechtlich unverbindlichen Absprachen zwischen VG u. AuslBeh, die unter der Geltung des § 60 a II AuslG nicht (mehr) selbstverständlich ohne weiteres erreichbar sind. Zudem ist die Entscheidung des Kammervorsitzenden oft vor einem Abschiebungstermin nicht zustellbar, allenfalls telefonisch zu übermitteln, so dass deren Beachtung oft nicht sichergestellt werden kann.

Angesichts dieser tatsächlichen Umstände erfordert eine **verfassungskonforme Aus-** **19** **legung** von Abs 3 hier eine Verpflichtung der AuslBeh zur Erteilung einer Duldung nach § 60 a II AufenthG bis zur Entscheidung des VG über die Wiedereinsetzung in den vorigen Stand, die idR mit dem Beschluss über den Eilantrag verbunden ist. Dem stehen weder systematische Gründe noch die vom Gesetzgeber beabsichtigte Beschleunigung der Abschiebung bei nicht fristgemäßer Antragstellung hindernd entgegen. Denn der ges zwingende Aufschub der Abschiebung verdrängt nicht die behördlichen Kompetenzen zur Duldung in anderen Fällen, u. angesichts des Zwangs zu absoluter Beschleunigung des Verf vor dem VG tritt eine Verzögerung von allenfalls wenigen Tagen ein.

3. Aussetzung der Abschiebung

20 Der Vollzug der Abschiebung ist **kraft Ges** bis zur gerichtlichen Entscheidung über einen rechtzeitig gestellten Eilantrag ausgesetzt. Die Rechtzeitigkeit könnte von der AuslBeh durch bloße Addition von Bekanntmachungsdatum plus sieben Tagen ermittelt werden, dies entspräche aber nicht den hier einschlägigen verfassungsrechtlichen Anforderungen an einen wirksamen Rechtsschutz (dazu Rn 16 ff). Die Einhaltung der Wochenfrist setzt vielmehr verlässliche Feststellungen über die ordnungsgemäße Bekanntmachung voraus, u. hierfür ist – im Streitfall – nur das VG zuständig. Ist ein Eilantrag gestellt, hat nur das VG über die Wahrung der Wochenfrist zu befinden. Eine Abschiebung ist vor dessen Entscheidung also nicht zulässig. Ist die Wochenfrist zwar verstrichen, aber Wiedereinsetzung beantragt, ist die AuslBeh uU zur vorübergehenden Duldung des Asylbew verpflichtet (dazu Rn 17 ff).

21 Die gerichtliche Aussetzung der Abschiebung ist aufgrund der Vorgaben des Art 16a IV GG nur bei **ernstlichen Zweifeln** an der Rechtmäßigkeit des angegriffenen VA zulässig. Damit sind die sonst allg in Eilverf nach § 80 V VwGO üblichen Maßstäbe nicht unwesentlich verändert (Art 16a GG Rn 86f, 118). Ernstliche Zweifel liegen vor, wenn erhebliche Gründe dafür sprechen, dass die Maßnahme einer rechtlichen Prüfung nicht standhält (BVerfGE 94, 166). Zu den gerichtlich zu überprüfenden Grundlagen der hier allein in Betracht kommenden Abschiebungsandrohungen gehören auch die Inzidentfeststellung der Unbeachtlichkeit (§ 29 Rn 18) oder die offensichtliche Unbegründetheit des Asylantrags iSd § 30 I (§ 30 Rn 3–6). Die Entscheidung über Abschiebungshindernisse nach § 60 II–VII AufenthG hat dagegen keinen Einfluss auf die Rechtmäßigkeit der Abschiebungsandrohung (§ 59 III AufenthG). Ebenso wenig berührt die Aussetzung der Abschiebung in einen von mehreren bezeichneten Staaten die Rechtmäßigkeit der Androhung (§ 37 III).

22 Ernstliche Zweifel an der Rechtmäßigkeit der Abschiebungsandrohung können **alle danach wesentlichen Elemente** dieses Verwaltungsakts betreffen. Dazu gehören zunächst die Voraussetzungen des § 34 I, also vor allem der Nichtbesitz eines AufTit. Im Falle des § 29 I müssen anderweitiger Schutz u. Rückführbarkeit, in den Fällen des § 30 I u. II die dortigen Ablehnungsgründe offensichtlich sein. Da insoweit jew die Offensichtlichkeit ein (wesentliches) Tatbestandsmerkmal darstellt, können sich ernstliche Zweifel daraus ergeben, dass es an der jew Evidenz fehlt. Da die Tatbestände der §§ 29 III, 30 III, IV dagegen keine Offensichtlichkeit verlangen, muss ihr Vorliegen selbst ernstlich zweifelhaft sein, damit einem Aussetzungsantrag stattgegeben werden kann (betr § 29a dort Rn 16f).

4. Beschränkung der Entscheidungsgrundlage und Präklusion

23 Die grundsätzliche Beschränkung der Entscheidungsgrundlage auf das Vorbringen der Beteiligten u. die fakultative Präklusion verspäteten Vorbringens halten sich im Rahmen der **Ermächtigung** des Art 16a IV GG (dazu Art 16a GG Rn 85ff, 115ff). Hinsichtlich § 29 III handelt es sich um eine Regelung aufgrund Art 16a V GG, die nicht an die Grenzen des Art 16a III GG gebunden ist, weil sie sich als Folge eines vr Vertrags ergibt (Art 16a GG Rn 11, 127ff).

24 Die **Amtsermittlungspflicht** der Gerichte (§ 74 Rn 25ff) ist nur insoweit eingeschränkt, als Tatsachen u. Beweismittel außer Betracht bleiben, die weder von einem der Beteiligten vorgebracht noch gerichtsbekannt oder offenkundig sind. Als gerichtsbekannt sind zB alle Erkenntnisse anzusehen, die in einer gerichtlichen Dokumentationsstelle vorliegen u. schon in anderen Entscheidungen herangezogen worden sind. Offenkundig sind Tatsachen, die dem Gericht wie den Beteiligten ohne weiteres bekannt sind (vgl § 79 AufenthG Rn 4). Dem VG steht insoweit kein Ermessen zu, der Ausschluss anderer Tatsachen ist zwingend. Damit ist jedoch eine Beweisaufnahme über von einem Beteiligten vorgebrachte Tatsachen nicht ausgeschlossen (dazu auch Rn 28).

25 Die **Nichtberücksichtigung** des vom BAMF nach § 25 III ausgeschlossenen Vorbringens oder dort nicht vorgebrachter Tatsachen u. Umstände nach § 25 II ist in das Ermessen des Gerichts gestellt. Sie setzt wie nach § 87 b III 1 VwGO eine sonst eintretende Verzögerung des Rechtsstreits voraus (dazu § 74 Rn 28 ff), wobei die Handhabung insgesamt auf den Ausnahmecharakter von Präklusionsvorschriften Bedacht zu nehmen hat. Im Rahmen des Ermessens können zudem die Gründe für die Verspätung berücksichtigt werden.

5. Entscheidungsverfahren

Die sehr ins Einzelne gehenden Bestimmungen über das gerichtliche Verf machen den 26 Willen des Gesetzgebers zu **absoluter Beschleunigung** deutlich. Diesem Anliegen sind andere Interessen unterzuordnen, wie auch die Vorschriften der §§ 76 IV, 83 erkennen lassen. Eine unüberschreitbare Grenze ist in Art 97 I GG zu sehen, der mit der **richterlichen Unabhängigkeit** vor allem die Freiheit der Sachentscheidung u. die Wahl des einzuschlagenden Verf gewährleistet. Deshalb sind alle Bestimmungen so auszulegen, dass sie mit diesen verfassungsrechtlichen Schranken nicht in Berührung geraten. Dabei ist immer darauf zu achten, dass kein noch so sachgerechter Zeitdruck das Ergebnis der richterlichen Überzeugungsbildung beeinflussen darf. Die Eigenart der hier betroffenen Eilverfahren lässt freilich bei nicht genügender Richtigkeitsgewissheit die Aussetzung der Abschiebung zu, wenn anders die erwartete Schnelligkeit nicht erreicht werden kann. Das Ges verlangt keine Ablehnung des Eilantrags innerhalb eines bestimmten Zeitraums, sondern eine Entscheidung, gleich welchen Inhalts. Daher stellt auch die Wochenfrist für die Entscheidung über den Eilantrag keinen Eingriff in die richterliche Unabhängigkeit dar (Hailbronner, § 36 AsylVfG Rn 55; Marx, § 36 Rn 30; aA Schoch, DVBl. 1993, 1161; Strate, InfAuslR 1994, 78).

Die Übersendung der **Verwaltungsakten** an das zuständige VG muss gleichzeitig mit der 27 Zustellung des Bescheids u. ungeachtet dessen Inhalts erfolgen. Auch für den Fall der (bis Ende 2004 erhobenen) Beanstandungsklage des BB sollen sich die Akten auf Vorrat bei dem Gericht befinden. Die Akten müssen vollständig vorgelegt werden, Auszüge genügen nicht; deshalb müssen sie auch paginiert sein. Stehen noch Zustellungsnachweise aus oder fehlen andere Teile, sind diese später nachzureichen; die unverzügliche Übermittlung der Akten darf nicht durch deren Unvollständigkeit verzögert werden. Es brauchen nicht die Originalakten übersandt zu werden; eine „Zweitakte" mit Ablichtungen reicht aus. Die unterlassene oder nicht ordnungsgemäße Vorlage bleibt ohne rechtliche Folgen; vor allem steht sie dem Beginn der Wochenfrist des Abs 3 S. 5 nicht entgegen.

Die Entscheidung soll im **schriftlichen Verf** ergehen (idR durch den Einzelrichter, vgl 28 § 76 IV), also nach Aktenlage u. ohne vorherige mündliche Anhörung des Asylbew. Der Ausschluss der mündlichen Verhandlung ist eigentlich allg schon ausreichend geregelt (§§ 5 III, 101 III VwGO) u. seit langem übliche Praxis. Ausnahmen sind geboten, wenn anders als nach mündlicher Verhandlung nicht sachgerecht entschieden werden kann. Vor allem bei notwendiger vorheriger Vernehmung oder informatorischer Anhörung des Asylbew als Beteiligten ist ein (gleichzeitiger) Verhandlungstermin angezeigt. Die Gewährung rechtlichen Gehörs auf schriftlichem Wege kann oft kurzfristig nicht ermöglicht werden. Allein eine Verhandlung kann dann die notwendige Schnelligkeit gewährleisten. Das Soll-Gebot des schriftlichen Verf schließt eine vorherige Beweiserhebung nicht aus. Der Hinweis des BVerfG auf den Ausschluss eigener Sachverhaltsermittlung durch das VG (BVerfGE 94, 166) soll offenbar nur die gerichtliche Praxis beschreiben, aber eine andersartige Handhabung aus triftigem Anlass entspr den üblichen verfassungsrechtlichen Anforderungen an die Richtigkeitsgewissheit (dazu BVerfGE 67, 43) wohl nicht ausschließen (Marx, § 36 Rn 31; aA Hailbronner, § 36 AsylVfG Rn 51)

In einer derartigen mündlichen Verhandlung darf aber nicht gleichzeitig über die **Klage** 29 verhandelt werden. Ein Grund hierfür ist weder in der Begr des GesEntw 1993 (Rn 1) genannt noch aus der forensischen Praxis oder sonst ersichtlich. Eine mündliche Verhandlung kann wegen der mit ihr verbundenen formalen Vorkehrungen besonderen Zeitaufwand verursachen u. uU auch eine Vertagung zur Folge haben. Im Einzelfall kann es aber auch gute Gründe für eine gemeinsame Verhandlung geben. In geeigneten Fällen könnte die Klage nach § 78 I rechtskräftig abgewiesen werden. Da jedoch das Verbot der gemeinsamen mündlichen Verhandlung einem Verhandlungstermin in zeitlicher Nähe nicht entgegensteht, kann in diesen Fällen entspr sachgerecht verfahren werden, ohne damit gegen das ges Verbot zu verstoßen.

30 Die **Wochenfrist** für die **Entscheidung** durch das VG beginnt mit dem Ende der Antragsfrist, endet also zwei Wochen nach Bekanntgabe des Bescheids. Auf den Zeitpunkt des Eingangs von Eilantrag oder Klage sowie BAMF-Akten kommt es nicht an. Es gibt gewichtige Gründe für die Annahme, der Gesetzgeber habe geglaubt, die BAMF-Akten lägen dem VG bei Antragseingang bereits vor (BT-Drs 12/4450 S. 24). Daraus u. aus dem Zweck von Abs 2 S. 2 den Schluss zu ziehen, die Wochenfrist beginne erst mit dem Eingang der Akten beim VG zu laufen (so Hailbronner, § 36 AsylVfG Rn 58), erscheint aber nicht gerechtfertigt. Gesetzeswortlaut u. Art der Fristberechnung sprechen eindeutig für die Addition von Antrags- u. Entscheidungsfrist u. gegen einen davon unabhängigen Beginn der Wochenfrist erst mit Eingang der Behördenakten Über eine Fristverlängerung entscheidet immer die Kammer; auch bei Zuständigkeit des Einzelrichters. Sie ist mehrmals zulässig, darf aber jew nur für eine Woche angeordnet werden. Der Beschluss muss in den Akten niedergelegt sein. Zustellung oder Bekanntmachung sind nicht ges vorgeschrieben u. zum Zwecke der Gewährung rechtlichen Gehörs auch nicht unbedingt notwendig. Solange keine Entscheidung bekannt gegeben ist (Rn 34), müssen die Beteiligten u. die AuslBeh den Fortbestand des Ges Aufschubs der Abschiebung zugrunde legen.

31 Während für die erste Verlängerung vom Normalfall abweichende Umstände genügen, müssen von der zweiten Verlängerung an schwerwiegende Gründe für die **Verzögerung** sprechen. Die Gründe können im Einflussbereich des Gerichts oder der Beteiligten oder Dritter liegen. Solange die Akten des BAMF nicht übersandt sind, kann idR eine sachgemäße Gerichtsentscheidung nicht ergehen. Diese werden nämlich benötigt, um Inhalt u. Grundlage des BAMF-Bescheids sowie den Lauf der Wochenfristen nach Abs 3 S. 1 u. 5 festzustellen. Die Sollbestimmung über die Vorlage einer Bescheidkopie durch den Asylbew kann oder wird oft nicht eingehalten.

32 Außerdem wird für eine Verzögerung oft eine mehr oder weniger große **Arbeitsbelastung** angeführt werden können. Als außergewöhnlich kann aber nur gelten, was selbst bei konzentriertem Einsatz der zur Verfügung stehenden Arbeitskraft von richterlichem u. nichtrichterlichem Personal nicht zu vermeiden ist. Sowohl bei der gerichtlichen als auch bei der kammerinternen Geschäftsverteilung ist die unbedingte Priorität asylr Eilverfahren zu beachten. Vorrang haben zunächst diejenigen nach § 18 a, danach folgen diejenigen des § 36 I. Solange derartige Verf anhängig u. zu entscheiden sind, müssen alle anderen asylr u. „klassischen" Verf zurücktreten. Diese Rangordnung beruht auf zwingenden ges Vorgaben u. darf durch keinerlei Maßnahmen des Präsidiums, des Kammervorsitzenden oder des zuständigen Richters unterlaufen werden (vgl auch § 83). Die richterliche Freiheit der Verfahrensgestaltung ist damit erheblich, aber zulässigerweise eingeschränkt.

33 Die **Entscheidung** ist bereits mit Übergabe des vollständig (vom Einzelrichter oder allen Richtern der Kammer) unterzeichneten Tenors an die Geschäftsstelle **ergangen,** nicht erst später, etwa mit Zustellung des Tenors oder des vollständigen Beschlusses an die Beteiligten. Dies weicht vom allg Prozessrecht ab, das zwischen Ergehen (Erlass), Unabänderlichkeit u. Wirksamwerden (innerer u. äußerer Wirksamkeit) unterscheidet. Mit der Übergabe der Entscheidung an die Geschäftsstelle endet die reguläre Entscheidungsmacht des Gerichts; nachträgliche Änderungen sind nur noch wegen neuen Sachvortrags der Beteiligten oder einer Sinnesänderung des Gerichts aufgrund einer erneuten Beratung vor Absendung der Entscheidung zulässig. Mit Verkündung, Zustellung oder formloser Bekanntmachung wird die Entscheidung nach außen wirksam u. für die Beteiligten verbindlich (vgl §§ 116, 117 IV, 122 VwGO). Das Vorziehen des Zeitpunkts des Ergehens der Entscheidung nach Abs 3 S. 9 soll offenbar der Beschleunigung dienen, ohne dass diese Wirkungsweise ohne weiteres erkennbar wird.

Der Beschluss des VG nach Abs 3 iVm § 80 V VwGO bedarf keiner **Zustellung,** da er 34
keine Frist in Lauf setzt (§ 56 I VwGO); die Beschwerde ist nämlich ausgeschlossen (§ 80),
u. die Monatsfrist für die Verfassungsbeschwerde (§ 93 BVerfGG) ist insoweit nicht einschlägig, weil diese nicht zu den ordentlichen Rechtsmitteln gehört. Mit der ges Bestimmung des Zeitpunkts des Ergehens der Entscheidung sollen offenbar Wirksamkeit u. Verbindlichkeit für die Beteiligten geregelt werden; dies erfordert aber zusätzlich zumindest eine formlose **Bekanntgabe** der Entscheidungsformel (Hailbronner, § 36 AsylVfG Rn 60). Sonst kann die Entscheidung keine Außenwirkung entfalten, vor allem auch nicht das Ende des ges Abschiebungsstoppps (Abs 3 S. 8) verlautbaren u. wirksam werden lassen.

Eine **Abschiebung** ist damit erst nach einer Mitteilung an beide Beteiligte mittels Telefon, 35
Telefax oder Brief zulässig. Eine Bekanntgabe des Beschlusses an die für die Abschiebung zuständige AuslBeh ist zulässig (§ 83 a), aber nicht vorgeschrieben. Diese ist grundsätzlich durch das BAMF zu unterrichten (§ 40). Durch Übergabe des Tenors an die Geschäftsstelle u. dessen formlose Bekanntgabe erübrigt sich nicht die zwingend vorgeschriebene Begründung des Beschlusses (§ 122 II 2 VwGO; BVerfGE 94, 166). Diese ist nachzuholen u. den Beteiligten durch Zusendung des vollständigen Beschlusses bekannt zu geben. Die Bekanntgabe ist zumindest im Hinblick auf eine Verfassungsbeschwerde u. die Fortführung des Klageverf notwendig; sie wird auch nicht durch eine zwischenzeitliche Abschiebung überflüssig. Allerdings lässt sich mit der **Verfassungsbeschwerde** nach der neueren Rspr des BVerfG idR kein Aufschub der Abschiebung erreichen, weil der Erlass einer einstweiligen Anordnung durch das BVerfG danach „kaum in Betracht kommt" (BVerfGE 94, 166).

Über die Klage (zu Klagefrist u. -begründung Rn 7 f) ist unabhängig davon zu entschei- 36
den, ob ein Eilantrag gestellt ist u. wie das Eilverf betrieben wird. Da bei einem Erfolg im Eilverf die Ausreisefrist verlängert wird (§ 37 II), ist dann die Abschiebungsandrohung mit der Monatsfrist Gegenstand des Klageverf. Während die Klage in erster Linie auf Verpflichtung des BAMF zur Asyl- und/oder Flüchtlingsanerkennung abzielt, ist die Anfechtungsklage gegen die Abschiebungsandrohung nachrangig (vgl § 74 Rn 5, 51). Falls sich die Verpflichtungsklage dem VG als offensichtlich unbegründet darstellt, ist das Urteil rechtskräftig (§ 78 I 1). Sonst ist die Offensichtlichkeitsurteil des BAMF nicht weiter zu überprüfen; denn hieran besteht kein Rechtsschutzinteresse. Erweist sich die Klage betr Asyl- u. Flüchtlingsanerkennung als (nur schlicht) unbegründet, bedarf es keiner Korrektur der Ausreisefrist (evtl analog § 37 II; s. Rn 4), weil der Asylbew von der Möglichkeit der ihm hierfür bereit gestellten befristeten Eilantrags keinen Gebrauch gemacht hat u. daher jederzeit mit der sofortigen Abschiebung rechnen musste.

§ 37 Weiteres Verfahren bei stattgebender gerichtlicher Entscheidung

(1) ¹**Die Entscheidung des Bundesamtes über die Unbeachtlichkeit des Antrages und die Abschiebungsandrohung werden unwirksam, wenn das Verwaltungsgericht dem Antrag nach § 80 Abs. 5 der Verwaltungsgerichtsordnung entspricht.** ²**Das Bundesamt hat das Asylverfahren fortzuführen.**

(2) **Entspricht das Verwaltungsgericht im Falle eines als offensichtlich unbegründet abgelehnten Asylantrages dem Antrag nach § 80 Abs. 5 der Verwaltungsgerichtsordnung, endet die Ausreisefrist einen Monat nach dem unanfechtbaren Abschluß des Asylverfahrens.**

(3) **Die Absätze 1 und 2 gelten nicht, wenn auf Grund der Entscheidung des Verwaltungsgerichts die Abschiebung in einen der in der Abschiebungsandrohung bezeichneten Staaten vollziehbar wird.**

Übersicht

	Rn
I. Entstehungsgeschichte	1
II. Erfolg des Eilantrags	2

4 AsylVfG § 37

I. Entstehungsgeschichte

1   Die Vorschrift hat den Inhalt von §§ 10 IV, 11 III AsylVfG 1982 übernommen; sie entspricht dem **GesEntw 1992** (BT-Drs 12/2062 S. 11 f).

II. Erfolg des Eilantrags

2   Die **Rechtsfolgen** beim Erfolg des Eilantrags nach § 80 V VwGO gegenüber Abschiebungsandrohungen nach § 34 iVm §§ 35, 36 sind gegenüber §§ 10 IV, 11 III AsylVfG 1982 dem neuen System der unbeachtlichen u. offensichtlich unbegründeten Asylanträge sowie der neuen Aufgabenverteilung zwischen BAMF u. AuslBeh angepasst (zum Folge- u. Zweitantrag vgl § 71 Rn 48 f, § 71 a Rn 7). Beiden Fallgestaltungen ist die Rechtsfolge gemeinsam, dass der Erfolg im Verf des vorläufigen Rechtsschutzes unmittelbar den Gegenstand der Anfechtung u. damit des Hauptsacheverf verändert, während sonst im allg Verwaltungsprozess bei Stattgabe in Verf nach § 80 V VwGO nur die Vollziehbarkeit gehemmt wird (dazu Harms, VBlBW 1995, 264).

3   Bei Feststellung der **Beachtlichkeit** oder eines sonstigen Fehlens der Voraussetzungen der Abschiebungsandrohung (nach §§ 29, 31 III, 34 I 1, 35), also ohne Rücksicht auf die Art der Gründe (vgl Rn 6), wird mit dem (vollständigen, iÜ vgl Rn 5) Erfolg des Eilantrags der gesamte Bescheid des BAMF unwirksam; damit erledigt sich zugleich das Klageverf von Ges wegen. Das BAMF hat das Asylverf fortzuführen u. zur Sache zu entscheiden. Möglich bleibt sodann eine Ablehnung des Asylantrags als offensichtlich unbegründet mit erneuter sofort vollziehbarer Abschiebungsandrohung. Sieht der Asylbew von einem Stoppantrag nach § 80 V VwGO ab, ist Abs 1 S. 2 entspr anzuwenden u. das VG nicht zum „Durchentscheiden" verpflichtet (Hailbronner, § 37 AsylVfG Rn 5; Harms, VBlBW 1995, 264; BayVGH, EZAR 631 Nr 30).

4   Bei Ablehnung als **offensichtlich unbegründet** wird mit dem (vollständigen, iÜ vgl Rn 5) Erfolg des Eilantrags die Ausreisefrist bis einen Monat nach unanfechtbarem Abschluss des Hauptsacheverf verlängert; dabei kommt es wie nach Abs 1 nicht auf die Art der Gründe an (vgl Rn 6). Für den Beginn der Monatsfrist seit Unanfechtbarkeit ist abgestellt auf das Asylverf insgesamt. Also muss der BAMF-Bescheid in vollem Umfang rechtsbeständig geworden sein, entweder infolge Versäumung einer Rechtsmittelfrist oder rechtskräftiger Entscheidung oder nach Rücknahme eines Rechtsmittels. Ausgenommen sind lediglich die Feststellungen zu § 60 II–VII AufenthG; denn hiervon wird die Androhung der Abschiebung samt Ausreisefrist nicht berührt (§ 59 III 1 AufenthG; vgl auch Abs 3 u. dazu Rn 5, 8). Die Vorschrift ist nicht entspr anzuwenden, wenn der Eilantrag nach § 36 III nicht gestellt wurde oder erfolglos war u. sich im Klageverf die Unbegründetheit nicht als evident erweist; denn an der Korrektur der Ausreisefrist besteht in diesem Fall kein Rechtsschutzinteresse (§ 36 Rn 36; aA Hailbronner, § 36 AsylVfG Rn 13, § 37 AsylVfG Rn 11; VGH BW, VBlBW 1998, 271). Dagen findet Abs 2 entspr Anwendung, wenn das BAMF einen Folgeantrag als unerheblich abgelehnt u. eine Ausreisefrist von einer Woche gesetzt hat (BVerwGE 114, 122).

5   Abs 3 ermöglicht die Abschiebung in einen der in der Androhung bezeichneten Staaten, wenn u. soweit die Entscheidung des VG über den Stoppantrag dies zulässt. Ob u. wie eine derartige **Teilstattgabe** erfolgen kann, ergibt sich aus dem Ges nicht unmittelbar. Dessen Formulierung lässt es offen, ob die Entscheidungen des BAMF bei einem Erfolg des Eilantrags ungeachtet der Gründe u. evtl nur teilweise unwirksam werden. Früher herrschte in Rspr u. Schrifttum Streit darüber, ob ein Fehler in der Abschiebungsandrohung, der nicht die Frage der Unbeachtlichkeit oder offensichtlichen Unbegründetheit des Asylantrags betrifft, die Unwirksamkeit der gesamten Abschiebungsandrohung (so BVerwG, EZAR 224

Nr 20; HessVGH, EZAR 225 Nr 5) oder die Fristverlängerung (so VGH BW, NVwZ 1987, 625; HessVGH, 19. 6. 1989 – 12 TH 3957/87 –) zur Folge hatte. Hierzu hat der Gesetzgeber in § 37 nichts Klärendes aufgenommen. Seine Begründung zu Abs 3 befasst sich nur mit § 53 AuslG u. der Zulässigkeit der Abschiebung in einen von mehreren genannten Staaten (BT-Drs 12/2062 S. 34).

Sinn u. Zweck von Abs 1 u. 2 stehen einer Differenzierung je nach den Gründen der **6** gerichtlichen Aussetzungsentscheidung entgegen, die im Kern eine Interessenabwägung voraussetzt u. kein endgültiges Urteil über die Rechtmäßigkeit der einzelnen Teile des Bescheids des BAMF enthält; hieran hat sich im Grunde genommen auch durch § 36 IV 1 nichts geändert. Abs 1 ordnet die Fortsetzung des Asylverf ohne Rücksicht auf die Gründe des VG-Beschlusses an, damit der Asylbew vor einer Abschiebung einen Sachbescheid über sein Asylgesuch erhalten kann; sofortige aufenthaltsbeendende Maßnahmen sollen nur zugelassen sein, wenn hiergegen keine ernsthaften Bedenken bestehen. Abs 2 zieht ähnlich weitreichende Folgen für die Fälle des § 30. In beiden Fällen ist das Bestehen von Hindernissen nach § 60 II–VII AufenthG für die Eilentscheidung nach Abs 1 u. 2 unerheblich.

Für die Ausrichtung von Abs 3 auf Hindernisse nach § 60 II–VII AufenthG sprechen **7** neben den Gesetzesmaterialien (Rn 5) auch verfahrensmäßige Gründe. Wird der Suspensiveffekt vom VG wegen eines Fehlers im asylr Teil des Bescheids (Unbeachtlichkeit oder offensichtliche Unbegründetheit des Asylantrags) angeordnet, kann dies im **Tenor** des Beschlusses nicht zum Ausdruck gebracht werden, weil nur die Abschiebungsandrohung sofort vollziehbar ist u. nicht die zugrundeliegenden asylr Entscheidungen nach §§ 29, 30. Dasselbe gilt im umgekehrten Fall, wenn die Abschiebungsandrohung insgesamt u. nicht nur hinsichtlich eines bestimmten Zielstaats als fehlerhaft erkannt wird.

Abs 3 bestätigt die Richtigkeit dieser Auffassung, indem er von den ges Rechtsfolgen der **8** Abs 1 u. 2 lediglich den Fall ausnimmt, dass trotz Stattgabe die **Abschiebung** in einen der vom BAMF gemäß § 59 II AufenthG konkret bezeichneten Staaten **vollziehbar** wird. Diese Konstellation ist nur unter den folgenden Umständen denkbar u. verfahrensrechtlich möglich. Entweder der Asylbew beschränkt seine Angriffe (mit dem Eilantrag) auf die Abschiebungsandrohung in einen oder mehrere der Zielstaaten, so dass die Abschiebungsandrohung iÜ vollziehbar wird. Oder das VG nimmt eine entspr Unterscheidung vor, weil der Bescheid nur hinsichtlich eines Staats oder mehrerer Staaten fehlerhaft, iÜ aber unbedenklich ist (ebenso Hailbronner, § 37 AsylVfG Rn 14). Eine derartige Differenzierung ist dadurch zum Ausdruck zu bringen, dass die aufschiebende Wirkung insoweit angeordnet wird, als die Abschiebung nach X oder Y angedroht ist. Diese Entscheidung kann ua auf einem Abschiebungsverbot nach § 60 I AufenthG beruhen mit der Folge, dass die Abschiebung nach Z zulässig bleibt, sofern Z ebenfalls als Zielstaat bezeichnet ist (vgl §§ 59 III, 60 X 2 AuslG; Hailbronner, § 37 AuslG Rn 14; aA Marx, § 37 Rn 9). Liegt ein Abschiebungshindernis nach § 60 II–VII AufenthG vor, rechtfertigt dies ebenfalls nicht die Anordnung der aufschiebenden Wirkung in vollem Umfang, sondern nur hinsichtlich des ausgeschlossenen Zielstaats (vgl § 59 III AufenthG; ebenso Hailbronner, § 37 Rn 14).

§ 38 Ausreisefrist bei sonstiger Ablehnung und bei Rücknahme des Asylantrages

(1) ¹In den sonstigen Fällen, in denen das Bundesamt den Ausländer nicht als Asylberechtigten anerkennt, beträgt die dem Ausländer zu setzende Ausreisefrist einen Monat. ²Im Falle der Klageerhebung endet die Ausreisefrist einen Monat nach dem unanfechtbaren Abschluß des Asylverfahrens.

(2) Im Falle der Rücknahme des Asylantrages vor der Entscheidung des Bundesamtes beträgt die dem Ausländer zu setzende Ausreisefrist eine Woche.

(3) Im Falle der Rücknahme des Asylantrages oder der Klage kann dem Ausländer eine Ausreisefrist bis zu drei Monaten eingeräumt werden, wenn er sich zur freiwilligen Ausreise bereit erklärt.

Übersicht

	Rn
I. Entstehungsgeschichte	1
II. Ausreisefrist	2
1. Fehlende Asylanerkennung	2
2. Antragsrücknahme	5
3. Freiwillige Ausreise	6
III. Rechtsschutz	8

I. Entstehungsgeschichte

1 Abs 1 geht auf § 28 II AsylVfG 1982 zurück; iÜ hat die Vorschrift kein Vorbild. Sie entspricht im Wesentlichen dem **GesEntw 1992** (BT-Drs 12/2062 S. 12). Auf Vorschlag des BT-IA (BT-Drs 12/2817 S. 24) wurden Abs 2 u. 3, deren Inhalt zuvor in 2 Sätzen des Abs 2 enthalten war, getrennt u. Abs 3 auf den Fall der Klagerücknahme erstreckt.

II. Ausreisefrist

1. Fehlende Asylanerkennung

2 Die Monatsfrist zur Ausreise gilt nicht nur bei Ablehnung der Asylanerkennung, sondern allg bei **Nichtanerkennung**; ausgenommen sind nur die Fälle der §§ 34 a, 36 I u. des Abs 2. Abs 1 ist also auch anwendbar, wenn auf einen unbeschränkten oder beschränkten Asylantrag hin (nur) die Flüchtlingsanerkennung ausgesprochen wird (ähnlich schon §§ 12 VII, 28 I 1, 28 a AsylVfG 1982; im Ergebnis ebenso Marx, § 38 Rn 2).

3 Die ges fixierte **Ausreisefrist** von einem Monat beginnt mit der Zustellung der Entscheidung des BAMF (§ 31 I 2; ebenso GK-AsylVfG, § 38 Rn 3; aA Marx, § 38 Rn 3: bei Verzicht auf Klage erst im Zeitpunkt der Unanfechtbarkeit, also zwei Wochen nach Zustellung) u. endet im Falle der Klage einen Monat nach deren unanfechtbaren Zurückweisung. Damit ist grundsätzlich dieselbe Regelung wie in § 28 II AsylVfG 1982 getroffen. Dort war freilich nur eine Mindestfrist bestimmt, der AuslBeh also die Bemessung im Einzelfall überlassen; insoweit ist der Gesetzgeber bei der Annahme, die Ausreisefrist betrage „wie bisher einen Monat" (BT-Drs 12/2062 S. 34), einem Irrtum erlegen. Individuelle Besonderheiten bei Art u. Umfang der erforderlichen Reisevorbereitungen u. der persönlichen Bindungen an Deutschland u. hier lebende Personen können jetzt nicht mehr berücksichtigt werden.

4 Auf einen Teil der davon betroffenen Fälle ist § 43 III anwendbar, freilich nur mit der Folge, dass eine **Duldung** erteilt, nicht aber die Ausreisefrist verlängert wird. Wenn u. soweit es die Wahrung des verfassungsrechtlichen Verhältnismäßigkeitsgrundsatzes oder des Schutzes von Ehe u. Familie durch Art 6 I, II, V GG verlangt, kann die AuslBeh die Abschiebung nach Maßgabe von § 60 a II AufenthG aussetzen. Die Regelung des § 43 III betrifft in sachlicher u. persönlicher Hinsicht nur einen Teil der Fallgruppen u. schließt daher eine Duldung für andere Tatbestände nicht aus (vgl § 36 Rn 4). Damit wird aber nicht die vom BAMF zu setzende Ausreisefrist berührt, sondern nur die Abschiebung durch die AuslBeh zeitlich begrenzt ausgesetzt. Die Gründe können entweder schon bei Erlass der Abschiebungsandrohung vorgelegen haben oder später eingetreten sein.

2. Antragsrücknahme

5 Die **Wochenfrist** des Abs 2 ist ebenfalls eine fest bestimmte u. keine Mindestfrist. Allg Bedenken (Rn 3) können auch hiergegen bestehen, sie werden aber im Regelfall der Antragsrücknahme vor Entscheidung des BAMF durch das Fehlen besonderer Bindung an

Deutschland oder hier lebende Personen gemildert. Sonst ist eine Abhilfe nur über § 43 III oder durch Erteilung einer Duldung möglich (Rn 4).

3. Freiwillige Ausreise

Die Möglichkeit der **Ausdehnung der Ausreisefrist** auf drei Monate entspricht einem 6 oft vorhandenen Bedürfnis. Sie wurde auf Empfehlung des BT-IA (BT-Drs 12/2062 S. 24) auf den Fall der Rücknahme während des Gerichtsverf erstreckt. Damit werden gerichtliche Vergleichsbemühungen in geeigneten Fällen ermöglicht u. erleichtert. Diese Entscheidungsmöglichkeit besteht auch bei Antragsrücknahme vor Entscheidung des BAMF; Wortlaut u. Entstehungsgeschichte (Rn 1) sprechen gegen eine Herausnahme dieser Fallvariante aus dem Anwendungsbereich des Abs 3.

Die Bereitschaft, **freiwillig,** dh ohne zwangsweise Abschiebung ausreisen zu wollen, kann 7 gleichzeitig mit der Rücknahme oder später erklärt werden. Sie kann im Wege des Vergleichs von der Einräumung einer bestimmten Ausreisefrist abhängig gemacht werden. Die Einhaltung der „freiwilligen" Ausreisebereitschaft ist nicht für sich durchsetzbar. Bei Nichtausreise wird die Ausreisepflicht durch Abschiebung vollzogen.

III. Rechtsschutz

Im Rechtsschutzverf (betr aufschiebende Wirkung vgl § 75 Rn 3) ist die Ausreisefrist auf 8 **Rechtsfehler** hin überprüfbar, in den Fällen des Abs 1 u. 2 also nur auf die Einhaltung der ges Voraussetzungen u. Fristen. Im Falle des Abs 3 ist das Ermessen des BAMF in den Grenzen des § 114 VwGO gerichtlich zu kontrollieren.

§ 39 Abschiebungsandrohung nach Aufhebung der Anerkennung

(1) ¹ Hat das Verwaltungsgericht die Anerkennung aufgehoben, erläßt das Bundesamt nach dem Eintritt der Unanfechtbarkeit der Entscheidung unverzüglich die Abschiebungsandrohung. ² Die dem Ausländer zu setzende Ausreisefrist beträgt einen Monat.

(2) Hat das Bundesamt in der aufgehobenen Entscheidung von der Feststellung, ob die Voraussetzungen des § 60 Abs. 2 bis 7 des Aufenthaltsgesetzes vorliegen, abgesehen, ist diese Feststellung nachzuholen.

Übersicht

	Rn
I. Entstehungsgeschichte	1
II. Allgemeines	2
III. Aufhebung der Anerkennung	3
IV. Abschiebungsandrohung mit Ausreisefrist	6
V. Rechtsschutz	9

I. Entstehungsgeschichte

Die Vorschrift hat kein Vorbild im AsylVfG 1982. Sie entspricht im Wesentlichen dem 1 **GesEntw 1992** (BT-Drs 12/2062 S. 12). In Abs 1 S. 1 wurde auf Vorschlag des BT-IA (BT-Drs 12/2817 S. 24) die Passage „nach dem Eintritt der Unanfechtbarkeit der Entscheidung" eingefügt. Mit Wirkung vom 1. 1. 2005 wurde in Abs 2 entspr dem GesEntw (BT-Drs 15/420 S. 42) die Bezugnahme auf § 53 AuslG durch eine solche auf § 60 II–VII AufenthG ersetzt (Art 3 Nr 25 **ZuwG**).

II. Allgemeines

2   Mit der Vorschrift wird nur eine **selbstverständliche Folge** daraus gezogen, dass es nach Aufhebung der Asylanerkennung auf (vor September 2004 anhängige) Beanstandungsklage des BB hin an einer Abschiebungsandrohung u. uU an einer Feststellung zu § 60 II–VII AufenthG fehlt. Ohne sie wären beide Entscheidungen ohnehin nach Wortlaut sowie Sinn u. Zweck von §§ 4 I, 31 III 1, 34 I 1, II nachzuholen. Hierfür wäre ohne Zweifel das BAMF u. nicht die AuslBeh zuständig, weil die Zuständigkeit des BAMF nicht allein dadurch entfällt, dass ein anderer Teil der Entscheidung über den Asylantrag im Gerichtsverf keinen Bestand hat. Nach Abschaffung des BB seit 1. 9. 2004 ist die Vorschrift nur noch auf bereits zuvor anhängige Klagen beschränkt (§ 87 b).

III. Aufhebung der Anerkennung

3   Mit der Anerkennung ist nur die **Asylanerkennung** gemeint. Denn im Falle der Flüchtlingsanerkennung ergeht, wenn diese entweder isoliert beantragt ist oder bei gleichzeitiger Asylablehnung erfolgt, ohnehin sofort eine Abschiebungsandrohung (§ 34 I). In welcher Instanz die gerichtliche Aufhebung erfolgt, ist gleichgültig, sie muss nur unanfechtbar sein. Mit dieser vom BT-IA vorgeschlagenen (Rn 1) Regelung wird unnötiger Verwaltungsaufwand vermieden.

4   Auch **Abs 2** bezieht sich nach seinem Wortlaut nur auf die Asylanerkennung u. nicht auf die Flüchtlingsanerkennung (Feststellung von § 60 I AufenthG). In diesem Fall liegt zwar schon eine Abschiebungsandrohung des BAMF vor (§ 34 I 1 AsylVfG iVm § 60 X AufenthG), von einer Feststellung zu § 60 II–VII AufenthG konnte das BAMF aber ebenso absehen wie im Falle der Asylanerkennung (vgl § 31 III 2 Nrn. 1 u. 2). Deshalb ist Abs 2, der ohnehin nur eine sachliche Notwendigkeit feststellt (Rn 2), auf diesen Fall entspr anzuwenden (Hailbronner, § 39 AsylVfG Rn 15; im Ergebnis ebenso GK-AsylVfG Rn 34 f).

5   Die Vorschrift ist **nicht analog** anwendbar, wenn das BAMF die Anerkennung aufhebt oder diese aus anderem Grunde erlischt (§§ 72, 73). Dann besitzt der Ausl zumindest zunächst noch eine AE (§ 25 I AufenthG), die einer Abschiebungsandrohung entgegensteht. Erst nach Verlust der Asylberechtigung kann die AE widerrufen werden (§ 52 I Nr 4 AufenthG). In diesem Zusammenhang hat die AuslBeh nach Maßgabe der §§ 50 I, 59 AufenthG die Abschiebung anzudrohen, nicht das BAMF (GK-AsylVfG, § 38 Rn 8; Hailbronner, § 39 Rn 6).

IV. Abschiebungsandrohung mit Ausreisefrist

6   Die Abschiebungsandrohung (nach Maßgabe von §§ 59, 60 X AufenthG) soll unverzüglich nach Unanfechtbarkeit der Aufhebung ergehen. Das BAMF soll also ohne schuldhaftes Zögern handeln, was im Falle des Abs 2 aber einige Zeit in Anspruch nehmen kann. Ebenso wie nach § 34 I 1 ergeht dann keine Abschiebungsandrohung, wenn der Ausl einen AufTit besitzt. Da auf § 34 I 2 nicht Bezug genommen ist, ist die **Anhörung** hier nicht ohne weiteres entbehrlich, zumal hier anders als im Grundfall des § 34 nicht schon eine Anhörung im Zusammenhang mit der vorangegangenen Entscheidung erfolgt ist. Evtl kann aber nach Maßgabe des § 28 II Nr 5 VwVfG von ihr abgesehen werden, weil es sich um eine Maßnahme der Vollstreckung handelt. Ist eine Entscheidung nach Abs 2 erforderlich, wird aber eine Anhörung idR erforderlich (im Ergebnis ähnlich GK-AsylVfG, § 39 Rn 14–17).

7   Auch hier ist die Monatsfrist **keine Mindestfrist,** obwohl eine längere Ausreisefrist im Einzelfall geboten sein kann (zu Bedenken u. Abhilfemöglichkeiten vgl § 38 Rn 4 f). Sie beginnt wie auch sonst mit Zustellung der Abschiebungsandrohung (vgl § 31 I 2) zu laufen.

Unterrichtung der Ausländerbehörde   § 40 **AsylVfG 4**

Zur obligatorischen Prüfung von **Abschiebungshindernissen** nach § 60 II–VII Auf- 8
enthG kann es in den Fällen des § 31 III, IV kommen, aber auch sonst, wenn zB versehentlich eine Entscheidung hierüber nicht erfolgt ist (ebenso GK-AsylVfG, § 39 Rn 39; Hailbronner, § 39 AsylVfG Rn 14).

V. Rechtsschutz

Die Abschiebungsandrohung (Abs 1) ist wie im Falle des § 34 unmittelbar mit der 9
Anfechtungsklage angreifbar, die keine aufschiebende Wirkung entfaltet (§§ 11, 75).
Vorläufiger Rechtsschutz ist nach § 80 V VwGO zu erreichen (vgl § 40 II). Wegen
§ 60 X AufenthG (vgl auch § 40 I 2) ist der Anordnungsantrag entspr zu beschränken (dazu Rennert, VBlBW 1993, 90). Die Vorschriften des § 36 finden hier keine Anwendung.

Gegen die Nichtfeststellung von Abschiebungshindernissen nach § 60 II–VII AufenthG 10
(Abs 2) kann **Verpflichtungsklage** erhoben u. hierauf bezogen eine einstweilige **Anordnung** (§ 123 VwGO) beantragt werden.

§ 40 Unterrichtung der Ausländerbehörde

(1) ¹Das Bundesamt unterrichtet unverzüglich die Ausländerbehörde, in deren Bezirk sich der Ausländer aufzuhalten hat, über eine vollziehbare Abschiebungsandrohung und leitet ihr unverzüglich alle für die Abschiebung erforderlichen Unterlagen zu.
²Das gleiche gilt, wenn das Verwaltungsgericht die aufschiebende Wirkung der Klage wegen des Vorliegens der Voraussetzungen des § 60 Abs. 2 bis 7 des Aufenthaltsgesetzes nur hinsichtlich der Abschiebung in den betreffenden Staat angeordnet hat und das Bundesamt das Asylverfahren nicht fortführt.
(2) Das Bundesamt unterrichtet unverzüglich die Ausländerbehörde, wenn das Verwaltungsgericht in den Fällen des § 38 Abs. 2 und § 39 die aufschiebende Wirkung der Klage gegen die Abschiebungsandrohung anordnet.
(3) Stellt das Bundesamt dem Ausländer die Abschiebungsanordnung (§ 34 a) zu, unterrichtet es unverzüglich die für die Abschiebung zuständige Behörde über die Zustellung.

Übersicht

	Rn
I. Entstehungsgeschichte	1
II. Allgemeines	2
III. Unterrichtung	3

I. Entstehungsgeschichte

Die Vorschrift hat kein Vorbild im AsylVfG 1982. Abs 1 u. 2 entsprechen dem **GesEntw** 1
1992 (BT-Drs 12/2062 S. 12). Abs 3 wurde entspr dem GesEntw 1993 (BT-Drs 12/4450
S. 7) mit Wirkung vom 1. 7. 1993 angefügt (Art 1 Nr 26 **AsylVfÄndG 1993**). Mit
Wirkung vom 1. 1. 2005 ist in Abs 1 S. 2 die Bezugnahme auf § 53 AuslG durch eine
solche auf § 60 II–VII ersetzt (Art 3 Nr 26 **ZuwG**).

II. Allgemeines

Die Vorschrift bezweckt eine **möglichst frühzeitige Unterrichtung** der jew zuständi- 2
gen Behörden im Hinblick auf die Kompetenztrennung zwischen BAMF u. AuslBeh.

III. Unterrichtung

3 Die **Anlässe** der Unterrichtung sind im Ges benannt. In den Fällen der Abs 1 u. 3 soll der möglichst zügige Vollzug der Abschiebungsandrohung u. -anordnung gewährleistet werden (BT-Drs 12/2062 S. 62: möglichst innerhalb einer Woche) u. im Falle des Abs 2 umgekehrt die Beachtung eines gerichtlichen Abschiebungsstopps durch die AuslBeh.

4 Durch **Abs 1 S. 2** wird eine bestimmte Gruppe von Teilstattgaben in einem gerichtlichen Eilverf erfasst. Gemeint sind die Fälle, in denen das BAMF zu Unrecht relative Abschiebungshindernisse nicht festgestellt u. deshalb einen Staat oder mehrere Staaten zu Unrecht nicht als Zielstaaten ausgenommen hat. Dann bleibt die Androhung hinsichtlich anderer konkret bezeichneter Zielstaaten bestehen u. vollziehbar (§ 60 X AufenthG), zumindest hinsichtlich der in dem Hinweis nach § 59 II AufenthG erfassten Staaten. Nicht erfasst sind also Fälle, in denen der Abschiebung absolute Hindernisse entgegenstehen, zB aus § 60 IV AufenthG. Durch das Erfordernis der Nichtfortführung des Verf durch das BAMF wird die Anwendung praktisch auf unbeachtliche Asylanträge beschränkt, da nur hier das BAMF durch den Vollzugsstopp zur Weiterführung des Verf verpflichtet wird (§ 37 II 2; ebenso GK-AsylVfG, § 40 Rn 59).

5 Durch **Abs 1 S. 1** sind vollziehbare Abschiebungsandrohungen in folgenden Fällen erfasst: unbeachtlicher oder offensichtlich unbegründeter Asylantrag (§§ 29, 30), Rücknahme (§§ 32, §§ I, II), Aufhebung der Asylanerkennung (§ 39 I). In den ersten beiden Fällen ist der Vollzug während des gerichtlichen Eilverf gehemmt (§ 36 III 8), u. die Androhung bei schlichter Antragsablehnung (§ 38 I) ist nicht sofort vollziehbar (vgl § 75). Betroffen ist nicht die Einreise aus einem sicheren Drittstaat, weil die Abschiebung insoweit angeordnet u. nicht angedroht wird u. dem Ausl dann kein Bezirk zum Aufenthalt zugewiesen wird (vgl aber Abs 3).

6 **Abs 2** gilt für den gerichtlichen Vollzugsstoppp in den Fällen der Antragsrücknahme u. der Aufhebung der Anerkennung (§§ 38 II, 39). Hier geht schon eine Mitteilung anlässlich der Abschiebungsandrohung voraus (Abs 1 iVm § 34 I 1). Damit die AuslBeh nicht aufgrund dessen sofort vollzieht, ist die Benachrichtigung über das stattgebende Ergebnis des Eilverf notwendig. In der Zeit zwischen Zustellung der Abschiebungsandrohung u. Erlass des Stoppbeschlusses ist die AuslBeh rechtlich an der Vollziehung grundsätzlich nicht gehindert.

7 **Abs 3** betrifft nur die Abschiebungsanordnung nach Einreise aus einem sicheren Drittstaat (§ 34 a I). Diese ist dem Ausl unmittelbar durch das BAMF oder aber durch die Abschiebebehörde zuzustellen (§ 31 I 3 u. 4). Falls die AuslBeh selbst zugestellt hat, bedarf es keiner Unterrichtung. Da der Vollzug der Anordnung gerichtlich nicht ausgesetzt werden kann (§ 34 II), soll die Unterrichtung iÜ möglichst sofort erfolgen.

8 Die Informationspflichten des BAMF gegenüber der zuständigen AuslBeh oder Grenzbehörde (bei Abs 3) sollen die **Durchführung der Abschiebung** in den genannten Fällen sicherstellen (vgl auch § 24 III; zum gerichtlichen Verf vgl § 83a). Hierfür ist nicht die Übermittlung des gesamten Akteninhalts erforderlich. Die AuslBeh benötigt aber die vollständigen Personalien u. die in den Akten beim BAMF befindlichen (§§ 15 I Nr 4, 21). Zweckmäßigerweise werden außerdem Ablichtungen der Antragsbegründung, der Anhörung, einer schriftlichen Stellungnahme u. der Entscheidung übermittelt.

§ 41 *Gesetzliche Duldung*

(1) ¹Hat das Bundesamt oder das Verwaltungsgericht das Vorliegen eines Abschiebungshindernisses nach § 53 Abs. 6 des Ausländergesetzes festgestellt, ist die Abschiebung in den betreffenden Staat für die Dauer von drei Monaten ausgesetzt. ²Die Frist beginnt im Falle eines Antrages nach § 80 Abs. 5 der Verwaltungsgerichtsordnung oder der Klageerhebung mit Eintritt der Unanfecht-

barkeit der gerichtlichen Entscheidung, im übrigen mit dem Eintritt der Unanfechtbarkeit der Entscheidung des Bundesamtes.
(2) ¹ Die Ausländerbehörde kann die Aussetzung der Abschiebung widerrufen. ² Sie entscheidet über die Erteilung einer Duldung nach Ablauf der drei Monate.

Entstehungsgeschichte

Die Vorschrift hat kein Vorbild im AsylVfG 1982. Sie entspricht in vollem Umfang dem GesEntw 1992 (BT-Drs 12/2062 S. 12). Sie ist seit 1. 1. 2005 ersatzlos aufgehoben (Art 3 Nr 27), weil die AuslBeh an die Entscheidung des BAMF über ein zielstaatsbezogenes Abschiebungshindernis gem § 42 grundsätzlich gebunden ist u. im Falle der Aussetzung eine AE nach § 25 III AufenthG erteilen kann, es sei denn, die Ausreise ist möglich u. zumutbar (so Begr des GesEntw 15/420 S. 110 f). 1

§ 42 Bindungswirkung ausländerrechtlicher Entscheidungen

¹ Die Ausländerbehörde ist an die Entscheidung des Bundesamtes oder des Verwaltungsgerichts über das Vorliegen der Voraussetzungen des § 60 Abs. 2 bis 7 des Aufenthaltsgesetzes gebunden. ² Über den späteren Eintritt und Wegfall der Voraussetzungen des nach § 60 Abs. 4 des Aufenthaltsgesetzes entscheidet die Ausländerbehörde, ohne daß es einer Aufhebung der Entscheidung des Bundesamtes bedarf.

Übersicht

	Rn
I. Entstehungsgeschichte	1
II. Bindungswirkung	2

I. Entstehungsgeschichte

Die Vorschrift hat kein Vorbild im AsylVfG 1982. Sie entspricht im Wesentlichen dem GesEntw 1992 (BT-Drs 12/2062 S. 12). Nachträglich wurde auf Empfehlung des BT-IA (BT-Drs 12/2817 S. 25) nur die Passage „oder des Verwaltungsgerichts" eingefügt. Mit Wirkung vom 1. 1. 2005 sind entspr dem GesEntw (BT-Drs 15/420 S. 42 f) die Bezugnahme auf das Ausl durch solche auf das AufenthG ersetzt (Art 3 Nr 28 **ZuwG**). 1

II. Bindungswirkung

Die ges Anordnung der Bindungswirkung auslr Entscheidungen (zu asylr vgl § 4) ist wegen der Kompetenztrennung zwischen BAMF u. AuslBeh im Bereich des § 60 AufenthG (dazu § 24 II) notwendig (vgl auch § 41). Die Bindung gilt ungeachtet einer evtl **Änderung** der Verhältnisse (Ausnahme betr § 60 IV AufenthG vgl Rn 5). Sie ergreift ohne Ausnahme alle Abschiebungshindernisse des § 60 II-VII AufenthG u. nicht nur die der dortigen Abs 4 oder 7 (wie S. 2 bzw. der seit 1. 1. 2005 aufgehobene § 41). Sie betrifft aber nur die AuslBeh u. nicht andere Behörden oder Gerichte, also insb nicht Staatsanwaltschaft, Bundesregierung u. OLG im Auslieferungsverf u. die Minister nach § 58 a AufenthG. 2

Die Bindungswirkung gilt zunächst für **Entscheidungen** des BAMF, aber auch für gerichtliche Entscheidungen. Ohne eine solche Erstreckung auf gerichtliche Feststellungen wären die AuslBeh nicht gebunden, da die Länder an den asylr Gerichtsverf nicht (mehr) 3

4 AsylVfG § 42   4. Teil. Asylverfahrensgesetz

beteiligt sind u. die Rechtskraft nach § 121 VwGO deshalb insoweit schon mangels Identität der Beteiligten keine Wirkungen entfaltete. In Betracht kommt, wie nachfolgend erläutert, nur eine Hauptsacheentscheidung, u. zwar idR ohne Rücksicht auf die Bestandskraft, da sie meist sofort vollziehbar ist (nach § 75 ausgenommen nur der Fall des § 38 I).

4   Unproblematisch ist der Fall der (positiven) **Feststellung** des Abschiebungshindernisses durch BAMF oder Gericht im **Hauptsacheverf**, in dem die Verpflichtung zur Feststellung nach § 31 III, V einen (selbständigen) Verfahrensgegenstand bildet. Unsicher erscheint die Rechtslage allerdings hinsichtlich des vorläufigen Rechtsschutzes gegenüber dem BAMF nach § 123 VwGO (dazu § 31 Rn 12), zumal insoweit eine Verpflichtung zur vorläufigen Feststellung wegen des Verbots der Vorwegnahme der Hauptsache wohl ausscheidet. Zudem ist grundsätzlich allein das BAMF für Feststellungen zu § 60 II–VII AufenthG zuständig u. die AuslBeh hieran gebunden (S. 1), so dass in einem Verf gegen die AuslBeh eigenständig über die Aussetzung der Vollziehung im Hinblick auf Hindernisse dieser Art nicht entschieden werden kann. Selbst wenn trotz dieser Bedenken vorläufiger Rechtsschutz bei Annahme eines Anordnungsgrunds gewährt würde, wäre dabei das Vorliegen eines Abschiebungshindernisses nicht endgültig festgestellt, sondern nur als mehr oder weniger wahrscheinlich angenommen. In diesem Verf wäre die Rechtmäßigkeit der (negativen) Feststellung des BAMF nach § 31 III, V nicht unmittelbar Streitgegenstand, sondern nur im Rahmen der Prüfung eines glaubhaft zu machenden Anordnungsanspruchs entscheidungsrelevant. Sie stellte dann lediglich einen Teil der Entscheidungsgrundlage dar, die nach § 123 VwGO nicht von der Rechtskraft erfasst würde.

5   Gemeint sein könnten aber auch Fälle des **vorläufigen Rechtsschutzes,** in denen das Gericht dem Rechtsschutzantrag gegenüber BAMF oder AuslBeh im Hinblick auf § 60 II–VII AufenthG stattgibt. Indes lässt sich dies wegen der Eigenart des Verf nach § 123 VwGO allenfalls eingeschränkt verwirklichen. Feststellungen des BAMF nach § 31 III, V ergehen zwar selbständig u. nicht nur als Teil der Abschiebungsandrohung. Einstweiliger Rechtsschutz wird daher insoweit nach § 123 u. nicht nach § 80 V VwGO gewährt (§ 31 Rn 12). Nach alledem kommt als gerichtliche Feststellung iSd Abs 1 im Eilverf allenfalls die Verpflichtung der AuslBeh zur vorläufigen Unterlassung der Abschiebung nach § 123 VwGO in Betracht. Eine vorläufige Feststellung eines Tatbestands des § 60 II–VII AufenthG im Eilverf ist dagegen nicht statthaft.

6   Verbindlich sind wie nach § 4 nicht nur **positive** Feststellungen des BAMF u. der Gerichte, sondern auch **ablehnende** Entscheidungen, wie nicht zuletzt die Regelung von S. 2 über den nachträglichen Eintritt des Tatbestands des § 60 IV AufenthG belegt (vgl auch § 4 Rn 6; ebenso Göbel-Zimmermann, Rn 538; Hailbronner, JZ 1995, 195; Rennert, VBlBW 1993, 93). Die positive oder negative Feststellung muss Gegenstand des Verf (im Prozess: Streitgegenstand) sein, sie darf nicht nur beiläufig, hilfsweise oder in einem obiter dictum behandelt sein. Es kann sich deshalb nur um Bescheide nach § 31 III 1 handeln.

7   Bei einer späteren **Änderung der Sach- oder Rechtslage** besteht die Bindungswirkung grundsätzlich fort. Sie kann allg nur durch eine Änderung des Bescheids des BAMF aufgehoben werden, u. dafür ist nur das BAMF zuständig. Nur das BAMF u. nicht die AuslBeh hat nämlich darüber zu entscheiden, ob eine Feststellung zu § 60 II–VII AufenthG zu widerrufen ist (§ 73 III; dazu Hailbronner, § 42 AsylVfG Rn 15) oder im Wege des Wiederaufgreifens des Verf nach § 51 VwVfG eine positive Feststellung getroffen werden kann (dazu GK-AsylVfG, § 42 Rn 54 ff).

8   Eine Ausnahme sieht S. 2 nur für das Hindernis des laufenden **Auslieferungsverf** vor. Nach einer Zustimmung der für das Auslieferungsverf zuständigen Behörde ist die AuslBeh nicht weiter an der Entscheidung über die Abschiebung gehindert. Der Sache nach wird ihre Entscheidung durch die Auslieferungsentscheidung präjudiziert. Es kommt nur auf die formelle Zustimmung an u. nicht auf die Gründe für die Zustimmung (dazu § 4 Rn 9 ff). Umgekehrt hat die AuslBeh bei zwischenzeitlicher Einleitung eines förmlichen Auslieferungsverf selbständig u. ohne Bindung an den vorangegangenen Bescheid des BAMF über

das Abschiebungshindernis des § 60 IV AufenthG zu befinden. In jedem Fall „entscheidet" die AuslBeh nicht durch gesonderten Bescheid, sondern im Rahmen des Abschiebungsverf.

§ 43 Vollziehbarkeit und Aussetzung der Abschiebung

(1) War der Ausländer im Besitz eines Aufenthaltstitels, darf eine nach den Vorschriften dieses Gesetzes vollziehbare Abschiebungsandrohung erst vollzogen werden, wenn der Ausländer auch nach § 58 Abs. 2 Satz 2 des Aufenthaltsgesetzes vollziehbar ausreisepflichtig ist.

(2) ¹Hat der Ausländer die Verlängerung eines Aufenthaltstitels mit einer Gesamtgeltungsdauer von mehr als sechs Monaten beantragt, wird die Abschiebungsandrohung erst mit der Ablehnung dieses Antrags vollziehbar. ²Im übrigen steht § 81 des Aufenthaltsgesetzes der Abschiebung nicht entgegen.

(3) ¹Haben Ehegatten oder Eltern und ihre minderjährigen ledigen Kinder gleichzeitig oder jeweils unverzüglich nach ihrer Einreise einen Asylantrag gestellt, darf die Ausländerbehörde die Abschiebung vorübergehend aussetzen, um die gemeinsame Ausreise der Familie zu ermöglichen. ²Solange der Ausländer verpflichtet ist, in einer **Aufnahmeeinrichtung zu wohnen, entscheidet abweichend von Satz 1 das Bundesamt.**

Übersicht

	Rn
I. Entstehungsgeschichte	1
II. Vollzug der Abschiebungsandrohung	2
1. Besitz eines Aufenthaltstitels	2
2. Antrag auf Erteilung eines Aufenthaltstitels	4
3. Ehegatten, Eltern und Kinder	5
III. Verwaltungsverfahren und Rechtsschutz	9

I. Entstehungsgeschichte

Abs 2 geht zT auf § 28 VII AsylVfG 1982 zurück; iÜ hat die Vorschrift kein Vorbild in **1** früheren Ges. Sie stimmte ursprünglich im Wesentlichen mit dem **GesEntw 1992** (BT-Drs 12/2062 S. 12) überein; auf Vorschlag des BT-IA (BT-Drs, 12/2817 S. 25) wurde allerdings in Abs 2 der 1. Satz eingefügt. Mit Wirkung vom 1. 1. 2005 wurden entspr dem GesEntw (BT-Drs 15/420 S. 43) die Begriffe u. Bezugnahmen auf das AuslG dem neuen AufenthG angepasst u. in Abs 3 der 2. Satz angefügt (Art 3 Nr 29 **ZuwG**), da § 43a IV aufgehoben wurde.

II. Vollzug der Abschiebungsandrohung

1. Besitz eines Aufenthaltstitels

Ein Asylantrag lässt nur einen **AufTit** mit einer Gesamtgeltungsdauer von über sechs **2** Monaten unberührt; kürzerfristige AufTit erlöschen, ebenso die Wirkungen des § 81 III u. IV AufenthG (§ 55 II; zum früheren Recht vgl § 28 VII AsylVfG 1982 u. dann § 55 II aF). Der Besitz eines AufTit hindert nach § 34 I 1 allg den Erlass einer asylvfr Abschiebungsandrohung, wobei der AufTit vor oder während des Asylverf ausgestellt sein kann (letzteres zB nach Eheschließung mit einem Dt). Abs 1 u. 2 vervollständigen dieses System des Ineinandergreifens auslr u. asylr AufR u. Ausreisepflichten.

3 Als AufTit kommen **alle Arten** nach § 4 I 2 AufenthG u. außerdem die nach dem FreizügG/EU in Betracht. Der AufTit muss von der AuslBeh ausgestellt sein. Gemäß Abs 2 genügt auch der nach § 81 IV AufenthG ges verlängerte AufTit (zum Bleiberecht aufgrund Antragstellung Rn 4). Abzustellen ist auf den Zeitpunkt der Asylantragstellung, nicht auf den des Erlasses der Abschiebungsandrohung (aA Hailbronner, § 43 AsylVfG, Rn 6). Es soll erkennbar derjenige Asylbew begünstigt werden, der asylverfahrensunabhängig eine sichere Aufenthaltsposition besaß. Auf die Verhältnisse bei Erlass der asylvfr Abschiebungsandrohung kann es (entgegen Hailbronner aaO) schon deshalb nicht ankommen, weil eine solche bei Vorliegen eines AufTit unter keinen Umständen ergeht (Rn 2). Erfasst ist also nur der Fall, dass der Asylbew früher einen AufTit besaß u. dieser vor Erlass der Abschiebungsandrohung erloschen ist u. daher aufenthaltsbeendende Maßnahmen aus auslr u. asylr Gründen parallel laufen.

2. Antrag auf Erteilung eines Aufenthaltstitels

4 Abs 2 behandelt den Verlängerungsantrag für einen längerfristigen AufTit (S. 1) u. die Geltung des § 81 AufenthG für andere Fälle (S. 2). Da die dort geregelten fiktiven Aufenthalts- u. Bleiberechte sowohl aus Erst- als auch aus Verlängerungsanträgen folgen, gilt auch S. 2 für beide Fälle („Im Übrigen" = außerhalb des Falles des S. 1), also nicht nur für Erstanträge (ebenso Hailbronner, § 43 Rn 14; aA Marx, § 43 Rn 13). Der Antrag auf Erteilung oder Verlängerung des AufTit hindert in keinem Fall den Erlass der Abschiebungsandrohung nach § 34 I 1 (Rn 2). Der Eintritt der **Vollziehbarkeit** wird aber im Falle des Abs 2 S. 1 (ges Verlängerung des AufTit) bis zur Entscheidung der AuslBeh über den Verlängerungsantrag **hinausgeschoben.** In anderen Fällen hindert ein Antrag auf AufTit den Vollzug der Abschiebung nicht, weder bei Erteilungs- noch bei Kurzfristverlängerungsanträgen. Nach Ablehnung eines Verlängerungsantrags iSd Abs 2 S. 1 gilt dies auch bis zur Stellung eines Eilantrags nach § 80 V VwGO u. bis zu dessen Bescheidung. Wird diesem Antrag dann stattgegeben, tritt nicht rückwirkend die Legalisierungswirkung des § 81 III 1 AufenthG u. damit auch des Abs 2 S. 1 (wieder) ein, sondern es wird lediglich die Abschiebung ausgesetzt (zu Recht Hailbronner, § 43 AsylVfG Rn 28).

3. Ehegatten, Eltern und Kinder

5 **Familiäre Bindungen** zu in Deutschland lebenden nahen Angehörigen können weder bei Erlass der Abschiebungsandrohung noch bei Bemessung der Ausreisefrist (§ 36 Rn 4; § 38 Rn 3 ff; § 39 Rn 4) berücksichtigt werden. Abs 3 soll in gewissem Umfang Abhilfe schaffen, nämlich während des Asylverf von Familienangehörigen (auch nach § 43 a IV), u. zwar „entgegen den Vorschriften des AuslG" (so BT-Drs 12/2062 S. 34).

6 Die Erteilung einer **Duldung** verlangt einen gewissen verfahrensrechtlichen Zusammenhang der Familienmitglieder. Bei getrennter Einreise schaden auch erhebliche Zeitabstände nicht. Der spätere Antrag muss nur jew ohne schuldhaftes Zögern nach der Einreise des betr Ehegatten, Elternteils oder Kindes gestellt sein. Für Personenstand u. Alter ist auf den Zeitpunkt der beabsichtigten Abschiebung u. nicht auf den der Asylantragstellung abzuheben (betr Familieneinheit sowie Familienasyl u. Familienabschiebungsschutz vgl §§ 14 a, 26).

7 Die Duldung kann erteilt werden, ohne dass die Voraussetzungen des § 60 a II AufenthG vorliegen, da Abs 3 einen eigenen ges Tatbestand darstellt. Der **Zweck der Duldung** darf ausschließlich darauf gerichtet sein, eine gemeinsame Ausreise zu ermöglichen. Wenn andere Gründe für eine Duldung geltend gemacht werden (zB Krankheit, Schwangerschaft, Schulbesuch oder sonstige Ausbildung), können sie (nur) im Rahmen des § 60 a II AufenthG Beachtung finden (zu ähnlichen Fallgestaltungen vgl § 38 Rn 4).

8 Das **Ermessen** hat private Belange der Familie zu beachten u. die Verhältnismäßigkeit zu wahren, vor allem Dauer der voraussehbaren Trennung, Alter, Angewiesensein auf familiäres Zusammenleben zu berücksichtigen. Es ist aber nicht durch ein staatl Interesse an einer

gemeinsamen Ausreise der Familie präjudiziert (Hailbronner, § 43 AsylVfG Rn 23; aA Marx, § 43 Rn 18).

III. Verwaltungsverfahren und Rechtsschutz

Für die Entscheidung über die Aussetzung der Abschiebung mit Rücksicht auf familiäre Bindungen ist allg die AuslBeh **zuständig**. Nur während des Zeitraums, in dem der Asyl zum Wohnen in einer AEinr verpflichtet ist, hat das BAMF zu entscheiden. Damit ist ein Teil der sehr komplizierten Bestimmungen des seit 1. 1. 2005 aufgehobenen § 43 a in Abs 3 übernommen.

Gegen die beabsichtigte **Abschiebung** kann sich der Asylbew, wenn eine Abschiebungsanordnung ergeht (zur fehlenden Notwendigkeit eines solchen VA vgl § 58 AufenthG Rn 16; vgl auch § 34 a), mit Anfechtungsklage (§ 42 I VwGO) wehren; sonst kann er eine vorbeugende Verpflichtungsklage (§ 42 II VwGO), gerichtet auf Unterlassung der Abschiebung, erheben. Vorläufiger Rechtschutz ist dementsprechend nach §§ 80 V oder 123 VwGO möglich. Betr **Duldung** sind Verpflichtungsklage u. Antrag nach § 123 VwGO gegeben (§ 60 a AufenthG Rn 35).

§ 43 a *Aussetzung der Abschiebung durch das Bundesamt*

(1) ¹ Solange ein Ausländer verpflichtet ist, in einer Aufnahmeeinrichtung zu wohnen, darf ihm keine Aufenthaltsgenehmigung erteilt werden. ² Ein Antrag auf Erteilung oder Verlängerung einer Aufenthaltsgenehmigung ist unzulässig.

(2) Solange ein Ausländer verpflichtet ist, in einer Aufnahmeeinrichtung zu wohnen, finden auf ihn die Vorschriften der §§ 54 und 55 Abs. 3 des Ausländergesetzes keine Anwendung.

(3) ¹ Das Bundesministerium des Innern kann aus völkerrechtlichen oder humanitären Gründen oder zur Wahrung politischer Interessen der Bundesrepublik Deutschland anordnen, daß die Abschiebung von Ausländern, auf die nach Abs. 2 der § 54 des Ausländergesetzes keine Anwendung findet, für die Dauer von längstens sechs Monaten ausgesetzt wird. ² Das Bundesamt setzt die Abschiebung entsprechend der Anordnung aus.

(4) Solange der Ausländer verpflichtet ist, in einer Aufnahmeeinrichtung zu wohnen, setzt das Bundesamt die Abschiebung vorübergehend aus, wenn diese sich als tatsächlich unmöglich erweist oder ein Aussetzungsgrund nach § 43 Abs. 3 vorliegt.

(5) Für den Widerruf der Aussetzung und die Entscheidung über die Erteilung einer weiteren Duldung ist die Ausländerbehörde zuständig, sobald der Ausländer nicht mehr verpflichtet ist, in einer Aufnahmeeinrichtung zu wohnen.

Entstehungsgeschichte

Die Vorschrift hat kein Vorbild im AsylVfG 1982. Sie wurde entspr dem GesEntw 1993 (BT-Drs 12/4450 S. 7) mit Wirkung vom 1. 7. 1993 eingefügt (Art 1 Nr 28 **AsylVfÄndG 1993**). Dem Gesetzentwurf entspr aufgehoben seit 1. 1. 2005 (Art 3 Nr 30 **ZuwG**); vgl jetzt auch § 43 III 2.

§ 43 b *Paßbeschaffung*

¹ Für Ausländer, die in einer Aufnahmeeinrichtung zu wohnen verpflichtet sind, hat das Bundesministerium des Innern oder die von ihm bestimmte Stelle für die Beschaffung der Heimreisedokumente im Wege der Amtshilfe Sorge zu tragen. ² Die erforderlichen Maßnahmen sind zum frühestmöglichen Zeitpunkt zu treffen.

Entstehungsgeschichte

1   Die Vorschrift hat kein Vorbild im AsylVfG 1982. Sie wurde entspr dem GesEntw 1993 (BT-Drs 12/4450 S. 7) mit Wirkung vom 1. 7. 1993 eingefügt (Art 1 Nr 29 **AsylVfÄndG 1993**). Sie ist entspr dem GesEntw (BT-Drs 15/420 S. 43) seit 1. 1. 2005 ersatzlos aufgehoben (Art 3 Nr 30 **ZuwG**). Die früher übliche Beschaffung von Heimreisedokumenten durch die Bundespolizei ist jetzt gem § 63 III Nr 7 AufenthG möglich.

Dritter Abschnitt. Unterbringung und Verteilung

§ 44 Schaffung und Unterhaltung von Aufnahmeeinrichtungen

(1) Die Länder sind verpflichtet, für die Unterbringung Asylbegehrender die dazu erforderlichen Aufnahmeeinrichtungen zu schaffen und zu unterhalten sowie entsprechend ihrer Aufnahmequote die im Hinblick auf den monatlichen Zugang Asylbegehrender in den Aufnahmeeinrichtungen notwendige Zahl von Unterbringungsplätzen bereitzustellen.

(2) Das Bundesministerium des Innern oder die von ihm bestimmte Stelle teilt den Ländern monatlich die Zahl der Zugänge von Asylbegehrenden, die voraussichtliche Entwicklung und den voraussichtlichen Bedarf an Unterbringungsplätzen mit.

(3) § 45 des Achten Buches Sozialgesetzbuch (Artikel 1 des Gesetzes vom 26. Juni 1990, BGBl. I S. 1163) gilt nicht für Aufnahmeeinrichtungen.

I. Entstehungsgeschichte

Die Vorschrift hat kein unmittelbares Vorbild im AsylVfG 1982. Sie entspricht dem **GesEntw 1992** (BT-Drs 12/2062 S. 12 f). **1**

II. Allgemeines

Die Bestimmungen über AEinr modifizieren zusammen mit § 53 I den früheren § 23 I **2** AsylVfG 1982. Sie enthalten erstmalig eine nach dem AsylVfG 1982 unbekannte **Verpflichtung der Länder** zur Schaffung u. Unterhaltung von Einrichtungen u. zur Bereitstellung von Unterbringungsplätzen. Welche **Unterschiede** zwischen einer AEinr (§§ 44, 46–49) u. einer GemUnt (§ 53; erwähnt in BT-Drs 12/2062 S. 34 f) bestehen, ist im Ges – von der zeitlichen Reihenfolge in Abhängigkeit von der Wohnverpflichtung des § 47 abgesehen – nicht gesagt. Weder Größe noch Beschaffenheit noch Ausstattung sind im Ges festgelegt. Zum Zwecke der Vermeidung menschenunwürdiger Wohnverhältnisse einerseits (dazu Reuther/Uihlein, Asyl, 1985, S. 31 ff, 81 ff; OVG NRW, InfAuslR 1986, 219; VG Freiburg, VBlBW 1997, 112) u. zu erwartender Widerstände bei den Bundesländern andererseits hätten Mindeststandards vorgegeben werden können, die auch die notwendige sozialpädagogische Betreuung der Asylbew, insb der Kinder u. Jugendlichen hätten einbeziehen können. Unter diesen Gesichtspunkten erscheint die Regelung in Abs 3 eher unangebracht, weil danach die sonst erforderliche Erlaubnis der Jugendbehörde entfällt.

III. Aufnahmeeinrichtungen

Abs 1 verpflichtet die Länder zur Schaffung u. Unterhaltung von AEinr sowie zur Bereit- **3** stellung der erforderlichen Plätze u. damit verbunden auch zur Kostentragung (zu den Pflichten der Flughafenbetreiber zur Bereitstellung von Unterkünften vgl § 74 a AuslG; zu den Kosten vgl § 74 a AuslG Rn 6, § 18 a Rn 13). Das Ges regelt dagegen – von Abs 3 abgesehen – nicht die **Beschaffenheit** dieser Einrichtungen (Rn 2) u. auch nicht die Art u. Weise, wie die Länder ihren Verpflichtungen unter Beachtung des jew Verfassungs- u. Kommunalrechts nachkommen sollen. Sinn u. Zweck des gesamten Verteilungs- u. Unterbringungssystems u. die Verpflichtungen des BAMF zur Schaffung von Außenstellen nach § 5 III zwingen aber jedes Land zur Bereitstellung mindestens einer AEinr. Mangels entspr ges Klarstellungen ist anzunehmen, dass eine AEinr auch aus mehreren Teilen, etwa einer Zentrale u. Außenstellen, bestehen kann.

4 Die **notwendige Anzahl** der bereitzuhaltenden Plätze ergibt sich aus dem Gesamtzugang an Asylbew, dem auf das jew Land entfallenden Anteil (§§ 45, 51, 52) u. der Aufenthaltsdauer der Asylbew; letztere wiederum hängt entscheidend von der Dauer der Verwaltungs- u. Gerichtsverf ab. Die Mitteilungspflichten nach Abs 2 betreffen einen Teil dieser Faktoren u. sollen den Ländern die Vorausberechnung der notwendigen Kapazitäten ermöglichen.

§ 45 Aufnahmequoten

¹ **Die Länder können durch Vereinbarung einen Schlüssel für die Aufnahme von Asylbegehrenden durch die einzelnen Länder (Aufnahmequote) festlegen.** ² **Bis zum Zustandekommen dieser Vereinbarung oder bei deren Wegfall richtet sich die Aufnahmequote für das jeweilige Kalenderjahr nach dem von der Geschäftsstelle der Bund-Länder-Kommission für Bildungsplanung und Forschungsförderung im Bundesanzeiger veröffentlichten Schlüssel, der für das vorangegangene Kalenderjahr entsprechend Steuereinnahmen und Bevölkerungszahl der Länder errechnet worden ist (Königsteiner Schlüssel).**

I. Entstehungsgeschichte

1 Die Vorschrift geht auf § 22 II AsylVfG 1982 zurück. Sie entsprach in ihrer ursprünglichen Fassung dem **GesEntw 1992** (BT-Drs 12/2062 S. 13). Vom 1. 1. 2005 an wurde die ursprüngliche Tabelle der Sollanteile aufgrund des Vermittlungsverf (BT-Drs 15/3479 S. 14) durch den neuen S. 2 ersetzt (Art 3 Nr 30 a **ZuwG**).

II. Aufnahmequoten

2 Die Vorschrift übernahm **zunächst** die **früheren Quoten** aus § 22 II AsylVfG 1982 iVm der Vereinbarung der Länder vom 3. 12. 1990 (§ 22 AsylVfG Rn 7 ff), allerdings auf- oder abgerundet auf eine Stelle nach dem Komma (zu den früheren Quoten vgl von Pollern, ZAR 1991, 78, 82; Reermann, ZAR 1982, 127, 136; Theis, ZAR 1981, 29; Zitzelsberger, BayVBl. 1982, 612). Die neue Bezeichnung „Sollanteil" war wohl mit dem Begriff „Aufnahmequote", der ges definiert ist, identisch u. deshalb entbehrlich. Eine vom Ges abweichende **Vereinbarung** wurde bisher nicht geschlossen worden. Ihr Zweck könnte wohl nur darin bestehen, die Belastung u. Leistungsfähigkeit der Länder besser als durch die ursprüngliche ges Quote zu gewährleisten.

3 Diesem Anliegen ist nunmehr durch Verwendung des jährlich neu errechneten **Königsteiner Schlüssels** Rechnung getragen, der außer der Größe der Bevölkerung auch die Wirtschaftskraft der Länder berücksichtigt u. für den Finanzausgleich zwischen Bund u. Ländern maßgeblich ist. Einer Initiative des BR, fortan die Quote anhand dieses Schlüssels jew neu festzulegen (BT-Drs 14/7465), hatte die BReg schon früher grundsätzlich zugestimmt, sie führte aber in der 14. Legislaturperiode des BT nicht mehr zu einer Gesetzesänderung. Nunmehr können sich die Anteile jährlich ändern. Maßgeblich sind außer der Bevölkerungsgröße auch die Steuereinnahmen der Länder.

Unter Berücksichtigung der **geltenden Werte** des Königsteiner Schlüssels ergeben sich 4
im Vergleich zu den früher ges festgelegten die nachfolgend wiedergegebenen Aufnahmeanteile für die Bundesländer. Diese Zahlen stammen aus dem Schlüssel für 2005 (BAnz 2005, 9366). Der jew neue Königsteiner Schlüssel ist zu erfahren über www.blk-bonn/de.

	Königsteiner Schlüssel v. H.	früherer Sollanteil v. H.
Baden-Württemberg	12,80474	12,2
Bayern	14,93279	14,0
Berlin	4,94600	2,2
Brandenburg	3,11538	3,5
Bremen	0,95450	1,0
Hamburg	2,51808	2,6
Hessen	7,31230	7,4
Mecklenburg-Vorpommern	2,12558	2,7
Niedersachsen	9,16606	9,3
Nordrhein-Westfalen	21,58754	22,4
Rheinland-Pfalz	4,69604	4,7
Saarland	1,24256	1,4
Sachsen	5,28152	6,5
Sachsen-Anhalt	3,07811	4,0
Schleswig-Holstein	3,34137	2,8
Thüringen	2,89743	3,3

Während sich die Bedeutung des ges Verteilungsschlüssels nach früherem Recht unmittel- 5
bar aus dem System der länderübergreifenden Verteilung u. Zuweisung (§ 22 III, V AsylVfG 1982) ergab, sind die **Auswirkungen** der Aufnahmequoten nach neuem Recht nur mittelbar feststellbar. Die Wahl der AEinr wird nämlich jetzt weitgehend dem Asylbew überlassen u. nur mittelbar gesteuert (§ 46 I, III, V), u. eine länderübergreifende Verteilung findet nur noch für nicht in der AEinr wohnpflichtige Personen statt (§ 51). Mittels der nach diesen Vorschriften notwendigen Berücksichtigung der Aufnahmequoten wird deren Einhaltung gesichert.

§ 46 Bestimmung der zuständigen Aufnahmeeinrichtung

(1) [1] Zuständig für die Aufnahme des Ausländers ist die Aufnahmeeinrichtung, in der er sich gemeldet hat, wenn sie über einen freien Unterbringungsplatz im Rahmen der Quote nach § 45 verfügt und die ihr zugeordnete Außenstelle des Bundesamtes Asylanträge aus dem Herkunftsland des Ausländers bearbeitet. [2] Liegen diese Voraussetzungen nicht vor, ist die nach Absatz 2 bestimmte Aufnahmeeinrichtung für die Aufnahme des Ausländers zuständig.

(2) [1] Eine vom Bundesministerium des Innern bestimmte zentrale Verteilungsstelle benennt auf Veranlassung einer Aufnahmeeinrichtung dieser die für die Aufnahme des Ausländers zuständige Aufnahmeeinrichtung. [2] Maßgebend dafür sind die Aufnahmequoten nach § 45, in diesem Rahmen die vorhandenen freien Unterbringungsplätze und sodann die Bearbeitungsmöglichkeiten der jeweiligen Außenstelle des Bundesamtes in bezug auf die Herkunftsländer der Ausländer. [3] Von mehreren danach in Betracht kommenden Aufnahmeeinrichtungen wird die nächstgelegene als zuständig benannt.

(3) [1] Die veranlassende Aufnahmeeinrichtung teilt der zentralen Verteilungsstelle nur die Zahl der Ausländer unter Angabe der Herkunftsländer mit. [2] Ehegatten sowie Eltern und ihre minderjährigen ledigen Kinder sind als Gruppe zu melden.

(4) Die Länder stellen sicher, daß die zentrale Verteilungsstelle jederzeit über die für die Bestimmung der zuständigen Aufnahmeeinrichtung erforderlichen Angaben, insbesondere über Zu- und Abgänge, Belegungsstand und alle freien Unterbringungsplätze jeder Aufnahmeeinrichtung unterrichtet ist.

(5) Die Landesregierung oder die von ihr bestimmte Stelle benennt der zentralen Verteilungsstelle die zuständige Aufnahmeeinrichtung für den Fall, daß das Land nach der Quotenregelung zur Aufnahme verpflichtet ist und über keinen freien Unterbringungsplatz in den Aufnahmeeinrichtungen verfügt.

Übersicht

	Rn
I. Entstehungsgeschichte	1
II. Allgemeines	2
III. Zuständige Aufnahmeeinrichtung	3
IV. Verwaltungsverfahren und Rechtsschutz	7

I. Entstehungsgeschichte

1   Die Vorschrift ist ohne Vorbild im AsylVfG 1982. Sie entspricht dem **GesEntw 1992** (BT-Drs 12/2062 S. 13).

II. Allgemeines

2   Das Verteilungssystem des § 46 konkretisiert die Aufnahmepflicht der Länder u. bestimmt mittelbar auch die Zuständigkeit gegenüber dem Asylbew (vgl §§ 14 I, 47 I; allg dazu Müller, ZAR 2001, 166). Der **Ort der Meldung** im Falle des § 14 I ist dem Ges nicht unmittelbar zu entnehmen. Dem Asylbew selbst wird auch nachträglich nicht die zuständige AEinr formell mitgeteilt. Letztlich hat er es damit zunächst selbst in der Hand, den Ort der Meldung u. die danach zuständige AEinr zu bestimmen (vgl § 14). Die zentrale Verteilungsstelle des Bundes, die für die gleichmäßige Verteilung zu sorgen hat, veranlasst allerdings erforderlichenfalls eine Änderung der Zuständigkeit. Die länderübergreifende Verteilung nach § 51 greift nur bei fehlender Wohnpflicht in einer AEinr ein.

III. Zuständige Aufnahmeeinrichtung

3   Die Zuständigkeit nach Abs 1 ist nur gegeben, wenn von der aufgesuchten AEinr alle **Voraussetzungen kumulativ** erfüllt werden: Einhaltung der Quote, freier Platz u. Zuordnung einer zuständigen Außenstelle. Beim Nichtvorliegen auch nur einer von ihnen hat die Bestimmung nach Abs 2 zu erfolgen. Dies gilt auch, wenn über das Vorliegen der Voraussetzungen Streit herrscht, zB zwischen Land u. zentraler Verteilungsstelle oder Außenstelle oder betr Ort der Meldung zwischen Asylbew u. AEinr, nicht aber, wenn der Asylbew Einhaltung der Aufnahmequote, freien Platz oder Bearbeitungszuständigkeit bestreitet; diese Bestimmungen sind nämlich nur im öffentl Interesse erlassen (Hailbronner, § 46 AsylVfG Rn 3). Bei Ermittlung der Erfüllung der Aufnahmequote sind die Anrechnungen nach § 52 zu beachten.

4   Die Entscheidung der zentralen Verteilungsstelle erfolgt allein auf Veranlassung einer (nicht notwendig der vom Asylbew aufgesuchten) AEinr, die keine Personalien, sondern nur die Angaben nach Abs 3 mitzuteilen hat. Die **Bestimmung der Zuständigkeit** richtet sich nacheinander nach den genannten Kriterien (Quote, freier Platz, Bearbeitung durch Außen-

stelle) u. bei Zuständigkeit mehrerer AEinr nach der Ortsnähe zu der anfragenden AEinr Diese braucht nicht unbedingt mit derjenigen identisch zu sein, in der oder in dessen Nähe sich der Asylbew bei der Meldung aufhielt oder inzwischen aufhält, zumal dieser nach der Meldung ohnehin bisweilen seinen Aufenthaltsort wechselt oder unbekannten Aufenthalts ist. Verfügt ein nach der Quote aufnahmepflichtiges Land über keine freien Plätze mehr, wird ihm der Asylbew dennoch zugewiesen (vgl Abs 5).

Persönliche Verhältnisse des Asylbew, insb familiäre Bindungen an im Bundesgebiet 5 lebende Personen sollen dabei rechtlich keine Rolle spielen. Sie sind anders als in §§ 50 IV 5, 51 für die Zuständigkeitsbestimmung nach § 46 nicht erwähnt. Dem durch Art 6 I GG geschützten familiären Zusammenleben wird außer in den Fällen der §§ 47 II, 48 Nr 3, 49 II Alt. 3 keine Bedeutung zugemessen. Die damit verbundene Gefahr der Trennung von nahen Familienangehörigen kann allenfalls im Hinblick auf die verhältnismäßig kurze Dauer des Aufenthalts in der AEinr hingenommen werden (aA Müller, ZAR 2001, 166: betr Art 6 GG konforme Auslegung von „nächstgelegen"). Tatsächlich ist das Risiko des Auseinanderreißens von Familien dadurch gemindert, dass diese für die Verteilung als Gruppe zu melden sind (§ 46 III 2). Eine getrennte Unterbringung ist deshalb vor allem bei Familien zu befürchten, deren Mitglieder nacheinander u. nicht gemeinsam um Asyl nachsuchen. Ebenso wenig sind bei der Verteilung die örtlichen Verhältnisse in dem jew Bundesland u. in dessen AEinr zu berücksichtigen, es sei denn, der Schutz von Leben u. Menschenwürde der Asylbew kann dort nicht gewährleistet werden (dazu OVG Hamburg, EZAR 228 Nr 13 u. 15; HessVGH, EZAR 228 Nr 16; OVG NRW, EZAR 228 Nr 17 u. 18; VG Düsseldorf, NVwZ 1993, 298).

Die **Mitteilungspflichten** nach Abs 4 sollen die Zuverlässigkeit der Zuständigkeits- 6 bestimmungen nach Abs 1 u. 2 sichern. Die Benennungspflicht nach Abs 5 soll die Zuweisung an ein nach der Quote aufnahmepflichtiges Land ermöglichen, u. zwar ohne Rücksicht auf freie Wohnplatzkapazitäten (Rn 4). Damit soll verhindert werden, dass die Lastenverteilung durch nicht ausreichende Einrichtung von AEinr unterlaufen wird (ebenso Hailbronner, § 46 AsylVfG Rn 12).

IV. Verwaltungsverfahren und Rechtsschutz

Die Bestimmung der zuständigen AEinr erfolgt nicht unmittelbar im Verhältnis zu dem 7 Asylbew, die **Verteilung** soll vielmehr eine „rein zahlenmäßige" sein (so Begr des GesEntw 1992, BT-Drs 12/2062 S. 35). Dem Ausl wird auch kein Antragsrecht nach Abs 2 eingeräumt. Eine länderübergreifende oder landesinterne Verteilung, bei der private Belange des Asylbew zu berücksichtigen sind, kommt erst nach Beendigung der Pflicht zum Wohnen in einer AEinr in Betracht (vgl §§ 50, 51).

Nach alledem tritt der Asylbew im Rahmen der Zuständigkeitsbestimmung u. Quotenbe- 8 rechnung in **keine rechtlichen Beziehungen** zu einer AEinr, einem Bundesland oder der zentralen Verteilungsstelle. Ihm steht zudem ein Anspruch auf Aufenthalt in einem bestimmten Land oder Ort nicht zu (§ 55 I 2). Ein dennoch gestellter Antrag auf eine anderweitige Zuständigkeitsbestimmung muss danach erfolglos bleiben; ebenso ein entspr gerichtlicher Antrag. In keinem Fall können Rechte des Asylbew verletzt sein (vgl §§ 113 I 1, V, 123 VwGO). Ob Ausnahmen bei Beeinträchtigung grundrechtlicher Positionen denkbar sind (so Hailbronner, § 46 AsylVfG Rn 17), erscheint fraglich, weil dem erforderlichenfalls wohl meist durch die Art der Unterbringung in einer AEinr (§ 47) oder später durch eine anderweitige Unterbringung Rechnung getragen werden kann.

Da sich auch sonst die Verpflichtung des Asylbew zum Aufenthalt in einem bestimmten 9 Bezirk u. zum Wohnen in einer bestimmten AEinr oder GemUnt aus den Ges u. aus auslbeh Anordnungen nach §§ 55 I 1, 56 I, III, 60 II 1 ergibt, kann der Asylbew insoweit wegen der **Änderung** seiner Aufenthalts- u. Wohnverpflichtungen Rechtsschutz in Anspruch nehmen (§ 60 Rn 13). In diesem Zusammenhang ist aber die Verteilung in ein bestimmtes Land aus den og Gründen (Rn 7 f) als nicht überprüfbar zugrunde zu legen. Ungeachtet dessen kann sich der Asylbew gegen die aufgrund der Zuständigkeitsbestimmung erlassenen Weiterleitungsverfügung nach § 22 I 2 gerichtlich zur Wehr setzen (dazu Marx, § 47 Rn 25–29), er kann aber auch dabei die Zuständigkeitsbestimmung nicht in Zweifel ziehen (vgl § 22 Rn 5)

10   **Weitere Rechtsschutzmöglichkeiten** stehen dem Asylbew zudem im Rahmen der landesinternen u. der länderübergreifenden Verteilung zur Verfügung (§ 50 Rn 35; § 51 Rn 9). Eine solche Verteilung ist aber jew erst nach Beendigung der nach § 47 bestehenden Wohnverpflichtung vorgesehen.

§ 47 Aufenthalt in Aufnahmeeinrichtungen

(1) ¹Ausländer, die den Asylantrag bei einer Außenstelle des Bundesamtes zu stellen haben (§ 14 Abs. 1), sind verpflichtet, bis zu sechs Wochen, längstens jedoch bis zu drei Monaten, in der für ihre Aufnahme zuständigen Aufnahmeeinrichtung zu wohnen. ²Das gleiche gilt in den Fällen des § 14 Abs. 2 Nr. 2, wenn die Voraussetzungen dieser Vorschrift vor der Entscheidung des Bundesamtes entfallen.

(2) Sind Eltern eines minderjährigen ledigen Kindes verpflichtet, in einer Aufnahmeeinrichtung zu wohnen, so kann auch das Kind in der Aufnahmeeinrichtung wohnen, auch wenn es keinen Asylantrag gestellt hat.

(3) Für die Dauer der Pflicht, in einer Aufnahmeeinrichtung zu wohnen, ist der Ausländer verpflichtet, für die zuständigen Behörden und Gerichte erreichbar zu sein.

I. Entstehungsgeschichte

1   Die Vorschrift hat kein Vorbild im AsylVfG 1982. Sie entspricht dem **GesEntw 1992** (BT-Drs 12/2062 S. 13).

II. Wohnverpflichtung

2   Abs 1 setzt die Aufnahmepflicht der Länder nach §§ 44 ff zusammen mit §§ 56 u. 57 in eine Wohnverpflichtung der von § 14 I erfassten Asylbew um. Betroffen sind auch vor der Entscheidung des BAMF aus einer Einrichtung iSd § 14 II Nr 2 entlassene Asylbew. Entgegen der Überschrift geht es nicht um Aufenthalt, sondern um **Wohnen** u. Erreichbarkeit (zutreffend daher die Überschrift des § 48).

3   Die zeitliche Begrenzung auf sechs Wochen u. längstens drei Monate hat trotz der strikten zeitlichen Begrenzung der Wohnverpflichtung zunächst nur Programmcharakter. Der Asylbew kann nämlich die Beendigung nach sechs Wochen nicht unmittelbar durchsetzen (vgl die Aufzählungen in §§ 48, 49), u. selbst das Erreichen oder Überschreiten von drei Monaten führt nicht von alleine zum Ende der Wohnverpflichtung oder zwingend zur landesinternen Verteilung u. Zuweisung nach § 50. Insofern ist die **Befristung ineffektiv,** zu beachten sind aber die Beendigungsgründe der §§ 48, 49 u. die nachträglich geschaffene Möglichkeit des § 50 I 2 (vgl vor allem § 48 Rn 6, § 50 Rn 8).

4   Zugunsten der **Familieneinheit** ermöglicht Abs 2 das Zusammenleben von nicht um Asyl nachsuchenden minderjährigen ledigen Kindern mit ihren Eltern. Beide Eltern müssen zum Wohnen in einer AEinr verpflichtet sein, nicht nur ein Elternteil. Abs 2 ist analog auf allein erziehende Elternteile anwendbar (ebenso Hailbronner, § 47 AsylVfG Rn 9), nicht jedoch auf das Verhältnis zwischen Ehegatten, von denen nur einer Asyl begehrt (zur Berücksichtigung von Art 6 I, II GG vgl § 46 Rn 4).

III. Erreichbarkeit

Abs 3 kann **missverständlich** wirken, weil er die Erreichbarkeit an die Dauer der 5
Pflicht nach Abs 1 S. 1 knüpft u. damit auf diesen Fall beschränkt. Eigentlich könnten
auch sonst derartige Mitwirkungspflichten bestehen. Dies kommt aber im Ges nicht
zum Ausdruck. Die Pflichten nach § 10 I, IV 3 sollen ebenfalls die jederzeitige Erreichbarkeit gewährleisten; sie betreffen aber nur die Entgegennahme von Mitteilungen u.
nicht die persönliche Erreichbarkeit zu anderen Zwecken. Letztere muss der Asylbew –
über § 10 I hinausgehend – nur während der Dauer der Wohnverpflichtung sicherstellen. Die Mittel sind nicht vorgegeben. Deshalb muss der Asylbew alle geeigneten
Maßnahmen treffen, um erreichbar zu sein, u. alles unterlassen, was diesem Zweck
zuwiderliefe.

Er braucht indes nicht jederzeit u. sofort erreichbar zu sein. Abs 3 verlangt – ebenso wie 6
Abs 1 u. §§ 55 I, 56 I, 57 I – **keine ständige Anwesenheit** in der AEinr oder deren
unmittelbarer Nähe. Andererseits genügt es angesichts der gesetzgeberischen Absicht einer
zusätzlichen Beschleunigung der Asylverf durch die Unterbringung in AEinr nicht, wenn
der Asylbew telefonisch oder schriftlich erreichbar ist. Er muss vielmehr erforderlichenfalls
insb für eine Anhörung nach §§ 24 I, 25 oder aus anderen Gründen innerhalb kurzer Zeit
zur Verfügung stehen; eine Verzögerung um mehrere Stunden kann bereits zB eine unverzügliche Anhörung nach § 25 IV gefährden.

§ 48 Beendigung der Verpflichtung, in einer Aufnahmeeinrichtung zu wohnen

Die Verpflichtung, in einer Aufnahmeeinrichtung zu wohnen, endet vor Ablauf von
drei Monaten, wenn der Ausländer
1. verpflichtet ist, an einem anderen Ort oder in einer anderen Unterkunft Wohnung
   zu nehmen,
2. unanfechtbar als Asylberechtigter anerkannt ist oder das Bundesamt für Migration
   und Flüchtlinge unanfechtbar das Vorliegen der Voraussetzungen des § 60 Abs. 1 des
   Aufenthaltsgesetzes festgestellt hat oder
3. nach der Antragstellung durch Eheschließung im Bundesgebiet die Voraussetzungen
   für einen Rechtsanspruch auf Erteilung eines Aufenthaltstitels nach dem Aufenthaltsgesetz erfüllt.

Übersicht

	Rn
I. Entstehungsgeschichte	1
II. Beendigungsgründe	2
III. Verwaltungsverfahren und Rechtsschutz	7

I. Entstehungsgeschichte

Die Vorschrift hat kein Vorbild im AsylVfG 1982. Sie entsprach in ihrer ursprünglichen 1
Fassung dem **GesEntw 1992** (BT-Drs 12/2062 S. 13). Durch die seit 1. 7. 1993 aufgrund
des GesEntw 1993 (BT-Drs 12/4450 S. 7) geltende Neufassung (Art 1 Nr 30 **AsylVfÄndG
1993**) ist in Nr 3 der allg Tatbestand der Erteilung einer AufGen im Hinblick auf § 43 a I
durch den Anspruch nach Eheschließung ersetzt. Mit Wirkung vom 1. 1. 2005 wurde dem
GesEntw (BT-Drs 15/420 S. 43) der Fall der Flüchtlingsanerkennung in Nr 2 eingefügt u.
in Nr 3 die AufGen nach dem AuslG durch den AufTit nach dem AufenthG ersetzt (Art 3
Nr 31, 32 **ZuwG**).

II. Beendigungsgründe

2 Die enumerativ aufgezählten Beendigungsgründe **beenden von selbst** die Wohnverpflichtung. Es bedarf dazu keiner Anordnung der AEinr, der AuslBeh oder einer anderen Stelle wie in den Fällen des § 49. Die Verpflichtung zum Wohnen in einer (nicht: „der") AEinr endet generell, nicht nur hinsichtlich der zunächst zuständigen. Alle drei Tatbestände verändern den Aufenthaltsstatus grundlegend. Der bloße Wechsel der AEinr wird erforderlichenfalls durch Änderung der Zuständigkeitsbestimmung (§ 46 I, II) u. durch entspr Auflagen zur AufGest (§ 60 I) vorgenommen.

3 Die Wohnverpflichtung in der AEinr endet dem Gesetzeswortlaut nach bei jeder Verpflichtung zum Wohnen an anderer Stelle. Dies kann freilich nicht für Ortsveränderungen gelten, die ihrem Zweck nach die generelle Wohnverpflichtung unberührt lassen. Eine Pflicht zum **Wohnortwechsel** iSd Nr 1 kann sich deshalb eigentlich nur aus Auflagen nach § 60 II 1 ergeben. Andere Verpflichtungen, insb solche zum Aufenthalt an einem bestimmten anderen Ort, genügen nicht. Aufenthalt ist nicht mit Wohnen gleichzusetzen. Deshalb erfüllt auch eine landesinterne Verteilung den Tatbestand der Nr 1 nicht (anders Begr des GesEntw, BT-Drs 12/2062 S. 30); denn mit der Verteilung u. deren Umsetzung durch die Zuweisung (§ 50 IV 1) wird lediglich der Aufenthaltsbezirk bestimmt. Der Ort, an dem der Asylbew Wohnung zu nehmen hat, uU in einer GemUnt (§ 51 I), ist durch AuslBeh Auflagen zu bestimmen (§ 60 II 1). Erst mit deren Erlass ist der Tatbestand der Nr 1 erfüllt.

4 Die Beendigung nach unanfechtbarer **Asylanerkennung** ist eigentlich selbstverständlich, weil der Ausl mit der Anerkennung aus dem Kreis der Asylbew ausscheidet (zur AufGest vgl § 67 Rn 7). Sie setzt im Falle der gerichtlichen Verpflichtung den Erlass eines entspr BAMF-Bescheids voraus; es genügt also nicht die Unanfechtbarkeit des Urteils. Erst nach Erhalt des Anerkennungsbescheids kann er die AE nach § 25 I AufenthG beantragen. Die **Flüchtlingsanerkennung** stand bis Ende 2004 nicht gleich u. war bis dahin auch nicht vergleichbar, weil sie eine Abschiebungsandrohung nicht hindert (vgl § 34 I) u. nur bei dauernd fehlender Abschiebbarkeit eine AufBef zu erteilen war (§ 70 I aF). Seit 2005 steht sie der Asylanerkennung gleich, zumal sie ebenfalls einen Rechtsanspruch auf eine AE vermittelt (§ 25 II AufenthG).

5 Bei dem **AufTit** aus Anlass der Eheschließung im Bundesgebiet ist das Bestehen eines Anspruchs hierauf maßgeblich, nicht deren Erteilung (anders noch aF; vgl Rn 1). Diese Änderung beruht darauf, dass die Erteilung einer AE während der Wohnverpflichtung durch § 43 III 2 ausgeschlossen ist u. nur für den Fall des Rechtsanspruchs nach Eheschließung hiervon durch Beendigung der Wohnverpflichtung abgegangen werden soll. In Betracht kommen Ansprüche nach §§ 27, 28 I 1 Nr 1, 30 I AufenthG. Da die AE noch nicht erteilt u. auch noch nicht zulässigerweise beantragt sein kann, genügt allein das Bestehen eines Anspruchs.

6 Zu den Beendigungsgründen zählt nicht das Erreichen von **drei Monaten Wohndauer** (§ 47 I); § 48 betrifft nur den Zeitraum bis zu drei Monaten (vgl § 47 Rn 3). Damit lässt sich die im Interesse der Sicherung menschenwürdiger Lebensbedingungen gedachte Befristung auf sechs Wochen u. höchstens drei Monate (Arbeitsverbot nach § 61 I; Beschränkungen nach § 55; Nichtberücksichtigung familiärer u. sonstiger Bindungen während des Aufenthalts in der AEinr) nur schwer durchsetzen (vgl aber § 50 Rn 8).

III. Verwaltungsverfahren und Rechtsschutz

7 Da die Beendigung der Wohnverpflichtung kraft Ges eintritt, fehlt es an einem angreifbaren VA. Im Streitfall kann der Asylbew eine bestätigende **Bescheinigung** verlangen u.

erforderlichenfalls gerichtlich mit einer **Feststellungsklage** (§ 43 VwGO) u. einem Antrag auf Erlass einer einstweiligen Anordnung (§ 123 VwGO) durchsetzen.

Die Beendigung der Wohnverpflichtung hat unterschiedliche **Folgen** für die Pflicht zum Aufenthalt u. Wohnen in einem bestimmten Bezirk oder an einem bestimmten Ort. Im Falle der Nr 1 wird der Asylbew länderübergreifend oder landesintern verteilt (§§ 50, 51) u. durch Auflagen zum entspr Aufenthalt oder Wohnen angehalten (§ 60 II 1). Mit der unanfechtbaren Asyl- oder Flüchtlingsanerkennung erwirbt er den Rechtsanspruch auf eine AE (§ 25 I, II AufenthG); bis zu deren Erteilung hält er sich erlaubt im Bundesgebiet auf (§ 25 I 3, II 2 AufenthG), ohne weiter an Aufenthaltsbeschränkungen für Asylbew gebunden zu sein. Mit dem Erwerb eines Anspruchs auf Erteilung einer AE nach Eheschließung endet nicht die Rechtsstellung als Asylbew, sondern nur die Wohnverpflichtung nach § 47 I. Der Aufenthalt gilt aber von der Antragstellung bis zur Erteilung einer ehebezogenen AE kraft Ges als erlaubt (§ 81 III 1 AufenthG).   8

Soweit der Asylbew danach nicht ohnehin von Beschränkungen des Aufenthalts freigestellt ist, kann er Rechtsschutz in Anspruch nehmen (betr Nr 1: § 60 Rn 13) u. auf diesem Wege **mittelbar** das Ende seiner Wohnverpflichtung iSd § 48 einer gerichtlichen Überprüfung unterwerfen.   9

§ 49 Entlassung aus der Aufnahmeeinrichtung

(1) Die Verpflichtung, in der Aufnahmeeinrichtung zu wohnen, ist zu beenden, wenn eine Abschiebungsandrohung vollziehbar und die Abschiebung kurzfristig nicht möglich ist, oder wenn dem Ausländer eine Aufenthaltserlaubnis nach § 24 des Aufenthaltsgesetzes erteilt werden soll.

(2) Die Verpflichtung kann aus Gründen der öffentlichen Gesundheitsvorsorge sowie aus sonstigen Gründen der öffentlichen Sicherheit oder Ordnung oder aus anderen zwingenden Gründen beendet werden.

I. Entstehungsgeschichte

Die Vorschrift hat kein Vorbild im AsylVfG 1982. Sie stimmte ursprünglich im Wesentlichen mit dem **GesEntw 1992** (BT-Drs 12/2062 S. 14) überein; auf Vorschlag des BT-IA wurde in Abs 2 die Alt. „oder aus anderen zwingenden Gründen" eingefügt (BT-Drs 12/2817 S. 28). Mit Wirkung v. 1. 7. 1993 wurde aufgrund des GesEntw 1993 (BT-Drs 12/4450 S. 7) in Abs 1 die letzte Alt. eingefügt (Art 1 Nr 31 **AsylVfÄndG 1993**). Seit 1. 1. 2005 ist die Bezugnahme auf § 32a I u. II AuslG in Abs 1 entspr dem GesEntw (BT-Drs 15/420 S. 43) durch die Bezugnahme auf § 24 AufenthG ersetzt (Art 3 Nr 33 **ZuwG**).   1

II. Beendigungsgründe

Die Gründe der Abs 1 u. 2 beenden anders als nach § 48 nicht von selbst die Verpflichtung zum Wohnen in einer AEinr, sondern erst aufgrund eines Verwaltungsakts. Sie führen zwingend zur **Beendigung der Wohnverpflichtung**, trotz der Überschrift nicht zur „Entlassung".   2

Obligatorisch ist die Wohnverpflichtung aufzuheben, wenn die Abschiebungsandrohung sofort oder endgültig vollziehbar wird, aber nicht kurzfristig vollzogen werden kann. Die Gründe hierfür können tatsächlicher oder rechtlicher Art sein, zB Fehlen von Reisedokumenten oder Aussetzung der Vollziehung nach § 60a AufenthG. Die Kurzfristigkeit ist unter Berücksichtigung der Höchstwohndauer nach § 47 I zu beurteilen. IdR sollten sechs   3

Wochen nicht überschritten werden. Dies ist allenfalls dann hinzunehmen, wenn das Hindernis für die Nichtabschiebung mit Sicherheit noch innerhalb der Dreimonatsfrist entfällt. Die Wohnverpflichtung ist außerdem zu beenden, wenn eine AE für aufgrund einer EU-Maßnahme aufgenommene Flüchtlinge zu erwarten ist.

4   **Im Ermessenswege** kann die Wohnverpflichtung aus den Gründen des Abs 2 beendet werden. Nach den beiden ersten Alternativen kommen **öffentl Interessen** zum Tragen. Außer Seuchen- u. Ansteckungsgefahren sind Sicherheitsgesichtspunkte zu beachten, etwa die Gefahr gewalttätiger Auseinandersetzungen unter den Bewohnern oder die Drohung von Übergriffen aus der Bevölkerung.

5   Die vom BT-IA eingefügte letzte Alternative (Rn 1) soll die Berücksichtigung von **Härtefällen** ermöglichen (BT-Drs 12/2817 S. 61). Diese können auf gesundheitlichen, familiären oder anderen persönlichen Umständen beruhen, deren Nichtberücksichtigung zu schwerwiegenden Nachteilen führte. Hierauf kann sich zB berufen, wer dringend auf die Lebenshilfe von Familienangehörigen, die andernorts wohnen, angewiesen ist u. ohne deren Beistand oder Pflege auch nicht sechs Wochen oder drei Monate ohne erhebliche Beeinträchtigungen in einer AEinr wohnen kann. Die gewöhnlichen Folgen eines Lebens in der AEinr sind hinzunehmen; zwingende Gründe können nur bei außergewöhnlichen Beeinträchtigungen anerkannt werden.

III. Verwaltungsverfahren und Rechtsschutz

6   Die Beendigung der Wohnverpflichtung **durch Verwaltungsakt** erfolgt durch Änderung der Auflagen zur AufGest nach § 60 II durch die zuständige AuslBeh (§ 60 III). **Rechtsschutz** ist in diesem Zusammenhang möglich (§ 60 Rn 13). Vorauszugehen hat eine landesinterne oder länderübergreifende Verteilung u. Zuweisung (nach §§ 50, 51).

§ 50 Landesinterne Verteilung

(1) ¹Ausländer sind unverzüglich aus der Aufnahmeeinrichtung zu entlassen und innerhalb des Landes zu verteilen, wenn das Bundesamt der zuständigen Landesbehörde mitteilt, daß

1. nicht oder nicht kurzfristig entschieden werden kann, daß der Asylantrag unbeachtlich oder offensichtlich unbegründet ist und ob die Voraussetzungen des § 60 Abs. 2 bis 7 des Aufenthaltsgesetzes in der Person des Ausländers, seines Ehegatten oder seines minderjährigen ledigen Kindes vorliegen, oder
2. das Verwaltungsgericht die aufschiebende Wirkung der Klage gegen die Entscheidung des Bundesamtes angeordnet hat.

²Eine Verteilung kann auch erfolgen, wenn der Ausländer aus anderen Gründen nicht mehr verpflichtet ist, in der Aufnahmeeinrichtung zu wohnen.

(2) Die Landesregierung oder die von ihr bestimmte Stelle wird ermächtigt, durch Rechtsverordnung die Verteilung zu regeln, soweit dies nicht durch Landesgesetz geregelt ist.

(3) Die zuständige Landesbehörde teilt innerhalb eines Zeitraumes von drei Arbeitstagen dem Bundesamt den Bezirk der Ausländerbehörde mit, in dem der Ausländer nach einer Verteilung Wohnung zu nehmen hat.

(4) ¹Die zuständige Landesbehörde erläßt die Zuweisungsentscheidung. ²Die Zuweisungsentscheidung ist schriftlich zu erlassen und mit einer Rechtsbehelfsbelehrung zu versehen. ³Sie bedarf keiner Begründung. ⁴Einer Anhörung des Ausländers bedarf es nicht. ⁵Bei der Zuweisung ist die Haushaltsgemeinschaft von Ehegatten und ihren Kindern unter 18 Jahren zu berücksichtigen.

Landesinterne Verteilung § 50 **AsylVfG** 4

(5) ¹Die Zuweisungsentscheidung ist dem Ausländer selbst zuzustellen. ²Wird der Ausländer durch einen Bevollmächtigten vertreten oder hat er einen Empfangsbevollmächtigten benannt, soll ein Abdruck der Zuweisungsentscheidung auch diesem zugeleitet werden.

(6) Der Ausländer hat sich unverzüglich zu der in der Zuweisungsverfügung angegebenen Stelle zu begeben.

Übersicht

	Rn
I. Entstehungsgeschichte	1
II. Allgemeines	2
III. Entlassung und Verteilung	3
IV. Verteilung	9
V. Zuweisung	15
1. Verfahren	15
2. Ermessensentscheidung	20
VI. Unverzüglicher Umzug	31
VII. Rechtsschutz	34

I. Entstehungsgeschichte

Die Vorschrift übernimmt den Inhalt der Regelungen des § 22 V, VI 1, VII, VIII, IX 1 AsylVfG 1982. Sie stimmte ursprünglich im Wesentlichen mit dem **GesEntw 1992** (BT-Drs 12/2062 S. 14) überein; auf Vorschlag des BT-IA wurde in Abs 4 der S. 5 angefügt (BT-Drs 12/2817 S. 28 f). Mit Wirkung v. 1. 7. 1993 wurden aufgrund des GesEntw 1993 (BT-Drs 12/4450 S. 7) in Abs 1 Nr 1 die Passage „in der Person des ... Kindes" eingefügt u. auf Vorschlag des BT-IA (BT-Drs 12/4984 S. 21) S. 2 in Abs 1 angefügt (Art 1 Nr 32 **AsylVfÄndG 1993**). Mit Wirkung vom 1. 1. 2005 ist entspr dem GesEntw (BT-Drs 15/420 S. 43) Nr 3 in Abs 1 (Klage des BB) aufgehoben u. die Bezugnahme auf § 53 AuslG durch eine solche auf § 60 II–VII AufenthG ersetzt (Art 3 Nr 34 **ZuwG**).

II. Allgemeines

Das Verteilungssystem ist gegenüber § 22 AsylVfG 1982 insofern **grundlegend geändert**, als eine länderübergreifende Verteilung während der Dauer der Verpflichtung zum Wohnen in einer AEinr überhaupt nicht u. danach nur ausnahmsweise nach § 51 erfolgt. An die Stelle der länderübergreifenden Verteilung u. Zuweisung ist die Bestimmung der Zuständigkeit der AEinr nach § 46 I, II getreten, an die sich nach Beendigung der Wohnverpflichtung die Verteilungen nach §§ 50, 51 anschließen. Die Erwartung, ein großer Teil der Asylverf, wenigstens die über als offensichtlich unbegründet abgelehnte Anträge, könnte während des Aufenthalts in der AEinr abgeschlossen werden, hat sich nicht erfüllt; sie kann nur in verhältnismäßig wenigen Fällen verwirklicht werden.

III. Entlassung und Verteilung

Entlassung u. landesinterne Verteilung werden nach Abs 1 S. 1 ausgelöst durch eine **Mitteilung** des BAMF über die Tatbestände der dortigen Nr 1 bis 3. Die zuständige Landesbehörde hat die Richtigkeit der Mitteilung nicht zu überprüfen. Das BAMF hat sich aber an die vorgegebenen Voraussetzungen zu halten u. die zuständige Landesbehörde unverzüglich nach deren Eintritt zu unterrichten.

4   Die **Unmöglichkeit,** überhaupt oder kurzfristig die Unbeachtlichkeit (§ 29) oder offensichtliche Unbegründetheit (§ 30) des Asylantrags festzustellen u. über Abschiebungshindernisse nach § 53 AuslG in der Person des Asylbew oder eines Mitglieds der Kernfamilie zu entscheiden, kann auf dem Verhalten des Asylbew beruhen oder auf objektiven Umständen (zB Verzögerungen bei der Anhörung, Aufklärungsschwierigkeiten, Überlastung des BAMF). Für die dahingehende Feststellung des BAMF sind die **Gründe unerheblich.** Maßgeblich ist nur, dass eine Entscheidung nach §§ 29, 30, 31 II, III nicht oder nicht schnell genug ergehen kann.

5   Als **nicht mehr kurzfristig** ist grundsätzlich eine Zeitdauer anzusehen, die sechs Wochen überschreitet. Diese Zeitspanne soll nach den Vorstellungen des Gesetzgebers (BT-Drs 12/2062 S. 26 ff) u. den ges Anforderungen an die Unterbringung in AEinr (§ 47 I) generell ausreichen, um die aussichtslosen Asylanträge von den anderen zu trennen. Die Grenze von sechs Wochen darf danach nur überschritten werden, wenn ausnahmsweise mehr Zeit notwendig wird u. sicher abzusehen ist, dass zumindest binnen drei Monaten nach Abs 1 Nr 1 entschieden werden kann.

6   Die **aufschiebende Wirkung der Klage** gegen die Abschiebungsandrohung des BAMF kann das VG nach § 80 V VwGO in den Fällen der §§ 35, 36 anordnen. Damit treten sofort die Folgen nach § 37 I, II ein; denn die Beschwerde ist auch bei stattgebenden Entscheidungen ausgeschlossen (§ 80).

7   Bei einer (vor September 2004 anhängige; vgl § 87 b) **Klage des BB gegen die Anerkennung** des Asylbew liegt es auf der Hand, dass ein Fall erkennbarer Aussichtslosigkeit des Asylantrags wahrscheinlich nicht gegeben ist. Nur die Asylanerkennung, nicht die Flüchtlingsanerkennung (§ 51 I AuslG) ist gemeint. Trotz ähnlicher Interessenlage ist der Fall nicht erfasst, dass das VG das BAMF zur Asylanerkennung verpflichtet, nachdem der Asylantrag zunächst als unbeachtlich oder offensichtlich unbegründet eingestuft worden war. Die in einem solchen Fall erforderliche Verfahrensdauer überschreitet ohnehin die Grenzen des § 47 I.

8   Nach Abs 1 S. 2 ermöglicht seit 1. 7. 1993 auch die Beendigung der Wohnverpflichtung **aus anderen Gründen** die landesinterne Verteilung. Damit sind die Tatbestände der §§ 48, 49 sowie das Erreichen der Dreimonatsfrist des § 47 I gemeint (vgl dazu § 47 Rn 3, § 48 Rn 6), wobei im letzteren Fall das Ermessen auf Null reduziert ist. In diesen Fällen bedarf es (erstmalig) einer Verteilung u. Zuweisung, es sei denn, der Ausl scheidet aus dem Asylverf aus (durch Erteilung einer AE nach § 24 AufenthG; vgl § 49 I) oder erhält einen AufTit ohne örtliche Beschränkung (§ 48 Nr 3).

IV. Verteilung

9   Die **Verpflichtung der Länder zur Aufnahme** ihnen zugewiesener Asylbew ist nicht mehr ausdrücklich geregelt (anders noch § 22 IX 1 AsylVfG 1982). Nach Fortfall der länderübergreifenden Anfangsverteilung (zur späteren Verteilung vgl §§ 51, 52) ist eine solche Bestimmung nicht mehr erforderlich. Mittelbar ergibt sich die Aufnahmeverpflichtung jetzt aus §§ 44 I, 45, 46 I, II, 47 I.

10   Der Überschrift entspr liegt der **Schwerpunkt** der Regelung bei der landesinternen Verteilung, die gegenüber der länderübergreifenden Verteilung nach § 51 eindeutig die Regel darstellt. Die nach Abs 1 erforderliche unverzügliche Entlassung steht in engem Zusammenhang mit Verteilung u. Zuweisung. Sie geht mit der Zuweisung einher u. darf trotz der Wortfolge von „zu entlassen" u. „zu verteilen" nicht zeitlich getrennt gesehen werden. Sonst entstünde zwischen Entlassung einerseits u. Zuweisung u. Zuzug an einem anderen Ort andererseits eine nicht zu füllende Lücke (zu Verf u. Zuständigkeit Rn 14 ff).

11   Der betroffene **Personenkreis** wird durch die Mitteilung des BAMF verbindlich bestimmt (Rn 3). Damit sind zunächst nur Personen erfasst, deren Status als Asylbew trotz

Landesinterne Verteilung § 50 **AsylVfG** 4

Beendigung der Wohnverpflichtung nach § 47 I erhalten bleibt u. die nach der Zuweisung an einem anderen Ort innerhalb des Landes idR in einer GemUnt untergebracht werden (§ 53 I). Ähnliches gilt bei Unmöglichkeit einer kurzfristigen Abschiebung (§ 49 I). In diesem Fall enden weder der Asylbewerberstatus (betr AufGest vgl § 67) noch die Notwendigkeit der Wohnraumbeschaffung. Mangels anderweitiger Möglichkeiten bleibt nur die Einbeziehung dieser Personen in die landesinterne Verteilung. Erst recht ist dies bei den nach § 49 II aus der AEinr zu entlassenden Personen anzunehmen; die Gründe für das Ende ihrer Wohnverpflichtung lassen deren Asylbewerberstatus u. Unterbringungsbedürftigkeit unberührt.

Dagegen sind in die landesinterne Verteilung nicht auch diejenigen Personen einzubeziehen, deren **Wohnverpflichtung** nach § 48 Nr 3 kraft Ges **beendet** wird; sie unterliegen aufgrund ihres neuen Aufenthaltsstatus nicht mehr der Verteilung. 12

Die **Ermächtigung** zur Regelung der landesinternen Verteilung durch RVO ist der Sache nach mit der nach § 22 IX 2 AsylVfG 1982 identisch. Sie soll die dezentrale Unterbringung – vor allem in den Flächenstaaten – ermöglichen. Ist nach Landesverfassungsrecht für Maßnahmen im Zusammenhang mit der Verteilung von Ausl eine andere Stelle als die Landesregierung zuständig oder ein förmliches Ges notwendig, werden diese Vorschriften zT durch des Bundesrecht des Abs 2 verdrängt (Art 31 GG). Allerdings ist das Land nicht gehalten, von der RVO-Ermächtigung der Landesregierung Gebrauch zu machen; es kann auch nach der Landesverfassung verfahren. Die Ermächtigung gilt auch für die Zuweisung; denn diese setzt die Verteilung letztlich nur um. 13

Die Länder müssen ihre Ges oder RVO (5. Aufl, § 22 AsylVfG Rn 32) auf das neue Recht **umstellen,** weil der landesinternen Verteilung u. Zuweisung anders als früher idR keine länderübergreifende mehr vorausgeht u. der betroffene Personenkreis verändert ist. 14

V. Zuweisung

1. Verfahren

Mit dem Zuweisungsbescheid der zuständigen Landesbehörde wird die **Verteilung** gegenüber dem Asylbew **umgesetzt.** Grundsätzlich sind in formeller u. materieller Hinsicht die früheren Regelungen übernommen (§ 22 IX 3 iVm V, VI 1, VII, VIII AsylVfG 1982). Zu beachten ist aber, dass sich der Asylbew jetzt idR bereits in dem betr Land aufhält (Ausnahme nach § 51) u. sich deshalb nur aus der AEinr zu der ihm angegebenen Stelle zu begeben hat, um der Zuweisung nachzukommen. 15

Die Zuweisung bedarf weder einer vorherigen **Anhörung** des Asylbew noch der **Begründung** (abweichend von §§ 28, 39 VwVfG). Mangels nachfolgenden Widerspruchsbescheids (§ 11) erfährt der Asylbew die Gründe der Zuweisung nur in einem Rechtsstreit. Diese Verfahrensrestriktionen sind verfassungsrechtlich nicht zu beanstanden (betr fehlende Begründungspflicht zum früheren Recht krit BayVGH, InfAuslR 1984, 23); Anhörung u. Begründung müssen jedoch spätestens im gerichtlichen Aussetzungserfahren nachgeholt werden (zum früheren Recht HessVGH, EZAR 228 Nr 3 u. 8 sowie ESVGH 39, 225). Die Ausnahme von der allg bestehenden Anhörverpflichtung im Verwaltungsverf (§ 28 VwVfG) entbindet die Behörde nicht von der Pflicht, ihr bekannte Tatsachen zu berücksichtigen. 16

Die Zuweisungsentscheidung ist nur dann **hinreichend bestimmt** (vgl § 37 I VwVfG), wenn sie zweifelsfrei die Zuweisung an eine bestimmte Körperschaft (Kreis, kreisfreie Stadt) anordnet; es genügt nicht die Aufforderung, sich gemäß Abs 6 bei der zentralen Anlaufstelle eines Kreises einzufinden (zum früheren Recht HessVGH, EZAR 228 Nr 3, InfAuslR 1985, 289 u. HessVGRspr 1986, 47). Missverständlich u. damit unklar u. unbestimmt wird die Zuweisungsentscheidung durch den Zusatz, die Aufenthaltsrechte an dem seitherigen Aufenthaltsort blieben unberührt (HessVGH, HessVGRspr 1986, 47). 17

18 Für den Zuweisungsbescheid sind Schriftlichkeit, Rechtsmittelbelehrung u. **Zustellung** vorgeschrieben, wobei sich letztere (während u. nach der Wohnverpflichtung) nach § 10 richtet. Ist ein Bevollmächtigter oder Zustellungsbevollmächtigter bestellt (die Vollmacht muss dann außer dem Asylantragsverf auch Verteilung/Zuweisung umfassen), ist der Bescheid gemäß Abs 5 (anders als nach § 41 I 1 VwVfG) sowohl diesem bekannt zu machen als auch dem Asylbew persönlich zuzustellen (anders noch § 22 VII AsylVfG 1982; dazu HessVGH, EZAR 228 Nr 2). Die Zustellung allein an den Asylbew hindert also das Wirksamwerden der Zuweisung nicht.

19 Die **Mitteilungspflicht** nach Abs 3 kann eigentlich erst nach oder kurz vor Erlass des Zuweisungsbescheids erfüllt werden. Sie setzt nämlich die Kenntnis von dessen Inhalt voraus, u. dieser ergibt sich nicht schon aus der rechnerischen Verteilung je nach Belastung der Kreise u. Gemeinden. Vor der Verteilung/Zuweisung ist vielmehr Ermessen auszuüben, das vor allem die familiären Bindungen iSd Abs 4 S. 5 zu beachten hat (Rn 20). Die Mitteilung dient dem BAMF für die Vorbereitung eines (positiven oder negativen) Bescheids, da die örtliche Zuständigkeit der AuslBeh u. des VG von dem zugewiesenen Aufenthaltsort abhängig ist (§§ 52, 61 III; § 52 Nr 3 S. 2 VwGO) u. letztere in der Rechtsmittelbelehrung angegeben werden muss.

2. Ermessensentscheidung

20 Über die Zuweisung hat die zuständige Landesbehörde nach Ermessen zu entscheiden (HessVGH, EZAR 228 Nr 5). Hierbei sind **öffentl u. private Belange** gegeneinander abzuwägen, soweit diese nach dem Ges berücksichtigungsfähig sind. Da eine länderübergreifende Verteilung für in der AEinr wohnpflichtige Personen nicht stattfindet (Rn 2), bildet allein die vorangegangene Verteilung innerhalb des Landes die Grundlage der Zuweisung. In ihr kommt das öffentl Interesse an einer gleichmäßigen Verteilung der Asylbew zum Ausdruck, das grundsätzlich den Vorrang vor Belangen der Asylbew verdient, weil diese kein Recht zum Aufenthalt in einem bestimmten Bundesland oder an einem bestimmten Ort im Inland besitzen (§ 55 I 2). Das Ermessen ist jedoch in mehrfacher Hinsicht gebunden. Vor allem ist die Haushaltsgemeinschaft der sog. Kernfamilie zu berücksichtigen, u. außerdem muss das Ermessen auf materielle u. formelle Vorgaben des Verfassungsrechts Bedacht nehmen.

21 Wird kein Ermessen ausgeübt, weil sich die Behörde an die Verteilung gebunden fühlt (sog. **Ermessensunterschreitung**), ist die Zuweisung rechtswidrig (zum früheren Recht OVG Hamburg, EZAR 228 Nr 1; HessVGH, 8. 6. 1990 – 10 TH 1317/90 –; HessVGH, EZAR 228 Nr 3). Allerdings braucht die Landesbehörde nicht – außerhalb des Abs 4 S. 5 u. ähnlich gewichtiger Gesichtspunkte – der Frage nachzugehen, ob die Auswahl bei der Verteilung auch anders hätte ausfallen können (zum früheren Recht VGH BW, EZAR 228 Nr 9). Grundsätzlich besteht kein Anspruch auf Auskunft über das der Verteilung zugrundeliegende Zahlenmaterial (OVG NRW, 12. 1. 1990 – 17 B 232555/89 –). Um die Annahme einer ermessensfehlerhaften Auswahl auszuschließen, kann jedoch im Einzelfall die Eröffnung des **Verteilungskonzepts** (HessVGH, 8. 6. 1990 – 10 TH 1317/90 –) oder einzelner Auswahlkriterien wie Nationalität, Alter, Geschlecht, Verfolgtengruppe (HessVGH, EZAR 228 Nr 5, 8) ua geboten sein.

22 Vorauszugehen hat eine ordnungsgemäße Verteilung. An sie ist die Landesbehörde freilich **nicht gebunden,** sofern eine andere Zuweisung recht- oder zweckmäßig erscheint. Zunächst ist aber nur die Tatsache der Verteilung für die Rechtmäßigkeit der Zuweisung von Bedeutung, nicht deren „Richtigkeit". Ist etwa die jew Landes- oder Kreisquote überschritten oder die Verteilung wegen Nichtanhörung der Aufnahmekörperschaft oder aus anderen Gründen fehlerhaft zustande gekommen, wirkt sich dies nicht auf die Zuweisung aus. Erst wenn die Verteilung auf Rechtsmittel der Körperschaft hin (Rn 34) aufgehoben wird, ist der Zuweisung die Grundlage entzogen. Mittelbar kann sich die Überziehung der Quote allerdings zugunsten des Asylbew auswirken, nämlich im Rahmen der notwendigen Interessenabwägung. Umgekehrt steht die Erfüllung der jew Aufnahmequote einer Zuwei-

Landesinterne Verteilung § 50 AsylVfG 4

sung, die angesichts der persönlichen Verhältnisse des Asylbew geboten ist, nicht entgegen. In jedem Fall kann die (zusätzliche) Aufnahme nach § 52 oder bei nachfolgenden internen Verteilungen ausgeglichen werden.

Die Haushaltsgemeinschaft der sog. **Kernfamilie** – Ehegatten u. Kinder unter 18 Jahren 23 – ist zwingend (aufgrund Art 6 I, II GG ohnehin geboten) zu berücksichtigen, also in die Interessenabwägung einzubeziehen. Auf Minderjährigkeit (dazu § 12 II) kommt es bei den Kindern nicht an. Ein allein erziehend er sorgeberechtigter Elternteil steht dem Elternpaar gleich. Mit dem ausdrücklichen Gebot der Berücksichtigung des Wunsches nach familiärem Zusammenleben wird dem Umstand Rechnung getragen, dass Verfolgung u. Flucht Schwierigkeiten psychischer Art nach sich ziehen, die durch unsichere Lebensverhältnisse im Aufnahmestaat, durch Unterbringung in AEinr u. GemUnt ua noch verstärkt werden u. leicht zu bleibenden Schäden führen können. In dieser Situation ist das Leben in der Familie besonders wichtig.

Das Ges gebietet weder grundsätzlich noch idR, dass das Zusammenleben in einem 24 Haushalt ermöglicht wird. Ein entspr Anspruch ist nicht eingeräumt. Dennoch ist einem dahingehenden **Wunsch stattzugeben,** wenn nicht ausnahmsweise gewichtigere öffentl Interessen dagegen sprechen. Insoweit ist der Grundsatz des § 55 I 2 durchbrochen. Auch die Einhaltung des Verteilungsschlüssels kann nicht mit Erfolg dagegen ins Feld geführt werden; denn ein Ungleichgewicht zwischen einzelnen Körperschaften eines Landes kann immer anderweitig ausgeglichen werden.

Ein **gemeinsamer Haushalt** muss angestrebt sein, er braucht – vor oder nach der Flucht – 25 nicht bestanden zu haben. Hat die Familie (freiwillig) lange nicht zusammengelebt, kann das Gewicht ihres Wunsches nach einem gemeinsamen Haushalt geringer bewertet werden. Verstärkt wird dieser umgekehrt durch ein gemeinsames Verfolgungs- u. Fluchtschicksal, eine erzwungene Trennung nach der Flucht, durch besondere körperliche oder geistige Hilfsbedürftigkeit oder das gänzliche Fehlen von Beziehungen zu Personen gleicher Herkunft oder Sprache.

Handelt es sich bei einem Teil der Familienangehörigen um **keine Asylbew** u. besitzen 26 diese eine AufGen u. eine Wohnung, in der zusätzliche Personen aufgenommen werden können, darf das Zusammenleben idR nicht mit der Überlegung verwehrt werden, dadurch werde etwa die Pflicht zum Wohnen in einer GemUnt umgangen. Das öffentl Interesse an der Einhaltung der damit verbundenen Einschränkungen für Asylbew hat dann grundsätzlich hinter dem Schutz des Art 6 I, II GG zurückzutreten. Verfügen die anderen Familienmitglieder weder über einen eigenen AufTit noch über eine ausreichende Wohnung für weitere Personen, darf der Zusammenzug dagegen verwehrt werden. Kann die Familieneinheit auch an dem zugewiesenen Ort hergestellt werden, besteht kein Anspruch auf Zusammenleben an dem Ort, wo sich die Ehefrau mit fiktiver AufErl nach § 69 III AuslG (HessVGH, 14. 1. 1988 – 12 TH 671/87 –) oder ein Kind aufhält, das seines Alters wegen keiner AufErl bedarf (HessVGH, 14. 1. 1988 – 12 TH 671/87 – u. 27. 6. 1986 – 10 TH 1302/86 –).

Ob bei Ausübung des Ermessens für die Zuweisung neben familiären Bindungen inner- 27 halb der Kernfamilie darüber hinaus auch **humanitäre Überlegungen** zu berücksichtigen sind, kann fraglich sein. Letzteres ist ausdrücklich nur für die länderübergreifende Verteilung bestimmt (§ 51 I), dort aber gerade nicht auf diese Maßnahme beschränkt („auch durch länderübergreifende Verteilung"). Zudem schließen diese Bestimmung u. der Text von Abs 4 S. 5 die Berücksichtigung anderer Umstände ebenso wenig aus wie die gleiche Formulierung in § 22 VI 1 AsylVfG 1982. Mit der unterschiedlichen Fassung von Abs 4 S. 5 einerseits u. § 51 I andererseits hat der Gesetzgeber indes für die landesinterne Verteilung erkennbar strengere Maßstäbe bei der Beachtung privater Belange anlegen wollen. Dennoch können andere persönliche Beziehungen als die der Kernfamilie bei der landesinternen Verteilung eigentlich nicht irrelevant sein, wenn man außer diesen Formulierungen die einzelnen Stufen der Aufenthaltsregelungen u. die Gesetzesmaterialien betrachtet (ähnlich, aber wohl einengender Hailbronner, § 50 AsylVfG Rn 24 f).

Während der Wohnverpflichtung nach § 47 I erscheint die gänzliche Vernachlässigung 28 familiärer Bindungen im öffentl Interesse angesichts der relativ kurzen Wohndauer von bis zu sechs Wochen u. höchstens drei Monaten grundsätzlich hinnehmbar (vgl § 49 Rn 5). Nach Beendigung dieser Wohnverpflichtung ist entweder schon eine geraume Aufenthaltszeit verstrichen oder noch zu erwarten. Schon deshalb ist angesichts der Übereinstimmung der Formulierung des Abs 4 S. 2 mit § 22 VI 1 AsylVfG 1982 anzunehmen, dass außer den persönlichen Beziehungen innerhalb der Kernfamilie auch **andere persönliche Beziehungen mit ähnlichem Gewicht** entspr der früheren Ansicht in Rspr u. Schrifttum zu § 22 VI 1 AsylVfG 1982 weiterhin in die Ermessenserwägungen einbezogen werden müssen. Darauf deutet auch die Begr des BT-IA für die Einfügung von Abs 4 S. 5 (BT-Drs 12/2718 S. 61) hin; danach sollte nur eine „Klarstellung entspr dem geltenden Recht" erfolgen. In § 51 I ist lediglich eine Erweiterung der relevanten Umstände vorgenommen worden (§ 51 Rn 3 f), die dieser Auslegung nicht zuwiderläuft.

29 Die anderen persönlichen Beziehungen – außerhalb der Kernfamilie – müssen ein **ähnliches Gewicht** aufweisen wie das Verhältnis zwischen Ehegatten oder zwischen Eltern u. ihren Kindern unter 18 Jahren (zum früheren Recht VGH BW, EZAR 228 Nr 9; OVG Hamburg, EZAR 228 Nr 1; HessVGH, 26. 8. 1988 – 10 UE 2431/88 –; HessVGH, EZAR 228 Nr 3 u. 8; Henkel, ZAR 1981, 85). Dies kann der Fall sein, wenn die betreffende Person auf die **Lebenshilfe** der anderen aufgrund Krankheit, Schwangerschaft, Alter, Gebrechlichkeit oder mangelnder Deutschkenntnisse angewiesen ist: etwa bei Verlobten (OVG RhPf, 12. 1. 1990 – 11 B 164/89 –; VG Hamburg, InfAuslR 1985, 156), älteren Kindern (BVerwG, InfAuslR 1982, 126), Geschwistern (VGH BW, EZAR 228 Nr 10; HessVGH, EZAR 228 Nr 5; VG Ansbach, InfAuslR 1984, 99), Cousins (HessVGH, EZAR 228 Nr 8), nicht unbedingt bei Mitgliedern derselben Religionsgemeinschaft (OVG Berlin, NVwZ 1993, 296; HessVGH, 28. 10. 1987 – 12 TH 2232/87 – jew betr yezidische Großfamilie). Die Rechtsbeziehungen zwischen Vormund u. minderjährigem Mündel verleihen dem Verhältnis beider zueinander ohne weiteres ein ähnliches Gewicht wie einem natürlichen Eltern-Kind-Verhältnis (HessVGH, ESVGH 39, 225). Unterschiedliche Standards der Lebensverhältnisse in einzelnen Bundesländern gehören dagegen nicht zu den erwägenswerten Kriterien (OVG Hamburg, EZAR 228 Nr 13; zu evtl grundrechtsrelevanten Beeinträchtigungen vgl auch § 46 Rn 5).

30 Auch hinsichtlich dieser ähnlich gewichtigen Verhältnisse hat die Zuweisungsbehörde spätestens im gerichtlichen Aussetzungsverf die **Gründe** darzulegen, die gegen die von dem Asylbew gewünschte Verteilung u. Zuweisung sprechen; sonst ist nicht erkennbar, dass sie überhaupt Ermessen ausgeübt u. willkürfrei entschieden hat (zum früheren Recht HessVGH, 8. 6. 1990 – 10 TH 1317/90 –; HessVGH, EZAR 228 Nr 8).

VI. Unverzüglicher Umzug

31 Aus der Zuweisung folgt für den Asylbew die Verpflichtung, sich an die dort genannte Stelle zu begeben (falls er sich nicht schon dort aufhält) u. dort zu verbleiben. Er hat der Zuweisung unverzüglich (ohne schuldhaftes Zögern) Folge zu leisten. Ihm muss **ausreichend Zeit für den Umzug** gelassen werden; da er in einer AEinr wohnt, genügen hierfür uU wenige Stunden. Erhebung von Widerspruch oder Klage befreit ihn nicht von dieser Pflicht, da diese **Rechtsbehelfe** keine aufschiebende Wirkung entfalten (§ 75). Gelegenheit für Rechtsschutzanträge (auch nach § 80 V VwGO) am bisherigen Aufenthaltsort muss ihm verbleiben; eine Entscheidung hierüber darf er freilich nur abwarten, wenn mit dieser binnen weniger Tage gerechnet werden kann.

32 **Dem Asylbew** bleibt es letztlich **überlassen,** wann u. wie er – freiwillig u. in eigener Verantwortung – seiner Pflicht nachkommt. An einer Bestimmung wie in § 59 I 2 fehlt es hier. Für eine Verpflichtung zum Umzug nach § 60 II, III durch die neu zuständige AuslBeh unter gleichzeitiger Vorgabe von Termin u. Beförderungsmittel ist kein Raum, weil die Pflicht bereits kraft Ges besteht. Ob der Asylbew rechtzeitig umgezogen ist, hängt von den Umständen des Einzelfalls ab u. kann nicht absolut festgelegt werden. Unzulässig ist es

deshalb, eine feste Frist zu bestimmen (zulässig nur als Empfehlung, HessVGH, 8. 1. 1986 – 10 TH 2393/85 –) oder von vornherein die Beförderung mit Sammeltransport vorzuschreiben (HessVGH, EZAR 228 Nr 6; Bertrams, NWVBl 1988, 70). Die Pflicht zum unverzüglichen Umzug kann mit den Mitteln des Verwaltungszwangs durchgesetzt werden, auch die Aufforderung zur Rückkehr in das zugewiesene Land (vgl § 15 I Nr 3; OVG Hamburg, EZAR 228 Nr 19; aA zum früheren Recht OVG NRW, NWVBl 1990, 351; bestätigt durch BVerwG, EZAR 221 Nr 36), die Verlassenspflicht nach § 36 AuslG erforderlichenfalls sogar ohne vorherige Androhung (§ 59 I 1). Dabei müssen aber zB Reiseunfähigkeit u. gesundheitliche Gefahren infolge des Ortswechsels berücksichtigt werden (OVG Hamburg aaO).

Folgt der Asylbew der Zuweisung nicht unverzüglich, macht er sich **strafbar** (§ 85 Nr 1). 33 Vorausgesetzt ist ein nicht unverzüglicher Umzug. Damit ist für den Straftatbestand ebenso wie nach Abs 6 subjektives Verschulden erforderlich (vgl § 85 Rn 5 f).

VII. Rechtsschutz

Gegen die landesinterne **Verteilung** kann sich der Kreis oder die Gemeinde wehren (zum 34 alten Recht VGH BW, ESVGH 30, 220 u. 37, 36; OVG NRW, EZAR 221 Nrn. 9, 16). Insoweit handelt es sich aber um Streitigkeiten aufgrund der jew Landesnormen, auf die das AsylVfG, insb §§ 11, 75 nicht anwendbar sind (ebenso GK-AsylVfG, § 50 Rn 33; ähnlich Hailbronner, § 50 AsylVfG Rn 33; aA Marx, § 50 Rn 58; HessVGH, EZAR 228 Nr 12). Mit der Berufung auf das kommunale Selbstverwaltungsrecht kann eine Gemeinde weder gegen die Verteilung vorgehen noch eine finanzielle Entschädigung erstreiten (BVerwG, EZAR 229 Nr 3; BayVGH, EZAR 228 Nr 14 u. 229 Nr 4; HessVGH, EZAR 461 Nr 11; zum örtlichen Wirkungskreis der Gemeinden in Bayern BayVGH, EZAR 461 Nr 14; zur Unterbringung von Bürgerkriegsflüchtlingen HessVGH, EZAR 015 Nr 13).

Dem Asylbew stehen gegen die **Zuweisung** die Anfechtungsklage (§ 42 I VwGO) zur 35 Verfügung, die Zuweisung an eine bestimmte Gebietskörperschaft kann er mit Verpflichtungsklage (§ 42 II VwGO) erstreiten. Für diese Streitigkeiten ist das AsylVfG maßgeblich, u. damit gelten auch §§ 11, 75 uneingeschränkt.

Da die Klage gegen die Zuweisung **keine aufschiebende Wirkung** entfaltet (§ 75), 36 kann der Sofortvollzug nur im Verfahren nach § 80 V VwGO ausgesetzt werden. Betroffen sind nicht Rechtsbehelfe der Gemeinden (Rn 34). Für den gerichtlichen Eilantrag gilt die Wochenfrist des § 36 III 1 nicht, der Antrag ist also nicht fristgebunden (HessVGH, EZAR 228 Nr 2). Der Asylbew kann eine sofortige andere Zuweisung durch einstweilige Anordnung (§ 123 VwGO) erreichen, allerdings nur mit vorläufiger Wirkung, weil sonst die Hauptsache unzulässigerweise vorweggenommen würde.

Örtlich zuständig ist das Gericht, in dessen Bezirk der Asylbew im Zeitpunkt der 37 Klageerhebung oder Antragstellung seinen Aufenthalt zu nehmen hat; fehlt ein solcher Anknüpfungspunkt, ist der Ort des Erlasses des VA maßgeblich (§ 52 Nr 2 S. 3, Nr 3 VwGO; § 17 I 1 GVG; zum früheren Recht u. allg dazu Renner, ZAR 1985, 62; im Einzelnen § 74 Rn 10 ff).

§ 51 Länderübergreifende Verteilung

(1) Ist ein Ausländer nicht oder nicht mehr verpflichtet, in einer Aufnahmeeinrichtung zu wohnen, ist der Haushaltsgemeinschaft von Ehegatten sowie Eltern und ihren minderjährigen ledigen Kindern oder sonstigen humanitären Gründen von vergleichbarem Gewicht auch durch länderübergreifende Verteilung Rechnung zu tragen.

(2) [1]**Die Verteilung nach Absatz 1 erfolgt auf Antrag des Ausländers.** [2]**Über den Antrag entscheidet die zuständige Behörde des Landes, für das der weitere Aufenthalt beantragt ist.**

Übersicht

	Rn
I. Entstehungsgeschichte	1
II. Allgemeines	2
III. Gründe für eine länderübergreifende Verteilung	3
IV. Zuweisung	8
V. Rechtsschutz	9

I. Entstehungsgeschichte

1   Die Vorschrift geht auf § 22 VI AsylVfG 1982 zurück. Der **GesEntw 1992** (BT-Drs 12/2062) enthielt keine Bestimmungen über eine länderübergreifende Verteilung. Die Vorschrift wurde erst auf **Vorschlag des BT-IA** (zunächst als § 50 a, BT-Drs 12/2718 S. 29) eingefügt.

II. Allgemeines

2   Die Vorschrift ist nur als **Ausnahmeregelung** zu verstehen. Weder während der Dauer der Wohnverpflichtung nach § 47 I noch nach deren Beendigung findet ein allg Verteilungsverf über Ländergrenzen hinweg statt (§ 46 Rn 2; § 50 Rn 2; anders noch § 22 III bis VIII AsylVfG 1982). Praktisch erfolgt die Verteilung zunächst mittelbar durch die Zuständigkeitsregelungen des § 46 I, II u. später durch Verbleib u. Verteilung in dem Aufenthaltsland. Über dessen Grenzen hinweg findet eine Verteilung nur auf Antrag u. ausschließlich aus den Gründen des Abs 1 statt.

III. Gründe für eine länderübergreifende Verteilung

3   Sowohl **familiären Bindungen** innerhalb der Kernfamilie als auch ähnlich gewichtigen **humanitären Gründen** ist durch länderübergreifende Verteilung nach Beendigung der Wohnverpflichtung nach § 47 I Rechnung zu tragen. Diese Bestimmung wurde nachträglich eingefügt (Rn 1), ohne dass sie mit der Formulierung des § 50 IV 5 abgestimmt wurde. Während nach § 50 IV 5 allg Kinder unter 18 Jahren begünstigt sind, sind es nach Abs 1 nur minderjährige ledige Kinder. Außerdem lässt Abs 1 eine Berücksichtigung der genannten Belange „auch" durch länderübergreifende Verteilung zu, setzt also die Zulässigkeit anderer Mittel u. Maßnahmen voraus. Darüber hinaus müssen die genannten Belange nicht nur in die Ermessensentscheidung eingehen, sondern ihnen ist zwingend Rechnung zu tragen. Vor allem aber erweitert das Ges die obligatorischen Ermessensgesichtspunkte um „sonstige humanitäre Gründe von vergleichbarem Gewicht". Da § 51 auf eine Anregung der Bundesländer zurückgeht (BT-Drs 12/2718 S. 58), seine Einfügung vom BT-IA aber nicht weiter begründet wurde, bereitet eine sachgemäße Auslegung Schwierigkeiten.

4   Der Haushaltsgemeinschaft der **Kernfamilie** ist nicht nur obligatorisch zu berücksichtigen oder in Betracht zu ziehen, sondern ihr ist Rechnung zu tragen. Diese Bestimmung enthält zwar keine absolute Garantie für eine Zusammenführung der Familie in jedem Fall, weil „Rechnung tragen" nicht gleichbedeutend ist mit einem „Anspruch auf Umverteilung" (im Ergebnis ebenso Müller, ZAR 2001, 166). Sie lässt aber Ausnahmen nur bei untypischer Fallgestaltung zu (wenn zB ein anderer Zweck als Familienzusammenführung verfolgt wird, so SächsOVG, EZAR 228 Nr 20). Insoweit ist die Behörde weitaus stärker gebunden als nach § 50 IV 5; sonst gelten hier dieselben Voraussetzungen wie dort (dazu § 50 Rn 20 ff). Es sind aber hier nur ledige Kinder, nicht verheiratete oder verheiratet gewesen begünstigt.

Sonstige humanitäre Gründe gehen über diejenigen persönlichen Bindungen außerhalb der Kernfamilie hinaus, die bei der landesinternen Verteilung berücksichtigt werden können, aber nicht unbedingt müssen (§ 50 Rn 23 ff). Sie müssen nur ihrem Gewicht nach mit den für die Kernfamilie geltenden vergleichbar sein (OVG Berlin, NVwZ 1993, 296: Möglichkeit der Religionsausübung; VG Leipzig, EZAR 228 Nr 21: lebensbedrohliche Erkrankung u. Angewiesensein auf Familie). IÜ wirken sie ebenso zwingend wie familiäre Bindungen in der Kernfamilie, lassen also Ausnahmen nur beschränkt zu.

Diese **Erweiterung** gilt ausschließlich für die länderübergreifende Verteilung. Sonst hätte 6 § 50 IV 5 anders formuliert werden müssen. Das Wort „auch" weist darauf hin, dass zT dieselben Fallgestaltungen erfasst sind wie durch § 50 IV 5. Wenn Abs 1 die Familienzusammenführung über Ländergrenzen hinweg mehr oder weniger zwingend vorschreibt, während § 50 IV 5 nur zur Berücksichtigung der persönlichen Belange verpflichtet, so ist dieser **Unterschied** wohl damit zu erklären, dass der Gesetzgeber bei einer Trennung der Familienmitglieder durch Ländergrenzen eine größere Notwendigkeit zur Zusammenführung sieht, weil die idR bestehende größere Entfernung besuchsweise Kontakte erschwert. Diese Erklärung kann wohl auch für die sonst nicht aufzulösende Abweichung in den Tatbestandsvoraussetzungen gelten, die allg dazu führt, dass die länderübergreifende Verteilung aufgrund privater Belange eher vorzunehmen oder zu ändern ist als die landesinterne. Wie sich aus § 52 schließen lässt, steht ihr zudem die Erfüllung der jew Landesquote nicht entgegen (§ 52 Rn 2).

Bei der Beurteilung, ob ausnahmsweise eine länderübergreifende Verteilung nicht erfolgen 7 kann, sind öffentl Belange der auch nach § 50 maßgeblichen Art zu beachten (dazu § 50 Rn 20; wegen der Zuweisung in **neue Bundesländer** vgl § 46 Rn 5). Die Einhaltung der Quote des § 45 spielt aber keine Rolle, weil sie durch die Anrechnung nach § 52 gesichert wird.

IV. Zuweisung

Für die Verteilung nach § 51 ist anders als für die Zuständigkeitsbestimmung nach § 46 II 8 u. die Verteilung nach § 50 ein **Antrag des Asylbew** erforderlich. Die Verteilung ist wie im Falle des § 50 durch Zuweisung umsetzen, § 50 IV bis VI sind also in dem Sinne entspr anzuwenden, dass im Anschluss an die länderübergreifende Verteilung die Zuweisung nach diesen regeln stattfindet (Hailbronner, § 51 AsylVfG; „entsprechend" missverstanden von Müller, ZAR 2001, 166). Auch insoweit gilt die Zuständigkeit des aufnehmenden Landes (zur Anrechnung vgl § 52).

V. Rechtsschutz

Für den Rechtsschutz gelten dieselben Regeln wie bei der landesinternen Verteilung u. 9 Zuweisung (§ 50 Rn 35 ff).

§ 52 Quotenanrechnung
Auf die Quoten nach § 45 wird die Aufnahme von Asylbegehrenden in den Fällen des § 14 Abs. 2 Nr. 3 sowie des § 51 angerechnet.

I. Entstehungsgeschichte

Die Vorschrift hat kein Vorbild im AsylVfG 1982. Sie wurde ebenso wie § 51 erst auf 1 **Vorschlag des BT-IA** (zunächst als § 50 b, BT-Drs 12/2718 S. 29) eingefügt.

II. Anrechnung auf Aufnahmequoten

2   Die Vorschrift sieht die Anrechnung der nach §§ 14 II Nr 3 (richtig: § 14 II 1 Nr 3), 47 II 2 nicht in einer AEinr wohnpflichtigen Kinder u. der nach § 51 länderübergreifend verteilten Personen auf die Länderquoten nach § 45 vor. Die Anrechnung wird von der zentralen Verteilungsstelle beim BMI (§ 46 II) vorgenommen. Die **obligatorische Anrechnung** spricht eindeutig dafür, dass die Erfüllung der Aufnahmequote des Aufnahmelandes einer Verteilung nach § 51 nicht entgegensteht.

§ 53 Unterbringung in Gemeinschaftsunterkünften

(1) ¹ **Ausländer, die einen Asylantrag gestellt haben und nicht oder nicht mehr verpflichtet sind, in einer Aufnahmeeinrichtung zu wohnen, sollen in der Regel in Gemeinschaftsunterkünften untergebracht werden.** ² **Hierbei sind sowohl das öffentliche Interesse als auch Belange des Ausländers zu berücksichtigen.**

(2) ¹ **Eine Verpflichtung, in einer Gemeinschaftsunterkunft zu wohnen, endet, wenn das Bundesamt einen Ausländer als Asylberechtigten anerkannt oder ein Gericht das Bundesamt zur Anerkennung verpflichtet hat, auch wenn ein Rechtsmittel eingelegt worden ist, sofern durch den Ausländer eine anderweitige Unterkunft nachgewiesen wird und der öffentlichen Hand dadurch Mehrkosten nicht entstehen.** ² **Das gleiche gilt, wenn das Bundesamt oder ein Gericht festgestellt hat, daß die Voraussetzungen des § 60 Abs. 1 des Aufenthaltsgesetzes vorliegen.** ³ **In den Fällen der Sätze 1 und 2 endet die Verpflichtung auch für den Ehegatten und die minderjährigen Kinder des Ausländers.**

(3) **§ 44 Abs. 3 gilt entsprechend.**

Übersicht

	Rn
I. Entstehungsgeschichte	1
II. Allgemeines	4
III. Unterbringung in Gemeinschaftsunterkünften	9
IV. Interessenabwägung	12
V. Beendigung der Pflicht zum Wohnen in der Gemeinschaftsunterkunft	20
1. Allgemeines	20
2. Asylanerkennung in zumindest einer Instanz	22
3. Flüchtlingsanerkennung	24
4. Anderweitige Unterkunft	25
5. Öffentliche Mehrkosten	28
6. Familienangehörige	29
VI. Verwaltungsverfahren und Rechtsschutz	30
1. Verwaltungsverfahren	30
2. Rechtsschutz	33

I. Entstehungsgeschichte

1   Die Vorschrift geht mit Abs 1 u. 2 auf § 23 AsylVfG 1982 zurück. Der **GesEntw 1982** enthielt nur die Befugnis der AuslBeh, den Asylbew zum Wohnen in einer bestimmten Gemeinde oder in einer bestimmten Unterkunft zu verpflichten (BT-Drs 9/875 S. 7). Der BT-RA hielt an diesem Vorschlag fest (BT-Drs 9/1630 S. 9). Auf Initiative des BR wurde sodann vom Vermittlungsausschuss die Bestimmung über den Aufenthalt in Sammelunterkünften eingefügt, wobei im Vermittlungsausschuss die Bezeichnung „Gemeinschaftsunterkunft" gewählt, der Normadressat geändert u. die Verpflichtung des Asylbew in ein Gebot an die AuslBeh geändert wurden („müssen ... sich ... aufhalten" – „sollen ... untergebracht werden"; BT-Drs 9/1705 S. 6 u. 9/1792 S. 4).

Mit der Asylnovelle vom Januar 1987 (Art 1 Nr 13 **AsylVfÄndG 1987**) wurde § 23 **2** AsylVfG 1982 neu gefasst, indem Abs 1 S. 1 u. Abs 2 S. 1 hinzugefügt wurden; diese Änderungen waren in den zugrundeliegenden GesEntw (BT-Drs 10/1164 u. 10/3678) nicht enthalten, sondern wurden erst vom BT-IA empfohlen (BT-Drs 10/6416 S. 9 f, 26 f). Mit Wirkung vom 1. 1. 1991 wurde Abs 2 entspr dem GesEntw (BT-Drs 11/6321 S. 35, 89) um einen zweiten Satz erweitert (Art 3 Nr 14 **AuslRNG**).

Die Vorschrift stimmt im Wesentlichen mit § 51 **GesEntw 1992** (BT-Drs 12/2062 S. 14) **3** überein. Abs 3 wurde nachträglich auf Vorschlag des BT-IA (BT-Drs 12/2718 S. 29) eingefügt. Mit Wirkung vom 1. 1. 2005 wurde in Abs 2 die Bezugnahme auf § 51 I AuslG durch eine solche auf § 60 I AufenthG ersetzt (Art 3 Nr 51 **ZuwG**).

II. Allgemeines

Die für den Regelfall vorgesehene Unterbringung in GemUnt ist gegenüber § 23 I **4** AsylVfG 1982 nur insoweit verändert, als jetzt lediglich die **nicht in AEinr wohnpflichtigen** Asylbew betroffen sind. Ansonsten gelten hinsichtlich Grund u. Zweck der Unterbringung u. für Ausnahmen von der Regel dieselben Grundsätze wie nach der früheren Rechtslage. Wegen Abs 3 vgl § 44 Rn 2 aE.

Ob u. ggf in welcher Weise sich die GemUnt von den AEinr **unterscheiden** müssen, ist **5** nicht bestimmt. Die Funktion ist nicht so verschiedenartig, dass Größe, Beschaffenheit u. Organisation zwingend anders gestaltet sein müssten. Deshalb ist auch nicht ausgeschlossen, dass ein Gebäudekomplex für beide Zwecke genutzt wird u. evtl ein Asylbew im Falle des § 50 I nach der Verteilung praktisch in der derselben Wohnunterkunft verbleiben muss. Der Umstand, dass ein Asylbew uU zuvor schon einige Wochen in einer AEinr gewohnt hat, kann bei der Entscheidung über Gemeinschaftsunterbringung oder „freies" Wohnen idR nicht ins Gewicht fallen.

Während die Verteilung der Asylbew auf Länder u. Gemeinden zumindest verwaltungs- **6** mäßig mit Hilfe der Regeln des § 50 u. der entspr Ländervorschriften gelöst werden kann, bereitet die **Beschaffung von Wohnraum** an dem zugewiesenen Aufenthaltsort oft erhebliche Schwierigkeiten. Dabei ist es gleichgültig, ob der Schwerpunkt auf die Pflicht der Gemeinden zur Unterbringung oder auf die Beschränkung des Aufenthalts der Asylbew auf eine bestimmte Unterkunft gelegt wird. Die Belastungen der Infrastruktur u. Finanzen der Länder u. Gemeinden (vgl etwa Hofmann, ZAR 1983, 138 u. 1990, 120; Kraus/Möser, ZAR 1983, 194; zur Rspr vgl § 50 Rn 34) sind ebenso zu bedenken wie die Auswirkungen auf die psychische u. soziale Lage der Flüchtlinge (vgl etwa Hennig/Wießner, Lager und menschliche Würde, 1982; Anm Kilian, InfAuslR 1982, 143; Kraus, ZAR 1987, 16; von Schoeler, BT-Drs 8/3148; UNHCR u. BMI zur Lage der Asylbewerber, ZAR 1984, 68; ähnlich UNHCR, InfAuslR 1983, 321; Wießner, InfAuslR 1981, 261; Wöste, ZAR 1981, 22, 26).

Über den **Zweck der Unterbringung** in GemUnt besagt das Ges selbst nichts. In den **7** parlamentarischen Beratungen über die Asylnovelle 1987 wiesen die Gegner der Sammelunterbringung auf deren negativen psychischen Folgen u. auf die Abschreckungswirkung hin, die offenbar beabsichtigt sei, während die Befürworter auf die Lockerung zugunsten der Bona-fide-Flüchtlinge aufmerksam machten (BT-Drs 10/6416 S. 26 f). Zu denken wäre an eine mögliche Kostenersparnis gegenüber der Einzelunterbringung; eine solche Wirkung ist aber nicht selbstverständlich, sondern hängt von den Gesamtumständen ab. Ob mit der Unterbringung in GemUnt eine Drosselung des Neuzugangs erreicht werden kann, muss bezweifelt werden. Diese Wirkung kann schon eher von der Beschleunigung der Verf im Zusammenhang mit den AEinr erwartet werden. Die Lebensbedingungen der Flüchtlinge aus den meisten Herkunftsländern sind indes so ungünstig, dass auch das Leben in einer Sammelunterkunft sie nicht von der Flucht nach Deutschland abhalten wird. Insoweit ist die

Regelunterbringung in GemUnt allerdings auch nicht zu beanstanden; denn ein wirklich Verfolgter wird sich davon nicht **abschrecken** lassen. Eine **Beschleunigung** der AsylVerf kann durch die Vorschrift des Abs 1 S. 1 kaum erzielt werden; die Erreichbarkeit der Asylbew wird durch das Zusammenleben mit anderen nicht automatisch verbessert, eher kann es dadurch zu unerwünschten Absprachen für das Asylvorbringen kommen oder aber zu Auseinandersetzungen zwischen verfeindeten Gruppen, die sich ebenfalls ungünstig auf die Art u. Weise auswirken können, wie Asylverf betrieben werden.

8   Nach alledem muss **ernstlich bezweifelt** werden, ob die Unterbringung in GemUnt allg als sinnvoll angesehen werden kann (so aber wohl BVerfG-RiA, EZAR 221 Nr 21, NVwZ 1983, 603 u. NVwZ 1984, 167; BVerwGE 69, 295). Hierauf kommt es indes für die Geltung u. insb die **Verfassungsmäßigkeit** dieser Vorschrift letztlich nicht an. Weder Länder noch Gemeinden noch andere Personen sind zur Errichtung u. zum Betreiben solcher Unterkünfte verpflichtet; diese sind denn auch keineswegs in allen Ländern gleichermaßen verbreitet – durchaus ein Indiz für unterschiedliche Ansichten über ihre Zweckmäßigkeit (zur fehlenden kommunalen Kompetenz zur Ablehnung von GemUnt vgl VG Schleswig, NVwZ 1988, 471). Stehen sie zur Verfügung, ist auf der Grundlage einer Interessenabwägung zu bestimmen, ob ein Asylbew dort wohnen muss (Rn 12 ff). Hierbei kann eine verfassungskonforme Anwendung im Einzelfall gewährleistet werden; sie wäre nur dann fraglich, wenn das Ges keine Ausnahme zuließe (vgl BVerwGE 69, 295).

III. Unterbringung in Gemeinschaftsunterkünften

9   **Einrichtung u. Errichtung** von Unterkünften für Asylbew sind nicht bundesges vorgeschrieben. Kreise u. Gemeinden sind zur Aufnahme der ihnen zugewiesenen Flüchtlinge verpflichtet. Wie sie dieser Verpflichtung nachkommen, entscheiden sie in eigener Verantwortung. Sie können Unterkünfte in eigener Regie einrichten, auf vorhandene Räume zurückgreifen oder sich der Hilfe nichtstaatl Personen oder Organisationen bedienen (zur Sozialhilfe statt GemUnt vgl BayVGH, EZAR 461 Nr 9; zur Umsatzsteuerpflicht privater Betreiber Busl, ZAR 1989, 78). Soweit die Wohlfahrtsverbände die Betreuung von Flüchtlingen übernommen haben u. zu diesem Zweck auch Unterkünfte bereitstellen, können diese ebenso in Anspruch genommen werden wie Pensionen, Hotels oa Räume Privater. Notfalls muss die Obdachlosenfürsorge eingreifen. Die Vorschrift über die Unterbringungsart „in der Regel" besagt also jedenfalls nichts über eine Pflicht zu deren Bereitstellung. Trägerschaft, Finanzierung u. Verantwortlichkeit für die Unterkunft spielen keine Rolle für deren Eigenschaft als GemUnt.

10   Das AsylVfG trifft auch keine Bestimmung über **Größe u. sonstige Beschaffenheit** einer Gemeinschaftsunterkunft; betr Kindern u. Jugendlicher gilt die Sonderregelung des § 44 III entspr. Ob die GemUnt zum dauernden Aufenthalt für einen Asylbew oder eine Familie taugt, muss die AuslBeh bei der Entscheidung nach § 60 II Nr 1 beurteilen (zur bauplanungsrechtlichen Zulässigkeit: Huber, NVwZ 1986, 279; VGH BW, VBlBW 1989, 111 u. 309 sowie NJW 1989, 2282 u. 2283; OVG Berlin, NVwZ 1988, 264). Es gibt keine allg anerkannten Maßstäbe für Gemeinschaftsunterkünfte, insb keine verbindlichen Mindestanforderungen an Raumgröße, Ausstattung, Gemeinschaftsräume, Essen u. Betreuung. Versuche der Wohlfahrtsverbände, hierfür **Mindestbedingungen** aufzustellen, sind zu begrüßen, befreien aber AuslBeh u. Gerichte nicht von der Pflicht zur selbständigen Prüfung (Rn 18 f). Für das Vorliegen einer GemUnt genügt die bloße Unterkunftsgewährung mit der Möglichkeit, sich selbst zu versorgen; nicht erforderlich sind vor allem Zubereitung u. Abgabe von Gemeinschaftsverpflegung. Auch wenn über den Wohnraum hinaus keine weiteren Leistungen angeboten werden, kann es sich um eine GemUnt iSd Abs 1 handeln. Sie muss nur zur Aufnahme mehrerer Menschen geeignet sein u. als solche betrieben werden; es genügt aber nicht, wenn mehrere Personen, etwa eine Familie, gemeinsam in

einem Gebäude untergebracht werden, dessen Räume auch anderweitig zum Wohnen oder Übernachten vermietet werden.

Der Begriff der Unterbringung stammt aus dem Bereich der Fürsorge für Obdachlose u. 11 körperlich oder geistig Kranke. Gemeint ist hier nur die **Versorgung** mit einer Gelegenheit zum **Wohnen**. Die Vorschrift wendet sich – von ihrer allg Bedeutung für Länder u. Gemeinden abgesehen (Rn 6, 9) – an die Asylbew u. diejenige AuslBeh, die nach § 60 III für die Aufenthaltsbestimmung zuständig sind. Es ist also nicht eine Unterbringung durch die allg Polizei- oder die Sozialbehörde angesprochen, sondern eine Regelung durch die AuslBeh mit dem Ziel der Verpflichtung der Asylbew zum Wohnen in dieser Art von Unterkunft. In Abs 1 sind die allg Maßstäbe für diese Entscheidung der AuslBeh genannt u. in Abs 2 Ausnahmen erfasst.

IV. Interessenabwägung

Im Rahmen der Entscheidung über die Pflicht zum Wohnen in einer GemUnt hat die 12 AuslBeh **Ermessen** auszuüben. Das Ges nennt Anhaltspunkte, gibt aber keine festen Regeln vor. Die Berücksichtigung der einander widerstreitenden Interessen ist selbstverständlich; Abs 1 S. 2 stellt dies nur klar, um dem Missverständnis zu begegnen, von der Regel dürfe nur im staatl. Interesse abgewichen werden. Wie bei jeder Ermessensentscheidung müssen deren tatsächliche Grundlagen zutreffen u. Ermessen tatsächlich ausgeübt werden; die Berufung auf die ges „Regel" ohne Erwähnung privater Interessen stellt eine Ermessensunterschreitung dar, die zur Rechtswidrigkeit des Bescheids führt.

Das **öffentl Interesse** an der Unterbringung in einer GemUnt ist ges **vorgegeben;** ob 13 allg die Zweckmäßigkeit dieser Unterbringungsform bejaht werden kann (Rn 8), ist hier unerheblich. Das Ges statuiert keinen allg Vorrang öffentl Interessen; „das öffentl Interesse" an der Gemeinschaftsunterbringung ist lediglich mit zu berücksichtigen, es geht nicht von vornherein den privaten Belangen des Ausl vor. Allerdings kommt der Wille des Gesetzgebers deutlich zum Ausdruck, dass die allg Beschwernisse u. Beeinträchtigungen, die mit dem Wohnen in einer Sammelunterkunft verbunden zu sein pflegen, grundsätzlich hinter dem ges fixierten Interesse des Staats eben hieran zurückzutreten haben (HessVGH, AuAS 1995, 93). Sind also keine atypischen individuellen Verhältnisse gegeben, wird das Wohnen in einer Gemeinschaftseinrichtung verlangt werden können.

Obwohl das Ges nur auf „das" öffentl Interesse abstellt, können auf staatl Seite **verschie-** 14 **denartige Gesichtspunkte** für die Pflicht zum Wohnen in einer GemUnt angeführt u. verwertet werden. Sie müssen nur für den Einzelfall die Ges Entscheidung für diese Unterbringungsart rechtfertigen. Sie dürfen also auf die allg Wohnungsnot, auf Einsparung von Kosten u. auch auf Sicherheitsbelange Rücksicht nehmen. Ausreichend wären aber nicht schon der (mietrechtlich nicht durchsetzbare) Wunsch eines Vermieters nach Räumung der von dem Ausl gemieteten Wohnung oder das Bestreben des Betreibers einer GemUnt nach einer möglichst vollständigen Auslastung seiner Kapazitäten (anders wohl VG Hannover, AuAS 1995, 262). Hier darf nicht das öffentl Interesse iSd Abs 1 mit dem privaten Streben eines Dritten nach höherem Profit gleichgesetzt werden. Das öffentl Interesse ist im Ges benannt, es darf indes bei der Subsumtion im Einzelfall nicht schematisch verfahren werden. Schließlich kommt der AuslBeh keine freie Dispositionsbefugnis über Asylbew zu, die sie zu beliebigem Verlegen in andere Unterkünfte berechtigte (BayVGH, EZAR 222 Nr 6).

Unter **privaten Belangen** sind alle schützenswerten Interessen zu verstehen, also sowohl 15 ideelle als auch materielle. Dabei kommen nicht nur verfassungsrechtlich geschützte Rechtspositionen in Betracht (nur hierauf aber war in BVerfG-RiA, EZAR 221 Nr 21, abzustellen), sondern auch allg existentielle Bedürfnisse kultureller, religiöser, gesundheitlicher oder wirtschaftlicher Art (OVG NRW, InfAuslR 1986, 221). Zunächst sind deshalb familiäre Bindungen hier ebenso zu beachten wie nach § 51 I u. vor allem der verfassungsrechtliche Grundsatz der Verhältnismäßigkeit (BVerwGE 69, 295). Darüber hinaus kann der Ausl alle Beeinträchtigungen seiner Gesundheit, Arbeitsfähigkeit u. Lebenstüchtigkeit geltend machen, die ihn wegen seiner individuellen Besonderheiten über das normale Maß hinaus treffen.

16   Als **private Belange** kommen deshalb in Betracht: Zusammenwohnen mit dem Ehegatten, der über eine AufGen u. eine eigene Wohnung verfügt; medizinisch begründete Notwendigkeit zum Alleinwohnen; beruflich bedingte Notwendigkeit von Übung u. Praxis (zB bei einem Pianisten); Aussicht auf eine (legale) Arbeitsstelle an einem anderen Ort; Beibehalten der schon zuvor bewohnten Mietwohnung; Besuch der Schule bis zum Ende des laufenden Schuljahres. Das Gewicht dieser persönlichen Interessen ist nicht absolut zu bemessen. Es hängt zB von der Dauer des Lebens außerhalb der Sammelunterkunft ab (BVerwGE 69, 295), von der Dauer eines früheren Aufenthalts in einer AEinr oder anderen Sammelunterkunft oder von der voraussichtlichen Dauer oder der Erfolgsaussicht des Anerkennungsverf (zu letzterem BayVGH, EZAR 461 Nr 9; VG Ansbach, InfAuslR 1985, 127).

17   Bei alledem ist auch von Bedeutung, ob der öffentl Hand **zusätzliche Kosten** entstehen (HessVGH, NVwZ 1986, 148); dieses Kriterium ist nur in Abs 2 als eine der Voraussetzungen für den (ausnahmsweisen) Wegfall der Pflicht zum Wohnen in der GemUnt ausdrücklich benannt, darf aber auch im Normalfall bei der Ermessensentscheidung nicht vernachlässigt werden, gehört es doch zu den mit dieser Vorschrift verfolgten Zwecken (Rn 7). Zumindest dann, wenn durch die private Unterbringung öffentl Kosten erspart werden, bedarf es sorgfältiger Prüfung, ob das öffentl Interesse das Wohnen in der GemUnt – im Einzelfall – gebietet.

18   Ähnliches gilt bei drohenden oder bereits eingetretenen **gesundheitlichen Schäden.** Die durch gemeinschaftliches Wohnen, uU mit Menschen anderer Nation u. Lebensart, verbundenen Beeinträchtigungen sind idR hinzunehmen, nicht jedoch außergewöhnliche Schwierigkeiten, die entweder aus der eigenen Gesundheitssituation, einer außergewöhnlich langen Verfahrensdauer oder dem Zwang zum Zusammenleben etwa mit Angehörigen einer verfeindeten Volks- oder Religionsgruppe herrühren. Nachwirkungen der Verfolgung (etwa bei Opfern von Folterungen oder Gruppenrivalitäten) kommt bei der Abwägung ein besonderes Gewicht zu.

19   Eine Sondersituation, die ein Abweichen von der Regel rechtfertigt, kann auch auf den **Verhältnissen in der jew Unterkunft** beruhen. Auch wenn diese allg Anforderungen genügt (zum Fehlen verbindlicher Normen OVG NRW, NWVBl 1989, 24) u. nicht von vornherein menschenunwürdig ist (dazu VG Düsseldorf, InfAuslR 1981, 248; Renner in Ev. Akademie Bad Boll, Protokolldienst Nr 8/1982 S. 12), kann sie im Einzelfall nach den individuellen Verhältnissen unzumutbar sein, zB für Familien mit Kindern (VG Aachen, InfAuslR 1985, 271) oder Angehörige bestimmter Volksgruppen (OVG NRW, InfAuslR 1986, 219). Die Möglichkeit des Sichzurückziehens muss zumindest psychisch gefährdeten Personen möglich sein (aA allg VGH BW, InfAuslR 1982, 142). Eheleuten muss mindestens ein eigener (Wohn-/Schlaf-)Raum zugeteilt werden, der ihnen (u. ihren Kindern) zur alleinigen Verfügung steht. Beengte Verhältnisse allein sind dagegen nicht menschenunwürdig (VGH BW, NVwZ 1986, 783; VG Freiburg, AuAS 1996, 213); ebenso wenig die Unterbringung in einem Wohn-/Schlafraum mit fünf anderen jungen Männern (OVG NRW, NWVBl 1989, 24).

V. Beendigung der Pflicht zum Wohnen in der Gemeinschaftsunterkunft

1. Allgemeines

20   Die zT äußerst negativen Erfahrungen mit der Unterbringung in GemUnt bei langer Verfahrensdauer haben zu einer Lockerung zugunsten von sog. **Bona-fide-Flüchtlingen** durch die Asylnovelle 1987 beigetragen (zum endgültigen Fortfall der Wohnverpflichtung in GemUnt nach rechtskräftiger Anerkennung vgl § 60 Rn 2, § 67 Rn 2; diesen Unterschied übersieht Breitkreuz, ZAR 2001, 266). Abs 2 S. 1, der mit dem damals in § 23 AsylVfG

1982 eingefügten Abs 2 übereinstimmt, lässt die Pflicht zum Wohnen in einer GemUnt bei Vorliegen der genannten Voraussetzungen scheinbar von selbst entfallen. Die Verpflichtung endet dem Wortlaut zufolge **kraft Ges,** ohne dass es zuvor einer erneuten Entscheidung der AuslBeh bedarf.

Das Ges lässt aber auch eine **andere Auslegung** zu, u. diese ist sachlich geboten. Der 21 Gesetzgeber konnte sich auf die Festlegung der Voraussetzungen für eine Beendigung der entspr Verpflichtung beschränken. Die Verpflichtung zum Wohnen in einer GemUnt folgt nicht unmittelbar aus Abs 1; sie wird im Einzelfall durch Auflage nach § 60 II 1 Nr 1 („Wohnauflage"; § 60 Rn 7) angeordnet u. muss deshalb auch förmlich aufgehoben werden. Sonst bestünde die Pflicht fort mit der Folge der Strafbarkeit im Falle der Zuwiderhandlung (§ 85 Nr 3). Da außer der Anerkennung in wenigstens einer Instanz der Nachweis einer anderweitigen Unterkunft u. Kostenneutralität verlangt werden, ist zumindest eine Unterrichtung der AuslBeh erforderlich, die dann ggf ihren **Bescheid** nach § 60 II **ändern** muss (Rn 12). Allein schon wegen der letzteren beiden Voraussetzungen ist die Situation anders als nach § 58 IV; dies gilt entspr für den Fall des Abs 2 S. 2 (vgl Rn 24).

2. Asylanerkennung in zumindest einer Instanz

Es genügt die Anerkennung (auch im Wege des Familienasyls) durch das BAMF oder ein 22 Gericht; diese braucht jeweils nicht bestands- oder rechtskräftig zu sein. Die durch das VG ausgesprochene Verpflichtung zur Asylanerkennung verliert ihre Bedeutung nicht durch eine Aufhebung durch eine Berufungsentscheidung (solange diese nicht rechtskräftig ist). Ebenso verhält es sich beim (nicht rechtskräftigen) Erfolg der Beanstandungsklage des BB. Es muss sich um eine gerichtliche **Hauptsacheentscheidung auf Anerkennung** handeln. Die Anordnung der aufschiebenden Wirkung der Anfechtungsklage gegen eine Abschiebungsandrohung genügt auch dann nicht, wenn im Falle des § 30 I das Gericht die Ablehnung des Asylantrags als offensichtlich unbegründet beanstandet u. im Gegenteil den Asylantrag für aussichtsreich hält.

Die Erleichterung hinsichtlich der Unterbringung ist lediglich an ein **formales Kriterium** – 23 Erfolg des Asylbew in einer Instanz – geknüpft, auf die materielle Richtigkeit der Anerkennung kommt es hier nicht an. Obwohl im Gesetzgebungsverf 1986 die Personengruppe der sog. Bona-fide-Flüchtlinge im Mittelpunkt der Erörterungen stand (Rn 7), ist die Zugehörigkeit hierzu nicht zu prüfen. Umgekehrt kann sich der Asylbew, über dessen als aussichtsreich anzusehenden Asylantrag noch nicht entschieden ist, auf die Erleichterung nach Abs 2 S. 1 nicht berufen. Wenn sein Asylantrag zweifellos Erfolg haben wird u. nur aus von ihm nicht zu vertretenden Gründen nicht beschieden ist, kann er dies freilich im Rahmen des Abs 1 geltend machen (BayVGH, EZAR 461 Nr 9).

3. Flüchtlingsanerkennung

Die Vergünstigung tritt auch nach **Flüchtlingsanerkennung** (§ 60 I AufenthG; § 3) 24 durch das BAMF oder ein Gericht ein, wobei Bestands- oder Rechtskraft ebenfalls nicht vorausgesetzt sind. Nur bei entspr förmlicher Feststellung nach § 60 I 5 AufenthG greift Ab. 2 S. 2 ein; in den anderen Fällen des § 60 I AufenthG, also bei Asylber oder in einem anderen Konventionsstaat anerkannten Flüchtlingen iSd GK oder etwa Kontingentflüchtlingen, die gemäß § 1 HumAG die Rechtsstellung ausl Flüchtlinge genießen (vgl § 60 I 2 AuslG), handelt es sich nicht (mehr) um in Freizügigkeit u. Bewegungsfreiheit beschränkte Asylbew. Anders als nach § 23 II 2 AsylVfG 1982 kommt es auf die rechtliche oder tatsächliche Unmöglichkeit der Abschiebung nicht mehr an.

4. Anderweitige Unterkunft

Die anderweitige Unterkunft muss vom Ausl **nachgewiesen** werden. Die sichere Mög- 25 lichkeit genügt, weil vor einer rechtlichen Klärung (insb wegen der Kostenfrage, Rn 28) dem Ausl die Übernahme von Verbindlichkeiten, zB durch einen Mietvertrag, nicht zuzumuten ist. Bestimmte Anforderungen sind nicht aufgestellt. Die andere Wohnung muss sich tatsächlich als Unterkunft eignen. Sie braucht nur Schlafen u. Wohnen zu ermöglichen; Größe u. Ausstattung sind nicht vorgeschrieben.

26 Die Unterkunft muss auch **rechtlich gesichert** sein. Insb müssen landesrechtliche Vorschriften über Wohnraum eingehalten (dazu § 2 AufenthG Rn 26) u. der Verbleib für die voraussichtliche Dauer des Asylverf gewährleistet sein. Eine Mietwohnung auf eine nur kurz begrenzte Zeit reicht ebenso wenig aus wie der Schlafplatz in einer Baubude. In Betracht kommt sowohl eine entgeltliche als auch eine unentgeltliche Überlassung von Wohnraum.

27 Die Wohnung kann auch **außerhalb des zugewiesenen Aufenthaltsbezirks** liegen. Dann aber ist die vorherige Zusage einer entspr Änderung des Aufenthaltsbereichs (nach § 60 II) u. ggf der Zuweisung an die betr Kommune (nach § 50) zu verlangen. Sonst ist der Aufenthaltswechsel rechtlich unzulässig u. die andere Wohnung deshalb ungeeignet. Ob eine anderweitige Verteilung u. Zuweisung verlangt werden kann (dazu allg § 50 Rn 20 ff), ist unter Beachtung der Sonderregeln der § 60 II u. der Überlegung zu beurteilen, dass die nachträgliche Umverteilung nicht zu einem Ungleichgewicht bei der Belastung der betroffenen Kommunen führt.

5. Öffentliche Mehrkosten

28 Nur auf das Entstehen von Mehrkosten bei der öffentl Hand kommt es an. Unschädlich ist ein Mehraufwand von Privaten, etwa durch Hilfe von Verwandten oder Bekannten. Abzustellen ist auf eine **Gesamtrechnung,** in die Sozialhilfe, Wohngeld uä einzubeziehen sind. Die Kosten für einen Platz in einer GemUnt sind insgesamt (also einschl Verwaltung, Betreuung ua) so hoch, dass idR ein privates Unterkommen billiger ist. Die Aufwendungen von Wohlfahrtsorganisationen oder anderen nichtstaatl Trägern von Wohnheimen sind nicht als öffentl Kosten anzusetzen, es sei denn, sie werden letztlich von der öffentl Hand getragen (durch Zuschüsse, Erstattung oä).

6. Familienangehörige

29 Die Mitglieder der **Kernfamilie** sind ebenfalls begünstigt, ohne dass es auf den Ausgang ihres Asylverf ankommt. Bei Kindern genügt die Anerkennung eines Elternteils. Das minderjährige Kind braucht (anders als nach § 51 I 1) nicht mehr ledig zu sein.

VI. Verwaltungsverfahren und Rechtsschutz

1. Verwaltungsverfahren

30 Die Verpflichtung zum Wohnen in einer GemUnt wird für den Einzelfall mit einer **Auflage** der zuständigen AuslBeh zur AufGest festgelegt, da § 53 hierfür keine eigenständige Grundlage bietet; dasselbe gilt für einen evtl erforderlichen Umzug innerhalb des Zuständigkeitsbereich der AuslBeh oder in einen anderen Ausländeramtsbezirk (§ 60 II 1 Nr 2 u. 3). Dies erfordert in jedem Fall eine fallbezogene Ermessensentscheidung (BayVGH, EZAR 222 Nr 6), die nicht beschränkt sein darf auf allg Erwägungen oder gar die bloße Wiedergabe des Gesetzestextes. Ist zuvor eine Neuverteilung in einen anderes Land oder eine andere Kommune erforderlich, muss diese angekündigt oder zugesagt sein. Andere Behörden als AuslBeh sind nicht zuständig. Im Rahmen der Gewährung von Sozialhilfe kann der Asylbew aber uU auf die zur Verfügung stehende GemUnt verwiesen werden (zum früheren Recht BayVGH, EZAR 461 Nr 9; VG Aachen, InfAuslR 1985, 271; jetzt § 3 I AsylbLG).

31 Ob die Pflicht zur Inanspruchnahme der GemUnt beendet ist, richtet sich nach den ges Vorschriften des Abs 2, bedarf aber der **Feststellung durch die AuslBeh,** weil sich die Voraussetzungen nicht zweifelsfrei dem Ges entnehmen lassen. Auch wenn die Beendigung

dem Wortlaut nach kraft Ges eintritt, ist eine behördliche Feststellung notwendig. Diese erfolgt durch Änderung der Auflagen zur AufGest; der Asylbew darf also nicht von sich aus nach Ergehen einer Asylanerkennung oder der Feststellung eines Abschiebungshindernisses nach § 51 I AuslG die Unterkunft aufgeben. Der AuslBeh obliegt zwar keine Ermessensentscheidung wie nach Abs 1, sie muss aber – von der Asylanerkennung oder der Feststellung nach § 51 I AuslG abgesehen – auch die anderweitige Wohnmöglichkeit u. die Kostenfrage prüfen.

Gelingt dem Asylbew der **Nachweis einer anderen Wohnmöglichkeit** nicht, kann er 32 eine Aufhebung der Wohnheimauflage nicht verlangen. Insoweit ist er darlegungs- und (formell wie materiell) beweispflichtig, er trägt also den Nachteil bei fehlendem Nachweis. Ob Mehrkosten für die öffentl Hand entstehen, hat dagegen die AuslBeh von Amts wegen zu ermitteln. Wirkt der Ausl hierbei nicht mit oder kommt es aus sonstigen Gründen nicht zu entspr Feststellungen, trägt er auch hieraus den Nachteil des Bestehen bleibens der Wohnheimauflage.

2. Rechtsschutz

Da Beginn u. Ende der Verpflichtung zum Wohnen in einer GemUnt durch Auflage nach 33 § 60 II 1 Nr 1 u. 2 festgelegt werden, kann sich der Asylbew mit der **Anfechtungsklage** gegen die Wohnheimauflage u. gegen die Ablehnung der Aufhebung der Auflage wenden (§ 60 Rn 13). Für den Fall der Nichterweislichkeit der Beendigungsgründe gelten die og (Rn 32) Regeln entspr.

§ 54 Unterrichtung des Bundesamtes

Die Ausländerbehörde, in deren Bezirk sich der Ausländer aufzuhalten hat, teilt dem Bundesamt unverzüglich
1. die ladungsfähige Anschrift des Ausländers,
2. eine Ausschreibung zur Aufenthaltsermittlung
mit.

I. Entstehungsgeschichte

Die Vorschrift hat kein Vorbild im AsylVfG 1982. Sie entspricht § 52 **GesEntw 1992** 1 (BT-Drs 12/2062 S. 14).

II. Mitteilungspflichten

Die Mitteilungspflicht der AuslBeh gilt nur für die **zuständige AuslBeh,** nicht für jede 2 andere, in deren Bezirk sich der Asylbew aufhält oder sonst bekannt wird. Unberührt bleiben Mitteilungen im Falle der Ausschreibung (§ 66). Den Mitteilungspflichten der zuständigen AuslBeh entsprechen keine ähnlichen Pflichten der AEinr oder des BAMF, obwohl diese uU von einem Wohnungswechsel früher als die AuslBeh erfahren. Nur den Asylbew selbst treffen dahingehende Mitteilungspflichten (§ 10 I).

Die Mitteilung muss unverzüglich erfolgen, also **ohne schuldhaftes Zögern.** Bei einem 3 Vergleich mit § 50 III kann hieraus auf einen Zeitraum von längstens drei Arbeitstagen geschlossen werden (ebenso Hailbronner, § 54 AsylVfG Rn 4).

Vierter Abschnitt. Recht des Aufenthalts während des Asylverfahrens

§ 55 Aufenthaltsgestattung

(1) ¹Einem Ausländer, der um Asyl nachsucht, ist zur Durchführung des Asylverfahrens der Aufenthalt im Bundesgebiet gestattet (Aufenthaltsgestattung). ²Er hat keinen Anspruch darauf, sich in einem bestimmten Land oder an einem bestimmten Ort aufzuhalten. ³Im Falle der unerlaubten Einreise aus einem sicheren Drittstaat (§ 26 a) erwirbt der Ausländer die Aufenthaltsgestattung mit der Stellung des Asylantrages.

(2) ¹Mit der Stellung eines Asylantrages erlöschen eine Befreiung vom Erfordernis eines Aufenthaltstitels und ein Aufenthaltstitel mit einer Gesamtgeltungsdauer bis zu sechs Monaten sowie die in § 81 Abs. 3 und 4 des Aufenthaltsgesetzes bezeichneten Wirkungen eines Antrages auf Erteilung eines Aufenthaltstitels. ²§ 81 Abs. 4 des Aufenthaltsgesetzes bleibt unberührt, wenn der Ausländer einen Aufenthaltstitel mit einer Gesamtgeltungsdauer von mehr als sechs Monaten besessen und deren Verlängerung beantragt hat.

(3) Soweit der Erwerb eines Rechtes oder die Ausübung eines Rechtes oder einer Vergünstigung von der Dauer des Aufenthalts im Bundesgebiet abhängig ist, wird die Zeit eines Aufenthalts nach Absatz 1 nur angerechnet, wenn der Ausländer unanfechtbar als Asylberechtigter anerkannt worden ist oder das Bundesamt für Migration und Flüchtlinge unanfechtbar das Vorliegen der Voraussetzungen des § 60 Abs. 1 des Aufenthaltsgesetzes festgestellt hat.

Übersicht

	Rn
I. Entstehungsgeschichte	1
II. Allgemeines	2
III. Stellung eines Asylgesuchs	6
IV. Verhältnis zu anderen Aufenthaltsrechten	13
V. Anrechnung von Aufenthaltszeiten	16
VI. Verwaltungsverfahren und Rechtsschutz	20
VII. Arbeits- und Sozialrecht	21
1. Allgemeines	21
2. Erwerbstätigkeit	23
3. Sozialversicherung	24
4. Sozialhilfe	26
5. Kindergeld und sonstige Leistungen	35

I. Entstehungsgeschichte

1   Die Vorschrift geht zT auf §§ 19 I, III, V, 22 I AsylVfG 1982 zurück. Sie stimmt im Wesentlichen mit dem **GesEntw 1992** (§ 53, BT-Drs 12/2062 S. 14 f) überein. Abs 2 S. 2 wurde auf Vorschlag des BT-IA eingefügt (BT-Drs 12/2718 S. 30). Mit Wirkung vom 1. 7. 1993 wurde entspr dem GesEntw 1993 (BT-Drs 12/4450 S. 8) S. 3 in Abs 1 angefügt (Art 1 Nr 33 **AsylVfÄndG 1993**). Mit Wirkung vom 1. 1. 2005 sind entspr dem GesEntw (BT-Drs 15/420 S. 43) die Begriffe des AuslG in Abs 2 u. 3 durch die des AufenthG ersetzt u. in Abs 3 der Fall der Flüchtlingsanerkennung eingefügt; während des Vermittlungsverf

Aufenthaltsgestattung § 55 **AsylVfG 4**

(BT-Drs 15/3479 S. 14) wurde in Abs 2 S. 1 die Angabe „Abs. 2 bis 4" durch „Abs. 3 und 4" ersetzt (Art 3 Nr 36 **ZuwG**).

II. Allgemeines

Inhalt u. Umfang der Aufenthaltsregelung für Asylbew sind abhängig von verfassungs- u. **2** völkervertragsrechtlichen Vorgaben. Art 16a I GG gewährt politisch Verfolgten ein **Recht auf Einreise u. Aufenthalt** in Deutschland (BVerfGE 49, 168; zum vorläufigen Einreise- u. Bleiberecht BVerfGE 80, 68; 94, 166) u. schützt sie vor jedweder Überstellung in den Verfolgerstaat (BVerwGE 49, 202). Das Grundrecht auf Asyl entsteht mit Erreichen der Grenze; die spätere **Feststellung** der Asylberechtigung wirkt nicht konstitutiv, sondern lediglich **deklaratorisch** (Art 16a GG Rn 16; Brause, NJW 1977, 1571; Franz, DVBl. 1966, 630; ders., DVBl. 1967, 493; Gusy, S. 224 ff, Huber, NJW 1982, 1919; Kimminich, Aufenthalt S. 160; von Pollern, NJW 1976, 2059; Renner, NVwZ 1983, 649; ders., NJW 1984, 1257; ders., NJW 1989, 1246). Der Asylanspruch existiert unabhängig von der Feststellung der Asylberechtigung, diese ist allerdings erforderlich, um „dem Status des Asylberechtigten Anerkennung zu verschaffen" (so BVerfGE 60, 253, 295 f: „gleichsam konstitutive Wirkung"). Da Art 16a II GG aus einem sicheren Drittstaat einreisende Personen aus dem persönlichen Geltungsbereich des AsylR ausnimmt, entfällt insoweit auch das vorläufige AufR während des Verf (BVerfGE 94, 49).

Asylsuchenden darf deshalb grundsätzlich weder die Einreise ohne die sonst erforderlichen **3** Dokumente (Reisepass u. evtl Visum) noch der weitere Verbleib im Inland bis zur Feststellung der Asylberechtigung verwehrt werden (Art 16a GG Rn 18; Hailbronner in FS Zeidler, S. 931; Kimminich in BK, Art 16 Rn 279 ff; Marx, § 55 Rn 6; BVerwG, EZAR 221 Nr 1; BVerwGE 62, 206; BVerwG, EZAR 223 Nr 7; HessVGH, EZAR 220 Nr 2). Mit diesem **Kernbestand** des Asylgrundrechts ist die Auffassung, die Einreise ohne Sichtvermerk dürfe bestraft werden, wenn die Einholung des Visums zumutbar sei (so BVerfG-K, NVwZ 1987, 1068), kaum zu vereinbaren (ebenso GK-AsylVfG, § 55 Rn 17; vgl auch BVerwG, EZAR 220 Nr 3).

Die **GK** regelt anders als Art 16 II 2 GG nicht ein Recht auf Asyl, sondern Rechte des **4** Flüchtlings im Asyl (Art 16a GG Rn 5; Kimminich, Aufenthalt S. 137; Koisser/Nicolaus, ZAR 1991, 9). Dennoch ist sie für die Einreise von Flüchtlingen nicht ohne Bedeutung. Art 33 GK verleiht Flüchtlingen kein unbeschränktes Recht auf Aufnahme, verbietet aber die unmittelbare oder mittelbare Zurückweisung von unmittelbar aus dem Heimatstaat einreisenden Flüchtlingen in den Verfolgerstaat; damit ist ihnen zumindest eine zeitweilige Zuflucht gewährleistet (Hailbronner, § 55 AsylVfG Rn 9; ders., ZAR 1987, 3 mwN; ders. in Beitz/Wollenschläger, S. 69, 89). Zudem wirkt die Flüchtlingsanerkennung ebenso deklaratorisch wie die Asylanerkennung (vgl Erwägungsgrund Nr 14 der RL 2004/83/EG). **Andere** bi- oder multilaterale **Verträge** – wie EMRK oder UN-Folterkonvention – oder das Völkergewohnheitsrecht vermitteln ungeachtet ihres Inhalts im Einzelnen jedenfalls keinen darüber hinausgehenden Schutz (Hailbronner, ZAR 1987, 3; vgl auch BVerfG-A, InfAuslR 1982, 271).

Die Vorschrift des Abs 1 S. 1 schafft innerstaatl ges Grundlagen für den Aufenthalt des **5** Asylbew während des Asylverf, indem sie im Verein mit Abs 1 S. 2 u. §§ 56–60 ein **ges AufR besonderer Art** vorsieht. In welcher Weise der Verbleib des Ausl im Bundesgebiet zum Zwecke der Überprüfung der Asylberechtigung rechtlich zu sichern ist, war früher streitig. Das BVerwG hatte allerdings klargestellt, dass die Asylrechtsgarantie auch den Asylbew schützt u. ihm der Aufenthalt bis zur Klärung der Asylberechtigung grundsätzlich nicht verwehrt werden darf; deshalb sei idR die Erteilung einer AufErl (nach § 2 AuslG 1965) geboten (BVerwGE 62, 206). Hiervon ausgehend schreibt Abs 1 S. 1 zwingend die AufGest vor, u. zwar als AufR kraft Ges u. nicht kraft Verleihung (HessVGH, EZAR 632 Nr 2).

III. Stellung eines Asylgesuchs

6   Grundsätzlich **jedes Asylgesuch** iSd § 13 I führt zur ges AufGest, nicht nur der Asylanerkennungsantrag; anders verhält es sich nur, wenn ein Asylgesuch rechtlich gar nicht existiert wie im Falle des § 14 III (dort Rn 15). Das vorläufige AufR entsteht bereits bei der Äußerung des Asylersuchens iSd § 13 I u. nicht erst bei der förmlichen Antragstellung nach § 14 I. Dies ist nunmehr anders als noch in § 19 I AsylVfG 1982 („Asylantrag gestellt") schon durch die Formulierung „um Asyl nachsucht" klargestellt. Im Hinblick auf den verfassungsrechtlich geforderten Schutz vom Erreichen der Grenze an verbietet sich eine andere Regelung, etwa dahingehend, dass erst der förmliche Asylantrag das Bleiberecht auslöst. Die deklaratorische Bescheinigung über die AufGest wird erst später erteilt (§ 63 I), dies ändert aber nichts am **Entstehen** des ges Bleiberechts bei Äußerung des Asylgesuchs an der Grenze oder an anderer Stelle. Auf eine „unverzügliche" Meldung nach Art 31 GK kommt es nicht an.

7   Die AufGest ist in der Weise **befristet,** dass sie erlischt, wenn nicht binnen zwei Wochen nach Äußerung des Asylgesuchs der Asylantrag gestellt ist (§ 67 I Nr 2). Damit soll die notwendige Mitwirkung des Ausl am Asylverf durchgesetzt werden. Ein endgültiger Rechtsverlust tritt nicht ein, weil die AufGest mit förmlicher Antragstellung wieder auflebt (§ 67 II).

8   Nach unerlaubter Einreise aus einem **sicheren Drittstaat** entsteht die AufGest erst mit der Stellung des Asylantrags iSd § 14 I. Damit wird Art 16 a II GG u. § 19 III Rechnung getragen, die ein AsylR bei Einreise aus einem solchen Staat ausschließen u. bei unerlaubter Einreise auch die Zurückschiebung erlauben. Ist diese nicht (mehr) möglich, tritt der Schutz der AufGest ein. In der Zwischenzeit herrscht ein Schwebezustand. Im Hinblick auf den Ausschlusstatbestand des Art 16 a II GG ist diese vom Normalfall abweichende Behandlung verfassungsrechtlich unbedenklich. Sie greift zB dann nicht ein, wenn der Ausl bei der Einreise bereits eine AufGen besitzt u. damit erlaubt einreist oder wenn er gemäß § 22 a S. 1 übernommen wird (§ 22 a Rn 3). Anwendbar ist sie dagegen bei unerlaubter Einreise aus einem der VO/EG 343/2003 unterliegenden EU-Mitgliedstaat (früher DÜ-Staat), u. zwar unabhängig von der dann erst notwendigen Prüfung der Zuständigkeit nach der VO/EG 343/2003 (früher dem DÜ) durch das BAMF (Hailbronner, § 55 AsylVfG Rn 19).

9   Auch ein **Folgeantrag** stellt einen Asylantrag iSd § 13 I dar u. könnte deshalb eine AufGest begründen. Die Rechtsstellung der Folgeantragsteller weist indes eine **wechselvolle Geschichte** auf. Die der AufGest ursprünglich entgegenstehende Vorschrift des § 21 II AsylVfG 1982 wurde später aufgehoben (durch Art 1 Nr 11 AsylVfÄndG 1987). Den Regelungen der §§ 10 I, 14 I, 20 III, 21 AsylVfG 1982 war zunächst uU zu entnehmen gewesen, dass nur ein beachtlicher Folgeantrag die Rechtsfolgen der §§ 19, 20 I AsylVfG 1982 auslösen sollte (HessVGH, EZAR 224 Nr 6; OVG NRW, EZAR 224 Nr 1). Die daraus resultierende Schlechterstellung von Asylsuchenden mit einem unbeachtlichen Folgeantrag gegenüber anderen Asylbew war verfassungsrechtlich nicht zu beanstanden. Die betroffenen Personen waren nicht gänzlich schutzlos, da ihr vorläufiger Aufenthalt nur unter Beachtung des § 14 AsylVfG 1982 beendet werden durfte; bis dahin war ihr Aufenthalt zu dulden, soweit eine Abschiebung nach § 21 AsylVfG 1982 nicht möglich war. Die Benachteiligung gegenüber Erstantragstellern u. solchen mit beachtlichem Folgeantrag war sachlich begründet; entscheidend war allein die Nichtabschiebung bis zur Prüfung der Beachtlichkeit (allg dazu BVerfG-A, EZAR 221 Nr 10). Ob der Asylbew in den Genuss der AufGest gelangte, stand freilich erst (nachträglich) mit Feststellung der Beachtlichkeit fest.

10   Für **Folgeantragsteller** ist eine AufGest nach der Neubestimmung des Folgeantrags (§ 71 anstelle von § 14 I AsylVfG 1982) für die Zeit bis zur Einleitung eines weiteren Asylverf nicht mehr vorgesehen (aA GK-AsylVfG, § 55 Rn 37 f; VG Schleswig, EZAR 224 Nr 24 m. Anm. Bell, ZAR 1993, 37). Für sie ist statt der AufGest weder ein anderer ges Aufenthaltstitel noch ein ausdrücklicher Rechtsanspruch auf Duldung eingeführt worden

(§ 71 Rn 15). Sie befinden sich damit in einer ähnlichen aufr Situation wie allg alle Asylbew vor Erlass des AsylVfG 1982 (BVerwGE 62, 206). Einerseits darf ihr Aufenthalt vor Feststellung ihrer Asylberechtigung nicht beendet werden, andererseits steht ihnen ein spezieller Aufenthaltstitel weder nach AuslG noch nach AsylVfG zu. Hierfür sprechen insb die §§ 71 V 2, 71 a III 1, obwohl sie auf den Folgeantrag allg nicht anwendbar sind.

Als sach- u. zweckgerechter Titel kommt eine **AE** nach § 7 I 2 AufenthG bis zur **11** Entscheidung des BAMF über die Einleitung eines weiteren Asylverf (§ 71 I) in Betracht (§ 71 Rn 15). Dabei geht es um einen im AufenthG sonst nicht vorgesehenen Aufenthaltszweck, der kurzfristig erreichbar ist. Angesichts der verfassungs- u. völkerrechtlichen Grundlage des Aufenthalts ist auch an eine **AE** zur Wahrung völkerrechtlicher oder dringender humanitärer Interessen u. Belange (§ 25 IV AufenthG) zu denken. Dagegen wird eine **Duldung** dieser Sondersituation weniger gerecht, weil eine vollziehbare Ausreisepflicht besteht, diese aber gerade nicht durchgesetzt werden soll (zT aA Hailbronner, § 55 AsylVfG Rn 24; Marx, § 55 Rn 13, § 71 Rn 66). Andererseits liegen die Voraussetzungen des § 60 a II AufenthG vor, weil Rechtsgründe (vorübergehend) der Abschiebung entgegenstehen. Denn § 71 V 2 gilt zwar nur für einen Folgeantrag innerhalb der Zwei-Jahres-Frist, lässt aber ebenso wie § 71 a III 1 den Grundsatz erkennen, dass die Abschiebung des Folgeantragstellers während der ersten Phase des Verf grundsätzlich nicht vollzogen werden soll (§ 71 Rn 15; zu Abs 5 ebenso SächsOVG, EZAR 224 Nr 29 m. Anm. Renner, NJ 2002, 497; aA für Abs 5 OLG Köln, OLGR Köln 2002, 101). Wenn aber der Folgeantragsteller (ohne Rücksicht auf die Zweijahresfrist) vor einer Abschiebung ges geschützt ist, dann steht ihm zumindest eine Duldung zu (aA Hailbronner, § 55 AsylVfG Rn 33, offenbar aber nur für den Fall des § 71 V 2).

Für **Zweitantragsteller** (§ 71 a) besteht eine ähnliche Situation. Bei ihnen wird ein **12** Asylverf nur durchgeführt, wenn die Voraussetzungen des § 51 I bis III VwVfG vorliegen u. außerdem die BR Deutschland nach Vertragsrecht zuständig ist (§ 71 a I). Ihr Aufenthalt gilt als geduldet (§ 71 a III) mit der Folge, dass sie auch eine Duldungsbescheinigung erhalten; nach der Einleitung eines Asylverf steht ihnen dann eine AufGest zu (§ 71 a Rn 5). Die Berufung auf eine ges Duldung allein genügt für sie, um der Bestrafung nach § 95 I Nr 2 AufenthG zu entgehen; denn dort ist nicht mehr der (tatsächliche) Besitz einer Duldung vorausgesetzt wie früher in § 92 I Nr 1 AuslG.

IV. Verhältnis zu anderen Aufenthaltsrechten

Im Grundsatz **erlöschen** mit dem Asylgesuch alle aufr Positionen des Asylbew (anders **13** noch § 19 IV AsylVfG 1982). Dies gilt für Befreiungen vom Erfordernis eines AufTit ebenso wie für AufTit mit einer Gesamtgeltungsdauer bis zu sechs Monaten; hierunter fallen vor allem Visa (vgl § 6 I 2, III AufenthG; früher Sonderregelung in § 19 V AsylVfG 1982). Die Verlängerung eines bestehenden AufTit ist nicht ausgeschlossen, wohl aber grundsätzlich die Neuerteilung während des Asylverf (§ 10 AufenthG; zum früheren Recht OVG NRW, EZAR 223 Nr 9). Ausgeschlossen ist ohnehin eine AE oder ein anderer AufTit zum Zwecke der Durchführung des Asylverf (zum früheren Recht BVerwG, InfAuslR 1984, 59; OVG NRW, EZAR 224 Nr 1). Die fiktiven AufR des § 81 III u. IV AufenthG entfallen, allerdings bleibt die ges Verlängerung nach § 81 IV AufenthG unberührt, falls die Verlängerung eines AufTit mit einer Gesamtgeltungsdauer von mehr als sechs Monaten beantragt war. Das Erlöschen tritt nicht erst mit dem Asylantrag ein (so aber entspr dem Wortlaut Hailbronner, § 55 AsylVfG Rn 32); denn sonst müssten AufTit u. AufGest nebeneinander gelten. Die Lücke im AufR infolge nicht rechtzeitiger Antragstellung (vgl § 67 I Nr 2) ist dagegen eher hinnehmbar.

Damit sind nicht nur kurzfristige Besuchsaufenthalte schlechter gestellt als nach § 19 V **14** AsylVfG 1982 (so aber BT-Drs 12/2062 S. 37). Trotzdem sind die Erlöschensregelungen

4 AsylVfG § 55   4. Teil. Asylverfahrensgesetz

nicht zu beanstanden, weil damit lediglich ein **Austausch** gegen die AufGest erreicht wird. Das ges AufR der AufGest wird u. bleibt während der Gültigkeit der asylverfahrensunabhängigen AufGen wirksam; nur die mit ihr verbundenen Beschränkungen kommen nicht zum Tragen (BT-Drs 9/875 S. 21; BT-Drs 9/1630 S. 21). AufGest u. damit einhergehende Beschränkungen entfalten erst (wieder) ihre Wirksamkeit, wenn der AufTit endet. Zur Frage der Anwendbarkeit von § 81 III AufenthG auf den Antrag eines Asylbew (rechtmäßiger Aufenthalt ohne AufTit iSd § 4 I 2 AufenthG) auf einen Titel s. § 81 AufenthG Rn 00.

15   Eine Ausschlussbestimmung für bereits **ausgewiesene** Asylbew enthält das Ges nicht mehr (anders noch § 19 II 1 AsylVfG 1982). Stattdessen ist bei bei früherer Verurteilung wegen einer besonders schweren Straftat die Einreise zu verweigern (§ 18 II Nr 3), u. diese Zurückweisung führt zum sofortigen Erlöschen der AufGest (§ 67 I Nr 1). Außerdem sind §§ 56 I 1 Nr 5, IV 2 Nr 1 sowie § 25 I 2 AufenthG zu beachten, wonach bei Vorliegen schwerwiegender Gründe die Ausweisung ua anerkannter Asylber u. Asylbew zugelassen ist u. eine AE trotz Asylanerkennung nicht erteilt wird (zum früheren Recht BVerwG, EZAR 120 Nr 4, BVerwGE 62, 215). Sie ist im Grundsatz verfassungsrechtlich ebenso wenig zu beanstanden wie diese Bestimmungen (§ 25 AufenthG Rn 15 ff; § 56 AufenthG Rn 11). Das Asylgesuch lässt die AufGest auch während der Haft entstehen. Der Asylantrag steht der Abschiebungshaft aber nicht entgegen, grundsätzlich jedoch nur für die Dauer von längstens vier Wochen (§ 14 IV).

V. Anrechnung von Aufenthaltszeiten

16   Die Aufenthaltsdauer während des Asylverf ist für Rechte u. Vergünstigungen nur anzurechnen, wenn der Ausl unanfechtbar **als Asylber oder als Flüchtling anerkannt** ist. Familienasyl u. Familienabschiebungsschutz (§ 26) sind gleichgestellt. Bis Ende 2004 reichte die Flüchtlingsanerkennung nicht aus, ohne dass die damalige Differenzierung rechtlich zu beanstanden war.

17   Die Verfahrensdauer ist trotz endgültiger Ablehnung des Asylantrags anzurechnen, wenn der Asylbew keine AufGest, sondern einen **AufTit** besaß, also aus asylverfahrensunabhängigen Gründen zum Aufenthalt berechtigt war. In derartigen Fällen besteht kein sachlicher Anlass, im Hinblick auf die Asylantragstellung sonst eintretende Vorteile zu versagen; der Aufenthalt war nämlich nicht asylbedingt. Auf den jew **Aufenthaltstitel,** der für das Asylverf erteilt war, kommt es nicht an. Ob der Asylbew vor Inkrafttreten des AsylVfG eine Duldung oder eine asylverfahrensabhängige AufErl erhielt, ist unerheblich (BVerwG, EZAR 107 Nr 2; wN bei Diefenbach, ZAR 1985, 60). Auch auf Dauer angelegte Duldungen (zB früher für Angehörige der sog. Ostblockstaaten) sind nicht ausgenommen, soweit sie die Dauer des Asylverf betrafen; ob sich diese Ausl auf einen geduldeten Daueraufenthalt einstellen konnten, ist insoweit unerheblich (allg zur aufr Stellung langfristig geduldeter Ostblockflüchtline Folz/Kremer, ZAR 1990, 167).

18   Die Regelung erfasst **alle Sachbereiche,** in denen es auf die Dauer des Aufenthalts u. nicht auf den Aufenthaltsstatus ankommt (Hailbronner, § 55 AsylVfG Rn 37). Entweder spielt die Aufenthaltsdauer für den Tatbestand von AufTit oder Verfestigungen eine Rolle (zB nach §§ 31 I 1 Nr 1, 38 I 1 Nr. 1 AufenthG), oder sie ist bei der Ermessensausübung zu berücksichtigen (Marx, § 55 Rn 25). Für das ges AufR des § 81 III 1 AufenthG zählt die Dauer des Asylverf ebenfalls nicht, obwohl der Aufenthalt während dieser Zeit als rechtmäßig anzusehen ist. Die Regelung ist danach einschneidend, aber nicht sachwidrig. Sie verhindert nur einen Vorteil aus der bloßen Aufenthaltsdauer während des Asylverf, auf die weder der Asylbew noch Behörden oder Gerichte den alleinigen Einfluss ausüben.

19   **Anders** verhält es sich, wenn nicht auf die bloße Dauer, sondern auf den Aufenthaltsstatus abgestellt ist (zB § 9 II 1 Nr 1 AufenthG). Kommt es auf die Einordnung in dt Lebens-

verhältnisse an (zB §§ 8, 9 StAG; dazu Hailbronner/Renner, StAngR, § 8 StAG Rn 52 ff), kann die Dauer des Asylverf nicht außer Betracht gelassen werden; denn insoweit spielen nur die faktischen Verhältnisse eine Rolle, weder der bloße Aufenthalt noch die Art der rechtlichen Absicherung (Hailbronner, § 55 AsylVfG Rn 37; Marx, § 55 Rn 27). Schließlich zählt der Asylbewerberaufenthalt dann mit, wenn er gerade zur tatbestandlichen Voraussetzung gehört (zB nach § 26 IV 2 AufenthG).

VI. Verwaltungsverfahren und Rechtsschutz

Die AufGest wird nach Maßgabe des § 63 **erteilt** (zu Auflagen vgl § 60 I, II); sie **erlischt** 20 nach § 67. **Rechtsmittel** sind gegen die Versagung wie gegen die behördliche Feststellung gegeben, die AufGest sei erloschen (§ 63 Rn 8; § 67 Rn 8); der Klage kommt keine aufschiebende Wirkung zu (§ 75). Vorläufiger Rechtsschutz ist nach § 80 V VwGO gegeben.

VII. Arbeits- und Sozialrecht

1. Allgemeines

Die **Rechtsstellung** des Asylbew im Arbeits- u. Sozialrecht ist entspr dem auf das 21 Asylverf beschränkten ges AufR **begrenzt.** Anders als Asylber verfügt der Bewerber über kein auf Dauer gesichertes Bleiberecht (BVerwGE 62, 206) u. kein verfassungskräftiges Recht auf Arbeit (BVerfG-A, EZAR 221 Nr 22). Er benötigt noch keine integrationsfördernden Hilfen, aber zumindest die Unterstützungen, die ihm in sozialer u. gesundheitlicher Hinsicht die Durchführung des Anerkennungsverf vom Inland aus ermöglichen. Dies folgt ebenso aus Art 16 a I GG (iVm Art 1 I, 20 III GG) wie das vorläufige AufR. Abschiebungsschutz ohne existenzerhaltende staatl Leistungen gefährdet letztlich den Asylanspruch selbst u. widerspräche der humanitären Zielsetzung des Art 16 a I GG.

Schlüsselbegriff in Leistungsges ist meist der des **Wohnsitzes oder des gewöhnlichen** 22 **Aufenthalts,** über die Asylbew im Inland nicht ohne weiteres verfügen. Andererseits bleibt allg zu beachten, dass der Aufenthalt im (angeblichen) Verfolgerstaat aus subjektiver Sicht auf Dauer aufgegeben u. der Aufenthalt im Inland kraft Ges erlaubt ist u. dass die Aufenthaltsdauer wegen langer Verfahrenszeiten nicht selten mehr als fünf Jahre beträgt. Der Begriff des „gewöhnlichen Aufenthalts" (vgl § 30 I SGB I) ist je nach Sinn u. Zweck der jew Norm u. der Art der jew Leistung oder Verpflichtung auszulegen (zur Schulpflicht zB Wollenschläger, ZAR 1985, 156, 163). Im Arbeitsrecht ist allein das Bestehen eines Arbeitsverhältnisses maßgeblich; deshalb treten hier keine Besonderheiten gegenüber anderen Ausl auf (vgl § 4 AufenthG Rn 130 ff). Im Arbeitsgenehmigungsrecht u. in sozialrechtlichen Leistungsges wirkt sich der aufr Unterschied zwischen Asylbew, Asylber u. sonstigen Ausl dagegen spürbar aus (vgl insb das AsylbLG).

2. Erwerbstätigkeit

Asylbew benötigen seit 1. 1. 2005 wie andere Ausl grundsätzlich für die Ausübung einer 23 Erwerbstätigkeit die Zustimmung der BA (vgl § 4 II AufenthG; dazu dort Rn 46 ff, zur Entwicklung der Arbeitsverbote u. Wartezeiten vgl Jahresgutachten 2004 S. 134). Für die Dauer der Wohnverpflichtung nach § 47 I ist die ArbGen nach § 61 I ausgeschlossen. Im Anschluss daran ist es weiterhin zulässig, die Erwerbstätigkeit für die Dauer des Asylverf durch **auslbeh Auflage** einzuschränken oder auszuschließen, es sei denn, der Ausl ist bereits in einer Instanz anerkannt (§ 61 II; zum früheren Recht BVerwG, EZAR 221 Nr 17 u. 19). Nach Beendigung der Wohnverpflichtung ist eine Zustimmung der BA während des Besitzes der AufGest gemäß § 61 II zulässig, u. zwar für bestimmte auch ohne Zustimmung der BA (§§ 1–4 AuslBeschVerfV). Tatsächlich ist die Arbeitssuche durch die räumlichen Beschränkungen auf Bezirk der AuslBeh oder einzelne Gemeinde (§§ 56 ff) erschwert.

3. Sozialversicherung

24 In der **Sozialversicherung** sind Asylbew grundsätzlich so gestellt wie andere Ausl (§ 4 AufenthG Rn 149 ff). Nicht einheitlich zu beantworten ist die Frage, ob Leistungspflichten u. -rechte **Wohnsitz** oder gewöhnlichen Aufenthalt im Inland voraussetzen. Entscheidend bleiben im Zweifel Art u. Zweck der jew Leistung. Soweit der Aufenthalt nicht förmlich durch einen AufTit gesichert ist u. es nur auf den tatsächlichen Aufenthalt ankommt, können uU Zeiten während des evtl jahrelangen Asylverf ebenso berücksichtigt werden wie die Dauer geduldeten Aufenthalts, etwa bei Flüchtlingen aus dem ehemaligen Ostblock (dazu Folz/Kremer, ZAR 1990, 167; vgl Rn 17, 22).

25 Anspruch auf **Sozialhilfe II** besteht so lange nicht, wie eine Zustimmung der BA zur Erwerbstätigkeit nicht erteilt ist (§ 8 II SGB II). **Sprachförderungsmaßnahmen** werden für Asylbew nicht finanziell gefördert, weil ein Bedürfnis für den Erwerb fundierter Deutschkenntnissen für die Dauer des Asylverf nicht anerkannt wird. An Integrationskursen können Asybew nicht teilnehmen, weil sie keine AE oder NE besitzen (vgl § 44 I AufenthG).

4. Sozialhilfe

26 Sozialhilfe erhielten Asylbew bis Ende Oktober 1993 grundsätzlich nach denselben Maßstäben wie andere Ausl (§ 120 BSHG aF). Seit 1. 11. 1993 ist freilich das **AsylbLG** in Kraft (dazu u. zu den zwischenzeitlichen Änderungen Deibel, ZAR 1998, 28; Hohm, NVwZ 1997, 659; Scholl/Schieffer, ZAR 1994, 132; Streit/Hübschmann, ZAR 1998, 266), das **Sonderregelungen** für folgende Gruppen enthält (§ 1 I): Asylbew mit AufGest, vollziehbar zur Ausreise Verpflichtete u. Inhaber einer AE nach §§ 23 I, 24 oder 25 IV oder V AufenthG sowie jew deren Ehegatten oder minderjährige Kinder. Die Sonderregelung gilt nur bis zur Asylanerkennung durch BAMF oder Gericht, auch wenn diese Entscheidung noch nicht rechtskräftig ist (§ 1 III Nr 2). Leistungen nach dem SGB XII (Sozialhilfe) erhält auch, wessen Asylantrag nach zwölf Monaten noch nicht unanfechtbar beschieden ist, solange keine vollziehbare Ausreisepflicht besteht; ebenso wer eine Duldung besitzt, weil der Ausreise oder Abschiebung Hindernisse entgegenstehen, die er nicht zu vertreten hat (§ 2 I).

27 Die Leistungen nach dem AsylbLG sind gegenüber dem SGB XII nach Art, Umfang u. Höhe **eingeschränkt.** Die Grundleistungen werden grundsätzlich als Sachleistung gewährt, auch bei einer Unterbringung außerhalb von AEinr oder vergleichbaren Einrichtungen (§ 3). Leistungen bei Krankheit, Schwangerschaft u. Geburt sind ebenfalls nach Grund u. Umfang beschränkt (§ 4), u. sonstige Leistungen sind streng an die Erforderlichkeit gebunden (§ 6). Einkommen u. Vermögen sind zuvor bis auf einen Selbstbehalt bei Arbeitseinkommen aufzubrauchen (§ 7). In AEinr oder Einrichtungen staatl oder anderer Träger sollen Arbeitsgelegenheiten angeboten werden, zu deren Annahme arbeitsfähige Ausl verpflichtet u. die mit 1,05 Euro Aufwandsentschädigung verbunden sind (§ 5).

28 Soweit danach **Leistungen nach dem SGB XII** in Betracht kommen, findet eine Verweisung auf die Möglichkeit der Rückkehr in die Heimat oder der **Selbsthilfe** nicht statt. Seit 1. 11. 1993 ist zwar auf die Leistungen von Rückführungs- u. Weiterwanderungsprogrammen hinzuweisen u. in geeigneten Fällen auf deren Inanspruchnahme hinzuwirken (zunächst § 120 IV BSHG u. jetzt § 23 IV SGB XII). Bei Ablehnung derartiger Hilfen kann aber kein Zwang ausgeübt oder die Sozialhilfe eingeschränkt werden.

29 Der Sozialbehörde ist die Prüfung der Asylgründe untersagt; maßgeblich sind tatsächlicher Aufenthalt u. Hilfsbedürftigkeit, nicht das Recht zum Verbleib. Ein **Ausschluss** von der Sozialhilfe ist nur zulässig, wenn hinsichtlich der Inanspruchnahme mindestens bedingter

Vorsatz feststellbar ist (§ 23 III 1 SGB XII); § 1 a Nr 1 AsylbLG). Eine finale Beziehung zwischen Einreise u. Sozialhilfebezug ist denkbar bei unbegründetem Asylgesuch. Eine insoweit uU zulässige Bewertung des Asylgesuchs durch die Sozialbehörde ist aber kaum durchführbar, allenfalls nachträglich nach rechtskräftig negativ abgeschlossenem Asylverf; dann aber ist sie oft praktisch bedeutungslos. Die bloße Ablehnung des Asylgesuchs genügt jedenfalls nicht für den Ausschluss der Sozialhilfe (VGH BW, EZAR 461 Nr 4; OVG Berlin, EZAR 460 Nr 3). Umgekehrt darf dem Ausl nicht die Stellung eines Asylantrags angesonnen u. ihm andernfalls Sozialhilfe verweigert werden (so aber für den Fall der isolierten GK-Anerkennung vor Inkrafttreten des AuslRNG OVG Hamburg, EZAR 461 Nr 13 m. abl. Anm. Goerlich, ZAR 1990, 41).

Ungeachtet des grundsätzlichen Anspruchs auf Sozialhilfe sind schon seit einigen Jahren 30 die **Leistungen** für Asylbew **erheblich eingeschränkt** (§§ 1 a ff AsylbLG). Betroffen sind ua folgende Personen: Asylbew ohne AufTit während des gesamten Asylverf; ausreisepflichtige Asylbew, auch wenn ihr Aufenthalt genannten Gründen geduldet wird (§ 1 AsylbLG); bei ihnen beschränkt sich der Anspruch auf Grundleistungen u. Leistungen bei akuter Erkrankung, Schwangerschaft u. Geburt (§§ 3, 4 AsylbLG).

Das AsylbLG ist seit seinem Erlass inzwischen siebenmal geändert. Zu den wesentlichen 31 **Änderungen** des leistungsberechtigten Personenkreises, der Regelleichtungen u. der Leistungen in besonderen Fällen sowie den Leistungsbeschränkungen u. -ausschlüssen seit 2003 ausführlich Deibel, ZAR 2004, 321.

Verfassungsrechtlich ist die nach u. nach zunehmende Schlechterstellung der Asylbew, 32 die politisch als „flankierende Maßnahme" zur Abwehr unberechtigter Asylgesuche gerechtfertigt wird, kaum zu beanstanden. Sie trifft zwar auch politisch Verfolgte iSd Art 16 a I GG, ist aber auf die Dauer des Asylverf beschränkt u. berührt vor allem nicht den verfassungsrechtlich garantierten Abschiebungsschutz (ähnlich BVerwGE 71, 139). Bei der Ermessensausübung ist gleichwohl zugunsten des Hilfesuchenden zu berücksichtigen: Unzumutbarkeit der Rückkehr wegen drohender Verfolgung oder wegen anderer Gefährdungen (HessVGH, EZAR 460 Nr 1); nicht vom Asylbew zu vertretende Dauer des Asylverf mit Unterbringung in GemUnt u. erzwungener Untätigkeit sowie Gesundheitsgefährdung; offenbare Berechtigung des Asylantrags (zB bei anerkannter Gruppenverfolgung); trotz Asylablehnung gewährtes weiteres Bleiberecht.

Die Leistungsbeschränkungen sind auch für Asylsuchende aus **Vertragsstaaten des EFA** 33 zulässig, weil deren Aufenthalt trotz des ges AufR der AufGest nicht als „erlaubt" iSd Art 11 EFA anzusehen ist (BVerwGE 71, 139; OVG Berlin, EZAR 461 Nr 8; aA VGH BW, EZAR 461 Nr 4; zweifelnd noch Columbus, ZAR 1982, 155 f). Seit 1985 ist der von Kürzungen betroffene Personenkreis erweitert; seitdem sind auch diejenigen ausreisepflichtigen Ausl erfasst, die Asyl nicht beantragt haben oder dessen Asylgesuch abgelehnt ist (anders zu § 120 BSHG aF noch OVG Berlin, EZAR 460 Nr 2, 3). Fraglich ist aber, ob dies ohne weiteres auf Familienangehörige von Asylbew ausgedehnt werden kann (so aber OVG Berlin, EZAR 461 Nr 1); statthaft ist dies eigentlich nur, wenn diese Personen selbst die Voraussetzungen des § 120 II BSHG erfüllen.

Versagt werden kann Hilfe zum Lebensunterhalt nach **Verweigerung zumutbarer** 34 **gemeinnütziger u. zusätzlicher Arbeit** auch gegenüber Asylbew (§ 5 IV AsylbLG) u. trotz Verbots von Erwerbstätigkeit (BVerwGE 68, 91; OVG Berlin, EZAR 461 Nr 3; OVG Hamburg, EZAR 461 Nr 2; Columbus, ZAR 1982, 148 u. 199 sowie 1984, 133). Die Verweisung auf den **Nachrang** der Sozialhilfe u. die Versorgung in **Gemeinschaftsunterkunft** ist grundsätzlich zulässig (BVerwG, FEVS 33, 1). Unerheblich ist, ob die Unterbringung in einer GemUnt auslbeh durchsetzbar u. angeordnet ist u. ob das Asylgesuch aussichtsreich erscheint; die Aufnahme in eine Sammelunterkunft muss nur möglich u. darf nicht wegen menschenunwürdiger Umstände (§ 53 Rn 18 f) oder aus anderen Gründen unzumutbar sein. Sie ist zB nicht zuzumuten, wenn die Asylanerkennung alsbald bevorsteht (BayVGH, EZAR 461 Nr 9).

5. Kindergeld und sonstige Leistungen

35   Vom Bezug von **Kindergeld** waren Asylbew schon immer weitgehend ausgeschlossen, da ihr Aufenthalt im Bundesgebiet idR die Anforderungen an Wohnsitz oder gewöhnlichen Aufenthalt nicht erfüllte oder weil sie keine AufGen besaßen. Daran hat sich auch am 1. 1. 2005 nichts geändert. Der Besitz einer AufGest genügt auch jetzt nicht (§ 1 III BKGG idF d. Art 10 Nr 5 ZuwG; § 62 II EStG idF d. Art 11 Nr 17 ZuwG). Dies gilt entspr für **Erziehungsgeld** (§ 1 VI BerzGG idF d. Art 10 Nr 4 ZuwG) u. Ausbildungsförderung (§§ 5, 8 BaföG idF d. Art 10 Nr 3 ZuwG). Diese Benachteiligung von Asylbew gegenüber anderen Ausl erscheint nicht gleichheitswidrig, weil sie (noch) nicht über ein auf Dauer angelegtes AufR verfügen (vgl dazu BVerfG, EZAR NF Nr. 1 u. 2; Anm. Renner, ZAR 2005, 29; § 4 AufenthG Rn 172, 178).

§ 56 Räumliche Beschränkung

(1) ¹Die Aufenthaltsgestattung ist räumlich auf den Bezirk der Ausländerbehörde beschränkt, in dem die für die Aufnahme des Ausländers zuständige Aufnahmeeinrichtung liegt. ²In den Fällen des § 14 Abs. 2 Satz 1 ist die Aufenthaltsgestattung räumlich auf den Bezirk der Ausländerbehörde beschränkt, in dem der Ausländer sich aufhält.

(2) Wenn der Ausländer verpflichtet ist, in dem Bezirk einer anderen Ausländerbehörde Aufenthalt zu nehmen, ist die Aufenthaltsgestattung räumlich auf deren Bezirk beschränkt.

(3) ¹Räumliche Beschränkungen bleiben auch nach Erlöschen der Aufenthaltsgestattung in Kraft, bis sie aufgehoben werden. ²Abweichend von Satz 1 erlöschen räumliche Beschränkungen, wenn der Aufenthalt nach § 25 Abs. 1 Satz 3 oder § 25 Abs. 2 Satz 2 des Aufenthaltsgesetzes als erlaubt gilt oder ein Aufenthaltstitel erteilt wird.

Übersicht

	Rn
I. Entstehungsgeschichte	1
II. Allgemeines	2
III. Räumlich beschränkte Aufenthaltsgestattung	4

I. Entstehungsgeschichte

1   Die Vorschrift geht zT auf § 20 I 1, 2 AsylVfG 1982 zurück. Sie stimmt im Wesentlichen mit dem **GesEntw 1992** (§ 54, BT-Drs 12/2062 S. 15) überein. Auf Vorschlag des BT-IA wurde Abs 3 gestrichen, der eine räumliche Beschränkung der AufGest auf das Gebiet einer Gemeinde vorsah (BT-Drs 12/2062 S. 30). Abs 3 wurde aufgrund des Vermittlungsverf (BT-Drs 15/3479 S. 14) mit Wirkung vom 1. 1. 2005 angefügt (Art 3 Nr 36 a **ZuwG**).

II. Allgemeines

2   Mit dieser Vorschrift (u. §§ 57–60) wird das ges AufR des § 55 I näher ausgestaltet. Die Einzelheiten regelt zT das Ges selbst, zT wird dies dem BAMF oder der AuslBeh überlassen. Die Regelungen zeichnen sich durch **Restriktionen vielfältiger Art** aus, die der Beschleunigung der Verf dienen, vor allem aber – zusammen mit anderen „flankierenden" Maßnahmen (zum Sofortprogramm der BReg vom 18. 7. 1980 vgl Baum, ZAR 1981, 7; von Pollern, ZAR 1981, 93; Schiffer, ZAR 1981, 163) – abschreckend auf potentielle Asylbew wirken sollen. Sie wurden u. werden in Verbänden, Organisationen u. Parteien krit betrachtet, weil sie ohne Einschränkungen auch Ausl treffen, die erkennbar nicht missbräuchlich um Asyl nachsuchen (vgl nur Arbeiterwohlfahrt, ZAR 1981, 3 f; Reisebericht des UNHCR ua, ZAR 1984, 68 ff; BT-Drs 10/1401; Henkel, DVBl. 1980, 173; ders., ZAR 1981, 85; Schenk, DÖV 1981, 212; Schober, ZAR 1981, 19; Wöste, ZAR 1981, 22).

Räumliche Beschränkung　　　　　　　　　　　　　§ 56　**AsylVfG 4**

Die ges angeordneten u. vorgesehenen räumlichen Beschränkungen verstoßen weder 3
gegen die Grundrechte auf Freiheit der Person u. auf freie Entfaltung der Persönlichkeit
noch gegen das Asylgrundrecht; sie lassen den notwendigen Abschiebungsschutz unberührt,
gewährleisten die Möglichkeit der prozessualen Durchsetzung des Asylanspruchs u. sind
nicht unverhältnismäßig (betr § 20 I AsylVfG 1991 BVerfG, EZAR 222 Nr. 8;
BVerfG-A, NVwZ 1983, 603 u. 1984, 167; BVerfG-A, EZAR 221 Nr 21 u. 22; BVerfGE
80, 182; Hailbronner, § 55 AsylVfG Rn 7 ff; krit Tiemann, NVwZ 1987, 10; ebenso Marx,
§ 56 Rn 4). Trotz der grundsätzlichen Verfassungsmäßigkeit des Regelungssystems der
§§ 55, 56 ist angesichts der Grundrechtsrelevanz der Beschränkungen jew im Einzelfall bei
Auslegung u. Anwendung besonders sorgfältig auf Sinn u. Zweck der Einzelregelung u. den
Grundsatz der Verhältnismäßigkeit zu achten. Dies gilt auch für §§ 57, 58, weil danach evtl
Härten ausgeglichen werden können (Reermann, ZAR 1982, 127, 136; BVerfG-A, NVwZ
1984, 167; OVG Hamburg, NVwZ 1983, 17).

III. Räumlich beschränkte Aufenthaltsgestattung

Das AufR besonderer Art für Asylbew (§ 55 Rn 5) ist kraft Ges räumlich beschränkt, u. 4
zwar auf den **Bezirk der AuslBeh;** evtl weitergehende Beschränkungen nach § 60 können
von der AuslBeh vorgenommen werden. Die im GesEntw 1992 vorgesehene Beschränkung
auf das Gebiet einer Gemeinde wurde als zu weitgehend empfunden u. deshalb gestrichen
(BT-Drs 12/2817 S. 62). Maßgeblich ist die Lage der zuständigen AEinr oder der Aufenthalt
des Ausl in den Fällen des § 14 II 1. Dabei kommt es auf den Bezirk der AuslBeh an, nicht
etwa auf den Einzugsbereich der AufEinr oder der Unterkunft.

Gemeint ist nicht nur der gewöhnliche Aufenthalt in dem Sinne, dass eine zeitweilige 5
Abwesenheit nicht ausgeschlossen ist, sondern der **Aufenthalt schlechthin.** Anders war
noch die Rechtslage vor Inkrafttreten des AsylVfG 1982, als nur der gewöhnliche Aufenthalt
behördlich festgelegt, kurzfristiges Verlassen des Aufenthaltsbezirks also ohne weiteres erlaubt
war (Huber, InfAuslR 1981, 96; ders., NJW 1981, 1868; BayObLG, NVwZ 1982, 272;
OLG Stuttgart, NVwZ 1982, 158; aA OLG Karlsruhe, EZAR 355 Nr 1 m. Anm. Kanein,
ZAR 1981, 188). Angesichts der Genehmigungsbedürftigkeit des vorübergehenden Verlassens des Bereichs der AufGest nach §§ 57 I, 58 I ist eine dahingehende Auslegung des
Begriffs „Aufenthalt" in § 55 I verschlossen. Der Asylbew hat sich vielmehr ununterbrochen
im örtlichen Geltungsbereich der AufGest aufzuhalten, sofern das vorübergehende Verlassen
dieses Gebiets nicht ges oder behördlich erlaubt ist.

Hiergegen kann nicht mit Erfolg auf das Fehlen einer zwingenden inneren Rechtfer- 6
tigung für die Notwendigkeit der dauernden physischen Präsenz des Asylbew verwiesen
werden. Irgendeine **Ausnahme** lässt das Aufenthaltsgebot des § 55 I **nicht erkennen;** auch
fehlt es an einem dahingehenden Willen des Gesetzgebers. Dem BAMF oder der AuslBeh
steht ferner nicht die allg Befugnis zu, den vorgesehenen Aufenthaltsbereich zu erweitern u.
etwa auf den Bezirk einer anderen AuslBeh auszudehnen. Dies ist nur im Rahmen des
§ 58 I ausnahmsweise möglich. Gestattet sind der Wechsel des Aufenthaltsbezirks (Abs 2)
oder der vorübergehende Aufenthalt in anderen Bezirken nach Maßgabe von allg oder
individuellen Erlaubnissen nach § 58 I bis VI. Der nicht nur vorübergehende Aufenthalt
außerhalb des Bereichs der AufGest kann nicht aufgrund § 58 erlaubt werden; erst recht ist
eine solche Möglichkeit nach Abs 1 ausgeschlossen.

Ein **Wechsel des Aufenthaltsbezirks** kann sich aufgrund einer Verpflichtung zum 7
Aufenthalt im Bezirk einer anderen AuslBeh ergeben. Eine derartige Verpflichtung kann vor
allem aus einer länderübergreifenden Zuweisung nach § 51 entstehen. Mit Abs 2 wird dieser
Umzug aufr abgesichert, ohne dass es der vorherigen Erteilung einer AufGest bedarf.
Darüberhinaus kann die Verpflichtung zum Aufenthaltswechsel aus Anordnungen der Ausl-
Beh nach § 60 II 1 Nr 2 u. 3 herrühren; diese sind allerdings auf das jeweilige Bundesland
begrenzt. Auch sie stellen keine Ausnahme von der örtlichen Begrenzung der ges AufGest

nach § 55 I dar; sie führen vielmehr über Abs 2 zum Wechsel des maßgeblichen Aufenthaltsbezirks iSd Abs 1.

8 Der Auffassung, eine AuslBeh dürfe den Asylbew allg (früher gemäß § 20 II 2 AsylVfG 1982 u. jetzt § 60 II 1) ungeachtet der Verteilung u. Zuweisung in den Bezirk einer anderen AuslBeh verweisen (so BVerwGE 69, 292), konnte schon nach der ursprünglichen Fassung von § 20 II 2 AsylVfG 1982 nicht beigepflichtet werden (ebenso VGH BW, EZAR 221 Nr 26; HessVGH, EZAR 228 Nr 6). Denn immer müssen aufenthaltslenkende Maßnahmen der AuslBeh im **Zusammenhang mit Verteilung u. Zuweisung** gesehen werden, die grundsätzlich nicht durch Einzelanordnungen der AuslBeh mit Wirkung gegenüber anderen AuslBeh unterlaufen werden dürfen. Später hat der Gesetzgeber in § 20 I 3, II 2 Nr 2 AsylVfG 1982 ausdrücklich entspr Befugnisse der AuslBeh geschaffen, diese aber gerade auf das Gebiet desselben Landes begrenzt (BT-Drs 10/1164 S. 7; 10/6416 S. 25). Deshalb konnte zumindest nach dieser eindeutig restriktiven Äußerung des Gesetzgebers nicht mehr von einer bundesweiten Kompetenz jeder AuslBeh zur eigenmächtigen „Verteilung" von Asylbew ausgegangen werden (im Ergebnis ebenso OVG HH, EZAR 611 Nr 8). Selbst wenn die aufnehmende Behörde einverstanden ist, bleibt die unzulässige Umgehung der nicht der AuslBeh obliegenden Verteilung (zu § 60 II 1 Nr 3 dort Rn 9).

9 Dies gilt erst recht, nachdem der Gesetzgeber mit § 60 II 1 diese **Rechtslage bekräftigt** hat, deren besondere Bedeutung aufgrund von Ereignissen u. Praktiken in der Vergangenheit gut zu erkennen ist. Immerhin gab es schon immer ungute Erfahrungen mit Städten u. Gemeinden, die vor u. nach Inkrafttreten des AsylVfG 1982 ungeachtet getroffener Verteilungsentscheidungen die Aufnahme von Asylbew verweigerten u. sie unter Zuteilung von Freifahrkarten oder mit gemieteten Bussen in andere Kommunen u. andere Bundesländer verbrachten. Dem Gesetzgeber kann nicht unterstellt werden, dass er derartige Vorgänge fördern oder auch nur ermöglichen wollte. Im Gegenteil: er hat den AuslBeh ausnahmsweise Kompetenzen nur für dasselbe Land verliehen.

10 Mit dem seit Anfang 2005 geltenden Abs 3 ist die Dauer der Beschränkungen über die Geltung der AufGest hinaus **verlängert.** Die räumlichen Beschränkungen enden bei Erteilung eines AufTit u. nach Asyl- oder Flüchtlingsanerkennung bereits im Zeitpunkt des Antrags auf eine entspr AE.

§ 57 Verlassen des Aufenthaltsbereichs einer Aufnahmeeinrichtung

(1) Das Bundesamt kann einem Ausländer, der verpflichtet ist, in einer Aufnahmeeinrichtung zu wohnen, erlauben, den Geltungsbereich der Aufenthaltsgestattung vorübergehend zu verlassen, wenn zwingende Gründe es erfordern.

(2) Zur Wahrnehmung von Terminen bei Bevollmächtigten, beim Hohen Flüchtlingskommissar der Vereinten Nationen und bei Organisationen, die sich mit der Betreuung von Flüchtlingen befassen, soll die Erlaubnis unverzüglich erteilt werden.

(3) [1]Der Ausländer kann Termine bei Behörden und Gerichten, bei denen sein persönliches Erscheinen erforderlich ist, ohne Erlaubnis wahrnehmen. [2]Er hat diese Termine der Aufnahmeeinrichtung und dem Bundesamt anzuzeigen.

Übersicht

	Rn
I. Entstehungsgeschichte	1
II. Allgemeines	2
III. Vorübergehendes Verlassen	4
IV. Erlaubnistatbestände	9
1. Allgemeines	9
2. Termine bei Behörden oder Gerichten	10
3. Termine bei Bevollmächtigten, UNHCR oder Betreuungsorganisationen	12
4. Zwingende Gründe	17
V. Verwaltungsverfahren und Rechtsschutz	25

I. Entstehungsgeschichte

Die Vorschrift geht auf § 25 I bis III AsylVfG 1982 zurück. **Sie** stimmt im Wesentlichen 1
mit dem **GesEntw 1992** (§ 55, BT-Drs 12/2062 S. 15) überein; in Abs 2 wurden nur auf
Vorschlag des BT-IA (BT-Drs 12/2718 S. 31) zusätzlich die Flüchtlingsbetreuungsorganisationen erwähnt u. das Wort „unverzüglich" eingefügt.

II. Allgemeines

Die Einengung des Aufenthalts des Asylbew mit AufGest auf den Bezirk der AuslBeh 2
(§ 56 I) beschränkt die **Bewegungsfreiheit** in einer Art u. Weise, die zT nicht nur privaten,
sondern auch öffentl Belangen zuwiderläuft. Denn der zugewiesene Aufenthaltsbereich
richtet sich allein nach Verwaltungsgrenzen u. stimmt daher oft nicht mit dem natürlichen
Lebensraum überein. Von Anfang an war deshalb das vorübergehende Verlassen in bestimmten Fällen kraft Ges u. in anderen aufgrund Erlaubnis gestattet, wobei diese zT idR erteilt
werden muss. Das Erlaubnissystem ist inzwischen zusätzlich danach differenziert, ob der
Asylbew in einer AEinr zu wohnen hat (§ 57) oder nicht (§ 58).

Die Regelungen zielen insgesamt darauf ab, die Beschränkungen von Freizügigkeit u. 3
Bewegungsfreiheit **erträglich u. sachgerecht zu gestalten.** Damit tragen sie dazu bei,
diese als verfassungsgemäß ansehen zu können (dazu BVerfG, EZAR 222 Nr 8). Ähnlich
wie bei der Pflicht zum Wohnen in einer AEinr (§ 47 I) oder einer GemUnt (§ 53 I) ist hier
nicht danach zu fragen, ob die Residenzpflicht trotz der vorgesehenen Ausnahmeerlaubnisse
noch einen Abschreckungseffekt bewirken kann, der bisweilen mit derartigen „flankierenden Maßnahmen" verbunden wird; eher wäre schon an eine verfahrensbeschleunigende
Wirkung zu denken, wenn der Asylbew sonst schlechter erreichbar wäre. Mit den vorgesehenen Ausnahmen kann jedenfalls die notwendige Bewegungsfreiheit des Asylbew gesichert
werden, soweit dies für sein Verf u. seine persönlichen Belange wichtig ist.

III. Vorübergehendes Verlassen

Entgegen der Überschrift geht es nicht um das Verlassen eines – dem Ges nicht bekannten 4
– Aufenthaltsbereichs einer AEinr, sondern des **Geltungsbereichs** der AufGest (§ 56 I).
Dieser umfasst immer den Bezirk einer AuslBeh; damit kann er größer sein als der Einzugsbereich der AEinr, wenn im Bezirk einer AuslBeh mehrere AEinr bestehen.

Jedes vorübergehende Verlassen des Aufenthaltsbezirks ist grundsätzlich unzulässig 5
(BVerwG, EZAR 222 Nr 4). Es kommt auf Dauer u. Zweck nicht an. Also fällt auch
kurzfristiges Verlassen des Aufenthaltsbezirks, selbst wenn es sich als dringlich u. notwendig erweist, unter diese Vorschrift u. ist damit strafbar, falls es nicht ges erlaubt ist oder
behördlich erlaubt wird (§ 56 Rn 5 ff; § 85 Nr 2; zu §§ 34 I Nr 3, 35 I AsylVfG 1982
eingehend Dierichs, ZAR 1986, 125). Gerade die nachträglichen Änderungen des § 25
AsylVfG 1982 u. die differenzierten Regelungen der §§ 57, 58 belegen den Willen des
Gesetzgebers zur grundsätzlich vollständigen Durchsetzung der Pflicht zur ausnahmslos
ständigen Anwesenheit im zugewiesenen Aufenthaltsbereich.

Auch bei der **Reise ins Ausland** handelt es sich um ein vorübergehendes Verlassen des 6
Aufenthaltsbezirks. Deshalb ist trotz allg Ausreisefreiheit für Ausl (§ 62 I AuslG) für Auslandsreisen eines Asylbew auch dann eine Erlaubnis iSd §§ 57, 58 notwendig, wenn die
Reise das Gebiet anderer AuslBeh nicht berührt (BVerwG, EZAR 222 Nr 4; HessVGH,
EZAR 221 Nr 34). Bei Aufrechterhaltung des Asylantrags gelten nämlich auch die damit

verbundenen Beschränkungen fort. Die Erlaubnispflicht iSd §§ 57, 58 stellt auf das Verlassen des Aufenthaltsbezirks ab u. nicht auf das Ziel der Reise. Bei Rücknahme des Asylantrags vor der Ausreise entfällt die Erlaubnisbedürftigkeit; in diesem Fall erlöschen mit der AufGest (§ 67 II Nr 3) auch die mit dem Asylgesuch verbundenen Beschränkungen. Reist der Asylbew in seinen Heimatstaat, gilt der Asylantrag als zurückgenommen (§ 33 II).

7 Auch das **regelmäßig wiederkehrende** vorübergehende Verlassen des Aufenthaltsbezirks erfordert eine Erlaubnis nach §§ 57, 58, soweit es nicht erlaubnisfrei ist (BVerfG-A, EZAR 221 Nr 22). Gerade die Vorschrift des § 58 VI belegt die dahingehende Absicht des Gesetzgebers. Zu den dort ins Auge gefassten Fällen gehört etwa auch der, dass der Asylbew an der Grenze des Aufenthaltsbezirks untergebracht ist u. diesen regelmäßig zur Besorgung notwendiger Angelegenheiten (Einkauf, Arztbesuch) verlassen muss, um in die nahe gelegene Stadt in dem angrenzenden Bezirk zu gelangen. Die Wiederholung kurzfristiger Aufenthalte außerhalb des Bezirks nimmt diesen nicht den Charakter des Vorübergehenden. Dabei kommt es auch nicht auf das Verhältnis der jew Aufenthaltszeiten zueinander an; auch wenn der Ort des Aufenthalts iSd § 55 I 1 öfter zum Zwecke der Erwerbstätigkeit oder des Schulbesuchs verlassen wird, wird der dortige Aufenthalt nicht aufgegeben. Ist also die in § 58 VI vorgesehene RVO nicht erlassen, bedarf es der Einzelerlaubnis, die freilich für mehrere Fälle gleichzeitig erteilt werden kann.

8 Auf andere Weise als durch RVO nach § 58 VI kann das ständig wiederkehrende (jew vorübergehende) Verlassen des Aufenthaltsbezirks praktisch nicht legalisiert werden. Die **Erweiterung der AufGest** auf Gebiete außerhalb des Bezirks der zuständigen AuslBeh erscheint jedenfalls nicht zulässig (dazu § 56 Rn 8 f). Für nach § 47 I Wohnpflichtige kommt allerdings eine Erlaubnis aufgrund einer derartigen RVO nicht in Betracht (vgl aber Rn 17 ff). Falls der Asylbew eine AE, besitzt oder während des Asylverf erhält (vgl aber § 10 AufenthG), unterliegt er nicht den Beschränkungen nach §§ 55 ff, benötigt also überhaupt keine Erlaubnis iSd § 25.

IV. Erlaubnistatbestände

1. Allgemeines

9 Das System der §§ 57, 58 besteht aus **verschiedenartigen Tatbeständen.** Die Erlaubnisfreiheit kraft Ges steht neben den Erlaubnissen, die vom BAMF oder der AuslBeh aufgrund Ermessens oder aufgrund einer Sollvorschrift erteilt werden; zT gelten die Erlaubnisse nur für den Einzelfall u. zT allg auf Dauer. Während der Wohnverpflichtung iSd § 47 I sind zwar allg deren befristete Dauer u. der Zwang zu einem konzentrierten Verf zu beachten; eine nur vorübergehende Abwesenheit des Asylbew ist damit aber nicht von vornherein unvereinbar.

2. Termine bei Behörden oder Gerichten

10 **Erlaubnisfrei** ist das Verlassen des Aufenthaltsbezirks zum Zwecke der Teilnahme an Terminen bei Behörden u. Gerichten, wenn die persönliche Anwesenheit erforderlich ist (zur Anzeigepflicht Rn 25). Der vorübergehende Charakter des Verlassens ergibt sich dabei aus dem verfolgten Zweck. In Betracht kommen alle Arten von Behörden oder Gerichten, nicht nur diejenigen, die für das Asylgesuch u. die Regelung des Aufenthalts zuständig sind. Zu den Behörden zählen hier auch Ausl, zB Botschaften u. Konsulate. Es kann sich um Verf für oder gegen den Asylbew handeln, aber auch um Verf anderer Personen.

11 Das **persönliche Erscheinen** des Asylbew braucht nicht ausdrücklich angeordnet zu sein, etwa zum Zwecke der Zeugen- oder Parteivernehmung in einem eigenen oder einem fremden Verf. Es genügt, wenn es notwendig oder auch nur zweckmäßig ist, um eigene Interessen zu verfolgen (ebenso schon § 25 III AsylVfG 1982). Da Asylanerkennung u.

Verlassen des Aufenthaltsbereichs einer Aufnahmeeinrichtung § 57 **AsylVfG 4**

AufR für den Asylbew existentielle Bedeutung haben, ist seine Teilnahme idR an allen Terminen objektiv notwendig; dies gilt auch für familienrechtliche Verf, etwa um Ehescheidung oder Sorgerecht. Das Verlassen des Aufenthaltsbezirks erfordert dann keine behördliche oder gerichtliche Anordnung des persönlichen Erscheinens.

3. Termine bei Bevollmächtigten, UNHCR oder Betreuungsorganisationen

Zur Wahrnehmung von Terminen bei den genannten Stellen ist dem Asylbew grundsätzlich eine **Erlaubnis zu erteilen.** Die Soll-Vorschrift verleiht für den Regelfall einen Anspruch; nur in atypischen Fällen darf die Erlaubnis versagt werden (BVerfG-A, NVwZ 1983, 603). Die Aufnahme von Verbindungen zu Bevollmächtigten, UNHCR oder Betreuungsorganisationen ist für den Asylbew ähnlich wichtig wie die Anwesenheit in Behörden- oder Gerichtsterminen. Deshalb ist das vorübergehende Verlassen des Aufenthaltsbezirks in diesen Fällen im Blick auf den Grund für die Residenzpflicht idR unschädlich, weil es das Verf nicht behindert oder verzögert, sondern fördert. Dem trägt das Ges durch den **Regelanspruch** Rechnung. 12

Im Hinblick auf die Verkürzung der Fristen für Klage, Anträge u. Begründung (§§ 36 II, 74 I 2) ist die Pflicht zu **unverzüglicher** Erteilung als Verpflichtung zum sofortigen Handeln zu verstehen. Jede Verzögerung im Bereich der Behörden muss sonst im Rahmen der Wiedereinsetzung in den vorigen Stand (vgl § 36 Rn 14; § 74 Rn 20 ff) zugunsten des Asylbew berücksichtigt werden. 13

Der **Bevollmächtigte** braucht kein Rechtsanwalt zu sein (vgl § 14 VwVfG, § 67 II VwGO). Der Asylbew kann ihn frei wählen (vgl §§ 10 II, 15 I 2), ihm darf also nicht die Inanspruchnahme eines Bevollmächtigten außerhalb des Aufenthaltsbezirks mit dem Hinweis auf ortsansässige Personen, die bevollmächtigt werden könnten, verwehrt werden. Das Mandat braucht noch nicht erteilt zu sein. Schon wegen der üblichen Sprachschwierigkeiten kann die vorherige schriftliche oder fernmündliche Information eines Rechtsanwalts nicht verlangt werden. Die persönliche Vorsprache ohne vorherigen Auftrag ist üblich u. nicht unsachgerecht. Ebenso wenig kann von dem in Aussicht genommenen oder beauftragten Rechtsanwalt eine Informationsreise zu dem Asylbew erwartet werden, um diesem die Reise (u. dem BAMF die Erlaubniserteilung) zu ersparen. 14

Der **UNHCR** unterhält außer seinem Büro in Berlin eine Außenstelle am Sitz des BAMF in Nürnberg (§ 9 Rn 2); die Möglichkeit der Teilnahme seiner Bediensteten an der Anhörung nach § 25 VI 1 erübrigt nicht die Vorsprache im Amt des UNHCR. Zu den **Betreuungsorganisationen** zählen vor allem die der Freien Wohlfahrtspflege (Arbeiterwohlfahrt, Caritas, Diakonie, Deutscher Paritätischer Wohlfahrtsverband, Deutsches Rotes Kreuz, Raphaelswerk) u. ähnliche Einrichtungen von Kirchen, Gewerkschaften u. Verbänden. Diese unterhalten zT Büros in oder in der Nähe von Zentralen Aufnahmestellen oder AEinr der Länder oder an Flughäfen. Unabhängig von der Organisationsform gehören dazu aber auch Initiativen, die Beratung u. Hilfe für Asylbew übernommen haben oder anbieten. 15

Die Erlaubnis darf **nur ausnahmsweise abgelehnt** werden, wenn die Anwesenheit des Asylbew im Aufenthaltsbezirk in dem in Betracht kommenden Zeitraum erforderlich ist (etwa wegen dort anstehender Termine, Zustellungen oä) oder konkrete Anhaltspunkte für einen Missbrauch sprechen. Die AuslBeh hat die Notwendigkeit der Wahrnehmung von Terminen bei den genannten Stellen generell zu unterstellen u. deren Zweckmäßigkeit idR nicht zu prüfen. 16

4. Zwingende Gründe

Im Falle zwingender Gründe erteilt das BAMF die Erlaubnis **im Ermessenswege.** Die Voraussetzungen der „zwingenden Gründe" sind voll gerichtlich überprüfbar; auch wenn sie vorliegen, verbleibt dem BAMF ein Ermessensspielraum. Je gewichtiger sich die zwingenden Gründe darstellen, desto strengere Maßstäbe sind an die Ermessenserwägungen anzulegen. Allg kann es sich um solche familiärer, religiöser, gesundheitlicher oder politischer Art 17 handeln (HessVGH, InfAuslR 1985, 157). Der Vergleich mit § 58 I macht deutlich, dass eine unbillige Härte allein nicht ausreicht. Zwingende Gründe können sich aber ebenfalls aus persönlichen Umständen u. Interessen des Asylbew ergeben.

18 Ob ein subjektiver Wunsch einen objektiv zwingenden Grund abgibt, ist aufgrund einer **Interessenabwägung** zu entscheiden. Der Grund muss objektiv von erheblichem Gewicht u. für den Asylbew besonders bedeutsam sein; seiner Anerkennung dürfen Sinn u. Zweck der AufGest u. der aufenthaltsbeschränkenden Maßnahmen nicht entgegenstehen (VGH BW, EZAR 222 Nr 1; HessVGH, EZAR 221 Nr 34). Nicht zu verlangen sind Unabweisbarkeit (so aber VGH BW, EZAR 222 Nr 1; OVG Hamburg, NVwZ 1983, 174; OVG RhPf, EZAR 222 Nr 5), schicksalhafte Notwendigkeit (so aber OVG RhPf, InfAuslR 1986, 123) oder Unzumutbarkeit (so Reichel, ZAR 1986, 121). Eine derartige Schwere der Gründe drückt das Wort „zwingend" nicht aus, Abs 1 bedarf als „Ausnahme" von der „Regel" der §§ 55 I, 56 I keiner restriktiven Auslegung gegen den Wortlaut, u. iÜ bliebe sonst kaum noch ein brauchbarer Rahmen für eine Prüfung der Erforderlichkeit u. für Ermessenserwägungen (ähnlich GK-AsylVfG § 57 Rn 19 f).

19 Ein Vergleich mit den Tatbeständen in Abs 2 u. § 58 lässt erkennen, dass der Gesetzgeber in diesen Fällen Gründe für eine vorübergehende Abwesenheit ohne weiteres anerkannt u. eine Ermessensentscheidung gar nicht für nötig erachtet hat. Daraus kann nur gefolgert werden, dass zwingende Gründe **auch weniger gewichtig** sein können als die dort geregelten (unzutreffend deshalb Reichel, ZAR 1986, 121 f). Andererseits kann nicht schon jeder vernünftige Grund, der das Asylverf nicht behindert, als zwingend gewertet werden (so aber Huber, NJW 1985, 2068); diese Ansicht wäre gleichbedeutend mit der unzutreffenden Annahme einer garantierten Bewegungsfreiheit. Schließlich sind allg für in einer AEinr Wohnpflichtige im Hinblick auf die Verfahrensbeschleunigung u. die dort vorausgesetzte ständige Erreichbarkeit der Asylbew strengere Maßstäbe anzulegen als sonst.

20 Ein **zwingender Grund** kann zB in folgenden Fällen anerkannt werden: dringende familiäre Angelegenheiten (Besuch todkranker Angehöriger; VG Berlin, InfAuslR 1984, 30: Besuch des Ehegatten in Drittstaat), gesundheitliche Schwierigkeiten (eilige Untersuchung oder Operation), religiöse Handlungen (Teilnahme an wichtigen kirchlichen Feiern; BVerwG, Buchholz 204.25 § 25 AsylVfG Nr 1: Ahmadiyya-Versammlung im Ausland), Vertretung der Interessen anderer Flüchtlinge (vgl OVG Hamburg, InfAuslR 1984, 199).

21 **Nicht ausreichend** sind dagegen: Ausübung einer Erwerbstätigkeit (BVerfG-A, EZAR 221 Nr 22; OVG Hamburg, NVwZ 1983, 174), es sei denn, spezielle Fähigkeiten gehen ohne Übung unwiderbringlich verloren (zB bei Violinspieler oder Spitzensportler); Teilnahme an Sport- oder anderen Freizeitveranstaltungen (aA VG Stuttgart, InfAuslR 1985, 31), es sei denn, sie sind mit einer schulischen verbunden (vgl dazu HessVGH, EZAR 221 Nr 34).

22 Eine besonders sorgfältige Bewertung erfordern **politische Aktivitäten.** Sie sind einerseits durch Art 5 I GG geschützt u. nach Maßgabe des § 37 AuslG erlaubt, andererseits wegen der Gefahr der Schaffung nachträglicher Asylgründe iSd § 28 unerwünscht (vgl dazu Gusy u. Renner in OBS, Politische Betätigung von Ausländern in der BR Deutschland, S. 15 ff u. 39 ff). Als verständlich, aber nicht gleichzeitig zwingend erscheint idR der Wunsch nach Teilnahme an einer politischen Veranstaltung außerhalb des Aufenthaltsbezirks (offen gelassen von BVerfG-A, NVwZ 1984, 167). Er kann aber zB unter den folgenden Voraussetzungen als zwingend anerkannt werden (ähnlich Reichel, ZAR 1986, 121): wenn dem Asylbew ohne die begehrte Teilnahme seine politische Meinung nicht weiterbilden u. äußern könnte (OVG RhPf, EZAR 222 Nr 5 u. InfAuslR 1986, 123); wenn Engagement u. politische Vergangenheit des Asylbew sowie erhebliche Veränderungen im Heimatstaat die Teilnahme als ganz gewichtig erscheinen lassen (HessVGH, EZAR 222 Nr 3); wenn sich Spitzenfunktionäre zu einer wichtigen Konferenz treffen (OVG RhPf, InfAuslR 1986, 123).

23 Der zwingende Grund muss die **Erlaubnis erfordern.** Das ist dann nicht der Fall, wenn ihm auch anderweitig unschwer Rechnung getragen werden kann (BVerwG, EZAR 222 Nr 4). So kann ein Asylbew uU auch im Aufenthaltsbezirk eine politische oder kirchliche Veranstaltung besuchen, eine Operation vornehmen lassen oder sich mit Familienangehörigen treffen.

Verlassen eines zugewiesenen Aufenthaltsbereichs § 58 **AsylVfG 4**

Der AuslBeh steht auch bei Vorliegen eines wichtigen Grundes noch ein **Ermessen** zu. 24
Dessen Reichweite ist allerdings dadurch eingeschränkt, dass der Tatbestand („zwingende
Gründe ... erfordern") bereits eine Interessenabwägung verlangt u. vorrangiges Völker- u.
Verfassungsrecht zu beachten ist, insb Meinungsäußerungsfreiheit, Religionsfreiheit, Gleichheitssatz u. Verhältnismäßigkeitsgrundsatz (HessVGH, EZAR 221 Nr 34). Deshalb kommt
eine Ablehnung idR nur beim Vorliegen ganz gewichtiger u. unabweisbarer gegenläufiger
öffentlicher Belange in Betracht (GK-AsylVfG 57, § 23 Rn 18; HessVGH, EZAR 221
Nr 34). Die vorübergehende Abwesenheit darf vor allem den Fortgang des Verf nicht
verzögern.

V. Verwaltungsverfahren und Rechtsschutz

Kraft Ges u. damit ohne Antrag u. behördliche Entscheidung besteht die Erlaubnis nach 25
Abs 3. Ein **Antrag** ist nur in den übrigen Fällen erforderlich. In den Fällen des Abs 3
besteht eine **Anzeigepflicht,** damit AEinr u. BAMF über den jew Aufenthaltsort des
Asylbew unterrichtet sind. Die AuslBeh erhält keine Nachricht; nur das BAMF ist in diesem
Verfahrensstadium für Aufenthaltsregelungen zuständig (vgl Abs 1; § 63 III 1). Die Anzeige
ist möglichst vor Antritt der Reise zu erstatten, AEinr u. BAMF haben aber keine Möglichkeit, diese zu verhindern. Überschneiden sich Termine vor der Außenstelle u. bei anderen
(auswärtigen) Stellen, muss der Asylbew selbst darauf hinweisen u. Abhilfe verlangen.
Entsteht hierüber Streit, kann ein feststellender VA notwendig werden.

Gegen einen ablehnenden VA ist (nach Ausschluss des Widerspruchs, vgl § 11) **Verpflich-** 26
tungsklage zulässig, uU aber nur auf Neubescheidung zu richten (§§ 42, 113 IV 2 VwGO).
Gegen eine negative Feststellung kann **Feststellungsklage** erhoben werden (§ 43 VwGO).

Für den **einstweiligen Rechtsschutz** steht die einstweilige Anordnung (§ 123 VwGO) 27
zur Verfügung. Dabei müssen Anordnungsgrund u. -anspruch dargetan u. glaubhaft werden;
das Gebot der Gewährung effektiven Rechtsschutzes (Art 19 IV GG) kann die – teilweise
oder vollständige – Vorwegnahme der Hauptsacheentscheidung rechtfertigen, wenn zB die
Reise terminlich gebunden u. nicht verschiebbar ist (HessVGH, EZAR 222 Nr 3 u. 221
Nr 34).

§ 58 Verlassen eines zugewiesenen Aufenthaltsbereichs

(1) ¹Die Ausländerbehörde kann einem Ausländer, der nicht oder nicht mehr verpflichtet ist, in einer Aufnahmeeinrichtung zu wohnen, erlauben, den Geltungsbereich
der Aufenthaltsgestattung vorübergehend zu verlassen oder sich allgemein in dem
angrenzenden Bezirk einer Ausländerbehörde aufzuhalten. ²Die Erlaubnis ist zu erteilen, wenn hieran ein dringendes öffentliches Interesse besteht, zwingende Gründe es
erfordern oder die Versagung der Erlaubnis eine unbillige Härte bedeuten würde. ³Die
Erlaubnis bedarf der Zustimmung der Ausländerbehörde, für deren Bezirk der allgemeine Aufenthalt zugelassen wird.

(2) Zur Wahrnehmung von Terminen bei Bevollmächtigten, beim Hohen Flüchtlingskommissar der Vereinten Nationen und bei Organisationen, die sich mit der
Betreuung von Flüchtlingen befassen, soll die Erlaubnis erteilt werden.

(3) Der Ausländer kann Termine bei Behörden und Gerichten, bei denen sein persönliches Erscheinen erforderlich ist, ohne Erlaubnis wahrnehmen.

(4) ¹Der Ausländer kann den Geltungsbereich der Aufenthaltsgestattung ohne Erlaubnis vorübergehend verlassen, sofern ihn das Bundesamt als Asylberechtigten anerkannt oder ein Gericht das Bundesamt zur Anerkennung verpflichtet hat, auch wenn
die Entscheidung noch nicht unanfechtbar ist; das gleiche gilt, wenn das Bundesamt
oder ein Gericht das Vorliegen der Voraussetzungen des § 60 Abs. 1 des Aufenthalts-

gesetzes festgestellt hat, oder wenn die Abschiebung des Ausländers aus sonstigen rechtlichen oder tatsächlichen Gründen auf Dauer ausgeschlossen ist. ² Satz 1 gilt entsprechend für den Ehegatten und die minderjährigen ledigen Kinder des Ausländers.

(5) Die Ausländerbehörde eines Kreises oder einer kreisangehörigen Gemeinde kann einem Ausländer die allgemeine Erlaubnis erteilen, sich vorübergehend im gesamten Gebiet des Kreises aufzuhalten.

(6) Um örtlichen Verhältnissen Rechnung zu tragen, können die Landesregierungen durch Rechtsverordnung bestimmen, daß sich Ausländer ohne Erlaubnis vorübergehend in einem die Bezirke mehrerer Ausländerbehörden umfassenden Gebiet aufhalten können.

Übersicht

	Rn
I. Entstehungsgeschichte	1
II. Allgemeines	2
III. Vorübergehendes Verlassen und Aufenthalt außerhalb des Aufenthaltsbezirks	3
IV. Erlaubnistatbestände	5
1. Wahrnehmung von Terminen	5
2. Anerkennung als Asylberechtigter oder als ausländischer Flüchtling sowie Abschiebungshindernisse auf Dauer	6
3. Erlaubnis nach Ermessen und aufgrund Anspruchs	8
4. Gesamtes Kreisgebiet	11
5. Mehrere Behördenbezirke	13
V. Verwaltungsverfahren und Rechtsschutz	15

I. Entstehungsgeschichte

1 Die Vorschrift geht auf § 25 AsylVfG 1982 zurück. Sie stimmte ursprünglich im Wesentlichen mit dem **GesEntw 1992** (§ 56, BT-Drs 12/2062 S. 15) überein; auf Vorschlag des BT-IA (BT-Drs 12/2718 S. 31) wurde Abs 4 S. 1 um die Alternative des Ausschlusses der Abschiebung aus sonstigen Gründen ergänzt. Mit Wirkung vom 1. 7. 1993 wurde auf Empfehlung des BT-IA (BT-Drs 12/4984 S. 21) Abs 1 um den Aufenthalt in dem Nachbarbezirk u. um das dringende öffentl Interesse ergänzt (Art 1 Nr 34 **AsylVfÄndG 1993**). Mit Wirkung vom 1. 1. 2005 ist in Abs 1 dem GesEntw entspr (BT-Drs 15/420 S. 43) der Satzteil „Die Erlaubnis ist zu erteilen" eingefügt u. in Abs 4 die Bezugnahme auf § 51 I AuslG durch eine solche auf § 60 I AufenthG ersetzt (Art 3 Nr 37, 52 **ZuwG**).

II. Allgemeines

2 Die Zulässigkeit des vorübergehenden Verlassens des **Aufenthaltsbezirks** (Geltungsbereich der AufGest) ist davon abhängig, ob der Asylbew in der AEinr wohnpflichtig iSd § 47 I ist oder nicht. Die Erlaubnistatbestände sind teilweise identisch, sonst für den ersteren Fall (§ 57) enger gefasst als für Flüchtlinge, die anderswo wohnen dürfen. Ob diese in einer GemUnt untergebracht sind, ist unerheblich. Anders als nach § 57 kann hier auch der dauernde Aufenthalt in einem Nachbarbezirk erlaubt werden.

III. Vorübergehendes Verlassen und Aufenthalt außerhalb des Aufenthaltsbezirks

3 Für nicht in einer AEinr wohnpflichtige Asylbew kann außer dem vorübergehenden Verlassen des Aufenthaltsbezirks auch der allg Aufenthalt in einem Nachbarbezirk gestattet

Verlassen eines zugewiesenen Aufenthaltsbereichs § 58 **AsylVfG 4**

werden. Unter „allgemein aufhalten" ist ein **Daueraufenthalt** zu verstehen, der nur deswegen nicht als gewöhnlicher Aufenthalt gelten kann, weil der Aufenthalt des Asylbew im Inland überhaupt nach Zweck u. Dauer beschränkt ist. Mit dieser seit 1. 7. 1993 geltenden Neuregelung soll vor allem den Unterbringungsschwierigkeiten in Stadtstaaten begegnet werden (BT-IA, BT-Drs 12/4984 S. 49). Das Ges ist aber nicht auf diesen Zweck beschränkt.

Da mit dieser Erlaubnis der Aufenthaltsbereich auf den angrenzenden Bezirk einer 4 anderen AuslBeh ausgedehnt oder gar verlagert wird, bedarf es deren **Zustimmung.** Damit werden aber nicht die sonstigen Zuständigkeiten verändert u. die landesinterne Verteilung u. Zuweisung verändert (vgl § 56 Rn 8). Die AuslBeh des Nachbarbezirks kann allenfalls in Amtshilfe für die an sich zuständige Behörde tätig werden.

IV. Erlaubnistatbestände

1. Wahrnehmung von Terminen

Für die Wahrnehmung von **Terminen** bei Behörden u. Gerichten wird ebenso wenig 5 eine Erlaubnis benötigt wie nach § 57 III (dazu § 57 Rn 10 ff); eine Anzeigepflicht besteht hier nicht. Für Termine bei Bevollmächtigten, UNHCR u. Betreuungsorganisationen besteht ein Regelanspruch auf Erlaubnis (dazu § 57 Rn 12 ff); diese muss zwar nicht unverzüglich erteilt werden wie nach § 57 II, verträgt aber auch keine zögerliche Behandlung.

2. Anerkennung als Asylberechtigter oder als ausländischer Flüchtling sowie Abschiebungshindernisse auf Dauer

Keiner Erlaubnis bedarf der Asylbew nach Asylanerkennung, nach Feststellung des GK- 6 Flüchtlingseigenschaft u. beim Ausschluss der Abschiebung auf Dauer aus anderen rechtlichen oder tatsächlichen Gründen; die Asyl- oder Flüchtlingsanerkennung braucht nicht rechtsbeständig zu sein. Die ersten beiden Alternativen sind leicht feststellbar u. können deswegen den Asylbew ohne weitere behördliche Bestätigung zu entspr vorübergehender Abwesenheit vom Aufenthaltsbezirk berechtigen. Schwieriger ist die Erfüllung der 3. Alt. festzustellen, nämlich die der Nichtabschiebbarkeit. Als Rechtsgründe kommen vor allem die Abschiebungshindernisse des § 60 II–VII AufenthG in Betracht (dazu näher § 60 AufenthG Rn 32 ff); aus tatsächlichen Gründen kann die Abschiebung auf Dauer zB wegen des Schließens der Grenzen oder des einzigen Flughafens eines Staats scheitern. Ob die Abschiebung auf Dauer ausgeschlossen oder nur für kürzere oder längere Zeit gehindert ist, kann im Einzelfall fraglich sein, zumal eine objektive Betrachtung u. nicht eine subjektive Einschätzung maßgeblich ist. Insoweit ist daher eine Bestätigung des BAMF oder der AuslBeh wenn nicht erforderlich, so doch jedenfalls zweckmäßig.

Diese Erlaubnisgründe (nicht die anderen) gelten entspr für enge **Familienangehörige.** 7 Minderjährige Kinder brauchen nicht ledig zu sein. Auf den Stand des eigenen Asylverf kommt es nicht an.

3. Erlaubnis nach Ermessen und aufgrund Anspruchs

Seit Anfang 2005 ist der Erlaubnistatbestand des Abs 1 in zwei Teile gespalten. Einerseits 8 besteht ein **Rechtsanspruch** auf die Erlaubnis in den Fällen des öffentl Interesses, der zwingenden Gründe u. der unbilligen Härte. Andererseits kann die Erlaubnis auch in weiteren Fällen nach **Ermessen** erteilt werden.

Ein dringendes **öffentl Interesse** kann ebenso wie die beiden anderen Tatbestände nicht 9 nur die vorübergehende Abwesenheit, sondern auch den **dauernden Aufenthalt** außerhalb des zugewiesenen Aufenthaltsbezirks ermöglichen (vgl Rn 3 f). Es kann insb an einer ständigen Unterbringung von Asylbew außerhalb des Bezirks der zuständigen AuslBeh bestehen. Vor allem in Stadtstaaten besteht ein besonderes Bedürfnis, Liegenschaften in den

4 AsylVfG § 58   4. Teil. Asylverfahrensgesetz

Randgemeinden, die zu einem anderen Land gehören, für die Unterbringung zu nutzen (BT-Drs 12/4984 S. 49). Unter **zwingenden Gründen** ist dasselbe zu verstehen wie nach § 57 I (vgl dort Rn 17 ff). Eine **unbillige Härte** ist in jeder Beeinträchtigung persönlicher Belange zu sehen, die im Vergleich zu den tangierten öffentl Interessen u. im Hinblick auf den ges Zweck der Aufenthaltsbeschränkung für Asylbew als **unangemessen schwer** anzusehen ist (HessVGH, EZAR 221 Nr 34). Diese Tatbestandsalternative ist eingefügt worden, um „unvertretbare" Härten aufzufangen (BT-Drs 10/6416 S. 27), die durch eine allzu enge Auslegung der „zwingenden Gründe" eingetreten waren (zB OVG Hamburg, NVwZ 1983, 174). Sie kann daher als Auffangtatbestand gelten u. sicherstellen, dass persönliche Interessen stärker zur Geltung gelangen können. Damit kann die Erlaubnis uU **auch dann erteilt** werden, wenn die Gründe überwiegend oder ausschließlich im persönlichen Bereich des Asylbew angesiedelt sind; die Nichterteilung muss aber zu einer unvertretbaren Härte führen. Dies ist zB anzunehmen, wenn der Asylbew an einer schulischen Freizeitveranstaltung teilnehmen (HessVGH, EZAR 221 Nr 34) oder nach langer Verfahrensdauer Verwandte besuchen oder schlicht verreisen möchte (ebenso Hailbronner, § 58 Rn 6). Auch das Vorenthalten der Pflege verwandtschaftlicher oder freundschaftlicher Beziehungen kann auf Dauer gesehen im Einzelfall schwerwiegende Folgen nach sich ziehen u. unbillig erscheinen.

10   Falls diese besonderen Voraussetzungen nicht gegeben sind, kann die AuslBeh die Erlaubnis nach Ermessen erteilen. Es genügt, wenn **gewichtige Gründe** dafür sprechen, die räumliche Beschränkung zum vorübergehenden Verlassen oder zum anderweitigen Aufenthalt aufzuheben. Es dürfen nur keine öffentl Belange entgegenstehen.

4. Gesamtes Kreisgebiet

11   Die Erlaubnis zum vorübergehenden Aufenthalt im gesamten Kreisgebiet erstreckt **nicht die Geltung der AufGest** über den Bezirk der AuslBeh hinaus (vgl § 56 Rn 8 f; § 57 Rn 8). Ursprünglich war zwar vorgeschlagen, die AuslBeh eines Kreises oder einer kreisangehörigen Gemeinde durch Ergänzung des § 20 I AsylVfG 1982 zu ermächtigen, den Aufenthalt beschränkt auf das Gebiet des Kreises zu gestatten; damit sollten Unzuträglichkeiten in Kreisen, denen kreisangehörige Gemeinden mit eigener AuslBeh angehören, beseitigt werden (BT-Drs 10/1164 S. 4, 7 f). Diese Initiative wurde aber im Gesetzgebungsverf dahin geändert, dass sie „aus Gründen der Praktikabilität u. Klarheit" in § 25 AsylVfG 1982 berücksichtigt wurde (BT-Drs 10/6416 S. 10, 28). Demzufolge kann die AuslBeh einem Asylbew nur den vorübergehenden Aufenthalt im gesamten Kreisgebiet allg erlauben, nicht jedoch den allg Aufenthalt (wie nach der 2. Alt. des Abs 1).

12   Einen **Maßstab** für das insoweit der AuslBeh eingeräumte Ermessen nennt das Ges nicht. Deshalb genügt es für die allg Erlaubnis, wenn ohne sie Unzuträglichkeiten entstehen u. öffentl. Belange nicht entgegenstehen; dabei hat das allg Interesse an der Beschränkung des gewöhnlichen Aufenthalts auf den Bezirk der zuständigen AuslBeh zurückzutreten. Ausreichende Gründe werden vor allem vorliegen, wenn der in einer kreisangehörigen Gemeinde mit eigener AuslBeh wohnhafte Asylbew regelmäßig oder zumindest häufig in die Kreisstadt oder eine andere Gemeinde des Kreises reisen muss, um dort die Schule zu besuchen, zu arbeiten, einzukaufen oder Ärzte, Behörden, Bevollmächtigte oder Sozialbetreuer aufzusuchen.

5. Mehrere Behördenbezirke

13   Die **Ermächtigung für die Länder** zum Erlass einer RVO nach Abs 6 soll Unzuträglichkeiten ausräumen helfen, die sich ergeben haben, wenn die für Asylbew verbindlichen kommunalen Grenzen mit der Lebenswirklichkeit nicht übereinstimmen (BT-Drs 10/6416 S. 10, 28). Besonders in Ballungsgebieten kann zB die Notwendigkeit entstehen, auf der Fahrt zur zuständigen AuslBeh mehrere Ausländeramtsbezirke zu durchqueren oder aber erhebliche Umwege in Kauf zu nehmen.

Diesen besonderen örtlichen Gegebenheiten soll durch RVO Rechnung getragen werden, 14
die an **keine sonstigen Voraussetzungen** geknüpft ist u. ohne weiteren VA für den
erfassten Personenkreis gilt. Die Erlaubnis kann auf eine oder mehrere Gruppen beschränkt
werden, zB auf Asylbew, deren Aufenthalt auf eine oder mehrere bestimmte Gemeinden
beschränkt ist. Auch diese allg durch RVO erteilte Erlaubnis betrifft nur den vorübergehenden Aufenthalt u. erweitert nicht den Geltungsbereich der AufGest (vgl Rn 11). Allem
Anschein nach ist das praktische Bedürfnis nicht groß, oder es kann anderweitig befriedigt
werden (vgl BT-Drs 11/1349).

V. Verwaltungsverfahren und Rechtsschutz

Für Verwaltungsverf u. Rechtsschutz gelten grundsätzlich **dieselben Regeln** wie im 15
Rahmen des § 57 (dort Rn 25 ff). Der RVO nach Abs 6 kommt allg Geltung zu; sie bedarf
keiner (zwingenden) Umsetzung durch einen VA im Einzelfall.

Die **Zustimmung** der anderen AuslBeh nach Abs 1 S. 2 kann nicht unmittelbar erzwungen werden, im Rechtsstreit mit der zuständigen AuslBeh ist die Ablehnung der Zustimmung aber (inzidenter) daraufhin zu überprüfen, ob sie ermessensfehlerhaft versagt ist. Nur 16
im Falle der Ermessensreduktion auf Null ist sie zu „ersetzen". Dies kann vor allem in Fällen
des Rechtsanspruchs (Abs 1 S. 2) in Betracht kommen. Die andere AuslBeh ist notwendig
beizuladen (§ 65 II VwGO).

§ 59 Durchsetzung der räumlichen Beschränkung

(1) ¹Die Verlassenspflicht nach § 12 Abs. 3 des Aufenthaltsgesetzes kann, soweit
erforderlich, auch ohne Androhung durch Anwendung unmittelbaren Zwangs durchgesetzt werden. ²Reiseweg und Beförderungsmittel sollen vorgeschrieben werden.

(2) Der Ausländer ist festzunehmen und zur Durchsetzung der Verlassenspflicht auf
richterliche Anordnung in Haft zu nehmen, wenn die freiwillige Erfüllung der Verlassenspflicht, auch in den Fällen des § 56 Abs. 3, nicht gesichert ist und andernfalls
deren Durchsetzung wesentlich erschwert oder gefährdet würde.

(3) Zuständig für Maßnahmen nach den Absätzen 1 und 2 sind
1. die Polizeien der Länder,
2. die Grenzbehörde, bei der der Ausländer um Asyl nachsucht,
3. die Ausländerbehörde, in deren Bezirk sich der Ausländer aufhält,
4. die Aufnahmeeinrichtung, in der der Ausländer sich meldet, sowie
5. die Aufnahmeeinrichtung, die den Ausländer aufgenommen hat.

Übersicht

	Rn
I. Entstehungsgeschichte	1
II. Durchsetzung der Verlassenspflicht	2
III. Festnahme und Inhaftierung	6
IV. Verwaltungsverfahren und Rechtsschutz	9

I. Entstehungsgeschichte

Die Vorschrift hat kein Vorbild im AsylVfG 1982. Sie stimmt im Wesentlichen mit dem 1
GesEntw 1992 (§ 57, BT-Drs 12/2062 S. 15) überein; auf Vorschlag des BT-IA (BT-Drs
12/2718 S. 32) wurde in Abs 2 die Passage „zur Durchsetzung der Verlassenspflicht" eingefügt. Mit Wirkung vom 1. 1. 2005 ist in Abs 1 entspr dem GesEntw (BT-Drs 15/420 S. 43)

4 AsylVfG § 59 4. Teil. Asylverfahrensgesetz

die Angabe des § 36 AuslG durch die des § 12 III AufenthG ersetzt; in Abs 2 ist aufgrund des Vermittlungsverf (BT-Drs 15/3479 S. 14) der Satzteil mit § 56 III eingefügt (Art 3 Nr 38 **ZuwG**).

II. Durchsetzung der Verlassenspflicht

2   Die **polizeirechtliche Durchsetzung** durch unmittelbaren Zwang ohne Androhung betrifft nur die Verlassenspflicht des § 36 AuslG (dazu allg § 36 AuslG Rn 2). Diese gilt auch für Asylbew, deren Aufenthalt nach §§ 55, 56 nur räumlich beschränkt gestattet ist, nach § 58 I auf einen anderen Aufenthaltsbezirk ausgedehnt u. nach § 60 II 1 Nr 3 weiter beschränkt werden kann. Ein unberechtigter Aufenthalt setzt keine Dauerhaftigkeit voraus; es genügt, wenn der Asylbew unbefugt vorübergehend seinen Aufenthaltsbezirk verlassen hat. Dagegen ist § 36 AuslG auf die Wohnverpflichtungen nach §§ 47 I, 58 II 1 Nr. 1 bis 3 nicht anzuwenden.

3   Die Anwendung unmittelbaren Zwangs kann anders als nach § 12 VwVG u. den Polizei-Ges der Länder **ohne Androhung** erfolgen (vgl § 36 AuslG Rn 3). Sie muss aber erforderlich sein, um die Pflicht zum unverzüglichen Verlassen durchzusetzen. Für diese Annahme genügen pauschale Unterstellungen ebenso wenig wie bloße Mutmaßungen oder Regelvermutungen. Außerdem ist bei Feststellung der Erforderlichkeit u. Geeignetheit auf den Grundsatz der Verhältnismäßigkeit besonders Bedacht zu nehmen (OVG Hamburg, EZAR 228 Nr 19). Außerdem ist die Anwendung unmittelbaren Zwangs nicht zur Pflicht gemacht, sondern in das **Ermessen** der zuständigen Stelle gestellt.

4   Der Ausl braucht seiner Pflicht nicht sofort nachzukommen, sondern nur **ohne schuldhaftes Zögern.** Die Notwendigkeit unmittelbaren Zwangs kann sich aus der offenen oder versteckten Weigerung ergeben, sich aus dem nicht erlaubten Teil des Bundesgebiets zu entfernen. Die Nichterfüllung der Verlassenspflicht kann die Erforderlichkeit von Zwangsmaßnahmen zwar indizieren, nicht aber schon allein rechtfertigen. Letztlich ist ausschlaggebend, ob das pflichtwidrige Verhalten des Ausl das Asylverf verzögert oder zu verzögern geeignet ist, was anhand der Einzelfallumstände festzustellen ist (HessVGH, NVwZ 1986, 149). Denn die sofortige Einsetzbarkeit des Mittels des unmittelbaren Zwangs soll vor allem das Asylverf beschleunigen u. die Binnenwanderung von Asylbew verhindern (vgl BT-Drs 12/2062 S. 37).

5   Die Festlegung von **Reiseweg** u. **Beförderungsmittel** ist für die Anwendung unmittelbaren Zwangs nur mittelbar von Bedeutung. Dem Ausl sollen nämlich diese Reisemodalitäten zu Kontrollzwecken vorgeschrieben werden. Versucht er offen oder versteckt, sich dieser Kontrolle zu entziehen, indem er diesen Anweisungen nicht folgt, erweist sich unmittelbarer Zwang als notwendig. Bei dessen Durchführung ist die zuständige Stelle dagegen frei in der Bestimmung von Reiseweg u. Beförderungsmittel.

III. Festnahme und Inhaftierung

6   Festnahme u. Haft sind **nach § 12 III AufenthG nicht zulässig.** Bei Asylbew sind diese freiheitsbeschränkenden u. -entziehenden Zwangsmittel für den Fall gedacht, dass die Anwendung unmittelbaren Zwangs ohne sie nicht möglich ist oder allein nicht ausreicht. Dies ist anzunehmen, wenn die Zeitspanne zwischen Sistierung des Asylbew u. Abfahrt des nächsten Beförderungsmittels ein längeres Festhalten erfordert (so auch BT-Drs 12/2062 S. 37). Beschränkung u. Entziehung unterscheiden sich nach der Intensität des Eingriffs (BVerfG, EZAR 048 Nr. 60; BVerfGE 10, 302). Letztere hebt die körperliche Bewegungsfreiheit nach jeder Richtung hin auf u. bedarf grundsätzlich der vorherigen richterlichen Anordnung (Art 104 II 1 GG); eine Nachholung hat unverzüglich zu erfolgen (Art 104 II 2

GG; dazu BVerG, EZAR 048 Nr. 60). Danach ist eine Freiheitsentziehung mit der Folge der Notwendigkeit einer richterlichen Anordnung nur anzunehmen, wenn die Anwendung unmittelbaren Zwangs ein längeres Festhalten erfordert u. sich nicht im zügigen Verbringen aus dem nicht zugelassenen Aufenthaltsbezirk erschöpft (BVerfG, EZAR 048 Nr. 60: richterliche Anordnung bei Festnahme zur Abschiebung für elf Stunden nicht unverzüglich nachgeholt).

Es müssen **konkrete Anhaltspunkte** für die Annahme vorliegen, dass der Asylbew seiner **7** Verlassenspflicht nicht freiwillig nachkommt. Insoweit werden ähnliche Voraussetzungen verlangt wie für den Einsatz unmittelbaren Zwangs. Der Ausl muss seinerseits erkennen lassen, dass er sich nicht pflichtwidrig verhalten will. Unternimmt er keine rechtzeitigen Vorkehrungen für die Reise, spricht dies für ein pflichtwidriges Unterlassen (aA Marx, § 59 Rn 10).

Schließlich ist für Festnahme u. Haft die Feststellung erforderlich, dass ohne diese Maß- **8** nahmen die Durchsetzung der Verlassenspflicht wesentlich erschwert oder gefährdet würde. Dies ist anzunehmen, wenn **Anhaltspunkte** dafür gegeben sind, dass sich der Asylbew dem unmittelbaren Zwang sonst entziehen würde.

IV. Verwaltungsverfahren und Rechtsschutz

Die Zuständigkeiten der verschiedenen Stellen nach Abs 3 sind nebeneinander gegeben. **9** Die **Verleihung polizeilicher Befugnisse** an AuslBeh (Ordnungsbeh) u. AEinr (uU Flüchtlingsamt) ist ungewöhnlich, aber nicht unstatthaft. Sie kann die Erfüllung der diesen Stellen sonst obliegenden Aufgaben beeinträchtigen, ist aber durch BundesGes regelbar.

Da die **Grenze zwischen Freiheitsbeschränkung u. -entziehung** nicht immer sicher **10** zu ziehen ist (§ 62 AufenthG Rn 3), ist jew sorgfältig zu prüfen, ob noch eine Festnahme oder schon eine Inhaftierung gegeben ist, die der richterlichen Anordnung bedarf (vgl Rn 6). Ein vorläufiger Gewahrsam durch die zuständigen Stellen ist nicht erlaubt. Andererseits stellt die Durchsetzung der Verlassenspflicht durch Anwendung unmittelbaren Zwangs noch keine Freiheitsentziehung dar (zur Abschiebung vgl Rn 6 u. § 57 AuslG Rn 4).

Für die Anordnung der Haft ist das AG als Gericht der freiwilligen Gerichtsbarkeit **11** **zuständig** (§§ 1, 3 FEVG). Die zuständige Stelle muss mit dem Haftantrag alle ges Voraussetzungen nach Abs 1 u. 2 im Einzelnen darlegen (iÜ vgl § 57 AuslG Rn 18 ff).

§ 60 Auflagen

(1) Die Aufenthaltsgestattung kann mit Auflagen versehen werden.

(2) ¹Der Ausländer, der nicht oder nicht mehr verpflichtet ist, in einer Aufnahmeeinrichtung zu wohnen, kann verpflichtet werden,

1. in einer bestimmten Gemeinde oder in einer bestimmten Unterkunft zu wohnen,
2. in eine bestimmte Gemeinde oder eine bestimmte Unterkunft umzuziehen und dort Wohnung zu nehmen,
3. in dem Bezirk einer anderen Ausländerbehörde desselben Landes Aufenthalt und Wohnung zu nehmen.

²Eine Anhörung des Ausländers ist erforderlich in den Fällen des Satzes 1 Nr. 2, wenn er sich länger als sechs Monate in der Gemeinde oder Unterkunft aufgehalten hat. ³Die Anhörung gilt als erfolgt, wenn der Ausländer oder sein anwaltlicher Vertreter Gelegenheit hatte, sich innerhalb von zwei Wochen zu der vorgesehenen Unterbringung zu äußern. ⁴Eine Anhörung unterbleibt, wenn ihr ein zwingendes öffentliches Interesse entgegensteht.

(3) Zuständig für Maßnahmen nach den Absätzen 1 und 2 ist die Ausländerbehörde, auf deren Bezirk der Aufenthalt beschränkt ist.

4 AsylVfG § 60

Übersicht

	Rn
I. Entstehungsgeschichte	1
II. Allgemeines	2
III. Auflagen	4
IV. Wohnverpflichtung und Umzug	7
V. Verwaltungsverfahren und Rechtsschutz	10

I. Entstehungsgeschichte

1   Die Vorschrift geht auf § 20 II, V AsylVfG 1982 zurück. Sie entspricht dem **GesEntw 1992** (§ 58, BT-Drs 12/2062 S. 15 f).

II. Allgemeines

2   Im Rahmen der AufGest unterliegt der Aufenthalt anders als nach den verschiedenen Aufit des § 4 I 2 AufenthG schon kraft Ges mehrfachen Beschränkungen (§§ 55 I 1 u. 2, 56–59; zum Inhalt der AufGest näher § 63 Rn 2). Daher sind Auflagen nicht nur nach Abs 1 (wie nach § 12 II 2 AufenthG) allg für zulässig erklärt, sondern betr Aufenthaltsort in Abs 2 besonders geregelt. Die Auflagen nach Abs 1 u. Abs 2 S. 1 **unterscheiden** sich nach ihrer Art u. nach dem betroffenen Personenkreis. Die nach Personenkreis u. Inhalt nicht näher bezeichneten Auflagen des Abs 1 sind allg bei AufGest zugelassen, also auch während des Aufenthalts in einer AEinr; sie entsprechen den früher nach § 20 II 1 AsylVfG 1982 zulässigen. Die Auflagen nach Abs 2 S. 1 sind dagegen nur für dort beschriebene Personen bestimmt. Aus der allg Formulierung des Abs 1 kann deshalb nicht darauf geschlossen werden, dass sie auch nach Abs 1 (für andere Personen) statthaft sein können. Auch hinsichtlich einer selbständigen oder unselbständigen Erwerbstätigkeit sind Auflagen zulässig, es gelten aber die besonderen Bestimmungen des § 61 (vgl dort Rn 2 ff). Es handelt sich um **selbständige Auflagen** u. nicht um modifizierende (vgl Rn 13), weil der ges begründete Bestand der AufGest durch sie nicht berührt wird u. werden darf (Breitkreuz, ZAR 2002, 266). Die AufGest steht dem Asylbew kraft Ges zu. Die AuslBeh hat daher nicht zwischen den Alternativen „AufGest mit Auflage" oder „keine AufGest" zu wählen (allg dazu Kopp, VwVfG, § 36 Rn 29 ff, 37). Die Auflagen erlöschen nicht mit der AufGest (§ 67 Rn 2).

3   **Aufenthaltsbeschränkende Auflagen** sind nicht durch Abs 1 allg erlaubt. Für den Personenkreis des § 47 I ergeben sich räumliche Beschränkungen bereits aus § 56 u. für andere Asylbew aus Abs 2 S. 1. Schließlich erwähnt Abs 1 anders als noch § 20 II 1 AsylVfG 1982 nicht neben Auflagen noch Aufenthaltsbeschränkungen. Die Auflagen zur AufGest nach Abs 2 für nicht nach § 47 I wohnpflichtige Asylbew stimmen mit den früher nach § 20 II 1 Nr. 1 u. 2, 2 Nr 2 AsylVfG 1982 zulässigen Auflagen überein.

III. Auflagen

4   Eine Auflage schreibt dem durch die AufGest Begünstigten ein bestimmtes Tun, Dulden oder Unterlassen vor (§ 36 II Nr 4 VwVfG; Renner, AuslRiD Rn 5/580–609; vgl auch § 12 II 2 AufenthG). Sie liegt im **Ermessen** der zuständigen AuslBeh, für das im Ges Richtlinien oder Anhaltspunkte nicht ausdrücklich genannt sind. Mit ihr darf die AuslBeh aber keine im Hinblick auf den Gesetzeszweck unzulässigen Ziele verfolgen (BVerwGE 64, 285), wobei der primäre Zweck der ohne weiteres zugelassenen Auflagen darauf gerichtet ist, den Aufenthalt des Asylbew im Interesse einer sachgerechten u. beschleunigten Ver-

fahrensführung so zu gestalten, dass die Bewegungs- u. die Betätigungsfreiheiten des Asylbew nicht unverhältnismäßig eingeengt werden.

Grundsätzlich zulässig ist die Verpflichtung, die Kosten einer evtl Rückreise oder Ab- 5 schiebung in Raten anzusparen (sog. **Sparauflage,** BVerwGE 64, 285; VGH BW, EZAR 221 Nr 14). Der Ausl hat allg für diese Kosten aufzukommen (§ 82 I AuslG). Die Möglichkeit der Beschlagnahme von Fahrausweisen (§ 82 V 3 AuslG) schließt die Ansparauflage nicht aus, wenn die Kosten durch den Wert der beschlagnahmten Fahrkarten nicht gedeckt sind. Freilich obliegt der AuslBeh immer die Prüfung, ob im Einzelfall eine Rückreise oder Abschiebung wahrscheinlich ist (zB nicht bei dauerndem Abschiebehindernis), ob das Ansparen ohne Gefährdung des Existenzminimums möglich ist (idR ausgeschlossen bei Sozialhilfebezug), ob die Sicherung der Kosten anders erreicht werden kann (zB durch Verpfändung) u. in welcher Höhe Ratenzahlungen verlangt werden können.

Eingeschränkt oder verboten werden darf auch die **politische Betätigung** während des 6 Asylverf; die Auflage ist an der allg Vorschrift des § 47 AufenthG auszurichten, weil bei Asylbew Besonderheiten, die weitergehende Beschränkungen rechtfertigen, nicht vorliegen. Insb gestattet die Möglichkeit der Schaffung von Nachfluchtgründen keine besonders gearteten Eingriffe in das auch Asylbew zustehende Grundrecht aus Art 5 I GG; sie kann freilich entspr differenzierte Betätigungsverbote veranlassen (dazu im Einzelnen Gusy u. Renner in OBS, Politische Betätigung, S. 15 ff, 39 ff). Zulässig sind etwa ein Verbot der Teilnahme an politischen Demonstrationen zur Verhinderung von Gewalttätigkeiten politisch rivalisierender Gruppen (BVerwGE 49, 36) oder Einschränkungen gegenüber einem zur Gewalt aufrufenden Ausl (OVG NRW, NJW 1980, 2039) oder gegenüber einem engagierten Politiker, der von Attentatsversuchen bedroht ist, die auch Dritte gefährden können (OVG NRW, EZAR 109 Nr 1; krit Marx, § 60 Rn 13). Unter den in Rn 2 genannten Umständen ist es gleich, ob die politische Betätigung durch selbständige Verfügung nach § 47 AufenthG beschränkt oder die Beschränkung der AufGest mit einer Auflage nach Abs. 1 beigefügt wird (aA Hailbronner, § 60 AsylVfG Rn 6: keine Auflage).

IV. Wohnverpflichtung und Umzug

Die **Wohnauflage** berührt nicht die Befugnis, sich innerhalb des zugewiesenen Aufent- 7 haltsbezirks frei zu bewegen (zur Verfassungsmäßigkeit BVerwGE 69, 295). Unter bestimmter Unterkunft ist vor allem eine GemUnt iSd § 53 I zu verstehen, aber auch jede andere Wohnung, etwa bei Verwandten oder Freunden. Eine räumliche Beschränkung auf ein Hotelgrundstück oder eine Sammelunterkunft ist im Zweifel als Wohnauflage auszulegen; sonst wäre so gut wie immer der Verhältnismäßigkeitsgrundsatz verletzt. Gemeinde oder Unterkunft müssen innerhalb des zugewiesenen Aufenthaltsbereichs liegen; sonst kommt ua eine Auflage nach Abs 2 S. 1 Nr 3 in Betracht (dazu Rn 9). Die erstmalige Einweisung in eine GemUnt durch Auflage (dazu BVerwGE 62, 295; BayVGH, EZAR 222 Nr 6; OVG RhPf, EZAR 221 Nr 37) bedarf angesichts der Sollvorschrift des § 53 I 1 keiner besonderen Begründung (Hailbronner, § 60 AsylVfG Rn 11). Bei der nachträglichen Anordnung des Wohnens in einer GemUnt sind Dauer u. Umstände sowie gewachsene Beziehungen während des Wohnens außerhalb der Unterkunft zu berücksichtigen (VGH BW, EZAR 221 Nr 26) Die Wohnauflage begründet anders als die polizeiliche Einweisung wegen Obdachlosigkeit die Pflicht, tatsächlich an dem zugewiesenen Ort Wohnung zu nehmen (VGH BW, NVwZ-RR 1995, 326; OVG Bremen, EZAR 221 Nr 37).

Die **Umzugsauflage** soll den Wechsel der Wohnung innerhalb des Bezirks der AuslBeh 8 absichern; außerhalb desselben gilt Abs 2 S. 1 Nr 3 (dazu Rn 9). Anlass für sie können äußere Umstände sein, etwa die Überbelegung einer Gemeinde oder einer Unterkunft, aber auch Gründe in der Person des Asylbew, etwa Streitigkeiten mit anderen Bewohnern. Wird die Umzugsanordnung mit einer Gefährdung von Personen u. Einrichtungsgegenständen durch den Asylbew begründet, müssen im Falle des Bestreitens die zugrundeliegenden Vorgänge so umfassend aufgeklärt werden, dass der Umzug aufgrund der Gefahrenprognose als geboten erscheint (BayVGH, EZAR 222 Nr 6 m. Anm. Röschert, ZAR 1987, 33). Andererseits kann der Asylbew uU die Verlegung in eine andere Unterkunft verlangen, wenn die AuslBeh ihn sonst nicht zureichend vor Übergriffen u. unzumutbaren Belästigungen durch Mitbewohner schützen kann (OVG NRW, NVwZ 1987, 80). Immer ist die am bisherigen Unterkunftsort erreichte Integration in die Ermessenserwägungen einzubeziehen (VGH BW, EZAR 221 Nr 26).

9   Durch die Möglichkeit einer Verpflichtung zur Aufenthaltnahme im **Bezirk einer bestimmten AuslBeh desselben Landes** u. zum entspr Umzug soll praktischen Schwierigkeiten begegnet werden, die sich aus Verzögerungen bei der Verteilung ergeben haben. Asylbew sollen nach Beendigung der Wohnverpflichtung nach § 47 I möglichst schnell in zentralen Einrichtungen oder GemUnt untergebracht werden können. Dabei kann es sich auch um eine zuweisungsähnliche Anordnung handeln, mit der die AuslBeh den Aufenthaltsbezirk vorläufig bis zur landesinternen Verteilung u. Zuweisung bestimmt. Immer bleibt die Anordnung auf den Bereich des jew Bundeslandes beschränkt; Abs 2 S. 1 Nr 3 bestätigt die Auffassung, dass eine Anordnung über die Grenzen des Bundeslandes hinaus nicht zulässig ist (dazu § 56 Rn 8 f; vgl auch Marx, § 60 Rn 34). Außerdem kann daraus gefolgert werden, dass Wohn- u. Umzugsauflagen auf den Bezirk der nach Verteilung u. Zuweisung zuständigen AuslBeh beschränkt sind (Hailbroner, § 60 AsylVfG Rn 12–14; aA BayVGH, EZAR 221 Nr 41). Die näheren Bestimmungen über Gemeinde u. Unterkunft trifft im Anschluss an die Auflage nach Abs 2 Satz 1 Nr 3 die dann zuständige AuslBeh.

V. Verwaltungsverfahren und Rechtsschutz

10   Für Auflagen örtlich **zuständig** ist die AuslBeh des vorgeschriebenen Aufenthaltsbezirks. Vorausgesetzt ist zumindest die sofortige Vollziehbarkeit einer entspr Anordnung.

11   Die **Anhörung** ist (anders als nach § 28 VwVfG bzw. Länder-VwVfG) grundsätzlich entbehrlich u. nach Form u. Frist restriktiv gestaltet. Vorgeschrieben ist sie nur vor einer Umzugsauflage nach mehr als sechs Monaten Aufenthalt an dem bisherigen Aufenthaltsort oder in der bisherigen Unterkunft, u. zwar wegen der dann idR dort entstandenen Bindungen (vgl auch VGH BW, EZAR 221 Nr 26). Obwohl diese aufenthaltsverändernden Maßnahmen auch sonst einschneidend wirken können, kann der Ausschluss der Anhörungspflicht in diesen Fällen nicht als verfassungswidrig angesehen oder sonst beanstandet werden. Eine Anhörung darf in geeigneten Fällen ohnehin stattfinden, u. außerdem ist die AuslBeh nicht von ihrer Verpflichtung zur umfassenden Sachaufklärung entbunden (vgl BayVGH, EZAR 222 Nr 6).

12   Auf nachträgliches Vorbringen hin ist die Auflage uU zu **ändern.** Dies kann vor allem deshalb in Betracht kommen, weil der Widerspruch ausgeschlossen ist (§ 11) u. eine Anhörung nur ausnahmsweise stattfindet. Grundsätzlich wirkt die Auflage wie die AufGest selbst für die **Dauer** des Asylverf mit der Folge, dass sie ebenso wie das ges AufR nach Ablauf der Frist der Bescheinigung nach § 63 materiell fortgelten (zur AufGest § 63 Rn 3; zum Erlöschen § 67 Rn 2).

13   Gegen Auflagen ist die **Anfechtungsklage** gegeben (Widerspruch ausgeschlossen nach § 11); vorläufiger Rechtsschutz ist nach § 80 V VwGO statthaft. Es handelt sich nämlich bei den Auflagen u. Beschränkungen der grundsätzlich für den Bezirk einer AuslBeh geltenden AufGest um selbständig anfechtbare Nebenbestimmungen iSd § 36 I, II Nr 4 VwVfG bzw. Landes-VwVfG u. nicht um modifizierende Auflagen (Rn 2; Hailbronner, § 60 AsylVfG Rn 15; zum Unterschied vgl HessVGH, EZAR 632 Nr 2; aA Marx, § 60 Rn 49; VGH BW, VBlBW 1984, 88; BayVGH, EZAR 632 Nr 3; aA zum alten Recht noch OVG NRW, DVBl. 1982, 847).

Örtlich zuständig ist das Gericht des zugewiesenen Aufenthaltsbezirks (§ 52 Nr 2 S. 3 **14** VwGO; dazu § 74 Rn 10 ff).

§ 61 Erwerbstätigkeit

(1) Für die Dauer der Pflicht, in einer Aufnahmeeinrichtung zu wohnen, darf der Ausländer keine Erwerbstätigkeit ausüben.

(2) ¹Im Übrigen kann einem Asylbewerber, der sich seit einem Jahr gestattet im Bundesgebiet aufhält, abweichend von § 4 Abs. 3 des Aufenthaltsgesetzes die Ausübung einer Beschäftigung erlaubt werden, wenn die Bundesagentur für Arbeit zugestimmt hat oder durch Rechtsverordnung bestimmt ist, dass die Ausübung der Beschäftigung ohne Zustimmung der Bundesagentur für Arbeit zulässig ist. ²Die §§ 39 bis 42 des Aufenthaltsgesetzes gelten entsprechend.

Übersicht

	Rn
I. Entstehungsgeschichte	1
II. Allgemeines	2
III. Verbot und Zulassung von Erwerbstätigkeit	3
IV. Verwaltungsverfahren und Rechtsschutz	7

I. Entstehungsgeschichte

Die Vorschrift geht auf § 20 II 7 AsylVfG 1982 zurück. Sie entspricht dem **GesEntw** **1** 1992 (§ 59, BT-Drs 12/2062 S. 16). Die Lockerung des Arbeitsverbots nach einem Jahr Aufenthalt (durch Art 3 Nr 37 ZuwG) ist nicht in Kraft getreten (Vorbem Rn 19). Abs 2 ist entspr dem GesEntw (BT-Drs 15/420 S. 43) u. des Ergebnisses des Vermittlungsverf (BT-Drs 15/3479 S. 14) mit Wirkung vom 1. 1. 2005 neu gefasst (Art 3 Nr 39 **ZuwG**).

II. Allgemeines

Die Zulassung von Asylbew zum Arbeitsmarkt u. zur selbständigen Tätigkeit war in den **2** letzten Jahrzehnten einem ständigen **Wechsel** unterworfen. Wartezeiten unterschiedlicher Dauer waren ebenso vertreten wie ein absolutes Arbeitsverbot u. die Möglichkeit einer auslbeh Auflage (zu der Entwicklung im Einzelnen vgl Jahresgutachten 2004 S. 134). Während Abs 1 jedwede Erwerbstätigkeit ausschließt, eröffnet Abs 2 die Möglichkeit einer abhängigen Beschäftigung. Außerdem darf sowohl eine selbständige als auch eine unselbständige Tätigkeit durch eine Auflage der AuslBeh zur AufGest untersagt werden (§ 60 Rn 2; zum Inhalt Rn 5).

III. Verbot und Zulassung von Erwerbstätigkeit

Das **absolute Verbot** jeder Erwerbstätigkeit während der Verpflichtung zum Wohnen in **3** einer AEinr hindert die Erteilung einer Zustimmung (früher ArbGen) der BA von Ges wegen. Kompetenzkonflikte zwischen AuslBeh u. Arbeitsagentur können insoweit nicht entstehen. Selbständige Tätigkeiten sind während dieses Zeitraums ebenfalls ausnahmslos untersagt. Dieses uneingeschränkte Erwerbstätigkeitsverbot erscheint angesichts des Beschleunigungszwecks u. der kurzen Dauer von höchstens drei Monaten (§ 47 I) nicht unvertretbar.

4 Dagegen sind die Zulässigkeit einer Auflage, auch nach Ablauf der Wohnverpflichtung keine unselbständige oder selbständige Erwerbstätigkeit aufzunehmen (sog. **Arbeitsverbot**), u. die **Sperrzeit** von einem Jahr grundsätzlich umstritten, weil diese Beschränkungen den Asylbew zu einem in jeder Hinsicht unbefriedigenden Nichtstun zwingen, das seine geistigen u. beruflichen Fähigkeiten auf Dauer schädigen kann u. dessen Sinn der Bevölkerung meist nicht einzuleuchten vermag. Dennoch verstößt ein ges oder behördliches Arbeitsverbot weder gegen die Menschenwürde noch gegen die Asylrechtsgarantie; denn die Erhaltung einer menschenwürdigen Existenz ist anders, nämlich durch Sozialhilfe (nach dem AsylbLG) gesichert (vgl BVerfG-A, EZAR 221 Nr 21; BVerwG, EZAR 221 Nr 17; BSG, EZAR 316 Nr 2; VGH BW, EZAR 221 Nr 11, 13). Die bis Ende 2004 in Abs 2 enthaltene Ausnahme für unselbständige Erwerbstätigkeiten zugunsten sog. Bona-fide-Flüchtlinge setzte die Asylanerkennung zumindest in einer Verfahrensstufe voraus, die Flüchtlingsanerkennung reichte für diese Vergünstigung nicht aus.

5 Das auslbeh Arbeitsverbot (durch Auflage) ist auch insoweit unbedenklich, als es mit **Kompetenzen der Arbeitsagenturen** kollidiert. Die auslbeh Auflage schließt einerseits eine Zustimmung der BA aus, darf aber andererseits nicht ausschließlich auf arbeitsmarktpolitische Erwägungen gestützt sein. Wegen des ges Verbots nach Abs 1 (zu früheren Wartezeitregelungen allg Friehe, ZAR 1981, 172; Mülheims, Das Arbeitsverbot für Asylbewerber, 1991) gewinnt das Arbeitsverbot der AuslBeh nur bei längerer Verfahrensdauer Bedeutung. Gegenüber einem Folgeantragsteller kann zur Begründung die allg fremdenpolitische Erwägung genügen, asylfremde Nebenzwecke sollten nicht gefördert werden (BayVGH, EZAR 632 Nr 3 u. BayVBl. 1986, 435). Indes können im Einzelfall bei überlanger Dauer u. gesteigerter Sensibilität des Asylbew oder seines Berufs (zB Pianist, Chirurg, Artist) die Beeinträchtigungen so einschneidend wirken, dass sie unzumutbar werden. Im Allg rechtfertigt auch der drohende Verlust von Anwartschaften in der Sozialversicherung keine Ausnahme von einem generellen Arbeitsverbot (BVerwG, EZAR 221 Nr 19). Nach dem Gesetzeszweck ungerechtfertigt kann das Arbeitsverbot bei einem dt.-verheirateten Asylbew sein (OVG NRW, NVwZ 1983, 111).

6 Mit dem seit 1. 1. 2005 neu gefassten Abs 2 ist für Asylbew **nach einem Jahr AufGest** die Möglichkeit der Zulassung zum Arbeitsmarkt in ähnlicher Weise geschaffen wie früher. **Grundsätzlich** besteht aber danach das **Verbot** auch für die unselbständigen Erwerbstätigkeit fort. Die Abweichung von § 4 III AufenthG bedeutet, dass der Asylbew keinen AufTit besitzt, der Auskunft über die Erlaubnis zur Erwerbstätigkeit geben kann. Es bedarf nur der Zustimmung der BA, sofern diese nicht entbehrlich ist. In diesem Zusammenhang sind insbesondere die Arbeitsmarktverträglichkeit u. der Vorrang ua von Unionsbürgern zu prüfen. Die Mindestdauer von einem Jahr gestatteten Aufenthalts im Bundesgebiet erfordert den Bestand der AufGest seit Äußerung des Asylgesuchs (§ 13 I) während dieser Zeit. Aufenthaltszeiten mit einem AufTit vor dem Asylgesuch zählen nicht. Der Zweck der Sperrzeit besteht in dem gezielten Ausschluss vom Arbeitsmarkt als Reaktion auf den Asylantrag. Es handelt sich also nicht um eine Wartezeit, auf die Vorzeiten angerechnet werden könnten.

IV. Verwaltungsverfahren und Rechtsschutz

7 Das ges Verbot des **Abs 1** bedarf keiner Umsetzung durch einen VA; Rechtsmittel sind insoweit ausgeschlossen. Die Versagung der Erlaubnis nach **Abs 2** kann unabhängig davon mit der Verpflichtungsklage angegriffen werden, ob die BA die Zustimmung verweigert oder die AuslBeh aufgrund eigenen Ermessens die Erlaubnis ablehnt. Ebenso angefochten werden kann die vollständige oder teilweise Ablehnung der Erlaubnis nach Abs 2, u. zwar auch dann, wenn sie in Form einer **Auflage** (nach § 60 I) ergeht (§ 60 Rn 13). In diesen Fällen handelt es sich um eine selbständige u. nicht um eine modifizierende Auflage (BayVGH, BayVBl. 1986, 435; HessVGH, EZAR 632 Nr 2; aA Marx, § 61 Rn 12). Der

Bescheinigung über die Aufenthaltsgestattung §§ 62, 63 **AsylVfG 4**

Bestand der AufGest ist dem Asylbew immer gewährleistet. Die Befugnis zur Erwerbstätigkeit stellt eine zusätzliche Position dar (anders gestaltet als nach § 4 III AufenthG); durch deren Ablehnung wird nicht etwa die AufGest beschränkt mit der Folge, dass gegen diese Einschränkung die Anfechtungsklage gegeben wäre.

§ 62 Gesundheitsuntersuchung

(1) ¹ **Ausländer, die in einer Aufnahmeeinrichtung oder Gemeinschaftsunterkunft zu wohnen haben, sind verpflichtet, eine ärztliche Untersuchung auf übertragbare Krankheiten einschließlich einer Röntgenaufnahme der Atmungsorgane zu dulden.** ² **Die oberste Landesgesundheitsbehörde oder die von ihr bestimmte Stelle bestimmt den Umfang der Untersuchung und den Arzt, der die Untersuchung durchführt.**

(2) **Das Ergebnis der Untersuchung ist der für die Unterbringung zuständigen Behörde mitzuteilen.**

I. Entstehungsgeschichte

Die Vorschrift entspricht dem **GesEntw 1992** (§ 60, BT-Drs 12/2062 S. 16). Sie hat kein Vorbild im AsylVfG 1982. 1

II. Ärztliche Untersuchung

Die Schaffung einer **ges Grundlage** für die Gesundheitsuntersuchung ist im Interesse der 2
öffentl Gesundheit gerechtfertigt. Umfang der Untersuchung u. Person des Arztes werden von der obersten Landesgesundheitsbehörde oder einer von ihr beauftragten Stelle bestimmt. Anders als für die Durchsuchung nach § 15 IV ist hier das Geschlecht der Kontrollperson nicht vorgeschrieben. Eine analoge Anwendung ist mangels Regelungslücke nicht angezeigt u. auch nicht zwingend geboten (aA für nichtärztliche Hilfspersonen Marx, § 61 Rn 5). Eine generelle Untersuchung auf eine HIV–Infektion oder AIDS–Erkrankung erscheint angesichts des überragenden Gemeinschaftsinteresses an der Erkennung u. Behandlung sowie der geringen Eingriffsintensität nicht unzulässig (ähnlich Hailbronner, § 62 AsylVfG Rn 5; aA Marx, § 61 Rn 6 f).

III. Mitteilungspflicht

Für die Mitteilung sind die allg Anforderungen an den **Gesundheitsdatenschutz** zu 3
beachten, also insb die Grundsätze der Verhältnismäßigkeit u. der strengen Zweckbindung. Danach darf die Mitteilung nur das zusammengefasste Ergebnis der Untersuchung enthalten. Nähere Einzelheiten sind nicht erforderlich. Die Adressaten der Mitteilung sind zur Wahrung der Zweckbindung verpflichtet.

§ 63 Bescheinigung über die Aufenthaltsgestattung

(1) **Dem Ausländer wird nach der Asylantragstellung eine mit den Angaben zur Person und einem Lichtbild versehene Bescheinigung über die Aufenthaltsgestattung ausgestellt, sofern er nicht im Besitz eines Aufenthaltstitels ist.**

(2) ¹ **Die Bescheinigung ist zu befristen.** ² **Solange der Ausländer verpflichtet ist, in einer Aufnahmeeinrichtung zu wohnen, beträgt die Frist längstens drei und im übrigen längstens sechs Monate.**

(3) ¹ Zuständig für die Ausstellung der Bescheinigung ist das Bundesamt, solange der Ausländer verpflichtet ist, in einer Aufnahmeeinrichtung zu wohnen. ² Im übrigen ist die Ausländerbehörde zuständig, auf deren Bezirk die Aufenthaltsgestattung beschränkt ist. ³ Auflagen und Änderungen der räumlichen Beschränkung können auch von der Behörde vermerkt werden, die sie verfügt hat.

(4) Die Bescheinigung soll eingezogen werden, wenn die Aufenthaltsgestattung erloschen ist.

(5) Im übrigen gilt § 78 Abs. 7 des Aufenthaltsgesetzes entsprechend.

Übersicht

	Rn
I. Entstehungsgeschichte	1
II. Bescheinigung	2
III. Verwaltungsverfahren	5
IV. Rechtsschutz	8

I. Entstehungsgeschichte

1   Die Vorschrift geht auf § 20 IV, V AsylVfG 1982 zurück. Sie entsprach urprünglich dem **GesEntw 1992** (§ 61, BT-Drs 12/2062 S. 16). Die Fristen des Abs 2 S. 2 wurden entspr dem GesEntw 1993 (BT-Drs 12/4450 S. 8) mit Wirkung vom 1. 7. 1993 im Hinblick auf die Wohnverpflichtung iSd § 47 I differenziert u. in Abs 4 die Wörter „von der Ausländerbehörde" gestrichen (Art 1 Nr 35 **AsylVfÄndG 1993**). Abs 5 ist seit 1. 1. 2002 angefügt (Art 12 Nr 2 TerrbG) u. seit 1. 1. 2005 entspr dem GesEntw (BT-Drs 15/420 S. 43) durch die Bezugnahme auf § 78 VII AufenthG statt auf § 56 a AuslG aktualisiert (Art 3 Nr 40 **ZuwG**).

II. Bescheinigung

2   Mit der Bescheinigung über die AufGest wird das mit dem Asylantrag iSd § 13 I entstehende ges AufR **deklaratorisch** verlautbart (§ 55 Rn 5 f; vgl auch § 67 I Nr 2, II; betr Folgeantrag vgl § 55 Rn 10 f; betr Zweitantrag vgl § 55 Rn 12). Sie enthält außer Namen, Vornamen, Staatsangehörigkeit u. Geburtsdatum und -ort auch den zugewiesenen Wohnort (weitere Angaben s. Abs 5 iVm §§ 48 I, 78 VII AufenthG) u. ist mit einem Lichtbild versehen. Außerdem enthält sie seit 1. 1. 2002 eine Seriennummer u. evtl eine Zone für maschinenlesbare Angaben. Sie stellt aber weder einen Pass noch einen Passersatz dar (vgl § 99 I Nr 5 iVm §§ 2 ff, 55 ff AufenthV). Mit ihr genügt der Asylbew seiner Ausweispflicht, er darf aber mit ihr nicht die Grenze überschreiten (§ 64). Die Erteilung der Bescheinigung ist ebenso ein VA (BVerwGE 79, 291) wie deren Ablehnung (aA OVG Berlin, InfAuslR 1987, 260); in beiden Fällen handelt es sich um eine Einzelfallregelung in inhaltlicher, räumlicher u. zeitlicher Hinsicht (§ 35 I VwVfG). Hinsichtlich des ges AufR mit seinen ges Beschränkungen (§§ 55 I 1 u. 2, 56–59) wirkt sie deklaratorisch, hinsichtlich der (selbständigen) Auflagen nach § 60 I u. II enthält sie (konstitutiv) behördliche Regelungen. Die Behörde darf die Erteilung der Bescheinigung nicht von der vorherigen Aushändigung des Nationalpasses (§ 15 III Nr 1) abhängig machen (VG Saarlouis, InfAuslR 1982, 314).

3   Die Bescheinigung wird **befristet** ausgestellt, was nicht bedeutet, dass die AufGest selbst befristet wird. Die Höchstdauer von drei bzw. sechs Monaten gilt jew für die erstmalige Erteilung wie für Verlängerungen. In beiden Fällen ist kein besonderer Antrag notwendig; die Bescheinigung wird auf den Asylantrag von Amts wegen ausgestellt u. verlängert. Die angesichts der üblichen Verfahrensdauern relativ kurze Frist soll die **Kontrolle** über den

Ausweispflicht § 64 AsylVfG 4

Aufenthalt des Asylbew erleichtern. Ihre Dauer steht im Ermessen der Behörde. Der Bestand der AufGest ist aber unabhängig vom Lauf der Frist; das ges AufR entsteht idR vor Ausstellung der Bescheinigung u. endet nach Maßgabe des § 67. Auch bei nicht rechtzeitiger Verlängerung wird der Aufenthalt während des Laufs des Asylverf nicht unrechtmäßig.

Nach Ausstellung der Bescheinigung besteht kein Anlass zur Erteilung eines **dt Pass- 4 ersatzes,** es sei denn, der Asylbew beabsichtigt eine Auslandsreise u. verfügt über keinen gültigen Nationalpass mehr (betr Fremdenpass nach § 4 AuslG 1965 vgl BVerwG, EZAR 112 Nr 2; HessVGH, EZAR 221 Nr 34; zu den neuen passrechtlichen Vorschriften allg Maor, ZAR 2005, 222). Ob u. in welcher Weise dem Asylbew seit Inkrafttreten des neuen AuslG ein dt Passersatz ausgestellt werden kann, ist fraglich. Seit 1. 1. 1991 gibt es keinen Fremdenpass mehr, u. ein Asylbew kann die besonderen Voraussetzungen für einen Passersatz (§ 99 I Nr 5 AufenthG iVm §§ 2 ff AufenthV) in aller Regel nicht erfüllen. Insb kann er einen Reiseausweis u. einen Notreiseausweis nur ganz ausnahmsweise erhalten (§§ 5, 6 S. 1 Nr 4, 13 ff AufenthV). Damit sind ihm **Auslandsreisen** auch in anerkannt dringlichen Fällen praktisch unmöglich gemacht (zur Reise in den Heimatstaat während des Verf vgl § 33 II).

III. Verwaltungsverfahren

Die **funktionelle Zuständigkeit** ist zwischen BAMF u. AuslBeh je nach Wohnver- 5 pflichtung des Asylbew aufgeteilt. Ob die Zentrale des BAMF oder eine Außenstelle tätig werden muss, wird durch innerdienstliche Anordnung (§ 5 Rn 14, 17) bestimmt.

Für die **örtliche Zuständigkeit** der AuslBeh ist der Geltungsbereich der AufGest (§ 56 I) 6 maßgeblich. Da die AufGest immer (nur) für einen Aufenthaltsbezirk (beschränkt oder erweitert) besteht, sind positive wie negative Kompetenzkonflikte eigentlich ausgeschlossen. Auflagen u. Änderungen können auch von der verfügenden Behörde eingetragen werden.

Die **Einziehung** der Bescheinigung obliegt seit 1. 7. 1993 nicht nur der AuslBeh, 7 sondern ggf auch dem BAMF. Sie ist vom Eintritt des Erlöschens (§ 67 I) abhängig u. für den Regelfall zwingend vorgeschrieben („soll"). Hiervon kann nur in atypischen Fällen abgewichen werden, wenn zB die Bescheinigung bereits abgelaufen u. die missbräuchliche Benutzung so gut wie ausgeschlossen ist u. die Einziehung einen unverhältnismäßigen Aufwand verursachen würde. Im Falle des § 67 II war zuvor eine Bescheinigung noch nicht erteilt, obwohl die ges AufGest schon entstanden war (vgl § 55 Rn 5 f); eine Einziehung kommt also insoweit nicht in Betracht. Ist die Bescheinigung unrichtig, kann der Asylbew hieraus Rechte nicht herleiten; sie bedarf aber der Aufhebung als fehlerhafter VA, u. zwar durch Rücknahme (§ 48 VwVfG; aA insoweit OVG Bremen, NVwZ 1987, 920).

IV. Rechtsschutz

Gegen die **Verweigerung** der AufGest kann Verpflichtungsklage (§ 42 II VwGO) erho- 8 ben werden; vorläufiger Rechtsschutz wird insoweit nach § 123 VwGO gewährt (OVG Berlin, InfAuslR 1987, 260). Soweit selbständige **Auflagen** nach § 60 beigefügt sind, kann gegen sie mit der Anfechtungsklage (§ 42 I VwGO) u. dem Antrag nach § 80 Abs 5 VwGO vorgegangen werden (§ 60 Rn 13). Gegen die **Einziehung** sind ebenfalls Anfechtungsklage u. vorläufiger Rechtsschutz nach § 80 V VwGO gegeben.

§ 64 Ausweispflicht

(1) Der Ausländer genügt für die Dauer des Asylverfahrens seiner Ausweispflicht mit der Bescheinigung über die Aufenthaltsgestattung.

(2) Die Bescheinigung berechtigt nicht zum Grenzübertritt.

I. Entstehungsgeschichte

1   Die Vorschrift stimmt inhaltlich mit § 27 AsylVfG 1982 überein u. entspricht dem **GesEntw 1992** (§ 62, BT-Drs 12/2062 S. 16).

II. Ausweispflicht

2   Die **allg Passpflicht** (§ 3 AufenthG; für Dt vgl § 1 PassG) gilt auch für Asylbew, die den Pass oder Passersatz freilich wegen der insoweit bestehenden Herausgabepflicht (§ 15 II Nr 4) nicht als Ausweis nutzen können. Die der Identitätsfeststellung dienende **allg Ausweispflicht** für Ausl (§ 48 AufenthG; für Dt vgl § 1 PersAuswG) trifft Asylbew ebenfalls. Während Ausl allg der Ausweispflicht auch mit der Bescheinigung über einen AufTit oder Duldung (mit Lichtbild u. als Ausweisersatz bezeichnet) genügen können (§ 48 II AufenthG), tritt bei Asylbew an die Stelle des Passes die Bescheinigung über die AufGest. Damit erübrigen sich die Verlängerung des Nationalpasses während des Asylverf (vgl dazu § 65 II) u. die vor 1991 übliche Duldungsbescheinigung für Asylbew (dazu u. zur AufErl für Asylbew vgl noch BVerwGE 62, 206). Besitzt der Asylbew einen AufTit (vgl § 10 AufenthG), aber keinen Pass, genügt der Ausweisersatz nach § 48 II AufenthG.

3   Asylbew ist auch, wer nur die **Flüchtlingsanerkennung** begehrt oder letztlich allein Familienasyl oder Familienabschiebungsschutz anstrebt; in jedem Fall stellt er nämlich einen Asylantrag iSd § 13 I u. erhält eine AufGest. Wird ihm keine AufGest ausgestellt, wird sein Pass aber dennoch hinterlegt, genügt er der Ausweispflicht mit der ihm zumindest zu erteilenden Duldung (§ 48 II AufenthG).

4   Die AufGest berechtigt nicht zum **Grenzübertritt** u. wird allg von fremden Staaten hierfür nicht anerkannt. Sie erlischt dabei aber auch nicht. Für eine Auslandsreise benötigt der Asylbew daher einen Passersatz (früher Fremdenpass nach § 4 AuslG 1965) u. außerdem die Berechtigung zur Rückkehr u. die Befreiung von der Passpflicht (vgl § 99 I Nr 8 AufenthG). Hierfür müssten eigentlich dieselben Voraussetzungen wie für die Erlaubnisse nach §§ 57, 58 gelten (zur früheren Rechtslage HessVGH, EZAR 221 Nr 34). Nunmehr kann der Asylbew aber keinen Passersatz mehr erhalten, weil er die hierfür maßgeblichen Voraussetzungen der §§ 2 ff AufenthV in aller Regel nicht erfüllen kann (vgl § 63 Rn 4). Der Ausschluss jeglicher Auslandsreise während des Asylverf auch in dringenden Fällen mag bisweilen zu Härten führen, ist jedoch nicht als unverhältnismäßig u. deshalb verfassungswidrig anzusehen (Hailbronner, § 64 AsylVfG Rn 9; aA GK-AuslR § 39 Rn 19 f). Die Zumutbarkeit dieser Beschränkung ist vom Gesetzgeber noch zusätzlich durch Einfügung von § 33 II bestätigt, wonach der Asylantrag bei einer Reise in den Heimatstaat als zurückgenommen gilt.

5   Zusätzliche Schwierigkeiten ergeben sich für **Folgeantragsteller,** weil diese (zunächst) keine AufGest erhalten (§ 55 Rn 10; § 71 Rn 15) u. sich ihr Pass uU noch in Verwahrung befindet (vgl §§ 15 II Nr 4, 65 II). Für sie ist eine Bescheinigung über den Folgeantrag nicht vorgesehen. Ihnen steht zwar uU eine AE oder zumindest eine Duldung zu (§ 71 Rn 15), wobei sie auch mit letzterer ihrer Ausweispflicht nachkommen können (§ 48 II AufenthG). Sonst kann ihnen eine Unterrichtung der AuslBeh durch das BAMF über die Folgeantragstellung nützen (vgl dazu GK-AsylVfG, § 64 Rn 5); diese ist indes nicht vorgeschrieben.

§ 65 Herausgabe des Passes

(1) Dem Ausländer ist nach der Stellung des Asylantrages der Paß oder Paßersatz auszuhändigen, wenn dieser für die weitere Durchführung des Asylverfahrens nicht benötigt wird und der Ausländer einen Aufenthaltstitel besitzt oder die Ausländerbehörde ihm nach den Vorschriften in anderen Gesetzen einen Aufenthaltstitel erteilt.

Herausgabe des Passes § 65 **AsylVfG 4**

(2) Dem Ausländer kann der Paß oder Paßersatz vorübergehend ausgehändigt werden, wenn dies in den Fällen des § 58 Abs. 1 für eine Reise oder wenn es für die Verlängerung der Gültigkeitsdauer oder die Vorbereitung der Ausreise des Ausländers erforderlich ist.

Übersicht

	Rn
I. Entstehungsgeschichte	1
II. Allgemeines	2
III. Aushändigung des Passes	6
IV. Rechtsschutz	10

I. Entstehungsgeschichte

Die Vorschrift geht zT auf § 26 III AsylVfG 1982 zurück. Sie entspricht dem **GesEntw** **1** **1992** (§ 63, BT-Drs 12/2062 S. 16). Mit Wirkung vom 1. 1. 2005 wurde der Begriff der AufGen jew durch den des AufTit ersetzt (Art 3 Nr 41 **ZuwG**).

II. Allgemeines

Gegen die Pflicht zur Überlassung des Passes (vgl §§ 15 II Nr 4, 21 I bis III) werden **2** bisweilen **völkerrechtliche Bedenken** erhoben, weil die Einbehaltung des Passes die Passhoheit des Herkunftsstaats verletze. Die Passhoheit als Teil der Personalhoheit wäre indes nur verletzt, wenn der Pass eingezogen würde (um zB eine Ausreise zu verhindern) u. sich die BR Deutschland damit selbst die Personalhoheit über den Ausl anmaßte (OVG NRW, NJW 1972, 2199; ebenso betr Einbehaltung ohne ges Grundlage, um die Ausreise zu erzwingen, Kanein, NJW 1973, 729). Dies ist beim bloßen Einbehalten des Passes während des Asylverf ebenso wenig anzunehmen wie bei strafgerichtlicher Sicherstellung anlässlich einer Haftverschonung (zu letzterer OLG Saarbrücken, NJW 1978, 2460). Außerdem ist zu bedenken, dass die Asylgewährung zulässigerweise in die Personalhoheit des Verfolgerstaats eingreift u. deshalb die vorläufige Einbehaltung bei Asylbew zusätzlich gerechtfertigt erscheint, da diese an einer Ausreise (auf Dauer, zur vorübergehenden § 57 Rn 6) nicht gehindert sind (zu letzterem aA Marx, InfAuslR 1981, 319).

Die Herausgabepflicht verstößt nach alledem nicht gegen allg Regeln des Völkerrechts **3** (Art 25 GG: Sauerland, ZAR 2000, 122), weil sie lediglich die **Sicherung des Passes** für die Dauer des Asylverf bezweckt u. nicht – auch nicht mittelbar – die stangr Beziehungen zwischen Flüchtling u. Herkunftsstaat tangiert (iÜ vgl § 3 AufenthG Rn 3).

Im Zusammenhang mit der Herausgabe des Passes können dem Asylbew verschiedene **4** **tatsächliche Schwierigkeiten** erwachsen. Wegen der langen Verfahrensdauer werden Pässe oft während des Verf ungültig. Bei einer Verlängerung (Aushändigung nach Abs 2) kann die Auslandsvertretung mangels eingetragener AufGen ohne weiteres auf ein Asylgesuch schließen u. gerade deswegen Verfolgungsmaßnahmen veranlassen (Nachfluchtgrund Asylantrag), denen sich der Ausl kaum durch Ausflüchte entziehen kann. Dieselbe Gefahr kann bei Rückkehr in den Heimatstaat nach erfolglosem Asylverf – mit oder ohne gültigen Pass – entstehen. Wegen dieser Gefährdungen kann von einem Asylbew ein Antrag auf Passverlängerung grundsätzlich nicht verlangt werden; ebenso problematisch ist ein dahingehendes unmittelbares Ersuchen der AuslBeh oder des BMI an die Auslandsvertretung. Denn der Asylbew kommt seiner Ausweispflicht durch die AufGest nach (§ 64 I), u. vor einer notwendig werdenden Ausreise nach erfolglosem Asylverf kann der Pass noch verlängert oder ein neuer ausgestellt werden. Andererseits wirkt sich die Passverlängerung nicht negativ

1081

4 AsylVfG § 65

auf die Relevanz von Asylgründen aus; § 72 I Nr 1 ist insoweit nicht analog anwendbar (betr § 15 I Nr 1 AsylVfG 1982 BVerwGE 78, 152).

5   Die mit der Verlängerung oder Nichtverlängerung des Passes verbundenen Gefahren beruhen aber nicht auf der Einbehaltung des Passes; sie sind davon gänzlich unabhängig u. bestanden auch schon unter der Geltung des AuslG 1965, das diese Sicherungsmaßnahme nicht kannte. Die **Recht- u. Verfassungsmäßigkeit** der Passabgabepflicht kann deshalb nicht unter Berufung auf diese lästigen Folgen angezweifelt werden.

III. Aushändigung des Passes

6   Die nach § 15 II Nr 4 überlassenen u. nach § 21 I bis III in Verwahrung genommenen Passdokumente bleiben **grundsätzlich in Verwahrung,** solange sie benötigt werden (§ 21 V). Während die Aushändigung der Passpapiere nach § 21 V während des Verf praktisch nicht in Betracht kommt, ist sie nach Abs 2 vorübergehend u. nach Abs 1 endgültig möglich. An der Überlassungspflicht (§ 15 II Nr 4) ändert auch der Abschluss des Asylverf grundsätzlich nichts, solange die Papiere noch für aufenthaltsbeendende Maßnahmen benötigt werden (§ 21 V). Daher entsteht mit dem Abschluss nicht automatisch ein Rückgabeanspruch (Hailbronner, § 65 AsylVfG Rn 7 f; aA wohl Marx, § 64 AsylVfG Rn 11). Folge- u. Zweitantragsteller sind nach Eröffnung eines weiteren Asylverf ebenso zu behandeln. In dem ersten Verfahrensstadium richtet sich die Herausgabe allein nach § 21 V, weil aufenthaltsbeendende Maßnahmen noch ausstehen u. evtl bei Verweigerung eines weiteren Verf vorgenommen werden.

7   Die Voraussetzungen für die **endgültige Herausgabe** müssen kumulativ vorliegen. Trotz AufTit kann der Pass für das Asylverf etwa zur Feststellung der Echtheit noch benötigt werden. Ansonsten wird meist eine Ablichtung genügen, zB um Sichtvermerke oder andere Passeintragungen (Ausstellungsort, Geltungsdauer ua) überprüfen zu können. Bei Vorliegen der Voraussetzungen bleibt der AuslBeh **kein Ermessen.**

8   Die **vorübergehende Aushändigung** ist zulässig zum Zwecke von Reisen nach Beendigung der Wohnverpflichtung iSd § 47 I, von Passverlängerungen oder von Ausreisevorbereitungen. In den ersten beiden Fällen geschieht dies vorübergehend, im letzteren Fall idR endgültig, da der Pass im Besitz des Ausl belassen werden kann, wenn dieser sogleich nach Verlängerung u. Erhalt notwendiger Visa auszureisen beabsichtigt (vgl § 21 V). Die Erforderlichkeit ist vom Ausl darzulegen. Für Auslandsreisen ist sie offensichtlich, weil die AufGest nicht zum Grenzübertritt berechtigt (§ 64 II; betr Reise in den Heimatstaat vgl § 33 II) u. von ausl Grenzbehörden auch nicht als Passpapier anerkannt wird. Für Inlandsreisen (zu Behörden, UNHCR, Bevollmächtigten, Betreuungsorganisationen oder Privatpersonen) genügt die AufGest (§ 64 I).

9   Dem BAMF oder der AuslBeh steht nach Abs 2 anders als nach Abs 1 selbst bei Erforderlichkeit der Reise oder der Ausreisevorbereitungen noch **Ermessen** zu, das nach ähnlichen Kriterien auszuüben ist wie bei §§ 57 I, 58 I. Im ersteren Fall wird der Ermessensspielraum idR auf Null schrumpfen; außerdem kann die AuslBeh selbst den Pass zur Verlängerung an die Auslandsvertretung des Heimatstaats einreichen – u. gleichzeitig ein etwa erforderliches Einreisevisum einholen –, wenn konkrete Anhaltspunkte für einen Missbrauch des Passes bestehen.

IV. Rechtsschutz

10 Gegen die **Nichtaushändigung** sind nach Ausschluss des Widerspruchs (§ 11) unmittelbar Verpflichtungsklage u. Eilantrag nach § 123 VwGO möglich.

§ 66 Ausschreibung zur Aufenthaltsermittlung

(1) Der Ausländer kann zur Aufenthaltsermittlung im Ausländerzentralregister und in den Fahndungshilfsmitteln der Polizei ausgeschrieben werden, wenn sein Aufenthaltsort unbekannt ist und er
1. innerhalb einer Woche nicht in der Aufnahmeeinrichtung eintrifft, an die er weitergeleitet worden ist,
2. die Aufnahmeeinrichtung verlassen hat und innerhalb einer Woche nicht zurückgekehrt ist,
3. einer Zuweisungsverfügung oder einer Verfügung nach § 60 Abs. 2 Satz 1 innerhalb einer Woche nicht Folge geleistet hat oder
4. unter der von ihm angegebenen Anschrift oder der Anschrift der Unterkunft, in der er Wohnung zu nehmen hat, nicht erreichbar ist;

die in Nummer 4 bezeichneten Voraussetzungen liegen vor, wenn der Ausländer eine an die Anschrift bewirkte Zustellung nicht innerhalb von zwei Wochen in Empfang genommen hat.

(2) ¹ Zuständig, die Ausschreibung zu veranlassen, sind die Aufnahmeeinrichtung, die Ausländerbehörde, in deren Bezirk sich der Ausländer aufzuhalten hat, und das Bundesamt. ² Die Ausschreibung darf nur von hierzu besonders ermächtigten Personen veranlaßt werden.

I. Entstehungsgeschichte

Die Vorschrift entspricht dem **GesEntw 1992** (§ 64, BT-Drs 12/2062 S. 16). Sie hat kein Vorbild im AsylVfG 1982. 1

II. Ausschreibung

Grundvoraussetzung für den Einsatz des nunmehr ges geregelten Mittels der Ausschreibung zur Aufenthaltsermittlung ist das **Nichtbekanntsein des Aufenthaltsorts.** Da ein Aufenthaltsort nie objektiv absolut unbekannt ist, ist hier auf das Wissen der nach Abs 2 zuständigen Stellen abzustellen, die den Aufenthaltsort zum Zwecke der Erfüllung ihrer Aufgaben kennen müssen. Dieser ist nicht identisch mit einer Anschrift, sondern mit dem Ort, an dem sich der Ausl gewöhnlich aufhält. Die jew Stelle hat vor Veranlassung der Ausschreibung zunächst zu versuchen, den Aufenthaltsort anhand der bekanntgegebenen Anschriften (§ 10 I) zu ermitteln. Sie hat zumindest Nachforschungen bei den anderen in Abs 2 genannten Stellen anzustellen, da sonst auch die jew Voraussetzungen des Abs 1 Nr 1–4 nicht feststellbar sind. Dies begründet zwar nicht die Pflicht, von Amts wegen auch anderweitig den tatsächlichen Aufenthaltsort zu ermitteln (Hailbronner, § 66 AsylVfG Rn 4), kann aber, wenn der Ort bekannt ist, die Ausschreibung hindern. Ansonsten obliegt es dem pflichtgemäßen **Ermessen** der zuständigen Stelle, ob u. wie die Ausschreibung erfolgen soll. 2

Die **zusätzlichen Voraussetzungen** der Nr. 1 bis 4 stellen auf tatsächliche Umstände u. Vorgänge ab. Es kommt deshalb nur auf das tatsächliche Eintreffen, Verlassen, Zurückkehren, Folgeleisten u. Erreichtwerden an. Die Gründe hierfür spielen keine Rolle. Insb kommt es nicht auf Verschulden an. Die unwiderlegliche Vermutung des Hs. 2 macht dem Asylbew mittelbar die Abholung des zugestellten Schriftstücks zur Pflicht. Sie bildet den einzigen Fall der Nichterreichbarkeit, nicht einen von mehreren Anwendungsfällen (Hailbronner, § 67 AsylVfG Rn 9). Sonst wäre die Nichtempfangnahme als Beispielsfall zu kennzeichnen 3

4 AsylVfG § 67   4. Teil. Asylverfahrensgesetz

gewesen (durch „insbesondere" oä). Folge der Nichtabholung ist allerdings nur die Ausschreibung (falls der tatsächliche Aufenthaltsort unbekannt ist), nicht etwa eine Geldbuße nach § 85 oä.

4 Das Verf einschl der **Zuständigkeit** ist in Abs 2 bestimmt. Wegen der Bedenken gegen die Übertragung quasipolizeilicher Aufgaben auf die AEinr vgl § 59 Rn 9. Es fehlt an einer Regelung für den Fall des nachträglichen Bekanntwerdens des Aufenthaltsorts. Nach Sinn u. Zweck der Ausschreibung (dazu § 5 AZRG; § 30 II u. III BDSG) ist deren Ziel erreicht, wenn sich der Asylbew in der AufEinr meldet oder dorthin zurückkehrt, der Zuweisung Folge leistet oder unter der angegebenen oder zugewiesenen Anschrift erreicht werden kann. In diesen Fällen ist der Zweck erreicht u. die Ausschreibung aufzuheben, ohne dass es auf die Gründe der Unerreichbarkeit u. auf ein Verschulden des Asylbew ankommt (GK-AsylVfG, § 66 Rn 6 f, 13; iE ebenso Hailbronner, § 66 AsylVfG Rn 13–15).

§ 67 Erlöschen der Aufenthaltsgestattung

(1) Die Aufenthaltsgestattung erlischt,
1. wenn der Ausländer nach § 18 Abs. 2 und 3 zurückgewiesen oder zurückgeschoben wird,
1 a. wenn der Ausländer nach § 33 Abs. 3 zurückgewiesen wird,
2. wenn der Ausländer innerhalb von zwei Wochen, nachdem er um Asyl nachgesucht hat, noch keinen Asylantrag gestellt hat,
3. im Falle der Rücknahme des Asylantrags mit der Zustellung der Entscheidung des Bundesamtes,
4. wenn eine nach diesem Gesetz oder nach § 60 Abs. 9 des Aufenthaltsgesetzes erlassene Abschiebungsandrohung vollziehbar geworden ist,
5. mit der Bekanntgabe einer Abschiebungsanordnung nach § 34 a,
5 a. mit der Bekanntgabe einer Abschiebungsanordnung nach § 58 a des Aufenthaltsgesetzes,
6. im übrigen, wenn die Entscheidung des Bundesamtes unanfechtbar geworden ist.

(2) Stellt der Ausländer den Asylantrag nach Ablauf der in Absatz 1 Nr. 2 genannten Frist, tritt die Aufenthaltsgestattung wieder in Kraft.

Übersicht

	Rn
I. Entstehungsgeschichte	1
II. Allgemeines	2
III. Erlöschen	3
IV. Verwaltungsverfahren und Rechtsschutz	10

I. Entstehungsgeschichte

1 Die Vorschrift geht auf § 20 III AsylVfG 1982 zurück. Sie stimmte ursprünglich im Wesentlichen mit dem **GesEntw 1992** (§ 65, BT-Drs 12/2062 S. 17) überein; auf Vorschlag des BT-IA (BT-Drs 12/2718 S. 35) wurde die Frist in Abs 1 Nr 2 von einer Woche auf zwei Wochen verlängert. Mit Wirkung vom 1. 7. 1993 wurde entspr dem GesEntw 1993 (BT-Drs 12/4450 S. 8) Nr 5 in Abs 1 eingefügt (Art 1 Nr 36 **AsylVfÄndG 1993**). Zum 1. 11. 1997 wurde Nr 1 a in Abs 1 eingefügt (Ges vom 29. 10. 1997, BGBl I 2584). Mit Wirkung vom 1. 1. 2005 wurde in Abs 1 entspr dem GesEntw (BT-Drs 15/420 S. 43) die Bezugnahme auf § 52 AuslG durch eine solche auf § 60 IX AufenthG ersetzt; aufgrund des Vermittlungsverf (BT-Drs 15/3479 S. 14) wurde in Abs 2 die neue Nr 5 a eingefügt (Art 3 Nr 42 **ZuwG**).

II. Allgemeines

Die AufGest als das spezielle AufR des Asylbew (§ 55 I) ist zweckbezogen u. kann 2
daher bei Erfüllung seines Zwecks beendet werden. Das Erlöschen tritt in den aufgezählten Fällen **kraft Ges,** ohne dass es eines VA bedarf. Daneben sind andere Vorschriften über Erlöschen (§ 51 I AufenthG), Widerruf oder Rücknahme (§ 52 AufenthG; §§ 48 ff VwVfG) nicht anzuwenden (GK-AsylVfG, § 67 Rn 2; Hailbronner, § 67 AsylVfG Rn 3; Marx § 67 Rn 3). Nach dem Erlöschen der AufGest gelten die allg Regeln über die Verlassenspflicht (§ 50 AufenthG iVm § 43), falls der Ausl keinen AufTit besitzt oder erhält.

III. Erlöschen

Zurückweisung u. **Zurückschiebung** (§ 18 II, III) vernichten das durch Art 16 a I GG 3
aufgrund des Asylgesuchs garantierte ges AufR, ohne dass sie im Allg mit effektiven Rechtsmitteln angreifbar sind (§ 18 Rn 37 ff; vgl aber auch § 18 a Rn 23 ff). Nicht die Anordnung, sondern der Vollzug ist entscheidend. Bei Einreise aus einem sicheren Drittstaat iSd Art 16 a II GG entsteht ohnehin infolge des Ausschlusses des AsylR keine AufGest, falls die Zurückweisung nach § 18 II Nr 1 erfolgt (iÜ vgl Abs 1 Nr 4 u. Rn 8).

Im Falle der **Zurückweisung** nach § 33 III erlischt die AufGest in einem Stadium, in 4
dem der Asylantrag bereits wegen der Reise in den Heimatstaat als zurückgenommen galt, für ein Erlöschen aber noch die Feststellung des BAMF fehlt (vgl Abs 1 Nr 3).

Die **Verzögerung der förmlichen Antragstellung** (vgl § 13 Rn 3 ff; § 14 Rn 5) um 5
zwei Wochen kann auf Gründen außerhalb der Sphäre des Asylbew (zB unklare Zuständigkeit, Überlastung der Außenstelle) oder auf von ihm nicht zu vertretenden Umständen (zB Reiseunfähigkeit) beruhen. Dann aber ist der Fortfall des AufR eigentlich nicht vertretbar, zumal das Ges auf den Zeitpunkt des Asylgesuchs u. nicht auf den der Weiterleitung nach §§ 18 I, 18 a VI, 19 I, 22 I 1 abstellt (GK-AsylVfG Rn 7; aA Marx, § 67 Rn 8). Die Verlängerung der Frist von einer auf zwei Wochen (Rn 1) u. das Wiederaufleben der AufGest nach Antragstellung (Rn 10) können diese Bedenken nur ausräumen, wenn dem Asylbew nicht in der Zwischenzeit die förmliche Antragstellung durch Abschiebung unmöglich gemacht wird. Letzteres wäre unzulässig (Hailbronner, § 67 AsylVfG Rn 9; GK-AsylVfG Rn 13; Marx, § 67 Rn 11).

Bei **Rücknahme** des Asylantrags ist deren Wirksamkeit genau zu prüfen, weil sich 6
Asylbew wegen ihrer regelmäßigen Rechtsunkenntnis ohne Beratung leicht über Bedeutung einer solchen Erklärung irren (vgl § 13 Rn 6). Bisweilen führt die Praxis, für den Fall der Antragsrücknahme anschließende Duldung oder die Verlängerung der Ausreisefrist nach § 38 III zuzusagen, zu Auslegungsproblemen. Die danach notwendige Prüfung ist gewährleistet, weil das BAMF in den Fällen der §§ 32, 33 über die Einstellung des Verf zu befinden hat (§ 32). Eine nachträgliche Beschränkung des Antrags iSd § 13 II ist nicht als Rücknahme zu werten, wohl aber das Nichtbetreiben des Verf iSd § 33.

Die **Vollziehbarkeit einer Abschiebungsandrohung** beseitigt ebenfalls die AufGest. 7
Es genügt nicht die Vollziehbarkeit der Ausreisepflicht (§ 58 II AufenthG), vielmehr muss die Androhung der Abschiebung (§ 59 AufenthG) vorläufig oder endgültig vollziehbar sein. In Betracht kommt außer der Androhung nach § 59 AufenthG solche nach §§ 34–36.

Die Bekanntgabe der **Abschiebungsanordnung** nach § 34 a lässt die AufGest enden, die 8
nach dem Gelingen der Einreise entstanden war (iÜ vgl Rn 3). Maßgeblich ist der Erlass der Anordnung, nicht deren Vollzug. Dasselbe gilt seit Beginn des Jahres 2005 für die ministerielle Anordnung nach § 58 a AufenthG.

9 Als **unanfechtbare Entscheidungen** des BAMF kommen sowohl negative als auch positive in Betracht. Gemeint sind Entscheidungen über den Asylantrag iSd § 14 I. Im Falle der Asyl- oder Flüchtlingsanerkennung kommt es dem Wortlaut nach nur auf den Eintritt der Unanfechtbarkeit der BAMF-Entscheidung an. Dies ist bei einer gerichtlichen Verpflichtung problematisch, weil dann zwischen Verpflichtung u. Erteilung des Bescheids eine aufr Lücke entsteht. Deshalb könnte in diesen Fällen auf den die Gerichtsentscheidung ausführenden (zweiten) Anerkennungs- oder Feststellungsbescheid des BAMF abgestellt werden. Bis zur Erteilung der AE nach Asyl- oder Flüchtlingsanerkennung (§ 25 I oder II AufenthG) tritt die Erlaubnisfiktion des § 25 I 3, II 2 AufenthG ein.

IV. Verwaltungsverfahren und Rechtsschutz

10 Die AufGest erlischt im Falle des Abs 1 Nr 2 uU nur vorübergehend, u. es kann sein, dass sie mit der (verspäteten) Antragstellung **wieder auflebt.** Hierbei kommt es auf ein Verschulden des Asylbew ebenso wenig an wie beim Erlöschen wegen Versäumung der Antragsfrist.

11 Die **Folgen** des Erlöschens der AufGest bestehen darin, dass die allg Beendigungsregeln (mit §§ 43, 43a) gelten (Rn 2). Insb ist der weitere Aufenthalt unrechtmäßig, falls kein anderweitiges AufR besteht. Mit der (deklaratorisch bescheinigten) AufGest erlöschen auch die ihr innewohnenden ges **Beschränkungen** des Aufenthalts, vor allem nach §§ 55 I 2, 56–59, 61 I u. außerdem die zusätzlich behördlich verfügten Auflagen (§ 60 I u. II). Diese gelten ebenso wie die AufGest selbst nur für die Dauer des Asylverf u. erledigen sich mit Erlöschen der ihr zugrunde liegenden AufGest nach § 43 II VwVfG auf sonstige Weise (Hailbronner, § 67 AsylVfG Rn 16; Müller, ZAR 2001, 166; VG Leipzig, EZAR 223 Nr 17; vgl dazu auch Breitkreuz, ZAR 2001, 266); ausgenommen sind räumliche Beschränkungen iSd § 56 III. Außerdem gelten nach einem Folgeantrag frühere räumliche Beschränkungen fort (§ 71 VII; dazu § 71 Rn 16, 36–39). Die Bescheinigung soll **eingezogen** werden (§ 63 IV). Die **Strafbarkeit** wegen Verstoßes gegen § 56 I oder II (§ 85 Nr 2) entfällt mit Erlöschen, nicht erst mit Rückgabe der Bescheinigung (OLG Stuttgart, InfAuslR 1998, 521).

12 Ein besonderes Verf zur Feststellung des Erlöschens der AufGest steht nicht zur Verfügung. Die Beendigung des ges AufR wird nur **inzidenter** zur Begründung aufenthaltsbeendender Maßnahmen herangezogen. In diesem Zusammenhang ist Rechtsschutz gewährleistet. Beim Streit über das Fortbestehen der AufGest trotz Fortgeltung der Bescheinigung kann erforderlichenfalls eine dahingehende **Feststellungsklage** (§ 43 VwGO) erhoben werden. Nach Ablauf der Geltungsdauer der Bescheinigung kommt (nur) eine Verpflichtungsklage auf Ausstellung der AufGest in Betracht (§ 63 Rn 8).

Zweiter Unterabschnitt. Aufenthalt nach Abschluß des Asylverfahrens

§ 68 *Aufenthaltserlaubnis*

(1) ¹Dem Ausländer ist eine unbefristete Aufenthaltserlaubnis zu erteilen, wenn er unanfechtbar als Asylberechtigter anerkannt ist. ²Bis zur Erteilung der Aufenthaltserlaubnis gilt sein Aufenthalt im Bundesgebiet als erlaubt.

(2) Absatz 1 gilt nicht, wenn der Ausländer aus schwerwiegenden Gründen der öffentlichen Sicherheit und Ordnung ausgewiesen worden ist.

Aufenthaltsbefugnis § 70 **AsylVfG** 4

Entstehungsgeschichte

Die Vorschrift stimmte inhaltlich mit § 29 AsylVfG 1982 überein u. entsprach dem **1** **GesEntw 1992** (§ 66, BT-Drs 12/2062 S. 17). Sie wurde entspr dem GesEntw (BT-Drs 15/420 S. 43) mit Wirkung vom 1. 1. 2005 mit dem gesamten früheren Zweiten Unterabschnitt Aufenthalt nach Abschluss des Asylverfahrens aufgehoben (Art 3 Nr 43 **ZuwG**). Die aufr Regelung ist nunmehr in § 25 I AufenthG erfolgt.

§ 69 *Wiederkehr eines Asylberechtigten*

(1) Im Falle der Ausreise des Asylberechtigten erlischt die unbefristete Aufenthaltserlaubnis nicht, solange er im Besitz eines gültigen von einer deutschen Behörde ausgestellten Reiseausweises für Flüchtlinge ist.

(2) Der Ausländer hat auf Grund seiner Anerkennung als Asylberechtigter keinen Anspruch auf erneute Erteilung einer Aufenthaltserlaubnis, wenn er das Bundesgebiet verlassen hat und die Zuständigkeit für die Ausstellung eines Reiseausweises für Flüchtlinge auf einen anderen Staat übergegangen ist.

Entstehungsgeschichte

Die Vorschrift geht zT auf § 44 AuslG zurück u. entsprach dem **GesEntw 1992** (§ 67, **1** BT-Drs 12/2062 S. 17). Sie wurde dem GesEntw entspr (BT-Drs 15/420 S. 43) mit Wirkung vom 1. 1. 2005 mit dem gesamten früheren Zweiten Unterabschnitt Aufenthalt nach Abschluss des Asylverfahrens aufgehoben (Art 3 Nr 43 **ZuwG**). Vgl. jetzt § 51 VII AufenthG.

§ 70 *Aufenthaltsbefugnis*

(1) Dem Ausländer ist eine Aufenthaltsbefugnis zu erteilen, wenn das Bundesamt oder ein Gericht unanfechtbar das Vorliegen der Voraussetzungen des § 51 Abs. 1 des Ausländergesetzes festgestellt hat und die Abschiebung des Ausländers aus rechtlichen oder tatsächlichen Gründen nicht nur vorübergehend unmöglich ist.

(2) Absatz 1 gilt nicht, wenn der Ausländer aus schwerwiegenden Gründen der öffentlichen Sicherheit und Ordnung ausgewiesen ist.

Entstehungsgeschichte

Die Vorschrift geht zT auf § 30 V AuslG zurück u. entsprach dem **GesEntw 1992** (§ 68, **1** BT-Drs 12/2062 S. 17). Sie wurde dem GesEntw entspr (BT-Drs 15/420 S. 43) mit Wirkung vom 1. 1. 2005 mit dem gesamten früheren Zweiten Unterabschnitt Aufenthalt nach Abschluss des Asylverfahrens aufgehoben (Art 3 Nr 43 **ZuwG**). Die aufr Folgen der Flüchtlingsanerkennung sind nun in § 25 II AufenthG geregelt.

Fünfter Abschnitt. Folgeantrag, Zweitantrag

§ 71 Folgeantrag

(1) ¹Stellt der Ausländer nach Rücknahme oder unanfechtbarer Ablehnung eines früheren Asylantrages erneut einen Asylantrag (Folgeantrag), so ist ein weiteres Asylverfahren nur durchzuführen, wenn die Voraussetzungen des § 51 Abs. 1 bis 3 des Verwaltungsverfahrensgesetzes vorliegen; die Prüfung obliegt dem Bundesamt. ²Das gleiche gilt für den Asylantrag eines Kindes, wenn der Vertreter nach § 14a Abs. 3 auf die Durchführung eines Asylverfahrens verzichtet hatte.

(2) ¹Der Ausländer hat den Folgeantrag persönlich bei der Außenstelle des Bundesamtes zu stellen, die der Aufnahmeeinrichtung zugeordnet ist, in der er während des früheren Asylverfahrens zu wohnen verpflichtet war. ²In den Fällen des § 14 Abs. 2 Satz 1 Nr. 2 oder wenn der Ausländer nachweislich am persönlichen Erscheinen gehindert ist, ist der Folgeantrag schriftlich zu stellen. ³Der Folgeantrag ist schriftlich bei der Zentrale des Bundesamtes zu stellen, wenn
1. die Außenstelle, die nach Satz 1 zuständig wäre, nicht mehr besteht,
2. der Ausländer während des früheren Asylverfahrens nicht verpflichtet war, in einer Aufnahmeeinrichtung zu wohnen.
⁴§ 19 Abs. 1 findet keine Anwendung.

(3) ¹In dem Folgeantrag hat der Ausländer seine Anschrift sowie die Tatsachen und Beweismittel anzugeben, aus denen sich das Vorliegen der Voraussetzungen des § 51 Abs. 1 bis 3 des Verwaltungsverfahrensgesetzes ergibt. ²Auf Verlangen hat der Ausländer diese Angaben schriftlich zu machen. ³Von einer Anhörung kann abgesehen werden. § 10 gilt entsprechend.

(4) Liegen die Voraussetzungen des § 51 Abs. 1 bis 3 des Verwaltungsverfahrensgesetzes nicht vor, sind die §§ 34, 35 und 36 entsprechend anzuwenden; im Falle der Abschiebung in einen sicheren Drittstaat (§ 26a) ist § 34a entsprechend anzuwenden.

(5) ¹Stellt der Ausländer, nachdem eine nach Stellung des früheren Asylantrages ergangene Abschiebungsandrohung oder -anordnung vollziehbar geworden ist, einen Folgeantrag, der nicht zur Durchführung eines weiteren Verfahrens führt, so bedarf es zum Vollzug der Abschiebung keiner erneuten Fristsetzung und Abschiebungsandrohung oder -anordnung. ²Die Abschiebung darf erst nach einer Mitteilung des Bundesamtes, daß die Voraussetzungen des § 51 Abs. 1 bis 3 des Verwaltungsverfahrensgesetzes nicht vorliegen, vollzogen werden, es sei denn, der Folgeantrag ist offensichtlich unschlüssig oder der Ausländer soll in den sicheren Drittstaat abgeschoben werden.

(6) ¹Absatz 5 gilt auch, wenn der Ausländer zwischenzeitlich das Bundesgebiet verlassen hatte. ²Im Falle einer unerlaubten Einreise aus einem sicheren Drittstaat (§ 26a) kann der Ausländer nach § 57 Abs. 1 des Aufenthaltsgesetzes dorthin zurückgeschoben werden, ohne daß es der vorherigen Mitteilung des Bundesamtes bedarf.

(7) ¹War der Aufenthalt des Ausländers während des früheren Asylverfahrens räumlich beschränkt, gilt die letzte räumliche Beschränkung fort, solange keine andere Entscheidung ergeht. ²In den Fällen der Absätze 5 und 6 ist für ausländerrechtliche Maßnahmen auch die Ausländerbehörde zuständig, in deren Bezirk sich der Ausländer aufhält.

(8) Ein Folgeantrag steht der Anordnung von Abschiebungshaft nicht entgegen, es sei denn, es wird ein weiteres Asylverfahren durchgeführt.

Übersicht

	Rn
I. Entstehungsgeschichte	1
II. Allgemeines	2
III. Folgeantrag	6
1. Unanfechtbare Ablehnung des Asylantrags	6
2. Antragsrücknahme und Verzicht	8
3. Folgeantrag	11
IV. Rechtsstellung des Folgeantragstellers	14
V. Durchführung eines weiteren Asylverfahrens	17
1. Allgemeines	17
2. Antragsfrist	21
3. Unterlassene Geltendmachung in früherem Verfahren	22
4. Änderung der Sach- oder Rechtslage	24
5. Neues Beweismittel	26
6. Wiederaufnahmegrund nach § 580 ZPO	30
VI. Aufenthaltsbeendende Maßnahmen	31
VII. Verwaltungsverfahren	36
1. Zuständigkeit	36
2. Entscheidungsgrundlage und Anhörung	41
3. Entscheidung	42
4. Form und Zustellung	44
VIII. Rechtsschutz	46
1. Hauptsacheverfahren	46
2. Vorläufiger Rechtsschutz	48
IX. Abschiebungshaft	50

I. Entstehungsgeschichte

Die Vorschrift geht auf §§ 14, 21 AsylVfG 1982 zurück, die ihrerseits § 36 AuslG 1965 **1** über die Wiederaufnahme abgelöst hatten u. mehrfach geändert worden waren (durch Art 1 Nr 9 AsylVfÄndG 1987 u. Art 3 Nr 8 AuslRNG). Sie entsprach ursprünglich dem **Ges-Entw 1992** (§ 69, BT-Drs 12/2062 S. 17 f). Mit Wirkung v. 1. 7. 1993 wurde sie entspr dem GesEntw 1993 (BT-Drs 12/4450 S. 8) geändert u. neu gefasst (Art 1 Nr 38 **AsylVfÄndG 1993**). Eingefügt wurden vor allem S. 2 in Abs 1, Abs 2 u. 3, Hs. 2 in Abs 4 u. S. 2 in Abs 5; S. 1 in Abs 5 war früher in Abs 4 enthalten. Für vor dem 1. 7. 1993 gestellte Folgeanträge vgl die **Übergangsvorschrift** des § 87 a II Nr 2. Zum 4. 4. 1996 wurde Abs 2 S. 3 neu gefasst (Ges v. 28. 3. 1996, BGBl I 550). Mit Wirkung vom 1. 1. 2005 wurden entspr dem GesEntw (BT-Drs 15/420 S. 43 f) in Abs 2 S. 3 die Nr 3 u. S. 4 sowie in Abs 5 S. 1 die Wörter „innerhalb von zwei Jahren" gestrichen; gleichzeitig wurden Abs 1 S. 2 neu gefasst u. in Abs 6 S. 2 die Bezugnahme auf § 61 I AuslG durch eine solche auf § 57 I AufenthG ersetzt (Art 3 Nr 44 ZuwG).

II. Allgemeines

Mit Hilfe der **sonst unbekannten Rechtsfigur des Folgeantrags** sollen alle Anträge **2** einheitlich behandelt werden, die nach rechtsbeständigem erfolglosem Abschluss des Asylverf oder nach Rücknahme des Asylantrags gestellt werden; sie wären sonst je nach der Art der Begründung als Neuanträge, Wiederholungsanträge oder Anträge auf Wiederaufgreifen des Verfahrens oder Rücknahme der Ablehnung zu qualifizieren (BT-Drs 9/875 S. 17). Mit Hilfe der Vorgängervorschrift des § 36 AuslG 1965 u. den Hinweisen des BVerfG-A (EZAR 221 Nr 10) allein sahen sich Behörden u. Gerichte nicht imstande, die zu Beginn der 1980er Jahre wachsende Anzahl von neuen u. wiederholten Anträgen sachgerecht zu behandeln u. vor allem den Aufenthaltsstatus des Asylbew während des neuen Verfahrens zu bestimmen

(Renner, ZAR 1981, 51; vgl VGH BW, DÖV 1981, 28 u. NJW 1981, 466). Die Trennung der verschiedenen Arten von Anträgen voneinander fällt im AsylR wegen der Dauerwirkung der Asylanerkennung u. der naturgemäßen Abhängigkeit der Verfolgungsprognose vom Zeitablauf besonders schwer (HessVGH, EZAR 226 Nr 8). Teilweise wird die Kompliziertheit des AsylR für eine wachsende Zahl von Folgeanträgen verantwortlich gemacht (vgl Bell, NVwZ 1995, 24; Rennert, VBlBW 1994, 35; Ruge, NVwZ 1995, 733). Der wesentliche Grund dürfte aber eher in der allzu langen Dauer der Asylverf u. der daran anschließenden Aufenthaltsbeendigung in Deutschland zu suchen sein, die in vielen Fällen im Verein mit der Instabilität der politischen Verhältnisse in nicht wenigen Herkunftsstaaten die Geltendmachung veränderter Umstände geradezu herausfordert.

3   Zum Zwecke der Vereinfachung schuf der Gesetzgeber den Begriff des Folgeantrags (allg dazu Kemper, NVwZ 1985, 872) u. mit ihm eine weitere Grundlage für aufenthaltsbeendende Maßnahmen vor behördlicher u. gerichtlicher Sachprüfung. Die **mehrmaligen Verschärfungen** dieses Instruments zur Abwehr aussichtsloser Asylanträge zeigen an, dass der Neuschöpfung „Folgeantrag" immer nur bedingt Erfolg beschieden war. Sie verdeutlichen die Tendenz der Verlagerung asylr Probleme in das Vollstreckungsverf. In den letzten 13 Jahren sank die Zahl der jährlich neu registrierten Asylbew beträchtlich, nämlich von 438 191 Anträgen im Jahre 1992 auf 35 607 im Jahre 2004. Hinzu kam aber eine (relativ gesehen) immer größere Anzahl von Folgeanträgen. So wurden im Jahre 2001 neben 88 287 Erstasylanträgen noch 30 019 Folgeanträge gestellt; 2004 waren außer den Erstanträgen noch 14 545 Folgeanträge zu verzeichnen. Desungeachtet handelt es sich bei dem Folgeantrag um ein grundsätzlich taugliches Hilfsmittel zur Begrenzung der in der Sache zu bescheidenden Asylgesuche auf nicht von vornherein aussichtslose. Für die Gesamtbeurteilung ist ausschlaggebend, dass der nach erfolglosem ErstVerf um Schutz vor politischer Verfolgung nachsuchende Ausl diesen Schutz zu erlangen vermag. Soweit das Vollstreckungsverf in der Praxis Tücken u. Gefahren aufweist, bedarf es allerdings eines zurückhaltenden Vorgehens der Behörden, um den notwendigen Rechtsschutz zu sichern. Mit dieser Maßgabe bestehen keine verfassungsrechtlichen Bedenken gegen die Vorschrift (im Ergebnis ebenso schon betr § 14 AsylVfG 1982 BVerf-K, NVwZ 1987, 487; BVerwG, EZAR 212 Nr 6; HessVGH, EZAR 224 Nr 8). Hinsichtlich des Rechtsschutzes ist Mitte 1993 insofern eine Änderung vorgenommen worden, als die Aussetzung der Vollziehung nur bei ernstlichen Zweifeln an der Richtigkeit der Entscheidung zulässig ist (Art 16 a IV GG; Abs 4 iVm § 36 IV 1). Der Gesetzgeber durfte mit Folgeanträgen solche Asylanträge umschreiben, die als offensichtlich unbegründet gelten sollen, sofern er nur der Bedeutung des Asylgrundrechts mit dem notwendigen Bleiberecht gerecht wurde (vgl dazu BVerfGE 94, 166). Die Möglichkeiten vorläufigen Rechtsschutzes dürfen aber nicht so ausgelegt werden, dass eine gerichtliche Sachprüfung schon aus prozessualen Gründen verhindert wird (BVerfG-K, EZAR 632 Nr. 319.

4   Neben dem Folgeantrag bleibt dem Asylbew, falls sein Asylantrag durch rechtskräftige Gerichtsentscheidung abgewiesen wurde, die **Wiederaufnahmeklage** nach § 153 VwGO iVm § 578 f ZPO (GK-AsylVfG, § 71 Rn 32, § 74 Rn 18; Kemper, NVwZ 1985, 877; BVerwG, EZAR 212 Nr 2; zum Zweitbescheid vgl Rn 35). Der Aufenthalt während des gerichtlichen Wiederaufnahmeverf ist nicht ausdrücklich geregelt. Er kann zeitweilig mittels Duldung (§§ 51 I, 55 II AuslG) ermöglicht werden, sofern die Wiederaufnahme hinreichende Erfolgsaussichten bietet.

5   Die mehrfache **Umgestaltung** des Folgeantragsverf (gegenüber § 14 AsylVfG 1982) u. die vollständige Neufassung durch das AsylVfÄndG 1993 (Rn 2) folgen mehr oder weniger zwingend aus der jew u. seit 1992 neuen Kompetenzverteilung zwischen BAMF u. AuslBeh. Damit hat die wechselvolle Geschichte des Folgeantrags (vgl auch 5. Aufl, § 14 AsylVfG Rn 1 f, § 21 AsylVfG Rn 1 bis 3) eine weitere Etappe erreicht (dazu ausführlich Bell/von Nieding, ZAR 1995, 119 u. 181). Während die Systematik bei der Neuordnung der Kompetenzen unangetastet blieb, ist die aufr Stellung des Folgeantragstellers wieder unsicherer geworden. Die Regelung ist außerdem durch die über den Zweitantrag (§ 71 a) ergänzt. Nicht betroffen ist die alleinige Geltendmachung von **Abschiebungshindernissen** nach

Folgeantrag   § 71 **AsylVfG** 4

§ 60 II–VII AufenthG im Anschluss an ein in vollem Umfang erfolglos abgeschlossenes Asylverf. Da es sich hierbei um keinen Asylantrag (Rn 13) handelt, bleibt § 51 V VwVfG anwendbar (Rn 35; BVerfG-K, EZAR 212 Nr 12; BVerwG, EZAR 043 Nr 39 u. 212 Nr 10; OVG Lüneburg, AuAS 2001, 140).

III. Folgeantrag

1. Unanfechtbare Ablehnung des Asylantrags

Unanfechtbar abgelehnt ist der Asylantrag, wenn gegen eine Ablehnung kein Rechts- 6 behelf eingelegt wird, wenn dieser nach Einlegung zurückgenommen oder aber endgültig abgewiesen wird oder wenn auf einen Rechtsbehelf verzichtet wird. Es kann sich auch um die Ablehnung eines Zweitantrags handeln (§ 71 a V). Die **rechtskräftige** Ablehnung (durch Gerichtsentscheidung) steht also der unanfechtbaren gleich. Außerdem ist es als Antragsablehnung zu werten, wenn der BB mit der (vor September 2004 anhängigen; vgl § 87 b) **Beanstandungsklage** Erfolg hat; hierbei spielt keine Rolle, dass es dabei einer ausdrücklichen Antragsablehnung nicht bedarf (zu letzterem BVerwG, EZAR 631 Nr 12 u. InfAuslR 1989, 353). Die Begründung des Ablehnungsbescheids oder der Gerichtsentscheidung ist gleichgültig; es kann sich auch um ein Prozessurteil handeln. Ebenso unerheblich ist, ob nur die Flüchtlingsanerkennung begehrt wurde oder auch die Asylanerkennung. Wurde bei nicht eingeschränktem Antrag nur erstere ausgesprochen, wirkte dies als Antragsablehnung (§ 12 VII 2 AsylVfG 1982; vgl § 34 I). Der Ausl könnte dann also nur über einen beachtlichen Folgeantrag nachträglich noch die Asylanerkennung erreichen. Unter Ablehnung ist ferner die **Nichtweiterleitung** des unbeachtlichen Antrags durch die Ausl-Beh (§§ 8 V, 10 I, 14 I AsylVfG 1982) zu verstehen; denn sie verhinderte eine Sachentscheidung durch das BAMF, u. zwar unabhängig davon, ob eine Abschiebungsandrohung erging oder nicht.

Als unanfechtbare Ablehnung eines Asylantrags ist ferner die Ablehnung eines Asylantrags 7 als **unbeachtlich** in den Fällen des § 29 I anzusehen, obwohl dort eine Sachprüfung nicht stattfindet (vgl § 31 IV). Auch der Fall des § 29 III ist erfasst, wenn auch die Folgen unterschiedlich sind, je nach dem, ob ein Verf in dem anderen Staat durchgeführt wurde oder nicht. Falls die BR Deutschland vertraglich zuständig ist, ist § 71 a einschlägig. Vorab ist festzustellen, ob der frühere Antrag noch anhängig (dann Mehrfachantrag) oder unanfechtbar beschieden oder zurückgenommen ist (dann Folgeantrag; dazu Bell/von Nieding, ZAR 1995, 181; GK-AsylVfG, § 71 Rn 35 ff). Der Mehrfachantrag (dazu auch Rn 11) bedarf keiner gesonderten Entscheidung; mit dem Vorbringen wird nur die frühere Antragsbegründung ergänzt, wobei das Vorbringen uU insgesamt widersprüchlich wird. Ebenso ist ein Doppelantrag zu behandeln, der von derselben Person unter einem anderen Namen vor Abschluss des ersten Verf gestellt wird (dazu BVerwG, Bh 405.25 § 71 AsylVfG Nr 2). Schließlich kann das **Erlöschen** der Asylanerkennung – zumindest analog – gleichgestellt werden, weil es seine Ursache (§§ 72, 73) im Nichtbestehen oder im Fortfall der Verfolgungsgefahr hat (§ 72 Rn 30, § 73 Rn 26; GK-AsylVfG, § 71 Rn 42.1). Eine derart weitreichende Auslegung erscheint geboten, weil das Ges durch Nennung von Ablehnung u. Rücknahme in § 71 u. durch § 71 a zumindest die Tendenz erkennen lässt, dass jeder Ausl nur einmal einen Erstantrag stellen können soll (so Bell/von Nieding, ZAR 1995, 119; aA Hailbronner, § 71 AsylVfG Rn 23).

2. Antragsrücknahme und Verzicht

Eine **Rücknahme** des Asylantrags ist **jederzeit zulässig**, insb von der Antragstellung an 8 (dazu auch § 13 Rn 6). Es kann sich auch um einen Zweitantrag handeln (§ 71 a V). Eine Rücknahme iSd Abs 1 setzt weder die förmliche Antragstellung nach § 14 I noch die

4 AsylVfG § 71   4. Teil. Asylverfahrensgesetz

vorherige Befassung des BAMF mit dem Asylgesuch voraus. Der Umfang des durch Rücknahme „erledigten" Asylvorbringens ist zwar später uU ohne Antragstellung u. Anhörung nach §§ 14, 25 nur schwer festzustellen; dennoch spricht nichts dafür, die Rücknahme an eine vorherige Befassung des BAMF zu binden. Nur die 2. Alt. setzt eine der Bestandskraft fähige behördliche oder gerichtliche Entscheidung über den Asylantrag voraus, die 1. Alt. erfasst dagegen die Verfahrensbeendigung durch Antragsrücknahme ohne Rücksicht auf eine vorherige Entscheidung.

9   Auch die Antragsrücknahme nach Klageerhebung fällt unter Abs 1. Sie ist von der **Rücknahme der Klage** oder eines Rechtsmittels streng zu unterscheiden. Erstere führt nämlich zur Einstellung des Verwaltungsverf mit der Folge, dass es an einer der Bestandskraft fähigen Sachentscheidung fehlt, während durch Klagerücknahme der Ablehnungsbescheid bestandskräftig u. durch Rechtsmittelrücknahme die ablehnende Gerichtsentscheidung rechtskräftig werden. Ein „Vorrang" der 1. vor der 2. Alt. ist nicht anzuerkennen; er widerspräche diesen verfahrenssystematischen Gegebenheiten.

10   Als Rücknahme ist auch die **Erledigung** des Verf kraft Ges durch Nichtbetreiben anzusehen. Diese beruhte auch früher schon auf der Annahme einer Klage- oder Rechtsmittelrücknahme durch den Asylbew (§ 33 AsylVfG 1982; OVG NRW, EZAR 212 Nr 3) u. stellt jetzt kraft Ges eine Klagerücknahme dar (§§ 80 a II, 81). Ebenso verhält es sich mit dem Nichtbetreiben des Verwaltungsverf (§ 33 I), der Reise in die Heimat (§ 33 II) u. dem **Verzicht** des Kindesvertreters nach § 14 a III.

3. Folgeantrag

11   Ein weiteres Asylbegehren, das **vor Antragsrücknahme oder unanfechtbarer Entscheidung** geltend gemacht wird, stellt keinen neuen Antrag iSd § 13 I dar (zum Mehrfachantrag auch Rn 7). Es ist vielmehr nur als Bestätigung u. Ergänzung des noch anhängigen Asylantrags aufzufassen. Ob der Asylbew sich dessen bewusst ist u. das BAMF die doppelte Antragstellung als solche erkennt, ist unerheblich (Bell/von Nieding, ZAR 1995, 181; GK-AsylVfG, § 71 Rn 8–13). Dies gilt vor allem für Versuche, die Zuweisungs- u. Zuständigkeitsregelungen durch Wiederholung des Antrags bei einer „genehmen" Außenstelle zu umgehen oder unter falschem Namen aufzutreten (zum Doppelantrag auch Rn 7). Um eine bloße Ergänzung des noch nicht endgültig beschiedenen Asylantrags handelt es sich auch dann, wenn zwar das gerichtliche Eilverf gegen aufenthaltsbeendende Maßnahmen (für den Asylbew erfolglos) abgeschlossen ist, nicht aber das Hauptsacheverf. Die gerichtlich bestätigte Vollziehbarkeit der Abschiebung in den Fällen des § 36 I ist nicht gleichbedeutend mit der bestandskräftigen Ablehnung des Asylantrags. Schließlich ist das Erstverf nicht schon in der letzten Tatsacheninstanz unanfechtbar abgeschlossen; die Beschränkungen der Zulässigkeit weiteren Vorbringens im Revisionsverf u. im Zulassungsverf (betr Berufung) u. im Nichtzulassungsbeschwerdeverf (betr Revision) können u. müssen allein im Rahmen des § 51 II VwVfG berücksichtigt werden (Rn 22 ff).

12   Ob der Asylbew nach Abschluss des Erstverf **ausgereist** u. insb in den Heimatstaat zurückgekehrt ist, spielt keine Rolle (Abs 6 S. 1; BVerwGE 77, 323; aA OVG RhPf, InfAuslR 1983, 62). Die Definition des Abs 1 knüpft ausschließlich an formale Verfahrensvorgänge u. nicht an Aufenthaltsort u. Verhalten des Asylbew an. Abs 6 S. 1 enthält insoweit nur eine Klarstellung; es ist unerheblich, dass er nur auf Abs 5 abstellt.

13   Folgeantrag ist jeder Asylantrag iSd § 13 nach einem iSd Abs 1 abgeschlossenen Asylverf. Es kann auch ein Zweitantragsverf vorangegangen sein (§ 71 a V). Dagegen stellt das isolierte Gesuch um Feststellung von Hindernissen nach § 60 II–VII AufenthG keinen Folgeantrag dar (Rn 5, 35). Die Behandlung von nach Abschluss eines Folgeantragsverf gestellten **weiteren Folgeanträgen** hat in der Vergangenheit Schwierigkeiten bereitet (vgl OVG Hamburg, EZAR 224 Nr 3; HessVGH, EZAR 224 Nr 11 u. 17; OVG NRW, NVwZ 1984, 261). Deshalb ist die Vorschrift des Abs 5 geschaffen worden, die für die Abschiebung eine (nochmalige) Abschiebungsandrohung erübrigt. Sie galt bis Ende 2004 nur für Anträge

Folgeantrag **§ 71 AsylVfG 4**

innerhalb einer Zweijahresfrist (Rn 32) u. ist jetzt allg anwendbar. Ansonsten verbleibt es bei den Vorschriften der Abs 1 bis 4 (GK-AsylVfG, § 71 Rn 17 f), wonach die Nichtdurchführung eines weiteren Asylverf insgesamt nicht mit der Antragsablehnung gleichzusetzen ist. Der Begriff des Folgeantrags wird durch Abs 5 nicht verändert, auch wenn die dort (früher) bestimmte Frist mit der Vollziehbarkeit einer Abschiebungsandrohung zu laufen begann. In beiden Fällen wird der endgültige Abschluss des vorangegangenen Verf – durch Rücknahme oder unanfechtbare Entscheidung – vorausgesetzt (Rn 6).

IV. Rechtsstellung des Folgeantragstellers

Die Frage der Einleitung eines neuen Verf auf den Folgeantrag hin ist wichtig für die **14** weitere Behandlung des Antrags u. für Art u. Weise der Entscheidung, insb aber für die aufr Stellung des Asylbew. Nach Aufhebung des ursprünglichen Abs 2 des § 14 AsylVfG 1982 durch das AsylVfÄndG 1987 fanden die Vorschriften des AsylVfG 1982 unterschiedslos auf alle Asylanträge u. Asylbew, also auch auf Folgeanträge u. Folgeantragsteller, Anwendung, da das Ges nichts anderes ausdrücklich bestimmte. Danach kam der Folgeantragsteller in der **Vergangenheit** in den Genuss der ges AufGest. Außerdem galt die Weiterleitungspflicht der Grenzbehörde uneingeschränkt auch für den Folgeantragsteller.

Diese Rechtslage ist seit 1. 7. 1992 **geändert.** Da die AufGest an die Durchführung eines **15** Asylverf anknüpft (§ 55 I 1), kann der Folgeantragsteller bis zur Entscheidung des BAMF über die Einleitung eines neuen Verf, wie nicht zuletzt aus der Sonderregelung des Abs 5 S. 2 zu entnehmen ist, uU eine humanitäre **AE,** zumindest aber eine **Duldung** erhalten (§ 55 Rn 10 f; iE ebenso Hailbronner, § 71 AsylVfG Rn 98). Erst mit der Einleitung eines neuen Asylverf durch das BAMF steht dem Ausl eine **AufGest** zu. Da diese Entscheidung nicht gesondert getroffen u. verlautbart zu werden braucht (vgl Rn 42 f), steht dieser Zeitpunkt uU erst fest, wenn das BAMF zur Sache entscheidet, also entweder einen Anerkennungsbescheid erlässt oder den Asylantrag ablehnt.

An welchem Ort sich der Folgeantragsteller **aufzuhalten** hat, ist nunmehr klargestellt. **16** Zunächst gilt für ihn eine frühere räumliche Beschränkung fort (Abs 7 S. 1). Außerdem hat er den Antrag grundsätzlich bei derjenigen Außenstelle des BAMF zu stellen, die der früher für ihn zuständigen AEinr zugeordnet war (zur schriftlichen Antragstellung Rn 36). Deshalb gilt für ihn auch die Wohnverpflichtung iSd § 47 I (anders noch § 71 AsylVfG aF).

V. Durchführung eines weiteren Asylverfahrens

1. Allgemeines

Die **frühere Unterscheidung** zwischen beachtlichen u. unbeachtlichen Folgeanträgen **17** mit der Kompetenzverteilung zwischen AuslBeh u. BAMF (§ 14 AsylVfG 1982) ist zwar **aufgegeben.** Grundsätzlich hat sich dadurch aber in der Sache nichts geändert. Ein weiteres Asylverf wird nach wie vor nur bei Vorliegen der Voraussetzungen des § 51 I bis III VwVfG durchgeführt. Insoweit entspricht Abs 1 der Struktur des § 51 VwVfG, der eine erneute Sachentscheidung von der Erfüllung der Voraussetzungen der dortigen Abs 1 bis 3 abhängig macht. Im AsylR besteht nur insofern eine Besonderheit, als mit der Rechtsfigur des Folgeantrags nicht nur Anträge auf Wiederaufgreifen des Verf iSd § 51 I VwVfG, sondern ua auch Neuanträge erfasst sind (Rn 4). Da der Begriff des unbeachtlichen Asylantrags nunmehr für die Fälle des § 29, I, III verwandt wird, bietet sich für Folgeanträge die Unterscheidung in asylverfahrensrelevante u. -irrelevante an (GK-AsylVfG, § 71 Rn 2).

Da **früher** die AuslBeh die Beachtlichkeit zu prüfen hatte, ihr aber keine Sachentschei- **18** dungskompetenz zustand, kam ihr eine bloße **„Vorprüfungsaufgabe"** zu. Aufgrund der

4 AsylVfG § 71   4. Teil. Asylverfahrensgesetz

beschränkten Funktion des Wiederaufgreifens des Verf u. aus der grundsätzlichen Kompetenztrennung zwischen AuslBeh u. BAMF folgten Beschränkungen für die Beachtlichkeitsprüfung durch die AuslBeh, der die Feststellung folgender Voraussetzungen oblag: Zulässigkeit des Antrags nach § 51 II u. III VwVfG; Änderung der Sach- oder Rechtslage (eingeschränkt), Vorliegen neuer Beweismittel oder einer der Tatbestände des § 580 ZPO; Möglichkeit einer für den Asylbew günstigeren Entscheidung (grundlegend dazu BVerwGE 77, 323). Dem BAMF verblieb – neben der endgültigen Beurteilung der Beachtlichkeit – die erneute Sachentscheidung mit der abschließenden Bewertung der asylr Erheblichkeit des neuen Vorbringens oder Beweismittels (BVerwG aaO). Es genügte daher nicht, wenn das Vorliegen eines Wiederaufnahmegrunds nur behauptet wurde; er musste zumindest schlüssig vorgetragen sein, was einschloss, dass das Vorbringen substantiiert u. nicht von vornherein unglaubhaft war (BVerwG aaO; 5. Aufl, § 14 AsylVfG Rn 16 mwN).

19   Mit der Konzentration des gesamten Folgeantragsverf beim BAMF sind diese allein aus der früheren Kompetenztrennung folgenden **Differenzierungen hinfällig.** Geblieben ist nur die Zweistufigkeit des Verf (Hailbronner, § 71 AsylVfG Rn 28–33; BVerfG-K, EZAR 212 Nr 11). Das BAMF hat uneingeschränkt die Voraussetzungen des § 51 I bis III VwVfG zu prüfen u. bei deren Vorliegen ein neues Asylverf einzuleiten u. durchzuführen (Hailbronner, § 71 AsylVfG Rn 36). Dies setzt aber voraus, dass aufgrund der Änderung der Rechts- oder Sachlage oder aufgrund des neuen Beweismittels eine für den Asylbew günstigere Entscheidung möglich erscheint. Erst mit Erreichen der zweiten Verfahrensstufe gelangt der Ausl in den Genuss der mit dem Asylverf allg verbundenen Rechtsstellung (dazu Rn 15).

20   Eine **Ausnahme** bildet ein Folgeantrag nach Vollziehbarkeit einer Abschiebungsandrohung oder -anordnung (dazu Rn 32, 43; bis Ende 2004: innerhalb einer Frist von zwei Jahren). Für diesen Fall steht der AuslBeh eine Prüfungskompetenz dahin zu, ob der Folgeantrag offensichtlich unschlüssig ist oder der Ausl in den sicheren Drittstaat abgeschoben werden soll u. kann. Liegt eine dieser Voraussetzungen vor, bedarf es vor der Abschiebung weder einer Androhung noch einer Mitteilung des BAMF über das Nichtvorliegen der Wiederaufnahmevoraussetzungen (vgl dazu Rn 32). Diese Kompetenz leidet allerdings darunter, dass der Folgeantrag beim BAMF u. nicht bei der AuslBeh zu stellen ist u. letztere erst aufgrund einer Mitteilung des BAMF von dessen Begründung erfährt (dazu Bell/von Nieding, ZAR 1995, 119). Als offenbar unschlüssig ist ein Folgeantrag nur anzusehen, wenn das Vorbringen des Ausl, seine Richtigkeit unterstellt, unter keinen Umständen diese Voraussetzungen erfüllt.

2. Antragsfrist

21   Die Einhaltung der **Dreimonatsfrist** des § 51 III VwVfG muss der Asylbew schlüssig dartun, das BAMF muss sie feststellen. Die Frist beginnt mit der positiven Kenntnis von den maßgeblichen Tatsachen. Kennenmüssen steht der Kenntnis nicht gleich. Erkennen der Asylrelevanz ist nicht nötig. Die Frist wird durch den Folgeantrag gewahrt, sie ist für jeden Tatsachenvortrag gesondert einzuhalten (GK-AsylVfG, § 71 Rn 127; Kopp, VwVfG, § 51 Rn 32; Marx, § 71 Rn 50; Stelkens/Bonk/Sachs, § 51 Rn 138; BVerwG, NVwZ 1990, 359). Es braucht aber nicht jew ein neuer Antrag gestellt zu werden (GK-AsylVfG, § 71 Rn 127), die jew neuen Gründe können vielmehr nachgeschoben werden, u. zwar wegen § 77 u. der Pflicht des Gerichts zum Durchentscheiden (vgl Rn 46) auch während des Gerichtsverf (Hailbronner, § 71 AsylVfG Rn 39). Bei Aufenthalt im Ausland während des Eintritts neuer Umstände beginnt die Frist erst mit der Wiedereinreise zu laufen, da zuvor ein Asylantrag rechtlich ausgeschlossen ist (Hailbronner, § 71 AsylVfG Rn 41; OVG MV, NVwZ-RR, 1998, 140). Gegen die Versäumung der Frist kann bei mangelndem Verschulden Wiedereinsetzung in den vorigen Stand gewährt werden (§ 32 VwVfG bzw. Landes-VwVfG). Bei dieser Auslegung bestehen keine durchgreifenden verfassungsrechtlichen Bedenken, insb auch nicht hinsichtlich des möglichen Abschneidens neuen Vorbringens nach Änderung der Sachlage.

3. Unterlassene Geltendmachung in früherem Verfahren

Die Geltendmachung des Wiederaufnahmegrunds ist nur zulässig, wenn der Ausl, obwohl **22** sie in dem früheren Verf **objektiv möglich** war, ohne grobes Verschulden dazu außerstande war (§ 51 II VwVfG; zur Zurechnung des Anwaltsverschuldens BVerfGE, 60, 253; BVerfG-K, EZAR 212 Nr 12; krit. dazu Schütz, ZAR 2001, 125). Zum Vortrag einer veränderten Sach- oder Rechtslage ist der Asylbew insb dann nicht imstande, wenn die Änderung erst nach Abschluss des Revisionsverf eintritt. Außerdem dürfen wegen des Verbots von Tatsachenfeststellungen durch das Revisionsgericht (hierzu gehört auch ausl Recht, vgl Rn 24) Tatsachenänderungen nach Abschluss der letzten Tatsacheninstanz grundsätzlich nicht mehr berücksichtigt werden (zu Ausnahmen vgl BVerwG, EZAR 231 Nr 5 u. 630 Nr 30). Beendet wird das Berufungsverf mit Verkündung des Urteils nach mündlicher Verhandlung, Zustellung des Urteils statt Verkündung oder Zustellung nach Beratung im schriftlichen Verf (§§ 101, 116 VwGO). Mit der Revision u. der Beschwerde gegen die Nichtzulassung der Revision kann unter bestimmten Umständen die Zurückverweisung in die Berufungsinstanz erreicht werden (§§ 133 VI, 144 VI VwGO). Diese Möglichkeit bietet aber nur eine geringe Chance, eine zwischenzeitliche Änderung der Sachlage noch in das Verf einzubringen. Ähnliches gilt für den Antrag auf Zulassung der Berufung (VGH BW, EZAR 633 Nr 21); erst in einem Berufungsverf sind neue Tatsachen (uU durch Präklusionen beschränkt) vorzubringen u. zu prüfen. Der Asylbew hat also sämtliche Tatsachen u. Beweismittel jew sogleich in dem Verfahrensstadium geltend zu machen, in dem dies zulässig u. nicht ganz aussichtslos ist.

Grobes Verschulden an der Nichtgeltendmachung setzt voraus, dass der Asylbew von der **23** Änderung der Sach- oder Rechtslage **Kenntnis** hatte oder ohne weiteres hätte erlangen können. Außerdem muss ihm **mehr als nur leichte Fahrlässigkeit** beim Unterlassen des rechtzeitigen Vorbringens anzulasten sein, was zB ohne anwaltliche Vertretung u. angesichts komplizierter Verfahrensregeln u. mangelnder Verfahrenskenntnisse der Asylbew oft nur schwer festzustellen sein wird. Soweit es die Lage im Herkunftsstaat angeht, hat sich der Asylbew allg zu unterrichten; ihm kann aber kaum mehr als die Lektüre der Tagespresse angesonnen werden. Eigene politische Aktivitäten im Heimatstaat muss er dagegen von Anfang an umfassend vortragen (VGH BW, EZAR 224 Nr 13). Über gegen ihn anhängige oder ihm drohende Straf- oder Ermittlungsverf hat er sich selbständig Gewissheit zu verschaffen, evtl unter Einschaltung von Verwandten, Bekannten oder Rechtsanwälten im Heimatstaat (HessVGH, EZAR 225 Nr 5). Ein Verschulden kann in der Rücknahme der Asylverpflichtungsklage oder der Anfechtungsklage gegen eine Abschiebungsandrohung nach Ablehnung vorläufigen Rechtsschutzes zu sehen sein, wenn sich der Asylbew damit bewusst der Möglichkeit begibt, neue Tatsachen oder Beweismittel in diese Verf einzuführen (HessVGH, EZAR 224 Nr 17 u. 18).

4. Änderung der Sach- oder Rechtslage

Eine Änderung der **Sachlage** (§ 51 I Nr 1 VwVfG) ist anzunehmen, wenn sich **24** entweder die allg politischen Verhältnisse oder Lebensbedingungen im Heimatstaat oder aber die das persönliche Schicksal des Asylbew bestimmenden Umstände so verändert haben, dass eine für den Asylbew günstigere Entscheidung möglich erscheint (dazu Mezger, VBlBW 1995, 308; VGH BW, InfAuslR 1984, 249). In letzterem Fall können Vorgänge im Heimatstaat, im Bundesgebiet oder in Drittstaaten zugrundeliegen (zB exilpolitische Betätigung; dazu OVG NRW, NWVBl 1998, 69). Bei den typischen asylr Dauersachverhalten (dazu BVerfG-K, NVwZ 1987, 487) ist eine Änderung erst dann anzunehmen, wenn eine qualitativ neue Bewertung angezeigt u. möglich erscheint; auch bei exilpolitischen Aktivitäten (GK-AsylVfG, § 71 Rn 120.1). Der Zeitablauf allein stellt noch keine wesentliche Änderung der Sachlahe dar, mit zunehmender Zeitdauer wächst aber die Wahrscheinlichkeit einer Änderung (BVerwG, EZAR 631 Nr 53). Die Ände-

4 AsylVfG § 71   4. Teil. Asylverfahrensgesetz

rung **ausl Rechts** ist verfahrensrechtlich als Sachlagenänderung einzustufen (BVerwG, EZAR 610 Nr 24).

25   Eine Änderung der Rechtslage (§ 51 I Nr 1 VwVfG) kann durch eine **Gesetzesänderung** eintreten (zB AsylVfÄndG 1987, AuslRNG, AsylVfG 1992, AsylVfÄndG 1993), uU aber auch durch eine Änderung der Rspr des BVerfG. **Änderungen der Rspr** stehen im allg einer Rechtsänderung nicht gleich (Stelkens, NVwZ 1982, 492; BVerwG, EZAR 212 Nr 6; HessVGH, EZAR 613 Nr 13). Soweit aber die Grundlage des materiellen u. zT auch formellen AsylR, nämlich Art 16a I GG, durch eine mit Bindungswirkung nach § 31 BVerfGG ausgestattete Entscheidung des BVerfG verändert wird, tritt eine Rechtsänderung ein, die der durch Ges gleichzuachten ist (iE ebenso Hailbronner, § 71 AsylVfG Rn 50 f; weitergehend allg für Rspr der obersten Bundesgerichte GK-AsylVfG, § 71 Rn 97 f; Marx, § 71 Rn 28 f; aA allg BVerwG, NJW 1981, 2595; betr Zulassung der Revision vgl BVerwG, EZAR 610 Nr 29; betr Vertriebenenrecht BVerwG, NVwZ-RR 1994, 119; offengelassen von BVerfG-K, EZAR 224 Nr 21).

5. Neues Beweismittel

26   Ein Beweismittel ist neu (§ 51 I Nr 2 VwVfG), wenn es während des vorangegangenen Verf entweder noch **nicht existierte** oder dem Asylbew **nicht bekannt** oder von ihm ohne Verschulden **nicht beizubringen** war (BVerwG, NJW 1982, 2204 u. EZAR 201 Nr 24; zu Beweisfragen allg Dahm, ZAR 2002, 227 u. 348). Als neue Beweismittel kommen auch neue Gutachten über die allg politischen Verhältnisse im Herkunftsstaat in Betracht (VGH BW, EZAR 631 Nr 15; GK-AsylVfG, § 71 Rn 107; zweifelnd BVerwG, EZAR 212 Nr 16; aA BVerwGE 82, 272; Hailbronner, § 71 AsylVfG Rn 53). Bezieht sich das Beweismittel auf eine neue Sach- oder Rechtslage, kommt § 51 I Nr 1 VwVfG zur Anwendung. Das mit einem solchen Beweismittel belegte neue Vorbringen kann einen schon geltend gemachten Verfolgungstatbestand betreffen, aber auch einen neuen. Konnte das Beweismittel aus verfahrensrechtlichen Gründen im früheren Verf nicht berücksichtigt werden (vor allem im Revisionsverf, Rn 22), ist es als neues in diesem Sinne anzusehen; gleichzeitig ist es nicht durch § 51 II VwVfG ausgeschlossen.

27   Das neue Beweismittel muss **geeignet** sein, eine für den Asylbew günstigere Entscheidung herbeizuführen. Der Asylbew muss dies schlüssig vortragen (BVerwG, DVBl. 1982, 998) u. das BAMF ebendies feststellen (zum Unterschied zwischen § 51 I Nr 1 u. 2 VwVfG vgl OVG NRW, EZAR 224 Nr 7). Als solche Beweismittel kommen neben Urkunden aus dem Heimatstaat, Sachverständigengutachten u. amtlichen Auskünften ua auch Medienberichte u. Stellungnahmen von Menschenrechtsorganisationen sowie Privaturkunden (Briefe ua) in Betracht. In **fremder Sprache** abgefasste Urkunden sind nicht etwa deshalb von vornherein ungeeignet, weil die Verfahrenssprache Deutsch ist (§ 23 I VwVfG bzw. Landes-VwVfG; § 184 GVG). Wird eine erforderliche Übersetzung nicht beigebracht, ist die Urkunde uU von Amts wegen zu übersetzen (Stelkens, ZAR 1985, 15; BVerwG, NJW 1996, 1553). Zumindest kann ihr Inhalt als neues Vorbringen nach § 51 I Nr 1 VwVfG beachtlich sein.

28   **Urkunden** u. andere Schriftstücke scheiden als taugliche Beweismittel aus, wenn sie **gefälscht** sind oder wenn auch bei Unterstellung der Richtigkeit ihres Inhalts eine für den Asylbew günstige Entscheidung nicht möglich erscheint. Insoweit obliegt dem BAMF eine Prüfung sowohl der Echtheit als auch der Aussagekraft. Schriftstücken dieser Art kann aber nicht von vornherein jeder Beweiswert abgesprochen werden (BVerfG-K, NVwZ 1990, 100; so aber Ritter, NVwZ 1986, 29). Freilich erfüllen rein pauschale Bestätigungen einer nicht näher bezeichneten Verfolgungsgefahr die Voraussetzungen ebenso wenig wie bloße „Gefälligkeitschreiben" (dazu BVerwGE 70, 24), in denen undifferenzierte Warnungen vor einer Rückkehr ausgesprochen werden.

29   **Zeugen** kommen als neue Beweismittel in Betracht, sofern sie früher nicht bekannt oder nicht erreichbar waren. Ihre Eignung als Wiederaufgreifensgrund hängt aber davon ab, dass

die allg Anforderungen an dahingehende Beweisanträge eingehalten sind (dazu allg Dahm, ZAR 2002, 227 u. 348; Deibel, InfAuslR 1984, 114; Renner, ZAR 1985, 65; Stelkens, ZAR 1985, 15). Die in das Wissen des Zeugen gestellten Tatsachen müssen also asylerheblich u. iÜ so genau bezeichnet sein, dass sich die Zeugenvernehmung nicht als unzulässiger Ausforschungsbeweis darstellte (BVerwG, EZAR 630 Nr 5). Außerdem muss der Zeuge in dem Sinne verfügbar sein, dass seine Vernehmung anders als im Heimatstaat durch dessen Behörden oder Gerichte erfolgen kann; für das AsylR wäre er sonst schlechthin untauglich (BVerwGE 70, 24; BVerwG, EZAR 610 Nr 23 u. 630 Nr 6).

6. Wiederaufnahmegrund nach § 580 ZPO

Die **Restitutionsgründe** des § 580 ZPO (§ 51 I Nr 3 VwVfG) spielen für das Asylverf nur eine untergordnete Rolle. Gründe dieser Art liegen insb vor, wenn über den vorangegangenen Asylantrag aufgrund falscher Aussagen von Zeugen oder Sachverständigen oder aufgrund falscher Urkunden entschieden worden ist. Es kommt nur auf das Vorliegen der (die Entscheidung mittragenden) Gründe an, nicht auf die möglichen Auswirkungen auf eine neue Sachentscheidung. 30

VI. Aufenthaltsbeendende Maßnahmen

Art u. Zulässigkeit aufenthaltsbeendender Maßnahmen für den Fall, dass ein Folgeantrag zu keinem weiteren Asylverf führt, sind zT von dem zeitlichen Abstand zu dem vorangegangenen Verf abhängig. Der **erste Folgeantrag** löst grundsätzlich die Abschiebungsandrohung unter Fristsetzung aus, wenn er die Voraussetzungen des § 51 I bis III VwVfG nicht erfüllt. 31

Wird der Antrag nach Eintritt der Vollziehbarkeit einer Abschiebungsandrohung oder -anordnung gestellt (bis Ende 2004: innerhalb von zwei Jahren), die nach Stellung des vorangegangenen Asylantrags ergangen ist, so erübrigt sich uU eine erneute Abschiebungsandrohung mit Ausreisefrist. Vollziehbar, wenn auch nur vorläufig, ist zB eine frühere Abschiebungsandrohung nach Ablauf der Wochenfrist des § 36 III 1 oder im Falle eines rechtzeitigen Antrags gemäß § 80 V VwGO nach dessen Ablehnung durch das VG (§ 36 III 8). Bei dem früheren Antrag kann es sich um einen Folgeantrag handeln (GK-AsylVfG, § 71 Rn 135). 32

Erst wenn die **Prüfung** der Wiederaufnahmegründe durch das BAMF **negativ** verlaufen u. dies der AuslBeh mitgeteilt ist (zur Mitteilung an Ausl vgl Rn 43), darf diese die Abschiebung ohne vorherige Androhung veranlassen. Bis dahin ist grundsätzlich der Vollzug der Abschiebung ausgesetzt mit der Folge, dass eine Duldung nach § 55 II AuslG zu erteilen ist (vgl Rn 15). Ausnahmsweise ist eine Abschiebung ohne die Negativ-Mitteilung in den sicheren Drittstaat oder bei offensichtlicher Unschlüssigkeit des Folgeantragsvorbringens zulässig. 33

Nicht entbehrlich ist die Abschiebungsandrohung, wenn der vorangegangene Antrag zwar nach früherem Recht unbeachtlich war oder (nach geltendem Recht) zu keinem neuen Asylverf geführt hat, aber infolge eines AufR oder (nach früherem Recht) eines Abschiebungshindernisses keine Abschiebungsandrohung ausgelöst hat (zu letzterem vgl jetzt § 50 III AuslG). Schließlich steht dem der Fall gleich, dass die Vollziehbarkeit gerichtlich ausgesetzt u. die Abschiebungsandrohung damit unwirksam wurde (früher § 10 IV AsylVfG 1982; jetzt § 37 I). Anwendbar ist Abs 5 dagegen auch, wenn der vorangegangene Antrag (nach altem Recht) als beachtlich weitergeleitet wurde u. eine Abschiebungsandrohung dann erst aufgrund §§ 11 I, II oder 28 I AsylVfG 1982 erging. Es muss sich um eine asylr Abschiebungsandrohung handeln, sie braucht aber nicht auf §§ 10 I, 14 I AsylVfG 1982 zu beruhen. 34

35 Das BAMF soll der Rspr des BVerwG zufolge dazu berechtigt sein, auch bei Nichterfüllung des § 51 I bis III VwVfG das Verfahren nach § 51 V VwVfG wiederaufzugreifen u. neu in der Sache zu entscheiden (BVerwGE 78, 332). Diese Möglichkeit des **Zweitbescheids** soll nur bei rechtskräftigem Abschluss des vorangegangenen Verf ausgeschlossen sein, da dann die Rechtskraft einem derartigen Vorgehen entgegensteht (BVerfG-K, EZAR 212 Nr 7; HessVGH 6. 10. 1989 – 10 UE 1890/85 –), allerdings nur, soweit diese reicht (BVerwGE 78, 332). Hiergegen bestehen indes gewichtige Bedenken wegen des speziell für das Asylverf geschlossenen Systems, das dem BAMF weitergehende Entscheidungsmöglichkeiten erkennbar nicht eröffnen will, sondern im Interesse größtmöglicher Beschleunigung ein weiteres formelles Verf an das Vorliegen der Voraussetzungen des Abs 1 bindet (ebenso Hailbronner, § 71 AsylVfG Rn 73). Anders verhält es sich freilich bei Feststellungen zu § 60 II–VII AufenthG, da Abs 1 S. 1 hierfür keine Sperre bildet u. daher § 51 V VwVfG anwendbar bleibt (Fn 5).

VII. Verwaltungsverfahren

1. Zuständigkeit

36 Für die **Entgegennahme** des Folgeantrags ist in erster Linie die früher zuständige Außenstelle zuständig; dort ist der Antrag, falls der Ausl am persönlichen Erscheinen gehindert ist oder sich in einer Einrichtung iSd § 14 II 1 Nr 2 befindet, schriftlich zu stellen. Bestand früher keine Wohnverpflichtung iSd § 47 I, so ist der Folgeantrag schriftlich bei der Zentrale des BAMF zu stellen; ebenso bei Fortfall der früher zuständigen Außenstelle u. Im Falle des § 24 AufenthG. Andere Behörden sind uU zur Weiterleitung eines bei ihnen eingehenden schriftlichen Antrags verpflichtet (vgl § 14 Rn 12; vgl auch Rn 40). Ausgenommen sind aber Polizei u. AuslBeh; da § 18 I in Abs 1 S. 5 nicht genannt ist, ist die Grenzbehörde dagegen weitergabepflichtig. Dasselbe hat für Außenstellen des BAMF zu gelten, da diese u. die Zentrale des BAMF keine jew selbständigen Behörden bilden (§ 5 Rn 11 ff).

37 Die Zuständigkeit für die weitere Behandlung u. die **Bescheidung** des Folgeantrags beim BAMF richtet sich nach der dort geltenden Geschäftsverteilung (vgl § 5 Rn 14). Dazu gehört auch die Mitteilung über die Nichteinleitung eines neuen Verf an die zuständige AuslBeh (betr Mitteilung an Ausl vgl Rn 43).

38 Die örtliche Zuständigkeit der **AuslBeh** für Folgeantragsteller war in der Vergangenheit nicht ausdrücklich geregelt. Während ein Teil der Rspr mangels abweichender ges Anhaltspunkte die allg Vorschriften (§ 20 AuslG 1965) anwandte, nahmen andere Gerichte an, für Folgeantragsteller bleibe diejenige AuslBeh zuständig, die in dem vorangegangenen Verf zuständig gewesen sei (wohl auch BVerwGE 80, 313). Der Gesetzgeber beendete diesen Streit durch Einfügung des § 14 IV AsylVfG 1982 (BT-Drs 11/6955 S. 76; 11/6960 S. 30: „Schließung einer Gesetzeslücke"), der auf die frühere oder die geltende **Aufenthaltsbeschränkung** abstellte. Dementsprechend knüpft auch Abs 7 an eine frühere Beschränkung an, in zweiter Linie gilt eine neue Beschränkung, u. in jedem Fall ist kumulativ die örtliche Zuständigkeit der AuslBeh des Aufenthaltsorts gegeben (vgl dazu auch § 56 III).

39 Die örtliche Zuständigkeit der AuslBeh ist durch Abs 7 nur für Maßnahmen nach Abs 5 u. 6 bestimmt. Sie gilt insoweit, sofern kein AufTit erteilt ist, **umfassend**. Wer einen AufTit besitzt, unterliegt den allg Bestimmungen, die primär auf den gewöhnlichen Aufenthalt abstellen; besteht dieser außerhalb des Bezirks der den AufTit ausstellenden AuslBeh, sind ebenfalls die allg Regeln anzuwenden (vgl § 63 AuslG Rn 2 ff). Ist dem Folgeantragsteller eine AufGest erteilt, ist der entspr zugewiesene (beschränkte) Aufenthaltsbereich maßgeblich, u. zwar ohne Rücksicht auf den tatsächlichen Aufenthaltsort. Fehlt es für das Folgeantragsverf an einer Zuweisung oder einer sonstigen Aufenthaltsbestimmung, ist die während des vorangegangenen Verf geltende Aufenthaltsbeschränkung heranzuziehen.

Folgeantrag § 71 **AsylVfG** 4

Gegenständlich gilt diese Zuständigkeitsregelung für die Abschiebung nach Abs 5 S. 1 **40**
u. die Zurückschiebung nach Abs 6 S. 2. Hierzu gehört die Weiterleitung eines (schriftlich
oder mündlich gestellten) Folgeantrags nicht (Rn 30). Liegt aber ein solcher Antrag der
AuslBeh vor, ist so sie verpflichtet, den Ausl über die Formvorschriften für Folgeanträge zu
belehren (§ 25 VwVfG; vgl auch Rn 36). Bevor der Ausl keine Gelegenheit hatte, den
Antrag persönlich oder schriftlich beim BAMF zu stellen, darf die AuslBeh die Abschiebung
nach Abs 5 S. 2 nicht vornehmen (ausgenommen die Fälle der offensichtlichen Unschlüssigkeit oder der Abschiebung in den sicheren Drittstaat).

2. Entscheidungsgrundlage und Anhörung

Über die Einleitung eines weiteren Verf u. die Abschiebung mit oder ohne Androhung **41**
wird aufgrund der Angaben des Asylbew u. eigener Ermittlungen des BAMF (§ 24 Rn 4 ff)
bzw. der AuslBeh entschieden. Als Grundlage stehen der mündliche oder schriftliche Antrag
u. ggf das Ergebnis der **Anhörung** nach § 25 zur Verfügung, von der bei Folgeantragstellern
allerdings abgesehen werden kann (zum früheren Recht BayVGH, EZAR 225 Nr 3; OVG
Hamburg, NVwZ 1984, 463; OVG NRW, DÖV 1984, 982). Eine Anhörung vor Androhung oder Anordnung oder Durchführung der Abschiebung ohne Androhung ist nicht
zwingend notwendig; denn insoweit handelt es sich um Vollstreckungsmaßnahmen (§ 28 II
Nr 5 VwVfG bzw. Landes-VwVfG). Dagegen kann sie idR als erforderlich angesehen
werden, wenn mit dem Folgeantrag gänzlich neue Verfolgungsgründe vogetragen werden,
die im vorangegangenen Verf überhaupt nicht zur Sprache gekommen sind (VG Frankfurt/
Main, AuAS 2002, 214).

3. Entscheidung

Falls das BAMF die Voraussetzungen des § 51 I bis III VwVfG nicht für gegeben erachtet, **42**
ergeht ein **Ablehnungsbescheid** mit oder ohne Abschiebungsandrohung nach Maßgabe
der §§ 34 bis 36 (zur analogen Anwendung von § 37 II auf die Wochenfrist vgl BVerwGE
114, 122). Üblicherweise wird der „Antrag auf Durchführung eines weiteren Asylverf abgelehnt" (Bell/von Nieding, ZAR 1995, 119). Einer ausdrücklichen Entscheidung zu § 53
AuslG bedarf es nicht; diese Abschiebungshindernisse sind aber inzidenter zu prüfen (vgl
Abs 4 u. § 50 III AuslG; Bell/von Nieding, ZAR 1995, 119; GK-AsylVfG, § 71 Rn 133).
Sie fallen nicht in die Zuständigkeit der AuslBeh (GK-AsylVfG, § 71 Rn 149; Hailbronner,
§ 71 AsylVfG mwN auch der divergierenden Rspr, in Rn 77–84; Heinhold, InfAuslR
1994, 411; Marx, § 71 Rn 14; Rennert, VBlBW 1993, 90; Ruge, NVwZ 1995, 733; so
jetzt auch BVerwG, 212 Nr 10), u. für sie gelten angesichts der insoweit undeutlichen
Regelungen in Abs 1, 3–5 sowie § 73 III die Vorschriften des § 51 VwVfG insgesamt
unmittelbar (GK-AsylVfG, § 71 Rn 149.2 f; Rennert, VBlBW 1993, 90). Wird ein neues
Asylverf eröffnet, folgt dieses den normalen Regeln, ohne dass zuvor ein entspr Bescheid
ergehen muss. Falls der Asylbew noch der Wohnverpflichtung nach § 47 I unterliegt, erhält
er vom BAMF eine AufGest; sonst ist zumindest eine Mitteilung an die AuslBeh erforderlich, da diese dann die AufGest auszustellen hat (§§ 55 I 1, 63 I, III).

Ist der Folgeantrag nach einer Abschiebungsandrohung iSd Abs 5 S. 1 gestellt (Rn 32) u. **43**
will das BAMF kein weiteres Asylverf einleiten, erfolgt lediglich eine interne **Mitteilung** an
die AuslBeh; eine unmittelbare Bekanntgabe an den Ausl ist nicht vorgesehen (aA VG
Schleswig, EZAR 224 Nr 24 m abl Anm Bell, ZAR 1993, 37). Dennoch handelt es sich
bei der Ablehnung eines weiteren Asylverf der Sache nach um einen VA gegenüber dem
Ausl; denn dieser Entschluss des BAMF enthält eine unmittelbare Regelung eines Rechts-
verhältnisses (vgl § 35 VwVfG). Obwohl dieser nur behördenintern mitgeteilt wird u. erst
im Abschiebungsverf nach außen in Erscheinung tritt, ist damit eine (negative) Entscheidung
über die Einleitung eines weiteren Verf getroffen, die sich zu Lasten des Ausl auswirkt. Diese
Entscheidung ist u. bleibt dem BAMF zuzurechnen, obwohl die AuslBeh sie bei der
Abschiebung unmittelbar umsetzt. Die Mitteilung des BAMF ist nicht nur (bindende)

verwaltungsinterne Voraussetzung für einen Verwaltungsakt der AuslBeh, sondern sie fußt auf einer Entscheidung über den Folgeantrag, der wie jeder formelle Antrag einer Bescheidung bedarf. Damit gewinnt jedoch die Mitteilung selbst noch nicht den Charakter eines Verwaltungsakts (GK-AsylVfG, § 71 Rn 158, 180). Das Ges verlangt nur die Mitteilung an die AuslBeh, der Vollzug durch die AuslBeh ist aber im Blick auf Art 19 IV GG erst zulässig, wenn auch der Asylbew entspr unterrichtet ist u. Gelegenheit zur Anrufung des VG erhalten hat (GK-AsylVfG, § 71 Rn 185; zur notwendigen Gewährleistung vorläufigfen Rechtsschutzes, ob nach § 80 V oder § 123 VwGO, BVerfG-K, EZAR 632 Nr 31). Über die Nichteinleitung eines weiteren Asylverf ergeht auch in diesem Fall – gleichzeitig oder später – ein förmlicher Bescheid (Bell/von Nieding, ZAR 1995, 119). Eine erneute Abschiebungsandrohung ist entbehrlich, aber nicht ausgeschlossen u. in geeigneten Fällen angezeigt (Bell/von Nieding, ZAR 1995, 119).

4. Form und Zustellung

44 Soweit eine **Abschiebungsdrohung oder -anordnung** ergeht, sind die üblichen Formalitäten betr Begründung u. Zustellung einzuhalten. Die Abschiebung ohne Androhung braucht nicht schriftlich oder mündlich angeordnet zu werden, die AuslBeh kann sie ohne weiteres vollziehen. Anders verhält es sich, wenn die AuslBeh den Folgeantrag als offensichtlich unschlüssig einstuft oder den Ausl in den sicheren Drittstaat abschieben will; dann muss sie die Gründe, die von der vorherigen Mitteilung des BAMF über die Nichteinleitung eines weiteren Verf dispensieren, dem Ausl mitteilen.

45 Die **Mitteilung** des BAMF nach Abs 5 S. 2 entfaltet zwar zunächst keine Außenwirkung u. wird dem Ausl nur im Zusammenhang mit der Abschiebung durch die AuslBeh bekannt. Die zugrundeliegende Entscheidung des BAMF über die Nichteinleitung eines weiteren Asylverf stellt aber einen Verwaltungsakt dar (Rn 43), der erst mit der Bekanntgabe wirksam wird (§ 43 I VwVfG). Da eine Zustellung nicht vorgeschrieben ist, steht die Form der Bekanntmachung frei (§ 41 VwVfG). Sie kann also im Zuge des Abschiebungsverf durch die AuslBeh oder später bekanntgegeben werden, wobei die Sonderregeln des § 10 Anwendung finden.

VIII. Rechtsschutz

1. Hauptsacheverfahren

46 Gegen die Nichteinleitung eines weiteren Verf (Rn 42) steht dem Ausl ebenso die **Verpflichtungsklage** (§ 42 I VwGO) zu wie gegen eine Antragsablehnung aus anderen Gründen. Falls zugleich eine erneute Abschiebungsandrohung ergeht, ist die Anfechtungsklage gegeben (§ 42 I VwGO). Gegen die Mitteilung über die Nichteinleitung eines weiteren Asylverf (Rn 43) kann sich der Ausl im Rahmen des Abschiebungsverf gegenüber der AuslBeh (Anfechtungsklage nach § 42 I VwGO) nicht zur Wehr setzen, weil es sich bei der zugrundeliegenden Ablehnung eines neuen Asylverf um eine die AuslBeh bindende Entscheidung des BAMF handelt. Ist die Eröffnung eines neuen Verf zu Unrecht abgelehnt worden, ist nicht auf die Verpflichtungsklage hin erst das Verf beim BAMF als neues Asylverf fortzusetzen, sondern das Gericht hat zugleich über den Asylantrag in der Sache selbst zu entscheiden (Hailbronner, § 71 AsylVfG Rn 109–111; Marx, § 71 Rn 131 ff; BVerwGE 106, 171; aA noch GK-AsylVfG, § 71 Rn 176.1 ff; BayVGH, EZAR 630 Nr 32 u. 631 Nr 30; OVG NRW, EZAR 631 Nr 42).

47 Die gerichtliche **Zuständigkeit** richtet sich nach dem zuletzt dem Asylbew zugewiesenen Aufenthaltsort bei Klageerhebung, hilfsweise nach dem Ort des Erlasses des angegriffenen oder des begehrten Verwaltungsakts (§ 74 Rn 10 ff). Für die Überprüfung kommt es hinsichtlich der Rechts- u. Tatsachenlage ungeachtet der Klageart immer auf den **Zeitpunkt** der Gerichtsentscheidung an (§ 77 I).

2. Vorläufiger Rechtsschutz

Die sofortige Vollziehbarkeit einer **Abschiebungsanordnung** in Fällen des Abs 5 **48**
(Rn 33, 44) kann auf Antrag nach § 80 V VwGO ausgesetzt werden (allg zu Zuständigkeit,
Frist, Entscheidungsgrundlage, Beschwerdeausschluss ua vgl § 34 Rn 16 ff; § 36 Rn 5 ff;
§ 74 Rn 5 ff). Dies gilt auch für die Fälle der Mitteilung des BAMF nach Abs 5 S. 2 (Rn 43)
u. der offensichtlichen Unschlüssigkeit des Folgeantrags (Rn 33). Ergeht keine derartige
Anordnung (vgl § 49 AuslG Rn 10), kommt grundsätzlich auch ein Antrag gegenüber der
AuslBeh nach § 123 I 2 VwGO auf Unterlassung von Vollstreckungsmaßnahmen in Betracht, da anders effektiver Rechtsschutz nicht erreicht werden kann. Dies gilt auch während
der Dauer der Prüfung des BAMF bis zur Negativmitteilung nach Abs 5 S. 2 (Hailbronner,
§ 71 Rn 121).

Im Falle der Nichteinleitung eines neuen Verf aufgrund Abs 5 ist bei Überprüfung der **49**
Abschiebungsmaßnahmen der AuslBeh die **Mitteilung** des BAMF als bindend zugrundezulegen (vgl Rn 46). Die in diesem Fall besonders geartete Kompetenzverteilung zwischen
BAMF u. AuslBeh u. das Fehlen eines unmittelbar an den Asylbew gerichteten Ablehnungsbescheids dürfen jedoch nicht dazu führen, dass effektiver Rechtsschutz tatsächlich ausgeschlossen ist. Dabei ist es allerdings im Blick auf Art 19 Abs 4 GG gleichgültig, auf welche
Weise u. auf welchem Wege dieser gewährleistet wird, ob nach § 80 V oder nach § 123
VwGO, ob gegenüber dem BAMF oder der AuslBeh (BVerfG-K, EZAR 632 Nr 31).
Deshalb ist zusätzlich zu dem Eilantrag gegenüber der AuslBeh ein Eilantrag nach § 123 I
VwGO gegen die BR Deutschland erforderlich, bezogen auf die Einleitung eines weiteren
Asylverf. Dieses Ziel ist indes bereits Gegenstand des Hauptsacheverf (Rn 46) u. deshalb im
Verf um vorläufigen Rechtsschutz nicht unmittelbar u. vollständig durchzusetzen; andererseits ist die AuslBeh an die Negativfeststellung des BAMF gebunden. Deshalb ist nach
§ 123 I VwGO die Verpflichtung des BAMF zu beantragen (u. ggf auszusprechen), gegenüber der AuslBeh zu erklären, dass die ursprüngliche Mitteilung zurückgenommen oder
wird jedenfalls zunächst keine Vollzugsmaßnahmen ergehen dürfen (BT-Drs 12/4450 S. 27;
GK-AsylVfG, § 71 Rn 182; Hailbronner, § 71 AsylVfG Rn 119; Schütze, VBlBW 1995,
346; VGH BW, EZAR 632 Nr 35; OVG Hamburg, EZAR 632 Nr 34; OVG NRW, EZAR
632 Nr 33; ThürOVG, EZAR 632 Nr 32; VG Darmstadt, EZAR 632 Nr 29 u. NVwZ
1995, 31; VG Münster, AuAS 1993, 168; aA VG Gießen, AuAS 1995, 190; VG Kassel,
NVwZ-Beil 1995, 30). Gegenüber der AuslBeh kann die Verpflichtung zur Aussetzung der
Abschiebung gemäß § 123 VwGO unter Berufung auf sonstige Abschiebungshindernisse
beantragt werden, in absoluten Ausnahmefällen kann dieser Antrag auch auf die Rechtswidrigkeit der BAMF-Mitteilung gestützt werden, falls anders kein (rechtzeitiger) Rechtsschutz erreichbar ist (GK-AsylVfG, § 71 Rn. 183 f; Hailbronner, § 71 AsylVfG Rn 120;
Marx, § 71 Rn 147 ff; Schütze, VBlBW 1995, 346).

IX. Abschiebungshaft

Die Voraussetzungen für die Abschiebungshaft nach § 62 AufenthG sind eigentlich bei **50**
Folgeantragstellern nicht von vornherein gegeben (vgl auch § 14 Rn 18 f). Insb sind sie
nicht sofort **ausreisepflichtig,** sodass Sicherungshaft nicht in Betracht kommt (§ 62 II
AufenthG; dazu § 62 AufenthG Rn 11–13). Allerdings steht dem Folgeantragsteller nicht
von der Äußerung des Asylgesuchs an kraft Ges eine AufGest zu; er hat nur einen Anspruch
auf Erteilung (evtl) einer AE oder (zumindest) einer Duldung (Rn 15, 32). Deshalb könnte
fraglich sein, ob er als ausreisepflichtig iSd § 62 II AufenthG anzusehen ist.

Mit Abs 8 werden **eigenständige Voraussetzungen** für die Sicherungshaft des Folge- **51**
antragstellers geschaffen u. damit die Bestimmungen des § 62 AufenthG modifiziert. Ein
Folgeantrag steht danach der Haft bis zur Einleitung eines neuen Asylverf durch das BAMF

nicht entgegen. Unter diesen Umständen kommt es nicht darauf an, ob der Folgeantragsteller während dieser Zeit als ausreisepflichtig iSd § 62 II AufenthG anzusehen ist. Von den weiteren Voraussetzungen des § 62 II AufenthG ist damit nicht dispensiert, insb nicht von der notwendigen Feststellung der Gefahr der Vereitelung der Abschiebung (§ 57 AuslG Rn 11, 14 bis 17; Marx, § 71 Rn 164; BayObLG, InfAuslR 1994, 53). Darüber hinaus ist die Dauer der Haft, abgesehen von der ohnehin bestehenden besonderen Pflicht zur Beschleunigung der Asylverf während der Abschiebungshaft, zeitlich eng begrenzt. Sie wird unmittelbar mit der Einleitung eines weiteren Asylverf beendet, weil in diesem Zeitpunkt das ges AufR der AufGest entsteht (dazu Rn 15), Zudem darf sie ohnehin nicht etwa in jedem Fall bis zur rechtskräftigen Entscheidung über die Einleitung eines weiteren Asylverf ausgedehnt werden (BVerfG-K, EZAR 048 Nr 23). Angesichts der Verpflichtung des VG zum „Durchentscheiden" (dazu Rn 46) würde dies die Inhaftierung während des gesamten Gerichtsverf bedeuten.

§ 71 a Zweitantrag

(1) Stellt der Ausländer nach erfolglosem Abschluß eines Asylverfahrens in einem sicheren Drittstaat (§ 26 a), mit dem die Bundesrepublik Deutschland einen völkerrechtlichen Vertrag über die Zuständigkeit für die Durchführung von Asylverfahren geschlossen hat, im Bundesgebiet einen Asylantrag (Zweitantrag), so ist ein weiteres Asylverfahren nur durchzuführen, wenn die Bundesrepublik Deutschland für die Durchführung des Asylverfahrens zuständig ist und die Voraussetzungen des § 51 Abs. 1 bis 3 des Verwaltungsverfahrensgesetzes vorliegen; die Prüfung obliegt dem Bundesamt.

(2) [1] Für das Verfahren zur Feststellung, ob ein weiteres Asylverfahren durchzuführen ist, gelten die §§ 12 bis 25, 33, 44 bis 54 entsprechend. [2] Von der Anhörung kann abgesehen werden, soweit sie für die Feststellung, daß kein weiteres Asylverfahren durchzuführen ist, nicht erforderlich ist. [3] § 71 Abs. 8 gilt entsprechend.

(3) [1] Der Aufenthalt des Ausländers gilt als geduldet. [2] Die §§ 56 bis 67 gelten entsprechend.

(4) Wird ein weiteres Asylverfahren nicht durchgeführt, sind die §§ 34 bis 36, 42 und 43 entsprechend anzuwenden.

(5) Stellt der Ausländer nach Rücknahme oder unanfechtbarer Ablehnung eines Zweitantrages einen weiteren Asylantrag, gilt § 71.

I. Entstehungsgeschichte

1   Die Vorschrift wurde entspr dem **GesEntw 1993** (BT-Drs, 12/4450 S. 8 f) mit Wirkung vom 1. 7. 1993 eingefügt (Art 1 Nr 39 **AsylVfÄndG 1993**). Mit Wirkung vom 1. 1. 2005 wurde aufgrund des Vermittlungsverf (BT-Drs 15/3479 S. 14) in Abs 4 die Bezugnahme auf §§ 41 u. 43 a gestrichen (Art 3 Nr 45 **ZuwG**). Der GesEntw hatte die Aussetzung der Abschiebung während des BAMF-Verf vorgesehen (BT-Drs 15/420 S. 44).

II. Allgemeines

2   Die Vorschrift soll in Übereinstimmung mit Art 16 a V GG ebenso wie §§ 18 IV, 22 a, 29 III der Umsetzung bilateraler u. multilateraler Asylabkommen mit sicheren Drittstaaten dienen (BT-Drs 12/4450 S. 27). Sie ist noch nicht auf die Rechtslage nach Inkrafttreten der VO/EG 343/2003 als einer gemeinschaftsrechtlichen Zuständigkeitsregelung (dazu Art 16 a

GG Rn 131 ff; zu den Plänen Hailbronner, ZAR 2002, 259) zugeschnitten. Ob sie einer analogen Anwendung zugänglich ist (so Hailbronner, § 71 AsylVfG Rn 9), erscheint nicht sicher. Angesichts der grundlegenden Unterschiede zwischen Völkervertrags- u. Gemeinschaftsrecht u. deren Behandlung durch GG u. AsylVfG hätte der Gesetzgeber Anlass zu entspr Ergänzungen des AsylVfG gehabt. Andererseits unterscheidet sich die Situation nach erfolgloser Durchführung eines Asylverf in einem anderen Staat aufgrund der Zuständigkeitsbestimmung nach der VO/EG 342/2003 nicht von der bei Anwendung des DÜ. Daher kann eine analoge Anwendung durchaus in Betracht gezogen werden, nachdem der Gesetzgeber auf das Inkrafttreten der VO/EG 343/2003 offensichtlich unbeabsichtigt nicht reagiert hat u. damit eine nicht geplante Regelungslücke entstanden ist.

III. Zweitantrag

Ein Asylantrag iSd § 13 I ist als Zweitantrag anzusehen, wenn zuvor ein Asylverf in einem sicheren Drittstaat erfolglos abgeschlossen ist, der zugleich ein Asylabkommen mit Deutschland geschlossen hat. In diesem Abkommen müssen Zuständigkeitsregeln enthalten sein. Anwendbar ist insoweit das DÜ, das nach seinem Inkrafttreten das SDÜ abgelöst hat (Vorbem. AsylVfG Rn 23 f), das aber seinerseits nach Inkrafttreten der VO/EG 343/2003 nur noch im Verhältnis zu Dänemark gilt (zu Bedenken gegen eine analoge Anwendung vgl Rn 2). 3

IV. Rechtsstellung des Zweitantragstellers

Der Zweitantragsteller erhält zunächst eine Duldung, die den sonst für die AufGest geltenden Beschränkungen des § 56 unterliegt. In den Genuss einer AufGest kommt der Zweitantragsteller – wie der Folgeantragsteller – erst mit der Entscheidung des BAMF, ein weiteres Asylverf durchzuführen (vgl § 71 Rn 15). 4

V. Durchführung eines Zweitverfahrens

Die Vorschrift bezweckt die **Gleichbehandlung** erfolgloser Asylverf in anderen sicheren Vertragsstaaten mit solchen in Deutschland. Ihr zufolge ist ein Asylverf in Deutschland nur durchzuführen, wenn zwei Voraussetzungen erfüllt sind: Zuständigkeit der BR Deutschland aufgrund des betr Asylabkommens u. Erfüllung der Voraussetzungen des § 51 I bis III VwVfG im Hinblick auf das erfolglose Asylverf in dem anderen Vertragsstaat. 5

Deutschland ist nach dem DÜ (das grundsätzlich durch die VO/EG 343/2000 abgelöst ist) nur noch im Verhältnis zu Dänemark **zuständig** (zur analogen Anwendung im Verhältnis zu den sonstigen EU-Staaten Rn 7), wenn der Ausl ein dt Visum oder eine dt AufGen besitzt oder hier illegal aus einem Nichtvertragsstaat eingereist ist (Art 6 DÜ). Keine Zuständigkeit ist gegeben, wenn der Ausl unmittelbar aus dem Heimatstaat oder sonst aus einem Nichtvertragsstaat einreist (Hailbronner, § 71 a AsylVfG Rn 6) oder wenn er aus dem anderen Vertragsstaat einreist u. dieser daher zuständig bleibt (Art 10 I Bst e iVm Art 13 DÜ; Hailbronner, § 71 a AsylVfG Rn 11). 6

Das **vorherige Asylverf** muss in einem vertraglich verbundenen anderen sicheren Drittstaat stattgefunden haben. Gegenstand dieses Verf müssen entspr der Definition des DÜ die Voraussetzungen für den Flüchtlingsstatus nach der GK gewesen sein; eine Überprüfung lediglich anhand der EMRK genügt nicht (GK-AsylVfG, § 71 a Rn 10; Hailbronner, § 71 a AsylVfG Rn 13). 7

8   Die Voraussetzungen für ein **Wiederaufgreifen** des Verf nach § 51 I–III VwVfG müssen ebenso vorliegen wie nach § 71 I 1 (dazu § 71 Rn 17–30). Deren Feststellung kann jedoch erheblichen Schwierigkeiten begegnen, weil der Gang des ausl Verf idR nicht mit dem des AsylVfG übereinstimmt, Fristen u. andere formelle Voraussetzungen für den dortigen Rechtsschutz nicht ohne weiteres bekannt sind u. die dortigen Akten idR nicht zur Verfügung stehen (ähnlich Hailbronner, § 71 a AsylVfG Rn 19 ff; Marx, § 71 a Rn 8).

9   Das Verf vor dem BAMF wird zunächst wie ein **Wiederaufnahmeverf** nach Maßgabe der §§ 12 bis 25, 33, 44 bis 54 geführt. Ziel ist allerdings nicht das Aufgreifen u. Fortführen des im Ausland abgeschlossenen Verf, sondern die Einleitung eines (erstmaligen) Verf in Deutschland. Einer Anhörung bedarf es nicht, es sei denn, sie ist für die Entscheidung über die Einleitung eines (weiteren) Asylverf notwendig. Abschiebungshaft ist zulässig.

10 Nach Einleitung eines Asylverf verläuft dieses nach den allg Regeln, insb der §§ 24 ff, wobei in die Prüfung des BAMF auch die Voraussetzungen des § 53 AuslG einbezogen sind. Daher ergeht bei Ablehnung eines weiteren Asylverf eine **Abschiebungsandrohung** entspr §§ 34 bis 36, 41 bis 43 a. Eine solche ist nicht etwa entspr Abs 5 entbehrlich; denn es fehlt an einer in Deutschland ergangenen Androhung nach Abschluss eines Asylverf. Auch dabei sind die Voraussetzungen des § 60 II–VII AufenthG mitzuprüfen (Hailbronner, § 71 a Rn 26).

VI. Rechtsschutz

11 Rechtsschutz ist grundsätzlich in derselben Weise gegeben **wie beim Folgeantrag** (dazu § 71 Rn 46–49). Besonderheiten wie im Falle des § 71 V treten nicht auf, da immer eine Abschiebungsandrohung erforderlich ist.

Sechster Abschnitt. Erlöschen der Rechtsstellung

§ 72 Erlöschen

(1) Die Anerkennung als Asylberechtigter und die Feststellung, daß die Voraussetzungen des § 60 Abs. 1 des Aufenthaltsgesetzes vorliegen, erlöschen, wenn der Ausländer

1. sich freiwillig durch Annahme oder Erneuerung eines Nationalpasses oder durch sonstige Handlungen erneut dem Schutz des Staates, dessen Staatsangehörigkeit er besitzt, unterstellt,
2. nach Verlust seiner Staatsangehörigkeit diese freiwillig wiedererlangt hat,
3. auf Antrag eine neue Staatsangehörigkeit erworben hat und den Schutz des Staates, dessen Staatsangehörigkeit er erworben hat, genießt oder
4. auf sie verzichtet oder vor Eintritt der Unanfechtbarkeit der Entscheidung des Bundesamtes den Antrag zurücknimmt.

(2) Der Ausländer hat einen Anerkennungsbescheid und einen Reiseausweis unverzüglich bei der Ausländerbehörde abzugeben.

Übersicht

	Rn
I. Entstehungsgeschichte	1
II. Allgemeines	2
III. Erlöschenstatbestände	8
1. Verhältnis der Tatbestände des Abs 1 Nr 1 zueinander	8
2. Unterstellung unter den Schutz des Heimatstaats	11
3. Annahme oder Erneuerung eines Nationalpasses	16
4. Wiedererwerb der früheren Staatsangehörigkeit	21
5. Erwerb einer anderen Staatsangehörigkeit	23
6. Verzicht oder Rücknahme des Asylantrags	26
IV. Rechtsfolgen	28
1. Erlöschen der Rechtsstellung	28
2. Rechtsfolgen des Erlöschens	29
3. Anerkennungsbescheid und Reiseausweis	31
V. Verfahren und Rechtsschutz	32

I. Entstehungsgeschichte

Die Vorschrift geht auf § 15 AsylVfG 1982 zurück. Sie stimmt im Wesentlichen mit dem **1** GesEntw 1992 (§ 70, BT-Drs 12/2062 S. 18) überein. Auf Vorschlag des BT-IA (BT-Drs 12/2718 S. 37) wurde nur die Formulierung in Abs 1 den Änderungen des § 26 über das Familienasyl angepasst. Mit Wirkung vom 1. 1. 2005 wurde in Abs 1 die Bezugnahme auf § 51 I AuslG durch eine solche auf § 60 I AufenthG ersetzt (Art 3 Nr 51 **ZuwG**).

II. Allgemeines

Die Vorschrift ordnet das **automatische Erlöschen** der Anerkennung als Asylberechtig- **2** ter oder als ausl Flüchtling in Anlehnung an Art 1 C Nr. 1 bis 3 GK an. Die Verlustgründe des Art 1 C Nr 4 bis 6 GK bilden dagegen zT die Tatbestände für den Widerruf nach § 73 (dazu näher Salomons/Hruschka, ZAR 2004, 386 u. 2005, 1). Diese Unterscheidung, die einschneidende Folgen für den Rechtsschutz nach sich zieht, leuchtet nicht ohne weiteres ein. Eine sachliche Differenzierung kann allenfalls in der Eindeutigkeit der hier erfassten Tatbestände gesehen werden (krit von Pollern in Beitz/Wollenschläger, S. 234). Nach Wortlaut u. Systematik ist die Vorschrift auf die Feststellung eines Abschiebungshindernisses iSd § 60 II–VII AufenthG nicht anwendbar (Hailbronner, § 72 AsylVfG Rn 5; VGH BW, NVwZ-Beil 1999, 108); deren Schicksal ist allein in § 73 II geregelt. Zum Änderungsbedarf aufgrund der EU-Asyl-Richtlinien Art 16a GG Rn 131 ff u. Salomons/Hruschka, ZAR 2004, 386 u. 2005, 1.

3   Der automatische Verlust vernichtet die verwaltungsmäßige Feststellung der Rechtsstellungen nach Art 16a I GG u. nach der GK. Der Gesetzgeber ist zu derartigen Verfahrensregelungen grundsätzlich befugt (vgl BVerfGE 56, 216), Auslegung u. Anwendung sind aber stets an den Anforderungen des Art 16a I GG u. der GK auszurichten. Eine **verfassungs- u. vertragskonforme Auslegung** hat deshalb zunächst darauf zu achten, welche Folgen die Erlöschensregelung für das Asylrecht zeitigt, ob insb dessen Inanspruchnahme mit dem Erlöschen vollends ausgeschlossen wird. Außerdem darf wirksamer Grundrechtsschutz auch nicht durch eine unklare Abgrenzung der Zuständigkeiten zwischen BAMF u. AuslBeh gefährdet werden. Schließlich ist das Verhältnis zu den Regelungen der GK zu klären.

4   Die Erlöschensregelung ist nach Tatbestand u. Rechtsfolgen im **Vergleich zu Widerruf u. Rücknahme** nach § 73 zu sehen. Die Rücknahme eines Verwaltungsakts setzt dessen Rechtswidrigkeit voraus u. kann ganz oder teilweise in die Vergangenheit zurückwirken (§ 48 VwVfG), während der Widerruf eines Verwaltungsakts nur mit Wirkung für die Zukunft erfolgt (§ 49 VwVfG). Nichtvorliegen oder Wegfall der Voraussetzungen für Asyl- oder Flüchtlingsanerkennung führen allg zu Widerruf oder Rücknahme nach § 73. Erlöschen ist seiner Wirkung nach dem Widerruf gleichzuachten, da es nur für die Zukunft wirkt. Außerdem setzt es ebenso wie dieser nicht zwingend die ursprüngliche Rechtmäßigkeit des Verwaltungsakts voraus (dazu § 73 Rn 4). Die Tatbestände des § 72 erscheinen deshalb als besonders gelagerte Unterfälle des Widerrufs nach § 73. Schließlich besteht die Besonderheit der Erlöschenregelung darin, dass die Verwirklichung von Tatbeständen, die eine Verfolgungsgefahr für die Zukunft ausschließen, zum Erlöschen der Statusfeststellung führt, ohne dass deren ursprüngliche Richtigkeit hierfür eine Rolle spielt. Grundlage ist nicht der Fortfall einer in der Vergangenheit prognostizierten Verfolgungsgefahr, also nicht das Unrichtigwerden einer früher zutreffenden Risikoeinschätzung, sondern allein die Unvereinbarkeit der Statusfeststellung mit neueren Umständen u. Verhältnissen hinsichtlich künftiger Gefährdungen.

5   Das Erlöschen der Anerkennung **beseitigt** für den politisch Verfolgten die verwaltungsmäßige Feststellung des Asylgrundrechts, **nicht den Asylanspruch selbst.** Dessen möglicher (Rest-)Wert ist jedoch unbedeutend, weil er ohne Anerkennungsbescheid nicht voll durchgesetz werden kann (ausgenommen die Auslieferung, vgl § 4 Rn 13 ff). Nach der seit 1. 1. 1991 geltenden Verklammerung von Anerkennungs- u. Abschiebeverf kann sich nämlich der Ausl gegenüber einer Abschiebung nur dann mit Erfolg auf politische Verfolgung berufen, wenn ihn das BAMF anerkannt oder die Voraussetzungen des § 60 I AufenthG (früher: § 51 I AuslG) festgestellt hat. Da letztere Feststellung im Wesentlichen denselben Personenkreis erfasst wie die Asylanerkennung u. § 72 das Erlöschen beider Feststellungen des BAMF anordnet, entfällt für den politisch Verfolgten damit praktisch die Rechtsstellung nach Art 16a I GG. Asylr Schutz kann er nur noch bei beabsichtigter Auslieferung erlangen (§ 6 I IRG). Der Asylbescheid (u. dessen Erlöschen) bindet nämlich das Auslieferungsgericht nicht (§ 4 S. 2), u. das Auslieferungsverf ist auch nicht in anderer Weise mit dem Asylverf verbunden. Die Berufung des Auszuliefernden auf politische Verfolgung führt nicht obligatorisch zu einem Feststellungsverfahren des BAMF.

6   Da die Erlöschensregelung damit praktisch asylr Schutz vollends für die Zukunft ausschließt, kann sie verfassungskonform nur dahin ausgelegt werden, dass in ihren Tatbeständen ein Ausschluss der Gefahr politischer Verfolgung für die Zukunft indiziert wird u. zugrun-

degelegt ist. Dies entspricht dem Willen des Gesetzgebers, der, ohne zwischen ausl Flüchtling u. politisch Verfolgtem genau zu unterscheiden, darauf abstellt, dass unter den genannten Voraussetzungen die Gefahr politischer Verfolgung entfällt. Das Erlöschen stellt keine Sanktion für ein „asylunwürdiges" Verhalten dar, sondern ist Folge des Wegfalls der Asylbedürftigkeit. Der Fortfall der Asylvoraussetzungen zieht den Widerruf nach sich, u. das Erschleichen des Asyls hat die Rücknahme zur Folge (§ 73 I, II). Der ohne eine verwaltungsbehördliche Überprüfung eintretende Verlust des Asyls durch Erlöschen muss deshalb vom Tatbestand her so eindeutig gegeben sein, dass **am Verlust der Asylrechtsstellung kein Zweifel** besteht (ebenso Hailbronner, § 72 AsylVfG Rn 4). Da die Vorschrift den Verlust unwiderlegbar anordnet, eine zusätzliche gesonderte Überprüfung eines möglichen Fortbestands der Verfolgungsgefahr (wie nach § 73 II) also nicht stattfindet, muss dieser schon durch Auslegung u. Feststellung der Tatbestandsvarianten ausgeräumt werden. Bei erneutem Entstehen einer Verfolgungsgefahr kann der Ausl wiederum einen Asylantrag stellen, der als Folgeantrag anzusehen ist, weil der dem Erlöschen zugrundeliegende Wegfall der Verfolgungsgefahr der Asylablehnung gleichzuachten ist (§ 71 Rn 7; aA Hailbronner, § 72 AsylVfG Rn 24; OVG NRW, EZAR 211 Nr 2); die Einschränkung der Möglichkeit asylr Schutzes aufgrund erneuter Verfolgung nach Erlöschen der Anerkennung kann die Anforderungen an das Erlöschen nur zusätzlich verschärfen. Schließlich sind, wenn u. soweit die Erlöschensgründe mit Art 1 C GK nicht übereinstimmen, die möglichen Folgen dieser Konventionswidrigkeit in die Auslegung miteinzubeziehen.

Die Bestimmungen über das Erlöschen sind auf die Fälle des **Familienasyls u. des Familienabschiebungsschutzes** unmittelbar anwendbar. Es bestehen keine Bedenken dagegen, dass die Tatbestände des Abs 1 zum Fortfall (auch) der nach § 26 erworbenen Rechtsstellung führen. Denn diese steht der des stammberechtigten Familienmitglieds gleich, u. die in Abs 1 genannten Handlungen sprechen so eindeutig gegen die Fortdauer einer Verfolgungsgefahr, dass sie (auch) der Aufrechterhaltung des Familienasyls u. -abschiebungsschutzes zuwiderlaufen. Da Familienasyl u. -abschiebungsschutz auf der Annahme der Erstreckung der Verfolgungsgefahr auf die anderen Mitglieder der Kernfamilie des politisch Verfolgten beruhen, stehen die Erlöschensgründe, wenn sie bei diesem eintreten, der Annahme einer fortdauernden Verfolgungsgefahr auch in deren Person entgegen. Danach gibt es keinen sachlichen Grund dafür, dass der Familienberechtigte insoweit anders behandelt wird als der Stammberechtigte. Damit ist nicht darüber entschieden, wie sich das Erlöschen der Anerkennung des Stammberechtigten auf die Rechtsstellung der Familienangehörigen auswirkt (dazu § 73 Rn 14 ff). 7

III. Erlöschenstatbestände

1. Verhältnis der Tatbestände des Abs 1 Nr. 1 zueinander

Der Gesetzeswortlaut nennt **drei Erlöschenstatbestände** innerhalb der freiwilligen Unterschutzstellung: (1) Annahme oder (2) Erneuerung eines Nationalpasses oder (3) sonstige Handlungen. Der GesEntw 1982 hatte nur die beiden ersten Tatbestände (Passannahme) als alleinige Form der freiwilligen Unterschutzstellung angesehen (BT-Drs 9/875 S. 4). Die Begründung für die Entwurfsfassung ging von Art 1 C Nr 1 bis 3 GK aus u. bezeichnete die „freiwillige Annahme" eines Passes u. den „Antrag auf Verlängerung seiner Geltungsdauer" als Hauptbeispiele für die freiwillige Unterschutzstellung (aaO S. 18). Der endgültige Wortlaut des § 15 I AsylVfG nannte aber drei Alternativen, weil zwischen die Wörter „freiwillig" u. „durch" ein weiteres „oder" eingefügt war. Die Begründung des BT-RA für die endgültige Fassung überging diese Änderung des Wortlauts der Nr 1, indem sie nur die der Nr 3 erwähnte (BT-Drs 9/1630 S. 20). 8

Hieraus konnte eigentlich auf ein bloßes Redaktionsversehen geschlossen werden. Diese Annahme verbot sich aber, weil der Gesetzgeber durch Bestehenlassen dieses Textes im Zuge 9 späterer Änderungen des AsylVfG die in der Praxis zumindest überwiegend vorgenommene **wortgetreue Auslegung in seinen Willen aufgenommen** u. gebilligt hatte. Das Schrifttum legte die Vorschrift mehrheitlich im Sinne dreier Tatbestandsvarianten aus, u. die obergerichtliche Rspr schien dem zuzustimmen (OVG NRW, EZAR 211 Nr 2).

10 Später hat der Gesetzgeber seine ursprüngliche Absicht endgültig aufgegeben, ohne sich indessen hierzu zu äußern (vgl BT-Drs 12/2062 S. 39). Er hat nämlich durch Hinzunahme der Wörter „oder durch sonstige Handlungen" die Existenz eines dritten selbständigen Tatbestands ausdrücklich **bestätigt** (Hailbronner, § 72 AsylVfG Rn 6). Dieser kann als Grundtatbestand u. iVm der dritten sehr offen formulierten Variante als Auffangtatbestand angesehen werden. Gemeinsam ist nämlich die freiwillige Unterschutzstellung, wobei alle drei Varianten ihrem Inhalt nach auf staatenlose Flüchtlinge nicht angewandt werden können (Hailbronner, § 72 AsylVfG Rn 1 b; VGH BW, EZAR 211 Nr 4). Bei alledem kommt es nicht auf die Richtigkeit der früher ergangenen Statusentscheidung an (Rn 4).

2. Unterstellung unter den Schutz des Heimatstaats

11 Wer sich freiwillig dem Schutz des Verfolgerstaats unterstellt, gibt mangelnde Verfolgungsfurcht zu erkennen. Ungeachtet der Unterschiede zwischen den Formulierungen der Tatbestände des Art 16 a I GG u. des Art 1 A Nr 2 GK kann in der freiwilligen (Wieder-)Annahme des Schutzes des Verfolgerstaats ein **Ausdruck fehlender Verfolgung** gesehen werden. Annahme u. Erneuerung eines Nationalpasses sind als Alternativen der freiwilligen Unterschutzstellung ausdrücklich genannt. Damit fallen unter die dritte Alt. alle sonstigen Formen der freiwilligen Unterschutzstellung außerhalb der Passerteilung oder -erneuerung. In keinem Fall ist zwischen den mehreren denkbaren Verfolgungsarten (unmittelbare u. mittelbare, Individual- u. Kollektivverfolgung, ethnische, rassische u. religiöse ua) unterschieden. Die Unterschutzstellung erfolgt vorbehaltlos, u. deshalb darf das Ges an sie die Rechtsfolge des Erlöschens der Rechtsstellung knüpfen. Auch die nichtstaatl Verfolgung ist asylr dem Staat zurechenbar, u. deshalb ist staatl Schutz auch insoweit schädlich, wenn er frei gewählt wird.

12 Ob der Schutz des früheren Verfolgerstaats objektiv noch gegeben ist, ist nicht entscheidend, **maßgeblich** sind nur der **Entschluss** des Flüchtlings zu seiner erneuten Inanspruchnahme u. seine Verwirklichung. Der Fortbestand einer objektiven Verfolgungsgefahr wird nicht geprüft, u. dies ist auch nicht von Verfassungs wegen geboten (BVerwGE 89, 231). Der Schutz des Heimatstaats muss jedoch objektiv in Anspruch genommen sein. Hierfür genügt weder jede beliebige Form der beiläufigen oder gelegentlichen **Fühlungnahme** noch die **Rückkehr** in einen nicht der staatl Gewalt unterliegenden Landesteil (betr Nordirak BayVGH, InfAuslR 1998, 519). Die beiden ersten Alt. verdeutlichen, dass der Ausl den Schutz in Anspruch nehmen muss, der dem Staatsbürger aufgrund seiner StAng zusteht. Passerteilung u. -erneuerung gehören zum Bereich des Auslandsschutzes, den jeder Staat seinen Angehörigen schuldet; der nationale Reiseausweis ermöglicht außer Auslandsreisen die Inanspruchnahme diplomatischen u. konsularischen Schutzes durch die Auslandsvertretungen.

13 Im Hinblick auf die beiden näher bezeichneten Schutzfälle kann eine andere Form freiwilliger Unterschutzstellung noch nicht in jedem **Kontakt** zu einer Auslandsvertretung liegen. Nicht Hilfe, Vorteile oder Leistungen im allg führen zum Erlöschen, sondern nur die Unterstellung unter den Schutz des Heimatstaats. Sollen die Behörden des Heimatstaats zB bei der Beschaffung von Personenstandsurkunden oder aus ähnlichen Gründen dem Flüchtling behilflich sein, bedeutet dies nicht schon das Unterstellen unter staatl Schutz, der mit Rücksicht auf die StAng gewährt wird. Dies gilt etwa, wenn der Ausl vor einer Auslandsvertretung seines Heimatstaats in Deutschland die Ehe schließt u. aus diesem Anlass die Geltungsdauer des Passes verlängern lässt (BVerwGE 89, 231; aA OVG NRW, EZAR 211 Nr 2). Dagegen kann der Wille, den Heimatstaat als Schutzmacht in Anspruch zu nehmen, deutlich werden, wenn unter Berufung auf die StAng um finanzielle **Hilfen** zur Überbrü-

Erlöschen § 72 **AsylVfG** 4

ckung von Notsituationen (zB nach Diebstahl) in Deutschland oder in einem Drittstaat nachgesucht wird; die Leistung solcher Hilfe in Erfüllung der staatl Fürsorgepflicht gegenüber eigenen StAng stellt Schutz iSd Abs 1 Nr 1 dar. Es genügt aber nicht der bloße Versuch, Schutz zu erhalten; dieser muss auch bereitgestellt werden. Der Wegfall subjektiver Verfolgungsfurcht allein beseitigt noch nicht die objektive Verfolgungsgefahr; dies kann erst angenommen werden, wenn der Staat den erbetenen Schutz auch gewährt. Eine **Reise** in den Herkunftsstaat löst zwar die Fiktion der Rücknahme des Asylantrags während des laufenden Asylverf aus (§ 33 II), kann aber für sich genommen nicht als Inanspruchnahme des Schutzes des Heimatstaats angesehen werden, wenn sie einem kurzfristigem Zweck dient u. zB einer sittlichen Verpflichtung gegenüber Verwandten entspricht (betr wiederholte Reisen OVG Hamburg, NVwZ-Beil 2001, 110). Anders verhält es sich bei mehrmaligen u. auch längeren Aufenthalten in dem „Verfolgerstaat" aus anderen, zB geschäftlichen Gründen. Schließlich kommt es darauf an, ob bei der Reise ein **Nationalpass** benutzt wird (betr Passannahme zu Reisezwecken BVerwGE 89, 231; VGH BW, EZAR 211 Nr 4; betr einmalige Benutzung zur Ein- u. Ausreise VG Gießen, AuAS 2002, 237) oder aber ein von einem anderen Staat ausgestelltes Reisedokument (dazu VG Gießen, InfAuslR 2001, 243).

Freiwilligkeit schließt Zwang jeder Art aus. Der Zwang braucht nicht vom Heimatstaat 14 auszugehen, er kann auch durch Behörden der BR Deutschland oder eines Drittstaats ausgeübt werden. Er muss nicht unwiderstehlich sein; andererseits beseitigt nicht jede äußere Einwirkung auf die Motivation die Freiheit der Willensbildung. Eine Beschränkung auf Umstände, die „im konkreten Fall einer begründeten Furcht für Leben oder Freiheit vergleichbar sind" (so BT-Drs 9/875 S. 18), ist dem Wortlaut u. der üblichen Bedeutung von Freiwilligkeit nicht zu entnehmen. Der Entschluss, sich dem staatl Schutz des Heimatstaats (wieder) anzuvertrauen, muss **aus freien Stücken gefasst** werden, was mit Zwang u. Drohung in jedweder Form nicht zu vereinbaren ist (betr moralische Zwangslage VG Köln, InfAuslR 1988, 157 u. 340). Drohung mit Repressalien gegen Angehörige oder mit Enteignung beeinträchtigt die Freiwilligkeit ebenso wie die Ankündigung der Ausbürgerung, mag der Ausl bei Stellung des Asylgesuchs mit derartigen Reaktionen seines Heimatstaats auch gerechnet haben.

Die freiwillige Unterschutzstellung stellt nach **Art 1 C Nr 1 GK** einen eigenen Tat- 15 bestand dar. Die dort getroffene Anordnung („fällt nicht mehr unter dieses Abkommen") wirkt ebenso wie die Erlöschensregelung. Der Zeitpunkt wird durch Vollendung des Tatbestands „Unterschutzstellung" bestimmt.

3. Annahme oder Erneuerung eines Nationalpasses

Annahme u. Erneuerung eines Nationalpasses sind – wörtlich genommen – in ihrer 16 Bedeutung für den Fortbestand einer asylrelevanten Verfolgungsgefahr nicht miteinander gleichzusetzen. Während die erste der beiden Alternativen nur am Verhalten des Ausl ansetzt, stellt die zweite allein auf den Heimatstaat ab. Abgesehen von dieser ungenauen Formulierung ist jedoch auch im zweiten Fall ein **aktives Zutun** des Ausl unverzichtbar. Gemeint sind nämlich nur verschiedene Formen der Entgegennahme eines nationalen Reiseausweises, der dem Inhaber als StAng des ausstellenden Staats ua Auslandsschutz gewährleistet. Wie die Annahme (eines alten oder neuen) Passes auf einer Mitwirkung in Form des Antrags u. der Entgegennahme beruht, ist auch bei der Erneuerung ein Zutun des Ausl erforderlich, u. zwar ebenfalls durch Antrag u. Entgegennahme. Beide Fälle können gemeinsam als Tatbestand der willentlichen Annahme eines Nationalpasses behandelt werden. Bemühungen um Passausstellung oder -verlängerung allein reichen nicht aus.

Passannahme allein führt ebenfalls nicht zum Erlöschen. Sie steht nicht beziehungslos 17 neben der freiwilligen Unterschutzstellung, sondern ist als Mittel der Unterschutzstellung angeführt. Verlangt ist auch hier der Wille zu erneuter Inanspruchnahme staatl Schutzes auf Dauer u. nicht nur staatl Hilfe oder allg Dienste. Die Entgegennahme eines neuen, verlängerten oder umgeschriebenen Nationalpasses ist danach **Indiz für die Unterschutz-**

stellung, weil diese oft oder typischerweise in dieser Form geschieht. An dieser Indizwirkung fehlt es jedoch, wenn Passausstellung oder -verlängerung ausschließlich der Beschaffung von Unterlagen für die Eheschließung dienen (BVerwGE 89, 231; VG Köln, InfAuslR 1986, 61) oder dem Besuch eines schwer erkrankten Familienangehörigen im Heimatstaat (VGH BW, EZAR 211 Nr 4). Ebenso verhält es sich bei der ohne Zutun des Ausl erfolgten Ausstellung eines Passes während des Abschiebungsverfahrens durch die ausl Auslandsvertretung auf Veranlassung der dt AuslBeh (Rn 19).

18 Mit der Passannahme ist **keine Vermutung** – rechtlicher oder tatsächlicher Art, widerlegbar oder unwiderlegbar – verbunden. Es hängt vielmehr von Gründen u. Zwecken für die Passerteilung im Einzelfall ab, ob die vom Ges angenommene regelmäßige Wertung zutrifft. Die Situation des anerkannten Asylber unterscheidet sich zwar erheblich von der des Asylbew, für den die Annahme eines neuen oder erneuerten Nationalpasses nicht den Verfolgungstatbestand beseitigt u. die Asylanerkennung ausschließt (BVerwG, EZAR 202 Nr 11); auch bei ihm kann aber aus dem Verhalten in Passangelegenheiten nicht zwingend auf seine Einstellung gegenüber seinem Heimatstaat als Schutzmacht geschlossen werden. In diesem Zusammenhang kann auch die Rückkehrberechtigung eine Rolle spielen; ist sie durch den Pass ermöglicht, kommt eine Unterschutzstellung eher in Betracht, als wenn sie ausgeschlossen ist.

19 **Freiwilligkeit** ist schon nach dem Wortlaut verlangt. Zudem gebieten Entstehungsgeschichte u. sachlicher Zusammenhang mit Art 1 C Nr 1 GK eine dahingehende Auslegung; anders wäre auch der angeordnete automatische Verlust der Rechtsstellungen nicht gerechtfertigt. Eine Erneuerung des Passes ohne freiwilliges Zutun des Ausl kann nicht als freiwillige Unterschutzstellung gewertet werden. Die Freiwilligkeit liegt der Sache nach schon der „Annahme" eines Nationalpasses zugrunde. Dieser Vorgang schließt bei richtigem Verständnis Zwang u. Aufdrängen staatl Schutzes aus. So liegt keine Annahme vor, wenn der Pass auf Anregung der AuslBeh ausgestellt u. dem Ausl gegen dessen Willen ausgehändigt wird (Rn 17; Hailbronner, § 72 AsylVfG Rn 7; HessVGH, DVBl. 1994, 1422). Sträubt sich der Ausl gegen die freiwillige Rückkehr in den Heimatstaat, spricht dies auch bei Entgegennahme eines neuen Passes gegen die Absicht, sich dem Schutz des Heimatstaats erneut zu unterstellen.

20 Bei dieser Auslegung kann die Passannahme als **Unterfall** der freiwilligen Unterschutzstellung anerkannt werden. Dieser Erlöschenstatbestand steht daher ebenfalls mit Art 1 C Nr 1 GK in Einklang.

4. Wiedererwerb der früheren Staatsangehörigkeit

21 Fortdauer des Besitzes der bisherigen StAng ist mit dem Asyl nicht notwendig verbunden. Die StAng kann aufgrund Verfolgung aberkannt oder aber freiwillig vor oder nach der Asylanerkennung aufgegeben worden sein. Staatenlosigkeit ist nicht verlangt; der Flüchtling kann eine andere StAng schon vor der Anerkennung besessen oder danach erworben haben. Ist er allerdings dt StAng geworden, ist die Asylanerkennung gegenstandslos; denn asylr Schutz genießt nur, wer nicht (zugleich) Dt iSd Art 116 I GG ist (§ 1 Rn 33 u. unten Rn 24). **Früherer Besitz** der StAng ist notwendig; es genügt nicht, wenn ein Kind die StAng seiner Eltern erwirbt, die es selbst nie besessen hat (vgl aber Rn 23).

22 Schon der Antrag auf Wiedereinbürgerung lässt die Absicht erkennen, sich dem Schutz des Heimatstaats wieder anzuvertrauen. Die Verleihung der StAng vollendet dann den erneuten Schutz (ebenso nach Art 1 C Nr 2 GK). Die frühere StAng muss nur in jeder Hinsicht **freiwillig** wiedererlangt werden. Zwang u. Drohung im Zusammenhang mit Antrag oder Verleihung stehen dem entgegen (Rn 14). Der Erwerb kann hier (anders nach Nr 3) auch ohne Antrag erfolgen, etwa kraft Ges bei Eheschließung oder durch administrative Kollektivmaßnahmen. Findet der Erwerb der StAng dann mit Wissen u. Willen des Ausl statt u. widerspricht dieser nicht, kann Freiwilligkeit vorliegen. Stillschweigen bedeutet nicht immer schon Zustimmung; aufgedrängt kann der Erwerb auch dann sein, wenn ein

Erlöschen   § 72 **AsylVfG 4**

Widerspruch möglich, dem Flüchtling aber nicht zumutbar ist (ähnlich Hailbronner, § 72
AsylVfG Rn 18; Marx, § 72 Rn 12).

5. Erwerb einer anderen Staatsangehörigkeit

Der Erwerb der anderen StAng muss auf Antrag hin erfolgen. Damit ist auf die Unter- 23
scheidung zwischen Antrags- u. sonstigem Erwerb der StAng Bezug genommen; Einverständnis oder Zustimmung zu einem sonstigen StAng-Erwerb genügen also nicht. Das
Antragserfordernis war im GesEntw nicht enthalten (§ 10 AsylVfGE, BT-Drs 9/875 S. 4;
ebenso Art 1 C Nr 3 GK) u. wurde dann eingefügt, um den Erwerb einer aufgezwungenen
StAng auszunehmen (BT-RA, BT-Drs 9/1630 S. 20). Ausgeschlossen sind damit Zwangseinbürgerung u. Verleihung der StAng kraft Ges oder VA ohne Antrag. Bei Vorliegen eines
Antrags wird nicht nach Gründen u. Motiven gefragt. Freiwilligkeit wird nicht zusätzlich
verlangt. Unmittelbarer Zwang schließt allerdings einen Antrag im Sinne eines erklärten
Willens zum Erwerb aus.

Erwerb der **dt StAng** ist nicht gemeint (vgl Rn 21). Sie schließt die Anwendung asylr 24
Bestimmungen von vornherein aus, erledigt eine zuvor erfolgte Asylanerkennung eo ipso
(Hailbronner, § 72 AsylVfG Rn 19). Hätte sie erfasst werden sollen, hätte es einer anderen
Formulierung bedurft. Der Erwerb einer StAng durch einen bis dahin Staatenlosen fällt
dagegen nach dem Gesetzeswortlaut (eine „neue" StAng) wie nach dem Sinn u. Zweck
unter diese Bestimmung (ebenso Marx, § 72 Rn 14).

Der Erwerb der neuen StAng muss den Genuss des Schutzes des anderen Staats nicht nur 25
rechtlich vermitteln, sondern auch tatsächlich gewährleisten. Nicht der Anspruch auf
Schutz, der mit der StAng verbunden ist, reicht aus; hinzukommen muss der Genuss dieses
Schutzes in Form **tatsächlicher Obhut** (Hailbronner, § 72 AsylVfG Rn 19). Umgekehrt
genügen ständiger Aufenthalt u. Verfolgungsschutz ohne Erwerb der StAng nicht (OVG
Hamburg, EZAR 211 Nr 1).

6. Verzicht oder Rücknahme des Asylantrags

Der Verzicht war früher lediglich Widerrufsgrund (§ 16 I 1 Nr 2 AsylVfG 1982). Die 26
Aufnahme in den Katalog der Erlöschenstatbestande ist nicht unsachgerecht. Eine wirksame
Verzichtserklärung verlangt aber die **unmissverständliche Erklärung,** die durch Asyl-
oder Flüchtlingsanerkennung erworbene Stellung aufgeben u. nicht wieder geltend machen
zu wollen. Begründung eines ständigen Aufenthalts in einem anderen Staat steht dem
Verzicht nicht gleich (OVG Hamburg, EZAR 211 Nr 1; andeutungsweise aA BVerwG,
InfAuslR 1989, 166). Freiwilligkeit ist unbedingt erforderlich; erzwungener oder mit Drohung erwirkter Verzicht kann im Lichte des Art 16 a I GG u. des Art 1 GK nicht anerkannt
werden. Angesichts der möglicherweise schwerwiegenden Folgen ist hier die Wahrnehmung
der Beratungs- u. Auskunftspflicht (§ 25 VwVfG) bes. wichtig. Zu Beweiszwecken erscheint
eine schriftliche Erklärung zweckmäßig. Die Verzichtserklärung ist wie die Rücknahmeerklärung (dazu § 13 Rn 6; § 32 Rn 3) gegenüber dem BAMF abzugeben. Wegen der
weitgehenden Identität der materiellen Voraussetzungen für Asyl- u. Flüchtlingsanerkennung (Art 16 a GG Rn 22, 119 f) ist eine **Beschränkung** des Verzichts auf eine der beiden
Feststellungen vom Ges ausgeschlossen. Wird sie dennoch versucht, ist der Verzicht nicht als
wirksam anzusehen.

Die Einführung der **Antragsrücknahme** vor Bestandskraft der Anerkennung als Erlö- 27
schensgrund ist in ihrer Bedeutung **unklar,** zumal sie nicht bes. begründet wurde (BT-Drs
12/2062 S. 39). Ein Erlöschen kommt in jedem Fall erst nach Bestandskraft der Asyl- oder
Flüchtlingsanerkennung in Betracht; zuvor entfaltet die positive Entscheidung des BAMF
oder eines Gerichts keine Wirkungen, die durch Erlöschen der Anerkennung beseitigt
werden müssten. Bei Rücknahme des Asylantrags nach einem Anerkennungsbescheid u. vor
dessen Bestandskraft wird das Verf entweder vom BAMF (§ 32) oder vom Gericht (nach

übereinstimmender Erledigterklärung) eingestellt. Der Anerkennungsbescheid wird in jedem Fall gegenstandslos, weil er des Antrags bedarf (§ 14 I) u. nicht von Amts wegen ergeht.

IV. Rechtsfolgen

1. Erlöschen der Rechtsstellung

28   Erlöschen der Asyl- oder Flüchtlingsanerkennung bedeutet Beendigung der damit dokumentierten Rechtsstellung ohne weitere Ermittlungen oder Verf; insb bedarf es keiner Feststellungen darüber, ob in der Vergangenheit die Gefahr politischer Verfolgung zu Recht angenommen wurde (dazu Rn 4). Der **kraft Ges eingetretene Verlust** der Rechtsstellung kann nicht mehr rückgängig gemacht werden. Falls der Nationalpass (Nr 1) wieder entzogen wird, die frühere oder neue StAng (Nr 2, 3) später verloren geht oder der vom anderen Staat gewährte Schutz endet (Nr 1, 3), lebt die Rechtsstellung nicht wieder von selbst auf. Sie kann nur auf einen neuen Antrag hin, der sich als Folgeantrag darstellt (Rn 6; § 71 Rn 7), erneut festgestellt werden, wenn eine Verfolgungsgefahr besteht oder wieder entstanden ist. Der Wegfall der Erlöschensgründe des § 72 I allein genügt hierfür nicht. Erlöschen der Rechtsstellung setzt rechtsbeständige Anerkennung voraus, gilt also nicht für Asylbew (BVerwGE 78, 152).

2. Rechtsfolgen des Erlöschens

29   Welche Folgen das Erlöschen seinerseits nach zieht, regelt § 72 nur teilweise, nämlich für Anerkennungsbescheid u. Reiseausweis (Rn 27). Außerdem bewirkt der mit Vollendung des Erlöschenstatbestands eintretende Fortfall der Asyl- oder Flüchtlingsanerkennung mittelbar u. tatsächlich auch den **Verlust** der daraus unmittelbar herrührenden **Rechtspositionen** für die Zukunft. Nach dem Erlöschen eines Verwaltungsakts entfaltet dieser keinerlei Rechtsfolgen mehr; die mit ihm festgestellte Rechtsstellung steht nicht mehr verbindlich fest (vgl § 4 Rn 10). Die Berufung auf eine gleichwohl fortbestehende Verfolgungsgefahr ist zumindest erheblich erschwert.

30   Die dem Ausl nach § 24 I oder II AufenthG erteilte **AE** erlischt grundsätzlich nicht von selbst; sie kann nur im Ermessenswege **widerrufen** werden (§ 52 I 1 Nr 4 AufenthG). Dies gilt entspr für andere Rechte u. Vergünstigungen, die von der Asyl- oder Flüchtlingsanerkennung abhängen. Für sie kommt, wenn nicht Sondervorschriften eingreifen, ein Widerruf nach allg Verfahrensrecht in Betracht (§ 49 VwVfG). Nach dem Widerruf der AE kann der Ausl erneut Asyl beantragen u. eine AufGest (§ 55) erhalten, dabei handelt es sich aber um einen Folgeantrag (Rn 6, 28; § 71 Rn 7). Falls dem Ausl aus anderen als asylr Gründen ein AufR zusteht, bleibt dieses unberührt. Es kann nach Fortfall der Asylrechtsstellung etwa mit einem Antrag auf Erteilung einer AE zur Familienzusammenführung geltend gemacht werden (§§ 27 ff AufenthG).

3. Anerkennungsbescheid und Reiseausweis

31   Anerkennungsbescheid u. Internationaler Reiseausweis sind im Falle des Erlöschens unverzüglich bei der zuständigen AuslBeh **abzugeben.** Unter Anerkennungsbescheid ist auch die Feststellung der Flüchtlingseigenschaft nach § 3 iVm § 60 I AufenthG zu verstehen. Denn diese ist schon seit 1. 1. 1991 Teil des Asylbescheids des BAMF (§ 12 VI 3 AsylVfG 1991). Die Verpflichtung zur Herausgabe von Dokumenten, deren Inhalt unrichtig geworden ist, besteht ohne Rücksicht auf die aufr Stellung. Sie entsteht mit dem Erlöschen nach § 72 I u. dient dem formellen Vollzug des materiell kraft Ges eingetretenen Verlusts der Rechtsstellung nach § 2. Da für das Erlöschen keine förmliche Feststellung vorgesehen ist, kann die AuslBeh das Erlöschen zweckmäßigerweise mit ihrem Herausgabeverlangen inzidenter geltend machen.

V. Verfahren und Rechtsschutz

Für die **Feststellung des Erlöschens** ist ein besonderes Verf nicht vorgesehen. Weder ist 32 eine solche Feststellung vorgeschrieben noch eine Zuständigkeit bestimmt. § 73 IV ist auf Widerruf u. Rücknahme begrenzt u. einer entspr Anwendung nicht zugänglich. Offenbar hat der Gesetzgeber für Widerruf u. Rücknahme wegen der damit verbundenen bes. materiellen Prüfungen (§ 73 I 3, II) Verf u. Zuständigkeit bestimmt u. für § 72 bewusst hiervon abgesehen. Da es hier um die Feststellung weniger schwieriger Voraussetzungen geht u. vor allem eine sachliche Prüfung der Verfolgungsgefahr für Vergangenheit oder Zukunft nicht stattfindet, ist die Verfahrenslage nicht unbedingt vergleichbar u. insb die Einschaltung des BAMF nicht zwingend geboten.

Wird das Erlöschen von einer Behörde, insb dem BAMF oder der AuslBeh, geltend 33 gemacht u. von dem Ausl bestritten, besteht ein berechtigtes Interesse an einem **Feststellungsbegehren** (BVerwGE 89, 231). Das Feststellungsverf kann sowohl von dem Ausl als auch von der AuslBeh in Gang gesetzt werden. Zulässig ist auch eine Feststellung des BAMF von Amts wegen, u. zwar anlässlich eines Verf nach § 73 oder aufgrund eines Widerrufs nach § 43 I Nr 4 AuslG (VGH BW, EZAR 211 Nr 4) oder sonst aus berechtigtem Anlass. Ist das Erlöschen in einem anderen Verf als Vorfrage zu beantworten, kann das BAMF davon unterrichtet u. der Erlass eines Feststellungsbescheids angeregt werden. Im Prozess kommt eine Beiladung der BR Deutschland (vertreten durch das BAMF) in Betracht (§ 65 VwGO). Ein Feststellungsbegehren gegenüber der AuslBeh oder einen anderen Stelle erscheint dagegen unzulässig, wenn die AuslBeh hierfür keinen Anlass gegeben hat; denn das BAMF ist hierfür ebenso allein zuständig ist wie für den Erlass des Anerkennungsbescheids (so wohl auch GK-AsylVfG, § 5 Rn 18; aA Hailbronner, § 5 AsylVfG Rn 7).

Die **Herausgabe der Dokumente** kann im Falle der Weigerung von der AuslBeh mit 34 Verwaltungsakt verlangt werden. Widerspruch ist ausgeschlossen (§ 11), da es sich um ein Verf nach dem AsylVfG handelt, nämlich einen Streit über Abs 2. Anfechtungsklage ist zulässig (Hailbronner, § 72 AsylVfG Rn 28; Marx, § 72 Rn 22). Im gerichtlichen Verf kann die BR Deutschland beigeladen werden (§ 65 VwGO).

§ 73 Widerruf und Rücknahme

(1) ¹Die Anerkennung als Asylberechtigter und die Feststellung, daß die Voraussetzungen des § 60 Abs. 1 des Aufenthaltsgesetzes vorliegen, sind unverzüglich zu widerrufen, wenn die Voraussetzungen für sie nicht mehr vorliegen. ²In den Fällen des § 26 ist die Anerkennung als Asylberechtigter ferner zu widerrufen, wenn die Anerkennung des Asylberechtigten, von dem die Anerkennung abgeleitet worden ist, erlischt, widerrufen oder zurückgenommen wird und der Ausländer aus anderen Gründen nicht als Asylberechtigter anerkannt werden könnte. ³Von einem Widerruf ist abzusehen, wenn sich der Ausländer auf zwingende, auf früheren Verfolgungen beruhende Gründe berufen kann, um die Rückkehr in den Staat abzulehnen, dessen Staatsangehörigkeit er besitzt, oder in dem er als Staatenloser seinen gewöhnlichen Aufenthalt hatte.

(2) ¹Die Anerkennung als Asylberechtigter ist zurückzunehmen, wenn sie auf Grund unrichtiger Angaben oder infolge Verschweigens wesentlicher Tatsachen erteilt worden ist und der Ausländer auch aus anderen Gründen nicht anerkannt werden könnte. ² Satz 1 findet auf die Feststellung, daß die Voraussetzungen des § 60 Abs. 1 des Aufenthaltsgesetzes vorliegen, entsprechende Anwendung.

(2 a) ¹Die Prüfung, ob die Voraussetzungen für einen Widerruf nach Absatz 1 oder eine Rücknahme nach Absatz 2 vorliegen, hat spätestens nach Ablauf von drei Jahren nach Unanfechtbarkeit der Entscheidung zu erfolgen. ²Das Ergebnis ist der Ausländerbehörde mitzuteilen. ³Ist nach der Prüfung ein Widerruf oder eine Rücknahme nicht

4 AsylVfG § 73

erfolgt, so steht eine spätere Entscheidung nach Absatz 1 oder Absatz 2 im Ermessen. ⁴ Bis zur Bestandskraft des Widerrufs oder der Rücknahme entfällt für Einbürgerungsverfahren die Verbindlichkeit der Entscheidung über den Asylantrag.

(3) Die Entscheidung, ob die Voraussetzungen des § 60 Abs. 2, 3, 5 oder 7 des Aufenthaltsgesetzes vorliegen, ist zurückzunehmen, wenn sie fehlerhaft ist, und zu widerrufen, wenn die Voraussetzungen nicht mehr vorliegen.

(4) ¹ Über Widerruf und Rücknahme entscheidet der Leiter des Bundesamtes oder ein von ihm beauftragter Bediensteter. ² Dem Ausländer ist die beabsichtigte Entscheidung schriftlich mitzuteilen und Gelegenheit zur Äußerung zu geben. ³ Ihm kann aufgegeben werden, sich innerhalb eines Monats schriftlich zu äußern. ⁴ Hat sich der Ausländer innerhalb dieser Frist nicht geäußert, ist nach Aktenlage zu entscheiden; der Ausländer ist auf diese Rechtsfolge hinzuweisen.

(5) Mitteilungen oder Entscheidungen des Bundesamtes, die eine Frist in Lauf setzen, sind dem Ausländer zuzustellen.

(6) Im Falle der Unanfechtbarkeit des Widerrufs oder der Rücknahme der Anerkennung als Asylberechtigter und der Feststellung, daß die Voraussetzungen des § 60 Abs. 1 des Aufenthaltsgesetzes vorliegen, gilt § 72 Abs. 2 entsprechend.

Übersicht

	Rn
I. Entstehungsgeschichte	1
II. Allgemeines	2
III. Widerruf	3
1. Verhältnis zu § 49 VwVfG	3
2. Wegfall der Anerkennungsvoraussetzungen	4
3. Unzumutbarkeit der Rückkehr	10
4. Familienasyl	14
5. Abschiebungshindernis	20
IV. Rücknahme	21
1. Verhältnis zu § 48 VwVfG	21
2. Unrichtige Angaben und Verschweigen wesentlicher Tatsachen	22
3. Abschiebungshindernis	25
V. Rechtsfolgen	26
VI. Verwaltungsverfahren und Rechtsschutz	28

I. Entstehungsgeschichte

1   Die Vorschrift geht auf § 16 AsylVfG 1982 zurück. Sie stimmte ursprünglich im Wesentlichen mit dem **GesEntw 1992** (§ 71, BT-Drs 12/2062 S. 18) überein. Auf Vorschlag des BT-IA wurden die Formulierungen der Abs 1 u. 2 der Neufassung des § 26 angeglichen, S. 2 in Abs 1 eingefügt u. in Abs 2 S. 1 das Wort „konnte" durch „könnte" ersetzt (BT-Drs 12/2718 S. 37 f). Abs 6 wurde mit Wirkung vom 1. 7. 1993 angefügt (Art 1 Nr 40 **AsylVfÄndG 1993**). Mit Wirkung vom 1. 1. 2005 sind entspr dem GesEntw (BT-Drs 15/420 S. 44) Abs 2 a eingefügt u. Abs 3 neu gefasst; gleichzeitig sind in Abs 1, 2 u. 6 die Bezugnahmen auf das AuslG durch solche auf das AufenthG ersetzt; außerdem ist aufgrund des Vermittlungsverf (BT-Drs 15/3479 S. 14) in Abs 2 a der letzte Satz angefügt (Art 3 Nr 46 **ZuwG**).

II. Allgemeines

2   Widerruf u. Rücknahme führen ebenso wie das Erlöschen nach § 72 zur **Beendigung der Asylanerkennung** u. der Feststellung nach § 60 I AufenthG. Die Voraussetzungen

zumindest des § 73 I 1 Nr 1 u. des § 72 können sich miteinander überschneiden. Widerruf u. Rücknahme sind zwingend u. weichen auch sonst von den allg Bestimmungen der §§ 48, 49 VwVfG ab. Ihr näheres Verhältnis zu diesen allg Bestimmungen u. zu rechtskräftigen gerichtlichen Feststellungen ist unklar; ebenso die Zulässigkeit eines Zweitbescheids neben dem Widerruf oder statt des Widerrufs. Allg lässt sich allerdings feststellen, dass die Rechtskraftwirkung nach § 121 VwGO bei einer wesentlichen Änderung der maßgeblichen Sachlage endet, der Zeitablauf allein noch keine solche Änderung darstellt, aber mit zunehmender Dauer für eine solche spricht (vgl auch Rn 5, 2; betr § 53 AuslG BVerwGE 115, 118). Die Entscheidung über Widerruf u. Rücknahme der Statusfeststellung ist auf asylr Voraussetzungen beschränkt, auslr Gesichtspunkte können hier anders als nach früherem Recht (§ 37 AuslG 1965; vgl dazu zB BayVGH, DÖV 1980, 51) nicht zum Tragen kommen (VGH BW, EZAR 214 Nr 1). Im Unterschied zu § 72 sind hier ausdrückliche Verfahrensbestimmungen getroffen. Nach Einführung des **Familienasyls** (§ 7 a III AsylVfG 1982, eingefügt durch Art 3 Nr 3 Bst. b AuslRNG) findet eine obligatorische Überprüfung auf Widerruf oder Rücknahme im Falle des Asylantrags des Ehegatten oder des minderjährigen ledigen Kindes statt; die Vorschrift ist seit Inkrafttreten des § 26 auf die Gewährung von Familienasyl nach Maßgabe des lediglich klarstellenden Abs 1 S. 2 unmittelbar anwendbar (früher analog; 5. Aufl, § 7 a Rn 30 ff; Nicolaus/Koisser, ZAR 1991, 31), seit 2005 ebenso auf Familienabschiebungsschutz, auch wenn dies in Abs 1 nicht ausdrücklich erwähnt ist. Auch die Feststellung von **Abschiebungshindernissen,** für die es keine Erlöschensvorschriften gibt, unterliegt dem obligatorischen Widerruf u. der obligatorischen Rücknahme. Zum Erlass einer **Abschiebungsandrohung** ist das BAMF im Widerrufs- u. Rücknahmeverf nicht befugt; hierzu ist allein die AuslBeh im Widerrufsverf nach § 44 I Nr 5 AuslG oder aufgrund einer Rücknahme des AufTit berufen (BVerwG, EZAR 214 Nr. 11; BayVGH, EZAR 210 Nr 13; dazu auch Rn 27). Zum Verhältnis zu den Widerrufsbestimmungen der GK vgl näher Salomons/Hruschka, ZAR 2004, 386 u. 2005, 1; zum Änderungsbedarf aufgrund der EU-Asyl-Richtlinien Art 16 a GG Rn 131 ff.

III. Widerruf

1. Verhältnis zu § 49 VwVfG

Die materiellen Voraussetzungen für den Widerruf einer Asyl- oder Flüchtlingsanerkennung, Verf u. Zuständigkeit sind in Abs 1 u. 4 **abschließend geregelt.** Eine ergänzende Anwendung einzelner Teile des § 49 VwVfG käme nur in Betracht, soweit § 73 keine Abweichungen enthielte (vgl § 1 I Hs. 2 VwVfG). Anlass für eine Heranziehung von Regeln des § 49 VwVfG besteht danach nicht (ebenso Hailbronner, § 73 AsylVfG Rn 6 f; Marx, § 73 Rn 3; OVG SaAnh, EZAR 214 Nr 12; offen gelassen von BVerwG, EZAR 214 Nr 2 u. 7; BVerwGE 112, 80). Für den Widerruf muss zwar (ebenso wie für die Rücknahme; dazu Rn 21) beachtet werden, dass das Ges hier anders als zB in § 43 I AuslG die einschränkende Formulierung „nur" nicht enthält u. anders als in § 49 I, II VwVfG nicht nur eine Möglichkeit des Widerrufs eröffnet, sondern diesen für den Fall eingetretener Unrichtigkeit zwingend vorschreibt. Es fehlt aber an überzeugenden Gründen dafür, dass daneben auch noch die Möglichkeiten des Widerrufs nach § 49 I u. II VwVfG erhalten bleiben sollten. Hiergegen spricht zunächst der an die GK-Regeln angelehnte zwingende Ausschluss des Widerrufs bei Unzumutbarkeit der Rückkehr (Rn 10 ff), der eine asylspezifische Ausprägung des Verhältnismäßigkeitsgrundsatzes darstellt u. im Rahmen von § 49 nicht beachtet werden könnte. Außerdem käme, da die Anerkennung begünstigend wirkt, nur Abs 2 u. nicht Abs 1 des § 49 VwVfG für eine ergänzende Anwendung in Betracht, wobei ein teilweiser Widerruf wegen der Unteilbarkeit des Anerkennungsstatus ohnehin ausscheidet. Soweit § 49 II VwVfG auf die Zulassung des Widerrufs durch Ges oder Verwaltungsakt, die Nichterfüllung einer Auflage u. die nachträgliche Rechtsänderung bei nicht ins Werk gesetzten Verwaltungsakten abstellt, sind diese Bestimmungen auf die Anerkennung schon ihren Voraussetzungen nach nicht anwendbar. Soweit es den nachträglichen Fortfall der Grundlagen angeht, ist neben dem zwingenden Widerruf nach Abs 1 kein Raum für ein Ermessen unter Berücksichtigung öffentlicher Interessen (wie nach § 49 II 1 Nr 3 VwVfG). Soweit schließlich mit dem Widerruf schwere Nachteile für das Gemeinwohl verhütet oder beseitigt werden könnten (nach § 49 II 1 Nr 5 VwVfG), erscheint ein Bedarf für eine ergänzende Heranziehung nicht erkennbar. Gemeinwohlüberlegungen sind dem Anerkennungsverf fremd u. rechtfertigen daher auch nicht die nachträgliche Beendigung des Status. Zudem stehen als geeignete Mittel zur Abwehr von Gefahren, die von anerkannten politisch Verfolgten ausgehen, bereits Ausweisung u. Abschiebung zur Verfügung (vgl §§ 48 I 1 Nr 5, 51 III AuslG).

2. Wegfall der Anerkennungsvoraussetzungen

4   Die Voraussetzungen für den ursprünglichen Bescheid (Art 16 a I GG; § 60 I AufenthG) liegen nicht mehr vor, wenn die Gefahr politischer Verfolgung bei einer Rückkehr **nachträglich weggefallen** ist. Die Ursachen können in der Person des Ausl oder in den Verhältnissen im (ehemaligen) Verfolgerstaat liegen. Sie müssen nur die asylrelevante Verfolgungsgefahr objektiv u. nicht nur in der Vorstellung des Flüchtlings beseitigt haben. Wie beim Erlass des Bescheids ist eine auf absehbare Zeit ausgerichtete Gefahrenprognose anzustellen, u. zwar ungeachtet der Beurteilung nach § 73 I 3 (Rn 8). Auf die Rechtmäßigkeit der Anerkennung kommt es nicht an; der Widerruf ist wie nach § 49 VwVfG auch bei **ursprünglicher Rechtswidrigkeit** statthaft (Hailbronner, § 73 AsylVfG Rn 10; BVerwG, EZAR 214 Nr 7 u. 13; BayVGH, EZAR 214 Nr 9). Verfassungsrechtliche Bedenken bestehen hiergegen nicht (BVerwG, EZAR 214 Nr 3). Zum Familienasyl vgl Rn 14 ff.

5   Notwendig ist eine **Änderung der Verhältnisse** in dem Verfolgerstaat mit der Folge, dass die Anerkennung nunmehr ausgeschlossen ist. Nicht ausreichend ist dagegen eine neue Erkenntnislage oder eine abweichende Würdigung der früheren Entscheidungsgrundlagen (Hailbronner, § 73 AsylVfG Rn 8; BVerwG, EZAR 214 Nr 13; aA BayVGH, EZAR 214 Nr 9). Dem Wegfall der Anerkennungsvoraussetzungen ist die fehlerhafte Verpflichtung zur Anerkennung durch rechtskräftiges Urteil nicht gleichzuachten (so aber VGH BW, InfAuslR 1989, 139). Ein Widerruf vor oder nach Ausstellung des Anerkennungsbescheids verstieße in diesem Fall gegen die Rechtskraftbindung (§ 121 VwGO) u. ermöglichte eine nachträgliche Korrektur der gerichtlichen Entscheidung, ohne dass die Voraussetzungen für Widerruf oder Rücknahme vorliegen (abl. auch Rühmann, InfAuslR 1989, 141). Statthaft ist der Widerruf dagegen bei einer nachträglichen Sachlagenänderung; denn die Rechtskraftbindung gilt nur bei gleicher Sachlage (dazu auch Rn 5, 21). Nur eine ursprüngliche Rechtswidrigkeit darf wegen § 121 VwGO nicht angenommen werden (VGH BW, NVwZ 2001, 460). Eine zu Unrecht erfolgte Rücknahme kann in einen Widerruf aufgrund einer Sachlagenänderung umgedeutet werden (BVerwG, EZAR 214 Nr 10). Die „Rücknahme" einer versehentlich infolge irrtümlicher Annahme der Rechtskraft einer Anerkennungsverpflichtung ausgesprochenen Anerkennung kann weder auf Abs 1 noch auf Abs 2 gestützt werden (BVerwG, EZAR 214 Nr 2).

6   Die **freiwillige Rückkehr** in den Verfolgerstaat kann den Wegfall der Verfolgungsgefahr am deutlichsten dokumentieren, wenn Verfolgungsmaßnahmen ausbleiben. Der dauernde verfolgungsfreie Verbleib im Heimatstaat erlaubt den Schluss auf den Nichteintritt von Verfolgungsmaßnahmen auch für die Zukunft. Einem zeitweiligen Aufenthalt zu vorübergehenden Zwecken kann diese Bedeutung nicht ohne weiteres zugemessen werden, etwa bei regional begrenzter oder mittelbarer Verfolgung oder bei einem Kurzaufenthalt mit einem GK-Reiseausweis (ähnlich Hailbronner, § 73 AsylVfG Rn 15 ff; Marx, § 73 Rn 17 ff; zum Nordirak OVG SaAnh, EZAR 214 Nr 12). Erst wenn sich nach der Einreise ergibt, dass Verfolgungsmaßnahmen ausbleiben, sind die Voraussetzungen für den ursprüng-

lichen Bescheid entfallen. Insoweit stimmt Abs 1 S. 1 Nr 1 mit Art 1 C Nr 4 GK überein, der freiwillige Rückkehr u. Niederlassung verlangt; denn ein derartiges Verhalten des Flüchtlings belegt den Wegfall von Verfolgungsfurcht u. gleichzeitig der Verfolgungsgefahr selbst. Ein bloß kurzfristiger Besuch löst diese Indizwirkung noch nicht unbedingt aus (vgl § 72 Rn 13).

Objektive Veränderungen im Verfolgerstaat (friedliche oder gewaltsame Änderungen des Regierungssystems, Regierungswechsel, Amnestie, Liberalisierung des Strafrechts oder der Strafpraxis) können die Verfolgungsgefahr ebenfalls beseitigen; allerdings rechtfertigt eine äußerliche Veränderung objektiver Umstände allein noch keine Korrektur der auf absehbare Zeit auszurichtenden Gefahrenprognose für den Einzelfall (ähnlich Marx, § 73 Rn 6 ff). Der Sache nach muss es sich um den Wegfall der asylrelevanten Umstände handeln (Rn 4), auf die auch in Art 1 C Nr 5, 6 GK abgehoben ist (betr Uganda BVerwG, EZAR 214 Nr 3). 7

Bei der Prüfung, ob die Anerkennungsvoraussetzungen nicht mehr vorliegen, sind dieselben Grundsätze über die **Verfolgungswahrscheinlichkeit** anzuwenden wie bei der Erstentscheidung (VGH BW, EZAR 214 Nr 1). Zu berücksichtigen ist auch hier eine bereits erlittene Vorverfolgung mit der Folge, dass ein Widerruf nur bei hinreichender Sicherheit vor einer Wiederholung der Verfolgung (BVerwG, EZAR 214 Nr 3; vgl BVerfGE 54, 341) erfolgen darf. Lagen der Erstentscheidung bereits stattgefundene Verfolgungsmaßnahmen zugrunde, sind diese auch im Rahmen des Widerrufs zu beachten. Der zwischenzeitliche Zeitablauf allein kann der Verfolgungsprognose nicht die Grundlage entziehen, wohl aber die eingetretenen Änderungen der Sachlage. In derselben Weise sind Verfolgungsmaßnahmen in die neue Prognose einzubeziehen, die nach der Erstentscheidung stattgefunden haben. Anders verhält es sich jedoch, wenn die Erstentscheidung nur auf einer allg Verfolgungsprognose beruht u. Verfolgungsmaßnahmen auch danach nicht festzustellen sind. Dann verbleibt es für den Widerruf bei diesem Maßstab. 8

Die ursprünglichen Anerkennungsvoraussetzungen sind auch auf eine inländische oder eine ausl **Fluchtalternative** hin zu überprüfen. Letztere kann bei Verlegung des ständigen Aufenthalts in einen Drittstaat anzunehmen sein (BVerwG, InfAuslR 1989, 166; aA OVG Hamburg, EZAR 211 Nr 1). 9

3. Unzumutbarkeit der Rückkehr

Zwingende, auf früheren Verfolgungen beruhende Gründe schließen einen Widerruf aus, wenn sie den Flüchtling dazu berechtigen, die Rückkehr abzulehnen. Die aus Art 1 C Nr 5 Abs 2 GK übernommene Formulierung lässt die Verweigerung der Rückkehr nur genügen, wenn sich der Flüchtling hierfür auf qualifizierte Gründe berufen „kann", die von ihm genannten Umstände also die Rückkehr **objektiv unzumutbar** erscheinen lassen. Es muss sich um verfolgungsbedingte Gründe handeln, bloß aufr zählen nicht; insb humanitäre Gesichtspunkte u. solche des Vertrauensschutzes sind unbeachtlich (vgk VGH BW, EZAR 214 Nr 1). Die Rückkehr braucht nicht tatsächlich unmöglich zu sein, sie muss nur mit Recht aus den angeführten Gründen abgelehnt werden, wobei auch die subjektive Befindlichkeit des Flüchtlings in Rechnung zu stellen ist (Hailbronner, § 73 AsylVfG Rn 32; Marx, § 73 Rn 27; vgl auch Salomons/Hruschka, ZAR 2004, 386 u. 2005, 1). 10

Die Art der die Rückkehrverweigerung rechtfertigenden **Gründe** ist durch eine **Gegenüberstellung** mit den die Widerrufsmöglichkeit generell eröffnenden Gründen zu ermitteln. Beide müssen auf Verfolgung zurückgehen, erstere auf früher, also vor der Erstentscheidung entstandene. Besteht noch Verfolgungsgefahr, ist der Widerruf unzulässig. Ist sie entfallen, ist der Widerruf grundsätzlich statthaft, es sei denn, es sprechen zwingende verfolgungsbedingte Gründe aus der Zeit vor der Erstentscheidung dagegen. Es geht also um eine Fernwirkung früherer Verfolgunsmaßnahmen, die abgeschlossen sind u. nicht in der Weise nachwirken, dass sie eine fortdauernde Verfolgungsgefahr auch in der Zukunft ergeben. So kann der Wechsel eines Regimes die einmal gegebene Gefahr staatlicher Verfolgung entfallen lassen, die Lebensbedingungen einschließlich der Einstellung der Be- 11 völkerung gegenüber dem früheren Regimegegener brauchen sich damit aber noch nicht zum Positiven zu wenden (Marx, § 73 Rn 26).

12 Mit dieser Auslegung **läuft** die Ausnahmevorschrift des Abs 1 S. 3 **zT leer.** Bei der Übernahme des Art 1 C Nr 5 Abs 2 GK ist offenbar die Bedeutung der Entscheidung des BVerfG über die Unzumutbarkeit der Rückkehr bei Gefahr wiederholter Verfolgung (BVerfGE 54, 341) übersehen (Art 16 a GG Rn 52). Dieser Beschluss bezieht sich ausdrücklich auf den in Art 1 C Nr 5 Abs 2 GK zum Ausdruck gelangten allg Rechtsgedanken der Unzumutbarkeit der Rückkehr bei vorangegangener Verfolgung. Wenn in der Begründung zum GesEntw (BT-Drs 9/875 S. 18) auf den „letzten Absatz des Artikels 1 C" verwiesen ist, beruht dies erkennbar auf einem Versehen; denn diese Bestimmung (in Nr 6) gilt nur für Staatenlose, ist aber inhaltlich mit der in Nr 5 identisch. Vor allem aber setzt diese Bestimmung ebenso wie der Beschluss des BVerfG eine frühere Verfolgung (der Gebrauch des Plurals „Verfolgungen" in der GK ist ohne Bedeutung) voraus, die eine Rückkehr objektiv unzumutbar erscheinen lassen („... auf Gründe berufen kann, ...").

13 Deshalb ist Abs 1 S. 3 auf Fälle **beschränkt,** in denen einerseits trotz Vorverfolgung infolge zwischenzeitlich vorauszusehender hinreichender Sicherheit vor erneuter Verfolgung die Grundlagen der Erstentscheidung entfallen sind, in denen aber andererseits die Schwere der Vorverfolgung u. die dabei verursachten Beeinträchtigungen trotz Änderung der Verhältnisse u. Zeitablaufs eine Rückkehr unzumutbar erscheinen lassen. Damit wird den bes. Belastungen schwer Verfolgter Rechnung getragen. Wirkt die Verfolgung etwa in einer feindlichen Haltung der Bevölkerung nach oder hat sie bleibende psychische Schäden verursacht, kann die Rückkehr unzumutbar sein (Marx, § 73 Rn 26). Nicht unbedingt gleichzuachten wäre es dagegen, wenn aufgrund der Verfolgung u. des darauf beruhenden Auslandsaufenthalts ua die familiären u. wirtschaftlichen Lebensbedingungen im Heimatstaat verloren gegangen sind, wobei der Wiederaufbau einer wirtschaftlichen Existenz nicht von vorneherein unzumutbar ist.

4. Familienasyl

14 Erlöschen, Widerruf u. Rücknahme der durch Familienasyl erlangten Rechtsstellung warfen unter der Geltung des § 7 a III AsylVfG einige **Zweifelsfragen** auf (dazu 5. Aufl, § 7 a AsylVfG Rn 30 bis 37). Nach der Änderung durch § 26 brauchte das Familienasyl in §§ 72, 73 nicht mehr gesondert erwähnt zu werden (anders noch § 71 GesEntw, BT-Drs 12/2062 S. 18). Die neue Bestimmung des Abs 1 S. 2 soll der notwendigen Klarstellung hinsichtlich des Familienasyls dienen (BT-IA, BT-Drs 12/2718 S. 62; vgl auch Begr des GesEntw, BT-Drs 12/2062 S. 39), sie enthält aber keine eigenständige Regelung. Die früheren **Unsicherheiten** sind durch die völlige Gleichstellung des Stammberechtigten u. des Familienasylber sowie durch Abs 1 S. 2 **zT beseitigt:** Die Vorschriften der §§ 72, 73 II sind danach unmittelbar auf die nach § 26 anerkannten Personen anwendbar, wenn ein Erlöschenstatbestand in deren Person eintritt (vgl § 72 Rn 8 ff) oder wenn für das Familienasyl selbst ein Rücknahmetatbestand festgestellt wird (vgl Rn 21 ff). Außerdem haben Erlöschen, Widerruf oder Rücknahme der Asylanerkennung des Stammberechtigten den Widerruf des Familienasyls zur Folge, falls der Familienasylber nicht aus anderen Gründen als Asylber anzuerkennen ist (Abs 1 S. 2). Dies gilt auch hinsichtlich des 2005 eingeführten Familienabschiebungsschutzes; dabei ist unerheblich, dass dieser in Abs 1 nicht gesonderte neben der Flüchtlingsanerkennung erwähnt ist. **Unklar** bleiben die Folgen des Eintritts von Widerrufsgründen hinsichtlich des Familienasyls u. des Familienabschiebungsschutzes außerhalb des Status des Stammberechtigten (Rn 17 ff).

15 **Widerruf oder Rücknahme** der Anerkennung des Stammberechtigten lassen die notwendige Grundlage des Familienasyls u. des Familienabschiebungsschutzes entfallen u. geben damit Anlass zu deren Überprüfung. Dieser in Abs 1 S. 2 zum Ausdruck gebrachte rechtliche Zusammenhang ergibt sich schon aus § 26 I Nr 4. Die Akzessorietät des Familienasyls u. des Familienabschiebungsschutzes gebietet deren Widerruf bei nachträglicher Aufhebung

Widerruf und Rücknahme § 73 **AsylVfG** 4

des Stammrechts, es sei denn, der Familienangehörige ist aus anderen Gründen als Asylber oder als Flüchtling anzuerkennen (Hailbronner, § 73 AsylVfG Rn 27). Eine derartige **„doppelte Deckung"** (Rn 19) ist sogleich vorzunehmen u. nicht in einem nachfolgenden neuen Asylverf. Eine sonstige Asyl- oder Flüchtlingsanerkennung käme aufgrund eigener Asylgründe in Betracht (so schon für die frühere Rechtslage BVerwG, EZAR 215 Nr 2 m. insoweit abl. Anm. Renner, ZAR 1992, 35) oder aufgrund einer Ableitung nach § 26 von einem anderen Familienmitglied, insb einem anderen Elternteil, dessen Anerkennung noch bestehen geblieben ist (zur Doppelprüfung allg Rn 19).

Erlischt die Anerkennung des Stammberechtigten, fehlt ebenfalls für die Zukunft eine 16 notwendige Grundlage des Familienasyls u. des Familienabschiebungsschutzes. Insoweit ist ein Unterschied zum Fortfall der Anerkennung des Stammberechtigten infolge Widerrufs oder Rücknahme nicht festzustellen. Hierfür ist unerheblich, dass das Ges für das Erlöschen anders als für Widerruf u. Rücknahme kein gesondertes Verf bereithält (vgl § 72 Rn 32 ff).

Auch der **nachträgliche Fortfall** der speziellen Voraussetzungen des § 26 stellt dem 17 Wortlaut nach einen Anwendungsfall des Abs 1 S. 1 dar. Die Fassung des nachfolgenden Satzes deutet darauf hin, dass damit ein weiterer Widerrufsgrund („In den Fällen des § 26 ... ferner") für das Familienasyl bestimmt werden soll u. dieses ansonsten dem Grundtatbestand des Abs 1 S. 1 unterfällt. Irgendeine Einschränkung lässt das Ges nicht erkennen. Dies gilt auch für den Fall des Abschiebungsschutzes.

Einen Widerrufsgrund könnten danach (bei Ehegatten) die **Auflösung der Ehe** u. (bei 18 Kindern) das Erreichen der **Volljährigkeit** u. die **Eheschließung** abgeben. Die damit vom Gesetzgeber dem Wortlaut zufolge gebilligte Rspr des BVerwG (EZAR 251 Nr 2) **entwertete** die Institution des Familienasyls, weil damit die früher ins Feld geführten integrationspolitischen u. verfahrensökonomischen Ziele in vielen Fällen zunichte gemacht würden. Es liefe dieser ges Zielsetzung insb konträr zuwider, wenn bei Erreichen der Volljährigkeit oder Eheschließung das Kinderasyl widerrufen würde; denn dieses ist eigentlich nicht auf Zeit angelegt, sondern sollte eine dauerhafte Integration fördern. Bei älteren Kindern „lohnte" sich bei dieser Auslegung die Zuerkennung von Familienasyl kaum noch. Ihre Rechtsposition könnte sich eher dadurch verschlechtern, dass ihnen später im Widerrufsverf Nachweise über die Verfolgungsgefahr nicht (mehr) zur Verfügung stehen. Nach alledem kann weder das Erreichen der Volljährigkeit u. die Eheschließung bei Kindern noch die spätere Auflösung der Ehe durch Scheidung oder Tod bei Ehegatten zum Widerruf führen. Der Wortlaut des Ges ist im Wege der teleologischen Reduktion zu korrigieren, weil sich sonst eine den Zielen u. Zwecken des Ges konträr zuwiderlaufende Lösung ergäbe (ebenso Bierwirth in Barwig, AuslR, S. 244; Birk/Repp, ZAR 1992, 38; Göbel-Zimmermann, Rn 381; Hailbronner, § 26 AsylVfG Rn 35 f; Marx, § 26 Rn 24; BVerwGE 88, 326; VGH BW, VBlBW 1991, 230). Dies gilt entspr für den Familienabschiebungsschutz.

Eine „doppelte Deckung" (Rn 15) ist auch in diesen Fällen ausdrücklich vorgeschrieben. 19 Die Voraussetzungen für die Asyl- oder Flüchtlingsanerkennung können wegen der Eigenart des Familienasyls u. -abschiebungsschutzes nur dann als nicht mehr vorliegend angesehen werden, wenn auch kein **anderer Grund** für die Anerkennung des Familienangehörigen gegeben ist. Wenn der Familienangehörige auf seinen Asylantrag hin nach § 26 anerkannt u. ihm die Geltendmachung von in seiner Personen begründeten Verfolgungstatsachen verwehrt wird (§ 26 Rn 18, 22), kann er billigerweise bei Fortfall der speziellen Voraussetzungen für das Familienasyl oder den Familienabschiebungsschutz hiervon nicht weiter ausgeschlossen werden. Andernfalls müsste er einen neuen Asylantrag stellen, der kein Folgeantrag iSd § 71 I wäre, um eine Prüfung seiner originären Asylberechtigung zu ermöglichen.

5. Abschiebungshindernis

Ob für die in Abs 3 genannten Abschiebungshindernisse aufgrund des speziellen Cha- 20 rakters dieser Bestimmung eine **ergänzende Anwendung des § 49 VwVfG** ausgeschlossen ist (so Hailbronner, § 73 AsylVfG Rn 39; Marx, § 73 Rn 62), könnte angesichts der vom BVerwG zur Rücknahme von Statusfeststellungen angestellten Erwägungen (BVerwG, EZAR 214 Nr 13; dazu Rn 21) fraglich erscheinen. Eine ergänzende Heranziehung von § 49 VwVfG ist hier jedoch aus denselben Gründen wie bei der Statusfeststellung (dazu Rn 3) nach wie vor abzulehnen. Die Änderung der Verhältnisse ist bereits in Abs 3 erfasst, u. die weiteren Tatbestände des § 49 II VwVfG eignen sich nicht für eine Anwendung auf die Feststellung von Abschiebungshindernissen; im Ergebnis ist daher das Fehlen einer Unzumutbarkeitsregel wie in Abs 1 S. 3 nicht entscheidend. Der Widerruf ist ohne jede Beschränkung zulässig u. geboten, wenn die **Voraussetzungen** für die Feststellung eines der genannten Abschiebungshindernisse des § 60 II–VII AufenthG **nicht mehr vorliegen.** Dies kann auch angenommen werden, wenn die Feststellung schon anfangs unrichtig war, sofern eine Verfolgungsgefahr infolge einer zwischenzeitlichen Änderung der maßgeblichen Umstände entfallen ist (ursprüngliche Rechtswidrigkeit; dazu Rn 4). Da es für die Feststellung nach § 60 II–VII AufenthlG an einer § 72 ähnlichen Erlöschensregelung fehlt (auch keine analoge Anwendung zulässig, vgl § 72 Rn 2), können die dortigen Tatbestände zur Feststellung des Fortfalls der Voraussetzungen herangezogen werden; denn sie lassen auf den Wegfall der Verfolgungsgefahr u. der Schutzbedürftigkeit schließen. Betroffen sind nur positive Feststellungen, nicht negative. Unzulässig ist der Widerruf einer rechtskräftigen Feststellung durch das BAMF; dieses kann aber bei Änderung der Sachlage eine abweichende neuerliche Feststellung treffen (BVerwG, EZAR 214 Nr 11).

IV. Rücknahme

1. Verhältnis zu § 48 VwVfG

21 Ob die materiellen Voraussetzungen, Zuständigkeit u. Verf für die Rücknahme einer (rechtswidrigen) Asyl- oder Flüchtlingsanerkennung in Abs 2 u. 4 **abschließend geregelt** sind, sodass kein Raum für eine ergänzende Heranziehung von Teilen des § 48 VwVfG bleibt ist, streitig (dafür Hailbronner, § 73 AsylVfG Rn 33; Marx, § 73 Rn 3 f; OVG SaAnh, EZAR 214 Nr 12; zunächst offengelassen von BVerwG, EZAR 214 Nr 2). Nunmehr nimmt das BVerwG (BVerwGE 112, 80) an, die Rücknahme sei in Abs 2 nicht abschließend geregelt u. daher sei Raum für eine ergänzende Anwendung von § 48 VwVfG. Hierfür spricht neben dem Fehlen einer eindeutig auf eine Spezialnorm hinweisenden Formulierung, dass die Rücknahme für eine bestimmte Fallgestaltung zwingend vorgeschrieben ist u. weder Entstehungsgeschichte noch Systematik Anhaltspunkte dafür bieten, dass die Anerkennung in anderen Fällen nicht im Ermessenswege gemäß § 48 VwVfG zurückgenommen werden können soll. Eine Rücknahme ist nicht deshalb ausgeschlossen, weil die Anerkennung auf einer **gerichtlichen Verpflichtung** beruht (zu weitgehend BayVGH, EZAR 214 Nr 6); ihr darf nur nicht die Rechtskraftwirkung (§ 121 VwGO) entgegenstehen (dazu auch Rn 2, 5). Die Bindung an rechtskräftige Entscheidungen kann auch bei fehlender Identität der Streitgegenstände eintreten, falls die Entscheidung für einen anderen streitigen prozessualen Anspruch vorgreiflich ist (BVerwGE 96, 24). Die Rechtskraftbindung verbietet die Annahme der ursprünglichen Rechtswidrigkeit (so VGH BW, NVwZ 2001, 460), sie endet allerdings, wenn sich die maßgebliche Sach- oder Rechtslage geändert hat (BVerwG, EZAR 214 Nr 10). Wenn sich die vorgenommene Rücknahme als rechtswidrig erweist, kann sie uU als Widerruf aufrechterhalten werden (BVerwG, EZAR 214 Nr 10; BayVGH, EZAR 214 Nr 8).

2. Unrichtige Angaben und Verschweigen wesentlicher Tatsachen

22 Unrichtige Angaben oder Nichtangabe wesentlicher Umstände müssen ursächlich für die Erstentscheidung gewesen sein. Verschulden oder Vorwerfbarkeit ist nicht verlangt. **Objek-**

Widerruf und Rücknahme   § 73 **AsylVfG 4**

tive **Unrichtigkeit** von Angaben oder objektives Unterlassen richtiger Angaben reichen aus. Die Unrichtigkeit muss allerdings feststehen; bloße Zweifel genügen nicht (VG Gießen, AuAS 1998, 116). Die erlangte Rechtsstellung braucht nicht vorsätzlich oder sonst schuldhaft erschlichen zu sein. Die unrichtige Entscheidung braucht nicht auf dem Verhalten des Ausl zu beruhen, auch die Tätigkeit oder Untätigkeit anderer Personen oder Stellen (Zeuge, Sachverständiger, Behörde) kommt in Betracht, sofern nur Kausalität festgestellt werden kann (betr. Asylanerkennung von „Botschaftsflüchtlingen" OVG NRW, EZAR 240 Nr 5).

Auf **Familienasyl u. Familienabschiebungsschutz** sind die Rücknahmebestimmun- 23
gen unmittelbar anzuwenden (vgl Rn 14). Wird die Asyl- oder Flüchtlingsanerkennung nach § 26 durch unrichtige oder unvollständige Tatsachenangaben erschlichen (etwa über den Bestand der Ehe oder die Abstammung des Kindes), rechtfertigt sich grundsätzlich die Rücknahme. Die originäre Berechtigung ist freilich gerade im Hinblick auf die Verwandtschaft mit einem (weiterhin anerkannten) politisch Verfolgten besonders sorgfältig zu prüfen. Aufgrund einer Täuschung sind Asyl u. Abschiebungsschutz nicht vollends verwirkt.

Die Rücknahme ist ausgeschlossen, sofern sich aus anderen Gründen die Gefahr politi- 24
scher Verfolgung ergibt (**Grundsatz der doppelten Deckung,** vgl Rn 15, 19; Kopp, VwVfG, § 48 Rn 3). Die hierfür maßgeblichen Umstände können schon bei Erlass der Erstentscheidung vorgelegen haben, in Betracht zu ziehen sind aber auch nachträglich entstandene Tatsachen. Der Sache nach ist also entscheidend, ob sich die Erstentscheidung nach damaliger oder nunmehriger Sachlage aus anderen Gründen als richtig erweist.

3. Abschiebungshindernis

Abs 3 **verdrängt** als lex specialis für die dort genannten Abschiebungshindernisse die 25
Anwendung des **§ 48 VwVfG** (vgl Rn 3). Ob die dortigen Rücknahmegründe damit insgesamt ausgeschlossen sind (dafür Hailbronner, § 73 AsylVfG Rn 39; Marx, § 73 Rn 62), könnte angesichts der vom BVerwG für die Statusentscheidung angestellten Erwägungen (BVerwGE 112, 80; dazu Rn 21) zweifelhaft erscheinen, diese Frage ist aber nach wie vor zu bejahen (zum Widerruf Rn 20). Abs 3 erfasst anders als Abs 2 nicht nur eine bestimmte Fallkonstellation, sondern jede Fehlerhaftigkeit der ursprünglichen Feststellung. Außerdem ist die Rücknahme ausnahmslos u. zwingend angeordnet. Daher bedarf es keiner Ergänzung durch einzelne Bestimmungen des § 48 VwVfG, die insb auch Gründe des Vertrauensschutzes berücksichtigen. Da es für die Feststellung nach § 60 II–VII AufenthG an einer § 72 ähnlichen Erlöschensregelung fehlt, könnten zwar die dortigen Tatbestände zur Feststellung hier herangezogen werden; sie beschreiben aber gerade nicht die ursprüngliche Unrichtigkeit der Feststellung, sondern den späteren Wegfall der Voraussetzungen (dazu Rn 20). Die Rücknahme betrifft nur **positive Feststellungen** zu § 60 II, III, V oder VII AufenthG. Auf die Art des Fehlers bei der ursprünglichen Entscheidung kommt es nicht an. Die Entscheidung muss sich nur als materiell fehlerhaft erweisen, bloße Verfahrensverstöße rechtfertigen die obligatorische Rücknahme dagegen nicht. Aspekte des Vertrauensschutzes sind nicht zu beachten.

V. Rechtsfolgen

Widerruf u. Rücknahme wirken **ex nunc**. Erst mit ihrer Bestandskraft endet die mit der 26
Erstentscheidung dokumentierte Rechtsstellung. Gleichzeitig entsteht die Pflicht zur unverzüglichen Herausgabe von Asyl- oder Flüchtlingsanerkennungsbescheid sowie Reiseausweis.

Der dem Ausl erteilte **AufTit** erlischt nicht von selbst aufgrund von Widerruf oder 27
Rücknahme. Er kann aber nach Bestandskraft von Widerruf (nicht früher: VG Sigmaringen, InfAuslR 1999, 47) oder Rücknahme unter Abwägung aller einschlägigen Interessen

(Vertrauensschutz, Integration, Entfremdung vom Heimatstaat, Schutz öffentl Belange gegen Erschleichen von Aufenthaltsrechten) von der AuslBeh widerrufen werden (§ 52 I 1 Nr 4 AufenthG; Marx, § 73 Rn 46; dazu auch VGH BW, EZAR 214 Nr 5). Dabei ist der Aufenthalt bis zur Wirksamkeit des Widerrufs als rechtmäßig zu behandeln; bei der Rücknahme kann berücksichtigt werden, dass der Aufenthalt zwar infolge des erteilten AufTit rechtmäßig war, aber mittelbar durch unrichtige oder unvollständige Angaben im Asylverf erlangt wurde. Für den Erlass einer Abschiebungsandrohung ist nur in diesem auslr Verf Raum; das BAMF ist im Rücknahme- u. Widerrufsverf hierfür nicht zuständig (Rn 2, 29).

VI. Verwaltungsverfahren und Rechtsschutz

28   Für das Verf ist der **Leiter des BAMF** in vollem Umfang **zuständig** (nach § 37 AuslG 1965 nur für die Einleitung). Er kann selbst oder durch einen beauftragten Bediensteten entscheiden, der anders als der frühere Entscheider weisungsunterworfen handelt. In der Auswahl ist der Leiter frei, er kann jeden Bediensteten bestellen; angesichts der besonderen Schwierigkeit des Aufhebungsverf erscheint es zweckmäßig, idR den Bearbeiter des zuständigen Länderbereichs zu beauftragen. Mit Rücksicht auf dessen Sachkunde werden Einzelweisungen idR nicht angebracht sein.

29   Das Verf wird **von Amts wegen** eingeleitet u. ist nach fast denselben Regeln zu führen wie das Anerkennungsverf. Es kann von jeder Behörde oder Stelle angeregt werden, insb von Grenz- oder AuslBeh. Aufgrund des neuen Abs 2a hat die Überprüfung in jedem Fall u. obligatorisch **spätestens drei Jahre nach** Unanfechtbarkeit der Anerkennung zu erfolgen. Danach steht die Überprüfung im Ermessen des BAMF. Damit ist keine neue materielle Rechtslage geschaffen, das BAMF aber zu routinemäßigen Kontrollen verpflichtet. Die erste Überprüfung hat auch insoweit Bedeutung, als ohne sie ein Übergang von der AE zur NE nach § 26 III AufenthG ausgeschlossen ist.

30   Der Fortfall der **mündlichen Anhörung** des Ausl (Abs 4; anders noch § 16 III iVm § 12 I 2 AsylVfG 1982) erscheint angesichts der Bedeutung der Aufhebung der Anerkennung nicht sachgerecht. Sie hätte schon deswegen erhalten bleiben sollen, weil sich dadurch zumindest teilweise unnötige Gerichtsverf hätten erübrigen können. Die allg Jahresfrist für Widerruf u. Rücknahme (§§ 48 IV, 49 II 2 VwVfG) gilt hier nicht (betr Widerruf OVG RhPf, InfAuslR 2000, 468; betr Rücknahme OVG NRW, NVwZ-Beil 2002, 93). Die Pflicht zum „unverzüglichen" Widerruf ist allein im öffentl Interesse geschaffen; der Ausl kann sich insoweit nicht auf Vertrauensschutz berufen (Hailbronner, § 73 AsylVfG Rn 21, 46; BVerwG, EZAR 214 Nr 7). Die **Zustellungsvorschriften** des § 10 sind in § 72 nicht genannt, aber trotzdem wegen ihrer allg Geltung für die „Dauer des Asylverfahrens" (§ 10 I) anwendbar (Hailbronner, § 73 AsylVfG Rn 51). Sie sind zwar eigentlich nur bei noch nicht förmlich abgesicherter Rechtsstellung eines Asylbew gerechtfertigt, nicht jedoch für das Aufhebungsverf; die Formulierungen des § 10 lassen jedoch einen derartige Beschränkung nicht erkennen, u. Abs 5 schreibt nur die (förmliche) Zustellung vor, ohne andere Zustellungsbestimmungen auszuschließen.

31   Das BAMF kann eine **Abschiebungsandrohung** in diesem Verf nicht erlassen (BVerwG, EZAR 214 Nr 11; BayVGH, EZAR 210 Nr 13). Hierfür ist allein die AuslBeh in dem sich anschließenden aufr Verf zuständig (dazu auch Rn 2, 27).

32   Gegen Widerruf u. Rücknahme ist Rechtsschutz wie sonst im Asylverf gegeben. **Widerspruch** ist ausgeschlossen (§ 11), die **Anfechtungsklage** des Ausl hat aufschiebende Wirkung (§ 75), u. es gelten die Sonderregeln für Asylverf (Einzelrichter, maßgebliche Sach- u. Rechtslage, Zulassungsberufung nach §§ 76 ff). Bis zur rechtkräftigen Abweisung der Klage besteht die Erstentscheidung fort (BVerwG, EZAR 214 Nr 2). Die Aufforderung der AuslBeh zur Herausgabe des Anerkennungsbescheids kann mit Widerspruch u. Anfechtungsklage angegriffen werden (§ 72 Rn 34).

§ 73 a Ausländische Anerkennung als Flüchtling

(1) ¹Ist bei einem Ausländer, der von einem ausländischen Staat als Flüchtling im Sinne des Abkommens über die Rechtsstellung der Flüchtlinge anerkannt worden ist, die Verantwortung für die Ausstellung des Reiseausweises auf die Bundesrepublik Deutschland übergegangen, so erlischt seine Rechtsstellung als Flüchtling in der Bundesrepublik Deutschland, wenn einer der in § 72 Abs. 1 genannten Umstände eintritt. ²Der Ausländer hat den Reiseausweis unverzüglich bei der Ausländerbehörde abzugeben.

(2) ¹Dem Ausländer ist die Rechtsstellung als Flüchtling in der Bundesrepublik Deutschland zu entziehen, wenn die Voraussetzungen des § 60 Abs. 1 des Aufenthaltsgesetzes nicht mehr vorliegen. ²§ 73 Abs. 1 Satz 3 und Abs. 4 bis 6 ist entsprechend anzuwenden.

I. Entstehungsgeschichte

Die Vorschrift wurde entspr dem **GesEntw** (BT-Drs 13/4948) mit Wirkung vom 1. 11. 1997 **eingefügt** (Ges vom 29. 10. 1997, BGBl. I 2584). Mit Wirkung vom 1. 1. 2005 wurde in Abs 2 die Bezugnahme auf § 51 I AuslG durch eine solche auf § 60 I AufenthG ersetzt (Art 3 Nr 51 **ZuwG**). **1**

II. Allgemeines

Im Ausland anerkannte ausl Flüchtlinge gelten auch in Deutschland als **GK-Flüchtlinge** (§ 60 I 2 AufenthG). In den Genuss der wesentlichen Rechte aus der Konvention gelangen sie indes nur, wenn sie sich rechtmäßig in Deutschland aufhalten (betr Reiseausweis vgl Art 28 GK). Für Aufnahme u. Aufenthalt ist entscheidend, welchen Staat die Verantwortung für den Flüchtling u. insb für die Ausstellung des Konventionspasses trifft (vgl § 11 Anhang-GK: Wechsel des Wohnorts oder der Niederlassung; Europ Übereinkommen vom 16. 10. 1980: ua zwei Jahre tatsächlicher u. dauernder Aufenthalt; dazu § 51 AufenthG Rn 19 ff). Mit der Vorschrift soll das Regelungsdefizit beseitigt werden, das deswegen bestand, weil §§ 72, 73 auf diese Flüchtlinge nicht anwendbar sind (BT-Drs 13/4948 S. 11). **2**

III. Erlöschen

Falls die Verantwortung für den Flüchtling auf die BR Deutschland übergegangen ist (vgl Rn 2), gelten die Vorschriften des § 72 I entspr Insb **erlischt** die Rechtsstellung dann, wenn sich der Flüchtling wieder in den Schutz des Heimatstaats begeben hat. **3**

IV. Entziehung

Die Entziehung soll bei Fortfall der Voraussetzungen des § 60 I AufenthG erfolgen; für sie gelten die Vorschriften des § 73 I 3, IV–VI entspr Daraus ist zu schließen, dass es sich der Sache nach um einen **Widerruf** u. nicht um eine Rücknahme handelt. Eine andere Bezeichnung ist offenbar deshalb gewählt, weil ein ausländischer staatl Akt betroffen ist. **4**

V. Reiseausweis

5   Der von einem anderen Staat ausgestellte Reiseausweis ist von dem Ausl unverzüglich **abzugeben.** Die AuslBeh hat ihn an diesen Staat zurückzusenden, wenn dies im Ausweis ausdrücklich vermerkt ist (BT-Drs 13/4948 S. 11).

Siebenter Abschnitt. Gerichtsverfahren

§ 74 Klagefrist; Zurückweisung verspäteten Vorbringens

(1) Die Klage gegen Entscheidungen nach diesem Gesetz muß innerhalb von zwei Wochen nach Zustellung der Entscheidung erhoben werden; ist der Antrag nach § 80 Abs. 5 der Verwaltungsgerichtsordnung innerhalb einer Woche zu stellen (§ 36 Abs. 3 Satz 1), ist auch die Klage innerhalb einer Woche zu erheben.

(2) ¹Der Kläger hat die zur Begründung dienenden Tatsachen und Beweismittel binnen einer Frist von einem Monat nach Zustellung der Entscheidung anzugeben. ² § 87b Abs. 3 der Verwaltungsgerichtsordnung gilt entsprechend. ³Der Kläger ist über die Verpflichtung nach Satz 1 und die Folgen der Fristversäumnis zu belehren. ⁴Das Vorbringen neuer Tatsachen und Beweismittel bleibt unberührt.

Übersicht

		Rn
I.	Entstehungsgeschichte	1
II.	Allgemeines	2
III.	Gerichtsverfahren	5
	1. Streitgegenstand, Verbindung, Trennung	5
	2. Zuständigkeit	10
	3. Fristen	14
	4. Wiedereinsetzung	20
	5. Maßgeblicher Zeitpunkt für Entscheidungsgrundlagen	23
	6. Amtsermittlung und Mitwirkungspflicht	25
	7. Präklusion	28
	8. Beweisaufnahme	32
	9. Dolmetscher	38
	10. Besetzung des Gerichts	39
	11. Rechtsmittel	41
	12. Kosten	45
	13. Prozesskostenhilfe	49
	14. Verfassungsbeschwerde	55

I. Entstehungsgeschichte

Die Vorschrift hat kein Vorbild im AsylVfG 1982. Sie stimmt im Wesentlichen mit dem **GesEntw 1992** (§ 72, BT-Drs 12/2062 S. 18) überein. Auf Vorschlag des BT-IA (BT-Drs 12/2718 S. 38) wurden in S. 2 in Abs 2 eingefügt u. stattdessen die folgenden Sätze gestrichen: „Nach Ablauf dieser Frist vorgebrachte Tatsachen und Beweismittel bleiben unberücksichtigt." (S. 2); „Für die Wiedereinsetzung in den vorigen Stand gilt § 60 Abs 1 bis 4 der Verwaltungsgerichtsordnung entsprechend" (S. 4); „Satz 2 gilt nicht, wenn es mit geringem Aufwand möglich ist, den Sachverhalt auch ohne Mitwirkung des Klägers zu ermitteln." (S. 6). Mit Wirkung v. 1.7.1993 wurde das Klammerzitat in Abs 1 von „Abs 2" in „Abs 3" geändert (Art 1 Nr 41 **AsylVfÄndG 1993**). 1

II. Allgemeines

Die Vorschrift soll die anlässlich des Asylantrags u. im Anschluss an die Ablehnung des Asylantrags möglichen Gerichtsverf **konzentrieren** u. damit **beschleunigen**. Dazu dienen Fristverkürzung u. Präklusion. Besondere Bestimmungen über die Verbundklage (§ 30 2

AsylVfG 1982) sind entbehrlich geworden, nachdem die einzelnen Teile des Verf weitestgehend beim BAMF konzentriert sind. Nach Erweiterung der Kompetenz des BAMF um Flüchtlingsanerkennung, Feststellung von Abschiebungshindernissen nach § 53 AuslG (seit 2005: § 60 II–VII AufenthG) u. Abschiebungsandrohung oder -anordnung nach § 34a kommen diese als selbständige **Streitgegenstände** auf Seiten des Bundes zur Asylanerkennung hinzu, während die AuslBeh aus diesem Verf ausgeschlossen ist. Der verwaltungsprozessuale Streitgegenstand wird allg zweigliedrig definiert: prozessualer Klageanspruch u. Klagegrund (für das AsylR ebenso BVerwGE 96, 24). Eine Tendenz zum formalisierten eingliedrigen Begriff des Streitgegenstands (so Rennert, VBlBW 2001, 161) in der Rspr zum AsylR ist jedenfalls nicht klar erkennbar. Allerdings sind für das AsylR zwei Besonderheiten zu vermerken. Erstens unterscheidet sich die begehrte Rechtsfolge bei der Asyl- u. der Flüchtlingsanerkennung, bei den Abschiebungshindernissen des § 60 II–VII AufenthG aber nur hinsichtlich einerseits der absoluten u. andererseits der relativen Hindernisse. Zweitens erschöpft sich der Lebenssachverhalt nicht punktuell in einem vorgetragenen Ereignis oder Vorgang, sondern ist in dem Sinne umfassend, dass er alle für die Gefährdungsprognose maßgeblichen Umstände u. Verhältnisse im Herkunftsstaat wie im Inland einschließt, wobei die persönlichen Verpflichtungen zum umfassenden Vortrag (§§ 15, 25 I–III) ebenso zugrunde zu legen sind wie die (ergänzende) Amtsaufklärungspflichten von BAMF u. VG (§ 24; § 86 VwGO; Rn 25–27).

3   Als Grundlage des Rechtsschutzes im Hauptsacheverf wird die Vorschrift **ergänzt durch die Sonderregeln der §§ 75 bis 83,** die vor allem mit dem streitentscheidenden Einzelrichter u. der Zulassungsberufung ein Prozessrechtssystem zur Verfügung stellen, das anfangs vom allg Verwaltungsprozess erheblich abwich. Trotz einiger Mängel hat sich ein Teil dieser Bestimmungen (als §§ 30 bis 33 AsylVfG 1982) insgesamt als tauglich erwiesen. Gleichwohl darf nicht übersehen werden, dass sich der Asylprozess am wenigsten für derartige Experimente eignet u. die notwendige Entlastung der Verwaltungsgerichtsbarkeit am besten von Anfang an durch Übernahme dieser Institute in die VwGO hätte bewerkstelligt werden können (Renner in Barwig, AsylR im Binnenmarkt, S. 65 ff).

4   Stattdessen wurde der verwaltungsgerichtliche Rechtsschutz zunächst am 1. 1. 1991 in anderer Weise **reformiert,** insb durch Einführung des streitentscheidenden Vorsitzenden/Berichterstatters u. der Präklusion verspäteten Vorbringens (4. VwGOÄndG). Die damals in der VwGO vorgenommenen Straffungen haben nur bedingt zu einer spürbaren Beschleunigung beigetragen, weil sie lediglich halbherzig das Verf, nicht aber den Rechtszug verkürzten. Für den Asylprozess brachten sie **zusätzliche Komplikationen,** weil die Neuerungen nicht mit dem AsylVfG abgestimmt waren u. deshalb ihr Verhältnis zu §§ 74 ff jew für die einzelne Norm zu klären war. Später wurde ab 1. 1. 1997 auch im allg Verwaltungsprozess die Zulassungsbedürftigkeit der Berufung u. der Beschwerde eingeführt (Ges vom 1. 11. 1996 BGBl. I 1626), u. gleichzeitig erfolgten weitere Änderungen des Gerichtsverf (zB §§ 92, 124, 124a VwGO), für die angesichts des speziellen Charakters der §§ 74 ff ebenfalls zu klären ist, ob sie auch für Asylsachen gelten. Seit 1. 1. 2002 sind Einzelheiten des Berufungs- u. Beschwerdeverf wiederum geändert; insb bedarf die Beschwerde in Eilverf nach §§ 80 Abs 5, 123 VwGO (wiederum) nicht mehr der Zulassung (Ges vom 20. 12. 2001, BGBl. I 3987). Obwohl § 74 nur Klagefrist u. Präklusion regelt, sollen hier darüber hinaus auch die wichtigsten der in Betracht kommenden prozessualen Einzelfragen dargestellt werden, soweit sie nicht in §§ 75–83b ausdrücklich geregelt oder an anderer Stelle kommentiert sind (jew unter „Rechtsschutz"; betr Rechtsschutzinteresse vgl zB § 81 Rn 2).

III. Gerichtsverfahren

1. Streitgegenstand, Verbindung, Trennung

5   Bestimmungen über den subjektiven Klagenverbund gibt es nicht mehr. Anders als nach § 30 AsylVfG 1982 ist der erfolglose Asylbew infolge der weitgehenden Konzentration der

Kompetenzen beim BAMF (vgl § 31) nicht mehr gehalten, Asylablehnung u. Abschiebungsandrohung gegenüber zwei verschiedenen Beteiligten anzugreifen. Nunmehr handelt es sich aber um uU **vier für ihn negative Entscheidungen,** gegen die er gerichtlich vorgehen kann: (1) Ablehnung der Asylanerkennung (einschl. Familienasyl), (2) Ablehnung der Flüchtlingsanerkennung (einschl Familienabschiebungsschutz), (3) Unterlassen der Feststellung von Abschiebungshindernissen nach § 60 I–II AufenthG, (4) Abschiebungsandrohung. In anderen Fällen ergehen zT nur zwei oder drei Entscheidungen des BAMF (zB nach §§ 31 II, III 2, IV, 32, 33, 34).

Trotz Fehlens einer § 30 AsylVfG 1982 entspr Vorschrift ergibt sich die Notwendigkeit 6 einer **Verbindung der Klagen** des Asylbew (nach Abschaffung des BB seit 1. 9. 2004 sind dessen Klagen nur noch übergangsweise von Bedeutung; dazu § 87 b). Klagt der Ausl gegen mehrere Entscheidungen des BAMF, ohne die Klagen schon verbunden zu erheben, sind diese Verf auf Antrag eines Beteiligten oder von Amts wegen zur gemeinsamen Verhandlung u. Entscheidung im Regelfall miteinander zu verbinden (§ 95 S. 1 VwGO); uU kommt auch eine formlose Zusammenführung in der Weise in Betracht, dass der später eingehende Antrag kurzerhand als Ergänzung des zuerst gestellten angesehen u. deshalb verfahrensmäßig nicht gesondert geführt, sondern zu den schon bestehenden Akten genommen wird. Das dem Gericht für eine förmliche Verbindung eingeräumte Ermessen schrumpft idR auf Null (Hailbronner, § 74 AsylVfG Rn 27 f). Dies gilt auch für den Fall, dass sowohl der Asylbew (zB gegen die Ablehnung der Asylanerkennung) als auch der BB (zB gegen die Flüchtlingsanerkennung) klagen (nach Abschaffung des BB seit 1. 9. 2004 sind dessen Klagen nur noch übergangsweise von Bedeutung; dazu § 87 b). Dagegen erscheint eine getrennte Behandlung u. ggf **Trennung** (§ 95 S. 2 VwGO) angebracht, wenn über einen der Streitgegenstände eine Sachentscheidung nicht mehr ergehen kann (zB nach Klagerücknahme oder übereinstimmender Erledigterklärung; zum früheren Recht Renner, ZAR 1985, 62). Sonst ist sie idR unsachgerecht, auch bei Einverständnis der Beteiligten u. teilweiser Entscheidungsreife.

Die Notwendigkeit einer schnellen, möglichst gleichzeitigen u. in sich widerspruchsfreien 7 Entscheidung über alle Streitgegenstände verlangt darüber hinaus **gerichtsorganisatorische Maßnahmen,** die ein Auseinandergehen der vier Streitgegenstände möglichst von vornherein verhindern. Jede andere Verfahrensweise liefe dem klaren gesetzgeberischen Willen zur unbedingten Beschleunigung der Asylverf zuwider (vgl § 83 Rn 2 f). So wäre es etwa mit dem Gesetzeszweck nicht vereinbar, wenn die Zuständigkeiten für die Asylentscheidungen einerseits (Asyl- u. Flüchtlingsanerkennung) u. die auslr Entscheidungen andererseits (Feststellung zu § 60 II–VII AufenthG u. Abschiebungsandrohung) verschiedenen Spruchkörpern oder Einzelrichtern zugewiesen würden (betr Gerichtszuständigkeit vgl § 52 Nr 2 S. 3 VwGO u. Rn 10 ff).

Ergeht die Abschiebungsandrohung nicht gleichzeitig mit der Asylentscheidung (§ 34 II) 8 oder gehen die Klagen nacheinander bei Gericht ein, ist der **Verbund** wie auch früher (vgl zB BVerwG, EZAR 630 Nr 21) **nachträglich** herzustellen. Das grundsätzliche Verbindungsgebot bindet auch die Rechtsmittelgerichte.

Der Streitgegenstand kann aufgrund der eingeschränkten Dispositionsfreiheit des Asylbew 9 (§ 13 II) begrenzt sein. War der **Asylantrag auf** Flüchtlinganerkennung **beschränkt** (§ 13 II), kann der Asylbew nach dessen Ablehnung (vgl § 31 II 2) sein Begehren nicht erweitern; er kann also nur auf Verpflichtung zur Feststellung der Voraussetzungen des § 60 I AufenthG klagen. Bezieht er die Asylanerkennung in seine Klage ein, kann er damit keinen Erfolg haben, weil es insoweit an einem wirksamen Antrag u. einem erfolglosen Antragsverf fehlt. Hat er dagegen einen **unbeschränkten Asylantrag** gestellt, kann er dessen Ablehnung (vgl § 31 II 1) entweder in vollem Umfang angreifen oder nunmehr sein Begehren nachträglich auf die Flüchtlingsanerkennung beschränken. Dies entspricht der ihm durch § 13 II verliehenen Dispositionsfreiheit. Hat der Asylantrag nur hinsichtlich der Flüchtlingsanerkennung Erfolg, kann der Asylbew auf Asylanerkennung klagen. Schließlich ist ihm nicht verwehrt, isoliert die Asylanerkennung einzuklagen u. die Ablehnung der Flüchtlingsanerkennung bestandskräftig werden zu lassen. Die Regelungen des § 13 I stehen dem nicht entgegen; diese sollen nur das Ausklammern der Voraussetzungen des § 60 I AufenthG aus dem Asylverf verhindern, deren Nichtvorliegen steht aber in diesem Fall schon bestandskräftig fest.

2. Zuständigkeit

10   Die örtliche Zuständigkeit der Gerichte ist nach anderen Gesichtspunkten als für BAMF u. AuslBeh (gewöhnlicher Aufenthalt nach § 3 I Nr 3 Bst a VwVfG) geregelt. Für Asylsachen gilt auch nicht der allg Gerichtsstand des Behördensitzes (§ 52 Nr 2 S. 1 u. 2 VwGO). Für Streitigkeiten nach dem AsylVfG ist vielmehr grundsätzlich das VG zuständig, in dessen Bezirk der Asylbew bei Erhebung der Klage oder Stellung des gerichtlichen Antrags seinen **Aufenthalt** zu nehmen hat; nur wenn diese Anknüpfung versagt, ist der Ort des Erlasses des Verwaltungsakts maßgeblich (§ 52 Nr 3 S. 1). Diese Sonderregeln sind mit der Garantie des ges Richters (Art 101 I 2 GG) vereinbar (BVerwG, EZAR 611 Nr 1, 2). Einige Länder haben für Asylstreitverf zunächst die ihnen durch § 3 I Nr 4 VwGO eröffnete Möglichkeit der Konzentration auf eines oder mehrere VG genutzt, inzwischen aber Asylsachen meist wieder weitgehend dezentralisiert. Bei Zweifeln an der örtlichen Zuständigkeit kann diese entweder bejaht oder die Sache an das andere VG verwiesen werden (§ 17a III oder II GVG). Es kann nicht stattdessen das nächsthöhere Gericht zur Bestimmung des zuständigen VG angerufen werden (BVerwG, BayVBl. 1995, 252; HessVGH, NVwZ-RR 1994, 476). Kommt es zur Verweisung an ein ebenfalls unzuständiges Gericht, ist diese bindend; sie kann nicht mittels analoger Anwendung von § 53 I Nr 5 VwGO durch Anrufung des OVG/VGH korrigiert werden.

11   Der **Kreis der erfassten Streitigkeiten** ist weit gezogen, darf aber nicht durch eine extensive Auslegung dahin erweitert werden, dass die AuslBeh den Gerichtsstand manipulieren könnte (BVerwG, EZAR 611 Nr 2; OVG Hamburg, EZAR 611 Nr 5). Erfasst sind alle Streitigkeiten, die den Zugang zum Asylverf, seine Durchführung u. seine Rechtsfolgen betreffen u. nach den Regeln des AsylVfG entschieden werden sollen (Hailbronner, vor § 74 AsylVfG Rn 9–19, § 74 AsylVfG Rn 1–25; vgl auch § 76 Rn 7, § 78 Rn 7, § 80 Rn 2). Maßgeblich ist also nicht allein der Sitz der jew Rechtsgrundlage (aA BVerwG, NVwZ 1998, 297 u. 299 m. abl. Anm. Renner, NJ 1998, 160 u. 161). Einen besonderen Streitpunkt in der divergierenden Rspr der OVG/VGH (dazu Rennert, VBlBW 1993, 90; Ruge, NVwZ 1995, 733) bilden die aufenthaltsbeendenden Maßnahmen gegen erfolglose Asylbew. Sie beruhen auf der Abschiebungsandrohung des BAMF u. dienen deren Durchsetzung, werden aber durch die AuslBeh nach den Regeln der §§ 50 ff AufenthG durchgeführt; wären sie nicht erfasst, müsste der Beschleunigungszweck erheblich leiden (§ 80 Rn 2). Anders verhält es sich nur, wenn in einem nachfolgenden aufr Verf, etwa um eine AE aus humanitären Gründen, die AuslBeh eine weitere Abschiebungsandrohung erlässt u. diese vollstreckt werden soll u. angegriffen wird (§ 80 Rn 2). Nicht nur Asylbew, auch Asylber sowie anerkannte ausl Flüchtlinge sind betroffen, soweit es zB Verf nach §§ 72, 73, 73a angeht. Dies gilt aber nicht für die Erteilung der AE nach § 25 I oder II Aufenth u. deren Übergang in eine NE (§ 26 III AufenthG), weil insoweit asylvfr Besonderheiten keine Rolle spielen, sondern allein das AufentG maßgeblich ist. Auf das AufenthG gestützte Maßnahmen gegen Asylbew oder Asylber, etwa Ausweisungen nach § 56 I 2, IV AufenthG, gehören nicht dazu (anders noch § 52 Nr 2 S. 3 VwGO aF: „… Verwaltungsakt der AuslBeh gegen Asylbew…"; zum Vollzug asylvfr Abschiebungsandrohungen vgl § 80 Rn 2). Ob die Unterlassung von Anfragen an den Heimatstaat zu den asylr Verfahrensgegenständen iSd § 52 Nr 2 S. 2 VwGO zu rechnen ist, erscheint höchst fraglich (so aber zum früheren Recht BVerwG, EZAR 611 Nr 6).

12   Für die örtliche Zuständigkeit kommt es auf die **Aufenthaltsbestimmungen** nach §§ 56, 71 V 1 an. Eine behördliche Zustimmung zu dem Wohnsitz oder Aufenthalt ist ebenso unerheblich wie eine Zuweisung (zum früheren Recht vgl BVerwG, EZAR 611 Nr 7; OVG Hamburg, EZAR 611 Nr 8). Der Aufenthaltsort des Asylbew ergibt sich insb

aus der örtlichen Beschränkung der AufGest (§ 56: drei Fallgruppen) u. deren Fortdauer nach Abschluss des Asylverf u. für das Folgeantragsverf (§§ 56 III, 71 V 1). Die mehrfache Zuständigkeit der AuslBeh nach § 71 V 2 hat keinen Einfluss auf die Gerichtszuständigkeit, weil sie an der Bestimmung des Aufenthaltsbezirks nichts ändert. Die Gestattung des vorübergehenden Verlassens des Aufenthaltsbezirks (§§ 57, 58 I 1 Alt 1, II bis VI) erweitert ebenfalls nicht den zugewiesenen Aufenthaltsbezirk. Anders verhält es sich bei der Erlaubnis zum allg Aufenthalt in dem angrenzenden Bezirk (§ 58 I 1 Alt. 2); denn damit wird der Aufenthaltsbereich verlegt.

Fehlt es an einer Aufenthaltsbestimmung, greift § 52 Nr 3 S. 1 VwGO ein (Ort des Erlasses des angegriffenen oder begehrten Verwaltungsakts oder der Maßnahme; anders nach alter Rechtslage noch BVerwG, EZAR 611 Nr 1). Trotz der engeren Formulierung des § 52 Nr 3 S. 1 VwGO ist die Vorschrift auch auf andere Klagearten als die Anfechtungsklage anzuwenden (Hailbronner, vor § 74 AsylVfG Rn 11). Beim **Streit** um einen neuen Aufenthaltsort bleibt zunächst der alte maßgeblich, es sei denn, die neue Aufenthaltsanordnung ist vorläufig vollziehbar (zum früheren Recht OVG Hamburg, EZAR 611 Nr 5). Der einmal begründete Gerichtsstand wird durch einen **Wechsel** des maßgeblichen Aufenthaltsbezirks während des Verf nicht berührt (§ 83 VwGO iVm § 17 I G; BVerwG, EZAR 611 Nr 7). Eine zwischenzeitliche anderweitige Verteilung berührt die Zuständigkeit nicht (ThürOVG, AuAS 1997, 24). 13

3. Fristen

Während unter der Geltung des AsylVfG 1982 besondere Fristen für asylr Hauptsacheverf nicht zu beachten waren, gelten nunmehr verhältnismäßig **kurze Fristen** für Klage (Abs 1), Klagebegründung (Abs 2) u. Berufungszulassungsantrag samt Begründung (§ 78 IV). Für die Berufung besteht die Monatsfrist (§ 124 II VwGO) nicht mehr, weil nach Zulassung der Berufung durch OVG/VGH das Antragsverf als Berufungsverf fortgesetzt wird (§ 78 V 3; zur Berufungsbegründung vgl § 124 a VI VwGO; § 78 Rn 42). Entsprechendes gilt für die Revision (dazu Rn 43) nach Zulassung durch das BVerwG (§ 139 II VwGO). Für die Nichtzulassungsbeschwerde beträgt die Frist einen Monat für die Einlegung u. einen (weiteren) Monat für die Begründung (§ 133 II 1, III 1 VwGO). Unter **Entscheidungen nach diesem Ges** sind sind alle Urteile u. Beschlüsse in Verf zu bestehen, die den Zugang zum Asylverf, dessen Durchführung u. dessen Rechtsfolgen betreffen u. nach den Regeln des AsylVfG geführt werden (zum Kreis der erfassten Streitverf Rn 11, § 76 Rn 7, § 78 Rn 7, § 80 Rn 2). 14

Die **Verkürzung der Klagefrist** auf zwei Wochen (nach § 73 VwGO: ein Monat) ist im Grundsatz nicht zu beanstanden, zumal sie zusammen mit dem generellen Ausschluss des Widerspruchs (§ 11) das Verf insgesamt erheblich zu beschleunigen vermag. Bedenken könnten freilich gegen die Klagefrist von einer Woche in den Fällen des Sofortvollzugs aufenthaltsbeendender Maßnahmen des § 36 II 1 bestehen (Abs 1 Hs. 2). Diese Angleichung der Fristen erscheint aber sachgerecht, weil sonst nach einer Woche nicht feststünde, ob überhaupt Klage erhoben wird u. ob der Antrag vor Klageerhebung zulässig ist (dazu VGH BW, EZAR 632 Nr 4; BayVGH, InfAuslR 1984, 248; OVG Hamburg, NVwZ 1983, 435). Außerdem wirkt es sich hier zugunsten eines effektiven Rechtsschutzes aus, dass die Klage ohne Rücksicht auf die Länge der Klagefrist erst innerhalb eines Monats begründet werden muss (betr § 18 a vgl dort Rn 26 ff). Für das Flughafenverf besteht insofern eine Lücke, als eine Bezugnahme auf die Antragsfrist von drei Tagen (§ 18 a IV) fehlt u. es deshalb bei der allg Klagefrist von zwei Wochen verbleibt (Hailbronner, § 74 AsylVfG Rn 36). Danach wäre zwar an eine entspr Regelung auch für das Flughafenverf zu denken; eine derartige Differenzierung findet aber dort gerade nicht statt (vgl § 18 a IV). 15

Die Einführung einer **Klagebegründungsfrist** bedeutet allerdings eine deutliche Verschärfung gegenüber dem allg Verwaltungsprozess (§ 82 I 3, II 2 VwGO). Die hierfür angeführten Gründe (besondere Mitwirkungsverpflichtung des Asylbew u. Gefahr der Ver- 16 zögerung bei späterer Begründung; so BT-Drs 12/2062 S. 40) sind nicht in jeder Hinsicht zwingend. Die weitreichenden Möglichkeiten des VG nach §§ 82 II 1, 87 I Nr 2 VwGO könnten die erforderliche Beschleunigung ebenso gut bewirken. Außerdem ist die Begründungsfrist nicht nur bei Asylklagen, sondern bei allen Klagen nach dem AsylVfG einzuhalten.

17 Für den Umfang der Klagebegründungspflicht ist das Verhältnis zwischen der allg **Mitwirkungsverpflichtung** des Asylbew u. dem **Untersuchungsgrundsatz** (§ 86 I VwGO) zu beachten, der das Gericht zu eigenständigen Ermittlungen von Amts wegen vor allem über die allg Situation in dem Verfolgerstaat verpflichtet (dazu Rn 25 ff; BT-Drs 12/2062 S. 40; ausführlich Hailbronner, vor § 74 AsylVfG Rn 38–85 u. 86–136). Soweit danach die Begründungsverpflichtung des Asylbew eingreift, richtet sie sich nach dessen Kenntnissen und Möglichkeiten. Der einmal substantiierte Tatsachenvortrag kann später näher ausgeführt u. in dem vorgegebenen Rahmen auch ergänzt werden. Nicht jede Einzelheit braucht schon innerhalb der Frist angegeben zu werden. Bei der Berufung auf Zeugen oder Sachverständige genügt zunächst deren Benennung; Einzelheiten wie die ladungsfähigen Anschrift können auch später nachgetragen oder ggf berichtigt werden.

18 Anträge auf **vorläufigen Rechtsschutz** nach §§ 80 V, 123 VwGO sind grundsätzlich nicht fristgebunden. Für bestimmte Eilanträge sind aber im asylr Verf (kurze) Fristen festgesetzt: eine Woche oder drei Tage nach § 36 III u. drei Tage nach § 18 a VI 1. Die Anträge sind in diesen Fällen nicht nur innerhalb einer Woche einzulegen, sondern in dieser Zeit auch zu begründen; denn angesichts der absoluten Eilbedürftigkeit dieser Verf ist vom Gesetzgeber eine unverzügliche Entscheidung nach Fristablauf als notwendig vorausgesetzt u. verlangt (zur nachträglichen Begründung im Flughafenverf vgl § 18 a Rn 27).

19 Die Frist wird durch Bekanntmachung oder **Zustellung** (§§ 18 a II 2, III 1, 31 I 2, 36 II 1, III 1) in Lauf gesetzt (zu Mitteilung u. Zustellung vgl § 17). Falls eine formgerechte Zustellung nicht nachweisbar, der BAMF-Bescheid aber zugegangen ist, ist dieser wirksam, die Klagefrist aber nicht in Lauf gesetzt (BVerwG, NVwZ 1992, 565; VGH BW, NVwZ-RR 1992, 396). Der Inhalt der **Rechtsmittelbelehrung** ergibt sich aus § 58 I VwGO u. § 18 a IV 3, 36 III 2. Sie ist in dt Sprache abzufassen u. braucht nicht in Übersetzung beigefügt zu werden (BVerfGE 42, 120; BVerwG, EZAR 610 Nr 1).

4. Wiedereinsetzung

20 Wiedereinsetzung in den vorigen Stand wird bei unverschuldeter Fristversäumnis gewährt, u. zwar auf Antrag oder bei Nachholung des Rechtsmittels binnen zwei Wochen nach Wegfall des Hindernisses von Amts wegen (§ 60 VwGO; vgl auch BVerwGE 49, 202). Mangelhafte Sprachkenntnisse, Verständnisschwierigkeiten u. instabile Wohnverhältnisse können die Wiedereinsetzung nur rechtfertigen, wenn der Asylbew die ihm **zumutbare Sorgfalt u. Mühe** aufgebracht hat (BVerfGE 60, 253). Das ist zB anzunehmen, wenn er sich sogleich mit Nachdruck um rasche Aufklärung bemüht hat u. dennoch nicht rechtzeitig Klage erheben konnte (vgl BVerfGE 86, 280).

21 Von ihm wird **verlangt,** sich bei sprachkundigen Landsleuten, dem Bevollmächtigten oder der AuslBeh zu erkundigen (BVerfGE 40, 95; 42, 120; BVerwG, 610 Nr 11) u. notfalls einen Übersetzer oder Dolmetscher zu Rate zu ziehen. Eine erhöhte Sorgfalt ist deshalb von ihm zu erwarten, weil sein Aufenthalt während des Asylverf grundsätzlich nur dem Zweck der Klärung der Asylber dient u. andere Interessen – erlaubte oder unerlaubte – demgegenüber idR zurückzutreten haben. Entfernt er sich etwa von dem ihm zugewiesenen Aufenthaltsort, muss er für eine umgehende Unterrichtung sorgen, insb zur Wahrung der Wochenfrist des § 36 III 1. Für von ihm eingeschaltete Boten oder andere Mittelspersonen trägt er das Risiko. Er kann sich allerdings auf die Richtigkeit der Übersetzung durch einen als verlässlich geltenden Sprachmittler verlassen (BayVGH, InfAuslR 199, 134).

22 Das **Verschulden seines Bevollmächtigten** ist ihm wie eigenes zuzurechnen (§ 173 VwGO iVm § 85 II ZPO; BVerfGE 60, 253; BVerfG-K, EZAR 212 Nr 12; BVerwG,

Klagefrist; Zurückweisung verspäteten Vorbringens § 74 **AsylVfG 4**

EZAR 610 Nr 1; ausführlich u. mwN Schütz, ZAR 2001, 125; aA zuvor VG Stuttgart, EZAR 610 Nr 10). Den existentiellen Folgen für den Asylbew kann jedenfalls zT mit einem Wiederaufgreifen auf Antrag oder von Amts wegen betr § 60 II–VII AufenthG (früher: § 53 AuslG) begegnet werden (BVerfG-K, EZAR 212 Nr 12; Jobs, ZAR 2002, 219). Bei Nichtverschulden des Asylbew u. substantiierten Bedenken gegen den Erstbescheid verdichtet sich der Anspruch auf Ermessensausübung in einen Anspruch auf Wiederaufgreifen (vgl BVerwG, EZAR 043 Nr 39 u. 212 Nr 10; VGH BW, NVwZ-RR 2000, 261; krit dazu Schütz, ZAR 2001, 125). Der Bevollmächtigte kann sich nachlässiges Verhalten bei der Fristenkontrolle oder der Auswahl oder Beaufsichtigung des Büropersonals zuschulden kommen lassen. Verschulden kann auch darin liegen, dass er sich einen Aufenthaltswechsel nicht mitteilen lässt (BVerwG, EZAR 610 Nr 11; OVG RhPf, NJW 1983, 1509) oder eine zunächst unbeantwortet gebliebene Anfrage betr Rechtsmitteleinlegung nicht wiederholt (BVerwGE 66, 240; ThürOVG, NVwZ-RR 1997, 390). Zur vorsorglichen Rechtsmitteleinlegung ist er nicht verpflichtet, wenn der Mandant eine zugegangene Anfrage nicht beantwortet (OVG RhPf, NJW 1983, 1509). Anders kann es sich nur verhalten, wenn er den Mandanten nicht erreicht u. aufgrund der erteilten Vollmacht zur Rechtsmitteleinlegung befugt ist (BVerwG, NVwZ 1984, 521).

5. Maßgeblicher Zeitpunkt für Entscheidungsgrundlagen

Der maßgebliche Zeitpunkt für die Entscheidungsgrundlagen ist nicht einheitlich für alle 23 Klage- u. Antragsarten zu festzulegen. Allg ist zu beachten, dass allein das jew **materielle Recht** die zugrundezulegenden tatsächlichen Voraussetzungen eines Rechts u. den hierfür maßgeblichen Zeitpunkt bestimmt u. es deshalb nur tendenziell für die Anfechtungsklage auf den **Zeitpunkt** der letzten Behördenentscheidung u. für die Verpflichtungsklage auf den der Letzten gerichtlichen Tatsachenentscheidung ankommt (BVerwGE 78, 243). Soweit der Widerspruch ausgeschlossen ist, ist im ersten Fall grundsätzlich auf den Zeitpunkt des Erlasses des Verwaltungsakts abzustellen, während im zweiten Fall die Entscheidung durch VG oder OVG/VGH den maßgeblichen Zeitpunkt bestimmt.

Für Klagen auf **Verpflichtung** des BAMF zu Asylanerkennung, Flüchtlingsanerkennung 24 oder Gewährung des Familienasyls kommt es danach auf den Zeitpunkt der letzten gerichtlichen Entscheidung an; insoweit hat § 77 I nichts an der bestehenden Rechtslage verändert, wohl aber für die Anfechtungsklage gegen eine aufenthaltsbeendende Maßnahme (vgl § 77 Rn 2 ff). Hinsichtlich Asyl- u. Flüchtlingsanerkennung sowie Abschiebungshindernisse nach § 60 II–VII AufenthG ist die letztlich allein ausschlaggebende Gefahrenprognose auf den Zeitpunkt der Rückkehr in nächster Zeit gerichtet. Das in der Vergangenheit erlittene Verfolgungsschicksal liefert die wichtigsten Prognosetatsachen, ersetzt aber trotz der vom BVerfG als grundlegend betrachteten Kausalfolge „Verfolgung – Flucht – Asyl" (BVerfGE 74, 51) nicht die hypothetische Gefahreneinschätzung für den Fall der Rückkehr (Rn 33; Hailbronner, vor § 74 AsylVfG Rn 26; für Retrospektive dagegen Rennert, ZAR 1991, 155).

6. Amtsermittlung und Mitwirkungspflicht

Im gerichtlichen Verf wird die **Amtsermittlungspflicht** ebenso durch die **Mitwir-** 25 **kungsverpflichtung** des Asylbew begrenzt wie im Verwaltungsverf (zu letzterem § 24 Rn 4 ff; Hailbronner, vor § 74 AsylVfG Rn 40 ff; Stelkens, ZAR 1985, 15). Die für die Statusentscheidung erforderliche Klärung der Asylberechtigung aufgrund einer mit Tatsachen untermauerten Gefahrenprognose baut auf der gerichtlichen Aufklärungsverpflichtung auf, kann aber nur zum Ziel führen, wenn die eigenen Angaben des Asylbew weitestgehend berücksichtigt werden. Nur ein ausgewogenes Verhältnis zwischen beiden Pflichtenkreisen wird den Besonderheiten des AsylR gerecht u. zeitigt sachgemäße Ergebnisse; immer ist die grundrechtssichernde Bedeutung des AsylVfR zu beachten (Renner, ZAR 1985, 62 mwN; Rothkegel, NVwZ 1990, 717). Gerichtliche Feststellungen im asylr Bereich müssen umfassend u. verlässlich sein (BVerfGE 76, 143) u. auf einer gesicherten richterlichen Überzeugung beruhen (§ 108 I VwGO). Dabei muss dem Vorbringen des Asylbew möglichst weit nachgegangen u. der Sachverhalt möglichst weit aufgeklärt werden (BVerfGE 76, 143). Die Amtsaufklärung darf nicht allein deshalb verweigert werden, weil entscheidungserhebliche Umstände erst spät in das Verf eingeführt u. daher unglaubhaft seien (BVerwG, NVwZ-Beil 2002, 40).

26   Aufgrund der dem Asylbew obliegenden **prozessualen Mitwirkungspflicht** (§ 86 I VwGO; BVerfGE 74, 51) ist dieser gehalten, umfassend die in seine eigene Sphäre fallenden Ereignisse u. Umstände zu schildern, die seiner Auffassung zufolge geeignet sind, den Asylanspruch zu tragen (BVerwG, EZAR 630 Nr 13, 23 u. 25) u. insb auch den politischen Charakter der Verfolgungsmaßnahmen festzustellen (BVerwG, EZAR 630 Nr 8). Hinsichtlich der allg Lage im Herkunftsstaat genügt es dagegen, dass die vorgetragenen Tatsachen die Möglichkeit einer Verfolgung als nicht entfernt liegend erscheinen lassen (BVerwGE 66, 237). Die prozessuale Mitwirkungspflicht des Ausl begrenzt die gerichtliche Ermittlungspflicht allerdings nur innerhalb des praktisch Erfüllbaren (BVerwGE 66, 237). Vorgänge im Heimatstaat außerhalb der privaten Sphäre kann der Asylbew zudem mit wachsendem zeitlichen Abstand zur Flucht nur noch allg zugänglichen Quellen entnehmen. Dagegen besitzt er idR über Verhältnisse u. Ereignisse in Deutschland, die Nachfluchtgründe ergeben können, bessere Kenntnisse.

27   Die **Beschränkungen** der **Amtsermittlungspflicht** der zuständigen Behörden u. der VG durch die Vorschriften der §§ 81, 82 AufenthG gelten nicht unmittelbar für das Asylverf u. können auch nicht analog angewandt werden, weil der Gesetzgeber im Zuge der AuslR-Reform 1990 nur das auslr Verf in dieser Hinsicht verändert hat, nicht aber das AsylVfG. Auch soweit im asylr Verf Verwaltungsakte über Abschiebungshindernisse der in §§ 51 bis 53 genannten Art zu prüfen sind (vgl § 31 II, III), wirken diese Vorschriften nicht mittelbar in das Asylverf hinein; denn die Entscheidung über diese Abschiebungshindernisse wird nach den besonderen Verfahrensbestimmungen des AsylVfG vom BAMF getroffen u. im Rechtsweg kontrolliert.

7. Präklusion

28   Statt der zunächst für den Regelfall vorgesehenen obligatorischen Präklusion späteren Vorbringens (Abs 2 S. 2, 4, 6 GesEntw 1992, Rn 1) gelten nunmehr für das Klageverf (iÜ vgl Art 16a GG u. § 36 IV) in Verf nach diesem Ges (zum Kreis der erfassten Streitigkeiten Rn 11, § 76 Rn 7, § 78 Rn 7, § 80 Rn 2) dieselben Bestimmungen über die **fakultative Präklusion** wie allg im Verwaltungsprozess (§ 87b III VwGO). Diese können zwar durchaus die Verfahrensgarantien der Art 19 IV u. Art 103 I GG sowie des Art 6 EMRK tangieren. Ihre Auswirkungen können aber andererseits durch eine bedachtsame Anwendung in erträglichen Grenzen gehalten werden (im Ergebnis ebenso Hailbronner, § 74 AsylVfG Rn 42 a).

29   Die Präklusion ist nur zulässig, wenn die in § 87b III 1 VwGO genannten **Voraussetzungen kumulativ** vorliegen. In der Begründung muss das VG alle Voraussetzungen hinsichtlich bestimmter Tatsachen ohne weiteres erkennbar u. nachvollziehbar darlegen (BVerwG, EZAR 631 Nr 51). Die Zulassung der verspätet vorgetragenen Tatsachen oder Beweismittel muss die Erledigung des Rechtsstreits verzögern, u. diese Prognose ist unerlässlich (VGH BW, EZAR 631 Nr 37). Die Annahme einer Verzögerung ist nicht gerechtfertigt, wenn die pflichtwidrige Verspätung für die Verzögerung nicht kausal war (BVerfG, NJW 1995, 1417), wenn insb die fehlerhafte Anwendung von Prozessrecht durch das Gericht hierfür verantwortlich war oder wenn das Gericht bei rechtzeitigem Vortrag auch nicht schneller entschieden hätte (zur Pflicht des VG zum Ausgleich der Verspätung durch eigene sachgerechte Maßnahmen vgl VGH BW, EZAR 631 Nr 35). Die Präklusion setzt zudem voraus, dass der Asylbew die Verspätung nicht genügend entschuldigt; insoweit gelten dieselben Maßstäbe wie für die Wiedereinsetzung nach § 60 VwGO (dazu Rn 20 ff), wobei auf eine sachgemäße Belehrung besonderer Wert zu legen ist, um einer verfassungswidrigen

Klagefrist; Zurückweisung verspäteten Vorbringens § 74 **AsylVfG 4**

Verkürzung der Rechtsschutzgarantie vorzubeugen. Glaubhaftmachung kann vom Gericht verlangt werden (§ 87 b III 2 VwGO). Schließlich entfällt das Zurückweisungsrecht, wenn das Gericht den Sachverhalt auch ohne die Mitwirkung des Asylbew „mit geringem Aufwand" ermitteln kann (§ 87 b III 3 VwGO).

Für die Möglichkeit der Präklusion ist der Zeitpunkt entscheidend, in dem spätestens ein 30 Vortrag erfolgt sein muss. Fristenbestimmungen sind nur auf bereits gegebene Tatsachen u. vorhandene Beweismittel anwendbar. Dagegen können **neue Tatsachen u. Beweismittel** noch nach Ablauf der Frist zur Begründung der Klage vorgebracht werden. Dabei handelt es sich insb um Tatsachen u. Beweismittel, die erst nach Fristablauf entstanden sind. Hierzu gehören Änderungen der Sachlage u. der ausl Rechtslage ebenso wie zB früher nicht existente oder nicht erreichbare Zeugen oder Urkunden sowie nachträglich entstandene Nachfluchttatbestände (§ 71 Rn 26 ff).

Die **Zurückweisung** verspäteten Vorbringens ist **nicht selbständig angreifbar**. Es 31 handelt sich nämlich um eine vorbereitende Maßnahme, gegen die eine Beschwerde nicht statthaft ist (§ 146 II VwGO). Deshalb kommt es auf den Beschwerdeausschluss nach § 80 hier nicht an. Eine fehlerhafte Präklusion kann als Verfahrensfehler mit dem Antrag auf Berufungszulassung geltend gemacht werden (Verletzung rechtlichen Gehörs: § 78 III Nr 3 iVm § 138 Nr 3 VwGO; vgl zB VGH BW, EZAR 631 Nr 35). Zur späteren Zulassung des zunächst ausgeschlossenen Vorbringens vgl § 79 I.

8. Beweisaufnahme

Die Beweisaufnahme im Asylprozess bietet nur insofern Besonderheiten, als der **Anhö-** 32 **rung u. der Vernehmung** des Asylbew eine zentrale Bedeutung zukommt (zu Fehlern bei der Behandlung von Beweisanträgen u. bei der Einführung von Erkenntnisquellen vgl § 78 Rn 30; Dahm, ZAR 2002, 227 u. 348; Jobs, ZAR 2002, 219; Marx, ZAR 2002, 400; VerfGH Berlin, EZAR 630 Nr 38) u. eine Beweiserhebung im **Verfolgerstaat** grundsätzlich ausgeschlossen ist (näher dazu Deibel, InfAuslR 1984, 114; Renner, ZAR 1985, 62). Die persönliche formlose Anhörung des Asylbew (§ 86 I, II VwGO) genügt im Allg zum Zwecke der näheren Substantiierung u. Aufklärung hinsichtlich Art 16 a GG u. § 60 AufenthG, während die förmliche Beteiligtenvernehmung (§§ 96, 98 VwGO iVm §§ 450 ff ZPO) je nach den Umständen des Einzelfalls zur Herbeiführung wahrheitsgemäßer Angaben u. insb zur Feststellung der persönlichen Glaubwürdigkeit u. der Glaubhaftigkeit des Asylvorbringens in Betracht zu ziehen ist zur wohlwollenden Beurteilung des Beweiswerts der Angaben des Asylbew BVerwGE, 71, 180; zur Beurteilung der Glaubwürdigkeit ohne Sachverständigengutachten VGH BW, EZAR 631 Nr 36; zur Pflicht zur Aufklärung von Widersprüchen OVG BB, EZAR 631 Nr 50; zu Sprachanalysen zur Bestimmung der Herkunft Heinhold, InfAuslR 1998, 299; Jobs, ZAR 2001, 173; VG Potsdam, EZAR 210 Nr 16). Als **Beweismittel** kommen ansonsten in Betracht: Sachverständige (allg zur Ablehnung von Gutachten BVerfG-K, EZAR 631 Nr 48; BVerwG, EZAR 631 Nr 51; betr exilpolitischer Betätigung Benennung einer ausl Strafnorm u. Hinweis auf ausl Rechtspraxis ausreichend: BVerwG, EZAR 631 Nr 55; zur Ablehnung nach § 412 ZPO wegen eigener Sachkunde des Gerichts BVerwG, EZAR 631 Nr 51; zur eigenen Sachkunde des Gerichts VGH BW, EZAR 631 Nr 36; zur Ladung von Sachverständigen zwecks Anhörung HessVGH, EZAR 631 Nr 47), Zeugen (zur Bestimmung der in das Wissen des Zeugen gestellten Tatsachen BVerwG, EZAR 631 Nr 55), Urkunden aller Art (zu fremdsprachigen Urkunden Rn 38; zu Gutachten aus anderen verf als Urkunden HessVGH, EZAR 631 Nr 47; zu amtl Auskünften aus anderen Verf BVerwG, EZAR 630 Nr 20 u. 630 Nr 22; zur eigenen Sachkunde des Gerichts für die Echtheit von Urkunden OVG NRW, EZAR 631 Nr 54) u. amtl Auskünfte (§§ 87 I Nr 3, 99 I 1 VwGO iVm § 273 II Nr 2 ZPO: Einführung ohne förmliches Verf; allg dazu BVerwGE 31, 212; BVerwG, EZAR 630 Nr 15; vgl auch BVerfGE 63, 197). Vor Eintritt in ein Beweisverf stehen dem Gericht zur Feststellung des Sachverhalts außerdem ua zur Verfügung: Bücher, Zeitungen, Reiseberichte, Stellungnahmen u. gutachtenähnliche

Äußerungen von Flüchtlings- oder Menschenrechtsorganisationen. Üblicherweise wird dabei auf die vielfältigen Erkenntnisquellen zurückgegriffen, die in gerichts- oder behördeninternen oder anderen Informations- u. Dokumentationsstellen gesammelt u. ausgewertet werden (zu ASYLIS, JUDOK, JURIS u. ZDWF: Jannasch, ZAR 1990, 69; Schmid/Gräfin Praschma, ZAR 2001, 59; Stanek, ZAR 1995, 72 u. 1998, 227; Bueren, Müller, Nonnhoff, Seggelke/Graus, Sievers u. Stanek in FS ZDWF, 1990).

33 Ziel der Sachverhaltsaufklärung u. der Beweisaufnahme ist die **gerichtliche Überzeugung** von der Gefahr politischer Verfolgung bei Rückkehr des Asylbew in den Heimatstaat (Rn 24). Das Gericht muss sich in vollem Umfang die Überzeugung von der Wahrheit des geltend gemachten Verfolgungsschicksals verschaffen; es hat in diesem Zusammenhang aber den sachtypischen Beweisnotstand hinsichtlich der Vorgänge im Heimatstaat bei der Auswahl der Beweismittel u. bei der Würdigung des Asylvorbringens u. der Beweise angemessen zu berücksichtigen (BVerwG, EZAR 630 Nr 23) u. die Beweiswürdigung in nachprüfbarer Weise offen zu legen (BVerfG-K, NVwZ 1993, 769 u. NVwZ-Beil 1993, 12; BVerwGE 87, 141). Ziel muss immer die Verwirklichung des Asylgrundrechts durch Berücksichtigung des individuellen Asylvorbringens sein (BVerfGE 56, 216). Die hierfür verlange **Ermittlungstiefe** (dazu BVerfGE 76, 153) ist nicht gering anzusetzen. Tatsächlichen oder vermeintlichen Widersprüchen muss nachgegangen werden, etwa durch Befragung des Asylbew (BVerfG-K, EZAR 631, Nr 43).

34 Glaubhaftmachung iSd § 294 ZPO genügt danach ebenso wenig wie die Darlegung einer gewissen Wahrscheinlichkeit (BVerwG, EZAR 630 Nr 23; zur gleichwohl erforderlichen Berücksichtigung einer eidesstattlichen Versicherung vgl BVerfG-K, NVwZ-Beil 1994, 2). Die verschiedenartigen Beweisschwierigkeiten hinsichtlich auslandsbezogener Sachverhalte legen eine wohlwollende Beurteilung der eigenen Angaben des Asylbew nahe (BVerwGE 71, 180), sie befreien das Gericht aber nicht von der Bildung der allg erforderlichen **Überzeugungsgewissheit** (§ 108 I VwGO), was bedeutet, dass die Richter von der Wahrheit der asylrelevanten Tatsachen überzeugt sein müssen (BVerwGE 71, 180 in Fortführung von BVerwGE 55, 82). Da die Feststellung der Asylberechtigung eine Gefahrenprognose erfordert, muss die richterliche Überzeugung sowohl die Prognosetatsachen als auch die Prognose selbst umfassen, letztere allerdings mit dem ihr immanenten Rest an Ungewissheit (zu den Prognosetatsachen vgl BVerfGE 96, 200; zur Prognose vgl BVerwGE 85, 92; dazu allg Renner, AuslRiD Rn 7/458–473).

35 Zur Überzeugungsbildung darf das Gericht **allg Erfahrungssätze, Indizien u. Anscheinsbeweise** heranziehen (dazu ausführlich Dürig, S. 20 ff, 64 ff), zB zur Verfolgung von Familienangehörigen (BVerwG, EZAR 204 Nr 1 u. 2; dazu Anm Bell, ZAR 1986, 188), zum politischen Charakter der Verfolgung (BVerwGE 67, 195), zur Folter als Hinweis auf politische Verfolgung (BVerwGE 67, 184 u. 195) oder zur Wiederholung von Pogromen (BVerwGE 65, 250). Die „Regelvermutung" für die Einbeziehung jedes Gruppenangehörigen in die Gruppenverfolgung (so BVerwGE 67, 314; BVerwG, EZAR 203 Nr 2) darf nicht mit einer ges Vermutung verwechselt werden; sie beschreibt in Wirklichkeit nur den Tatbestand der Gruppenverfolgung, von der ein Gruppenangehöriger definitionsgemäß nur ausnahmsweise ausgenommen sein kann (Art 16 a GG Rn 45).

36 Die **Beweislastverteilung** kann im AsylR streitentscheidend wirken, wenn die Aufklärung nicht gelingt, die asylrelevanten Tatsachen also weder bewiesen noch widerlegt werden können (non liquet). Dabei geht es hinsichtlich der Verfolgungsgefahr nur um die Prognosetatsachen, nicht um die Prognose selbst. Die Beweislastfrage ist für das AsylR dahin zu beantworten, dass die Ungewissheit der tatsächlichen Voraussetzungen zu Lasten des Asylbew geht (Dürig, S. 132, 137 f; Rothkegel, NVwZ 1990, 717). Hierzu gehören zunächst alle Grundlagen der Gefahrenprognose, wobei allerdings bei festgestellter Vorverfolgung der Wahrscheinlichkeitsmaßstab aus Gründen des materiellen Rechts verändert ist (Art 16 a GG Rn 52: „Wiederholung nicht mit hinreichender Sicherheit auszuschließen").

37 Außerdem ist das Nichtbestehen einer **inländischen Fluchtalternative** zu den Grundlagen der Verfolgungsgefahr zu rechnen, weil der Flüchtling sich nicht auf Verfolgung

berufen kann, falls der Heimatstaat ihm ein verfolgungsfreies Leben gewährleistet, wenn auch nur in einem bestimmten Teil des Staatsgebiets (Art 16 a GG Rn 66 ff; Köfner/Nicolaus, Grundlagen S. 377; Renner, ZAR 1985, 62; aA Dürig, S. 150 ff mwN; Rühmann, ZAR 1984, 30). Auch für die **anderweitige Sicherheit** vor Verfolgung trägt nicht der Staat die Beweislast, weil dieser Tatbestand das grundsätzlich bestehende Grundrecht auf Asylanerkennung nunmehr gemäß Art 16 a II GG nicht zum Entstehen gelangen lässt (Art 16 a GG Rn 101; anders für frühere Rechtslage Bethäuser, NVwZ 1989, 728; Dürig, S. 144; Rühmann, ZAR 1984, 30; VGH BW, DÖV 1988, 227). Anders verhält es sich dagegen mit dem Ausschlussgrund des § 28 (selbstgeschaffener **Nachfluchttatbestand;** Dürig, S. 155).

9. Dolmetscher

Da die **Gerichtssprache Deutsch** ist (§ 55 VwGO iVm § 184 GVG), hat der Asylbew 38 grundsätzlich in dt Sprache mit dem Gericht zu korrespondieren (zum Verwaltungsverf § 15 Rn 3 ff). Während in der mündlichen Verhandlung ein Dolmetscher herangezogen wird (§ 185 GVG), steht es bei fremdsprachigen Schriftstücken im Ermessen des Gerichts, ob es die Beibringung einer Übersetzung anordnet (analog § 142 III ZPO). Von Amts wegen ist eine Übersetzung nur veranlasst, wenn der Ausl die Übersetzungskosten nicht aufbringen kann u. er außerdem darlegt, dass die von ihm eingeführten Schriftstücke für das Verf von Bedeutung sein können (BVerfG-A, NVwZ 1987, 785; dazu Ritter, NVwZ 1986, 29; vgl auch § 71 Rn 27). Die Auswahl des Übersetzers oder Dolmetschers obliegt ähnlich wie die Bestimmung des Sachverständigen dem Gericht; dieser kann ähnlich wie der Richter abgelehnt werden (BVerwG, NJW 1984, 2055 u. InfAuslR 1985, 54; zur Überprüfung der Eignung des Dolmetschers Adorno, DRiZ 1993, 477; zu Dolmetscherkosten vgl Rn 48).

10. Besetzung des Gerichts

Das **VG** entscheidet in Asylsachen idR nicht mehr durch die **Kammer,** sondern durch 39 den **Einzelrichter** (§ 76 I; anders noch § 31 AsylVfG 1982 u. § 76 I in der ursprünglichen Fassung). Die Kammer ist mit drei Berufsrichtern u. zwei ehrenamtlichen Richtern besetzt; letztere wirken bei Beschlüssen außerhalb der mündlichen Verhandlung u. bei Gerichtsbescheiden nicht mit (§ 5 III VwGO). Vor der Übertragung des Rechtsstreits auf die Kammer sind die ehrenamtlichen Richter ebenfalls von der Mitwirkung ausgeschlossen. Dies gilt auch, soweit der Vorsitzende oder der Berichterstatter im vorbereitenden Verf über Einstellung des Verf, Kosten, Streitwert ua oder sonst im Einverständnis der Beteiligten anstelle der Kammer zur Entscheidung berufen ist (§ 87 a VwGO).

Die Besetzung des **OVG/VGH** unterscheidet sich hiervon grundsätzlich nicht, in Baden- 40 Württemberg, Bayern, Sachsen-Anhalt, Schleswig-Holstein u. Thüringen gibt es allerdings in der zweiten Instanz keine ehrenamtlichen Richter (§ 9 III VwGO). Das **BVerwG** entscheidet in der Besetzung mit fünf, bei Beschlüssen außerhalb der mündlichen Verhandlung mit drei Berufsrichtern (§ 10 III VwGO).

11. Rechtsmittel

Das VG entscheidet über Klagen (§§ 42, 43 VwGO) durch **Urteil** aufgrund mündlicher 41 Verhandlung oder im schriftlichen Verf (§§ 101, 107 VwGO) oder durch **Gerichtsbescheid** (§ 84 I VwGO). Der Gerichtsbescheid ist für Fälle ohne besondere tatsächliche oder rechtliche Schwierigkeiten vorgesehen, die keiner weiteren Aufklärung bedürfen. Er ist auch im Asylrechtsstreit statthaft, obwohl er in den Voraussetzungen mit der Einzelrichterzuständigkeit nach § 76 I u. der rechtskräftigen Entscheidung nach § 78 I konkurriert. Er war zunächst durch § 34 II AuslG 1965 (idF des Art 1 Nr 3 AsylVfÄndG 1978) u. dann mittelbar durch Art 2 § 1 III 1 EntlastungsG vom 31. 3. 1978 (BGBl. I 446; zuletzt geändert durch Ges vom 4. 7. 1985, BGBl. I 1274) ausgeschlossen. Jetzt ist er auch im Asylprozess wieder statthaft (§ 84 I VwGO idF des 4. VwGOÄndG). Der Gerichtsbescheid kann auch

4 AsylVfG § 74   4. Teil. Asylverfahrensgesetz

durch den **Einzelrichter** (§ 76 I; § 5 III 1 VwGO) erlassen werden oder im Einverständnis der Beteiligten durch den **Vorsitzenden** oder **Berichterstatter** (§ 87 a II u. III VwGO). In beiden Fällen entscheidet der einzelne Richter anstelle der Kammer.

42   Gegen das Endurteil des VG kann, soweit Rechtsmittel nicht gänzlich ausgeschlossen sind (§ 78 I), innerhalb von zwei Wochen die **Zulassung der Berufung** beantragt werden (§ 78 IV). Nach Zulassung durch OVG/VGH schließt sich unmittelbar das Berufungsverf an (§ 78 V 3), in dem die Berufung binnen eines Monats nach Zulassung (mit Belehrung über die Begründungspflicht) begründet werden muss (§ 124 a VI VwGO; BVerwG, EZAR 633 Nr 37; HessVGH, EZAR 633 Nr 34; OVG NRW, EZAR 633 Nr 31; ThürOVG, EZAR 633 Nr 32; aA BayVGH, EZAR 633 Nr 33; offen gelassen von OVG MV, EZAR 633 Nr 35). Ist die Berufung unzulässig, muss sie vom OVG/VGH (fakultativ durch Beschluss) verworfen werden (§ 125 II VwGO). Erscheint sie unbegründet u. eine mündliche Verhandlung nicht erforderlich, kann sie, sofern nicht ein Gerichtsbescheid vorangegangen ist, ebenfalls durch Beschluss zurückgewiesen werden; dieser bedarf aber der Einstimmigkeit (§ 130 a VwGO). Sonst wird über die Berufung durch Urteil nach mündlicher Verhandlung oder im schriftlichen Verf entschieden; ein Gerichtsbescheid ist ausgeschlossen (§ 125 I VwGO).

43   Gegen Berufungsurteile oder -beschlüsse steht den Beteiligten die **Revision,** falls sie zugelassen wird, u. sonst die **Nichtzulassungsbeschwerde** zu (§§ 132, 133 VwGO). Die Beschwerde ist binnen eines Monats beim OVG/VGH einzulegen u. binnen (insgesamt) zwei Monaten zu begründen (§ 133 II u. III VwGO). Wird die Revision auf Beschwerde durch OVG/VGH oder BVerwG zugelassen, wird das Verf als Revisionsverf fortgesetzt u. bedarf es nicht der Einlegung der Revision (§ 139 II VwGO). Allerdings kann das BVerwG das angegriffene Urteil, wenn es an einem Verfahrensfehler leidet, schon im Beschwerdeverf aufheben u. den Rechtsstreit zurückverweisen (§ 133 VI VwGO). Die Revision ist innerhalb eines Monats einzulegen u. innerhalb von (insgesamt) zwei Monaten zu begründen (§ 139 I, III VwGO).

44   Über Anträge auf **vorläufigen Rechtsschutz** (§§ 80 V, 123 VwGO) entscheidet das VG durch **Beschluss,** u. zwar idR durch den Einzelrichter (§ 76 IV) u. meist ohne mündliche Verhandlung (§ 101 II VwGO; vgl auch §§ 18 a IV 4, 36 III 4). Wenn in dringenden Fällen der Vorsitzende anstelle der Kammer alleine entscheidet, kann hiergegen binnen zwei Wochen das Gericht angerufen werden (§§ 80 VIII, 123 II 3 VwGO). Das VG (Einzelrichter, Kammer oder Vorsitzender/Berichterstatter) kann einen Beschluss über vorläufigen Rechtsschutz nach § 80 V VwGO jederzeit ändern oder aufheben; jeder Beteiligte kann dies wegen veränderter oder im ursprünglichen Verf ohne Verschulden nicht geltend gemachter Umstände beantragen (§ 80 VII). Die **Beschwerde** gegen Entscheidungen des VG ist **ausgeschlossen** (§ 80).

12. Kosten

45   Über die Verfahrenskosten ist aufgrund der Vorschriften der §§ 154 ff VwGO zu **entscheiden;** nur bei § 81 folgt die Kostenpflicht unmittelbar aus dem Ges u. bedarf es daher keiner gerichtlichen Entscheidung hierüber. Nach Einführung der Gerichtskostenfreiheit durch § 83 b I hat die Kostenentscheidung nur noch Bedeutung für die Erstattung der Kosten der Beteiligten. Der **Streitwert** war in § 83 b II bis zu dessen Aufhebung gesondert geregelt (§ 83 b Rn 5).

46   **Zweifelsfragen** können sich bei der Gebühren- u. sonstigen Kostenberechnung ergeben, weil das AsylVfR eine besonders intensive gerichtliche Aufklärung mit einer Vielzahl von Erkenntnis- u. Beweismitteln u. den Einsatz von Dolmetschern u. Übersetzern sowie unter Heranziehung des Asylbew verlangt. Die Nutzung von in anderen Verf eingeholten Gutachten, Auskünften u. Stellungnahmen, die in den bestehenden Datenbänken (Rn 32) nachgewiesen werden, bereitet kostenrechtlich Schwierigkeiten, weil ihre Zuordnung zum Beweisverf nicht sicher feststeht.

Klagefrist; Zurückweisung verspäteten Vorbringens §74 AsylVfG 4

Eine **Beweisgebühr** kann auch bei formloser Anhörung des Asylbew in der mündlichen 47
Verhandlung entstehen, wenn das Ergebnis in der späteren Entscheidung wie das einer
förmlichen Beweisaufnahme verwertet wird (HessVGH, EZAR 613 Nr 15 u. 39). Anders
verhält es sich dagegen bei bloß informatorischer Anhörung des Asylbew (ThürOVG,
EZAR 613 Nr 38). Durch Beiziehung u. Verwertung von Gutachten, Auskünften u. sonstigen Erkenntnisquellen, die in anderen Verf eingeholt worden sind, entsteht die Beweisgebühr nur dann, wenn diese erkennbar zu Beweiszwecken beigezogen u. in der Entscheidung auch dazu verwertet werden (VGH BW, EZAR 613 Nr 35; OVG Hamburg, EZAR
613 Nr 17; OVG NRW, EZAR 613 Nr 36 u. InfAuslR 1985, 150). Dasselbe gilt für
beigezogene Akten (HessVGH, EZAR 613 Nr 15). Dient die Einführung von Gutachten u.
Auskünften in den Prozess dagegen nur der Unterrichtung der Beteiligten über allgemein-
oder gerichtskundige Tatsachen, entsteht keine Beweisgebühr (BayVGH, EZAR 613 Nr 26;
OVG NRW, EZAR 613 Nr 14; ähnlich ThürOVG, EZAR 613 Nr 38; aA BayVGH,
InfAuslR 1987, 201; OVG Hamburg, EZAR 613 Nr 17). Die Beweisgebühr wird nach
dem Wert des gesamten Verf berechnet, wenn sich die Beweisaufnahme nicht eindeutig auf
einen Verfahrensteil beschränkt (betr Verbundverf nach § 30 AsylVfG 1982 VGH BW,
NVwZ-RR 1991, 110; OVG NRW, EZAR 613 Nr 18).

Der Stundensatz für **Dolmetscher** ist idR mit dem Mittelwert des Rahmens von 25 bis 48
52 € (§§ 3 II, 17 ZuSEG), also mit 38,50 € je angefangene Stunde anzusetzen. Die Übertragung von Angaben im Asylverf erfordert ua überdurchschnittliche Kenntnisse der politischen u. sozialen Strukturen u. der Institutionen des Verfolgerstaats u. ein besonderes
Einfühlungsvermögen in die Denkweise eines Flüchtlings. Andererseits wird meist kein
spezielles sprachliches oder wissenschaftliches Fachwissen gefordert. Die Reisezeit gehört zu
dem zu entschädigenden Zeitaufwand, bei Bemessung des Stundensatzes kann aber das
Verhältnis von Reisezeit zu eigentlicher Arbeitszeit angemessen berücksichtigt werden
(HessVGH, EZAR 613 Nr 10). Nach § 13 ZuSEG kann mit häufiger herangezogenen
Dolmetschern eine Vereinbarung über die Entschädigung geschlossen werden (zur Praxis in
BW von Bargen, VBlBW 1998, 121).

13. Prozesskostenhilfe

Die Gewährung von PKH (§ 166 VwGO iVm § 114 ff ZPO) ist für Asylstreitverf nach 49
Einführung der Gerichtskostenfreiheit (§ 83b I) nur noch wegen der **Beiordnung eines
Rechtsanwalts** von Interesse, ohne den freilich eine ordnungsgemäße Prozessführung kaum
möglich erscheint (vgl § 121 ZPO). Die **wirtschaftlichen Voraussetzungen** für PKH
erfüllen die meisten Asylbew, wenn sie Leistungen nach dem SGB XII oder dem AsylbLG
beziehen. Außerdem muss ihre Rechtsverfolgung oder -verteidigung **hinreichende Aussicht** auf Erfolg bieten u. darf **nicht mutwillig** sein. PKH kann dem Asylbew in jedem
Stadium des Verf u. unabhängig von der prozessualen Stellung bewilligt werden. Bei Auslegung u. Anwendung von PKH-Vorschriften ist stets das verfassungsrechtliche Gebot im
Auge zu behalten, bei der Inanspruchnahme von Rechtsschutz die Situation von Bemittelten
u. Unbemittelten weitgehend anzugleichen (BVerfGE 81, 347).

Das PKH-Gesuch muss den Streitgegenstand bezeichnen u. zumindest in Umrissen eine 50
Begründung der Rechtsverfolgung oder -verteidigung enthalten (§ 117 I 2 ZPO). Hierzu
kann auf vorliegende oder beigefügte Ausführungen in dem betr Verf Bezug genommen
werden. Dem Antrag auf amtlichem Vordruck müssen die erforderlichen Unterlagen über
die wirtschaftlichen Verhältnisse beigefügt oder nachgereicht werden (§ 117 II bis IV ZPO).

Hinreichende Erfolgsaussichten können sich aus rechtlicher oder aus tatsächlicher 51
Sicht ergeben. Wenn die Erfolgsaussichten nicht ohne Klärung schwieriger Rechtsfragen
beurteilt werden können, ist PKH zu bewilligen (Kopp, VwGO, § 166 Rn 8; BVerfGE 81,
347). Dasselbe gilt, wenn eine Beweisaufnahme ernsthaft in Betracht zu ziehen ist. Erscheinen die Verfolgungsbehauptungen schlüssig u. bei summarischer Betrachtung asylrelevant u.
können Zweifel an der Glaubhaftigkeit der Angaben oder an der persönlichen Glaubwürdig-

keit des Asylbew letztlich nur durch dessen Einvernahme geprüft werden, darf eine hinreichende Aussicht auf Erfolg idR nicht verneint werden (HessVGH, EZAR 613 Nr 9). Die Zulassung der Berufung allein rechtfertigt noch nicht die Bewilligung von PKH; es kommt allein darauf an, ob die Chancen des Asylbew hinreichend gut erscheinen. **Mutwillig** iSd § 114 S. 1 ZPO erscheint eine Rechtsverfolgung, wenn der Asylbew mit der Anfechtungsklage die Abschiebungsandrohung nur mit der Behauptung angreift, ihm sei zu Unrecht Asyl oder die Feststellung von Abschiebungshindernissen nach §§ 51 I, 53 AuslG versagt worden (betr Anfechtungsverbundklage gegen Ausreiseaufforderung nach §§ 28, 30 AsylVfG 1982 HessVGH, EZAR 221 Nr 28).

52   Hat der Asylbew **in der Vorinstanz obsiegt,** ist ihm gegenüber dem Rechtsmittel des anderen Beteiligten PKH ohne Prüfung der Erfolgsaussichten zu bewilligen (§ 119 S. 2 ZPO). Hiervon darf allenfalls dann abgewichen werden, wenn sich die angegriffene Entscheidung als offensichtlich fehlerhaft erweist oder wenn sich die Prozesssituation während des Rechtsmittelverf wesentlich verändert (Kopp, VwGO, § 166 Rn 8; offengelassen von BVerfGE 71, 122).

53   Über das PKH-Gesuch ist **unverzüglich zu entscheiden,** wenn die erforderlichen Unterlagen vorliegen u. der Gegner des zugrundeliegenden Verf gehört worden ist. Wird die Entscheidung ungebührlich verzögert u. hat sich die Prozesssituation inzwischen zu Lasten des Asylbew verändert, ist auf den Zeitpunkt abzustellen, in dem spätestens hätte entschieden werden müssen (VGH BW, VBlBW 1985, 134). Eine Bescheidung des PKH-Antrags wird auch nicht dadurch entbehrlich, dass zwischenzeitlich schon über das zugrundeliegende Verf (rechtskräftig) entschieden ist, falls das Gesuch rechtzeitig zuvor gestellt u. begründet war.

54   PKH ist idR **rückwirkend** auf den Zeitpunkt der Antragstellung zu bewilligen. Die Bewilligung gilt jew nur **für einen Rechtszug.** Das Zulassungsantrags- oder Nichtzulassungsbeschwerdeverf ist selbständig gegenüber dem Berufungs- oder Revisionsverf, obwohl bei Zulassung des Rechtsmittels das Verf ohne gesonderte Einlegung des Rechtsmittels fortgesetzt wird (§ 78 V 3; § 139 II VwGO). Auch wenn PKH für das Antrags- oder Beschwerdeverf bewilligt ist, bedarf es einer erneuten Entscheidung für Berufung oder Revision (HessVGH, EZAR 613 Nr 33; aA ThürOVG, EZAR 613 Nr 34); denn deren Zulassung besagt noch nichts über den möglichen Erfolg. Die Beschwerde gegen die Versagung von PKH ist ausgeschlossen (§ 80).

14. Verfassungsbeschwerde

55   Die Verfassungsbeschwerde (VB) ist **kein ordentliches Rechtsmittel** (zu den verfahrensrechtlichen Voraussetzungen bei VB gegen auslr u. asylr Streitentscheidungen ausführlich Protz, ZAR 2002, 309). Über sie wird in der Sache nur entschieden, wenn sie die besonderen **Zulässigkeitserfordernisse** erfüllt (vor allem Rechtswegerschöpfung, Fristen ua nach §§ 90 II, 93 I BVerfGG) u. zur Entscheidung angenommen wird (dazu § 93 a I u. II BVerfGG). Besonders ist darauf zu achten, dass zuvor grundsätzlich alle von der Prozessordnung zur Verfügung gestellten Rechtsmittel u. alle sonstigen Abhilfemöglichkeiten genutzt werden müssen, zB Anträge auf Zulassung der Berufung (§ 78) u. auf Abänderung eines Eilbeschlusses (§ 80 VII VwGO). Dazu gehören auch Rechtsbehelfe, die in ihrer Statthaftigkeit umstritten u. nicht offensichtlich unzulässig sind (BVerfG-K, NVwZ-Beil 2000, 89). Vor Erlass einer **einstweiligen Anordnung** durch das BVerfG sind die öffentl u. privaten Interessen abzuwägen, ohne dass es auf die Erfolgsaussichten der VB ankommt. Nach Ablehnung eines Asylantrags als offensichtlich unzulässig oder unbegründet ist eine einstweilige Anordnung in aller Regel ausgeschlossen, weil in diesen Fällen das öffentl Interesse an der sofortigen Ausreise Vorrang genießt (Art 16 a IV GG; BVerfGE 96, 166).

56   Für die Überprüfung asylr Entscheidungen kommen als **Maßstab** vor allem die Art 16 a, 19 IV u. 103 I GG sowie das Willkürverbot (Art 3 GG) in Betracht (dazu ausführlich Jobs, ZAR 2002, 219). Den Fachgerichten wird wie auch sonst ein gewisser Wertungsrahmen belassen, ansonsten prüft das BVerfG aber hinsichtlich der Ermittlung des Sachverhalts u. der rechtlichen Bewertung in vollem Umfang, ob die tatsächliche u. rechtliche Wertung der

Gerichte sowie Art u. Umfang ihrer Ermittlungen der Asylgewährleistung gerecht werden (BVerfGE 76, 143). So werden die Ermittlungen zum Tatbestand daraufhin kontrolliert, ob sie einen hinreichenden Grad an Verlässlichkeit aufweisen u. auch dem Umfang nach, bezogen auf die besonderen Gegebenheiten im Asylbereich, zureichen sind (BVerfG-K, EZAR 631 Nr 43).

VB gegen asylr Entscheidungen kann auch in **Berlin** eingelegt werden. Der dortige VerfGH prüft sowohl Verstöße gegen die Garantie rechtlichen Gehörs (VerfGH Berlin, EZAR 630 Nr 38) als auch die Verweigerung ausreichenden Rechtsschutzes durch nicht ausreichende Begründung der Abweisung der Klage als offensichtlich unbegründet (VerfGH Berlin, EZAR 631 Nr 46; betr inländische Fluchtalternative VerfGH Berlin, EZAR 631 Nr 49). In **Hessen** kann sich ein abgelehnter Asylbew mit der VB nicht auf die Asylgewährleistung in Art 7 II der Hess. Verfassung berufen, aber die Nichteinhaltung der Rechtswegegarantie u. des Gleichheitssatzes sowie die Anwendung von Willkür rügen (StGH Hessen, EZAR 630 Nr 39). 57

§ 75 Aufschiebende Wirkung der Klage
Die Klage gegen Entscheidungen nach diesem Gesetz hat nur in den Fällen der § 38 Abs. 1 und § 73 aufschiebende Wirkung.

I. Entstehungsgeschichte

Die Vorschrift geht zT auf § 30 S. 1 AsylVfG 1982 zurück. Sie entspricht dem **GesEntw 1992** (§ 73, BT-Drs 12/2062 S. 19). 1

II. Allgemeines

Der generelle Ausschluss des Suspensiveffekts – Ausnahmen sind im Hinblick auf Art 16 a I GG nur für die Fälle der §§ 38 I, 71 vorgesehen – ist **trotz Bedenken hinnehmbar**. Es ist aber daran zu erinnern, dass die aufschiebende Wirkung der Rechtsbehelfe eigentlich einen fundamentalen Bestandteil des öffentlich-rechtlichen Prozesses darstellt (§ 80 I VwGO) u. sowohl durch Art 19 IV als auch durch Art 20 III GG gewährleistet ist (§ 84 AufenthG Rn 2 ff). Die auch außerhalb von Art 16 a II 3, IV GG zunehmende Ausnutzung der Möglichkeiten des § 80 II Nr 3 VwGO durch den Bundesgesetzgeber trägt unter langsamer Aushöhlung dieses rechtsstaatlichen Prinzips – hier verstärkt durch den ausnahmslosen Ausschluss jeglicher Eigenkontrolle der Verwaltung im Widerspruchsverf (§ 11) u. die Sonderregelung des § 77 I – zu einer **Verschiebung der Aufgaben** von der Verwaltung auf die Gerichtsbarkeit bei, eine Entwicklung, die zu Recht allg beklagt u. kritisiert wird. Hinzu kommt, dass der gerichtliche Rechtsschutz immer stärker in das Eilverf verlagert wird, was nicht nur wegen des Wegfalls der Beteiligung von Laienrichtern bedenklich erscheinen muss, sondern auch deswegen, weil es in die Funktionen verwaltungsgerichtlichen Rechtsschutzes selbst eingreift. 2

III. Aufschiebende Wirkung

Während früher der Suspensiveffekt der Klage nur für einzelne Fälle ausgeschlossen war (zB §§ 10 III 2, 11 II, 20 VI, 22 X AsylVfG 1982; allg zur Ausweitung des ges angeordneten Sofortvollzugs Schmitt Glaeser, ZAR 2002, 409), gilt jetzt der **Ausschluss grund-** 3

4 AsylVfG § 76   4. Teil. Asylverfahrensgesetz

sätzlich für alle Klagen gegen Entscheidungen nach dem AsylVfG (zum Kreis der betroffenen Streitverf § 74 Rn 11 u. 14, § 76 Rn 7, § 78 Rn 7, § 80 Rn 2) unter Zulassung zweier Ausnahmen. Er greift deshalb auch zB bei Streitigkeiten über Maßnahmen nach §§ 16, 18 ff ein.

4   **Aufschiebende Wirkung** entfaltet nur die Klage gegen die Abschiebungsandrohung bei „schlichter" Asylablehnung (§ 38 Rn 8) u. bei Widerruf oder Rücknahme (§ 73 Rn 30). Damit ist zugleich klargestellt, dass insoweit nicht deshalb Besonderheiten gelten, weil es sich zT um Vollstreckungsmaßnahmen iSd § 80 II VwGO handeln kann. Mit dem Suspensiveffekt soll für die Fälle des § 38 den Anforderungen des Art 16 a I GG Rechnung getragen werden (Begr des GesEntw, bezogen auf Art 16 II 2 GG, BT-Drs 12/2062 S. 40).

§ 76 Einzelrichter

(1) Die Kammer soll in der Regel in Streitigkeiten nach diesem Gesetz den Rechtsstreit einem ihrer Mitglieder als Einzelrichter zur Entscheidung übertragen, wenn nicht die Sache besondere Schwierigkeiten tatsächlicher oder rechtlicher Art aufweist oder die Rechtssache grundsätzliche Bedeutung hat.

(2) Der Rechtsstreit darf dem Einzelrichter nicht übertragen werden, wenn bereits vor der Kammer mündlich verhandelt worden ist, es sei denn, daß inzwischen ein Vorbehalts-, Teil- oder Zwischenurteil ergangen ist.

(3) ¹Der Einzelrichter kann nach Anhörung der Beteiligten den Rechtsstreit auf die Kammer zurückübertragen, wenn sich aus einer wesentlichen Änderung der Prozeßlage ergibt, daß die Rechtssache grundsätzliche Bedeutung hat. ²Eine erneute Übertragung auf den Einzelrichter ist ausgeschlossen.

(4) ¹In Verfahren des vorläufigen Rechtsschutzes entscheidet ein Mitglied der Kammer als Einzelrichter. ²Der Einzelrichter überträgt den Rechtsstreit auf die Kammer, wenn die Rechtssache grundsätzliche Bedeutung hat oder wenn er von der Rechtsprechung der Kammer abweichen will.

(5) Ein Richter auf Probe darf in den ersten sechs Monaten nach seiner Ernennung nicht Einzelrichter sein.

Übersicht

	Rn
I. Entstehungsgeschichte	1
II. Allgemeines	2
III. Einzelrichter	7
1. In Betracht kommende Streitverfahren	7
2. Bestimmung des Einzelrichters	9
3. Übertragung auf den Einzelrichter	11
4. Rückübertragung auf die Kammer	20
5. Übertragung auf die Kammer	24
6. Fehlerhafte Übertragung oder Rückübertragung	26
7. Proberichter	27

I. Entstehungsgeschichte

1   Die Vorschrift geht auf § 31 AsylVfG 1982 zurück. Sie war in ihrer ursprünglichen Fassung auf Vorschlag des BT-IA (BT-Drs 12/2718 S. 39) erheblich gegenüber dem **GesEntw 1992** (§ 74, BT-Drs 12/2062 S. 19) verändert. Zunächst vorgesehen war vor allem die originäre u. exklusive Zuständigkeit des Einzelrichters in den Fällen der (jetzigen) §§ 29, 30, 50, 60 (Abs 1 GesEntw 1992); außerdem sollte ein Proberichter im ersten Jahr nach der Ernennung kein Einzelrichter sein dürfen (Abs 4 GesEntw 1992). Mit Wirkung vom 1. 7.

Einzelrichter   § 76 **AsylVfG 4**

1993 sind die Abs 4 u. 5 angefügt u. in Abs 1 die Wörter „soll in der Regel" an die Stelle von „kann" getreten (Art 1 Nr 42 **AsylVfÄndG 1993**); betr Abs 4 u. 5 vgl die **Übergangsvorschriften** des § 87a III Nr 3 u. 4. Die zunächst beabsichtigte Einführung des obligatorischen Einzelrichters durch den GesEntw (BT-Drs 15/420 S. 44) ist im Vermittlungsverf nicht gebilligt worden (BT-Drs 15/3479 S. 14).

II. Allgemeines

Nach den umfangreichen Änderungen des GesEntw auf Vorschlag des BT-IA (Rn 1) **2** führte die Vorschrift zunächst im Wesentlichen die frühere Rechtslage fort. Während gegen die ursprünglich beabsichtigte wesentliche Ausweitung der Kompetenzen des Einzelrichters ganz erhebliche verfassungsrechtliche Bedenken bestanden (dazu Renner, ZAR 1992, 59), waren diese zunächst durch die vorgenommenen Korrekturen weitgehend ausgeräumt. Die mit dem 1. 7. 1993 vorgenommenen Änderungen haben aber das Verhältnis zwischen Kammer und Einzelrichter grundlegend umgestaltet. Denn danach ist der Einzelrichter zwar rechtlich gesehen nur **fakultativ,** tatsächlich aber **weitgehend originär** u. **obligatorisch** streitentscheidend zuständig; immerhin werden bundesweit durchschnittlich 82,9% der Hauptsacheverf auf den Einzelrichter übertragen (Zuwanderungsbericht S. 136). Er befindet sich zudem in aller Regel (originär) über Eilanträge, kann die Klage rechtskräftig abweisen u. benötigt als Proberichter nur eine „Erfahrung" von sechs Monaten. Trotz der zwischenzeitlichen Einführung des Einzelrichters als Regel in den allg Verwaltungsprozess (§ 6 I VwGO) u. dem allg zulässigen Tätigwerden des Berichterstatters mit Einverständnis der Beteiligten (§ 87a II u. III VwGO) weichen die Regelungen des AsylVfG nach wie vor erheblich von denen der VwGO ab.

Das frühere System des **fakultativen Einzelrichters** im Asylprozess hatte sich bewährt u. **3** war zunächst mit guten Gründen beibehalten worden. Der eigentlich erforderliche weitere Zugewinn an Richterarbeitskraft hätte schon damals ohne weiteres durch Übernahme dieses Einzelrichtersystems, der Zulassungsberufung u. der Rechtskraft erstinstanzlicher Evidenzentscheidungen in den „klassischen" Verwaltungsprozess erzielt werden können (Renner in Barwig ua, AsylR im Binnenmarkt, 1989, S. 66, 79 ff). Hierin lagen größere Chancen für Rechtssicherheit, Durchschaubarkeit u. Effektivität als durch weitere filigranartige Verfeinerungen in Spezialbereichen. Hätte sich der BT sofort zu der vom BR vorgeschlagenen u. von der BReg befürworteten Prozessreform (vgl BT-Drs 12/1217) entschließen können, hätten alle Verf, nicht nur die Asylverf, beschleunigt werden können. Nach der zwischenzeitlichen allg Einführung des Einzelrichters im Verwaltungsprozess mit mindestens einjähriger Erfahrung (§ 6 VwGO idF d. Ges vom 11. 1. 1993, BGBl. I 50) sind zwar die Besonderheiten des Asylrechtsstreits gegenüber den übrigen verwaltungsgerichtlichen Verf größtenteils eingeebnet, die grundsätzlichen (rechtspolitischen u. systematischen) Bedenken bestehen jedoch fort. Insb gibt es keine plausiblen oder gar durch Erhebungen abgesicherte Gründe dafür, die unterschiedlichen Mindestdienstzeiten (sechs Monate nach § 76 Abs 5, ein Jahr nach § 6 I 2 VwGO) u. für den obligatorischen Einsatz des Einzelrichters nur in aslyr u. nicht in sonstigen Eilverf (vgl Abs 4).

Die gegen den Einzelrichter allg vorgebrachten Bedenken (vgl zB Clausing, NVwZ 1998, **4** 717; Redeker, DVBl. 1992, 212) könnten an Gewicht verlieren, wenn der Einsatz des Einzelrichters nur fakultativ u. ohne Einbeziehung von weniger erfahrenen Richtern (auf Probe) erfolgte. Die Entscheidung tatsächlich u. rechtlich einfach gelagerter Fälle verlangt nicht unbedingt die Beteiligung mehrerer Richter, insb kann auf die Beteiligung ehrenamtlicher Richter hier verzichtet werden. Die Einrichtung des Einzelrichters erscheint für den Verwaltungsprozess als Mittel der Beschleunigung **nicht ungeeignet,** ihre Effizienz hängt aber entscheidend von der Art der Streitigkeiten ab u. kann zu einer Entlastung der Verwaltungsgerichtsbarkeit nur aufgrund der zwischenzeitlichen allg Einführung beitragen.

Die anfängliche Zurückhaltung in der Richterschaft ist einer eher pragmatischen Verfahrensweise gewichen, die sowohl die Ungereimtheiten der Gesamtregelung berücksichtigt als auch die personellen Ressourcen der jeweiligen Kammer (vgl auch Hailbronner, § 76 AsylVfG Rn 2). Damit sind auch die nach wie vor in den Bundesländern unterschiedlichen Quoten beim Einsatz des Einzelrichters zu erklären; der durchschnittliche Anteil von 82,9% in Hauptsacheverf (so Zuwanderungsbericht S. 136) belegt eine sehr hohe Ausschöpfung der Beschleunigungsmöglichkeiten, lässt aber erkennen, dass in einem nicht unerheblichen Umfang die Kammer für Grundsatzentscheidungen benötigt wird, ohne welche die Rechtseinheit auf der erstinstanzlichen Ebene nicht zu gewährleisten ist.

5   Gegen den erheblich erweiterten Einsatz des Einzelrichters in Asylsachen sind nach wie vor **gewichtige Bedenken** anzumelden. Der Ausschluss der Beschwerde (in Eilverf früher nach § 10 III 8 AsylVfG 1982 u. jetzt allg nach § 80) beeinträchtigt ohnehin schon die für den Sofortvollzug aufenthaltsbeendender Maßnahmen gegenüber Asylbew verfassungsrechtlich gebotene besonders sorgfältige Überprüfung (BVerfGE 67, 43; vgl auch BVerfGE 69, 220; Renner, MDR 1979, 887). Die weitgehende Ausschaltung der Kammer in den vom BAMF als aussichtslos eingestuften Asylanträgen scheint auf den ersten Blick dem Außenstehenden gerechtfertigt, weil dieses Evidenzurteil dem ersten Anschein nach auch einfach überprüft werden kann. Die vom BVerfG gerade in diesen Fällen geforderte **gesteigerte Richtigkeitsgewissheit** (BVerfGE 67, 43) kann aber zweifelsohne eher von drei Richtern als von einem erreicht werden. Durch Art 16 a III GG ist zwar der Maßstab der Überprüfung gelockert, nicht aber der Ersatz der Kammer durch den Einzelrichter verlangt oder vorausgesetzt worden. Abgesehen davon kommt es entscheidend darauf an, dass hier im Eilverf so gut wie immer endgültig über die Abschiebung u. damit über den Bestand des AsylR entschieden wird.

6   **Verfassungsrechtlich** erscheinen die Vorschriften über den streitentscheidenden Einzelrichter **unbedenklich** (vgl BVerfG-A, EZAR 630 Nr 7). Die Voraussetzungen für Übertragung u. Rückübertragung schließen sachfremde Erwägungen hinreichend aus u. tangieren damit die Garantie des ges Richters (Art 101 I 2 GG) nicht. Der Rechtsschutzanspruch des Asylbew (Art 16 a I u. 19 IV GG) garantiert die Zuständigkeit der Kammer nicht; zudem wird ein umfassender Rechtsschutz gerade durch die Beschränkungen für den Einzelrichter gegenüber der Kammer sichergestellt (§§ 31 I 2, V, 32 VI).

III. Einzelrichter

1. In Betracht kommende Streitverfahren

7   Der Einzelrichter darf nur in erstinstanzlichen Streitverf nach dem AsylVfG eingesetzt werden. Nach Angleichung von § 6 VwGO für den allg Verwaltungsprozess hat die Unterscheidung nur noch Bedeutung für Eilverf, weil der Einzelrichter insoweit in Asylsachen originär zuständig ist. Die Abgrenzung von anderen Streitigkeiten ist identisch mit der des § 52 Nr 2 S. 3 VwGO (vgl § 74 Rn 11). **Betroffen sind** alle Verf, die von den VG auf der Grundlage des AsylVfG zu entscheiden sind (vgl auch § 74 Rn 11). Betroffen sind vor allem: Asylanerkennung nach §§ 1, 5 iVm Art 16 a GG; Feststellung nach §§ 1, 5 iVm § 60 I AufenthG; Einreiseverweigerung nach §§ 18, 18 a; Verteilung u. Zuweisung nach §§ 50, 51; Aufenthaltsregelungen nach §§ 46 bis 49, 53, 55 bis 61, 63; Abschiebungsandrohung oder -anordnung des BAMF nach §§ 18 a, 34 ff; Restitutionsverf um Asylanerkennung. Der Vollzug aufenthaltsbeendender Maßnahmen ist nur zT im AsylVfG geregelt, nämlich in §§ 18 II bis IV, 18 a III, 19 III, 34 a, 43 a II bis 5, 71 V, 71 A IV. Wenn aufgrund des AsylVfG getroffene Maßnahmen nach anderen Vorschriften (des Bundes oder eines Landes) vollstreckt u. sodann gerichtlich angefochten werden, handelt es sich dennoch um eine „Streitigkeit nach diesem Ges"; denn hier haben sie letztlich ihre Grundlage u. können deshalb im Hinblick auf den in erster Linie maßgeblichen Beschleunigungszweck nicht von den og

Streitgegenständen getrennt werden, weil es „nur" u. gerade um dessen Vollzug geht (dazu näher § 80 Rn 2).

Ausgenommen sind insb Maßnahmen der AuslBeh gegenüber dem Asylbew aufgrund **8** allg AuslR, also zB Ablehnung einer humanitären AE (§ 25 I oder II AufenthG) oder eines asylverfahrensunabhängigen AufTit (§ 10 AufenthG; dazu BayVGH, InfAuslR 1989, 357), Ausweisung u. Abschiebung eines Asylbew (§§ 56 IV, 60 VIII, IX AufenthG). Nicht betroffen sind auch Streitverf nach allg Ordnungsrecht, etwa um die Aufforderung zur Rückkehr in das zugewiesene Bundesland (OVG NRW, NWVBl 1990, 351). In diesem Fall kann allerdings der Berichterstatter mit Einverständnis der Beteiligten ebenfalls anstelle der Kammer tätig werden u. entscheiden (§ 87 a II u. III VwGO).

2. Bestimmung des Einzelrichters

Die **Bestimmung** des als Einzelrichter zur Entscheidung berufenen Mitglieds der Kam- **9** mer des VG hat an Bedeutung gewonnen, nachdem der Einzelrichter ohne vorherige Übertragung für den vorläufigen Rechtsschutz zuständig ist. Die **Auswahl** des jew zuständigen Einzelrichters steht der Kammer nicht frei. Für den streitentscheidenden Einzelrichter ist nämlich die Garantie des ges Richters (Art 101 I 2 GG) zu beachten, die eine abstrakte Bestimmung des Einzelrichters für das jew Geschäftsjahr vorab durch kammerinternen Geschäftsverteilungsplan erfordert, der nicht mehr allein durch den Kammervorsitzenden beschlossen wird, sondern von der gesamten Kammer (§ 21 g II, III GVG; Hailbronner, § 76 AsylVfG Rn 5). Dies schließt die Festlegung der Reihenfolge der Vertretung bei Verhinderung ein. Unstatthaft ist damit eine Bestellung bei Übertragung oder Verhinderung jew für den Einzelfall. Mit der namentlichen Benennung bei der Übertragung wird nur deklaratorisch auf den durch Geschäftsverteilung als zuständig bestimmten Richter hingewiesen (VGH BW, VBlBW 2000, 489).

In erster Linie wird der jew **Berichterstatter** in Frage kommen. Abweichungen sind **10** aber geboten hinsichtlich des Proberichters im ersten halben Jahr nach seiner Ernennung (Abs 5). Zulässig ist der Einsatz des Vorsitzenden, auch wenn diesem sonst ein eigenes Berichterstatterdezernat nicht zugewiesen ist. Außerdem ist die Verteilung der Streitverf aus dem Dezernat des Proberichters in dessen ersten halben Dienstjahr auf andere Kammermitglieder, den Vorsitzenden eingeschlossen, zulässig. Diese Regelungen müssen aber durch die Geschäftsverteilung der Kammer getroffen werden, nicht ad hoc mit dem Übertragungsbeschluss.

3. Übertragung auf den Einzelrichter

In Klageverf wird der Einzelrichter mit der Übertragung zur Entscheidung berufen, in **11** Verf des vorläufigen Rechtsschutzes ist er kraft Ges (originär) anstelle der Kammer zuständig. Der Richter wird nicht lediglich als Berichterstatter mit vorbereitenden Anordnungen oder Nebenentscheidungen (§§ 86 III, IV, 87, 87 a, 87 b VwGO; § 273 II, III 1, IV 1 ZPO) oder mit der Beweisaufnahme (§§ 87, 96 II VwGO) beauftragt. Er stellt vielmehr als Einzelrichter **in vollem Umfang** die Kammer iSd des Spruchkörpers erster Instanz dar. Ihm obliegen von der Übertragung an alle verfahrensrechtlichen Pflichten des VG. Neben der Hauptsache gehören dazu alle Neben- u. Folgeverf (HessVGH, AnwBl 1986, 412). Die **Kriterien** für die Übertragung von der Kammer auf den Einzelrichter, die Rückübertragung auf die Kammer u. die Übertragung von Eilverf vom Einzelrichter auf die Kammer stimmen zT überein.

Die Übertragung von der Kammer auf den Einzelrichter ist für den Regelfall vorgesehen **12** u. darf demzufolge nur in atypischen Fällen unterbleiben (ebenso § 6 I VwGO u. § 348 I ZPO). Die Übertragung ist nicht in das pflichtgemäße Ermessen der Kammer gestellt (fakultativ), sondern **obligatorisch**. Sie ist sowohl bei fehlender Grundsätzlichkeit als auch in einfach oder nicht besonders schwierig gelagerten Fällen grundsätzlich geboten. Die Kammer darf dabei Gesichtspunkte der Effektivität u. Arbeitsökonomie nicht berücksichtigen, weder die Arbeitskapazität des Spruchkörpers einerseits u. des Einzelrichters andererseits noch Beschleunigung, Arbeitsplanung u. Entscheidungsprogramm. Sie muss die Übertragung vor allem dann vornehmen, wenn eine Grundsatzentscheidung der Kammer vorliegt u. diese nur noch auf ähnlich liegende Einzelfälle anzuwenden ist. Auf eine Bestätigung der Rspr durch OVG/VGH oder BVerwG kommt es nicht an, erneuter Klärungsbedarf entsteht jedoch idR nach Aufhebung der „Leitentscheidung" in einer Rechtsmittelinstanz.

13 **Grundsätzliche Bedeutung** hat ein Streitverf dann, wenn es rechtliche oder tatsächliche Fragen aufwirft, die im Interesse der Rechtseinheit geklärt werden müssen u. anhand des betr Falles auch in verallgemeinerungsfähiger Form beantwortet werden können. Der Begriff entspricht dem der grundsätzlichen Bedeutung der Rechtssache in § 78 III Nr 1 (dort Rn 11 ff), er ist aber auf den Spruchkörper bezogen auszulegen. Für die Klärungsbedürftigkeit ist daher nicht nur auf die Rspr des BVerfG, BVerwG, der OVG/VGH u. anderer VG abzustellen, sondern auch auf Rspr u. Auffassung innerhalb des VG u. der Kammer selbst. Auch in den letzten beiden Fällen kann die erforderliche Klärung nicht ohne weiteres dem OVG/VGH überlassen werden (Hailbronner, § 76 AsylVfG Rn 8).

14 Klärungsbedarf kann **in rechtlicher oder tatsächlicher Hinsicht** bestehen (§ 78 Rn 11 ff), ergibt sich aber nicht schon von selbst aus der Abweichung einzelner Richter von der sonst herrschenden Auffassung. Grundsätzlichkeit folgt zwingend weder aus dem Fehlen jeglicher Rspr noch aus dem Vorhandensein abweichender Ansichten. Wäre die Zulassung der Berufung wegen grundsätzlicher Bedeutung oder Divergenz (durch OVG/VGH) erforderlich, kommt eine Übertragung nicht in Betracht. Wenn hierfür noch weitere Ermittlungen vorgenommen werden müssen, die Entscheidungserheblichkeit also noch gar nicht feststeht, ist die Übertragung zulässig, wenn auch nicht geboten (zur Rückübertragung Rn 20 ff).

15 **Besondere Schwierigkeiten** (vgl auch § 6 I VwGO u. § 348 I ZPO) können ebenfalls den rechtlichen wie den tatsächlichen Bereich betreffen. Sie können sich allg für bestimmte Fallgruppen ergeben oder nur im Einzelfall. Gegenüber der grundsätzlichen Bedeutung handelt es sich um einen **Auffangtatbestand,** der losgelöst ist von der Frage der späteren Berufungszulassung. Schwierigkeiten normaler Art hindern die Übertragung nicht, es kommen nur überdurchschnittliche Schwierigkeiten bei der Lösung von Rechtsfragen oder der Aufklärung des Sachverhalts einschließlich der Lage im angeblichen Verfolgerstaat in Betracht. Dies wird namentlich bei (erstmaliger) Prüfung einer Gruppenverfolgung der Fall sein. Eine nähere Umschreibung in Form von Kategorien (so Schnellenbach, DVBl. 1993, 230) erscheint untauglich (Marx, § 76 Rn 6). Maßgeblich muss die objektive Schwierigkeit bleiben, deren Beurteilung wegen ihres prognostischen Charakters einen gewissen Spielraum eröffnet u. zB bei Erarbeitung einer erstmaligen Grundsatzentscheidung auch die Entscheidungskapazität u. Leistungsfähigkeit der Kammer u. ihrer Mitglieder in Rechnung stellen muss (Hailbronner, § 76 AsylVfG Rn 13).

16 Vor der Entscheidung über die Übertragung sind die **Beteiligten zu hören;** dies wird in Abs 3 zwar nur für die Rückübertragung angeordnet, ergibt sich für die Übertragung aber unmittelbar aus Art 103 I GG (Huber, BayVBl. 1985, 43; Hailbronner, § 76 AsylVfG Rn 6; OVG NRW, EZAR 633 Nr 14; aA Friedl, BayVBl. 1984, 555). Unterbleibt die Anhörung, ist dies, da die Übertragung unanfechtbar ist (§ 80; früher § 31 IV AsylVfG 1982), in der Berufungsinstanz nicht zu überprüfen; damit erübrigt sich auch die Zulassung der Berufung (§ 173 VwGO iVm § 512 ZPO).

17 Die Übertragung erfolgt durch **Beschluss** außerhalb der mündlichen Verhandlung (§ 101 III VwGO) u. damit ohne ehrenamtliche Richter (§ 5 III 2 VwGO). In der mündlichen Verhandlung (§ 101 I VwGO) wirkten diese mit, dann wäre eine Übertragung aber nicht mehr zulässig. Einstimmigkeit ist nicht erforderlich, ebenso wenig eine Begründung. Die Übertragung ist formlos mitzuteilen (HessVGH, 3. 7. 1985 – 10 TE 391/83 –); unabhängig davon beginnt die Zuständigkeit des Einzelrichters mit der Herausgabe des Beschlusses zur Post (ebenso Hailbronner, § 76 AsylVfG Rn 18).

18 **Ausgeschlossen** ist die Übertragung nach mündlicher Verhandlung, wobei deren Gegenstand unerheblich ist. Auch wenn nach ihrer Eröffnung der Termin aufgehoben u. vertagt

oder wenn nur über Prozessvoraussetzungen oder Verfahrensfragen verhandelt worden ist, scheidet danach eine Übertragung aus (aA Hailbronner, § 76 AsylVfG Rn 14: erst nach Antragstellung wie nach dem allerdings anders formulierten § 348 II ZPO). Eine Ausnahme besteht nach Ergehen eines Vorbehalts-, Teil- oder Zwischenurteils (ähnlich wie § 348 III ZPO), was nach der Art der asylr Streitverf kaum oder nie vorkommen dürfte (vgl § 302 ZPO, § 110 VwGO, § 1097 ZPO); in diesen Fällen ist allerdings eine vorangehende mündliche Verhandlung unschädlich.

Die Zurückverweisung eines Verf aufgrund VB durch das BVerfG berührt die Zuständigkeit des Einzelrichters anstelle der Kammer nicht, weil das Verf damit in den alten Stand zurückversetzt wird. Ebenso verhält es sich bei einem gerichtsinternen **Zuständigkeitswechsel** u. bei einer **Verweisung** an das zuständige Gericht (§ 83 I VwGO). Die Übertragung ist für die andere Kammer oder das andere Gericht bindend (GK-AsylVfG, § 76 Rn 118 f; BayVGH, BayVBl. 1996, 506; betr Zustimmung nach § 87 a II VwGO auch BVerwG, NVwZ-Beil 1996, 33; Bader ua, § 6 Rn 18; Eyermann, § 6 Rn 7; aA Hailbronner, § 76 AsylVfG Rn 21 f; Marx, § 76 Rn 19; OVG Lüneburg, EZAR 631 Nr 9). Die Verwendung des Possessivpronomens „ihrer" soll nur „Abgaben" an andere Kammern verhindern. Die Verweisung findet nicht an einen anderen Einzelrichter statt, sondern an eine andere Kammer oder ein anderes Gericht; dabei stellt der Einzelrichter jew die Kammer dar. Die Einschätzung einer Sache als weder besonders schwierig noch grundsätzlich bedeutsam erfolgt nach objektiven Kriterien u. lässt der Kammer daher keine Ermessensspielräume. Daher sprechen Verfahrensökonomie u. Beschleunigungsbedürftigkeit eindeutig für die Fortgeltung der Übertragung auch beim Übergang auf ein anderes Gericht oder eine andere Kammer. Welcher Einzelrichter jew anstelle der Kammer zuständig ist, bestimmt die kammerinterne Geschäftsverteilung, die möglichst klare besondere Vorkehrungen für Verweisung von anderen Spruchkörpern oder einem anderen Gericht treffen sollte. Im Falle der grundsätzlichen Bedeutung bleibt die Rückübertragung wegen einer wesentlichen Änderung der Prozesslage möglich (vgl aber Rn 22).

4. Rückübertragung auf die Kammer

Eine Aufhebung der Übertragung durch die Kammer („Rückholung") ist ausgeschlossen. Die Kammer kann das Verf (aus welchen Gründen auch immer) nicht wieder an sich ziehen (HessVGH, NVwZ-RR 1993, 332). Die allein zulässige Rückübertragung an die Kammer setzt **grundsätzliche Bedeutung** aufgrund wesentlicher Prozesslagenänderung voraus. Nachträglich eingetretene besondere Schwierigkeiten rechtfertigen die Rückgabe an die Kammer (anders als nach § 6 III VwGO) nicht (BVerfG-A, EZAR 630 Nr 7; Hailbronner, § 76 Rn 26). Ersichtlich soll ein erneuter Zuständigkeitswechsel im Interesse einer zügigen Förderung des Verf vermieden werden. Demgegenüber können Zweckmäßigkeitsüberlegungen eine Auslegung gegen den Wortlaut nicht rechtfertigen. Die Rückübertragung obliegt allein dem pflichtgemäßen **Ermessen** des Einzelrichters. Dieser darf sich indes nicht in Widerspruch zu der Kammer setzen, indem er aufgrund einer anderen Auffassung eine übertragene Sache zurücküberträgt; denn die Rückübertragung ist auf den Fall der grundsätzlichen Bedeutung beschränkt u. vor allem von einer wesentlichen Änderung der Prozesslage abhängig. Eine zwischenzeitliche mündliche Verhandlung vor dem Einzelrichter hindert die Rückübertragung anders als die Übertragung nach Abs 2 nicht.

Grundlage der Rückübertragung ist eine **wesentliche Änderung** der Prozesssituation, etwa durch Gesetzesänderung, Veränderungen im Herkunftsstaat, neues Vorbringen oder zwischenzeitliche Beweisergebnisse. Änderung der Rspr steht zwar nicht einer Rechtsänderung gleich (BVerwGE 31, 112). Doch kann sie angesichts der Besonderheiten des AsylR die Prozessaussichten so erheblich verändern, dass sie die Rückübertragung rechtfertigt. Die Herausbildung einzelner Elemente des Tatbestands der politischen Verfolgung iSd Art 16 a I GG u. des Art 33 GK nämlich ist der Rspr überlassen, die außerdem die politische Situation in dem angeblichen Verfolgerstaat allgemeinverbindlich feststellen muss.

Wegen des daraus resultierenden Gewichts der Rspr kann deren Änderung eine wesentliche Änderung der Prozesslage bedeuten (vgl § 71 Rn 25). Das gilt namentlich für Entscheidungen des BVerfG, u. zwar ungeachtet einer rechtlichen Bindungswirkung, die nur nach § 31 BVerfGG eintreten kann. Stellen derartige Grundsatzentscheidungen die Rechtslage klar, ohne dass entscheidungserhebliche Fragen offen bleiben, wird es allerdings an der grundsätzlichen Bedeutung (nach wie vor) fehlen.

22 In einer bloßen **Änderung der Rechtsauffassung** des Einzelrichters oder der Kammer kann eine wesentliche Änderung der Prozesssituation nicht gesehen werden. Auch die geänderte Zuständigkeit infolge Richterwechsels oder Verweisung an eine andere Kammer oder ein anderes VG (Rn 19) kann grundsätzlich für sich genommen nicht als relevante Situationsänderung anerkannt oder ihr gleichgestellt werden. Denn geändert hat sich in diesen Fällen nicht die Prozesslage, sondern (evtl) nur die Auffassung des zuständigen Einzelrichters (vgl aber Rn 23).

23 Für die Rückübertragung **beachtlich** ist die **Änderung** nur, wenn die Sache dadurch grundsätzliche Bedeutung (Rn 13 f) gewinnt. Die klärungsbedürftige u. in dem betr Verf klärungsfähige tatsächliche oder rechtliche Frage braucht bei der Übertragung auf den Einzelrichter noch keine Rolle gespielt zu haben; sie kann aber auch mit einer früher angesprochenen Frage identisch sein, sofern sie sich inzwischen zur Grundsatzfrage entwickelt hat. Nach einer Verweisung von einer anderen Kammer oder einem anderen VG kann sich uU eine Sache aufgrund der andersartigen Beurteilung durch den nunmehr zuständig gewordenen Einzelrichter als grundsätzlich bedeutsam darstellen, etwa wegen des Fehlens entspr Grundsatzentscheidungen des jew VG oder OVG/VGH. Darin ist uU eine wesentliche Änderung der Prozesslage (Rn 21 f) zu sehen.

5. Übertragung auf die Kammer

24 In Eilverf ist der Einzelrichter originär zuständig, wobei die Person des Richters durch die Geschäftsverteilung bestimmt wird (Rn 9 f). Die Übertragung auf die Kammer ist bei grundsätzlicher Bedeutung oder beabsichtigter Abweichung von der Rspr der Kammer **zwingend** vorgeschrieben. Damit soll die Einheit der Rspr des Gesamtspruchkörpers gewahrt werden. Die Kammer kann allerdings nur entscheiden, wenn sie in grundsätzlich bedeutsamen Fällen hierzu Gelegenheit erhält. Da in Eilverf eine Vereinheitlichung der Rspr durch OVG/VGH nicht gewährleistet werden kann (vgl § 80), sind die Übertragungsgründe nicht restriktiv, sondern eher extensiv auszulegen.

25 Grundsätzliche Bedeutung ist spruchkörperbezogen auszulegen; sie kann im rechtlichen oder tatsächlichen Bereich liegen (Rn 13 f). Unterschiedliche Ansichten innerhalb der Kammer oder des Gerichts ergeben für sich noch keine klärungsbedürftige Grundsatzfrage, wenn die Rspr der übrigen Gerichte eindeutig ist. Die Einheitlichkeit der Rspr der Kammer wird in erster Linie durch die (notwendige) Übertragung im Falle der **Abweichung** von deren Rspr garantiert. Daraus erhellt aber zugleich, dass eine Frage, zu der noch keine grundsätzliche Entscheidung der Kammer ergangen ist, dadurch (ausnahmsweise) klärungsbedürftig wird, dass ein Richter der Kammer von der Rspr eines anderen Kammermitglieds abweichen will.

6. Fehlerhafte Übertragung oder Rückübertragung

26 Übertragung u. Rückübertragung sind **unanfechtbar** (§ 80; früher § 31 IV AsylVfG 1982; allg auch nach § 6 III 1 VwGO). Auf die Unterlassung der Übertragung kann ein Rechtsbehelf nicht gestützt werden (§ 6 IV 2 VwGO). Übertragung u. Rückübertragung können zudem im Berufungsverf nicht überprüft werden (§ 173 VwGO iVm § 512 ZPO). Dies gilt für die tatbestandlichen Voraussetzungen wie für das Verf (zur Anhörung Rn 16). Deshalb ist fraglich, ob sie überhaupt einer Überprüfung u. Änderung zugänglich sind. Unanfechtbarkeit schließt Bindung von Kammer u. Einzelrichter ein; eine nachträgliche Änderung von Übertragung oder Rückübertragung ist damit ebenfalls ausgeschlossen.

Zulässig ist nur die ges vorgesehene Rückübertragung unter den ges bestimmten Voraussetzungen. Wegen des Ausschlusses der inhaltlichen Beurteilung im Berufungsverf ist auch die Berücksichtigung eines Verstoßes gegen die Garantie des ges Richters oder des rechtlichen Gehörs (Art 101 I 2, 103 I GG) im Rahmen der Berufungszulassung (§ 78 III Nr 3 AsylVfG iVm § 138 Nr 1, 3 VwGO) nicht möglich (vgl Hailbronner, § 76 AsylVfG Rn 24; OVG NRW, EZAR 633 Nr 14). Überprüfbar ist dagegen das Fehlen eines Übertragungsbeschlusses; diese Verletzung der Garantie des ges Richters kann zur Zulassung der Berufung führen (OVG Brandenburg, NVwZ-RR 2001, 202).

7. Proberichter

Den Einsatz von Proberichtern in den ersten sechs Monaten nach ihrer Ernennung hat der Gesetzgeber für **„vertretbar"** erachtet, ohne dies zu begründen (vgl BT-Drs 12/4450 S. 28). Die Einschränkung gilt nicht für Richter kraft Auftrags (§ 14 DRiG) u. Richter im Nebenamt (§ 16 VwGO). Sie betrifft alle Verfahrensarten, auch wenn wegen § 83 I u. der allg üblichen Zuweisung junger Richter an Asylkammern ein sachgerechter Einsatz mit der Möglichkeit des Sammelns von Erfahrungen dadurch gewisse organisatorische Schwierigkeiten entstehen, welche die Garantie des ges Richters berühren können (dazu Hailbronner, § 76 AsylVfG Rn 35 f). Der als Einzelrichter ausgeschlossene junge Proberichter kann ungeachtet dessen zum Berichterstatter in Asylsachen bestellt werden u. in der Kammer hierüber entscheiden (so auch Knorr, VBlBW 1994, 184). Dies ist im Interesse einer ebenso zügigen wie erfolgreichen Einarbeitung in Asylsachen in höchstem Maße sachgerecht u. daher nicht zuletzt aus personalpolitischen Gründen dringend zu empfehlen. 27

§ 77 Entscheidung des Gerichts

(1) ¹ In Streitigkeiten nach diesem Gesetz stellt das Gericht auf die Sach- und Rechtslage im Zeitpunkt der letzten mündlichen Verhandlung ab; ergeht die Entscheidung ohne mündliche Verhandlung, ist der Zeitpunkt maßgebend, in dem die Entscheidung gefällt wird. ² § 74 Abs. 2 Satz 2 bleibt unberührt.

(2) Das Gericht sieht von einer weiteren Darstellung des Tatbestandes und der Entscheidungsgründe ab, soweit es den Feststellungen und der Begründung des angefochtenen Verwaltungsaktes folgt und dies in seiner Entscheidung feststellt oder soweit die Beteiligten übereinstimmend darauf verzichten.

I. Entstehungsgeschichte

Die Vorschrift entspricht dem **GesEntw 1992** (§ 75, BT-Drs 12/2062 S. 19). Sie hat kein Vorbild im AsylVfG 1982. 1

II. Allgemeines

Entgegen der Annahme in der Begr des GesEntw 1992 (BT-Drs 12/2062 S. 40) wurde die Frage nach dem maßgeblichen **Beurteilungszeitpunkt** in Asylsachen früher in der Rspr nicht „sehr unterschiedlich" beantwortet. Für Asylverpflichtungsklage, Verpflichtungsbegehren nach § 51 I AuslG u. Familienasyl kam es für die Rechts- u. Sachlage völlig unstreitig auf den Zeitpunkt der letzten Tatsachenentscheidung an (5. Aufl, § 30 AsylVfG Rn 31 f); ausgenommen waren selbstverständlich diejenigen Tatbestandsmerkmale, die nach materiellem Recht in der Vergangenheit vorliegen mussten (zB Vorverfolgung bei der Asylanerkennung, Ehe im Heimatstaat beim Familienasyl). Für Anfechtungsklagen gegen aufent- 2 haltsbeendende Maßnahmen war dagegen auf den Zeitpunkt der letzten Behördenentscheidung abzustellen (5. Aufl, § 28 AsylVfG Rn 42; § 30 AsylVfG Rn 32); eine aus der Vorschrift des § 8 a AsylVfG 1982 abgeleitete davon abweichende Meinung (OVG NRW, 2. 2. 1991 – 18 A 200/91 –) ist vereinzelt geblieben, weil sie nicht in das System des gerichtlichen Rechtsschutzes passte. Die neue Vorschrift des § 70 III 2 AuslG hatte u. hat hieran auch für das allg AuslR nichts geändert (vgl § 70 AuslG Rn 10 f, 16 ff).

III. Maßgebliche Sach- und Rechtslage

3   Die Regelung des Abs 1 greift empfindlich in das **gewachsene u. bewährte System** des Verwaltungsrechtsschutzes ein, weil es dem VG/OVG/VGH hinsichtlich der Anfechtungsklagen die Entscheidung über Sachverhalte überträgt, die der Behörde zuvor uU nicht vorgelegen haben. Anders als bei Verpflichtungsklagen wird damit unmittelbar in die verwaltende Tätigkeit gestaltend eingegriffen, also nicht bloß Exekutivtätigkeit kontrolliert. Zumindest in Ermessensfällen ist dies letztlich unergiebig, weil das Gericht nicht das behördliche Ermessen ersetzen darf (vgl dazu im Einzelnen § 113 III, V VwGO). Hinsichtlich der Abschiebungshindernisse war zwar unter der Zuständigkeit der AuslBeh idR im Zusammenhang mit der Abschiebungsandrohung zeitlich auf deren Erlass abzustellen, nach Übergang dieser Zuständigkeit auf das BAMF handelt es sich aber um eine Verpflichtungsklage, für die ohnehin der aktuelle Sachstand maßgeblich ist.

4   Da Abs 1 nicht nach **Art u. Gegenstand der Streitigkeiten** differenziert, sind asylr wie auslr Behördenentscheidungen betroffen, solche des BAMF, der AuslBeh u. anderer Stellen. Er gilt für Hauptsacheverf wie für Eilverf. Es muss sich nur um eine Rechtsstreitigkeit auf der Grundlage des AsylVfG handeln (vgl § 74 Rn 11 u. 14; § 76 Rn 7). Dazu gehört jedes Verf, das nach den Vorschriften des AsylVfG zu führen u. zu entscheiden ist. In Betracht kommen alle Verf über Verwaltungsakte, die auf eine Norm dieses Ges gestützt sind, oder über deren Vollzug (vgl § 80 Rn 2).

5   Abs 1 besagt zwar nichts über die zu treffende **Entscheidung.** Die Anwendung der Vorschrift des § 113 III 1 VwGO, die dem Gericht im Falle der Notwendigkeit weiterer umfangreicher Ermittlungen die bloße Aufhebung der angegriffenen Entscheidung ermöglicht u. der Behörde den Erlass eines neuen Bescheids nach erfolgter Sachaufklärung überlässt, ist aber wohl im Asylprozess ausgeschlossen (ebenso Hailbronner, § 77 AsylVfG Rn 14). Dies lässt sich mittelbar Abs 1 entnehmen, der eine endgültige Entscheidung auch unter Inkaufnahme weiterer Ermittlungen über zwischenzeitlich eingetretene Tatsachen bezweckt. Für diese Auslegung spricht auch § 79 II, der eine zeitliche Verzögerung durch Zurückverweisung innerhalb der Gerichtsbarkeit verhindern soll.

6   Die jew aktuelle Sach- u. Rechtslage ist auch dann maßgeblich, wenn nicht ohnehin wie allg bei **Verpflichtungsbegehren** auf den Zeitpunkt der Gerichtsentscheidung abzustellen ist (Rn 3). Unberührt bleibt zunächst die Präklusion nach § 74 II iVm § 87 b III VwGO (dazu § 74 Rn 28 ff). Für Abschiebungshindernisse nach § 60 II–VII AufenthG ergeben sich ebenso wenig Änderungen wie für die Anerkennung nach Art 16 a GG oder § 60 I AufenthG, weil es sich dabei allesamt um Verpflichtungsbegehren handelt u. das VG die Verfolgungsgefahren gleich welcher Art immer unter Berücksichtigung zwischenzeitlicher Änderungen der Sach- oder Rechtslage zu beurteilen hat. Nur für die Anfechtung der Abschiebungsandrohung ist die Veränderung des maßgeblichen Zeitpunkts bedeutsam, weil uU die in Betracht kommenden Zielstaaten in dem Zeitraum zwischen Behörden- u. Gerichtsentscheidung wechseln (ähnlich Marx, § 77 Rn 8). Allerdings hängt der Bestand der Androhung grundsätzlich von dem Bestehen u. der Art eines Abschiebungshindernisses nach § 60 AufenthG nicht ab (vgl § 59 III AufenthG).

7   Dagegen ist die Verschiebung des maßgeblichen Zeitpunkts für **andere Streitigkeiten** von erheblicher Bedeutung, die auf Maßnahmen der AuslBeh aufgrund des AsylVfG gegen-

über Asylbew beruhen. So müssen im Prozess über die Anfechtung aufenthaltsbeschränkender Auflagen veränderte Verhältnisse auch dann vom VG berücksichtigt werden, wenn die Behörde hierüber noch nicht entschieden hat. Dasselbe gilt für aufenthaltsstaatsbezogene Abschiebungshindernisse u. andere bei der zwangsweisen Abschiebung zu beachtende Voraussetzungen. Auch sie muss das VG, wenn sie während des Verf entstanden u. daher von der Behörde weder aufgeklärt noch verwertet sind, zur Spruchreife führen.

IV. Entscheidungsgründe

Die in Abs 2 vorgesehenen **Erleichterungen** bei der Abfassung von Entscheidungen erweitern die Möglichkeiten nach § 117 III, V VwGO. Sie gelten sowohl für Anfechtungssachen als auch für sonstige Klagen, weil auch insoweit allg von einem „angefochtenen Verwaltungsakt" gesprochen wird. Sie sind jedoch nicht auf Eilverf anzuwenden, weil dort die Darstellung des Tatbestands weder vorgeschrieben noch üblich ist; ebenso nicht auf Nebenverf (zutreffend Hailbronner, § 76 AsylVfG Rn 22). Außerdem dürfen die besonderen verfassungsrechtlichen Anforderungen an die Begründung von Offensichtlichkeitsentscheidungen nach § 78 I u. von Entscheidungen über Bescheide nach § 30 I nicht vernachlässigt werden. Ein Verzicht der Beteiligten ist wohl schon deshalb äußerst selten, weil damit Anhaltspunkte für die Einlegung u. Begründung eines Rechtsmittel fehlen. 8

Eine vollständige **Bezugnahme** auf die Behördenentscheidung ohne jede Ergänzung ist nur dann statthaft, wenn im Klageverf nicht mehr vorgetragen u. zu erörtern ist als im Verwaltungsverf, was wiederum gerade im Hinblick auf Abs 1 die Ausnahme bildet. Schon nach allg Prozessrecht zulässig ist die Bezugnahme auf Entscheidungen in anderen Verf, falls diese den Beteiligten bekannt oder ohne weiteres zugänglich sind (Hailbronner, § 77 AsylVfG Rn 25). Etwa dann, wenn die Verf von Familienangehörigen gemeinsam verhandelt, aber getrennt entschieden werden, der Bevollmächtigte alle Personen vertritt u. ihm alle Urteile gleichzeitig zugestellt werden (HessVGH, 21. 3. 2001 – 12 UZ 602/01.A –). 9

§ 78 Rechtsmittel

(1) ¹ **Das Urteil des Verwaltungsgerichts, durch das die Klage in Rechtsstreitigkeiten nach diesem Gesetz als offensichtlich unzulässig oder offensichtlich unbegründet abgewiesen wird, ist unanfechtbar.** ² **Das gilt auch, wenn nur das Klagebegehren gegen die Entscheidung über den Asylantrag als offensichtlich unzulässig oder offensichtlich unbegründet, das Klagebegehren im übrigen hingegen als unzulässig oder unbegründet abgewiesen worden ist.**

(2) ¹ **In den übrigen Fällen steht den Beteiligten die Berufung gegen das Urteil des Verwaltungsgerichts zu, wenn sie von dem Oberverwaltungsgericht zugelassen wird.** ² **Die Revision gegen das Urteil des Verwaltungsgerichts findet nicht statt.**

(3) **Die Berufung ist nur zuzulassen, wenn**
1. **die Rechtssache grundsätzliche Bedeutung hat oder**
2. **das Urteil von einer Entscheidung des Oberverwaltungsgerichts, des Bundesverwaltungsgerichts, des Gemeinsamen Senats der obersten Gerichtshöfe des Bundes oder des Bundesverfassungsgerichts abweicht und auf dieser Abweichung beruht oder**
3. **ein in § 138 der Verwaltungsgerichtsordnung bezeichneter Verfahrensmangel geltend gemacht wird und vorliegt.**

(4) ¹ **Die Zulassung der Berufung ist innerhalb von zwei Wochen nach Zustellung des Urteils zu beantragen.** ² **Der Antrag ist bei dem Verwaltungsgericht zu stellen.** ³ **Er muß das angefochtene Urteil bezeichnen.** ⁴ **In dem Antrag sind die Gründe, aus denen die Berufung zuzulassen ist, darzulegen.** ⁵ **Die Stellung des Antrags hemmt die Rechtskraft des Urteils.**

4 AsylVfG § 78

(5) ¹Über den Antrag entscheidet das Oberverwaltungsgericht durch Beschluß, der keiner Begründung bedarf. ²Mit der Ablehnung des Antrags wird das Urteil rechtskräftig. ³Läßt das Oberverwaltungsgericht die Berufung zu, wird das Antragsverfahren als Berufungsverfahren fortgesetzt; der Einlegung einer Berufung bedarf es nicht.

(6) *(aufgehoben)*

(7) Ein Rechtsbehelf nach § 84 Abs. 2 der Verwaltungsgerichtsordnung ist innerhalb von zwei Wochen nach Zustellung des Gerichtsbescheids zu erheben.

Übersicht

	Rn
I. Entstehungsgeschichte	1
II. Allgemeines	4
III. Berufungszulassung	7
1. In Betracht kommende Streitverfahren	7
2. Verfassungsmäßigkeit	10
3. Grundsätzliche Bedeutung	11
4. Abweichung	18
5. Schwere Verfahrensmängel	24
a) Allgemeines	24
b) Fehlerhafte Besetzung des Gerichts	28
c) Verletzung des rechtlichen Gehörs	29
d) Fehlen der Urteilsgründe	33
6. Zulassungsverfahren	34
7. Prozesskostenhilfe	36
IV. Ausschluss der Berufung und der Revision	37
1. In Betracht kommende Streitverfahren	37
2. Verfassungsmäßigkeit	38
3. Offensichtliche Unzulässigkeit oder Unbegründetheit	40
4. Umfang des Rechtsmittelausschlusses	44
V. Rechtsbehelf gegen Gerichtsbescheid	53

I. Entstehungsgeschichte

1 **Ursprünglich** waren die Rechtsmittel in Asylsachen wie auch sonst im Verwaltungsprozess (Ausnahme in § 131 VwGO) nicht beschränkt. Gemäß § 34 AuslG 1965 (idF des Ges vom 25. 7. 1978, BGBl. I 1108) war freilich seit 1. 1. 1978 die Berufung nach einstimmiger Abweisung der Klage als offensichtlich unzulässig oder als offensichtlich unbegründet ausgeschlossen u. nur die Revision – nach Zulassung – gegeben (vgl dazu BVerwG, EZAR 610 Nr 2).

2 Die **Vorgängervorschrift** des § 32 AsylVfG 1982 ging auf unterschiedliche Vorschläge im Gesetzgebungsverf zurück. Nach dem GesEntw BT-Drs 9/875 (SPD u. FDP) sollte die Berufung nur bei Abweisung der Klage als unzulässig oder als offensichtlich unbegründet ausgeschlossen sein; als weitere Zulassungsgründe waren vorgesehen: besondere rechtliche oder tatsächliche Schwierigkeit u. Unrichtigkeit der Entscheidung aus sonstigen Gründen (§ 28 Entw). Nach dem BR-Entw (BT-Drs 9/221) sollten nur Grundsatzbedeutung u. Divergenz die Zulassung der Berufung ermöglichen (§ 7 b Entw). Im Wesentlichen hatte der BT-RA die endgültige Fassung erarbeitet (BT-Drs 9/1630 S. 10 f, 25 f). Nur Abs 6 war noch vom Vermittlungsausschuss eingefügt worden (BT-Drs 9/1792 S. 4).

3 Die auf dieser Grundlage beruhende Vorschrift stimmte in ihrer ursprünglichen Fassung weitgehend mit dem **GesEntw 1992** (§ 76, BT-Drs 12/2062 S. 19) überein. Auf Vorschlag des BT-IA (BT-Drs 12/2817 S. 40) waren nur Abs 3 Nr 3 eingefügt u. Abs 6 des GesEntw 1992 gestrichen worden, der eine Beschränkung der Revisionszulassungsgründe um den Grund des § 132 II Nr 3 VwGO vorsah. Mit Wirkung vom 1. 7. 1993 wurden Abs 7 angefügt u. in Abs 6 die Erwähnung der Gerichtskosten gestrichen (Art 1 Nr 43 **AsylVfÄndG 1993**). Mit Wirkung vom 11. 8. 1993 wurde in Abs 3 Nr 2 das BVerfG eingefügt (Art 2 Ges v. 2. 8. 1993, BGBl. I 1442) u. zum 1. 1. 1997 der frühere Abs 6 gestrichen (Ges vom 1. 11. 1996, BGBl. I 1626).

II. Allgemeines

Die Vorschrift enthält ein ganzes **Bündel von Sonderregelungen,** die das gerichtliche 4
Hauptsacheverf straffen u. beschleunigen sollen: Zulassung der Berufung ausschließlich
durch OVG/VGH, Rechtskraft der Abweisung aussichtsloser Klagen, keine Begründung der
Entscheidung über den Zulassungsantrag, Fortsetzung des Verf nach Berufungszulassung
durch OVG/VGH ohne Berufungseinlegung. Die damit u. mit §§ 74 bis 77 u. 79 bis 83
verbundenen Abweichungen von den allg Verfahrensvorschriften der VwGO sind insgesamt
so gewichtig, dass der Asylprozess seit dem AsylVfG 1982 als **eigenständige Sonderform**
des regulären Verwaltungsprozesses bezeichnet werden muss. Die zwischenzeitlichen Änderungen haben diese Entwicklung zunächst noch verstärkt. Inzwischen ist jedoch der allg
Verwaltungsprozess durch Einführung der Zulassungsberufung (durch Ges vom 1. 11. 1996,
BGBl. I 1626) zum 1. 1. 1997 seinerseits dem Asylgerichtsverf angeglichen worden.

Heftig umstritten war zunächst vor allem die Einführung der Zulassungsberufung in 5
den Asylprozess (vgl BDVR, NVwZ 1982, 610; Pagenkopf, NVwZ 1982, 592; Reermann,
ZAR 1982, 127; Renner, ZAR 1985, 62; Ritter, NVwZ 1983, 202; Schnellenbach,
DVBl. 1981, 164). Dieses Institut ist als Mittel zur Verfahrensstraffung u. -beschleunigung
nicht ungeeignet. Es erfordert aber einen sehr guten Informationsstand der Richter am VG
über die allg Sachlage in den Herkunftsländern u. über den Stand der Rspr, weil sonst die
Gefahr der Rechtszersplitterung wächst. Gerade die Auslandsbezogenheit asylr Sachverhalte
verträgt keine Unterschiede in der Rspr, weil sich die zu entscheidenden Probleme für alle
Gerichte grundsätzlich gleich darstellen. Ebenso wie beim Einzelrichter eignet sich der
Asylprozess eigentlich am wenigsten für eine Erprobung der Zulassungsberufung (vgl Renner, ZAR 1982, 162). Die Erfahrungen rechtfertigen aber durchaus die (seit 1. 1. 1997
verwirklichte, vgl Rn 4) **Erstreckung auf den gesamten Verwaltungsprozess,** der
früher nur in seltenen Ausnahmefällen (§ 131 VwGO) die Zulassungsbedürftigkeit der
Berufung kannte (Renner in Barwig ua, AsylR im Binnenmarkt, 1989, S. 66, 83 ff).

Aus **verfassungsrechtlicher Sicht** (Art 3 I, 16 a I, 19 IV, 103 I GG) können gegen drei 6
Beschränkungen der Berufung in § 78 Bedenken bestehen: Rechtskraft der Ablehnung
aussichtsloser Klagen (Abs 1), generelle Zulassungsbedürftigkeit der Berufung (Abs 2) sowie
Begründungsverzicht bei Zulassungsentscheidungen (Abs 5 S. 1). Dabei ist zu bedenken:
Von Verfassungs wegen ist kein Instanzenzug gewährleistet (BVerfGE 11, 232; 49, 329), u.
der Gesetzgeber ist frei, unter Beachtung des Gleichheitssatzes die Rechtsmittel nach
sachlichen Kriterien zu differenzieren (BVerfGE 8, 174; 14, 56; 54, 277). Während das
System der Zulassungsberufung u. der Katalog der Zulassungsgründe sowie der Begründungsverzicht bei entspr Auslegung u. Anwendung der betr Normen die Gewährleistungen
des AsylR, des effektiven Rechtsschutzes u. des rechtlichen Gehörs sowie das Willkürverbot
nicht verletzen, erscheint der vollständige Ausschluss von Berufung u. Revision im Falle des
Abs 1 weitaus problematischer; er ist letztlich nur wegen der außerordentlichen Belastung
der Verwaltungsgerichtsbarkeit mit Asylverf u. bei sorgfältiger Auslegung u. Anwendung
dieser Vorschrift verfassungsrechtlich nicht zu beanstanden (BVerfGE 65, 76; Rn 37 ff).

III. Berufungszulassung

1. In Betracht kommende Streitverfahren

Das System der Zulassungsberufung nach dem AsylVfG sieht die Zulassung der Berufung 7
auf Antrag durch OVG/VGH nur für bestimmte Streitverf vor. **Erfasst sind** dieselben Verf
wie nach § 76 für den Einzelrichter (vgl § 76 Rn 7) u. in § 52 Nr 2 S. 3 VwGO für die
örtliche Zuständigkeit der Gerichte für Asylsachen (vgl § 74 Rn 11). Die unterschiedliche

4 AsylVfG § 78

Formulierung – „Streitigkeiten" in § 76 u. in § 52 Nr 2 S. 3 VwGO einerseits u. „Rechtsstreitigkeiten" in Abs 1 S. 1 andererseits – ist inhaltlich ohne Bedeutung. Zulassungsbedürftig ist die Berufung demnach in allen Verf, die auf der Grundlage des AsylVfG zu entscheiden sind. Die Beschränkung gilt für alle Beteiligten gleichermaßen; auch der BB ist weder dem Wortlaut nach noch aufgrund seiner Funktion ausgenommen (aA Bell, DVBl. 1988, 1148).

8   Alle Teile des Klageverf sind hinsichtlich der Rechtsmittel **grundsätzlich gesondert** zu betrachten. Trotz des grundsätzlichen Notwendigkeit der Verbindung (§ 74 Rn 6 ff) bleiben die Verpflichtungsklagen auf Asylanerkennung, Flüchtlingsanerkennung u. Feststellung von Hindernissen nach § 60 II–VII AufenthG sowie die Anfechtungsklage gegen die Abschiebungsandrohung eigenständige Rechtsmittel (zum früheren Recht OVG Hamburg, EZAR 633 Nr 12; so auch noch BVerwG, DVBl. 1983, 995). Hieran hat sich durch das Hinzutreten der selbständig anfechtbaren Flüchtlingsanerkennung u. Feststellung zu § 60 II–VII AufenthG nichts geändert (zum Streitgegenstand näher § 74 Rn 3). Zulassungsgründe brauchen nicht notwendig alle Verfahrensteile zu erfassen. Was für grundsätzliche Bedeutung u. Divergenz ohne weiteres einleuchtet, gilt grundsätzlich auch für Verfahrensmängel. Während aber zB die Versagung rechtlichen Gehörs (§ 138 Nr 3 VwGO) auf ein nur auslr relevantes Vorbringen beschränkt sein kann, ergreift ein Besetzungsmangel (§ 138 Nr 1 VwGO) alle Teile des Verf.

9   Die zum Verbundverf nach §§ 28, 30 AsylVfG 1982 vom BVerwG angestellte Überlegung, asylr u. auslr Verfahrensteile sollten in keinem Fall im **Instanzenzug** bei verschiedenen Gerichten anhängig sein (BVerwG, EZAR 630 Nr 21), fand im AsylVfG 1982 keine Stütze u. folgte auch nicht zwingend aus Sinn u. Zweck des asylr Verbundverf (5. Aufl, § 32 AsylVfG Rn 11). Nach Fortfall des Zwangsverbunds (§ 74 Rn 5 ff) ist sie jedenfalls nicht mehr aufrechtzuerhalten (aA jetzt auch betr asylr Teil einerseits u. aufr Teil andererseits BVerwG, EZAR 633 Nr 17). § 78 enthält außer in Abs 1 S. 2 keinen Hinweis auf den Klagenverbund, u. diese Vorschrift regelt nur einen einzelnen Sonderfall, ohne generell auf die Einheit des Klagenverbunds im Rechtsmittelzug hinzuwirken oder diese vorauszusetzen.

2. Verfassungsmäßigkeit

10 Gegen die Zulassungsbedürftigkeit der Berufung in Asylsachen bestehen **keine** durchgreifenden verfassungsrechtlichen **Bedenken**. Derartige Rechtsmittelbeschränkungen sind grundsätzlich statthaft (BVerfGE 49, 329). Weder der Katalog der Zulassungsgründe noch die Modalitäten des Zulassungsverf (ausschließlich durch OVG/VGH, Frist- u. Formerfordernisse für Zulassungsantrag, keine „Abhilfe" durch VG, keine Begründung der Antragsbescheidung) verstoßen gegen die Grundrechte aus Art 3 I, 16 a I, 19 IV, 103 I GG.

3. Grundsätzliche Bedeutung

11 Die Grundsatzberufung ist der Grundsatzrevision iSd § 132 II Nr 1 VwGO vergleichbar, sie erstreckt sich aber wegen der Funktion der Berufung auch auf Tatsachenfragen (Höllein, ZAR 1989, 109 mwN). Grundsätzliche Bedeutung hat eine Rechtsstreitigkeit also dann, wenn sie eine **rechtliche oder** eine **tatsächliche Frage** aufwirft, die für die Berufungsinstanz **entscheidungserheblich** ist u. im Interesse der Rechtseinheit der **Klärung bedarf** (BVerwGE 70, 24; HessVGH, EZAR 633 Nr 4 u. 13). Auf Einzelfallgerechtigkeit kommt es ebenso wenig an wie auf bloße Schwierigkeiten rechtlicher oder tatsächlicher Art; maßgeblich ist lediglich die Erwartung, dass in der Berufungsentscheidung eine klärungsbedürftige Frage mit Verbindlichkeit über den Einzelfall hinaus in verallgemeinerungsfähiger Form beantwortet werden kann. Ziel ist die Rechtsvereinheitlichung, u. zwar auch in der Form der Rechtsfortbildung. Rechts- u. Tatsachenfragen sind nicht immer sauber zu trennen. Oft besteht eine Gemengelage, zB bei Feststellung der für eine Gruppenverfolgung geforderten Verfolgungsdichte oder der für die Staatlichkeit der Verfolgung nötigen Zurechenbarkeit.

Rechtsmittel § 78 **AsylVfG** 4

Neben der Klärungsbedürftigkeit der Frage kommt es auf deren allg Bedeutung u. auf deren Klärungsfähigkeit anhand des Einzelfalls an.

Zahlreiche allg klärungsbedürftige **Rechtsfragen** zu Voraussetzungen, Umfang u. Auswirkungen des Asyls u. zu aufr Positionen von Asylbew ergeben sich allein aus der Unbestimmtheit des Begriffs der politischen Verfolgung. Trotz bedeutender Grundsatzentscheidungen des BVerfG u. des BVerwG bleiben oft Einzelfragen offen, die (noch oder wieder) zusätzlicher Klärung bedürfen. Hinzukommen inzwischen fast turnusmäßige Verfahrensnovellen, die neue Rechtsprobleme enthalten. Im **tatsächlichen Bereich** (hierzu gehören auch ausl Rechtsvorschriften) tragen ständige Veränderungen der politischen Verhältnisse in den Herkunftsländern immer wieder zur Bildung neuer Unsicherheiten u. Unklarheiten bei. Insoweit ist die Asyl-Rspr besonders stark von der politischen Entwicklung abhängig. Andererseits besteht gerade hier eine dringende Notwendigkeit zu einer möglichst einheitlichen Sichtweise, da eine je nach Gericht verschiedene Feststellung der Verhältnisse in einem Herkunftsstaat dem Interesse an rechtlicher Gleichbehandlung zuwiderliefe u. letztlich die Vorteile der Konzentration der Asylverf bei einer zentralen Behörde (BAMF) zunichte machte. Nach dem Urteil des VG veränderte Umstände können je nach ihrer Art entweder Klärungsbedarf aufwerfen oder aufgrund neuer Einzelfallverhältnisse einen Folgeantrag rechtfertigen (VGH BW, EZAR 633 Nr 21). 12

Nicht der Klärung bedarf eine Frage, die sich aus dem Ges mehr oder weniger zweifelsfrei beantworten lässt. **Klärungsbedarf** entsteht nicht schon dann, wenn Schrifttum u. Rspr sich mit einem Problem noch gar nicht befasst haben. Wenn eine hM besteht u. das erkennende Gericht hierzu schon – zustimmend oder ablehnend – Stellung bezogen hat, ist nicht in jedem Fall wieder eine Klärung notwendig; allenfalls dann, wenn neue Gesichtspunkte vorgebracht werden, die zuvor nicht bedacht waren oder in die frühere Argumentation nicht hineinpassen. Neue Aspekte können uU in dem Urteil selbst oder in dem Beschluss über den Zulassungsantrag berücksichtigt u. mit der früheren Rspr in Einklang gebracht werden, ohne dass hierfür ein Berufungsverf notwendig ist. Nicht jede Abweichung von einer hM zwingt zu erneuter Klärung durch ein Berufungsverf. Anlass für eine Klärung können abweichende Entscheidungen eines anderen VG oder OVG/VGH oder einzelner Spruchkörper (auch Einzelrichter) geben, u. zwar auch nach dem VG-Urteil ergangene (zur zwischenzeitlichen Klärung einer Grundsatzfrage vgl Rn 22); sie zwingen aber nicht in jedem Fall dazu (HessVGH, EZAR 633 Nr 30). Ebenso verhält es sich mit neuen Gutachten über die Entwicklung in dem betr Herkunftsstaat, die entweder neue Tatsachen aufzeigen oder aber eine abweichende Bewertung enthalten können. Angesichts der Maßgeblichkeit der Tatsachenlage im Entscheidungszeitpunkt für die asylr wie für die auslr Gefahrenprognose entsteht die Notwendigkeit weiterer Klärung meist durch Veränderung der politischen Verhältnisse im Herkunftsstaat, die sich nicht ohne weiteres in die Reihe der früheren Prognosetatsachen einfügen lassen, sondern näherer Aufklärung u. einer neuen Gesamtbewertung bedürfen. 13

Zu den Gerichten, deren Entscheidungen Streitfragen einer Klärung zuführen können, gehören vor allem das **BVerwG** für Rechtsfragen u. die **OVG/VGH** für Rechts- u. für Tatsachenfragen. Eine besondere Stellung nimmt das BVerfG ein. Das **BVerfG** ist ein Verfassungsorgan u. keine „Superrevisionsinstanz". Seine Entscheidungen haben zT Gesetzeskraft (§ 31 BVerfGG), wirken aber auch iÜ richtungsweisend. Das BVerfG hat nicht nur die Übereinstimmung von Normen u. Gerichtsentscheidungen mit dem GG zu prüfen u. dabei – wenn auch in beschränktem Umfang – den grundrechtsrelevanten Sachverhalt erforderlichenfalls selbst zu ermitteln (BVerfGE 76, 143 mwN; vgl auch § 74 Rn 55–57; anders das Revisionsgericht: BVerwG, EZAR 631 Nr 5). Es kann auch Leitlinien aufstellen, die ungeachtet einer Anwendung des § 31 BVerfGG zur Klärung von Rechts- u. Tatsachenfragen beitragen können. Deshalb kann beim Streit über Grundsatzfragen – zB Zweckrichtung u. Intensität der Verfolgung, Gruppenverfolgung, Sippenhaft, staatl Verantwortung für private Übergriffe, inländische Fluchtalternative, anderweitige Verfolgungssicherheit – zwischen OVG/VGH u. BVerwG eine Klärung oft nur durch das BVerfG erwartet werden 14

1153

(noch weitergehend Höllein, ZAR 1989, 109; betr Divergenz vgl BVerwG, EZAR 610 Nr 29 u. seit 11. 8. 1993 die Neufassung von Abs 3 Nr 2, Rn 3).

15 Eine (grundsätzliche) Klärung ist nur zu erwarten, wenn in dem künftigen Berufungsverf über den Einzelfall hinaus **verallgemeinerungsfähige Aussagen** getroffen werden können. Unklarheiten oder Fehler bei der Rechtsanwendung im Einzelfall geben hierzu idR keine Veranlassung. Sie führen allenfalls zu klärenden Feststellungen für diesen Fall. Die erwartete Aussage muss zumindest für einige andere Fälle von Bedeutung u. auf sie übertragbar sein. Die Voraussetzungen einer Gruppenverfolgung oder einer Übergriffe erleichternden allg innenpolitischen Situation bilden typischerweise die Grundlage für die Beurteilung einer größeren Anzahl von Einzelschicksalen.

16 Die Grundsatzfrage muss anhand des Einzelfalls einer Klärung zugeführt werden können, also **entscheidungserheblich** sein. Hieran fehlt es zB in folgenden Fällen: Wenn eine Sachentscheidung im Hinblick auf die Unzulässigkeit der Klage nur hilfsweise ergangen u. letztere nicht Gegenstand des Zulassungsbegehrens ist. Wenn die Entscheidung auf mehrere selbständig tragende (also nicht kumulative) Gründe gestützt ist und diese nicht alle mit Zulassungsgründen angegriffen sind. Wenn es auf die Grundsatzfrage nach den Tatsachenfeststellungen des VG nicht ankommt. In diesem Zusammenhang ist grundsätzlich die Rechtsauffassung des VG zugrunde zu legen; dessen Tatsachenfeststellungen sind nur dann außer Acht zu lassen, wenn gegen sie begründete Verfahrensrügen erhoben sind. Eine vollständige Überprüfung findet im Antragsverf nicht statt. Die Entscheidungserheblichkeit einer klärungsbedürftigen Grundsatzfrage kann vom OVG/VGH nicht unter Hinweis auf rechtliche oder tatsächliche Gesichtspunkte verneint werden, die in dem VG-Urteil entweder übergangen oder anders beurteilt worden sind (HessVGH, 22. 7. 1996 – 13 UZ 2189/96.A –; aA OVG NRW, EZAR 633 Nr 18); denn eine § 144 IV VwGO ähnliche Vorschrift fehlt für das Zulassungsverf.

17 **Aufgehobenes u. auslaufendes Recht** hat idR keine grundsätzliche Bedeutung mehr (BVerwG, NVwZ-RR 1996, 712; zur Divergenz in diesen Fällen vgl Rn 19). Anders kann es sich verhalten, wenn noch eine Vielzahl von gleichartigen Fällen zu entscheiden ist oder wenn eine Übergangsvorschrift oder deren Fehlen Anlass zu grundsätzlichen Ausführungen gibt. In der Vergangenheit liegende **tatsächliche Ereignisse** oder Entwicklungen verlieren dagegen idR trotz ihrer relativen Vergänglichkeit (dazu Rn 13) ihre grundsätzliche Bedeutung nicht durch bloßen Zeitablauf; sie bleiben zumindest für die Feststellung einer Vorverfolgung von allg Interesse auch für andere Fälle. Nach zwischenzeitlicher Klärung einer Grundsatzfrage (nach Antragstellung) durch BVerfG, BVerwG oder ein OVG/VGH kommt eine Zulassung (mittels Umdeutung des Antrags) allenfalls noch wegen Divergenz in Betracht (Rn 22).

4. Abweichung

18 Die Divergenzberufung ist ähnlich wie die Divergenzrevision (§ 132 II Nr 2 VwGO) ein **Unterfall der Grundsatzberufung.** Sie dient der Sicherung der Rechtseinheit u. nicht der Einzelfallgerechtigkeit (HessVGH, EZAR 633 Nr 36), kann aber entspr der Funktion der Berufungsinstanz auch auf **tatsächliche Fragen** gestützt werden (BVerwGE 70, 24). Als Gerichte, von deren Entscheidung abgewichen sein muss, kommen nur in Betracht: das dem VG übergeordnete OVG/VGH, BVerwG oder Gemeinsamer Senat der obersten Gerichtshöfe des Bundes u. (seit 11. 8. 1993, vgl Rn 3) des BVerfG. Beim BVerfG taugen nur Senats- u. nicht Kammer-Entscheidungen als Grundlage für Abweichungen (Hailbronner, § 78 AsylVfG Rn 73; VGH BW, InfAuslR 1995, 84; HessVGH, EZAR 633 Nr 23; aA GK-AsylVfG, § 78 Rn 195; HessVGH, NVwZ-Beil 1996, 43). Der Meinungsstreit über diese Frage ist für die forensische Praxis von geringer Bedeutung, weil Kammerentscheidungen in aller Regel auf der Grundlage einer in Bezug genommenen Senatsrechtsprechung ergehen u. daher ohne weiteres eine Divergenz zu bestimmten Senatsentscheidungen besteht u. gerügt werden kann (vgl dazu auch Marx, § 78 Rn 57). Es ist unbedenklich, dass es damit für die Divergenz auf die Spruchpraxis anderer oberster Bundesgerichte als des BVerwG u. anderer OVG/VGH nicht ankommt (betr BGH vgl BVerfG-A, EZAR 633 Nr 10 u. NVwZ-Beil 1994, 27). Ergibt sich insoweit eine Abweichung, wird eine Zulassung uU wegen grundsätzlicher Bedeutung möglich u. geboten sein.

Die **Abweichung** muss **grundsätzlicher Art** sein. Sie ist nur gegeben, wenn das VG in 19
dem Urteil einen Grundsatz rechtlicher oder tatsächlicher Art aufstellt, der in Widerspruch zu einem Grundsatz steht, den eines der genannten Gerichte in einer Entscheidung aufgestellt hat. Es müssen also zwei Grundsatzaussagen einander gegenüberstehen, die nicht miteinander vereinbar sind. Eine die Zulassung begründende Divergenz ist nicht schon dann gegeben, wenn das VG einen derartigen Grundsatz übergangen, übersehen oder unrichtig angewandt oder den Sachverhalt ungenügend aufgeklärt oder fehlerhaft gewürdigt hat; denn nicht jeder Rechtsverstoß gefährdet die Rechtseinheit, deren Bewahrung die Zulassungsvorschriften dienen (Höllein, ZAR, 1989, 109; HessVGH, EZAR 633 Nr 13); so etwa das Unterlassen einer nach der Rspr gebotenen Prüfung tatsächlicher Art (HessVGH, EZAR 633 Nr 25). Ebenso wie bei der Grundsatzberufung kommt eine Zulassung bei abgelaufenem oder Übergangsrecht nicht in Betracht, es sei denn, es geht um grundsätzliche Fragen der Gestaltung von Übergangsrecht selbst (HessVGH, EZAR 633 Nr 36).

Die **Form der Entscheidung,** von der abgewichen wird, ist unerheblich; der Grundsatz 20
kann auch in einem Beschluss enthalten sein (Marx, § 78 Rn 62; HessVGH, EZAR 633 Nr 39). Die Grundsatzaussage muss aber verbindlich getroffen sein; hieran fehlt es oft in Entscheidungen über vorläufigen Rechtsschutz, Prozesskostenhilfe oder Nichtzulassung von Berufung oder Revision sowie bei obiter dicta oder bloßen Hinweisen für die weitere Sachbehandlung („Segelanweisung").

Auf den **Zeitpunkt** der Entscheidung, von der abgewichen wird, kommt es ebenso wenig 21
an wie auf deren Veröffentlichung u. auf die Kenntnis des VG. Das Urteil des VG muss ihr nur in einer Grundsatzaussage objektiv widersprechen. Die Entscheidung braucht nicht rechtskräftig zu sein, sie muss aber noch gelten; dies ist nicht der Fall, wenn sie im Rechtsmittelzug aufgehoben ist.

Ist eine offene **Grundsatzfrage** nach Erlass des Urteils **geklärt** u. kann dies von dem 22
Beteiligten innerhalb der Zweiwochenfrist nicht berücksichtigt werden (weil die Klärung erst später erfolgt oder bekannt wird), ist die angestrebte Grundsatzberufung in eine Divergenzberufung umzudeuten (vgl Rn 17; BVerfG-K, DVBl. 1993, 315; BVerwG, NVwZ 1992, 890; HessVGH, EZAR 633 Nr 30); sonst ist Art 19 IV GG verletzt (BVerfG-K, EZAR 633 Nr 38). Allerdings muss zuvor die grundsätzliche Bedeutung tatsächlich vorgelegen haben (Hailbronner, § 78 AsylVfG Rn 69 a; HessVGH, EZAR 633 Nr 30). Eine Divergenz ist nicht (mehr) festzustellen, wenn das Gericht zwischenzeitlich seine Auffassung geändert hat u. seine Rspr deshalb nicht mehr fortführt (Kopp, VwGO, § 132 Rn 18; Marx, § 78 Rn 78 f). Damit kann die Rechtssache aber (wieder) grundsätzliche Bedeutung gewinnen. Haben sich die tatsächlichen **Verhältnisse** im Verfolgerstaat zwischenzeitlich **geändert** u. werden sie deswegen ganz allg vom VG anders beurteilt als in einer früheren Entscheidung des Gerichts, von dessen Urteil abgewichen sein soll, liegt ebenfalls in Wahrheit keine Divergenz vor (HessVGH, EZAR 633 Nr 39). In diesen Fällen erweist sich der Charakter der Divergenzberufung als Unterfall der Grundsatzberufung, die bei dieser Konstellation wegen eines zwischenzeitlich neu entstandenen Klärungsbedarfs in Betracht kommt.

Das Urteil muss auf der Divergenz beruhen, die abweichende Grundsatzaussage muss also 23
für das VG-Urteil **entscheidungserheblich** sein. Insoweit ist allein auf die Rechtsauffassung des VG, nicht auf die des OVG/VGH, abzustellen u. auf das Endergebnis u. nicht allein auf Teile der Begründung. Die Abweichung muss in einem das Urteil selbständig tragenden Teil der Begründung erfolgt sein; das Urteil darf nicht daneben auf weiteren selbständigen Gründen beruhen, gegen die Zulassungsgründe nicht vorgebracht sind (vgl dazu auch Rn 16). Letztlich ist daher nicht maßgeblich, ob in einem Berufungsverf wahrscheinlich zu der Abweichung – bestätigend oder ändernd – Stellung genommen werden muss. Für die Zulassung ausschlaggebend sind nur die Rechtsauffassung des VG u. die Begründung des

Urteils. Zudem wird das Urteil auf Divergenzrüge hin ebenso wie bei Geltendmachung einer grundsätzlichen Bedeutung nicht vollständig schon im Zulassungsverf auch hinsichtlich möglicher anderer Gründe überprüft (vgl Rn 16; aA OVG NRW, EZAR 633 Nr 18); für die Berufungszulassung fehlt es nämlich an einer § 144 IV VwGO vergleichbaren Vorschrift (HessVGH, EZAR 633 Nr 25; unklar Marx, § 78 Rn 75).

5. Schwere Verfahrensmängel

a) Allgemeines

24   Die Bezugnahme auf § 138 VwGO in Abs 3 Nr 3 ist abschließend. Andere Verfahrensfehler rechtfertigen nicht die Zulassung, selbst wenn eine VB erfolgreich darauf gestützt werden könnte (betr Art 19 IV GG bei einer Verfahrensdauer von sechs Jahren HessVGH, EZAR 633 Nr 40; betr Art 16 a I GG bei mangelnder Ermittlungstiefe HessVGH, EZAR 633 Nr 41). Die Zulassung wegen Verfahrensmängeln ist anders als bei der Revision (§ 132 II Nr 3 VwGO) nicht allg bei jedem Fehler vorgesehen, sondern nur bei **absoluten Revisionsgründen** iSd § 138 VwGO. Im Unterschied zur Revisionszulassung wegen allg Verfahrensmängel kommt es nicht darauf an, ob das Urteil auf dem Verfahrensmangel „beruhen kann". Auch im allg Verwaltungsprozess erfolgt eine Berufungszulassung aufgrund von Verfahrensfehlern, wenn ein der Beurteilung des Berufungsgerichts unterliegender Verfahrensfehler vorliegt u. die Entscheidung darauf beruhen kann (§ 124 II Nr 5 VwGO). Wenn für die schweren Verfahrensfehler des § 138 VwGO die Frage der Kausalität nicht ausdrücklich erwähnt ist, spricht dies weder für deren Unbeachtlichkeit noch für eine aus der „Natur der Sache" folgende Notwendigkeit einer Ursächlichkeitsprüfung. Das Schweigen des Gesetzgebers beruht vielmehr allein auf der Eigenart dieser Verfahrensmängel; denn das Urteil beruht, wenn sie vorliegen, stets auf der Verletzung von Bundesrecht (vgl den Wortlaut des § 138 VwGO).

25   Danach ist für die Zulassung der Berufung in Asylsachen die Feststellung eines **Verfahrensfehlers iSd § 138 VwGO** erforderlich, aber auch ausreichend. Die bloße Behauptung genügt nicht. Andererseits ist nicht zu prüfen, ob das Urteil auf dem Fehler beruhen kann oder beruht (VGH BW, EZAR 633 Nr 15; HessVGH, EZAR 633 Nr 22). Für die fehlerhafte Besetzung des Gerichts, die Mitwirkung eines ausgeschlossenen oder abgelehnten Richters, die nicht ordnungsgemäße Vertretung eines Beteiligten, die mangelnde Öffentlichkeit des Verf u. das Fehlen von Urteilsgründen leuchtet dies ohne weiteres ein. Schwieriger verhält es sich mit der Verletzung rechtlichen Gehörs. Insoweit ist für die Notwendigkeit rechtlichen Gehörs auf die Auffassung des VG von der Entscheidungserheblichkeit der betr Tatsache abzustellen. Rechtliches Gehör ist nämlich nur hinsichtlich (letztlich) entscheidungserheblicher Tatsachen zu gewähren. Infolgedessen geht eine Gehörsrüge betr Tatsachen fehl, auf die es nach der Auffassung des VG aus rechtlichen oder tatsächlichen Gründen nicht ankommt. Dabei ist allein auf das Urteil abzustellen, nicht auf Erörterungen in der mündlichen Verhandlung oder der vorangegangenen Korrespondenz; denn vor der endgültigen Beratung mit abschließender Entscheidungsfindung muss uU die letztlich vertretene Auffassung noch offen bleiben mit der Folge, dass auch über Tatsachen verhandelt, die dann für das Urteil unerheblich sind. Der Verfahrensfehler wird nicht dadurch „geheilt", dass das Berufungsgericht eine vom VG als erheblich zugrunde gelegte Tatsache für unerheblich hält (aA VGH BW aaO). Nach alledem knüpft die Zulassung an das bloße Vorliegen des Verfahrensfehlers an, nicht an dessen tatsächliche oder mögliche Ursächlichkeit für den Ausgang des Verf.

26   Da die Zurückverweisung an das VG (§ 130 VwGO) ohnehin für Asylsachen ausgeschlossen ist, ist **unerheblich**, ob das VG eine Sachentscheidung überhaupt getroffen hat. Ebenso wenig kommt es darauf an, auf welche tatsächliche oder rechtliche Grundlage (wahrscheinlich) eine spätere **Berufungsentscheidung** gestützt werden wird. Hierin ist auch der Unterschied zur allg Berufungszulassung u. zur Revisionszulassung zu sehen, die eine evtl Kausalität voraussetzt (§§ 131 III Nr 3, 132 II Nr 3 VwGO: „… beruhen kann"), wobei

die Zulassung der Revision ausgeschlossen sein kann, wenn im Blick auf § 144 IV VwGO eine Revision im Ergebnis erfolglos erscheint. Entscheidend für die Berufungszulassung ist nach der Gesetzesformulierung allein, dass wegen der Schwere des festgestellten Verfahrensfehlers die Durchführung eines Berufungsverf ermöglicht werden soll. Auch hierin kommt Kompromisscharakter der gesamten Zulassungsregelung deutlich zum Ausdruck (Rn 2 f).

Als die Zulassung begründende Verfahrensfehler kommen in der Praxis seltener in Betracht: Mitwirkung eines ausgeschlossenen oder mit Erfolg abgelehnten **Richters,** nicht ordnungsgemäße **Prozessvertretung,** Verletzung der Vorschriften über die **Öffentlichkeit** der mündlichen Verhandlung (§ 138 Nrn 2, 4, 5 VwGO; zur Öffentlichkeit vgl BVerwG, NJW 1990, 1249; HessVGH, 28. 3. 1994 – 12 UZ 152/94 –). Öfter werden dagegen geltend gemacht: nicht vorschriftsmäßige Besetzung des Gerichts, Verletzung des rechtlichen Gehörs, Fehlen von Urteilsgründen (§ 138 Nrn 1, 3, 6 VwGO). 27

b) Fehlerhafte Besetzung des Gerichts

Bei der Besetzung des Gerichts treten im Asylverf spezifische Schwierigkeiten beim Einsatz des **Einzelrichters** auf. Wird ein Verf unter Verstoß gegen § 76 I, III auf den Einzelrichter übertragen oder rückübertragen, ist die Garantie des gesetzlichen Richters (Art 101 I 2 GG) verletzt. Dennoch ist eine inhaltliche Überprüfung dieser unanfechtbaren Beschlüsse (§ 80) im Berufungsverf versagt (§§ 128, 173 VwGO iVm § 512 ZPO; BayVGH, NVwZ-RR 1991, 221; OVG NRW, EZAR 633 Nr 14; § 76 Rn 26); infolgedessen sind derartige Fehler idR auch nicht als Zulassungsgrund geeignet. Zudem können Besetzungsfehler allg nur bei willkürlichen oder manipulatorischen Erwägungen festgestellt werden u. zur Zulassung führen (Hailbronner, § 78 AsylVfG Rn 77 ff; Höllein, ZAR 1989, 109; BVerfGE 29, 45; BVerwG, NJW 1988, 788). 28

c) Verletzung des rechtlichen Gehörs

Das Gebot des rechtlichen Gehörs (Art 103 I GG) verpflichtet das Gericht, das Vorbringen der Beteiligten **zur Kenntnis zu nehmen** u. bei der Entscheidung zu **berücksichtigen** sowie den Beteiligten **Gelegenheit zur Stellungnahme** zu dem entscheidungserheblichen Sachverhalt zu geben (§ 108 II VwGO; Fritz, ZAR 1984, 189; Renner, ZAR 1985, 70; jew mwN). Das rechtliche Gehör ist deshalb verletzt, wenn das VG wesentliches Vorbringen einschließlich Beweisanträgen übergeht oder seiner Entscheidung Erkenntnisse aus Gutachten, amtlichen Auskünften, Medienberichten oder sonstigen Quellen zugrundelegt, zu denen die Beteiligten sich nicht äußern konnten. Außer Betracht bleiben Tatsachen, auf welche die Entscheidung nicht gestützt ist; zu ihnen braucht kein Gehör gewährt zu werden. Ansonsten ist aber im Zulassungsverf nicht zu prüfen, ob das VG-Urteil (im Ergebnis) auf der Gehörsverletzung beruht (dazu Rn 25). 29

Das VG darf **Parteivorbringen** aus Gründen des formellen oder materiellen Rechts unberücksichtigt lassen, muss dabei aber das jew Prozessrecht beachten (vgl BVerfGE 69, 141). Die Nichterwähnung von Beteiligtenvortrag in Tatbestand u. Entscheidungsgründen des Urteils erlaubt nicht in jedem Fall schon den Schluss darauf, dass das VG ihn nicht zur Kenntnis genommen u. nicht in Erwägung gezogen hat (BVerfGE 60, 293), liefert aber ein gewichtiges Indiz dafür. Die Ablehnung eines **Beweisantrags** verletzt den Gehörsanspruch, wenn sie im Prozessrecht keine Stütze findet (Dahm, ZAR 2002, 227 u. 348 mwN; BVerfGE 50, 32; 60, 250; 69, 141), wobei insoweit eine objektive Betrachtung maßgeblich ist, nicht (nur) die vom VG genannte Begründung. Ein in der mündlichen Verhandlung gestellter Beweisantrag muss sofort beschieden werden (§ 86 II VwGO). Sofern seine Ablehnung nicht aus den ges festgelegten Gründen geboten ist (etwa § 244 III StPO; Dahm, aaO; Deibel, InfAuslR 1984, 114, Jacob, VBlBW 1997, 41; Renner, ZAR 1985, 62; jew mwN), muss ihm stattgegeben werden (zur Ablehnung eines Sachverständigen-Gutachtens wegen ausreichender eigener Sachkunde des VG vgl VGH BW, EZAR 631 Nr 36). Mit dem Beweisantrag müssen **Beweisthema** u. **Beweismittel** konkret bezeichnet werden (betr 30

Zeugen u. Sachverständige BVerwG, EZAR 631 Nr 55; betr Sachverständigen BVerwG, EZAR 631 Nr 51; Dahm, ZAR 2002, 227 mwN aus der Rspr von BVerfG u. BVerwG). Eine Beweisantrag kann abgelehnt werden, wenn er sich nicht auf Tatsachen bezieht, sondern auf Prognosen, Wertungen u. Schlussfolgerungen, wenn die genannten Tatsachen unerheblich, offenkundig erwiesen oder völlig wirklichkeitsfremd sind (Dahm, ZAR 2002, 348 mwN; betr aus der Luft gegriffene Tatsachen BVerwG, EZAR 631 Nr 56). Oder wenn das Gericht selbst über genügend eigene Sachkunde verfügt (betr Echtheit von Urkunden OVG NRW, EZAR 631 Nr 54) oder wenn bereits ein Gutachten vorliegt u. der neue Sachverständige nicht über eine bessere Sachkunde oder überlegenere Erkenntnisse verfügt (vgl § 244 StPO; Dahm, ZAR 2002, 348; Marx, ZAR 2002, 400; jew mwN). Einem Antrag auf Ladung eines Sachverständigen zur **Erläuterung des Gutachtens** in bestimmten Punkten muss stattgegeben werden, wobei nicht alle Fragen bereits vorher angekündigt sein müssen (BVerfG-K, NJW 1998, 22273 mwN; BVerwG, 1984, 2645; BVerwG, EZAR 630 Nr 10); dies gilt auch dann, wenn das Gutachten aus einem anderen Verf beigezogen ist (Marx, § 78 Rn 238; HessVGH, EZAR 631 Nr 47, DVBl. 1999, 995 u. InfAuslR 1997, 133 mwN).

31   **Erkenntnisquellen** sind ohne Rücksicht auf Art u. Inhalt ordnungsgemäß in das Verf einzuführen; grundsätzlich ist diejenige Form zu wählen, die rechtliches Gehör erleichtert (vgl Höllein, ZAR 1989, 109; Jobs, ZAR 2002, 219; Marx, ZAR 2002, 400; BVerfGE 89, 381; 70, 180; BVerfG-K, InfAuslR 1993, 146; HessVGH, EZAR 633 Nr 32). Ein pauschaler Hinweis auf die allg Lage ohne die Angabe konkreter Erkenntnisquellen genügt nicht (BVerfG-K, EZAR 201 Nr 30). Die Gehörsverpflichtung gilt auch, wenn die Erkenntnisquellen allg oder dem Gericht bekannte Tatsachen enthalten oder sonst allg zugänglich sind. Ein ausdrücklicher Hinweis auf die beabsichtigte Verwertung erübrigt sich nur dann, wenn eine Tatsache allg bekannt u. den Beteiligten gegenwärtig ist u. diese mit einer Berücksichtigung im Prozess rechnen (BVerwG, EZAR 610 Nr 17). Sonst müssen die Erkenntnisgrundlagen, auch wenn sie (wie sehr oft) aus anderen Verf stammen u. bei den Gerichten verteilt sind u. vorgehalten werden, den Beteiligten benannt u. so zugänglich gemacht werden, dass diese sachgemäß Kenntnis u. auch Stellung nehmen können (BVerfG-K, AuAS 2001, 201 u. 1993, 249; HessVGH, EZAR 633 Nr 22). Auf Gutachten **aus anderen Verf** sind die Regeln über den Sachverständigenbeweis entspr anzuwenden (HessVGH, EZAR 631 Nr 47; aA wohl BVerfG-K, InfAuslR 1990, 161 u. BayVBl. 1994, 143; VGH BW, AuAS 1997, 224). Gegen die Verwertung von amtlichen Auskünften u. Gutachten aus anderen Verf bestehen keine Bedenken im Blick auf die Unmittelbarkeit der Beweisaufnahme; es dürfen aber nicht die Rechte der Beteiligten verkürzt werden, zB das Recht, den Sachverständigen zur Erläuterung seines Gutachtens laden zu lassen (so schon BVerwG, EZAR 630 Nr 20; vgl auch BVerwG, EZAR 630 Nr 22). Eine andere Behandlung „fremder" Gutachten erscheint nicht nur formalistisch, sondern auch kontraproduktiv u. damit rechtsschutzfeindlich. Nur die Heranziehung bereits zu dem einschlägigen Beweisthema erstatteter Gutachten spart in ganz beträchtlichem Umfang Zeit u. Kosten u. sichert eine möglichst bundesweit einheitlich hohe Aktualität der Rspr. Hieran besteht ein außerordentliches öffentliches Interesse, weil es in aller Regel um die Aufklärung auslandsbezogener Sachverhalte geht, die nicht je nach Gerichtsbezirk unterschiedlich festgestellt werden sollten, zumal deren Bewertung ohnehin Unterschiede aufweisen kann. Die Vorteile der sachlich gebotenen Konzentration bei einer zentralen Bundesbehörde würden sonst auf der gerichtlichen Ebene ohne Not aufs Spiel gesetzt. Der notwendige einheitliche Kenntnisstand über die jew aktuelle Gutachten- u. Auskunftslage wird vor allem durch mehrere Fachdokumentationen gewährleistet (dazu § 74 Rn 32).

32   Die Garantie rechtlichen Gehörs ist nicht verletzt, wenn der Beteiligte es verabsäumt, sich unter Einsatz der ihm nach der Prozessordnung zur Verfügung stehenden Mittel (ua Akteneinsicht, Bestellung eines Bevollmächtigten, Teilnahme an der mündlichen Verhandlung, Antrag auf deren Verlegung oder Vertagung, Beweisantrag, Nachbesserung des Beweisantrags nach Ablehnung in mündlicher Verhandlung) **rechtliches Gehör zu verschaffen**

(BVerfGE 74, 220; BVerwG, EZAR 610 Nr 25 u. NJW 1992, 3185; HessVGH, 31. 5. 1990 – 12 TE 2512/89 –). Gegenüber einem Gerichtsbescheid (vgl § 84 II Nr 2 VwGO) steht den Beteiligten statt der Zulassung der Berufung wegen Gehörsverletzung vorrangig der Antrag auf mündliche Verhandlung zur Verfügung (ThürOVG, EZAR 633 Nr 28).

d) Fehlen der Urteilsgründe

Ein Urteil ist ohne Gründe iSd § 18 Nr 6 VwGO ergangen, wenn die nach § 117 II **33** Nr 5 VwGO erforderliche Begründung gänzlich **fehlt** oder ganz u. gar **unzureichend** ist. Eine knappe Begründung schadet ebenso wenig wie eine unvollständige oder unzutreffende; die Beteiligten müssen aber die Entscheidungsfindung erkennen können. Deshalb dürfen die Gründe nicht verworren oder unverständlich sein. An der erforderlichen Begründung fehlt es auch, wenn das schriftliche Urteil so spät abgefasst ist, dass der Zusammenhang mit der Urteilsberatung nicht mehr gewährleistet. Dies ist bei einer Zeitspanne von mehr als fünf Monaten immer anzunehmen (BVerwG, NJW 1991, 313; HessVGH, EZAR 633 Nr 19).

6. Zulassungsverfahren

Eine Zulassung durch das VG ist nicht möglich (anders noch § 32 I AsylVfG 1982; anders **34** auch seit 1. 1. 2002 für den allg Verwaltungsprozess nach § 124a I iVm § 124 II Nrn 3 u. 4 VwGO), sie kann nur auf Antrag durch OVG/VGH erfolgen. Dieser Antrag ist innerhalb der **Zweiwochenfrist** beim VG nicht nur einzulegen, sondern auch zu begründen. Die Umdeutung einer Berufung in einen Zulassungsantrag kommt zumindest bei anwaltlicher Vertretung im allg nicht in Betracht (BVerwG, DVBl. 1996, 105). Zudem dürften in diesem Fall die Anforderungen des Abs 4 S. 4 selten erfüllt sein, weil sie erheblich von denen an eine Berufungsbegründung abweichen. Antrag u. Begründung müssen beim VG eingereicht werden; der Eingang beim OVG/VGH wahrt die Frist nicht (ebenso jetzt § 124a IV 2 u. 5 VwGO für die allg Berufungszulassung; zT anders § 146 IV 2 VwGO für die Beschwerde). Die **Begründung** kann innerhalb der Frist nachgeholt werden (HessVGH, EZAR 633 Nr 20). Eine fristgemäß erfolgte Begründung kann nach Fristablauf ergänzt u. näher ausgeführt werden, auch unmittelbar beim OVG/VGH. Ein neuer Zulassungsgrund (Verfahrensfehler statt Divergenz; Grundsatzfrage B statt Grundsatzfrage A; Gehörsrüge statt Besetzungsrüge) darf aber nicht nachgeschoben werden. Für den Fall zwischenzeitlicher Klärung einer Grundsatzfrage u. daraus evtl folgender Divergenz (Rn 22) kann das Vorbringen im Hinblick auf den neuen Zulassungsgrund geändert u. ergänzt werden.

An die **Begründung** stellt das Ges ausdrücklich dieselben Anforderungen wie bei dem **35** Antrag auf Berufungszulassung im allg Verwaltungsprozess u. bei der Beschwerde gegen die Nichtzulassung der Revision (vgl §§ 124a IV 3 u. 4, § 133 III 3 VwGO). Der Grund für diese Gleichbehandlung ist auch in der Einführung des Anwaltszwangs für die OVG/VGH zu sehen. Der Beschwerdeführer muss mindestens einen der **Zulassungsgründe** deutlich **bezeichnen** u. außerdem **erläutern,** aus welchen Gründen die Zulassung geboten ist (HessVGH, EZAR 633 Nr 5; OVG NRW, EZAR 633 Nr 1). Er muss ferner substantiiert darlegen oder sonst deutlich werden lassen, auf welchen der vier Streitgegenstände (dazu § 74 Rn 2) sich Antrag u. Begründung beziehen. Bei der Grundsatzberufung bedarf es konkreter Angaben über die tatsächliche oder rechtliche Grundsatzfrage u. deren Klärungsbedürftigkeit u. Klärungsfähigkeit. Die Grundsatzfrage muss nach Maßgabe des VG-Urteils rechtlich aufgearbeitet sein (BVerfG-K, EZAR 633 Nr 24). Für die Divergenzberufung müssen mindestens eine Entscheidung hinreichend genau bezeichnet u. außerdem die divergierenden Grundsätze genannt werden. Dazu bedarf es der Darlegung der abstrakten Auffassung des Obergerichts u. der Abweichung des VG (BVerfG-K, EZAR 633 Nr 24). Außerdem muss substantiiert dargelegt werden, dass das Urteil auf der Divergenz beruht (HessVGH, EZAR 633 Nr 39), es sei denn, dies liegt ohne weiteres auf der Hand. Nicht gerügte Divergenzen dürfen nicht (von Amts wegen) berücksichtigt werden (HessVGH, EZAR 631 Nr 39). Mit der Gehörsrüge muss vorgetragen werden, wie sich der Beteiligte

4 AsylVfG § 78

bei ordnungsgemäßer Prozessführung verhalten, welche Tatsachen er zusätzlich vorgetragen u. welche Beweisanträge er noch gestellt hätte (BVerwG, InfAuslR 1985, 83; HessVGH, 31. 5. 1990 – 12 TE 2512/89 –). Die Nachholung entspr Vorbringens erübrigt sich allerdings in Fällen des Übergehens entscheidungserheblichen Parteivorbringens oder der prozessordnungswidrigen Ablehnung von Beweisanträgen.

7. Prozesskostenhilfe

36 Die Gewährung von PKH (§ 166 VwGO iVm §§ 114 ff ZPO) erfolgt auch in Asylsachen nach den allg Regeln (§ 74 Rn 49 ff). Dazu gehört, dass die Anforderungen an die **Erfolgsaussichten** nicht überspannt u. im PKH-Verf schwierige ungeklärte Rechtsprobleme nicht „durchstritten" werden dürfen (BVerfG, EZAR 613 Nr 20 betr Asylrelevanz der Bestrafung wegen illegaler Ausreise). Dem in der Vorinstanz siegreichen Beteiligten ist PKH ohne Rücksicht auf die Erfolgsprognose zu bewilligen (§ 119 S. 2 ZPO, vgl dazu BVerfGE 71, 122); hiervon kann allenfalls in seltenen Ausnahmefällen abgewichen werden (vgl § 74 Rn 52). Bei dem Antrag auf Zulassung der Berufung geht es nur um die Erfolgsaussicht hinsichtlich der Zulassung; die Aussichten der Revision sind gesondert zu beurteilen, auch wenn das Antrags- in das Berufungsverf „durchstartet" (Abs 5 S. 2).

IV. Ausschluss der Berufung und der Revision

1. In Betracht kommende Streitverfahren

37 Die Vorschriften über den Rechtsmittelausschluss bei aussichtslosen Klagen erfassen dieselben **Arten von Streitverf** wie § 76 für den Einzelrichter u. Abs 1 für die Zulassungsberufung (Rn 7; § 76 Rn 7). Nach Übertragung der Flüchtlingsanerkennung (zusätzlich zur Asylanerkennung), der Feststellungen zu § 60 AufenthG u. der Abschiebungsandrohung auf das BAMF (vgl § 31) können der asylr u. der aufr Verfahrensteil aus jew 2 selbständigen Streitgegenständen bestehen (dazu § 74 Rn 2); für alle gilt Abs 1 S. 1, weil sie „Rechtsstreitigkeiten nach diesem Ges" darstellen. Als **Rechtsmittelführer** kommen außer dem Asylbew das BAMF (u. bis Ende September 2004 der BB) in Betracht, u. zwar auch mit je unterschiedlicher Beteiligtenstellung. Der Rechtsmittelausschluss gilt ebenso unterschiedslos für alle Beteiligten (aA Bell, DVBl. 1988, 1148) wie die Kompetenzen des Einzelrichters u. die Berufungszulassung; er kann auch durch Gerichtsbescheid erfolgen.

2. Verfassungsmäßigkeit

38 Der Ausschluss der Berufung (u. der Revision) gegen die Abweisung aussichtsloser Klagen ist **verfassungsrechtlich** nicht zu beanstanden. Wegen der außerordentlichen Belastung der Verwaltungsgerichtsbarkeit mit Asylverf ist es mit Art 16 a I, 19 IV, 103 I GG u. dem Rechtsstaatsprinzip vereinbar, dass ein weiteres Rechtsmittel nicht stattfindet, wenn die Kammer des VG die Asylklage als offensichtlich unzulässig oder offensichtlich unbegründet abweist (BVerfGE 65, 76). Das BVerfG (1. Senat) hat die Vereinbarkeit mit Art 16 II 2 GG mit dem Zusatz „noch" versehen u. verlangt, dass sich die **ersichtliche Aussichtslosigkeit** der Klage nach Aufhebung des Einstimmigkeitserfordernisses (§ 34 AuslG 1965 aF; Rn 1) zumindest eindeutig aus der Entscheidung ergeben müsse (BVerfG aaO). Zuvor hatte schon ein Richterausschuss des 2. Senats des BVerfG die Gesamtregelung für verfassungsgemäß erklärt u. besonders betont, dass die „gewichtige Mehrbelastung" der VG mit Asylverf die Sonderbestimmungen für einen Teil der Verwaltungsgerichtsverf rechtfertige (BVerfG-A, EZAR 630 Nr 3).

39 Diese Überlegungen sind ohne weiteres auf die seit 1. 1. 1991 hinzugekommene Verpflichtungsklage auf Flüchtlingsanerkennung (Rn 10) u. die seit 1. 7. 1992 in Betracht kommende Verpflichtungsklage auf Feststellung von Abschiebungshindernissen iSd § 60 II–VII AufenthG (früher § 53 AuslG) zu **übertragen.** Sie werden nicht dadurch gegen-

Rechtsmittel § 78 AsylVfG 4

standslos, dass das Asylgrundrecht nunmehr durch Art 16 a GG nur noch unter erheblichen Einschränkungen, vor allem verfahrensrechtlicher Art, garantiert ist. Die Risiken einer Fehlentscheidung werden zwar durch die Möglichkeit, dass der Einzelrichter eine Entscheidung nach Abs 1 S. 1 erlässt (anders noch § 32 VI AsylVfG), vergrößert; da aber der Einsatz des Einzelrichters in Asylsachen verfassungsrechtlich nicht zu beanstanden ist (§ 76 Rn 6), können auch daraus keine durchgreifenden Argumente für eine Verfassungswidrigkeit des Ausschlusses von weiteren Rechtsmitteln gewonnen werden.

3. Offensichtliche Unzulässigkeit oder Unbegründetheit

Wichtiger als die Gerichtsorganisation sind in diesem Zusammenhang die Anforderungen **40** an die Entscheidung selbst u. die Überzeugungsbildung der Richter. In beiden og (Rn 38) u. in weiteren Entscheidungen des BVerfG (zB BVerfGE 71, 276; BVerfG-K, EZAR 610 Nr 2) ist für eine verfassungskonforme Anwendung Rechtsmittel ausschließender Vorschriften die Einhaltung konkreter Anforderungen an die Feststellung evidenter Aussichtslosigkeit vorausgesetzt (ebenso VerfGH Berlin, EZAR 631 Nrn 46 u. 49). Als **offensichtlich unzulässig** darf eine Klage danach nur abgewiesen werden, wenn kein vernünftiger Zweifel an der Richtigkeit der zu den Sachurteilsvoraussetzungen getroffenen vollständigen Feststellungen besteht und diese die Verwerfung der Klage nach der eindeutigen Rechtslage gebieten (BVerwG, EZAR 610 Nr 11). Als **offensichtlich unbegründet** darf eine Klage nur dann abgewiesen werden, wenn nach vollständiger Erforschung des Sachverhalts kein vernünftiger Zweifel an der Richtigkeit der tatsächlichen Feststellungen bestehen kann und sich bei einem solchen Sachverhalt die Abweisung der Klage nach allg anerkannter Rechtsauffassung (nach dem Stand von Rspr u. Lehre) geradezu aufdrängt (BVerwGE 66, 312). Diese Anforderungen bleiben davon unberührt, dass für den vorläufigen Rechtsschutz aufgrund Art 16a III GG der Maßstab der ernstlichen Zweifel an der Richtigkeit der Entscheidung eingeführt ist (Art 16 a GG Rn 86 f; § 36 Rn 21 f; dazu BVerfG-K, NVwZ-Beil 1993, 2). Für Asylbew aus sicheren Herkunftsstaaten ist aber nunmehr die Vermutung des Art 16 a III 2 GG zu beachten (Art 16 a GG Rn 75 ff; § 29 a Rn 7 ff), u. nach Einreise aus einem sicheren Drittstaat ist, falls eine Anordnung nach § 34 a nicht ergeht oder nicht durchzusetzen ist, auch im Verf vor dem BAMF die Asylanerkennung ausgeschlossen; auf die Feststellung zu § 60 I AufenthG sind die og Grundsätze entspr anzuwenden.

Die Verfassungsmäßigkeit des Rechtsmittelausschlusses ist nach Aufhebung des früher **41** geltenden Einstimmigkeitserfordernisses mit Recht an **besonders strenge Anforderungen** an die sonst nicht näher konkretisierbare Evidenzerkenntnis gebunden. Wenn ein oder gar zwei Richter der Kammer die erforderliche eindeutige Überzeugung von der Aussichtslosigkeit der Klage nicht gewinnen können, müssen auch gewichtige Zweifel an der Richtigkeit der Auffassung der Kammermehrheit aufkommen. Die Klageabweisung als (schlicht) unzulässig oder unbegründet mag dann noch zu verantworten sein, nicht aber die als eindeutig aussichtslos. Jeder vernünftige Zweifel auch nur eines Richters kann das Offensichtlichkeitsurteil der anderen erschüttern. Wegen des Ausschlusses jeglichen weiteren Rechtsschutzes können die für das BAMF in § 30 II–V bestimmten Kriterien als Anhaltspunkte herangezogen, nicht aber unmittelbar angewandt werden (diff. auch Hailbronner, § 78 AsylVfG Rn 17–31; weniger krit dagegen Rothfuß, VBlBW 1994, 183).

Wie die Rspr des BVerfG belegt (dazu auch Krumsiek, DRiZ 1994, 46), werden diese **42** besonderen **Anforderungen** an die richterliche Überzeugungsgewissheit oft **missachtet,** indem statt konkreter Feststellungen formelhafte Wendungen gebraucht werden, die in tatsächlicher oder rechtlicher Hinsicht entscheidungserhebliche Gesichtspunkte übergehen oder sonst vernachlässigen. Dabei werden entweder substantiierte Darlegungen u. Beweisangebote des Asylbew sowie Meinungen in Rspr, Schrifttum u. Gutachten überhaupt nicht zur Kenntnis genommen oder erkennbar fehlerhaft ausgewertet. Verlangt ist aber eine vollständige Erforschung des Sachverhalts (BVerfGE 76, 143) unter Einbeziehung der vorliegenden u. zugänglichen Erkenntnismittel (BVerfGE 67, 43).

43 **Offensichtliche Unbegründetheit** darf zB unter den folgenden Voraussetzungen **nicht angenommen** werden:
- wenn zur evtl politischen **Verfolgungstendenz** der Bestrafung wegen Wehrdienstentziehung keine Feststellungen getroffen werden u. hinsichtlich des anderweitigen **Verfolgungsschutzes** von der Rspr des BVerwG abgewichen wird (BVerfGE 71, 276);
- wenn zur **Kollektivverfolgung** einer Gruppe eine anerkannte Rechtsauffassung nicht existiert, weil zumindest ein OVG/VGH anders entschieden u. die Auskunftslage nicht eindeutig u. widerspruchsfrei ist (BVerfG-K, NVwZ 1989, 747) oder aktuelle Ereignisse noch nicht erfasst (BVerfG-K, NVwZ 1994, 62 u. InfAuslR 1993, 196);
- wenn das VG eine inländische **Fluchtalternative** annimmt, sich aber mit abweichender Rspr des OVG/VGH einer anderen Bundeslandes nicht auseinandersetzt (VerfGH Berlin, EZAR 631 Nrn 46 u. 49);
- wenn nur die Überlegung angestellt wird, es sei nicht ersichtlich, warum ein minderjähriger Kurde nicht in der Westtürkei sollte leben können, warum also keine **Fluchtalternative** gegeben sei (BVerfG-K, EZAR 203 Nr 9);
- wenn die rechtlichen Voraussetzungen einer inländischen **Fluchtalternative** vom BVerwG noch nicht geklärt sind u. diese im Schrifttum als Ausschlussgrund verstanden werden (BVerfG-K, NVwZ 1989, 746);
- wenn die Ausländerbehörde einen **Folgeantrag** für unbeachtlich erklärt hat u. die Unglaubwürdigkeit oder Unschlüssigkeit des neuen Vorbringens nicht „gewissermaßen mit Händen zu greifen" ist (BVerfG-K, InfAuslR 1989, 28);
- wenn die Bestrafung wegen eines **Asylantrags** nach zurückhaltenden Formulierungen des Auswärtigen Amts nicht in jedem Fall erfolgen müsse u. immerhin einige wenige Fälle bekannt seien, in denen jetzt ehemalige Asylbew relativ unbehelligt wieder in ihrer Heimat lebten (BVerfG-K, NVwZ 1986, 912);
- wenn eine Verfolgungsgefahr allein mit der Überlegung abgelehnt wird, ein **Militärstrafverf** sei in Abwesenheit des Asylbew durch Freispruch oder Einstellung beendet worden u. deshalb seien Nachteile nicht mehr zu befürchten (BVerfG-K, 15. 8. 1989 – 2 BvR 1662/88 –);
- wenn nur Vorfluchtgründe erörtert u. geltend gemachte **Nachfluchtgründe** wie Haft u. Folter wegen Aufenthalts u. Asylantragstellung im Ausland überhaupt nicht geprüft werden (BVerfG-K, 22. 8. 1990 – 2 BvR 642/90 –; vgl auch BVerfG-K, NVwZ-Beil 1997, 42, AuAS 1996, 211 u. DVBl. 1994, 1405);
- wenn bei einem subjektiven **Nachfluchtgrund** die Betätigung einer politischen Überzeugung im Heimatstaat nicht von Amts wegen aufgeklärt ist (BVerfG-K, 23. 2. 1989 – 2 BvR 1415/88 –);
- wenn das Asylvorbringen als widersprüchlich u. wenig glaubhaft gewertet, aber nicht erläutert wird, warum **späterer Vortrag** nicht als Ergänzung angesehen werden kann (BVerfGE 65, 76);
- wenn aus **Widersprüchen** bei der Schilderung nur mittelbar den Verfolgungstatbestand betreffender Tatsachen nicht auf die Unschlüssigkeit des Kerns des Vorbringens geschlossen werden kann (BVerfG-K, 20. 6. 1990 – 2 BvR 1727/89 –; ähnlich BVerfG-K, InfAuslR 1994, 41);
- wenn ganz erheblich Zweifel an der **Glaubwürdigkeit** des Asylbew geäußert u. gleichwohl einige Angaben als glaubhaft zugrundegelegt werden, denen Asylrelevanz nicht ohne weiteres abgesprochen werden kann, u. wenn eine Beweiserhebung wegen bloßer Zweifel an der Glaubwürdigkeit abgelehnt wird (BVerfG-K, NVwZ 1990, 854);
- wenn die Einholung eines Gutachtens zur **Echtheit einer Anklageschrift** nur mit der Begründung abgelehnt wird, die Übergabe von Anklageschriften an Verwandte Gesuchter sei in der Türkei ebenso unüblich wie die von Haftbefehlen (BVerfG-K, 19. 7. 1990 – 2 BvR 2005/89 –);
- wenn die offensichtliche Unbegründetheit durch **schlichtes Unterstreichen** gekennzeichnet u. die tatsächlichen Entscheidungsgrundlagen bewusst vorenthalten werden (BVerfG-K, InfAuslR 1993, 146).

4. Umfang des Rechtsmittelausschlusses

Mit der Berufung ist gleichzeitig (anders als nach § 34 AuslG aF, vgl Rn 1) die **Revision** 44
ausgeschlossen. Damit kommt auch die Sprungrevision nicht mehr in Betracht, die den Beteiligten sonst unter Übergehung der Berufungsinstanz (vgl § 134 I 1 VwGO) zusteht.

Besondere Schwierigkeiten kann die Behandlung mehrerer miteinander **verbundener** 45
Klagen bereiten, wenn diese zT aussichtslos erscheinen, sonst aber nur (schlicht) unzulässig oder unbegründet oder aber begründet sind. Auszugehen ist von der Überlegung, dass Abs 1 S. 1 auf die 4 möglichen asylr u. auslr Klagen (vgl Rn 37) anwendbar ist u. dass die Erfolgschancen dieser Klagen nicht notwendig identisch sind. Trotz Aussichtslosigkeit der asylr Verpflichtungsklagen (auf Asyl- oder Flüchtlingsanerkennung) können die auslr (betr § 60 II–VII AufenthG u. Abschiebungsandrohung) nur (schlicht) unzulässig oder unbegründet oder sogar begründet sein. Umgekehrt folgt aus der Stattgabe im asylr Teil nicht schon die Aufhebung der Abschiebungsandrohung (BVerwGE 82, 1). Deshalb sind die Klagen trotz der Notwendigkeit der Verbindung (§ 74 Rn 6) auch hinsichtlich der Rechtsmittel grundsätzlich als selbständig zu betrachten (BVerwG, DVBl 1983, 995; OVG Hamburg, EZAR 633 Nr 12.

Eine andere Verfahrensweise schreibt das Ges auch nicht für **Fälle evidenter Unzuläs-** 46
sigkeit oder Unbegründetheit vor. Im Gegenteil: Es behandelt in Abs 1 S. 2 ausdrücklich nur eine einzige Konstellation des Auseinanderfallens der Entscheidung u. trifft für diese eine ausdrückliche Regelung. Hierzu sah sich der Gesetzgeber veranlasst, weil im BT-RA bei Beratung des AsylVfG-Entw 1982 auch erwogen worden war, den Rechtsmittelausschluss an die qualifizierte Abweisung beider Teile der (damaligen) Verbundklage zu binden; schließlich vertrat die Mehrheit aber doch im Hinblick auf den Annexcharakter der aufenthaltsbeendenden Maßnahmen die Ansicht, es sollte für die verfahrensrechtlichen Rechtsfolgen auf die asylr Entscheidung ankommen (BT-Drs 9/1630 S. 26). Eine klare Stellungnahme des Gesetzgebers erschien schon deshalb angezeigt, weil bereits zu der Regelung in § 34 AuslG aF u. in § 7 2. AsylVfBG die Frage aufgetreten war, ob der Rechtsmittelausschluss von der qualifizierten Abweisung beider Klageteile abhängig sein sollte (vgl dazu Fischer, NJW 1981, 468; Gerhardt/Jacob, DÖV 1980, 745).

Angesichts dieser Entstehungsgeschichte kann Abs 1 S. 2 nach Wortlaut, Sinn u. Zweck 47
nur dahin ausgelegt werden, dass die Berufung hinsichtlich der **gesamten asylr u. auslr Klage** in dem dort bezeichneten Fall ausgeschlossen ist (so zu § 32 VI AsylVfG 1982 auch BVerwG, EZAR 633 Nr 16; OVG NRW, 9. 5. 1990 – 13 A 10252/89 –; OVG NRW, EZAR 633 Nr 11). Ersichtlich behandelt die Vorschrift nur eine einzige von mehreren denkbaren Fallkonstellationen. Dabei geht sie von dem Grundfall der Aussichtslosigkeit aller Klagen aus, der in Abs 1 S. 1 trotz des Singulars „Klage" miterfasst ist, u. erstreckt die Rechtsfolge (des Berufungsausschlusses) auf die beschriebene Entscheidungsvariante, ohne sie etwa auf den asylr Teil zu beschränken. Zur Verdeutlichung wäre gewiss eine andere Formulierung besser gewesen, etwa durch Einfügen der Wörter: „hinsichtlich aller Klagebegehren" nach dem Wort „gilt". Der Wille des Gesetzgebers war indes erkennbar darauf gerichtet, hinsichtlich des weiteren Verf insgesamt nur auf das Schicksal der Asylklage abzustellen, u. dies bestätigt das durch grammatische Auslegung gewonnene Ergebnis.

Nach Hinzutreten der Klage auf **Flüchtlingsanerkennung** (§ 74 Rn 5) kann die Beur- 48
teilung der Klage auch innerhalb des asylr Teils unterschiedlich ausfallen, falls der Asylantrag nicht von vornherein oder im Klageverf auf die Flüchtlingsanerkennung beschränkt war (§ 13 II; § 74 Rn 5). Werden (u. bleiben) zB beide asylr Verfahrensteile anhängig, ohne dass die auslr Klagen erhoben werden, u. erweist sich nur ein Klageteil – idR kommt nur der auf Asylanerkennung gerichtete in Betracht – als offenbar unzulässig oder offenbar unbegründet, ist eine Lösung innerhalb von Abs 1 S. 1 zu suchen. Unter „Klage" iSd Abs 1 sind allg (abgesehen von den möglichen auslr Klagen) entweder beide asylr Verpflichtungsklagen zu verstehen oder bei entspr Antrags- oder Klagebeschränkung nur die auf Flüchtlingsanerkennung gerichtete. In Abs 1 S. 2 verhält es sich ebenso mit dem „Klagebegehren gegen die Entscheidung über den Asylantrag". Wegen der unterschiedlichen Voraussetzungen beider

Anerkennungsformen u. der verfahrensmäßigen Selbständigkeit beider Klagen ist ein Auseinanderfallen im Ergebnis möglich, u. zwar auch in der Weise, dass die Klage hinsichtlich der Asylanerkennung offensichtlich unbegründet u. iÜ begründet erscheint.

49 Erweist sich **nur eines** der beiden Anerkennungsbegehren als **aussichtslos** u. das andere als (schlicht) unzulässig oder unbegründet, darf die Asylklage nicht insgesamt als offensichtlich unbegründet abgewiesen werden (Marx, § 78 Rn 7). Da der Gesetzgeber eine Erstreckung wie in Abs 1 S. 2 nicht vorgesehen hat, ist darauf abzustellen, dass beide Verfahrensteile trotz der Unterschiede in den materiellen Voraussetzungen sachlich zusammengehören (vgl vor allem § 31 II). Eine Erstreckung kommt auch bei Aussichtslosigkeit des Asylanerkennungsbegehrens nicht in Betracht. Die Asylanerkennung ist zwar vorrangig u. höherwertig. Dies wirkt sich aber nicht auf den Asylprozess in der Weise aus, dass die qualifizierte Abweisung hins. der Asylanerkennung ohne ges Anordnung auf die Flüchtlingsanerkennung ausgedehnt wird.

50 Andererseits lässt sich § 30 I kein Grundsatz entnehmen, dass nur beide Asylbegehren gleichzeitig als aussichtslos angesehen werden können u. nicht nur eines von beiden isoliert. Denn diese Vorschrift soll lediglich den Sofortvollzug verhindern, wenn auch nur ein Teil des Asylbegehrens nicht aussichtslos erscheint; für die Behandlung beider Teile im Gerichtsverf lassen sich hieraus **keine zwingenden Schlüsse** ziehen. Die Überschneidungen der jeweiligen Anerkennungsvoraussetzungen sind zwar so vielfältig, dass die Fortführung eines Verfahrensteils nach rechtskräftigem Abschluss des anderen nicht unbedingt sachgemäß erscheint. Dennoch sind die beiden Klageteile grundsätzlich unabhängig voneinander u. können deshalb, wie gerade § 30 I deutlich macht, unterschiedlich beschieden werden.

51 Nicht anders verhält es sich, wenn die **Asylanerkennung** zweifellos **zu Unrecht,** die **Flüchtlingsanerkennung** aber **zu Recht** begehrt, was insbes bei Anreise aus einem sicheren Drittstaat vorkommen kann. Der umgekehrte Fall ist zwar weniger wahrscheinlich, aber zumindest im Bereich der Ausschlusstatbestände der GK nicht ausgeschlossen. Auch beim teilweisen Erfolg macht die rechtskräftige Abweisung des anderen Teil durchaus einen Sinn u. kann daher dem Wortlaut des Abs 1 S. 1 subsumiert werden. Soweit die Verpflichtung zur Flüchtlingsanerkennung oder deren Ablehnung rechtskräftig wird, kann dies eine Bindungswirkung im Rahmen des Asylanerkennungsverf auslösen (dazu Rennert, VBlBW 1993, 281; VGH BW, EZAR 631 Nr 21; HessVGH, EZAR 631 Nr 18).

52 Wird schließlich der **auslr Klage** (Feststellung zu § 60 II–VII AufenthG und/oder Abschiebungsandrohung) **stattgegeben,** ist hinsichtlich der Asylklage auf Abs 1 S. 1 zurückzugreifen mit der Folge, dass (nur) insoweit die Berufung ausgeschlossen ist (Marx, § 78 Rn 8; OVG Hamburg, EZAR 633 Nr 12; HessVGH, NVwZ 1984, 331; OVG NRW, NVwZ 1983, 436 u. DVBl. 1984, 105 m. abl. Anm. Schumacher). Trotz Rechtswidrigkeit des auslr Bescheids besteht ein dringendes Interesse an der Beschleunigung des asylr Verf, u. es erschiene höchst unsachgerecht, wenn der Asylbew hinsichtlich der asylr Rechtsmittel bei Erlass einer rechtswidrigen (u. deshalb vom VG aufgehobenen) Abschiebungsandrohung besser gestellt wäre als bei deren Nichterlass.

V. Rechtsbehelfe gegen Gerichtsbescheid

53 Für den Gerichtsbescheid ist durch Abs 6 (neu) **klargestellt,** dass sowohl der Antrag auf mündliche Verhandlung als auch der Zulassungsantrag binnen zwei Wochen zu stellen ist; die Monatsfrist des § 84 II VwGO gilt also insoweit nicht (zum Vorrang der mündlichen Verhandlung gegenüber der Berufungszulassung vgl Rn 32).

§ 79 Besondere Vorschriften für das Berufungsverfahren

(1) In dem Verfahren vor dem Oberverwaltungsgericht gilt in bezug auf Erklärungen und Beweismittel, die der Kläger nicht innerhalb der Frist des § 74 Abs. 2 Satz 1 vorgebracht hat, § 128 a der Verwaltungsgerichtsordnung entsprechend.
(2) § 130 Abs. 2 und 3 der Verwaltungsgerichtsordnung findet keine Anwendung.

I. Entstehungsgeschichte

Die Vorschrift hat kein Vorbild im AsylVfG 1982. Sie entspricht dem **GesEntw 1992** 1 (§ 77, BT-Drs 12/2062 S. 19 f). Abs 3 (vgl Rn 4) wurde mit Wirkung vom 27. 6. 1997 aufgehoben (Ges vom 18. 6. 1997, BGBl. I 1430). Seit 1. 1. 2002 ist Abs 2 der Neufassung des § 130 VwGO angepasst (Art 4 RmBereinVpG).

II. Nachträgliche Zulassung von Erklärungen und Beweismitteln

Abs 1 behandelt die nachträgliche Zulassung von Vorbringen, mit dem der Kläger (Asyl- 2 bew, nicht die BR Deutschland, vertr durch das BAMF) vor dem VG wegen Verspätung ausgeschlossen war. Die Zulassung ist **zwingend vorgeschrieben,** falls die Zulassung die Erledigung des Rechtsstreits nicht verzögert oder wenn der Kläger die Verspätung genügend entschuldigt (§ 128 a I 1 VwGO). Der Ausschluss wirkt nicht fort, wenn der Kläger über die Folgen der Fristversäumnis nicht belehrt war oder wenn die Ermittlung des Sachverhalts mit geringem Aufwand auch ohne den Kläger möglich ist (§ 128 a I 3 VwGO). Eine zu Recht erfolgte Zurückweisung bleibt im Berufungsverf wirksam (§ 128 a II VwGO).

III. Zurückverweisung

Die Zurückverweisung auf Antrag eines Beteiligten im Falle schwerer Verfahrensfehler oder 3 fehlender Sachentscheidung des VG (§ 130 II VwGO) ist in vollem Umfang **ausgeschlossen.** Zweck ist die Beschleunigung des Verf insgesamt; selbst wenn das VG zügiger entscheiden könnte (uU durch Einzelrichter), wäre das Verf durch eine erneute Anrufung der zweiten Instanz im Wege der Berufung oder des Berufungszulassungsantrags verzögert. Unzulässig ist die Zurückverweisung auch dann, wenn das Klageverf zu Unrecht nach § 81 eingestellt wurde (HessVGH, 18. 2. 1999 – 9 UE 1158/96 – u. – 9 UE 812/96 –; SächsOVG, SächsVBl 2002, 133). Für den vorläufigen Rechtsschutz gelten diese Sonderregeln eigentlich nicht (HessVGH, EZAR 632 Nr 6); nach Ausschluss der Beschwerde (§ 80) ist dies aber ohne Bedeutung.

IV. Stattgabe durch Beschluss

Abs 3 ermöglichte bis zu seiner Aufhebung (Rn 1) die **Stattgabe** zugunsten des Asylbew 4 (nicht des BB, des BAMF oa) **ohne mündliche Verhandlung.** Nunmehr gilt uneingeschränkt die Möglichkeit der einstimmigen Entscheidung nach § 130 a VwGO auch für Asylstreitverf, also sowohl bei Begründetheit als auch bei Unbegründetheit u. auch zugunsten anderer Beteiligter (zum vorangegangenen Streit über die Anwendbarkeit von § 130 a VwGO vgl Lotz, BayVBl. 1997, 257; BayVGH, NVwZ 1997, 692; OVG Lüneburg, DVBl. 1997, 667). Diese Verfahrensweise kommt vor allem nach vorheriger Klärung gruppenspezifischer Rechts- u. Tatsachenfragen zugunsten weiterer Gruppenangehöriger in Betracht, falls die individuellen Besonderheiten eindeutig zu bewerten sind u. keine mündliche Verhandlung erfordern. Zulässig ist auch eine teilweise Stattgabe u. teilweise Zurückweisung der Berufung (VGH BW, NVwZ 1997, 691).

5 Vorher sind Beteiligten dazu **zu hören,** es ist dasselbe Rechtsmittel wie gegen ein Urteil gegeben, u. hierüber ist zu belehren (§ 130 a S. 2 iVm § 125 II 3 bis 5 VwGO).

§ 80 Ausschluß der Beschwerde

Entscheidungen in Rechtsstreitigkeiten nach diesem Gesetz können vorbehaltlich des § 133 Abs. 1 der Verwaltungsgerichtsordnung nicht mit der Beschwerde angefochten werden.

I. Entstehungsgeschichte

1 Die Vorschrift geht zT auf § 10 III 8 AsylVfG 1982 zurück. Sie entspricht dem **GesEntw 1992** (§ 78, BT-Drs 12/2062 S. 20).

II. Beschwerdeausschluss

2 Während früher die Beschwerde gegen Entscheidungen des VG nur nach §§ 10 III 8, 11 II AsylVfG 1982 ausgeschlossen war, gilt dieser **Ausschluss** jetzt **umfassend.** Einbezogen sind alle Streitverf auf der Grundlage des AsylVfG (dazu § 74 Rn 11; § 76 Rn 7; § 78 Rn 7), insb alle Eilverf von Asylbew nach §§ 80 V oder 123 VwGO sowie alle selbständigen u. unselbständigen **Nebenverf,** zB über: PKH (HessVGH, EZAR 630 Nr 31; OVG NRW, NWVBl 1993, 113; ThürOVG, ThürVBl 1999, 209), Streitwert, Gegenstandswert (OVG Hamburg, 11. 3. 1999 – 4 So 15/99.A –), Kostenfestsetzung, Sachverständigenvergütung (OVG Hamburg, NordÖR 2002, 113), Richterablehnung (BVerwG, 24. 2. 2000 – 9 B 74.00 –; BayVGH, EZAR 630 Nr 30). Die früher zT streitige Frage der Erstreckung auf PKH-Verf (dazu 5. Aufl, § 32 AsylVfG Rn 58) ist damit endgültig gelöst.

3 Die Auslegung der Vorschrift bereitet trotz oder gerade wegen der **umfassenden** u. **klaren Formulierung** Schwierigkeiten. Die Beschreibung des Geltungsbereichs mit „Rechtsstreitigkeiten nach diesem Ges" stimmt mit ähnlichen Formulierungen in §§ 11, 74 I, 75, 76 I, 77 I, 78 I, 81, 83 I u. II, 83 b I u. II überein (vgl auch die jew Kommentierung). Sie knüpft nicht an einen bestimmten Personenkreis an, etwa den der Asylbew, sondern an den maßgeblichen Rahmen des AsylVfG. Damit werden einerseits § 80 u. die anderen ähnlichen Vorschriften nicht einer bestimmten Personengruppe (Asylbew, Asylber, erfolglose Asylbew oä) zugeordnet. Andererseits beschränkt sich der Geltungsbereich nicht auf Entscheidungen über den Asylantrag (so §§ 4, 5, 31 I) oder Asylverf (so früher § 6 II). Unklarheiten ergeben sich allerdings daraus, dass nicht auf die materielle Grundlage der in einem Prozess umstrittenen Rechte abgestellt wird („auf Grund dieses Ges"), sondern auf den maßgeblichen Rahmen des Prozesses („nach diesem Ges"). Die Bestimmungen des AsylVfG regeln aber nur zu einem kleinen Anteil den Asylprozess selbst. Überwiegend behandeln sie dagegen das Verwaltungsverf. Außerdem begründen sie materielle Aufenthaltsrechte für Asylbew (§ 55). Die Vollziehung aufenthaltsbeendender Maßnahmen richtet sich überwiegend nach den speziellen Normen des AsylVfG, diese greifen aber teilweise auf Vorschriften des AuslG u. der Vollstreckungsges des Bundes u. der Länder zurück oder werden durch diese ergänzt. So werden im AsylVfG die Voraussetzungen für die im AuslG behandelten Maßnahmen der Abschiebung, Abschiebungsandrohung u. Abschiebungsanordnung sowie Duldung speziell für Asylbew gestaltet. Um diese Vielfalt unterschiedlicher Grundlagen für Gerichtsverf mit dem dahinter stehenden gesetzgeberischen Willen vereinbaren zu können, verbleibt eigentlich nur der Rückgriff auf die allenthalben zum Ausdruck gelangte Absicht der möglichst umfassenden **Beschleunigung.**

Umstritten ist trotz der Rspr des BVerwG (NVwZ 1998, 297 u. 299; vgl § 74 Rn 11), ob **4** der Ausschluss auch die Maßnahmen der AuslBeh zur Durchsetzung asylr **Abschiebungsandrohungen** betrifft. Mit Rücksicht auf Wortlaut, Zusammenhang insb mit §§ 74, 76 u. Entstehungsgeschichte ist anzunehmen, dass auch die Vollstreckung von Abschiebungsandrohungen des BAMF durch die AuslBeh hierunter fällt, zumal sonst der Beschleunigungszweck verfehlt würde (so zB Hailbronner, § 80 AsylVfG Rn 8 ff; Marx, § 80 Rn 3, 7; OVG BB, EZAR 632 Nr 28; OVG Hamburg, 11. 3. 1999 – 4 Bs 66/99 –; HessVGH, EZAR 630 Nr 35 u. 632 Nr 3 sowie ESVGH 49, 235; OVG Lüneburg, DVBl. 2000, 1545; VG Meiningen, 26. 7. 2002 – 1 E 20372/02 –; aA zB VGH BW, EZAR 043 Nr 43 u. VBlBW 1999, 273; ThürOVG, EZAR 632 Nr 30; jew mwN). Da für Einzelheiten der Vollstreckung durch die AuslBeh ergänzend Bestimmungen des AufenthG u. der Vollstreckungsges heranzuziehen sind u. die Abschiebung auf vielfältige Weise verzögert werden kann, wäre sonst gerade die Aufenthaltsbeendigung selbst von der Beschleunigung ausgenommen, ein offensichtlich mit dem Gesetzgeberwillen unvereinbares Ergebnis. Ebenso verhält es sich zB mit der Durchsuchungsanordnung zur Vollstreckung einer auf § 15 II Nrn 4 u. 6 gestützten Passauflage (VG Meiningen, 26. 7. 2002 – 1 E 20372/02 –; aA VGH BW, EZAR 622 Nr 36). **Nicht ausgeschlossen** ist die Beschwerde dagegen bei auslbeh Maßnahmen gegen Asylbew oder ehemalige Asylbew, die nicht auf das AsylVfG gestützt sind u. auch nicht asylr Maßnahmen im Wege des Verwaltungszwangs durchsetzen sollen. So etwa beim Streit um eine auslbeh Abschiebungsandrohung im Anschluss an die Ablehnung einer AE nach § 25 AufenthG für einen ehemaligen Asylbew. Oder bei der Androhung von Zwangsmaßnahmen gegen einen erfolglosen Asylbew aufgrund §§ 44 V, 36 AuslG (HessVGH, ESVGH 52, 121). In diesen Fällen richtet sich die Zuordnung nach dem Gegenstand des Streits, nicht nach dem Status des Betroffenen. Das mögliche Nebeneinander aslyr u. auslr Abschiebungsandrohungen eröffnet der AuslBeh grundsätzlich die Auswahl, ob sie eigene Androhungen oder solche des BAMF durchzusetzen beabsichtigt.

Der gänzliche Ausschluss der Beschwerde in jeder Verfahrensart (Ausnahme in Rn 4) ist **5** **verfassungsrechtlich** ebenso wenig zu beanstanden wie der frühere Ausschluss für Eilverf nach §§ 10 III 8, 11 II AsylVfG 1982 (dazu HessVGH, EZAR 632 Nr 10). Das GG gewährleistet keinen mehrstufigen Instanzenzug, dem Gesetzgeber erschienen offenbar Gesichtspunkte der Beschleunigung für diese Beschneidung des Rechtsschutzes als ausschlaggebend, u. die verfassungsrechtlichen Anforderungen an einen effektiven Rechtsschutz in Nebenverf können zweifellos auch in erster Instanz erfüllt werden. Dessen ungeachtet bleiben schwere Zweifel an der Zweckmäßigkeit dieser Sonderregelung, die das Asylverf ohne Not noch weiter vom allg Verwaltungsprozess entfernt (Renner in Barwig ua, AsylR im Binnenmarkt, 1989, S. 65, 81) u. das BVerfG zusätzlich belastet (Huber, NVwZ 1994, 138; zur Abwehr von Verfassungsbeschwerden durch das BVerfG vgl BVerfGE 94, 166).

Zulässig bleibt die **Abänderung** eines Beschlusses nach § 80 V VwGO durch das Gericht **6** der Hauptsache auf Antrag eines Beteiligten oder von Amts wegen (§ 80 VII VwGO; BVerfG-K, NVwZ-Beil 1994, 1). Die Rechtskraft der ersten Eilentscheidung kann indes auf Antrag eines Beteiligten nur durchbrochen werden, wenn maßgebliche Umstände im ursprünglichen Verf ohne Verschulden nicht geltend gemacht werden konnten oder sich nachträglich verändert haben. Bei der Änderung von Amts wegen ist das Gericht an diese Voraussetzungen nicht gebunden, sondern kann auch schon bei Änderung der eigenen Rechtsauffassung oder Tatsachenbeurteilung tätig werden, etwa im Hinblick auf eine zwischenzeitliche Klärung von Grundsatzfragen durch BVerfG oder BVerwG. Zuständig ist das jew Gericht der Hauptsache, also nicht notwendigerweise das VG, das den Eilantrag beschieden hat. Die Beschwerde ist auch insoweit ausgeschlossen (so zum früheren Recht schon OVG NRW, EZAR 632 Nr 11).

Die **Fristgebundenheit** des Aussetzungsantrags (§§ 18a IV 1, 36 III 1) steht der Ände- **7** rungsbefugnis nicht entgegen; die Versäumung der Frist kann aber nicht mit einem Änderungsantrag geheilt werden. Ausgeschlossen ist zudem eine Änderung stattgebender Entscheidungen, die bereits **irreparable verfahrensrechtliche Folgen** nach sich gezogen haben. Diese Beschränkung ergibt sich aus den Besonderheiten asylr Verf um vorläufigen Rechtsschutz. Sind die Entscheidung des BAMF über die Unbeachtlichkeit des Asylantrags u. die Abschiebungsandrohung aufgrund einer Stattgabe unwirksam geworden u. das Verf beim BAMF fortgeführt (§ 37 I), ist dies nicht mehr rückgängig zu machen. Anders verhält es sich im Falle eines als offensichtlich unbegründet abgelehnten Asylantrags mit der Ges Fristverlängerung nach § 37 II.

8 Schließlich kann ein Beschluss auf **Gegenvorstellung** eines Beteiligten hin abgeändert werden. Eine derartige Anregung kann das Gericht jederzeit zum Anlass für eine Überprüfung u. ggf Abänderung von Amts wegen nehmen.

9 Gegenüber **zweitinstanzlichen Entscheidungen** ist die Beschwerde ohnehin grundsätzlich unstatthaft (§ 152 I VwGO). Nur die Möglichkeit der Revisionsnichtzulassungsbeschwerde nach § 133 VwGO (§ 74 Rn 43) bleibt erhalten.

§ 80 a Ruhen des Verfahrens

(1) ¹ Für das Klageverfahren gilt § 32 a Abs. 1 entsprechend. ² Das Ruhen hat auf den Lauf von Fristen für die Einlegung oder Begründung von Rechtsbehelfen keinen Einfluß.

(2) Die Klage gilt als zurückgenommen, wenn der Kläger nicht innerhalb eines Monats nach Ablauf der Geltungsdauer der Aufenthaltserlaubnis nach § 24 des Aufenthaltsgesetzes dem Gericht anzeigt, daß er das Klageverfahren fortführen will.

(3) Das Bundesamt unterrichtet das Gericht unverzüglich über die Erteilung und den Ablauf der Geltungsdauer der Aufenthaltserlaubnis nach § 24 des Aufenthaltsgesetzes.

I. Entstehungsgeschichte

1 Die Vorschrift wurde im Hinblick auf § 32 a u. § 32 a AuslG entspr dem GesEntw 1993 (BT-Drs 12/4450 S. 9) mit Wirkung vom 1. 7. 1993 eingefügt (Art 1 Nr 44 **AsylVfÄndG 1993**). Mit Wirkung vom 1. 1. 2005 wurden entspr dem GesEntw (BT-Drs 15/420 S. 44) die Bezugnahmen auf § 32 a AuslG in Abs 2 u. 3 durch solche auf § 24 AufenthG ersetzt (Art 3 Nr 47 **ZuwG**).

II. Ruhen des Verfahrens

2 Die Vorschrift trifft die notwendigen Regelungen für die Dauer der Geltung der AE nach § 24 AufenthG, allerdings nur für den Fall, dass die AuslBeh nicht die Klagerücknahme oder die Erklärung, nicht politisch verfolgt zu sein (§ 32 a I 4 AuslG), verlangt. Sie betrifft Klagen in allen Instanzen. Formulierung, Bezugnahme auf § 32 a I u. Interessenlage sprechen gegen die Anwendbarkeit auf andere Klagen als gegen das BAMF wegen eines abgelehnten Asylantrags (aA Hailbronner, § 80 a AsylVfG Rn 4). Ungeachtet dessen wirkt sich die Rechtsstellung aufgrund der AE nach § 24 AufenthG auch auf Klageverf anderer Art aus; die notwendigen Konsequenzen müssen bei ihnen je nach Streitgegenstand u. Interessenlage durch Rücknahme oder Erledigterklärung oder aber durch einverständliches Ruhenlassen gezogen werden. Fristen für die Einlegung von Rechtsbehelfen bleiben unberührt (wie § 251 I 2 ZPO).

III. Klagerücknahme

3 Die Fiktion der Klagerücknahme knüpft an die Versäumung der ges Monatsfrist trotz Belehrung (dazu § 24 VII AufenthG) an. Nach Unterrichtung durch das BAMF ist das Verf einzustellen u. über die Kosten zu entscheiden (§ 92 II VwGO).

§ 81 Nichtbetreiben des Verfahrens

¹ Die Klage gilt in einem gerichtlichen Verfahren nach diesem Gesetz als zurückgenommen, wenn der Kläger das Verfahren trotz Aufforderung des Gerichts länger als einen Monat nicht betreibt. ² Der Kläger trägt die Kosten des Verfahrens. ³ In der Aufforderung ist der Kläger auf die nach Satz 1 und 2 eintretenden Folgen hinzuweisen.

Übersicht

	Rn
I. Entstehungsgeschichte	1
II. Allgemeines	2
III. Fiktive Klagerücknahme	6
1. In Betracht kommende Verfahren	6
2. Aufforderung zum Betreiben	10
3. Nichtbetreiben	16
4. Klagerücknahme	18
5. Fortsetzung des Verfahrens	21

I. Entstehungsgeschichte

Die Vorschrift geht auf § 33 AsylVfG 1982 zurück, der im **GesEntw 1982** (BT-Drs 9/875) nicht enthalten war u. erst vom BT-RA aufgrund von Anregungen bei der Anhörung von Sachverständigen eingefügt wurde (BT-Drs 9/1630 S. 11, 27). Sie entspricht dem **GesEntw 1992** (§ 79, BT-Drs 12/2062 S. 20). 1

II. Allgemeines

Mit der ges Fiktion der Klagerücknahme (nach § 33 AsylVfG 1982: der Verfahrenserledigung) bietet das AsylVfG ein **neues prozessrechtliches Institut,** dessen Auswirkungen bei dessen Einführung durchaus als „einmalig" (so Pagenkopf, NVwZ 1982, 590) bezeichnet werden konnten. Seine Voraussetzungen bedürfen einer besonders sorgfältigen Prüfung. Die Regelung sollte jedenfalls über die ursprünglich ins Auge gefasste Fallgruppe der ins Ausland ausgereisten Asylbew hinaus ausgedehnt werden, u. der BT-RA gab einige Anhaltspunkte für den Anwendungsbereich u. verband damit die Erwartung einer erheblichen Verfahrensbeschleunigung (BT-Drs 9/1630 S. 27). 2

Die ges Fiktion der Klagerücknahme (nach § 33 AsylVfG 1982: des Wegfalls des Rechtsschutzinteresses) ist **verfassungsrechtlich** nicht zu beanstanden. Jede an einen Antrag gebundene gerichtliche Entscheidung setzt nämlich ein Rechtsschutzbedürfnis voraus (BVerfGE 96, 27 u. 61, 126). Die Fiktion belässt dem Kläger die Möglichkeit, sich effektiven Rechtsschutz mit ausreichendem rechtlichen Gehör zu verschaffen (BVerfG-K, EZAR 630 Nr 37 u. NVwZ 1994, 62; betr § 33 AsylVfG 1982 BVerfG-A, EZAR 630 Nr 16 u. DVBl. 1984, 1005; BVerwG, EZAR 630 Nr 11). Erforderlich ist jedoch die möglichst sichere Feststellung von Anhaltspunkten für den Fortfall des Rechtsschutzinteresses, zumal die Wirkungen der Rücknahmefiktion über die der Präklusion hinausreichen (dazu BVerfG-K, NVwZ 1994, 62). Daher dürfen die Anforderungen an Mitwirkung u. Förderung des Verf durch den Kläger nicht überspannt werden. 3

Die Vorschrift ist wegen der ges Rücknahmefiktion ohne notwendigen Gerichtsbeschluss neuartig u. war zunächst einmalig. Indem sie den Amtsermittlungsgrundsatz (§ 86 I VwGO) einschränkt, bildete sie zumindest anfangs zweifellos einen **„Fremdkörper"** im Verwaltungsprozess (so zutreffend Schumacher, DÖV 1982, 806). Ebenso ungewöhnlich ist die Verfahrensbeendigung kraft Ges u. ohne weiteres Zutun des Gerichts. Dementsprechend 4 schwierig ist die Handhabung dieses prozessualen Hilfsmittels durch das Gericht u. der in diesem Zusammenhang möglichen Anträge des Betroffenen. Die Erfahrungen mit dieser Vorschrift sind nicht zufrieden stellend; deshalb war der Versuch einer Übernahme in den allg Verwaltungsprozess (§ 92 II VwGO idF des BR-Entw, BT-Drs 11/7030 S. 45) im BT zunächst abgelehnt worden. Nunmehr ist sie jedoch mit Wirkung vom 1. 1. 1997 auch für den allg Verwaltungsprozess eingeführt (Ges vom 1. 11. 1996, BGBl. I 1626), allerdings mit einer Drei-Monats-Frist. Ähnliche Vorschriften befinden sich jetzt in § 80 a II für Klageverf von Bürgerkriegsflüchtlingen u. seit 1. 7. 1993 in § 33 für das Verf vor dem BAMF.

5   Die Vorschrift fußt auf allg **anerkannten Rechtsschutzerwägungen.** Das für jede Art von Verf notwendige Rechtsschutzinteresse entfällt allg mit dem Verhalten eines Beteiligten, das als Ausdruck des Desinteresses an der Weiterverfolgung des Rechtsschutzbegehrens gewertet werden muss; allerdings verbieten sich hier voreilige pauschale Rückschlüsse (beim Ausbleiben in der mündlichen Verhandlung mangelnde Verfolgungsgefahr verneint von BVerwG, EZAR 630 Nr 10). Die Berufung auf das in jedem Stadium des Verf erforderliche allg Rechtsschutzinteresse ist nicht durch § 81 als lex specialis ausgeschlossen (OVG NRW, AuAS 2002, 92). Wird der Rechtsschutzantrag unter den Umständen des S. 1 nicht zurückgenommen oder für erledigt erklärt, fehlt es an einem noch schützenswerten Interesse u. kann hieraus auf den Willen geschlossen werden, das Verf nicht mehr fortzuführen. Ferner kann angesichts der besonderen Mitwirkungs- u. Benachrichtigungspflichten des Asylbew (§§ 10, 15) aus der beharrlichen Verweigerung der Bekanntgabe des Aufenthaltsorts im Inland gefolgert werden, dass dieser asylr Rechtsschutz unter den ges hierfür festgelegten Voraussetzungen in Wahrheit nicht erstrebt u. ihm damit das allg **Rechtsschutzbedürfnis** nicht zur Seite steht (HessVGH, EZAR 630 Nr 24; betr auslr Anfechtungsklage HessVGH, 29. 6. 1989 – 12 TE 90/88 –; betr Eilverf HessVGH, 5. 10. 1987 – 12 TH 1934/87 u. HessVGRspr 1988, 47; bestätigend BVerfG-K, EZAR 630 Nr 37 u. 20. 11. 1990 – 2 BvR 1417/89 –). Diese Annahme kann nicht allein aus dem Ausbleiben des Asylbew in der mündlichen Verhandlung gefolgert werden, wenn dessen persönliches Erscheinen nicht angeordnet war (BVerfG-K, NVwZ-Beil 1994, 50). Eine derartige Schlussfolgerung verbietet sich selbst bei Anordnung des persönlichen Erscheinens, weil für das Nichterscheinen andere Sanktionen vorgesehen sind (BVerfG-K, EZAR 630 Nr 37). In derartigen Konstellationen kommt die Anwendung des § 81 oft deshalb nicht in Betracht, weil der Bevollmächtigte das Verf betreibt, infolge Missachtung der Pflichten aus §§ 10, 15 I aber schon erhebliche Zweifel am weiteren Aufenthalt des Asylbew im Inland bestehen können.

III. Fiktive Klagerücknahme

1. In Betracht kommende Verfahren

6   Zu den Verf, die durch Nichtbetreiben erledigt werden können, gehören alle **Streitverf auf der Grundlage des AsylVfG.** Damit sind grundsätzlich dieselben Gerichtsverf erfasst wie durch §§ 76 u. 78 (§ 74 Rn 11; § 76 Rn 7; § 78 Rn 7; § 80 Rn 2).

7   Das Wort „Kläger" deutet eine Beschränkung auf **Klageverf** an. Es könnte aber auch dahin verstanden werden, dass es die das Verf betreibende Person meint; zudem ist idR der Antragsteller gleichzeitig Kläger (vor allem in den Fällen der §§ 18 a III, 36 IV). Schließlich sind Eilverf u. andere Nebenverf nicht ausdrücklich ausgenommen; auch für sie kann das Rechtsschutzinteresse aufgrund Nichtbetreibens entfallen u. auf einen fehlenden Willen zur Fortführung des Verf geschlossen werden. Wegen der Monatsfrist eignen sich indes Eilverf kaum für diese Art von Erledigung. Außerdem erledigt sich das Eilverf auch dadurch, dass die zugrundeliegende Klage kraft Ges als zurückgenommen gilt. Deshalb kann eine Erweiterung des Anwendungsbereichs über den Wortlaut hinaus nicht als vom Gesetzgeber gewollt angesehen werden (Hailbronner, § 81 AsylVfG Rn 6; Marx, § 81 Rn 4).

Nichtbetreiben des Verfahrens § 81 AsylVfG 4

Die Erledigung kann auch im **Berufungs- oder Revisionsverf** oder dem davor geschal- 8
teten Zulassungsverf eintreten, u. zwar (früher vor Abschaffung des BB) auch gegenüber
dem Asylbew als Beigeladenen u. Rechtsmittelgegner (vgl BVerwG, NVwZ 1986, 842;
SächsOVG, SächsVBl 2000, 95; ThürOVG, NVwZ 2000, 1434). Wer als Kläger u. damit als
Prozessverursacher in irgendeiner Instanz trotz gerichtlicher Aufforderung das Verf nicht
betreibt, zeigt sein Desinteresse, das die Erledigung kraft Ges durch fiktive Klagerücknahme
rechtfertigt. Vor dem BVerwG u. den OVG/VGH besteht allerdings Vertretungszwang
(§ 67 I VwGO) u. vor dem BVerwG wenig Raum für geeignete Aufforderungen zur
Förderung des Verf, da die Lösung bloßer Rechtsfragen idR eine Mitwirkung des Ausl nicht
erfordert. Eine entspr Anwendung auf den Rechtsmittelführer ist angesichts des eindeutigen
Wortlauts nicht möglich.

Als Kläger kommt **jeder Beteiligte** in Betracht, also nicht nur der beim BAMF oder in 9
einer Gerichtsinstanz unterlegene Asylbew, sondern (früher vor Abschaffung des BB; zu
Übergangsfällen vgl § 87 b) auch zB der BB, wenn dieser den Rechtsstreit führte (zum BB
HessVGH, EZAR 631 Nr 26; aA Hailbronner, § 81 AsylVfG Rn 9) Eine Beschränkung auf
den erfolglosen Asylbew ließ das Ges nicht erkennen; dessen Ziel, Verfahrensverzögerungen
zu unterbinden, konnte (auch) der BB durch entspr Verfahrenshandlungen gerecht werden,
zumindest auf Aufforderung hin. Nicht anwendbar war die Vorschrift dagegen auf den dem
Rechtsstreit des BB gegen eine Anerkennung beigeladenen Asylbew (Marx, § 81 Rn 5;
BVerwG, Bh. 402.25 § 33 AsylVfG Nr 9; OVG NRW, EZAR 631 Nr 8).

2. Aufforderung zum Betreiben

Für **Anlass u. Inhalt** der gerichtlichen Aufforderung zum Betreiben des Verf ist zu 10
beachten, dass der Kläger im Verwaltungsprozess nach Einreichen der Klage mit den dafür
notwendigen Angaben (§§ 81 f VwGO) grundsätzlich (nach Maßgabe der §§ 87 ff VwGO)
zu weiteren Handlungen nicht verpflichtet ist u. es ansonsten alleinige Aufgabe des Gerichts
ist, von Amts wegen das Verf bis zur Entscheidung zu fördern u. zu betreiben. So belegt
denn auch die forensische Praxis, dass lange Verfahrensdauern fast ausschließlich auf mangelnden gerichtlichen Kapazitäten beruhen u. nicht auf Versäumnissen der Beteiligten.
Weitergehende Verpflichtungen enthält auch § 74 II für den Asylprozess nicht. Der Asylbew
hat allerdings wie jeder Kläger auf gerichtliche Aufforderung hin den notwendigen Inhalt
der Klageschrift zu vervollständigen, unklare Anträge zu erläutern, ungenügende tatsächliche
Angaben zu ergänzen u. bei der Amtsaufklärung mitzuwirken (durch Vorlage von Urkunden
u. Bezeichnung von Beweismitteln) sowie zur Vorbereitung der mündlichen Verhandlung
Schriftsätze einzureichen (§§ 82, 86 I, III IV; 87 I Nr 2, 87 b I, II VwGO). Hierzu kann er
unter Angabe konkreter Punkte aufgefordert werden.

Der Asylbew ist ebenso wenig wie andere Kläger allg zu einer über den ges umschriebe- 11
nen Mindestinhalt hinausgehenden umfassenden u. ausführlichen **Klagebegründung** verpflichtet. Die zur Begründung dienenden Tatsachen u. Beweismittel müssen zwar angegeben
werden (§ 74 II 1); dieser verfahrensrechtlichen Obliegenheit kann der Kläger aber dadurch
genügen, dass er sein durch Verwaltungsakt abgewiesenes Begehren wiederholt u. sich zur
Begründung auf frühere Angaben bezieht. Vorbringen in späteren Verfahrensstadien führt
grundsätzlich zu keiner Präklusion oder anderen Nachteilen, ausgenommen die Fälle des
§ 87 b III VwGO. Das Berufungsverf kannte früher grundsätzlich keine Pflicht zu weitergehender Begründung; jetzt muss die Berufung allerdings binnen eines Monats nach Zulassung
begründet werden, wobei ein Antrag zu stellen u. die Berufungsgründe darzulegen sind
(§ 124 a III VwGO; BVerwG, EZAR 633 Nr 37).

Im Asylprozess sind indes **besondere Mitwirkungspflichten** deswegen zu beachten, 12
weil an das Asylvorbringen aufgrund der Eigenart des Asylgrundrechts spezielle Anforderungen gestellt werden. Abgesehen von den Verpflichtungen aus §§ 10, 15, 25 I 1 ist der
Asylbew gehalten, die seinen persönlichen Bereich betreffenden Umstände u. Ereignisse, die
sein Asylgesuch rechtfertigen sollen, substantiiert zu schildern u. auch anzugeben, woraus

4 AsylVfG § 81   4. Teil. Asylverfahrensgesetz

sich die asylrelevante Zweckrichtung ergeben soll (BVerwG, EZAR 630 Nr 8; BVerwGE 65, 237; BVerwG, EZAR 630 Nr 8, 13). Hinsichtlich der allg Lage in dem angeblichen Verfolgerstaat genügt dagegen ein bloßer Hinweis ohne konkrete Einzelheiten (§ 74 Rn 26). Auch an diesen asylspezifischen Darlegungserfordernissen kann sich die gerichtliche Betreibensaufforderung ausrichten.

13   Die gerichtliche Aufforderung muss durch einen Umstand oder ein Ereignis veranlasst sein, die **Zweifel am Fortbestand des Rechtsschutzinteresses** aufkommen lassen können (BVerfG-K, NVwZ 1994, 62; BVerwGE 71, 213; HessVGH, EZAR 631 Nr 34), u. darf sich nicht in der formelhaften Wiedergabe des Gesetzesinhalts erschöpfen. Sie darf nicht allein deswegen ergehen, weil die Berufung nicht sogleich in der Berufungsschrift begründet worden ist (BVerwGE 71, 213). Für die Berufung gilt jetzt ohnehin die Pflicht zur Begründung binnen Monatsfrist (§ 124a III VwGO, BVerwG, EZAR 633 Nr 37). Anlass für eine Aufforderung bietet aber das Unterlassen einer angekündigten Klagebegründung nach Ablauf von mehr als zwei Jahren (BVerwG, NVwZ 1987, 605; vgl dazu jetzt § 74 II 1) oder nach Ablauf von zehn Monaten trotz gerichtlicher Aufforderung (BVerwG, EZAR 630 Nr 28). Dagegen geht es nicht an, in unbestimmter Form die Schilderung des persönlichen Verfolgungsschicksals zu verlangen, wenn Asylantrag u. Klage bereits umfangreich begründet worden sind (HessVGH, EZAR 630 Nr 9). Kein ausreichender Anlass für eine Aufforderung zum Betreiben des Verf besteht schließlich dann, wenn dem Gericht vorliegende Erkenntnisse gegen die Begründetheit der Klage sprechen; dann hat das Gericht nach Gewährung rechtlichen Gehörs zu entscheiden, ohne zuvor nach § 81 vorzugehen (BVerwG, NVwZ 1987, 604).

14   Die Aufforderung zum Betreiben braucht nicht in Form eines **Gerichtsbeschlusses** zu ergehen, sie kann auch durch **Verfügung** des Vorsitzenden oder des Berichterstatters erfolgen (BVerwGE 71, 213; BayVGH, NVwZ 1998, 528; OVG Lüneburg, NVwZ 1998, 529; aA früher HessVGH, EZAR 630 Nr 9). Im Hinblick auf die weitreichenden Folgen der Aufforderung können allerdings gewichtige Bedenken dagegen bestehen, unter „Gericht" iSd S. 1 auch den Vorsitzenden oder den Berichterstatter zu verstehen. Die Aufforderung liegt zumindest hart an der Grenze von vorbereitenden Maßnahmen iSd §§ 82 II, 86 III, IV, 87 VwGO aF zur endgültigen Entscheidung, für die allein der Spruchkörper berufen ist. Bei einem späteren Streit über die Verfahrensbeendigung ist zwar die Ansicht des Spruchkörpers maßgeblich, die Weichen für die Erledigung werden aber bereits mit der Aufforderung gestellt. Nach allg Erweiterung der Kompetenzen des Vorsitzenden u. des Berichterstatters (durch §§ 87 bis 87b VwGO idF des Art 1 Nr 17ff des 4. VwGOÄndG) erscheint jedoch eine Aufforderung durch den Spruchkörper (Kammer oder Senat) nicht (mehr) notwendig. Falls die Sache dem Einzelrichter übertragen ist, ist dieser (allein) zuständig.

15   Das Gericht muss **unmissverständlich** zum Betreiben des Verf auffordern u. über die ges Folgen des Nichtbetreibens belehren; sonst ist die Aufforderung fehlerhaft u. löst die Rücknahmefiktion nicht aus (BVerwG, Bh 402.25 § 81 AsylVfG Nr 1). Die Aufforderung muss unabhängig davon, in welcher Form (Beschluss oder Verfügung) sie ergeht, **zugestellt** werden (§ 56 I VwGO). Als prozessleitende Maßnahme ist sie nicht selbständig anfechtbar (§ 146 II VwGO; OVG Hamburg, DÖV 1985, 690).

3. Nichtbetreiben

16   Die fiktive Klagerücknahme tritt nur ein, wenn der Kläger das Verf länger als einen Monat seit Zustellung der Aufforderung nicht betrieben hat. Das Unterlassen weiteren Schriftverkehrs während eines solchen Zeitraums ist bei der üblichen Verfahrensdauer nicht ungewöhnlich, schädlich ist das Nichtbetreiben nur nach ergangener Aufforderung. Eine Klagerücknahme infolge Nichtbetreiben darf nur angenommen werden, wenn der Kläger innerhalb der Frist überhaupt **nicht reagiert** oder zumindest den **Fortbestand seines Interesses** an der Rechtsverfolgung trotz anfänglich berechtigter Zweifel hieran **nicht**

substantiiert darlegt (BVerfG-K, NVwZ 1994, 62; BVerwGE 71, 213). Der Kläger muss bei objektiver Betrachtung den Anschein beseitigen, es sei ihm an der Weiterverfolgung des Klagebegehrens nichts mehr gelegen.

Die Rücknahmefiktion setzt nur ein, wenn der Kläger das Verf **überhaupt nicht betreibt**. Es wird nicht verlangt, dass er sein Asylgesuch zusätzlich über die Angaben vor dem BAMF hinaus begründet oder in irgendwie qualifizierter Form das Klageverf betreibt. Kommt er der Aufforderung in der Weise nach, dass er zB vom Gericht verlangte nähere Einzelheiten zu einem Verfolgungstatbestand nur zT nennt, betreibt er das Verf. Der bloße Hinweis auf sein früheres Vorbringen kann genügen (OVG RhPf, InfAuslR 1990, 173), falls dies zur Beseitigung der aufgekommenen Zweifel am Fortbestehen des Rechtsschutzbedürfnisses geeignet ist. Die Erklärung des Willens zum Weiterbetreiben genügt freilich genauso wenig (BVerwG, NVwZ 1987, 605; HessVGH, EZAR 630 Nr 9) wie auf Seiten des Gerichts eine ähnlich inhaltslose Aufforderung. Es kann zweckmäßig erscheinen, dem Kläger zu mehreren Tatsachenkomplexen zahlreiche Fragen zu stellen u. Unterlagen anzufordern (eine uU schon nach §§ 86 I, III, IV, 87 I, 87 b I, II VwGO gebotene Verfahrensweise); kommt er diesen Anordnungen u. Anfragen auch nur zT nach, kann ihm Nichtbetreiben nicht vorgehalten werden. Ebenso verhält es sich, wenn der Kläger die ihm aufgetragenen Angaben vollständig unterlässt, aber gleichzeitig sein Unvermögen detailliert erklärt (BVerwGE 71, 213). Wenn er aus Angst vor Abschiebung untergetaucht ist u. sich evtl im Ausland aufhält, aber über seinen Bevollmächtigten erreichbar bleibt, kann er uU durch entspr Erklärungen sein Verf iSd § 81 betreiben (aA OVG RhPf, NVwZ-Beil 2000, 107), ihm fehlt aber schon das allg Rechtsschutzbedürfnis, weil er das Verf nicht unter Beachtung der ges vorgeschriebenen Formen betreibt (dazu Rn 5).

4. Klagerücknahme

Die Klage gilt nach fruchtlosem Ablauf der Monatsfrist **kraft Ges als zurückgenommen**. Eine Entscheidung des Gerichts hierüber bedarf es nicht; denn diesem steht keine irgendwie geartete Dispositionsbefugnis über die Verfahrensbeendigung zu. Die **Rechtsfolgen** der Klagerücknahme bestehen im formellen Abschluss des gesamten Verf auf Kosten des Klägers, u. zwar einschließlich des auslr Verfahrensteils. Ein später gestellter weiterer Asylantrag ist deshalb ein Folgeantrag iSd § 71 (OVG NRW, EZAR 212 Nr 3). Mit der fiktiven Rücknahme wird im Ergebnis die Ablehnung des Asylantrags durch das BAMF bestätigt, bei Erledigung in der Rechtsmittelinstanz ohne Rücksicht darauf, ob der Kläger in einem vorangegangenen Rechtszug obsiegt hatte. Erfolgt die fiktive Klagerücknahme in der Rechtsmittelinstanz (dazu Rn 8), werden inzwischen ergangene Urteile gegenstandslos.

Zur Wirksamkeit der fiktiven Klagerücknahme nach Stellung der Anträge in der mündlichen Verhandlung bedarf es nicht der sonst notwendigen **Zustimmung** der anderen Beteiligten (vgl § 92 I VwGO). Deren Einverständnis wird von § 81 ebenso vorausgesetzt wie von § 92 II VwGO u. deshalb in Abänderung von § 92 I VwGO für entbehrlich gehalten.

Die Folgen der ges Klagerücknahme (Rn 18) bedürfen zu ihrer Wirksamkeit keiner gerichtlichen **Entscheidung** (so früher § 33 S. 2 AsylVfG 1982 ausdrücklich). Die Kosten hat der Kläger kraft Ges zu tragen, bei Erledigung in einer Rechtsmittelinstanz die Kosten des gesamten Verf. Da Gerichtsgebühren u. -auslagen nicht erhoben werden (§ 83 b I), betrifft die Kostenpflicht nur die außergerichtlichen Kosten des obsiegenden Beteiligten (vgl § 162 VwGO). Die Einstellung des Verf u. die evtl Unwirksamkeit bereits ergangener Urteile werden auch sonst nicht zwingend gerichtlich verlautbart (vgl § 269 III 1 u. 3 ZPO). Der dennoch ergehende Beschluss über Einstellung u. Kostenpflicht hat lediglich deklaratorische Bedeutung (zu § 33 aF BVerwG, EZAR 630 Nr 14).

5. Fortsetzung des Verfahrens

21 Wendet sich der Kläger gegen die fiktive Klagerücknahme, bedarf es grundsätzlich eines **Antrags auf Fortsetzung** des Verf, wobei idR in einer „Beschwerde" bei sachgerechter Auslegung ein derartiger Antrag gesehen werden kann (HessVGH, EZAR 630 Nr 9). Das Nachschieben der verlangten Erklärungen nach fruchtlosem Fristablauf reicht nicht aus (BVerwG, EZAR 630 Nr 19). Über Einstellung oder Fortsetzung hat das Gericht – ähnlich wie beim Streit über die Wirksamkeit einer Klagerücknahme- oder Erledigterklärung – durch Urteil (mit oder ohne mündliche Verhandlung), nicht durch Beschluss zu befinden (OVG MV, NVwZ 2001, 211). Entweder wird dann die Einstellung nach Klagerücknahme festgestellt oder über die Klage entschieden (BVerwG, EZAR 630 Nr 14; HessVGH, EZAR 630 Nr 9).

22 Beruft sich der Kläger gegenüber dem Fristablauf auf Hinderungsgründe, muss er zusammen mit dem Fortsetzungsantrag um **Wiedereinsetzung** in den vorigen Stand nachsuchen. Ob es sich hier um eine ges Ausschlussfrist handelt (so zu § 33 aF BVerwG, EZAR 630 Nr 19; ThürOVG, NVwZ 1996, 1139), muss fraglich erscheinen (krit auch Hailbronner, § 81 AsylVfG Rn 36). Die Frist ist zwar unabänderlich ges festgelegt u. nicht vom Richter zu bestimmen; es lässt sich aber weder dem Gesetzeswortlaut noch den Materialien entnehmen, dass hier eine sog. uneigentliche ges Frist festgelegt werden sollte, gegen deren Versäumung eine Wiedereinsetzung nur nach §§ 58 II 2, 60 III VwGO stattfindet. Das Argument der Verfahrensbeschleunigung allein vermag diese Charakterisierung eigentlich nicht zu begründen. Wird das Instrument des § 81 auf diejenigen Fallgruppen beschränkt, auf die es gemünzt ist, u. ordnungsgemäß angewandt, tritt eine Beschleunigung zweifellos ein. In anderen Fällen ist nicht recht einzusehen, warum dem Kläger die normale Möglichkeit der Wiedereinsetzung (bei Nichtverschulden nach § 60 I VwGO) verwehrt sein soll (ebenso Hailbronner, § 81 AsylVfG Rn 36).

23 Nach Auffassung des BVerwG kann Wiedereinsetzung freilich nur gewährt werden, wenn die Fristversäumnis auf **höhere Gewalt** zurückzuführen ist (§§ 58 II, 60 III VwGO analog; BVerwG, EZAR 630 Nr 19). Hierunter ist neben Naturereignissen jedes andere unabwendbare Ereignis zu verstehen, das an der Einhaltung der Frist hindert. Unabwendbar ist, was auch unter Anwendung größtmöglicher Sorgfalt nicht zu verhindern ist. Dabei kann es sich auch um ein Ereignis handeln, das nicht von außen her auf den Asylbew oder den BB einwirkt, sondern von diesen ausgeht oder allein ihrer jew Einflusssphäre zugehört. Hierzu zählen vor allem: tatsächliche Kenntnisnahme von der Aufforderung kurz vor Fristende, fehlerhafte Fristberechnung, anormale Postlaufzeit, Erschwerung des Zugangs bei Gericht. Verschulden von Bevollmächtigten ist dem Asylbew auch hier zuzurechnen (§ 173 VwGO iVm § 85 II ZPO; dazu näher § 74 Rn 22).

24 Die **Fortsetzung des Verf** ist geboten, wenn die Voraussetzungen für die Einstellung kraft Ges nicht vorlagen. Das Gericht hat insb im Einzelnen zu prüfen, ob genügend Anlass für die Aufforderung bestand, ob diese formell fehlerfrei ergangen ist u. der Kläger tatsächlich das Verf nicht weiterbetrieben hat. Wird die Fortsetzung abgelehnt, ist entspr zu tenorieren, wobei durch Urteil (oder Gerichtsbescheid) u. nicht durch Beschluss zu entscheiden ist.

25 Gegen das Urteil über die Nichtfortsetzung kann die Zulassung der Berufung beantragt werden. Entscheidet das VG über die Fortsetzung des Verf nur durch Beschluss statt durch Urteil, ist hiergegen eigentlich die **Beschwerde** gegeben (OVG Hamburg, DÖV 1985, 690; OVG NRW, EZAR 630 Nr 12), durch § 80 aber ausgeschlossen. Nach dem Grundsatz der Meistbegünstigung bei formell inkorrekten Gerichtsentscheidungen ist aber auch der Antrag auf Zulassung der Berufung als das Rechtsmittel bei ges nicht zugelassener Berufung statthaft. Ergeht der Beschluss in zweiter Instanz, ist die Nichtzulassungsbeschwerde zum BVerwG gegeben (BVerwG, EZAR 630 Nr 14). Hält das Berufungsgericht die Einstellung des Verf durch das VG für unzutreffend, ist zur Sache zu entscheiden; eine Zurückverweisung an das VG ist ausgeschlossen (§ 79 II; dort Rn 3). Wird das Verf vom Gericht versehentlich oder unter Verkennung der Voraussetzungen des § 81 trotz Klagerücknahme

Besondere Spruchkörper § 83 **AsylVfG** 4

fortgeführt, ist das Sachurteil fehlerhaft u. auf Rechtsmittel hin aufzuheben; gleichzeitig ist die Einstellung des Verf festzustellen (HessVGH, DVBl. 1989, 1275).

§ 82 Akteneinsicht in Verfahren des vorläufigen Rechtsschutzes

¹ In Verfahren des vorläufigen Rechtsschutzes wird Akteneinsicht auf der Geschäftsstelle des Gerichts gewährt. ² Die Akten können dem bevollmächtigten Rechtsanwalt zur Mitnahme in seine Wohnung oder Geschäftsräume übergeben werden, wenn ausgeschlossen werden kann, daß sich das Verfahren dadurch verzögert. ³ Für die Versendung von Akten gilt Satz 2 entsprechend.

I. Entstehungsgeschichte

Die Vorschrift hat kein Vorbild im AsylVfG 1982. Sie entspricht dem **GesEntw 1992** 1 (§ 80, BT-Drs 12/2062 S. 20).

II. Akteneinsicht

Die Vorschrift betrifft nur die **Gerichts- u.** die beigezogenen **Behördenakten** (§ 100 I 2 VwGO). Nicht erfasst sind also insb diejenigen Urkunden oder sonstigen Unterlagen, die als Grundlage der Sachverhaltsermittlung u. als Beweismittel dienen u. zu denen den Beteiligten rechtliches Gehör zu gewähren ist (§ 78 Rn 31; OVG NRW, NVwZ-Beil 1997, 81). Diese können den Beteiligten zur Einsichtnahme bei Gericht oder zur Mitnahme ausgehändigt oder zugesandt werden. Auch eine Übersendung von Ablichtungen kommt in Betracht.

Die Einschränkung des **richterlichen Ermessens** nach § 100 II 3 VwGO gilt für alle 3 Verf des vorläufigen Rechtsschutzes nach dem AsylVfG, ist also nicht auf solche nach §§ 18 a II, 36 III beschränkt (zu dem Anspruch auf Übermittlung der Asylakte des BAMF nach § 36 II 1 vgl dort Rn 27). Sie kann andererseits nicht auf Hauptsacheverf ausgedehnt werden, auch wenn diese eilbedürftig sind u. etwa gleichzeitig mitentschieden werden sollen. Bei Asylbew ohne anwaltlichen Beistand ist eine Versendung überhaupt nicht erlaubt. Bei der Frage nach einer evtl Verzögerung ist stets der hohe Wert des rechtlichen Gehörs im Blick zu behalten, das durch die Verweigerung von ordnungsgemäßer Akteneinsicht leicht verletzt sein kann.

§ 83 Besondere Spruchkörper

(1) Streitigkeiten nach diesem Gesetz sollen in besonderen Spruchkörpern zusammengefaßt werden.

(2) ¹ Die Landesregierungen können bei den Verwaltungsgerichten für Streitigkeiten nach diesem Gesetz durch Rechtsverordnung besondere Spruchkörper bilden und deren Sitz bestimmen. ² Die Landesregierungen können die Ermächtigung auf andere Stellen übertragen. ³ Die nach Satz 1 gebildeten Spruchkörper sollen ihren Sitz in räumlicher Nähe zu den Aufnahmeeinrichtungen haben.

I. Entstehungsgeschichte

Die Vorschrift hat kein Vorbild im AsylVfG 1982. Sie entsprach ursprünglich dem 1 **GesEntw 1992** (§ 81, BT-Drs 12/2062 S. 20). Mit Wirkung vom 1. 7. 1993 wurden Abs 1

1175

u. S. 3 in Abs 2 eingefügt (Art 1 Nr 45 **AsylVfÄndG 1993**). Betr Abs 1 vgl die **Übergangsvorschrift** des § 87a III Nr 5.

II. Allgemeines

2   Die Vorschrift verfolgt, wie vor allem durch die seit 1. 7. 1993 geltenden Änderungen bekräftigt wird, den Zweck, unter **Beschränkung des Ermessens** der Bundesländer u. der Gerichtspräsidien Richterarbeitskraft für Asylsachen zu sichern. Die Bildung auswärtiger Spruchkörper ist indes auch ohne sie möglich, wenn auch nur durch Ges (§ 3 I Nr 5 VwGO). Wenn beabsichtigt ist, auch gegen den Willen der Richterschaft „reine" Asylkammern einzurichten u. durchzusetzen, bestehen dagegen gewichtige personalpolitische u. gerichtsorganisatorische **Bedenken** (dazu zB Hailbronner, § 83 AsylVfG Rn 1; Ruge, NVwZ 1995, 733; Urban, NVwZ 1993, 1169). Damit wird nämlich in die sachliche wie die personelle Geschäftsverteilung eingegriffen, die zur Sicherung des Rechts auf den ges Richter (Art 101 I 2 GG) allein dem frei gewählten Gerichtspräsidium obliegt (§ 21 e I GVG). Schon dieser Hintergrund zwingt zu sorgfältiger Auslegung des Konzentrationszwangs u. der RVO-Ermächtigung, weil diese einen gewichtigen Einfluss auf die innere Organisation der Gerichte u. damit mittelbar auf die Rspr ausüben. Immerhin handelt es sich bei der LdReg um ein Organ eines Landes, das in den betr Gerichtsbezirken zu den Verfahrensbeteiligten (hinsichtlich Aufenthaltsbeschränkung u. -beendigung, Verteilung ua) gehören kann.

3   Nicht nur dieser Vorschrift, sondern dem gesamten AsylVfG kann der beinahe unbedingte Wille des Gesetzgebers zur **rigorosen Beschleunigung** der Asylverf entnommen werden. Aus dieser ges verlautbarten Absicht u. aus der gleichzeitigen erheblichen personellen Verstärkung der Gerichte kann ohne weiteres der Schluss gezogen werden, dass sich LdReg u. Gerichtspräsidien bei Ausübung ihres pflichtgemäßen Organisationsermessens vorbehaltlos an diesen Präferenzen orientieren müssen. Es liefe zweifellos dem Ges gewordenen öffentlichen Interesse an einer besonders schnellen Erledigung von Asylverf zuwider, wenn die Ausstattung der mit Asylsachen befassten Spruchkörper durch die Präsidien diesen Aufgaben trotz zusätzlicher Personalkapazität nicht gerecht würde.

III. Asylspruchkörper

4   Mit der (erst ab 1. 1. 1994 geltenden, vgl § 87a III Nr 5) Sollvorschrift über besondere Asylspruchkörper hat der Gesetzgeber nunmehr seinen dahingehenden Willen deutlich geäußert. Danach ist eine Zusammenfassung in derartigen Spezialspruchkörpern **obligatorisch,** soweit nicht atypische Verhältnisse dagegen sprechen (ebenso wie nach § 188 S. 1 VwGO für Sozialhilfe ua). Mit dieser Konzentration soll die Verfahrensführung durch Richter erreicht werden, die zumindest überwiegend mit Asylsachen befasst sind; die Verteilung von Streitverf nach dem AsylVfG (dazu § 74 Rn 11; § 76 Rn 7; § 78 Rn 7) auf mehrere Spruchkörper soll grundsätzlich nur noch möglich sein, wenn diese nicht mit Asylsachen ausgelastet sind (BT-Drs 12/4450 S. 28). Diese Konzentration erscheint als Mittel für die erforderliche effektive Beschleunigung der Rspr bei gleichzeitiger Erhaltung der Einheitlichkeit jedenfalls nach der verbindlich fixierten Auffassung des Gesetzgebers in besonderem Maße geeignet.

5   Der Konzentrationszwang gilt für **alle Instanzen;** die Beschränkung des Abs 2 auf die VG beruht darauf, dass dort das Schwergewicht der Belastung liegt u. die besonders beschleunigungsbedürftigen Verf des vorläufigen Rechtsschutzes nur dort zu entscheiden sind (vgl § 80). Die hiergegen vorgebrachten Bedenken Rn 2) dürfen nicht dazu verleiten, von der Anwendung der zwingenden Konzentrationsbestimmung mehr oder weniger regel-

mäßig abzusehen, weil sie nicht opportun erscheint (zur Frage der Beliebtheit von Asylsachen bei Verwaltungsrichtern, zu „Leidensdruck" u. „gesellschaftlicher Verachtung" vgl Kraft, BayVBl. 1998, 677). Zulässig erscheint dagegen die Berücksichtigung atypischer Verhältnisse betr Anzahl u. Belastung der Spruchkörper sowie Besetzung mit „jungen" Proberichtern einerseits u. anderen („asyltauglichen") Richtern.

Der Gesetzesbefehl richtet sich sowohl an die LdReg als auch unmittelbar an die für die **Geschäftsverteilung** zuständigen Gerichtspräsidien. Die richterliche Selbstverwaltung (vgl § 21 e I GVG) ist damit erheblich eingeschränkt. Der Konzentrationszwang hängt nicht vom Erlass der RVO der LdReg ab. Diese kann das richterliche Ermessen bei der Geschäftsverteilung nur noch weiter beschränken, indem sie die Spruchkörper u. deren (auswärtigen) Sitz selbst bestimmt. **6**

Die Bildung **auswärtiger Spruchkörper** ist ein herkömmliches Mittel der Gerichtsorganisation (vgl § 3 I Nr 5 VwGO) u. deshalb auch für Asylstreitverf zur Verbesserung der Effektivität einsetzbar. Die **Ortsnähe** zu AEinr u. Außenstellen des BAMF kann die Durchführung von Anhörungen u. Vernehmungen sowie Verhandlungen erleichtern u. unnötigen Aufwand an Zeit u. Kosten sparen helfen. Andererseits verursacht die Abtrennung von Spruchkörpern erfahrungsgemäß einen erheblichen zusätzlichen Aufwand für Fahrten von Bediensteten u. den Transport von Akten (dazu allg BayVGHE 48, 17). Vor allem aber verschlechtern sich idR die Arbeitsmöglichkeiten der Richter, es sei denn, die auswärtige Abteilung wird mit Bücherei, Dokumentation, Schreibdienst u. Urkundsbeamten ebenso gut ausgestattet wie die Zentrale. Schließlich wäre die Unterbringung der auswärtigen Spruchkörper in enger räumlicher Verbindung zu der AEinr u. Außenstelle des BAMF (**„Lagerrichter"**) durchaus geeignet, bei Asylbew den Eindruck einer gewissen (gegenseitigen) Abhängigkeit von Behörden u. Gerichten hervorzurufen. **7**

Die Bestimmung der Zuständigkeit dieser Spruchkörper verursacht noch größere Bedenken. Durch die Zuweisung bestimmter Streitverf kann nämlich die gesamte **Geschäftsverteilung mittelbar gesteuert** werden. Zumindest wäre dies der Fall, wenn diesen Spruchkörpern ausschließlich Asylstreitigkeiten iSd § 52 Nr 3 S. 2 VwGO „zugewiesen" würden. Damit wäre das Präsidium bei der Geschäftsverteilung je nach dem Anteil dieser Verf am gesamten Geschäftsanfall u. je nach dem Anteil der dort eingesetzten Richterarbeitskraft an der gesamten Personalstärke uU in einem wesentlichen Umfang fremdbestimmt. Die Einrichtung auswärtiger Kammern (u. Einzelrichter) mit der ausschließlichen Zuständigkeit für Streitverf nach §§ 29, 30, 34 bis 36 wäre ohnehin wenig sinnvoll u. mangels sachlicher Abgrenzungskriterien unzulässig. **8**

§ 83 a Unterrichtung der Ausländerbehörde

Das Gericht darf der Ausländerbehörde das Ergebnis eines Verfahrens formlos mitteilen.

I. Entstehungsgeschichte

Die Vorschrift hat kein Vorbild im AsylVfG 1982. Sie wurde entspr dem **GesEntw 1993** (BT-Drs 12/4450 S. 9) zum 1. 7. 1993 eingefügt (Art 1 Nr 46 **AsylVfÄndG 1993**). **1**

II. Mitteilungsbefugnis

Die Vorschrift ermöglicht Mitteilungen über das Ergebnis (nicht den Inhalt) eines gerichtlichen Asylverf an die zuständige AuslBeh, nachdem die AuslBeh für asylr Abschiebungsandrohungen nicht mehr zuständig u. deshalb idR nicht mehr selbst am Gerichtsverf **2** beteiligt sind. Zur Durchführung bedarf es entspr Anordnungen der Justizverwaltungen, weil es sich bei den Mitteilungen um Justizverwaltungsangelegenheiten handelt. Eine Mitteilungspflicht der Gerichte erscheint nur notwendig, soweit nicht die AuslBeh ohnehin durch das BAMF unterrichtet wird (vgl § 40). Die Mitteilung ist nur statthaft, wenn die Entscheidung wirksam u. zuvor den Verfahrensbeteiligten bekannt gemacht ist. Mitgeteilt werden darf der Tenor, nicht die Begründung.

§ 83 b Gerichtskosten, Gegenstandswert

Gerichtskosten (Gebühren und Auslagen) werden in Streitigkeiten nach diesem Gesetz nicht erhoben.

I. Entstehungsgeschichte

1 Die zunächst aus zwei Abs bestehende Vorschrift hat kein Vorbild im AsylVfG 1982. Sie wurde entspr dem **GesEntw 1993** (BT-Drs 12/4450 S. 9), geändert auf Empfehlung des BT-IA (BT-Drs 12/4984 S. 25), zum 1. 7. 1993 eingefügt (Art 1 Nr 46 **AsylVfÄndG 1993**). Seit 1. 1. 2002 waren die Beträge statt in DM in Euro ausgedrückt u. in Abs 2 S. 2 leicht erhöht. Mit Wirkung vom 1. 7. 2004 ist Abs 2 aufgehoben u. als § 30 in das RVG übernommen (Art 4 XIV Nr 2 Ges vom 5. 5. 2004, BGBl. I 718). Er lautet jetzt:

„(2) In Streitigkeiten nach dem Asylverfahrensgesetz beträgt der Gegenstandswert in Klageverfahren, die die Asylanerkennung einschließlich der Feststellung der Voraussetzungen des § 60 Abs 1 des Aufenthaltsgesetzes und die Feststellung von Abschiebungshindernissen betreffen, 3000 Euro, in sonstigen Klageverfahren 1500 Euro. In Verfahren des vorläufigen Rechtsschutzes wegen aufenthaltsbeendender Maßnahmen nach dem Asylverfahrensgesetz beträgt der Gegenstandswert 1500 Euro, im Übrigen die Hälfte des Wertes der Hauptsache. Sind mehrere natürliche Personen an demselben Verfahren beteiligt, erhöht sich der Wert für jede weitere Person in Klageverfahren um 900 Euro und in Verfahren des vorläufigen Rechtsschutzes um 600 Euro."

II. Allgemeines

2 Von **Gerichtskosten** befreit waren sonst, solange die VG zuständig waren, zB Sozialhilfesachen (§ 188 S. 2 VwGO aF). Auf ihre Erhebung soll auch in Asylstreitverf angesichts nicht unerheblicher Schwierigkeiten bei der Eintreibung verzichtet werden, um den damit verbundenen Verwaltungsaufwand zu vermeiden (BT-Drs 12/4450 S. 29).

3 Die Festsetzung der **Streitwerte** in Asylstreitverf hat sich sehr uneinheitlich entwickelt (vgl 5. Aufl, § 30 AsylVfG Rn 54 bis 58). In dem Entwurf eines Streitwertkatalogs sind Asylsachen zT sehr differenziert berücksichtigt (NVwZ 1989, 1044); dieser hat aber keine Verbindlichkeit erlangt (dazu Bräutigam, NVwZ 1989, 1022; Sendler, NVwZ 1989, 1041; Zimmer, NVwZ 1988, 706; VGH BW, DVBl. 1991, 169). Eine Übertragung der Sondervorschriften über Kostenfreiheit u. Streitwert auf auslr oder stangr Streitverf ist nicht zulässig. Seit Mitte des Jahres 2004 sind die Vorschriften über den Gegenstandswert in § 30 RVG übernommen (vgl Rn 1).

III. Gerichtskostenfreiheit

4 Die Gerichtskostenfreiheit betrifft **alle Asylverf** (dazu § 74 Rn 11; § 76 Rn 7; § 78 Rn 7; aA für AufErl u. Reiseausweis nach Asylanerkennung OVG NRW, NVwZ-RR 1999, 402) in allen Instanzen u. wirkt zugunsten aller Beteiligter, auch des BAMF u. der AuslBeh sowie des BB (zu dessen übergangsweise erhaltenen Prozessstellung § 87 b). Da gerichtliche

Gebühren u. Auslagen nicht mehr erhoben werden, entfällt insoweit auch eine gerichtliche Kostenentscheidung nach §§ 154 ff VwGO. Diese bezieht sich nur auf die zu erstattenden Kosten der Beteiligten (vgl § 162 VwGO).

IV. Gegenstandswert

Die Festsetzung eines Streitwerts (§ 13 GKG) erübrigt sich nach Einführung der Gerichtskostenfreiheit. Deshalb bedarf es nur der Bestimmung eines **Gegenstandswerts** für die Berechnung der Anwaltskosten (§ 2 RVG), der sich früher nach dem gerichtlichen Streitwert richtete (§ 8 BRAGO). Mit der ges Festlegung verbindlicher Werte soll der früheren Uneinheitlichkeit begegnet u. eine übersichtliche u. weitgehend einheitliche Handhabung erreicht werden; der festgelegte Wert soll unabhängig davon maßgebend sein, welche Begehren im jew Streitfall verfolgt werden (so BT-Drs 12/4450 S. 29). Sie sind in verschiedener Hinsicht seit langem unzureichend (ausführlich Ton, ZAR 2004, 68) u. dennoch bei Überführung in das RVG nicht angehoben worden. 5

Die Gegenstandswerte sind normativ festgelegt für die im Ges bezeichneten Klageverf u. Eilverf, für sonstige Klage- u. Eilverf u. für die Erhöhungen bei Beteiligung mehrerer natürlicher Personen. Damit wird ersichtlich eine Vereinfachung angestrebt u. zumindest der Eindruck der **abschließenden** Regelung erweckt. Dies stimmt mit den og gesetzgeberischen Erwägungen über eine verbindliche Vereinheitlichung u. die Vernachlässigung von Besonderheiten des Einzelfalls überein. Um dieses Zieles willen müssen die Einzelbestimmungen aber ergänzend ausgelegt werden, weil der Wortlaut wenig geglückt erscheint u. daher für die erwünschte umfassende Anwendung nicht in vollem Umfang ausreicht. Wäre ein lückenloses System auch nicht durch Auslegung zu ermitteln, entspräche dies noch immer dem Anliegen des GesEntw, zu einer „weitgehend einheitlichen Handhabung zu gelangen". Das geringe Interesse des Gesetzgebers an einer sachgerechten Wertbestimmung wird nicht zuletzt daran deutlich, dass der Wert von ursprünglich 6000 DM weder anlässlich der zwischenzeitlichen Erhöhung des Auffangwerts des § 13 I GKG von 6000 DM auf 8000 DM noch bei der Umrechung in Euro angepasst, sondern bei letzterer Gelegenheit nur die Zuschläge für mehrere Personen leicht angehoben wurden. 6

Der Gegenstandswert für **Asylklagen** von 3000 Euro umfasst die Verpflichtungsklagen auf Asyl- u. Flüchtlingsanerkennung (hierzu BayVGH, BayVBl. 2001, 61) sowie die Feststellung von Abschiebungshindernissen; mit letzteren sind ersichtlich entspr § 31 II 1 solche nach § 60 II–VII AufenthG gemeint. Die Abschiebungsandrohung ist zwar nicht erwähnt, kann u. muss aber als miterfasst gelten, falls sie erlassen u. im Rechtsweg angegriffen wird, weil der Gesetzgeber sie offenbar übersehen hat (ebenso Hailbronner, § 83 b AsylVfG Rn 20). Die Flüchtlingsanerkennung wird scheinbar als Teil der Asylanerkennung angesehen („einschließlich ..."), obwohl sie einen eigenständigen Verfahrens- u. Streitgegenstand bildet, der entweder neben den der Asylanerkennung tritt oder isoliert ohne diesen vorliegt. Betrifft die Klage nicht alle drei Gegenstände, sondern nur einen oder zwei von ihnen, beträgt der Wert 1500 Euro ohne irgendeine weitere Differenzierung. Dieser Fall kann vor allem eintreten, wenn der Asylantrag auf § 60 I AufenthG beschränkt war (§ 13 II), das BAMF von Entscheidungen über § 60 AufenthG insgesamt abgesehen hat (§ 31 III, IV), der BB Beanstandungsklage (nur) gegen die Anerkennung (nicht zu § 53 AuslG) erhebt (zur übergangsweisen weiteren Beteiligung des BB § 87 b) oder der Asylbew seine Klage auf einen oder zwei Gegenstände beschränkt. Der Gesetzeswortlaut lässt keine Auslegung dahin zu, dass der Wert von 3000 Euro auch für diese Fälle gelten soll. Er spricht vielmehr für eine Beschränkung des vollen Werts von 3000 Euro auf die vom Ges beschriebene Fallgestaltung, wobei mit der Formulierung „einschließlich ..." offenbar eine Abgrenzung gegenüber jeder anderen Variante erreicht werden soll. Ob mit der Bemerkung in dem GesEntw über die Unmaßgeblichkeit der Einzelfallkonstellation 7

4 AsylVfG § 83 b   4. Teil. Asylverfahrensgesetz

bei den Klagebegehren (BT-Drs 12/4450 S. 29) ein andere Lösung angestrebt werden sollte, kann dahinstehen; denn diese evtl Absicht hat im Ges keinen Niederschlag gefunden. Eine Beschränkung auf höchstens 1500 Euro in jedem Fall eines nicht „vollständigen" Verf (so GK-AsylVfG, § 83 b Rn 33; Hailbronner, § 83 b AsylVfG Rn 19; so wohl auch BVerwG, EZAR 613 Nr 30) entspricht weder dem Wortlaut noch dem eigentlichen Zweck des Ges. Insb ist für die Klage hinsichtlich § 60 AufenthG mit oder ohne Anfechtung der Abschiebungsandrohung weder das Interesse des Asylbew oder des BB noch der Aufwand für den Bevollmächtigten mit der Hälfte eines Verf über Art 16 a GG u. § 60 AufenthG angemessen bewertet. Die Alternative „3000 Euro oder die Hälfte" kann nicht befriedigen.

8   Der Gegenstandswert von 1500 Euro gilt auch für alle **sonstigen Klageverf,** insb um Verteilung, Zuweisung Aufenthaltsgestattung, Beschränkungen des Aufenthalts, Verlassensgenehmigung, Passherausgabe sowie Abschiebungsandrohung u. -anordnung sowie Duldung. Die Anfechtungsklage gegen die Abschiebungsandrohung nach § 34 I ist nicht erwähnt, obwohl diese Androhung mit der Antragsablehnung idR verbunden ist (§ 34 II). Wie die Berücksichtigung aufenthaltsbeendender Maßnahmen beim vorläufigen Rechtsschutz zeigt, hat der Gesetzgeber die Abschiebungsandrohung nach § 34 I nicht etwa übersehen. Bei einer „vollständigen" Klage ist die Androhung nach § 34 I durch den Wert von 3000 Euro miterfasst (Rn 7). Anders verhält es sich mit der Abschiebungsandrohung nach § 35, der lediglich eine inzidente Feststellung der Unbeachtlichkeit zugrunde liegt, aber keine Antragsablehnung, u. für die Abschiebungsanordnung nach § 34 a, der allerdings eine Antragsablehnung vorausgeht (§§ 26 a I, 31 I 3).

9   Anträge auf **vorläufigen Rechtsschutz** gegen aufenthaltsbeendende Maßnahmen sind mit 1500 Euro bewertet. Hiermit sind sowohl Abschiebungsandrohung u. -anordnung als auch Einreiseverweigerung u. Zurückschiebung gemeint. Da sich die Eilanträge nach §§ 18 a II, 36 III ungeachtet der zugrunde liegenden asylr Entscheidungen nur gegen die Einreiseverweigerung bzw. die Androhung der Abschiebung richten, bleibt es hier bei dem Betrag von 1500 Euro. Für andere Verwaltungsakte als aufenthaltsbeendende Maßnahmen ist die Hälfte des Werts der Hauptsache maßgeblich. Ist das Klageverf nach dem Auffangwert von 1500 Euro zu bewerten, sind dies 750 Euro. Andere Konstellationen sind nur in der Weise denkbar, dass mehrere Gegenstände zusammengefasst in der Hauptsache einen höheren Betrag als 1500 Euro ausmachen.

10 Die **Ermäßigung** für Fälle subjektiver Klagehäufung ist nicht auf Angehörige einer Familie beschränkt, die gemeinsam klagen oder Eilanträge stellen. Es ist auch gleichgültig, ob die Streitverf von Anfang an verbunden waren oder nachträglich verbunden wurden (dazu § 74 Rn 6). Schließlich ist die Beteiligtenstellung unerheblich, die Personenmehrheit kann auch auf der Seite des Beigeladenen gegeben sein; das Ges stellt nämlich nicht auf das Interesse des jew Klägers ab (wie § 13 I GKG), sondern nur auf die Beteiligung an demselben Verf.

Achter Abschnitt. Straf- und Bußgeldvorschriften

§ 84 Verleitung zur mißbräuchlichen Asylantragstellung

(1) Mit Freiheitsstrafe bis zu drei Jahren oder mit Geldstrafe wird bestraft, wer einen Ausländer verleitet oder dabei unterstützt, im Asylverfahren vor dem Bundesamt oder im gerichtlichen Verfahren unrichtige oder unvollständige Angaben zu machen, um seine Anerkennung als Asylberechtigter oder die Feststellung, daß die Voraussetzungen des § 60 Abs. 1 des Aufenthaltsgesetzes vorliegen, zu ermöglichen.

(2) ¹ In besonders schweren Fällen ist die Strafe Freiheitsstrafe bis zu fünf Jahren oder Geldstrafe. ² Ein besonders schwerer Fall liegt in der Regel vor, wenn der Täter
1. für eine in Absatz 1 bezeichnete Handlung einen Vermögensvorteil erhält oder sich versprechen läßt oder
2. wiederholt oder zugunsten von mehr als fünf Ausländern handelt.

(3) Mit Freiheitsstrafe von sechs Monaten bis zu zehn Jahren wird bestraft, wer in den Fällen des Absatzes 1
1. gewerbsmäßig oder
2. als Mitglied einer Bande, die sich zur fortgesetzten Begehung solcher Taten verbunden hat,
handelt.

(4) Der Versuch ist strafbar.

(5) ¹ In den Fällen des Absatzes 3 Nr. 1 ist § 73 d des Strafgesetzbuches anzuwenden. ² In den Fällen des Absatzes 3 Nr. 2 sind die §§ 43 a, 73 d des Strafgesetzbuches anzuwenden.

(6) Wer die Tat nach Absatz 1 zugunsten eines Angehörigen im Sinne des § 11 Abs. 1 Nr. 1 des Strafgesetzbuches begeht, ist straffrei.

Übersicht

	Rn
I. Entstehungsgeschichte	1
II. Allgemeines	2
III. Täter und Teilnehmer	3
IV. Tathandlungen	5
V. Innerer Tatbestand	10
VI. Versuch	12
VII. Teilnahme	13
VIII. Strafe	14

I. Entstehungsgeschichte

Die Vorschrift geht auf § 36 AsylVfG 1982 zurück, der weder im **GesEntw 1982** 1 (BT-Drs 9/875) noch in der Beschlussempfehlung des BT-RA (BT-Drs 9/1630) vorgesehen war, sondern erst auf Vorschlag des Vermittlungsausschusses (BT-Drs 9/1792) eingefügt worden war. Sie entspricht dem **GesEntw 1992** (§ 82, BT-Drs 12/2062 S. 20). Mit Wirkung vom 1. 12. 1994 wurde die gesamte Vorschrift neu gefasst (Ges vom 28. 10. 1994, BGBl. I 3186); Abs 1, 4 u. 6 galten unverändert schon zuvor. Mit Wirkung vom 1. 1. 2005 ist entspr dem GesEntw (BT-Drs 15/420 S. 44) in Abs 1 die Bezugnahme auf § 51 I AuslG durch eine solche auf § 60 I AufenthG ersetzt (Art 3 Nr 51 **ZuwG**).

II. Allgemeines

2   Die Vorschrift soll **unzutreffende Angaben** im Asylverf verhindern u. damit die Richtigkeit der Asylentscheidung gewährleisten helfen. Damit verfolgt sie ähnliche Zwecke wie § 92 II AuslG (früher § 47a AuslG 1965; dazu von Pollern, ZAR 1987, 12 u. 1996, 175). Der im Vergleich zu § 85 höhere Strafrahmen macht den Wert des geschützten Rechtsguts u. das kriminalpolitische Interesse an der Verfolgung deutlich. Angesichts des Strafrahmens handelt es sich um Vergehen u. nicht um Verbrechen (§ 12 StGB). Konkurrenzen können vor allem in Form der Tateinheit mit falscher Versicherung an Eides Statt (§ 156 StGB) u. mit Urkundenfälschung (§ 267 StGB) auftreten. Die Tatbestandsvoraussetzungen sind selbständig vom Strafrichter zu prüfen u. festzustellen, auch wenn sie eine asylr oder auslr Auslegung u. Bewertung erfordern.

III. Täter und Teilnehmer

3   **Täter** kann sowohl ein Dt als auch ein Ausl sein. Dabei kann es sich auch um einen Asylbew handeln; notwendig ist dies freilich nicht. Auf keinen Fall kommt als Täter derjenige **Asylbew** in Betracht, der mit unzutreffende Angaben seine Anerkennung als Asylber oder ausl Flüchtling zu erreichen sucht (Hailbronner, § 84 AsylVfG Rn 5). Denn er ist bewusst entgegen dem GesEntw (§ 32 Nr 5 GesEntw 1982, BT-Drs 9/875 S. 8) nicht in die Strafvorschriften der §§ 34 u. 36 AsylVfG 1982 aufgenommen, damit er im Prozess gegen Schlepper als Zeuge ohne Aussageverweigerungsrecht (§ 55 StPO) zur Verfügung steht; außerdem bestanden Bedenken dagegen, dass die Strafgerichte im Prozess gegen den Asylbew dessen Anerkennung überprüfen sollten u. dabei uU zu anderen Ergebnissen gelangen könnten als BAMF u. VG (BT-Drs 9/1630 S. 28; Reermann, ZAR 1982, 127). Aus demselben Grund scheidet der Asylbew auch als Teilnehmer aus, wenn er zB einen Dritten zur Unterstützung seiner missbräuchlichen Antragstellung anstiftet (Hailbronner, § 84 AsylVfG Rn 6). Wer seine Anerkennung durch falsche Angaben zu erschleichen versucht, ist auch sonst nicht strafbar (OLG Köln, InfAuslR 1991, 63). In Betracht kommen im Zusammenhang mit dem Asylverf aber zB Urkundenfälschung (§ 267 StGB; von Pollern ZAR 1996, 181) u. mittelbare Falschbeurkundung (OLG Karlsruhe, NStZ 1994, 135).

4   Aus dem möglichen Täterkreis nicht ausgenommen sind **Rechtsanwälte** oder andere Personen, die mit der Beratung, Betreuung u. Vertretung von Asylbew befasst sind (dazu auch Rn 8 u. 10). Auch bei ihnen kann bei ordnungsgemäßer Erfüllung ihrer Aufgaben die Grenze zwischen sachgerechter Beratung u. Hilfe einerseits u. der bewussten Unterstützung eines unlauteren Asylgesuchs unschwer gezogen werden (zu standeswidrigem Verhalten von Rechtsanwälten im Asylverf vgl BVerfGE 54, 341, 359).

IV. Tathandlungen

5   Das unter Strafe gestellte Verleiten oder Unterstützen bezieht sich auf unrichtige oder unvollständige Angaben in den einzelnen Stationen des Asylverf (zu dessen Beginn § 14) gegenüber dem BAMF oder Gerichten (aA von Pollern, ZAR 1996, 175: auch gegenüber Grenzbehörde). **Unrichtig** ist eine Angabe, die mit der Wahrheit nicht in Einklang steht. **Unvollständig** ist eine Angabe, die wesentliche Bestandteile des Sachverhalts auslässt; Maßstab für die Vollständigkeit sind die rechtlichen Anforderungen an ein asylrelevantes Vorbringen. Da der Asylbew zur umfassenden Darlegung seines Verfolgungsschicksals u. zur Vorlage von Unterlagen verpflichtet ist (vor allem §§ 15, 25 I), läuft er beim Verschweigen

oder auch schon beim bloßen Unterlassen tatsächlichen Vorbringens Gefahr, unvollständige Angaben zu machen.

Verleiten bedeutet Beeinflussen dahin, dass zweckgerichtet unzutreffende Angaben gemacht werden. Es handelt sich um eine besondere Art der Anstiftung, die auf einen noch nicht zur Tat Entschlossenen trifft; andernfalls kommt nur Versuch in Betracht (dazu Rn 12) oder aber Unterstützen (dazu Rn 7). Die Tat ist vollendet, wenn der Asylbew die Angaben gemacht hat (zum Versuch Rn 12). Die Bestimmung des Asylbew zu unzutreffendem Vorbringen braucht nicht seinerseits mittels Täuschung oder sonst arglistig zu geschehen. Es genügt vielmehr jede Art von Willensbeeinflussung. 6

Unterstützen kann in jeder Handlung bestehen, die den zur Tat entschlossenen Asylbew bei seinem Vorhaben fördert oder auch nur bestärkt. In Betracht kommen „Rat oder Tat", also Unterstützungstätigkeiten psychischer wie physischer Art Jede Hilfe beim Vorbereiten oder Beschaffen falscher Behauptungen, Beweismittel oder Unterlagen fällt hierunter; ebenso die Zusicherung späterer Hilfe nach einer Anerkennung oder für den Fall des Misserfolgs im Asylverf. Auch die Beratung vor oder während des Asylverf u. das Abfassen von Schriftsätzen können Unterstützungshandlungen darstellen. 7

Rechtsanwälte sind aber dazu berufen u. befugt, Behauptungen der Mandanten an Behörden u. Gerichte weiterzugeben. Auch insoweit handeln sie als Organ der Rechtspflege. Falls ein Rechtsanwalt daher die Unrichtigkeit oder Unvollständigkeit erkennt, ist er gehalten, das Gewicht der Angaben des Asylbew nicht durch eigene Versicherungen der Glaubhaftigkeit zu verstärken (ähnlich GK-AsylVfG, § 85 Rn 16; Hailbronner, § 84 AsylVfG Rn 32; zT aA Marx, § 84 Rn 9–12). Seinen Verpflichtungen aus dem Mandatsverhältnis genügt er mit der schriftsätzlichen oder mündlichen Weitergabe des Vorbringens an Behörde oder Gericht. Hierin allein kann eine Unterstützung nicht gesehen werden. Ist ihm die Unrichtigkeit oder Unvollständigkeit der Angaben bekannt oder hegt er zumindest Zweifel an deren Wahrheitsgehalt oder Vollständigkeit, darf er sie nur als Angaben des Mandanten vortragen u. hat sich jeder eigenen Bekräftigung zu enthalten. Sollte er jedoch diese Grenze durch eigenes Zutun überschreiten, muss er sich eine Unterstützung vorhalten lassen. Dies gilt vor allem für von ihm selbst frei erfundene Behauptungen (zum inneren Tatbestand Rn 10). 8

Das **Ziel** der Asyl- oder Flüchtlingsanerkennung braucht **nicht erreicht** zu werden. Ebenso wenig kommt es darauf an, ob die unzutreffenden Angaben überhaupt dafür geeignet sind, eine Anerkennung zu ermöglichen oder wenigstens zu erleichtern (Hailbronner, § 84 AsylVfG Rn 16). Schließlich ist nicht von Bedeutung, ob dem Asylbew ein AsylR zusteht oder nicht. Für den äußeren Tatbestand genügen vielmehr das Verleiten zu oder das Unterstützen von unzutreffenden Angaben. Der Täter braucht für seine Tätigkeit einen Gegenwert oder einen anderen Vorteil weder zu erhalten noch zu erwarten (vgl aber Rn 11). Auch wer uneigennützig, aus Mitleid oder aufgrund humanitären Pflichtbewusstseins oder aber mit Rücksicht auf (vermeintliche) Berufspflichten als Rechtsanwalt oder Sozialbetreuer handelt, kann sich strafbar machen. 9

V. Innerer Tatbestand

Der subjektive Tatbestand erfordert **Vorsatz**, wobei Eventualvorsatz ausreicht; Fahrlässigkeit, auch grobe, ist dagegen nicht strafbar (§ 15 StGB). Der (uU bedingte) Vorsatz muss sich auf die Unrichtigkeit oder Unvollständigkeit der Angaben u. auf das Verleiten oder Unterstützen des Asylbew beziehen. Zusätzlich ist die (unbedingte) **Absicht** verlangt, die Asyl- oder Flüchtlingsanerkennung zu ermöglichen. Unerheblich ist, ob die Auffassung des Täters oder des Asylbew von der Geeignetheit der unzutreffenden Angaben für das erstrebte Ziel zutrifft oder nicht. Unschädlich ist, wenn der Täter neben der Anerkennung des Asylbew oder in erster Linie eigene Zwecke verfolgt, etwa eine vom Erfolg abhängige oder unabhän- 10 gige Geldleistung (Prämie). Bei Rechtsanwälten, anderen Rechtsberatern u. Sozialberatern wird es in aller Regel schon an der positiven Kenntnis der Unrichtigkeit oder Unvollständigkeit der Angaben fehlen. Außerdem können sie sich auf die bloße Weitergabe der Informationen des Mandanten beschränken u. leisten damit schon keine Unterstützung (dazu 8). Schließlich muss bei bedingtem Vorsatz zusätzlich festgestellt werden, dass sie sich mit der Tatbestandsverwirklichung zumindest abfinden würden (Hailbronner, § 84 AsylVfG Rn 32).

11   Die Straferhöhung für **besonders schwere u. sonst qualifizierte Fälle** setzt Vermögensvorteile, Wiederholung oder Handlung zugunsten von mehr als fünf Ausl, Gewerbsmäßigkeit oder Mitgliedschaft in einer Bande voraus. Unter Vermögensvorteil ist jede günstigere Gestaltung der Vermögenslage zu verstehen, also nicht nur der Erwerb von Vermögen, sondern auch die Abwehr von Nachteilen vermögenswerter Art. Während mit dem Erhalten der Empfang des Vorteils gemeint ist, ist das Versprechen mit jeder Zusage erfüllt, wenn sie nur ernst gemeint ist; auf die Erfüllbarkeit kommt es dagegen nicht an. Das wiederholte Handeln steht der (einmaligen) Handlung zugunsten von mehr als fünf Ausl gleich. Mitglied einer Bande kann sein, wer sich mit mindestens einer anderen Person zur gemeinsamen Tatbegehung zusammenschließt (BGHSt 38, 26; Hailbronner, § 84 AsylVfG Rn 27; aA Marx, § 84 Rn 27: insgesamt drei Personen). Die Handlung muss aufgrund der Absprache u. in bandenmäßiger Verbindung begangen werden. Gewerbsmäßig handelt, wer die Tat mit Gewinnabsicht begeht u. sich auf Dauer darauf einrichtet.

VI. Versuch

12   Versuch ist mehr als Vorbereitungshandlung; er liegt vor, wenn der Täter nach seiner Vorstellung unmittelbar **zur Verwirklichung** des Straftatbestands **angesetzt** hat (§ 22 StGB). Versucht sein müssen das Verleiten oder Unterstützen, nicht die Täuschungshandlung im Asylverf Versuch u. nicht Vollendung ist mithin gegeben, wenn der Asylbew vergeblich beeinflusst wird, die unzutreffenden Angaben also unterlässt u. wahrheitsgemäß sein Schicksal vorträgt. Strafbefreiender **Rücktritt** ist vor oder nach Beendigung möglich (vgl § 24 StGB).

VII. Teilnahme

13   Als **Teilnehmer** kommen auch Ausl, die keinen Asylantrag gestellt haben, u. Dt in Betracht. Die dahingehende Klarstellung in § 36 III AsylVfG 1982 ist nicht übernommen, weil sie angesichts der Bestimmungen der §§ 26, 27 StGB entbehrlich ist (BT-Drs 12/2062 S. 42). Für Teilnehmer besteht die Möglichkeit der **Strafmilderung** (so auch BT-Drs 9/1705 S. 7). Die Grenze zwischen Anstiftung zum Verleiten u. dem Verleiten selbst wird im Einzelfall schwer zu ziehen sein; ebenso unsicher ist der Unterschied zwischen Beihilfe zum Unterstützen u. dem Unterstützen selbst. In diesen Fällen wird meist Täterschaft vorliegen.

VIII. Strafe

14   Die **Freiheitsstrafe** beträgt einen Monat (§ 38 II StGB) bis drei Jahre, in besonders schweren Fällen bis zu fünf Jahren u. in sonst qualifizierten Fällen nach Abs 3 sechs Monate bis zehn Jahre, die **Geldstrafe** fünf bis 360 Tagessätze (§ 40 StGB u. § 34 Rn 20). Die gemilderte Strafe für Teilnehmer beträgt im Falle des Abs 1 höchstens neun Monate Frei-

Sonstige Straftaten   § 85 **AsylVfG 4**

heitsstrafe oder 270 Tagessätze (§ 49 II StGB). Straffreiheit wird nahen Angehörigen iSd § 11 I Nr 1 StGB für den Tatbestand des Abs 1 gewährt (persönlicher Strafausschließungsgrund), nicht jedoch für schwere Fälle iSd Abs 2. Bei gewerbsmäßigem Verleiten oder Unterstützen sind die Vorschriften über den erweiterten Verfall (§ 73 d StGB) anwendbar. Bei bandenmäßiger Begehung kann auch eine Vermögensstrafe nach § 43 a StGB verhängt werden.

§ 84 a Gewerbs- und bandenmäßige Verleitung zur mißbräuchlichen Asylantragstellung

(1) Mit Freiheitsstrafe von einem Jahr bis zu zehn Jahren wird bestraft, wer in den Fällen des § 84 Abs. 1 als Mitglied einer Bande, die sich zur fortgesetzten Begehung solcher Taten verbunden hat, gewerbsmäßig handelt.

(2) In minder schweren Fällen ist die Strafe Freiheitsstrafe von sechs Monaten bis zu fünf Jahren.

(3) Die §§ 43 a, 73 d des Strafgesetzbuches sind anzuwenden.

I. Entstehungsgeschichte

Die Vorschrift wurde mit Wirkung vom 1. 12. 1994 **neu aufgenommen** (Ges vom 1
28. 10. 1994, BGBl. I 3186).

II. Allgemeines

Die Vorschrift stellt einen gegenüber § 84 **qualifizierten Tatbestand** unter Strafe. 2
Wegen des höheren Strafrahmens handelt es sich bei Abs 1 um ein Verbrechen u. nicht nur um ein Vergehen (§ 12 StAGB).

III. Tathandlung

Der **Täter muss** iSv § 84 I verleiten oder unterstützen, dabei als Mitglied einer Bande 3
(wie nach § 84 III Nr 2) u. außerdem gewerbsmäßig handeln (vgl dazu § 84 Rn 11). Er muss also beide Alternativen des § 84 III gleichzeitig verwirklichen.

IV. Strafe

Der **Strafrahmen** ist gegenüber § 84 III **verschärft,** indem die Mindeststrafe verdoppelt 4
ist. Für den minder schweren Fall (dazu allg Eser, JZ 1981, 821) betragen Mindest- und Höchststrafe nur die Hälfte.

§ 85 Sonstige Straftaten
Mit Freiheitsstrafe bis zu einem Jahr oder mit Geldstrafe wird bestraft, wer
1. entgegen § 50 Abs. 6, auch in Verbindung mit § 71 a Abs. 2 Satz 1, sich nicht unverzüglich zu der angegebenen Stelle begibt,

1185

4 AsylVfG § 85

2. wiederholt einer Aufenthaltsbeschränkung nach § 56 Abs. 1 oder 2, jeweils auch in Verbindung mit § 71 a Abs. 3, zuwiderhandelt,
3. einer vollziehbaren Auflage nach § 60 Abs. 1, auch in Verbindung mit § 71 a Abs. 3, mit der die Ausübung einer Erwerbstätigkeit verboten oder beschränkt wird, zuwiderhandelt,
4. einer vollziehbaren Anordnung nach § 60 Abs. 2 Satz 1, auch in Verbindung mit § 71 a Abs. 3, nicht rechtzeitig nachkommt oder
5. entgegen § 61 Abs. 1, auch in Verbindung mit § 71 a Abs. 3, eine Erwerbstätigkeit ausübt.

Übersicht

	Rn
I. Entstehungsgeschichte	1
II. Allgemeines	2
III. Täter und Teilnehmer	4
IV. Tathandlungen	5
1. Nichtbefolgen der Zuweisungsanordnung	5
2. Wiederholter Verstoß gegen Aufenthaltsbeschränkung	7
3. Verstoß gegen Erwerbstätigkeitsverbot	12
4. Verstoß gegen Wohnauflage	14
V. Innerer Tatbestand	15
VI. Versuch	16
VII. Teilnahme	17
VIII. Strafe	18

I. Entstehungsgeschichte

1 Die Vorschrift geht auf § 34 AsylVfG 1982 zurück. Sie stimmte ursprünglich im Wesentlichen mit dem **GesEntw 1992** (§ 83, BT-Drs 12/2062 S. 20) überein; auf Vorschlag des BT-IA (BT-Drs 12/2817 S. 42) waren in Nr 1 das Wort „rechtzeitig" durch „unverzüglich" ersetzt u. Nr 2 dem Fortfall des § 54 III GesEntw 1992 angepasst worden. Mit Wirkung vom 1. 7. 1993 wurden entspr dem GesEntw 1993 (BT-Drs 12/4450 S. 9) die Nr 3 u. 5 eingefügt u. die Ergänzungen betr § 71 a III angebracht (Art. 1 Nr 47 **AsylVfÄndG 1993**).

II. Allgemeines

2 Die Vorschrift ist im **Zusammenhang** mit den Bußgeld- u. Strafbestimmungen der §§ 92–93 AuslG u. § 12 a AufenthG/EWG zu sehen (von Pollern, ZAR 1987, 12 u. 1996, 175). Soweit sie auch dort behandelte Tatbestände regelt, ist sie lex specialis; ansonsten kommt Tateinheit vor allem mit Urkundsdelikten in Betracht. Die Vorschrift wurde geschaffen, um die besonderen Obliegenheiten der Asylbew durchzusetzen, die der ordnungsgemäßen u. zügigen Durchführung des Asylverf dienen, u. um zu verhindern, dass die Asylanerkennung zu Unrecht erreicht wird (BT-Drs 9/875 S. 26; BT-Drs 9/1630 S. 27). Hiergegen wurden allg **Bedenken** erhoben, soweit das Ges Handlungsweisen unter Strafe stellt, die eher Ordnungswidrigkeiten darstellen als Straftaten, u. zur Kriminalisierung von Asylbew beiträgt (Henkel, ZAR 1981, 85; Kanein, NJW 1980, 1985; zur Systematik Auernhammer, S. 30 ff, 83 ff, 147, 153 ff, 162 ff). Angesichts des Strafrahmens handelt es sich um Vergehen u. nicht um Verbrechen (§ 12 StGB). Der Strafrichter hat den Tatbestand im Einzelnen selbst festzustellen u. zu würdigen, auch wenn dies asylr u. auslr Wertungen voraussetzt.

3 Auf die Bestrafung wegen eines Verstoßes gegen die Verpflichtung zur Duldung von **ED-Maßnahmen** wurde angesichts der Durchsetzbarkeit durch unmittelbaren Zwang verzichtet (BT-Drs 12/2062 S. 42).

III. Täter und Teilnehmer

Zum **Täterkreis** zählen nur Ausl in ihrer Eigenschaft als Asylbew, nicht sonstige Ausl u. 4 auch nicht Dt; denn die Strafdrohung bezieht sich nur auf Verstöße gegen Pflichten u. Obliegenheiten von Asylbew (Hailbronner, § 85 AsylVfG Rn 7). Die den Straftaten zugrundeliegenden Pflichten treffen nicht nur Asylanerkennungsbew, sondern auch Flüchtlinge, die lediglich ihre Anerkennung nach § 3 iVm § 60 I AufenthG anstreben; auch diese unterliegen den besonderen asylr Verpflichtungen. Andere Personen sind nur mit Strafe bedroht, soweit sie als **Teilnehmer** handeln (Rn 17). Der Täterkreis ergibt sich damit aus der **Umschreibung der Tathandlungen** u. nicht aus einem bestimmten Täterbegriff. Danach kann Täter zB auch sein, wer an der Grenze um Asyl nachsucht u. sodann zur formellen Antragstellung an die zuständige AEinr weitergeleitet wird (§§ 13 I, 14 I, 19 I).

IV. Tathandlungen

1. Nichtbefolgen der Zuweisungsanordnung

Die Verpflichtung, sich unverzüglich an die in der Zuweisungsentscheidung angegebenen 5 Stelle zu begeben (§§ 50 VI, 71 a II 1), ergibt sich aus einer entspr Anordnung im **Zuweisungsbescheid**. Erforderlich ist eine klare u. unmissverständliche Aufforderung mit einer ebenso eindeutigen Zielangabe (Bezeichnung u. Anschrift der Stelle). Weitergehende Hinweise u. Belehrungen über Art u. Weise der Weiterreiseverpflichtung sind nicht vorausgesetzt, ihr Fehlen kann aber den Vorsatz entfallen lassen (Rn 15). Die Anordnung ist nur dann nicht zu beachten, wenn sie nichtig ist (vgl § 43 VwVfG). Sie ist immer sofort vollziehbar (§ 75). Ob die Verpflichtung rechtzeitig erfüllt ist, kann zT erst nachträglich beurteilt werden, zB bei Krankheit, Unfall oder anderweitiger Verhinderung nach Zuweisung (HessVGH, EZAR 228 Nr 6).

Nicht **unverzüglich** handelt, wer schuldhaft zögert (vgl § 121 BGB). Eine sofortige 6 Reise zu der angegebenen Stelle ist nicht verlangt, die Reise dorthin geht aber anderweitigen Verpflichtungen privater Art grundsätzlich vor. Versteht der Ausl die Anordnung mangels ausreichender Sprachkenntnisse nicht, erledigt er zunächst eine dringende persönliche Angelegenheit wie etwa die Konsultation von UNHCR, eines Rechtsanwalts oder einer Hilfsorganisation oder ist er durch Krankheit oder andere objektive Umstände an der alsbaldigen Weiterreise gehindert, ist schon der objektive Tatbestand („unverzüglich") nicht erfüllt (zum inneren Tatbestand Rn 15).

2. Wiederholter Verstoß gegen Aufenthaltsbeschränkung

Zuwiderhandeln bedeutet **Nichtbefolgen einer eindeutigen Beschränkung** auf den 7 Bezirk der zunächst zuständigen oder einer anderen AuslBeh aufgrund Ges (§ 56 I) oder einer vollziehbaren behördlichen Anordnung (§ 56 II). Bestand u. Umfang der einzelfallbezogenen Beschränkung können verändert sein durch eine allg Erlaubnis für den Bezirk einer angrenzenden AuslBeh (§ 58 I 1) oder eine RVO für mehrere Behördenbezirke (§ 58 VI). Außerdem sind die Erlaubnisse zum vorübergehenden Verlassen des Aufenthaltsbezirks zu beachten (§§ 57, 58 I 1, II bis V) u. vom Strafrichter selbständig zu prüfen (zu § 58 IV OLG Stuttgart, NStZ-RR 2002, 313 u. 344). Gegenstand des strafbewehrten Verstoßes ist die asylspezifische Beschränkung des Aufenthalts auf diesen Bezirk zum Zwecke der jederzeitigen Erreichbarkeit. Daher liegt kein Verstoß vor, wenn das Asylverf bereits abgeschlossen ist u. eine AufGest nicht mehr besteht (OLG Stuttgart, NStZ-RR 1999, 315) oder wenn ein Folgeantrag gestellt u. ein weiteres Asylverf, das eine neue AufGest auslöst, noch nicht begonnen ist (OLG Stuttgart, NVwZ-Beil 2000, 23).

8   Jedes auch nur **kurzfristige Verlassen** des zugewiesenen Aufenthaltsbereichs verstößt gegen die Aufenthaltsbeschränkung. Die Zuwiderhandlung kann auch in der verspäteten oder gänzlich unterlassenen Rückkehr nach erlaubtem vorübergehendem Verlassen des Aufenthaltsbereichs bestehen (OLG Celle, NStZ 1984, 475). Das vorübergehende Verlassen ist nur nach Maßgabe der §§ 57, 58 I 1, II bis V erlaubt (zur Wiederaufnahme nach § 359 Nr 5 StPO bei Nichtbeachtung von § 58 IV vgl BVerfG-Kammer, NVwZ-Beil 2002, 113). Ist die erforderliche Erlaubnis erteilt oder das vorübergehende Verlassen kraft Ges gestattet, liegt eine Zuwiderhandlung gegen eine Aufenthaltsbeschränkung nicht vor; denn die Erlaubnis modifiziert die Beschränkung. Freilich genügt in den ersten beiden Fällen nicht schon der Anspruch auf die Erlaubnis, diese muss vielmehr schon erteilt sein. Ist danach das Verlassen des Aufenthaltsbereichs erlaubt, ist der objektive Tatbestand einer Zuwiderhandlung gegen eine Aufenthaltsbeschränkung ausgeschlossen (BayObLG, BayVBl. 1984, 540).

9   Besondere Schwierigkeiten können sich ergeben, wenn der Ausl den zugewiesenen Aufenthaltsbereich mit dem Ziel verlässt, endgültig aus Deutschland auszureisen. Falls hierzu keine Erklärungen abgegeben werden, die als Rücknahme des Asylantrags zu werten sind, kann in der **Ausreise** idR keine stillschweigende Rücknahme gesehen werden (aA Brandis, InfAuslR 1988, 18). Der Asylantrag könnte auch vom Ausland her weiterverfolgt werden, u. die Endgültigkeit der Ausreise lässt sich meist aus Indizien allein nicht ableiten. Dem Asylbew steht zwar die Ausreise frei, er hat sich aber an asylr Beschränkungen zu halten, solange er sein Asylverf nicht beendet; deshalb erscheint auch eine entspr teleologische Reduktion der Vorschrift weder angezeigt noch vertretbar (aA Brandis aaO). Anders verhält es sich freilich bei einer Reise in den Herkunftsstaat (§ 33 II).

10 Damit ergibt sich die Strafbarkeit letztlich nur unter Rückgriff auf nicht im Straftatbestand ausdrücklich benannte Voraussetzungen. Die insoweit zu erhebenden Bedenken gegen die **Bestimmtheit der Strafnorm** iSd Art 103 II GG (zu § 34 AsylVfG 1982 Dierichs, ZAR 1986, 125) sind gewichtig, rechtfertigen aber nicht den Schluss auf die Verfassungswidrigkeit der Norm, weil sich die erwähnte Einschränkung des Anwendungsbereichs aus einer systematischen Auslegung des Tatbestands „Zuwiderhandlung gegen eine Aufenthaltsbeschränkung" hinreichend sicher entnehmen lässt (mittelbar zur Verfassungsmäßigkeit der Vorgängernorm des § 34 I Nr 3 AsylVfG 1982: BVerfGE 80, 182 u. BVerfGE 96, 10 sowie BVerfG-Kammer, 6. 1. 1999 – 2 BvL 2/98 –).

11 Nur eine **wiederholte Zuwiderhandlung** ist strafbar (iÜ Ordnungswidrigkeit nach § 86 I; schwierige Strafsache iSd § 140 II StPO mit der Folge der notwendigen Verteidigung: OLG Stuttgart, StV 2002, 298). Als Wiederholung gilt nur ein weiterer Verstoß gegen dieselbe räumliche Beschränkung; es muss also gegen die AufGest aufgrund desselben Asylantrags verstoßen sein, nicht gegen die Gestattungen in zwei verschiedenen Verf (OLG Stuttgart, NVwZ-Beil 2000, 23). Der frühere Verstoß braucht nicht durch Bußgeld oder gerichtliche Entscheidung geahndet worden zu sein (GK-AsylVfG, § 85 Rn 21; OLG Celle, EZAR 355 Nr 2; OLG Karlsruhe, NStZ 1988, 560; OLG Stuttgart, NVwZ 1986, 246; krit Marx, § 85 Rn 20 f). Verlangt ist auch keine (objektiv oder subjektiv) beharrliche oder sonst qualifizierte Zuwiderhandlung, sondern lediglich eine objektive Wiederholung des Verstoßes. Insoweit kommt es praktisch darauf an, dass der frühere Verstoß hätte geahndet werden können (so OLG Celle, StV 1985, 373). Ob eine Wiederholung anzunehmen ist, wenn **Fortsetzungszusammenhang** besteht, ist seit der Entscheidung des BGH vom 3. 3. 1993 (NJW 1994, 1663) als erledigt anzusehen. Die Aburteilung führt in der Regel nicht zum **Strafklageverbrauch** betr andere, während des Zeitraums des Dauerdelikts tatmehrheitlich begangene Straftaten (betr Diebstahl OLG Hamburg, NStZ 1999, 247).

3. Verstoß gegen Erwerbstätigkeitsverbot

12 Jeder Verstoß gegen das **Verbot** der Ausübung einer Erwerbstätigkeit erfüllt den äußeren Tatbestand (Nr 3 oder Nr 5). Das Verbot beruht bei nach § 47 I wohnpflichtigen Asylbew unmittelbar auf §§ 61, 71 a III (Nr 5), sonst auf einer Auflage nach §§ 60 I, 71 a III (Nr 3).

Sonstige Straftaten   § 85 **AsylVfG 4**

Die Zuwiderhandlung kann erstmalig u. einmalig sein, sie braucht eine bestimmte Dauer nicht aufzuweisen.

Vollziehbar sind Auflagen nach §§ 60 I, 71 a III trotz dagegen erhobener Klage (§ 75). **13** Wird die aufschiebende Wirkung durch das Gericht angeordnet (§ 80 V VwGO), entfällt die Vollziehbarkeit rückwirkend. Davon wird aber die Strafbarkeit nicht berührt; denn hierfür kommt es auf die Verhältnisse im Zeitpunkt der Tat an. Die Vollziehbarkeit setzt wieder ein, wenn die gerichtliche Anordnung bestimmungsgemäß endet (zB aufgrund zeitlicher Begrenzung) oder die Klage rechtskräftig abgewiesen wird.

4. Verstoß gegen Wohnauflage

Jede, auch die **erstmalige Zuwiderhandlung** gegen eine Auflage der genannten Art **14** (Nr 4) zur AufGest erfüllt den äußeren Tatbestand. Der Inhalt der Auflage im Einzelnen ist gleichgültig. Erfasst ist die Pflicht, innerhalb eines Landes im Bezirk einer AuslBeh Wohnung zu nehmen oder umzuziehen u. Wohnung zu nehmen oder Aufenthalt u. Wohnung in einem anderen AuslBeh-Bezirk zu nehmen. Auch ein weniger gewichtiger Verstoß gegen eine weniger bedeutsame Auflage genügt. Ein Verstoß gegen die räumliche Beschränkung nach § 56 I oder II stellt lediglich eine Ordnungswidrigkeit dar (§ 86 I), führt also nur im Wiederholungsfalle zur Strafbarkeit (Nr 2). Die Auflage muss vollziehbar sein (§ 75; vgl Rn 13).

V. Innerer Tatbestand

In jedem Fall ist **Vorsatz** erforderlich, da Fahrlässigkeit nicht ausdrücklich unter Strafe **15** gestellt ist (§ 15 StGB). Bedingter Vorsatz genügt. Besondere Belehrung über Rechtspflichten wird nicht vorausgesetzt; ebenso wenig eine besondere Absicht oder Gesinnung. Mangelnde Kenntnis der Strafvorschriften schließt Strafe nicht aus. Der Vorsatz kann aber infolge **Irrtums** über Tatumstände ausgeschlossen sein (§ 15 StGB). Nicht genügend ist dagegen im allg ein Verbotsirrtum (§ 17 StGB), weil dieser auch bei Ausl idR nicht unvermeidlich zu sein pflegt. Dennoch ist im Einzelfall entscheidend, ob die individuelle Einsichtsfähigkeit bei mangelnder Bildung u. Rechtskenntnis trotz eines uU schweren Verfolgungsschicksals u. der eingeschränkten Lebensverhältnisse für Asylbew in Deutschland bejaht werden kann.

VI. Versuch

Unter Strafe gestellt ist jew nur die Vollendung der Tat, **nicht der Versuch** (§ 23 I StPO) **16** oder gar bloße Vorbereitungshandlungen.

VII. Teilnahme

Anstiftung oder **Beihilfe** werden auch dann bestraft, wenn der Täter nicht Asylbew ist. **17** Die entspr Klarstellung in § 35 III AsylVfG 1982 wurde im Hinblick auf §§ 26, 27 StGB nicht übernommen (vgl § 84 Rn 13). Die **Strafmilderung** nach §§ 26, 27 wird davon nicht berührt. Weder Wortlaut noch Entstehungsgeschichte der §§ 34, 35 AsylVfG 1982 erlaubten eine Auslegung dahin, dass der Strafrahmen für Täter zwingend auch für Teilnehmer gelten sollte (5. Aufl, § 34 AsylVfG Rn 19, § 35 AsylVfG Rn 4). Nachdem die Bestimmungen der §§ 34 II, 35 III AsylVfG 1982 nicht übernommen sind, steht der Anwendbarkeit der allg Vorschriften über Strafmilderung erst recht nichts mehr im Wege.

VIII. Strafe

18 Die angedrohte **Freiheitsstrafe** von bis zu einem Jahr beträgt mindestens einen Monat (§ 38 II StGB). Die **Geldstrafe** beläuft sich auf fünf bis 360 Tagessätze (§ 40 StGB). Die gemilderte Strafe für Teilnehmer beträgt höchstens neun Monate Freiheitsstrafe oder 270 Tagessätze (§ 49 II StGB).

§ 86 Bußgeldvorschriften

(1) Ordnungswidrig handelt ein Ausländer, der einer Aufenthaltsbeschränkung nach § 56 Abs. 1 oder 2, jeweils auch in Verbindung mit § 71 a Abs. 3, zuwiderhandelt.

(2) Die Ordnungswidrigkeit kann mit einer Geldbuße bis zu zweitausendfünfhundert Euro geahndet werden.

I. Entstehungsgeschichte

1 Die Vorschrift geht auf § 35 AsylVfG 1982 zurück, der im **GesEntw 1982** (BT-Drs 9/875 S. 8) nicht vorgesehen war, sondern erst im Laufe des Gesetzgebungsverf eingefügt wurde (BT-Drs 9/1630 S. 11, 27 f). Sie stimmte ursprünglich im Wesentlichen mit dem GesEntw 1992 (BT-Drs 12/2062 S. 20) überein, auf Vorschlag des BT-IA (BT-Drs 12/2817 S. 42) wurde aber in Abs 1 der § 54 III GesEntw 1992 betreffende Tatbestand gestrichen. Mit Wirkung vom 1. 7. 1993 wurde die Vorschrift entspr dem GesEntw 1993 (BT-Drs 12/4450 S. 9) um die Bezugnahme auf § 71 a III ergänzt (Art 1 Nr 48 **AsylVfÄndG 1993**). Seit 1. 1. 2002 ist in Abs 2 der Betrag von 5000 DM durch 2500 Euro ersetzt (Art 33 Ges vom 3. 12. 2001, BGBl. I 3306).

II. Allgemeines

2 Die Vorschrift steht in **enger Beziehung zu § 85** u. ist im Zusammenhang mit den Bußgeld- u. Strafvorschriften der §§ 92, 93 AuslG u. § 12a AufenthG/EWG zu sehen (von Pollern, ZAR 1987, 12 u. 1996, 175). Sie soll ebenso wie § 85 eine ordnungsgemäße u. zügige Durchführung des Asylverf fördern (BT-Drs 9/875 S. 26; BT-Drs 9/1630 S. 27).

3 **Vor Inkrafttreten des AsylVfG 1982 war str,** ob ein Verstoß gegen auslbeh Aufenthaltsbeschränkungen für Asylbew aufgrund §§ 7, 17 AuslG 1965 nach § 47 I Nr 5 AuslG 1965 strafbar war (bejahend OLG Karlsruhe, EZAR 355 Nr 1 m. abl. Anm. Kanein, ZAR 1981, 188; aA AG Augsburg, InfAuslR 1981, 211; AG München, InfAuslR 1981, 210).

III. Täter und Teilnehmer

4 **Täter** kann ebenso wie bei § 85 nur ein Asylbew sein; als **Teilnehmer** kommen dagegen auch andere Personen in Betracht, nämlich sonstige Ausl oder Dt (§ 85 Rn 4, 17).

IV. Tathandlungen

Tathandlung ist die **Zuwiderhandlung** gegen eine der genannten ges Aufenthalts- 5
beschränkungen auch kurzfristiger Art, soweit das Verlassen des Aufenthaltsbereichs nicht
Ges oder behördlich erlaubt ist (§ 85 Rn 8). Der Versuch genügt nicht (§ 13 II OWiG).
Durchgreifende **Bedenken** gegen die Bestimmtheit der Norm (Art 103 II GG) bestehen
wohl nicht (§ 85 Rn 10; aA betr § 35 AsylVfG 1982 Dierichs, ZAR 1986, 125). Anders als
bei § 85 Nr 2 erfüllt schon das **einmalige** unerlaubte Verlassen des Aufenthaltsbereichs
(oder das Unterlassen der rechtzeitigen Rückkehr) den äußeren Tatbestand. Wer als Ausl –
etwa als Folgeantragsteller vor Einleitung eines weiteren Asylverf (§ 71 Rn 15) – keine
AufGest u. (noch) keine Duldung besitzt, kann sich nicht einer Ordnungswidrigkeit nach
Abs 1 schuldig machen, wohl aber eines Vergehens nach § 92 I Nr 1 AuslG (betr § 47 I
Nr 5 AuslG vgl OLG Düsseldorf, NVwZ 1985, 608).

V. Innerer Tatbestand

Der Täter muss **vorsätzlich** handeln (§ 10 OWiG). Ein **Tatbestandsirrtum** kann den 6
Vorsatz ausschließen (§ 11 I 1 OWiG). Ein vermeidbarer **Verbotsirrtum** wirkt nur schuldausschließend (§ 11 II OWiG). Er wird auch bei erstmaligem Verstoß idR nicht unvermeidlich sein, da auch Ausl aus fremden Kulturkreisen über die Pflicht zur Befolgung
staatlicher Anordnungen unterrichtet sind (vgl auch § 85 Rn 15). Allerdings ist die Ver-
meidbarkeit im Einzelfall je nach individueller Einsichtsfähigkeit sorgfältig zu ermitteln.

VI. Teilnahme

Anstiftung u. Beihilfe setzen nicht die persönlichen Merkmale voraus, die beim Täter 7
vorliegen müssen (Asylbew); dies ergibt sich bereits aus §§ 9 I, 14 I OWiG.

VII. Geldbuße

Die **Geldbuße** beträgt mindestens fünf u. höchstens 1000 Euro (§ 17 I OWiG). **Zustän-** 8
dig ist die fachlich zuständige oberste Landesbehörde oder die von ihr bestimmte Stelle
(§§ 1 I Nr 2 Bst a, 36 II OWiG).

Neunter Abschnitt. Übergangs- und Schlußvorschriften

§ 87 Übergangsvorschriften

(1) Für das Verwaltungsverfahren gelten folgende Übergangsvorschriften:
1. Bereits begonnene Asylverfahren sind nach bisher geltendem Recht zu Ende zu führen, wenn vor dem Inkrafttreten dieses Gesetzes das Bundesamt seine Entscheidung an die Ausländerbehörde zur Zustellung abgesandt hat. Ist das Asylverfahren vor dem Inkrafttreten dieses Gesetzes bestandskräftig abgeschlossen, ist das Bundesamt für die Entscheidung, ob Abschiebungshindernisse nach § 53 des Ausländergesetzes vorliegen, und für den Erlaß einer Abschiebungsandrohung nur zuständig, wenn ein erneutes Asylverfahren durchgeführt wird.
2. Über Folgeanträge, die vor Inkrafttreten dieses Gesetzes gestellt worden sind, entscheidet die Ausländerbehörde nach bisher geltendem Recht.
3. Bei Ausländern, die vor Inkrafttreten dieses Gesetzes einen Asylantrag gestellt haben, richtet sich die Verteilung auf die Länder nach bisher geltendem Recht.

(2) Für die Rechtsbehelfe und das gerichtliche Verfahren gelten folgende Übergangsvorschriften:
1. In den Fällen des Absatzes 1 Nr. 1 und 2 richtet sich die Klagefrist nach bisher geltendem Recht; die örtliche Zuständigkeit des Verwaltungsgerichts bestimmt sich nach § 52 Nr. 2 Satz 3 der Verwaltungsgerichtsordnung in der bis zum Inkrafttreten dieses Gesetzes geltenden Fassung.
2. Die Zulässigkeit eines Rechtsbehelfs gegen einen Verwaltungsakt richtet sich nach bisher geltendem Recht, wenn der Verwaltungsakt vor Inkrafttreten dieses Gesetzes bekanntgegeben worden ist.
3. Die Zulässigkeit eines Rechtsmittels gegen eine gerichtliche Entscheidung richtet sich nach bisher geltendem Recht, wenn die Entscheidung vor Inkrafttreten dieses Gesetzes verkündet oder von Amts wegen anstelle einer Verkündung zugestellt worden ist.
4. Hat ein vor Inkrafttreten dieses Gesetzes eingelegter Rechtsbehelf nach bisher geltendem Recht aufschiebende Wirkung, finden die Vorschriften dieses Gesetzes über den Ausschluß der aufschiebenden Wirkung keine Anwendung.
5. Ist in einem gerichtlichen Verfahren vor Inkrafttreten dieses Gesetzes eine Aufforderung nach § 33 des Asylverfahrensgesetzes in der Fassung der Bekanntmachung vom 9. April 1991 (BGBl. I S. 869), geändert durch Artikel 7 § 13 in Verbindung mit Artikel 11 des Gesetzes vom 12. September 1990 (BGBl. I S. 2002), erlassen worden, gilt insoweit diese Vorschrift fort.

Übersicht

	Rn
I. Entstehungsgeschichte	1
II. Allgemeines	2
III. Verwaltungsverfahren	4
1. Grundsatz	4
2. Folgeantrag	7
3. Verteilung	8
IV. Gerichtliches Verfahren	9
1. Klagefrist, örtliche Zuständigkeit	9
2. Rechtsbehelfe	11
3. Rechtsmittel	13

Übergangsvorschriften **§ 87 AsylVfG 4**

	Rn
4. Aufschiebende Wirkung	14
5. Fiktive Verfahrenserledigung	15

I. Entstehungsgeschichte

Die Vorschrift stimmte ursprünglich im Wesentlichen mit dem **GesEntw 1992** (§ 85, **1** BT-Drs 12/2062 S. 21) überein. Auf Vorschlag des BT-IA (BT-Drs 12/2718 S. 43) wurde Abs 2 Nr 5 GesEntw 1992 gestrichen. Die Vorschrift ist ähnlich gestaltet wie § 43 AsylVfG 1982. Mit Wirkung vom 1. 7. 1993 wurde entspr dem GesEntw 1993 (BT-Drs 12/4450 S. 10) S. 2 in Abs 1 Nr 1 eingefügt (Art 1 Nr 49 **AsylVfÄndG 1993**).

II. Allgemeines

Die Übergangsvorschriften für das 1. 7. 1992 in Kraft getretene Ges (Art 7 AsylVfNG; **2** vgl Vorbem Rn 12) waren dringend erforderlich. Von dem allg Grundsatz des intertemporalen Prozessrechts, dass **neues Verfahrensrecht sofort anzuwenden** ist (BVerfGE 76, 98), gilt aufgrund der rechtsstaatlichen Grundsätze der Rechtssicherheit und des Vertrauensschutzes hinsichtlich der Statthaftigkeit bereits eingelegter Rechtsmittel eine Ausnahme: diese entfällt nachträglich nur dann, wenn dies ausdrücklich vorgeschrieben wird (BVerfGE 86, 280). Außerdem müssen Übergangsvorschriften evtl weiteren Änderungen des Asylverf Rechnung tragen; zu diesem Zweck hätte anstelle der **statischen** eine dynamische **Formulierung** gewählt werden können (wie etwa in § 73 I GKG). Stattdessen sind jetzt die Bestimmungen des § 87 a für die Überleitung der Verf am 1. 7. 1993 geschaffen worden. Diese Regelungen gelten nicht, auch nicht teilweise für spätere Änderungen, zB durch das **ZuwG**. Deshalb sind nachfolgend auch **nicht** die **Vorschriften des ZuwG** erwähnt, sondern ausschließlich die für diese Übergangsregelungen allein maßgeblich gebliebenen Vorschriften des AuslG.

Angesichts der differenzierten Regelungen erübrigt sich idR die Frage, ob eine Vorschrift **3** ausschließlich asylvfr Charakter trägt oder zumindest auch eine **materielle** Regelung trifft (zB §§ 27, 28). Soweit ein Regelungsbereich durch eine Übergangsvorschrift erfasst ist, gilt sie auch für die Anwendung des materiellrechtlichen Gehalts einer Regelung.

III. Verwaltungsverfahren

1. Grundsatz

Für das Verwaltungsverf ist die Grenze, bis zu der altes Recht weitergilt, im Zeitpunkt der **4** **Absendung** des Bescheids an die AuslBeh zum Zwecke der Zustellung an den Asylbew (§§ 12 VII 1, 28 V AsylVfG 1982) gezogen. Dies leuchtet ein, weil nach diesem Zeitpunkt eine Berücksichtigung der neuen Zuständigkeiten des BAMF nicht mehr möglich wäre oder zumindest eine Rücksendung des Bescheids, uU sogar eine Rückgängigmachung der bereits veranlassten Zustellung erforderte. Rechtsstaatliche Bedenken bestehen insoweit nicht, zumal eine echte oder unechte Rückwirkung damit nicht verbunden ist (vgl BVerGE 66, 312). Ist der Asylantrag zT abgelehnt, also zB trotz unbeschränkten Antrags nur die Feststellung zu § 51 I AuslG getroffen, ist ebenfalls die Absendung an die AuslBeh maßgebend u. altes Recht auf beide Teile weiterhin anzuwenden. Altes Recht bleibt auch insoweit maßgeblich, als das Nichterscheinen vor der AuslBeh vor dem 1. 7. 1993 eine Entscheidung des BAMF nach Aktenlage rechtfertigt (§ 8 III AsylVfG 1982; Bell, InfAuslR 1993, 103).

4 AsylVfG § 87

5 Offenbar nicht bedacht ist der Fall der **Anerkennung des Asylbew ohne gleichzeitige Teilablehnung;** denn den Anerkennungsbescheid stellte das BAMF (auch) nach altem Recht dem Asylbew u. dem BB unmittelbar selbst zu (§§ 12 VII, 28 V AsylVfG 1982). In Betracht kommt nur eine analoge Anwendung dahingehend, dass es auf die Herausgabe des Bescheids zur Zustellung an den Asylbew ankommt. In diesem Zeitpunkt hat sich das BAMF des Bescheids entäußert, u. es sprechen zwingende Gründe der Gleichbehandlung dafür, den anerkannten Asylbew nicht anders zu behandeln als den abgelehnten.

6 Fraglich kann die Behandlung der Fälle sein, in denen sich die **Übertragung auslr Kompetenzen auf das BAFl** auswirkt. Unter den Voraussetzungen des Abs 1 Nr 1 S. 1 ist von der AuslBeh in Anwendung früheren Rechts ggf eine Abschiebungsandrohung zu erlassen; dabei sind Abschiebungshindernisse des § 53 AuslG inzident zu prüfen u. zu berücksichtigen. Hat das BAFl vor dem 1. 7. 1992 entschieden, den Bescheid aber noch nicht abgefasst, zumindest nicht vor diesem Stichtag an die AuslBeh abgesandt, so hat es das Verf nach neuem Recht fortzuführen, also unter Beachtung von §§ 31 ff auch Feststellungen zu § 53 AuslG zu treffen u. eine Abschiebungsandrohung zu erlassen. War das Verf bereits vor dem Stichtag bestandskräftig abgeschlossen, besteht für das BAFl ein Anlass für diese Entscheidungen nur bei Einleitung eines neuen Asylverf; dies folgt bereits aus Abs 1 Nr 1 S. 1 u. soll durch den neuen S. 2 nur klargestellt werden (BT-Drs 12/4450 S. 29). Wird dagegen auf Rechtsmittel hin eine nach altem Recht ergangene asylr Abschiebungsandrohung aufgehoben, ist nunmehr das BAMF zuständig für eine evtl erneute aufenthaltsbeendende Maßnahme (zur gerichtlichen Überprüfung in diesen Fällen vgl § 77 Rn 6 f).

2. Folgeantrag

7 Für Folgeanträge ist der **Zeitpunkt der Antragstellung** maßgeblich dafür, ob die AuslBeh noch nach altem Recht entscheidet. Mit Antragstellung ist hier wohl die förmliche Stellung des Antrags nach § 8 I 1 AsylVfG 1982 gemeint. Hat der Asylbew lediglich ein Asylgesuch iSd § 7 I AsylVfG 1982 geäußert, aber noch nicht bei der zuständigen Stelle aktenkundig angebracht, kann bei ihm eigentlich schon die Formvorschrift des § 71 II über die Antragstellung beim BAFl eingreifen, ohne dass der Verfahrensablauf zT wieder rückgängig gemacht werden muss. Dies könnte aber deswegen fraglich sein, weil bis Ende März 1993 der Asylantrag noch bei der AuslBeh zu stellen war (§ 14 I idF des Art 5 Abschn A Nr 1 AsylVfNG); allerdings war für § 71 eine Übergangsfassung nicht vorgesehen, der Folgeantrag also doch sofort beim BAMF zu stellen (vgl § 14 idF des Art 5 Abschn A Nr 1 AsylVfNG). Zudem oblag die „Entscheidung" des Folgeantrags iSd Beachtlichkeitsprüfung auch in der Übergangszeit schon dem BAFl.

3. Verteilung

8 Die Fortgeltung alten Rechts für die Verteilung knüpft ebenfalls an die **förmliche Antragstellung** an; denn ohne sie waren Verteilung u. Zuweisung nach § 22 AsylVfG 1982 praktisch nicht möglich. Insoweit ist unerheblich, dass die AufGest schon mit der Äußerung des Asylgesuchs iSd § 7 I AsylVfG 1982 entstand (5. Aufl, § 19 AsylVfG Rn 6).

IV. Gerichtliches Verfahren

1. Klagefrist, örtliche Zuständigkeit

9 Die fortdauernde Anwendbarkeit **früheren Rechts** auf Klagefrist u. gerichtliche Zuständigkeit richtet sich ebenfalls nach dem Zeitpunkt der Absendung des Bescheids des BAFl an die AuslBeh bzw den Asylbew (Rn 4) u. beim Folgeantrag nach dessen förmlicher Stellung (Rn 7). Für die derart weit geförderten Verf beträgt die Klagefrist weiterhin einen Monat (§ 124 VwGO; § 30 AsylVfG 1982 Rn 46) u. bleibt primär das VG des mit Zustimmung

Übergangsvorschriften 1993 § 87a **AsylVfG 4**

der AuslBeh innegehabten Wohnsitzes zuständig (§ 52 Nr 2 VwGO aF; 5. Aufl, § 30 AsylVfG Rn 25 bis 27).

Die Übergangsvorschrift des Abs 2 Nr 1 ist vor allem wegen der Abfassung der **Rechts- 10 mittelbelehrung** wichtig, die sowohl die zutreffende Frist als auch das zuständige VG angeben muss (§ 58 I VwGO); sonst läuft die Jahresfrist des § 58 II VwGO. Neue Frist- u. Zuständigkeitsbestimmungen konnte das BAFl in den vor Inkrafttreten des AsylVfNG ergangenen u. abgefassten Bescheiden aber nur bis zur Absendung an die AuslBeh bzw den Asylbew berücksichtigen.

2. Rechtsbehelfe

Die Maßgeblichkeit **alten Rechts** für die Zulässigkeit von Rechtsbehelfen (Widerspruch, 11 Klage oder Antrag auf vorläufigen Rechtsschutz) hängt vom Zeitpunkt der Bekanntgabe des Verwaltungsakts, insb dessen Zustellung ab. Falls eine Zustellung nicht vorgeschrieben oder nicht erfolgt ist, kommt es auf die tatsächliche Mitteilung an. Insoweit ist nicht die Absendung bei der Behörde entscheidend, sondern der Zugang bei dem Adressaten. Bei unterschiedlichen Zeitpunkten ist auf die Bekanntgabe an den Rechtsbehelfsführer abzustellen.

Zu **Unklarheiten** kann es kommen, wenn der VA vor dem 1. 7. 1992 abgesandt wurde, 12 aber erst am 1. 7. 1992 oder später dem Adressaten bekannt wurde. In diesen Fällen wird idR die Rechtsmittelbelehrung unzutreffend sein mit der Folge des § 58 II VwGO (vgl Rn 10). Dieser Fehler kann (vor Eintritt der Bestandskraft) durch vollständige Aufhebung des Bescheids u. dessen erneuten Erlass mit ordnungsgemäßer Rechtsmittelbelehrung oder durch Bekanntgabe einer geänderten Rechtsmittelbelehrung korrigiert werden. Im ersten Fall kommt allerdings in vollem Umfang neues Recht zur Anwendung, also auch hinsichtlich der Behördenzuständigkeit.

3. Rechtsmittel

Die Überleitung hinsichtlich der **Zulässigkeit** von Rechtsmitteln gegen Gerichtsentschei- 13 dungen (Berufung, Revision, Beschwerde, Nichtzulassungsbeschwerde, Berufungszulassungsantrag) ist verfassungskonform (vgl BVerfGE 65, 76; BVerwGE 66, 312). Maßgeblich sind je nach Art der Bekanntmachung (vgl § 116 VwGO) der Zeitpunkt der Verkündung oder der der Zustellung. Auch insoweit konnte es bei Absendung vor u. Zustellung nach dem 1. 7. 1992 zu Unstimmigkeiten in der Rechtsmittelbelehrung kommen (vgl Rn 10).

4. Aufschiebende Wirkung

Für die aufschiebende Wirkung eines Rechtsbehelfs ist dessen **Eingang bei Gericht** 14 maßgeblich, nicht etwa der Ablauf der Rechtsmittelfrist.

5. Fiktive Verfahrenserledigung

Für die Erledigung nach § 33 AsylVfG 1982 kommt es auf den Zeitpunkt des Erlasses der 15 **Aufforderung zum Weiterbetreiben** des Verf an. Erlassen ist die Aufforderung mit Absendung, nicht erst mit dem Zugang. Falls insoweit Zweifel aufkommen, kann die Aufforderung aufgehoben u. sodann nach neuem Recht wiederholt werden.

§ 87a Übergangsvorschriften aus Anlaß der am 1. Juli 1993 in Kraft getretenen Änderungen

(1) ¹ Soweit in den folgenden Vorschriften nicht etwas anderes bestimmt ist, gelten die Vorschriften dieses Gesetzes mit Ausnahme der §§ 26a und 34a auch für Ausländer, die vor dem 1. Juli 1993 einen Asylantrag gestellt haben. ² Auf Ausländer, die aus einem

4 AsylVfG § 87a   4. Teil. Asylverfahrensgesetz

Mitgliedstaat der Europäischen Gemeinschaften oder aus einem in der Anlage I bezeichneten Staat eingereist sind, finden die §§ 27, 29 Abs. 1 und 2 entsprechende Anwendung.

(2) Für das Verwaltungsverfahren gelten folgende Übergangsvorschriften:
1. § 10 Abs. 2 Satz 2 und 3, Abs. 3 und 4 findet Anwendung, wenn der Ausländer insoweit ergänzend schriftlich belehrt worden ist.
2. § 33 Abs. 2 gilt nur für Ausländer, die nach dem 1. Juli 1993 in ihren Herkunftsstaat ausreisen.
3. Für Folgeanträge, die vor dem 1. Juli 1993 gestellt worden sind, gelten die Vorschriften der §§ 71 und 87 Abs. 1 Nr. 2 in der bis zu diesem Zeitpunkt geltenden Fassung.

(3) Für die Rechtsbehelfe und das gerichtliche Verfahren gelten folgende Übergangsvorschriften:
1. Die Zulässigkeit eines Rechtsbehelfs gegen einen Verwaltungsakt richtet sich nach dem bis zum 1. Juli 1993 geltenden Recht, wenn der Verwaltungsakt vor diesem Zeitpunkt bekanntgegeben worden ist.
2. Die Zulässigkeit eines Rechtsbehelfs gegen eine gerichtliche Entscheidung richtet sich nach dem bis zum 1. Juli 1993 geltenden Recht, wenn die Entscheidung vor diesem Zeitpunkt verkündet oder von Amts wegen anstelle einer Verkündung zugestellt worden ist.
3. § 76 Abs. 4 findet auf Verfahren, die vor dem 1. Juli 1993 anhängig geworden sind, keine Anwendung.
4. Die Wirksamkeit einer vor dem 1. Juli 1993 bereits erfolgten Übertragung auf den Einzelrichter bleibt von § 76 Abs. 5 unberührt.
5. § 83 Abs. 1 ist bis zum 31. Dezember 1993 nicht anzuwenden.

I. Entstehungsgeschichte

1   Die Vorschrift, die im **GesEntw 1993** (BT-Drs 12/4450) nicht enthalten war, wurde auf Empfehlung des BT-IA (BT-Drs 12/4450 S. 26 f) eingefügt.

II. Allgemeines

2   Durch die Einfügung besonderer Übergangsvorschriften aus Anlass der am 1. 7. 1993 in Kraft getretenen Änderungen (Art 9 AsylVfÄndG 1993; vgl Vorbem Rn 15) hat der Gesetzgeber zu erkennen gegeben, dass sich die Regelungen des § 87 lediglich auf die ursprüngliche Fassung des Ges beziehen, also **statisch** u. nicht dynamisch wirken sollen. Dies wird durch die Einfügung des § 87b zum 1. 1. 2005 bestätigt. Aus demselben Grund sind auch die Bestimmungen des § 87a nicht auf die Änderungen durch das **ZuwG** anwendbar.

3   Grundsätzlich sollen die neuen Vorschriften auch auf alle Ausl angewandt werden, die vor dem 1. 7. 1993 Asyl beantragt haben. Einzelne Ausnahmen sind für Drittstaatenklausel, Verwaltungs- u. Gerichtsverf vorgesehen.

III. Drittstaatenklausel

4   Die Vorschriften der §§ 26a, 34a über sichere Drittstaaten sollen nur auf solche Ausl angewandt werden, die seit dem 1. 7. 1993 Asyl beantragt haben. Da auch **andere Vor-**

schriften Regeln über Asylbew enthalten, die aus sicheren Drittstaaten einreisen wollen oder eingereist sind, ist deren Anwendbarkeit zu klären. Art 16 a II GG, mit dem das AsylR für aus sicheren Drittstaaten einreisende Ausl unmittelbar ausgeschlossen ist, ist bereits am 30. 6. 1993 in Kraft getreten (Vorbem Rn 18). Damit fehlt es seit diesem Zeitpunkt an einer verfassungsrechtlichen Grundlage für ein AsylR, wenn ein Ausl aus einem EG-Mitgliedstaat einreist; dasselbe gilt von Verfassungs wegen seit 1. 7. 1993 für aus Staaten der Anlage I einreisende Ausl.

Der Ausschluss der Anwendung der §§ 26 a, 34 a auf vor dem 1. 7. 1993 gestellte **5** Asylanträge beruht auf der weitgehenden **Unmöglichkeit der Überstellung** dieser Personen in einen Drittstaat u. der daraus resultierenden praktischen Bedeutungslosigkeit der Einbeziehung derartiger Altfälle (BT-IA, BT-Drs 12/4984 S. 49). Damit sind aber auch alle **sonstigen Vorschriften** für Altfälle **suspendiert,** denen die Regeln der §§ 26 a, 34 a zugrunde liegen, nämlich: §§ 18 III iVm II Nr 1, 31 I 3, IV, 40 III, 55 I 3, 71 VI 2. Dagegen kann § 18 II Nr 1, IV ohnehin nur bei Einreiseversuchen ab 1. 7. 1993 eingreifen.

Ausgenommen sind Ausl, die vor dem 1. 7. 1993 aus einem EG-Mitgliedstaat oder **6** einem Staat der Anlage I eingereist sind. Sie werden entspr § 27 I nicht als Asylber anerkannt, u. ihr Asylantrag ist unbeachtlich mit der Folge, dass sie wenn möglich binnen drei Monaten in den den letzten Durchreisestaat abgeschoben werden (§ 29 entspr). Ist ihre Rückübernahme nicht gesichert ist u. in diesem Zeitraum nicht durchführbar, ist das Asylverf beim BAMF fortzuführen.

IV. Verwaltungsverfahren

Die Anwendung der neuen **Zustellungsvorschriften** des § 10 II 2 u. 3, III, IV setzt **7** eine ergänzende Belehrung des Ausl voraus. Die **Rücknahmefiktion** des §§ 33 II gilt nur bei Reisen in den Herkunftsstaat nach dem 1. 7. 1993. Für vor dem 1. 7. 1993 gestellte **Folgeanträge** bleibt es bei den Vorschriften der §§ 71, 87 I Nr 2 aF.

V. Gerichtsverfahren

Die **Zulässigkeit** von Rechtsbehelfen u. Rechtsmitteln ist ebenso geregelt wie in § 87 II **8** Nr 2 u. 3. Unberührt bleiben die bisherigen Zuständigkeiten für Eilverf (§ 76 IV) u. Übertragungen auf den Einzelrichter bei **Proberichtern** in den ersten sechs Monaten. Schließlich gilt der Konzentrationszwang (§ 83 I) erst ab 1. 1. 1994.

§ 87 b Übergangsvorschrift aus Anlass der am 1. September 2004 in Kraft getretenen Änderungen

In gerichtlichen Verfahren nach diesem Gesetz, die vor dem 1. September 2004 anhängig geworden sind, gilt § 6 in der vor diesem Zeitpunkt geltenden Fassung weiter.

I. Entstehungsgeschichte

Die Vorschrift wurde entspr dem **GesEntw** (BT-Drs 15/420 S. 4) eingefügt. **1**

II. Übergangsregelung für Gerichtsverfahren

2 Von der **Abschaffung des BB** zum 1. 9. 2004 sind die damals anhängigen Verf in besonderer Weise betroffen. An nach diesem Zeitpunkt eingeleiteten Verf kann er nicht mehr teilnehmen. An den damals anhängigen Verwaltungsverf hätte er weiterhin beteiligt bleiben können, wenn der Gesetzgeber dies angeordnet hätte. Der Gesetzgeber wollte aber nicht die Verf vor dem BAMF, sondern nur die **damals bereits anhängigen Gerichtsverf** unter Beteiligung des BB fortführen lassen.

3 Unter **gerichtl Verf** ist hier dasselbe zu verstehen wie in §§ 74, 76, 78 u. 80, also alle Verf gegen Maßnahmen aufgrund des AsylVfG (näher dazu § 80 Rn 2 mwN).

4 **Betroffen** sind nicht die Verf, die erst nach Ende August 2004 bei Gericht eingehen. Dabei kommt es nicht darauf an, ob mit diesen Klagen u. Anträgen die ges bestimmten Fristen eingehalten sind oder nicht. Es ist auch unerheblich, wer den Rechtsbehelf eingelegt hat. Auch wenn der Asylbew sich gegen einen Bescheid des BAMF wendet, ist dieses Verf erfasst u. der BB an dem Verf beteiligt.

§ 88 Verordnungsermächtigungen

(1) Das Bundesministerium des Innern bestimmt durch Rechtsverordnung mit Zustimmung des Bundesrates die zuständigen Behörden für die Ausführung völkerrechtlicher Verträge und die von den Europäischen Gemeinschaften erlassenen Rechtsvorschriften über die Zuständigkeit für die Durchführung von Asylverfahren hinsichtlich

1. der Übermittlung eines Ersuchens an einen anderen Vertragsstaat, einen Ausländer zur Behandlung des Asylbegehrens zu übernehmen,
2. der Entscheidung über das Ersuchen eines anderen Vertragsstaates, einen Ausländer zur Behandlung des Asylbegehrens zu übernehmen,
3. der Übermittlung eines Rückübernahmeantrages an einen anderen Vertragsstaat,
4. der Entscheidung über einen Rückübernahmeantrag eines anderen Vertragstaates und
5. des Informationsaustausches und der Erfassung, Übermittlung und dem Vergleich von Fingerabdruckdaten.

(2) Das Bundesministerium des Innern wird ermächtigt, durch Rechtsverordnung mit Zustimmung des Bundesrates Vordruckmuster und Ausstellungsmodalitäten für die Bescheinigung nach § 63 festzulegen.

(3) Die Landesregierung kann durch Rechtsverordnung Aufgaben der Aufnahmeeinrichtung auf andere Stellen des Landes übertragen.

I. Entstehungsgeschichte

1 Die Vorschrift hat kein Vorbild im AsylVfG 1982. Sie entspricht mit Abs 2 dem **GesEntw 1992** (§ 86, BT-Drs 12/2062 S. 21). Zum 1. 7. 1993 wurde Abs 1 entspr dem GesEntw 1993 (BT-Drs 12/4450 S. 10) eingefügt (Art 1 Nr 51 **AsylVfÄndG 1993**). Seit 1. 1. 2002 ist Abs 1 um die EG-Vorschriften u. die Fingerabdruckdaten ergänzt (Art 12 Nr 3 TerrbG). Die Ermächtigung in Abs 2 wurde aufgrund des Vermittlungsverf zum ZuwG eingefügt (BT-Drs 15/3479 S. 14 f; Art 3 Nr 49 ZuwG).

Einschränkung von Grundrechten § 89 **AsylVfG** 4

II. Zuständigkeiten

Die **Ermächtigungen** betreffen nicht nur die Ausführung völkerrechtlicher Verträge, 2 sondern (seit 1. 1. 2002) auch das gesamte gemeinschaftsrechtliche Sekundärrecht mit dem jew aktuellen Inhalt. Damit können jetzt auch die für die Ausführung der EURODAV-VO zuständigen Stellen bestimmt werden u. ebenso etwa notwendige Zuständigkeiten zur Umsetzung der EU-Asyl-Richtlinien (dazu Art 16 a GG Rn 131 ff).

Durch VO über die Zuständigkeit für die **Ausführung des DÜ** vom 4. 12. 1997 3 (BGBl. I 2852) – AsylZBV – wurden die Zuständigkeiten des BAMF u. der Grenzbehörden im Einzelnen bestimmt. Diese VO ist seit 1. 12. 1997 in Kraft. Gleichzeitig trat die AsylZBV vom 26. 11. 1993 (BGBl. I 1914) außer Kraft, mit der die Zuständigkeiten bei Ausführung des SDÜ geregelt waren.

III. Aufgabenübertragung

Die Ermächtigung des BMI soll einheitliche Muster für die AufGest ermöglichen. 4 Ermächtigung zur Verteilung von Aufgaben der AEinr auf andere Landesstellen soll es den Ländern ermöglichen, **besonderen örtlichen Verhältnissen** Rechnung zu tragen.

§ 89 Einschränkung von Grundrechten

(1) **Die Grundrechte der körperlichen Unversehrtheit (Artikel 2 Abs. 2 Satz 1 des Grundgesetzes) und der Freiheit der Person (Artikel 2 Abs. 2 Satz 2 des Grundgesetzes) werden nach Maßgabe dieses Gesetzes eingeschränkt.**

(2) **Das Verfahren bei Freiheitsentziehungen richtet sich nach dem Gesetz über das gerichtliche Verfahren bei Freiheitsentziehungen in der im Bundesgesetzblatt Teil III, Gliederungsnummer 316–1, veröffentlichten bereinigten Fassung, zuletzt geändert durch Artikel 7 § 21 des Gesetzes vom 12. September 1990 (BGBl. I S. 2002).**

I. Entstehungsgeschichte

Die Vorschrift entspricht dem **GesEntw 1992** (§ 87, BT-Drs 12/2062 S. 21). Sie ist 1 ähnlich gestaltet wie § 37 AsylVfG 1982.

II. Einschränkung von Grundrechten

Die Vorschrift soll dem **Zitiergebot** des Art 19 I 2 GG Genüge tun. Asylbew stehen wie 2 alle Ausl unter dem Schutz der Grundrechte, soweit diese nicht ausdrücklich Dt vorbehalten sind (zB Art 1 I – Menschenwürde –, Art 2 I, II – Handlungsfreiheit ua, Art 3 I bis III – Gleichheitssatz ua, Art 4 I bis III – Religionsfreiheit ua, Art 5 I bis III – Meinungsfreiheit ua, Art 6 I bis V – Familienschutz ua, Art 19 IV – Rechtsschutzgarantie, Art 103 I bis III – rechtliches Gehör ua, Art 104 I bis IV GG – Schutz gegen Freiheitsentziehungen ua). Durch einzelne Bestimmungen des AsylVfG wird zT auch der Schutzbereich dieser Grundrechte berührt, etwa durch Aufenthaltsbeschränkungen oder Gemeinschaftsunterbringung.

Der Umstand, dass diese Grundrechte nicht als eingeschränkt bezeichnet sind, führt indes 3 **nicht** zur **Verfassungswidrigkeit** der betreffenden Bestimmungen. Das Zitiergebot entfältet eigentlich nur psychologische Wirkungen, indem es dem Gesetzgeber auf die Tragweite von Grundrechtsbeschränkungen aufmerksam macht. Es kommt nur zum Tragen, wenn das Grundrecht aufgrund eines speziellen grundgesetzlich vorgesehenen Gesetzesvorbehalts über die im Grundrecht selbst angelegten Grenzen hinaus eingeschränkt werden soll; es gilt nicht, wenn der Gesetzgeber ihm obliegende Regelungsaufträge, Inhaltsbestimmungen oder Schrankenziehungen vornimmt (BVerfGE 64, 72, 79). Deshalb sind zu Recht lediglich Art 2 II 1 u. 2 GG genannt, in deren Schutzbereich nur aufgrund eines Ges eingegriffen werden darf (Art 2 II 3 GG) u. die durch erkennungsdienstliche Maßnahmen nach § 13 u. die Haftvorschrift des § 59 II tangiert werden.

III. Freiheitsentziehung

4   Für das Verf der Inhaftierung nach § 59 II sind (wie für die Abschiebungshaft nach § 57 AuslG) die **Vorschriften des FEVG** maßgeblich (§ 59 Rn 11; vgl § 62 AufenthG Rn 18).

§ 90 *Allgemeine Verwaltungsvorschriften*
   Das Bundesministerium des Innern erläßt mit Zustimmung des Bundesrates allgemeine Verwaltungsvorschriften zu diesem Gesetz.

Entstehungsgeschichte

1   Die Vorschrift entspricht dem **GesEntw 1992** (§ 88, BT-Drs 12/2062 S. 21). Sie gleicht § 38 AsylVfG 1982. Die Vorschrift ist mit Wirkung vom 1. 1. 2005 **aufgehoben** (Art 3 Nr 50 ZuwG).

Anlage I (zu § 26 a)
Finnland   Schweden
Norwegen   Schweiz
Österreich   Tschechische Republik
Polen

Anlage II (zu § 29 a)
Bulgarien   Senegal
Ghana   Slowakische Republik
Polen   Tschechische Republik
Rumänien   Ungarn

Fünfter Teil
Texte

1.1. Vertrag über die Europäische Union

Vom 7. Februar 1992 (BGBl. II 1251), geändert durch Beitrittsvertrag vom 24. Juni 1994 (BGBl. II 2022), konsolidierte Fassung vom 24. Dezember 2002 (ABl. C 325 vom 24. 12. 2002 S. 5)

– Auszug –

Titel I. Gemeinsame Bestimmungen

Art. 1 [Gründung der Europäischen Union] Durch diesen Vertrag gründen die Hohen Vertragsparteien untereinander eine Europäische Union, im Folgenden als „Union" bezeichnet.

Dieser Vertrag stellt eine neue Stufe bei der Verwirklichung einer immer engeren Union der Völker Europas dar, in der die Entscheidungen möglichst bürgernah getroffen werden.

Grundlage der Union sind die Europäischen Gemeinschaften, ergänzt durch die mit diesem Vertrag eingeführten Politiken und Formen der Zusammenarbeit. Aufgabe der Union ist es, die Beziehungen zwischen den Mitgliedstaaten sowie zwischen ihren Völkern kohärent und solidarisch zu gestalten.

Art. 2 [Ziele der Union] Die Union setzt sich folgende Ziele:
- die Förderung eines ausgewogenen und dauerhaften wirtschaftlichen und sozialen Fortschritts, insbesondere durch Schaffung eines Raumes ohne Binnengrenzen, durch Stärkung des wirtschaftlichen und sozialen Zusammenhalts und durch Errichtung einer Wirtschafts- und Währungsunion, die auf längere Sicht auch eine einheitliche Währung nach Maßgabe dieses Vertrags umfasst;
- die Behauptung ihrer Identität auf internationaler Ebene, insbesondere durch eine Gemeinsame Außen- und Sicherheitspolitik, wozu nach Maßgabe des Artikels 17 auch die schrittweise Festlegung einer gemeinsamen Verteidigungspolitik gehört, die zu einer gemeinsamen Verteidigung führen könnte;
- die Stärkung des Schutzes der Rechte und Interessen der Angehörigen ihrer Mitgliedstaaten durch Einführung einer Unionsbürgerschaft;
- die Erhaltung und Weiterentwicklung der Union als Raum der Freiheit, der Sicherheit und des Rechts, in dem in Verbindung mit geeigneten Maßnahmen in Bezug auf die Kontrollen an den Außengrenzen, das Asyl, die Einwanderung sowie die Verhütung und Bekämpfung der Kriminalität der freie Personenverkehr gewährleistet ist;
- die volle Wahrung des gemeinschaftlichen Besitzstands und seine Weiterentwicklung, wobei geprüft wird, inwieweit die durch diesen Vertrag eingeführten Politiken und Formen der Zusammenarbeit mit dem Ziel zu revidieren sind, die Wirksamkeit der Mechanismen und Organe der Gemeinschaft sicherzustellen.

Die Ziele der Union werden nach Maßgabe dieses Vertrags entsprechend den darin erhaltenen Bedingungen und der darin vorgesehenen Zeitfolge unter Beachtung des Subsidiaritätsprinzips, wie es in Artikel 5 des Vertrags zur Gründung der Europäischen Gemeinschaft bestimmt ist, verwirklicht.

Art. 3 [Kohärenz] Die Union verfügt über einen einheitlichen institutionellen Rahmen, der die Kohärenz und Kontinuität der Maßnahmen zur Erreichung ihrer Ziele unter gleichzeitiger Wahrung und Weiterentwicklung des gemeinschaftlichen Besitzstands sicherstellt.

Die Union achtet insbesondere auf die Kohärenz aller von ihr ergriffenen außenpolitischen Maßnahmen im Rahmen ihrer Außen-, Sicherheits-, Wirtschafts- und Entwicklungspolitik. Der Rat und die Kommission sind für diese Kohärenz verantwortlich. Sie stellen jeweils in ihrem Zuständigkeitsbereich die Durchführung der betreffenden Politiken sicher.

Art. 4 [Europäischer Rat] Der Europäische Rat gibt der Union die für ihre Entwicklung erforderlichen Impulse und legt die allgemeinen politischen Zielvorstellungen für diese Entwicklung fest.

Im Europäischen Rat kommen die Staats- und Regierungschefs der Mitgliedstaaten sowie der Präsident der Kommission zusammen. Sie werden von den Ministern für auswärtige Angelegenheiten der Mitgliedstaaten und einem Mitglied der Kommission unterstützt. Der Europäische Rat tritt mindestens zweimal jährlich unter dem Vorsitz des Staats- oder Regierungschefs des Mitgliedstaats zusammen, der im Rat den Vorsitz innehat.

Der Europäische Rat erstattet dem Europäischen Parlament nach jeder Tagung Bericht und legt ihm alljährlich einen schriftlichen Bericht über die Fortschritte der Union vor.

Art. 5 [Ausübung der Befugnisse im Sinne der Verträge, EWG und EU] Das Europäische Parlament, der Rat, die Kommission und der Gerichtshof üben ihre Befugnisse nach Maßgabe und im Sinne der Verträge zur Gründung der Europäischen Gemeinschaften sowie der nachfolgenden Verträge und Akte zu deren Änderung oder Ergänzung einerseits und der übrigen Bestimmungen des vorliegenden Vertrags andererseits aus.

Art. 6 [Achtung der nationalen Identität] (1) Die Union beruht auf den Grundsätzen der Freiheit, der Demokratie, der Achtung der Menschenrechte und Grundfreiheiten sowie der Rechtsstaatlichkeit; diese Grundsätze sind allen Mitgliedstaaten gemeinsam.

(2) Die Union achtet die Grundrechte, wie sie in der am 4. November 1950 in Rom unterzeichneten Europäischen Konvention zum Schutze der Menschenrechte und Grundfreiheiten gewährleistet sind und wie sie sich aus den gemeinsamen Verfassungsüberlieferungen der Mitgliedstaaten als allgemeine Grundsätze des Gemeinschaftsrechts ergeben.

(3) Die Union achtet die nationale Identität der Mitgliedstaaten.

(4) Die Union stattet sich mit den Mitteln aus, die zum Erreichen ihrer Ziele und zur Durchführung ihrer Politiken erforderlich sind.

Titel VII. Bestimmungen über eine verstärkte Zusammenarbeit

Art. 43 [Verstärkte Zusammenarbeit] Die Mitgliedstaaten, die beabsichtigen, untereinander eine verstärkte Zusammenarbeit zu begründen, können die in diesem Vertrag und im Vertrag zur Gründung der Europäischen Gemeinschaft vorgesehenen Organe, Verfahren und Mechanismen in Anspruch nehmen, sofern die Zusammenarbeit

a) darauf ausgerichtet ist, die Ziele der Union und der Gemeinschaft zu fördern, ihre Interessen zu schützen und diesen zu dienen und ihren Integrationsprozess zu stärken;
b) die genannten Verträge und den einheitlichen institutionellen Rahmen der Union beachtet;
c) den Besitzstand der Gemeinschaft und die nach Maßgabe der sonstigen Bestimmungen der genannten Verträge getroffenen Maßnahmen beachtet;
d) im Rahmen der Zuständigkeit der Union oder der Gemeinschaft bleibt und sich nicht auf die Bereiche erstreckt, die unter die ausschließliche Zuständigkeit der Gemeinschaft fallen;
e) den Binnenmarkt im Sinne des Artikels 14 Absatz 2 des Vertrags zur Gründung der Europäischen Gemeinschaft und den wirtschaftlichen und sozialen Zusammenhalt nach Titel XVII des genannten Vertrags nicht beeinträchtigt;
f) keine Behinderung oder Diskriminierung des Handels zwischen den Mitgliedstaaten darstellt und die Wettbewerbsbedingungen zwischen diesen nicht verzerrt;
g) mindestens acht Mitgliedstaaten umfasst;
h) die Zuständigkeiten, Rechte und Pflichten der nicht an der Zusammenarbeit beteiligten Mitgliedstaaten beachtet;
i) die Bestimmungen des Protokolls zur Einbeziehung des Schengen-Besitzstands in den Rahmen der Europäischen Union unberührt lässt;
j) allen Mitgliedstaaten gemäß Artikel 43 b offen steht.

Art. 43 a [Voraussetzungen] Eine verstärkte Zusammenarbeit kann nur als letztes Mittel aufgenommen werden, wenn der Rat zu dem Schluss gelangt ist, dass die mit dieser Zusammenarbeit angestreb-

Vertrag über die Europäische Union

ten Ziele unter Anwendung der einschlägigen Bestimmungen der Verträge nicht in einem vertretbaren Zeitraum verwirklicht werden können.

Art. 43 b [Berechtigung] Eine verstärkte Zusammenarbeit steht bei ihrer Begründung allen Mitgliedstaaten offen. Sie steht ihnen ferner jederzeit nach Maßgabe der Artikel 27 e und 40 b dieses Vertrags und des Artikels 11 a des Vertrags zur Gründung der Europäischen Gemeinschaft offen, sofern sie dem Grundbeschluss und den in jenem Rahmen gefassten Beschlüssen nachkommen. Die Kommission und die an einer verstärkten Zusammenarbeit beteiligten Mitgliedstaaten tragen dafür Sorge, dass eine möglichst große Zahl von Mitgliedstaaten zur Beteiligung angeregt wird.

Art. 44 [Verfahren] (1) Für die Annahme der Rechtsakte und Beschlüsse, die für die Durchführung einer verstärkten Zusammenarbeit nach Artikel 43 erforderlich sind, gelten die einschlägigen institutionellen Bestimmungen dieses Vertrags und des Vertrags zur Gründung der Europäischen Gemeinschaft. Alle Mitglieder des Rats können an den Beratungen teilnehmen, jedoch nehmen nur die Vertreter der an der verstärkten Zusammenarbeit beteiligten Mitgliedstaaten an der Beschlussfassung teil. Als qualifizierte Mehrheit gelten derselbe Anteil der gewogenen Stimmen und derselbe Anteil der Anzahl der betreffenden Mitglieder des Rats, wie sie in Artikel 205 Absatz 2 des Vertrags zur Gründung der Europäischen Gemeinschaft und hinsichtlich einer verstärkten Zusammenarbeit aufgrund des Artikels 27 c in Artikel 23 Absatz 2 Unterabsätze 2 und 3 dieses Vertrags festgelegt sind. Die Einstimmigkeit bezieht sich allein auf die betroffenen Mitglieder des Rats.

Solche Rechtsakte und Beschlüsse sind nicht Bestandteile des Besitzstands der Union.

(2) Die Mitgliedstaaten wenden, soweit sie betroffen sind, die Rechtsakte und Beschlüsse an, die für die Durchführung der verstärkten Zusammenarbeit, an der sie sich beteiligen, angenommen wurden. Solche Rechtsakte und Beschlüsse binden nur die Mitgliedstaaten, die sich daran beteiligen, und haben gegebenenfalls nur in diesen Staaten unmittelbare Geltung. Die Mitgliedstaaten, die sich an der verstärkten Zusammenarbeit nicht beteiligen, stehen deren Durchführung durch die daran beteiligten Mitgliedstaaten nicht im Wege.

Art. 44 a [Ausgaben] Die sich aus der Durchführung einer verstärkten Zusammenarbeit ergebenden Ausgaben, mit Ausnahme der Verwaltungskosten der Organe, werden von den beteiligten Mitgliedstaaten finanziert, sofern der Rat nicht nach Anhörung des Europäischen Parlaments durch einstimmigen Beschluss sämtlicher Ratsmitglieder etwas anderes beschließt.

Art. 45 [Zusammenarbeit] Der Rat und die Kommission stellen sicher, dass die auf der Grundlage dieses Titels durchgeführten Maßnahmen untereinander sowie mit den Politiken der Union und der Gemeinschaft im Einklang stehen, und arbeiten entsprechend zusammen.

Protokolle
Zum EU-Vertrag und zum EG-Vertrag (BGBl. 1998 II 386)

Protokoll Nr. 2
Einbeziehung des Schengen-Besitzstands in den Rahmen
der Europäischen Union

Art. 1 Das Königreich Belgien, das Königreich Dänemark, die Bundesrepublik Deutschland, die Griechische Republik, das Königreich Spanien, die Französische Republik, die Italienische Republik, das Großherzogtum Luxemburg, das Königreich der Niederlande, die Republik Österreich, die Portugiesische Republik, die Republik Finnland und das Königreich Schweden als Unterzeichner der Schengener Übereinkommen werden ermächtigt, untereinander eine verstärkte Zusammenarbeit im Rahmen dieser Übereinkommen und damit zusammenhängender Bestimmungen, die im Anhang zu diesem Protokoll aufgeführt sind, – im folgenden als „Schengen-Besitzstand" bezeichnet – zu begründen. Diese Zusammenarbeit erfolgt innerhalb des institutionellen und rechtlichen Rahmens der Europäischen Union und unter Beachtung der einschlägigen Bestimmungen des Vertrags über die Europäische Union und des Vertrags zur Gründung der Europäischen Gemeinschaft.

Art. 2 (1) Ab dem Zeitpunkt des Inkrafttretens des Vertrags von Amsterdam ist der Schengen-Besitzstand, der auch die vor diesem Zeitpunkt erlassenen Beschlüsse des durch die Schengener Überein-

5 Texte 1.1.

kommen eingesetzten Exekutivausschusses umfaßt, unbeschadet des Absatzes 2 dieses Artikels für die in Art. 1 aufgeführten dreizehn Mitgliedstaaten sofort anwendbar. Ab demselben Zeitpunkt wird der Rat an die Stelle des genannten Exekutivausschusses treten.

Der Rat trifft durch einstimmigen Beschluß seiner in Artikel 1 genannten Mitglieder alle Maßnahmen, die für die Durchführung dieses Absatzes erforderlich sind. Der Rat legt einstimmig gemäß den einschlägigen Bestimmungen der Verträge die Rechtsgrundlage für jede Bestimmung und jeden Beschluß fest, die den Schengen-Besitzstand bilden.

Hinsichtlich solcher Bestimmungen und Beschlüsse nimmt der Gerichtshof der Europäischen Gemeinschaften im Einklang mit dieser Festlegung die Zuständigkeit wahr, die ihm nach den einschlägigen geltenden Bestimmungen der Verträge zukommt. Der Gerichtshof ist keinesfalls zuständig für Maßnahmen oder Beschlüsse, die die Aufrechterhaltung der öffentlichen Ordnung und den Schutz der inneren Sicherheit betreffen.

Solange die genannten Maßnahmen nicht getroffen worden sind, gelten die Bestimmungen und Beschlüsse, die den Schengen-Besitzstand bilden, unbeschadet des Artikels 5 Absatz 2 als Rechtsakte, die auf Titel VI des Vertrags über die Europäische Union gestützt sind.

(2) Absatz 1 gilt für diejenigen Mitgliedstaaten, die Protokolle über den Beitritt zu den Schengener Übereinkommen unterzeichnet haben, jeweils ab dem Zeitpunkt, der vom Rat mit einstimmigem Beschluß seiner in Artikel 1 genannten Mitglieder festgelegt wird, sofern die Bedingungen für den Beitritt eines dieser Staaten zum Schengen-Besitzstand nicht schon vor Inkrafttreten des Vertrags von Amsterdam erfüllt sind.

Art. 3 Im Anschluß an die Festlegung nach Artikel 2 Absatz 1 Unterabsatz 2 behält Dänemark in bezug auf diejenigen Teile des Schengen-Besitzstands, für die Titel IV des Vertrags zur Gründung der Europäischen Gemeinschaft als Rechtsgrundlage festgelegt ist, dieselben Rechte und Pflichten im Verhältnis zu den übrigen Unterzeichnern der Schengener Übereinkommen wie vor dieser Festlegung.

In bezug auf diejenigen Teile des Schengen-Besitzstands, für die Titel VI des Vertrags über die Europäische Union als Rechtsgrundlage festgelegt ist, behält Dänemark dieselben Rechte und Pflichten wie die übrigen Unterzeichner der Schengener Übereinkommen.

Art. 4 Irland und das Vereinigte Königreich Großbritannien und Nordirland, die durch den Schengen-Besitzstand nicht gebunden sind, können jederzeit beantragen, daß einzelne oder alle Bestimmungen dieses Besitzstands auch auf sie Anwendung finden sollen.

Der Rat beschließt einstimmig über einen solchen Antrag, wobei die Einstimmigkeit mit den Stimmen seiner in Artikel 1 genannten Mitglieder und der Stimme des Vertreters der Regierung des betreffenden Staates zustandekommt.

Art. 5 (1) Vorschläge und Initiativen auf der Grundlage des Schengen-Besitzstands unterliegen den einschlägigen Bestimmungen der Verträge.

In diesem Zusammenhang gilt, sofern Irland oder das Vereinigte Königreich oder beide Länder dem Präsidenten des Rats nicht innerhalb eines vertretbaren Zeitraums schriftlich mitgeteilt haben, daß sie sich beteiligen möchten, die Ermächtigung nach Artikel 11 des Vertrags zur Gründung der Europäischen Gemeinschaft und Artikel 40 des Vertrags über die Europäische Union gegenüber den in Artikel 1 genannten Mitgliedstaaten sowie gegenüber Irland oder dem Vereinigten Königreich als erteilt, sofern eines dieser beiden Länder sich in den betreffenden Bereichen der Zusammenarbeit beteiligen möchte.

(2) Die einschlägigen Bestimmungen der Verträge nach Absatz 1 Unterabsatz 1 finden auch dann Anwendung, wenn der Rat die in Artikel 2 Absatz 1 Unterabsatz 2 genannten Maßnahmen nicht beschlossen hat.

Art. 6 Die Republik Island und das Königreich Norwegen werden bei der Durchführung des Schengen-Besitzstands und bei seiner weiteren Entwicklung auf der Grundlage des am 19. Dezember 1996 in Luxemburg unterzeichneten Übereinkommens assoziiert. Die entsprechenden Verfahren hierfür werden in einem Übereinkommen mit diesen Staaten festgelegt, das vom Rat mit einstimmigem Beschluß seiner in Artikel 1 genannten Mitglieder geschlossen wird. Das Übereinkommen enthält auch Bestimmungen über den Beitrag Islands und Norwegens zu etwaigen finanziellen Folgen der Durchführung dieses Protokolls.

Mit Island und Norwegen schließt der Rat mit einstimmigem Beschluß ein gesondertes Übereinkommen zur Festlegung der Rechte und Pflichten zwischen Irland und dem Vereinigten Königreich

Vertrag über die Europäische Union   1.1. **Texte 5**

Großbritannien und Nordirland einerseits und Island und Norwegen andererseits in den für diese Staaten geltenden Bereichen des Schengen-Besitzstands.

Art. 7 Der Rat beschließt mit qualifizierter Mehrheit die Einzelheiten der Eingliederung des Schengen–Sekretariats in das Generalsekretariat des Rats.

Art. 8 Bei den Verhandlungen über die Aufnahme neuer Mitgliedstaaten in die Europäische Union gelten der Schengen-Besitzstand und weitere Maßnahmen, welche die Organe im Rahmen seines Anwendungsbereichs getroffen haben, als ein Besitzstand, der von allen Staaten, die Beitrittskandidaten sind, vollständig zu übernehmen ist.

– Anhang A –
Schengen-Besitzstand:

1. Das am 14. Juni 1985 in Schengen unterzeichnete Übereinkommen zwischen den Regierungen der Staaten der Benelux–Wirtschaftsunion, der Bundesrepublik Deutschland und der Französischen Republik betreffend den schrittweisen Abbau der Kontrollen an den gemeinsamen Grenzen.
2. Das am 19. Juni 1990 in Schengen unterzeichnete Übereinkommen zwischen dem Königreich Belgien, der Bundesrepublik Deutschland, der Französischen Republik, dem Großherzogtum Luxemburg und dem Königreich der Niederlande zur Durchführung des am 14. Juni 1985 in Schengen unterzeichneten Übereinkommens betreffend den schrittweisen Abbau der Kontrollen an den gemeinsamen Grenzen mit der dazugehörigen Schlussakte und den dazu abgegebenen gemeinsamen Erklärungen.
3. Die Beitrittsprotokolle und -übereinkommen zu dem Übereinkommen von 1985 und dem Durchführungsübereinkommen von 1990, die mit Italien (unterzeichnet am 27. November 1990 in Paris), Spanien und Portugal (unterzeichnet am 25. Juni 1991 in Bonn), Griechenland (unterzeichnet am 6. November 1992 in Madrid), Österreich (unterzeichnet am 28. April 1995 in Brüssel) sowie Dänemark, Finnland und Schweden (unterzeichnet am 19. Dezember 1996 in Luxemburg) geschlossen wurden, mit den dazugehörigen Schlussakten und Erklärungen.
4. Beschlüsse und Erklärungen des aufgrund des Durchführungsübereinkommens von 1990 eingesetzten Exekutivausschusses sowie Rechtsakte zur Durchführung des Übereinkommens, die von den Organen erlassen worden sind, denen der Exekutivausschuss Entscheidungsbefugnisse übertragen hat.

Protokoll Nr. 29
Gewährung von Asyl für Staatsangehörige von Mitgliedstaaten
der Europäischen Union
Zum EU-Vertrag und zum EG-Vertrag (BGBl. 1998 II 429)

In Anbetracht des Niveaus des Schutzes der Grundrechte und Grundfreiheiten in den Mitgliedstaaten der Europäischen Union gelten die Mitgliedstaaten füreinander für alle rechtlichen und praktischen Zwecke im Zusammenhang mit Asylangelegenheiten als sichere Herkunftsländer. Dementsprechend darf ein Asylantrag eines Staatsangehörigen eines Mitgliedstaats von einem anderen Mitgliedstaat nur berücksichtigt oder zur Bearbeitung zugelassen werden,

a) wenn der Mitgliedstaat, dessen Staatsangehöriger der Antragsteller ist, nach Inkrafttreten des Vertrags von Amsterdam Artikel 15 der Konvention zum Schutze der Menschenrechte und Grundfreiheiten anwendet und Maßnahmen ergreift, die in seinem Hoheitsgebiet die in der Konvention vorgesehenen Verpflichtungen außer Kraft setzen,
b) wenn das Verfahren des Artikels F. 1 Absatz 1 des Vertrags über die Europäische Union eingeleitet worden ist und bis der Rat diesbezüglich einen Beschluss gefasst hat,
c) wenn der Rat nach Artikel F. 1 Absatz 1 des Vertrags über die Europäische Union eine schwerwiegende und anhaltende Verletzung von in Artikel F Absatz 1 genannten Grundsätzen durch den Mitgliedstaat, dessen Staatsangehöriger der Antragsteller ist, festgestellt hat;
d) wenn ein Mitgliedstaat in Bezug auf den Antrag eines Staatsangehörigen eines anderen Mitgliedstaats einseitig einen solchen Beschluss fasst; in diesem Fall wird der Rat umgehend unterrichtet; bei

5 Texte 1.2.

der Prüfung des Antrags wird von der Vermutung ausgegangen, dass der Antrag offensichtlich unbegründet ist, ohne dass die Entscheidungsbefugnis des Mitgliedstaats in irgendeiner Weise beeinträchtigt wird.

Erklärungen
Konferenz der Vertreter der Regierungen der Mitgliedstaaten
am 19. Dezember 1990 in Rom

III. 2. Erklärung zur Staatsangehörigkeit eines Mitgliedstaats

Die Konferenz erklärt, dass bei Bezugnahmen des Vertrags zur Gründung der Europäischen Gemeinschaft auf die Staatsangehörigen der Mitgliedstaaten die Frage, welchem Mitgliedstaat eine Person angehört, allein durch Bezug auf das innerstaatliche Recht des betreffenden Mitgliedstaats geregelt wird. Die Mitgliedstaaten können zur Unterrichtung in einer Erklärung gegenüber dem Vorsitz angeben, wer für die Zwecke der Gemeinschaft als ihr Staatsangehöriger anzusehen ist, und ihre Erklärung erforderlichenfalls ändern.

1.2. Vertrag zur Gründung der Europäischen Gemeinschaft

Vom 25. März 1957 (BGBl. II 766) in der Fassung des Vertrags über die Europäische Union vom 7. Februar 1992 (BGBl. II 1253, 1256), in der konsolidierten Fassung des Beschlusses vom 24. Dezember 2002 (ABl. C 325 vom 24. 12. 2002 S. 33)
– Auszug –

Zweiter Teil. Die Unionsbürgerschaft

Art. 17 [Unionsbürger] (1) Es wird eine Unionsbürgerschaft eingeführt. Unionsbürger ist, wer die Staatsangehörigkeit eines Mitgliedstaats besitzt. Die Unionsbürgerschaft ergänzt die nationale Staatsbürgerschaft, ersetzt sie aber nicht.

(2) Die Unionsbürger haben die in diesem Vertrag vorgesehenen Rechte und Pflichten.

Art. 18 [Allgemeine Freizügigkeit] (1) Jeder Unionsbürger hat das Recht, sich im Hoheitsgebiet der Mitgliedstaaten vorbehaltlich der in diesem Vertrag und in den Durchführungsvorschriften vorgesehenen Beschränkungen und Bedingungen frei zu bewegen und aufzuhalten.

(2) Erscheint zur Erreichung dieses Zieles ein Tätigwerden der Gemeinschaft erforderlich und sieht dieser Vertrag hierfür keine Befugnisse vor, so kann der Rat Vorschriften erlassen, mit denen die Ausübung der Rechte nach Absatz 1 erleichtert wird. Er beschließt gemäß den Vorschriften des Artikels 251.

(3) Absatz 2 gilt nicht für Vorschriften betreffend Pässe, Personalausweise, Aufenthaltstitel oder diesen gleichgestellte Dokumente und auch nicht für Vorschriften betreffend die soziale Sicherheit und den sozialen Schutz.

Art. 19 [Kommunalwahlrecht; Wahl zum EP] (1) Jeder Unionsbürger mit Wohnsitz in einem Mitgliedstaat, dessen Staatsangehörigkeit er nicht besitzt, hat in dem Mitgliedstaat, in dem er seinen Wohnsitz hat, das aktive und passive Wahlrecht bei Kommunalwahlen, wobei für ihn dieselben Bedingungen gelten wie für die Angehörigen des betreffenden Mitgliedstaats. Dieses Recht wird vorbehaltlich der Einzelheiten ausgeübt, die vom Rat einstimmig auf Vorschlag der Kommission und nach Anhörung des Europäischen Parlaments festzulegen sind; in diesen können Ausnahmeregelungen vorgesehen werden, wenn dies aufgrund besonderer Probleme eines Mitgliedstaats gerechtfertigt ist.

(2) Unbeschadet des Artikels 190 Absatz 4 und der Bestimmungen zu dessen Durchführung besitzt jeder Unionsbürger mit Wohnsitz in einem Mitgliedstaat, dessen Staatsangehörigkeit er nicht besitzt, in dem Mitgliedstaat, in dem er seinen Wohnsitz hat, das aktive und passive Wahlrecht bei den Wahlen

zum Europäischen Parlament, wobei für ihn dieselben Bedingungen gelten wie für die Angehörigen des betreffenden Mitgliedstaats. Dieses Recht wird vorbehaltlich der Einzelheiten ausgeübt, die vom Rat einstimmig auf Vorschlag der Kommission und nach Anhörung des Europäischen Parlaments festgelegt werden; in diesen können Ausnahmeregelungen vorgesehen werden, wenn dies aufgrund besonderer Probleme eines Mitgliedstaats gerechtfertigt ist.

Art. 20 [Auslandsschutz] Jeder Unionsbürger genießt im Hoheitsgebiet eines dritten Landes, in dem der Mitgliedstaat, dessen Staatsangehörigkeit er besitzt, nicht vertreten ist, den diplomatischen und konsularischen Schutz eines jeden Mitgliedstaats unter denselben Bedingungen wie Staatsangehörige dieses Staates. Die Mitgliedstaaten vereinbaren die notwendigen Regeln und leiten die für diesen Schutz erforderlichen internationalen Verhandlungen ein.

Art. 21 [Petitionsrecht; Bürgerbeauftragter] Jeder Unionsbürger besitzt das Petitionsrecht beim Europäischen Parlament nach Artikel 194.

Jeder Unionsbürger kann sich an den nach Artikel 195 eingesetzten Bürgerbeauftragten wenden.

Jeder Unionsbürger kann sich schriftlich in einer der in Artikel 14 genannten Sprachen an jedes Organ oder an jede Einrichtung wenden, die in dem vorliegenden Artikel oder in Artikel 7 genannt sind, und eine Antwort in derselben Sprache erhalten.

Art. 22 [Vereinbarung weiterer Rechte] Die Kommission erstattet dem Europäischen Parlament, dem Rat und dem Wirtschafts- und Sozialausschuß alle drei Jahre über die Anwendung dieses Teils Bericht. In dem Bericht wird der Fortentwicklung der Union Rechnung getragen.

Auf dieser Grundlage kann der Rat unbeschadet der anderen Bestimmungen dieses Vertrags zur Ergänzung der in diesem Teil vorgesehenen Rechte einstimmig auf Vorschlag der Kommission und nach Anhörung des Europäischen Parlaments Bestimmungen erlassen, die er den Mitgliedstaaten zur Annahme gemäß ihren verfassungsrechtlichen Vorschriften empfiehlt.

Dritter Teil. Die Politiken der Gemeinschaft

Titel III. Die Freizügigkeit, der freie Dienstleistungs- und Kapitalverkehr

Kapitel 1. Die Arbeitskräfte

Art. 39 [Freizügigkeit der Arbeitnehmer] (1) Innerhalb der Gemeinschaft ist die Freizügigkeit der Arbeitnehmer hergestellt.

(2) Sie umfasst die Abschaffung jeder auf der Staatsangehörigkeit beruhenden unterschiedlichen Behandlung der Arbeitnehmer der Mitgliedstaaten in bezug auf Beschäftigung, Entlohnung und sonstige Arbeitsbedingungen.

(3) Sie gibt – vorbehaltlich der aus Gründen der öffentlichen Ordnung, Sicherheit und Gesundheit gerechtfertigten Beschränkungen – den Arbeitnehmern das Recht,
a) sich um tatsächlich angebotene Stellen zu bewerben;
b) sich zu diesem Zweck im Hoheitsgebiet der Mitgliedstaaten frei zu bewegen;
c) sich in einem Mitgliedstaat aufzuhalten, um dort nach den für die Arbeitnehmer dieses Staates geltenden Rechts- und Verwaltungsvorschriften eine Beschäftigung auszuüben;
d) nach Beendigung einer Beschäftigung im Hoheitsgebiet eines Mitgliedstaates unter Bedingungen zu verbleiben, welche die Kommission in Durchführungsverordnungen festlegt.

(4) Dieser Artikel findet keine Anwendung auf die Beschäftigung in der öffentlichen Verwaltung.

Art. 40 [Rechtsetzungsermächtigung des Rats] Der Rat trifft die gemäß dem Verfahren des Artikels 251 und nach Anhörung des Wirtschafts- und Sozialausschusses durch Richtlinien oder Verordnungen alle erforderlichen Maßnahmen, um die Freizügigkeit der Arbeitnehmer im Sinne des Artikels 39 herzustellen, insbesondere
a) durch Sicherstellung einer engen Zusammenarbeit zwischen den einzelstaatlichen Arbeitsverwaltungen;
b) durch die Beseitigung der Verwaltungsverfahren und -praktiken sowie der für den Zugang zu verfügbaren Arbeitsplätzen vorgeschriebenen Fristen, die sich aus innerstaatlichen Rechtsvorschrif-

ten oder vorher zwischen den Mitgliedstaaten geschlossenen Übereinkünften ergeben und deren Beibehaltung die Herstellung der Freizügigkeit der Arbeitnehmer hindert;

c) durch die Beseitigung aller Fristen und sonstigen Beschränkungen, die in innerstaatlichen Rechtsvorschriften oder vorher zwischen den Mitgliedstaaten geschlossenen Übereinkünften vorgesehen sind, und die den Arbeitnehmern der anderen Mitgliedstaaten für die freie Wahl des Arbeitsplatzes andere Bedingungen als den inländischen Arbeitnehmern auferlegen;

d) durch die Schaffung geeigneter Verfahren für die Zusammenführung und den Ausgleich von Angebot und Nachfrage auf dem Arbeitsmarkt zu Bedingungen, die eine ernstliche Gefährdung der Lebenshaltung und des Beschäftigungsstands in einzelnen Gebieten und Industrien ausschließen.

Art. 41 [Austausch junger Arbeitskräfte] Die Mitgliedstaaten fördern den Austausch junger Arbeitskräfte im Rahmen eines gemeinsamen Programms.

Art. 42 [Soziale Sicherheit] Der Rat beschließt gemäß dem Verfahren des Artikels 251 die auf dem Gebiet der sozialen Sicherheit für die Herstellung der Freizügigkeit der Arbeitnehmer notwendigen Maßnahmen; zu diesem Zweck führt er insbesondere ein System ein, welches aus- und einwandernden Arbeitnehmern und deren anspruchsberechtigten Angehörigen folgendes sichert:

a) die Zusammenrechnung aller nach den verschiedenen innerstaatlichen Rechtsvorschriften berücksichtigten Zeiten für den Erwerb und die Aufrechterhaltung des Leistungsanspruchs sowie für die Berechnung der Leistungen;

b) die Zahlung der Leistungen an Personen, die in den Hoheitsgebieten der Mitgliedstaaten wohnen.

Der Rat beschließt im Rahmen des Verfahrens des Artikels 251 einstimmig.

Kapitel 2. Das Niederlassungsrecht

Art. 43 [Niederlassungsfreiheit] Die Beschränkungen der freien Niederlassung von Staatsangehörigen eines Mitgliedstaates im Hoheitsgebiet eines anderen Mitgliedstaats sind nach Maßgabe der folgenden Vorschriften verboten. Das gleiche gilt für Beschränkungen der Gründung von Agenturen, Zweigniederlassungen oder Tochtergesellschaften durch Angehörige eines Mitgliedstaates, die im Hoheitsgebiet eines Mitgliedstaats ansässig sind.

Vorbehaltlich des Kapitels über den Kapitalverkehr umfasst die Niederlassungsfreiheit die Aufnahme und Ausübung selbständiger Erwerbstätigkeiten sowie die Gründung und Leitung von Unternehmen, insbesondere von Gesellschaften im Sinne des Artikels 48 Absatz 2, nach den Bestimmungen des Aufnahmestaates für seine eigenen Angehörigen.

Art. 44 [Rechtsetzungsermächtigung des Rats] (1) Der Rat erlässt gemäß dem Verfahren des Artikels 251 und nach Anhörung des Wirtschafts- und Sozialausschusses Richtlinien zur Verwirklichung der Niederlassungsfreiheit für eine bestimmte Tätigkeit.

(2) Der Rat und die Kommission erfüllen die Aufgaben, die ihnen aufgrund der obigen Bestimmungen übertragen sind, indem sie insbesondere

a) im Allgemeinen diejenigen Tätigkeiten mit Vorrang behandeln, bei denen die Niederlassungsfreiheit die Entwicklung der Produktion und des Handels in besonderer Weise fördert;

b) eine enge Zusammenarbeit zwischen den zuständigen Verwaltungen der Mitgliedstaaten sicherstellen, um sich über die besondere Lage auf den verschiedenen Tätigkeitsgebieten innerhalb der Gemeinschaft zu unterrichten;

c) die aus innerstaatlichen Rechtsvorschriften oder vorher zwischen den Mitgliedstaaten geschlossenen Übereinkünften abgeleiteten Verwaltungsverfahren und -praktiken ausschalten, deren Beibehaltung der Niederlassungsfreiheit entgegensteht;

d) dafür Sorge tragen, dass Arbeitnehmer eines Mitgliedstaates, die im Hoheitsgebiet eines anderen Mitgliedstaates beschäftigt sind, dort verbleiben und eine selbständige Tätigkeit unter denselben Voraussetzungen ausüben können, die sie erfüllen müssten, wenn sie in diesen Staat erst zu dem Zeitpunkt einreisen würden, in dem sie diese Tätigkeit aufzunehmen beabsichtigen;

e) den Erwerb und die Nutzung von Grundbesitz im Hoheitsgebiet eines Mitgliedstaates durch Angehörige eines anderen Mitgliedstaates ermöglichen, soweit hierdurch die Grundsätze des Artikels 33 Absatz 2 nicht beeinträchtigt werden;

f) veranlassen, dass bei jedem in Betracht kommenden Wirtschaftszweig die Beschränkungen der Niederlassungsfreiheit in bezug auf die Voraussetzungen für die Errichtung von Agenturen, Zweigniederlassungen und Tochtergesellschaften im Hoheitsgebiet eines Mitgliedstaates sowie für den Eintritt des Personals der Hauptniederlassung in ihre Leistungs- oder Überwachungsorgane schrittweise aufgehoben werden;

g) soweit erforderlich die Schutzbestimmungen koordinieren, die in den Mitgliedstaaten den Gesellschaften im Sinne des Artikels 48 Absatz 2 im Interesse der Gesellschafter sowie Dritter vorgeschrieben sind, um diese Bestimmungen gleichwertig zu gestalten;

h) sicherstellen, daß die Bedingungen für die Niederlassung nicht durch Beihilfen der Mitgliedstaaten verfälscht werden.

Art. 45 [Ausübung öffentlicher Gewalt] Auf Tätigkeiten, die in einem Mitgliedstaat dauernd oder zeitweise mit der Ausübung öffentlicher Gewalt verbunden sind, findet dieses Kapitel in dem betreffenden Mitgliedstaat keine Anwendung.

Der Rat kann mit qualifizierter Mehrheit auf Vorschlag der Kommission beschließen, dass dieses Kapitel auf bestimmte Tätigkeiten keine Anwendung findet.

Art. 46 [Vorbehalt der öffentlichen Ordnung, Sicherheit oder Gesundheit] (1) Dieses Kapitel und die aufgrund desselben getroffenen Maßnahmen beeinträchtigen nicht die Anwendbarkeit der Rechts- und Verwaltungsvorschriften, die eine Sonderregelung für Ausländer vorsehen und aus Gründen der öffentlichen Ordnung, Sicherheit oder Gesundheit gerechtfertigt sind.

(2) Der Rat erlässt gemäß dem Verfahren des Artikels 251 Richtlinien für die Koordinierung der genannten Vorschriften.

Art. 47 [Harmonisierungsrichtlinien] (1) Um die Aufnahme und Ausübung selbständiger Tätigkeiten zu erleichtern, erlässt der Rat nach dem Verfahren des Artikels 251 Richtlinien für die gegenseitige Anerkennung der Diplome, Prüfungszeugnisse und sonstigen Befähigungsnachweise.

(2) Zu dem gleichen Zweck erlässt der Rat gemäß dem verfahren des Artikels 251 Richtlinien zur Koordinierung der Rechts- und Verwaltungsvorschriften der Mitgliedstaaten über die Aufnahme und Ausübung selbständiger Tätigkeiten. Der Rat beschließt im dem Verfahren des Artikels 251 einstimmig über Richtlinien, deren Durchführung in mindestens einem Mitgliedstaat eine Änderung bestehender gesetzlicher Grundsätze der Berufungsordnung hinsichtlich der Ausbildung und der Bedingungen für den Zugang natürlicher Personen zum Beruf umfasst. Im Übrigen beschließt der Rat mit qualifizierter Mehrheit.

(3) Die schrittweise Aufhebung der Beschränkungen für die ärztlichen, arztähnlichen und pharmazeutischen Berufe setzt die Koordinierung der Bedingungen für die Ausübung dieser Berufe in den einzelnen Mitgliedstaaten voraus.

Art. 48 [Gleichstellung von Gesellschaften] Für die Anwendung dieses Kapitels stehen die nach den Rechtsvorschriften eines Mitgliedstaates gegründeten Gesellschaften, die ihren satzungsmäßigen Sitz, ihre Hauptverwaltung oder ihre Hauptniederlassung innerhalb der Gemeinschaft haben, den natürlichen Personen gleich, die Angehörige der Mitgliedstaaten sind.

Als Gesellschaften gelten die Gesellschaften des bürgerlichen und des Handelsrechts einschließlich der Genossenschaften und die sonstigen juristischen Personen des öffentlichen und privaten Rechts mit Ausnahme derjenigen, die keinen Erwerbszweck verfolgen.

Kapitel 3. Dienstleistungen

Art. 49 [Herstellung des freien Dienstleistungsverkehrs] Die Beschränkungen des freien Dienstleistungsverkehrs innerhalb der Gemeinschaft für Angehörige der Mitgliedstaaten, die in einem anderen Staat der Gemeinschaft als demjenigen des Leistungsempfängers ansässig sind, sind nach Maßgabe der folgenden Bestimmungen verboten.

Der Rat kann mit qualifizierter Mehrheit auf Vorschlag der Kommission beschließen, dass dieses Kapitel auch auf Erbringer von Dienstleistungen Anwendung findet, welche die Staatsangehörigkeit eines dritten Landes besitzen und innerhalb der Gemeinschaft ansässig sind.

Art. 50 [Inhalt und Anwendungsbereich] Dienstleistungen im Sinne dieses Vertrags sind Leistungen, die in der Regel gegen Entgelt erbracht werden, soweit sie nicht den Vorschriften über den freien Waren- und Kapitalverkehr und über die Freizügigkeit der Personen unterliegen.

Als Dienstleistungen gelten insbesondere:
a) gewerbliche Tätigkeiten,
b) kaufmännische Tätigkeiten,
c) handwerkliche Tätigkeiten,
d) freiberufliche Tätigkeiten.

Unbeschadet des Kapitels über die Niederlassungsfreiheit kann der Leistende zwecks Erbringung seiner Leistungen seine Tätigkeit vorübergehend in dem Staat ausüben, in dem die Leistung erbracht wird, und zwar unter den Voraussetzungen, welche dieser Staat für seine eigenen Angehörigen vorschreibt.

Art. 51 [Sonderregelungen] (1) Für den freien Dienstleistungsverkehr auf dem Gebiet des Verkehrs gelten die Bestimmungen des Titels über den Verkehr.

(2) Die Liberalisierung der mit dem Kapitalverkehr verbundenen Dienstleistungen der Banken und Versicherungen wird im Einklang mit der Liberalisierung des Kapitalverkehrs durchgeführt.

Art. 52 [Rechtsetzungsermächtigung des Rats] (1) Der Rat erlässt mit qualifizierter Mehrheit auf Vorschlag der Kommission und nach Anhörung des Wirtschafts- und Sozialausschusses und des Europäischen Parlaments Richtlinien zur Liberalisierung einer bestimmten Dienstleistung.

(2) Bei den in Absatz 1 genannten Richtlinien sind im Allgemeinen mit Vorrang diejenigen Dienstleistungen zu berücksichtigen, welche die Produktionskosten unmittelbar beeinflussen oder deren Liberalisierung zur Förderung des Warenverkehrs beiträgt.

Art. 53 [Weitere Liberalisierung] Die Mitgliedstaaten sind bereit, über das Ausmaß der Liberalisierung der Dienstleistungen, zu dem sie aufgrund der Richtlinien gemäß Artikel 52 Absatz 1 verpflichtet sind, hinauszugehen, falls ihre wirtschaftliche Gesamtlage und die Lage des betreffenden Wirtschaftszweiges dies zulassen.

Die Kommission richtet entsprechende Empfehlungen an die betreffenden Staaten.

Art. 54 [Diskriminierungsverbot bei erlaubten Beschränkungen] Solange die Beschränkungen des freien Dienstleistungsverkehrs nicht aufgehoben sind, wendet sie jeder Mitgliedstaat ohne Unterscheidung nach Staatsangehörigkeit oder Aufenthaltsort auf alle in Artikel 48 Absatz 1 bezeichneten Erbringer von Dienstleistungen an.

Art. 55 [Verweisung auf die Niederlassungsfreiheit] Die Bestimmungen der Artikel 45 bis 48 finden auf das in diesem Kapitel geregelte Sachgebiet Anwendung.

Titel IV. Visa, Asyl, Einwanderung und andere Politiken betreffend den freien Personenverkehr

Art. 61 [Maßnahmen des Rates] Zum schrittweisen Aufbau eines Raums der Freiheit, der Sicherheit und des Rechts erlässt der Rat
a) innerhalb eines Zeitraums von fünf Jahren nach Inkrafttreten des Vertrags von Amsterdam Maßnahmen zur Gewährleistung des freien Personenverkehrs nach Artikel 14 in Verbindung mit unmittelbar damit zusammenhängenden flankierenden Maßnahmen in Bezug auf die Kontrollen an den Außengrenzen, Asyl und Einwanderung nach Artikel 62 Nummern 2 und 3, Artikel 63 Nummer 1 Buchstabe a) und Nummer 2 Buchstabe a) sowie Maßnahmen zur Verhütung und Bekämpfung der Kriminalität nach Artikel 31 Buchstabe e) des Vertrags über die Europäische Union;
b) sonstige Maßnahmen in den Bereichen Asyl, Einwanderung und Schutz der Rechte von Staatsangehörigen dritter Länder nach Artikel 63;
c) Maßnahmen im Bereich der justiziellen Zusammenarbeit in Zivilsachen nach Artikel 65;
d) geeignete Maßnahmen zur Förderung und Verstärkung der Zusammenarbeit der Verwaltungen nach Artikel 66;
e) Maßnahmen im Bereich der polizeilichen und justiziellen Zusammenarbeit in Strafsachen, die durch die Verhütung und Bekämpfung der Kriminalität in der Union nach dem Vertrag über die Europäische Union auf ein hohes Maß an Sicherheit abzielen.

Art. 62 [Wegfall der Personenkontrollen; Kontrolle der Außengrenzen; einheitliche Visapolitik] Der Rat beschließt nach dem Verfahren des Artikels 67 innerhalb eines Zeitraums von fünf Jahren nach Inkrafttreten des Vertrags von Amsterdam

Vertrag zur Gründung der EG 1.2. **Texte 5**

1. Maßnahmen, die nach Artikel 14 sicherstellen, dass Personen, seien es Bürger der Union oder Staatsangehörige dritter Länder, beim Überschreiten der Binnengrenzen nicht kontrolliert werden;
2. Maßnahmen bezüglich des Überschreitens der Außengrenzen der Mitgliedstaaten, mit denen Folgendes festgelegt wird;
    a) Normen und Verfahren, die von den Mitgliedstaaten bei der Durchführung der Personenkontrollen an diesen Grenzen einzuhalten sind;
    b) Vorschriften über Visa für geplante Aufenthalte von höchstens drei Monaten einschließlich
        i) der Liste der Drittländer, deren Staatsangehörige beim Überschreiten der Außengrenzen im Besitz eines Visums sein müssen, sowie der Drittländer, dreren Staatsangehörige von dieser Visumpflicht befreit sind;
        ii) der Verfahren und Voraussetzungen für die Visumerteilung durch die Mitgliedstaaten;
        iii) der einheitlichen Visumgestaltung;
        iv) der Vorschriften für ein einheitliches Visum.
3. Maßnahmen zur Festlegung der Bedingungen, unter denen Staatsangehörige dritter Länder im Hoheitsgebiet der Mitgliedstaaten während eines Aufenthalts von höchstens drei Monaten Reisefreiheit genießen.

Art. 63 [Asyl, Einwanderungspolitik] Der Rat beschließt gemäß dem Verfahren des Artikels 67 innerhalb eines Zeitraums von fünf Jahren nach Inkrafttreten des Vertrags von Amsterdam.
1. in Übereinstimmung mit dem Genfer Abkommen vom 28. Juli 1951 und dem Protokoll vom 31. Januar 1967 über die Rechtsstellung der Flüchtlinge sowie einschlägigen anderen Verträgen Asylmaßnahmen in folgenden Bereichen:
    a) Kriterien und Verfahren zur Bestimmung des Mitgliedstaats, der für die Prüfung eines Asylantrags zuständig ist, den ein Staatsangehöriger eines dritten Landes in einem Mitgliedstaat gestellt hat;
    b) Mindestnormen für die Aufnahme von Asylbewerbern in den Mitgliedstaaten;
    c) Mindestnormen für die Anerkennung von Staatsangehörigen dritter Länder als Flüchtlinge;
    d) Mindestnormen für die Verfahren in den Mitgliedstaaten zur Zuerkennung oder Aberkennung der Flüchtlingseigenschaft;
2. Maßnahmen in Bezug auf Flüchtlinge und vertriebene Personen in folgenden Bereichen:
    a) Mindestnormen für den vorübergehenden Schutz von vertriebenen Personen aus dritten Ländern, die nicht in ihr Herkunftsland zurückkehren können, und von Personen, die anderweitig internationalen Schutz benötigen;
    b) Förderung einer ausgewogenen Verteilung der Belastungen, die mit der Aufnahme von Flüchtlingen und vertriebenen Personen und den Folgen dieser Aufnahme verbunden sind, auf die Mitgliedstaaten;
3. einwanderungspolitische Maßnahmen in folgenden Bereichen:
    a) Einreise- und Aufenthaltsvoraussetzungen sowie Normen für die Verfahren zur Erteilung von Visa für einen langfristigen Aufenthalt und Aufenthaltstiteln, einschließlich solcher zur Familienzusammenführung, durch die Mitgliedstaaten;
    b) illegale Einwanderung und illegaler Aufenthalt, einschließlich der Rückführung solcher Personen, die sich illegal in einem Mitgliedstaat aufhalten;
4. Maßnahmen zur Festlegung der Rechte und der Bedingungen, aufgrund derer sich Staatsangehörige dritter Länder, die sich rechtmäßig in einem Mitgliedstaat aufhalten, in anderen Mitgliedstaaten aufhalten dürfen.

Maßnahmen, die vom Rat nach den Nummern 3 und 4 beschlossen worden sind, hindern die Mitgliedstaaten nicht daran, in den betreffenden Bereichen innerstaatliche Bestimmungen beizubehalten oder einzuführen, die mit diesem Vertrag und mit internationalen Übereinkünften vereinbar sind.

Der vorgenannte Fünfjahreszeitraum gilt nicht für nach Nummer 2 Buchstabe b), Nummer 3 Buchstabe a) und Nummer 4 zu beschließende Maßnahmen.

Art. 64 [Zuständigkeiten der Mitgliedstaaten; Notstandsklausel] (1) Dieser Titel berührt nicht die Wahrnehmung der Zuständigkeiten der Mitgliedstaaten für die Aufrechterhaltung der öffentlichen Ordnung und den Schutz der inneren Sicherheit.

(2) Sehen sich ein oder mehrere Mitgliedstaaten einer Notlage aufgrund eines plötzlichen Zustroms von Staatsangehörigen dritter Länder gegenüber, so kann der Rat unbeschadet des Absatzes 1 auf

Vorschlag der Kommission mit qualifizierter Mehrheit zugunsten der betreffenden Mitgliedstaaten vorläufige Maßnahmen mit einer Geltungsdauer von höchstens sechs Monaten beschließen.

Art. 65 [Justizielle Zusammenarbeit in Zivilsachen] Die Maßnahmen im Bereich der justiziellen Zusammenarbeit in Zivilsachen mit grenzüberschreitenden Bezügen, die, soweit sie für das reibungslose Funktionieren des Binnenmarktes erforderlich sind, nach Artikel 67 zu treffen sind, schließen ein:

a) Verbesserung und Vereinfachung
 – des Systems für die grenzüberschreitende Zustellung gerichtlicher und außergerichtlicher Schriftstücke;
 – der Zusammenarbeit bei der Erhebung von Beweismitteln;
 – der Anerkennung und Vollstreckung gerichtlicher und außergerichtlicher Entscheidungen in Zivil- und Handelssachen;

b) Förderung der Vereinbarkeit der in den Mitgliedstaaten geltenden Kollisionsnormen und Vorschriften zur Vermeidung von Kompetenzkonflikten;

c) Beseitigung der Hindernisse für eine reibungslose Abwicklung von Zivilverfahren, erforderlichenfalls durch Förderung der Vereinbarkeit der in den Mitgliedstaaten geltenden zivilrechtlichen Verfahrensvorschriften.

Art. 66 [Behördenzusammenarbeit] Der Rat beschließt gemäß dem Verfahren des Artikels 67 Maßnahmen, um die Zusammenarbeit zwischen den entsprechenden Dienststellen der Behörden der Mitgliedstaaten in den Bereichen dieses Titels sowie die Zusammenarbeit zwischen diesen Dienststellen und der Kommission zu gewährleisten.

Art. 67 (*) **[Verfahren der Beschlussfassung]** (1) Der Rat handelt während eines Übergangszeitraums von fünf Jahren nach Inkrafttreten des Vertrags von Amsterdam einstimmig auf Vorschlag der Kommission oder auf Initiative eines Mitgliedstaats und nach Anhörung des Europäischen Parlaments.

(2) Nach Ablauf dieser fünf Jahre
 – handelt der Rat auf der Grundlage von Vorschlägen der Kommission; die Kommission prüft jeden Antrag eines Mitgliedstaats, wonach sie dem Rat einen Vorschlag unterbreiten soll;
 – fasst der Rat einstimmig nach Anhörung des Europäischen Parlaments einen Beschluss, wonach auf alle Bereiche oder Teile der Bereiche, die unter diesen Titel fallen, das Verfahren des Artikels 251 anzuwenden ist und die Bestimmungen über die Zuständigkeit des Gerichtshofs angepasst werden.

(3) Abweichend von den Absätzen 1 und 2 werden die in Artikel 62 Nummer 2 Buchstabe b) Ziffern i) und iii) genannten Maßnahmen vom Zeitpunkt des Inkrafttretens des Vertrags von Amsterdam an vom Rat mit qualifizierter Mehrheit auf Vorschlag der Kommission und nach Anhörung des Europäischen Parlaments beschlossen.

(4) Abweichend von Absatz 2 werden die in Artikel 62 Nummer 2 Buchstabe b) Ziffern ii) und iv) genannten Maßnahmen nach Ablauf von fünf Jahren nach Inkrafttreten des Vertrags von Amsterdam vom Rat gemäß dem Verfahren des Artikels 251 beschlossen.

(5) Abweichend von Absatz 1 beschließt der Rat gemäß dem Verfahren des Artikels 251
 – die Maßnahmen nach Artikel 63 Nummer 1 und Nummer 2 Buchstabe a), sofern der Rat zuvor gemäß Absatz 1 Gemeinschaftsvorschriften erlassen hat, in denen die gemeinsamen Regeln und wesentlichen Grundsätze für diese Bereiche festgelegt sind;
 – die Maßnahmen nach Artikel 65 mit Ausnahme der familienrechtlichen Aspekte.

Art. 68 [Sonderregelung für das Vorabentscheidungsverfahren] (1) Artikel 234 findet auf diesen Titel unter folgenden Umständen und Bedingungen Anwendung: Wird eine Frage der Auslegung dieses Titels sowie der Gültigkeit oder Auslegung von auf diesen Titel gestützten Rechtsakten der Organe der Gemeinschaft in einem schwebenden Verfahren bei einem einzelstaatlichen Gericht gestellt, dessen Entscheidungen selbst nicht mehr mit Rechtsmitteln des innerstaatlichen Rechts angefochten werden können, so legt dieses Gericht dem Gerichtshof die Frage zur Entscheidung vor, wenn es eine Entscheidung darüber zum Erlass seines Urteils für erforderlich hält.

(*) Durch den Vertrag von Nizza geänderter Artikel.

(2) In jedem Fall ist der Gerichtshof nicht für Entscheidungen über Maßnahmen oder Beschlüsse nach Artikel 62 Nummer 1 zuständig, die die Aufrechterhaltung der öffentlichen Ordnung und den Schutz der inneren Sicherheit betreffen.

(3) Der Rat, die Kommission oder ein Mitgliedstaat können dem Gerichtshof eine Frage der Auslegung dieses Titels oder von auf diesen Titel gestützten Rechtsakten der Organe der Gemeinschaft zur Entscheidung vorlegen. Die Entscheidung, die der Gerichtshof auf dieses Ersuchen hin fällt, gilt nicht für Urteile von Gerichten der Mitgliedstaaten, die rechtskräftig geworden sind.

Art. 69 [Sonderregelungen für einzelne Mitgliedstaaten] Für die Anwendung dieses Titels gelten unbeschadet des Protokolls über die Anwendung bestimmter Aspekte des Artikels 14 des Vertrags zur Gründung der Europäischen Gemeinschaft auf das Vereinigte Königreich und auf Irland die Bestimmungen des Protokolls über die Position des Vereinigten Königreichs und Irlands und des Protokolls über die Position Dänemarks.

Protokoll über die Satzung des Gerichtshofs

Art. 1 Für die Errichtung und die Tätigkeit des Gerichtshofs gelten die Bestimmungen des Vertrags über die Europäische Union (EU-Vertrag), des Vertrags zur Gründung der Europäischen Gemeinschaft (EG-Vertrag), des Vertrags zur Gründung der Europäischen Atomgemeinschaft (EAG-Vertrag) und dieser Satzung.

Titel I. Die Richter und die Generalanwälte

Art. 2 Jeder Richter leistet vor Aufnahme seiner Amtstätigkeit in öffentlicher Sitzung den Eid, sein Amt unparteiisch und gewissenhaft auszuüben und das Beratungsgeheimnis zu wahren.

Art. 3 Die Richter sind keiner Gerichtsbarkeit unterworfen. Hinsichtlich ihrer in amtlicher Eigenschaft vorgenommenen Handlungen, einschließlich ihrer mündlichen und schriftlichen Äußerungen, steht ihnen diese Befreiung auch nach Abschluss ihrer Amtstätigkeit zu.

Der Gerichtshof kann die Befreiung durch Plenarentscheidung aufheben.

Wird nach Aufhebung der Befreiung ein Strafverfahren gegen einen Richter eingeleitet, so darf dieser in jedem Mitgliedstaat nur vor ein Gericht gestellt werden, das für Verfahren gegen Richter der höchsten Gerichte dieses Mitgliedstaats zuständig ist.

Die Artikel 12 bis 15 und Artikel 18 des Protokolls über die Vorrechte und Befreiungen der Europäischen Gemeinschaften finden auf die Richter, die Generalanwälte, den Kanzler und die Hilfsberichterstatter des Gerichtshofs Anwendung; die Bestimmungen der Absätze 1 bis 3 betreffend die Befreiung der Richter von der Gerichtsbarkeit bleiben hiervon unberührt.

Art. 4 Die Richter dürfen weder ein politisches Amt noch ein Amt in der Verwaltung ausüben.

Sie dürfen keine entgeltliche oder unentgeltliche Berufstätigkeit ausüben, es sei denn, dass der Rat ausnahmsweise von dieser Vorschrift Befreiung erteilt.

Bei der Aufnahme ihrer Tätigkeit übernehmen sie die feierliche Verpflichtung, während der Ausübung und nach Ablauf ihrer Amtstätigkeit die sich aus ihrem Amt ergebenden Pflichten zu erfüllen, insbesondere die Pflicht, bei der Annahme bestimmter Tätigkeiten oder Vorteile nach Ablauf dieser Tätigkeit ehrenhaft und zurückhaltend zu sein.

Im Zweifelsfalle entscheidet der Gerichtshof.

Art. 5 Abgesehen von den regelmäßigen Neubesetzungen und von Todesfällen endet das Amt eines Richters durch Rücktritt.

Bei Rücktritt eines Richters ist das Rücktrittsschreiben an den Präsidenten des Gerichtshofs zur Weiterleitung an den Präsidenten des Rats zu richten. Mit der Benachrichtigung des Letzteren wird der Sitz frei.

Mit Ausnahme der Fälle, in denen Artikel 6 Anwendung findet, bleibt jeder Richter bis zum Amtsantritt seines Nachfolgers im Amt.

Art. 6 Ein Richter kann nur dann seines Amtes enthoben oder seiner Ruhegehaltsansprüche oder anderer an ihrer Stelle gewährter Vergünstigungen für verlustig erklärt werden, wenn er nach einstimmigem Urteil der Richter und Generalanwälte des Gerichtshofs nicht mehr die erforderlichen Voraussetzungen erfüllt oder den sich aus seinem Amt ergebenden Verpflichtungen nicht mehr nachkommt. Der Betroffene wirkt bei der Beschlussfassung nicht mit.

Der Kanzler bringt den Präsidenten des Europäischen Parlaments und der Kommission die Entscheidung des Gerichtshofs zur Kenntnis und übermittelt sie dem Präsidenten des Rats.

Wird durch eine solche Entscheidung ein Richter seines Amtes enthoben, so wird sein Sitz mit der Benachrichtigung des Präsidenten des Rats frei.

Art. 7 Endet das Amt eines Richters vor Ablauf seiner Amtszeit, so wird es für die verbleibende Amtszeit neu besetzt.

Art. 8 Die Artikel 2 bis 7 finden auf die Generalanwälte Anwendung.

Titel II. Organisation

Art. 9 Die teilweise Neubesetzung der Richterstellen, die alle drei Jahre stattfindet, betrifft abwechselnd acht und sieben Richter.

Die teilweise Neubesetzung der Stellen der Generalanwälte, die alle drei Jahre stattfindet, betrifft jedes Mal vier Generalanwälte.

Art. 10 Der Kanzler leistet vor dem Gerichtshof den Eid, sein Amt unparteiisch und gewissenhaft auszuüben und das Beratungsgeheimnis zu wahren.

Art. 11 Der Gerichtshof regelt die Vertretung des Kanzlers für den Fall seiner Verhinderung.

Art. 12 Dem Gerichtshof werden Beamte und sonstige Bedienstete beigegeben, um ihm die Erfüllung seiner Aufgaben zu ermöglichen. Sie unterstehen dem Kanzler unter Aufsicht des Präsidenten.

Art. 13 Der Rat kann durch einstimmigen Beschluss auf Vorschlag des Gerichtshofs die Ernennung von Hilfsberichterstattern vorsehen und ihre Stellung bestimmen. Die Hilfsberichterstatter können nach Maßgabe der Verfahrensordnung berufen werden, an der Bearbeitung der beim Gerichtshof anhängigen Sachen teilzunehmen und mit dem Berichterstatter zusammenzuarbeiten.

Zu Hilfsberichterstattern sind Persönlichkeiten auszuwählen, die jede Gewähr für Unabhängigkeit bieten und die erforderlichen juristischen Befähigungsnachweise erbringen; sie werden vom Rat ernannt. Sie leisten vor dem Gerichtshof den Eid, ihr Amt unparteiisch und gewissenhaft auszuüben und das Beratungsgeheimnis zu wahren.

Art. 14 Die Richter, die Generalanwälte und der Kanzler sind verpflichtet, am Sitz des Gerichtshofs zu wohnen.

Art. 15 Der Gerichtshof übt seine Tätigkeit ständig aus. Die Dauer der Gerichtsferien wird vom Gerichtshof unter Berücksichtigung der dienstlichen Erfordernisse festgesetzt.

Art. 16 Der Gerichtshof bildet aus seiner Mitte Kammern mit drei und mit fünf Richtern. Die Richter wählen aus ihrer Mitte die Präsidenten der Kammern. Die Präsidenten der Kammern mit fünf Richtern werden für drei Jahre gewählt. Einmalige Wiederwahl ist zulässig.

Die Große Kammer ist mit elf Richtern besetzt. Den Vorsitz führt der Präsident des Gerichtshofs. Der Großen Kammer gehören außerdem die Präsidenten der Kammern mit fünf Richtern und weitere Richter, die nach Maßgabe der Verfahrensordnung ernannt werden, an.

Der Gerichtshof tagt als Große Kammer, wenn ein am Verfahren beteiligter Mitgliedstaat oder ein am Verfahren beteiligtes Gemeinschaftsorgan dies beantragt.

Der Gerichtshof tagt als Plenum, wenn er gemäß Artikel 195 Absatz 2, Artikel 213 Absatz 2, Artikel 216 oder Artikel 247 Absatz 7 des EG-Vertrags oder gemäß Artikel 107 d Absatz 2, Artikel 126 Absatz 2, Artikel 129 oder Artikel 160 b Absatz 7 des EAG-Vertrags befasst wird.

Außerdem kann der Gerichtshof, wenn er zu der Auffassung gelangt, dass eine Rechtssache, mit der er befasst ist, von außergewöhnlicher Bedeutung ist, nach Anhörung des Generalanwalts entscheiden, diese Rechtssache an das Plenum zu verweisen.

Art. 17 Der Gerichtshof kann nur in der Besetzung mit einer ungeraden Zahl von Richtern rechtswirksam entscheiden.

Die Entscheidungen der Kammern mit drei oder fünf Richtern sind nur dann gültig, wenn sie von drei Richtern getroffen werden.

Die Entscheidungen der Großen Kammer sind nur dann gültig, wenn neun Richter anwesend sind.

Die vom Plenum getroffenen Entscheidungen des Gerichtshofs sind nur dann gültig, wenn elf Richter anwesend sind.

Bei Verhinderung eines Richters einer Kammer kann nach Maßgabe der Verfahrensordnung ein Richter einer anderen Kammer herangezogen werden.

Art. 18 Die Richter und Generalanwälte dürfen nicht an der Erledigung einer Sache teilnehmen, in der sie vorher als Bevollmächtigte, Beistände oder Anwälte einer der Parteien tätig gewesen sind oder über die zu befinden sie als Mitglied eines Gerichts, eines Untersuchungsausschusses oder in anderer Eigenschaft berufen waren.

Glaubt ein Richter oder Generalanwalt, bei der Entscheidung oder Untersuchung einer bestimmten Sache aus einem besonderen Grund nicht mitwirken zu können, so macht er davon dem Präsidenten Mitteilung. Hält der Präsident die Teilnahme eines Richters oder Generalanwalts an der Verhandlung oder Entscheidung einer bestimmten Sache aus einem besonderen Grund für unangebracht, so setzt er diesen hiervon in Kenntnis.

Ergibt sich bei der Anwendung dieses Artikels eine Schwierigkeit, so entscheidet der Gerichtshof.

Eine Partei kann den Antrag auf Änderung der Zusammensetzung des Gerichtshofs oder einer seiner Kammern weder mit der Staatsangehörigkeit eines Richters noch damit begründen, dass dem Gerichtshof oder einer seiner Kammern kein Richter ihrer Staatsangehörigkeit angehört.

Titel III. Verfahren

Art. 19 Die Mitgliedstaaten sowie die Gemeinschaftsorgane werden vor dem Gerichtshof durch einen Bevollmächtigten vertreten, der für jede Sache bestellt wird; der Bevollmächtigte kann sich der Hilfe eines Beistands oder eines Anwalts bedienen.

Die Vertragsstaaten des Abkommens über den Europäischen Wirtschaftsraum, die nicht Mitgliedstaaten sind, und die in jenem Abkommen genannte EFTA-Überwachungsbehörde werden in der gleichen Weise vertreten.

Die anderen Parteien müssen durch einen Anwalt vertreten sein.

Nur ein Anwalt, der berechtigt ist, vor einem Gericht eines Mitgliedstaats oder eines anderen Vertragsstaats des Abkommens über den Europäischen Wirtschaftsraum aufzutreten, kann vor dem Gerichtshof als Vertreter oder Beistand einer Partei auftreten.

Die vor dem Gerichtshof auftretenden Bevollmächtigten, Beistände und Anwälte genießen nach Maßgabe der Verfahrensordnung die zur unabhängigen Ausübung ihrer Aufgaben erforderlichen Rechte und Sicherheiten.

Der Gerichtshof hat nach Maßgabe der Verfahrensordnung gegenüber den vor ihm auftretenden Beiständen und Anwälten die den Gerichten üblicherweise zuerkannten Befugnisse.

Hochschullehrer, die Angehörige von Mitgliedstaaten sind, deren Rechtsordnung ihnen gestattet, vor Gericht als Vertreter einer Partei aufzutreten, haben vor dem Gerichtshof die durch diesen Artikel den Anwälten eingeräumte Rechtsstellung.

Art. 20 Das Verfahren vor dem Gerichtshof gliedert sich in ein schriftliches und ein mündliches Verfahren.

Das schriftliche Verfahren umfasst die Übermittlung der Klageschriften, Schriftsätze, Klagebeantwortungen und Erklärungen und gegebenenfalls der Repliken sowie aller zur Unterstützung vorgelegten Belegstücke und Urkunden oder ihrer beglaubigten Abschriften an die Parteien sowie an diejenigen Gemeinschaftsorgane, deren Entscheidungen Gegenstand des Verfahrens sind.

Die Übermittlung obliegt dem Kanzler in der Reihenfolge und innerhalb der Fristen, die die Verfahrensordnung bestimmt.

Das mündliche Verfahren umfasst die Verlesung des von einem Berichterstatter vorgelegten Berichts, die Anhörung der Bevollmächtigten, Beistände und Anwälte und der Schlussanträge des Generalanwalts durch den Gerichtshof sowie gegebenenfalls die Vernehmung von Zeugen und Sachverständigen.

Ist der Gerichtshof der Auffassung, dass eine Rechtssache keine neue Rechtsfrage aufwirft, so kann er nach Anhörung des Generalanwalts beschließen, dass ohne Schlussanträge des Generalanwalts über die Sache entschieden wird.

Art. 21 Die Klageerhebung bei dem Gerichtshof erfolgt durch Einreichung einer an den Kanzler zu richtenden Klageschrift. Die Klageschrift muss Namen und Wohnsitz des Klägers, die Stellung des Unterzeichnenden, die Partei oder die Parteien, gegen die die Klage erhoben wird, und den Streitgegenstand angeben sowie die Anträge und eine kurze Darstellung der Klagegründe enthalten.

Ihr ist gegebenenfalls der Rechtsakt beizufügen, dessen Nichtigerklärung beantragt wird, oder in dem in Artikel 232 des EG-Vertrags und Artikel 148 des EAG-Vertrags geregelten Fall eine Unterlage, aus der sich der Zeitpunkt der in den genannten Artikeln vorgesehenen Aufforderung ergibt. Sind der Klageschrift diese Unterlagen nicht beigefügt, so fordert der Kanzler den Kläger auf, sie innerhalb einer angemessenen Frist beizubringen; die Klage kann nicht deshalb zurückgewiesen werden, weil die Beibringung erst nach Ablauf der für die Klageerhebung vorgeschriebenen Frist erfolgt.

Art. 22 In den Fällen nach Artikel 18 des EAG-Vertrags erfolgt die Klageerhebung bei dem Gerichtshof durch Einreichung einer an den Kanzler zu richtenden Klageschrift. Die Klageschrift muss Namen und Wohnsitz des Klägers, die Stellung des Unterzeichnenden, die Entscheidung, gegen die Klage erhoben wird, die Gegenparteien und den Streitgegenstand angeben sowie die Anträge und eine kurze Darstellung der Klagegründe enthalten.

Eine beglaubigte Abschrift der angefochtenen Entscheidung des Schiedsausschusses ist beizufügen.

Weist der Gerichtshof die Klage ab, so wird die Entscheidung des Schiedsausschusses rechtskräftig.

Hebt der Gerichtshof die Entscheidung des Schiedsausschusses auf, so kann das Verfahren gegebenenfalls auf Betreiben einer Prozesspartei vor dem Schiedsausschuss wieder aufgenommen werden. Dieser ist an die vom Gerichtshof gegebene rechtliche Beurteilung gebunden.

Art. 23 In den Fällen nach Artikel 35 Absatz 1 des EU-Vertrags, Artikel 234 des EG-Vertrags und Artikel 150 des EAG-Vertrags obliegt es dem Gericht des Mitgliedstaats, das ein Verfahren aussetzt und den Gerichtshof anruft, diese Entscheidung dem Gerichtshof zu übermitteln. Der Kanzler des Gerichtshofs stellt diese Entscheidung den beteiligten Parteien, den Mitgliedstaaten und der Kommission zu und außerdem dem Rat oder der Europäischen Zentralbank, sofern die Gültigkeit oder Auslegung einer Handlung des Rats oder der Europäischen Zentralbank streitig ist, sowie dem Europäischen Parlament und dem Rat, sofern die Gültigkeit oder Auslegung einer von diesen beiden Organen gemeinsam erlassenen Handlung streitig ist.

Binnen zwei Monaten nach dieser Zustellung können die Parteien, die Mitgliedstaaten, die Kommission und gegebenenfalls das Europäische Parlament, der Rat und die Europäische Zentralbank beim Gerichtshof Schriftsätze einreichen oder schriftliche Erklärungen abgeben.

In den Fällen nach Artikel 234 des EG-Vertrags stellt der Kanzler des Gerichtshofs die Entscheidung des Gerichts des Mitgliedstaats darüber hinaus den Vertragsstaaten des Abkommens über den Europäischen Wirtschaftsraum, die nicht Mitgliedstaaten sind, und der in jenem Abkommen genannten EFTA-Überwachungsbehörde zu, die binnen zwei Monaten nach der Zustellung beim Gerichtshof Schriftsätze einreichen oder schriftliche Erklärungen abgeben können, wenn einer der Anwendungsbereiche des Abkommens betroffen ist.

Art. 24 Der Gerichtshof kann von den Parteien die Vorlage aller Urkunden und die Erteilung aller Auskünfte verlangen, die er für wünschenswert hält. Im Falle einer Weigerung stellt der Gerichtshof diese ausdrücklich fest.

Der Gerichtshof kann ferner von den Mitgliedstaaten und den Organen, die nicht Parteien in einem Rechtsstreit sind, alle Auskünfte verlangen, die er zur Regelung dieses Rechtsstreits für erforderlich erachtet.

Art. 25 Der Gerichtshof kann jederzeit Personen, Personengemeinschaften, Dienststellen, Ausschüsse oder Einrichtungen seiner Wahl mit der Abgabe von Gutachten betrauen.

Art. 26 Zeugen können nach Maßgabe der Verfahrensordnung vernommen werden.

Art. 27 Nach Maßgabe der Verfahrensordnung kann der Gerichtshof gegenüber ausbleibenden Zeugen die den Gerichten allgemein zuerkannten Befugnisse ausüben und Geldbußen verhängen.

Art. 28 Zeugen und Sachverständige können unter Benutzung der in der Verfahrensordnung vorgeschriebenen Eidesformel oder in der in der Rechtsordnung ihres Landes vorgesehenen Weise eidlich vernommen werden.

Art. 29 Der Gerichtshof kann anordnen, dass ein Zeuge oder Sachverständiger von dem Gericht seines Wohnsitzes vernommen wird.

Diese Anordnung ist gemäß den Bestimmungen der Verfahrensordnung zur Ausführung an das zuständige Gericht zu richten. Die in Ausführung des Rechtshilfeersuchens abgefassten Schriftstücke werden dem Gerichtshof nach denselben Bestimmungen übermittelt.

Der Gerichtshof übernimmt die anfallenden Auslagen; er erlegt sie gegebenenfalls den Parteien auf.

Art. 30 Jeder Mitgliedstaat behandelt die Eidesverletzung eines Zeugen oder Sachverständigen wie eine vor seinen eigenen in Zivilsachen zuständigen Gerichten begangene Straftat. Auf Anzeige des Gerichtshofs verfolgt er den Täter vor seinen zuständigen Gerichten.

Art. 31 Die Verhandlung ist öffentlich, es sei denn, dass der Gerichtshof von Amts wegen oder auf Antrag der Parteien aus wichtigen Gründen anders beschließt.

Art. 32 Der Gerichtshof kann während der Verhandlung Sachverständige, Zeugen sowie die Parteien selbst vernehmen. Für die Letzteren können jedoch nur ihre bevollmächtigten Vertreter mündlich verhandeln.

Art. 33 Über jede mündliche Verhandlung ist ein vom Präsidenten und vom Kanzler zu unterschreibendes Protokoll aufzunehmen.

Art. 34 Die Terminliste wird vom Präsidenten festgelegt.

Art. 35 Die Beratungen des Gerichtshofs sind und bleiben geheim.

Art. 36 Die Urteile sind mit Gründen zu versehen. Sie enthalten die Namen der Richter, die bei der Entscheidung mitgewirkt haben.

Art. 37 Die Urteile sind vom Präsidenten und vom Kanzler zu unterschreiben. Sie werden in öffentlicher Sitzung verlesen.

Art. 38 Der Gerichtshof entscheidet über die Kosten.

Art. 39 Der Präsident des Gerichtshofs kann in einem abgekürzten Verfahren, das erforderlichenfalls von einzelnen Bestimmungen dieser Satzung abweichen kann und in der Verfahrensordnung geregelt ist, über Anträge auf Aussetzung gemäß Artikel 242 des EG-Vertrags und Artikel 157 des EAG-Vertrags, auf Erlass einstweiliger Anordnungen gemäß Artikel 243 des EG-Vertrags oder Artikel 158 des EAG-Vertrags oder auf Aussetzung der Zwangsvollstreckung gemäß Artikel 256 Absatz 4 des EG-Vertrags oder Artikel 164 Absatz 3 des EAG-Vertrags entscheiden.

Bei Verhinderung des Präsidenten wird dieser durch einen anderen Richter nach Maßgabe der Verfahrensordnung vertreten.

Die von dem Präsidenten oder seinem Vertreter getroffene Anordnung stellt eine einstweilige Regelung dar und greift der Entscheidung des Gerichtshofs in der Hauptsache nicht vor.

Art. 40 Die Mitgliedstaaten und die Gemeinschaftsorgane können einem bei dem Gerichtshof anhängigen Rechtsstreit beitreten.

Dasselbe gilt für alle anderen Personen, die ein berechtigtes Interesse am Ausgang eines bei dem Gerichtshof anhängigen Rechtsstreits glaubhaft machen; ausgenommen davon sind Rechtsstreitigkeiten zwischen Mitgliedstaaten, zwischen Gemeinschaftsorganen oder zwischen Mitgliedstaaten und Gemeinschaftsorganen.

Unbeschadet des Absatzes 2 können die Vertragsstaaten des Abkommens über den Europäischen Wirtschaftsraum, die nicht Mitgliedstaaten sind, und die in jenem Abkommen genannte EFTA-Überwachungsbehörde einem bei dem Gerichtshof anhängigen Rechtsstreit beitreten, wenn dieser einen der Anwendungsbereiche jenes Abkommens betrifft.

Mit den aufgrund des Beitritts gestellten Anträgen können nur die Anträge einer Partei unterstützt werden.

Art. 41 Stellt der ordnungsmäßig geladene Beklagte keine schriftlichen Anträge, so ergeht gegen ihn Versäumnisurteil. Gegen dieses Urteil kann binnen einem Monat nach Zustellung Einspruch eingelegt werden. Der Einspruch hat keine Aussetzung der Vollstreckung aus dem Versäumnisurteil zur Folge, es sei denn, dass der Gerichtshof anders beschließt.

Art. 42 Mitgliedstaaten, Gemeinschaftsorgane und alle sonstigen natürlichen und juristischen Personen können nach Maßgabe der Verfahrensordnung in den dort genannten Fällen Drittwiderspruch gegen ein Urteil erheben, wenn dieses Urteil ihre Rechte beeinträchtigt und in einem Rechtsstreit erlassen worden ist, an dem sie nicht teilgenommen haben.

Art. 43 Bestehen Zweifel über Sinn und Tragweite eines Urteils, so ist der Gerichtshof zuständig, dieses Urteil auf Antrag einer Partei oder eines Gemeinschaftsorgans auszulegen, wenn diese ein berechtigtes Interesse hieran glaubhaft machen.

Art. 44 Die Wiederaufnahme des Verfahrens kann beim Gerichtshof nur dann beantragt werden, wenn eine Tatsache von entscheidender Bedeutung bekannt wird, die vor Verkündung des Urteils dem Gerichtshof und der die Wiederaufnahme beantragenden Partei unbekannt war.

Das Wiederaufnahmeverfahren wird durch eine Entscheidung des Gerichtshofs eröffnet, die das Vorliegen der neuen Tatsache ausdrücklich feststellt, ihr die für die Eröffnung des Wiederaufnahmeverfahrens erforderlichen Merkmale zuerkennt und deshalb den Antrag für zulässig erklärt.

Nach Ablauf von zehn Jahren nach Erlass des Urteils kann kein Wiederaufnahmeantrag mehr gestellt werden.

Art. 45 In der Verfahrensordnung sind besondere, den Entfernungen Rechnung tragende Fristen festzulegen.

Der Ablauf von Fristen hat keinen Rechtsnachteil zur Folge, wenn der Betroffene nachweist, dass ein Zufall oder ein Fall höherer Gewalt vorliegt.

Art. 46 Die aus außervertraglicher Haftung der Gemeinschaften hergeleiteten Ansprüche verjähren in fünf Jahren nach Eintritt des Ereignisses, das ihnen zugrunde liegt. Die Verjährung wird durch Einreichung der Klageschrift beim Gerichtshof oder dadurch unterbrochen, dass der Geschädigte seinen Anspruch vorher gegenüber dem zuständigen Gemeinschaftsorgan geltend macht. In letzterem Fall muss die Klage innerhalb der in Artikel 230 des EG-Vertrags und Artikel 146 des EAG-Vertrags vorgesehenen Frist von zwei Monaten erhoben werden; gegebenenfalls findet Artikel 232 Absatz 2 des EG-Vertrags beziehungsweise Artikel 148 Absatz 2 des EAG-Vertrags Anwendung.

Titel IV. Das Gericht erster Instanz der Europäischen Gemeinschaften

Art. 47 Die Artikel 2 bis 8, die Artikel 14 und 15, Artikel 17 Absätze 1, 2, 4 und 5 und Artikel 18 finden auf das Gericht und dessen Mitglieder Anwendung. Der Eid gemäß Artikel 2 wird vor dem Gerichtshof geleistet; die in den Artikeln 3, 4 und 6 genannten Entscheidungen trifft der Gerichtshof nach Stellungnahme des Gerichts.

Artikel 3 Absatz 4 sowie die Artikel 10, 11 und 14 finden auf den Kanzler des Gerichts entsprechende Anwendung.

Art. 48 Das Gericht besteht aus fünfzehn Mitgliedern.

Art. 49 Die Mitglieder des Gerichts können dazu bestellt werden, die Tätigkeit eines Generalanwalts auszuüben. Der Generalanwalt hat in völliger Unparteilichkeit und Unabhängigkeit begründete Schlussanträge zu bestimmten dem Gericht unterbreiteten Rechtssachen öffentlich zu stellen, um das Gericht bei der Erfüllung seiner Aufgaben zu unterstützen.

Die Kriterien für die Bestimmung solcher Rechtssachen sowie die Einzelheiten für die Bestellung der Generalanwälte werden in der Verfahrensordnung des Gerichts festgelegt.

Ein in einer Rechtssache zum Generalanwalt bestelltes Mitglied darf bei der Entscheidung dieser Rechtssache nicht mitwirken.

Art. 50 Das Gericht tagt in Kammern mit drei oder mit fünf Richtern. Die Richter wählen aus ihrer Mitte die Präsidenten der Kammern. Die Präsidenten der Kammern mit fünf Richtern werden für drei Jahre gewählt. Einmalige Wiederwahl ist zulässig.

Die Besetzung der Kammern und die Zuweisung der Rechtssachen an sie richten sich nach der Verfahrensordnung. In bestimmten in der Verfahrensordnung festgelegten Fällen kann das Gericht als Plenum oder als Einzelrichter tagen.

Die Verfahrensordnung kann auch vorsehen, dass das Gericht in den Fällen und unter den Bedingungen, die in der Verfahrensordnung festgelegt sind, als Große Kammer tagt.

Art. 51 Abweichend von der in Artikel 225 Absatz 1 des EG-Vertrags und Artikel 140a Absatz 1 des EAG-Vertrags vorgesehenen Regelung ist für Klagen der Mitgliedstaaten, der Gemeinschaftsorgane und der Europäischen Zentralbank der Gerichtshof zuständig.

Art. 52 Der Präsident des Gerichtshofs und der Präsident des Gerichts legen einvernehmlich fest, in welcher Weise Beamte und sonstige Bedienstete, die dem Gerichtshof beigegeben sind, dem Gericht Dienste leisten, um ihm die Erfüllung seiner Aufgaben zu ermöglichen. Einzelne Beamte oder sonstige Bedienstete unterstehen dem Kanzler des Gerichts unter Aufsicht des Präsidenten des Gerichts.

Art. 53 Das Verfahren vor dem Gericht bestimmt sich nach Titel III.

Das Verfahren vor dem Gericht wird, soweit dies erforderlich ist, durch seine Verfahrensordnung im Einzelnen geregelt und ergänzt. Die Verfahrensordnung kann von Artikel 40 Absatz 4 und Artikel 41 abweichen, um den Besonderheiten der Rechtsstreitigkeiten auf dem Gebiet des geistigen Eigentums Rechnung zu tragen.

Abweichend von Artikel 20 Absatz 4 kann der Generalanwalt seine begründeten Schlussanträge schriftlich stellen.

Art. 54 Wird eine Klageschrift oder ein anderer Schriftsatz, die an das Gericht gerichtet sind, irrtümlich beim Kanzler des Gerichtshofs eingereicht, so übermittelt dieser sie unverzüglich an den Kanzler des Gerichts; wird eine Klageschrift oder ein anderer Schriftsatz, die an den Gerichtshof gerichtet sind, irrtümlich beim Kanzler des Gerichts eingereicht, so übermittelt dieser sie unverzüglich an den Kanzler des Gerichtshofs.

Stellt das Gericht fest, dass es für eine Klage nicht zuständig ist, die in die Zuständigkeit des Gerichtshofs fällt, so verweist es den Rechtsstreit an den Gerichtshof; stellt der Gerichtshof fest, dass eine Klage in die Zuständigkeit des Gerichts fällt, so verweist er den Rechtsstreit an das Gericht, das sich dann nicht für unzuständig erklären kann.

Sind bei dem Gerichtshof und dem Gericht Rechtssachen anhängig, die den gleichen Gegenstand haben, die gleiche Auslegungsfrage aufwerfen oder die Gültigkeit desselben Rechtsaktes betreffen, so kann das Gericht nach Anhörung der Parteien das Verfahren bis zum Erlass des Urteils des Gerichtshofs aussetzen. Handelt es sich um Klagen auf Nichtigerklärung desselben Rechtsaktes, so kann sich das Gericht ferner für nicht zuständig erklären, damit der Gerichtshof über diese Klagen entscheidet. In den in diesem Absatz genannten Fällen kann auch der Gerichtshof die Aussetzung des bei ihm anhängigen Verfahrens beschließen; in diesem Fall wird das Verfahren vor dem Gericht fortgeführt.

5 Texte 1.2.

Art. 55 Der Kanzler des Gerichts übermittelt jeder Partei sowie allen Mitgliedstaaten und den Gemeinschaftsorganen, auch wenn diese vor dem Gericht der Rechtssache nicht als Streithelfer beigetreten sind, die Endentscheidungen des Gerichts und die Entscheidungen, die über einen Teil des Streitgegenstands ergangen sind oder die einen Zwischenstreit beenden, der eine Einrede wegen Unzuständigkeit oder Unzulässigkeit zum Gegenstand hat.

Art. 56 Gegen die Endentscheidungen des Gerichts und gegen die Entscheidungen, die über einen Teil des Streitgegenstands ergangen sind oder die einen Zwischenstreit beenden, der eine Einrede der Unzuständigkeit oder Unzulässigkeit zum Gegenstand hat, kann ein Rechtsmittel beim Gerichtshof eingelegt werden; die Rechtsmittelfrist beträgt zwei Monate und beginnt mit der Zustellung der angefochtenen Entscheidung.

Dieses Rechtsmittel kann von einer Partei eingelegt werden, die mit ihren Anträgen ganz oder teilweise unterlegen ist. Andere Streithelfer als Mitgliedstaaten oder Gemeinschaftsorgane können dieses Rechtsmittel jedoch nur dann einlegen, wenn die Entscheidung des Gerichts sie unmittelbar berührt.

Mit Ausnahme von Fällen, die sich auf Streitsachen zwischen den Gemeinschaften und ihren Bediensteten beziehen, kann dieses Rechtsmittel auch von den Mitgliedstaaten und den Gemeinschaftsorganen eingelegt werden, die dem Rechtsstreit vor dem Gericht nicht beigetreten sind. In diesem Fall befinden sie sich in derselben Stellung wie Mitgliedstaaten und Organe, die dem Rechtsstreit im ersten Rechtszug beigetreten sind.

Art. 57 Wird ein Antrag auf Zulassung als Streithelfer von dem Gericht abgelehnt, so kann der Antragsteller binnen zwei Wochen nach Zustellung der ablehnenden Entscheidung ein Rechtsmittel beim Gerichtshof einlegen.

Gegen die aufgrund des Artikels 242, des Artikels 243 oder des Artikels 256 Absatz 4 des EG-Vertrags oder aufgrund des Artikels 157, des Artikels 158 oder des Artikels 164 Absatz 3 des EAG-Vertrags ergangenen Entscheidungen des Gerichts können die Parteien des Verfahrens binnen zwei Monaten nach Zustellung ein Rechtsmittel beim Gerichtshof einlegen.

Die Entscheidung über gemäß den Absätzen 1 und 2 eingelegte Rechtsmittel ergeht nach Maßgabe des Artikels 39.

Art. 58 Das beim Gerichtshof eingelegte Rechtsmittel ist auf Rechtsfragen beschränkt. Es kann nur auf die Unzuständigkeit des Gerichts, auf einen Verfahrensfehler, durch den die Interessen des Rechtsmittelführers beeinträchtigt werden, sowie auf eine Verletzung des Gemeinschaftsrechts durch das Gericht gestützt werden.

Ein Rechtsmittel nur gegen die Kostenentscheidung oder gegen die Kostenfestsetzung ist unzulässig.

Art. 59 Wird gegen eine Entscheidung des Gerichts ein Rechtsmittel eingelegt, so besteht das Verfahren vor dem Gerichtshof aus einem schriftlichen und einem mündlichen Verfahren. Unter den in der Verfahrensordnung festlegten Voraussetzungen kann der Gerichtshof nach Anhörung des Generalanwalts und der Parteien ohne mündliches Verfahren entscheiden.

Art. 60 Unbeschadet der Artikel 242 und 243 des EG-Vertrags oder der Artikel 157 und 158 des EAG-Vertrags haben Rechtsmittel keine aufschiebende Wirkung.

Abweichend von Artikel 244 des EG-Vertrags und Artikel 159 des EAG-Vertrags werden die Entscheidungen des Gerichts, in denen eine Verordnung für nichtig erklärt wird, erst nach Ablauf der in Artikel 56 Absatz 1 dieser Satzung vorgesehenen Frist oder, wenn innerhalb dieser Frist ein Rechtsmittel eingelegt worden ist, nach dessen Zurückweisung wirksam; ein Beteiligter kann jedoch gemäß den Artikeln 242 und 243 des EG-Vertrags oder den Artikeln 157 und 158 des EAG-Vertrags beim Gerichtshof die Aussetzung der Wirkungen der für nichtig erklärten Verordnung oder sonstige einstweilige Anordnungen beantragen.

Art. 61 Ist das Rechtsmittel begründet, so hebt der Gerichtshof die Entscheidung des Gerichts auf. Er kann sodann den Rechtsstreit selbst endgültig entscheiden, wenn dieser zur Entscheidung reif ist, oder die Sache zur Entscheidung an das Gericht zurückverweisen.

Im Falle der Zurückverweisung ist das Gericht an die rechtliche Beurteilung in der Entscheidung des Gerichtshofs gebunden.

Akte über die Bedingungen des Beitritts

Ist das von einem Mitgliedstaat oder einem Gemeinschaftsorgan, die dem Rechtsstreit vor dem Gericht nicht beigetreten sind, eingelegte Rechtsmittel begründet, so kann der Gerichtshof, falls er dies für notwendig hält, diejenigen Wirkungen der aufgehobenen Entscheidung des Gerichts bezeichnen, die für die Parteien des Rechtsstreits als fortgeltend zu betrachten sind.

Art. 62 Wenn in Fällen nach Artikel 225 Absätze 2 und 3 des EG-Vertrags und Artikel 140a Absätze 2 und 3 des EAG-Vertrags der Erste Generalanwalt der Auffassung ist, dass die ernste Gefahr einer Beeinträchtigung der Einheit oder der Kohärenz des Gemeinschaftsrechts besteht, so kann er dem Gerichtshof vorschlagen, die Entscheidung des Gerichts zu überprüfen.

Der Vorschlag muss innerhalb eines Monats nach Verkündung der Entscheidung des Gerichts erfolgen. Der Gerichtshof entscheidet innerhalb eines Monats nach Vorlage des Vorschlags durch den Ersten Generalanwalt, ob die Entscheidung zu überprüfen ist oder nicht.

Teil V. Schlussbestimmungen

Art. 63 Die Verfahrensordnungen des Gerichtshofs und des Gerichts enthalten alle Bestimmungen, die für die Anwendung dieser Satzung und erforderlichenfalls für ihre Ergänzung notwendig sind.

Art. 64 Die Bestimmungen der Verfahrensordnung des Gerichtshofs und der Verfahrensordnung des Gerichts, die die Regelung der Sprachenfrage betreffen, gelten fort, bis Vorschriften über die Regelung der Sprachenfrage für den Gerichtshof und das Gericht im Rahmen dieser Satzung erlassen werden. Änderungen der genannten Bestimmungen oder deren Aufhebung erfolgen nach dem für die Änderung dieser Satzung vorgesehenen Verfahren.

1.3. Akte über die Bedingungen des Beitritts der Tschechischen Republik, der Republik Estland, der Republik Zypern, der Republik Lettland, der Republik Litauen, der Republik Ungarn, der Republik Malta, der Republik Polen, der Republik Slowenien und der Slowakischen Republik und die Anpassungen der die Europäische Union begründenden Verträge

(ABl. L 236 vom 23. 9. 2003 S. 1)

– Auszug –

Erster Teil. Grundsätze

Art. 2 Ab dem Tag des Beitritts sind die ursprünglichen Verträge und die vor dem Beitritt erlassenen Rechtsakte der Organe und der Europäischen Zentralbank für die neuen Mitgliedstaaten verbindlich und gelten in diesen Staaten nach Maßgabe der genannten Verträge und dieser Akte.

Art. 3 (1) Die Bestimmungen des Schengen-Besitzstands, der durch das Protokoll zum Vertrag über die Europäische Union und zum Vertrag zur Gründung der Europäischen Gemeinschaft (nachstehend „Schengen-Protokoll" genannt) in den Rahmen der Europäischen Union einbezogen wurde, und die darauf aufbauenden oder anderweitig damit zusammenhängenden Rechtsakte, die in Anhang I zu dieser Akte aufgeführt werden, sowie alle weiteren vor dem Tag des Beitritts erlassenen Rechtsakte dieser Art sind ab dem Tag des Beitritts für die neuen Mitgliedstaaten bindend und in ihnen anzuwenden.

(2) Die Bestimmungen des in den Rahmen der Europäischen Union einbezogenen Schengen-Besitzstands und die darauf aufbauenden oder anderweitig damit zusammenhängenden Rechtsakte, die nicht in Absatz 1 genannt werden, sind zwar für einen neuen Mitgliedstaat ab dem Tag des Beitritts bindend, sie sind aber in diesem neuen Mitgliedstaat nur gemäß einem entsprechenden Beschluss des Rats anzuwenden, den der Rat nach einer gemäß den geltenden Schengen-Evaluierungsverfahren durchgeführten Prüfung der Frage, ob die erforderlichen Voraussetzungen für die Anwendung aller

Teile des betreffenden Besitzstands in diesem neuen Mitgliedstaat gegeben sind, und nach Anhörung des Europäischen Parlaments gefasst hat.

Der Rat beschließt einstimmig mit den Stimmen der Mitglieder, die die Regierungen der Mitgliedstaaten vertreten, für die die in diesem Absatz genannten Bestimmungen bereits in Kraft gesetzt worden sind, und des Vertreters der Regierung des Mitgliedstaats, für den diese Bestimmungen in Kraft gesetzt werden sollen. Die Mitglieder des Rats, die die Regierungen Irlands und des Vereinigten Königreichs Großbritannien und Nordirland vertreten, nehmen insoweit an einem derartigen Beschluss teil, als er sich auf die Bestimmungen des Schengen-Besitzstands und die darauf aufbauenden oder anderweitig damit zusammenhängenden Rechtsakte bezieht, an denen diese Mitgliedstaaten teilnehmen.

(3) Die vom Rat gemäß Artikel 6 des Schengen-Protokolls geschlossenen Übereinkommen sind für die neuen Mitgliedstaaten ab dem Tag des Beitritts bindend.

(4) Die neuen Mitgliedstaaten verpflichten sich, im Hinblick auf diejenigen Übereinkommen oder Instrumente in den Bereichen Justiz und Inneres, die von der Erreichung der Ziele des EU-Vertrags nicht zu trennen sind,
– denjenigen, die bis zum Beitritt zur Unterzeichnung durch die derzeitigen Mitgliedstaaten aufgelegt worden sind, sowie denjenigen, die vom Rat gemäß Titel VI des EU-Vertrags ausgearbeitet und den Mitgliedstaaten zur Annahme empfohlen worden sind, beizutreten;
– Verwaltungs- und sonstige Vorkehrungen wie etwa diejenigen einzuführen, die von den derzeitigen Mitgliedstaaten oder vom Rat bis zum Tag des Beitritts angenommen wurden, um die praktische Zusammenarbeit zwischen in den Bereichen Justiz und Inneres tätigen Einrichtungen und Organisationen der Mitgliedstaaten zu erleichtern.

Vierter Teil. Bestimmungen mit begrenzter Geltungsdauer

Titel I. Übergangsbestimmungen

Art. 24 Die in den Anhängen V, VI, VII, VIII, IX, X, XI, XII, XIII und XIV zu dieser Akte aufgeführten Maßnahmen finden auf die neuen Mitgliedstaaten unter den in diesen Anhängen festgelegten Bedingungen Anwendung.

Anhang I
Verzeichnis der Bestimmungen des in den Rahmen der Europäischen Union einbezogenen Schengen-Besitzstandes und der darauf beruhenden oder anderweitig damit zusammenhängenden Rechtsakte, die ab dem Beitritt für die neuen Mitgliedstaaten bindend und in ihnen anzuwenden sind (gemäß Artikel 3 der Beitrittsakte)

1. Übereinkommen vom 14. Juni 1985 zwischen den Regierungen der Staaten der Benelux-Wirtschaftsunion, der Bundesrepublik Deutschland und der Französischen Republik betreffend den schrittweisen Abbau der Kontrollen an den gemeinsamen Grenzen.
2. Folgende Bestimmungen des am 19. Juni 1990 in Schengen unterzeichneten Übereinkommens (2) zur Durchführung des Übereinkommens von Schengen vom 14. Juni 1985 betreffend den schrittweisen Abbau der Kontrollen an den gemeinsamen Grenzen und zugehörige Schlussakte und gemeinsame Erklärungen, geändert durch verschiedene der unter Nummer 7 aufgeführten Rechtsakte:
Artikel 1, soweit er mit den Bestimmungen dieser Nummer in Zusammenhang steht; Artikel 3 bis 7, mit Ausnahme von Artikel 5 Absatz 1 Buchstabe d; Artikel 13; Artikel 26 und 27; Artikel 39; Artikel 44 bis 59; Artikel 61 bis 63; Artikel 65 bis 69; Artikel 71 bis 73; Artikel 75 und 76; Artikel 82; Artikel 91; Artikel 126 bis 130, soweit sie mit den Bestimmungen dieses Absatzes in Zusammenhang stehen; und Artikel 136; Gemeinsame Erklärungen 1 und 3 der Schlussakte.
3. Folgende Bestimmungen der Übereinkommen über den Beitritt zu dem am 19. Juni 1990 in Schengen unterzeichneten Übereinkommen zur Durchführung des Übereinkommens von Schengen vom 14. Juni 1985 betreffend den schrittweisen Abbau der Kontrollen an den gemeinsamen Grenzen, Schlussakten dieser Übereinkommen und zugehörige gemeinsame Erklärungen, geändert durch verschiedene der unter Nummer 7 aufgeführten Rechtsakte: ...
4. Bestimmungen der folgenden Beschlüsse des gemäß dem am 19. Juni 1990 in Schengen unterzeichneten Übereinkommens zur Durchführung des Übereinkommens von Schengen vom

Akte über die Bedingungen des Beitritts   1.3. **Texte 5**

14. Juni 1985 betreffend den schrittweisen Abbau der Kontrollen an den gemeinsamen Grenzen eingesetzten Exekutivausschusses, geändert durch verschiedene der unter Nummer 7 aufgeführten Rechtsakte: ...
5. Folgende Erklärungen des gemäß dem am 19. Juni 1990 in Schengen unterzeichneten Übereinkommen zur Durchführung des Übereinkommens von Schengen vom 14. Juni 1985 betreffend den schrittweisen Abbau der Kontrollen an den gemeinsamen Grenzen eingesetzten Exekutivausschusses, soweit sie mit den Bestimmungen der Nummer 2 in Zusammenhang stehen: ...
6. Folgende Beschlüsse der mit dem am 19. Juni 1990 in Schengen unterzeichneten Übereinkommen zur Durchführung des Übereinkommens von Schengen vom 14. Juni 1985 betreffend den schrittweisen Abbau der Kontrollen an den gemeinsamen Grenzen eingesetzten Zentralen Gruppe, soweit sie mit den Bestimmungen der Nummer 2 in Zusammenhang stehen: ...
7. Folgende Rechtsakte, die auf dem Schengen-Besitzstand aufbauen oder anderweitig damit zusammenhängen:
 – Verordnung (EG) Nr. 1683/95 des Rats vom 29. Mai 1995 über eine einheitliche Visagestaltung (ABl. L 164 vom 14. 7. 1995, S. 1)
 – Entscheidung 1999/307/EG des Rats vom 1. Mai 1999 über die Einzelheiten der Eingliederung des Schengen-Sekretariats in das Generalsekretariat des Rats (ABl. L 119 vom 7. 5. 1999, S. 49)
 – Beschluss 1999/435/EG des Rats vom 20. Mai 1999 zur Bestimmung des Schengen-Besitzstands zwecks Festlegung der Rechtsgrundlagen für jede Bestimmung und jeden Beschluss, die diesen Besitzstand bilden, nach Maßgabe der einschlägigen Bestimmungen des Vertrags zur Gründung der Europäischen Gemeinschaft und des Vertrags über die Europäische Union (ABl. L 176 vom 10. 7. 1999, S. 1)
 – Beschluss 1999/436/EG des Rats vom 20. Mai 1999 zur Festlegung der Rechtsgrundlagen für die einzelnen Bestimmungen und Beschlüsse, die den Schengen-Besitzstand bilden, nach Maßgabe der einschlägigen Bestimmungen des Vertrags zur Gründung der Europäischen Gemeinschaft und des Vertrags über die Europäische Union (ABl. L 176 vom 10. 7. 1999, S. 17)
 – Beschluss 1999/437/EG des Rats vom 17. Mai 1999 zum Erlass bestimmter Durchführungsvorschriften zu dem Übereinkommen zwischen dem Rat der Europäischen Union und der Republik Island und dem Königreich Norwegen über die Assoziierung dieser beiden Staaten bei der Umsetzung, Anwendung und Entwicklung des Schengen-Besitzstands (ABl. L 176 vom 10. 7. 1999, S. 31)
 – Beschluss 1999/848/EG des Rats vom 13. Dezember 1999 über die vollständige Inkraftsetzung des Schengen-Besitzstands in Griechenland (ABl. L 327 vom 21. 12. 1999, S. 58)
 – Beschluss 2000/365/EG des Rats vom 29. Mai 2000 zum Antrag des Vereinigten Königreichs Großbritannien und Nordirland, einzelne Bestimmungen des Schengen-Besitzstands auf sie anzuwenden (ABl. L 131 vom 1. 6. 2000, S. 43)
 – Beschluss 2000/586/JI des Rats vom 28. September 2000 über ein Verfahren zur Änderung von Artikel 40 Absätze 4 und 5, Artikel 41 Absatz 7 und Artikel 65 Absatz 2 des Übereinkommens zur Durchführung des Übereinkommens von Schengen vom 14. Juni 1985 betreffend den schrittweisen Abbau der Kontrollen an den gemeinsamen Grenzen (ABl. L 248 vom 3. 10. 2000, S. 1)
 – Beschluss 2000/751/EG des Rats vom 30. November 2000 über die Freigabe bestimmter Teile des Gemeinsamen Handbuchs, das von dem durch das Übereinkommen zur Durchführung des Schengener Übereinkommens vom 14. Juni 1985 eingesetzten Exekutivausschuss angenommen wurde (ABl. L 303 vom 2. 12. 2000, S. 29)
 – Beschluss 2000/777/EG des Rats vom 1. Dezember 2000 über die Inkraftsetzung des Schengen-Besitzstands in Dänemark, Finnland und Schweden sowie in Island und Norwegen (ABl. L 309 vom 9. 10. 2000, S. 24)
 – Verordnung (EG) Nr. 539/2001 des Rats vom 15. März 2001 zur Aufstellung der Liste der Drittländer, deren Staatsangehörige beim Überschreiten der Außengrenzen im Besitz eines Visums sein müssen, sowie der Liste der Drittländer, deren Staatsangehörige von dieser Visumpflicht befreit sind (ABl. L 81 vom 21. 3. 2001, S. 1)
 – Verordnung (EG) Nr. 789/2001 des Rats vom 24. April 2001 mit dem dem Rat Durchführungsbefugnisse im Hinblick auf bestimmte detaillierte Vorschriften und praktische Verfahren zur Prüfung von Visumanträgen vorbehalten werden (ABl. L 116 vom 26. 4. 2001, S. 2)
 – Verordnung (EG) Nr. 790/2001 des Rats vom 24. April 2001 zur Übertragung von Durchführungsbefugnissen an den Rat im Hinblick auf bestimmte detaillierte Vorschriften und praktische Verfahren für die Durchführung der Grenzkontrollen und die Überwachung der Grenzen (ABl. L 116 vom 26. 4. 2001, S. 5)

5 Texte 1.3.

- Entscheidung 2001/329/EG des Rats vom 24. April 2001 zur Aktualisierung des Teils VI sowie der Anlagen 3, 6 und 13 der Gemeinsamen Konsularischen Instruktion sowie der Anlagen 5 a, 6 a und 8 des Gemeinsamen Handbuchs (ABl. L 116 vom 26. 4. 2001, S. 32), soweit sie mit der Anlage 3 der Gemeinsamen Konsularischen Instruktion und der Anlage 5 a des Gemeinsamen Handbuchs in Zusammenhang steht Richtlinie 2001/51/EG des Rats vom 28. Juni 2001 zur Ergänzung der Regelungen nach Artikel 26 des Übereinkommens zur Durchführung des Übereinkommens von Schengen vom 14. Juni 1985 (ABl. L 187 vom 10. 7. 2001, S. 45)
- Beschluss 2001/886/JI des Rats vom 6. Dezember 2001 über die Entwicklung des Schengener Informationssystems der zweiten Generation (SIS II) (ABl. L 328 vom 13. 12. 2001, S. 1)
- Verordnung (EG) Nr. 2414/2001 des Rats vom 7. Dezember 2001 zur Änderung der Verordnung (EG) Nr. 539/2001 zur Aufstellung der Liste der Drittländer, deren Staatsangehörige beim Überschreiten der Außengrenzen im Besitz eines Visums sein müssen, sowie der Liste der Drittländer, deren Staatsangehörige von dieser Visumpflicht befreit sind (ABl. L 327 vom 12. 12. 2001, S. 1)
- Verordnung (EG) Nr. 2424/2001 des Rats vom 6. Dezember 2001 über die Entwicklung des Schengener Informationssystems der zweiten Generation (SIS II) (ABl. L 328 vom 13. 12. 2001, S. 4)
- Verordnung (EG) Nr. 333/2002 des Rats vom 18. Februar 2002 über die einheitliche Gestaltung des Formblatts für die Anbringung eines Visums, das die Mitgliedstaaten den Inhabern eines von dem betreffenden Mitgliedstaat nicht anerkannten Reisedokuments erteilen (ABl. L 53 vom 23. 2. 2002, S. 4)
- Verordnung (EG) Nr. 334/2002 des Rats vom 18. Februar 2002 zur Änderung der Verordnung (EG) Nr. 1683/95 über eine einheitliche Visagestaltung (ABl. L 53 vom 23. 2. 2002, S. 7)
- Beschluss 2002/192/EG des Rats vom 28. Februar 2002 zum Antrag Irlands auf Anwendung einzelner Bestimmungen des Schengen-Besitzstands auf Irland (ABl. L 64 vom 7. 3. 2002, S. 20)
- Entscheidung 2002/352/EG des Rats vom 25. April 2002 zur Überarbeitung des Gemeinsamen Handbuchs (ABl. L 123 vom 9. 5. 2002, S. 47)
- Beschluss 2002/353/EG des Rats vom 25. April 2002 über die Freigabe von Teil II des Gemeinsamen Handbuchs, das von dem durch das Übereinkommen zur Durchführung des Schengener Übereinkommens vom 14. Juni 1985 eingesetzten Exekutivausschuss angenommen wurde (ABl. L 123 vom 9. 5. 2002, S. 49)
- Verordnung (EG) Nr. 1030/2002 des Rats vom 13. Juni 2002 zur einheitlichen Gestaltung des Aufenthaltstitels für Drittstaatenangehörige (ABl. L 157 vom 15. 6. 2002, S. 1)
- Entscheidung 2002/587/EG des Rats vom 12. Juli 2002 zur Überarbeitung des Gemeinsamen Handbuchs (ABl. L 187 vom 16. 7. 2002, S. 50)
- Rahmenbeschluss 2002/946/JI des Rats vom 28. November 2002 betreffend die Verstärkung des strafrechtlichen Rahmens für die Bekämpfung der Beihilfe zur unerlaubten Ein- und Durchreise und zum unerlaubten Aufenthalt (ABl. L 328 vom 5. 12. 2002, S. 1)
- Richtlinie 2002/90/EG des Rats vom 28. November 2002 zur Definition der Beihilfe zur unerlaubten Ein- und Durchreise und zum unerlaubten Aufenthalt (ABl. L 328 vom 5. 12. 2002, S. 17)

Anhang XI
Liste nach Artikel 24 der Beitrittsakte: Malta
(ähnlich für Zypern)
2. Freizügigkeit

Vertrag zur Gründung der Europäischen Gemeinschaft
31968 L 0360: Richtlinie 68/360/EWG des Rats vom 15. Oktober 1968 zur Aufhebung der Reise- und Aufenthaltsbeschränkungen für Arbeitnehmer der Mitgliedstaaten und ihre Familienangehörigen innerhalb der Gemeinschaft (ABl. L 257 vom 19. 10. 1968, S. 13), zuletzt geändert durch:
11994 N: Akte über die Beitrittsbedingungen und die Anpassungen der Verträge – Beitritt der Republik Österreich, der Republik Finnland und des Königreichs Schweden (ABl. C 241 vom 29. 8. 1994, S. 21)
31968 R 1612: Verordnung (EWG) Nr. 1612/68 des Rats vom 15. Oktober 1968 über die Freizügigkeit der Arbeitnehmer innerhalb der Gemeinschaft (ABl. L 257 vom 19. 10. 1968, S. 2), zuletzt geändert durch: 31992 R 2434: Verordnung (EWG) Nr. 2434/92 des Rats vom 27. 7. 1992 (ABl. L 245 vom 26. 8. 1992, S. 1)

Akte über die Bedingungen des Beitritts　　　　　　　　　　1.3.　**Texte 5**

1. Für die Freizügigkeit von Arbeitnehmern in Malta gilt Artikel 39 des EG-Vertrags in vollem Umfang nur vorbehaltlich der unter den Nummern 2 bis 4 festgelegten Übergangsbestimmungen.
2. Malta kann bis zum Ende des auf den Beitritt folgenden Siebenjahreszeitraums die Verfahren der folgenden Absätze anwenden.
　Wenn Malta auf seinem Arbeitsmarkt Störungen erleidet oder voraussieht, die eine ernstliche Gefährdung des Lebensstandards oder des Beschäftigungsstandes in einem bestimmten Gebiet oder Beruf mit sich bringen können, unterrichtet Malta die Kommission und die übrigen Mitgliedstaaten davon und übermittelt ihnen alle zweckdienlichen Angaben. Malta kann die Kommission auf der Grundlage dieser Unterrichtung um die Erklärung ersuchen, dass die Anwendung der Artikel 1 bis 6 der Verordnung (EWG) Nr. 1612/68 zur Wiederherstellung der normalen Situation in diesem Gebiet oder Beruf ganz oder teilweise ausgesetzt wird. Die Kommission trifft über die Aussetzung und deren Dauer und Geltungsbereich spätestens zwei Wochen, nachdem sie mit dem Ersuchen befasst wurde, eine Entscheidung und unterrichtet den Rat von dieser Entscheidung. Binnen zwei Wochen nach der Entscheidung der Kommission kann jeder Mitgliedstaat bei dem Rat beantragen, diese Entscheidung rückgängig zu machen oder zu ändern. Der Rat beschließt binnen zwei Wochen mit qualifizierter Mehrheit über diesen Antrag
　Malta kann in dringenden und außergewöhnlichen Fällen die Anwendung der Artikel 1 bis 6 der Verordnung (EWG) Nr. 1612/68 aussetzen und dies der Kommission unter Angabe von Gründen nachträglich mitteilen.
3. Um rechtzeitig vorher Kenntnis von jeder Lage zu erhalten, die ein Vorgehen nach Absatz 2 erfordern könnte, kann Malta während des auf den Beitritt folgenden Siebenjahreszeitraums auch sein System der Arbeitsgenehmigungen für Staatsangehörige anderer Mitgliedstaaten, für die die Artikel 1 bis 6 der Verordnung (EWG) Nr. 1612/68 gelten, aufrecht erhalten; Malta wird diese Arbeitserlaubnisse jedoch automatisch erteilen.
4. Soweit bestimmte Vorschriften der Richtlinie 68/360/EWG nicht von den Vorschriften der Verordnung (EWG) Nr. 1612/68 getrennt werden können, deren Anwendung gemäß Nummer 2 ausgesetzt werden kann, kann Malta in dem Maße, wie es für die Anwendung der Nummer 2 erforderlich ist, von diesen Vorschriften abweichen.

Anhang XII

Liste nach Artikel 24 der Beitrittsakte: Polen

(ähnlich für die anderen Beitrittsländer, ausgenommen Malta und Zypern)

2. Freizügigkeit

　Vertrag zur Gründung der Europäischen Gemeinschaft 31968 L 0360: Richtlinie 68/360/EWG des Rats vom 15. Oktober 1968 zur Aufhebung der Reise- und Aufenthaltsbeschränkungen für Arbeitnehmer der Mitgliedstaaten und ihre Familienangehörigen innerhalb der Gemeinschaft (ABl. L 257 vom 19. 10. 1968, S. 13), zuletzt geändert durch:
11994 N: Akte über die Beitrittsbedingungen und die Anpassungen der Verträge – Beitritt der Republik Österreich, der Republik Finnland und des Königreichs Schweden (ABl. C 241 vom 29. 8. 1994, S. 21)
31968 R 1612: Verordnung (EWG) Nr. 1612/68 des Rats vom 15. Oktober 1968 über die Freizügigkeit der Arbeitnehmer innerhalb der Gemeinschaft (ABl. L 257 vom 19. 10. 1968, S. 2), zuletzt geändert durch: 31992 R 2434: Verordnung (EWG) Nr. 2434/92 des Rats vom 27. 7. 1992 (ABl. L 245 vom 26. 8. 1992, S. 1)
31996 R 0071: Richtlinie 96/71/EG des Europäischen Parlaments und des Rats vom 16. Dezember 1996 über die Entsendung von Arbeitnehmern im Rahmen der Erbringung von Dienstleistungen (ABl. L 18 vom 21. 1. 1997, S. 1).
1. Hinsichtlich der Freizügigkeit von Arbeitnehmern und der Dienstleistungsfreiheit mit vorübergehender Entsendung von Arbeitskräften im Sinne des Artikels 1 der Richtlinie 96/71/EG gelten Artikel 39 und Artikel 49 Absatz 1 des EG-Vertrags zwischen Polen einerseits und Belgien, der Tschechischen Republik, Dänemark, Deutschland, Estland, Griechenland, Spanien, Frankreich, Irland, Italien, Lettland, Litauen, Luxemburg, Ungarn, den Niederlanden, Österreich, Portugal, Slowenien, der Slowakei, Finnland, Schweden und dem Vereinigten Königreich andererseits in vollem Umfang nur vorbehaltlich der Übergangsbestimmungen der Nummern 2 bis 14.
2. Abweichend von den Artikeln 1 bis 6 der Verordnung (EWG) Nr. 1612/68 und bis Ende eines Zeitraums von zwei Jahren nach dem Tag des Beitritts werden die derzeitigen Mitgliedstaaten nationale oder sich aus bilateralen Abkommen ergebende Maßnahmen anwenden, um den Zugang polnischer

5 Texte 1.3.

Staatsangehöriger zu ihren Arbeitsmärkten zu regeln. Die derzeitigen Mitgliedstaaten können solche Maßnahmen bis zum Ende eines Zeitraums von fünf Jahren nach dem Tag des Beitritts weiter anwenden.

Polnische Staatsangehörige, die am Tag des Beitritts rechtmäßig in einem derzeitigen Mitgliedstaat arbeiten und für einen ununterbrochenen Zeitraum von 12 Monaten oder länger zum Arbeitsmarkt dieses Mitgliedstaats zugelassen waren, haben Zugang zum Arbeitsmarkt dieses Mitgliedstaats, aber nicht zum Arbeitsmarkt anderer Mitgliedstaaten, die nationale Maßnahmen anwenden.

Polnische Staatsangehörige, die nach dem Beitritt für einen ununterbrochenen Zeitraum von 12 Monaten oder länger zum Arbeitsmarkt eines derzeitigen Mitgliedstaats zugelassen waren, genießen dieselben Rechte.

Die in den Unterabsätzen 2 und 3 genannten polnischen Staatsangehörigen verlieren die dort gewährten Rechte, wenn sie den Arbeitsmarkt des derzeitigen Mitgliedstaats freiwillig verlassen.

Polnischen Staatsangehörigen, die am Tag des Beitritts oder während eines Zeitraums, in dem nationale Maßnahmen angewandt werden, rechtmäßig in einem derzeitigen Mitgliedstaat arbeiten und weniger als 12 Monate zum Arbeitsmarkt dieses Mitgliedstaats zugelassen waren, werden diese Rechte nicht gewährt.

3. Vor Ende eines Zeitraums von zwei Jahren nach dem Tag des Beitritts wird der Rat die Funktionsweise der Übergangsregelungen nach Nummer 2 anhand eines Berichts der Kommission überprüfen.

Bei Abschluss dieser Überprüfung und spätestens am Ende eines Zeitraums von zwei Jahren nach dem Beitritt teilen die derzeitigen Mitgliedstaaten der Kommission mit, ob sie weiterhin nationale oder sich aus bilateralen Vereinbarungen ergebende Maßnahmen anwenden, oder ob sie künftig die Artikel 1 bis 6 der Verordnung (EWG) Nr. 1612/68 anwenden möchten. Erfolgt keine derartige Mitteilung, so gelten die Artikel 1 bis 6 der Verordnung (EWG) Nr. 1612/68.

4. Auf Ersuchen Polens kann eine weitere Überprüfung vorgenommen werden. Dabei findet das unter Nummer 3 genannte Verfahren Anwendung, das innerhalb von sechs Monaten nach Erhalt des Ersuchens Polens abzuschließen ist.

5. Ein Mitgliedstaat, der am Ende des unter Nummer 2 genannten Zeitraums von fünf Jahren nationale oder sich aus bilateralen Abkommen ergebende Maßnahmen beibehält, kann im Falle schwerwiegender Störungen seines Arbeitsmarktes oder der Gefahr derartiger Störungen nach entsprechender Mitteilung an die Kommission diese Maßnahmen bis zum Ende des Zeitraums von sieben Jahren nach dem Tag des Beitritts weiter anwenden. Erfolgt keine derartige Mitteilung, so gelten die Artikel 1 bis 6 der Verordnung (EWG) Nr. 1612/68.

6. Während des Zeitraums von sieben Jahren nach dem Tag des Beitritts werden die Mitgliedstaaten, in denen gemäß den Nummern 3, 4 oder 5 die Artikel 1 bis 6 der Verordnung (EWG) Nr. 1612/68 für polnische Staatsangehörige gelten und die während dieses Zeitraums

Staatsangehörigen Polens zu Kontrollzwecken Arbeitsgenehmigungen erteilen, dies automatisch tun.

7. Die Mitgliedstaaten, in denen gemäß den Nummern 3, 4 oder 5 die Artikel 1 bis 6 der Verordnung (EWG) Nr. 1612/68 für polnische Staatsangehörige gelten, können bis zum Ende eines Zeitraums von sieben Jahren nach dem Beitritt die in den folgenden Absätzen beschriebenen Verfahren anwenden.

Wenn einer der Mitgliedstaaten im Sinne des Unterabsatzes 1 auf seinem Arbeitsmarkt Störungen erleidet oder voraussieht, die eine ernstliche Gefährdung des Lebensstandards oder des Beschäftigungsstandes in einem bestimmten Gebiet oder Beruf mit sich bringen könnten, unterrichtet dieser Mitgliedstaat die Kommission und die anderen Mitgliedstaaten und übermittelt diesen alle zweckdienlichen Angaben. Der Mitgliedstaat kann die Kommission auf der Grundlage dieser Unterrichtung um die Erklärung ersuchen, dass die Anwendung der Artikel 1 bis 6 der Verordnung (EWG) Nr. 1612/68 zur Wiederherstellung der normalen Situation in diesem Gebiet oder Beruf ganz oder teilweise ausgesetzt wird. Die Kommission trifft über die Aussetzung und deren Dauer und Geltungsbereich spätestens zwei Wochen, nachdem sie mit dem Ersuchen befasst wurde, eine Entscheidung und unterrichtet den Rat von dieser Entscheidung. Binnen zwei Wochen nach der Entscheidung der Kommission kann jeder Mitgliedstaat beantragen, dass diese Entscheidung vom Rat rückgängig gemacht oder geändert wird. Der Rat beschließt binnen zwei Wochen mit qualifizierter Mehrheit über diesen Antrag.

Ein Mitgliedstaat im Sinne des Unterabsatzes 1 kann in dringenden und außergewöhnlichen Fällen die Anwendung der Artikel 1 bis 6 der Verordnung (EWG) Nr. 1612/68 aussetzen und dies der Kommission unter Angabe von Gründen nachträglich mitteilen.

8. Solange die Anwendung der Artikel 1 bis 6 der Verordnung (EWG) Nr. 1612/68 gemäß den Nummern 2 bis 5 und 7 ausgesetzt ist, findet Artikel 11 der Verordnung auf Staatsangehörige der

Akte über die Bedingungen des Beitritts 1.3. **Texte 5**

derzeitigen Mitgliedstaaten in Polen und auf polnische Staatsangehörige in den derzeitigen Mitgliedstaaten unter folgenden Bedingungen Anwendung:
- die Familienangehörigen eines Arbeitnehmers nach Artikel 10 Absatz 1 Buchstabe a der Verordnung, die am Tag des Beitritts bei dem Arbeitnehmer im Hoheitsgebiet eines Mitgliedstaats ihren rechtmäßigen Wohnsitz hatten, haben nach dem Beitritt sofortigen Zugang zum Arbeitsmarkt dieses Mitgliedstaats. Dies gilt nicht für die Familienangehörigen eines Arbeitnehmers, der weniger als 12 Monate rechtmäßig zu dem Arbeitsmarkt des betreffenden Mitgliedstaats zugelassen war;
- die Familienangehörigen eines Arbeitnehmers nach Artikel 10 Absatz 1 Buchstabe a der Verordnung, die ab einem Zeitpunkt nach dem Beitritt, aber während des Zeitraums der Anwendung der genannten Übergangsregelungen bei dem Arbeitnehmer im Hoheitsgebiet eines Mitgliedstaats ihren rechtmäßigen Wohnsitz hatten, haben Zugang zum Arbeitsmarkt des betreffenden Mitgliedstaats, wenn sie mindestens achtzehn Monate in dem betreffenden Mitgliedstaat ihren Wohnsitz hatten oder ab dem dritten Jahr nach dem Beitritt, wenn dieser Zeitpunkt früher liegt.

Günstigere nationale oder sich aus bilateralen Abkommen ergebende Maßnahmen bleiben von diesen Bestimmungen unberührt.

9. Soweit bestimmte Vorschriften der Richtlinie 68/360/EWG nicht von den Vorschriften der Verordnung (EWG) Nr. 1612/68 getrennt werden können, deren Anwendung gemäß den Nummern 2 bis 5 und 7 und 8 aufgeschoben wird, können Polen und die derzeitigen Mitgliedstaaten in dem Maße, wie es für die Anwendung der Nummern 2 bis 5 und 7 und 8 erforderlich ist, von diesen Vorschriften abweichen.

10. Werden nationale oder sich aus bilateralen Abkommen ergebende Maßnahmen von den derzeitigen Mitgliedstaaten gemäß den oben genannten Übergangsregelungen angewandt, so kann Polen gleichwertige Maßnahmen gegenüber den Staatsangehörigen des betreffenden Mitgliedstaats oder der betreffenden Mitgliedstaaten beibehalten.

11. Wird die Anwendung der Artikel 1 bis 6 der Verordnung (EWG) Nr. 1612/68 von einem der derzeitigen Mitgliedstaaten ausgesetzt, so kann Polen gegenüber der Tschechischen Republik, Estland, Lettland, Litauen, Ungarn, Slowenien oder der Slowakei die unter Nummer 7 festgelegten Verfahren anwenden. In dieser Zeit werden Arbeitsgenehmigungen, die Polen Staatsangehörigen der Tschechischen Republik, Estlands, Lettlands, Litauens, Ungarns, Sloweniens und der Slowakei zu Kontrollzwecken ausstellt, automatisch erteilt.

12. Jeder derzeitige Mitgliedstaat, der nationale Maßnahmen gemäß den Nummern 2 bis 5 und 7 bis 9 anwendet, kann im Rahmen seiner einzelstaatlichen Rechtsvorschriften eine größere Freizügigkeit einführen als sie am Tag des Beitritts bestand, einschließlich des uneingeschränkten Zugangs zum Arbeitsmarkt. Ab dem dritten Jahr nach dem Beitritt kann jeder derzeitige Mitgliedstaat, der nationale Maßnahmen anwendet, jederzeit beschließen, stattdessen die Artikel 1 bis 6 der Verordnung (EWG) Nr. 1612/68 anzuwenden. Die Kommission wird über derartige Beschlüsse unterrichtet.

13. Um tatsächlichen oder drohenden schwerwiegenden Störungen in bestimmten empfindlichen Dienstleistungssektoren auf ihren Arbeitsmärkten zu begegnen, die sich in bestimmten Gebieten aus der länderübergreifenden Erbringung von Dienstleistungen im Sinne des Artikels 1 der Richtlinie 96/71/EG ergeben könnten, können Deutschland und Österreich, solange sie gemäß den vorstehend festgelegten Übergangsbestimmungen nationale Maßnahmen oder Maßnahmen aufgrund von bilateralen Vereinbarungen über die Freizügigkeit polnischer Arbeitnehmer anwenden, nach Unterrichtung der Kommission von Artikel 49 Absatz 1 des EG-Vertrags abweichen, um im Bereich der Erbringung von Dienstleistungen durch in Polen niedergelassene Unternehmen die zeitweilige grenzüberschreitende Beschäftigung von Arbeitnehmern einzuschränken, deren Recht, in Deutschland oder Österreich eine Arbeit aufzunehmen, nationalen Maßnahmen unterliegt.

5 Texte 1.3.

Folgende Dienstleistungssektoren können von der Abweichung betroffen sein:

– in Deutschland

Sektor	NACE-Code (1), sofern nicht anders angegeben
Baugewerbe, einschließlich verwandte Wirtschaftszweige	45.1 bis 4; Im Anhang zur Richtlinie 96/71/EG aufgeführte Tätigkeiten
Reinigung von Gebäuden, Inventar und Verkehrsmitteln	74.70 Reinigung von Gebäuden, Inventar und Verkehrsmitteln
Sonstige Dienstleistungen	74.87 Nur Tätigkeiten von Innendekorateuren

– in Österreich

Sektor	NACE-Code (1), sofern nicht anders angegeben
Erbringung von gärtnerischen Dienstleistungen	01.41
Be- und Verarbeitung von Natursteinen a. n. g.	26.7
Herstellung von Stahl- und Leichtmetallkonstruktionen	28.11
Baugewerbe, einschließlich verwandter Wirtschaftszweige	45.1 bis 4; Im Anhang zur Richtlinie 96/71/EG aufgeführte Tätigkeiten
Schutzdienste	74.60
Reinigung von Gebäuden, Inventar und Verkehrsmitteln	74.70
Hauskrankenpflege	85.14
Sozialwesen a. n. g.	85.32

(1) NACE: siehe 31990 R 3037: Verordnung (EWG) Nr. 3037/90 des Rats vom 9. Oktober 1990 betreffend die statistische Systematik der Wirtschaftszweige in der Europäischen Gemeinschaft (ABl. L 293 vom 24. 10. 1990, S. 1), zuletzt geändert durch 32002 R 0029: Verordnung (EG) Nr. 29/2002 der Kommission vom 19. 12. 2001 (ABl. L 6 vom 10. 1. 2002, S. 3).

In dem Maße, wie Deutschland oder Österreich nach Maßgabe der vorstehenden Unterabsätze von Artikel 49 Absatz 1 des EG-Vertrags abweichen, kann Polen nach Unterrichtung der Kommission gleichwertige Maßnahmen ergreifen.

Die Anwendung dieser Nummer darf nicht zu Bedingungen für die zeitweilige Freizügigkeit von Arbeitnehmern im Rahmen der länderübergreifenden Erbringung von Dienstleistungen zwischen Deutschland bzw. Österreich und Polen führen, die restriktiver sind als die zum Zeitpunkt der Unterzeichnung des Beitrittsvertrags geltenden Bedingungen.

Hauskrankenpflege

14. Die Anwendung der Nummern 2 bis 5 und 7 bis 12 darf nicht zu Bedingungen für den Zugang polnischer Staatsangehöriger zu den Arbeitsmärkten der derzeitigen Mitgliedstaaten führen, die restriktiver sind, als die zum Zeitpunkt der Unterzeichnung des Beitrittsvertrags geltenden Bedingungen.

Ungeachtet der Anwendung der Bestimmungen unter den Nummern 1 bis 13 räumen die derzeitigen Mitgliedstaaten während der Dauer der Anwendung nationaler oder sich aus bilateralen Vereinbarungen ergebender Maßnahmen Arbeitnehmern, die Staatsangehörige eines Mitgliedstaats sind, beim Zugang zu ihren Arbeitsmärkten Vorrang vor Arbeitnehmern ein, die Staatsangehörige eines Drittstaats sind.

Polnische Wanderarbeitnehmer und ihre Familien, die rechtmäßig in einem anderen Mitgliedstaat ihren Wohnsitz haben und dort arbeiten, oder Wanderarbeitnehmer aus anderen Mitgliedstaaten und ihre Familien, die rechtmäßig in Polen ihren Wohnsitz haben und dort arbeiten, dürfen nicht restriktiver behandelt werden als dieselben Personen aus Drittstaaten, die in diesem Mitgliedstaat bzw. Polen ihren Wohnsitz haben und dort arbeiten. Darüber hinaus dürfen Wanderarbeitnehmer aus Drittländern, die in Polen ihren Wohnsitz haben und dort arbeiten, gemäß dem Grundsatz der Gemeinschaftspräferenz nicht günstiger behandelt werden als polnische Staatsangehörige.

EWR-Abkommen   1.4. **Texte 5**

3. Freier Dienstleistungsverkehr

1. 31997 L 0009: Richtlinie 97/9/EG des Europäischen Parlaments und des Rats vom 3. März 1997 über Systeme für die Entschädigung der Anleger (ABl. L 84 vom 26. 3. 1997, S. 22).

Abweichend von Artikel 4 Absatz 1 der Richtlinie 97/9/EG gilt die Mindestentschädigung in Polen bis zum 31. Dezember 2007 nicht. Polen stellt sicher, dass die Entschädigung nach dem polnischen Anlegerentschädigungssystem bis zum 31. Dezember 2004 mindestens 7000 EUR, vom 1. Januar 2005 bis zum 31. Dezember 2005 mindestens 11 000 EUR, vom 1. Januar 2006 bis 31. Dezember 2006 mindestens 15 000 EUR und vom 1. Januar 2007 bis 31. Dezember 2007 mindestens 19 000 EUR beträgt.

Die anderen Mitgliedstaaten sind während der Übergangszeit weiterhin berechtigt, einer Zweigniederlassung einer polnischen Wertpapierfirma in ihrem Staatsgebiet die Tätigkeit zu untersagen, solange eine solche Zweigniederlassung sich nicht einem offiziell anerkannten Anlegerentschädigungssystem im Staatsgebiet des betreffenden Mitgliedstaates anschließt, um die Differenz zwischen der Entschädigungshöhe in Polen und der in Artikel 4 Absatz 1 genannten Mindestentschädigung auszugleichen.

(1) NACE: siehe 31990 R 3037: Verordnung (EWG) Nr. 3037/90 des Rats vom 9. Oktober 1990 betreffend die statistische Systematik der Wirtschaftszweige in der Europäischen Gemeinschaft (ABl. L 293 vom 24. 10. 1990, S. 1), zuletzt geändert durch 32002 R 0029: Verordnung (EG) Nr. 29/2002 der Kommission vom 19. 12. 2001 (ABl. L 6 vom 10. 1. 2002, S. 3).

2. 32000 L 0012: Richtlinie 2000/12/EG des Europäischen Parlaments und des Rats vom 20. März 2000 über die Aufnahme und Ausübung der Tätigkeit der Kreditinstitute (ABl. L 26 vom 26. 5. 2000, S. 1), geändert durch: 32000 L 0028: Richtlinie 2000/28/EG des Europäischen Parlaments und des Rats vom 18. 9. 2000 (ABl. L 275 vom 27. 10. 2000, S. 37).

Gemäß Artikel 5 Absatz 2 der Richtlinie 2000/12/EG gelten die Anfangskapitalanforderungen für genossenschaftliche Kreditinstitute, die am Tag des Beitritts bereits in Polen niedergelassen sind, bis zum 31. Dezember 2007 nicht. Polen trägt dafür Sorge, dass für diese genossenschaftlichen Kreditinstitute bis 31. Dezember 2005 ein Anfangskapital von mindestens 300 000 EUR und vom 1. Januar 2006 bis 31. Dezember 2007 von mindestens 500 000 EUR vorgeschrieben ist.

Während der Übergangszeit dürfen die Eigenmittel dieser Unternehmen gemäß Artikel 5 Absatz 4 nicht unter den mit Wirkung vom Tag des Beitritts erreichten Höchstbetrag absinken.

1.4. Abkommen über den Europäischen Wirtschaftsraum

Vom 2. Mai 1992 (BGBl. 1993 II 266; in Kraft für Deutschland seit 1. Januar 1994, BGBl. 1994 II 515; erstreckt sich auf die EG-Mitgliedstaaten sowie Österreich, Finnland, Island, Liechtenstein, Schweden und Schweiz, ABl. 1994 Nr. L 1 S. 1; Anpassungsprotokoll betr. Schweiz, BGBl. 1993 II 1294)

– Auszug –

Teil I. Ziele und Grundsätze

Art. 1 (1) Ziel dieses Assoziierungsabkommens ist es, eine beständige und ausgewogene Stärkung der Handels- und Wirtschaftsbeziehungen zwischen den Vertragsparteien unter gleichen Wettbewerbsbedingungen und die Einhaltung gleicher Regeln zu fördern, um einen homogenen Europäischen Wirtschaftsraum, nachstehend EWR genannt, zu schaffen.

(2) Zur Verwirklichung der in Absatz 1 genannten Ziele umfaßt die Assoziation im Einklang mit den Bestimmungen dieses Abkommens:
a) den freien Warenverkehr,
b) die Freizügigkeit,
c) den freien Dienstleistungsverkehr,
d) den freien Kapitalverkehr,
e) die Einrichtung eines Systems, das den Wettbewerb vor Verfälschungen schützt und die Befolgung der diesbezüglichen Regeln für alle in gleicher Weise gewährleistet, sowie

f) eine engere Zusammenarbeit in anderen Bereichen wie Forschung und Entwicklung, Umwelt, Bildungswesen und Sozialpolitik.

Art. 2 Im Sinne dieses Abkommens bedeutet
a) „Abkommen":
das Hauptabkommen, die Protokolle und Anhänge dazu sowie die Rechtsakte, auf die darin verwiesen wird,
b) „EFTA-Staaten":
die Vertragsparteien, die Mitglieder der Europäischen Freihandelsassoziation sind,
c) „Vertragsparteien" im Falle der Gemeinschaft und ihrer Mitgliedstaaten:
die Gemeinschaft und die EG-Mitgliedstaaten oder die Gemeinschaft oder die EG-Mitgliedstaaten. Die jeweilige Bedeutung dieses Begriffs ist im Einzelfall abzuleiten aus den einschlägigen Bestimmungen dieses Abkommens und aus den Zuständigkeiten der Gemeinschaft bzw. der Mitgliedstaaten, wie sie sich aus dem Vertrag zur Gründung der Europäischen Wirtschaftsgemeinschaft und dem Vertrag über die Gründung der Europäischen Gemeinschaft für Kohle und Stahl ergeben.

Art. 3 Die Vertragsparteien treffen alle geeigneten Maßnahmen allgemeiner oder besonderer Art zur Erfüllung der Verpflichtungen, die sich aus diesem Abkommen ergeben.

Sie unterlassen alle Maßnahmen, welche die Verwirklichung der Ziele dieses Abkommens gefährden könnten.

Sie fördern außerdem die Zusammenarbeit im Rahmen dieses Abkommens.

Art. 4 Unbeschadet besonderer Bestimmungen dieses Abkommens ist in seinem Anwendungsbereich jede Diskriminierung aus Gründen der Staatsangehörigkeit verboten.

Art. 5 Die Vertragsparteien können nach Maßgabe des Artikels 92 Absatz 2 beziehungsweise des Artikels 89 Absatz 2 jederzeit ein Anliegen im Gemeinsamen EWR-Ausschuß oder im EWR-Rat zur Sprache bringen.

Art. 6 Unbeschadet der künftigen Entwicklungen der Rechtsprechung werden die Bestimmungen dieses Abkommens, soweit sie mit den entsprechenden Bestimmungen des Vertrags zur Gründung der Europäischen Wirtschaftsgemeinschaft und des Vertrags über die Gründung der Europäischen Gemeinschaft für Kohle und Stahl sowie der aufgrund dieser beiden Verträge erlassenen Rechtsakte in ihrem wesentlichen Gehalt identisch sind, bei ihrer Durchführung und Anwendung im Einklang mit den einschlägigen Entscheidungen ausgelegt, die der Gerichtshof der Europäischen Gemeinschaften vor dem Zeitpunkt der Unterzeichnung dieses Abkommens erlassen hat.

Art. 7 Rechtsakte, auf die in den Anhängen zu diesem Abkommen oder in den Entscheidungen des Gemeinsamen EWR-Ausschusses Bezug genommen wird oder die darin enthalten sind, sind für die Vertragsparteien verbindlich und Teil des innerstaatlichen Rechts oder in innerstaatliches Recht umzusetzen, und zwar wie folgt:
a) Ein Rechtsakt, der einer EWG-Verordnung entspricht, wird als solcher in das innerstaatliche Recht der Vertragsparteien übernommen.
b) Ein Rechtsakt, der einer EWG-Richtlinie entspricht, überläßt den Behörden der Vertragsparteien die Wahl der Form und der Mittel zu ihrer Durchführung.

Teil III. Freizügigkeit, freier Dienstleistungs- und Kapitalverkehr

Kapitel 1. Arbeitnehmer und selbständig Erwerbstätige

Art. 28 (1) Zwischen den EG-Mitgliedstaaten und den EFTA-Staaten wird die Freizügigkeit der Arbeitnehmer hergestellt.

(2) Sie umfaßt die Abschaffung jeder auf der Staatsangehörigkeit beruhenden unterschiedlichen Behandlung der Arbeitnehmer der EG-Mitgliedstaaten und der EFTA-Staaten in bezug auf Beschäftigung, Entlohnung und sonstige Arbeitsbedingungen.

EWR-Abkommen 1.4. **Texte 5**

(3) Sie gibt – vorbehaltlich der aus Gründen der öffentlichen Ordnung, Sicherheit und Gesundheit gerechtfertigten Beschränkungen – den Arbeitnehmern das Recht,
a) sich um tatsächlich angebotene Stellen zu bewerben;
b) sich zu diesem Zweck im Hoheitsgebiet der EG-Mitgliedstaaten und der EFTA-Staaten frei zu bewegen;
c) sich im Hoheitsgebiet eines EG-Mitgliedstaats oder eines EFTA-Staates aufzuhalten, um dort nach den für die Arbeitnehmer dieses Staates geltenden Rechts- und Verwaltungsvorschriften eine Beschäftigung auszuüben;
d) nach Beendigung einer Beschäftigung im Hoheitsgebiet eines EG-Mitgliedstaats oder eines EFTA-Staates zu verbleiben.

(4) Dieser Artikel findet keine Anwendung auf die Beschäftigung in der öffentlichen Verwaltung.

(5) Die besonderen Bestimmungen über die Freizügigkeit der Arbeitnehmer sind in Anhang V enthalten.

Art. 29 Zur Herstellung der Freizügigkeit der Arbeitnehmer und der selbständig Erwerbstätigen stellen die Vertragsparteien auf dem Gebiet der sozialen Sicherheit gemäß Anhang VI für Arbeitnehmer und selbständig Erwerbstätige sowie deren Familienangehörige insbesondere folgendes sicher:
a) die Zusammenrechnung aller nach den verschiedenen innerstaatlichen Rechtsvorschriften berücksichtigten Zeiten für den Erwerb und die Aufrechterhaltung des Leistungsanspruchs sowie für die Berechnung der Leistungen;
b) die Zahlung der Leistungen an Personen, die in den Hoheitsgebieten der Vertragsparteien wohnen.

Art. 30 Um Arbeitnehmern und selbständig Erwerbstätigen die Aufnahme und Ausübung von Erwerbstätigkeiten zu erleichtern, treffen die Vertragsparteien die erforderlichen Maßnahmen nach Anhang VII zur gegenseitigen Anerkennung von Diplomen, Prüfungszeugnissen und sonstigen Befähigungsnachweisen sowie zur Koordinierung der Rechts- und Verwaltungsvorschriften der Vertragsparteien über die Aufnahme und Ausübung von Erwerbstätigkeiten durch Arbeitnehmer und selbständig Erwerbstätige.

Kapitel 2. Niederlassungsrecht

Art. 31 (1) Im Rahmen dieses Abkommens unterliegt die freie Niederlassung von Staatsangehörigen eines EG-Mitgliedstaats oder eines EFTA-Staates im Hoheitsgebiet eines dieser Staaten keinen Beschränkungen. Das gilt gleichermaßen für die Gründung von Agenturen, Zweigniederlassungen oder Tochtergesellschaften durch Angehörige eines EG-Mitgliedstaats oder eines EFTA-Staates, die im Hoheitsgebiet eines dieser Staaten ansässig sind. Vorbehaltlich des Kapitels 4 umfaßt die Niederlassungsfreiheit die Aufnahme und Ausübung selbständiger Erwerbstätigkeiten sowie die Gründung und Leitung von Unternehmen, insbesondere von Gesellschaften im Sinne des Artikels 34 Absatz 2, nach den Bestimmungen des Aufnahmestaats für seine eigenen Angehörigen.

(2) Die besonderen Bestimmungen über das Niederlassungsrecht sind in den Anhängen VIII bis XI enthalten.

Art. 32 Auf Tätigkeiten, die im Hoheitsgebiet einer Vertragspartei dauernd oder zeitweise mit der Ausübung öffentlicher Gewalt verbunden sind, findet dieses Kapitel im Hoheitsgebiet der betreffenden Vertragspartei keine Anwendung.

Art. 33 Dieses Kapitel und die aufgrund desselben getroffenen Maßnahmen beeinträchtigen nicht die Anwendbarkeit der Rechts- und Verwaltungsvorschriften, die eine besondere Regelung für Ausländer vorsehen und aus Gründen der öffentlichen Ordnung, Sicherheit und Gesundheit gerechtfertigt sind.

Art. 34 Für die Anwendung dieses Kapitels stehen die nach den Rechtsvorschriften eines EG-Mitgliedstaats oder eines EFTA-Staates gegründeten Gesellschaften, die ihren satzungsmäßigen Sitz, ihre Hauptverwaltung oder ihre Hauptniederlassung im Hoheitsgebiet der Vertragsparteien haben, den natürlichen Personen gleich, die Angehörige der EG-Mitgliedstaaten oder der EFTA-Staaten sind.

Als Gesellschaften gelten die Gesellschaften des bürgerlichen Rechts und des Handelsrechts einschließlich der Genossenschaften und die sonstigen juristischen Personen des öffentlichen und privaten Rechts mit Ausnahme derjenigen, die keinen Erwerbszweck verfolgen.

Art. 35 Auf das in diesem Kapitel geregelte Sachgebiet findet Artikel 30 Anwendung.

Kapitel 3. Dienstleistungen

Art. 36 (1) Im Rahmen dieses Abkommens unterliegt der freie Dienstleistungsverkehr im Gebiet der Vertragsparteien für Angehörige der EG-Mitgliedstaaten und der EFTA-Staaten, die in einem anderen EG-Mitgliedstaat beziehungsweise einem anderen EFTA-Staat als demjenigen des Leistungsempfänger ansässig sind, keinen Beschränkungen.

(2) Die besonderen Bestimmungen über den freien Dienstleistungsverkehr sind in den Anhängen IX bis XI enthalten.

Art. 37 Dienstleistungen im Sinne dieses Abkommens sind Leistungen, die in der Regel gegen Entgelt erbracht werden, soweit sie nicht den Vorschriften über den freien Waren- und Kapitalverkehr und über die Freizügigkeit unterliegen.

Als Dienstleistungen gelten insbesondere:
a) gewerbliche Tätigkeiten,
b) kaufmännische Tätigkeiten,
c) handwerkliche Tätigkeiten,
d) freiberufliche Tätigkeiten.

Unbeschadet des Kapitels 2 kann der Leistende zwecks Erbringung seiner Leistungen seine Tätigkeit vorübergehend in dem Staat ausüben, in dem die Leistung erbracht wird, und zwar unter den Voraussetzungen, welche dieser Staat für seine eigenen Angehörigen vorschreibt.

Art. 38 Für den freien Dienstleistungsverkehr auf dem Gebiet des Verkehrs gelten die Bestimmungen des Kapitels 6.

Art. 39 Auf das in diesem Kapitel geregelte Sachgebiet finden die Artikel 30, 32, 33 und 34 Anwendung.

Teil V. Horizontale Bestimmungen im Zusammenhang mit den vier Freiheiten

Kapitel 1. Sozialpolitik

Art. 66 Die Vertragsparteien sind sich über die Notwendigkeit einig, auf eine Verbesserung der Lebens- und Arbeitsbedingungen der Arbeitskräfte hinzuwirken.

Art. 67 (1) Die Vertragsparteien bemühen sich, die Verbesserung insbesondere der Arbeitsumwelt zu fördern, um die Sicherheit und die Gesundheit der Arbeitnehmer zu schützen. Als Beitrag zur Verwirklichung diese Zieles werden Mindestvorschriften angewendet, die unter Berücksichtigung der bestehenden Bedingungen und technischen Regelungen der einzelnen Vertragsparteien schrittweise durchzuführen sind. Derartige Mindestvorschriften hindern die einzelnen Vertragsparteien nicht daran. Maßnahmen zum verstärkten Schutz der Arbeitsbedingungen beizubehalten oder zu treffen, die mit diesem Abkommen vereinbar sind.

(2) Die Bestimmungen, die als Mindestvorschriften im Sinne des Absatzes 1 durchzuführen sind, sind in Anhang XVIII aufgeführt.

Art. 68 Auf dem Gebiet des Arbeitsrechts führen die Vertragsparteien die für das gute Funktionieren dieses Abkommens erforderlichen Maßnahmen ein. Diese Maßnahmen sind in Anhang XVIII aufgeführt.

Art. 69 (1) Jede Vertragspartei wird den Grundsatz des gleichen Entgelts für Männer und Frauen bei gleicher Arbeit anwenden und beibehalten.

Unter „Entgelt" im Sinne dieses Art.s sind die üblichen Grund- oder Mindestlöhne und -gehälter sowie alle sonstigen Vergütungen zu verstehen, die der Arbeitgeber aufgrund der Dienstverhältnisses dem Arbeitnehmer mittelbar und unmittelbar in bar oder in Sachleistungen zahlt.

Gleichheit des Arbeitsentgelts ohne Diskriminierung aufgrund des Geschlechts bedeutet:
a) daß das Entgelt für eine gleiche nach Akkord bezahlte Arbeit aufgrund der gleichen Maßeinheit festgesetzt wird;
b) daß für eine nach Zeit bezahlte Arbeit das Entgelt bei gleichem Arbeitsplatz gleich ist.

(2) Die besonderen Durchführungsbestimmungen zu Absatz 1 sind in Anhang XVIII enthalten.

Abkommen zwischen der EG u. der Schweizerischen Eidgenossenschaft 1.5. **Texte 5**

Art. 70 Die Vertragsparteien fördern den Grundsatz der Gleichbehandlung von Männern und Frauen mit der Durchführung der in Anhang XVIII enthaltenen Bestimmungen.

Art. 71 Die Vertragsparteien bemühen sich darum, den Dialog zwischen den Sozialpartnern auf europäischer Ebene zu fördern.

Teil VI. Zusammenarbeit außerhalb der vier Freiheiten

Art. 78 Die Vertragsparteien verstärken und erweitern ihre Zusammenarbeit im Rahmen der Gemeinschaftsaktionen in den Bereichen
- Forschung und technologische Entwicklung,
- Informationsdienste,
- Umwelt,
- allgemeine und berufliche Bildung und Jugend,
- Sozialpolitik,
- Verbraucherschutz,
- kleine und mittlere Unternehmen,
- Fremdenverkehr,
- audiovisueller Sektor und
- Katastrophenschutz,

soweit diese Sachgebiete nicht unter andere Teile dieses Abkommens fallen.

1.5. Abkommen zwischen der Europäischen Gemeinschaft und ihren Mitgliedstaaten einerseits und der Schweizerischen Eidgenossenschaft andererseits über die Freizügigkeit

Vom 21. Juni 1999 (ABl. L 114 vom 30. 4. 2002 S. 6)

I. Grundbestimmungen

Art. 1 Ziel. Ziel dieses Abkommens zugunsten der Staatsangehörigen der Mitgliedstaaten der Europäischen Gemeinschaft und der Schweiz ist folgendes
a) Einräumung eines Rechts auf Einreise, Aufenthalt, Zugang zu einer unselbständigen Erwerbstätigkeit und Niederlassung als Selbständiger sowie des Rechts auf Verbleib im Hoheitsgebiet der anderen Vertragspartei;
b) Erleichterung der Erbringung von Dienstleistungen im Hoheitsgebiet der Vertragsparteien, insbesondere Liberalisierung kurzzeitiger Dienstleistungen;
c) Einräumung eines Rechts auf Einreise und Aufenthalt im Hoheitsgebiet der Vertragsparteien, für Personen, die im Aufnahmestaat keine Erwerbstätigkeit ausüben;
d) Einräumung der gleichen Lebens-, Beschäftigungs- und Arbeitsbedingungen wie für Inländer.

Art. 2 Nichtdiskriminierung. Die Staatsangehörigen einer Vertragspartei, die sich rechtmäßig im Hoheitsgebiet einer anderen Vertragspartei aufhalten, wer den bei der Anwendung dieses Abkommens gemäß den Anhängen I, II und III nicht aufgrund ihrer Staatsangehörigkeit diskriminiert.

Art. 3 Einreiserecht. Den Staatsangehörigen einer Vertragspartei wird das Recht auf Einreise in das Hoheitsgebiet der anderen Vertragspartei gemäß den in Anhang I festgelegten Bestimmungen eingeräumt.

Art. 4 Recht auf Aufenthalt und Zugang zu einer Erwerbstätigkeit. Das Recht auf Aufenthalt und Zugang zu einer Erwerbstätigkeit wird vorbehaltlos des Artikels 10 nach Maßgabe des Anhangs I eingeräumt.

Art. 5 Dienstleistungserbringer. 1. Unbeschadet besonderer Abkommen über die Erbringung von Dienstleistungen zwischen den Vertragsparteien (einschließlich des Abkommens über das öffentliche Beschaffungswesen, sofern es die Erbringung von Dienstleistungen umfaßt) wird einem Dienstleistungserbringer einschließlich Gesellschaften gemäß Anhang I das Recht eingeräumt, Dienstleistungen im Hoheitsgebiet der anderen Vertragspartei zu erbringen, deren tatsächliche Dauer 90 Arbeitstage pro Kalenderjahr nicht überschreitet.

2. Einem Dienstleistungserbringer wird das Einreise- und Aufenthaltsrecht im Hoheitsgebiet der anderen Vertragspartei eingeräumt, sofern

a) er gemäß Absatz 1 oder aufgrund eines in Absatz 1 Abkommens zur Erbringung einer Dienstleistung berechtigt ist oder,

b) falls die Voraussetzungen unter Buchstabe a nicht erfüllt sind, ihm von den zuständigen Behörden der betreffenden Vertragspartei eine Erlaubnis zur Erbringung einer Dienstleistung erteilt wurde.

3. Natürlichen Personen, die Staatsangehörige eines Mitgliedstaates der Europäischen Gemeinschaft oder der Schweiz sind und sich nur als Empfänger einer Dienstleistung in das Hoheitsgebiet einer Vertragspartei begeben, wird das Einreise- und Aufenthaltsrecht eingeräumt.

4. Die in diesem Artikel genannten Rechte werden gemäß den Bestimmungen der Anhänge I, II und III eingeräumt. Die Höchstzahlen des Artikels 10 können gegenüber den in diesem Artikel genannten Personen nicht geltend gemacht werden.

Art. 6 Aufenthaltsrecht für Personen, die keine Erwerbstätigkeit ausüben. Das Aufenthaltsrecht im Hoheitsgebiet einer Vertragspartei wird den Personen, die keine Erwerbstätigkeit ausüben, gemäß den Bestimmungen des Anhangs I über Nichterwerbstätige eingeräumt.

Art. 7 Sonstige Rechte. Die Vertragsparteien regeln insbesondere die folgenden mit der Freizügigkeit zusammenhängenden Rechte gemäß Anhang I:

a) Recht auf Gleichbehandlung mit den Inländern in bezug auf den Zugang zu einer Erwerbstätigkeit und deren Ausübung sowie auf die Lebens-, Beschäftigungs- und Arbeitsbedingungen;

b) Recht auf berufliche und geographische Mobilität, das es den Staatsangehörigen der Vertragsparteien gestattet, sich im Hoheitsgebiet des Aufnahmestaates frei zu bewegen und den Beruf ihrer Wahl auszuüben;

c) Recht auf Verbleib im Hoheitsgebiet einer Vertragspartei nach Beendigung einer Erwerbstätigkeit;

d) Aufenthaltsrecht der Familienangehörigen, ungeachtet ihrer Staatsangehörigkeit;

e) Recht der Familienangehörigen auf Ausübung einer Erwerbstätigkeit, ungeachtet ihrer Staatsangehörigkeit;

f) Recht auf Erwerb von Immobilien im Zusammenhang mit der Ausübung der im Rahmen dieses Abkommens eingeräumten Rechte;

g) während der Übergangszeit: Recht auf Rückkehr in das Hoheitsgebiet einer Vertragspartei nach Beendigung einer Erwerbstätigkeit oder eines Aufenthalts in diesem Gebiet zwecks Ausübung einer Erwerbstätigkeit sowie Recht auf Umwandlung einer befristeten in eine ständige Aufenthaltserlaubnis.

Art. 8 Koordinierung der Systeme der sozialen Sicherheit. Die Vertragsparteien regeln die Koordinierung der Systeme der sozialen Sicherheit gemäß Anhang II, um insbesondere folgendes zu gewährleisten:

a) Gleichbehandlung;

b) Bestimmung der anzuwendenden Rechtsvorschriften;

c) Zusammenrechnung aller nach den verschiedenen nationalen Rechtsvorschriften berücksichtigten Versicherungszeiten für den Erwerb und die Aufrechterhaltung des Leistungsanspruchs sowie für die Berechnung der Leistungen;

d) Zahlung der Leistungen an Personen, die ihren Wohnsitz im Hoheitsgebiet der Vertragsparteien haben;

e) Amtshilfe und Zusammenarbeit der Behörden und Einrichtungen.

Art. 9 Diplome, Zeugnisse und sonstige Befähigungsnachweise. Um den Staatsangehörigen der Mitgliedstaaten der Europäischen Gemeinschaft und der Schweiz den Zugang zu unselbständigen und selbständigen Erwerbstätigkeiten und deren Ausübung sowie die Erbringung von Dienstleistungen zu erleichtern, treffen die Vertragsparteien gemäß Anhang III die erforderlichen Maßnahmen zur gegenseitigen Anerkennung der Diplome, Zeugnisse und sonstigen Befähigungsnachweise und zur Koordinierung ihrer Rechts- und Verwaltungsvorschriften über den Zugang zu unselbständigen und selbständigen Erwerbstätigkeiten und deren Ausübung sowie die Erbringung von Dienstleistungen.

Abkommen zwischen der EG u. der Schweizerischen Eidgenossenschaft   1.5.   **Texte 5**

II. Allgemeine und Schlussbestimmungen

Art. 10 Übergangsbestimmungen und Weiterentwicklung dieses Abkommens. 1. Während eines Zeitraums von fünf Jahren nach Inkrafttreten dieses Abkommens kann die Schweiz für die beiden Kategorien der Aufenthalte von mehr als vier Monaten und weniger als einem Jahr und der Aufenthalte von einem Jahr oder mehr, Höchstzahlen für den Zugang zu einer Erwerbstätigkeit aufrechterhalten. Die Aufenthalte von weniger als vier Monaten unterliegen keiner Beschränkung.

Ab dem sechsten Jahr werden die Höchstzahlen für die Staatsangehörigen der Mitgliedstaaten der Europäischen Gemeinschaft aufgehoben.

2. Die Vertragsparteien können die Kontrolle der Einhaltung des Vorrangs der in den regulären Arbeitsmarkt integrierten Arbeitnehmer und die Kontrolle der Entlohnungs- und Arbeitsbedingungen für die Staatsangehörigen der anderen Vertragspartei einschließlich der in Artikel 5 genannten Dienstleistungserbringer höchstens zwei Jahre lang beibehalten. Vor Ablauf des ersten Jahres prüft der Gemischte Ausschuss, inwieweit diese Beschränkungen noch notwendig sind. Er kann die Höchstdauer von zwei Jahren verkürzen. Die Erbringer der Dienstleistungen, die durch ein besonderes Abkommen über die Erbringung von Dienstleistungen zwischen den Vertragsparteien (einschließlich des Abkommens über bestimmte Aspekte des öffentlichen Beschaffungswesens, sofern es die Erbringung von Dienstleistungen umfasst) liberalisiert wurden, unterliegen nicht der Kontrolle der Einhaltung des Vorrangs der in den regulären Arbeitsmarkt integrierten Arbeitnehmer.

3. Ab Inkrafttreten dieses Abkommens und bis zum Ende des fünften Jahres behält die Schweiz innerhalb ihrer Gesamtkontingente mindestens folgende Anzahl neuer Aufenthaltserlaubnisse für Arbeitnehmer und Selbständige der Europäischen Gemeinschaft vor: 15 000 Aufenthaltserlaubnisse pro Jahr mit einer Gültigkeitsdauer von einem Jahr oder mehr, 115 500 Aufenthaltserlaubnisse pro Jahr mit einer Gültigkeitsdauer von mehr als vier Monaten und weniger als einem Jahr.

4. Ungeachtet des Absatzes 3 vereinbaren die Vertragsparteien folgende Regelung: Ist nach Ablauf eines Zeitraums von fünf Jahren und bis 12 Jahre nach Inkrafttreten des Abkommens in einem bestimmten Jahr die Zahl der neuen Aufenthaltserlaubnisse einer der Kategorien nach Absatz 1, die Arbeitnehmern und Selbständigen der Europäischen Gemeinschaft erteilt wurden, um 10% höher als der Durchschnitt der drei vorangegangenen Jahre, so kann die Schweiz für das folgende Jahr die Zahl der neuen Aufenthaltserlaubnisse dieser Kategorie für Arbeitnehmer und Selbständige der Europäischen Gemeinschaft einseitig auf den Durchschnitt der drei vorangegangenen Jahre plus 5% begrenzen. Im darauffolgenden Jahr kann diese Zahl auf die gleiche Höhe begrenzt werden.

Ungeachtet des Unterabsatzes 1 darf für Arbeitnehmer und Selbständige der Europäischen Gemeinschaft die Zahl der neuen Aufenthaltserlaubnisse mit einer Gültigkeitsdauer von einem Jahr oder mehr nicht auf weniger als 15 000 pro Jahr bzw. die Zahl der Aufenthaltserlaubnisse mit einer Gültigkeitsdauer von mehr als vier Monaten und weniger als einem Jahr nicht auf weniger als 115 500 pro Jahr begrenzt werden.

5. Die Übergangsbestimmungen der Absätze 1 bis 4, insbesondere die des Absatzes 2 über den Vorrang der in den regulären Arbeitsmarkt integrierten Arbeitnehmer und die Kontrolle der Entlohnungs- und Arbeitsbedingungen, gelten nicht für Arbeitnehmer und Selbständige, die zum Zeitpunkt des Inkrafttretens dieses Abkommens zur Ausübung einer Erwerbstätigkeit im Gebiet der Vertragsparteien berechtigt sind. Sie haben insbesondere ein Recht auf geographische und berufliche Mobilität. Inhaber einer Aufenthaltserlaubnis mit einer Gültigkeitsdauer von weniger als einem Jahr haben ein Recht auf Erneuerung ihrer Aufenthaltserlaubnis; die Ausschöpfung der Höchstzahlen kann ihnen gegenüber nicht geltend gemacht werden. Inhaber einer Aufenthaltserlaubnis mit einer Gültigkeitsdauer von einem Jahr oder mehr haben automatisch ein Recht auf Verlängerung ihrer Aufenthaltserlaubnis; diesen Arbeitnehmern und Selbständigen werden folglich die mit der Freizügigkeit verbundenen Rechte, die in den Grundbestimmungen dieses Abkommens, insbesondere in Artikel 7, festgelegt sind, ab Inkrafttreten dieses Abkommens eingeräumt.

6. Die Schweiz teilt dem Gemischten Ausschuss die erforderlichen Statistiken und Angaben einschließlich der zur Durchführung des Absatzes 2 getroffenen Maßnahmen regelmäßig und umgehend mit. Jede Vertragspartei kann im Gemischten Ausschuss eine Prüfung der Lage beantragen.

7. Grenzgänger unterliegen keiner zahlenmäßigen Beschränkung.

8. Die Übergangsbestimmungen über die soziale Sicherheit und die Rückerstattung der Beiträge zur Arbeitslosenversicherung sind in dem Protokoll zu Anhang II festgelegt.

Art. 11 Behandlung von Beschwerden. 1. Die unter dieses Abkommen fallenden Personen haben das Recht, hinsichtlich der Anwendung der Bestimmungen dieses Abkommens bei den zuständigen Behörden Beschwerde einzulegen.

2. Die Beschwerden müssen innerhalb einer angemessenen Frist behandelt werden.

3. Die unter dieses Abkommen fallenden Personen erhalten die Möglichkeit, gegen die Entscheidungen über Beschwerden oder das Nichtergehen einer Entscheidung innerhalb einer angemessenen Frist bei dem zuständigen nationalen Gericht Berufung einzulegen.

Art. 12 Günstigere Bestimmungen. Dieses Abkommen steht günstigeren innerstaatlichen Bestimmungen, die den Staatsangehörigen der Vertragsparteien bzw. ihren Familienangehörigen eingeräumt werden, nicht entgegen.

Art. 13 Stand still. Die Vertragsparteien verpflichten sich, in den unter dieses Abkommen fallenden Bereichen keine neuen Beschränkungen für Staatsangehörige der anderen Vertragspartei einzuführen.

Art. 14 Gemischter Ausschuss. 1. Ein aus Vertretern der Vertragsparteien bestehender Gemischter Ausschuss wird eingesetzt, der für die Verwaltung und die ordnungsgemäße Anwendung dieses Abkommens verantwortlich ist. Zu diesem Zweck gibt er Empfehlungen ab. Er fasst Beschlüsse in den in diesem Abkommen vorgesehenen Fällen. Der Gemischte Ausschuss beschließt einvernehmlich.

2. Bei schwerwiegenden wirtschaftlichen oder sozialen Problemen tritt der Gemischte Ausschuss auf Verlangen einer Vertragspartei zusammen, um geeignete Abhilfemaßnahmen zu prüfen. Der Gemischte Ausschuss kann innerhalb von 60 Tagen nach dem Antrag über die zu ergreifenden Maßnahmen beschließen. Diese Frist kann der Gemischte Ausschuss verlängern. Diese Maßnahmen sind in Umfang und Dauer auf das zur Abhilfe erforderliche Mindestmass zu beschränken. Es sind solche Maßnahmen zu wählen, die das Funktionieren dieses Abkommens so wenig wie möglich beeinträchtigen.

3. Zur Gewährleistung der ordnungsgemäßen Durchführung dieses Abkommens tauschen die Vertragsparteien regelmäßig Informationen aus und führen auf Verlangen einer der Vertragsparteien Konsultationen im Gemischten Ausschuss.

4. Der Gemischte Ausschuss tritt bei Bedarf, mindestens jedoch einmal jährlich, zusammen. Jede Vertragspartei kann die Einberufung einer Sitzung verlangen. Der Gemischte Ausschuss tritt binnen 15 Tagen zusammen, nachdem ein Antrag gemäß Absatz 2 gestellt wurde.

5. Der Gemischte Ausschuss gibt sich eine Geschäftsordnung, die unter anderem die Verfahren zur Einberufung der Sitzungen, zur Ernennung des Vorsitzenden und zur Festlegung von dessen Mandat enthält.

6. Der Gemischte Ausschuss kann die Einsetzung von Arbeitsgruppen oder Sachverständigengruppen beschließen, die ihn bei der Erfüllung seiner Aufgaben unterstützen.

Art. 15 Anhänge und Protokolle. Die Anhänge und Protokolle sind Bestandteile dieses Abkommens. Die Erklärungen sind in der Schlussakte enthalten.

Art. 16 Bezugnahme auf das Gemeinschaftsrecht. 1. Zur Erreichung der Ziele dieses Abkommens treffen die Vertragsparteien alle erforderlichen Maßnahmen, damit in ihren Beziehungen gleichwertige Rechte und Pflichten wie in den Rechtsakten der Europäischen Gemeinschaft, auf die Bezug genommen wird, Anwendung finden.

2. Soweit für die Anwendung dieses Abkommens Begriffe des Gemeinschaftsrechts herangezogen werden, wird hierfür die einschlägige Rechtsprechung des Gerichtshofs der Europäischen Gemeinschaften vor dem Zeitpunkt der Unterzeichnung berücksichtigt. Über die Rechtsprechung nach dem Zeitpunkt der Unterzeichnung dieses Abkommens wird die Schweiz unterrichtet. Um das ordnungsgemäße Funktionieren dieses Abkommens sicherzustellen, stellt der Gemischte Ausschuss auf Antrag einer Vertragspartei die Auswirkungen dieser Rechtsprechung fest.

Art. 17 Entwicklung des Rechts. 1. Sobald eine Vertragspartei das Verfahren zur Annahme eines Entwurfs zur Änderung ihrer innerstaatlichen Rechtsvorschriften einleitet oder eine Änderung in der Rechtsprechung der Instanzen, deren Entscheidungen nicht mehr mit Rechtsmitteln des innerstaatlichen Rechts angefochten werden können, in einem unter dieses Abkommen fallenden Bereich eintritt, unterrichtet die betroffene Vertragspartei die andere Vertragspartei im Rahmen des Gemischten Ausschusses hiervon.

2. Der Gemischte Ausschuss führt einen Meinungsaustausch über die Auswirkungen der Änderung auf das ordnungsgemäße Funktionieren dieses Abkommens.

Art. 18 Revision. Wünscht eine Vertragspartei eine Revision dieses Abkommens, so unterbreitet sie dem Gemischten Ausschuss hierzu einen Vorschlag. Die Änderung dieses Abkommens tritt nach Abschluss der jeweiligen internen Verfahren in Kraft; hiervon ausgenommen sind Änderungen der Anhänge II und III, die vom Gemischten Ausschuss beschlossen werden und sofort nach dessen Beschluss in Kraft treten können.

Art. 19 Streitbeilegung. 1. Die Vertragsparteien können den Gemischten Ausschuss mit allen Streitigkeiten über die Auslegung oder die Anwendung dieses Abkommens befassen.

2. Der Gemischte Ausschuss kann die Streitigkeit beilegen. Dem Gemischten Ausschuss werden alle zweckdienlichen Informationen für eine eingehende Prüfung der Angelegenheit im Hinblick auf eine annehmbare Lösung zur Verfügung gestellt. Zu diesem Zweck prüft der Gemischte Ausschuss alle Möglichkeiten zur Aufrechterhaltung des ordnungsgemäßen Funktionierens dieses Abkommens.

Art. 20 Beziehung zu bilateralen Abkommen über die soziale Sicherheit. Sofern in Anhang II nichts Gegenteiliges bestimmt ist, werden die bilateralen Abkommen über die soziale Sicherheit zwischen der Schweiz und den Mitgliedstaaten der Europäischen Gemeinschaft mit Inkrafttreten dieses Abkommens insoweit ausgesetzt, als in diesem Abkommen derselbe Sachbereich geregelt wird.

Art. 21 Beziehung zu den bilateralen Doppelbesteuerungsabkommen. 1. Die Bestimmungen der bilateralen Doppelbesteuerungsabkommen zwischen der Schweiz und den Mitgliedstaaten der Europäischen Gemeinschaft bleiben von den Bestimmungen dieses Abkommens unberührt. Insbesondere lassen die Bestimmungen dieses Abkommens die in den Doppelbesteuerungsabkommen festgelegte Begriffsbestimmung des Grenzgängers unberührt.

2. Keine Bestimmung dieses Abkommens ist so auszulegen, dass sie die Vertragsparteien daran hindert, bei der Anwendung ihrer Steuervorschriften eine Unterscheidung zwischen Steuerpflichtigen zu machen, die sich – insbesondere hinsichtlich ihres Wohnsitzes – nicht in vergleichbaren Situationen befinden.

3. Keine Bestimmung dieses Abkommens hindert die Vertragsparteien daran, Maßnahmen zu beschließen oder anzuwenden, um nach Maßgabe der Bestimmungen der nationalen Steuergesetzgebung einer Vertragspartei oder der zwischen der Schweiz einerseits und einem oder mehreren Mitgliedstaaten der Europäischen Gemeinschaft andererseits geschlossenen Doppelbesteuerungsabkommen oder sonstiger steuerrechtlicher Vereinbarungen die Besteuerung sowie die Zahlung und die tatsächliche Erhebung der Steuern zu gewährleisten oder die Steuerflucht zu verhindern.

Art. 22 Beziehung zu bilateralen Abkommen in anderen Bereichen als der sozialen Sicherheit und der Doppelbesteuerung. 1. Ungeachtet der Artikel 20 und 21 lässt dieses Abkommen die Abkommen zwischen der Schweiz einerseits und einem oder mehreren Mitgliedstaaten der Europäischen Gemeinschaft andererseits, beispielsweise Abkommen betreffend Privatpersonen, Wirtschaftsbeteiligte, die grenzüberschreitende Zusammenarbeit oder den kleinen Grenzverkehr, insoweit unberührt, als sie mit diesem Abkommen vereinbar sind.

2. Sind die betreffenden Abkommen nicht mit diesem Abkommen vereinbar, so ist letzteres maßgebend.

Art. 23 Erworbene Ansprüche. Im Falle der Kündigung oder der Nichtverlängerung des Abkommens bleiben die erworbenen Ansprüche von Einzelnen unberührt. Die Vertragsparteien treffen im gegenseitigen Einvernehmen eine Regelung für die Anwartschaften.

Art. 24 Räumlicher Geltungsbereich. Dieses Abkommen gilt für das Hoheitsgebiet der Schweiz einerseits und die Gebiete, in denen der Vertrag zur Gründung der Europäischen Gemeinschaft Anwendung findet, und nach Massgabe jenes Vertrags andererseits.

Art. 25 Inkrafttreten und Geltungsdauer. 1. Dieses Abkommen bedarf der Ratifikation oder Genehmigung durch die Vertragsparteien gemäß ihren eigenen Verfahren. Es tritt am ersten Tag des zweiten Monats in Kraft, der auf die letzte Notifikation der Hinterlegung der Ratifikations- oder Genehmigungsurkunden aller nachstehenden sieben Abkommen folgt:

– Abkommen über die Freizügigkeit,– Abkommen über den Luftverkehr,
– Abkommen über den Güter- und Personenverkehr auf Schiene und Straße,

5 Texte 1.5.

- Abkommen über den Handel mit landwirtschaftlichen Erzeugnissen,
- Abkommen über die gegenseitige Anerkennung von Konformitätsbewertungen,
- Abkommen über bestimmte Aspekte des öffentlichen Beschaffungswesens,
- Abkommen über die wissenschaftliche und technologische Zusammenarbeit.

2. Dieses Abkommen wird für eine anfängliche Dauer von sieben Jahren geschlossen. Es verlängert sich für unbestimmte Zeit, sofern die Gemeinschaft oder die Schweiz der anderen Vertragspartei vor Ablauf der anfänglichen Geltungsdauer nichts Gegenteiliges notifiziert. Im Falle einer solchen Notifikation findet Absatz 4 Anwendung.

3. Die Europäische Gemeinschaft oder die Schweiz kann dieses Abkommen durch Notifikation gegenüber der anderen Vertragspartei kündigen. Im Falle einer solchen Notifikation findet Absatz 4 Anwendung.

4. Die in Absatz 1 aufgeführten sieben Abkommen treten sechs Monate nach Erhalt der Notifikation über die Nichtverlängerung gemäß Absatz 2 oder über die Kündigung gemäß Absatz 3 außer Kraft.

Anhang I. Freizügigkeit

I. Allgemeine Bestimmungen

Art. 1 Einreise und Ausreise. 1. Die Vertragsparteien gestatten den Staatsangehörigen der anderen Vertragsparteien, deren Familienangehörigen im Sinne des Artikels 3 dieses Anhangs und den entsandten Arbeitnehmern im Sinne des Artikels 17 dieses Anhangs die Einreise in ihr Hoheitsgebiet gegen Vorlage eines gültigen Personalausweises oder Reisepasses.

Ein Einreisevisum oder ein gleichwertiger Nachweis darf nicht verlangt werden, ausser im Fall von Familienangehörigen und entsandten Arbeitnehmern im Sinne des Artikels 17 dieses Anhangs, die nicht die Staatsangehörigkeit einer Vertragspartei besitzen. Die betreffende Vertragspartei gewährt diesen Personen alle Erleichterungen für die Beschaffung der gegebenenfalls benötigten Visa.

2. Die Vertragsparteien erkennen den Staatsangehörigen der Vertragsparteien, ihren Familienangehörigen im Sinne des Artikels 3 dieses Anhangs und den entsandten Arbeitnehmern im Sinne des Artikels 17 dieses Anhangs das Recht zu, ihr Hoheitsgebiet gegen Vorlage eines gültigen Personalausweises oder Reisepasses zu verlassen. Sie dürfen von den Staatsangehörigen der anderen Vertragsparteien kein Ausreisevisum und keinen gleichwertigen Nachweis verlangen.

Die Vertragsparteien stellen ihren Staatsangehörigen gemäß ihren Rechtsvorschriften einen Personalausweis oder einen Reisepass aus, der insbesondere ihre Staatsangehörigkeit angibt, oder verlängern diese Dokumente.

Der Reisepass muss zumindest für alle Vertragsparteien und für die unmittelbar zwischen den Vertragsparteien liegenden Durchreiseländer gültig sein. Ist die Ausreise nur mit dem Reisepass statthaft, so muss dieser mindestens fünf Jahre gültig sein.

Art. 2 Aufenthalt und Erwerbstätigkeit. 1. Unbeschadet der für die Übergangszeit gemäß Artikel 10 dieses Abkommens und Kapitel VII dieses Anhangs geltenden Bestimmungen haben die Staatsangehörigen einer Vertragspartei das Recht, sich nach Massgabe der Kapitel II bis IV im Hoheitsgebiet der anderen Vertragspartei aufzuhalten und dort eine Erwerbstätigkeit auszuüben. Zum Nachweis dieses Rechts wird eine Aufenthaltserlaubnis erteilt oder eine Sonderbescheinigung für Grenzgänger ausgestellt.

Die Staatsangehörigen der Vertragsparteien haben ferner das Recht, sich in das Hoheitsgebiet einer anderen Vertragspartei zu begeben oder nach Beendigung eines Arbeitsverhältnisses mit einer Dauer von weniger als einem Jahr dort zu bleiben, um sich eine Beschäftigung zu suchen, und sich während eines angemessenen Zeitraums von bis zu sechs Monaten dort aufzuhalten, sofern dies erforderlich ist, um von den ihrer beruflichen Befähigung entsprechenden Stellenangeboten Kenntnis zu nehmen und gegebenenfalls die erforderlichen Maßnahmen im Hinblick auf ihre Einstellung zu treffen. Die Arbeitsuchenden haben im Hoheitsgebiet der betreffenden Vertragspartei Anspruch auf die gleiche Hilfe, wie sie die Arbeitsämter dieses Staates eigenen Staatsangehörigen leisten. Sie können während der Dauer dieses Aufenthalts von der Sozialhilfe ausgeschlossen werden.

2. Den Staatsangehörigen der Vertragsparteien, die im Aufnahmestaat keine Erwerbstätigkeit ausüben und kein Aufenthaltsrecht auf Grund anderer Bestimmungen dieses Abkommens haben, wird das

Aufenthaltsrecht eingeräumt, sofern sie die Voraussetzungen des Kapitels V erfüllen. Zum Nachweis dieses Rechts wird eine Aufenthaltserlaubnis erteilt.

3. Die Erteilung und Verlängerung der Aufenthaltserlaubnis oder Sonderbescheinigung für die Staatsangehörigen der Vertragsparteien erfolgen kostenlos oder gegen Entrichtung eines Betrags, der die Ausstellungsgebühr für Personalausweise von Inländern nicht übersteigen darf. Die Vertragsparteien treffen alle erforderlichen Maßnahmen, um die Formalitäten und Verfahren für die Beschaffung dieser Dokumente so weit wie möglich zu vereinfachen.

4. Die Vertragsparteien können von den Staatsangehörigen der anderen Vertragsparteien verlangen, dass sie ihre Anwesenheit in ihrem Hoheitsgebiet anzeigen.

Art. 3 Familienangehörige. 1. Die Familienangehörigen einer Person, die Staatsangehörige einer Vertragspartei ist und ein Aufenthaltsrecht hat, haben das Recht, bei ihr Wohnung zu nehmen. Der Arbeitnehmer muss für seine Familie über eine Wohnung verfügen, die in dem Gebiet, in dem er beschäftigt ist, den für die inländischen Arbeitnehmer geltenden normalen Anforderungen entspricht; diese Bestimmung darf jedoch nicht zu Diskriminierungen zwischen inländischen Arbeitnehmern und Arbeitnehmern aus der anderen Vertragspartei führen.

2. Als Familienangehörige gelten ungeachtet ihrer Staatsangehörigkeit:
a) der Ehegatte und die Verwandten in absteigender Linie, die noch nicht 21 Jahre alt sind oder denen Unterhalt gewährt wird;
b) die Verwandten und die Verwandten des Ehegatten in aufsteigender Linie, denen Unterhalt gewährt wird;
c) im Fall von Studierenden der Ehegatte und die unterhaltsberechtigten Kinder.

3. Die Vertragsparteien begünstigen die Aufnahme aller nicht unter den Buchstaben a, b und c genannten Familienangehörigen, denen der Staatsangehörige einer Vertragspartei Unterhalt gewährt oder mit denen er im Herkunftsland in einer häuslichen Gemeinschaft lebt. Für die Erteilung der Aufenthaltserlaubnis für Familienangehörige eines Staatsangehörigen einer Vertragspartei dürfen die Vertragsparteien nur folgende Unterlagen verlangen:
a) die Ausweise, mit denen sie in ihr Hoheitsgebiet eingereist sind;
b) eine von der zuständigen Behörde des Heimat- oder Herkunftsstaats ausgestellte Bescheinigung, in der das Verwandtschaftsverhältnis bestätigt wird;
c) für Personen, denen Unterhalt gewährt wird, eine von der zuständigen Behörde des Heimat- oder Herkunftsstaats ausgestellte Bescheinigung, in der bestätigt wird, dass die in Absatz 1 genannte Person ihnen Unterhalt gewährt oder sie in diesem Staat mit ihr in einer häuslichen Gemeinschaft leben.

4. Die einem Familienangehörigen erteilte Aufenthaltserlaubnis hat die gleiche Gültigkeit wie die der Person, von der das Recht hergeleitet ist.

5. Der Ehegatte und die Kinder einer Person mit Aufenthaltsrecht, die noch nicht 21 Jahre alt oder unterhaltsberechtigt sind, haben ungeachtet ihrer Staatsangehörigkeit das Recht auf Zugang zu einer Erwerbstätigkeit.

6. Die Kinder eines Staatsangehörigen einer Vertragspartei dürfen ungeachtet dessen, ob er im Hoheitsgebiet der anderen Vertragspartei eine Erwerbstätigkeit ausübt oder keine Erwerbstätigkeit ausübt oder eine Erwerbstätigkeit ausgeübt hat, unter den gleichen Bedingungen wie die Staatsangehörigen des Aufnahmestaates, sofern sie in dessen Hoheitsgebiet wohnen, am allgemeinen Unterricht sowie an der Lehrlings- und Berufsausbildung teilnehmen.

Die Vertragsparteien unterstützen alle Bemühungen, durch die diesen Kindern ermöglicht werden soll, unter den besten Voraussetzungen an diesem Unterricht bzw. dieser Ausbildung teilzunehmen.

Art. 4 Verbleiberecht. 1. Die Staatsangehörigen einer Vertragspartei und ihre Familienangehörigen haben nach Beendigung ihrer Erwerbstätigkeit ein Recht auf Verbleib im Hoheitsgebiet der anderen Vertragspartei.

2. Gemäß Artikel 16 dieses Abkommens wird auf die Verordnung (EWG) Nr. 1251/70 (ABl. Nr. L 142, 1970, S. 24) und auf die Richtlinie 75/34/EWG (ABl. Nr. L 14, 1975, S. 10) Bezug genommen.

Art. 5 Öffentliche Ordnung. 1. Die auf Grund dieses Abkommens eingeräumten Rechte dürfen nur durch Maßnahmen, die aus Gründen der öffentlichen Ordnung, Sicherheit und Gesundheit gerechtfertigt sind, eingeschränkt werden.

2. Gemäß Artikel 16 dieses Abkommens wird auf die Richtlinien 64/221/EWG (ABl. Nr. 56, 1964, S. 850), 72/194/EWG (ABl. Nr. L 121, 1972, S. 32) und 75/35/EWG (ABl. Nr. L 14, 1975, S. 10) Bezug genommen.

II. Arbeitnehmer

Art. 6 Aufenthaltsregelung. 1. Ein Arbeitnehmer, der Staatsangehöriger einer Vertragspartei ist (im Folgenden „Arbeitnehmer" genannt) und mit einem Arbeitgeber des Aufnahmestaates ein Arbeitsverhältnis mit einer Dauer von mindestens einem Jahr eingegangen ist, erhält eine Aufenthaltserlaubnis mit einer Gültigkeitsdauer von mindestens fünf Jahren, gerechnet ab dem Zeitpunkt der Erteilung der Erlaubnis. Diese wird automatisch um mindestens fünf Jahre verlängert. Bei der ersten Verlängerung kann die Gültigkeitsdauer beschränkt werden, wenn der Inhaber seit mehr als zwölf aufeinander folgenden Monaten unfreiwillig arbeitslos ist; sie darf jedoch ein Jahr nicht unterschreiten.

2. Ein Arbeitnehmer, der mit einem Arbeitgeber des Aufnahmestaates ein Arbeitsverhältnis mit einer Dauer von mehr als drei Monaten und weniger als einem Jahr eingegangen ist, erhält eine Aufenthaltserlaubnis mit einer Gültigkeitsdauer, die der Dauer des Arbeitsvertrags entspricht.

Ein Arbeitnehmer, der ein Arbeitsverhältnis mit einer Dauer von höchstens drei Monaten hat, benötigt keine Aufenthaltserlaubnis.

3. Für die Erteilung der Aufenthaltserlaubnis dürfen die Vertragsparteien vom Arbeitnehmer nur die Vorlage folgender Unterlagen verlangen:
   a) den Ausweis, mit dem er in ihr Hoheitsgebiet eingereist ist;
   b) eine Einstellungserklärung des Arbeitgebers oder eine Arbeitsbescheinigung.

4. Die Aufenthaltserlaubnis gilt für das gesamte Hoheitsgebiet des Staates, der sie erteilt hat.

5. Aufenthaltsunterbrechungen, die sechs aufeinander folgende Monate nicht überschreiten, sowie eine durch Militärdienst gerechtfertigte Abwesenheit berühren nicht die Gültigkeit der Aufenthaltserlaubnis.

6. Eine gültige Aufenthaltserlaubnis darf dem Arbeitnehmer nicht allein deshalb entzogen werden, weil er keine Beschäftigung mehr hat, entweder weil er infolge von Krankheit oder Unfall vorübergehend arbeitsunfähig ist oder weil er unfreiwillig arbeitslos geworden ist, sofern letzteres vom zuständigen Arbeitsamt ordnungsgemäß bestätigt wird.

7. Die Erledigung der Formalitäten für die Erteilung der Aufenthaltserlaubnis darf die fristgerechte Erfüllung der von den Antragstellern geschlossenen Arbeitsverträge nicht behindern.

Art. 7 Abhängig beschäftigte Grenzgänger. 1. Ein abhängig beschäftigter Grenzgänger ist ein Staatsangehöriger einer Vertragspartei mit Wohnsitz im Hoheitsgebiet einer Vertragspartei, der eine Erwerbstätigkeit als Arbeitnehmer im Hoheitsgebiet der anderen Vertragspartei ausübt und in der Regel täglich oder mindestens einmal in der Woche an seinen Wohnort zurückkehrt.

2. Die Grenzgänger benötigen keine Aufenthaltserlaubnis.

Die zuständige Behörde des beschäftigenden Staates kann dem abhängig beschäftigten Grenzgänger jedoch eine Sonderbescheinigung mit einer Gültigkeitsdauer von mindestens fünf Jahren oder mit einer der Dauer der Beschäftigung entsprechenden Gültigkeitsdauer ausstellen, wenn diese mehr als drei Monate und weniger als ein Jahr beträgt. Diese Bescheinigung wird um mindestens fünf Jahre verlängert, sofern der Grenzgänger nachweist, dass er eine Erwerbstätigkeit ausübt.

3. Die Sonderbescheinigung gilt für das gesamte Hoheitsgebiet des Staates, der sie ausgestellt hat.

Art. 8 Berufliche und geographische Mobilität. 1. Die Arbeitnehmer haben das Recht auf berufliche und geographische Mobilität im gesamten Hoheitsgebiet des Aufnahmestaates.

2. Die berufliche Mobilität umfasst den Wechsel des Arbeitgebers, der Arbeitsstelle, des Berufs und den Übergang von einer unselbständigen zu einer selbständigen Erwerbstätigkeit. Die geographische Mobilität umfasst den Wechsel des Arbeits- und des Aufenthaltsortes.

Art. 9 Gleichbehandlung. 1. Ein Arbeitnehmer, der Staatsangehöriger einer Vertragspartei ist, darf auf Grund seiner Staatsangehörigkeit im Hoheitsgebiet der anderen Vertragspartei hinsichtlich der Beschäftigungs- und Arbeitsbedingungen, insbesondere im Hinblick auf Entlohnung, Kündigung und, falls er arbeitslos geworden ist, im Hinblick auf berufliche Wiedereingliederung oder Wiedereinstellung nicht anders behandelt werden als die inländischen Arbeitnehmer.

2. Ein Arbeitnehmer und seine in Artikel 3 dieses Anhangs genannten Familienangehörigen genießen dort die gleichen steuerlichen und sozialen Vergünstigungen wie die inländischen Arbeitnehmer und ihre Familienangehörigen.

3. Er kann mit dem gleichen Recht und unter den gleichen Bedingungen wie die inländischen Arbeitnehmer am Unterricht der Berufsschulen und der Umschulungszentren teilnehmen.

4. Alle Bestimmungen in Tarif- oder Einzelarbeitsverträgen oder sonstigen Kollektivvereinbarungen betreffend den Zugang zur Beschäftigung, die Beschäftigung, die Entlohnung und alle übrigen Arbeits- und Kündigungsbedingungen sind von Rechts wegen insoweit nichtig, als sie für ausländische Arbeitnehmer, die Staatsangehörige der Vertragsparteien sind, diskriminierende Bedingungen vorsehen oder zulassen.

5. Ein Arbeitnehmer, der die Staatsangehörigkeit einer Vertragspartei besitzt und im Hoheitsgebiet der anderen Vertragspartei beschäftigt ist, hat Anspruch auf gleiche Behandlung hinsichtlich der Zugehörigkeit zu Gewerkschaften und der Ausübung gewerkschaftlicher Rechte, einschließlich des Wahlrechts und des Zugangs zu Verwaltungs- oder Führungsämtern in einer Gewerkschaft; er kann von der Teilnahme an der Verwaltung von Körperschaften des öffentlichen Rechts und der Ausübung eines öffentlich-rechtlichen Amtes ausgeschlossen werden. Er hat ferner das Recht auf Wählbarkeit zu den Arbeitnehmervertretungen in den Betrieben.

Diese Bestimmungen berühren nicht die Rechts- oder Verwaltungsvorschriften, durch die den Arbeitnehmern aus der anderen Vertragspartei im Aufnahmestaat weitergehende Rechte eingeräumt werden.

6. Unbeschadet des Artikels 26 dieses Anhangs genießt ein Arbeitnehmer, der die Staatsangehörigkeit einer Vertragspartei besitzt und im Hoheitsgebiet der anderen Vertragspartei beschäftigt ist, hinsichtlich einer Wohnung, einschließlich der Erlangung des Eigentums an der von ihm benötigten Wohnung, die gleichen Rechte und Vergünstigungen wie die inländischen Arbeitnehmer.

Dieser Arbeitnehmer kann sich mit dem gleichen Recht wie inländische Arbeitnehmer in dem Gebiet, in dem er beschäftigt ist, in die Listen der Wohnungssuchenden der Orte, wo solche Listen geführt werden, einschreiben und genießt die damit verbundenen Vergünstigungen und Rangstellungen.

Seine im Herkunftsstaat verbliebene Familie wird zu diesem Zweck als in diesem Gebiet wohnend betrachtet, soweit auch für inländische Arbeitnehmer eine entsprechende Vermutung gilt.

Art. 10 Beschäftigung in der öffentlichen Verwaltung. Einem Staatsangehörigen einer Vertragspartei, der eine unselbständige Erwerbstätigkeit ausübt, kann das Recht auf eine Beschäftigung in der öffentlichen Verwaltung verweigert werden, sofern diese die Ausübung hoheitlicher Befugnisse umfasst und der Wahrung der allgemeinen Interessen des Staates oder anderer öffentlicher Körperschaften dient.

Art. 11 Zusammenarbeit im Bereich der Arbeitsvermittlung. Die Vertragsparteien arbeiten im Rahmen des EURES-Netzes (European Employment Services) vor allem im Bereich der Zusammenführung und des Ausgleichs von Stellenangeboten und Arbeitsgesuchen sowie im Bereich des Informationsaustausches über die Arbeitsmarktlage und die Lebens- und Arbeitsbedingungen zusammen.

III. Selbständige

Art. 12 Aufenthaltsregelung. 1. Ein Staatsangehöriger einer Vertragspartei, der sich zwecks Ausübung einer selbständigen Erwerbstätigkeit im Hoheitsgebiet einer anderen Vertragspartei niederlassen will (im Folgenden „Selbständiger" genannt), erhält eine Aufenthaltserlaubnis mit einer Gültigkeitsdauer von mindestens fünf Jahren, gerechnet ab dem Zeitpunkt der Erteilung, sofern er den zuständigen nationalen Behörden nachweist, dass er zu diesem Zweck niedergelassen ist oder sich niederlassen will.

2. Die Aufenthaltserlaubnis wird automatisch um mindestens fünf Jahre verlängert, sofern der Selbständige den zuständigen nationalen Behörden nachweist, dass er eine selbständige Erwerbstätigkeit ausübt.

3. Für die Erteilung der Aufenthaltserlaubnisse dürfen die Vertragsparteien vom Selbständigen nur folgende Unterlagen verlangen:
a) den Ausweis, mit dem er in ihr Hoheitsgebiet eingereist ist;
b) den in den Absätzen 1 und 2 genannten Nachweis.

4. Die Aufenthaltserlaubnis gilt für das gesamte Hoheitsgebiet des Staates, der sie erteilt hat.

5. Aufenthaltsunterbrechungen, die sechs aufeinander folgende Monate nicht überschreiten, sowie eine durch Militärdienst gerechtfertigte Abwesenheit berühren nicht die Gültigkeit der Aufenthaltserlaubnis.

6. Eine gültige Aufenthaltserlaubnis darf den in Absatz 1 genannten Personen nicht allein deshalb entzogen werden, weil sie auf Grund einer vorübergehenden Arbeitsunfähigkeit infolge von Krankheit oder Unfall keine Erwerbstätigkeit mehr ausüben.

Art. 13 Selbständige Grenzgänger. 1. Ein selbständiger Grenzgänger ist ein Staatsangehöriger einer Vertragspartei mit Wohnsitz im Hoheitsgebiet einer Vertragspartei, der eine selbständige Erwerbstätigkeit im Hoheitsgebiet der anderen Vertragspartei ausübt und in der Regel täglich oder mindestens einmal in der Woche an seinen Wohnort zurückkehrt.

2. Die selbständigen Grenzgänger benötigen keine Aufenthaltserlaubnis.

Die zuständige Behörde des betreffenden Staates kann dem selbständigen Grenzgänger jedoch eine Sonderbescheinigung mit einer Gültigkeitsdauer von mindestens fünf Jahren ausstellen, sofern er den zuständigen nationalen Behörden nachweist, dass er eine selbständige Erwerbstätigkeit ausübt oder ausüben will. Diese Bescheinigung wird um mindestens fünf Jahre verlängert, sofern der Grenzgänger nachweist, dass er eine selbständige Erwerbstätigkeit ausübt.

3. Die Sonderbescheinigung gilt für das gesamte Hoheitsgebiet des Staates, der sie ausgestellt hat.

Art. 14 Berufliche und geographische Mobilität. 1. Der Selbständige hat das Recht auf berufliche und geographische Mobilität im gesamten Hoheitsgebiet des Aufnahmestaates.

2. Die berufliche Mobilität umfasst den Wechsel des Berufs und den Übergang von einer selbständigen zu einer unselbständigen Erwerbstätigkeit. Die geographische Mobilität umfasst den Wechsel des Arbeits- und des Aufenthaltsortes.

Art. 15 Gleichbehandlung. 1. Dem Selbständigen wird im Aufnahmestaat hinsichtlich des Zugangs zu einer selbständigen Erwerbstätigkeit und deren Ausübung eine Behandlung gewährt, die nicht weniger günstig ist als die den eigenen Staatsangehörigen gewährte Behandlung.

2. Artikel 9 dieses Anhangs gilt sinngemäß für die in diesem Kapitel genannten Selbständigen.

Art. 16 Ausübung hoheitlicher Befugnisse. Dem Selbständigen kann das Recht auf Ausübung einer Erwerbstätigkeit verweigert werden, die dauernd oder zeitweise mit der Ausübung öffentlicher Gewalt verbunden ist.

IV. Erbringung von Dienstleistungen

Art. 17 Dienstleistungserbringer. Hinsichtlich der Erbringung von Dienstleistungen gemäß Artikel 5 dieses Abkommens ist Folgendes untersagt:
a) Beschränkung grenzüberschreitender Dienstleistungen im Hoheitsgebiet einer Vertragspartei, deren Dauer 90 tatsächliche Arbeitstage pro Kalenderjahr nicht überschreitet;
b) Beschränkung der Einreise und des Aufenthalts in den Fällen nach Artikel 5 Absatz 2 dieses Abkommens für folgende Personen
   i) Staatsangehörige der Mitgliedstaaten der Europäischen Gemeinschaft oder der Schweiz, die Dienstleistungserbringer sind und im Hoheitsgebiet einer anderen Vertragspartei als der des Dienstleistungsempfängers niedergelassen sind;
   ii) Arbeitnehmer eines Dienstleistungserbringers – unabhängig von ihrer Staatsangehörigkeit –, die in den regulären Arbeitsmarkt einer Vertragspartei integriert sind und zwecks Erbringung einer Dienstleistung in das Gebiet einer anderen Vertragspartei entsandt werden, unbeschadet des Artikels 1.

Art. 18 Artikel 17 dieses Anhangs gilt für die Gesellschaften, die nach dem Recht eines Mitgliedstaats der Europäischen Gemeinschaft oder nach schweizerischem Recht gegründet wurden und ihren satzungsmässigen Sitz, ihre Hauptverwaltung oder ihre Hauptniederlassung im Gebiet einer Vertragspartei haben.

Art. 19 Der Dienstleistungserbringer, der zur Erbringung von Dienstleistungen berechtigt ist oder dem eine entsprechende Erlaubnis erteilt wurde, kann seine Tätigkeit vorübergehend im Staat der Erbringung der Dienstleistung nach Maßgabe dieses Anhangs und der Anhänge II und III unter den gleichen Bedingungen ausüben, wie dieser Staat sie für seine eigenen Staatsangehörigen vorschreibt.

Art. 20 1. Die Personen nach Artikel 17 Buchstabe b dieses Anhangs, die zur Erbringung von Dienstleistungen berechtigt sind, benötigen für Aufenthalte von höchstens 90 Tagen keine Aufenthaltserlaubnis. Der Ausweis nach Artikel 1, mit dem sie eingereist sind, ist auch für ihren Aufenthalt gültig.

2. Die Personen nach Artikel 17 Buchstabe b dieses Anhangs, die zur Erbringung von Dienstleistungen mit einer Dauer von mehr als 90 Tagen berechtigt sind oder denen eine Erlaubnis zur Erbringung einer Dienstleistung erteilt wurde, erhalten zur Feststellung dieses Rechts eine Aufenthaltserlaubnis, deren Gültigkeitsdauer der Dauer der Dienstleistung entspricht.

3. Das Aufenthaltsrecht erstreckt sich auf das gesamte Hoheitsgebiet der Schweiz beziehungsweise des betreffenden Mitgliedstaates der Europäischen Gemeinschaft.

4. Für die Erteilung der Aufenthaltserlaubnisse dürfen die Vertragsparteien von den Personen nach Artikel 17 Buchstabe b dieses Anhangs nur Folgendes verlangen:
a) den Ausweis, mit dem er in ihr Hoheitsgebiet eingereist sind,
b) den Nachweis dafür, dass sie eine Dienstleistung erbringen oder erbringen wollen.

Art. 21 1. Die Gesamtdauer einer Dienstleistung nach Artikel 17 Buchstabe a dieses Anhangs, unabhängig davon, ob es sich um eine ununterbrochene Dienstleistung oder um aufeinander folgende Dienstleistungen handelt, darf 90 tatsächliche Arbeitstage pro Kalenderjahr nicht überschreiten.

2. Absatz 1 lässt die Erfüllung der gesetzlichen Verpflichtungen des Dienstleistungserbringers hinsichtlich der Gewährleistungspflicht gegenüber dem Empfänger der Dienstleistung unberührt und gilt nicht im Falle höherer Gewalt.

Art. 22 1. Von der Anwendung der Bestimmungen der Artikel 17 und 19 dieses Anhangs ausgenommen sind die Tätigkeiten, die auch nur gelegentlich die Ausübung hoheitlicher Befugnisse im Gebiet der betroffenen Vertragspartei umfassen.

2. Die Artikel 17 und 19 dieses Anhangs sowie die auf Grund dieser Artikel getroffenen Maßnahmen lassen die Rechts- und Verwaltungsvorschriften über die Arbeits- und Beschäftigungsbedingungen für die im Rahmen der Erbringung von Dienstleistungen entsandten Arbeitnehmer unberührt. Gemäß Artikel 16 dieses Abkommens wird auf die Richtlinie 96/71/EG vom 16. Dezember 1996 (ABl. Nr. L 18, 1997, S. 1) über die Entsendung von Arbeitnehmern im Rahmen der Erbringung von Dienstleistungen Bezug genommen.

3. Artikel 17 Buchstabe a und Artikel 19 dieses Anhangs lassen die zum Zeitpunkt des Inkrafttretens dieses Abkommens bestehenden Rechts- und Verwaltungsvorschriften jeder Vertragspartei in folgenden Bereichen unberührt:
i) Tätigkeiten der Arbeitsvermittlungs- und -verleihunternehmen;
ii) Finanzdienstleistungen, für die im Hoheitsgebiet einer Vertragspartei eine vorherige Genehmigung erforderlich ist und deren Erbringer der Aufsicht der Behörden dieser Vertragspartei unterliegen.

4. Artikel 17 Buchstabe a und Artikel 19 dieses Anhangs lassen die Rechts- und Verwaltungsvorschriften jeder Vertragspartei betreffend die Erbringung von Dienstleistungen mit einer Dauer von höchstens 90 tatsächlichen Arbeitstagen unberührt, sofern diese aus zwingenden Gründen des Allgemeininteresses gerechtfertigt sind.

Art. 23 Dienstleistungsempfänger. 1. Für Aufenthalte von höchstens drei Monaten benötigt der Dienstleistungsempfänger nach Artikel 5 Absatz 3 dieses Abkommens keine Aufenthaltserlaubnis. Für Aufenthalte von mehr als drei Monaten erhält er eine Aufenthaltserlaubnis, deren Gültigkeitsdauer der Dauer der Dienstleistung entspricht. Der Dienstleistungsempfänger kann während der Dauer seines Aufenthalts von der Sozialhilfe ausgeschlossen werden.

2. Die Aufenthaltserlaubnis gilt für das gesamte Hoheitsgebiet des Staates, der sie erteilt hat.

V. Personen, die keine Erwerbstätigkeit ausüben

Art. 24 Aufenthaltsregelung. 1. Eine Person, die die Staatsangehörigkeit einer Vertragspartei besitzt und keine Erwerbstätigkeit im Aufenthaltsstaat ausübt und dort kein Aufenthaltsrecht auf Grund anderer Bestimmungen dieses Abkommens hat, erhält eine Aufenthaltserlaubnis mit einer Gültigkeitsdauer von mindestens fünf Jahren, sofern sie den zuständigen nationalen Behörden den Nachweis dafür erbringt, dass sie für sich selbst und ihre Familienangehörigen über

a) ausreichende finanzielle Mittel verfügt, so dass sie während ihres Aufenthalts keine Sozialhilfe in Anspruch nehmen müssen;
b) einen Krankenversicherungsschutz verfügt, der sämtliche Risiken abdeckt.

Die Vertragsparteien können, wenn sie dies für erforderlich erachten, nach Ablauf der beiden ersten Jahre des Aufenthalts eine Erneuerung der Aufenthaltserlaubnis verlangen.

2. Die finanziellen Mittel gelten als ausreichend, wenn sie den Betrag übersteigen, unterhalb dessen die eigenen Staatsangehörigen auf Grund ihrer persönlichen Situation und gegebenenfalls derjenigen ihrer Familienangehörigen Anspruch auf Fürsorgeleistungen haben. Ist diese Bedingung nicht anwendbar, so gelten die finanziellen Mittel als ausreichend, wenn sie die von der Sozialversicherung des Aufnahmestaates gezahlte Mindestrente übersteigen.

3. Die Personen, die ein Arbeitsverhältnis mit einer Dauer von weniger als einem Jahr im Hoheitsgebiet einer Vertragspartei innehatten, dürfen sich dort aufhalten, sofern sie die Voraussetzungen des Absatzes 1 erfüllen. Das ihnen gemäß den innerstaatlichen Rechtsvorschriften, gegebenenfalls ergänzt durch die Bestimmungen des Anhangs II, zustehende Arbeitslosengeld ist als finanzielle Mittel im Sinne des Absatzes 1 Buchstabe a und des Absatzes 2 anzusehen.

4. Eine Aufenthaltserlaubnis, deren Gültigkeit auf die Dauer der Ausbildung oder, wenn die Dauer der Ausbildung ein Jahr übersteigt, auf ein Jahr beschränkt ist, wird dem Studierenden erteilt, der nicht auf Grund einer anderen Bestimmung dieses Abkommens über ein Aufenthaltsrecht im Hoheitsgebiet der anderen Vertragspartei verfügt, sofern er durch eine Erklärung oder durch andere, zumindest gleichwertige Mittel seiner Wahl den betreffenden nationalen Behörden gegenüber glaubhaft macht, dass er über finanzielle Mittel verfügt, so dass er selber, sein Ehegatte und ihre unterhaltsberechtigten Kinder während ihres Aufenthalts keine Sozialhilfe des Aufnahmestaates in Anspruch nehmen müssen; dies gilt unter der Bedingung, dass er in einer anerkannten Lehranstalt zur Hauptsache zum Erwerb einer beruflichen Bildung eingeschrieben ist und dass er über einen Krankenversicherungsschutz verfügt, der sämtliche Risiken abdeckt. Dieses Abkommen regelt weder den Zugang zur Ausbildung noch die Unterhaltsbeihilfen für die unter diesen Artikel fallenden Studierenden.

5. Die Aufenthaltserlaubnis wird automatisch um mindestens fünf Jahre verlängert, solange die Aufnahmebedingungen erfüllt werden. Die Aufenthaltserlaubnis des Studierenden wird jährlich um einen der Restdauer der Ausbildung entsprechenden Zeitraum verlängert.

6. Aufenthaltsunterbrechungen, die sechs aufeinander folgende Monate nicht überschreiten, sowie eine durch Militärdienst gerechtfertigte Abwesenheit berühren nicht die Gültigkeit der Aufenthaltserlaubnis.

7. Die Aufenthaltserlaubnis gilt für das gesamte Hoheitsgebiet des Staates, der sie erteilt hat.

8. Das Aufenthaltsrecht besteht so lange, wie die Berechtigten die Bedingungen des Absatzes 1 erfüllen.

VI. Erwerb von Immobilien

Art. 25 1. Der Staatsangehörige einer Vertragspartei, der ein Aufenthaltsrecht hat und seinen Hauptwohnsitz im Aufnahmestaat nimmt, hat hinsichtlich des Erwerbs von Immobilien die gleichen Rechte wie die Inländer. Er kann unabhängig von der Dauer seiner Beschäftigung jederzeit nach den geltenden innerstaatlichen Regeln seinen Hauptwohnsitz im Aufnahmestaat nehmen. Das Verlassen des Aufnahmestaates bedingt keine Veräußerungspflicht.

2. Der Staatsangehörige einer Vertragspartei, der ein Aufenthaltsrecht hat und seinen Hauptwohnsitz nicht im Aufnahmestaat nimmt, hat hinsichtlich des Erwerbs der für die Ausübung einer Erwerbstätigkeit dienenden Immobilien die gleichen Rechte wie die Inländer; diese Rechte bedingen keine

Veräußerungspflicht beim Verlassen des Aufnahmestaates. Ferner kann ihm der Erwerb einer Zweitwohnung oder einer Ferienwohnung bewilligt werden. Für diese Kategorie von Staatsangehörigen lässt dieses Abkommen die geltenden Regeln für die bloße Kapitalanlage und den Handel mit unbebauten Grundstücken und Wohnungen unberührt.

3. Ein Grenzgänger hat hinsichtlich des Erwerbs einer für die Ausübung einer Erwerbstätigkeit dienenden Immobilie und einer Zweitwohnung die gleichen Rechte wie die Inländer; diese Rechte bedingen keine Veräußerungspflicht beim Verlassen des Aufnahmestaates. Ferner kann ihm der Erwerb einer Ferienwohnung gestattet werden. Für diese Kategorie von Staatsangehörigen lässt dieses Abkommen die geltenden Regeln des Aufnahmestaates für die bloße Kapitalanlage und den Handel mit unbebauten Grundstücken und Wohnungen unberührt.

VII. Übergangsbestimmungen und Weiterentwicklung des Abkommens

Art. 26 Allgemeines. 1. Werden die Beschränkungen des Artikels 10 dieses Abkommens angewandt, so ergänzen bzw. ersetzen die Bestimmungen dieses Kapitels die übrigen Bestimmungen dieses Anhangs.

2. Werden die Beschränkungen des Artikels 10 dieses Abkommens angewandt, so ist für die Ausübung einer Erwerbstätigkeit eine Aufenthaltserlaubnis und/oder Arbeitserlaubnis erforderlich.

Art. 27 Aufenthaltsregelung für Arbeitnehmer. 1. Die Aufenthaltserlaubnis eines Arbeitnehmers, der einen Arbeitsvertrag mit einer Laufzeit von weniger als einem Jahr hat, wird bis zu einer Gesamtdauer von weniger als 12 Monaten verlängert, sofern der Arbeitnehmer den zuständigen nationalen Behörden nachweist, dass er eine Erwerbstätigkeit ausüben kann. Eine neue Aufenthaltserlaubnis wird erteilt, sofern der Arbeitnehmer nachweist, dass er eine Erwerbstätigkeit ausüben kann und die Höchstzahlen nach Artikel 10 dieses Abkommens nicht erreicht sind. Es besteht keine Verpflichtung gemäß Artikel 24 dieses Anhangs, das Land zwischen zwei Arbeitsverhältnissen zu verlassen.

2. Während des in Artikel 10 Absatz 2 dieses Abkommens genannten Zeitraums kann eine Vertragspartei für die Erteilung einer Aufenthaltserlaubnis die Vorlage eines schriftlichen Arbeitsvertrags oder einer Einstellungszusage verlangen.

3.
a) Die Personen, die zuvor im Hoheitsgebiet des Aufnahmestaates befristete Arbeitsverhältnisse während mindestens 30 Monaten innehatten, haben automatisch das Recht, ein unbefristetes Arbeitsverhältnis einzugehen. Eine etwaige Ausschöpfung der garantierten Anzahl Aufenthaltserlaubnisse kann ihnen gegenüber nicht geltend gemacht werden.
b) Die Personen, die zuvor im Hoheitsgebiet des Aufnahmestaates saisonale Arbeitsverhältnisse während einer Gesamtdauer von mindestens 50 Monaten in den letzten 15 Jahren innehatten und die Voraussetzungen für die Erteilung einer Aufenthaltserlaubnis gemäß Buchstabe a nicht erfüllen, haben automatisch das Recht, ein unbefristetes Arbeitsverhältnis einzugehen.

Art. 28 Abhängig beschäftigte Grenzgänger. 1. Ein abhängig beschäftigter Grenzgänger ist ein Staatsangehöriger einer Vertragspartei mit rechtmäßigem Wohnsitz im Grenzgebiet der Schweiz oder ihrer Nachbarstaaten, der im Grenzgebiet der anderen Vertragspartei eine unselbständige Erwerbstätigkeit ausübt und in der Regel täglich oder mindestens einmal in der Woche an seinen Hauptwohnsitz zurückkehrt. Als Grenzgebiete im Sinne dieses Abkommens gelten die Gebiete, die in den Abkommen zwischen der Schweiz und ihren Nachbarstaaten über den kleinen Grenzverkehr festgelegt sind.

2. Die Sonderbescheinigung gilt für das gesamte Grenzgebiet des Staates, der sie ausgestellt hat.

Art. 29 Rückkehrrecht der Arbeitnehmer. 1. Ein Arbeitnehmer, der zum Zeitpunkt des Inkrafttretens dieses Abkommens eine Aufenthaltserlaubnis mit einer Gültigkeitsdauer von mindestens einem Jahr innehatte und das Aufnahmeland verlassen hat, hat innerhalb von sechs Jahren nach seiner Ausreise ein Anrecht auf bevorrechtigten Zugang innerhalb der für seine Aufenthaltserlaubnis geltenden Quote, sofern er nachweist, dass er eine Erwerbstätigkeit ausüben kann.

2. Ein Grenzgänger hat innerhalb von sechs Jahren nach Beendigung seiner vorherigen ununterbrochenen Erwerbstätigkeit von drei Jahren ein Anrecht auf eine neue Sonderbescheinigung vorbehaltlich einer Kontrolle der Entlohnungs- und Arbeitsbedingungen, wenn es sich um einen Arbeitnehmer

handelt, während der ersten beiden Jahre nach Inkrafttreten dieses Abkommens, sofern er den zuständigen nationalen Behörden nachweist, dass er eine Erwerbstätigkeit ausüben kann.

3. Jugendliche, die das Hoheitsgebiet einer Vertragspartei nach einem Aufenthalt von mindestens fünf Jahren vor Vollendung ihres 21. Lebensjahres verlassen, haben innerhalb einer Frist von vier Jahren ein Anrecht auf Rückkehr und Ausübung einer Erwerbstätigkeit.

Art. 30 Geographische und berufliche Mobilität der Arbeitnehmer. 1. Der Arbeitnehmer, der eine Aufenthaltserlaubnis mit einer Gültigkeitsdauer von weniger als einem Jahr besitzt, hat während 12 Monaten nach Beginn seiner Beschäftigung ein Anrecht auf berufliche und geographische Mobilität. Der Übergang von einer unselbständigen zu einer selbständigen Erwerbstätigkeit ist unter Berücksichtigung der Bestimmungen des Artikels 10 dieses Abkommens möglich.

2. Die den abhängig beschäftigten Grenzgängern erteilten Sonderbescheinigungen berechtigen zur beruflichen und geographischen Mobilität innerhalb der gesamten Grenzgebiete der Schweiz und ihrer Nachbarstaaten.

Art. 31 Aufenthaltsregelung für Selbständige. Ein Staatsangehöriger einer Vertragspartei, der sich zwecks Ausübung einer selbständigen Erwerbstätigkeit (im Folgenden „Selbständiger" genannt) im Hoheitsgebiet der anderen Vertragspartei niederlassen will, erhält eine Aufenthaltserlaubnis mit einer Gültigkeitsdauer von sechs Monaten. Er erhält eine Aufenthaltserlaubnis mit einer Gültigkeitsdauer von mindestens fünf Jahren, sofern er den zuständigen nationalen Behörden vor Ablauf des Sechsmonatszeitraums nachweist, dass er eine selbständige Erwerbstätigkeit ausübt. Dieser Sechsmonatszeitraum kann bei Bedarf um höchstens zwei Monate verlängert werden, wenn echte Aussichten auf Erbringung dieses Nachweises bestehen.

Art. 32 Selbständige Grenzgänger. 1. Ein selbständiger Grenzgänger ist ein Staatsangehöriger einer Vertragspartei mit rechtmäßigem Wohnsitz im Grenzgebiet der Schweiz oder ihrer Nachbarstaaten, der im Grenzgebiet der anderen Vertragspartei eine selbständige Erwerbstätigkeit ausübt und in der Regel täglich oder mindestens einmal in der Woche an seinen Hauptwohnsitz zurückkehrt. Als Grenzgebiete im Sinne dieses Abkommens gelten die in den Abkommen zwischen der Schweiz und ihren Nachbarstaaten über den kleinen Grenzverkehr festgelegten Gebiete.

2. Ein Staatsangehöriger einer Vertragspartei, der als selbständiger Grenzgänger eine Erwerbstätigkeit im Grenzgebiet der Schweiz oder ihrer Nachbarstaaten ausüben will, erhält im Voraus eine Sonderbescheinigung mit einer Gültigkeitsdauer von sechs Monaten. Er erhält eine Sonderbescheinigung mit einer Gültigkeitsdauer von mindestens fünf Jahren, sofern er vor Ablauf des Sechsmonatszeitraums den zuständigen nationalen Behörden nachweist, dass er eine selbständige Erwerbstätigkeit ausübt. Dieser Sechsmonatszeitraum kann bei Bedarf um höchstens zwei Monate verlängert werden, wenn echte Aussichten auf die Erbringung dieses Nachweises bestehen.

3. Die Sonderbescheinigung gilt für das gesamte Grenzgebiet des Staates, der sie ausgestellt hat.

Art. 33 Rückkehrrecht der Selbständigen. 1. Ein Selbständiger, der eine Aufenthaltserlaubnis mit einer Gültigkeitsdauer von mindestens fünf Jahren innehatte und den Aufnahmestaat verlassen hat, erhält innerhalb von sechs Jahren nach seiner Ausreise ohne weiteres eine neue Aufenthaltserlaubnis, sofern er bereits während eines ununterbrochenen Zeitraums von drei Jahren im Aufnahmeland gearbeitet hat und den zuständigen nationalen Behörden nachweist, dass er eine Erwerbstätigkeit ausüben kann.

2. Ein selbständiger Grenzgänger erhält innerhalb von sechs Jahren nach Beendigung seiner vorherigen ununterbrochenen Erwerbstätigkeit von vier Jahren ohne weiteres eine neue Sonderbescheinigung, sofern er den zuständigen nationalen Behörden nachweist, dass er eine Erwerbstätigkeit ausüben kann.

3. Die Jugendlichen, die das Hoheitsgebiet einer Vertragspartei nach mindestens fünfjährigem Aufenthalt vor Vollendung ihres 21. Lebensjahres verlassen, haben innerhalb einer Frist von vier Jahren das Recht auf Rückkehr und Ausübung einer Erwerbstätigkeit.

Art. 34 Geographische und berufliche Mobilität der Selbständigen. Die den selbständigen Grenzgängern ausgestellten Sonderbescheinigungen berechtigen zur beruflichen und geographischen Mobilität innerhalb des Grenzgebiets der Schweiz und ihrer Nachbarstaaten. Die im Voraus erteilte Aufenthaltserlaubnis (bzw. Sonderbescheinigung für Grenzgänger) mit einer Gültigkeitsdauer von sechs Monaten berechtigt nur zur geographischen Mobilität.

Richtlinie 64/221

1.6. Richtlinie 64/221 des Rates der EWG zur Koordinierung der Sondervorschriften für die Einreise und den Aufenthalt von Ausländern, soweit sie aus Gründen der öffentlichen Ordnung, Sicherheit oder Gesundheit gerechtfertigt sind

Vom 25. Februar 1964 (ABl. 56 vom 4. 4. 1964 S. 850), aufgehoben durch Art. 38 II RL 2004/38/EG zum 30. April 2006

Art. 1 (1) Diese Richtlinie gilt für Staatsangehörige eines Mitgliedstaats, die sich in einem anderen Mitgliedstaat der Gemeinschaft aufhalten oder sich dorthin begeben, um eine selbständige oder unselbständige Erwerbstätigkeit auszuüben oder um Dienstleistungen entgegenzunehmen.

(2) Diese Bestimmungen gelten auch für den Ehegatten und die Familienmitglieder, welche die Bedingungen der aufgrund des Vertrags auf diesem Gebiet erlassenen Verordnungen und Richtlinien erfüllen.

Art. 2 (1) Diese Richtlinie betrifft die Vorschriften für die Einreise, die Erteilung oder Verlängerung der Aufenthaltserlaubnis oder die Entfernung aus dem Hoheitsgebiet, welche die Mitgliedstaaten aus Gründen der öffentlichen Ordnung, Sicherheit oder Gesundheit erlassen.

(2) Diese Gründe dürfen nicht für wirtschaftliche Zwecke geltend gemacht werden.

Art. 3 (1) Bei Maßnahmen der öffentlichen Ordnung oder Sicherheit darf ausschließlich das persönliche Verhalten der in Betracht kommenden Einzelpersonen ausschlaggebend sein.

(2) Strafrechtliche Verurteilungen allein können ohne weiteres diese Maßnahmen nicht begründen.

(3) Wird der Personalausweis oder Reisepaß, der die Einreise in das Aufnahmeland und die Erteilung der Aufenthaltserlaubnis ermöglicht hat, ungültig, so rechtfertigt dies keine Entfernung aus dem Hoheitsgebiet.

(4) Der Staat, der den Personalausweis oder Reisepaß ausgestellt hat, läßt den Inhaber dieses Personalausweises oder Reisepasses ohne besondere Formalitäten wieder einreisen, selbst wenn der Personalausweis oder Reisepaß ungültig geworden ist oder die Staatsangehörigkeit des Inhabers bestritten wird.

Art. 4 (1) Als Krankheiten oder Gebrechen, die eine Verweigerung der Einreise oder der ersten Aufenthaltserlaubnis rechtfertigen, gelten nur diejenigen, die im Anhang aufgeführt sind.

(2) Das Auftreten von Krankheiten oder Gebrechen nach der Erteilung der ersten Aufenthaltserlaubnis kann die Verweigerung einer Verlängerung der Aufenthaltserlaubnis oder die Entfernung aus dem Hoheitsgebiet nicht rechtfertigen.

(3) Die Mitgliedstaaten dürfen keine neuen Bestimmungen und Maßnahmen einführen, die einschränkender sind als diejenigen, welche bei Bekanntgabe dieser Richtlinie gelten.

Art. 5 (1) Die Entscheidung über die Erteilung oder Verweigerung der ersten Aufenthaltserlaubnis muß binnen kürzester Frist, spätestens jedoch innerhalb von sechs Monaten nach der Antragstellung getroffen werden.

Der Betroffene darf sich bis zur Entscheidung über die Erteilung oder die Verweigerung der Aufenthaltserlaubnis vorläufig im Hoheitsgebiet aufhalten.

(2) Das Aufnahmeland kann, wenn es dies für unerläßlich hält, den Herkunfts-Mitgliedstaat und gegebenenfalls die anderen Mitgliedstaaten um Auskünfte über das Vorleben des Antragstellers in strafrechtlicher Hinsicht ersuchen. Die Anfragen dürfen keinen systematischen Charakter haben.

Der befragte Mitgliedstaat muß seine Antwort innerhalb von zwei Monaten erteilen.

Art. 6 Dem Betroffenen sind die Gründe der öffentlichen Ordnung, Sicherheit oder Gesundheit, die der ihn betreffenden Entscheidung zugrunde liegen, bekanntzugeben, es sei denn, daß Gründe der Sicherheit des Staates dieser Bekanntgabe entgegenstehen.

Art. 7 Die Entscheidung über die Verweigerung oder Nichtverlängerung einer Aufenthaltserlaubnis oder über eine Entfernung aus dem Hoheitsgebiet wird dem Betroffenen amtlich mitgeteilt. Dabei ist anzugeben, innerhalb welcher Frist er das Hoheitsgebiet zu verlassen hat. Außer in dringenden Fällen darf diese Frist, wenn der Betroffene noch keine Aufenthaltsgenehmigung erhalten hat, nicht weniger als fünfzehn Tage, in allen anderen Fällen nicht weniger als einen Monat betragen.

Art. 8 Der Betroffene muß gegen die Entscheidung, durch welche die Einreise, die Erteilung oder Verlängerung der Aufenthaltserlaubnis verweigert wird, oder gegen die Entscheidung über die Entfernung aus dem Hoheitsgebiet die Rechtsbehelfe einlegen können, die Inländern gegenüber Verwaltungsakten zustehen.

Art. 9 (1) Sofern keine Rechtsmittel gegeben sind oder die Rechtsmittel nur die Gesetzmäßigkeit der Entscheidung betreffen oder keine aufschiebende Wirkung haben, trifft die Verwaltungsbehörde die Entscheidung über die Verweigerung der Verlängerung der Aufenthaltserlaubnis oder über die Entfernung eines Inhabers einer Aufenthaltserlaubnis aus dem Hoheitsgebiet außer in dringenden Fällen erst nach Erhalt der Stellungnahme einer zuständigen Stelle des Aufnahmelandes, vor der sich der Betroffene entsprechend den innerstaatlichen Rechtsvorschriften verteidigen, unterstützen oder vertreten lassen kann.

Diese Stelle muß eine andere sein als diejenige, welche für die Entscheidung über die Verlängerung der Aufenthaltserlaubnis oder über die Entfernung aus dem Hoheitsgebiet zuständig ist.

(2) Die Entscheidungen über die Verweigerung der ersten Aufenthaltserlaubnis sowie die Entscheidungen über die Entfernung aus dem Hoheitsgebiet vor Erteilung einer solchen Erlaubnis werden der Stelle, deren vorherige Stellungnahme in Absatz 1 vorgesehen ist, auf Antrag des Betroffenen zur Prüfung vorgelegt. Dieser ist dann berechtigt, persönlich seine Verteidigung wahrzunehmen, außer wenn Gründe der Sicherheit des Staates dem entgegenstehen.

Art. 10 (1) Die Mitgliedstaaten treffen die erforderlichen Maßnahmen, um dieser Richtlinie binnen sechs Monaten nach ihrer Bekanntgabe nachzukommen, und setzen die Kommission hiervon unverzüglich in Kenntnis.

(2) Die Mitgliedstaaten tragen dafür Sorge, daß der Kommission der Wortlaut der wichtigsten innerstaatlichen Rechtsvorschriften übermittelt wird, die sie auf dem unter diese Richtlinie fallenden Gebiet erlassen.

Art. 11 Diese Richtlinie ist an die Mitgliedstaaten gerichtet.

Anhang
A. Krankheiten, welche die öffentliche Gesundheit gefährden können:
   1. quarantänepflichtige Krankheiten, die in den Internationalen Gesundheitsvorschriften Nr. 2 der Weltgesundheitsorganisation vom 25. Mai 1951 genannt sind;
   2. Tuberkulose der Atemwege im aktiven Stadium oder mit Entwicklungstendenzen;
   3. Syphillis;
   4. andere ansteckende oder übertragbare parasitäre Krankheiten und Leiden, sofern im Aufnahmeland Vorschriften zum Schutz der Inländer gegen diese Krankheiten und Leiden bestehen.
B. Krankheiten und Gebrechen, welche die öffentliche Ordnung oder Sicherheit gefähren können:
   1. Suchtkrankheiten;
   2. schwere geistige und seelische Störungen; offensichtliche Psychosen mit Erregungszuständen, Wahnvorstellungen oder Sinnestäuschungen mit Verwirrungszuständen.

1.7. Verordnung Nr. 1612/68 des Rates der EWG über die Freizügigkeit der Arbeitnehmer innerhalb der Gemeinschaft

Vom 15. Oktober 1968 (ABl. L 257 vom 19. 10. 1968 S. 2), zuletzt geändert durch VO/EWG Nr. 2434/92 vom 27. Juli 1992 (ABl. L 245 vom 26. 8. 1992 S. 1), Art. 10 und 11 durch Art. 38 I RL 2004/38/EG zum 30. April 2006

– Auszug –

Erster Teil. Die Beschäftigung und die Familienangehörigen der Arbeitnehmer

Titel I. Zugang zur Beschäftigung

Art. 1 (1) Jeder Staatsangehörige eines Mitgliedstaats ist ungeachtet seines Wohnorts berechtigt, eine Tätigkeit im Lohn- oder Gehaltsverhältnis im Hoheitsgebiet eines anderen Mitgliedstaats nach den für

Verordnung Nr. 1612/68   1.7. **Texte 5**

die Arbeitnehmer dieses Staates geltenden Rechts- und Verwaltungsvorschriften aufzunehmen und auszuüben.

(2) Er hat insbesondere im Hoheitsgebiet eines anderen Mitgliedstaats mit dem gleichen Vorrang Anspruch auf Zugang zu den verfügbaren Stellen wie die Staatsangehörigen dieses Staats.

Art. 2 Jeder Staatsangehörige eines Mitgliedstaats und jeder Arbeitgeber, der eine Tätigkeit im Hoheitsgebiet eines Mitgliedstaats ausübt, können nach den geltenden Rechts- und Verwaltungsvorschriften ihre Stellenangebote und Arbeitsgesuche austauschen sowie Arbeitsverträge schließen und erfüllen, ohne daß sich Diskriminierungen daraus ergeben dürfen.

Art. 3 (1) Rechts- und Verwaltungsvorschriften oder Verwaltungspraktiken eines Mitgliedstaats,
– die das Stellenangebot und das Arbeitsgesuch, den Zugang zur Beschäftigung und deren Ausübung durch Ausländer einschränken oder von Bedingungen abhängig machen, die für Inländer nicht gelten,
– oder die, ohne auf die Staatsangehörigkeit abzustellen, ausschließlich oder hauptsächlich bezwecken oder bewirken, daß Angehörige der übrigen Mitgliedstaaten von der angebotenen Stelle ferngehalten werden,
finden im Rahmen dieser Verordnung keine Anwendung.

Diese Bestimmung gilt nicht für Bedingungen, welche die in Anbetracht der Besonderheit der zu vergebenden Stelle erforderlichen Sprachkenntnisse betreffen.

(2) Zu den in Absatz 1 Unterabsatz 1 genannten Vorschriften oder Praktiken gehören insbesondere solche, die in einem Mitgliedstaat:
a) ein besonderes Verfahren für die Anwerbung ausländischer Arbeitnehmer zwingend vorschreiben;
b) die Veröffentlichung eines Stellenangebots durch die Presse oder durch irgendwelche anderen Wege einschränken oder von anderen als den Bedingungen abhängig machen, die für den Arbeitgeber, der seine Tätigkeit im Hoheitsgebiet dieses Staats ausübt, gelten;
c) den Zugang zur Beschäftigung von Bedingungen abhängig machen, die sich auf die Einschreibung beim Arbeitsamt beziehen, oder die namentliche Anwerbung eines Arbeitnehmers hindern, soweit dadurch Personen betroffen sind, die nicht im Hoheitsgebiet dieses Mitgliedstaats wohnen.

Art. 4 (1) Rechts- und Verwaltungsvorschriften der Mitgliedstaaten, durch welche die Beschäftigung von ausländischen Arbeitnehmern zahlen- oder anteilmäßig nach Unternehmen, Wirtschaftszweigen, Gebieten oder im gesamten Hoheitsgebiet beschränkt wird, finden auf Staatsangehörige der übrigen Mitgliedstaaten keine Anwendung.

(2) Wenn in einem Mitgliedstaat für Unternehmen vorgesehene Vergünstigungen von der Beschäftigung eines bestimmten Hundertsatzes von inländischen Arbeitnehmern abhängig gemacht werden, werden Staatsangehörige der anderen Mitgliedstaaten vorbehaltlich der Bestimmungen der Richtlinie des Rats vom 15. Oktober 1963 als inländische Arbeitnehmer gezählt.

Art. 5 Ein Staatsangehöriger eines Mitgliedstaats, der im Hoheitsgebiet eines anderen Mitgliedstaats eine Beschäftigung sucht, erhält dort die gleiche Hilfe, wie sie die Arbeitsämter dieses Staats den eigenen Staatsangehörigen gewähren, die eine Beschäftigung suchen.

Art. 6 (1) Wird ein Staatsangehöriger eines Mitgliedstaats in einem anderen Mitgliedstaat eingestellt oder für eine Beschäftigung angeworben, so darf bei ihm hinsichtlich des Gesundheitszustands, des Berufs oder sonstiger Anforderungen aufgrund der Staatsangehörigkeit kein anderer Maßstab angelegt werden als bei den Arbeitnehmern, die Staatsangehörige des anderen Mitgliedstaats sind und die gleiche Beschäftigung ausüben wollen.

(2) Besitzt ein Staatsangehöriger eines Mitgliedstaats jedoch ein auf seinen Namen lautendes Stellenangebot eines Arbeitgebers aus einem anderen Mitgliedstaat als dem Staat, dessen Staatsangehöriger er ist, so darf er auf seine beruflichen Fähigkeiten hin geprüft werden, wenn der Arbeitgeber eine solche Prüfung bei Abgabe seines Stellenangebots ausdrücklich verlangt.

Titel II. Ausübung der Beschäftigung und Gleichbehandlung

Art. 7 (1) Ein Arbeitnehmer, der Staatsangehöriger eines Mitgliedstaats ist, darf aufgrund seiner Staatsangehörigkeit im Hoheitsgebiet der anderen Mitgliedstaaten hinsichtlich der Beschäftigungs- und

Arbeitsbedingungen, insbesondere im Hinblick auf Entlohnung, Kündigung und, falls er arbeitslos geworden ist, im Hinblick auf berufliche Wiedereingliederung oder Wiedereinstellung, nicht anders behandelt werden als die inländischen Arbeitnehmer.

(2) Er genießt dort die gleichen sozialen und steuerlichen Vergünstigungen wie die inländischen Arbeitnehmer.

(3) Er kann mit dem gleichen Recht und unter den gleichen Bedingungen wie die inländischen Arbeitnehmer Berufsschulen und Umschulungszentren in Anspruch nehmen.

(4) Alle Bestimmungen in Tarif- oder Einzelarbeitsverträgen oder sonstigen Kollektivvereinbarungen betreffend Zugang zur Beschäftigung, Beschäftigung, Entlohnung und alle übrigen Arbeits- und Kündigungsbedingungen sind von Rechts wegen nichtig, soweit sie für Arbeitnehmer, die Staatsangehörige anderer Mitgliedstaaten sind, diskriminierende Bedingungen vorsehen oder zulassen.

Art. 8 Ein Arbeitnehmer, der die Staatsangehörigkeit eines Mitgliedstaats besitzt und im Hoheitsgebiet eines anderen Mitgliedstaats beschäftigt ist, hat Anspruch auf gleiche Behandlung hinsichtlich der Zugehörigkeit zu Gewerkschaften und der Ausübung gewerkschaftlicher Rechte, einschließlich des Wahlrechts sowie des Zugangs zur Verwaltung oder Leitung von Gewerkschaften; er kann von der Teilnahme an der Verwaltung von Körperschaften des öffentlichen Rechts und der Ausübung eines öffentlich-rechtlichen Amtes ausgeschlossen werden. Er hat ferner das Recht auf Wählbarkeit zu den Organen der Arbeitnehmervertretungen in den Betrieben.

Diese Bestimmungen berühren nicht die Rechts- und Verwaltungsvorschriften, durch die in einigen Mitgliedstaaten weitergehende Rechte an Arbeitnehmer aus anderen Mitgliedstaaten eingeräumt werden.

Art. 9 (1) Arbeitnehmer, die die Staatsangehörigkeit eines Mitgliedstaats besitzen und im Hoheitsgebiet eines anderen Mitgliedstaats beschäftigt sind, genießen hinsichtlich einer Wohnung, einschließlich der Erlangung des Eigentums an der von ihnen benötigten Wohnung, alle Rechte und Vergünstigungen wie inländische Arbeitnehmer.

(2) Diese Arbeitnehmer können sich mit dem gleichen Recht wie die inländischen Arbeitnehmer in dem Gebiet, in dem sie beschäftigt sind, in die Listen der Wohnungssuchenden einschreiben, wo solche geführt werden, und so die gleichen Vergünstigungen und den gleichen Rang erlangen.

Ihre im Herkunftsland verbliebene Familie wird zu diesem Zweck als in diesem Gebiet wohnend betrachtet, soweit auch für inländische Arbeitnehmer eine entsprechende Vermutung gilt.

Titel III. Familienangehörige der Arbeitnehmer

Art. 10 (1) Bei dem Arbeitnehmer, der die Staatsangehörigkeit eines Mitgliedstaats besitzt und im Hoheitsgebiet eines anderen Mitgliedstaats beschäftigt ist, dürfen folgende Personen ungeachtet ihrer Staatsangehörigkeit Wohnung nehmen:

a) sein Ehegatte sowie die Verwandten in absteigender Linie, die noch nicht 21 Jahre alt sind oder denen Unterhalt gewährt wird;

b) seine Verwandten und die Verwandten seines Ehegatten in aufsteigender Linie, denen er Unterhalt gewährt.

(2) Die Mitgliedstaaten begünstigen den Zugang aller nicht in Absatz 1 genannten Familienangehörigen, denen der betreffende Arbeitnehmer Unterhalt gewährt oder mit denen er im Herkunftsland in häuslicher Gemeinschaft lebt.

(3) Voraussetzung für die Anwendung der Absätze 1 und 2 ist, daß der Arbeitnehmer für seine Familie über eine Wohnung verfügt, die in dem Gebiet, in dem er beschäftigt ist, den für die inländischen Arbeitnehmer geltenden normalen Anforderungen entspricht; diese Bestimmung darf nicht zu Diskriminierungen zwischen den inländischen Arbeitnehmern und den Arbeitnehmern aus anderen Mitgliedstaaten führen.

Art. 11 Der Ehegatte eines Staatsangehörigen eines Mitgliedstaats, der im Hoheitsgebiet eines Mitgliedstaats eine Tätigkeit im Lohn- oder Gehaltsverhältnis oder eine selbständige Tätigkeit ausübt, sowie die Kinder dieses Staatsangehörigen, die noch nicht 21 Jahre alt sind oder denen er Unterhalt gewährt, haben, selbst wenn sie nicht die Staatsangehörigkeit eines Mitgliedstaats besitzen, das Recht, im gesamten Hocheitsgebiet dieses Mitgliedstaats irgendeine Tätigkeit im Lohn- oder Gehaltsverhältnis auszuüben.

Richtlinie 68/360 **1.8. Texte 5**

Art. 12 Die Kinder eines Staatsangehörigen eines Mitgliedstaats, der im Hoheitsgebiet eines anderen Mitgliedstaats beschäftigt ist oder beschäftigt gewesen ist, können, wenn sie im Hoheitsgebiet dieses Mitgliedstaats wohnen, unter den gleichen Bedingungen wie die Staatsangehörigen dieses Mitgliedstaats am allgemeinen Unterricht sowie an der Lehrlings- und Berufsausbildung teilnehmen.

Die Mitgliedstaaten fördern die Bemühungen, durch die diesen Kindern ermöglicht werden soll, unter den besten Voraussetzungen am Unterricht teilzunehmen.

Art. 18 Die Inanspruchnahme der Anwerbeverfahren, die von den in zwei- oder mehrseitigen Abkommen bzw. Übereinkommen zwischen den Mitgliedstaaten vorgesehenen Durchführungsorganen angewandt werden, ist nicht zwingend.

1.8. Richtlinie 68/360 des Rates der EWG zur Aufhebung der Reise- und Aufenthaltsbeschränkungen für Arbeitnehmer der Mitgliedstaaten und ihre Familienangehörigen innerhalb der Gemeinschaft

Vom 15. Oktober 1968 (ABl. L 257 vom 19. 10. 1968 S. 13), aufgehoben durch Art. 38 II RL 2004/38/EG zum 30. April 2006

Art. 1 Die Mitgliedstaaten beseitigen nach Maßgabe dieser Richtlinie die Reise- und Aufenthaltsbeschränkungen für die Staatsangehörigen der Mitgliedstaaten und ihre Familienangehörigen, auf die die Verordnung (EWG) Nr. 1612/68 Anwendung findet.

Art. 2 (1) Die Mitgliedstaaten gestatten den in Artikel 1 genannten Staatsangehörigen die Ausreise aus ihrem Hoheitsgebiet, damit sie im Hoheitsgebiet eines anderen Mitgliedstaats eine Beschäftigung im Lohn- oder Gehaltsverhältnis aufnehmen und ausüben können. Um von diesem Ausreiserecht Gebrauch machen zu können, bedarf es lediglich der Vorlage eines gültigen Personalausweises oder Reisepasses. Die Familienangehörigen genießen dasselbe Recht wie der Staatsangehörige, von dem sie dieses Recht herleiten.

(2) Die Mitgliedstaaten erteilen und verlängern ihren Staatsangehörigen gemäß ihren Rechtsvorschriften einen Personalausweis oder einen Reisepaß, der insbesondere ihre Staatsangehörigkeit angibt.

(3) Der Reisepaß muß zumindest für alle Mitgliedstaaten und die unmittelbar zwischen den Mitgliedstaaten liegenden Durchreiseländer gelten. Ist die Ausreise nur mit dem Reisepaß statthaft, so muß dieser mindestens fünf Jahre gültig sein.

(4) Die Mitgliedstaaten dürfen von den in Artikel 1 genannten Staatsangehörigen für die Ausreise weder einen Sichtvermerk noch einen gleichwertigen Nachweis verlangen.

Art. 3 (1) Die Mitgliedstaaten gestatten den in Artikel 1 genannten Personen bei Vorlage eines gültigen Personalausweises oder Reisepasses die Einreise in ihr Hoheitsgebiet.

(2) Für die Einreise darf weder ein Sichtvermerk noch ein gleichartiger Nachweis verlangt werden; dies gilt jedoch nicht für die Familienangehörigen, die nicht die Staatsangehörigkeit eines Mitgliedstaats besitzen. Die Mitgliedstaaten gewähren den genannten Personen zur Erlangung der erforderlichen Sichtvermerke alle Erleichterungen.

Art. 4 (1) Die Mitgliedstaaten gewähren den in Artikel 1 genannten Personen, welche die in Absatz 3 aufgeführten Unterlagen vorlegen, das Aufenthaltsrecht in ihrem Hoheitsgebiet.

(2) Zum Nachweis des Aufenthaltsrechts wird eine Bescheinigung, die „Aufenthaltserlaubnis für Angehörige eines Mitgliedstaats der EWG", erteilt. In dieser Bescheinigung muß vermerkt sein, daß sie aufgrund der Verordnung (EWG) Nr. 1612/68 und der von den Mitgliedstaaten gemäß dieser Richtlinie erlassenen Vorschriften ausgestellt worden ist. Der Text dieses Vermerks ist in der Anlage dieser Richtlinie wiedergegeben.

(3) Die Mitgliedstaaten dürfen für die Erteilung der Aufenthaltserlaubnis für Angehörige eines Mitgliedstaats der EWG nur die Vorlage nachstehender Unterlagen verlangen:

– vom Arbeitnehmer:
　a) den Ausweis, mit dem er in ihr Hoheitsgebiet eingereist ist,
　b) eine Einstellungserklärung des Arbeitgebers oder eine Arbeitsbescheinigung;

– von den Familienangehörigen:
  c) den Ausweis, mit dem sie in ihr Hoheitsgebiet eingereist sind;
  d) eine von der zuständigen Behörde ihres Herkunftsstaats ausgestellte Bescheinigung, in der das Verwandtschaftsverhältnis bestätigt ist;
  e) in den Fällen des Artikels 10 Absätze 1 und 2 der Verordnung (EWG) Nr. 1612/68 eine von der zuständigen Behörde des Herkunftsstaats ausgestellte Bescheinigung, in der bestätigt wird, daß ihnen der Arbeitnehmer Unterhalt gewährt oder daß sie in diesem Land bei dem Arbeitnehmer leben.

(4) Einem Familienmitglied, das nicht die Staatsangehörigkeit eines Mitgliedstaats besitzt, wird ein Aufenthaltsdokument mit der gleichen Gültigkeit ausgestellt wie dem Arbeitnehmer, von dem es seine Rechte herleitet.

Art. 5 Die Erledigung der Formalitäten, die zur Erlangung einer Aufenthaltserlaubnis erforderlich sind, darf die fristgerechte Erfüllung des von den Antragstellern abgeschlossenen Arbeitsvertrags nicht hindern.

Art. 6 (1) Die Aufenthaltserlaubnis muß
a) für das gesamte Hoheitsgebiet des Mitgliedstaats, der sie erteilt hat, gelten;
b) eine Gültigkeitsdauer von mindestens 5 Jahren vom Zeitpunkt der Ausstellung an haben und ohne weiteres verlängert werden können.

(2) Aufenthaltsunterbrechungen, die sechs aufeinanderfolgende Monate nicht überschreiten, sowie eine durch Militärdienst gerechtfertigte Abwesenheit berühren nicht die Gültigkeit der Aufenthaltserlaubnis.

(3) Befindet sich der Arbeitnehmer bei einem Arbeitgeber des Aufnahmestaats oder für Rechnung eines Erbringers von Dienstleistungen in einem Beschäftigungsverhältnis mit einer Dauer von mindestens 3 Monaten und weniger als 1 Jahr, so stellt ihm der Aufnahmemitgliedstaat eine zeitweilige Aufenthaltserlaubnis aus, deren Gültigkeitsdauer auf die voraussichtliche Dauer des Beschäftigungsverhältnisses beschränkt werden kann.

Vorbehaltlich der Bestimmungen des Artikels 8 Abs. 1 Buchstabe c) wird auch Saisonarbeitnehmern, die für mehr als 3 Monate beschäftigt werden, eine zeitweilige Aufenthaltserlaubnis ausgestellt. Die Dauer des Beschäftigungsverhältnisses muß in den in Artikel 4 Absatz 3 Buchstabe b) genannten Unterlagen angegeben werden.

Art. 7 (1) Eine gültige Aufenthaltserlaubnis kann einem Arbeitnehmer nicht allein deshalb entzogen werden, weil er keine Beschäftigung mehr hat, sei es, weil er infolge Krankheit oder Unfall vorübergehend arbeitsunfähig ist, sei es, weil er unfreiwillig arbeitslos geworden ist, wenn letzterer Fall vom zuständigen Arbeitsamt ordnungsgemäß bestätigt wird.

(2) Bei der ersten Verlängerung kann die Gültigkeitsdauer der Aufenthaltserlaubnis, wenn der Arbeitnehmer im Aufnahmestaat länger als zwölf aufeinanderfolgende Monate unfreiwillig arbeitslos ist, beschränkt werden; sie darf jedoch zwölf Monate nicht unterschreiten.

Art. 8 (1) Die Mitgliedstaaten gewähren das Aufenthaltsrecht in ihrem Hoheitsgebiet ohne Ausstellung einer Aufenthaltserlaubnis:
a) Arbeitnehmern, die bis zur Dauer von voraussichtlich höchstens drei Monaten eine Tätigkeit im Lohn- oder Gehaltsverhältnis ausüben. Der Ausweis, mit dem der Betreffende in das Hoheitsgebiet eingereist ist, und eine Erklärung des Arbeitgebers mit Angabe der vorgesehenen Beschäftigungszeit gelten für seinen Aufenthalt; bei Arbeitnehmern, die unter die Richtlinie des Rats vom 25. Februar 1964 über die Verwirklichung der Niederlassungsfreiheit und des freien Dienstleistungsverkehrs für Vermittlertätigkeiten in Handel, Industrie und Handwerk fallen, wird die Erklärung des Arbeitgebers jedoch nicht verlangt;
b) Arbeitnehmern, die im Hoheitsgebiet eines Mitgliedstaats beschäftigt sind, ihren Wohnort jedoch im Hoheitsgebiet eines anderen Mitgliedstaats haben und in der Regel jeden Tag oder mindestens einmal in der Woche dorthin zurückkehren. Die zuständige Behörde des Beschäftigungsstaats kann diesen Arbeitnehmern eine Sonderbescheinigung erteilen, die eine Geltungsdauer von fünf Jahren hat und ohne weiteres verlängert werden kann;
c) Saisonarbeitnehmern, wenn sie einen Arbeitsvertrag mit dem Vermerk der zuständigen Behörde des Mitgliedstaats besitzen, in dessen Hoheitsgebiet sie sich begeben, um ihre Beschäftigung auszuüben.

(2) In allen in Absatz 1 genannten Fällen können die zuständigen Behörden des Aufnahmestaats von dem Arbeitnehmer verlangen, daß er seine Anwesenheit im Hoheitsgebiet anzeigt.

Art. 9 (1) Die Erteilung und Verlängerung der in dieser Richtlinie genannten Aufenthaltsdokumente für die Staatsangehörigen der Mitgliedstaaten der EWG erfolgen unentgeltlich oder gegen Entrichtung eines Betrages, der die Ausstellungsgebühr von Personalausweisen für Inländer nicht übersteigen darf.

(2) Die in Artikel 3 Absatz 2 und Artikel 8 Absatz 1 Buchstabe c) genannten Sichtvermerke werden kostenlos erteilt.

(3) Die Mitgliedstaaten treffen alle erforderlichen Maßnahmen, um die Formalitäten und Verfahren für die Beschaffung der in Absatz 1 aufgeführten Unterlagen soweit irgend möglich zu vereinfachen.

Art. 10 Die Mitgliedstaaten dürfen nur aus Gründen der öffentlichen Ordnung, Sicherheit oder Gesundheit von den Bestimmungen dieser Richtlinie abweichen.

Art. 11 (1) Diese Richtlinie berührt nicht die Bestimmungen des Vertrages über die Gründung der Europäischen Gemeinschaft für Kohle und Stahl betreffend die anerkannten Kohle- und Stahlfacharbeiter, die Bestimmungen des Vertrages zur Gründung der Europäischen Atomgemeinschaft über den Zugang zu qualifizierten Beschäftigungen auf dem Kerngebiet und die Vorschriften zur Durchführung dieser Verträge.

(2) Diese Richtlinie gilt jedoch für die in Absatz 1 genannten Gruppen von Arbeitnehmern sowie ihre Familienangehörigen, soweit deren Rechtsstellung in den in Absatz 1 genannten Verträgen oder Vorschriften nicht geregelt ist.

Art. 12 (1) Die Mitgliedstaaten treffen binnen 9 Monaten nach Bekanntgabe dieser Richtlinie die erforderlichen Maßnahmen, um ihr nachzukommen, und setzen die Kommission hiervon unverzüglich in Kenntnis.

(2) Sie geben der Kommission die an den Rechts- und Verwaltungsvorschriften vorgenommenen Änderungen bekannt, durch die die Formalitäten und Verfahren für die Erteilung derjenigen Urkunden und Bescheinigungen vereinfacht werden sollen, die für Ausreise, Einreise und Aufenthalt der Arbeitnehmer und ihrer Familienangehörigen noch erforderlich sind.

Art. 13 (1) Die Richtlinie des Rats vom 25. März 1964 zur Aufhebung der Reise- und Aufenthaltsbeschränkungen für Arbeitnehmer der Mitgliedstaaten und ihrer Familienangehörigen innerhalb der Gemeinschaft bleibt bis zur Durchführung dieser Richtlinie in den Mitgliedstaaten anwendbar.

(2) Die in Anwendung der in Absatz 1 genannten Richtlinie ausgestellten Aufenthaltserlaubnisse, die bei Durchführung dieser Richtlinie gültig sind, bleiben bis zum nächsten Ablauftermin gültig.

Art. 14 Diese Richtlinie ist an die Mitgliedstaaten gerichtet.

Anlage Text des in Artikel 4 Absatz 2 vorgesehenen Vermerks:
„Diese Aufenthaltserlaubnis wird aufgrund der Verordnung (EWG) Nr. 1612/68 des Rats der Europäischen Gemeinschaften vom 15. Oktober 1968 und der zur Durchführung der Richtlinie des Rats vom 15. Oktober 1968 erlassenen Vorschriften ausgestellt. Gemäß der genannten Verordnung hat der Inhaber dieser Aufenthaltserlaubnis unter denselben Bedingungen wie die .... Arbeitnehmer das Recht auf Zugang zu Beschäftigungen im Lohn- oder Gehaltsverhältnis und auf deren Ausübung im .... Hoheitsgebiet."

1.9. Verordnung Nr. 1251/70 der Kommission der EWG über das Recht der Arbeitnehmer, nach Beendigung einer Beschäftigung im Hoheitsgebiet eines Mitgliedstaats zu verbleiben

Vom 29. Juni 1970 (ABl. L 142 vom 30. 6. 1970 S. 24; ber. ABl. 1975 L 324 S. 31)

Art. 1 Diese Verordnung findet auf die Staatsangehörigen eines Mitgliedstaats, die als Arbeitnehmer im Hoheitsgebiet eines anderen Mitgliedstaats beschäftigt gewesen sind, sowie auf ihre Familienangehörigen im Sinne von Artikel 10 der Verordnung (EWG) Nr. 1612/68 des Rats über die Freizügigkeit der Arbeitnehmer innerhalb der Gemeinschaft Anwendung.

Art. 2 (1) Folgende Arbeitnehmer haben das Recht, im Hoheitsgebiet eines Mitgliedstaats zu verbleiben:
a) der Arbeitnehmer, der zu dem Zeitpunkt, an dem er seine Beschäftigung aufgibt, das nach der Gesetzgebung dieses Staates vorgeschriebene Alter für die Geltendmachung einer Altersrente erreicht hat, dort mindestens in den letzten 12 Monaten eine Beschäftigung ausgeübt und sich dort seit mindestens drei Jahren ständig aufgehalten hat;
b) der Arbeitnehmer, der infolge dauernder Arbeitsunfähigkeit eine Beschäftigung im Lohn- oder Gehaltsverhältnis aufgibt, wenn er sich seit mindestens zwei Jahren im Hoheitsgebiet dieses Mitgliedstaats ständig aufgehalten hat. Die Voraussetzung einer bestimmten Dauer des ständigen Aufenthalts entfällt, wenn die dauernde Arbeitsunfähigkeit durch Arbeitsunfall oder Berufskrankheit eintritt, aufgrund derer ein Anspruch auf Rente entsteht, die ganz oder teilweise zu Lasten eines Trägers dieses Mitgliedstaats geht;
c) der Arbeitnehmer, der nach drei Jahren Beschäftigung und ständigem Aufenthalt im Hoheitsgebiet dieses Mitgliedstaats eine Beschäftigung im Lohn- oder Gehaltsverhältnis im Hoheitsgebiet eines anderen Mitgliedstaats ausübt, seinen Wohnsitz jedoch im ersten Mitgliedstaat beibehält und in der Regel jeden Tag oder mindestens einmal in der Woche dorthin zurückkehrt.
Für den Erwerb der unter a) und b) bezeichneten Rechte gelten die in dem anderen Mitgliedstaat zurückgelegten Beschäftigungszeiten als im Hoheitsgebiet des Staates abgeleistet, in dem der Arbeitnehmer seinen Wohnsitz hat.

(2) Die Voraussetzungen hinsichtlich der Dauer des Wohnsitzes und der Beschäftigung in Absatz 1 a) und hinsichtlich der Dauer des Wohnsitzes in Absatz 1 b) entfallen, wenn der Ehegatte des Arbeitnehmers die Staatsangehörigkeit des betreffenden Mitgliedstaats besitzt oder sie durch Eheschließung mit dem Arbeitnehmer verloren hat.

Art. 3 (1) Die Familienangehörigen eines Arbeitnehmers im Sinne von Artikel 1 dieser Verordnung, die bei ihm im Hoheitsgebiet eines Mitgliedstaats wohnen, sind berechtigt, dort ständig zu verbleiben, wenn der Arbeitnehmer in diesem Mitgliedstaat das Verbleiberecht nach Artikel 2 erworben hat. Dieses Recht steht ihnen auch nach seinem Tode zu.

(2) Ist der Arbeitnehmer im Laufe seines Erwerbslebens verstorben, bevor er das Verbleiberecht in dem betreffenden Mitgliedstaat erworben hat, haben seine Familienmitglieder das Recht, sich dort ständig aufzuhalten, wenn der Arbeitnehmer
– sich zum Zeitpunkt des Todes seit mindestens 2 Jahren im Hoheitsgebiet dieses Mitgliedstaats ständig aufgehalten hat;
– oder infolge eines Arbeitsunfalls oder einer Berufskrankheit gestorben ist;
– oder sein überlebender Ehegatte die Staatsangehörigkeit dieses Mitgliedstaats besitzt oder sie durch Eheschließung mit dem Arbeitnehmer verloren hat.

Art. 4 (1) Der ständige Aufenthalt im Sinne von Artikel 2 Absatz 1 und Artikel 3 Absatz 2 wird durch eines der im Aufenthaltsland üblichen Beweismittel nachgewiesen. Er wird weder durch vorübergehende Abwesenheiten bis zu insgesamt drei Monaten im Jahr noch durch längere Abwesenheiten zur Ableistung des Wehrdienstes berührt.

(2) Die vom zuständigen Arbeitsamt ordnungsgemäß bestätigten Zeiten unfreiwilliger Arbeitslosigkeit und die Abwesenheiten infolge Krankheit oder Unfalls gelten als Beschäftigungszeiten im Sinne von Artikel 2 Absatz 1.

Richtlinie 72/194   1.10. **Texte 5**

Art. 5 (1) Der Betreffende verfügt zur Ausübung seines Verbleiberechts über eine Frist von zwei Jahren, gerechnet vom Zeitpunkt der Entstehung dieses Rechts gemäß Artikel 2 Absatz 1 a) und b) und Artikel 3 an. Er kann während dieser Zeit das Hoheitsgebiet des Mitgliedstaats verlassen, ohne sein Verbleiberecht zu beeinträchtigen.

(2) Dem Begünstigten darf für die Ausübung des Aufenthaltsrechts keinerlei Formalität vorgeschrieben werden.

Art. 6 (1) Die Aufenthaltserlaubnis für den unter diese Verordnung fallenden Personenkreis muß
a) unentgeltlich oder gegen Entrichtung eines Betrages, der die Ausstellungs- bzw. Verlängerungsgebühr für Pesonalausweise für Inländer nicht übersteigen darf, erteilt oder verlängert werden;
b) für das gesamte Hoheitsgebiet des Mitgliedstaats, der sie erteilt hat, gelten;
c) mindestens fünf Jahre gültig sein und ohne weiteres verlängert werden können.

(2) Durch Aufenthaltsunterbrechungen, die sechs aufeinanderfolgende Monate nicht überschreiten, wird die Gültigkeit der Aufenthaltserlaubnis nicht berührt.

Art. 7 Das in der Verordnung (EWG) Nr. 1612/68 des Rats festgelegte Recht auf Gleichbehandlung gilt auch für die Begünstigten der vorliegenden Verordnung.

Art. 8 (1) Die Rechts- und Verwaltungsvorschriften eines Mitgliedstaats, die für die Staatsangehörigen aus anderen Mitgliedstaaten günstiger sind, werden durch diese Verordnung nicht berührt.

(2) Die Mitgliedstaaten fördern die erneute Niederlassung von Arbeitnehmern in ihrem Hoheitsgebiet, die dieses verlassen haben, nachdem sie dort lange Zeit dauernd ihren Wohnsitz hatten und dort eine Beschäftigung ausübten, und wieder dorthin zurückkehren möchten, wenn sie das Ruhestandsalter erreicht haben oder dauernd arbeitsunfähig sind.

Art. 9 (1) Die Kommission kann unter Berücksichtigung der Entwicklung der demographischen Lage im Großherzogtum Luxemburg auf Antrag dieses Staates für die Ausübung des Verbleiberechts im luxemburgischen Hoheitsgebiet andere als in dieser Verordnung vorgesehene Bestimmungen erlassen.

(2) Die Kommission faßt innerhalb von zwei Monaten nach Eingang des Antrags, der alle erforderlichen Angaben enthalten muß, einen mit Gründen versehenen Beschluß.

Sie notifiziert diesen Beschluß dem Großherzogtum Luxemburg und unterrichtet die anderen Mitgliedstaaten davon.

Diese Verordnung ist in allen ihren Teilen verbindlich und gilt unmittelbar in jedem Mitgliedstaat.

1.10. Richtlinie 72/194 des Rates der EWG über die Erweiterung des Geltungsbereichs der Richtlinie vom 25. Februar 1964 zur Koordinierung der Sondervorschriften für die Einreise und den Aufenthalt von Ausländern, soweit sie aus Gründen der öffentlichen Ordnung, Sicherheit oder Gesundheit gerechtfertigt sind, auf die Arbeitnehmer, die von dem Recht, nach Beendigung einer Beschäftigung im Hoheitsgebiet eines Mitgliedstaats verbleiben zu können, Gebrauch machen

Vom 18. Mai 1972 (ABl. L 121 vom 26. 5. 1972 S. 32), aufgehoben durch Art. 38 II RL 2004/38/EG zum 30. April 2006

Art. 1 Die Richtlinie des Rats vom 25. Februar 1964 zur Koordinierung der Sondervorschriften für die Einreise und den Aufenthalt von Ausländern, soweit sie aus Gründen der öffentlichen Ordnung, Sicherheit oder Gesundheit gerechtfertigt sind, gilt für die Angehörigen der Mitgliedstaaten und deren Familienangehörigen, die aufgrund der Verordnung (EWG) Nr. 1251/70 von dem Recht Gebrauch machen, im Hoheitsgebiet eines Mitgliedstaats zu verbleiben.

Art. 2 Die Mitgliedstaaten treffen die erforderlichen Maßnahmen, um dieser Richtlinie binnen sechs Monaten nach ihrer Bekanntgabe nachzukommen, und setzen die Kommission hiervon unverzüglich in Kenntnis.

Art. 3 Diese Richtlinie ist an die Mitgliedstaaten gerichtet.

1.11. Richtlinie 73/148 des Rates der EWG zur Aufhebung der Reise- und Aufenthaltsbeschränkungen für Staatsangehörige der Mitgliedstaaten innerhalb der Gemeinschaft auf dem Gebiet der Niederlassung und des Dienstleistungsverkehrs

Vom 21. Mai 1973 (ABl. L 172 vom 28. 6. 1973 S. 14), aufgehoben durch Art. 38 II RL 2004/38/EG zum 30. April 2006

Art. 1 (1) Die Mitgliedstaaten heben nach Maßgabe dieser Richtlinie die Reise- und Aufenthaltsbeschränkungen auf:

a) für Staatsangehörige eines Mitgliedstaats, die sich in einem anderen Mitgliedstaat niedergelassen haben oder niederlassen wollen, um eine selbständige Tätigkeit auszuüben, oder die dort eine Dienstleistung erbringen wollen;

b) für Staatsangehörige der Mitgliedstaaten, die sich als Empfänger einer Dienstleistung in einen anderen Mitgliedstaat begeben wollen;

c) ohne Rücksicht auf die Staatsangehörigkeit für den Ehegatten und die noch nicht 21 Jahre alten Kinder dieser Staatsangehörigen;

d) ohne Rücksicht auf die Staatsangehörigkeit für Verwandte in aufsteigender und absteigender Linie dieser Staatsangehörigen und ihrer Ehegatten, denen diese Unterhalt gewähren.

(2) Die Mitgliedstaaten begünstigen den Zugang aller übrigen Familienangehörigen der in Absatz 1 Buchstaben a) und b) genannten Staatsangehörigen oder ihres Ehegatten, denen diese Unterhalt gewähren oder mit denen sie im Herkunftsland in häuslicher Gemeinschaft leben.

Art. 2 (1) Die Mitgliedstaaten gestatten den in Artikel 1 genannten Personen die Ausreise aus ihrem Hoheitsgebiet. Um von diesem Ausreiserecht Gebrauch machen zu können, bedarf es lediglich der Vorlage eines gültigen Personalausweises oder Reisepasses. Die Familienangehörigen genießen dasselbe Recht wie der Staatsangehörige, von dem sie dieses Recht herleiten.

(2) Die Mitgliedstaaten erteilen oder verlängern ihren Staatsangehörigen gemäß ihren Rechtsvorschriften einen Personalausweis oder einen Reisepaß, der insbesondere ihre Staatsangehörigkeit angibt.

(3) Der Reisepaß muß zumindest für alle Mitglieder und die unmittelbar zwischen ihnen liegenden Durchreiseländer gelten. Ist die Ausreise nur mit dem Reisepaß statthaft, so muß dieser mindestens für fünf Jahre gültig sein.

(4) Die Mitgliedstaaten dürfen von den in Artikel 1 genannten Personen weder einen Ausreisesichtvermerk verlangen noch ein gleichwertiges Erfordernis aufstellen.

Art. 3 (1) Die Mitgliedstaaten gestatten den in Artikel 1 genannten Personen bei einfacher Vorlage eines gültigen Personalausweises oder Reisepasses die Einreise in ihr Hoheitsgebiet.

(2) Es darf weder ein Einreisesichtvermerk verlangt noch ein gleichwertiges Erfordernis aufgestellt werden, außer für Familienangehörige, die nicht die Staatsangehörigkeit eines Mitgliedstaats besitzen. Die Mitgliedstaaten gewähren den genannten Personen zur Erlangung der geforderten Sichtvermerke alle Erleichterungen.

Art. 4 (1) Jeder Mitgliedstaat gewährt den Staatsangehörigen der anderen Mitgliedstaaten, die sich in seinem Hoheitsgebiet niederlassen, um dort eine selbständige Tätigkeit auszuüben, ein Recht auf unbefristeten Aufenthalt, wenn die Beschränkungen für die betreffende Tätigkeit aufgrund des Vertrages aufgehoben worden sind.

Zum Nachweis des Aufenthaltsrechts wird eine Bescheinigung, die „Aufenthaltserlaubnis für Angehörige eines Mitgliedstaats der Europäischen Gemeinschaften", erteilt. Diese Bescheinigung muß eine

Gültigkeitsdauer von mindestens fünf Jahren vom Zeitpunkt der Ausstellung an haben; sie wird ohne weiteres verlängert.

Aufenthaltsunterbrechungen, die sechs aufeinanderfolgende Monate nicht überschreiten, sowie eine durch Militärdienst gerechtfertigte Abwesenheit berühren nicht die Gültigkeit der Aufenthaltserlaubnis.

Eine gültige Aufenthaltserlaubnis kann einem in Artikel 1 Absatz 1 Buchstabe a) genannten Staatsangehörigen nicht allein deshalb entzogen werden, weil er infolge Krankheit oder Unfalls vorübergehend keine Tätigkeit mehr ausübt.

Staatsangehörige eines Mitgliedstaats, die in Unterabsatz 1 nicht genannt sind, aber in dem Hoheitsgebiet eines anderen Mitgliedstaats nach dessen Rechtsvorschriften eine Tätigkeit ausüben dürfen, erhalten eine Aufenthaltsberechtigung, die zumindest für die Dauer der Genehmigung zur Ausübung der Tätigkeit gilt.

In Unterabsatz 1 genannte Staatsangehörige, auf die infolge einer Änderung der Tätigkeit die Bestimmungen des vorausgehenden Unterabsatzes Anwendung finden, behalten jedoch ihre Aufenthaltserlaubnis bis zum Ablauf ihrer Gültigkeit.

(2) Für Leistungserbringer und Leistungsempfänger entspricht das Aufenthaltsrecht der Dauer der Leistung.

Übersteigt diese Dauer drei Monate, so stellt der Mitgliedstaat, in dem die Leistung erbracht wird, zum Nachweis dieses Rechts eine Aufenthaltserlaubnis aus.

Beträgt diese Dauer drei Monate oder weniger, so genügt der Personalausweis oder Reisepaß, mit dem der Betroffene in das Hoheitsgebiet eingereist ist, für seinen Aufenthalt. Der Mitgliedstaat kann allerdings von dem Betroffenen verlangen, daß er seine Anwesenheit im Hoheitsgebiet anzeigt.

(3) Einem Familienmitglied, das nicht die Staatsangehörigkeit eines Mitgliedstaats besitzt, wird ein Aufenthaltsdokument mit der gleichen Gültigkeit ausgestellt wie dem Staatsangehörigen, von dem es seine Rechte herleitet.

Art. 5 Das Aufenthaltsrecht erstreckt sich auf das gesamte Hoheitsgebiet des Mitgliedstaats.

Art. 6 Für die Erteilung der Aufenthaltserlaubnis und der Aufenthaltsberechtigung darf der Mitgliedstaat vom Antragsteller nur folgendes verlangen:
a) Vorlage des Ausweises, mit dem er in sein Hoheitsgebiet eingereist ist;
b) Nachweis, daß er zu einer der in den Artikeln 1 und 4 genannten Personengruppen gehört.

Art. 7 (1) Die Erteilung und Verlängerung der Aufenthaltsdokumente für Staatsangehörige der Mitgliedstaaten erfolgen unentgeltlich oder gegen Entrichtung eines Betrages, der die Ausstellungsgebühr von Personalausweisen für Inländer nicht übersteigen darf. Dies gilt auch für Urkunden und Bescheinigungen, die für die Erteilung oder Verlängerung dieser Aufenthaltsdokumente notwendig sind.

(2) Die in Artikel 3 Absatz 2 genannten Sichtvermerke werden kostenlos erteilt.

(3) Die Mitgliedstaaten treffen die erforderlichen Maßnahmen, um die Formalitäten und Verfahren für die Beschaffung der in Absatz 1 aufgeführten Unterlagen soweit irgend möglich zu vereinfachen.

Art. 8 Die Mitgliedstaaten können nur aus Gründen der öffentlichen Ordnung, Sicherheit oder Gesundheit von den Bestimmungen dieser Richtlinie abweichen.

Art. 9 (1) Die Mitgliedstaaten treffen die erforderlichen Maßnahmen, um dieser Richtlinie binnen sechs Monaten nach ihrer Bekanntgabe nachzukommen, und setzen die Kommission hiervon unverzüglich in Kenntnis.

(2) Sie geben der Kommission die an den Rechts- und Verwaltungsvorschriften vorgenommenen Änderungen bekannt, durch die die Formalitäten und Verfahren für die Erteilung derjenigen Urkunden und Bescheinigungen vereinfacht werden sollen, die für Reisen und Aufenthalt zum Zweck des Dienstleistungsverkehrs der in Artikel 1 aufgeführten Personen noch erforderlich sind.

Art. 10 (1) Die Richtlinie des Rats Nr. 64/220/EWG vom 25. Februar 1964 zur Aufhebung der Reise- und Aufenthaltsbeschränkungen für Staatsangehörige der Mitgliedstaaten innerhalb der Gemeinschaft auf dem Gebiet der Niederlassung und des Dienstleistungsverkehrs bleibt bis zur Durchführung dieser Richtlinie durch die Mitgliedstaaten anwendbar.

(2) Die Aufenthaltsdokumente, die in Anwendung der in Absatz 1 genannten Richtlinie ausgestellt wurden und bei Durchführung dieser Richtlinie gültig sind, bleiben bis zum nächsten Ablauftermin gültig.

Art. 11 Diese Richtlinie ist an die Mitgliedstaaten gerichtet.

1.12. Richtlinie 75/34 des Rates der EWG über das Recht der Staatsangehörigen eines Mitgliedstaats, nach Beendigung der Ausübung einer selbständigen Tätigkeit im Hoheitsgebiet eines anderen Mitgliedstaats zu verbleiben

Vom 17. Dezember 1974 (ABl. L 14 vom 20. 1. 1975 S. 10), aufgehoben durch Art. 38 II RL 2004/38/EG zum 30. April 2006

Art. 1 Die Mitgliedstaaten heben nach Maßgabe dieser Richtlinie die Beschränkungen des Rechts auf Verbleiben in ihrem Hoheitsgebiet für die Staatsangehörigen eines anderen Mitgliedstaats, welche eine selbständige Tätigkeit in ihrem Hoheitsgebiet ausgeübt haben, sowie für die Familienangehörigen im Sinne von Artikel 1 der Richtlinie 73/148/EWG auf.

Art. 2 (1) Die Mitgliedstaaten erkennen folgenden Selbständigen das Recht auf ständiges Verbleiben in ihrem Hoheitsgebiet zu:

a) dem Selbständigen, der zu dem Zeitpunkt, in dem er seine Tätigkeit aufgibt, das nach der Gesetzgebung dieses Mitgliedstaats vorgeschriebene Alter für die Geltendmachung einer Altersrente erreicht hat, in diesem Mitgliedstaat mindestens in den letzten zwölf Monaten seine Tätigkeit ausgeübt und sich dort seit mindestens drei Jahren ständig aufgehalten hat.
Wird nach den Rechtsvorschriften dieses Mitgliedstaats bestimmten Gruppen von Selbständigen kein Anspruch auf Altersrente zuerkannt, so gilt die Altersvoraussetzung als erfüllt, sobald der Begünstigte das 65. Lebensjahr vollendet hat;

b) dem Selbständigen, der infolge dauernder Arbeitsunfähigkeit seine Tätigkeit aufgibt, wenn er sich seit mehr als zwei Jahren im Hoheitsgebiet dieses Mitgliedstaats ständig aufgehalten hat.
Die Voraussetzung einer bestimmten Dauer des ständigen Aufenthalts entfällt, wenn die dauernde Arbeitsunfähigkeit durch Arbeitsunfall oder Berufskrankheit eintritt, aufgrund deren ein Anspruch auf Rente entsteht, die ganz oder teilweise zu Lasten eines Trägers dieses Mitgliedstaats geht;

c) dem Selbständigen, der nach drei Jahren Tätigkeit und ständigen Aufenthalts im Hoheitsgebiet dieses Mitgliedstaats seine Tätigkeit im Hoheitsgebiet eines anderen Mitgliedstaats ausübt, seinen Wohnsitz jedoch im ersten Mitgliedstaat beibehält und in der Regel jeden Tag, mindestens jedoch einmal in der Woche dorthin zurückkehrt.

Für den Erwerb der unter den Buchstaben a) und b) bezeichneten Rechte gelten die in dem anderen Mitgliedstaat zurückgelegten Tätigkeitszeiten als im Hoheitsgebiet des Mitgliedstaats abgeleistet, in dem der Selbständige seinen Wohnsitz hat.

(2) Die Voraussetzungen der Dauer des Wohnsitzes und der Dauer der Tätigkeit in Absatz 1 Buchstabe a sowie der Dauer des Wohnsitzes in Absatz 1 Buchstabe b entfallen, wenn der Ehegatte des Selbständigen die Staatsangehörigkeit des betreffenden Mitgliedstaats besitzt oder sie durch Eheschließung mit dem Selbständigen verloren hat.

Art. 3 (1) Die Mitgliedstaaten erkennen den Familienangehörigen eines Selbständigen im Sinne von Artikel 1, die bei ihm in ihrem Hoheitsgebiet wohnen, das Recht zu, dort ständig zu verbleiben, wenn der Selbständige das Recht auf Verbleiben in diesem Mitgliedstaat nach Artikel 2 erworben hat. Dieses Recht steht ihnen auch nach dem Tode des Selbständigen zu.

(2) Ist der Selbständige im Laufe seines Erwerbslebens verstorben, bevor er das Verbleiberecht in dem betreffenden Mitgliedstaat erworben hat, so erkennt dieser Mitgliedstaat den Familienangehörigen das Recht zu, dort ständig zu verbleiben, wenn

– der Selbständige sich zum Zeitpunkt seines Todes seit mindestens zwei Jahren im Hoheitsgebiet dieses Mitgliedstaats ständig aufgehalten hat,

Richtlinie 75/34

– sein Tod die Folge eines Arbeitsunfalls oder einer Berufskrankheit ist oder
– sein überlebender Ehegatte die Staatsangehörigkeit dieses Mitgliedstaats besitzt oder sie durch Eheschließung mit dem Selbständigen verloren hat.

Art. 4 (1) Der ständige Aufenthalt im Sinne von Artikel 2 Absatz 1 und von Artikel 3 Absatz 2 kann durch ein im Aufenthaltsland übliches Beweismittel nachgewiesen werden. Er kann weder durch vorübergehende Abwesenheit bis zu insgesamt drei Monaten im Jahr noch durch längere Abwesenheit zur Ableistung des Wehrdienstes berührt werden.

(2) Zeiten einer Einstellung der Tätigkeit infolge von Umständen, auf die der Selbständige keinen Einfluß hatte, und Zeiten einer Einstellung der Tätigkeit infolge Krankheit oder Unfalls gelten als Tätigkeit im Sinne von Artikel 2 Absatz 1.

Art. 5 (1) Die Mitgliedstaaten gewähren dem Verbleibeberechtigten zur Ausübung seines Verbleiberechts eine Frist von zwei Jahren von dem Zeitpunkt der Entstehung dieses Rechts gemäß Artikel 2 Absatz 1 Buchstabe a und b und Artikel 3 an. Er muß während dieser Zeit das Hoheitsgebiet des Mitgliedstaats verlassen können, ohne daß sein Verbleiberecht beeinträchtigt würde.

(2) Die Mitgliedstaaten stellen keine besonderen Formvoraussetzungen zur Ausübung des Verbleiberechts durch den Verbleibeberechtigten.

Art. 6 (1) Die Mitgliedstaaten gewähren den Verbleibeberechtigten das Recht auf eine Aufenthaltserlaubnis, die

a) unentgeltlich oder gegen Entrichtung eines Betrages, der die Ausstellungs- bzw. Verlängerungsgebühr für Personalausweise von Inländern nicht übersteigen darf, erteilt und verlängert werden muß;
b) für das gesamte Hoheitsgebiet des Mitgliedstaats, der sie erteilt hat, gelten muß;
c) fünf Jahre gültig und ohne weiteres verlängerbar sein muß.

(2) Durch Aufenthaltsunterbrechungen, die sechs aufeinanderfolgende Monate nicht übersteigen, und durch längere Abwesenheit zur Ableistung des Wehrdienstes wird die Gültigkeit der Aufenthaltserlaubnis nicht berührt.

Art. 7 Die Mitgliedstaaten erhalten für die Verbleibeberechtigten das in den Richtlinien des Rats zur Aufhebung der Beschränkungen der Niederlassungsfreiheit aufgrund von Abschnitt III des Allgemeinen Programms festgelegte Recht auf Gleichbehandlung aufrecht.

Art. 8 (1) Die Rechts- und Verwaltungsvorschriften eines Mitgliedstaats, die für die Staatsangehörigen aus anderen Mitgliedstaaten günstiger sind, werden durch diese Richtlinie nicht berührt.

(2) Die Mitgliedstaaten fördern die erneute Niederlassung von Selbständigen in ihrem Hoheitsgebiet, die dieses verlassen haben, nachdem sie dort lange Zeit dauernd ihren Wohnsitz hatten und dort eine Tätigkeit ausübten, und wieder dorthin zurückkehren möchten, wenn sie das Ruhestandsalter gemäß Artikel 2 Absatz 1 Buchstabe a erreicht haben oder dauernd arbeitsunfähig sind.

Art. 9 Die Mitgliedstaaten können nur aus Gründen der öffentlichen Ordnung, Sicherheit oder Gesundheit von dieser Richtlinie abweichen.

Art. 10 (1) Die Mitgliedstaaten treffen die erforderlichen Maßnahmen, um dieser Richtlinie binnen zwölf Monaten nach ihrer Bekanntgabe nachzukommen, und setzen die Kommission hiervon unverzüglich in Kenntnis.

(2) Nach Bekanntgabe dieser Richtlinie unterrichten die Mitgliedstaaten die Kommission über alle späteren Entwürfe von Rechts- und Verwaltungsvorschriften, die sie im sachlichen Anwendungsbereich dieser Richtlinie zu erlassen beabsichtigen, so rechtzeitig, daß diese sich dazu äußern kann.

Art. 11 Diese Richtlinie ist an die Mitgliedstaaten gerichtet.

1.13. Richtlinie 75/35 des Rates der EWG zur Erweiterung des Geltungsbereichs der Richtlinie 64/221/EWG zur Koordinierung der Sondervorschriften für die Einreise und den Aufenthalt von Ausländern, soweit sie aus Gründen der öffentlichen Ordnung, Sicherheit oder Gesundheit gerechtfertigt sind, auf die Staatsangehörigen eines Mitgliedstaats, die von dem Recht, nach Beendigung einer selbständigen Tätigkeit im Hoheitsgebiet eines Mitgliedstaats zu verbleiben, Gebrauch machen

Vom 17. Dezember 1974 (ABl. L 14 vom 20. 1. 1975 S. 14), aufgehoben durch Art. 38 II RL 2004/38/EG zum 30. April 2006

Art. 1 Die Richtlinie 64/221/EWG gilt auch für Angehörige der Mitgliedstaaten und deren Familienangehörige, die auf Grund der Richtlinie 75/34/EWG von dem Recht Gebrauch machen, im Hoheitsgebiet eines Mitgliedstaats zu verbleiben.

Art. 2 Die Mitgliedstaaten treffen die erforderlichen Maßnahmen, um dieser Richtlinie binnen zwölf Monaten nach ihrer Bekanntgabe nachzukommen, und setzen die Kommission hiervon unverzüglich in Kenntnis.

Art. 3 Diese Richtlinie ist an die Mitgliedstaaten gerichtet.

1.14. Richtlinie 90/364 des Rates der EWG über das Aufenthaltsrecht

Vom 28. Juni 1990 (ABl. L 180 vom 13. 7. 1990 S. 26), aufgehoben durch Art. 38 II RL 2004/38/EG zum 30. April 2006

Art. 1 (1) Die Mitgliedstaaten gewähren den Angehörigen der Mitgliedstaaten, denen das Aufenthaltsrecht nicht aufgrund anderer Bestimmungen des Gemeinschaftsrechts zuerkannt ist, sowie deren Familienangehörigen nach der Definition von Absatz 2 unter der Bedingung das Aufenthaltsrecht, daß sie für sich und ihre Familienangehörigen über eine Krankenversicherung, die im Aufnahmemitgliedstaat alle Risiken abdeckt, sowie über ausreichende Existenzmittel verfügen, durch die sichergestellt ist, daß sie während ihres Aufenthalts nicht die Sozialhilfe des Aufnahmemitgliedstaats in Anspruch nehmen müssen.

Die Existenzmittel nach Unterabsatz 1 gelten als ausreichend, wenn sie den Betrag übersteigen, unterhalb dessen der Aufnahmemitgliedstaat seinen Staatsangehörigen aufgrund der persönlichen Situation des Antragstellers und gegebenenfalls der Situation der nach Absatz 2 aufgenommenen Personen Sozialhilfe gewähren kann.

Ist Unterabsatz 2 nicht anwendbar, so gelten die Existenzmittel des Antragstellers als ausreichend, wenn sie die Mindestrente der Sozialversicherung des Aufnahmemitgliedstaats übersteigen.

(2) Bei dem Aufenthaltsberechtigten dürfen folgende Personen ungeachtet ihrer Staatsangehörigkeit in einem anderen Mitgliedstaat Wohnung nehmen:
a) sein Ehegatte sowie die Verwandten in absteigender Linie, denen Unterhalt gewährt wird;
b) seine Verwandten und die Verwandten seines Ehegatten in aufsteigender Linie, denen er Unterhalt gewährt.

Art. 2 (1) Zum Nachweis des Aufenthaltsrechts wird eine Bescheinigung, die „Aufenthaltserlaubnis für Staatsangehörige eines EWG-Mitgliedstaates", erteilt, deren Gültigkeit auf fünf Jahre mit Verlängerungsmöglichkeit begrenzt werden kann. Die Mitgliedstaaten können jedoch die Erneuerung der Aufenthaltserlaubnis nach den ersten zwei Aufenthaltsjahren verlangen, wenn sie dies für erforderlich halten. Einem Familienmitglied, das nicht die Staatsangehörigkeit eines Mitgliedstaats besitzt, wird ein Aufenthaltsdokument mit der gleichen Gültigkeitsdauer ausgestellt wie dem Staatsangehörigen, von dem es seine Rechte herleitet.

Für die Erteilung der Aufenthaltserlaubnis oder des Aufenthaltsdokuments darf der Mitgliedstaat vom Antragsteller nur die Vorlage eines gültigen Personalausweises bzw. Reisepasses sowie den Nachweis verlangen, daß er die Voraussetzungen des Artikels 1 erfüllt.

(2) Die Artikel 2 und 3, Artikel 6 Absatz 1 Buchstabe a) und Absatz 2 sowie Artikel 9 der Richtlinie 68/360/EWG finden auf die von dieser Richtlinie Begünstigten entsprechende Anwendung.

Der Ehegatte eines Staatsangehörigen eines Mitgliedstaats, der im Hoheitsgebiet eines Mitgliedstaats aufenthaltsberechtigt ist, sowie die Kinder dieses Staatsangehörigen, denen er Unterhalt gewährt, haben, auch wenn sie die Staatsangehörigkeit eines Mitgliedstaats nicht besitzen, das Recht, im gesamten Hoheitsgebiet dieses Mitgliedstaats jedwede Tätigkeit im Lohn- oder Gehaltsverhältnis oder jedwede selbständige Erwerbstätigkeit auszuüben.

Die Mitgliedstaaten dürfen nur aus Gründen der öffentlichen Ordnung, der öffentlichen Sicherheit oder der Volksgesundheit von den Bestimmungen dieser Richtlinie abweichen. In diesem Fall findet die Richtlinie 64/221/EWG Anwendung.

(3) Die vorliegende Richtlinie berührt nicht die geltenden Rechtsvorschriften für den Erwerb von Zweitwohnungen.

Art. 3 Das Aufenthaltsrecht besteht, solange die Berechtigten die Bedingungen des Artikels 1 erfüllen.

Art. 4 Die Kommission arbeitet spätestens drei Jahre nach dem Beginn der Anwendung dieser Richtlinie und anschließend alle drei Jahre einen Bericht über ihre Anwendung aus und legt ihn dem Europäischen Parlament und dem Rat vor.

Art. 5 Die Mitgliedstaaten erlassen die erforderlichen Rechts- und Verwaltungsvorschriften, um dieser Richtlinie bis zum 30. Juni 1992 nachzukommen. Sie setzen die Kommission unverzüglich davon in Kenntnis.

Art. 6 Diese Richtlinie ist an die Mitgliedstaaten gerichtet.

1.15. Richtlinie 90/365 des Rates der EWG über das Aufenthaltsrecht der aus dem Erwerbsleben ausgeschiedenen Arbeitnehmer und selbständig Erwerbstätigen

Vom 28. Juni 1990 (ABl. L 180 vom 13. 7. 1990 S. 28), aufgehoben durch Art. 38 II RL 2004/38/EG zum 30. April 2006

Art. 1 (1) Die Mitgliedstaaten gewähren den Angehörigen der Mitgliedstaaten, die in der Gemeinschaft eine Tätigkeit als Arbeitnehmer oder als Selbständige ausgeübt haben, sowie deren Familienangehörigen nach der Definition von Absatz 2 unter der Bedingung das Aufenthaltsrecht, daß sie eine Invaliditäts-, Vorruhestands- oder Altersrente oder eine Rente wegen Arbeitsunfalls oder Berufskrankheit in einer solchen Höhe beziehen, daß sie während ihres Aufenthalts nicht die Sozialhilfe des Aufnahmemitgliedstaats in Anspruch nehmen müssen, und einen Krankenversicherungsschutz genießen, der im Aufnahmemitgliedstaat alle Risiken abdeckt.

Die Existenzmittel des Antragstellers gelten als ausreichend, wenn sie einen Betrag übersteigen, unterhalb dessen der Aufnahmemitgliedstaat seinen Staatsangehörigen aufgrund der persönlichen Situation des Antragstellers und gegebenenfalls der Situation der nach Absatz 2 aufgenommenen Personen Sozialhilfe gewähren kann.

Ist Unterabsatz 2 in einem Mitgliedstaat nicht anwendbar, so gelten die Existenzmittel des Antragstellers als ausreichend, wenn sie den Betrag der Grundrente der Sozialversicherung übersteigen, die der Aufnahmemitglieder zahlt.

(2) Bei dem Aufenthaltsberechtigten dürfen folgende Personen ungeachtet ihrer Staatsangehörigkeit in einem anderen Mitgliedstaat Wohnung nehmen:
a) sein Ehegatte sowie die Verwandten in absteigender Linie, denen Unterhalt gewährt wird;
b) seine Verwandten und die Verwandten seines Ehegatten in aufsteigender Linie, denen er Unterhalt gewährt.

Art. 2 (1) Zum Nachweis des Aufenthaltsrechts wird eine Bescheinigung, die „Aufenthaltserlaubnis für Staatsangehörige eines EWG-Mitgliedstaates", erteilt, deren Gültigkeit auf fünf Jahre mit Verlängerungsmöglichkeit begrenzt werden kann. Die Mitgliedstaaten können jedoch die Erneuerung der Aufenthaltserlaubnis nach den ersten zwei Aufenthaltsjahren verlangen, wenn sie dies für erforderlich halten. Einem Familienmitglied, das nicht die Staatsangehörigkeit eines Mitgliedstaats besitzt, wird ein Aufenthaltsdokument mit der gleichen Gültigkeitsdauer ausgestellt wie dem Staatsangehörigen, von dem es seine Rechte herleitet.

Für die Erteilung der Aufenthaltserlaubnis oder des Aufenthaltsdokuments darf der Mitgliedstaat vom Antragsteller nur die Vorlage eines gültigen Personalausweises bzw. Reisepasses sowie den Nachweis verlangen, daß er die Voraussetzungen des Artikels 1 erfüllt.

(2) Die Artikel 2 und 3, Artikel 6 Absatz 1 Buchstabe a) und Absatz 2 sowie Artikel 9 der Richtlinie 68/360/EWG finden auf die von dieser Richtlinie Begünstigten entsprechende Anwendung.

Der Ehegatte eines Staatsangehörigen eines Mitgliedstaats, der im Hoheitsgebiet eines Mitgliedstaats aufenthaltsberechtigt ist, sowie die Kinder dieses Staatsangehörigen, denen er Unterhalt gewährt, haben, auch wenn sie die Staatsangehörigkeit eines Mitgliedstaats nicht besitzen, das Recht, im gesamten Hoheitsgebiet dieses Mitgliedstaats jedwede Tätigkeit im Lohn- oder Gehaltsverhältnis oder jedwede selbständige Erwerbstätigkeit auszuüben.

Die Mitgliedstaaten dürfen nur aus Gründen der öffentlichen Ordnung, der öffentlichen Sicherheit oder der Volksgesundheit von den Bestimmungen dieser Richtlinie abweichen. In diesem Fall findet die Richtlinie 64/221/EWG Anwendung.

(3) Die vorliegende Richtlinie berührt nicht die geltenden Rechtsvorschriften für den Erwerb von Zweitwohnungen.

Art. 3 Das Aufenthaltsrecht besteht, solange die Berechtigten die Bedingungen des Artikels 1 erfüllen.

Art. 4 Die Kommission arbeitet spätestens drei Jahre nach dem Beginn der Anwendung dieser Richtlinie und anschließend alle drei Jahre einen Bericht über ihre Anwendung aus und legt ihn dem Europäischen Parlament und dem Rat vor.

Art. 5 Die Mitgliedstaaten setzen die erforderlichen Rechts- und Verwaltungsvorschriften in Kraft, um dieser Richtlinie bis spätestens 30. Juni 1992 nachzukommen. Sie setzen die Kommission unverzüglich davon in Kenntnis.

Art. 6 Diese Richtlinie ist an die Mitgliedstaaten gerichtet.

1.16. Richtlinie 93/96 des Rates der EWG über das Aufenthaltsrecht der Studenten

Vom 29. Oktober 1993 (ABl. L 317 vom 18. 12. 1993 S. 59), aufgehoben durch Art. 38 II RL 2004/38/EG zum 30. April 2006

Art. 1 In dem Bemühen, die Voraussetzungen für eine leichtere Ausübung des Aufenthaltsrechts zu präzisieren und für einen Angehörigen eines Mitgliedstaats, der zu einer Berufsausbildung in einem anderen Mitgliedstaat zugelassen worden ist, den nichtdiskriminierenden Zugang zur beruflichen Bildung zu gewährleisten, erkennen die Mitgliedstaaten das Aufenthaltsrecht jedem Studenten zu, der Angehöriger eines Mitgliedstaates ist und dem dieses Recht nicht aufgrund einer anderen Bestimmung des Gemeinschaftsrechts zusteht, sowie seinem Ehegatten und unterhaltsberechtigten Kindern, sofern der betreffende Student durch eine Erklärung oder durch andere, zumindest gleichwertige Mittel, die er selbst wählt, der einzelstaatlichen Behörde glaubhaft macht, daß er über Existenzmittel verfügt, so daß er und seine Familie während ihres Aufenthalts nicht die Sozialhilfe

Richtlinie 96/71 1.17. **Texte 5**

des Aufnahmemitgliedstaats in Anspruch nehmen müssen; dies gilt unter der Bedingung, daß er bei einer anerkannten Lehranstalt zum Erwerb einer beruflichen Bildung als Hauptzweck eingeschrieben ist und daß er einen Krankenversicherungsschutz genießt, der sämtliche Risiken im Aufnahmemitgliedstaat abdeckt.

Art. 2 (1) Die Geltungsdauer des Aufenthaltsrechts ist auf die Dauer der Ausbildung beschränkt.

Zum Nachweis des Aufenthaltsrechts wird eine Bescheinigung, die „Aufenthaltserlaubnis für einen Staatsangehörigen eines EWG-Mitgliedstaates" erteilt, deren Gültigkeit auf die Dauer der Ausbildung oder, wenn die Dauer der Ausbildung mehr als ein Jahr beträgt, auf ein Jahr beschränkt werden kann; in diesem Fall kann die Aufenthaltserlaubnis jährlich verlängert werden. Besitzt ein Familienangehöriger nicht die Staatsangehörigkeit eines Mitgliedstaats, so wird ihm ein Aufenthaltsdokument mit der gleichen Gültigkeitsdauer ausgestellt wie dem Staatsangehörigen, von dem er seine Rechte herleitet. Für die Erteilung der Aufenthaltserlaubnis oder des Aufenthaltsdokuments darf der Mitgliedstaat von dem Antragsteller nur die Vorlage eines gültigen Personalausweises bzw. Reisepasses sowie den Nachweis verlangen, daß er die Voraussetzungen des Artikels 1 erfüllt.

(2) Die Artikel 2, 3 und 9 der Richtlinie 68/360/EWG finden auf die von dieser Richtlinie Begünstigten entsprechende Anwendung. Der Ehegatte sowie die unterhaltsberechtigten Kinder eines Staatsangehörigen eines Mitgliedstaats, die in dessen Hoheitsgebiet aufenthaltsberechtigt sind, haben, auch wenn sie die Staatsangehörigkeit eines Mitgliedstaats nicht besitzen, das Recht, im gesamten Hoheitsgebiet dieses Mitgliedstaats jedwede Tätigkeit im Lohn- oder Gehaltsverhältnis oder jedwede selbständige Erwerbstätigkeit auszuüben. Die Mitgliedstaaten dürfen nur aus Gründen der öffentlichen Ordnung, der öffentlichen Sicherheit oder der Volksgesundheit von den Bestimmungen dieser Richtlinie abweichen; in diesem Fall finden die Artikel 2 bis 9 der Richtlinie 64/221/EWG Anwendung.

Art. 3 Ein Anspruch der aufenthaltsberechtigten Studenten auf Gewährung von Unterhaltsstipendien durch den Aufnahmemitgliedstaat wird durch diese Richtlinie nicht begründet.

Art. 4 Das Aufenthaltsrecht besteht, solange die Berechtigten die Bedingungen des Artikels 1 erfüllen.

Art. 5 Die Kommission arbeitet spätestens drei Jahre nach dem Beginn der Anwendung dieser Richtlinie und anschließend alle drei Jahre einen Bericht über ihre Anwendung aus und legt ihn dem Europäischen Parlament und dem Rat vor. Die Kommission widmet den Schwierigkeiten, die sich in bestimmten Mitgliedstaaten aus der Anwendung des Artikels 1 ergeben könnten, besondere Aufmerksamkeit; sie legt dem Rat gegebenenfalls Vorschläge vor, um diesen Schwierigkeiten abzuhelfen.

Art. 6 Die Mitgliedstaaten erlassen die erforderlichen Rechts- und Verwaltungsvorschriften, um dieser Richtlinie bis zum 31. Dezember 1993 nachzukommen. Sie setzen die Kommission unverzüglich davon in Kenntnis. Für die Zeit vor diesem Termin werden die Wirkungen der Richtlinie 90/366/EWG aufrechterhalten. Wenn die Mitgliedstaaten diese Vorschriften erlassen, nehmen sie in den Vorschriften selbst oder durch einen Hinweis bei der amtlichen Veröffentlichung auf diese Richtlinie Bezug. Die Mitgliedstaaten regeln die Einzelheiten der Bezugnahme.

Art. 7 Diese Richtlinie ist an die Mitgliedstaaten gerichtet.

1.17. Richtlinie 96/71 des Europäischen Parlaments und des Rates der EWG über die Entsendung von Arbeitnehmern im Rahmen der Erbringung von Dienstleistungen

Vom 16. Dezember 1996 (ABl. L 18 vom 21. 1. 1997 S. 1)

Art. 1 Anwendungsbereich. (1) Diese Richtlinie gilt für Unternehmen mit Sitz in einem Mitgliedstaat, die im Rahmen der länderübergreifenden Erbringung von Dienstleistungen Arbeitnehmer gemäß Absatz 3 in das Hoheitsgebiet eines Mitgliedstaats entsenden.

(2) Diese Richtlinie gilt nicht für Schiffsbesatzungen von Unternehmen der Handelsmarine.

(3) Diese Richtlinie findet Anwendung, soweit die in Absatz 1 genannten Unternehmen eine der folgenden länderübergreifenden Maßnahmen treffen:

a) einen Arbeitnehmer in ihrem Namen und unter ihrer Leitung in das Hoheitsgebiet eines Mitgliedstaats im Rahmen eines Vertrags entsenden, der zwischen dem entsendenden Unternehmen und dem in diesem Mitgliedstaat tätigen Dienstleistungsempfänger geschlossen wurde, sofern für die Dauer der Entsendung ein Arbeitsverhältnis zwischen dem entsendenden Unternehmen und dem Arbeitnehmer besteht, oder
b) einen Arbeitnehmer in eine Niederlassung oder ein der Unternehmensgruppe angehörendes Unternehmen im Hoheitsgebiet eines Mitgliedstaats entsenden, sofern für die Dauer der Entsendung ein Arbeitsverhältnis zwischen dem entsendenden Unternehmen und dem Arbeitnehmer besteht, oder
c) als Leiharbeitsunternehmen oder als einen Arbeitnehmer zur Verfügung stellendes Unternehmen einen Arbeitnehmer in ein verwendendes Unternehmen entsenden, das seinen Sitz im Hoheitsgebiet eines Mitgliedstaats hat oder dort seine Tätigkeit ausübt, sofern für die Dauer der Entsendung ein Arbeitsverhältnis zwischen dem Leiharbeitunternehmen oder dem einen Arbeitnehmer zur Verfügung stellenden Unternehmen und dem Arbeitnehmer besteht.

(4) Unternehmen mit Sitz in einem Nichtmitgliedstaat darf keine günstigere Behandlung zuteil werden als Unternehmen mit Sitz in einem Mitgliedstaat.

Art. 2 Begriffsbestimmung. (1) Im Sinne dieser Richtlinie gilt als entsandter Arbeitnehmer jeder Arbeitnehmer, der während eines begrenzten Zeitraums seine Arbeitsleistung im Hoheitsgebiet eines anderen Mitgliedstaats als demjenigen erbringt, in dessen Hoheitsgebiet er normalerweise arbeitet.

(2) Für die Zwecke dieser Richtlinie wird der Begriff des Arbeitnehmers in dem Sinne verwendet, in dem er im Recht des Mitgliedstaats, in dessen Hoheitsgebiet der Arbeitnehmer entsandt wird, gebraucht wird.

Art. 3 Arbeits- und Beschäftigungsbedingungen. (1) Die Mitgliedstaaten sorgen dafür, daß unabhängig von dem auf das jeweilige Arbeitsverhältnis anwendbaren Recht die in Artikel 1 Absatz 1 genannten Unternehmen den in ihr Hoheitsgebiet entsandten Arbeitnehmern bezüglich der nachstehenden Aspekte die Arbeits- und Beschäftigungsbedingungen garantieren, die in dem Mitgliedstaat, in dessen Hoheitsgebiet die Arbeitsleistung erbracht wird,
– durch Rechts- oder Verwaltungsvorschriften und/oder
– durch für allgemein verbindlich erklärte Tarifverträge oder Schiedssprüche im Sinne des Absatzes 8, sofern sie die im Anhang genannten Tätigkeiten betreffen,
festgelegt sind:
a) Höchstarbeitszeiten und Mindestruhezeiten;
b) bezahlter Mindestjahresurlaub;
c) Mindestlohnsätze einschließlich der Überstundensätze; dies gilt nicht für die zusätzlichen betrieblichen Altersversorgungssysteme;
d) Bedingungen für die Überlassung von Arbeitskräften, insbesondere durch Leiharbeitsunternehmen;
e) Sicherheit, Gesundheitsschutz und Hygiene am Arbeitsplatz;
f) Schutzmaßnahmen im Zusammenhang mit den Arbeits- und Beschäftigungsbedingungen von Schwangeren und Wöchnerinnen, Kindern und Jugendlichen;
g) Gleichbehandlung von Männern und Frauen sowie andere Nichtdiskriminierungsbestimmungen.

Zum Zweck dieser Richtlinie wird der in Unterabsatz 1 Buchstabe c) genannte Begriff der Mindestlohnsätze durch die Rechtsvorschriften und/oder Praktiken des Mitgliedstaats bestimmt, in dessen Hoheitsgebiet der Arbeitnehmer entsandt wird.

(2) Absatz 1 Unterabsatz 1 Buchstaben b) und c) gilt nicht für Erstmontage- und/oder Einbauarbeiten, die Bestandteil eines Liefervertrags sind, für die Inbetriebnahme der gelieferten Güter unerläßlich sind und von Facharbeitern und/oder angelernten Arbeitern des Lieferunternehmens ausgeführt werden, wenn die Dauer der Entsendung acht Tage nicht übersteigt.

Dies gilt nicht für die im Anhang aufgeführten Bauarbeiten.

(3) Die Mitgliedstaaten können gemäß ihren üblichen Verfahren und Praktiken nach Konsultation der Sozialpartner beschließen, Absatz 1 Unterabsatz 1 Buchstabe c) in den in Artikel 1 Absatz 3 Buchstaben a) und b) genannten Fällen nicht anzuwenden, wenn die Dauer der Entsendung einen Monat nicht übersteigt.

(4) Die Mitgliedstaaten können gemäß ihren Rechtsvorschriften und/oder Praktiken vorsehen, daß durch Tarifverträge im Sinne des Absatzes 8 für einen oder mehrere Tätigkeitsbereiche in den in Artikel 1 Absatz 3 Buchstaben a) und b) genannten Fällen von Absatz 1 Unterabsatz 1 Buchstabe c)

sowie von dem Beschluß eines Mitgliedstaats nach Absatz 3 abgewichen werden kann, wenn die Dauer der Entsendung einen Monat nicht übersteigt.

(5) Die Mitgliedstaaten können in den in Artikel 1 Absatz 3 Buchstaben a) und b) genannten Fällen ein Ausnahme von Absatz 1 Unterabsatz 1 Buchstaben b) und c) vorsehen, wenn der Umfang der zu verrichtenden Arbeiten gering ist.

Die Mitgliedstaaten, die von der in Unterabsatz 1 gebotenen Möglichkeit Gebrauch machen, legen die Modalitäten fest, denen die zu verrichtenden Arbeiten entsprechen müssen, um als Arbeiten von geringem Umfang zu gelten.

(6) Die Dauer der Entsendung berechnet sich unter Zugrundelegung eines Bezugszeitraums von einem Jahr ab Beginn der Entsendung.

Bei der Berechnung der Entsendungsdauer wird die Dauer einer gegebenenfalls im Rahmen einer Entsendung von einem zu ersetzenden Arbeitnehmer bereits zurückgelegten Entsendungsdauer berücksichtigt.

(7) Die Absätze 1 bis 6 stehen der Anwendung von für die Arbeitnehmer günstigeren Beschäftigungs- und Arbeitsbedingungen nicht entgegen.

Die Entsendungszulagen gelten als Bestandteil des Mindestlohns, soweit sie nicht als Erstattung für infolge der Entsendung tatsächlich entstandene Kosten wie z. B. Reise-, Unterbringungs- und Verpflegungskosten gezahlt werden.

(8) Unter „für allgemein verbindlich erklärten Tarifverträgen oder Schiedssprüchen" sind Tarifverträge oder Schiedssprüche zu verstehen, die von allen in den jeweiligen geographischen Bereich fallenden und die betreffende Tätigkeit oder das betreffende Gewerbe ausübenden Unternehmen einzuhalten sind.

Gibt es kein System zur Allgemeinverbindlicherklärung von Tarifverträgen oder Schiedssprüchen im Sinne von Unterabsatz 1, so können die Mitgliedstaaten auch beschließen, folgendes zugrunde zu legen:
– die Tarifverträge oder Schiedssprüche, die für alle in den jeweiligen geographischen Bereich fallenden und die betreffende Tätigkeit oder das betreffende Gewerbe ausübenden gleichartigen Unternehmen allgemein wirksam sind, und/oder
– die Tarifverträge, die von den auf nationaler Ebene repräsentativsten Organisationen der Tarifvertragsparteien geschlossen werden und innerhalb des gesamten nationalen Hoheitsgebiets zur Anwendung kommen,

sofern deren Anwendung auf die in Artikel 1 Absatz 1 genannten Unternehmen eine Gleichbehandlung dieser Unternehmen in bezug auf die in Absatz 1 Unterabsatz 1 genannten Aspekte gegenüber den im vorliegenden Unterabsatz genannten anderen Unternehmen, die sich in einer vergleichbaren Lage befinden, gewährleistet.

Gleichbehandlung im Sinne dieses Artikels liegt vor, wenn für die inländischen Unternehmen, die sich in einer vergleichbaren Lage befinden,
– am betreffenden Ort oder in der betreffenden Sparte hinsichtlich der Aspekte des Absatzes 1 Unterabsatz 1 dieselben Anforderungen gelten wie für die Entsendeunternehmen und
– diese Anforderungen ihnen gegenüber mit derselben Wirkung durchgesetzt werden können.

(9) Die Mitgliedstaaten können vorsehen, daß die in Artikel 1 Absatz 1 genannten Unternehmen Arbeitnehmern im Sinne von Artikel 1 Absatz 3 Buchstabe c) diejenigen Bedingungen garantieren, die in dem Mitgliedstaat, in dessen Hoheitsgebiet die Arbeitsleistung erbracht wird, für Leiharbeitnehmer gelten.

(10) Diese Richtlinie berührt nicht das Recht der Mitgliedstaaten, unter Einhaltung des Vertrags für inländische und ausländische Unternehmen in gleicher Weise
– Arbeits- und Beschäftigungsbedingungen für andere als die in Absatz 1 Unterabsatz 1 aufgeführten Aspekte, soweit es sich um Vorschriften im Bereich der öffentlichen Ordnung handelt,
– Arbeits- und Beschäftigungsbedingungen, die in Tarifverträgen oder Schiedssprüchen nach Absatz 8 festgelegt sind und andere als im Anhang genannte Tätigkeit betreffen,
vorzuschreiben.

Art. 4 Zusammenarbeit im Informationsbereich. (1) Zur Durchführung dieser Richtlinie benennen die Mitgliedstaaten gemäß ihren Rechtsvorschriften und/oder Praktiken ein oder mehrere Verbindungsbüros oder eine oder mehrere zuständige einzelstaatliche Stellen.

(2) Die Mitgliedstaaten sehen die Zusammenarbeit der Behörden vor, die entsprechend den einzelstaatlichen Rechtsvorschriften für die Überwachung der in Artikel 3 aufgeführten Arbeits- und Beschäftigungsbedingungen zuständig sind. Diese Zusammenarbeit besteht insbesondere darin, begründete Anfragen dieser Behörden zu beantworten, die das länderübergreifende Zurverfügungstellen von Arbeitnehmern, einschließlich offenkundiger Verstöße oder Fälle von Verdacht auf unzulässige länderübergreifende Tätigkeiten, betreffen.

Die Kommission und die in Unterabsatz 1 bezeichneten Behörden arbeiten eng zusammen, um etwaige Schwierigkeiten bei der Anwendung des Artikels 3 Absatz 10 zu prüfen.

Die gegenseitige Amtshilfe erfolgt unentgeltlich.

(3) Jeder Mitgliedstaat ergreift die geeigneten Maßnahmen, damit die Informationen über die nach Artikel 3 maßgeblichen Arbeits- und Beschäftigungsbedingungen allgemein zugänglich sind.

(4) Jeder Mitgliedstaat nennt den anderen Mitgliedstaaten und der Kommission die in Absatz 1 bezeichneten Verbindungsbüros und/oder zuständigen Stellen.

Art. 5 Maßnahmen. Die Mitgliedstaaten sehen geeignete Maßnahmen für den Fall der Nichteinhaltung dieser Richtlinie vor.

Sie stellen insbesondere sicher, daß den Arbeitnehmern und/oder ihren Vertretern für die Durchsetzung der sich aus dieser Richtlinie ergebenden Verpflichtungen geeignete Verfahren zur Verfügung stehen.

Art. 6 Gerichtliche Zuständigkeit. Zur Durchsetzung des Rechts auf die in Artikel 3 gewährleisteten Arbeits- und Beschäftigungsbedingungen kann eine Klage in dem Mitgliedstaat erhoben werden, in dessen Hoheitsgebiet der Arbeitnehmer entsandt ist oder war; dies berührt nicht die Möglichkeit, gegebenenfalls gemäß den geltenden internationalen Übereinkommen über die gerichtliche Zuständigkeit in einem anderen Staat Klage zu erheben.

Art. 7 Durchführung. Die Mitgliedstaaten erlassen die Rechts- und Verwaltungsvorschriften, die erforderlich sind, um dieser Richtlinie spätestens ab dem 16. Dezember 1999 nachzukommen. Sie setzen die Kommission hiervon unverzüglich in Kenntnis.

Wenn die Mitgliedstaaten diese Vorschriften erlassen, nehmen sie in den Vorschriften selbst oder durch einen Hinweis bei der amtlichen Veröffentlichung auf diese Richtlinie Bezug. Die Mitgliedstaaten regeln die Einzelheiten dieser Bezugnahme.

Art. 8 Überprüfung durch die Kommission. Spätestens zum 16. Dezember 2001 überprüft die Kommission die Anwendung dieser Richtlinie, um dem Rat erforderlichenfalls entsprechende Änderungen vorzuschlagen.

Art. 9 Diese Richtlinie ist an die Mitgliedstaaten gerichtet.

Anhang Die in Artikel 3 Absatz 1 zweiter Gedankenstrich genannten Tätigkeiten umfassen alle Bauarbeiten, die der Errichtung, der Instandsetzung, der Instandhaltung, dem Umbau oder dem Abriß von Bauwerken dienen, insbesondere
 1. Aushub
 2. Erdarbeiten
 3. Bauarbeiten im engeren Sinne
 4. Errichtung und Abbau von Fertigbauelementen
 5. Einrichtung oder Ausstattung
 6. Umbau
 7. Renovierung
 8. Reparatur
 9. Abbauarbeiten
 10. Abbrucharbeiten
 11. Wartung
 12. Instandhaltung (Maler- und Reinigungsarbeiten)
 13. Sanierung.

Richtlinie 2004/38   1.18. **Texte 5**

1.18. Richtlinie 2004/38 des Europäischen Parlaments und des Rates über das Recht der Unionsbürger und ihrer Familienangehörigen, sich im Hoheitsgebiet der Mitgliedstaaten frei zu bewegen und aufzuhalten, zur Änderung der Verordnung (EWG) Nr. 1612/68 und zur Aufhebung der Richtlinien 64/221/EWG, 68/360/EWG, 72/194/EWG, 73/148/EWG, 75/34/EWG, 75/35/EWG, 90/364/EWG, 90/365/EWG und 93/96/EWG

Vom 29. April 2004 (ABl. L 158 vom 30. 4. 2004 S. 77; ber. ABl. L 229 vom 29. 6. 2004 S. 35)

Kapitel I. Allgemeine Bestimmungen

Art. 1 Gegenstand. Diese Richtlinie regelt
a) die Bedingungen, unter denen Unionsbürger und ihre Familienangehörigen das Recht auf Freizügigkeit und Aufenthalt innerhalb des Hoheitsgebiets der Mitgliedstaaten genießen;
b) das Recht auf Daueraufenthalt der Unionsbürger und ihrer Familienangehörigen im Hoheitsgebiet der Mitgliedstaaten;
c) die Beschränkungen der in den Buchstaben a) und b) genannten Rechte aus Gründen der öffentlichen Ordnung, Sicherheit oder Gesundheit.

Art. 2 Begriffsbestimmungen. Im Sinne dieser Richtlinie bezeichnet der Ausdruck
1. „Unionsbürger" jede Person, die die Staatsangehörigkeit eines Mitgliedstaats besitzt;
2. „Familienangehöriger"
    a) den Ehegatten;
    b) den Lebenspartner, mit dem der Unionsbürger auf der Grundlage der Rechtsvorschriften eines Mitgliedstaats eine eingetragene Partnerschaft eingegangen ist, sofern nach den Rechtsvorschriften des Aufnahmemitgliedstaats die eingetragene Partnerschaft der Ehe gleichgestellt ist und die in den einschlägigen Rechtsvorschriften des Aufnahmemitgliedstaats vorgesehenen Bedingungen erfüllt sind;
    c) die Verwandten in gerader absteigender Linie des Unionsbürgers und des Ehegatten oder des Lebenspartners im Sinne von Buchstabe b), die das 21. Lebensjahr noch nicht vollendet haben oder denen von diesen Unterhalt gewährt wird;
    d) die Verwandten in gerader aufsteigender Linie des Unionsbürgers und des Ehegatten oder des Lebenspartners im Sinne von Buchstabe b), denen von diesen Unterhalt gewährt wird;
3. „Aufnahmemitgliedstaat" den Mitgliedstaat, in den sich der Unionsbürger begibt, um dort sein Recht auf Freizügigkeit oder Aufenthalt auszuüben.

Art. 3 Berechtigte. (1) Diese Richtlinie gilt für jeden Unionsbürger, der sich in einen anderen als den Mitgliedstaat, dessen Staatsangehörigkeit er besitzt, begibt oder sich dort aufhält, sowie für seine Familienangehörigen im Sinne von Artikel 2 Nummer 2, die ihn begleiten oder ihm nachziehen.

(2) Unbeschadet eines etwaigen persönlichen Rechts auf Freizügigkeit und Aufenthalt der Betroffenen erleichtert der Aufnahmemitgliedstaat nach Maßgabe seiner innerstaatlichen Rechtsvorschriften die Einreise und den Aufenthalt der folgenden Personen:
a) jedes nicht unter die Definition in Artikel 2 Nummer 2 fallenden Familienangehörigen ungeachtet seiner Staatsangehörigkeit, dem der primär aufenthaltsberechtigte Unionsbürger im Herkunftsland Unterhalt gewährt oder der mit ihm im Herkunftsland in häuslicher Gemeinschaft gelebt hat, oder wenn schwerwiegende gesundheitliche Gründe die persönliche Pflege des Familienangehörigen durch den Unionsbürger zwingend erforderlich machen;
b) des Lebenspartners, mit dem der Unionsbürger eine ordnungsgemäß bescheinigte dauerhafte Beziehung eingegangen ist.

Der Aufnahmemitgliedstaat führt eine eingehende Untersuchung der persönlichen Umstände durch und begründet eine etwaige Verweigerung der Einreise oder des Aufenthalts dieser Personen.

Kapitel II. Recht auf Ausreise und Einreise

Art. 4 Recht auf Ausreise. (1) Unbeschadet der für die Kontrollen von Reisedokumenten an den nationalen Grenzen geltenden Vorschriften haben alle Unionsbürger, die einen gültigen Personalausweis oder Reisepass mit sich führen, und ihre Familienangehörigen, die nicht die Staatsangehörigkeit eines Mitgliedstaats besitzen und die einen gültigen Reisepass mit sich führen, das Recht, das Hoheitsgebiet eines Mitgliedstaats zu verlassen und sich in einen anderen Mitgliedstaat zu begeben.

(2) Für die Ausreise von Personen gemäß Absatz 1 darf weder ein Visum noch eine gleichartige Formalität verlangt werden.

(3) Die Mitgliedstaaten stellen ihren Staatsangehörigen gemäß ihren Rechtsvorschriften einen Personalausweis oder einen Reisepass aus, der ihre Staatsangehörigkeit angibt, und verlängern diese Dokumente

(4) Der Reisepass muss zumindest für alle Mitgliedstaaten und die unmittelbar zwischen den Mitgliedstaaten liegenden Durchreiseländer gelten. Sehen die Rechtsvorschriften eines Mitgliedstaats keinen Personalausweis vor, so ist der Reisepass mit einer Gültigkeit von mindestens fünf Jahren auszustellen oder zu verlängern.

Art. 5 Recht auf Einreise. (1) Unbeschadet der für die Kontrollen von Reisedokumenten an den nationalen Grenzen geltenden Vorschriften gestatten die Mitgliedstaaten Unionsbürgern, die einen gültigen Personalausweis oder Reisepass mit sich führen, und ihren Familienangehörigen, die nicht die Staatsangehörigkeit eines Mitgliedstaats besitzen und die einen gültigen Reisepass mit sich führen, die Einreise.

Für die Einreise von Unionsbürgern darf weder ein Visum noch eine gleichartige Formalität verlangt werden.

(2) Von Familienangehörigen, die nicht die Staatsangehörigkeit eines Mitgliedstaats besitzen, ist gemäß der Verordnung (EG) Nr. 539/2001 oder gegebenenfalls den einzelstaatlichen Rechtsvorschriften lediglich ein Einreisevisum zu fordern. Für die Zwecke dieser Richtlinie entbindet der Besitz einer gültigen Aufenthaltskarte gemäß Artikel 10 diese Familienangehörigen von der Visumspflicht.

Die Mitgliedstaaten treffen alle erforderlichen Maßnahmen, um diesen Personen die Beschaffung der erforderlichen Visa zu erleichtern. Die Visa werden so bald wie möglich nach einem beschleunigten Verfahren unentgeltlich erteilt.

(3) Der Aufnahmemitgliedstaat bringt im Reisepass eines Familienangehörigen, der nicht die Staatsangehörigkeit eines Mitgliedstaats besitzt, keinen Einreise- oder Ausreisestempel an, wenn der Betroffene die Aufenthaltskarte gemäß Artikel 10 mit sich führt.

(4) Verfügt ein Unionsbürger oder ein Familienangehöriger, der nicht die Staatsangehörigkeit eines Mitgliedstaats besitzt, nicht über die erforderlichen Reisedokumente oder gegebenenfalls die erforderlichen Visa, so gewährt der betreffende Mitgliedstaat dieser Person jede angemessene Möglichkeit, sich die erforderlichen Dokumente in einer angemessenen Frist zu beschaffen oder übermitteln zu lassen oder sich mit anderen Mitteln bestätigen zu lassen oder nachzuweisen, dass sie das Recht auf Freizügigkeit und Aufenthalt genießt, bevor er eine Zurückweisung verfügt.

(5) Der Mitgliedstaat kann von dem Betroffenen verlangen, dass er seine Anwesenheit im Hoheitsgebiet dieses Mitgliedstaats innerhalb eines angemessenen und nicht diskriminierenden Zeitraums meldet. Die Nichterfüllung dieser Meldepflicht kann mit verhältnismäßigen und nicht diskriminierenden Sanktionen geahndet werden.

Kapitel III. Aufenthaltsrecht

Art. 6 Recht auf Aufenthalt bis zu drei Monaten. (1) Ein Unionsbürger hat das Recht auf Aufenthalt im Hoheitsgebiet eines anderen Mitgliedstaats für einen Zeitraum von bis zu drei Monaten, wobei er lediglich im Besitz eines gültigen Personalausweises oder Reisepasses sein muss und ansonsten keine weiteren Bedingungen zu erfüllen oder Formalitäten zu erledigen braucht.

Richtlinie 2004/38   1.18. **Texte 5**

(2) Absatz 1 gilt auch für Familienangehörige im Besitz eines gültigen Reisepasses, die nicht die Staatsangehörigkeit eines Mitgliedstaats besitzen und die den Unionsbürger begleiten oder ihm nachziehen.

Art. 7 Recht auf Aufenthalt für mehr als drei Monate. (1) Jeder Unionsbürger hat das Recht auf Aufenthalt im Hoheitsgebiet eines anderen Mitgliedstaats für einen Zeitraum von über drei Monaten, wenn er

a) Arbeitnehmer oder Selbständiger im Aufnahmemitgliedstaat ist oder

b) für sich und seine Familienangehörigen über ausreichende Existenzmittel verfügt, so dass sie während ihres Aufenthalts keine Sozialhilfeleistungen des Aufnahmemitgliedstaats in Anspruch nehmen müssen, und er und seine Familienangehörigen über einen umfassenden Krankenversicherungsschutz im Aufnahmemitgliedstaat verfügen oder

c) – bei einer privaten oder öffentlichen Einrichtung, die von dem Aufnahmemitgliedstaat aufgrund seiner Rechtsvorschriften oder seiner Verwaltungspraxis anerkannt oder finanziert wird, zur Absolvierung einer Ausbildung einschließlich einer Berufsausbildung als Hauptzweck eingeschrieben ist und

– über einen umfassenden Krankenversicherungsschutz im Aufnahmemitgliedstaat verfügt und der zuständigen nationalen Behörde durch eine Erklärung oder durch jedes andere gleichwertige Mittel seiner Wahl glaubhaft macht, dass er für sich und seine Familienangehörigen über ausreichende Existenzmittel verfügt, so dass sie während ihres Aufenthalts keine Sozialhilfeleistungen des Aufnahmemitgliedstaats in Anspruch nehmen müssen, oder

d) ein Familienangehöriger ist, der den Unionsbürger, der die Voraussetzungen des Buchstabens a), b) oder c) erfüllt, begleitet oder ihm nachzieht.

(2) Das Aufenthaltsrecht nach Absatz 1 gilt auch für Familienangehörige, die nicht die Staatsangehörigkeit eines Mitgliedstaats besitzen und die den Unionsbürger in den Aufnahmemitgliedstaat begleiten oder ihm nachziehen, sofern der Unionsbürger die Voraussetzungen des Absatzes 1 Buchstabe a), b) oder c) erfüllt.

(3) Für die Zwecke des Absatzes 1 Buchstabe a) bleibt die Erwerbstätigeneigenschaft dem Unionsbürger, der seine Erwerbstätigkeit als Arbeitnehmer oder Selbständiger nicht mehr ausübt, in folgenden Fällen erhalten:

a) Er ist wegen einer Krankheit oder eines Unfalls vorübergehend arbeitsunfähig;

b) er stellt sich bei ordnungsgemäß bestätigter unfreiwilliger Arbeitslosigkeit nach mehr als einjähriger Beschäftigung dem zuständigen Arbeitsamt zur Verfügung;

c) er stellt sich bei ordnungsgemäß bestätigter unfreiwilliger Arbeitslosigkeit nach Ablauf seines auf weniger als ein Jahr befristeten Arbeitsvertrags oder bei im Laufe der ersten zwölf Monate eintretender unfreiwilliger Arbeitslosigkeit dem zuständigen Arbeitsamt zur Verfügung; in diesem Fall bleibt die Erwerbstätigeneigenschaft während mindestens sechs Monaten aufrechterhalten;

d) er beginnt eine Berufsausbildung; die Aufrechterhaltung der Erwerbstätigeneigenschaft setzt voraus, dass zwischen dieser Ausbildung und der früheren beruflichen Tätigkeit ein Zusammenhang besteht, es sei denn, der Betroffene hat zuvor seinen Arbeitsplatz unfreiwillig verloren.

(4) Abweichend von Absatz 1 Buchstabe d) und Absatz 2 haben nur der Ehegatte, der eingetragene Lebenspartner im Sinne von Artikel 2 Nummer 2 Buchstabe b) und Kinder, denen Unterhalt gewährt wird, das Recht auf Aufenthalt als Familienangehörige eines Unionsbürgers, der die Voraussetzungen des Absatzes 1 Buchstabe c) erfüllt. Artikel 3 Absatz 2 findet Anwendung auf die Verwandten in gerader aufsteigender Linie des Unionsbürgers und des Ehegatten oder eingetragenen Lebenspartners, denen Unterhalt gewährt wird.

Art. 8 Verwaltungsformalitäten für Unionsbürger. (1) Unbeschadet von Artikel 5 Absatz 5 kann der Aufnahmemitgliedstaat von Unionsbürgern für Aufenthalte von über drei Monaten verlangen, dass sie sich bei den zuständigen Behörden anmelden.

(2) Die Frist für die Anmeldung muss mindestens drei Monate ab dem Zeitpunkt der Einreise betragen. Eine Anmeldebescheinigung wird unverzüglich ausgestellt; darin werden Name und Anschrift der die Anmeldung vornehmenden Person sowie der Zeitpunkt der Anmeldung angegeben. Die Nichterfüllung der Anmeldepflicht kann mit verhältnismäßigen und nicht diskriminierenden Sanktionen geahndet werden.

(3) Für die Ausstellung der Anmeldebescheinigung dürfen die Mitgliedstaaten nur Folgendes verlangen:

– von einem Unionsbürger, auf den Artikel 7 Absatz 1 Buchstabe a) Anwendung findet, nur die Vorlage eines gültigen Personalausweises oder Reisepasses, einer Einstellungsbestätigung des Arbeitgebers oder einer Beschäftigungsbescheinigung oder eines Nachweises der Selbständigkeit;
– von einem Unionsbürger, auf den Artikel 7 Absatz 1 Buchstabe b) Anwendung findet, nur die Vorlage eines gültigen Personalausweises oder Reisepasses sowie einen Nachweis, dass er die dort genannten Voraussetzungen erfüllt;
– von einem Unionsbürger, auf den Artikel 7 Absatz 1 Buchstabe c) Anwendung findet, nur die Vorlage eines gültigen Personalausweises oder Reisepasses, einer Bescheinigung über die Einschreibung bei einer anerkannten Einrichtung und über den umfassenden Krankenversicherungsschutz sowie einer Erklärung oder eines gleichwertigen Mittels nach Artikel 7 Absatz 1 Buchstabe c). Die Mitgliedstaaten dürfen nicht verlangen, dass sich diese Erklärung auf einen bestimmten Existenzmittelbetrag bezieht.

(4) Die Mitgliedstaaten dürfen keinen festen Betrag für die Existenzmittel festlegen, die sie als ausreichend betrachten, sondern müssen die persönliche Situation des Betroffenen berücksichtigen. Dieser Betrag darf in keinem Fall über dem Schwellenbetrag liegen, unter dem der Aufnahmemitgliedstaat seinen Staatsangehörigen Sozialhilfe gewährt, oder, wenn dieses Kriterium nicht anwendbar ist, über der Mindestrente der Sozialversicherung des Aufnahmemitgliedstaats.

(5) Für die Ausstellung der Anmeldebescheinigung an die Familienangehörigen des Unionsbürgers, die selbst Unionsbürger sind, können die Mitgliedstaaten die Vorlage folgender Dokumente verlangen:
a) gültiger Personalausweis oder Reisepass;
b) Bescheinigung über das Bestehen einer familiären Beziehung oder einer eingetragenen Partnerschaft;
c) gegebenenfalls die Anmeldebescheinigung des Unionsbürgers, den sie begleiten oder dem sie nachziehen;
d) in den Fällen des Artikels 2 Nummer 2 Buchstaben c) und d) der urkundliche Nachweis, dass die dort genannten Voraussetzungen vorliegen;
e) in den Fällen des Artikels 3 Absatz 2 Buchstabe a) ein durch die zuständige Behörde des Ursprungs- oder Herkunftslands ausgestelltes Dokument, aus dem hervorgeht, dass die Betroffenen vom Unionsbürger Unterhalt beziehen oder mit ihm in häuslicher Gemeinschaft gelebt haben, oder der Nachweis schwerwiegender gesundheitlicher Gründe, die die persönliche Pflege des Familienangehörigen durch den Unionsbürger zwingend erforderlich machen;
f) in den Fällen des Artikels 3 Absatz 2 Buchstabe b) der Nachweis über das Bestehen einer dauerhaften Beziehung mit dem Unionsbürger.

Art. 9 Verwaltungsformalitäten für Familienangehörige, die nicht die Staatsangehörigkeit eines Mitgliedstaats besitzen. (1) Die Mitgliedstaaten stellen den Familienangehörigen eines Unionsbürgers, die nicht die Staatsangehörigkeit eines Mitgliedstaats besitzen, eine Aufenthaltskarte aus, wenn ein Aufenthalt von über drei Monaten geplant ist.

(2) Die Frist für die Einreichung des Antrags auf Ausstellung der Aufenthaltskarte muss mindestens drei Monate ab dem Zeitpunkt der Einreise betragen.

(3) Die Nichterfüllung der Pflicht zur Beantragung einer Aufenthaltskarte kann mit verhältnismäßigen und nicht diskriminierenden Sanktionen geahndet werden.

Art. 10 Ausstellung der Aufenthaltskarte. (1) Zum Nachweis des Aufenthaltsrechts der Familienangehörigen eines Unionsbürgers, die nicht die Staatsangehörigkeit eines Mitgliedstaats besitzen, wird spätestens sechs Monate nach Einreichung des betreffenden Antrags eine „Aufenthaltskarte für Familienangehörige eines Unionsbürgers" ausgestellt. Eine Bescheinigung über die Einreichung des Antrags auf Ausstellung einer Aufenthaltskarte wird unverzüglich ausgestellt.

(2) Für die Ausstellung der Aufenthaltskarte verlangen die Mitgliedstaaten die Vorlage folgender Dokumente:
a) gültiger Reisepass;
b) Bescheinigung über das Bestehen einer familiären Beziehung oder einer eingetragenen Partnerschaft;
c) Anmeldebescheinigung des Unionsbürgers, den sie begleiten oder dem sie nachziehen, oder, wenn kein Anmeldesystem besteht, ein anderer Nachweis über den Aufenthalt des betreffenden Unionsbürgers im Aufnahmemitgliedstaat;

d) in den Fällen des Artikels 2 Nummer 2 Buchstaben c) und d) der urkundliche Nachweis, dass die dort genannten Voraussetzungen vorliegen;
e) in den Fällen des Artikels 3 Absatz 2 Buchstabe a) ein durch die zuständige Behörde des Ursprungs- oder Herkunftslands ausgestelltes Dokument, aus dem hervorgeht, dass die Betroffenen vom Unionsbürger Unterhalt beziehen oder mit ihm in häuslicher Gemeinschaft gelebt haben, oder der Nachweis schwerwiegender gesundheitlicher Gründe, die die persönliche Pflege des Familienangehörigen durch den Unionsbürger zwingend erforderlich machen;
f) in den Fällen des Artikels 3 Absatz 2 Buchstabe b) der Nachweis über das Bestehen einer dauerhaften Beziehung mit dem Unionsbürger.

Art. 11 Gültigkeit der Aufenthaltskarte. (1) Die Aufenthaltskarte gemäß Artikel 10 Absatz 1 gilt für fünf Jahre ab dem Zeitpunkt der Ausstellung oder für die geplante Aufenthaltsdauer des Unionsbürgers, wenn diese weniger als fünf Jahre beträgt.

(2) Die Gültigkeit der Aufenthaltskarte wird weder durch vorübergehende Abwesenheiten von bis zu sechs Monaten im Jahr, noch durch längere Abwesenheiten wegen der Erfüllung militärischer Pflichten, noch durch eine einzige Abwesenheit von höchstens zwölf aufeinander folgenden Monaten aus wichtigen Gründen wie Schwangerschaft und Niederkunft, schwere Krankheit, Studium oder Berufsausbildung oder berufliche Entsendung in einen anderen Mitgliedstaat oder einen Drittstaat berührt.

Art. 12 Aufrechterhaltung des Aufenthaltsrechts der Familienangehörigen bei Tod oder Wegzug des Unionsbürgers. (1) Unbeschadet von Unterabsatz 2 berührt der Tod des Unionsbürgers oder sein Wegzug aus dem Aufnahmemitgliedstaat nicht das Aufenthaltsrecht seiner Familienangehörigen, die die Staatsangehörigkeit eines Mitgliedstaats besitzen. Bevor die Betroffenen das Recht auf Daueraufenthalt erwerben, müssen sie die Voraussetzungen des Artikels 7 Absatz 1 Buchstabe a), b), c) oder d) erfüllen.

(2) Unbeschadet von Unterabsatz 2 führt der Tod des Unionsbürgers für Familienangehörige, die nicht die Staatsangehörigkeit eines Mitgliedstaats besitzen und die sich im Aufnahmemitgliedstaat als Familienangehörige vor dem Tod des Unionsbürgers mindestens ein Jahr lang aufgehalten haben, nicht zum Verlust des Aufenthaltsrechts.

Bevor die Betroffenen das Recht auf Daueraufenthalt erwerben, bleibt ihr Aufenthaltsrecht an die Voraussetzung geknüpft, dass sie nachweisen können, dass sie Arbeitnehmer oder Selbständige sind oder für sich und ihre Familienangehörigen über ausreichende Existenzmittel verfügen, so dass sie während ihres Aufenthalts keine Sozialhilfeleistungen des Aufnahmemitgliedstaats in Anspruch nehmen müssen, und dass sie über einen umfassenden Krankenversicherungsschutz im Aufnahmemitgliedstaat verfügen oder dass sie bereits im Aufnahmemitgliedstaat als Familienangehörige einer Person gelten, die diese Voraussetzungen erfüllt. Als ausreichende Existenzmittel gelten die in Artikel 8 Absatz 4 vorgesehenen Beträge.

Die betreffenden Familienangehörigen behalten ihr Aufenthaltsrecht ausschließlich auf persönlicher Grundlage.

(3) Der Wegzug des Unionsbürgers aus dem Aufnahmemitgliedstaat oder sein Tod führt weder für seine Kinder noch für den Elternteil, der die elterliche Sorge für die Kinder tatsächlich wahrnimmt, ungeachtet ihrer Staatsangehörigkeit, bis zum Abschluss der Ausbildung zum Verlust des Aufenthaltsrechts, wenn sich die Kinder im Aufnahmemitgliedstaat aufhalten und in einer Bildungseinrichtung zu Ausbildungszwecken eingeschrieben sind.

Art. 13 Aufrechterhaltung des Aufenthaltsrechts der Familienangehörigen bei Scheidung oder Aufhebung der Ehe oder bei Beendigung der eingetragenen Partnerschaft. (1) Unbeschadet von Unterabsatz 2 berührt die Scheidung oder Aufhebung der Ehe des Unionsbürgers oder die Beendigung seiner eingetragenen Partnerschaft im Sinne von Artikel 2 Nummer 2 Buchstabe b) nicht das Aufenthaltsrecht seiner Familienangehörigen, die die Staatsangehörigkeit eines Mitgliedstaats besitzen.

Bevor die Betroffenen das Recht auf Daueraufenthalt erwerben, müssen sie die Voraussetzungen des Artikels 7 Absatz 1 Buchstabe a), b), c) oder d) erfüllen.

(2) Unbeschadet von Unterabsatz 2 führt die Scheidung oder Aufhebung der Ehe oder die Beendigung der eingetragenen Partnerschaft im Sinne von Artikel 2 Nummer 2 Buchstabe b) für Familien-

angehörige eines Unionsbürgers, die nicht die Staatsangehörigkeit eines Mitgliedstaats besitzen, nicht zum Verlust des Aufenthaltsrechts, wenn

a) die Ehe oder die eingetragene Partnerschaft im Sinne von Artikel 2 Nummer 2 Buchstabe b) bis zur Einleitung des gerichtlichen Scheidungs- oder Aufhebungsverfahrens oder bis zur Beendigung der eingetragenen Partnerschaft mindestens drei Jahre bestanden hat, davon mindestens ein Jahr im Aufnahmemitgliedstaat, oder
b) dem Ehegatten oder dem Lebenspartner im Sinne von Artikel 2 Nummer 2 Buchstabe b), der nicht die Staatsangehörigkeit eines Mitgliedstaats besitzt, aufgrund einer Vereinbarung der Ehegatten oder der Lebenspartner oder durch gerichtliche Entscheidung das Sorgerecht für die Kinder des Unionsbürgers übertragen wird oder
c) es aufgrund besonders schwieriger Umstände erforderlich ist, wie etwa bei Opfern von Gewalt im häuslichen Bereich während der Ehe oder der eingetragenen Partnerschaft, oder
d) dem Ehegatten oder dem Lebenspartner im Sinne von Artikel 2 Nummer 2 Buchstabe b), der nicht die Staatsangehörigkeit eines Mitgliedstaats besitzt, aufgrund einer Vereinbarung der Ehegatten oder der Lebenspartner oder durch gerichtliche Entscheidung das Recht zum persönlichen Umgang mit dem minderjährigen Kind zugesprochen wird, sofern das Gericht zu der Auffassung gelangt ist, dass der Umgang – solange er für nötig erachtet wird – ausschließlich im Aufnahmemitgliedstaat erfolgen darf.

Bevor die Betroffenen das Recht auf Daueraufenthalt erwerben, bleibt ihr Aufenthaltsrecht an die Voraussetzung geknüpft, dass sie nachweisen können, dass sie Arbeitnehmer oder Selbständige sind oder für sich und ihre Familienangehörigen über ausreichende Existenzmittel verfügen, so dass sie während ihres Aufenthalts keine Sozialhilfeleistungen des Aufnahmemitgliedstaats in Anspruch nehmen müssen, und dass sie über einen umfassenden Krankenversicherungsschutz im Aufnahmemitgliedstaat verfügen oder dass sie bereits im Aufnahmemitgliedstaat als Familienangehörige einer Person gelten, die diese Voraussetzungen erfüllt. Als ausreichende Existenzmittel gelten die in Artikel 8 Absatz 4 vorgesehenen Beträge.

Die betreffenden Familienangehörigen behalten ihr Aufenthaltsrecht ausschließlich auf persönlicher Grundlage.

Art. 14 Aufrechterhaltung des Aufenthaltsrechts. (1) Unionsbürgern und ihren Familienangehörigen steht das Aufenthaltsrecht nach Artikel 6 zu, solange sie die Sozialhilfeleistungen des Aufnahmemitgliedstaats nicht unangemessen in Anspruch nehmen.

(2) Unionsbürgern und ihren Familienangehörigen steht das Aufenthaltsrecht nach den Artikeln 7, 12 und 13 zu, solange sie die dort genannten Voraussetzungen erfüllen.

In bestimmten Fällen, in denen begründete Zweifel bestehen, ob der Unionsbürger oder seine Familienangehörigen die Voraussetzungen der Artikel 7, 12 und 13 erfüllen, können die Mitgliedstaaten prüfen, ob diese Voraussetzungen erfüllt sind. Diese Prüfung wird nicht systematisch durchgeführt.

(3) Die Inanspruchnahme von Sozialhilfeleistungen durch einen Unionsbürger oder einen seiner Familienangehörigen im Aufnahmemitgliedstaat darf nicht automatisch zu einer Ausweisung führen.

(4) Abweichend von den Absätzen 1 und 2 und unbeschadet der Bestimmungen des Kapitels VI darf gegen Unionsbürger oder ihre Familienangehörigen auf keinen Fall eine Ausweisung verfügt werden, wenn

a) die Unionsbürger Arbeitnehmer oder Selbständige sind oder
b) die Unionsbürger in das Hoheitsgebiet des Aufnahmemitgliedstaats eingereist sind, um Arbeit zu suchen. In diesem Fall dürfen die Unionsbürger und ihre Familienangehörigen nicht ausgewiesen werden, solange die Unionsbürger nachweisen können, dass sie weiterhin Arbeit suchen und dass sie eine begründete Aussicht haben, eingestellt zu werden.

Art. 15 Verfahrensgarantien. (1) Die Verfahren der Artikel 30 und 31 finden sinngemäß auf jede Entscheidung Anwendung, die die Freizügigkeit von Unionsbürgern und ihren Familienangehörigen beschränkt und nicht aus Gründen der öffentlichen Ordnung, Sicherheit oder Gesundheit erlassen wird.

(2) Wird der Personalausweis oder Reisepass, der die Einreise des Betroffenen in den Aufnahmemitgliedstaat sowie die Ausstellung der Anmeldebescheinigung oder der Aufenthaltskarte ermöglicht hat, ungültig, so rechtfertigt dies keine Ausweisung aus dem Aufnahmemitgliedstaat.

(3) Eine Entscheidung gemäß Absatz 1, mit der die Ausweisung verfügt wird, darf nicht mit einem Einreiseverbot des Aufnahmemitgliedstaats einhergehen.

Kapitel IV. Recht auf Daueraufenthalt

Abschnitt I. Erwerb

Art. 16 Allgemeine Regel für Unionsbürger und ihre Familienangehörigen. (1) Jeder Unionsbürger, der sich rechtmäßig fünf Jahre lang ununterbrochen im Aufnahmemitgliedstaat aufgehalten hat, hat das Recht, sich dort auf Dauer aufzuhalten. Dieses Recht ist nicht an die Voraussetzungen des Kapitels III geknüpft.

(2) Absatz 1 gilt auch für Familienangehörige, die nicht die Staatsangehörigkeit eines Mitgliedstaats besitzen und die sich rechtmäßig fünf Jahre lang ununterbrochen mit dem Unionsbürger im Aufnahmemitgliedstaat aufgehalten haben.

(3) Die Kontinuität des Aufenthalts wird weder durch vorübergehende Abwesenheiten von bis zu insgesamt sechs Monaten im Jahr, noch durch längere Abwesenheiten wegen der Erfüllung militärischer Pflichten, noch durch eine einzige Abwesenheit von höchstens zwölf aufeinander folgenden Monaten aus wichtigen Gründen wie Schwangerschaft und Niederkunft, schwere Krankheit, Studium oder Berufsausbildung oder berufliche Entsendung in einen anderen Mitgliedstaat oder einen Drittstaat berührt.

(4) Wenn das Recht auf Daueraufenthalt erworben wurde, führt nur die Abwesenheit vom Aufnahmemitgliedstaat, die zwei aufeinander folgende Jahre überschreitet, zu seinem Verlust.

Art. 17 Ausnahmeregelung für Personen, die im Aufnahmemitgliedstaat aus dem Erwerbsleben ausgeschieden sind, und ihre Familienangehörigen. (1) Abweichend von Artikel 16 haben folgende Personen vor Ablauf des ununterbrochenen Zeitraums von fünf Jahren das Recht auf Daueraufenthalt im Aufnahmemitgliedstaat:

a) Arbeitnehmer oder Selbständige, die zum Zeitpunkt des Ausscheidens aus dem Erwerbsleben das in dem betreffenden Mitgliedstaat für die Geltendmachung einer Altersrente gesetzlich vorgesehene Alter erreicht haben, oder Arbeitnehmer, die ihre abhängige Erwerbstätigkeit im Rahmen einer Vorruhestandsregelung beenden, sofern sie diese Erwerbstätigkeit in dem betreffenden Mitgliedstaat mindestens während der letzten zwölf Monate ausgeübt und sich dort seit mindestens drei Jahren ununterbrochen aufgehalten haben.
Haben bestimmte Kategorien von Selbständigen nach den Rechtsvorschriften des Aufnahmemitgliedstaats keinen Anspruch auf eine Altersrente, so gilt die Altersvoraussetzung als erfüllt, wenn der Betroffene das 60. Lebensjahr vollendet hat.
b) Arbeitnehmer oder Selbständige, die sich seit mindestens zwei Jahren ununterbrochen im Aufnahmemitgliedstaat aufgehalten haben und ihre Erwerbstätigkeit infolge einer dauernden Arbeitsunfähigkeit aufgeben.
Ist die Arbeitsunfähigkeit durch einen Arbeitsunfall oder eine Berufskrankheit eingetreten, aufgrund deren ein Anspruch auf eine Rente entsteht, die ganz oder teilweise zulasten eines Trägers des Aufnahmemitgliedstaats geht, entfällt die Voraussetzung der Aufenthaltsdauer.
c) Arbeitnehmer oder Selbständige, die nach drei Jahren ununterbrochener Erwerbstätigkeit und ununterbrochenen Aufenthalts im Aufnahmemitgliedstaat eine abhängige oder selbständige Erwerbstätigkeit in einem anderen Mitgliedstaat ausüben, ihren Wohnsitz jedoch im Aufnahmemitgliedstaat beibehalten und in der Regel jeden Tag oder mindestens einmal in der Woche dorthin zurückkehren.
Für den Erwerb der in den Buchstaben a) und b) genannten Rechte gelten die Zeiten der Erwerbstätigkeit in dem Mitgliedstaat, in dem der Betroffene seine Erwerbstätigkeit ausübt, als im Aufnahmemitgliedstaat abgeleistet.
Zeiten unfreiwilliger Arbeitslosigkeit, die vom zuständigen Arbeitsamt ordnungsgemäß festgestellt werden, oder vom Willen des Betroffenen unabhängige Arbeitsunterbrechungen sowie krankheits- oder unfallbedingte Fehlzeiten oder Unterbrechungen gelten als Zeiten der Erwerbstätigkeit.

(2) Die Voraussetzungen der Dauer des Aufenthalts und der Dauer der Erwerbstätigkeit in Absatz 1 Buchstabe a) sowie der Aufenthaltsdauer in Absatz 1 Buchstabe b) entfallen, wenn der Ehegatte oder der Lebenspartner im Sinne von Artikel 2 Nummer 2 Buchstabe b) des Arbeitnehmers oder des

Selbständigen die Staatsangehörigkeit des Aufnahmemitgliedstaats besitzt oder die Staatsangehörigkeit jenes Mitgliedstaats durch Eheschließung mit dem Arbeitnehmer oder Selbständigen verloren hat.

(3) Die Familienangehörigen eines Arbeitnehmers oder eines Selbständigen, die sich mit ihm im Hoheitsgebiet des Aufnahmemitgliedstaats aufhalten, haben ungeachtet ihrer Staatsangehörigkeit das Recht auf Daueraufenthalt in diesem Mitgliedstaat, wenn der Arbeitnehmer oder Selbständige für sich das Recht auf Daueraufenthalt gemäß Absatz 1 in diesem Mitgliedstaat erworben hat.

(4) Ist der Arbeitnehmer oder Selbständige jedoch im Laufe seines Erwerbslebens verstorben, bevor er gemäß Absatz 1 das Recht auf Daueraufenthalt im Aufnahmemitgliedstaat erworben hat, so erwerben die Familienangehörigen, die sich mit ihm in dem Aufnahmemitgliedstaat aufgehalten haben, das Recht, sich dort dauerhaft aufzuhalten, sofern

a) der Arbeitnehmer oder Selbständige sich zum Zeitpunkt seines Todes seit zwei Jahren im Hoheitsgebiet dieses Mitgliedstaats ununterbrochen aufgehalten hat oder

b) der Tod infolge eines Arbeitsunfalls oder einer Berufskrankheit eingetreten ist oder

c) sein überlebender Ehegatte die Staatsangehörigkeit dieses Mitgliedstaats durch Eheschließung mit dem Arbeitnehmer oder dem Selbständigen verloren hat.

Art. 18 Erwerb des Rechts auf Daueraufenthalt durch bestimmte Familienangehörige, die nicht die Staatsangehörigkeit eines Mitgliedstaats besitzen. Unbeschadet des Artikels 17 erwerben die Familienangehörigen eines Unionsbürgers, auf die Artikel 12 Absatz 2 und Artikel 13 Absatz 2 Anwendung finden und die die dort genannten Voraussetzungen erfüllen, das Recht auf Daueraufenthalt, wenn sie sich rechtmäßig fünf Jahre lang ununterbrochen im Aufnahmemitgliedstaat aufgehalten haben.

Abschnitt II. Verwaltungsformalitäten

Art. 19 Dokument für Unionsbürger zur Bescheinigung des Daueraufenthalts. (1) Auf Antrag stellen die Mitgliedstaaten den zum Daueraufenthalt berechtigten Unionsbürgern nach Überprüfung der Dauer ihres Aufenthalts ein Dokument zur Bescheinigung ihres Daueraufenthalts aus.

(2) Das Dokument zur Bescheinigung des Daueraufenthalts wird so bald wie möglich ausgestellt.

Art. 20 Daueraufenthaltskarte für Familienangehörige, die nicht die Staatsangehörigkeit eines Mitgliedstaats besitzen. (1) Die Mitgliedstaaten stellen den Familienangehörigen, die nicht die Staatsangehörigkeit eines Mitgliedstaats besitzen und die zum Daueraufenthalt berechtigt sind, binnen sechs Monaten nach Einreichung des Antrags eine Daueraufenthaltskarte aus. Die Daueraufenthaltskarte ist automatisch alle zehn Jahre verlängerbar.

(2) Der Antrag auf Ausstellung einer Daueraufenthaltskarte muss vor Ablauf der Gültigkeit der Aufenthaltskarte gestellt werden. Die Nichterfüllung der Pflicht zur Beantragung einer Daueraufenthaltskarte kann mit verhältnismäßigen und nicht diskriminierenden Sanktionen geahndet werden.

(3) Aufenthaltsunterbrechungen von bis zu zwei aufeinander folgenden Jahren berühren nicht die Gültigkeit der Daueraufenthaltskarte.

Art. 21 Kontinuität des Aufenthalts. Für die Zwecke dieser Richtlinie wird die Kontinuität des Aufenthalts durch eines der im Aufenthaltsmitgliedstaat üblichen Beweismittel nachgewiesen. Jede rechtmäßig vollstreckte Ausweisungsverfügung gegen den Betroffenen stellt eine Unterbrechung des Aufenthalts dar.

Kapitel V. Gemeinsame Bestimmungen über das Aufenthaltsrecht und das Recht auf Daueraufenthalt

Art. 22 Räumlicher Geltungsbereich. Das Recht auf Aufenthalt und das Recht auf Daueraufenthalt erstrecken sich auf das gesamte Hoheitsgebiet des Aufnahmemitgliedstaats. Die Mitgliedstaaten können das Aufenthaltsrecht und das Recht auf Daueraufenthalt nur in den Fällen räumlich beschränken, in denen sie dieselben Beschränkungen auch für ihre eigenen Staatsangehörigen vorsehen.

Art. 23 Verbundene Rechte. Die Familienangehörigen eines Unionsbürgers, die das Recht auf Aufenthalt oder das Recht auf Daueraufenthalt in einem Mitgliedstaat genießen, sind ungeachtet ihrer Staatsangehörigkeit berechtigt, dort eine Erwerbstätigkeit als Arbeitnehmer oder Selbständiger aufzunehmen.

Art. 24 Gleichbehandlung. (1) Vorbehaltlich spezifischer und ausdrücklich im Vertrag und im abgeleiteten Recht vorgesehener Bestimmungen genießt jeder Unionsbürger, der sich aufgrund dieser Richtlinie im Hoheitsgebiet des Aufnahmemitgliedstaats aufhält, im Anwendungsbereich des Vertrags die gleiche Behandlung wie die Staatsangehörigen dieses Mitgliedstaats. Das Recht auf Gleichbehandlung erstreckt sich auch auf Familienangehörige, die nicht die Staatsangehörigkeit eines Mitgliedstaats besitzen und das Recht auf Aufenthalt oder das Recht auf Daueraufenthalt genießen.

(2) Abweichend von Absatz 1 ist der Aufnahmemitgliedstaat jedoch nicht verpflichtet, anderen Personen als Arbeitnehmern oder Selbständigen, Personen, denen dieser Status erhalten bleibt, und ihren Familienangehörigen während der ersten drei Monate des Aufenthalts oder gegebenenfalls während des längeren Zeitraums nach Artikel 14 Absatz 4 Buchstabe b) einen Anspruch auf Sozialhilfe oder vor Erwerb des Rechts auf Daueraufenthalt Studienbeihilfen, einschließlich Beihilfen zur Berufsausbildung, in Form eines Stipendiums oder Studiendarlehens, zu gewähren.

Art. 25 Allgemeine Bestimmungen bezüglich der Aufenthaltsdokumente. (1) Die Ausübung eines Rechts oder die Erledigung von Verwaltungsformalitäten dürfen unter keinen Umständen vom Besitz einer Anmeldebescheinigung nach Artikel 8, eines Dokuments zur Bescheinigung des Daueraufenthalts, einer Bescheinigung über die Beantragung einer Aufenthaltskarte für Familienangehörige, einer Aufenthaltskarte oder einer Daueraufenthaltskarte abhängig gemacht werden, wenn das Recht durch ein anderes Beweismittel nachgewiesen werden kann.

(2) Alle in Absatz 1 genannten Dokumente werden unentgeltlich oder gegen Entrichtung eines Betrags ausgestellt, der die Gebühr für die Ausstellung entsprechender Dokumente an Inländer nicht übersteigt.

Art. 26 Kontrolle. Die Mitgliedstaaten können kontrollieren, ob der sich gegebenenfalls aus ihren Rechtsvorschriften ergebenden Verpflichtung für fremde Staatsangehörige nachgekommen wird, ständig die Anmeldebescheinigung oder die Aufenthaltskarte mit sich zu führen, sofern sie diese Verpflichtung ihren eigenen Staatsangehörigen in Bezug auf deren Personalausweis auferlegen. Wird dieser Verpflichtung nicht nachgekommen, so können die Mitgliedstaaten die Sanktionen verhängen, die sie auch gegen ihre eigenen Staatsangehörigen verhängen, die ihren Personalausweis nicht mit sich führen.

Kapitel VI. Beschränkungen des Einreise- und Aufenthaltsrechts aus Gründen der öffentlichen Ordnung, Sicherheit oder Gesundheit

Art. 27 Allgemeine Grundsätze. (1) Vorbehaltlich der Bestimmungen dieses Kapitels dürfen die Mitgliedstaaten die Freizügigkeit und das Aufenthaltsrecht eines Unionsbürgers oder seiner Familienangehörigen, ungeachtet ihrer Staatsangehörigkeit, aus Gründen der öffentlichen Ordnung, Sicherheit oder Gesundheit beschränken. Diese Gründe dürfen nicht zu wirtschaftlichen Zwecken geltend gemacht werden.

(2) Bei Maßnahmen aus Gründen der öffentlichen Ordnung oder Sicherheit ist der Grundsatz der Verhältnismäßigkeit zu wahren und darf ausschließlich das persönliche Verhalten des Betroffenen ausschlaggebend sein. Strafrechtliche Verurteilungen allein können ohne Weiteres diese Maßnahmen nicht begründen.

Das persönliche Verhalten muss eine tatsächliche, gegenwärtige und erhebliche Gefahr darstellen, die ein Grundinteresse der Gesellschaft berührt. Vom Einzelfall losgelöste oder auf Generalprävention verweisende Begründungen sind nicht zulässig.

(3) Um festzustellen, ob der Betroffene eine Gefahr für die öffentliche Ordnung oder Sicherheit darstellt, kann der Aufnahmemitgliedstaat bei der Ausstellung der Anmeldebescheinigung oder – wenn es kein Anmeldesystem gibt – spätestens drei Monate nach dem Zeitpunkt der Einreise des Betroffenen in das Hoheitsgebiet oder nach dem Zeitpunkt, zu dem der Betroffene seine Anwesenheit im Hoheitsgebiet gemäß Artikel 5 Absatz 5 gemeldet hat, oder bei Ausstellung der Aufenthaltskarte den Herkunftsmitgliedstaat und erforderlichenfalls andere Mitgliedstaaten um Auskünfte über das Vorleben des Betroffenen in strafrechtlicher Hinsicht ersuchen, wenn er dies für unerlässlich hält. Diese Anfragen

dürfen nicht systematisch erfolgen. Der ersuchte Mitgliedstaat muss seine Antwort binnen zwei Monaten erteilen.

(4) Der Mitgliedstaat, der den Reisepass oder Personalausweis ausgestellt hat, lässt den Inhaber des Dokuments, der aus Gründen der öffentlichen Ordnung, Sicherheit oder Gesundheit aus einem anderen Mitgliedstaat ausgewiesen wurde, ohne jegliche Formalitäten wieder einreisen, selbst wenn der Personalausweis oder Reisepass ungültig geworden ist oder die Staatsangehörigkeit des Inhabers bestritten wird.

Art. 28 Schutz vor Ausweisung. (1) Bevor der Aufnahmemitgliedstaat eine Ausweisung aus Gründen der öffentlichen Ordnung oder Sicherheit verfügt, berücksichtigt er insbesondere die Dauer des Aufenthalts des Betroffenen im Hoheitsgebiet, sein Alter, seinen Gesundheitszustand, seine familiäre und wirtschaftliche Lage, seine soziale und kulturelle Integration im Aufnahmemitgliedstaat und das Ausmaß seiner Bindungen zum Herkunftsstaat.

(2) Der Aufnahmemitgliedstaat darf gegen Unionsbürger oder ihre Familienangehörigen, ungeachtet ihrer Staatsangehörigkeit, die das Recht auf Daueraufenthalt in seinem Hoheitsgebiet genießen, eine Ausweisung nur aus schwerwiegenden Gründen der öffentlichen Ordnung oder Sicherheit verfügen.

(3) Gegen Unionsbürger darf eine Ausweisung nicht verfügt werden, es sei denn, die Entscheidung beruht auf zwingenden Gründen der öffentlichen Sicherheit, die von den Mitgliedstaaten festgelegt wurden, wenn sie

a) ihren Aufenthalt in den letzten zehn Jahren im Aufnahmemitgliedstaat gehabt haben oder
b) minderjährig sind, es sei denn, die Ausweisung ist zum Wohl des Kindes notwendig, wie es im Übereinkommen der Vereinten Nationen vom 20. November 1989 über die Rechte des Kindes vorgesehen ist.

Art. 29 Öffentliche Gesundheit. (1) Als Krankheiten, die eine die Freizügigkeit beschränkende Maßnahme rechtfertigen, gelten ausschließlich die Krankheiten mit epidemischem Potenzial im Sinne der einschlägigen Rechtsinstrumente der Weltgesundheitsorganisation und sonstige übertragbare, durch Infektionserreger oder Parasiten verursachte Krankheiten, sofern gegen diese Krankheiten Maßnahmen zum Schutz der Staatsangehörigen des Aufnahmemitgliedstaats getroffen werden.

(2) Krankheiten, die nach Ablauf einer Frist von drei Monaten ab dem Zeitpunkt der Einreise auftreten, stellen keinen Ausweisungsgrund dar.

(3) Wenn ernsthafte Anhaltspunkte dies rechtfertigen, können die Mitgliedstaaten für die Personen, die zum Aufenthalt berechtigt sind, binnen drei Monaten nach der Einreise eine kostenlose ärztliche Untersuchung anordnen, um feststellen zu lassen, dass sie nicht an einer Krankheit im Sinne von Absatz 1 leiden. Diese ärztlichen Untersuchungen dürfen nicht systematisch angeordnet werden.

Art. 30 Mitteilung der Entscheidungen. (1) Entscheidungen nach Artikel 27 Absatz 1 müssen dem Betroffenen schriftlich in einer Weise mitgeteilt werden, dass er deren Inhalt und Wirkung nachvollziehen kann.

(2) Dem Betroffenen sind die Gründe der öffentlichen Ordnung, Sicherheit oder Gesundheit, die der ihn betreffenden Entscheidung zugrunde liegen, genau und umfassend mitzuteilen, es sei denn, dass Gründe der Sicherheit des Staates dieser Mitteilung entgegenstehen.

(3) In der Mitteilung ist anzugeben, bei welchem Gericht oder bei welcher Verwaltungsbehörde der Betroffene einen Rechtsbehelf einlegen kann, innerhalb welcher Frist der Rechtsbehelf einzulegen ist und gegebenenfalls binnen welcher Frist er das Hoheitsgebiet des Mitgliedstaats zu verlassen hat. Außer in ordnungsgemäß begründeten dringenden Fällen muss die Frist zum Verlassen des Hoheitsgebiets mindestens einen Monat, gerechnet ab dem Zeitpunkt der Mitteilung, betragen.

Art. 31 Verfahrensgarantien. (1) Gegen eine Entscheidung aus Gründen der öffentlichen Ordnung, Sicherheit oder Gesundheit müssen die Betroffenen einen Rechtsbehelf bei einem Gericht und gegebenenfalls bei einer Behörde des Aufnahmemitgliedstaats einlegen können.

(2) Wird neben dem Rechtsbehelf gegen die Entscheidung, mit der die Ausweisung verfügt wurde, auch ein Antrag auf vorläufigen Rechtsschutz gestellt, um die Vollstreckung dieser Entscheidung auszusetzen, so darf die Abschiebung aus dem Hoheitsgebiet nicht erfolgen, solange nicht über den Antrag auf vorläufigen Rechtsschutz entschieden wurde, es sei denn,

– die Entscheidung, mit der die Ausweisung verfügt wird, stützt sich auf eine frühere gerichtliche Entscheidung, oder
– die Betroffenen hatten bereits früher die Möglichkeit, eine gerichtliche Überprüfung zu beantragen, oder
– die Entscheidung, mit der die Ausweisung verfügt wird, beruht auf zwingenden Gründen der öffentlichen Sicherheit nach Artikel 28 Absatz 3.

(3) Im Rechtsbehelfsverfahren sind die Rechtmäßigkeit der Entscheidung sowie die Tatsachen und die Umstände, auf denen die Entscheidung beruht, zu überprüfen. Es gewährleistet, dass die Entscheidung insbesondere im Hinblick auf die Erfordernisse gemäß Artikel 28 nicht unverhältnismäßig ist.

(4) Die Mitgliedstaaten können dem Betroffenen verbieten, sich während des anhängigen Rechtsbehelfsverfahrens in ihrem Hoheitsgebiet aufzuhalten, dürfen ihn jedoch nicht daran hindern, sein Verfahren selbst zu führen, es sei denn, die öffentliche Ordnung oder Sicherheit können durch sein persönliches Erscheinen ernsthaft gestört werden oder der Rechtsbehelf richtet sich gegen die Verweigerung der Einreise in das Hoheitsgebiet.

Art. 32 Zeitliche Wirkung eines Aufenthaltsverbots. (1) Personen, gegen die aus Gründen der öffentlichen Ordnung oder Sicherheit ein Aufenthaltsverbot verhängt worden ist, können nach einem entsprechend den Umständen angemessenen Zeitraum, in jedem Fall aber drei Jahre nach Vollstreckung des nach dem Gemeinschaftsrecht ordnungsgemäß erlassenen endgültigen Aufenthaltsverbots einen Antrag auf Aufhebung des Aufenthaltsverbots unter Hinweis darauf einreichen, dass eine materielle Änderung der Umstände eingetreten ist, die das Aufenthaltsverbot gerechtfertigt haben.

Der betreffende Mitgliedstaat muss binnen sechs Monaten nach Einreichung des Antrags eine Entscheidung treffen.

(2) Die Personen gemäß Absatz 1 sind nicht berechtigt, während der Prüfung ihres Antrags in das Hoheitsgebiet des betreffenden Mitgliedstaats einzureisen.

Art. 33 Ausweisung als Strafe oder Nebenstrafe. (1) Der Aufnahmemitgliedstaat kann eine Ausweisungsverfügung als Strafe oder Nebenstrafe zu einer Freiheitsstrafe nur erlassen, wenn die Voraussetzungen der Artikel 27, 28 und 29 eingehalten werden.

(2) Wird eine Ausweisungsverfügung nach Absatz 1 mehr als zwei Jahre nach ihrem Erlass vollstreckt, so muss der Mitgliedstaat überprüfen, ob von dem Betroffenen eine gegenwärtige und tatsächliche Gefahr für die öffentliche Ordnung oder Sicherheit ausgeht, und beurteilen, ob seit dem Erlass der Ausweisungsverfügung eine materielle Änderung der Umstände eingetreten ist.

Kapitel VII. Schlussbestimmungen

Art. 34 Verbreitung von Informationen. Die Mitgliedstaaten verbreiten die Informationen hinsichtlich der Rechte und Pflichten der Unionsbürger und ihrer Familienangehörigen in den von dieser Richtlinie erfassten Bereichen, insbesondere durch Sensibilisierungskampagnen über nationale und lokale Medien und andere Kommunikationsmittel.

Art. 35 Rechtsmissbrauch. Die Mitgliedstaaten können die Maßnahmen erlassen, die notwendig sind, um die durch diese Richtlinie verliehenen Rechte im Falle von Rechtsmissbrauch oder Betrug – wie z. B. durch Eingehung von Scheinehen – zu verweigern, aufzuheben oder zu widerrufen. Solche Maßnahmen müssen verhältnismäßig sein und unterliegen den Verfahrensgarantien nach den Artikeln 30 und 31.

Art. 36 Sanktionen. Die Mitgliedstaaten legen Bestimmungen über Sanktionen fest, die bei einem Verstoß gegen die einzelstaatlichen Vorschriften zur Umsetzung dieser Richtlinie zu verhängen sind, und treffen die zu ihrer Durchsetzung erforderlichen Maßnahmen. Die Sanktionen müssen wirksam und verhältnismäßig sein. Die Mitgliedstaaten teilen diese Bestimmungen der Kommission spätestens am 30. April 2004 und eventuelle spätere Änderungen so rasch wie möglich mit.

Art. 37 Günstigere innerstaatliche Rechtsvorschriften. Diese Richtlinie lässt Rechts- und Verwaltungsvorschriften der Mitgliedstaaten, die für die in den Anwendungsbereich dieser Richtlinie fallenden Personen günstiger sind, unberührt.

Art. 38 Aufhebung. (1) Die Artikel 10 und 11 der Verordnung (EWG) Nr. 1612/68 werden mit Wirkung vom 30. April 2006 aufgehoben.

(2) Die Richtlinien 64/221/EWG, 68/360/EWG, 72/194/EWG, 73/148/EWG, 75/34/EWG, 75/35/EWG, 90/364/EWG, 90/365/EWG und 93/96/EWG werden mit Wirkung vom 30. April 2006 aufgehoben.

(3) Bezugnahmen auf die aufgehobenen Bestimmungen oder Richtlinien gelten als Bezugnahmen auf die vorliegende Richtlinie.

Art. 39 Bericht. Spätestens am 30. April 2008 erstattet die Kommission dem Europäischen Parlament und dem Rat Bericht über die Anwendung dieser Richtlinie und schlägt gegebenenfalls die erforderlichen Änderungen vor, insbesondere bezüglich der Möglichkeit, die Zeitspanne zu verlängern, während der Unionsbürger und ihre Familienangehörigen ohne weitere Bedingungen im Hoheitsgebiet des Aufnahmemitgliedstaats verbleiben können. Die Mitgliedstaaten teilen der Kommission die zur Erstellung des Berichts erforderlichen Informationen mit.

Art. 40 Umsetzung. (1) Die Mitgliedstaaten setzen die Rechts- und Verwaltungsvorschriften in Kraft, die erforderlich sind, um dieser Richtlinie bis zum 30. April 2006 nachzukommen.

Wenn die Mitgliedstaaten diese Vorschriften erlassen, nehmen sie in den Vorschriften selbst oder durch einen Hinweis bei der amtlichen Veröffentlichung auf diese Richtlinie Bezug. Die Mitgliedstaaten regeln die Einzelheiten der Bezugnahme.

(2) Die Mitgliedstaaten teilen der Kommission den Wortlaut der innerstaatlichen Rechtsvorschriften mit, die sie auf dem unter diese Richtlinie fallenden Gebiet erlassen und übermitteln ihr eine Entsprechungstabelle zwischen den Bestimmungen dieser Richtlinie und den von ihnen erlassenen innerstaatlichen Vorschriften.

Art. 41 Inkrafttreten. Diese Richtlinie tritt am Tag ihrer Veröffentlichung im Amtsblatt der Europäischen Union in Kraft.

Art. 42 Adressaten. Diese Richtlinie ist an die Mitgliedstaaten gerichtet.

2.1. Gesetz über die allgemeine Freizügigkeit von Unionsbürgern (Freizügigkeitsgesetz/EU – FreizügG/EU)

Vom 30. Juli 2004 (BGBl. I 1950, 1986), zuletzt geändert durch Gesetz vom 21. Juni 2005 (BGBl. I 1818)

§ 1 Anwendungsbereich. Dieses Gesetz regelt die Einreise und den Aufenthalt von Staatsangehörigen anderer Mitgliedstaaten der Europäischen Union (Unionsbürger) und ihrer Familienangehörigen.

§ 2 Recht auf Einreise und Aufenthalt. (1) Freizügigkeitsberechtigte Unionsbürger und ihre Familienangehörigen haben das Recht auf Einreise und Aufenthalt nach Maßgabe dieses Gesetzes.

(2) Gemeinschaftsrechtlich freizügigkeitsberechtigt sind:

1. Unionsbürger, die sich als Arbeitnehmer, zur Arbeitssuche oder zur Berufsausbildung aufhalten wollen,
2. Unionsbürger, wenn sie zur Ausübung einer selbständigen Erwerbstätigkeit berechtigt sind (niedergelassene selbständige Erwerbstätige),
3. Unionsbürger, die, ohne sich niederzulassen, als selbständige Erwerbstätige Dienstleistungen im Sinne des Artikels 50 des Vertrages zur Gründung der Europäischen Gemeinschaft erbringen wollen (Erbringer von Dienstleistungen), wenn sie zur Erbringung der Dienstleistung berechtigt sind,
4. Unionsbürger als Empfänger von Dienstleistungen,
5. Verbleibeberechtigte im Sinne der Verordnung (EWG) Nr. 1251/70 der Kommission vom 29. Juni 1970 über das Recht der Arbeitnehmer, nach Beendigung einer Beschäftigung im Hoheitsgebiet eines Mitgliedstaates zu verbleiben (ABl. EG Nr. L 142 S. 24, 1975 Nr. L 324 S. 31) und der Richtlinie 75/34/EWG des Rates vom 17. Dezember 1974 über das Recht der Staatsangehörigen eines Mitgliedstaates, nach Beendigung der Ausübung einer selbständigen Tätigkeit im Hoheitsgebiet eines anderen Mitgliedstaates zu verbleiben (ABl. EG 1975 Nr. L 14 S. 10),

6. nicht erwerbstätige Unionsbürger unter den Voraussetzungen des § 4,
7. Familienangehörige unter den Voraussetzungen der §§ 3 und 4.

(3) Vorübergehende Arbeitsunfähigkeit infolge Krankheit oder Unfalls lassen das Recht nach § 2 Abs. 1 unberührt. Dies gilt auch für die von der zuständigen Agentur für Arbeit bestätigten Zeiten unfreiwilliger Arbeitslosigkeit eines Arbeitnehmers sowie für Zeiten der Einstellung einer selbständigen Tätigkeit infolge von Umständen, auf die der Selbständige keinen Einfluss hatte.

(4) Unionsbürger bedürfen für die Einreise keines Visums und für den Aufenthalt keines Aufenthaltstitels. Familienangehörige, die nicht Unionsbürger sind, bedürfen für die Einreise eines Visums, sofern eine Rechtsvorschrift dies vorsieht.

(5) Unionsbürger, ihre Ehegatten oder Lebenspartner und ihre unterhaltsberechtigten Kinder, die sich seit fünf Jahren ständig rechtmäßig im Bundesgebiet aufgehalten haben, haben unabhängig vom weiteren Vorliegen der Freizügigkeitsvoraussetzungen das Recht auf Einreise und Aufenthalt. Für Kinder unter 16 Jahren gilt dies nur, wenn ein Erziehungsberechtigter sich rechtmäßig im Bundesgebiet aufhält.

(6) Für die Ausstellung der Bescheinigung über das Aufenthaltsrecht, der Aufenthaltserlaubnis-EU und des Visums werden keine Gebühren erhoben.

§ 3 Familienangehörige. (1) Familienangehörige der in § 2 Abs. 2 Nr. 1 bis 3 genannten Personen haben das Recht nach § 2 Abs. 1, wenn sie bei der freizügigkeitsberechtigten Person, deren Familienangehörige sie sind, Wohnung nehmen. Familienangehörige der in § 2 Abs. 2 Nr. 4 und 5 genannten Personen haben das Recht nach § 2 Abs. 1, letztere nach Maßgabe der Absätze 4 und 5.

(2) Familienangehörige im Sinne des Absatzes 1 sind
1. der Ehegatte und die Verwandten in absteigender Linie, die noch nicht 21 Jahre alt sind,
2. die Verwandten in aufsteigender und in absteigender Linie der in Absatz 1 genannten Personen oder ihrer Ehegatten, denen diese Personen oder ihre Ehegatten Unterhalt gewähren.

(3) Familienangehörige eines verstorbenen Erwerbstätigen (§ 2 Abs. 2 Nr. 1 bis 3), die im Zeitpunkt seines Todes bei ihm ihren ständigen Aufenthalt hatten, haben das Recht nach § 2 Abs. 1, wenn
1. der Erwerbstätige sich im Zeitpunkt seines Todes seit mindestens zwei Jahren ständig im Geltungsbereich dieses Gesetzes aufgehalten hat oder
2. der Erwerbstätige infolge eines Arbeitsunfalls oder einer Berufskrankheit gestorben ist oder
3. der überlebende Ehegatte des Erwerbstätigen Deutscher im Sinne von Artikel 116 des Grundgesetzes ist oder diese Rechtsstellung durch Eheschließung mit dem Erwerbstätigen bis zum 31. März 1953 verloren hat.

Der ständige Aufenthalt im Sinne von Nummer 1 wird durch vorübergehende Abwesenheit bis zu insgesamt drei Monaten im Jahr oder durch längere Abwesenheit zur Ableistung des Wehrdienstes oder eines Ersatzdienstes nicht berührt.

(4) Familienangehörige eines Verbleibeberechtigten (§ 2 Abs. 2 Nr. 5) oder eines verstorbenen Verbleibeberechtigten, die bereits bei Entstehen seines Verbleiberechts ihren ständigen Aufenthalt bei ihm hatten, haben das Recht nach § 2 Abs. 1.

(5) Das Recht der Familienangehörigen nach den Absätzen 3 und 4 muss binnen zwei Jahren nach seinem Entstehen ausgeübt werden. Es wird nicht beeinträchtigt, wenn sie das Bundesgebiet während dieser Frist verlassen.

(6) Auf die Einreise und den Aufenthalt des nicht freizügigkeitsberechtigten Lebenspartners einer nach § 2 Abs. 2 Nr. 1 bis 5 zur Einreise und zum Aufenthalt berechtigten Person sind die für den Lebenspartner eines Deutschen geltenden Vorschriften des Aufenthaltsgesetzes anzuwenden.

§ 4 Nicht erwerbstätige Freizügigkeitsberechtigte. Nicht erwerbstätige Unionsbürger und ihre Familienangehörigen, die bei dem nicht erwerbstätigen Freizügigkeitsberechtigten ihre Wohnung nehmen, haben das Recht nach § 2 Abs. 1, wenn sie über ausreichenden Krankenversicherungsschutz und ausreichende Existenzmittel verfügen. Familienangehörige im Sinne dieser Vorschrift sind:
1. der Ehegatte und die Kinder, denen Unterhalt geleistet wird,
2. die sonstigen Verwandten in absteigender und aufsteigender Linie sowie die sonstigen Verwandten des Ehegatten in aufsteigender Linie, denen Unterhalt geleistet wird, sowie der Lebenspartner.

Abweichend von Satz 1 haben als Familienangehörige eines Studenten nur der Ehegatte, der Lebenspartner und die unterhaltsberechtigten Kinder das Recht nach § 2 Abs. 1.

5 Texte 2.1.

§ 5 Bescheinigung über das gemeinschaftsrechtliche Aufenthaltsrecht, Aufenthaltserlaubnis-EU. (1) Freizügigkeitsberechtigten Unionsbürgern und ihren Familienangehörigen mit Staatsangehörigkeit eines Mitgliedstaates der Europäischen Union wird von Amts wegen eine Bescheinigung über das Aufenthaltsrecht ausgestellt.

(2) Familienangehörigen, die nicht Unionsbürger sind, wird von Amts wegen eine Aufenthaltserlaubnis-EU ausgestellt.

(3) Die zuständige Ausländerbehörde kann verlangen, dass die Voraussetzungen des Rechts nach § 2 Abs. 1 innerhalb angemessener Fristen glaubhaft gemacht werden. Für die Glaubhaftmachung erforderliche Angaben und Nachweise können von der zuständigen Meldebehörde bei der meldebehördlichen Anmeldung entgegengenommen werden. Diese leitet die Angaben und Nachweise an die zuständige Ausländerbehörde weiter. Eine darüber hinausgehende Verarbeitung oder Nutzung durch die Meldebehörde erfolgt nicht.

(4) Der Fortbestand der Erteilungsvoraussetzungen kann aus besonderem Anlass überprüft werden.

(5) Sind die Voraussetzungen des Rechts nach § 2 Abs. 1 innerhalb von fünf Jahren nach Begründung des ständigen Aufenthalts im Bundesgebiet entfallen, kann der Verlust des Rechts nach § 2 Abs. 1 festgestellt und die Bescheinigung über das gemeinschaftsrechtliche Aufenthaltsrecht eingezogen und die Aufenthaltserlaubnis-EU widerrufen werden. § 3 Abs. 3 Satz 2 gilt entsprechend.

§ 6 Verlust des Rechts auf Einreise und Aufenthalt. (1) Der Verlust des Rechts nach § 2 Abs. 1 kann unbeschadet des § 5 Abs. 5 nur aus Gründen der öffentlichen Ordnung, Sicherheit oder Gesundheit (Artikel 39 Abs. 3, Artikel 46 Abs. 1 des Vertrages über die Europäische Gemeinschaft) festgestellt und die Bescheinigung über das gemeinschaftsrechtliche Aufenthaltsrecht eingezogen und die Aufenthaltserlaubnis-EU widerrufen werden. Aus den in Satz 1 genannten Gründen kann auch die Einreise verweigert werden.

(2) Die Tatsache einer strafrechtlichen Verurteilung genügt für sich allein nicht, um die in Absatz 1 genannten Entscheidungen oder Maßnahmen zu begründen. Es dürfen nur im Bundeszentralregister noch nicht getilgte strafrechtliche Verurteilungen und diese nur insoweit berücksichtigt werden, als die ihnen zu Grunde liegenden Umstände ein persönliches Verhalten erkennen lassen, das eine gegenwärtige Gefährdung der öffentlichen Ordnung darstellt. Es muss eine tatsächliche und hinreichend schwere Gefährdung vorliegen, die ein Grundinteresse der Gesellschaft berührt.

(3) Der Verlust des Rechts auf Einreise und Aufenthalt kann nach ständigem rechtmäßigen Aufenthalt im Bundesgebiet von mehr als fünf Jahren Dauer nur noch aus besonders schwer wiegenden Gründen festgestellt werden.

(4) Die in den Absätzen 1 und 3 genannten Entscheidungen oder Maßnahmen dürfen nicht zu wirtschaftlichen Zwecken getroffen werden.

(5) Wird der Pass, Personalausweis oder sonstige Passersatz ungültig, so kann dies die Aufenthaltsbeendigung nicht begründen.

(6) Vor der Feststellung nach Absatz 1 soll der Betroffene persönlich angehört werden. Die Feststellung bedarf der Schriftform.

§ 7 Ausreisepflicht. (1) Unionsbürger sind ausreisepflichtig, wenn die Ausländerbehörde unanfechtbar festgestellt hat, dass das Recht auf Einreise und Aufenthalt nicht besteht. Familienangehörige, die nicht Unionsbürger sind, sind ausreisepflichtig, wenn die Ausländerbehörde die Aufenthaltserlaubnis-EU unanfechtbar widerrufen oder zurückgenommen hat. In dem Bescheid soll die Abschiebung angedroht und eine Ausreisefrist gesetzt werden. Außer in dringenden Fällen muss die Frist, falls eine Aufenthaltserlaubnis-EU oder eine Bescheinigung über das gemeinschaftsrechtliche Aufenthaltsrecht noch nicht ausgestellt ist, mindestens 15 Tage, in den übrigen Fällen mindestens einen Monat betragen.

(2) Unionsbürger und ihre Familienangehörigen, die ihr Freizügigkeitsrecht nach § 6 Abs. 1 oder Abs. 3 verloren haben, dürfen nicht erneut in das Bundesgebiet einreisen und sich darin aufhalten. Das Verbot nach Satz 1 wird befristet. Die Frist beginnt mit der Ausreise.

§ 8 Ausweispflicht. Unionsbürger und ihre Familienangehörigen sind verpflichtet,
1. bei der Einreise in das Bundesgebiet einen Pass oder anerkannten Passersatz
    a) mit sich zu führen und
    b) einem zuständigen Beamten auf Verlangen zur Prüfung auszuhändigen,
2. für die Dauer des Aufenthalts im Bundesgebiet den erforderlichen Pass oder Passersatz zu besitzen,

3. den Pass oder Passersatz sowie die Bescheinigung über das gemeinschaftsrechtliche Aufenthaltsrecht und die Aufenthaltserlaubnis-EU den mit der Ausführung dieses Gesetzes betrauten Behörden vorzulegen, auszuhändigen und vorübergehend zu überlassen, soweit dies zur Durchführung oder Sicherung von Maßnahmen nach diesem Gesetz erforderlich ist.

§ 9 Strafvorschriften. Mit Freiheitsstrafe bis zu einem Jahr oder mit Geldstrafe wird bestraft, wer entgegen § 7 Abs. 2 Satz 1 in das Bundesgebiet einreist oder sich darin aufhält.

§ 10 Bußgeldvorschriften. (1) Ordnungswidrig handelt, wer entgegen § 8 Nr. 1 Buchstabe b einen Pass oder Passersatz nicht oder nicht rechtzeitig aushändigt.

(2) Ordnungswidrig handelt, wer vorsätzlich oder leichtfertig entgegen § 8 Nr. 2 einen Pass oder Passersatz nicht besitzt.

(3) Ordnungswidrig handelt, wer vorsätzlich oder fahrlässig entgegen § 8 Nr. 1 Buchstabe a einen Pass oder Passersatz nicht mit sich führt.

(4) Die Ordnungswidrigkeit kann in den Fällen der Absätze 1 und 3 mit einer Geldbuße bis zu zweitausendfünfhundert Euro, in den übrigen Fällen mit einer Geldbuße bis zu tausend Euro geahndet werden.

(5) Verwaltungsbehörden im Sinne des § 36 Abs. 1 Nr. 1 des Gesetzes über Ordnungswidrigkeiten sind in den Fällen der Absätze 1 und 3 die Bundespolizeiämter.

§ 11 Anwendung des Aufenthaltsgesetzes. (1) Auf Unionsbürger und ihre Familienangehörigen, die nach § 2 Abs. 1 oder Abs. 5 das Recht auf Einreise und Aufenthalt haben, finden § 3 Abs. 2, § 11 Abs. 2, die §§ 13, 14 Abs. 2, die §§ 36, 44 Abs. 4, § 46 Abs. 2, § 50 Abs. 3 bis 7, die §§ 69, 74 Abs. 2, die §§ 77, 80, 85 bis 88, 90, 91, 96, 97 und 99 des Aufenthaltsgesetzes entsprechende Anwendung. Die Mitteilungspflichten nach § 87 Abs. 2 Nr. 1 bis 3 des Aufenthaltsgesetzes bestehen insoweit, als die dort genannten Umstände auch für die Feststellung nach § 5 Abs. 5 und § 6 Abs. 1 entscheidungserheblich sein können. Das Aufenthaltsgesetz findet auch dann Anwendung, wenn es eine günstigere Rechtsstellung vermittelt als dieses Gesetz.

(2) Hat die Ausländerbehörde das Nichtbestehen oder den Verlust des Rechts nach § 2 Abs. 1 oder des Rechts nach § 2 Abs. 5 festgestellt, findet das Aufenthaltsgesetz Anwendung, sofern dieses Gesetz keine besonderen Regelungen trifft.

(3) Zeiten des rechtmäßigen Aufenthalts nach diesem Gesetz unter fünf Jahren entsprechen den Zeiten des Besitzes einer Aufenthaltserlaubnis, Zeiten über fünf Jahren dem Besitz einer Niederlassungserlaubnis.

§ 12 Staatsangehörige der EWR-Staaten. Dieses Gesetz gilt auch für Staatsangehörige der EWR-Staaten und ihre Familienangehörigen im Sinne dieses Gesetzes.

§ 13 Staatsangehörige der Beitrittsstaaten. Soweit nach Maßgabe des Vertrages vom 16. April 2003 über den Beitritt der Tschechischen Republik, der Republik Estland, der Republik Zypern, der Republik Lettland, der Republik Litauen, der Republik Ungarn, der Republik Malta, der Republik Polen, der Republik Slowenien und der Slowakischen Republik zur Europäischen Union (BGBl. 2003 II S. 1408) abweichende Regelungen anwendbar sind, findet dieses Gesetz Anwendung, wenn die Beschäftigung durch die Bundesagentur für Arbeit gemäß § 284 Abs. 1 des Dritten Buches Sozialgesetzbuch genehmigt wurde.

3.1. Abkommen zur Gründung einer Assoziation zwischen der Europäischen Wirtschaftsgemeinschaft und der Türkei

Vom 12. September 1963, verkündet mit Gesetz vom 13. Mai 1964 (BGBl. II 509)

– Auszug –

Art. 12 Die Vertragsparteien vereinbaren, sich von den Artikeln 48, 49 und 50 des Vertrags zur Gründung der Gemeinschaft leiten zu lassen, um untereinander die Freizügigkeit der Arbeitnehmer schrittweise herzustellen.

5 Texte 3.3.

Art. 13 Die Vertragsparteien vereinbaren, sich von den Artikeln 52 bis 56 und 58 des Vertrags zur Gründung der Gemeinschaft leiten zu lassen, um untereinander die Beschränkungen der Niederlassungsfreiheit aufzuheben.

Art. 14 Die Vertragsparteien vereinbaren, sich von den Artikeln 55, 56 und 58 bis 65 des Vertrags zur Gründung der Gemeinschaft leiten zu lassen, um untereinander die Beschränkungen des freien Dienstleistungsverkehrs aufzuheben.

3.2. Zusatzprotokoll zum Abkommen vom 12. September 1963 zur Gründung einer Assoziation zwischen der Europäischen Wirtschaftsgemeinschaft und der Türkei für die Übergangsphase der Assoziation

Gesetz vom 19. Mai 1972 (BGBl. II 385)

– Auszug –

Art. 36 Die Freizügigkeit der Arbeitnehmer zwischen den Mitgliedstaaten der Gemeinschaft und der Türkei wird nach den Grundsätzen des Artikels 12 des Assoziierungsabkommens zwischen dem Ende des zwölften und dem Ende des zweiundzwanzigsten Jahres nach dem Inkrafttreten des genannten Abkommens schrittweise hergestellt. Der Assoziationsrat legt die hierfür erforderlichen Regeln fest.

Art. 41 (1) Die Vertragsparteien werden untereinander keine neuen Beschränkungen der Niederlassungsfreiheit und des freien Dienstleistungsverkehrs einführen.

(2) Der Assoziationsrat setzt nach den Grundsätzen der Artikel 13 und 14 des Assoziierungsabkommens die Zeitfolge und die Einzelheiten fest, nach denen die Vertragsparteien die Beschränkungen der Niederlassungsfreiheit und des freien Dienstleistungsverkehrs untereinander schrittweise beseitigen.

Der Assoziationsrat berücksichtigt bei der Festsetzung der Zeitfolge und der Einzelheiten für die verschiedenen Arten von Tätigkeiten die entsprechenden Bestimmungen, welche die Gemeinschaft auf diesen Gebieten bereits erlassen hat, sowie die besondere wirtschaftliche und soziale Lage der Türkei. Die Tätigkeiten, die in besonderem Maße zur Entwicklung der Erzeugung und des Handelsverkehrs beitragen, werden vorrangig behandelt.

3.3. Beschluß Nr. 1/80 des Assoziationsrats EWG/Türkei über die Entwicklung der Assoziation

(ANBA 1981, 4)

– Auszug –

Der Assoziationsrat – gestützt auf das Abkommen zur Gründung einer Assoziation zwischen der Europäischen Wirtschaftsgemeinschaft und der Türkei, in Erwägung nachstehender Gründe:
Neubelebung und Entwicklung der Assoziation müssen sich, wie am 5. Februar 1980 vereinbart, auf sämtliche derzeitigen Probleme der Assoziation erstrecken. Bei der Suche nach einer Lösung für diese Probleme ist die Besonderheit der Assoziationsbindungen zwischen der Gemeinschaft und der Türkei zu berücksichtigen.
Im Agrarbereich kann durch die Abschaffung der Einfuhrzölle der Gemeinschaft für türkische Erzeugnisse das angestrebte Ergebnis erreicht und den Bedenken der Türkei wegen der Folgen der Erweiterung der Gemeinschaft Rechnung getragen werden. Im übrigen muß als Voraussetzung für die Einführung des freien Verkehrs von Agrarerzeugnissen Artikel 33 des Zusatzprotokolls durchgeführt werden. Das vorgesehene System muß unter Einhaltung der Grundsätze und der Regelungen der gemeinsamen Agrarpolitik angewandt werden.
Im sozialen Bereich führen die vorstehenden Erwägungen im Rahmen der internationalen Verpflichtungen jeder der beiden Parteien zu einer besseren Regelung zugunsten der Arbeitnehmer und ihrer Familienangehörigen gegenüber der mit Beschluß Nr. 2/76 des Assoziationsrats eingeführten

Regelung. Im übrigen müssen die Bestimmungen über die soziale Sicherheit und über den Austausch junger Arbeitskräfte durchgeführt werden.

Kapitel II. Soziale Bestimmungen

Abschnitt 1. Fragen betreffend die Beschäftigung und die Freizügigkeit der Arbeitnehmer

Art. 6 (1) Vorbehaltlich der Bestimmungen in Artikel 7 über den freien Zugang der Familienangehörigen zur Beschäftigung hat der türkische Arbeitnehmer, der dem regulären Arbeitsmarkt eines Mitgliedstaats angehört, in diesem Mitgliedstaat
- nach einem Jahr ordnungsgemäßer Beschäftigung Anspruch auf Erneuerung seiner Arbeitserlaubnis bei dem gleichen Arbeitgeber, wenn er über einen Arbeitsplatz verfügt;
- nach drei Jahren ordnungsgemäßer Beschäftigung – vorbehaltlich des den Arbeitnehmern aus den Mitgliedstaaten der Gemeinschaft einzuräumenden Vorrangs – das Recht, sich für den gleichen Beruf bei einem Arbeitgeber seiner Wahl auf ein unter normalen Bedingungen unterbreitetes und bei den Arbeitsämtern dieses Mitgliedstaats eingetragenes anderes Stellenangebot zu bewerben;
- nach vier Jahren ordnungsgemäßer Beschäftigung freien Zugang zu jeder von ihm gewählten Beschäftigung im Lohn- oder Gehaltsverhältnis.

(2) Der Jahresurlaub und die Abwesenheit wegen Mutterschaft, Arbeitsunfall oder kurzer Krankheit werden den Zeiten ordnungsgemäßer Beschäftigung gleichgestellt. Die Zeiten unverschuldeter Arbeitslosigkeit, die von den zuständigen Behörden ordnungsgemäß festgestellt worden sind, sowie die Abwesenheit wegen langer Krankheit werden zwar nicht den Zeiten ordnungsgemäßer Beschäftigung gleichgestellt, berühren jedoch nicht die aufgrund der vorherigen Beschäftigungszeit erworbenen Ansprüche.

(3) Die Einzelheiten der Durchführung der Absätze 1 und 2 werden durch einzelstaatliche Vorschriften festgelegt.

Art. 7 Die Familienangehörigen eines dem regulären Arbeitsmarkt eines Mitgliedstaats angehörenden türkischen Arbeitnehmers, die die Genehmigung erhalten haben, zu ihm zu ziehen,
- haben vorbehaltlich des den Arbeitnehmern aus den Mitgliedstaaten der Gemeinschaft einzuräumenden Vorrangs das Recht, sich auf jedes Stellenangebot zu bewerben, wenn sie dort seit mindestens drei Jahren ihren ordnungsgemäßen Wohnsitz haben;
- haben freien Zugang zu jeder von ihnen gewählten Beschäftigung im Lohn- oder Gehaltsverhältnis, wenn sie dort seit mindestens fünf Jahren ihren ordnungsgemäßen Wohnsitz haben.

Die Kinder türkischer Arbeitnehmer, die im Aufnahmeland eine Berufsausbildung abgeschlossen haben, können sich unabhängig von der Dauer ihres Aufenthalts in dem betreffenden Mitgliedstaat dort auf jedes Stellenangebot bewerben, sofern ein Elternteil in dem betreffenden Mitgliedstaat seit mindestens drei Jahren ordnungsgemäß beschäftigt war.

Art. 8 (1) Kann in der Gemeinschaft eine offene Stelle nicht durch die auf dem Arbeitsmarkt der Mitgliedstaaten verfügbaren Arbeitskräfte besetzt werden und beschließen die Mitgliedstaaten im Rahmen ihrer Rechts- und Verwaltungsvorschriften zu gestatten, daß zur Besetzung dieser Stelle Arbeitnehmer eingestellt werden, die nicht Staatsangehörige eines Mitgliedstaats der Gemeinschaft sind, so bemühen sich die Mitgliedstaaten, den türkischen Arbeitnehmern in diesem Falle einen Vorrang einzuräumen.

(2) Die Arbeitsämter der Mitgliedstaaten bemühen sich, die bei ihnen eingetragenen offenen Stellen, die nicht durch dem regulären Arbeitsmarkt dieses Mitgliedstaats angehörende Arbeitskräfte aus der Gemeinschaft besetzt werden konnten, mit regulär als Arbeitslose gemeldeten türkischen Arbeitnehmern zu besetzen, die im Hoheitsgebiet des genannten Mitgliedstaats ihren ordnungsgemäßen Wohnsitz haben.

Art. 9 Türkische Kinder, die in einem Mitgliedstaat der Gemeinschaft ordnungsgemäß bei ihren Eltern wohnen, welche dort ordnungsgemäß beschäftigt sind oder waren, werden unter Zugrundelegung derselben Qualifikationen wie die Kinder von Staatsangehörigen dieses Mitgliedstaats zum allgemeinen Schulunterricht, zur Lehrlingsausbildung und zur beruflichen Bildung zugelassen. Sie können in diesem Mitgliedstaat Anspruch auf die Vorteile haben, die nach den einzelstaatlichen Rechtsvorschriften in diesem Bereich vorgesehen sind.

Art. 10 (1) Die Mitgliedstaaten der Gemeinschaft räumen den türkischen Arbeitnehmern, die ihrem regulären Arbeitsmarkt angehören, eine Regelung ein, die gegenüber den Arbeitnehmern aus der Gemeinschaft hinsichtlich des Arbeitsentgeltes und der sonstigen Arbeitsbedingungen jede Diskriminierung aufgrund der Staatsangehörigkeit ausschließt.

(2) Vorbehaltlich der Artikel 6 und 7 haben die in Absatz 1 genannten türkischen Arbeitnehmer und ihre Familienangehörigen in gleicher Weise wie die Arbeitnehmer aus der Gemeinschaft Anspruch auf die Unterstützung der Arbeitsämter bei der Beschaffung eines Arbeitsplatzes.

Art. 11 Staatsangehörige der Mitgliedstaaten, die dem regulären Arbeitsmarkt der Türkei angehören, und ihre bei ihnen wohnenden Familienangehörigen genießen dort die in den Artikeln 6, 7, 9 und 10 gewährten Rechte und Vorteile, wenn sie die in diesen Artikeln vorgesehenen Voraussetzungen erfüllen.

Art. 12 Wenn in einen Mitgliedstaat der Gemeinschaft oder in der Türkei der Arbeitsmarkt ernsten Störungen ausgesetzt oder von ernsten Störungen bedroht ist, die ernste Gefahren für den Lebensstandard und das Beschäftigungsniveau in einem Gebiet, einem Wirtschaftszweig oder einem Beruf mit sich bringen können, so kann der betreffende Staat davon absehen, automatisch die Artikel 6 und 7 anzuwenden. Der betreffende Staat unterrichtet den Assoziationsrat von dieser zeitweiligen Einschränkung.

Art. 13 Die Mitgliedstaaten der Gemeinschaft und die Türkei dürfen für Arbeitnehmer und ihre Familienangehörigen, deren Aufenthalt und Beschäftigung in ihrem Hoheitsgebiet ordnungsgemäß sind, keine neuen Beschränkungen für den Zugang zum Arbeitsmarkt einführen.

Art. 14 (1) Dieser Abschnitt gilt vorbehaltlich der Beschränkungen, die aus Gründen der öffentlichen Ordnung, Sicherheit und Gesundheit gerechtfertigt sind.

(2) Er berührt nicht die Rechte und Pflichten, die sich aus den einzelstaatlichen Rechtsvorschriften oder zweiseitigen Abkommen zwischen der Türkei und den Mitgliedstaaten der Gemeinschaft ergeben, soweit sie für ihre Staatsangehörigen keine günstigere Regelung vorsehen.

Art. 15 (1) Damit der Assoziationsrat in der Lage ist, die ausgewogene Anwendung dieses Abschnitts zu überwachen und sich zu vergewissern, daß sie unter Bedingungen erfolgt, die die Gefahr von Störungen auf den Arbeitsmärkten ausschließen, führt er in regelmäßigen Zeitabständen einen Meinungsaustausch durch, um für eine bessere gegenseitige Kenntnis der wirtschaftlichen und sozialen Lage einschließlich der Lage auf dem Arbeitsmarkt und seiner Entwicklungsaussichten in der Gemeinschaft und in der Türkei zu sorgen.

Er legt jährlich dem Assoziationsrat einen Tätigkeitsbericht vor.

(2) Der Assoziationsausschuß ist befugt, sich im Hinblick auf die Durchführung von Absatz 1 von einer Ad-hoc-Gruppe unterstützen zu lassen.

Art. 16 (1) Die Bestimmungen dieses Abschnitts sind ab 1. Dezember 1980 anwendbar.

(2) Ab 1. Juni 1983 prüft der Assoziationsrat insbesondere im Lichte der in Artikel 15 genannten Tätigkeitsberichte die Ergebnisse der Anwendung dieses Abschnitts, um die ab 1. Dezember 1983 möglichen Lösungen auszuarbeiten.

3.4. Europa-Mittelmeer-Abkommen zur Gründung einer Assoziation zwischen den Europäischen Gemeinschaften und ihren Mitgliedstaaten einerseits und dem Haschemitischen Königreich Jordanien andererseits

Vom 1. Mai 2002 (ABl. L 129 vom 15. 5. 2002 S. 3)

– Auszug –

Art. 1 (1) Zwischen der Gemeinschaft und ihren Mitgliedstaaten einerseits und dem Haschemitischen Königreich Jordanien andererseits wird eine Assoziation gegründet.

Assoziation EG – Jordanien 3.4. **Texte 5**

(2) Ziel dieses Abkommens ist es,
- einen geeigneten Rahmen für den politischen Dialog zu schaffen, der die Entwicklung enger politischer Beziehungen zwischen den Vertragsparteien ermöglicht;
- die Voraussetzungen für die schrittweise Liberalisierung des Waren-, des Dienstleistungs- und des Kapitalverkehrs zu schaffen;
- durch Dialog und Zusammenarbeit die Entwicklung ausgewogener wirtschaftlicher und sozialer Beziehungen zwischen den Vertragsparteien zu fördern;
- die Lebens- und Beschäftigungsbedingungen zu verbessern und die Produktivität und die finanzielle Stabilität zu erhöhen;
- die regionale Zusammenarbeit zu fördern, um die friedliche Koexistenz und die wirtschaftliche und politische Stabilität zu festigen;
- die Zusammenarbeit in weiteren Bereichen zu fördern, die von gemeinsamem Interesse sind.

Art. 2 Die Beziehungen zwischen den Vertragsparteien ebenso wie alle Bestimmungen des Abkommens beruhen auf der Wahrung der Grundsätze der Demokratie und der Achtung der Menschenrechte, wie sie in der Allgemeinen Erklärung der Menschenrechte niedergelegt sind, von denen die Vertragsparteien sich bei ihrer Innen- und Außenpolitik leiten lassen und die ein wesentliches Element dieses Abkommens sind.

Titel III. Niederlassungsrecht und Dienstleistungen

Kapitel 1. Niederlassungsrecht

Art. 30 Binnenschiffs- und Seeverkehr. (1)
a) Die Gemeinschaft und ihre Mitgliedstaaten gewähren für die Niederlassung jordanischer Gesellschaften eine Behandlung, die nicht weniger günstig ist als die gleichartigen Gesellschaften eines Drittlands gewährte Behandlung.
b) Unbeschadet der in Anhang V aufgeführten Vorbehalte gewähren die Gemeinschaft und ihre Mitgliedstaaten den in einem Mitgliedstaat niedergelassenen Tochtergesellschaften jordanischer Gesellschaften hinsichtlich deren Geschäftstätigkeit eine Behandlung, die nicht weniger günstig ist als die gleichartigen Gesellschaften der Gemeinschaft gewährte Behandlung.
c) Die Gemeinschaft und ihre Mitgliedstaaten gewähren in einem Mitgliedstaat niedergelassenen Zweigniederlassungen jordanischer Gesellschaften hinsichtlich deren Geschäftstätigkeit eine Behandlung, die nicht weniger günstig ist als gleichartigen Zweigniederlassungen von Gesellschaften eines Drittlandes gewährte Behandlung.

(2)
a) Unbeschadet der in Anhang VI aufgeführten Vorbehalte gewährt Jordanien für die Niederlassung von Gesellschaften der Gemeinschaft in seinem Gebiet eine Behandlung, die nicht weniger günstig ist als die seinen eigenen Gesellschaften oder den Gesellschaften eines Drittlandes gewährte Behandlung, sofern die letztere die günstigere Behandlung ist.
b) Jordanien gewährt den in seinem Gebiet niedergelassenen Tochtergesellschaften und Zweigniederlassungen von Gesellschaften der Gemeinschaft hinsichtlich deren Geschäftstätigkeit eine Behandlung, die nicht weniger günstig ist als die seinen eigenen Gesellschaften bzw. Zweigniederlassungen von Gesellschaften eines Drittlandes gewährte Behandlung, sofern die letztere die günstigere Behandlung ist.

(3) Von Absatz 1 Buchstabe b) und Absatz 2 Buchstabe b) darf nicht Gebrauch gemacht werden, um die Gesetze und sonstigen Vorschriften einer Vertragspartei zu umgehen, die auf den Zugang der im Gebiet dieser ersten Vertragspartei niedergelassenen Tochtergesellschaften oder Zweigniederlassungen von Gesellschaften der anderen Vertragspartei zu einzelnen Wirtschaftszweigen oder Tätigkeiten Anwendung finden.

Die in Absatz 1 Buchstabe b), Absatz 1 Buchstabe c) und Absatz 2 Buchstabe b) genannte Behandlung gilt für die Gesellschaften, Tochtergesellschaften oder Zweigniederlassungen, die in der Gemeinschaft bzw. in Jordanien zum Zeitpunkt des Inkrafttretens dieses Abkommens niedergelassenen Gesellschaften, Tochtergesellschaften und Zweigniederlassungen, die sich nach diesem Zeitpunkt dort niedergelassen haben, sobald sie niedergelassen sind.

Art. 31 (1) Artikel 30 findet keine Anwendung auf den Luft-, Binnenschiffs- und Seeverkehr.
(2) ...

5 Texte 3.5.

Kapitel 2. Grenzüberschreitender Dienstleistungsverkehr

Art. 37 (1) Die Vertragsparteien bemühen sich nach besten Kräften, unter Berücksichtigung der Entwicklung des Dienstleistungssektors in den Vertragsparteien schrittweise die Erbringung von Dienstleistungen durch Gesellschaften der Gemeinschaft oder jordanische Gesellschaften zu erlauben, die in einer Vertragspartei als derjenigen des Leistungsempfängers niedergelassen sind.

(2) Der Assoziationsrat spricht Empfehlungen für die Erreichung des in Absatz 1 genannten Ziels aus.

3.5. Europa-Abkommen zur Gründung einer Assoziation zwischen den Europäischen Gemeinschaften sowie ihren Mitgliedstaaten und der Republik Bulgarien

Vom 8. März 1993 (BGBl. 1994 II 2754)*

– Auszug –

Titel IV. Freizügigkeit der Arbeitnehmer, Niederlassungsrecht, Dienstleistungsverkehr

Kapitel I. Freizügigkeit der Arbeitnehmer

Art. 38 (1) Vorbehaltlich der in den einzelnen Mitgliedstaaten geltenden Bedingungen und Modalitäten
- wird den Arbeitnehmern bulgarischer Staatsangehörigkeit, die im Gebiet eines Mitgliedstaates rechtmäßig beschäftigt sind, eine Behandlung gewährt, die hinsichtlich der Arbeitsbedingungen, der Entlohnung oder der Entlassung keine auf der Staatsangehörigkeit beruhende Benachteiligung gegenüber den eigenen Staatsangehörigen bewirkt;
- haben die rechtmäßig im Gebiet eines Mitgliedstaates wohnhaften Ehegatten und Kinder der dort rechtmäßig beschäftigten Arbeitnehmer während der Geltungsdauer der Arbeitserlaubnis dieser Arbeitnehmer Zugang zum Arbeitsmarkt dieses Mitgliedstaates; eine Ausnahme bilden Saisonarbeitnehmer und Arbeitnehmer, die unter bilaterale Abkommen im Sinne von Artikel 42 fallen, sofern diese Abkommen nichts anderes bestimmen.

(2) Bulgarien gewährt vorbehaltlich der dort geltenden Bedingungen und Modalitäten Arbeitnehmern, die Staatsangehörige eines Mitgliedstaates und in seinem Gebiet rechtmäßig beschäftigt sind, sowie deren Ehegatten und Kindern, die in diesem Gebiet rechtmäßig wohnhaft sind, die gleiche Behandlung wie in Absatz 1 vorgesehen.

Art. 39 (1) Im Hinblick auf die Koordinierung der Systeme der sozialen Sicherheit für Arbeitnehmer bulgarischer Staatsangehörigkeit, die im Gebiet eines Mitgliedstaates rechtmäßig beschäftigt sind, und für deren Familienangehörige, die dort rechtmäßig wohnhaft sind, und vorbehaltlich der in jedem Mitgliedstaat geltenden Bedingungen und Modalitäten
- werden für diese Arbeitnehmer die in den einzelnen Mitgliedstaaten zurückgelegten Versicherungs-, Beschäftigungs- bzw. Aufenthaltszeiten bei den Alters-, Invaliditäts- und Hinterbliebenenrenten sowie der Krankheitsfürsorge für sie und ihre Familienangehörigen zusammengerechnet;
- können alle Alters- und Hinterbliebenenrenten und Renten bei Arbeitsunfall, Berufskrankheit oder Erwerbsunfähigkeit, wenn diese durch einen Arbeitsunfall oder eine Berufskrankheit verursacht wurde – mit Ausnahme der nicht beitragsbedingten Leistungen –, zu den gemäß den Rechtsvorschriften des Schuldnermitgliedstaats bzw. der Schuldnermitgliedstaaten geltenden Sätzen frei transferiert werden;
- erhalten die fraglichen Arbeitnehmer Familienzulagen für ihre vorgenannten Familienangehörigen.

---

* Ähnliche Abkommen bestehen u. a. mit Polen (BGBl. 1993 II 1316), Rumänien (BGBl. 1994 II 2957), Slowakei (BGBl. 1994 II 3126), Tschechien (BGBl. 1994 II 3320) und Ungarn (BGBl. 1993 II 1473).

Assoziation EG – Bulgarien

(2) Bulgarien gewährt den Arbeitnehmern, die Staatsangehörige eines Mitgliedstaates und in seinem Gebiet rechtmäßig beschäftigt sind, und deren dort rechtmäßig wohnhaften Familienangehörigen eine Behandlung, die der in Absatz 1 unter dem zweiten und dritten Gedankenstrich vorgesehenen Behandlung entspricht.

Art. 40 (1) Der Assoziationsrat legt durch Beschluß geeignete Bestimmungen zur Erreichung des in Artikel 39 niedergelegten Ziels fest.

(2) Der Assoziationsrat legt die Einzelheiten für eine Zusammenarbeit der Verwaltungen fest, die die erforderlichen Verwaltungs- und Kontrollgarantien für die Durchführung der in Absatz 1 genannten Bestimmungen bietet.

Art. 41 Die vom Assoziationsrat gemäß Artikel 40 erlassenen Bestimmungen lassen die Rechte und Pflichten, die sich aus den bilateralen Abkommen zwischen Bulgarien und den Mitgliedstaaten ergeben, unberührt, soweit diese eine günstigere Behandlung der bulgarischen Staatsangehörigen oder der Staatsangehörigen der Mitgliedstaaten vorsehen.

Art. 42 (1) Unter Berücksichtigung der Arbeitsmarktlage in dem Mitgliedstaat und vorbehaltlich seiner Rechtsvorschriften und der Einhaltung seiner Bestimmungen über die Mobilität der Arbeitnehmer
– sollten die bestehenden Erleichterungen für den Zugang zur Beschäftigung für bulgarische Arbeitnehmer, die die Mitgliedstaaten im Rahmen bilateraler Abkommen gewähren, beibehalten und nach Möglichkeit verbessert werden;
– werden die anderen Mitgliedstaaten den möglichen Abschluß ähnlicher Abkommen wohlwollend prüfen.

(2) Der Assoziationsrat prüft die Gewährung weiterer Verbesserungen, einschließlich Erleichterungen für den Zugang zur Berufsausbildung, im Einklang mit den geltenden Rechtsvorschriften und Verfahren der Mitgliedstaaten und unter Berücksichtigung der Arbeitsmarktlage in den Mitgliedstaaten und in der Gemeinschaft.

Art. 43 Der Assoziationsrat prüft während der in Artikel 7 genannten zweiten Stufe oder gegebenenfalls früher weitere Mittel und Wege zur Verbesserung der Freizügigkeit der Arbeitnehmer und berücksichtigt dabei insbesondere die soziale und wirtschaftliche Lage in Bulgarien sowie die Beschäftigungssituation in der Gemeinschaft. Der Assoziationsrat spricht dazu Empfehlungen aus.

Art. 44 Zur Erleichterung einer Neustrukturierung des Arbeitskräftepotentials im Zuge der Umgestaltung der Wirtschaft in Bulgarien leistet die Gemeinschaft technische Hilfe beim Aufbau eines angemessenen Systems der sozialen Sicherheit in Bulgarien, wie in Artikel 89 vorgesehen.

Kapitel II. Niederlassungsrecht

Art. 45 (1) Die Mitgliedstaaten gewähren vom Inkrafttreten des Abkommens an für die Niederlassung bulgarischer Gesellschaften und Staatsangehöriger und für die Geschäftstätigkeit der in ihrem Gebiet niedergelassenen bulgarischen Gesellschaften und Staatsangehörigen eine Behandlung, die nicht weniger günstig ist als die Behandlung ihrer eigenen Gesellschaften und Staatsangehörigen, mit Ausnahme der in Anhang XVa aufgeführten Bereiche.

(2) Bulgarien gewährt vom Inkrafttreten des Abkommens an
i) für die Niederlassung von Gesellschaften und Staatsangehörigen der Gemeinschaft eine Behandlung, die nicht weniger günstig ist als die Behandlung seiner eigenen Staatsangehörigen und Gesellschaften, mit Ausnahme der in den Anhängen XV b und XV c aufgeführten Wirtschaftszweige und Bereiche, für die die Inländerbehandlung spätestens bis zum Ende der in Artikel 7 genannten Übergangszeit gewährt wird;
ii) für die Geschäftstätigkeit der in Bulgarien niedergelassenen Gesellschaften und Staatsangehörigen der Gemeinschaft eine Behandlung, die nicht weniger günstig ist als die Behandlung seiner eigenen Gesellschaften und Staatsangehörigen.

(3) Absatz 2 gilt nicht für die in Anhang XV d aufgeführten Bereiche.

(4) Bulgarien erläßt während der in Absatz 2 Ziffer i genannten Übergangszeit keine neuen Vorschriften oder Maßnahmen, die hinsichtlich Niederlassung der Gesellschaften und Staatsangehörigen

der Gemeinschaft in seinem Gebiet eine Benachteiligung gegenüber seinen eigenen Gesellschaften und Staatsangehörigen bewirken.

(5) Im Sinne dieses Abkommens

a) bedeutet „Niederlassung"
   i) im Falle der Staatsangehörigen das Recht auf Aufnahme und Ausübung selbständiger Erwerbstätigkeiten sowie auf Gründung und Leitung von Unternehmen, insbesondere von Gesellschaften, die sie tatsächlich kontrollieren. Die Ausübung einer selbständigen Tätigkeit und einer Geschäftstätigkeit durch Staatsangehörige umfaßt nicht die Suche oder Annahme einer Beschäftigung auf dem Arbeitsmarkt der anderen Vertragspartei und verleiht nicht das Recht auf Zugang zum Arbeitsmarkt der anderen Vertragspartei. Die Bestimmungen dieses Artikels gelten nicht für diejenigen, die nicht ausschließlich eine selbständige Tätigkeit ausüben;
   ii) im Falle der Gesellschaften das Recht auf Aufnahme und Ausübung von Erwerbstätigkeiten durch die Errichtung und Leitung von Tochtergesellschaften, Zweigniederlassungen und Agenturen;
b) bedeutet „Tochtergesellschaft" einer Gesellschaft eine Gesellschaft, die tatsächlich von der ersten Gesellschaft kontrolliert wird;
c) umfassen „Erwerbstätigkeiten" insbesondere gewerbliche Tätigkeiten, kaufmännische Tätigkeiten, handwerkliche Tätigkeiten und freiberufliche Tätigkeiten.

(6) Der Assoziationsrat prüft während der in Absatz 2 Ziffer i genannten Übergangszeiten regelmäßig die Möglichkeit für eine beschleunigte Gewährung der Inländerbehandlung in den in den Anhängen XV b und XV c aufgeführten Wirtschaftszweigen und für die Einbeziehung der in Anhang XV d aufgeführten Bereiche und Angelegenheiten in den Geltungsbereich des Absatzes 2 Ziffer i. Diese Anhänge können durch Beschluß des Assoziationsrates geändert werden.

Nach Ablauf der in Absatz 2 Ziffer i genannten Übergangszeiten kann der Assoziationsrat ausnahmsweise und falls erforderlich auf Antrag Bulgariens beschließen, die Ausnahmeregelung für bestimmte in den Anhängen XV b und XV c aufgeführte Bereiche und Angelegenheiten für einen begrenzten Zeitraum zu verlängern.

Art. 46 (1) Vorbehaltlich des Artikels 45 und mit Ausnahme der in Anhang XV b aufgeführten Finanzdienstleistungen kann jede Vertragspartei die Niederlassung und Geschäftstätigkeit von Gesellschaften und Staatsangehörigen in ihrem Gebiet reglementieren, soweit diese Regelungen die Gesellschaften und Staatsangehörigen der anderen Vertragspartei gegenüber ihren eigenen Gesellschaften und Staatsangehörigen nicht benachteiligen.

(2) Hinsichtlich der in Anhang XV b aufgeführten Finanzdienstleistungen berührt dieses Abkommen nicht das Recht der Vertragsparteien, Maßnahmen zu ergreifen, die zur Durchführung der Währungspolitik der Vertragsparteien oder aus aufsichtsrechtlichen Gründen erforderlich sind, um den Schutz von Investoren, Kontoinhabern, Versicherungsnehmern oder von Personen, gegenüber denen eine Verbindlichkeit aufgrund eines Treuhandgeschäfts besteht, oder die Integrität und Stabilität des Finanzsystems sicherzustellen. Diese Maßnahmen dürfen Gesellschaften und Staatsangehörige der anderen Vertragspartei gegenüber den eigenen Gesellschaften und Staatsangehörigen nicht benachteiligen.

Art. 47 Um Staatsangehörigen der Gemeinschaft und Staatsangehörigen Bulgariens die Aufnahme und Ausübung reglementierter Berufstätigkeiten in Bulgarien bzw. in der Gemeinschaft zu erleichtern, prüft der Assoziationsrat, welche Schritte zur gegenseitigen Anerkennung der Befähigungsnachweise erforderlich sind. Er kann zu diesem Zweck alle zweckdienlichen Maßnahmen ergreifen.

Art. 48 Artikel 46 schließt nicht aus, daß die eine Vertragspartei für die Niederlassung und Geschäftstätigkeit von Zweigniederlassungen und Agenturen von Gesellschaften der anderen Vertragspartei, die im Gebiet der ersten Vertragspartei nicht registriert sind, eine Sonderregelung anwendet, die wegen rechtlicher oder technischer Unterschiede zwischen derartigen Zweigniederlassungen und Agenturen und den Zweigniederlassungen und Agenturen der in ihrem Gebiet registrierten Gesellschaften oder, im Falle der Finanzdienstleistungen, aus aufsichtsrechtlichen Gründen gerechtfertigt ist. Diese unterschiedliche Behandlung geht nicht über das unbedingt notwendige Maß hinaus, wie es sich aus derartigen rechtlichen oder technischen Unterschieden oder, im Falle der in Anhang XV b aufgeführten Finanzdienstleistungen, aus aufsichtsrechtlichen Gründen ergibt.

Assoziation EG – Bulgarien

Art. 49 (1) Als „Gesellschaft der Gemeinschaft" bzw. „bulgarische Gesellschaft" im Sinne dieses Abkommens gilt eine Gesellschaft oder eine Firma, die nach den Rechtsvorschriften eines Mitgliedstaates bzw. Bulgariens gegründet wurde und ihren satzungsmäßigen Sitz, ihre Hauptverwaltung oder ihre Hauptniederlassung im Gebiet der Gemeinschaft bzw. Bulgariens hat. Hat die nach den Rechtsvorschriften eines Mitgliedstaates bzw. Bulgariens gegründete Gesellschaft oder Firma nur ihren satzungsmäßigen Sitz im Gebiet der Gemeinschaft bzw. Bulgariens, so müssen ihre Geschäftstätigkeiten eine echte und kontinuierliche Verbindung mit der Wirtschaft eines der Mitgliedstaaten bzw. Bulgariens aufweisen.

(2) Dieses Kapitel und Kapitel III gelten auch im internationalen Seeverkehr für Staatsangehörige oder Schiffahrtsgesellschaften der Mitgliedstaaten bzw. Bulgariens, die außerhalb der Gemeinschaft bzw. Bulgariens niedergelassen sind und von Staatsangehörigen eines Mitgliedstaates bzw. Bulgariens kontrolliert werden, wenn ihre Schiffe in diesem Mitgliedstaat bzw. in Bulgarien gemäß den jeweils geltenden Rechtsvorschriften registriert sind.

(3) Als Staatsangehöriger der Gemeinschaft bzw. Bulgariens im Sinne dieses Abkommens gilt jede natürliche Person, die die Staatsangehörigkeit eines der Mitgliedstaaten bzw. Bulgariens besitzt.

(4) Die Bestimmungen dieses Abkommens schließen nicht aus, daß jede Vertragspartei alle notwendigen Maßnahmen ergreift, um zu verhindern, daß ihre Maßnahmen betreffend den Zugang von Drittländern zu ihrem Markt mittels der Bestimmungen dieses Abkommens umgangen werden.

Art. 50 Als „Finanzdienstleistungen" im Sinne dieses Abkommens gelten die in Anhang XV b aufgeführten Tätigkeiten. Der Assoziationsrat kann den Geltungsbereich von Anhang XV b erweitern oder ändern.

Art. 51 Bulgarien kann während der ersten fünf Jahre nach dem Zeitpunkt des Inkrafttretens dieses Abkommens bzw. für die in den Anhängen XV b und XV c aufgeführten Wirtschaftszweige während der in Artikel 7 genannten Übergangszeit Maßnahmen einführen, die von den Bestimmungen dieses Kapitels über die Niederlassung von Gesellschaften und Staatsangehörigen der Gemeinschaft abweichen, wenn bestimmte Industrien

– eine Umstrukturierung durchführen oder
– ernsten Schwierigkeiten gegenüberstehen, die insbesondere schwerwiegende soziale Probleme in Bulgarien hervorrufen, oder
– einen Verlust oder einen drastischen Rückgang des gesamten Marktanteils der bulgarischen Gesellschaften oder Staatsangehörigen in einem bestimmten Wirtschafts- oder Industriezweig in Bulgarien erfahren oder
– sich in Bulgarien erst im Aufbau befinden.

Derartige Maßnahmen:
i) treten spätestens zwei Jahre nach Ablauf des fünften Jahres nach dem Zeitpunkt des Inkrafttretens dieses Abkommens außer Kraft und
ii) müssen vertretbar und notwendig sein, um Abhilfe zu schaffen, und
iii) dürfen nur die Niederlassungen betreffen, die in Bulgarien nach dem Inkrafttreten derartiger Maßnahmen gegründet werden sollen, und dürfen keine Benachteiligung der Geschäftstätigkeit der Gesellschaften oder Staatsangehörigen der Gemeinschaft, die bei der Einführung einer bestimmten Maßnahme bereits in Bulgarien niedergelassen waren, gegenüber den bulgarischen Gesellschaften oder Staatsangehörigen bewirken.

Der Assoziationsrat kann ausnahmsweise und falls erforderlich auf Antrag Bulgariens beschließen, die unter Ziffer i genannte Frist für einen bestimmten Wirtschaftszweig für einen begrenzten Zeitraum zu verlängern, der die Dauer der in Artikel 7 genannten Übergangszeit nicht überschreiten darf.

Bei der Verfügung und Durchführung derartiger Maßnahmen gewährt Bulgarien, soweit möglich, den Gesellschaften und Staatsangehörigen der Gemeinschaft eine Präferenzbehandlung, in keinem Fall aber eine weniger günstige Behandlung als den Gesellschaften oder Staatsangehörigen aus einem Drittland.

Vor der Einführung dieser Maßnahmen konsultiert Bulgarien den Assoziationsrat; es setzt sie frühestens einen Monat nach der Mitteilung der von Bulgarien geplanten konkreten Maßnahmen an den Assoziationsrat in Kraft, sofern kein nicht wiedergutzumachender Schaden droht, der Sofortmaßnahmen erforderlich macht. In diesem Fall konsultiert Bulgarien den Assoziationsrat unverzüglich nach ihrer Einführung.

Bulgarien kann derartige Maßnahmen nach Ablauf des fünften Jahres nach dem Inkrafttreten des Abkommens bzw. für die in den Anhängen XVb und XVc aufgeführten Wirtschaftszweige nach Ablauf der in Artikel 7 genannten Übergangszeit nur mit Zustimmung des Assoziationsrates und unter den von diesem festgelegten Bedingungen einführen.

Art. 52 (1) Dieses Kapitel gilt nicht für den Luft- und Binnenschiffsverkehr sowie den Seekabotageverkehr.

(2) Der Assoziationsrat kann Empfehlungen für die Förderung der Niederlassung und der Ausübung von Geschäftstätigkeiten in den in Absatz 1 genannten Bereichen aussprechen.

Art. 53 (1) Unbeschadet des Kapitels I sind die Begünstigten der von Bulgarien bzw. der Gemeinschaft zugestandenen Niederlassungsrechte berechtigt, im Einklang mit den geltenden Rechtsvorschriften des Aufnahmelandes im Gebiet Bulgariens bzw. der Gemeinschaft Personal zu beschäftigen oder von ihren Tochtergesellschaften beschäftigen zu lassen, das die Staatsangehörigkeit eines Mitgliedstaats der Gemeinschaft bzw. Bulgariens besitzt, sofern es sich dabei um in Schlüsselpositionen beschäftigtes Personal im Sinne des Absatzes 2 handelt und es ausschließlich von diesen Begünstigten oder ihren Tochtergesellschaften beschäftigt wird. Die Aufenthalts- und Arbeitserlaubnisse für dieses Personal gelten nur für den jeweiligen Beschäftigungszeitraum.

(2) In Schlüsselpositionen beschäftigtes Personal der Begünstigten der Niederlassungsrechte, nachstehend „Organisation" genannt, sind
a) Führungskräfte einer Organisation, die in erster Linie die Organisation leiten und allgemeine Anweisungen hauptsächlich von dem Vorstand oder den Aktionären erhalten; zu ihren Kompetenzen gehören:
  – die Leitung der Organisation oder einer Abteilung oder Unterabteilung der Organisation;
  – die Überwachung und Kontrolle der Arbeit des anderen aufsichtsführenden Personals und der anderen Fach- und Verwaltungskräfte;
  – die persönliche Befugnis zur Einstellung und Entlassung oder zur Empfehlung der Einstellung und Entlassung oder sonstiger Personalentscheidungen;
b) Beschäftigte einer Organisation mit hohen oder ungewöhnlichen
  – Qualifikationen für bestimmte Arbeiten oder Aufgaben, die spezifische technische Kenntnisse erfordern;
  – Kenntnissen, die für Betrieb, Forschungsausrüstung, Verfahren oder Verwaltung der Organisation notwendig sind.
Zu diesen Beschäftigten dürfen auch Angehörige zulassungspflichtiger Berufe gehören.

Dieses Personal muß von der betreffenden Organisation mindestens ein Jahr vor der Abstellung durch die Organisation eingestellt worden sein.

Art. 54 (1) Dieses Kapitel gilt vorbehaltlich der Beschränkungen, die aus Gründen der öffentlichen Ordnung, Sicherheit oder Gesundheit gerechtfertigt sind.

(2) Es gilt nicht für Tätigkeiten, die im Gebiet einer Vertragspartei dauernd oder zeitweise mit der Ausübung hoheitlicher Befugnisse verbunden sind.

Art. 55 Dieses Kapitel und Kapitel III gelten auch für Gesellschaften, die von bulgarischen Gesellschaften oder Staatsangehörigen und von Gesellschaften oder Staatsangehörigen der Gemeinschaft gemeinsam kontrolliert werden oder sich in deren ausschließlichem Miteigentum befinden.

Kapitel III. Dienstleistungsverkehr zwischen der Gemeinschaft und Bulgarien

Art. 56 (1) Die Vertragsparteien verpflichten sich, im Einklang mit den Bestimmungen dieses Kapitels und unter Berücksichtigung der Entwicklung des Dienstleistungssektors in den Vertragsparteien die erforderlichen Maßnahmen zu treffen, um schrittweise die Erbringung von Dienstleistungen durch Gesellschaften oder Staatsangehörige der Gemeinschaft oder Bulgariens zu erlauben, die in einer anderen Vertragspartei als derjenigen des Leistungsempfängers niedergelassen sind.

(2) Im Einklang mit der in Absatz 1 genannten Liberalisierung und vorbehaltlich des Artikels 59 Absatz 1 gestatten die Vertragsparteien die vorübergehende Einreise der natürlichen Personen, die die Dienstleistung erbringen oder von dem Leistungserbringer als Personal in Schlüsselpositionen im Sinne des Artikels 53 Absatz 2 beschäftigt werden; dazu gehören auch natürliche Personen, die Vertreter von Gesellschaften oder Staatsangehörigen der Gemeinschaft oder Bulgariens sind und um vorübergehende

Assoziation EG – Bulgarien 3.5. **Texte 5**

Einreise zwecks Aushandlung oder Abschluß von Dienstleistungsaufträgen für diesen Leistungserbringer ersuchen, sofern diese Vertreter nicht im direkten Verkauf beschäftigt sind oder selbst Dienstleistungen erbringen.

(3) Der Assoziationsrat trifft die erforderlichen Maßnahmen zur schrittweisen Durchführung von Absatz 1.

Art. 57 Für die Erbringung von Verkehrsleistungen zwischen der Gemeinschaft und Bulgarien gelten anstelle des Artikels 56 die folgenden Bestimmungen:

1. Hinsichtlich des internationalen Seeverkehrs verpflichten sich die Vertragsparteien, den Grundsatz des ungehinderten Zugangs zum Markt und zum Verkehr auf kaufmännischer Basis wirksam anzuwenden.
   a) Die vorstehende Bestimmung berührt nicht die Rechte und Pflichten aus dem Verhaltenskodex der Vereinten Nationen für Linienkonferenzen, wie er von der einen oder der anderen Vertragspartei dieses Abkommens angewandt wird. Nichtkonferenz-Reedereien dürfen mit einer Konferenz-Reederei im Wettbewerb stehen, sofern sie den Grundsatz des lauteren Wettbewerbs auf kaufmännischer Basis beachten.
   b) Die Vertragsparteien treten ein für den freien Wettbewerb als einen wesentlichen Faktor des Verkehrs mit trockenen und flüssigen Massengütern.
2. Gemäß den Grundsätzen der Nummer 1
   a) dürfen die Vertragsparteien in künftige bilaterale Abkommen mit Drittländern keine Ladungsanteilvereinbarungen aufnehmen, wenn nicht der außergewöhnliche Umstand gegeben ist, daß Linienreedereien der einen oder der anderen Vertragspartei sonst keinen tatsächlichen Zugang zum Verkehr von und nach dem betreffenden Drittland hätten;
   b) untersagen die Vertragsparteien Ladungsanteilvereinbarungen in künftigen bilateralen Abkommen betreffend den Verkehr mit trockenen und flüssigen Massengütern;
   c) heben die Vertragsparteien bei Inkrafttreten dieses Abkommens alle einseitigen Maßnahmen sowie alle administrativen, technischen und sonstigen Hemmnisse auf, die Beschränkungen oder Diskriminierungen hinsichtlich der Dienstleistungsfreiheit im internationalen Seeverkehr bewirken könnten.
3. Um abgestimmt auf die kommerziellen Bedürfnisse der Vertragsparteien eine koordinierte Entwicklung und schrittweise Liberalisierung des Verkehrs zwischen ihnen zu gewährleisten, werden die Bedingungen für den gegenseitigen Marktzugang im Luft- und im Landverkehr Gegenstand gesonderter Verkehrsabkommen sein, die nach dem Inkrafttreten dieses Abkommens zwischen den Vertragsparteien auszuhandeln sind.
4. Vor Abschluß der Abkommen gemäß Nummer 3 ergreifen die Vertragsparteien keine Maßnahmen, die im Vergleich zu dem Stand am Tage vor dem Inkrafttreten dieses Abkommens restriktiver oder diskriminierender sind.
5. während der Übergangszeit gleicht Bulgarien seine Rechtsvorschriften einschließlich der administrativen, technischen und sonstigen Bestimmungen an die geltenden Rechtsvorschriften der Gemeinschaft im Luft- und im Landverkehr insoweit an, als dies der Liberalisierung und dem gegenseitigen Marktzugang der Vertragsparteien dienlich ist und den Personen- und Güterverkehr erleichtert.
6. parallel zu den gemeinsamen Fortschritten bei der Verwirklichung der Ziele dieses Kapitels prüft der Assoziationsrat, wie die notwendigen Voraussetzungen für die Verbesserung der Dienstleistungsfreiheit im Luft- und im Landverkehr geschaffen werden können.

Art. 58 Für die unter dieses Kapitel fallenden Angelegenheiten gilt Artikel 54.

Kapitel IV. Allgemeine Bestimmungen

Art. 59 (1) Für die Zwecke des Titels IV werden die Vertragsparteien durch keine Bestimmung des Abkommens daran gehindert, ihre Rechts- und Verwaltungsvorschriften über Einreise und Aufenthalt, Beschäftigung, Beschäftigungsbedingungen, Niederlassung von natürlichen Personen und Erbringung von Dienstleistungen anzuwenden, sofern sie dies nicht in einer Weise tun, durch die die Vorteile, die einer Vertragspartei aus einer Bestimmung des Abkommens erwachsen, zunichte gemacht oder verringert werden. Diese Bestimmung berührt nicht die Anwendung von Artikel 54.

(2) Die Bestimmungen der Kapitel II, III und IV des Titels IV werden durch Beschluß des Assoziationsrates zur Berücksichtigung der Ergebnisse der Verhandlungen über den Dienstleistungsverkehr im

Rahmen der Uruguay-Runde angepaßt, um insbesondere sicherzustellen, daß keine Vertragspartei der anderen Vertragspartei aufgrund einer Bestimmung dieses Abkommens eine Behandlung gewährt, die weniger günstig ist als die Behandlung, die aufgrund eines künftigen GATS-Übereinkommens gewährt wird.

Bis zum Beitritt Bulgariens zu einem künftigen GATS-Übereinkommen und unbeschadet etwaiger Beschlüsse des Assoziationsrates

i) gewährt die Gemeinschaft den Gesellschaften und Staatsangehörigen Bulgariens eine Behandlung, die nicht weniger günstig ist als die Behandlung, die aufgrund eines künftigen GATS-Übereinkommens den Gesellschaften und Staatsangehörigen der übrigen Mitglieder des GATS-Übereinkommens gewährt wird;

ii) gewährt Bulgarien den Gesellschaften und Staatsangehörigen der Gemeinschaft eine Behandlung, die nicht weniger günstig ist als die Behandlung, die Bulgarien den Gesellschaften und Staatsangehörigen von Drittländern gewährt.

(3) Für die Dauer der in Artikel 7 genannten Übergangszeit gilt als mit Titel IV und den Wettbewerbsregeln des Titels V vereinbar, daß gemäß Kapitel II des Titels IV in Bulgarien niedergelassene Gesellschaften und Staatsangehörige der Gemeinschaft von öffentlichen Beihilfen ausgeschlossen werden, die Bulgarien im öffentlichen Bildungswesen, im Gesundheitswesen sowie im sozialen und kulturellen Bereich gewährt.

3.6. Beschluß des Rates über die vom Rat aufgrund von Artikel K.3 Absatz 2 Buchstabe b) des Vertrags über die Europäische Union beschlossene Gemeinsame Maßnahme über Reiseerleichterungen für Schüler von Drittstaaten mit Wohnsitz in einem Mitgliedstaat

Vom 30. November 1994 (ABl. L 327 vom 19. 12. 1994 S. 1)

Art. 1 (1) Ein Mitgliedstaat verlangt von einem Schüler mit gesetzmäßigem Wohnsitz in einem anderen Mitgliedstaat, der nicht die Staatsangehörigkeit eines Mitgliedstaats hat und entweder für einen Kurzaufenthalt oder für die Durchreise die Einreise in sein Hoheitsgebiet beantragt, kein Visum, wenn

a) der Schüler als Mitglied einer Schülergruppe einer allgemeinbildenden Schule im Rahmen eines Schulausfluges reist,

b) die Gruppe von einem Lehrer der betreffenden Schule begleitet wird, der eine von dieser Schule auf dem gemeinsamen Formular des Anhangs ausgestellte Liste der mitreisenden Schüler vorweisen kann,
 – anhand deren sich alle mitreisenden Schüler identifizieren lassen,
 – die den Zweck und die Umstände des beabsichtigten Aufenthalts oder der Durchreise belegt, und

c) der Schüler außer in den Fällen des Artikels 2 ein für den Grenzübertritt gültiges Reisedokument vorzeigt.

(2) Ein Mitgliedstaat kann jedem Schüler die Einreise verweigern, wenn er nicht die übrigen nationalen Einreisebedingungen erfüllt.

Art. 2 Die Liste, die gemäß Artikel 1 Absatz 1 Buchstabe b) beim Grenzübertritt mitzuführen ist, wird in allen Mitgliedstaaten als gültiges Reisedokument im Sinne von Artikel 1 Absatz 1 Buchstabe c) anerkannt, wenn

– auf der Liste für jeden der dort genannten Schüler ein aktuelles Lichtbild angebracht ist, sofern er sich nicht durch einen eigenen Lichtbildausweis ausweisen kann,

– die zuständige Behörde des betreffenden Mitgliedstaates bestätigt, daß der Schüler in diesem Staat wohnhaft und zur Wiedereinreise berechtigt ist, und versichert, daß das Dokument entsprechend beglaubigt ist,

– der Mitgliedstaat, in dem die Schüler wohnhaft sind, den anderen Mitgliedstaaten notifiziert, daß dieser Artikel für seine eigenen Listen gelten soll.

Schengener Übereinkommen 3.7. **Texte 5**

Art. 3 Die Mitgliedstaaten sind sich darin einig, die Schüler, die als Drittstaatsangehörige mit Wohnsitz im Inland auf der Grundlage dieser gemeinsamen Maßnahme in einen anderen Mitgliedstaat eingereist sind, ohne Formalitäten zurückzunehmen.

Art. 4 Muß ein Mitgliedstat ausnahmsweise aus zwingenden Gründen der nationalen Sicherheit die in Artikel K.2 Absatz 2 des Vertrages über die Europäische Union vorgesehenen Möglichkeiten in Anspruch nehmen, so kann er von Artikel 1 dieses Beschlusses abweichen, wenn er dabei die Interessen der anderen Mitgliedstaaten berücksichtigt. Der betreffende Mitgliedstaat setzt die übrigen Mitgliedstaaten hiervon in geeigneter Weise in Kenntnis. Diese Maßnahmen dürfen in dem Umfang und so lange Anwendung finden, wie dies zur Erreichung des Ziels zwingend erforderlich ist.

Art. 5 (1) Die Mitgliedstaaten tragen dafür Sorge, daß ihre innerstaatlichen Rechtsvorschriften in dem erforderlichen Maße angepaßt und die Bestimmungen dieser gemeinsamen Maßnahme so bald wie möglich, spätestens bis zum 30. Juni 1995 darin aufgenommen werden.

(2) Die Mitgliedstaaten unterrichten das Generalsekretariat des Rates über die zu diesem Zweck vorgenommenen Änderungen der innerstaatlichen Rechtsvorschriften.

Art. 6 Eine sonstige Zusammenarbeit einzelner Mitgliedstaaten wird durch diese Maßnahme nicht berührt.

Art. 7 (1) Dieser Beschluß tritt am Tag seiner Veröffentlichung im Amtsblatt in Kraft.

(2) Die Artikel 1 bis 4 werden am ersten Tag des zweiten Monats nach der gemäß Artikel 5 Absatz 2 erforderlichen Unterrichtung über die getroffenen Änderungen desjenigen Mitgliedstats angewandt, der diese Förmlichkeit zuletzt vornimmt.

3.7. Übereinkommen zwischen den Regierungen der Staaten der Benelux-Wirtschaftsunion, der Bundesrepublik Deutschland und der Französischen Republik betreffend den schrittweisen Abbau der Kontrollen an den gemeinsamen Grenzen („Schengener Übereinkommen")

Vom 14. Juni 1985 (Bek. vom 29. Januar 1986, GMBl. S. 79)

– Auszug –

Art. 1 Mit Inkrafttreten dieses Übereinkommens und bis zur völligen Abschaffung aller Kontrollen richten sich für Angehörige der Mitgliedstaaten der Europäischen Gemeinschaften die Formalitäten an den Grenzen zwischen den Staaten der Benelux-Wirtschaftsunion, der Bundesrepublik Deutschland und der Französischen Republik nach den folgenden Bedingungen.

Art. 9 Die Vertragsparteien verstärken die Zusammenarbeit zwischen ihren Zoll- und Polizeibehörden insbesondere im Kampf gegen Kriminalität, vor allem gegen den illegalen Handel mit Betäubungsmitteln und Waffen, gegen die unerlaubte Einreise und den unerlaubten Aufenthalt von Personen, gegen Steuer- und Zollhinterziehung sowie gegen Schmuggel. Zu diesem Zweck bemühen sich die Vertragsparteien im Rahmen ihres jeweiligen innerstaatlichen Rechts, den Austausch von Informationen zu verstärken, die für die anderen Vertragsparteien insbesondere im Kampf gegen die Kriminalität von Interesse sein könnten. Die Vertragsparteien verstärken im Rahmen ihrer bestehenden nationalen Gesetze die gegenseitige Unterstützung im Hinblick auf illegale Kapitalbewegungen.

Art. 17 Im Personenverkehr streben die Vertragsparteien den Abbau der Kontrollen an den gemeinsamen Grenzen und deren Verlegung an die Außengrenzen an. Zu diesem Zweck bemühen sie sich zuvor, soweit notwendig, die den Kontrollen zugrundeliegenden Gesetze und Vorschriften hinsichtlich der Verbote und Beschränkungen zu harmonisieren und ergänzende Maßnahmen zum Schutz der inneren Sicherheit sowie zur Verhinderung der unerlaubten Einreise von Personen, die nicht Angehörige von Mitgliedstaaten der Europäischen Gemeinschaften sind, zu ergreifen.

1293

Art. 20 Die Vertragsparteien bemühen sich, ihre Sichtvermerkspolitik und ihre Einreisebedingungen zu harmonisieren. Soweit erforderlich bereiten sie ferner die Harmonisierung ihrer Regelungen in bestimmten Teilbereichen des Ausländerrechts gegenüber Angehörigen von Staaten vor, die nicht Mitglieder der Europäischen Gemeinschaften sind.

3.8. Übereinkommen zur Durchführung des Übereinkommens vom 14. Juni 1985 zwischen den Regierungen der Staaten der Benelux-Wirtschaftsunion, der Bundesrepublik Deutschland und der Französischen Republik betreffend den schrittweisen Abbau der Kontrollen an den gemeinsamen Grenzen („Schengener Durchführungsübereinkommen")

Vom 19. Juni 1990 (BGBl. 1993 II 1013; Gesetz vom 15. Juli 1993, BGBl. II 1010), geändert durch Gesetz vom 1. Juli 1997 (BGBl. I 1606)

– Auszug –

Art. 1 Im Sinne dieses Übereinkommen bedeutet:

Binnengrenzen:	die gemeinsamen Landgrenzen der Vertragsparteien sowie ihre Flughäfen für die Binnenflüge und ihre Seehäfen für die regelmäßigen Fährverbindungen ausschließlich von und nach dem Gebiet der Vertragsparteien ohne Fahrtunterbrechung in außerhalb des Gebiets gelegenen Häfen;
Außengrenzen:	die Land- und Seegrenzen sowie die Flug- und Seehäfen der Vertragsparteien, soweit sie nicht Binnengrenzen sind;
Binnenflug:	ein Flug ausschließlich von und nach dem Gebiet der Vertragsparteien, ohne Landung auf dem Gebiet eines Drittstaates;
Drittstaat:	ein Staat, der nicht Vertragspartei ist;
Drittausländer:	eine Person, die nicht Staatsangehöriger eines der Mitgliedstaaten der Europäischen Gemeinschaften ist;
Zur Einreiseverweigerung ausgeschriebener Drittausländer:	ein Drittausländer der gemäß Artikel 96 zur Einreiseverweigerung in dem Schengener Informationssystem ausgeschrieben ist;
Grenzübergangsstelle:	ein von den zuständigen Behörden für das Überschreiten der Außengrenzen zugelassener Übergang;
Grenzkontrolle:	an den Grenzen vorgenommene Kontrolle, die unabhängig von jedem anderen Anlaß ausschließlich aufgrund des beabsichtigten Grenzübertritts durchgeführt wird;
Beförderungsunternehmer:	natürliche oder juristische Person, die gewerblich die Beförderung von Personen auf dem Luft-, See- oder Landweg durchführt;
Aufenthaltstitel:	jede von einer Vertragspartei ausgestellte Erlaubnis gleich welcher Art, die zum Aufenthalt in deren Hoheitsgebiet berechtigt. Hierzu zählen nicht die befristete Zulassung zum Aufenthalt im Hoheitsgebiet einer der Vertragsparteien im Hinblick auf die Behandlung eines Asylbegehrens oder eines Antrags auf eine Aufenthaltserlaubnis;

Art. 2 (1) Die Binnengrenzen dürfen an jeder Stelle ohne Personenkontrollen überschritten werden.

(2) Wenn die öffentliche Ordnung oder die nationale Sicherheit es indessen erfordern, kann eine Vertragspartei nach Konsultation der anderen Vertragsparteien beschließen, daß für einen begrenzten Zeitraum an den Binnengrenzen den Umständen entsprechende nationale Grenzkontrollen durchgeführt werden. Verlangen die öffentliche Ordnung oder die nationale Sicherheit ein sofortiges Handeln, so ergreift die betroffene Vertragspartei die erforderlichen Maßnahmen und unterrichtet darüber möglichst frühzeitig die anderen Vertragsparteien.

(3) Die Anwendung von Artikel 22 und die Ausübung der Polizeibefugnisse durch die nach Maßgabe des nationalen Rechts zuständigen Behörden einer Vertragspartei in dem gesamten Hoheitsgebiet dieser Vertragspartei sowie die im Recht dieser Vertragspartei vorgesehenen Verpflichtungen über den

Besitz, das Mitführen und das Vorzeigen von Urkunden und Bescheinigungen bleiben von der Abschaffung der Personenkontrollen an den Binnengrenzen unberührt.

(4) Die Warenkontrollen werden nach Maßgabe der einschlägigen Bestimmungen dieses Übereinkommens durchgeführt.

Art. 3 (1) Die Außengrenzen dürfen grundsätzlich nur an den Grenzübergangsstellen und während der festgesetzten Verkehrsstunden überschritten werden. Das Nähere sowie die Ausnahmen und die Modalitäten des kleinen Grenzverkehrs und die Vorschriften für bestimmte Sonderkategorien des Seeverkehrs, wie die Vergnügungsschiffahrt und die Küstenfischerei, legt der Exekutivausschuß fest.

(2) Die Vertragsparteien verpflichten sich, das unbefugte Überschreiten der Außengrenzen außerhalb der zugelassenen Grenzübergangsstellen und der festgesetzten Verkehrsstunden mit Sanktionen zu belegen.

Art. 4 (1) Die Vertragsparteien gewährleisten, daß von 1993 an die Reisenden von Flügen aus Drittstaaten, die in Binnenflüge umsteigen, vorher einer Personenkontrolle sowie einer Kontrolle des von ihnen mitgeführten Handgepäcks bei der Einreise im Ankunftsflughafen des Drittlandfluges unterzogen werden. Die Reisenden eines Binnenfluges, die auf einen Flug in ein Drittland umsteigen, unterliegen zuvor den entsprechenden Kontrollen bei der Ausreise im Ausgangsflughafen des Drittlandfluges.

(2) Die Vertragsparteien treffen die erforderlichen Maßnahmen, damit die Kontrollen entsprechend den Vorschriften des Absatzes 1 erfolgen können.

(3) Die Kontrolle des aufgegebenen Reisegepäcks bleibt von den Bestimmungen der Absätze 1 und 2 unberührt; sie findet jeweils im endgültigen Zielflughafen oder im ursprünglichen Abgangsflughafen statt.

(4) Bis zu dem in Absatz 1 vorgesehenen Datum sind die Flughäfen für Binnenflüge in Abweichung von der Definition der Binnengrenzen als Außengrenzen anzusehen.

Art. 5 (1) Für einen Aufenthalt von bis zu drei Monaten kann einem Drittausländer die Einreise in das Hoheitsgebiet der Vertragsparteien gestattet werden, wenn er die nachstehenden Voraussetzungen erfüllt:
a) Er muß im Besitz eines oder mehrerer gültiger Grenzübertrittspapiere sein, die von dem Exekutivausschuß bestimmt werden.
b) Er muß, soweit erforderlich, im Besitz eines gültigen Sichtvermerks sein.
c) Er muß gegebenenfalls die Dokumente vorzeigen, die seinen Aufenthaltszweck und die Umstände seines Aufenthalts belegen, und über ausreichende Mittel zur Bestreitung des Lebensunterhalts sowohl für die Dauer des Aufenthalts als auch für die Rückreise in den Herkunftsstaat oder für die Durchreise in einen Drittstaat, in dem seine Zulassung gewährleistet ist, verfügen oder in der Lage sein, diese Mittel auf legale Weise zu erwerben.
d) Er darf nicht zur Einreiseverweigerung ausgeschrieben sein.
e) Er muß keine Gefahr für die öffentliche Ordnung, die nationale Sicherheit oder die internationalen Beziehungen einer der Vertragsparteien darstellen.

(2) Einem Drittausländer, der nicht alle diese Voraussetzungen erfüllt, muß die Einreise in das Hoheitsgebiet der Vertragsparteien verweigert werden, es sei denn, eine Vertragspartei hält es aus humanitären Gründen oder Gründen des nationalen Interesses oder aufgrund internationaler Verpflichtungen für erforderlich, von diesem Grundsatz abzuweichen. In diesen Fällen wird die Zulassung auf das Hoheitsgebiet der betreffenden Vertragspartei beschränkt, die die übrigen Vertragsparteien darüber unterrichten muß. Die besonderen Bestimmungen des Asylrechts und des Artikels 18 bleiben unberührt.

(3) Einem Drittausländer, der über eine von einer der Vertragsparteien ausgestellte Aufenthaltserlaubnis, einen von einer der Vertragsparteien ausgestellten Rückreisesichtvermerk oder erforderlichenfalls beide Dokumente verfügt, ist die Durchreise zu gestatten, es sei denn, daß er auf der nationalen Ausschreibungsliste der Vertragspartei steht, an deren Außengrenzen er die Einreise begehrt.

Art. 6 (1) Der grenzüberschreitende Verkehr an den Außengrenzen unterliegt der Kontrolle durch die zuständigen Behörden. Diese wird nach einheitlichen Grundsätzen, in nationaler Zuständigkeit, nach Maßgabe des nationalen Rechts und unter Berücksichtigung der Interessen alle Vertragsparteien für das Hoheitsgebiet der Vertragsparteien durchgeführt.

(2) Die einheitlichen Grundsätze nach Absatz 1 sind:
a) Die Personenkontrolle umfaßt nicht nur die Überprüfung der Grenzübertrittspapiere und der anderen Voraussetzungen für die Einreise, den Aufenthalt, die Arbeitsaufnahme und die Ausreise,

sondern auch die fahndungstechnische Überprüfung sowie die Abwehr von Gefahren für die nationale Sicherheit und die öffentliche Ordnung der Vertragsparteien. Die Kontrollen beziehen sich auch auf die Fahrzeuge der die Grenze überschreitenden Personen und die von ihnen mitgeführten Sachen. Sie werden von jeder Vertragspartei nach Maßgabe ihres nationalen Rechts, insbesondere in bezug auf die Durchsuchung, durchgeführt.

b) Alle Personen sind zumindest einer solchen Kontrolle zu unterziehen, die die Feststellung ihrer Identität anhand der vorgelegten oder vorgezeigten Reisepapiere ermöglicht.

c) Drittausländer unterliegen bei der Einreise einer eingehenden Kontrolle im Sinne des Buchstaben a.

d) Bei der Ausreise finden die Kontrollen statt, die im Interesse aller Vertragsparteien aufgrund des Ausländerrechts und für Zwecke der Fahndung und Abwehr von Gefahren für die nationale Sicherheit und die öffentliche Ordnung der Vertragsparteien geboten sind. Diese Kontrollen erfolgen in jedem Falle bei Drittausländern.

e) Können solche Kontrollen wegen besonderer Umstände nicht durchgeführt werden, sind Schwerpunkte zu setzen. Dabei hat die Kontrolle des Einreiseverkehrs grundsätzlich Vorrang vor der Kontrolle des Ausreiseverkehrs.

(3) Die zuständigen Behörden überwachen die Außengrenzen außerhalb der Grenzübergangsstellen, die Grenzübergangsstellen außerhalb der für sie festgesetzten Verkehrsstunden durch Streifen. Diese Überwachung ist in einer Weise durchzuführen, daß kein Anreiz für eine Umgehung der Kontrollen an den Grenzübergangsstellen entsteht. Die Überwachungsmodalitäten sind gegebenenfalls von dem Exekutivausschuß festzulegen.

(4) Die Vertragsparteien verpflichten sich, geeignete Kräfte in ausreichender Zahl für die Durchführung der Kontrollen und die Überwachung der Außengrenzen zur Verfügung zu stellen.

(5) Für die Kontrollen an den Außengrenzen gilt ein gleichmäßiger Überwachungsstandard.

Art. 7 Zur wirksamen Durchführung der Kontroll- und Überwachungsaufgaben unterstützen die Vertragsparteien einander und pflegen eine enge und ständige Zusammenarbeit. Sie tauschen insbesondere alle wichtigen einschlägigen Informationen mit Ausnahme der personenbezogenen Daten aus, es sei denn, dieses Übereinkommen enthält anderslautende Bestimmungen, stimmen möglichst die an die nachgeordneten Dienststellen ergehenden Weisungen ab und wirken auf eine einheitliche Aus- und Fortbildung des Kontrollpersonals hin. Diese Zusammenarbeit kann in Form eines Austausches von Verbindungsbeamten erfolgen.

Art. 8 Der Exekutivausschuß trifft die erforderlichen Entscheidungen über die praktischen Einzelheiten der Durchführung der Kontrollen und der Überwachung der Grenzen.

Art. 9 (1) Die Vertragsparteien verpflichten sich, eine gemeinsame Politik hinsichtlich des Personenverkehrs, insbesondere in bezug auf die Sichtvermerksregelung zu verfolgen. Hierzu unterstützen sie sich gegenseitig. Die Vertragsparteien verpflichten sich, ihre Sichtvermerkspolitik im Einvernehmen weiter zu harmonisieren.

(2) Gegenüber den Drittstaaten, für deren Staatsangehörige alle Vertragsparteien zum Zeitpunkt der Unterzeichnung dieses Übereinkommens eine gemeinsame Sichtvermerksregelung haben oder später im Einvernehmen einführen, kann diese Sichtvermerksregelung nur im Einvernehmen aller Vertragsparteien geändert werden. Wenn herausragende Gründe der nationalen Politik eine dringende Entscheidung erfordern, kann eine Vertragspartei ausnahmsweise von der gemeinsamen Sichtvermerksregelung gegenüber einem Drittstaat abweichen. Sie hat dabei die übrigen Vertragsparteien vorab zu konsultieren und ihre Interessen bei der Entscheidung und den sich hieraus ergebenden Folgen zu berücksichtigen.

Art. 10 (1) Es wird ein einheitlicher Sichtvermerk eingeführt, der für das Hoheitsgebiet aller Vertragsparteien gültig ist. Dieser Sichtvermerk, dessen Gültigkeitsdauer in Artikel 11 geregelt wird, kann für einen Aufenthalt von bis zu drei Monaten erteilt werden.

(2) Bis zur Schaffung eines solchen Sichtvermerks erkennen die Vertragsparteien die jeweiligen nationalen Sichtvermerke an, soweit diese auf der Grundlage der im Rahmen der einschlägigen Bestimmungen dieses Kapitals festgelegten gemeinsamen Voraussetzungen und Kriterien erteilt werden.

(3) In Abweichung von den Absätzen 1 und 2 behält sich jede Vertragspartei das Recht vor, die Gültigkeit des Sichtvermerks auf der Grundlage der im Rahmen der einschlägigen Bestimmungen dieses Kapitels festgelegten gemeinsamen Modalitäten räumlich zu beschränken.

Schengener Durchführungsübereinkommen 3.8. **Texte 5**

Art. 11 (1) Der in Artikel 10 eingeführte Sichtvermerk kann sein:

a) Ein für eine oder mehrere Einreisen gültiger Sichtvermerk, wobei weder die Dauer eines ununterbrochenen Aufenthalts noch die Gesamtdauer der aufeinander folgenden Aufenthalts vom Datum der ersten Einreise an gerechnet mehr als drei Monate pro Halbjahr betragen dürfen;

b) ein Durchreisesichtvermerk, der seinen Inhaber berechtigt, ein, zwei oder ausnahmsweise mehrere Male durch das Hoheitsgebiet der Vertragsparteien zu reisen, um sich in das Hoheitsgebiet eines Drittstaates zu begeben, wobei die Dauer einer Durchreise fünf Tage nicht überschreiten darf.

(2) Absatz 1 hindert eine Vertragspartei nicht, im Bedarfsfall innerhalb des betreffenden Halbjahres einen weiteren Sichtvermerk zu erteilen, der räumlich auf ihr Hoheitsgebiet beschränkt ist.

Art. 12 (1) Der in Artikel 10 Absatz 1 eingeführte einheitliche Sichtvermerk wird von den diplomatischen und konsularischen Vertretungen und gegebenenfalls von den gemäß Artikel 17 festgelegten Behörden der Vertragsparteien erteilt.

(2) Für die Erteilung dieses Sichtvermerks ist grundsätzlich die Vertragspartei, zuständig, in deren Hoheitsgebiet das Hauptreiseziel liegt. Kann dieses Ziel nicht bestimmt werden, so obliegt die Ausstellung des Sichtvermerks grundsätzlich der diplomatischen oder konsularischen Vertretung der Vertragspartei der ersten Einreise.

(3) Der Exekutivausschuß legt die Anwendungsmodalitäten und insbesondere die Kriterien zur Bestimmung des Hauptreiseziels fest.

Art. 13 (1) Es darf kein Sichtvermerk in einem abgelaufenen Reisedokument erteilt werden.

(2) Die Gültigkeitsdauer des Reisedokuments muß die des Sichtvermerks überschreiten, wobei die Frist für die Benutzung des Sichtvermerks zu berücksichtigen ist. Sie muß die Rückreise des Drittausländers in seinen Herkunftsstaat oder seine Einreise in einen Drittstaat zulassen.

Art. 14 (1) Es darf kein Sichtvermerk in einem Reisedokument erteilt werden, wenn dieses für keine der Vertragsparteien gültig ist. Ist das Reisedokument lediglich für eine oder mehrere Vertragsparteien gültig, so ist der erteilte Sichtvermerk auf diese Vertragspartei oder diese Vertragsparteien zu beschränken.

(2) Wird das Reisedokument von einer oder mehreren Vertragsparteien nicht als gültig anerkannt, so kann ein Sichtvermerk in Form einer Genehmigung, die als Sichtvermerk gilt, erteilt werden.

Art. 15 Grundsätzlich dürfen Sichtvermerke nach Artikel 10 nur einem Drittausländer erteilt werden, der die in Artikel 5 Absatz 1 Buchstaben a, c, d und e aufgeführten Einreisevoraussetzungen erfüllt.

Art. 16 Hält eine Vertragspartei es für notwendig, aus einem der in Artikel 5 Absatz 2 genannten Gründen von dem in Artikel 15 festgeschriebenen Grundsatz abzuweichen und einem Drittausländer, der nicht sämtliche in Artikel 5 Absatz 1 vorgesehenen Einreisevoraussetzungen erfüllt, einen Sichtvermerk zu erteilen, wird die räumliche Gültigkeit dieses Sichtvermerks auf das Hoheitsgebiet dieser Vertragspartei, die die anderen Vertragsparteien davon benachrichtigen muß, beschränkt.

Art. 17 (1) Der Exekutivausschuß legt gemeinsame Regelungen für die Prüfung der Sichtvermerksanträge fest, achtet auf deren richtige Anwendung und paßt sie an neue Situationen und Umstände an.

(2) Der Exekutivausschuß legt darüber hinaus die Fälle fest, in denen die Erteilung eines Sichtvermerks von der Konsultation der zentralen Behörde der betroffenen Vertragspartei und gegebenenfalls von der Konsultation der zentralen Behörden der anderen Vertragsparteien abhängig ist.

(3) Der Exekutivausschuß trifft ferner die erforderlichen Entscheidungen in bezug auf die nachstehenden Punkte:

a) Sichtvermerksfähige Reisedokumente;
b) für die Sichtvermerkserteilung zuständige Instanzen;
c) Voraussetzungen für die Sichtvermerkserteilung an der Grenze;
d) Form, Inhalt, Gültigkeitsdauer der Sichtvermerke und für ihre Ausstellung einzuziehende Gebühren;
e) Voraussetzungen für die Verlängerung und Verweigerung der nach Buchstabe c und d erteilten Sichtvermerke unter Berücksichtigung der Interessen aller Vertragsparteien;
f) Modalitäten der räumlichen Beschränkung des Sichtvermerks;
g) Grundsätze für die Erstellung einer gemeinsamen Liste von zur Einreiseverweigerung ausgeschriebenen Drittausländern, unbeschadet des Artikels 96.

Art. 18 Visa für einen Aufenthalt von mehr als drei Monaten Dauer sind nationale Visa, die von einem der Mitgliedstaaten gemäß seinen Rechtsvorschriften erteilt werden. Ein solches Visum kann ab dem ersten Tag seiner Gültigkiet für höchstens drei Monate gleichzeitig als einheitliches Visum für einen kurzfristigen Aufenthalt gelten, sofern es unter Einhaltung der gemeinsamen Voraussetzungen und Kriterien erteilt wurde, die gemäß den oder aufgrund der einschlägigen Bestimmungen des Kapitels 3 Abschnitt 1 angenommen wurden, und der Inhaber die in Artikel 5 Absatz 1 Buchstaben a), c), d) und e) aufgeführten Einreisevoraussetzungen erfüllt. Andernfalls berechtigt das Visum seinen Inhaber nur dazu, durch das Hoheitsgebiet der anderen Mitgliedstaaten zu reisen, um sich in das Hoheitsgebiet des Mitgliedstaats zu begeben, der das Visum erteilt hat, es sei denn, er erfüllt die in Artikel 5 Absatz 1 Buchstaben a), d) und e) aufgeführten Einreisevoraussetzungen nicht oder er steht auf der nationalen Ausschreibungsliste des Mitgliedstaats, durch dessen Hoheitsgebiet die Durchreise begehrt wird.

Art. 19 (1) Drittausländer, die Inhaber eines einheitlichen Sichtvermerks sind und rechtmäßig in das Hoheitsgebiet einer der Vertragsparteien eingereist sind, können sich während der Gültigkeitsdauer des Sichtvermerks und soweit sie die in Artikel 5 Absatz 1 Buchstaben a, c, d und e aufgeführten Einreisevoraussetzungen erfüllen, frei in dem Hoheitsgebiet aller Vertragsparteien bewegen.

(2) Bis zur Schaffung des einheitlichen Sichtvermerks können sich Drittausländer, die Inhaber eines von einer dieser Vertragsparteien ausgestellten Sichtvermerks sind und rechtmäßig in das Hoheitsgebiet einer dieser Vertragsparteien eingereist sind, während der Gültigkeitsdauer des Sichtvermerks, jedoch höchstens bis zu drei Monaten vom Datum der ersten Einreise an und soweit sie die in Artikel 5 Absatz 1 Buchstaben a, c, d und e aufgeführten Einreisevoraussetzungen erfüllen, frei in dem Hoheitsgebiet aller Vertragsparteien bewegen.

(3) Absätze 1 und 2 finden keine Anwendung auf Sichtvermerke, deren Gültigkeit nach Maßgabe der Bestimmungen des Kapitels 3 dieses Titels räumlich beschränkt ist.

(4) Die Bestimmungen dieses Artikels gelten unbeschadet des Artikels 22.

Art. 20 (1) Sichtvermerksfreie Drittausländer können sich in dem Hoheitsgebiet der Vertragsparteien frei bewegen, höchstens jedoch drei Monate innerhalb einer Frist von sechs Monaten von dem Datum der ersten Einreise an und soweit sie die in Artikel 5 Absatz 1 Buchstaben a, c, d und e aufgeführten Einreisevoraussetzungen erfüllen.

(2) Absatz 1 berührt nicht das Recht jeder Vertragspartei, den Aufenthalt eines Drittausländers in ihrem Hoheitsgebiet in Ausnahmefällen oder in Anwendung der Bestimmungen eines bilateralen Abkommens, das bereits vor dem Inkrafttreten dieses Übereinkommens zustandegekommen ist, über drei Monate hinaus zu verlängern.

(3) Die Bestimmungen dieses Artikels gelten unbeschadet des Artikels 22.

Art. 21 (1) Drittausländer, die Inhaber eines gültigen, von einer der Vertragsparteien ausgestellten Aufenthaltstitels sind, können sich aufgrund dieses Dokuments und eines gültigen Reisedokuments höchstens bis zu drei Monaten frei im Hoheitsgebiet der anderen Vertragsparteien bewegen, soweit sie die in Artikel 5 Absatz 1 Buchstaben a, c und e aufgeführten Einreisevoraussetzungen erfüllen und nicht auf der nationalen Ausschreibungsliste der betroffenen Vertragspartei stehen.

(2) Das gleiche gilt für Drittausländer, die Inhaber eines von einer der Vertragsparteien ausgestellten vorläufigen Aufenthaltstitels und eines von dieser Vertragspartei ausgestellten Reisedokuments sind.

(3) Die Vertragsparteien übermitteln dem Exekutivausschuß die Liste der Dokumente, die sie als Aufenthaltserlaubnis oder vorläufigen Aufenthaltstitel und als Reisedokument im Sinne dieses Artikels ausstellen.

(4) Die Bestimmungen dieses Artikels gelten unbeschadet des Artikels 22.

Art. 22 (1) Drittausländer, die rechtmäßig in das Hoheitsgebiet einer der Vertragsparteien eingereist sind, sind verpflichtet, unter den Voraussetzungen, die von jeder Vertragspartei festgelegt werden, sich bei den zuständigen Behörden der Vertragspartei zu melden, in deren Hoheitsgebiet sie einreisen. Die Anzeige kann nach Wahl jeder Vertragspartei entweder bei der Einreise oder, innerhalb einer Frist von drei Arbeitstagen von dem Einreisedatum an, im Landesinnern erfolgen.

(2) Drittausländer, die im Hoheitsgebiet einer Vertragspartei ansässig sind und sich in das Hoheitsgebiet einer anderen Vertragspartei begeben, unterliegen der Meldepflicht nach Absatz 1.

(3) Die Ausnahmen von Absatz 1 und 2 werden von jeder Vertragspartei festgelegt und dem Exekutivausschuß mitgeteilt.

Schengener Durchführungsübereinkommen 3.8. **Texte 5**

Art. 23 (1) Der Drittausländer, der die im Hoheitsgebiet einer der Vertragsparteien geltenden Voraussetzungen für einen kurzen Aufenthalt nicht oder nicht mehr erfüllt, hat grundsätzlich unverzüglich das Hoheitsgebiet der Vertragsparteien zu verlassen.

(2) Verfügt der Drittausländer über eine von einer anderen Vertragspartei ausgestellte gültige Aufenthaltserlaubnis oder über einen von einer anderen Vertragspartei ausgestellten vorläufigen Aufenthaltstitel, so hat er sich unverzüglich in das Hoheitsgebiet dieser Vertragspartei zu begeben.

(3) Soweit die freiwillige Ausreise eines solchen Drittausländers nicht erfolgt oder angenommen werden kann, daß diese Ausreise nicht erfolgen wird, oder soweit die sofortige Ausreise des Drittausländers aus Gründen der nationalen Sicherheit oder der öffentlichen Ordnung geboten ist, muß der Drittausländer nach Maßgabe des nationalen Rechts aus dem Hoheitsgebiet der Vertragsparteien abgeschoben werden, in dem er aufgegriffen wurde. Ist die Abschiebung nach nationalem Recht nicht zulässig, so kann die betroffene Vertragspartei dem Drittausländer den Aufenthalt in ihrem Hoheitsgebiet gestatten.

(4) Der betroffene Drittausländer kann in seinen Herkunftsstaat oder in einen anderen Staat, in dem seine Zulassung insbesondere nach Maßgabe der einschlägigen Bestimmungen der zwischen den Vertragsparteien geschlossenen Rückübernahmeabkommen möglich ist, abgeschoben werden.

(5) Die nationalen asylrechtlichen Bestimmungen, die Bestimmungen der Genfer Konvention vom 28. Juli 1951 über den Flüchtlingsstatus in der Fassung des Protokolls von New York vom 31. Januar 1967, sowie Absatz 2 dieses Artikels und Artikel 33 Absatz 1 dieses Übereinkommens bleiben von den Bestimmungen des Absatzes 4 unberührt.

Art. 24 Vorbehaltlich der durch den Exekutivausschuß zu bestimmenden geeigneten praktischen Kriterien und Modalitäten gleichen die Vertragsparteien die finanziellen Ungleichgewichte, die infolge der in Artikel 23 vorgesehenen Abschiebungsverpflichtung entstehen, untereinander aus, wenn diese Abschiebung nicht auf Kosten des Drittausländers vorgenommen werden kann.

Art. 25 (1) Beabsichtigt eine Vertragspartei, einem zur Einreiseverweigerung ausgeschriebenen Drittausländer eine Aufenthaltstitel zu erteilen, so konsultiert sie vorab die ausschreibende Vertragspartei und berücksichtigt deren Interessen; der Aufenthaltstitel wird nur bei Vorliegen von gewichtigen Gründen erteilt, insbesondere wegen humanitärer Erwägungen oder infolge internationaler Verpflichtungen. Wird der Aufenthaltstitel erteilt, so zieht die ausschreibende Vertragspartei die Ausschreibung zurück, wobei es ihr unbenommen bleibt, den betroffenen Drittausländer in die nationale Ausschreibungsliste aufzunehmen.

(2) Stellt sich heraus, daß der Drittausländer, der über einen von einer der Vertragsparteien erteilten gültigen Aufenthaltstitel verfügt, zum Zwecke der Einreiseverweigerung ausgeschrieben ist, konsultiert die ausschreibende Vertragspartei die Vertragspartei, die den Aufenthaltstitel erteilt hat, um zu prüfen, ob ausreichende Gründe für die Einziehung des Aufenthaltstitels vorliegen.

Wird der Aufenthaltstitel nicht eingezogen, so zieht die ausschreibende Vertragspartei die Ausschreibung zurück, wobei es ihr unbenommen bleibt, den betroffenen Drittausländer in die nationale Ausschreibungsliste aufzunehmen.

Art. 26 (1) Vorbehaltlich der Verpflichtungen, die sich aus der Genfer Konvention vom 28. Juli 1951 über den Flüchtlingsstatus in der Fassung des Protokolls von New York vom 31. Januar 1967 ergeben, verpflichten sich die Vertragsparteien, die nachstehenden Regelungen in ihre nationalen Rechtsvorschriften aufzunehmen:

a) Wird einem Drittausländer die Einreise in das Hoheitsgebiet einer der Vertragsparteien verweigert, so ist der Beförderungsunternehmer, der ihn auf dem Luft-, See- oder Landweg bis an die Außengrenze gebracht hat, verpflichtet, ihn unverzüglich zurückzunehmen. Auf Verlangen der Grenzüberwachungsbehörden hat der Beförderungsunternehmer den Drittausländer in den Drittstaat, aus dem er befördert wurde, in den Drittstaat, der das Reisedokument ausgestellt hat, mit dem er gereist ist, oder in jeden anderen Drittstaat, in dem seine Zulassung gewährleistet ist, zu verbringen.

b) Der Beförderungsunternehmer ist verpflichtet, alle erforderlichen Maßnahmen zu treffen, um sich zu vergewissern, daß der auf dem Luft- oder Seeweg beförderte Drittausländer über die für die Einreise in das Hoheitsgebiet der Vertragsparteien erforderlichen Reisedokumente verfügt.

(2) Vorbehaltlich der Verpflichtungen, die sich aus der Genfer Konvention vom 28. Juli 1951 über den Flüchtlingsstatus in der Fassung des Protokolls von New York vom 31. Januar 1967 ergeben, verpflichten sich die Vertragsparteien, unter Berücksichtigung ihres Verfassungsrechts Sanktionen gegen

Beförderungsunternehmer einzuführen, die Drittausländer, welche nicht über die erforderlichen Reisedokumente verfügen, auf dem Luft- oder Seeweg aus einem Drittstaat in ihr Hoheitsgebiet verbringen.

(3) Die Absätze 1 Buchstabe b und 2 finden auf Beförderungsunternehmer Anwendung, die im internationalen Linienverkehr Gruppen von Personen in Autobussen befördern, mit Ausnahme des Grenzverkehrs.

Art. 27 (1) Die Vertragsparteien verpflichten sich, angemessene Sanktionen gegen jede Person vorzusehen, die zu Erwerbszwecken einem Drittausländer hilft oder zu helfen versucht, in das Hoheitsgebiet einer der Vertragsparteien unter Verletzung ihrer Rechtsvorschriften in bezug auf die Einreise und den Aufenthalt von Drittausländern einzureisen oder sich dort aufzuhalten.

(2) Erlangt eine Vertragspartei Kenntnis von Handlungen nach Absatz 1, die das Recht einer anderen Vertragspartei verletzen, unterrichtet sie diese davon.

(3) Die Vertragspartei, die wegen Verletzung ihres eigenen Rechts eine andere Vertragspartei ersucht, Handlungen nach Absatz 1 zu verfolgen, muß durch eine amtliche Anzeige oder durch eine Bescheinigung der zuständigen Behörden begründen, welche ihrer Rechtsbestimmungen verletzt worden sind.

Art. 28 Die Vertragsparteien bekräftigen ihre Verpflichtungen aus der Genfer Konvention vom 28. Juli 1951 über den Flüchtlingsstatus in der Fassung des Protokolls von New York vom 31. Januar 1967, wobei die Anwendung dieser Instrumente keiner geographischen Beschränkung unterliegt, sowie ihre Zusage, mit den Dienststellen des Hohen Flüchtlingskommissars der Vereinten Nationen bei der Anwendung dieser Instrumente zusammenzuarbeiten.

Art. 29 (1) Die Vertragsparteien verpflichten sich, jedes Asylbegehren, das von einem Drittausländer in dem Hoheitsgebiet einer der Vertragsparteien gestellt wird, zu behandeln.

(2) Diese Verpflichtung führt nicht dazu, daß in allen Fällen dem Asylbegehrenden die Einreise in das Hoheitsgebiet der betreffenden Vertragspartei gewährt werden muß oder er sich dort aufhalten kann. Jede Vertragspartei behält sich das Recht vor, einen Asylbegehrenden nach Maßgabe ihres nationalen Rechts und unter Berücksichtigung ihrer internationalen Verpflichtungen in einen Drittstaat zurück- oder auszuweisen.

(3) Unabhängig davon, an welche Vertragspartei der Drittausländer sein Asylbegehren richtet, ist nur eine einzige Vertragspartei für die Behandlung des Asylbegehrens zuständig. Diese Vertragspartei wird nach den in Artikel 30 festgelegten Kriterien bestimmt.

(4) Unbeschadet des Absatzes 3 behält jede Vertragspartei das Recht, bei Vorliegen besonderer Gründe, insbesondere des nationalen Rechts, ein Asylbegehren auch dann zu behandeln, wenn die Zuständigkeit aufgrund dieses Übereinkommens bei einer anderen Vertragspartei liegt.

Art. 30 Die für die Behandlung eines Asylbegehrens zuständige Vertragspartei wird folgendermaßen bestimmt:
a) Hat eine Vertragspartei dem Asylbegehrenden einen Sichtvermerk gleich welcher Art oder eine Aufenthaltserlaubnis erteilt, so ist diese Vertragspartei für die Behandlung des Asylbegehrens zuständig. Ist der Sichtvermerk aufgrund einer Genehmigung einer anderen Vertragspartei ausgestellt worden, so ist die Vertragspartei zuständig, die die Genehmigung erteilt hat.
b) Haben mehrere Vertragsparteien dem Asylbegehrenden einen Sichtvermerk gleich welcher Art oder eine Aufenthaltserlaubnis erteilt, so ist die Vertragspartei zuständig, deren Sichtvermerk oder Aufenthaltserlaubnis zuletzt erlischt.
c) Solange ein Asylbegehrender das Hoheitsgebiet der Vertragsparteien nicht verlassen hat, bleibt die nach den Buchstaben a und b begründete Zuständigkeit auch dann bestehen, wenn die Gültigkeit des Sichtvermerks gleich welcher Art oder der Aufenthaltserlaubnis abgelaufen ist. Hat der Asylbegehrende nach Erteilung des Sichtvermerks oder der Aufenthaltserlaubnis das Hoheitsgebiet der Vertragsparteien verlassen, so begründen diese Dokumente eine Zuständigkeit nach den Buchstaben a und b, es sei denn, es zeigt sich, daß sie inzwischen aufgrund des nationalen Rechts ungültig geworden sind.
d) Ist der Asylbegehrende durch die Vertragsparteien von der Sichtvermerkspflicht befreit, so ist die Vertragspartei zuständig, über deren Außengrenze der Asylbegehrende in das Hoheitsgebiet der Vertragsparteien eingereist ist.
Solange die Sichtvermerkspflicht noch nicht völlig harmonisiert ist und der Asylbegehrende nur durch bestimmte Vertragsparteien von der Sichtvermerkspflicht befreit ist, ist die Vertragspartei, über deren Außengrenze der Asylbegehrende sichtvermerksfrei in das Hoheitsgebiet der Vertragsparteien eingereist ist, unbeschadet der Buchstaben a bis c zuständig.

Wird das Asylbegehren an eine Vertragspartei gerichtet, die dem Asylbegehrenden einen Durchreisesichtvermerk erteilt hat – unabhängig davon, ob dieser die Paßkontrolle passiert hat oder nicht –, und wurde dieser Durchreisesichtvermerk erteilt, nachdem sich der Durchreisestaat bei den konsularischen oder diplomatischen Vertretungen der Bestimmungsvertragspartei vergewissert hat, daß der Asylbegehrende die Voraussetzungen für die Einreise in den Bestimmungsstaat erfüllt, ist die Bestimmungsvertragspartei für die Behandlung des Asylbegehrens zuständig.

e) Ist der Asylbegehrende in das Hoheitsgebiet der Vertragsparteien eingereist, ohne im Besitz eines oder mehrerer Grenzübertrittspapiere zu sein, die von dem Exekutivausschuß bestimmt werden, so ist die Vertragspartei zuständig, über deren Außengrenze der Asylbegehrende eingereist ist.

f) Stellt ein Drittausländer, dessen Asylbegehren bereits von einer Vertragspartei behandelt wird, ein weiteres Asylbegehren, so ist die Vertragspartei zuständig, bei der das Asylverfahren anhängig ist.

g) Stellt ein Drittausländer, dessen früheres Asylbegehren von einer der Vertragsparteien bereits abschließend behandelt worden ist, ein neues Asylbegehren, so ist die Vertragspartei, bei der das frühere Asylbegehren behandelt worden ist, zuständig, wenn der Asylbegehrende das Hoheitsgebiet der Vertragsparteien nicht verlassen hat.

(2) Hat eine Vertragspartei die Behandlung eines Asylbegehrens nach Artikel 29 Absatz 4 übernommen, so ist die aufgrund des Absatzes 1 dieses Artikels zuständige Vertragspartei von ihrer Verpflichtung befreit.

(3) Kann die zuständige Vertragspartei nicht aufgrund der in den Absätzen 1 und 2 aufgeführten Kriterien bestimmt werden, ist die Vertragspartei zuständig, in deren Hoheitsgebiet das Asylbegehren gestellt worden ist.

Art. 31 (1) Die Vertragsparteien sind bestrebt, möglichst schnell zu klären, welche von ihnen für die Behandlung eines Asylbegehrens zuständig ist.

(2) Wird ein Asylbegehren an eine Vertragspartei gerichtet, die aufgrund des Artikels 30 nicht zuständig ist, und hält der Drittausländer sich in deren Hoheitsgebiet auf, so kann diese Vertragspartei die zuständige Vertragspartei ersuchen, den Asylbegehrenden zur Behandlung des Asylbegehrens zu übernehmen.

(3) Die zuständige Vertragspartei ist verpflichtet, den Asylbegehrenden nach Absatz 2 zu übernehmen, wenn das Ersuchen innerhalb von sechs Monaten nach Stellung des Asylbegehrens erfolgt. Erfolgt das Ersuchen nicht innerhalb dieser Frist, ist die Vertragspartei, an die das Asylbegehren gerichtet worden ist, für die Behandlung des Asylbegehrens zuständig.

Art. 32 Die Behandlung des Asylbegehrens erfolgt nach Maßgabe des nationalen Rechts der zuständigen Vertragspartei.

Art. 33 (1) Hält der Asylbegehrende sich während der Dauer des Asylverfahrens unrechtmäßig im Hoheitsgebiet einer anderen Vertragspartei auf, so ist die zuständige Vertragspartei zur Rückübernahme verpflichtet.

(2) Absatz 1 findet keine Anwendung, wenn die andere Vertragspartei dem Asylbegehrenden eine Aufenthaltserlaubnis mit einer Gültigkeitsdauer von einem Jahr oder länger erteilt hat. In diesem Fall geht die Zuständigkeit für die Prüfung des Asylbegehrens auf die andere Vertragspartei über.

Art. 34 (1) Die zuständige Vertragspartei ist verpflichtet, einen Drittausländer, dessen Asylbegehren endgültig negativ abgeschlossen ist und der sich in das Hoheitsgebiet einer anderen Vertragspartei begeben hat, ohne dort zum Aufenthalt berechtigt zu sein, zurückzunehmen.

(2) Absatz 1 findet keine Anwendung, wenn die zuständige Vertragspartei die Ausweisung des Drittausländers aus dem Hoheitsgebiet der Vertragsparteien durchgesetzt hatte.

Art. 35 (1) Die Vertragspartei, die einem Drittausländer den Flüchtlingsstatus zuerkannt und den Aufenthalt gewährt hat, ist verpflichtet, sofern die Betroffenen dem zustimmen, die Zuständigkeit für die Behandlung des Asylbegehrens eines Familienangehörigen zu übernehmen.

(2) Als Familienangehörige nach Absatz 1 gelten der Ehegatte oder das ledige Kind unter achtzehn Jahren des Flüchtlings, oder, wenn der Flüchtling ein lediges Kind unter achtzehn Jahren ist, dessen Vater oder Mutter.

Art. 36 Jede für die Behandlung des Asylbegehrens zuständige Vertragspartei kann bei Vorliegen humanitärer, insbesondere familiärer oder kultureller Gründe eine andere Vertragspartei um die Übernahme der Zuständigkeit bitten, sofern der Asylbegehrende dies wünscht. Es liegt im Ermessen der ersuchten Vertragspartei, ob sie diesem Ersuchen stattgibt.

Art. 37 (1) Die zuständigen Behörden der Vertragsparteien unterrichten sich gegenseitig möglichst frühzeitig über

a) neue Regelungen oder Maßnahmen auf dem Gebiet des Asylrechts oder der Behandlung von Asylbegehrenden, spätestens mit deren Inkrafttreten;
b) statistische Daten über den monatlichen Zugang von Asylbegehrenden unter Angabe der Hauptherkunftsstaaten und die in bezug auf Asylbegehren ergangenen Entscheidungen, soweit sie vorhanden sind;
c) Auftreten oder eine erhebliche Zunahme bestimmter Gruppen von Asylbegehrenden und die hierzu vorliegenden Erkenntnisse;
d) grundlegende Entscheidungen auf dem Gebiet des Asylrechts.

(2) Die Vertragsparteien gewährleisten darüber hinaus eine enge Zusammenarbeit bei der Informationsgewinnung über die Lage in den Herkunftsstaaten der Asylbegehrenden mit dem Ziel einer gemeinsamen Beurteilung.

(3) Hinweise einer Vertragspartei zur vertraulichen Behandlung der von ihr erteilten Informationen sind von den anderen Vertragsparteien zu beachten.

Art. 38 (1) Jede Vertragspartei übermittelt jeder anderen Vertragspartei auf deren Ersuchen vorliegende Daten zu einzelnen Asylbegehrenden, die erforderlich sind, um:
– die für die Behandlung des Asylbegehrens zuständige Vertragspartei zu bestimmen;
– die Behandlung des Asylbegehrens vorzunehmen;
– den Verpflichtungen aus diesem Kapitel nachkommen zu können.

(2) Diese Daten beziehen sich ausschließlich auf:

a) Identität (Name, Vorname, gegebenenfalls früherer Name, Beinamen oder Decknamen, Geburtsdatum, Geburtsort, derzeitige und frühere Staatsangehörigkeit des Asylbegehrenden und, gegebenenfalls, seiner Familienangehörigen).
b) Ausweispapiere und Reisepapiere (Nummer, Gültigkeitsdauer, Ort und Datum der Ausstellung, ausstellende Behörde, usw.);
c) sonstige zur Identifizierung erforderlichen Angaben;
d) die Aufenthaltsorte und Reisewege;
e) die von einer Vertragspartei erteilten Aufenthaltstitel oder Sichtvermerke;
f) Ort der Einreichung des Asylbegehrens;
g) gegebenenfalls das Datum der Einreichung eines früheren Asylbegehrens, das Datum der Einreichung eines gegenwärtigen Asylbegehrens, den Verfahrensstand und gegebenenfalls den Entscheidungstenor.

(3) Außerdem kann eine Vertragspartei eine andere Vertragspartei ersuchen, ihr die Gründe, die der Asylbegehrende zur Unterstützung seines Begehrens angeführt hat, und gegebenenfalls die ihn betreffenden Entscheidungsgründe mitzuteilen. Die ersuchte Vertragspartei beurteilt, ob sie diesem Ersuchen Folge leisten kann. Die Übermittlung dieser Daten ist in jedem Fall von der Einverständniserklärung des Asylbegehrenden abhängig.

(4) Der Datenaustausch erfolgt auf Antrag einer Vertragspartei und kann nur zwischen den Behörden stattfinden, die von jeder Vertragspartei dem Exekutivausschuß mitgeteilt werden.

(5) Die übermittelten Daten dürfen nur für die in Absatz 1 vorgesehenen Zwecke genutzt werden. Diese Daten dürfen nur den Behörden und Gerichten übermittelt werden, die beauftragt sind:
– die für die Behandlung des Asylbegehrens zuständige Vertragspartei zu bestimmen;
– die Behandlung des Asylbegehrens vorzunehmen;
– die Verpflichtungen aus diesem Kapitel durchzuführen.

(6) Die übermittelnde Vertragspartei achtet auf die Richtigkeit und die Aktualität der Daten. Stellt sich heraus, daß diese Vertragspartei unrichtige Daten oder Daten, die nicht hätten übermittelt werden dürfen, übermittelt hat, so werden die Bestimmungsvertragsparteien unverzüglich davon unterrichtet. Diese sind verpflichtet, die Daten zu berichtigen oder zu vernichten.

(7) Der Asylbegehrende hat das Recht, daß ihm auf seinen Antrag die seine Person betreffenden Daten mitgeteilt werden, so lange diese verfügbar sind.

Beschluß zur Bestimmung des Schengen-Besitzstands 3.9. **Texte 5**

Stellt er fest, daß diese Daten unrichtig sind oder sie nicht hätten übermittelt werden dürfen, so hat er das Recht, deren Berichtigung oder Vernichtung zu verlangen. Die Ausübung dieses Rechts erfolgt nach Maßgabe des Absatzes 6.

(8) Jede Vertragspartei ist verpflichtet, die Übermittlung und den Empfang von personenbezogenen Daten aktenkundig zu machen.

(9) Diese Daten werden nur so lange aufbewahrt, wie dies zur Erreichung des Übermittlungszweckes erforderlich ist. Die Erforderlichkeit der Aufbewahrung ist von der betroffenen Vertragspartei zum geeigneten Zeitpunkt zu prüfen.

(10) Die übermittelten Daten genießen auf jeden Fall zumindest den Schutz, der aufgrund des Rechts der empfangenden Vertragspartei für Daten gleicher Art gilt.

(11) Werden die Daten nicht automatisch, sondern auf eine sonstige Weise verarbeitet, so treffen die Vertragsparteien die geeigneten Maßnahmen, um die Einhaltung der Vorschriften dieses Artikels durch eine wirksame Kontrolle zu gewährleisten. Hat eine Vertragspartei eine Kontrollstelle der in Absatz 12 erwähnten Art, kann sie ihr die Kontrolle übertragen.

(12) Wünschen eine oder mehrere Vertragsparteien die in den Absätzen 2 und 3 aufgeführten Daten ganz oder teilweise zu speichern, so ist dies nur zulässig, soweit die betreffenden Vertragsparteien Rechtsvorschriften für diese Datenverarbeitung erlassen haben, die die Verwirklichung der Grundsätze des Übereinkommens des Europarates über den Schutz des Menschen bei der automatischen Verarbeitung personenbezogener Daten vom 28. Januar 1981 gewährleisten und sie ein geeignetes Gremium mit der unabhängigen Kontrolle der Verarbeitung und Verwendung der nach diesen Übereinkommen übermittelten Daten beauftragt haben.

3.9. Beschluß 1999/435/EG des Rates zur Bestimmung des Schengen-Besitzstands zwecks Festlegung der Rechtsgrundlagen für jede Bestimmung und jeden Beschluß, die diesen Besitzstand bilden, nach Maßgabe der einschlägigen Bestimmungen des Vertrags zur Gründung der Europäischen Gemeinschaft und des Vertrags über die Europäische Union

Vom 20. Mai 1999 (ABl. L 176 vom 10. 7. 1999 S. 1)

Art. 1 (1) Der Schengen-Besitzstand umfaßt gemäß dem Anhang zum Protokoll zur Einbeziehung des Schengen-Besitzstands in den Rahmen der Europäischen Union alle im Anhang A dieses Beschlusses aufgeführten Rechtsakte.

(2) Der Schengen-Besitzstand gemäß Absatz 1 wird im Amtsblatt der Europäischen Gemeinschaften veröffentlicht, jedoch mit Ausnahme der Bestimmungen, die in Artikel 2 angeführt sind, sowie jener Bestimmungen, die zum Zeitpunkt der Annahme dieses Beschlusses vom Schengen-Exekutivausschuß als vertraulich eingestuft sind.

(3) Der Rat behält sich das Recht vor, zu einem späteren Zeitpunkt auch andere Teile des Schengen-Besitzstandes im Amtsblatt zu veröffentlichen, und zwar insbesondere Bestimmungen, deren Veröffentlichung im allgemeinen Interesse erforderlich erscheint, oder denen der Rat für die Auslegung des Schengen-Besitzstands Bedeutung zumißt.

Art. 2 Es ist nicht erforderlich, daß der Rat gemäß den einschlägigen Bestimmungen der Verträge unter Zugrundelegung des Artikels 2 Absatz 1 Unterabsatz 2 Satz 2 des Schengen-Protokolls eine Rechtsgrundlage für die nachstehenden zum Schengen-Besitzstand gehörenden Bestimmungen und Beschlüsse festlegt:

a) die Bestimmungen des am 19. Juni 1990 in Schengen unterzeichneten Übereinkommens zwischen dem Königreich Belgien, der Bundesrepublik Deutschland, der Französischen Republik, dem Großherzogtum Luxemburg und dem Königreich der Niederlande zur Durchführung des Übereinkommens von Schengen mit der dazugehörigen Schlußakte und den dazugehörigen Erklärungen (Schengener Durchführungsübereinkommen), die in Teil 1 des Anhangs B aufgeführt sind;

b) die Bestimmungen der Beitrittsübereinkommen und Beitrittsprotokolle zum Übereinkommen von Schengen und zum Schengener Durchführungsübereinkommen mit der Italienischen Republik (unterzeichnet am 27. November 1990 in Paris), dem Königreich Spanien und der Portugiesischen Republik (unterzeichnet am 25. Juni 1991 in Bonn), der Griechischen Republik (unterzeichnet am 6. November 1992 in Madrid), der Republik Österreich (unterzeichnet am 28. April 1995 in Brüssel) und dem Königreich Dänemark, der Republik Finnland und dem Königreich Schweden (unterzeichnet am 19. Dezember 1996 in Luxemburg), die in Teil 2 des Anhangs B aufgeführt sind;
c) die Beschlüsse und Erklärungen des durch das Schengener Durchführungsübereinkommen eingesetzten Exekutivausschusses, die in Teil 3 des Anhangs B aufgeführt sind;
d) die Beschlüsse der Zentralen Gruppe, zu denen diese vom Exekutivausschuß ermächtigt worden ist, die in Teil 3 des Anhangs B aufgeführt sind.

Art. 3 Dieser Beschluß wird sofort wirksam.

Anhang A
Art. 1 Schengen-Besitzstand. 1. Das am 14. Juni 1985 in Schengen unterzeichnete Übereinkommen zwischen den Regierungen der Staaten der Benelux-Wirtschaftsunion, der Bundesrepublik Deutschland und der Französischen Republik betreffend den schrittweisen Abbau der Kontrollen an den gemeinsamen Grenzen.

2. Das am 19. Juni 1990 in Schengen unterzeichnete Übereinkommen zwischen dem Königreich Belgien, der Bundesrepublik Deutschland, der Französischen Republik, dem Großherzogtum Luxemburg und dem Königreich der Niederlande zur Durchführung des am 14. Juni 1985 in Schengen unterzeichneten Übereinkommens betreffend den schrittweisen Abbau der Kontrollen an den gemeinsamen Grenzen mit der dazugehörigen Schlußakte und den dazugehörigen gemeinsamen Erklärungen.

3. Die Beitrittsprotokolle und -übereinkommen zu dem Übereinkommen von 1985 und dem Durchführungsübereinkommen von 1990, die mit Italien (unterzeichnet am 27. November 1990 in Paris), Spanien und Portugal (unterzeichnet am 25. Juni 1991 in Bonn), Griechenland (unterzeichnet am 6. November 1992 in Madrid), Österreich (unterzeichnet am 28. April 1995 in Brüssel) sowie Dänemark, Finnland und Schweden (unterzeichnet am 19. Dezember 1996 in Luxemburg) geschlossen wurden, mit den dazugehörigen Schlußakten und Erklärungen.

4. Beschlüsse und Erklärungen des Schengen-Exekutivausschusses.

5. Beschlüsse der Zentralen Gruppe, zu denen diese vom Exekutivausschuß ermächtigt worden ist.

(Es folgt eine Liste von Beschlüssen, Erklärungen und Beschlüssen der Zentralen Gruppe)

Anhang B
Art. 2 Teil 1. Das am 19. Juni 1990 in Schengen unterzeichnete Übereinkommen zwischen dem Königreich Belgien, der Bundesrepublik Deutschland, der Französischen Republik, dem Großherzogtum Luxemburg und dem Königreich der Niederlande zur Durchführung des Übereinkommens von Schengen:

Artikel 2 Absatz 4
Artikel 4, soweit Gepäckkontrollen betroffen sind (1)
Artikel 10 Absatz 2
Artikel 19 Absatz 2
Artikel 28 bis 38 und die dazugehörigen Definitionen (2)
Artikel 60
Artikel 70
Artikel 74
Artikel 77 bis 81 (3)
Artikel 83 bis 90 (3)
Artikel 120 bis 125
Artikel 131 bis 135
Artikel 137
Artikel 139 bis 142
Schlußakte: Erklärung 2
Schlußakte: Erklärungen 4, 5 und 6
Protokoll, Gemeinsame Erklärung, Erklärung der Minister und Staatssekretäre

Teil 2. 1. Das am 27. November 1990 in Paris unterzeichnete Protokoll über den Beitritt der Regierung der Italienischen Republik zu dem Übereinkommen von Schengen vom 14. Juni 1985 zwischen

Beschluß zur Bestimmung des Schengen-Besitzstands　　　　　　　　　　3.9. **Texte 5**

den Regierungen der Staaten der Benelux-Wirtschaftsunion, der Bundesrepublik Deutschland und der Französischen Republik betreffend den schrittweisen Abbau der Kontrollen an den gemeinsamen Grenzen.

2. Die folgenden Bestimmungen des am 27. November 1990 in Paris unterzeichneten Übereinkommens über den Beitritt der Italienischen Republik zu dem am 19. Juni 1990 in Schengen unterzeichneten Übereinkommen zur Durchführung des Übereinkommens von Schengen vom 14. Juni 1985 zwischen den Regierungen der Staaten der Benelux-Wirtschaftsunion, der Bundesrepublik Deutschland und der Französischen Republik, dessen Schlußakte und die dazugehörigen Erklärungen:
Artikel 1
Artikel 5 und 6
Schlußakte: Teil I
Teil II, Erklärungen 2 und 3
Erklärung der Minister und Staatssekretäre

(1) Hinsichtlich der Gepäckkontrollen ist Artikel 4 durch die Verordnung (EWG) des Rates Nr. 3925/91 vom 19. Dezember 1991 über die Abschaffung von Kontrollen und Förmlichkeiten für Handgepäck oder aufgegebenes Gepäck auf einem innergemeinschaftlichen Flug sowie für auf einer innergemeinschaftlichen Seereise mitgeführtes Gepäck (ABl. L 374 vom 31. 12. 1991, S. 4) ersetzt worden.

(2) Ersetzt durch das am 15. Juni 1990 in Dublin unterzeichnete Übereinkommen über die Bestimmung des zuständigen Staates für die Prüfung eines in einem Mitgliedstaat der Europäischen Gemeinschaften gestellten Asylantrags (ABl. C 254 vom 19. 8. 1997, S. 1).

(3) Artikel 77 bis 81 und Artikel 83 bis 90 SDÜ sind durch die Richtlinie des Rates 91/477/EWG über die Kontrolle des Erwerbs und des Besitzes von Waffen ersetzt worden. Hinsichtlich Kriegswaffen besteht eine Zuständigkeit der Mitgliedstaaten gemäß Artikel 296 Absatz 1 Buchstabe b) EGV.

3. Das am 25. Juni 1991 in Bonn unterzeichnete Protokoll über den Beitritt der Regierung des Königreichs Spanien zu dem Übereinkommen von Schengen vom 14. Juni 1985 zwischen den Regierungen der Staaten der Benelux-Wirtschaftsunion, der Bundesrepublik Deutschland und der Französischen Republik betreffend den schrittweisen Abbau der Kontrollen an den gemeinsamen Grenzen in der Fassung des am 27. November 1990 in Paris unterzeichneten Protokolls über den Beitritt der Regierung der Italienischen Republik, und die dazugehörigen Erklärungen.

4. Die folgenden Bestimmungen des am 25. Juni 1991 in Bonn unterzeichneten Übereinkommens über den Beitritt des Königreichs Spanien zu dem am 19. Juni 1990 in Schengen unterzeichneten Übereinkommen zur Durchführung des Übereinkommens von Schengen vom 14. Juni 1985 zwischen den Regierungen der Staaten der Benelux-Wirtschaftsunion, der Bundesrepublik Deutschland und der Französischen Republik, dem die Italienische Republik mit dem am 27. November 1990 in Paris unterzeichneten Übereinkommen beigetreten ist, dessen Schlußakte und die dazugehörigen Erklärungen:
Artikel 1
Artikel 5 und 6
Schlußakte: Teil I
Teil II, Erklärungen 2 und 3
Teil III, Erklärungen 1, 3 und 4
Erklärung der Minister und Staatssekretäre

5. Das am 25. Juni 1991 in Bonn unterzeichnete Protokoll über den Beitritt der Regierung der Portugiesischen Republik zu dem Übereinkommen von Schengen vom 14. Juni 1985 zwischen den Regierungen der Staaten der Benelux-Wirtschaftsunion, der Bundesrepublik Deutschland und der Französischen Republik betreffend den schrittweisen Abbau der Kontrollen an den gemeinsamen Grenzen in der Fassung des am 27. November 1990 in Paris unterzeichneten Protokolls über den Beitritt der Regierung der Italienischen Republik, und die dazugehörigen Erklärungen.

6. Die folgenden Bestimmungen des am 25. Juni 1991 in Bonn unterzeichneten Übereinkommens über den Beitritt der Portugiesischen Republik zu dem am 19. Juni 1990 in Schengen unterzeichneten Übereinkommens zur Durchführung des Übereinkommens von Schengen vom 14. Juni 1985 zwischen den Regierungen der Staaten der Benelux-Wirtschaftsunion, der Bundesrepublik Deutschland und der

Französischen Republik, dem die Italienische Republik mit dem am 27. November 1990 in Paris unterzeichneten Übereinkommen beigetreten ist, dessen Schlußakte und die dazugehörigen Erklärungen:
Artikel 1
Artikel 7 und 8
Schlußakte: Teil I
Teil II, Erklärungen 2 und 3
Teil III, Erklärungen 2, 3, 4 und 5
Erklärung der Minister und Staatssekretäre

7. Das am 6. November 1992 in Madrid unterzeichnete Protokoll über den Beitritt der Regierung der Griechischen Republik zu dem Übereinkommen von Schengen vom 14. Juni 1985 zwischen den Regierungen der Staaten der Benelux-Wirtschaftsunion, der Bundesrepublik Deutschland und der Französischen Republik betreffend den schrittweisen Abbau der Kontrollen an den gemeinsamen Grenzen, in der Fassung des am 27. November 1990 in Paris unterzeichneten Protokolls über den Beitritt der Regierung der Italienischen Republik und der am 25. Juni 1991 in Bonn unterzeichneten Protokolle über den Beitritt der Regierungen der Portugiesischen Republik und des Königreichs Spanien, sowie die dazugehörige Erklärung.

8. Die folgenden Bestimmungen des am 6. November 1992 in Madrid unterzeichneten Übereinkommens über den Beitritt der Griechischen Republik zu dem am 19. Juni 1990 in Schengen unterzeichneten Übereinkommen zur Durchführung des Übereinkommens von Schengen vom 14. Juni 1985 zwischen den Regierungen der Staaten der Benelux-Wirtschaftsunion, der Bundesrepublik Deutschland und der Französischen Republik, dem die Italienische Republik mit dem am 27. November 1990 in Paris unterzeichneten Übereinkommen sowie die Portugiesische Republik und das Königreich Spanien mit den am 25. Juni 1991 in Bonn unterzeichneten Übereinkommen beigetreten sind, dessen Schlußakte und die dazugehörigen Erklärungen:
Artikel 1
Artikel 6 und 7
Schlußakte: Teil I
Teil II, Erklärungen 2, 3, 4 und 5
Teil III, Erklärungen 1 und 3
Erklärung der Minister und Staatssekretäre

9. Das am 28. April 1995 in Brüssel unterzeichnete Protokoll über den Beitritt der Regierung der Republik Österreich zu dem Übereinkommen von Schengen vom 14. Juni 1985 zwischen den Regierungen der Staaten der Benelux-Wirtschaftsunion, der Bundesrepublik Deutschland und der Französischen Republik betreffend den schrittweisen Abbau der Kontrollen an den gemeinsamen Grenzen, in der Fassung der Protokolle vom 27. November 1990, 25. Juni 1991 und 6. November 1992 über den jeweiligen Beitritt der Regierungen der Italienischen Republik, des Königreichs Spaniens und der Portugiesischen Republik sowie der Griechischen Republik.

10. Die folgenden Bestimmungen des am 28. April 1995 in Brüssel unterzeichneten Übereinkommens über den Beitritt der Republik Österreich zu dem am 19. Juni 1990 in Schengen unterzeichneten Übereinkommen zur Durchführung des Übereinkommens von Schengen vom 14. Juni 1985 zwischen den Regierungen der Staaten der Benelux-Wirtschaftsunion, der Bundesrepublik Deutschland und der Französischen Republik, dem die Italienische Republik, das Königreich Spanien und die Portugiesische Republik sowie die Griechische Republik jeweils mit den Übereinkommen vom 27. November 1990, vom 25. Juni 1991 und vom 6. November 1992 beigetreten sind, sowie dessen Schlußakte:
Artikel 1
Artikel 5 und 6
Schlußakte: Teil I
Teil II, Erklärung 2
Teil III

11. Das am 19. Dezember 1996 in Luxemburg unterzeichnete Protokoll über den Beitritt der Regierung des Königreichs Dänemark zu dem Übereinkommen über den schrittweisen Abbau der Kontrollen an den gemeinsamen Grenzen, das am 14. Juni 1985 in Schengen unterzeichnet wurde, und die dazugehörige Erklärung.

12. Die folgenden Bestimmungen der am 19. Dezember 1996 in Luxemburg unterzeichneten Übereinkommen über den Beitritt des Königreichs Dänemark zu dem am 19. Juni 1990 in Schengen

Festlegung der Rechtsgrundlagen für den Schengen-Besitzstand   3.10. **Texte 5**

unterzeichneten Übereinkommen zur Durchführung des Übereinkommens von Schengen vom 14. Juni 1985 betreffend den schrittweisen Abbau der Kontrollen an den gemeinsamen Grenzen, dessen Schlußakte und die dazugehörige Erklärung:
Artikel 1
Artikel 5 Absatz 1
Artikel 7 und 8
Schlußakte: Teil I
Teil II, Erklärung 2
Teil III
Erklärung der Minister und Staatssekretäre

13. Das am 19. Dezember 1996 in Luxemburg unterzeichnete Protokoll über den Beitritt der Regierung der Republik Finnland zu dem Übereinkommen über den schrittweisen Abbau der Kontrollen an den gemeinsamen Grenzen, das am 14. Juni 1985 in Schengen unterzeichnet wurde, und die dazugehörige Erklärung.

14. Die folgenden Bestimmungen des am 19. Dezember 1996 in Luxemburg unterzeichneten Übereinkommens über den Beitritt der Republik Finnland zu dem am 19. Juni 1990 in Schengen unterzeichneten Übereinkommen zur Durchführung des Übereinkommens von Schengen vom 14. Juni 1985 betreffend den schrittweisen Abbau der Kontrollen an den gemeinsamen Grenzen, dessen Schlußakte und die dazugehörige Erklärung:
Artikel 1
Artikel 6 und 7
Schlußakte: Teil I
Teil II, Erklärung 2
Teil III
Erklärung der Minister und Staatssekretäre

15. Das am 19. Dezember 1996 in Luxemburg unterzeichnete Protokoll über den Beitritt der Regierung des Königreichs Schweden zu dem Übereinkommen über den schrittweisen Abbau der Kontrollen an den gemeinsamen Grenzen, das am 14. Juni 1985 in Schengen unterzeichnet wurde, und die dazugehörige Erklärung.

16. Die folgenden Bestimmungen des am 19. Dezember 1996 in Luxemburg unterzeichneten Übereinkommens über den Beitritt des Königreichs Schweden zu dem am 19. Juni 1990 in Schengen unterzeichneten Übereinkommens zur Durchführung des Übereinkommens von Schengen vom 14. Juni 1985 betreffend den schrittweisen Abbau der Kontrollen an den gemeinsamen Grenzen, dessen Schlußakte und die dazugehörige Erklärung:
Artikel 1
Artikel 6 und 7
Schlußakte: Teil I
Teil II, Erklärung 2
Teil III
Erklärung der Minister und Staatssekretäre
Teil 3. Beschlüsse des Exekutivausschusses
(Es folgt eine Liste mit Beschlüssen und Erklärungen des Exekutiv-Ausschusses sowie Beschlüssen der Zentralen Gruppe)

3.10. Beschluß 1999/436/EG des Rates zur Festlegung der Rechtsgrundlagen für die einzelnen Bestimmungen und Beschlüsse, die den Schengen-Besitzstand bilden, nach Maßgabe der einschlägigen Bestimmungen des Vertrags zur Gründung der Europäischen Gemeinschaft und des Vertrags über die Europäische Union

Vom 20. Mai 1999 (ABl. L 176 vom 10. 7. 1999 S. 17)

Art. 1 Mit diesem Beschluß werden Rechtsgrundlagen für die in den Anhängen A bis D aufgeführten einzelnen Bestimmungen und Beschlüsse, die den Schengen-Besitzstand bilden, festgelegt; ausgenommen sind diejenigen Bestimmungen und Beschlüsse, für die der Rat aufgrund von Artikel 2 Absatz 1 Unterabsatz 2 Satz 1 des Schengen-Protokolls bestimmt hat, daß keine Rechtsgrundlage erforderlich ist.

Art. 2 Die Rechtsgrundlagen für die Bestimmungen des am 19. Juni 1990 in Schengen unterzeichneten Übereinkommens zwischen dem Königreich Belgien, der Bundesrepublik Deutschland, der Französischen Republik, dem Großherzogtum Luxemburg und dem Königreich der Niederlande zur Durchführung des am 14. Juni 1985 in Schengen unterzeichneten Übereinkommens betreffend den schrittweisen Abbau der Kontrollen an den gemeinsamen Grenzen (im folgenden als Schengener Durchführungsübereinkommen bezeichnet) mit der dazugehörigen Schlußakte werden gemäß Anhang A festgelegt.

Art. 3 Die Rechtsgrundlagen für die Bestimmungen der Beitrittsübereinkommen zum Schengener Durchführungsübereinkommen, die mit der Italienischen Republik (unterzeichnet am 27. November 1990 in Paris), dem Königreich Spanien und der Portugiesischen Republik (unterzeichnet am 25. Juni 1991 in Bonn), der Griechischen Republik (unterzeichnet am 6. November 1992 in Madrid), der Republik Österreich (unterzeichnet am 28. April 1995 in Brüssel) und dem Königreich Dänemark, der Republik Finnland und dem Königreich Schweden (unterzeichnet am 19. Dezember 1996 in Luxemburg) geschlossen wurden, mit den dazugehörigen Schlußakten und Erklärungen werden gemäß Anhang B festgelegt.

Art. 4 Die Rechtsgrundlagen für die Beschlüsse und Erklärungen des durch das Schengener Durchführungsübereinkommen eingesetzten Exekutivausschusses werden gemäß Anhang C festgelegt.

Art. 5 Die Rechtsgrundlagen für die Rechtsakte, die zur Durchführung des Schengener Durchführungsübereinkommens von den Gremien angenommen wurden, denen der Exekutivausschuß Entscheidungsbefugnisse übertragen hat, werden gemäß Anhang D festgelegt.

Art. 6 Im Hinblick auf die in Artikel 1 des Protokolls über die Überführung des Schengen-Besitzstands in die Europäische Union aufgeführten Mitgliedstaaten ist der territoriale Anwendungsbereich der Bestimmungen oder Entscheidungen, die den Schengen-Besitzstand bilden, für die der Rat auf der Grundlage von Artikel 2 Absatz 1 Satz 2 des oben angegebenen Protokolls eine Rechtsgrundlage in Titel IV von Teil 3 des EG-Vertrags beschlossen hat, und der territoriale Anwendungsbereich von Maßnahmen, die auf solchen Bestimmungen oder Entscheidungen aufbauen oder diese ändern, der in Artikel 138 des Schengener Durchführungsübereinkommens von 1990 sowie der in den einschlägigen Bestimmungen in den Beitrittsinstrumenten zu dieser Konvention festgelegte Anwendungsbereich.

Art. 7 Dieser Beschluß berührt nicht die Zuständigkeit der Mitgliedstaaten zur Anerkennung von Staaten und Gebietseinheiten und von Pässen, Reise- und Identitätsdokumenten, die von ihren Behörden ausgestellt werden.

Art. 8 Die Rechtsakte, die kraft eines Vorschlags oder einer Initiative zur Weiterentwicklung des Schengen-Besitzstands erlassen werden, müssen in den Erwägungsgründen einen Hinweis auf das Schengen-Protokoll enthalten.

Art. 9 Dieser Beschluß wird sofort wirksam.
(Es folgen in den Anhängen A bis D B Listen mit Normen)

3.11. Verordnung Nr. 1683/95 des Rates über eine einheitliche Visagestaltung

Vom 29. Mai 1995 (ABl. L 164 vom 14. 7. 1995 S. 1), zuletzt geändert durch VO/EG 334/2002 vom 18. 2. 2002 (ABl. L 53 vom 23. 2. 2002 S. 7)

Art. 1 Die von den Mitgliedstaaten gemäß Artikel 5 ausgestellten Visa werden als einheitliche Visummarke (Aufkleber) hergestellt. Sie müssen den im Anhang aufgeführten Spezifikationen entsprechen.

Art. 2 (1) Nach dem in Artikel 6 Absatz 2 genannten Verfahren werden weitere technische Spezifikationen für die einheitliche Visagestaltung festgelegt in Bezug auf:
a) weitere Sicherheitselemente und -anforderungen, einschließlich fortgeschrittener Standards zum Schutz vor Fälschung, Nachahmung und Verfälschung;
b) technische Verfahren und Modalitäten für das Ausfüllen der einheitlichen Visummarke.

(2) Die Farben des Aufklebers können nach dem in Artikel 6 Absatz 2 genannten Verfahren geändert werden.

Art. 3 (1) Die in Artikel 2 bezeichneten Spezifikationen sind geheim und werden nicht veröffentlicht. Sie sind ausschließlich den von den Mitgliedstaaten bestimmten Produktionsstätten für das Drucken der Visummarken sowie Personen zugänglich, die von einem Mitgliedstaat oder der Kommission hierzu ordnungsgemäß ermächtigt worden sind.

(2) Jeder Mitgliedstaat bestimmt eine einzige für das Drucken der Visa zuständige Produktionsstätte. Er leitet den Namen dieser Produktionsstätte an die Kommission und die anderen Mitgliedstaaten weiter. Eine Produktionsstätte kann von zwei oder mehr Mitgliedstaaten gleichzeitig bestimmt werden. Jeder Mitgliedstaat hat die Möglichkeit, die Produktionsstätte zu wechseln. Hierüber unterrichtet er die Kommission und die anderen Mitgliedstaaten.

Art. 4 (1) Unbeschadet weitergehender einschlägiger datenschutzrechtlicher Bestimmungen haben die Personen, denen ein Visum erteilt worden ist, das Recht, die persönlichen Daten in dem Visum zu überprüfen und diese gegebenenfalls berichtigen oder löschen zu lassen.

(2) Die einheitliche Visummarke enthält keine maschinenlesbaren Informationen, die nicht auch in den im Anhang unter den Nummern 6 bis 12 beschriebenen Feldern genannt werden oder dem jeweiligen Reisedokument zu entnehmen sind.

Art. 5 Im Sinne dieser Verordnung gilt als „Visum" eine von einem Mitgliedstaat ausgestellte Genehmigung oder eine von einem Mitgliedstaat getroffene Entscheidung, die für die Einreise in sein Hoheitsgebiet erforderlich ist im Hinblick auf
– einen beabsichtigten Aufenthalt in diesem Mitgliedstaat oder in mehreren Mitgliedstaaten mit einer Gesamtdauer von höchstens drei Monaten;
– die Durchreise durch das Hoheitsgebiet dieses Mitgliedstaats oder mehrerer Mitgliedstaaten oder die Transitzone eines Flughafens.

Art. 6 (1) Die Kommission wird von einem Ausschuss unterstützt.

(2) Wird auf diesen Absatz Bezug genommen, so gelten die Artikel 5 und 7 des Beschlusses 1999/468/EG (ABl. L 184 vom 17. 7. 1999 S. 23).
Der Zeitraum nach Artikel 5 Absatz 6 des Beschlusses 1999/468/EWG wird auf zwei Monate festgesetzt.

(3) Der Ausschuss gibt sich eine Geschäftsordnung.

Art. 7 Wenn die Mitgliedstaaten die einheitliche Visummarke auch für andere als die in Artikel 5 genannten Zwecke verwenden, haben sie durch geeignete Maßnahmen sicherzustellen, daß eine Verwechslung mit den in Artikel 5 genannten Visa ausgeschlossen ist.

Art. 8 (1) Diese Verordnung tritt am zwanzigsten Tag nach ihrer Veröffentlichung im Amtsblatt der Europäischen Gemeinschaften in Kraft.
Die Anwendbarkeit des Artikels 1 beginnt sechs Monate nach dem Erlaß der Maßnahmen nach Artikel 2.
Diese Verordnung ist in allen ihren Teilen verbindlich und gilt unmittelbar in jedem Mitgliedstaat.

(2) Die Integration des Lichtbilds nach Nummer 2a des Anhangs erfolgt spätestens 5 Jahre nach Annahme der in Artikel 2 für seine Einführung genannten technischen Maßnahmen.

5 Texte 3.11.

Anhang

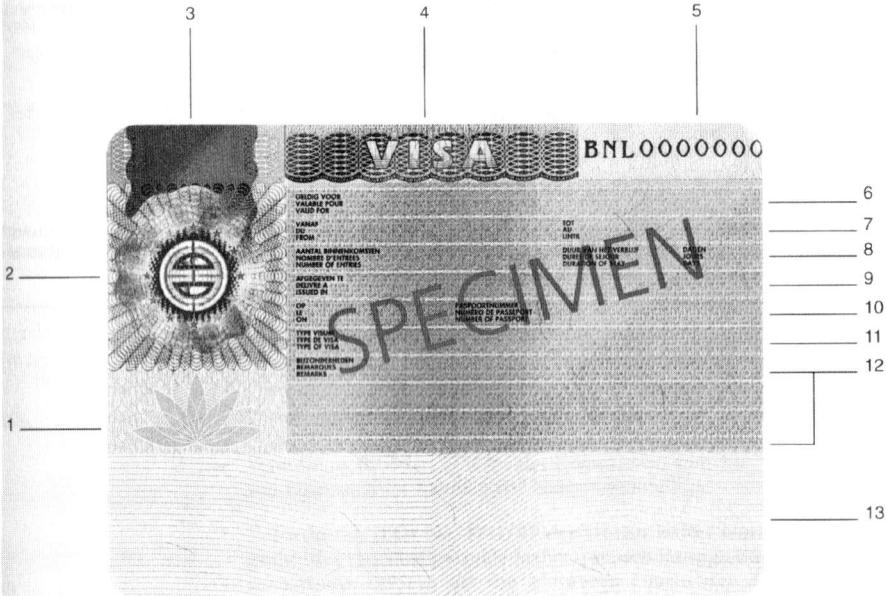

Sicherheitsmerkmale

1. Hier erscheint ein Zeichen bestehend aus neun Ellipsen, die fächerförmig angeordnet sind.
2. Hier erscheint ein optisch variables Zeichen („Kinegramm" oder gleichwertiges Zeichen). Je nach Betrachtungswinkel werden in verschiedener Größe und Farbe zwölf Sterne, das Symbol „E" und die Weltkugel sichtbar.

2a. Integration eines gemäß Hochsicherheitsnormen hergestellten Lichtbilds.

3. Hier erscheint der aus einem oder mehreren Buchstaben bestehende Ländercode des ausstellenden Mitgliedstaats (oder „BNL" im Fall der Benelux-Staaten, d.h. Belgien, Luxemburg und die Niederlande) mit Kippeffekt. Dieser Code erscheint bei flachem Betrachtungswinkel hell und bei Drehung um 90 Grad dunkel. Es gelten folgende Ländercodes: A für Österreich, BNL für Benelux, D für Deutschland, DK für Dänemark, E für Spanien, F für Frankreich, FIN für Finnland, GR für Griechenland, I für Italien, IRL für Irland, P für Portugal, S für Schweden, UK für das Vereinigte Königreich.
4. Im mittleren Bereich erscheint das Wort „VISUM" in Großbuchstaben mit optisch variablen Farben. Je nach Betrachtungswinkel erscheint es grün oder rot.
5. Hier erscheint die bereits vorgedruckte Nummer des Visums mit vorangestelltem Ländercode gemäß Nummer 3. Es wird eine besondere Drucktype verwendet.

Eintragungsfelder

6. Dieses Feld beginnt mit den Worten „gültig für". Die ausstellende Behörde gibt das Hoheitsgebiet bzw. die Hoheitsgebiete an, für das/die das Visum gilt.
7. Dieses Feld beginnt mit dem Wort „von", weiter in der Zeile steht das Wort „bis". Die ausstellende Behörde gibt hier die Gültigkeitsdauer des Visums an.
8. Dieses Feld beginnt mit den Worten „Anzahl der Einreisen", weiter in der Zeile erscheinen die Worte „Dauer des Aufenthalts" (d.h. Dauer des vom Antragsteller geplanten Aufenthalts) und „Tage".
9. Dieses Feld beginnt mit den Worten „ausgestellt in" und gibt den Ausstellungsort an.
10. Dieses Feld beginnt mit den Worten „am" (die ausstellende Behörde gibt hier das Ausstellungsdatum an); weiter in der Zeile erscheinen die Worte „Nummer des Reisepasses" (gefolgt von der Paßnummer des Paßinhabers).

11. Dieses Feld beginnt mit den Worten „Art des Visums". Die ausstellende Behörde trägt die Kategorie des Visums gemäß den Artikeln 5 und 7 ein.
12. Dieses Feld beginnt mit den Worten „Anmerkungen". Es dient der ausstellenden Behörde dazu, weitere Informationen, die sie für notwendig hält und die mit Artikel 4 dieser Verordnung vereinbar sind, einzutragen. Die folgenden zweieinhalb Zeilen sind für die Eintragung derartiger Bemerkungen freizuhalten.
13. Dieses Feld enthält die maßgeblichen maschinenlesbaren Informationen, um die Außengrenzkontrollen zu vereinfachen.

Das zu verwendende Papier ist pastellgrün und mit roter und blauer Kennzeichnung versehen.

Die Kennzeichnung der Eintragungsfelder erfolgt in englischer und französischer Sprache. Darüber hinaus kann der ausstellende Staat eine andere Amtssprache der Gemeinschaft hinzufügen. Das Wort „Visum" in der Kopfzeile kann jedoch in jeder Amtssprache der Gemeinschaft erscheinen.

3.12. Verordnung (EG) Nr. 2725/2000 des Rates über die Einrichtung von „Eurodac" für den Vergleich von Fingerabdrücken zum Zwecke der effektiven Anwendung des Dubliner Übereinkommens

Vom 11. Dezember 2000 (ABl. L 316 vom 15. 12. 2000 S. 1)

Art. 1 Zweck von „Eurodac". (1) Hiermit wird ein „Eurodac" genanntes System eingerichtet, das nach Maßgabe dieser Verordnung bei der Bestimmung des Mitgliedstaats, der gemäß dem Dubliner Übereinkommen für die Prüfung eines in einem Mitgliedstaat gestellten Asylantrags zuständig ist, herangezogen werden und die Anwendung des Dubliner Übereinkommens anderweitig erleichtern soll.

(2) Eurodac umfasst:
a) die Zentraleinheit nach Artikel 3,
b) eine computergestützte zentrale Datenbank, in der die Daten nach Artikel 5 Absatz 1, Artikel 8 Absatz 2 und Artikel 11 Absatz 2 zum Vergleich der Fingerabdruckdaten von Asylbewerbern und von den in Artikel 8 Absatz 1 und Artikel 11 Absatz 1 genannten Kategorien von Ausländern verarbeitet werden, sowie
c) die zwischen den Mitgliedstaaten und der zentralen Datenbank bestehenden Übermittlungseinrichtungen.

Die für Eurodac geltenden Regeln gelten auch für die von den Mitgliedstaaten ausgeführten Vorgänge von der Übermittlung der Daten an die Zentraleinheit bis zur Verwendung der Ergebnisse des Vergleichs.

(3) Unbeschadet der Verwendung der für Eurodac bestimmten Daten durch den Herkunftsmitgliedstaat in nach seinem nationalen Recht eingerichteten Datenbanken dürfen die Fingerabdruckdaten und die anderen personenbezogenen Daten nur für die in Artikel 15 Absatz 1 des Dubliner Übereinkommens genannten Zwecke in Eurodac verarbeitet werden.

Art. 2 Begriffsbestimmungen. (1) Für die Zwecke dieser Verordnung gelten folgende Begriffsbestimmungen:
a) „Dubliner Übereinkommen" ist das am 15. Juni 1990 in Dublin unterzeichnete Übereinkommen über die Bestimmung des zuständigen Staates für die Prüfung eines in einem Mitgliedstaat der Europäischen Gemeinschaften gestellten Asylantrags.
b) „Asylbewerber" ist jeder Ausländer, der einen Asylantrag gestellt hat oder in dessen Namen ein Asylantrag gestellt worden ist.
c) „Herkunftsmitgliedstaat" ist
   i) im Zusammenhang mit einem Asylbewerber der Mitgliedstaat, der die personenbezogenen Daten an die Zentraleinheit übermittelt und die Vergleichsergebnisse erhält;
   ii) im Zusammenhang mit einer unter Artikel 8 fallenden Person der Mitgliedstaat, der die personenbezogenen Daten an die Zentraleinheit übermittelt;

iii) im Zusammenhang mit einer unter Artikel 11 fallenden Person der Mitgliedstaat, der solche Daten an die Zentraleinheit übermittelt und die Vergleichsergebnisse erhält.
d) „Flüchtling" ist eine Person, die nach der Genfer Flüchtlingskonvention vom 28. Juli 1951 in der Fassung des New Yorker Protokolls vom 31. Januar 1967 als Flüchtling anerkannt ist.
e) „Treffer" ist bzw. sind die aufgrund eines Abgleichs durch die Zentraleinheit festgestellte Übereinstimmung oder festgestellten Übereinstimmungen zwischen den in der Datenbank gespeicherten Fingerabdruckdaten und den von einem Mitgliedstaat übermittelten Fingerabdruckdaten zu einer Person, unbeschadet der Verpflichtung der Mitgliedstaaten, die Ergebnisse des Vergleichs gemäß Artikel 4 Absatz 6 des Übereinkommens sofort zu prüfen.

(2) Die in Artikel 2 der Richtlinie 95/46/EG definierten Ausdrücke haben in dieser Verordnung die gleiche Bedeutung.

(3) Sofern nichts anderes angegeben ist, haben die in Artikel 1 des Dubliner Übereinkommens definierten Ausdrücke in dieser Verordnung die gleiche Bedeutung.

Art. 3 Zentraleinheit. (1) Bei der Kommission wird eine Zentraleinheit eingerichtet, die dafür zuständig ist, im Namen der Mitgliedstaaten die in Artikel 1 Absatz 2 Buchstabe b) genannte zentrale Datenbank zu betreiben. Die Zentraleinheit wird mit einem computergestützten Fingerabdruckerkennungssystem ausgestattet.

(2) Die Zentraleinheit verarbeitet die Daten von Asylbewerbern sowie von unter Artikel 8 oder Artikel 11 fallenden Personen im Auftrag des Herkunftsmitgliedstaats unter den in dieser Verordnung festgelegten Bedingungen.

(3) Die Zentraleinheit erstellt alle drei Monate eine Statistik über ihre Arbeit, aus der Folgendes hervorgeht:
a) die Anzahl der über Asylbewerber und über Personen nach Artikel 8 Absatz 1 und Artikel 11 Absatz 1 übermittelten Datensätze,
b) die Anzahl der Treffer hinsichtlich der Asylbewerber, die in einem anderen Mitgliedstaat einen Asylantrag gestellt haben,
c) die Anzahl der Treffer hinsichtlich der in Artikel 8 Absatz 1 bezeichneten Personen, die zu einem späteren Zeitpunkt einen Asylantrag gestellt haben,
d) die Anzahl der Treffer hinsichtlich der in Artikel 11 Absatz 1 bezeichneten Personen, die zu einem früheren Zeitpunkt einen Asylantrag in einem anderen Mitgliedstaat gestellt hatten,
e) die Anzahl der Fingerabdruckdaten, welche die Zentraleinheit erneut vom Herkunftsmitgliedstaat anfordern musste, weil die ursprünglich übermittelten Fingerabdruckdaten für den Abgleich unter Verwendung des computergestützten Fingerabdruckerkennungssystems ungeeignet waren.

Am Ende jeden Jahres wird eine Statistik erstellt, die die seit Beginn der Tätigkeitsaufnahme von Eurodac erstellten dreimonatlichen Statistiken zusammenfasst und dabei die Anzahl der Personen angibt, zu denen Treffer nach den Buchstaben b), c) und d) festgestellt wurden.

Die Statistik enthält eine Aufgliederung der Daten für jeden einzelnen Mitgliedstaat.

(4) Die Zentraleinheit kann gemäß dem Verfahren nach Artikel 23 Absatz 2 beauftragt werden, auf der Grundlage der in der Zentraleinheit verarbeiteten Daten bestimmte andere statistische Aufgaben wahrzunehmen.

Kapitel II. Asylbewerber

Art. 4 Erfassung, Übermittlung und Vergleich von Fingerabdrücken. (1) Jeder Mitgliedstaat nimmt jedem Asylbewerber, der mindestens 14 Jahre alt ist, unverzüglich die Fingerabdrücke aller Finger ab und übermittelt der Zentraleinheit unverzüglich die in Artikel 5 Absatz 1 Buchstaben a) bis f) bezeichneten Daten. Das Verfahren zur Abnahme von Fingerabdrücken wird gemäß den innerstaatlichen Gepflogenheiten des betreffenden Mitgliedstaats und unter Beachtung der in der Europäischen Menschenrechtskonvention und im Übereinkommen der Vereinten Nationen über die Rechte des Kindes verankerten Schutzklauseln festgelegt.

(2) Die Daten nach Artikel 5 Absatz 1 werden durch die Zentraleinheit oder, sofern die technischen Voraussetzungen hierfür erfüllt sind, unmittelbar durch den Herkunftsmitgliedstaat sofort in der zentralen Datenbank gespeichert.

(3) Die Fingerabdruckdaten nach Artikel 5 Absatz 1 Buchstabe b), die von einem Mitgliedstaat übermittelt wurden, werden von der Zentraleinheit mit den von anderen Mitgliedstaaten übermittelten und in der zentralen Datenbank bereits gespeicherten Fingerabdruckdaten verglichen.

(4) Die Zentraleinheit trägt auf Antrag eines Mitgliedstaates dafür Sorge, dass sich der Vergleich nach Absatz 3 außer auf die Daten anderer Mitgliedstaaten auch auf die von diesem Mitgliedstaat früher übermittelten Fingerabdruckdaten erstreckt.

(5) Die Zentraleinheit übermittelt unverzüglich den Treffer oder das negative Ergebnis des Vergleichs an den Herkunftsmitgliedstaat. Liegt ein Treffer vor, übermittelt sie zu allen mit dem Treffer in Zusammenhang stehenden Datensätzen die Daten nach Artikel 5 Absatz 1; die Daten gemäß Artikel 5 Absatz 1 Buchstabe b) werden jedoch nur übermittelt, soweit sie Grundlage für den Treffer waren.

Eine direkte Übermittlung des Ergebnisses des Vergleichs an den Herkunftsmitgliedstaat ist zulässig, wenn die technischen Voraussetzungen dafür erfüllt sind.

(6) Die Ergebnisse des Vergleichs werden in dem Herkunftsmitgliedstaat sofort geprüft. Die endgültige Identifizierung wird von dem Herkunftsmitgliedstaat gemäß Artikel 15 des Dubliner Übereinkommens in Zusammenarbeit mit den betroffenen Mitgliedstaaten vorgenommen.

Von der Zentraleinheit erhaltene Informationen über sonstige Daten, die sich als unzuverlässig herausgestellt haben, werden gelöscht oder vernichtet, sobald festgestellt ist, dass die Daten unzuverlässig sind.

(7) Die Durchführungsbestimmungen über die zur Anwendung der Absätze 1 bis 6 erforderlichen Verfahren werden gemäß dem Verfahren nach Artikel 22 Absatz 1 fstgelegt.

Art. 5 Datenspeicherung. (1) In der zentralen Datenbank werden ausschließlich folgende Daten gespeichert:
a) Herkunftsmitgliedstaat, Ort und Zeitpunkt der Stellung des Asylantrags;
b) Fingerabdruckdaten;
c) Geschlecht;
d) vom Herkunftsmitgliedstaat verwendete Kennnummer;
e) Zeitpunkt der Abnahme der Fingerabdrücke;
f) Zeitpunkt der Übermittlung der Daten an die Zentraleinheit;
g) Zeitpunkt der Eingabe der Daten in die zentrale Datenbank;
h) Angaben zu dem/den Empfänger(n), an den/die die Daten übermittelt wurden, sowie Zeitpunkt(e) der Übermittlung(en).

(2) Die Zentraleinheit vernichtet nach der Speicherung der Daten in der zentralen Datenbank die zur Datenübermittlung verwendeten Datenträger, sofern der Herkunftsmitgliedstaat nicht deren Rückgabe verlangt hat.

Art. 6 Aufbewahrung der Daten. Jeder Datensatz nach Artikel 5 Absatz 1 wird für zehn Jahre ab dem Zeitpunkt der Abnahme der Fingerabdrücke in der zentralen Datenbank aufbewahrt.

Nach Ablauf dieses Zeitraums löscht die Zentraleinheit automatisch die Daten in der zentralen Datenbank.

Art. 7 Vorzeitige Löschung der Daten. Daten über Personen, die die Staatsangehörigkeit eines Mitgliedstaats erworben haben, bevor der in Artikel 6 genannte Zeitraum abgelaufen ist, werden, sobald der Herkunftsmitgliedstaat davon Kenntnis erhält, dass die betreffende Person die Staatsangehörigkeit eines Mitgliedstaats erworben hat, gemäß Artikel 15 Absatz 3 in der zentralen Datenbank gelöscht.

Kapitel III. Ausländer, die in Verbindung mit dem illegalen Überschreiten einer Außengrenze aufgegriffen werden

Art. 8 Erfassung und Übermittlung der Fingerabdruckdaten. (1) Jeder Mitgliedstaat nimmt unter Beachtung der in der Europäischen Menschenrechtskonvention und im Übereinkommen der Vereinten Nationen über die Rechte des Kindes verankerten Schutzklauseln jedem Ausländer, der mindestens vierzehn Jahre alt ist und der in Verbindung mit dem illegalen Überschreiten der Grenze dieses Mitgliedstaats auf dem Land-, See- oder Luftwege aus einem Drittstaat kommend von den zuständigen Kontrollbehörden aufgegriffen und nicht zurückgewiesen wird, unverzüglich die Fingerabdrücke aller Finger ab.

(2) Der betreffende Mitgliedstaat übermittelt der Zentraleinheit unverzüglich die folgenden Daten im Zusammenhang mit jedem Ausländer nach Absatz 1, der nicht zurückgewiesen wird:
a) Herkunftsmitgliedstaat, Ort und Zeitpunkt des Aufgreifens;
b) Fingerabdruckdaten;
c) Geschlecht;
d) vom Herkunftsmitgliedstaat verwendete Kennnummer;
e) Zeitpunkt der Abnahme der Fingerabdrücke;
f) Zeitpunkt der Übermittlung der Daten an die Zentraleinheit.

Art. 9 Datenspeicherung. (1) Die in Artikel 5 Absatz 1 Buchstabe g) und Artikel 8 Absatz 2 genannten Daten werden in der zentralen Datenbank gespeichert.

Unbeschadet des Artikels 3 Absatz 3 werden Daten, die der Zentraleinheit gemäß Artikel 8 Absatz 2 übermittelt werden, in der zentralen Datenbank ausschließlich zum Zwecke des Vergleichs mit in der Folge an die Zentraleinheit übermittelten Daten über Asylbewerber gespeichert.

Die Zentraleinheit darf ihr gemäß Artikel 8 Absatz 2 übermittelte Daten weder mit zuvor in der zentralen Datenbank gespeicherten Daten noch mit Daten vergleichen, die der Zentraleinheit in der Folge gemäß Artikel 8 Absatz 2 übermittelt werden.

(2) Die in Artikel 4 Absatz 1 zweiter Satz, Artikel 4 Absatz 2 und Artikel 5 Absatz 2 vorgesehenen Verfahren sowie die aufgrund von Artikel 4 Absatz 7 erlassenen Bestimmungen finden Anwendung. Was den Vergleich von in der Folge an die Zentraleinheit übermittelten Daten über Asylbewerber mit den in Absatz 1 genannten Daten anbelangt, so gelten die in Artikel 4 Absätze 3, 5 und 6 vorgesehenen Verfahren.

Art. 10 Aufbewahrung der Daten. (1) Jeder Datensatz betreffend einen Ausländer nach Artikel 8 Absatz 1 wird für zwei Jahre ab dem Zeitpunkt der Abnahme der Fingerabdrücke des Ausländers in der zentralen Datenbank aufbewahrt. Nach Ablauf dieses Zeitraums löscht die Zentraleinheit automatisch die Daten in der zentralen Datenbank.

(2) Daten über einen Ausländer nach Artikel 8 Absatz 1 werden unverzüglich gemäß Artikel 15 Absatz 3 in der zentralen Datenbank gelöscht, wenn dem Herkunftsmitgliedstaat vor Ablauf des Zweijahreszeitraums nach Absatz 1 einer der folgenden Umstände bekannt wird:
a) dem Ausländer wurde eine Aufenthaltsgenehmigung erteilt;
b) der Ausländer hat das Hoheitsgebiet der Mitgliedstaaten verlassen;
c) der Ausländer hat die Staatsangehörigkeit eines Mitgliedstaats erworben.

Kapitel IV. Ausländer, die sich illegal in einem Mitgliedstaat aufhalten

Art. 11 Vergleich der Fingerabdruckdaten. (1) Um zu überprüfen, ob ein Ausländer, der sich illegal im Hoheitsgebiet eines Mitgliedstaats aufhält, zu einem früheren Zeitpunkt einen Asylantrag in einem anderen Mitgliedstaat gestellt hat, kann der Mitgliedstaat der Zentraleinheit die Daten betreffend Fingerabdrücke, die er gegebenenfalls von einem solchen mindestens 14 Jahre alten Ausländer abgenommen hat, zusammen mit der von diesem Mitgliedstaat verwendeten Kennnummer übermitteln.

Eine Überprüfung, ob der Ausländer zu einem früheren Zeitpunkt einen Asylantrag in einem anderen Mitgliedstaat gestellt hat, ist in der Regel begründet, wenn
a) der Ausländer erklärt, dass er einen Asylantrag gestellt habe, jedoch den Mitgliedstaat der Antragstellung nicht angibt;
b) der Ausländer kein Asyl beantragt, die Rückführung in sein Herkunftsland jedoch mit der Begründung ablehnt, dass er dort in Gefahr wäre, oder
c) der Ausländer seine Abschiebung anderweitig zu verhindern versucht, indem er es ablehnt, bei der Feststellung seiner Identität mitzuwirken, vor allem indem er keine oder gefälschte Ausweispapiere vorlegt.

(2) Soweit die Mitgliedstaaten an dem in Absatz 1 bezeichneten Verfahren teilnehmen, übermitteln sie der Zentraleinheit die Abdruckdaten aller oder zumindest der Zeigefinger der Ausländer gemäß Absatz 1; wenn letztere fehlen, übermitteln sie die Abdrücke aller sonstigen Finger.

(3) Die Fingerabdruckdaten von Ausländern nach Absatz 1 werden der Zentraleinheit ausschließlich zum Zwecke des Vergleichs mit den Fingerabdruckdaten von Asylbewerbern übermittelt, die von anderen Mitgliedstaaten übermittelt und bereits in der zentralen Datenbank gespeichert worden sind.

Die Fingerabdruckdaten solcher Ausländer werden nicht in der zentralen Datenbank gespeichert und auch nicht mit den der Zentraleinheit gemäß Artikel 8 Absatz 2 übermittelten Daten verglichen.

(4) Was den Vergleich von nach diesem Artikel übermittelten Fingerabdruckdaten mit den von anderen Mitgliedstaaten übermittelten und bereits in der Zentraleinheit gespeicherten Fingerabdruckdaten von Asylbewerbern anbelangt, so finden die in Artikel 4 Absätze 3, 5 und 6 vorgesehenen Verfahren sowie die gemäß Artikel 4 Absatz 7 erlassenen Bestimmungen Anwendung.

(5) Sobald die Ergebnisse des Vergleichs dem Herkunftsmitgliedstaat übermittelt worden sind,
a) löscht die Zentraleinheit unverzüglich die Fingerabdruckdaten und andere ihr nach Absatz 1 übermittelte Daten und
b) vernichtet unverzüglich die vom Herkunftsmitgliedstaat für die Übermittlung der Daten an die Zentraleinheit verwendeten Datenträger, sofern der Herkunftsmitgliedstaat nicht deren Rückgabe verlangt hat.

Kapitel V. Anerkannte Flüchtlinge

Art. 12 Sperrung von Daten. (1) Daten über einen Asylbewerber, die gemäß Artikel 4 Absatz 2 gespeichert worden sind, werden in der zentralen Datenbank gesperrt, wenn die betreffende Person in einem Mitgliedstaat als Flüchtling anerkannt und zugelassen worden ist. Eine solche Sperrung wird von der Zentraleinheit auf Anweisung des Herkunftsmitgliedstaats vorgenommen. Solange noch keine Entscheidung gemäß Absatz 2 getroffen worden ist, werden Treffer bezüglich Personen, die in einem Mitgliedstaat als Flüchtling anerkannt und zugelassen wurden, nicht übermittelt. Die Zentraleinheit teilt dem anfragenden Mitgliedstaat ein negatives Ergebnis mit.

(2) Fünf Jahre nach Aufnahme der Tätigkeit von Eurodac wird anhand von der Zentraleinheit erstellter verlässlicher Statistiken über die Personen, die in einem Mitgliedstaat einen Asylantrag gestellt haben, nachdem sie in einem anderen Mitgliedstaat als Flüchtling anerkannt und zugelassen worden sind, gemäß den einschlägigen Bestimmungen des Vertrags darüber entschieden, ob die Daten über Personen, die in einem Mitgliedstaat als Flüchtling anerkannt und zugelassen worden sind,
a) entweder gemäß Artikel 6 zum Zwecke des Vergleichs nach Artikel 4 Absatz 3 gespeichert werden sollten
b) oder vorzeitig gelöscht werden sollten, sobald eine Person als Flüchtling anerkannt und zugelassen worden ist.

(3) In dem in Absatz 2 Buchstabe
a) angeführten Fall werden die gemäß Absatz 1 gesperrten Daten freigegeben, und das in Absatz 1 genannte Verfahren wird nicht länger angewandt.

(4) In dem in Absatz 2 Buchstabe b) angeführten Fall werden
a) Daten, die gemäß Absatz 1 gesperrt worden sind, von der Zentraleinheit unverzüglich gelöscht und
b) Daten über Personen, die in der Folge als Flüchtling anerkannt und zugelassen werden, entsprechend Artikel 15 Absatz 3 gelöscht, sobald der Herkunftsmitgliedstaat davon Kenntnis erhält, dass die betreffende Person in einem Mitgliedstaat als Flüchtling anerkannt und zugelassen worden ist.

(5) Die Durchführungsbestimmungen für die Sperrung von Daten nach Absatz 1 und die Erstellung der Statistiken nach Absatz 2 werden nach dem in Artikel 22 Absatz 1 vorgesehenen Verfahren angenommen.

Kapitel VI. Verwendung der Daten, Datenschutz, Sicherheit und Haftung

Art. 13 Verantwortung für die Verwendung der Daten. (1) Der Herkunftsmitgliedstaat ist verantwortlich für
a) die Rechtmäßigkeit der Abnahme der Fingerabdrücke;
b) die Rechtmäßigkeit der Übermittlung der Fingerabdruckdaten sowie der übrigen Daten nach Artikel 5 Absatz 1, Artikel 8 Absatz 2 und Artikel 11 Absatz 2 an die Zentraleinheit;
c) die Richtigkeit und die Aktualität der Daten bei deren Übermittlung an die Zentraleinheit;
d) die Rechtmäßigkeit der Speicherung, Aufbewahrung, Berichtigung und Löschung der Daten in der zentralen Datenbank unbeschadet der Verantwortung der Kommission;

e) die Rechtmäßigkeit der Verwendung der von der Zentraleinheit übermittelten Ergebnisse des Vergleichs der Fingerabdruckdaten.

(2) Gemäß Artikel 14 trägt der Herkunftsmitgliedstaat für die Sicherheit der Daten nach Absatz 1 vor und bei der Übermittlung an die Zentraleinheit sowie für die Sicherheit der Daten, die er von der Zentraleinheit empfängt, Sorge.

(3) Der Herkunftsmitgliedstaat ist für die endgültige Identifizierung der Daten gemäß Artikel 4 Absatz 6 verantwortlich.

(4) Die Kommission trägt dafür Sorge, dass die Zentraleinheit gemäß den Bestimmungen der Verordnung und ihren Durchführungsbestimmungen betrieben wird. Insbesondere

a) trifft sie Maßnahmen, um dafür zu sorgen, dass in der Zentraleinheit tätige Personen die in der zentralen Datenbank gespeicherten Daten nur in einer dem in Artikel 1 Absatz 1 genannten Zweck von Eurodac entsprechenden Weise verwenden;
b) stellt sie sicher, dass die in der Zentraleinheit tätigen Personen allen Aufforderungen nachkommen, die seitens der Mitgliedstaaten im Einklang mit der Verordnung in Bezug auf die Speicherung, den Vergleich, die Berichtigung und die Löschung von Daten, für die sie zuständig sind, ergehen;
c) trifft sie die notwendigen Maßnahmen, um die Sicherheit der Zentraleinheit gemäß Artikel 14 zu gewährleisten;
d) stellt sie sicher, dass unbeschadet des Artikels 20 und der Befugnisse der unabhängigen Kontrollinstanz, die gemäß Artikel 286 Absatz 2 des Vertrags eingerichtet wird, nur die zu einer Tätigkeit in der Zentraleinheit befugten Personen Zugang zu den in der zentralen Datenbank gespeicherten Daten erhalten.

Die Kommission unterrichtet das Europäische Parlament und den Rat über die Maßnahmen, die sie gemäß Unterabsatz 1 ergreift.

Art. 14 Sicherheit. (1) Der Herkunftsmitgliedstaat trifft die notwendigen Maßnahmen, um

a) zu verhindern, dass Unbefugte Zugang zu den nationalen Anlagen erhalten, in denen die Vorgänge ausgeführt werden, die entsprechend dem Zweck von Eurodac dem Mitgliedstaat obliegen (Kontrollen am Eingang der Anlagen);
b) zu verhindern, dass Eurodac-Daten und -Datenträger von Unbefugten gelesen, kopiert, verändert oder gelöscht werden (Kontrolle der Datenträger);
c) zu gewährleisten, dass nachträglich nachgeprüft und festgestellt werden kann, welche Daten wann und von wem in Eurodac gespeichert worden sind (Kontrolle der Datenspeicherung);
d) die unbefugte Eingabe von Daten in Eurodac und jede unbefugte Veränderung oder Löschung von in Eurodac gespeicherten Daten zu verhindern (Kontrolle der Dateneingabe);
e) zu gewährleisten, dass die zur Benutzung von Eurodac Berechtigten ausschließlich auf die ihrer Zugriffsberechtigung unterliegenden Daten zugreifen können (Zugriffskontrolle);
f) zu gewährleisten, dass nachgeprüft und festgestellt werden kann, welchen Behörden Eurodac-Daten mit Hilfe von Datenübertragungseinrichtungen übermittelt werden können (Kontrolle der Übermittlung);
g) zu verhindern, dass bei der direkten Übermittlung der Daten an die zentrale Datenbank und umgekehrt bzw. beim Transport von Datenträgern von den Mitgliedstaaten zur Zentraleinheit und umgekehrt die Daten unbefugt gelesen, kopiert, verändert oder gelöscht werden können (Kontrolle des Transports).

(2) In Bezug auf den Betrieb der Zentraleinheit ist die Kommission für die Anwendung der Maßnahmen nach Absatz 1 verantwortlich.

Art. 15 Zugriff auf die in Eurodacgespeicherten Daten und Berichtigung oder Löschung dieser Daten. (1) Der Herkunftsmitgliedstaat hat Zugriff auf die Daten, die er übermittelt hat und die gemäß dieser Verordnung in der zentralen Datenbank gespeichert sind.

Kein Mitgliedstaat darf von anderen Mitgliedstaaten übermittelte Daten abfragen oder solche Daten übermittelt bekommen, mit Ausnahme der Daten, die das Ergebnis des Vergleichs nach Artikel 4 Absatz 5 sind.

(2) Zugriff nach Absatz 1 auf die in der zentralen Datenbank gespeicherten Daten haben diejenigen Behörden der Mitgliedstaaten, die von letzteren benannt worden sind. Jeder Mitgliedstaat übermittelt der Kommission ein Verzeichnis dieser Behörden.

(3) Unbeschadet der Löschung nach Artikel 6, Artikel 10 Absatz 1 oder Artikel 12 Absatz 4 Buchstabe a) ist lediglich der Herkunftsmitgliedstaat berechtigt, die Daten, die er an die Zentraleinheit übermittelt hat, durch Berichtigung oder Ergänzung zu verändern oder sie zu löschen.

Werden die Daten unmittelbar von dem Herkunftsmitgliedstaat in der zentralen Datenbank gespeichert, so kann dieser die Daten unmittelbar ändern oder löschen.

Werden die Daten nicht unmittelbar von dem Herkunftsmitgliedstaat in der zentralen Datenbank gespeichert, so nimmt die Zentraleinheit auf Ersuchen dieses Mitgliedstaats Änderungen oder Löschungen vor.

(4) Hat ein Mitgliedstaat oder die Zentraleinheit Grund zu der Annahme, dass in der zentralen Datenbank gespeicherte Daten sachlich falsch sind, so benachrichtigt er/sie so rasch wie möglich den Herkunftsmitgliedstaat.

Hat ein Mitgliedstaat Grund zu der Annahme, dass die Speicherung von Daten in der zentralen Datenbank im Widerspruch zu dieser Verordnung steht, so benachrichtigt er ebenfalls den Herkunftsmitgliedstaat so rasch wie möglich. Dieser überprüft die betreffenden Daten und ändert oder löscht sie nötigenfalls unverzüglich.

(5) Den Behörden eines Drittlands werden in der zentralen Datenbank gespeicherte Daten von der Zentraleinheit weder übermittelt noch zur Verfügung gestellt, es sei denn, dass die Zentraleinheit hierzu im Rahmen eines Gemeinschaftsübereinkommens über die Kriterien und Mechanismen für die Bestimmung des für die Prüfung eines Asylantrags zuständigen Mitgliedstaats ermächtigt wird.

Art. 16 Aufzeichnung der Verarbeitungsvorgänge durch die Zentraleinheit. (1) Die Zentraleinheit fertigt Aufzeichnungen über alle Datenverarbeitungsvorgänge in der Zentraleinheit an. Aus diesen Aufzeichnungen gehen der Zweck des Zugriffs, der Tag und die Uhrzeit, die übermittelten Daten, die für eine Abfrage verwendeten Daten und die Bezeichnung der eingebenden oder abfragenden Stelle sowie der verantwortlichen Personen hervor.

(2) Die Aufzeichnungen dürfen nur für die datenschutzrechtliche Kontrolle der Zulässigkeit der Datenverarbeitung sowie zur Gewährleistung der Datensicherheit gemäß Artikel 14 verwendet werden. Sie werden durch geeignete Maßnahmen gegen unberechtigten Zugriff gesichert und nach einer Frist von einem Jahr gelöscht, wenn sie nicht für ein bereits eingeleitetes Kontrollverfahren benötigt werden.

Art. 17 Haftung. (1) Jede Person oder jeder Mitgliedstaat, der bzw. dem durch eine rechtswidrige Verarbeitung oder durch eine andere Handlung, die den Bestimmungen dieser Verordnung zuwiderläuft, ein Schaden entstanden ist, hat das Recht, von dem für den erlittenen Schaden verantwortlichen Mitgliedstaat Schadenersatz zu verlangen. Dieser Mitgliedstaat wird teilweise oder vollständig von seiner Haftung befreit, wenn er nachweist, dass er für den Umstand, durch den der Schaden eingetreten ist, nicht verantwortlich ist.

(2) Für Schäden an der zentralen Datenbank, die darauf zurückzuführen sind, dass ein Mitgliedstaat seinen Verpflichtungen aufgrund dieser Verordnung nicht nachgekommen ist, ist dieser Mitgliedstaat haftbar, es sei denn, die Kommission hat keine angemessenen Schritte unternommen, um den Schaden abzuwenden oder zu mindern.

(3) Die Durchsetzung von Schadenersatzansprüchen nach den Absätzen 1 und 2 gegen einen Mitgliedstaat unterliegt den innerstaatlichen Rechtsvorschriften des beklagten Mitgliedstaats.

Art. 18 Rechte der von der Datenverarbeitung betroffenen Personen. (1) Der Herkunftsmitgliedstaat unterrichtet die Personen, die unter diese Verordnung fallen, über
 a) die Identität des für die Verarbeitung Verantwortlichen und gegebenenfalls seines Vertreters,
 b) die Zwecke der Verarbeitung der Daten im Rahmen von Eurodac,
 c) die Empfänger der Daten,
 d) die Verpflichtung zur Fingerabdrucknahme bei Personen im Sinne des Artikels 4 oder Artikels 8,
 e) die Auskunfts- und Berichtigungsrechte bezüglich sie betreffender Daten.

Die in Unterabsatz 1 genannten Informationen werden Personen im Sinne des Artikels 4 oder Artikels 8 zum Zeitpunkt der Fingerabdruckabnahme erteilt.

Die in Unterabsatz 1 genannten Informationen werden Personen im Sinne des Artikels 11 spätestens zum Zeitpunkt der Übermittlung der sie betreffenden Daten an die Zentraleinheit erteilt. Diese Informationspflicht besteht nicht, wenn die Erteilung dieser Informationen sich als unmöglich erweist oder einen unverhältnismäßigen Aufwand erfordern würde.

(2) In allen Mitgliedstaaten kann jede von einer Datenverarbeitung betroffene Person nach Maßgabe der Rechts- und Verwaltungsvorschriften und der Verfahren des jeweiligen Mitgliedstaats die in Artikel 12 der Richtlinie 95/46/EG genannten Rechte wahrnehmen.

Unbeschadet der Verpflichtung zur Bereitstellung anderweitiger Informationen gemäß Artikel 12 Buchstabe a) der Richtlinie 95/46/EG hat die betroffene Person das Recht, darüber unterrichtet zu werden, welche sie betreffenden Daten in der zentralen Datenbank gespeichert sind und welcher Mitgliedstaat die Daten an die Zentraleinheit übermittelt hat. Der Zugang zu den Daten kann nur von den Mitgliedstaaten gewährt werden.

(3) In jedem Mitgliedstaat kann jede Person verlangen, dass sachlich falsche Daten berichtigt oder unrechtmäßig gespeicherte Daten gelöscht werden. Die Berichtigung und die Löschung werden ohne ungebührliche Verzögerung durch den Mitgliedstaat, der die Daten übermittelt hat, nach seinen Rechts- und Verwaltungsvorschriften und Verfahren vorgenommen.

(4) Werden die Ansprüche auf Berichtigung und Löschung in einem anderen Mitgliedstaat als dem Mitgliedstaat oder den Mitgliedstaaten, der/die die Daten übermittelt hat/haben, geltend gemacht, so setzen sich die Behörden dieses Mitgliedstaats mit den Behörden des betreffenden Mitgliedstaats oder der betreffenden Mitgliedstaaten in Verbindung, damit diese die Richtigkeit der Daten sowie die Rechtmäßigkeit ihrer Übermittlung und ihrer Speicherung in der zentralen Datenbank überprüfen können.

(5) Zeigt sich, dass die in der zentralen Datenbank gespeicherten Daten sachlich falsch sind oder unrechtmäßig gespeichert wurden, so werden sie von dem Mitgliedstaat, der sie übermittelt hat, gemäß Artikel 15 Absatz 3 berichtigt oder gelöscht. Der betreffende Mitgliedstaat bestätigt der betroffenen Person schriftlich ohne ungebührliche Verzögerung, dass er Maßnahmen zur Berichtigung oder Löschung der sie betreffenden Daten ergriffen hat.

(6) Ist der Mitgliedstaat, der die Daten übermittelt hat, nicht der Ansicht, dass die in der zentralen Datenbank gespeicherten Daten sachlich falsch sind oder unrechtmäßig gespeichert wurden, so teilt er der betroffenen Person ohne ungebührliche Verzögerung in einer schriftlichen Begründung mit, warum er nicht bereit ist, die Daten zu berichtigen oder zu löschen.

Der Mitgliedstaat teilt der betroffenen Person ebenfalls mit, welche Schritte sie ergreifen kann, wenn sie mit der Begründung nicht einverstanden ist. Hierzu gehören Angaben darüber, auf welche Weise bei einem Gericht oder den zuständigen Behörden des betreffenden Mitgliedstaats Klage zu erheben oder gegebenenfalls Beschwerde einzulegen ist, sowie Angaben über jede finanzielle oder sonstige Unterstützung, die gemäß den Rechts- und Verwaltungsvorschriften sowie den Verfahren des betreffenden Mitgliedstaats zur Verfügung steht.

(7) Jeder Antrag nach den Absätzen 2 und 3 enthält die zur Identifizierung der betroffenen Person erforderlichen Angaben einschließlich der Fingerabdrücke. Diese Daten werden ausschließlich für die Wahrnehmung der in den Absätzen 2 und 3 genannten Rechte verwendet und anschließend unverzüglich vernichtet.

(8) Die zuständigen Behörden der Mitgliedstaaten arbeiten aktiv zusammen, damit die Ansprüche im Sinne der Absätze 3, 4 und 5 unverzüglich erfüllt werden.

(9) In jedem Mitgliedstaat leistet die nationale Kontrollstelle gemäß Artikel 28 Absatz 4 der Richtlinie 95/46/EG der betroffenen Person bei der Wahrnehmung ihrer Rechte Unterstützung.

(10) Die nationale Kontrollstelle des Mitgliedstaats, der die Daten übermittelt hat, und die nationale Kontrollstelle des Mitgliedstaats, in dem sich die betroffene Person aufhält, unterstützen und – wenn sie darum ersucht werden – beraten diese bei der Wahrnehmung ihres Rechts auf Berichtigung oder Löschung von Daten. Beide nationale Kontrollstellen arbeiten zu diesem Zweck zusammen. Ersuchen um Unterstützung können an die nationale Kontrollstelle des Aufenthaltsmitgliedstaats gerichtet werden, die das Ersuchen an die Stelle des Mitgliedstaats weiterleitet, der die Daten übermittelt hat. Alternativ hierzu kann die betroffene Person unmittelbar die gemeinsame Kontrollstelle nach Artikel 20 um Unterstützung ersuchen.

(11) In allen Mitgliedstaaten kann jede Person nach Maßgabe der Rechts- und Verwaltungsvorschriften und Verfahren des betreffenden Mitgliedstaats bei einem Gericht oder den zuständigen Behörden dieses Staates Klage erheben oder gegebenenfalls Beschwerde einlegen, wenn ihr das in Absatz 2 vorgesehene Auskunftsrecht verweigert wird.

(12) Jede Person kann nach Maßgabe der Rechts- und Verwaltungsvorschriften und der Verfahren des Mitgliedstaats, der die Daten übermittelt hat, hinsichtlich der sie betreffenden, in der zentralen Datenbank gespeicherten Daten bei einem Gericht oder den zuständigen Behörden dieses Staates Klage erheben oder gegebenenfalls Beschwerde einlegen, um ihre Rechte nach Absatz 3 geltend zu machen.

Die Verpflichtung der nationalen Kontrollstellen zur Unterstützung und – sofern beantragt – zur Beratung der betroffenen Person gemäß Absatz 10 bleibt während des ganzen Verfahrens bestehen.

Art. 19 Nationale Kontrollstelle. (1) Jeder Mitgliedstaat sieht vor, dass die gemäß Artikel 28 Absatz 1 der Richtlinie 95/46/EG benannte(n) nationale(n) Kontrollstelle(n) nach Maßgabe des jeweiligen nationalen Rechts die Rechtmäßigkeit der Verarbeitung personenbezogener Daten gemäß dieser Verordnung durch den betreffenden Mitgliedstaat einschließlich der Übermittlung dieser Daten an die Zentraleinheit unabhängig überwacht/überwachen.

(2) Jeder Mitgliedstaat trägt dafür Sorge, dass seine nationale Kontrollstelle die Möglichkeit hat, sich von Personen mit ausreichender Kenntnis im Bereich der Daktyloskopie beraten zu lassen.

Art. 20 Gemeinsame Kontrollstelle. (1) Es wird eine unabhängige gemeinsame Kontrollstelle eingerichtet, die sich aus höchstens zwei Vertretern der nationalen Kontrollstellen eines jeden Mitgliedstaats zusammensetzt. Jede Delegation hat eine Stimme.

(2) Die gemeinsame Kontrollstelle hat die Aufgabe, die Tätigkeit der Zentraleinheit daraufhin zu kontrollieren, ob durch die Verarbeitung oder Nutzung der bei der Zentraleinheit vorhandenen Daten die Rechte der betroffenen Personen verletzt werden. Darüber hinaus kontrolliert sie die Rechtmäßigkeit der Übermittlung personenbezogener Daten an die Mitgliedstaaten durch die Zentraleinheit.

(3) Die gemeinsame Kontrollstelle ist zuständig für die Prüfung von Anwendungsfragen im Zusammenhang mit dem Betrieb von Eurodac, die Prüfung von Fragen im Zusammenhang mit den von den nationalen Kontrollstellen vorgenommenen Kontrollen und die Erarbeitung von Empfehlungen im Hinblick auf die gemeinsame Lösung bestehender Probleme.

(4) Die gemeinsame Kontrollstelle wird bei der Erfüllung ihrer Aufgaben bei Bedarf aktiv von den nationalen Kontrollstellen unterstützt.

(5) Die gemeinsame Kontrollstelle kann sich durch Personen mit ausreichender Kenntnis im Bereich der Daktyloskopie beraten lassen.

(6) Die Kommission unterstützt die gemeinsame Kontrollstelle bei der Erfüllung ihrer Aufgaben. Insbesondere erteilt sie der gemeinsamen Kontrollstelle die erbetenen Auskünfte und gewährt Einsicht in alle Unterlagen und Akten sowie Zugriff auf die gespeicherten Daten und jederzeit Zutritt zu allen Diensträumen.

(7) Die gemeinsame Kontrollstelle gibt sich durch einstimmigen Beschluss eine Geschäftsordnung. Sie wird von einem Sekretariat unterstützt, dessen Aufgaben in der Geschäftsordnung festgelegt werden.

(8) Die Berichte der gemeinsamen Kontrollstelle werden veröffentlicht und den Behörden, denen die Berichte der nationalen Kontrollstellen vorgelegt werden, sowie informationshalber dem Europäischen Parlament, dem Rat und der Kommission übermittelt. Darüber hinaus kann die gemeinsame Kontrollstelle dem Europäischen Parlament, dem Rat und der Kommission jederzeit Bemerkungen oder Verbesserungsvorschläge im Hinblick auf die von ihr zu erfüllenden Aufgaben vorlegen.

(9) Bei der Wahrnehmung ihrer Aufgaben nehmen die Mitglieder der gemeinsamen Kontrollstelle von keiner Regierung oder Einrichtung Weisungen entgegen.

(10) Die gemeinsame Kontrollstelle wird zu dem sie betreffenden Teil des Verwaltungshaushaltsplans der Eurodac-Zentraleinheit konsultiert. Ihre Stellungnahme wird dem Haushaltsplanentwurf beigefügt.

(11) Die gemeinsame Kontrollstelle wird mit Errichtung der unabhängigen Kontrollinstanz nach Artikel 286 Absatz 2 des Vertrags aufgelöst. Die unabhängige Kontrollstelle nimmt den Platz der gemeinsamen Kontrollstelle ein und alle Befugnisse wahr, die ihr durch den Rechtsakt, mit dem sie errichtet wird, übertragen werden.

Kapitel VII. Schlußbestimmungen

Art. 21 Kosten. (1) Die Kosten im Zusammenhang mit der Einrichtung und dem Betrieb der Zentraleinheit gehen zu Lasten des Gesamthaushaltsplans der Europäischen Union.

(2) Die Kosten für die nationalen Einheiten und die Kosten für deren Anbindung an die zentrale Datenbank werden von den Mitgliedstaaten getragen.

(3) Die Kosten für die Übermittlung der Daten aus dem Herkunftsmitgliedstaat sowie die Übermittlung der Ergebnisse des Vergleichs an diesen Mitgliedstaat werden von diesem getragen.

Art. 22 Durchführungsbestimmungen. (1) Der Rat nimmt die zu folgenden Zwecken erforderlichen Durchführungsbestimmungen mit der in Artikel 205 Absatz 2 des Vertrags festgelegten Mehrheit an:
- Festlegung des Verfahrens nach Artikel 4 Absatz 7,
- Festlegung des Verfahrens für die Sperrung der Daten nach Artikel 12 Absatz 1,
- Erstellung der Statistiken nach Artikel 12 Absatz 2.

In Fällen, in denen diese Durchführungsbestimmungen Auswirkungen auf die von den Mitgliedstaaten zu tragenden Betriebskosten haben, beschließt der Rat einstimmig.

(2) Die Maßnahmen, auf die in Artikel 3 Absatz 4 verwiesen wird, werden nach dem in Artikel 23 Absatz 2 genannten Verfahren beschlossen.

Art. 23 Ausschuss. (1) Die Kommission wird von einem Ausschuss unterstützt.

(2) Wird auf das Verfahren dieses Absatzes Bezug genommen, so gelten die Artikel 5 und 7 des Beschlusses 1999/468/EG.

Der Zeitraum nach Artikel 5 Absatz 6 des Beschlusses 1999/486/EG wird auf drei Monate festgesetzt.

(3) Der Ausschuss gibt sich eine Geschäftsordnung.

Art. 24 Jahresbericht: Überwachung und Bewertung. (1) Die Kommission unterbreitet dem Europäischen Parlament und dem Rat jährlich einen Bericht über die Tätigkeit der Zentraleinheit. Der jährliche Bericht gibt unter anderem Aufschluss über Verwaltung und Leistung von „Eurodac" gemessen an Mengenindikatoren, die für die in Absatz 2 genannten Ziele vorgegeben werden.

(2) Die Kommission trägt dafür Sorge, dass Systeme zur Verfügung stehen, um die Funktionsweise der Zentraleinheit gemessen an den Zielen hinsichtlich Leistung, Kostenwirksamkeit und Qualität der Dienstleistung zu überwachen.

(3) Die Kommission unterzieht die Arbeitsweise der Zentraleinheit regelmäßig einer Bewertung, um festzustellen, ob diese ihre Ziele kostenwirksam erreicht hat, und um Leitlinien zur Verbesserung der Effizienz künftiger Vorgänge zu erarbeiten.

(4) Ein Jahr, nachdem Eurodac seine Tätigkeit aufgenommen hat, legt die Kommission einen Bewertungsbericht über die Zentraleinheit vor, in dem sie im Wesentlichen das Verhältnis zwischen erwarteter und tatsächlicher Nachfrage prüft, auf operative und administrative Fragen im Lichte der Erfahrungen eingeht und Möglichkeiten für kurzfristige Verbesserungen der operativen Praxis aufzeigt.

(5) Drei Jahre nachdem Eurodac seine Tätigkeit aufgenommen hat, und sodann alle sechs Jahre, legt die Kommission eine umfassende Bewertung von Eurodac vor, in der sie die Ergebnisse an den Zielen misst, ein Urteil darüber abgibt, ob die grundlegenden Prinzipien weiterhin gültig sind und alle gebotenen Schlussfolgerungen für künftige Tätigkeiten zieht.

Art. 25 Sanktionen. Die Mitgliedstaaten sorgen dafür, dass bei einer dem in Artikel 1 Absatz 1 genannten Zweck von Eurodac zuwiderlaufenden Verwendung von Daten, die in der zentralen Datenbank gespeichert sind, entsprechende Sanktionen verhängt werden.

Art. 26 Territorialer Anwendungsbereich. Die Bestimmungen dieser Verordnung sind nicht anwendbar auf Gebiete, für die das Dubliner Übereinkommen nicht gilt.

Art. 27 Inkrafttreten und Anwendbarkeit. (1) Diese Verordnung tritt am Tage ihrer Veröffentlichung im Amtsblatt der Europäischen Gemeinschaften in Kraft.

(2) Der Tag, ab dem diese Verordnung gilt und Eurodac seine Tätigkeit aufnimmt, wird in einer im Amtsblatt der Europäischen Gemeinschaften veröffentlichten Mitteilung der Kommission bekannt gegeben, wenn folgende Bedingungen erfüllt sind:
a) jeder Mitgliedstaaten hat der Kommission mitgeteilt, dass er die technischen Vorkehrungen getroffen hat, die für die Übermittlung der Daten an die Zentraleinheit entsprechend den Durchführungsbestimmungen nach Artikel 4 Absatz 7 und für die Erfüllung der Durchführungsbestimmungen nach Artikel 12 Absatz 5 erforderlich sind, und
b) die Kommission hat die technischen Vorkehrungen getroffen, die erforderlich sind, damit die Zentraleinheit ihre Tätigkeit entsprechend den Durchführungsbestimmungen nach Artikel 4 Absatz 7 und Artikel 12 Absatz 5 aufnehmen kann.

Diese Verordnung ist in allen ihren Teilen verbindlich und gilt gemäß dem Vertrag zur Gründung der Europäischen Gemeinschaft unmittelbar in den Mitgliedstaaten.

3.13. Verordnung (EG) Nr. 539/2001 des Rates zur Aufstellung der Liste der Drittländer, deren Staatsangehörige beim Überschreiten der Außengrenzen im Besitz eines Visums sein müssen, sowie der Liste der Drittländer, deren Staatsangehörige von dieser Visumpflicht befreit sind

Vom 15. März 2001 (ABl. L 81 vom 21. 3. 2001 S. 1), zuletzt geändert durch Verordnung (EG) 851/2005 vom 2. Juni 2005 (ABl. L 141 vom 4. 6. 2005 S. 3)

Art. 1 (1) Die Staatsangehörigen der Drittländer, die in der Liste in Anhang I aufgeführt sind, müssen beim Überschreiten der Außengrenzen der Mitgliedstaaten im Besitz eines Visums sein.

(2) Unbeschadet des Artikels 8 Absatz 2 sind die Staatsangehörigen der Drittländer, die in der Liste in Anhang II aufgeführt sind, von der Visumpflicht nach Absatz 1 für einen Aufenthalt, der insgesamt drei Monate nicht überschreitet, befreit.

(3) Staatsangehörige neuer Drittländer, die aus den in den Listen in den Anhängen I und II aufgeführten Ländern hervorgegangen sind, unterliegen Absatz 1 beziehungsweise Absatz 2, bis der Rat nach dem Verfahren der einschlägigen Vertragsvorschrift etwas anderes beschließt.

(4) Führt ein Drittland, das in der Liste in Anhang II aufgeführt ist, für Staatsangehörige eines Mitgliedstaats eine Visumpflicht ein, so finden folgende Bestimmungen Anwendung:

a) Der betreffende Mitgliedstaat teilt dem Rat und der Kommission die Einführung der Visumpflicht binnen neunzig Tagen nach ihrer Ankündigung oder ihrer Anwendung schriftlich mit; diese Mitteilung wird im Amtsblatt der Europäischen Union, Reihe C, veröffentlicht. In der Mitteilung werden der Zeitpunkt der Anwendung der Maßnahme sowie die Art der betroffenen Reisedokumente und Visa angegeben.

Beschließt das Drittland noch vor Ablauf dieser Frist die Aufhebung der betreffenden Visumpflicht, so wird die Mitteilung überflüssig.

b) Die Kommission unternimmt in Absprache mit dem betreffenden Mitgliedstaat unmittelbar nach der Veröffentlichung dieser Mitteilung bei den Behörden des betreffenden Drittlands Schritte zur Wiedereinführung des visumfreien Reiseverkehrs.

c) Die Kommission erstattet dem Rat binnen neunzig Tagen nach der Veröffentlichung der Mitteilung in Absprache mit dem betreffenden Mitgliedstaat Bericht. Diesem Bericht kann ein Vorschlag zur vorübergehenden Wiedereinführung der Visumpflicht für Staatsangehörige des betreffenden Drittlands beigefügt werden. Die Kommission kann den Vorschlag auch nach den Beratungen des Rates über ihren Bericht vorlegen. Der Rat beschließt binnen dreier Monate mit qualifizierter Mehrheit über einen solchen Vorschlag.

d) Die Kommission kann, wenn sie es für erforderlich hält, ohne vorherigen Bericht einen Vorschlag für die vorübergehende Wiedereinführung der Visumpflicht für Staatsangehörige des in Buchstabe c genannten Drittlands vorlegen. Auf diesen Vorschlag findet das Verfahren gemäß Buchstabe c Anwendung. Der betreffende Mitgliedstaat kann mitteilen, ob er es wünscht, dass die Kommission von der vorübergehenden Wiedereinführung einer solchen Visumpflicht ohne vorherigen Bericht absieht.

e) Unbeschadet der Buchstaben c und d kann die Kommission einen Vorschlag zur Änderung dieser Verordnung unterbreiten, um das betreffende Drittland aus Anhang II zu streichen und in Anhang I aufzunehmen. Wurde eine vorübergehende Maßnahme gemäß den Buchstaben c oder d beschlossen, so unterbreitet die Kommission den Vorschlag zur Änderung dieser Verordnung spätestens neun Monate nach Inkrafttreten der vorübergehenden Maßnahme. Ein solcher Vorschlag enthält ferner Bestimmungen über die Aufhebung der vorübergehenden Maßnahmen, die gegebenenfalls nach Buchstaben c oder d eingeführt worden sind. Die Kommission wird inzwischen weiterhin auf die Behörden des betreffenden Drittlands einwirken, damit sie den visumfreien Reiseverkehr für die Staatsangehörigen des betreffenden Mitgliedstaats wieder einführen.

f) Hebt das betreffende Drittland die Visumpflicht auf, so setzt der betreffende Mitgliedstaat den Rat und die Kommission unverzüglich davon in Kenntnis. Diese Mitteilung wird im Amtsblatt der Europäischen Union, Reihe C, veröffentlicht. Alle gemäß Buchstabe d beschlossenen vorübergehenden Maßnahmen laufen sieben Tage nach der Veröffentlichung im Amtsblatt aus. Hat das betreffende Drittland die Visumpflicht für die Staatsangehörigen zweier oder mehrerer Mitgliedstaaten eingeführt, so läuft die vorübergehende Maßnahme erst nach der letzten Veröffentlichung aus.

(5) Solange weiterhin keine Gegenseitigkeit bei der Befreiung von der Visumpflicht zwischen einem Drittland, das in Anhang II aufgeführt ist, und einem der Mitgliedstaaten besteht, erstattet die Kommission dem Europäischen Parlament und dem Rat vor dem 1. Juli eines jeden geraden Jahres Bericht über die nicht bestehende Gegenseitigkeit und legt erforderlichenfalls geeignete Vorschläge vor.

Art. 2 Im Sinne dieser Verordnung gilt als „Visum" eine von einem Mitgliedstaat ausgestellte Genehmigung oder eine von einem Mitgliedstaat getroffene Entscheidung, die erforderlich ist für
– die Einreise zum Zwecke eines Aufenthalts in diesem Mitgliedstaat oder in mehreren Mitgliedstaaten, der insgesamt drei Monate nicht überschreitet;
– die Einreise zum Zwecke der Durchreise durch das Hoheitsgebiet dieses Mitgliedstaats oder mehrerer Mitgliedstaaten, mit Ausnahme des Flughafentransits.

Art. 3 Unbeschadet der Verpflichtungen aus dem Europäischen Übereinkommen über die Aufhebung des Sichtvermerkzwangs für Flüchtlinge (Straßburg, 20. April 1959) gilt für Flüchtlinge mit anerkanntem Flüchtlingsstatus und Staatenlose Folgendes:
– sie unterliegen der Visumpflicht, wenn das Drittland, in dem sie sich aufhalten und das ihnen ihre Reisedokumente ausgestellt hat, in der Liste in Anhang I aufgeführt ist;
– sie können jedoch von der Visumpflicht befreit werden, wenn das Drittland, in dem sie sich aufhalten und das ihnen ihre Reisedokumente ausgestellt hat, in der Liste in Anhang II aufgeführt ist.

Art. 4 (1) Die Mitgliedstaaten können bei folgenden Personengruppen Ausnahmen von der Visumpflicht gemäß Artikel 1 Absatz 1 oder von der Visumbefreiung gemäß Artikel 1 Absatz 2 vorsehen:
a) Inhaber von Diplomatenpässen, Dienstpässen und sonstigen amtlichen Pässen;
b) ziviles Flug- und Schiffspersonal;
c) Flug- und Begleitpersonal eines Hilfs- oder Rettungsflugs und sonstige Helfer bei Katastrophen- und Unglücksfällen;
d) ziviles Personal von Schiffen, die internationale Binnenwasserstraßen befahren;
e) Inhaber von Passierscheinen, die einige zwischenstaatliche internationale Organisationen ihren Beamten ausstellen.

(2) Die Mitgliedstaaten können Schüler eines in Anhang I aufgeführten Drittlands, die ihren Wohnsitz in einem in Anhang II aufgeführten Drittland haben, von der Visumpflicht befreien, wenn sie als Mitglied einer Schülergruppe in Begleitung einer Lehrkraft der betreffenden Einrichtung an einer Reise teilnehmen.

(3) Die Mitgliedstaaten können für Personen, die während ihres Aufenthalts einer Erwerbstätigkeit nachgehen, Ausnahmen von der Visumbefreiung gemäß Artikel 1 Absatz 2 vorsehen.

Art. 5 (1) Jeder Mitgliedstaat übermittelt den anderen Mitgliedstaaten und der Kommission binnen zehn Arbeitstagen nach Inkrafttreten dieser Verordnung die Maßnahmen, die er gemäß Art. 3 zweiter Gedankenstrich und Artikel 4 getroffen hat. Spätere Änderungen dieser Maßnahmen werden binnen fünf Arbeitstagen mitgeteilt.

(2) Die Kommission veröffentlicht die Mitteilungen gemäß Absatz 1 informationshalber im Amtsblatt der Europäischen Gemeinschaften.

Art. 6 Diese Verordnung berührt nicht die Zuständigkeit der Mitgliedstaaten für die Anerkennung von Staaten und Gebietseinheiten sowie von Pässen, Reise- und Identitätsdokumenten, die von ihren Behörden ausgestellt werden.

Art. 7 (1) Die Verordnung (EG) Nr. 574/1999 des Rates (ABl. L 72 vom 18. 3. 1999, S. 2) wird durch diese Verordnung ersetzt.

(2) Die endgültige Fassung der Gemeinsamen Konsularischen Instruktion (GKI) des Gemeinsamen Handbuchs, wie sie sich aus dem Beschluss des Exekutivausschusses von Schengen vom 28. April 1999 (SCH/Com-ex (99) 13) ergibt, wird wie folgt geändert: ...

(3) Die Beschlüsse des Exekutivausschusses von Schengen vom 15. Dezember 1997 (SCH/Com-ex (97) 32) und vom 16. Dezember 1998 (SCH/Com-ex (98) 53 REV 2) werden aufgehoben.

Art. 8 (1) Diese Verordnung tritt am zwanzigsten Tag nach ihrer Veröffentlichung im Amtsblatt der Europäischen Gemeinschaften in Kraft.

(2) Im Falle der Staatsangehörigen des in Anhang II aufgeführten Landes, das mit einem Sternchen gekennzeichnet ist, wird jedoch der Beginn der Anwendung des Artikels 1 Absatz 2 vom Rat später nach dem Verfahren des Artikels 67 Absatz 3 des Vertrags auf der Grundlage des Berichts nach Unterabsatz 2 beschlossen.

In dieser Hinsicht ersucht die Kommission das betreffende Land um Angabe der Verpflichtungen, die dieses Land hinsichtlich der illegalen Einwanderung und des illegalen Aufenthalts, einschließlich der Rückführung von illegal aufhältigen Personen mit Herkunft aus diesem Land einzugehen bereit ist, und erstattet dem Rat darüber Bericht. Die Kommission unterbreitet dem Rat bis spätestens 30. Juni 2001 einen ersten Bericht zusammen mit etwaigen zweckdienlichen Empfehlungen.

Bis zur Annahme des Rechtsakts des Rates betreffend den vorstehend genannten Beschluss unterliegen die Staatsangehörigen dieses Landes der Verpflichtung nach Artikel 1 Absatz 1. Die Artikel 2 bis 6 dieser Verordnung sind uneingeschränkt anwendbar. Diese Verordnung ist in allen ihren Teilen verbindlich und gilt gemäß dem Vertrag zur Gründung der Europäischen Gemeinschaft unmittelbar in den Mitgliedstaaten.

Diese Verordnung ist in allen ihren Teilen verbindlich und gilt gemäß dem Vertrag zur Gründung der Europäischen Gemeinschaft unmittelbar in jedem Mitgliedstaat.

Anhang I. Gemeinsame Liste gemäß Artikel 1 Absatz 1

1. Staaten

Afghanistan	Ehemalige jugoslawische	Kuwait
Ägypten	Republik Mazedonien	Laos
Albanien	Eritrea	Lesotho
Algerien	Fidschi	Libanon
Angola	Gabun	Liberia
Antigua und Barbuda	Gambia	Libyen
Äquatorialguinea	Georgien	Madagaskar
Armenien	Ghana	Malawi
Aserbaidschan	Grenada	Malediven
Äthiopien	Guinea	Mali
Bahamas	Guinea-Bissau	Marokko
Bahrain	Guyana	Marshallinseln
Bangladesch	Haiti	Mauretanien
Barbados	Indien	Mauritius
Belarus	Indonesien	Mikronesien
Belize	Irak	Moldau
Benin	Iran	Mongolei
Bhutan	Jamaika	Mosambik
Birma/Myanmar	Jemen	Namibia
Bosnien-Herzegowina	Jordanien	Nauru
Botsuana	Kambodscha	Nepal
Bundesrepublik Jugoslawien	Kamerun	Niger
(Serbien-Montenegro)	Kap Verde	Nigeria
Burkina Faso	Kasachstan	Nordkorea
Burundi	Katar	Nördliche Marianen
China	Kenia	Oman
Côte d'Ivoire	Kirgisistan	Osttimor
Demokratische Republik Kongo	Kiribati	Pakistan
Dominica	Kolumbien	Palau
Dominikanische Republik	Komoren	Papua-Neuguinea
Dschibuti	Kongo	Peru
Ecuador	Kuba	Philippinen

5 Texte 3.14.

Ruanda	St. Lucia	Tschad
Russland	St. Vincent und die Grenadin	Tunesien
Salomonen	Südafrika	Türkei
Sambia	Sudan	Turkmenistan
São Tomé und Principe	Suriname	Tuvalu
Saudi-Arabien	Swasiland	Uganda
Senegal	Syrien	Ukraine
Seychellen	Tadschikistan	Usbekistan
Sierra Leone	Tansania	Vanuatu
Simbabwe	Thailand	Vereinigte Arabische Emirate
Somalia	Togo	Vietnam
Sri Lanka	Tonga	Westsamoa
St. Christoph und Nevis	Trinidad und Tobago	Zentralafrikanische Republik

2. Gebietskörperschaften, die von mindestens einem Mitgliedstaat nicht als Staat anerkannt werden

Taiwan
Palästinensische Behörde

Anhang II. Gemeinsame Liste gemäß Artikel 1 Absatz 2

1. Staaten

Andorra	Japan	Südkorea
Argentinien	Kanada	Uruguay
Australien	Kroatien	Vatikanstadt
Bolivien	Malaysia	Venezuela
Brasilien	Mexiko	Vereinigte Staaten
Brunei	Monaco	
Bulgarien	Neuseeland	
Chile	Nicaragua	
Costa Rica	Panama	
El Salvador	Paraguay	
Estland	Rumänien	
Guatemala	San Marino	
Honduras	Singapur	
Israel		

2. Sonderverwaltungsregionen der Volksrepublik China

SARHongkong (1)
SARMacau (2)

(1) Die Befreiung von der Visumpflicht gilt ausschließlich für Inhaber des Passes „Hong Kong Special Administrative Region".

(2) Die Befreiung von der Visumpflicht gilt ausschließlich für Inhaber des Passes „Região Administrativa Especial de Macau".

3.14. Verordnung (EG) Nr. 790/2001 des Rates zur Übertragung von Durchführungsbefugnissen an den Rat im Hinblick auf bestimmte detaillierte Vorschriften und praktische Verfahren für die Durchführung der Grenzkontrollen und die Überwachung der Grenzen

Vom 24. April 2001 (ABl. L 116 vom 26. 4. 2001 S. 5)

Art. 1 (1) Der Rat ändert einstimmig auf Initiative eines seiner Mitglieder oder auf Vorschlag der Kommission erforderlichenfalls Teil I Nummern 1.2, 1.3, 1.3.1, 1.3.3, 2.1, 3.1.2, 3.1.3, 3.1.4, 3.2.4, 4.1, 4.1.1, 4.1.2 und Teil II Nummern 1.1, 1.3, 1.4.1, 1.4.1 a, 1.4.4, 1.4.5, 1.4.6, 1.4.7, 1.4.8, 2.1,

Verordnung (EG) 1091/2001   3.15. **Texte 5**

2.2.2, 2.2.3, 2.2.4, 2.3, 3.1, 3.2, 3.3.1, 3.3.2, 3.3.3, 3.3.4, 3.3.5, 3.3.6, 3.3.7, 3.3.8, 3.4, 3.5, 4.1, 4.2, 5.2, 5.3, 5.4, 5.5, 5.6, 6.4, 6.5, 6.6, 6.7, 6.8, 6.9, 6.10 und 6.11 des Gemeinsamen Handbuchs sowie dessen Anlage 9.

(2) Soweit derartige Änderungen vertrauliche Vorschriften und Verfahren betreffen, werden die darin enthaltenen Informationen ausschließlich den von den Mitgliedstaaten bestimmten Behörden oder Personen mitgeteilt, die von jedem Mitgliedstaat oder den Organen der Europäischen Union ordnungsgemäß ermächtigt wurden oder anderweitig berechtigt sind, Zugang zu derartigen Informationen zu erhalten.

Art. 2 (1) Jeder Mitgliedstaat teilt dem Generalsekretär des Rates mit, welche Änderungen er an Teil I Nummer 1.3.2 und an den Anlagen 1, 2, 3, 7, 12 und 13 des Gemeinsamen Handbuchs vornehmen will.

(2) Nach Absatz 1 vorgenommene Änderungen gelten ab dem Zeitpunkt als wirksam, zu dem sie vom Generalsekretär den Mitgliedern des Rates und der Kommission mitgeteilt werden.

Art. 3 Das Generalsekretariat des Rates ist dafür zuständig, revidierte Fassungen des Gemeinsamen Handbuchs und seiner Anlagen zu erstellen, die den gemäß den Artikeln 1 und 2 der vorliegenden Verordnung und den gemäß der Verordnung (EG) Nr. 789/2001 vorgenommenen Änderungen der Teile der Gemeinsamen Konsularischen Instruktion, die bestimmten Anlagen des Gemeinsamen Handbuchs entsprechen, Rechnung tragen. Erforderlichenfalls übermittelt es diese Fassungen den Mitgliedstaaten.

Art. 4 Änderungen der Anlagen 4, 5, 5a, 6, 6a, 6b, 6c, 8a, 10, 11, 14a und 14b des Gemeinsamen Handbuchs erfolgen nach Maßgabe der Verordnung (EG) Nr. 789/2001.

Art. 5 Diese Verordnung tritt am Tag ihrer Annahme in Kraft.

Diese Verordnung ist in allen ihren Teilen verbindlich und gilt gemäß dem Vertrag zur Gründung der Europäischen Gemeinschaft unmittelbar in den Mitgliedstaaten.

3.15. Verordnung (EG) Nr. 1091/2001 des Rates über den freien Personenverkehr mit einem Visum für den längerfristigen Aufenthalt

Vom 28. Mai 2001 (ABl. L 150 vom 6. 6. 2001 S. 4)

Art. 1 Artikel 18 des Übereinkommens zur Durchführung des Übereinkommens von Schengen erhält folgende Fassung:

„Artikel 18

Visa für einen Aufenthalt von mehr als drei Monaten Dauer sind nationale Visa, die von einem der Mitgliedstaaten gemäß seinen Rechtsvorschriften erteilt werden. Ein solches Visum kann ab dem ersten Tag seiner Gültigkeit für höchstens drei Monate gleichzeitig als einheitliches Visum für einen kurzfristigen Aufenthalt gelten, sofern es unter Einhaltung der gemeinsamen Voraussetzungen und Kriterien erteilt wurde, die gemäß den oder aufgrund der einschlägigen Bestimmungen des Kapitels 3 Abschnitt 1 angenommen wurden, und der Inhaber die in Artikel 5 Absatz 1 Buchstaben a), c), d) und e) aufgeführten Einreisevoraussetzungen erfüllt. Andernfalls berechtigt das Visum seinen Inhaber nur dazu, durch das Hoheitsgebiet der anderen Mitgliedstaaten zu reisen, um sich in das Hoheitsgebiet des Mitgliedstaats zu begeben, der das Visum erteilt hat, es sei denn, er erfüllt die in Artikel 5 Absatz 1 Buchstaben a), d) und e) aufgeführten Einreisevoraussetzungen nicht oder er steht auf der nationalen Ausschreibungsliste des Mitgliedstaats, durch dessen Hoheitsgebiet die Durchreise begehrt wird."

Art. 2 In Teil I der Gemeinsamen Konsularischen Instruktion erhält die Nummer 2.2 folgende Fassung:

„2.2. Visum für den längerfristigen Aufenthalt

Für einen Aufenthalt von mehr als drei Monaten wird von dem jeweiligen Mitgliedstaat nach Maßgabe der innerstaatlichen Rechtsvorschriften ein nationales Visum ausgestellt.

Dieses Visum gilt jedoch ab dem ersten Tag seiner Gültigkeit für höchstens drei Monate gleichzeitig als einheitliches Visum für einen kurzfristigen Aufenthalt, sofern es unter Einhaltung der gemeinsamen Voraussetzungen und Kriterien erteilt wurde, die gemäß den oder aufgrund der einschlägigen Bestimmungen des Kapitels 3 Abschnitt 1 des Übereinkommens zur Durchführung des Übereinkommens von Schengen angenommen wurden, und der Inhaber die in Artikel 5 Absatz 1 Buchstaben a), c), d) und e) des genannten Übereinkommens aufgeführten und in Teil IV dieser Instruktion übernommenen Einreisevoraussetzungen erfüllt. Andernfalls berechtigt das Visum seinen Inhaber nur dazu, durch das Hoheitsgebiet der anderen Mitgliedstaaten zu reisen, um sich in das Hoheitsgebiet des Mitgliedstaats zu begeben, der das Visum erteilt hat, es sei denn, er erfüllt die in Artikel 5 Absatz 1 Buchstaben a), d) und e) zur Durchführung des Übereinkommens von Schengen aufgeführten Einreisevoraussetzungen nicht oder er steht auf der nationalen Ausschreibungsliste des Mitgliedstaats, durch dessen Hoheitsgebiet die Durchreise begehrt wird."

Art. 3 Diese Verordnung tritt am Tag nach ihrer Veröffentlichung im Amtsblatt der Europäischen Gemeinschaften in Kraft.

Diese Verordnung ist in allen ihren Teilen verbindlich und gilt unmittelbar in den Mitgliedstaaten, gemäß dem Vertrag zur Gründung der Europäischen Gemeinschaft.

3.16. Richtlinie 2001/40/EG des Rates über die gegenseitige Anerkennung von Entscheidungen über die Rückführung von Drittstaatsangehörigen

Vom 28. Mai 2001 (ABl. L 149 vom 2. 6. 2001 S. 34)

Art. 1 (1) Unbeschadet der Verpflichtungen, die sich aus Artikel 23 und der Anwendung von Artikel 96 des am 19. Juni 1990 in Schengen unterzeichneten Übereinkommens zur Durchführung des Übereinkommens von Schengen vom 14. Juni 1985, nachstehend „Übereinkommen zur Durchführung des Übereinkommens von Schengen" genannt, ergeben, soll mit dieser Richtlinie die Anerkennung einer Rückführungsentscheidung ermöglicht werden, die von einer zuständigen Behörde eines Mitgliedstaats – nachstehend „Entscheidungsmitgliedstaat" genannt – gegenüber einem Drittstaatsangehörigen erlassen wurde, der sich im Hoheitsgebiet eines anderen Mitgliedstaats – nachstehend „Vollstreckungsmitgliedstaat" genannt – aufhält.

(2) Jede nach Absatz 1 getroffene Entscheidung wird gemäß den Rechtsvorschriften des Vollstreckungsmitgliedstaats durchgeführt.

(3) Diese Richtlinie findet keine Anwendung auf Familienangehörige von Unionsbürgern, die ihr Recht auf Freizügigkeit ausgeübt haben.

Art. 2 Im Sinne dieser Richtlinie bezeichnet der Ausdruck
a) „Drittstaatsangehöriger" jede Person, die nicht Staatsangehöriger eines Mitgliedstaats ist;
b) „Rückführungsentscheidung" jede von einer zuständigen Verwaltungsbehörde eines Entscheidungsmitgliedstaats erlassene Entscheidung, mit der die Rückführung angeordnet wird;
c) „Vollstreckungsmaßnahme" jede Maßnahme, die vom Vollstreckungsmitgliedstaat im Hinblick auf die Durchführung einer Rückführungsentscheidung getroffen wird.

Art. 3 (1) Die Rückführung nach Artikel 1 betrifft die folgenden Fälle:
a) Gegen den Drittstaatsangehörigen ergeht eine Rückführungsentscheidung, die mit einer schwerwiegenden und akuten Gefahr für die öffentliche Sicherheit und Ordnung oder die nationale Sicherheit begründet ist und die in den folgenden Fällen erlassen wird:
 – Verurteilung des Drittstaatsangehörigen durch den Entscheidungsmitgliedstaat aufgrund einer Straftat, die mit einer Freiheitsstrafe von mindestens einem Jahr bedroht ist;
 – begründeter Verdacht, dass der Drittstaatsangehörige schwere Straftaten begangen hat, oder konkrete Hinweise, dass er solche Taten im Hoheitsgebiet eines Mitgliedstaats plant.
 Falls die betroffene Person im Besitz eines Aufenthaltstitels ist, der vom Vollstreckungsmitgliedstaat oder von einem anderen Mitgliedstaat ausgestellt wurde, so konsultiert der Vollstreckungsmitgliedstaat – unbeschadet des Artikels 25 Absatz 2 des Übereinkommens zur Durchführung

des Übereinkommens von Schengen – den Entscheidungsmitgliedstaat und den Mitgliedstaat, der diesen Titel ausgestellt hat. Liegt eine im Rahmen dieses Buchstabens erlassene Rückführungsentscheidung vor, so kann der Aufenthaltstitel eingezogen werden, sofern das nationale Recht des Ausstellerstaats dies zulässt.
b) Gegen den Drittstaatsangehörigen ergeht eine Rückführungsentscheidung, die mit einem Verstoß gegen die innerstaatlichen Rechtsvorschriften über die Einreise oder den Aufenthalt von Ausländern begründet ist.

In den beiden unter den Buchstaben a) und b) genannten Fällen darf die Rückführungsentscheidung vom Entscheidungsmitgliedstaat weder aufgeschoben noch ausgesetzt werden.

(2) Die Mitgliedstaaten führen diese Richtlinie unter Beachtung der Menschenrechte und Grundfreiheiten durch.

(3) Die Anwendung dieser Richtlinie erfolgt unbeschadet der Bestimmungen des Übereinkommens über die Bestimmung des zuständigen Staates für die Prüfung eines in einem Mitgliedstaat der Europäischen Gemeinschaften gestellten Asylantrags (Dubliner Übereinkommen) sowie der Rückübernahmeabkommen zwischen Mitgliedstaaten.

Art. 4 Die Mitgliedstaaten vergewissern sich, dass der Drittstaatsangehörige nach dem Recht des Vollstreckungsmitgliedstaats einen Rechtsbehelf gegen jede in Artikel 1 Absatz 2 vorgesehene Maßnahme einlegen kann.

Art. 5 Der Schutz der personenbezogenen Daten und die Datensicherheit werden gemäß der Richtlinie 95/46/EG des Europäischen Parlaments und des Rates vom 24. Oktober 1995 zum Schutz natürlicher Personen bei der Verarbeitung personenbezogener Daten und zum freien Datenverkehr (ABl. L 281 vom 23. 11. 1995 S. 31) gewährleistet.

Unbeschadet der Artikel 101 und 102 des Übereinkommens zur Durchführung des Übereinkommens von Schengen werden die Dateien mit personenbezogenen Daten im Rahmen dieser Richtlinie nur zu den darin vorgesehenen Zwecken genutzt.

Art. 6 Die Behörden des Entscheidungsmitgliedstaats und des Vollstreckungsmitgliedstaats nutzen jedes geeignete Mittel der Zusammenarbeit und des Informationsaustauschs für die Durchführung dieser Richtlinie.

Der Entscheidungsmitgliedstaat übermittelt dem Vollstreckungsmitgliedstaat schnellstmöglich auf geeignetem Wege alle erforderlichen Dokumente, um die endgültige Vollstreckbarkeit der Entscheidung nachzuweisen, gegebenenfalls gemäß den einschlägigen Bestimmungen des Sirene-Handbuchs.

Der Vollstreckungsmitgliedstaat prüft zuvor die Lage der betroffenen Person, um sich zu vergewissern, dass weder die einschlägigen internationalen Übereinkünfte noch die maßgeblichen innerstaatlichen Rechtsvorschriften der Vollstreckung der Rückführungsentscheidung entgegenstehen.

Der Vollstreckungsmitgliedstaat setzt den Entscheidungsmitgliedstaat von der Durchführung der Vollstreckungsmaßnahme in Kenntnis.

Art. 7 Die Mitgliedstaaten gleichen die finanziellen Ungleichgewichte, die aus der Anwendung dieser Richtlinie entstehen können, untereinander aus, wenn die Rückführung nicht auf Kosten des (der) betroffenen Drittstaatsangehörigen erfolgen kann.

Damit dieser Artikel angewandt werden kann, nimmt der Rat auf Vorschlag der Kommission vor dem 2. Dezember 2002 die geeigneten Kriterien und praktischen Einzelheiten an. Diese Kriterien und praktischen Einzelheiten gelten auch für die Durchführung von Artikel 24 des Übereinkommens zur Durchführung des Übereinkommens von Schengen.

Art. 8 (1) Die Mitgliedstaaten setzen die Rechts- und Verwaltungsvorschriften in Kraft, die erforderlich sind, um dieser Richtlinie vor dem 2. Dezember 2002 nachzukommen. Sie setzen die Kommission unverzüglich davon in Kenntnis.

Wenn die Mitgliedstaaten derartige Vorschriften erlassen, nehmen sie in den Vorschriften selbst oder durch einen Hinweis bei der amtlichen Veröffentlichung auf diese Richtlinie Bezug. Die Mitgliedstaaten regeln die Einzelheiten der Bezugnahme.

(2) Die Mitgliedstaaten teilen der Kommission den Wortlaut der wichtigsten innerstaatlichen Rechtsvorschriften mit, die sie auf dem unter diese Richtlinie fallenden Gebiet erlassen.

Art. 9 Diese Richtlinie tritt am Tag ihrer Veröffentlichung im Amtsblatt der Europäischen Gemeinschaften in Kraft.

Art. 10 Diese Richtlinie ist gemäß dem Vertrag zur Gründung der Europäischen Gemeinschaft an die Mitgliedstaaten gerichtet.

3.17. Richtlinie 2001/51/EG des Rates zur Ergänzung der Regelungen nach Artikel 26 des Übereinkommens zur Durchführung des Übereinkommens von Schengen vom 14. Juni 1985

Vom 28. Juni 2001 (ABl. L 187 vom 10. 7. 2001 S. 45)

Art. 1 Diese Richtlinie zielt darauf ab, die Regelungen nach Artikel 26 des am 19. Juni 1990 in Schengen unterzeichneten Übereinkommens zur Durchführung des Übereinkommens von Schengen vom 14. Juni 1985 (nachstehend „Schengener Durchführungsübereinkommen" genannt) zu ergänzen und bestimmte Bedingungen für ihre Anwendung festzulegen.

Art. 2 Die Mitgliedstaaten ergreifen die erforderlichen Maßnahmen, um zu gewährleisten, dass die für Beförderungsunternehmen nach Artikel 26 Absatz 1 Buchstabe a) des Schengener Durchführungsübereinkommens geltende Verpflichtung zur Rückbeförderung von Drittstaatsangehörigen auch Anwendung findet, wenn einem Drittstaatsangehörigen im Transit die Einreise verweigert wird, sofern

a) das Beförderungsunternehmen, das diesen Drittstaatsangehörigen in sein Bestimmungsland bringen sollte, sich weigert, ihn zu befördern oder

b) die Behörden des Bestimmungsstaates ihm die Einreise verweigert und ihn in den Mitgliedstaat zurückgeschickt haben, durch den er dorthin verbracht wurde.

Art. 3 Die Mitgliedstaaten ergreifen die erforderlichen Maßnahmen, um zu gewährleisten, dass Beförderungsunternehmen, die nicht in der Lage sind, die Rückreise eines Drittstaatsangehörigen, dem die Einreise verweigert wurde, durchzuführen, verpflichtet sind, unverzüglich eine Rückbeförderungsmöglichkeit zu finden und die entsprechenden Kosten zu übernehmen oder, wenn die Rückbeförderung nicht unverzüglich erfolgen kann, die Kosten für den Aufenthalt und die Rückreise des betreffenden Drittstaatsangehörigen zu übernehmen.

Art. 4 (1) Die Mitgliedstaaten ergreifen die erforderlichen Maßnahmen, um sicherzustellen, dass die für Beförderungsunternehmen gemäß den Regelungen nach Artikel 26 Absätze 2 und 3 des Schengener Durchführungsübereinkommens vorgesehenen Sanktionen abschreckend, wirksam und angemessen sind und dass

a) entweder der Höchstbetrag der anwendbaren finanziellen Sanktion nicht unter 5000 EUR oder dem entsprechenden Betrag in der nationalen Währung zu dem Wechselkurs, der im Amtsblatt am 10. August 2001 veröffentlicht wird, je beförderte Person liegt, oder

b) der Mindestbetrag dieser Sanktionen nicht unter 3000 EUR oder dem entsprechenden Betrag in der nationalen Währung zu dem Wechselkurs, der im Amtsblatt am 10. August 2001 veröffentlicht wird, je beförderte Person liegt, oder

c) der auf jede Zuwiderhandlung pauschal angewandte Höchstbetrag nicht unter 500 000 EUR oder dem entsprechenden Betrag in der nationalen Währung zu dem Wechselkurs, der im Amtsblatt am 10. August 2001 veröffentlicht wird, liegt, ungeachtet der Anzahl der beförderten Personen.

(2) Die Verpflichtungen der Mitgliedstaaten in Fällen, in denen ein Drittstaatsangehöriger um internationalen Schutz ersucht, bleiben von Absatz 1 unberührt.

Art. 5 Diese Richtlinie hindert die Mitgliedstaaten nicht daran, gegen die Beförderungsunternehmen, die ihren Verpflichtungen gemäß den Regelungen nach Artikel 26 Absätze 2 und 3 des Schengener Durchführungsübereinkommens und nach Artikel 2 dieser Richtlinie nicht nachkommen, andere Maßnahmen zu verhängen oder beizubehalten, die andere Sanktionen wie die Untersagung der

Verordnung (EG) 2424/2001   3.18. **Texte 5**

Fortsetzung der Fahrt, die Beschlagnahme und Einziehung des Verkehrsmittels oder aber die zeitweilige Aussetzung oder den Entzug der Betriebsgenehmigung vorsehen.

Art. 6 Die Mitgliedstaaten tragen dafür Sorge, dass für Beförderungsunternehmen, gegen die ein auf Sanktionen abzielendes Verfahren eingeleitet wird, in ihren Rechts- und Verwaltungsvorschriften das effektive Recht auf Verteidigung und Rechtsbehelf vorgesehen ist.

Art. 7 (1) Die Mitgliedstaaten treffen die erforderlichen Maßnahmen, um dieser Richtlinie bis zum 11. Februar 2003 nachzukommen. Sie setzen die Kommission unverzüglich davon in Kenntnis.

(2) Wenn die Mitgliedstaaten diese Vorschriften erlassen, nehmen sie in den Vorschriften selbst oder durch einen Hinweis bei der amtlichen Veröffentlichung auf diese Richtlinie Bezug. Die Mitgliedstaaten regeln die Einzelheiten der Bezugnahme.

(3) Die Mitgliedstaaten teilen der Kommission den Wortlaut der wichtigsten innerstaatlichen Rechtsvorschriften mit, die sie auf dem unter diese Richtlinie fallenden Gebiet erlassen.

Art. 8 Diese Richtlinie tritt 30 Tage nach ihrer Veröffentlichung im Amtsblatt der Europäischen Gemeinschaften in Kraft.

Art. 9 Diese Richtlinie ist gemäß dem Vertrag zur Gründung der Europäischen Gemeinschaft an die Mitgliedstaaten gerichtet.

3.18. Verordnung (EG) Nr. 2424/2001 des Rates über die Entwicklung des Schengener Informationssystems der zweiten Generation (SIS II)

Vom 6. Dezember 2001 (ABl. L 328 vom 13. 12. 2001 S. 4)

Art. 1 Das gemäß Titel IV des Schengener Übereinkommens von 1990 eingerichtete Schengener Informationssystem wird durch ein neues System, das Schengener Informationssystem II (SIS II), ersetzt, das die Einbeziehung neuer Mitgliedstaaten in das System ermöglicht.

Art. 2 Das SIS II ist ein einziges integriertes System und wird von der Kommission nach den in dieser Verordnung vorgesehenen Verfahren entwickelt.

Art. 3 Die zur Entwicklung des SIS II erforderlichen Maßnahmen werden nach dem in Artikel 5 Absatz 2 genannten Verwaltungsverfahren erlassen, wenn sie andere als die in Artikel 4 aufgeführten Bereiche betreffen.

Art. 4 Die zur Entwicklung des SIS II erforderlichen Maßnahmen, die die nachstehenden Bereiche betreffen, werden nach dem in Artikel 5 Absatz 3 genannten Regelungsverfahren erlassen:
a) die Konzeption des physischen Aufbaus des Systems, einschließlich dessen Kommunikationsnetzes;
b) die technischen Aspekte, die den Schutz personenbezogener Daten betreffen;
c) die technischen Aspekte, die erhebliche finanzielle Auswirkungen auf die Haushaltspläne der Mitgliedstaaten oder erhebliche technische Auswirkungen auf die nationalen Systeme der Mitgliedstaaten haben;
d) die Entwicklung der Sicherheitsanforderungen.

Art. 5 (1) Die Kommission wird von einem Verwaltungsausschuss bzw. einem Regelungsausschuss unterstützt.

(2) Wird auf diesen Absatz Bezug genommen, so gelten die Artikel 4 und 7 des Beschlusses 1999/468/EG. Der Zeitraum nach Artikel 4 Absatz 3 des Beschlusses 1999/468/EG wird auf zwei Monate festgesetzt.

(3) Wird auf diesen Absatz Bezug genommen, so gelten die Artikel 5 und 7 des Beschlusses 1999/468/EG.

5 Texte 3.19.

Der Zeitraum nach Artikel 5 Absatz 6 des Beschlusses 1999/468/EG wird auf zwei Monate festgesetzt.

(4) Die Ausschüsse geben sich jeweils eine Geschäftsordnung.

Art. 6 Die Kommission legt dem Rat und dem Europäischen Parlament am Ende jeden Halbjahres und erstmals am Ende des zweiten Halbjahres 2002 einen Bericht über die Entwicklung des SIS II vor.

Art. 7 Diese Verordnung tritt am Tag nach ihrer Veröffentlichung im Amtsblatt der Europäischen Gemeinschaften in Kraft.

Ihre Geltungsdauer endet am 31. Dezember 2006.

Diese Verordnung ist in allen ihren Teilen verbindlich und gilt gemäß dem Vertrag zur Gründung der Europäischen Gemeinschaft unmittelbar in den Mitgliedstaaten.

3.19. Verordnung (EG) Nr. 333/2002 des Rates über die einheitliche Gestaltung des Formblatts für die Anbringung eines Visums, das die Mitgliedstaaten den Inhabern eines von dem betreffenden Mitgliedstaat nicht anerkannten Reisedokuments erteilen

Vom 18. Feburar 2002 (ABl. L 53 vom 23. 2. 2002 S. 4)

Art. 1 (1) Für die Zwecke dieser Verordnung ist unter „Formblatt für die Anbringung eines Visums" das Dokument zu verstehen, das die Behörden eines Mitgliedstaats dem Inhaber eines von diesem Staat nicht anerkannten Reisedokuments ausstellen und auf dem die zuständigen Behörden dieses Staates eine Visummarke anbringen.

(2) Das Formblatt für die Anbringung eines Visums entspricht dem Muster im Anhang.

(3) Wird der Inhaber eines solchen Dokuments von einer unterhaltsberechtigten Person oder unterhaltsberechtigten Personen begleitet, so ist es Sache jedes Mitgliedstaats, zu entscheiden, ob getrennte Visumblätter für den Inhaber des Dokuments und jede unterhaltsberechtigte Person ausgestellt werden sollen.

Art. 2 Die technischen Spezifikationen für die einheitliche Gestaltung des Formblatts für die Anbringung des Visums und die Spezifikationen für die nachstehenden Punkte werden gemäß dem Verfahren des Artikels 5 Absatz 2 festgelegt:
a) Sicherheitsmerkmale und -anforderungen einschließlich der Normen zum verstärkten Schutz vor Fälschung, Nachahmung und Verfälschung;
b) technische Verfahren und Modalitäten für das Ausfüllen des einheitlichen Formblatts für das Anbringen des Visums.

Art. 3 Die in Artikel 2 bezeichneten Spezifikationen sind geheim. Sie sind ausschließlich den von den Mitgliedstaaten für das Drucken der einheitlichen Formblätter bestimmten Produktionsstätten sowie Personen zugänglich, die von einem Mitgliedstaat oder der Kommission hierzu ordnungsgemäß ermächtigt worden sind.

Jeder Mitgliedstaat bestimmt eine einzige für das Drucken der einheitlichen Formblätter zuständige Produktionsstätte. Er leitet den Namen dieser Produktionsstätte an die Kommission und die anderen Mitgliedstaaten weiter. Eine Produktionsstätte kann von zwei oder mehr Mitgliedstaaten gleichzeitig bestimmt werden. Jeder Mitgliedstaat behält die Möglichkeit, die Produktionsstätte zu wechseln. Hierüber unterrichtet er die Kommission und die anderen Mitgliedstaaten.

Art. 4 Unbeschadet der datenschutzrechtlichen Bestimmungen haben die Personen, denen ein einheitliches Formblatt ausgestellt worden ist, das Recht, die personenbezogenen Daten in dem einheitlichen Formblatt zu überprüfen und diese gegebenenfalls berichtigen oder löschen zu lassen. Das einheitliche Formblatt enthält keine maschinenlesbaren Informationen mit Ausnahme der Fälle, die im Anhang vorgesehen oder in denen diese Daten in dem betreffenden Reisedokument aufgeführt sind.

Verordnung (EG) 407/2002   3.20. **Texte 5**

Art. 5 Diese Verordnung berührt nicht die Zuständigkeit der Mitgliedstaaten für die Anerkennung von Staaten und Gebietseinheiten sowie von Pässen, Identitäts- und Reisedokumenten, die von ihren Behörden ausgestellt werden.

Art. 6 (1) Die Kommission wird durch den gemäß Artikel 6 der Verordnung (EG) Nr. 1683/95 eingesetzten Ausschuss unterstützt.

(2) Wird auf diesen Absatz Bezug genommen, so gelten die Artikel 5 und 7 des Beschlusses 1999/468/EG.

Der Zeitraum nach Artikel 5 Absatz 6 des Beschlusses 1999/468/EG beträgt zwei Monate.

(3) Der Ausschuss gibt sich eine Geschäftsordnung.

Art. 7 Wenn die Mitgliedstaaten das einheitliche Formblatt auch für andere als die in Artikel 1 genannten Zwecke verwenden, haben sie durch geeignete Maßnahmen sicherzustellen, dass eine Verwechslung mit dem in Artikel 1 definierten Formblatt ausgeschlossen ist.

Art. 8 Die Mitgliedstaaten wenden das einheitliche Formblatt für die Anbindung eines Visums spätestens zwei Jahre nach Annahme der in Artikel 2 Buchstabe a) genannten Maßnahmen an. Die Gültigkeit von bereits auf einem anderen Formblatt ausgestellten Genehmigungen wird jedoch durch die Einführung des einheitlichen Formblatts für die Anbringung eines Visums nicht berührt, sofern der betreffende Mitgliedstaat nichts anderes beschließt.

Art. 9 Diese Verordnung tritt am Tag ihrer Veröffentlichung im Amtsblatt der Europäischen Gemeinschaften in Kraft.

Diese Verordnung ist in allen ihren Teilen verbindlich und gilt gemäß dem Vertrag zur Gründung der Europäischen Gemeinschaft unmittelbar in den Mitgliedstaaten.

Anhang

(Es folgt der Abdruck eines Musters mit dem Hinweis: Der Textausdruck erfolgt in Englisch und Französisch. Der ausstellende Mitgliedstaat kann andere Sprachen hinzufügen. Die Worte „Formblatt für die Anbringung eines Visums" und „Visummarke", der Name des ausstellenden Mitgliedstaats sowie die Hinweise zum Ausfüllen des Formulars können in jeder beliebigen Sprache erfolgen)

3.20. Verordnung (EG) Nr. 407/2002 des Rates zur Festlegung von Durchführungsbestimmungen zur Verordnung (EG) Nr. 2725/2000 über die Einrichtung von „Eurodac" für den Vergleich von Fingerabdrücken zum Zwecke der effektiven Anwendung des Dubliner Übereinkommens

Vom 28. Feburar 2002 (ABl. L 62 vom 5. 3. 2002 S. 1)

Art. 1 Begriffsbestimmungen. Im Sinne dieser Verordnung bezeichnet der Ausdruck

a) „Zentraleinheit" die in Artikel 1 Absatz 2 Buchstabe a) der Eurodac-Verordnung genannte Zentraleinheit;

b) „Datenbank" die in Artikel 1 Absatz 2 Buchstabe b) der Eurodac-Verordnung genannte zentrale automatisierte Datenbank;

c) „Abgleich" den Vorgang der Überprüfung auf Übereinstimmung von in der Datenbank gespeicherten Fingerabdruckdaten mit den von einem Mitgliedstaat übermittelten Fingerabdruckdaten.

Art. 2 Übermittlung. (1) Die Digitalisierung der Fingerabdrücke und deren Übermittlung erfolgen in dem in Anhang I bezeichneten Datenformat. Die Zentraleinheit legt die technischen Anforderungen für die Übermittlung der Datenformate zwischen den Mitgliedstaaten und der Zentraleinheit und umgekehrt fest, sofern dies für den effizienten Betrieb der Zentraleinheit erforderlich ist. Die Zentraleinheit stellt sicher, dass die von den Mitgliedstaaten übermittelten Fingerabdruckdaten im computergestützten Fingerabdruckerkennungssystem abgeglichen werden können.

(2) Die Mitgliedstaaten sollten die Daten nach Artikel 5 Absatz 1 der Eurodac-Verordnung auf elektronischem Weg übermitteln. Die Zentraleinheit legt die technischen Anforderungen fest, mit denen eine ordnungsgemäße elektronische Übermittlung der Daten zwischen den Mitgliedstaaten und der Zentraleinheit und umgekehrt gewährleistet werden kann, sofern dies für den effizienten Betrieb der Zentraleinheit erforderlich ist. Die Übermittlung der Daten in Papierform anhand des Formblatts gemäß Anhang II oder auf sonstigen Datenträgern (Disketten, CD-ROM oder sonstigen in der Zukunft entwickelten und allgemein verwendeten Datenträger) sollte auf Fälle anhaltender technischer Störungen begrenzt bleiben.

(3) Die Kennnummer nach Artikel 5 Absatz 1 Buchstabe d) der Eurodac-Verordnung muss die eindeutige Zuordnung der Daten zu einer bestimmten Person und zu dem die Daten übermittelnden Mitgliedstaat ermöglichen. Weiterhin muss sie die Aussage ermöglichen, ob sich diese Daten auf einen Asylbewerber oder eine Person nach Artikel 8 oder Artikel 11 der Eurodac-Verordnung beziehen. Die Kennnummer beginnt mit dem oder den Kennbuchstaben, mit dem oder denen gemäß der in Anhang I genannten Norm die der Daten übermittelnden Mitgliedstaaten bezeichnet werden. Dem oder den Kennbuchstaben folgt die Kennung für die Personenkategorien. Dabei werden Daten von Asylbewerbern mit „1", von Personen nach Artikel 8 der Eurodac-Verordnung mit „2" und von Personen nach Artikel 11 der Eurodac-Verordnung mit „3" gekennzeichnet.

Die Zentraleinheit legt die von den Mitgliedstaaten anzuwendenden technischen Verfahren fest, mit denen gewährleistet werden kann, dass bei der Zentraleinheit eindeutige Daten eingehen.

(4) Die Zentraleinheit bestätigt den Empfang der übermittelten Daten unverzüglich. Zu diesem Zweck legt die Zentraleinheit die technischen Anforderungen fest, mit denen gewährleistet werden kann, dass die Mitgliedstaaten auf Anfrage eine Empfangsbestätigung erhalten.

Art. 3 Durchführung des Abgleichs und Übermittlung des Ergebnisses. (1) Die Mitgliedstaaten gewährleisten die Übermittlung der Fingerabdruckdaten in einer für einen Abgleich durch das computergestützte Fingerabdruckerkennungssystem geeigneten Qualität. Erforderlichenfalls definiert die Zentraleinheit die geeignete Qualität der übermittelten Fingerabdruckdaten, um zu gewährleisten, dass die von ihr vorgenommenen Abgleiche zu möglichst genauen Ergebnissen führen. Die Zentraleinheit überprüft unverzüglich die Qualität der übermittelten Fingerabdruckdaten. Falls Fingerabdruckdaten für Abgleiche durch das computergestützte Fingerabdruckerkennungssystem ungeeignet sind, ersucht die Zentraleinheit den Mitgliedstaat unverzüglich um Übermittlung qualitativ geeigneter Fingerabdruckdaten.

(2) Die Zentraleinheit führt die Abgleiche in der Reihenfolge des Eingangs der Anfragen durch. Jede Anfrage muss innerhalb von 24 Stunden bearbeitet sein. Ein Mitgliedstaat kann bei Anfragen nach Abgleichen, die auf elektronischem Wege übermittelt wurden, aus Gründen des innerstaatlichen Rechts verlangen, dass besonders eilbedürftige Abgleiche innerhalb einer Stunde durchgeführt werden. Können diese Bearbeitungszeiten aus Gründen, die die Zentraleinheit nicht zu vertreten hat, nicht eingehalten werden, bearbeitet die Zentraleinheit die Anfrage nach Wegfall dieser Gründe prioritär. In diesen Fällen legt die Zentraleinheit die Kriterien für die prioritäre Behandlung von Anfragen fest, sofern dies für den effizienten Betrieb der Zentraleinheit erforderlich ist.

(3) Die Zentraleinheit legt die operativen Verfahren für die Verarbeitung der empfangenen Daten und für die Übermittlung der Ergebnisse der Abgleiche fest, sofern dies für den effizienten Betrieb der Zentraleinheit erforderlich ist.

Art. 4 Mitteilungen zwischen den Mitgliedstaaten und der Zentraleinheit. Die Übermittlung von Daten zwischen den Mitgliedstaaten und der Zentraleinheit erfolgt unter Verwendung der IDA-Basisdienste, die in der Entscheidung Nr. 1719/1999/EG des Europäischen Parlaments und des Rates vom 12. Juli 1999 über Leitlinien einschließlich der Festlegung von Projekten von gemeinsamem Interesse für transeuropäische Netze zum elektronischen Datenaustausch zwischen Verwaltungen (IDA) (ABl. L 203 vom 3. 8. 1999 S. 1) vorgesehen sind. Die Zentraleinheit legt die technischen Verfahren für die Verwendung der IDA-Basisdienste fest, sofern dies für den effizienten Betrieb der Zentraleinheit erforderlich ist.

Art. 5 Sonstige Aufgaben der Zentraleinheit. (1) Die Zentraleinheit trennt mit geeigneten technischen Mitteln die Daten der Asylbewerber und die Daten der in Artikel 8 der Eurodac-Verordnung bezeichneten Personen, die in der Datenbank gespeichert sind.

(2) Aufgrund einer Mitteilung des Mitgliedstaats versieht die Zentraleinheit die Daten von Personen, die als Flüchtling anerkannt und zugelassen wurden, mit einem geeigneten Erkennungszeichen und trennt sie mit geeigneten technischen Mitteln von den übrigen in der Datenbank gespeicherten Daten. Liegt eine Entscheidung nach Artikel 12 Absatz 2 Buchstabe a) der Eurodac-Verordnung vor, findet Satz 1 keine Anwendung mehr. Die Zentraleinheit entfernt die Erkennungszeichen und hebt die Trennung der Daten auf.

(3) Die Zentraleinheit erstellt vier Jahre und sechs Monate nach Aufnahme der Tätigkeit von Eurodac eine Statistik, aus der hervorgeht,

a) die Anzahl der Personen, die nach ihrer Anerkennung und Zulassung als Flüchtling in einem Mitgliedstaat in einem anderen Mitgliedstaat einen weiteren Asylantrag gestellt haben,

b) die Anzahl der Personen, die in mehr als einem Mitgliedstaat als Flüchtlinge anerkannt und zugelassen wurden,

c) die Mitgliedstaaten, in denen Flüchtlinge ein weiteres Mal Asyl beantragt haben, wobei
– für jeden Mitgliedstaat die Zahl der Asylbewerber angegeben wird, die trotz der Zuerkennung der Flüchtlingseigenschaft in diesem Staat in einem anderen Mitgliedstaat Asyl beantragt haben, und ihre Anzahl pro letzterem Mitgliedstaat;
– für jeden Mitgliedstaat die Zahl der Asylbewerber angegeben wird, denen in einem anderen Mitgliedstaat bereits die Flüchtlingseigenschaft zuerkannt wurde, und ihre Anzahl pro letzterem Mitgliedstaat.

(4) Die Zentraleinheit stellt sicher, dass gemäß Artikel 4 Absatz 4 der Eurodac-Verordnung Abgleiche aufgrund eines Antrags eines Mitgliedstaats sich auch auf die von diesem selbst zu einem früheren Zeitpunkt übermittelten Daten erstrecken können.

Art. 6 Inkrafttreten. (1) Diese Verordnung tritt am Tag ihrer Veröffentlichung im Amtsblatt der Europäischen Gemeinschaften in Kraft.

(2) Der Rat überprüft die Anwendung dieser Verordnung innerhalb von vier Jahren nach Beginn der Tätigkeit von Eurodac.

Diese Verordnung ist in allen ihren Teilen verbindlich und gilt gemäß dem Vertrag zur Gründung der Europäischen Gemeinschaft unmittelbar in den Mitgliedstaaten.

3.21. Verordnung (EG) Nr. 415/2003 des Rates über die Erteilung von Visa an der Grenze, einschließlich der Erteilung derartiger Visa an Seeleute auf der Durchreise

Vom 27. Februar 2003 (ABl. L 64 vom 7. 3. 2003 S. 1)

Art. 1 (1) In Abweichung von der allgemeinen Regel, dass Visa nach Artikel 12 Absatz 1 des am 19. Juni 1990 in Schengen unterzeichneten Übereinkommens zur Durchführung des Schengener Übereinkommens von 14. Juni 1985 (ABl. L 239 vom 22. 9. 2000 S. 19), im Folgenden „Schengener Durchführungsübereinkommen" genannt, von den diplomatischen und konsularischen Vertretungen erteilt werden, kann einem Drittstaatsangehörigen, der beim Überschreiten der Außengrenzen der Mitgliedstaaten im Besitz eines Visums sein muss, ausnahmsweise an der Grenze ein Visum erteilt werden, wenn folgende Voraussetzungen erfüllt sind:
a) Er muss die Voraussetzungen nach Artikel 5 Absatz 1 Buchstaben a), c), d) und e) des Schengener Durchführungsübereinkommens erfüllen,
b) es war ihm nicht möglich, im Voraus ein Visum zu beantragen,
c) er muss gegebenenfalls unter Vorlage von Belegen einen unvorhersehbaren zwingenden Einreisegrund geltend machen, und
d) seine Rückreise in den Herkunftsstaat oder die Durchreise in einen Drittstaat muss gewährleistet sein.

(2) Ein Visum, das bei Vorliegen der in Absatz 1 genannten Bedingungen an der Grenze erteilt wird, kann je nach Fall entweder ein Durchreisevisum (Typ B) oder ein Einreisevisum (Typ C) im Sinne des Artikels 11 Absatz 1 des Schengener Durchführungsübereinkommens sein, das

a) für alle Mitgliedstaaten gilt, die Titel II Kapitel 3 des Schengener Durchführungsübereinkommens anwenden, oder
b) räumlich beschränkte Gültigkeit gemäß Artikel 10 Absatz 3 des Schengener Durchführungsübereinkommens hat.

In beiden Fällen ist das erteilte Visum nur für eine Einreise gültig. Die Gültigkeitsdauer solcher Einreisevisa beträgt maximal 15 Tage. Die Gültigkeitsdauer solcher Durchreisevisa beträgt maximal 5 Tage.

(3) Ein Drittstaatsangehöriger, der an der Grenze ein Durchreisevisum beantragt, muss im Besitz der Visa sein, die für seine Weiterreise in andere Transitstaaten als Mitgliedstaaten, die Titel II Kapitel 3 des Schengener Durchführungsübereinkommens anwenden, und für den Bestimmungsstaat erforderlich sind. Das erteilte Durchreisevisum erlaubt die unmittelbare Durchreise durch das Hoheitsgebiet des betreffenden Mitgliedstaats oder der betreffenden Mitgliedstaaten.

(4) Einem Drittstaatsangehörigen, der zu einer Kategorie von Personen gehört, für die zwingend vorgeschrieben ist, eine oder mehrere Zentralbehörden anderer Mitgliedstaaten zu konsultieren, wird an der Grenze grundsätzlich kein Visum erteilt. In Ausnahmefällen kann diesen Personen jedoch gemäß Artikel 5 Absatz 2 des Schengener Durchführungsübereinkommens ein Visum an der Grenze erteilt werden.

Art. 2 (1) Einem Seemann, der beim Überschreiten der Außengrenzen der Mitgliedstaaten im Besitz eines Visums sein muss, kann an der Grenze ein Durchreisevisum erteilt werden, wenn
a) er die Bedingungen gemäß Artikel 1 Absätze 1 und 3 erfüllt und
b) er die betreffende Grenze überschreitet, um auf einem Schiff, auf dem er als Seemann arbeiten wird, anzumustern oder wieder anzumustern oder von einem Schiff, auf dem er als Seemann gearbeitet hat, abzumustern.

Das Durchreisevisum wird in Einklang mit den Bestimmungen des Artikels 1 Absatz 2 erteilt und enthält ferner den Hinweis, dass der Inhaber Seemann ist.

(2) Seeleuten derselben Staatsangehörigkeit, die in einer Gruppe von 5 bis 50 Personen reisen, kann an der Grenze ein Sammelvisum für die Durchreise erteilt werden, sofern jeder einzelne Seemann der Gruppe die Voraussetzungen nach Absatz 1 erfüllt.

(3) Vor der Visumerteilung an der Grenze an einen Seemann oder an Seeleute auf der Durchreise kommen die zuständigen nationalen Behörden den in Anhang I enthaltenen Weisungen nach.

(4) Bei der Ausführung dieser Weisungen tauschen die zuständigen nationalen Behörden der Mitgliedstaaten die erforderlichen Informationen über den betreffenden Seemann oder die betreffenden Seeleute anhand eines ordnungsgemäß ausgefüllten Formblatts für Seeleute auf der Durchreise gemäß Anhang II aus.

(5) Die Anhänge I und II werden gemäß dem Regelungsverfahren des Artikels 3 Absatz 2 geändert.

(6) Dieser Artikel gilt unbeschadet des Artikels 1 Absatz 4.

Art. 3 (1) Die Kommission wird durch den gemäß Artikel 6 der Verordnung (EWG) Nr. 1683/95 (1) eingesetzten Ausschuss unterstützt.

(2) Wird auf diesen Absatz Bezug genommen, so gelten die Artikel 5 und 7 des Beschlusses 1999/468/EG.

Der Zeitraum nach Artikel 5 Absatz 6 des Beschlusses 1999/468/EG wird auf zwei Monate festgesetzt.

(3) Der Ausschuss gibt sich eine Geschäftsordnung.

Art. 4 Diese Verordnung berührt nicht die Zuständigkeit der Mitgliedstaaten für die Anerkennung von Staaten und Gebietseinheiten sowie von Pässen, Identitäts- und Reisedokumenten, die von deren Behörden ausgestellt werden.

Art. 5 (1) Folgendes wird aufgehoben:
a) der Beschluss (SCH/Com-ex (94) 2) des Schengener Exekutivausschusses vom 26. April 1994 und
b) der Beschluss (SCH/Com-ex (96) 27) des Schengener Exekutivausschusses vom 19. Dezember 1996.

(2) Die Nummer 5 und die Nummer 5.1 von Teil II des Gemeinsamen Handbuchs erhalten folgende Fassung:

Verordnung (EG) 415/2003　　　　　　　　　　　　　　　　　　　3.21. **Texte 5**

„Die Vorschriften über die Visumerteilung an der Grenze sind in der Verordnung (EG) Nr. 415/2003 des Rates vom 27. Februar 2003 über die Erteilung von Visa an der Grenze, einschließlich der Erteilung derartiger Visa an Seeleute auf der Durchreise (ABl. L 64 vom 7. 3. 2003 S. 1), enthalten (siehe Anlage 14)."

(3) Satz 1 der Anlage 14 erhält folgende Fassung:

„Die Vorschriften über die Visumerteilung an der Grenze, einschließlich der Erteilung derartiger Visa an Seeleute auf der Durchreise, sind in der Verordnung (EG) Nr. 415/2003 des Rates vom 27. Februar 2003 über die Erteilung von Visa an der Grenze, einschließlich der Erteilung derartiger Visa an Seeleute auf der Durchreise, enthalten oder werden auf deren Grundlage erlassen."

Der Rest der Anlage 14 wird aufgehoben.

(4) In Teil I Nummer 2.1.4 der Gemeinsamen Konsularischen Instruktion wird am Ende folgender Satz angefügt:

„Abweichend von den vorstehenden Bestimmungen können Seeleuten gemäß der Verordnung (EG) Nr. 415/2003 des Rates vom 27. Februar 2003 über die Erteilung von Visa an der Grenze, einschließlich der Erteilung derartiger Visa an Seeleute auf der Durchreise (ABl. L 64 vom 7. 3. 2003 S. 1), Sammelvisa für die Durchreise erteilt werden."

Art. 6 Diese Verordnung tritt am ersten Tag des zweiten Monats nach ihrer Veröffentlichung im Amtsblatt der Europäischen Union in Kraft.

Diese Verordnung ist in allen Ihren Teilen verbindlich und gilt gemäß dem Vertrag zur Gründung der Europäischen Gemeinschaft unmittelbar in den Mitgliedstaaten.

Anhang I. Weisung für die Erteilung von Visa an der Grenze an visumpflichtige Seeleute auf der Durchreise

Ziel dieser Weisung ist es, den Informationsaustausch zwischen den zuständigen Behörden der Mitgliedstaaten, die den Schengen-Besitzstand anwenden, in Bezug auf visumpflichtige Seeleute auf der Durchreise zu regeln. Wird auf der Grundlage der ausgetauschten Informationen an der Grenze ein Visum ausgestellt, so liegt die Zuständigkeit dafür bei dem Mitgliedstaat, der das Visum erteilt.

Für die Zwecke dieser Weisung bezeichnet der Ausdruck „Schengen-Hafen" einen Hafen, der eine Außengrenze eines Mitgliedstaats, der den Schengen-Besitzstand in vollem Umfang anwendet, darstellt; „Schengen-Flughafen" einen Flughafen, der eine Außengrenze eines Mitgliedstaats, der den Schengen-Besitzstand in vollem Umfang anwendet, darstellt; „Schengen-Gebiet" das Gebiet der Mitgliedstaaten, in dem der Schengen-Besitzstand in vollem Umfang angewendet wird.

I. Anmusterung auf einem Schiff, das in einem Schengen-Hafen liegt oder dort erwartet wird

a) Einreise in das Schengen-Gebiet über einen Flughafen eines anderen Mitgliedstaats, der den Schengen-Besitzstand in vollem Umfang anwendet:
  – Die Reederei oder der Schiffsagent informiert die zuständigen Behörden des Schengen-Hafens, in dem das Schiff liegt oder erwartet wird, über die Einreise visumpflichtiger Seeleute über einen Schengen-Flughafen. Die Reederei oder der Schiffsagent unterzeichnet für diese Seeleute eine Garantieerklärung.
  – Die genannten zuständigen Behörden überprüfen so bald wie möglich die Richtigkeit der durch die Reederei oder den Schiffsagenten übermittelten Angaben und untersuchen, ob die übrigen Voraussetzungen für die Einreise in das Schengen-Gebiet erfüllt sind. Im Rahmen dieser Untersuchung wird auch die Reiseroute im Schengen-Gebiet überprüft, z. B. anhand der Flugtickets.
  – Die zuständigen Behörden des Schengen-Hafens teilen den zuständigen Behörden des Schengen-Einreiseflughafens anhand eines per Fax, E-Mail oder auf anderem Wege übermittelten und ordnungsgemäß ausgefüllten Formblatts für visumpflichtige Seeleute auf der Durchreise (gemäß Anhang II) das Ergebnis der Überprüfung mit und geben an, ob auf dieser Grundlage an der Grenze ein Visum grundsätzlich erteilt werden kann.
  – Ist das Ergebnis der Überprüfung der vorhandenen Angaben positiv und erweist sich, dass es mit den Aussagen und Dokumenten des Seemanns übereinstimmt, so können die zuständigen Behörden des Schengen-Einreise- oder -Ausreiseflughafens ein Durchreisevisum mit einer Gültigkeit von maximal fünf Tagen ausstellen. Darüber hinaus wird in diesem Fall das genannte Reisedokument des Seemanns mit einem Schengen-Einreise- oder -Ausreisestempel versehen und dem betreffenden Seemann ausgehändigt.

b) Einreise in das Schengen-Gebiet über eine Land- oder Seegrenze eines anderen Mitgliedstaats, der den Schengen-Besitzstand in vollem Umfang anwendet:
   – In diesem Fall findet dasselbe Verfahren wie bei der Einreise über einen Schengen-Flughafen Anwendung, mit dem Unterschied, dass die zuständigen Behörden der Grenzübergangsstelle, über die der betreffende Seemann in das Schengen-Gebiet einreist, zu unterrichten sind.

II. Abmustern von einem Schiff, das in einen Schengen-Hafen eingelaufen ist
a) Ausreise aus dem Schengen-Gebiet über einen Flughafen eines anderen Mitgliedstaats, der den Schengen-Besitzstand in vollem Umfang anwendet:
   – Die Reederei oder der Schiffsagent informiert die zuständigen Behörden des besagten Schengen-Hafens über die Einreise visumpflichtiger abmusternder Seeleute, die das Schengen-Gebiet über einen Schengen-Flughafen verlassen werden. Die Reederei oder der Schiffsagent unterzeichnet für diese Seeleute eine Garantieerklärung.
 – Die zuständigen Behörden überprüfen so bald wie möglich die Richtigkeit der durch die Reederei oder den Schiffsagenten übermittelten Angaben und untersuchen, ob die übrigen Voraussetzungen für die Einreise in das Schengen-Gebiet erfüllt sind. Im Rahmen dieser Untersuchung wird auch die Reiseroute im Schengen-Gebiet überprüft, z. B. anhand der Flugtickets.
   – Ist das Ergebnis der Überprüfung der vorhandenen Angaben positiv, so können die zuständigen Behörden ein Durchreisevisum mit einer Gültigkeit von maximal fünf Tagen erteilen.
b) Ausreise aus dem Schengen-Gebiet über eine Land- oder Seegrenze eines anderen Mitgliedstaats, der den Schengen-Besitzstand in vollem Umfang anwendet:
   – In diesem Fall findet dasselbe Verfahren wie bei der Ausreise über einen Schengen-Flughafen Anwendung.

III. Ummustern von einem Schiff, das in einen Schengen-Hafen eingelaufen ist, auf ein Schiff, das aus einem Hafen eines anderen Mitgliedstaats, der den Schengen-Besitzstand in vollem Umfang anwendet, auslaufen wird
 – Die Reederei oder der Schiffsagent informiert die zuständigen Behörden des besagten Schengen-Hafens über die Einreise visumpflichtiger abmusternder Seeleute, die das Schengen-Gebiet über einen anderen Schengen-Hafen verlassen werden. Die Reederei oder der Schiffsagent unterzeichnet für diese Seeleute eine Garantieerklärung.
 – Die zuständigen Behörden überprüfen so bald wie möglich die Richtigkeit der durch die Reederei oder den Schiffsagenten übermittelten Angaben und untersuchen, ob die übrigen Voraussetzungen für die Einreise in das Schengen-Gebiet erfüllt sind. Im Rahmen dieser Untersuchung wird mit den zuständigen Behörden desjenigen Schengen-Hafens Kontakt aufgenommen, von dem aus die Seeleute das Schengen-Gebiet per Schiff verlassen werden. Dabei ist zu prüfen, ob das Schiff, auf dem die Seeleute anmustern, im Hafen liegt oder erwartet wird. Im Rahmen dieser Untersuchung wird auch die Reiseroute im Schengen-Gebiet überprüft.
 – Ist das Ergebnis der Überprüfung der vorhandenen Angaben positiv, so können die zuständigen Behörden ein Durchreisevisum mit einer Gültigkeit von maximal fünf Tagen erteilen.

IV. Erteilung von Sammelvisa an der Grenze an Seeleute auf der Durchreise
 – Seeleuten derselben Staatsangehörigkeit, die in einer Gruppe von 5 bis 50 Personen reisen, kann an der Grenze ein Sammelvisum für die Durchreise ausgestellt werden, das auf einem gesonderten Blatt aufgebracht wird.
 – In dieses gesonderte Blatt sind die Personaldaten aller Seeleute (Name(n) und Vorname(n), Geburtsdatum, Staatsangehörigkeit und Nummer des Reisedokuments), für das das Visum gilt, durchlaufend nummeriert einzutragen. Die Angaben zum erst- und zum letztgenannten Seemann sind doppelt aufzuführen, um Fälschungen und zusätzliche Einträge zu verhindern.
 – Für die Erteilung dieses Visums sind die in dieser Weisung vorgesehenen Verfahren zur Erteilung von Einzelvisa an Seeleute einzuhalten.
   (Es folgt der Anhang II mit einem Formblatt samt genauer Beschreibung)

3.22. Richtlinie 2003/86/EG des Rates betreffend das Recht auf Familienzusammenführung

Vom 22. September 2003 (ABl. L 251 vom 3. 10. 2003 S. 12)

Kapitel I. Allgemeine Bestimmungen

Art. 1 Ziel dieser Richtlinie ist die Festlegung der Bedingungen für die Ausübung des Rechts auf Familienzusammenführung durch Drittstaatsangehörige, die sich rechtmäßig im Gebiet der Mitgliedstaaten aufhalten.

Art. 2 Im Sinne dieser Richtlinie bezeichnet der Ausdruck

a) „Drittstaatsangehöriger" jede Person, die nicht Unionsbürger im Sinne von Artikel 17 Absatz 1 des Vertrags ist;

b) „Flüchtling" jeden Drittstaatsangehörigen oder Staatenlosen, dem die Flüchtlingseigenschaft im Sinne des Genfer Abkommens über die Rechtsstellung der Flüchtlinge vom 28. Juli 1951 in der durch das New Yorker Protokoll vom 31. Januar 1967 geänderten Fassung zuerkannt wurde;

c) „Zusammenführender" den sich rechtmäßig in einem Mitgliedstaat aufhaltenden Drittstaatsangehörigen, der oder dessen Familienangehörige einen Antrag auf Familienzusammenführung mit ihm stellt bzw. stellen;

d) „Familienzusammenführung" die Einreise und den Aufenthalt von Familienangehörigen eines sich rechtmäßig in einem Mitgliedstaat aufhaltenden Drittstaatsangehörigen in diesem Mitgliedstaat, mit dem Ziel, die Familiengemeinschaft aufrechtzuerhalten, unabhängig davon, ob die familiären Bindungen vor oder nach der Einreise des Zusammenführenden entstanden sind;

e) „Aufenthaltstitel" jede von den Behörden eines Mitgliedstaats ausgestellte Genehmigung, die einen Drittstaatenangehörigen zum rechtmäßigen Aufenthalt im Hoheitsgebiet dieses Mitgliedstaats berechtigt, gemäß Artikel 1 Absatz 2 Buchstabe a) der Verordnung (EG) Nr. 1030/2002 des Rates vom 13. Juni 2002 zur einheitlichen Gestaltung des Aufenthaltstitels für Drittstaatenangehörige (ABl. L 157 vom 15. 6. 2002 S. 1);

f) „unbegleiteter Minderjähriger" einen Drittstaatsangehörigen oder Staatenlosen unter 18 Jahren, der ohne Begleitung eines für ihn nach dem Gesetz oder dem Gewohnheitsrecht verantwortlichen Erwachsenen in einen Mitgliedstaat einreist, solange er sich nicht tatsächlich in der Obhut einer solchen Person befindet, oder Minderjährige, die ohne Begleitung im Hoheitsgebiet eines Mitgliedstaats zurückgelassen werden, nachdem sie in diesen Mitgliedstaat eingereist sind.

Art. 3 (1) Diese Richtlinie findet Anwendung, wenn der Zusammenführende im Besitz eines von einem Mitgliedstaat ausgestellten Aufenthaltstitels mit mindestens einjähriger Gültigkeit ist, begründete Aussicht darauf hat, ein dauerhaftes Aufenthaltsrecht zu erlangen, und seine Familienangehörigen Drittstaatsangehörige sind, wobei ihre Rechtsstellung unerheblich ist.

(2) Diese Richtlinie findet keine Anwendung, wenn

a) der Zusammenführende um die Anerkennung als Flüchtling nachsucht und über seinen Antrag noch nicht abschließend entschieden wurde;

b) dem Zusammenführenden der Aufenthalt in einem Mitgliedstaat im Rahmen des vorübergehenden Schutzes genehmigt wurde oder er um die Genehmigung des Aufenthalts aus diesem Grunde nachsucht und über seinen Status noch nicht entschieden wurde;

c) dem Zusammenführenden der Aufenthalt in einem Mitgliedstaat aufgrund subsidiärer Schutzformen gemäß internationalen Verpflichtungen, einzelstaatlichen Rechtsvorschriften oder Praktiken der Mitgliedstaaten genehmigt wurde oder er um die Genehmigung des Aufenthalts aus diesem Grunde nachsucht und über seinen Status noch nicht entschieden wurde.

(3) Diese Richtlinie findet auf die Familienangehörigen eines Unionsbürgers keine Anwendung.

(4) Diese Richtlinie lässt günstigere Bestimmungen unberührt:

a) der bilateralen und multilateralen Übereinkünfte zwischen der Gemeinschaft oder zwischen der Gemeinschaft und ihren Mitgliedstaaten einerseits und Drittländern andererseits,

b) der Europäischen Sozialcharta vom 18. Oktober 1961, der geänderten Europäischen Sozialcharta vom 3. Mai 1987 und des Europäischen Übereinkommens über die Rechtsstellung der Wanderarbeitnehmer vom 24. November 1977.

(5) Diese Richtlinie berührt nicht das Recht der Mitgliedstaaten, günstigere Regelungen zu treffen oder beizubehalten.

Kapitel II. Familienangehörige

Art. 4 (1) Vorbehaltlich der in Kapitel IV sowie in Artikel 16 genannten Bedingungen gestatten die Mitgliedstaaten gemäß dieser Richtlinie folgenden Familienangehörigen die Einreise und den Aufenthalt:

a) dem Ehegatten des Zusammenführenden;
b) den minderjährigen Kindern des Zusammenführenden und seines Ehegatten, einschließlich der Kinder, die gemäß einem Beschluss der zuständigen Behörde des betreffenden Mitgliedstats oder einem aufgrund der internationalen Verpflichtungen dieses Mitgliedstaats automatisch vollstreckbaren oder anzuerkennenden Beschluss adoptiert wurden;
c) den minderjährigen Kindern, einschließlich der adoptierten Kinder des Zusammenführenden, wenn der Zusammenführende das Sorgerecht besitzt und für den Unterhalt der Kinder aufkommt. Die Mitgliedstaaten können die Zusammenführung in Bezug auf Kinder gestatten, für die ein geteiltes Sorgerecht besteht, sofern der andere Elternteil seine Zustimmung erteilt;
d) den minderjährigen Kindern, einschließlich der adoptierten Kinder des Ehegatten, wenn der Ehegatte das Sorgerecht besitzt und für den Unterhalt der Kinder aufkommt. Die Mitgliedstaaten können die Zusammenführung in Bezug auf Kinder gestatten, für die ein geteiltes Sorgerecht besteht, sofern der andere Elternteil seine Zustimmung erteilt.

Die minderjährigen Kinder im Sinne dieses Artikels dürfen das nach den Rechtsvorschriften des betreffenden Mitgliedstaats geltende Volljährigkeitsalter noch nicht erreicht haben und dürfen nicht verheiratet sein.

Abweichend davon kann ein Mitgliedstaat bei einem Kind über 12 Jahre, das unabhängig vom Rest seiner Familie ankommt, prüfen, ob es ein zum Zeitpunkt der Umsetzung dieser Richtlinie in den nationalen Rechtsvorschriften dieses Mitgliedstaats vorgesehenes Integrationskriterium erfüllt, bevor er ihm die Einreise und den Aufenthalt gemäß dieser Richtlinie gestattet.

(2) Vorbehaltlich der in Kapitel IV genannten Bedingungen können die Mitgliedstaaten in ihren nationalen Rechtsvorschriften folgenden Familienangehörigen die Einreise und den Aufenthalt gemäß dieser Richtlinie gestatten:

a) den Verwandten in gerader aufsteigender Linie ersten Grades des Zusammenführenden oder seines Ehegatten, wenn letztere für ihren Unterhalt aufkommen und erstere in ihrem Herkunftsland keinerlei sonstige familiäre Bindungen mehr haben;
b) den volljährigen, unverheirateten Kindern des Zusammenführenden oder seines Ehegatten, wenn sie aufgrund ihres Gesundheitszustands nicht selbst für ihren Lebensunterhalt aufkommen können.

(3) Vorbehaltlich der in Kapitel IV genannten Bedingungen können die Mitgliedstaaten in ihren nationalen Rechtsvorschriften dem nicht ehelichen Lebenspartner, der Drittstaatsangehöriger ist und der nachweislich mit dem Zusammenführenden in einer auf Dauer angelegten Beziehung lebt, oder einem Drittstaatsangehörigen, der mit dem Zusammenführenden eine eingetragene Lebenspartnerschaft gemäß Artikel 5 Absatz 2 führt, und den nicht verheirateten minderjährigen Kindern, einschließlich der adoptierten Kinder, sowie den volljährigen, unverheirateten Kindern dieser Person, wenn sie aufgrund ihres Gesundheitszustands nicht selbst für ihren Lebensunterhalt aufkommen können, die Einreise und den Aufenthalt gemäß dieser Richtlinie gestatten.

Die Mitgliedstaaten können beschließen, eingetragene Lebenspartner im Hinblick auf die Familienzusammenführung ebenso zu behandeln wie Ehepartner.

(4) Lebt im Falle einer Mehrehe bereits ein Ehegatte gemeinsam mit dem Zusammenführenden im Hoheitsgebiet eines Mitgliedstaats, so gestattet der betreffende Mitgliedstaat nicht die Familienzusammenführung eines weiteren Ehegatten.

In Abweichung von Absatz 1 Buchstabe c) können die Mitgliedstaaten die Familienzusammenführung minderjähriger Kinder eines weiteren Ehegatten und des Zusammenführenden einschränken.

(5) Zur Förderung der Integration und zur Vermeidung von Zwangsehen können die Mitgliedstaaten vorsehen, dass der Zusammenführende und sein Ehegatte ein Mindestalter erreicht haben müssen, das höchstens auf 21 Jahre festgesetzt werden darf, bevor der Ehegatte dem Zusammenführenden nachreisen darf.

(6) Die Mitgliedstaaten können im Rahmen einer Ausnahmeregelung vorsehen, dass die Anträge betreffend die Familienzusammenführung minderjähriger Kinder gemäß den im Zeitpunkt der Umsetzung dieser Richtlinie vorhandenen nationalen Rechtsvorschriften vor Vollendung des fünfzehnten Lebensjahres gestellt werden. Wird ein Antrag nach Vollendung des fünfzehnten Lebensjahres gestellt, so genehmigen die Mitgliedstaaten, die diese Ausnahmeregelung anwenden, die Einreise und den Aufenthalt dieser Kinder aus anderen Gründen als der Familienzusammenführung.

Kapitel III. Antragstellung und -prüfung

Art. 5 (1) Die Mitgliedstaaten legen fest, ob zur Ausübung des Rechts auf Familienzusammenführung ein Antrag auf Einreise und Aufenthalt entweder vom Zusammenführenden oder von dem oder den Familienangehörigen bei den zuständigen Behörden des betreffenden Mitgliedstaats gestellt werden muss.

(2) Dem Antrag sind Unterlagen beizufügen, anhand derer die familiären Bindungen nachgewiesen werden und aus denen ersichtlich ist, dass die in den Artikeln 4 und 6 und gegebenenfalls in den Artikeln 7 und 8 vorgesehenen Bedingungen erfüllt sind, sowie beglaubigte Abschriften der Reisedokumente des oder der Familienangehörigen.

Zum Nachweis des Bestehens familiärer Bindungen können die Mitgliedstaaten gegebenenfalls eine Befragung des Zusammenführenden und seiner Familienangehörigen vornehmen und andere als zweckmäßig erachtete Nachforschungen anstellen.

Bei der Prüfung eines Antrags betreffend den nicht ehelichen Lebenspartner des Zusammenführenden berücksichtigen die Mitgliedstaaten als Nachweis der familiären Bindungen Faktoren wie ein gemeinsames Kind, den Bestand der Lebensgemeinschaft in der Vergangenheit, die Eintragung der Partnerschaft und andere zuverlässige Nachweise.

(3) Der Antrag ist zu stellen und zu prüfen, wenn sich die Familienangehörigen noch außerhalb des Hoheitsgebiets des Mitgliedstaats aufhalten, in dem sich der Zusammenführende aufhält.

Abweichend davon kann ein Mitgliedstaat gegebenenfalls zulassen, dass ein Antrag gestellt wird, wenn sich die Familienangehörigen bereits in seinem Hoheitsgebiet befinden.

(4) Die zuständigen Behörden des Mitgliedstaats teilen dem Antragsteller ihre Entscheidung unverzüglich, spätestens aber neun Monate nach Einreichung des Antrags schriftlich mit. In Ausnahmefällen kann aufgrund der Schwierigkeit der Antragsprüfung die in Unterabsatz 1 genannte Frist verlängert werden.

Eine Ablehnung des Antrags ist zu begründen. Ist bei Ablauf der Frist nach Unterabsatz 1 noch keine Entscheidung ergangen, so richten sich etwaige Folgen nach dem nationalen Recht des betreffenden Mitgliedstaats.

(5) Bei der Prüfung des Antrags tragen die Mitgliedstaaten dafür Sorge, dass das Wohl minderjähriger Kinder gebührend berücksichtigt wird.

Kapitel IV. Voraussetzungen für die Ausübung des Rechts auf Familienzusammenführung

Art. 6 (1) Die Mitgliedstaaten können einen Antrag auf Einreise und Aufenthalt eines Familienangehörigen aus Gründen der öffentlichen Ordnung, der öffentlichen Sicherheit oder der öffentlichen Gesundheit ablehnen.

(2) Die Mitgliedstaaten können aus Gründen der öffentlichen Ordnung, der öffentlichen Sicherheit oder der öffentlichen Gesundheit den Aufenthaltstitel eines Familienangehörigen entziehen oder dessen Verlängerung ablehnen. Trifft ein Mitgliedstaat eine entsprechende Entscheidung, so berücksichtigt er neben Artikel 17 die Schwere oder die Art des von dem Familienangehörigen begangenen Verstoßes gegen die öffentliche Ordnung oder die öffentliche Sicherheit oder die von dieser Person ausgehende Gefahr.

(3) Das Auftreten von Krankheiten oder Gebrechen nach Ausstellung des Aufenthaltstitels kann nicht als einziger Grund für die Verweigerung der Verlängerung des Aufenthaltstitels oder die Rückführung aus dem Hoheitsgebiet durch die zuständige Behörde des betreffenden Mitgliedstaats herangezogen werden.

Art. 7 (1) Bei Einreichung des Antrags auf Familienzusammenführung kann der betreffende Mitgliedstaat vom Antragsteller den Nachweis verlangen, dass der Zusammenführende über Folgendes verfügt:
a) Wohnraum, der für eine vergleichbar große Familie in derselben Region als üblich angesehen wird und der die in dem betreffenden Mitgliedstaat geltenden allgemeinen Sicherheits- und Gesundheitsnormen erfüllt;
b) eine Krankenversicherung für ihn selbst und seine Familienangehörigen, die im betreffenden Mitgliedstaat sämtliche Risiken abdeckt, die in der Regel auch für die eigenen Staatsangehörigen abgedeckt sind;
c) feste und regelmäßige Einkünfte, die ohne Inanspruchnahme der Sozialhilfeleistungen des betreffenden Mitgliedstaates für seinen eigenen Lebensunterhalt und den seiner Familienangehörigen ausreicht. Die Mitgliedstaaten beurteilen diese Einkünfte anhand ihrer Art und Regelmäßigkeit und können die Höhe der Mindestlöhne und -renten sowie die Anzahl der Familienangehörigen berücksichtigen.

(2) Die Mitgliedstaaten können gemäß dem nationalen Recht von Drittstaatsangehörigen verlangen, dass sie Integrationsmaßnahmen nachkommen müssen.

Im Hinblick auf die in Artikel 12 genannten Flüchtlinge und/oder Familienangehörigen von Flüchtlingen können die in Unterabsatz 1 genannten Integrationsmaßnahmen erst Anwendung finden, wenn den betroffenen Personen eine Familienzusammenführung gewährt wurde.

Art. 8 Die Mitgliedstaaten dürfen verlangen, dass sich der Zusammenführende während eines Zeitraums, der zwei Jahre nicht überschreiten darf, rechtmäßig auf ihrem Hoheitsgebiet aufgehalten hat, bevor seine Familienangehörigen ihm nachreisen.

Abweichend davon kann ein Mitgliedstaat, dessen bei Annahme der Richtlinie geltendes nationales Recht im Bereich der Familienzusammenführung die Aufnahmefähigkeit dieses Mitgliedstats berücksichtigt, eine Wartefrist von höchstens drei Jahren, zwischen der Stellung eines Antrags auf Familienzusammenführung und der Ausstellung eines Aufenthaltstitels an Familienangehörige, vorsehen.

Kapitel V. Familienzusammenführung von Flüchtlingen

Art. 9 (1) Dieses Kapitel findet auf die Familienzusammenführung von Flüchtlingen Anwendung, die von den Mitgliedstaaten anerkannt worden sind.

(2) Die Mitgliedstaaten können die Anwendung dieses Kapitels auf Flüchtlinge beschränken, deren familiäre Bindungen bereits vor ihrer Einreise bestanden haben.

(3) Dieses Kapitel lässt Rechtsvorschriften, nach denen Familienangehörigen der Flüchtlingsstatus zuerkannt wird, unberührt.

Art. 10 (1) Hinsichtlich der Definition von Familienangehörigen findet Artikel 4 Anwendung; ausgenommen davon ist Absatz 1 Unterabsatz 3, der nicht für die Kinder von Flüchtlingen gilt.

(2) Die Mitgliedstaaten können weiteren, in Artikel 4 nicht genannten Familienangehörigen die Familienzusammenführung gestatten, sofern der zusammenführende Flüchtling für ihren Unterhalt aufkommt.

(3) Handelt es sich bei einem Flüchtling um einen unbegleiteten Minderjährigen, so
a) gestatten die Mitgliedstaaten ungeachtet der in Artikel 4 Absatz 2 Buchstabe a) genannten Bedingungen die Einreise und den Aufenthalt seiner Verwandten in gerader aufsteigender Linie ersten Grades zum Zwecke der Familienzusammenführung;
b) können die Mitgliedstaaten die Einreise und den Aufenthalt seines gesetzlichen Vormunds oder eines anderen Familienangehörigen zum Zwecke der Familienzusammenführung gestatten, wenn der Flüchtling keine Verwandten in gerader aufsteigender Linie hat oder diese unauffindbar sind.

Art. 11 (1) Hinsichtlich der Stellung und Prüfung des Antrags kommt Artikel 5 vorbehaltlich des Absatzes 2 des vorliegenden Artikels zur Anwendung.

(2) Kann ein Flüchtling seine familiären Bindungen nicht mit amtlichen Unterlagen belegen, so prüft der Mitgliedstaat andere Nachweise für das Bestehen dieser Bindungen; diese Nachweise werden nach dem nationalen Recht bewertet. Die Ablehnung eines Antrags darf nicht ausschließlich mit dem Fehlen von Belegen begründet werden.

Art. 12 (1) Abweichend von Artikel 7 verlangen die Mitgliedstaaten in Bezug auf Anträge betreffend die in Artikel 4 Absatz 1 genannten Familienangehörigen von einem Flüchtling und/oder einem (den) Familienangehörigen keinen Nachweis, dass der Flüchtling die in Artikel 7 genannten Bedingungen erfüllt.

Unbeschadet internationaler Verpflichtungen können die Mitgliedstaaten in Fällen, in denen eine Familienzusammenführung in einem Drittstaat möglich ist, zu dem eine besondere Bindung des Zusammenführenden und/oder Familienangehörigen besteht, die Vorlage des in Unterabsatz 1 genannten Nachweises verlangen.

Die Mitgliedstaaten können von dem Flüchtling die Erfüllung der in Artikel 7 Absatz 1 genannten Voraussetzungen verlangen, wenn der Antrag auf Familienzusammenführung nicht innerhalb einer Frist von drei Monaten nach der Zuerkennung des Flüchtlingsstatuses gestellt wurde.

(2) Abweichend von Artikel 8 können die Mitgliedstaaten nicht von einem Flüchtling verlangen, dass er sich während eines bestimmten Zeitraums in ihrem Hoheitsgebiet aufgehalten hat, bevor seine Familienangehörigen ihm nachreisen.

Kapitel VI. Einreise und Aufenthalt der Familienangehörigen

Art. 13 (1) Sobald dem Antrag auf Familienzusammenführung stattgegeben wurde, genehmigt der betreffende Mitgliedstaat die Einreise des oder der Familienangehörigen. Hierzu gewährt der betreffende Mitgliedstaat diesen Personen jede Erleichterung zur Erlangung der vorgeschriebenen Visa.

(2) Der betreffende Mitgliedstaat erteilt den Familienangehörigen einen ersten Aufenthaltstitel mit mindestens einjähriger Gültigkeitsdauer. Dieser Aufenthaltstitel ist verlängerbar.

(3) Die Gültigkeitsdauer der dem (den) Familienangehörigen erteilten Aufenthaltstitel darf grundsätzlich nicht über die des Aufenthaltstitels des Zusammenführenden hinausgehen.

Art. 14 (1) Die Familienangehörigen des Zusammenführenden haben in gleicher Weise wie dieser selbst das Recht auf:
a) Zugang zu allgemeiner Bildung;
b) Zugang zu einer unselbständigen oder selbständigen Erwerbstätigkeit;
c) Zugang zu beruflicher Beratung, Ausbildung, Fortbildung und Umschulung.

(2) Die Mitgliedstaaten können gemäß dem nationalen Recht beschließen, unter welchen Bedingungen die Familienangehörigen eine unselbständige oder selbständige Erwerbstätigkeit ausüben können. Diese Bedingungen sehen eine Frist von maximal 12 Monaten vor, in der die Mitgliedstaaten eine Arbeitsmarktprüfung durchführen können, bevor sie den Familienangehörigen gestatten, eine unselbständige oder eine selbständige Erwerbstätigkeit auszuüben.

(3) Die Mitgliedstaaten können den Zugang zu einer unselbständigen oder selbständigen Erwerbstätigkeit für Angehörige in gerader aufsteigender Linie ersten Grades und volljährige, unverheiratete Kinder im Sinne des Artikels 4 Absatz 2 einschränken.

Art. 15 (1) Spätestens nach fünfjährigem Aufenthalt und unter der Voraussetzung, dass dem Familienangehörigen kein Aufenthaltstitel aus anderen Gründen als denen der Familienzusammenführung erteilt wurde, haben der Ehegatte oder das nicht eheliche Lebenspartner und das volljährig gewordene Kind – falls erforderlich auf Antrag – das Recht auf einen eigenen Aufenthaltstitel, der unabhängig von jenem des Zusammenführenden ist.

Die Mitgliedstaaten können bei Ehegatten oder nicht ehelichen Lebenspartnern die Erteilung des in Unterabsatz 1 genannten Aufenthaltstitels auf Fälle, in denen die familiären Bindungen zerbrechen, beschränken.

(2) Die Mitgliedstaaten können volljährigen Kindern und Verwandten in gerader aufsteigender Linie, auf die Artikel 4 Absatz 2 Anwendung findet, einen eigenen Aufenthaltstitel gewähren.

(3) Im Falle des Todes des Ehepartners, der Scheidung, der Trennung und des Todes von Verwandten ersten Grades in gerader aufsteigender oder absteigender Linie kann Personen, die zum

Zweck der Familienzusammenführung eingereist sind – falls erforderlich auf Antrag – ein eigener Aufenthaltstitel gewährt werden. Die Mitgliedstaaten erlassen Bestimmungen, nach denen die Ausstellung eines eigenen Aufenthaltstitels gewährleistet ist, wenn besonders schwierige Umstände vorliegen.

(4) Die Bedingungen für die Erteilung und die Dauer eines eigenen Aufenthaltstitels sind im nationalen Recht festgelegt.

Kapitel VII. Sanktionen und Rechtsmittel

Art. 16 (1) Die Mitgliedstaaten können einen Antrag auf Einreise und Aufenthalt zum Zwecke der Familienzusammenführung ablehnen oder gegebenenfalls den Aufenthaltstitel eines Familienangehörigen entziehen oder seine Verlängerung verweigern, wenn einer der folgenden Fälle vorliegt:
a) Die in dieser Richtlinie festgelegten Bedingungen sind nicht oder nicht mehr erfüllt. Verfügt der Zusammenführende bei der Verlängerung des Aufenthaltstitels nicht über Einkünfte, die ausreichen, ohne dass auf Sozialhilfeleistungen des betreffenden Mitgliedstaats zurückgegriffen werden muss, so berücksichtigt der Mitgliedstaat gemäß Artikel 7 Absatz 1 Buchstabe c) die Beiträge der Familienangehörigen zum Haushaltseinkommen.
b) Zwischen dem Zusammenführenden und dem (den) Familienangehörige(n) bestehen keine tatsächlichen ehelichen oder familiären Bindungen, oder sie bestehen nicht mehr.
c) Der Zusammenführende oder der nichteheliche Lebenspartner ist nachweislich mit einer anderen Person verheiratet oder führt nachweislich mit einer anderen Person eine auf Dauer angelegte Beziehung.

(2) Die Mitgliedstaaten können einen Antrag auf Einreise und Aufenthalt zum Zwecke der Familienzusammenführung auch ablehnen und den Aufenthaltstitel des Familienangehörigen entziehen oder seine Verlängerung verweigern, wenn feststeht,
a) dass falsche oder irreführende Angaben gemacht wurden, ge- oder verfälschte Dokumente verwendet wurden, auf andere Weise eine Täuschung verübt wurde oder andere ungesetzliche Mittel angewandt wurden;
b) dass die Ehe oder Lebenspartnerschaft nur zu dem Zweck geschlossen bzw. die Adoption nur vorgenommen wurde, um der betreffenden Person die Einreise in einen Mitgliedstaat oder den Aufenthalt in einem Mitgliedstaat zu ermöglichen.

Bei einer Entscheidung in diesen Fällen können die Mitgliedstaaten der Tatsache besondere Bedeutung zumessen, dass die Eheschließung, die Schließung der Lebenspartnerschaft oder die Adoption erfolgt ist, nachdem dem Zusammenführenden ein Aufenthaltstitel erteilt wurde.

(3) Die Mitgliedstaaten können den Aufenthaltstitel eines Familienangehörigen entziehen oder dessen Verlängerung verweigern, wenn der Aufenthalt des Zusammenführenden endet und der Familienangehörige noch nicht über ein eigenes Aufenthaltsrecht gemäß Artikel 15 verfügt.

(4) Die Mitgliedstaaten können bei Vorliegen eines begründeten Verdachts auf Täuschung oder Scheinehe, Scheinpartnerschaft oder Scheinadoption im Sinne von Absatz 2 punktuelle Kontrollen durchführen. Punktuelle Kontrollen können auch bei der Verlängerung des Aufenthaltstitels eines Familienangehörigen durchgeführt werden.

Art. 17 Im Fall der Ablehnung eines Antrags, dem Entzug oder der Nichtverlängerung des Aufenthaltstitels sowie der Rückführung des Zusammenführenden oder seiner Familienangehörigen berücksichtigen die Mitgliedstaaten in gebührender Weise die Art und die Stärke der familiären Bindungen der betreffenden Person und die Dauer ihres Aufenthalts in dem Mitgliedstaat sowie das Vorliegen familiärer, kultureller oder sozialer Bindungen zu ihrem Herkunftsland.

Art. 18 Die Mitgliedstaaten sorgen dafür, dass der Zusammenführende und/oder seine Familienangehörigen im Fall der Ablehnung des Antrags auf Familienzusammenführung, der Nichtverlängerung oder des Entzugs des Aufenthaltstitels sowie der Rückführung Rechtsbehelfe einlegen können. Die Verfahren und die Zuständigkeiten, nach denen das in Absatz 1 genannte Recht ausgeübt wird, werden von den betreffenden Mitgliedstaaten festgelegt.

Richtlinie 2003/109/EG 3.23. **Texte 5**

Kapitel VIII. Schlussbestimmungen

Art. 19 Die Kommission erstattet dem Europäischen Parlament und dem Rat regelmäßig und zum ersten Mal spätestens am 3. Oktober 2007 Bericht über die Anwendung dieser Richtlinie in den Mitgliedstaaten und schlägt gegebenenfalls die erforderlichen Änderungen vor. Diese Änderungsvorschläge betreffen vorzugsweise die Art. 3, 4, 7, 8 und 13.

Art. 20 Die Mitgliedstaaten setzen die Rechts- und Verwaltungsvorschriften in Kraft, die erforderlich sind, um dieser Richtlinie spätestens ab 3. Oktober 2005 nachzukommen. Sie setzen die Kommission unverzüglich davon in Kenntnis.

Wenn die Mitgliedstaaten diese Vorschriften erlassen, nehmen sie in den Vorschriften selbst oder durch einen Hinweis bei der amtlichen Veröffentlichung auf diese Richtlinie Bezug. Die Mitgliedstaaten regeln die Einzelheiten der Bezugnahme.

Art. 21 Diese Richtlinie tritt am Tag ihrer Veröffentlichung im Amtsblatt der Europäischen Union in Kraft.

Art. 22 Diese Richtlinie ist gemäß dem Vertrag zur Gründung der Europäischen Gemeinschaft an die Mitgliedstaaten gerichtet.

3.23. Richtlinie 2003/109/EG des Rates betreffend die Rechtsstellung der langfristig aufenthaltsberechtigten Drittstaatsangehörigen

Vom 25. November 2003 (ABl. L 16 vom 23. 1. 2002 S. 44)

Kapitel I. Allgemeine Bestimmungen

Art. 1 Gegenstand. Ziel dieser Richtlinie ist die Festlegung

a) der Bedingungen, unter denen ein Mitgliedstaat einem Drittstaatsangehörigen, der sich rechtmäßig in seinem Hoheitsgebiet aufhält, die Rechtsstellung eines langfristig Aufenthaltsberechtigten erteilen oder entziehen kann, sowie die mit dieser Rechtsstellung verbundenen Rechte und

b) der Bedingungen für den Aufenthalt eines Drittstaatsangehörigen, der die Rechtsstellung eines langfristig Aufenthaltsberechtigten besitzt, in einem anderen Mitgliedstaat als demjenigen, der ihm diese Rechtsstellung zuerkannt hat.

Art. 2 Definitionen. Im Sinne dieser Richtlinie bezeichnet der Ausdruck

a) „Drittstaatsangehöriger" jede Person, die nicht Unionsbürger im Sinne des Artikels 17 Absatz 1 des Vertrags ist;
b) „langfristig Aufenthaltsberechtigter" jeden Drittstaatsangehörigen, der die Rechtsstellung eines langfristig Aufenthaltsberechtigten im Sinne der Artikel 4 bis 7 besitzt;
c) „erster Mitgliedstaat" den Mitgliedstaat, der einem Drittstaatsangehörigen erstmals die Rechtsstellung eines langfristig Aufenthaltsberechtigten zuerkannt hat;
d) „zweiter Mitgliedstaat" einen anderen Mitgliedstaat als den, der einem Drittstaatsangehörigen erstmals die Rechtsstellung eines langfristig Aufenthaltsberechtigten zuerkannt hat, und in dem dieser langfristig Aufenthaltsberechtigte sein Aufenthaltsrecht ausübt;
e) „Familienangehöriger" den Drittstaatsangehörigen, der sich in dem betreffenden Mitgliedstaat gemäß der Richtlinie 2003/86/EG des Rates vom 22. September 2003 betreffend das Recht auf Familienzusammenführung (ABl. L 251 vom 3. 10. 2003 S. 12) aufhält;
f) „Flüchtling" jeden Drittstaatsangehörigen, dem die Flüchtlingseigenschaft im Sinne des Genfer Abkommens über die Rechtsstellung der Flüchtlinge vom 28. Juli 1951 in der durch das New Yorker Protokoll vom 31. Januar 1967 geänderten Fassung zuerkannt wurde;
g) „langfristige Aufenthaltsberechtigung – EG" den Aufenthaltstitel, der bei der Erlangung der Rechtsstellung eines langfristig Aufenthaltsberechtigten von dem betreffenden Mitgliedstaat ausgestellt wird.

Art. 3 Anwendungsbereich. (1) Diese Richtlinie findet auf Drittstaatsangehörige Anwendung, die sich rechtmäßig im Hoheitsgebiet eines Mitgliedstaats aufhalten.

(2) Diese Richtlinie findet keine Anwendung auf Drittstaatsangehörige,
a) die sich zwecks Studiums oder Berufsausbildung aufhalten;
b) denen zwecks vorübergehenden Schutzes der Aufenthalt in einem Mitgliedstaat genehmigt wurde oder die aus diesem Grund um eine Aufenthaltsgenehmigung nachgesucht haben und über deren Rechtsstellung noch nicht entschieden ist;
c) denen der Aufenthalt in einem Mitgliedstaat aufgrund subsidiärer Schutzformen gemäß internationalen Verpflichtungen, nationalen Rechtsvorschriften oder Praktiken der Mitgliedstaaten genehmigt wurde oder die aus diesem Grunde um die Genehmigung des Aufenthalts nachgesucht haben und über deren Rechtsstellung noch nicht entschieden ist;
d) die Flüchtlinge sind oder die Anerkennung der Flüchtlingseigenschaft beantragt haben und über deren Antrag noch nicht abschließend entschieden worden ist;
e) die sich ausschließlich vorübergehend wie etwa als Au-pair oder Saisonarbeitnehmer, als von einem Dienstleistungserbringer im Rahmen der grenzüberschreitenden Erbringung von Dienstleistungen entsendete Arbeitnehmer oder als Erbringer grenzüberschreitender Dienstleistungen aufhalten oder deren Aufenthaltsgenehmigung förmlich begrenzt wurde;
f) deren Rechtsstellung durch das Wiener Übereinkommen von 1961 über diplomatische Beziehungen, das Wiener Übereinkommen von 1963 über konsularische Beziehungen, das Übereinkommen von 1969 über Sondermissionen oder die Wiener Konvention von 1975 über die Vertretung der Staaten in ihren Beziehungen zu internationalen Organisationen universellen Charakters geregelt ist.

(3) Diese Richtlinie findet Anwendung vorbehaltlich günstigerer Bestimmungen
a) der bilateralen und multilateralen Übereinkünfte zwischen der Gemeinschaft oder der Gemeinschaft und ihren Mitgliedstaaten einerseits und Drittländern andererseits;
b) der vor Inkrafttreten dieser Richtlinie zwischen einem Mitgliedstaat und einem Drittland abgeschlossenen bilateralen Übereinkünfte;
c) des Europäischen Niederlassungsabkommens vom 13. Dezember 1955, der Europäischen Sozialcharta vom 18. Oktober 1961, der geänderten Europäischen Sozialcharta vom 3. Mai 1987 und des Europäischen Übereinkommens über die Rechtsstellung der Wanderarbeitnehmer vom 24. November 1977.

Kapitel II. Rechtsstellung eines langfristig Aufenthaltsberechtigten in einem Mitgliedstaat

Art. 4 Dauer des Aufenthalts. (1) Die Mitgliedstaaten erteilen Drittstaatsangehörigen, die sich unmittelbar vor der Stellung des entsprechenden Antrags fünf Jahre lang ununterbrochen rechtmäßig in ihrem Hoheitsgebiet aufgehalten haben, die Rechtsstellung eines langfristig Aufenthaltsberechtigten.

(2) In die Berechnung des Zeitraums gemäß Absatz 1 fließen die Zeiten nicht ein, in denen sich der Drittstaatsangehörige aus den in Artikel 3 Absatz 2 Buchstaben e) und f) genannten Gründen im betreffenden Mitgliedstaat aufgehalten hat.

In den in Artikel 3 Absatz 2 Buchstabe a) genannten Fällen, in denen dem betreffenden Drittstaatsangehörigen ein Aufenthaltstitel gewährt wurde, auf dessen Grundlage ihm die Rechtsstellung eines langfristig Aufenthaltsberechtigten zuerkannt werden kann, fließen die Zeiten, in denen er sich zwecks Studiums oder Berufsausbildung in dem Mitgliedstaat aufgehalten hat, nur zur Hälfte in die Berechnung des Zeitraums gemäß Absatz 1 ein.

(3) Zeiten, in denen der Drittstaatsangehörige sich nicht im Hoheitsgebiet des Mitgliedstaats aufgehalten hat, unterbrechen die Dauer des Zeitraums gemäß Absatz 1 nicht und fließen in die Berechnung dieses Aufenthalts ein, wenn sie sechs aufeinander folgende Monate nicht überschreiten und innerhalb des Zeitraums gemäß Absatz 1 insgesamt zehn Monate nicht überschreiten.

Liegen spezifische Gründe oder zeitlich begrenzte Ausnahmesituationen vor, so können die Mitgliedstaaten gemäß ihrem nationalen Recht vorsehen, dass längere als die in Unterabsatz 1 genannten Zeiten, in denen der Drittstaatsangehörige sich nicht in ihrem Hoheitsgebiet aufgehalten hat, die Dauer des Zeitraums gemäß Absatz 1 nicht unterbrechen. In diesen Fällen berücksichtigen die Mitgliedstaaten die Zeiten, in denen der Drittstaatsangehörige sich nicht in ihrem Hoheitsgebiet aufgehalten hat, nicht bei der Berechnung der Gesamtdauer des Zeitraums gemäß Absatz 1.

Abweichend von Unterabsatz 2 können die Mitgliedstaaten Zeiten, in denen der Drittstaatsangehörige sich im Zusammenhang mit einer Entsendung aus beruflichen Gründen, einschließlich im Rahmen einer grenzüberschreitenden Erbringung von Dienstleistungen, nicht in ihrem Hoheitsgebiet aufgehalten hat, in die Berechnung des Zeitraums gemäß Absatz 1 einfließen lassen.

Art. 5 Bedingungen für die Zuerkennung der Rechtsstellung eines langfristig Aufenthaltsberechtigten. (1) Die Mitgliedstaaten verlangen vom Drittstaatsangehörigen den Nachweis, dass er für sich und seine unterhaltsberechtigten Familienangehörigen über Folgendes verfügt:

a) feste und regelmäßige Einkünfte, die ohne Inanspruchnahme der Sozialhilfeleistungen des betreffenden Mitgliedstaats für seinen eigenen Lebensunterhalt und den seiner Familienangehörigen ausreichen. Die Mitgliedstaaten beurteilen diese Einkünfte anhand ihrer Art und Regelmäßigkeit und können die Höhe der Mindestlöhne und -renten beim Antrag auf Erteilung der Rechtsstellung eines langfristig Aufenthaltsberechtigten berücksichtigen;

b) eine Krankenversicherung, die im betreffenden Mitgliedstaat sämtliche Risiken abdeckt, die in der Regel auch für die eigenen Staatsangehörigen abgedeckt sind.

(2) Die Mitgliedstaaten können von Drittstaatsangehörigen verlangen, dass sie die Integrationsanforderungen gemäß dem nationalen Recht erfüllen.

Art. 6 Öffentliche Ordnung und öffentliche Sicherheit. (1) Die Mitgliedstaaten können die Rechtsstellung eines langfristig Aufenthaltsberechtigten aus Gründen der öffentlichen Ordnung oder der öffentlichen Sicherheit versagen.

Trifft ein Mitgliedstaat eine entsprechende Entscheidung, so berücksichtigt er die Schwere oder die Art des Verstoßes gegen die öffentliche Ordnung oder die öffentliche Sicherheit oder die von der betreffenden Person ausgehende Gefahr, wobei er auch der Dauer des Aufenthalts und dem Bestehen von Bindungen im Aufenthaltsstaat angemessen Rechnung trägt.

(2) Die Versagungsentscheidung nach Absatz 1 darf nicht aus wirtschaftlichen Gründen getroffen werden.

Art. 7 Erlangung der Rechtsstellung eines langfristig Aufenthaltsberechtigten. (1) Um die Rechtsstellung eines langfristig Aufenthaltsberechtigten zu erlangen, reicht der Drittstaatsangehörige bei den zuständigen Behörden des Mitgliedstaats, in dem er sich aufhält, einen Antrag ein. Dem Antrag sind vom nationalen Recht zu bestimmende Unterlagen beizufügen, aus denen hervorgeht, dass er die Voraussetzungen der Artikel 4 und 5 erfüllt, sowie erforderlichenfalls ein gültiges Reisedokument oder eine beglaubigte Abschrift davon.

Die Nachweise nach Unterabsatz 1 können auch Unterlagen in Bezug auf ausreichenden Wohnraum einschließen.

(2) Die zuständigen nationalen Behörden teilen dem Antragsteller ihre Entscheidung unverzüglich, spätestens aber sechs Monate nach Einreichung des Antrags schriftlich mit. Die Entscheidung wird dem Drittstaatsangehörigen nach den Verfahren der entsprechenden nationalen Rechtsvorschriften mitgeteilt.

In Ausnahmefällen kann aufgrund der Schwierigkeit der Antragsprüfung die in Unterabsatz 1 genannte Frist verlängert werden.

Außerdem ist die betreffende Person über ihre Rechte und Pflichten aus dieser Richtlinie zu belehren.

Ist bei Ablauf der in dieser Bestimmung vorgesehenen Frist noch keine Entscheidung ergangen, so richten sich etwaige Folgen nach dem nationalen Recht des betreffenden Mitgliedstaats.

(3) Liegen die Voraussetzungen der Artikel 4 und 5 vor und stellt die Person keine Gefahr im Sinne des Artikels 6 dar, so erkennt der Mitgliedstaat dem Drittstaatsangehörigen die Rechtsstellung eines langfristig Aufenthaltsberechtigten zu.

Art. 8 Langfristige Aufenthaltsberechtigung-EG. (1) Vorbehaltlich des Artikels 9 ist die Rechtsstellung eines langfristig Aufenthaltsberechtigten dauerhaft.

(2) Die Mitgliedstaaten stellen langfristig Aufenthaltsberechtigten eine „langfristige Aufenthaltsberechtigung-EG" aus. Dieser Aufenthaltstitel ist mindestens fünf Jahre gültig und wird – erforderlichenfalls auf Antrag – ohne weiteres verlängert.

(3) Eine langfristige Aufenthaltsberechtigung-EG kann in Form eines Aufklebers oder eines besonderen Dokuments ausgestellt werden. Sie wird nach Maßgabe der Verordnung (EG) Nr. 1030/2002 des Rates vom 13. Juni 2002 zur einheitlichen Gestaltung des Aufenthaltstitels für Drittstaatsangehörige (ABl. L 157 vom 15. 6. 2002 S. 1) ausgestellt. Im Eintragungsfeld „Art des Aufenthaltstitels" fügen die Mitgliedstaaten die Bezeichnung „Daueraufenthalt-EG" ein.

Art. 9 Entzug oder Verlust der Rechtsstellung. (1) Ein Drittstaatsangehöriger ist nicht mehr berechtigt, die Rechtsstellung eines langfristig Aufenthaltsberechtigten zu behalten, wenn
a) er die Rechtsstellung des langfristig Aufenthaltsberechtigten nachweislich auf täuschende Art und Weise erlangt hat;
b) eine Ausweisung nach Maßgabe des Artikels 12 verfügt worden ist;
c) er sich während eines Zeitraums von 12 aufeinander folgenden Monaten nicht im Gebiet der Gemeinschaft aufgehalten hat.

(2) Abweichend von Absatz 1 Buchstabe c) können die Mitgliedstaaten vorsehen, dass eine Abwesenheit von mehr als 12 aufeinander folgenden Monaten oder eine Abwesenheit aus spezifischen Gründen oder in Ausnahmesituationen nicht den Entzug oder den Verlust der Rechtsstellung bewirken.

(3) Die Mitgliedstaaten können vorsehen, dass ein Drittstaatsangehöriger die Rechtsstellung eines langfristig Aufenthaltsberechtigten verliert, wenn er in Anbetracht der Schwere der von ihm begangenen Straftaten eine Bedrohung für die öffentliche Ordnung darstellt, ohne dass diese Bedrohung eine Ausweisung im Sinne von Artikel 12 rechtfertigt.

(4) Ein Drittstaatsangehöriger, der sich gemäß Kapitel III in einem anderen Mitgliedstaat aufgehalten hat, verliert die in dem ersten Mitgliedstaat erworbene Rechtsstellung eines langfristig Aufenthaltsberechtigten, wenn ihm diese Rechtsstellung in einem anderen Mitgliedstaat gemäß Artikel 23 zuerkannt wird.

Auf jeden Fall verliert die betreffende Person, die sich sechs Jahre lang nicht im Hoheitsgebiet des Mitgliedstaats aufgehalten hat, der ihr die Rechtsstellung eines langfristig Aufenthaltsberechtigten zuerkannt hat, in diesem Mitgliedstaat die Rechtsstellung eines langfristig Aufenthaltsberechtigten.

Abweichend von Unterabsatz 2 kann der betreffende Mitgliedstaat vorsehen, dass der langfristig Aufenthaltsberechtigte aus besonderen Gründen seine Rechtsstellung in diesem Mitgliedstaat behält, wenn der Zeitraum, in dem er sich nicht im Hoheitsgebiet des Mitgliedstaats aufgehalten hat, sechs Jahre überschreitet.

(5) Im Hinblick auf die Fälle des Absatzes 1 Buchstabe c) und des Absatzes 4 führen die Mitgliedstaaten, die die Rechtsstellung eines langfristig Aufenthaltsberechtigten zuerkannt haben, ein vereinfachtes Verfahren für die Wiedererlangung der Rechtsstellung eines langfristig Aufenthaltsberechtigten ein.

Dieses Verfahren gilt insbesondere für Fälle, in denen sich Personen in einem zweiten Mitgliedstaat zum Studium aufgehalten haben.

Die Voraussetzungen und das Verfahren für die Wiedererlangung der Rechtsstellung eines langfristig Aufenthaltsberechtigten bestimmen sich nach dem nationalen Recht.

(6) Das Ablaufen einer langfristigen Aufenthaltsberechtigung-EG hat auf keinen Fall den Entzug oder den Verlust der Rechtsstellung eines langfristig Aufenthaltsberechtigten zur Folge.

(7) Führt der Entzug oder der Verlust der Rechtsstellung eines langfristig Aufenthaltsberechtigten nicht zu einer Rückführung, so gestattet der Mitgliedstaat der betreffenden Person, in seinem Hoheitsgebiet zu verbleiben, sofern sie die in seinen nationalen Rechtsvorschriften vorgesehenen Bedingungen erfüllt und/oder keine Gefahr für die öffentliche Ordnung oder die öffentliche Sicherheit darstellt.

Art. 10 Verfahrensgarantien. (1) Die Entscheidung, die Rechtsstellung eines langfristig Aufenthaltsberechtigten zu versagen oder zu entziehen, ist zu begründen. Jede Entscheidung wird dem betreffenden Drittstaatsangehörigen nach den Verfahren der entsprechenden nationalen Rechtsvorschriften mitgeteilt. In dieser Mitteilung ist auf die möglichen Rechtsbehelfe und die entsprechenden Fristen hinzuweisen.

(2) Wird ein Antrag auf Erteilung der Rechtsstellung eines langfristig Aufenthaltsberechtigten zurückgewiesen, diese Rechtsstellung entzogen oder der Aufenthaltstitel nicht verlängert, so kann die betreffende Person in dem betreffenden Mitgliedstaat Rechtsbehelfe einlegen.

Richtlinie 2003/109/EG 3.23. **Texte 5**

Art. 11 Gleichbehandlung. (1) Langfristig Aufenthaltsberechtigte werden auf folgenden Gebieten wie eigene Staatsangehörige behandelt:
a) Zugang zu einer unselbständigen oder selbständigen Erwerbstätigkeit, wenn diese nicht, auch nicht zeitweise, mit der Ausübung öffentlicher Gewalt verbunden ist, sowie Beschäftigungs- und Arbeitsbedingungen, einschließlich Entlassungsbedingungen und Arbeitsentgelt;
b) allgemeine und berufliche Bildung, einschließlich Stipendien und Ausbildungsbeihilfen gemäß dem nationalen Recht;
c) Anerkennung der berufsqualifizierenden Diplome, Prüfungszeugnisse und sonstiger Befähigungsnachweise gemäß den einschlägigen nationalen Verfahren;
d) soziale Sicherheit, Sozialhilfe und Sozialschutz im Sinn des nationalen Rechts;
e) steuerliche Vergünstigungen;
f) Zugang zu Waren und Dienstleistungen sowie zur Lieferung von Waren und Erbringung von Dienstleistungen für die Öffentlichkeit und zu Verfahren für den Erhalt von Wohnraum;
g) Vereinigungsfreiheit sowie Mitgliedschaft und Betätigung in einer Gewerkschaft, einem Arbeitgeberverband oder einer sonstigen Organisation, deren Mitglieder einer bestimmten Berufsgruppe angehören, sowie Inanspruchnahme der von solchen Organisationen angebotenen Leistungen, unbeschadet der nationalen Bestimmungen über die öffentliche Ordnung und die öffentliche Sicherheit;
h) freier Zugang zum gesamten Hoheitsgebiet des betreffenden Mitgliedstaats innerhalb der in den nationalen Rechtsvorschriften aus Gründen der Sicherheit vorgesehenen Grenzen.

(2) In Bezug auf Absatz 1 Buchstaben b), d), e), f) und g) kann der betreffende Mitgliedstaat die Gleichbehandlung auf die Fälle beschränken, in denen der Wohnsitz oder der gewöhnliche Aufenthaltsort des langfristig Aufenthaltsberechtigten oder seiner Familienangehörigen, für die er Leistungen beansprucht, im Hoheitsgebiet des betreffenden Mitgliedstaats liegt.

(3) Die Mitgliedstaaten können die Gleichbehandlung mit eigenen Staatsangehörigen in folgenden Fällen einschränken:
a) Die Mitgliedstaaten können die Zugangsbeschränkungen zu unselbständigen und selbständigen Erwerbstätigkeiten, die gemäß den bestehenden nationalen oder gemeinschaftlichen Rechtsvorschriften eigenen Staatsangehörigen und Unions- oder EWR-Bürgern vorbehalten sind, beibehalten;
b) die Mitgliedstaaten können verlangen, dass erforderliche Sprachkenntnisse für den Zugang zur allgemeinen und beruflichen Bildung nachgewiesen werden. Der Hochschulzugang kann von der Erfüllung besonderer Bildungsvoraussetzungen abhängig gemacht werden.

(4) Die Mitgliedstaaten können die Gleichbehandlung bei Sozialhilfe und Sozialschutz auf die Kernleistungen beschränken.

(5) Die Mitgliedstaaten können beschließen, Zugang zu zusätzlichen Leistungen in den in Absatz 1 genannten Bereichen zu gewähren.

Die Mitgliedstaaten können ferner beschließen, Gleichbehandlung in Bezug auf Bereiche zu gewähren, die nicht in Absatz 1 genannt sind.

Art. 12 Ausweisungsschutz. (1) Die Mitgliedstaaten können nur dann gegen einen langfristig Aufenthaltsberechtigten eine Ausweisung verfügen, wenn er eine gegenwärtige, hinreichend schwere Gefahr für die öffentliche Ordnung oder die öffentliche Sicherheit darstellt.

(2) Die Verfügung nach Absatz 1 darf nicht auf wirtschaftlichen Überlegungen beruhen.

(3) Bevor sie gegen einen langfristig Aufenthaltsberechtigten eine Ausweisung verfügen, berücksichtigen die Mitgliedstaaten Folgendes:
a) Dauer des Aufenthalts in ihrem Hoheitsgebiet,
b) Alter der betreffenden Person,
c) Folgen für die betreffende Person und ihre Familienangehörigen,
d) Bindungen zum Aufenthaltsstaat oder fehlende Bindungen zum Herkunftsstaat.

(4) Wurde eine Ausweisung verfügt, so steht dem langfristig Aufenthaltsberechtigten in dem betreffenden Mitgliedstaat der Rechtsweg offen.

(5) Langfristig Aufenthaltsberechtigten, die nicht über ausreichende Einkünfte verfügen, wird unter den gleichen Voraussetzungen wie Staatsangehörigen des Mitgliedstaats, in dem sie sich aufhalten, Prozesskostenhilfe bewilligt.

Art. 13 Günstigere nationale Bestimmungen. Die Mitgliedstaaten können für die Ausstellung dauerhafter oder unbefristeter Aufenthaltstitel günstigere Voraussetzungen als diejenigen dieser Richtlinie vorsehen. Diese Aufenthaltstitel begründen nicht das Recht auf Aufenthalt in anderen Mitgliedstaaten gemäß Kapitel III.

Kapitel III. Aufenthalt in den anderen Mitgliedstaaten

Art. 14 Grundsatz. (1) Ein langfristig Aufenthaltsberechtigter erwirbt das Recht, sich länger als drei Monate im Hoheitsgebiet anderer Mitgliedstaaten als desjenigen, der ihm die Rechtsstellung eines langfristig Aufenthaltsberechtigten zuerkannt hat, aufzuhalten, sofern die in diesem Kapitel festgelegten Bedingungen erfüllt sind.

(2) Ein langfristig Aufenthaltsberechtigter kann sich aus folgenden Gründen in einem zweiten Mitgliedstaat aufhalten:
a) Ausübung einer unselbständigen oder selbständigen Erwerbstätigkeit,
b) Absolvierung eines Studiums oder einer Berufsausbildung,
c) für sonstige Zwecke.

(3) In Fällen der Ausübung einer unselbständigen oder selbständigen Erwerbstätigkeit nach Absatz 2 Buchstabe a) können die Mitgliedstaaten eine Arbeitsmarktprüfung durchführen, und hinsichtlich der Anforderungen für die Besetzung einer freien Stelle bzw. hinsichtlich der Ausübung einer solchen Tätigkeit ihre nationalen Verfahren anwenden.

Aus Gründen der Arbeitsmarktpolitik können die Mitgliedstaaten Unionsbürger, Drittstaatsangehörige, wenn dies im Gemeinschaftsrecht vorgesehen ist, sowie Drittstaatsangehörige, die sich rechtmäßig in dem betreffenden Mitgliedstaat aufhalten und dort Arbeitslosenunterstützung erhalten, vorrangig berücksichtigen.

(4) Abweichend von Absatz 1 können die Mitgliedstaaten die Gesamtzahl der Personen, denen ein Aufenthaltsrecht gewährt werden kann, begrenzen, sofern solche Begrenzungen bei Annahme dieser Richtlinie bereits in den geltenden Rechtsvorschriften vorgesehen sind.

(5) Dieses Kapitel betrifft nicht den Aufenthalt im Hoheitsgebiet der Mitgliedstaaten von langfristig Aufenthaltsberechtigten, die
a) von einem Dienstleistungserbringer im Rahmen einer grenzüberschreitenden Dienstleistungserbringung entsendet sind;
b) Erbringer grenzüberschreitender Dienstleistungen sind.

Die Mitgliedstaaten können im Einklang mit dem nationalen Recht festlegen, unter welchen Bedingungen sich langfristig Aufenthaltsberechtigte, die sich zur Ausübung einer Erwerbstätigkeit als Saisonarbeitnehmer in einen anderen Mitgliedstaaten begeben möchten, in jenem Mitgliedstaat aufhalten dürfen. Auch auf Grenzarbeitnehmer können besondere Bestimmungen des nationalen Rechts angewandt werden.

(6) Dieses Kapitel gilt unbeschadet der einschlägigen gemeinschaftlichen Rechtsvorschriften im Bereich der sozialen Sicherheit in Bezug auf Drittstaatsangehörige.

Art. 15 Bedingungen für den Aufenthalt in einem zweiten Mitgliedstaat. (1) Der langfristig Aufenthaltsberechtigte beantragt unverzüglich, spätestens jedoch drei Monate nach seiner Einreise in den zweiten Mitgliedstaat, einen Aufenthaltstitel bei den zuständigen Behörden jenes Mitgliedstaats.

Die Mitgliedstaaten können akzeptieren, dass der langfristig Aufenthaltsberechtigte den Antrag auf Erteilung eines Aufenthaltstitels noch während seines Aufenthalts im Hoheitsgebiet des ersten Mitgliedstaats bei den zuständigen Behörden des zweiten Mitgliedstaats einreicht.

(2) Die Mitgliedstaaten können von den betreffenden Personen verlangen, Folgendes nachzuweisen:
a) feste und regelmäßige Einkünfte, die ohne Inanspruchnahme der Sozialhilfeleistungen des betreffenden Mitgliedstaats für ihren eigenen Lebensunterhalt und den ihrer Familienangehörigen ausreichen. Für jede der in Artikel 14 Absatz 2 genannten Kategorien beurteilen die Mitgliedstaaten diese Einkünfte anhand ihrer Art und Regelmäßigkeit und können die Höhe der Mindestlöhne und -renten berücksichtigen;
b) eine Krankenversicherung, die im zweiten Mitgliedstaat sämtliche Risiken abdeckt, die in der Regel auch für die eigenen Staatsangehörigen im betreffenden Mitgliedstaat abgedeckt sind.

(3) Die Mitgliedstaaten können gemäß dem nationalen Recht von Drittstaatsangehörigen verlangen, dass sie Integrationsmaßnahmen nachkommen müssen.

Diese Bedingung gilt nicht, wenn die betreffenden Drittstaatsangehörigen gemäß Artikel 5 Absatz 2 Integrationsanforderungen erfüllen mussten, um die Rechtsstellung eines langfristig Aufenthaltsberechtigten zu erlangen.

Unbeschadet des Unterabsatzes 2 kann von den betreffenden Personen die Teilnahme an Sprachkursen verlangt werden.

(4) Dem Antrag sind vom nationalen Recht zu bestimmende Unterlagen, aus denen hervorgeht, dass die betreffenden Personen die einschlägigen Bedingungen erfüllen beizufügen, sowie ihre langfristige Aufenthaltsberechtigung und ein gültiges Reisedokument oder beglaubigte Abschriften davon.

Die Nachweise nach Unterabsatz 1 können auch Unterlagen in Bezug auf ausreichenden Wohnraum einschließen.

Insbesondere kann der zweite Mitgliedstaat von den betreffenden Personen verlangen, Folgendes nachzuweisen:

a) Im Fall der Ausübung einer Erwerbstätigkeit,
   i) sofern sie einer unselbständigen Erwerbstätigkeit nachgehen, dass sie im Besitz eines Beschäftigungsvertrags, einer Einstellungserklärung des Arbeitgebers oder eines Beschäftigungsvertragsangebots gemäß den im nationalen Recht vorgesehenen Bedingungen sind. Die Mitgliedstaaten legen fest, welche der genannten Arten von Nachweisen erbracht werden müssen;
   ii) sofern sie einer selbständigen Erwerbstätigkeit nachgehen, dass sie über angemessene Mittel verfügen, die gemäß dem nationalen Recht für die Ausübung einer derartigen Erwerbstätigkeit vorgeschrieben sind, wobei die erforderlichen Unterlagen und Genehmigungen vorzulegen sind;
b) im Fall eines Studiums oder einer Berufsausbildung, dass sie zu Studien- oder Berufsbildungszwecken in einer zugelassenen Einrichtung eingeschrieben sind.

Art. 16 Familienangehörige. (1) Übt der langfristig Aufenthaltsberechtigte sein Aufenthaltsrecht in einem zweiten Mitgliedstaat aus und bestand die Familie bereits im ersten Mitgliedstaat, so wird den Angehörigen seiner Familie, die die Bedingungen des Artikels 4 Absatz 1 der Richtlinie 2003/86/EG erfüllen, gestattet, den langfristig Aufenthaltsberechtigten zu begleiten oder ihm nachzureisen.

(2) Übt der langfristig Aufenthaltsberechtigte sein Aufenthaltsrecht in einem zweiten Mitgliedstaat aus und bestand die Familie bereits im ersten Mitgliedstaat, so kann den Angehörigen seiner Familie, die nicht als Familienangehörige im Sinne von Artikel 4 Absatz 1 der Richtlinie 2003/86/EG gelten, gestattet werden, den langfristig Aufenthaltsberechtigten zu begleiten oder ihm nachzureisen.

(3) Für die Stellung des Antrags auf Erteilung eines Aufenthaltstitels gelten die Bestimmungen des Artikels 15 Absatz 1.

(4) Der zweite Mitgliedstaat kann von den Familienangehörigen des langfristig Aufenthaltsberechtigten verlangen, ihrem Antrag auf Erteilung eines Aufenthaltstitels Folgendes beizufügen:

a) ihre langfristige Aufenthaltsberechtigung-EG oder ihren Aufenthaltstitel und ein gültiges Reisedokument oder beglaubigte Abschriften davon;
b) den Nachweis, dass sie sich als Familienangehörige des langfristig Aufenthaltsberechtigten im ersten Mitgliedstaat aufgehalten haben;
c) den Nachweis, dass sie über feste und regelmäßige Einkünfte, die ohne Inanspruchnahme der Sozialhilfeleistungen des betreffenden Mitgliedstaats für ihren eigenen Lebensunterhalt ausreichen, sowie über eine Krankenversicherung verfügen, die im zweiten Mitgliedstaat sämtliche Risiken abdeckt, oder den Nachweis, dass der langfristig Aufenthaltsberechtigte für sie über solche Einkünfte und eine solche Versicherung verfügt. Die Mitgliedstaaten beurteilen diese Einkünfte anhand ihrer Art und Regelmäßigkeit und können die Höhe der Mindestlöhne und -renten berücksichtigen.

(5) Bestand die Familie noch nicht im ersten Mitgliedstaat, so findet die Richtlinie 2003/86/EG Anwendung.

Art. 17 Öffentliche Ordnung und öffentliche Sicherheit. (1) Die Mitgliedstaaten können einem langfristig Aufenthaltsberechtigten oder seinen Familienangehörigen den Aufenthalt versagen, wenn die betreffende Person eine Gefahr für die öffentliche Ordnung oder die öffentliche Sicherheit darstellt.

Trifft ein Mitgliedstaat eine entsprechende Entscheidung, so berücksichtigt er die Schwere oder die Art des von dem langfristig Aufenthaltsberechtigten oder seinem bzw. seinen Familienangehörigen begangenen Verstoßes gegen die öffentliche Ordnung oder die öffentliche Sicherheit bzw. die von der betreffenden Person ausgehende Gefahr.

(2) Die Entscheidung nach Absatz 1 darf nicht aus wirtschaftlichen Gründen getroffen werden.

Art. 18 Öffentliche Gesundheit. (1) Die Mitgliedstaaten können einem langfristig Aufenthaltsberechtigten oder seinen Familienangehörigen den Aufenthalt versagen, wenn die betreffende Person eine Gefahr für die öffentliche Gesundheit darstellt.

(2) Als Krankheiten, die die Versagung der Einreise oder des Aufenthalts im Hoheitsgebiet eines zweiten Mitgliedstaats rechtfertigen, gelten nur die in den einschlägigen anwendbaren Regeln und Vorschriften der Weltgesundheitsorganisation definierten Krankheiten oder sonstige übertragbare, durch Infektionserreger oder Parasiten verursachte Krankheiten, sofern im Aufnahmestaat Maßnahmen zum Schutz der eigenen Staatsangehörigen gegen diese Krankheiten getroffen werden. Die Mitgliedstaaten dürfen keine neuen restriktiveren Bestimmungen oder Maßnahmen einführen.

(3) Das Auftreten von Krankheiten nach Ausstellung des ersten Aufenthaltstitels im zweiten Mitgliedstaat kann die Verweigerung einer Verlängerung des Aufenthaltstitels oder die Ausweisung aus dem Hoheitsgebiet nicht rechtfertigen.

(4) Die Mitgliedstaaten können für die in den Anwendungsbereich dieser Richtlinie fallenden Personen eine ärztliche Untersuchung verlangen, um feststellen zu lassen, dass sie nicht an einer Krankheit im Sinne des Absatzes 2 leiden. Diese ärztlichen Untersuchungen, die kostenlos durchgeführt werden können, dürfen nicht systematisch durchgeführt werden.

Art. 19 Prüfung von Anträgen und Erteilung eines Aufenthaltstitels. (1) Die zuständigen nationalen Behörden bearbeiten die Anträge innerhalb von vier Monaten nach ihrer Einreichung.

Sind dem Antrag die Unterlagen gemäß den Artikeln 15 und 16 nicht beigefügt oder in außergewöhnlichen Fällen, die mit der Schwierigkeit der Prüfung des Antrags zusammenhängen, kann die in Unterabsatz 1 genannte Frist um höchstens drei Monate verlängert werden. In diesen Fällen teilen die zuständigen nationalen Behörden dies dem Antragsteller mit.

(2) Sind die Voraussetzungen der Artikel 14, 15 und 16 erfüllt, so stellt der zweite Mitgliedstaat – vorbehaltlich der Bestimmungen der Artikel 17 und 18 über die öffentliche Ordnung, die öffentliche Sicherheit und die öffentliche Gesundheit – dem langfristig Aufenthaltsberechtigten einen verlängerbaren Aufenthaltstitel aus. Dieser Aufenthaltstitel kann – erforderlichenfalls auf Antrag – bei Ablauf verlängert werden. Der zweite Mitgliedstaat teilt dem ersten Mitgliedstaat seine Entscheidung mit.

(3) Der zweite Mitgliedstaat erteilt den Familienangehörigen des langfristig Aufenthaltsberechtigten verlängerbare Aufenthaltstitel mit der gleichen Gültigkeitsdauer wie der Aufenthaltstitel, der dem langfristig Aufenthaltsberechtigten erteilt wurde.

Art. 20 Verfahrensgarantien. (1) Die Entscheidung, einen Aufenthaltstitel zu versagen, ist zu begründen. Sie wird dem betreffenden Drittstaatsangehörigen nach den Verfahren der entsprechenden nationalen Rechtsvorschriften mitgeteilt. In dieser Mitteilung ist auf die möglichen Rechtsbehelfe und die entsprechenden Fristen hinzuweisen.

Ist bei Ablauf der Frist nach Artikel 19 Absatz 1 noch keine Entscheidung ergangen, so bestimmen sich etwaige Folgen nach dem nationalen Recht des betreffenden Mitgliedstaats.

(2) Wird ein Antrag auf einen Aufenthaltstitel zurückgewiesen oder der Aufenthaltstitel nicht verlängert oder entzogen, so kann die betreffende Person in dem betreffenden Mitgliedstaat Rechtsbehelfe einlegen.

Art. 21 Im zweiten Mitgliedstaat gewährte Behandlung. (1) Sobald die langfristig Aufenthaltsberechtigten im zweiten Mitgliedstaat den Aufenthaltstitel gemäß Artikel 19 erhalten haben, wird ihnen in diesem Mitgliedstaat Gleichbehandlung in den Bereichen und unter den Bedingungen des Artikels 11 gewährt.

(2) Langfristig Aufenthaltsberechtigte haben gemäß Absatz 1 Zugang zum Arbeitsmarkt. Die Mitgliedstaaten können für die in Artikel 14 Absatz 2 Buchstabe a) genannten Personen nach den im nationalen Recht vorgesehenen Bedingungen für einen Zeitraum von höchstens 12 Monaten beschränkten Zugang zu anderen unselbständigen Erwerbstätigkeiten als denjenigen, für die ihnen ihr Aufenthaltstitel gewährt wurde, vorsehen. Die Mitgliedstaaten können gemäß dem nationalen Recht festlegen, unter welchen Bedingungen die in Artikel 14 Absatz 2 Buchstaben b) und c) genannten Personen Zugang zu einer unselbständigen oder selbständigen Erwerbstätigkeit haben können.

(3) Sobald die Familienangehörigen des langfristig Aufenthaltsberechtigten im zweiten Mitgliedstaat den Aufenthaltstitel gemäß Artikel 19 erhalten haben, genießen sie in diesem Mitgliedstaat die in Artikel 14 der Richtlinie 2003/86/EG genannten Rechte.

Art. 22 Entzug des Aufenthaltstitels und Verpflichtung zur Rückübernahme. (1) Bis der Drittstaatsangehörige die Rechtsstellung eines langfristig Aufenthaltsberechtigten erlangt hat, kann der zweite Mitgliedstaat die Verlängerung des Aufenthaltstitels versagen oder den Aufenthaltstitel entziehen und die betreffende Person und ihre Familienangehörigen gemäß den Verfahren des nationalen Rechts einschließlich der Rückführungsverfahren zur Ausreise aus seinem Hoheitsgebiet verpflichten, wenn

a) Gründe der öffentlichen Ordnung oder der öffentlichen Sicherheit im Sinne des Artikels 17 vorliegen;
b) die Voraussetzungen der Artikel 14, 15 und 16 nicht mehr vorliegen;
c) sich der Drittstaatsangehörige unrechtmäßig im Hoheitsgebiet des betreffenden Mitgliedstaats aufhält.

(2) Trifft der zweite Mitgliedstaat eine der Maßnahmen nach Absatz 1, so nimmt der erste Mitgliedstaat den langfristig Aufenthaltsberechtigten und seine Familienangehörigen unverzüglich und ohne Formalitäten zurück. Der zweite Mitgliedstaat teilt dem ersten Mitgliedstaat seine Entscheidung mit.

(3) Bis der Drittstaatsangehörige die Rechtsstellung eines langfristig Aufenthaltsberechtigten erlangt hat, kann der zweite Mitgliedstaat unbeschadet der Verpflichtung zur Rückübernahme nach Absatz 2 aus schwerwiegenden Gründen der öffentlichen Ordnung oder der öffentlichen Sicherheit die Rückführung des Drittstaatsangehörigen aus dem Gebiet der Union und unter Beachtung der Garantien des Artikels 12 verfügen.

In diesen Fällen konsultiert der zweite Mitgliedstaat beim Erlass dieser Verfügung den ersten Mitgliedstaat.

Fasst der zweite Mitgliedstaat einen Beschluss zur Rückführung des betreffenden Drittstaatsangehörigen, so trifft er alle geeigneten Maßnahmen, um den Beschluss tatsächlich durchzuführen. In diesen Fällen übermittelt der zweite Mitgliedstaat dem ersten Mitgliedstaat geeignete Informationen bezüglich der Durchführung des Rückführungsbeschlusses.

(4) In den in Absatz 1 Buchstaben b) und c) genannten Fällen darf die Entscheidung über die Rückführung nicht mit einem dauerhaften Aufenthaltsverbot verbunden werden.

(5) Die in Absatz 2 genannte Verpflichtung zur Rückübernahme lässt die Möglichkeit unberührt, dass sich der langfristig Aufenthaltsberechtigte und seine Familienangehörigen in einen dritten Mitgliedstaat begeben.

Art. 23 Erlangung der Rechtsstellung eines langfristig Aufenthaltsberechtigten im zweiten Mitgliedstaat. (1) Vorbehaltlich der Artikel 3, 4, 5 und 6 erkennt der zweite Mitgliedstaat einem langfristig Aufenthaltsberechtigten auf Antrag die Rechtsstellung nach Artikel 7 zu. Der zweite Mitgliedstaat teilt dem ersten Mitgliedstaat seine Entscheidung mit.

(2) Auf die Einreichung und die Prüfung des Antrags auf Zuerkennung der Rechtsstellung eines langfristig Aufenthaltsberechtigten im zweiten Mitgliedstaat findet das Verfahren des Artikels 7 Anwendung. Die Ausstellung des Aufenthaltstitels erfolgt nach Maßgabe des Artikels 8. Wird der Antrag abgelehnt, so finden die Verfahrensgarantien des Artikels 10 Anwendung.

Kapitel IV. Schlussbestimmungen

Art. 24 Bericht und Überprüfungsklausel. Die Kommission erstattet dem Europäischen Parlament und dem Rat regelmäßig und zum ersten Mal spätestens am 23. Januar 2011 Bericht über die Anwendung dieser Richtlinie in den Mitgliedstaaten und schlägt gegebenenfalls die erforderlichen Änderungen vor. Diese Änderungsvorschläge betreffen vorzugsweise die Artikel 4, 5, 9 und 11 sowie das Kapitel III.

Art. 25 Kontaktstellen. Die Mitgliedstaaten benennen Kontaktstellen, die für die Entgegennahme und Übermittlung der Informationen nach Artikel 19 Absatz 2, Artikel 22 Absatz 2 und Artikel 23 Absatz 1 zuständig sind.

Die Mitgliedstaaten sorgen für die erforderliche Zusammenarbeit bei dem Austausch von Informationen und Dokumentation im Sinne des Absatzes 1.

Art. 26 Umsetzung. Die Mitgliedstaaten setzen die Rechts- und Verwaltungsvorschriften in Kraft, die erforderlich sind, um dieser Richtlinie spätestens ab dem 23. Januar 2006 nachzukommen. Sie setzen die Kommission unverzüglich davon in Kenntnis. Wenn die Mitgliedstaaten diese Vorschriften erlassen, nehmen sie in den Vorschriften selbst oder durch einen Hinweis bei der amtlichen Veröffentlichung auf diese Richtlinie Bezug. Die Mitgliedstaaten regeln die Einzelheiten der Bezugnahme.

Art. 27 Inkrafttreten. Diese Richtlinie tritt am Tag ihrer Veröffentlichung im Amtsblatt der Europäischen Union in Kraft.

Art. 28 Adressaten. Diese Richtlinie ist gemäß dem Vertrag zur Gründung der Europäischen Gemeinschaft an die Mitgliedstaaten gerichtet.

3.24. Richtlinie 2003/110/EG des Rates über die Unterstützung bei der Durchbeförderung im Rahmen von Rückführungsmaßnahmen auf dem Luftweg

Vom 25. November 2003 (ABl. L 321 vom 6. 12. 2003 S. 26)

Art. 1 Zweck dieser Richtlinie ist es, Maßnahmen zur Unterstützung zwischen den zuständigen Behörden bei unbegleiteten und begleiteten Rückführungen auf dem Luftweg auf den Transitflughäfen der Mitgliedstaaten festzulegen.

Art. 2 Im Sinne dieser Richtlinie bezeichnet der Ausdruck

a) „Drittstaatsangehöriger" jede Person, die nicht Staatsangehöriger eines Mitgliedstaats der Europäischen Union, der Republik Island oder des Königreichs Norwegen ist;
b) „ersuchender Mitgliedstaat" den Mitgliedstaat, der eine Rückführungsentscheidung gegenüber einem Drittstaatsangehörigen vollstreckt und die Durchbeförderung über einen anderen Mitgliedstaat beantragt;
c) „ersuchter Mitgliedstaat" oder „Durchbeförderungsmitgliedstaat" den Mitgliedstaat, über dessen Transitflughafen die Durchbeförderung erfolgen soll;
d) „Begleitkräfte" alle Personen des ersuchenden Mitgliedstaats, die mit der Begleitung des Drittstaatsangehörigen beauftragt sind, einschließlich der mit der Wahrnehmung der medizinischen Versorgung betrauten Personen sowie Sprachmittler;
e) „Durchbeförderung auf dem Luftweg" Drittstaatsangehöriger und gegebenenfalls der Begleitkräfte im Bereich des Flughafens des ersuchten Mitgliedstaats.

Art. 3 (1) Ein Mitgliedstaat, der die Rückführung eines Drittstaatsangehörigen auf dem Luftweg wünscht, prüft, ob hierfür ein Direktflug in den Zielstaat genutzt werden kann.

(2) Kann aus vertretbaren praktischen Gründen für die gewünschte Rückführung kein Direktflug in den Zielstaat genutzt werden, so kann der Mitgliedstaat die Durchbeförderung auf dem Luftweg über einen anderen Mitgliedstaat beantragen.

Die Durchbeförderung auf dem Luftweg wird grundsätzlich nicht beantragt, wenn die Rückführungsmaßnahme den Wechsel des Flughafens auf dem Hoheitsgebiet des ersuchten Mitgliedstaats erforderlich machen würde.

(3) Unbeschadet der Verpflichtungen gemäß Artikel 8 kann der ersuchte Mitgliedstaat die Durchbeförderung auf dem Luftweg ablehnen, wenn

a) dem Drittstaatsangehörigen nach dem nationalen Recht des ersuchten Mitgliedstaats Straftaten zur Last gelegt werden oder wenn zur Vollstreckung einer Strafe nach ihm gefahndet wird,
b) die Durchbeförderung durch weitere Staaten oder die Übernahme durch das Zielland nicht durchführbar ist, c) die Rückführungsmaßnahme den Wechsel des Flughafens auf dem Hoheitsgebiet des ersuchten Mitgliedstaats erforderlich macht,
d) die erbetene Unterstützung aus praktischen Gründen zu einem bestimmten Termin nicht möglich ist oder
e) der Drittstaatsangehörige eine Gefahr für die öffentliche Sicherheit und Ordnung, die öffentliche Gesundheit oder die internationalen Beziehungen des ersuchten Mitgliedstaats darstellt.

(4) Im Fall des Absatzes 3 Buchstabe d) benennt der ersuchte Mitgliedstaat dem ersuchenden Mitgliedstaat schnellstmöglich einen Termin, der so dicht wie möglich an dem ursprünglich beantrag-

ten Termin liegt und an dem eine Durchbeförderung auf dem Luftweg unterstützt werden kann, sofern die übrigen Voraussetzungen erfüllt sind.

(5) Bereits erteilte Bewilligungen für die Durchbeförderung auf dem Luftweg können von dem ersuchten Mitgliedstaat zurückgenommen werden, wenn nachträglich Tatsachen im Sinne des Absatzes 3 bekannt werden, die eine Ablehnung der Durchbeförderung rechtfertigen.

(6) Der ersuchte Mitgliedstaat teilt dem ersuchenden Mitgliedstaat die Ablehnung oder Rücknahme der Bewilligung der Durchbeförderung auf dem Luftweg nach den Absätzen 3 oder 5 oder die aus einem anderen Grund bestehende Unmöglichkeit der Durchbeförderung unverzüglich unter Darlegung der Gründe mit.

Art. 4 (1) Das Ersuchen auf eine begleitete oder unbegleitete Durchbeförderung auf dem Luftweg und die damit verbundenen Unterstützungsmaßnahmen nach Artikel 5 Absatz 1 ist durch den ersuchenden Mitgliedstaat schriftlich zu stellen. Es soll dem ersuchten Mitgliedstaat so frühzeitig wie möglich, spätestens jedoch zwei Tage vor der Durchbeförderung zugehen. Diese Frist kann in besonders begründeten Dringlichkeitsfällen unterschritten werden.

(2) Der ersuchte Mitgliedstaat teilt dem ersuchenden Mitgliedstaat binnen zwei Tagen seine Entscheidung mit. Diese Frist kann in besonders begründeten Fällen um höchstens 48 Stunden verlängert werden. Ohne Zustimmung des ersuchten Mitgliedstaats darf eine Durchbeförderung auf dem Luftweg nicht begonnen werden.

Geht innerhalb der Frist nach Unterabsatz 1 keine Antwort des ersuchten Mitgliedstaats ein, kann mit den Durchbeförderungsmaßnahmen mittels einer Notifikation durch den ersuchenden Mitgliedstaat begonnen werden.

Die Mitgliedstaaten können auf der Grundlage bilateraler oder multilateraler Übereinkünfte oder Vereinbarungen vorsehen, dass mit den Durchbeförderungsmaßnahmen mittels einer Notifikation durch den ersuchenden Mitgliedstaat begonnen werden kann.

Die Mitgliedstaaten notifizieren der Kommission die Übereinkünfte oder Vereinbarungen gemäß Unterabsatz 3. Die Kommission erstattet dem Rat regelmäßig über diese Übereinkünfte und Vereinbarungen Bericht.

(3) Zum Zweck der Erledigung des Ersuchens nach Absatz 1 sind dem ersuchten Mitgliedstaat die Angaben auf dem für die Beantragung und Bewilligung der Durchbeförderung auf dem Luftweg zu verwendenden Vordruck gemäß dem Anhang zu übermitteln.

Die zur Aktualisierung oder Anpassung des Durchbeförderungsersuchens gemäß dem Anhang erforderlichen Maßnahmen sowie die Verfahren für die Übermittlung des Ersuchens werden nach dem in Artikel 9 Absatz 2 genannten Verfahren festgelegt.

(4) Zu jedem Durchbeförderungsersuchen teilt der ersuchende Mitgliedstaat dem ersuchten Mitgliedstaat die im Anhang aufgeführten Einzelheiten mit.

(5) Für die Entgegennahme des Ersuchens nach Absatz 1 benennen die Mitgliedstaaten jeweils eine zentrale Behörde.

Die zentralen Behörden benennen Kontaktstellen für die maßgeblichen Transitflughäfen, die während der gesamten Durchführung der Durchbeförderungsmaßnahmen erreichbar sind.

Art. 5 (1) Der ersuchende Mitgliedstaat trifft entsprechende Vorkehrungen, um zu gewährleisten, dass die Durchbeförderung so rasch wie möglich abgewickelt wird.

Die Durchbeförderung muss binnen höchstens 24 Stunden abgewickelt werden.

(2) Der ersuchte Mitgliedstaat veranlasst in gegenseitigen Konsultationen mit dem ersuchenden Mitgliedstaat im Rahmen der verfügbaren Mittel und nach Maßgabe der einschlägigen internationalen Standards alle Unterstützungsmaßnahmen, die von der Landung und der Öffnung der Flugzeugtüren bis zur Sicherung der Ausreise des Drittstaatsangehörigen erforderlich sind. In den Fällen des Buchstaben b) sind jedoch keine Konsultationen erforderlich.

In Betracht kommen insbesondere die folgenden Unterstützungsmaßnahmen:
a) die Abholung des Drittstaatsangehörigen am Flugzeug sowie dessen Begleitung auf dem Gelände des Transitflughafens, insbesondere zum Weiterflug,
b) die notärztliche Versorgung des Drittstaatsangehörigen und gegebenenfalls der Begleitkräfte,
c) die Verpflegung des Drittstaatsangehörigen und gegebenenfalls der Begleitkräfte,

d) die Entgegennahme, Aufbewahrung und Weiterleitung von Reisedokumenten, insbesondere bei unbegleiteten Rückführungen,
e) bei unbegleiteten Rückführungen die Unterrichtung des ersuchenden Mitgliedstaats über Ort und Zeit der Ausreise des Drittstaatsangehörigen aus dem Hoheitsgebiet des betreffenden Mitgliedstaats,
f) die Unterrichtung des ersuchenden Mitgliedstaats über etwaige schwerwiegende Zwischenfälle während der Durchbeförderung des Drittstaatsangehörigen.

(3) Der ersuchte Mitgliedstaat kann nach Maßgabe seines innerstaatlichen Rechts:
a) die Drittstaatsangehörigen an einen sicheren Ort bringen und dort unterbringen;
b) rechtmäßige Mittel zur Verhinderung oder Beendigung von durch den Drittstaatsangehörigen versuchten Widerstandshandlungen gegen die Durchbeförderung anwenden.

(4) Unbeschadet des Artikels 6 Absatz 1 kann der ersuchte Mitgliedstaat in Fällen, in denen trotz einer gemäß den Absätzen 1 und 2 geleisteten Unterstützung nicht gewährleistet werden kann, dass die Durchbeförderung zu Ende geführt werden kann, auf Ersuchen von und im Benehmen mit dem ersuchenden Mitgliedstaat alle erforderlichen Unterstützungsmaßnahmen für die Fortsetzung der Durchbeförderung treffen.

In diesen Fällen kann die Frist nach Absatz 1 auf höchstens 48 Stunden verlängert werden.

(5) Über Art und Umfang der Unterstützung nach den Absätzen 2, 3 und 4 entscheiden die zuständigen Behörden des ersuchten Mitgliedstaats, bei denen die Verantwortung für die getroffene Maßnahme liegt.

(6) Die für die Leistungen nach Absatz 2 Buchstaben b) und c) anfallenden Kosten trägt der ersuchende Mitgliedstaat.

Die übrigen Kosten werden – soweit sie tatsächlich angefallen sind und ihre Höhe bestimmbar ist – ebenfalls vom ersuchenden Mitgliedstaat getragen.

Die Mitgliedstaaten erteilen einschlägige Informationen in Bezug auf die Kriterien für die Bestimmung der Höhe der Kosten nach Unterabsatz 2.

Art. 6 (1) Der ersuchende Mitgliedstaat verpflichtet sich zur unverzüglichen Rückübernahme des Drittstaatsangehörigen, wenn
a) die Bewilligung der Durchbeförderung auf dem Luftweg nach Artikel 3 Absätze 3 oder 5 abgelehnt oder zurückgenommen wurde,
b) der Drittstaatsangehörige während der Durchbeförderung unerlaubt in den ersuchten Mitgliedstaat eingereist ist,
c) die Rückführung des Drittstaatsangehörigen in ein weiteres Transitland oder das Zielland oder das Anbordgehen für den Weiterflug gescheitert ist oder
d) die Durchbeförderung auf dem Luftweg aus einem anderen Grund unmöglich ist.

(2) Der ersuchte Mitgliedstaat unterstützt in den Fällen des Absatzes 1 die Rückübernahme des Drittstaatsangehörigen in den ersuchenden Mitgliedstaat. Der ersuchende Mitgliedstaat trägt die für die Rückreise des Drittstaatsangehörigen erforderlichen Kosten.

Art. 7 (1) Bei der Durchführung der Durchbeförderung beschränken sich die Befugnisse der Begleitkräfte auf Notwehr. Darüber hinaus können die Begleitkräfte, wenn keine Beamten der Strafverfolgungsbehörden des Durchbeförderungsmitgliedstaats zugegen sind oder zur Unterstützung der Strafverfolgungsbeamten, in vernünftiger und verhältnismäßiger Weise auf eine unmittelbar bevorstehende schwerwiegende Gefahr reagieren, um zu verhindern, dass der Drittstaatsangehörige flüchtet und dabei sich oder Dritte verletzt oder Sachschaden verursacht.

Die Begleitkräfte müssen unter allen Umständen die Rechtsordnung des ersuchten Mitgliedstaats einhalten.

(2) Die Begleitkräfte führen bei der Durchbeförderung auf dem Luftweg keine Waffen mit sich und tragen Zivilkleidung. Sie müssen sich auf Verlangen des ersuchten Mitgliedstaats entsprechend ausweisen und unter anderem die vom Durchbeförderungsmitgliedstaat erteilte Durchbeförderungserlaubnis oder gegebenenfalls die Notifikation nach Artikel 4 Absatz 2 vorlegen.

Art. 8 Diese Richtlinie berührt nicht die Verpflichtungen aus dem Genfer Abkommen über die Rechtsstellung der Flüchtlinge vom 28. Juli 1951 in der Fassung des New Yorker Protokolls vom 31. Januar 1967, aus internationalen Übereinkünften über Menschenrechte und Grundfreiheiten sowie aus internationalen Übereinkommen über die Auslieferung von Personen.

Richtlinie 2004/81/EG 3.25. **Texte 5**

Art. 9 (1) Die Kommission wird von einem Ausschuss unterstützt.

(2) Wird auf diesen Absatz Bezug genommen, so gelten die Artikel 5 und 7 des Beschlusses 1999/468/EG.

Der Zeitraum nach Artikel 5 Absatz 6 des Beschlusses 1999/468/EG wird auf einen Monat festgesetzt.

(3) Der Ausschuss gibt sich eine Geschäftsordnung.

Art. 10 (1) Die Mitgliedstaaten setzen die Rechts- und Verwaltungsvorschriften in Kraft, die erforderlich sind, um dieser Richtlinie spätestens ab dem 6. Dezember 2005 nachzukommen. Sie setzen die Kommission unverzüglich davon in Kenntnis.

Wenn die Mitgliedstaaten diese Vorschriften erlassen, nehmen sie in den Vorschriften selbst oder durch einen Hinweis bei der amtlichen Veröffentlichung auf diese Richtlinie Bezug. Die Mitgliedstaaten regeln die Einzelheiten der Bezugnahme

(2) Die Mitgliedstaaten teilen der Kommission den Wortlaut der wichtigsten innerstaatlichen Rechtsvorschriften mit, die sie auf dem unter diese Richtlinie fallenden Gebiet erlassen.

Art. 11 Der Beschluss des Exekutivausschusses vom 21. April 1998 über die Zusammenarbeit zwischen den Vertragsparteien bei der Rückführung von Drittausländern auf dem Luftweg (SCH/Com-ex (98) 10) wird aufgehoben.

Art. 12 Diese Richtlinie tritt am Tag ihrer Veröffentlichung im Amtsblatt der Europäischen Union in Kraft.

Art. 13 Diese Richtlinie ist gemäß dem Vertrag zur Gründung der Europäischen Gemeinschaft an die Mitgliedstaaten gerichtet.

3.25. Richtlinie 2004/81/EG des Rates über die Erteilung von Aufenthaltstiteln für Drittstaatsangehörige, die Opfer des Menschenhandels sind oder denen Beihilfe zur illegalen Einwanderung geleistet wurde und die mit den zuständigen Behörden kooperieren

Vom 29. April 2004 (ABl. L 261 vom 6. 8. 2004 S. 19)

Kapitel I. Allgemeine Bestimmungen

Art. 1 Gegenstand. Mit dieser Richtlinie sollen die Voraussetzungen für die Erteilung eines befristeten Aufenthaltstitels, der an die Dauer der maßgeblichen innerstaatlichen Verfahren gekoppelt ist, an Drittstaatsangehörige festgelegt werden, die bei der Bekämpfung des Menschenhandels und der Beihilfe zur illegalen Einwanderung kooperieren.

Art. 2 Begriffsbestimmungen. Im Sinne dieser Richtlinie bezeichnet der Ausdruck:

a) „Drittstaatsangehöriger" jede Person, die nicht Unionsbürger im Sinne von Artikel 17 Absatz 1 des Vertrags ist;
b) „Beihilfe zur illegalen Einwanderung" die Fälle, die von Artikel 1 und 2 der Richtlinie 2002/90/EG erfasst sind;
c) „Menschenhandel" die Fälle, die von den Artikeln 1, 2 und 3 des Rahmenbeschlusses 2002/629/JI erfasst sind;
d) „Maßnahme zur Vollstreckung einer Rückführungsentscheidung" jede Maßnahme, die ein Mitgliedstaat im Hinblick auf die Durchsetzung einer von den zuständigen Behörden erlassenen Entscheidung trifft, mit der die Rückführung eines Drittstaatsangehörigen angeordnet wird;
e) „Aufenthaltstitel" jede von den Behörden eines Mitgliedstaats erteilte Genehmigung, die einen Drittstaatenangehörigen, der die in dieser Richtlinie festgelegten Voraussetzungen erfüllt, zum rechtmäßigen Aufenthalt im Hoheitsgebiet dieses Mitgliedstaats berechtigt;

1355

f) „unbegleiteter Minderjähriger" einen Drittstaatsangehörigen unter 18 Jahren, der ohne Begleitung eines für ihn nach dem Gesetz oder dem Gewohnheitsrecht verantwortlichen Erwachsenen in einen Mitgliedstaat einreist, solange er sich nicht tatsächlich in der Obhut einer solchen Person befindet, oder Minderjährige, die ohne Begleitung im Hoheitsgebiet eines Mitgliedstaats zurückgelassen werden, nachdem sie in diesen Mitgliedstaat eingereist sind.

Art. 3 Anwendungsbereich. (1) Die Mitgliedstaaten wenden diese Richtlinie auf Drittstaatsangehörige, die Opfer von Straftaten im Zusammenhang mit Menschenhandel sind oder waren, auch dann an, wenn sie illegal in einen Mitgliedstaat eingereist sind.

(2) Die Mitgliedstaaten können diese Richtlinie auf Drittstaatsangehörige anwenden, denen Beihilfe zur illegalen Einwanderung geleistet wurde.

(3) Diese Richtlinie gilt für Drittstaatsangehörige, die die von dem jeweiligen Mitgliedstaat gesetzlich festgelegte Volljährigkeit erreicht haben.

Die Mitgliedstaaten können abweichend davon beschließen, diese Richtlinie nach den im innerstaatlichen Recht festgelegten Voraussetzungen auf Minderjährige anzuwenden.

Art. 4 Günstigere Bestimmungen. Diese Richtlinie hindert die Mitgliedstaaten nicht daran, für die in den Anwendungsbereich der Richtlinie fallenden Personen günstigere Bestimmungen zu erlassen oder beizubehalten.

Kapitel II. Verfahren für die Erteilung des Aufenthaltsrechts

Art. 5 Information der betroffenen Drittstaatsangehörigen. Sind die zuständigen Behörden eines Mitgliedstaats der Auffassung, dass ein Drittstaatsangehöriger in den Anwendungsbereich dieser Richtlinie fallen kann, so informieren sie die betroffene Person über die im Rahmen dieser Richtlinie gebotenen Möglichkeiten.

Die Mitgliedstaaten können beschließen, dass diese Information auch durch eine Nichtregierungsorganisation oder eine von dem betreffenden Mitgliedstaat speziell benannte Vereinigung erfolgen kann.

Art. 6 Bedenkzeit. (1) Die Mitgliedstaaten sorgen dafür, dass den betroffenen Drittstaatsangehörigen eine Bedenkzeit zugestanden wird, in der sie sich erholen und dem Einfluss der Täter entziehen können, so dass sie eine fundierte Entscheidung darüber treffen können, ob sie mit den zuständigen Behörden zusammenarbeiten.

Die Dauer und der Beginn der in Unterabsatz 1 genannten Bedenkzeit werden nach dem innerstaatlichen Recht festgelegt.

(2) Während der Bedenkzeit und in Erwartung der Entscheidung der zuständigen Behörden haben die betroffenen Drittstaatsangehörigen Zugang zu der in Artikel 7 vorgesehenen Behandlung und es darf keine ihre Person betreffende Rückführungsentscheidung vollstreckt werden.

(3) Aufgrund der Bedenkzeit ergibt sich kein Aufenthaltsrecht nach dieser Richtlinie.

(4) Ein Mitgliedstaat kann jederzeit im Interesse der öffentlichen Ordnung und zum Schutz der inneren Sicherheit sowie für den Fall, dass die zuständigen Behörden festgestellt haben, dass die betroffene Person den Kontakt mit den Tätern der in Artikel 2 Buchstaben b und c genannten Straftaten aktiv, freiwillig und aus eigener Initiative wieder aufgenommen hat, die Bedenkzeit beenden.

Art. 7 Behandlung vor Erteilung des Aufenthaltstitels. (1) Die Mitgliedstaaten sorgen dafür, dass den betroffenen Drittstaatsangehörigen, die nicht über ausreichende Mittel verfügen, die Mittel zur Sicherstellung ihres Lebensunterhalts gewährt werden und sie Zugang zu medizinischer Notversorgung erhalten. Sie beachten die speziellen Bedürfnisse besonders schutzbedürftiger Personen, einschließlich psychologischer Hilfe, soweit diese angemessen und durch innerstaatliches Recht vorgesehen ist.

(2) Bei der Anwendung dieser Richtlinie tragen die Mitgliedstaaten den Sicherheits- und Schutzbedürfnissen der betroffenen Drittstaatsangehörigen gemäß den innerstaatlichen Rechtsvorschriften gebührend Rechnung.

(3) Die Mitgliedstaaten sorgen dafür, dass den betroffenen Drittstaatsangehörigen erforderlichenfalls Übersetzungs- und Dolmetscherdienste zur Verfügung stehen.

Richtlinie 2004/81/EG 3.25. **Texte 5**

(4) Die Mitgliedstaaten können den betroffenen Drittstaatsangehörigen unentgeltlich einen Rechtsbeistand zur Verfügung stellen, sofern dies nach ihrem innerstaatlichen Recht vorgesehen ist und dessen Voraussetzungen für die Gewährung erfüllt sind.

Art. 8 Erteilung und Verlängerung des Aufenthaltstitels. (1) Nach Ablauf der Bedenkzeit oder zu einem früheren Zeitpunkt, wenn die zuständigen Behörden der Auffassung sind, dass der betroffene Drittstaatsangehörige bereits die unter Buchstabe b) genannte Voraussetzung erfüllt, prüfen die Mitgliedstaaten,

a) welche Möglichkeiten sich durch eine Verlängerung seines Aufenthalts in ihrem Hoheitsgebiet für die Ermittlungen oder das Gerichtsverfahren ergeben,
b) ob er seine Bereitschaft zur Zusammenarbeit eindeutig bekundet hat und
c) ob er alle Verbindungen zu denjenigen abgebrochen hat, die der Begehung der in Artikel 2 Buchstaben b) und c) genannten Straftaten verdächtig sind.

(2) Unbeschadet der Gründe im Zusammenhang mit der öffentlichen Ordnung und dem Schutz der inneren Sicherheit wird der Aufenthaltstitel nur erteilt, wenn die in Absatz 1 genannten Voraussetzungen erfüllt sind.

(3) Unbeschadet der Bestimmungen in Artikel 14 über den Entzug ist der Aufenthaltstitel für die Dauer von mindestens sechs Monaten gültig. Er wird verlängert, wenn die Voraussetzungen nach Absatz 2 des vorliegenden Artikels weiterhin erfüllt sind.

Kapitel III. Behandlung der Inhaber eines Aufenthaltstitels

Art. 9 Behandlung nach der Erteilung des Aufenthaltstitels. (1) Die Mitgliedstaaten stellen sicher, dass Inhabern eines Aufenthaltstitels, die nicht über ausreichende Mittel verfügen, zumindest die in Artikel 7 vorgesehene Behandlung gewährt wird.

(2) Die Mitgliedstaaten stellen die erforderliche medizinische oder sonstige Hilfe für Drittstaatsangehörige zur Verfügung, die nicht über ausreichende Mittel verfügen und besondere Bedürfnisse haben, wie Schwangere, Behinderte, Opfer von sexueller Gewalt oder sonstigen Formen von Gewalt, und Minderjährige, sofern die Mitgliedstaaten von der in Artikel 3 Absatz 3 vorgesehenen Möglichkeit Gebrauch machen.

Art. 10 Minderjährige. Machen die Mitgliedstaaten von der in Artikel 3 Absatz 3 vorgesehenen Möglichkeit Gebrauch, gelten folgende Bestimmungen:

a) Die Mitgliedstaaten berücksichtigen gebührend das Wohl des Kindes, wenn sie diese Richtlinie anwenden. Sie sorgen dafür, dass das Verfahren dem Alter und der Reife des Kindes entspricht. Sie können insbesondere die Bedenkzeit verlängern, wenn sie der Auffassung sind, dass dies dem Wohl des Kindes dient.
b) Die Mitgliedstaaten gewährleisten, dass Minderjährige unter den gleichen Bedingungen wie die eigenen Staatsangehörigen Zugang zum Bildungssystem haben. Die Mitgliedstaaten können bestimmen, dass der Zugang auf das öffentliche Bildungssystem beschränkt wird.
c) Handelt es sich bei den Drittstaatsangehörigen um unbegleitete Minderjährige, so treffen die Mitgliedstaaten die erforderlichen Maßnahmen, um ihre Identität, ihre Staatsangehörigkeit und die Tatsache, dass sie unbegleitet sind, festzustellen. Sie unternehmen alles in ihrer Macht Stehende, um so schnell wie möglich ihre Angehörigen ausfindig zu machen, und treffen unverzüglich die erforderlichen Maßnahmen, um rechtliche Vertretung, sofern erforderlich auch im Strafverfahren, gemäß den innerstaatlichen Rechtsvorschriften zu gewährleisten.

Art. 11 Erwerbstätigkeit, berufliche und allgemeine Bildung. (1) Die Mitgliedstaaten legen die Regeln fest, nach denen den Inhabern des Aufenthaltstitels der Zugang zum Arbeitsmarkt sowie zur beruflichen und allgemeinen Bildung gewährt wird.

Dieser Zugang ist auf die Gültigkeitsdauer des Aufenthaltstitels beschränkt.

(2) Die Voraussetzungen und die Verfahren für die Gewährung des Zugangs zum Arbeitsmarkt sowie zur beruflichen und allgemeinen Bildung werden gemäß den innerstaatlichen Rechtsvorschriften durch die zuständigen Behörden festgelegt.

Art. 12 Programme oder Maßnahmen für die betroffenen Drittstaatsangehörigen. (1) Den betroffenen Drittstaatsangehörigen wird der Zugang zu bestehenden Programmen oder Maßnahmen für die Rückkehr in ein normales soziales Leben, einschließlich, soweit erforderlich, Lehrgängen zur Verbesserung der beruflichen Fähigkeiten, oder für die Vorbereitung der unterstützten Rückkehr in ihr Herkunftsland gewährt, die von den Mitgliedstaaten oder Nichtregierungsorganisationen oder Vereinigungen angeboten werden, die darüber mit den Mitgliedstaaten besondere Vereinbarungen getroffen haben.

Die Mitgliedstaaten können den betroffenen Drittstaatsangehörigen besondere Programme oder Maßnahmen anbieten.

(2) Beschließt ein Mitgliedstaat, Programme oder Maßnahmen nach Absatz 1 ein- und durchzuführen, so kann er die Erteilung des Aufenthaltstitels oder die Verlängerung seiner Gültigkeit von der Teilnahme an diesen Programmen oder Maßnahmen abhängig machen.

Kapitel IV. Nichtverlängerung und Entzug

Art. 13 Nichtverlängerung. (1) Der aufgrund dieser Richtlinie erteilte Aufenthaltstitel wird nicht verlängert, wenn die Bedingungen gemäß Artikel 8 Absatz 2 nicht mehr erfüllt sind oder das maßgebliche Verfahren aufgrund einer Entscheidung der zuständigen Behörden abgeschlossen wurde.

(2) Läuft der aufgrund dieser Richtlinie erteilte Aufenthaltstitel ab, so gelangt das allgemeine Ausländerrecht zur Anwendung.

Art. 14 Entzug. Der Aufenthaltstitel kann jederzeit entzogen werden, wenn die Voraussetzungen für die Erteilung nicht mehr erfüllt sind. Der Aufenthaltstitel kann insbesondere entzogen werden, wenn:

a) der Inhaber aktiv, freiwillig und aus eigener Initiative den Kontakt zu den mutmaßlichen Tätern der Straftaten nach Artikel 2 Buchstabe b) oder c) wieder aufgenommen hat oder
b) nach Einschätzung der zuständigen Behörde die Zusammenarbeit des Opfers betrügerisch oder seine Anzeige betrügerisch oder ungerechtfertigt ist oder
c) Gründe im Zusammenhang mit der öffentlichen Ordnung und dem Schutz der inneren Sicherheit vorliegen oder d) das Opfer die Zusammenarbeit einstellt oder
e) die zuständigen Behörden beschließen, das Verfahren einzustellen.

Kapitel V. Schlussbestimmungen

Art. 15 Schutzklausel. Die besonderen innerstaatlichen Regelungen zum Zeugen- und Opferschutz werden durch die Bestimmungen dieser Richtlinie nicht berührt.

Art. 16 Berichterstattung. (1) Spätestens bis zum 6. August 2008 erstattet die Kommission dem Europäischen Parlament und dem Rat Bericht über die Anwendung dieser Richtlinie in den Mitgliedstaaten und schlägt gegebenenfalls notwendige Änderungen vor. Die Mitgliedstaaten teilen der Kommission alle für die Erstellung dieses Berichts sachdienlichen Angaben mit.

(2) Nach Vorlage des Berichts gemäß Absatz 1 erstattet die Kommission dem Europäischen Parlament und dem Rat mindestens alle drei Jahre Bericht über die Anwendung dieser Richtlinie in den Mitgliedstaaten.

Art. 17 Umsetzung. Die Mitgliedstaaten setzen die Rechts- und Verwaltungsvorschriften in Kraft, die erforderlich sind, um dieser Richtlinie bis zum 6. August 2006 nachzukommen. Sie setzen die Kommission unverzüglich davon in Kenntnis.

Wenn die Mitgliedstaaten diese Vorschriften erlassen, nehmen sie in den Vorschriften selbst oder durch einen Hinweis bei der amtlichen Veröffentlichung auf diese Richtlinie Bezug. Die Mitgliedstaaten regeln die Einzelheiten der Bezugnahme.

Art. 18 Inkrafttreten. Diese Richtlinie tritt am Tag ihrer Veröffentlichung im Amtsblatt der Europäischen Union in Kraft.

Art. 19 Adressaten. Diese Richtlinie ist gemäß dem Vertrag zur Gründung der Europäischen Gemeinschaft an die Mitgliedstaaten gerichtet.

3.26. Richtlinie 2004/82/EG des Rates über die Verpflichtung von Beförderungsunternehmen, Angaben über die beförderten Personen zu übermitteln

Vom 29. April 2004 (ABl. L 261 vom 6. 8. 2004 S. 24)

Art. 1 Zweck. Zweck dieser Richtlinie ist es, die Grenzkontrollen zu verbessern und die illegale Einwanderung zu bekämpfen, indem die Beförderungsunternehmen Angaben über die beförderten Personen vorab an die zuständigen nationalen Behörden übermitteln.

Art. 2 Begriffsbestimmungen. Im Sinne dieser Richtlinie gelten folgende Begriffsbestimmungen:
a) „Beförderungsunternehmen": eine natürliche oder juristische Person, die gewerblich die Beförderung von Personen auf dem Luftweg durchführt;
b) „Außengrenzen": die Außengrenzen der Mitgliedstaaten zu Drittstaaten;
c) „Grenzkontrolle": eine an den Grenzen vorgenommene Kontrolle, die unabhängig von jedem anderen Anlass ausschließlich aufgrund des beabsichtigten Grenzübertritts durchgeführt wird;
d) „Grenzübergangsstelle": ein von den zuständigen Behörden für das Überschreiten der Außengrenzen zugelassener Übergang;
e) die Ausdrücke „personenbezogene Daten", „Verarbeitung personenbezogener Daten" und „Datei mit personenbezogenen Daten" haben die Bedeutung gemäß Artikel 2 der Richtlinie 95/46/EG.

Art. 3 Datenübermittlung. (1) Die Mitgliedstaaten unternehmen die erforderlichen Schritte, um die Beförderungsunternehmen zu verpflichten, auf Anfrage der mit der Durchführung der Personenkontrollen an den Außengrenzen beauftragten Behörden bei Abschluss des Check-in die Angaben über die Personen zu übermitteln, die sie zu einer zugelassenen Grenzübergangsstelle befördern werden, über die diese Personen in das Hoheitsgebiet eines Mitgliedstaats einreisen werden.

(2) Zu diesen Angaben zählen:
– die Nummer und die Art des mitgeführten Reisedokuments,
– die Staatsangehörigkeit,
– der vollständige Name,
– das Geburtsdatum,
– die Grenzübergangsstelle für die Einreise in das Hoheitsgebiet der Mitgliedstaaten,
– die Beförderungs-Codenummer,
– die Abreise- und Ankunftszeit,
– die Gesamtzahl der mit der betreffenden Beförderung beförderten Personen,
– der ursprüngliche Abreiseort.

(3) Die Übermittlung der vorstehenden Angaben entbindet die Beförderungsunternehmen in keinem Fall von den Verpflichtungen und Verantwortlichkeiten gemäß Artikel 26 des Schengener Durchführungsübereinkommens in der durch die Richtlinie 2001/51/EG ergänzten Fassung.

Art. 4 Sanktionen. (1) Die Mitgliedstaaten treffen die erforderlichen Maßnahmen, um Beförderungsunternehmen, die es schuldhaft versäumt haben, die entsprechenden Daten zu übermitteln oder unvollständige oder falsche Daten übermittelt haben, Sanktionen aufzuerlegen. Die Mitgliedstaaten treffen die erforderlichen Maßnahmen, um zu gewährleisten, dass die Sanktionen abschreckend, wirksam und angemessen sind und entweder:
a) der Höchstbetrag nicht unter 5000 EUR oder den entsprechenden Betrag in der Landeswährung zu dem Wechselkurs, der im Amtsblatt der Europäischen Union an dem Tag, an dem diese Richtlinie in Kraft tritt, veröffentlicht wird, je angetretene Reise beträgt, bei der die Angaben über die beförderten Personen nicht oder nicht korrekt übermittelt wurden, oder
b) der Mindestbetrag nicht unter 3000 EUR oder den entsprechenden Betrag in der Landeswährung zu dem Wechselkurs, der im Amtsblatt der Europäischen Union an dem Tag, an dem diese Richt-

linie in Kraft tritt, veröffentlicht wird, je angetretene Reise beträgt, bei der die Angaben über die beförderten Personen nicht oder nicht korrekt übermittelt wurden.

(2) Diese Richtlinie hindert die Mitgliedstaaten nicht daran, gegen Beförderungsunternehmen, die schwerwiegend gegen ihre Verpflichtungen aus dieser Richtlinie verstoßen, andere Sanktionen wie z. B. die Untersagung der Fortsetzung des Beförderungsvorgangs, die Beschlagnahme und Einziehung des Beförderungsmittels oder aber die zeitweilige Aussetzung oder den Entzug der Betriebsgenehmigung zu verhängen oder beizubehalten.

Art. 5 Verfahren. Die Mitgliedstaaten tragen dafür Sorge, dass für Beförderungsunternehmen, gegen die ein auf Sanktionen abzielendes Verfahren eingeleitet wird, in ihren Rechts- und Verwaltungsvorschriften das effektive Recht auf Verteidigung und Rechtsbehelf vorgesehen ist.

Art. 6 Datenverarbeitung. (1) Die personenbezogenen Daten gemäß Artikel 3 Absatz 1 werden an die Behörden übermittelt, die mit der Durchführung der Personenkontrolle an den Außengrenzen, über die die beförderte Person in das Hoheitsgebiet eines Mitgliedstaats einreisen wird, beauftragt sind; dies dient dem Zweck, die Durchführung der Kontrolle zur wirksameren Bekämpfung der illegalen Einwanderung zu erleichtern.

Die Mitgliedstaaten tragen dafür Sorge, dass diese Daten von den Beförderungsunternehmen erfasst und auf elektronischem oder, sollte die Übertragung nicht gelingen, auf jedem anderen geeigneten Weg an die Behörden übermittelt werden, die mit der Durchführung der Grenzkontrollen an der zugelassenen Grenzübergangsstelle beauftragt sind, über die die beförderte Person in das Hoheitsgebiet eines Mitgliedstaats einreisen wird. Die für die Personenkontrollen an den Außengrenzen zuständigen Behörden speichern die Daten in einer vorläufigen Datei.

Nach der Einreise der beförderten Personen werden die Daten von den genannten Behörden binnen 24 Stunden nach ihrer Übermittlung gelöscht, es sei denn, sie werden zu einem späteren Zeitpunkt nach Maßgabe der nationalen Rechtsvorschriften und unter Wahrung der Datenschutzbestimmungen der Richtlinie 95/46/EG zur Wahrnehmung der gesetzlichen Aufgaben durch die Behörden benötigt, die für die Personenkontrollen an den Außengrenzen zuständig sind.

Die Mitgliedstaaten treffen die erforderlichen Maßnahmen, um die Beförderungsunternehmen zu verpflichten, binnen 24 Stunden nach Ankunft des Beförderungsmittels die von ihnen gemäß Artikel 3 Absatz 1 für die Zwecke dieser Richtlinie erfassten und übermittelten personenbezogenen Daten zu löschen.

Nach Maßgabe ihrer nationalen Rechtsvorschriften und der Datenschutzbestimmungen der Richtlinie 95/46/EG können die Mitgliedstaaten die personenbezogenen Daten gemäß Artikel 3 Absatz 1 auch zu Strafverfolgungszwecken verwenden.

(2) Die Mitgliedstaaten treffen die erforderlichen Maßnahmen, um die Beförderungsunternehmen zu verpflichten, dass sie die beförderten Personen gemäß der Richtlinie 95/46/EG unterrichten. Dazu zählen auch die Informationen gemäß Artikel 10 Buchstabe c) und Artikel 11 Absatz 1 Buchstabe c) der Richtlinie 95/46/EG.

Art. 7 Umsetzung. (1) Die Mitgliedstaaten erlassen die Rechtsvorschriften, die erforderlich sind, um dieser Richtlinie spätestens am 5. September 2006 nachzukommen. Sie setzen die Kommission unverzüglich davon in Kenntnis.

Wenn die Mitgliedstaaten diese Vorschriften erlassen, nehmen sie in den Vorschriften selbst oder durch einen Hinweis bei der amtlichen Veröffentlichung auf diese Richtlinie Bezug. Die Mitgliedstaaten regeln die Einzelheiten der Bezugnahme.

(2) Die Mitgliedstaaten teilen der Kommission den Wortlaut der wichtigsten innerstaatlichen Rechtsvorschriften mit, die sie auf dem unter diese Richtlinie fallenden Gebiet erlassen.

Art. 8 Inkrafttreten. Diese Richtlinie tritt dreißig Tage nach ihrer Veröffentlichung im Amtsblatt der Europäischen Union in Kraft.

Art. 9 Adressaten. Diese Richtlinie ist gemäß dem Vertrag zur Gründung der Europäischen Gemeinschaft an die Mitgliedstaaten gerichtet.

3.27. Verordnung (EG) Nr. 2007/2004 des Rates zur Errichtung einer Europäischen Agentur für die operative Zusammenarbeit an den Außengrenzen der Mitgliedstaaten der Europäischen Union

Vom 26. Oktober 2004 (ABl. L 349 vom 25. 11. 2004 S. 1)

Kapitel I. Gegenstand

Art. 1 Errichtung der Agentur. (1) Es wird eine Europäische Agentur für die operative Zusammenarbeit an den Außengrenzen (nachstehend „Agentur" genannt) zur Verbesserung des integrierten Schutzes der Außengrenzen der Mitgliedstaaten der Europäischen Union errichtet.

(2) In dem Bewusstsein, dass die Verantwortung für die Kontrolle und die Überwachung der Außengrenzen den Mitgliedstaaten obliegt, erleichtert die Agentur die Anwendung bestehender und künftiger Maßnahmen der Gemeinschaft im Zusammenhang mit dem Schutz der Außengrenzen und fördert ihre Wirksamkeit. Dies erfolgt durch die Koordinierung der Aktionen der Mitgliedstaaten bei der Durchführung dieser Maßnahmen, womit sie zu einem wirksamen, hohen und einheitlichen Niveau der Personenkontrollen und der Überwachung der Außengrenzen der Mitgliedstaaten beiträgt.

(3) Die Agentur steht der Kommission und den Mitgliedstaaten außerdem mit der notwendigen technischen Unterstützung und Fachwissen im Bereich des Schutzes der Außengrenzen zur Seite und fördert die Solidarität zwischen den Mitgliedstaaten.

(4) Im Sinne dieser Verordnung bezeichnet der Ausdruck „Außengrenzen der Mitgliedstaaten" die Land- und Seegrenzen der Mitgliedstaaten sowie ihre Flug- und Seehäfen, auf die die Bestimmungen des Gemeinschaftsrechts über das Überschreiten der Außengrenzen durch Personen Anwendung finden.

Kapitel II. Aufgaben

Art. 2 Wesentliche Aufgaben. (1) Die Agentur hat folgende Aufgaben:
a) Koordinierung der operativen Zusammenarbeit der Mitgliedstaaten im Bereich des Schutzes der Außengrenzen;
b) Unterstützung der Mitgliedstaaten bei der Ausbildung von Grenzschutzbeamten einschließlich der Festlegung gemeinsamer Ausbildungsnormen;
c) Durchführung von Risikoanalysen;
d) Verfolgung der Entwicklungen der für die Kontrolle und Überwachung der Außengrenzen relevanten Forschung;
e) Unterstützung der Mitgliedstaaten in Situationen, die eine verstärkte technische und operative Unterstützung an den Außengrenzen erfordern;
f) Bereitstellung der notwendigen Unterstützung für die Mitgliedstaaten bei der Organisation gemeinsamer Rückführungsaktionen.

(2) Unbeschadet der Zuständigkeiten der Agentur können die Mitgliedstaaten mit anderen Mitgliedstaaten und/oder Drittländern an den Außengrenzen weiterhin auf operativer Ebene zusammenarbeiten, soweit diese Zusammenarbeit die Tätigkeit der Agentur ergänzt.

Die Mitgliedstaaten unterlassen jegliche Handlung, die den Betrieb der Agentur oder die Erreichung ihrer Ziele in Frage stellen könnte.

Die Mitgliedstaaten berichten der Agentur über diese nicht im Rahmen der Agentur erfolgenden operativen Maßnahmen an den Außengrenzen.

Art. 3 Gemeinsame Aktionen und Pilotprojekte an den Außengrenzen. (1) Die Agentur bewertet, billigt und koordiniert Vorschläge der Mitgliedstaaten für gemeinsame Aktionen und Pilotprojekte.

Die Agentur kann selbst und im Benehmen mit dem/den betreffenden Mitgliedstaat/en Initiativen für gemeinsame Aktionen und Pilotprojekte in Zusammenarbeit mit den Mitgliedstaaten ergreifen.

Sie kann auch beschließen, ihre technische Ausrüstung den Mitgliedstaaten, die an gemeinsamen Aktionen oder Pilotprojekten teilnehmen, zur Verfügung zu stellen.

(2) Die Agentur kann sich für die praktische Durchführung gemeinsamer Aktionen und Pilotprojekte seiner Fachaußenstellen nach Artikel 16 bedienen.

(3) Die Agentur bewertet die Ergebnisse der gemeinsamen Aktionen und Pilotprojekte und erstellt eine umfassende vergleichende Analyse dieser Ergebnisse mit dem Ziel, die Qualität, Kohärenz und Wirksamkeit künftiger Aktionen und Projekte zu verbessern; sie nimmt diese Analyse in ihren allgemeinen Tätigkeitsbericht nach Artikel 20 Absatz 2 Buchstabe b) auf.

(4) Die Agentur kann beschließen, eine Kofinanzierung der Aktionen und Projekte nach Absatz 1 mit Zuschüssen aus ihrem Haushalt nach Maßgabe der Finanzvorschriften der Agentur zu gewähren.

Art. 4 Risikoanalyse. Die Agentur entwickelt ein gemeinsames integriertes Risikoanalysemodell und wendet es an. Sie erstellt sowohl allgemeine als auch spezifische Risikoanalysen, die dem Rat und der Kommission übermittelt werden. Bei der Entwicklung des gemeinsamen zentralen Lehrplans für die Ausbildung von Grenzschutzbeamten nach Artikel 5 berücksichtigt die Agentur die Ergebnisse des gemeinsamen integrierten Risikoanalysemodells.

Art. 5 Ausbildung. Die Agentur erstellt einen gemeinsamen zentralen Lehrplan für die Ausbildung von Grenzschutzbeamten und entwickelt diesen weiter; sie bietet Schulungen auf europäischer Ebene für die Ausbilder der nationalen Grenzschutzbeamten der Mitgliedstaaten an.

Die Agentur bietet auch Fortbildungskurse und Seminare über Themen im Zusammenhang mit der Kontrolle und Überwachung der Außengrenzen und der Rückführung von Drittstaatsangehörigen für Beamte der zuständigen nationalen Dienste der Mitgliedstaaten an.

Die Agentur kann in Zusammenarbeit mit den Mitgliedstaaten in deren Hoheitsgebiet Ausbildungsmaßnahmen durchführen.

Art. 6 Verfolgung der Entwicklungen in der Forschung. Die Agentur verfolgt die für die Kontrolle und Überwachung der Außengrenzen relevanten Entwicklungen in der Forschung und leitet diese Informationen an die Kommission und die Mitgliedstaaten weiter.

Art. 7 Verwaltung der technischen Ausrüstung. Die Agentur erstellt und führt ein Zentralregister der technischen Ausrüstungsgegenstände der Mitgliedstaaten für die Kontrolle und Überwachung der Außengrenzen, die sie anhand einer Bedarfs- und Risikoanalyse der Agentur auf freiwilliger Basis und auf Antrag eines anderen Mitgliedstaats für einen vorübergehenden Zeitraum zur Verfügung zu stellen bereit sind.

Art. 8 Unterstützung von Mitgliedstaaten in einer Situation, die eine verstärkte technische und operative Unterstützung an den Außengrenzen erfordert. (1) Unbeschadet des Artikels 64 Absatz 2 des Vertrags können ein oder mehrere Mitgliedstaaten, die sich bei der Wahrnehmung ihrer Pflichten im Bereich der Kontrolle und Überwachung der Außengrenzen einer Situation gegenübersehen, die eine verstärkte technische und operative Unterstützung erfordert, die Agentur um Unterstützung ersuchen. Die Agentur kann die technische und operative Unterstützung für den ersuchenden Mitgliedstaat/die ersuchenden Mitgliedstaaten organisieren.

(2) In einer Situation nach Absatz 1 kann die Agentur

a) bei der Koordinierung zwischen zwei oder mehreren Mitgliedstaaten Unterstützung mit dem Ziel leisten, die Probleme an den Außengrenzen zu bewältigen;
b) ihre Experten zur Unterstützung der zuständigen nationalen Behörden des/der betroffenen Mitgliedstaats/en für einen angemessenen Zeitraum abstellen.

(3) Die Agentur kann technische Ausrüstungsgegenstände zur Kontrolle und Überwachung der Außengrenzen erwerben, die von ihren Experten während der Dauer ihrer Abstellung in dem/den betreffenden Mitgliedstaat/en verwendet werden.

Art. 9 Zusammenarbeit bei der Rückführung. (1) Die Agentur leistet nach Maßgabe der Rückführungspolitik der Gemeinschaft die erforderliche Unterstützung für die Organisation gemeinsamer Rückführungsaktionen der Mitgliedstaaten. Die Agentur kann Finanzmittel der Gemeinschaft nutzen, die für Rückführungszwecke zur Verfügung stehen.

(2) Die Agentur ermittelt bewährte Praktiken für die Beschaffung von Reisedokumenten und die Abschiebung von illegal aufhältigen Drittstaatsangehörigen.

Art. 10 Wahrnehmung von Durchführungsbefugnissen. Bei einem Einsatz im Hoheitsgebiet eines anderen Mitgliedstaats unterliegen das Personal der Agentur und die Experten der Mitgliedstaaten bei der Wahrnehmung ihrer Durchführungsbefugnisse dem nationalen Recht des betreffenden Mitgliedstaats.

Art. 11 Systeme für den Informationsaustausch. Die Agentur kann alle erforderlichen Maßnahmen ergreifen, um den Austausch von Informationen, die für ihre Tätigkeit von Bedeutung sind, mit der Kommission und den Mitgliedstaaten zu erleichtern.

Art. 12 Zusammenarbeit mit Irland und dem Vereinigten Königreich. (1) Die Agentur erleichtert die operative Zusammenarbeit der Mitgliedstaaten mit Irland und dem Vereinigten Königreich bei in ihren Tätigkeitsbereich fallenden Fragen, soweit dies für die Erfüllung ihrer Aufgaben nach Artikel 2 Absatz 1 erforderlich ist.

(2) Zu der von der Agentur nach Artikel 2 Absatz 1 Buchstabe f) zu leistenden Unterstützung zählt die Organisation von gemeinsamen Rückführungsaktionen, an denen sich auch Irland oder das Vereinigte Königreich oder beide Staaten beteiligen.

(3) Die Anwendung dieser Verordnung auf die Grenzen Gibraltars wird bis zu dem Zeitpunkt ausgesetzt, zu dem eine Einigung über den Umfang der Maßnahmen betreffend das Überschreiten der Außengrenzen der Mitgliedstaaten durch Personen erzielt worden ist.

Art. 13 Zusammenarbeit mit Europol und internationalen Organisationen. Die Agentur kann mit Europol und den internationalen Organisationen, die für die von dieser Verordnung erfassten Bereiche zuständig sind, im Rahmen von mit diesen Stellen geschlossenen Arbeitsvereinbarungen im Einklang mit den einschlägigen Bestimmungen des Vertrags und den Bestimmungen über die Zuständigkeit dieser Stellen zusammenarbeiten.

Art. 14 Erleichterung der operativen Zusammenarbeit mit Drittstaaten und Zusammenarbeit mit den zuständigen Behörden von Drittstaaten. Bei in ihren Tätigkeitsbereich fallenden Fragen und soweit dies für die Erfüllung ihrer Aufgaben erforderlich ist, erleichtert die Agentur die operative Zusammenarbeit zwischen den Mitgliedstaaten und Drittstaaten im Rahmen der Außenbeziehungen der Europäischen Union.

Die Agentur kann mit Drittstaatsbehörden, die für die von dieser Verordnung erfassten Bereiche zuständig sind, im Rahmen von mit diesen Behörden geschlossenen Arbeitsvereinbarungen im Einklang mit den einschlägigen Bestimmungen des Vertrags zusammenarbeiten.

Kapitel III. Aufbau

Art. 15 Rechtsstellung und Sitz. Die Agentur ist eine Einrichtung der Gemeinschaft. Sie besitzt Rechtspersönlichkeit.

Die Agentur besitzt in jedem Mitgliedstaat die weitestgehende Rechts- und Geschäftsfähigkeit, die juristischen Personen nach dessen Rechtsvorschriften zuerkannt wird. Sie kann insbesondere bewegliches und unbewegliches Vermögen erwerben und veräußern und ist vor Gericht parteifähig.

Die Agentur ist in technischen Fragen unabhängig.

Sie wird von ihrem Exekutivdirektor vertreten.

Über den Sitz der Agentur entscheidet der Rat einstimmig.

Art. 16 Fachaußenstellen. Der Verwaltungsrat der Agentur beurteilt die Frage, ob es einen Bedarf an Fachaußenstellen in den Mitgliedstaaten gibt und entscheidet nach deren Zustimmung über die Einrichtung einer solchen Stelle; er berücksichtigt dabei, dass den bereits errichteten und in den verschiedenen Aspekten der Kontrolle bzw. Überwachung der Land-, Luft- und Seegrenzen spezialisierten operativen Zentren und Ausbildungszentren gebührender Vorrang eingeräumt werden sollte.

Die Fachaußenstellen der Agentur ermitteln bewährte Praktiken in Bezug auf die besonderen Arten von Außengrenzen, für die sie zuständig sind. Die Agentur gewährleistet die Kohärenz und Einheitlichkeit dieser bewährten Praktiken.

Jede Fachaußenstelle übermittelt dem Exekutivdirektor der Agentur einen umfassenden Jahresbericht über ihre Tätigkeit und alle anderen Informationen, die für die Koordinierung der operativen Zusammenarbeit relevant sind.

Art. 17 Personal. (1) Für das Personal der Agentur gelten die Bestimmungen des Statuts der Beamten der Europäischen Gemeinschaften, die Beschäftigungsbedingungen für die sonstigen Bediensteten der Europäischen Gemeinschaften und die im gegenseitigen Einvernehmen der Organe der Europäischen Gemeinschaften erlassenen Vorschriften zur Durchführung dieser Bestimmungen und Beschäftigungsbestimmungen.

(2) Die der Anstellungsbehörde durch das Statut der Beamten und die Beschäftigungsbedingungen für die sonstigen Bediensteten übertragenen Befugnisse werden von der Agentur gegenüber ihrem Personal ausgeübt.

(3) Das Personal der Agentur besteht aus einer ausreichenden Zahl von Beamten und aus nationalen Experten für die Kontrolle und Überwachung an den Außengrenzen, die von den Mitgliedstaaten für leitende Funktionen abgeordnet werden. Das übrige Personal besteht aus anderen Bediensteten, die die Agentur entsprechend ihrem Bedarf einstellt.

Art. 18 Vorrechte und Befreiungen. Auf die Agentur findet das Protokoll über die Vorrechte und Befreiungen der Europäischen Gemeinschaften Anwendung.

Art. 19 Haftung. (1) Die vertragliche Haftung der Agentur bestimmt sich nach dem Recht, das auf den betreffenden Vertrag anzuwenden ist.

(2) Für Entscheidungen aufgrund einer Schiedsklausel in einem von der Agentur geschlossenen Vertrag ist der Gerichtshof der Europäischen Gemeinschaften zuständig.

(3) Im Bereich der außervertraglichen Haftung ersetzt die Agentur einen durch ihre Dienststellen oder Bediensteten in Ausübung ihres Amtes verursachten Schaden nach den allgemeinen Rechtsgrundsätzen, die den Rechtsordnungen der Mitgliedstaaten gemeinsam sind.

(4) Für Streitsachen über Schadensersatz nach Absatz 3 ist der Gerichtshof zuständig.

(5) Die persönliche Haftung der Bediensteten gegenüber der Agentur bestimmt sich nach den Bestimmungen des Statuts oder den für sie geltenden Beschäftigungsbedingungen.

Art. 20 Befugnisse des Verwaltungsrats. (1) Die Agentur verfügt über einen Verwaltungsrat.

(2) Der Verwaltungsrat

a) ernennt den Exekutivdirektor auf Vorschlag der Kommission nach Maßgabe des Artikels 26;
b) nimmt vor dem 31. März jeden Jahres den allgemeinen Tätigkeitsbericht der Agentur für das vorangegangene Jahr an und übermittelt ihn spätestens bis zum 15. Juni dem Europäischen Parlament, dem Rat, der Kommission, dem Europäischen Wirtschafts- und Sozialausschuss und dem Rechnungshof. Der allgemeine Tätigkeitsbericht wird veröffentlicht;
c) legt nach Stellungnahme der Kommission vor dem 30. September jeden Jahres mit der Mehrheit von zwei Dritteln seiner stimmberechtigten Mitglieder das Arbeitsprogramm der Agentur für das darauf folgende Jahr fest und übermittelt es dem Europäischen Parlament, dem Rat und der Kommission; dieses Arbeitsprogramm wird gemäß dem jährlichen Haushaltsverfahren der Gemeinschaft und ihrem Gesetzgebungsprogramm in den einschlägigen Bereichen des Schutzes der Außengrenzen festgelegt;
d) legt Verfahren für die Entscheidungen des Exekutivdirektors in Bezug auf die operativen Aufgaben der Agentur fest;
e) nimmt seine Aufgaben im Zusammenhang mit dem Haushalt der Agentur nach Artikel 28, Artikel 29 Absätze 5, 9 und 11, Artikel 30 Absatz 5 und Artikel 32 wahr;
f) übt die Disziplinargewalt über den Exekutivdirektor sowie, im Einvernehmen mit dem Exekutivdirektor, über den stellvertretenden Exekutivdirektor aus;
g) gibt sich eine Geschäftsordnung;
h) legt die Organisationsstruktur der Agentur fest und bestimmt die Personalpolitik der Agentur.

(3) Bei Vorschlägen für Beschlüsse über spezielle Maßnahmen, die an der Außengrenze eines bestimmten Mitgliedstaats oder in deren unmittelbarer Nähe durchgeführt werden sollen, ist zu ihrer Annahme die Zustimmung des diesen Mitgliedstaat vertretenden Mitglieds des Verwaltungsrats erforderlich.

(4) Der Verwaltungsrat kann den Exekutivdirektor in allen Fragen beraten, die eng mit der Konzeption der operativen Verwaltung der Außengrenzen, einschließlich der in Artikel 6 vorgesehenen Verfolgung der Entwicklungen in der Forschung zusammenhängen.

(5) Bei einem Antrag Irlands und/oder des Vereinigten Königreichs auf Beteiligung an Maßnahmen der Agentur beschließt der Verwaltungsrat über diesen Antrag.

Der Verwaltungsrat beschließt von Fall zu Fall mit der absoluten Mehrheit seiner stimmberechtigten Mitglieder. Bei seinem Beschluss prüft der Verwaltungsrat, ob die Beteiligung Irlands und/oder des Vereinigten Königreichs zur Ausführung der betreffenden Maßnahme beiträgt. In dem Beschluss wird der Finanzbeitrag Irlands und/oder des Vereinigten Königreichs zu der Maßnahme, die Gegenstand des Antrags auf Beteiligung ist, festgelegt.

(6) Der Verwaltungsrat übermittelt der Haushaltsbehörde jährlich alle Informationen, die für das Ergebnis der Evaluierungsverfahren maßgeblich sind.

(7) Der Verwaltungsrat kann einen Exekutivausschuss einsetzen, der den Verwaltungsrat und den Exekutivdirektor bei der Vorbereitung der vom Verwaltungsrat anzunehmenden Beschlüsse, Programme und Tätigkeiten unterstützt und bei Bedarf in dringenden Fällen im Namen des Verwaltungsrats bestimmte vorläufige Beschlüsse fasst.

Art. 21 Zusammensetzung des Verwaltungsrats. (1) Unbeschadet des Absatzes 3 setzt sich der Verwaltungsrat aus einem Vertreter jedes Mitgliedstaats und zwei Vertretern der Kommission zusammen. Zu diesem Zweck benennt jeder Mitgliedstaat ein Mitglied des Verwaltungsrats sowie einen Stellvertreter, der das Mitglied in dessen Abwesenheit vertritt. Die Kommission benennt zwei Mitglieder und deren Stellvertreter. Die Amtszeit beträgt vier Jahre. Wiederernennung ist einmal zulässig.

(2) Die Mitglieder des Verwaltungsrats werden aufgrund des hohen Niveaus ihrer einschlägigen Erfahrungen und ihres Fachwissens im Bereich der operativen Zusammenarbeit beim Grenzschutz ernannt.

(3) Länder, die bei der Umsetzung, Anwendung und Weiterentwicklung des Schengen-Besitzstands assoziiert sind, beteiligen sich an der Agentur. Sie entsenden jeweils einen Vertreter und einen Stellvertreter in den Verwaltungsrat. Nach den einschlägigen Bestimmungen der Abkommen über ihre Assoziierung werden Vereinbarungen erarbeitet, die unter anderem Art und Umfang der Beteiligung dieser Länder an den Arbeiten der Agentur sowie detaillierte Vorschriften dafür, einschließlich Bestimmungen zu Finanzbeiträgen und Personal, festlegen.

Art. 22 Vorsitz des Verwaltungsrats. (1) Der Verwaltungsrat wählt aus dem Kreis seiner Mitglieder einen Vorsitzenden und einen stellvertretenden Vorsitzenden. Der stellvertretende Vorsitzende tritt im Fall der Verhinderung des Vorsitzenden von Amts wegen an dessen Stelle.

(2) Die Amtszeit des Vorsitzenden bzw. des stellvertretenden Vorsitzenden endet, wenn der Vorsitzende bzw. stellvertretende Vorsitzende nicht mehr dem Verwaltungsrat angehört. Unbeschadet dieser Bestimmung beträgt die Amtszeit des Vorsitzenden oder des stellvertretenden Vorsitzenden zwei Jahre. Wiederernennung ist einmal zulässig.

Art. 23 Sitzungen. (1) Der Verwaltungsrat wird von seinem Vorsitzenden einberufen.

(2) Der Exekutivdirektor der Agentur nimmt an den Beratungen teil.

(3) Der Verwaltungsrat hält jährlich mindestens zwei ordentliche Sitzungen ab. Darüber hinaus tritt er auf Veranlassung seines Vorsitzenden oder auf Antrag mindestens eines Drittels seiner Mitglieder zusammen.

(4) Irland und das Vereinigte Königreich werden zu den Sitzungen des Verwaltungsrats eingeladen.

(5) Der Verwaltungsrat kann alle weiteren Personen, deren Stellungnahme von Interesse sein kann, als Beobachter zur Teilnahme an den Sitzungen einladen.

(6) Die Mitglieder des Verwaltungsrates können sich vorbehaltlich der Bestimmungen der Geschäftsordnung von Beratern oder Experten unterstützen lassen.

(7) Die Sekretariatsgeschäfte des Verwaltungsrats werden von der Agentur wahrgenommen.

Art. 24 Abstimmungen. (1) Unbeschadet des Artikels 20 Absatz 2 Buchstabe c) sowie des Artikels 26 Absätze 2 und 4 fasst der Verwaltungsrat seine Beschlüsse mit der absoluten Mehrheit seiner stimmberechtigten Mitglieder.

(2) Jedes Mitglied hat eine Stimme. Der Exekutivdirektor nimmt an der Abstimmung nicht teil. Bei Abwesenheit eines Mitglieds ist sein Stellvertreter berechtigt, dessen Stimmrecht auszuüben.

(3) In der Geschäftsordnung werden detailliertere Vorschriften für Abstimmungen festgelegt, insbesondere die Bedingungen, unter denen ein Mitglied im Namen eines anderen handeln kann, sowie gegebenenfalls Bestimmungen über die Beschlussfähigkeit.

Art. 25 Aufgaben und Befugnisse des Exekutivdirektors. (1) Die Agentur wird von ihrem Exekutivdirektor geleitet, der in der Wahrnehmung seiner Aufgaben völlig unabhängig ist. Unbeschadet der jeweiligen Zuständigkeiten der Kommission, des Verwaltungsrates und des Exekutivausschusses darf der Exekutivdirektor Weisungen von Regierungen oder einer sonstigen Stelle weder anfordern noch entgegennehmen.

(2) Das Europäische Parlament oder der Rat können den Exekutivdirektor der Agentur auffordern, über die Erfüllung seiner Aufgaben Bericht zu erstatten.

(3) Der Exekutivdirektor hat die folgenden Aufgaben und Befugnisse:

a) Er bereitet die vom Verwaltungsrat der Agentur anzunehmenden Beschlüsse, Programme und Tätigkeiten innerhalb der in dieser Verordnung sowie in den Durchführungsbestimmungen und sonstigen anwendbaren Rechtsvorschriften festgelegten Grenzen vor und führt sie durch.
b) Er unternimmt alle erforderlichen Schritte, einschließlich des Erlasses interner Verwaltungsvorschriften und der Veröffentlichung von Mitteilungen, um das Funktionieren der Agentur nach Maßgabe dieser Verordnung zu gewährleisten.
c) Er erstellt jährlich den Entwurf eines Arbeitsprogramms und einen Tätigkeitsbericht und legt diese dem Verwaltungsrat vor.
d) Er übt gegenüber den Bediensteten die in Artikel 17 Absatz 2 genannten Befugnisse aus.
e) Er stellt den Voranschlag der Einnahmen und Ausgaben der Agentur nach Artikel 29 auf und führt den Haushaltsplan nach Artikel 30 durch.
f) Er kann vorbehaltlich der nach dem in Artikel 20 Absatz 2 Buchstabe g) genannten Verfahren zu erlassenden Vorschriften seine Befugnisse anderen Bediensteten der Agentur übertragen.

(4) Der Exekutivdirektor ist gegenüber dem Verwaltungsrat für seine Tätigkeit verantwortlich.

Art. 26 Ernennung von Bediensteten in leitender Funktion. (1) Die Kommission schlägt auf der Grundlage einer Bewerberliste, die im Anschluss an die Stellenausschreibung im Amtsblatt der Europäischen Union, in der Presse oder im Internet erstellt wird, Bewerber für den Posten des Exekutivdirektors vor.

(2) Der Exekutivdirektor der Agentur wird vom Verwaltungsrat aufgrund von Verdiensten und nachgewiesenen Verwaltungs- und Managementfertigkeiten sowie seiner einschlägigen Erfahrung auf dem Gebiet des Schutzes der Außengrenzen ernannt. Der Verwaltungsrat trifft seine Entscheidung mit einer Mehrheit von zwei Dritteln aller stimmberechtigten Mitglieder.

Der Verwaltungsrat kann den Exekutivdirektor nach demselben Verfahren seines Amtes entheben.

(3) Der Exekutivdirektor wird vom einem stellvertretenden Exekutivdirektor unterstützt. Bei Abwesenheit oder Verhinderung des Exekutivdirektors nimmt der stellvertretende Exekutivdirektor seine Aufgaben wahr.

(4) Der stellvertretende Exekutivdirektor wird vom Verwaltungsrat auf Vorschlag des Exekutivdirektors aufgrund von Verdiensten und nachgewiesenen Verwaltungs- und Managementfertigkeiten sowie seiner einschlägigen Erfahrung auf dem Gebiet des Schutzes der Außengrenzen ernannt. Der Verwaltungsrat trifft seine Entscheidung mit einer Mehrheit von zwei Dritteln aller stimmberechtigten Mitglieder.

Der Verwaltungsrat kann den stellvertretenden Exekutivdirektor nach demselben Verfahren seines Amtes entheben.

(5) Die Amtszeit des Exekutivdirektors und seines Stellvertreters beträgt fünf Jahre. Der Verwaltungsrat kann die Amtszeit einmal um bis zu fünf Jahre verlängern.

Art. 27 Übersetzung. (1) Für die Agentur gelten die Bestimmungen der Verordnung Nr. 1 vom 15. April 1958 zur Regelung der Sprachenfrage für die Europäische Wirtschaftsgemeinschaft (ABl. 17 vom 6. 10. 1958 S. 385. Zuletzt geändert durch die Beitrittsakte von 2003).

(2) Unbeschadet der auf der Grundlage des Artikels 290 des Vertrags gefassten Beschlüsse werden der Jahresbericht und das Arbeitsprogramm nach Artikel 20 Absatz 2 Buchstaben b) und c) in allen Amtssprachen der Gemeinschaft erstellt.

(3) Die für die Arbeit der Agentur erforderlichen Übersetzungen werden vom Übersetzungszentrum für die Einrichtungen der Europäischen Union angefertigt.

Art. 28 Transparenz und Kommunikation. (1) Bei der Bearbeitung von Anträgen auf Zugang zu in ihrem Besitz befindlichen Dokumenten unterliegt die Agentur nach Ablauf von sechs Monaten nach Inkrafttreten der vorliegenden Voordnung der Verordnung (EG) Nr. 1049/2001.

(2) Die Agentur kann von sich aus die Kommunikation in ihren Aufgabenbereichen übernehmen. Sie stellt insbesondere sicher, dass zusätzlich zu der Veröffentlichung nach Artikel 20 Absatz 2 Buchstabe b) die Öffentlichkeit und die betroffenen Kreise rasch objektive, zuverlässige und leicht verständliche Informationen über ihre Arbeit erhalten.

(3) Der Verwaltungsrat legt die praktischen Einzelheiten für die Anwendung der Absätze 1 und 2 fest.

(4) Jede natürliche oder juristische Person kann sich in jeder der in Artikel 314 des Vertrags genannten Sprachen schriftlich an die Agentur wenden. Sie hat Anspruch auf eine Antwort in der gleichen Sprache.

(5) Gegen die Entscheidungen der Agentur nach Artikel 8 der Verordnung (EG) Nr. 1049/2001 kann Beschwerde beim Bürgerbeauftragten oder Klage beim Gerichtshof der Europäischen Gemeinschaften nach Maßgabe der Artikel 195 bzw. 230 des Vertrags erhoben werden.

Kapitel IV. Finanzvorschriften

Art. 29 Haushaltsplan. (1) Die Einnahmen der Agentur umfassen unbeschadet anderer Finanzmittel
– einen Zuschuss der Gemeinschaft aus dem Gesamthaushaltsplan der Europäischen Union (Einzelplan Kommission);
– einen Beitrag der Länder, die bei der Umsetzung, Anwendung und Weiterentwicklung des Schengen-Besitzstands assoziiert sind;
– Gebühren für erbrachte Dienstleistungen;
– etwaige freiwillige Finanzbeiträge der Mitgliedstaaten.

(2) Die Ausgaben der Agentur umfassen die Ausgaben für Personal-, Verwaltungs-, Infrastruktur- und Betriebsaufwendungen.

(3) Der Exekutivdirektor stellt einen Voranschlag der Einnahmen und Ausgaben der Agentur für das kommende Haushaltsjahr auf und leitet ihn zusammen mit einem Stellenplan dem Verwaltungsrat zu.

(4) Einnahmen und Ausgaben sind auszugleichen.

(5) Der Verwaltungsrat verabschiedet den Voranschlag einschließlich des vorläufigen Stellenplans und des vorläufigen Arbeitsprogramms und übermittelt ihn zum 31. März der Kommission und den Ländern, die bei der Umsetzung, Anwendung und Weiterentwicklung des Schengen-Besitzstands assoziiert sind.

(6) Die Kommission übermittelt den Voranschlag zusammen mit dem Vorentwurf des Gesamthaushaltsplans der Europäischen Union dem Europäischen Parlament und dem Rat (im Folgenden „Haushaltsbehörde" genannt).

(7) Auf der Grundlage des Voranschlags setzt die Kommission die von ihr für den Stellenplan und den Betrag des Zuschusses aus dem Gesamthaushaltsplan für erforderlich erachteten Ansätze in den Vorentwurf des Gesamthaushaltsplans der Europäischen Union ein, den sie der Haushaltsbehörde nach Art. 272 des Vertrags vorlegt.

(8) Die Haushaltsbehörde bewilligt die Mittel für den Zuschuss an die Agentur.

Die Haushaltsbehörde stellt den Stellenplan der Agentur fest.

(9) Der Haushaltsplan der Agentur wird vom Verwaltungsrat festgestellt. Er wird dann endgültig, wenn der Gesamthaushaltsplan der Europäischen Union endgültig festgestellt ist. Er wird gegebenenfalls entsprechend angepasst.

(10) Alle Änderungen am Haushaltsplan, einschließlich des Stellenplans, unterliegen demselben Verfahren.

(11) Der Verwaltungsrat unterrichtet die Haushaltsbehörde schnellstmöglich über alle von ihm geplanten Vorhaben, die erhebliche finanzielle Auswirkungen auf die Finanzierung des Haushaltsplans haben könnten, was insbesondere für Immobilienvorhaben wie die Anmietung oder den Erwerb von Gebäuden gilt. Er setzt die Kommission sowie die Länder, die bei der Umsetzung, Anwendung und Weiterentwicklung des Schengen-Besitzstands assoziiert sind, von diesen Vorhaben in Kenntnis. Hat ein Teil der Haushaltsbehörde mitgeteilt, dass er eine Stellungnahme abgeben will, so übermittelt er

diese Stellungnahme dem Verwaltungsrat innerhalb von sechs Wochen nach der Unterrichtung über das Vorhaben.

Art. 30 Ausführung und Kontrolle des Haushaltsplans. (1) Der Exekutivdirektor führt den Haushaltsplan der Agentur aus.

(2) Spätestens zum 1. März nach dem Ende des Haushaltsjahrs übermittelt der Rechnungsführer der Agentur dem Rechnungsführer der Kommission die vorläufige Rechnung und den Bericht über die Haushaltsführung und das Finanzmanagement für das abgeschlossene Haushaltsjahr. Der Rechnungsführer der Kommission konsolidiert die vorläufigen Rechnungen der Organe und dezentralisierten Einrichtungen nach Artikel 128 der Verordnung (EG) Nr. 1605/2002 des Rates vom 25. Juni 2002 über die Haushaltsordnung für den Gesamthaushaltsplan der Europäischen Gemeinschaften (ABl. L 248 vom 16. 9. 2002 S. 1) (nachstehend „Haushaltsordnung" genannt).

(3) Spätestens zum 31. März nach dem Ende des Haushaltsjahrs übermittelt der Rechnungsführer der Kommission dem Rechnungshof die vorläufige Rechnung der Agentur und den Bericht über die Haushaltsführung und das Finanzmanagement für das abgeschlossene Haushaltsjahr. Dieser Bericht geht auch dem Europäischen Parlament und dem Rat zu.

(4) Nach Eingang der Bemerkungen des Rechnungshofs zu der vorläufigen Rechnung der Agentur nach Artikel 129 der Haushaltsordnung stellt der Direktor in eigener Verantwortung die endgültigen Jahresabschlüsse der Agentur auf und legt sie dem Verwaltungsrat zur Stellungnahme vor.

(5) Der Verwaltungsrat gibt eine Stellungnahme zu den endgültigen Jahresabschlüssen der Agentur ab.

(6) Spätestens zum 1. Juli des Folgejahres leitet der Exekutivdirektor die endgültigen Jahresabschlüsse zusammen mit der Stellungnahme des Verwaltungsrats der Kommission, dem Rechnungshof, dem Europäischen Parlament und dem Rat sowie den Ländern zu, die bei der Umsetzung, Anwendung und Weiterentwicklung des Schengen-Besitzstands assoziiert sind.

(7) Die endgültigen Jahresabschlüsse werden veröffentlicht.

(8) Der Direktor übermittelt dem Rechnungshof spätestens zum 30. September eine Antwort auf seine Bemerkungen. Diese Antwort geht auch dem Verwaltungsrat zu.

(9) Das Europäische Parlament erteilt dem Exekutivdirektor der Agentur auf Empfehlung des Rates vor dem 30. April des Jahres n+2 Entlastung zur Ausführung des Haushaltsplans für das Jahr n.

Art. 31 Betrugsbekämpfung. (1) Zur Bekämpfung von Betrug, Korruption und sonstigen rechtswidrigen Handlungen finden die Vorschriften der Verordnung (EG) Nr. 1073/1999 ohne Einschränkung Anwendung.

(2) Die Agentur tritt der Interinstitutionellen Vereinbarung vom 25. Mai 1999 bei und erlässt unverzüglich die entsprechenden Vorschriften, die für sämtliche Mitarbeiter der Agentur gelten.

(3) Die Finanzierungsbeschlüsse sowie die sich daraus ergebenden Durchführungsverträge und -instrumente sehen ausdrücklich vor, dass der Rechnungshof und das OLAF erforderlichenfalls eine Vor-Ort-Kontrolle bei den Empfängern der Mittel der Agentur sowie bei den verteilenden Stellen durchführen können.

Art. 32 Finanzregelung. Der Verwaltungsrat erlässt nach Anhörung der Kommission die für die Agentur geltende Finanzregelung. Diese darf von der Verordnung (EG, Euratom) Nr. 2343/2002 der Kommission (ABl. L 357 vom 31. 12. 2002 S. 72) betreffend die Rahmenfinanzregelung für Einrichtungen nach Artikel 185 der Haushaltsordnung nur abweichen, wenn dies für den Betrieb der Agentur speziell erforderlich ist und die Kommission zuvor ihre Zustimmung gegeben hat.

Kapitel V. Schlussbestimmungen

Art. 33 Bewertung. (1) Der Verwaltungsrat gibt binnen drei Jahren nach Tätigkeitsaufnahme der Agentur und danach alle fünf Jahre eine unabhängige externe Bewertung der Durchführung dieser Verordnung in Auftrag.

(2) Im Rahmen der Bewertung wird geprüft, wie effizient die Agentur ihren Auftrag erfüllt. Desgleichen werden der Nutzeffekt der Agentur und ihre Arbeitspraktiken beurteilt. Bei der Bewertung werden die Standpunkte der beteiligten Kreise auf europäischer und auf nationaler Ebene berücksichtigt.

Richtlinie 2004/114/EG   3.28. **Texte 5**

(3) Die Ergebnisse der Bewertung werden dem Verwaltungsrat übermittelt; dieser legt der Kommission Empfehlungen für Änderungen dieser Verordnung sowie für die Agentur und deren Arbeitspraktiken vor, die die Kommission zusammen mit ihrer Stellungnahme und geeigneten Vorschlägen dem Rat übermittelt. Gegebenenfalls ist ein Aktionsplan mit Zeitplan beizufügen. Die Ergebnisse und die Empfehlungen der Bewertung werden veröffentlicht.

Art. 34 Inkrafttreten. Diese Verordnung tritt am Tag nach ihrer Veröffentlichung im Amtsblatt der Europäischen Union in Kraft.

Die Agentur nimmt ihre Tätigkeit am 1. Mai 2005 auf.

Diese Verordnung ist in allen ihren Teilen verbindlich und gilt gemäß dem Vertrag zur Gründung der Europäischen Gemeinschaft unmittelbar in den Mitgliedstaaten.

3.28. Richtlinie 2004/114/EG des Rates über die Bedingungen für die Zulassung von Drittstaatsangehörigen zur Absolvierung eines Studiums oder zur Teilnahme an einem Schüleraustausch, einer unbezahlten Ausbildungsmaßnahme oder einem Freiwilligendienst

Vom 13. Dezember 2004 (ABl. L 375 vom 23. 12. 2004 S. 12)

Kapitel I. Allgemeine Bestimmungen

Art. 1 Gegenstand. Zweck dieser Richtlinie ist die Festlegung
a) der Bedingungen für die Zulassung von Drittstaatsangehörigen in das Hoheitsgebiet der Mitgliedstaaten für einen Zeitraum von mehr als drei Monaten zu Studienzwecken oder zur Teilnahme an einem Schüleraustausch, einer unbezahlten Ausbildungsmaßnahme oder einem Freiwilligendienst;
b) der Bestimmungen über die Verfahren, nach denen Drittstaatsangehörige in das Hoheitsgebiet der Mitgliedstaaten zu diesen Zwecken zugelassen werden.

Art. 2 Begriffsbestimmungen. Für die Zwecke dieser Richtlinie bezeichnet der Ausdruck
a) „Drittstaatsangehöriger" jede Person, die nicht Unionsbürger im Sinne von Artikel 17 Absatz 1 des Vertrags ist;
b) „Student" einen Drittstaatsangehörigen, der von einer höheren Bildungseinrichtung angenommen und in das Hoheitsgebiet eines Mitgliedstaats zugelassen wurde, um als Haupttätigkeit ein Vollzeitstudienprogramm zu absolvieren, das zu einem von dem Mitgliedstaat anerkannten höheren Abschluss wie einem Diplom, Zertifikat oder Doktorgrad von höheren Bildungseinrichtungen führt, einschließlich Vorbereitungskursen für diese Studien gemäß dem einzelstaatlichen Recht;
c) „Schüler" einen Drittstaatsangehörigen, der in das Hoheitsgebiet eines Mitgliedstaats zugelassen wurde, um im Rahmen eines Austauschprogramms, das von einer nach den Rechtsvorschriften oder der Verwaltungspraxis des Mitgliedstaats zu diesem Zweck anerkannten Organisation durchgeführt wird, ein anerkanntes Bildungsprogramm im Sekundarbereich zu absolvieren;
d) „unbezahlter Auszubildender" einen Drittstaatsangehörigen, der in das Hoheitsgebiet eines Mitgliedstaats für einen Zeitraum der unbezahlten Ausbildung gemäß dem einzelstaatlichen Recht zugelassen wurde;
e) „Einrichtung" eine öffentliche oder private Einrichtung, die von dem Aufnahmemitgliedstaat anerkannt ist und/oder deren Studienprogramme gemäß seinen Rechtsvorschriften oder seiner Verwaltungspraxis zu den in dieser Richtlinie genannten Zwecken anerkannt sind;
f) „Freiwilligendienst" ein Programm praktischer solidarischer Tätigkeit, das sich auf eine staatliche oder gemeinschaftliche Regelung stützt und allgemeinem Interesse verfolgt;
g) „Aufenthaltstitel" jede von den Behörden eines Mitgliedstaats ausgestellte Erlaubnis, die einen Drittstaatsangehörigen gemäß Artikel 1 Absatz 2 Buchstabe a) der Verordnung (EG) Nr. 1030/2002 zum rechtmäßigen Aufenthalt im Hoheitsgebiet des jeweiligen Mitgliedstaats berechtigt.

Art. 3 Anwendungsbereich. (1) Die Richtlinie gilt für Drittstaatsangehörige, die einen Antrag auf Zulassung ins Hoheitsgebiet eines Mitgliedstaats zu Studienzwecken stellen.

1369

Die Mitgliedstaaten können ferner beschließen, diese Richtlinie auf Drittstaatsangehörige anzuwenden, die einen Antrag auf Zulassung zur Teilnahme an einem Schüleraustausch, einer unbezahlten Ausbildungsmaßnahme oder einem Freiwilligendienst stellen.

(2) Diese Richtlinie findet keine Anwendung auf:
a) Drittstaatsangehörige, die sich als Asylbewerber oder im Rahmen eines subsidiären oder eines temporären Schutzes in einem Mitgliedstaat aufhalten;
b) Drittstaatsangehörige, deren Abschiebung aus faktischen oder rechtlichen Gründen ausgesetzt wurde;
c) Drittstaatsangehörige, die Familienangehörige von Unionsbürgern sind, die ihr Recht auf Freizügigkeit innerhalb der Gemeinschaft ausgeübt haben;
d) Drittstaatsangehörige, die in einem Mitgliedstaat über die Rechtsstellung als langfristig Aufenthaltsberechtigte im Sinne der Richtlinie 2003/109/EG des Rates vom 25. November 2003 über die Rechtsstellung der langfristig aufenthaltsberechtigten Drittstaatsangehörigen verfügen, und ihr Recht auf Aufenthalt in einem anderen Mitgliedstaat zur Absolvierung eines Studiums oder einer Berufsbildung ausüben.
e) Drittstaatsangehörige, die gemäß den einzelstaatlichen Rechtsvorschriften des betreffenden Mitgliedstaats als Arbeitnehmer oder Selbständige gelten.

Art. 4 Günstigere Bestimmungen. (1) Diese Richtlinie lässt günstigere Bestimmungen in
a) bi- oder multilateralen Übereinkünften zwischen der Gemeinschaft oder der Gemeinschaft und ihren Mitgliedstaaten einerseits und einem Drittstaat oder mehreren Drittstaaten andererseits; oder
b) bi- oder multilateralen Übereinkünften zwischen einem Mitgliedstaat oder mehreren Mitgliedstaaten und einem Drittstaat oder mehreren Drittstaaten unberührt.

(2) Diese Richtlinie hindert die Mitgliedstaaten nicht daran, günstigere innerstaatliche Bestimmungen für die Personen, auf die sie Anwendung findet, beizubehalten oder einzuführen.

Kapitel II. Zulassungsbedingungen

Art. 5 Grundsatz. Ein Drittstaatsangehöriger wird nach dieser Richtlinie nur dann zugelassen, wenn sich nach Prüfung der Unterlagen zeigt, dass er die Bedingungen der Artikel 6 und – je nach Kategorie – der Artikel 7, 8, 9, 10 oder 11 erfüllt.

Art. 6 Allgemeine Bedingungen. (1) Ein Drittstaatsangehöriger, der die Zulassung zu den in den Artikeln 7 bis 11 genannten Zwecken beantragt, muss folgende Bedingungen erfüllen:
a) Er muss ein nach einzelstaatlichem Recht gültiges Reisedokument vorlegen. Die Mitgliedstaaten können verlangen, dass die Geltungsdauer des Reisedokuments mindestens die Dauer des geplanten Aufenthalts abdeckt.
b) Sofern er nach dem einzelstaatlichen Recht des Aufnahmemitgliedstaats minderjährig ist, muss er eine Erlaubnis der Eltern für den geplanten Aufenthalt vorlegen.
c) Er muss über eine Krankenversicherung verfügen, die sich auf alle Risiken erstreckt, die normalerweise in dem betreffenden Mitgliedstaat für die eigenen Staatsangehörigen abgedeckt sind.
d) Er darf nicht als eine Bedrohung für die öffentliche Ordnung, Sicherheit oder Gesundheit betrachtet werden.
e) Er muss auf Verlangen des Mitgliedstaats einen Nachweis über die Zahlung der Gebühr für die Bearbeitung des Antrags nach Artikel 20 erbringen.

(2) Die Mitgliedstaaten erleichtern das Zulassungsverfahren für die in den Artikeln 7 bis 11 bezeichneten Drittstaatsangehörigen, die an Gemeinschaftsprogrammen zur Förderung der Mobilität in die Gemeinschaft oder innerhalb der Gemeinschaft teilnehmen.

Art. 7 Besondere Bedingungen für Studenten. (1) Ein Drittstaatsangehöriger, der die Zulassung zu Studienzwecken beantragt, muss zusätzlich zu den allgemeinen Bedingungen des Artikels 6 folgende Bedingungen erfüllen:
a) Er muss von einer höheren Bildungseinrichtung zu einem Studienprogramm zugelassen worden sein.
b) Er muss den von einem Mitgliedstaat verlangten Nachweis erbringen, dass er während seines Aufenthalts über die nötigen Mittel verfügt, um die Kosten für seinen Unterhalt, das Studium und die Rückreise zu tragen. Die Mitgliedstaaten geben bekannt, welchen Mindestbetrag sie als monat-

lich erforderliche Mittel im Sinne dieser Bestimmung unbeschadet einer Prüfung im Einzelfall vorschreiben.
c) Er muss auf Verlangen des Mitgliedstaats eine hinreichende Kenntnis der Sprache nachweisen, in der das Studienprogramm, an dem er teilnehmen möchte, erteilt wird.
d) Er muss auf Verlangen des Mitgliedstaats nachweisen, dass er die von der Einrichtung geforderten Gebühren entrichtet hat.

(2) Für Studenten, die mit ihrer Einschreibung bei einer Einrichtung automatisch über eine Krankenversicherung verfügen, die sich auf alle Risiken erstreckt, die normalerweise in dem betreffenden Mitgliedstaat für die eigenen Staatsangehörigen abgedeckt sind, gilt die Vermutung, dass sie die Bedingung des Artikels 6 Absatz 1 Buchstabe c) erfüllen.

Art. 8 Mobilität der Studenten. (1) Ein Drittstaatsangehöriger, der bereits als Student zugelassen wurde und einen Teil seiner bereits begonnenen Studien in einem anderen Mitgliedstaat fortführen oder sie durch verwandte Studien in einem anderen Mitgliedstaat ergänzen möchte, erhält von diesem anderen Mitgliedstaat unbeschadet des Artikels 12 Absatz 2, des Artikels 16 und des Artikels 18 Absatz 2 eine Zulassung innerhalb eines Zeitraums, der ihn nicht daran hindert, die entsprechenden Studien fortzuführen, und gleichzeitig den zuständigen Behörden ausreichend Zeit zur Bearbeitung des Antrags lässt, wenn er
a) die Bedingungen der Artikel 6 und 7 im Verhältnis zu diesem Mitgliedstaat erfüllt und
b) mit seinem Antrag auf Zulassung ein vollständiges Dossier über seine akademische Laufbahn übermittelt und nachweist, dass das neue Studienprogramm, das er absolvieren möchte, das von ihm bereits abgeschlossene Studienprogramm tatsächlich ergänzt, und
c) an einem gemeinschaftlichen oder bilateralen Austauschprogramm teilnimmt oder in einem Mitgliedstaat als Student für die Dauer von mindestens zwei Jahren zugelassen wurde.

(2) Die in Absatz 1 genannten Anforderungen gelten nicht, wenn der Student im Rahmen seines Studienprogramms verpflichtet ist, einen Teil seines Studiums in einer Bildungseinrichtung eines anderen Mitgliedstaats zu absolvieren.

(3) Die zuständigen Behörden des ersten Mitgliedstaats erteilen auf Antrag der zuständigen Behörden des zweiten Mitgliedstaats sachdienliche Informationen über den Aufenthalt des Studenten im Hoheitsgebiet des ersten Mitgliedstaats.

Art. 9 Besondere Bedingungen für Schüler. (1) Vorbehaltlich des Artikels 3 muss ein Drittstaatsangehöriger, der die Zulassung zu einem Schüleraustauschprogramm beantragt, zusätzlich zu den allgemeinen Bedingungen des Artikels 6 folgende Bedingungen erfüllen:
a) Er darf das von dem betreffenden Mitgliedstaat festgelegte Mindestalter nicht unter- und das Höchstalter nicht überschreiten.
b) Er muss nachweisen, dass er von einer Bildungseinrichtung des Sekundarbereichs angenommen worden ist.
c) Er muss einen Nachweis über die Teilnahme an einem anerkannten Schüleraustauschprogramm erbringen, das von einer nach den Rechtsvorschriften oder der Verwaltungspraxis des betreffenden Mitgliedstaats zu diesem Zweck anerkannten Organisation durchgeführt wird.
d) Er muss den Nachweis erbringen, dass die Schüleraustauschorganisation die Verantwortung für ihn während seines gesamten Aufenthalts auf dem Hoheitsgebiet des betreffenden Mitgliedstaats, insbesondere für die Aufenthalts-, Unterrichts-, Gesundheits- und Rückreisekosten übernimmt.
e) Er muss während des gesamten Aufenthalts bei einer Familie untergebracht sein, die die von dem betreffenden Mitgliedstaat festgelegten Bedingungen erfüllt und entsprechend den Vorschriften des Schüleraustauschprogramms, an dem er teilnimmt, ausgewählt wurde.

(2) Die Mitgliedstaaten können die Zulassung von Schülern, die an einem Austauschprogramm teilnehmen, auf Staatsangehörige von Drittstaaten beschränken, die ihren eigenen Staatsangehörigen ebenfalls eine solche Möglichkeit einräumen.

Art. 10 Besondere Bedingungen für unbezahlte Auszubildende. Vorbehaltlich des Artikels 3 muss ein Drittstaatsangehöriger, der die Zulassung als unbezahlter Auszubildender beantragt, zusätzlich zu den allgemeinen Bedingungen des Artikel 6 folgende Bedingungen erfüllen:
a) Er muss eine gegebenenfalls von der zuständigen Behörde des betreffenden Mitgliedstaats nach dessen Rechtsvorschriften oder dessen Verwaltungspraxis genehmigte Ausbildungsvereinbarung über die Teilnahme an einer unbezahlten Ausbildungsmaßnahme in einem privaten oder öffent-

lichen Unternehmen oder einer öffentlichen oder privaten Berufsbildungseinrichtung, die von dem betreffenden Mitgliedstaat nach seinen Rechtsvorschriften oder seiner Verwaltungspraxis anerkannt ist, unterzeichnet haben.
b) Er muss den von einem Mitgliedstaat verlangten Nachweis erbringen, dass er während seines Aufenthalts über die nötigen Mittel verfügt, um die Kosten für seinen Unterhalt, die Ausbildungsmaßnahme und die Rückreise zu tragen. Die Mitgliedstaaten geben bekannt, welchen Mindestbetrag sie als monatlich erforderliche Mittel im Sinne dieser Bestimmung unbeschadet einer Prüfung im Einzelfall vorschreiben.
c) Er muss auf Verlangen des Mitgliedstaats an einer Sprachgrundausbildung teilnehmen, um die erforderlichen Kenntnisse für die Absolvierung der Ausbildungsmaßnahme zu erwerben.

Art. 11 Besondere Bedingungen für Freiwillige. Vorbehaltlich des Artikels 3 muss ein Drittstaatsangehöriger, der die Zulassung zu einem Freiwilligenprogramm beantragt, zusätzlich zu den allgemeinen Bedingungen des Artikels 6 folgende Bedingungen erfüllen:
a) Er darf das von dem betreffenden Mitgliedstaat festgelegte Mindestalter nicht unter- und das Höchstalter nicht überschreiten.
b) Er muss eine Vereinbarung mit der Organisation vorlegen, die in dem betreffenden Mitgliedstaat für das Freiwilligenprogramm zuständig ist, an dem er teilnimmt; die Vereinbarung muss Folgendes enthalten: eine Aufgabenbeschreibung, Angaben darüber, wie der Freiwillige bei der Erfüllung dieser Aufgaben beaufsichtigt wird, Angaben über seine Arbeitszeit und die ihm während seines gesamten Aufenthalts zur Verfügung stehenden Mittel für Reise, Verpflegung, Unterkunft und Taschengeld sowie gegebenenfalls eine Beschreibung der Ausbildung, die er erhält, damit er seine Aufgaben ordnungsgemäß durchführen kann.
c) Er muss nachweisen, dass die Organisation, die für das Freiwilligenprogramm, an dem er teilnimmt, zuständig ist, eine Haftpflichtversicherung für seine Tätigkeiten abgeschlossen hat und die vollständige Verantwortung für ihn während seines gesamten Aufenthalts insbesondere für die Aufenthalts-, Gesundheits- und Rückreisekosten übernimmt und
d) falls der Aufnahmemitgliedstaat dies ausdrücklich verlangt, muss er an einer Einführung in Sprache und Geschichte sowie in die politischen und sozialen Strukturen dieses Mitgliedstaats teilnehmen.

Kapitel III. Aufenthaltstitel

Art. 12 Aufenthaltstitel für Studenten. (1) Der Aufenthaltstitel wird dem Studenten für mindestens ein Jahr erteilt und kann verlängert werden, wenn der Inhaber die Bedingungen der Artikel 6 und 7 weiterhin erfüllt. Beträgt die Dauer des Studienprogramms weniger als ein Jahr, so wird der Aufenthaltstitel für die Dauer dieses Programms erteilt.

(2) Unbeschadet des Artikels 16 kann ein Aufenthaltstitel in den Fällen nicht verlängert oder entzogen werden, in denen der Inhaber
a) die Beschränkungen seines Zugangs zur Erwerbstätigkeit gemäß Artikel 17 dieser Richtlinie nicht einhält;
b) keine ausreichenden Studienfortschritte gemäß dem einzelstaatlichen Recht oder der einzelstaatlichen Verwaltungspraxis macht.

Art. 13 Aufenthaltstitel für Schüler. Ein Aufenthaltstitel für Schüler wird für die Dauer von höchstens einem Jahr ausgestellt.

Art. 14 Aufenthaltstitel für unbezahlte Auszubildende. Der Aufenthaltstitel für unbezahlte Auszubildende wird für die Dauer der unbezahlten Ausbildung oder höchstens für ein Jahr ausgestellt. In Ausnahmefällen kann die Gültigkeitsdauer ein Mal für ausschließlich den Zeitraum verlängert werden, der zum Erwerb eines nach den Rechtsvorschriften oder der Verwaltungspraxis des betreffenden Mitgliedstaats anerkannten beruflichen Abschlusses erforderlich ist, sofern der Inhaber des Aufenthaltstitels die Bedingungen nach den Artikeln 6 und 11 weiterhin erfüllt.

Art. 15 Aufenthaltstitel für Freiwillige. Ein Aufenthaltstitel für Freiwillige wird nur für die Dauer von höchstens einem Jahr ausgestellt. In Ausnahmefällen, wenn das entsprechende Programm länger als ein Jahr dauert, kann der Aufenthaltstitel für die Dauer des Programms erteilt werden.

Art. 16 Entziehung oder Nichtverlängerung von Aufenthaltstiteln. (1) Die Mitgliedstaaten können einen auf der Grundlage dieser Richtlinie ausgestellten Aufenthaltstitel entziehen oder dessen Verlängerung ablehnen, wenn er auf betrügerische Weise erworben wurde oder wenn sich zeigt, dass der Inhaber die Bedingungen für die Einreise und den Aufenthalt des Artikels 6 sowie – je nach Kategorie – der Artikel 7 bis 11 nicht erfüllt oder nicht mehr erfüllt.

(2) Die Mitgliedstaaten können Aufenthaltstitel aus Gründen der öffentlichen Ordnung, Sicherheit oder Gesundheit entziehen oder deren Verlängerung ablehnen.

Kapitel IV. Behandlung der betreffenden Drittstaatsangehörigen

Art. 17 Erwerbstätigkeit von Studenten. (1) Außerhalb ihrer Studienzeiten sind Studenten vorbehaltlich der Regeln und Bedingungen für die jeweilige Tätigkeit im Aufnahmemitgliedstaat berechtigt, eine Anstellung anzunehmen, und ihnen kann die Berechtigung erteilt werden, einer selbständigen Erwerbstätigkeit nachzugehen. Dabei kann die Lage auf dem Arbeitsmarkt des betreffenden Mitgliedstaats berücksichtigt werden.

Falls erforderlich erteilen die Mitgliedstaaten den Studenten und/oder Arbeitgebern zuvor eine Erlaubnis gemäß dem nationalen Recht.

(2) Der einzelne Mitgliedstaat legt fest, wie viele Stunden pro Woche oder wie viele Tage bzw. Monate pro Jahr eine solche Tätigkeit maximal ausgeübt werden darf; diese Obergrenze darf 10 Stunden pro Woche oder eine entsprechende Zahl von Tagen bzw. Monaten pro Jahr nicht unterschreiten.

(3) Der Aufnahmemitgliedstaat kann den Zugang zur Erwerbstätigkeit im ersten Jahr des Aufenthalts beschränken.

(4) Die Mitgliedstaaten können verlangen, dass die Studenten die Aufnahme einer Erwerbstätigkeit einer von den Mitgliedstaaten bestimmten Behörde, sei es im Voraus oder anderweitig, melden. Eine Meldepflicht, im Voraus oder anderweitig, kann auch ihren Arbeitgebern auferlegt werden.

Kapitel V. Verfahren und Transparenz

Art. 18 Verfahrensgarantien und Transparenz. (1) Entscheidungen über Anträge auf Erteilung oder Verlängerung eines Aufenthaltstitels werden innerhalb eines solchen Zeitraums getroffen und dem Antragsteller mitgeteilt, der diesen nicht daran hindert, die entsprechenden Studien zu absolvieren und gleichzeitig den zuständigen Behörden ausreichend Zeit zur Bearbeitung des Antrags lässt.

(2) Sind die Unterlagen zur Begründung des Antrags unzureichend, so kann die Prüfung des Antrags ausgesetzt werden, und die zuständigen Behörden teilen dem Antragsteller mit, welche zusätzlichen Informationen sie benötigen.

(3) Jede Entscheidung, mit der ein Antrag auf Erteilung eines Aufenthaltstitels abgelehnt wird, wird dem betroffenen Drittstaatsangehörigen nach den Zustellungsverfahren gemäß dem einschlägigen einzelstaatlichen Recht bekannt gegeben. Hierbei ist anzugeben, welche Rechtsbehelfe gegeben sind und innerhalb welcher Frist ein Rechtsbehelf einzulegen ist.

(4) Wird ein Antrag abgelehnt oder ein gemäß dieser Richtlinie erteilter Aufenthaltstitel entzogen, so ist der betroffenen Person das Recht einzuräumen, vor den öffentlichen Stellen des betreffenden Mitgliedstaats einen Rechtsbehelf einzulegen.

Art. 19 Beschleunigtes Verfahren zur Ausstellung von Aufenthaltstiteln oder Visa für Studenten und Schüler. Zwischen der Behörde eines Mitgliedstaats, die für die Einreise und den Aufenthalt von Studenten oder Schülern mit Drittstaatsangehörigkeit verantwortlich ist, und einer höheren Bildungseinrichtung oder einer Organisation, die Schüleraustauschprogramme durchführt und nach den Rechtsvorschriften oder der Verwaltungspraxis des betreffenden Mitgliedstaats zu diesem Zweck anerkannt ist, kann eine Vereinbarung über ein beschleunigtes Zulassungsverfahren geschlossen werden, in dessen Rahmen Aufenthaltstitel oder Visa für den betreffenden Drittstaatsangehörigen ausgestellt werden.

Art. 20 Gebühren. Die Mitgliedstaaten können von den Antragstellern verlangen, dass sie für die Bearbeitung der Anträge gemäß dieser Richtlinie Gebühren entrichten.

Kapitel VI. Schlussbestimmungen

Art. 21 Berichterstattung. Die Kommission erstattet dem Europäischen Parlament und dem Rat regelmäßig und zum ersten Mal bis zum 12. Januar 2010 Bericht über die Anwendung dieser Richtlinie in den Mitgliedstaaten und schlägt gegebenenfalls Änderungen vor.

Art. 22 Umsetzung. Die Mitgliedstaaten erlassen die Rechts- und Verwaltungsvorschriften, die erforderlich sind, um dieser Richtlinie bis zum 12. Januar 2007 nachzukommen. Sie unterrichten die Kommission unverzüglich davon.

Wenn die Mitgliedstaaten diese Vorschriften erlassen, nehmen sie in den Vorschriften selbst oder durch einen Hinweis bei der amtlichen Veröffentlichung auf diese Richtlinie Bezug. Die Mitgliedstaaten regeln die Einzelheiten der Bezugnahme.

Art. 23 Übergangsbestimmung. Abweichend von den Bestimmungen des Kapitels III sind die Mitgliedstaaten für eine Dauer von bis zu zwei Jahren nach dem in Artikel 22 genannten Datum nicht verpflichtet, Genehmigungen im Sinne dieser Richtlinie in Form von Aufenthaltstiteln auszustellen.

Art. 24 Fristen. Unbeschadet des Artikels 4 Absatz 2 Unterabsatz 2 der Richtlinie 2003/109/EG sind die Mitgliedstaaten nicht verpflichtet, die Zeit, in der sich der Student, Austauschschüler, unbezahlte Auszubildende oder Freiwillige in dieser Eigenschaft in ihrem Hoheitsgebiet aufgehalten hat, bei der Gewährung weiterer Rechte nach Maßgabe der einzelstaatlichen Rechtsvorschriften an die betroffenen Drittstaatsangehörigen anzurechnen.

Art. 25 Inkrafttreten. Diese Richtlinie tritt am zwanzigsten Tag nach ihrer Veröffentlichung im Amtsblatt der Europäischen Union in Kraft.

Art. 26 Adressaten. Diese Richtlinie ist gemäß dem Vertrag zur Gründung der Europäischen Gemeinschaft an die Mitgliedstaaten gerichtet.

4.1. Gesetz über den Aufenthalt, die Erwerbstätigkeit und die Integration von Ausländern im Bundesgebiet (Aufenthaltsgesetz – AufenthG)

Vom 30. Juli 2004 (BGBl. I 1950), zuletzt geändert durch Gesetz vom 21. Juni 2005 (BGBl. I 1818)

Inhaltsübersicht

§§

Kapitel 1. Allgemeine Bestimmungen

Zweck des Gesetzes; Anwendungsbereich	1
Begriffsbestimmungen	2

Kapitel 2. Einreise und Aufenthalt im Bundesgebiet
Abschnitt 1. Allgemeines

Passpflicht	3
Erfordernis eines Aufenthaltstitels	4
Allgemeine Erteilungsvoraussetzungen	5
Visum	6
Aufenthaltserlaubnis	7
Verlängerung der Aufenthaltserlaubnis	8
Niederlassungserlaubnis	9
Aufenthaltstitel bei Asylantrag	10
Einreise- und Aufenthaltsverbot	11
Geltungsbereich; Nebenbestimmungen	12

	§§
Abschnitt 2. Einreise	
Grenzübertritt	13
Unerlaubte Einreise; Ausnahme-Visum	14
Zurückweisung	15
Verteilung unerlaubt eingereister Ausländer	15 a
Abschnitt 3. Aufenthalt zum Zweck der Ausbildung	
Studium; Sprachkurse; Schulbesuch	16
Sonstige Ausbildungszwecke	17
Abschnitt 4. Aufenthalt zum Zweck der Erwerbstätigkeit	
Beschäftigung	18
Niederlassungserlaubnis für Hochqualifizierte	19
(weggefallen)	20
Selbständige Tätigkeit	21
Abschnitt 5. Aufenthalt aus völkerrechtlichen, humanitären oder politischen Gründen	
Aufnahme aus dem Ausland	22
Aufenthaltsgewährung durch die obersten Landesbehörden	23
Aufenthaltsgewährung in Härtefällen	23 a
Aufenthaltsgewährung zum vorübergehenden Schutz	24
Aufenthalt aus humanitären Gründen	25
Dauer des Aufenthalts	26
Abschnitt 6. Aufenthalt aus familiären Gründen	
Grundsatz des Familiennachzugs	27
Familiennachzug zu Deutschen	28
Familiennachzug zu Ausländern	29
Ehegattennachzug	30
Eigenständiges Aufenthaltsrecht der Ehegatten	31
Kindernachzug	32
Geburt eines Kindes im Bundesgebiet	33
Aufenthaltsrecht der Kinder	34
Eigenständiges, unbefristetes Aufenthaltsrecht der Kinder	35
Nachzug sonstiger Familienangehöriger	36
Abschnitt 7. Besondere Aufenthaltsrechte	
Recht auf Wiederkehr	37
Aufenthaltstitel für ehemalige Deutsche	38
Abschnitt 8. Beteiligung der Bundesagentur für Arbeit	
Zustimmung zur Ausländerbeschäftigung	39
Versagungsgründe	40
Widerruf der Zustimmung	41
Verordnungsermächtigung und Weisungsrecht	42
Kapitel 3. Förderung der Integration	
Integrationskurs	43
Berechtigung zur Teilnahme an einem Integrationskurs	44
Verpflichtung zur Teilnahme an einem Integrationskurs	44 a
Integrationsprogramm	45
Kapitel 4. Ordnungsrechtliche Vorschriften	
Ordnungsverfügungen	46
Verbot und Beschränkung der politischen Betätigung	47
Ausweisrechtliche Pflichten	48
Fundpapier-Datenbank	49 a
Inhalt der Fundpapier-Datenbank	49 b

5 Texte 4.1.

	§§
Kapitel 5. Beendigung des Aufenthalts	
Abschnitt 1. Begründung der Ausreisepflicht	
Ausreisepflicht	50
Beendigung der Rechtmäßigkeit des Aufenthalts; Fortgeltung von Beschränkungen	51
Widerruf	52
Zwingende Ausweisung	53
Ausweisung im Regelfall	54
Überwachung ausgewiesener Ausländer aus Gründen der inneren Sicherheit	54 a
Ermessensausweisung	55
Besonderer Ausweisungsschutz	56
Abschnitt 2. Durchsetzung der Ausreisepflicht	
Zurückschiebung	57
Abschiebung	58
Abschiebungsanordnung	58 a
Androhung der Abschiebung	59
Verbot der Abschiebung	60
Vorübergehende Aussetzung der Abschiebung (Duldung)	60 a
Räumliche Beschränkung; Ausreiseeinrichtungen	61
Abschiebungshaft	62
Kapitel 6. Haftung und Gebühren	
Pflichten der Beförderungsunternehmer	63
Rückbeförderungspflicht der Beförderungsunternehmer	64
Pflichten der Flughafenunternehmer	65
Kostenschuldner; Sicherheitsleistung	66
Umfang der Kostenhaftung	67
Haftung für Lebensunterhalt	68
Gebühren	69
Verjährung	70
Kapitel 7. Verfahrensvorschriften	
Abschnitt 1. Zuständigkeiten	
Zuständigkeit	71
Beteiligungserfordernisse	72
Sonstige Beteiligungserfordernisse im Visumverfahren und bei der Erteilung von Aufenthaltstiteln	73
Beteiligung des Bundes; Weisungsbefugnis	74
Abschnitt 2. Bundesamt für Migration und Flüchtlinge	
Aufgaben	75
(weggefallen)	76
Abschnitt 3. Verwaltungsverfahren	
Schriftform; Ausnahme von Formerfordernissen	77
Vordrucke für Aufenthaltstitel, Ausweisersatz und Bescheinigungen	78
Entscheidung über den Aufenthalt	79
Handlungsfähigkeit Minderjähriger	80
Beantragung des Aufenthaltstitels	81
Mitwirkung des Ausländers	82
Beschränkung der Anfechtbarkeit	83
Wirkungen von Widerspruch und Klage	84
Berechnung von Aufenthaltszeiten	85
Abschnitt 4. Datenübermittlung und Datenschutz	
Erhebung personenbezogener Daten	86
Übermittlungen an Ausländerbehörden	87
Übermittlungen bei besonderen gesetzlichen Verwendungsregelungen	88
Verfahren bei identitätssichernden und -feststellenden Maßnahmen	89
Verfahrensvorschriften für die Fundpapier-Datenbank	89 a
Übermittlungen durch Ausländerbehörden	90

Aufenthaltsgesetz 4.1. **Texte 5**

	§§
Speicherung und Löschung personenbezogener Daten	91
Register zum vorübergehenden Schutz	91 a
Datenübermittlung durch das Bundesamt für Migration und Flüchtlinge als nationale Kontaktstelle	91 b

Kapitel 8. Beauftragte für Migration, Flüchtlinge und Integration

Amt der Beauftragten	92
Aufgaben	93
Amtsbefugnisse	94

Kapitel 9. Straf- und Bußgeldvorschriften

Strafvorschriften	95
Einschleusen von Ausländern	96
Einschleusen mit Todesfolge; gewerbs- und bandenmäßiges Einschleusen	97
Bußgeldvorschriften	98

Kapitel 10. Verordnungsermächtigungen; Übergangs- und Schlussvorschriften

Verordnungsermächtigung	99
Sprachliche Anpassung	100
Fortgeltung bisheriger Aufenthaltsrechte	101
Fortgeltung ausländerrechtlicher Maßnahmen und Anrechnung	102
Anwendung bisherigen Rechts	103
Übergangsregelungen	104
Fortgeltung von Arbeitsgenehmigungen	105
Einschränkung von Grundrechten	106
Stadtstaatenklausel	107

Kapitel 1. Allgemeine Bestimmungen

§ 1 Zweck des Gesetzes; Anwendungsbereich. (1) Das Gesetz dient der Steuerung und Begrenzung des Zuzugs von Ausländern in die Bundesrepublik Deutschland. Es ermöglicht und gestaltet Zuwanderung unter Berücksichtigung der Aufnahme- und Integrationsfähigkeit sowie der wirtschaftlichen und arbeitsmarktpolitischen Interessen der Bundesrepublik Deutschland. Das Gesetz dient zugleich der Erfüllung der humanitären Verpflichtungen der Bundesrepublik Deutschland. Es regelt hierzu die Einreise, den Aufenthalt, die Erwerbstätigkeit und die Förderung der Integration von Ausländern. Die Regelungen in anderen Gesetzen bleiben unberührt.

(2) Dieses Gesetz findet keine Anwendung auf Ausländer,
1. deren Rechtsstellung von dem Gesetz über die allgemeine Freizügigkeit von Unionsbürgern geregelt ist, soweit nicht durch Gesetz etwas anderes bestimmt ist,
2. die nach Maßgabe der §§ 18 bis 20 des Gerichtsverfassungsgesetzes nicht der deutschen Gerichtsbarkeit unterliegen,
3. soweit sie nach Maßgabe völkerrechtlicher Verträge für den diplomatischen und konsularischen Verkehr und für die Tätigkeit internationaler Organisationen und Einrichtungen von Einwanderungsbeschränkungen, von der Verpflichtung, ihren Aufenthalt der Ausländerbehörde anzuzeigen und dem Erfordernis eines Aufenthaltstitels befreit sind und wenn Gegenseitigkeit besteht, sofern die Befreiungen davon abhängig gemacht werden können.

§ 2 Begriffsbestimmungen. (1) Ausländer ist jeder, der nicht Deutscher im Sinne des Artikels 116 Abs. 1 des Grundgesetzes ist.

(2) Erwerbstätigkeit ist die selbständige Tätigkeit und die Beschäftigung im Sinne von § 7 des Vierten Buches Sozialgesetzbuch.

(3) Der Lebensunterhalt eines Ausländers ist gesichert, wenn er ihn einschließlich ausreichenden Krankenversicherungsschutzes ohne Inanspruchnahme öffentlicher Mittel bestreiten kann. Dabei bleiben das Kindergeld und Erziehungsgeld sowie öffentliche Mittel außer Betracht, die auf Beitragsleis-

1377

tungen beruhen oder die gewährt werden, um den Aufenthalt im Bundesgebiet zu ermöglichen. Bei der Erteilung oder Verlängerung einer Aufenthaltserlaubnis zum Familiennachzug werden Beiträge der Familienangehörigen zum Haushaltseinkommen berücksichtigt.

(4) Als ausreichender Wohnraum wird nicht mehr gefordert, als für die Unterbringung eines Wohnungssuchenden in einer öffentlich geförderten Sozialmietwohnung genügt. Der Wohnraum ist nicht ausreichend, wenn er den auch für Deutsche geltenden Rechtsvorschriften hinsichtlich Beschaffenheit und Belegung nicht genügt. Kinder bis zur Vollendung des zweiten Lebensjahres werden bei der Berechnung des für die Familienunterbringung ausreichenden Wohnraumes nicht mitgezählt.

(5) Ein Schengen-Visum ist der einheitliche Sichtvermerk nach Maßgabe der als Schengen-Besitzstand in das Gemeinschaftsrecht überführten Bestimmungen (ABl. EG 2000 Nr. L 239 S. 1) und der nachfolgend ergangenen Rechtsakte.

(6) Vorübergehender Schutz im Sinne dieses Gesetzes ist die Aufenthaltsgewährung in Anwendung der Richtlinie 2001/55/EG des Rates vom 20. Juli 2001 über Mindestnormen für die Gewährung vorübergehenden Schutzes im Falle eines Massenzustroms von Vertriebenen und Maßnahmen zur Förderung einer ausgewogenen Verteilung der Belastungen, die mit der Aufnahme dieser Personen und den Folgen dieser Aufnahme verbunden sind, auf die Mitgliedstaaten (ABl. EG Nr. L 212 S. 12).

Kapitel 2. Einreise und Aufenthalt im Bundesgebiet

Abschnitt 1. Allgemeines

§ 3 Passpflicht. (1) Ausländer dürfen nur in das Bundesgebiet einreisen oder sich darin aufhalten, wenn sie einen anerkannten und gültigen Pass oder Passersatz besitzen, sofern sie von der Passpflicht nicht durch Rechtsverordnung befreit sind.

(2) Das Bundesministerium des Innern oder die von ihm bestimmte Stelle kann in begründeten Einzelfällen vor der Einreise des Ausländers für den Grenzübertritt und einen anschließenden Aufenthalt von bis zu sechs Monaten Ausnahmen von der Passpflicht zulassen.

§ 4 Erfordernis eines Aufenthaltstitels. (1) Ausländer bedürfen für die Einreise und den Aufenthalt im Bundesgebiet eines Aufenthaltstitels, sofern nicht durch Recht der Europäischen Union oder durch Rechtsverordnung etwas anderes bestimmt ist oder auf Grund des Abkommens vom 12. September 1963 zur Gründung einer Assoziation zwischen der Europäischen Wirtschaftsgemeinschaft und der Türkei (BGBl. 1964 II S. 509) (Assoziationsabkommen EWG/Türkei) ein Aufenthaltsrecht besteht. Die Aufenthaltstitel werden erteilt als
1. Visum (§ 6),
2. Aufenthaltserlaubnis (§ 7) oder
3. Niederlassungserlaubnis (§ 9).

(2) Ein Aufenthaltstitel berechtigt zur Ausübung einer Erwerbstätigkeit, sofern es nach diesem Gesetz bestimmt ist oder der Aufenthaltstitel die Ausübung der Erwerbstätigkeit ausdrücklich erlaubt. Jeder Aufenthaltstitel muss erkennen lassen, ob die Ausübung einer Erwerbstätigkeit erlaubt ist. Einem Ausländer, der keine Aufenthaltserlaubnis zum Zweck der Beschäftigung besitzt, kann die Ausübung einer Beschäftigung nur erlaubt werden, wenn die Bundesagentur für Arbeit zugestimmt hat oder durch Rechtsverordnung bestimmt ist, dass die Ausübung der Beschäftigung ohne Zustimmung der Bundesagentur für Arbeit zulässig ist. Beschränkungen bei der Erteilung der Zustimmung durch die Bundesagentur für Arbeit sind in den Aufenthaltstitel zu übernehmen.

(3) Ausländer dürfen eine Beschäftigung nur ausüben, wenn der Aufenthaltstitel es erlaubt, und von Arbeitgebern nur beschäftigt werden, wenn sie über einen solchen Aufenthaltstitel verfügen. Dies gilt nicht, wenn dem Ausländer auf Grund einer zwischenstaatlichen Vereinbarung, eines Gesetzes oder einer Rechtsverordnung die Erwerbstätigkeit ohne den Besitz eines Aufenthaltstitels gestattet ist.

(4) Eines Aufenthaltstitels bedürfen auch Ausländer, die als Besatzungsmitglieder eines Seeschiffes tätig sind, das berechtigt ist, die Bundesflagge zu führen.

(5) Ein Ausländer, dem nach dem Assoziationsabkommen EWG/Türkei ein Aufenthaltsrecht zusteht, ist verpflichtet, das Bestehen des Aufenthaltsrechts durch den Besitz einer Aufenthaltserlaubnis nachzuweisen. Die Aufenthaltserlaubnis wird auf Antrag ausgestellt.

Aufenthaltsgesetz 4.1. **Texte 5**

§ 5 Allgemeine Erteilungsvoraussetzungen. (1) Die Erteilung eines Aufenthaltstitels setzt in der Regel voraus, dass die Passpflicht nach § 3 erfüllt wird und
1. der Lebensunterhalt gesichert ist,
1 a. die Identität und, falls er nicht zur Rückkehr in einen anderen Staat berechtigt ist, die Staatsangehörigkeit des Ausländers geklärt ist,
2. kein Ausweisungsgrund vorliegt und
3. soweit kein Anspruch auf Erteilung eines Aufenthaltstitels besteht, der Aufenthalt des Ausländers nicht aus einem sonstigen Grund Interessen der Bundesrepublik Deutschland beeinträchtigt oder gefährdet.

(2) Des Weiteren setzt die Erteilung einer Aufenthaltserlaubnis oder einer Niederlassungserlaubnis voraus, dass der Ausländer
1. mit dem erforderlichen Visum eingereist ist und
2. die für die Erteilung maßgeblichen Angaben bereits im Visumantrag gemacht hat.

Hiervon kann abgesehen werden, wenn die Voraussetzungen eines Anspruchs auf Erteilung erfüllt sind oder es auf Grund besonderer Umstände des Einzelfalls nicht zumutbar ist, das Visumverfahren nachzuholen.

(3) In den Fällen der Erteilung eines Aufenthaltstitels nach den §§ 24, 25 Abs. 1 bis 3 sowie § 26 Abs. 3 ist von der Anwendung der Absätze 1 und 2 abzusehen; in den übrigen Fällen der Erteilung eines Aufenthaltstitels nach Kapitel 2 Abschnitt 5 kann hiervon abgesehen werden.

(4) Die Erteilung eines Aufenthaltstitels ist zu versagen, wenn einer der Ausweisungsgründe nach § 54 Nr. 5 oder 5 a vorliegt. Von Satz 1 können in begründeten Einzelfällen Ausnahmen zugelassen werden, wenn sich der Ausländer gegenüber den zuständigen Behörden offenbart und glaubhaft von seinem sicherheitsgefährdenden Handeln Abstand nimmt. Das Bundesministerium des Innern oder die von ihm bestimmte Stelle kann in begründeten Einzelfällen vor der Einreise des Ausländers für den Grenzübertritt und einen anschließenden Aufenthalt von bis zu sechs Monaten Ausnahmen von Satz 1 zulassen.

§ 6 Visum. (1) Einem Ausländer kann
1. ein Schengen-Visum für die Durchreise oder
2. ein Schengen-Visum für Aufenthalte von bis zu drei Monaten innerhalb einer Frist von sechs Monaten von dem Tag der ersten Einreise an (kurzfristige Aufenthalte)

erteilt werden, wenn die Erteilungsvoraussetzungen des Schengener Durchführungsübereinkommens und der dazu ergangenen Ausführungsvorschriften erfüllt sind. In Ausnahmefällen kann das Schengen-Visum aus völkerrechtlichen oder humanitären Gründen oder zur Wahrung politischer Interessen der Bundesrepublik Deutschland erteilt werden, wenn die Erteilungsvoraussetzungen des Schengener Durchführungsübereinkommens nicht erfüllt sind. In diesen Fällen ist die Gültigkeit räumlich auf das Hoheitsgebiet der Bundesrepublik Deutschland zu beschränken.

(2) Das Visum für kurzfristige Aufenthalte kann auch für mehrere Aufenthalte mit einem Gültigkeitszeitraum von bis zu fünf Jahren mit der Maßgabe erteilt werden, dass der Aufenthaltszeitraum jeweils drei Monate innerhalb einer Frist von sechs Monaten von dem Tag der ersten Einreise an nicht überschreiten darf.

(3) Ein nach Absatz 1 Satz 1 erteiltes Schengen-Visum kann in besonderen Fällen bis zu einer Gesamtaufenthaltsdauer von drei Monaten innerhalb einer Frist von sechs Monaten von dem Tag der ersten Einreise an verlängert werden. Dies gilt auch dann, wenn das Visum von einer Auslandsvertretung eines anderen Schengen-Anwenderstaates erteilt worden ist. Für weitere drei Monate innerhalb der betreffenden Sechsmonatsfrist kann das Visum nur unter den Voraussetzungen des Absatzes 1 Satz 2 verlängert werden.

(4) Für längerfristige Aufenthalte ist ein Visum für das Bundesgebiet (nationales Visum) erforderlich, das vor der Einreise erteilt wird. Die Erteilung richtet sich nach den für die Aufenthalts- und Niederlassungserlaubnis geltenden Vorschriften. Die Dauer des rechtmäßigen Aufenthalts mit einem nationalen Visum wird auf die Zeiten des Besitzes einer Aufenthaltserlaubnis oder Niederlassungserlaubnis angerechnet.

§ 7 Aufenthaltserlaubnis. (1) Die Aufenthaltserlaubnis ist ein befristeter Aufenthaltstitel. Sie wird zu den in den nachfolgenden Abschnitten genannten Aufenthaltszwecken erteilt. In begründeten Fällen kann eine Aufenthaltserlaubnis auch für einen von diesem Gesetz nicht vorgesehenen Aufenthaltszweck erteilt werden.

(2) Die Aufenthaltserlaubnis ist unter Berücksichtigung des beabsichtigten Aufenthaltszwecks zu befristen. Ist eine für die Erteilung, die Verlängerung oder die Bestimmung der Geltungsdauer wesentliche Voraussetzung entfallen, so kann die Frist auch nachträglich verkürzt werden.

§ 8 Verlängerung der Aufenthaltserlaubnis. (1) Auf die Verlängerung der Aufenthaltserlaubnis finden dieselben Vorschriften Anwendung wie auf die Erteilung.

(2) Die Aufenthaltserlaubnis kann in der Regel nicht verlängert werden, wenn die zuständige Behörde dies bei einem seiner Zweckbestimmung nach nur vorübergehenden Aufenthalt bei der Erteilung oder der zuletzt erfolgten Verlängerung der Aufenthaltserlaubnis ausgeschlossen hat.

(3) Verletzt ein Ausländer seine Verpflichtung nach § 44a Abs. 1 Satz 1 Nr. 1 zur ordnungsgemäßen Teilnahme an einem Integrationskurs, so ist dies bei der Entscheidung über die Verlängerung der Aufenthaltserlaubnis zu berücksichtigen. Besteht kein Anspruch auf die Erteilung der Aufenthaltserlaubnis, so kann die Verlängerung der Aufenthaltserlaubnis abgelehnt werden. Bei den Entscheidungen nach den Sätzen 1 und 2 sind die Dauer des rechtmäßigen Aufenthalts, schutzwürdige Bindungen des Ausländers an das Bundesgebiet und die Folgen für die rechtmäßig im Bundesgebiet lebenden Familienangehörigen des Ausländers zu berücksichtigen.

§ 9 Niederlassungserlaubnis. (1) Die Niederlassungserlaubnis ist ein unbefristeter Aufenthaltstitel. Sie berechtigt zur Ausübung einer Erwerbstätigkeit, ist zeitlich und räumlich unbeschränkt und darf nicht mit einer Nebenbestimmung versehen werden. § 47 bleibt unberührt.

(2) Einem Ausländer ist die Niederlassungserlaubnis zu erteilen, wenn

1. er seit fünf Jahren die Aufenthaltserlaubnis besitzt,
2. sein Lebensunterhalt gesichert ist,
3. er mindestens 60 Monate Pflichtbeiträge oder freiwillige Beiträge zur gesetzlichen Rentenversicherung geleistet hat oder Aufwendungen für einen Anspruch auf vergleichbare Leistungen einer Versicherungs- oder Versorgungseinrichtung oder eines Versicherungsunternehmens nachweist; berufliche Ausfallzeiten auf Grund von Kinderbetreuung oder häuslicher Pflege werden entsprechend angerechnet,
4. er in den letzten drei Jahren nicht wegen einer vorsätzlichen Straftat zu einer Jugend- oder Freiheitsstrafe von mindestens sechs Monaten oder einer Geldstrafe von mindestens 180 Tagessätzen verurteilt worden ist,
5. ihm die Beschäftigung erlaubt ist, sofern er Arbeitnehmer ist,
6. er im Besitz der sonstigen für eine dauernde Ausübung seiner Erwerbstätigkeit erforderlichen Erlaubnisse ist,
7. er über ausreichende Kenntnisse der deutschen Sprache verfügt,
8. er über Grundkenntnisse der Rechts- und Gesellschaftsordnung und der Lebensverhältnisse im Bundesgebiet verfügt und
9. er über ausreichenden Wohnraum für sich und seine mit ihm in häuslicher Gemeinschaft lebenden Familienangehörigen verfügt.

Die Voraussetzungen des Satzes 1 Nr. 7 und 8 sind nachgewiesen, wenn ein Integrationskurs erfolgreich abgeschlossen wurde. Von diesen Voraussetzungen wird abgesehen, wenn der Ausländer sie wegen einer körperlichen, geistigen oder seelischen Krankheit oder Behinderung nicht erfüllen kann. Im Übrigen kann zur Vermeidung einer Härte von den Voraussetzungen des Satzes 1 Nr. 7 und 8 abgesehen werden. Ferner wird davon abgesehen, wenn der Ausländer sich auf einfache Art in deutscher Sprache mündlich verständigen kann und er nach § 44 Abs. 3 Nr. 2 keinen Anspruch auf Teilnahme am Integrationskurs hatte oder er nach § 44a Absatz 2 Nr. 3 nicht zur Teilnahme am Integrationskurs verpflichtet war. Darüber hinaus wird von den Voraussetzungen des Satzes 1 Nr. 2 und 3 abgesehen, wenn der Ausländer diese aus den in Satz 3 genannten Gründen nicht erfüllen kann.

(3) Bei Ehegatten, die in ehelicher Lebensgemeinschaft leben, genügt es, wenn die Voraussetzungen nach Absatz 2 Satz 1 Nr. 3, 5 und 6 durch einen Ehegatten erfüllt werden. Von der Voraussetzung nach Absatz 2 Satz 1 Nr. 3 wird abgesehen, wenn sich der Ausländer in einer Ausbildung befindet, die zu einem anerkannten schulischen oder beruflichen Bildungsabschluss führt. Satz 1 gilt in den Fällen des § 26 Abs. 4 entsprechend.

(4) Bei straffälligen Ausländern beginnt die in Absatz 2 Satz 1 Nr. 4 bezeichnete Frist mit der Entlassung aus der Strafhaft. Auf die für die Erteilung einer Niederlassungserlaubnis erforderlichen Zeiten des Besitzes einer Aufenthaltserlaubnis werden folgende Zeiten angerechnet:
1. die Zeit des früheren Besitzes einer Aufenthaltserlaubnis oder Niederlassungserlaubnis, wenn der Ausländer zum Zeitpunkt seiner Ausreise im Besitz einer Niederlassungserlaubnis war, abzüglich der Zeit der dazwischen liegenden Aufenthalte außerhalb des Bundesgebiets, die zum Erlöschen der Niederlassungserlaubnis führten; angerechnet werden höchstens vier Jahre,
2. höchstens sechs Monate für jeden Aufenthalt außerhalb des Bundesgebiets, der nicht zum Erlöschen der Aufenthaltserlaubnis führte.

§ 10 Aufenthaltstitel bei Asylantrag. (1) Einem Ausländer, der einen Asylantrag gestellt hat, kann vor dem bestandskräftigen Abschluss des Asylverfahrens ein Aufenthaltstitel außer in den Fällen eines gesetzlichen Anspruchs nur mit Zustimmung der obersten Landesbehörde und nur dann erteilt werden, wenn wichtige Interessen der Bundesrepublik Deutschland es erfordern.

(2) Ein nach der Einreise des Ausländers von der Ausländerbehörde erteilter oder verlängerter Aufenthaltstitel kann nach den Vorschriften dieses Gesetzes ungeachtet des Umstandes verlängert werden, dass der Ausländer einen Asylantrag gestellt hat.

(3) Einem Ausländer, dessen Asylantrag unanfechtbar abgelehnt worden ist oder der seinen Asylantrag zurückgenommen hat, darf vor der Ausreise ein Aufenthaltstitel nur nach Maßgabe des Abschnitts 5 erteilt werden. Sofern der Asylantrag nach § 30 Abs. 3 des Asylverfahrensgesetzes abgelehnt wurde, darf vor der Ausreise kein Aufenthaltstitel erteilt werden. Die Sätze 1 und 2 finden im Falle eines Anspruchs auf Erteilung eines Aufenthaltstitels keine Anwendung.

§ 11 Einreise- und Aufenthaltsverbot. (1) Ein Ausländer, der ausgewiesen, zurückgeschoben oder abgeschoben worden ist, darf nicht erneut in das Bundesgebiet einreisen und sich darin aufhalten. Ihm wird auch bei Vorliegen der Voraussetzungen eines Anspruchs nach diesem Gesetz kein Aufenthaltstitel erteilt. Die in den Sätzen 1 und 2 bezeichneten Wirkungen werden auf Antrag in der Regel befristet. Die Frist beginnt mit der Ausreise. Eine Befristung erfolgt nicht, wenn ein Ausländer wegen eines Verbrechens gegen den Frieden, eines Kriegsverbrechens oder eines Verbrechens gegen die Menschlichkeit oder auf Grund einer Abschiebungsanordnung nach § 58a aus dem Bundesgebiet abgeschoben wurde. Die oberste Landesbehörde kann im Einzelfall Ausnahmen von Satz 5 zulassen.

(2) Vor Ablauf der nach Absatz 1 Satz 3 festgelegten Frist kann außer in den Fällen des Absatzes 1 Satz 5 dem Ausländer ausnahmsweise erlaubt werden, das Bundesgebiet kurzfristig zu betreten, wenn zwingende Gründe seine Anwesenheit erfordern oder die Versagung der Erlaubnis eine unbillige Härte bedeuten würde. Im Falle des Absatzes 1 Satz 5 gilt Absatz 1 Satz 6 entsprechend.

§ 12 Geltungsbereich; Nebenbestimmungen. (1) Der Aufenthaltstitel wird für das Bundesgebiet erteilt. Seine Gültigkeit nach den Vorschriften des Schengener Durchführungsübereinkommens für den Aufenthalt im Hoheitsgebiet der Vertragsparteien bleibt unberührt.

(2) Das Visum und die Aufenthaltserlaubnis können mit Bedingungen erteilt und verlängert werden. Sie können, auch nachträglich, mit Auflagen, insbesondere einer räumlichen Beschränkung, verbunden werden.

(3) Ein Ausländer hat den Teil des Bundesgebiets, in dem er sich ohne Erlaubnis der Ausländerbehörde einer räumlichen Beschränkung zuwider aufhält, unverzüglich zu verlassen.

(4) Der Aufenthalt eines Ausländers, der keines Aufenthaltstitels bedarf, kann zeitlich und räumlich beschränkt sowie von Bedingungen und Auflagen abhängig gemacht werden.

(5) Die Ausländerbehörde kann dem Ausländer das Verlassen des auf der Grundlage dieses Gesetzes beschränkten Aufenthaltsbereichs erlauben. Die Erlaubnis ist zu erteilen, wenn hieran ein dringendes öffentliches Interesse besteht, zwingende Gründe es erfordern oder die Versagung der Erlaubnis eine unbillige Härte bedeuten würde. Der Ausländer kann Termine bei Behörden und Gerichten, bei denen sein persönliches Erscheinen erforderlich ist, ohne Erlaubnis wahrnehmen.

Abschnitt 2. Einreise

§ 13 Grenzübertritt. (1) Die Einreise in das Bundesgebiet und die Ausreise aus dem Bundesgebiet sind nur an den zugelassenen Grenzübergangsstellen und innerhalb der festgesetzten Verkehrsstunden zulässig, soweit nicht auf Grund anderer Rechtsvorschriften oder zwischenstaatlicher Vereinbarungen Ausnahmen zugelassen sind. Ausländer sind verpflichtet, bei der Einreise und der Ausreise einen anerkannten und gültigen Pass oder Passersatz gemäß § 3 Abs. 1 mitzuführen und sich der polizeilichen Kontrolle des grenzüberschreitenden Verkehrs zu unterziehen.

(2) An einer zugelassenen Grenzübergangsstelle ist ein Ausländer erst eingereist, wenn er die Grenze überschritten und die Grenzübergangsstelle passiert hat. Lassen die mit der polizeilichen Kontrolle des grenzüberschreitenden Verkehrs beauftragten Behörden einen Ausländer vor der Entscheidung über die Zurückweisung (§ 15 dieses Gesetzes, §§ 18, 18 a des Asylverfahrensgesetzes) oder während der Vorbereitung, Sicherung oder Durchführung dieser Maßnahme die Grenzübergangsstelle zu einem bestimmten vorübergehenden Zweck passieren, so liegt keine Einreise im Sinne des Satzes 1 vor, solange ihnen eine Kontrolle des Aufenthalts des Ausländers möglich bleibt. Im Übrigen ist ein Ausländer eingereist, wenn er die Grenze überschritten hat.

§ 14 Unerlaubte Einreise; Ausnahme-Visum. (1) Die Einreise eines Ausländers in das Bundesgebiet ist unerlaubt, wenn er
1. einen erforderlichen Pass oder Passersatz gemäß § 3 Abs. 1 nicht besitzt,
2. den nach § 4 erforderlichen Aufenthaltstitel nicht besitzt oder
3. nach § 11 Abs. 1 nicht einreisen darf, es sei denn, er besitzt eine Betretenserlaubnis nach § 11 Abs. 2.

(2) Die mit der polizeilichen Kontrolle des grenzüberschreitenden Verkehrs beauftragten Behörden können Ausnahme-Visa und Passersatzpapiere ausstellen.

§ 15 Zurückweisung. (1) Ein Ausländer, der unerlaubt einreisen will, wird an der Grenze zurückgewiesen.

(2) Ein Ausländer kann an der Grenze zurückgewiesen werden, wenn
1. ein Ausweisungsgrund vorliegt,
2. der begründete Verdacht besteht, dass der Aufenthalt nicht dem angegebenen Zweck dient oder
3. er die Voraussetzungen für die Einreise in das Hoheitsgebiet der Vertragsparteien nach Artikel 5 des Schengener Durchführungsübereinkommens nicht erfüllt.

(3) Ein Ausländer, der für einen vorübergehenden Aufenthalt im Bundesgebiet vom Erfordernis eines Aufenthaltstitels befreit ist, kann zurückgewiesen werden, wenn er nicht die Voraussetzungen des § 3 Abs. 1 und des § 5 Abs. 1 erfüllt.

(4) § 60 Abs. 1 bis 3, 5, 8 und 9 sowie § 62 finden entsprechende Anwendung. Ein Ausländer, der einen Asylantrag gestellt hat, darf nicht zurückgewiesen werden, solange ihm der Aufenthalt im Bundesgebiet nach den Vorschriften des Asylverfahrensgesetzes gestattet ist.

§ 15 a Verteilung unerlaubt eingereister Ausländer. (1) Unerlaubt eingereiste Ausländer, die weder um Asyl nachsuchen noch unmittelbar nach der Feststellung der unerlaubten Einreise in Abschiebungshaft genommen und aus der Haft abgeschoben oder zurückgeschoben werden können, werden vor der Entscheidung über die Aussetzung der Abschiebung oder die Erteilung eines Aufenthaltstitels auf die Länder verteilt. Sie haben keinen Anspruch darauf, in ein bestimmtes Land oder an einen bestimmten Ort verteilt zu werden. Die Verteilung auf die Länder erfolgt durch eine vom Bundesministerium des Innern bestimmte zentrale Verteilungsstelle. Solange die Länder für die Verteilung keinen abweichenden Schlüssel vereinbart haben, gilt der für die Verteilung von Asylbewerbern festgelegte Schlüssel. Jedes Land bestimmt bis zu sieben Behörden, die die Verteilung durch die nach Satz 3 bestimmte Stelle veranlassen und verteilte Ausländer aufnehmen. Weist der Ausländer vor Veranlassung der Verteilung nach, dass eine Haushaltsgemeinschaft zwischen Ehegatten oder Eltern und ihren minderjährigen Kindern oder sonstige zwingende Gründe bestehen, die der Verteilung an einen bestimmten Ort entgegenstehen, ist dem bei der Verteilung Rechnung zu tragen.

(2) Die Ausländerbehörden können die Ausländer verpflichten, sich zu der Behörde zu begeben, die die Verteilung veranlasst. Dies gilt nicht, wenn dem Vorbringen nach Absatz 1 Satz 6 Rechnung zu tragen ist. Gegen eine nach Satz 1 getroffene Verpflichtung findet kein Widerspruch statt. Die Klage hat keine aufschiebende Wirkung.

(3) Die zentrale Verteilungsstelle benennt der Behörde, die die Verteilung veranlasst hat, die nach den Sätzen 2 und 3 zur Aufnahme verpflichtete Aufnahmeeinrichtung. Hat das Land, dessen Behörde

Aufenthaltsgesetz

die Verteilung veranlasst hat, seine Aufnahmequote nicht erfüllt, ist die dieser Behörde nächstgelegene aufnahmefähige Aufnahmeeinrichtung des Landes aufnahmepflichtig. Andernfalls ist die von der zentralen Verteilungsstelle auf Grund der Aufnahmequote nach § 45 des Asylverfahrensgesetzes und der vorhandenen freien Unterbringungsmöglichkeiten bestimmte Aufnahmeeinrichtung zur Aufnahme verpflichtet. § 46 Abs. 4 und 5 des Asylverfahrensgesetzes sind entsprechend anzuwenden.

(4) Die Behörde, die die Verteilung nach Absatz 3 veranlasst hat, ordnet in den Fällen des Absatzes 3 Satz 3 an, dass der Ausländer sich zu der durch die Verteilung festgelegten Aufnahmeeinrichtung zu begeben hat; in den Fällen des Absatzes 3 Satz 2 darf sie dies anordnen. Die Ausländerbehörde übermittelt das Ergebnis der Anhörung an die die Verteilung veranlassende Stelle, die die Zahl der Ausländer unter Angabe der Herkunftsländer und das Ergebnis der Anhörung der zentralen Verteilungsstelle mitteilt. Ehegatten sowie Eltern und ihre minderjährigen ledigen Kinder sind als Gruppe zu melden und zu verteilen. Der Ausländer hat in dieser Aufnahmeeinrichtung zu wohnen, bis er innerhalb des Landes weiterverteilt wird, längstens jedoch bis zur Aussetzung der Abschiebung oder bis zur Erteilung eines Aufenthaltstitels; die §§ 12 und 61 Abs. 1 bleiben unberührt. Die Landesregierungen werden ermächtigt, durch Rechtsverordnung die Verteilung innerhalb des Landes zu regeln, soweit dies nicht auf der Grundlage dieses Gesetzes durch Landesgesetz geregelt wird; § 50 Abs. 4 des Asylverfahrensgesetzes findet entsptrechende Anwendung. Die Landesregierungen können die Ermächtigung auf andere Stellen des Landes übertragen. Gegen eine nach Satz 1 getroffene Anordung findet kein Widerspruch statt. Die Klage hat keine aufschiebende Wirkung. Die Sätze 7 und 8 gelten entsprechend, wenn eine Verteilungsanordnung auf Grund eines Landesgesetzes oder einer Rechtsverordnung nach Satz 5 ergeht.

(5) Die zuständigen Behörden können dem Ausländer nach der Verteilung erlauben, seine Wohnung in einem anderen Land zu nehmen. Nach erlaubtem Wohnungswechsel wird der Ausländer von der Quote des abgebenden Landes abgezogen und der des aufnehmenden Landes angerechnet.

(6) Die Regelungen der Absätze 1 bis 5 gelten nicht für Personen, die nachweislich vor dem 1. Januar 2005 eingereist sind.

Abschnitt 3. Aufenthalt zum Zweck der Ausbildung

§ 16 Studium; Sprachkurse; Schulbesuch. (1) Einem Ausländer kann zum Zweck der Studienbewerbung und des Studiums an einer staatlichen oder staatlich anerkannten Hochschule oder vergleichbaren Ausbildungseinrichtung einschließlich der studienvorbereitenden Maßnahmen eine Aufenthaltserlaubnis erteilt werden. Die Geltungsdauer bei der Ersterteilung der Aufenthaltserlaubnis bei studienvorbereitenden Maßnahmen soll zwei Jahre nicht überschreiten; im Falle des Studiums wird sie für zwei Jahre erteilt und kann um jeweils bis zu weiteren zwei Jahren verlängert werden, wenn der Aufenthaltszweck noch nicht erreicht ist und in einem angemessenen Zeitraum noch erreicht werden kann. Die Aufenthaltsdauer als Studienbewerber darf höchstens neun Monate betragen.

(2) Während des Aufenthalts nach Absatz 1 soll in der Regel keine Aufenthaltserlaubnis für einen anderen Aufenthaltszweck erteilt oder verlängert werden, sofern nicht ein gesetzlicher Anspruch besteht. § 9 findet keine Anwendung.

(3) Die Aufenthaltserlaubnis berechtigt zur Ausübung einer Beschäftigung, die insgesamt 90 Tage oder 180 halbe Tage im Jahr nicht überschreiten darf, sowie zur Ausübung studentischer Nebentätigkeiten.

(4) Nach erfolgreichem Abschluss des Studiums kann die Aufenthaltserlaubnis bis zu einem Jahr zur Suche eines diesem Abschluss angemessenen Arbeitsplatzes, sofern er nach den Bestimmungen der §§ 18 bis 21 von Ausländern besetzt werden darf, verlängert werden. § 9 findet keine Anwendung.

(5) Einem Ausländer kann eine Aufenthaltserlaubnis zur Teilnahme an Sprachkursen, die nicht der Studienvorbereitung dienen, und in Ausnahmefällen für den Schulbesuch erteilt werden. Absatz 2 gilt entsprechend.

§ 17 Sonstige Ausbildungszwecke. Einem Ausländer kann eine Aufenthaltserlaubnis zum Zweck der betrieblichen Aus- und Weiterbildung erteilt werden, wenn die Bundesagentur für Arbeit nach § 39 zugestimmt hat oder durch Rechtsverordnung nach § 42 oder zwischenstaatliche Vereinbarung bestimmt ist, dass die Aus- und Weiterbildung ohne Zustimmung der Bundesagentur für Arbeit zulässig ist. Beschränkungen bei der Erteilung der Zustimmung durch die Bundesagentur für Arbeit sind in die Aufenthaltserlaubnis zu übernehmen. § 16 Abs. 2 gilt entsprechend.

Abschnitt 4. Aufenthalt zum Zweck der Erwerbstätigkeit

§ 18 Beschäftigung. (1) Die Zulassung ausländischer Beschäftigter orientiert sich an den Erfordernissen des Wirtschaftsstandortes Deutschland unter Berücksichtigung der Verhältnisse auf dem Arbeitsmarkt und dem Erfordernis, die Arbeitslosigkeit wirksam zu bekämpfen. Internationale Verträge bleiben unberührt.

(2) Einem Ausländer kann ein Aufenthaltstitel zur Ausübung einer Beschäftigung erteilt werden, wenn die Bundesagentur für Arbeit nach § 39 zugestimmt hat oder durch Rechtsverordnung nach § 42 oder zwischenstaatliche Vereinbarung bestimmt ist, dass die Ausübung der Beschäftigung ohne Zustimmung der Bundesagentur für Arbeit zulässig ist. Beschränkungen bei der Erteilung der Zustimmung durch die Bundesagentur für Arbeit sind in den Aufenthaltstitel zu übernehmen.

(3) Eine Aufenthaltserlaubnis zur Ausübung einer Beschäftigung nach Absatz 2, die keine qualifizierte Berufsausbildung voraussetzt, darf nur erteilt werden, wenn dies durch zwischenstaatliche Vereinbarung bestimmt ist oder wenn auf Grund einer Rechtsverordnung nach § 42 die Erteilung der Zustimmung zu einer Aufenthaltserlaubnis für diese Beschäftigung zulässig ist.

(4) Ein Aufenthaltstitel zur Ausübung einer Beschäftigung nach Absatz 2, die eine qualifizierte Berufsausbildung voraussetzt, darf nur für eine Beschäftigung in einer Berufsgruppe erteilt werden, die durch Rechtsverordnung nach § 42 zugelassen worden ist. Im begründeten Einzelfall kann eine Aufenthaltserlaubnis für eine Beschäftigung erteilt werden, wenn an der Beschäftigung ein öffentliches, insbesondere ein regionales, wirtschaftliches oder arbeitsmarktpolitisches Interesse besteht.

(5) Ein Aufenthaltstitel nach Absatz 2 und § 19 darf nur erteilt werden, wenn ein konkretes Arbeitsplatzangebot vorliegt.

§ 19 Niederlassungserlaubnis für Hochqualifizierte. (1) Einem hoch qualifizierten Ausländer kann in besonderen Fällen eine Niederlassungserlaubnis erteilt werden, wenn die Bundesagentur für Arbeit nach § 39 zugestimmt hat oder durch Rechtsverordnung nach § 42 oder zwischenstaatliche Vereinbarung bestimmt ist, dass die Niederlassungserlaubnis ohne Zustimmung der Bundesagentur für Arbeit nach § 39 erteilt werden kann und die Annahme gerechtfertigt ist, dass die Integration in die Lebensverhältnisse der Bundesrepublik Deutschland und die Sicherung des Lebensunterhalts ohne staatliche Hilfe gewährleistet sind. Die Landesregierung kann bestimmen, dass die Erteilung der Niederlassungserlaubnis nach Satz 1 der Zustimmung der obersten Landesbehörde oder einer von ihr bestimmten Stelle bedarf.

(2) Hoch qualifiziert nach Absatz 1 sind insbesondere
1. Wissenschaftler mit besonderen fachlichen Kenntnissen,
2. Lehrpersonen in herausgehobener Funktion oder wissenschaftliche Mitarbeiter in herausgehobener Funktion oder
3. Spezialisten und leitende Angestellte mit besonderer Berufserfahrung, die ein Gehalt in Höhe von mindestens dem Doppelten der Beitragsbemessungsgrenze der gesetzlichen Krankenversicherung erhalten.

§ 20 *(weggefallen)*

§ 21 Selbständige Tätigkeit. (1) Einem Ausländer kann eine Aufenthaltserlaubnis zur Ausübung einer selbständigen Tätigkeit erteilt werden, wenn
1. ein übergeordnetes wirtschaftliches Interesse oder ein besonderes regionales Bedürfnis besteht,
2. die Tätigkeit positive Auswirkungen auf die Wirtschaft erwarten lässt und
3. die Finanzierung der Umsetzung durch Eigenkapital oder durch eine Kreditzusage gesichert ist.

Die Voraussetzungen des Satzes 1 Nr. 1 und 2 sind in der Regel gegeben, wenn mindestens 1 Million Euro investiert und zehn Arbeitsplätze geschaffen werden. Im Übrigen richtet sich die Beurteilung der Voraussetzungen nach Satz 1 insbesondere nach der Tragfähigkeit der zu Grunde liegenden Geschäftsidee, den unternehmerischen Erfahrungen des Ausländers, der Höhe des Kapitaleinsatzes, den Auswirkungen auf die Beschäftigungs- und Ausbildungssituation und dem Beitrag für Innovation und Forschung. Bei der Prüfung sind die für den Ort der geplanten Tätigkeit fachkundigen Körperschaften, die zuständigen Gewerbebehörden, die öffentlich-rechtlichen Berufsvertretungen und die für die Berufszulassung zuständigen Behörden zu beteiligen.

Aufenthaltsgesetz 4.1. **Texte 5**

(2) Eine Aufenthaltserlaubnis zur Ausübung einer selbständigen Tätigkeit kann auch erteilt werden, wenn völkerrechtliche Vergünstigungen auf der Grundlage der Gegenseitigkeit bestehen.

(3) Ausländer, die älter sind als 45 Jahre, sollen die Aufenthaltserlaubnis nur erhalten, wenn sie über eine angemessene Altersversorgung verfügen.

(4) Die Aufenthaltserlaubnis wird auf längstens drei Jahre befristet. Nach drei Jahren kann abweichend von § 9 Abs. 2 eine Niederlassungserlaubnis erteilt werden, wenn der Ausländer die geplante Tätigkeit erfolgreich verwirklicht hat und der Lebensunterhalt gesichert ist.

Abschnitt 5. Aufenthalt aus völkerrechtlichen, humanitären oder politischen Gründen

§ 22 Aufnahme aus dem Ausland. Einem Ausländer kann für die Aufnahme aus dem Ausland aus völkerrechtlichen oder dringenden humanitären Gründen eine Aufenthaltserlaubnis erteilt werden. Eine Aufenthaltserlaubnis ist zu erteilen, wenn das Bundesministerium des Innern oder die von ihm bestimmte Stelle zur Wahrung politischer Interessen der Bundesrepublik Deutschland die Aufnahme erklärt hat. Im Falle des Satzes 2 berechtigt die Aufenthaltserlaubnis zur Ausübung einer Erwerbstätigkeit.

§ 23 Aufenthaltsgewährung durch die obersten Landesbehörden. (1) Die oberste Landesbehörde kann aus völkerrechtlichen oder humanitären Gründen oder zur Wahrung politischer Interessen der Bundesrepublik Deutschland anordnen, dass Ausländern aus bestimmten Staaten oder in sonstiger Weise bestimmten Ausländergruppen eine Aufenthaltserlaubnis erteilt wird. Die Anordnung kann unter der Maßgabe erfolgen, dass eine Verpflichtungserklärung nach § 68 abgegeben wird. Zur Wahrung der Bundeseinheitlichkeit bedarf die Anordnung des Einvernehmens mit dem Bundesministerium des Innern.

(2) Bei besonders gelagerten politischen Interessen der Bundesrepublik Deutschland kann die Anordnung vorsehen, dass den betroffenen Personen eine Niederlassungserlaubnis erteilt wird. In diesen Fällen kann abweichend von § 9 Abs. 1 eine wohnsitzbeschränkende Auflage erteilt werden.

(3) Die Anordnung kann vorsehen, dass § 24 ganz oder teilweise entsprechende Anwendung findet.

§ 23 a Aufenthaltsgewährung in Härtefällen. (1) Die oberste Landesbehörde darf anordnen, dass einem Ausländer, der vollziehbar ausreisepflichtig ist, abweichend von den in diesem Gesetz festgelegten Erteilungs- und Verlängerungsvoraussetzungen für einen Aufenthaltstitel eine Aufenthaltserlaubnis erteilt wird, wenn eine von der Landesregierung durch Rechtsverordnung eingerichtete Härtefallkommission darum ersucht (Härtefallersuchen). Die Anordnung kann im Einzelfall unter Berücksichtigung des Umstandes erfolgen, ob der Lebensunterhalt des Ausländers gesichert ist oder eine Verpflichtungserklärung nach § 68 abgegeben wird. Die Annahme eines Härtefalls ist in der Regel ausgeschlossen, wenn der Ausländer Straftaten von erheblichem Gewicht begangen hat. Die Befugnis zur Aufenthaltsgewährung steht ausschließlich im öffentlichen Interesse und begründet keine eigenen Rechte des Ausländers.

(2) Die Landesregierungen werden ermächtigt, durch Rechtsverordnung eine Härtefallkommission nach Absatz 1 einzurichten, das Verfahren, Ausschlussgründe und qualifizierte Anforderungen an eine Verpflichtungserklärung nach Absatz 1 Satz 2 einschließlich vom Verpflichtungsgeber zu erfüllender Voraussetzungen zu bestimmen sowie die Anordnungsbefugnis nach Absatz 1 Satz 1 auf andere Stellen zu übertragen. Die Härtefallkommissionen werden ausschließlich im Wege der Selbstbefassung tätig. Dritte können nicht verlangen, dass eine Härtefallkommission sich mit einem bestimmten Einzelfall befasst oder eine bestimmte Entscheidung trifft. Die Entscheidung für ein Härtefallersuchen setzt voraus, dass nach den Feststellungen der Härtefallkommission dringende humanitäre oder persönliche Gründe die weitere Anwesenheit des Ausländers im Bundesgebiet rechtfertigen.

(3) Verzieht ein sozialhilfebedürftiger Ausländer, dem eine Aufenthaltserlaubnis nach Absatz 1 erteilt wurde, in den Zuständigkeitsbereich eines anderen Leistungsträgers, ist der Träger der Sozialhilfe, in dessen Zuständigkeitsbereich die Ausländerbehörde die Aufenthaltserlaubnis erteilt hat, längstens für die Dauer von drei Jahren ab Erteilung der Aufenthaltserlaubnis dem nunmehr zuständigen örtlichen Träger der Sozialhilfe zur Kostenerstattung verpflichtet. Dies gilt entsprechend für die in § 6 Abs. 1 Satz 1 Nr. 2 des Zweiten Buches Sozialgesetzbuch genannten Leistungen zur Sicherung des Lebensunterhalts.

§ 24 Aufenthaltsgewährung zum vorübergehenden Schutz. (1) Einem Ausländer, dem auf Grund eines Beschlusses des Rates der Europäischen Union gemäß der Richtlinie 2001/55/EG vorübergehender Schutz gewährt wird und der seine Bereitschaft erklärt hat, im Bundesgebiet aufgenommen zu werden, wird für die nach den Artikeln 4 und 6 der Richtlinie bemessene Dauer des vorübergehenden Schutzes eine Aufenthaltserlaubnis erteilt.

(2) Die Gewährung von vorübergehendem Schutz ist ausgeschlossen, wenn eine der Voraussetzungen des § 60 Abs. 8 vorliegt; die Aufenthaltserlaubnis ist zu versagen.

(3) Die auf Grund eines Beschlusses nach Absatz 1 aufgenommen Personen werden auf die Länder verteilt. Die Länder können Kontingente für die Aufnahme zum vorübergehenden Schutz und die Verteilung vereinbaren. Die Verteilung auf die Länder erfolgt durch das Bundesamt für Migration und Flüchtlinge. Solange die Länder für die Verteilung keinen abweichenden Schlüssel vereinbart haben, gilt der für die Verteilung von Asylbewerbern festgelegte Schlüssel.

(4) Die oberste Landesbehörde oder die von ihr bestimmte Stelle erlässt eine Zuweisungsentscheidung. Die Landesregierungen werden ermächtigt, die Verteilung innerhalb der Länder durch Rechtsverordnung zu regeln, sie können die Ermächtigung durch Rechtsverordnung auf andere Stellen übertragen; § 50 Abs. 4 des Asylverfahrensgesetzes findet entsprechende Anwendung. Ein Widerspruch gegen die Zuweisungsentscheidung findet nicht statt. Die Klage hat keine aufschiebende Wirkung.

(5) Der Ausländer hat keinen Anspruch darauf, sich in einem bestimmten Land oder an einem bestimmten Ort aufzuhalten. Er hat seine Wohnung und seinen gewöhnlichen Aufenthalt an dem Ort zu nehmen, dem er nach den Absätzen 3 und 4 zugewiesen wurde.

(6) Die Ausübung einer selbständigen Tätigkeit darf nicht ausgeschlossen werden. Für die Ausübung einer Beschäftigung gilt § 4 Abs. 2.

(7) Der Ausländer wird über die mit dem vorübergehenden Schutz verbundenen Rechte und Pflichten schriftlich in einer ihm verständlichen Sprache unterrichtet.

§ 25 Aufenthalt aus humanitären Gründen. (1) Einem Ausländer ist eine Aufenthaltserlaubnis zu erteilen, wenn er unanfechtbar als Asylberechtigter anerkannt ist. Dies gilt nicht, wenn der Ausländer aus schwerwiegenden Gründen der öffentlichen Sicherheit und Ordnung ausgewiesen worden ist. Bis zur Erteilung der Aufenthaltserlaubnis gilt der Aufenthalt als erlaubt. Die Aufenthaltserlaubnis berechtigt zur Ausübung einer Erwerbstätigkeit.

(2) Einem Ausländer ist eine Aufenthaltserlaubnis zu erteilen, wenn das Bundesamt für Migration und Flüchtlinge unanfechtbar das Vorliegen der Voraussetzungen des § 60 Abs. 1 festgestellt hat. Absatz 1 Satz 2 bis 4 gilt entsprechend.

(3) Einem Ausländer soll eine Aufenthaltserlaubnis erteilt werden, wenn die Voraussetzungen für die Aussetzung der Abschiebung nach § 60 Abs. 2, 3, 5 oder 7 vorliegen. Die Aufenthaltserlaubnis wird nicht erteilt, wenn die Ausreise in einen anderen Staat möglich und zumutbar ist, der Ausländer wiederholt oder gröblich gegen entsprechende Mitwirkungspflichten verstößt oder schwerwiegende Gründe die Annahme rechtfertigen, dass der Ausländer

a) ein Verbrechen gegen den Frieden, ein Kriegsverbrechen oder ein Verbrechen gegen die Menschlichkeit im Sinne der internationalen Vertragswerke begangen hat, die ausgearbeitet worden sind, um Bestimmungen bezüglich dieser Verbrechen festzulegen,
b) eine Straftat von erheblicher Bedeutung begangen hat,
c) sich Handlungen zuschulden kommen ließ, die den Zielen und Grundsätzen der Vereinten Nationen, wie sie in der Präambel und den Artikeln 1 und 2 der Charta der Vereinten Nationen verankert sind, zuwiderlaufen, oder
d) eine Gefahr für die Allgemeinheit oder eine Gefahr für die Sicherheit der Bundesrepublik Deutschland darstellt.

(4) Einem Ausländer kann für einen vorübergehenden Aufenthalt eine Aufenthaltserlaubnis erteilt werden, solange dringende humanitäre oder persönliche Gründe oder erhebliche öffentliche Interessen seine vorübergehende weitere Anwesenheit im Bundesgebiet erfordern. Eine Aufenthaltserlaubnis kann abweichend von § 8 Abs. 1 und 2 verlängert werden, wenn auf Grund besonderer Umstände des Einzelfalls das Verlassen des Bundesgebiets für den Ausländer eine außergewöhnliche Härte bedeuten würde.

(5) Einem Ausländer, der vollziehbar ausreisepflichtig ist, kann abweichend von § 11 Abs. 1 eine Aufenthaltserlaubnis erteilt werden, wenn seine Ausreise aus rechtlichen oder tatsächlichen Gründen unmöglich ist und mit dem Wegfall der Ausreisehindernisse in absehbarer Zeit nicht zu rechnen ist.

Aufenthaltsgesetz 4.1. **Texte 5**

Die Aufenthaltserlaubnis soll erteilt werden, wenn die Abschiebung seit 18 Monaten ausgesetzt ist. Eine Aufenthaltserlaubnis darf nur erteilt werden, wenn der Ausländer unverschuldet an der Ausreise gehindert ist. Ein Verschulden des Ausländers liegt insbesondere vor, wenn er falsche Angaben macht oder über seine Identität oder Staatsangehörigkeit täuscht oder zumutbare Anforderungen zur Beseitigung der Ausreisehindernisse nicht erfüllt.

§ 26 Dauer des Aufenthalts. (1) Die Aufenthaltserlaubnis nach diesem Abschnitt kann für jeweils längstens drei Jahre erteilt und verlängert werden, in den Fällen des § 25 Abs. 4 Satz 1 und Abs. 5 jedoch für längstens sechs Monate, solange sich der Ausländer noch nicht mindestens 18 Monate rechtmäßig im Bundesgebiet aufgehalten hat.

(2) Die Aufenthaltserlaubnis darf nicht verlängert werden, wenn das Ausreisehindernis oder die sonstigen einer Aufenthaltsbeendigung entgegenstehenden Gründe entfallen sind.

(3) Einem Ausländer, der seit drei Jahren eine Aufenthaltserlaubnis nach § 25 Abs. 1 oder 2 besitzt, ist eine Niederlassungserlaubnis zu erteilen, wenn das Bundesamt für Migration und Flüchtlinge gemäß § 73 Abs. 2a des Asylverfahrensgesetzes mitgeteilt hat, dass die Voraussetzungen für den Widerruf oder die Rücknahme nicht vorliegen.

(4) Im Übrigen kann einem Ausländer, der seit sieben Jahren eine Aufenthaltserlaubnis nach diesem Abschnitt besitzt, eine Niederlassungserlaubnis erteilt werden, wenn die in § 9 Abs. 2 Satz 1 Nr. 2 bis 9 bezeichneten Voraussetzungen vorliegen. § 9 Abs. 2 Satz 2 bis 6 gilt entsprechend. Die Aufenthaltszeit des der Erteilung der Aufenthaltserlaubnis vorangegangenen Asylverfahrens wird abweichend von § 55 Abs. 3 des Asylverfahrensgesetzes auf die Frist angerechnet. Für Kinder, die vor Vollendung des 18. Lebensjahres nach Deutschland eingereist sind, kann § 35 entsprechend angewandt werden.

Abschnitt 6. Aufenthalt aus familiären Gründen

§ 27 Grundsatz des Familiennachzugs. (1) Die Aufenthaltserlaubnis zur Herstellung und Wahrung der familiären Lebensgemeinschaft im Bundesgebiet für ausländische Familienangehörige (Familiennachzug) wird zum Schutz von Ehe und Familie gemäß Artikel 6 des Grundgesetzes erteilt und verlängert.

(2) Für die Herstellung und Wahrung einer lebenspartnerschaftlichen Gemeinschaft im Bundesgebiet finden Absatz 3, § 9 Abs. 3, §§ 28 bis 31 sowie 51 Abs. 2 entsprechende Anwendung.

(3) Die Erteilung der Aufenthaltserlaubnis zum Zweck des Familiennachzugs kann versagt werden, wenn derjenige, zu dem der Familiennachzug stattfindet, für den Unterhalt von anderen ausländischen Familienangehörigen oder anderen Haushaltsangehörigen auf Leistungen nach dem Zweiten oder Zwölften Buch Sozialgesetzbuch angewiesen ist. Von § 5 Abs. 1 Nr. 2 kann abgesehen werden.

§ 28 Familiennachzug zu Deutschen. (1) Die Aufenthaltserlaubnis ist abweichend von § 5 Abs. 1 Nr. 1 dem ausländischen
1. Ehegatten eines Deutschen,
2. minderjährigen ledigen Kind eines Deutschen,
3. Elternteil eines minderjährigen ledigen Deutschen zur Ausübung der Personensorge zu erteilen, wenn der Deutsche seinen gewöhnlichen Aufenthalt im Bundesgebiet hat.

Sie kann abweichend von § 5 Abs. 1 dem nichtsorgeberechtigten Elternteil eines minderjährigen ledigen Deutschen erteilt werden, wenn die familiäre Gemeinschaft schon im Bundesgebiet gelebt wird.

(2) Dem Ausländer ist in der Regel eine Niederlassungserlaubnis zu erteilen, wenn er drei Jahre im Besitz einer Aufenthaltserlaubnis ist, die familiäre Lebensgemeinschaft mit dem Deutschen im Bundesgebiet fortbesteht, kein Ausweisungsgrund vorliegt und er sich auf einfache Art in deutscher Sprache mündlich verständigen kann. Im Übrigen wird die Aufenthaltserlaubnis verlängert, solange die familiäre Lebensgemeinschaft fortbesteht.

(3) Die §§ 31 und 35 finden mit der Maßgabe Anwendung, dass an die Stelle des Aufenthaltstitels des Ausländers der gewöhnliche Aufenthalt des Deutschen im Bundesgebiet tritt.

(4) Auf sonstige Familienangehörige findet § 36 entsprechende Anwendung.

(5) Die Aufenthaltserlaubnis berechtigt zur Ausübung einer Erwerbstätigkeit.

1387

§ 29 Familiennachzug zu Ausländern. (1) Für den Familiennachzug zu einem Ausländer muss
1. der Ausländer eine Niederlassungserlaubnis oder Aufenthaltserlaubnis besitzen und
2. ausreichender Wohnraum zur Verfügung stehen.

(2) Bei dem Ehegatten und dem minderjährigen ledigen Kind eines Ausländers, der eine Aufenthaltserlaubnis nach § 25 Abs. 1 oder 2 oder eine Niederlassungserlaubnis nach § 26 Abs. 3 besitzt, kann von den Voraussetzungen des § 5 Abs. 1 Nr. 1 und des Absatzes 1 Nr. 2 abgesehen werden.

(3) Die Aufenthaltserlaubnis darf dem Ehegatten und dem minderjährigen Kind eines Ausländers, der eine Aufenthaltserlaubnis nach den §§ 22, 23 Abs. 1 oder § 25 Abs. 3 besitzt, nur aus völkerrechtlichen oder humanitären Gründen oder zur Wahrung politischer Interessen der Bundesrepublik Deutschland erteilt werden. Ein Familiennachzug wird in den Fällen des § 25 Abs. 4 und 5 nicht gewährt.

(4) Die Aufenthaltserlaubnis wird dem Ehegatten und dem minderjährigen ledigen Kind eines Ausländers oder dem minderjährigen ledigen Kind seines Ehegatten abweichend von § 5 Abs. 1 und § 27 Abs. 3 erteilt, wenn dem Ausländer vorübergehender Schutz nach § 24 Abs. 1 gewährt wurde und
1. die familiäre Lebensgemeinschaft im Herkunftsland durch die Fluchtsituation aufgehoben wurde und
2. der Familienangehörige aus einem anderen Mitgliedstaat der Europäischen Union übernommen wird oder sich außerhalb der Europäischen Union befindet und schutzbedürftig ist.

Die Erteilung einer Aufenthaltserlaubnis an sonstige Familienangehörige eines Ausländers, dem vorübergehender Schutz nach § 24 Abs. 1 gewährt wurde, richtet sich nach § 36. Auf die nach diesem Absatz aufgenommenen Familienangehörigen findet § 24 Anwendung.

(5) Unbeschadet des § 4 Abs. 2 Satz 3 berechtigt die Aufenthaltserlaubnis zur Ausübung einer Erwerbstätigkeit, soweit der Ausländer, zu dem der Familiennachzug erfolgt, zur Ausübung einer Erwerbstätigkeit berechtigt ist oder wenn die eheliche Lebensgemeinschaft seit mindestens zwei Jahren rechtmäßig im Bundesgebiet bestanden hat.

§ 30 Ehegattennachzug. (1) Dem Ehegatten eines Ausländers ist eine Aufenthaltserlaubnis zu erteilen, wenn der Ausländer
1. eine Niederlassungserlaubnis besitzt,
2. eine Aufenthaltserlaubnis nach § 25 Abs. 1 oder 2 besitzt,
3. seit fünf Jahren eine Aufenthaltserlaubnis besitzt oder
4. eine Aufenthaltserlaubnis besitzt, die Ehe bei deren Erteilung bereits bestand und die Dauer seines Aufenthalts voraussichtlich über ein Jahr betragen wird.

(2) Die Aufenthaltserlaubnis kann abweichend von Absatz 1 Nr. 4 erteilt werden, wenn der Ausländer eine Aufenthaltserlaubnis besitzt.

(3) Die Aufenthaltserlaubnis kann abweichend von § 5 Abs. 1 Nr. 1 und § 29 Abs. 1 Nr. 2 verlängert werden, solange die eheliche Lebensgemeinschaft fortbesteht.

§ 31 Eigenständiges Aufenthaltsrecht der Ehegatten. (1) Die Aufenthaltserlaubnis des Ehegatten wird im Falle der Aufhebung der ehelichen Lebensgemeinschaft als eigenständiges, vom Zweck des Familiennachzugs unabhängiges Aufenthaltsrecht für ein Jahr verlängert, wenn
1. die eheliche Lebensgemeinschaft seit mindestens zwei Jahren rechtmäßig im Bundesgebiet bestanden hat oder
2. der Ausländer gestorben ist, während die eheliche Lebensgemeinschaft im Bundesgebiet bestand

und der Ausländer bis dahin im Besitz einer Aufenthaltserlaubnis oder Niederlassungserlaubnis war, es sei denn, er konnte die Verlängerung aus von ihm nicht zu vertretenden Gründen nicht rechtzeitig beantragen. Die Aufenthaltserlaubnis berechtigt zur Ausübung einer Erwerbstätigkeit.

(2) Von der Voraussetzung des zweijährigen rechtmäßigen Bestandes der ehelichen Lebensgemeinschaft im Bundesgebiet nach Absatz 1 Nr. 1 ist abzusehen, soweit es zur Vermeidung einer besonderen Härte erforderlich ist, dem Ehegatten den weiteren Aufenthalt zu ermöglichen, es sei denn, für den Ausländer ist die Verlängerung der Aufenthaltserlaubnis ausgeschlossen. Eine besondere Härte liegt insbesondere vor, wenn dem Ehegatten wegen der aus der Auflösung der ehelichen Lebensgemeinschaft erwachsenden Rückkehrverpflichtung eine erhebliche Beeinträchtigung seiner schutzwürdigen Belange droht oder wenn dem Ehegatten wegen der Beeinträchtigung seiner schutzwürdigen Belange das

Aufenthaltsgesetz 4.1. **Texte 5**

weitere Festhalten an der ehelichen Lebensgemeinschaft unzumutbar ist; zu den schutzwürdigen Belangen zählt auch das Wohl eines mit dem Ehegatten in familiärer Lebensgemeinschaft lebenden Kindes. Zur Vermeidung von Missbrauch kann die Verlängerung der Aufenthaltserlaubnis versagt werden, wenn der Ehegatte aus einem von ihm zu vertretenden Grund auf Leistungen nach dem Zweiten oder Zwölften Buch Sozialgesetzbuch angewiesen ist.

(3) Wenn der Lebensunterhalt des Ehegatten nach Aufhebung der ehelichen Lebensgemeinschaft durch Unterhaltsleistungen aus eigenen Mitteln des Ausländers gesichert ist und dieser eine Niederlassungserlaubnis besitzt, ist dem Ehegatten abweichend von § 9 Abs. 2 Satz 1 Nr. 3, 5 und 6 ebenfalls eine Niederlassungserlaubnis zu erteilen.

(4) Die Inanspruchnahme von Leistungen nach dem Zweiten oder Zwölften Buch Sozialgesetzbuch steht der Verlängerung der Aufenthaltserlaubnis unbeschadet des Absatzes 2 Satz 3 nicht entgegen. Danach kann die Aufenthaltserlaubnis verlängert werden, solange die Voraussetzungen für die Erteilung der Niederlassungserlaubnis nicht vorliegen.

§ 32 Kindernachzug. (1) Dem minderjährigen ledigen Kind eines Ausländers ist eine Aufenthaltserlaubnis zu erteilen, wenn

1. der Ausländer eine Aufenthaltserlaubnis nach § 25 Abs. 1 oder 2 oder eine Niederlassungserlaubnis nach § 26 Abs. 3 besitzt oder
2. beide Eltern oder der allein personensorgeberechtigte Elternteil eine Aufenthaltserlaubnis oder Niederlassungserlaubnis besitzen und das Kind seinen Lebensmittelpunkt zusammen mit seinen Eltern oder dem allein personensorgeberechtigten Elternteil in das Bundesgebiet verlegt.

(2) Einem minderjährigen ledigen Kind, welches das 16. Lebensjahr vollendet hat, ist eine Aufenthaltserlaubnis zu erteilen, wenn es die deutsche Sprache beherrscht oder gewährleistet erscheint, dass es sich auf Grund seiner bisherigen Ausbildung und Lebensverhältnisse in die Lebensverhältnisse in der Bundesrepublik Deutschland einfügen kann, und beide Eltern oder der allein personensorgeberechtigte Elternteil eine Aufenthaltserlaubnis oder Niederlassungserlaubnis besitzen.

(3) Dem minderjährigen ledigen Kind eines Ausländers, welches das 16. Lebensjahr noch nicht vollendet hat, ist eine Aufenthaltserlaubnis zu erteilen, wenn beide Eltern oder der allein personensorgeberechtigte Elternteil eine Aufenthaltserlaubnis oder Niederlassungserlaubnis besitzen.

(4) Im Übrigen kann dem minderjährigen ledigen Kind eines Ausländers eine Aufenthaltserlaubnis erteilt werden, wenn es auf Grund der Umstände des Einzelfalls zur Vermeidung einer besonderen Härte erforderlich ist. Hierbei sind das Kindeswohl und die familiäre Situation zu berücksichtigen.

§ 33 Geburt eines Kindes im Bundesgebiet. Einem Kind, das im Bundesgebiet geboren wird, ist abweichend von den §§ 5 und 29 Abs. 1 Nr. 2 von Amts wegen eine Aufenthaltserlaubnis zu erteilen, wenn die Mutter eine Aufenthaltserlaubnis oder eine Niederlassungserlaubnis besitzt. Der Aufenthalt eines im Bundesgebiet geborenen Kindes, dessen Mutter zum Zeitpunkt der Geburt im Besitz eines Visums ist oder sich visumfrei aufhalten darf, gilt bis zum Ablauf des Visums oder des visumfreien Aufenthalts als erlaubt.

§ 34 Aufenthaltsrecht der Kinder. (1) Die einem Kind erteilte Aufenthaltserlaubnis ist abweichend von § 5 Abs. 1 Nr. 1 und § 29 Abs. 1 Nr. 2 zu verlängern, solange ein personensorgeberechtigter Elternteil eine Aufenthaltserlaubnis oder Niederlassungserlaubnis besitzt und das Kind mit ihm in familiärer Lebensgemeinschaft lebt oder das Kind im Falle seiner Ausreise ein Wiederkehrrecht gemäß § 37 hätte.

(2) Mit Eintritt der Volljährigkeit wird die einem Kind erteilte Aufenthaltserlaubnis zu einem eigenständigen, vom Familiennachzug unabhängigen Aufenthaltsrecht. Das Gleiche gilt bei Erteilung einer Niederlassungserlaubnis oder wenn die Aufenthaltserlaubnis in entsprechender Anwendung des § 37 verlängert wird.

(3) Die Aufenthaltserlaubnis kann verlängert werden, solange die Voraussetzungen für die Erteilung der Niederlassungserlaubnis noch nicht vorliegen.

§ 35 Eigenständiges, unbefristetes Aufenthaltsrecht der Kinder. (1) Einem minderjährigen Ausländer, der eine Aufenthaltserlaubnis nach diesem Abschnitt besitzt, ist abweichend von § 9 Abs. 2 eine Niederlassungserlaubnis zu erteilen, wenn er im Zeitpunkt der Vollendung seines 16. Lebensjahres seit fünf Jahren im Besitz der Aufenthaltserlaubnis ist. Das Gleiche gilt, wenn

1. der Ausländer volljährig und seit fünf Jahren im Besitz der Aufenthaltserlaubnis ist,
2. er über ausreichende Kenntnisse der deutschen Sprache verfügt und
3. sein Lebensunterhalt gesichert ist oder er sich in einer Ausbildung befindet, die zu einem anerkannten schulischen oder beruflichen Bildungsabschluss führt.

(2) Auf die nach Absatz 1 erforderliche Dauer des Besitzes der Aufenthaltserlaubnis werden in der Regel nicht die Zeiten angerechnet, in denen der Ausländer außerhalb des Bundesgebiets die Schule besucht hat.

(3) Ein Anspruch auf Erteilung einer Niederlassungserlaubnis nach Absatz 1 besteht nicht, wenn
1. ein auf dem persönlichen Verhalten des Ausländers beruhender Ausweisungsgrund vorliegt,
2. der Ausländer in den letzten drei Jahren wegen einer vorsätzlichen Straftat zu einer Jugend- oder Freiheitsstrafe von mindestens sechs Monaten oder einer Geldstrafe von mindestens 180 Tagessätzen verurteilt worden oder wenn die Verhängung einer Jugendstrafe ausgesetzt ist oder
3. der Lebensunterhalt nicht ohne Inanspruchnahme von Leistungen nach dem Zweiten oder Zwölften Buch Sozialgesetzbuch oder Jugendhilfe nach dem Achten Buch Sozialgesetzbuch gesichert ist, es sei denn, der Ausländer befindet sich in einer Ausbildung, die zu einem anerkannten schulischen oder beruflichen Bildungsabschluss führt.

In den Fällen des Satzes 1 kann die Niederlassungserlaubnis erteilt oder die Aufenthaltserlaubnis verlängert werden. Ist im Falle des Satzes 1 Nr. 2 die Jugend- oder Freiheitsstrafe zur Bewährung oder die Verhängung einer Jugendstrafe ausgesetzt, wird die Aufenthaltserlaubnis in der Regel bis zum Ablauf der Bewährungszeit verlängert.

(4) Von den in Absatz 1 Nr. 2 und 3 und Absatz 3 Satz 1 Nr. 3 bezeichneten Voraussetzungen ist abzusehen, wenn sie von dem Ausländer wegen einer körperlichen, geistigen oder seelischen Krankheit oder Behinderung nicht erfüllt werden können.

§ 36 Nachzug sonstiger Familienangehöriger. Einem sonstigen Familienangehörigen eines Ausländers kann zum Familiennachzug eine Aufenthaltserlaubnis erteilt werden, wenn es zur Vermeidung einer außergewöhnlichen Härte erforderlich ist. Auf volljährige Familienangehörige finden § 30 Abs. 3 und § 31 und auf minderjährige Familienangehörige § 34 entsprechende Anwendung.

Abschnitt 7. Besondere Aufenthaltsrechte

§ 37 Recht auf Wiederkehr. (1) Einem Ausländer, der als Minderjähriger rechtmäßig seinen gewöhnlichen Aufenthalt im Bundesgebiet hatte, ist eine Aufenthaltserlaubnis zu erteilen, wenn
1. der Ausländer sich vor seiner Ausreise acht Jahre rechtmäßig im Bundesgebiet aufgehalten und sechs Jahre im Bundesgebiet eine Schule besucht hat,
2. sein Lebensunterhalt aus eigener Erwerbstätigkeit oder durch eine Unterhaltsverpflichtung gesichert ist, die ein Dritter für die Dauer von fünf Jahren übernommen hat, und
3. der Antrag auf Erteilung der Aufenthaltserlaubnis nach Vollendung des 15. und vor Vollendung des 21. Lebensjahres sowie vor Ablauf von fünf Jahren seit der Ausreise gestellt wird.

Die Aufenthaltserlaubnis berechtigt zur Ausübung einer Erwerbstätigkeit.

(2) Zur Vermeidung einer besonderen Härte kann von den in Absatz 1 Nr. 1 und 3 bezeichneten Voraussetzungen abgewichen werden. Von den in Absatz 1 Nr. 1 bezeichneten Voraussetzungen kann abgesehen werden, wenn der Ausländer im Bundesgebiet einen anerkannten Schulabschluss erworben hat.

(3) Die Erteilung der Aufenthaltserlaubnis kann versagt werden,
1. wenn der Ausländer ausgewiesen worden war oder ausgewiesen werden konnte, als er das Bundesgebiet verließ,
2. wenn ein Ausweisungsgrund vorliegt oder
3. solange der Ausländer minderjährig und seine persönliche Betreuung im Bundesgebiet nicht gewährleistet ist.

(4) Der Verlängerung der Aufenthaltserlaubnis steht nicht entgegen, dass der Lebensunterhalt nicht mehr aus eigener Erwerbstätigkeit gesichert oder die Unterhaltsverpflichtung wegen Ablaufs der fünf Jahre entfallen ist.

(5) Einem Ausländer, der von einem Träger im Bundesgebiet Rente bezieht, wird in der Regel eine Aufenthaltserlaubnis erteilt, wenn er sich vor seiner Ausreise mindestens acht Jahre rechtmäßig im Bundesgebiet aufgehalten hat.

Aufenthaltsgesetz 4.1. **Texte 5**

§ 38 Aufenthaltstitel für ehemalige Deutsche. (1) Einem ehemaligen Deutschen ist
1. eine Niederlassungserlaubnis zu erteilen, wenn er bei Verlust der deutschen Staatsangehörigkeit seit fünf Jahren als Deutscher seinen gewöhnlichen Aufenthalt im Bundesgebiet hatte,
2. eine Aufenthaltserlaubnis zu erteilen, wenn er bei Verlust der deutschen Staatsangehörigkeit seit mindestens einem Jahr seinen gewöhnlichen Aufenthalt im Bundesgebiet hatte.

Der Antrag auf Erteilung eines Aufenthaltstitels nach Satz 1 ist innerhalb von sechs Monaten nach Kenntnis vom Verlust der deutschen Staatsangehörigkeit zu stellen. § 81 Abs. 3 gilt entsprechend.

(2) Einem ehemaligen Deutschen, der seinen gewöhnlichen Aufenthalt im Ausland hat, kann eine Aufenthaltserlaubnis erteilt werden, wenn er über ausreichende Kenntnisse der deutschen Sprache verfügt.

(3) In besonderen Fällen kann der Aufenthaltstitel nach Absatz 1 oder 2 abweichend von § 5 erteilt werden.

(4) Die Aufenthaltserlaubnis nach Absatz 1 oder 2 berechtigt zur Ausübung einer Erwerbstätigkeit. Die Ausübung einer Erwerbstätigkeit ist innerhalb der Antragsfrist des Absatzes 1 Satz 2 und im Falle der Antragstellung bis zur Entscheidung der Ausländerbehörde über den Antrag erlaubt.

(5) Die Absätze 1 bis 4 finden entsprechende Anwendung auf einen Ausländer, der aus einem nicht von ihm zu vertretenden Grund bisher von deutschen Stellen als Deutscher behandelt wurde.

Abschnitt 8. Beteiligung der Bundesanstalt für Arbeit

§ 39 Zustimmung zur Ausländerbeschäftigung. (1) Ein Aufenthaltstitel, der einem Ausländer die Ausübung einer Beschäftigung erlaubt, kann nur mit Zustimmung der Bundesagentur für Arbeit erteilt werden, soweit durch Rechtsverordnung nicht etwas anderes bestimmt ist. Die Zustimmung kann erteilt werden, wenn dies in zwischenstaatlichen Vereinbarungen, durch ein Gesetz oder durch Rechtsverordnung bestimmt ist.

(2) Die Bundesagentur für Arbeit kann der Erteilung einer Aufenthaltserlaubnis zur Ausübung einer Beschäftigung nach § 18 zustimmen, wenn
1. a) sich durch die Beschäftigung von Ausländern nachteilige Auswirkungen auf den Arbeitsmarkt, insbesondere hinsichtlich der Beschäftigungsstruktur, der Regionen und der Wirtschaftszweige, nicht ergeben,
   b) für die Beschäftigung deutsche Arbeitnehmer sowie Ausländer, die diesen hinsichtlich der Arbeitsaufnahme rechtlich gleichgestellt sind oder andere Ausländer, die nach dem Recht der Europäischen Union einen Anspruch auf vorrangigen Zugang zum Arbeitsmarkt haben, nicht zur Verfügung stehen oder
2. sie durch Prüfung nach Satz 1 Nr. 1 Buchstabe a und b für einzelne Berufsgruppen oder für einzelne Wirtschaftszweige festgestellt hat, dass die Besetzung der offenen Stellen mit ausländischen Bewerbern arbeitsmarkt- und integrationspolitisch verantwortbar ist,

und der Ausländer nicht zu ungünstigeren Arbeitsbedingungen als vergleichbare deutsche Arbeitnehmer beschäftigt wird. Für die Beschäftigung stehen deutsche Arbeitnehmer und diesen gleichgestellte Ausländer auch dann zur Verfügung, wenn sie nur mit Förderung der Agentur für Arbeit vermittelt werden können. Der Arbeitgeber, bei dem ein Ausländer beschäftigt werden soll, der dafür eine Zustimmung benötigt, hat der Bundesagentur für Arbeit Auskunft über Arbeitsentgelt, Arbeitszeiten und sonstige Arbeitsbedingungen zu erteilen.

(3) Absatz 2 gilt auch, wenn bei Aufenthalten zu anderen Zwecken nach den Abschnitten 3, 5, 6 oder 7 eine Zustimmung der Bundesagentur für Arbeit zur Ausübung einer Beschäftigung erforderlich ist.

(4) Die Zustimmung kann die Dauer und die berufliche Tätigkeit festlegen sowie die Beschäftigung auf bestimmte Betriebe oder Bezirke beschränken.

(5) Die Bundesagentur für Arbeit kann der Erteilung einer Niederlassungserlaubnis nach § 19 zustimmen, wenn sich durch die Beschäftigung des Ausländers nachteilige Auswirkungen auf den Arbeitsmarkt nicht ergeben.

(6) Staatsangehörigen derjenigen Staaten, die nach dem Vertrag vom 16. April 2003 über den Beitritt der Tschechischen Republik, der Republik Estland, der Republik Zypern, der Republik Lettland, der Republik Litauen, der Republik Ungarn, der Republik Malta, der Republik Polen, der Republik Slowenien und der Slowakischen Republik zur Europäischen Union (BGBl. 2003 II

S. 1408) der Europäischen Union beigetreten sind, kann von der Bundesagentur für Arbeit eine Beschäftigung, die eine qualifizierte Berufsausbildung voraussetzt, unter den Voraussetzungen des Absatzes 2 erlaubt werden, soweit nach Maßgabe dieses Vertrages von den Rechtsvorschriften der Europäischen Gemeinschaft abweichende Regelungen Anwendung finden. Ihnen ist Vorrang gegenüber zum Zweck der Beschäftigung einreisenden Staatsangehörigen aus Drittstaaten zu gewähren.

§ 40 Versagungsgründe. (1) Die Zustimmung nach § 39 ist zu versagen, wenn
1. das Arbeitsverhältnis auf Grund einer unerlaubten Arbeitsvermittlung oder Anwerbung zustande gekommen ist,
2. der Ausländer als Leiharbeitnehmer (§ 1 Abs. 1 des Arbeitnehmerüberlassungsgesetzes) tätig werden will.

(2) Die Zustimmung kann versagt werden, wenn
1. der Ausländer gegen § 404 Abs. 1 oder 2 Nr. 2 bis 13 des Dritten Buches Sozialgesetzbuch, § 10 oder § 11 des Schwarzarbeitsbekämpfungsgesetzes oder gegen die §§ 15, 15a oder § 16 Abs. 1 Nr. 2 des Arbeitnehmerüberlassungsgesetzes schuldhaft verstoßen hat oder
2. wichtige Gründe in der Person des Ausländers vorliegen.

§ 41 Widerruf der Zustimmung. Die Zustimmung kann widerrufen werden, wenn der Ausländer zu ungünstigeren Arbeitsbedingungen als vergleichbare deutsche Arbeitnehmer beschäftigt wird (§ 39 Abs. 2 Satz 1) oder der Tatbestand des § 40 Abs. 1 oder 2 erfüllt ist.

§ 42 Verordnungsermächtigung und Weisungsrecht. (1) Das Bundesministerium für Wirtschaft und Arbeit kann durch Rechtsverordnung mit Zustimmung des Bundesrates Folgendes bestimmen:
1. Beschäftigungen, für die eine Zustimmung der Bundesagentur für Arbeit (§ 17 Satz 1, § 18 Abs. 2 Satz 1, § 19 Abs. 1) nicht erforderlich ist,
2. Berufsgruppen, bei denen nach Maßgabe des § 18 eine Beschäftigung ausländischer Erwerbstätiger zugelassen werden kann, und erforderlichenfalls nähere Voraussetzungen für deren Zulassung auf dem deutschen Arbeitsmarkt,
3. Ausnahmen für Angehörige bestimmter Staaten,
4. Tätigkeiten, die für die Durchführung dieses Gesetzes stets oder unter bestimmten Voraussetzungen nicht als Beschäftigung anzusehen sind.

(2) Das Bundesministerium für Wirtschaft und Arbeit kann durch Rechtsverordnung ohne Zustimmung des Bundesrates Folgendes bestimmen:
1. die Voraussetzungen und das Verfahren zur Erteilung der Zustimmung der Bundesagentur für Arbeit; dabei kann auch ein alternatives Verfahren zur Vorrangprüfung geregelt werden,
2. Einzelheiten über die zeitliche, betriebliche, berufliche und regionale Beschränkung der Zustimmung nach § 39 Abs. 4,
3. Ausnahmen, in denen eine Zustimmung abweichend von § 39 Abs. 2 erteilt werden darf,
4. Beschäftigungen, für die eine Zustimmung der Bundesagentur für Arbeit nach § 4 Abs. 2 Satz 3 nicht erforderlich ist,
5. Fälle, in denen geduldeten Ausländern abweichend von § 4 Abs. 3 Satz 1 eine Beschäftigung erlaubt werden kann.

(3) Das Bundesministerium für Wirtschaft und Arbeit kann der Bundesagentur für Arbeit zur Durchführung der Bestimmungen dieses Gesetzes und der hierzu erlassenen Rechtsverordnungen sowie der von den Europäischen Gemeinschaften erlassenen Bestimmungen über den Zugang zum Arbeitsmarkt und der zwischenstaatlichen Vereinbarungen über die Beschäftigung von Arbeitnehmern Weisungen erteilen.

Kapitel 3. Förderung der Integration

§ 43 Integrationskurs. (1) Die Integration von rechtmäßig auf Dauer im Bundesgebiet lebenden Ausländern in das wirtschaftliche, kulturelle und gesellschaftliche Leben in der Bundesrepublik Deutschland wird gefördert.

Aufenthaltsgesetz　　　　　　　　　　　　　　　　　　　　　　　　　　　　4.1. **Texte 5**

(2) Eingliederungsbemühungen von Ausländern werden durch ein Grundangebot zur Integration (Integrationskurs) unterstützt. Der Integrationskurs umfasst Angebote, die Ausländer an die Sprache, die Rechtsordnung, die Kultur und die Geschichte in Deutschland heranführen. Ausländer sollen dadurch mit den Lebensverhältnissen im Bundesgebiet so weit vertraut werden, dass sie ohne die Hilfe oder Vermittlung Dritter in allen Angelegenheiten des täglichen Lebens selbständig handeln können.

(3) Der Integrationskurs umfasst einen Basis- und einen Aufbausprachkurs von jeweils gleicher Dauer zur Erlangung ausreichender Sprachkenntnisse sowie einen Orientierungskurs zur Vermittlung von Kenntnissen der Rechtsordnung, der Kultur und der Geschichte in Deutschland. Die erfolgreiche Teilnahme wird durch eine vom Kursträger auszustellende Bescheinigung über den erfolgreich abgelegten Abschlusstest nachgewiesen. Der Integrationskurs wird vom Bundesamt für Migration und Flüchtlinge koordiniert und durchgeführt, das sich hierzu privater oder öffentlicher Träger bedienen kann. Für die Teilnahme am Integrationskurs sollen Kosten in angemessenem Umfang unter Berücksichtigung der Leistungsfähigkeit erhoben werden. Zur Zahlung ist auch derjenige verpflichtet, der dem Ausländer zur Gewährung des Lebensunterhalts verpflichtet ist.

(4) Die Bundesregierung wird ermächtigt, nähere Einzelheiten des Integrationskurses, insbesondere die Grundstruktur, die Dauer, die Lerninhalte und die Durchführung der Kurse, die Vorgaben bezüglich der Auswahl und Zulassung der Kursträger sowie die Voraussetzungen und die Rahmenbedingungen für die Teilnahme und ihre Ordnungsmäßigkeit einschließlich der Kostentragung sowie die erforderliche Datenübermittlung zwischen den beteiligten Stellen durch eine Rechtsverordnung ohne Zustimmung des Bundesrates zu regeln.

(5) Die Bundesregierung legt dem Deutschen Bundestag zum 1. Juli 2007 einen Erfahrungsbericht zu Durchführung und Finanzierung der Integrationskurse vor.

§ 44 Berechtigung zur Teilnahme an einem Integrationskurs. (1) Einen Anspruch auf die einmalige Teilnahme an einem Integrationskurs hat ein Ausländer, der sich dauerhaft im Bundesgebiet aufhält, wenn er

1. erstmals eine Aufenthaltserlaubnis erhält
   a) zu Erwerbszwecken (§§ 18, 21),
   b) zum Zweck des Familiennachzugs (§§ 28, 29, 30, 32, 36),
   c) aus humanitären Gründen nach § 25 Abs. 1 oder 2 oder
2. eine Niederlassungserlaubnis nach § 23 Abs. 2 erhält.

Von einem dauerhaften Aufenthalt ist in der Regel auszugehen, wenn der Ausländer eine Aufenthaltserlaubnis von mehr als einem Jahr erhält oder seit über 18 Monaten eine Aufenthaltserlaubnis besitzt, es sei denn, der Aufenthalt ist vorübergehender Natur.

(2) Der Teilnahmeanspruch nach Absatz 1 erlischt zwei Jahre nach Erteilung des den Anspruch begründenden Aufenthaltstitels oder bei dessen Wegfall.

(3) Der Anspruch auf Teilnahme am Integrationskurs besteht nicht

1. bei Kindern, Jugendlichen und jungen Erwachsenen, die eine schulische Ausbildung aufnehmen oder ihre bisherige Schullaufbahn in der Bundesrepublik Deutschland fortsetzen,
2. bei erkennbar geringem Integrationsbedarf oder
3. wenn der Ausländer bereits über ausreichende Kenntnisse der deutschen Sprache verfügt.

Die Berechtigung zur Teilnahme am Orientierungskurs bleibt im Falle des Satzes 1 Nr. 3 hiervon unberührt.

(4) Ein Ausländer, der einen Teilnahmeanspruch nicht oder nicht mehr besitzt, kann im Rahmen verfügbarer Kursplätze zur Teilnahme zugelassen werden.

§ 44 a Verpflichtung zur Teilnahme an einem Integrationskurs. (1) Ein Ausländer ist zur Teilnahme an einem Integrationskurs verpflichtet, wenn

1. er nach § 44 einen Anspruch auf Teilnahme hat und sich nicht auf einfache Art in deutscher Sprache mündlich verständigen kann oder
2. die Ausländerbehörde ihn im Rahmen verfügbarer und zumutbar erreichbarer Kursplätze zur Teilnahme an einem Integrationskurs auffordert und er
   a) Leistungen nach dem Zweiten Buch Sozialgesetzbuch bezieht und die die Leistung bewilligende Stelle die Teilnahme angeregt hat oder
   b) in besonderer Weise integrationsbedürftig ist.

1393

In den Fällen des Satzes 1 Nr. 1 stellt die Ausländerbehörde bei der Ausstellung des Aufenthaltstitels fest, ob der Ausländer zur Teilnahme verpflichtet ist.

(2) Von der Teilnahmeverpflichtung ausgenommen sind Ausländer,
1. die sich im Bundesgebiet in einer beruflichen oder sonstigen Ausbildung befinden,
2. die die Teilnahme an vergleichbaren Bildungsangeboten im Bundesgebiet nachweisen oder
3. deren Teilnahme auf Dauer unmöglich oder unzumutbar ist.

(3) Kommt ein Ausländer seiner Teilnahmepflicht aus von ihm zu vertretenden Gründen nicht nach, so weist ihn die zuständige Ausländerbehörde vor der Verlängerung seiner Aufenthaltserlaubnis auf die Auswirkungen seiner Pflichtverletzung und der Nichtteilnahme am Integrationskurs (§ 8 Abs. 3, § 9 Abs. 2 Nr. 7 und 8 dieses Gesetzes, § 10 Abs. 3 des Staatsangehörigkeitsgesetzes) hin. Solange ein Ausländer seiner Teilnahmepflicht nach Absatz 1 Satz 1 Nr. 2 Buchstabe a aus von ihm zu vertretenden Gründen nicht nachkommt, kann die die Leistung bewilligende Stelle für die Zeit der Nichtteilnahme nach Hinweis der Ausländerbehörde die Leistungen bis zu 10 vom Hundert kürzen. Bei Verletzung der Teilnahmepflicht kann der voraussichtliche Kostenbeitrag auch vorab in einer Summe durch Gebührenbescheid erhoben werden.

§ 45 Integrationsprogramm. Der Integrationskurs kann durch weitere Integrationsangebote, insbesondere ein migrationsspezifisches Beratungsangebot, ergänzt werden. Das Bundesministerium des Innern oder die von ihm bestimmte Stelle entwickelt ein bundesweites Integrationsprogramm, in dem insbesondere die bestehenden Integrationsangebote von Bund, Ländern, Kommunen und privaten Trägern für Ausländer und Spätaussiedler festgestellt und Empfehlungen zur Weiterentwicklung der Integrationsangebote vorgelegt werden. Bei der Entwicklung des bundesweiten Integrationsprogramms sowie der Erstellung von Informationsmaterialien über bestehende Integrationsangebote werden die Länder, die Kommunen und die Ausländerbeauftragten von Bund, Ländern und Kommunen sowie der Beauftragte der Bundesregierung für Aussiedlerfragen beteiligt. Darüber hinaus sollen Religionsgemeinschaften, Gewerkschaften, Arbeitgeberverbände, die Träger der freien Wohlfahrtspflege sowie sonstige gesellschaftliche Interessenverbände beteiligt werden.

Kapitel 4. Ordnungsrechtliche Vorschriften

§ 46 Ordnungsverfügungen. (1) Die Ausländerbehörde kann gegenüber einem vollziehbar ausreisepflichtigen Ausländer Maßnahmen zur Förderung der Ausreise treffen, insbesondere kann sie den Ausländer verpflichten, den Wohnsitz an einem von ihr bestimmten Ort zu nehmen.

(2) Einem Ausländer kann die Ausreise in entsprechender Anwendung des § 10 Abs. 1 und 2 des Passgesetzes untersagt werden. Im Übrigen kann einem Ausländer die Ausreise aus dem Bundesgebiet nur untersagt werden, wenn er in einen anderen Staat einreisen will, ohne im Besitz der dafür erforderlichen Dokumente und Erlaubnisse zu sein. Das Ausreiseverbot ist aufzuheben, sobald der Grund seines Erlasses entfällt.

§ 47 Verbot und Beschränkung der politischen Betätigung. (1) Ausländer dürfen sich im Rahmen der allgemeinen Rechtsvorschriften politisch betätigen. Die politische Betätigung eines Ausländers kann beschränkt oder untersagt werden, soweit sie
1. die politische Willensbildung in der Bundesrepublik Deutschland oder das friedliche Zusammenleben von Deutschen und Ausländern oder von verschiedenen Ausländergruppen im Bundesgebiet, die öffentliche Sicherheit und Ordnung oder sonstige erhebliche Interessen der Bundesrepublik Deutschland beeinträchtigt oder gefährdet,
2. den außenpolitischen Interessen oder den völkerrechtlichen Verpflichtungen der Bundesrepublik Deutschland zuwiderlaufen kann,
3. gegen die Rechtsordnung der Bundesrepublik Deutschland, insbesondere unter Anwendung von Gewalt, verstößt oder
4. bestimmt ist, Parteien, andere Vereinigungen, Einrichtungen oder Bestrebungen außerhalb des Bundesgebiets zu fördern, deren Ziele oder Mittel mit den Grundwerten einer die Würde des Menschen achtenden staatlichen Ordnung unvereinbar sind.

(2) Die politische Betätigung eines Ausländers wird untersagt, soweit sie
1. die freiheitliche demokratische Grundordnung oder die Sicherheit der Bundesrepublik Deutschland gefährdet oder den kodifizierten Normen des Völkerrechts widerspricht,

Aufenthaltsgesetz　　　　　　　　　　　　　　　　　　　　　　　　　　4.1. **Texte 5**

2. Gewaltanwendung als Mittel zur Durchsetzung politischer, religiöser oder sonstiger Belange öffentlich unterstützt, befürwortet oder hervorzurufen bezweckt oder geeignet ist oder
3. Vereinigungen, politische Bewegungen oder Gruppen innerhalb oder außerhalb des Bundesgebiets unterstützt, die im Bundesgebiet Anschläge gegen Personen oder Sachen oder außerhalb des Bundesgebiets Anschläge gegen Deutsche oder deutsche Einrichtungen veranlasst, befürwortet oder angedroht haben.

§ 48 Ausweisrechtliche Pflichten. (1) Ein Ausländer ist verpflichtet, seinen Pass, seinen Passersatz oder seinen Ausweisersatz und seinen Aufenthaltstitel oder eine Bescheinigung über die Aussetzung der Abschiebung auf Verlangen den mit der Ausführung dieses Gesetzes betrauten Behörden vorzulegen, auszuhändigen und vorübergehend zu überlassen, soweit dies zur Durchführung oder Sicherung von Maßnahmen nach diesem Gesetz erforderlich ist.

(2) Ein Ausländer, der einen Pass weder besitzt noch in zumutbarer Weise erlangen kann, genügt der Ausweispflicht mit der Bescheinigung über einen Aufenthaltstitel oder die Aussetzung der Abschiebung, wenn sie mit den Angaben zur Person und einem Lichtbild versehen und als Ausweisersatz bezeichnet ist.

(3) Besitzt der Ausländer keinen gültigen Pass oder Passersatz, ist er verpflichtet, an der Beschaffung des Identitätspapiers mitzuwirken sowie alle Urkunden und sonstigen Unterlagen, die für die Feststellung seiner Identität und Staatsangehörigkeit und für die Feststellung und Geltendmachung einer Rückführungsmöglichkeit in einen anderen Staat von Bedeutung sein können und in deren Besitz er ist, den mit der Ausführung dieses Gesetzes betrauten Behörden auf Verlangen vorzulegen, auszuhändigen und zu überlassen. Kommt der Ausländer seiner Verpflichtung nach Satz 1 nicht nach und bestehen tatsächliche Anhaltspunkte, dass er im Besitz solcher Unterlagen ist, können er und die von ihm mitgeführten Sachen durchsucht werden. Der Ausländer hat die Maßnahme zu dulden.

§ 49 Feststellung und Sicherung der Identität. (1) Jeder Ausländer ist verpflichtet, gegenüber den mit dem Vollzug des Ausländerrechts betrauten Behörden auf Verlangen die erforderlichen Angaben zu seinem Alter, seiner Identität und Staatsangehörigkeit zu machen und die von der Vertretung des Staates, dessen Staatsangehörigkeit er besitzt oder vermutlich besitzt, geforderten und mit dem deutschen Recht in Einklang stehenden Erklärungen im Rahmen der Beschaffung von Heimreisedokumenten abzugeben.

(2) Bestehen Zweifel über die Person, das Lebensalter oder die Staatsangehörigkeit des Ausländers, so sind die zur Feststellung seiner Identität, seines Lebensalters oder seiner Staatsangehörigkeit erforderlichen Maßnahmen zu treffen, wenn
1. dem Ausländer die Einreise erlaubt oder ein Aufenthaltstitel erteilt werden soll oder
2. es zur Durchführung anderer Maßnahmen nach diesem Gesetz erforderlich ist.

(2 a) Die Identität eines Ausländers ist durch erkennungsdienstliche Maßnahmen zu sichern, wenn eine Verteilung gemäß § 15 a stattfindet.

(3) Zur Feststellung und Sicherung der Identität sollen die erforderlichen Maßnahmen durchgeführt werden,
1. wenn der Ausländer mit einem gefälschten oder verfälschten Pass oder Passersatz einreisen will oder eingereist ist;
2. wenn sonstige Anhaltspunkte den Verdacht begründen, dass der Ausländer nach einer Zurückweisung oder Beendigung des Aufenthalts erneut unerlaubt ins Bundesgebiet einreisen will;
3. bei Ausländern, die vollziehbar ausreisepflichtig sind, sofern die Zurückschiebung oder Abschiebung in Betracht kommt;
4. wenn der Ausländer in einen in § 26 a Abs. 2 des Asylverfahrensgesetzes genannten Drittstaat zurückgewiesen oder zurückgeschoben wird;
5. bei der Beantragung eines Visums für einen Aufenthalt von mehr als drei Monaten durch Staatsangehörige von Staaten, bei denen Rückführungsschwierigkeiten bestehen sowie in den nach § 73 Abs. 4 festgelegten Fällen;
6. bei der Gewährung von vorübergehendem Schutz nach § 24 sowie in den Fällen der §§ 23 und 29 Abs. 3;
7. wenn ein Versagungsgrund nach § 5 Abs. 4 festgestellt worden ist.

(4) Maßnahmen im Sinne der Absätze 2 bis 3 sind die Aufnahme von Lichtbildern und Fingerabdrücken sowie die Vornahme von Messungen und ähnlichen Maßnahmen. Diese sind zulässig bei

Ausländern, die das 14. Lebensjahr vollendet haben. Zur Feststellung der Identität sind diese Maßnahmen nur zulässig, wenn die Identität in anderer Weise, insbesondere durch Anfragen bei anderen Behörden nicht oder nicht rechtzeitig oder nur unter erheblichen Schwierigkeiten festgestellt werden kann.

(5) Zur Bestimmung des Herkunftsstaates oder der Herkunftsregion des Ausländers kann das gesprochene Wort des Ausländers auf Ton- oder Datenträger aufgezeichnet werden. Diese Erhebung darf nur erfolgen, wenn der Ausländer vorher darüber in Kenntnis gesetzt wurde.

(6) Die Identität eines Ausländers, der das 14. Lebensjahr vollendet hat und in Verbindung mit der unerlaubten Einreise aus einem Drittstaat kommend aufgegriffen und nicht zurückgewiesen wird, ist durch Abnahme der Abdrücke aller zehn Finger zu sichern.

(7) Die Identität eines Ausländers, der das 14. Lebensjahr vollendet hat und sich ohne erforderlichen Aufenthaltstitel im Bundesgebiet aufhält, ist durch Abnahme der Abdrücke aller zehn Finger zu sichern, wenn Anhaltspunkte dafür vorliegen, dass er einen Asylantrag in einem Mitgliedstaat der Europäischen Gemeinschaften gestellt hat.

(8) Der Ausländer hat die Maßnahmen nach den Absätzen 2 bis 7 zu dulden.

§ 49 a Fundpapier-Datenbank. (1) Das Bundesverwaltungsamt führt eine Datenbank, in der Angaben zu in Deutschland aufgefundenen, von ausländischen öffentlichen Stellen ausgestellten Identifikationspapieren von Staatsangehörigen der in Anhang I der Verordnung (EG) Nr. 539/2001 (ABl. EG Nr. L 81 S. 1) genannten Staaten gespeichert werden (Fundpapier-Datenbank). Zweck der Speicherung ist die Feststellung der Identität oder Staatsangehörigkeit eines Ausländers und die Ermöglichung der Durchführung einer späteren Rückführung.

(2) Ist ein Fundpapier nach Absatz 1 in den Besitz einer öffentlichen Stelle gelangt, übersendet sie es nach Ablauf von sieben Tagen unverzüglich dem Bundesverwaltungsamt, sofern

1. sie nicht von einer Verlustanzeige des Inhabers Kenntnis erlangt oder
2. nicht den inländischen Aufenthalt des Inhabers zweifelsfrei ermittelt oder
3. das Fundpapier nicht für Zwecke des Strafverfahrens oder für Beweiszwecke in anderen Verfahren benötigt wird.

Im Falle des Satzes 1 Nr. 3 übermittelt die öffentliche Stelle die im Fundpapier enthaltenen Angaben nach § 49 b Nr. 1 bis 3 an das Bundesverwaltungsamt zur Aufnahme in die Fundpapier-Datenbank.

§ 49 b Inhalt der Fundpapier-Datenbank. In der Datei nach § 49 a Abs. 1 werden nur folgende Daten gespeichert:

1. Angaben zum Inhaber des Fundpapiers:
    a) Familienname, Geburtsname, Vornamen, Schreibweise der Namen nach deutschem Recht,
    b) Geburtsdatum und Geburtsort,
    c) Geschlecht,
    d) Staatsangehörigkeit,
    e) Größe,
    f) Augenfarbe,
    g) Lichtbild,
    h) Fingerabdrücke,
2. Angaben zur Fundpapier:
    a) Ort und Nummer,
    b) ausstellender Staat,
    c) Ausstellungsort und -datum,
    d) Gültigkeitsdauer,
3. weitere Angaben:
    a) Bezeichnung der einliefernden Stelle,
    b) Angaben zur Aufbewahrung oder Rückgabe,
4. Ablichtungen aller Seiten des Fundpapiers,
5. Ablichtungen der Nachweise der Rückgabe an den ausstellenden Staat.

Aufenthaltsgesetz   4.1. **Texte 5**

Kapitel 5. Beendigung des Aufenthalts

Abschnitt 1. Begründung der Ausreisepflicht

§ 50 Ausreisepflicht. (1) Ein Ausländer ist zur Ausreise verpflichtet, wenn er einen erforderlichen Aufenthaltstitel nicht oder nicht mehr besitzt und ein Aufenthaltsrecht nach dem Assoziationsabkommen EWG/Türkei nicht oder nicht mehr besteht.

(2) Der Ausländer hat das Bundesgebiet unverzüglich oder, wenn ihm eine Ausreisefrist gesetzt ist, bis zum Ablauf der Frist zu verlassen. Die Ausreisefrist endet spätestens sechs Monate nach dem Eintritt der Unanfechtbarkeit der Ausreisepflicht. Sie kann in besonderen Härtefällen verlängert werden.

(3) Die Ausreisefrist wird unterbrochen, wenn die Vollziehbarkeit der Ausreisepflicht oder der Abschiebungsandrohung entfällt.

(4) Durch die Einreise in einen anderen Mitgliedstaat der Europäischen Gemeinschaften genügt der Ausländer seiner Ausreisepflicht nur, wenn ihm Einreise und Aufenthalt dort erlaubt sind.

(5) Ein ausreisepflichtiger Ausländer, der seine Wohnung wechseln oder den Bezirk der Ausländerbehörde für mehr als drei Tage verlassen will, hat dies der Ausländerbehörde vorher anzuzeigen.

(6) Der Pass oder Passersatz eines ausreisepflichtigen Ausländers soll bis zu dessen Ausreise in Verwahrung genommen werden.

(7) Ein Ausländer kann zum Zweck der Aufenthaltsbeendigung in den Fahndungshilfsmitteln der Polizei zur Aufenthaltsermittlung und Festnahme ausgeschrieben werden, wenn sein Aufenthalt unbekannt ist. Ein ausgewiesener, zurückgeschobener oder abgeschobener Ausländer kann zum Zweck der Einreiseverweigerung zur Zurückweisung und, für den Fall des Antreffens im Bundesgebiet, zur Festnahme ausgeschrieben werden. Für Ausländer, die gemäß § 15 a verteilt worden sind, gilt § 66 des Asylverfahrensgesetzes entsprechend.

§ 51 Beendigung der Rechtmäßigkeit des Aufenthalts; Fortgeltung von Beschränkungen.
(1) Der Aufenthaltstitel erlischt in folgenden Fällen:
1. Ablauf seiner Geltungsdauer,
2. Eintritt einer auflösenden Bedingung,
3. Rücknahme des Aufenthaltstitels,
4. Widerruf des Aufenthaltstitels,
5. Ausweisung des Ausländers,
5 a. Bekanntgabe einer Abschiebungsanordnung nach § 58 a,
6. wenn der Ausländer aus einem seiner Natur nach nicht vorübergehenden Grunde ausreist,
7. wenn der Ausländer ausgereist und nicht innerhalb von sechs Monaten oder einer von der Ausländerbehörde bestimmten längeren Frist wieder eingereist ist,
8. wenn ein Ausländer nach Erteilung eines Aufenthaltstitels gemäß der §§ 22, 23 oder 25 Abs. 3 bis 5 einen Asylantrag stellt;

ein für mehrere Einreisen oder mit einer Geltungsdauer von mehr als drei Monaten erteiltes Visum erlischt nicht nach den Nummern 6 und 7.

(2) Die Niederlassungserlaubnis eines Ausländers, der sich mindestens 15 Jahre rechtmäßig im Bundesgebiet aufgehalten hat sowie die Niederlassungserlaubnis seines mit ihm in ehelicher Lebensgemeinschaft lebenden Ehegatten erlöschen nicht nach Absatz 1 Nr. 6 und 7, wenn deren Lebensunterhalt gesichert ist. Die Niederlassungserlaubnis eines mit einem Deutschen in ehelicher Lebensgemeinschaft lebenden Ausländers erlischt nicht nach Absatz 1 Nr. 6 und 7. Zum Nachweis des Fortbestandes der Niederlassungserlaubnis stellt die Ausländerbehörde am Ort des letzten gewöhnlichen Aufenthalts auf Antrag eine Bescheinigung aus.

(3) Der Aufenthaltstitel erlischt nicht nach Absatz 1 Nr. 7, wenn die Frist lediglich wegen Erfüllung der gesetzlichen Wehrpflicht im Heimatstaat überschritten wird und der Ausländer innerhalb von drei Monaten nach der Entlassung aus dem Wehrdienst wieder einreist.

(4) Nach Absatz 1 Nr. 7 wird in der Regel eine längere Frist bestimmt, wenn der Ausländer aus einem seiner Natur nach vorübergehenden Grunde ausreisen will und eine Niederlassungserlaubnis besitzt oder wenn der Aufenthalt außerhalb des Bundesgebiets Interessen der Bundesrepublik Deutschland dient.

(5) Die Befreiung vom Erfordernis des Aufenthaltstitels entfällt, wenn der Ausländer ausgewiesen, zurückgeschoben oder abgeschoben wird; § 11 Abs. 1 findet entsprechende Anwendung.

(6) Räumliche und sonstige Beschränkungen und Auflagen nach diesem und nach anderen Gesetzen bleiben auch nach Wegfall des Aufenthaltstitels in Kraft, bis sie aufgehoben werden oder der Ausländer seiner Ausreisepflicht nach § 50 Abs. 1 bis 4 nachgekommen ist.

(7) Im Falle der Ausreise eines Asylberechtigten oder eines Ausländers, bei dem das Bundesamt für Migration und Flüchtlinge unanfechtbar das Vorliegen der Voraussetzungen nach § 60 Abs. 1 festgestellt hat, erlischt der Aufenthaltstitel nicht, solange er im Besitz eines gültigen, von einer deutschen Behörde ausgestellten Reiseausweises für Flüchtlinge ist. Der Ausländer hat auf Grund seiner Anerkennung als Asylberechtigter oder der unanfechtbaren Feststellung des Bundesamtes für Migration und Flüchtlinge, dass die Voraussetzungen nach § 60 Abs. 1 vorliegen, keinen Anspruch auf erneute Erteilung eines Aufenthaltstitels, wenn er das Bundesgebiet verlassen hat und die Zuständigkeit für die Ausstellung eines Reiseausweises für Flüchtlinge auf einen anderen Staat übergegangen ist.

§ 52 Widerruf. (1) Der Aufenthaltstitel des Ausländers kann außer in den Fällen des Absatzes 2 nur widerrufen werden, wenn
1. er keinen gültigen Pass oder Passersatz mehr besitzt,
2. er seine Staatsangehörigkeit wechselt oder verliert,
3. er noch nicht eingereist ist oder
4. seine Anerkennung als Asylberechtigter oder seine Rechtsstellung als Flüchtling erlischt oder unwirksam wird.

In den Fällen des Satzes 1 Nr. 4 kann auch der Aufenthaltstitel der mit dem Ausländer in häuslicher Gemeinschaft lebenden Familienangehörigen widerrufen werden, wenn diesen kein eigenständiger Anspruch auf den Aufenthaltstitel zusteht.

(2) Ein Visum und eine Aufenthaltserlaubnis, die zum Zweck der Beschäftigung erteilt wurden, sind zu widerrufen, wenn die Bundesagentur für Arbeit nach § 41 die Zustimmung zur Ausübung der Beschäftigung widerrufen hat. Ein Visum und eine Aufenthaltserlaubnis, die nicht zum Zweck der Beschäftigung erteilt wurden, sind im Falle des Satzes 1 in dem Umfang zu widerrufen, in dem sie die Beschäftigung gestatten.

§ 53 Zwingende Ausweisung. Ein Ausländer wird ausgewiesen, wenn er
1. wegen einer oder mehrerer vorsätzlicher Straftaten rechtskräftig zu einer Freiheits- oder Jugendstrafe von mindestens drei Jahren verurteilt worden ist oder wegen vorsätzlicher Straftaten innerhalb von fünf Jahren zu mehreren Freiheits- oder Jugendstrafen von zusammen mindestens drei Jahren rechtskräftig verurteilt oder bei der letzten rechtskräftigen Verurteilung Sicherungsverwahrung angeordnet worden ist,
2. wegen einer vorsätzlichen Straftat nach dem Betäubungsmittelgesetz, wegen Landfriedensbruches unter den in § 125 a Satz 2 des Strafgesetzbuches genannten Voraussetzungen oder wegen eines im Rahmen einer verbotenen öffentlichen Versammlung oder eines verbotenen Aufzugs begangenen Landfriedensbruches gemäß § 125 des Strafgesetzbuches rechtskräftig zu einer Jugendstrafe von mindestens zwei Jahren oder zu einer Freiheitsstrafe verurteilt und die Vollstreckung der Strafe nicht zur Bewährung ausgesetzt worden ist oder
3. wegen Einschleusens von Ausländern gemäß § 96 oder § 97 rechtskräftig zu einer Freiheitsstrafe verurteilt und die Vollstreckung der Strafe nicht zur Bewährung ausgesetzt worden ist.

§ 54 Ausweisung im Regelfall. Ein Ausländer wird in der Regel ausgewiesen, wenn
1. er wegen einer oder mehrerer vorsätzlicher Straftaten rechtskräftig zu einer Jugendstrafe von mindestens zwei Jahren oder zu einer Freiheitsstrafe verurteilt und die Vollstreckung der Strafe nicht zur Bewährung ausgesetzt worden ist,
2. er wegen Einschleusens von Ausländern gemäß § 96 oder § 97 rechtskräftig verurteilt ist,
3. er den Vorschriften des Betäubungsmittelgesetzes zuwider ohne Erlaubnis Betäubungsmittel anbaut, herstellt, einführt, durchführt oder ausführt, veräußert, an einen anderen abgibt oder in sonstiger Weise in Verkehr bringt oder mit ihnen handelt oder wenn er zu einer solchen Handlung anstiftet oder Beihilfe leistet,
4. er sich im Rahmen einer verbotenen oder aufgelösten öffentlichen Versammlung oder eines verbotenen oder aufgelösten Aufzugs an Gewalttätigkeiten gegen Menschen oder Sachen, die aus einer

Aufenthaltsgesetz 4.1. **Texte 5**

Menschenmenge in einer die öffentliche Sicherheit gefährdenden Weise mit vereinten Kräften begangen werden, als Täter oder Teilnehmer beteiligt,
5. Tatsachen die Schlussfolgerung rechtfertigen, dass er einer Vereinigung angehört oder angehört hat, die den Terrorismus unterstützt, oder er eine derartige Vereinigung unterstützt oder unterstützt hat; auf zurückliegende Mitgliedschaften oder Unterstützungshandlungen kann die Ausweisung nur gestützt werden, soweit diese eine gegenwärtige Gefährlichkeit begründen,
5 a. er die freiheitliche demokratische Grundordnung oder die Sicherheit der Bundesrepublik Deutschland gefährdet oder sich bei der Verfolgung politischer Ziele an Gewalttätigkeiten beteiligt oder öffentlich zur Gewaltanwendung aufruft oder mit Gewaltanwendung droht,
6. er in einer Befragung, die der Klärung von Bedenken gegen die Einreise oder den weiteren Aufenthalt dient, der deutschen Auslandsvertretung oder der Ausländerbehörde gegenüber frühere Aufenthalte in Deutschland oder anderen Staaten verheimlicht oder in wesentlichen Punkten falsche oder unvollständige Angaben über Verbindungen zu Personen oder Organisationen macht, die der Unterstützung des internationalen Terrorismus verdächtig sind. Die Ausweisung auf dieser Grundlage ist nur zulässig, wenn der Ausländer vor der Befragung ausdrücklich auf den sicherheitsrechtlichen Zweck der Befragung und die Rechtsfolgen falscher oder unvollständiger Angaben hingewiesen wurde; oder
7. er zu den Leitern eines Vereins gehörte, der unanfechtbar verboten wurde, weil seine Zwecke oder seine Tätigkeit den Strafgesetzen zuwiderlaufen oder er sich gegen die verfassungsmäßige Ordnung oder den Gedanken der Völkerverständigung richtet.

§ 54 a Überwachung ausgewiesener Ausländer aus Gründen der inneren Sicherheit. (1) Ein Ausländer gegen den eine vollziehbare Ausweisungsverfügung nach § 54 Nr. 5, 5 a oder eine vollziehbare Abschiebungsanordnung nach § 58 a besteht, unterliegt der Verpflichtung, sich mindestens einmal wöchentlich bei der für seinen Aufenthaltsort zuständigen polizeilichen Dienststelle zu melden, soweit die Ausländerbehörde nichts anderes bestimmt. Ist der Ausländer auf Grund anderer als der in Satz 1 genannten Ausweisungsgründe vollziehbar ausreisepflichtig, kann eine Satz 1 entsprechende Meldepflicht angeordnet werden, wenn dies zur Abwehr einer Gefahr für die öffentliche Sicherheit und Ordnung erforderlich ist.

(2) Sein Aufenthalt ist auf den Bezirk der Ausländerbehörde beschränkt, soweit die Ausländerbehörde keine abweichenden Festlegungen trifft.

(3) Er kann verpflichtet werden, in einem anderen Wohnort oder in bestimmten Unterkünften auch außerhalb des Bezirks der Ausländerbehörde zu wohnen, wenn dies geboten erscheint, um die Fortführung von Bestrebungen, die zur Ausweisung geführt haben, zu erschweren oder zu unterbinden und die Einhaltung vereinsrechtlicher oder sonstiger gesetzlicher Auflagen und Verpflichtungen besser überwachen zu können.

(4) Um die Fortführung von Bestrebungen, die zur Ausweisung geführt haben, zu erschweren oder zu unterbinden, kann der Ausländer auch verpflichtet werden, bestimmte Kommunikationsmittel oder -dienste nicht zu nutzen, soweit ihm Kommunikationsmittel verbleiben und die Beschränkung notwendig ist, um schwere Gefahren für die innere Sicherheit oder für Leib und Leben Dritter abzuwehren.

(5) Die Verpflichtungen ruhen, wenn sich der Ausländer in Haft befindet. Eine Anordnung nach den Absätzen 3 und 4 ist sofort vollziehbar.

§ 55 Ermessensausweisung. (1) Ein Ausländer kann ausgewiesen werden, wenn sein Aufenthalt die öffentliche Sicherheit und Ordnung oder sonstige erhebliche Interessen der Bundesrepublik Deutschland beeinträchtigt.

(2) Ein Ausländer kann nach Absatz 1 insbesondere ausgewiesen werden, wenn er
1. in Verfahren nach diesem Gesetz oder zur Erlangung eines einheitlichen Sichtvermerkes nach Maßgabe des Schengener Durchführungsübereinkommens falsche oder unvollständige Angaben zum Zweck der Erlangung eines Aufenthaltstitels gemacht oder trotz bestehender Rechtspflicht nicht an Maßnahmen der für die Durchführung dieses Gesetzes zuständigen Behörden im In- und Ausland mitgewirkt hat, wobei die Ausweisung auf dieser Grundlage nur zulässig ist, wenn der Ausländer vor der Befragung ausdrücklich auf die Rechtsfolgen falscher oder unvollständiger Angaben hingewiesen wurde,
2. einen nicht nur vereinzelten oder geringfügigen Verstoß gegen Rechtsvorschriften oder gerichtliche oder behördliche Entscheidungen oder Verfügungen begangen oder außerhalb des Bundesgebiets eine Straftat begangen hat, die im Bundesgebiet als vorsätzliche Straftat anzusehen ist,

1399

3. gegen eine für die Ausübung der Gewerbsunzucht geltende Rechtsvorschrift oder behördliche Verfügung verstößt,
4. Heroin, Cocain oder ein vergleichbar gefährliches Betäubungsmittel verbraucht und nicht zu einer erforderlichen seiner Rehabilitation dienenden Behandlung bereit ist oder sich ihr entzieht,
5. durch sein Verhalten die öffentliche Gesundheit gefährdet oder längerfristig obdachlos ist,
6. für sich, seine Familienangehörigen oder für sonstige Haushaltsangehörige Sozialhilfe in Anspruch nimmt,
7. Hilfe zur Erziehung außerhalb der eigenen Familie oder Hilfe für junge Volljährige nach dem Achten Buch Sozialgesetzbuch erhält; das gilt nicht für einen Minderjährigen, dessen Eltern oder dessen allein personensorgeberechtigter Elternteil sich rechtmäßig im Bundesgebiet aufhalten oder
8. a) öffentlich, in einer Versammlung oder durch Verbreiten von Schriften ein Verbrechen gegen den Frieden, ein Kriegsverbrechen, ein Verbrechen gegen die Menschlichkeit oder terroristische Taten von vergleichbarem Gewicht in einer Weise billigt oder dafür wirbt, die geeignet ist, die öffentliche Sicherheit und Ordnung zu stören,
 b) in einer Weise, die geeignet ist, die öffentliche Sicherheit und Ordnung zu stören, zum Hass gegen Teile der Bevölkerung aufstachelt oder zu Gewalt oder Willkürmaßnahmen gegen sie auffordert oder die Menschenwürde anderer dadurch angreift, dass er Teile der Bevölkerung beschimpft, böswillig verächtlich macht oder verleumdet.

(3) Bei der Entscheidung über die Ausweisung sind zu berücksichtigen
1. die Dauer des rechtmäßigen Aufenthalts und die schutzwürdigen persönlichen, wirtschaftlichen und sonstigen Bindungen des Ausländers im Bundesgebiet,
2. die Folgen der Ausweisung für die Familienangehörigen oder Lebenspartner des Ausländers, die sich rechtmäßig im Bundesgebiet aufhalten und mit ihm in familiärer oder lebenspartnerschaftlicher Lebensgemeinschaft leben,
3. die in § 60 a Abs. 2 genannten Voraussetzungen für die Aussetzung der Abschiebung.

§ 56 Besonderer Ausweisungsschutz. (1) Ein Ausländer, der
1. eine Niederlassungserlaubnis besitzt und sich seit mindestens fünf Jahren rechtmäßig im Bundesgebiet aufgehalten hat,
2. eine Aufenthaltserlaubnis besitzt und im Bundesgebiet geboren oder als Minderjähriger in das Bundesgebiet eingereist ist und sich mindestens fünf Jahre rechtmäßig im Bundesgebiet aufgehalten hat,
3. eine Aufenthaltserlaubnis besitzt, sich mindestens fünf Jahre rechtmäßig im Bundesgebiet aufgehalten hat und mit einem der in den Nummern 1 und 2 bezeichneten Ausländer in ehelicher oder lebenspartnerschaftlicher Lebensgemeinschaft lebt,
4. mit einem deutschen Familienangehörigen oder Lebenspartner in familiärer oder lebenspartnerschaftlicher Lebensgemeinschaft lebt,
5. als Asylberechtigter anerkannt ist, im Bundesgebiet die Rechtsstellung eines ausländischen Flüchtlings genießt oder einen von einer Behörde der Bundesrepublik Deutschland ausgestellten Reiseausweis nach dem Abkommen vom 28. Juli 1951 über die Rechtsstellung der Flüchtlinge (BGBl. 1953 II S. 559) besitzt,

genießt besonderen Ausweisungsschutz. Er wird nur aus schwerwiegenden Gründen der öffentlichen Sicherheit und Ordnung ausgewiesen. Schwerwiegende Gründe der öffentlichen Sicherheit und Ordnung liegen in der Regel in den Fällen der §§ 53 und 54 Nr. 5, 5 a und 7 vor. Liegen die Voraussetzungen des § 53 vor, so wird der Ausländer in der Regel ausgewiesen. Liegen die Voraussetzungen des § 54 vor, so wird über seine Ausweisung nach Ermessen entschieden.

(2) Über die Ausweisung eines Heranwachsenden, der im Bundesgebiet aufgewachsen ist und eine Niederlassungserlaubnis besitzt, sowie über die Ausweisung eines Minderjährigen, der eine Aufenthaltserlaubnis oder Niederlassungserlaubnis besitzt, wird in den Fällen der §§ 53 und 54 nach Ermessen entschieden. Soweit die Eltern oder der allein personensorgeberechtigte Elternteil des Minderjährigen sich rechtmäßig im Bundesgebiet aufhalten, wird der Minderjährige nur in den Fällen des § 53 ausgewiesen; über die Ausweisung wird nach Ermessen entschieden.

(3) Ein Ausländer, der eine Aufenthaltserlaubnis nach § 24 oder § 29 Abs. 4 besitzt, kann nur unter den Voraussetzungen des § 24 Abs. 2 ausgewiesen werden.

(4) Ein Ausländer, der einen Asylantrag gestellt hat, kann nur unter der Bedingung ausgewiesen werden, dass das Asylverfahren unanfechtbar ohne Anerkennung als Asylberechtigter oder ohne die Feststellung eines Abschiebungshindernisses nach § 60 Abs. 1 abgeschlossen wird. Von der Bedingung wird abgesehen, wenn

Aufenthaltsgesetz 4.1. **Texte 5**

1. ein Sachverhalt vorliegt, der nach Absatz 1 eine Ausweisung rechtfertigt, oder
2. eine nach den Vorschriften des Asylverfahrensgesetzes erlassene Abschiebungsandrohung vollziehbar geworden ist.

Abschnitt 2. Durchsetzung der Ausreisepflicht

§ 57 Zurückschiebung. (1) Ein Ausländer, der unerlaubt eingereist ist, soll innerhalb von sechs Monaten nach dem Grenzübertritt zurückgeschoben werden. Abweichend hiervon ist die Zurückschiebung zulässig, solange ein anderer Staat auf Grund einer zwischenstaatlichen Übernahmevereinbarung zur Übernahme des Ausländers verpflichtet ist.

(2) Ein ausreisepflichtiger Ausländer, der von einem anderen Staat rückgeführt oder zurückgewiesen wird, soll unverzüglich in einen Staat zurückgeschoben werden, in den er einreisen darf, es sei denn, die Ausreisepflicht ist noch nicht vollziehbar.

(3) § 60 Abs. 1 bis 5, 8, 9 und § 62 finden entsprechende Anwendung.

§ 58 Abschiebung. (1) Der Ausländer ist abzuschieben, wenn die Ausreisepflicht vollziehbar ist und die freiwillige Erfüllung der Ausreisepflicht nicht gesichert ist oder aus Gründen der öffentlichen Sicherheit und Ordnung eine Überwachung der Ausreise erforderlich erscheint.

(2) Die Ausreisepflicht ist vollziehbar, wenn der Ausländer
1. unerlaubt eingereist ist,
2. noch nicht die erstmalige Erteilung des erforderlichen Aufenthaltstitels oder nach Ablauf der Geltungsdauer noch nicht die Verlängerung beantragt hat und der Aufenthalt nicht nach § 81 Abs. 3 als erlaubt oder der Aufenthaltstitel nach § 81 Abs. 4 nicht als fortbestehend gilt,
3. auf Grund einer Rückführungsentscheidung eines anderen Mitgliedstaates der Europäischen Union gemäß Artikel 3 der Richtlinie 2001/40/EG des Rates vom 28. Mai 2001 über die gegenseitige Anerkennung von Entscheidungen über die Rückführung von Drittstaatsangehörigen (ABl. EG Nr. L 149 S. 34) ausreisepflichtig wird, sofern diese von der zuständigen Behörde anerkannt wird, und eine Ausreisefrist nicht gewährt wurde oder diese abgelaufen ist. Im Übrigen ist die Ausreisepflicht erst vollziehbar, wenn die Versagung des Aufenthaltstitels oder der sonstige Verwaltungsakt, durch den der Ausländer nach § 50 Abs. 1 ausreisepflichtig wird, vollziehbar ist.

(3) Die Überwachung der Ausreise ist insbesondere erforderlich, wenn der Ausländer
1. sich auf richterliche Anordnung in Haft oder in sonstigem öffentlichen Gewahrsam befindet,
2. innerhalb der ihm gesetzten Ausreisefrist nicht ausgereist ist,
3. nach § 53 oder § 54 ausgewiesen worden ist,
4. mittellos ist,
5. keinen Pass oder Passersatz besitzt,
6. gegenüber der Ausländerbehörde zum Zweck der Täuschung unrichtige Angaben gemacht oder die Angaben verweigert hat oder
7. zu erkennen gegeben hat, dass er seiner Ausreisepflicht nicht nachkommen wird.

§ 58 a Abschiebungsanordnung. (1) Die oberste Landesbehörde kann gegen einen Ausländer auf Grund einer auf Tatsachen gestützten Prognose zur Abwehr einer besonderen Gefahr für die Sicherheit der Bundesrepublik Deutschland oder einer terroristischen Gefahr ohne vorhergehende Ausweisung eine Abschiebungsanordnung erlassen. Die Abschiebungsanordnung ist sofort vollziehbar; einer Abschiebungsandrohung bedarf es nicht.

(2) Das Bundesministerium des Innern kann die Übernahme der Zuständigkeit erklären, wenn ein besonderes Interesse des Bundes besteht. Die oberste Landesbehörde ist hierüber zu unterrichten. Abschiebungsanordnungen des Bundes werden von der Bundespolizei vollzogen.

(3) Eine Abschiebungsanordnung darf nicht vollzogen werden, wenn die Voraussetzungen für ein Abschiebungsverbot nach § 60 Abs. 1 bis 8 gegeben sind. § 59 Abs. 2 und 3 sind entsprechend anzuwenden. Die Prüfung obliegt der über die Abschiebungsanordnung entscheidenden Behörde, die nicht an hierzu getroffene Feststellungen aus anderen Verfahren gebunden ist.

(4) Dem Ausländer ist nach Bekanntgabe der Abschiebungsanordnung unverzüglich Gelegenheit zu geben, mit einem Rechtsbeistand seiner Wahl Verbindung aufzunehmen, es sei denn, er hat sich zuvor anwaltlichen Beistands versichert; er ist hierauf, auf die Rechtsfolgen der Abschiebungsanordnung und die gegebenen Rechtsbehelfe hinzuweisen. Ein Antrag auf Gewährung vorläufigen Rechtsschutzes

1401

nach der Verwaltungsgerichtsordnung ist innerhalb von sieben Tagen nach Bekanntgabe der Abschiebungsanordnung zu stellen. Die Abschiebung darf bis zum Ablauf der Frist nach Satz 2 und im Falle der rechtzeitigen Antragstellung bis zur Entscheidung des Gerichts über den Antrag auf vorläufigen Rechtsschutz nicht vollzogen werden.

§ 59 Androhung der Abschiebung. (1) Die Abschiebung soll schriftlich unter Bestimmung einer Ausreisefrist angedroht werden.

(2) In der Androhung soll der Staat bezeichnet werden, in den der Ausländer abgeschoben werden soll, und der Ausländer darauf hingewiesen werden, dass er auch in einen anderen Staat abgeschoben werden kann, in den er einreisen darf oder der zu seiner Übernahme verpflichtet ist.

(3) Dem Erlass der Androhung steht das Vorliegen von Abschiebungsverboten nicht entgegen. In der Androhung ist der Staat zu bezeichnen, in den der Ausländer nicht abgeschoben werden darf. Stellt das Verwaltungsgericht das Vorliegen eines Abschiebungsverbots fest, so bleibt die Rechtmäßigkeit der Androhung im Übrigen unberührt.

(4) Nach dem Eintritt der Unanfechtbarkeit der Abschiebungsandrohung bleiben für weitere Entscheidungen der Ausländerbehörde über die Abschiebung oder die Aussetzung der Abschiebung Umstände unberücksichtigt, die einer Abschiebung in den in der Abschiebungsandrohung bezeichneten Staat entgegenstehen und die vor dem Eintritt der Unanfechtbarkeit der Abschiebungsandrohung eingetreten sind; sonstige von dem Ausländer geltend gemachte Umstände, die der Abschiebung oder der Abschiebung in diesen Staat entgegenstehen, können unberücksichtigt bleiben. Die Vorschriften, nach denen der Ausländer die im Satz 1 bezeichneten Umstände gerichtlich im Wege der Klage oder im Verfahren des vorläufigen Rechtsschutzes nach der Verwaltungsgerichtsordnung geltend machen kann, bleiben unberührt.

§ 60 Verbot der Abschiebung. (1) In Anwendung des Abkommens vom 28. Juli 1951 über die Rechtsstellung der Flüchtlinge (BGBl. 1953 II S. 559) darf ein Ausländer nicht in einen Staat abgeschoben werden, in dem sein Leben oder seine Freiheit wegen seiner Rasse, Religion, Staatsangehörigkeit, seiner Zugehörigkeit zu einer bestimmten sozialen Gruppe oder wegen seiner politischen Überzeugung bedroht ist. Dies gilt auch für Ausländer, die im Bundesgebiet die Rechtsstellung ausländischer Flüchtlinge genießen oder die außerhalb des Bundesgebiets als ausländische Flüchtlinge im Sinne des Abkommens über die Rechtsstellung der Flüchtlinge anerkannt sind. Eine Verfolgung wegen der Zugehörigkeit zu einer bestimmten sozialen Gruppe kann auch dann vorliegen, wenn die Bedrohung des Lebens, der körperlichen Unversehrtheit oder der Freiheit allein an das Geschlecht anknüpft. Eine Verfolgung im Sinne des Satzes 1 kann ausgehen von

a) dem Staat,
b) Parteien oder Organisationen, die den Staat oder wesentliche Teile des Staatsgebiets beherrschen oder
c) nichtstaatlichen Akteuren, sofern die unter den Buchstaben a und b genannten Akteure einschließlich internationaler Organisationen erwiesenermaßen nicht in der Lage oder nicht willens sind, Schutz vor der Verfolgung zu bieten, und dies unabhängig davon, ob in dem Land eine staatliche Herrschaftsmacht vorhanden ist oder nicht, es sei denn, es besteht eine innerstaatliche Fluchtalternative.

Wenn der Ausländer sich auf ein Abschiebungshindernis nach diesem Absatz beruft, stellt außer in den Fällen des Satzes 2 das Bundesamt für Migration und Flüchtlinge in einem Asylverfahren nach den Vorschriften des Asylverfahrensgesetzes fest, ob dessen Voraussetzungen vorliegen. Die Entscheidung des Bundesamtes kann nur nach den Vorschriften des Asylverfahrensgesetzes angefochten werden.

(2) Ein Ausländer darf nicht in einen Staat abgeschoben werden, in dem für diesen Ausländer die konkrete Gefahr besteht, der Folter unterworfen zu werden.

(3) Ein Ausländer darf nicht in einen Staat abgeschoben werden, wenn dieser Staat den Ausländer wegen einer Straftat sucht und die Gefahr der Todesstrafe besteht. In diesen Fällen finden die Vorschriften über die Auslieferung entsprechende Anwendung.

(4) Liegt ein förmliches Auslieferungsersuchen oder ein mit der Ankündigung eines Auslieferungsersuchens verbundenes Festnahmeersuchen eines anderen Staates vor, darf der Ausländer bis zur Entscheidung über die Auslieferung nur mit Zustimmung der Behörde, die nach § 74 des Gesetzes über die internationale Rechtshilfe in Strafsachen für die Bewilligung der Auslieferung zuständig ist, in diesen Staat abgeschoben werden.

Aufenthaltsgesetz 4.1. **Texte 5**

(5) Ein Ausländer darf nicht abgeschoben werden, soweit sich aus der Anwendung der Konvention vom 4. November 1950 zum Schutze der Menschenrechte und Grundfreiheiten (BGBl. 1952 II S. 685) ergibt, dass die Abschiebung unzulässig ist.

(6) Die allgemeine Gefahr, dass einem Ausländer in einem anderen Staat Strafverfolgung und Bestrafung drohen können und, soweit sich aus den Absätzen 2 bis 5 nicht etwas anderes ergibt, die konkrete Gefahr einer nach der Rechtsordnung eines anderen Staates gesetzmäßigen Bestrafung stehen der Abschiebung nicht entgegen.

(7) Von der Abschiebung eines Ausländers in einen anderen Staat soll abgesehen werden, wenn dort für diesen Ausländer eine erhebliche konkrete Gefahr für Leib, Leben oder Freiheit besteht. Gefahren in diesem Staat, denen die Bevölkerung oder die Bevölkerungsgruppe, der der Ausländer angehört, allgemein ausgesetzt ist, werden bei Entscheidungen nach § 60a Abs. 1 Satz 1 berücksichtigt.

(8) Absatz 1 findet keine Anwendung, wenn der Ausländer aus schwerwiegenden Gründen als eine Gefahr für die Sicherheit der Bundesrepublik Deutschland anzusehen ist oder eine Gefahr für die Allgemeinheit bedeutet, weil er wegen eines Verbrechens oder besonders schweren Vergehens rechtskräftig zu einer Freiheitsstrafe von mindestens drei Jahren verurteilt worden ist. Das Gleiche gilt, wenn aus schwerwiegenden Gründen die Annahme gerechtfertigt ist, dass der Ausländer ein Verbrechen gegen den Frieden, ein Kriegsverbrechen oder ein Verbrechen gegen die Menschlichkeit im Sinne der internationalen Vertragswerke, die ausgearbeitet worden sind, um Bestimmungen bezüglich dieser Verbrechen zu treffen, begangen hat oder dass er vor seiner Aufnahme als Flüchtling ein schweres nichtpolitisches Verbrechen außerhalb des Gebiets der Bundesrepublik Deutschland begangen hat oder sich hat Handlungen zuschulden kommen lassen, die den Zielen und Grundsätzen der Vereinten Nationen zuwiderlaufen.

(9) In den Fällen des Absatzes 8 kann einem Ausländer, der einen Asylantrag gestellt hat, abweichend von den Vorschriften des Asylverfahrensgesetzes die Abschiebung angedroht und diese durchgeführt werden.

(10) Soll ein Ausländer abgeschoben werden, bei dem die Voraussetzungen des Absatzes 1 vorliegen, kann nicht davon abgesehen werden, die Abschiebung anzudrohen und eine angemessene Ausreisefrist zu setzen. In der Androhung sind die Staaten zu bezeichnen, in die der Ausländer nicht abgeschoben werden darf.

§ 60a Vorübergehende Aussetzung der Abschiebung (Duldung). (1) Die oberste Landesbehörde kann aus völkerrechtlichen oder humanitären Gründen oder zur Wahrung politischer Interessen der Bundesrepublik Deutschland anordnen, dass die Abschiebung von Ausländern aus bestimmten Staaten oder von in sonstiger Weise bestimmten Ausländergruppen allgemein oder in bestimmte Staaten für längstens sechs Monate ausgesetzt wird. Für einen Zeitraum von länger als sechs Monaten gilt § 23 Abs. 1.

(2) Die Abschiebung eines Ausländers ist auszusetzen, solange die Abschiebung aus tatsächlichen oder rechtlichen Gründen unmöglich ist und keine Aufenthaltserlaubnis erteilt wird.

(3) Die Ausreisepflicht eines Ausländers, dessen Abschiebung ausgesetzt ist, bleibt unberührt.

(4) Über die Aussetzung der Abschiebung ist dem Ausländer eine Bescheinigung auszustellen.

(5) Die Aussetzung der Abschiebung erlischt mit der Ausreise des Ausländers. Sie wird widerrufen, wenn die der Abschiebung entgegenstehenden Gründe entfallen. Der Ausländer wird unverzüglich nach dem Erlöschen ohne erneute Androhung und Fristsetzung abgeschoben, es sei denn, die Aussetzung wird erneuert. Ist die Abschiebung länger als ein Jahr ausgesetzt, ist die für den Fall des Erlöschens durch Ablauf der Geltungsdauer oder durch Widerruf vorgesehene Abschiebung mindestens einen Monat vorher anzukündigen; die Ankündigung ist zu wiederholen, wenn die Aussetzung für mehr als ein Jahr erneuert wurde.

§ 61 Räumliche Beschränkung; Ausreiseeinrichtungen. (1) Der Aufenthalt eines vollziehbar ausreisepflichtigen Ausländers ist räumlich auf das Gebiet des Landes beschränkt. Weitere Bedingungen und Auflagen können angeordnet werden.

(2) Die Länder können Ausreiseeinrichtungen für vollziehbar ausreisepflichtige Ausländer schaffen. In den Ausreiseeinrichtungen soll durch Betreuung und Beratung die Bereitschaft zur freiwilligen Ausreise gefördert und die Erreichbarkeit für Behörden und Gerichte sowie die Durchführung der Ausreise gesichert werden.

1403

5 Texte 4.1.

§ 62 Abschiebungshaft. (1) Ein Ausländer ist zur Vorbereitung der Ausweisung auf richterliche Anordnung in Haft zu nehmen, wenn über die Ausweisung nicht sofort entschieden werden kann und die Abschiebung ohne die Inhaftnahme wesentlich erschwert oder vereitelt würde (Vorbereitungshaft). Die Dauer der Vorbereitungshaft soll sechs Wochen nicht überschreiten. Im Falle der Ausweisung bedarf es für die Fortdauer der Haft bis zum Ablauf der angeordneten Haftdauer keiner erneuten richterlichen Anordnung.

(2) Ein Ausländer ist zur Sicherung der Abschiebung auf richterliche Anordnung in Haft zu nehmen (Sicherungshaft), wenn

1. der Ausländer auf Grund einer unerlaubten Einreise vollziehbar ausreisepflichtig ist,
1a. eine Abschiebungsanordnung nach § 58a ergangen ist, diese aber nicht unmittelbar vollzogen werden kann,
2. die Ausreisefrist abgelaufen ist und der Ausländer seinen Aufenthaltsort gewechselt hat, ohne der Ausländerbehörde eine Anschrift anzugeben, unter der er erreichbar ist,
3. er aus von ihm zu vertretenden Gründen zu einem für die Abschiebung angekündigten Termin nicht an dem von der Ausländerbehörde angegebenen Ort angetroffen wurde,
4. er sich in sonstiger Weise der Abschiebung entzogen hat oder
5. der begründete Verdacht besteht, dass er sich der Abschiebung entziehen will.

Der Ausländer kann für die Dauer von längstens zwei Wochen in Sicherungshaft genommen werden, wenn die Ausreisefrist abgelaufen ist und feststeht, dass die Abschiebung durchgeführt werden kann. Von der Anordnung der Sicherungshaft nach Satz 1 Nr. 1 kann ausnahmsweise abgesehen werden, wenn der Ausländer glaubhaft macht, dass er sich der Abschiebung nicht entziehen will. Die Sicherungshaft ist unzulässig, wenn feststeht, dass aus Gründen, die der Ausländer nicht zu vertreten hat, die Abschiebung nicht innerhalb der nächsten drei Monate durchgeführt werden kann.

(3) Die Sicherungshaft kann bis zu sechs Monaten angeordnet werden. Sie kann in Fällen, in denen der Ausländer seine Abschiebung verhindert, um höchstens zwölf Monate verlängert werden. Eine Vorbereitungshaft ist auf die Gesamtdauer der Sicherungshaft anzurechnen.

Kapitel 6. Haftung und Gebühren

§ 63 Pflichten der Beförderungsunternehmer. (1) Ein Beförderungsunternehmer darf Ausländer nur in das Bundesgebiet befördern, wenn sie im Besitz eines erforderlichen Passes und eines erforderlichen Aufenthaltstitels sind.

(2) Das Bundesministerium des Innern oder die von ihm bestimmte Stelle kann im Einvernehmen mit dem Bundesministerium für Verkehr, Bau- und Wohnungswesen einem Beförderungsunternehmer untersagen, Ausländer entgegen Absatz 1 in das Bundesgebiet zu befördern und für den Fall der Zuwiderhandlung ein Zwangsgeld androhen. Widerspruch und Klage haben keine aufschiebende Wirkung; dies gilt auch hinsichtlich der Festsetzung des Zwangsgeldes.

(3) Das Zwangsgeld gegen den Beförderungsunternehmer beträgt für jeden Ausländer, den er einer Verfügung nach Absatz 2 zuwider befördert, mindestens 1000 und höchstens 5000 Euro.

(4) Das Bundesministerium des Innern oder die von ihm beauftragte Stelle kann mit Beförderungsunternehmern Regelungen zur Umsetzung der in Absatz 1 genannten Pflicht vereinbaren.

§ 64 Rückbeförderungspflicht der Beförderungsunternehmer. (1) Wird ein Ausländer zurückgewiesen, so hat ihn der Beförderungsunternehmer, der ihn an die Grenze befördert hat, unverzüglich außer Landes zu bringen.

(2) Die Verpflichtung nach Absatz 1 besteht für die Dauer von drei Jahren hinsichtlich der Ausländer, die ohne erforderlichen Pass oder erforderlichen Aufenthaltstitel in das Bundesgebiet befördert werden und die bei der Einreise nicht zurückgewiesen werden, weil sie sich auf politische Verfolgung oder die in § 60 Abs. 2, 3 oder 5 bezeichneten Umstände berufen. Sie erlischt, wenn dem Ausländer ein Aufenthaltstitel nach diesem Gesetz erteilt wird.

(3) Der Beförderungsunternehmer hat den Ausländer auf Verlangen der mit der polizeilichen Kontrolle des grenzüberschreitenden Verkehrs beauftragten Behörden in den Staat, der das Reisedokument ausgestellt hat oder aus dem er befördert wurde, oder in einen sonstigen Staat zu bringen, in dem seine Einreise gewährleistet ist.

Aufenthaltsgesetz   4.1. **Texte 5**

§ 65 Pflichten der Flughafenunternehmer. Der Unternehmer eines Verkehrsflughafens ist verpflichtet, auf dem Flughafengelände geeignete Unterkünfte zur Unterbringung von Ausländern, die nicht im Besitz eines erforderlichen Passes oder eines erforderlichen Visums sind, bis zum Vollzug der grenzpolizeilichen Entscheidung über die Einreise bereitzustellen.

§ 66 Kostenschuldner; Sicherheitsleistung. (1) Kosten, die durch die Durchsetzung einer räumlichen Beschränkung, die Zurückweisung, Zurückschiebung oder Abschiebung entstehen, hat der Ausländer zu tragen.

(2) Neben dem Ausländer haftet für die in Absatz 1 bezeichneten Kosten, wer sich gegenüber der Ausländerbehörde oder der Auslandsvertretung verpflichtet hat, für die Ausreisekosten des Ausländers aufzukommen.

(3) In den Fällen des § 64 Abs. 1 und 2 haftet der Beförderungsunternehmer neben dem Ausländer für die Kosten der Rückbeförderung des Ausländers und für die Kosten, die von der Ankunft des Ausländers an der Grenzübergangsstelle bis zum Vollzug der Entscheidung über die Einreise entstehen. Ein Beförderungsunternehmer, der schuldhaft einer Verfügung nach § 63 Abs. 2 zuwiderhandelt, haftet neben dem Ausländer für sonstige Kosten, die in den Fällen des § 64 Abs. 1 durch die Zurückweisung und in den Fällen des § 64 Abs. 2 durch die Abschiebung entstehen.

(4) Für die Kosten der Abschiebung oder Zurückschiebung haftet, wer den Ausländer als Arbeitnehmer beschäftigt hat, wenn diesem die Ausübung der Erwerbstätigkeit nach den Vorschriften dieses Gesetzes nicht erlaubt war. In gleicher Weise haftet, wer eine nach § 96 strafbare Handlung begeht. Der Ausländer haftet für die Kosten nur, soweit sie von dem anderen Kostenschuldner nicht beigetrieben werden können.

(5) Von dem Kostenschuldner kann eine Sicherheitsleistung verlangt werden. Die Anordnung einer Sicherheitsleistung des Ausländers oder des Kostenschuldners nach Absatz 4 Satz 1 und 2 kann von der Behörde, die sie erlassen hat, ohne vorherige Vollstreckungsanordnung und Fristsetzung vollstreckt werden, wenn andernfalls die Erhebung gefährdet wäre. Zur Sicherung der Ausreisekosten können Rückflugscheine und sonstige Fahrausweise beschlagnahmt werden, die im Besitz eines Ausländers sind, der zurückgewiesen, zurückgeschoben, ausgewiesen oder abgeschoben werden soll oder dem Einreise und Aufenthalt nur wegen der Stellung eines Asylantrages gestattet wird.

§ 67 Umfang der Kostenhaftung. (1) Die Kosten der Abschiebung, Zurückschiebung, Zurückweisung und der Durchsetzung einer räumlichen Beschränkung umfassen
1. die Beförderungs- und sonstigen Reisekosten für den Ausländer innerhalb des Bundesgebiets und bis zum Zielort außerhalb des Bundesgebiets,
2. die bei der Vorbereitung und Durchführung der Maßnahme entstehenden Verwaltungskosten einschließlich der Kosten für die Abschiebungshaft und der Übersetzungs- und Dolmetscherkosten und die Ausgaben für die Unterbringung, Verpflegung und sonstige Versorgung des Ausländers sowie
3. sämtliche durch eine erforderliche amtliche Begleitung des Ausländers entstehenden Kosten einschließlich der Personalkosten.

(2) Die Kosten, für die der Beförderungsunternehmer nach § 66 Abs. 3 Satz 1 haftet, umfassen
1. die in Absatz 1 Nr. 1 bezeichneten Kosten,
2. die bis zum Vollzug der Entscheidung über die Einreise entstehenden Verwaltungskosten und Ausgaben für die Unterbringung, Verpflegung und sonstige Versorgung des Ausländers und Übersetzungs- und Dolmetscherkosten und
3. die in Absatz 1 Nr. 3 bezeichneten Kosten, soweit der Beförderungsunternehmer nicht selbst die erforderliche Begleitung des Ausländers übernimmt.

(3) Die in den Absätzen 1 und 2 genannten Kosten werden von der nach § 71 zuständigen Behörde durch Leistungsbescheid in Höhe der tatsächlich entstandenen Kosten erhoben. Hinsichtlich der Berechnung der Personalkosten gelten die allgemeinen Grundsätze zur Berechnung von Personalkosten der öffentlichen Hand.

§ 68 Haftung für Lebensunterhalt. (1) Wer sich der Ausländerbehörde oder einer Auslandsvertretung gegenüber verpflichtet hat, die Kosten für den Lebensunterhalt eines Ausländers zu tragen, hat sämtliche öffentlichen Mittel zu erstatten, die für den Lebensunterhalt des Ausländers einschließlich der

Versorgung mit Wohnraum und der Versorgung im Krankheitsfalle und bei Pflegebedürftigkeit aufgewendet werden, auch soweit die Aufwendungen auf einem gesetzlichen Anspruch des Ausländers beruhen. Aufwendungen, die auf einer Beitragsleistung beruhen, sind nicht zu erstatten.

(2) Die Verpflichtung nach Absatz 1 Satz 1 bedarf der Schriftform. Sie ist nach Maßgabe des Verwaltungsvollstreckungsgesetzes vollstreckbar. Der Erstattungsanspruch steht der öffentlichen Stelle zu, die die öffentlichen Mittel aufgewendet hat.

(3) Die Auslandsvertretung unterrichtet unverzüglich die Ausländerbehörde über eine Verpflichtung nach Absatz 1 Satz 1.

(4) Die Ausländerbehörde unterrichtet, wenn sie Kenntnis von der Aufwendung nach Absatz 1 zu erstattender öffentlicher Mittel erlangt, unverzüglich die öffentliche Stelle, der der Erstattungsanspruch zusteht, über die Verpflichtung nach Absatz 1 Satz 1 und erteilt ihr alle für die Geltendmachung und Durchsetzung des Erstattungsanspruchs erforderlichen Auskünfte. Der Empfänger darf die Daten nur zum Zweck der Erstattung der für den Ausländer aufgewendeten öffentlichen Mittel sowie der Versagung weiterer Leistungen verwenden.

§ 69 Gebühren. (1) Für Amtshandlungen nach diesem Gesetz und den zur Durchführung dieses Gesetzes erlassenen Rechtsverordnungen werden Gebühren und Auslagen erhoben. Satz 1 gilt nicht für Amtshandlungen der Bundesagentur für Arbeit nach den §§ 39 bis 42. § 287 des Dritten Buches Sozialgesetzbuch bleibt unberührt.

(2) Die Bundesregierung bestimmt durch Rechtsverordnung mit Zustimmung des Bundesrates die gebührenpflichtigen Tatbestände und die Gebührensätze sowie Gebührenbefreiungen und -ermäßigungen, insbesondere für Fälle der Bedürftigkeit. Das Verwaltungskostengesetz findet Anwendung, soweit dieses Gesetz keine abweichenden Vorschriften enthält.

(3) Die in der Rechtsverordnung bestimmten Gebühren dürfen folgende Höchstsätze nicht übersteigen:
1. für die Erteilung einer Aufenthaltserlaubnis: 80 Euro,
2. für die Erteilung einer Niederlassungserlaubnis: 200 Euro,
3. für die Verlängerung einer Aufenthaltserlaubnis: 40 Euro,
4. für die Erteilung eines nationalen Visums und die Ausstellung eines Passersatzes und eines Ausweisersatzes: 30 Euro,
5. für die Erteilung eines Schengen-Visums: 210 Euro,
6. für die Erteilung eines Schengen-Sammelvisums: 50 Euro und 6 Euro pro Person,
7. für sonstige Amtshandlungen: 30 Euro,
8. für Amtshandlungen zu Gunsten Minderjähriger: die Hälfte der für die Amtshandlung bestimmten Gebühr.

(4) Für die Erteilung eines nationalen Visums und eines Passersatzes an der Grenze darf ein Zuschlag von höchstens 25 Euro erhoben werden. Für eine auf Wunsch des Antragstellers außerhalb der Dienstzeit vorgenommene Amtshandlung darf ein Zuschlag von höchstens 30 Euro erhoben werden. Gebührenzuschläge können auch für die Amtshandlungen gegenüber einem Staatsangehörigen festgesetzt werden, dessen Heimatstaat von Deutschen für entsprechende Amtshandlungen höhere als die nach Absatz 2 festgesetzten Gebühren erhebt. Die Sätze 2 und 3 gelten nicht für die Erteilung oder Verlängerung eines Schengen-Visums. Bei der Festsetzung von Gebührenzuschlägen können die in Absatz 3 bestimmten Höchstsätze überschritten werden.

(5) Die Rechtsverordnung nach Absatz 2 kann vorsehen, dass für die Beantragung gebührenpflichtiger Amtshandlungen eine Bearbeitungsgebühr erhoben wird. Die Bearbeitungsgebühr für die Beantragung einer Niederlassungserlaubnis darf höchstens die Hälfte der für die Erteilung der Niederlassungserlaubnis zu erhebenden Gebühr betragen. Die Gebühr ist auf die Gebühr für die Amtshandlung anzurechnen. Sie wird auch im Falle der Rücknahme des Antrages und der Versagung der beantragten Amtshandlung nicht zurückgezahlt.

(6) Die Rechtsverordnung nach Absatz 2 kann für die Einlegung eines Widerspruchs Gebühren vorsehen, die höchstens betragen dürfen:
1. für den Widerspruch gegen die Ablehnung eines Antrages auf Vornahme einer gebührenpflichtigen Amtshandlung: die Hälfte der für diese vorgesehenen Gebühr,
2. für den Widerspruch gegen eine sonstige Amtshandlung: 55 Euro.

Soweit der Widerspruch Erfolg hat, ist die Gebühr auf die Gebühr für die vorzunehmende Amtshandlung anzurechnen und im Übrigen zurückzuzahlen.

Aufenthaltsgesetz 4.1. **Texte 5**

§ 70 Verjährung. (1) Die Ansprüche auf die in § 67 Abs. 1 und 2 genannten Kosten verjähren sechs Jahre nach Eintritt der Fälligkeit.

(2) Die Verjährung von Ansprüchen nach den §§ 66 und 69 wird neben den Fällen des § 20 Abs. 3 des Verwaltungskostengesetzes auch unterbrochen, solange sich der Kostenschuldner nicht im Bundesgebiet aufhält oder sein Aufenthalt im Bundesgebiet deshalb nicht festgestellt werden kann, weil er einer gesetzlichen Meldepflicht oder Anzeigepflicht nicht nachgekommen ist.

Kapitel 7. Verfahrensvorschriften

Abschnitt 1. Zuständigkeiten

§ 71 Zuständigkeit. (1) Für aufenthalts- und passrechtliche Maßnahmen und Entscheidungen nach diesem Gesetz und nach ausländerrechtlichen Bestimmungen in anderen Gesetzen sind die Ausländerbehörden zuständig. Die Landesregierung oder die von ihr bestimmte Stelle kann bestimmen, dass für einzelne Aufgaben nur eine oder mehrere bestimmte Ausländerbehörden zuständig sind.

(2) Im Ausland sind für Pass- und Visaangelegenheiten die vom Auswärtigen Amt ermächtigten Auslandsvertretungen zuständig.

(3) Die mit der polizeilichen Kontrolle des grenzüberschreitenden Verkehrs beauftragten Behörden sind zuständig für

1. die Zurückweisung, die Zurückschiebung an der Grenze, die Rückführung von Ausländern aus und in andere Staaten und, soweit es zur Vorbereitung und Sicherung dieser Maßnahmen erforderlich ist, die Festnahme und die Beantragung von Haft,
2. die Erteilung eines Visums und die Ausstellung eines Passersatzes nach § 14 Abs. 2 sowie die Durchführung des § 63 Abs. 3,
3. den Widerruf eines Visums
   a) im Falle der Zurückweisung oder Zurückschiebung,
   b) auf Ersuchen der Auslandsvertretung, die das Visum erteilt hat, oder
   c) auf Ersuchen der Ausländerbehörde, die der Erteilung des Visums zugestimmt hat, sofern diese ihrer Zustimmung bedurfte,
4. das Ausreiseverbot und die Maßnahmen nach § 66 Abs. 5 an der Grenze,
5. die Prüfung an der Grenze, ob Beförderungsunternehmer und sonstige Dritte die Vorschriften dieses Gesetzes und die auf Grund dieses Gesetzes erlassenen Verordnungen und Anordnungen beachtet haben,
6. sonstige ausländerrechtliche Maßnahmen und Entscheidungen, soweit sich deren Notwendigkeit an der Grenze ergibt und sie vom Bundesministerium des Innern hierzu allgemein oder im Einzelfall ermächtigt sind, sowie
7. die Beschaffung von Heimreisedokumenten für Ausländer einzelner Staaten im Wege der Amtshilfe.

(4) Für die erforderlichen Maßnahmen nach §§ 48 und 49 sind die Ausländerbehörden, die mit der polizeilichen Kontrolle des grenzüberschreitenden Verkehrs beauftragten Behörden und, soweit es zur Erfüllung ihrer Aufgaben nach Absatz 5 erforderlich ist, die Polizeien der Länder zuständig. In den Fällen des § 49 Abs. 2a sind auch die Behörden zuständig, die die Verteilung nach § 15 a veranlassen. In den Fällen des § 49 Abs. 3 Nr. 5 sind die vom Auswärtigen Amt ermächtigten Auslandsvertretungen zuständig.

(5) Für die Zurückschiebung sowie die Durchsetzung der Verlassenspflicht des § 12 Abs. 3 und die Durchführung der Abschiebung und, soweit es zur Vorbereitung und Sicherung dieser Maßnahmen erforderlich ist, die Festnahme und Beantragung der Haft sind auch die Polizeien der Länder zuständig.

(6) Das Bundesministerium des Innern oder die von ihm bestimmte Stelle entscheidet im Benehmen mit dem Auswärtigen Amt über die Anerkennung von Pässen und Passersatzpapieren (§ 3 Abs. 1).

§ 72 Beteiligungserfordernisse. (1) Eine Betretenserlaubnis (§ 11 Abs. 2) darf nur mit Zustimmung der für den vorgesehenen Aufenthaltsort zuständigen Ausländerbehörde erteilt werden. Die Ausländerbehörde, die den Ausländer ausgewiesen oder abgeschoben hat, ist in der Regel zu beteiligen.

(2) Über das Vorliegen eines zielstaatsbezogenen Abschiebungsverbots des § 60 Abs. 7 entscheidet die Ausländerbehörde nur nach vorheriger Beteiligung des Bundesamtes für Migration und Flüchtlinge.

(3) Räumliche Beschränkungen, Auflagen und Bedingungen, Befristungen nach § 11 Abs. 1 Satz 3, Anordnungen nach § 47 und sonstige Maßnahmen gegen einen Ausländer, der nicht im Besitz eines erforderlichen Aufenthaltstitels ist, dürfen von einer anderen Ausländerbehörde nur im Einvernehmen mit der Ausländerbehörde geändert oder aufgehoben werden, die die Maßnahme angeordnet hat. Satz 1 findet keine Anwendung, wenn der Aufenthalt des Ausländers nach den Vorschriften des Asylverfahrensgesetzes auf den Bezirk der anderen Ausländerbehörde beschränkt ist.

(4) Ein Ausländer, gegen den öffentliche Klage erhoben oder ein strafrechtliches Ermittlungsverfahren eingeleitet ist, darf nur im Einvernehmen mit der zuständigen Staatsanwaltschaft ausgewiesen und abgeschoben werden. Ein Ausländer, der zu schützende Person im Sinne des Zeugenschutz-Harmonisierungsgesetzes ist, darf nur im Einvernehmen mit der Zeugenschutzdienststelle ausgewiesen oder abgeschoben werden.

(5) § 45 des Achten Buches Sozialgesetzbuch gilt nicht für Ausreiseeinrichtungen und Einrichtungen, die der vorübergehenden Unterbringung von Ausländern dienen, denen aus völkerrechtlichen, humanitären oder politischen Gründen eine Aufenthaltserlaubnis erteilt wird.

§ 73 Sonstige Beteiligungserfordernisse im Visumverfahren und bei der Erteilung von Aufenthaltstiteln. (1) Die im Visumverfahren von der deutschen Auslandsvertretung erhobenen Daten der visumantragstellenden Person und des Einladers können über das Auswärtige Amt zur Feststellung von Versagungsgründen nach § 5 Abs. 4 an den Bundesnachrichtendienst, das Bundesamt für Verfassungsschutz, den Militärischen Abschirmdienst, das Bundeskriminalamt und das Zollkriminalamt übermittelt werden. Die beteiligten Behörden übermitteln Erkenntnisse über Versagungsgründe nach § 5 Abs. 4 über das Auswärtige Amt an die zuständige Auslandsvertretung. Das Verfahren nach § 21 des Ausländerzentralregistergesetzes bleibt unberührt. In den Fällen des § 14 Abs. 2 kann die jeweilige mit der polizeilichen Kontrolle des grenzüberschreitenden Verkehrs beauftragte Behörde die im Visumverfahren erhobenen Daten an die in Satz 1 genannten Behörden übermitteln.

(2) Die Ausländerbehörden können zur Feststellung von Versagungsgründen gemäß § 5 Abs. 4 oder zur Prüfung von Sicherheitsbedenken vor der Erteilung oder Verlängerung eines sonstigen Aufenthaltstitels die bei ihr gespeicherten personenbezogenen Daten der betroffenen Person an den Bundesnachrichtendienst, den Militärischen Abschirmdienst und das Zollkriminalamt sowie an das Landesamt für Verfassungsschutz und das Landeskriminalamt oder die zuständigen Behörden der Polizei übermitteln. Vor Erteilung einer Niederlassungserlaubnis sind die gespeicherten personenbezogenen Daten den in Satz 1 genannten Sicherheitsbehörden und Nachrichtendiensten zu übermitteln, wenn dies zur Feststellung von Versagungsgründen gemäß § 5 Abs. 4 oder zur Prüfung von Sicherheitsbedenken geboten ist.

(3) Die in den Absätzen 1 und 2 genannten Sicherheitsbehörden und Nachrichtendienste teilen der anfragenden Stelle unverzüglich mit, ob Versagungsgründe nach § 5 Abs. 4 oder Sicherheitsbedenken nach Absatz 2 Satz 2 vorliegen. Sie dürfen die mit der Anfrage übermittelten Daten speichern und nutzen, wenn das zur Erfüllung ihrer gesetzlichen Aufgaben erforderlich ist. Übermittlungsregelungen nach anderen Gesetzen bleiben unberührt.

(4) Das Bundesministerium des Innern bestimmt im Einvernehmen mit dem Auswärtigen Amt und unter Berücksichtigung der aktuellen Sicherheitslage durch allgemeine Verwaltungsvorschrift, in welchen Fällen gegenüber Staatsangehörigen bestimmter Staaten sowie Angehörigen von in sonstiger Weise bestimmten Personengruppen von der Ermächtigung des Absatzes 1 Gebrauch gemacht wird.

§ 74 Beteiligung des Bundes; Weisungsbefugnis. (1) Ein Visum kann zur Wahrung politischer Interessen des Bundes mit der Maßgabe erteilt werden, dass die Verlängerung des Visums und die Erteilung eines anderen Aufenthaltstitels nach Ablauf der Geltungsdauer des Visums sowie die Aufhebung und Änderung von Auflagen, Bedingungen und sonstigen Beschränkungen, die mit dem Visum verbunden sind, nur im Benehmen oder Einvernehmen mit dem Bundesministerium des Innern oder der von ihm bestimmten Stelle vorgenommen werden dürfen.

(2) Die Bundesregierung kann Einzelweisungen zur Ausführung dieses Gesetzes und der auf Grund dieses Gesetzes erlassenen Rechtsverordnungen erteilen, wenn

1. die Sicherheit der Bundesrepublik Deutschland oder sonstige erhebliche Interessen der Bundesrepublik Deutschland es erfordern,
2. durch ausländerrechtliche Maßnahmen eines Landes erhebliche Interessen eines anderen Landes beeinträchtigt werden,

Aufenthaltsgesetz   4.1. **Texte 5**

3. eine Ausländerbehörde einen Ausländer ausweisen will, der zu den bei konsularischen und diplomatischen Vertretungen vom Erfordernis eines Aufenthaltstitels befreiten Personen gehört.

Abschnitt 2. Bundesamt für Migration und Flüchtlinge

§ 75 Aufgaben. Das Bundesamt für Migration und Flüchtlinge hat unbeschadet der Aufgaben nach anderen Gesetzen folgende Aufgaben:

1. Koordinierung der Informationen über den Aufenthalt zum Zweck der Erwerbstätigkeit zwischen den Ausländerbehörden, der Bundesagentur für Arbeit und der für Pass- und Visaangelegenheiten vom Auswärtigen Amt ermächtigten deutschen Auslandsvertretungen;
2. a) Entwicklung von Grundstruktur und Lerninhalten des Integrationskurses nach § 43 Abs. 3,
   b) deren Durchführung und
   c) Maßnahmen nach § 9 Abs. 5 des Bundesvertriebenengesetzes;
3. fachliche Zuarbeit für die Bundesregierung auf dem Gebiet der Integrationsförderung und der Erstellung von Informationsmaterial über Integrationsangebote von Bund, Ländern und Kommunen für Ausländer und Spätaussiedler;
4. Betreiben wissenschaftlicher Forschungen über Migrationsfragen (Begleitforschung) zur Gewinnung analytischer Aussagen für die Steuerung der Zuwanderung;
5. Zusammenarbeit mit den Verwaltungsbehörden der Mitgliedstaaten der Europäischen Union als Nationale Kontaktstelle nach der Richtlinie 2001/55/EG;
6. Führung des Registers nach § 91 a;
7. Gewährung der Auszahlungen der nach den Programmen zur Förderung der freiwilligen Rückkehr bewilligten Mittel;
8. Verteilung der nach § 23 Abs. 2 aufgenommenen Personen auf die Länder;
9. Durchführung einer migrationsspezifischen Beratung nach § 45 Satz 1, soweit sie nicht durch andere Stellen wahrgenommen wird; hierzu kann es sich privter oder öffentlicher Träger bedienen.

§ 76 *(weggefallen)*

Abschnitt 3. Verwaltungsverfahren

§ 77 Schriftform; Ausnahme von Formerfordernissen. (1) Der Verwaltungsakt, durch den ein Passersatz, ein Ausweisersatz oder ein Aufenthaltstitel versagt, räumlich oder zeitlich beschränkt oder mit Bedingungen und Auflagen versehen wird, sowie die Ausweisung und die Aussetzung der Abschiebung bedürfen der Schriftform. Das Gleiche gilt für Beschränkungen des Aufenthalts nach § 12 Abs. 4, die Anordnungen nach den §§ 47 und 54 a sowie den Widerruf von Verwaltungsakten nach diesem Gesetz.

(2) Die Versagung und die Beschränkung eines Visums und eines Passersatzes vor der Einreise bedürfen keiner Begründung und Rechtsbehelfsbelehrung; die Versagung an der Grenze bedarf auch nicht der Schriftform.

§ 78 Vordrucke für Aufenthaltstitel, Ausweisersatz und Bescheinigungen. (1) Der Aufenthaltstitel wird nach einheitlichem Vordruckmuster ausgestellt, das eine Seriennummer und eine Zone für das automatische Lesen enthält. Das Vordruckmuster enthält folgende Angaben:

1. Name und Vorname des Inhabers,
2. Gültigkeitsdauer,
3. Ausstellungsort und -datum,
4. Art des Aufenthaltstitels,
5. Ausstellungsbehörde,
6. Seriennummer des zugehörigen Passes oder Passersatzpapiers,
7. Anmerkungen.

(2) Wird der Aufenthaltstitel als eigenständiges Dokument ausgestellt, werden folgende zusätzliche Informationsfelder vorgesehen:

1. Tag und Ort der Geburt,
2. Staatsangehörigkeit,
3. Geschlecht,
4. Anmerkungen,
5. Anschrift des Inhabers.

1409

(3) Der Aufenthaltstitel kann neben dem Lichtbild und der eigenhändigen Unterschrift weitere biometrische Merkmale von Fingern oder Händen oder Gesicht des Inhabers enthalten. Das Lichtbild, die Unterschrift und die weiteren biometrischen Merkmale dürfen auch in mit Sicherheitsverfahren verschlüsselter Form in den Aufenthaltstitel eingebracht werden. Auch die in den Absätzen 1 und 2 aufgeführten Angaben über die Person dürfen in mit Sicherheitsverfahren verschlüsselter Form in den Aufenthaltstitel eingebracht werden.

(4) Die Zone für das automatische Lesen enthält folgende Angaben:
1. Familienname und Vorname,
2. Geburtsdatum,
3. Geschlecht,
4. Staatsangehörigkeit,
5. Art des Aufenthaltstitels,
6. Seriennummer des Vordrucks,
7. ausstellender Staat,
8. Gültigkeitsdauer,
9. Prüfziffern.

(5) Öffentliche Stellen können die in der Zone für das automatische Lesen enthaltenen Daten zur Erfüllung ihrer gesetzlichen Aufgaben speichern, übermitteln und nutzen.

(6) Der Ausweisersatz enthält eine Seriennummer und eine Zone für das automatische Lesen. In dem Vordruckmuster können neben der Bezeichnung von Ausstellungsbehörde, Ausstellungsort und -datum, Gültigkeitszeitraum bzw. -dauer, Name und Vornamen des Inhabers, Aufenthaltsstatus sowie Nebenbestimmungen folgende Angaben über die Person des Inhabers vorgesehen sein:
1. Tag und Ort der Geburt,
2. Staatsangehörigkeit,
3. Geschlecht,
4. Größe,
5. Farbe der Augen,
6. Anschrift des Inhabers,
7. Lichtbild,
8. eigenhändige Unterschrift,
9. weitere biometrische Merkmale von Fingern oder Händen oder Gesicht,
10. Hinweis, dass die Personalangaben auf den eigenen Angaben des Ausländers beruhen.

Das Lichtbild, die Unterschrift und die weiteren biometrischen Merkmale dürfen auch in mit Sicherheitsverfahren verschlüsselter Form in den Ausweisersatz eingebracht werden. Die Absätze 4 und 5 gelten entsprechend.

(7) Die Bescheinigungen nach § 60 a Abs. 4 und § 81 Abs. 5 werden nach einheitlichem Vordruckmuster ausgestellt, das eine Seriennummer enthält und mit einer Zone für das automatische Lesen versehen sein kann. Die Bescheinigung darf im Übrigen nur die in Absatz 6 bezeichneten Daten enthalten sowie den Hinweis, dass der Ausländer mit ihr nicht der Passpflicht genügt. Die Absätze 4 und 5 gelten entsprechend.

§ 79 Entscheidung über den Aufenthalt. (1) Über den Aufenthalt von Ausländern wird auf der Grundlage der im Bundesgebiet bekannten Umstände und zugänglichen Erkenntnisse entschieden. Über das Vorliegen der Voraussetzungen des § 60 Abs. 2 bis 7 entscheidet die Ausländerbehörde auf der Grundlage der ihr vorliegenden und im Bundesgebiet zugänglichen Erkenntnisse und, soweit es im Einzelfall erforderlich ist, der den Behörden des Bundes außerhalb des Bundesgebiets zugänglichen Erkenntnisse.

(2) Wird gegen einen Ausländer, der die Erteilung oder Verlängerung eines Aufenthaltstitels beantragt hat, wegen des Verdachts einer Straftat oder einer Ordnungswidrigkeit ermittelt, ist die Entscheidung über den Aufenthaltstitel bis zum Abschluss des Verfahrens, im Falle der Verurteilung bis zum Eintritt der Rechtskraft des Urteils auszusetzen, es sei denn, über den Aufenthaltstitel kann ohne Rücksicht auf den Ausgang des Verfahrens entschieden werden.

§ 80 Handlungsfähigkeit Minderjähriger. (1) Fähig zur Vornahme von Verfahrenshandlungen nach diesem Gesetz ist ein Ausländer, der das 16. Lebensjahr vollendet hat, sofern er nicht nach Maßgabe

Aufenthaltsgesetz 4.1. **Texte 5**

des Bürgerlichen Gesetzbuchs geschäftsunfähig oder im Falle seiner Volljährigkeit in dieser Angelegenheit zu betreuen und einem Einwilligungsvorbehalt zu unterstellen wäre.

(2) Die mangelnde Handlungsfähigkeit eines Minderjährigen steht seiner Zurückweisung und Zurückschiebung nicht entgegen. Das Gleiche gilt für die Androhung und Durchführung der Abschiebung in den Herkunftsstaat, wenn sich sein gesetzlicher Vertreter nicht im Bundesgebiet aufhält oder dessen Aufenthaltsort im Bundesgebiet unbekannt ist.

(3) Bei der Anwendung dieses Gesetzes sind die Vorschriften des Bürgerlichen Gesetzbuchs dafür maßgebend, ob ein Ausländer als minderjährig oder volljährig anzusehen ist. Die Geschäftsfähigkeit und die sonstige rechtliche Handlungsfähigkeit eines nach dem Recht seines Heimatstaates volljährigen Ausländers bleiben davon unberührt.

(4) Die gesetzlichen Vertreter eines Ausländers, der das 16. Lebensjahr noch nicht vollendet hat, und sonstige Personen, die an Stelle der gesetzlichen Vertreter den Ausländer im Bundesgebiet betreuen, sind verpflichtet, für den Ausländer die erforderlichen Anträge auf Erteilung und Verlängerung des Aufenthaltstitels und auf Erteilung und Verlängerung des Passes, des Passersatzes und des Ausweisersatzes zu stellen.

§ 81 Beantragung des Aufenthaltstitels. (1) Die Erteilung eines Aufenthaltstitels erfolgt nur auf Antrag, soweit nicht etwas anderes bestimmt ist.

(2) Ein Aufenthaltstitel, der nach Maßgabe der Rechtsverordnung nach § 99 Abs. 1 Nr. 2 nach der Einreise eingeholt werden kann, ist unverzüglich nach der Einreise oder innerhalb der in der Rechtsverordnung bestimmten Frist zu beantragen. Für ein im Bundesgebiet geborenes Kind, dem nicht von Amts wegen ein Aufenthaltstitel zu erteilen ist, ist der Antrag innerhalb von sechs Monaten nach der Geburt zu stellen.

(3) Beantragt ein Ausländer, der sich rechtmäßig im Bundesgebiet aufhält, ohne einen Aufenthaltstitel zu besitzen, die Erteilung eines Aufenthaltstitels, gilt sein Aufenthalt bis zur Entscheidung der Ausländerbehörde als erlaubt. Wird der Antrag verspätet gestellt, gilt ab dem Zeitpunkt der Antragstellung bis zur Entscheidung der Ausländerbehörde die Abschiebung als ausgesetzt.

(4) Beantragt ein Ausländer die Verlängerung seines Aufenthaltstitels oder die Erteilung eines anderen Aufenthaltstitels, gilt der bisherige Aufenthaltstitel vom Zeitpunkt seines Ablaufs bis zur Entscheidung der Ausländerbehörde als fortbestehend.

(5) Dem Ausländer ist eine Bescheinigung über die Wirkung seiner Antragstellung (Fiktionsbescheinigung) auszustellen.

§ 82 Mitwirkung des Ausländers. (1) Der Ausländer ist verpflichtet, seine Belange und für ihn günstige Umstände, soweit sie nicht offenkundig oder bekannt sind, unter Angabe nachprüfbarer Umstände unverzüglich geltend zu machen und die erforderlichen Nachweise über seine persönlichen Verhältnisse, sonstige erforderliche Bescheinigungen und Erlaubnisse sowie sonstige erforderliche Nachweise, die er erbringen kann, unverzüglich beizubringen. Die Ausländerbehörde kann ihm dafür eine angemessene Frist setzen. Nach Ablauf der Frist geltend gemachte Umstände und beigebrachte Nachweise können unberücksichtigt bleiben.

(2) Absatz 1 findet im Widerspruchsverfahren entsprechende Anwendung.

(3) Der Ausländer soll auf seine Pflichten nach Absatz 1 sowie seine wesentlichen Rechte und Pflichten nach diesem Gesetz, insbesondere die Verpflichtungen aus den §§ 44a, 48, 49 und 81 und die Möglichkeit der Antragstellung nach § 11 Abs. 1 Satz 3 hingewiesen werden. Im Falle der Fristsetzung ist er auf die Folgen der Fristversäumung hinzuweisen.

(4) Soweit es zur Vorbereitung und Durchführung von Maßnahmen nach diesem Gesetz und nach ausländerrechtlichen Bestimmungen in anderen Gesetzen erforderlich ist, kann angeordnet werden, dass ein Ausländer bei der zuständigen Behörde sowie den Vertretungen des Staates, dessen Staatsangehörigkeit er vermutlich besitzt, persönlich erscheint sowie eine ärztliche Untersuchung zur Feststellung der Reisefähigkeit durchgeführt wird. Kommt der Ausländer einer Anordnung nach Satz 1 nicht nach, kann sie zwangsweise durchgesetzt werden. § 40 Abs. 1 und 2, die §§ 41, 42 Abs. 1 Satz 1 und 3 des Bundespolizeigesetzes finden entsprechende Anwendung.

§ 83 Beschränkung der Anfechtbarkeit. (1) Die Versagung eines Visums zu touristischen Zwecken sowie eines Visums und eines Passersatzes an der Grenze sind unanfechtbar. Der Ausländer wird bei der

Versagung eines Visums und eines Passersatzes an der Grenze auf die Möglichkeit einer Antragstellung bei der zuständigen Auslandsvertretung hingewiesen.

(2) Gegen die Versagung der Aussetzung der Abschiebung findet kein Widerspruch statt.

§ 84 Wirkungen von Widerspruch und Klage. (1) Widerspruch und Klage gegen

1. die Ablehnung eines Antrages auf Erteilung oder Verlängerung des Aufenthaltstitels,
2. die Auflage nach § 61 Abs. 1, in einer Ausreiseeinrichtung Wohnung zu nehmen und
3. die Änderung oder Aufhebung einer Nebenbestimmung, die die Ausübung einer Beschäftigung betrifft,

haben keine aufschiebende Wirkung.

(2) Widerspruch und Klage lassen unbeschadet ihrer aufschiebenden Wirkung die Wirksamkeit der Ausweisung und eines sonstigen Verwaltungsaktes, der die Rechtmäßigkeit des Aufenthalts beendet, unberührt. Für Zwecke der Aufnahme oder Ausübung einer Erwerbstätigkeit gilt der Aufenthaltstitel als fortbestehend, solange die Frist zur Erhebung des Widerspruchs oder der Klage noch nicht abgelaufen ist, während eines gerichtlichen Verfahrens über einen zulässigen Antrag zur Anordnung oder Wiederherstellung der aufschiebenden Wirkung oder solange der eingelegte Rechtsbehelf aufschiebende Wirkung hat. Eine Unterbrechung der Rechtmäßigkeit des Aufenthalts tritt nicht ein, wenn der Verwaltungsakt durch eine behördliche oder unanfechtbare gerichtliche Entscheidung aufgehoben wird.

§ 85 Berechnung von Aufenthaltszeiten. Unterbrechungen der Rechtmäßigkeit des Aufenthalts bis zu einem Jahr können außer Betracht bleiben.

Abschnitt 4. Datenübermittlung und Datenschutz

§ 86 Erhebung personenbezogener Daten. Die mit der Ausführung dieses Gesetzes betrauten Behörden dürfen zum Zweck der Ausführung dieses Gesetzes und ausländerrechtlicher Bestimmungen in anderen Gesetzen personenbezogene Daten erheben, soweit dies zur Erfüllung ihrer Aufgaben nach diesem Gesetz und nach ausländerrechtlichen Bestimmungen in anderen Gesetzen erforderlich ist. Daten im Sinne von § 3 Abs. 9 des Bundesdatenschutzgesetzes sowie entsprechender Vorschriften der Datenschutzgesetze der Länder dürfen erhoben werden, soweit dies im Einzelfall zur Aufgabenerfüllung erforderlich ist.

§ 87 Übermittlungen an Ausländerbehörden. (1) Öffentliche Stellen haben ihnen bekannt gewordene Umstände den in § 86 Satz 1 genannten Stellen auf Ersuchen mitzuteilen, soweit dies für die dort genannten Zwecke erforderlich ist.

(2) Öffentliche Stellen haben unverzüglich die zuständige Ausländerbehörde zu unterrichten, wenn sie Kenntnis erlangen von

1. dem Aufenthalt eines Ausländers, der keinen erforderlichen Aufenthaltstitel besitzt und dessen Abschiebung nicht ausgesetzt ist,
2. dem Verstoß gegen eine räumliche Beschränkung oder
3. einem sonstigen Ausweisungsgrund;

in den Fällen der Nummern 1 und 2 und sonstiger nach diesem Gesetz strafbarer Handlungen kann statt der Ausländerbehörde die zuständige Polizeibehörde unterrichtet werden, wenn eine der in § 71 Abs. 5 bezeichneten Maßnahmen in Betracht kommt; die Polizeibehörde unterrichtet unverzüglich die Ausländerbehörde.

(3) Die Beauftragte der Bundesregierung für Migration, Flüchtlinge und Integration ist nach den Absätzen 1 und 2 zu Mitteilungen über einen diesem Personenkreis angehörenden Ausländer nur verpflichtet, soweit dadurch die Erfüllung der eigenen Aufgaben nicht gefährdet wird. Die Landesregierungen können durch Rechtsverordnung bestimmen, dass Ausländerbeauftragte des Landes und Ausländerbeauftragte von Gemeinden nach den Absätzen 1 und 2 zu Mitteilungen über einen Ausländer, der sich rechtmäßig in dem Land oder der Gemeinde aufhält oder der sich bis zum Erlass eines die Rechtmäßigkeit des Aufenthalts beendenden Verwaltungsaktes rechtmäßig dort aufgehalten hat, nur nach Maßgabe des Satzes 1 verpflichtet sind.

Aufenthaltsgesetz 4.1. **Texte 5**

(4) Die für die Einleitung und Durchführung eines Straf- oder eines Bußgeldverfahrens zuständigen Stellen haben die zuständige Ausländerbehörde unverzüglich über die Einleitung des Verfahrens sowie die Verfahrenserledigungen bei der Staatsanwaltschaft, bei Gericht oder bei der für die Verfolgung und Ahndung der Ordnungswidrigkeit zuständigen Verwaltungsbehörde unter Angabe der gesetzlichen Vorschriften zu unterrichten. Satz 1 gilt entsprechend für die Einleitung eines Auslieferungsverfahrens gegen einen Ausländer. Satz 1 gilt nicht für Verfahren wegen einer Ordnungswidrigkeit, die nur mit einer Geldbuße bis zu eintausend Euro geahndet werden kann. Die Zeugenschutzdienststelle unterrichtet die zuständige Ausländerbehörde unverzüglich über Beginn und Ende des Zeugenschutzes für einen Ausländer.

§ 88 Übermittlungen bei besonderen gesetzlichen Verwendungsregelungen. (1) Eine Übermittlung personenbezogener Daten und sonstiger Angaben nach § 87 unterbleibt, soweit besondere gesetzliche Verwendungsregelungen entgegenstehen.

(2) Personenbezogene Daten, die von einem Arzt oder anderen in § 203 Abs. 1 Nr. 1, 2, 4 bis 6 und Abs. 3 des Strafgesetzbuches genannten Personen einer öffentlichen Stelle zugänglich gemacht worden sind, dürfen von dieser übermittelt werden,
1. wenn der Ausländer die öffentliche Gesundheit gefährdet und besondere Schutzmaßnahmen zum Ausschluss der Gefährdung nicht möglich sind oder von dem Ausländer nicht eingehalten werden oder
2. soweit die Daten für die Feststellung erforderlich sind, ob die im § 55 Abs. 2 Nr. 4 bezeichneten Voraussetzungen vorliegen.

(3) Personenbezogene Daten, die nach § 30 der Abgabenordnung dem Steuergeheimnis unterliegen, dürfen übermittelt werden, wenn der Ausländer gegen eine Vorschrift des Steuerrechts einschließlich des Zollrechts und des Monopolrechts oder des Außenwirtschaftsrechts oder gegen Einfuhr-, Ausfuhr-, Durchfuhr- oder Verbringungsverbote oder -beschränkungen verstoßen hat und wegen dieses Verstoßes ein strafrechtliches Ermittlungsverfahren eingeleitet oder eine Geldbuße von mindestens fünfhundert Euro verhängt worden ist. In den Fällen des Satzes 1 dürfen auch die mit der polizeilichen Kontrolle des grenzüberschreitenden Verkehrs beauftragten Behörden unterrichtet werden, wenn ein Ausreiseverbot nach § 46 Abs. 2 erlassen werden soll.

(4) Auf die Übermittlung durch die mit der Ausführung dieses Gesetzes betrauten Behörden und durch nichtöffentliche Stellen finden die Absätze 1 bis 3 entsprechende Anwendung.

§ 89 Verfahren bei identitätssichernden und -feststellenden Maßnahmen. (1) Das Bundeskriminalamt leistet Amtshilfe bei der Auswertung der nach § 49 gewonnenen Unterlagen. Die nach § 49 Abs. 2 und 3 gewonnenen Unterlagen werden getrennt von anderen erkennungsdienstlichen Unterlagen aufbewahrt. Die Sprachaufzeichnungen nach § 49 Abs. 5 werden bei der aufzeichnenden Behörde aufbewahrt.

(2) Die Nutzung der nach § 49 gewonnenen Unterlagen ist auch zulässig zur Feststellung der Identität oder der Zuordnung von Beweismitteln im Rahmen der Strafverfolgung und der polizeilichen Gefahrenabwehr. Sie dürfen, soweit und solange es erforderlich ist, den für diese Maßnahmen zuständigen Behörden überlassen werden.

(3) Die nach § 49 Abs. 2 bis 3 oder 5 gewonnenen Unterlagen sind von allen Behörden, die sie aufbewahren, zu vernichten, wenn
1. dem Ausländer ein gültiger Pass oder Passersatz ausgestellt und von der Ausländerbehörde ein Aufenthaltstitel erteilt worden ist,
2. seit der letzten Ausreise oder versuchten unerlaubten Einreise zehn Jahre vergangen sind,
3. in den Fällen des § 49 Abs. 3 Nr. 3 und 4 seit der Zurückweisung oder Zurückschiebung drei Jahre vergangen sind oder
4. im Falle des § 49 Abs. 3 Nr. 5 seit der Beantragung des Visums sowie im Falle des § 49 Abs. 5 seit der Sprachaufzeichnung zehn Jahre vergangen sind.

(4) Absatz 3 gilt nicht, soweit und solange die Unterlagen im Rahmen eines Strafverfahrens oder zur Abwehr einer Gefahr für die öffentliche Sicherheit oder Ordnung benötigt werden. Über die Vernichtung ist eine Niederschrift anzufertigen.

§ 89 a Verfahrensvorschriften für die Fundpapier-Datenbank. (1) Das Bundesverwaltungsamt gleicht die nach § 49 erhobenen Daten eines Ausländers auf Ersuchen der Behörde, die die Daten

1413

erhoben hat, mit den in der Fundpapier-Datenbank gespeicherten Daten ab, um durch die Zuordnung zu einem aufgefundenen Papier die Identität oder Staatsangehörigkeit eines Ausländers festzustellen, soweit hieran Zweifel bestehen.

(2) Zur Durchführung des Datenabgleichs übermittelt die ersuchende Stelle das Lichtbild oder die Fingerabdrücke sowie andere in § 49b Nr. 1 genannte Daten an das Bundesverwaltungsamt.

(3) Stimmen die übermittelten Daten des Ausländers mit den gespeicherten Daten des Inhabers eines Fundpapiers überein, so werden die Daten nach § 49b an die ersuchende Stelle übermittelt.

(4) Kann das Bundesverwaltungsamt die Identität eines Ausländers nicht eindeutig feststellen, übermittelt es zur Identitätsprüfung an die ersuchende Stelle die in der Fundpapier-Datenbank gespeicherten Angaben zu ähnlichen Personen, wenn zu erwarten ist, dass deren Kenntnis die Identitätsfeststellung des Ausländers durch die Zuordnung zu einem der Fundpapiere ermöglicht. Die ersuchende Stelle hat alle vom Bundesverwaltungsamt übermittelten Angaben, die dem Ausländer nicht zugeordnet werden können, unverzüglich zu löschen und entsprechende Aufzeichnungen zu vernichten.

(5) Die Übermittlung der Daten soll durch Datenfernübertragung erfolgen. Ein Abruf der Daten im automatisierten Verfahren ist nach Maßgabe des § 10 Abs. 2 bis 4 des Bundesdatenschutzgesetzes zulässig.

(6) Das Bundesverwaltungsamt gleicht auf Ersuchen
1. des Bundesamtes für Migration und Flüchtlinge zur Feststellung der Identität oder Staatsangehörigkeit eines Ausländers im Asylverfahren und
2. einer für die Strafverfolgung oder die polizeiliche Gefahrenabwehr zuständigen Behörde zur Feststellung der Identität eines Ausländers oder der Zuordnung von Beweismitteln

die von dieser Behörde übermittelten Daten mit den in der Fundpapier-Datenbank gespeicherten Daten ab. Die Absätze 2 bis 5 gelten entsprechend.

(7) Die Daten nach § 49b sind zehn Jahren nach der erstmaligen Speicherung von Daten zu dem betreffenden Dokument zu löschen. Entfällt der Zweck der Speicherung vor Ablauf dieser Frist, sind die Daten unverzüglich zu löschen.

(8) Die beteiligten Stellen haben dem jeweiligen Stand der Technik entsprechende Maßnahmen zur Sicherstellung von Datenschutz und Datensicherheit zu treffen, die insbesondere die Vertraulichkeit und Unversehrtheit der Daten gewährleisten; im Falle der Nutzung allgemein zugänglicher Netze sind dem jeweiligen Stand der Technik entsprechende Verschlüsselungsverfahren anzuwenden.

§ 90 Übermittlungen durch Ausländerbehörden. (1) Ergeben sich im Einzelfall konkrete Anhaltspunkte für
1. eine Beschäftigung oder Tätigkeit von Ausländern ohne erforderlichen Aufenthaltstitel nach § 4,
2. Verstöße gegen die Mitwirkungspflicht nach § 60 Abs. 1 Satz 1 Nr. 2 des Ersten Buches Sozialgesetzbuch gegenüber einer Dienststelle der Bundesagentur für Arbeit, einem Träger der gesetzlichen Kranken-, Pflege-, Unfall- oder Rentenversicherung, einem Träger der Grundsicherung für Arbeitsuchende oder der Sozialhilfe oder Verstöße gegen die Meldepflicht nach § 8a des Asylbewerberleistungsgesetzes,
3. die in § 6 Abs. 3 Nr. 1 bis 4 des Schwarzarbeitsbekämpfungsgesetzes bezeichneten Verstöße,

unterrichten die mit der Ausführung dieses Gesetzes betrauten Behörden die für die Verfolgung und Ahndung der Verstöße nach den Nummern 1 bis 3 zuständigen Behörden, die Träger der Grundsicherung für Arbeitsuchende oder der Sozialhilfe sowie die nach § 10 des Asylbewerberleistungsgesetzes zuständigen Behörden.

(2) Bei der Verfolgung und Ahndung von Verstößen gegen dieses Gesetz arbeiten die mit der Ausführung dieses Gesetzes betrauten Behörden insbesondere mit den anderen in § 2 Abs. 2 des Schwarzarbeitsbekämpfungsgesetzes genannten Behörden zusammen.

(3) Die mit der Ausführung dieses Gesetzes betrauten Behörden teilen Umstände und Maßnahmen nach diesem Gesetz, deren Kenntnis für Leistungen nach dem Asylbewerberleistungsgesetz erforderlich ist, sowie die ihnen mitgeteilten Erteilungen von Zustimmungen zur Aufnahme einer Beschäftigung an Leistungsberechtigte nach dem Asylbewerberleistungsgesetz und Angaben über das Erlöschen, den Widerruf oder die Rücknahme von erteilten Zustimmungen zur Aufnahme einer Beschäftigung den nach § 10 des Asylbewerberleistungsgesetzes zuständigen Behörden mit.

§ 91 Speicherung und Löschung personenbezogener Daten. (1) Die Daten über die Ausweisung und die Abschiebung sind zehn Jahre nach dem Ablauf der in § 11 Abs. 1 Satz 3 bezeichneten Frist zu löschen. Sie sind vor diesem Zeitpunkt zu löschen, soweit sie Erkenntnisse enthalten, die nach anderen gesetzlichen Bestimmungen nicht mehr gegen den Ausländer verwertet werden dürfen.

(2) Mitteilungen nach § 87 Abs. 1, die für eine anstehende ausländerrechtliche Entscheidung unerheblich sind und voraussichtlich auch für eine spätere ausländerrechtliche Entscheidung nicht erheblich werden können, sind unverzüglich zu vernichten.

(3) § 20 Abs. 5 des Bundesdatenschutzgesetzes sowie entsprechende Vorschriften in den Datenschutzgesetzen der Länder finden keine Anwendung.

§ 91 a Register zum vorübergehenden Schutz. (1) Das Bundesamt für Migration und Flüchtlinge führt ein Register über die Ausländer nach § 24 Abs. 1, die ein Visum oder eine Aufenthaltserlaubnis beantragt haben, und über deren Familienangehörige im Sinne des Artikels 15 Abs. 1 der Richtlinie 2001/55/EG zum Zweck der Aufenthaltsgewährung, der Verteilung der aufgenommenen Ausländer im Bundesgebiet, der Wohnsitzverlegung aufgenommener Ausländer in andere Mitgliedstaaten der Europäischen Union, der Familienzusammenführung und der Förderung der freiwilligen Rückkehr.

(2) Folgende Daten werden in dem Register gespeichert:
1. zum Ausländer:
   a) die Personalien (Familienname, Geburtsname, Vorname, Geburtsdatum und Geburtsort, Geschlecht, Staatsangehörigkeiten, letzter Wohnort im Herkunftsland, Herkunftsregion sowie freiwillig gemachte Angaben zur Religionszugehörigkeit),
   b) Angaben zum Beruf und zur beruflichen Ausbildung,
   c) das Eingangsdatum seines Antrages auf Erteilung eines Visums oder einer Aufenthaltserlaubnis, die für die Bearbeitung seines Antrages zuständige Stelle und Angaben zur Entscheidung über den Antrag oder den Stand des Verfahrens,
   d) Angaben zu seinen Identitäts- und Reisedokumenten (Art, Nummer, ausstellende Stelle, Ausstellungsdatum und Gültigkeitsdauer),
   e) die AZR-Nummer und die Visadateinummer,
   f) Zielland und Zeitpunkt der Ausreise,
2. die Personalien nach Nummer 1 Buchstabe a mit Ausnahme der freiwillig gemachten Angaben zur Religionszugehörigkeit der Familienangehörigen des Ausländers nach Absatz 1,
3. Angaben zu Dokumenten zum Nachweis der Ehe, der Lebenspartnerschaft oder der Verwandtschaft.

(3) Die Ausländerbehörden und die Auslandsvertretungen sind verpflichtet, die in Absatz 2 bezeichneten Daten unverzüglich an die Registerbehörde zu übermitteln, wenn
1. eine Aufenthaltserlaubnis nach § 24 Abs. 1 oder
2. ein Visum zur Inanspruchnahme vorübergehenden Schutzes im Bundesgebiet
beantragt wurden.

(4) §§ 8 und 9 des AZR-Gesetzes gelten entsprechend.

(5) Die Daten dürfen auf Ersuchen an die Ausländerbehörden, Auslandsvertretungen und andere Organisationseinheiten des Bundesamtes für Migration und Flüchtlinge einschließlich der dort eingerichteten nationalen Kontaktstelle nach Artikel 27 Abs. 1 der Richtlinie 2001/55/EG zum Zweck der Erfüllung ihrer ausländer- und asylrechtlichen Aufgaben im Zusammenhang mit der Aufenthaltsgewährung, der Verteilung der aufgenommenen Ausländer im Bundesgebiet, der Wohnsitzverlegung aufgenommener Ausländer in andere Mitgliedstaaten der Europäischen Union, der Familienzusammenführung und der Förderung der freiwilligen Rückkehr übermittelt werden.

(6) Die Registerbehörde hat über Datenübermittlungen nach Absatz 5 Aufzeichnungen zu fertigen. § 13 des AZR-Gesetzes gilt entsprechend.

(7) Die Datenübermittlungen nach den Absätzen 3 und 5 erfolgen schriftlich, in elektronischer Form oder im automatisierten Verfahren. § 22 Abs. 2 bis 4 des AZR-Gesetzes gilt entsprechend.

(8) Die Daten sind spätestens zwei Jahre nach Beendigung des vorübergehenden Schutzes des Ausländers zu löschen. Für die Auskunft an den Betroffenen und die Sperrung der Daten gelten die § 34 Abs. 1 und 2 und § 37 des AZR-Gesetzes entsprechend.

§ 91 b Datenübermittlung durch das Bundesamt für Migration und Flüchtlinge als Nationale Kontaktstelle. Das Bundesamt für Migration und Flüchtlinge als nationale Kontaktstelle nach Artikel

27 Abs. 1 der Richtlinie 2001/55/EG darf die Daten des Registers nach § 91a zum Zweck der Verlegung des Wohnsitzes aufgenommener Ausländer in andere Mitgliedstaaten der Europäischen Union oder zur Familienzusammenführung an folgende Stellen übermitteln:
1. nationale Kontaktstellen anderer Mitgliedstaaten der Europäischen Union,
2. Organe und Einrichtungen der Europäischen Gemeinschaften,
3. sonstige ausländische oder über- und zwischenstaatliche Stellen, wenn bei diesen Stellen ein angemessenes Datenschutzniveau nach Maßgabe des § 4b Abs. 3 des Bundesdatenschutzgesetzes gewährleistet ist.

Kapitel 8. Beauftragte für Migration, Flüchtlinge und Integration

§ 92 Amt der Beauftragten. (1) Die Bundesregierung bestellt eine Beauftragte oder einen Beauftragten für Migration, Flüchtlinge und Integration.

(2) Das Amt der Beauftragten wird beim Bundesministerium für Arbeit und Sozialordnung eingerichtet und kann von einem Mitglied des Deutschen Bundestages wahrgenommen werden.

(3) Die für die Erfüllung der Aufgaben notwendige Personal- und Sachausstattung ist zur Verfügung zu stellen. Der Ansatz ist im Einzelplan des Bundesministeriums für Arbeit und Sozialordnung in einem eigenen Kapitel auszuweisen.

(4) Das Amt endet, außer im Falle der Entlassung, mit dem Zusammentreten eines neuen Bundestages.

§ 93 Aufgaben. Die Beauftragte hat die Aufgaben,
1. die Integration der dauerhaft im Bundesgebiet ansässigen Migranten zu fördern und insbesondere die Bundesregierung bei der Weiterentwicklung ihrer Integrationspolitik auch im Hinblick auf arbeitsmarkt- und sozialpolitische Aspekte zu unterstützen sowie für die Weiterentwicklung der Integrationspolitik auch im europäischen Rahmen Anregungen zu geben;
2. die Voraussetzungen für ein möglichst spannungsfreies Zusammenleben zwischen Ausländern und Deutschen sowie unterschiedlichen Gruppen von Ausländern weiterzuentwickeln, Verständnis füreinander zu fördern und Fremdenfeindlichkeit entgegenzuwirken;
3. nicht gerechtfertigten Ungleichbehandlungen, soweit sie Ausländer betreffen, entgegenzuwirken;
4. den Belangen der im Bundesgebiet befindlichen Ausländer zu einer angemessenen Berücksichtigung zu verhelfen;
5. über die gesetzlichen Möglichkeiten der Einbürgerung zu informieren;
6. auf die Wahrung der Freizügigkeitsrechte der im Bundesgebiet lebenden Unionsbürger zu achten und zu deren weiterer Ausgestaltung Vorschläge zu machen;
7. Initiativen zur Integration der dauerhaft im Bundesgebiet ansässigen Migranten auch bei den Ländern und kommunalen Gebietskörperschaften sowie bei den gesellschaftlichen Gruppen anzuregen und zu unterstützen;
8. die Zuwanderung ins Bundesgebiet und in die Europäische Union sowie die Entwicklung der Zuwanderung in anderen Staaten zu beobachten;
9. in den Aufgabenbereichen der Nummern 1 bis 8 mit den Stellen der Gemeinden, Länder, anderer Mitgliedstaaten der Europäischen Union und der Europäischen Union selbst, die gleiche oder ähnliche Aufgaben haben wie die Beauftragte, zusammenzuarbeiten;
10. die Öffentlichkeit zu den in den Nummern 1 bis 9 genannten Aufgabenbereichen zu informieren.

§ 94 Amtsbefugnisse. (1) Die Beauftragte wird bei Rechtsetzungsvorhaben der Bundesregierung oder einzelner Bundesministerien sowie bei sonstigen Angelegenheiten, die ihren Aufgabenbereich betreffen, möglichst frühzeitig beteiligt. Sie kann der Bundesregierung Vorschläge machen und Stellungnahmen zuleiten. Die Bundesministerien unterstützen die Beauftragte bei der Erfüllung ihrer Aufgaben.

(2) Die Beauftragte erstattet dem Deutschen Bundestag mindestens alle zwei Jahre einen Bericht über die Lage der Ausländer in Deutschland.

(3) Liegen der Beauftragten hinreichende Anhaltspunkte vor, dass öffentliche Stellen des Bundes Verstöße im Sinne des § 93 Nr. 3 begehen oder sonst die gesetzlichen Rechte von Ausländern nicht wahren, so kann sie eine Stellungnahme anfordern. Sie kann diese Stellungnahme mit einer eigenen Bewertung versehen und der öffentlichen und deren vorgesetzter Stelle zuleiten. Die öffentlichen

Aufenthaltsgesetz 4.1. **Texte 5**

Stellen des Bundes sind verpflichtet, Auskunft zu erteilen und Fragen zu beantworten. Personenbezogene Daten übermitteln die öffentlichen Stellen nur, wenn sich der Betroffene selbst mit der Bitte, in seiner Sache gegenüber der öffentlichen Stelle tätig zu werden, an die Beauftragte gewandt hat oder die Einwilligung des Ausländers anderweitig nachgewiesen ist.

Kapitel 9. Straf- und Bußgeldvorschriften

§ 95 Strafvorschriften. (1) Mit Freiheitsstrafe bis zu einem Jahr oder mit Geldstrafe wird bestraft, wer
1. entgegen § 3 Abs. 1 in Verbindung mit § 48 Abs. 2 sich im Bundesgebiet aufhält,
2. ohne erforderlichen Aufenthaltstitel nach § 4 Abs. 1 Satz 1 sich im Bundesgebiet aufhält, vollziehbar ausreisepflichtig ist und dessen Abschiebung nicht ausgesetzt ist,
3. entgegen § 14 Abs. 1 Nr. 1 oder 2 in das Bundesgebiet einreist,
4. einer vollziehbaren Anordnung nach § 46 Abs. 2 Satz 1 oder 2 oder § 47 Abs. 1 Satz 2 oder Abs. 2 zuwiderhandelt,
5. entgegen § 49 Abs. 1 eine Angabe nicht, nicht richtig oder nicht vollständig macht, sofern die Tat nicht in Absatz 2 Nr. 2 mit Strafe bedroht ist,
6. entgegen § 49 Abs. 8 eine dort genannte Maßnahme nicht duldet,
6a. entgegen § 54a wiederholt einer Meldepflicht nicht nachkommt, wiederholt gegen räumliche Beschränkungen des Aufenthalts oder sonstige Auflagen verstößt oder trotz wiederholten Hinweises auf die rechtlichen Folgen einer Weigerung der Verpflichtung zur Wohnsitznahme nicht nachkommt oder entgegen § 54a Abs. 4 bestimmte Kommunikationsmittel nutzt,
7. wiederholt einer räumlichen Beschränkung nach § 61 Abs. 1 zuwiderhandelt oder
8. im Bundesgebiet einer überwiegend aus Ausländern bestehenden Vereinigung oder Gruppe angehört, deren Bestehen, Zielsetzung oder Tätigkeit vor den Behörden geheim gehalten wird, um ihr Verbot abzuwenden.

(2) Mit Freiheitsstrafe bis zu drei Jahren oder mit Geldstrafe wird bestraft, wer
1. entgegen § 11 Abs. 1 Satz 1
    a) in das Bundesgebiet einreist oder
    b) sich darin aufhält oder
2. unrichtige oder unvollständige Angaben macht oder benutzt, um für sich oder einen anderen einen Aufenthaltstitel zu beschaffen oder einen so beschafften Aufenthaltstitel wissentlich zur Täuschung im Rechtsverkehr gebraucht.

(3) In den Fällen des Absatzes 1 Nr. 3 und des Absatzes 2 Nr. 1 Buchstabe a ist der Versuch strafbar.

(4) Gegenstände, auf die sich eine Straftat nach Absatz 2 Nr. 2 bezieht, können eingezogen werden.

(5) Artikel 31 Abs. 1 des Abkommens über die Rechtsstellung der Flüchtlinge bleibt unberührt.

§ 96 Einschleusen von Ausländern. (1) Mit Freiheitsstrafe bis zu fünf Jahren oder mit Geldstrafe wird bestraft, wer einen anderen zu einer der in § 95 Abs. 1 Nr. 1, 2 oder 3 oder Abs. 2 bezeichneten Handlungen anstiftet oder ihm dazu Hilfe leistet und
1. dafür einen Vermögensvorteil erhält oder sich versprechen lässt oder
2. wiederholt oder zu Gunsten von mehreren Ausländern handelt.

(2) Mit Freiheitsstrafe von sechs Monaten bis zu zehn Jahren wird bestraft, wer in den Fällen des Absatzes 1
1. gewerbsmäßig handelt,
2. als Mitglied einer Bande, die sich zur fortgesetzten Begehung solcher Taten verbunden hat, handelt,
3. eine Schusswaffe bei sich führt, wenn sich die Tat auf eine Handlung nach § 95 Abs. 1 Nr. 3 oder Abs. 2 Nr. 1 Buchstabe a bezieht,
4. eine andere Waffe bei sich führt, um diese bei der Tat zu verwenden, wenn sich die Tat auf eine Handlung nach § 95 Abs. 1 Nr. 3 oder Abs. 2 Nr. 1 Buchstabe a bezieht, oder
5. den Geschleusten einer das Leben gefährdenden, unmenschlichen oder erniedrigenden Behandlung oder der Gefahr einer schweren Gesundheitsschädigung aussetzt.

(3) Der Versuch ist strafbar.

(4) Absatz 1 Nr. 1, Absatz 2 Nr. 1 und Absatz 3 sind auf Zuwiderhandlungen gegen Rechtsvorschriften über die Einreise und den Aufenthalt von Ausländern in das europäische Hoheitsgebiet einer der Vertragsstaaten des Schengener Durchführungsübereinkommens anzuwenden, wenn

5 Texte 4.1.

1. sie den in § 95 Abs. 1 Nr. 2 oder 3 oder Abs. 2 Nr. 1 bezeichneten Handlungen entsprechen und
2. der Täter einen Ausländer unterstützt, der nicht die Staatsangehörigkeit eines Mitgliedstaates der Europäischen Union oder eines anderen Vertragsstaates des Abkommens über den Europäischen Wirtschaftsraum besitzt.

(5) In den Fällen des Absatzes 2 Nr. 1, auch in Verbindung mit Absatz 4, und des Absatzes 2 Nr. 2 bis 5 ist § 73 d des Strafgesetzbuches anzuwenden.

§ 97 Einschleusen mit Todesfolge; gewerbs- und bandenmäßiges Einschleusen. (1) Mit Freiheitsstrafe nicht unter drei Jahren wird bestraft, wer in den Fällen des § 96 Abs. 1, auch in Verbindung mit § 96 Abs. 4, den Tod des Geschleusten verursacht.

(2) Mit Freiheitsstrafe von einem Jahr bis zu zehn Jahren wird bestraft, wer in den Fällen des § 96 Abs. 1, auch in Verbindung mit § 96 Abs. 4, als Mitglied einer Bande, die sich zur fortgesetzten Begehung solcher Taten verbunden hat, gewerbsmäßig handelt.

(3) In minder schweren Fällen des Absatzes 1 ist die Strafe Freiheitsstrafe von einem Jahr bis zu zehn Jahren, in minder schweren Fällen des Absatzes 2 Freiheitsstrafe von sechs Monaten bis zu zehn Jahren.

(4) § 73 d des Strafgesetzbuches ist anzuwenden.

§ 98 Bußgeldvorschriften. (1) Ordnungswidrig handelt, wer eine in § 95 Abs. 1 Nr. 1 oder 2 oder Abs. 2 Nr. 1 Buchstabe b bezeichnete Handlung fahrlässig begeht.

(2) Ordnungswidrig handelt, wer

1. entgegen § 4 Abs. 5 Satz 1 einen Nachweis nicht führt,
2. entgegen § 13 Abs. 1 Satz 2 sich der polizeilichen Kontrolle des grenzüberschreitenden Verkehrs nicht unterzieht oder
3. entgegen § 48 Abs. 1 oder 3 Satz 1 eine dort genannte Urkunde oder Unterlage nicht oder nicht rechtzeitig vorlegt, nicht oder nicht rechtzeitig aushändigt oder nicht oder nicht rechtzeitig überlässt.

(3) Ordnungswidrig handelt, wer vorsätzlich oder fahrlässig

1. einer vollziehbaren Auflage nach § 12 Abs. 2 Satz 2 oder Abs. 4 oder einer räumlichen Beschränkung nach § 54 a Abs. 2 oder § 61 Abs. 1 Satz 1 zuwiderhandelt,
2. entgegen § 13 Abs. 1 außerhalb einer zugelassenen Grenzübergangsstelle oder außerhalb der festgesetzten Verkehrsstunden einreist oder ausreist oder einen Pass oder Passersatz nicht mitführt,
3. einer vollziehbaren Anordnung nach § 46 Abs. 1, § 54 a Abs. 1 Satz 2 oder Abs. 3 oder § 61 Abs. 1 Satz 1 zuwiderhandelt,
3 a. entgegen § 54 a Abs. 1 Satz 1 eine Meldung nicht, nicht richtig oder nicht rechtzeitig macht,
4. entgegen § 80 Abs. 4 einen der dort genannten Anträge nicht stellt oder
5. einer Rechtsverordnung nach § 99 Abs. 1 Nr. 7 oder 10 zuwiderhandelt, soweit sie für einen bestimmten Tatbestand auf diese Bußgeldvorschrift verweist.

(4) In den Fällen des Absatzes 2 Nr. 2 und des Absatzes 3 Nr. 2 kann der Versuch der Ordnungswidrigkeit geahndet werden.

(5) Die Ordnungswidrigkeit kann in den Fällen des Absatzes 2 Nr. 2 mit einer Geldbuße bis zu fünftausend Euro, in den Fällen der Absätze 1 und 2 Nr. 1 und 3 und des Absatzes 3 Nr. 2 mit einer Geldbuße bis zu dreitausend Euro und in den übrigen Fällen mit einer Geldbuße bis zu tausend Euro geahndet werden.

(6) Artikel 31 Abs. 1 des Abkommens über die Rechtsstellung der Flüchtlinge bleibt unberührt.

Kapitel 10. Verordnungsermächtigungen; Übergangs- und Schlussvorschriften

§ 99 Verordnungsermächtigung. (1) Das Bundesministerium des Innern wird ermächtigt, durch Rechtsverordnung mit Zustimmung des Bundesrates

1. zur Erleichterung des Aufenthalts von Ausländern Befreiungen vom Erfordernis des Aufenthaltstitels vorzusehen, das Verfahren für die Erteilung von Befreiungen und die Fortgeltung und weitere Erteilung von Aufenthaltstiteln nach diesem Gesetz bei Eintritt eines Befreiungsgrundes zu regeln sowie zur Steuerung der Erwerbstätigkeit von Ausländern im Bundesgebiet Befreiungen einzuschränken,

2. zu bestimmen, dass der Aufenthaltstitel vor der Einreise bei der Ausländerbehörde oder nach der Einreise eingeholt werden kann,
3. zu bestimmen, in welchen Fällen die Erteilung eines Visums der Zustimmung der Ausländerbehörde bedarf, um die Mitwirkung anderer beteiligter Behörden zu sichern,
4. Ausländer, die im Zusammenhang mit der Hilfeleistung in Rettungs- und Katastrophenfällen einreisen, von der Passpflicht zu befreien,
5. andere amtliche deutsche Ausweise als Passersatz einzuführen oder zuzulassen,
6. amtliche Ausweise, die nicht von deutschen Behörden ausgestellt worden sind, allgemein als Passersatz zuzulassen,
7. zu bestimmen, dass zur Wahrung von Interessen der Bundesrepublik Deutschland Ausländer, die vom Erfordernis des Aufenthaltstitels befreit sind und Ausländer, die mit einem Visum einreisen, bei oder nach der Einreise der Ausländerbehörde oder einer sonstigen Behörde den Aufenthalt anzuzeigen haben,
8. zur Ermöglichung oder Erleichterung des Reiseverkehrs zu bestimmen, dass Ausländern, die bereits bestehende Berechtigung zur Rückkehr in das Bundesgebiet in einem Passersatz bescheinigt werden kann,
9. zu bestimmen, unter welchen Voraussetzungen ein Ausweisersatz ausgestellt werden kann und wie lange er gültig ist,
10. die ausweisrechtlichen Pflichten von Ausländern, die sich im Bundesgebiet aufhalten, zu regeln hinsichtlich der Ausstellung und Verlängerung, des Verlustes und des Wiederauffindens sowie der Vorlage und der Abgabe eines Passes, Passersatzes und Ausweisersatzes sowie der Eintragungen über die Einreise, die Ausreise, das Antreffen im Bundesgebiet und über Entscheidungen der zuständigen Behörden in solchen Papieren,
11. Näheres zum Register nach § 91 a sowie zu den Voraussetzungen und dem Verfahren der Datenübermittlung zu bestimmen,
12. zu bestimmen, wie der Wohnsitz von Ausländern, denen vorübergehend Schutz gemäß § 24 Abs. 1 gewährt worden ist, in einen anderen Mitgliedstaat der Europäischen Union verlegt werden kann,
13. die Muster und Ausstellungsmodalitäten für die bei der Ausführung dieses Gesetzes zu verwendenden Vordrucke sowie die Aufnahme und die Einbringung von Merkmalen in verschlüsselter Form nach § 78 Abs. 3 nach Maßgabe der gemeinschaftsrechtlichen Regelungen und nach § 78 Abs. 6 und 7 festzulegen,
14. zu bestimmen, dass die
    a) Meldebehörden,
    b) Staatsangehörigkeits- und Bescheinigungsbehörden nach § 15 des Bundesvertriebenengesetzes,
    c) Pass- und Personalausweisbehörden,
    d) Sozial- und Jugendämter,
    e) Justiz-, Polizei- und Ordnungsbehörden,
    f) Bundesagentur für Arbeit,
    g) Finanz- und Hauptzollämter,
    h) Gewerbebehörden,
    i) Auslandsvertretungen und
    j) Träger der Grundsicherung für Arbeitsuchende

ohne Ersuchen den Ausländerbehörden personenbezogene Daten zu Ausländern, Amtshandlungen und sonstige Maßnahmen gegenüber Ausländern sowie sonstige Erkenntnisse über Ausländer mitzuteilen haben; die Rechtsverordnung bestimmt Art und Umfang der Daten, die Maßnahmen und die sonstigen Erkenntnisse, die mitzuteilen sind. Datenübermittlungen dürfen nur insoweit vorgesehen werden, als die Daten zur Erfüllung der Aufgaben der Ausländerbehörden nach diesem Gesetz oder nach ausländerrechtlichen Bestimmungen in anderen Gesetzen erforderlich sind.

(2) Das Bundesministerium des Innern wird ferner ermächtigt, durch Rechtsverordnung mit Zustimmung des Bundesrates zu bestimmen, dass
1. jede Ausländerbehörde eine Datei über Ausländer führt, die sich in ihrem Bezirk aufhalten oder aufgehalten haben, die bei ihr einen Antrag gestellt oder Einreise und Aufenthalt angezeigt haben und für und gegen die sie eine ausländerrechtliche Maßnahme oder Entscheidung getroffen hat,
2. die Auslandsvertretungen eine Datei über die erteilten Visa führen und
3. die mit der Ausführung dieses Gesetzes betrauten Behörden eine sonstige zur Erfüllung ihrer Aufgaben erforderliche Datei führen.

Nach Satz 1 Nr. 1 und 2 werden erfasst die Personalien einschließlich der Staatsangehörigkeit und der Anschrift des Ausländers, Angaben zum Pass, über ausländerrechtliche Maßnahmen und über die Erfassung im Ausländerzentralregister sowie über frühere Anschriften des Ausländers, die zuständige Ausländerbehörde und die Abgabe von Akten an eine andere Ausländerbehörde. Die Befugnis der Ausländerbehörden, weitere personenbezogene Daten zu speichern, richtet sich nach den datenschutzrechtlichen Bestimmungen der Länder.

(3) Das Bundesministerium des Innern kann Rechtsverordnungen nach Absatz 1 Nr. 1 und 2, soweit es zur Erfüllung einer zwischenstaatlichen Vereinbarung oder zur Wahrung öffentlicher Interessen erforderlich ist, ohne Zustimmung des Bundesrates erlassen und ändern. Eine Rechtsverordnung nach Satz 1 tritt spätestens drei Monate nach ihrem Inkrafttreten außer Kraft. Ihre Geltungsdauer kann durch Rechtsverordnung mit Zustimmung des Bundesrates verlängert werden.

§ 100 Sprachliche Anpassung. Das Bundesministerium des Innern kann durch Rechtsverordnung ohne Zustimmung des Bundesrates die in diesem Gesetz verwendeten Personenbezeichnungen, soweit dies ohne Änderung des Regelungsinhalts möglich und sprachlich sachgerecht ist, durch geschlechtsneutrale oder durch maskuline und feminine Personenbezeichnungen ersetzen und die dadurch veranlassten sprachlichen Anpassungen vornehmen. Das Bundesministerium des Innern kann nach Erlass einer Verordnung nach Satz 1 den Wortlaut dieses Gesetzes im Bundesgesetzblatt bekannt machen.

§ 101 Fortgeltung bisheriger Aufenthaltsrechte. (1) Eine vor dem 1. Januar 2005 erteilte Aufenthaltsberechtigung oder unbefristete Aufenthaltserlaubnis gilt fort als Niederlassungserlaubnis entsprechend dem ihrer Erteilung zu Grunde liegenden Aufenthaltszweck und Sachverhalt. Eine unbefristete Aufenthaltserlaubnis, die nach § 1 Abs. 3 des Gesetzes über Maßnahmen für im Rahmen humanitärer Hilfsaktionen aufgenommene Flüchtlinge vom 22. Juli 1980 (BGBl. I S. 1057) oder in entsprechender Anwendung des vorgenannten Gesetzes erteilt worden ist, und eine anschließend erteilte Aufenthaltsberechtigung gelten fort als Niederlassungserlaubnis nach § 23 Abs. 2.

(2) Die übrigen Aufenthaltsgenehmigungen gelten fort als Aufenthaltserlaubnisse entsprechend dem ihrer Erteilung zu Grunde liegenden Aufenthaltszweck und Sachverhalt.

§ 102 Fortgeltung ausländerrechtlicher Maßnahmen und Anrechnung. (1) Die vor dem 1. Januar 2005 getroffenen sonstigen ausländerrechtlichen Maßnahmen, insbesondere zeitliche und räumliche Beschränkungen, Bedingungen und Auflagen, Verbote und Beschränkungen der politischen Betätigung sowie Ausweisungen, Abschiebungsandrohungen, Aussetzungen der Abschiebung und Abschiebungen einschließlich ihrer Rechtsfolgen und der Befristung ihrer Wirkungen sowie begünstigende Maßnahmen, die Anerkennung von Pässen und Passersatzpapieren und Befreiungen von der Passpflicht, Entscheidungen über Kosten und Gebühren, bleiben wirksam. Ebenso bleiben Maßnahmen und Vereinbarungen im Zusammenhang mit Sicherheitsleistungen wirksam, auch wenn sie sich ganz oder teilweise auf Zeiträume nach Inkrafttreten dieses Gesetzes beziehen. Entsprechendes gilt für die kraft Gesetzes eingetretenen Wirkungen der Antragstellung nach § 69 des Ausländergesetzes.

(2) Auf die Frist für die Erteilung einer Niederlassungserlaubnis nach § 26 Abs. 4 wird die Zeit des Besitzes einer Aufenthaltsbefugnis oder einer Duldung vor dem 1. Januar 2005 angerechnet.

§ 103 Anwendung bisherigen Rechts. Für Personen, die vor dem Inkrafttreten dieses Gesetzes gemäß § 1 des Gesetzes über Maßnahmen für im Rahmen humanitärer Hilfsaktionen aufgenommene Flüchtlinge vom 22. Juli 1980 (BGBl. I S. 1057) die Rechtsstellung nach den Artikeln 2 bis 34 des Abkommens über die Rechtsstellung der Flüchtlinge genießen, finden die §§ 2 a und 2 b des Gesetzes über Maßnahmen für im Rahmen humanitärer Hilfsaktionen aufgenommene Flüchtlinge in der bis zum 1. Januar 2005 geltenden Fassung weiter Anwendung. In diesen Fällen gilt § 52 Abs. 1 Satz 1 Nr. 4 entsprechend.

§ 104 Übergangsregelungen. (1) Über vor dem 1. Januar 2005 gestellte Anträge auf Erteilung einer unbefristeten Aufenthaltserlaubnis oder einer Aufenthaltsberechtigung ist nach dem bis zu diesem Zeitpunkt geltenden Recht zu entscheiden. § 101 Abs. 1 gilt entsprechend.

(2) Bei Ausländern, die vor dem 1. Januar 2005 im Besitz einer Aufenthaltserlaubnis oder Aufenthaltsbefugnis sind, ist es bei der Entscheidung über die Erteilung einer Niederlassungserlaubnis hinsichtlich der sprachlichen Kenntnisse nur erforderlich, dass sie sich auf einfache Art in deutscher Sprache mündlich verständigen können. § 9 Abs. 2 Satz 1 Nr. 3 und 8 findet keine Anwendung.

(3) Bei Ausländern, die sich vor dem 1. Januar 2005 rechtmäßig in Deutschland aufhalten, gilt hinsichtlich der vor diesem Zeitpunkt geborenen Kinder für den Nachzug § 20 des Ausländergesetzes in der zuletzt gültigen Fassung, es sei denn, das Aufenthaltsgesetz gewährt eine günstigere Rechtsstellung.

(4) Dem volljährigen ledigen Kind eines Ausländers, bei dem bis zum Inkrafttreten dieses Gesetzes unanfechtbar das Vorliegen der Voraussetzungen des § 51 Abs. 1 des Ausländergesetzes festgestellt wurde, wird in entsprechender Anwendung des § 25 Abs. 2 eine Aufenthaltserlaubnis erteilt, wenn das Kind zum Zeitpunkt der Asylantragstellung des Ausländers minderjährig war und sich mindestens seit der Unanfechtbarkeit der Feststellung der Voraussetzungen des § 51 Abs. 1 des Ausländergesetzes im Bundesgebiet aufhält und seine Integration zu erwarten ist. Die Erteilung der Aufenthaltserlaubnis kann versagt werden, wenn das Kind in den letzten drei Jahren wegen einer vorsätzlichen Straftat zu einer Jugend- oder Freiheitsstrafe von mindestens sechs Monaten oder einer Geldstrafe von mindestens 180 Tagessätzen verurteilt worden ist.

(5) Ausländer, die zwischen dem 1. Januar 2004 und dem 31. Dezember als Asylberechtigte anerkannt worden sind oder bei denen in diesem Zeitraum das Vorliegen der Voraussetzungen nach § 51 Abs. 1 des Ausländergesetzes festgestellt worden ist oder denen in diesem Zeitraum eine unbefristete Aufenthaltserlaubnis nach § 1 des Gesetzes über Maßnahmen für im Rahmen humanitärer Hilfsaktionen aufgenommene Flüchtlinge vom 22. Juli 1980 (BGBl. I S. 1057) oder in entsprechender Anwendung des vorgenannten Gesetzes erteilt worden ist, haben einen Anspruch auf die einmalige kostenlose Teilnahme an einem Integrationskurs nach § 44 Abs. 1, wenn sie nicht vor dem 1. Januar 2005 mit der Teilnahme an einem Deutsch-Sprachlehrgang begonnen haben.

§ 105 Fortgeltung von Arbeitsgenehmigungen. (1) Eine vor Inkrafttreten dieses Gesetzes erteilte Arbeitserlaubnis behält ihre Gültigkeit bis zum Ablauf ihrer Geltungsdauer. Wird ein Aufenthaltstitel nach diesem Gesetz erteilt, gilt die Arbeitserlaubnis als Zustimmung der Bundesagentur für Arbeit zur Aufnahme einer Beschäftigung. Die in der Arbeitserlaubnis enthaltenen Maßgaben sind in den Aufenthaltstitel zu übernehmen.

(2) Eine vor Inkrafttreten dieses Gesetzes erteilte Arbeitsberechtigung gilt als uneingeschränkte Zustimmung der Bundesagentur für Arbeit zur Aufnahme einer Beschäftigung.

§ 106 Einschränkung von Grundrechten. (1) Die Grundrechte der körperlichen Unversehrtheit (Artikel 2 Abs. 2 Satz 1 des Grundgesetzes) und der Freiheit der Person (Artikel 2 Abs. 2 Satz 2 des Grundgesetzes) werden nach Maßgabe dieses Gesetzes eingeschränkt.

(2) Das Verfahren bei Freiheitsentziehungen richtet sich nach dem Gesetz über das gerichtliche Verfahren bei Freiheitsentziehungen. Ist über die Fortdauer der Abschiebungshaft zu entscheiden, so kann das Amtsgericht das Verfahren durch unanfechtbaren Beschluss an das Gericht abgeben, in dessen Bezirk die Abschiebungshaft vollzogen wird.

§ 107 Stadtstaatenklausel. Die Senate der Länder Berlin, Bremen und Hamburg werden ermächtigt, die Vorschriften dieses Gesetzes über die Zuständigkeit von Behörden dem besonderen Verwaltungsaufbau ihrer Länder anzupassen.

4.2. Aufenthaltsverordnung (AufenthV)

Vom 25. November 2004 (BGBl. I S. 2945), zuletzt geändert durch Gesetz vom 21. Juni 2005 (BGBl. I 1818)

Inhaltsübersicht

	§§
Kapitel 1. Allgemeine Bestimmungen	
Begriffsbestimmungen	1
Kapitel 2. Einreise und Aufenthalt im Bundesgebiet	
Abschnitt 1. Passpflicht für Ausländer	
Erfüllung der Passpflicht durch Eintragung in den Pass eines gesetzlichen Vertreters	2
Zulassung nichtdeutscher amtlicher Ausweise als Passersatz	3
Deutsche Passersatzpapiere für Ausländer	4

… …

	§§
Allgemeine Voraussetzungen der Ausstellung des Reiseausweises für Ausländer	5
Ausstellung des Reiseausweises für Ausländer im Inland	6
Ausstellung des Reiseausweises für Ausländer im Ausland	7
Gültigkeitsdauer des Reiseausweises für Ausländer	8
Räumlicher Geltungsbereich des Reiseausweises für Ausländer	9
Sonstige Beschränkungen im Reiseausweis für Ausländer	10
Verfahren der Ausstellung oder Verlängerung des Reiseausweises für Ausländer	11
Grenzgängerkarte	12
Notreiseausweis	13
Befreiung von der Passpflicht in Rettungsfällen	14

Abschnitt 2. Befreiung vom Erfordernis eines Aufenthaltstitels
Unterabschnitt 1. Allgemeine Regelungen

Gemeinschaftsrechtliche Regelung der Kurzaufenthalte	15
Vorrang älterer Sichtvermerksabkommen	16
Nichtbestehen der Befreiung bei Erwerbstätigkeit während eines Kurzaufenthalts	17

Unterabschnitt 2. Befreiungen für Inhaber bestimmter Ausweise

Befreiung für Inhaber von Reiseausweisen für Flüchtlinge und Staatenlose	18
Befreiung für Inhaber dienstlicher Pässe	19
Befreiung für Inhaber von Ausweisen der Europäischen Union und zwischenstaatlicher Organisationen und der Vatikanstadt	20
Befreiung für Inhaber von Grenzgängerkarten	21
Befreiung für Schüler auf Sammellisten	22

Unterabschnitt 3. Befreiungen im grenzüberschreitenden Beförderungswesen

Befreiung für ziviles Flugpersonal	23
Befreiung für Seeleute	24
Befreiung in der internationalen zivilen Binnenschifffahrt	25
Transit ohne Einreise; Flughafentransitvisum	26

Unterabschnitt 4. Sonstige Befreiungen

Befreiung für Personen bei Vertretungen ausländischer Staaten	27
Befreiung für freizügigkeitsberechtigte Schweizer	28
Befreiung in Rettungsfällen	29
Befreiung für die Durchreise und Durchbeförderung	30

Abschnitt 3. Visumverfahren

Zustimmung der Ausländerbehörde zur Visumerteilung	31
Zustimmung der obersten Landesbehörde	32
Zustimmungsfreiheit bei Spätaussiedlern	33
Zustimmungsfreiheit bei Wissenschaftlern und Studenten	34
Zustimmungsfreiheit bei bestimmten Arbeitsaufenthalten und Praktika	35
Zustimmungsfreiheit bei dienstlichen Aufenthalten von Mitgliedern ausländischer Streitkräfte	36
Zustimmungsfreiheit in sonstigen Fällen	37
Ersatzzuständigkeit der Ausländerbehörde	38

Abschnitt 4. Einholung des Aufenthaltstitels im Bundesgebiet

Verlängerung eines Aufenthalts im Bundesgebiet für längerfristige Zwecke	39
Verlängerung eines visumfreien Kurzaufenthalts	40
Vergünstigung für Angehörige bestimmter Staaten	41

Abschnitt 5. Aufenthalt aus völkerrechtlichen, humanitären oder politischen Gründen

Antragstellung auf Verlegung des Wohnsitzes	42
Verfahren bei Zustimmung des anderen Mitgliedstaates zur Wohnsitzverlegung	43

Aufenthaltsverordnung 4.2. **Texte 5**

Kapitel 3. Gebühren

	§§
Gebühren für die Niederlassungserlaubnis	44
Gebühren für die Aufenthaltserlaubnis	45
Gebühren für das Visum	46
Gebühren für sonstige aufenthaltsrechtliche Amtshandlungen	47
Gebühren für pass- und ausweisrechtliche Maßnahmen	48
Bearbeitungsgebühren	49
Gebühren für Amtshandlungen zugunsten Minderjähriger	50
Widerspruchsgebühr	51
Befreiungen und Ermäßigungen	52
Befreiung und Ermäßigung aus Billigkeitsgründen	53
Zwischenstaatliche Vereinbarungen	54

Kapitel 4. Ordnungsrechtliche Vorschriften

Ausweisersatz	55
Ausweisrechtliche Pflichten	56
Vorlagepflicht beim Vorhandensein mehrerer Ausweisdokumente	57

Kapitel 5. Verfahrensvorschriften
Abschnitt 1. Muster für Aufenthaltstitel, Pass- und Ausweisersatz und sonstige Dokumente

Vordruckmuster	58
Muster der Aufenthaltstitel	59
Lichtbild	60
Sicherheitsstandard, Ausstellungstechnik	61

Abschnitt 2. Datenverarbeitung und Datenschutz
Unterabschnitt 1. Führung von Ausländerdateien durch die Ausländerbehörden und die Auslandsvertretungen

Dateienführungspflicht der Ausländerbehörden	62
Ausländerdatei A	63
Datensatz der Ausländerdatei A	64
Erweiterter Datensatz	65
Datei über Passersatzpapiere	66
Ausländerdatei B	67
Löschung	68
Visadatei	69
Datei über Visaversagungen	70

Unterabschnitt 2. Datenübermittlungen an die Ausländerbehörden

Übermittlungspflicht	71
Mitteilungen der Meldebehörden	72
Mitteilungen der Staatsangehörigkeits- und Bescheinigungsbehörden nach § 15 des Bundesvertriebenengesetzes	73
Mitteilungen der Justizbehörden	74
Mitteilungen der Bundesagentur für Arbeit	75
Mitteilungen der Gewerbebehörden	76

Kapitel 6. Ordnungswidrigkeiten

Ordnungswidrigkeiten	77
Verwaltungsbehörden im Sinne des Gesetzes über Ordnungswidrigkeiten	78

Kapitel 7. Übergangs- und Schlussvorschriften

Anwendung auf Freizügigkeitsberechtigte	79
Übergangsvorschriften für die Verwendung von Vordrucken nach Inkrafttreten dieser Verordnung	80
Weitergeltung von nach bisherigem Recht ausgestellten Passersatzpapieren	81
Übergangsregelung zur Führung von Ausländerdateien	82
Erfüllung ausweisrechtlicher Verpflichtungen	83

Anlagen

Kapitel 1. Allgemeine Bestimmungen

§ 1 Begriffsbestimmungen. (1) Schengen-Staaten sind die Staaten, in denen Titel II Kapitel 1 bis 6 des Schengener Durchführungsübereinkommens Anwendung findet.

(2) Ein Kurzaufenthalt ist ein Aufenthalt im gemeinsamen Gebiet der Schengen-Staaten von höchstens drei Monaten innerhalb einer Frist von sechs Monaten von dem Tag der ersten Einreise an.

(3) Reiseausweise für Flüchtlinge sind Ausweise auf Grund
1. des Abkommens vom 15. Oktober 1946 betreffend die Ausstellung eines Reiseausweises an Flüchtlinge, die unter die Zuständigkeit des zwischenstaatlichen Ausschusses für die Flüchtlinge fallen (BGBl. 1951 II S. 160) oder
2. des Artikels 28 in Verbindung mit dem Anhang des Abkommens vom 28. Juli 1951 über die Rechtsstellung der Flüchtlinge (BGBl. 1953 II S. 559).

(4) Reiseausweise für Staatenlose sind Ausweise auf Grund des Artikels 28 in Verbindung mit dem Anhang des Übereinkommens vom 28. September 1954 über die Rechtsstellung der Staatenlosen (BGBl. 1976 II S. 473).

(5) Schülersammellisten sind Listen nach Artikel 2 des Beschlusses des Rates vom 30. November 1994 über die vom Rat auf Grund von Artikel K.3 Absatz 2 Buchstabe b des Vertrages über die Europäische Union beschlossene gemeinsame Maßnahme über Reiseerleichterungen für Schüler von Drittstaaten mit Wohnsitz in einem Mitgliedstaat (ABl. EG Nr. L 327 S. 1).

(6) Flugbesatzungsausweise sind „Airline Flight Crew Licenses" und „Crew Member Certificates" nach der Anlage des Anhangs 9 in der jeweils geltenden Fassung zum Abkommen vom 7. Dezember 1944 über die internationale Zivilluftfahrt (BGBl. 1956 II S. 411).

(7) Binnenschifffahrtsausweise sind in zwischenstaatlichen Vereinbarungen für den Grenzübertritt vorgesehene Ausweise für ziviles Personal, das internationale Binnenwasserstraßen befährt, sowie dessen Familienangehörige, soweit die Geltung für Familienangehörige in den jeweiligen Vereinbarungen vorgesehen ist.

(8) Standardreisedokumente für die Rückführung sind Dokumente nach der Empfehlung des Rates vom 30. November 1994 bezüglich der Einführung eines Standardreisedokuments für die Rückführung von Staatsangehörigen dritter Länder (ABl. EG 1996 Nr. C 274 S. 18).

Kapitel 2. Einreise und Aufenthalt im Bundesgebiet

Abschnitt 1. Passpflicht für Ausländer

§ 2 Erfüllung der Passpflicht durch Eintragung in den Pass eines gesetzlichen Vertreters. Minderjährige Ausländer, die das 16. Lebensjahr noch nicht vollendet haben, erfüllen die Passpflicht auch durch Eintragung in einem anerkannten und gültigen Pass oder Passersatz eines gesetzlichen Vertreters. Für einen minderjährigen Ausländer, der das zehnte Lebensjahr vollendet hat, gilt dies nur, wenn im Pass oder Passersatz sein eigenes Lichtbild angebracht ist.

§ 3 Zulassung nichtdeutscher amtlicher Ausweise als Passersatz. (1) Von anderen Behörden als von deutschen Behörden ausgestellte amtliche Ausweise sind als Passersatz zugelassen, ohne dass es einer Anerkennung nach § 71 Abs. 6 des Aufenthaltsgesetzes bedarf, soweit die Bundesrepublik Deutschland
1. auf Grund zwischenstaatlicher Vereinbarungen oder
2. auf Grund des Rechts der Europäischen Union

verpflichtet ist, dem Inhaber unter den dort festgelegten Voraussetzungen den Grenzübertritt zu gestatten. Dies gilt nicht, wenn der ausstellende Staat aus dem Geltungsbereich des Ausweises ausgenommen oder wenn der Inhaber nicht zur Rückkehr in diesen Staat berechtigt ist.

(2) Die Zulassung entfällt, wenn das Bundesministerium des Innern in den Fällen des Absatzes 1 Satz 1 Nr. 1 feststellt, dass
1. die Gegenseitigkeit, soweit diese vereinbart wurde, nicht gewahrt ist, oder
2. der amtliche Ausweis

Aufenthaltsverordnung

a) keine hinreichenden Angaben zur eindeutigen Identifizierung des Inhabers oder der ausstellenden Behörde enthält,
b) keine Sicherheitsmerkmale aufweist, die in einem Mindestmaß vor Fälschung oder Verfälschung schützen, oder
c) die Angaben nicht in einer germanischen oder romanischen Sprache enthält.

(3) Zu den Ausweisen im Sinne des Absatzes 1 zählen insbesondere
1. Reiseausweise für Flüchtlinge (§ 1 Abs. 3),
2. Reiseausweise für Staatenlose (§ 1 Abs. 4),
3. Ausweise für Mitglieder und Bedienstete der Organe der Europäischen Gemeinschaften,
4. Ausweise für Abgeordnete der Parlamentarischen Versammlung des Europarates,
5. amtliche Personalausweise der Mitgliedstaaten der Europäischen Union, der anderen Vertragsstaaten des Abkommens über den Europäischen Wirtschaftsraum und der Schweiz für deren Staatsangehörige,
6. Schülersammellisten (§ 1 Abs. 5),
7. Flugbesatzungsausweise, soweit sie für einen Aufenthalt nach § 23 gebraucht werden und
8. Binnenschifffahrtsausweise, soweit sie für einen Aufenthalt nach § 25 gebraucht werden.

§ 4 Deutsche Passersatzpapiere für Ausländer. (1) Durch deutsche Behörden ausgestellte Passersatzpapiere für Ausländer sind:
1. der Reiseausweis für Ausländer,
2. die Grenzgängerkarte,
3. der Notreiseausweis,
4. der Reiseausweis für Flüchtlinge (§ 1 Abs. 3),
5. der Reiseausweis für Staatenlose (§ 1 Abs. 4),
6. die Schülersammelliste (§ 1 Abs. 5),
7. die Bescheinigung über die Wohnsitzverlegung (§ 43 Abs. 2),
8. das Standardreisedokument für die Rückführung (§ 1 Abs. 8).

(2) Ein Passersatz für Ausländer wird in der Regel entzogen, wenn die Ausstellungsvoraussetzungen nicht mehr vorliegen. Er ist zu entziehen, wenn der Ausländer auf Grund besonderer Vorschriften zur Rückgabe verpflichtet ist und die Rückgabe nicht unverzüglich erfolgt.

(3) Deutsche Auslandsvertretungen entziehen einen Passersatz im Benehmen mit der zuständigen oder zuletzt zuständigen Ausländerbehörde im Inland. Ist eine solche Behörde nicht vorhanden oder feststellbar, ist das Benehmen mit der Behörde herzustellen, die den Passersatz ausgestellt hat, wenn er verlängert wurde, mit der Behörde, die ihn verlängert hat.

§ 5 Allgemeine Voraussetzungen der Ausstellung des Reiseausweises für Ausländer. (1) Einem Ausländer, der nachweislich keinen Pass oder Passersatz besitzt und ihn nicht auf zumutbare Weise erlangen kann, kann nach Maßgabe der nachfolgenden Bestimmungen ein Reiseausweis für Ausländer ausgestellt werden.

(2) Als zumutbar im Sinne des Absatzes 1 gilt es insbesondere,
1. derart rechtzeitig vor Ablauf der Gültigkeit eines Passes oder Passersatzes bei den zuständigen Behörden im In- und Ausland die erforderlichen Anträge für die Neuerteilung oder Verlängerung zu stellen, dass mit der Neuerteilung oder Verlängerung innerhalb der Gültigkeitsdauer des bisherigen Passes oder Passersatzes gerechnet werden kann,
2. in der den Bestimmungen des deutschen Passrechts, insbesondere den §§ 6 und 15 des Passgesetzes in der jeweils geltenden Fassung, entsprechenden Weise an der Ausstellung oder Verlängerung mitzuwirken und die Behandlung eines Antrages durch die Behörden des Herkunftsstaates nach dem Recht des Herkunftsstaates zu dulden, sofern dies nicht zu einer unzumutbaren Härte führt,
3. die Wehrpflicht, sofern deren Erfüllung nicht aus zwingenden Gründen unzumutbar ist, und andere zumutbare staatsbürgerliche Pflichten zu erfüllen oder
4. für die behördlichen Maßnahmen die vom Herkunftsstaat allgemein festgelegten Gebühren zu zahlen.

(3) Ein Reiseausweis für Ausländer wird in der Regel nicht ausgestellt, wenn der Herkunftsstaat die Ausstellung eines Passes oder Passersatzes aus Gründen verweigert, auf Grund deren auch nach

deutschem Passrecht, insbesondere nach § 7 des Passgesetzes oder wegen unterlassener Mitwirkung nach § 6 Passgesetz, der Pass versagt oder sonst die Ausstellung verweigert werden kann.

(4) Ein Reiseausweis für Ausländer soll nicht ausgestellt werden, wenn der Antragsteller bereits einen Reiseausweis für Ausländer missbräuchlich verwendet hat oder tatsächliche Anhaltspunkte dafür vorliegen, dass der Reiseausweis für Ausländer missbräuchlich verwendet werden soll. Ein Missbrauch liegt insbesondere vor bei einem im Einzelfall erheblichen Verstoß gegen im Reiseausweis für Ausländer eingetragene Beschränkungen oder beim Gebrauch des Reiseausweises für Ausländer zur Begehung oder Vorbereitung einer Straftat. Als Anhaltspunkt für die Absicht einer missbräuchlichen Verwendung kann insbesondere auch gewertet werden, dass der wiederholte Verlust von Passersatzpapieren des Antragstellers geltend gemacht wird.

(5) Der Reiseausweis für Ausländer darf nur verlängert werden, wenn die Ausstellungsvoraussetzungen weiterhin vorliegen.

§ 6 Ausstellung des Reiseausweises für Ausländer im Inland. Im Inland darf ein Reiseausweis für Ausländer nach Maßgabe des § 5 ausgestellt werden,
1. wenn der Ausländer eine Aufenthaltserlaubnis oder Niederlassungserlaubnis besitzt,
2. wenn dem Ausländer eine Aufenthaltserlaubnis oder Niederlassungserlaubnis erteilt wird, sobald er als Inhaber des Reiseausweises für Ausländer die Passpflicht erfüllt,
3. um dem Ausländer die endgültige Ausreise aus dem Bundesgebiet zu ermöglichen oder,
4. wenn der Ausländer Asylbewerber ist, für die Ausstellung des Reiseausweises für Ausländer ein dringendes öffentliches Interesse besteht, zwingende Gründe es erfordern oder die Versagung des Reiseausweises für Ausländer eine unbillige Härte bedeuten würde und die Durchführung des Asylverfahrens nicht gefährdet wird.

Die ausstellende Behörde darf in den Fällen des Satzes 1 Nr. 3 und 4 von § 5 Abs. 2 bis 3 und in den Fällen des Satzes 1 Nr. 3 von § 5 Abs. 4 Ausnahmen zulassen.

§ 7 Ausstellung des Reiseausweises für Ausländer im Ausland. (1) Im Ausland darf ein Reiseausweis für Ausländer nach Maßgabe des § 5 ausgestellt werden, um dem Ausländer die Einreise in das Bundesgebiet zu ermöglichen, sofern die Voraussetzungen für die Erteilung eines hierfür erforderlichen Aufenthaltstitels vorliegen.

(2) Im Ausland darf ein Reiseausweis für Ausländer zudem nach Maßgabe des § 5 einem in § 28 Abs. 1 Satz 1 Nr. 1 bis 3 des Aufenthaltsgesetzes bezeichneten ausländischen Familienangehörigen oder dem Lebenspartner eines Deutschen erteilt werden, wenn dieser im Ausland mit dem Deutschen in familiärer Lebensgemeinschaft lebt.

§ 8 Gültigkeitsdauer des Reiseausweises für Ausländer. (1) Die Gültigkeitsdauer des Reiseausweises für Ausländer darf die Gültigkeitsdauer des Aufenthaltstitels oder der Aufenthaltsgestattung des Ausländers nicht überschreiten. Der Reiseausweis für Ausländer darf im Übrigen ausgestellt und verlängert werden bis zu einer Gültigkeitsdauer von
1. zehn Jahren, wenn der Inhaber im Zeitpunkt der Ausstellung das 26. Lebensjahr vollendet hat,
2. fünf Jahren, wenn der Inhaber im Zeitpunkt der Ausstellung das 26. Lebensjahr noch nicht vollendet hat.

(2) In den Fällen des § 6 Satz 1 Nr. 3 und 4 und des § 7 Abs. 1 darf der Reiseausweis für Ausländer abweichend von Absatz 1 nur für eine Gültigkeitsdauer von höchstens einem Monat ausgestellt werden. In Fällen, in denen der Staat, in oder durch den die beabsichtigte Reise führt, die Einreise nur mit einem Reiseausweis für Ausländer gestattet, der über den beabsichtigten Zeitpunkt der Einreise oder Ausreise hinaus gültig ist, kann der Reiseausweis für Ausländer abweichend von Satz 1 für einen entsprechend längeren Gültigkeitszeitraum ausgestellt werden.

(3) Ein nach § 6 Satz 1 Nr. 3 und 4 ausgestellter Reiseausweis für Ausländer darf nicht verlängert werden. Der Ausschluss der Verlängerung ist im Reiseausweis für Ausländer zu vermerken.

§ 9 Räumlicher Geltungsbereich des Reiseausweises für Ausländer. (1) Der Reiseausweis für Ausländer kann für alle Staaten oder mit einer Beschränkung des Geltungsbereichs auf bestimmte Staaten oder Erdteile ausgestellt werden. Der Staat, dessen Staatsangehörigkeit der Ausländer besitzt, ist aus dem Geltungsbereich auszunehmen, wenn nicht in Ausnahmefällen die Erstreckung des Geltungsbereichs auf diesen Staat gerechtfertigt ist.

Aufenthaltsverordnung 4.2. **Texte 5**

(2) In den Fällen des § 6 Satz 1 Nr. 4 ist der Geltungsbereich des Reiseausweises für Ausländer auf die den Zweck der Reise betreffenden Staaten zu beschränken. Abweichend von Absatz 1 Satz 2 ist eine Erstreckung des Geltungsbereichs auf den Herkunftsstaat unzulässig.

(3) Abweichend von Absatz 1 Satz 2 soll der Geltungsbereich eines Reiseausweises für Ausländer im Fall des § 6 Satz 1 Nr. 3 den Staat einschließen, dessen Staatsangehörigkeit der Ausländer besitzt.

(4) Der Geltungsbereich des im Ausland ausgestellten Reiseausweises für Ausländer ist in den Fällen des § 7 Abs. 1 räumlich auf die Bundesrepublik Deutschland, den Ausreisestaat, den Staat der Ausstellung sowie die im Reiseausweis für Ausländer einzeln aufzuführenden, auf dem geplanten Reiseweg zu durchreisenden Staaten zu beschränken.

§ 10 Sonstige Beschränkungen im Reiseausweis für Ausländer. In den Reiseausweis für Ausländer können zur Vermeidung von Missbrauch bei oder nach der Ausstellung sonstige Beschränkungen aufgenommen werden, insbesondere die Bezeichnung der zur Einreise in das Bundesgebiet zu benutzenden Grenzübergangsstelle oder die Bezeichnung der Person, in deren Begleitung sich der Ausländer befinden muss. § 46 Abs. 2 des Aufenthaltsgesetzes bleibt unberührt.

§ 11 Verfahren der Ausstellung oder Verlängerung des Reiseausweises für Ausländer. (1) Im Ausland darf ein Reiseausweis für Ausländer nur mit Zustimmung des Bundesministeriums des Innern oder der von ihm bestimmten Stelle ausgestellt werden. Dasselbe gilt für die Verlängerung eines nach Satz 1 ausgestellten Reiseausweises für Ausländer im Ausland.

(2) Im Ausland darf ein im Inland ausgestellter oder verlängerter Reiseausweis für Ausländer nur mit Zustimmung der zuständigen oder zuletzt zuständigen Ausländerbehörde verlängert werden. Ist eine solche Behörde nicht vorhanden oder feststellbar, ist die Zustimmung bei der Behörde einzuholen, die den Reiseausweis ausgestellt hat, wenn er verlängert wurde, bei der Behörde, die ihn verlängert hat.

(3) Die Aufhebung von Beschränkungen nach den §§ 9 und 10 im Ausland bedarf der Zustimmung der zuständigen oder zuletzt zuständigen Ausländerbehörde. Ist eine solche Behörde nicht vorhanden oder feststellbar, ist die Zustimmung bei der Behörde einzuholen, die die Beschränkung eingetragen hat.

§ 12 Grenzgängerkarte. (1) Einem Ausländer kann mit Zustimmung der Bundesagentur für Arbeit eine Grenzgängerkarte erteilt werden, wenn dieser im Bundesgebiet eine Beschäftigung ausübt, gemeinsam mit seinem Ehegatten oder Lebenspartner, der Deutscher oder sonstiger Unionsbürger ist und mit dem er in familiärer Gemeinschaft lebt, seinen Wohnsitz vom Bundesgebiet in einen angrenzenden Mitgliedstaat der Europäischen Union verlegt hat und mindestens einmal wöchentlich an diesen Wohnsitz zurückkehrt. Die Grenzgängerkarte kann bei der erstmaligen Erteilung bis zu einer Gültigkeitsdauer von zwei Jahren ausgestellt werden. Sie kann für jeweils zwei Jahre verlängert werden, solange die Ausstellungsvoraussetzungen weiterhin vorliegen.

(2) Staatsangehörigen der Schweiz wird unter den Voraussetzungen und zu den Bedingungen eine Grenzgängerkarte ausgestellt und verlängert, die in Artikel 7 Abs. 2, Artikel 13 Abs. 2, Artikel 28 Abs. 1 und Artikel 32 Abs. 2 des Anhangs I zum Abkommen vom 21. Juni 1999 zwischen der Europäischen Gemeinschaft und ihren Mitgliedstaaten einerseits und der Schweizerischen Eidgenossenschaft andererseits über die Freizügigkeit (BGBl. 2001 II S. 810) genannt sind.

§ 13 Notreiseausweis. (1) Zur Vermeidung einer unbilligen Härte, oder soweit ein besonderes öffentliches Interesse besteht, darf einem Ausländer ein Notreiseausweis ausgestellt werden, wenn der Ausländer seine Identität glaubhaft machen kann und er

1. Unionsbürger oder Staatsangehöriger eines anderen Vertragsstaates des Abkommens über den Europäischen Wirtschaftsraum, der Schweiz oder eines Staates ist, der in Anhang II der Verordnung (EG) Nr. 539/2001 aufgeführt ist, oder
2. aus sonstigen Gründen zum Aufenthalt im Bundesgebiet, einem anderen Mitgliedstaat der Europäischen Union, einem anderen Vertragsstaat des Abkommens über den Europäischen Wirtschaftsraum oder in der Schweiz oder zur Rückkehr dorthin berechtigt ist.

(2) Die mit der polizeilichen Kontrolle des grenzüberschreitenden Verkehrs beauftragten Behörden können nach Maßgabe des Absatzes 1 an der Grenze einen Notreiseausweis ausstellen, wenn der Ausländer keinen Pass oder Passersatz mitführt.

(3) Die Ausländerbehörde kann nach Maßgabe des Absatzes 1 einen Notreiseausweis ausstellen, wenn die Beschaffung eines anderen Passes oder Passersatzes, insbesondere eines Reiseausweises für Ausländer, im Einzelfall nicht in Betracht kommt.

(4) Die ausstellende Behörde kann die bereits bestehende Berechtigung zur Rückkehr in das Bundesgebiet auf dem Notreiseausweis bescheinigen, sofern die Bescheinigung der beabsichtigten Auslandsreise dienlich ist. Die in Absatz 2 genannten Behörden bedürfen hierfür der Zustimmung der Ausländerbehörde.

(5) Abweichend von Absatz 1 können die mit der polizeilichen Kontrolle des grenzüberschreitenden Verkehrs beauftragten Behörden
1. zivilem Schiffspersonal eines in der See- oder Küstenschifffahrt oder in der Rhein-Seeschifffahrt verkehrenden Schiffes für den Aufenthalt im Hafenort während der Liegezeit des Schiffes und
2. zivilem Flugpersonal für einen in § 23 Abs. 1 genannten Aufenthalt

sowie die jeweils mit einem solchen Aufenthalt verbundene Ein- und Ausreise einen Notreiseausweis ausstellen, wenn es keinen Pass oder Passersatz, insbesondere keinen der in § 3 Abs. 3 genannten Passersatzpapiere, mitführt. Absatz 4 findet keine Anwendung.

(6) Die Gültigkeitsdauer des Notreiseausweises darf längstens einen Monat betragen.

§ 14 Befreiung von der Passpflicht in Rettungsfällen. Von der Passpflicht sind befreit
1. Ausländer, die aus den Nachbarstaaten, auf dem Seeweg oder im Wege von Rettungsflügen aus anderen Staaten einreisen und bei Unglücks- oder Katastrophenfällen Hilfe leisten oder in Anspruch nehmen wollen, und
2. Ausländer, die zum Flug- oder Begleitpersonal von Rettungsflügen gehören.

Die Befreiung endet, sobald für den Ausländer die Beschaffung oder Beantragung eines Passes oder Passersatzes auch in Anbetracht der besonderen Umstände des Falles und des Vorranges der Leistung oder Inanspruchnahme von Hilfe zumutbar wird.

Abschnitt 2. Befreiung vom Erfordernis eines Aufenthaltstitels

Unterabschnitt 1. Allgemeine Regelungen

§ 15 Gemeinschaftsrechtliche Regelung der Kurzaufenthalte. Die Befreiung vom Erfordernis eines Aufenthaltstitels für die Einreise und den Aufenthalt von Ausländern für Kurzaufenthalte richtet sich nach dem Recht der Europäischen Union, insbesondere dem Schengener Durchführungsübereinkommen und der Verordnung (EG) Nr. 539/2001 in Verbindung mit den nachfolgenden Bestimmungen.

§ 16 Vorrang älterer Sichtvermerksabkommen. Die Inhaber der in Anlage A zu dieser Verordnung genannten Dokumente sind für die Einreise und den Aufenthalt im Bundesgebiet, auch bei Überschreitung der zeitlichen Grenze eines Kurzaufenthalts, vom Erfordernis eines Aufenthaltstitels befreit, soweit Sichtvermerksabkommen, die vor dem 1. September 1993 mit den in Anlage A aufgeführten Staaten abgeschlossen wurden, dem Erfordernis des Aufenthaltstitels oder dieser zeitlichen Begrenzung entgegenstehen.

§ 17 Nichtbestehen der Befreiung bei Erwerbstätigkeit während eines Kurzaufenthalts.
(1) Für die Einreise und den Kurzaufenthalt sind die Staatsangehörigen der in Anhang II der Verordnung (EG) Nr. 539/2001 in der jeweils geltenden Fassung genannten Staaten vom Erfordernis eines Aufenthaltstitels nicht befreit, sofern sie im Bundesgebiet eine Erwerbstätigkeit ausüben.

(2) Absatz 1 findet keine Anwendung, soweit der Ausländer im Bundesgebiet bis zu drei Monaten innerhalb eines Zeitraums von zwölf Monaten lediglich Tätigkeiten selbständig oder unselbständig ausübt, die nach einer nach § 42 des Aufenthaltsgesetzes erlassenen Rechtsverordnung nicht als Beschäftigung im Sinne des Aufenthaltsgesetzes gelten. Die zeitliche Beschränkung des Satzes 1 gilt nicht für Kraftfahrer im grenzüberschreitenden Straßenverkehr, die lediglich Güter oder Personen durch das Bundesgebiet hindurchbefördern, ohne dass die Güter oder Personen das Transportfahrzeug wechseln.

Aufenthaltsverordnung 4.2. **Texte 5**

Unterabschnitt 2. Befreiungen für Inhaber bestimmter Ausweise

§ 18 Befreiung für Inhaber von Reiseausweisen für Flüchtlinge und Staatenlose. Inhaber von Reiseausweisen für Flüchtlinge oder für Staatenlose sind für die Einreise und den Kurzaufenthalt vom Erfordernis eines Aufenthaltstitels befreit, sofern

1. der Reiseausweis von einem Mitgliedstaat der Europäischen Union, einem anderen Vertragsstaat des Abkommens über den Europäischen Wirtschaftsraum, der Schweiz oder von einem in Anhang II zur Verordnung (EG) Nr. 539/2001 aufgeführten Staat ausgestellt wurde,
2. der Reiseausweis eine Rückkehrberechtigung enthält, die bei der Einreise noch mindestens vier Monate gültig ist und
3. sie keine Erwerbstätigkeit mit Ausnahme der in § 17 Abs. 2 bezeichneten ausüben.

Satz 1 Nr. 2 gilt nicht für Inhaber von Reiseausweisen für Flüchtlinge, die von einem der in Anlage A Nr. 3 genannten Staaten ausgestellt wurden.

§ 19 Befreiung für Inhaber dienstlicher Pässe. Für die Einreise und den Kurzaufenthalt sind Staatsangehörige der in Anlage B zu dieser Verordnung aufgeführten Staaten vom Erfordernis eines Aufenthaltstitels befreit, wenn sie einen der in Anlage B genannten dienstlichen Pässe besitzen und keine Erwerbstätigkeit mit Ausnahme der in § 17 Abs. 2 bezeichneten ausüben.

§ 20 Befreiung für Inhaber von Ausweisen der Europäischen Union und zwischenstaatlicher Organisationen und der Vatikanstadt. Vom Erfordernis eines Aufenthaltstitels befreit sind Inhaber

1. von Ausweisen für Mitglieder und Bedienstete der Organe der Europäischen Gemeinschaften,
2. von Ausweisen für Abgeordnete der Parlamentarischen Versammlung des Europarates,
3. von vatikanischen Pässen, wenn sie sich nicht länger als drei Monate im Bundesgebiet aufhalten,
4. von Passierscheinen zwischenstaatlicher Organisationen, die diese den in ihrem Auftrag reisenden Personen ausstellen, soweit die Bundesrepublik Deutschland auf Grund einer Vereinbarung mit der ausstellenden Organisation verpflichtet ist, dem Inhaber die Einreise und den Aufenthalt zu gestatten.

§ 21 Befreiung für Inhaber von Grenzgängerkarten. Inhaber von Grenzgängerkarten sind für die Einreise und den Aufenthalt im Bundesgebiet vom Erfordernis eines Aufenthaltstitels befreit.

§ 22 Befreiung für Schüler auf Sammellisten. Schüler, die als Mitglied einer Schülergruppe in Begleitung einer Lehrkraft einer allgemeinbildenden oder berufsbildenden Schule an einer Reise in oder durch das Bundesgebiet teilnehmen, sind für die Einreise, Durchreise und einen Kurzaufenthalt im Bundesgebiet vom Erfordernis eines Aufenthaltstitels befreit, wenn sie

1. Staatsangehörige eines in Anhang I der Verordnung (EG) Nr. 539/2001 aufgeführten Staates sind,
2. ihren Wohnsitz innerhalb der Europäischen Union, in einem anderen Vertragsstaat des Abkommens über den Europäischen Wirtschaftsraum oder in einem in Anhang II der Verordnung (EG) Nr. 539/2001 aufgeführten Staat haben,
3. in einer Sammelliste eingetragen sind, die den Voraussetzungen entspricht, die in Artikel 1 Buchstabe b in Verbindung mit dem Anhang des Beschlusses des Rates vom 30. November 1994 über die vom Rat auf Grund von Artikel K.3 Absatz 2 Buchstabe b des Vertrages über die Europäische Union beschlossene gemeinsame Maßnahme über Reiseerleichterungen für Schüler von Drittstaaten mit Wohnsitz in einem Mitgliedstaat festgelegt sind, und
4. keine Erwerbstätigkeit ausüben.

Unterabschnitt 3. Befreiungen im grenzüberschreitenden Beförderungswesen

§ 23 Befreiung für ziviles Flugpersonal. (1) Ziviles Flugpersonal, das im Besitz eines Flugbesatzungsausweises ist, ist vom Erfordernis eines Aufenthaltstitels befreit, sofern es

1. sich nur auf dem Flughafen, auf dem das Flugzeug zwischengelandet ist oder seinen Flug beendet hat, aufhält,
2. sich nur im Gebiet einer in der Nähe des Flughafens gelegenen Gemeinde aufhält oder
3. zu einem anderen Flughafen wechselt.

(2) Ziviles Flugpersonal, das nicht im Besitz eines Flugbesatzungsausweises ist, kann für einen in Absatz 1 genannten Aufenthalt vom Erfordernis eines Aufenthaltstitels befreit werden, sofern es die Passpflicht erfüllt. Zuständig sind die mit der Kontrolle des grenzüberschreitenden Verkehrs beauftragten Behörden. Zum Nachweis der Befreiung wird ein Passierschein ausgestellt.

§ 24 Befreiung für Seeleute. (1) Ziviles Schiffspersonal ist für die Einreise und den Aufenthalt vom Erfordernis eines Aufenthaltstitels befreit, sofern es sich handelt um
1. Lotsen im Sinne des § 1 des Seelotsengesetzes in Ausübung ihres Berufes, die sich durch amtliche Papiere über ihre Person und ihre Lotseneigenschaft ausweisen,
2. Ausländer, die
   a) ein deutsches Seefahrtbuch besitzen,
   b) Staatsangehörige eines in Anhang II der Verordnung (EG) Nr. 539/2001 genannten Staates sind und einen Pass oder Passersatz dieses Staates besitzen und
   c) sich lediglich als ziviles Schiffspersonal eines Schiffes, das berechtigt ist, die Bundesflagge zu führen, an Bord oder im Bundesgebiet aufhalten.

(2) Ziviles Schiffspersonal eines in der See- oder Küstenschifffahrt oder in der Rhein-Seeschifffahrt verkehrenden Schiffes kann, sofern es nicht unter Absatz 1 fällt, für den Aufenthalt im Hafenort während der Liegezeit des Schiffes vom Erfordernis eines Aufenthaltstitels befreit werden, sofern es die Passpflicht erfüllt. Zuständig sind die mit der Kontrolle des grenzüberschreitenden Verkehrs beauftragten Behörden. Zum Nachweis der Befreiung wird ein Passierschein ausgestellt.

(3) Ziviles Schiffspersonal im Sinne der vorstehenden Absätze sind der Kapitän eines Schiffes, die Besatzungsmitglieder, die angemustert und auf der Besatzungsliste verzeichnet sind, sowie sonstige an Bord beschäftigte Personen, die auf einer Besatzungsliste verzeichnet sind.

§ 25 Befreiung in der internationalen zivilen Binnenschifffahrt. (1) Ausländer, die
1. auf einem von einem Unternehmen mit Sitz im Ausland betriebenen Schiff in der Rhein- und Donauschifffahrt einschließlich der Schifffahrt auf dem Main-Donau-Kanal tätig sind,
2. in die Besatzungsliste dieses Schiffes eingetragen sind und
3. einen ausländischen Pass oder Passersatz, in dem die Eigenschaft als Rheinschiffer bescheinigt ist, oder einen Binnenschifffahrtsausweis besitzen,

sind für die Einreise und für Aufenthalte bis zu drei Monaten innerhalb eines Zeitraums von zwölf Monaten seit der ersten Einreise vom Erfordernis eines Aufenthaltstitels befreit.

(2) Die Befreiung nach Absatz 1 gilt für die Einreise und den Aufenthalt
1. an Bord,
2. im Gebiet eines Liegehafens und einer nahe gelegenen Gemeinde und
3. bei Reisen zwischen dem Grenzübergang und dem Schiffsliegeort oder zwischen Schiffsliegeorten auf dem kürzesten Wege

im Zusammenhang mit der grenzüberschreitenden Beförderung von Personen oder Sachen sowie in der Donauschifffahrt zur Weiterbeförderung derselben Personen oder Sachen.

(3) Die Absätze 1 und 2 gelten entsprechend für die in Binnenschifffahrtsausweisen eingetragenen Familienangehörigen.

§ 26 Transit ohne Einreise; Flughafentransitvisum. (1) Ausländer, die sich im Bundesgebiet befinden, ohne im Sinne des § 13 Abs. 2 des Aufenthaltsgesetzes einzureisen, sind vom Erfordernis eines Aufenthaltstitels befreit.

(2) Das Erfordernis einer Genehmigung für das Betreten des Transitbereichs eines Flughafens während einer Zwischenlandung oder zum Umsteigen (Flughafentransitvisum) richtet sich nach Nummer 2.1.1. in Verbindung mit Anlage 3 Teil I und III des Beschlusses des Rates der Europäischen Union vom 28. April 1999 betreffend die Gemeinsame konsularische Instruktion an die diplomatischen Missionen und die konsularischen Vertretungen, die von Berufskonsularbeamten geleitet werden (ABl. EG Nr. L 239 S. 317), zuletzt geändert durch Artikel 11 Abs. 1 der Verordnung (EG) Nr. 693/2003 des Rates vom 14. April 2003 (ABl. EU Nr. L 99 S. 8), in der jeweils geltenden Fassung. Soweit danach das Erfordernis eines Flughafentransitvisums besteht, gilt die Befreiung nach Absatz 1 nur, wenn der Ausländer ein Flughafentransitvisum besitzt. Das Flughafentransitvisum ist kein Aufenthaltstitel.

(3) Die Befreiung nach Absatz 1 gilt für Fluggäste nur in dem Fall, dass sie ein Flughafentransitvisum besitzen, sofern sie

Aufenthaltsverordnung 4.2. **Texte 5**

1. Staatsangehörige eines in Anlage C aufgeführten Staates sind oder sich nur mit einem in der Anlage C aufgeführten Pass oder Passersatz ausweisen und
2. nicht im Besitz sind
    a) eines Aufenthaltstitels eines Mitgliedstaates der Europäischen Union oder eines anderen Vertragsstaates des Abkommens über den Europäischen Wirtschaftsraum oder
    b) eines Aufenthaltstitels Andorras, Japans, Kanadas, Monacos, San Marinos, der Schweiz oder der Vereinigten Staaten von Amerika, der ein uneingeschränktes Rückkehrrecht in einen der genannten Staaten vermittelt.

Absatz 2 bleibt unberührt.

Unterabschnitt 4. Sonstige Befreiungen

§ 27 Befreiung für Personen bei Vertretungen ausländischer Staaten. (1) Vom Erfordernis eines Aufenthaltstitels befreit sind, wenn Gegenseitigkeit besteht,

1. die in die Bundesrepublik Deutschland amtlich entsandten Mitglieder des dienstlichen Hauspersonals berufskonsularischer Vertretungen im Bundesgebiet und die mit ihnen im gemeinsamen Haushalt lebenden, nicht ständig im Bundesgebiet ansässigen Familienangehörigen,
2. die nicht amtlich entsandten, mit Zustimmung des Auswärtigen Amtes örtlich angestellten Mitglieder des diplomatischen und berufskonsularischen, des Verwaltungs- und technischen Personals sowie des dienstlichen Hauspersonals diplomatischer und berufskonsularischer Vertretungen im Bundesgebiet und ihre mit Zustimmung des Auswärtigen Amtes zugezogenen, mit ihnen im gemeinsamen Haushalt lebenden Ehegatten oder Lebenspartner, minderjährigen ledigen Kinder und volljährigen ledigen Kinder, die bei der Verlegung ihres ständigen Aufenthalts in das Bundesgebiet das 21. Lebensjahr noch nicht vollendet haben, sich in der Ausbildung befinden und wirtschaftlich von ihnen abhängig sind,
3. die mit Zustimmung des Auswärtigen Amtes beschäftigten privaten Hausangestellten von Mitgliedern diplomatischer und berufskonsularischer Vertretungen im Bundesgebiet,
4. die mitreisenden Familienangehörigen von Repräsentanten anderer Staaten und deren Begleitung im Sinne des § 20 des Gerichtsverfassungsgesetzes,
5. Personen, die dem Haushalt eines entsandten Mitgliedes einer diplomatischen oder berufskonsularischen Vertretung im Bundesgebiet angehören, die mit dem entsandten Mitglied mit Rücksicht auf eine rechtliche oder sittliche Pflicht oder bereits zum Zeitpunkt seiner Entsendung ins Bundesgebiet in einer Haushalts- oder Betreuungsgemeinschaft leben, die nicht von dem entsandten Mitglied beschäftigt werden, deren Unterhalt einschließlich eines angemessenen Schutzes vor Krankheit und Pflegebedürftigkeit ohne Inanspruchnahme von Leistungen nach dem Sozialgesetzbuch gesichert ist und deren Aufenthalt das Auswärtige Amt zum Zweck der Wahrung der auswärtigen Beziehungen der Bundesrepublik Deutschland im Einzelfall zustimmt.

(2) Die nach Absatz 1 als Familienangehörige oder Haushaltsmitglieder vom Erfordernis des Aufenthaltstitels befreiten sowie die von § 1 Abs. 2 Nr. 2 oder 3 des Aufenthaltsgesetzes erfassten Familienangehörigen sind auch im Fall der erlaubten Aufnahme und Ausübung einer Erwerbstätigkeit oder Ausbildung vom Erfordernis eines Aufenthaltstitels befreit, wenn Gegenseitigkeit besteht.

(3) Der Eintritt eines Befreiungsgrundes nach Absatz 1 oder 2 lässt eine bestehende Aufenthaltserlaubnis oder Niederlassungserlaubnis unberührt und steht der Verlängerung einer Aufenthaltserlaubnis oder der Erteilung einer Niederlassungserlaubnis an einen bisherigen Inhaber einer Aufenthaltserlaubnis nach den Vorschriften des Aufenthaltsgesetzes nicht entgegen.

§ 28 Befreiung für freizügigkeitsberechtigte Schweizer. Staatsangehörige der Schweiz sind nach Maßgabe des Abkommens vom 21. Juni 1999 zwischen der Europäischen Gemeinschaft und ihren Mitgliedstaaten einerseits und der Schweizerischen Eidgenossenschaft andererseits über die Freizügigkeit vom Erfordernis eines Aufenthaltstitels befreit.

§ 29 Befreiung in Rettungsfällen. Für die Einreise und den Aufenthalt im Bundesgebiet sind die in § 14 Satz 1 genannten Ausländer vom Erfordernis eines Aufenthaltstitels befreit. Die Befreiung nach Satz 1 endet, sobald für den Ausländer die Beantragung eines erforderlichen Aufenthaltstitels auch in Anbetracht der besonderen Umstände des Falles und des Vorranges der Leistung oder Inanspruchnahme von Hilfe zumutbar wird.

§ 30 Befreiung für die Durchreise und Durchbeförderung. Für die Einreise in das Bundesgebiet über die Grenze zu einem anderen Schengen-Staat und einen anschließenden Aufenthalt von bis zu drei Tagen sind Ausländer vom Erfordernis eines Aufenthaltstitels befreit, wenn sie
1. auf Grund einer zwischenstaatlichen Vereinbarung über die Gestattung der Durchreise durch das Bundesgebiet reisen, oder
2. auf Grund einer zwischenstaatlichen Vereinbarung oder mit Einwilligung des Bundesministeriums des Innern oder der von ihm beauftragten Stelle durch das Bundesgebiet durchbefördert werden; in diesem Fall gilt die Befreiung auch für die sie begleitenden Aufsichtspersonen.

Abschnitt 3. Visumverfahren

§ 31 Zustimmung der Ausländerbehörde zur Visumerteilung. (1) Ein Visum bedarf der vorherigen Zustimmung der für den vorgesehenen Aufenthaltsort zuständigen Ausländerbehörde, wenn
1. der Ausländer sich länger als drei Monate im Bundesgebiet aufhalten will,
2. der Ausländer im Bundesgebiet eine Erwerbstätigkeit ausüben will oder
3. die Daten des Ausländers nach § 73 Abs. 1 Satz 1 des Aufenthaltsgesetzes an die Sicherheitsbehörden übermittelt werden.

Im Falle des Satzes 1 Nr. 3 gilt die Zustimmung als erteilt, wenn nicht die Ausländerbehörde der Erteilung des Visums binnen zehn Tagen nach Übermittlung der Daten des Visumantrages an sie widerspricht oder die Ausländerbehörde im Einzelfall innerhalb dieses Zeitraums der Auslandsvertretung mitgeteilt hat, dass die Prüfung nicht innerhalb dieser Frist abgeschlossen wird. Dasselbe gilt bei Anträgen auf Erteilung eines Visums zu Studienzwecken, soweit das Visum nicht nach § 34 Nr. 3 zustimmungsfrei ist, mit der Maßgabe, dass die Frist drei Wochen und zwei Werktage beträgt.

(2) Wird der Aufenthalt des Ausländers von einer öffentlichen Stelle mit Sitz im Bundesgebiet vermittelt, kann die Zustimmung zur Visumerteilung auch von der Ausländerbehörde erteilt werden, die für den Sitz der vermittelnden Stelle zuständig ist. Im Visum ist ein Hinweis auf diese Vorschrift aufzunehmen und die Ausländerbehörde zu bezeichnen.

(3) Die Ausländerbehörde kann insbesondere in dringenden Fällen, im Fall eines Anspruchs auf Erteilung eines Aufenthaltstitels, eines öffentlichen Interesses oder in den Fällen des § 18 oder § 19 des Aufenthaltsgesetzes der Visumerteilung vor der Beantragung des Visums bei der Auslandsvertretung zustimmen (Vorabzustimmung).

§ 32 Zustimmung der obersten Landesbehörde. Ein Visum bedarf nicht der Zustimmung der Ausländerbehörde nach § 31, wenn die oberste Landesbehörde der Visumerteilung zugestimmt hat.

§ 33 Zustimmungsfreiheit bei Spätaussiedlern. Abweichend von § 31 bedarf das Visum nicht der Zustimmung der Ausländerbehörde bei Inhabern von Aufnahmebescheiden nach dem Bundesvertriebenengesetz und den nach § 27 Abs. 1 Satz 2 bis 4 des Bundesvertriebenengesetzes in den Aufnahmebescheid einbezogenen Ehegatten und Abkömmlingen.

§ 34 Zustimmungsfreiheit bei Wissenschaftlern und Studenten. Abweichend von § 31 bedarf das Visum nicht der Zustimmung der Ausländerbehörde bei
1. Wissenschaftlern, die für eine wissenschaftliche Tätigkeit von deutschen Wissenschaftsorganisationen oder einer deutschen öffentlichen Stelle vermittelt werden und in diesem Zusammenhang in der Bundesrepublik Deutschland ein Stipendium aus öffentlichen Mitteln erhalten, sowie ihren miteinreisenden Ehegatten oder Lebenspartnern und minderjährigen ledigen Kindern,
2. a) Gastwissenschaftlern,
   b) Ingenieuren und Technikern als technischen Mitarbeitern im Forschungsteam eines Gastwissenschaftlers und
   c) Lehrpersonen und wissenschaftlichen Mitarbeitern, die auf Einladung an einer Hochschule oder einer öffentlich-rechtlichen, überwiegend aus öffentlichen Mitteln finanzierten oder als öffentliches Unternehmen in privater Rechtsform geführten Forschungseinrichtung tätig werden, sowie ihren miteinreisenden Ehegatten oder Lebenspartnern und minderjährigen ledigen Kindern oder

3. Ausländern, die für ein Studium von einer deutschen Wissenschaftsorganisation oder einer deutschen öffentlichen Stelle vermittelt werden, die Stipendien auch aus öffentlichen Mitteln vergibt, und in diesem Zusammenhang in der Bundesrepublik Deutschland ein Stipendium auf Grund eines auch für öffentliche Mittel verwendeten Vergabeverfahrens erhalten; dasselbe gilt für ihre miteinreisenden Ehegatten oder Lebenspartner und minderjährigen ledigen Kinder.

§ 35 Zustimmungsfreiheit bei bestimmten Arbeitsaufenthalten und Praktika. Abweichend von § 31 bedarf das Visum nicht der Zustimmung der Ausländerbehörde bei Ausländern, die

1. auf Grund einer zwischenstaatlichen Vereinbarung als Gastarbeitnehmer oder als Werkvertragsarbeitnehmer tätig werden,
2. eine von der Bundesagentur für Arbeit vermittelte Beschäftigung bis zu einer Höchstdauer von neun Monaten ausüben,
3. ohne Begründung eines gewöhnlichen Aufenthalts im Bundesgebiet als Besatzungsmitglieder eines Seeschiffes tätig werden, das berechtigt ist, die Bundesflagge zu führen, und das in das internationale Seeschifffahrtsregister eingetragen ist (§ 12 des Flaggenrechtsgesetzes),
4. auf Grund einer zwischenstaatlichen Vereinbarung im Rahmen eines Ferienaufenthalts von bis zu einem Jahr eine Beschäftigung ausüben dürfen oder
5. eine Tätigkeit bis zu längstens drei Monaten ausüben wollen, für die sie nur ein Stipendium erhalten, das ausschließlich aus öffentlichen Mitteln gezahlt wird.

§ 36 Zustimmungsfreiheit bei dienstlichen Aufenthalten von Mitgliedern ausländischer Streitkräfte. Abweichend von § 31 bedarf das Visum nicht der Zustimmung der Ausländerbehörde, das einem Mitglied ausländischer Streitkräfte für einen dienstlichen Aufenthalt im Bundesgebiet erteilt wird, der auf Grund einer zwischenstaatlichen Vereinbarung stattfindet. Zwischenstaatliche Vereinbarungen, die eine Befreiung von der Visumpflicht vorsehen, bleiben unberührt.

§ 37 Zustimmungsfreiheit in sonstigen Fällen. Abweichend von § 31 Abs. 1 Nr. 1 und 2 bedarf das Visum nicht der Zustimmung der Ausländerbehörde bei Ausländern, die im Bundesgebiet für einen Zeitraum von bis zu drei Monaten innerhalb eines Zeitraums von zwölf Monaten lediglich Tätigkeiten selbständig oder unselbständig ausüben, die nach Maßgabe einer nach § 42 des Aufenthaltsgesetzes erlassenen Rechtsverordnung nicht als Beschäftigung im Sinne des Aufenthaltsgesetzes gelten.

§ 38 Ersatzzuständigkeit der Ausländerbehörde. Ein Ausländer kann ein nationales Visum bei der am Sitz des Auswärtigen Amtes zuständigen Ausländerbehörde einholen, soweit die Bundesrepublik Deutschland in dem Staat seines gewöhnlichen Aufenthalts keine Auslandsvertretung unterhält oder diese vorübergehend keine Visa erteilen kann und das Auswärtige Amt keine andere Auslandsvertretung zur Visumerteilung ermächtigt hat.

Abschnitt 4. Einholung des Aufenthaltstitels im Bundesgebiet

§ 39 Verlängerung eines Aufenthalts im Bundesgebiet für längerfristige Zwecke. Über die im Aufenthaltsgesetz geregelten Fälle hinaus kann ein Ausländer einen Aufenthaltstitel im Bundesgebiet einholen oder verlängern lassen, wenn

1. er ein nationales Visum (§ 6 Abs. 4 des Aufenthaltsgesetzes) oder eine Aufenthaltserlaubnis besitzt,
2. er vom Erfordernis des Aufenthaltstitels befreit ist und die Befreiung nicht auf einen Teil des Bundesgebiets oder auf einen Aufenthalt bis zu längstens sechs Monaten beschränkt ist,
3. er Staatsangehöriger eines in Anhang II der Verordnung (EG) Nr. 539/2001 aufgeführten Staates ist und sich rechtmäßig im Bundesgebiet aufhält oder ein gültiges Schengen-Visum für kurzfristige Aufenthalte (§ 6 Abs. 1 Nr. 2 des Aufenthaltsgesetzes) besitzt, sofern die Voraussetzungen eines Anspruchs auf Erteilung eines Aufenthaltstitels erfüllt sind, oder
4. er eine Aufenthaltsgestattung nach dem Asylverfahrensgesetz besitzt und die Voraussetzungen des § 10 Abs. 1 oder 2 des Aufenthaltsgesetzes vorliegen oder
5. seine Abschiebung nach § 60 a des Aufenthaltsgesetzes ausgesetzt ist und er auf Grund einer Eheschließung oder der Geburt eines Kindes während seines Aufenthaltes im Bundesgebiet einen Anspruch auf Erteilung einer Aufenthaltserlaubnis erworben hat.

§ 40 Verlängerung eines visumfreien Kurzaufenthaltes. Staatsangehörige der in Anhang II der Verordnung (EG) Nr. 539/2001 aufgeführten Staaten können nach der Einreise eine Aufenthaltserlaubnis für einen weiteren Aufenthalt von längstens drei Monaten, der sich an einen Kurzaufenthalt anschließt, einholen, wenn

1. ein Ausnahmefall im Sinne des Artikels 20 Abs. 2 des Schengener Durchführungsübereinkommens vorliegt und
2. der Ausländer im Bundesgebiet keine Erwerbstätigkeit mit Ausnahme der in § 17 Abs. 2 genannten Tätigkeiten ausübt.

§ 41 Vergünstigung für Angehörige bestimmter Staaten. (1) Staatsangehörige von Australien, Israel, Japan, Kanada, der Republik Korea, von Neuseeland und der Vereinigten Staaten von Amerika können auch für einen Aufenthalt, der kein Kurzaufenthalt ist, visumfrei in das Bundesgebiet einreisen und sich darin aufhalten. Ein erforderlicher Aufenthaltstitel kann im Bundesgebiet eingeholt werden.

(2) Dasselbe gilt für Staatsangehörige von Andorra, Honduras, Monaco und San Marino, die keine Erwerbstätigkeit mit Ausnahme der in § 17 Abs. 2 genannten Tätigkeiten ausüben wollen.

(3) Ein erforderlicher Aufenthaltstitel ist innerhalb von drei Monaten nach der Einreise zu beantragen. Die Antragsfrist endet vorzeitig, wenn der Ausländer ausgewiesen wird oder sein Aufenthalt nach § 12 Abs. 4 des Aufenthaltsgesetzes zeitlich beschränkt wird.

Abschnitt 5. Aufenthalt aus völkerrechtlichen, humanitären oder politischen Gründen

§ 42 Antragstellung auf Verlegung des Wohnsitzes. Ein Ausländer, der auf Grund eines Beschlusses des Rates der Europäischen Union gemäß der Richtlinie 2001/55/EG des Rates vom 20. Juli 2001 über Mindestnormen für die Gewährung vorübergehenden Schutzes im Falle eines Massenzustroms von Vertriebenen und Maßnahmen zur Förderung einer ausgewogenen Verteilung der Belastungen, die mit der Aufnahme dieser Personen und den Folgen dieser Aufnahme verbunden sind, auf die Mitgliedstaaten (ABl. EG Nr. L 212 S. 12) nach § 24 Abs. 1 des Aufenthaltsgesetzes im Bundesgebiet aufgenommen wurde, kann bei der zuständigen Ausländerbehörde einen Antrag auf die Verlegung seines Wohnsitzes in einen anderen Mitgliedstaat der Europäischen Union stellen. Die Ausländerbehörde leitet den Antrag an das Bundesamt für Migration und Flüchtlinge weiter. Dieses unterrichtet den anderen Mitgliedstaat, die Europäische Kommission und den Hohen Flüchtlingskommissar der Vereinten Nationen über den gestellten Antrag.

§ 43 Verfahren bei Zustimmung des anderen Mitgliedstaates zur Wohnsitzverlegung. (1) Sobald der andere Mitgliedstaat sein Einverständnis zu der beantragten Wohnsitzverlegung erklärt hat, teilt das Bundesamt für Migration und Flüchtlinge unverzüglich der zuständigen Ausländerbehörde mit,

1. wo und bei welcher Behörde des anderen Mitgliedstaates sich der aufgenommene Ausländer melden soll und
2. welcher Zeitraum für die Ausreise zur Verfügung steht.

(2) Die Ausländerbehörde legt nach Anhörung des aufgenommenen Ausländers einen Zeitpunkt für die Ausreise fest und teilt diesen dem Bundesamt für Migration und Flüchtlinge mit. Dieses unterrichtet den anderen Mitgliedstaat über die Einzelheiten der Ausreise und stellt dem Ausländer die hierfür vorgesehene Bescheinigung über die Wohnsitzverlegung aus, die der zuständigen Ausländerbehörde zur Aushändigung an den Ausländer übersandt wird.

Kapitel 3. Gebühren

§ 44 Gebühren für die Niederlassungserlaubnis. An Gebühren sind zu erheben

1. für die Erteilung einer Niederlassungserlaubnis für Hochqualifizierte (§ 19 Abs. 1 des Aufenthaltsgesetzes) — 200 Euro,
2. für die Erteilung einer Niederlassungserlaubnis zur Ausübung einer selbständigen Tätigkeit (§ 21 Abs. 4 des Aufenthaltsgesetzes) — 150 Euro,
3. für die Erteilung einer Niederlassungserlaubnis in allen übrigen Fällen — 85 Euro.

Aufenthaltsverordnung 4.2. **Texte 5**

§ 45 Gebühren für die Aufenthaltserlaubnis. An Gebühren sind zu erheben
1. für die Erteilung einer Aufenthaltserlaubnis
   a) mit einer Geltungsdauer von bis zu einem Jahr — 50 Euro,
   b) mit einer Geltungsdauer von mehr als einem Jahr — 60 Euro,
2. für die Verlängerung einer Aufenthaltserlaubnis
   a) für einen weiteren Aufenthalt von bis zu drei Monaten — 15 Euro,
   b) für einen weiteren Aufenthalt von mehr als drei Monaten — 30 Euro,
3. für die durch einen Wechsel des Aufenthaltszwecks veranlasste Änderung der Aufenthaltserlaubnis einschließlich deren Verlängerung — 40 Euro.

§ 46 Gebühren für das Visum. An Gebühren sind zu erheben
1. a) für die Erteilung eines Flughafentransitvisums oder eines Schengen-Visums (Kategorien „A", „B" und „C"), auch für mehrmalige Einreisen sowie bei räumlich beschränkter Gültigkeit und im Fall der Ausstellung an der Grenze — 35 Euro,
   b) für die Erteilung eines solchen Visums in Form eines Sammelvisums (5 bis 50 Personen) — 35 Euro zuzüglich 1 Euro pro Person,
2. für die Verlängerung eines Schengen-Visums im Bundesgebiet (§ 6 Abs. 3 Satz 1 des Aufenthaltsgesetzes) — die in Nummer 1 Buchstabe a und b bestimmten Gebühren,
3. für die Verlängerung eines Schengen-Visums im Bundesgebiet über drei Monate hinaus als nationales Visum (§ 6 Abs. 3 Satz 3 des Aufenthaltsgesetzes) — die in Nummer 4 bestimmte Gebühr,
4. für die Erteilung eines nationalen Visums (Kategorie „D"), auch für mehrmalige Einreisen — 30 Euro,
5. für die Verlängerung eines nationalen Visums (Kategorie „D") — 25 Euro,
6. für die Erteilung eines nationalen Visums bei gleichzeitiger Erteilung als einheitliches Visum (Kategorie „D und C") — die in Nummer 4 bestimmte Gebühr zuzüglich 5 Euro.

§ 47 Gebühren für sonstige aufenthaltsrechtliche Amtshandlungen. (1) An Gebühren sind zu erheben
1. für die Befristung eines Einreise- und Aufenthaltsverbots (§ 11 Abs. 1 Satz 3 des Aufenthaltsgesetzes) — 30 Euro,
2. für die Erteilung einer Betretenserlaubnis (§ 11 Abs. 2 des Aufenthaltsgesetzes) — 30 Euro,
3. für die Aufhebung oder Änderung einer Auflage zum Aufenthaltstitel auf Antrag — 30 Euro,
4. für einen Hinweis nach § 44 a Abs. 3 Satz 1 des Aufenthaltsgesetzes in Form einer Beratung, die nach einem erfolglosen schriftlichen Hinweis zur Vermeidung der in § 44 a Abs. 3 Satz 1 des Aufenthaltsgesetzes genannten Maßnahmen erfolgt — 15 Euro,
5. für die Ausstellung einer Bescheinigung über die Aussetzung der Abschiebung (§ 60 a Abs. 4 des Aufenthaltsgesetzes)
   a) nur als Klebeetikett — 25 Euro,
   b) mit Trägervordruck — 30 Euro,
6. für die Erneuerung einer Bescheinigung nach § 60 a Abs. 4 des Aufenthaltsgesetzes
   a) nur als Klebeetikett — 15 Euro,
   b) mit Trägervordruck — 20 Euro,
7. für die Aufhebung oder Änderung einer Auflage zur Aussetzung der Abschiebung auf Antrag — 20 Euro,
8. für die Ausstellung einer Fiktionsbescheinigung nach § 81 Abs. 5 des Aufenthaltsgesetzes — 20 Euro,
9. für die Ausstellung einer Bescheinigung über das Aufenthaltsrecht oder sonstiger Bescheinigungen auf Antrag — 10 Euro,
10. für die Ausstellung eines Aufenthaltstitels auf besonderem Blatt — 10 Euro,

11.	für die Übertragung von Aufenthaltstiteln in ein anderes Dokument	10 Euro,
12.	für die Anerkennung einer Verpflichtungserklärung (§ 68 des Aufenthaltsgesetzes)	25 Euro,
13.	für die Ausstellung eines Passierscheins (§ 23 Abs. 2, § 24 Abs. 2)	15 Euro.

(2) Keine Gebühren sind zu erheben für Änderungen des Aufenthaltstitels, sofern diese eine Nebenbestimmung zur Ausübung einer Beschäftigung betreffen.

§ 48 Gebühren für pass- und ausweisrechtliche Maßnahmen. (1) An Gebühren sind zu erheben

1.	für die Ausstellung eines Reiseausweises für Ausländer (§ 4 Abs. 1 Nr. 1, §§ 5 bis 7), eines Reiseausweises für Flüchtlinge oder eines Reiseausweises für Staatenlose (§ 4 Abs. 1 Nr. 4 und 5)	30 Euro,
2.	für die Verlängerung eines Reiseausweises für Ausländer, eines Reiseausweises für Flüchtlinge oder eines Reiseausweises für Staatenlose	20 Euro,
3.	für die Ausstellung einer Grenzgängerkarte (§ 4 Abs. 1 Nr. 2, § 12) mit einer Gültigkeitsdauer von	
	a) bis zu einem Jahr	25 Euro,
	b) bis zu zwei Jahren	30 Euro,
4.	für die Verlängerung einer Grenzgängerkarte um	
	a) bis zu einem Jahr	15 Euro,
	b) bis zu zwei Jahren	20 Euro,
5.	für die Ausstellung eines Notreiseausweises (§ 4 Abs. 1 Nr. 3, § 13)	25 Euro,
6.	für die Bescheinigung der Rückkehrberechtigung in das Bundesgebiet auf dem Notreiseausweis (§ 13 Abs. 4)	15 Euro,
7.	für die Bestätigung auf einer Schülersammelliste (§ 4 Abs. 1 Nr. 6)	5 Euro pro Person, auf die sich die Bestätigung jeweils bezieht,
8.	für die Ausstellung einer Bescheinigung über die Wohnsitzverlegung (§ 4 Abs. 1 Nr. 7, § 43 Abs. 2)	30 Euro,
9.	für die Ausnahme von der Passpflicht (§ 3 Abs. 2 des Aufenthaltsgesetzes)	20 Euro,
10.	für die Erteilung eines Ausweisersatzes (§ 48 Abs. 2 des Aufenthaltsgesetzes)	20 Euro,
11.	für die Erteilung eines Ausweisersatzes im Fall des § 55 Abs. 2	30 Euro,
12.	für die Verlängerung eines Ausweisersatzes	10 Euro,
13.	für die Änderung eines der in den Nummern 1 bis 12 bezeichneten Dokumente einschließlich der nachträglichen Einbeziehung eines Kindes oder mehrerer Kinder in das Dokument	10 Euro,
14.	für die Umschreibung eines der in den Nummern 1 bis 12 bezeichneten Dokumente	15 Euro.

Wird der Notreiseausweis zusammen mit dem Passierschein (§ 23 Abs. 2 Satz 3, § 24 Abs. 2 Satz 3) ausgestellt, so wird die Gebühr nach § 47 Abs. 1 Nr. 13 auf die für den Notreiseausweis zu erhebende Gebühr angerechnet.

(2) Keine Gebühren sind zu erheben

1. für die Änderung eines der in Absatz 1 bezeichneten Dokumente, wenn die Änderung von Amts wegen eingetragen wird,
2. für die Berichtigung der Wohnortangaben in einem der in Absatz 1 bezeichneten Dokumente und
3. für die Eintragung eines Vermerks über die Eheschließung in einem Reiseausweis für Ausländer, einem Reiseausweis für Flüchtlinge oder einem Reiseausweis für Staatenlose.

§ 49 Bearbeitungsgebühren. (1) Für die Bearbeitung eines Antrages auf Erteilung einer Niederlassungserlaubnis sind Gebühren in Höhe der Hälfte der in § 44 bestimmten Gebühr zu erheben.

(2) Für die Beantragung aller übrigen gebührenpflichtigen Amtshandlungen sind Bearbeitungsgebühren in Höhe der in den §§ 45 bis 48 Abs. 1 jeweils bestimmten Gebühr zu erheben.

(3) Eine Bearbeitungsgebühr wird nicht erhoben, wenn ein Antrag
1. ausschließlich wegen Unzuständigkeit der Behörde oder der mangelnden Handlungsfähigkeit des Antragstellers abgelehnt wird oder
2. vom Antragsteller zurückgenommen wird, bevor mit der sachlichen Bearbeitung begonnen wurde.

Aufenthaltsverordnung 4.2. **Texte 5**

§ 50 Gebühren für Amtshandlungen zugunsten Minderjähriger. (1) Für Amtshandlungen zugunsten Minderjähriger und die Bearbeitung von Anträgen Minderjähriger sind Gebühren in Höhe der Hälfte der in den §§ 44 bis 48 Abs. 1 und § 49 Abs. 1 und 2 bestimmten Gebühren zu erheben. Die Gebühr für die Erteilung der Niederlassungserlaubnis nach § 35 Abs. 1 Satz 1 des Aufenthaltsgesetzes beträgt 25 Euro.

(2) Für die zweite Ausstellung und jede weitere neue Ausstellung eines Reiseausweises für Ausländer, eines Reiseausweises für Flüchtlinge oder eines Reiseausweises für Staatenlose an Minderjährige sind jeweils 12 Euro an Gebühren zu erheben.

§ 51 Widerspruchsgebühr. (1) An Gebühren sind zu erheben für den Widerspruch gegen
1. die Ablehnung einer gebührenpflichtigen Amtshandlung die Hälfte der für die Amtshandlung nach den §§ 44 bis 48 Abs. 1 und § 50 zu erhebenden Gebühr,
2. eine Bedingung oder eine Auflage des Visums, der Aufenthaltserlaubnis oder der Aussetzung der Abschiebung   50 Euro,
3. die Feststellung der Ausländerbehörde über die Verpflichtung zur Teilnahme an einem Integrationskurs (§ 44 a Abs. 1 Satz 2 des Aufenthaltsgesetzes)   20 Euro,
4. die Ausweisung   55 Euro,
5. die Abschiebungsandrohung   55 Euro,
6. eine Rückbeförderungsverfügung (§ 64 des Aufenthaltsgesetzes)   55 Euro,
7. eine Untersagungs- oder Zwangsgeldverfügung (§ 63 Abs. 2 und 3 des Aufenthaltsgesetzes)   55 Euro,
8. die Anordnung einer Sicherheitsleistung (§ 66 Abs. 5 des Aufenthaltsgesetzes)   55 Euro,
9. einen Leistungsbescheid (§ 67 Abs. 3 des Aufenthaltsgesetzes)   55 Euro.

(2) Eine Gebühr nach Absatz 1 Nr. 5 wird nicht erhoben, wenn die Abschiebungsandrohung nur mit der Begründung angefochten wird, dass der Verwaltungsakt aufzuheben ist, auf dem die Ausreisepflicht beruht.

(3) § 49 Abs. 3 gilt entsprechend.

§ 52 Befreiungen und Ermäßigungen. (1) Ehegatten, Lebenspartner und minderjährige ledige Kinder Deutscher sowie die Eltern minderjähriger Deutscher sind von den Gebühren nach
1. § 44 Nr. 3 für die Erteilung einer Niederlassungserlaubnis,
2. § 45 Nr. 1 und 2 für die Erteilung oder Verlängerung einer Aufenthaltserlaubnis,
3. § 46 Nr. 1, 4 und 6 für die Erteilung eines Visums,
4. § 47 Abs. 1 Nr. 8 für die Ausstellung einer Fiktionsbescheinigung,
5. § 47 Abs. 1 Nr. 11 für die Übertragung eines Aufenthaltstitels in ein anderes Dokument und
6. § 49 Abs. 1 und 2 für die Bearbeitung von Anträgen auf Vornahme der in den Nummern 1 bis 4 genannten Amtshandlungen

befreit.

(2) Bei Staatsangehörigen der Schweiz ermäßigt sich die Gebühr nach
1. § 45 für die Erteilung oder Verlängerung einer Aufenthaltserlaubnis oder deren durch Zweckwechsel veranlasste Änderung,
2. § 48 Abs. 1 Nr. 3 und 4 für die Ausstellung oder Verlängerung einer Grenzgängerkarte auf 8 Euro, wenn sie das 21. Lebensjahr vollendet haben, und entfällt, wenn sie das 21. Lebensjahr noch nicht vollendet haben. Die Gebühren nach § 47 Abs. 1 Nr. 8 für die Ausstellung einer Fiktionsbescheinigung und nach § 49 Abs. 2 für die Bearbeitung von Anträgen auf Vornahme der in den Nummern 1 und 2 genannten Amtshandlungen entfallen bei Staatsangehörigen der Schweiz.

(3) Asylberechtigte und sonstige Ausländer, die im Bundesgebiet die Rechtsstellung ausländischer Flüchtlinge genießen, sind von den Gebühren nach
1. § 44 Nr. 3 und § 47 Abs. 1 Nr. 11 für die Erteilung und Übertragung der Niederlassungserlaubnis,
2. § 45 Nr. 1 und 2 und § 47 Abs. 1 Nr. 11 für die Erteilung, Verlängerung und Übertragung der Aufenthaltserlaubnis,
3. § 47 Abs. 1 Nr. 8 für die Ausstellung einer Fiktionsbescheinigung sowie
4. § 49 Abs. 1 und 2 für die Bearbeitung von Anträgen auf Vornahme der in den Nummern 1 und 2 genannten Amtshandlungen

befreit.

(4) Personen, die aus besonders gelagerten politischen Interessen der Bundesrepublik Deutschland ein Aufenthaltsrecht nach § 23 Abs. 2 des Aufenthaltsgesetzes erhalten, sind von den Gebühren nach
1. § 44 Nr. 3 und § 47 Abs. 1 Nr. 11 für die Erteilung und Übertragung der Niederlassungserlaubnis sowie
2. § 49 Abs. 1 und 2 für die Bearbeitung von Anträgen auf Vornahme der in Nummer 1 genannten Amtshandlungen

befreit.

(5) Ausländer, die für ihren Aufenthalt im Bundesgebiet ein Stipendium aus öffentlichen Mitteln erhalten, sind von den Gebühren nach
1. § 46 Nr. 1, 4 und 6 für die Erteilung des Visums,
2. § 45 Nr. 1 und 2 und § 47 Abs. 1 Nr. 11 für die Erteilung, Verlängerung und Übertragung der Aufenthaltserlaubnis,
3. § 47 Abs. 1 Nr. 8 für die Erteilung einer Fiktionsbescheinigung sowie
4. § 49 Abs. 2 für die Bearbeitung von Anträgen auf Vornahme der in Nummer 2 genannten Amtshandlungen

befreit. Satz 1 Nr. 1 gilt auch für die Ehegatten oder Lebenspartner und minderjährigen ledigen Kinder, soweit diese in die Förderung einbezogen sind.

(6) Zugunsten von Ausländern, die im Bundesgebiet kein Arbeitsentgelt beziehen und nur eine Aus-, Fort- oder Weiterbildung oder eine Umschulung erhalten, können die in Absatz 5 bezeichneten Gebühren ermäßigt oder kann von ihrer Erhebung abgesehen werden.

(7) Gebühren können ermäßigt oder von ihrer Erhebung kann abgesehen werden, wenn die Amtshandlung der Wahrung kultureller, außenpolitischer, entwicklungspolitischer oder sonstiger erheblicher öffentlicher Interessen dient.

§ 53 Befreiung und Ermäßigung aus Billigkeitsgründen. (1) Ausländer, die ihren Lebensunterhalt nicht ohne Inanspruchnahme von Leistungen nach dem Zweiten oder Zwölften Buch Sozialgesetzbuch oder dem Asylbewerberleistungsgesetz bestreiten können, sind von den Gebühren nach
1. § 45 Nr. 1 und 2 für die Erteilung oder Verlängerung der Aufenthaltserlaubnis,
2. § 47 Abs. 1 Nr. 5 und 6 für die Ausstellung oder Erneuerung der Bescheinigung über die Aussetzung der Abschiebung (§ 60 a Abs. 4 des Aufenthaltsgesetzes),
3. § 47 Abs. 1 Nr. 3 und 7 für die Aufhebung oder Änderung einer Auflage zur Aufenthaltserlaubnis oder zur Aussetzung der Abschiebung,
4. § 47 Abs. 1 Nr. 4 für den Hinweis in Form der Beratung,
5. § 47 Abs. 1 Nr. 8 für die Ausstellung einer Fiktionsbescheinigung,
6. § 47 Abs. 1 Nr. 10 für die Ausstellung des Aufenthaltstitels auf besonderem Blatt,
7. § 47 Abs. 1 Nr. 11 für die Übertragung eines Aufenthaltstitels in ein anderes Dokument,
8. § 48 Abs. 1 Nr. 10 und 12 für die Erteilung und Verlängerung eines Ausweisersatzes und
9. § 49 Abs. 2 für die Bearbeitung von Anträgen auf Vornahme der in den Nummern 1 bis 3 und 6 bis 8 bezeichneten Amtshandlungen

befreit; sonstige Gebühren können ermäßigt oder von ihrer Erhebung kann abgesehen werden.

(2) Gebühren können ermäßigt oder von ihrer Erhebung kann abgesehen werden, wenn es mit Rücksicht auf die wirtschaftlichen Verhältnisse des Gebührenpflichtigen in Deutschland geboten ist.

§ 54 Zwischenstaatliche Vereinbarungen. Zwischenstaatliche Vereinbarungen über die Befreiung oder eine geringere Bemessung von Gebühren werden durch die Regelungen in diesem Kapitel nicht berührt.

Kapitel 4. Ordnungsrechtliche Vorschriften

§ 55 Ausweisersatz. (1) Einem Ausländer,
1. der einen anerkannten und gültigen Pass oder Passersatz nicht besitzt und nicht in zumutbarer Weise erlangen kann oder
2. dessen Pass oder Passersatz einer inländischen Behörde vorübergehend überlassen wurde,

wird auf Antrag ein Ausweisersatz (§ 48 Abs. 2, § 78 Abs. 6 des Aufenthaltsgesetzes) ausgestellt, sofern er einen Aufenthaltstitel besitzt oder seine Abschiebung ausgesetzt ist. Eines Antrages bedarf es nicht,

Aufenthaltsverordnung   4.2. **Texte 5**

wenn ein Antrag des Ausländers auf Ausstellung eines Reiseausweises für Ausländer, eines Reiseausweises für Flüchtlinge oder eines Reiseausweises für Staatenlose abgelehnt wird und die Voraussetzungen des Satzes 1 erfüllt sind. § 5 Abs. 2 gilt entsprechend.

(2) Einem Ausländer, dessen Pass oder Passersatz der im Inland belegenen oder für das Bundesgebiet konsularisch zuständigen Vertretung eines auswärtigen Staates zur Durchführung eines Visumverfahrens vorübergehend überlassen wurde, kann auf Antrag ein Ausweisersatz ausgestellt werden, wenn dem Ausländer durch seinen Herkunftsstaat kein weiterer Pass oder Passersatz ausgestellt wird.

(3) Die Gültigkeitsdauer des Ausweisersatzes richtet sich nach der Gültigkeit des mit ihm verbundenen Aufenthaltstitels oder der Dauer der Aussetzung der Abschiebung, sofern keine kürzere Gültigkeitsdauer eingetragen ist.

§ 56 Ausweisrechtliche Pflichten. Ein Ausländer, der sich im Bundesgebiet aufhält, ist verpflichtet,
1. so rechtzeitig vor Ablauf der Gültigkeitsdauer seines Passes oder Passersatzes die Verlängerung oder Neuausstellung eines Passes oder Passersatzes zu beantragen, dass mit der Neuerteilung oder Verlängerung innerhalb der Gültigkeitsdauer des bisherigen Passes oder Passersatzes gerechnet werden kann,
2. unverzüglich einen neuen Pass oder Passersatz zu beantragen, wenn der bisherige Pass oder Passersatz aus anderen Gründen als wegen Ablaufs der Gültigkeitsdauer ungültig geworden oder abhanden gekommen ist,
3. unverzüglich einen neuen Pass oder Passersatz oder die Änderung seines bisherigen Passes oder Passersatzes zu beantragen, sobald im Pass oder Passersatz enthaltene Angaben unzutreffend sind,
4. unverzüglich einen Ausweisersatz zu beantragen, wenn die Ausstellungsvoraussetzungen nach § 55 Abs. 1 oder 2 erfüllt sind und kein deutscher Passersatz beantragt werden kann,
5. der für den Wohnort, ersatzweise den Aufenthaltsort im Inland zuständigen Ausländerbehörde oder einer anderen nach Landesrecht zuständigen Stelle unverzüglich den Verlust und das Wiederauffinden seines Passes, seines Passersatzes oder seines Ausweisersatzes anzuzeigen; bei Verlust im Ausland kann die Anzeige auch gegenüber einer deutschen Auslandsvertretung erfolgen, welche die zuständige oder zuletzt zuständige Ausländerbehörde unterrichtet,
6. einen wiederaufgefundenen Pass oder Passersatz unverzüglich zusammen mit sämtlichen nach dem Verlust ausgestellten Pässen oder in- oder ausländischen Passersatzpapieren der für den Wohnort, ersatzweise den Aufenthaltsort im Inland zuständigen Ausländerbehörde vorzulegen, selbst wenn er den Verlust des Passes oder Passersatzes nicht angezeigt hat; bei Verlust im Ausland kann die Vorlage auch bei einer deutschen Auslandsvertretung erfolgen, welche die zuständige oder zuletzt zuständige Ausländerbehörde unterrichtet,
7. seinen deutschen Passersatz unverzüglich nach Ablauf der Gültigkeitsdauer oder, sofern eine deutsche Auslandsvertretung dies durch Eintragung im Passersatz angeordnet hat, nach der Einreise der zuständigen Ausländerbehörde vorzulegen; dies gilt nicht für Bescheinigungen über die Wohnsitzverlegung (§ 43 Abs. 2), Standardreisedokumente für die Rückführung (§ 1 Abs. 8) und für Schülersammellisten (§ 1 Abs. 5), und
8. seinen Pass oder Passersatz zur Anbringung von Vermerken über Ort und Zeit der Ein- und Ausreise, des Antreffens im Bundesgebiet sowie über Maßnahmen und Entscheidungen nach dem Aufenthaltsgesetz in seinem Pass oder Passersatz durch die Ausländerbehörden oder die Polizeibehörden des Bundes oder der Länder sowie die sonstigen mit der polizeilichen Kontrolle des grenzüberschreitenden Verkehrs beauftragten Behörden auf Verlangen vorzulegen und die Vornahme einer solchen Eintragung zu dulden.

§ 57 Vorlagepflicht beim Vorhandensein mehrerer Ausweisdokumente. Besitzt ein Ausländer mehr als einen Pass, Passersatz oder deutschen Ausweisersatz, so hat er der zuständigen Ausländerbehörde jedes dieser Papiere unverzüglich vorzulegen.

Kapitel 5. Verfahrensvorschriften

Abschnitt 1. Muster für Aufenthaltstitel, Pass- und Ausweisersatz und sonstige Dokumente

§ 58 Vordruckmuster. Für die Ausstellung der Vordrucke sind als Vordruckmuster zu verwenden:
1. für den Ausweisersatz (§ 48 Abs. 2 des Aufenthaltsgesetzes) das in Anlage D1 abgedruckte Muster,

2. für die Bescheinigung über die Aussetzung der Abschiebung (Duldung; § 60 a Abs. 4 des Aufenthaltsgesetzes) das in Anlage D2 a abgedruckte Muster (Klebeetikett), sofern ein anerkannter und gültiger Pass oder Passersatz nicht vorhanden ist und die Voraussetzungen für die Ausstellung eines Ausweisersatzes nach § 55 nicht vorliegen, in Verbindung mit dem in Anlage D2 b abgedruckten Muster (Trägervordruck),
3. für die Fiktionsbescheinigung (§ 81 Abs. 5 des Aufenthaltsgesetzes) das in Anlage D3 abgedruckte Muster,
4. für den Reiseausweis für Ausländer (§ 4 Abs. 1 Nr. 1) das in Anlage D4 a abgedruckte Muster,
5. für die Grenzgängerkarte (§ 4 Abs. 1 Nr. 2) das in Anlage D5 abgedruckte Muster,
6. für den Notreiseausweis (§ 4 Abs. 1 Nr. 3) das in Anlage D6 abgedruckte Muster,
7. für den Reiseausweis für Flüchtlinge (§ 4 Abs. 1 Nr. 4) das in Anlage D7 abgedruckte Muster,
8. für den Reiseausweis für Staatenlose (§ 4 Abs. 1 Nr. 5) das in Anlage D8 abgedruckte Muster,
9. für die Bescheinigung über die Wohnsitzverlegung (§ 4 Abs. 1 Nr. 7) das in Anlage D9 abgedruckte Muster,
10. für das Standardreisedokument für die Rückführung (§ 4 Abs. 1 Nr. 8) das in Anlage D10 abgedruckte Muster,
11. für das Zusatzblatt zum Aufenthaltstitel und zur Bescheinigung über die Aussetzung der Abschiebung das in Anlage D11 abgedruckte Muster und
12. für die Bescheinigung über die Aufenthaltsgestattung (§ 63 des Asylverfahrensgesetzes) das in Anlage D12 abgedruckte Muster.

§ 59 Muster der Aufenthaltstitel. (1) Das Muster des Aufenthaltstitels nach § 4 Abs. 1 Satz 2 Nr. 1 des Aufenthaltsgesetzes (Visum) richtet sich nach der Verordnung (EG) Nr. 1683/95 des Rates vom 29. Mai 1995 über eine einheitliche Visagestaltung (ABl. EG Nr. L 164 S. 1), zuletzt geändert durch Anhang II Nr. 18 Buchstabe B der Akte über die Bedingungen des Beitritts der Tschechischen Republik, der Republik Estland, der Republik Zypern, der Republik Lettland, der Republik Litauen, der Republik Ungarn, der Republik Malta, der Republik Polen, der Republik Slowenien und der Slowakischen Republik und die Anpassungen der die Europäische Union begründenden Verträge (ABl. EU 2003 Nr. L 236, S. 718), in der jeweils geltenden Fassung. Es ist in Anlage D13 a abgedruckt. Für die Verlängerung im Inland ist das in Anlage D13 b abgedruckte Muster zu verwenden.

(2) Die Muster der Aufenthaltstitel nach § 4 Abs. 1 Nr. 2 und 3 des Aufenthaltsgesetzes (Aufenthaltserlaubnis und Niederlassungserlaubnis) richten sich nach der Verordnung (EG) Nr. 1030/2002 des Rates vom 13. Juni 2002 zur einheitlichen Gestaltung des Aufenthaltstitels für Drittstaatsangehörige (ABl. EG Nr. L 157, S. 1) in der jeweils geltenden Fassung. Sie sind in Anlage D14 abgedruckt.

(3) Bei der Niederlassungserlaubnis und der Aufenthaltserlaubnis ist im Feld für Anmerkungen die für die Erteilung maßgebliche Rechtsgrundlage einzutragen.

§ 60 Lichtbild. (1) Der Ausländer, für den ein Dokument nach § 58 oder § 59 ausgestellt werden soll, hat der zuständigen Behörde auf Verlangen ein aktuelles Lichtbild vorzulegen oder bei der Anfertigung eines Lichtbildes mitzuwirken.

(2) Das Lichtbild muss den Ausländer zweifelsfrei erkennen lassen. Es muss die Person im Halbprofil und ohne Gesichts- und Kopfbedeckung zeigen. Die zuständige Behörde kann hinsichtlich der Kopfbedeckung Ausnahmen zulassen oder anordnen, sofern gewährleistet ist, dass die Person hinreichend identifiziert werden kann. Das Lichtbild muss eine Größe von 45 mm × 35 mm im Hochformat ohne Rand aufweisen, wobei das Gesicht in einer Höhe von mindestens 20 mm darzustellen ist.

(3) Das Lichtbild darf von den zuständigen Behörden zum Zwecke des Einbringens in ein Dokument nach § 58 oder § 59 und zum späteren Abgleich mit dem tatsächlichen Aussehen des Dokumenteninhabers verarbeitet und genutzt werden.

§ 61 Sicherheitsstandard, Ausstellungstechnik. (1) Die produktions- und sicherheitstechnischen Spezifikationen für die nach dieser Verordnung bestimmten Vordruckmuster werden vom Bundesministerium des Innern festgelegt. Sie werden nicht veröffentlicht.

(2) Einzelheiten zum technischen Verfahren für das Ausfüllen der bundeseinheitlichen Vordrucke werden vom Bundesministerium des Innern festgelegt und bekannt gemacht.

Abschnitt 2. Datenverarbeitung und Datenschutz

Unterabschnitt 1. Führung von Ausländerdateien durch die Ausländerbehörden und die Auslandsvertretungen

§ 62 Dateienführungspflicht der Ausländerbehörden. Die Ausländerbehörden führen zwei Dateien unter den Bezeichnungen »Ausländerdatei A« und »Ausländerdatei B«.

§ 63 Ausländerdatei A. (1) In die Ausländerdatei A werden die Daten eines Ausländers aufgenommen,
1. der bei der Ausländerbehörde
    a) die Erteilung oder Verlängerung eines Aufenthaltstitels beantragt oder
    b) einen Asylantrag einreicht,
2. dessen Aufenthalt der Ausländerbehörde von der Meldebehörde oder einer sonstigen Behörde mitgeteilt wird, sofern er sich länger als drei Monate im Bundesgebiet aufhält, oder
3. für oder gegen den die Ausländerbehörde eine ausländerrechtliche Maßnahme oder Entscheidung trifft.

(2) Die Daten sind unverzüglich in der Datei zu speichern, sobald die Ausländerbehörde mit dem Ausländer befasst wird oder ihr eine Mitteilung über den Ausländer zugeht.

§ 64 Datensatz der Ausländerdatei A. (1) In die Ausländerdatei A sind über jeden Ausländer, der in der Datei geführt wird, folgende Daten aufzunehmen:
1. Familienname,
2. Geburtsname,
3. Vornamen,
4. Tag und Ort mit Angabe des Staates der Geburt,
5. Geschlecht,
6. Staatsangehörigkeiten,
7. Aktenzeichen der Ausländerakte,
8. Hinweis auf andere Datensätze, unter denen der Ausländer in der Datei geführt wird.

(2) Aufzunehmen sind ferner frühere Namen, abweichende Namensschreibweisen, Aliaspersonalien und andere von dem Ausländer geführte Namen wie Ordens- oder Künstlernamen oder der Familienname nach deutschem Recht, der von dem im Pass eingetragenen Familiennamen abweicht.

(3) Die Ausländerbehörde kann den Datensatz auf die in Absatz 1 genannten Daten beschränken und für die in Absatz 2 genannten Daten jeweils einen zusätzlichen Datensatz nach Maßgabe des Absatzes 1 einrichten.

§ 65 Erweiterter Datensatz. In die Ausländerdatei A sollen, soweit die dafür erforderlichen technischen Einrichtungen bei der Ausländerbehörde vorhanden sind, zusätzlich zu den in § 64 genannten Daten folgende Daten aufgenommen werden:
1. Familienstand,
2. gegenwärtige Anschrift,
3. frühere Anschriften,
4. Ausländerzentralregister-Nummer,
5. Angaben zum Pass, Passersatz oder Ausweisersatz:
    a) Art des Dokuments,
    b) Seriennummer,
    c) ausstellender Staat,
    d) Gültigkeitsdauer,
6. freiwillig gemachte Angaben zur Religionszugehörigkeit,
7. Lichtbild,
8. Visadatei-Nummer,
9. folgende ausländerrechtliche Maßnahmen jeweils mit Erlassdatum:
    a) Erteilung und Verlängerung eines Aufenthaltstitels unter Angabe der Rechtsgrundlage des Aufenthaltstitels und einer Befristung sowie einer Bescheinigung über das Bestehen des Freizügigkeitsrechts,

b) Ablehnung eines Antrages auf Erteilung oder Verlängerung eines Aufenthaltstitels,
c) Erteilung einer Bescheinigung über die Aufenthaltsgestattung unter Angabe der Befristung,
d) Anerkennung als Asylberechtigter oder die Feststellung, dass die Voraussetzungen des § 25 Abs. 2 in Verbindung mit § 60 Abs. 1 des Aufenthaltsgesetzes vorliegen, sowie Angaben zur Bestandskraft,
e) Ablehnung eines Asylantrags oder eines Antrages auf Anerkennung als heimatloser Ausländer und Angaben zur Bestandskraft,
f) Widerruf und Rücknahme der Anerkennung als Asylberechtigter oder der Feststellung, dass die Voraussetzungen des § 25 Abs. 2 in Verbindung mit § 60 Abs. 1 des Aufenthaltsgesetzes vorliegen,
g) Bedingungen, Auflagen und räumliche Beschränkungen,
h) nachträgliche zeitliche Beschränkungen,
i) Widerruf und Rücknahme eines Aufenthaltstitels oder Feststellung des Verlusts des Freizügigkeitsrechts nach § 5 Abs. 5 oder § 6 Abs. 1 des Freizügigkeitsgesetzes/EU,
j) sicherheitsrechtliche Befragung nach § 54 Nr. 6 des Aufenthaltsgesetzes
k) Ausweisung,
l) Ausreiseaufforderung unter Angabe der Ausreisefrist,
m) Androhung der Abschiebung unter Angabe der Ausreisefrist,
n) Anordnung und Vollzug der Abschiebung einschließlich der Abschiebungsanordnung nach § 58 a des Aufenthaltsgesetzes,
o) Verlängerung der Ausreisefrist,
p) Erteilung und Erneuerung einer Bescheinigung über die Aussetzung der Abschiebung (Duldung) nach § 60 a des Aufenthaltsgesetzes unter Angabe der Befristung,
q) Untersagung oder Beschränkung der politischen Betätigung unter Angabe einer Befristung,
r) Überwachungsmaßnahmen nach § 54 a des Aufenthaltsgesetzes,
s) Erlass eines Ausreiseverbots,
t) Zustimmung der Ausländerbehörde zur Visumserteilung,
u) Befristung nach § 11 Abs. 1 Satz 3 des Aufenthaltsgesetzes,
v) Erteilung einer Betretenserlaubnis nach § 11 Abs. 2 des Aufenthaltsgesetzes unter Angabe der Befristung,
w) Übermittlung von Einreisebedenken im Hinblick auf § 5 des Aufenthaltsgesetzes an das Ausländerzentralregister,
x) Übermittlung einer Verurteilung nach § 95 Abs. 1 Nr. 3 oder Abs. 2 Nr. 1 des Aufenthaltsgesetzes,
y) Berechtigung oder Verpflichtung zur Teilnahme an Integrationskursen nach den §§ 43 bis 44 a des Aufenthaltsgesetzes, Beginn und erfolgreicher Abschluss der Teilnahme an Integrationskursen nach den §§ 43 bis 44 a des Aufenthaltsgesetzes sowie, bis zum Abschluss des Kurses, gemeldete Fehlzeiten, Abgabe eines Hinweises nach § 44 a Abs. 3 Satz 1 des Aufenthaltsgesetzes sowie Kennziffern, die von der Ausländerbehörde für die anonymisierte Mitteilung der vorstehend genannten Ereignisse an das Bundesamt für Migration und Flüchtlinge zur Erfüllung seiner Koordinierungs- und Steuerungsfunktion verwendet werden,
z) Zustimmung der Bundesagentur für Arbeit nach § 39 des Aufenthaltsgesetzes mit räumlicher Beschränkung und weiteren Nebenbestimmungen, deren Rücknahme, sowie deren Versagung nach § 40 des Aufenthaltsgesetzes, deren Widerruf nach § 41 des Aufenthaltsgesetzes oder von der Ausländerbehörde festgestellte Zustimmungsfreiheit.

§ 66 Datei über Passersatzpapiere. Über die ausgestellten Reiseausweise für Ausländer, Reiseausweise für Flüchtlinge, Reiseausweise für Staatenlose, Grenzgängerkarten und Notreiseausweise hat die ausstellende Behörde oder Dienststelle eine Datei zu führen. Die Vorschriften über das Passregister für deutsche Pässe gelten entsprechend.

§ 67 Ausländerdatei B. (1) Die nach § 64 in die Ausländerdatei A aufgenommenen Daten sind in die Ausländerdatei B zu übernehmen, wenn der Ausländer
1. gestorben oder
2. aus dem Bezirk der Ausländerbehörde fortgezogen ist.

(2) Der Grund für die Übernahme der Daten in die Ausländerdatei B ist in der Datei zu vermerken. In der Datei ist auch die Abgabe der Ausländerakte an eine andere Ausländerbehörde unter Angabe der Empfängerbehörde zu vermerken.

Aufenthaltsverordnung 4.2. **Texte 5**

(3) Im Fall des Absatzes 1 Nr. 2 können auch die in § 65 genannten Daten in die Ausländerdatei B übernommen werden.

§ 68 Löschung. (1) In der Ausländerdatei A sind die Daten eines Ausländers zu löschen, wenn sie nach § 67 Abs. 1 in die Ausländerdatei B übernommen werden. In den Fällen, in denen ein Ausländer die Rechtsstellung eines Deutschen im Sinne des Artikels 116 Abs. 1 des Grundgesetzes erworben hat, sind die Daten nach Ablauf von fünf Jahren zu löschen. Die nur aus Anlass der Zustimmung zur Visumerteilung aufgenommenen Daten eines Ausländers sind zu löschen, wenn der Ausländer nicht innerhalb von zwei Jahren nach Ablauf der Geltungsdauer der Zustimmung eingereist ist.

(2) Die Daten eines Ausländers, der ausgewiesen oder abgeschoben wurde, sind in der Ausländerdatei B zu löschen, wenn die Unterlagen über die Ausweisung und die Abschiebung nach § 91 Abs. 1 des Aufenthaltsgesetzes zu vernichten sind. Im Übrigen sind die Daten eines Ausländers in der Ausländerdatei B zehn Jahre nach Übernahme der Daten zu löschen. Im Fall des § 67 Abs. 1 Nr. 1 sollen die Daten fünf Jahre nach Übernahme des Datensatzes gelöscht werden.

§ 69 Visadatei. (1) Die Auslandsvertretungen führen über die erteilten Visa und Flughafentransitvisa eine Visadatei als automatische Datei.

(2) In die Visadatei sind folgende Daten aufzunehmen:
1. über den Ausländer
   a) Familienname,
   b) Geburtsname,
   c) Vornamen,
   d) Tag und Ort der Geburt,
   e) Staatsangehörigkeit,
   f) Angaben über die Vorlage ge- oder verfälschter Dokumente,
   g) Lichtbild,
2. über das Visum
   a) Seriennummer,
   b) Datum der Erteilung,
   c) Geltungsdauer und im Falle eines Transit-Visums, des Schengen-Visums für die Durchreise und eines Flughafentransitvisums die Durchreisefrist,
   d) festgesetzte Gebühr,
   e) Erhebung einer Sicherheitsleistung
   f) Angaben zum Pass oder Passersatz, in welchem das Visum angebracht wurde, oder zu einer Ausnahme von der Passpflicht,
   g) Visadatei-Nummer,
   h) das Vorliegen einer Verpflichtungserklärung nach § 66 Abs. 2 oder § 68 Abs. 1 des Aufenthaltsgesetzes und die Stelle, bei der sie gegebenenfalls vorliegt, sowie Name und Anschrift der bei der Beantragung benannten Referenzpersonen im Inland.

(3) Zudem können die Auslandsvertretungen in die Visadatei folgende Daten über das Visum aufnehmen:
1. Angaben über die Zustimmung einer Ausländerbehörde und über die Zustimmung der Bundesagentur für Arbeit zur Visumerteilung,
2. Bedingungen, Auflagen und sonstige Beschränkungen sowie den im Visum angegebenen Aufenthaltszweck,
3. bei Visa für Ausländer, die sich länger als drei Monate im Bundesgebiet aufhalten oder darin eine Erwerbstätigkeit ausüben wollen, die Angabe der Rechtsgrundlage.

(4) Die Daten eines Ausländers und die Daten über das Visum sind ein Jahr nach Ablauf der Geltungsdauer des ihm zuletzt erteilten Visums oder Transit-Visums, Schengen-Visums für die Durchreise oder Flughafentransitvisums zu löschen.

§ 70 Datei über Visaversagungen. (1) Die Auslandsvertretungen können eine Datei über die Versagungen von Visa führen.

(2) In die Datei dürfen die in § 69 Abs. 2 Nr. 1 und 2 Buchstabe f bis h genannten Daten und Angaben zum Versagungsgrund aufgenommen werden.

(3) Die in Absatz 2 genannten Daten sind in der Datei zu löschen

1443

1. im Fall der Erteilung eines Visums nach Wegfall des Versagungsgrundes und
2. im Übrigen fünf Jahre nach der letzten Versagung eines Visums.

Unterabschnitt 2. Datenübermittlungen an die Ausländerbehörden

§ 71 Übermittlungspflicht. (1) Die
1. Meldebehörden,
2. Staatsangehörigkeitsbehörden,
3. Justizbehörden,
4. Bundesagentur für Arbeit und
5. Gewerbebehörden

sind unbeschadet der Mitteilungspflichten nach § 87 Abs. 2 und 4 des Aufenthaltsgesetzes verpflichtet, den Ausländerbehörden zur Erfüllung ihrer Aufgaben ohne Ersuchen die in den folgenden Vorschriften bezeichneten erforderlichen Angaben über personenbezogene Daten von Ausländern, Amtshandlungen, sonstige Maßnahmen gegenüber Ausländern und sonstige Erkenntnisse über Ausländer mitzuteilen. Die Daten sind an die für den Wohnort des Ausländers zuständige Ausländerbehörde, im Fall mehrerer Wohnungen an die für die Hauptwohnung zuständige Ausländerbehörde zu übermitteln. Ist die Hauptwohnung unbekannt, sind die Daten an die für den Sitz der mitteilenden Behörde zuständige Ausländerbehörde zu übermitteln.

(2) Bei Mitteilungen nach den §§ 71 bis 76 dieser Verordnung sind folgende Daten des Ausländers, soweit sie bekannt sind, zu übermitteln:
1. Familienname,
2. Geburtsname,
3. Vornamen,
4. Tag, Ort und Staat der Geburt,
5. Staatsangehörigkeiten,
6. Anschrift.

§ 72 Mitteilungen der Meldebehörden. (1) Die Meldebehörden teilen den Ausländerbehörden mit
1. die Anmeldung,
2. die Abmeldung,
3. die Änderung der Hauptwohnung,
4. die Scheidung, Nichtigerklärung oder Aufhebung der Ehe, die Aufhebung der Lebenspartnerschaft,
5. die Namensänderung,
6. die Änderung oder Berichtigung des staatsangehörigkeitsrechtlichen Verhältnisses,
7. die Geburt und
8. den Tod eines Ausländers.

(2) In den Fällen des Absatzes 1 sind zusätzlich zu den in § 71 Abs. 2 bezeichneten Daten zu übermitteln:
1. bei einer Anmeldung
   a) Doktorgrad,
   b) Geschlecht,
   c) Familienstand,
   d) gesetzliche Vertreter mit Vor- und Familiennamen, Tag der Geburt und Anschrift,
   e) Tag des Einzugs,
   f) frühere Anschrift im Bundesgebiet,
   g) Pass, Passersatz oder Ausweisersatz mit Seriennummer, Angabe der ausstellenden Behörde und Gültigkeitsdauer,
2. bei einer Abmeldung
   a) Tag des Auszugs,
   b) neue Anschrift,
3. bei einer Änderung der Hauptwohnung die bisherige Hauptwohnung,
4. bei einer Scheidung, Nichtigerklärung oder Aufhebung einer Ehe oder bei einer Aufhebung der Lebenspartnerschaft den Tag und Grund der Beendigung der Ehe oder der Lebenspartnerschaft,
5. bei einer Namensänderung den bisherigen und den neuen Namen,
6. bei einer Änderung des staatsangehörigkeitsrechtlichen Verhältnisses die bisherige und die neue oder weitere Staatsangehörigkeit,

7. bei Geburt
   a) Geschlecht,
   b) gesetzliche Vertreter mit Vor- und Familiennamen, Tag der Geburt und Anschrift,
8. bei Tod den Sterbetag.

§ 73 Mitteilungen der Staatsangehörigkeits- und Bescheinigungsbehörden nach § 15 des Bundesvertriebenengesetzes. (1) Die Staatsangehörigkeitsbehörden teilen den Ausländerbehörden mit
1. den Erwerb der deutschen Staatsangehörigkeit durch den Ausländer,
2. die Feststellung der Rechtsstellung als Deutscher ohne deutsche Staatsangehörigkeit,
3. den Verlust der Rechtsstellung als Deutscher und
4. die Feststellung, dass eine Person zu Unrecht als Deutscher, fremder Staatsangehöriger oder Staatenloser geführt worden ist.

Die Mitteilung nach Satz 1 Nr. 2 entfällt bei Personen, die mit einem Aufnahmebescheid nach dem Bundesvertriebenengesetz eingereist sind.

(2) Die Bescheinigungsbehörden nach § 15 des Bundesvertriebenengesetzes teilen den Ausländerbehörden die Ablehnung der Ausstellung einer Bescheinigung nach § 15 Abs. 1 oder 2 des Bundesvertriebenengesetzes mit.

§ 74 Mitteilungen der Justizbehörden. (1) Die Strafvollstreckungsbehörden teilen den Ausländerbehörden mit
1. den Widerruf einer Strafaussetzung zur Bewährung,
2. den Widerruf der Zurückstellung der Strafvollstreckung.

(2) Die Strafvollzugsbehörden teilen den Ausländerbehörden mit
1. den Antritt der Auslieferungs-, Untersuchungs- und Strafhaft,
2. die Verlegung in eine andere Justizvollzugsanstalt,
3. die vorgesehenen und festgesetzten Termine für die Entlassung aus der Haft.

§ 75 Mitteilungen der Bundesagentur für Arbeit. Die Bundesagentur für Arbeit teilt den Ausländerbehörden die Zustimmung zur Erteilung eines Aufenthaltstitels nach § 39 des Aufenthaltsgesetzes oder einer Grenzgängerkarte, deren Versagung nach § 40 des Aufenthaltsgesetzes, den Widerruf nach § 41 des Aufenthaltsgesetzes und die Rücknahme einer Zustimmung mit.

§ 76 Mitteilungen der Gewerbebehörden. Die für die Gewerbeüberwachung zuständigen Behörden teilen den Ausländerbehörden mit
1. Gewerbeanzeigen,
2. die Erteilung einer gewerberechtlichen Erlaubnis,
3. die Rücknahme und den Widerruf einer gewerberechtlichen Erlaubnis,
4. die Untersagung der Ausübung eines Gewerbes sowie die Untersagung der Tätigkeit als Vertretungsberechtigter eines Gewerbetreibenden oder als mit der Leitung eines Gewerbebetriebes beauftragte Person.

Kapitel 6. Ordnungswidrigkeiten

§ 77 Ordnungswidrigkeiten. Ordnungswidrig im Sinne des § 98 Abs. 3 Nr. 5 des Aufenthaltsgesetzes handelt, wer vorsätzlich oder fahrlässig
1. entgegen § 56 Nr. 1 bis 3 oder 4 einen Antrag nicht oder nicht rechtzeitig stellt,
2. entgegen § 56 Nr. 5 eine Anzeige nicht, nicht richtig, nicht vollständig oder nicht rechtzeitig erstattet oder
3. entgegen § 56 Nr. 6 oder 7 oder § 57 eine dort genannte Urkunde nicht oder nicht rechtzeitig vorlegt.

§ 78 Verwaltungsbehörden im Sinne des Gesetzes über Ordnungswidrigkeiten. Die Zuständigkeit für die Verfolgung und Ahndung von Ordnungswidrigkeiten wird bei Ordnungswidrigkeiten nach § 98 Abs. 2 des Aufenthaltsgesetzes, wenn sie bei der Einreise oder der Ausreise begangen werden, und nach § 98 Abs. 3 Nr. 2 des Aufenthaltsgesetzes auf die Bundespolizeiämter übertragen, soweit nicht die Länder im Einvernehmen mit dem Bund Aufgaben des grenzpolizeilichen Einzeldienstes mit eigenen Kräften wahrnehmen.

Kapitel 7. Übergangs- und Schlussvorschriften

§ 79 Anwendung auf Freizügigkeitsberechtigte. Die in Kapitel 2 Abschnitt 1, Kapitel 3, § 56, Kapitel 5 sowie in den §§ 80 bis 82 enthaltenen Regelungen finden auch Anwendung auf Ausländer, deren Rechtsstellung durch das Freizügigkeitsgesetz/EU geregelt ist.

§ 80 Übergangsvorschriften für die Verwendung von Vordrucken nach Inkrafttreten dieser Verordnung. Für die Ausstellung
1. eines Reiseausweises für Ausländer kann das in Anlage D4b abgedruckte Muster,
2. eines Reiseausweises für Staatenlose kann der bisherige Vordruck für den Reiseausweis für Staatenlose nach § 14 Abs. 2 Nr. 2 der Verordnung zur Durchführung des Ausländergesetzes vom 18. Dezember 1990 (BGBl. I S. 2983), die zuletzt durch das Gesetz vom 23. Dezember 2003 (BGBl. I S. 2848) geändert worden ist,
3. eines Reiseausweises für Flüchtlinge kann der bisherige Vordruck für den Reiseausweis für Flüchtlinge nach § 14 Abs. 2 Nr. 1 der Verordnung zur Durchführung des Ausländergesetzes,
4. einer Grenzgängerkarte kann der bisherige Vordruck für die Grenzgängerkarte nach § 14 Abs. 1 Nr. 2 der Verordnung zur Durchführung des Ausländergesetzes und
5. einer Aufenthaltsgestattung kann der bisherige Vordruck für die Aufenthaltsgestattung jeweils bis zum 31. Dezember 2005 weiter verwendet werden.

§ 81 Weitergeltung von nach bisherigem Recht ausgestellten Passersatzpapieren. (1) Nach Inkrafttreten dieser Verordnung behalten die auf Grund des vor dem Inkrafttreten dieser Verordnung geltenden Rechts ausgestellten
1. Reiseausweise für Flüchtlinge nach § 14 Abs. 2 Nr. 1 der Verordnung zur Durchführung des Ausländergesetzes und Reiseausweise für Staatenlose nach § 14 Abs. 2 Nr. 2 der Verordnung zur Durchführung des Ausländergesetzes,
2. Grenzgängerkarten nach § 14 Abs. 1 Nr. 2 der Verordnung zur Durchführung des Ausländergesetzes in Verbindung mit § 19 der Verordnung zur Durchführung des Ausländergesetzes und
3. Eintragungen in Schülersammellisten (§ 1 Abs. 5) und Standardreisedokumente für die Rückführung (§ 1 Abs. 8)

für den jeweiligen Gültigkeitszeitraum ihre Geltung.

(2) Zudem gelten weiter die auf Grund des vor dem Inkrafttreten dieser Verordnung geltenden Rechts ausgestellten oder erteilten
1. Reisedokumente nach § 14 Abs. 1 Nr. 1 der Verordnung zur Durchführung des Ausländergesetzes in Verbindung mit den §§ 15 bis 18 der Verordnung zur Durchführung des Ausländergesetzes als Reiseausweise für Ausländer nach dieser Verordnung,
2. Reiseausweise als Passersatz, die Ausländern nach § 14 Abs. 1 Nr. 3 der Verordnung zur Durchführung des Ausländergesetzes in Verbindung mit § 20 der Verordnung zur Durchführung des Ausländergesetzes ausgestellt wurden, als Notreiseausweise nach dieser Verordnung,
3. Befreiungen von der Passpflicht in Verbindung mit der Bescheinigung der Rückkehrberechtigung nach § 24 der Verordnung zur Durchführung des Ausländergesetzes auf dem Ausweisersatz nach § 39 Abs. 1 des Ausländergesetzes, als Notreiseausweise nach dieser Verordnung, auf denen nach dieser Verordnung die Rückkehrberechtigung bescheinigt wurde und
4. Passierscheine nach § 14 Abs. 1 Nr. 4 der Verordnung zur Durchführung des Ausländergesetzes, die nach § 21 Abs. 1 der Verordnung zur Durchführung des Ausländergesetzes an Flugpersonal ausgestellt wurden, und Landgangsausweise nach § 14 Abs. 1 Nr. 5 der Verordnung zur Durchführung des Ausländergesetzes, die nach § 21 Abs. 1 Satz 1 der Verordnung zur Durchführung des Ausländergesetzes an Besatzungsmitglieder eines in der See- oder Küstenschifffahrt oder in der Rhein-Seeschifffahrt verkehrenden Schiffes ausgestellt wurden, als Passierscheine und zugleich als Notreiseausweise nach dieser Verordnung und
5. Grenzkarten, die bisher nach den Voraussetzungen ausgestellt wurden, die in Artikel 7 Abs. 2, Artikel 13 Abs. 2, Artikel 28 Abs. 1 und Artikel 32 Abs. 2 des Anhangs I zum Abkommen vom 21. Juni 1999 zwischen der Europäischen Gemeinschaft und der Schweizerischen Eidgenossenschaft andererseits über die Freizügigkeit genannt sind, als Grenzgängerkarten nach dieser Verordnung.

Aufenthaltsgesetz   4.1. **Texte 5**

(3) Der Gültigkeitszeitraum, der räumliche Geltungsbereich und der Berechtigungsgehalt der in den Absätzen 1 und 2 genannten Ausweise bestimmt sich nach den jeweils in ihnen enthaltenen Einträgen sowie dem Recht, das zum Zeitpunkt der Ausstellung des jeweiligen Ausweises galt.

(4) Die Entziehung der in den Absätzen 1 und 2 genannten Ausweise und die nachträgliche Eintragung von Beschränkungen richten sich ausschließlich nach den Vorschriften dieser Verordnung.

(5) Die in Absatz 1 und 2 genannten Ausweise können von Amts wegen entzogen werden, wenn dem Ausländer anstelle des bisherigen Ausweises ein Passersatz oder Ausweisersatz nach dieser Verordnung ausgestellt wird, dessen Berechtigungsgehalt demjenigen des bisherigen Ausweises zumindest entspricht, und die Voraussetzungen für die Ausstellung des neuen Passersatzes oder Ausweisersatzes vorliegen. Anstelle der Einziehung eines Ausweisersatzes, auf dem die Rückkehrberechtigung bescheinigt war, kann bei der Neuausstellung eines Notreiseausweises die Bescheinigung der Rückkehrberechtigung auf dem Ausweisersatz amtlich als ungültig vermerkt und der Ausweisersatz dem Ausländer belassen werden. Absatz 4 bleibt unberührt.

(6) Andere als die in den Absätzen 1 und 2 genannten, von deutschen Behörden ausgestellten Passersatzpapiere verlieren nach Ablauf von einem Monat nach Inkrafttreten dieser Verordnung ihre Gültigkeit.

§ 82 Übergangsregelung zur Führung von Ausländerdateien. (1) Bis zum 31. Dezember 2004 gespeicherte Angaben zu ausländerrechtlichen Maßnahmen und Entscheidungen bleiben auch nach Inkrafttreten des Aufenthaltsgesetzes und des Freizügigkeitsgesetzes/EU in der Ausländerdatei gespeichert. Nach dem Aufenthaltsgesetz und dem Freizügigkeitsgesetz/EU zulässige neue Maßnahmen und Entscheidungen sind erst zu speichern, wenn diese im Einzelfall getroffen werden.

(2) Ausländerbehörden können bis zum 31. Dezember 2005 Maßnahmen und Entscheidungen, für die noch keine entsprechenden Kennungen eingerichtet sind, unter bestehenden Kennungen speichern. Es dürfen nur Kennungen genutzt werden, die sich auf Maßnahmen und Entscheidungen beziehen, die ab dem 1. Januar 2005 nicht mehr getroffen werden.

(3) Die Ausländerbehörden haben beim Datenabruf der jeweiligen Maßnahme oder Entscheidung festzustellen, ob diese nach dem bisherigen Recht oder auf Grund des Aufenthaltsgesetzes erfolgt ist.

(4) Die Ausländerbehörden sind verpflichtet, die nach Absatz 2 gespeicherten Daten spätestens am 31. Dezember 2005 auf die neuen Speichersachverhalte umzuschreiben.

§ 83 Erfüllung ausweisrechtlicher Verpflichtungen. Sofern die Voraussetzungen der Pflicht zur Vorlage nach § 57 zum Zeitpunkt des Inkrafttretens dieser Verordnung erfüllt sind, hat der Ausländer die genannten Papiere, die er zu diesem Zeitpunkt bereits besaß, nach dieser Vorschrift nur auf Verlangen der Ausländerbehörde oder dann vorzulegen, wenn er bei der Ausländerbehörde einen Aufenthaltstitel, eine Duldung oder einen deutschen Passersatz beantragt oder erhält oder eine Anzeige nach § 56 Nr. 5 erstattet. Auf Grund anderer Vorschriften bestehende Rechtspflichten bleiben unberührt.

Anlage A (zu § 16)
1. Inhaber von Nationalpässen und/oder Reiseausweisen für Flüchtlinge sowie sonstiger in den jeweiligen Abkommen genannten Reisedokumente von:

Staat	**Zugehörige Fundstelle**
Australien	GMBl. 1953 S. 575
Chile	GMBl. 1955 S. 22
El Salvador	BAnz. 1998 S. 12778
Honduras	GMBl. 1963 S. 363
Japan	BAnz. 1998 S. 12778
Kanada	GMBl. 1953 S. 575
Korea (Republik Korea)	BGBl. 1974 II S. 682; BGBl. 1998 II S. 1390
Kroatien	BGBl. 1998 II S. 1388
Monaco	GMBl. 1959 S. 287
Neuseeland	BGBl. 1972 II S. 1550
Panama	BAnz. 1967 Nr. 171, S. 1
San Marino	BGBl. 1969 II S. 203
Vereinigte Staaten von Amerika	GMBl. 1953 S. 575

2. Inhaber dienstlicher Pässe von

Staat   **Zugehörige Fundstelle**
Ghana   BGBl. 1998 II S. 2909
Philippinen   BAnz. 1968 S. 2

3. Inhaber von Reiseausweisen für Flüchtlinge von
Belgien,
Dänemark,
Finnland,
Irland,
Island,
Italien,
Liechtenstein,
Luxemburg
Malta,
Niederlande,
Norwegen,
Portugal,
Rumänien,
Schweden,
Schweiz,
Spanien,
Tschechische Republik,
Vereinigtes Königreich
nach Maßgabe des Europäischen Übereinkommens über die Aufhebung des Sichtvermerkszwangs für Flüchtlinge vom 20. April 1959 (BGBl. 1961 II S. 1097, 1098) sowie hinsichtlich der Inhaber von Reiseausweisen für Flüchtlinge der Schweiz auch nach Maßgabe des Abkommens zwischen der Regierung der Bundesrepublik Deutschland und dem Schweizerischen Bundesrat über die Abschaffung des Sichtvermerkszwangs für Flüchtlinge vom 4. Mai 1962 (BGBl. 1962 II S. 2331, 2332).

Anlage B (zu § 19)

1. Inhaber dienstlicher Pässe (Dienst-, Ministerial-, Diplomaten- und anderer Pässe für in amtlicher Funktion oder im amtlichen Auftrag Reisende) von Ghana,
Kolumbien,
Philippinen,
Thailand,
Tschad,
Türkei.
 2. Inhaber von Diplomatenpässen von Indien,
Jamaika,
Kenia,
Malawi,
Marokko,
Mazedonien, ehemalige jugoslawische Republik,
Namibia,
Pakistan,
Peru,
Südafrika,
Tunesien.

Anlage C (zu § 26 Abs. 3)

1. Pässe oder Passersatzpapiere von
   Angola,
   Gambia,
   Indien (außer Inhaber von Diplomatenpässen),
   Libanon,

Sudan,
Syrien,
Türkei (außer Inhaber dienstlicher Pässe).
2. Über die Regelungen in Anlage 3 Teil I des Beschlusses des Rates der Europäischen Union vom 28. Juli 1999 betreffend die Gemeinsame konsularische Instruktion an die diplomatischen Missionen und die konsularischen Vertretungen, die von Berufskonsularbeamten geleitet werden, in der jeweils geltenden Fassung hinaus auch dienstliche Pässe von
Äthiopien,
Afghanistan,
Bangladesh,
Eritrea,
Irak,
Kongo (Demokratische Republik),
Nigeria,
Pakistan (außer Inhaber von Diplomatenpässen),
Somalia,
Sri Lanka.
3. Pässe oder Passersatzpapiere von Jordanien, sofern der Inhaber nicht
   a) im Besitz eines gültigen Visums Australiens, Israels, Japans, Kanadas, Neuseelands oder der Vereinigten Staaten von Amerika sowie eines bestätigten Flugscheins oder einer gültigen Bordkarte für einen Flug ist, der in den betreffenden Staat führt, oder
   b) er nach Beendigung eines erlaubten Aufenthaltes in einem der in Buchstabe a genannten Staaten nach Jordanien reist und hierzu im Besitz eines bestätigten Flugscheines oder einer gültigen Bordkarte für einen Flug ist, der nach Jordanien führt.

Der Weiterflug muss innerhalb von zwölf Stunden nach der Ankunft im Inland von demjenigen Flughafen ausgehen, in dessen Transitbereich sich der Ausländer ausschließlich befindet. § 26 Abs. 3 Nr. 2 findet zusätzlich Anwendung.

Anlage D (zu §§ 58, 59 Abs. 1 und 2, 87 Abs. 1 Nr. 1, 4 und 5)
(hier nicht wiedergegeben)

4.3. Gesetz über das Ausländerzentralregister (AZR-Gesetz)

Vom 2. September 1994 (BGBl. I 2265), zuletzt geändert durch Gesetz vom 21. Juni 2005 (BGBl. I 1818)

Kapitel 1. Registerbehörde und Zweck des Registers

§ 1 Registerbehörde, Bestandteile des Registers, Zweck des Registers. (1) Das Ausländerzentralregister wird vom Bundesamt für Migration und Flüchtlinge geführt (Registerbehörde). Das Bundesverwaltungsamt verarbeitet und nutzt die Daten im Auftrag und nach Weisung des Bundesamtes für Migration und Flüchtlinge. Das Ausländerzentralregister besteht aus einem allgemeinen Datenbestand und einer gesondert geführten Visadatei.

(2) Die Registerbehörde unterstützt durch die Speicherung und die Übermittlung der im Register gespeicherten Daten von Ausländern die mit der Durchführung ausländer- oder asylrechtlicher Vorschriften betrauten Behörden und andere öffentliche Stellen.

Kapitel 2. Allgemeiner Datenbestand des Registers

Abschnitt 1. Anlaß der Speicherung, Inhalt

§ 2 Anlaß der Speicherung. (1) Die Speicherung von Daten eines Ausländers ist zulässig, wenn er seinen Aufenthalt nicht nur vorübergehend im Geltungsbereich dieses Gesetzes hat.

(2) Sie ist ferner zulässig bei Ausländern,
1. die einen Asylantrag gestellt haben oder über deren Übernahme nach dem Übereinkommen über die Bestimmung des zuständigen Staates für die Prüfung eines in einem Mitgliedstaat der Europäischen Gemeinschaften gestellten Asylantrags vom 15. Juni 1990 (Dubliner Übereinkommen, BGBl. 1994 II S. 791) entschieden ist,
2. denen eine Aufenthaltserlaubnis nach § 24 des Aufenthaltsgesetzes erteilt worden ist,
3. für oder gegen die aufenthaltsrechtliche Entscheidungen getroffen worden sind oder die Antrag auf eine Aufenthaltsgenehmigung oder paßrechtliche Maßnahme gestellt haben, ausgenommen Entscheidungen und Anträge im Visaverfahren, es sei denn, ein Visum ist erteilt worden, obwohl gegen die Einreise Bedenken bestehen,
4. gegen deren Einreise Bedenken bestehen, weil die Erteilungsvoraussetzungen nach § 5 Abs. 1 des Aufenthaltsgesetzes nicht vorliegen und denen die Einreise und der Aufenthalt nicht erlaubt werden sollen, es sei denn, es besteht ein Recht zum Aufenthalt im Geltungsbereich dieses Gesetzes,
5. die zur Zurückweisung an der Grenze ausgeschrieben sind,
6. die zur Festnahme oder Aufenthaltsermittlung ausgeschrieben sind,
7. bei denen tatsächliche Anhaltspunkte für den Verdacht bestehen, daß sie im Geltungsbereich dieses Gesetzes Straftaten nach § 95 Abs. 1 Nr. 8 des Aufenthaltsgesetzes, nach § 30 Abs. 1 oder § 30 a Abs. 1 des Betäubungsmittelgesetzes oder nach § 129 oder § 129 a, jeweils auch in Verbindung mit § 129 b Abs. 1, des Strafgesetzbuches oder mit terroristischer Zielsetzung andere Straftaten, insbesondere Straftaten der in § 129 a des Strafgesetzbuches bezeichneten Art, planen, begehen oder begangen haben, oder die durch Straftaten mit terroristischer Zielsetzung gefährdet sind,
8. die ausgeliefert oder durch den Geltungsbereich dieses Gesetzes durchgeliefert worden sind,
9. deren Antrag auf Feststellung der deutschen Staatsangehörigkeit oder der Eigenschaft als Deutscher im Sinne des Artikels 116 Abs. 1 des Grundgesetzes abgelehnt worden ist,
10. bei denen die Feststellung der Aussiedlereigenschaft im Sinne des § 1 Abs. 2 Nr. 3 des Bundesvertriebenengesetzes oder der Spätaussiedlereigenschaft im Sinne des § 4 des Bundesvertriebenengesetzes abgelehnt oder zurückgenommen worden ist,
11. die wegen einer Straftat nach § 95 Abs. 1 Nr. 3 oder Abs. 2 Nr. 1 des Aufenthaltsgesetzes verurteilt worden sind,
12. die entsprechend § 54 Nr. 6 des Aufenthaltsgesetzes sicherheitsrechtlich befragt wurden.

§ 3 Allgemeiner Inhalt. Folgende Daten werden gespeichert:
1. die Bezeichnung der Stelle, die Daten übermittelt hat, und deren Geschäftszeichen,
2. das Geschäftszeichen der Registerbehörde (AZR-Nummer),
3. die Anlässe nach § 2,
4. Familienname, Geburtsname, Vornamen, Schreibweise der Namen nach deutschem Recht, Geburtsdatum, Geburtsort und -bezirk, Geschlecht, Staatsangehörigkeiten (Grundpersonalien),
5. abweichende Namensschreibweisen, andere Namen, frühere Namen, Aliaspersonalien, Familienstand, Angaben zum Ausweispapier, letzter Wohnort im Herkunftsland, freiwillig gemachte Angaben zur Religionszugehörigkeit und Staatsangehörigkeiten des Ehegatten oder des Lebenspartners (weitere Personalien),
6. Angaben zum Zuzug oder Fortzug, zum aufenthaltsrechtlichen Status, zu Entscheidungen der Bundesagentur für Arbeit über die Zustimmung zur Beschäftigung oder über die in einem anderen Staat erfolgte Anerkennung als Flüchtling nach dem Abkommen über die Rechtsstellung der Flüchtlinge vom 28. Juli 1951 (BGBl. 1953 II S. 559) sowie das Sterbedatum,
7. Entscheidungen zu den in § 2 Abs. 2 Nr. 1 bis 3, 9 und 10 bezeichneten Anlässen, Angaben zu den Anlässen nach § 2 Abs. 2 Nr. 4 bis 8 und 11 sowie Hinweise auf die Durchführung einer Befragung nach § 2 Abs. 2 Nr. 12,
8. Hinweise auf vorhandene Begründungstexte (§ 6 Abs. 5).

§ 4 Übermittlungssperren. (1) Auf Antrag des Betroffenen wird eine Übermittlungssperre gespeichert, wenn er glaubhaft macht, daß durch eine Datenübermittlung an nichtöffentliche Stellen, an Behörden anderer Staaten oder an zwischenstaatliche Stellen seine schutzwürdigen Interessen oder die einer anderen Person beeinträchtigt werden können. Der Antrag ist bei der Registerbehörde, dem für das Asylverfahren zuständigen Organisationseinheit im Bundesamt für Migration und Flüchtlinge oder den Ausländerbehörden zu stellen. Diese entscheiden über den Antrag.

(2) Eine Übermittlungssperre ist von den in Absatz 1 Satz 2 bezeichneten Stellen von Amts wegen zu speichern, wenn Tatsachen die Annahme rechtfertigen, daß durch eine Datenübermittlung an die in Absatz 1 Satz 1 bezeichneten Stellen schutzwürdige Interessen des Betroffenen oder einer anderen Person beeinträchtigt werden können. § 21 Abs. 7 des Melderechtsrahmengesetzes gilt entsprechend. Soweit ein überwiegendes öffentliches Interesse besteht, ist auch eine gegenüber öffentlichen Stellen wirkende Übermittlungssperre zu speichern.

(3) Eine Übermittlung von Daten an die in Absatz 1 Satz 1 bezeichneten Stellen unterbleibt im Fall einer Übermittlungssperre, soweit nicht ein überwiegendes öffentliches Interesse an der Übermittlung besteht. Der Betroffene erhält vor einer Übermittlung seiner Daten Gelegenheit zur Stellungnahme, es sei denn, seine Anhörung liefe dem Zweck der Datenübermittlung zuwider.

(4) Werden die Daten ohne Anhörung des Betroffenen oder gegen seinen Willen übermittelt, sind die wesentlichen Gründe für die Entscheidung schriftlich niederzulegen. Diese Aufzeichnungen müssen den Zweck der Datenübermittlung und den Dritten, an den Daten übermittelt werden, eindeutig erkennen lassen. Sie dienen der datenschutzrechtlichen Kontrolle. Die Registerbehörde hat sie gesondert aufzubewahren, durch geeignete Maßnahmen gegen unberechtigten Zugriff zu sichern und nach Fristablauf zu löschen, sofern sie nicht für ein bereits eingeleitetes Kontrollverfahren benötigt werden.

§ 5 Suchvermerke. (1) Auf Ersuchen einer öffentlichen Stelle wird zur Erfüllung ihrer Aufgaben ein Suchvermerk zur Feststellung des Aufenthalts eines Ausländers im Register gespeichert, wenn sich der Betroffene zum Zeitpunkt der Anfrage nicht im Geltungsbereich dieses Gesetzes aufhält oder sein Aufenthaltsort unbekannt ist.

(2) Zur Feststellung anderer Sachverhalte wird auf Ersuchen der in § 20 Abs. 1 bezeichneten Stellen ein Suchvermerk gespeichert, wenn dies zur Erfüllung ihrer Aufgaben erforderlich ist und die Daten nicht aus allgemein zugänglichen Quellen, nur mit übermäßigem Aufwand oder nur durch eine den Betroffenen stärker belastende Maßnahme erhoben werden können.

(3) Die Registerbehörde übermittelt für den Fall, daß ihr eine Mitteilung oder Anfrage zu der gesuchten Person zugeht, an die ersuchende Stelle
1. bei einem Suchvermerk nach Absatz 1 die mitteilende Stelle, deren Geschäftszeichen, das Datum der Mitteilung und die Grunddaten nach § 14 Abs. 1,
2. bei einem Suchvermerk nach Absatz 2 die mitteilende Stelle, deren Geschäftszeichen, das Datum der Mitteilung und die mitgeteilten Daten.

(4) Die ersuchende Stelle hat Aufzeichnungen über das Ersuchen, den Zweck des Ersuchens und das Vorliegen der in den Absätzen 1 und 2 bezeichneten Voraussetzungen zu fertigen. Die Aufzeichnungen dienen nur der datenschutzrechtlichen Kontrolle. Sie sind gesondert aufzubewahren und durch geeignete Maßnahmen gegen unberechtigten Zugriff zu sichern. Sie sind am Ende des Kalenderjahres der Erledigung des Suchvermerks zu löschen, sofern sie nicht für ein bereits eingeleitetes Kontrollverfahren benötigt werden.

(5) Suchvermerke und die hierzu übermittelten Daten werden längstens zwei Jahre gespeichert, sofern sich die Suchvermerke nicht vorher erledigen. Auf Antrag sind sie für andere als die ersuchende Stelle gesperrt.

Abschnitt 2. Datenübermittlung an die Registerbehörde, Verantwortlichkeiten, Aufzeichnungspflicht

§ 6 Übermittelnde Stellen, Inhalt der Datenübermittlung. (1) Folgende Stellen sind in den jeweils genannten Fällen zur Übermittlung von Daten an die Registerbehörde verpflichtet:
1. die Ausländerbehörden und die mit der Durchführung ausländerrechtlicher Vorschriften betrauten öffentlichen Stellen in den Fällen des § 2 Abs. 1 und 2 Nr. 2 bis 4, 11 und 12,
2. die für die Erteilung von Visa zuständigen Behörden im Fall des § 2 Abs. 2 Nr. 3, sofern es sich um die Erteilung eines Visums trotz Bedenken handelt,
3. die mit grenzpolizeilichen Aufgaben betrauten Behörden und die Bundespolizeidirektion in den Fällen des § 2 Abs. 2 Nr. 3 bis 6 und, soweit es der Stand des Verfahrens zuläßt, im Fall der Nummer 7,
4. das Bundesamt für Migration und Flüchtlinge in den Fällen des § 2 Abs. 2 Nr. 1 und 3,
5. das Bundeskriminalamt in den Fällen des § 2 Abs. 2 Nr. 6 und, soweit es der Stand des Verfahrens zuläßt, die ermittlungsführenden Polizeibehörden im Fall der Nummer 7,

6. die Staatsanwaltschaften bei den Oberlandesgerichten im Fall des § 2 Abs. 2 Nr. 8,
7. Staatsangehörigkeitsbehörden im Fall des § 2 Abs. 2 Nr. 9,
8. die in den Angelegenheiten der Vertriebenen, Aussiedler und Spätaussiedler zuständigen Stellen im Fall des § 2 Abs. 2 Nr. 10.

(2) Die in Absatz 1 Nr. 1 und 3 bis 8 bezeichneten Stellen übermitteln die Daten nach § 3 Nr. 1 und 3, die Grundpersonalien und die weiteren Personalien sowie die Daten nach § 3 Nr. 7. Von der Übermittlung der Daten einer gefährdeten Person im Fall des § 2 Abs. 2 Nr. 7 kann im Einzelfall abgesehen werden, wenn die Speicherung ihren schutzwürdigen Interessen entgegensteht. Außerdem übermitteln

1. die in Absatz 1 Nr. 1 bezeichneten Stellen die Angaben nach § 3 Nr. 6 sowie die Daten nach § 4 Abs. 1 und 2,
2. die in Absatz 1 Nr. 2 bezeichneten Stellen die Daten nach § 3 Nr. 1 und 3, die Grundpersonalien und die Daten nach § 3 Nr. 7,
3. die in Absatz 1 Nr. 4 bezeichnete Stelle die Daten nach § 4 Abs. 1 und 2.

(3) Die Verfassungsschutzbehörden des Bundes und der Länder sowie die Staatsanwaltschaften dürfen, soweit andere Vorschriften nicht entgegenstehen, im Fall des § 2 Abs: 2 Nr. 7 Daten an die Registerbehörde übermitteln. Absatz 2 Satz 2 ist zu beachten.

(4) Für die Einstellung eines Suchvermerks nach § 5 dürfen die ersuchenden öffentlichen Stellen die Daten nach § 3 Nr. 1 und 2 sowie die Grundpersonalien und die weiteren Personalien an die Registerbehörde übermitteln. Kann die Registerbehörde für den Fall, daß im Register bereits Daten gespeichert sind, die Identität nicht eindeutig feststellen, gilt § 10 Abs. 3 entsprechend.

(5) Betrifft die Speicherung eine Ausweisung, Abschiebung, Einschränkung oder Untersagung der politischen Betätigung, den Verlust des Rechts auf Einreise und Aufenthalt nach dem Freizügigkeitsgesetz/EU oder Einreisebedenken, sind die der Speicherung zugrundeliegenden Begründungstexte der Registerbehörde zu übersenden. Die Registerbehörde hat diese Texte aufzubewahren. Sie sind zu vernichten, wenn die gespeicherten Daten gelöscht werden.

§ 7 Übermittlung und Veränderung von Daten im Wege der Direkteingabe. Die nach § 22 Abs. 1 zum Abruf von Daten im automatisierten Verfahren zugelassenen Stellen dürfen der Registerbehörde die von ihnen zu übermittelnden Daten im Wege der Direkteingabe in das Register mit unmittelbarer Wirkung für dessen Datenbestand übermitteln. Sie sind verpflichtet, die von ihnen eingegebenen Daten, die unrichtig geworden sind oder deren Unrichtigkeit sich nachträglich herausgestellt hat, im Wege der Direkteingabe unverzüglich zu berichtigen oder zu aktualisieren. Bei einem Wechsel der Zuständigkeit gilt Satz 2 für die Stelle entsprechend, auf die die Zuständigkeit übergegangen ist, soweit sie zum automatisierten Verfahren zugelassen ist. Die Registerbehörde hat sicherzustellen, daß dabei nur die Eingabe der jeweils zur Übermittlung zugelassenen Daten technisch möglich ist und den übermittelnden Stellen nur die Daten zur Kenntnis gelangen, die für die Speicherung erforderlich sind. Die eingebende Stelle muß aus der Datei ersichtlich sein.

§ 8 Verantwortung für den Registerinhalt, Datenpflege. (1) Die in § 6 bezeichneten öffentlichen Stellen sind gegenüber der Registerbehörde für die Zulässigkeit der Übermittlung sowie für die Richtigkeit und Aktualität der von ihnen übermittelten Daten verantwortlich. Sie haben die Registerbehörde unverzüglich zu unterrichten, wenn

1. die übermittelten Daten unrichtig werden oder sich ihre Unrichtigkeit nachträglich herausstellt und eine Berichtigung oder Aktualisierung nicht im Wege der Direkteingabe nach § 7 erfolgen kann,
2. die Daten zur Aufgabenerfüllung nicht mehr benötigt werden oder
3. der Betroffene die Richtigkeit bestreitet und sich weder die Richtigkeit noch die Unrichtigkeit feststellen läßt.

(2) Die Registerbehörde hat programmtechnisch sicherzustellen, daß die zu speichernden Daten zuvor auf ihre Schlüssigkeit geprüft werden und gespeicherte Daten durch die Verarbeitung nicht ungewollt gelöscht oder unrichtig werden.

(3) Jede öffentliche Stelle, die Daten an die Registerbehörde übermittelt hat, ist berechtigt und verpflichtet, die von ihr übermittelten Daten auf Richtigkeit und Aktualität zu überprüfen, soweit dazu Anlaß besteht (Datenpflege).

(4) Bei einem Wechsel der Zuständigkeit gelten die Absätze 1 und 3 für die Stelle entsprechend, auf die die Zuständigkeit übergegangen ist.

§ 9 Aufzeichnungspflicht bei Speicherung. (1) Die Registerbehörde hat als speichernde Stelle Aufzeichnungen zu fertigen, aus denen sich die übermittelten Daten, die übermittelnde Dienststelle, die für die Übermittlung verantwortliche Person und der Übermittlungszeitpunkt ergeben müssen.

(2) Die Aufzeichnungen dürfen nur für Auskünfte an den Betroffenen nach § 34 und für die Unterrichtung über die Berichtigung, Löschung oder Sperrung von Daten nach § 38 verwendet werden. Darüber hinaus dürfen sie für Zwecke der Datenschutzkontrolle, der Datensicherung oder zur Sicherstellung eines ordnungsgemäßen Betriebes der Datenverarbeitungsanlage verwendet werden. Sie sind durch geeignete Maßnahmen gegen unberechtigten Zugriff zu sichern und nach Fristablauf zu löschen, wenn sie nicht für ein bereits eingeleitetes Kontrollverfahren benötigt werden.

Abschnitt 3. Datenübermittlung durch die Registerbehörde, Dritte, an die Daten übermittelt werden

Unterabschnitt 1. Datenübermittlung an öffentliche Stellen

§ 10 Allgemeine Vorschriften für die Datenübermittlung. (1) Die Übermittlung von Daten an eine öffentliche Stelle ist nur zulässig, wenn die Kenntnis der Daten zur Erfüllung ihrer Aufgaben erforderlich ist. Bei einem Übermittlungsersuchen ist der Zweck anzugeben, sofern es sich nicht lediglich auf die Grunddaten nach § 14 Abs. 1 bezieht. Die Registerbehörde hat die Übermittlung zu versagen, wenn Anhaltspunkte dafür bestehen, daß die in Satz 1 bezeichnete Voraussetzung nicht vorliegt.

(2) Das Ersuchen muß, soweit vorhanden, die AZR-Nummer, anderenfalls alle verfügbaren Grundpersonalien des Betroffenen enthalten. Stimmen die in dem Übermittlungsersuchen bezeichneten Personalien mit den gespeicherten Daten überein, ist die Datenübermittlung unzulässig, es sei denn, Zweifel an der Identität bestehen nicht.

(3) Kann die Registerbehörde die Identität nicht eindeutig feststellen, übermittelt sie zur Identitätsprüfung an die ersuchende Stelle neben Hinweisen auf aktenführende Ausländerbehörden die Grundpersonalien und die weiteren Personalien ähnlicher Personen mit Ausnahme der früheren Namen, die nur auf besonderes Ersuchen übermittelt werden. Kann die Identität nicht allein an Hand dieser Personalien festgestellt werden, dürfen den Strafverfolgungsbehörden darüber hinaus nach Maßgabe des § 16 weitere Daten übermittelt werden, wenn zu erwarten ist, daß deren Kenntnis die Identitätsfeststellung ermöglicht. Die ersuchende Stelle hat alle Daten, die nicht zum Betroffenen gehören, unverzüglich zu löschen und entsprechende Aufzeichnungen zu vernichten.

(4) Die AZR-Nummer darf nur im Verkehr mit dem Register genutzt werden. Darüber hinaus steht sie nur für Datenübermittlungen zwischen dem Bundesamt für Migration und Flüchtlinge und den Ausländerbehörden zur Verfügung.

(5) Zur Datenpflege (§ 8 Abs. 3) übermittelt die Registerbehörde die zu überprüfenden Daten an die dazu berechtigte oder verpflichtete Stelle.

(6) Die Registerbehörde übermittelt auf Ersuchen bei ihr aufbewahrte Begründungstexte (§ 6 Abs. 5), sofern die Kenntnis für die ersuchende Stelle unerläßlich ist, weitere Informationen nicht rechtzeitig von der aktenführenden Behörde zu erlangen sind und ihr die Daten, auf die sich die Begründungstexte beziehen, übermittelt werden dürfen.

§ 11 Zweckbestimmung, Weiterübermittlung von Daten. (1) Die ersuchende Stelle darf die in § 3 Nr. 7 in Verbindung mit § 2 Abs. 2 Nr. 7 bezeichneten Daten, die im Rahmen von Gruppenauskünften (§ 12) übermittelten Daten und Begründungstexte (§ 6 Abs. 5) nur zu dem Zweck verwenden, zu dem sie ihr übermittelt worden sind. Sonstige Daten darf sie zu einem anderen Zweck verwenden, wenn sie ihr auch zu diesem Zweck hätten übermittelt werden dürfen. Die neue Zweckbestimmung ist der Registerbehörde mitzuteilen, soweit es sich bei den übermittelten Daten nicht lediglich um die Grunddaten handelt.

(2) Die ersuchende Stelle darf die ihr übermittelten Daten mit Ausnahme gesperrter Daten (§ 4) an eine andere öffentliche Stelle nur weiterübermitteln, wenn die Daten dieser Stelle zur Erfüllung ihrer Aufgaben und zu diesem Zweck aus dem Register unmittelbar hätten übermittelt werden dürfen und anderenfalls eine unvertretbare Verzögerung eintreten oder die Aufgabenerfüllung erheblich erschwert würde. Für die Stelle, an die Daten weiterübermittelt worden sind, gelten Satz 1 und Absatz 1 entsprechend. Sie hat der Registerbehörde den Empfang der Daten und den Verwendungszweck

mitzuteilen, soweit es sich bei den übermittelten Daten nicht lediglich um die Grunddaten handelt. § 12 des BND-Gesetzes bleibt unberührt.

§ 12 Gruppenauskunft. (1) Die Übermittlung von Daten einer Mehrzahl von Ausländern, die in einem Übermittlungsersuchen nicht mit vollständigen Grundpersonalien bezeichnet sind und die auf Grund im Register gespeicherter und im Übermittlungsersuchen angegebener gemeinsamer Merkmale zu einer Gruppe gehören (Gruppenauskunft), darf nur zur Erfüllung der gesetzlichen Aufgaben der in den §§ 15 bis 17 und 20 bezeichneten öffentlichen Stellen erfolgen. Sie ist zulässig, soweit sie
1. im besonderen Interesse der Betroffenen liegt oder
2. erforderlich und angemessen ist
    a) zur Abwehr einer im Einzelfall bestehenden Gefahr für die öffentliche Sicherheit, für den Bestand oder die Sicherheit des Bundes oder eines Landes oder für die freiheitliche demokratische Grundordnung oder
    b) zur Verfolgung eines Verbrechens oder einer anderen erheblichen Straftat, von der auf Grund tatsächlicher Anhaltspunkte anzunehmen ist, daß sie gewerbs- oder gewohnheitsmäßig, von einem Bandenmitglied oder in anderer Weise organisiert begangen wird,
    und die Daten auf andere Weise nicht, nur mit unverhältnismäßigem Aufwand oder nicht rechtzeitig erlangt werden können,
3. unter den in § 2 Abs. 1 Nr. 4 des BND-Gesetzes genannten Voraussetzungen erforderlich ist, um im Ausland Gefahren der in § 5 Abs. 1 Satz 3 des Artikel 10-Gesetzes rechtzeitig zu erkennen und einer solchen Gefahr zu begegnen.

Daten von Personen, die eine Aufenthaltsberechtigung oder eine unbefristete Aufenthaltserlaubnis besitzen, werden in den Fällen des Satzes 2 Nr. 2 und 3 übermittelt.

(2) Das Ersuchen ist schriftlich zu stellen, zu begründen und bedarf der Zustimmung des Leiters der ersuchenden Behörde. Ein Abruf im automatisierten Verfahren ist unzulässig. Die ersuchende Stelle hat die Daten, die sie nicht oder nicht mehr zur Aufgabenerfüllung benötigt, zu vernichten.

(3) Die Registerbehörde hat nach Erteilung einer Gruppenauskunft den Bundesbeauftragten für den Datenschutz und, soweit die Daten an eine öffentliche Stelle eines Landes übermittelt worden sind, den Datenschutzbeauftragten des Landes zu unterrichten.

§ 13 Aufzeichnungspflicht bei Datenübermittlung. (1) Die Registerbehörde hat über die von ihr auf Grund der Übermittlungsersuchen vorgenommenen Abrufe, die Abrufe anderer Stellen und über die Mitteilungen nach § 11 Aufzeichnungen zu fertigen, aus denen der Zweck, die bei der Durchführung des Abrufs verwendeten Daten, die übermittelten Daten, der Tag und die Uhrzeit sowie die Bezeichnung der ersuchenden Stellen und die Angabe der abrufenden sowie der verantwortlichen Person hervorgehen müssen. Aus der Angabe zum Zweck der Abrufe muß die Erforderlichkeit der Datenübermittlung erkennbar sein. Bei einer Gruppenauskunft sind zusätzlich die Gruppenmerkmale aufzunehmen.

(2) Die Aufzeichnungen dürfen nur für Auskünfte an den Betroffenen nach § 34, für die Unterrichtung über die Berichtigung, Löschung oder Sperrung von Daten nach § 38 oder zur datenschutzrechtlichen Kontrolle der Zulässigkeit der Abrufe verwendet werden. Sie sind durch geeignete Maßnahmen gegen unberechtigten Zugriff zu sichern und nach Fristablauf zu löschen, wenn sie nicht für ein bereits eingeleitetes Kontrollverfahren benötigt werden. Aufzeichnungen über Gruppenauskünfte sind gesondert aufzubewahren.

§ 14 Datenübermittlung an alle öffentlichen Stellen. (1) An alle öffentlichen Stellen werden auf Ersuchen folgende Daten einschließlich der zugehörigen AZR-Nummer (Grunddaten) übermittelt:
1. Grundpersonalien,
2. Hinweis auf die aktenführende Ausländerbehörde,
3. Angaben zum Zuzug oder Fortzug, Sterbedatum,
4. Übermittlungssperren.

(2) Frühere Namen werden nur auf besonderes Ersuchen übermittelt. Dasselbe gilt für nicht gesperrte Suchvermerke, es sei denn, die öffentliche Stelle, auf deren Ersuchen der Suchvermerk gespeichert worden ist, hat ausdrücklich beantragt, daß auf jedes Ersuchen eine Übermittlung erfolgen soll.

§ 15 Datenübermittlung an die Ausländerbehörden, das Bundesamt für Migration und Flüchtlinge, die Bundespolizei, andere mit grenzpolizeilichen Aufgaben betraute Behörden und oberste Bundes- und Landesbehörden. (1) An die Ausländerbehörden, die Aufnahmeeinrich-

AZR-Gesetz 4.3. **Texte 5**

tungen oder Stellen im Sinne des § 88 Abs. 3 des Asylverfahrensgesetzes, das Bundesamt für Migration und Flüchtlinge und die Bundespolizei werden zur Durchführung ausländer- und asylrechtlicher Aufgaben, an den Bundesgrenzschutz auch zur Gewährleistung des grenzpolizeilichen Schutzes des Bundesgebietes, auf Ersuchen die Daten des Betroffenen übermittelt. Soweit ein Land im Einvernehmen mit dem Bund grenzpolizeiliche Aufgaben mit eigenen Kräften wahrnimmt oder die Ausübung solcher Aufgaben auf die Zollverwaltung übertragen worden ist, gilt für diese Stellen Satz 1 entsprechend. An die für die Zuverlässigkeitsüberprüfung zuständigen Luftsicherheitsbehörden im Sinne des § 7 des Luftsicherheitsgesetzes werden zur Erfüllung ihrer Aufgaben bei der Durchführung der Zuverlässigkeitsüberprüfung auf Ersuchen die Daten des Betroffenen übermittelt.

(2) An oberste Bundes- und Landesbehörden, die mit der Durchführung ausländer- oder asylrechtlicher Vorschriften als eigene Aufgabe betraut sind, werden auf Ersuchen Daten aus dem Register übermittelt, soweit sie zur Aufgabenerfüllung erforderlich sind.

§ 16 Datenübermittlung an sonstige Polizeivollzugsbehörden, Staatsanwaltschaften, Gerichte und an das Bundeskriminalamt. (1) An sonstige Polizeivollzugsbehörden des Bundes und der Länder sowie an die Staatsanwaltschaften werden zur Strafverfolgung oder Strafvollstreckung und an Gerichte für Zwecke der Rechtspflege auf Ersuchen neben den Grunddaten folgende Daten des Betroffenen übermittelt:
1. abweichende Namensschreibweisen,
2. andere Namen,
3. Aliaspersonalien,
4. letzter Wohnort im Herkunftsland,
5. Angaben zum Ausweispapier.

(2) Reichen die nach Absatz 1 zu übermittelnden Daten zur Aufgabenerfüllung nicht aus, werden auf erweitertes Ersuchen folgende Daten übermittelt:
1. zum aufenthaltsrechtlichen Status und zu den für oder gegen den Ausländer ergriffenen aufenthaltsrechtlichen Maßnahmen,
2. zum Asylverfahren,
3. zur Ausschreibung zur Zurückweisung,
4. zu einem Tatverdacht im Sinne des § 2 Abs. 2 Nr. 7.

Die Erforderlichkeit der Übermittlung ist von der ersuchenden Stelle aktenkundig zu machen.

(3) Werden über die in den Absätzen 1 und 2 bezeichneten Daten hinaus weitere Daten zur Aufgabenerfüllung benötigt, ist deren Übermittlung auf erneutes Ersuchen zulässig. Absatz 2 Satz 2 gilt entsprechend. Ein Abruf im automatisierten Verfahren ist unzulässig.

(4) Zur Abwehr von Gefahren für die öffentliche Sicherheit werden an sonstige Polizeivollzugsbehörden des Bundes und der Länder die Daten nach den Absätzen 1 und 2 auf Ersuchen übermittelt. Absatz 3 gilt entsprechend.

(5) Dem Bundeskriminalamt werden zur Erfüllung von Verpflichtungen aus völkerrechtlichen Verträgen, denen die gesetzgebenden Körperschaften gemäß Artikel 59 Abs. 2 des Grundgesetzes zugestimmt haben, die erforderlichen personenbezogenen Daten von Ausländern nach Maßgabe dieser Verträge übermittelt.

(6) An den Generalbundesanwalt beim Bundesgerichtshof werden zur Feststellung der Identität eines Ausländers bei der Durchführung der Aufgaben nach dem Bundeszentralregistergesetz, nach dem Titel XI der Gewerbeordnung und nach dem Internationalen Familienrechtsverfahrensgesetzes vom 26. Januar 2005 (BGBl. I S. 162), neben den Grunddaten die in Absatz 1 Nr. 1 bis 3 bezeichneten weiteren Daten übermittelt.

§ 17 Datenübermittlung an das Zollkriminalamt. (1) An das Zollkriminalamt werden, soweit es die Zollfahndungsämter bei der Erledigung ihrer Aufgaben auf Grund der Abgabenordnung und anderer Gesetze unterstützt oder in Fällen von überörtlicher Bedeutung selbständig ermittelt, oder zur Erfüllung von Verpflichtungen aus völkerrechtlichen Verträgen, denen die gesetzgebenden Körperschaften gemäß Artikel 59 Abs. 2 des Grundgesetzes zugestimmt haben, auf Ersuchen neben den Grunddaten folgende Daten des Betroffenen übermittelt:
1. abweichende Namensschreibweisen,
2. andere Namen,
3. Aliaspersonalien,
4. Ausschreibung zur Festnahme oder Aufenthaltsermittlung.

(2) Die Übermittlung von Daten nach Absatz 1 unterbleibt, mit Ausnahme der Grunddaten, wenn Daten des Betroffenen nur aus einem der folgenden Anlässe im Register erfaßt sind:
1. Zurückweisung oder Zurückschiebung,
2. Einreisebedenken,
3. Ausschreibung zur Zurückweisung an der Grenze,
4. Aus- oder Durchlieferung,
5. Ablehnung eines Antrages auf Feststellung der deutschen Staatsangehörigkeit oder der Eigenschaft als Deutscher,
6. Ablehnung oder Rücknahme der Feststellung der Aussiedler- oder Spätaussiedlereigenschaft.

§ 18 Datenübermittlung an die Bundesanstalt für Arbeit und die Hauptzollämter. (1) An die Bundesagentur für Arbeit werden für die Erfüllung ihrer Aufgaben nach dem Achten Abschnitt des Zweiten Kapitels des Aufenthaltsgesetzes, zur Überwachung der zeitlichen und zahlenmäßigen Beschränkungen der Beschäftigungen auf Grund von zwischenstaatlichen Regierungsvereinbarungen und Vermittlungsabsprachen und zur Erhebung und Erstattung von Gebühren neben den Grunddaten folgende Daten des Betroffenen übermittelt:
1. Angaben zum aufenthaltsrechtlichen Status und zu den für oder gegen den Ausländer getroffenen aufenthaltsrechtlichen Entscheidungen,
2. Angaben zum Asylverfahren.

(2) An die Hauptzollämter werden zur Bekämpfung der illegalen Beschäftigung von Ausländern auf Ersuchen neben den Grunddaten folgende Daten des Betroffenen übermittelt:
1. abweichende Namensschreibweisen, andere Namen, Aliaspersonalien und Angaben zum Ausweispapier,
2. Angaben zum aufenthaltsrechtlichen Status und zu den für oder gegen den Ausländer getroffenen aufenthaltsrechtlichen Entscheidungen,
3. Angaben zum Asylverfahren,
4. Ausschreibung zur Zurückweisung an der Grenze,
5. Ausschreibung zur Festnahme oder Aufenthaltsermittlung.

(3) Die Übermittlung von Daten nach Absatz 1 und 2 unterbleibt, mit Ausnahme der Grunddaten, wenn Daten des Betroffenen nur aus einem der folgenden Anlässe im Register erfaßt sind:
1. Zurückweisung oder Zurückschiebung,
2. Einreisebedenken,
3. Aus- oder Durchlieferung,
4. Ablehnung eines Antrages auf Feststellung der deutschen Staatsangehörigkeit oder der Eigenschaft als Deutscher,
5. Ablehnung oder Rücknahme der Feststellung der Aussiedler- oder Spätaussiedlereigenschaft.

§ 18 a Datenübermittlung an die Träger der Sozialhilfe und die für die Durchführung des Asylbewerberleistungsgesetzes zuständigen Stellen. An die Träger der Sozialhilfe, die Träger der Grundsicherung für Arbeitsuchende und an die für die Durchführung des Asylbewerberleistungsgesetzes zuständigen Stellen werden zur Prüfung, ob die Inanspruchnahme von Leistungen vorliegen, auf Ersuchen neben den Grunddaten folgende Daten des Betroffenen übermittelt:
1. abweichende Namensschreibweisen, andere Namen, Aliaspersonalien und Angaben zum Ausweispapier,
2. Angaben zum aufenthaltsrechtlichen Status und zu den für oder gegen den Ausländer getroffenen aufenthaltsrechtlichen Entscheidungen,
3. Angaben zum Asylverfahren.

§ 19 Datenübermittlung an die Staatsangehörigkeits- und Vertriebenenbehörden. (1) An die zum Vollzug des Staatsangehörigkeitsrechts und an die nach dem Bundesvertriebenengesetz zuständigen Behörden (Staatsangehörigkeits- und Vertriebenenbehörden) werden zur Erfüllung ihrer Aufgaben bei der Feststellung der Eigenschaft als Deutscher im Sinne des Artikel 116 des Grundgesetzes und bei der Feststellung der Aussiedler- oder Spätaussiedlereigenschaft auf Ersuchen neben den Grunddaten auch Hinweise auf die Behörden übermittelt, die der Registerbehörde Daten zu einem oder mehreren der folgenden Anlässe übermittelt haben:
1. Asylantrag,
2. Erteilung einer Aufenthaltserlaubnis nach § 24 des Aufenthaltsgesetzes,
3. Zurückweisung oder Zurückschiebung,

AZR-Gesetz   4.3. **Texte 5**

4. Ausschreibung zur Zurückweisung an der Grenze,
5. Ausschreibung zur Festnahme oder Aufenthaltsermittlung,
6. Aus- oder Durchlieferung,
7. Ablehnung eines Antrages auf Feststellung der deutschen Staatsangehörigkeit oder der Eigenschaft als Deutscher,
8. Ablehnung oder Rücknahme der Feststellung der Aussiedler- oder Spätaussiedlereigenschaft.

(2) Die Übermittlung unterbleibt, wenn Daten des Betroffenen nur auf Grund eines Suchvermerks im Register erfaßt sind.

§ 20 Datenübermittlung an die Verfassungsschutzbehörden, den Militärischen Abschirmdienst und den Bundesnachrichtendienst. (1) An die Verfassungsschutzbehörden des Bundes und der Länder, den Militärischen Abschirmdienst und den Bundesnachrichtendienst werden auf Ersuchen die Daten übermittelt, die zur Erfüllung der ihnen durch Gesetz übertragenen Aufgaben erforderlich sind, sofern sie nicht aus allgemein zugänglichen Quellen, nur mit übermäßigem Aufwand oder nur durch eine den Betroffenen stärker belastenden Maßnahme erhoben werden können. Die Regelungen über die Einsichtnahme in amtliche Register und über die Aufzeichnungspflicht für die in Satz 1 bezeichneten Stellen bleiben unberührt.

(2) Die ersuchende Stelle hat Aufzeichnungen über das Ersuchen, den Zweck des Ersuchens und das Vorliegen der in Absatz 1 Satz 1 bezeichneten Voraussetzungen zu fertigen. Die Aufzeichnungen sind für die datenschutzrechtliche Kontrolle bestimmt. Sie sind gesondert aufzubewahren und durch geeignete Maßnahmen gegen unberechtigten Zugriff zu sichern. Sie sind am Ende des Kalenderjahres, das dem Jahr ihrer Erstellung folgt, zu vernichten, sofern sie nicht für ein bereits eingeleitetes Kontrollverfahren benötigt werden.

§ 21 Datenübermittlung an das Auswärtige Amt, die deutschen Auslandsvertretungen und andere öffentliche Stellen im Visaverfahren. (1) Im Rahmen des Visaverfahrens werden auf Anfrage des Auswärtigen Amts oder der deutschen Auslandsvertretungen die hierfür erforderlichen Daten an die beteiligte Organisationseinheit im Bundesverwaltungsamt weitergegeben. Für die Weitergabe gelten die Übermittlungsregelungen dieses Gesetzes entsprechend.

(2) Die beteiligte Organisationseinheit übermittelt die empfangenen Daten im erforderlichen Umfang an die anfragende Auslandsvertretung (Rückmeldung).

(3) Ist die Identität nicht eindeutig feststellbar, sind die Daten nach § 10 Abs. 3 Satz 1 und, soweit notwendig, das Datum der letzten Registereintragung sowie die aktenführende Ausländerbehörde an die beteiligte Organisationseinheit weiterzugeben. Zur Identitätsfeststellung erfolgt eine Übermittlung dieser Daten an die anfragende Auslandsvertretung. Daten, die nicht zum Betroffenen gehören, hat die Auslandsvertretung unverzüglich zu löschen und entsprechende Aufzeichnungen zu vernichten.

(4) Ist für die Erteilung eines Visums die Einwilligung der Ausländerbehörde erforderlich, übermittelt die beteiligte Organisationseinheit der Ausländerbehörde die dafür erforderlichen Daten. Dasselbe gilt für den Fall, daß die Auslandsvertretung aus sonstigen Gründen für die Erteilung des Visums um eine Stellungnahme der Ausländerbehörde nachsucht.

(5) Ist zu der Person, auf die sich die Anfrage einer deutschen Auslandsvertretung bezieht, ein Suchvermerk gespeichert, übermittelt die beteiligte Organisationseinheit die Daten nach § 5 Abs. 3 an die ersuchende Stelle.

§ 22 Abruf im automatisierten Verfahren. (1) Zum Abruf von Daten des Betroffenen im automatisierten Verfahren (§ 10 Abs. 1 des Bundesdatenschutzgesetzes) können zugelassen werden:

1. die Ausländerbehörden, die Aufnahmeeinrichtungen oder Stellen im Sinne des § 88 Abs. 3 des Asylverfahrensgesetzes,
2. das Bundesamt für Migration und Flüchtlinge,
3. die Bundespolizei und Stellen eines Landes oder der Zollverwaltung, soweit sie grenzpolizeiliche Aufgaben wahrnehmen,
4. sonstige Polizeivollzugsbehörden des Bundes und der Länder,
5. die Staatsanwaltschaften,
6. das Zollkriminalamt,
7. die Bundesagentur für Arbeit und die Behörden der Zollverwaltung,
8. die Träger der Sozialhilfe, die Träger der Grundsicherung für Arbeitsuchende und die für die Durchführung des Asylbewerberleistungsgesetzes zuständigen Stellen,

9. a) die Verfassungsschutzbehörden des Bundes und der Länder für die in § 18 Abs. 4 des Bundesverfassungsschutzgesetzes bezeichneten Aufgaben,
    b) der Militärische Abschirmdienst für die in § 10 Abs. 3 des MAD-Gesetzes bezeichneten Aufgaben und
    c) der Bundesnachrichtendienst,
10. das Bundesverwaltungsamt, soweit es Aufgaben im Rahmen des Visaverfahrens und zur Feststellung der Staatsangehörigkeit wahrnimmt.

Die Zulassung bedarf der Zustimmung der für die speichernde und die abrufende Stelle jeweils zuständigen obersten Bundes- oder Landesbehörde. Die Registerbehörde hat den Bundesbeauftragten für den Datenschutz unter Mitteilung der nach § 9 Bundesdatenschutzgesetzes zu treffenden Maßnahmen von der Zulassung zu unterrichten.

(2) Das automatisierte Abrufverfahren darf nur eingerichtet werden, soweit es wegen der Vielzahl der Übermittlungsersuchen oder der besonderen Eilbedürftigkeit unter Berücksichtigung der schutzwürdigen Interessen der Betroffenen angemessen ist und die beteiligten Stellen die zur Datensicherung nach § 9 des Bundesdatenschutzgesetzes erforderlichen technischen und organisatorischen Maßnahmen getroffen haben. Die in Absatz 1 Nr. 8 bezeichneten Stellen dürfen Daten im automatisierten Verfahren abrufen, wenn besondere Eilbedürftigkeit im Einzelfall vorliegt. Die besondere Eilbedürftigkeit ist aktenkundig zu machen. § 20 Abs. 2 gilt entsprechend.

(3) Die Verantwortung für die Zulässigkeit des einzelnen Abrufs trägt die abrufende Stelle. Die Registerbehörde überprüft die Zulässigkeit der Abrufe nur, wenn dazu Anlaß besteht. Abrufe von Daten aus dem Register im automatisierten Verfahren dürfen nur von Bediensteten vorgenommen werden, die vom Leiter ihrer Behörden hierzu besonders ermächtigt worden sind.

(4) Die Registerbehörde hat sicherzustellen, daß im automatisierten Verfahren Daten nur abgerufen werden können, wenn die abrufende Stelle einen Verwendungszweck angibt, der ihr den Abruf dieser Daten erlaubt, sofern der Abruf nicht lediglich die Grunddaten nach § 14 Abs. 1 zum Gegenstand hat.

§ 23 Statistische Aufbereitung der Daten. (1) Das Statistische Bundesamt erstellt jährlich nach dem Stand vom 31. Dezember eine Bundesstatistik über die Ausländer, die sich während des Kalenderjahres nicht nur vorübergehend im Geltungsbereich dieses Gesetzes aufgehalten haben. Zur Erfüllung eines kurzfristig auftretenden Datenbedarfs für Zwecke der Vorbereitung und Begründung anstehenden Entscheidungen oberster Bundesbehörden darf das Statistische Bundesamt die Erhebung auch zu anderen Stichtagen durchführen, wenn eine oberste Bundesbehörde hierum ersucht.

(2) Die Registerbehörde übermittelt dem Statistischen Bundesamt als Erhebungsmerkmale für diese Statistik folgende Daten zu dem in Absatz 1 bezeichneten Personenkreis: Monat und Jahr der Geburt, Geschlecht, Staatsangehörigkeiten, Familienstand, Staatsangehörigkeiten des Ehegatten oder des Lebenspartners, Sterbedatum, Angaben nach § 3 Nr. 6 und Hinweis auf die aktenführende Ausländerbehörde sowie die Daten nach § 3 Nr. 7 in Verbindung mit § 2 Abs. 2 Nr. 1 bis 3. Das Statistische Bundesamt darf an die Statistischen Ämter der Länder die ihren Erhebungsbereich betreffenden Daten für regionale Aufbereitungen weiterübermitteln.

§ 24 Planungsdaten. (1) Die Registerbehörde kann, soweit die mit der Durchführung ausländer- oder asylrechtlicher Vorschriften betrauten öffentlichen Stellen oder die obersten Behörden des Bundes und der Länder zur Erfüllung ihrer Aufgaben Planungsdaten benötigen, auf Ersuchen über die in § 23 Abs. 2 Satz 1 bezeichneten Daten hinaus die nach § 3 Nr. 7 in Verbindung mit § 2 Abs. 2 Nr. 4 bis 10 gespeicherten Daten übermitteln. Das Ersuchen ist schriftlich zu begründen.

(2) Die Daten dürfen nur für Planungszwecke genutzt werden.

Unterabschnitt 2. Datenübermittlung an nichtöffentliche Stellen, Behörden anderer Staaten und über- oder zwischenstaatliche Stellen

§ 25 Datenübermittlung an nichtöffentliche Stellen, die humanitäre oder soziale Aufgaben wahrnehmen. (1) An nichtöffentliche Stellen im Geltungsbereich dieses Gesetzes, die im Rahmen der Erfüllung ihrer humanitären oder sozialen Aufgaben nach Verschollenen zur Familienzusammenführung suchen oder Unterstützung in Vormundschafts- und Unterhaltsangelegenheiten leisten, kann die Registerbehörde zur Erfüllung dieser Aufgaben auf Ersuchen neben den Grundpersonalien des Betroffenen folgende weitere Daten übermitteln:
1. Hinweis auf die aktenführende Ausländerbehörde,
2. Zuzug oder Fortzug,

AZR-Gesetz   4.3. **Texte 5**

3. Übermittlungssperren, sofern die Datenübermittlung nach § 4 zulässig ist,
4. Sterbedatum.

(2) Das Übermittlungsersuchen soll die Grundpersonalien enthalten. Es ist schriftlich zu begründen. Stimmen die im Übermittlungsersuchen bezeichneten Grundpersonalien mit den gespeicherten Daten nicht überein, ist die Übermittlung unzulässig, es sei denn, die Registerbehörden hat an der Identität der gesuchten und der im Register erfaßten Person keinen Zweifel. Das gleiche gilt, wenn der ersuchenden Stelle einzelne Grundpersonalien nicht bekannt sind. Hinsichtlich der Aufzeichnungspflicht der Registerbehörde gilt § 13 entsprechend.

(3) Die übermittelten personenbezogenen Daten dürfen nur zu dem im Übermittlungsersuchen angegebenen Zweck verwendet werden. Die Registerbehörde hat die ersuchende Stelle hierauf hinzuweisen. Eine Weiterübermittlung ist nur mit Zustimmung der Registerbehörde zulässig. Die Weiterübermittlung von Daten, zu denen eine Übermittlungssperre besteht, ist unzulässig.

(4) Liegt dem Übermittlungsersuchen einer der in Absatz 1 bezeichneten Stellen das Begehren eines Dritten zugrunde, ihm den Aufenthaltsort des Betroffenen mitzuteilen, so darf diese Stelle die Daten nur mit Einwilligung des Betroffenen an den Dritten weiterübermitteln. Die Registerbehörde hat die ersuchende Stelle darauf hinzuweisen. Verweigert der Betroffene die Einwilligung, hat die ersuchende Stelle dessen Daten unverzüglich zu vernichten.

§ 26 Datenübermittlung an Behörden anderer Staaten und an zwischenstaatliche Stellen. An Behörden anderer Staaten und an über- und zwischenstaatliche Stellen können Daten nach Maßgabe der §§ 4b, 4c des Bundesdatenschutzgesetzes und des § 14 übermittelt werden Für eine nach der § 4b Abs. 1 des Bundesdatenschutzgesetzes zulässige Übermittlung an ausländische Behörden findet auch § 15 entsprechende Anwendung. Für die Datenübermittlung ist das Einvernehmen mit der Stelle herzustellen, die die Daten an die Registerbehörde übermittelt hat.

§ 27 Datenübermittlung an sonstige nichtöffentliche Stellen. (1) An sonstige nichtöffentliche Stellen können auf Ersuchen Daten über die aktenführende Ausländerbehörde, zum Zuzug oder Fortzug oder über das Sterbedatum des Betroffenen übermittelt werden, wenn die Nachfrage bei der zuletzt zuständigen Meldebehörde erfolglos geblieben ist und ein rechtliches Interesse an der Kenntnis des Aufenthaltsortes nachgewiesen wird. Der Nachweis kann nur erbracht werden durch die Vorlage
1. eines nach deutschem Recht gültigen Vollstreckungstitels,
2. einer Aufforderung eines deutschen Gerichts, Daten aus dem Register nachzuweisen,
3. einer Bescheinigung einer deutschen Behörde, aus der sich ergibt, daß die Daten aus dem Register zur Durchführung eines dort anhängigen Verfahrens erforderlich sind.

§ 25 Abs. 2 und 3 gilt entsprechend.

(2) Vor der Datenübermittlung ist dem Betroffenen Gelegenheit zur Stellungnahme zu geben, es sei denn, die Anhörung liefe dem Zweck der Übermittlung zuwider. Werden die Daten ohne Anhörung des Betroffenen übermittelt, sind die wesentlichen Gründe dafür schriftlich niederzulegen. Willigt der Betroffene nicht ein, ist die Datenübermittlung unzulässig. Die Aufzeichnungen sind für die datenschutzrechtliche Kontrolle bestimmt. Sie müssen den Zweck der Datenübermittlung und die Dritten, an die Daten übermittelt worden sind, eindeutig erkennen lassen. Die Registerbehörde hat sie gesondert aufzubewahren, durch geeignete Vorkehrungen gegen unberechtigten Zugriff zu sichern und nach Fristablauf zu löschen, sofern sie nicht für ein bereits eingeleitetes Kontrollverfahren benötigt werden.

(3) Eine Weiterübermittlung der Daten durch die in Absatz 1 Satz 1 bezeichneten Stellen ist unzulässig.

(4) Für die Datenübermittlung können Gebühren zur Deckung des Verwaltungsaufwands erhoben und eine Erstattung von Auslagen verlangt werden.

Kapitel 3. Visadatei

§ 28 Anlaß der Speicherung. Die Speicherung von Daten eines Ausländers ist zulässig, wenn er ein Visum beantragt.

§ 29 Inhalt. (1) Folgende Daten werden gespeichert:
1. das Geschäftszeichen der Registerbehörde (VISA-Nummer),
2. die Auslandsvertretung; bei einem Antrag auf Erteilung eines Ausnahmevisums die mit der polizeilichen Kontrolle des grenzüberschreitenden Verkehrs betraute Behörde,

3. die Grundpersonalien und die weiteren Personalien,
4. das Lichtbild
5. das Datum der Datenübermittlung
6. die Entscheidung über den Antrag, die Rücknahme des Antrags, die Erledigung des Antrags auf andere Weise und die Annullierung des Visums,
7. das Datum der Entscheidung und das Datum der Übermittlung der Entscheidung,
8. Art, Nummer und Geltungsdauer des Visums,
9. bei Erteilung eines Visums das Datum der Verpflichtungserklärung nach § 68 Abs. 1, § 66 Abs. 2 des Aufenthaltsgesetzes und die Stelle, bei der sie vorliegt,
10. bei Vorlage ge- oder verfälschter Dokumente im Visaverfahren die Bezeichnung der vorgelegten ge- oder verfälschten Dokumente (Art und Nummer des Dokuments, im Dokument enthaltene Angaben über Aussteller, Ausstellungsdatum, Gültigkeitsdauer),
11. Entscheidungen der Bundesagentur für Arbeit über die Zustimmung zur Beschäftigung, einschließlich der Nebenbestimmungen.

(2) Aus Gründen der inneren Sicherheit werden bei Visaanträgen von Angehörigen bestimmter Staaten, die vom Bundesministerium des Innern im Einvernehmen mit dem Auswärtigen Amt festgelegt werden können, zusätzlich zu den Daten nach Absatz 1 Paßart, Paßnummer und ausstellender Staat gespeichert.

§ 30 Übermittelnde Stellen. (1) Die deutschen Auslandsvertretungen, die mit der polizeilichen Kontrolle des grenzüberschreitenden Verkehrs betrauten Behörden und die Ausländerbehörden sind zur Übermittlung der Daten nach § 29 Abs. 1 Nr. 2 bis 11 und Abs. 2 an die Registerbehörde verpflichtet.

(2) Die in Absatz 1 bezeichneten Stellen dürfen die Daten im Wege der Direkteingabe in das Register übermitteln. § 7 gilt entsprechend.

§ 31 Allgemeine Vorschriften für die Datenübermittlung. (1) Das Ersuchen um Übermittlung von Daten soll die Grundpersonalien des Betroffenen und die VISA-Nummer enthalten. Stimmen die im Übermittlungsersuchen bezeichneten Personalien mit den gespeicherten Daten nicht überein, ist die Datenübermittlung unzulässig, es sei denn, Zweifel an der Identität bestehen nicht. Kann die Registerbehörde die Identität nicht eindeutig feststellen, sind zur Identitätsprüfung die Daten ähnlicher Personen nach § 29 Abs. 1 Nr. 2 bis 4 oder Abs. 3 Nr. 2 bis 6 zu übermitteln. Die ersuchende Stelle hat alle Daten, die nicht zum Betroffenen gehören, unverzüglich zu löschen und entsprechende Aufzeichnungen zu vernichten.

(2) Die VISA-Nummer darf im Verkehr mit dem Register benutzt werden. Darüber hinaus steht sie nur für die Datenübermittlungen zwischen dem Bundesamt für Migration und Flüchtlinge und den Auslandsvertretungen sowie Ausländerbehörden im Rahmen der Aufenthaltsgewährungen zum vorübergehenden Schutz nach § 24 des Aufenthaltsgesetzes zur Verfügung.

(3) Im übrigen gelten die §§ 8, 9, 10 Abs. 1 sowie die §§ 11 und 13 entsprechend.

§ 32 Dritte, an die Daten übermittelt werden. (1) Auf Ersuchen werden die Daten an folgende öffentliche Stellen zur Erfüllung ihrer Aufgaben übermittelt:
1. die Bundespolizeidirektion und die mit grenzpolizeilichen Aufgaben betrauten Stellen,
2. das Bundesamt für Migration und Flüchtlinge,
3. das Bundeskriminalamt,
4. die Landeskriminalämter,
5. sonstige Polizeivollzugsbehörden des Bundes und der Länder,
6. die Ausländerbehörden,
7. die Träger der Sozialhilfe, die Träger der Grundsicherung für Arbeitsuchende und die für die Durchführung des Asylbewerberleistungsgesetzes zuständigen Stellen,
8. die in § 20 Abs. 1 bezeichneten öffentlichen Stellen,
9. die Gerichte und Staatsanwaltschaften,
10. die Bundesagentur für Arbeit und die Behörden der Zollverwaltung.

(2) § 21 Abs. 1 bis 3 und die Übermittlungsregelungen dieses Gesetzes gelten entsprechend.

(3) Eine Datenübermittlung an nichtöffentliche Stellen ist unzulässig.

AZR-Gesetz

§ 33 Abruf im automatisierten Verfahren. Die in § 32 bezeichneten Stellen können zum Abruf von Daten im automatisierten Verfahren zugelassen werden. § 22 Abs. 1 Satz 2 und 3 und Abs. 2 bis 4 gilt entsprechend.

Kapitel 4. Rechte des Betroffenen

§ 34 Auskunft an den Betroffenen. (1) Die Registerbehörde erteilt dem Betroffenen auf Antrag über die zu seiner Person gespeicherten Daten, auch soweit sie sich auf die Herkunft dieser Daten beziehen, den Zweck der Speicherung und den Empfänger oder Kategorien von Empfängern, an die Daten weitergeleitet werden, unentgeltlich Auskunft. Der Antrag muß die Grundpersonalien enthalten. Die Registerbehörde bestimmt das Verfahren, insbesondere die Form der Auskunftserteilung, nach pflichtgemäßem Ermessen.

(2) Die Auskunftserteilung unterbleibt, soweit
1. die Auskunft die ordnungsgemäße Erfüllung der Aufgaben gefährden würde, die in der Zuständigkeit der öffentlichen Stelle liegen, die die Daten an das Register übermittelt hat,
2. die Auskunft die öffentliche Sicherheit oder Ordnung gefährden oder sonst dem Wohl des Bundes oder eines Landes Nachteile bereiten würde oder
3. die Daten oder die Tatsache ihrer Speicherung nach einer Rechtsvorschrift oder ihrem Wesen nach, insbesondere wegen der überwiegenden berechtigten Interessen eines Dritten, geheimgehalten werden müssen

und deswegen das Interesse des Betroffenen an der Auskunftserteilung zurücktreten muß.

(3) Sind die Daten des Betroffenen von einer der in § 20 Abs. 1 bezeichneten öffentlichen Stellen, den Polizeivollzugsbehörden oder den Staatsanwaltschaften an das Register übermittelt worden, ist die Auskunft über die Herkunft der Daten nur mit deren Einwilligung zulässig. Dasselbe gilt für die Auskunft über den Empfänger oder Kategorien von Empfängern der Daten, soweit sie an die in Satz 1 bezeichneten Stellen oder an Gerichte übermittelt worden sind. Die Einwilligung darf nur unter den in Absatz 2 bezeichneten Voraussetzungen versagt werden. Die in § 20 Abs. 1 bezeichneten öffentlichen Stellen können ihre Einwilligung darüber hinaus unter den in § 15 Abs. 2 Nr. 2 des Bundesverfassungsschutzgesetzes, auch in Verbindung mit § 7 des BND-Gesetzes und § 9 des MAD-Gesetzes, bezeichneten Voraussetzungen versagen.

(4) Gegenüber dem Betroffenen bedarf die Ablehnung der Auskunftserteilung keiner Begründung, wenn dadurch der mit der Ablehnung verfolgte Zweck gefährdet würde. Die Begründung ist in diesem Fall zum Zweck einer datenschutzrechtlichen Kontrolle schriftlich niederzulegen und fünf Jahre aufzubewahren. Sie ist durch geeignete Maßnahmen gegen unberechtigten Zugriff zu sichern. Der Betroffene ist darauf hinzuweisen, daß er sich an den Bundesbeauftragten für den Datenschutz wenden kann.

(5) Wird dem Betroffenen keine Auskunft erteilt, ist sie auf sein Verlangen dem Bundesbeauftragten für den Datenschutz zu erteilen, soweit nicht die jeweils zuständige oberste Bundesbehörde im Einzelfall feststellt, daß dadurch die Sicherheit des Bundes oder eines Landes gefährdet würde. Die Mitteilung des Bundesbeauftragten an den Betroffenen darf keine Rückschlüsse auf den Erkenntnisstand der speichernden Stelle zulassen, sofern diese nicht einer weitergehenden Auskunft zustimmt.

Kapitel 5. Berechtigung, Löschung und Sperrung von Daten

§ 35 Berichtigung. Die Registerbehörde hat die nach den §§ 3 bis 5 und 29 gespeicherten Daten zu berichtigen, wenn sie unrichtig sind.

§ 36 Löschung. (1) Die Registerbehörde hat Daten spätestens mit Fristablauf zu löschen. Bei der Datenübermittlung teilt die übermittelnde Stelle für sie geltende Löschungsfristen mit. Die Registerbehörde hat die jeweils kürzere Frist zu beachten. Eine Löschung hat unverzüglich zu erfolgen, wenn die Speicherung der Daten unzulässig war.

(2) Die Daten sind auch unverzüglich zu löschen, wenn der Betroffene die deutsche Staatsangehörigkeit erworben hat oder die Registerbehörde nach der Speicherung seiner Daten erfährt, daß er Deutscher im Sinne des Artikels 116 Abs. 1 des Grundgesetzes ist. Eine Löschung erfolgt ferner, wenn die Registerbehörde auf Grund einer Mitteilung nach § 8 Abs. 1 Satz 2 Nr. 2 davon ausgehen kann, daß auch andere öffentliche Stellen die Daten für ihre Aufgabenerfüllung nicht mehr benötigen.

(3) Die Ausländerbehörden teilen der Registerbehörde vollzogene Einbürgerungen mit, sobald sie davon Kenntnis erhalten.

§ 37 Sperrung. (1) Die Registerbehörde hat die Daten zu sperren, soweit
1. die Richtigkeit von dem Betroffenen bestritten wird und weder die Richtigkeit noch die Unrichtigkeit von der Registerbehörde, der aktenführenden Ausländerbehörde oder der Stelle, die die Daten an die Registerbehörde übermittelt hat, festgestellt werden kann oder
2. die Daten nur zu Zwecken der Datensicherung oder Datenschutzkontrolle gespeichert sind.

§ 20 Abs. 5 des Bundesdatenschutzgesetzes findet keine Anwendung.

(2) Gesperrte Daten sind mit einem Sperrvermerk zu versehen. Sie dürfen außer zur Prüfung der Richtigkeit ohne Einwilligung des Betroffenen nicht verarbeitet oder genutzt werden. Nach Absatz 1 Nr. 1 gesperrte Daten dürfen unter Hinweis auf den Sperrvermerk außerdem verwendet werden, soweit dies für Zwecke der Strafverfolgung erforderlich ist.

§ 38 Unterrichtung beteiligter Stellen. (1) Die Registerbehörde hat im Fall einer Berichtigung, Löschung oder Sperrung den Empfänger der betreffenden Daten zu unterrichten, wenn dies zur Wahrung überwiegender schutzwürdiger Interessen des Betroffenen erforderlich ist. Sie hat auch diejenige Stelle zu unterrichten, die ihr diese Daten übermittelt hat.

(2) Absatz 1 gilt nicht für Löschungen bei Fristablauf.

Kapitel 6. Weitere Behörden

§ 39 Aufsichtsbehörden. Auf Aufsichtsbehörden sind die für die beaufsichtigten Behörden jeweils geltenden Vorschriften dieses Gesetzes entsprechend anzuwenden, soweit dies für die Ausübung ihrer Aufsichtsfunktion erforderlich ist. Ein Abruf von Daten im automatisierten Verfahren ist unzulässig.

Kapitel 7. Schlußvorschriften

§ 40 Rechtsverordnungen. (1) Bundesministerium des Innern bestimmt mit Zustimmung des Bundesrates durch Rechtsverordnung
1. Näheres zu den Daten, die
   a) von der Registerbehörde gespeichert werden,
   b) an und durch die Registerbehörde übermittelt oder innerhalb der Registerbehörde weitergegeben werden;
2. Näheres zu den Voraussetzungen und zum Verfahren
   a) der Übermittlung von Daten an und durch die Registerbehörde, insbesondere der Direkteingabe von Daten und des Datenabrufs im automatisierten Verfahren, sowie der Weitergabe innerhalb der Registerbehörde,
   b) der Identitätsprüfung nach § 10 Abs. 3, § 21 Abs. 3 und § 31 Abs. 1,
   c) bei Gruppenauskünften,
   d) der Übermittlungssperren, der Sperrung von Daten und der Auskunft an den Betroffenen,
   e) bei der Fertigung, Aufbewahrung, Nutzung, Löschung oder Vernichtung der im Gesetz vorgesehenen Aufzeichnungen und der Begründungstexte nach § 6 Abs. 5;
3. Näheres zur Verantwortung für den Registerinhalt und die Datenpflege;
4. die Fristen für die Löschung der im Ausländerzentralregister gespeicherten Daten.

(2) Das Bundesministerium des Innern kann ohne Zustimmung des Bundesrates durch Rechtsverordnung Einzelheiten über die Festsetzung von Gebühren und die Erstattung von Auslagen für die Datenübermittlung nach § 27 bestimmen.

§ 41 Verwaltungsvorschriften. (1) Das Bundesministerium des Innern erläßt mit Zustimmung des Bundesrates allgemeine Verwaltungsvorschriften zu diesem Gesetz und zu den auf Grund dieses Gesetzes erlassenen Rechtsverordnungen. Bei bundeseigener Verwaltung bedürfen die allgemeinen Verwaltungsvorschriften nicht der Zustimmung des Bundesrates.

(2) Das Bundesministerium des Innern benennt in einer Dienstvorschrift die Daten, die von der Registerbehörde nach § 20 Abs. 1 übermittelt werden. Der Bundesbeauftragte für den Datenschutz ist vor Erlaß der Dienstvorschrift anzuhören.

§ 42 Strafvorschriften. (1) Wer unbefugt personenbezogene Daten, die nicht offenkundig sind,
1. speichert, verändert oder übermittelt,
2. zum Abruf mittels automatisiertem Verfahren bereithält oder
3. abruft oder sich oder einem anderen aus Dateien verschafft,

wird mit Freiheitsstrafe bis zu einem Jahr oder mit Geldstrafe bestraft.

(2) Ebenso wird bestraft, wer
1. die Übermittlung von personenbezogenen Daten, die nicht offenkundig sind, durch unrichtige Angaben erschleicht oder
2. personenbezogene Daten entgegen § 25 Abs. 3 Satz 1, auch in Verbindung mit § 27 Abs. 1 Satz 3, verwendet, indem er sie innerhalb der nichtöffentlichen Stelle weitergibt.

(3) Handelt der Täter gegen Entgelt oder in der Absicht, sich oder einen anderen zu bereichern oder einen anderen zu schädigen, so ist die Strafe Freiheitsstrafe bis zu zwei Jahren oder Geldstrafe.

(4) Die Tat wird nur auf Antrag verfolgt.

§ 43 Aufhebung von Rechtsvorschriften. § 6 des Gesetzes über die Errichtung des Bundesverwaltungsamtes in der im Bundesgesetzblatt Teil III, Gliederungsnummer 200–2, veröffentlichten bereinigten Fassung, das durch § 14 des Gesetzes vom 1. Juli 1965 (BGBl. I S. 589) geändert worden ist, und § 2 Abs. 2 des Gesetzes über Maßnahmen für im Rahmen humanitärer Hilfsaktionen aufgenommene Flüchtlinge vom 22. Juli 1980 (BGBl. I S. 1057), das durch Art. 5 des Gesetzes vom 9. Juli 1990 (BGBl. I S. 1354) geändert worden ist, werden aufgehoben.

§ 44 Inkrafttreten. Dieses Gesetz tritt am 1. Oktober 1994 in Kraft. Abweichend von Satz 1 treten die §§ 40 und 41 am Tage nach der Verkündung in Kraft.

4.4. Verordnung zur Durchführung des Gesetzes über das Ausländerzentralregister (AZRG-Durchführungsverordnung – AZRG-DV)

Vom 17. Mai 1995 (BGBl. I 695), zuletzt geändert durch Gesetz vom 21. Juni 2005 (BGBl. I 1818)

Abschnitt 1. Inhalt des Registers

§ 1 Inhalt der Datensätze. Die Daten, die im Ausländerzentralregister gespeichert werden dürfen, ergeben sich aus Spalte A der Abschnitte I und II der Anlage zu dieser Verordnung. Bei der Speicherung des Vollzugs der Abschiebung und im Falle der Auslieferung wird im Register auch gespeichert, seit wann sich der Betroffene nicht mehr im Bundesgebiet aufhält.

§ 2 AZR-Nummer. (1) Die Registerbehörde vergibt die AZR-Nummer als Geschäftszeichen bei der erstmaligen Speicherung von Daten eines Ausländers im allgemeinen Datenbestand. Das Geschäftszeichen darf keine Rückschlüsse auf Daten über den Betroffenen zulassen. Es wird dem Datensatz automatisch zugeordnet.

(2) Die Registerbehörde stellt sicher, daß bei einer Verwendung des Geschäftszeichens für Datenübermittlungen an die Registerbehörde oder für Übermittlungsersuchen fehlerhafte Angaben des Geschäftszeichens erkannt werden und keine Verarbeitung der Daten erfolgt.

§ 3 Berichtigung eines Datensatzes. (1) Die Registerbehörde hat unabhängig von der Verantwortung der öffentlichen Stellen nach § 8 Abs. 1 des AZR-Gesetzes Hinweise auf eine mögliche Unrichtigkeit der gespeicherten Daten zu prüfen und unrichtige Daten zu berichtigen. Stellt sie fest, daß zu einem Ausländer im allgemeinen Datenbestand mehrere Datensätze bestehen, führt sie diese zu einem Datensatz zusammen. Die Zusammenführung von Datensätze erfolgt im Einvernehmen mit den Stellen, die die Daten an die Registerbehörde übermittelt haben.

(2) Stellt die Registerbehörde fest, daß im allgemeinen Datenbestand des Registers Datensätze verschiedener Personen übereinstimmende oder nur geringfügig voneinander abweichende Grundpersonalien enthalten, speichert sie einen Hinweis auf die Personenverschiedenheit.

Abschnitt 2. Datenübermittlung an die Registerbehörde

§ 4 Allgemeine Regelungen. (1) Die öffentlichen Stellen, die nach dem AZR-Gesetz verpflichtet oder berechtigt sind, an die Registerbehörde Daten zu übermitteln, die im Register zu speichern sind, ergeben sich aus Spalte C der Abschnitte I und II der Anlage zu dieser Verordnung.

(2) Maßgeblich für die Datenübermittlung ist der Zeitpunkt, in dem einer der Anlässe nach § 2 oder § 28 des AZR-Gesetzes oder eine Entscheidung zu einem der Anlässe nach § 3 Nr. 7 oder § 29 Abs. 3 Nr. 6 des AZR-Gesetzes vorliegt. Einzelheiten zum Zeitpunkt ergeben sich aus Spalte B der Abschnitte I bis III der Anlage zu dieser Verordnung. Die zur Datenübermittlung verpflichteten Stellen haben die Daten unverzüglich zu übermitteln. Bei mehreren Anlässen oder Entscheidungen können die Daten in einer Übermittlung zusammengefaßt werden, wenn dadurch keine wesentliche Verzögerung eintritt.

(3) Die Datenübermittlung an die Registerbehörde erfolgt auf maschinell verwertbaren Datenträgern, im Wege der Direkteingabe, auf dafür vorgesehenen Vordrucken oder in sonstiger Weise schriftlich.

(4) Bei der Verwendung maschinell verwertbarer Datenträger muß der Datenträger die von der Registerbehörde zugewiesene Kennzahl enthalten, aus der sich die Stelle ergibt, die den Datenträger erstellt hat. Die Registerbehörde legt das Verfahren und die zu treffenden Sicherungsmaßnahmen im Benehmen mit den beteiligten Stellen fest. Sie hat durch technische und organisatorische Maßnahmen sicherzustellen, daß nur die Daten gespeichert werden, zu deren Übermittlung die jeweilige Stelle verpflichtet oder berechtigt ist.

(5) Die Stellen, die zur Datenübermittlung im Wege der Direkteingabe berechtigt sind, haben die zur Datensicherung erforderlichen technischen und organisatorischen Maßnahmen zu treffen, um die unbefugte Eingabe von Daten zu verhindern. Die Registerbehörde führt ein Verzeichnis der berechtigten Stellen und der getroffenen Maßnahmen. Die Datenübermittlung durch Direkteingabe darf nur von Bediensteten vorgenommen werden, die der Leiter ihrer Behörde besonders ermächtigt hat.

(6) Erfolgt die Datenübermittlung auf Vordrucken oder in sonstiger Weise schriftlich, hat die Registerbehörde die Unterlagen bis zur Speicherung der Daten im Register durch geeignete Maßnahmen gegen unberechtigten Zugriff zu sichern. Nach der Speicherung der Daten sind die Unterlagen zu vernichten.

§ 5 Verfahren der Datenübermittlung. (1) Die öffentlichen Stellen, die Daten direkt eingeben dürfen, haben zuvor durch Abruf im automatisierten Verfahren festzustellen, ob im allgemeinen Datenbestand des Registers zu dem Betroffenen bereits ein Datensatz besteht. Besteht ein solcher Datensatz, sind diesem die zu übermittelnden Daten unter Angabe der AZR-Nummer zuzuordnen. Vor einer Zuordnung zu einem bereits vorhandenen Datensatz sind Zweifel an der Identität der Person, deren Daten im Register gespeichert sind, mit der Person, deren Daten zugeordnet werden sollen, auszuräumen.

(2) Erfolgt die Datenübermittlung auf anderem Wege, übermitteln die Stellen der Registerbehörde, soweit vorhanden, die AZR-Nummer, andernfalls die ihnen bekannten Grundpersonalien. Für die Registerbehörde gilt Absatz 1 entsprechend.

(3) Für den Fall, daß die Grundpersonalien der Person, deren Daten im allgemeinen Datenbestand des Registers gespeichert werden sollen, mit den Grundpersonalien einer anderen Person, zu der bereits ein Datensatz im Register besteht, übereinstimmen oder nur geringfügig davon abweichen, hat die Registerbehörde programmtechnische Vorkehrungen dafür zu treffen, daß eine Speicherung der Daten als neuer Datensatz nur möglich ist, wenn die eingebende Stelle eindeutig feststellt, daß es sich um verschiedene Personen handelt, und einen Hinweis auf die Personenverschiedenheit im Register speichert.

(4) Daten, die nach § 29 Abs. 1 Nr. 6 bis 11 gespeichert werden, sind unter Angabe vder Visadatei-Nummer, des Familiennamens und der Vornamen des Betroffenen zu übermitteln, damit diese Daten dem Datensatz zugespeichert werden können, der im konkreten Visumverfahren anlässlich der Übermittlung der Daten zum Visumantrag in der AZR-Visadatei angelegt wurde. Die Registerbehörde hat programmtechnische Vorkehrungen zu treffen, dass eine Speicherung dieser Daten als neuer Datensatz ausgeschlossen ist.

§ 6 Begründungstexte. (1) Die Daten, bei deren Übermittlung Begründungstexte nach § 6 Abs. 5 des AZR-Gesetzes zu übersenden sind, ergeben sich aus Spalte A des Abschnitts III der Anlage zu dieser Verordnung. Begründungstexte sind unverzüglich zu übersenden.

(2) Die Registerbehörde bewahrt die Begründungstexte gesondert auf. Sie speichert im Register beim Datensatz des Betroffenen den Hinweis nach § 3 Nr. 8 des AZR-Gesetzes, daß der Begründungstext vorliegt.

(3) Die bei der Registerbehörde aufbewahrten Begründungstexte sind unverzüglich zu vernichten, sobald die Daten gelöscht werden, auf die sie sich beziehen.

§ 7 Übermittlungssperren. (1) Jeder Ausländer, dessen Daten im allgemeinen Datenbestand des Registers gespeichert sind, kann eine Übermittlungssperre nach § 4 des AZR-Gesetzes beantragen. Der Antrag ist schriftlich oder zur Niederschrift unter Angabe der Gründe bei der Registerbehörde oder der aktenführenden Ausländerbehörde zu stellen. Befindet sich der Betroffene in einem Asylverfahren, kann er den Antrag auch bei der für das Asylverfahren zuständigen Organisationseinheit im Bundesamt für Migration und Flüchtlinge stellen. Die Stelle, bei der der Antrag gestellt ist, entscheidet über den Antrag.

(2) Schutzwürdige Interessen, die nach § 4 des AZR-Gesetzes auf Antrag glaubhaft gemacht werden können, oder Tatsachen, die die Speicherung einer Übermittlungssperre von Amts wegen rechtfertigen, bestehen insbesondere, wenn
1. eine Gefahr für Leib, Gesundheit oder persönliche Freiheit des Betroffenen oder einer anderen Person besteht,
2. die Einsicht in einen Eintrag in das Geburten-, Familien- oder Lebenspartnerschaftsbuch nach § 61 Abs. 2 bis 4 des Personenstandsgesetzes nur bestimmten Stellen gestattet ist,
3. ein Adoptionspflegeverhältnis nach § 1758 Abs. 2 des Bürgerlichen Gesetzbuches vorliegt.

(3) Erfährt eine Ausländerbehörde, daß zu einem Ausländer im Melderegister eine Auskunftssperre eingetragen ist, setzt sie die aktenführende Ausländerbehörde davon unverzüglich in Kenntnis. Diese übermittelt an die Registerbehörde eine Übermittlungssperre.

(4) Die Registerbehörde hat bei überwiegendem öffentlichen Interesse von Amts wegen, insbesondere aus Gründen des Zeugenschutzes, eine auch gegenüber öffentlichen Stellen wirkende Übermittlungssperre zu speichern.

(5) Wird eine Übermittlungssperre von Amts wegen im Register gespeichert, hat die Stelle, die über die Speicherung entschieden hat, den Betroffenen davon zu unterrichten.

(6) Unterbleibt die Datenübermittlung an nichtöffentliche Stellen, Behörden anderer Staaten oder zwischenstaatliche Stellen aufgrund einer Übermittlungssperre, teilt die Registerbehörde der ersuchenden Stelle mit, daß eine Auskunft nicht möglich ist.

(7) Die Registerbehörde hat eine Übermittlungssperre auf Antrag des Betroffenen zu löschen, es sei denn, die Übermittlungssperre ist von Amts wegen im Interesse einer anderen Person oder wegen überwiegender öffentlicher Interessen gespeichert worden. Der Antrag ist schriftlich bei der Registerbehörde zu stellen. Er bedarf keiner Begründung. Der Antragsteller hat der Registerbehörde seine Identität nachzuweisen.

(8) Die Registerbehörde löscht eine Übermittlungssperre von Amts wegen, wenn die Voraussetzungen nicht mehr vorliegen. Vor der Löschung hat die Stelle, die über die Speicherung der Übermittlungssperre entschieden hat, nach Anhörung des Betroffenen Stellung zu nehmen. Hat die für das Asylverfahren zuständige Organisationseinheit im Bundesamt für Migration und Flüchtlinge über die Übermittlungssperre entschieden und ist das Asylverfahren abgeschlossen, geht diese Verpflichtung auf die aktenführende Ausländerbehörde über. Die Registerbehörde unterrichtet den Betroffenen und die beteiligten Stellen über die Löschung.

(9) Unterlagen zu einer Übermittlungssperre sind ein Jahr nach Löschung der Übermittlungssperre zu vernichten. Wird ein Antrag auf Übermittlungssperre abgelehnt sind die Unterlagen ein Jahr nach der Entscheidung zu vernichten.

Abschnitt 3. Datenübermittlung durch die Registerbehörde

§ 8 Übermittlungsersuchen. (1) Jede öffentliche Stelle, die um Übermittlung von Daten aus dem Register ersucht, hat vor dem Übermittlungsersuchen zu prüfen, ob die Kenntnis der im Register gespeicherten Daten zur Erfüllung ihrer Aufgaben erforderlich ist.

(2) Das Übermittlungsersuchen kann auf maschinell verwertbaren Datenträgern, im Rahmen des Abrufs im automatisierten Verfahren, auf dafür vorgesehenen Vordrucken, in sonstiger Weise schriftlich oder fernmündlich erfolgen. Die ersuchende Stelle darf maschinell verwertbare Datenträger für das Übermittlungsersuchen nur nutzen, wenn diese bei der Registerbehörde angemeldet sind. Ein fernmündliches Übermittlungsersuchen ist nur für öffentliche Stellen und nur dann zulässig, wenn die mit einem schriftlichen Übermittlungsersuchen verbundene zeitliche Verzögerung aus dringenden dienstlichen Gründen nicht zu vertreten ist.

(3) Die nach § 10 Abs. 1 Satz 2 des AZR-Gesetzes erforderliche Angabe zum Verwendungszweck besteht aus der Aufgabenbezeichnung und, soweit vorhanden, dem Geschäftszeichen des Verfahrens, zu dem die Daten übermittelt werden sollen. Die in § 20 Abs. 1 des AZR-Gesetzes bezeichneten Stellen geben statt des Geschäftszeichens des Verfahrens ein besonderes Geschäftszeichen für das Übermittlungsersuchen an, das eine Zuordnung zum Verfahren ermöglicht; dieses Geschäftszeichen und das Geschäftszeichen des Verfahrens sind in den nach § 20 Abs. 2 des AZR-Gesetzes vorgesehenen Aufzeichnungen anzugeben. Folgende Aufgabenbezeichnungen sind zu verwenden:

1. ausländerrechtliche Aufgabe,
2. asylrechtliche Aufgabe,
2. Migration und Integration
3. Gewährleistung des grenzpolizeilichen Schutzes des Bundesgebietes,
4. Strafverfolgung – Verfahren gegen den Betroffenen,
5. Strafverfolgung – Verfahren gegen Dritte,
6. Strafvollstreckung,
7. Rechtspflege,
8. Abwehr von Gefahren
9. Abwehr einer im Einzelfall bestehenden Gefahr,
10. Erfüllung von Verpflichtungen aus völkerrechtlichen Verträgen,
11. Identitätsfeststellung nach § 16 Abs. 6 des AZR-Gesetzes,
12. Unterstützung der Zollfahndungsämter,
13. selbständige Ermittlungen des Zollkriminalamtes,
14. Bekämpfung der illegalen Beschäftigung,
15. Feststellung der Eigenschaft als Deutscher,
16. Feststellung der Aussiedler- oder Spätaussiedlereigenschaft,
17. Aufgabe nach
    a) § 3 Abs. 1 Nr. 1,
    b) § 3 Abs. 1 Nr. 2,
    c) § 3 Abs. 1 Nr. 3 oder
    d) § 3 Abs. 2
    des Bundesverfassungsschutzgesetzes,
18. Aufgabe nach
    a) § 1 Abs. 1 Nr. 1,
    b) § 1 Abs. 1 Nr. 2 oder
    c) § 1 Abs. 3
    des MAD-Gesetzes,
19. Aufgabe nach
    a) § 2 Abs. 1 Nr. 1,
    b) § 2 Abs. 1 Nr. 2,
    c) § 2 Abs. 1 Nr. 3 oder
    d) § 2 Abs. 1 Nr. 4
    des BND-Gesetzes,
20. Visaverfahren,
21. Zuverlässigkeitsprüfung nach § 7 des Luftsicherheitsgesetzes,
22. Aufgaben nach dem Zwölften Buch Sozialgesetzbuch oder nach dem Asylbewerberleistungsgesetz,
23. Aufgaben bei Zulassung und Überwachung der Ausländerbeschäftigung,
24. Datenpflege.

(4) Von den in § 22 Abs. 1 Nr. 9 Buchstabe a und b des AZR-Gesetzes bezeichneten Stellen sind beim Datenabruf im automatisierten Verfahren nur folgende Aufgabenbezeichnungen zu verwenden:

1. Aufgabe nach § 3 Abs. 1 Nr. 2 des Bundesverfassungsschutzgesetzes,
2. Aufgabe nach § 3 Abs. 1 Nr. 3 des Bundesverfassungsschutzgesetzes,

AZRG-Durchführungsverordnung   4.4. **Texte 5**

3. Beobachtung terroristischer Bestrebungen,
4. Aufgabe nach § 1 Abs. 1 Nr. 2 des MAD-Gesetzes.

(5) Für die Angabe des Verwendungszwecks nach § 11 Abs. 1 Satz 3 und Abs. 2 Satz 3 des AZR-Gesetzes gilt Absatz 3 entsprechend. Die Mitteilung hat schriftlich zu erfolgen.

(6) Ähnliche Personen im Sinne des § 10 Abs. 3, § 21 Abs. 3 und § 31 Abs. 1 des AZR-Gesetzes sind solche Personen, deren Grundpersonalien, abweichende Namensschreibweisen, andere Namen, frühere Namen oder Aliaspersonalien mit den im Übermittlungsersuchen angegebenen Grundpersonalien übereinstimmen oder nur geringfügig davon abweichen.

§ 9 Allgemeine Regelungen der Datenübermittlung durch die Registerbehörde. (1) Der Umfang der Daten, die die Registerbehörde nach dem AZR-Gesetz an die jeweils ersuchende Stelle übermitteln und weitergeben darf, ergibt sich aus den Spalten A und D der Abschnitte I und II der Anlage zu dieser Verordnung.

(2) Die Registerbehörde hat vor der Übermittlung festzustellen, ob die ersuchende Stelle generell berechtigt ist, Daten aus dem Register zu erhalten, ob der im Ersuchen angegebene Zweck in die sachliche Zuständigkeit der ersuchenden Stelle fällt, in welchem Umfang dieser Stelle Daten übermittelt werden dürfen und ob die Nutzung maschinell verwertbarer Datenträger ordnungsgemäß angemeldet worden ist.

(3) Die Registerbehörde übermittelt die Daten grundsätzlich auf dem gleichen Weg, auf dem das Übermittlungsersuchen gestellt worden ist. Bei einer fernmündlichen Datenübermittlung hat sich die Registerbehörde zuvor über die Identität der ersuchenden Person und über deren Zugehörigkeit zur ersuchenden öffentlichen Stelle zu vergewissern.

(4) Die Registerbehörde hat durch technische Maßnahmen sicherzustellen, daß im automatisierten Verfahren andere Daten als die Grunddaten nur abgerufen werden können, wenn die abrufende Stelle einen Verwendungszweck nach § 8 Abs. 3 oder 4 angibt, zu dem die Daten übermittelt werden dürfen.

§ 10 Zulassung zum Abruf im automatisierten Verfahren. (1) Die Zulassung zum Abruf von Daten im automatisierten Verfahren nach § 22 Abs. 1 des AZR-Gesetzes ist schriftlich bei der Registerbehörde zu beantragen. Zuvor ist die Zustimmung der für den Antragsteller zuständigen obersten Bundes- oder Landesbehörde einzuholen. In der Antragsbegründung ist darzulegen, daß die Einrichtung des automatisierten Abrufverfahrens wegen der Vielzahl der Übermittlungsersuchen oder der besonderen Eilbedürftigkeit angemessen ist, und in welchem Umfang und an welchen Standorten Einrichtungen zum Datenabruf im automatisierten Verfahren geschaffen werden sollen. Die Registerbehörde ist berechtigt, entsprechende Nachweise zu verlangen. Will sie dem Antrag stattgeben, holt sie die Zustimmung des Bundesministeriums des Innern ein.

(2) Liegt die Zustimmung des Bundesministeriums des Innern vor, teilt die Registerbehörde dem Antragsteller die beabsichtigte Entscheidung mit und fordert ihn zugleich auf, die zur Datensicherung erforderlichen technischen und organisatorischen Maßnahmen zutreffen. Die Entscheidung ergeht, sobald der Antragsteller der Registerbehörde schriftlich mitgeteilt hat, daß er diese Maßnahmen getroffen hat. Die Registerbehörde kann die Zulassung mit Beschränkungen erteilen.

(3) Die Registerbehörde führt ein Verzeichnis der zum Abruf im automatisierten Verfahren zugelassenen öffentlichen Stellen und der getroffenen Maßnahmen. Die Registerbehörde hat die Zulassungsunterlagen zusammen mit dem Verzeichnis aufzubewahren sowie die Unterlagen gegen den Zugriff durch Unbefugte zu sichern.

§ 11 Gruppenauskünfte an öffentliche Stellen. (1) Das Ersuchen um Gruppenauskunft muß die Merkmale bezeichnen, nach denen die Gruppenauskunft erfolgen soll. Gruppenmerkmale können sein
1. die in Spalte A des Abschnitts I der Anlage zu dieser Verordnung bezeichneten Daten,
2. räumliche Zuordnungen (Bund, Länder, Gemeinden) und
3. bestimmte Zeiträume.

Merkmalsauswahl und Auskunftsumfang bei einer Gruppenauskunft sind auf die Daten beschränkt, die der ersuchenden Stelle bei einzelnen Übermittlungsersuchen übermittelt werden dürfen.

(2) Die nach § 12 Abs. 2 des AZR-Gesetzes erforderliche Zustimmung des Leiters der ersuchenden Behörde ist der Registerbehörde mit dem Ersuchen schriftlich mitzuteilen.

1467

(3) Die Registerbehörde entscheidet unter Berücksichtigung der Aufgaben der ersuchenden Stelle, in welcher Weise und zu welcher Zeit die Gruppenauswertung im Register durchgeführt wird. Sie kann das Ergebnis der Auswertung auf einem maschinell verwertbaren Datenträger zur Verfügung stellen.

(4) Wird die Gruppenauskunft erteilt, ist der Empfänger von der Registerbehörde auf die Zweckbindungsregelung des § 11 Abs. 1 Satz 1 des AZR-Gesetzes hinzuweisen.

(5) Die Unterrichtung nach § 12 Abs. 3 des AZR-Gesetzes umfaßt die in Absatz 1 bezeichneten Merkmale, nach denen die Gruppenauskunft erfolgt, sowie die Angabe der ersuchenden Stelle und den Zweck der Gruppenauskunft. Bei Gruppenauskünften an die in § 20 des AZR-Gesetzes bezeichneten Stellen ist neben der ersuchenden Stelle nur mitzuteilen, aus welchem der in § 12 Abs. 1 Satz 2 des AZR-Gesetzes bezeichneten Gründen die Gruppenauskunft erfolgt ist.

§ 12 Datenübermittlung an nichtöffentliche Stellen, die humanitäre oder soziale Aufgaben wahrnehmen. (1) Nichtöffentliche Stellen, die nach § 25 des AZR-Gesetzes um Übermittlung von Daten ersuchen, haben gegenüber der Registerbehörde nachzuweisen, daß sie zur Erfüllung ihrer humanitären oder sozialen Aufgaben nach Verschollenen zur Familienzusammenführung suchen oder Unterstützung in Vormundschafts- und Unterhaltsangelegenheiten leisten. Sie haben die hierfür erforderlichen Unterlagen, insbesondere Satzungen, auf Anforderung der Registerbehörde in beglaubigter Abschrift vorzulegen. Die Registerbehörde kann auf die Vorlage verzichten, wenn die in Satz 1 bezeichnete Aufgabenstellung allgemein bekannt oder der Nachweis bereits erbracht ist. Sie führt ein Verzeichnis der Stellen, denen sie Daten übermitteln darf.

(2) Liegen die Voraussetzungen für eine Datenübermittlung nicht vor, teilt die Registerbehörde der ersuchenden Stelle mit, daß eine Auskunft nicht möglich ist.

§ 13 Datenübermittlung an Behörden anderer Staaten und an zwischenstaatliche Stellen.
(1) Behörden anderer Staaten richten ihre Übermittlungsersuchen, soweit es sich bei dem Betroffenen um einen Angehörigen ihres Staates handelt, über ihre Auslandsvertretung an die Registerbehörde. Besitzt der Betroffene die Staatsangehörigkeit eines dritten Staates, leitet die Auslandsvertretung das Übermittlungsersuchen über das Auswärtige Amt an die Registerbehörde. Zwischenstaatliche Stellen leiten ihre Übermittlungsersuchen über das Auswärtige Amt an die Registerbehörde. Das Bundesministerium des Innern kann mit Zustimmung des Auswärtigen Amtes abweichende Regelungen treffen. Regelungen in völkerrechtlichen Vereinbarungen bleiben unberührt.

(2) Die Registerbehörde prüft, ob die Voraussetzungen des § 26 des AZR-Gesetzes für eine Datenübermittlung an Behörden anderer Staaten oder zwischenstaatliche Stellen vorliegen. Sofern die Registerbehörde dem Antrag stattgeben will, holt sie zuvor die Stellungnahme der aktenführenden Ausländerbehörde oder, soweit sich der Betroffene in einem Asylverfahren befindet, die Stellungnahme der für das Asylverfahren zuständigen Stelle im Bundesamt für Migration und Flüchtlinge ein. Diese stellen fest, ob der Betroffene einwilligt, und teilen der Registerbehörde das Ergebnis mit. Erteilt der Betroffene die Einwilligung oder ist sie nicht erforderlich, übermittelt die Registerbehörde die Daten aus dem Register an die Auslandsvertretung oder die zwischenstaatliche Stelle. Absatz 1 Satz 4 und 5 gilt entsprechend.

(3) § 12 Abs. 2 gilt entsprechend.

§ 14 Datenübermittlung an sonstige nichtöffentliche Stellen. (1) Sonstige nichtöffentliche Stellen im Sinne des § 27 des AZR-Gesetzes haben gegenüber der Registerbehörde nachzuweisen, daß die Nachfrage bei der zuletzt zuständigen Meldebehörde erfolglos geblieben ist. Der Nachweis ist durch Vorlage einer entsprechenden Auskunft der Meldebehörde zu erbringen, die nicht älter als vier Wochen sein soll.

(2) § 12 Abs. 2 gilt entsprechend.

Abschnitt 4. Auskunft an den Betroffenen

§ 15 Voraussetzungen und Verfahren der Auskunftserteilung. (1) Der Betroffene kann nach § 34 des AZR-Gesetzes jederzeit einen Antrag auf Auskunftserteilung stellen. Der Antrag kann auch von einem gesetzlichen oder bevollmächtigten Vertreter gestellt werden.

(2) Der Antrag ist bei der Registerbehörde schriftlich zu stellen. Er bedarf keiner Begründung. Der Antragsteller hat seine Identität und, wenn er als Vertreter handelt, seine Vertretungsmacht nachzuweisen.

(3) Für die Prüfung, ob die Auskunftserteilung nach § 34 Abs. 2 Nr. 1 des AZR-Gesetzes unterbleiben muß, holt die Registerbehörde die Stellungnahme der zuständigen Stelle ein.

(4) Erteilt die Registerbehörde keine Auskunft, kann der Betroffene die nach § 34 Abs. 5 des AZR-Gesetzes mögliche Auskunftserteilung an den Bundesbeauftragten für den Datenschutz schriftlich bei der Registerbehörde verlangen. Die zur datenschutzrechtlichen Kontrolle schriftlich niedergelegte Begründung ist mit Fristablauf zu vernichten, wenn sie nicht für ein bereits eingeleitetes Kontrollverfahren benötigt wird.

Abschnitt 5. Aufzeichnungen bei Datenübermittlungen, Sperrung und Löschung von Daten

§ 16 Aufzeichnungen bei Datenübermittlungen. (1) Die Registerbehörde hat sicherzustellen, daß die Aufzeichnungen nach den §§ 9, 13 und 31 Abs. 3 des AZR-Gesetzes bei der Eingabe und beim Abruf von Daten, die von ihr selbst oder von anderen Stellen vorgenommen werden, durch ein selbsttätiges Verfahren erfolgen. Sie hat sich unabhängig von Prüfungen durch den Bundesbeauftragten für den Datenschutz durch regelmäßige Kontrollen von der ordnungsgemäßen Funktion dieses Verfahrens zu überzeugen.

(2) Aufzeichnungen nach Absatz 1 sind sechs Monate nach ihrer Entstehung zu löschen, wenn sie nicht für ein bereits eingeleitetes Kontrollverfahren benötigt werden. Aufzeichnungen nach § 4 Abs. 4 des AZR-Gesetzes sind unverzüglich nach Löschung der Übermittlungssperre, Aufzeichnungen nach § 27 Abs. 2 des AZR-Gesetzes ein Jahr nach ihrer Entstehung zu löschen.

(3) Mitteilungen nach § 11 Abs. 1 Satz 3 und Abs. 2 Satz 3 des AZR-Gesetzes sind sechs Monate nach Eingang bei der Registerbehörde zu vernichten, wenn sie nicht für ein bereits eingeleitetes Kontrollverfahren benötigt werden.

§ 17 Sperrung von Daten. (1) Das Bestreiten der Richtigkeit gespeicherter Daten nach § 37 Abs. 1 des AZR-Gesetzes hat schriftlich gegenüber der Registerbehörde zu erfolgen. Der Betroffene soll bei der Ermittlung des Sachverhalts mitwirken. Insbesondere soll er ihm bekannte Tatsachen und Beweismittel angeben.

(2) Läßt sich weder die Richtigkeit noch die Unrichtigkeit der bestrittenen Daten zur Überzeugung der Registerbehörde feststellen, wird der Datensatz des Betroffenen mit Ausnahme der Grundpersonalien und der weiteren Personalien gesperrt. Die Angaben des Betroffenen zu seinen Grundpersonalien und seinen weiteren Personalien gelten als richtig, soweit sich nicht nachweisen läßt, daß die davon abweichenden gespeicherten Daten richtig sind. Geht ein Übermittlungsersuchen über die Grundpersonalien und die weiteren Personalien hinaus, wird der ersuchenden Stelle außer in den Fällen des § 37 Abs. 2 Satz 3 des AZR-Gesetzes nur der Hinweis auf den Sperrvermerk übermittelt.

§ 18 Löschung von Daten, Löschungsfristen im allgemeinen Datenbestand. (1) Im allgemeinen Datenbestand des Registers ist der Datensatz eines Ausländers, der das Inland verlassen hat, spätestens zehn Jahre nach der Ausreise zu löschen. Der Datensatz eines verstorbenen Ausländers ist spätestens fünf Jahre nach seinem Tod zu löschen. Die Fristen beginnen mit Ablauf des Vierteljahres, in dem das maßgebliche Ereignis eingetreten ist.

(2) Abweichend von Absatz 1 Satz 1 erfolgt die Löschung des Datensatzes eines Ausländers, der das Inland verlassen hat, spätestens mit Ablauf des Vierteljahres, in dem er das 90. Lebensjahr vollendet hat, wenn einer der folgenden Sachverhalte gespeichert ist:
1. Rechtsstellung als heimatloser Ausländer oder Kontingentflüchtling,
2. Anerkennung als Asylberechtigter,
3. Ausweisung oder Abschiebung mit unbefristeter Wirkung oder
4. Ablehnung des Antrags auf Feststellung der deutschen Staatsangehörigkeit.

(3) Die Registerbehörde löscht folgende Daten:
1. nach einem Jahr die Erteilung eines Visums trotz Bedenken,
2. nach fünf Jahren

a) die Ablehnung des Antrags auf Feststellung der Eigenschaft als Deutscher oder auf Anerkennung als Aussiedler oder Spätaussiedler oder die Rücknahme dieser Feststellung,
b) ein Ausreiseverbot,
c) eine Zurückweisung oder Zurückschiebung,
3. nach zehn Jahren
a) die Ausstellung eines Paßersatzes nach § 14 der Verordnung zur Durchführung des Ausländergesetzes, soweit dieser in Spalte A des Abschnitts I der Anlage zu dieser Verordnung aufgeführt ist,
b) die Einschränkung oder Untersagung der politischen Betätigung mit unbefristeter Wirkung,
c) Einreisebedenken mit unbefristeter Wirkung,
d) Daten nach § 3 Nr. 3 und 7 in Verbindung mit § 2 Abs. 2 Nr. 7 des AZR-Gesetzes.
Die Fristen beginnen mit Ablauf des Vierteljahres, in dem die Daten übermittelt worden sind.

(4) Daten werden im übrigen gelöscht, wenn die ihnen zugrundeliegenden Maßnahmen zurückgenommen, widerrufen, anderweitig aufgehoben oder auf andere Weise erledigt sind. Datenspeicherungen zu befristeten Maßnahmen werden mit Ablauf der Frist gelöscht. Bereits im Register gespeicherte Angaben zum aufenthaltsrechtlichen Status werden durch Speicherung weiterer Angaben zum aufenthaltsrechtlichen Status nicht gelöscht.

§ 19 Löschung von Daten, Löschungsfristen in der Visadatei. In der Visadatei des Registers ist der Datensatz eines Ausländers spätestens nach zwei Jahren zu löschen, wenn Daten nach § 29 Abs. 1 oder 3 des AZR-Gesetzes gespeichert sind. Sind zusätzlich Daten nach § 29 Abs. 2 des AZR-Gesetzes gespeichert, erfolgt die Löschung spätestens nach drei Jahren. Die Fristen beginnen mit Ablauf des Vierteljahres, in dem die Daten übermittelt worden sind.

Abschnitt 6. Schlußvorschriften

§ 20 Übergangsregelungen aus Anlass des Inkrafttretens des Zuwanderungsgesetzes. (1) Bis zum 31. Dezember 2004 gespeicherte Angaben zum aufenthaltsrechtlichen Status im Sinne des § 2 Abs. 2 Nr. 3 in Verbindung mit § 3 Nr. 6 des AZR-Gesetzes bleiben auch nach Inkrafttreten des Zuwanderungsgesetzes gespeichert. Nach dem Aufenthaltsgesetz oder dem Freizügigkeitsgesetz/EU zulässige neue Maßnahme und Entscheidungen sind erst zu speichern, wenn sie im Einzelfall getroffen werden.

(2) Ausländerbehörden können bis zum 31. Dezember 2005 Angaben zum aufenthaltsrechtlichen Status unter bisher verwendeten Kennungen übermitteln, solange und soweit die informationstechnischen Voraussetzungen für eine Übermittlung entsprechend dem ab 1. Januar 2005 geltenden Recht noch nicht geschaffen sind. Die Zuordnung bisher verwendeter Kennungen zu den ab dem 1. Januar 2005 neu eingeführten Speichersachverhalten bestimmt die Registerbehörde im Einvernehmen mit dem Bundesministerium des Innern.

(3) Angaben zur Rechtsgrundlage des Aufenthaltstitels und dem Ende seiner Gültigkeitsdauer, zum Zweck des Aufenthalts sowie zu den durch das Aufenthaltsgesetz und das Freizügigkeitsgesetz/EU neu eingeführten Maßnahmen und Entscheidungen werden übermittelt, sobald hierfür die informationstechnischen Voraussetzungen geschaffen worden sind, spätestens jedoch ab dem 1. Januar 2006. Soweit bis dahin diese Daten nicht übermittelt worden sind, ist die zuständige Stelle verpflichtet, ihre Übermittlung unverzüglich nachzuholen.

(4) Daten, die aufgrund der bis zum 31. Dezember 2004 geltenden Fassung dieser Verordnung noch gespeichert wurden, aber in der nunmehr geltenden Fassung nicht mehr enthalten sind, übermittelt die Registerbehörde entsprechend der bis zum 31. Dezember 2004 geltenden Fassung dieser Verordnung.

(5) An Träger der Sozialhilfe, Träger der Grundsicherung für Arbeitsuchende und zur Durchführung des Asylbewerberleistungsgesetzes zuständige Stellen übermittelt die Registerbehörde auf Ersuchen auch alle bis zum 31. Dezember 2004 gespeicherten Daten zum aufenthaltsrechtlichen Status und zu den für oder gegen den Ausländer getroffenen aufenthaltsrechtlichen Entscheidungen.

§ 21 Inkrafttreten. Diese Verordnung tritt am Tage nach der Verkündung in Kraft.

(Es folgen Anlagen)

5.1. Abkommen über die Rechtsstellung der Flüchtlinge (Genfer Konvention[1] – GK)

Vom 28. Juli 1951 (Gesetz vom 1. September 1953, BGBl. II 559)

Kapitel I. Allgemeine Bestimmungen

Art. 1 Definition des Begriffs „Flüchtling"

A

Im Sinne dieses Abkommens findet der Ausdruck „Flüchtling" auf jede Person Anwendung:

1. Die in Anwendung der Vereinbarungen vom 12. Mai 1926 und 30. Juni 1928 oder in Anwendung der Abkommen vom 28. Oktober 1933 und 10. Februar 1938 und des Protokolls vom 14. September 1939 oder in Anwendung der Verfassung der Internationalen Flüchtlingsorganisation als Flüchtling gilt.

Die von der Internationalen Flüchtlingsorganisation während der Dauer ihrer Tätigkeit getroffenen Entscheidungen darüber, daß jemand nicht als Flüchtling im Sinne ihres Statuts anzusehen ist, stehen dem Umstand nicht entgegen, daß die Flüchtlingseigenschaft Personen zuerkannt wird, die die Voraussetzungen der Ziffer 2 dieses Artikels erfüllen.

2. Die infolge von Ereignissen, die vor dem 1. Januar 1951[2] eingetreten sind, und aus der begründeten Furcht vor Verfolgung wegen ihrer Rasse, Religion, Nationalität, Zugehörigkeit zu einer bestimmten sozialen Gruppe oder wegen ihrer politischen Überzeugung sich außerhalb des Landes befinden, dessen Staatsangehörigkeit sie besitzt, und den Schutz dieses Landes nicht in Anspruch nehmen kann oder wegen dieser Befürchtungen nicht in Anspruch nehmen will; oder die sich als Staatenlose infolge solcher Ereignisse außerhalb des Landes befindet, in welchem sie ihren gewöhnlichen Aufenthalt hatte, und nicht dorthin zurückkehren kann oder wegen der erwähnten Befürchtungen nicht dorthin zurückkehren will.

Für den Fall, daß eine Person mehr als eine Staatsangehörigkeit hat, bezieht sich der Ausdruck „das Land, dessen Staatsangehörigkeit sie besitzt" auf jedes der Länder, dessen Staatsangehörigkeit diese Person hat. Als des Schutzes des Landes, dessen Staatsangehörigkeit sie hat, beraubt gilt nicht eine Person, die ohne einen stichhaltigen, auf eine begründete Befürchtung gestützten Grund den Schutz eines der Länder nicht in Anspruch genommen hat, deren Staatsangehörigkeit sie besitzt.

B

1. Im Sinne dieses Abkommens können die im Artikel 1 Abschnitt A enthaltenen Worte „Ereignisse, die vor dem 1. Januar 1951 eingetreten sind" in dem Sinne verstanden werden, daß es sich entweder um a) „Ereignisse, die vor dem 1. Januar 1951 in Europa eingetreten sind" oder b) „Ereignisse, die vor dem 1. Januar 1951 in Europa oder anderswo eingetreten sind" handelt. Jeder vertragschließende Staat wird zugleich mit der Unterzeichnung, der Ratifikation oder dem Beitritt eine Erklärung abgeben, welche Bedeutung er diesem Ausdruck vom Standpunkt der von ihm aufgrund dieses Abkommens übernommenen Verpflichtungen zu geben beabsichtigt.

2. Jeder vertragschließende Staat, der die Formulierung zu a) angenommen hat, kann jederzeit durch eine an den Generalsekretär der Vereinten Nationen gerichtete Notifikation seine Verpflichtungen durch Annahme der Formulierung b) erweitern.

C

Eine Person, auf die die Bestimmungen des Abschnitts A zutreffen, fällt nicht mehr unter dieses Abkommen,

1. wenn sie sich freiwillig erneut dem Schutz des Landes, dessen Staatsangehörigkeit sie besitzt, unterstellt; oder

---

[1] Diese Bezeichnung ist nicht amtlich.
[2] Betr. Stichtag vgl. Erklärung nach Artikel 46.

5 Texte 5.1.

2. wenn sie nach dem Verlust ihrer Staatsangehörigkeit diese freiwillig wiedererlangt hat; oder

3. wenn sie eine neue Staatsangehörigkeit erworben hat und den Schutz des Landes, dessen Staatsangehörigkeit sie erworben hat, genießt; oder

4. wenn sie freiwillig in das Land, das sie aus Furcht vor Verfolgung verlassen hat oder außerhalb dessen sie sich befindet, zurückgekehrt ist und sich dort niedergelassen hat; oder

5. wenn sie nach Wegfall der Umstände, aufgrund deren sie als Flüchtling anerkannt worden ist, es nicht mehr ablehnen kann, den Schutz des Landes in Anspruch zu nehmen, dessen Staatsangehörigkeit sie besitzt. Hierbei wird jedoch unterstellt, daß die Bestimmung dieser Ziffer auf keinen Flüchtling im Sinne der Ziffer 1 des Abschnitts A dieses Artikels Anwendung findet, der sich auf zwingende, auf früheren Verfolgungen beruhende Gründe berufen kann, um die Inanspruchnahme des Schutzes des Landes abzulehnen, dessen Staatsangehörigkeit er besitzt;

6. wenn es sich um eine Person handelt, die keine Staatsangehörigkeit besitzt, falls sie nach Wegfall der Umstände, aufgrund deren sie als Flüchtling anerkannt worden ist, in der Lage ist, in das Land zurückzukehren, in dem sie ihren gewöhnlichen Wohnsitz hat. Dabei wird jedoch unterstellt, daß die Bestimmung dieser Ziffer auf keinen Flüchtling im Sinne der Ziffer 1 des Abschnitts A dieses Artikels Anwendung findet, der sich auf zwingende, auf früheren Verfolgungen beruhende Gründe berufen kann, um die Rückkehr in das Land abzulehnen, in dem er seinen gewöhnlichen Aufenthalt hatte.

D

Dieses Abkommen findet keine Anwendung auf Personen, die zur Zeit den Schutz oder Beistand einer Organisation oder einer Institution der Vereinten Nationen mit Ausnahme des Hohen Kommissars der Vereinten Nationen für Flüchtlinge genießen.

Ist dieser Schutz oder diese Unterstützung aus irgendeinem Grunde weggefallen, ohne daß das Schicksal dieser Personen endgültig gemäß den hierauf bezüglichen Entschließungen der Generalversammlung der Vereinten Nationen geregelt worden ist, so fallen diese Personen ipso facto unter die Bestimmungen dieses Abkommens.

E

Dieses Abkommen findet keine Anwendung auf eine Person, die von den zuständigen Behörden des Landes, in dem sie ihren Aufenthalt genommen hat, als eine Person anerkannt wird, welche die Rechte und Pflichten hat, die mit dem Besitz der Staatsangehörigkeit dieses Landes verknüpft sind.

F

Die Bestimmungen dieses Abkommens finden keine Anwendung auf Personen, in bezug auf die aus schwerwiegenden Gründen die Annahme gerechtfertigt ist,

a) daß sie Verbrechen gegen den Frieden, ein Kriegsverbrechen oder ein Verbrechen gegen die Menschlichkeit im Sinne der internationalen Vertragswerke begangen haben, die ausgearbeitet worden sind, um Bestimmungen bezüglich dieser Verbrechen zu treffen,
b) daß sie ein schweres nichtpolitisches Verbrechen außerhalb des Aufnahmelandes begangen haben, bevor sie dort als Flüchtling aufgenommen wurden;
c) daß sie sich Handlungen zuschulden kommen ließen, die den Zielen und Grundsätzen der Vereinten Nationen zuwiderlaufen.

Art. 2 Allgemeine Verpflichtungen. Jeder Flüchtling hat gegenüber dem Land, in dem er sich befindet, Pflichten, zu denen insbesondere die Verpflichtung gehört, die Gesetze und sonstigen Rechtsvorschriften sowie die zur Aufrechterhaltung der öffentlichen Ordnung getroffenen Maßnahmen zu beachten.

Art. 3 Verbot unterschiedlicher Behandlung. Die vertragschließenden Staaten werden die Bestimmungen dieses Abkommens auf Flüchtlinge ohne unterschiedliche Behandlung aus Gründen der Rasse, der Religion oder des Herkunftslandes anwenden.

Art. 4 Religion. Die vertragschließenden Staaten werden den in ihrem Gebiet befindlichen Flüchtlingen in bezug auf die Freiheit der Religionsausübung und die Freiheit des Religionsunterrichts ihrer Kinder eine mindestens ebenso günstige Behandlung wie ihren eigenen Staatsangehörigen gewähren.

Genfer Konvention

Art. 5 Unabhängig von diesem Abkommen gewährte Rechte. Rechte und Vergünstigungen, die unabhängig von diesem Abkommen den Flüchtlingen gewährt werden, bleiben von den Bestimmungen dieses Abkommens unberührt.

Art. 6 Der Ausdruck „unter den gleichen Umständen". Im Sinne dieses Abkommens ist der Ausdruck „unter den gleichen Umständen" dahingehend zu verstehen, daß die betreffende Person alle Bedingungen erfüllen muß (einschließlich derjenigen, die sich auf die Dauer und die Bedingungen des vorübergehenden oder des dauernden Aufenthalts beziehen), die sie erfüllen müßte, wenn sie nicht Flüchtling wäre, um das in Betracht kommende Recht in Anspruch zu nehmen, mit Ausnahme der Bedingungen, die ihrer Natur nach ein Flüchtling nicht erfüllen kann.

Art. 7 Befreiung von der Gegenseitigkeit. 1. Vorbehaltlich der in diesem Abkommen vorgesehenen günstigeren Bestimmungen wird jeder vertragschließende Staat den Flüchtlingen die Behandlung gewähren, die er Ausländern im allgemeinen gewährt.

2. Nach dreijährigem Aufenthalt werden alle Flüchtlinge in dem Gebiet der vertragschließenden Staaten Befreiung von dem Erfordernis der gesetzlichen Gegenseitigkeit genießen.

3. Jeder vertragschließende Staat wird den Flüchtlingen weiterhin die Rechte und Vergünstigungen gewähren, auf die sie auch bei fehlender Gegenseitigkeit beim Inkrafttreten dieses Abkommens für diesen Staat bereits Anspruch hatten.

4. Die vertragschließenden Staaten werden die Möglichkeit wohlwollend in Erwägung ziehen, bei fehlender Gegenseitigkeit den Flüchtlingen Rechte und Vergünstigungen, außer denen, auf die sie nach Ziffer 2 und 3 Anspruch haben, sowie Befreiung von dem Erfordernis der Gegenseitigkeit den Flüchtlingen zu gewähren, welche die Bedingungen von Ziffer 2 und 3 nicht erfüllen.

5. Die Bestimmungen der Ziffern 2 und 3 finden nicht nur auf die in den Artikeln 13, 18, 19, 21 und 22 dieses Abkommens genannten Rechte und Vergünstigungen Anwendung, sondern auch auf die in diesem Abkommen nicht vorgesehenen Rechte und Vergünstigungen.

Art. 8 Befreiung von außergewöhnlichen Maßnahmen. Außergewöhnliche Maßnahmen, die gegen die Person, das Eigentum oder die Interessen der Staatsangehörigen eines bestimmten Staates ergriffen werden können, werden von den vertragschließenden Staaten auf einen Flüchtling, der formell ein Staatsangehöriger dieses Staates ist, allein wegen seiner Staatsangehörigkeit nicht angewendet. Die vertragschließenden Staaten, die nach dem bei ihnen geltenden Recht den in diesem Artikel aufgestellten allgemeinen Grundsatz nicht anwenden können, werden in geeigneten Fällen Befreiungen zugunsten solcher Flüchtlinge gewähren.

Art. 9 Vorläufige Maßnahmen. Keine der Bestimmungen dieses Abkommens hindert einen vertragschließenden Staat in Kriegszeiten oder bei Vorliegen sonstiger schwerwiegender und außergewöhnlicher Umstände daran, gegen eine bestimmte Person vorläufig die Maßnahmen zu ergreifen, die dieser Staat für seine Sicherheit für erforderlich hält, bis dieser vertragschließende Staat eine Entscheidung darüber getroffen hat, ob diese Person tatsächlich ein Flüchtling ist und die Aufrechterhaltung dieser Maßnahmen im vorliegenden Falle im Interesse der Sicherheit des Staates notwendig ist.

Art. 10 Fortdauer des Aufenthaltes. 1. Ist ein Flüchtling während des Zweiten Weltkrieges zwangsverschickt und in das Gebiet eines der Vertragsstaaten verbracht worden und hält er sich dort auf, so wird die Dauer dieses Zwangsaufenthaltes als rechtmäßiger Aufenthalt in diesem Gebiet gelten.

2. Ist ein Flüchtling während des Zweiten Weltkrieges aus dem Gebiet eines Vertragsstaates zwangsverschickt worden und vor Inkrafttreten dieses Abkommens dorthin zurückgekehrt, um dort seinen dauernden Aufenthalt zu nehmen, so wird die Zeit vor und nach dieser Zwangsverschickung für alle Zwecke, für die ein ununterbrochener Aufenthalt erforderlich ist, als ein ununterbrochener Aufenthalt gelten.

Art. 11 Geflüchtete Seeleute. Bei Flüchtlingen, die ordnungsgemäß als Besatzungsangehörige eines Schiffes angeheuert sind, das die Flagge eines Vertragsstaates führt, wird dieser Staat die Möglichkeit wohlwollend in Erwägung ziehen, diesen Flüchtlingen die Genehmigung zur Niederlassung in seinem Gebiet zu erteilen und ihnen Reiseausweise auszustellen oder ihnen vorläufig den Aufenthalt in seinem Gebiete zu gestatten, insbesondere um ihre Niederlassung in einem anderen Lande zu erleichtern.

Kapitel II. Rechtsstellung

Art. 12 Personalstatut. 1. Das Personalstatut jedes Flüchtlings bestimmt sich nach dem Recht des Landes seines Wohnsitzes oder, in Ermangelung eines Wohnsitzes, nach dem Recht seines Aufenthaltslandes.

2. Die von einem Flüchtling vorher erworbenen und sich aus seinem Personalstatut ergebenden Rechte, insbesondere die aus der Eheschließung, werden von jedem vertragschließenden Staat geachtet, gegebenenfalls vorbehaltlich der Formalitäten, die nach dem in diesem Staat geltenden Recht vorgesehen sind. Hierbei wird jedoch unterstellt, daß das betreffende Recht zu demjenigen gehört, das nach den Gesetzen dieses Staates anerkannt worden wäre, wenn die in Betracht kommende Person kein Flüchtling geworden wäre.

Art. 13 Bewegliches und unbewegliches Eigentum. Die vertragschließenden Staaten werden jedem Flüchtling hinsichtlich des Erwerbs von beweglichem und unbeweglichem Eigentum und sonstiger diesbezüglicher Rechte sowie hinsichtlich von Miet-, Pacht- und sonstigen Verträgen über bewegliches und unbewegliches Eigentum eine möglichst günstige und jedenfalls nicht weniger günstige Behandlung gewähren, als sie Ausländern im allgemeinen unter den gleichen Umständen gewährt wird.

Art. 14 Urheberrecht und gewerbliche Schutzrechte. Hinsichtlich des Schutzes von gewerblichen Rechten, insbesondere an Erfindungen, Mustern und Modellen, Warenzeichen und Handelsnamen, sowie des Schutzes von Rechten an Werken der Literatur, Kunst und Wissenschaft genießt jeder Flüchtling in dem Land, in dem er seinen gewöhnlichen Aufenthalt hat, den Schutz, der den Staatsangehörigen dieses Landes gewährt wird. Im Gebiete jedes anderen vertragschließenden Staates genießt er den Schutz, der in diesem Gebiet den Staatsangehörigen des Landes gewährt wird, in dem er seinen gewöhnlichen Aufenthalt hat.

Art. 15 Vereinigungsrecht. Die vertragschließenden Staaten werden den Flüchtlingen, die sich rechtmäßig in ihrem Gebiet aufhalten, hinsichtlich der Vereinigungen, die nicht politischen und nicht Erwerbszwecken dienen, und den Berufsverbänden, die günstigste Behandlung wie den Staatsangehörigen eines fremden Landes unter den gleichen Umständen gewähren.

Art. 16 Zugang zu den Gerichten. 1. Jeder Flüchtling hat in dem Gebiet der vertragschließenden Staaten freien und ungehinderten Zugang zu den Gerichten.

2. In dem vertragschließenden Staat, in dem ein Flüchtling seinen gewöhnlichen Aufenthalt hat, genießt er hinsichtlich des Zugangs zu den Gerichten einschließlich des Armenrechts und der Befreiung von der Sicherheitsleistung für Prozeßkosten dieselbe Behandlung wie ein eigener Staatsangehöriger.

3. In den vertragschließenden Staaten, in denen ein Flüchtling nicht seinen gewöhnlichen Aufenthalt hat, genießt er hinsichtlich der in Ziffer 2 erwähnten Angelegenheit dieselbe Behandlung wie ein Staatsangehöriger des Landes, in dem er seinen gewöhnlichen Aufenthalt hat.

Kapitel III. Erwerbstätigkeit

Art. 17 Nichtselbständige Arbeit. 1. Die vertragschließenden Staaten werden hinsichtlich der Ausübung nichtselbständiger Arbeit jedem Flüchtling, der sich rechtmäßig in ihrem Gebiet aufhält, die günstigste Behandlung gewähren, die den Staatsangehörigen eines fremden Landes unter den gleichen Umständen gewährt wird.

2. In keinem Falle werden die einschränkenden Maßnahmen, die für Ausländer oder für die Beschäftigung von Ausländern zum Schutze des eigenen Arbeitsmarktes bestehen, Anwendung auf Flüchtlinge finden, die beim Inkrafttreten dieses Abkommens durch den betreffenden Vertragsstaat bereits davon befreit waren oder eine der folgenden Bedingungen erfüllen:
a) wenn sie sich drei Jahre im Lande aufgehalten haben;
b) wenn sie mit einer Person, die die Staatsangehörigkeit des Aufenthaltslandes besitzt, die Ehe geschlossen haben. Ein Flüchtling kann sich nicht auf die Vergünstigung dieser Bestimmung berufen, wenn er seinen Ehegatten verlassen hat;
c) wenn sie ein oder mehrere Kinder haben, die die Staatsangehörigkeit des Aufenthaltslandes besitzen.

3. Die vertragschließenden Staaten werden hinsichtlich der Ausübung nichtselbständiger Arbeit Maßnahmen wohlwollend in Erwägung ziehen, um alle Flüchtlinge, insbesondere diejenigen, die im Rahmen eines Programmes zur Anwerbung von Arbeitskräften oder eines Einwanderungsplanes in ihr Gebiet gekommen sind, den eigenen Staatsangehörigen rechtlich gleichzustellen.

Art. 18 Selbständige Tätigkeit. Die vertragschließenden Staaten werden den Flüchtlingen, die sich rechtmäßig in ihrem Gebiet befinden, hinsichtlich der Ausübung einer selbständigen Tätigkeit in Landwirtschaft, Industrie, Handwerk und Handel sowie die Errichtung von Handels- und industriellen Unternehmen eine möglichst günstige und jedenfalls nicht weniger günstige Behandlung gewähren, als sie Ausländern im allgemeinen unter den gleichen Umständen gewährt wird.

Art. 19 Freie Berufe. 1. Jeder vertragschließende Staat wird den Flüchtlingen, die sich rechtmäßig in seinem Gebiet aufhalten, Inhaber von durch die zuständigen Behörden dieses Staates anerkannten Diplomen sind und einen freien Beruf auszuüben wünschen, eine möglichst günstige und jedenfalls nicht weniger günstige Behandlung gewähren, als sie Ausländern im allgemeinen unter den gleichen Umständen gewährt wird.

2. Die vertragschließenden Staaten werden alles in ihrer Macht Stehende tun, um im Einklang mit ihren Gesetzen und Verfassungen die Niederlassung solcher Flüchtlinge in den außerhalb des Mutterlandes gelegenen Gebieten sicherzustellen, für deren intenationale Beziehungen sie verantwortlich sind.

Kapitel IV. Wohlfahrt

Art. 20 Rationierung. Falls ein Rationierungssystem besteht, dem die Bevölkerung insgesamt unterworfen ist und das die allgemeine Verteilung von Erzeugnissen regelt, an denen Mangel herrscht, werden Flüchtlinge wie Staatsangehörige behandelt.

Art. 21 Wohnungswesen. Hinsichtlich des Wohnungswesens werden die vertragschließenden Staaten insoweit, als diese Angelegenheit durch Gesetze oder sonstige Rechtsvorschriften geregelt ist oder der Überwachung öffentlicher Behörden unterliegt, den sich rechtmäßig in ihrem Gebiet aufhaltenden Flüchtlingen eine möglichst günstige und jedenfalls nicht weniger günstige Behandlung gewähren, als sie Ausländern im allgemeinen unter den gleichen Umständen gewährt wird.

Art. 22 Öffentliche Erziehung. 1. Die vertragschließenden Staaten werden den Flüchtlingen dieselbe Behandlung wie ihren Staatsangehörigen hinsichtlich des Unterrichts in Volksschulen gewähren.

2. Für über die Volksschule hinausgehenden Unterricht, insbesondere die Zulassung zum Studium, die Anerkennung von ausländischen Studienzeugnissen, Diplomen und akademischen Titeln, den Erlaß von Gebühren und Abgaben und die Zuerkennung von Stipendien, werden die vertragschließenden Staaten eine möglichst günstige und in keinem Falle weniger günstige Behandlung gewähren, als sie Ausländern im allgemeinen unter den gleichen Bedingungen gewährt wird.

Art. 23 Öffentliche Fürsorge. Die vertragschließenden Staaten werden den Flüchtlingen, die sich rechtmäßig in ihrem Staatsgebiet aufhalten, auf dem Gebiet der öffentlichen Fürsorge und sonstigen Hilfeleistungen die gleiche Behandlung wie ihren eigenen Staatsangehörigen gewähren.

Art. 24 Arbeitsrecht und soziale Sicherheit. 1. Die vertragschließenden Staaten werden den Flüchtlingen, die sich rechtmäßig in ihrem Gebiet aufhalten, dieselbe Behandlung gewähren wie ihren Staatsangehörigen, wenn es sich um folgende Angelegenheiten handelt:
a) Lohn einschließlich Familienbeihilfen, wenn diese einen Teil des Arbeitsentgelts bilden, Arbeitszeit, Überstunden, bezahlten Urlaub, Einschränkungen der Heimarbeit, Mindestalter für die Beschäftigung, Lehrzeit und Berufsausbildung, Arbeit von Frauen und Jugendlichen und Genuß der durch Tarifverträge gebotenen Vergünstigungen, soweit alle diese Fragen durch das geltende Recht geregelt sind oder in die Zuständigkeit der Verwaltungsbehörden fallen
b) Soziale Sicherheit (gesetzliche Bestimmungen bezüglich der Arbeitsunfälle, der Berufskrankheiten, der Mutterschaft, der Krankheit, der Arbeitsunfähigkeit, des Alters und des Todes, der Arbeitslosigkeit, des Familienunterhalts sowie jedes anderen Wagnisses, das nach dem im betreffenden Land geltenden Recht durch ein System der sozialen Sicherheit gedeckt wird) vorbehaltlich
   (i) geeigneter Abmachungen über die Aufrechterhaltung der erworbenen Rechte und Anwartschaften,

(ii) besonderer Bestimmungen, die nach dem im Aufenthaltsland geltenden Recht vorgeschrieben sind und die Leistungen oder Teilleistungen betreffen, die ausschließlich aus öffentlichen Mitteln bestritten werden, sowie Zuwendungen an Personen, die nicht die für die Gewährung einer normalen Rente geforderten Bedingungen der Beitragsleistung erfüllen.

2. Das Recht auf Leistung, das durch den Tod eines Flüchtlings infolge eines Arbeitsunfalls oder einer Berufskrankheit entsteht, wird nicht dadurch berührt, daß sich der Berechtigte außerhalb des Gebietes des vertragschließenden Staates aufhält.

3. Die vertragschließenden Staaten werden auf die Flüchtlinge die Vorteile der Abkommen erstrecken, die sie hinsichtlich der Aufrechterhaltung der erworbenen Rechte und Anwartschaften auf dem Gebiete der sozialen Sicherheit untereinander abgeschlossen haben oder abschließen werden, soweit die Flüchtlinge die Bedingungen erfüllen, die für Staatsangehörige der Unterzeichnerstaaten der in Betracht kommenden Abkommen vorgesehen sind.

4. Die vertragschließenden Staaten werden wohlwollend die Möglichkeit prüfen, die Vorteile ähnlicher Abkommen, die zwischen diesen vertragschließenden Staaten und Nichtvertragsstaaten in Kraft sind oder sein werden, soweit wie möglich auf Flüchtlinge auszudehnen.

Kapitel V. Verwaltungsmaßnahmen

Art. 25 Verwaltungshilfe. 1. Würde die Ausübung eines Rechts durch einen Flüchtling normalerweise die Mitwirkung ausländischer Behörden erfordern, die er nicht in Anspruch nehmen kann, so werden die vertragschließenden Staaten, in deren Gebiet er sich aufhält, dafür sorgen, daß ihm diese Mitwirkung entweder durch ihre eigenen Behörden oder durch eine internationale Behörde zuteil wird.

2. Die in Ziffer 1 bezeichneten Behörden werden Flüchtlingen diejenigen Urkunden und Bescheinigungen ausstellen oder unter ihrer Aufsicht ausstellen lassen, die Ausländern normalerweise von den Behörden ihres Landes oder durch deren Vermittlung ausgestellt werden.

3. Die so ausgestellten Urkunden oder Bescheinigungen werden die amtlichen Schriftstücke ersetzen, die Ausländern von den Behörden ihres Landes oder durch deren Vermittlung ausgestellt werden; sie werden bis zum Beweis des Gegenteils als gültig angesehen.

4. Vorbehaltlich der Ausnahmen, die zugunsten Bedürftiger zuzulassen wären, können für die in diesem Artikel erwähnten Amtshandlungen Gebühren verlangt werden; diese Gebühren sollen jedoch niedrig sein und müssen denen entsprechen, die von eigenen Staatsangehörigen für ähnliche Amtshandlungen erhoben werden.

5. Die Bestimmungen dieses Artikels berühren nicht die Artikel 27 und 28.

Art. 26 Freizügigkeit. Jeder vertragschließende Staat wird den Flüchtlingen, die sich rechtmäßig in seinem Gebiet befinden, das Recht gewähren, dort ihren Aufenthalt zu wählen und sich frei zu bewegen, vorbehaltlich der Bestimmungen, die allgemein auf Ausländer unter den gleichen Umständen Anwendung finden.

Art. 27 Personalausweis. Die vertragschließenden Staaten werden jedem Flüchtling, der sich in ihrem Gebiet befindet und keinen gültigen Reiseausweis besitzt, einen Personalausweis ausstellen.

Art. 28 Reiseausweise. 1. Die vertragschließenden Staaten werden den Flüchtlingen, die sich rechtmäßig in ihrem Gebiet aufhalten, Reiseausweise ausstellen, die ihnen Reisen außerhalb dieses Gebietes gestatten, es sei denn, daß zwingende Gründe der öffentlichen Sicherheit oder Ordnung entgegenstehen; die Bestimmungen des Anhanges zu diesem Abkommen werden auf diese Ausweise Anwendung finden. Die vertragschließenden Staaten können einen solchen Reiseausweis jedem anderen Flüchtling ausstellen, der sich in ihrem Gebiet befindet; sie werden ihre Aufmerksamkeit besonders jenen Flüchtlingen zuwenden, die sich in ihrem Gebiet befinden und nicht in der Lage sind, einen Reiseausweis von dem Staat zu erhalten, in dem sie ihren rechtmäßigen Aufenthalt haben.

2. Reiseausweise, die aufgrund früherer internationaler Abkommen von den Unterzeichnerstaaten ausgestellt worden sind, werden von den vertragschließenden Staaten anerkannt und so behandelt werden, als ob sie den Flüchtlingen aufgrund dieses Artikels ausgestellt worden wären.

Art. 29 Steuerliche Lasten. 1. Die vertragschließenden Staaten werden von den Flüchtlingen keine anderen oder höheren Gebühren, Abgaben oder Steuern, gleichviel unter welcher Bezeichnung, erheben, als unter ähnlichen Verhältnissen von ihren eigenen Staatsangehörigen jetzt oder künftig erhoben werden.

2. Die Bestimmungen der vorstehenden Ziffer schließen nicht aus, die Gesetze und sonstigen Rechtsvorschriften über Gebühren für die Ausstellung von Verwaltungsurkunden einschließlich Personalausweisen an Ausländer auf Flüchtlinge anzuwenden.

Art. 30 Überführung von Vermögenswerten. 1. Jeder vertragschließende Staat wird in Übereinstimmung mit den Gesetzen und sonstigen Rechtsvorschriften des Landes den Flüchtlingen gestatten, die Vermögenswerte, die sie in sein Gebiet gebracht haben, in das Gebiet eines anderen Landes zu überführen, in dem sie zwecks Wiederansiedlung aufgenommen worden sind.

2. Jeder vertragschließende Staat wird die Anträge von Flüchtlingen wohlwollend in Erwägung ziehen, die auf die Erlaubnis gerichtet sind, alle anderen Vermögenswerte, die zu ihrer Wiederansiedlung erforderlich sind, in ein anderes Land zu überführen, in dem sie zur Wiederansiedlung aufgenommen worden sind.

Art. 31 Flüchtlinge, die sich nicht rechtmäßig im Aufnahmeland aufhalten. 1. Die vertragschließenden Staaten werden wegen unrechtmäßiger Einreise oder Aufenthalts keine Strafen gegen Flüchtlinge verhängen, die unmittelbar aus einem Gebiet kommen, in dem ihr Leben oder ihre Freiheit im Sinne von Artikel 1 bedroht waren und die ohne Erlaubnis in das Gebiet der vertragschließenden Staaten einreisen oder sich dort aufhalten, vorausgesetzt, daß sie sich unverzüglich bei den Behörden melden und Gründe darlegen, die ihre unrechtmäßige Einreise oder ihren unrechtmäßigen Aufenthalt rechtfertigen.

2. Die vertragschließenden Staaten werden den Flüchtlingen beim Wechsel des Aufenthaltsorts keine Beschränkungen auferlegen, außer denen, die notwendig sind; diese Beschränkungen werden jedoch nur solange Anwendung finden, bis die Rechtsstellung dieser Flüchtlinge im Aufnahmeland geregelt oder es ihnen gelungen ist, in einem anderen Land Aufnahme zu erhalten. Die vertragschließenden Staaten werden diesen Flüchtlingen eine angemessene Frist sowie alle notwendigen Erleichterungen zur Aufnahme in einem anderen Land gewähren.

Art. 32 Ausweisung. 1. Die vertragschließenden Staaten werden einen Flüchtling, der sich rechtmäßig in ihrem Gebiet befindet, nur aus Gründen der öffentlichen Sicherheit oder Ordnung ausweisen.

2. Die Ausweisung eines Flüchtlings darf nur in Ausführung einer Entscheidung erfolgen, die in einem durch gesetzliche Bestimmungen geregelten Verfahren ergangen ist. Soweit nicht zwingende Gründe für die öffentliche Sicherheit entgegenstehen, soll dem Flüchtling gestattet werden, Beweise zu seiner Entlastung beizubringen, ein Rechtsmittel einzulegen und sich zu diesem Zweck vor einer zuständigen Behörde oder vor einer oder mehreren Personen, die von der zuständigen Behörde besonders bestimmt sind, vertreten zu lassen.

3. Die vertragschließenden Staaten werden einem solchen Flüchtling eine angemessene Frist gewähren, um ihm die Möglichkeit zu geben, in einem anderen Lande um rechtmäßige Aufnahme nachzusuchen. Die vertragschließenden Staaten behalten sich vor, während dieser Frist diejenigen Maßnahmen anzuwenden, die sie zur Aufrechterhaltung der inneren Ordnung für zweckdienlich erachten.

Art. 33 Verbot der Ausweisung und Zurückweisung. 1. Keiner der vertragschließenden Staaten wird einen Flüchtling auf irgendeine Weise über die Grenzen von Gebieten ausweisen oder zurückweisen, in denen sein Leben oder seine Freiheit wegen seiner Rasse, Religion, Staatsangehörigkeit, seiner Zugehörigkeit zu einer bestimmten sozialen Gruppe oder wegen seiner politischen Überzeugung bedroht sein würde.

2. Auf die Vergünstigung dieser Vorschrift kann sich jedoch ein Flüchtling nicht berufen, der aus schwerwiegenden Gründen als eine Gefahr für die Sicherheit des Landes anzusehen ist, in dem er sich befindet, oder der eine Gefahr für die Allgemeinheit dieses Staates bedeutet, weil er wegen eines Verbrechens oder eines besonders schweren Vergehens rechtskräftig verurteilt wurde.

Art. 34 Einbürgerung. Die vertragschließenden Staaten werden soweit wie möglich die Eingliederung und Einbürgerung der Flüchtlinge erleichtern. Sie werden insbesondere bestrebt sein, Einbürgerungsverfahren zu beschleunigen und die Kosten dieses Verfahrens soweit wie möglich herabzusetzen.

5 Texte 5.1.

Kapitel VI. Durchführungs- und Übergangsbestimmungen

Art. 35 Zusammenarbeit der staatlichen Behörden mit den Vereinten Nationen. 1. Die vertragschließenden Staaten verpflichten sich zur Zusammenarbeit mit dem Amt des Hohen Kommissars der Vereinten Nationen für Flüchtlinge oder jeder ihm etwa nachfolgenden anderen Stelle der Vereinten Nationen bei der Ausübung seiner Befugnisse, insbesondere zur Erleichterung seiner Aufgabe, die Durchführung der Bestimmungen dieses Abkommens zu überwachen.

2. Um es dem Amt des Hohen Kommissars oder jeder ihm etwa nachfolgenden anderen Stelle der Vereinten Nationen zu ermöglichen, den zuständigen Organen der Vereinten Nationen Berichte vorzulegen, verpflichten sich die vertragschließenden Staaten, ihm in geeigneter Form die erbetenen Auskünfte und statistischen Angaben zu liefern über

a) die Lage der Flüchtlinge,
b) die Durchführung dieses Abkommens und
c) die Gesetze, Verordnungen und Verwaltungsvorschriften, die in bezug auf Flüchtlinge jetzt oder künftig in Kraft sind.

Art. 36 Auskünfte über innerstaatliche Rechtsvorschriften. Die vertragschließenden Staaten werden dem Generalsekretär der Vereinten Nationen den Wortlaut der Gesetze und sonstiger Rechtsvorschriften mitteilen, die sie etwa erlassen werden, um die Durchführung dieses Abkommens sicherzustellen.

Art. 37 Beziehung zu früher geschlossenen Abkommen. Unbeschadet der Bestimmungen seines Artikels 28 Ziffer 2 tritt dieses Abkommen im Verhältnis zwischen den vertragschließenden Staaten an die Stelle der Vereinbarungen vom 5. Juli 1922, 31. Mai 1924, 12. Mai 1926, 30. Juni 1928 und 30. Juli 1935 sowie der Abkommen vom 28. Oktober 1933, 10. Februar 1938, des Protokolls vom 14. September 1939 und der Vereinbarung vom 15. Oktober 1946.

Kapitel VII. Schlußbestimmungen

Art. 38 Regelung von Streitfällen. Jeder Streitfall zwischen den Parteien dieses Abkommens über dessen Auslegung oder Anwendung, der auf andere Weise nicht beigelegt werden kann, wird auf Antrag einer der an dem Streitfall beteiligten Parteien dem Internationalen Gerichtshof vorgelegt.

Art. 39 Unterzeichnung, Ratifikation und Beitritt. 1. Dieses Abkommen liegt in Genf am 28. Juli 1951 zur Unterzeichnung auf und wird nach diesem Zeitpunkt beim Generalsekretär der Vereinten Nationen hinterlegt. Es liegt vom 28. Juli bis 31. August 1951 im Europäischen Büro der Vereinten Nationen zur Unterzeichnung auf, sodann erneut vom 17. September 1951 bis 31. Dezember 1952 am Sitz der Organisation der Vereinten Nationen.

2. Dieses Abkommen liegt zur Unterzeichnung durch alle Mitgliedstaaten der Organisation der Vereinten Nationen, durch jeden Nicht-Mitgliedstaat, der zur Konferenz der Bevollmächtigten über die Rechtsstellung der Flüchtlinge und Staatenlosen eingeladen war, sowie durch jeden anderen Staat auf, den die Vollversammlung zur Unterzeichnung einlädt. Das Abkommen ist zu ratifizieren; die Ratifikations-Urkunden sind beim Generalsekretär der Vereinten Nationen zu hinterlegen.

3. Die in Ziffer 2 dieses Artikels bezeichneten Staaten können diesem Abkommen vom 28. Juli 1951 an beitreten. Der Beitritt erfolgt durch Hinterlegung einer Beitrittsurkunde beim Generalsekretär der Vereinten Nationen.

Art. 40 Klausel zur Anwendung auf andere Gebiete. 1. Jeder Staat kann im Zeitpunkt der Unterzeichnung, der Ratifikation oder des Beitritts erklären, daß sich die Geltung dieses Abkommens auf alle oder mehrere oder eins der Gebiete erstreckt, die er in den internationalen Beziehungen vertritt. Eine solche Erklärung wird zu dem Zeitpunkt wirksam, an dem dieses Abkommen für den betreffenden Staat in Kraft tritt.

2. Eine Ausdehnung des Geltungsbereichs zu einem späteren Zeitpunkt erfolgt durch eine an den Generalsekretär der Vereinten Nationen zu richtende Mitteilung und wird am neunzigsten Tage nach dem Zeitpunkt wirksam, zu dem der Generalsekretär der Vereinten Nationen die Mitteilung erhalten

hat, oder zu dem Zeitpunkt, an dem dieses Abkommen für den betreffenden Staat in Kraft tritt, wenn dieser letztgenannte Zeitpunkt später liegt.

3. Bei Gebieten, für die dieses Abkommen im Zeitpunkt der Unterzeichnung, Ratifikation oder des Beitritts nicht gilt, wird jeder beteiligte Staat die Möglichkeit prüfen, sobald wie möglich alle erforderlichen Maßnahmen zu ergreifen, um den Geltungsbereich dieses Abkommens auf diese Gebiete auszudehnen, gegebenenfalls unter dem Vorbehalt der Zustimmung der Regierung dieser Gebiete, wenn eine solche aus verfassungsmäßigen Gründen erforderlich ist.

Art. 41 Klausel für Bundesstaaten. Im Falle eines Bundes- oder Nichteinheitsstaates werden nachstehende Bestimmungen Anwendung finden:

a) Soweit es sich um die Artikel dieses Abkommens handelt, für die der Bund die Gesetzgebung hat, werden die Verpflichtungen der Bundesregierung dieselben sein wie diejenigen der Unterzeichnerstaaten, die keine Bundesstaaten sind.

b) Soweit es sich um die Artikel dieses Abkommens handelt, für die die einzelnen Länder, Provinzen oder Kantone, die aufgrund der Bundesverfassung zur Ergreifung gesetzgeberischer Maßnahmen nicht verpflichtet sind, die Gesetzgebung haben, wird die Bundesregierung sobald wie möglich diese Artikel den zuständigen Stellen der Länder, Provinzen oder Kantone befürwortend zur Kenntnis bringen.

c) Ein Bundesstaat als Unterzeichner dieses Abkommens wird auf das ihm durch den Generalsekretär der Vereinten Nationen übermittelte Ersuchen eines anderen vertragschließenden Staates hinsichtlich einzelner Bestimmungen des Abkommens eine Darstellung der geltenden Gesetzgebung und ihrer Anwendung innerhalb des Bundes und seiner Glieder übermitteln, aus der hervorgeht, inwieweit diese Bestimmungen durch Gesetzgebung oder sonstige Maßnahmen wirksam geworden sind.

Art. 42 Vorbehalte. 1. Im Zeitpunkt der Unterzeichnung, der Ratifikation oder des Beitritts kann jeder Staat zu den Artikeln des Abkommens, mit Ausnahme der Artikel 1, 3, 4, 16 (1), 33, 36 bis 46 einschließlich, Vorbehalte machen.

2. Jeder vertragschließende Staat, der gemäß Ziffer 1 dieses Artikels einen Vorbehalt gemacht hat, kann ihn jederzeit durch eine diesbezügliche, an den Generalsekretär der Vereinten Nationen zu richtende Mitteilung zurücknehmen.

Art. 43 Inkrafttreten. 1. Dieses Abkommen tritt am neunzigsten Tage nach dem Zeitpunkt der Hinterlegung der sechsten Ratifikations- oder Beitrittsurkunde in Kraft.

2. Für jeden der Staaten, die das Abkommen nach Hinterlegung der sechsten Ratifikations- oder Beitrittsurkunde ratifizieren oder ihm beitreten, tritt es am neunzigsten Tage nach dem Zeitpunkt der Hinterlegung der Ratifikations- oder Beitrittsurkunde dieses Staates in Kraft.

Art. 44 Kündigung. 1. Jeder vertragschließende Staat kann das Abkommen jederzeit durch eine an den Generalsekretär der Vereinten Nationen zu richtende Mitteilung kündigen.

2. Die Kündigung wird für den betreffenden Staat ein Jahr nach dem Zeitpunkt wirksam, an dem sie beim Generalsekretär der Vereinten Nationen eingegangen ist.

3. Jeder Staat, der eine Erklärung oder Mitteilung gemäß Artikel 40 gegeben hat, kann jederzeit später dem Generalsekretär der Vereinten Nationen mitteilen, daß das Abkommen auf in der Mitteilung bezeichnetes Gebiet nicht mehr Anwendung findet. Das Abkommen findet sodann ein Jahr nach dem Zeitpunkt, an dem diese Mitteilung beim Generalsekretär eingegangen ist, auf das in Betracht kommende Gebiet keine Anwendung.

Art. 45 Revision. 1. Jeder vertragschließende Staat kann jederzeit mittels einer an den Generalsekretär der Vereinten Nationen zu richtenden Mitteilung die Revision dieses Abkommens beantragen.

2. Die Vollversammlung der Vereinten Nationen empfiehlt die Maßnahmen, die gegebenenfalls in bezug auf diesen Antrag zu ergreifen sind.

Art. 46 Mitteilungen des Generalsekretärs der Vereinten Nationen. Der Generalsekretär der Vereinten Nationen macht allen Mitgliedstaaten der Vereinten Nationen und den im Artikel 39 bezeichneten Nicht-Mitgliedstaaten Mitteilung über:

a) Erklärungen und Mitteilungen gemäß Artikel 1, Abschnitt B;
b) Unterzeichnungen, Ratifikationen und Beitrittserklärungen gemäß Artikel 39;

c) Erklärungen und Anzeigen gemäß Artikel 40;
d) gemäß Artikel 42 erklärte oder zurückgenommene Vorbehalte;
e) den Zeitpunkt, an dem dieses Abkommen gemäß Artikel 43 in Kraft tritt;
f) Kündigungen und Mitteilungen gemäß Artikel 44;
g) Revisionsanträge gemäß Artikel 45.

BUNDESREPUBLIK DEUTSCHLAND.

Bei der Unterzeichnung gab der beglaubigte Bevollmächtigte der Regierung der Bundesrepublik Deutschland namens seiner Regierung gemäß Artikel 1 Abschnitt b (1) des Abkommens die folgende Erklärung ab:

„Bei der Unterzeichnung dieses Abkommens erklärt die Regierung der Bundesrepublik Deutschland, daß hinsichtlich ihrer aufgrund dieses Abkommens übernommenen Verpflichtungen die in Artikel 1 Abschnitt A enthaltenen Worte ‚Ereignisse, die vor dem 1. Januar 1951 eingetreten sind', so verstanden werden sollen, daß sie sich auf Ereignisse beziehen, die vor dem 1. Januar 1951[3] in Europa oder anderswo eingetreten sind."

ANHANG

§ 1 1. Der im Artikel 28 dieses Abkommens vorgesehene Reiseausweis hat dem anliegenden Muster zu entsprechen.

2. Der Ausweis ist in mindestens zwei Sprachen abzufassen, von denen eine englisch oder französisch ist.

§ 2 Vorbehaltlich der Bestimmungen des Ausstellungslandes können die Kinder auf dem Ausweis eines der Elternteile oder, unter besonderen Umständen, eines anderen erwachsenen Flüchtlings aufgeführt werden.

§ 3 Die für die Ausstellung des Ausweises zu erhebenden Gebühren dürfen den für die Ausstellung von nationalen Pässen geltenden Mindestsatz nicht überschreiten.

§ 4 Soweit es sich nicht um besondere Ausnahmefälle handelt, wird der Ausweis für die größtmögliche Anzahl von Ländern ausgestellt.

§ 5 Die Geltungsdauer des Ausweises beträgt je nach Wahl der ausstellenden Behörde ein oder zwei Jahre.

§ 6 1. Zur Erneuerung oder Verlängerung der Geltungsdauer des Ausweises ist die ausstellende Behörde zuständig, solange der Inhaber sich rechtmäßig nicht in einem anderen Gebiet niedergelassen hat und rechtmäßig im Gebiet der genannten Behörde wohnhaft ist. Zur Ausstellung eines neuen Ausweises ist unter den gleichen Voraussetzungen die Behörde zuständig, die den früheren Ausweis ausgestellt hat.

2. Diplomatische oder konsularische Vertreter, die zu diesem Zweck besonders ermächtigt sind, haben das Recht, die Geltungsdauer der von ihren Regierungen ausgestellten Reiseausweise für eine Zeitdauer, die sechs Monate nicht überschreiten darf, zu verlängern.

3. Die vertragschließenden Staaten werden die Möglichkeit der Erneuerung oder Verlängerung der Geltungsdauer der Reiseausweise oder der Ausstellung neuer wohlwollend prüfen, wenn es sich um Flüchtlinge handelt, die sich nicht mehr rechtmäßig in ihrem Gebiet aufhalten und nicht in der Lage sind, von dem Lande, in dem sie rechtmäßig wohnhaft sind, einen Reiseausweis zu erhalten.

§ 7 Die vertragschließenden Staaten werden die Gültigkeit der im Einklang mit den Bestimmungen des Artikels 28 dieses Abkommens ausgestellten Ausweise anerkennen.

§ 8 Die zuständigen Behörden des Landes, in welches der Flüchtling sich zu begeben wünscht, werden, wenn sie zu seinem Aufenthalt bereit sind und ein Sichtvermerk erforderlich ist, einen Sichtvermerk auf seinem Ausweis anbringen.

---

[3] Stichtag weggefallen gemäß Protokoll vom 31. 1. 1967 (BGBl. 1969 II 1293; 1970 II 194).

Übereinkommen über die Rechtsstellung der Staatenlosen   5.2. **Texte 5**

§ 9 1. Die vertragschließenden Staaten verpflichten sich, den Flüchtlingen, die den Sichtvermerk ihres endgültigen Bestimmungsgebietes erhalten haben, Durchreisesichtvermerke zu erteilen.

2. Die Erteilung dieses Sichtvermerks darf aus Gründen verweigert werden, die jedem Ausländer gegenüber zur Verweigerung eines Sichtvermerks berechtigen würden.

§ 10 Die Gebühren für die Erteilung von Ausreise-, Einreise- oder Durchreisesichtvermerken dürfen den für ausländische Pässe geltenden Mindestsatz nicht überschreiten.

§ 11 Wechselt ein Flüchtling seinen Wohnort oder läßt er sich rechtmäßig im Gebiet eines anderen vertragschließenden Staates nieder, so geht gemäß Artikel 28 die Verantwortung für die Ausstellung eines neuen Ausweises auf die zuständige Behörde desjenigen Gebietes über, bei welcher der Flüchtling seinen Antrag zu stellen berechtigt ist.

§ 12 Die Behörde, die einen neuen Ausweis ausstellt, hat den alten Ausweis einzuziehen und an das Land zurückzusenden, das ihn ausgestellt hat, wenn in dem alten Ausweis ausdrücklich bestimmt ist, daß er an das Ausstellungsland zurückzusenden ist; im anderen Falle wird die Behörde, die den neuen Ausweis ausstellt, den alten einziehen und ihn vernichten.

§ 13 1. Jeder der vertragschließenden Staaten verpflichtet sich, dem Inhaber eines Reiseausweises, der ihm vom Staat gemäß Artikel 28 dieses Abkommens ausgestellt wurde, die Rückkehr in sein Gebiet zu einem beliebigen Zeitpunkt während der Geltungsdauer des Ausweises zu gestatten.

2. Vorbehaltlich der Bestimmungen der vorstehenden Ziffer kann ein vertragschließender Staat verlangen, daß sich der Inhaber dieses Ausweises allen Formalitäten unterwirft, die für aus- oder einreisende Personen jeweils vorgeschrieben sind.

3. Die vertragschließenden Staaten behalten sich das Recht vor, in Ausnahmefällen oder in Fällen, in denen die Aufenthaltsgenehmigung des Flüchtlings für eine ausdrücklich bestimmte Zeitdauer gültig ist, zum Zeitpunkt der Ausstellung des Ausweises den Zeitabschnitt zu beschränken, während dessen der Flüchtling zurückkehren darf; diese Zeit darf jedoch nicht weniger als drei Monate betragen.

§ 14 Unter alleinigem Vorbehalt der Bestimmungen des Paragraphen 13 berühren die Bestimmungen des Anhangs in keiner Weise die Gesetze und Vorschriften, die in den Gebieten der vertragschließenden Staaten die Voraussetzungen für die Aufnahme, Durchreise, den Aufenthalt, die Niederlassung und Ausreise regeln.

§ 15 Die Ausstellung des Ausweises und die darin angebrachten Vermerke bestimmen und berühren nicht die Rechtsstellung des Inhabers, insbesondere nicht seine Staatsangehörigkeit.

§ 16 Die Ausstellung des Ausweises gibt dem Inhaber keinen Anspruch auf den Schutz der diplomatischen und konsularischen Vertreter des Ausstellungslandes und verleiht diesen Vertretern kein Schutzrecht.

5.2. Übereinkommen über die Rechtsstellung der Staatenlosen

Vom 28. September 1954 (Gesetz vom 12. April 1976, BGBl. II 473), in Kraft getreten am 24. Januar 1977 (Bek. vom 10. Februar 1977, BGBl. II 235)

Kapitel I. Allgemeine Bestimmungen

Art. 1 Definition des Begriffs „Staatenloser". (1) Im Sinne dieses Übereinkommens ist ein „Staatenloser" eine Person, die kein Staat aufgrund seines Rechts als Staatsangehörigen ansieht.

(2) Dieses Übereinkommen findet keine Anwendung
i) auf Personen, denen gegenwärtig ein Organ oder eine Organisation der Vereinten Nationen mit Ausnahme des Hohen Flüchtlingskommissars der Vereinten Nationen Schutz oder Beistand gewährt, solange sie diesen Schutz oder Beistand genießen;

ii) auf Personen, denen die zuständigen Behörden des Landes, in dem sie ihren Aufenthalt genommen haben, die Rechte und Pflichten zuerkennen, die mit dem Besitz der Staatsangehörigkeit dieses Landes verknüpft sind;
iii) auf Personen, bei denen aus schwerwiegenden Gründen die Annahme gerechtfertigt ist,
   a) daß sie ein Verbrechen gegen den Frieden, ein Kriegsverbrechen oder ein Verbrechen gegen die Menschlichkeit im Sinne der internationalen Übereinkünfte begangen haben, die abgefaßt wurden, um Bestimmungen hinsichtlich derartiger Verbrechen zu treffen;
   b) daß sie ein schweres nichtpolitisches Verbrechen außerhalb ihres Aufenthaltslands begangen haben, bevor sie dort Aufnahme fanden;
   c) daß sie sich Handlungen zuschulden kommen ließen, die den Zielen und Grundsätzen der Vereinten Nationen zuwiderlaufen.

Art. 2 Allgemeine Verpflichtungen. Jeder Staatenlose hat gegenüber dem Land, in dem er sich befindet, Pflichten, zu denen insbesondere die Verpflichtung gehört, die Gesetze und sonstigen Rechtsvorschriften sowie die zur Aufrechterhaltung der öffentlichen Ordnung getroffenen Maßnahmen zu beachten.

Art. 3 Verbot unterschiedlicher Behandlung. Die Vertragsstaaten wenden dieses Übereinkommen auf Staatenlose ohne Unterschied der Rasse, der Religion oder des Herkunftslandes an.

Art. 4 Religion. Die Vertragsstaaten gewähren den Staatenlosen in ihrem Hoheitsgebiet in bezug auf die Freiheit der Religionsausübung und die Freiheit des Religionsunterrichts ihrer Kinder eine mindestens ebenso günstige Behandlung wie ihren Staatsangehörigen.

Art. 5 Unabhängig von diesem Übereinkommen gewährte Rechte. Rechte und Vergünstigungen, die ein Vertragsstaat den Staatenlosen unabhängig von diesem Übereinkommen gewährt, bleiben von dessen Bestimmungen unberührt.

Art. 6 Der Ausdruck „unter den gleichen Umständen". Im Sinne dieses Übereinkommens ist der Ausdruck „unter den gleichen Umständen" dahingehend zu verstehen, daß der Betreffende alle Erfordernisse erfüllen muß (einschließlich derjenigen, die sich auf die Dauer und die Bedingungen des vorübergehenden oder des dauernden Aufenthalts beziehen), die er, wenn er nicht Staatenloser wäre, erfüllen müßte, um in den Genuß des in Betracht kommenden Rechts zu gelangen, mit Ausnahme von Erfordernissen, die ihrer Natur nach ein Staatenloser nicht erfüllen kann.

Art. 7 Befreiung von der Gegenseitigkeit. (1) Soweit dieses Übereinkommen keine günstigeren Bestimmungen enthält, gewährt jeder Vertragsstaat den Staatenlosen die gleiche Behandlung, die er Ausländern allgemein gewährt.

(2) Nach dreijährigem Aufenthalt sind alle Staatenlosen im Hoheitsgebiet der Vertragsstaaten von dem Erfordernis der gesetzlichen Gegenseitigkeit befreit.

(3) Jeder Vertragsstaat gewährt den Staatenlosen weiterhin die Rechte und Vergünstigungen, auf die sie auch bei fehlender Gegenseitigkeit im Zeitpunkt des Inkrafttretens dieses Übereinkommens für den betreffenden Staat bereits Anspruch hatten.

(4) Die Vertragsstaaten werden wohlwollend die Möglichkeit prüfen, auch bei fehlender Gegenseitigkeit den Staatenlosen Rechte und Vergünstigungen zusätzlich zu denen zu gewähren, auf die sie nach den Absätzen 2 und 3 Anspruch haben, sowie die Befreiung von dem Erfordernis der Gegenseitigkeit auf solche Staatenlose auszudehnen, welche die Voraussetzungen der Absätze 2 und 3 nicht erfüllen.

(5) Die Absätze 2 und 3 finden auf die in den Artikeln 13, 18, 19, 21 und 22 genannten Rechte und Vergünstigungen sowie auf die in diesem Übereinkommen nicht vorgesehenen Rechte und Vergünstigungen Anwendung.

Art. 8 Befreiung von außergewöhnlichen Maßnahmen. Außergewöhnliche Maßnahmen, die gegen die Person, das Eigentum oder die Interessen der Staatsangehörigen oder ehemaligen Staatsangehörigen eines fremden Staates ergriffen werden können, werden von den Vertragsstaaten nicht allein deshalb auf einen Staatenlosen angewendet, weil er früher die Staatsangehörigkeit des betreffenden fremden Staates besaß. Die Vertragsstaaten, deren Rechtsvorschriften der Anwendung des in diesem Artikel aufgestellten allgemeinen Grundsatzes entgegenstehen, werden in geeigneten Fällen Befreiungen zugunsten solcher Staatenlosen gewähren.

Übereinkommen über die Rechtsstellung der Staatenlosen   5.2. **Texte 5**

Art. 9 Vorläufige Maßnahmen. Dieses Übereinkommen hindert einen Vertragsstaat nicht daran, in Kriegszeiten oder unter sonstigen schwerwiegenden und außergewöhnlichen Umständen in bezug auf eine bestimmte Person vorläufig die Maßnahmen zu treffen, die er im Hinblick auf seine Sicherheit für unerläßlich hält, solange dieser Vertragsstaat noch nicht festgestellt hat, ob die betreffende Person tatsächlich staatenlos und die Aufrechterhaltung der in bezug auf sie getroffenen Maßnahmen im Interesse der Staatssicherheit erforderlich ist.

Art. 10 Fortdauer des Aufenthalts. (1) Ist ein Staatenloser während des Zweiten Weltkriegs zwangsverschleppt und in das Hoheitsgebiet eines Vertragsstaats verbracht worden und hat er dort seinen Aufenthalt, so gilt die Dauer seines Zwangsaufenthalts als rechtmäßiger Aufenthalt in diesem Hoheitsgebiet.

(2) Ist ein Staatenloser während des Zweiten Weltkriegs aus dem Hoheitsgebiet eines Vertragsstaats zwangsverschleppt worden und vor Inkrafttreten dieses Übereinkommens dorthin zurückgekehrt, um dort seinen Aufenthalt zu nehmen, so gilt die Zeit vor und nach seiner Zwangsverschleppung als ununterbrochener Aufenthalt für jeden Zweck, für den ein ununterbrochener Aufenthalt erforderlich ist.

Art. 11 Staatenlose Seeleute. Bei Staatenlosen, die ordnungsgemäß als Besatzungsmitglieder an Bord eines Schiffes Dienst tun, das die Flagge eines Vertragsstaats führt, wird dieser Staat wohlwollend die Möglichkeit prüfen, ihnen die Niederlassung in seinem Hoheitsgebiet zu gestatten und ihnen Reiseausweise auszustellen oder sie vorläufig in sein Hoheitsgebiet zuzulassen, insbesondere um ihre Niederlassung in einem anderen Land zu erleichtern.

Kapitel II. Rechtsstellung

Art. 12 Personalstatut. (1) Das Personalstatut eines Staatenlosen bestimmt sich nach den Gesetzen des Landes seines Wohnsitzes oder, wenn er keinen Wohnsitz hat, nach den Gesetzen seines Aufenthaltslands.

(2) Die von einem Staatenlosen früher erworbenen, sich aus seinem Personalstatut ergebenden Rechte, insbesondere die aus der Eheschließung, werden von jedem Vertragsstaat vorbehaltlich der nach seinen Gesetzen gegebenenfalls zu erfüllenden Förmlichkeiten geachtet; hierbei wird vorausgesetzt, daß es sich um ein Recht handelt, das nach den Gesetzen dieses Staates anerkannt worden wäre, wenn der Berechtigte nicht staatenlos geworden wäre.

Art. 13 Bewegliche und unbewegliche Sachen. Hinsichtlich des Erwerbs von Eigentum an beweglichen und unbeweglichen Sachen und sonstiger diesbezüglicher Rechte sowie hinsichtlich von Miet-, Pacht- und sonstigen Verträgen über bewegliche und unbewegliche Sachen gewähren die Vertragsstaaten jedem Staatenlosen eine möglichst günstige und jedenfalls nicht weniger günstige Behandlung, als Ausländern allgemein unter den gleichen Umständen gewährt wird.

Art. 14 Urheberrechte und gewerbliche Schutzrechte. Hinsichtlich des Schutzes von gewerblichen Rechten, insbesondere an Erfindungen, Mustern und Modellen, Warenzeichen und Handelsbezeichnungen, sowie des Schutzes von Rechten an Werken der Literatur, Kunst und Wissenschaft erhält jeder Staatenlose in dem Land, in dem er seinen gewöhnlichen Aufenthalt hat, den gleichen Schutz, der den Staatsangehörigen dieses Landes gewährt wird. Im Hoheitsgebiet jedes anderen Vertragsstaats erhält er den gleichen Schutz, der dort den Staatsangehörigen des Landes gewährt wird, in dem er seinen gewöhnlichen Aufenthalt hat.

Art. 15 Vereinigungsrecht. Die Vertragsstaaten gewähren den Staatenlosen, die sich rechtmäßig in ihrem Hoheitsgebiet aufhalten, hinsichtlich der Vereinigungen, die weder politische noch Erwerbszwecke verfolgen, und hinsichtlich der Berufsverbände eine möglichst günstige und jedenfalls nicht weniger günstige Behandlung, als Ausländern allgemein unter den gleichen Umständen gewährt wird.

Art. 16 Zugang zu den Gerichten. (1) Ein Staatenloser hat im Hoheitsgebiet aller Vertragsstaaten freien und ungehinderten Zugang zu den Gerichten.

(2) Ein Staatenloser erfährt in dem Vertragsstaat, in dem er seinen gewöhnlichen Aufenthalt hat, die gleiche Behandlung wie dessen Staatsangehörige hinsichtlich des Zugangs zu den Gerichten, einschließlich des Armenrechts und der Befreiung von der Sicherheitsleistung für Prozeßkosten.

(3) Ein Staatenloser erfährt in den Vertragsstaaten, in denen er nicht seinen gewöhnlichen Aufenthalt hat, hinsichtlich der in Absatz 2 genannten Angelegenheiten die gleiche Behandlung wie die Staatsangehörigen des Landes, in dem er seinen gewöhnlichen Aufenthalt hat.

Kapitel III. Erwerbstätigkeit

Art. 17 Unselbständige Erwerbstätigkeit. (1) Die Vertragsstaaten gewähren den Staatenlosen, die sich rechtmäßig in ihrem Hoheitsgebiet aufhalten, hinsichtlich der Ausübung einer unselbständigen Erwerbstätigkeit eine möglichst günstige und jedenfalls nicht weniger günstige Behandlung, als Ausländern allgemein unter den gleichen Umständen gewährt wird.

(2) Die Vertragsstaaten werden wohlwollend die Möglichkeit prüfen, die Rechte aller Staatenlosen in bezug auf die Ausübung einer unselbständigen Erwerbstätigkeit den Rechten ihrer Staatsangehörigen anzugleichen; dies gilt insbesondere für Staatenlose, die aufgrund eines Programms zur Anwerbung von Arbeitskräften oder eines Einwanderungsplans in ihr Hoheitsgebiet eingereist sind.

Art. 18 Selbständige Erwerbstätigkeit. Die Vertragsstaaten gewähren den Staatenlosen, die sich rechtmäßig in ihrem Hoheitsgebiet befinden, hinsichtlich der Ausübung einer selbständigen Erwerbstätigkeit in Landwirtschaft, Industrie, Handwerk und Handel sowie hinsichtlich der Errichtung von Handelsgesellschaften eine möglichst günstige und jedenfalls nicht weniger günstige Behandlung, als Ausländern allgemein unter den gleichen Umständen gewährt wird.

Art. 19 Freie Berufe. Jeder Vertragsstaat gewährt den staatenlosen Inhabern eines von seinen zuständigen Behörden anerkannten Diploms, die sich rechtmäßig in seinem Hoheitsgebiet aufhalten und einen freien Beruf auszuüben wünschen, eine möglichst günstige und jedenfalls nicht weniger günstige Behandlung, als Ausländern allgemein unter den gleichen Umständen gewährt wird.

Kapitel IV. Wohlfahrtswesen

Art. 20 Rationierung. Soweit ein Rationierungssystem besteht, das für die gesamte Bevölkerung gilt und die allgemeine Verteilung von Mangelwaren regelt, werden Staatenlose wie Staatsangehörige behandelt.

Art. 21 Wohnungswesen. Soweit das Wohnungswesen durch Gesetze oder sonstige Rechtsvorschriften geregelt ist oder der Überwachung durch öffentliche Stellen unterliegt, gewähren die Vertragsstaaten den Staatenlosen, die sich rechtmäßig in ihrem Hoheitsgebiet aufhalten, eine möglichst günstige und jedenfalls nicht weniger günstige Behandlung, als Ausländern allgemein unter den gleichen Umständen gewährt wird.

Art. 22 Öffentliches Erziehungswesen. (1) Die Vertragsstaaten gewähren den Staatenlosen in bezug auf den Grund- und Hauptschulunterricht die gleiche Behandlung wie ihren Staatsangehörigen.

(2) Die Vertragsstaaten gewähren den Staatenlosen hinsichtlich aller sonstigen Erziehungseinrichtungen eine möglichst günstige und jedenfalls nicht weniger günstige Behandlung, als Ausländern allgemein unter den gleichen Umständen gewährt wird; dies gilt insbesondere für die Zulassung zum Studium, die Anerkennung ausländischer Schulzeugnisse, Diplome und akademischer Titel, den Erlaß von Gebühren und Abgaben und die Zuerkennung von Stipendien.

Art. 23 Öffentliche Fürsorge. Die Vertragsstaaten gewähren den Staatenlosen, die sich rechtmäßig in ihrem Hoheitsgebiet aufhalten, in bezug auf öffentliche Fürsorge und Unterstützung die gleiche Behandlung wie ihren Staatsangehörigen.

Art. 24 Arbeitsrecht und Soziale Sicherheit. (1) Die Vertragsstaaten gewähren den Staatenlosen, die sich rechtmäßig in ihrem Hoheitsgebiet aufhalten, in bezug auf folgende Angelegenheiten die gleiche Behandlung wie ihren Staatsangehörigen:

a) Arbeitsentgelt einschließlich Familienbeihilfen, wenn diese Bestandteil des Arbeitsentgelts sind, Arbeitszeit, Überstundenregelung, bezahlter Urlaub, Beschränkungen in der Heimarbeit, Mindestalter für die Beschäftigung, Lehrzeit und Berufsausbildung, Arbeit von Frauen und Jugendlichen sowie die Inanspruchnahme der auf Tarifverträgen beruhenden Vergünstigungen, soweit diese

Angelegenheiten durch Rechtsvorschriften geregelt sind oder in die Zuständigkeit der Verwaltungsbehörden fallen;
b) Soziale Sicherheit (gesetzliche Bestimmungen über Arbeitsunfälle, Berufskrankheiten, Mutterschaft, Krankheit, Arbeitsunfähigkeit, Alter, Tod, Arbeitslosigkeit, Familienunterhalt sowie jedes andere nach den innerstaatlichen Rechtsvorschriften durch ein System der Sozialen Sicherheit gedeckte Wagnis), vorbehaltlich
  i) geeigneter Regelungen in bezug auf die Wahrung erworbener Rechte und Anwartschaften sowie
  ii) besonderer innerstaatlicher Rechtsvorschriften des Aufenthaltslands über Leistungen oder Leistungsteile, die ausschließlich aus öffentlichen Mitteln bestritten werden, sowie über Zuwendungen an Personen, welche die zur Erlangung einer normalen Rente festgesetzten Beitragsbedingungen nicht erfüllen.

(2) Ist der Tod eines Staatenlosen durch einen Arbeitsunfall oder eine Berufskrankheit verursacht, so wird das Recht auf Ersatz des Schadens nicht dadurch berührt, daß sich der Berechtigte außerhalb des Hoheitsgebiets des Vertragsstaats aufhält.

(3) Die Vertragsstaaten gewähren die Vorteile der Abkommen, die sie zur Wahrung erworbener Rechte und Anwartschaften auf dem Gebiet der Sozialen Sicherheit untereinander geschlossen haben oder schließen werden, auch den Staatenlosen, soweit diese die Voraussetzungen erfüllen, die für Angehörige der Unterzeichnerstaaten der betreffenden Abkommen gelten.

(4) Die Vertragsstaaten werden wohlwollend die Möglichkeit prüfen, die Vorteile ähnlicher Abkommen, die zwischen Vertragsstaaten und Nichtvertragsstaaten jetzt oder künftig in Kraft sind, soweit wie möglich auch den Staatenlosen zu gewähren.

Kapitel V. Verwaltungsmaßnahmen

Art. 25 Verwaltungshilfe. (1) Würde die Ausübung eines Rechtes durch einen Staatenlosen normalerweise die Unterstützung der Behörden eines anderen Landes erfordern, die er nicht in Anspruch nehmen kann, so trägt der Vertragsstaat, in dessen Hoheitsgebiet er sich aufhält, dafür Sorge, daß dessen eigene Behörden dem Staatenlosen diese Unterstützung gewähren.

(2) Die in Absatz 1 bezeichneten Behörden werden den Staatenlosen diejenigen Urkunden und Bescheinigungen ausstellen oder unter ihrer Aufsicht ausstellen lassen, die Ausländern normalerweise von den Behörden ihres eigenen Landes oder durch deren Vermittlung ausgestellt werden.

(3) Die so ausgestellten Urkunden oder Bescheinigungen ersetzen die amtlichen Schriftstücke, die Ausländern sonst von den Behörden ihres eigenen Landes oder durch deren Vermittlung ausgestellt werden; sie haben vorbehaltlich des Gegenbeweises volle Beweiskraft.

(4) Abgesehen von Ausnahmen, die gegebenenfalls zugunsten Bedürftiger zugelassen werden, können für die in diesem Artikel erwähnten Amtshandlungen Gebühren erhoben werden; sie müssen mäßig sein und denjenigen entsprechen, die von den eigenen Staatsangehörigen für ähnliche Amtshandlungen erhoben werden.

(5) Die Bestimmungen dieses Artikels lassen die Artikel 27 und 28 unberührt.

Art. 26 Freizügigkeit. Jeder Vertragsstaat gewährt den Staatenlosen, die sich rechtmäßig in seinem Hoheitsgebiet befinden, das Recht auf freie Wahl ihres Aufenthaltsorts und auf Freizügigkeit in diesem Hoheitsgebiet, vorbehaltlich der Bestimmungen, die auf Ausländer allgemein unter den gleichen Umständen Anwendung finden.

Art. 27 Personalausweise. Die Vertragsstaaten stellen jedem Staatenlosen, der sich in ihrem Hoheitsgebiet befindet und keinen gültigen Reiseausweis besitzt, einen Personalausweis aus.

Art. 28 Reiseausweise. Die Vertragsstaaten stellen den Staatenlosen, die sich rechtmäßig in ihrem Hoheitsgebiet aufhalten, Reiseausweise aus, die ihnen Reisen außerhalb dieses Hoheitsgebiets gestatten, es sei denn, daß zwingende Gründe der Staatssicherheit oder der öffentlichen Ordnung dem entgegenstehen; auf diese Ausweise findet der Anhang zu diesem Übereinkommen Anwendung. Die Vertragsstaaten können auch jeden anderen in ihrem Hoheitsgebiet befindlichen Staatenlosen einen solchen Reiseausweis ausstellen; sie werden insbesondere wohlwollend die Möglichkeit prüfen, solche Reiseausweise denjenigen in ihrem Hoheitsgebiet befindlichen Staatenlosen auszustellen, die von dem Land, in dem sie ihren rechtmäßigen Aufenthalt haben, keinen Reiseausweis erhalten können.

Art. 29 Steuerliche Lasten. (1) Die Vertragsstaaten erheben von den Staatenlosen keine anderen oder höheren Gebühren, Steuern oder sonstigen Abgaben gleich welcher Art oder Bezeichnung, als von ihren Staatsangehörigen unter entsprechenden Voraussetzungen jetzt oder künftig erhoben werden.

(2) Absatz 1 schließt nicht aus, daß die Gesetze und sonstigen Rechtsvorschriften über Gebühren für die Ausstellung von Verwaltungsurkunden einschließlich Personalausweisen an Ausländer auf Staatenlose angewandt werden.

Art. 30 Überführungen von Vermögenswerten. (1) Jeder Vertragsstaat gestattet in Übereinstimmung mit seinen Gesetzen und sonstigen Rechtsvorschriften den Staatenlosen, die Vermögenswerte, die sie in sein Hoheitsgebiet gebracht haben, in ein anderes Land zu überführen, in das sie zur Wiederansiedlung zugelassen worden sind.

(2) Jeder Vertragsstaat wird wohlwollend die Anträge Staatenloser auf Erlaubnis zur Überführung von – wo immer befindlichen – Vermögenswerten prüfen, die sie zur Wiederansiedlung in einem anderen Land benötigen, in das sie zugelassen worden sind.

Art. 31 Ausweisung. (1) Die Vertragsstaaten weisen keinen Staatenlosen aus, der sich rechtmäßig in ihrem Hoheitsgebiet befindet, es sei denn aus Gründen der Staatssicherheit oder der öffentlichen Ordnung.

(2) Die Ausweisung eines Staatenlosen darf nur in Ausführung einer Entscheidung erfolgen, die in einem ordentlichen gesetzlichen Verfahren ergangen ist. Soweit nicht zwingende Gründe der Staatssicherheit dem entgegenstehen, ist dem Staatenlosen zu gestatten, Beweise zu seiner Entlastung beizubringen, Rechtsmittel einzulegen und sich zu diesem Zweck vor einer zuständigen Behörde oder vor einer oder mehreren Personen vertreten zu lassen, die von der zuständigen Behörde besonders bestimmt sind.

(3) Die Vertragsstaaten gewähren einem solchen Staatenlosen eine angemessene Frist, in der er in einem anderen Land um rechtmäßige Zulassung nachsuchen kann. Die Vertragsstaaten behalten sich vor, während dieser Frist die ihnen erforderlich erscheinenden Maßnahmen innerstaatlicher Art zu ergreifen.

Art. 32 Einbürgerung. Die Vertragsstaaten erleichtern soweit wie möglich die Eingliederung und Einbürgerung Staatenloser. Sie werden insbesondere bestrebt sein, das Einbürgerungsverfahren zu beschleunigen und dessen Kosten soweit wie möglich herabzusetzen.

Kapitel VI. Schlußbestimmungen

Art. 33 Auskünfte über innerstaatliche Rechtsvorschriften. Die Vertragsstaaten teilen dem Generalsekretär der Vereinten Nationen den Wortlaut der Gesetze und sonstigen Rechtsvorschriften mit, die sie zur Durchführung dieses Übereinkommens erlassen.

Art. 34 Beilegung von Streitigkeiten. Jede Streitigkeit zwischen Vertragsparteien dieses Übereinkommens über dessen Auslegung oder Anwendung, die auf andere Weise nicht beigelegt werden kann, wird auf Antrag einer Streitpartei dem Internationalen Gerichtshof vorgelegt.

Art. 35 Unterzeichnung, Ratifikation und Beitritt. (1) Dieses Übereinkommen liegt bis zum 31. Dezember 1955 am Sitz der Vereinten Nationen zur Unterzeichnung auf.

(2) Es liegt zur Unterzeichnung auf
a) für jedes Mitglied der Vereinten Nationen,
b) für jeden anderen Staat, der zur Teilnahme an der Konferenz der Vereinten Nationen über die Rechtsstellung der Staatenlosen eingeladen wurde, und
c) für jeden Staat, den die Generalversammlung der Vereinten Nationen einlädt, es zu unterzeichnen oder ihm beizutreten.

(3) Es bedarf der Ratifikation; die Ratifikationsurkunden werden beim Generalsekretär der Vereinten Nationen hinterlegt.

(4) Die in Absatz 2 bezeichneten Staaten können diesem Übereinkommen beitreten. Der Beitritt erfolgt durch Hinterlegung einer Beitrittsurkunde beim Generalsekretär der Vereinten Nationen.

Übereinkommen über die Rechtsstellung der Staatenlosen   5.2. **Texte 5**

Art. 36 Geltungsbereichsklausel. (1) Ein Staat kann bei der Unterzeichnung, der Ratifikation oder dem Beitritt erklären, daß sich dieses Übereinkommen auf alle oder auf einzelne Hoheitsgebiete erstrecken soll, für deren internationale Beziehungen er verantwortlich ist. Eine solche Erklärung wird wirksam, sobald das Übereinkommen für den betreffenden Staat in Kraft tritt.

(2) Jede spätere derartige Erstreckung erfolgt durch eine an den Generalsekretär der Vereinten Nationen zu richtende Notifikation; die Erstreckung wird mit dem neunzigsten Tag nach Eingang der Notifikation beim Generalsekretär der Vereinten Nationen oder mit dem Zeitpunkt wirksam, an dem dieses Übereinkommen für den betreffenden Staat in Kraft tritt, falls dieser Zeitpunkt der spätere ist.

(3) Hinsichtlich derjenigen Hoheitsgebiete, auf die dieses Übereinkommen bei der Unterzeichnung, der Ratifikation oder dem Beitritt nicht erstreckt worden ist, wird jeder in Betracht kommende Staat die erforderlichen Schritte in Erwägung ziehen, um dieses Übereinkommen so bald wie möglich auf diese Hoheitsgebiete zu erstrecken, vorbehaltlich der Zustimmung ihrer Regierungen, soweit eine solche aus verfassungsmäßigen Gründen erforderlich ist.

Art. 37 Bundesstaatklausel. Für Bundes- oder Nichteinheitsstaaten gelten folgende Bestimmungen:
a) Soweit für bestimmte Artikel dieses Übereinkommens der Bund die Gesetzgebungszuständigkeit besitzt, hat die Bundesregierung die gleichen Verpflichtungen wie die Vertragsparteien, die nicht Bundesstaaten sind;
b) soweit für bestimmte Artikel dieses Übereinkommens die Gliedstaaten, -provinzen oder -kantone die Gesetzgebungszuständigkeit besitzen, ohne nach der Verfassungsordnung des Bundes zum Erlaß von Rechtsvorschriften verpflichtet zu sein, bringt die Bundesregierung den zuständigen Stellen der Gliedstaaten, -provinzen oder -kantone diese Artikel so bald wie möglich befürwortend zur Kenntnis;
c) richtet ein Vertragsstaat dieses Übereinkommens über den Generalsekretär der Vereinten Nationen an einen Bundesstaat, der Vertragspartei ist, eine Anfrage über das Recht und die Praxis des Bundes und seiner Glieder in bezug auf einzelne Bestimmungen dieses Übereinkommens, so legt dieser Bundesstaat eine Darstellung vor, aus der ersichtlich ist, inwieweit die betreffenden Bestimmungen durch den Erlaß von Rechtsvorschriften oder durch sonstige Maßnahmen wirksam geworden sind.

Art. 38 Vorbehalte. (1) Bei der Unterzeichnung, der Ratifikation oder dem Beitritt kann jeder Staat zu Artikeln des Übereinkommens, mit Ausnahme der Artikel 1, 3, 4, 16 Absatz 1 und 33 bis 42, Vorbehalte einlegen.

(2) Hat ein Vertragsstaat gemäß Absatz 1 einen Vorbehalt eingelegt, so kann er ihn jederzeit durch eine diesbezügliche an den Generalsekretär der Vereinten Nationen zu richtende Mitteilung zurücknehmen.

Art. 39 Inkrafttreten. (1) Dieses Übereinkommen tritt mit dem neunzigsten Tag nach Hinterlegung der sechsten Ratifikations- oder Beitrittsurkunde in Kraft.

(2) Für jeden Staat, der das Übereinkommen nach Hinterlegung der sechsten Ratifikations- und Beitrittsurkunde ratifiziert oder ihm beitritt, tritt es am neunzigsten Tag nach Hinterlegung seiner eigenen Ratifikations- oder Beitrittsurkunde in Kraft.

Art. 40 Kündigung. (1) Ein Vertragsstaat kann dieses Übereinkommen jederzeit durch eine an den Generalsekretär der Vereinten Nationen zu richtende Notifikation kündigen.

(2) Die Kündigung wird für den betreffenden Vertragsstaat ein Jahr nach dem Tag wirksam, an dem sie beim Generalsekretär der Vereinten Nationen eingegangen ist.

(3) Jeder Staat, der eine Erklärung oder eine Notifiaktion gemäß Artikel 36 eingereicht hat, kann in der Folge dem Generalsekretär der Vereinten Nationen jederzeit durch eine Notifikaton mitteilen, daß das Übereinkommen auf ein in der Notifikation bezeichnetes Hoheitsgebiet keine Anwendung mehr finden soll. Das Übereinkommen tritt sodann ein Jahr nach Eingang der Notifikation beim Generalsekretär für das betreffende Hoheitsgebiet außer Kraft.

Art. 41 Revision. (1) Jeder Vertragsstaat kann jederzeit durch eine an den Generalsekretär der Vereinten Nationen zu richtende Notifikation die Revision dieses Übereinkommens beantragen.

(2) Die Generalversammlung der Vereinten Nationen empfiehlt die Maßnahmen, die gegebenenfalls in bezug auf einen solchen Antrag zu ergreifen sind.

Art. 42 Notifikation des Generalsekretärs der Vereinten Nationen. Der Generalsekretär der Vereinten Nationen notifiziert allen Mitgliedern der Vereinten Nationen und den in Artikel 35 bezeichneten Nichtmitgliedstaaten

a) die Unterzeichnungen, Ratifikationen und Beitritte nach Artikel 35;
b) die Erklärungen und Notifikationen nach Artikel 36;
c) die Einlegung und Zurücknahme von Vorbehalten nach Artikel 38;
d) den Tag, an dem das Übereinkommen nach Artikel 39 in Kraft tritt;
e) die Kündigungen und Notifikationen nach Artikel 40;
f) die Revisionsanträge nach Artikel 41.

Anhang

§ 1 (1) Der in Artikel 28 dieses Übereinkommens genannte Reiseausweis hat die Feststellung zu enthalten, daß sein Inhaber Staatenloser im Sinne des Übereinkommens vom 28. September 1954 ist.

(2) Der Ausweis ist in mindestens zwei Sprachen abzufassen; eine davon muß das Englische oder das Französische sein.

(3) Die Vertragsstaaten werden prüfen, ob es wünschenswert ist, das beigefügte Muster eines Reiseausweises zu verwenden.

§ 2 Vorbehaltlich der in dem Ausstellungsland geltenden Vorschriften können Kinder in den Reiseausweis eines Elternteils oder – unter außergewöhnlichen Umständen – eines anderen Erwachsenen miteingetragen werden.

§ 3 Die Gebühren für die Ausstellung des Ausweises dürfen den für Pässe von Staatsangehörigen geltenden Mindestsatz nicht überschreiten.

§ 4 Abgesehen von besonderen oder Ausnahmefällen hat der Ausweis für die größtmögliche Zahl von Ländern zu gelten.

§ 5 Der Ausweis hat mindestens drei Monate und höchstens zwei Jahre lang gültig zu sein.

§ 6 (1) Für die Erneuerung oder Verlängerung des Ausweises ist die ausstellende Behörde zuständig, solange der Inhaber sich nicht rechtmäßig in einem anderen Hoheitsgebiet niedergelassen hat und rechtmäßig im Hoheitsgebiet der genannten Behörde wohnhaft ist. Für die Ausstellung eines neuen Ausweises ist unter den gleichen Voraussetzungen die Behörde zuständig, die den früheren Ausweis ausgestellt hat.

(2) Diplomatische oder konsularische Dienststellen können ermächtigt werden, die Gültigkeitsdauer von Reiseausweisen, welche ihre Regierung ausgestellt hat, für eine Zeitspanne von höchstens sechs Monaten zu verlängern.

(3) Die Vertragsstaaten werden wohlwollend die Möglichkeit der Erneuerung oder Verlängerung von Reiseausweisen oder der Ausstellung neuer Ausweise für Staatenlose prüfen, die sich in ihrem Hoheitsgebiet nicht mehr rechtmäßig aufhalten und von dem Land ihres rechtmäßigen Aufenthalts keinen Reiseausweis erhalten können.

§ 7 Die Vertragsstaaten erkennen die Gültigkeit der nach Artikel 28 dieses Übereinkommens ausgestellten Ausweise an.

§ 8 Sind die zuständigen Behörden des Landes, in das sich der Staatenlose zu begeben wünscht, bereit, ihn zuzulassen, und ist hierfür ein Sichtvermerk erforderlich, so versehen sie den Ausweis, dessen Inhaber er ist, mit einem Sichtvermerk.

§ 9 (1) Die Vertragsstaaten verpflichten sich zur Erteilung von Durchreise-Sichtvermerken an Staatenlose, die Sichtvermerke für das Hoheitsgebiet eines Bestimmungslands erhalten haben.

(2) Die Erteilung eines solchen Sichtvermerks kann aus Gründen verweigert werden, die jedem Ausländer gegenüber die Verweigerung eines Sichtvermerks rechtfertigen würden.

Gesetz zur Verminderung der Staatenlosigkeit   5.3.   **Texte 5**

§ 10 Die Gebühren für die Erteilung von Ausreise-, Einreise- oder Durchreise-Sichtvermerken dürfen den Mindestsatz für Sichtvermerke in ausländischen Pässen nicht überschreiten.

§ 11 Wechselt ein Staatenloser seinen Aufenthaltsort und läßt er sich rechtmäßig im Hoheitsgebiet eines anderen Vertragsstaats nieder, so ist für die Ausstellung eines neuen Ausweises nach Maßgabe des Artikels 28 die Behörde jenes Hoheitsgebiets zuständig, bei welcher der Staatenlose einen Antrag zu stellen berechtigt ist.

§ 12 Die Behörde, die einen neuen Ausweis ausstellt, zieht den alten ein und gibt ihn an das Land zurück, das ihn ausgestellt hat, wenn in dem alten Ausweis die Rückgabe an das Ausstellungsland vorgesehen ist; andernfalls zieht sie ihn ein und macht ihn ungültig.

§ 13 (1) Ein nach Artikel 28 dieses Übereinkommens ausgestellter Reiseausweis berechtigt seinen Inhaber, sofern darin nichts Gegenteiliges bestimmt ist, während der Gültigkeitsdauer des Ausweises jederzeit in das Hoheitsgebiet des ausstellenden Staates wieder einzureisen. Die Frist für die Wiedereinreise des Inhabers in das Land, das den Ausweis ausgestellt hat, muß mindestens drei Monate betragen, es sei denn, daß das Land, in das der Staatenlose zu reisen beabsichtigt, nicht darauf besteht, daß der Reiseausweis das Recht zur Wiedereinreise vorsieht.

(2) Vorbehaltlich des Absatzes 1 kann ein Vertragsstaat von dem Inhaber eines Ausweises verlangen, daß er alle Förmlichkeiten erfüllt, die für die Ausreise aus seinem Hoheitsgebiet und für die Wiedereinreise dorthin vorgeschrieben sind.

§ 14 Mit dem einzigen Vorbehalt des Paragraphen 13 läßt dieser Anhang die Gesetze und sonstigen Rechtsvorschriften unberührt, die in den Hoheitsgebieten der Vertragsstaaten die Zulassung, die Durchreise, den Aufenthalt, die Niederlassung und die Ausreise regeln.

§ 15 Weder die Ausstellung des Ausweises noch die darin vorgenommenen Eintragungen bestimmen oder berühren die Rechtsstellung des Inhabers, insbesondere in bezug auf seine Staatsangehörigkeit.

§ 16 Die Ausstellung des Ausweises gibt dem Inhaber keinen Anspruch auf den Schutz der diplomatischen oder konsularischen Dienststellen des Ausstellungslands und verleiht diesen nicht ohne weiteres ein Schutzrecht.

5.3. Ausführungsgesetz zu dem Übereinkommen zur Verminderung der Staatenlosigkeit vom 30. August 1961 und zu dem Übereinkommen zur Verringerung der Fälle von Staatenlosigkeit vom 3. September 1973 (Gesetz zur Verminderung der Staatenlosigkeit)

Vom 29. Juni 1977 (BGBl. I 1101)

– Auszug –

Art. 1 Das Übereinkommen vom 30. August 1961 zur Verminderung der Staatenlosigkeit (BGBl. 1977 II S. 597) wird angewandt
1. zur Beseitigung von Staatenlosigkeit auf Personen, die staatenlos nach Artikel 1 Abs. 1 des Übereinkommens vom 28. September 1954 über die Rechtsstellung der Staatenlosen (BGBl. 1976 II S. 473) sind;
2. zur Verhinderung von Staatenlosigkeit oder Erhaltung der Staatsangehörigkeit auf Deutsche nach Artikel 116 Abs. 1 des Grundgesetzes.

Die Verleihung der Staatsangehörigkeit zur Beseitigung von Staatenlosigkeit erfolgt durch Einbürgerung.

Art. 2 Ein seit der Geburt Staatenloser ist auf seinen Antrag einzubürgern, wenn er
1. im Geltungsbereich dieses Gesetzes oder an Bord eines Schiffes, das berechtigt ist, die Bundesflagge der Bundesrepublik Deutschland zu führen, oder in einem Luftfahrzeug, das das Staatsangehörigkeitszeichen der Bundesrepublik Deutschland führt, geboren ist.

5 Texte 5.4.

2. seit fünf Jahren rechtmäßig seinen dauernden Aufenthalt im Geltungsbereich dieses Gesetzes hat und
3. den Antrag vor der Vollendung des 21. Lebensjahres stellt,

es sei denn, daß er rechtskräftig zu einer Freiheits- oder Jugendstrafe von fünf Jahren oder mehr verurteilt worden ist. § 7 Abs. 2 Satz 2 des Reichs- und Staatsangehörigkeitsgesetzes ist anzuwenden.

Art. 6 Dieses Gesetz tritt am Tage nach der Verkündung in Kraft.

5.4. Vereinbarung über Flüchtlingsseeleute

Vom 23. November 1957, verkündet mit Gesetz vom 3. Juli 1961 (BGBl. II 828), Bekanntmachung über Geltungsbereich vom 24. Januar 1975 (BGBl. II 196); Aufhebung des Stichtags nach Art. 1 Abschn. A Nr. 2 GK durch Protokoll vom 12. Juni 1973, Gesetz vom 7. April 1975 (BGBl. II 421), Bekanntmachung vom 28. Oktober 1982 (BGBl. II 975)

Kapitel I

Art. 1 Im Sinne dieser Vereinbarung bezeichnet
a) der Ausdruck „Abkommen" das Abkommen vom 28. Juli 1951 über die Rechtsstellung der Flüchtlinge;
b) der Ausdruck „Flüchtlingsseemann" jede Person, die nach der Begriffsbestimmung des Artikels 1 des Abkommens und aufgrund der Erklärung oder Notifikation des betreffenden Vertragsstaats gemäß Abschnitt B des genannten Artikels Flüchtling ist und – gleichviel in welcher Eigenschaft – auf einem Handelsschiff Seemannsdienste leistet oder berufsmäßig auf einem Handelsschiff als Seemann ihren Lebensunterhalt verdient.

Kapitel II

Art. 2 Hat ein Flüchtlingsseemann keinen rechtmäßigen Aufenthalt außer im Hoheitsgebiet eines Staates, in dem er die begründete Befürchtung hegt, wegen seiner Rasse, Religion, Staatsangehörigkeit, Zugehörigkeit zu einer bestimmten sozialen Gruppe oder wegen seiner politischen Überzeugung verfolgt zu werden, und auch keine Aufenthaltsgenehmigung außer für das Hoheitsgebiet eines solchen Staates, so gilt für die Anwendung des Artikels 28 des Abkommens als Gebiet seines rechtmäßigen Aufenthalts
a) das Hoheitsgebiet der Vertragspartei, unter deren Flagge er während der letzten drei Jahre vor der Anwendung dieser Vereinbarung auf seinen Fall insgesamt mindestens 600 Tage lang als Flüchtling und Seemann auf Schiffen Dienst getan hat, die mindestens zweimal jährlich Häfen in diesem Hoheitsgebiet angelaufen haben; hierbei bleiben Dienste unberücksichtigt, die dieser Seemann leistete, bevor oder während er in einem anderen Staat Aufenthalt genommen hat;
oder, wenn es eine solche Vertragspartei nicht gibt,
b) das Hoheitsgebiet der Vertragspartei, in dem er sich während der letzten drei Jahre vor der Anwendung dieser Vereinbarung auf seinen Fall zuletzt als Flüchtling rechtmäßig aufgehalten hat, sofern er nicht unterdessen in einem anderen Staat Aufenthalt genommen hat.

Art. 3 Hat bei Inkrafttreten dieser Vereinbarung ein Flüchtlingsseemann
(i) keinen rechtmäßigen Aufenthalt außer im Hoheitsgebiet eines Staates, in dem er die begründete Befürchtung hegt, wegen seiner Rasse, Religion, Staatsangehörigkeit, Zugehörigkeit zu einer bestimmten sozialen Gruppe oder wegen seiner politischen Überzeugung verfolgt zu werden, und auch keine Aufenthaltsgenehmigung außer für das Hoheitsgebiet eines solchen Staates und hat er
(ii) nach Auffassung einer Vertragspartei keinen rechtmäßigen Aufenthalt gemäß Artikel 2 in ihrem Hoheitsgebiet,

so gilt für die Anwendung des Artikels 28 des Abkommens als Gebiet seines rechtmäßigen Aufenthalts

Vereinbarung über Flüchtlingsseeleute 5.4. **Texte 5**

a) das Hoheitsgebiet der Vertragspartei, die ihm als Flüchtling nach dem 31. Dezember 1945 und vor dem Inkrafttreten dieser Vereinbarung zuletzt einen zur Rückkehr in ihr Hoheitsgebiet berechtigenden Reiseausweis ausgestellt, verlängert oder erneuert hat, auch wenn dieser nicht mehr gültig ist;

oder, wenn es eine solche Vertragspartei nicht gibt,

b) das Hoheitsgebiet der Vertragspartei, in dem er sich nach dem 31. Dezember 1945 und vor dem Inkrafttreten dieser Vereinbarung zuletzt als Flüchtling rechtmäßig aufgehalten hat;

oder, wenn es eine solche Vertragspartei nicht gibt,

c) das Hoheitsgebiet der Vertragspartei, unter deren Flagge er nach dem 31. Dezember 1945 und vor dem Inkrafttreten dieser Vereinbarung zuletzt während eines beliebigen Zeitabschnitts von drei Jahren insgesamt mindestens 600 Tage lang als Flüchtling und Seemann auf Schiffen Dienst getan hat, die mindestens zweimal jährlich Häfen in diesem Hoheitsgebiet angelaufen haben.

Art. 4 Sofern eine Vertragspartei nicht anders entscheidet, gilt der Aufenthalt eines Flüchtlingsseemanns in ihrem Hoheitsgebiet nicht mehr als rechtmäßig, wenn dieser Seemann nach dem letzten Zeitpunkt, in dem ihm gemäß Artikel 2 oder 3 die Aufenthaltsberechtigung zustand,

a) im Hoheitsgebiet eines anderen Staates Aufenthalt genommen hat oder wenn er

b) während eines beliebigen Zeitabschnitts von sechs Jahren nach diesem Zeitpunkt insgesamt mindestens 1350 Tage lang auf Schiffen Dienst getan hat, welche die Flagge ein und desselben anderen Staates führen, oder wenn er

c) während eines beliebigen Zeitabschnitts von drei Jahren nach diesem Zeitpunkt nicht insgesamt mindestens 30 Tage lang als Seemann auf Schiffen Dienst getan hat, welche die Flagge dieser Vertragspartei führen und mindestens zweimal jährlich Häfen ihres Hoheitsgebiets angelaufen haben, oder wenn er sich während eines solchen Zeitabschnitts nicht insgesamt mindestens 10 Tage lang im Hoheitsgebiet dieser Vertragspartei aufgehalten hat.

Art. 5 Um die Lage einer möglichst großen Anzahl von Flüchtlingsseeleuten zu verbessern, wird jede Vertragspartei wohlwollend die Möglichkeit prüfen, die Vergünstigungen dieser Vereinbarung auch Flüchtlingsseeleuten zu gewähren, denen sie aufgrund der Vereinbarung nicht zustehen.

Kapitel III

Art. 6 Jede Vertragspartei gewährt einem Flüchtlingsseemann, der im Besitz eines von einer anderen Vertragspartei ausgestellten und ihn zur Rückkehr in deren Hoheitsgebiet berechtigenden Reiseausweises ist, in bezug auf die Einreise in ihr Hoheitsgebiet zwecks Erfüllung eines bestehenden Heuervertrags oder zwecks Landurlaubs die gleiche Behandlung wie den Seeleuten, die Staatsangehörige der Vertragspartei sind, welche den Ausweis ausgestellt hat, oder mindestens eine nicht weniger günstige Behandlung als ausländischen Seeleuten im allgemeinen.

Art. 7 Stellt ein Flüchtlingsseemann, der einen ihn zur Rückkehr in das Hoheitsgebiet einer Vertragspartei berechtigenden Reiseausweis besitzt, zur Erleichterung seiner Niederlassung in einem dritten Staat oder aus sonstigen triftigen Gründen einen Antrag auf Genehmigung einer befristeten Einreise in das Hoheitsgebiet einer anderen Vertragspartei, so wird diese den Antrag wohlwollend prüfen.

Art. 8 Jede Vertragspartei wird sich bemühen sicherzustellen, daß ein unter ihrer Flagge Dienst tuender Flüchtlingsseemann, der keinen gültigen Reiseausweis erlangen kann, einen Personalausweis erhält.

Art. 9 Ein Flüchtlingsseemann darf, soweit es in der Macht der Vertragsparteien steht, nicht gezwungen werden, an Bord eines Schiffes zu bleiben, wenn dies seine körperliche oder geistige Gesundheit ernstlich gefährden würde.

Art. 10 Ein Flüchtlingsseemann darf, soweit es in der Macht der Vertragsparteien steht, nicht gezwungen werden, an Bord eines Schiffes zu bleiben, das einen Hafen anlaufen oder durch Gewässer fahren soll, wo er die begründete Befürchtung hegt, wegen seiner Rasse, Religion, Staatsangehörigkeit, Zugehörigkeit zu einer bestimmten sozialen Gruppe oder wegen seiner politischen Überzeugung verfolgt zu werden.

Art. 11 Die Vertragspartei, deren Hoheitsgebiet das Gebiet des rechtmäßigen Aufenthalts eines Flüchtlingsseemanns ist oder gemäß dieser Vereinbarung für die Anwendung des Artikels 28 des Abkommens als Gebiet seines rechtmäßigen Aufenthalts gilt, gestattet ihm auf Antrag der Vertragspartei, in deren Hoheitsgebiet er sich befindet, die Einreise in ihr Hoheitsgebiet.

Art. 12 Rechte und Vergünstigungen, die eine Vertragspartei Flüchtlingsseeleuten unabhängig von dieser Vereinbarung gewährt, werden durch diese Vereinbarung nicht berührt.

Art. 13 (1) Jede Vertragspartei kann aus zwingenden Gründen der Staatssicherheit oder der öffentlichen Ordnung ihre Verpflichtungen aus dieser Vereinbarung gegenüber einem Flüchtlingsseemann als hinfällig betrachten. Dem betreffenden Flüchtlingsseemann ist Gelegenheit zu geben, der zuständigen Behörde innerhalb einer angemessenen Frist Beweismaterial zu seiner Entlastung vorzulegen, sofern nicht begründeter Anlaß zu der Annahme besteht, daß er eine Gefahr für die Sicherheit des Staates darstellt, in dem er sich befindet.

(2) Eine Entscheidung gemäß Absatz 1 entbindet die betreffende Vertragspartei nicht von ihren Verpflichtungen aus Artikel 11 gegenüber einem Flüchtlingsseemann, dem sie einen Reiseausweis ausgestellt hat, es sei denn, daß dieser Ausweis schon seit über 120 Tagen nicht mehr gültig ist, wenn ihr der Antrag auf Genehmigung der Einreise in ihr Hoheitsgebiet von einer anderen Vertragspartei zugeleitet wird.

Kapitel IV

Art. 14 Jede zwischen den Vertragsparteien über die Auslegung oder Anwendung dieser Vereinbarung entstehende Streitigkeit, die nicht auf andere Weise beigelegt werden kann, wird auf Antrag einer der streitenden Parteien dem Internationalen Gerichtshof vorgelegt.

Art. 15 Diese Vereinbarung bedarf der Ratifizierung. Die Ratifikationsurkunden werden bei der Regierung des Königreichs der Niederlande hinterlegt.

Art. 16 Diese Vereinbarung tritt am neunzigsten Tage nach Hinterlegung der achten Ratifikationsurkunde in Kraft.

Art. 17 (1) Jede Regierung, welche gegenüber Flüchtlingsseeleuten die in Artikel 28 des Abkommens vorgesehenen oder entsprechende Verpflichtungen zu übernehmen bereit ist, kann dieser Vereinbarung beitreten.

(2) Die Beitrittsurkunden werden bei der Regierung des Königreichs der Niederlande hinterlegt.

(3) Für jede beitretende Regierung tritt diese Vereinbarung am neunzigsten Tage nach Hinterlegung ihrer Beitrittsurkunde in Kraft, jedoch nicht vor dem in Artikel 16 bestimmten Zeitpunkt.

Art. 18 (1) Jede Regierung kann bei der Ratifizierung oder dem Beitritt oder zu jedem späteren Zeitpunkt erklären, daß sich diese Vereinbarung auch auf eines oder mehrere der Hoheitsgebiete erstreckt, für deren internationale Beziehungen sie verantwortlich ist, sofern sie bezüglich dieser Hoheitsgebiete die in Artikel 17 Absatz 1 genannten Verpflichtungen zu übernehmen bereit ist.

(2) Diese Erstreckung erfolgt durch eine an die Regierung des Königreichs der Niederlande gerichtete Notifizierung.

(3) Die Erstreckung tritt am neunzigsten Tage nach Eingang der Notifizierung bei der Regierung des Königreichs der Niederlande in Kraft, jedoch nicht vor dem in Artikel 16 bestimmten Zeitpunkt.

Art. 19 (1) Jede Vertragspartei kann diese Vereinbarung jederzeit durch eine an die Regierung des Königreichs der Niederlande gerichtete Notifizierung kündigen.

(2) Die Kündigung wird ein Jahr nach Eingang der Notifizierung bei der Regierung des Königreichs der Niederlande wirksam. Erfolgt eine Kündigung, so kann jede andere Vertragspartei die Vereinbarung nach Konsultation der übrigen Vertragsparteien kündigen; diese Kündigung wird zu dem genannten Zeitpunkt wirksam, sofern eine Frist von sechs Monaten eingehalten wurde.

Art. 20 (1) Jede Vertragspartei, die eine Notifizierung gemäß Artikel 18 vorgenommen hat, kann zu jedem späteren Zeitpunkt durch eine an die Regierung des Königreichs der Niederlande gerichtete Notifizierung erklären, daß die Vereinbarung für eines oder mehrere der in der Notifizierung bezeichneten Hoheitsgebiete nicht mehr gilt.

Übergang der Verantwortung für Flüchtlinge   5.5.   **Texte 5**

(2) Für das betreffende Hoheitsgebiet endet die Gültigkeit der Vereinbarung ein Jahr nach Eingang der Notifizierung bei der Regierung des Königreichs der Niederlande.

Art. 21 Die Regierung des Königreichs der Niederlande unterrichtet alle in der Präambel genannten und alle beigetretenen Regierungen von den Hinterlegungen und Notifizierungen, die gemäß den Artikeln 15, 17, 18, 19 und 20 vorgenommen werden.

5.5. Übereinkommen über den Übergang der Verantwortung für Flüchtlinge

Vom 16. Oktober 1980 (Gesetz vom 30. September 1994, BGBl. II 2645)

Art. 1 Im Sinne dieses Übereinkommens

a) bedeutet „Flüchtling" eine Person, auf die das Abkommen vom 28. Juni 1951 über die Rechtsstellung der Flüchtlinge beziehungsweise das Protokoll vom 31. Januar 1967 über die Rechtsstellung der Flüchtlinge Anwendung findet;
b) bedeutet „Reiseausweis" den nach Maßgabe des genannten Abkommens ausgestellten Reiseausweis;
c) bedeutet „Erststaat" einen Vertragsstaat dieses Übereinkommens, der den Reiseausweis ausgestellt hat;
d) bedeutet „Zweitstaat" einen anderen Vertragsstaat dieses Übereinkommens, in dem ein Flüchtling, der einen vom Erststaat ausgestellten Reiseausweis besitzt, anwesend ist.

Art. 2 (1) Die Verantwortung gilt nach Ablauf von zwei Jahren des tatsächlichen und dauernden Aufenthalts im Zweitstaat mit Zustimmung von dessen Behörden oder zu einem früheren Zeitpunkt als übergegangenen, wenn der Zweitstaat dem Flüchtling gestattet hat, entweder dauernd oder länger als für die Gültigkeitsdauer des Reiseausweises in seinem Hoheitsgebiet zu bleiben.

Diese Zweijahresfrist beginnt mit der Aufnahme des Flüchtlings im Hoheitsgebiet des Zweitstaats oder, läßt sich dieser Zeitpunkt nicht feststellen, mit dem Tag, an dem er sich bei den Behörden des Zweitstaats meldet.

(2) Bei der Berechnung der im Absatz 1 bezeichneten Frist

a) wird ein ausschließlich zum Zwecke des Studiums, der Ausbildung oder der medizinischen Behandlung genehmigter Aufenthalt nicht berücksichtigt;
b) werden im Zusammenhang mit einem Strafverfahren verhängte Haftzeiten des Flüchtlings nicht berücksichtigt;
c) werden Zeiten, in denen der Flüchtling im Hoheitsgebiet des Zweitstaats bleiben darf, solange ein Rechtsmittelverfahren gegen eine Entscheidung der Aufenthaltsverweigerung oder der Ausweisung aus dem Hoheitsgebiet anhängig ist, nur dann berücksichtigt, wenn die Rechtsmittelentscheidung zugunsten des Flüchtlings getroffen wird;
d) werden Zeiten berücksichtigt, in denen der Flüchtling das Hoheitsgebiet des Zweitstaats für höchstens drei Monate hintereinander oder mehrmals für insgesamt höchstens sechs Monate vorübergehend verläßt; diese Abwesenheiten gelten nicht als Unterbrechung oder Aussetzung des Aufenthalts.

(3) Die Verantwortung gilt auch dann als übergegangen, wenn die Wiederaufnahme des Flüchtlings durch den Erststaat nach Artikel 4 nicht mehr beantragt werden kann.

Art. 3 (1) Bis zum Zeitpunkt des Übergangs der Verantwortung wird der Reiseausweis durch den Erststaat verlängert oder erneuert.

(2) Der Flüchtling ist nicht gehalten, den Zweitstaat zu verlassen, um seinen Reiseausweis verlängern oder erneuern zu lassen; er kann sich zu diesem Zweck an die diplomatischen Missionen oder konsularischen Vertretungen des Erststaats wenden.

Art. 4 (1) Solange die Verantwortung nicht nach Artikel 2 Absätze 1 und 2 übergegangen ist, wird der Flüchtling jederzeit im Hoheitsgebiet des Erststaats wieder aufgenommen, selbst nach Ablauf der Gültigkeit des Reiseausweises. In letzterem Fall erfolgt die Wiederaufnahme auf einfachen Antrag des

Zweitstaats unter der Bedingung, daß der Antrag innerhalb von sechs Monaten nach Ablauf der Gültigkeit des Reiseausweises gestellt wird.

(2) Ist den Behörden des Zweitstaats der Verbleib des Flüchtlings unbekannt und können sie aus diesem Grund den Antrag nach Absatz 1 nicht innerhalb von sechs Monaten nach Ablauf der Gültigkeit des Reiseausweises stellen, so muß der Antrag innerhalb von sechs Monaten nach dem Zeitpunkt gestellt werden, in dem der Zweitstaat vom Verbleib des Flüchtlings Kenntnis erhält, spätestens jedoch zwei Jahre nach Ablauf der Gültigkeit des Reiseausweises.

Art. 5 (1) Mit dem Übergang der Verantwortung
a) erlischt die Verantwortung des Erststaats für die Verlängerung oder Erneuerung des Reiseausweises des Flüchtlings;
b) ist der Zweitstaat für die Ausstellung eines neuen Reiseausweises für den Flüchtling verantwortlich.

(2) Der Zweitstaat unterrichtet den Erststaat vom erfolgten Übergang der Verantwortung.

Art. 6 Nach dem Übergang der Verantwortung erleichtert der Zweitstaat im Interesse der Familienzusammenführung und aus humanitären Gründen die Aufnahme des Ehegatten sowie der minderjährigen oder abhängigen Kinder des Flüchtlings in seinem Hoheitsgebiet.

Art. 7 Die zuständigen Behörden der Vertragsparteien können wegen der Anwendung dieses Übereinkommens unmittelbar miteinander verkehren. Diese Behörden werden von jedem Staat, wenn er seine Zustimmung ausdrückt, durch das Übereinkommen gebunden zu sein, durch eine an den Generalsekretär des Europarats gerichtete Notifikation bezeichnet.

Art. 8 (1) Dieses Übereinkommen beeinträchtigt nicht die Rechte und Vorteile, die Flüchtlingen unabhängig von diesem Übereinkommen gewährt worden sind oder gewährt werden können.

(2) Dieses Übereinkommen ist nicht so auszulegen, als hindere es eine Vertragspartei, die Vorteile dieses Übereinkommens auf Personen zu erstrecken, welche die festgelegten Voraussetzungen nicht erfüllen.

(3) Zweiseitige Übereinkünfte zwischen Vertragsparteien betreffend den Übergang der Verantwortung für die Ausstellung von Reiseausweisen nach dem Abkommen vom 28. Juli 1951 über die Rechtsstellung der Flüchtlinge oder die Wiederaufnahme von Flüchtlingen ohne einen derartigen Übergang treten außer Kraft, sobald dieses Übereinkommen zwischen jenen Vertragsparteien in Kraft tritt. Aufgrund solcher Übereinkünfte erworbene Rechte und Vorteile der Flüchtlinge oder Anwartschaften darauf werden nicht berührt.

Art. 9 (1) Dieses Übereinkommen liegt für die Mitgliedstaaten des Europarats zur Unterzeichnung auf; sie können ihre Zustimmung, gebunden zu sein, ausdrücken,
a) indem sie es ohne Vorbehalt der Ratifikation, Annahme oder Genehmigung unterzeichnen oder
b) indem sie es vorbehaltlich der Ratifikation, Annahme oder Genehmigung unterzeichnen und später ratifizieren, annehmen oder genehmigen.

(2) Die Ratifikations-, Annahme- oder Genehmigungsurkunden werden beim Generalsekretär des Europarats hinterlegt.

Art. 10 (1) Dieses Übereinkommen tritt am ersten Tag des Monats in Kraft, der auf einen Zeitabschnitt von einem Monat nach dem Tag folgt, an dem zwei Mitgliedstaaten des Europarats nach Artikel 9 ihre Zustimmung ausgedrückt haben, durch das Übereinkommen gebunden zu sein.

(2) Für jeden Mitgliedstaat, der später seine Zustimmung ausdrückt, durch das Übereinkommen gebunden zu sein, tritt es am ersten Tag des Monats in Kraft, der auf einen Zeitabschnitt von einem Monat nach der Unterzeichnung oder der Hinterlegung der Ratifikations-, Annahme- oder Genehmigungsurkunde folgt.

Art. 11 (1) Nach Inkrafttreten dieses Übereinkommens kann das Ministerkomitee des Europarats jeden Nichtmitgliedstaat des Rates, der Vertragspartei des Abkommens vom 28. Juli 1951 über die Rechtsstellung der Flüchtlinge beziehungsweise des Protokolls vom 31. Januar 1967 über die Rechtsstellung der Flüchtlinge ist, einladen, dem Übereinkommen beizutreten. Der Beschluß über die Einladung bedarf der in Artikel 20 Buchstabe d der Satzung vorgesehenen Mehrheit und der einhelligen Zustimmung der Vertreter der Vertragsstaaten, die Anspruch auf einen Sitz im Komitee haben.

Übergang der Verantwortung für Flüchtlinge   5.5. **Texte 5**

(2) Für jeden beitretenden Staat tritt das Übereinkommen am ersten Tag des Monats in Kraft, der auf einen Zeitabschnitt von einem Monat nach Hinterlegung der Beitrittsurkunde beim Generalsekretär des Europarats folgt.

Art. 12 (1) Jeder Staat kann bei der Unterzeichnung oder bei der Hinterlegung seiner Ratifikations-, Annahme-, Genehmigungs- oder Beitrittsurkunde einzelne oder mehrere Hoheitsgebiete bezeichnen, auf die dieses Übereinkommen Anwendung findet.

(2) Jeder Staat kann jederzeit danach durch eine an den Generalsekretär des Europarats gerichtete Erklärung die Anwendung dieses Übereinkommens auf jedes weitere in der Erklärung bezeichnete Hoheitsgebiet erstrecken. Das Übereinkommen tritt für dieses Hoheitsgebiet am ersten Tag des Monats in Kraft, der auf einen Zeitabschnitt von einem Monat nach Eingang der Erklärung beim Generalsekretär folgt.

(3) Jede nach den Absätzen 1 und 2 abgegebene Erklärung kann in bezug auf jedes darin bezeichnete Hoheitsgebiet durch eine an den Generalsekretär gerichtete Notifikation zurückgenommen werden. Die Rücknahme wird am ersten Tag des Monats wirksam, der auf einen Zeitabschnitt von sechs Monaten nach Eingang der Notifikation beim Generalsekretär folgt.

Art. 13 Unbeschadet des Artikels 12 findet dieses Übereinkommen auf jede Vertragspartei unter Beachtung derselben Einschränkungen und Vorbehalte Anwendung, die in bezug auf ihre aufgrund des Abkommens vom 28. Juli 1951 über die Rechtsstellung der Flüchtlinge beziehungsweise des Protokolls vom 31. Januar 1967 über die Rechtsstellung der Flüchtlinge übernommenen Verpflichtungen anwendbar sind.

Art. 14 (1) Jeder Staat kann bei der Unterzeichnung oder bei der Hinterlegung seiner Ratifikations-, Annahme-, Genehmigungs- oder Beitrittsurkunde erklären, daß er von einem oder beiden der in der Anlage dieses Übereinkommens vorgesehenen Vorbehalte Gebrauch macht. Weitere Vorbehalte sind nicht zulässig.

(2) Jeder Vertragsstaat, der einen Vorbehalt nach Absatz 1 angebracht hat, kann ihn durch eine an den Generalsekretär des Europarats gerichtete Notifikation ganz oder teilweise zurücknehmen. Die Rücknahme wird mit dem Eingang der Notifikation beim Generalsekretär wirksam.

(3) Eine Vertragspartei, die einen Vorbehalt zu einer Bestimmung dieses Übereinkommens angebracht hat, kann nicht verlangen, daß eine andere Vertragspartei diese Bestimmung anwendet; sie kann jedoch, wenn es sich um einen Teilvorbehalt oder einen bedingten Vorbehalt handelt, die Anwendung der betreffenden Bestimmung insoweit verlangen, als sie selbst sie angenommen hat.

Art. 15 (1) Schwierigkeiten in bezug auf die Auslegung und Anwendung dieses Übereinkommens werden durch unmittelbare Konsultationen zwischen den zuständigen Verwaltungsbehörden und, falls erforderlich, auf diplomatischem Weg beigelegt.

(2) Jede Streitigkeit zwischen Vertragsparteien über die Auslegung oder Anwendung dieses Übereinkommens, die nicht durch Verhandlungen oder auf andere Weise beigelegt werden konnte, wird auf Verlangen einer Streitpartei einem Schiedsverfahren unterworfen. Jede Partei bestellt einen Schiedsrichter, und die beiden Schiedsrichter bestellen einen Obmann. Hat eine Partei binnen drei Monaten nach dem Zeitpunkt, zu dem das Schiedsverfahren verlangt worden ist, keinen Schiedsrichter bestellt, so wird ein solcher auf Antrag der anderen Partei vom Präsidenten des Europäischen Gerichtshofs für Menschenrechte bestellt. Ist der Präsident des Gerichtshofs Staatsangehöriger einer Streitpartei, so obliegt die Bestellung des Schiedsrichters dem Vizepräsidenten des Gerichtshofs oder, falls dieser Staatsangehöriger einer Streitpartei ist, dem dienstältesten Mitglied des Gerichtshofs, das nicht Staatsangehöriger einer Streitpartei ist. Das gleiche Verfahren ist anzuwenden, wenn sich die beiden Schiedsrichter nicht über die Wahl des Obmanns einigen können.

Das Schiedsgericht regelt sein Verfahren selbst. Seine Entscheidungen werden mit Stimmenmehrheit getroffen. Sein Spruch ist endgültig.

Art. 16 (1) Jede Vertragspartei kann dieses Übereinkommen jederzeit durch eine an den Generalsekretär des Europarats gerichtete Notifikation kündigen.

(2) Die Kündigung wird am ersten Tag des Monats wirksam, der auf einen Zeitabschnitt von sechs Monaten nach Eingang der Notifikation beim Generalsekretär folgt.

(3) Aufgrund dieses Übereinkommens erworbene Rechte und Vorteile der Flüchtlinge oder Anwartschaften darauf werden durch die Kündigung des Übereinkommens nicht berührt.

5 Texte 5.6.

Art. 17 Der Generalsekretär des Europarats notifiziert den Mitgliedstaaten des Rates und jedem Staat, der dem Übereinkommen beigetreten ist,
a) jede Unterzeichnung,
b) jede Hinterlegung einer Ratifikations-, Annahme-, Genehmigungs- oder Beitrittsurkunde;
c) jedem Zeitpunkt des Inkrafttretens dieses Übereinkommens nach den Artikeln 10. 11 und 12;
d) jede andere Handlung, Notifikation oder Mitteilung im Zusammenhang mit diesem Übereinkommen.

Zu Urkund dessen haben die hierzu gehörig befugten Unterzeichneten dieses Übereinkommen unterschrieben.

Geschehen zu Straßburg am 16. Oktober 1980 in englischer und französischer Sprache, wobei jeder Wortlaut gleichermaßen verbindlich ist, in einer Urschrift, die im Archiv des Europarats hinterlegt wird. Der Generalsekretär des Europarats übermittelt allen Mitgliedstaaten des Europarats und allen zum Beitritt zu diesem Übereinkommen eingeladenen Staaten beglaubigte Abschriften.

Anlage

Vorbehalte. Nach Artikel 14 Absatz 1 dieses Übereinkommens kann jeder Staat erklären,
1. daß, soweit er betroffen ist, der Übergang der Verantwortung nach Artikel 2 Absatz 1 nicht allein deshalb erfolgt, weil er dem Flüchtling erlaubt hat, ausschließlich zu Studien- oder Ausbildungszwecken über die Gültigkeitsdauer des Reiseausweises hinaus in seinem Hoheitsgebiet zu bleiben;
2. daß er einem aufgrund des Artikels 4 Absatz 2 gestellten Antrag auf Wiederaufnahme nicht stattgeben wird.

5.6. Europäisches Übereinkommen über die Aufhebung des Sichtvermerkszwangs für Flüchtlinge

Vom 20. April 1959 (BGBl. 1961 II 1097), in Kraft seit 7. Dezember 1961 (BGBl. 1961 II 48), Bekanntmachung über Geltungsbereich vom 14. Juli 1982 (BGBl. II 472); DurchführungsVO vom 7. August 1961 (BGBl. II 1097)

Art. 1 Befreiung vom Sichtvermerkszwang. (1) Flüchtlinge, die rechtmäßig ihren gewöhnlichen Aufenthalt im Hoheitsgebiet einer der Vertragsparteien haben, sind aufgrund dieses Übereinkommens und vorbehaltlich der Gegenseitigkeit bei der Einreise in das Hoheitsgebiet anderer Vertragsparteien und bei der Ausreise aus diesem Gebiet über alle Grenzen vom Sichtvermerkszwang befreit, sofern
a) sie im Besitz eines gültigen Reiseausweises nach dem Abkommen über die Rechtsstellung der Flüchtlinge vom 28. Juli 1951 oder dem Abkommen betreffend die Ausstellung eines Reiseausweises an Flüchtlinge vom 15. Oktober 1946 sind, der von den Behörden der Vertragspartei, in deren Hoheitsgebiet sie rechtmäßig ihren gewöhnlichen Aufenthalt haben, ausgestellt ist;
b) ihr Aufenthalt nicht länger als drei Monate dauert.

(2) Für jeden Aufenthalt von längerer Dauer als drei Monaten oder für jede Einreise in das Hoheitsgebiet einer anderen Vertragspartei in der Absicht, dort eine Erwerbstätigkeit auszuüben, kann ein Sichtvermerk gefordert werden.

Art. 2 Hoheitsgebiet. Der Ausdruck „Hoheitsgebiet" einer Vertragspartei hat bezüglich dieses Übereinkommens die Bedeutung, die diese Vertragspartei ihm in einer an den Generalsekretär des Europarates gerichteten Erklärung gibt.

Art. 3 Grenzübergangsstellen. Soweit eine Vertragspartei oder mehrere Vertragsparteien es für erforderlich halten, darf die Grenze nur an zugelassenen Grenzübergangsstellen überschritten werden.

Art. 4 Verhältnis zum Ausländerrecht. (1) Die Bestimmungen dieses Übereinkommens lassen die Rechts- und Verwaltungsvorschriften über den Aufenthalt von Ausländern im Hoheitsgebiet jeder der Vertragsparteien unberührt.

(2) Jede Vertragspartei behält sich das Recht vor, Personen, die sie für unerwünscht hält, die Einreise oder den Aufenthalt in ihrem Hoheitsgebiet zu untersagen.

Aufhebung des Sichtvermerkszwangs für Flüchtlinge **5.6. Texte 5**

Art. 5 Rückübernahme. Die Flüchtlinge, die sich aufgrund der Bestimmungen dieses Übereinkommens in das Hoheitsgebiet einer Vertragspartei begeben haben, werden jederzeit wieder in das Hoheitsgebiet der Vertragspartei übernommen, deren Behörden ihnen einen Reiseausweis ausgestellt haben, und zwar auf einfaches Ersuchen der ersteren Vertragspartei, es sei denn, daß diese Vertragspartei den Betreffenden die Niederlassung in ihrem Hoheitsgebiet gestattet hat.

Art. 6 Vorrang günstigerer Bestimmungen. Dieses Übereinkommen berührt nicht die Bestimmungen des geltenden oder zukünftigen innerstaatlichen Rechts der zwei- oder mehrseitigen Verträge, Abkommen oder Übereinkommen, aufgrund derer für Flüchtlinge, die rechtmäßig ihren gewöhnlichen Aufenthalt im Gebiet einer Vertragspartei haben, günstigere Bedingungen für den Grenzübertritt anzuwenden sind.

Art. 7 Vorbehalt für Anwendung; Gegenseitigkeit. (1) Jede Vertragspartei behält sich vor, dieses Übereinkommen, mit Ausnahme der Bestimmungen des Artikels 5, aus Gründen der öffentlichen Ordnung, der öffentlichen Sicherheit oder der Volksgesundheit gegenüber allen oder bestimmten anderen Vertragsparteien nicht sofort anzuwenden oder seine Anwendung zeitweise zu unterbrechen. Diese Maßnahme ist unverzüglich dem Generalsekretär des Europarates mitzuteilen. Dies gilt auch für die Wiederaufhebung einer solchen Maßnahme.

(2) Jede Vertragspartei, die sich einer der im vorstehenden Absatz vorgesehenen Möglichkeiten bedient, kann die Anwendung dieses Übereinkommens durch eine andere Vertragspartei nur verlangen, soweit sie es selbst dieser Vertragspartei gegenüber anwendet.

Art. 8 Unterzeichnung. Dieses Übereinkommen wird zur Unterzeichnung durch die Mitglieder des Europarates aufgelegt; sie können Vertragsparteien werden durch
a) Unterzeichnung ohne Vorbehalt der Ratifikation oder
b) Unterzeichnung unter Vorbehalt der Ratifikation mit nachfolgender Ratifikation.
Die Ratifikationsurkunden werden bei dem Generalsekretär des Europarates hinterlegt.

Art. 9 Inkrafttreten. (1) Dieses Übereinkommen tritt einen Monat nach dem Tage in Kraft, an dem drei Mitglieder des Rates das Übereinkommen nach Artikel 8 ohne Vorbehalt der Ratifikation unterzeichnet oder es ratifiziert haben.

(2) Für jedes Mitglied, das das Übereinkommen später ohne Vorbehalt der Ratifikation unterzeichnet oder es ratifiziert, tritt es einen Monat nach dem Tage der Unterzeichnung oder der Hinterlegung der Ratifikationsurkunde in Kraft.

Art. 10 Beitritt anderer Staaten. Nach Inkrafttreten dieses Übereinkommens kann das Ministerkomitee des Europarates durch einstimmigen Beschluß jede Regierung, die zwar nicht Mitglied des Europarates, aber Vertragspartei des Abkommens über die Rechtsstellung der Flüchtlinge vom 28. Juli 1951 oder des Abkommens betreffend die Ausstellung eines Reiseausweises an Flüchtlinge vom 15. Oktober 1946 ist, auffordern, diesem Übereinkommen beizutreten. Der Beitritt wird einen Monat nach dem Tage der Hinterlegung der Beitrittserklärung bei dem Generalsekretär des Europarates wirksam.

Art. 11 Mitteilung von Erklärungen. Der Generalsekretär des Europarates teilt den Mitgliedern des Rates und den beigetretenen Staaten mit
a) alle Unterzeichnungen mit den etwaigen Ratifikationsvorbehalten, die Hinterlegung jeder Ratifikationsurkunde und den Tag des Inkrafttretens dieses Übereinkommens;
b) die Hinterlegung jeder Beitrittserklärung gemäß Artikel 10;
c) jede in Anwendung der Artikel 2, 7 und 12 eingehende Mitteilung oder Erklärung und den Zeitpunkt, in dem sie wirksam wird.

Art. 12 Kündigung. Jede Vertragspartei kann für sich selbst die Anwendbarkeit dieses Übereinkommens durch eine an den Generalsekretär des Europarates zu richtende Mitteilung unter Einhaltung einer dreimonatigen Kündigungsfrist beenden.

5.7. Richtlinie 2001/55/EG des Rates über Mindestnormen für die Gewährung vorübergehenden Schutzes im Falle eines Massenzustroms von Vertriebenen und Maßnahmen zur Förderung einer ausgewogenen Verteilung der Belastungen, die mit der Aufnahme dieser Personen verbunden sind, auf die Mitgliedstaaten

Vom 20. Juli 2001 (ABl. L 212 vom 7. 8. 2001 S. 12)

Kapitel I. Allgemeine Bestimmungen

Art. 1 Ziel dieser Richtlinie ist es, Mindestnormen für die Gewährung vorübergehenden Schutzes im Falle eines Massenzustroms von Vertriebenen aus Drittländern, die nicht in ihr Herkunftsland zurückkehren können, festzulegen und eine ausgewogene Verteilung der Belastungen, die mit der Aufnahme dieser Personen und den Folgen dieser Aufnahme verbunden sind, auf die Mitgliedstaaten zu fördern.

Art. 2 Im Sinne dieser Richtlinie bezeichnet der Ausdruck

a) „vorübergehender Schutz" ein ausnahmehalber durchzuführendes Verfahren, das im Falle eines Massenzustroms oder eines bevorstehenden Massenzustroms von Vertriebenen aus Drittländern, die nicht in ihr Herkunftsland zurückkehren können, diesen Personen sofortigen, vorübergehenden Schutz garantiert, insbesondere wenn auch die Gefahr besteht, dass das Asylsystem diesen Zustrom nicht ohne Beeinträchtigung seiner Funktionsweise und ohne Nachteile für die betroffenen Personen oder andere um Schutz nachsuchende Personen auffangen kann;

b) „Genfer Flüchtlingskonvention" das Abkommen vom 28. Juli 1951 über die Rechtsstellung der Flüchtlinge in der Fassung des New Yorker Protokolls vom 31. Januar 1967;

c) „Vertriebene" Staatsangehörige von Drittländern oder Staatenlose, die ihr Herkunftsland oder ihre Herkunftsregion haben verlassen müssen oder insbesondere nach einem entsprechenden Aufruf internationaler Organisationen evakuiert wurden und wegen der in diesem Land herrschenden Lage nicht sicher und dauerhaft zurückkehren können, und die gegebenenfalls in den Anwendungsbereich von Artikel 1 Abschnitt A der Genfer Flüchtlingskonvention oder von sonstigen internationalen oder nationalen Instrumenten, die internationalen Schutz gewähren, fallen. Dies gilt insbesondere für Personen,

 i) die aus Gebieten geflohen sind, in denen ein bewaffneter Konflikt oder dauernde Gewalt herrscht;

 ii) die ernsthaft von systematischen oder weit verbreiteten Menschenrechtsverletzungen bedroht waren oder Opfer solcher Menschenrechtsverletzungen sind;

d) „Massenzustrom" den Zustrom einer großen Zahl Vertriebener, die aus einem bestimmten Land oder einem bestimmten Gebiet kommen, unabhängig davon, ob der Zustrom in die Gemeinschaft spontan erfolgte oder beispielsweise durch ein Evakuierungsprogramm unterstützt wurde;

e) „Flüchtlinge" Staatsangehörige von Drittländern oder Staatenlose im Sinne von Artikel 1 Abschnitt A der Genfer Flüchtlingskonvention;

f) „unbegleitete Minderjährige" Staatsangehörige von Drittländern oder Staatenlose unter 18 Jahren, die ohne Begleitung eines gesetzlich oder nach den Gepflogenheiten für sie verantwortlichen Erwachsenen in das Gebiet der Mitgliedstaaten einreisen, solange sie sich nicht tatsächlich in der Obhut einer solchen Person befinden, oder Minderjährige, die ohne Begleitung zurückgelassen werden, nachdem sie in das Hoheitsgebiet des Mitgliedstaates eingereist sind;

g) „Aufenthaltstitel" die von den Behörden eines Mitgliedstaats erteilte und entsprechend den Rechtsvorschriften ausgestellte Aufenthaltserlaubnis oder -genehmigung, die dem Staatsangehörigen eines Drittlandes oder dem Staatenlosen den Aufenthalt in seinem Gebiet gestattet.

h) „Bürge" einen Drittstaatsangehörigen, der aufgrund eines Beschlusses nach Artikel 5 vorübergehenden Schutz in einem Mitgliedstaat genießt und der mit Familienangehörigen zusammengeführt werden möchte.

Richtlinie 2001/55/EG

Art. 3 (1) Der vorübergehende Schutz berührt nicht die Anerkennung des Flüchtlingsstatus im Sinne der Genfer Flüchtlingskonvention.

(2) Die Mitgliedstaaten führen den vorübergehenden Schutz unter Wahrung der Menschenrechte und Grundfreiheiten sowie ihrer Verpflichtungen hinsichtlich der Nichtzurückweisung durch.

(3) Die Einleitung, Durchführung und Beendigung des vorübergehenden Schutzes sind Gegenstand regelmäßiger Konsultationen mit dem Hohen Kommissar der Vereinten Nationen für Flüchtlinge („UNHCR") und anderen einschlägigen internationalen Organisationen.

(4) Die Richtlinie findet nicht auf Personen Anwendung, die von den Mitgliedstaaten vor Inkrafttreten dieser Richtlinie im Rahmen von Regelungen über den vorübergehenden Schutz aufgenommen wurden.

(5) Die Richtlinie berührt nicht die Befugnis der Mitgliedstaaten, für Personen, die durch den vorübergehenden Schutz begünstigt werden, günstigere Regelungen zu treffen oder beizubehalten.

Kapitel II. Dauer und Durchführung des vorübergehenden Schutzes

Art. 4 (1) Unbeschadet des Artikels 6 beträgt die Dauer des vorübergehenden Schutzes ein Jahr. Wird der vorübergehende Schutz nicht gemäß Artikel 6 Absatz 1 Buchstabe b) beendet, so verlängert er sich automatisch um jeweils sechs Monate, höchstens jedoch um ein Jahr.

(2) Bei Fortbestehen von Gründen für den vorübergehenden Schutz kann der Rat mit qualifizierter Mehrheit auf Vorschlag der Kommission, die außerdem jeden Antrag eines Mitgliedstaats prüft, wonach sie dem Rat einen Vorschlag unterbreiten soll, beschließen, diesen vorübergehenden Schutz um bis zu einem Jahr zu verlängern.

Art. 5 (1) Das Bestehen eines Massenzustroms von Vertriebenen wird durch einen Beschluss des Rates festgestellt. Dieser Beschluss ergeht mit qualifizierter Mehrheit auf Vorschlag der Kommission, die außerdem jeden Antrag eines Mitgliedstaats prüft, wonach sie dem Rat einen Vorschlag unterbreiten soll.

(2) Der Vorschlag der Kommission enthält mindestens Folgendes:
a) Beschreibung der spezifischen Personengruppen, denen vorübergehender Schutz gewährt wird;
b) Zeitpunkt, zu dem der vorübergehende Schutz wirksam wird;
c) eine Schätzung des Umfangs der Wanderbewegungen von Vertriebenen.

(3) Aufgrund des Beschlusses des Rates wird in allen Mitgliedstaaten der vorübergehende Schutz gemäß dieser Richtlinie zugunsten der Vertriebenen, die Gegenstand des Beschlusses sind, eingeführt. Der Beschluss enthält mindestens Folgendes:
a) Beschreibung der spezifischen Personengruppen, denen vorübergehender Schutz gewährt wird;
b) Zeitpunkt des Wirksamwerdens des vorübergehenden Schutzes;
c) Informationen der Mitgliedstaaten über ihre Aufnahmekapazität;
d) Informationen der Kommission, des UNHCR und anderer einschlägiger internationaler Organisationen.

(4) Der Beschluss des Rates wird auf Folgendes gestützt:
a) Prüfung der Lage und des Umfangs der Wanderbewegungen von Vertriebenen;
b) Bewertung der Zweckmäßigkeit der Einleitung des vorübergehenden Schutzes unter Berücksichtigung der Möglichkeiten zur Gewährung von Soforthilfe und für vor Ort zu treffende Maßnahmen oder der Unzulänglichkeit solcher Maßnahmen;
c) Angaben der Mitgliedstaaten, der Kommission, des UNHCR und anderer einschlägiger internationaler Organisationen.

(5) Das Europäische Parlament wird über den Beschluss des Rates informiert.

Art. 6 (1) Der vorübergehende Schutz wird beendet:
a) bei Erreichen der Hoechstdauer oder
b) jederzeit aufgrund eines Beschlusses des Rates, der mit qualifizierter Mehrheit auf Vorschlag der Kommission ergeht, die außerdem jeden Antrag eines Mitgliedstaats prüft, wonach sie dem Rat einen Vorschlag unterbreiten soll.

(2) Der Beschluss des Rates gründet auf der Feststellung, dass die Lage im Herkunftsland eine sichere, dauerhafte Rückkehr der Personen, denen der vorübergehende Schutz gewährt wurde, unter

Wahrung der Menschenrechte und Grundfreiheiten sowie der Verpflichtungen der Mitgliedstaaten hinsichtlich der Nichtzurückweisung zulässt. Das Europäische Parlament wird über den Beschluss des Rates informiert.

Art. 7 (1) Die Mitgliedstaaten können den vorübergehenden Schutz gemäß dieser Richtlinie weiteren – von dem Beschluss des Rates nach Artikel 5 nicht erfassten – Gruppen von Vertriebenen gewähren, sofern sie aus den gleichen Gründen vertrieben wurden und aus demselben Herkunftsland oder derselben Herkunftsregion kommen. Die Mitgliedstaaten unterrichten davon umgehend den Rat und die Kommission.

(2) Wird auf die Möglichkeit nach Absatz 1 zurückgegriffen, finden die Artikel 24, 25 und 26 keine Anwendung; dies gilt nicht für die strukturelle Unterstützung, die im Rahmen des mit der Entscheidung 2000/596/EG errichteten Europäischen Flüchtlingsfonds nach den in jener Entscheidung festgelegten Bedingungen gewährt wird.

Kapitel III. Pflichten der Mitgliedstaaten gegenüber Personen, die vorübergehenden Schutz genießen

Art. 8 (1) Die Mitgliedstaaten treffen die erforderlichen Maßnahmen, damit die Personen, die vorübergehenden Schutz genießen, für die gesamte Dauer des Schutzes über einen Aufenthaltstitel verfügen. Sie stellen entsprechende Dokumente oder andere gleichwertige Nachweise aus.

(2) Ungeachtet der Gültigkeitsdauer der Aufenthaltstitel gemäß Absatz 1 muss die Behandlung, die die Mitgliedstaaten Personen gewähren, die vorübergehenden Schutzes genießen, zumindest der in den Artikeln 9 bis 16 festgelegten Behandlung entsprechen.

(3) Die Mitgliedstaaten gewähren Personen, die zum Zwecke des vorübergehenden Schutzes zugelassen werden sollen, erforderlichenfalls jede Hilfe zur Erlangung der erforderlichen Visa, einschließlich Transitvisa. Die Förmlichkeiten sind angesichts der Dringlichkeit der Lage auf das Mindestmaß zu begrenzen. Die Gebühren für die Visa sollten entfallen oder auf einen Mindestbetrag herabgesetzt werden.

Art. 9 Die Mitgliedstaaten händigen den Personen, die vorübergehenden Schutz genießen, ein Dokument in einer Sprache aus, von der angenommen werden kann, dass diese Personen sie verstehen; in dem Dokument sind die für diese Personen bedeutsamen Bestimmungen zum vorübergehenden Schutz in klarer Form dargelegt.

Art. 10 Um die wirksame Anwendung des in Artikel 5 genannten Beschlusses des Rates zu ermöglichen, erstellen die Mitgliedstaaten ein Register der personenbezogenen Daten nach Anhang II Buchstabe a) zu den Personen, die in ihrem Hoheitsgebiet vorübergehenden Schutz genießen.

Art. 11 Ein Mitgliedstaat muss eine Person, die in seinem Hoheitsgebiet vorübergehenden Schutz genießt, rückübernehmen, wenn diese sich während des von dem Beschluss des Rates nach Artikel 5 erfassten Zeitraums unrechtmäßig im Hoheitsgebiet eines anderen Mitgliedstaats aufhält oder versucht, unrechtmäßig in dieses einzureisen. Die Mitgliedstaaten können auf der Grundlage einer bilateralen Vereinbarung beschließen, dass dieser Artikel keine Anwendung findet.

Art. 12 Die Mitgliedstaaten gestatten Personen, die vorübergehenden Schutz genießen, für einen Zeitraum, der den des vorübergehenden Schutzes nicht übersteigt, die Ausübung einer abhängigen oder selbständigen Erwerbstätigkeit nach für den jeweiligen Berufsstand geltenden Regeln sowie von Tätigkeiten in Bereichen wie z.B. Bildungsangebote für Erwachsene, berufliche Fortbildung und praktische Erfahrungen am Arbeitsplatz. Aus Gründen der Arbeitsmarktpolitik können die Mitgliedstaaten EU-Bürgern, Staatsangehörigen der Vertragsparteien des Abkommens über den Europäischen Wirtschaftsraum sowie Drittstaatsangehörigen mit rechtmäßigem Aufenthalt, die Arbeitslosengeld beziehen, Vorrang einräumen. Es sind die in den Mitgliedstaaten geltenden allgemeinen Rechtsvorschriften betreffend das Arbeitsentgelt, den Zugang zu Systemen der sozialen Sicherheit im Rahmen der abhängigen oder selbständigen Erwerbstätigkeit sowie sonstige Beschäftigungsbedingungen anwendbar.

Art. 13 (1) Die Mitgliedstaaten tragen dafür Sorge, dass Personen, die vorübergehenden Schutz genießen, angemessen untergebracht werden oder gegebenenfalls Mittel für eine Unterkunft erhalten.

Richtlinie 2001/55/EG

(2) Die Mitgliedstaaten sehen vor, dass die Personen, die vorübergehenden Schutz genießen, die notwendige Hilfe in Form von Sozialleistungen und Leistungen zur Sicherung des Lebensunterhalts sowie im Hinblick auf die medizinische Versorgung erhalten, sofern sie nicht über ausreichende Mittel verfügen. Unbeschadet des Absatzes 4 umfasst die notwendige Hilfe im Hinblick auf die medizinische Versorgung mindestens die Notversorgung und die unbedingt erforderliche Behandlung von Krankheiten.

(3) Üben die Personen, die vorübergehenden Schutz genießen, eine abhängige oder selbständige Erwerbstätigkeit aus, so ist bei der Festlegung der beabsichtigten Unterstützung ihrer Fähigkeit, selbst für ihren Unterhalt aufzukommen, Rechnung zu tragen.

(4) Die Mitgliedstaaten gewähren Personen, die vorübergehenden Schutz genießen und besondere Bedürfnisse haben, beispielsweise unbegleitete Minderjährige oder Personen, die Opfer von Folter, Vergewaltigung oder sonstigen schwerwiegenden Formen psychischer, körperlicher oder sexueller Gewalt geworden sind, die erforderliche medizinische oder sonstige Hilfe.

Art. 14 (1) Die Mitgliedstaaten gestatten Personen unter 18 Jahren, die vorübergehenden Schutz genießen, in gleicher Weise wie den Staatsangehörigen des Aufnahmemitgliedstaats den Zugang zum Bildungssystem. Die Mitgliedstaaten können verfügen, dass der Zugang auf das öffentliche Bildungssystem beschränkt bleiben muss.

(2) Die Mitgliedstaaten können Erwachsenen, die vorübergehenden Schutz genießen, den Zugang zum allgemeinen Bildungssystem gestatten.

Art. 15 (1) Im Sinne dieses Artikels gelten in Fällen, in denen Familien bereits im Herkunftsland bestanden und im Zuge des Massenzustroms getrennt wurden, folgende Personen als Familienangehörige:

a) der Ehegatte des Bürgen oder der nicht verheiratete Partner des Bürgen, der mit diesem eine dauerhafte Beziehung führt, sofern gemäß den Rechtsvorschriften oder den Gepflogenheiten des betreffenden Mitgliedstaats nicht verheiratete Paare ähnlich behandelt werden wie verheiratete Paare nach dessen Ausländerrecht; die minderjährigen ledigen Kinder des Bürgen oder seines Ehegatten, gleichgültig, ob es sich um ehelich oder außerehelich geborene oder adoptierte Kinder handelt;

b) andere enge Verwandte, die zum Zeitpunkt der den Massenzustrom auslösenden Ereignisse innerhalb des Familienverbands lebten und zu diesem Zeitpunkt für ihren Unterhalt vollständig oder größtenteils auf den Bürgen angewiesen waren.

(2) In Fällen, in denen die getrennten Familienangehörigen in verschiedenen Mitgliedstaaten vorübergehenden Schutz genießen, führen die Mitgliedstaaten die Familienangehörigen zusammen, wenn sie nach ihrer Überzeugung unter die Beschreibung in Absatz 1 Buchstabe a) fallen, wobei der Wunsch der Familienangehörigen berücksichtigt wird. Die Mitgliedstaaten können Familienangehörige zusammenführen, wenn sie nach ihrer Überzeugung unter die Beschreibung in Absatz 1 Buchstabe b) fallen, wobei sie im Einzelfall die außergewöhnliche Härte berücksichtigen, die eine unterbleibende Familienzusammenführung für die Betreffenden bedeuten würde.

(3) Wenn der Bürge in einem Mitgliedstaat vorübergehenden Schutz genießt und eines oder mehrere seiner Familienangehörigen sich noch nicht in einem Mitgliedstaat befinden, führt der Mitgliedstaat, in dem der Bürge vorübergehenden Schutz genießt, schutzbedürftige Familienangehörige mit dem Bürgen zusammen, wenn sie nach seiner Überzeugung unter die Beschreibung in Absatz 1 Buchstabe a) fallen. Der Mitgliedstaat kann schutzbedürftige Familienangehörige mit dem Bürgen zusammenführen, wenn sie nach seiner Überzeugung unter die Beschreibung in Absatz 1 Buchstabe b) fallen, wobei er im Einzelfall die außergewöhnliche Härte berücksichtigt, die eine unterbleibende Familienzusammenführung für die Betreffenden bedeuten würde.

(4) Bei der Anwendung dieses Artikels berücksichtigen die Mitgliedstaaten das Wohl des Kindes.

(5) Die betreffenden Mitgliedstaaten entscheiden unter Berücksichtigung der Artikel 25 und 26, in welchem Mitgliedstaat die Zusammenführung erfolgen soll.

(6) Den zusammengeführten Familienangehörigen werden im Rahmen des vorübergehenden Schutzes Aufenthaltstitel gewährt. Hierzu werden Dokumente oder andere gleichwertige Nachweise ausgestellt. Bei Überstellungen in das Hoheitsgebiet eines anderen Mitgliedstaats zwecks Familienzusammenführung nach Absatz 2 werden die ausgestellten Aufenthaltstitel eingezogen; die Verpflichtungen gegenüber den Personen, die vorübergehenden Schutz genießen, in dem verlassenen Mitgliedstaat erlöschen.

(7) Die praktische Umsetzung dieses Artikels kann in Zusammenarbeit mit den beteiligten internationalen Organisationen erfolgen.

(8) Ein Mitgliedstaat erteilt auf Ersuchen eines anderen Mitgliedstaates gemäß Anhang II über Personen, die vorübergehenden Schutz genießen, die Informationen, die zur Bearbeitung einer unter diesen Artikel fallenden Angelegenheit benötigt werden.

Art. 16 (1) Die Mitgliedstaaten sorgen so bald wie möglich für die erforderliche Vertretung von unbegleiteten Minderjährigen, die vorübergehenden Schutz genießen; die Vertretung übernimmt ein gesetzlicher Vormund oder erforderlichenfalls eine Organisation, die für die Betreuung und das Wohlergehen der Minderjährigen verantwortlich ist, oder eine andere geeignete Instanz.

(2) Während der Dauer des vorübergehenden Schutzes sorgen die Mitgliedstaaten für die Unterbringung der unbegleiteten Minderjährigen

a) bei volljährigen Verwandten;
b) in einer Pflegefamilie;
c) in Aufnahmezentren mit speziellen Einrichtungen für Minderjährige oder anderen Unterkünften mit geeigneten Einrichtungen für Minderjährige;
d) bei der Person, die sich seiner auf der Flucht angenommen hat.

Die Mitgliedstaaten treffen die erforderlichen Maßnahmen, um diese Unterbringung zu ermöglichen. Die Mitgliedstaaten prüfen, ob die betreffende(n) volljährige(n) Person(en) mit der Unterbringung einverstanden sind. Die Wünsche von Kindern werden unter Beachtung ihres Alters und ihrer Reife berücksichtigt.

Kapitel IV. Zugang zum Asylverfahren im Rahmen des vorübergehenden Schutzes

Art. 17 (1) Es ist zu gewährleisten, dass Personen, die vorübergehenden Schutz genießen, jederzeit einen Asylantrag stellen können.

(2) Die Prüfung etwaiger bei Ablauf des vorübergehenden Schutzes noch nicht bearbeiteter Asylanträge dieser Personen ist nach Ablauf des vorübergehenden Schutzes zum Abschluss zu bringen.

Art. 18 Die Kriterien und Verfahren für die Bestimmung des Mitgliedstaats, der für die Prüfung eines Asylantrags zuständig ist, finden Anwendung. Insbesondere ist für die Prüfung eines Asylantrags einer Person, die nach dieser Richtlinie vorübergehenden Schutz genießt, der Mitgliedstaat zuständig, der der Überstellung dieser Person in sein Hoheitsgebiet zugestimmt hat.

Art. 19 (1) Die Mitgliedstaaten können vorsehen, dass die sich aus dem vorübergehenden Schutz ergebenden Rechte nicht mit dem Status eines Asylbewerbers, dessen Antrag geprüft wird, kumuliert werden können.

(2) Wird eine Person, die für den vorübergehenden Schutz in Betracht kommt oder vorübergehenden Schutz genießt, nach Prüfung ihres Asylantrags nicht als Flüchtling anerkannt oder wird ihr gegebenenfalls keine andere Art von Schutz gewährt, so sehen die Mitgliedstaaten unbeschadet des Artikels 28 vor, dass die betreffende Person für die verbleibende Schutzdauer weiterhin vorübergehenden Schutz genießt oder in den Genuss dieses Schutzes gelangt.

Kapitel V. Rückkehr und Maßnahmen nach Ablauf des vorübergehenden Schutzes

Art. 20 Nach Ablauf des vorübergehenden Schutzes finden die allgemeinen Rechtsvorschriften der Mitgliedstaaten über den Schutz und über Ausländer unbeschadet der Artikel 21, 22 und 23 Anwendung.

Art. 21 (1) Die Mitgliedstaaten treffen die erforderlichen Maßnahmen, um die freiwillige Rückkehr von Personen, die vorübergehenden Schutz genießen oder deren vorübergehender Schutz abgelaufen ist, zu ermöglichen. Die Mitgliedstaaten stellen sicher, dass die Bestimmungen hinsichtlich der freiwilligen Rückkehr von Personen, die vorübergehenden Schutz genießen, die Rückkehr unter Achtung der Menschenwürde ermöglichen.

Die Mitgliedstaaten tragen dafür Sorge, dass diese Personen ihre Entscheidung zur Rückkehr in voller Kenntnis der Sachlage treffen. Sie können die Möglichkeit der Durchführung von Sondierungsbesuchen vorsehen.

(2) Solange der vorübergehende Schutz weiter besteht, prüfen die Mitgliedstaaten unter Berücksichtigung der Lage im Herkunftsland wohlwollend die Anträge von Personen, die vorübergehenden Schutz genossen und ihr Recht auf freiwillige Rückkehr wahrgenommen haben, auf Rückkehr in den Aufnahmemitgliedstaat.

(3) Bei Ablauf des vorübergehenden Schutzes können die Mitgliedstaaten die Verpflichtungen nach Kapitel III bis zum Zeitpunkt der Rückkehr auf solche Personen ausdehnen, die vom vorübergehenden Schutz erfasst waren und an einem Programm zur freiwilligen Rückkehr teilnehmen. Diese Ausdehnung gilt bis zum Zeitpunkt der Rückkehr.

Art. 22 (1) Die Mitgliedstaaten treffen die erforderlichen Maßnahmen, um sicherzustellen, dass die Zwangsrückführung von Personen, deren vorübergehender Schutz abgelaufen ist und die für eine Aufnahme nicht in Frage kommen, unter Wahrung der menschlichen Würde erfolgt.

(2) Im Falle einer Zwangsrückführung prüfen die Mitgliedstaaten, ob etwaige zwingende humanitäre Gründe vorliegen, die die Rückkehr in besonderen Fällen als unmöglich oder unzumutbar erscheinen lassen.

Art. 23 (1) Die Mitgliedstaaten treffen die erforderlichen Vorkehrungen betreffend die Aufenthaltsbedingungen von Personen, die vorübergehenden Schutz genossen haben und denen eine Reise angesichts ihres Gesundheitszustands vernünftigerweise nicht zugemutet werden kann, beispielsweise wenn eine Unterbrechung ihrer Behandlung schwerwiegende Konsequenzen für sie hätte. Solange diese Situation andauert, werden sie nicht abgeschoben.

(2) Die Mitgliedstaaten können Familien mit minderjährigen Kindern, die eine Schulausbildung in einem Mitgliedstaat absolvieren, Aufenthaltsbedingungen gewähren, die es den betreffenden Kindern ermöglichen, den laufenden Schulabschnitt zu beenden.

Kapitel VI. Solidarität

Art. 24 Die in der Richtlinie vorgesehenen Maßnahmen werden aus Mitteln des mit der Entscheidung 2000/596/EG errichteten Europäischen Flüchtlingsfonds nach den in dieser Entscheidung festgelegten Bedingungen unterstützt.

Art. 25 (1) Die Mitgliedstaaten nehmen im Sinne der Gemeinschaftssolidarität Personen auf, die für den vorübergehenden Schutz in Betracht kommen. Sie geben – anhand von Zahlen oder allgemein – ihre Aufnahmekapazität an. Diese Angaben werden in dem Beschluss des Rates nach Artikel 5 aufgeführt. Nach Annahme dieses Beschlusses können die Mitgliedstaaten zusätzliche Aufnahmekapazitäten durch eine entsprechende Mitteilung an den Rat und die Kommission angeben. Der UNHCR ist hierüber umgehend zu informieren.

(2) Die betreffenden Mitgliedstaaten tragen in Zusammenarbeit mit den zuständigen internationalen Organisationen dafür Sorge, dass die in dem Beschluss des Rates nach Artikel 5 festgelegten in Betracht kommenden Personen, die sich noch nicht in der Gemeinschaft befinden, ihren Wunsch erklärt haben, in ihr Hoheitsgebiet aufgenommen zu werden.

(3) Übersteigt infolge eines plötzlichen und massenhaften Zustroms die Anzahl der Personen, die für den vorübergehenden Schutz in Betracht kommen, die Aufnahmekapazität nach Absatz 1, so prüft der Rat die Lage umgehend und trifft geeignete Maßnahmen, darunter die Empfehlung, den betroffenen Mitgliedstaaten zusätzliche Unterstützung zu erteilen.

Art. 26 (1) Während der Dauer des vorübergehenden Schutzes arbeiten die Mitgliedstaaten bei der Verlegung des Wohnsitzes von Personen, die vorübergehenden Schutz genießen, von einem Mitgliedstaat in einen anderen zusammen, wobei die betreffenden Personen einer derartigen Verlegung zugestimmt haben müssen.

(2) Jeder Mitgliedstaat informiert die anderen Mitgliedstaaten über die beantragten Überstellungen und unterrichtet hierüber die Kommission und den UNHCR. Die Mitgliedstaaten teilen dem antragstellenden Mitgliedstaat ihre Aufnahmekapazität mit.

(3) Ein Mitgliedstaat erteilt auf Ersuchen eines anderen Mitgliedstaates gemäß Anhang II über eine Person, die vorübergehenden Schutz genießt, die Informationen, die zur Bearbeitung einer unter diesen Artikel fallenden Angelegenheit benötigt werden.

(4) Erfolgt eine Überstellung in einen anderen Mitgliedstaat, so verliert der in dem ersten Mitgliedstaat ausgestellte Aufenthaltstitel seine Gültigkeit und es erlöschen die sich aus dem vorübergehenden Schutz ergebenden Verpflichtungen dieses Mitgliedstaats gegenüber den betreffenden Personen. Der neue Aufnahmemitgliedstaat gewährt den betreffenden Personen vorübergehenden Schutz.

(5) Die Mitgliedstaaten verwenden das in Anhang I enthaltene Muster eines Laissez-passer für die Überstellung von vorübergehenden Schutz genießenden Personen in einen anderen Mitgliedstaat.

Kapitel VII. Zusammenarbeit der Verwaltungsbehörden

Art. 27 (1) Im Hinblick auf die bei Durchführung des vorübergehenden Schutzes erforderliche Zusammenarbeit der Verwaltungsbehörden benennen die Mitgliedstaaten je eine nationale Kontaktstelle, deren genaue Angaben den anderen Mitgliedstaaten und der Kommission mitzuteilen sind. Die Mitgliedstaaten treffen in Abstimmung mit der Kommission die notwendigen Vorkehrungen, um eine direkte Zusammenarbeit und einen Informationsaustausch zwischen den zuständigen Behörden zu ermöglichen.

(2) Die Mitgliedstaaten übermitteln regelmäßig und so schnell wie möglich die Zahl der Personen, die vorübergehenden Schutz genießen, sowie alle erforderlichen Angaben zu den einzelstaatlichen Rechts und Verwaltungsvorschriften zur Durchführung des vorübergehenden Schutzes.

Kapitel VIII. Besondere Bestimmungen

Art. 28 (1) Die Mitgliedstaaten können eine Person vom vorübergehenden Schutz ausschließen, wenn
a) ernsthafte Gründe zur Annahme bestehen, dass
  i) sie ein Verbrechen gegen den Frieden, ein Kriegsverbrechen oder ein Verbrechen gegen die Menschlichkeit im Sinne der internationalen Übereinkünfte begangen hat, die ausgearbeitet wurden, um Bestimmungen für diese Verbrechen vorzusehen;
  ii) sie vor ihrer Aufnahme in den Aufnahmemitgliedstaat als Person, die vorübergehenden Schutz genießt, ein schweres Verbrechen des gemeinen Rechts außerhalb jenes Mitgliedstaates begangen hat. Die Schwere der zu erwartenden Verfolgung ist gegen die Art der Straftat, deren der Betroffene verdächtigt wird, abzuwägen. Besonders grausame Handlungen können als schwere Verbrechen des gemeinen Rechts eingestuft werden, auch wenn mit ihnen vorgeblich politische Ziele verfolgt werden. Dies gilt sowohl für die an diesen Straftaten Beteiligten als auch für ihre Anstifter.
  iii) sie sich Handlungen zuschulden kommen ließ, die den Zielen und Grundsätzen der Vereinten Nationen zuwiderlaufen;
b) triftige Gründe die Annahme rechtfertigen, dass sie eine Gefahr für die Sicherheit des Aufnahmemitgliedstaates oder in Anbetracht der Tatsache, dass sie wegen eines besonders schweren Verbrechens rechtskräftig verurteilt wurde, eine Gefahr für die Allgemeinheit im Aufnahmemitgliedstaat darstellt.

(2) Diese Ausschlussgründe nach Absatz 1 beziehen sich nur auf das persönliche Verhalten der betreffenden Personen. Die entsprechenden Beschlüsse oder Maßnahmen tragen dem Grundsatz der Verhältnismäßigkeit Rechnung.

Kapitel IX. Schlussbestimmungen

Art. 29 Die Personen, die von einem Mitgliedstaat vom vorübergehenden Schutz oder von der Familienzusammenführung ausgeschlossen worden sind, sind berechtigt, in dem betreffenden Mitgliedstaat Rechtsbehelfe einzulegen.

Art. 30 Die Mitgliedstaaten legen die Regeln für Sanktionen fest, die bei einem Verstoß gegen die einzelstaatlichen Vorschriften zur Umsetzung dieser Richtlinie zu verhängen sind, und treffen alle Maßnahmen, die erforderlich sind, um deren Durchsetzung zu gewährleisten. Die Sanktionen müssen wirksam, verhältnismäßig und abschreckend sein.

Richtlinie 2003/9/EG   5.8. **Texte 5**

Art. 31 (1) Spätestens zwei Jahre nach Ablauf der in Artikel 32 gesetzten Frist erstattet die Kommission dem Europäischen Parlament und dem Rat Bericht über die Anwendung dieser Richtlinie in den Mitgliedstaaten und schlägt gegebenenfalls die notwendigen Änderungen vor. Die Mitgliedstaaten übermitteln der Kommission alle für die Erstellung dieses Berichts erforderlichen Informationen.

(2) Nach Vorlage des Berichts nach Absatz 1 erstattet die Kommission dem Europäischen Parlament und dem Rat mindestens alle fünf Jahre Bericht über die Anwendung dieser Richtlinie in den Mitgliedstaaten.

Art. 32 (1) Die Mitgliedstaaten setzen die Rechts und Verwaltungsvorschriften in Kraft, die erforderlich sind, um dieser Richtlinie spätestens zum 31. Dezember 2002 nachzukommen. Sie setzen die Kommission unverzüglich davon in Kenntnis.

(2) Wenn die Mitgliedstaaten diese Vorschriften erlassen, nehmen sie in den Vorschriften selbst oder durch einen Hinweis bei der amtlichen Veröffentlichung auf diese Richtlinie Bezug. Die Mitgliedstaaten regeln die Einzelheiten der Bezugnahme.

Art. 33 Diese Richtlinie tritt am Tag ihrer Veröffentlichung im Amtsblatt der Europäischen Gemeinschaften in Kraft.

Art. 34 Diese Richtlinie ist gemäß dem Vertrag zur Gründung der Europäischen Gemeinschaft an die Mitgliedstaaten gerichtet. (Es folgen zwei Anhänge)

5.8. Richtlinie 2003/9/EG des Rates zur Festlegung von Mindestnormen für die Aufnahme von Asylbewerbern in den Mitgliedstaaten

Vom 27. Januar 2003 (ABl. L 31 vom 6. 2. 2003 S. 18)

Kapitel I. Zweck, Begriffsbestimmungen und Anwendungsbereich

Art. 1 Zweck. Zweck dieser Richtlinie ist die Festlegung von Mindestnormen für die Aufnahme von Asylbewerbern in den Mitgliedstaaten.

Art. 2 Begriffsbestimmungen. Im Sinne dieser Richtlinie bezeichnet der Ausdruck:
a) „Genfer Flüchtlingskonvention" das Genfer Abkommen über die Rechtsstellung der Flüchtlinge vom 28. Juli 1951, ergänzt durch das New Yorker Protokoll vom 31. Januar 1967;
b) „Asylantrag" den von einem Drittstaatsangehörigen oder Staatenlosen gestellten Antrag, der als Ersuchen um internationalen Schutz eines Mitgliedstaats im Sinne der Genfer Flüchtlingskonvention betrachtet werden kann. Jedes Ersuchen um internationalen Schutz wird als Asylantrag betrachtet, es sei denn, ein Drittstaatsangehöriger oder Staatenloser ersucht ausdrücklich um eine andere Form des Schutzes, die gesondert beantragt werden kann;
c) „Asylbewerber" einen Drittstaatsangehörigen oder Staatenlosen, der einen Asylantrag gestellt hat, über den noch nicht endgültig entschieden wurde;
d) „Familienangehörige" die nachstehenden Mitglieder der Familie des Asylbewerbers, die sich im Zusammenhang mit dem Asylantrag in demselben Mitgliedstaat aufhalten, sofern die Familie bereits im Herkunftsland bestanden hat:
  i) der Ehegatte des Asylbewerbers oder dessen nicht verheirateter Partner, der mit dem Asylbewerber eine dauerhafte Beziehung führt, soweit in den Rechtsvorschriften oder nach der Praxis des betreffenden Mitgliedstaats nicht verheiratete Paare ausländerrechtlich ähnlich wie verheiratete Paare behandelt werden;
  ii) die minderjährigen Kinder des unter Ziffer i) genannten Paares oder des Asylbewerbers, sofern diese ledig und unterhaltsberechtigt sind, gleichgültig, ob es sich um eheliche oder außerehelich geborene oder um im Sinne des nationalen Rechts adoptierte Kinder handelt;
e) „Flüchtling" eine Person, die die Voraussetzungen des Artikels 1 Abschnitt A der Genfer Flüchtlingskonvention erfüllt;
f) „Flüchtlingseigenschaft" den einem Flüchtling, der als solcher in das Hoheitsgebiet eines Mitgliedstaats zugelassen wird, von diesem Mitgliedstaat zuerkannten Rechtsstatus;

g) „Verfahren" und „Rechtsbehelfsverfahren" die von den Mitgliedstaaten nach nationalem Recht festgelegten Verfahren und Rechtsbehelfsverfahren;
h) „unbegleitete Minderjährige" Personen unter 18 Jahren, die ohne Begleitung eines für sie nach dem Gesetz oder dem Gewohnheitsrecht verantwortlichen Erwachsenen in das Hoheitsgebiet eines Mitgliedstaats einreisen, solange sie sich nicht tatsächlich in der Obhut eines solchen Erwachsenen befinden; hierzu gehören auch Minderjährige, die nach der Einreise in das Hoheitsgebiet eines Mitgliedstaats dort ohne Begleitung zurückgelassen wurden;
i) „im Rahmen der Aufnahmebedingungen gewährte Vorteile" sämtliche Maßnahmen, die die Mitgliedstaaten im Einklang mit dieser Richtlinie zugunsten von Asylbewerbern treffen;
j) „materielle Aufnahmebedingungen" die Aufnahmebedingungen, die Unterkunft, Verpflegung und Kleidung in Form von Sach- und Geldleistungen oder Gutscheinen sowie Geldleistungen zur Deckung des täglichen Bedarfs umfassen;
k) „Gewahrsam" die räumliche Beschränkung eines Asylbewerbers durch einen Mitgliedstaat auf einen bestimmten Ort, an dem der Asylbewerber keine Bewegungsfreiheit hat;
l) „Unterbringungszentrum" jede Einrichtung, die als Sammelunterkunft für Asylbewerber dient.

Art. 3 Anwendungsbereich. (1) Diese Richtlinie gilt für alle Drittstaatsangehörigen und Staatenlosen, die an der Grenze oder im Hoheitsgebiet eines Mitgliedstaats Asyl beantragen, solange sie als Asylbewerber im Hoheitsgebiet verbleiben dürfen, sowie für ihre Familienangehörigen, wenn sie nach nationalem Recht von diesem Asylantrag erfasst sind.

(2) Diese Richtlinie findet keine Anwendung, wenn in Vertretungen der Mitgliedstaaten um diplomatisches oder territoriales Asyl nachgesucht wird.

(3) Diese Richtlinie findet keine Anwendung, wenn die Bestimmungen der Richtlinie 2001/55/EG des Rates vom 20. Juli 2001 über Mindestnormen für die Gewährung vorübergehenden Schutzes im Falle eines Massenzustroms von Vertriebenen und Maßnahmen zur Förderung einer ausgewogenen Verteilung der Belastungen, die mit der Aufnahme dieser Personen und den Folgen dieser Aufnahme verbunden sind, auf die Mitgliedstaaten angewendet werden.

(4) Die Mitgliedstaaten können beschließen, diese Richtlinie auf Verfahren zur Bearbeitung von Ersuchen um andere Formen der Schutzgewährung anzuwenden, die sich nicht aus der Genfer Flüchtlingskonvention ergeben und die Drittstaatsangehörigen oder Staatenlosen zugute kommen, die nicht als Flüchtlinge gelten.

Art. 4 Günstigere Bestimmungen. Die Mitgliedstaaten können günstigere Bestimmungen für die Aufnahmebedingungen für Asylbewerber und andere enge Familienangehörige des Asylbewerbers, die sich in demselben Mitgliedstaat aufhalten, sofern sie ihm gegenüber unterhaltsberechtigt sind, oder humanitäre Gründe vorliegen, erlassen oder beibehalten, sofern diese Bestimmungen mit dieser Richtlinie vereinbar sind.

Kapitel II. Allgemeine Bestimmungen über die Aufnahmebedingungen

Art. 5 Information. (1) Die Mitgliedstaaten unterrichten die Asylbewerber innerhalb einer angemessenen Frist von höchstens fünfzehn Tagen nach der Antragstellung bei der zuständigen Behörde zumindest über die vorgesehenen Leistungen und die mit den Aufnahmebedingungen verbundenen Verpflichtungen.

Sie tragen dafür Sorge, dass die Asylbewerber Informationen darüber erhalten, welche Organisationen oder Personengruppen spezifischen Rechtsbeistand gewähren und welche Organisationen ihnen im Zusammenhang mit den Aufnahmebedingungen, einschließlich medizinischer Versorgung, behilflich sein oder sie informieren können.

(2) Die Mitgliedstaaten tragen dafür Sorge, dass die in Absatz 1 genannten Informationen schriftlich und nach Möglichkeit in einer Sprache erteilt werden, bei der davon ausgegangen werden kann, dass der Asylbewerber sie versteht. Gegebenenfalls können diese Informationen auch mündlich erteilt werden.

Art. 6 Dokumente. (1) Die Mitgliedstaaten tragen dafür Sorge, dass den Asylbewerbern innerhalb von drei Tagen nach der Antragstellung bei der zuständigen Behörde eine Bescheinigung ausgehändigt wird, die auf ihren Namen ausgestellt ist und ihren Rechtsstatus als Asylbewerber bestätigt oder bescheinigt, dass sich die betreffende Person im Hoheitsgebiet des Mitgliedstaats aufhalten darf, solange ihr Antrag zur Entscheidung anhängig ist bzw. geprüft wird.

Ist es dem Inhaber der Bescheinigung nicht gestattet, sich innerhalb des gesamten Hoheitsgebiets des Mitgliedstaats oder eines Teils davon frei zu bewegen, so ist dies in der Bescheinigung ebenfalls zu vermerken.

(2) Im Fall einer Ingewahrsamnahme der Asylbewerber und während der Prüfung eines an der Grenze oder im Rahmen eines Verfahrens gestellten Asylantrags, in dem darüber entschieden wird, ob der Asylbewerber das Recht hat, rechtmäßig in das Hoheitsgebiet eines Mitgliedstaats einzureisen, können die Mitgliedstaaten von der Anwendung dieses Artikels absehen. In Sonderfällen können die Mitgliedstaaten Asylbewerbern während der Prüfung eines Asylantrags andere gleichwertige Nachweise für das in Absatz 1 genannte Dokument ausstellen.

(3) Mit dem in Absatz 1 genannten Dokument wird nicht notwendigerweise die Identität des Asylbewerbers bescheinigt.

(4) Die Mitgliedstaaten treffen die Maßnahmen, die erforderlich sind, um den Asylbewerbern das in Absatz 1 genannte Dokument auszustellen, das so lange gültig sein muss, wie ihnen der Aufenthalt im Hoheitsgebiet oder an der Grenze des betreffenden Mitgliedstaates gestattet ist.

(5) Die Mitgliedstaaten können einem Asylbewerber ein Reisedokument aushändigen, wenn schwerwiegende humanitäre Gründe seine Anwesenheit in einem anderen Staat erfordern.

Art. 7 Wohnsitz und Bewegungsfreiheit. (1) Asylbewerber dürfen sich im Hoheitsgebiet des Aufnahmemitgliedstaats oder in einem ihnen von diesem Mitgliedstaat zugewiesenen Gebiet frei bewegen. Das zugewiesene Gebiet darf die unveräußerliche Privatsphäre nicht beeinträchtigen und muss hinreichenden Spielraum dafür bieten, dass Gewähr für eine Inanspruchnahme der Vorteile aus dieser Richtlinie gegeben ist.

(2) Die Mitgliedstaaten können – aus Gründen des öffentlichen Interesses, der öffentlichen Ordnung oder wenn es für eine reibungslose Bearbeitung und wirksame Überwachung des betreffenden Asylantrags erforderlich ist – einen Beschluss über den Wohnsitz des Asylbewerbers fassen.

(3) In Fällen, in denen dies zum Beispiel aus rechtlichen Gründen oder aus Gründen der öffentlichen Ordnung erforderlich ist, können die Mitgliedstaaten dem Asylbewerber nach einzelstaatlichem Recht einen bestimmten Ort zuweisen.

(4) Die Mitgliedstaaten dürfen die Gewährung der materiellen Aufnahmebedingungen an die Bedingung knüpfen, dass Asylbewerber ihren ordentlichen Wohnsitz an einem bestimmten Ort haben, der von den Mitgliedstaaten festgelegt wird. Ein derartiger Beschluss, der von allgemeiner Natur sein kann, sollte jeweils für den Einzelfall und auf der Grundlage der einzelstaatlichen Rechtsvorschriften getroffen werden.

(5) Die Mitgliedstaaten sehen vor, dass Asylbewerbern eine befristete Genehmigung zum Verlassen des in den Absätzen 2 und 4 genannten Wohnsitzes bzw. des in Absatz 1 genannten zugewiesenen Gebiets erteilt werden kann. Die Entscheidung ist Fall für Fall, objektiv und unparteiisch zu treffen und im Fall einer Ablehnung zu begründen.

Der Asylbewerber muss keine Genehmigung einholen, wenn er bei Behörden und Gerichten erscheinen muss.

(6) Die Mitgliedstaaten schreiben Asylbewerbern vor, den zuständigen Behörden ihre aktuelle Adresse und schnellstmöglich etwaige Adressenänderungen mitzuteilen.

Art. 8 Familien. Die Mitgliedstaaten treffen geeignete Maßnahmen, um die Einheit der Familie, die sich in ihrem Hoheitsgebiet aufhält, so weit wie möglich zu wahren, wenn den Asylbewerbern von dem betreffenden Mitgliedstaat Unterkunft gewährt wird. Diese Maßnahmen kommen mit der Zustimmung der Asylbewerber zur Anwendung.

Art. 9 Medizinische Untersuchungen. Die Mitgliedstaaten können die medizinische Untersuchung von Asylbewerbern aus Gründen der öffentlichen Gesundheit anordnen.

Art. 10 Grundschulerziehung und weiterführende Bildung Minderjähriger. (1) Die Mitgliedstaaten gestatten minderjährigen Kindern von Asylbewerbern und minderjährigen Asylbewerbern in ähnlicher Weise wie den Staatsangehörigen des Aufnahmemitgliedstaates den Zugang zum Bildungssystem, solange keine Rückführungsmaßnahme gegen sie selbst oder ihre Eltern vollstreckt wird. Der Unterricht kann in Unterbringungszentren erfolgen.

Die betreffenden Mitgliedstaaten können vorsehen, dass der Zugang auf das öffentliche Bildungssystem beschränkt bleiben muss.

Als Minderjährige gelten Personen, die nach den Bestimmungen des Mitgliedstaats, in dem der Asylantrag gestellt worden ist oder geprüft wird, noch nicht volljährig sind. Die Mitgliedstaaten dürfen eine weiterführende Bildung nicht mit der alleinigen Begründung verweigern, dass die Volljährigkeit erreicht wurde.

(2) Der Zugang zum Bildungssystem darf nicht um mehr als drei Monate, nachdem der Minderjährige oder seine Eltern einen Asylantrag gestellt haben, verzögert werden. Dieser Zeitraum kann auf ein Jahr ausgedehnt werden, wenn eine spezifische Ausbildung gewährleistet wird, die den Zugang zum Bildungssystem erleichtern soll.

(3) Ist der Zugang zum Bildungssystem nach Absatz 1 aufgrund der spezifischen Situation des Minderjährigen nicht möglich, so kann der Mitgliedstaat andere Unterrichtsformen anbieten.

Art. 11 Beschäftigung. (1) Die Mitgliedstaaten legen einen mit der Einreichung des Asylantrags beginnenden Zeitraum fest, in dem der Asylbewerber keinen Zugang zum Arbeitsmarkt hat.

(2) Ist ein Jahr nach Einreichung des Asylantrags keine Entscheidung in erster Instanz ergangen und ist diese Verzögerung nicht durch Verschulden des Antragstellers bedingt, so beschließen die Mitgliedstaaten, unter welchen Voraussetzungen dem Asylbewerber Zugang zum Arbeitsmarkt gewährt wird.

(3) Das Recht auf Zugang zum Arbeitsmarkt darf während eines Rechtsbehelfsverfahrens, bei dem Rechtsmittel gegen eine ablehnende Entscheidung in einem Standardverfahren aufschiebende Wirkung haben, bis zum Zeitpunkt, zu dem die ablehnende Entscheidung zugestellt wird, nicht entzogen werden.

(4) Aus Gründen der Arbeitsmarktpolitik können die Mitgliedstaaten Unionsbürgern und Angehörigen von Staaten, die Vertragsparteien des Übereinkommens über den Europäischen Wirtschaftsraum sind, sowie Drittstaatsangehörigen mit rechtmäßigem Aufenthalt Vorrang einräumen.

Art. 12 Berufliche Bildung. Die Mitgliedstaaten können Asylbewerbern ungeachtet der Möglichkeit des Zugangs zum Arbeitsmarkt den Zugang zur beruflichen Bildung gestatten.

Der Zugang zur beruflichen Bildung im Zusammenhang mit einem Arbeitsvertrag wird davon abhängig gemacht, inwieweit der betreffende Asylbewerber Zugang zum Arbeitsmarkt gemäß Artikel 11 hat.

Art. 13 Allgemeine Bestimmungen zu materiellen Aufnahmebedingungen und zur Gesundheitsversorgung. (1) Die Mitgliedstaaten tragen dafür Sorge, dass Asylbewerbern ab Antragstellung materielle Aufnahmebedingungen gewährt werden.

(2) Die Mitgliedstaaten sorgen dafür, dass die gewährten materiellen Aufnahmebedingungen einem Lebensstandard entsprechen, der die Gesundheit und den Lebensunterhalt der Asylbewerber gewährleistet.

Die Mitgliedstaaten tragen dafür Sorge, dass dieser Lebensstandard gewährleistet ist, wenn es sich um besonders bedürftige Personen im Sinne von Artikel 17 und um in Gewahrsam befindliche Personen handelt.

(3) Die Mitgliedstaaten können die Gewährung aller oder bestimmter materieller Aufnahmebedingungen und der Gesundheitsversorgung davon abhängig machen, dass die Asylbewerber nicht über ausreichende Mittel für einen Lebensstandard verfügen, der ihnen Gesundheit und den Lebensunterhalt gewährleistet.

(4) Die Mitgliedstaaten können von den Asylbewerbern verlangen, dass sie für die Kosten der in dieser Richtlinie vorgesehenen materiellen Aufnahmebedingungen und der Gesundheitsversorgung gemäß Absatz 3 ganz oder teilweise aufkommen, sofern sie über ausreichende Mittel verfügen, beispielsweise wenn sie über einen angemessenen Zeitraum gearbeitet haben.

Stellt sich heraus, dass ein Asylbewerber zum Zeitpunkt der Gewährung der materiellen Aufnahmebedingungen sowie der Gesundheitsversorgung über ausreichende Mittel verfügt hat, um diese Grundbedürfnisse zu decken, können die Mitgliedstaaten eine Erstattung verlangen.

(5) Die materiellen Aufnahmebedingungen können in Form von Sachleistungen, Geldleistungen oder Gutscheinen oder einer Kombination dieser Leistungen gewährt werden.

Wenn die Mitgliedstaaten materielle Aufnahmebedingungen durch Geldleistungen oder Gutscheine gewähren, bemisst sich deren Wert nach den in diesem Artikel festgelegten Grundsätzen.

Art. 14 Modalitäten der materiellen Aufnahmebedingungen. (1) Sofern Unterbringung als Sachleistung erfolgt, sollte sie in einer der folgenden Formen gewährt werden, die auch miteinander kombiniert werden können:

a) Räumlichkeiten zur Unterbringung von Asylbewerbern für die Dauer der Prüfung eines an der Grenze gestellten Asylantrags;
b) Unterbringungszentren, die einen angemessenen Standard gewährleisten;
c) Privathäuser, Wohnungen, Hotels oder andere für die Unterbringung von Asylbewerbern geeignete Räumlichkeiten.

(2) Die Mitgliedstaaten gewährleisten für die gemäß Absatz 1 Buchstaben a), b) und c) untergebrachten Asylbewerber

a) den Schutz ihres Familienlebens;
b) die Möglichkeit, mit Verwandten, Rechtsbeiständen, Vertretern des Amtes des Hohen Flüchtlingskommissars der Vereinten Nationen (UNHCR) und von den Mitgliedstaaten anerkannten Nichtregierungsorganisationen (NRO) in Verbindung zu treten.

Die Mitgliedstaaten sorgen besonders dafür, dass Gewalt in den in Absatz 1 Buchstaben a) und b) genannten Räumlichkeiten und Unterbringungszentren verhütet wird.

(3) Die Mitgliedstaaten tragen gegebenenfalls dafür Sorge, dass minderjährige Kinder von Asylbewerbern oder minderjährige Asylbewerber zusammen mit ihren Eltern oder dem erwachsenen Familienmitglied, das nach dem Gesetz oder dem Gewohnheitsrecht sorgeberechtigt ist, untergebracht werden.

(4) Die Mitgliedstaaten tragen dafür Sorge, dass Asylbewerber nur dann in eine andere Einrichtung verlegt werden, wenn dies notwendig ist. Die Mitgliedstaaten ermöglichen den Asylbewerbern, ihren Rechtsbeistand über die Verlegung und die neue Adresse zu informieren.

(5) Das in den Unterbringungszentren eingesetzte Personal muss angemessen geschult sein und unterliegt in Bezug auf die Informationen, die es durch seine Arbeit erhält, der Schweigepflicht, wie sie im nationalen Recht definiert ist.

(6) Die Mitgliedstaaten können die Asylbewerber über einen Beirat oder eine Abordnung der untergebrachten Personen an der Verwaltung der materiellen und der nicht materiellen Aspekte des Lebens in dem Zentrum beteiligen.

(7) Rechtsbeistände oder -berater von Asylbewerbern sowie Vertreter des Amts des Hohen Flüchtlingskommissars der Vereinten Nationen oder von diesem gegebenenfalls beauftragte und von dem betreffenden Mitgliedstaat anerkannte Nichtregierungsorganisationen erhalten Zugang zu den Aufnahmezentren und sonstigen Unterbringungseinrichtungen, um den Asylbewerbern zu helfen. Der Zugang darf nur aus Gründen der Sicherheit der Zentren und Einrichtungen oder der Asylbewerber eingeschränkt werden.

(8) Die Mitgliedstaaten können in Ausnahmefällen für einen angemessenen Zeitraum, der so kurz wie möglich sein sollte, andere Modalitäten der materiellen Aufnahmebedingungen festlegen als in diesem Artikel vorgesehen, wenn

– zunächst eine Evaluierung der spezifischen Bedürfnisse des Asylbewerbers erforderlich ist;
– materielle Aufnahmebedingungen, wie sie in diesem Artikel vorgesehen sind, in einer bestimmten Region nicht zur Verfügung stehen;
– die üblicherweise verfügbaren Unterbringungskapazitäten vorübergehend erschöpft sind;
– sich der Asylbewerber in Gewahrsam oder Grenzgebäuden befindet, die er nicht verlassen darf.

Bei diesen anderen Aufnahmemodalitäten werden in jedem Fall die Grundbedürfnisse gedeckt.

Art. 15 Medizinische Versorgung. (1) Die Mitgliedstaaten tragen dafür Sorge, dass Asylbewerber die erforderliche medizinische Versorgung erhalten, die zumindest die Notversorgung und die unbedingt erforderliche Behandlung von Krankheiten umfasst.

(2) Die Mitgliedstaaten gewähren Asylbewerbern mit besonderen Bedürfnissen die erforderliche medizinische oder sonstige Hilfe.

Kapitel III. Einschränkung oder Entzug der im Rahmen der Aufnahmebesingungen gewährten Vorteile

Art. 16 Einschränkung oder Entzug der im Rahmen der Aufnahmebedingungen gewährten Vorteile. (1) Die Mitgliedstaaten können die im Rahmen der Aufnahmebedingungen gewährten Vorteile in folgenden Fällen einschränken oder entziehen:
a) wenn ein Asylbewerber
 - den von der zuständigen Behörde bestimmten Aufenthaltsort verlässt, ohne diese davon zu unterrichten oder erforderlichenfalls eine Genehmigung erhalten zu haben oder
 - seinen Melde- und Auskunftspflichten oder Aufforderungen zu persönlichen Anhörungen betreffend das Asylverfahren während einer im nationalen Recht festgesetzten angemessenen Frist nicht nachkommt oder
 - im gleichen Mitgliedstaat bereits einen Antrag gestellt hat;

wird ein Asylbewerber aufgespürt oder meldet er sich freiwillig bei der zuständigen Behörde, so ergeht eine zu begründende Entscheidung unter Berücksichtigung der Motive des Untertauchens über die erneute Gewährung einiger oder aller im Rahmen der Aufnahmebedingungen gewährten Vorteile;

b) wenn ein Asylbewerber verschwiegen hat, dass er über Finanzmittel verfügt und dadurch im Rahmen der Aufnahmebedingungen zu Unrecht in den Genuss materieller Vorteile gekommen ist.

Stellt sich heraus, dass ein Asylbewerber zum Zeitpunkt der Gewährung materieller Vorteile im Rahmen der Aufnahmebedingungen über ausreichende Mittel verfügte, um Grundbedürfnisse zu decken, so können die Mitgliedstaaten von dem Asylbewerber eine Erstattung verlangen.

(2) Die Mitgliedstaaten können die im Rahmen der Aufnahmebedingungen gewährten Vorteile verweigern, wenn ein Asylbewerber keinen Nachweis dafür erbracht hat, dass der Asylantrag so bald wie vernünftigerweise möglich nach der Ankunft in diesem Mitgliedstaat gestellt wurde.

(3) Die Mitgliedstaaten können Sanktionen für grobe Verstöße gegen die Vorschriften der Unterbringungszentren und grob gewalttätiges Verhalten festlegen.

(4) Entscheidungen über die Einschränkung, den Entzug oder die Verweigerung der im Rahmen der Aufnahmebedingungen gewährten Vorteile oder Sanktionen nach den Absätzen 1, 2 und 3 werden jeweils für den Einzelfall, objektiv und unparteiisch getroffen und begründet. Die Entscheidungen sind aufgrund der besonderen Situation der betreffenden Personen, insbesondere im Hinblick auf die in Artikel 17 genannten Personen, unter Berücksichtigung des Verhältnismäßigkeitsprinzips zu treffen. Die Mitgliedstaaten gewährleisten in jedem Fall Zugang zur medizinischen Notversorgung.

(5) Die Mitgliedstaaten gewährleisten, dass materielle Vorteile im Rahmen der Aufnahmebedingungen nicht entzogen oder eingeschränkt werden, bevor eine abschlägige Entscheidung ergeht.

Kapitel IV. Bestimmungen betreffend besonders bedürftige Personen

Art. 17 Allgemeiner Grundsatz. (1) Die Mitgliedstaaten berücksichtigen in den nationalen Rechtsvorschriften zur Durchführung des Kapitels II betreffend die materiellen Aufnahmebedingungen sowie die medizinische Versorgung die spezielle Situation von besonders schutzbedürftigen Personen wie Minderjährigen, unbegleiteten Minderjährigen, Behinderten, älteren Menschen, Schwangeren, Alleinerziehenden mit minderjährigen Kindern und Personen, die Folter, Vergewaltigung oder sonstige schwere Formen psychischer, physischer oder sexueller Gewalt erlitten haben.

(2) Absatz 1 gilt ausschließlich für Personen, die nach einer Einzelprüfung ihrer Situation als besonders hilfebedürftig anerkannt werden.

Art. 18 Minderjährige. (1) Bei der Anwendung der Minderjährige berührenden Bestimmungen der Richtlinie berücksichtigen die Mitgliedstaaten vorrangig das Wohl des Kindes.

(2) Die Mitgliedstaaten tragen dafür Sorge, dass Minderjährige, die Opfer irgendeiner Form von Missbrauch, Vernachlässigung, Ausbeutung, Folter, grausamer, unmenschlicher oder erniedrigender Behandlung gewesen sind oder unter bewaffneten Konflikten gelitten haben, Rehabilitationsmaßnahmen in Anspruch nehmen können und dass im Bedarfsfall eine geeignete psychologische Betreuung und eine qualifizierte Beratung angeboten wird.

Richtlinie 2003/9/EG

Art. 19 Unbegleitete Minderjährige. (1) Die Mitgliedstaaten sorgen so bald wie möglich für die erforderliche Vertretung von unbegleiteten Minderjährigen; die Vertretung übernimmt ein gesetzlicher Vormund oder erforderlichenfalls eine Organisation, die für die Betreuung und das Wohlergehen von Minderjährigen verantwortlich ist, oder eine andere geeignete Instanz. Die zuständigen Behörden nehmen regelmäßige Bewertungen vor.

(2) Asyl beantragende unbegleitete Minderjährige werden ab dem Zeitpunkt der Zulassung in das Hoheitsgebiet bis zu dem Zeitpunkt, zu dem sie den Aufnahmemitgliedstaat, in dem der Antrag gestellt worden ist oder geprüft wird, verlassen müssen, nach folgender Rangordnung aufgenommen:

a) bei erwachsenen Verwandten;
b) in einer Pflegefamilie;
c) in Aufnahmezentren mit speziellen Einrichtungen für Minderjährige;
d) in anderen für Minderjährige geeigneten Unterkünften.

Die Mitgliedstaaten können unbegleitete Minderjährige ab 16 Jahren in Aufnahmezentren für erwachsene Asylbewerber unterbringen.

Geschwister sollen möglichst zusammen bleiben, wobei das Wohl des betreffenden Minderjährigen, insbesondere sein Alter und sein Reifegrad, zu berücksichtigen ist. Wechsel des Aufenthaltsorts sind bei unbegleiteten Minderjährigen auf ein Mindestmaß zu beschränken.

(3) Die Mitgliedstaaten bemühen sich im Interesse des Wohls des unbegleiteten Minderjährigen, dessen Familienangehörigen so bald wie möglich ausfindig zu machen. In Fällen, in denen das Leben oder die Unversehrtheit des Minderjährigen oder seiner nahen Verwandten bedroht sein könnte, insbesondere wenn diese im Herkunftsland geblieben sind, ist darauf zu achten, dass die Erfassung, Verarbeitung und Weitergabe von Informationen über diese Personen vertraulich erfolgt, um ihre Sicherheit nicht zu gefährden.

(4) Das Betreuungspersonal für unbegleitete Minderjährige muss im Hinblick auf die Bedürfnisse des Minderjährigen adäquat ausgebildet sein oder werden und unterliegt in Bezug auf die Informationen, die es durch seine Arbeit erhält, der Schweigepflicht, wie sie im nationalen Recht definiert ist.

Art. 20 Opfer von Folter und Gewalt. Die Mitgliedstaaten tragen dafür Sorge, dass Personen, die Folter, Vergewaltigung oder andere schwere Gewalttaten erlitten haben, im Bedarfsfall die Behandlung erhalten, die für Schäden, welche ihnen durch die genannten Handlungen zugefügt wurden, erforderlich ist.

Kapitel V. Rechtsmittel

Art. 21 Rechtsmittel. (1) Die Mitgliedstaaten stellen sicher, dass gegen abschlägige Entscheidungen im Zusammenhang mit der Gewährung von Zuwendungen gemäß dieser Richtlinie oder gegen Entscheidungen gemäß Artikel 7, die Asylbewerber individuell betreffen, Rechtsmittel nach den in den einzelstaatlichen Rechtsvorschriften vorgesehenen Verfahren eingelegt werden können. Zumindest in der letzten Instanz ist die Möglichkeit einer Berufung oder einer Revision vor einem Gericht zu gewähren.

(2) Die Verfahren für den Zugang zu Rechtsbeistand in solchen Fällen werden im einzelstaatlichen Recht vorgesehen.

Kapitel VI. Maßnahmen zur Verbesserung der Effizienz des Aufnahmesystems

Art. 22 Zusammenarbeit. Die Mitgliedstaaten übermitteln der Kommission regelmäßig nach Geschlecht und Alter aufgeschlüsselte Angaben über die Zahl der unter die Aufnahmebedingungen fallenden Personen sowie vollständige Informationen über Art, Bezeichnung und Form der Dokumente, auf die in Artikel 6 verwiesen wird.

Art. 23 System zur Lenkung, Überwachung und Steuerung. Die Mitgliedstaaten gewährleisten unter gebührender Wahrung ihrer verfassungsrechtlichen Struktur eine geeignete Lenkung, Überwachung und Steuerung des Niveaus der Aufnahmebedingungen.

Art. 24 Personal und Ressourcen. (1) Die Mitgliedstaaten treffen geeignete Maßnahmen, um sicherzustellen, dass die Behörden und Organisationen, die diese Richtlinie durchführen, die nötige

Grundausbildung erhalten haben, um den Bedürfnissen männlicher und weiblicher Asylbewerber entsprechen zu können.

(2) Die Mitgliedstaaten stellen die Ressourcen bereit, die im Zusammenhang mit den nationalen Durchführungsvorschriften zu dieser Richtlinie erforderlich sind.

Kapitel VII. Schlussbestimmungen

Art. 25 Berichterstattung. Die Kommission erstattet dem Europäischen Parlament und dem Rat bis zum 6. August 2006 Bericht über die Anwendung dieser Richtlinie und schlägt gegebenenfalls Änderungen vor.

Die Mitgliedstaaten übermitteln der Kommission bis zum 6. Februar 2006 alle für die Erstellung dieses Berichts sachdienlichen Informationen, einschließlich der statistischen Angaben gemäß Artikel 22.

Nach Vorlage des Berichts erstattet die Kommission dem Europäischen Parlament und dem Rat mindestens alle fünf Jahre Bericht über die Anwendung dieser Richtlinie.

Art. 26 Umsetzung. (1) Die Mitgliedstaaten setzen die erforderlichen Rechts- und Verwaltungsvorschriften in Kraft, um dieser Richtlinie bis zum 6. Februar 2005 nachzukommen. Sie setzen die Kommission unverzüglich davon in Kenntnis.

Wenn die Mitgliedstaaten diese Vorschriften erlassen, nehmen sie in den Vorschriften selbst oder durch einen Hinweis bei der amtlichen Veröffentlichung auf diese Richtlinie Bezug. Die Mitgliedstaaten regeln die Einzelheiten der Bezugnahme.

(2) Die Mitgliedstaaten teilen der Kommission den Wortlaut der innerstaatlichen Rechtsvorschriften mit, die sie auf den unter diese Richtlinie fallenden Gebieten erlassen.

Art. 27 Inkrafttreten. Diese Richtlinie tritt am Tag ihrer Veröffentlichung im Amtsblatt der Europäischen Union in Kraft.

Art. 28 Adressaten. Diese Richtlinie ist gemäß dem Vertrag zur Gründung der Europäischen Gemeinschaft an die Mitgliedstaaten gerichtet.

5.9. Verordnung (EG) Nr. 343/2003 des Rates zur Festlegung der Kriterien und Verfahren zur Bestimmung des Mitgliedstaats, der für die Prüfung des von einem Drittstaatsangehörigen in einem Mitgliedstaat gestellten Asylantrags zuständig ist

Vom 18. Februar 2003 (ABl. L 50 vom 25. 2. 2003 S. 1)

Kapitel I. Ziel und Definitionen

Art. 1 Diese Verordnung legt die Kriterien und Verfahren fest, die bei der Bestimmung des Mitgliedstaats, der für die Prüfung eines von einem Drittstaatsangehörigen in einem Mitgliedstaat gestellten Asylantrags zuständig ist, zur Anwendung gelangen.

Art. 2 Im Sinne dieser Verordnung bezeichnet der Ausdruck

a) „Drittstaatsangehöriger" jede Person, die nicht Bürger der Union im Sinne von Artikel 17 Absatz 1 des Vertrags zur Gründung der Europäischen Gemeinschaft ist;
b) „Genfer Flüchtlingskonvention" das Genfer Abkommen vom 28. Juli 1951 über die Rechtsstellung der Flüchtlinge, ergänzt durch das New Yorker Protokoll vom 31. Januar 1967;
c) „Asylantrag" den von einem Drittstaatsangehörigen gestellten Antrag, der als Ersuchen um internationalen Schutz eines Mitgliedstaats im Sinne der Genfer Flüchtlingskonvention angesehen werden kann. Jeder Antrag auf internationalen Schutz wird als Asylantrag angesehen, es sei denn, ein

Drittstaatsangehöriger ersucht ausdrücklich um einen anderweitigen Schutz, der gesondert beantragt werden kann;

d) „Antragsteller" bzw. „Asylbewerber" den Drittstaatsangehörigen, der einen Asylantrag eingereicht hat, über den noch nicht endgültig entschieden worden ist;

e) „Prüfung eines Asylantrags" die Gesamtheit der Prüfungsvorgänge, der Entscheidungen bzw. Urteile der zuständigen Stellen in Bezug auf einen Asylantrag gemäß dem einzelstaatlichen Recht, mit Ausnahme der Verfahren zur Bestimmung des zuständigen Staates gemäß dieser Verordnung;

f) „Rücknahme des Asylantrags" die vom Antragsteller im Einklang mit dem einzelstaatlichen Recht ausdrücklich oder stillschweigend unternommenen Schritte zur Beendigung des Verfahrens, das aufgrund des von ihm eingereichten Asylantrags eingeleitet wurde;

g) „Flüchtling" jeden Drittstaatsangehörigen, dem die Flüchtlingseigenschaft im Sinne der Genfer Flüchtlingskonvention zuerkannt und der Aufenthalt im Hoheitsgebiet eines Mitgliedstaats in dieser Eigenschaft gestattet wurde;

h) „unbegleiteter Minderjähriger" unverheiratete Personen unter 18 Jahren, die ohne Begleitung eines für sie nach dem Gesetz oder dem Gewohnheitsrecht verantwortlichen Erwachsenen in einen Mitgliedstaat einreisen, solange sie sich nicht tatsächlich in der Obhut eines solchen Erwachsenen befinden; dies schließt Minderjährige ein, die nach ihrer Einreise in das Hoheitsgebiet eines Mitgliedstaats ohne Begleitung gelassen werden;

i) „Familienangehörige" die folgenden im Hoheitsgebiet der Mitgliedstaaten anwesenden Mitglieder der Familie des Antragstellers, sofern die Familie bereits im Herkunftsland bestanden hat:

　i) den Ehegatten des Asylbewerbers oder der nicht verheiratete Partner des Asylbewerbers, der mit diesem eine dauerhafte Beziehung führt, sofern gemäß den Rechtsvorschriften oder den Gepflogenheiten des betreffenden Mitgliedstaats nichtverheiratete Paare nach dessen Ausländerrecht ähnlich behandelt werden wie verheiratete Paare;

　ii) die minderjährigen Kinder von in Ziffer i) genannten Paaren oder des Antragstellers, sofern diese ledig und unterhaltsberechtigt sind, gleichgültig, ob es sich nach dem einzelstaatlichen Recht um eheliche oder außerehelich geborene oder adoptierte Kinder handelt;

　iii) bei unverheirateten minderjährigen Antragstellern oder Flüchtlingen den Vater, die Mutter oder den Vormund;

j) „Aufenthaltstitel" jede von den Behörden eines Mitgliedstaats erteilte Erlaubnis, mit der der Aufenthalt eines Drittstaatsangehörigen im Hoheitsgebiet dieses Mitgliedstaats gestattet wird, einschließlich der Dokumente, mit denen die Genehmigung des Aufenthalts im Hoheitsgebiet im Rahmen einer Regelung des vorübergehenden Schutzes oder bis zu dem Zeitpunkt, zu dem die eine Ausweisung verhindernden Umstände nicht mehr gegeben sind, nachgewiesen werden kann; ausgenommen sind Visa und Aufenthaltstitel, die während der zur Bestimmung des zuständigen Mitgliedstaats entsprechend dieser Verordnung erforderlichen Frist bzw. während der Prüfung eines Asylantrags oder eines Antrags auf Gewährung eines Aufenthaltstitels erteilt wurden;

k) „Visum" die Erlaubnis oder Entscheidung eines Mitgliedstaats, die im Hinblick auf die Einreise zum Zweck der Durchreise oder die Einreise zum Zweck eines Aufenthalts in diesem Mitgliedstaat oder in mehreren Mitgliedstaaten verlangt wird. Es werden folgende Arten von Visa unterschieden:

　i) „Langzeitvisum": die Erlaubnis oder Entscheidung eines Mitgliedstaats, die im Hinblick auf die Einreise zum Zweck eines Aufenthalts in diesem Mitgliedstaat von mehr als drei Monaten verlangt wird;

　ii) „Kurzzeitvisum": die Erlaubnis oder Entscheidung eines Mitgliedstaats, die im Hinblick auf die Einreise zum Zweck eines Aufenthalts in diesem Mitgliedstaat oder mehrere Mitgliedstaaten von insgesamt höchstens drei Monaten verlangt wird;

　iii) „Transitvisum": die Erlaubnis oder Entscheidung eines Mitgliedstaats, die im Hinblick auf eine Einreise zum Zweck der Durchreise durch das Hoheitsgebiet dieses Mitgliedstaats oder mehrerer Mitgliedstaaten verlangt wird, mit Ausnahme des Flughafentransits;

　iv) „Flughafentransitvisum": die Erlaubnis oder Entscheidung, die einem ausdrücklich dieser Verpflichtung unterliegenden Drittstaatsangehörigen ermöglicht, sich während einer Zwischenlandung oder einer Unterbrechung zwischen zwei Abschnitten eines internationalen Flugs in der Transitzone eines Flughafens aufzuhalten, ohne dabei das Hoheitsgebiet des betreffenden Mitgliedstaats zu betreten.

Kapitel II. Allgemeine Grundsätze

Art. 3 (1) Die Mitgliedstaaten prüfen jeden Asylantrag, den ein Drittstaatsangehöriger an der Grenze oder im Hoheitsgebiet eines Mitgliedstaats stellt. Der Antrag wird von einem einzigen Mitgliedstaat geprüft, der nach den Kriterien des Kapitels III als zuständiger Staat bestimmt wird.

(2) Abweichend von Absatz 1 kann jeder Mitgliedstaat einen von einem Drittstaatsangehörigen eingereichten Asylantrag prüfen, auch wenn er nach den in dieser Verordnung festgelegten Kriterien nicht für die Prüfung zuständig ist. Der betreffende Mitgliedstaat wird dadurch zum zuständigen Mitgliedstaat im Sinne dieser Verordnung und übernimmt die mit dieser Zuständigkeit einhergehenden Verpflichtungen. Gegebenenfalls unterrichtet er den zuvor zuständigen Mitgliedstaat, den Mitgliedstaat, der ein Verfahren zur Bestimmung des zuständigen Staates durchführt, oder den Mitgliedstaat, an den ein Aufnahme- oder Wiederaufnahmegesuch gerichtet wurde.

(3) Jeder Mitgliedstaat behält das Recht, einen Asylbewerber nach seinen innerstaatlichen Rechtsvorschriften unter Wahrung der Bestimmungen der Genfer Flüchtlingskonvention in einen Drittstaat zurück- oder auszuweisen.

(4) Der Asylbewerber wird schriftlich und in einer ihm hinreichend bekannten Sprache über die Anwendung dieser Verordnung, ihre Fristen und ihre Wirkung unterrichtet.

Art. 4 (1) Das Verfahren zur Bestimmung des gemäß dieser Verordnung zuständigen Mitgliedstaats wird eingeleitet, sobald ein Asylantrag erstmals in einem Mitgliedstaat gestellt wurde.

(2) Ein Asylantrag gilt als gestellt, wenn den zuständigen Behörden des betreffenden Mitgliedstaats ein vom Asylbewerber eingereichtes Formblatt oder ein behördliches Protokoll zugegangen ist. Bei einem nicht in schriftlicher Form gestellten Asylantrag sollte die Frist zwischen der Abgabe der Willenserklärung und der Erstellung eines Protokolls so kurz wie möglich sein.

(3) Für die Zwecke dieser Verordnung ist die Situation eines mit dem Asylbewerber einreisenden Minderjährigen, der durch die Definition des Familienangehörigen in Artikel 2 Ziffer i) gedeckt ist, untrennbar mit der seines Elternteils oder seines Vormunds verbunden und fällt in die Zuständigkeit des Mitgliedstaats, der für die Prüfung des Asylantrags dieses Elternteils oder Vormunds zuständig ist, auch wenn der Minderjährige selbst kein Asylbewerber ist. Ebenso wird bei Kindern verfahren, die nach der Ankunft des Asylbewerbers im Hoheitsgebiet der Mitgliedstaaten geboren werden, ohne dass ein neues Zuständigkeitsverfahren für diese eingeleitet werden muss.

(4) Stellt ein Antragsteller bei den zuständigen Behörden eines Mitgliedstaats einen Asylantrag, während er sich im Hoheitsgebiet eines anderen Mitgliedstaats aufhält, obliegt die Bestimmung des zuständigen Mitgliedstaats dem Mitgliedstaat, in dessen Hoheitsgebiet sich der Antragsteller aufhält. Dieser Mitgliedstaat wird unverzüglich von dem mit dem Asylantrag befassten Mitgliedstaat unterrichtet und gilt dann für die Zwecke dieser Verordnung als der Staat, bei dem der Antrag gestellt wurde.

Der Antragsteller wird schriftlich von dieser Zuständigkeitsübertragung und dem Zeitpunkt, zu dem sie erfolgt ist, unterrichtet.

(5) Der Mitgliedstaat, bei dem der Asylantrag gestellt wurde, ist gehalten, einen Asylbewerber, der sich im Hoheitsgebiet eines anderen Mitgliedstaats befindet und dort einen Asylantrag gestellt hat, nachdem er seinen Antrag noch während des Verfahrens zur Bestimmung des zuständigen Mitgliedstaats zurückgezogen hat, nach den Bestimmungen des Artikels 20 wieder aufzunehmen, um das Verfahren zur Bestimmung des für die Prüfung des Asylantrags zuständigen Mitgliedstaats zum Abschluss zu bringen.

Diese Verpflichtung erlischt, wenn der Asylbewerber zwischenzeitlich die Hoheitsgebiete der Mitgliedstaaten für mindestens drei Monate verlassen oder in einem Mitgliedstaat eine Aufenthaltserlaubnis erhalten hat.

Kapitel III. Rangfolge der Kriterien

Art. 5 (1) Die Kriterien zur Bestimmung des zuständigen Mitgliedstaats finden in der in diesem Kapitel genannten Rangfolge Anwendung.

(2) Bei der Bestimmung des nach diesen Kriterien zuständigen Mitgliedstaats wird von der Situation ausgegangen, die zu dem Zeitpunkt gegeben ist, zu dem der Asylbewerber seinen Antrag zum ersten Mal in einem Mitgliedstaat stellt.

Art. 6 Handelt es sich bei dem Asylbewerber um einen unbegleiteten Minderjährigen, so ist der Mitgliedstaat, in dem sich ein Angehöriger seiner Familie rechtmäßig aufhält, für die Prüfung seines Antrags zuständig, sofern dies im Interesse des Minderjährigen liegt.

Ist kein Familienangehöriger anwesend, so ist der Mitgliedstaat, in dem der Minderjährige seinen Asylantrag gestellt hat, zuständig.

Art. 7 Hat der Asylbewerber einen Familienangehörigen – ungeachtet der Frage, ob die Familie bereits im Herkunftsland bestanden hat –, dem das Recht auf Aufenthalt in einem Mitgliedstaat in seiner Eigenschaft als Flüchtling gewährt wurde, so ist dieser Mitgliedstaat für die Prüfung des Asylantrags zuständig, sofern die betroffenen Personen dies wünschen.

Art. 8 Hat ein Asylbewerber in einem Mitgliedstaat einen Familienangehörigen, über dessen Asylantrag noch keine erste Sachentscheidung getroffen wurde, so obliegt diesem Mitgliedstaat die Prüfung des Asylantrags, sofern die betroffenen Personen dies wünschen.

Art. 9 (1) Besitzt der Asylbewerber einen gültigen Aufenthaltstitel, so ist der Mitgliedstaat, der den Aufenthaltstitel ausgestellt hat, für die Prüfung des Asylantrags zuständig.

(2) Besitzt der Asylbewerber ein gültiges Visum, so ist der Mitgliedstaat, der das Visum erteilt hat, für die Prüfung des Asylantrags zuständig, es sei denn, dass das Visum in Vertretung oder mit schriftlicher Zustimmung eines anderen Mitgliedstaats erteilt wurde. In diesem Fall ist der letztgenannte Mitgliedstaat für die Prüfung des Asylantrags zuständig. Konsultiert ein Mitgliedstaat insbesondere aus Sicherheitsgründen zuvor die zentralen Behörden eines anderen Mitgliedstaats, so ist dessen Antwort auf die Konsultation nicht gleich bedeutend mit einer schriftlichen Genehmigung im Sinne dieser Bestimmung.

(3) Besitzt der Asylbewerber mehrere gültige Aufenthaltstitel oder Visa verschiedener Mitgliedstaaten, so sind die Mitgliedstaaten für die Prüfung des Asylantrags in folgender Reihenfolge zuständig:
a) der Mitgliedstaat, der den Aufenthaltstitel mit der längsten Gültigkeitsdauer erteilt hat, oder bei gleicher Gültigkeitsdauer der Mitgliedstaat, der den zuletzt ablaufenden Aufenthaltstitel erteilt hat;
b) der Mitgliedstaat, der das zuletzt ablaufende Visum erteilt hat, wenn es sich um gleichartige Visa handelt;
c) bei nicht gleichartigen Visa der Mitgliedstaat, der das Visum mit der längsten Gültigkeitsdauer erteilt hat, oder bei gleicher Gültigkeitsdauer der Mitgliedstaat, der das zuletzt ablaufende Visum erteilt hat.

(4) Besitzt der Asylbewerber nur einen oder mehrere Aufenthaltstitel, die weniger als zwei Jahre zuvor abgelaufen sind, oder ein oder mehrere Visa, die seit weniger als sechs Monaten abgelaufen sind, aufgrund deren er in das Hoheitsgebiet eines Mitgliedstaats einreisen konnte, so sind die Absätze 1, 2 und 3 anwendbar, solange der Antragsteller das Hoheitsgebiet der Mitgliedstaaten nicht verlassen hat.

Besitzt der Asylbewerber einen oder mehrere Aufenthaltstitel, die mehr als zwei Jahre zuvor abgelaufen sind, oder ein oder mehrere Visa, die seit mehr als sechs Monaten abgelaufen sind, aufgrund deren er in das Hoheitsgebiet eines Mitgliedstaats einreisen konnte, und hat er die Hoheitsgebiete der Mitgliedstaaten nicht verlassen, so ist der Mitgliedstaat zuständig, in dem der Antrag gestellt wird.

(5) Der Umstand, dass der Aufenthaltstitel oder das Visum aufgrund einer falschen oder missbräuchlich verwendeten Identität oder nach Vorlage von gefälschten, falschen oder ungültigen Dokumenten erteilt wurde, hindert nicht daran, dem Mitgliedstaat, der den Titel oder das Visum erteilt hat, die Zuständigkeit zuzuweisen. Der Mitgliedstaat, der den Aufenthaltstitel oder das Visum ausgestellt hat, ist nicht zuständig, wenn nachgewiesen werden kann, dass nach Ausstellung des Titels oder des Visums eine betrügerische Handlung vorgenommen wurde.

Art. 10 (1) Wird auf der Grundlage von Beweismitteln oder Indizien gemäß den beiden in Artikel 18 Absatz 3 genannten Verzeichnissen, einschließlich der Daten nach Kapitel III der Verordnung (EG) Nr. 2725/2000 festgestellt, dass ein Asylbewerber aus einem Drittstaat kommend die Land-, See- oder Luftgrenze eines Mitgliedstaats illegal überschritten hat, so ist dieser Mitgliedstaat für die Prüfung des Asylantrags zuständig. Die Zuständigkeit endet zwölf Monate nach dem Tag des illegalen Grenzübertritts.

(2) Ist ein Mitgliedstaat nicht oder gemäß Absatz 1 nicht länger zuständig und wird auf der Grundlage von Beweismitteln oder Indizien gemäß den beiden in Artikel 18 Absatz 3 genannten Verzeichnissen festgestellt, dass der Asylbewerber – der illegal in die Hoheitsgebiete der Mitgliedstaaten eingereist ist oder bei dem die Umstände der Einreise nicht festgestellt werden können – sich zum Zeitpunkt der Antragstellung zuvor während eines ununterbrochenen Zeitraums von mindestens fünf Monaten in einem Mitgliedstaat aufgehalten hat, so ist dieser Mitgliedstaat für die Prüfung des Asylantrags zuständig.

Hat der Asylbewerber sich für Zeiträume von mindestens fünf Monaten in verschiedenen Mitgliedstaaten aufgehalten, so ist der Mitgliedstaat, wo dies zuletzt der Fall war, für die Prüfung des Asylantrags zuständig.

Art. 11 (1) Reist ein Drittstaatsangehöriger in das Hoheitsgebiet eines Mitgliedstaats ein, in dem für ihn kein Visumzwang besteht, so ist dieser Mitgliedstaat für die Prüfung des Asylantrags zuständig.

(2) Der Grundsatz nach Absatz 1 findet keine Anwendung, wenn der Drittstaatsangehörige seinen Asylantrag in einem anderen Mitgliedstaat stellt, in dem er ebenfalls kein Einreisevisum vorweisen muss. In diesem Fall ist der letztgenannte Mitgliedstaat für die Prüfung des Asylantrags zuständig.

Art. 12 Stellt ein Drittstaatsangehöriger einen Asylantrag im internationalen Transitbereich eines Flughafens eines Mitgliedstaats, so ist dieser Mitgliedstaat für die Prüfung des Asylantrags zuständig.

Art. 13 Lässt sich anhand der Kriterien dieser Verordnung nicht bestimmen, welchem Mitgliedstaat die Prüfung des Asylantrags obliegt, so ist der erste Mitgliedstaat, in dem der Asylantrag gestellt wurde, für dessen Prüfung zuständig.

Art. 14 Stellen mehrere Mitglieder einer Familie in demselben Mitgliedstaat gleichzeitig oder in so großer zeitlicher Nähe einen Asylantrag, dass die Verfahren zur Bestimmung des zuständigen Mitgliedstaats gemeinsam durchgeführt werden können, und könnte die Anwendung der in dieser Verordnung genannten Kriterien ihre Trennung zur Folge haben, so gilt für die Bestimmung des zuständigen Mitgliedstaats Folgendes:
a) zuständig für die Prüfung der Asylanträge sämtlicher Familienmitglieder ist der Mitgliedstaat, der nach den Kriterien für die Aufnahme des größten Teils der Familienmitglieder zuständig ist;
b) andernfalls obliegt die Prüfung dem Mitgliedstaat, der nach den Kriterien für die Prüfung des von dem ältesten Familienmitglied eingereichten Asylantrags zuständig ist.

Kapitel IV. Humanitäre Klausel

Art. 15 (1) Jeder Mitgliedstaat kann aus humanitären Gründen, die sich insbesondere aus dem familiären oder kulturellen Kontext ergeben, Familienmitglieder und andere abhängige Familienangehörige zusammenführen, auch wenn er dafür nach den Kriterien dieser Verordnung nicht zuständig ist. In diesem Fall prüft jener Mitgliedstaat auf Ersuchen eines anderen Mitgliedstaats den Asylantrag der betroffenen Person. Die betroffenen Personen müssen dem zustimmen.

(2) In Fällen, in denen die betroffene Person wegen Schwangerschaft, eines neugeborenen Kindes, einer schweren Krankheit, einer ernsthaften Behinderung oder hohen Alters auf die Unterstützung der anderen Person angewiesen ist, entscheiden die Mitgliedstaaten im Regelfall, den Asylbewerber und den anderen Familienangehörigen, der sich im Hoheitsgebiet eines Mitgliedstaats aufhält, nicht zu trennen bzw. sie zusammenführen, sofern die familiäre Bindung bereits im Herkunftsland bestanden hat.

(3) Ist der Asylbewerber ein unbegleiteter Minderjähriger, der ein oder mehrere Familienangehörige hat, die sich in einem anderen Mitgliedstaat aufhalten, und die ihn bei sich aufnehmen können, so nehmen die Mitgliedstaaten nach Möglichkeit eine räumliche Annäherung dieses Minderjährigen an seinen bzw. seine Angehörigen vor, es sei denn, dass dies nicht im Interesse des Minderjährigen liegt.

(4) Gibt der ersuchte Mitgliedstaat dem Ersuchen statt, so wird ihm die Zuständigkeit für die Antragsprüfung übertragen.

(5) Die Bedingungen und Verfahren für die Umsetzung dieses Artikels, gegebenenfalls einschließlich der Schlichtungsverfahren zur Regelung von Divergenzen zwischen den Mitgliedstaaten über die Notwendigkeit einer Annäherung der betreffenden Personen bzw. den Ort, an dem diese erfolgen soll, werden gemäß dem Verfahren nach Artikel 27 Absatz 2 beschlossen.

Kapitel V. Aufnahme und Wiederaufnahme

Art. 16 (1) Der Mitgliedstaat, der nach der vorliegenden Verordnung zur Prüfung des Asylantrags zuständig ist, ist gehalten:
a) einen Asylbewerber, der in einem anderen Mitgliedstaat einen Antrag gestellt hat, nach Maßgabe der Artikel 17 bis 19 aufzunehmen;
b) die Prüfung des Asylantrags abzuschließen;
c) einen Antragsteller, der sich während der Prüfung seines Antrags unerlaubt im Hoheitsgebiet eines anderen Mitgliedstaats aufhält, nach Maßgabe des Artikels 20 wieder aufzunehmen;
d) einen Asylbewerber, der seinen Antrag während der Antragsprüfung zurückgezogen und in einem anderen Mitgliedstaat einen Antrag gestellt hat, nach Maßgabe des Artikels 20 wieder aufzunehmen;
e) einen Drittstaatsangehörigen, dessen Antrag er abgelehnt hat und der sich unerlaubt im Hoheitsgebiet eines anderen Mitgliedstaats aufhält, nach Maßgabe des Artikels 20 wieder aufzunehmen.

(2) Erteilt ein Mitgliedstaat dem Antragsteller einen Aufenthaltstitel, so fallen diesem Mitgliedstaat die Verpflichtungen nach Absatz 1 zu.

(3) Die Verpflichtungen nach Absatz 1 erlöschen, wenn der Drittstaatsangehörige das Hoheitsgebiet der Mitgliedstaaten für mindestens drei Monate verlassen hat, es sei denn, der Drittstaatsangehörige ist im Besitz eines vom zuständigen Mitgliedstaat ausgestellten gültigen Aufenthaltstitels.

(4) Die Verpflichtungen nach Absatz 1 Buchstaben d) und e) erlöschen auch, wenn der für die Prüfung des Antrags zuständige Mitgliedstaat nach der Rücknahme oder der Ablehnung des Antrags die notwendigen Vorkehrungen getroffen und tatsächlich umgesetzt hat, damit der Drittstaatsangehörige in sein Herkunftsland oder in ein anderes Land, in das er sich rechtmäßig begeben kann, zurückkehrt.

Art. 17 (1) Hält der Mitgliedstaat, in dem ein Asylantrag gestellt wurde, einen anderen Mitgliedstaat für die Prüfung des Antrags für zuständig, so kann er so bald wie möglich, in jedem Fall aber innerhalb von drei Monaten nach Einreichung des Antrags im Sinne von Artikel 4 Absatz 2 den anderen Mitgliedstaat ersuchen, den Asylbewerber aufzunehmen.

Wird das Gesuch um Aufnahme eines Antragstellers nicht innerhalb der Frist von drei Monaten unterbreitet, so ist der Mitgliedstaat, in dem der Asylantrag gestellt wurde, für die Prüfung des Asylantrags zuständig.

(2) Der ersuchende Mitgliedstaat kann in Fällen, in denen der Asylantrag gestellt wurde, nachdem die Einreise oder der Aufenthalt verweigert wurden, der Betreffende wegen illegalen Aufenthalts festgenommen wurde, eine Ausweisung angekündigt oder vollstreckt wurde oder wenn sich der Asylbewerber in Gewahrsam befindet, eine dringliche Antwort anfordern.

In dem Gesuch werden die Gründe genannt, die eine dringende Antwort rechtfertigen, und angegeben, innerhalb welcher Frist eine Antwort erwartet wird. Diese Frist beträgt mindestens eine Woche.

(3) In beiden Fällen ist für das Gesuch um Aufnahme durch einen anderen Mitgliedstaat ein Musterformblatt zu verwenden, das Beweismittel oder Indizien gemäß den beiden in Artikel 18 Absatz 3 genannten Verzeichnissen und/oder sachdienliche Angaben aus der Erklärung des Asylbewerbers enthalten muss, anhand deren die Behörden des ersuchten Mitgliedstaats prüfen können, ob ihr Staat gemäß den in dieser Verordnung definierten Kriterien zuständig ist.

Die Vorschriften für die Erstellung und die Modalitäten zur Übermittlung der Gesuche werden nach dem Verfahren gemäß Artikel 27 Absatz 2 erlassen.

Art. 18 (1) Der ersuchte Mitgliedstaat nimmt die erforderlichen Überprüfungen vor und entscheidet über das Gesuch um Aufnahme eines Antragstellers innerhalb von zwei Monaten, nachdem er mit dem Gesuch befasst wurde.

(2) In dem in dieser Verordnung geregelten Verfahren zur Bestimmung des Mitgliedstaats, der für die Prüfung eines Asylantrags zuständig ist, werden Beweismittel und Indizien verwendet.

(3) Entsprechend dem Verfahren gemäß Artikel 27 Absatz 2 werden zwei Verzeichnisse erstellt und regelmäßig überprüft, wobei die Beweismittel und Indizien nach folgenden Kriterien angegeben werden:

a) Beweismittel:
   i) Hierunter fallen förmliche Beweismittel, die insoweit über die Zuständigkeit nach dieser Verordnung entscheiden, als sie nicht durch Gegenbeweise widerlegt werden.
   ii) Die Mitgliedstaaten stellen dem in Artikel 27 vorgesehenen Ausschuss nach Maßgabe der im Verzeichnis der förmlichen Beweismittel festgelegten Klassifizierung Muster der verschiedenen Arten der von ihren Verwaltungen verwendeten Dokumente zur Verfügung.
b) Indizien:
   i) Hierunter fallen einzelne Anhaltspunkte, die, obwohl sie anfechtbar sind, in einigen Fällen nach der ihnen zugebilligten Beweiskraft ausreichen können.
   ii) Ihre Beweiskraft hinsichtlich der Zuständigkeit für die Prüfung des Asylantrags wird von Fall zu Fall bewertet.

(4) Das Beweiserfordernis sollte nicht über das für die ordnungsgemäße Anwendung dieser Verordnung erforderliche Maß hinausgehen.

(5) Liegen keine förmlichen Beweismittel vor, erkennt der ersuchte Mitgliedstaat seine Zuständigkeit an, wenn die Indizien kohärent, nachprüfbar und hinreichend detailliert sind, um die Zuständigkeit zu begründen.

(6) Beruft sich der ersuchende Mitgliedstaat auf das Dringlichkeitsverfahren gemäß Artikel 17 Absatz 2, so unternimmt der ersuchte Mitgliedstaat alle Anstrengungen, um sich an die vorgegebene Frist zu halten. In Ausnahmefällen, in denen nachgewiesen werden kann, dass die Prüfung eines Gesuchs um Aufnahme eines Antragstellers besonders kompliziert ist, kann der ersuchte Mitgliedstaat die Antwort nach Ablauf der vorgegebenen Frist erteilen; in jedem Fall ist die Antwort jedoch innerhalb eines Monats zu erteilen. In derartigen Fällen muss der ersuchte Mitgliedstaat seine Entscheidung, die Antwort zu einem späteren Zeitpunkt zu erteilen, dem ersuchenden Mitgliedstaat innerhalb der ursprünglich gesetzten Frist mitteilen.

(7) Wird innerhalb der Frist von zwei Monaten gemäß Absatz 1 bzw. der Frist von einem Monat gemäß Absatz 6 keine Antwort erteilt, ist davon auszugehen, dass dem Aufnahmegesuch stattgegeben wird, was die Verpflichtung nach sich zieht, die Person aufzunehmen und angemessene Vorkehrungen für die Ankunft zu treffen.

Art. 19 (1) Stimmt der ersuchte Mitgliedstaat der Aufnahme eines Antragstellers zu, so teilt der Mitgliedstaat, in dem der Asylantrag eingereicht wurde, dem Antragsteller die Entscheidung, den Asylantrag nicht zu prüfen, sowie die Verpflichtung, den Antragsteller an den zuständigen Mitgliedstaat zu überstellen, mit.

(2) Die Entscheidung nach Absatz 1 ist zu begründen. Die Frist für die Durchführung der Überstellung ist anzugeben, und gegebenenfalls der Zeitpunkt und der Ort zu nennen, zu dem bzw. an dem sich der Antragsteller zu melden hat, wenn er sich auf eigene Initiative in den zuständigen Mitgliedstaat begibt. Gegen die Entscheidung kann ein Rechtsbehelf eingelegt werden. Ein gegen die Entscheidung eingelegter Rechtsbehelf hat keine aufschiebende Wirkung für die Durchführung der Überstellung, es sei denn, die Gerichte oder zuständigen Stellen entscheiden im Einzelfall nach Maßgabe ihres innerstaatlichen Rechts anders, wenn es nach ihrem innerstaatlichen Recht zulässig ist.

(3) Die Überstellung des Antragstellers von dem Mitgliedstaat, in dem der Asylantrag gestellt wurde, in den zuständigen Mitgliedstaat erfolgt gemäß den nationalen Rechtsvorschriften des ersteren Mitgliedstaats nach Abstimmung zwischen den beteiligten Mitgliedstaaten, sobald dies materiell möglich ist und spätestens innerhalb einer Frist von sechs Monaten ab der Annahme des Antrags auf Aufnahme oder der Entscheidung über den Rechtsbehelf, wenn dieser aufschiebende Wirkung hat.

Erforderlichenfalls stellt der ersuchende Mitgliedstaat dem Asylbewerber ein Laissez-passer nach dem Muster aus, das gemäß dem Verfahren nach Artikel 27 Absatz 2 festgelegt wird.

Der zuständige Mitgliedstaat teilt dem ersuchenden Mitgliedstaat gegebenenfalls mit, dass der Asylbewerber eingetroffen ist bzw. dass er sich nicht innerhalb der vorgegebenen Frist gemeldet hat.

(4) Wird die Überstellung nicht innerhalb der Frist von sechs Monaten durchgeführt, geht die Zuständigkeit auf den Mitgliedstaat über, in dem der Asylantrag eingereicht wurde. Diese Frist kann höchstens auf ein Jahr verlängert werden, wenn die Überstellung aufgrund der Inhaftierung des Asylbewerbers nicht erfolgen konnte, oder höchstens auf achtzehn Monate, wenn der Asylbewerber flüchtig ist.

(5) Ergänzende Vorschriften zur Durchführung von Überstellungen können gemäß dem Verfahren nach Artikel 27 Absatz 2 erlassen werden.

Verordnung (EG) 343/2003   5.9. **Texte 5**

Art. 20 (1) Gemäß Artikel 4 Absatz 5 und Artikel 16 Absatz 1 Buchstaben c), d) und e) wird ein Asylbewerber nach folgenden Modalitäten wieder aufgenommen:
a) das Wiederaufnahmegesuch muss Hinweise enthalten, aus denen der ersuchte Mitgliedstaat entnehmen kann, dass er zuständig ist;
b) der Mitgliedstaat, der um Wiederaufnahme des Asylbewerbers ersucht wird, muss die erforderlichen Überprüfungen vornehmen und den Antrag so rasch wie möglich und unter keinen Umstände später als einen Monat, nachdem er damit befasst wurde, beantworten. Stützt sich der Antrag auf Angaben aus dem Eurodac-System, verkürzt sich diese Frist auf zwei Wochen;
c) erteilt der ersuchte Mitgliedstaat innerhalb der Frist von einem Monat bzw. der Frist von zwei Wochen gemäß Buchstabe b) keine Antwort, so wird davon ausgegangen, dass er die Wiederaufnahme des Asylbewerbers akzeptiert;
d) ein Mitgliedstaat, der die Wiederaufnahme akzeptiert, muss den Asylbewerber in seinem Hoheitsgebiet wieder aufnehmen. Die Überstellung erfolgt gemäß den einzelstaatlichen Rechtsvorschriften des ersuchenden Mitgliedstaats nach Abstimmung zwischen den beteiligten Mitgliedstaaten, sobald dies materiell möglich ist und spätestens innerhalb einer Frist von sechs Monaten nach der Annahme des Antrags auf Wiederaufnahme durch einen anderen Mitgliedstaat oder der Entscheidung über den Rechtsbehelf, wenn dieser aufschiebende Wirkung hat;
e) der ersuchende Mitgliedstaat teilt dem Asylbewerber die Entscheidung des zuständigen Mitgliedstaats über seine Wiederaufnahme mit. Diese Entscheidung ist zu begründen. Die Frist für die Durchführung der Überstellung ist anzugeben und gegebenenfalls der Ort und der Zeitpunkt zu nennen, an dem bzw. zu dem sich der Asylbewerber zu melden hat, wenn er sich auf eigene Initiative in den zuständigen Mitgliedstaat begibt. Gegen die Entscheidung kann ein Rechtsbehelf eingelegt werden. Ein gegen diese Entscheidung eingelegter Rechtsbehelf hat keine aufschiebende Wirkung für die Durchführung der Überstellung, es sei denn, die Gerichte oder zuständigen Stellen entscheiden im Einzelfall nach Maßgabe ihres innerstaatlichen Rechts anders, wenn es nach ihrem innerstaatlichen Recht zulässig ist.

Erforderlichenfalls stellt der ersuchende Mitgliedstaat dem Asylbewerber ein Laissez-passer nach dem Muster aus, das gemäß dem Verfahren nach Artikel 27 Absatz 2 festgelegt wird.

Der zuständige Mitgliedstaat teilt dem ersuchenden Mitgliedstaat gegebenenfalls mit, dass der Asylbewerber eingetroffen ist bzw. dass er sich nicht innerhalb der vorgegebenen Fristen gemeldet hat.

(2) Wird die Überstellung nicht innerhalb der Frist von sechs Monaten durchgeführt, so geht die Zuständigkeit auf den Mitgliedstaat über, in dem der Asylantrag eingereicht wurde. Diese Frist kann höchstens auf ein Jahr verlängert werden, wenn die Überstellung oder die Prüfung des Antrags aufgrund der Inhaftierung des Asylbewerbers nicht erfolgen konnte, oder höchstens auf achtzehn Monate, wenn der Asylbewerber flüchtig ist.

(3) Die Vorschriften über die Beweismittel und Indizien und deren Auslegung sowie die Modalitäten für das Stellen und Übermitteln von Gesuchen werden gemäß dem Verfahren nach Artikel 27 Absatz 2 erlassen.

(4) Ergänzende Vorschriften für die Durchführung von Überstellungen können nach dem Verfahren gemäß Artikel 27 Absatz 2 erlassen werden.

Kapitel VI. Verwaltungskooperation

Art. 21 (1) Jeder Mitgliedstaat übermittelt jedem Mitgliedstaat, der dies beantragt, personenbezogene Daten über den Asylbewerber, die sachdienlich und relevant sind und nicht über das erforderliche Maß hinausgehen, für
a) die Bestimmung des Mitgliedstaats, der für die Prüfung des Asylantrags zuständig ist;
b) die Prüfung des Asylantrags;
c) die Erfuellung aller Verpflichtungen aus dieser Verordnung.

(2) Die Informationen nach Absatz 1 dürfen nur Folgendes betreffen:
a) die Personalien des Antragstellers und gegebenenfalls seiner Familienangehörigen (Name, Vorname – gegebenenfalls früherer Name – Beiname oder Pseudonyme, derzeitige und frühere Staatsangehörigkeit, Geburtsdatum und -ort);
b) den Personalausweis oder den Reisepass (Nummer, Gültigkeitsdauer, Ausstellungsdatum, ausstellende Behörde, Ausstellungsort usw.);

c) sonstige zur Identifizierung des Antragstellers erforderliche Angaben, einschließlich Fingerabdrücken, die gemäß den Bestimmungen der Verordnung (EG) Nr. 2725/2000 gehandhabt werden;
d) die Aufenthaltsorte und die Reisewege;
e) die Aufenthaltstitel oder die durch einen Mitgliedstaat erteilten Visa;
f) den Ort der Einreichung des Antrags;
g) das Datum der Einreichung eines früheren Asylantrags, das Datum der Einreichung des jetzigen Antrags, den Stand des Verfahrens und den Tenor der gegebenenfalls getroffenen Entscheidung.

(3) Soweit dies zur Prüfung des Asylantrags erforderlich ist, kann der zuständige Mitgliedstaat außerdem einen anderen Mitgliedstaat ersuchen, ihm die Gründe, die der Asylbewerber zur Stützung seines Antrags angeführt hat, und gegebenenfalls die Gründe für die bezüglich seines Antrags getroffene Entscheidung mitzuteilen. Der ersuchte Mitgliedstaat kann eine Beantwortung des Ersuchens ablehnen, wenn die Mitteilung dieser Informationen wichtige Interessen des Mitgliedstaats oder den Schutz der Grundrechte und -freiheiten der betroffenen oder anderer Personen gefährden kann. Zur Erteilung dieser Auskünfte ist auf jeden Fall die schriftliche Zustimmung des Asylbewerbers einzuholen.

(4) Jedes Informationsersuchen ist zu begründen und sofern es darauf abzielt, ein Kriterium zu überprüfen, das die Zuständigkeit des um Auskunft ersuchten Mitgliedstaats nach sich ziehen kann, ist anzugeben, auf welches Indiz – auch einschlägige Informationen aus zuverlässigen Quellen über die Modalitäten der Einreise von Asylbewerbern in die Hoheitsgebiete der Mitgliedstaaten – oder auf welchen einschlägigen und nachprüfbaren Sachverhalt der Erklärungen des Asylbewerbers es sich stützt. Es besteht Einverständnis darüber, dass solche einschlägigen Informationen aus zuverlässigen Quellen für sich genommen nicht ausreichen, um die Zuständigkeit eines Mitgliedstaats gemäß dieser Verordnung zu bestimmen, dass sie aber bei der Bewertung anderer Hinweise zu dem einzelnen Asylbewerber hilfreich sein können.

(5) Der ersuchte Mitgliedstaat ist gehalten, innerhalb einer Frist von sechs Wochen zu antworten.

(6) Der Informationsaustausch erfolgt auf Antrag eines Mitgliedstaats und kann nur zwischen den Behörden stattfinden, deren Benennung von jedem Mitgliedstaat der Kommission mitgeteilt wurde, die ihrerseits die anderen Mitgliedstaaten davon in Kenntnis gesetzt hat.

(7) Die übermittelten Informationen dürfen nur zu den in Absatz 1 vorgesehenen Zwecken verwendet werden. Die Informationen dürfen in jedem Mitgliedstaat je nach Art und Zuständigkeit der die Information erhaltenden Behörde nur den Behörden und Gerichten übermittelt werden, die beauftragt sind,
a) den Mitgliedstaat zu bestimmen, der für die Prüfung des Asylantrags zuständig ist;
b) den Asylantrag zu prüfen;
c) alle Verpflichtungen aus dieser Verordnung zu erfuellen.

(8) Der Mitgliedstaat, der die Daten übermittelt, sorgt für deren Richtigkeit und Aktualität. Zeigt sich, dass dieser Mitgliedstaat unrichtige Daten oder Daten übermittelt hat, die nicht hätten übermittelt werden dürfen, werden die Empfängermitgliedstaaten unverzüglich darüber informiert. Sie sind gehalten, diese Informationen zu berichtigen oder zu löschen.

(9) Ein Asylbewerber hat das Recht, sich auf Antrag die über seine Person erfassten Daten mitteilen zu lassen.

Stellt er fest, dass bei der Verarbeitung dieser Informationen gegen die Bestimmungen der vorliegenden Verordnung oder der Richtlinie 95/46/EG des Europäischen Parlaments und des Rates vom 24. Oktober 1995 zum Schutz natürlicher Personen bei der Verarbeitung personenbezogener Daten und zum freien Datenverkehr verstoßen wurde, insbesondere weil die Angaben unvollständig oder unrichtig sind, hat er das Recht auf Berichtigung, Löschung oder Sperrung.

Die Behörde, die die Berichtigung, Löschung oder Sperrung der Daten vornimmt, informiert hierüber den Mitgliedstaat, der die Informationen erteilt bzw. erhalten hat.

(10) In jedem betroffenen Mitgliedstaat werden die Weitergabe und der Erhalt der ausgetauschten Informationen in der Akte der betroffenen Person und/oder in einem Register vermerkt.

(11) Die ausgetauschten Daten werden nur so lange aufbewahrt, wie dies zur Erreichung der mit dem Austausch der Daten verfolgten Ziele notwendig ist.

(12) Soweit die Daten nicht automatisiert oder in einer Datei gespeichert sind bzw. gespeichert werden sollen, hat jeder Mitgliedstaat geeignete Maßnahmen zu ergreifen, um die Einhaltung dieses Artikels durch wirksame Kontrollen zu gewährleisten.

Verordnung (EG) 343/2003   5.9. **Texte 5**

Art. 22 (1) Die Mitgliedstaaten teilen der Kommission die für die Durchführung dieser Verordnung zuständigen Behörden mit und tragen dafür Sorge, dass diese Behörden über die nötigen Mittel verfügen, um ihre Aufgabe zu erfuellen und insbesondere die Informationsersuchen sowie die Gesuche auf Aufnahme bzw. Wiederaufnahme von Asylbewerbern innerhalb der vorgegebenen Fristen zu beantworten.

(2) Vorschriften über die Einrichtung gesicherter elektronischer Übermittlungskanäle zwischen den Behörden nach Absatz 1 für die Übermittlung von Gesuchen und zur Gewährleistung, dass die Absender automatisch einen elektronischen Übermittlungsnachweis erhalten, werden gemäß dem Verfahren nach Artikel 27 Absatz 2 festgelegt.

Art. 23 (1) Die Mitgliedstaaten können untereinander bilaterale Verwaltungsvereinbarungen bezüglich der praktischen Modalitäten der Durchführung dieser Verordnung treffen, um deren Anwendung zu erleichtern und die Effizienz zu erhöhen. Diese Vereinbarungen können Folgendes betreffen:
a) den Austausch von Verbindungsbeamten;
b) die Vereinfachung der Verfahren und die Verkürzung der Fristen für die Übermittlung und Prüfung von Gesuchen zur Aufnahme bzw. Wiederaufnahme von Asylbewerbern.

(2) Die Vereinbarungen gemäß Absatz 1 werden der Kommission mitgeteilt. Die Kommission vergewissert sich, dass die Vereinbarungen nach Absatz 1 Buchstabe b) den Bestimmungen dieser Verordnung nicht zuwiderlaufen.

Kapitel VII. Übergangs- und Schlussbestimmungen

Art. 24 (1) Diese Verordnung ersetzt das am 15. Juni 1990 in Dublin unterzeichnete Übereinkommen über die Bestimmung des zuständigen Staates für die Prüfung eines in einem Mitgliedstaat der Europäischen Gemeinschaften gestellten Asylantrags (Dubliner Übereinkommen).

(2) Zur Sicherung der Kontinuität bei der Bestimmung des für den Asylantrag zuständigen Mitgliedstaats, wenn der Asylantrag nach dem in Artikel 29 Absatz 2 genannten Datum gestellt wurde, werden Sachverhalte, die die Zuständigkeit eines Mitgliedstaats gemäß dieser Verordnung nach sich ziehen können, auch berücksichtigt, wenn sie aus der Zeit davor datieren, mit Ausnahme der in Artikel 10 Absatz 2 genannten Sachverhalte.

(3) Wird in der Verordnung (EG) Nr. 2725/2000 auf das Dubliner Übereinkommen verwiesen, ist dieser Verweis als Bezugnahme auf die vorliegende Verordnung zu verstehen.

Art. 25 (1) Die in dieser Verordnung vorgesehenen Fristen werden wie folgt berechnet:
a) Ist für den Anfang einer nach Tagen, Wochen oder Monaten bemessenen Frist der Zeitpunkt maßgebend, zu dem ein Ereignis eintritt oder eine Handlung vorgenommen wird, so wird bei der Berechnung dieser Frist der Tag, auf den das Ereignis oder die Handlung fällt, nicht mitgerechnet.
b) Eine nach Wochen oder Monaten bemessene Frist endet mit Ablauf des Tages, der in der letzten Woche oder im letzten Monat dieselbe Bezeichnung oder dieselbe Zahl wie der Tag trägt, an dem das Ereignis eingetreten oder die Handlung vorgenommen worden ist, von denen an die Frist zu berechnen ist. Fehlt bei einer nach Monaten bemessenen Frist im letzten Monat der für ihren Ablauf maßgebende Tag, so endet die Frist mit Ablauf des letzten Tages dieses Monats.
c) Eine Frist umfasst die Samstage, die Sonntage und alle gesetzlichen Feiertage in jedem der betroffenen Mitgliedstaaten.

(2) Gesuche und Antworten werden unter Verwendung von Verfahren übermittelt, bei denen der Nachweis des Empfangs gewährleistet ist.

Art. 26 Für die Französische Republik gilt diese Verordnung nur für ihr europäisches Hoheitsgebiet.

Art. 27 (1) Die Kommission wird von einem Ausschuss unterstützt.

(2) Wird auf diesen Absatz Bezug genommen, so gelten die Artikel 5 und 7 des Beschlusses 1999/468/EG.

Der Zeitraum nach Artikel 5 Absatz 6 des Beschlusses 1999/468/EG wird auf drei Monate festgesetzt.

(3) Der Ausschuss gibt sich eine Geschäftsordnung.

Art. 28 Spätestens drei Jahre nach dem in Artikel 29 Absatz 1 genannten Datum erstattet die Kommission dem Europäischen Parlament und dem Rat Bericht über die Durchführung der Verordnung und schlägt gegebenenfalls die erforderlichen Änderungen vor. Die Mitgliedstaaten übermitteln der Kommission spätestens sechs Monate vor diesem Datum alle für die Erstellung dieses Berichts sachdienlichen Informationen.

Nach Vorlage dieses Berichts legt die Kommission dem Europäischen Parlament und dem Rat den Bericht über die Durchführung dieser Verordnung gleichzeitig mit den in Artikel 24 Absatz 5 der Verordnung (EG) Nr. 2725/2000 vorgesehenen Berichten über die Anwendung des Eurodac-Systems vor.

Art. 29 Diese Verordnung tritt 20 Tage nach ihrer Veröffentlichung im Amtsblatt der Europäischen Union in Kraft.

Die Verordnung ist auf Asylanträge anwendbar, die ab dem ersten Tag des sechsten Monats nach ihrem Inkrafttreten gestellt werden und gilt – ungeachtet des Zeitpunkts der Stellung des Antrags – ab diesem Zeitpunkt für alle Gesuche um Aufnahme oder Wiederaufnahme von Asylbewerbern. Für einen Asylantrag, der vor diesem Datum eingereicht wird, erfolgt die Bestimmung des zuständigen Mitgliedstaats nach den Kriterien des Dubliner Übereinkommens.

Diese Verordnung ist in allen ihren Teilen verbindlich und gilt gemäß dem Vertrag zur Gründung der Europäischen Gemeinschaft unmittelbar in den Mitgliedstaaten.

5.10. Verordnung (EG) Nr. 1560/2003 des Rates mit Durchführungsbestimmungen zur Verordnung (EG) Nr. 343/2003 des Rates zur Festlegung der Kriterien und Verfahren zur Bestimmung des Mitgliedstaats, der für die Prüfung des von einem Drittstaatsangehörigen in einem Mitgliedstaat gestellten Asylantrags zuständig ist

Vom 2. September 2003 (ABl. L 222 vom 5. 9. 2003 S. 3)

Titel I. Verfahren

Kapitel I. Stellen von Gesuchen

Art. 1 Stellen eines Aufnahmegesuchs. (1) Aufnahmegesuche werden mithilfe eines Formblatts entsprechend dem Muster in Anhang I gestellt. Das Formblatt enthält bestimmte obligatorische Felder, die in jedem Fall ausgefüllt werden müssen; die übrigen Felder sind nach Maßgabe der verfügbaren Daten auszufüllen. Ergänzende Angaben können in ein hierfür eigens vorgesehenes Feld eingetragen werden.

Dem Gesuch sind folgende Unterlagen beizufügen:

a) Kopie aller Beweismittel und Indizien, die auf die Zuständigkeit des ersuchten Mitgliedstaats für die Prüfung des Asylantrags hinweisen, gegebenenfalls ergänzt durch Anmerkungen zu den Umständen ihrer Erlangung bzw. zu der Beweiskraft, die ihnen der ersuchende Mitgliedstaat unter Bezugnahme auf die in Artikel 18 Absatz 3 der Verordnung (EG) Nr. 343/2003 genannten Verzeichnisse der Beweismittel und Indizien, die in Anhang II der vorliegenden Verordnung enthalten sind, zumisst;

b) gegebenenfalls Kopie der vom Asylbewerber schriftlich abgegebenen oder protokollierten Erklärungen.

(2) Ist das von der Eurodac-Zentraleinheit gemäß Artikel 4 Absatz 5 der Verordnung (EG) Nr. 2725/2000 übermittelte Ergebnis des Fingerabdruckvergleichs, der im Rahmen des Asylantrags mit früheren Abdrücken vorgenommen wurde, der Zentraleinheit gemäß Artikel 8 der genannten Verordnung übermittelt und gemäß Artikel 4 Absatz 6 derselben Verordnung geprüft wurden, positiv, so enthalten die Gesuchsunterlagen auch die von der Zentraleinheit mitgeteilten Angaben.

(3) Fordert der ersuchende Mitgliedstaat gemäß Artikel 17 Absatz 2 der Verordnung (EG) Nr. 343/2003 eine dringliche Antwort an, werden in dem Gesuch die Umstände des Asylantrags sowie die rechtlichen und faktischen Gründe für die dringende Antwort genannt.

Art. 2 Stellen eines Wiederaufnahmegesuchs. Ein Wiederaufnahmegesuch wird mithilfe eines Formblatts entsprechend dem Muster in Anhang III, aus dem die Art und die Gründe für das Gesuch sowie die Bestimmungen der Verordnung (EG) Nr. 343/2003 hervorgehen, auf die sich das Gesuch stützt, gestellt.

Das Wiederaufnahmegesuch umfasst das von der Eurodac-Zentraleinheit gemäß Artikel 4 Absatz 5 der Verordnung (EG) Nr. 2725/2000 übermittelte Ergebnis des Vergleichs der Fingerabdrücke des Asylbewerbers mit früheren Abdrücken, die der Zentraleinheit gemäß Artikel 4 Absätze 1 und 2 der genannten Verordnung übermittelt und gemäß Artikel 4 Absatz 6 derselben Verordnung geprüft wurden.

Bei Wiederaufnahmeanträgen, die sich auf Asylanträge beziehen, die vor der Inbetriebnahme von Eurodac gestellt wurden, ist dem Formblatt ein Fingerabdruckbogen beizufügen.

Kapitel II. Reaktion auf ein Gesuch

Art. 3 Bearbeitung eines Aufnahmegesuchs. (1) Die im Gesuch angeführten rechtlichen und faktischen Argumente werden anhand der Verordnung (EG) Nr. 343/2003 und der in Anhang II der vorliegenden Verordnung enthaltenen Liste der Beweismittel und Indizien geprüft.

(2) Unbeschadet der Kriterien und Bestimmungen der Verordnung (EG) Nr. 343/2003, die im Gesuch geltend gemacht werden, überprüft der ersuchte Mitgliedstaat innerhalb der in Artikel 18 Absätze 1 und 6 der genannten Verordnung festgesetzten Fristen auf umfassende und objektive Weise und unter Berücksichtigung sämtlicher ihm unmittelbar und mittelbar verfügbaren Informationen, ob seine Zuständigkeit für die Prüfung des Asylantrags begründet ist. Wenn diese Überprüfungen ergeben, dass die Zuständigkeit des ersuchten Mitgliedstaats zumindest aufgrund eines Kriteriums der Verordnung (EG) Nr. 343/2003 begründet ist, muss dieser seine Zuständigkeit anerkennen.

Art. 4 Behandlung eines Wiederaufnahmegesuchs. Stützt sich ein Wiederaufnahmegesuch auf Daten, die die Eurodac-Zentraleinheit zur Verfügung gestellt und die der ersuchende Mitgliedstaat nach Maßgabe von Artikel 4 Absatz 6 der Verordnung (EG) Nr. 2725/2000 geprüft hat, erkennt der ersuchte Mitgliedstaat seine Zuständigkeit an, sofern die von ihm durchgeführten Überprüfungen nicht ergeben haben, dass seine Zuständigkeit gemäß Artikel 4 Absatz 5 Unterabsatz 2 bzw. Artikel 16 Absätze 2, 3 oder 4 der Verordnung (EG) Nr. 343/2003 erloschen ist. Das Erlöschen der Zuständigkeit nach diesen Bestimmungen kann ausschließlich aufgrund von Tatsachenbeweisen oder umfassenden und nachprüfbaren Erklärungen des Asylbewerbers geltend gemacht werden.

Art. 5 Ablehnende Antwort. (1) Vertritt der ersuchte Mitgliedstaat nach Prüfung der Unterlagen die Auffassung, dass sich aus ihnen nicht seine Zuständigkeit ableiten lässt, erläutert er in seiner ablehnenden Antwort an den ersuchenden Mitgliedstaat ausführlich sämtliche Gründe, die zu der Ablehnung geführt haben.

(2) Vertritt der ersuchende Mitgliedstaat die Auffassung, dass die Ablehnung auf einem Irrtum beruht, oder kann er sich auf weitere Unterlagen berufen, ist er berechtigt, eine neuerliche Prüfung seines Gesuchs zu verlangen. Diese Möglichkeit muss binnen drei Wochen nach Erhalt der ablehnenden Antwort in Anspruch genommen werden. Der ersuchte Mitgliedstaat erteilt binnen zwei Wochen eine Antwort. Durch dieses zusätzliche Verfahren ändern sich in keinem Fall die in Artikel 18 Absätze 1 und 6 und Artikel 20 Absatz 1 Buchstabe b) der Verordnung (EG) Nr. 343/2003 vorgesehenen Fristen.

Art. 6 Zustimmende Antwort. Erkennt der ersuchte Mitgliedstaat seine Zuständigkeit an, erklärt er dies in seiner Antwort, die neben der Angabe der für diese Anerkennung relevanten Bestimmung der Verordnung (EG) Nr. 343/2003 die sachdienlichen Hinweise für die weitere Abwicklung der Überstellung enthält, darunter insbesondere die Koordinaten der Dienststelle oder Person, mit der Kontakt aufzunehmen ist.

Kapitel III. Durchführung der Überstellung

Art. 7 Modalitäten der Überstellung. (1) Die Überstellung in den zuständigen Mitgliedstaat kann auf eine der folgenden Weisen erfolgen:
a) auf Initiative des Asylbewerbers innerhalb einer vorgegebenen Frist;
b) in Form der kontrollierten Ausreise, wobei der Asylbewerber bis zum Besteigen des Beförderungsmittels von einem Bediensteten des ersuchenden Staates begleitet wird und dem zuständigen Staat Ort, Datum und Urzeit seiner Ankunft bis zu einer vereinbarten Frist vor der Ankunft mitgeteilt wurden;
c) in Begleitung, wobei der Asylbewerber von einem Bediensteten des ersuchenden Staates oder einem Vertreter einer von dem ersuchenden Staat zu diesem Zweck beauftragten Einrichtung eskortiert und den Behörden des zuständigen Staats überstellt wird.

(2) In den Fällen gemäß dem vorstehenden Absatz 1 Buchstaben a) und b) erhält der Asylbewerber den in Artikel 19 Absatz 3 und Artikel 20 Absatz 1 Buchstabe e) der Verordnung (EG) Nr. 343/2003 genannten Passierschein entsprechend dem Muster in Anhang IV der vorliegenden Verordnung, damit er sich in den zuständigen Staat begeben und sich an dem Ort innerhalb der Frist, die ihm bei der Mitteilung der Entscheidung über seine Aufnahme bzw. Wiederaufnahme durch den zuständigen Staat genannt wurde, ausweisen kann.

In dem Fall gemäß Absatz 1 Buchstabe c) wird ein Laissez-passer ausgestellt, falls der Asylbewerber keine Identitätspapiere besitzt. Der Ort und die Zeit der Überstellung werden von den beteiligten Mitgliedstaaten gemeinsam entsprechend den in Artikel 8 genannten Modalitäten bestimmt.

(3) Der Mitgliedstaat, der die Überstellung vornimmt, trägt dafür Sorge, dass sämtliche Unterlagen des Asylbewerbers diesem vor seiner Ausreise zurückgegeben bzw. den Mitgliedern seiner Eskorte zum Zweck der Übergabe an die einschlägigen Behörden des zuständigen Mitgliedstaats anvertraut werden oder diesen Behörden auf geeignetem Wege übermittelt werden.

Art. 8 Zusammenarbeit zum Zwecke der Überstellung. (1) Der zuständige Mitgliedstaat hat die rasche Überstellung des Asylbewerbers zu ermöglichen und dafür Sorge zu tragen, dass dessen Einreise nicht behindert wird. Es obliegt ihm, gegebenenfalls den Ort in seinem Gebiet zu bestimmen, an den der Antragsteller zu überstellen oder an dem er den zuständigen Behörden zu übergeben ist; dabei hat er geografische Gesichtspunkte sowie die Beförderungsarten, die dem für die Überstellung verantwortlichen Mitgliedstaat zur Verfügung stehen, zu berücksichtigen. Es kann keinesfalls verlangt werden, dass die Begleitung den Asylbewerber über den mit dem gewählten internationalen Verkehrsmittel erreichten Ankunftspunkt hinaus eskortiert oder der Mitgliedstaat, der die Überstellung vornimmt, für die mit einer Beförderung über den Ankunftspunkt hinaus verbundenen Kosten aufkommt.

(2) Der für die Überstellung verantwortliche Mitgliedstaat organisiert die Beförderung des Antragstellers und der diesen eskortierenden Begleitung und legt in Absprache mit dem zuständigen Mitgliedstaat die Ankunftszeit und gegebenenfalls die Modalitäten der Übergabe des Antragstellers an die zuständigen Behörden fest. Der zuständige Mitgliedstaat kann verlangen, dass er hiervon drei Arbeitstage im Voraus unterrichtet wird.

Art. 9 Verschieben der Überstellung und nicht fristgerechte Überstellungen. (1) Der zuständige Mitgliedstaat wird unverzüglich unterrichtet, wenn sich die Überstellung wegen eines Rechtsbehelfsverfahrens mit aufschiebender Wirkung oder wegen materieller Umstände wie der Gesundheitszustand des Antragstellers, die Nichtverfügbarkeit des Beförderungsmittels oder der Umstand, dass der Antragsteller sich der Überstellung entzogen hat, verzögert.

(2) Der Mitgliedstaat, der die Überstellung aus einem der in Artikel 19 Absatz 4 und Artikel 20 Absatz 2 der Verordnung (EG) Nr. 343/2003 genannten Gründe nicht innerhalb der in Artikel 19 Absatz 3 und Artikel 20 Absatz 1 Buchstabe d) der genannten Verordnung vorgesehenen regulären Frist von sechs Monaten vornehmen kann, ist verpflichtet, den zuständigen Mitgliedstaat darüber vor Ablauf dieser Frist zu unterrichten. Ansonsten fallen die Zuständigkeit für die Behandlung des Asylantrags bzw. die sonstigen Verpflichtungen aus der Verordnung (EG) Nr. 343/2003 gemäß Artikel 19 Absatz 4 und Artikel 20 Absatz 2 der genannten Verordnung diesem Mitgliedstaat zu.

(3) Erfolgt die Überstellung durch einen Mitgliedstaat aus einem der in Artikel 19 Absatz 4 und Artikel 20 Absatz 2 der Verordnung (EG) Nr. 343/2003 genannten Gründe nach der regulären Sechs-

monats-Frist, muss der Mitgliedstaat zuvor die notwendigen Absprachen mit dem zuständigen Mitgliedstaat treffen.

Art. 10 Überstellung nach stillschweigender Annahme. (1) Wird auf Grund von Artikel 18 Absatz 7 bzw. Artikel 20 Absatz 1 Buchstabe c) der Verordnung (EG) Nr. 343/2003 von dem Einverständnis des ersuchten Mitgliedstaats mit einer Aufnahme oder Wiederaufnahme ausgegangen, so hat der ersuchende Mitgliedstaat sodann die für die Überstellung erforderlichen Absprachen einzuleiten.

(2) Sofern der ersuchende Mitgliedstaat dies wünscht, hat der zuständige Mitgliedstaat unverzüglich und schriftlich zu bestätigen, dass er die sich aus der Überschreitung der Antwortfrist ergebende Verantwortung anerkennt. Der zuständige Mitgliedstaat ist gehalten, baldmöglichst die erforderlichen Vorkehrungen zu treffen, um den Ort der Ankunft des Antragstellers festzulegen und gegebenenfalls mit dem ersuchenden Mitgliedstaat die Ankunftszeit und die Modalitäten für die Übergabe des Antragstellers an die zuständigen Behörden zu vereinbaren.

Kapitel IV. Humanitäre Klausel

Art. 11 Hilfsbedürftigkeit von Familienangehörigen. (1) Artikel 15 Absatz 2 der Verordnung (EG) Nr. 343/2003 findet sowohl Anwendung, wenn der Asylbewerber auf die Hilfe eines Familienangehörigen angewiesen ist, der sich in einem Mitgliedstaat aufhält, als auch, wenn ein Familienangehöriger, der sich in einem Mitgliedstaat aufhält, auf die Unterstützung des Asylbewerbers angewiesen ist.

(2) Zur Bewertung der Hilfsbedürftigkeit von Familienangehörigen gemäß Artikel 15 Absatz 2 der Verordnung (EG) Nr. 343/2003 werden nach Möglichkeit objektive Schriftstücke, z. B. ärztliche Atteste, herangezogen. Sind diese nicht verfügbar oder können diese nicht beigebracht werden, kann das Vorliegen humanitärer Gründe nur dann als gegeben angesehen werden, wenn die Beteiligten dies durch entsprechende Angaben glaubhaft machen können.

(3) Um die Notwendigkeit und Zweckmäßigkeit einer Zusammenführung der Betroffenen einzuschätzen, wird Folgendes berücksichtigt:
a) die familiäre Situation, die im Herkunftsland bestand,
b) die Umstände, die zur Trennung der Betroffenen geführt haben,
c) der Stand der jeweiligen asyl- und ausländerrechtlichen Verfahren in den Mitgliedstaaten.

(4) Maßgebend für die Anwendung von Artikel 15 Absatz 2 der Verordnung (EG) Nr. 343/2003 ist in jedem Fall die Überzeugung, dass der Asylbewerber bzw. der Familienangehörige die benötigte Hilfe tatsächlich erbringen wird.

(5) Der Mitgliedstaat, in dem die Zusammenführung erfolgt, sowie der Überstellungstermin werden von den beteiligten Mitgliedstaaten einvernehmlich festgelegt, wobei sie Folgendes berücksichtigen:
a) den Umstand, ob die auf Hilfe angewiesene Person reisefähig ist;
b) die aufenthaltsrechtliche Situation der betroffenen Personen, um gegebenenfalls die Zusammenführung des Asylbewerbers mit dem Familienangehörigen vorzunehmen, wenn Letzterer bereits über einen Aufenthaltstitel und Ressourcen in seinem Aufenthaltsmitgliedstaat verfügt.

Art. 12 Unbegleitete Minderjährige. (1) Könnte die Entscheidung, einen unbegleiteten Minderjährigen bei einem anderen Angehörigen als seinem Vater oder seiner Mutter oder seinem gesetzlichen Vormund in Obhut zu geben, besondere Schwierigkeiten aufwerfen, insbesondere, wenn der betreffende Erwachsene seinen Wohnsitz außerhalb der Gerichtsbarkeit des Mitgliedstaats hat, in dem der Minderjährige um Asyl nachsucht, wird die Zusammenarbeit zwischen den zuständigen Behörden der Mitgliedstaaten, insbesondere den für Jugendschutz zuständigen Behörden bzw. den entsprechenden Gerichten erleichtert; es werden die notwendigen Maßnahmen getroffen, damit diese Behörden sich in voller Kenntnis der Sachlage dazu äußern können, ob der (die) Erwachsene(n) in der Lage ist (sind), den Minderjährigen seinem Interesse entsprechend in Obhut zu nehmen.

Zu diesem Zweck werden die Möglichkeiten genutzt, die sich im Bereich der justiziellen Zusammenarbeit in Zivilsachen bieten.

(2) Die Dauer der Verfahren im Zusammenhang mit der Unterbringung des Minderjährigen kann über die Fristen gemäß Artikel 18 Absätze 1 und 6 und Artikel 19 Absatz 4 der Verordnung (EG)

Nr. 343/2003 hinausgehen. Dieser Umstand steht nicht zwangsläufig dem Verfahren zur Bestimmung des zuständigen Staates oder der Durchführung der Überstellung entgegen.

Art. 13 Verfahren. (1) Die Initiative, einen anderen Mitgliedstaat zur Aufnahme eines Asylbewerbers aufgrund von Artikel 15 der Verordnung (EG) Nr. 343/2003 aufzufordern, kann je nach Fall der Mitgliedstaat ergreifen, in dem der Asylantrag gestellt wurde und der ein Verfahren zur Bestimmung des zuständigen Staats durchführt, andernfalls der zuständige Mitgliedstaat.

(2) Das Aufnahmegesuch umfasst alle Unterlagen, über die der ersuchende Mitgliedstaat verfügt, um dem ersuchten Mitgliedstaat die Beurteilung des Falles zu ermöglichen.

(3) Der ersuchte Staat nimmt die erforderlichen Überprüfungen vor, um sich je nach Fall zu vergewissern, ob humanitäre, insbesondere familiäre oder kulturelle Gründe vorliegen, in welchem Maß die betreffende Person abhängig und inwieweit die andere Person die erwartete Unterstützung zu leisten in der Lage bzw. verpflichtet ist.

(4) In jedem Fall müssen die betreffenden Personen ihre Zustimmung erteilt haben.

Art. 14 Schlichtung. (1) Besteht zwischen den Mitgliedstaaten anhaltende Uneinigkeit über die Notwendigkeit einer Überstellung oder einer Zusammenführung gemäß Artikel 15 der Verordnung (EG) Nr. 343/2003 oder über den Mitgliedstaat, in dem die Zusammenführung der betreffenden Personen stattfinden soll, können sie das in Absatz 2 des vorliegenden Artikels genannte Schlichtungsverfahren in Anspruch nehmen.

(2) Das Schlichtungsverfahren wird auf Ersuchen eines der an dieser Meinungsverschiedenheit beteiligten Mitgliedstaaten an den Vorsitzenden des durch Artikel 27 der Verordnung (EG) Nr. 343/2003 eingesetzten Ausschusses eingeleitet. Mit der Inanspruchnahme des Schlichtungsverfahrens verpflichten sich die beteiligten Mitgliedstaaten, die vorgeschlagene Lösung weitestgehend zu berücksichtigen.

Der Ausschussvorsitzende benennt drei Mitglieder des Ausschusses, die drei nicht an der Angelegenheit beteiligte Mitgliedstaaten vertreten. Diese nehmen die Argumente der Parteien in schriftlicher oder mündlicher Form entgegen und schlagen nach diesbezüglichen Beratungen, gegebenenfalls nach Abstimmung, binnen eines Monats eine Lösung vor.

Der Ausschussvorsitzende oder sein Stellvertreter führt bei diesen Beratungen den Vorsitz. Er kann seine Haltung erläutern, nimmt jedoch nicht an der Abstimmung teil.

Die vorgeschlagene Lösung ist endgültig und kann – ungeachtet dessen, ob sie von den Parteien angenommen oder abgelehnt wurde – nicht angefochten werden.

Kapitel V. Gemeinsame Bestimmungen

Art. 15 Übermittlung der Gesuche. (1) Die Gesuche und die Antworten sowie der gesamte Schriftwechsel zwischen den Mitgliedstaaten mit Blick auf die Anwendung der Verordnung (EG) Nr. 343/2003 werden nach Möglichkeit über das in Titel II der vorliegenden Verordnung bezeichnete elektronische Kommunikationsnetz „DubliNet" übermittelt.

Abweichend von Unterabsatz 1 können Schriftstücke zwischen den für die Abwicklung der Überstellung beauftragten Dienststellen und den zuständigen Dienststellen im ersuchten Mitgliedstaat zur Festlegung der praktischen Vorkehrungen betreffend die Modalitäten, die Zeit und den Ort der Ankunft des überstellten Antragstellers, insbesondere im Falle einer begleiteten Überstellung, auf anderem Wege übermittelt werden.

(2) Die Echtheit aller Gesuche, Antworten und Schriftstücke, die von einer in Artikel 19 bezeichneten nationalen Systemzugangsstelle übermittelt werden, gilt als gegeben.

(3) Die durch das System ausgestellte Empfangsbescheinigung gilt als Nachweis der Übermittlung und der Angabe des Tags und der Stunde des Eingangs des Gesuchs oder der Antwort.

Art. 16 Verfahrenssprache(n). Die Verfahrenssprache(n) wird (werden) von den Mitgliedstaaten bilateral und einvernehmlich bestimmt.

Art. 17 Zustimmung der betreffenden Personen. (1) Für die Anwendung von Artikel 7 und 8, Artikel 15 Absatz 1 und Artikel 21 Absatz 3 der Verordnung (EG) Nr. 343/2003, wonach die betreffenden Personen die Maßnahme wünschen oder damit einverstanden sein müssen, ist die schriftliche Zustimmung erforderlich.

(2) Im Falle von Artikel 21 Absatz 3 der Verordnung (EG) Nr. 343/2003 muss dem Antragsteller bekannt sein, zu welchen Informationen er seine Zustimmung erteilt.

Titel II. Aufbau des Netzes „DubliNet"

Kapitel I. Technische Normen

Art. 18 Aufbau von DubliNet. (1) Die geschützten Übertragungswege für die Übermittlung elektronischer Daten gemäß Artikel 22 Absatz 2 der Verordnung (EG) Nr. 343/2003 werden als DubliNet bezeichnet.

(2) Grundlage von DubliNet ist die Nutzung der in dem Beschluss Nr. 1720/1999/EG des Europäischen Parlaments und des Rates genannten IDA-Basisdienste.

Art. 19 Nationale Systemzugangsstellen. (1) Jeder Mitgliedstaat verfügt über eine einzige und genau bestimmte nationale Systemzugangsstelle.

(2) Die nationalen Systemzugangsstellen sind für die Bearbeitung der eingehenden Daten und die Übermittlung der ausgehenden Daten zuständig.

(3) Die nationalen Systemzugangsstellen sind für die Ausstellung einer Empfangsbestätigung zuständig, mit der der Eingang der übermittelten Daten bescheinigt wird.

(4) Die Übermittlung der Formblätter, deren Muster in den Anhängen I und III enthalten sind, und des Formblatts für Informationsersuchen in Anhang V erfolgt zwischen den nationalen Systemzugangsstellen in dem von der Kommission vorgegebenen Format. Die technischen Einzelheiten werden den Mitgliedstaaten von der Kommission mitgeteilt.

Kapitel II. Nutzungsvorschriften

Art. 20 Referenznummer. (1) Jede Übermittlung ist mit einer Referenznummer zu versehen, aus der zweifelsfrei hervorgeht, auf welchen Fall sie sich bezieht und welcher Mitgliedstaat das Gesuch gestellt hat. Aus der Referenznummer muss ersichtlich sein, ob es sich um ein Aufnahmegesuch (Typ 1), um ein Wiederaufnahmegesuch (Typ 2) oder um ein Informationsersuchen (Typ 3) handelt.

(2) Die Referenznummer beginnt mit den Kennbuchstaben, die im Rahmen von Eurodac für den betreffenden Mitgliedstaat verwendet werden. Sodann folgt die Angabe des Typs des Gesuchs bzw. Ersuchens gemäß der im Absatz 1 vorgegebenen Klassifizierung.

Bei Gesuchen bzw. Ersuchen, die sich auf Daten stützen, die von Eurodac zur Verfügung gestellt wurden, ist die jeweilige Eurodac-Kennnummer hinzuzufügen.

Art. 21 Störungsfreier Betrieb. (1) Die Mitgliedstaaten treffen die erforderlichen Maßnahmen, damit der störungsfreie Betrieb der nationalen Systemzugangsstelle gewährleistet ist.

(2) Ist der Betrieb einer nationalen Systemzugangsstelle während der Bürozeiten länger als sieben Stunden unterbrochen, setzt der betreffende Mitgliedstaat die gemäß Artikel 22 Absatz 1 der Verordnung (EG) Nr. 343/2003 bezeichneten zuständigen Stellen und die Kommission hiervon in Kenntnis und trifft alle für eine umgehende Wiederaufnahme des normalen Betriebs erforderlichen Maßnahmen.

(3) Hat eine nationale Systemzugangsstelle einer anderen nationalen Systemzugangsstelle, deren Betrieb unterbrochen war, Daten übermittelt, so gilt der elektronische Übermittlungsnachweis der IDA-Basisdienste als Bestätigung für Datum und Uhrzeit der Übermittlung. Die Unterbrechung des Betriebs einer nationalen Systemzugangsstelle bewirkt nicht die Aussetzung der in der Verordnung (EG) Nr. 343/2003 für die Übermittlung eines Gesuchs oder einer Antwort vorgeschriebenen Fristen.

Titel III. Übergangs- und Schlussbestimmungen

Art. 22 Zur Anwendung des Dubliner Übereinkommens ausgestellte Laissez-passer. Die zur Anwendung des Dubliner Übereinkommens gedruckten Laissez-passer werden bei der gemäß Verordnung (EG) Nr. 343/2003 vorgenommenen Überführung von Asylbewerbern höchstens 18 Monate nach Inkrafttreten der vorliegenden Verordnung akzeptiert.

Art. 23 Inkrafttreten. Diese Verordnung tritt am Tage nach ihrer Veröffentlichung im Amtsblatt der Europäischen Union in Kraft.

Diese Verordnung ist in allen ihren Teilen verbindlich und gilt unmittelbar in jedem Mitgliedstaat.

(Es folgen die Anhänge I bis III)

5.11. Richtlinie 2004/83/EG des Rates über Mindestnormen für die Anerkennung und den Status von Drittstaatsangehörigen oder Staatenlosen als Flüchtlinge oder als Personen, die anderweitig internationalen Schutz benötigen, und über den Inhalt des zu gewährenden Schutzes

Vom 29. April 2004 (ABl. L 304 vom 30. 9. 2004 S. 12)

Kapitel I. Allgemeine Bestimmungen

Art. 1 Gegenstand und Anwendungsbereich. Das Ziel dieser Richtlinie ist die Festlegung von Mindestnormen für die Anerkennung von Drittstaatsangehörigen oder Staatenlosen als Flüchtlinge oder als Personen, die anderweitig internationalen Schutz benötigen, sowie des Inhalts des zu gewährenden Schutzes.

Art. 2 Begriffsbestimmungen. Im Sinne dieser Richtlinie bezeichnet der Ausdruck

a) „internationaler Schutz" die Flüchtlingseigenschaft und den subsidiären Schutzstatus im Sinne der Buchstaben d) und f);

b) „Genfer Flüchtlingskonvention" das Genfer Abkommen über die Rechtsstellung der Flüchtlinge vom 28. Juli 1951 in der durch das New Yorker Protokoll vom 31. Januar 1967 geänderten Fassung;

c) „Flüchtling" einen Drittstaatsangehörigen, der aus der begründeten Furcht vor Verfolgung wegen seiner Rasse, Religion, Staatsangehörigkeit, politischen Überzeugung oder Zugehörigkeit zu einer bestimmten sozialen Gruppe sich außerhalb des Landes befindet, dessen Staatsangehörigkeit er besitzt, und den Schutz dieses Landes nicht in Anspruch nehmen kann oder wegen dieser Furcht nicht in Anspruch nehmen will, oder einen Staatenlosen, der sich aus denselben vorgenannten Gründen außerhalb des Landes seines vorherigen gewöhnlichen Aufenthalts befindet und nicht dorthin zurückkehren kann oder wegen dieser Furcht nicht dorthin zurückkehren will und auf den Artikel 12 keine Anwendung findet;

d) „Flüchtlingseigenschaft" die Anerkennung eines Drittstaatsangehörigen oder eines Staatenlosen als Flüchtling durch einen Mitgliedstaat;

e) „Person mit Anspruch auf subsidiären Schutz" einen Drittstaatsangehörigen oder einen Staatenlosen, der die Voraussetzungen für die Anerkennung als Flüchtling nicht erfüllt, der aber stichhaltige Gründe für die Annahme vorgebracht hat, dass er bei einer Rückkehr in sein Herkunftsland oder, bei einem Staatenlosen, in das Land seines vorherigen gewöhnlichen Aufenthalts tatsächlich Gefahr liefe, einen ernsthaften Schaden im Sinne des Artikel 15 zu erleiden, und auf den Artikel 17 Absätze 1 und 2 keine Anwendung findet und der den Schutz dieses Landes nicht in Anspruch nehmen kann oder wegen dieser Gefahr nicht in Anspruch nehmen will;

f) „subsidiärer Schutzstatus" die Anerkennung eines Drittstaatsangehörigen oder Staatenlosen durch einen Mitgliedstaat als Person, die Anspruch auf subsidiären Schutz hat;

g) „Antrag auf internationalen Schutz" das Ersuchen eines Drittstaatsangehörigen oder Staatenlosen um Schutz durch einen Mitgliedstaat, wenn davon ausgegangen werden kann, dass der Antragsteller die Zuerkennung der Flüchtlingseigenschaft oder die Gewährung des subsidiären Schutzstatus anstrebt, und wenn er nicht ausdrücklich um eine andere, gesondert zu beantragende Form des Schutzes außerhalb des Anwendungsbereichs dieser Richtlinie ersucht;

h) „Familienangehörige" die nachstehenden Mitglieder der Familie der Person, der die Flüchtlingseigenschaft oder der subsidiäre Schutzstatus gewährt worden ist, die sich im Zusammen hang mit

dem Antrag auf internationalen Schutz in demselben Mitgliedstaat aufhalten, sofern die Familie bereits im Herkunftsland bestanden hat:
der Ehegatte der Person, der die Flüchtlingseigenschaft oder der subsidiäre Schutzstatus gewährt worden ist, oder ihr unverheirateter Partner, der mit ihr eine dauerhafte Beziehung führt, soweit in den Rechtsvorschriften oder in der Praxis des betreffenden Mitgliedstaats unverheiratete Paare nach dem Ausländerrecht auf vergleichbare Weise behandelt werden wie verheiratete Paare;
die minderjährigen Kinder des Paares nach dem ersten Gedankenstrich oder der Person, der die Flüchtlingseigenschaft oder der subsidiäre Schutzstatus gewährt worden ist, sofern diese ledig und unterhaltsberechtigt sind, unabhängig davon, ob es sich dabei um eheliche, nicht eheliche oder im Sinne des nationalen Rechts adoptierte Kinder handelt;

i) „unbegleitete Minderjährige" Drittstaatsangehörige oder Staatenlose unter 18 Jahren, die ohne Begleitung eines gesetzlich oder nach den Gepflogenheiten für sie verantwortlichen Erwachsenen in das Hoheitsgebiet eines Mitgliedstaats einreisen, solange sie sich nicht tatsächlich in die Obhut einer solchen Person genommen werden; hierzu gehören auch Minderjährige, die ohne Begleitung zurückgelassen werden, nachdem sie in das Hoheitsgebiet der Mitgliedstaaten eingereist sind;

j) „Aufenthaltstitel" die von den Behörden eines Mitgliedstaats erteilte und entsprechend den innerstaatlichen Rechtsvorschriften ausgestellte Erlaubnis oder -Genehmigung, die dem Drittstaatsangehörigen oder dem Staatenlosen den Aufenthalt im Hoheitsgebiet dieses Mitgliedstaats gestattet;

k) „Herkunftsland" das Land oder die Länder der Staatsangehörigkeit oder – bei Staatenlosen – des früheren gewöhnlichen Aufenthalts.

Art. 3 Günstigere Normen. Die Mitgliedstaaten können günstigere Normen zur Entscheidung der Frage, wer als Flüchtling oder Person gilt, die Anspruch auf subsidiären Schutz hat, und zur Bestimmung des Inhalts des internationalen Schutzes erlassen oder beibehalten, sofern sie mit dieser Richtlinie vereinbar sind.

Kapitel II. Prüfung von Anträgen auf Internationalen Schutz

Art. 4 Prüfung der Ereignisse und Umstände. (1) Die Mitgliedstaaten können es als Pflicht des Antragstellers betrachten, so schnell wie möglich alle zur Begründung des Antrags auf internationalen Schutz erforderlichen Anhaltspunkte darzulegen. Es ist Pflicht des Mitgliedstaats, unter Mitwirkung des Antragstellers die für den Antrag maßgeblichen Anhaltspunkte zu prüfen.

(2) Zu den in Absatz 1 genannten Anhaltspunkten gehören Angaben des Antragstellers zu Alter, familiären und sozialen Verhältnissen – auch der betroffenen Verwandten –, Identität, Staatsangehörigkeit(en), Land/Ländern und Ort(en) des früheren Aufenthalts, früheren Asylanträgen, Reisewegen, Identitätsausweisen und Reisedokumenten sowie zu den Gründen für seinen Antrag auf internationalen Schutz und sämtliche ihm zur Verfügung stehenden Unterlagen hierzu.

(3) Die Anträge auf internationalen Schutz sind individuell zu prüfen, wobei Folgendes zu berücksichtigen ist:

a) alle mit dem Herkunftsland verbundenen Tatsachen, die zum Zeitpunkt der Entscheidung über den Antrag relevant sind, einschließlich der Rechts- und Verwaltungsvorschriften des Herkunftslandes und der Weise, in der sie angewandt werden;

b) die maßgeblichen Angaben des Antragstellers und die von ihm vorgelegten Unterlagen, einschließlich Informationen zu der Frage, ob er verfolgt worden ist bzw. verfolgt werden könnte oder einen sonstigen ernsthaften Schaden erlitten hat bzw. erleiden könnte;

c) die individuelle Lage und die persönlichen Umstände des Antragstellers, einschließlich solcher Faktoren wie familiärer und sozialer Hintergrund, Geschlecht und Alter, um bewerten zu können, ob in Anbetracht seiner persönlichen Umstände die Handlungen, denen er ausgesetzt war oder ausgesetzt sein könnte, einer Verfolgung oder einem sonstigen ernsthaften Schaden gleichzusetzen sind;

d) die Frage, ob die Aktivitäten des Antragstellers seit Verlassen des Herkunftslandes ausschließlich oder hauptsächlich aufgenommen wurden, um die für die Beantragung des internationalen Schutzes erforderlichen Voraussetzungen zu schaffen, um bewerten zu können, ob der Antragsteller im Fall einer Rückkehr in dieses Land aufgrund dieser Aktivitäten verfolgt oder ernsthaften Schaden erleiden würde;

e) die Frage, ob vom Antragsteller vernünftigerweise erwartet werden kann, dass er den Schutz eines anderen Staates in Anspruch nimmt, dessen Staatsangehörigkeit er für sich geltend machen könnte.

(4) Die Tatsache, dass ein Antragsteller bereits verfolgt wurde oder einen sonstigen ernsthaften Schaden erlitten hat bzw. von solcher Verfolgung oder einem solchen Schaden unmittelbar bedroht war, ist ein ernsthafter Hinweis darauf, dass die Furcht des Antragstellers vor Verfolgung begründet ist, bzw. dass er tatsächlich Gefahr läuft, ernsthaften Schaden zu erleiden, es sei denn, stichhaltige Gründe sprechen dagegen, dass der Antragsteller erneut von solcher Verfolgung oder einem solchen Schaden bedroht wird.

(5) Wenden die Mitgliedstaaten den in Absatz 1 Satz 1 genannten Grundsatz an, wonach der Antragsteller seinen Antrag auf internationalen Schutz begründen muss, und fehlen für Aussagen des Antragstellers Unterlagen oder sonstige Beweise, so bedürfen diese Aussagen keines Nachweises, wenn

a) der Antragsteller sich offenkundig bemüht hat, seinen Antrag zu substanziieren;
b) alle dem Antragsteller verfügbaren Anhaltspunkte vorliegen und eine hinreichende Erklärung für das Fehlen anderer relevanter Anhaltspunkte gegeben wurde;
c) festgestellt wurde, dass die Aussagen des Antragstellers kohärent und plausibel sind und zu den für seinen Fall relevanten besonderen und allgemeinen Informationen nicht in Widerspruch stehen;
d) der Antragsteller internationalen Schutz zum frühest möglichen Zeitpunkt beantragt hat, es sei denn, er kann gute Gründe dafür vorbringen, dass dies nicht möglich war;
e) die generelle Glaubwürdigkeit des Antragstellers festgestellt worden ist.

Art. 5 Aus Nachfluchtgründen entstehender Bedarf an internationalem Schutz. (1) Die begründete Furcht vor Verfolgung oder die tatsächliche Gefahr, einen ernsthaften Schaden zu erleiden, kann auf Ereignissen beruhen, die eingetreten sind, nachdem der Antragsteller das Herkunftsland verlassen hat.

(2) Die begründete Furcht vor Verfolgung oder die tatsächliche Gefahr, einen ernsthaften Schaden zu erleiden, kann auf Aktivitäten des Antragstellers seit Verlassen des Herkunftslandes beruhen, insbesondere wenn die Aktivitäten, auf die er sich stützt, nachweislich Ausdruck und Fortsetzung einer bereits im Herkunftsland bestehenden Überzeugung oder Ausrichtung sind.

(3) Unbeschadet der Genfer Flüchtlingskonvention können die Mitgliedstaaten festlegen, dass ein Antragsteller, der einen Folgeantrag stellt, in der Regel nicht als Flüchtling anerkannt wird, wenn die Verfolgungsgefahr auf Umständen beruht, die der Antragsteller nach Verlassen des Herkunftslandes selbst geschaffen hat.

Art. 6 Akteure, von denen die Verfolgung oder ein ernsthafter Schaden ausgehen kann. Die Verfolgung bzw. der ernsthafte Schaden kann ausgehen von

a) dem Staat;
b) Parteien oder Organisationen, die den Staat oder einen wesentlichen Teil des Staatsgebiets beherrschen;
c) nichtstaatlichen Akteuren, sofern die unter den Buchstaben a) und b) genannten Akteure einschließlich internationaler Organisationen erwiesenermaßen nicht in der Lage oder nicht willens sind, Schutz vor Verfolgung bzw. ernsthaftem Schaden im Sinne des Artikels 7 zu bieten.

Art. 7 Akteure, die Schutz bieten können. (1) Schutz kann geboten werden

a) vom Staat oder
b) von Parteien oder Organisationen einschließlich internationaler Organisationen, die den Staat oder einen wesentlichen Teil des Staatsgebiets beherrschen.

(2) Generell ist Schutz gewährleistet, wenn die unter Absatz 1 Buchstaben a) und b) genannten Akteure geeignete Schritte einleiten, um die Verfolgung oder den ernsthaften Schaden zu verhindern, beispielsweise durch wirksame Rechtsvorschriften zur Ermittlung, Strafverfolgung und Ahndung von Handlungen, die eine Verfolgung oder einen ernsthaften Schaden darstellen, und wenn der Antragsteller Zugang zu diesem Schutz hat.

(3) Bei der Beurteilung der Frage, ob eine internationale Organisation einen Staat oder einen wesentlichen Teil seines Staatsgebiets beherrscht und den in Absatz 2 genannten Schutz gewährleistet, ziehen die Mitgliedstaaten etwaige in einschlägigen Rechtsakten des Rates aufgestellte Leitlinien heran.

Art. 8 Interner Schutz. (1) Bei der Prüfung des Antrags auf internationalen Schutz können die Mitgliedstaaten feststellen, dass ein Antragsteller keinen internationalen Schutz benötigt, sofern in einem Teil des Herkunftslandes keine begründete Furcht vor Verfolgung bzw. keine tatsächliche Gefahr, einen ernsthaften Schaden zu erleiden, besteht und von dem Antragsteller vernünftigerweise erwartet werden kann, dass er sich in diesem Landesteil aufhält.

(2) Bei Prüfung der Frage, ob ein Teil des Herkunftslandes die Voraussetzungen nach Absatz 1 erfüllt, berücksichtigen die Mitgliedstaaten die dortigen allgemeinen Gegebenheiten und die persönlichen Umstände des Antragstellers zum Zeitpunkt der Entscheidung über den Antrag.

(3) Absatz 1 kann auch dann angewandt werden, wenn praktische Hindernisse für eine Rückkehr in das Herkunftsland bestehen.

Kapitel III. Anerkennung als Flüchtling

Art. 9 Verfolgungshandlungen. (1) Als Verfolgung im Sinne des Artikels 1A der Genfer Flüchtlingskonvention gelten Handlungen, die

a) aufgrund ihrer Art oder Wiederholung so gravierend sind, dass sie eine schwerwiegende Verletzung der grundlegenden Menschenrechte darstellen, insbesondere der Rechte, von denen gemäß Artikel 15 Absatz 2 der Europäischen Konvention zum Schutze der Menschenrechte und Grundfreiheiten keine Abweichung zulässig ist, oder

b) in einer Kumulierung unterschiedlicher Maßnahmen, einschließlich einer Verletzung der Menschenrechte, bestehen, die so gravierend ist, dass eine Person davon in ähnlicher wie der unter Buchstabe a) beschriebenen Weise betroffen ist.

(2) Als Verfolgung im Sinne von Absatz 1 können unter anderem die folgenden Handlungen gelten:

a) Anwendung physischer oder psychischer Gewalt, einschließlich sexueller Gewalt,

b) gesetzliche, administrative, polizeiliche und/oder justizielle Maßnahmen, die als solche diskriminierend sind oder in diskriminierender Weise angewandt werden,

c) unverhältnismäßige oder diskriminierende Strafverfolgung oder Bestrafung,

d) Verweigerung gerichtlichen Rechtsschutzes mit dem Ergebnis einer unverhältnismäßigen oder diskriminierenden Bestrafung,

e) Strafverfolgung oder Bestrafung wegen Verweigerung des Militärdienstes in einem Konflikt, wenn der Militärdienst Verbrechen oder Handlungen umfassen würde, die unter die Ausschlussklauseln des Artikels 12 Absatz 2 fallen, und

f) Handlungen, die an die Geschlechtszugehörigkeit anknüpfen oder gegen Kinder gerichtet sind.

(3) Gemäß Artikel 2 Buchstabe c) muss eine Verknüpfung zwischen den in Artikel 10 genannten Gründen und den in Absatz 1 als Verfolgung eingestuften Handlungen bestehen.

Art. 10 Verfolgungsgründe. (1) Bei der Prüfung der Verfolgungsgründe berücksichtigen die Mitgliedstaaten Folgendes:

a) Der Begriff der Rasse umfasst insbesondere die Aspekte Hautfarbe, Herkunft und Zugehörigkeit zu einer bestimmten ethnischen Gruppe.

b) Der Begriff der Religion umfasst insbesondere theistische, nichttheistische und atheistische Glaubensüberzeugungen, die Teilnahme bzw. Nichtteilnahme an religiösen Riten im privaten oder öffentlichen Bereich, allein oder in Gemeinschaft mit anderen, sonstige religiöse Betätigungen oder Meinungsäußerungen und Verhaltensweisen Einzelner oder der Gemeinschaft, die sich auf eine religiöse Überzeugung stützen oder nach dieser vorgeschrieben sind.

c) Der Begriff der Nationalität beschränkt sich nicht auf die Staatsangehörigkeit oder das Fehlen einer solchen, sondern bezeichnet insbesondere auch die Zugehörigkeit zu einer Gruppe, die durch ihre kulturelle, ethnische oder sprachliche Identität, gemeinsame geografische oder politische Ursprünge oder ihre Verwandtschaft mit der Bevölkerung eines anderen Staates bestimmt wird.

d) Eine Gruppe gilt insbesondere als eine bestimmte soziale Gruppe, wenn

die Mitglieder dieser Gruppe angeborene Merkmale oder einen Hintergrund, der nicht verändert werden kann, gemein haben, oder Merkmale oder eine Glaubensüberzeugung teilen, die so bedeutsam für die Identität oder das Gewissen sind, dass der Betreffende nicht gezwungen werden sollte, auf sie zu verzichten, und

die Gruppe in dem betreffenden Land eine deutlich abgegrenzte Identität hat, da sie von der sie umgebenden Gesellschaft als andersartig betrachtet wird.

Je nach den Gegebenheiten im Herkunftsland kann als eine soziale Gruppe auch eine Gruppe gelten, die sich auf das gemeinsame Merkmal der sexuellen Ausrichtung gründet. Als sexuelle Ausrichtung dürfen keine Handlungen verstanden werden, die nach dem nationalen Recht der Mitgliedstaaten als strafbar gelten; geschlechterbezogene Aspekte können berücksichtigt werden, rechtfertigen aber für sich allein genommen noch nicht die Annahme, dass dieser Artikel anwendbar ist.

e) Unter dem Begriff der politischen Überzeugung ist insbesondere zu verstehen, dass der Antragsteller in einer Angelegenheit, die die in Artikel 6 genannten potenziellen Verfolger sowie deren Politiken oder Verfahren betrifft, eine Meinung, Grundhaltung oder Überzeugung vertritt, wobei es unerheblich ist, ob der Antragsteller aufgrund dieser Meinung, Grundhaltung oder Überzeugung tätig geworden ist.

(2) Bei der Bewertung der Frage, ob die Furcht eines Antragstellers vor Verfolgung begründet ist, ist es unerheblich, ob der Antragsteller tatsächlich die Merkmale der Rasse oder die religiösen, nationalen, sozialen oder politischen Merkmale aufweist, die zur Verfolgung führen, sofern ihm diese Merkmale von seinem Verfolger zugeschrieben werden.

Art. 11 Erlöschen. (1) Ein Drittstaatsangehöriger oder ein Staatenloser ist nicht mehr Flüchtling, wenn er

a) sich freiwillig erneut dem Schutz des Landes, dessen Staatsangehörigkeit er besitzt, unterstellt;
b) nach dem Verlust seiner Staatsangehörigkeit diese freiwillig wiedererlangt hat;
c) eine neue Staatsangehörigkeit erworben hat und den Schutz des Landes, dessen Staatsangehörigkeit er erworben hat, genießt;
d) freiwillig in das Land, das er aus Furcht vor Verfolgung verlassen hat oder außerhalb dessen er sich befindet, zurückgekehrt ist und sich dort niedergelassen hat;
e) nach Wegfall der Umstände, aufgrund deren er als Flüchtling anerkannt worden ist, es nicht mehr ablehnen kann, den Schutz des Landes in Anspruch zu nehmen, dessen Staatsangehörigkeit er besitzt;
f) als eine Person, die keine Staatsangehörigkeit besitzt, nach Wegfall der Umstände, aufgrund deren er als Flüchtling anerkannt wurde, in der Lage ist, in das Land zurückzukehren, in dem er seinen gewöhnlichen Wohnsitz hatte.

(2) Bei der Prüfung von Absatz 1 Buchstaben e) und f) haben die Mitgliedstaaten zu untersuchen, ob die Veränderung der Umstände erheblich und nicht nur vorübergehend ist, so dass die Furcht des Flüchtlings vor Verfolgung nicht länger als begründet angesehen werden kann.

Art. 12 Ausschluss. (1) Ein Drittstaatsangehöriger oder ein Staatenloser ist von der Anerkennung als Flüchtling ausgeschlossen, wenn er

a) den Schutz oder Beistand einer Organisation oder einer Institution der Vereinten Nationen mit Ausnahme des Hohen Kommissars der Vereinten Nationen für Flüchtlinge gemäß Artikel 1 Abschnitt D der Genfer Flüchtlingskonvention genießt. Wird ein solcher Schutz oder Beistand aus irgendeinem Grund nicht länger gewährt, ohne dass die Lage des Betroffenen gemäß den einschlägigen Resolutionen der Generalversammlung der Vereinten Nationen endgültig geklärt worden ist, genießt er ipso facto den Schutz dieser Richtlinie;
b) von den zuständigen Behörden des Landes, in dem er seinen Aufenthalt genommen hat, als Person anerkannt wird, welche die Rechte und Pflichten, die mit dem Besitz der Staatsangehörigkeit dieses Landes verknüpft sind, bzw. gleichwertige Rechte und Pflichten hat.

(2) Ein Drittstaatsangehöriger oder ein Staatenloser ist von der Anerkennung als Flüchtling ausgeschlossen, wenn schwerwiegende Gründe zu der Annahme berechtigen, dass er

a) ein Verbrechen gegen den Frieden, ein Kriegsverbrechen oder ein Verbrechen gegen die Menschlichkeit im Sinne der internationalen Vertragswerke begangen hat, die ausgearbeitet worden sind, um Bestimmungen bezüglich dieser Verbrechen festzulegen;
b) eine schwere nichtpolitische Straftat außerhalb des Aufnahmelandes begangen hat, bevor er als Flüchtling aufgenommen wurde, d. h. vor dem Zeitpunkt der Ausstellung eines Aufenthaltstitels aufgrund der Zuerkennung der Flüchtlingseigenschaft; insbesondere grausame Handlungen können als schwere nichtpolitische Straftaten eingestuft werden, auch wenn mit ihnen vorgeblich politische Ziele verfolgt werden;
c) sich Handlungen zuschulden kommen ließ, die den Zielen und Grundsätzen der Vereinten Nationen, wie sie in der Präambel und in den Artikeln 1 und 2 der Charta der Vereinten Nationen verankert sind, zuwiderlaufen.

(3) Absatz 2 findet auf Personen Anwendung, die andere zu den darin genannten Straftaten oder Handlungen anstiften oder sich in sonstiger Weise daran beteiligen.

Kapitel IV. Flüchtlingseigenschaft

Art. 13 Zuerkennung der Flüchtlingseigenschaft. Die Mitgliedstaaten erkennen einem Drittstaatsangehörigen oder einem Staatenlosen, der die Voraussetzungen der Kapitel II und III erfüllt, die Flüchtlingseigenschaft zu.

Art. 14 Aberkennung, Beendigung oder Ablehnung der Verlängerung der Flüchtlingseigenschaft. (1) Bei Anträgen auf internationalen Schutz, die nach Inkrafttreten dieser Richtlinie gestellt wurden, erkennen die Mitgliedstaaten einem Drittstaatsangehörigen oder einem Staatenlosen die von einer Regierungs- oder Verwaltungsbehörde, einem Gericht oder einer gerichtsähnlichen Behörde zuerkannte Flüchtlingseigenschaft ab, beenden diese oder lehnen ihre Verlängerung ab, wenn er gemäß Artikel 11 nicht länger Flüchtling ist.

(2) Unbeschadet der Pflicht des Flüchtlings, gemäß Artikel 4 Absatz 1 alle maßgeblichen Tatsachen offen zu legen und alle maßgeblichen, ihm zur Verfügung stehenden Unterlagen vorzulegen, weist der Mitgliedstaat, der ihm die Flüchtlingseigenschaft zuerkannt hat, in jedem Einzelfall nach, dass die betreffende Person gemäß Absatz 1 des vorliegenden Artikels nicht länger Flüchtling ist oder es nie gewesen ist.

(3) Die Mitgliedstaaten erkennen einem Drittstaatsangehörigen oder einem Staatenlosen die Flüchtlingseigenschaft ab, beenden diese oder lehnen ihre Verlängerung ab, falls der betreffende Mitgliedstaat nach Zuerkennung der Flüchtlingseigenschaft feststellt, dass

a) die Person gemäß Artikel 12 von der Zuerkennung der Flüchtlingseigenschaft hätte ausgeschlossen werden müssen oder ausgeschlossen ist;
b) eine falsche Darstellung oder das Verschweigen von Tatsachen seinerseits, einschließlich der Verwendung gefälschter Dokumente, für die Zuerkennung der Flüchtlingseigenschaft ausschlaggebend war.

(4) Die Mitgliedstaaten können einem Flüchtling die ihm von einer Regierungs- oder Verwaltungsbehörde, einem Gericht oder einer gerichtsähnlichen Behörde zuerkannte Rechtsstellung aberkennen, diese beenden oder ihre Verlängerung ablehnen, wenn

a) es stichhaltige Gründe für die Annahme gibt, dass er eine Gefahr für die Sicherheit des Mitgliedstaats darstellt, in dem er sich aufhält;
b) er eine Gefahr für die Allgemeinheit dieses Mitgliedstaats darstellt, weil er wegen eines besonders schweren Verbrechens rechtskräftig verurteilt wurde.

(5) In den in Absatz 4 genannten Fällen können die Mitgliedstaaten entscheiden, einem Flüchtling eine Rechtsstellung nicht zuzuerkennen, solange noch keine Entscheidung darüber gefasst worden ist.

(6) Personen, auf die die Absätze 4 oder 5 Anwendung finden, können die in den Artikeln 3, 4, 16, 22, 31, 32 und 33 der Genfer Flüchtlingskonvention genannten Rechte oder vergleichbare Rechte geltend machen, sofern sie sich in dem betreffenden Mitgliedstaat aufhalten.

Kapitel V. Voraussetzungen für den Anspruch auf subsidiären Schutz

Art. 15 Ernsthafter Schaden. Als ernsthafter Schaden gilt:
a) die Verhängung oder Vollstreckung der Todesstrafe oder
b) Folter oder unmenschliche oder erniedrigende Behandlung oder Bestrafung eines Antragstellers im Herkunftsland oder
c) eine ernsthafte individuelle Bedrohung des Lebens oder der Unversehrtheit einer Zivilperson infolge willkürlicher Gewalt im Rahmen eines internationalen oder innerstaatlichen bewaffneten Konflikts.

Art. 16 Erlöschen. (1) Ein Drittstaatsangehöriger oder ein Staatenloser ist nicht mehr subsidiär Schutzberechtigter, wenn die Umstände, die zur Zuerkennung des subsidiären Schutzes geführt haben, nicht mehr bestehen oder sich in einem Maße verändert haben, dass ein solcher Schutz nicht mehr erforderlich ist.

(2) Bei Anwendung des Absatzes 1 berücksichtigen die Mitgliedstaaten, ob sich die Umstände so wesentlich und nicht nur vorübergehend verändert haben, dass die Person, die Anspruch auf subsidiären Schutz hat, tatsächlich nicht länger Gefahr läuft, einen ernsthaften Schaden zu erleiden.

Art. 17 Ausschluss. (1) Ein Drittstaatsangehöriger oder ein Staatenloser ist von der Gewährung subsidiären Schutzes ausgeschlossen, wenn schwerwiegende Gründe die Annahme rechtfertigen, dass er

a) ein Verbrechen gegen den Frieden, ein Kriegsverbrechen oder ein Verbrechen gegen die Menschlichkeit im Sinne der internationalen Vertragswerke begangen hat, die ausgearbeitet worden sind, um Bestimmungen bezüglich dieser Verbrechen festzulegen;
b) eine schwere Straftat begangen hat;
c) sich Handlungen zuschulden kommen ließ, die den Zielen und Grundsätzen der Vereinten Nationen, wie sie in der Präambel und den Artikeln 1 und 2 der Charta der Vereinten Nationen verankert sind, zuwiderlaufen;
d) eine Gefahr für die Allgemeinheit oder für die Sicherheit des Landes darstellt, in dem er sich aufhält.

(2) Absatz 1 findet auf Personen Anwendung, die andere zu den darin genannten Straftaten oder Handlungen anstiften oder sich in sonstiger Weise daran beteiligen.

(3) Die Mitgliedstaaten können einen Drittstaatsangehörigen oder einen Staatenlosen von der Gewährung subsidiären Schutzes ausschließen, wenn er vor seiner Aufnahme in dem Mitgliedstaat ein oder mehrere nicht unter Absatz 1 fallende Straftaten begangen hat, die mit Freiheitsstrafe bestraft würden, wenn sie in dem betreffenden Mitgliedstaat begangen worden wären, und er sein Herkunftsland nur verlassen hat, um einer Bestrafung wegen dieser Straftaten zu entgehen.

Kapitel VI. Subsidiärer Schutzstatus

Art. 18 Zuerkennung des subsidiären Schutzstatus. Die Mitgliedstaaten erkennen einem Drittstaatsangehörigen oder einem Staatenlosen, der die Voraussetzungen der Kapitel II und V erfuellt, den subsidiären Schutzstatus zu.

Art. 19 Aberkennung, Beendigung oder Ablehnung der Verlängerung des subsidiären Schutzstatus. (1) Bei Anträgen auf internationalen Schutz, die nach Inkrafttreten dieser Richtlinie gestellt wurden, erkennen die Mitgliedstaaten einem Drittstaatsangehörigen oder einem Staatenlosen den von einer Regierungs- oder Verwaltungsbehörde, einem Gericht oder einer gerichtsähnlichen Behörde zuerkannten subsidiären Schutzstatus ab, beenden diesen oder lehnen seine Verlängerung ab, wenn die betreffende Person gemäß Artikel 16 nicht länger Anspruch auf subsidiären Schutz erheben kann.

(2) Die Mitgliedstaaten können einem Drittstaatsangehörigen oder einem Staatenlosen den von einer Regierungs- oder Verwaltungsbehörde, einem Gericht oder einer gerichtsähnlichen Behörde zuerkannten subsidiären Schutzstatus aberkennen, diesen beenden oder seine Verlängerung ablehnen, wenn er nach der Zuerkennung des subsidiären Schutzstatus gemäß Artikel 17 Absatz 3 von der Gewährung subsidiären Schutzes hätte ausgeschlossen werden müssen.

(3) Die Mitgliedstaaten erkennen einem Drittstaatsangehörigen oder einem Staatenlosen den subsidiären Schutzstatus ab, beenden diesen oder lehnen eine Verlängerung ab, wenn

a) er nach der Zuerkennung des subsidiären Schutzstatus gemäß Artikel 17 Absätze 1 und 2 von der Gewährung subsidiären Schutzes hätte ausgeschlossen werden müssen oder ausgeschlossen wird;
b) eine falsche Darstellung oder das Verschweigen von Tatsachen seinerseits, einschließlich der Verwendung gefälschter Dokumente, für die Zuerkennung des subsidiären Schutzstatus ausschlaggebend waren.

(4) Unbeschadet der Pflicht des Drittstaatsangehörigen oder Staatenlosen, gemäß Artikel 4 Absatz 1 alle maßgeblichen Tatsachen offen zu legen und alle maßgeblichen, ihm zur Verfügung stehenden Unterlagen vorzulegen, weist der Mitgliedstaat, der ihm den subsidiären Schutzstatus zuerkannt hat, in jedem Einzelfall nach, dass die betreffende Person gemäß den Absätzen 1 bis 3 des vorliegenden Artikels keinen oder nicht mehr Anspruch auf subsidiären Schutz hat.

Kapitel VII. Inhalt des internationalen Schutzes

Art. 20 Allgemeine Bestimmungen. (1) Die Bestimmungen dieses Kapitels berühren nicht die in der Genfer Flüchtlingskonvention verankerten Rechte.

(2) Sofern nichts anderes bestimmt wird, gilt dieses Kapitel sowohl für Flüchtlinge als auch für Personen mit Anspruch auf subsidiären Schutz.

(3) Die Mitgliedstaaten berücksichtigen bei der Umsetzung dieses Kapitels die spezielle Situation von besonders schutzbedürftigen Personen wie Minderjährigen, unbegleiteten Minderjährigen, Behinderten, älteren Menschen, Schwangeren, Alleinerziehenden mit minderjährigen Kindern und Personen, die Folter, Vergewaltigung oder sonstige schwere Formen psychischer, physischer oder sexueller Gewalt erlitten haben.

(4) Absatz 3 gilt nur für Personen, die nach einer Einzelprüfung ihrer Situation als besonders hilfebedürftig anerkannt werden.

(5) Bei der Anwendung der Minderjährige berührenden Bestimmungen dieses Kapitels stellt das Wohl des Kindes eine besonders wichtige Überlegung für die Mitgliedstaaten dar.

(6) Die Mitgliedstaaten können die einem Flüchtling aufgrund dieses Kapitels zugestandenen Rechte innerhalb der durch die Genfer Flüchtlingskonvention vorgegebenen Grenzen einschränken, wenn ihm die Flüchtlingseigenschaft aufgrund von Aktivitäten zuerkannt wurde, die einzig oder hauptsächlich deshalb aufgenommen wurden, um die für die Zuerkennung der Flüchtlingseigenschaft erforderlichen Voraussetzungen zu schaffen.

(7) Die Mitgliedstaaten können die einer Person mit Anspruch auf subsidiären Schutz aufgrund dieses Kapitels zugestandenen Rechte innerhalb der durch die internationalen Verpflichtungen vorgegebenen Grenzen einschränken, wenn ihr der subsidiäre Schutzstatus aufgrund von Aktivitäten zuerkannt wurde, die einzig oder hauptsächlich deshalb aufgenommen wurden, um die für die Zuerkennung des subsidiären Schutzstatus erforderlichen Voraussetzungen zu schaffen.

Art. 21 Schutz vor Zurückweisung. (1) Die Mitgliedstaaten achten den Grundsatz der Nichtzurückweisung in Übereinstimmung mit ihren völkerrechtlichen Verpflichtungen.

(2) Ein Mitgliedstaat kann, sofern dies nicht aufgrund der in Absatz 1 genannten völkerrechtlichen Verpflichtungen untersagt ist, einen Flüchtling unabhängig davon, ob er als solcher förmlich anerkannt ist oder nicht, zurückweisen, wenn

a) es stichhaltige Gründe für die Annahme gibt, dass er eine Gefahr für die Sicherheit des Mitgliedstaats darstellt, in dem sie sich aufhält, oder
b) er eine Gefahr für die Allgemeinheit dieses Mitgliedstaats darstellt, weil er wegen einer besonders schweren Straftat rechtskräftig verurteilt wurde.

(3) Die Mitgliedstaaten können den einem Flüchtling erteilten Aufenthaltstitel widerrufen, beenden oder seine Verlängerung bzw. die Erteilung eines Aufenthaltstitels ablehnen, wenn Absatz 2 auf die betreffende Person Anwendung findet.

Art. 22 Information. Die Mitgliedstaaten gewähren den Personen, deren Bedürfnis nach internationalem Schutz anerkannt wurde, so bald wie möglich nach Zuerkennung des jeweiligen Schutzstatus Zugang zu Informationen über die Rechte und Pflichten in Zusammenhang mit dem Status in einer Sprache, von der angenommen werden kann, dass sie sie verstehen.

Art. 23 Wahrung des Familienverbands. (1) Die Mitgliedstaaten tragen dafür Sorge, dass der Familienverband aufrechterhalten werden kann.

(2) Die Mitgliedstaaten tragen dafür Sorge, dass die Familienangehörigen der Person, der die Flüchtlingseigenschaft oder der subsidiäre Schutzstatus zuerkannt worden ist, die selbst nicht die Voraussetzungen für die Zuerkennung eines entsprechenden Status erfuellen, gemäß den einzelstaatlichen Verfahren Anspruch auf die in den Artikeln 24 bis 34 genannten Vergünstigungen haben, sofern dies mit der persönlichen Rechtsstellung des Familienangehörigen vereinbar ist.

Die Mitgliedstaaten können die Bedingungen festlegen, unter denen Familienangehörigen von Personen, denen der subsidiäre Schutzstatus zuerkannt worden ist, diese Vergünstigungen gewährt werden.

In diesen Fällen sorgen die Mitgliedstaaten dafür, dass die gewährten Vergünstigungen einen angemessenen Lebensstandard sicherstellen.

(3) Die Absätze 1 und 2 finden keine Anwendung, wenn der Familienangehörige aufgrund der Kapitel III und V von der Anerkennung als Flüchtling oder der Gewährung subsidiären Schutzes ausgeschlossen ist oder ausgeschlossen wäre.

(4) Unbeschadet der Absätze 1 und 2 können die Mitgliedstaaten aus Gründen der öffentlichen Sicherheit oder Ordnung die dort aufgeführten Vergünstigungen verweigern, einschränken oder zurückziehen.

(5) Die Mitgliedstaaten können entscheiden, dass dieser Artikel auch für andere enge Verwandte gilt, die zum Zeitpunkt des Verlassens des Herkunftslandes innerhalb des Familienverbands lebten und zu diesem Zeitpunkt für ihren Unterhalt vollständig oder größtenteils auf die Person, der die Flüchtlingseigenschaft oder der subsidiäre Schutzstatus zuerkannt worden ist, angewiesen waren.

Art. 24 Aufenthaltstitel. (1) So bald wie möglich nach Zuerkennung des Schutzstatus und unbeschadet des Artikels 19 Absatz 3 stellen die Mitgliedstaaten Personen, denen die Flüchtlingseigenschaft zuerkannt worden ist, einen Aufenthaltstitel aus, der mindestens drei Jahre gültig und verlängerbar sein muss, es sei denn, dass zwingende Gründe der öffentlichen Sicherheit oder Ordnung dem entgegenstehen.

Unbeschadet des Artikels 23 Absatz 1 kann der Aufenthaltstitel, der Familienangehörigen von Personen ausgestellt wird, denen die Flüchtlingseigenschaft zuerkannt worden ist, weniger als drei Jahre gültig und verlängerbar sein.

(2) So bald wie möglich nach Zuerkennung des Schutzstatus stellen die Mitgliedstaaten Personen, denen der subsidiäre Schutzstatus zuerkannt worden ist, einen Aufenthaltstitel aus, der mindestens ein Jahr gültig und verlängerbar sein muss, es sei denn, dass zwingende Gründe der öffentlichen Sicherheit oder Ordnung dem entgegenstehen.

Art. 25 Reisedokumente. (1) Die Mitgliedstaaten stellen Personen, denen die Flüchtlingseigenschaft zuerkannt worden ist, Reiseausweise – wie im Anhang zur Genfer Flüchtlingskonvention vorgesehen – für Reisen außerhalb ihres Gebietes aus, es sei denn, dass zwingende Gründe der öffentlichen Sicherheit oder Ordnung dem entgegenstehen.

(2) Die Mitgliedstaaten stellen Personen, denen der subsidiäre Schutzstatus zuerkannt worden ist und die keinen nationalen Pass erhalten können, Dokumente aus, mit denen sie reisen können, zumindest wenn schwerwiegende humanitäre Gründe ihre Anwesenheit in einem anderen Staat erfordern, es sei denn, dass zwingende Gründe der öffentlichen Sicherheit oder Ordnung dem entgegenstehen.

Art. 26 Zugang zur Beschäftigung. (1) Unmittelbar nach der Zuerkennung der Flüchtlingseigenschaft gestatten die Mitgliedstaaten Personen, denen die Flüchtlingseigenschaft zuerkannt worden ist, die Aufnahme einer unselbständigen oder selbständigen Erwerbstätigkeit nach den Vorschriften, die für den betreffenden Beruf oder für die öffentliche Verwaltung allgemein gelten.

(2) Die Mitgliedstaaten sorgen dafür, dass Personen, denen die Flüchtlingseigenschaft zuerkannt worden ist, beschäftigungsbezogene Bildungsangebote für Erwachsene, berufsbildende Maßnahmen und praktische Berufserfahrung am Arbeitsplatz zu gleichwertigen Bedingungen wie eigenen Staatsangehörigen angeboten werden.

(3) Unmittelbar nach der Zuerkennung des subsidiären Schutzstatus gestatten die Mitgliedstaaten Personen, denen der subsidiäre Schutzstatus zuerkannt worden ist, die Aufnahme einer unselbständigen oder selbständigen Erwerbstätigkeit nach den Vorschriften, die für den betreffenden Beruf oder für die öffentliche Verwaltung allgemein gelten. Die nationale Arbeitsmarktlage in den Mitgliedstaaten kann berücksichtigt werden; das schließt die Durchführung einer Vorrangprüfung beim Zugang zur Beschäftigung für einen begrenzten Zeitraum nach Maßgabe des einzelstaatlichen Rechts ein. Die Mitgliedstaaten stellen sicher, dass Personen, denen der subsidiäre Schutzstatus zuerkannt worden ist, entsprechend den nationalen Rechtsvorschriften über die vorrangige Behandlung auf dem Arbeitsmarkt Zugang zu einem Arbeitsplatz erhalten, der ihnen angeboten worden ist.

(4) Die Mitgliedstaaten sorgen dafür, dass Personen, denen der subsidiäre Schutzstatus zuerkannt worden ist, Zugang zu beschäftigungsbezogenen Bildungsangeboten für Erwachsene, zu berufsbildenden Maßnahmen und zu praktischer Berufserfahrung am Arbeitsplatz unter Bedingungen haben, die von den Mitgliedstaaten festzulegen sind.

(5) Die in den Mitgliedstaaten geltenden Rechtsvorschriften über das Arbeitsentgelt, den Zugang zu Systemen der sozialen Sicherheit im Rahmen der abhängigen oder selbständigen Erwerbstätigkeit sowie sonstige Beschäftigungsbedingungen finden Anwendung.

Art. 27 Zugang zu Bildung. (1) Die Mitgliedstaaten gewähren allen Minderjährigen, denen die Flüchtlingseigenschaft oder der subsidiäre Schutzstatus zuerkannt worden ist, zu denselben Bedingungen wie eigenen Staatsangehörigen Zugang zum Bildungssystem.

Richtlinie 2004/83/EG 5.11. **Texte 5**

(2) Die Mitgliedstaaten gestatten Erwachsenen, denen die Flüchtlingseigenschaft oder der subsidiäre Schutzstatus zuerkannt worden ist, zu denselben Bedingungen wie Drittstaatsangehörigen mit regelmäßigem Aufenthalt Zugang zum allgemeinen Bildungssystem, zu Weiterbildung und Umschulung.

(3) Die Mitgliedstaaten sorgen für eine gleiche Behandlung zwischen Personen, denen die Flüchtlingseigenschaft oder der subsidiäre Schutzstatus zuerkannt worden ist, und eigenen Staatsangehörigen im Rahmen der bestehenden Verfahren zur Anerkennung von ausländischen Hochschul- und Berufsabschlüssen, Prüfungszeugnissen und sonstigen Befähigungsnachweisen.

Art. 28 Sozialhilfeleistungen. (1) Die Mitgliedstaaten tragen dafür Sorge, dass Personen, denen die Flüchtlingseigenschaft oder der subsidiäre Schutzstatus zuerkannt worden ist, in dem Mitgliedstaat, der die jeweilige Rechtsstellung gewährt hat, die notwendige Sozialhilfe wie Staatsangehörige dieses Mitgliedstaats erhalten.

(2) Abweichend von der allgemeinen Regel nach Absatz 1 können die Mitgliedstaaten die Sozialhilfe für Personen, denen der subsidiäre Schutzstatus zuerkannt worden ist, auf Kernleistungen beschränken, die sie im gleichen Umfang und unter denselben Voraussetzungen wie für eigene Staatsangehörige gewähren.

Art. 29 Medizinische Versorgung. (1) Die Mitgliedstaaten tragen dafür Sorge, dass Personen, denen die Flüchtlingseigenschaft oder der subsidiäre Schutzstatus zuerkannt worden ist, zu denselben Bedingungen wie Staatsangehörige des die Rechtsstellung gewährenden Mitgliedstaats Zugang zu medizinischer Versorgung haben.

(2) Abweichend von der allgemeinen Regel nach Absatz 1 können die Mitgliedstaaten die medizinische Versorgung von Personen, denen der subsidiäre Schutzstatus zuerkannt worden ist, auf Kernleistungen beschränken, die sie dann im gleichen Umfang und unter denselben Voraussetzungen wie für eigene Staatsangehörige gewähren.

(3) Die Mitgliedstaaten gewährleisten unter denselben Voraussetzungen wie Staatsangehörigen des die Rechtsstellung gewährenden Mitgliedstaats eine angemessene medizinische Versorgung von Personen, denen die Flüchtlingseigenschaft oder der subsidiäre Schutzstatus zuerkannt worden ist und die besondere Bedürfnisse haben, wie schwangere Frauen, Menschen mit Behinderungen, Personen, die Folter, Vergewaltigung oder sonstige schwere Formen psychischer, physischer oder sexueller Gewalt erlitten haben, oder Minderjährige, die Opfer irgendeiner Form von Missbrauch, Vernachlässigung, Ausbeutung, Folter, grausamer, unmenschlicher oder erniedrigender Behandlung gewesen sind oder unter bewaffneten Konflikten gelitten haben.

Art. 30 Unbegleitete Minderjährige. (1) Die Mitgliedstaaten ergreifen so rasch wie möglich, nachdem die Flüchtlingseigenschaft oder der subsidiäre Schutzstatus zuerkannt worden ist, die notwendigen Maßnahmen, um sicherzustellen, dass Minderjährige durch einen gesetzlichen Vormund oder erforderlichenfalls durch eine Einrichtung, die für die Betreuung und das Wohlergehen von Minderjährigen verantwortlich ist, oder durch eine andere geeignete Instanz, einschließlich einer gesetzlich vorgesehenen oder gerichtlich angeordneten Instanz, vertreten werden.

(2) Die Mitgliedstaaten tragen dafür Sorge, dass der bestellte Vormund oder Vertreter die Bedürfnisse des Minderjährigen bei der Durchführung der Richtlinie gebührend berücksichtigt. Die zuständigen Behörden nehmen regelmäßige Bewertungen vor.

(3) Die Mitgliedstaaten tragen dafür Sorge, dass unbegleitete Minderjährige wahlweise folgendermaßen untergebracht werden:
a) bei erwachsenen Verwandten,
b) in einer Pflegefamilie,
c) in speziellen Einrichtungen für Minderjährige oder
d) in anderen für Minderjährige geeigneten Unterkünften.
Hierbei werden die Wünsche des Kindes unter Beachtung seines Alters und seiner Reife berücksichtigt.

(4) Geschwister sollen möglichst zusammenbleiben, wobei das Wohl des betreffenden Minderjährigen, insbesondere sein Alter und sein Reifegrad, zu berücksichtigen ist. Wechsel des Aufenthaltsorts sind bei unbegleiteten Minderjährigen auf ein Mindestmaß zu beschränken.

(5) Die Mitgliedstaaten bemühen sich im Interesse des Wohls des unbegleiteten Minderjährigen, dessen Familienangehörige so bald wie möglich ausfindig zu machen. In Fällen, in denen das Leben oder die Unversehrtheit des Minderjährigen oder seiner nahen Verwandten bedroht sein könnte,

insbesondere wenn diese im Herkunftsland geblieben sind, ist darauf zu achten, dass die Erfassung, Verarbeitung und Weitergabe von Informationen über diese Personen vertraulich erfolgt.

(6) Das Betreuungspersonal für unbegleitete Minderjährige muss im Hinblick auf die Bedürfnisse des Minderjährigen adäquat ausgebildet sein oder ausgebildet werden.

Art. 31 Zugang zu Wohnraum. Die Mitgliedstaaten sorgen dafür, dass Personen, denen die Flüchtlingseigenschaft oder der subsidiäre Schutzstatus zuerkannt worden ist, Zugang zu Wohnraum unter Bedingungen erhalten, die den Bedingungen gleichwertig sind, die für andere Drittstaatsangehörige gelten, die sich rechtmäßig in ihrem Hoheitsgebiet aufhalten.

Art. 32 Freizügigkeit innerhalb eines Mitgliedstaats. Die Mitgliedstaaten gestatten die Bewegungsfreiheit von Personen, denen die Flüchtlingseigenschaft oder der subsidiäre Schutzstatus zuerkannt worden ist, in ihrem Hoheitsgebiet, unter den gleichen Bedingungen und Einschränkungen wie für andere Drittstaatsangehörige, die sich rechtmäßig in ihrem Hoheitsgebiet aufhalten.

Art. 33 Zugang zu Integrationsmaßnahmen. (1) Um die Integration von Flüchtlingen in die Gesellschaft zu erleichtern, sehen die Mitgliedstaaten von ihnen für sinnvoll erachtete Integrationsprogramme vor oder schaffen die erforderlichen Rahmenbedingungen, die den Zugang zu diesen Programmen garantieren.

(2) Wenn die Mitgliedstaaten es für sinnvoll erachten, gewähren sie Personen, denen der subsidiäre Schutzstatus zuerkannt worden ist, Zugang zu den Integrationsprogrammen.

Art. 34 Rückführung. Die Mitgliedstaaten können Personen, denen die Flüchtlingseigenschaft oder der subsidiäre Schutzstatus zuerkannt worden ist und die zurückkehren möchten, Unterstützung gewähren.

Kapitel VIII. Verwaltungszusammenarbeit

Art. 35 Zusammenarbeit. Jeder Mitgliedstaat benennt eine nationale Kontaktstelle, deren Anschrift er der Kommission mitteilt, die sie ihrerseits den übrigen Mitgliedstaaten weitergibt.

In Abstimmung mit der Kommission treffen die Mitgliedstaaten die geeigneten Maßnahmen, um eine unmittelbare Zusammenarbeit und einen Informationsaustausch zwischen den zuständigen Behörden herzustellen.

Art. 36 Personal. Die Mitgliedstaaten tragen dafür Sorge, dass die Behörden und Organisationen, die diese Richtlinie durchführen, die nötige Ausbildung erhalten haben und in Bezug auf die Informationen, die sie durch ihre Arbeit erhalten, der Schweigepflicht unterliegen, wie sie im nationalen Recht definiert ist.

Kapitel IX. Schlussbestimmungen

Art. 37 Berichterstattung. (1) Die Kommission erstattet dem Europäischen Parlament und dem Rat bis spätestens 10. April 2008 Bericht über die Anwendung dieser Richtlinie und schlägt gegebenenfalls Änderungen vor. Diese Änderungsvorschläge werden vorzugsweise Artikel 15, 26 und 33 betreffen. Die Mitgliedstaaten übermitteln der Kommission bis zum 10. Oktober 2007 alle für die Erstellung dieses Berichts sachdienlichen Angaben.

(2) Nach Vorlage des Berichts erstattet die Kommission dem Europäischen Parlament und dem Rat mindestens alle fünf Jahre Bericht über die Anwendung dieser Richtlinie.

Art. 38 Umsetzung. (1) Die Mitgliedstaaten erlassen die erforderlichen Rechts- und Verwaltungsvorschriften, um dieser Richtlinie spätestens bis zum 10. Oktober 2006 nachzukommen. Sie setzen die Kommission unverzüglich davon in Kenntnis.

Wenn die Mitgliedstaaten diese Vorschriften erlassen, nehmen sie in den Vorschriften selbst oder durch einen Hinweis bei der amtlichen Veröffentlichung auf diese Richtlinie Bezug. Die Mitgliedstaaten regeln die Einzelheiten der Bezugnahme.

(2) Die Mitgliedstaaten teilen der Kommission den Wortlaut der Vorschriften mit, die sie in dem unter diese Richtlinie fallenden Bereich erlassen.

Entscheidung 2004/904/EG 5.12. **Texte 5**

Art. 39 Inkrafttreten. Diese Richtlinie tritt am zwanzigsten Tag nach ihrer Veröffentlichung im Amtsblatt der Europäischen Union in Kraft.

Art. 40 Adressaten. Diese Richtlinie ist gemäß dem Vertrag zur Gründung der Europäischen Gemeinschaft an die Mitgliedstaaten gerichtet.

5.12. Entscheidung 2004/904 des Rates über die Errichtung des Europäischen Flüchtlingsfonds für den Zeitraum 2005–2010

Vom 2. Dezember 2004 (ABl. L 381 vom 28. 12. 2004 S. 52)

Kapitel I. Ziele und Aufgaben

Art. 1 Errichtung und Zielsetzung. (1) Durch diese Entscheidung wird der Europäische Flüchtlingsfonds, nachstehend „Fonds" genannt, für den Zeitraum vom 1. Januar 2005 bis zum 31. Dezember 2010 errichtet.

(2) Zweck des Fonds ist es, die Anstrengungen der Mitgliedstaaten im Zusammenhang mit der Aufnahme von Flüchtlingen und vertriebenen Personen und den sich daraus ergebenden Folgelasten durch Kofinanzierung der in dieser Entscheidung vorgesehenen Maßnahmen zu unterstützen und zu fördern; dabei sind die einschlägigen Rechtsvorschriften der Gemeinschaft zu berücksichtigen.

Art. 2 Finanzbestimmungen. (1) Der als finanzieller Bezugsrahmen dienende Betrag für die Durchführung des Fonds beläuft sich für den Zeitraum vom 1. Januar 2005 bis zum 31. Dezember 2006 auf 114 Mio. EUR.

(2) Die jährlichen Mittel für den Fonds werden von der Haushaltsbehörde innerhalb der Grenzen der Finanziellen Vorausschau bewilligt.

Art. 3 Zielgruppen der Maßnahmen. Für die Zwecke dieser Entscheidung gehören zu den Zielgruppen die nachstehenden Kategorien von Personen:
1. alle Staatsangehörigen eines Drittlands oder Staatenlose, die den in der Genfer Konvention über die Rechtsstellung der Flüchtlinge vom 28. Juli 1951 und dem dazugehörigen Protokoll von 1967 definierten Status haben und in dieser Eigenschaft in einem der Mitgliedstaaten aufenthaltsberechtigt sind;
2. alle Staatsangehörigen eines Drittlands oder Staatenlose, denen eine Form von subsidiärem Schutz im Sinne der Richtlinie 2004/83/EG des Rates vom 29. April 2004 über Mindestnormen für die Anerkennung und den Status von Drittstaatsangehörigen oder Staatenlosen als Flüchtlinge oder als Personen, die anderweitig internationalen Schutz benötigen, sowie über den Inhalt des zu gewährenden Schutzes gewährt wurde;
3. alle Staatsangehörigen eines Drittlands oder Staatenlose, die eine Form von Schutz gemäß den Nummern 1 und 2 beantragt haben;
4. alle Staatsangehörigen von Drittländern oder Staatenlose, denen vorübergehender Schutz im Sinne der Richtlinie 2001/55/EG gewährt wird.

Art. 4 Maßnahmen. (1) Der Fonds unterstützt Maßnahmen in den Mitgliedstaaten in einem oder mehreren der nachstehenden Bereiche:
a) Aufnahmebedingungen und Asylverfahren;
b) Integration von Personen im Sinne des Artikels 3, deren Aufenthalt in dem betreffenden Mitgliedstaat dauerhaft und beständig ist;
c) freiwillige Rückkehr der Personen im Sinne des Artikels 3, soweit diese Personen nicht eine neue Staatsangehörigkeit erworben oder das Hoheitsgebiet des Mitgliedstaats verlassen haben.

(2) Die Maßnahmen nach Absatz 1 zielen insbesondere darauf ab, die Umsetzung der Bestimmungen des geltenden und künftigen Gemeinschaftsrechts im Bereich des Gemeinsamen Europäischen Asylsystems voranzubringen.

(3) Die Maßnahmen berücksichtigen die spezielle Situation von schutzbedürftigen Personen wie Minderjährigen, unbegleiteten Minderjährigen, Behinderten, älteren Menschen, schwangeren Frauen,

1539

Alleinerziehenden mit minderjährigen Kindern und Personen, die Folter, Vergewaltigung oder sonstige schwere Formen psychischer, physischer oder sexueller Gewalt erlitten haben.

Art. 5 Förderfähige einzelstaatliche Maßnahmen im Bereich Aufnahmebedingungen und Asylverfahren. Eine Unterstützung aus dem Fonds kann für Maßnahmen im Bereich Aufnahmebedingungen und Asylverfahren und insbesondere für folgende Maßnahmen gewährt werden:

a) Infrastrukturen oder Dienste für die Unterbringung;
b) Bereitstellung von materieller Hilfe, ärztlicher Versorgung oder psychologischem Beistand;
c) sozialer Beistand, Bereitstellung von Informationen oder Unterstützung bei den Verwaltungsformalitäten;
d) Rechtsbeistand und sprachliche Unterstützung;
e) Bildung, Sprachunterricht und andere Initiativen, die mit dem Status der Person vereinbar sind;
f) unterstützende Dienstleistungen wie Übersetzungen und Ausbildung, um die Aufnahmebedingungen sowie die Effizienz und Qualität der Asylverfahren zu verbessern;
g) Information der ortsansässigen Bevölkerung, die mit den Personen, die im Aufnahmeland aufgenommen werden, in Kontakt kommt.

Art. 6 Förderfähige einzelstaatliche Maßnahmen im Bereich Integration. Eine Unterstützung aus dem Fond kann für Maßnahmen zur Integration der in Artikel 4 Absatz 1 Buchstabe b) genannten Personen und ihrer Familienangehörigen in die Gesellschaft des Mitgliedstaats und insbesondere für folgende Maßnahmen gewährt werden:

a) Beratung und Unterstützung in Bereichen wie Wohnung, Unterhaltsmittel, Integration in den Arbeitsmarkt, medizinische, psychologische und soziale Betreuung;
b) Maßnahmen, die den Begünstigten ermöglichen, sich in soziokultureller Hinsicht an die Gesellschaft des Mitgliedstaats anzupassen und die Werte der Charta der Grundrechte der Europäischen Union mitzutragen;
c) Maßnahmen zur Förderung der dauerhaften und nachhaltigen Teilnahme der Begünstigten am gesellschaftlichen und kulturellen Leben;
d) Maßnahmen, die auf die allgemeine und berufliche Bildung, Anerkennung von Berufsbefähigungsnachweisen und Diplomen abstellen;
e) Maßnahmen, die darauf abzielen, die Selbstverantwortung dieser Personen zu fördern und sie in die Lage zu versetzen, für sich selbst zu sorgen;
f) Maßnahmen, die sinnvolle Kontakte und einen konstruktiven Dialog zwischen diesen Personen und der Gesellschaft des Aufnahmelandes fördern, einschließlich Maßnahmen zur Förderung der Einbeziehung wichtiger Partner wie Öffentlichkeit, lokale Behörden, Flüchtlingsverbände, Freiwilligengruppen, Sozialpartner und Zivilgesellschaft im Allgemeinen;
g) Maßnahmen, mit denen diese Person bei dem Erwerb von Kenntnissen, einschließlich der Sprachausbildung, unterstützt werden;
h) Maßnahmen zur Förderung der Gleichheit sowohl des Zugangs dieser Personen zu öffentlichen Einrichtungen als auch der Ergebnisse des Umgangs dieser Personen mit öffentlichen Einrichtungen.

Art. 7 Förderfähige einzelstaatliche Maßnahmen im Bereich freiwillige Rückkehr. Eine Unterstützung aus dem Fonds kann für Maßnahmen im Bereich freiwillige Rückkehr und insbesondere für folgende Maßnahmen gewährt werden:

a) Information und Beratung im Zusammenhang mit Initiativen oder Programmen für die freiwillige Rückkehr;
b) Information über die Lage in den Herkunftsländern bzw. -gebieten oder über den früheren gewöhnlichen Aufenthalt;
c) allgemeine oder berufliche Bildung und Hilfe für die Wiedereingliederung;
d) Maßnahmen von aus den Herkunftsländern stammenden und in der Europäischen Union ansässigen Gemeinschaften zur Erleichterung der freiwilligen Rückkehr der unter diese Entscheidung fallenden Personen;
e) Maßnahmen zur Erleichterung der Organisation und der Durchführung nationaler Rückkehrförderungsprogramme.

Art. 8 Gemeinschaftsmaßnahmen. (1) Zusätzlich zu den Maßnahmen nach den Artikeln 5, 6 und 7 können auf Initiative der Kommission bis zu 7% der verfügbaren Fondsmittel für asylpolitische sowie auf Flüchtlinge und vertriebene Personen anwendbare Maßnahmen nach Absatz 2 verwendet werden, sofern diese Maßnahmen transnationaler Natur sind oder im Interesse der gesamten Gemeinschaft liegen.

(2) Die förderfähigen Gemeinschaftsmaßnahmen betreffen insbesondere die folgenden Bereiche:
a) Förderung der Zusammenarbeit in der Gemeinschaft bei der Umsetzung des Gemeinschaftsrechts und der Anwendung bewährter Verfahren;
b) Unterstützung bei der Einrichtung grenzüberschreitender Kooperationsnetze und Pilotprojekte auf der Grundlage von grenzüberschreitenden Partnerschaften zwischen Einrichtungen in zwei oder mehreren Mitgliedstaaten, die zur Stimulierung der Innovation, zur Erleichterung des Austauschs von Erfahrungen und bewährten Praktiken und zur Verbesserung der Qualität der Asylpolitik gebildet werden;
c) Unterstützung grenzüberschreitender Kampagnen zur Sensibilisierung für die europäische Asylpolitik und für die Lage und die Umstände der in Artikel 3 genannten Personen;
d) Unterstützung der Verbreitung und des Austauschs von Informationen, einschließlich des Einsatzes der Informations- und Kommunikationstechnologie, über die bewährten Praktiken und alle anderen Aspekte des Fonds.

(3) Das Jahresarbeitsprogramm mit den für die jeweiligen Maßnahmen festgelegten Prioritäten wird nach dem in Artikel 11 Absatz 2 genannten Verfahren angenommen.

Art. 9 Sofortmaßnahmen. (1) Im Fall des Einsatzes von Mechanismen für einen vorübergehenden Schutz im Sinne der Richtlinie 2001/55/EG finanziert der Fonds außerhalb und zusätzlich zu den in Artikel 4 genannten Maßnahmen auch Sofortmaßnahmen zur Unterstützung der Mitgliedstaaten.

(2) Die förderfähigen Sofortmaßnahmen umfassen folgende Maßnahmenkategorien:
a) Aufnahme und Unterbringung;
b) Bereitstellung von Unterhaltsmitteln, einschließlich Verpflegung und Bekleidung;
c) medizinischen, psychologischen oder anderen Beistand;
d) durch die Aufnahme der betreffenden Personen und die Durchführung von Sofortmaßnahmen anfallende Personal- und Verwaltungskosten;
e) Kosten für Logistik und Beförderung.

Kapitel II. Durchführungs- und Verwaltungsmodalitäten

Art. 10 Durchführung. Die Kommission trägt die Verantwortung für die Durchführung dieser Entscheidung und erlässt die für ihre Anwendung erforderlichen Bestimmungen.

Art. 11 Ausschussverfahren. (1) Die Kommission wird von einem Ausschuss unterstützt.

(2) Wird auf diesen Absatz Bezug genommen, so gelten die Artikel 4 und 7 des Beschlusses 1999/468/EG.

Der Zeitraum nach Artikel 4 Absatz 3 des Beschlusses 1999/468/EG wird auf drei Monate festgesetzt.

(3) Wird auf diesen Absatz Bezug genommen, so gelten die Artikel 3 und 7 des Beschlusses 1999/468/EG.

(4) Der Ausschuss gibt sich eine Geschäftsordnung.

Art. 12 Zuständigkeiten der Kommission und der Mitgliedstaaten. (1) Die Kommission
a) verabschiedet nach dem in Artikel 11 Absatz 2 genannten Verfahren Leitlinien für die Prioritäten der Mehrjahresprogramme nach Artikel 15 und teilt den Mitgliedstaaten die vorläufigen Mittelzuweisungen an den Fonds mit;
b) trägt im Rahmen ihrer Zuständigkeit für die Ausführung des Gesamthaushaltsplans der Europäischen Union dafür Sorge, dass in den Mitgliedstaaten geeignete und gut funktionierende Verwaltungs- und Kontrollsysteme vorhanden sind, damit eine effiziente und ordnungsgemäße Verwendung der Gemeinschaftsmittel gewährleistet ist. Dazu überprüft sie vorab anhand von Unterlagen und vor Ort die von den zuständigen Behörden eingerichteten Durchführungsverfahren, Kontroll- und Rechnungsführungssysteme sowie die Verfahren für die Auftragsvergabe und die Gewährung von Finanzhilfen. Bei bedeutenden Änderungen der Verfahren oder Systeme nimmt die Kommission die erforderlichen Überprüfungen vor;
c) führt die Gemeinschaftsmaßnahmen nach Artikel 8 durch.

(2) Die Mitgliedstaaten

a) tragen die Verantwortung für die Durchführung der durch den Fonds unterstützten einzelstaatlichen Maßnahmen;
b) treffen die für ein effizientes Funktionieren des Fonds auf nationaler Ebene erforderlichen Vorkehrungen und beziehen dabei alle an der Asylpolitik Beteiligten gemäß den nationalen Gepflogenheiten ein;
c) benennen eine zuständige Behörde, die die durch den Fonds unterstützten einzelstaatlichen Maßnahmen gemäß den geltenden Rechtsvorschriften der Gemeinschaft und dem Grundsatz der Wirtschaftlichkeit der Haushaltsführung verwaltet;
d) sind in erster Linie für die Finanzkontrolle der Maßnahmen zuständig und sorgen dafür, dass Verwaltungs- und Kontrollsysteme vorhanden sind, die eine effiziente und ordnungsgemäße Verwendung der Gemeinschaftsmittel gewährleisten. Sie übermitteln der Kommission eine Beschreibung dieser Systeme;
e) bestätigen die Richtigkeit der der Kommission vorgelegten Ausgabenerklärungen und tragen dafür Sorge, dass die Angaben in diesen Erklärungen Rechnungsführungssystemen entnommen sind, die sich auf überprüfbare Unterlagen stützen;
f) arbeiten bei der Erhebung der für die Durchführung von Artikel 17 erforderlichen statistischen Daten mit der Kommission zusammen.

(3) Die Kommission sorgt in Zusammenarbeit mit den Mitgliedstaaten für

a) die Verbreitung der Ergebnisse der in der Phase 2000–2004 des Fonds durchgeführten Maßnahmen und der für die Phase 2005–2010 geplanten Maßnahmen;
b) eine angemessene Informations- und Öffentlichkeitsarbeit sowie eine adäquate Begleitung der aus dem Fonds unterstützten Maßnahmen;
c) die Kohärenz der Maßnahmen und die Komplementarität zu anderen einschlägigen politischen Maßnahmen, Instrumenten und Initiativen der Gemeinschaft.

Art. 13 Zuständige Behörden. (1) Jeder Mitgliedstaat benennt eine zuständige Behörde, die der einzige Ansprechpartner der Kommission ist. Die Behörde ist ein funktionelles Organ des Mitgliedstaats oder eine innerstaatliche öffentliche Einrichtung. Die zuständige Behörde kann einige oder alle ihrer Durchführungsaufgaben einer anderen öffentlichen Verwaltung oder einer privatrechtlichen, dem Recht dieses Mitgliedstaats unterliegenden Einrichtung, die öffentliche Aufgaben wahrnimmt, übertragen. Benennt der Mitgliedstaat eine andere zuständige Behörde als sich selbst, so legt er alle Einzelheiten seiner Beziehungen zu dieser Behörde sowie die Einzelheiten der Beziehungen dieser Behörde zur Kommission fest.

(2) Die als zuständige Behörde benannte Einrichtung oder jede beauftragte Behörde erfüllt folgende Mindestbedingungen. Sie

a) ist eine juristische Person, es sei denn, sie ist ein funktionelles Organ des Mitgliedstaats;
b) besitzt die finanziellen und verwaltungstechnischen Kapazitäten, die für das von ihr zu verwaltende Volumen an Gemeinschaftsmitteln angemessen sind und eine ordnungsgemäße Ausführung der Aufgaben gemäß den Vorschriften für die Verwaltung von Mitteln der Gemeinschaft ermöglichen.

(3) Die zuständigen Behörden haben unter anderem folgende Aufgaben wahrzunehmen:

a) Konsultation geeigneter Partner zur Festlegung des Mehrjahresprogramms;
b) Organisation und Bekanntmachung der Ausschreibungen und Aufforderungen zur Einreichung von Vorschlägen;
c) Organisation der Auswahl- und Vergabeverfahren für die Kofinanzierung aus dem Fonds gemäß den Grundsätzen der Transparenz und der Gleichbehandlung, wobei alle erforderlichen Maßnahmen zur Vermeidung von Interessenkonflikten getroffen werden;
d) Gewährleistung der Kohärenz und der Komplementarität zwischen den Kofinanzierungen aus dem Fonds und denen aus den einschlägigen nationalen und gemeinschaftlichen Finanzinstrumenten;
e) administrative, vertragliche und finanzielle Abwicklung der Maßnahmen;
f) Durchführung von Informations- und Beratungsmaßnahmen sowie Verbreitung der Ergebnisse;
g) Begleitung und Bewertung;
h) Zusammenarbeit und Kontakte mit der Kommission und den zuständigen Behörden der anderen Mitgliedstaaten.

(4) Der Mitgliedstaat trägt dafür Sorge, dass die zuständige Behörde oder jede beauftragte Behörde eine angemessene Mittelausstattung erhält, damit sie ihre Aufgaben während der gesamten Phase der Durchführung der aus dem Fonds finanzierten Maßnahmen weiterhin ordnungsgemäß erfüllen kann.

Die Arbeiten zur Durchführung können im Rahmen der in Artikel 18 genannten Vereinbarungen über die technische und administrative Unterstützung finanziert werden.

(5) Die Kommission erlässt nach in Artikel 11 Absatz 2 genannten Verfahren Vorschriften zu den Verwaltungs- und Kontrollsystemen der Mitgliedstaaten, einschließlich der Vorschriften für die Verwaltung und das Finanzmanagement von aus dem Fonds kofinanzierten einzelstaatlichen Maßnahmen.

Art. 14 Auswahlkriterien. Bei der Auswahl legt die zuständige Behörde folgende Kriterien an:
a) Lage und Bedarf in dem Mitgliedstaat;
b) Kosteneffektivität des Projekts unter Berücksichtigung der Zahl der betroffenen Personen;
c) Erfahrung, Sachkunde, Verlässlichkeit und Finanzbeitrag der eine Finanzierung beantragenden Organisation und einer etwaigen Partnerorganisation.
d) Ausmaß, in dem die Projekte andere Maßnahmen ergänzen, die aus dem Gesamthaushalt der Europäischen Union oder als Teil einzelstaatlicher Programme finanziert werden.

Kapitel III. Programmplanung

Art. 15 Mehrjahresprogramme. (1) Die Maßnahmen in den Mitgliedstaaten werden auf der Grundlage von zwei Planungszeiträumen von jeweils drei Jahren (2005–2007 und 2008–2010) durchgeführt.

(2) Für jeden Planungszeitraum schlägt jeder Mitgliedstaat nach Maßgabe der Leitlinien für die Prioritäten der Mehrjahresprogramme und der von der Kommission mitgeteilten vorläufigen Mittelzuweisungen gemäß Artikel 12 Absatz 1 Buchstabe a) einen Entwurf des Mehrjahresprogramms vor, der Folgendes umfasst:
a) eine Beschreibung der aktuellen Lage im Mitgliedstaat hinsichtlich der Bedingungen für die Aufnahme, die Integration und die freiwillige Rückkehr der in Artikel 3 genannten Personen und die sie betreffenden Asylverfahren;
b) eine Analyse des Bedarfs in dem Mitgliedstaat in den Bereichen Aufnahme, Asylverfahren, Integration und freiwillige Rückkehr sowie Angaben über die operativen Ziele zur Deckung dieses Bedarfs in dem betreffenden Planungszeitraum;
c) die Darlegung einer geeigneten Strategie zur Verwirklichung dieser Ziele und der ihnen zugeschriebenen Priorität unter Berücksichtigung der Ergebnisse der Konsultation der Partner gemäß Artikel 13 Absatz 3 Buchstabe a) sowie eine kurze Beschreibung der zur Umsetzung der Prioritäten vorgesehenen Maßnahmen;
d) Angaben darüber, ob diese Strategie mit anderen regionalen, nationalen und gemeinschaftlichen Instrumenten vereinbar ist;
e) einen vorläufigen Finanzierungsplan, in dem für jede Priorität und jedes Jahr die voraussichtliche finanzielle Beteiligung des Fonds und der Gesamtbetrag der öffentlichen oder privaten Kofinanzierungen angegeben sind.

(3) Die Mitgliedstaaten legen ihren Entwurf des Mehrjahresprogramms spätestens vier Monate nach dem Zeitpunkt vor, an dem die Kommission die Leitlinien mitgeteilt und die Mittel für den betreffenden Zeitraum vorläufig zugewiesen hat.

(4) Die Kommission billigt die Entwürfe der Mehrjahresprogramme nach dem in Artikel 11 Absatz 3 genannten Verfahren binnen drei Monaten nach deren Eingang und berücksichtigt dabei die Empfehlungen, die in den gemäß Artikel 12 Absatz 1 Buchstabe a) angenommenen Leitlinien enthalten sind.

Art. 16 Jahresprogramme. (1) Die von der Kommission gebilligten Mehrjahresprogramme werden in Form von Jahresarbeitsprogrammen umgesetzt.

(2) Spätestens zum 1. Juli jedes Jahres teilt die Kommission den Mitgliedstaaten die Beträge mit, die ihnen für das darauf folgende Jahr im Rahmen der globalen, im Zuge des jährlichen Haushaltsverfahrens festgelegten Mittelausstattung in Anwendung der Berechnungsmodalitäten nach Artikel 17 voraussichtlich zugewiesen werden.

(3) Spätestens zum 1. November jedes Jahres unterbreiten die Mitgliedstaaten der Kommission einen gemäß dem gebilligten Mehrjahresprogramm ausgearbeiteten Entwurf für das Jahresprogramm des darauf folgenden Jahres, der Folgendes umfasst:
a) die allgemeinen Bestimmungen für die Auswahl der im Rahmen des Jahresprogramms zu finanzierenden Maßnahmen, sofern sie von den im Mehrjahresprogramm festgelegten Modalitäten abweichen;

b) eine Beschreibung der Aufgaben, die die zuständige Behörde bei der Durchführung des Jahresprogramms wahrzunehmen hat;
c) die voraussichtliche finanzielle Verteilung des Fondsbeitrags auf die verschiedenen Maßnahmen des Programms sowie die Höhe des Betrags, der im Rahmen der technischen und administrativen Unterstützung gemäß Artikel 18 für die Durchführung des Jahresprogramms beantragt wird.

(4) Die Kommission prüft den Vorschlag des Mitgliedstaats unter Berücksichtigung des endgültigen Betrags der dem Fonds im Zuge des Haushaltsverfahrens zugewiesenen Mittel und entscheidet spätestens am 1. März des betreffenden Jahres über die Kofinanzierung aus dem Fonds. In der Kofinanzierungsentscheidung werden der dem Mitgliedstaat zugewiesene Betrag sowie der Zeitraum, in dem die Ausgaben förderfähig sind, angegeben.

(5) Im Fall erheblicher Änderungen bei der Durchführung des Jahresprogramms, die eine Mittelübertragung zwischen den Maßnahmen in Höhe von mehr als 10% des einem Mitgliedstaat für das betreffende Jahr zugewiesenen Gesamtbetrags erfordern, legt der Mitgliedstaat der Kommission spätestens zum Zeitpunkt der Vorlage des Sachstandsberichts nach Artikel 23 Absatz 3 ein überarbeitetes Jahresprogramm vor.

Art. 17 Jährliche Mittelverteilung für die in den Mitgliedstaaten durchgeführten Maßnahmen nach den Artikeln 5, 6 und 7. (1) Jeder Mitgliedstaat erhält aus der jährlichen Mittelausstattung des Fonds einen Pauschalbetrag in Höhe von 300 000 EUR. Dieser Betrag wird für die Jahre 2005, 2006 und 2007 gemäß der neuen Finanziellen Vorausschau für die der Europäischen Union am 1. Mai 2004 beigetretenen Staaten auf 500 000 EUR pro Jahr festgesetzt.

(2) Die restlichen jährlich verfügbaren Mittel werden wie folgt auf die Mitgliedstaaten verteilt:
a) 30% der Mittel nach Maßgabe der Anzahl der Personen, die in den drei vorangegangenen Jahren in die Kategorien nach Artikel 3 Nummern 1 und 2 aufgenommen wurden;
b) 70% der Mittel entsprechend der Anzahl der in Artikel 3 Nummern 3 und 4 genannten Personen, die in den drei vorangegangenen Jahren registriert wurden.

(3) Maßgeblich sind – entsprechend den Gemeinschaftsvorschriften über die Erhebung und Analyse statistischer Daten im Asylbereich – die jeweils aktuellsten Daten des Statistischen Amtes der Europäischen Gemeinschaften.

Art. 18 Technische und administrative Unterstützung. Ein Teil des einem Mitgliedstaat gewährten jährlichen Kofinanzierungsbetrags kann für die technische und administrative Unterstützung bei der Vorbereitung, Begleitung und Bewertung der Maßnahmen vorbehalten werden.

Der für die technische und administrative Unterstützung jährlich vorgesehene Betrag darf 7% des Gesamtbetrags der jährlichen Mittelzuweisung eines Mitgliedstaats zuzüglich 30 000 EUR nicht überschreiten.

Art. 19 Besondere Bestimmungen für Sofortmaßnahmen. (1) Die Mitgliedstaaten unterbreiten der Kommission eine Bedarfsaufstellung und einen Plan für die Durchführung der Sofortmaßnahmen nach Artikel 9 zusammen mit einer Beschreibung der geplanten Maßnahmen und der für ihre Durchführung zuständigen Einrichtungen.

(2) Die finanzielle Beteiligung des Fonds an Sofortmaßnahmen nach Artikel 9 ist auf sechs Monate begrenzt und beträgt höchstens 80% der Kosten einer Maßnahme.

(3) Die verfügbaren Mittel werden auf die Mitgliedstaaten nach Maßgabe der Anzahl der Personen verteilt, die in den einzelnen Mitgliedstaaten vorübergehenden Schutz gemäß Artikel 9 Absatz 1 genießen.

(4) Artikel 20 Absätze 1 und 2 sowie die Artikel 21 und 23 bis 26 finden Anwendung.

Kapitel IV. Finanzmanagement und -kontrolle

Art. 20 Finanzierungsstruktur. (1) Die finanzielle Beteiligung des Fonds erfolgt in Form von nicht rückzahlbaren Finanzhilfen.

(2) Die von dem Fonds unterstützten Maßnahmen werden aus öffentlichen und privaten Quellen kofinanziert, sind gemeinnütziger Art und kommen nicht für eine Finanzierung aus anderen Quellen zulasten des Gesamthaushalts der EU in Betracht.

Entscheidung 2004/904/EG 5.12. **Texte 5**

(3) Die Mittel aus dem Fonds müssen die öffentlichen Ausgaben oder diesen Ausgaben gleichgestellten Ausgaben der Mitgliedstaaten für die unter diese Entscheidung fallenden Maßnahmen ergänzen.

(4) Für den Beitrag der Gemeinschaft zu geförderten Projekten gelten folgende Höchstsätze:
a) im Fall von in den Mitgliedstaaten durchgeführten Maßnahmen nach den Artikeln 5, 6 und 7: 50% der Gesamtkosten der Maßnahme. Dieser Anteil kann bei besonders innovativen Maßnahmen wie Maßnahmen im Zusammenhang mit transnationalen Partnerschaften oder Maßnahmen, an denen die in Artikel 3 genannten Personen oder von diesen Zielgruppen gegründete Organisationen aktiv teilnehmen, auf 60% angehoben werden und wird in den Mitgliedstaaten, die Mittel aus dem Kohäsionsfonds erhalten, auf 75% erhöht.
b) im Fall von Gemeinschaftsmaßnahmen nach Artikel 8, die auf der Grundlage von Aufforderungen zur Einreichung von Vorschlägen durchgeführt werden: 80% der Gesamtkosten der Maßnahme.

(5) In der Regel beziehen sich die im Rahmen des Fonds für Maßnahmen gewährten Finanzhilfen der Gemeinschaft auf einen Zeitraum von höchstens drei Jahren; Voraussetzung hierfür ist jedoch, dass die erzielten Fortschritte regelmäßig überprüft werden.

Art. 21 Förderfähigkeit. (1) Die Ausgaben müssen sich auf die Zahlungen der Endbegünstigten der Finanzhilfen beziehen. Die Ausgaben müssen durch quittierte Rechnungen oder gleichwertige Buchungsnachweise belegt sein.

(2) Für eine Förderung aus dem Fonds kommen ausschließlich Ausgaben in Betracht, die frühestens am 1. Januar des Jahres, auf das sich die Kofinanzierungsentscheidung der Kommission nach Artikel 16 Absatz 4 bezieht, tatsächlich getätigt wurden.

(3) Die Kommission legt nach dem in Artikel 11 Absatz 3 genannten Verfahren die Bestimmungen für die Förderfähigkeit der Ausgaben im Rahmen der in den Mitgliedstaaten nach den Artikeln 5, 6 und 7 durchgeführten und aus dem Fonds kofinanzierten Maßnahmen fest.

Art. 22 Mittelbindungen. Die Bindung der Haushaltsmittel der Gemeinschaft erfolgt jährlich auf der Grundlage der Kofinanzierungsentscheidung der Kommission nach Artikel 16 Absatz 4.

Art. 23 Zahlungen. (1) Die Kommission zahlt den Finanzbeitrag aus dem Fonds nach Maßgabe der gebundenen Haushaltsmittel an die zuständige Behörde.

(2) Eine erste Vorauszahlung in Höhe von 50% des dem Mitgliedstaat in der jährlichen Entscheidung der Kommission über die Kofinanzierung durch den Fonds zugewiesenen Betrags erfolgt binnen 60 Tagen nach Annahme der Kofinanzierungsentscheidung.

(3) Eine zweite Vorauszahlung erfolgt binnen drei Monaten nachdem die Kommission einen Sachstandsbericht über die Durchführung des Jahresarbeitsprogramms genehmigt hat, und sobald eine Erklärung des Mitgliedstaats vorliegt, dass er mindestens 70% des Betrags der ersten Vorauszahlung verausgabt hat. Der Betrag der zweiten Vorauszahlung der Kommission beläuft sich auf höchstens 50% des in der Kofinanzierungsentscheidung zugewiesenen Gesamtbetrags und übersteigt auf keinen Fall den Saldo zwischen dem Betrag der Gemeinschaftsmittel, die der Mitgliedstaat für die im Rahmen des Jahresprogramms ausgewählten Maßnahmen tatsächlich gebunden hat, und dem Betrag der ersten Vorauszahlung.

(4) Die Restzahlung erfolgt spätestens drei Monate nachdem die Kommission den endgültigen Durchführungsbericht und die abschließende Erklärung zu den Ausgaben im Rahmen des Jahresprogramms gemäß Artikel 24 Absatz 3 und Artikel 28 Absatz 2 genehmigt hat; fehlt es an einer solchen Genehmigung, wird ein Antrag auf Rückzahlung der im Rahmen der ersten oder zweiten Vorauszahlungen überwiesenen Beträge, die die gebilligten endgültigen Ausgaben zulasten des Fonds übersteigen, gestellt.

Art. 24 Ausgabenerklärungen. (1) Die zuständige Behörde gewährleistet für alle Ausgaben, die sie der Kommission mitteilt, dass die einzelstaatlichen Durchführungsprogramme nach den geltenden Gemeinschaftsvorschriften verwaltet und die Mittel nach dem Grundsatz der Wirtschaftlichkeit der Haushaltsführung verwendet werden.

(2) Die Richtigkeit der Ausgabenerklärungen ist von einer von der anweisungsbefugten Dienststelle der zuständigen Behörde aufgabenmäßig unabhängigen Person oder Abteilung zu bestätigen.

(3) Binnen neun Monaten nach Ablauf der in der Kofinanzierungsentscheidung für die Tätigung der Ausgaben festgelegten Frist übermittelt die zuständige Behörde der Kommission eine endgültige

Ausgabenerklärung. Wird die Erklärung der Kommission nicht fristgemäß übermittelt, so schließt diese automatisch das Jahresprogramm ab und hebt die betreffenden Mittelbindungen auf.

Art. 25 Kontrollen und Finanzkorrekturen durch die Mitgliedstaaten. (1) Unbeschadet der Zuständigkeit der Kommission für die Ausführung des Gesamthaushaltsplans der Europäischen Gemeinschaften sind in erster Linie die Mitgliedstaaten für die Finanzkontrolle der Maßnahmen zuständig. Zu diesem Zweck treffen sie unter anderem folgende Vorkehrungen:

a) Sie führen auf der Grundlage einer geeigneten Stichprobe Maßnahmenkontrollen durch, die mindestens 10% der für jedes jährliche Durchführungsprogramm förderfähigen Gesamtausgaben betreffen und eine repräsentative Stichprobe der genehmigten Maßnahmen darstellen. Die Mitgliedstaaten gewährleisten eine angemessene Trennung zwischen solchen Kontrollen einerseits und den Durchführungs- oder Auszahlungsverfahren im Rahmen dieser Maßnahmen andererseits.
b) Sie beugen Unregelmäßigkeiten vor, decken sie auf, beheben sie und unterrichten die Kommission vorschriftsgemäß hierüber sowie über den Stand von Verwaltungs- und Gerichtsverfahren.
c) Sie arbeiten mit der Kommission zusammen, um sicherzustellen, dass die Gemeinschaftsmittel nach dem Grundsatz der Wirtschaftlichkeit der Haushaltsführung verwendet werden.

(2) Die Mitgliedstaaten nehmen die in Abhängigkeit von den festgestellten Unregelmäßigkeiten erforderlichen Finanzkorrekturen vor; dabei berücksichtigen sie, ob die Unregelmäßigkeiten Einzelfälle oder ein systematisches Vorgehen betreffen. Die Finanzkorrekturen bestehen in der Streichung oder Kürzung des Beitrags der Gemeinschaft zu den betreffenden Maßnahmen; wird der entsprechende Betrag nicht innerhalb der von dem Mitgliedstaat festgelegten Frist zurückgezahlt, so sind Verzugszinsen zu dem in Artikel 26 Absatz 4 festgesetzten Zinssatz zu entrichten.

(3) Die Kommission legt nach dem in Artikel 11 Absatz 3 genannten Verfahren die Vorschriften und Verfahren für die Finanzkorrekturen der Mitgliedstaaten im Rahmen der in den Mitgliedstaaten durchgeführten und aus dem Fonds kofinanzierten Maßnahmen nach den Artikeln 5, 6 und 7 fest.

Art. 26 Kontrollen und Finanzkorrekturen durch die Kommission. (1) Unbeschadet der Befugnisse des Rechnungshofs und der von den Mitgliedstaaten gemäß den einzelstaatlichen Rechts- und Verwaltungsvorschriften durchgeführten Kontrollen können Beamte oder Bedienstete der Kommission die aus dem Fonds finanzierten Maßnahmen sowie die Verwaltungs- und Kontrollsysteme vor Ort unter anderem mit Stichproben nach einer Vorankündigungsfrist von mindestens drei Arbeitstagen kontrollieren. Die Kommission setzt den betreffenden Mitgliedstaat davon in Kenntnis, damit sie die erforderliche Unterstützung erhält. Beamte oder Bedienstete des Mitgliedstaats können an diesen Kontrollen teilnehmen.

Die Kommission kann von dem betreffenden Mitgliedstaat zur Überprüfung der Ordnungsmäßigkeit eines oder mehrerer Vorgänge eine Kontrolle vor Ort verlangen. Beamte oder Bedienstete der Kommission können an diesen Kontrollen teilnehmen.

(2) Stellt die Kommission nach den erforderlichen Überprüfungen fest, dass ein Mitgliedstaat seine Verpflichtungen nach Artikel 25 nicht erfüllt hat, so setzt sie die Vorauszahlungen oder die Abschlusszahlung im Rahmen der Kofinanzierungen aus dem Fonds für die betreffenden Jahresprogramme aus,

a) wenn ein Mitgliedstaat die Maßnahmen nicht gemäß der Kofinanzierungsentscheidung durchführt oder
b) wenn eine Maßnahme teilweise oder insgesamt weder eine teilweise noch die gesamte Kofinanzierung des Fonds rechtfertigt; oder
c) wenn bei den Verwaltungs- und Kontrollsystemen gravierende Mängel bestehen, die zu systematischen Unregelmäßigkeiten führen könnten.

In diesen Fällen fordert die Kommission den Mitgliedstaat unter Angabe ihrer Gründe auf, seine Stellungnahme zu übermitteln und gegebenenfalls die entsprechenden Korrekturen innerhalb einer vorgegebenen Frist vorzunehmen.

(3) Nach Ablauf der von der Kommission gesetzten Frist kann die Kommission, wenn keine Einigung erzielt wurde und der Mitgliedstaat die Korrekturen nicht vorgenommen hat, unter Berücksichtigung einer etwaigen Stellungnahme des Mitgliedstaats innerhalb einer Frist von drei Monaten entscheiden,

a) die Vorauszahlungen oder die Abschlusszahlung zu kürzen oder
b) die erforderlichen finanziellen Berichtigungen durch die völlige oder teilweise Aufhebung der Beteiligung des Fonds an der betreffenden Maßnahme vorzunehmen.

Ergeht keine Entscheidung gemäß Buchstabe a) oder b), so wird die Aussetzung der Zahlungen unverzüglich beendet.

(4) Zu Unrecht gezahlte oder zurückzufordernde Beträge sind an die Kommission zurückzuzahlen. Werden die fälligen Beträge nicht innerhalb der von der Kommission festgelegten Frist zurückgezahlt, so werden sie in Höhe des von der Europäischen Zentralbank auf ihre Hauptrefinanzierungsgeschäfte in Euro zugrunde gelegten Zinssatzes zuzüglich dreieinhalb Prozentpunkten verzinst. Der Bezugszinssatz, auf den sich der Aufschlag bezieht, ist der, der am ersten Kalendertag des Fälligkeitsmonats gilt und im Amtsblatt der Europäischen Union, Reihe C, veröffentlicht wird.

(5) Die Kommission legt nach dem in Artikel 11 Absatz 3 genannten Verfahren die Vorschriften und Verfahren für die Finanzkorrekturen der Kommission im Rahmen der in den Mitgliedstaaten durchgeführten und aus dem Fonds kofinanzierten Maßnahmen nach den Artikeln 5, 6 und 7 fest.

Kapitel V. Begleitung, Bewertung und Berichte

Art. 27 Begleitung und Bewertung. (1) Die Kommission begleitet in Zusammenarbeit mit den Mitgliedstaaten regelmäßig den Fonds.

(2) Sie bewertet in Zusammenarbeit mit den Mitgliedstaaten den Fonds regelmäßig unter dem Aspekt der Relevanz, der Effizienz und der Auswirkungen der durchgeführten Maßnahmen unter Berücksichtigung der Ziele nach Artikel 1. Sie bewertet ferner die Komplementarität zwischen den im Rahmen des Fonds durchgeführten Maßnahmen und den Maßnahmen im Zusammenhang mit anderen einschlägigen politischen Maßnahmen, Instrumenten und Initiativen der Gemeinschaft.

Art. 28 Berichte. (1) Die zuständige Behörde jedes Mitgliedstaats trifft die erforderlichen Vorkehrungen, um die Begleitung und Bewertung der Maßnahmen zu gewährleisten.

Zu diesem Zweck werden in die Vereinbarungen und Verträge, die sie mit den für die Durchführung der Maßnahme zuständigen Organisationen schließt, Bestimmungen aufgenommen, nach denen regelmäßig detaillierte Sachstandsberichte über die Durchführung dieser Maßnahmen und ein detaillierter Schlussbericht über die Durchführung, aus dem der Stand der Erfüllung der Zielvorgaben ersichtlich wird, vorzulegen sind.

(2) Spätestens neun Monate nach Ablauf der in der Kofinanzierungsentscheidung für ein jedes Jahresprogramm festgesetzten Frist für die Förderfähigkeit der Ausgaben legt die zuständige Behörde der Kommission einen Schlussbericht über die Durchführung der Maßnahmen sowie eine Erklärung über die endgültigen Ausgaben gemäß Artikel 24 Absatz 3 vor.

(3) Die Mitgliedstaaten übermitteln der Kommission

a) spätestens zum 31. Dezember 2006 einen Bericht zur Bewertung der Durchführung der aus dem Fonds kofinanzierten Maßnahmen;
b) spätestens zum 30. Juni 2009 und zum 30. Juni 2012 einen Bericht zur Bewertung der Ergebnisse und Auswirkungen der aus dem Fonds kofinanzierten Maßnahmen.

(4) Die Kommission unterbreitet dem Europäischen Parlament, dem Rat, dem Europäischen Wirtschafts- und Sozialausschuss und dem Ausschuss der Regionen

a) spätestens zum 30. April 2007 einen Zwischenbericht über die erzielten Ergebnisse sowie die qualitativen und quantitativen Aspekte der Ausführung des Fonds, gegebenenfalls zusammen mit Änderungsvorschlägen;
b) spätestens zum 31. Dezember 2009 einen Zwischenbewertungsbericht zusammen mit einem Vorschlag über die künftige Entwicklung des Fonds;
c) spätestens zum 31. Dezember 2012 einen Bericht zur Ex-post-Bewertung.

Kapitel VI. Übergangsbestimmungen

Art. 29 Mehrjahresprogramm für den Zeitraum 2005–2007. Abweichend von Artikel 15 gilt folgender Zeitplan für die Durchführung des Mehrjahresprogramms für den Zeitraum 2005–2007:

a) Die Kommission teilt den Mitgliedstaaten spätestens am 31. Januar 2005 die Planungsleitlinien und die vorläufigen Mittelzuweisungen mit.

b) Die Mitgliedstaaten benennen die zuständige nationale Behörde nach Artikel 13 und legen der Kommission bis zum 1. Mai 2005 ihren Vorschlag für das Mehrjahresprogramm für den Zeitraum 2005–2007 gemäß Artikel 15 vor.

c) Die Kommission billigt nach dem in Artikel 11 Absatz 3 genannten Verfahren die Mehrjahresprogramme binnen zwei Monaten nach Eingang des Vorschlags für das Mehrjahresprogramm.

Art. 30 Jahresprogramm 2005. Abweichend von Artikel 16 gilt folgender Zeitplan für die Durchführung im Haushaltsjahr 2005:

a) Die Kommission teilt den Mitgliedstaaten bis zum 31. Januar 2005 die Beträge mit, die ihnen voraussichtlich zugewiesen werden.

b) Die Mitgliedstaaten legen der Kommission spätestens zum 1. Juni 2005 ihren Vorschlag für das Jahresprogramm nach Artikel 16 vor; diesem Vorschlag muss eine Beschreibung der Verwaltungs- und Kontrollsysteme beigefügt sein, die eingeführt werden, um eine wirksame und ordnungsgemäße Verwendung der Gemeinschaftsmittel zu gewährleisten.

c) Die Kommission nimmt Kofinanzierungsentscheidungen nach Überprüfung der in Artikel 12 Absatz 1 Buchstabe b) genannten Einzelheiten spätestens zwei Monate nach Erhalt des Vorschlags für das Jahresprogramm an.

Ausgaben, die zwischen dem 1. Januar 2005 und dem Zeitpunkt der Annahme der Kofinanzierungsentscheidungen getätigt werden, kommen für eine Förderung aus dem Fonds in Betracht.

Kapitel VII. Schlussbestimmungen

Art. 31 Überprüfung. Der Rat überprüft diese Entscheidung auf Vorschlag der Kommission bis zum 31. Dezember 2010.

Art. 32 Adressaten. Diese Entscheidung ist gemäß dem Vertrag zur Gründung der Europäischen Gemeinschaft an die Mitgliedstaaten gerichtet.

6.1. Asylverfahrensgesetz

in der Fassung der Bekanntmachung vom 27. Juli 1993 (BGBl. I 1361), zuletzt geändert durch Gesetz vom 14. März 2005 (BGBl. I 721)

Erster Abschnitt. Allgemeine Bestimmungen

§ 1 Geltungsbereich. (1) Dieses Gesetz gilt für Ausländer, die Schutz als politisch Verfolgte nach Artikel 16a Abs. 1 des Grundgesetzes oder Schutz vor Abschiebung oder einer sonstigen Rückführung in einen Staat beantragen, in dem ihnen die in § 60 Abs. 1 des Aufenthaltsgesetzes bezeichneten Gefahren drohen.

(2) Dieses Gesetz gilt nicht für heimatlose Ausländer im Sinne des Gesetzes über die Rechtsstellung heimatloser Ausländer im Bundesgebiet in der im Bundesgesetzblatt Teil III, Gliederungsnummer 243-1, veröffentlichten bereinigten Fassung in der jeweils geltenden Fassung.

§ 2 Rechtsstellung Asylberechtigter. (1) Asylberechtigte genießen im Bundesgebiet die Rechtsstellung nach dem Abkommen über die Rechtsstellung der Flüchtlinge vom 28. Juli 1951 (BGBl. 1953 II S. 559).

(2) Unberührt bleiben die Vorschriften, die den Asylberechtigten eine günstigere Rechtsstellung einräumen.

(3) Ausländer, denen bis zum Wirksamwerden des Beitritts in dem in Artikel 3 des Einigungsvertrages genannten Gebiet Asyl gewährt worden ist, gelten als Asylberechtigte.

§ 3 Rechtsstellung sonstiger politisch Verfolgter. Ein Ausländer ist Flüchtling im Sinne des Abkommens über die Rechtsstellung der Flüchtlinge, wenn das Bundesamt für Migration und Flücht-

Asylverfahrensgesetz

linge oder ein Gericht unanfechtbar festgestellt hat, daß ihm in dem Staat, dessen Staatsangehörigkeit er besitzt oder in dem er als Staatenloser seinen gewöhnlichen Aufenthalt hatte, die in § 60 Abs. 1 des Aufenthaltsgesetzes bezeichneten Gefahren drohen.

§ 4 Verbindlichkeit asylrechtlicher Entscheidungen. Die Entscheidung über den Asylantrag ist in allen Angelegenheiten verbindlich, in denen die Anerkennung oder das Vorliegen der Voraussetzungen des § 60 Abs. 1 des Aufenthaltsgesetzes rechtserheblich ist. Dies gilt nicht für das Auslieferungsverfahren sowie das Verfahren nach § 58 a des Aufenthaltsgesetzes.

§ 5 Bundesamt. (1) Über Asylanträge einschließlich der Feststellungen, ob die Voraussetzungen des § 60 Abs. 1 des Aufenthaltsgesetzes vorliegen, entscheidet das Bundesamt für Migration und Flüchtlinge. Es ist nach Maßgabe dieses Gesetzes auch für ausländerrechtliche Maßnahmen und Entscheidungen zuständig.

(2) Das Bundesministerium des Innern bestellt den Leiter des Bundesamtes. Dieser sorgt für die ordnungsgemäße Organisation der Asylverfahren.

(3) Der Leiter des Bundesamtes soll bei jeder Zentralen Aufnahmeeinrichtung für Asylbewerber (Aufnahmeeinrichtung) mit mindestens 500 Unterbringungsplätzen eine Außenstelle einrichten. Er kann in Abstimmung mit den Ländern weitere Außenstellen einrichten.

(4) Der Leiter des Bundesamtes kann mit den Ländern vereinbaren, ihm sachliche und personelle Mittel zur notwendigen Erfüllung seiner Aufgaben in den Außenstellen zur Verfügung zu stellen. Die ihm zur Verfügung gestellten Bediensteten unterliegen im gleichen Umfang seinen fachlichen Weisungen wie die Bediensteten des Bundesamtes. Die näheren Einzelheiten sind in einer Verwaltungsvereinbarung zwischen dem Bund und dem Land zu regeln.

§ 6 *(aufgehoben)*

§ 7 Erhebung personenbezogener Daten. (1) Die mit der Ausführung dieses Gesetzes betrauten Behörden dürfen zum Zwecke der Ausführung dieses Gesetzes personenbezogene Daten erheben, soweit dies zur Erfüllung ihrer Aufgaben erforderlich ist. Daten im Sinne des § 3 Abs. 9 des Bundesdatenschutzgesetzes sowie entsprechender Vorschriften der Datenschutzgesetze der Länder dürfen erhoben werden, soweit dies im Einzelfall zur Aufgabenerfüllung erforderlich ist.

(2) Die Daten sind beim Betroffenen zu erheben. Sie dürfen auch ohne Mitwirkung des Betroffenen bei anderen öffentlichen Stellen, ausländischen Behörden und nichtöffentlichen Stellen erhoben werden, wenn
1. dieses Gesetz oder eine andere Rechtsvorschrift es vorsieht oder zwingend voraussetzt,
2. es offensichtlich ist, daß es im Interesse des Betroffenen liegt und kein Grund zu der Annahme besteht, daß er in Kenntnis der Erhebung seine Einwilligung verweigern würde,
3. die Mitwirkung des Betroffenen nicht ausreicht oder einen unverhältnismäßigen Aufwand erfordern würde,
4. die zu erfüllende Aufgabe ihrer Art nach eine Erhebung bei anderen Personen oder Stellen erforderlich macht oder
5. es zur Überprüfung der Angaben des Betroffenen erforderlich ist. Nach Satz 2 Nr. 3 und 4 sowie bei ausländischen Behörden und nichtöffentlichen Stellen dürfen Daten nur erhoben werden, wenn keine Anhaltspunkte dafür bestehen, daß überwiegende schutzwürdige Interessen des Betroffenen beeinträchtigt werden.

§ 8 Übermittlung personenbezogener Daten. (1) Öffentliche Stellen haben auf Ersuchen (§ 7 Abs. 1) den mit der Ausführung dieses Gesetzes betrauten Behörden ihnen bekannt gewordene Umstände mitzuteilen, soweit besondere gesetzliche Verwendungsregelungen oder überwiegende schutzwürdige Interessen des Betroffenen nicht entgegenstehen.

(2) Die zuständigen Behörden unterrichten das Bundesamt unverzüglich über ein förmliches Auslieferungsersuchen und ein mit der Ankündigung des Auslieferungsersuchens verbundenes Festnahmeersuchen eines anderen Staates sowie über den Abschluß des Auslieferungsverfahrens, wenn der Ausländer einen Asylantrag gestellt hat.

(2 a) Die mit der Ausführung dieses Gesetzes betrauten Behörden teilen Umstände und Maßnahmen nach diesem Gesetz, deren Kenntnis für die Leistung an Leistungsberechtigte des Asylbewerberleistungsgesetzes erforderlich ist, sowie die ihnen mitgeteilten Erteilungen von Arbeitserlaubnissen an diese

Personen und Angaben über das Erlöschen, den Widerruf oder die Rücknahme der Arbeitserlaubnisse den nach § 10 des Asylbewerberleistungsgesetzes zuständigen Behörden mit.

(3) Die nach diesem Gesetz erhobenen Daten dürfen auch zum Zwecke der Ausführung des Aufenthaltsgesetzes und der gesundheitlichen Betreuung und Versorgung von Asylbewerbern sowie für Maßnahmen der Strafverfolgung und auf Ersuchen zur Verfolgung von Ordnungswidrigkeiten den damit betrauten öffentlichen Stellen, soweit es zur Erfüllung der in ihrer Zuständigkeit liegenden Aufgaben erforderlich ist, übermittelt und von diesen dafür verarbeitet und genutzt werden. Sie dürfen an eine in § 35 Abs. 1 des Ersten Buches Sozialgesetzbuch genannte Stelle übermittelt und von dieser verarbeitet und genutzt werden, soweit dies für die Aufdeckung und Verfolgung von unberechtigtem Bezug von Leistungen nach dem Zwölften Buch Sozialgesetzbuch, von Leistungen der Kranken- und Unfallversicherungsträger oder von Arbeitslosengeld oder Leistungen zur Sicherung des Lebensunterhalts nach dem Zweiten Buch Sozialgesetzbuch erforderlich ist und wenn tatsächliche Anhaltspunkte für einen unberechtigten Bezug vorliegen. § 88 Abs. 1 bis 3 des Aufenthaltsgesetzes findet entsprechende Anwendung.

(4) Eine Datenübermittlung auf Grund anderer gesetzlicher Vorschriften bleibt unberührt.

(5) Die Regelung des § 20 Abs. 5 des Bundesdatenschutzgesetzes sowie entsprechende Vorschriften der Datenschutzgesetze der Länder finden keine Anwendung.

§ 9 Hoher Flüchtlingskommissar der Vereinten Nationen. (1) Der Ausländer kann sich an den Hohen Flüchtlingskommissar der Vereinten Nationen wenden.

(2) Das Bundesamt übermittelt dem Hohen Flüchtlingskommissar der Vereinten Nationen auf dessen Ersuchen zur Erfüllung seiner Aufgaben nach Artikel 35 des Abkommens über die Rechtsstellung der Flüchtlinge seine Entscheidungen und deren Begründungen.

(3) Sonstige Angaben, insbesondere die vorgetragenen Verfolgungsgründe dürfen, außer in anonymisierter Form, nur übermittelt werden, wenn sich der Ausländer selbst an den Hohen Flüchtlingskommissar der Vereinten Nationen gewandt hat oder die Einwilligung des Ausländers anderweitig nachgewiesen ist. Der Einwilligung des Ausländers bedarf es nicht, wenn dieser sich nicht mehr im Bundesgebiet aufhält und kein Grund zu der Annahme besteht, daß schutzwürdige Interessen des Ausländers entgegenstehen.

(4) Die Daten dürfen nur zu dem Zweck verwendet werden, zu dem sie übermittelt wurden.

§ 10 Zustellungsvorschriften. (1) Der Ausländer hat während der Dauer des Asylverfahrens vorzusorgen, daß ihn Mitteilungen des Bundesamtes, der zuständigen Ausländerbehörde und der angerufenen Gerichte stets erreichen können; insbesondere hat er jeden Wechsel seiner Anschrift den genannten Stellen unverzüglich anzuzeigen.

(2) Der Ausländer muß Zustellungen und formlose Mitteilungen unter der letzten Anschrift, die der jeweiligen Stelle auf Grund seines Asylantrages oder seiner Mitteilung bekannt ist, gegen sich gelten lassen, wenn er für das Verfahren weder einen Bevollmächtigten bestellt noch einen Empfangsberechtigten benannt hat oder diesen nicht zugestellt werden kann. Das gleiche gilt, wenn die letzte bekannte Anschrift, unter der der Ausländer wohnt oder zu wohnen verpflichtet ist, durch eine öffentliche Stelle mitgeteilt worden ist. Der Ausländer muß Zustellungen und formlose Mitteilungen anderer als der in Absatz 1 bezeichneten öffentlichen Stellen unter der Anschrift gegen sich gelten lassen, unter der er nach den Sätzen 1 und 2 Zustellungen und formlose Mitteilungen des Bundesamtes gegen sich gelten lassen muß. Kann die Sendung dem Ausländer nicht zugestellt werden, so gilt die Zustellung mit der Aufgabe zur Post als bewirkt, selbst wenn die Sendung als unzustellbar zurückkommt.

(3) Betreiben Eltern oder Elternteile mit ihren minderjährigen ledigen Kindern oder Ehegatten jeweils ein gemeinsames Asylverfahren und ist nach Absatz 2 für alle Familienangehörigen dieselbe Anschrift maßgebend, können für sie bestimmte Entscheidungen und Mitteilungen in einem Bescheid oder einer Mitteilung zusammengefaßt und einem Ehegatten oder Elternteil zugestellt werden. In der Anschrift sind alle Familienangehörigen zu nennen, die das 16. Lebensjahr vollendet haben und für die die Entscheidung oder Mitteilung bestimmt ist. In der Entscheidung oder Mitteilung ist ausdrücklich darauf hinzuweisen, gegenüber welchen Familienangehörigen sie gilt.

(4) In einer Aufnahmeeinrichtung hat diese Zustellungen und formlose Mitteilungen an die Ausländer, die nach Maßgabe des Absatzes 2 Zustellungen und formlose Mitteilungen unter der Anschrift der Aufnahmeeinrichtung gegen sich gelten lassen müssen, vorzunehmen. Postausgabe- und Postverteilungszeiten sind für jeden Werktag durch Aushang bekanntzumachen. Der Ausländer hat sicherzustellen, daß ihm Posteingänge während der Postausgabe- und Postverteilungszeiten in der Aufnahmeeinrichtung ausgehändigt werden können. Zustellungen und formlose Mitteilungen sind mit der

Asylverfahrensgesetz 6.1. **Texte 5**

Aushändigung an den Ausländer bewirkt; im übrigen gelten sie am dritten Tag nach Übergabe an die Aufnahmeeinrichtung als bewirkt.

(5) Die Vorschriften über die Ersatzzustellung bleiben unberührt.

(6) Müßte eine Zustellung außerhalb des Bundesgebiets erfolgen, so ist durch öffentliche Bekanntmachung zuzustellen. Die Vorschriften des § 15 Abs. 2 und 3, Abs. 5 Satz 2 und 3 und Abs. 6 des Verwaltungszustellungsgesetzes finden Anwendung.

(7) Der Ausländer ist bei der Antragstellung schriftlich und gegen Empfangsbestätigung auf diese Zustellungsvorschriften hinzuweisen.

§ 11 Ausschluß des Widerspruchs. Gegen Maßnahmen und Entscheidungen nach diesem Gesetz findet kein Widerspruch statt.

§ 11a Vorübergehende Aussetzung von Entscheidungen. Das Bundesministerium des Innern kann Entscheidungen des Bundesamtes nach diesem Gesetz zu bestimmten Herkunftsländern für die Dauer von sechs Monaten vorübergehend aussetzen, wenn die Beurteilung der asyl- und abschiebungsrelevanten Lage besonderer Aufklärung bedarf. Die Aussetzung nach Satz 1 kann verlängert werden.

Zweiter Abschnitt. Asylverfahren

Erster Unterabschnitt. Allgemeine Verfahrensvorschriften

§ 12 Handlungsfähigkeit Minderjähriger. (1) Fähig zur Vornahme von Verfahrenshandlungen nach diesem Gesetz ist auch ein Ausländer, der das 16. Lebensjahr vollendet hat, sofern er nicht nach Maßgabe des Bürgerlichen Gesetzbuches geschäftsunfähig oder im Falle seiner Volljährigkeit in dieser Angelegenheit zu betreuen und einem Einwilligungsvorbehalt zu unterstellen wäre.

(2) Bei der Anwendung dieses Gesetzes sind die Vorschriften des Bürgerlichen Gesetzbuches dafür maßgebend, ob ein Ausländer als minderjährig oder volljährig anzusehen ist. Die Geschäftsfähigkeit und die sonstige rechtliche Handlungsfähigkeit eines nach dem Recht seines Heimatstaates volljährigen Ausländers bleiben davon unberührt.

(3) Im Asylverfahren ist vorbehaltlich einer abweichenden Entscheidung des Vormundschaftsgerichts jeder Elternteil zur Vertretung eines Kindes unter 16 Jahren befugt, wenn sich der andere Elternteil nicht im Bundesgebiet aufhält oder sein Aufenthaltsort im Bundesgebiet unbekannt ist.

§ 13 Asylantrag. (1) Ein Asylantrag liegt vor, wenn sich dem schriftlich, mündlich oder auf andere Weise geäußerten Willen des Ausländers entnehmen läßt, daß er im Bundesgebiet Schutz vor politischer Verfolgung sucht oder daß er Schutz vor Abschiebung oder einer sonstigen Rückführung in einen Staat begehrt, in dem ihm die in § 60 Abs. 1 des Aufenthaltsgesetzes bezeichneten Gefahren drohen.

(2) Mit jedem Asylantrag wird sowohl die Feststellung, daß die Voraussetzungen des § 60 Abs. 1 des Aufenthaltsgesetzes vorliegen, als auch, wenn der Ausländer dies nicht ausdrücklich ablehnt, die Anerkennung als Asylberechtigter beantragt.

(3) Ein Ausländer, der nicht im Besitz der erforderlichen Einreisepapiere ist, hat an der Grenze um Asyl nachzusuchen (§ 18). Im Falle der unerlaubten Einreise hat er sich unverzüglich bei einer Aufnahmeeinrichtung zu melden (§ 22) oder bei der Ausländerbehörde oder der Polizei um Asyl nachzusuchen (§ 19).

§ 14 Antragstellung. (1) Der Asylantrag ist bei der Außenstelle des Bundesamtes zu stellen, die der für die Aufnahme des Ausländers zuständigen Aufnahmeeinrichtung zugeordnet ist. Der Ausländer ist vor der Antragstellung schriftlich und gegen Empfangsbestätigung darauf hinzuweisen, dass nach Rücknahme oder unanfechtbarer Ablehnung seines Asylantrages die Erteilung eines Aufenthaltstitels gemäß § 10 Abs. 3 des Aufenthaltsgesetzes Beschränkungen unterliegt. In Fällen des Absatzes 2 Satz 1 Nr. 2 ist der Hinweis unverzüglich nachzuholen.

(2) Der Asylantrag ist beim Bundesamt zu stellen, wenn der Ausländer

1. einen Aufenthaltstitel mit einer Gesamtgeltungsdauer von mehr als sechs Monaten besitzt,
2. sich in Haft oder sonstigem öffentlichem Gewahrsam, in einem Krankenhaus, einer Heil- oder Pflegeanstalt oder in einer Jugendhilfeeinrichtung befindet, oder
3. noch nicht das 16. Lebensjahr vollendet hat und sein gesetzlicher Vertreter nicht verpflichtet ist, in einer Aufnahmeeinrichtung zu wohnen.

Die Ausländerbehörde leitet einen bei ihr eingereichten schriftlichen Antrag unverzüglich dem Bundesamt zu.

(3) Befindet sich der Ausländer in den Fällen des Absatzes 2 Satz 1 Nr. 2 in

1. Untersuchungshaft,
2. Strafhaft,
3. Vorbereitungshaft nach § 62 Abs. 1 des Aufenthaltsgesetzes,
4. Sicherungshaft nach § 62 Abs. 2 Satz 1 Nr. 1 des Aufenthaltsgesetzes, weil er sich nach der unerlaubten Einreise länger als einen Monat ohne Aufenthaltsgenehmigung im Bundesgebiet aufgehalten hat,
5. Sicherungshaft nach § 62 Abs. 2 Satz 1 Nr. 2 bis 5 des Aufenthaltsgesetzes,

steht die Asylantragstellung der Anordnung oder Aufrechterhaltung von Abschiebungshaft nicht entgegen. Dem Ausländer ist unverzüglich Gelegenheit zu geben, mit einem Rechtsbeistand seiner Wahl Verbindung aufzunehmen, es sei denn, er hat sich selbst vorher anwaltlichen Beistands versichert. Die Abschiebungshaft endet mit der Zustellung der Entscheidung des Bundesamtes, spätestens jedoch vier Wochen nach Eingang des Asylantrags beim Bundesamt, es sei denn, der Asylantrag wurde als unbeachtlich oder offensichtlich unbegründet abgelehnt.

§ 14 a Familieneinheit. (1) Mit der Asylantragstellung nach § 14 gilt ein Asylantrag auch für jedes Kind des Ausländers als gestellt, das ledig ist, das 16. Lebensjahr noch nicht vollendet hat und sich zu diesem Zeitpunkt im Bundesgebiet aufhält, ohne im Besitz eines Aufenthaltstitels zu sein, wenn es zuvor noch keinen Asylantrag gestellt hatte.

(2) Reist ein lediges, unter 16 Jahre altes Kind des Ausländers nach dessen Asylantragstellung ins Bundesgebiet ein oder wird es hier geboren, so ist dies dem Bundesamt unverzüglich anzuzeigen, wenn ein Elternteil eine Aufenthaltsgestattung besitzt oder sich nach Abschluss seines Asylverfahrens ohne Aufenthaltstitel oder mit einer Aufenthaltserlaubnis nach § 25 Abs. 5 Satz 1 des Aufenthaltsgesetzes im Bundesgebiet aufhält. Die Anzeigepflicht obliegt neben dem Vertreter des Kindes im Sinne von § 12 Abs. 3 auch der Ausländerbehörde. Mit Zugang der Anzeige beim Bundesamt gilt ein Asylantrag für das Kind als gestellt.

(3) Der Vertreter des Kindes im Sinne von § 12 Abs. 3 kann jederzeit auf die Durchführung eines Asylverfahrens für das Kind verzichten, indem er erklärt, dass dem Kind keine politische Verfolgung droht.

§ 15 Allgemeine Mitwirkungspflichten. (1) Der Ausländer ist persönlich verpflichtet, bei der Aufklärung des Sachverhalts mitzuwirken. Dies gilt auch, wenn er sich durch einen Bevollmächtigten vertreten läßt.

(2) Er ist insbesondere verpflichtet,

1. den mit der Ausführung dieses Gesetzes betrauten Behörden die erforderlichen Angaben mündlich und nach Aufforderung auch schriftlich zu machen;
2. das Bundesamt unverzüglich zu unterrichten, wenn ihm ein Aufenthaltstitel erteilt worden ist;
3. den gesetzlichen und behördlichen Anordnungen, sich bei bestimmten Behörden oder Einrichtungen zu melden oder dort persönlich zu erscheinen, Folge zu leisten;
4. seinen Paß oder Paßersatz den mit der Ausführung dieses Gesetzes betrauten Behörden vorzulegen, auszuhändigen und zu überlassen;
5. alle erforderlichen Urkunden und sonstigen Unterlagen, die in seinem Besitz sind, den mit der Ausführung dieses Gesetzes betrauten Behörden vorzulegen, auszuhändigen und zu überlassen;
6. im Falle des Nichtbesitzes eines gültigen Passes oder Paßersatzes an der Beschaffung eines Identitätspapiers mitzuwirken;
7. die vorgeschriebenen erkennungsdienstlichen Maßnahmen zu dulden.

(3) Erforderliche Urkunden und sonstige Unterlagen nach Absatz 2 Nr. 5 sind insbesondere

1. alle Urkunden und Unterlagen, die neben dem Paß oder Paßersatz für die Feststellung der Identität und Staatsangehörigkeit von Bedeutung sein können,
2. von anderen Staaten erteilte Visa, Aufenthaltsgenehmigungen und sonstige Grenzübertrittspapiere,
3. Flugscheine und sonstige Fahrausweise,
4. Unterlagen über den Reiseweg vom Herkunftsland in das Bundesgebiet, die benutzten Beförderungsmittel und über den Aufenthalt in anderen Staaten nach der Ausreise aus dem Herkunftsland und vor der Einreise in das Bundesgebiet sowie

Asylverfahrensgesetz   6.1. **Texte 5**

5. alle sonstigen Urkunden und Unterlagen, auf die der Ausländer sich beruft oder die für die zu treffenden asyl- und ausländerrechtlichen Entscheidungen und Maßnahmen einschließlich der Feststellung und Geltendmachung einer Rückführungsmöglichkeit in einen anderen Staat von Bedeutung sind.

(4) Die mit der Ausführung dieses Gesetzes betrauten Behörden können den Ausländer und Sachen, die von ihm mitgeführt werden, durchsuchen, wenn der Ausländer seinen Verpflichtungen nach Absatz 2 Nr. 4 und 5 nicht nachkommt und Anhaltspunkte bestehen, daß er im Besitz solcher Unterlagen ist. Der Ausländer darf nur von einer Person gleichen Geschlechts durchsucht werden.

(5) Durch die Rücknahme des Asylantrags werden die Mitwirkungspflichten des Ausländers nicht beendet.

§ 16 Sicherung der Identität. (1) Die Identität eines Ausländers, der um Asyl nachsucht, ist durch erkennungsdienstliche Maßnahmen zu sichern, es sei denn, daß er noch nicht das 14. Lebensjahr vollendet hat. Nach Satz 1 dürfen nur Lichtbilder und Abdrucke aller zehn Finger aufgenommen werden. Zur Bestimmung des Herkunftsstaates oder der Herkunftsregion des Ausländers kann das gesprochene Wort außerhalb der förmlichen Anhörung des Ausländers auf Ton- oder Datenträger aufgezeichnet werden. Diese Erhebung darf nur erfolgen, wenn der Ausländer vorher darüber in Kenntnis gesetzt wurde. Die Sprachaufzeichnungen werden beim Bundesamt aufbewahrt.

(2) Zuständig für die Maßnahmen nach Absatz 1 sind das Bundesamt und, sofern der Ausländer dort um Asyl nachsucht, auch die in den §§ 18 und 19 bezeichneten Behörden sowie die Aufnahmeeinrichtung, bei der sich der Ausländer meldet.

(3) Das Bundeskriminalamt leistet Amtshilfe bei der Auswertung der nach Absatz 1 gewonnenen Fingerabdruckblätter zum Zwecke der Identitätssicherung. Es darf hierfür auch von ihm zur Erfüllung seiner Aufgaben aufbewahrte erkennungsdienstliche Unterlagen verwenden. Das Bundeskriminalamt darf den in Absatz 2 bezeichneten Behörden den Grund der Aufbewahrung dieser Unterlagen nicht mitteilen, soweit dies nicht nach anderen Rechtsvorschriften zulässig ist.

(4) Die nach Absatz 1 Satz 1 und 2 gewonnenen Unterlagen werden vom Bundeskriminalamt getrennt von anderen erkennungsdienstlichen Unterlagen aufbewahrt und gesondert gekennzeichnet. Entsprechendes gilt für die Verarbeitung in Dateien.

(4 a) Die nach Absatz 1 Satz 1 gewonnenen Daten dürfen zur Feststellung der Identität oder Staatsangehörigkeit des Ausländers an das Bundesverwaltungsamt übermittelt werden, um sie mit den Daten nach § 49 b des Aufenthaltsgesetzes abzugleichen. § 89 a des Aufenthaltsgesetzes findet entsprechende Anwendung.

(5) Die Verarbeitung und Nutzung der nach Absatz 1 gewonnenen Unterlagen ist auch zulässig zur Feststellung der Identität oder Zuordnung von Beweismitteln für Zwecke des Strafverfahrens oder zur Gefahrenabwehr. Die Unterlagen dürfen ferner für die Identifizierung unbekannter oder vermißter Personen verwendet werden.

(6) Die nach Absatz 1 gewonnenen Unterlagen sind zehn Jahre nach unanfechtbarem Abschluss des Asylverfahrens zu vernichten. Die entsprechenden Daten sind zu löschen.

§ 17 Sprachmittler. (1) Ist der Ausländer der deutschen Sprache nicht hinreichend kundig, so ist von Amts wegen bei der Anhörung ein Dolmetscher, Übersetzer oder sonstiger Sprachmittler hinzuzuziehen, der in die Muttersprache des Ausländers oder in eine andere Sprache zu übersetzen hat, in der der Ausländer sich mündlich verständigen kann.

(2) Der Ausländer ist berechtigt, auf seine Kosten auch einen geeigneten Sprachmittler seiner Wahl hinzuzuziehen.

Zweiter Unterabschnitt. Einleitung des Asylverfahrens

§ 18 Aufgaben der Grenzbehörde. (1) Ein Ausländer, der bei einer mit der polizeilichen Kontrolle des grenzüberschreitenden Verkehrs beauftragten Behörde (Grenzbehörde) um Asyl nachsucht, ist unverzüglich an die zuständige oder, sofern diese nicht bekannt ist, an die nächstgelegene Aufnahmeeinrichtung zur Meldung weiterzuleiten.

(2) Dem Ausländer ist die Einreise zu verweigern, wenn
1. er aus einem sicheren Drittstaat (§ 26 a) einreist,
2. die Voraussetzungen des § 27 Abs. 1 oder 2 offensichtlich vorliegen oder

5 Texte 6.1.

3. er eine Gefahr für die Allgemeinheit bedeutet, weil er in der Bundesrepublik Deutschland wegen einer besonders schweren Straftat zu einer Freiheitsstrafe von mindestens drei Jahren rechtskräftig verurteilt worden ist, und seine Ausreise nicht länger als drei Jahre zurückliegt.

(3) Der Ausländer ist zurückzuschieben, wenn er von der Grenzbehörde im grenznahen Raum in unmittelbarem zeitlichem Zusammenhang mit einer unerlaubten Einreise angetroffen wird und die Voraussetzungen des Absatzes 2 vorliegen.

(4) Von der Einreiseverweigerung oder Zurückschiebung ist im Falle der Einreise aus einem sicheren Drittstaat (§ 26 a) abzusehen, soweit

1. die Bundesrepublik Deutschland auf Grund eines völkerrechtlichen Vertrages mit dem sicheren Drittstaat für die Durchführung eines Asylverfahrens zuständig ist oder
2. das Bundesministerium des Innern es aus völkerrechtlichen oder humanitären Gründen oder zur Wahrung politischer Interessen der Bundesrepublik Deutschland angeordnet hat.

(5) Die Grenzbehörde hat den Ausländer erkennungsdienstlich zu behandeln.

§ 18 a Verfahren bei Einreise auf dem Luftwege. (1) Bei Ausländern aus einem sicheren Herkunftsstaat (§ 29 a), die über einen Flughafen einreisen wollen und bei der Grenzbehörde um Asyl nachsuchen, ist das Asylverfahren vor der Entscheidung über die Einreise durchzuführen, soweit die Unterbringung auf dem Flughafengelände während des Verfahrens möglich oder lediglich wegen einer erforderlichen stationären Krankenhausbehandlung nicht möglich ist. Das gleiche gilt für Ausländer, die bei der Grenzbehörde auf einem Flughafen um Asyl nachsuchen und sich dabei nicht mit einem gültigen Paß oder Paßersatz ausweisen. Dem Ausländer ist unverzüglich Gelegenheit zur Stellung des Asylantrages bei der Außenstelle des Bundesamtes zu geben, die der Grenzkontrollstelle zugeordnet ist. Die persönliche Anhörung des Ausländers durch das Bundesamt soll unverzüglich stattfinden. Dem Ausländer ist danach unverzüglich Gelegenheit zu geben, mit einem Rechtsbeistand seiner Wahl Verbindung aufzunehmen, es sei denn, er hat sich selbst vorher anwaltlichen Beistands versichert. § 18 Abs. 2 bleibt unberührt.

(2) Lehnt das Bundesamt den Asylantrag als offensichtlich unbegründet ab, droht es dem Ausländer nach Maßgabe der §§ 34 und 36 Abs. 1 vorsorglich für den Fall der Einreise die Abschiebung an.

(3) Wird der Asylantrag als offensichtlich unbegründet abgelehnt, ist dem Ausländer die Einreise zu verweigern. Die Entscheidungen des Bundesamtes sind zusammen mit der Einreiseverweigerung von der Grenzbehörde zuzustellen. Diese übermittelt unverzüglich dem zuständigen Verwaltungsgericht eine Kopie ihrer Entscheidung und den Verwaltungsvorgang des Bundesamtes.

(4) Ein Antrag auf Gewährung vorläufigen Rechtsschutzes nach der Verwaltungsgerichtsordnung ist innerhalb von drei Tagen nach Zustellung der Entscheidungen des Bundesamtes und der Grenzbehörde zu stellen. Der Antrag kann bei der Grenzbehörde gestellt werden. Der Ausländer ist hierauf hinzuweisen. § 58 der Verwaltungsgerichtsordnung ist entsprechend anzuwenden. Die Entscheidung soll im schriftlichen Verfahren ergehen. § 36 Abs. 4 ist anzuwenden. Im Falle der rechtzeitigen Antragstellung darf die Einreiseverweigerung nicht vor der gerichtlichen Entscheidung (§ 36 Abs. 3 Satz 9) vollzogen werden.

(5) Jeder Antrag nach Absatz 4 richtet sich auf Gewährung der Einreise und für den Fall der Einreise gegen die Abschiebungsandrohung. Die Anordnung des Gerichts, dem Ausländer die Einreise zu gestatten, gilt zugleich als Aussetzung der Abschiebung.

(6) Dem Ausländer ist die Einreise zu gestatten, wenn

1. das Bundesamt der Grenzbehörde mitteilt, daß es nicht kurzfristig entscheiden kann,
2. das Bundesamt nicht innerhalb von zwei Tagen nach Stellung des Asylantrags über diesen entschieden hat oder
3. das Gericht nicht innerhalb von vierzehn Tagen über einen Antrag nach Absatz 4 entschieden hat.

§ 19 Aufgaben der Ausländerbehörde und der Polizei. (1) Ein Ausländer, der bei einer Ausländerbehörde oder bei der Polizei des Landes um Asyl nachsucht, ist in den Fällen des § 14 Abs. 1 unverzüglich an die zuständige oder, soweit diese nicht bekannt ist, an die nächstgelegene Aufnahmeeinrichtung zur Meldung weiterzuleiten.

(2) Die Ausländerbehörde und die Polizei haben den Ausländer erkennungsdienstlich zu behandeln (§ 16 Abs. 1).

Asylverfahrensgesetz 6.1. **Texte 5**

(3) Ein Ausländer, der aus einem sicheren Drittstaat (§ 26 a) unerlaubt eingereist ist, kann ohne vorherige Weiterleitung an eine Aufnahmeeinrichtung nach Maßgabe des § 57 Abs. 1 des Aufenthaltsgesetzes dorthin zurückgeschoben werden. In diesem Falle ordnet die Ausländerbehörde die Zurückschiebung an, sobald feststeht, daß sie durchgeführt werden kann.

(4) Vorschriften über die Festnahme oder Inhaftnahme bleiben unberührt.

§ 20 Weiterleitung an eine Aufnahmeeinrichtung. (1) Der Ausländer ist verpflichtet, der Weiterleitung nach § 18 Abs. 1 oder § 19 Abs. 1 unverzüglich oder bis zu einem ihm von der Behörde genannten Zeitpunkt zu folgen.

(2) Kommt der Ausländer nach Stellung eines Asylgesuchs der Verpflichtung nach Absatz 1 vorsätzlich oder grob fahrlässig nicht nach, so gilt für einen später gestellten Asylantrag § 71 entsprechend. Abweichend von § 71 Abs. 3 Satz 3 ist eine Anhörung durchzuführen. Auf diese Rechtsfolgen ist der Ausländer von der Behörde, bei der er um Asyl nachsucht, schriftlich und gegen Empfangsbestätigung hinzuweisen. Kann der Hinweis nach Satz 3 nicht erfolgen, ist der Ausländer zu der Aufnahmeeinrichtung zu begleiten.

(3) Die Behörde, die den Ausländer an eine Aufnahmeeinrichtung weiterleitet, teilt dieser unverzüglich die Weiterleitung, die Stellung des Asylgesuchs und den erfolgten Hinweis nach Absatz 2 Satz 3 schriftlich mit. Die Aufnahmeeinrichtung unterrichtet unverzüglich, spätestens nach Ablauf einer Woche nach Eingang der Mitteilung nach Satz 1, die ihr zugeordnete Außenstelle des Bundesamtes darüber, ob der Ausländer in der Aufnahmeeinrichtung aufgenommen worden ist, und leitet ihr die Mitteilung nach Satz 1 zu.

§ 21 Verwahrung und Weitergabe von Unterlagen. (1) Die Behörden, die den Ausländer an eine Aufnahmeeinrichtung weiterleiten, nehmen die in § 15 Abs. 2 Nr. 4 und 5 bezeichneten Unterlagen in Verwahrung und leiten sie unverzüglich der Aufnahmeeinrichtung zu. Erkennungsdienstliche Unterlagen sind beizufügen.

(2) Meldet sich der Ausländer unmittelbar bei der für seine Aufnahme zuständigen Aufnahmeeinrichtung, nimmt diese die Unterlagen in Verwahrung.

(3) Die für die Aufnahme des Ausländers zuständige Aufnahmeeinrichtung leitet die Unterlagen unverzüglich der ihr zugeordneten Außenstelle des Bundesamtes zu.

(4) Dem Ausländer sind auf Verlangen Abschriften der in Verwahrung genommenen Unterlagen auszuhändigen.

(5) Die Unterlagen sind dem Ausländer wieder auszuhändigen, wenn sie für die weitere Durchführung des Asylverfahrens oder für aufenthaltsbeendende Maßnahmen nicht mehr benötigt werden.

§ 22 Meldepflicht. (1) Ein Ausländer, der den Asylantrag bei einer Außenstelle des Bundesamtes zu stellen hat (§ 14 Abs. 1), hat sich in einer Aufnahmeeinrichtung persönlich zu melden. Diese nimmt ihn auf oder leitet ihn an die für seine Aufnahme zuständige Aufnahmeeinrichtung weiter; im Falle der Weiterleitung ist der Ausländer, soweit möglich, erkennungsdienstlich zu behandeln.

(2) Die Landesregierung oder die von ihr bestimmte Stelle kann bestimmen, daß
1. die Meldung nach Absatz 1 bei einer bestimmten Aufnahmeeinrichtung erfolgen muß,
2. ein von einer Aufnahmeeinrichtung eines anderen Landes weitergeleiteter Ausländer zunächst eine bestimmte Aufnahmeeinrichtung aufsuchen muß.

Der Ausländer ist während seines Aufenthaltes in der nach Satz 1 bestimmten Aufnahmeeinrichtung erkennungsdienstlich zu behandeln. In den Fällen des § 18 Abs. 1 und des § 19 Abs. 1 ist der Ausländer an diese Aufnahmeeinrichtung weiterzuleiten.

(3) Der Ausländer ist verpflichtet, der Weiterleitung an die für ihn zuständige Aufnahmeeinrichtung nach Absatz 1 Satz 2 oder Absatz 2 unverzüglich oder bis zu einem ihm von der Aufnahmeeinrichtung genannten Zeitpunkt zu folgen. Kommt der Ausländer der Verpflichtung nach Satz 1 vorsätzlich oder grob fahrlässig nicht nach, so gilt § 20 Abs. 2 und 3 entsprechend. Auf diese Rechtsfolgen ist der Ausländer von der Aufnahmeeinrichtung schriftlich und gegen Empfangsbestätigung hinzuweisen.

§ 22 a Übernahme zur Durchführung eines Asylverfahrens. Ein Ausländer, der auf Grund eines völkerrechtlichen Vertrages zur Durchführung eines Asylverfahrens übernommen ist, steht einem Ausländer gleich, der um Asyl nachsucht. Der Ausländer ist verpflichtet, sich bei oder unverzüglich nach der Einreise zu der Stelle zu begeben, die vom Bundesministerium des Innern oder der von ihm bestimmten Stelle bezeichnet ist.

1555

Dritter Unterabschnitt. Verfahren beim Bundesamt

§ 23 Antragstellung bei der Außenstelle. (1) Der Ausländer, der in der Aufnahmeeinrichtung aufgenommen ist, ist verpflichtet, unverzüglich oder zu dem von der Aufnahmeeinrichtung genannten Termin bei der Außenstelle des Bundesamtes zur Stellung des Asylantrages persönlich zu erscheinen.

(2) Kommt der Ausländer der Verpflichtung nach Absatz 1 vorsätzlich oder grob fahrlässig nicht nach, so gilt für einen später gestellten Asylantrag § 71 entsprechend. Abweichend von § 71 Abs. 3 Satz 3 ist eine Anhörung durchzuführen. Auf diese Rechtsfolgen ist der Ausländer von der Aufnahmeeinrichtung schriftlich und gegen Empfangsbestätigung hinzuweisen. Die Aufnahmeeinrichtung unterrichtet unverzüglich die ihr zugeordnete Außenstelle des Bundesamtes über die Aufnahme des Ausländers in der Aufnahmeeinrichtung und den erfolgten Hinweis nach Satz 3.

§ 24 Pflichten des Bundesamtes. (1) Das Bundesamt klärt den Sachverhalt und erhebt die erforderlichen Beweise. Es hat den Ausländer persönlich anzuhören. Von einer Anhörung kann abgesehen werden, wenn das Bundesamt den Ausländer als asylberechtigt anerkennen will oder wenn der Ausländer nach seinen Angaben aus einem sicheren Drittstaat (§ 26 a) eingereist ist. Von der Anhörung ist abzusehen, wenn der Asylantrag für ein im Bundesgebiet geborenes Kind unter sechs Jahren gestellt und der Sachverhalt auf Grund des Inhalts der Verfahrensakten der Eltern oder eines Elternteils ausreichend geklärt ist.

(2) Nach Stellung eines Asylantrages obliegt dem Bundesamt auch die Entscheidung, ob die Voraussetzungen für die Aussetzung der Abschiebung nach § 60 Abs. 2 bis 7 des Aufenthaltsgesetzes vorliegen.

(3) Das Bundesamt unterrichtet die Ausländerbehörde unverzüglich über die getroffene Entscheidung und die von dem Ausländer vorgetragenen oder sonst erkennbaren Gründe für eine Aussetzung der Abschiebung, insbesondere über die Notwendigkeit, die für eine Rückführung erforderlichen Dokumente zu beschaffen.

§ 25 Anhörung. (1) Der Ausländer muß selbst die Tatsachen vortragen, die seine Furcht vor politischer Verfolgung begründen, und die erforderlichen Angaben machen. Zu den erforderlichen Angaben gehören auch solche über Wohnsitze, Reisewege, Aufenthalte in anderen Staaten und darüber, ob bereits in anderen Staaten oder im Bundesgebiet ein Verfahren mit dem Ziel der Anerkennung als ausländischer Flüchtling oder ein Asylverfahren eingeleitet oder durchgeführt ist.

(2) Der Ausländer hat alle sonstigen Tatsachen und Umstände anzugeben, die einer Abschiebung oder einer Abschiebung in einen bestimmten Staat entgegenstehen.

(3) Ein späteres Vorbringen des Ausländers kann unberücksichtigt bleiben, wenn andernfalls die Entscheidung des Bundesamtes verzögert würde. Der Ausländer ist hierauf und auf § 36 Abs. 4 Satz 3 hinzuweisen.

(4) Bei einem Ausländer, der verpflichtet ist, in einer Aufnahmeeinrichtung zu wohnen, soll die Anhörung in zeitlichem Zusammenhang mit der Asylantragstellung erfolgen. Einer besonderen Ladung des Ausländers und seines Bevollmächtigten bedarf es nicht. Entsprechendes gilt, wenn dem Ausländer bei oder innerhalb einer Woche nach der Antragstellung der Termin für die Anhörung mitgeteilt wird. Kann die Anhörung nicht an demselben Tag stattfinden, sind der Ausländer und sein Bevollmächtigter von dem Anhörungstermin unverzüglich zu verständigen. Erscheint der Ausländer ohne genügende Entschuldigung nicht zur Anhörung, entscheidet das Bundesamt nach Aktenlage, wobei auch die Nichtmitwirkung des Ausländers zu berücksichtigen ist.

(5) Bei einem Ausländer, der nicht verpflichtet ist, in einer Aufnahmeeinrichtung zu wohnen, kann von der persönlichen Anhörung abgesehen werden, wenn der Ausländer einer Ladung zur Anhörung ohne genügende Entschuldigung nicht folgt. In diesem Falle ist dem Ausländer Gelegenheit zur schriftlichen Stellungnahme innerhalb eines Monats zu geben. Äußert sich der Ausländer innerhalb dieser Frist nicht, entscheidet das Bundesamt nach Aktenlage, wobei auch die Nichtmitwirkung des Ausländers zu würdigen ist. § 33 bleibt unberührt.

(6) Die Anhörung ist nicht öffentlich. An ihr können Personen, die sich als Vertreter des Bundes, eines Landes, des Hohen Flüchtlingskommissars der Vereinten Nationen oder des Sonderbevollmächtigten für Flüchtlingsfragen beim Europarat ausweisen, teilnehmen. Anderen Personen kann der Leiter des Bundesamtes oder die von ihm beauftragte Person die Anwesenheit gestatten.

Asylverfahrensgesetz

(7) Über die Anhörung ist eine Niederschrift aufzunehmen, die die wesentlichen Angaben des Ausländers enthält.

§ 26 Familienasyl und Familienabschiebungsschutz. (1) Der Ehegatte eines Asylberechtigten wird auf Antrag als Asylberechtigter anerkannt, wenn
1. die Anerkennung des Ausländers als Asylberechtigter unanfechtbar ist,
2. die Ehe schon in dem Staat bestanden hat, in dem der Asylberechtigte politisch verfolgt wird,
3. der Ehegatte einen Asylantrag vor oder gleichzeitig mit dem Asylberechtigten oder unverzüglich nach der Einreise gestellt hat und
4. die Anerkennung des Asylberechtigten nicht zu widerrufen oder zurückzunehmen ist.

(2) Ein zum Zeitpunkt seiner Asylantragstellung minderjähriges lediges Kind eines Asylberechtigten wird auf Antrag als asylberechtigt anerkannt, wenn die Anerkennung des Ausländers als Asylberechtigter unanfechtbar ist und diese Anerkennung nicht zu widerrufen oder zurückzunehmen ist. Für im Bundesgebiet nach der unanfechtbaren Anerkennung des Asylberechtigten geborene Kinder ist der Antrag innerhalb eines Jahres nach der Geburt zu stellen.

(3) Absatz 2 gilt nicht für Kinder eines Ausländers, der nach Absatz 2 als Asylberechtigter anerkannt worden ist.

(4) Ist der Ausländer nicht als Asylberechtigter anerkannt worden, wurde für ihn aber unanfechtbar das Vorliegen der Voraussetzungen des § 60 Abs. 1 des Aufenthaltsgesetzes festgestellt, gelten die Absätze 1 bis 3 entsprechend. An die Stelle der Asylberechtigung tritt die Feststellung, dass für den Ehegatten und die Kinder die Voraussetzungen des § 60 Abs. 1 des Aufenthaltsgesetzes vorliegen.

§ 26 a Sichere Drittstaaten. (1) Ein Ausländer, der aus einem Drittstaat im Sinne des Artikels 16 a Abs. 2 Satz 1 des Grundgesetzes (sicherer Drittstaat) eingereist ist, kann sich nicht auf Artikel 16 a Abs. 1 des Grundgesetzes berufen. Er wird nicht als Asylberechtigter anerkannt. Satz 1 gilt nicht, wenn
1. der Ausländer im Zeitpunkt seiner Einreise in den sicheren Drittstaat im Besitz eines Aufenthaltstitels für die Bundesrepublik Deutschland war,
2. die Bundesrepublik Deutschland auf Grund eines völkerrechtlichen Vertrages mit dem sicheren Drittstaat für die Durchführung eines Asylverfahrens zuständig ist oder
3. der Ausländer auf Grund einer Anordnung nach § 18 Abs. 4 Nr. 2 nicht zurückgewiesen oder zurückgeschoben worden ist.

(2) Sichere Drittstaaten sind außer den Mitgliedstaaten der Europäischen Gemeinschaften die in Anlage I bezeichneten Staaten.

(3) Die Bundesregierung bestimmt durch Rechtsverordnung ohne Zustimmung des Bundesrates, daß ein in Anlage I bezeichneter Staat nicht mehr als sicherer Drittstaat gilt, wenn Veränderungen in den rechtlichen oder politischen Verhältnissen dieses Staates die Annahme begründen, daß die in Artikel 16 a Abs. 2 Satz 1 des Grundgesetzes bezeichneten Voraussetzungen entfallen sind. Die Verordnung tritt spätestens sechs Monate nach ihrem Inkrafttreten außer Kraft.

§ 27 Anderweitige Sicherheit vor Verfolgung. (1) Ein Ausländer, der bereits in einem sonstigen Drittstaat vor politischer Verfolgung sicher war, wird nicht als Asylberechtigter anerkannt.

(2) Ist der Ausländer im Besitz eines von einem sicheren Drittstaat (§ 26 a) oder einem sonstigen Drittstaat ausgestellten Reiseausweises nach dem Abkommen über die Rechtsstellung der Flüchtlinge, so wird vermutet, daß er bereits in diesem Staat vor politischer Verfolgung sicher war.

(3) Hat sich ein Ausländer in einem sonstigen Drittstaat, in dem ihm keine politische Verfolgung droht, vor der Einreise in das Bundesgebiet länger als drei Monate aufgehalten, so wird vermutet, daß er dort vor politischer Verfolgung sicher war. Das gilt nicht, wenn der Ausländer glaubhaft macht, daß eine Abschiebung in einen anderen Staat, in dem ihm politische Verfolgung droht, nicht mit hinreichender Sicherheit auszuschließen war.

§ 28 Nachfluchttatbestände. (1) Ein Ausländer wird in der Regel nicht als Asylberechtigter anerkannt, wenn die Gefahr politischer Verfolgung auf Umständen beruht, die er nach Verlassen seines Herkunftslandes aus eigenem Entschluß geschaffen hat, es sei denn, dieser Entschluß entspricht einer festen, bereits im Herkunftsland erkennbar betätigten Überzeugung. Satz 1 findet insbesondere keine Anwendung, wenn der Ausländer sich auf Grund seines Alters und Entwicklungsstandes im Herkunftsland noch keine feste Überzeugung bilden konnte.

(2) Stellt der Ausländer nach Rücknahme oder unanfechtbarer Ablehnung eines früheren Asylantrages erneut einen Asylantrag und stützt er sein Vorbringen auf Umstände im Sinne des Absatzes 1, die nach Rücknahme oder unanfechtbarer Ablehnung seines früheren Antrages entstanden sind, und liegen im übrigen die Voraussetzungen für die Durchführung eines Folgeverfahrens vor, kann in diesem in der Regel die Feststellung, dass ihm die in § 60 Abs. 1 des Aufenthaltsgesetzes bezeichneten Gefahren drohen, nicht mehr getroffen werden.

§ 29 Unbeachtliche Asylanträge. (1) Ein Asylantrag ist unbeachtlich, wenn offensichtlich ist, daß der Ausländer bereits in einem sonstigen Drittstaat vor politischer Verfolgung sicher war und die Rückführung in diesen Staat oder in einen anderen Staat, in dem er vor politischer Verfolgung sicher ist, möglich ist.

(2) Ist die Rückführung innerhalb von drei Monaten nicht möglich, ist das Asylverfahren fortzuführen. Die Ausländerbehörde hat das Bundesamt unverzüglich zu unterrichten.

(3) Ein Asylantrag ist ferner unbeachtlich, wenn auf Grund eines völkerrechtlichen Vertrages ein anderer Vertragsstaat, der ein sicherer Drittstaat (§ 26 a) ist, für die Durchführung eines Asylverfahrens zuständig ist oder die Zuständigkeit übernimmt. § 26 a Abs. 1 bleibt unberührt.

§ 29 a Sicherer Herkunftsstaat. (1) Der Asylantrag eines Ausländers aus einem Staat im Sinne des Artikels 16 a Abs. 3 Satz 1 des Grundgesetzes (sicherer Herkunftsstaat) ist als offensichtlich unbegründet abzulehnen, es sei denn, die von dem Ausländer angegebenen Tatsachen oder Beweismittel begründen die Annahme, daß ihm abweichend von der allgemeinen Lage im Herkunftsstaat politische Verfolgung droht.

(2) Sichere Herkunftsstaaten sind die in Anlage II bezeichneten Staaten.

(3) Die Bundesregierung bestimmt durch Rechtsverordnung ohne Zustimmung des Bundesrates, daß ein in Anlage II bezeichneter Staat nicht mehr als sicherer Herkunftsstaat gilt, wenn Veränderungen in den rechtlichen oder politischen Verhältnissen dieses Staates die Annahme begründen, daß die in Artikel 16 a Abs. 3 Satz 1 des Grundgesetzes bezeichneten Voraussetzungen entfallen sind. Die Verordnung tritt spätestens sechs Monate nach ihrem Inkrafttreten außer Kraft.

§ 30 Offensichtlich unbegründete Asylanträge. (1) Ein Asylantrag ist offensichtlich unbegründet, wenn die Voraussetzungen für eine Anerkennung als Asylberechtigter und die Voraussetzungen des § 60 Abs. 1 des Aufenthaltsgesetzes offensichtlich nicht vorliegen.

(2) Ein Asylantrag ist insbesondere offensichtlich unbegründet, wenn nach den Umständen des Einzelfalles offensichtlich ist, dass sich der Ausländer nur aus wirtschaftlichen Gründen oder um einer allgemeinen Notsituation oder einer kriegerischen Auseinandersetzung zu entgehen, im Bundesgebiet aufhält.

(3) Ein unbegründeter Asylantrag ist als offensichtlich unbegründet abzulehnen, wenn

1. in wesentlichen Punkten das Vorbringen des Ausländers nicht substantiiert oder in sich widersprüchlich ist, offenkundig den Tatsachen nicht entspricht oder auf gefälschte oder verfälschte Beweismittel gestützt wird,
2. der Ausländer im Asylverfahren über seine Identität oder Staatsangehörigkeit täuscht oder diese Angaben verweigert,
3. er unter Angabe anderer Personalien einen weiteren Asylantrag oder ein weiteres Asylbegehren anhängig gemacht hat,
4. er den Asylantrag gestellt hat, um eine drohende Aufenthaltsbeendigung abzuwenden, obwohl er zuvor ausreichend Gelegenheit hatte, einen Asylantrag zu stellen,
5. er seine Mitwirkungspflichten nach § 13 Abs. 3 Satz 2, § 15 Abs. 2 Nr. 3 bis 5 oder § 25 Abs. 1 gröblich verletzt hat, es sei denn, er hat die Verletzung der Mitwirkungspflichten nicht zu vertreten oder ihm war die Einhaltung der Mitwirkungspflichten aus wichtigen Gründen nicht möglich,
6. er nach §§ 53, 54 des Aufenthaltsgesetzes vollziehbar ausgewiesen ist oder
7. er für einen nach diesem Gesetz handlungsunfähigen Ausländer gestellt wird, nachdem zuvor Asylanträge der Eltern oder des allein personensorgeberechtigten Elternteils unanfechtbar abgelehnt worden sind.

(4) Ein Asylantrag ist ferner als offensichtlich unbegründet abzulehnen, wenn die Voraussetzungen des § 60 Abs. 8 des Aufenthaltsgesetzes vorliegen.

(5) Ein beim Bundesamt gestellter Antrag ist auch dann als offensichtlich unbegründet abzulehnen, wenn es sich nach seinem Inhalt nicht um einen Asylantrag im Sinne des § 13 Abs. 1 handelt.

Asylverfahrensgesetz 6.1. **Texte 5**

§ 31 Entscheidung des Bundesamtes über Asylanträge. (1) Die Entscheidung des Bundesamtes ergeht schriftlich. Sie ist schriftlich zu begründen und den Beteiligten mit Rechtsbehelfsbelehrung zuzustellen. Wird der Asylantrag nur nach § 26a abgelehnt, ist die Entscheidung zusammen mit der Abschiebungsanordnung nach § 34a dem Ausländer selbst zuzustellen. Sie kann ihm auch von der für die Abschiebung oder für die Durchführung der Abschiebung zuständigen Behörde zugestellt werden. Wird der Ausländer durch einen Bevollmächtigten vertreten oder hat er einen Empfangsberechtigten benannt, soll diesem ein Abdruck der Entscheidung zugeleitet werden.

(2) In Entscheidungen über beachtliche Asylanträge und nach § 30 Abs. 5 ist ausdrücklich festzustellen, ob die Voraussetzungen des § 60 Abs. 1 des Aufenthaltsgesetzes vorliegen und ob der Ausländer als Asylberechtigter anerkannt wird. Von letzterer Feststellung ist abzusehen, wenn der Antrag auf die Feststellung der Voraussetzungen des § 60 Abs. 1 des Aufenthaltsgesetzes beschränkt war.

(3) In den Fällen des Absatzes 2 und in Entscheidungen über unbeachtliche Asylanträge ist festzustellen, ob die Voraussetzungen des § 60 Abs. 2 bis 7 des Aufenthaltsgesetzes vorliegen. Davon kann abgesehen werden, wenn
1. der Ausländer als Asylberechtigter anerkannt wird,
2. das Vorliegen der Voraussetzungen des § 60 Abs. 1 des Aufenthaltsgesetzes festgestellt wird oder
3. der Asylantrag nach § 29 Abs. 3 unbeachtlich ist.

(4) Wird der Asylantrag nur nach § 26a abgelehnt, ist nur festzustellen, daß dem Ausländer auf Grund seiner Einreise aus einem sicheren Drittstaat kein Asylrecht zusteht. In den Fällen des § 26 Abs. 1 bis 3 bleibt § 26 Abs. 4 unberührt.

(5) Wird ein Ausländer nach § 26 als Asylberechtigter anerkannt, soll von den Feststellungen zu § 60 Abs. 1 bis 7 des Aufenthaltsgesetzes abgesehen werden.

§ 32 Entscheidung bei Antragsrücknahme oder Verzicht. Im Falle der Antragsrücknahme oder des Verzichts gemäß § 14a Abs. 3 stellt das Bundesamt in seiner Entscheidung fest, dass das Asylverfahren eingestellt ist und ob die in § 60 Abs. 2 bis 7 des Aufenthaltsgesetzes bezeichneten Voraussetzungen für die Aussetzung der Abschiebung vorliegen. In den Fällen des § 33 ist nach Aktenlage zu entscheiden.

§ 32a Ruhen des Verfahrens. (1) Das Asylverfahren eines Ausländers ruht, solange ihm vorübergehender Schutz nach § 24 des Aufenthaltsgesetzes gewährt wird. Solange das Verfahren ruht, bestimmt sich die Rechtsstellung des Ausländers nicht nach diesem Gesetz.

(2) Der Asylantrag gilt als zurückgenommen, wenn der Ausländer nicht innerhalb eines Monats nach Ablauf der Geltungsdauer seiner Aufenthaltserlaubnis dem Bundesamt anzeigt, daß er das Asylverfahren fortführen will.

§ 33 Nichtbetreiben des Verfahrens. (1) Der Asylantrag gilt als zurückgenommen, wenn der Ausländer das Verfahren trotz Aufforderung des Bundesamtes länger als einen Monat nicht betreibt. In der Aufforderung ist der Ausländer auf die nach Satz 1 eintretende Folgen hinzuweisen.

(2) Der Asylantrag gilt ferner als zurückgenommen, wenn der Ausländer während des Asylverfahrens in seinen Herkunftsstaat gereist ist.

(3) Der Ausländer wird an der Grenze zurückgewiesen, wenn bei der Einreise festgestellt wird, daß er während des Asylverfahrens in seinen Herkunftsstaat gereist ist und deshalb der Asylantrag nach Absatz 2 als zurückgenommen gilt. Einer Entscheidung des Bundesamtes nach § 32 bedarf es nicht. § 60 Abs. 1 bis 3 und 5 sowie § 62 des Aufenthaltsgesetzes finden entsprechende Anwendung.

Vierter Unterabschnitt. Aufenthaltsbeendigung

§ 34 Abschiebungsandrohung. (1) Das Bundesamt erläßt nach den §§ 59 und 60 Abs. 10 des Aufenthaltsgesetzes die Abschiebungsandrohung, wenn der Ausländer nicht als Asylberechtigter anerkannt wird und keinen Aufenthaltstitel besitzt. Eine Anhörung des Ausländers vor Erlaß der Abschiebungsandrohung ist nicht erforderlich.

(2) Die Abschiebungsandrohung soll mit der Entscheidung über den Asylantrag verbunden werden.

§ 34a Abschiebungsanordnung. (1) Soll der Ausländer in einen sicheren Drittstaat (§ 26a) abgeschoben erden, ordnet das Bundesamt die Abschiebung in diesen Staat an, sobald feststeht, daß sie durchgeführt werden kann. Dies gilt auch, wenn der Ausländer den Asylantrag auf die Feststellung der Voraussetzungen des § 60 Abs. 1 des Aufenthaltsgesetzes beschränkt oder vor der Entscheidung des Bundesamtes zurückgenommen hat. Einer vorherigen Androhung und Fristsetzung bedarf es nicht.

(2) Die Abschiebung in den sicheren Drittstaat darf nicht nach § 80 oder § 123 der Verwaltungsgerichtsordnung ausgesetzt werden.

§ 35 Abschiebungsandrohung bei Unbeachtlichkeit des Asylantrages. In den Fällen des § 29 Abs. 1 droht das Bundesamt dem Ausländer die Abschiebung in den Staat an, in dem er vor Verfolgung sicher war. In den Fällen des § 29 Abs. 3 Satz 1 droht es die Abschiebung in den anderen Vertragsstaat an.

§ 36 Verfahren bei Unbeachtlichkeit und offensichtlicher Unbegründetheit. (1) In den Fällen der Unbeachtlichkeit und der offensichtlichen Unbegründetheit des Asylantrages beträgt die dem Ausländer zu setzende Ausreisefrist eine Woche.

(2) Das Bundesamt übermittelt mit der Zustellung der Entscheidung den Beteiligten eine Kopie des Inhalts der Asylakte. Der Verwaltungsvorgang ist mit dem Nachweis der Zustellung unverzüglich dem zuständigen Verwaltungsgericht zu übermitteln.

(3) Anträge nach § 80 Abs. 5 der Verwaltungsgerichtsordnung gegen die Abschiebungsandrohung sind innerhalb einer Woche nach Bekanntgabe zu stellen; dem Antrag soll der Bescheid des Bundesamtes beigefügt werden. Der Ausländer ist hierauf hinzuweisen. § 58 der Verwaltungsgerichtsordnung ist entsprechend anzuwenden. Die Entscheidung soll im schriftlichen Verfahren ergehen; eine mündliche Verhandlung, in der zugleich über die Klage verhandelt wird, ist unzulässig. Die Entscheidung soll innerhalb von einer Woche nach Ablauf der Frist des Absatzes 1 ergehen. Die Kammer des Verwaltungsgerichtes kann die Frist nach Satz 5 um jeweils eine weitere Woche verlängern. Die zweite Verlängerung und weitere Verlängerungen sind nur bei Vorliegen schwerwiegender Gründe zulässig, insbesondere wenn eine außergewöhnliche Belastung des Gerichts eine frühere Entscheidung nicht möglich macht. Die Abschiebung ist bei rechtzeitiger Antragstellung vor der gerichtlichen Entscheidung nicht zulässig. Die Entscheidung ist ergangen, wenn die vollständig unterschriebene Entscheidungsformel der Geschäftsstelle der Kammer vorliegt.

(4) Die Aussetzung der Abschiebung darf nur angeordnet werden, wenn ernstliche Zweifel an der Rechtmäßigkeit des angegriffenen Verwaltungsaktes bestehen. Tatsachen und Beweismittel, die von den Beteiligten nicht angegeben worden sind, bleiben unberücksichtigt, es sei denn, sie sind gerichtsbekannt oder offenkundig. Ein Vorbringen, das nach § 25 Abs. 3 in Verwaltungsverfahren unberücksichtigt geblieben ist, sowie Tatsachen und Umstände im Sinne des § 25 Abs. 2, die der Ausländer im Verwaltungsverfahren nicht angegeben hat, kann das Gericht unberücksichtigt lassen, wenn andernfalls die Entscheidung verzögert würde.

§ 37 Weiteres Verfahren bei stattgebender gerichtlicher Entscheidung. (1) Die Entscheidung des Bundesamtes über die Unbeachtlichkeit des Antrages und die Abschiebungsandrohung werden unwirksam, wenn das Verwaltungsgericht dem Antrag nach § 80 Abs. 5 der Verwaltungsgerichtsordnung entspricht. Das Bundesamt hat das Asylverfahren fortzuführen.

(2) Entspricht das Verwaltungsgericht im Falle eines als offensichtlich unbegründet abgelehnten Asylantrages dem Antrag nach § 80 Abs. 5 der Verwaltungsgerichtsordnung, endet die Ausreisefrist einen Monat nach dem unanfechtbaren Abschluß des Asylverfahrens.

(3) Die Absätze 1 und 2 gelten nicht, wenn auf Grund der Entscheidung des Verwaltungsgerichts die Abschiebung in einen der in der Abschiebungsandrohung bezeichneten Staaten vollziehbar wird.

§ 38 Ausreisefrist bei sonstiger Ablehnung und bei Rücknahme des Asylantrages. (1) In den sonstigen Fällen, in denen das Bundesamt den Ausländer nicht als Asylberechtigten anerkennt, beträgt die dem Ausländer zu setzende Ausreisefrist einen Monat. Im Falle der Klageerhebung endet die Ausreisefrist einen Monat nach dem unanfechtbaren Abschluß des Asylverfahrens.

(2) Im Falle der Rücknahme des Asylantrages vor der Entscheidung des Bundesamtes beträgt die dem Ausländer zu setzende Ausreisefrist eine Woche.

(3) Im Falle der Rücknahme des Asylantrages oder der Klage kann dem Ausländer eine Ausreisefrist bis zu drei Monaten eingeräumt werden, wenn er sich zur freiwilligen Ausreise bereit erklärt.

§ 39 Abschiebungsandrohung nach Aufhebung der Anerkennung. (1) Hat das Verwaltungsgericht die Anerkennung aufgehoben, erläßt das Bundesamt nach dem Eintritt der Unanfechtbarkeit

Asylverfahrensgesetz   6.1. **Texte 5**

der Entscheidung unverzüglich die Abschiebungsandrohung. Die dem Ausländer zu setzende Ausreisefrist beträgt einen Monat.

(2) Hat das Bundesamt in der aufgehobenen Entscheidung von der Feststellung, ob die Voraussetzungen des § 60 Abs. 2 bis 7 des Aufenthaltsgesetzes vorliegen, abgesehen, ist diese Feststellung nachzuholen.

§ 40 Unterrichtung der Ausländerbehörde. (1) Das Bundesamt unterrichtet unverzüglich die Ausländerbehörde, in deren Bezirk sich der Ausländer aufzuhalten hat, über eine vollziehbare Abschiebungsandrohung und leitet ihr unverzüglich alle für die Abschiebung erforderlichen Unterlagen zu. Das gleiche gilt, wenn das Verwaltungsgericht die aufschiebende Wirkung der Klage wegen des Vorliegens der Voraussetzungen des § 60 Abs. 2 bis 7 des Aufenthaltsgesetzes nur hinsichtlich der Abschiebung in den betreffenden Staat angeordnet hat und das Bundesamt das Asylverfahren nicht fortführt.

(2) Das Bundesamt unterrichtet unverzüglich die Ausländerbehörde, wenn das Verwaltungsgericht in den Fällen des § 38 Abs. 2 und § 39 die aufschiebende Wirkung der Klage gegen die Abschiebungsandrohung anordnet.

(3) Stellt das Bundesamt dem Ausländer die Abschiebungsanordnung (§ 34 a) zu, unterrichtet es unverzüglich die für die Abschiebung zuständige Behörde über die Zustellung.

§ 41 *(aufgehoben)*

§ 42 Bindungswirkung ausländerrechtlicher Entscheidungen. Die Ausländerbehörde ist an die Entscheidung des Bundesamtes oder des Verwaltungsgerichts über das Vorliegen der Voraussetzungen des § 60 Abs. 2 bis 7 des Aufenthaltsgesetzes gebunden. Über den späteren Eintritt und Wegfall der Voraussetzungen des § 60 Abs. 4 des Aufenthaltsgesetzes entscheidet die Ausländerbehörde, ohne daß es einer Aufhebung der Entscheidung des Bundesamtes bedarf.

§ 43 Vollziehbarkeit und Aussetzung der Abschiebung. (1) War der Ausländer im Besitz eines Aufenthaltstitels, darf eine nach den Vorschriften dieses Gesetzes vollziehbare Abschiebungsandrohung erst vollzogen werden, wenn der Ausländer auch nach § 58 Abs. 2 Satz 2 des Aufenthaltsgesetzes vollziehbar ausreisepflichtig ist.

(2) Hat der Ausländer die Verlängerung eines Aufenthaltstitels mit einer Gesamtgeltungsdauer von mehr als sechs Monaten beantragt, wird die Abschiebungsandrohung erst mit der Ablehnung dieses Antrags vollziehbar. Im übrigen steht § 81 des Aufenthaltsgesetzes der Abschiebung nicht entgegen.

(3) Haben Ehegatten oder Eltern und ihre minderjährigen ledigen Kinder gleichzeitig oder jeweils unverzüglich nach ihrer Einreise einen Asylantrag gestellt, darf die Ausländerbehörde die Abschiebung vorübergehend aussetzen, um die gemeinsame Ausreise der Familie zu ermöglichen. Solange der Ausländer verpflichtet ist, in einer Aufnahmeeinrichtung zu wohnen, entscheidet abweichend von Satz 1 das Bundesamt.

§ 43 a *(aufgehoben)*

§ 43 b *(aufgehoben)*

Dritter Abschnitt. Unterbringung und Verteilung

§ 44 Schaffung und Unterhaltung von Aufnahmeeinrichtungen. (1) Die Länder sind verpflichtet, für die Unterbringung Asylbegehrender die dazu erforderlichen Aufnahmeeinrichtungen zu schaffen und zu unterhalten sowie entsprechend ihrer Aufnahmequote die im Hinblick auf den monatlichen Zugang Asylbegehrender in den Aufnahmeeinrichtungen notwendige Zahl von Unterbringungsplätzen bereitzustellen.

(2) Das Bundesministerium des Innern oder die von ihm bestimmte Stelle teilt den Ländern monatlich die Zahl der Zugänge von Asylbegehrenden, die voraussichtliche Entwicklung und den voraussichtlichen Bedarf an Unterbringungsplätzen mit.

(3) § 45 des Achten Buches Sozialgesetzbuch (Artikel 1 des Gesetzes vom 26. Juni 1990, BGBl. I S. 1163) gilt nicht für Aufnahmeeinrichtungen.

§ 45 Aufnahmequoten. Die Länder können durch Vereinbarung einen Schlüssel für die Aufnahme von Asylbegehrenden durch die einzelnen Länder (Aufnahmequote) festlegen. Bis zum Zustandekommen dieser Vereinbarung oder bei deren Wegfall richtet sich die Aufnahmequote für das jeweilige Kalenderjahr nach dem von der Geschäftsstelle der Bund-Länder-Kommission für Bildungsplanung und Forschungsförderung im Bundesanzeiger veröffentlichten Schlüssel, der für das vorangegangene Kalenderjahr entsprechend Steuereinnahmen und Bevölkerungszahl der Länder errechnet worden ist (Königsteiner Schlüssel).

§ 46 Bestimmung der zuständigen Aufnahmeeinrichtung. (1) Zuständig für die Aufnahme des Ausländers ist die Aufnahmeeinrichtung, in der er sich gemeldet hat, wenn sie über einen freien Unterbringungsplatz im Rahmen der Quote nach § 45 verfügt und die ihr zugeordnete Außenstelle des Bundesamtes Asylanträge aus dem Herkunftsland des Ausländer bearbeitet. Liegen diese Voraussetzungen nicht vor, ist die nach Absatz 2 bestimmte Aufnahmeeinrichtung für die Aufnahme des Ausländers zuständig.

(2) Eine vom Bundesministerium des Innern bestimmte zentrale Verteilungsstelle benennt auf Veranlassung einer Aufnahmeeinrichtung dieser die für die Aufnahme des Ausländers zuständige Aufnahmeeinrichtung. Maßgebend dafür sind die Aufnahmequoten nach § 45, in diesem Rahmen die vorhandenen freien Unterbringungsplätze und sodann die Bearbeitungsmöglichkeiten der jeweiligen Außenstelle des Bundesamtes in bezug auf die Herkunftsländer der Ausländer. Von mehreren danach in Betracht kommenden Aufnahmeeinrichtungen wird die nächstgelegene als zuständig benannt.

(3) Die veranlassende Aufnahmeeinrichtung teilt der zentralen Verteilungsstelle nur die Zahl der Ausländer unter Angabe der Herkunftsländer mit. Ehegatten sowie Eltern und ihre minderjährigen ledigen Kinder sind als Gruppe zu melden.

(4) Die Länder stellen sicher, daß die zentrale Verteilungsstelle jederzeit über die für die Bestimmung der zuständigen Aufnahmeeinrichtung erforderlichen Angaben, insbesondere über Zu- und Abgänge, Belegungsstand und alle freien Unterbringungsplätze jeder Aufnahmeeinrichtung unterrichtet ist.

(5) Die Landesregierung oder die von ihr bestimmte Stelle benennt der zentralen Verteilungsstelle die zuständige Aufnahmeeinrichtung für den Fall, daß das Land nach der Quotenregelung zur Aufnahme verpflichtet ist und über keinen freien Unterbringungsplatz in den Aufnahmeeinrichtungen verfügt.

§ 47 Aufenthalt in Aufnahmeeinrichtungen. (1) Ausländer, die den Asylantrag bei einer Außenstelle des Bundesamtes zu stellen haben (§ 14 Abs. 1), sind verpflichtet, bis zu sechs Wochen, längstens jedoch bis zu drei Monaten, in der für ihre Aufnahme zuständigen Aufnahmeeinrichtung zu wohnen. Das gleiche gilt in den Fällen des § 14 Abs. 2 Nr. 2, wenn die Voraussetzungen dieser Vorschrift vor der Entscheidung des Bundesamtes entfallen.

(2) Sind Eltern eines minderjährigen ledigen Kindes verpflichtet, in einer Aufnahmeeinrichtung zu wohnen, so kann auch das Kind in der Aufnahmeeinrichtung wohnen, auch wenn es keinen Asylantrag gestellt hat.

(3) Für die Dauer der Pflicht, in einer Aufnahmeeinrichtung zu wohnen, ist der Ausländer verpflichtet, für die zuständigen Behörden und Gerichte erreichbar zu sein.

§ 48 Beendigung der Verpflichtung, in einer Aufnahmeeinrichtung zu wohnen. Die Verpflichtung, in einer Aufnahmeeinrichtung zu wohnen, endet vor Ablauf von drei Monaten, wenn der Ausländer

1. verpflichtet ist, an einem anderen Ort oder in einer anderen Unterkunft Wohnung zu nehmen,
2. unanfechtbar als Asylberechtigter anerkannt ist oder das Bundesamt für Migration und Flüchtlinge unanfechtbar das Vorliegen der Voraussetzungen des § 60 Abs. 1 des Aufenthaltsgesetzes festgestellt hat oder
3. nach der Antragstellung durch Eheschließung im Bundesgebiet die Voraussetzungen für einen Rechtsanspruch auf Erteilung eines Aufenthaltstitels nach dem Aufenthaltsgesetz erfüllt.

§ 49 Entlassung aus der Aufnahmeeinrichtung. (1) Die Verpflichtung, in der Aufnahmeeinrichtung zu wohnen, ist zu beenden, wenn eine Abschiebungsandrohung vollziehbar und die Abschiebung kurzfristig nicht möglich ist, oder wenn dem Ausländer eine Aufenthaltserlaubnis nach § 24 des Aufenthaltsgesetzes erteilt werden soll.

(2) Die Verpflichtung kann aus Gründen der öffentlichen Gesundheitsvorsorge sowie aus sonstigen Gründen der öffentlichen Sicherheit oder Ordnung oder aus anderen zwingenden Gründen beendet werden.

Asylverfahrensgesetz 6.1. **Texte 5**

§ 50 Landesinterne Verteilung. (1) Ausländer sind unverzüglich aus der Aufnahmeeinrichtung zu entlassen und innerhalb des Landes zu verteilen, wenn das Bundesamt der zuständigen Landesbehörde mitteilt, daß

1. nicht oder nicht kurzfristig entschieden werden kann, daß der Asylantrag unbeachtlich oder offensichtlich unbegründet ist und ob die Voraussetzungen des § 60 Abs. 2 bis 7 des Aufenthaltsgesetzes in der Person des Ausländers, seines Ehegatten oder seines minderjährigen ledigen Kindes vorliegen, oder
2. das Verwaltungsgericht die aufschiebende Wirkung der Klage gegen die Entscheidung des Bundesamtes angeordnet hat.

Eine Verteilung kann auch erfolgen, wenn der Ausländer aus anderen Gründen nicht mehr verpflichtet ist, in der Aufnahmeeinrichtung zu wohnen.

(2) Die Landesregierung oder die von ihr bestimmte Stelle wird ermächtigt, durch Rechtsverordnung die Verteilung zu regeln, soweit dies nicht durch Landesgesetz geregelt ist.

(3) Die zuständige Landesbehörde teilt innerhalb eines Zeitraumes von drei Arbeitstagen dem Bundesamt den Bezirk der Ausländerbehörde mit, in dem der Ausländer nach einer Verteilung Wohnung zu nehmen hat.

(4) Die zuständige Landesbehörde erläßt die Zuweisungsentscheidung. Die Zuweisungsentscheidung ist schriftlich zu erlassen und mit einer Rechtsbehelfsbelehrung zu versehen. Sie bedarf keiner Begründung. Einer Anhörung des Ausländers bedarf es nicht. Bei der Zuweisung ist die Haushaltsgemeinschaft von Ehegatten und ihren Kindern unter 18 Jahren zu berücksichtigen.

(5) Die Zuweisungsentscheidung ist dem Ausländer selbst zuzustellen. Wird der Ausländer durch einen Bevollmächtigten vertreten oder hat er einen Empfangsbevollmächtigten benannt, soll ein Abdruck der Zuweisungsentscheidung auch diesem zugeleitet werden.

(6) Der Ausländer hat sich unverzüglich zu der in der Zuweisungsverfügung angegebenen Stelle zu begeben.

§ 51 Länderübergreifende Verteilung. (1) Ist ein Ausländer nicht oder nicht mehr verpflichtet, in einer Aufnahmeeinrichtung zu wohnen, ist der Haushaltsgemeinschaft von Ehegatten sowie Eltern und ihren minderjährigen ledigen Kindern oder sonstigen humanitären Gründen von vergleichbarem Gewicht auch durch länderübergreifende Verteilung Rechnung zu tragen.

(2) Die Verteilung nach Absatz 1 erfolgt auf Antrag des Ausländers. Über den Antrag entscheidet die zuständige Behörde des Landes, für das der weitere Aufenthalt beantragt ist.

§ 52 Quotenanrechnung. Auf die Quoten nach § 45 wird die Aufnahme von Asylbegehrenden in den Fällen des § 14 Abs. 2 Nr. 3 sowie des § 51 angerechnet.

§ 53 Unterbringung in Gemeinschaftsunterkünften. (1) Ausländer, die einen Asylantrag gestellt haben und nicht oder nicht mehr verpflichtet sind, in einer Aufnahmeeinrichtung zu wohnen, sollen in der Regel in Gemeinschaftsunterkünften untergebracht werden. Hierbei sind sowohl das öffentliche Interesse als auch Belange des Ausländers zu berücksichtigen.

(2) Eine Verpflichtung, in einer Gemeinschaftsunterkunft zu wohnen, endet, wenn das Bundesamt einen Ausländer als Asylberechtigten anerkannt oder ein Gericht das Bundesamt zur Anerkennung verpflichtet hat, auch wenn ein Rechtsmittel eingelegt worden ist, sofern durch den Ausländer eine anderweitige Unterkunft nachgewiesen wird und der öffentlichen Hand dadurch Mehrkosten nicht entstehen. Das gleiche gilt, wenn das Bundesamt oder ein Gericht festgestellt hat, daß die Voraussetzungen des § 60 Abs. 1 des Aufenthaltsgesetzes vorliegen. In den Fällen der Sätze 1 und 2 endet die Verpflichtung auch für den Ehegatten und die minderjährigen Kinder des Ausländers.

(3) § 44 Abs. 3 gilt entsprechend.

§ 54 Unterrichtung des Bundesamtes. Die Ausländerbehörde, in deren Bezirk sich der Ausländer aufzuhalten hat, teilt dem Bundesamt unverzüglich

1. die ladungsfähige Anschrift des Ausländers,
2. eine Ausschreibung zur Aufenthaltsermittlung

mit.

1563

Vierter Abschnitt. Recht des Aufenthalts während des Asylverfahrens

§ 55 Aufenthaltsgestattung. (1) Einem Ausländer, der um Asyl nachsucht, ist zur Durchführung des Asylverfahrens der Aufenthalt im Bundesgebiet gestattet (Aufenthaltsgestattung). Er hat keinen Anspruch darauf, sich in einem bestimmten Land oder an einem bestimmten Ort aufzuhalten. Im Falle der unerlaubten Einreise aus einem sicheren Drittstaat (§ 26 a) erwirbt der Ausländer die Aufenthaltsgestattung mit der Stellung eines Asylantrages.

(2) Mit der Stellung eines Asylantrages erlöschen eine Befreiung vom Erfordernis eines Aufenthaltstitels und ein Aufenthaltstitel mit Gesamtgeltungsdauer bis zu sechs Monaten sowie die in § 81 Abs. 3 und 4 des Aufenthaltsgesetzes bezeichneten Wirkungen eines Antrages auf Erteilung eines Aufenthaltstitels. § 81 Abs. 4 des Aufenthaltsgesetzes bleibt unberührt, wenn der Ausländer einen Aufenthaltstitel mit einer Gesamtgeltungsdauer von mehr als sechs Monaten besessen und dessen Verlängerung beantragt hat.

(3) Soweit der Erwerb eines Rechtes oder die Ausübung eines Rechtes oder einer Vergünstigung von der Dauer des Aufenthalts im Bundesgebiet abhängig ist, wird die Zeit eines Aufenthalts nach Absatz 1 nur angerechnet, wenn der Ausländer unanfechtbar als Asylberechtigter anerkannt worden ist oder das Bundesamt für Migration und Flüchtlinge unanfechtbar das Vorliegen der Voraussetzungen des § 60 Abs. 1 des Aufenthaltsgesetzes festgestellt hat.

§ 56 Räumliche Beschränkung. (1) Die Aufenthaltsgestattung ist räumlich auf den Bezirk der Ausländerbehörde beschränkt, in dem die für die Aufnahme des Ausländers zuständige Aufnahmeeinrichtung liegt. In den Fällen des § 14 Abs. 2 Satz 1 ist die Aufenthaltsgestattung räumlich auf den Bezirk der Ausländerbehörde beschränkt, in dem der Ausländer sich aufhält.

(2) Wenn der Ausländer verpflichtet ist, in dem Bezirk einer anderen Ausländerbehörde Aufenthalt zu nehmen, ist die Aufenthaltsgestattung räumlich auf deren Bezirk beschränkt.

(3) Räumliche Beschränkungen bleiben auch nach Erlöschen der Aufenthaltsgestattung in Kraft bis sie aufgehoben werden. Abweichend von Satz 1 erlöschen räumliche Beschränkungen, wenn der Aufenthalt nach § 25 Abs. 1 Satz 3 oder § 25 Abs. 2 Satz 2 des Aufenthaltsgesetzes als erlaubt gilt oder ein Aufenthaltstitel erteilt wird.

§ 57 Verlassen des Aufenthaltsbereichs einer Aufnahmeeinrichtung. (1) Das Bundesamt kann einem Ausländer, der verpflichtet ist, in einer Aufnahmeeinrichtung zu wohnen, erlauben, den Geltungsbereich der Aufenthaltsgestattung vorübergehend zu verlassen, wenn zwingende Gründe es erfordern.

(2) Zur Wahrnehmung von Terminen bei Bevollmächtigten, beim Hohen Flüchtlingskommissar der Vereinten Nationen und bei Organisationen, die sich mit der Betreuung von Flüchtlingen befassen, soll die Erlaubnis unverzüglich erteilt werden.

(3) Der Ausländer kann Termine bei Behörden und Gerichten, bei denen sein persönliches Erscheinen erforderlich ist, ohne Erlaubnis wahrnehmen. Er hat diese Termine der Aufnahmeeinrichtung und dem Bundesamt anzuzeigen.

§ 58 Verlassen eines zugewiesenen Aufenthaltsbereichs. (1) Die Ausländerbehörde kann einem Ausländer, der nicht oder nicht mehr verpflichtet ist, in einer Aufnahmeeinrichtung zu wohnen, erlauben, den Geltungsbereich der Aufenthaltsgestattung vorübergehend zu verlassen oder sich allgemein in dem angrenzenden Bezirk einer Ausländerbehörde aufzuhalten. Die Erlaubnis ist zu erteilen, wenn hieran ein dringendes öffentliches Interesse besteht, zwingende Gründe es erfordern oder die Versagung der Erlaubnis eine unbillige Härte bedeuten würde. Die Erlaubnis bedarf der Zustimmung der Ausländerbehörde, für deren Bezirk der allgemeine Aufenthalt zugelassen wird.

(2) Zur Wahrnehmung von Terminen bei Bevollmächtigten, beim Hohen Flüchtlingskommissar der Vereinten Nationen und bei Organisationen, die sich mit der Betreuung von Flüchtlingen befassen, soll die Erlaubnis erteilt werden.

(3) Der Ausländer kann Termine bei Behörden und Gerichten, bei denen sein persönliches Erscheinen erforderlich ist, ohne Erlaubnis wahrnehmen.

(4) Der Ausländer kann den Geltungsbereich der Aufenthaltsgestattung ohne Erlaubnis vorübergehend verlassen, sofern ihn das Bundesamt als Asylberechtigten anerkannt oder ein Gericht das Bundesamt zur Anerkennung verpflichtet hat, auch wenn die Entscheidung noch nicht unanfechtbar

ist; das gleiche gilt, wenn das Bundesamt oder ein Gericht das Vorliegen der Voraussetzungen des § 60 Abs. 1 des Aufenthaltsgesetzes festgestellt hat, oder wenn die Abschiebung des Ausländers aus sonstigen rechtlichen oder tatsächlichen Gründen auf Dauer ausgeschlossen ist. Satz 1 gilt entsprechend für den Ehegatten und die minderjährigen ledigen Kinder des Ausländers.

(5) Die Ausländerbehörde eines Kreises oder einer kreisangehörigen Gemeinde kann einem Ausländer die allgemeine Erlaubnis erteilen, sich vorübergehend im gesamten Gebiet des Kreises aufzuhalten.

(6) Um örtlichen Verhältnissen Rechnung zu tragen, können die Landesregierungen durch Rechtsverordnung bestimmen, daß sich Ausländer ohne Erlaubnis vorübergehend in einem die Bezirke mehrerer Ausländerbehörden umfassenden Gebiet aufhalten können.

§ 59 Durchsetzung der räumlichen Beschränkung. (1) Die Verlassenspflicht nach § 12 Abs. 3 des Aufenthaltsgesetzes kann, soweit erforderlich, auch ohne Androhung durch Anwendung unmittelbaren Zwangs durchgesetzt werden. Reiseweg und Beförderungsmittel sollen vorgeschrieben werden.

(2) Der Ausländer ist festzunehmen und zur Durchsetzung der Verlassenspflicht auf richterliche Anordnung in Haft zu nehmen, wenn die freiwillige Erfüllung der Verlassenspflicht, auch in den Fällen des § 56 Abs. 3, nicht gesichert ist und andernfalls deren Durchsetzung wesentlich erschwert oder gefährdet würde.

(3) Zuständig für Maßnahmen nach den Absätzen 1 und 2 sind
1. die Polizeien der Länder,
2. die Grenzbehörde, bei der der Ausländer um Asyl nachsucht,
3. die Ausländerbehörde, in deren Bezirk sich der Ausländer aufhält,
4. die Aufnahmeeinrichtung, in der der Ausländer sich meldet, sowie
5. die Aufnahmeeinrichtung, die den Ausländer aufgenommen hat.

§ 60 Auflagen. (1) Die Aufenthaltsgestattung kann mit Auflagen versehen werden.

(2) Der Ausländer, der nicht oder nicht mehr verpflichtet ist, in einer Aufnahmeeinrichtung zu wohnen, kann verpflichtet werden,
1. in einer bestimmten Gemeinde oder in einer bestimmten Unterkunft zu wohnen,
2. in eine bestimmte Gemeinde oder eine bestimmte Unterkunft umzuziehen und dort Wohnung zu nehmen,
3. in dem Bezirk einer anderen Ausländerbehörde desselben Landes Aufenthalt und Wohnung zu nehmen.

Eine Anhörung des Ausländers ist erforderlich in den Fällen des Satzes 1 Nr. 2, wenn er sich länger als sechs Monate in der Gemeinde oder Unterkunft aufgehalten hat. Die Anhörung gilt als erfolgt, wenn der Ausländer oder sein anwaltlicher Vertreter Gelegenheit hatte, sich innerhalb von zwei Wochen zu der vorgesehenen Unterbringung zu äußern. Eine Anhörung unterbleibt, wenn ihr ein zwingendes öffentliches Interesse entgegensteht.

(3) Zuständig für Maßnahmen nach den Absätzen 1 und 2 ist die Ausländerbehörde, auf deren Bezirk der Aufenthalt beschränkt ist.

§ 61 Erwerbstätigkeit. (1) Für die Dauer der Pflicht, in einer Aufnahmeeinrichtung zu wohnen, darf der Ausländer keine Erwerbstätigkeit ausüben.

(2) Im übrigen kann einem Asylbewerber, der sich seit einem Jahr gestattet im Bundesgebiet aufhält, abweichend von § 4 Abs. 3 des Aufenthaltsgesetzes die Ausübung einer Beschäftigung erlaubt werden, wenn die Bundesagentur für Arbeit zugestimmt hat oder durch Rechtsverordnung bestimmt ist, daß die Ausübung der Beschäftigung ohne Zustimmung der Bundesagentur für Arbeit zulässig ist. Die §§ 39 bis 42 des Aufenthaltsgesetzes gelten entsprechend.

§ 62 Gesundheitsuntersuchung. (1) Ausländer, die in einer Aufnahmeeinrichtung oder Gemeinschaftsunterkunft zu wohnen haben, sind verpflichtet, eine ärztliche Untersuchung auf übertragbare Krankheiten einschließlich einer Röntgenaufnahme der Atmungsorgane zu dulden. Die oberste Landesgesundheitsbehörde oder die von ihr bestimmte Stelle bestimmt den Umfang der Untersuchung und den Arzt, der die Untersuchung durchführt.

(2) Das Ergebnis der Untersuchung ist der für die Unterbringung zuständigen Behörde mitzuteilen.

§ 63 Bescheinigung über die Aufenthaltsgestattung. (1) Dem Ausländer wird nach der Asylantragstellung eine mit den Angaben zur Person und einem Lichtbild versehene Bescheinigung über die Aufenthaltsgestattung ausgestellt, sofern er nicht im Besitz eines Aufenthaltstitels ist.

(2) Die Bescheinigung ist zu befristen. Solange der Ausländer verpflichtet ist, in einer Aufnahmeeinrichtung zu wohnen, beträgt die Frist längstens drei und im übrigen längstens sechs Monate.

(3) Zuständig für die Ausstellung der Bescheinigung ist das Bundesamt, solange der Ausländer verpflichtet ist, in einer Aufnahmeeinrichtung zu wohnen. Im übrigen ist die Ausländerbehörde zuständig, auf deren Bezirk die Aufenthaltsgestattung beschränkt ist. Auflagen und Änderungen der räumlichen Beschränkung können auch von der Behörde vermerkt werden, die sie verfügt hat.

(4) Die Bescheinigung soll eingezogen werden, wenn die Aufenthaltsgestattung erloschen ist.

(5) Im übrigen gilt § 78 Abs. 7 des Aufenthaltsgesetzes entsprechend.

§ 64 Ausweispflicht. (1) Der Ausländer genügt für die Dauer des Asylverfahrens seiner Ausweispflicht mit der Bescheinigung über die Aufenthaltsgestattung.

(2) Die Bescheinigung berechtigt nicht zum Grenzübertritt.

§ 65 Herausgabe des Passes. (1) Dem Ausländer ist nach der Stellung des Asylantrages der Paß oder Paßersatz auszuhändigen, wenn dieser für die weitere Durchführung des Asylverfahrens nicht benötigt wird und der Ausländer einen Aufenthaltstitel besitzt oder die Ausländerbehörde ihm nach den Vorschriften in anderen Gesetzen einen Aufenthaltstitel erteilt.

(2) Dem Ausländer kann der Paß oder Paßersatz vorübergehend ausgehändigt werden, wenn dies in den Fällen des § 58 Abs. 1 für eine Reise oder wenn es für die Verlängerung der Gültigkeitsdauer oder die Vorbereitung der Ausreise des Ausländers erforderlich ist.

§ 66 Ausschreibung zur Aufenthaltsermittlung. (1) Der Ausländer kann zur Aufenthaltsermittlung im Ausländerzentralregister und in den Fahndungshilfsmitteln der Polizei ausgeschrieben werden, wenn sein Aufenthaltsort unbekannt ist und er

1. innerhalb einer Woche nicht in der Aufnahmeeinrichtung eintrifft, an die er weitergeleitet worden ist,
2. die Aufnahmeeinrichtung verlassen hat und innerhalb einer Woche nicht zurückgekehrt ist,
3. einer Zuweisungsverfügung oder einer Verfügung nach § 60 Abs. 2 Satz 1 innerhalb einer Woche nicht Folge geleistet hat oder
4. unter der von ihm angegebenen Anschrift oder der Anschrift der Unterkunft, in der er Wohnung zu nehmen hat, nicht erreichbar ist;

die in Nummer 4 bezeichneten Voraussetzungen liegen vor, wenn der Ausländer eine an die Anschrift bewirkte Zustellung nicht innerhalb von zwei Wochen in Empfang genommen hat.

(2) Zuständig, die Ausschreibung zu veranlassen, sind die Aufnahmeeinrichtung, die Ausländerbehörde, in deren Bezirk sich der Ausländer aufzuhalten hat, und das Bundesamt. Die Ausschreibung darf nur von hierzu besonders ermächtigten Personen veranlaßt werden.

§ 67 Erlöschen der Aufenthaltsgestattung. (1) Die Aufenthaltsgestattung erlischt,

1. wenn der Ausländer nach § 18 Abs. 2 und 3 zurückgewiesen oder zurückgeschoben wird,
1a. wenn der Ausländer nach § 33 Abs. 3 zurückgewiesen wird,
2. wenn der Ausländer innerhalb von zwei Wochen, nachdem er um Asyl nachgesucht hat, noch keinen Asylantrag gestellt hat,
3. im Falle der Rücknahme des Asylantrags mit der Zustellung der Entscheidung des Bundesamtes,
4. wenn eine nach diesem Gesetz oder nach § 60 Abs. 9 des Aufenthaltsgesetzes erlassene Abschiebungsandrohung vollziehbar geworden ist,
5. mit der Bekanntgabe einer Abschiebungsanordnung nach § 34 a,
5 a. mit der Bekanntgabe einer Abschiebungsanordnung nach § 58 a des Aufenthaltsgesetzes,
6. im übrigen, wenn die Entscheidung des Bundesamtes unanfechtbar geworden ist.

(2) Stellt der Ausländer den Asylantrag nach Ablauf der in Absatz 1 Nr. 2 genannten Frist, tritt die Aufenthaltsgestattung wieder in Kraft.

§§ 68 bis 70 *(aufgehoben)*

Fünfter Abschnitt. Folgeantrag, Zweitantrag

§ 71 Folgeantrag. (1) Stellt der Ausländer nach Rücknahme oder unanfechtbarer Ablehnung eines früheren Asylantrages erneut einen Asylantrag (Folgeantrag), so ist ein weiteres Asylverfahren nur durchzuführen, wenn die Voraussetzungen des § 51 Abs. 1 bis 3 des Verwaltungsverfahrensgesetzes vorliegen; die Prüfung obliegt dem Bundesamt. Das gleiche gilt für den Asylantrag eines Kindes, wenn der Vertreter nach § 14 a Abs. 3 auf die Durchführung eines Asylverfahrens verzichtet hatte.

(2) Der Ausländer hat den Folgeantrag persönlich bei der Außenstelle des Bundesamtes zu stellen, die der Aufnahmeeinrichtung zugeordnet ist, in der er während des früheren Asylverfahrens zu wohnen verpflichtet war. In den Fällen des § 14 Abs. 2 Satz 1 Nr. 2 oder wenn der Ausländer nachweislich am persönlichen Erscheinen gehindert ist, ist der Folgeantrag schriftlich zu stellen. Der Folgeantrag ist schriftlich bei der Zentrale des Bundesamtes zu stellen, wenn
1. die Außenstelle, die nach Satz 1 zuständig wäre, nicht mehr besteht,
2. der Ausländer während des früheren Asylverfahrens nicht verpflichtet war, in einer Aufnahmeeinrichtung zu wohnen.

§ 19 Abs. 1 findet keine Anwendung.

(3) In dem Folgeantrag hat der Ausländer seine Anschrift sowie die Tatsachen und Beweismittel anzugeben, aus denen sich das Vorliegen der Voraussetzungen des § 51 Abs. 1 bis 3 des Verwaltungsverfahrensgesetzes ergibt. Auf Verlangen hat der Ausländer diese Angaben schriftlich zu machen. Von einer Anhörung kann abgesehen werden. § 10 gilt entsprechend.

(4) Liegen die Voraussetzungen des § 51 Abs. 1 bis 3 des Verwaltungsverfahrensgesetzes nicht vor, sind die §§ 34, 35 und 36 entsprechend anzuwenden; im Falle der Abschiebung in einen sicheren Drittstaat (§ 26 a) ist § 34 a entsprechend anzuwenden.

(5) Stellt der Ausländer, nachdem eine nach Stellung des früheren Asylantrages ergangene Abschiebungsandrohung oder -anordnung vollziehbar geworden ist, einen Folgeantrag, der nicht zur Durchführung eines weiteren Verfahrens führt, so bedarf es zum Vollzug der Abschiebung keiner erneuten Fristsetzung und Abschiebungsandrohung oder -anordnung. Die Abschiebung darf erst nach einer Mitteilung des Bundesamtes, daß die Voraussetzungen des § 51 Abs. 1 bis 3 des Verwaltungsverfahrensgesetzes nicht vorliegen, vollzogen werden, es sei denn, der Folgeantrag ist offensichtlich unschlüssig oder der Ausländer soll in den sicheren Drittstaat abgeschoben werden.

(6) Absatz 5 gilt auch, wenn der Ausländer zwischenzeitlich das Bundesgebiet verlassen hatte. Im Falle einer unerlaubten Einreise aus einem sicheren Drittstaat (§ 26 a) kann der Ausländer nach § 57 Abs. 1 des Aufenthaltsgesetzes dorthin zurückgeschoben werden, ohne daß es der vorherigen Mitteilung des Bundesamtes bedarf.

(7) War der Aufenthalt des Ausländers während des früheren Asylverfahrens räumlich beschränkt, gilt die letzte räumliche Beschränkung fort, solange keine andere Entscheidung ergeht. In den Fällen der Absätze 5 und 6 ist für ausländerrechtliche Maßnahmen auch die Ausländerbehörde zuständig, in deren Bezirk sich der Ausländer aufhält.

(8) Ein Folgeantrag steht der Anordnung von Abschiebungshaft nicht entgegen, es sei denn, es wird ein weiteres Asylverfahren durchgeführt.

§ 71 a Zweitantrag. (1) Stellt der Ausländer nach erfolglosem Abschluß eines Asylverfahrens in einem sicheren Drittstaat (§ 26 a), mit dem die Bundesrepublik Deutschland einen völkerrechtlichen Vertrag über die Zuständigkeit für die Durchführung von Asylverfahren geschlossen hat, im Bundesgebiet einen Asylantrag (Zweitantrag), so ist ein weiteres Asylverfahren nur durchzuführen, wenn die Bundesrepublik Deutschland für die Durchführung des Asylverfahrens zuständig ist und die Voraussetzungen des § 51 Abs. 1 bis 3 des Verwaltungsverfahrensgesetzes vorliegen; die Prüfung obliegt dem Bundesamt.

(2) Für das Verfahren zur Feststellung, ob ein weiteres Asylverfahren durchzuführen ist, gelten die §§ 12 bis 25, 33, 44 bis 54 entsprechend. Von der Anhörung kann abgesehen werden, soweit sie für die Feststellung, daß kein weiteres Asylverfahren durchzuführen ist, nicht erforderlich ist. § 71 Abs. 8 gilt entsprechend.

(3) Der Aufenthalt des Ausländers gilt als geduldet. Die §§ 56 bis 67 gelten entsprechend.

(4) Wird ein weiteres Asylverfahren nicht durchgeführt, sind die §§ 34 bis 36, 42 und 43 entsprechend anzuwenden.

(5) Stellt der Ausländer nach Rücknahme oder unanfechtbarer Ablehnung eines Zweitantrages einen weiteren Asylantrag, gilt § 71.

Sechster Abschnitt. Erlöschen der Rechtsstellung

§ 72 Erlöschen. (1) Die Anerkennung als Asylberechtigter und die Feststellung, daß die Voraussetzungen des § 60 Abs. 1 des Aufenthaltsgesetzes vorliegen, erlöschen, wenn der Ausländer
1. sich freiwillig durch Annahme oder Erneuerung eines Nationalpasses oder durch sonstige Handlungen erneut dem Schutz des Staates, dessen Staatsangehörigkeit er besitzt, unterstellt,
2. nach Verlust seiner Staatsangehörigkeit diese freiwillig wiedererlangt hat,
3. auf Antrag eine neue Staatsangehörigkeit erworben hat und den Schutz des Staates, dessen Staatsangehörigkeit er erworben hat, genießt oder
4. auf sie verzichtet oder vor Eintritt der Unanfechtbarkeit der Entscheidung des Bundesamtes den Antrag zurücknimmt.

(2) Der Ausländer hat einen Anerkennungsbescheid und einen Reiseausweis unverzüglich bei der Ausländerbehörde abzugeben.

§ 73 Widerruf und Rücknahme. (1) Die Anerkennung als Asylberechtigter und die Feststellung, daß die Voraussetzungen des § 60 Abs. 1 des Aufenthaltsgesetzes vorliegen, sind unverzüglich zu widerrufen, wenn die Voraussetzungen für sie nicht mehr vorliegen. In den Fällen des § 26 ist die Anerkennung als Asylberechtigter ferner zu widerrufen, wenn die Anerkennung des Asylberechtigten, von dem die Anerkennung abgeleitet worden ist, erlischt, widerrufen oder zurückgenommen wird und der Ausländer aus anderen Gründen nicht als Asylberechtigter anerkannt werden könnte. Von einem Widerruf ist abzusehen, wenn sich der Ausländer auf zwingende, auf früheren Verfolgungen beruhende Gründe berufen kann, um die Rückkehr in den Staat abzulehnen, dessen Staatsangehörigkeit er besitzt, oder in dem er als Staatenloser seinen gewöhnlichen Aufenthalt hatte.

(2) Die Anerkennung als Asylberechtigter ist zurückzunehmen, wenn sie auf Grund unrichtiger Angaben oder infolge Verschweigens wesentlicher Tatsachen erteilt worden ist und der Ausländer auch aus anderen Gründen nicht anerkannt werden könnte. Satz 1 findet auf die Feststellung, daß die Voraussetzungen des § 60 Abs. 1 des Aufenthaltsgesetzes vorliegen, entsprechende Anwendung.

(2 a) Die Prüfung, ob die Voraussetzungen für einen Widerruf nach Absatz 1 oder eine Rücknahme nach Absatz 2 vorliegen, hat spätestens nach Ablauf von drei Jahren nach Unanfechtbarkeit der Entscheidung zu erfolgen. Das Ergebnis ist der Ausländerbehörde mitzuteilen. Ist nach der Prüfung ein Widerruf oder eine Rücknahme nicht erfolgt, so steht eine spätere Entscheidung nach Absatz 1 oder Absatz 2 im Ermessen. Bis zur Bestandskraft des Widerrufs oder der Rücknahme entfällt für Einbürgerungsverfahren die Verbindlichkeit der Entscheidung über den Asylantrag.

(3) Die Entscheidung, ob die Voraussetzungen des § 60 Abs. 2, 3, 5 oder 7 des Aufenthaltsgesetzes vorliegen, ist zurückzunehmen, wenn sie fehlerhaft ist, und zu widerrufen, wenn die Voraussetzungen nicht mehr vorliegen.

(4) Über Widerruf und Rücknahme entscheidet der Leiter des Bundesamtes oder ein von ihm beauftragter Bediensteter. Dem Ausländer ist die beabsichtigte Entscheidung schriftlich mitzuteilen und Gelegenheit zur Äußerung zu geben. Ihm kann aufgegeben werden, sich innerhalb eines Monats schriftlich zu äußern. Hat sich der Ausländer innerhalb dieser Frist nicht geäußert, ist nach Aktenlage zu entscheiden; der Ausländer ist auf diese Rechtsfolge hinzuweisen.

(5) Mitteilungen oder Entscheidungen des Bundesamtes, die eine Frist in Lauf setzen, sind dem Ausländer zuzustellen.

(6) Im Falle der Unanfechtbarkeit des Widerrufs oder der Rücknahme der Anerkennung als Asylberechtigter und der Feststellung, daß die Voraussetzungen des § 60 Abs. 1 des Aufenthaltsgesetzes vorliegen, gilt § 72 Abs. 2 entsprechend.

§ 73 a Ausländische Anerkennung als Flüchtling. (1) Ist bei einem Ausländer, der von einem ausländischen Staat als Flüchtling im Sinne des Abkommens über die Rechtsstellung der Flüchtlinge anerkannt worden ist, die Verantwortung für die Ausstellung des Reiseausweises auf die Bundesrepublik Deutschland übergegangen, so erlischt seine Rechtsstellung als Flüchtling in der Bundesrepublik Deutschland, wenn einer der in § 72 Abs. 1 genannten Umstände eintritt. Der Ausländer hat den Reiseausweis unverzüglich bei der Ausländerbehörde abzugeben.

(2) Dem Ausländer ist die Rechtsstellung als Flüchtling in der Bundesrepublik Deutschland zu entziehen, wenn die Voraussetzungen des § 60 Abs. 1 des Aufenthaltsgesetzes nicht mehr vorliegen. § 73 Abs. 1 Satz 3 und Abs. 4 bis 6 ist entsprechend anzuwenden.

Siebenter Abschnitt. Gerichtsverfahren

§ 74 Klagefrist; Zurückweisung verspäteten Vorbringens. (1) Die Klage gegen Entscheidungen nach diesem Gesetz muß innerhalb von zwei Wochen nach Zustellung der Entscheidung erhoben werden; ist der Antrag nach § 80 Abs. 5 der Verwaltungsgerichtsordnung innerhalb einer Woche zu stellen (§ 36 Abs. 3 Satz 1), ist auch die Klage innerhalb einer Woche zu erheben.

(2) Der Kläger hat die zur Begründung dienenden Tatsachen und Beweismittel binnen einer Frist von einem Monat nach Zustellung der Entscheidung anzugeben. § 87b Abs. 3 der Verwaltungsgerichtsordnung gilt entsprechend. Der Kläger ist über die Verpflichtung nach Satz 1 und die Folgen der Fristversäumung zu belehren. Das Vorbringen neuer Tatsachen und Beweismittel bleibt unberührt.

§ 75 Aufschiebende Wirkung der Klage. Die Klage gegen Entscheidungen nach diesem Gesetz hat nur in den Fällen der § 38 Abs. 1 und § 73 aufschiebende Wirkung.

§ 76 Einzelrichter. (1) Die Kammer soll in der Regel in Streitigkeiten nach diesem Gesetz den Rechtsstreit einem ihrer Mitglieder als Einzelrichter zur Entscheidung übertragen, wenn nicht die Sache besondere Schwierigkeiten tatsächlicher oder rechtlicher Art aufweist oder die Rechtssache grundsätzliche Bedeutung hat.

(2) Der Rechtsstreit darf dem Einzelrichter nicht übertragen werden, wenn bereits vor der Kammer mündlich verhandelt worden ist, es sei denn, daß inzwischen ein Vorbehalts-, Teil- oder Zwischenurteil ergangen ist.

(3) Der Einzelrichter kann nach Anhörung der Beteiligten den Rechtsstreit auf die Kammer zurückübertragen, wenn sich aus einer wesentlichen Änderung der Prozeßlage ergibt, daß die Rechtssache grundsätzliche Bedeutung hat. Eine erneute Übertragung auf den Einzelrichter ist ausgeschlossen.

(4) In Verfahren des vorläufigen Rechtsschutzes entscheidet ein Mitglied der Kammer als Einzelrichter. Der Einzelrichter überträgt den Rechtsstreit auf die Kammer, wenn die Rechtssache grundsätzliche Bedeutung hat oder wenn er von der Rechtsprechung der Kammer abweichen will.

(5) Ein Richter auf Probe darf in den ersten sechs Monaten nach seiner Ernennung nicht Einzelrichter sein.

§ 77 Entscheidung des Gerichts. (1) In Streitigkeiten nach diesem Gesetz stellt das Gericht auf die Sach- und Rechtslage im Zeitpunkt der letzten mündlichen Verhandlung ab; ergeht die Entscheidung ohne mündliche Verhandlung, ist der Zeitpunkt maßgebend, in dem die Entscheidung gefällt wird. § 74 Abs. 2 Satz 2 bleibt unberührt.

(2) Das Gericht sieht von einer weiteren Darstellung des Tatbestandes und der Entscheidungsgründe ab, soweit es den Feststellungen und der Begründung des angefochtenen Verwaltungsaktes folgt und dies in seiner Entscheidung feststellt oder soweit die Beteiligten übereinstimmend darauf verzichten.

§ 78 Rechtsmittel. (1) Das Urteil des Verwaltungsgerichts, durch das die Klage in Rechtsstreitigkeiten nach diesem Gesetz als offensichtlich unzulässig oder offensichtlich unbegründet abgewiesen wird, ist unanfechtbar. Das gilt auch, wenn nur das Klagebegehren gegen die Entscheidung über den Asylantrag als offensichtlich unzulässig oder offensichtlich unbegründet, das Klagebegehren im übrigen hingegen als unzulässig oder unbegründet abgewiesen worden ist.

(2) In den übrigen Fällen steht den Beteiligten die Berufung gegen das Urteil des Verwaltungsgerichts zu, wenn sie von dem Oberverwaltungsgericht zugelassen wird. Die Revision gegen das Urteil des Verwaltungsgerichts findet nicht statt.

(3) Die Berufung ist nur zuzulassen, wenn
1. die Rechtssache grundsätzliche Bedeutung hat oder
2. das Urteil von einer Entscheidung des Oberverwaltungsgerichts, des Bundesverwaltungsgerichts, des Gemeinsamen Senats der obersten Gerichtshöfe des Bundes oder des Bundesverfassungsgerichts abweicht und auf dieser Abweichung beruht oder
3. ein in § 138 der Verwaltungsgerichtsordnung bezeichneter Verfahrensmangel geltend gemacht wird und vorliegt.

(4) Die Zulassung der Berufung ist innerhalb von zwei Wochen nach Zustellung des Urteils zu beantragen. Der Antrag ist bei dem Verwaltungsgericht zu stellen. Er muß das angefochtene Urteil bezeichnen. In dem Antrag sind die Gründe, aus denen die Berufung zuzulassen ist, darzulegen. Die Stellung des Antrags hemmt die Rechtskraft des Urteils.

(5) Über den Antrag entscheidet das Oberverwaltungsgericht durch Beschluß, er keiner Begründung bedarf. Mit der Ablehnung des Antrags wird das Urteil rechtskräftig. Läßt das Oberverwaltungsgericht die Berufung zu, wird das Antragsverfahren als Berufungsverfahren fortgesetzt; der Einlegung einer Berufung bedarf es nicht.

(6) *(aufgehoben)*

(7) Ein Rechtsbehelf nach § 84 Abs. 2 der Verwaltungsgerichtsordnung ist innerhalb von zwei Wochen nach Zustellung des Gerichtsbescheids zu erheben.

§ 79 Besondere Vorschriften für das Berufungsverfahren. (1) In dem Verfahren vor dem Oberverwaltungsgericht gilt in bezug auf Erklärungen und Beweismittel, die der Kläger nicht innerhalb der Frist des § 74 Abs. 2 Satz 1 vorgebracht hat, § 128a der Verwaltungsgerichtsordnung entsprechend.

(2) § 130 Abs. 2 und 3 der Verwaltungsgerichtsordnung findet keine Anwendung.

§ 80 Ausschluß der Beschwerde. Entscheidungen in Rechtsstreitigkeiten nach diesem Gesetz können vorbehaltlich des § 133 Abs. 1 der Verwaltungsgerichtsordnung nicht mit der Beschwerde angefochten werden.

§ 80a Ruhen des Verfahrens. (1) Für das Klageverfahren gilt § 32a Abs. 1 entsprechend. Das Ruhen hat auf den Lauf von Fristen für die Einlegung oder Begründung von Rechtsbehelfen keinen Einfluß.

(2) Die Klage gilt als zurückgenommen, wenn der Kläger nicht innerhalb eines Monats nach Ablauf der Geltungsdauer der Aufenthaltserlaubnis nach § 24 des Aufenthaltsgesetzes dem Gericht anzeigt, daß er das Klageverfahren fortführen will.

(3) Das Bundesamt unterrichtet das Gericht unverzüglich über die Erteilung und den Ablauf der Geltungsdauer der Aufenthaltserlaubnis nach § 24 des Aufenthaltsgesetzes.

§ 81 Nichtbetreiben des Verfahrens. Die Klage gilt in einem gerichtlichen Verfahren nach diesem Gesetz als zurückgenommen, wenn der Kläger das Verfahren trotz Aufforderung des Gerichts länger als einen Monat nicht betreibt. Der Kläger trägt die Kosten des Verfahrens. In der Aufforderung ist der Kläger auf die nach Satz 1 und 2 eintretenden Folgen hinzuweisen.

§ 82 Akteneinsicht in Verfahren des vorläufigen Rechtsschutzes. In Verfahren des vorläufigen Rechtsschutzes wird Akteneinsicht auf der Geschäftsstelle des Gerichts gewährt. Die Akten können dem bevollmächtigten Rechtsanwalt zur Mitnahme in seine Wohnung oder Geschäftsräume übergeben werden, wenn ausgeschlossen werden kann, daß sich das Verfahren dadurch verzögert. Für die Versendung von Akten gilt Satz 2 entsprechend.

§ 83 Besondere Spruchkörper. (1) Streitigkeiten nach diesem Gesetz sollen in besonderen Spruchkörpern zusammengefaßt werden.

(2) Die Landesregierungen können bei den Verwaltungsgerichten für Streitigkeiten nach diesem Gesetz durch Rechtsverordnung besondere Spruchkörper bilden und deren Sitz bestimmten. Die Landesregierungen können die Ermächtigung auf andere Stellen übertragen. Die nach Satz 1 gebildeten Spruchkörper sollen ihren Sitz in räumlicher Nähe zu den Aufnahmeeinrichtungen haben.

§ 83a Unterrichtung der Ausländerbehörde. Das Gericht darf der Ausländerbehörde das Ergebnis eines Verfahrens formlos mitteilen.

§ 83b Gerichtskosten, Gegenstandswert. Gerichtskosten (Gebühren und Auslagen) werden in Streitigkeiten nach diesem Gesetz nicht erhoben.

Asylverfahrensgesetz

Achter Abschnitt. Straf- und Bußgeldvorschriften

§ 84 Verleitung zur mißbräuchlichen Asylantragstellung. (1) Mit Freiheitsstrafe bis zu drei Jahren oder mit Geldstrafe wird bestraft, wer einen Ausländer verleitet oder dabei unterstützt, im Asylverfahren vor dem Bundesamt oder im gerichtlichen Verfahren unrichtige oder unvollständige Angaben zu machen, um seine Anerkennung als Asylberechtigter oder die Feststellung, daß die Voraussetzungen des § 60 Abs. 1 des Aufenthaltsgesetzes vorliegen, zu ermöglichen.

(2) In besonders schweren Fällen ist die Strafe Freiheitsstrafe bis zu fünf Jahren oder Geldstrafe. Ein besonders schwerer Fall liegt in der Regel vor, wenn der Täter
1. für eine in Absatz 1 bezeichnete Handlung einen Vermögensvorteil erhält oder sich versprechen läßt oder
2. wiederholt oder zugunsten von mehr als fünf Ausländern handelt.

(3) Mit Freiheitsstrafe von sechs Monaten bis zu zehn Jahren wird bestraft, wer in den Fällen des Absatzes 1
1. gewerbsmäßig oder
2. als Mitglied einer Bande, die sich zur fortgesetzten Begehung solcher Taten verbunden hat, handelt.

(4) Der Versuch ist strafbar.

(5) In den Fällen des Absatzes 3 Nr. 1 ist § 73 d des Strafgesetzbuches anzuwenden. In den Fällen des Absatzes 3 Nr. 2 sind die §§ 43 a, 73 d des Strafgesetzbuches anzuwenden.

(6) Wer die Tat nach Absatz 1 zugunsten eines Angehörigen im Sinne des § 11 Abs. 1 Nr. 1 des Strafgesetzbuches begeht, ist straffrei.

§ 84 a Gewerbs- und bandenmäßige Verleitung zur mißbräuchlichen Asylantragstellung. (1) Mit Freiheitsstrafe von einem Jahr bis zu zehn Jahren wird bestraft, wer in den Fällen des § 84 Abs. 1 als Mitglied einer Bande, die sich zur fortgesetzten Begehung solcher Taten verbunden hat, gewerbsmäßig handelt.

(2) In minder schweren Fällen ist die Strafe Freiheitsstrafe von sechs Monaten bis zu fünf Jahren.

(3) Die §§ 43 a, 73 d des Strafgesetzbuches sind anzuwenden.

§ 85 Sonstige Straftaten. Mit Freiheitsstrafe bis zu einem Jahr oder mit Geldstrafe wird bestraft, wer
1. entgegen § 50 Abs. 6, auch in Verbindung mit § 71 a Abs. 2 Satz 1, sich nicht unverzüglich zu der angegebenen Stelle begibt,
2. wiederholt einer Aufenthaltsbeschränkung nach § 56 Abs. 1 oder 2, jeweils auch in Verbindung mit § 71 a Abs. 3, zuwiderhandelt,
3. einer vollziehbaren Auflage nach § 60 Abs. 1, auch in Verbindung mit § 71 a Abs. 3, mit der die Ausübung einer Erwerbstätigkeit verboten oder beschränkt wird, zuwiderhandelt,
4. einer vollziehbaren Anordnung nach § 60 Abs. 2 Satz 1, auch in Verbindung mit § 71 a Abs. 3, nicht rechtzeitig nachkommt oder
5. entgegen § 61 Abs. 1, auch in Verbindung mit § 71 a Abs. 3, eine Erwerbstätigkeit ausübt.

§ 86 Bußgeldvorschriften. (1) Ordnungswidrig handelt ein Ausländer, der einer Aufenthaltsbeschränkung nach § 56 Abs. 1 oder 2, jeweils auch in Verbindung mit § 71 a Abs. 3, zuwiderhandelt.

(2) Die Ordnungswidrigkeit kann mit einer Geldbuße bis zu zweitausendfünfhundert Euro geahndet werden.

Neunter Abschnitt. Übergangs- und Schlußvorschriften

§ 87 Übergangsvorschriften. (1) Für das Verwaltungsverfahren gelten folgende Übergangsvorschriften:
1. Bereits begonnene Asylverfahren sind nach bisher geltendem Recht zu Ende zu führen, wenn vor dem Inkrafttreten dieses Gesetzes das Bundesamt seine Entscheidung an die Ausländerbehörde zur Zustellung abgesandt hat. Ist das Asylverfahren vor dem Inkrafttreten dieses Gesetzes bestandskräftig abgeschlossen, ist das Bundesamt für die Entscheidung, ob Abschiebungshindernisse nach § 53 des

Ausländergesetzes vorliegen, und für den Erlaß einer Abschiebungsandrohung nur zuständig, wenn ein erneutes Asylverfahren durchgeführt wird.
2. Über Folgeanträge, die vor Inkrafttreten dieses Gesetzes gestellt worden sind, entscheidet die Ausländerbehörde nach bisher geltendem Recht.
3. Bei Ausländern, die vor Inkrafttreten dieses Gesetzes einen Asylantrag gestellt haben, richtet sich die Verteilung auf die Länder nach bisher geltendem Recht.

(2) Für die Rechtsbehelfe und das gerichtliche Verfahren gelten folgende Übergangsvorschriften:
1. In den Fällen des Absatzes 1 Nr. 1 und 2 richtet sich die Klagefrist nach bisher geltendem Recht; die örtliche Zuständigkeit des Verwaltungsgerichts bestimmt sich nach § 52 Nr. 2 Satz 3 der Verwaltungsgerichtsordnung in der bis zum Inkrafttreten dieses Gesetzes geltenden Fassung.
2. Die Zulässigkeit eines Rechtsbehelfs gegen einen Verwaltungsakt richtet sich nach bisher geltendem Recht, wenn der Verwaltungsakt vor Inkrafttreten dieses Gesetzes bekanntgegeben worden ist.
3. Die Zulässigkeit eines Rechtsmittels gegen eine gerichtliche Entscheidung richtet sich nach bisher geltendem Recht, wenn die Entscheidung vor Inkrafttreten dieses Gesetzes verkündet oder von Amts wegen anstelle einer Verkündung zugestellt worden ist.
4. Hat ein vor Inkrafttreten dieses Gesetzes eingelegter Rechtsbehelf nach bisher geltendem Recht aufschiebende Wirkung, finden die Vorschriften dieses Gesetzes über den Ausschluß der aufschiebenden Wirkung keine Anwendung.
5. Ist in einem gerichtlichen Verfahren vor Inkrafttreten dieses Gesetzes eine Aufforderung nach § 33 des Asylverfahrensgesetzes in der Fassung der Bekanntmachung vom 9. April 1991 (BGBl. I S. 869), geändert durch Artikel 7 § 13 in Verbindung mit Artikel 11 des Gesetzes vom 12. September 1990 (BGBl. I S. 2002), erlassen worden, gilt insoweit diese Vorschrift fort.

§ 87 a Übergangsvorschriften aus Anlaß der am 1. Juli 1993 in Kraft getretenen Änderungen.
(1) Soweit in den folgenden Vorschriften nicht etwas anderes bestimmt ist, gelten die Vorschriften dieses Gesetzes mit Ausnahme der §§ 26 und 34 a auch für Ausländer, die vor dem 1. Juli 1993 einen Asylantrag gestellt haben. Auf Ausländer, die aus einem Mitgliedstaat der Europäischen Gemeinschaften oder aus einem in der Anlage I bezeichneten Staat eingereist sind, finden die §§ 27, 29 Abs. 1 und 2 entsprechende Anwendung.

(2) Für das Verwaltungsverfahren gelten folgende Übergangsvorschriften:
1. § 10 Abs. 2 Satz 2 und 3, Abs. 3 und 4 findet Anwendung, wenn der Ausländer insoweit ergänzend schriftlich belehrt worden ist.
2. § 33 Abs. 2 gilt nur für Ausländer, die nach dem 1. Juli 1993 in ihren Herkunftsstaat ausreisen.
3. Für Folgeanträge, die vor dem 1. Juli 1993 gestellt worden sind, gelten die Vorschriften der §§ 71 und 87 Abs. 1 Nr. 2 in der bis zu diesem Zeitpunkt geltenden Fassung.

(3) Für die Rechtsbehelfe und das gerichtliche Verfahren gelten folgende Übergangsvorschriften:
1. Die Zulässigkeit eines Rechtsbehelfs gegen einen Verwaltungsakt richtet sich nach dem bis zum 1. Juli 1993 geltenden Recht, wenn der Verwaltungsakt vor diesem Zeitpunkt bekanntgegeben worden ist.
2. Die Zulässigkeit eines Rechtsbehelfs gegen eine gerichtliche Entscheidung richtet sich nach dem bis zum 1. Juli 1993 geltenden Recht, wenn die Entscheidung vor diesem Zeitpunkt verkündet oder von Amts wegen anstelle einer Verkündung zugestellt worden ist.
3. § 76 Abs. 4 findet auf Verfahren, die vor dem 1. Juli 1993 anhängig geworden sind, keine Anwendung.
4. Die Wirksamkeit einer vor dem 1. Juli 1993 bereits erfolgten Übertragung auf den Einzelrichter bleibt von § 76 Abs. 5 unberührt.
5. § 83 Abs. 1 ist bis zum 31. Dezember 1993 nicht anzuwenden.

§ 87 b Übergangsvorschrift aus Anlass der am 1. September 2004 in Kraft getretenen Änderungen. In gerichtlichen Verfahren nach diesem Gesetz, die vor dem 1. September 2004 anhängig geworden sind, gilt § 6 in der vor diesem Zeitpunkt geltenden Fassung weiter.

§ 88 Verordnungsermächtigungen. (1) Das Bundesministerium des Innern bestimmt durch Rechtsverordnung mit Zustimmung des Bundesrates die zuständigen Behörden für die Ausführung völkerrechtlicher Verträge und die von den Europäischen Gemeinschaften erlassenen Rechtsvorschriften über die Zuständigkeit für die Durchführung von Asylverfahren hinsichtlich
1. der Übermittlung eines Ersuchens an einen anderen Vertragsstaat, einen Ausländer zur Behandlung des Asylbegehrens zu übernehmen,

Heimatlose Ausländer (HAG) 6.2. **Texte 5**

2. der Entscheidung über das Ersuchen eines anderen Vertragsstaates, einen Ausländer zur Behandlung des Asylbegehrens zu übernehmen,
3. der Übermittlung eines Rückübernahmeantrages an einen anderen Vertragsstaat,
4. der Entscheidung über einen Rückübernahmeantrag eines anderen Vertragsstaates und
5. des Informationsaustausches und der Erfassung, Übermittlung und dem Vergleich von Fingerabdruckdaten.

(2) Das Bundesministerium des Innern wird ermächtigt, durch Rechtsverordnung mit Zustimmung des Bundesrates Vordruckmuster und Ausstellungsmodalitäten für die Bescheinigung nach § 63 festzulegen.

(3) Die Landesregierung kann durch Rechtsverordnung Aufgaben der Aufnahmeeinrichtung auf andere Stellen des Landes übertragen.

§ 89 Einschränkung von Grundrechten. (1) Die Grundrechte der körperlichen Unversehrtheit (Artikel 2 Abs. 2 Satz 1 des Grundgesetzes) und der Freiheit der Person (Artikel 2 Abs. 2 Satz 2 des Grundgesetzes) werden nach Maßgabe dieses Gesetzes eingeschränkt.

(2) Das Verfahren bei Freiheitsentziehungen richtet sich nach dem Gesetz über das gerichtliche Verfahren bei Freiheitsentziehungen in der im Bundesgesetzblatt Teil III, Gliederungsnummer 316-1, veröffentlichten bereinigten Fassung, zuletzt geändert durch Artikel 7 § 21 des Gesetzes vom 12. September 1990 (BGBl. I S. 2002).

§ 90 *(aufgehoben)*

Anlage I (zu § 26 a)
    Finnland
    Norwegen
    Österreich
    Polen
    Schweden
    Schweiz
    Tschechische Republik

Anlage II (zu § 29 a)
    Bulgarien
    Ghana
    Polen
    Rumänien
    Senegal
    Slowakische Republik
    Tschechische Republik
    Ungarn

6.2. Gesetz über die Rechtsstellung heimatloser Ausländer im Bundesgebiet (HAG)

Vom 25. April 1951 (BGBl. I 269), zuletzt geändert durch Gesetz vom 30. Juli 2004 (BGBl. I 1950)

Kapitel I. Allgemeine Vorschriften

§ 1 Heimatlose Ausländer. (1) Heimatloser Ausländer im Sinne dieses Gesetzes ist ein fremder Staatsangehöriger oder Staatenloser, der
  a) nachweist, daß er der Obhut der Internationalen Organisation untersteht, die von den Vereinten Nationen mit der Betreuung verschleppter Personen und Flüchtlinge beauftragt ist, und
  b) nicht Deutscher nach Artikel 116 des Grundgesetzes ist und

c) am 30. Juni 1950 seinen Aufenthalt im Geltungsbereich des Grundgesetzes oder in Berlin (West) hatte oder die Rechtsstellung eines heimatlosen Ausländers aufgrund der Bestimmungen des § 2 Abs. 3 erwirbt.

(2) Wer seine Staatsangehörigkeit von einem heimatlosen Ausländer ableitet und am 1 Januar 1991 rechtmäßig seinen gewöhnlichen Aufenthalt im Geltungsbereich dieses Gesetzes hatte, steht einem heimatlosen Ausländer im Sinne dieses Gesetzes gleich.

§ 2 Verlust und Wiedererwerb der Rechtsstellung. (1) Ein heimatloser Ausländer verliert diese Rechtsstellung, wenn er nach dem 30. Juni 1950 eine neue Staatsangehörigkeit erwirbt oder seinen gewöhnlichen Aufenthalt außerhalb des Geltungsbereichs des Grundgesetzes oder von Berlin (West) nimmt.

(2) Hat ein heimatloser Ausländer seinen gewöhnlichen Aufenthalt außerhalb des Geltungsbereichs des Grundgesetzes oder von Berlin (West) genommen, so kann er innerhalb zweier Jahre seit dem Zeitpunkt seiner Ausreise aus dem Geltungsbereich des Grundgesetzes oder aus Berlin (West) seinen gewöhnlichen Aufenthalt in den Geltungsbereich des Grundgesetzes oder nach Berlin (West) zurückverlegen. Mit der Rückkehr erlangt er wieder die Rechtsstellung eines heimatlosen Ausländers.

(3) Ein fremder Staatsangehöriger oder Staatenloser, der die Bestimmungen des § 1 Abs. 1 a und b erfüllt, nach dem 1. Juli 1948 seinen gewöhnlichen Aufenthalt im Geltungsbereich des Grundgesetzes oder in Berlin (West) hatte und ihn danach außerhalb des Geltungsbereichs des Grundgesetzes oder von Berlin (West) verlegt hat, erlangt die Rechtsstellung eines heimatlosen Ausländers, wenn er innerhalb von 2 Jahren seit dem Zeitpunkt seiner Ausreise aus dem Geltungsbereich des Grundgesetzes oder aus Berlin (West) rechtmäßig seinen Wohnsitz oder dauernden Aufenthalt in den Geltungsbereich des Grundgesetzes oder nach Berlin (West) zurückverlegt.

§ 3 Allgemeine Rechte. (1) Ein heimatloser Ausländer darf wegen seiner Abstammung, seiner Rasse, seiner Sprache, seiner Heimat und Herkunft, seines Glaubens oder wegen seiner Flüchtlingseigenschaft nicht benachteiligt werden.

(2) Die ungestörte Religionsausübung wird gewährleistet.

§ 4 Anwendung deutschen Rechts. (1) Heimatlose Ausländer sind den im Geltungsbereich des Grundgesetzes oder in Berlin (West) geltenden Gesetzes und Vorschriften einschließlich der zur Aufrechterhaltung der öffentlichen Ordnung ergriffenen Maßnahmen unterworfen.

(2) Sie unterstehen der deutschen Gerichtsbarkeit.

§ 5 Meistbegünstigung. Rechte und Vergünstigungen, die allgemein Angehörigen fremder Staaten nur unter der Bedingung der Gegenseitigkeit gewährt werden, sind heimatlosen Ausländern auch dann nicht zu versagen, wenn die Gegenseitigkeit nicht verbürgt ist.

§ 6 Ausnahmemaßnahmen. Ausnahmemaßnahmen, die sich gegen Angehörige des früheren Heimatstaates eines heimatlosen Ausländers richten, dürfen gegen diesen nicht angewandt werden.

§ 7 Zwangsaufenthalt im Zweiten Weltkrieg. In den Fällen, in denen der Erwerb oder die Ausübung eines Rechts von der Dauer des Aufenthalts im Geltungsbereich des Grundgesetzes oder in Berlin (West) abhängig ist, ist die Zeit des Zwangsaufenthalts einer Person im Falle einer Verschleppung in der Zeit vom 1. September 1939 bis zum 8. Mai 1945 anzurechnen.

Kapitel II. Bürgerliches Recht

§ 8 Erworbene Rechte. Hat ein heimatloser Ausländer vor Inkrafttreten dieses Gesetzes nach anderen als den deutschen Vorschriften Rechte erworben, so behält er diese, sofern die Gesetze des Ortes beachtet sind, an dem das Rechtsgeschäft vorgenommen ist. Dies gilt insbesondere für eine vor Inkrafttreten dieses Gesetzes geschlossene Ehe.

§ 9 Eigentumserwerb. Heimatlose Ausländer können unter den gleichen Voraussetzungen wie deutsche Staatsangehörige Eigentum und andere Rechte an Grundstücken und beweglichen Sachen erwerben.

Heimatlose Ausländer (HAG) 6.2. **Texte 5**

§ 10 *(aufgehoben)*

§ 11 Verfahren vor deutschen Gerichten. Im Verfahren vor allen deutschen Gerichten sind heimatlose Ausländer den deutschen Staatsangehörigen gleichgestellt. Sie genießen unter den gleichen Bedingungen wie deutsche Staatsangehörige Prozeßkostenhilfe und sind von den besonderen Pflichten der Angehörigen fremder Staaten und der Staatenlosen zur Sicherheitsleistung befreit.

Kapitel III. Öffentliches Recht

§ 12 Freizügigkeit. Heimatlose Ausländer sind in der Wahl ihres Aufenthaltsortes und in der Freizügigkeit innerhalb des Bundesgebietes den deutschen Staatsangehörigen gleichgestellt. Sie bedürfen keines Aufenthaltstitels. Ausländischen Familienangehörigen heimatloser Ausländer wird nach den für ausländische Familienangehörige Deutscher geltenden Vorschriften eine Aufenthaltserlaubnis erteilt.

§ 13 Vereinigungsrecht. (1) Heimatlose Ausländer sind hinsichtlich des Rechts, sich in Vereinigungen für kulturelle, soziale, Wohlfahrts-, Selbsthilfe- und ähnliche Zwecke zusammenzuschließen, deutschen Staatsangehörigen gleichgestellt. Diese Gleichstellung gilt nicht für die Bildung von Vereinigungen mit politischen Zwecken.

(2) Heimatlose Ausländer haben das Recht, sich in Gewerkschaften zusammenzuschließen oder ihre Aufnahme in deutsche Gewerkschaften zu beantragen.

§ 14 Zutritt zu Schulen. (1) Heimatlose Ausländer haben zu allen öffentlichen Volksschulen, mittleren und höheren Lehranstalten sowie wissenschaftlichen Hochschulen und Kunsthochschulen unter den gleichen Bedingungen Zugang wie deutsche Staatsangehörige. Sie werden nach Maßgabe des Landesrechts an Gebührenerlaß und an den Mitteln zur Förderung Begabter beteiligt.

(2) Heimatlose Ausländer können Staatsprüfungen unter den gleichen Bedingungen ablegen wie deutsche Staatsangehörige.

(3) Das Recht zur Errichtung von privaten Schulen für heimatlose Ausländer wird nach Maßgabe des Artikels 7 Abs. 4 und 5 des Grundgesetzes gewährleistet.

§ 15 Ausländische Prüfungen. (1) Ausländische Prüfungen heimatloser Ausländer werden im Bundesgebiet anerkannt, wenn sie den entsprechenden inländischen Prüfungen gleichzuachten sind.

(2) Die Entscheidung darüber, welche ausländischen Prüfungen den inländischen Prüfungen gleichzuachten sind, wird von den Obersten Landesbehörden getroffen.

§ 16 Ausübung freier Berufe. Heimatlose Ausländer, die Prüfungen gemäß § 14 abgelegt haben oder deren ausländische Prüfungen gemäß § 15 anerkannt werden, sind zur Ausübung eines freien Berufes im Bundesgebiet unter den gleichen Bedingungen zuzulassen wie deutsche Staatsangehörige.

§ 17 Erwerbstätigkeit. (1) Heimatlose Ausländer sind in der Ausübung nichtselbständiger Arbeit deutschen Staatsangehörigen gleichgestellt.

(2) Hinsichtlich des Rechts, sich in der Landwirtschaft, Industrie, im Handwerk und im Handel selbständig zu betätigen sowie Handels- und Industrieunternehmungen, auch in der Form von Gesellschaften, zu gründen, sind heimatlose Ausländer den deutschen Staatsangehörigen gleichgestellt. Das gilt nicht für das Wandergewerbe und den Straßenhandel. Für die Ausübung dieser Gewerbe verbleibt es für heimatlose Ausländer bei der im § 56 d und § 42 b Abs. 4 der Gewerbeordnung für Ausländer getroffenen Regelung.

§ 18 Sozialversicherung. Heimatlose Ausländer sind in der Sozialversicherung, der Arbeitslosenversicherung und der Arbeitslosenfürsorge den deutschen Staatsangehörigen gleichgestellt.

§ 19 Sozialhilfe. Heimatlose Ausländer erhalten in der öffentlichen Fürsorge Leistungen in gleicher Höhe wie deutsche Staatsangehörige.

§ 20 Steuern. Die Erhebung von Steuern, Abgaben und Gebühren richtet sich für heimatlose Ausländer nach den für deutsche Staatsangehörige geltenden Vorschriften.

Kapitel IV. Verwaltungsmaßnahmen

§ 21 Einbürgerung. (1) Ein heimatloser Ausländer wird auf Antrag eingebürgert, wenn er
1. seit sieben Jahren rechtmäßig seinen gewöhnlichen Aufenthalt im Geltungsbereich dieses Gesetzes hat und
2. nicht wegen einer Straftat verurteilt worden ist; außer Betracht bleiben Verurteilungen zu Geldstrafe oder zu Jugend- oder Freiheitsstrafe bis zu einem Jahr, deren Vollstreckung zur Bewährung ausgesetzt wurde.

Der Ehegatte und minderjährige Kinder eines heimatlosen Ausländers werden nach Maßgabe des Satzes 1 mit ihm eingebürgert, auch wenn sie noch nicht seit sieben Jahren rechtmäßig ihren gewöhnlichen Aufenthalt im Geltungsbereich dieses Gesetzes haben. Für die Einbürgerung wird eine Gebühr in Höhe von 51 Euro erhoben.

(2) Im übrigen gelten für heimatlose Ausländer die allgemeinen Vorschriften über die Einbürgerung.

§ 22 Recht zur Ausreise. Einem heimatlosen Ausländer darf die Rückkehr in seine Heimat oder die Auswanderung nicht versagt werden.

§ 23 Ausweisung und Abschiebung. (1) Heimatlose Ausländer dürfen nur nach Maßgabe des § 56 des Aufenthaltsgesetzes aus schwerwiegenden Gründen der öffentlichen Sicherheit oder Ordnung ausgewiesen werden. Sie dürfen nur abgeschoben werden, wenn sie unanfechtbar ausreisepflichtig sind.

(2) Bei der Ausweisung ist dem Betroffenen eine angemessene Frist zu gewähren, in welcher er um Aufnahme in einen anderen Staat nachsuchen kann.

(3) Ein heimatloser Ausländer darf weder an einen Staat ausgeliefert noch in einen Staat ausgewiesen, abgeschoben oder zurückgesandt werden, in dem sein Leben oder seine Freiheit wegen seiner Rasse, seiner Abstammung, seiner Herkunft, seines Glaubens, seiner religiösen oder politischen Anschauungen bedroht ist. § 60 Abs. 10 des Aufentahltsgesetzes findet entsprechende Anwendung.

(4) Die Anwendung des Gesetzes Nr. 10 der Alliierten Hohen Kommission vom 27. Oktober 1949 über die Ausweisung unerwünschter Personen wird hierdurch nicht berührt.

Kapitel V. Rechtsschutz

§ 24 Rechtsverordnungen. (1) Die Bundesregierung wird ermächtigt, mit Zustimmung des Bundesrates Rechtsverordnungen zu erlassen,
 a) um heimatlosen Ausländern den Schutz und Beistand zu gewähren, der fremden Staatsangehörigen sonst durch die Auslandsvertretungen ihrer Heimatstaaten geleistet wird, und
 b) um die Ausstellung von Urkunden zu regeln, die fremden Staatsangehörigen sonst von ihren Heimatbehörden erteilt werden.

(2) Die so ausgestellten Urkunden haben die gleiche Gültigkeit, wie sie entsprechenden, den fremden Staatsangehörigen von ihren Heimatbehörden erteilten Urkunden zukommt.

(3) Für die Ausstellung solcher Urkunden dürfen, vorbehaltlich einer günstigeren Behandlung für minderbemittelte heimatlose Ausländer, keine höheren Gebühren erhoben werden als von deutschen Staatsangehörigen.

Kapitel VI. Schluß- und Übergangsvorschriften

§ 25 Kosten. Die aus der Durchführung dieses Gesetzes erwachsenden Kosten trägt der Bund nach Maßgabe eines Gesetzes gemäß Artikel 120 des Grundgesetzes.

§ 26 IRO. Dieses Gesetz findet keine Anwendung auf Personen, die in Umsiedlung begriffen sind und von der Internationalen Flüchtlings-Organisation (IRO) Fürsorge und Unterhalt erhalten.

§ 27 *(aufgehoben)*

§ 28 Inkrafttreten. Dieses Gesetz tritt am Tage nach seiner Verkündung in Kraft.

Asylzuständigkeitsbestimmungsverordnung (AsylZBV) 6.3. **Texte 5**

6.3. Verordnung über die Zuständigkeit für die Ausführung des Übereinkommens vom 15. Juni 1990 über die Bestimmung des zuständigen Staates für die Prüfung eines in einem Mitgliedstaat der Europäischen Gemeinschaften gestellten Asylantrags (Asylzuständigkeitsbestimmungsverordnung – AsylZBV)

Vom 4. Dezember 1997 (BGBl. I 2852), zuletzt geändert durch Gesetz vom 21. Juni 2005 (BGBl. I 1818)

§ 1 (1) Das Bundesamt für Migration und Flüchtlinge ist zuständig für die Ausführung des Übereinkommens vom 15. Juni 1990 über die Bestimmung des zuständigen Staates für die Prüfung eines in einem Mitgliedstaat der Europäischen Gemeinschaften gestellten Asylantrags (BGBl. 1994 II S. 791) in bezug auf
1. die Übermittlung eines Ersuchens an einen anderen Mitgliedstaat, einen Ausländer zur Behandlung des Asylbegehrens zu übernehmen,
2. die Entscheidung über das Ersuchen eines anderen Mitgliedstaats, einen Ausländer zur Behandlung des Asylbegehrens zu übernehmen,
3. die Übermittlung eines Rückübernahmeantrags an einen anderen Mitgliedstaat,
4. die Entscheidung über einen Rückübernahmeantrag eines anderen Mitgliedstaats und
5. die Übermittlung personenbezogener Informationen.

(2) Das Bundesamt ist zuständig für die Durchführung der Verordnung (EG) Nr. 2725/2000 des rates der Europäischen Union vom 11. Dezember 2000 über die Einrichtung von „Eurodac" für den Vergleich von Fingerabdrücken zum Zwecke der effktiven Anwendung des Dubliner Übereinkommens (ABl. EG Nr. L 316 S. 4) in Bezug auf die Zusammenarbeit mit den betreffenden Mitgliedtaaten.
1. bei der endgültigen Identifizierung, soweit nicht die mit der polizeilichen Kontrolle des grenzüberschreitenden Verkehrs beauftragten Behörden nach § 2 Abs. 3 zuständig sind,
2. bei der Auskunft, Berichtigung, Löschung und Sperrung von in der zentralen Datenbank gespeicherten Daten.

§ 2 (1) Die mit der polizeilichen Kontrolle des grenzüberschreitenden Verkehrs beauftragten Behörden sind zuständig für die Ausführung des Übereinkommens in bezug auf
1. die Übermittlung eines Ersuchens, einen Ausländer zur Behandlung des Asylbegehrens zu übernehmen,
2. die Übermittlung eines Rückübernahmeantrags und
3. die Übermittlung personenbezogener Informationen,

wenn sie einen Ausländer im grenznahen Raum in unmittelbarem zeitlichen Zusammenhang mit einer unerlaubten Einreise aus einem angrenzenden Mitgliedstaat antreffen und in diesem eine mit grenzpolizeilichen Aufgaben betraute Behörde für die Entscheidung über das Ersuchen oder den Rückübernahmeantrag zuständig ist. Satz 1 gilt nicht für die Zollverwaltung, soweit sie mit der Wahrnehmung von Aufgaben der polizeilichen Kontrolle des grenzüberschreitenden Verkehrs nach dem Bundespolizeigesetz betraut ist.

(2) Die in Absatz 1 genannten Behörden sind zuständig für die Ausführung des Übereinkommens in bezug auf
1. die Entscheidung über das Ersuchen eines angrenzenden Mitgliedstaats, einen Ausländer zur Behandlung des Asylbegehrens zu übernehmen,
2. die Entscheidung über einen Rückübernahmeantrag angrenzenden Mitgliedstaats und
3. die Übermittlung personenbezogener Informationen,

wenn das Ersuchen oder der Rückübernahmeantrag von einer mit grenzpolizeilichen Aufgaben betrauten Behörde des angrenzenden Mitgliedstaats gestellt wird und diese den Ausländer im grenznahen Raum im Zusammenhang mit einer unerlaubten Einreise angetroffen hat.

(3) Die in Absatz 1 genannten Behörden sind auch zuständig für die Durchführung (EG) Nr. 2725/2000 in Bezug auf die endgültige Identifizierung in Zusammenarbeit mit den betreffenden Mitgliedtaaten, soweit sie das Dubliner Übereinkommen nach den Absätzen 1 und 2 ausführen.

(4) Zuständig sind die unteren mit der polizeilichen Kontrolle des grenzüberschreitenden Verkehrs beauftragten Behörden, in den Fällen des Absatzes 2 die für den dem Aufgriffsort im Ausland gegenüberliegenden Grenzabschnitt zuständige Behörde.

§ 3 Die Zuständigkeit geht auf das Bundesamt über, wenn

1. in den Fällen des § 2 Abs. 1 die zuständige Behörde dem Bundesamt mitteilt, daß die Überstellung an den angrenzenden Mitgliedstaat nicht innerhalb von 48 Stunden nach dem Antreffen des Ausländers erfolgen kann, spätestens jedoch, wenn die Überstellung nicht innerhalb von 48 Stunden erfolgt ist; die Frist verlängert sich auf 96 Stunden, wenn in dem angrenzenden Mitgliedstaat die Zuständigkeit einer mit grenzppolizeilichen Aufgaben betrauten Behörde nicht besteht, sondern eine sonstige Behörde für die Entscheidung zuständig ist,
2. in den Fällen des § 2 Abs. 2 die zuständige Behörde dem Bundesamt mitteilt, daß sie nicht innerhalb von 48 Stunden nach Eingang über das Übernahmeersuchen oder den Rückübernahmeantrag entscheiden kann, spätestens jedoch, wenn die zuständige Behörde nicht innerhalb von 48 Stunden entschieden hat.

§ 4 Das Bundeskriminalamt ist zuständig für die Durchführung der Verordnung (EG) Nr. 2725/2001 in Bezug auf

1. die Übermittlung der Daten an die Zentraleinheit,
2. die Prüfung der von der Zentraleinheit übermittelten Ergebnisse,
3. die Übermittlung der Ergebnisse an das Bundesamt und an die Behörde, die die Fingerabdrücke übermittelt hat,
4. die Berichtigung und Löschung der an die Zentraleinheit übermittelten und in der zenrtalen Datenbank gespeicherten Daten,
5. die Löschung und Vernichtung der von der Zentraleinheit erhaltenen unzuverlässigen Informationen über sonstige Daten,
6. die Sperrung von Daten in der Zentraleinheit,
7. die Übermittlung des Verzeichnisses der auf die zentrale Datenbank zugriffsberechtigten Behörden,
8. Schadensersatzansprüche gegen die Bundesrepublik Deutschland aufgrund Artikel 17 Abs. 2 der Verordnung (EG) Nr. 2725/2000.

§ 5 Diese Verordnung tritt am Tage nach der Verkündung in Kraft. Gleichzeitig tritt die Asylzuständigkeitsbestimmungsverordnung vom 26. November 1993 (BGBl. I S. 1914) außer Kraft.

7.1. Übereinkommen zwischen den Regierungen des Königreichs Belgien, der Bundesrepublik Deutschland, der Französischen Republik, der Italienischen Republik, des Großherzogtums Luxemburg, des Königreichs der Niederlande und der Republik Polen betreffend die Rückübernahme von Personen mit unbefugtem Aufenthalt

Vom 29. März 1991 (BGBl. 1993 II 1100), in Kraft seit 1. Mai 1991
(Bek. vom 9. Juli 1993, BGBl. II 1099)

Art. 1 (1) Jede Vertragspartei übernimmt auf Antrag einer anderen Vertragspartei formlos die Person, die im Hoheitsgebiet der ersuchenden Vertragspartei die geltenden Voraussetzungen für die Einreise oder den Aufenthalt nicht oder nicht mehr erfüllt, soweit nachgewiesen oder glaubhaft gemacht wird, daß sie die Staatsangehörigkeit der ersuchten Vertragspartei besitzt.

(2) Die ersuchende Vertragspartei nimmt diese Person unter denselben Voraussetzungen zurück, wenn die Nachprüfung ergibt, daß sie zum Zeitpunkt der Ausreise aus dem Hoheitsgebiet der ersuchenden Vertragspartei nicht im Besitz der Staatsangehörigkeit der ersuchten Vertragspartei war.

Rückübernahme von Personen mit unbefugtem Aufenthalt 7.1. **Texte 5**

Art. 2 (1) Die Vertragspartei, über deren Außengrenze die Person eingereist ist, die im Hoheitsgebiet der ersuchenden Vertragspartei die geltenden Voraussetzungen für die Einreise oder den Aufenthalt nicht oder nicht mehr erfüllt, übernimmt auf Antrag dieser Vertragspartei formlos diese Person.

(2) Als Außengrenze im Sinne dieses Artikels gilt die zuerst überschrittene Grenze, die nicht Binnengrenze der Vertragsparteien gemäß dem Übereinkommen vom 14. Juni 1985 betreffend den schrittweisen Abbau der Kontrollen an den gemeinsamen Grenzen ist.

(3) Die Rückübernahmeverpflichtung nach Absatz 1 besteht nicht gegenüber einer Person, die bei ihrer Einreise in das Hoheitsgebiet der ersuchenden Vertragspartei im Besitz eines gültigen Visums oder eines gültigen Aufenthaltstitels dieser Vertragspartei war oder der nach ihrer Einreise ein Visum oder ein Aufenthaltstitel durch diese Vertragspartei ausgestellt wurde.

(4) Verfügt die Person nach Absatz 1 über einen gültigen, durch eine andere Vertragspartei ausgestellten Aufenthaltstitel oder ein gültiges Visum, so übernimmt diese Vertragspartei auf Antrag der ersuchenden Vertragspartei formlos diese Person.

(5) Als Aufenthaltstitel nach den Absätzen 3 und 4 gilt jede von einer Vertragspartei ausgestellte Erlaubnis gleich welcher Art, die zum Aufenthalt in deren Hoheitsgebiet berechtigt. Hierzu zählt nicht die befristete Zulassung zum Aufenthalt im Hoheitsgebiet einer der Vertragsparteien im Hinblick auf die Behandlung eines Asylbegehrens oder eines Antrages auf eine Aufenthaltserlaubnis.

Art. 3 (1) Die ersuchte Vertragspartei beantwortet die an sie gerichteten Rückübernahmeersuchen innerhalb von acht Tagen.

(2) Die ersuchte Vertragspartei übernimmt die Person, deren Rückübernahme zugestimmt wurde, innerhalb eines Monats. Diese Frist kann auf Antrag der ersuchenden Vertragspartei verlängert werden.

Art. 4 Die für die Durchführung der Rückübernahmeersuchen zuständigen zentralen oder örtlichen Behörden werden von den für die Grenzkontrollen zuständigen Ministern bezeichnet und den anderen Vertragsparteien spätestens bei Unterzeichnung dieses Übereinkommens oder bei Beitritt zu ihm auf diplomatischem Weg mitgeteilt.

Art. 5 (1) Die Anwendung der Genfer Konvention vom 28. Juli 1951 über den Flüchtlingsstatus in der Fassung des Protokolls von New York vom 31. Januar 1967 bleibt unberührt.

(2) Die Verpflichtungen der Vertragsparteien als Mitgliedstaaten der Europäischen Gemeinschaften, die sich aus dem Gemeinschaftsrecht ergeben, bleiben unberührt.

(3) Die Anwendung des Schengener Übereinkommens vom 14. Juni 1985 über den schrittweisen Abbau der Kontrollen an den gemeinsamen Grenzen sowie des Durchführungsübereinkommens vom 19. Juni 1990 zu diesem Übereinkommen und des Dubliner Übereinkommens über die Bestimmung des zuständigen Staates für die Prüfung eines in einem Mitgliedstaat der Europäischen Gemeinschaften gestellten Asylantrags vom 15. Juni 1990 durch die Vertragsparteien dieser Übereinkommen bleibt unberührt.

Art. 6 (1) Die Unterzeichnung dieses Übereinkommens erfolgt ohne einen Vorbehalt der Ratifikation oder Genehmigung oder unter dem Vorbehalt der Ratifikation oder Genehmigung, gefolgt von der Ratifikation oder Genehmigung.

(2) Dieses Übereinkommen findet ab dem ersten Tag des Monats nach der Unterzeichnung vorläufige Anwendung.

(3) Dieses Übereinkommen tritt am ersten Tag des zweiten Monats in Kraft, nachdem zwei Vertragsparteien gemäß Absatz 1 ihre Zustimmung ausgedrückt haben, durch das Übereinkommen gebunden zu sein.

(4) Für jede Vertragspartei, die später ihre Zustimmung ausdrückt, durch das Übereinkommen gebunden zu sein, tritt es am ersten Tag des zweiten Monats in Kraft, der auf den Eingang der entsprechenden Notifikation beim Verwahrer folgt.

Art. 7 (1) Die Vertragsparteien können durch einen gemeinsamen Beschluß andere Staaten einladen, diesem Übereinkommen beizutreten. Dieser Beschluß wird einstimmig getroffen.

(2) Der Beitritt zu diesem Übereinkommen kann mit vorläufiger Anwendung schon ab der vorläufigen Anwendung dieses Übereinkommens erfolgen.

(3) Für den beitretenden Staat tritt dieses Übereinkommen am ersten Tag des zweiten Monats nach der Hinterlegung seiner Beitrittserklärung bei dem Verwahrer, frühestens aber am Tag des Inkrafttretens dieses Übereinkommens, in Kraft.

Art. 8 (1) Jede Vertragspartei kann dem Verwahrer einen Vorschlag zur Änderung dieses Übereinkommens notifizieren.

(2) Die Vertragsparteien legen Änderungen dieses Übereinkommens einvernehmlich fest.

(3) Änderungen treten am ersten Tag des Monats nach dem Tag, an dem die letzte Vertragspartei zum Ausdruck gebracht hat, durch die Änderungen des Übereinkommens gebunden zu sein, in Kraft.

Art. 9 (1) Jede Vertragspartei kann dieses Übereinkommen nach Konsultationen mit den anderen Vertragsparteien aus wichtigem Grunde durch eine an den Verwahrer gerichtete Notifikation suspendieren oder kündigen.

(2) Die Suspendierung oder Kündigung tritt am ersten Tag des Monats nach Eingang der Notifikation bei dem Verwahrer in Kraft.

Art. 10 Die Regierung des Großherzogtums Luxemburg ist Verwahrer dieses Übereinkommens.

Gemeinsame Erklärung

Bei der Unterzeichnung des Übereinkommens über die Rückübernahme von Personen mit unbefugtem Aufenthalt am 29. März 1991 zu Brüssel erklären die Vertragsparteien, sich zu verpflichten:
– die Verfahren des Übereinkommens nicht auf Drittstaatsangehörige anzuwenden, wenn feststeht, daß diese Personen vor dem Zeitpunkt der vorläufigen Anwendung in das Hoheitsgebiet der ersuchenden Vertragspartei eingereist sind;
– sich nicht auf die Verfahren des Übereinkommens zu berufen bei Staatsangehörigen eines der Unterzeichnerstaaten, wenn feststeht, daß diese Person vor dem Zeitpunkt der vorläufigen Anwendung in das Hoheitsgebiet der ersuchenden Vertragspartei eingereist sind.

Die Vertragsparteien bekräftigen ihre Verpflichtung, die eigenen Staatsangehörigen nach den allgemeinen Grundsätzen des Völkerrechts zu übernehmen.

Protokoll

Bei der Unterzeichnung des Übereinkommens betreffend die Rückübernahme von Personen mit unbefugtem Aufenthalt haben die Vertragsparteien des am 14. Juni 1985 in Schengen unterzeichneten Übereinkommens, nachfolgend Vertragsparteien genannt, die folgenden gemeinsamen Erklärungen abgegeben:
1. Erklärung zu den Artikeln 1, 2 und 5 Absatz 3:
    Auf Ersuchen einer Vertragspartei werden sich die Vertragsparteien über die Modalitäten der Rückführung von Drittausländern unter Berücksichtigung der Zielsetzungen des Durchführungsübereinkommens vom 19. Juni 1990 näher abstimmen, insbesondere über die Frage einer die Vertragsparteien so wenig wie möglich belastenden Rückführung gemäß den Artikeln 1 und 2 des Rückübernahmeübereinkommens. Sie werden dabei den Ausgleich finanzieller Ungleichgewichte im Sinne des Artikels 24 des Durchführungsübereinkommens vom 19. Juni 1990 beachten.
2. Erklärung zu den Artikeln 2 und 5 Absatz 3:
    Die Rückübernahmeverpflichtung unter den Vertragsparteien aufgrund dieses Rückübernahmeübereinkommens beschränkt sich vorläufig auf Staatsangehörige der Republik Polen. Die Rückübernahmeverpflichtung kann nach Inkrafttreten des Durchführungsübereinkommens vom 19. Juni 1990 aufgrund eines Beschlusses des nach Artikel 131 eingesetzten Exekutivausschusses beziehungsweise bis zum Inkrafttreten des Durchführungsübereinkommens aufgrund einer Entscheidung der nach nationalem Recht zuständigen Minister auf Staatsangehörige anderer Staaten erstreckt werden.
3. Erklärung zu den Artikeln 8 und 5 Absatz 3:
    Die Vertragsparteien vereinbaren, anläßlich des Inkrafttretens des Durchführungsübereinkommens vom 19. Juni 1990 gemeinsam zu prüfen, ob Änderungen des Rückübernahmeübereinkommens erforderlich sind.
4. Erklärung zu den Artikeln 9 und 5 Absatz 3:
    Kündigt oder suspendiert eine Vertragspartei das Rückübernahmeeinkommen, so können auch die anderen Vertragsparteien es ebenfalls kündigen oder suspendieren.

Rückübernahme von Personen mit unbefugtem Aufenthalt 7.1. **Texte 5**

Erklärung der Bundesrepublik Deutschland hinsichtlich des Nachweises bzw. der Glaubhaftmachung der Staatsangehörigkeit nach Artikel 1 Absatz 1 des Übereinkommens betreffend die Rückübernahme von Personen mit unbefugtem Aufenthalt

Nach Artikel 1 Absatz 1 des oben genannten Übereinkommens übernimmt jede Vertragspartei auf Antrag einer anderen Vertragspartei formlos die Person, die im Hoheitsgebiet der ersuchenden Vertragspartei die geltenden Voraussetzungen für die Einreise oder den Aufenthalt nicht mehr erfüllt, soweit nachgewiesen oder glaubhaft gemacht werden wird, daß sie die Staatsangehörigkeit der ersuchenden Vertragspartei besitzt.

Der Nachweis oder die Glaubhaftmachung der Staatsangehörigkeit kann insbesondere mit folgenden Urkunden, Belegen oder Verfahren geführt werden.

1. Dokumente, die nach ihrer Zweckbestimmung die Staatsangehörigkeit bestätigen, ohne daß es weiterer Überprüfungen bedarf:
   – Staatsangehörigkeitsurkunden
   – Reisepaß oder amtliche Pässe
   – Personalausweis
   – Wehrpaß/Militärausweis
   – Geburtsurkunden
2. Dokumente und andere Nachweise, die zur Glaubhaftmachung der Staatsangehörigkeit führen, u. a.:
2.1. Dokumente
   – Kinderausweis
   – Seefahrtbuch
   – Dienstausweis
   – Führerschein
   – Firmenausweis
   – Versicherungsnachweis
2.2. Andere Nachweise
   – Zeugenaussagen
   – Behördenauskünfte

Absprache zur technischen Durchführung des Übereinkommens betreffend die Rückübernahme von Personen mit unbefugtem Aufenthalt vom 29. März 1991 – im folgenden „Übereinkommen" genannt –

1. Zu Artikel 1 des Übereinkommens
1.1 Der Nachweis oder die Glaubhaftmachung der Staatsangehörigkeit gemäß Artikel 1 Abs. 1 des Übereinkommens kann insbesondere mit den Urkunden, Belegen und Verfahren geführt werden, die in der Erklärung der Bundesrepublik Deutschland anläßlich der Unterzeichnung des Übereinkommens vom 29. März 1991 genannt sind.
1.2 Bei Vorlage von
   – Staatsangehörigkeitsurkunden,
   – Pässen aller Art (Nationalpässe, Diplomatenpässe, Dienstpässe, Paßersatzdokument mit Lichtbild),
   – Personalausweisen (auch vorläufige und behelfsmäßige Personalausweise),
   – vorläufigen Identitätsbescheinigungen,
   – Wehrpässen,
   – Kinderausweisen als Paßersatz,
   – Behördenauskünften mit eindeutiger Aussage
   ist die so nachgewiesene Staatsangehörigkeit unter den Vertragsparteien verbindlich anerkannt, ohne daß es einer weiteren Überprüfung bedarf.
1.3 In Fällen der Glaubhaftmachung durch
   – andere Dokumente als Wehrpässe, die die Zugehörigkeit zu den deutschen oder polnischen Streitkräften belegen,
   – Führerscheine,
   – Geburtsurkunden,
   – Firmenausweise,
   – Versicherungsnachweise,
   – Seefahrtsbücher,
   – Zeugenaussagen,

- eigene Angaben der Betroffenen,
- die Sprache
gilt die Staatsangehörigkeit unter den Vertragsparteien als feststehend, solange die ersuchte Partei dies nicht widerlegt hat.
2. Zu Artikel 2 des Übereinkommens
2.1 Artikel 2 des Übereinkommens bezieht sich auch auf Personen, die nicht Staatsangehörige der Vertragsparteien sind (Drittausländer).
2.2 Außengrenze im Sinne des Artikels 2 des Übereinkommens ist auch die deutsch-polnische Grenze.
2.3 Die Einreise über eine Außengrenze der Vertragsparteien gemäß Artikel 2 Abs. 1 des Übereinkommens muß nachgewiesen oder glaubhaft gemacht werden.
2.4 Mit dem Nachweis oder der Glaubhaftmachung der Einreise eines Drittausländers über die deutsch-polnische Grenze in die Bundesrepublik Deutschland wird zugleich dessen vorherige Einreise über eine andere polnische Außengrenze nach Polen nachgewiesen oder glaubhaft gemacht.
2.5 Die Einreise über die Außengrenze wird nachgewiesen durch:
- Einreisestempel/-vermerke in Reisedokumenten,
- Fahrkarten, Flugtickets und vergleichbare Urkunden, aus denen sich die Reiseroute ergibt,
- Aussagen von Personen, z.B. Angehörigen der Grenzbehörden, die die Einreise über eine Außengrenze bezeugen können.

Sie wird glaubhaft gemacht durch:
- Angaben der eingereisten Personen,
- Unterlagen und Belege, u. a. Rechnungen, Quittungen und Bescheinigungen, aus denen sich Rückschlüsse auf den Reiseweg entnehmen lassen,
- Unterlagen und Belege, die auf einen vorherigen Aufenthalt im Hoheitsgebiet der ersuchten Vertragspartei hinweisen.
2.6 In den Fällen, in denen die Einreise über die Außengrenze nachgewiesen wird, ist sie unter den Vertragsparteien verbindlich anerkannt, ohne daß weitere Erhebungen durchgeführt werden.
Wird die Einreise über die Außengrenze glaubhaft gemacht, gilt sie unter den Vertragsparteien als feststehend, solange die ersuchte Partei dies nicht widerlegt hat.
3. Zu Artikel 3 des Übereinkommens
Die Fristen nach Artikel 3 des Übereinkommens sind Höchstfristen.
Im Regelfall soll eine Übernahme unverzüglich, möglichst innerhalb von 2 Tagen, vollzogen sein. Die Frist beginnt mit der Bekanntgabe des Rückübernahmeersuchens an die ersuchte Vertragspartei.
4. Zu Artikel 4 des Übereinkommens
In der Bundesrepublik Deutschland ist die für die Durchführung der Rückübernahmeersuchen der Schengener Vertragsstaaten und der anschließenden Überstellung der betreffenden Personen an die polnischen Behörden zuständige zentrale Behörde nach Artikel 4 des Übereinkommens die Grenzschutzdirektion in Koblenz. Sie ist auch für die Abwicklung von Durchbeförderungsersuchen der Vertragsparteien zuständig.
In allen anderen Fällen obliegt die Durchführung der Rückübernahmeersuchen den Grenzschutzstellen.

7.2. Abkommen zwischen der Regierung der Bundesrepublik Deutschland und den Regierungen des Königreichs Belgien, des Großherzogtums Luxemburg und des Königreichs der Niederlande über die Übernahme von Personen an der Grenze

Vom 17. Mai 1966 (GMBl. S. 339)

Art. 1 Der in den Bestimmungen dieses Abkommens verwendete Begriff „Benelux-Staaten" umfaßt das Königreich Belgien, das Großherzogtum Luxemburg und das Königreich der Niederlande. Der Begriff „Benelux-Gebiet" umfaßt das Hoheitsgebiet des Königreichs Belgien, des Großherzogtums Luxemburg und des Königreichs der Niederlande in Europa.

Übernahmeabkommen Benelux-Staaten   7.2. **Texte 5**

Art. 2 Soweit nach den Bestimmungen dieses Abkommens der Besitz der deutschen Staatsangehörigkeit Voraussetzung für die Übernahme einer Person ist, erstreckt sich die Übernahmeverpflichtung auf alle Personen, die Deutsche im Sinne des Artikels 116 des Grundgesetzes für die Bundesrepublik Deutschland sind.

Art. 3 (1) Die Regierung der Bundesrepublik Deutschland wird deutsche Staatsangehörige, deren Entfernung aus dem Benelux-Gebiet die Behörden eines der Benelux-Staaten beabsichtigen, formlos ohne Vermittlung ihrer diplomatischen Vertretungen übernehmen, sofern nachgewiesen oder glaubhaft gemacht wird, daß diese Personen die deutsche Staatsangehörigkeit besitzen.

(2) Die deutsche Staatsangehörigkeit kann nachgewiesen oder glaubhaft gemacht werden durch Heimatscheine, Staatsangehörigkeitsausweise, Einbürgerungsurkunden, deutsche Reisepässe, Bundespersonalausweise oder „Temporary Travel Documents", auch wenn sie zu Unrecht ausgestellt oder nicht länger als zehn Jahre abgelaufen sind. Die Staatsangehörigkeit kann auch auf andere Weise glaubhaft gemacht werden.

(3) Diese Personen werden gegen Vorlage der in Absatz 2 genannten Urkunden oder sonstiger Unterlagen, aus denen auf ihre Staatsangehörigkeit geschlossen werden kann, übernommen.

(4) Die Regierung jedes der Benelux-Staaten wird von ihr nach den Absätzen 1 bis 3 überstellte Personen zurücknehmen, wenn die anschließende Nachprüfung durch die Behörden der Bundesrepublik Deutschland ergibt, daß sie bei der Entfernung aus dem Benelux-Gebiet nicht im Besitz der deutschen Staatsangehörigkeit waren, soweit nicht nach Artikel 4 oder 5 eine Übernahmeverpflichtung der Regierung der Bundesrepublik Deutschland begründet ist.

(5) Kann der Nachweis nach Absatz 2 nicht erbracht werden oder reichen die Angaben für die Glaubhaftmachung der deutschen Staatsangehörigkeit nicht aus, ist die Übernahme von einer Übernahmeerklärung abhängig.

Art. 4 (1) Die Regierung der Bundesrepublik Deutschland wird auf Antrag der Behörden eines der Benelux-Staaten Personen übernehmen, die nicht Staatsangehörige einer der Vertragsparteien sind, wenn diese Personen aus dem Gebiet der Bundesrepublik Deutschland über die gemeinsame Grenze unbefugt in das Benelux-Gebiet eingereist sind.

(2) Diese Bestimmung findet nur Anwendung, wenn der Antrag auf Übernahme innerhalb einer Frist von sechs Monaten nach der Ausreise aus dem Gebiet der Bundesrepublik Deutschland gestellt wird, die Personen sich mindestens zwei Wochen im Gebiet der Bundesrepublik Deutschland aufgehalten haben und nicht nach dem Grenzübertritt als Flüchtlinge im Sinne des Abkommens über die Rechtsstellung der Flüchtlinge vom 28. Juli 1951 in einem der Benelux-Staaten anerkannt sind.

(3) Die Regierung der Bundesrepublik Deutschland wird Flüchtlinge, die von den deutschen Behörden als Flüchtlinge im Sinne des Abkommens über die Rechtsstellung der Flüchtlinge vom 28. Juli 1951 anerkannt sind und sich im Benelux-Gebiet aufhalten, auf Antrag der Behörden eines der Benelux-Staaten jederzeit übernehmen, es sei denn, daß die Behörden eines der Benelux-Staaten ihnen die Erlaubnis zur Niederlassung erteilt haben.

(4) Eine Übernahmeverpflichtung besteht nicht, wenn die Personen Staatsangehörige eines Staates sind, mit dem einer der Benelux-Staaten eine gemeinsame Grenze hat, und nach diesem Staat überstellt werden können.

Art. 5 (1) Personen, die aus dem Gebiet der Bundesrepublik Deutschland über die gemeinsame Grenze unbefugt in das Benelux-Gebiet eingereist sind, können den Grenzbehörden der Bundesrepublik Deutschland innerhalb von einem Monat nach dem Grenzübertritt überstellt und müssen von diesen formlos übernommen werden, wenn die Grenzbehörden eines der Benelux-Staaten Angaben machen, die den Grenzbehörden der Bundesrepublik Deutschland die Feststellung ermöglichen, daß die Voraussetzungen für die Überstellung gegeben sind. Die Überstellung kann auch nach Ablauf der Frist von einem Monat vorgenommen werden, wenn die Behörden eines der Benelux-Staaten den Behörden der Bundesrepublik Deutschland innerhalb dieses Zeitraumes die Überstellung angekündigt haben.

(2) Die Übernahmeverpflichtung besteht nicht, wenn die Personen Staatsangehörige eines Staates sind, mit dem einer der Benelux-Staaten eine gemeinsame Grenze hat, und nach diesem Staat überstellt werden können.

(3) Die Regierung jedes der Benelux-Staaten nimmt von ihr überstellte Personen, bei denen die anschließende Nachprüfung durch die Behörden der Bundesrepublik Deutschland ergibt, daß die Voraussetzungen für die Überstellung nicht gegeben waren, zurück.

Art. 6 (1) Die Regierung der Bundesrepublik Deutschland erklärt sich bereit, Anträgen der Behörden eines der Benelux-Staaten auf Durchbeförderung durch Behörden der Bundesrepublik Deutschland von Personen zu entsprechen, die nicht Staatsangehörige einer der Vertragsparteien sind, wenn die Übernahme durch den Zielstaat und, soweit erforderlich, die Durchreise durch andere Staaten gesichert sind.

(2) Die Durchbeförderung kann abgelehnt werden, wenn die Person:

a) in einem anderen Durchgangsstaat oder im Zielstaat der Gefahr der politischen Verfolgung ausgesetzt wäre oder eine Strafverfolgung oder eine Strafvollstreckung zu erwarten hätte, oder

b) bei der Durchreise durch das Gebiet der Bundesrepublik Deutschland einer Strafverfolgung oder Strafvollstreckung ausgesetzt wäre.

(3) Ein Durchreisesichtvermerk der Bundesrepublik Deutschland ist nicht erforderlich.

(4) Trotz erteilter Bewilligung können die zur Durchbeförderung übernommenen Personen den Behörden des antragstellenden Benelux-Staates wieder überstellt werden, wenn nachträglich Tatsachen eintreten oder bekannt werden, die einer Durchbeförderung entgegenstehen, oder wenn ein anderer Durchgangsstaat oder der Zielstaat die Abnahme der zur Durchbeförderung übernommenen Personen verweigert.

Art. 7 (1) Die Regierung jedes der Benelux-Staaten wird Staatsangehörige eines dieser Staaten, deren Überstellung die Behörden der Bundesrepublik Deutschland beabsichtigen, formlos ohne Vermittlung ihrer diplomatischen Vertretung übernehmen, sofern nachgewiesen oder glaubhaft gemacht wird, daß diese Personen die Staatsangehörigkeit einer der Benelux-Staaten besitzen.

(2) Die Staatsangehörigkeit eines der Benelux-Staaten kann nachgewiesen oder glaubhaft gemacht werden durch Staatsangehörigkeitsausweise, Einbürgerungsurkunden, Reisepässe oder Personalausweise, auch wenn sie zu Unrecht ausgestellt oder nicht länger als zehn Jahre abgelaufen sind. Die Staatsangehörigkeit kann auch auf andere Weise glaubhaft gemacht werden.

(3) Diese Personen werden gegen Vorlage der in Absatz 2 genannten Urkunden oder sonstiger Unterlagen, aus denen auf ihre Staatsangehörigkeit geschlossen werden kann, übernommen.

(4) Die Regierung der Bundesrepublik Deutschland wird nach den Absätzen 1 bis 3 überstellte Personen zurücknehmen, bei denen die anschließende Nachprüfung durch die Behörden eines der Benelux-Staaten ergibt, daß sie bei der Überstellung nicht im Besitz der Staatsangehörigkeit eines dieser Staaten waren, soweit nicht nach Artikel 8 oder 9 eine Übernahmeverpflichtung der Regierung eines der Benelux-Staaten begründet ist.

(5) Kann der Nachweis nach Absatz 9 nicht erbracht werden oder reichen die Angaben für die Glaubhaftmachung der Staatsangehörigkeit nicht aus, ist die Übernahme von einer Übernahmeerklärung abhängig.

Art. 8 (1) Die Regierung jedes der Benelux-Staaten wird auf Antrag der Behörden der Bundesrepublik Deutschland Personen übernehmen, die nicht Staatsangehörige einer der Vertragsparteien sind, wenn diese Personen aus dem Gebiet der Benelux-Staaten über die gemeinsame Grenze unbefugt in das Gebiet der Bundesrepublik Deutschland eingereist sind.

(2) Diese Bestimmung findet nur Anwendung, wenn der Antrag auf Übernahme innerhalb einer Frist von sechs Monaten nach der Ausreise aus dem Benelux-Gebiet gestellt wird, die Personen sich mindestens zwei Wochen im Benelux-Gebiet aufgehalten haben und nicht nach dem Grenzübertritt als Flüchtlinge im Sinne des Abkommens über die Rechtsstellung der Flüchtlinge vom 28. Juli 1951 in der Bundesrepublik Deutschland anerkannt sind.

(3) Die Regierung jedes der Benelux-Staaten wird Flüchtlinge, die von den Behörden eines der Benelux-Staaten als Flüchtlinge im Sinne des Abkommens über die Rechtsstellung der Flüchtlinge vom 28. Juli 1951 anerkannt sind und sich im Gebiet der Bundesrepublik Deutschland aufhalten, auf Antrag der Behörden der Bundesrepublik Deutschland jederzeit übernehmen, es sei denn, daß Behörden der Bundesrepublik Deutschland ihnen die Erlaubnis zur Niederlassung erteilt haben.

(4) Eine Übernahmeverpflichtung besteht nicht, wenn die Personen Staatsangehörige eines Staates sind, mit dem die Bundesrepublik Deutschland eine gemeinsame Grenze hat, und nach diesem Staat überstellt werden können.

Art. 9 (1) Personen, die aus dem Benelux-Gebiet über die gemeinsame Grenze unbefugt in das Gebiet der Bundesrepublik Deutschland eingereist sind, können den Grenzbehörden eines der Benelux-Staa-

Übernahmeabkommen Benelux-Staaten 7.2. **Texte 5**

ten innerhalb von einem Monat nach dem Grenzübertritt überstellt und müssen von diesem formlos übernommen werden, wenn die Grenzbehörden der Bundesrepublik Deutschland Angaben machen, die den Grenzbehörden des Benelux-Staates die Feststellung ermöglichen, daß die Voraussetzungen für die Überstellung gegeben sind. Die Überstellung kann auch nach Ablauf der Frist von einem Monat vorgenommen werden, wenn die Behörden der Bundesrepublik Deutschland den Behörden eines der Benelux-Staaten innerhalb dieses Zeitraumes die Überstellung angekündigt haben.

(2) Eine Übernahmeverpflichtung besteht nicht, wenn die Personen Staatsangehörige eines Staates sind, mit dem die Bundesrepublik Deutschland eine gemeinsame Grenze hat und nach diesem Staat überstellt werden können.

(3) Die Regierung der Bundesrepublik Deutschland nimmt Personen, bei denen die anschließende Nachprüfung durch die Behörden eines der Benelux-Staaten ergibt, daß die Voraussetzungen für die Überstellung nicht gegeben waren, zurück.

Art. 10 (1) Die Regierung jedes der Benelux-Staaten erklärt sich bereit, Anträgen der Behörden der Bundesrepublik Deutschland auf Durchbeförderung durch die Behörden der Benelux-Staaten von Personen zu entsprechen, die nicht Staatsangehörige einer der Vertragsparteien sind, wenn die Übernahme durch den Zielstaat und, soweit erforderlich, die Durchreise durch andere Staaten gesichert sind.

(2) Die Durchbeförderung kann abgelehnt werden, wenn die Person:
a) in einem anderen Durchgangsstaat oder im Zielstaat der Gefahr der politischen Verfolgung ausgesetzt wäre oder eine Strafverfolgung oder Strafvollstreckung zu erwarten hätte, oder
b) bei der Durchreise durch das Gebiet des um die Durchbeförderung ersuchten Benelux-Staates einer Strafverfolgung oder Strafvollstreckung ausgesetzt wäre.

(3) Ein Durchreisevermerk der Benelux-Staaten ist nicht erforderlich.

(4) Trotz erteilter Bewilligung können die zur Durchbeförderung übernommenen Personen den Behörden der Bundesrepublik Deutschland wieder überstellt werden, wenn nachträglich Tatsachen eintreten oder bekannt werden, die einer Durchbeförderung entgegenstehen, oder wenn ein anderer Durchgangsstaat oder der Zielstaat die Abnahme der zur Durchbeförderung übernommenen Personen verweigert.

Art. 11 Übernahmeverpflichtungen aus anderen zwischenstaatlichen Abmachungen werden durch dieses Abkommen nicht berührt.

Art. 12 (1) Das Bundesministerium des Innern der Bundesrepublik Deutschland und die Justizministerien der Benelux-Staaten treten bei der Anwendung dieses Abkommens unmittelbar miteinander in Verbindung, sofern nicht die Einschaltung der diplomatischen oder konsularischen Vertretungen angezeigt erscheint.

(2) Jede Übernahme ist durch die zuständige Grenzbehörde zu bescheinigen.

Art. 13 Die Grenzübergangsstellen für die Übernahme werden zwischen der Grenzschutzdirektion der Bundesrepublik Deutschland und der zuständigen Stelle des Justizministeriums des in Betracht kommenden Benelux-Staates vereinbart.

Art. 14 (1) Die Kosten der Beförderung zu überstellender Personen werden von dem Staat, dessen Behörden die Entfernung veranlaßt haben, bis zur Grenzübergangsstelle getragen.

(2) Die Kosten der Durchbeförderung bis an die Grenze des Zielstaates und gegebenenfalls auch die aus dem Rücktransport erwachsenden Kosten trägt der ersuchende Staat.

Art. 15 Dieses Abkommen gilt auch für das Land Berlin, sofern nicht die Regierung der Bundesrepublik Deutschland gegenüber den Regierungen der Benelux-Staaten innerhalb von drei Monaten nach Inkrafttreten des Abkommens eine gegenteilige Erklärung abgibt.

Art. 16 Dieses Abkommen setzt außer Kraft und ersetzt:
a) die Vereinbarung zwischen der deutschen Regierung und der Belgischen Regierung über die Abschiebung von Ausländern, geschlossen durch Notenwechsel vom 17. September 1926, sowie die Vereinbarung zwischen der Belgischen Regierung und der Regierung der Bundesrepublik Deutschland zur Regelung der Frage der Abschiebung von Personen von der Bundesrepublik Deutschland nach Belgien und von Belgien in die Bundesrepublik Deutschland, geschlossen durch Notenwechsel vom 23. Oktober 1952;

b) die Vereinbarung zwischen der Regierung der Bundesrepublik Deutschland und der Regierung des Großherzogtums Luxemburg über die Übernahme von Personen an der Grenze, geschlossen durch Notenwechsel vom 26. September 1957;
c) das Abkommen zwischen der Regierung der Bundesrepublik Deutschland und der Regierung des Königreichs der Niederlande über die Erleichterung der Übernahme von Personen an der Grenze, geschlossen durch Notenwechsel vom 19. September/10. Oktober 1958.

Art. 17 (1) Hinsichtlich des Königreichs der Niederlande gilt dieses Abkommen nur für das europäische Hoheitsgebiet dieses Staates.

(2) Es kann durch Notenwechsel zwischen der Regierung der Bundesrepublik Deutschland und der Regierung des Königreichs der Niederlande einvernehmlich auf jeden der außerhalb Europas gelegenen Teile des Königreichs der Niederlande ausgedehnt werden. In dem Notenwechsel wird der Zeitpunkt des Inkrafttretens der Ausdehnung festgelegt; dies wird den anderen Vertragsstaaten zur Kenntnis gebracht werden.

Art. 18 (1) Dieses Abkommen tritt am ersten Tag des zweiten Monats in Kraft, der seiner Unterzeichnung folgt. Das Abkommen gilt für die Dauer eines Jahres; wenn es nicht einen Monat vor Ablauf dieser Frist gekündigt wird, gilt es auf unbestimmte Zeit.

(2) Nach Ablauf des ersten Jahres kann das Abkommen mit einer Frist von drei Monaten gekündigt werden.

(3) Die Kündigung der Regierung der Bundesrepublik Deutschland ist gleichzeitig an die Regierungen der anderen Vertragsstaaten zu richten.

(4) Die Kündigung der Regierung des Königreichs Belgien, des Großherzogtums Luxemburg oder des Königreichs der Niederlande ist an die Regierung der Bundesrepublik Deutschland zu richten. Die Kündigung durch eine dieser drei Regierungen oder durch die Regierung der Bundesrepublik Deutschland bewirkt, daß das Abkommen nach Ablauf der jeweiligen Kündigungsfrist außer Kraft tritt.

7.3. Abkommen zwischen der Regierung der Bundesrepublik Deutschland und der Regierung von Bosnien und Herzegowina über die Rückführung und Rückübernahme von Personen (Rückübernahmeabkommen)

Vom 20. November 1996 (BGBl. 1997 II 742)

Art. 1 (1) Die Regierung der Bundesrepublik Deutschland übernimmt auf Antrag der Regierung von Bosnien und Herzegowina
1. deutsche Staatsangehörige,
2. Personen, die mit einem gültigen Reisepaß oder Personalausweis der Bundesrepublik Deutschland in das Gebiet von Bsonien und Herzegowina eingereist sind oder denen während ihres Aufenthaltes im Gebiet von Bosnien und Herzegowina ein Reisepaß oder ein Personalausweis der Bundesrepublik Deutschland ausgestellt worden ist,
3. Personen, die während ihres Aufenthalts im Hoheitsgebiet von Bosnien und Herzegowina die deutsche Staatsangehörigkeit verloren haben, ohne eine andere Staatsangehörigkeit erworben oder nicht zumindest eine Einbürgerungszusicherung seitens der bosnisch-herzegowinischen Behörden erhalten zu haben.

(2) Die Regierung der Bundesrepublik Deutschland übernimmt jederzeit ohne vorherigen Antrag und ohne besondere Formalitäten alle Personen, die noch nicht in das Hoheitsgebiet von Bosnien und Herzegowina eingereist und im Besitz eines gültigen Reisepasses oder Personalausweises der Bundesrepublik Deutschland sind.

(3) Die Regierung der Bundesrepublik Deutschland wird allen deutschen Staatsangehörigen, die sich in Bosnien und Herzegowina aufhalten und keinen gültigen Reisepaß oder Personalausweis besitzen, einen Reisepaß oder Personalausweis oder ein sonstiges Dokument, das sie zur Einreise in die Bundesrepublik Deutschland berechtigt, ausstellen.

Übernahmeabkommen Bosnien und Herzegowina   7.3. **Texte 5**

Art. 2 (1) Die Regierung von Bosnien und Herzegowina übernimmt auf Antrag der Regierung der Bundesrepublik Deutschland
1. bosnisch-herzegowinische Staatsangehörige,
2. Personen, die mit einem gültigen bosnisch-herzegowinischen Paß in die Bundesrepublik Deutschland eingereist sind oder denen während ihres Aufenthalts in der Bundesrepublik Deutschland ein bosnisch-herzegowinischer Paß ausgestellt worden ist,
3. Personen, die während ihres Aufenthalts im Hoheitsgebiet der Bundesrepublik Deutschland die bosnisch-herzegowinische Staatsangehörigkeit verloren haben, ohne eine andere Staatsangehörigkeit erworben oder nicht zumindest eine Einbürgerungszusicherung seitens der deutschen Behörden erhalten zu haben.

(2) Die Regierung von Bosnien und Herzegowina nimmt jederzeit ohne vorherigen Antrag und ohne besondere Formalitäten alle Personen, die noch nicht in das Hoheitsgebiet der Bundesrepublik Deutschland eingereist und im Besitz eines gültigen bsonisch-herzegowinischen Passes sind, zurück.

(3) Die Regierung von Bosnien und Herzegowina wird allen bosnisch-herzegowinischen Staatsangehörigen, die sich in der Bundesrepublik Deutschland aufhalten und keinen gültigen Paß besitzen, einen Paß oder ein sonstiges Dokument, das sie zur Einreise nach Bosnien und Herzegowina berechtigt, ausstellen.

Art. 3 (1) Die Staatsangehörigkeit der rückkehrenden Person wird von der zuständigen Behörde des ersuchten Staates gemäß dessen Vorschriften festgestellt.

(2) Der ersuchende Staat wird dem ersuchten Staat das Ersuchen für die rückkehrende Person mit den verfügbaren Unterlagen zur Staatsangehörigkeitsfeststellung zukommen lassen.

(3) Wenn eine ausreisepflichtige Person freiwillig zurückkehren will, ist kein Ersuchen um Rückübernahme erforderlich.

Der Paßersatz wird – soweit erforderlich – dieser Person nach den in der nationalen Gesetzgebung der Vertragsparteien vorgesehenen Verfahren und Fristen, längstens innerhalb von 30 Tagen, ausgestellt.

(4) Zur Feststellung der Staatsangehörigkeit dienen:
1. Nachweismittel
   – Staatsangehörigkeitsurkunden,
   – Reiseausweise (Pässe, Sammelpässe, Diplomatenpässe, Dienstpässe, Paßersatzpapiere);
   – Reiseausweise, die aufgrund internationaler Abkommen ausgestellt wurden;
   – Seefahrtsbücher und Schifferausweise;
   – Personalausweise, auch vorläufige;
2. Indizien (Glaubhaftmachungsmittel):
   – Kopien der unter Nummer 1, genannten Nachweismittel;
   – Wehrpässe und Militärausweise, sowie andere Dokumente, die die Zugehörigkeit zu den Streitkräften einer der Vertragsparteien belegen;
   – sonstige nationale Ausweise;
   – Führerscheine;
   – Geburtsurkunden;
   – Kopien der vorgenannten Dokumente

sowie andere Dokumente, die bei der Feststellung der Staatsangehörigkeit der rückkehrenden Person behilflich sein könnten.

(5) Bei Vorlage von Nachweismitteln wird die Staatsangehörigkeit unter den Vertragsparteien verbindlich anerkannt, ohne daß es einer weiteren Überprüfung bedarf. Soweit kein gültiger Reiseausweis vorliegt, wird unverzüglich ein Paßersatz ausgestellt.

(6) Die in Absatz 4 Nummer 1 und 2 aufgeführten Dokumente genügen auch dann als Mittel der Feststellung der Staatsangehörigkeit, wenn sie durch Zeitablauf ungültig geworden sind.

Art. 4 (1) Die zuständigen Behörden der Vertragsparteien verständigen sich schriftlich im voraus über die beabsichtigte Übergabe.

(2) Die zuständige Behörde der ersuchten Vertragspartei beantwortet ein Übernahmeersuchen unverzüglich, längstens jedoch innerhalb von 14 Tagen. Die Frist beginnt mit dem Eingang des Übernahmeersuchens bei der zuständigen Behörde der ersuchten Vertragspartei. Nach Ablauf dieser Frist gilt die Zustimmung zur Übergabe als erteilt.

(3) Unter Berücksichtigung der besonderen Situation infolge der Kriegsereignisse, kann bei Ersuchen, die sich auf Personen beziehen, die infolge dieser Ereignisse bis zum 15. Dezember 1995 in das Hoheitsgebiet der Bundesrepublik Deutschland eingereist sind, eine Beantwortung innerhalb von 21 Tagen erfolgen. Nach Ablauf dieser Frist gilt die Zustimmung zur Übernahme auch jener Personen als erteilt.

(4) Die ersuchende Vertragspartei nimmt eine von der ersuchten Vertragspartei übernommene Person ohne besondere Formalitäten zurück, wenn die Nachprüfung innerhalb von sechs Monaten ergeben hat, daß die in Artikel 1 Absatz 1 bzw. Artikel 2 Absatz 1 bezeichneten Voraussetzungen für eine Übernahme nicht vorlagen.

Art. 5 (1) Um den Friedensprozeß zu stützen und die im Friedensabkommen von Dayton vorgesehenen Sicherungsmaßnahmen umzusetzen sowie wegen der schwierigen wirtschaftlichen und innenpolitischen Situation in Bosnien und Herzegowina vereinbaren die Vertragsparteien für die Rückführung und Rückübernahme der in die Bundesrepublik Deutschland eingereisten bosnisch-herzegowinischen ehemaligen Kriegsflüchtlinge folgendes:

1. Nach den Vereinbarungen des Abkommens von Dayton hat jeder Staatsangehörige aus dem gesamten Bosnien und Herzegowina das Recht, an seinen früheren Aufenthaltsort oder einen anderen von ihm gewünschten Ort in Bosnien und Herzegowina zurückzukehren.
   Zuständigkeit und Verantwortung für die Aufnahme, Verteilung und Weiterleitung der Rückkehr liegt bei den zuständigen Flüchtlingsbehörden in Bosnien und Herzegowina.
2. Beide Vertragsparteien sind sich darüber einig, daß es wünschenswert ist, daß möglichst viele Kriegsflüchtlinge freiwillig nach Bosnien und Herzegowina zurückkehren.
3. Die Rückführung der ehemaligen Kriegsflüchtlinge erfolgt phasenweise, in Erörterung und in enger Zusammenarbeit der Vertragsparteien bei der Feststellung der Dynamik der Durchführung, unter Berücksichtigung der tatsächlichen Entwicklung in Bosnien und Herzegowina.
4. In der ersten Phase werden alleinstehende Erwachsene, Erwachsene, deren Ehegatte und/oder minderjährige Kinder in Bosnien und Herzegowina leben sowie Ehepaare ohne minderjährige Kinder zurückgeführt.
5. Von der ersten Phase ausgenommen sind:
5.1 Traumatisierte Personen, die deswegen mindestens seit dem 16. Dezember 1995 in ständiger (fach)ärztlicher Behandlung stehen, längstens bis zum Abschluß ihrer Behandlung.
5.2 Personen, die am 15. Dezember 1995 das 65. Lebensjahr vollendet hatten, wenn sie in Bosnien und Herzegowina keine Familie, aber in der Bundesrepublik Deutschland Angehörige mit dauerhaftem Aufenthaltsrecht (Aufenthaltserlaubnis oder -berechtigung) haben, soweit entsprechende Verpflichtungserklärungen vorliegen oder sonst (z. B. durch eigenes Einkommen) sichergestellt ist, daß für diesen Personenkreis keine Leistungen der Sozialhilfe in Anspruch genommen werden.
5.3 Personen, die als Zeugen vor dem internationalen Gerichtshof in Den Haag im Rahmen eines Kriegsverbrecherprozesses geladen werden und deshalb eine Aufenthaltsbefugnis erhalten haben.
5.4 Schüler und Auszubildende, die ihre Ausbildung begonnen haben und am 26. Januar 1996 im vorletzten oder letzten Jahr eines qualifizierten Schulabschlusses stehen oder in vergleichbarer Zeit einen qualifizierten Ausbildungsabschluß erreichen können.
6. Die Personen, die nicht in den Anwendungsbereich der Nummer 4 fallen, werden in einer zweiten Phase zurückgeführt. Sofern diese Personen den Wunsch zur Rückkehr geäußert haben, wird diese auch vor dem Beginn der zweiten Phase ermöglicht.
7. Zur Förderung der freiwilligen Rückkehr werden ermöglicht:
   – Orientierungsreisen zur Vorbereitung der dauerhaften Rückkehr nach Bosnien und Herzegowina
   – Reisen zur Teilnahme an den für 1996 vorgesehenen Wahlen (Abkommen von Dayton).
   Bosnien und Herzegowina verpflichtet sich, allen bosnisch-herzegowinischen Staatsangehörigen auch für diese Reisen die Einreise und Freizügigkeit gemäß den Vereinbarungen von Dayton zu gewährleisten.
   Die Bundesrepublik Deutschland verpflichtet sich, diesen Personen die Möglichkeit einer anschließenden Wiedereinreise in die Bundesrepublik Deutschland zu geben.
8. Die Regelungen der Nummern 3 bis 6 gelten nicht:
8.1 Für bosnisch-herzegowinische Staatsangehörige, die nach dem 15. Dezember 1995 in die Bundesrepublik Deutschland eingereist sind,
8.2 für Asylbewerber mit bosnisch-herzegowinischer Staatsangehörigkeit,
8.3 für Straftäter mit bosnisch-herzegowinischer Staatsangehörigkeit.

(2) Die Bundesrepublik Deutschland unterrichtet die Regierung von Bosnien und Herzegowina kontinuierlich und umfassend über die für die Rückführung der Kriegsflüchtlinge relevanten nationalen Entscheidungen.

Art. 6 Alle mit der Rückübernahme zusammenhängenden Kosten bis zur Grenze der ersuchten Vertragspartei, einschließlich jener der Durchbeförderung durch dritte Staaten werden von der ersuchten Vertragspartei getragen.

Art. 7 (1) Soweit für die Durchführung dieses Abkommens personenbezogene Daten zu übermitteln sind, dürfen diese Informationen ausschließlich betreffen:
1. die Personalien der zu übergebenden Person und gegebenenfalls der Angehörigen (Name, Vorname, gegebenenfalls früherer Name, Beinamen oder Pseudonyme, Aliasnamen, Geburtsdatum und -ort, Geschlecht, derzeitige und frühere Staatsangehörigkeit),
2. den Reisepaß, den Personalausweis und sonstige Identitäts- und Reisedokumente (Nummer, Gültigkeitsdauer, Ausstellungsdatum, ausstellende Behörde, Ausstellungsort usw.),
3. sonstige zur Identifizierung der zu übergebenden Person erforderliche Angaben,
4. die Aufenthaltsorte und die Reisewege,
5. sonstige Angaben auf Ersuchen einer Vertragspartei die diese für die Prüfung der Übernahmevoraussetzungen nach diesem Abkommen benötigt.

(2) Für den Umgang mit personenbezogenen Daten sind die in dem Protokoll zu diesem Abkommen aufgeführten Grundsätze zu beachten.

Art. 8 Die zur Durchführung dieses Abkommens erforderlichen weiteren Regelungen werden vom Bundesministerium des Innern der Bundesrepublik Deutschland und vom Ministerium für Flüchtlinge und Emigration von Bosnien und Herzegowina in einem Protokoll zur Durchführung dieses Abkommens sowie einem gleichzeitigen Briefwechsel vereinbart, die Bestandteil des Vertragswerkes sind.

Art. 9 Die Vertragsparteien arbeiten bei der Anwendung und Auslegung dieses Abkommens, des Protokolls und des Briefwechsels eng zusammen. Zu diesem Zweck wird ein gemeinsamer Ausschuß auf Expertenebene der zuständigen Stellen der Vertragsparteien eingesetzt, der auch die Aufgabe hat, die Entwicklung in Bosnien und Herzegowina unter Berücksichtigung der tatsächlichen Bedingungen für die Rückkehr von Kriegsflüchtlingen zu beobachten und im Zusammenhang damit gegebenenfalls den Vertragsparteien entsprechende Empfehlungen zu unterbreiten. Der Ausschuß tritt regelmäßig auf Antrag einer der Vertragsparteien zusammen.

Art. 10 Die Regierung von Bosnien und Herzegowina wird in der Bundesrepublik Deutschland ein Büro errichten zur Unterstützung der Rückkehr aller Kriegsflüchtlinge aus Bosnien und Herzegowina.

Das Büro hat folgende Aufgaben:
– Beratung für alle Kriegsflüchtlinge aus Bosnien und Herzegowina;
– Ansprechstelle für Behörden, Institutionen und Organisationen in der Bundesrepublik Deutschland, die sich mit der Rückkehr der Kriegsflüchtlinge nach Bosnien und Herzegowina befassen.

Einzelheiten werden in einem Zusatzprotokoll zwischen den Vertragsparteien geregelt.

Art. 11 (1) Die Anwendung des Abkommens vom 28. Juli 1951 über die Rechtsstellung der Flüchtlinge nebst dem Protokoll vom 31. Januar 1967 über die Rechtsstellung der Flüchtlinge bleibt unberührt.

(2) Die Verpflichtungen der Vertragsparteien aus zwischenstaatlichen Übereinkünften bleiben unberührt.

Art. 12 (1) Dieses Abkommen nebst dem Protokoll zu dessen Durchführung werden auf unbestimmte Zeit geschlossen.

(2) Dieses Abkommen nebst dem Protokoll und dem Briefwechsel tritt am Tag des Austauschs von Noten in Kraft, durch die bestätigt wird, daß die in der nationalen Gesetzgebung der Vertragsparteien verankerten Voraussetzungen für ihr Inkrafttreten erfüllt sind.

Art. 13 (1) Jede Vertragspartei kann dieses Abkommen nebst Protokoll aus wichtigem Grund suspendieren oder kündigen, worüber sie die andere Vertragspartei unverzüglich durch Notifikation benachrichtigt.

(2) Die Suspendierung dieses Abkommens nebst Protokoll tritt 15 Tage nach dem Tage des Zugangs der Notifikation bei der anderen Vertragspartei in Kraft.

(3) Die Kündigung dieses Abkommens nebst dem Protokoll wird am ersten Tag des zweiten Monats wirksam, der auf den Monat folgt, in dem der anderen Vertragspartei die Notifikation über die Kündigung zugegangen ist.

7.4. Abkommen zwischen der Regierung der Bundesrepublik Deutschland und der Regierung der Republik Bulgarien über die Rückübernahme von deutschen und bulgarischen Staatsangehörigen (Rückübernahmeabkommen)

Vom 9. September 1994 (BGBl. 1995 II 99)

Art. 1 Übernahme deutscher Staatsangehöriger. (1) Die deutschen Behörden werden deutsche Staatsangehörige, die sich illegal auf dem Hoheitsgebiet der Republik Bulgarien aufhalten und deren Übergabe die bulgarischen Behörden beabsichtigen, ohne besondere Formalitäten selbst dann übernehmen, wenn sie nicht im Besitz eines gültigen Reisepasses oder Personalausweises sind, sofern nachgewiesen oder glaubhaft gemacht wird, daß diese Personen die deutsche Staatsangehörigkeit besitzen. Das gleiche gilt für Personen, die auf eigenen Antrag aus der deutschen Staatsangehörigkeit entlassen worden sind und nicht mindestens eine Einbürgerungszusicherung seitens der bulgarischen Behörden erhalten haben.

(2) Der Besitz der deutschen Staatsangehörigkeit kann nachgewiesen werden durch
– Staatsangehörigkeitsurkunden,
– Pässe aller Art (Nationalpässe, Diplomatenpässe, Dienstpässe, Paßersatzdokument mit Lichtbild),
– Personalausweise (auch vorläufige und behelfsmäßige Personalausweise),
– vorläufige Identitätsbescheinigungen,
– Wehrpässe bzw. Militärausweise,
– Kinderausweise als Paßersatz,
– Behördenauskünfte mit eindeutigen Aussagen.

(3) Der Besitz der deutschen Staatsangehörigkeit kann insbesondere glaubhaft gemacht werden durch
– andere Dokumente als Wehrpässe bzw. Militärausweise, die die Zugehörigkeit zu den deutschen Streitkräften belegen,
– Führerscheine,
– Geburtsurkunden,
– Firmenausweise,
– Versicherungsnachweise,
– Seefahrtsbücher,
– Zeugenaussagen,
– eigene Angaben der Betroffenen,
– die Sprache der Betroffenen.

(4) Die deutsche Botschaft oder die deutschen Konsularvertretungen in der Republik Bulgarien werden auf Antrag der zuständigen bulgarischen Behörden grundsätzlich unverzüglich die für die Rückführung der zu übernehmenden Personen notwendigen Reisedokumente ausstellen.

(5) Im Falle der Übergabe der betroffenen Personen auf dem Luftweg ist kein Reisedokument erforderlich.

(6) Die zuständigen Behörden der Vertragsparteien verständigen sich grundsätzlich schriftlich im voraus über die beabsichtigte Übergabe.

(7) Die bulgarischen Behörden werden Personen, bei denen die Nachprüfung durch die deutschen Behörden ergibt, daß sie bei der Übernahme nicht im Besitz der deutschen Staatsangehörigkeit waren, unter denselben Voraussetzungen unverzüglich zurücknehmen.

Art. 2 Übernahme bulgarischer Staatsangehöriger. (1) Die bulgarischen Behörden werden bulgarische Staatsangehörige, die sich illegal auf dem Hoheitsgebiet der Bundesrepublik Deutschland

Übernahmeabkommen Bulgarien 7.4. **Texte 5**

aufhalten, und deren Übergabe die deutschen Behörden beabsichtigen, ohne besondere Formalitäten selbst dann übernehmen, wenn sie nicht im Besitz eines gültigen Reisepasses oder Personalausweises sind, sofern nachgewiesen oder glaubhaft gemacht wird, daß diese Personen die bulgarische Staatsangehörigkeit besitzen. Das gleiche gilt für Personen, die auf eigenen Antrag aus der bulgarischen Staatsangehörigkeit entlassen worden sind und nicht mindestens eine Einbürgerungszusicherung seitens der deutschen Behörden erhalten haben.

(2) Der Besitz der bulgarischen Staatsangehörigkeit kann nachgewiesen werden durch
- Staatsangehörigkeitsurkunden, ausgestellt von den zuständigen Gemeinden,
- Pässe aller Art, ausgestellt für Bürger der Republik Bulgarien (Reisepässe, Diplomatenpässe, Dienstpässe, Personalausweise, Matrosenpässe),
- Paßersatzdokument mit Lichtbild,
- Wehrpässe bzw. Militärausweise.

(3) Der Besitz der bulgarischen Staatsangehörigkeit kann insbesondere glaubhaft gemacht werden durch
- andere Dokumente für Militärangehörige, die die Zugehörigkeit zu den bulgarischen Streitkräften belegen,
- Führerscheine,
- Geburtsurkunden,
- Firmenausweise,
- Versicherungsnachweise,
- Zeugenaussagen,
- eigene Angaben der Betroffenen,
- die Sprache der Betroffenen.

(4) Die bulgarische Botschaft oder die bulgarischen Konsularvertretungen in der Bundesrepublik Deutschland werden auf Antrag der zuständigen Behörden grundsätzlich unverzüglich die für die Rückführung der zu übernehmenden Personen notwendigen Reisedokumente ausstellen.

(5) Im Falle der Übergabe der betroffenen Personen auf dem Luftweg ist kein Reisedokument erforderlich.

(6) Die zuständigen Behörden der Vertragsparteien verständigen sich grundsätzlich schriftlich im voraus über die beabsichtigte Übergabe.

(7) Die deutschen Behörden werden Personen, bei denen die Nachprüfung durch die bulgarischen Behörden ergibt, daß sie bei der Übernahme nicht im Besitz der bulgarischen Staatsangehörigkeit waren, unter denselben Voraussetzungen unverzüglich zurücknehmen.

Art. 3 Kosten. Alle mit der Rückführung zusammenhängenden Kosten bis zur Grenze des Zielstaats, einschließlich jener der Durchbeförderung, werden von dem Staat getragen, der die Rückführung veranlaßt hat. Das gleiche gilt für die Fälle der Rückübernahme.

Art. 4 Unberührtheitsklausel. (1) Die Anwendung des Abkommens vom 28. Juli 1951 über die Rechtsstellung der Flüchtlinge in der Fassung des Protokolls vom 31. Januar 1967 über die Rechtsstellung der Flüchtlinge sowie die sich aus den jeweiligen völkerrechtlichen Übereinkünften ergebenden internationalen Verpflichtungen bleiben unberührt.

(2) Die Bestimmungen dieses Abkommens schränken das Recht der Vertragsparteien nicht ein. Staatsangehörige der anderen Vertragspartei, die einen gültigen Paß, Paßersatz oder Personalausweis besitzen, nach Maßgabe ihrer Rechtsvorschriften über einen beliebigen Grenzübergang auf dem Land- oder auf dem Luftweg zurückzuweisen, zurückzuschieben oder abzuschieben, ohne sie den Behörden der anderen Vertragspartei zu übergeben.

Art. 5 Durchführungsmodalitäten. Die zur Durchführung dieses Abkommens erforderlichen Regelungen über
1. die Übergabemodalitäten,
2. die Benennung der für die Durchführung dieses Abkommens zuständigen Behörden,
3. die Bestimmung der Grenzübergänge für die Übergabe,
4. das Verfahren bei Streitfragen,

werden von dem Bundesministerium des Innern der Bundesrepublik Deutschland und dem Innenministerium der Republik Bulgarien in einem Durchführungsprotokoll zu diesem Abkommen niedergelegt.

Art. 6 Inkrafttreten, Geltungsdauer. Dieses Abkommen tritt einen Monat nach dem Tag in Kraft, an dem die Vertragsparteien einander notifiziert haben, daß die erforderlichen innerstaatlichen Voraussetzungen für das Inkrafttreten erfüllt sind. Es wird auf unbestimmte Zeit geschlossen.

Art. 7 Suspendierung, Kündigung. (1) Jede Vertragspartei kann dieses Abkommen nach Konsultation der anderen Vertragspartei aus wichtigem Grund durch Notifikation suspendieren oder kündigen.

(2) Die Suspendierung oder Kündigung dieses Abkommens wird am ersten Tag des Monats wirksam, der auf den Monat folgt, in dem die Notifikation bei der anderen Vertragspartei eingegangen ist.

7.5. Abkommen zwischen der Regierung der Bundesrepublik Deutschland und der Königlich Dänischen Regierung zur Regelung der Frage der Abschiebung von Personen von der Bundesrepublik Deutschland nach Dänemark und von Dänemark in die Bundesrepublik Deutschland

Vom 22. Juni 1954 (BAnz. 1954 Nr. 120)

Abschnitt A

Art. I Die Bundesrepublik Deutschland wird deutsche Staatsangehörige, deren Abschiebung die Königlich Dänische Regierung beabsichtigt, ohne Vermittlung ihrer diplomatischen Vertretung in Dänemark formlos übernehmen, selbst dann, wenn sie nicht im Besitze von gültigen Reisepässen sind, vorausgesetzt, daß durch die Vorlage von Urkunden der Nachweis erbracht wird oder Anhaltspunkte dafür gegeben sind, daß diese Personen die deutsche Staatsangehörigkeit besitzen, sofern nicht anzunehmen ist, daß sie durch Erwerb einer anderen Staatsangehörigkeit die deutsche verloren haben.

Solche Urkunden sind Heimatscheine, Staatsangehörigkeitsausweise, Einbürgerungsurkunden und deutsche Reisepässe, auch soweit diese durch Zeitablauf ungültig geworden sind.

Die Übernahme dieser Personen hat bei einer beiderseits anerkannten Grenzübergangsstelle unter Vorlage einer der im 1. Absatz genannten Urkunden und Erteilung einer Übergabebescheinigung zu erfolgen.

Die Königlich Dänische Regierung wird Personen, bei denen die Nachprüfung durch die deutschen Behörden ergibt, daß sie bei der Abschiebung nicht im Besitze der deutschen Staatsangehörigkeit waren, zurücknehmen, soweit nicht nach Artikel II und IV eine Übernahmeverpflichtung der Bundesrepublik begründet ist.

Art. II Die Bundesrepublik wird Personen, die nicht die Voraussetzung des Artikels I erfüllen, und deren Abschiebung die dänischen Behörden beabsichtigen, auf Antrag übernehmen, wenn diese Personen ohne Erlaubnis aus dem Bundesgebiet in Dänemark eingereist sind.

Diese Bestimmung findet keine Anwendung, wenn der Antrag auf Übernahme nicht innerhalb einer Frist von 6 Monaten nach der Ausreise aus dem Bundesgebiet gestellt ist, oder wenn Personen sich nicht mindestens 2 Wochen im Bundesgebiet aufgehalten haben, oder wenn Personen nach dem Grenzübertritt die Rechtsstellung der Flüchtlinge nach der Genfer Flüchtlingskonvention vom 28. 7. 1951 in Dänemark erlangt haben.

Die Übernahme erfolgt auch dann nicht, wenn die abzuschiebenden Personen finnische, norwegische oder schwedische Staatsangehörige sind.

Art. III Die Übernahme der in Artikel II genannten Personen erfolgt, wenn eine von der diplomatischen Vertretung der Bundesrepublik Deutschland in Dänemark auf Grund ihrer Ermittlungen ausgestellte Übernahmeerklärung vorgelegt wird. Die Übergabe dieser Personen soll an einer zugelassenen Grenzübergangsstelle nach einem zwischen den Grenzbehörden der beiden Länder vereinbarten Verfahren erfolgen.

Art. IV Personen, die ohne Erlaubnis aus dem Bundesgebiet nach Dänemark eingereist sind und innerhalb von 7 Tagen nach dem Grenzübertritt in Dänemark aufgegriffen werden, können den

Übernahmeabkommen Dänemark 7.5. **Texte 5**

deutschen Grenzbehörden überstellt und müssen von diesen formlos übernommen werden, wenn die dänischen Grenzbehörden Angaben machen, die den deutschen Grenzbehörden die Feststellung erlauben, daß diese Personen die Grenze ohne Erlaubnis überschritten haben.

Art. V Soweit in diesen Bestimmungen für die Übernahme die deutsche Staatsangehörigkeit maßgebend ist, erstreckt sich die Verpflichtung zur Übernahme auch auf diejenigen Flüchtlinge oder Vertriebenen deutscher Volkszugehörigkeit oder deren Ehegatten oder Abkömmlinge, die im Gebiet des deutschen Reiches nach dem Stand vom 31. 12. 1937 Aufnahme gefunden haben.

Abschnitt B

Art. I Die Königlich Dänische Regierung wird dänische Staatsangehörige, deren Abschiebung die Regierung der Bundesrepublik beabsichtigt, ohne Vermittlung ihrer diplomatischen Vertretung in der Bundesrepublik Deutschland formlos übernehmen, selbst dann, wenn sie nicht im Besitze von gültigen Reisepässen sind, vorausgesetzt, daß durch die Vorlage von Urkunden der Nachweis erbracht wird oder Anhaltspunkte dafür gegeben sind, daß diese Personen die dänische Staatsangehörigkeit besitzen, sofern nicht anzunehmen ist, daß sie durch Erwerb einer anderen Staatsangehörigkeit die dänische verloren haben.

Solche Urkunden sind dänische Reisepässe, Staatsangehörigkeitsausweise und Einbürgerungsurkunden, auch soweit diese durch Zeitablauf ungültig geworden sind.

Die Übernahme dieser Personen hat bei einer beiderseits anerkannten Grenzübergangsstelle unter Vorlage einer der in Absatz 1 genannten Urkunden und Erteilung einer Übergabebescheinigung zu erfolgen.

Die Bundesrepublik wird Personen, bei denen die Nachprüfung durch die dänischen Behörden ergibt, daß sie bei der Abschiebung nicht im Besitze der dänischen Staatsangehörigkeit waren, zurücknehmen, soweit nicht nach den Artikeln II und IV eine Übernahmeverpflichtung der Königlich Dänischen Regierung begründet ist.

Art. II Die Königlich Dänische Regierung wird Personen, die nicht die Voraussetzung des Artikels I erfüllen, und deren Abschiebung die deutschen Behörden beabsichtigen, auf Antrag der zuständigen deutschen Behörden übernehmen, wenn diese Personen ohne Erlaubnis aus Dänemark in das Bundesgebiet eingereist sind.

Diese Bestimmung findet keine Anwendung, wenn der Antrag auf Übernahme nicht innerhalb einer Frist von 6 Monaten nach der Ausreise aus Dänemark gestellt ist, oder wenn die Personen sich nicht mindestens 2 Wochen in Dänemark aufgehalten haben, oder wenn die Personen nach dem Grenzübertritt die Rechtsstellung der Flüchtlinge nach der Genfer Flüchtlingskonvention vom 28. Juli 1951 in der Bundesrepublik Deutschland erlangt haben.

Die Übernahme erfolgt nicht, wenn die abzuschiebenden Personen Angehörige eines Landes sind, mit dem das Bundesgebiet eine gemeinsame Grenze hat, mit Ausnahme der Personen, die als Flüchtlinge weder in ihr Ursprungsland noch in das Land, aus dem sie geflohen sind, abgeschoben werden können.

Art. III Die Übernahme der in Artikel II genannten Personen erfolgt, wenn eine von der zuständigen dänischen Behörde auf Grund ihrer Ermittlungen ausgestellte Übernahmeerklärung vorgelegt wird. Die Übergabe dieser Personen soll an einer zugelassenen Grenzübergangsstelle nach einem zwischen den Grenzbehörden der beiden Länder vereinbarten Verfahren erfolgen.

Art. IV Personen, die ohne die erforderliche Einreiseerlaubnis aus Dänemark in das Bundesgebiet eingereist sind und innerhalb von 7 Tagen nach dem Grenzübertritt im Bundesgebiet aufgegriffen werden, können den dänischen Grenzbehörden überstellt und müssen von diesen formlos übernommen werden, wenn die deutschen Grenzbehörden Angaben machen, die den dänischen Grenzbehörden die Feststellung erlauben, daß diese Personen die Grenze ohne die erforderliche Einreiseerlaubnis überschritten haben.

Abschnitt C

Die Kosten der Beförderung abzuschiebender Personen werden von der Behörde, die die Abschiebung veranlaßt, nur bis zum Übergangsort an der Grenze getragen.

Abschnitt D

Diese Vereinbarung kann jederzeit unter Einhaltung einer Kündigungsfrist von 3 Monaten gekündigt werden. Die Kündigung erfolgt auf diplomatischem Wege.

7.6. Abkommen zwischen der Regierung der Bundesrepublik Deutschland und der Regierung der Französischen Republik über die Übernahme von Personen an der Grenze

Vom 23. März 1960 (BAnz. 1960 Nr. 63)

Art. 1 (1) Die Regierung der Bundesrepublik Deutschland wird deutsche Staatsangehörige, deren Abschiebung die französischen Behörden beabsichtigen, formlos ohne Vermittlung ihrer diplomatischen Vertretung übernehmen, sofern nachgewiesen oder glaubhaft gemacht wird, daß diese Personen die deutsche Staatsangehörigkeit besitzen.

(2) Die deutsche Staatsangehörigkeit kann nachgewiesen oder glaubhaft gemacht werden durch Heimatscheine, Staatsangehörigkeitsausweise, Einbürgerungsurkunden, deutsche Reisepässe oder Bundespersonalausweise, auch wenn sie zu Unrecht ausgestellt oder nicht länger als zehn Jahre abgelaufen sind. Die Staatsangehörigkeit kann auch auf andere Weise glaubhaft gemacht werden.

(3) Diese Personen werden gegen Vorlage der in Absatz 2 genannten Urkunden oder sonstiger vorhandener Unterlagen, aus denen auf ihre Staatszugehörigkeit geschlossen werden kann, übernommen.

(4) Die Regierung der Französischen Republik wird nach den Absätzen 1 bis 3 überstellte Personen zurücknehmen, bei denen die anschließende Nachprüfung durch die Behörden der Bundesrepublik Deutschland ergibt, daß sie bei der Abschiebung nicht im Besitze der deutschen Staatsangehörigkeit waren, soweit nicht nach Artikel 2 oder 3 eine Übernahmeverpflichtung der Regierung der Bundesrepublik Deutschland begründet ist.

(5) Können die in Absatz 2 genannten Nachweise nicht erbracht werden und reichen die Unterlagen für die Glaubhaftmachung der deutschen Staatsangehörigkeit nicht aus, ist die Übernahme von einer förmlichen Übernahmeerklärung abhängig. Sie ist bei der diplomatischen oder der zuständigen berufskonsularischen Vertretung der Bundesrepublik Deutschland in Frankreich zu beantragen.

Art. 2 (1) Die Regierung der Bundesrepublik Deutschland wird auf Antrag der französischen Behörden Personen übernehmen, die nicht Staatsangehörige der Vertragsparteien sind, wenn diese Personen aus dem Gebiet der Bundesrepublik Deutschland über die gemeinsame Grenze unbefugt in das Gebiet der Französischen Republik eingereist sind.

(2) Diese Bestimmung findet nur Anwendung, wenn der Antrag auf Übernahme innerhalb einer Frist von 6 Monaten nach der Ausreise aus dem Gebiet der Bundesrepublik Deutschland gestellt wird, die Personen sich mindestens 3 Wochen im Gebiet der Bundesrepublik Deutschland aufgehalten und nicht nach dem Grenzübertritt die Rechtsstellung von Flüchtlingen nach dem Abkommen über die Rechtsstellung der Flüchtlinge vom 28. Juli 1951 in der Französischen Republik haben.

(3) Eine Übernahmeverpflichtung besteht nicht, wenn die Personen Staatsangehörige eines Staates sind, mit dem die Französische Republik eine gemeinsame Grenze hat, und in diesen Staat abgeschoben werden kann.

(4) Der Antrag auf Übernahme ist von den französischen Behörden bei der diplomatischen oder der zuständigen berufskonsularischen Vertretung der Bundesrepublik Deutschland in Frankreich zu stellen.

Art. 3 (1) Personen, die aus dem Gebiet der Bundesrepublik Deutschland über die gemeinsame Grenze unbefugt in das Gebiet der Französischen Republik eingereist sind, können den Grenzbehörden der

Bundesrepublik Deutschland innerhalb von 7 Tagen nach dem Grenzübertritt überstellt und müssen von diesen formlos übernommen werden, wenn die Grenzbehörden der Französischen Republik Angaben machen, die den Grenzbehörden der Bundesrepublik Deutschland die Feststellung ermöglichen, daß diese Personen die gemeinsame Grenze unbefugt überschritten und sich in Frankreich nicht länger als sieben Tage aufgehalten haben. Die Überstellung kann auch nach Ablauf der Frist von sieben Tagen vorgenommen werden, wenn die französischen Behörden den Behörden der Bundesrepublik Deutschland innerhalb dieses Zeitraumes die Überstellung angekündigt haben.

(2) Eine Übernahmeverpflichtung besteht nicht, wenn die Personen Staatsangehörige eines Staates sind, mit dem die Französische Republik eine gemeinsame Grenze hat, und die in diesen Staat abgeschoben werden können.

(3) Die Regierung der Französischen Republik nimmt Personen zurück, bei denen die anschließende Nachprüfung durch die Behörden der Bundesrepublik Deutschland ergibt, daß die Voraussetzungen für die Übernahme nicht gegeben waren.

Art. 4 (1) Die Regierung der Bundesrepublik Deutschland erklärt sich bereit, Anträgen der französischen Behörden auf polizeiliche Durchbeförderung von Personen, die nicht Staatsangehörige der Vertragsparteien sind, zu entsprechen, wenn die Übernahme durch den Zielstaat und, soweit erforderlich, die Durchreise durch andere Staaten gesichert sind.

(2) Die Durchbeförderung kann abgelehnt werden, wenn die Person
a) in einem anderen Durchgangsstaat oder im Zielstaat der Gefahr der politischen Verfolgung ausgesetzt wäre oder eine Strafverfolgung oder Strafvollstreckung zu erwarten hätte,
b) bei der Durchreise durch das Gebiet der Bundesrepublik Deutschland einer Strafverfolgung oder Strafvollstreckung ausgesetzt wäre.

(3) Der Antrag auf Durchbeförderung kann vom Innenministerium der Französischen Republik unmittelbar an das Bundesministerium des Innern der Bundesrepublik Deutschland gerichtet werden. In dem Antrag ist darzulegen, daß die Voraussetzungen für die Durchbeförderung nach Absatz 1 vorliegen und keine Gründe für eine Ablehnung der Durchbeförderung nach Absatz 2 bekannt sind.

(4) Ein Durchreisesichtvermerk der Bundesrepublik Deutschland ist nicht erforderlich.

(5) Trotz erteilter Bewilligung können die zur Durchbeförderung übernommenen Personen den französischen Behörden zurückgegeben werden, wenn nachträglich Tatsachen eintreten oder bekannt werden, die einer Durchbeförderung entgegenstehen, oder wenn ein anderer Durchgangsstaat oder der Zielstaat die Abnahme der zur Durchbeförderung übernommenen Personen verweigert.

Art. 5 (1) Die Regierung der Französischen Republik wird Staatsangehörige der Französischen Republik und der Gemeinschaft, deren Abschiebung die Behörden der Bundesrepublik Deutschland beabsichtigen, formlos ohne Vermittlung ihrer diplomatischen Vertretung übernehmen, sofern nachgewiesen oder glaubhaft gemacht wird, daß diese Personen die Staatsangehörigkeit der Französischen Republik und der Gemeinschaft besitzen.

(2) Die Staatsangehörigkeit der Französischen Republik und der Gemeinschaft kann nachgewiesen oder glaubhaft gemacht werden durch Staatsangehörigkeitsausweise, Einbürgerungsurkunden, Reisepässe oder nationale Personalausweise, auch wenn sie zu Unrecht ausgestellt oder nicht länger als zehn Jahre abgelaufen sind. Die Staatsangehörigkeit kann auch auf andere Weise glaubhaft gemacht werden.

(3) Diese Personen werden gegen Vorlage der in Absatz 2 genannten Urkunden oder sonstiger vorhandener Unterlagen, aus denen auf ihre Staatsangehörigkeit geschlossen werden kann, übernommen.

(4) Die Regierung der Bundesrepublik Deutschland wird nach den Absätzen 1 bis 3 überstellte Personen zurücknehmen, bei denen die anschließende Nachprüfung durch die französischen Behörden ergibt, daß sie bei der Abschiebung nicht im Besitze der Staatsangehörigkeit der Französischen Republik und der Gemeinschaft waren, soweit nicht nach Artikel 6 oder 7 eine Übernahmeverpflichtung der Regierung der Französischen Republik begründet ist.

(5) Können die in Absatz 2 genannten Nachweise nicht erbracht werden und reichen die Unterlagen für die Glaubhaftmachung der Staatsangehörigkeit nicht aus, ist die Übernahme von einer förmlichen Übernahmeerklärung abhängig. Sie ist bei der diplomatischen oder der zuständigen berufskonsularischen Vertretung der Französischen Republik in der Bundesrepublik Deutschland zu beantragen.

Art. 6 (1) Die Regierung der Französischen Republik wird auf Antrag der Behörden der Bundesrepublik Deutschland Personen übernehmen, die nicht Staatsangehörige der Vertragsparteien sind, wenn diese Personen aus dem Gebiet der Französischen Republik über die gemeinsame Grenze unbefugt in das Gebiet der Bundesrepublik Deutschland eingereist sind.

(2) Diese Bestimmung findet nur Anwendung, wenn der Antrag auf Übernahme innerhalb einer Frist von 6 Monaten nach der Ausreise aus dem Gebiet der Französischen Republik gestellt wird, die Personen sich mindestens 3 Wochen im Gebiet der Französischen Republik aufgehalten und nicht nach dem Grenzübertritt die Rechtstellung von Flüchtlingen nach dem Abkommen über die Rechtstellung der Flüchtlinge vom 28. Juli 1951 in der Bundesrepublik Deutschland haben.

(3) Eine Übernahmeverpflichtung besteht nicht, wenn die Personen Staatsangehörige eines Staates sind, mit dem die Bundesrepublik Deutschland eine gemeinsame Grenze hat, und in diesen Staat abgeschoben werden können.

(4) Der Antrag auf Übernahme ist von den Behörden der Bundesrepublik Deutschland bei der diplomatischen oder der zuständigen berufskonsularischen Vertretung der Französischen Republik in der Bundesrepublik Deutschland zu stellen.

Art. 7 (1) Personen, die aus dem Gebiet der Französischen Republik über die gemeinsame Grenze unbefugt in das Gebiet der Bundesrepublik Deutschland eingereist sind, können den Grenzbehörden der Französischen Republik innerhalb von 7 Tagen nach dem Grenzübertritt überstellt und müssen von diesen formlos übernommen werden, wenn die Grenzbehörden der Bundesrepublik Deutschland Angaben machen, die den Grenzbehörden der Französischen Republik die Feststellung ermöglichen, daß diese Personen die gemeinsame Grenze unbefugt überschritten und sich in der Bundesrepublik Deutschland nicht länger als 7 Tage aufgehalten haben. Die Überstellung kann auch nach Ablauf der Frist von 7 Tagen vorgenommen werden, wenn die Behörden der Bundesrepublik Deutschland den französischen Behörden innerhalb dieses Zeitraumes die Überstellung angekündigt haben.

(2) Eine Übernahmeverpflichtung besteht nicht, wenn die Personen Staatsangehörige eines Staates sind, mit dem die Bundesrepublik Deutschland eine gemeinsame Grenze hat, und in diesen Staat abgeschoben werden können.

(3) Die Regierung der Bundesrepublik Deutschland nimmt Personen zurück, bei denen die anschließende Nachprüfung durch die französischen Behörden ergibt, daß die Voraussetzungen für die Übernahme nicht gegeben waren.

Art. 8 (1) Die Regierung der Französischen Republik erklärt sich bereit, Anträgen der Behörden der Bundesrepublik Deutschland auf polizeiliche Durchbeförderung von Personen, die nicht Staatsangehörige der Vertragsparteien sind, zu entsprechen, wenn die Übernahme durch den Zielstaat und, soweit erforderlich, die Durchreise durch andere Staaten gesichert sind.

(2) Die Durchbeförderung kann abgelehnt werden, wenn die Person
a) in einem anderen Durchgangsstaat oder im Zielstaat der Gefahr der politischen Verfolgung ausgesetzt wäre oder eine Strafverfolgung oder Strafvollstreckung zu erwarten hätte, oder
b) bei der Durchreise durch das Gebiet der Französischen Republik einer Strafverfolgung oder Strafvollstreckung ausgesetzt wäre.

(3) Der Antrag auf Durchbeförderung kann vom Bundesministerium des Innern der Bundesrepublik Deutschland unmittelbar an das Innenministerium der Französischen Republik gerichtet werden. In dem Antrag ist darzulegen, daß die Voraussetzungen für die Durchbeförderung nach Absatz 1 vorliegen und keine Gründe für eine Ablehnung der Durchbeförderung nach Absatz 2 bekannt sind.

(4) Ein Durchreisesichtvermerk der Französischen Republik ist nicht erforderlich.

(5) Trotz erteilter Bewilligung können die zur Durchbeförderung übernommenen Personen den Behörden der Bundesrepublik Deutschland zurückgegeben werden, wenn nachträglich Tatsachen eintreten oder bekannt werden, die einer Durchbeförderung entgegenstehen, oder wenn ein anderer Durchgangsstaat oder der Zielstaat die Abnahme der zur Durchbeförderung übernommenen Person verweigert.

Art. 9 (1) Übernahmeverpflichtungen aus anderen zwischenstaatlichen Abmachungen für Personen, die nicht Staatsangehörige der Vertragsparteien sind, werden durch dieses Abkommen nicht berührt.

Rückübernahmeabkommen Kroatien　　　　　　　　　　　　　　7.7. **Texte 5**

(2) Besitzen diese Personen Reiseausweise mit Rückkehrberechtigung, so werden sie formlos und ohne Vermittlung der zuständigen diplomatischen oder berufskonsularischen Vertretungen nach Maßgabe der in ihrem Reiseausweis eingetragenen Rückkehrberechtigung übernommen.

(3) Besitzen diese Personen keinen derartigen Reiseausweis, so ist die Übernahme von einer förmlichen Übernahmeerklärung abhängig. Sie ist bei der zuständigen diplomatischen oder berufskonsularischen Vertretung zu beantragen.

Art. 10 (1) Die Liste der Grenzübergangsstellen, an denen die Überstellungen vorzunehmen sind, wird durch Notenaustausch zwischen den beiden Regierungen aufgestellt und, soweit erforderlich, abgeändert.

(2) Jede Übernahme ist durch die zuständige Grenzbehörde zu bescheinigen.

Art. 11 (1) Die Kosten der Beförderung abzuschiebender Personen werden von der Behörde, die die Abschiebung veranlaßt, bis zur Grenzübergangsstelle getragen.

(2) Die Kosten der Durchbeförderung bis an die Grenze des Zielstaates und gegebenenfalls auch die aus dem Rücktransport erwachsenden Kosten trägt der ersuchende Staat.

Art. 12 Soweit in diesen Bestimmungen über die Übernahme die deutsche Staatsangehörigkeit maßgebend ist, erstreckt sich die Verpflichtung zur Übernahme auf alle Deutschen im Sinne des Grundgesetzes der Bundesrepublik Deutschland.

Art. 13 Die innerstaatlichen Vorschriften und Verpflichtungen aus zwischenstaatlichen Verträgen über die Auslieferung und Durchlieferung bleiben unberührt.

Art. 14 Das Abkommen gilt auch für das Land Berlin, sofern nicht die Regierung der Bundesrepublik Deutschland gegenüber der Regierung der Französischen Republik innerhalb von 3 Monaten nach Inkrafttreten des Abkommens eine gegenteilige Erklärung abgibt.

Art. 15 Dieses Abkommen tritt am Tage des Notenaustausches in Kraft. Es kann mit einer Frist von 3 Monaten gekündigt werden.

7.7. Abkommen zwischen der Regierung der Bundesrepublik Deutschland und der Regierung der Republik Kroatien über die Rückübernahme von Personen (Rückübernahmeabkommen)

Vom 25. April 1994 (BGBl. 1998 II 9)

Art. 1 (1) Die Regierung der Bundesrepublik Deutschland übernimmt auf Antrag der Regierung der Republik Kroatien ohne besondere Formalitäten
1. deutsche Staatsangehörige und
2. Personen, die mit einem gültigen Reisepaß oder Personalausweis der Bundesrepublik Deutschland in das Gebiet der Republik Kroatien eingereist sind oder denen während ihres Aufenthalts im Gebiet der Republik Kroatien ein Reisepaß oder ein Personalausweis der Bundesrepublik Deutschland ausgestellt worden ist,

sofern die Zugehörigkeit zu einem unter den Nummern 1 und 2 bezeichneten Personenkreis nachgewiesen oder glaubhaft gemacht wird.

(2) Die Regierung der Bundesrepublik Deutschland übernimmt jederzeit ohne vorherigen Antrag und ohne besondere Formalitäten alle Personen, die im Besitz eines gültigen Reisepasses oder Personalausweises der Bundesrepublik Deutschland sind.

(3) Die Regierung der Bundesrepublik Deutschland wird allen deutschen Staatsangehörigen, die sich in der Republik Kroatien aufhalten und keinen gültigen Reisepaß oder Personalausweis besitzen, einen Reisepaß oder Personalausweis oder ein sonstiges Dokument, das sie zur Einreise in die Bundesrepublik Deutschland berechtigt, ausstellen.

Art. 2 (1) Die Regierung der Republik Kroatien übernimmt auf Antrag der Regierung der Bundesrepublik Deutschland ohne besondere Formalitäten

1. kroatische Staatsangehörige und
2. Personen, die mit einem gültigen kroatischen Paß in die Bundesrepublik Deutschland eingereist sind oder denen während ihres Aufenthalts in der Bundesrepublik Deutschland ein kroatischer Paß ausgestellt worden ist,

sofern die Zugehörigkeit zu einem unter den Nummern 1 und 2 bezeichneten Personenkreis nachgewiesen oder glaubhaft gemacht wird.

(2) Die Regierung der Republik Kroatien übernimmt jederzeit ohne vorherigen Antrag und ohne besondere Formalitäten alle Personen, die im Besitz eines gültigen kroatischen Passes sind.

(3) Die Regierung der Republik Kroatien wird allen kroatischen Staatsangehörigen, die sich in der Bundesrepublik Deutschland aufhalten und keinen gültigen Paß besitzen einen Paß oder ein sonstiges Dokument, das sie zur Einreise in die Republik Kroatien berechtigt, ausstellen.

Art. 3 (1) Die zuständigen Behörden der Vertragsparteien verständigen sich schriftlich im voraus über die beabsichtigte Übergabe.

(2) Die zuständige Behörde der ersuchten Vertragspartei beantwortet ein Übernahmeersuchen unverzüglich, längstens jedoch von acht Tagen. Die Frist beginnt mit dem Eingang des Übernahmeersuchens bei der zuständigen Behörde der ersuchten Vertragspartei. Nach Ablauf dieser Frist gilt die Zustimmung zur Übergabe als erteilt.

(3) Die ersuchende Vertragspartei nimmt eine von der ersuchten Vertragspartei übernommene Person ohne besondere Formalitäten zurück, wenn die Nachprüfung innerhalb von sechs Monaten ergeben hat, daß die in Artikel 1 Absatz 1 bzw. Artikel 2 Absatz 1 bezeichneten Voraussetzungen für eine Übernahme nicht vorlagen.

Art. 4 (1) Die zur Durchführung dieses Abkommens erforderlichen weiteren Regelungen werden vom Bundesministerium des Innern der Bundesrepublik Deutschland und vom Innenministerium und vom Regierungsamt für Vertriebene und Flüchtlinge der Republik Kroatien in einem Protokoll zur Durchführung dieses Abkommens vereinbart.

(2) Die Vertragsparteien notifizieren einander die für die Durchführung dieses Abkommens zuständigen Behörden, sofern sie andere Behörden als das Innenministerium als zuständige Behörde bestimmen wollen.

Art. 5 Unter Berücksichtigung der Kriegszerstörungen und der Folgen des Krieges für die Republik Kroatien sowie ihrer Belastungen durch die Aufnahme von Vertriebenen und Flüchtlingen, insbesondere aus der Republik Bosnien und Herzegowina, gilt für die Rückführung der in die Bundesrepublik Deutschland eingereisten kroatischen ehemaligen Kriegsflüchtlinge folgendes:
1. Die Rückführung der ehemaligen Kriegsflüchtlinge erfolgt phasenweise, beginnend am 1. Mai 1994.
2. Die Rückführung der ehemaligen Kriegsflüchtlinge,
    – die nachweislich aus einem Ort gekommen sind, der in den besetzten, umkämpften oder zerstörten Gebieten der Republik Kroatien liegt, sowie
    – der kroatischen Kriegsflüchtlinge aus der Republik Bosnien und Herzegowina

    wird bis zum Januar 1995 vorläufig ausgesetzt. Der Nachweis über das Vorliegen der in Satz 1 bezeichneten Voraussetzungen ist durch Vorlage einer Bescheinigung einer diplomatischen oder konsularischen Vertretung der Republik Kroatien in der Bundesrepublik Deutschland zu führen.
3. Die Aussetzung der Rückführung endet vor Januar 1995.
    – wenn in der Republik Bosnien und Herzegowina ein Waffenstillstand eintritt, der die Notwendigkeit einer weiteren Flucht von dort beendet, oder
    – wenn die Republik Kroatien mit der Rückführung von Kriegsflüchtlingen in die Republik Bosnien und Herzegowina beginnt.
4. Die vorläufige Aussetzung der Rückführung gilt nicht für Personen, die gegen Strafgesetze der Bundesrepublik Deutschland verstoßen haben.
5. Unberührt bleibt das Recht der ehemaligen Kriegsflüchtlinge, freiwillig in die Republik Kroatien zurückzukehren.
6. Die derzeit noch besetzten und umkämpften Gebiete der Republik Kroatien sind in der diesem Abkommen als Anlage beigefügten Karte gekennzeichnet. Die Regierung der Republik Kroatien wird der Regierung der Bundesrepublik Deutschland unverzüglich ein vollständiges Verzeichnis aller Orte in den besetzten, umkämpften und zerstörten Gebieten übermitteln.

Übernahmeabkommen Österreich 7.8. **Texte 5**

7. Die erste Phase der Rückführung dauert von Mai 1994 bis Ende Oktober 1994. Die Regierung der Bundesrepublik Deutschland wird sich dabei von den familiären und wirtschaftlichen Verhältnissen der ehemaligen Kriegsflüchtlinge leiten lassen.
8. Die Regierung der Bundesrepublik Deutschland und die Regierung der Republik Kroatien werden bei der Rückführung der ehemaligen Kriegsflüchtlinge eng zusammenarbeiten. Zu diesem Zweck wird ein gemeinsamer Ausschuß auf Expertenebene gebildet.
9. Die Vertragsparteien streben gemeinsam eine Zusammenarbeit mit dem Hohen Flüchtlingskommissar der Vereinten Nationen (UNHCR) an.
10. Im übrigen bleiben die Artikel 2 und 3 unberührt.

Art. 6 Alle mit der Rückübernahme zusammenhängenden Kosten bis zur Grenze der ersuchten Vertragspartei, einschließlich jener der Durchbeförderung durch dritte Staaten, werden von der ersuchenden Vertragspartei getragen.

Art. 7 (1) Soweit für die Durchführung dieses Abkommens personenbezogener Daten zu übermitteln sind, dürfen diese Informationen ausschließlich betreffen

1. die Personalien der zu übergebenden Person und gegebenenfalls der Angehörigen (Name, Vorname, gegebenenfalls früherer Name, Beinamen oder Pseudonyme, Aliasnamen, Geburtsdatum und -ort, Geschlecht, derzeitige und frühere Staatsangehörigkeit),
2. den Reisepaß, den Personalausweis und sonstige Identitäts- und Reisedokumente (Nummer, Gültigkeitsdauer, Ausstellungsdatum, ausstellende Behörde, Ausstellungsort usw.),
3. sonstige zur Identifizierung der zu übergebenden Person erforderliche Angaben,
4. die früheren und gegenwärtigen Aufenthaltsorte innerhalb und außerhalb der Bundesrepublik Deutschland und der Republik Kroatien sowie die Reisewege,
5. sonstige Angaben auf Ersuchen einer Vertragspartei, die diese für die Prüfung der Übernahmevoraussetzungen nach diesem Abkommen benötigt.

(2) Für den Umgang mit personenbezogenen Daten sind die in dem Protokoll zu diesem Abkommen aufgeführten Grundsätze zu beachten.

Art. 8 (1) Die Anwendung des Abkommens vom 28. Juli 1951 über die Rechtsstellung der Flüchtlinge in der Fassung des Protokolls vom 31. Januar 1967 über die Rechtsstellung der Flüchtlinge bleibt unberührt.

(2) Die Verpflichtungen der Vertragsparteien aus zwischenstaatlichen Übereinkünften bleiben unberührt.

Art. 9 Dieses Abkommen tritt an dem Tag in Kraft, an dem die Vertragsparteien einander notifiziert haben, daß die erforderlichen innerstaatlichen Voraussetzungen für das Inkrafttreten erfüllt sind. Als Tag des Inkrafttretens wird der Tag der Eingangs der letzten Notifikation angesehen.

(2) Die Vertragsparteien vereinbaren, dieses Abkommen vom achten Tag nach seiner Unterzeichnung an vorläufig anzuwenden.

7.8. Abkommen zwischen der Regierung der Bundesrepublik Deutschland und der Regierung der Republik Österreich über die Rückübernahme von Personen an der Grenze (Rückübernahmeabkommen)

Vom 16. Dezember 1997 (BGBl. 1998 II 80)

Abschnitt I. Übernahme eigener Staatsangehöriger

Art. 1 (1) Jede Vertragspartei übernimmt ohne besondere Formalitäten die Person, die im Hoheitsgebiet der ersuchenden Vertragspartei die geltenden Voraussetzungen für die Einreise oder den Aufenthalt nicht oder nicht mehr erfüllt, wenn nachgewiesen oder glaubhaft gemacht wird, daß sie die Staatsangehörigkeit der ersuchten Vertragspartei besitzt.

(2) Falls die Staatsangehörigkeit nicht mit Sicherheit festgestellt werden kann, wird die diplomatische oder konsularische Vertretung der ersuchten Vertragspartei, deren Staatsangehörigkeit die Person vermutlich besitzt, den Sachverhalt unverzüglich klarstellen.

(3) Die ersuchende Vertragspartei nimmt diese Person unter denselben Voraussetzungen zurück, wenn die Nachprüfung ergibt, daß sie zum Zeitpunkt der Übernahme durch die ersuchte Vertragspartei nicht im Besitz der Staatsangehörigkeit der ersuchten Vertragspartei war.

Abschnitt II. Übernahme von Drittstaatsangehörigen bei rechtswidriger Einreise oder Aufenthalt

Art. 2 (1) Jede Vertragspartei übernimmt auf Antrag der anderen Vertragspartei ohne besondere Formalitäten die Person, die nicht die Staatsangehörigkeit einer Vertragspartei besitzt (Drittstaatsangehöriger), wenn nachgewiesen oder glaubhaft gemacht wird, daß sie aus dem Hoheitsgebiet der ersuchten Vertragspartei rechtswidrig in das Hoheitsgebiet der ersuchenden Vertragspartei eingereist ist. Rechtswidrig ist eine Einreise, wenn der Drittstaatsangehörige im Zeitpunkt der Einreise in das Hoheitsgebiet der ersuchenden Vertragspartei die nach den innerstaatlichen Vorschriften der ersuchenden Vertragspartei geltenden Voraussetzungen für die Einreise nicht erfüllt.

(2) Jede Vertragspartei übernimmt nach vorheriger Benachrichtigung formlos einen Drittstaatsangehörigen, um dessen Übernahme die andere Vertragspartei innerhalb von vier Tagen nach seiner rechtswidrigen Einreise ersucht. Soweit diese Voraussetzungen nicht vorliegen, kann die Übernahme nach Absatz 1 beantragt werden.

(3) Die Verpflichtung zur Übernahme nach den Absätzen 1 und 2 besteht nicht für:
a) Drittstaatsangehörige, die bei ihrer Einreise in das Hoheitsgebiet der ersuchenden Vertragspartei im Besitz eines gültigen Visums oder eines anderen gültigen Aufenthaltstitels dieser Vertragspartei waren oder denen nach ihrer Einreise ein Visum oder ein anderer Aufenthaltstitel durch diese Vertragspartei ausgestellt wurde;
b) Drittstaatsangehörige, für die nicht innerhalb von sechs Monaten nach Kenntnis der jeweiligen Behörden von der rechtswidrigen Einreise ein Übernahmeersuchen gestellt wird; für Drittstaatsangehörige, die sich seit mehr als einem Jahr auf dem Hoheitsgebiet der ersuchenden Vertragspartei aufgehalten haben, ist eine Übernahme nicht mehr möglich;
c) Drittstaatsangehörige, denen die ersuchende Vertragspartei entweder den Flüchtlingsstatus gemäß der Genfer Konvention vom 28. Juli 1951 über die Rechtsstellung der Flüchtlinge, abgeändert durch das Protokoll von New York vom 31. Januar 1967, oder den Status von Staatenlosen gemäß der Konvention von New York vom 28. September 1954 über die Rechtsstellung von Staatenlosen zuerkannt hat;
d) Drittstaatsangehörige, die im ersuchenden Staat einen Asylantrag gestellt haben, für dessen Prüfung dieser zuständig ist und über den noch nicht endgültig befunden wurde;
e) Staatsangehörige dritter Staaten, die eine gemeinsame Grenze mit der ersuchenden Vertragspartei haben.

(4) Die ersuchende Vertragspartei nimmt einen Drittstaatsangehörigen ohne besondere Formalitäten zurück, wenn die ersuchte Vertragspartei innerhalb von sechs Monaten nach der Übernahme des Drittstaatsangehörigen festgestellt hat, daß die Voraussetzungen nach den Absätzen 1 und 2 nicht vorliegen.

Art. 3 (1) Der Antrag auf Übernahme muß die Angaben zur Identität, zu den eventuell im Besitz des Drittstaatsangehörigen befindlichen Dokumenten, zum Aufenthalt im Hoheitsgebiet der ersuchten Vertragspartei und zu den Umständen seiner rechtswidrigen Einreise in das Hoheitsgebiet der ersuchenden Vertragspartei enthalten.

(2) Die ersuchte Vertragspartei beantwortet die an sie gerichteten Übernahmeersuchen unverzüglich, längstens jedoch innerhalb von 14 Tagen. Die Übernahme des Drittstaatsangehörigen erfolgt unverzüglich, längstens jedoch innerhalb einer Frist von drei Monaten, nachdem die ersuchte Vertragspartei der Übernahme zugestimmt hat. Diese Frist wird auf Antrag der ersuchenden Vertragspartei nur im Falle rechtlicher Hindernisse für die Übernahme und nur für die Dauer dieser rechtlichen Hindernisse verlängert.

Übernahmeabkommen Österreich 7.8. **Texte 5**

Art. 4 Als Aufenthaltstitel im Sinne dieses Abschnitts gilt jede von einer Vertragspartei ausgestellte Erlaubnis gleich welcher Art, die zum Aufenthalt in deren Hoheitsgebiet berechtigt. Hierzu zählt nicht die befristete Zulassung zum Aufenthalt im Hoheitsgebiet einer der Vertragsparteien im Hinblick auf die Behandlung eines Asylbegehrens oder eines Antrags auf eine Aufenthaltsgenehmigung.

Abschnitt III. Durchbeförderung

Art. 5 (1) Jede Vertragspartei übernimmt die Durchbeförderung von Drittstaatsangehörigen, wenn die andere Vertragspartei darum ersucht und die Übernahme durch den Zielstaat und durch etwaige weitere Durchbeförderungsstaaten sichergestellt ist.

(2) Das Ersuchen um Durchbeförderung muß Angaben insbesondere zur Identität des Drittstaatsangehörigen, zu Datum, Zeit und Ort der Durchbeförderung sowie zum allenfalls erforderlichen Begleitpersonal enthalten. Das Ersuchen muß darüber hinaus die Erklärung enthalten, daß die Voraussetzungen nach Absatz 1 gegeben und keine Ablehnungsgründe nach Absatz 3 bekannt sind.

(3) Die Durchbeförderung wird nicht beantragt und kann abgelehnt werden, wenn der Drittstaatsangehörige im Zielstaat oder in einem etwaigen weiteren Durchbeförderungestaat Gefahr läuft, unmenschlicher oder erniedrigender Behandlung oder Strafe oder der Todesstrafe unterworfen zu werden, oder in seinem Leben oder in seiner Freiheit aus Gründen seiner Rasse, seiner Religion, seiner Nationalität, seiner Zugehörigkeit zu einer bestimmten sozialen Gruppe oder seiner politischen Ansichten bedroht wäre. Die Durchbeförderung kann des weiteren abgelehnt werden, wenn der Drittstaatsangehörige im ersuchten Staat strafgerichtlich verfolgt werden müsste oder ihm im Zielstaat oder in einem etwaigen weiteren Durchbeförderungsstaat strafrechtliche Verfolgung droht.

(4) Ein Transit-Visum der ersuchten Vertragspartei ist nicht erforderlich.

(5) Trotz erteilter Bewilligung können zur Durchbeförderung übernommene Personen an die andere Vertragspartei zurückgegeben werden, wenn nachträglich Tatsachen im Sinne des Absatzes 2 eintreten oder bekannt werden, die einer Durchbeförderung entgegenstehen, oder wenn die Weiterreise oder die Übernahme durch den Zielstaat nicht mehr gesichert ist.

Abschnitt IV. Datenschutz

Art. 6 (1) Soweit für die Durchführung dieses Abkommens peronenbezogene Daten zu übermitteln sind, dürfen diese Informationen ausschließlich betreffen:
1. die Personalien der zu übergebenen Person und gegebenenfalls der Angehörigen (Name, Vorname, gegebenenfalls früherer Name, Beinamen oder Pseudonyme, Geburtsdatum und -ort, Geschlecht, derzeitige und frühere Staatsangehörigkeit),
2. den Personalausweis oder den Reisepaß (Nummer, Gültigkeitsdauer, Ausstellungsdatum, ausstellende Behörde, Ausstellungsort usw.),
3. sonstige zur Identifizierung der zu übergebenden Personen erforderliche Angaben,
4. die Aufenthaltsorte und die Reisewege,
5. allenfalls vorhandenes erkennungsdienstliches Material, das für die Prüfung der Übernahmevoraussetzungen nach diesem Abkommen von Belang sein könnte.

(2) Soweit personenbezogene Daten im Rahmen dieses Abkommens übermittelt werden, gelten die nachfolgenden Bestimmungen unter Beachtung der für jede Vertragspartei geltenden innerstaatlichen Rechtsvorschriften:
1. Die Verwendung der Daten durch den Empfänger ist nur zu dem angegebenen Zweck und zu den durch die übermittelnde Behörde vorgeschriebenen Bedingungen zulässig.
2. Der Empfänger unterrichtet die übermittelnde Behörde auf Ersuchen über die Verwendung der übermittelten Daten und über die dadurch erzielten Ergebnisse.
3. Personenbezogene Daten dürfen nur an die zuständigen Stellen übermittelt werden. Die weitere Übermittlung an andere Stellen darf nur mit vorheriger Zustimmung der übermittelnden Stelle erfolgen.
4. Die übermittelnde Behörde ist verpflichtet, auf die Richtigkeit der zu übermittelnden Daten sowie auf die Erforderlichkeit und Verhältnismäßigkeit in bezug auf den mit der Übermittlung verfolgten Zweck zu achten. Dabei sind die nach dem jeweiligen innerstaatlichen Recht geltenden Übermitt-

lungsverbote zu beachten. Erweist sich, daß unrichtige Daten oder Daten, die nicht übermittelt werden durften, übermittelt worden sind, so ist dies dem Empfänger unverzüglich mitzuteilen. Er ist verpflichtet, die Berichtigung oder Vernichtung vorzunehmen.
5. Die übermittelnde und die empfangende Behörde sind verpflichtet, die Übermittlung von personenbezogenen Daten aktenkundig zu machen.
6. Die übermittelnde und die empfangende Behörde sind verpflichtet, die übermittelten personenbezogenen Daten wirksam gegen unbefugten Zugang, unbefugte Veränderung und unbefugte Bekanntgabe zu schützen.
7. Übermittelte Daten, die von der übermittelnden Behörde gelöscht werden, sind binnen sechs Monaten auch vom Empfänger zu löschen.

Abschnitt V. Kosten

Art. 7 Alle mit der Rückführung zusammenhängenden Kosten bis zur Grenze der ersuchten Vertragspartei, ferner die Kosten der Durchbeförderung nach Artikel 5, trägt die ersuchende Vertragspartei. Das gleiche gilt für die Fälle der Rückübernahme.

Abschnitt VI. Durchführungsbestimmungen

Art. 8 Die zur Durchführung dieses Abkommens erforderlichen weiteren Regelungen, insbesondere über
a) die Art und Weise der gegenseitigen Verständigung;
b) die Angaben, Unterlagen und Beweismittel, die zur Übernahme erforderlich sind;
c) die für die Durchführung dieses Abkommens zuständigen Stellen;
d) die Bestimmung der Orte für die Übernahme
werden in einem Protokoll zur Durchführung dieses Abkommens vereinbart.

Abschnitt VII. Schlußbestimmungen

Art. 9 (1) Die Anwendung des Abkommens vom 28. Juli 1951 über die Rechtsstellung der Flüchtlinge nebst dem Protokoll vom 31. Januar 1967 über die Rechtsstellung der Flüchtlinge bleibt unberührt.
(2) Die Verpflichtungen der Vertragsparteien aus völkerrechtlichen Übereinkünften bleiben unberührt.

Art. 10 (1) Dieses Abkommen wird auf bestimmte Zeit geschlossen. Es tritt 30 Tage nach Unterzeichnung in Kraft.
(2) Mit dem Inkrafttreten dieses Abkommens tritt die mit Notenwechsel vom 19. Juli 1961 geschlossene Vereinbarung zwischen der Regierung der Bundesrepublik Deutschland und der Österreichischen Bundesregierung betreffend die Übernahme von Personen an der Grenze außer Kraft.

Art. 11 (1) Jede Vertragspartei kann dieses Abkommen auf diplomatischem Weg kündigen. Die Kündigung wird am ersten Tag des Monats wirksam, der auf den Monat folgt, in dem die Notifikation der anderen Vertragspartei zugegangen ist.
(2) Jede Vertragspartei kann dieses Abkommen aus Gründen der öffentlichen Sicherheit, Ordnung oder Gesundheit suspendieren. Die Suspendierung, die auf diplomatischem Wege zu erfolgen hat, tritt sieben Tage nach der Notifikation in Kraft.

7.9. Vereinbarung zwischen dem Bundesminister des Innern der Bundesrepublik Deutschland und dem Innenminister von Rumänien über die Rückübernahme von deutschen und rumänischen Staatsangehörigen

Vom 24. September 1992 (BGBl. 1993 II 220)

Art. 1 Übernahme deutscher Staatsangehöriger. (1) Die deutschen Behörden werden deutsche Staatsangehörige, die sich illegal auf dem Hoheitsgebiet von Rumänien aufhalten und deren Übergabe die rumänischen Behörden beabsichtigen, ohne besondere Formalitäten selbst dann übernehmen, wenn sie nicht im Besitz eines gültigen Reisepasses oder Personalausweises sind, sofern nachgewiesen oder glaubhaft gemacht wird, daß diese Personen die deutsche Staatsangehörigkeit besitzen.

(2) Der Besitz der deutschen Staatsangehörigkeit wird nachgewiesen durch
– Staatsangehörigkeitsurkunden,
– Pässe aller Art (Nationalpässe, Diplomatenpässe, Dienstpässe, Paßersatzdokument mit Lichtbild),
– Personalausweise (auch vorläufige und behelfsmäßige Personalausweise),
– vorläufige Identitätsbescheinigungen,
– Wehrpässe bzw. Militärausweise,
– Kinderausweise als Paßersatz,
– Behördenauskünfte mit eindeutigen Aussagen.

(3) Der Besitz der deutschen Staatsangehörigkeit kann glaubhaft gemacht werden durch
– andere Dokumente als Wehrpässe bzw. Militärausweise, die die Zugehörigkeit zu den deutschen Streitkräften belegen,
– Führerscheine,
– Geburtsurkunden,
– Firmenausweise,
– Versicherungsnachweise,
– Seefahrtsbücher,
– verläßliche Zeugenaussagen, vor allem deutscher Staatsangehöriger,
– eigene Angaben der Betroffenen,
– die Sprache der Betroffenen.

(4) Die deutsche Botschaft oder die deutschen Konsularvertretungen in Rumänien werden auf Antrag der zuständigen rumänischen Behörden gegen Entgelt unverzüglich die für die Rückführung der zu übernehmenden Personen notwendigen Reisedokumente ausstellen.

(5) Die rumänischen Behörden werden Personen, bei denen die Nachprüfung durch die deutschen Behörden ergibt, daß sie bei der Übernahme nicht im Besitz der deutschen Staatsangehörigkeit waren, unverzüglich zurücknehmen.

Art. 2 Übernahme rumänischer Staatsangehöriger. (1) Die rumänischen Behörden werden rumänische Staatsangehörige, die sich illegal auf dem Hoheitsgebiet der Bundesrepublik Deutschland aufhalten, und deren Übergabe die deutschen Behörden beabsichtigen, ohne besondere Formalitäten selbst dann übernehmen, wenn sie nicht im Besitz eines gültigen Reisepasses oder Personalausweises sind, sofern nachgewiesen oder glaubhaft gemacht wird, daß diese Personen die rumänische Staatsangehörigkeit besitzen.

(2) Der Besitz der rumänischen Staatsangehörigkeit wird nachgewiesen durch
– Reisepässe für rumänische Staatsangehörige,
– andere, von rumänischen Behörden ausgestellte Reisedokumente,
– Personalausweise, sofern
diese Dokumente die Gültigkeitsdauer nicht überschritten haben und vollständig sind.

(3) Der Besitz der rumänischen Staatsangehörigkeit kann glaubhaft gemacht werden durch
– Reisepässe, andere Reisedokumente oder Personalausweise, auch wenn deren Gültigkeit überschritten ist,

- Führerscheine,
- Arbeits- oder Angestelltenausweise,
- Seefahrerausweise,
- verläßliche Zeugenaussagen, vor allem rumänischer Staatsangehöriger,
- Aussage der betroffenen Person, sofern sie die rumänische Sprache beherrscht.

(4) Die rumänische Botschaft oder die rumänischen Konsularvertretungen in der Bundesrepublik Deutschland werden auf Antrag der zuständigen deutschen Behörden gegen Entgelt unverzüglich die für die Rückführung der zu übernehmenden Personen notwendigen Reisedokumente ausstellen.

(5) Die deutschen Behörden werden Personen, bei denen die Nachprüfung durch die rumänischen Behörden ergibt, daß sie bei der Übernahme nicht im Besitz der rumänischen Staatsangehörigkeit waren, zurücknehmen.

Art. 3 Unberührtheitsklausel. Die Anwendung der Genfer Konvention vom 28. Juli 1951 über den Flüchtlingsstatus in der Fassung des Protokolls von New York vom 31. Januar 1967 sowie die sich aus den jeweiligen völkerrechtlichen Übereinkünften ergebenden internationalen Verpflichtungen bleiben unberührt.

Art. 4 Kosten. Alle mit der Rückführung zusammenhängenden Kosten bis zur Grenze des Zielstaats, einschließlich jener der Durchbeförderung durch dritte Staaten, werden von dem Staat getragen, der die Abschiebung veranlaßt hat. Das gleiche gilt für die Fälle der Rückübernahme.

Art. 5 Durchführungsmodalitäten. Die zur Durchführung dieser Vereinbarung erforderlichen Regelungen, insbesondere über
1. die Übergabemodalitäten,
2. die Benennung der für die Durchführung dieser Vereinbarung zuständigen Behörden,
3. die Bestimmung der Grenzübergänge für die Übergabe,

werden von den Vertragsparteien in einem Durchführungsprotokoll zu dieser Vereinbarung niedergelegt.

Art. 6 Inkrafttreten, Geltungsdauer. Diese Vereinbarung tritt am ersten Tag des zweiten Monats nach ihrer Unterzeichnung in Kraft. Sie wird auf unbestimmte Zeit geschlossen.

Art. 7 Suspendierung, Kündigung. (1) Jede Vertragspartei kann diese Vereinbarung nach Konsultation der anderen Vertragspartei aus wichtigem Grund durch Notifikation suspendieren oder kündigen.

(2) Die Suspendierung oder Kündigung wird am ersten Tag des Monats nach Eingang der Notifikation bei der anderen Vertragspartei wirksam.

7.10. Abkommen zwischen der Regierung der Bundesrepublik Deutschland und der Königlich Schwedischen Regierung zur Regelung der Frage der Abschiebung von Personen von der Bundesrepublik Deutschland nach Schweden und von Schweden in die Bundesrepublik Deutschland

Vom 31. Mai 1954 (BAnz. 1954 Nr. 120)

Abschnitt A

Art. I Die Bundesrepublik Deutschland wird deutsche Staatsangehörige, deren Abschiebung die Königlich Schwedische Regierung beabsichtigt, ohne Vermittlung ihrer diplomatischen Vertretung in Schweden formlos übernehmen, selbst dann, wenn sie nicht im Besitze von gültigen Reisepässen sind, vorausgesetzt, daß durch die Vorlage von Urkunden der Nachweis erbracht wird oder Anhaltspunkte dafür gegeben sind, daß diese Personen die deutsche Staatsangehörigkeit besitzen, sofern nicht anzunehmen ist, daß sie durch Erwerb einer anderen Staatsangehörigkeit die deutsche verloren haben.

Solche Urkunden sind Heimatscheine, Staatsangehörigkeitsausweise, Einbürgerungsurkunden und deutsche Reisepässe, auch soweit diese durch Zeitablauf ungültig geworden sind.

Die Übernahme dieser Personen hat bei einer beiderseits anerkannten Grenzübergangsstelle unter Vorlage einer der im 1. Absatz genannten Urkunden und Erteilung einer Übergabebescheinigung zu erfolgen.

Die Königlich Schwedische Regierung wird Personen, bei denen die Nachprüfung durch die deutschen Behörden ergibt, daß sie bei der Abschiebung nicht im Besitze der deutschen Staatsangehörigkeit waren, zurücknehmen, soweit nicht nach Artikel II und IV eine Übernahmeverpflichtung der Bundesrepublik begründet ist.

Art. II Die Bundesrepublik wird Personen, die nicht die Voraussetzungen des Artikels I erfüllen, und deren Abschiebung die schwedischen Behörden beabsichtigen, auf Antrag übernehmen, wenn diese Personen ohne Erlaubnis aus dem Bundesgebiet in Schweden eingereist sind.

Diese Bestimmung findet keine Anwendung, wenn der Antrag auf Übernahme nicht innerhalb einer Frist von 6 Monaten nach der Ausreise aus dem Bundesgebiet gestellt ist oder wenn die Personen sich nicht mindestens 2 Wochen im Bundesgebiet aufgehalten haben, oder wenn die Personen nach dem Grenzübertritt die Rechtsstellung der Flüchtlinge nach der Genfer Flüchtlingskonvention vom 28. 7. 1951 in Schweden erlangt haben.

Die Übernahme erfolgt auch dann nicht, wenn die abzuschiebenden Personen dänische, finnische oder norwegische Staatsangehörige sind.

Art. III Die Übernahme der in Artikel II genannten Personen erfolgt, wenn eine von der diplomatischen Vertretung der Bundesrepublik Deutschland in Schweden auf Grund ihrer Ermittlung ausgestellte Übernahmeerklärung vorgelegt wird. Die Übergabe dieser Personen soll an einer zugelassenen Grenzübergangsstelle nach einem zwischen den Grenzbehörden der beiden Länder vereinbarten Verfahren erfolgen.

Art. IV Personen, die ohne Erlaubnis aus dem Bundesgebiet nach Schweden eingereist sind und innerhalb von 7 Tagen nach dem Grenzübertritt in Schweden aufgegriffen werden, können den deutschen Grenzbehörden überstellt und müssen von diesen formlos übernommen werden, wenn die schwedischen Grenzbehörden Angaben machen, die den deutschen Grenzbehörden die Feststellung erlauben, daß diese Personen die Grenze ohne Erlaubnis überschritten haben.

Art. V Soweit in diesen Bestimmungen für die Übernahme die deutsche Staatsangehörigkeit maßgebend ist, erstreckt sich die Verpflichtung zur Übernahme auch auf diejenigen Flüchtlinge oder Vertriebenen deutscher Volkszugehörigkeit oder deren Ehegatten oder Abkömmlinge, die im Gebiet des deutschen Reiches nach dem Stande vom 31. 12. 1937 Aufnahme gefunden haben.

Abschnitt B

Art. I Die Königlich Schwedische Regierung wird schwedische Staatsangehörige, deren Abschiebung die Regierung der Bundesrepublik Deutschland beabsichtigt, ohne Vermittlung ihrer diplomatischen Vertretung in der Bundesrepublik Deutschland formlos übernehmen, selbst dann, wenn sie nicht im Besitze von gültigen Reisepässen sind, vorausgesetzt, daß durch die Vorlage von Urkunden der Nachweis erbracht wird oder Anhaltspunkte dafür gegeben sind, daß diese Personen die schwedische Staatsangehörigkeit besitzen, sofern nicht anzunehmen ist, daß sie durch Erwerb einer anderen Staatsangehörigkeit die schwedische verloren haben.

Solche Urkunden sind schwedische Reisepässe und Einbürgerungsurkunden, auch soweit diese durch Zeitablauf ungültig geworden sind.

Die Übernahme dieser Personen hat bei einer beiderseits anerkannten Grenzübergangsstelle unter Vorlage einer der in Absatz 1 genannten Urkunden und Erteilung einer Übergangsbescheinigung zu erfolgen.

Die Bundesrepublik wird Personen, bei denen die Nachprüfung durch die schwedischen Behörden ergibt, daß sie bei der Abschiebung nicht im Besitze der schwedischen Staatsangehörigkeit waren, zurücknehmen, soweit nicht nach den Artikeln II und IV eine Übernahmeverpflichtung der Königlich Schwedischen Regierung begründet ist.

Art. II Die Königlich Schwedische Regierung wird Personen, die nicht die Voraussetzungen des Artikels I erfüllen und deren Abschiebung die deutschen Behörden beabsichtigen, auf Antrag der zuständigen deutschen Behörden übernehmen, wenn diese Personen ohne Erlaubnis aus Schweden in das Bundesgebiet eingereist sind.

Diese Bestimmung findet keine Anwendung, wenn der Antrag auf Übernahme nicht innerhalb einer Frist von 6 Monaten nach der Ausreise aus Schweden gestellt ist, oder wenn die Personen sich nicht mindestens 2 Wochen in Schweden aufgehalten haben, oder wenn die Personen nach dem Grenzübertritt die Rechtsstellung der Flüchtlinge nach der Genfer Flüchtlingskonvention vom 28. 7. 1951 in der Bundesrepublik Deutschland erlangt haben.

Die Übernahme erfolgt auch dann nicht, wenn die abzuschiebenden Personen Angehörige eines Landes sind, mit dem das Bundesgebiet eine gemeinsame Grenze hat, mit Ausnahme der Personen, die als Flüchtlinge weder in ihr Ursprungsland noch in das Land, aus dem sie geflohen sind, abgeschoben werden können.

Art. III Die Übernahme der in Artikel II genannten Personen erfolgt, wenn eine von der zuständigen schwedischen Behörde auf Grund ihrer Ermittlungen ausgestellte Übernahmeerklärung vorgelegt wird. Die Übergabe dieser Personen soll an einer zugelassenen Grenzübergangsstelle nach einem zwischen den Grenzbehörden der beiden Länder vereinbarten Verfahren erfolgen.

Art. IV Personen, die ohne Erlaubnis aus Schweden in des Bundesgebiet eingereist sind, und innerhalb von 7 Tagen nach dem Grenzübertritt im Bundesgebiet aufgegriffen werden, können den schwedischen Grenzbehörden überstellt und müssen von diesen formlos übernommen werden, wenn die deutschen Grenzbehörden Angaben machen, die den schwedischen Grenzbehörden die Freistellung erlauben, daß diese Personen die Grenze ohne Erlaubnis überschritten haben.

Abschnitt C

Die Kosten der Beförderung abzuschiebender Personen werden von der Behörde, die die Abschiebung veranlaßt, nur bis zum Übergangsort an der Grenze getragen.

Abschnitt D

Diese Vereinbarung kann jederzeit unter Einhaltung einer Kündigungsfrist von 3 Monaten gekündigt werden. Die Kündigung erfolgt auf diplomatischem Wege."

7.11. Abkommen zwischen der Regierung der Bundesrepublik Deutschland und dem Schweizerischen Bundesrat über die Rückübernahme von Personen mit unbefugtem Aufenthalt (Rückübernahmeabkommen)

Vom 20. Dezember 1993 (BGBl. 1996 II 945)

Art. 1 Übernahme eigener Staatsangehöriger. (1) Jede Vertragspartei übernimmt auf Antrag der anderen Vertragspartei formlos die Person, die im Hoheitsgebiet der ersuchenden Vertragspartei die geltenden Voraussetzungen für die Einreise oder den Aufenthalt nicht oder nicht mehr erfüllt, wenn nachgewiesen oder glaubhaft gemacht wird, daß sie die Staatsangehörigkeit der ersuchenden Vertragspartei besitzt.

(2) Die ersuchende Vertragspartei nimmt diese Person unter denselben Voraussetzungen zurück, wenn die Nachprüfung ergibt, daß sie zum Zeitpunkt der Ausreise aus dem Hoheitsgebiet der ersuchenden Vertragspartei nicht im Besitz der Staatsangehörigkeit der ersuchten Vertragspartei war.

Art. 2 Übernahme bei Einreisen über die Außengrenze. (1) Die Vertragspartei, über deren Außengrenze eine Person eingereist ist, die im Hoheitsgebiet der ersuchenden Vertragspartei die geltenden Voraussetzungen für die Einreise oder den Aufenthalt nicht erfüllt, übernimmt auf Antrag dieser Vertragspartei formlos diese Person.

(2) Als Außengrenze im Sinne dieses Artikels gilt die zuerst überschrittene Grenze, die nicht gemeinsame Grenze der Vertragsparteien ist.

(3) Die Rückübernahmeverpflichtung nach Absatz 1 besteht nicht gegenüber einer Person, die bei ihrer Einreise in das Hoheitsgebiet der ersuchenden Vertragspartei im Besitz eines gültigen Visums oder eines gültigen Aufenthaltstitels dieser Vertragspartei war oder der nach ihrer Einreise ein Visum oder ein Aufenthaltstitel durch diese Vertragspartei ausgestellt wurde.

Art. 3 Übernahme durch die für die Einreise verantwortliche Vertragspartei. (1) Verfügt eine Person, die im Hoheitsgebiet der ersuchenden Vertragspartei die geltenden Voraussetzungen für die Einreise oder den Aufenthalt nicht erfüllt, über einen gültigen, durch die andere Vertragspartei ausgestellten Aufenthaltstitel oder ein gültiges Visum, so übernimmt diese Vertragspartei auf Antrag der ersuchenden Vertragspartei formlos diese Person.

(2) Haben beide Vertragsparteien ein Visum oder einen Aufenthaltstitel erteilt, so ist die Vertragspartei zuständig, deren Visum oder Aufenthaltserlaubnis zuletzt erlischt.

Art. 4 Aufenthaltstitel. Als Aufenthaltstitel nach den Artikeln 2 Absatz 3 und 3 Absatz 1 gilt jede von einer Vertragspartei ausgestellte Erlaubnis gleich welcher Art, die zum Aufenthalt in deren Hoheitsgebiet berechtigt. Hierzu zählt nicht die befristete Zulassung zum Aufenthalt im Hoheitsgebiet einer der Vertragsparteien im Hinblick auf die Behandlung eines Asylbegehrens oder eines Antrags auf eine Aufenthaltsgenehmigung.

Art. 5 Fristen. (1) Die ersuchte Vertragspartei beantwortet die an sie gerichteten Rückübernahmeersuchen innerhalb von acht Tagen.

(2) Die ersuchte Vertragspartei übernimmt die Person, deren Rückübernahme zugestimmt wurde, innerhalb eines Monats. Diese Frist kann auf Antrag der ersuchenden Vertragspartei verlängert werden.

Art. 6 Ausschlußfrist für die Rückübernahmeverpflichtung. Hält sich ein Ausländer mit Wissen einer Vertragspartei nachweisbar länger als ein Jahr ununterbrochen in ihrem Hoheitsgebiet auf, kann sie kein Rückübernahmeersuchen mehr stellen.

Art. 7 Durchbeförderung. (1) Die Vertragsparteien erklären sich bereit, Ersuchen der Behörden der jeweils anderen Vertragspartei um Durchbeförderung von Personen zu entsprechen, die nicht die Staatsangehörigkeit einer Vertragspartei besitzen, wenn die Weiterreise und die Übernahme durch den Zielstaat gesichert sind.

(2) Die Durchbeförderung kann abgelehnt werden, wenn
1. die Person in einem weiteren Durchgangsstaat oder im Zielstaat der Gefahr der politischen Verfolgung ausgesetzt wäre oder eine Strafverfolgung oder Strafvollstreckung zu erwarten hätte oder
2. wenn sie im Hoheitsgebiet der ersuchten Vertragspartei wegen einer strafbaren Handlung verfolgt werden müßte; der ersuchenden Vertragspartei ist davon vor der Durchbeförderung Kenntnis zu geben.

(3) Ein Transit-Visum der ersuchten Vertragspartei ist nicht erforderlich.

(4) Trotz erteilter Bewilligung können zur Durchbeförderung übernommene Personen an die andere Vertragspartei zurückgegeben werden, wenn nachträglich Tatsachen im sinne des Absatzes 2 eintreten oder bekannt werden, die einer Durchbeförderung entgegenstehen, oder wenn die Weiterreise oder die Übernahme durch den Zielstaat nicht mehr gesichert ist.

Art. 8 Datenschutz. Soweit für die Durchführung des Abkommens personenbezogene Daten zu übermitteln sind, dürfen diese Informationen ausschließlich betreffen
– die Personalien der zu übergebenden Person und gegebenenfalls der Angehörigen (Name, Vorname, gegebenenfalls früherer Name, Beinamen oder Pseudonyme, Geburtsdatum und -ort, Geschlecht, derzeitige und frühere Staatsangehörigkeit),
– den Personalausweis oder den Reisepaß (Nummer, Gültigkeitsdauer, Ausstellungsdatum, ausstellende Behörde, Ausstellungsort usw.),
sonstige zur Identifizierung der zu übergebenden Personen erforderliche Angaben,

– die Aufenthaltsorte und die Reisewege,
 die Aufenthaltserlaubnisse oder die durch eine der Vertragsparteien erteilten Visa,
– gegebenenfalls den Ort der Einreichung eines Asylantrags,
– gegebenenfalls das Datum der Einreichung eines früheren Asylantrags, das Datum der Einreichung des jetzigen Asylantrags, den Stand des Verfahrens und den Tenor der gegebenenfalls getroffenen Entscheidung.

Für den Umgang mit diesen Daten sind die zu Artikel 8 des Protokolls zu diesem Abkommen aufgeführten Grundsätze zu beachten.

Art. 9 Kosten. (1) Die Kosten der Beförderung von Personen, die nach den Artikeln 1, 2 und 3 übernommen oder nach Artikel 7 zur Durchbeförderung übernommen werden, trägt bis zur Grenzübergangsstelle die ersuchende Vertragspartei.

(2) Die Kosten der Durchbeförderung bis an die Grenze des Zielstaats und gegebenenfalls auch die aus dem Rücktransport erwachsenden Kosten trägt die ersuchende Vertragspartei.

Art. 10 Zuständige Behörden. Die für die Durchführung der Rückübernahmeersuchen und die Durchbeförderung zuständigen zentralen oder örtlichen Behörden werden von den für die Grenzkontrollen zuständigen Ministerien bezeichnet und der anderen Vertragspartei spätestens bei Unterzeichnung dieses Abkommens mitgeteilt.

Art. 11 Unberührtheitsklausel. (1) Die Anwendung des Abkommens vom 28. Juli 1951 über die Rechtsstellung der Flüchtlinge in der Fassung des Protokolls vom 31. Januar 1967 über die Rechtsstellung der Flüchtlinge bleibt unberührt.

(2) Die Verpflichtungen aus den zwischenstaatlichen Verträgen über die Auslieferung und die Durchlieferung soweit aus den Niederlassungsverträgen der Vertragsparteien bleibt unberührt.

(3) Die Verpflichtungen der Bundesrepublik Deutschland als Mitgliedstaat der Europäischen Gemeinschaft, die sich aus dem Gemeinschaftsrecht ergeben, sowie die Anwendung des Übereinkommens vom 14. Juni 1985 zwischen den Regierungen der Benelux-Wirtschaftsunion, der Bundesrepublik Deutschland und der Französischen Republik über den schrittweisen Abbau der Kontrollen an den gemeinsamen Grenzen sowie des Durchführungsübereinkommens vom 19. Juni 1990 zu diesem Übereinkommen und aus den Übereinkommen vom 29. März 1991 zwischen den Schengener Staaten und Polen über die Rückübernahme von Personen mit unbefugtem Aufenthalt und die Anwendung des Dubliner Übereinkommens vom 15. Juni 1990 über die Bestimmung des zuständigen Staates für die Prüfung eines in einem Mitgliedstaat der Europäischen Gemeinschaft gestellten Asylantrags durch die Bundesrepublik Deutschland bleiben unberührt.

Art. 12 Zusammenarbeit bei der Bekämpfung illegaler Einreisen, Expertenausschuß. (1) Die Vertragsparteien unterstützen sich bei der Umsetzung des Abkommens und bei der Bekämpfung der illegalen Einreise von Ausländern und arbeiten hierbei eng und vertrauensvoll zusammen. Die Zusammenarbeit umfaßt insbesondere folgende Gebiete:

1. Gemeinsame Analyse der Ursachen und Zusammenhänge der illegalen Einreise von Ausländern.
2. Ausarbeitung geeigneter Maßnahmen zur Bekämpfung der illegalen Einreise von Ausländern.
3. Durchführung der Kontroll- und Überwachungsmaßnahmen, insbesondere an der gemeinsamen Grenze, in enger Abstimmung.

(2) Die Vertragsparteien übermitteln einander nach Maßgabe ihres jeweiligen Rechts die für den Empfänger zur Umsetzung des Abkommens und zur Bekämpfung der illegalen Einreise von Ausländern erforderlichen Informationen. Besondere Vorschriften über die Rechts und Amtshilfe in Strafsachen bleiben unberührt.

(3) Die Zusammenarbeit aufgrund anderer Verträge und Übereinkommen bleibt unberührt.

(4) Die Vertragsparteien setzen einen Ausschuß zur Prüfung von Fragen im Zusammenhang mit der Anwendung und Auslegung dieses Abkommens ein. Falls Schwierigkeiten auftreten, unterbreitet der Ausschuß den Vertragsparteien Vorschläge zu deren Behebung. Die Zustimmung der zuständigen Behörden zu den vorgeschlagenen Regelungen bleibt vorbehalten. Der Ausschuß kann auch Vorschläge zur Änderung dieses Abkommens unterbreiten.

(5) Der Ausschuß besteht aus je drei Mitgliedern der Vertragsparteien. Er kann weitere Experten zu den Beratungen hinzuziehen.

Art. 13 Inkrafttreten. Dieses Abkommen tritt am ersten Tag des zweiten Monats nach seiner Unterzeichnung in Kraft. Es wird erst von dem Tag an angewandt, den die Vertragsparteien durch Notenwechsel vereinbaren. Mit der Anwendung tritt das durch Notenwechsel geschlossene Abkommen vom 28. Dezember 1954 zwischen der Regierung der Bundesrepublik Deutschland und dem Schweizerischen Bundesrat über die Übernahme von Personen an der Grenze außer Kraft.

Art. 14 Suspendierung, Kündigung. (1) Jede Vertragspartei kann dieses Abkommen nach Konsultation mit der anderen Vertragspartei aus wichtigem Grunde suspendieren oder kündigen.

(2) Die Suspendierung oder Kündigung tritt am ersten Tag des Monates nach Eingang der betreffenden Notifikation bei der anderen Vertragspartei in Kraft.

7.12. Abkommen zwischen der Regierung der Bundesrepublik Deutschland und der Regierung der Tschechischen Republik über die Rückübernahme von Personen an der gemeinsamen Staatsgrenze (Rückübernahmeabkommen)

Vom 3. November 1994 (BGBl. 1995 II 134)

Abschnitt I. Übernahme eigener Staatsangehöriger

Art. 1 (1) Jede Vertragspartei übernimmt auf Antrag der anderen Vertragspartei ohne besondere Formalitäten die Person, die im Hoheitsgebiet der ersuchenden Vertragspartei die geltenden Voraussetzungen für die Einreise oder den Aufenthalt nicht oder nicht mehr erfüllt, wenn nachgewiesen oder glaubhaft gemacht wird, daß sie die Staatsangehörigkeit der ersuchten Vertragspartei besitzt.

(2) Die ersuchende Vertragspartei nimmt diese Person unter denselben Voraussetzungen zurück, wenn die Nachprüfung ergibt, daß sie zum Zeitpunkt der Ausreise aus dem Hoheitsgebiet der ersuchenden Vertragspartei nicht im Besitz der Staatsangehörigkeit der ersuchten Vertragspartei war.

Abschnitt II. Übernahme von Drittstaatsangehörigen bei rechtswidriger Einreise

Art. 2 (1) Jede Vertragspartei übernimmt auf Antrag der anderen Vertragspartei ohne besondere Formalitäten die Person, die nicht die Staatsangehörigkeit einer Vertragspartei besitzt (Drittstaatsangehöriger), wenn nachgewiesen oder glaubhaft gemacht wird, daß sie aus dem Hoheitsgebiet der ersuchten Vertragspartei rechtswidrig in das Hoheitsgebiet der ersuchenden Vertragspartei eingereist ist. Rechtswidrig ist eine Einreise, wenn der Drittstaatsangehörige im Zeitpunkt der Einreise in das Hoheitsgebiet der ersuchenden Vertragspartei die nach den innerstaatlichen Vorschriften der ersuchenden Vertragspartei geltenden Voraussetzungen für die Einreise nicht erfüllt.

(2) Die Rückübernahmeverpflichtung nach Absatz 1 besteht nicht gegenüber einem Drittstaatsangehörigen, der bei seiner Einreise in das Hoheitsgebiet der ersuchenden Vertragspartei im Besitz eines gültigen Visums oder eines anderen gültigen Aufenthaltstitels dieser Vertragspartei war oder dem nach seiner Einreise ein Visum oder ein anderer Aufenthaltstitel durch diese Vertragspartei ausgestellt wurde.

Art. 3 (1) Jede Vertragspartei übernimmt einen Drittstaatsangehörigen, um dessen Übernahme die andere Vertragspartei innerhalb von zweiundsiebzig Stunden nach seiner rechtswidrigen Einreise ersucht, ohne besondere Formalitäten nach vorheriger Benachrichtigung.

(2) Wird um Übernahme nach Ablauf der Frist in Absatz 1 ersucht, muß der Antrag auf Übernahme innerhalb von sechs Monaten nach Kenntnis der jeweiligen Behörden von der rechtswidrigen Einreise des Drittstaatsangehörigen gestellt werden. Die ersuchte Vertragspartei beantwortet die an sie gerichteten Übernahmeersuchen unverzüglich, längstens jedoch innerhalb von acht Tagen. Die Übernahme des Drittstaatsangehörigen erfolgt unverzüglich, längstens jedoch innerhalb einer Frist von drei Monaten, nachdem die ersuchte Vertragspartei der Übernahme zugestimmt hat.

Diese Frist wird auf Antrag der ersuchenden Vertragspartei nur im Falle rechtlicher Hindernisse für die Übernahme und nur für die Dauer dieser rechtlichen Hindernisse verlängert. Die Übernahme kann nicht erfolgen bei Drittstaatsangehörigen, die sich nachweisbar länger als zwölf Monate seit der rechtswidrigen Einreise im Hoheitsgebiet der ersuchenden Vertragspartei aufgehalten haben.

(3) Die ersuchende Vertragspartei übernimmt einen Drittstaatsangehörigen ohne besondere Formalitäten zurück, wenn die ersuchte Vertragspartei innerhalb von dreißig Tagen nach der Übernahme des Drittstaatsangehörigen feststellt, daß

a) er nicht aus ihrem Hoheitsgebiet in das Hoheitsgebiet der ersuchenden Vertragspartei eingereist war oder

b) sich nachweisbar länger als zwölf Monate seit der rechtswidrigen Einreise im Hoheitsgebiet der ersuchenden Vertragspartei aufgehalten hat.

Art. 4 (1) Als Aufenthaltstitel im Sinne dieses Abschnitts gilt jede von einer Vertragspartei ausgestellte Erlaubnis gleich welcher Art, die zum Aufenthalt in deren Hoheitsgebiet berechtigt. Hierzu zählt nicht die befristete Zulassung zum Aufenthalt im Hoheitsgebiet einer der Vertragsparteien im Hinblick auf die Behandlung eines Asylbegehrens oder eines Antrags auf eine Aufenthaltsgenehmigung.

(2) Die Vertragsparteien unterrichten sich gegenseitig über die Rechtsvorschriften, die die Genehmigung von Einreise und Aufenthalt in ihren Hoheitsgebieten regeln.

Abschnitt III. Durchbeförderung

Art. 5 (1) Die Vertragsparteien übernehmen zur polizeilichen Durchbeförderung durch ihr Hoheitsgebiet den Drittstaatsangehörigen, wenn die andere Vertragspartei darum ersucht und die Übernahme in mögliche Durchgangsstaaten und den Zielstaat sichergestellt hat.

(2) Die polizeiliche Durchbeförderung kann abgelehnt werden, wenn

a) die Person in einem weiteren Durchgangsstaat oder im Zielstaat der Gefahr der politischen Verfolgung ausgesetzt wäre oder eine Strafverfolgung oder Strafvollstreckung zu erwarten hätte oder

b) ihr im Hoheitsgebiet der ersuchten Vertragspartei eine Strafverfolgung droht; der ersuchenden Vertragspartei ist davon vor der polizeilichen Durchbeförderung Kenntnis zu geben.

(3) Ein Transit-Visum der ersuchten Vertragspartei ist nicht erforderlich.

(4) Trotz erteilter Bewilligung können zur Durchbeförderung übernommene Personen an die andere Vertragspartei zurückgegeben werden, wenn nachträglich Tatsachen im Sinne des Absatzes 2 eintreten oder bekannt werden, die einer Durchbeförderung entgegenstehen, oder wenn die Weiterreise oder die Übernahme durch den Zielstaat nicht mehr gesichert ist.

Abschnitt IV. Datenschutz

Art. 6 Soweit für die Durchführung des Abkommens personenbezogene Daten zu übermitteln sind, dürfen diese Informationen ausschließlich betreffen

a) die Personalien der zu übergebenden Person und gegebenenfalls der Angehörigen (Name, Vorname, gegebenenfalls früherer Name, Beinamen oder Pseudonyme, Geburtsdatum und -ort, Geschlecht, derzeitige und frühere Staatsangehörigkeit);

b) den Personalausweis oder den Reisepaß (Nummer, Gültigkeitsdauer, Ausstellungsdatum, ausstellende Behörde, Ausstellungsort usw.);

c) sonstige zur Identifizierung der zu übergebenden Personen erforderliche Angaben;

d) die Aufenthaltsorte und die Reisewege;

e) die Aufenthaltserlaubnisse oder die durch eine der Vertragsparteien erteilten Visa;

f) gegebenenfalls den Ort der Einreichung eines Asylantrags;

g) gegebenenfalls das Datum der Einreichung eines früheren Asylantrags, das Datum der Einreichung des jetzigen Asylantrags, den Stand des Verfahrens und den Tenor der gegebenenfalls getroffenen Entscheidung.

Abschnitt V. Kosten

Art. 7 (1) Die Kosten der Beförderung von Personen, die nach den Artikeln 1 bis 3 übernommen werden, trägt bis zur Grenzübergangsstelle der gemeinsamen Staatsgrenze die ersuchende Vertragspartei.

(2) Die Kosten der Durchbeförderung bis an die Grenze des Zielstaats nach Artikel 5 und gegebenenfalls auch die aus dem Rücktransport erwachsenden Kosten trägt die ersuchende Vertragspartei.

Abschnitt VI. Durchführungsbestimmungen

Art. 8 Die zur Durchführung dieses Abkommens erforderlichen Regelungen, insbesondere über
a) die Art und Weise der gegenseitigen Verständigung;
b) die Angaben, Unterlagen und Beweismittel, die zur Übernahme erforderlich sind;
c) die für die Durchführung dieses Abkommens zuständigen Behörden;
d) die Bestimmung der Grenzübergangsstellen für die Übernahme;
e) den Ersatz von Kosten nach Artikel 7;
f) die Bedingungen für die polizeiliche Durchbeförderung von Drittstaatsangehörigen;
werden von dem Bundesministerium des Innern der Bundesrepublik Deutschland und dem Ministerium des Innern der Tschechischen Republik in einem Durchführungsprotokoll zu diesem Abkommen vereinbart.

Abschnitt VII. Expertenausschuß

Art. 9 (1) Die Vertragsparteien unterstützen sich gegenseitig bei der Anwendung und Auslegung dieses Abkommens. Dazu setzen sie einen Expertenausschuß ein, der
a) die Anwendung dieses Abkommens verfolgt;
b) Vorschläge zur Lösung von mit der Anwendung dieses Abkommens zusammenhängenden Fragen vorlegt;
c) Vorschläge zur Änderung und Ergänzung dieses Abkommens ausarbeitet;
d) geeignete Maßnahmen zur Bekämpfung der illegalen Einreise von Ausländern ausarbeitet und empfiehlt.

(2) Die Zustimmung der Vertragsparteien zu den Vorschlägen und Maßnahmen bleibt vorbehalten.

(3) Der Ausschuß setzt sich aus jeweils drei Vertretern der deutschen und tschechischen Seite zusammen. Die Vertragsparteien benennen davon den Vorsitzenden und die Vertreter; zugleich werden Stellvertreter benannt. Zu den Konsultationen können weitere Experten hinzugezogen werden.

(4) Der Ausschuß tritt auf Vorschlag eines der Vorsitzenden, mindestens jedoch einmal jährlich, zusammen.

Abschnitt VIII. Schlußbestimmungen

Art. 10 (1) Die Anwendung des Abkommens vom 28. Juli 1951 über die Rechtsstellung der Flüchtlinge in der Fassung des Protokolls vom 31. Januar 1967 über die Rechtsstellung der Flüchtlinge bleibt unberührt.

(2) Die Verpflichtungen der Vertragsparteien aus zwischenstaatlichen Verträgen bleiben unberührt.

7.13. Abkommen zwischen der Regierung der Bundesrepublik Deutschland und der Regierung der Sozialistischen Republik Vietnam über die Rückübernahme von vietnamesischen Staatsangehörigen (Rückübernahmeabkommen)

Vom 21. Juli 1995 (BGBl. II 743)

Art. 1 Grundsätze der Rückübernahme. (1) Die vietnamesische Seite verpflichtet sich, vietnamesische Staatsangehörige, die keinen gültigen Aufenthaltstitel für die Bundesrepublik Deutschland haben, entsprechend den Bestimmungen dieses Abkommens zurückzunehmen.

(2) Die Rückführung hängt nicht von der Zustimmung dieser Personen ab, so daß auch diejenigen Personen, deren Rückführung nicht ihrem Willen entspricht, zurückzunehmen sind.

(3) Beide Vertragsparteien verpflichten sich, die Rückführung der in den Absätzen 1 und 2 bezeichneten Personen in geordneter Weise, unter Beachtung der Sicherheit und Menschenwürde dieser Personen durchzuführen.

Art. 2 Übernahme vietnamesischer Staatsangehöriger. Die vietnamesischen Behörden werden vietnamesische Staatsangehörige, die sich ohne gültigen Aufenthaltstitel in dem Hoheitsgebiet der Bundesrepublik Deutschland aufhalten und deren Rückführung die deutschen Behörden beabsichtigen, übernehmen.

Art. 3 Rasche Rückführung von Straftätern und Beschuldigten. Die Vertragsparteien stimmen überein, Straftäter und Beschuldigte möglichst rasch zurückzuführen, insbesondere bei schweren Straftaten.

Art. 4 Übernahme von bereits ausreisepflichtigen Vietnamesen. Die bereits ausreisepflichtigen Vietnamesen (ca. 40 000 nach deutschen Angaben) werden bis zum Ende des Jahres 2000 zurückgeführt. Die Rückführung dieses Personenkreises beginnt mit dem Jahre 1995 und wird so gestaltet, daß bis zum Jahre 1998 20 000 Vietnamesen in Vietnam wieder aufgenommen worden sind. In den Jahren 1995 bis 1998 wird die Zahl der zurückkehrenden Vietnamesen folgendermaßen aufgeteilt:
– 1995: 2500 Personen
– 1996: 5000 Personen
– 1997: 6000 Personen
– 1998: 6500 Personen

Die vietnamesische Seite bemüht sich, diese Jahresquoten entsprechend ihren Möglichkeiten zu erhöhen.

Art. 5 Beweismittel und Mittel der Glaubhaftmachung. (1) Der Besitz der vietnamesischen Staatsangehörigkeit kann nachgewiesen werden durch
– rechtsgültige Staatsangehörigkeitsurkunden,
– echte Pässe aller Art (Reisepässe, Diplomatenpässe, Dienstpässe),
– Verbalnoten der vietnamesischen Auslandsvertretungen in Deutschland.

Bei Vorlage dieser Urkunden ist die so nachgewiesene vietnamesische Staatsangehörigkeit unter den Vertragsparteien anerkannt.

(2) Die vietnamesische Staatsangehörigkeit kann glaubhaft gemacht werden durch echte Dokumente wie z. B.
– Personalausweise,
– Laissez-Passer mit Lichtbild,
– Grenzausweise,
– Militärausweise,
– Geburtsurkunden,
– Seefahrtspässe,
– Führerscheine.

Im Falle der Vorlage der oben genannten Dokumente gehen beide Seiten vorläufig davon aus, daß die betroffene Person im Besitz der vietnamesischen Staatsangehörigkeit ist.

Art. 6 Anhörung der rückzuführenden Personen und Überprüfung in Zweifelsfällen. (1) Wenn die Staatsangehörigkeit nicht nachgewiesen oder glaubhaft gemacht werden kann, nimmt die vietnamesische Seite unverzüglich eine Anhörung der betreffenden Person vor.

(2) Ergibt die Anhörung, daß die betroffene Person vietnamesischer Staatsangehöriger ist, wird sie von der vietnamesischen Seite übernommen.

(3) Bei der Feststellung der vietnamesischen Staatsangehörigkeit können als Anhaltspunkte insbesondere berücksichtigt werden:
– Zeugenaussagen,
– eigene Angaben der Betroffenen,
– die Sprache der Betroffenen.

Auf Grund dieser Angaben werden die vietnamesischen Behörden das Vorliegen der vietnamesischen Staatsangehörigkeit überprüfen und den zuständigen Behörden das Ergebnis mitteilen. Die Vertretungen der Bundesrepublik Deutschland in Vietnam werden den vietnamesischen Behörden bei der Überprüfung Hilfe leisten.

Art. 7 Rückübernahme im Irrtumsfalle. Personen die bereits nach Vietnam zurückgebracht worden sind, bei denen die Nachprüfung durch die vietnamesischen Behörden die vietnamesische Staatsangehörigkeit jedoch nicht bestätigt hat, werden von der deutschen Seite unverzüglich ohne jegliche besondere Formalität übernommen.

Art. 8 Konsultationen. Die Vertragsparteien konsultieren sich in allen Fällen, in denen sie es für erforderlich halten.

Art. 9 Datenübermittlung, Datenschutz. Die personenbezogenen Daten, die zur Durchführung dieses Abkommens zu übermitteln sind, werden in einem Durchführungsprotokoll zu diesem Abkommen bezeichnet. Diese Informationen dürfen ausschließlich betreffen

1. Personalien der Person, deren Rückführung beabsichtigt ist, und gegebenenfalls der Angehörigen (Name, Vorname, gegebenenfalls früherer Name, Beiname oder Pseudonyme, Geburtsdatum und -ort, frühere und derzeitige Staatsangehörigkeit),
2. Paß, andere Papiere, die als Paßersatzdokument gelten und Personalausweis (Nummer, Gültigkeitsdauer, Ausstellungsdatum und -ort, ausstellende Behörde usw.),
3. sonstige zur Identifizierung der Person, deren Rückführung beabsichtigt ist, erforderliche Angaben,
4. frühere ständige Wohnanschrift der betreffenden Person in Vietnam, Reisewege, Datum und Grund der Einreise, sowie der Aufenthaltsort in Deutschland,
5. Aufenthaltserlaubnisse oder die durch die Vertragsparteien erteilten Visa.

Art. 10 Kosten. Alle mit der Rückführung zusammenhängenden Kosten bis zur Grenze Vietnams, einschließlich jener der Durchbeförderung durch dritte Staaten, werden von der deutschen Seite getragen. Das gleiche gilt für die Fälle der Rückübernahme.

Art. 11 Durchführungsmodalitäten. Die Einzelheiten der Durchführung der Rückführung werden in einem Durchführungsprotokoll zu diesem Abkommen niedergelegt.

Art. 12 Inkrafttreten, Geltungsdauer. (1) Dieses Abkommen tritt zwei Monate nach der Unterzeichnung in Kraft.

(2) Dieses Abkommen ist gültig bis zum 31. Dezember 2000 und verlängert sich jeweils um ein Jahr, wenn es nicht sechs Monate vor Ablauf der Gültigkeitsdauer gekündigt wird.

Art. 13 Behandlung von Streitfragen. Alle mit der Auslegung und Anwendung der Artikel dieses Abkommens und des Protokolls zusammenhängenden Streitigkeiten werden von beiden Vertragsparteien im Rahmen der Konsultationen geregelt.

Art. 14 Suspendierung, Kündigung. (1) Jede Vertragspartei kann dieses Abkommen nach Konsultation der anderen Vertragspartei aus wichtigem Grund durch Notifikation suspendieren oder kündigen.

(2) Die Suspendierung oder Kündigung wird am ersten Tag des Monats nach Eingang der Notifikation bei der anderen Vertragspartei wirksam.

8.1. Europäische Konvention zum Schutze der Menschenrechte und Grundfreiheiten (EMRK)

Vom 4. November 1950, Gesetz vom 7. August 1952 (BGBl. II 685, 953),
in Kraft seit 3. September 1953 (BGBl. 1954 II 14)

– Auszug –

Art. 1 Die Hohen Vertragschließenden Teile sichern allen ihrer Herrschaftsgewalt unterstehenden Personen die in Abschnitt I dieser Konvention niedergelegten Rechte und Freiheiten zu.

Art. 2 (1) Das Recht jedes Menschen auf das Leben wird gesetzlich geschützt. Abgesehen von der Vollstreckung eines Todesurteils, das von einem Gericht im Falle eines mit der Todesstrafe bedrohten Verbrechens ausgesprochen worden ist, darf eine absichtliche Tötung nicht vorgenommen werden.

(2) Die Tötung wird nicht als Verletzung dieses Artikels betrachtet, wenn sie sich aus einer unbedingt erforderlichen Gewaltanwendung ergibt:
a) um die Verteidigung eines Menschen gegenüber rechtswidriger Gewaltanwendung sicherzustellen;
b) um eine ordnungsgemäße Festnahme durchzuführen oder das Entkommen einer ordnungsgemäß festgehaltenen Person zu verhindern;
c) um im Rahmen der Gesetze einen Aufruhr oder einen Aufstand zu unterdrücken.

Art. 3 Niemand darf der Folter oder unmenschlicher oder erniedrigender Strafe oder Behandlung unterworfen werden.

Art. 4 (1) Niemand darf in Sklaverei oder Leibeigenschaft gehalten werden.

(2) Niemand darf gezwungen werden, Zwangs- oder Pflichtarbeit zu verrichten.

(3) Als „Zwangs- oder Pflichtarbeit" im Sinne dieses Artikels gilt nicht:
a) jede Arbeit, die normalerweise von einer Person verlangt wird, die unter den von Artikel 5 der vorliegenden Konvention vorgesehenen Bedingungen in Haft gehalten oder bedingt freigelassen worden ist;
b) jede Dienstleistung militärischen Charakters, oder im Falle der Verweigerung aus Gewissensgründen in Ländern, wo diese als berechtigt anerkannt ist, eine sonstige anstelle der militärischen Dienstpflicht tretende Dienstleistung;
c) jede Dienstleistung im Falle von Notständen und Katastrophen, die das Leben oder das Wohl der Gemeinschaft bedrohen;
d) jede Arbeit oder Dienstleistung, die zu den normalen Bürgerpflichten gehört.

Art. 5 (1) Jeder Mensch hat ein Recht auf Freiheit und Sicherheit. Die Freiheit darf einem Menschen nur in den folgenden Fällen und nur auf dem gesetzlich vorgeschriebenen Wege entzogen werden:
a) wenn er rechtmäßig nach Verurteilung durch ein zuständiges Gericht in Haft gehalten wird;
b) wenn er rechtmäßig festgenommen worden ist oder in Haft gehalten wird wegen Nichtbefolgung eines rechtmäßigen Gerichtsbeschlusses oder zur Erzwingung der Erfüllung einer durch das Gesetz vorgeschriebenen Verpflichtung;
c) wenn er rechtmäßig festgenommen worden ist oder in Haft gehalten wird zum Zwecke seiner Vorführung vor die zuständige Gerichtsbehörde, sofern hinreichender Verdacht dafür besteht, daß der Betreffende eine strafbare Handlung begangen hat, oder begründeter Anlaß zu der Annahme besteht, daß es notwendig ist, den Betreffenden an der Begehung einer strafbaren Handlung oder an der Flucht nach Begehung einer solchen zu verhindern;
d) wenn es sich um die rechtmäßige Haft eines Minderjährigen handelt, die zum Zwecke überwachter Erziehung angeordnet ist, oder um die rechtmäßige Haft eines solchen, die zwecks Vorführung vor die zuständige Behörde verhängt ist;
e) wenn er sich in rechtmäßiger Haft befindet, weil er eine Gefahrenquelle für die Ausbreitung ansteckender Krankheiten bildet, oder weil er geisteskrank, Alkoholiker, rauschgiftsüchtig oder Landstreicher ist;

f) wenn er rechtmäßig festgenommen worden ist oder in Haft gehalten wird, weil er daran gehindert werden soll, unberechtigt in das Staatsgebiet einzudringen, oder weil er von einem gegen ihn schwebenden Ausweisungs- oder Auslieferungsverfahren betroffen ist.

(2) Jeder Festgenommene muß unverzüglich und in einer ihm verständlichen Sprache über die Gründe seiner Festnahme und über die gegen ihn erhobenen Beschuldigungen unterrichtet werden.

(3) Jede nach der Vorschrift des Absatzes 1 (c) dieses Artikels festgenommene oder in Haft gehaltene Person muß unverzüglich einem Richter oder einem anderen, gesetzlich zur Ausübung richterlicher Funktionen ermächtigten Beamten vorgeführt werden. Er hat Anspruch auf Aburteilung innerhalb einer angemessenen Frist oder auf Haftentlassung während des Verfahrens. Die Freilassung kann von der Leistung einer Sicherheit für das Erscheinen vor Gericht abhängig gemacht werden.

(4) Jeder, der seiner Freiheit durch Festnahme oder Haft beraubt ist, hat das Recht, ein Verfahren zu beantragen, in dem von einem Gericht unverzüglich über die Rechtmäßigkeit der Haft entschieden wird und im Falle der Widerrechtlichkeit seine Entlassung angeordnet wird.

(5) Jeder, der entgegen den Bestimmungen dieses Artikels von Festnahme oder Haft betroffen worden ist, hat Anspruch auf Schadenersatz.

Art. 6 (1) Jedermann hat Anspruch darauf, daß seine Sache in billiger Weise öffentlich und innerhalb einer angemessenen Frist gehört wird, und zwar von einem unabhängigen und unparteiischen, auf Gesetz beruhenden Gericht, das über zivilrechtliche Ansprüche und Verpflichtungen oder über die Stichhaltigkeit der gegen ihn erhobenen strafrechtlichen Anklage zu entscheiden hat. Das Urteil muß öffentlich verkündet werden, jedoch kann die Presse und die Öffentlichkeit während der gesamten Verhandlung oder eines Teiles derselben im Interesse der Sittlichkeit, der öffentlichen Ordnung oder der nationalen Sicherheit in einem demokratischen Staat ausgeschlossen werden, oder wenn die Interessen von Jugendlichen oder der Schutz des Privatlebens der Prozeßparteien es verlangen oder, und zwar unter besonderen Umständen, wenn die öffentliche Verhandlung die Interessen der Gerechtigkeit beeinträchtigen würde, in diesem Falle jedoch nur in dem nach Auffassung des Gerichts erforderlichen Umfang.

(2) Bis zum gesetzlichen Nachweis seiner Schuld wird vermutet, daß der wegen einer strafbaren Handlung Angeklagte unschuldig ist.

(3) Jeder Angeklagte hat mindestens (englischer Text) insbesondere (französischer Text) die folgenden Rechte:

a) unverzüglich in einer für ihn verständlichen Sprache in allen Einzelheiten über die Art und den Grund der gegen ihn erhobenen Beschuldigung in Kenntnis gesetzt zu werden;
b) über ausreichende Zeit und Gelegenheit zur Vorbereitung seiner Verteidigung zu verfügen;
c) sich selbst zu verteidigen oder den Beistand eines Verteidigers seiner Wahl zu erhalten und, falls er nicht über die Mittel zur Bezahlung eines Verteidigers verfügt, unentgeltlich den Beistand eines Pflichtverteidigers zu erhalten, wenn dies im Interesse der Rechtspflege erforderlich ist;
d) Fragen an die Belastungszeugen zu stellen oder stellen zu lassen und die Ladung und Vernehmung der Entlastungszeugen unter denselben Bedingungen wie die der Belastungszeugen zu erwirken;
e) die unentgeltliche Beiziehung eines Dolmetschers zu verlangen, wenn er (der Angeklagte) die Verhandlungssprache des Gerichts nicht versteht oder sich nicht darin ausdrücken kann.

Art. 7 (1) Niemand kann wegen einer Handlung oder Unterlassung verurteilt werden, die zur Zeit ihrer Begehung nach inländischem oder internationalem Recht nicht strafbar war. Ebenso darf keine höhere Strafe als die im Zeitpunkt der Begehung der strafbaren Handlung angedrohte Strafe verhängt werden.

(2) Durch diesen Artikel darf die Verurteilung oder Bestrafung einer Person nicht ausgeschlossen werden, die sich einer Handlung oder Unterlassung schuldig gemacht hat, welche im Zeitpunkt ihrer Begehung nach den allgemeinen von den zivilisierten Völkern anerkannten Rechtsgrundsätzen strafbar war.

Art. 8 (1) Jedermann hat Anspruch auf Achtung seines Privat- und Familienlebens, seiner Wohnung und seines Briefverkehrs.

(2) Der Eingriff einer öffentlichen Behörde in die Ausübung dieses Rechts ist nur statthaft, insoweit dieser Eingriff gesetzlich vorgesehen ist und eine Maßnahme darstellt, die in einer demokratischen Gesellschaft für die nationale Sicherheit, die öffentliche Ruhe und Ordnung, das wirtschaftliche Wohl des Landes, die Verteidigung der Ordnung und zur Verhinderung von strafbaren Handlungen, zum Schutz der Gesundheit und der Moral oder zum Schutz der Rechte und Freiheiten anderer notwendig ist.

5 Texte 8.1.

Art. 9 (1) Jedermann hat Anspruch auf Gedanken-, Gewissens- und Religionsfreiheit; dieses Recht umfaßt die Freiheit des einzelnen zum Wechsel der Religion oder der Weltanschauung sowie die Freiheit, seine Religion oder Weltanschauung einzeln oder in Gemeinschaft mit anderen öffentlich oder privat, durch Gottesdienst, Unterricht, durch die Ausübung und Beachtung religiöser Gebräuche auszuüben.

(2) Die Religions- und Bekenntnisfreiheit darf nicht Gegenstand anderer als vom Gesetz vorgesehener Beschränkungen sein, die in einer demokratischen Gesellschaft notwendige Maßnahmen im Interesse der öffentlichen Sicherheit, der öffentlichen Ordnung, Gesundheit und Moral oder für den Schutz der Rechte und Freiheiten anderer sind.

Art. 10 (1) Jeder hat Anspruch auf freie Meinungsäußerung. Dieses Recht schließt die Freiheit der Meinung und die Freiheit zum Empfang und zur Mitteilung von Nachrichten oder Ideen ohne Eingriffe öffentlicher Behörden und ohne Rücksicht auf Landesgrenzen ein. Dieser Artikel schließt nicht aus, daß die Staaten Rundfunk-, Lichtspiel- oder Fernsehunternehmen einem Genehmigungsverfahren unterwerfen.

(2) Da die Ausübung dieser Freiheiten Pflichten und Verantwortung mit sich bringt, kann sie bestimmten, vom Gesetz vorgesehenen Formvorschriften, Bedingungen, Einschränkungen oder Strafdrohungen unterworfen werden, wie sie vom Gesetz vorgeschrieben und in einer demokratischen Gesellschaft im Interesse der nationalen Sicherheit, der territorialen Unversehrtheit oder der öffentlichen Sicherheit, der Aufrechterhaltung der Ordnung und der Verbrechensverhütung, des Schutzes der Gesundheit und der Moral, des Schutzes des guten Rufes oder die Rechte anderer, um die Verbreitung von vertraulichen Nachrichten zu verhindern oder das Ansehen und die Unparteilichkeit der Rechtsprechung zu gewährleisten, unentbehrlich sind.

Art. 11 (1) Alle Menschen haben das Recht, sich friedlich zu versammeln und sich frei mit anderen zusammenzuschließen, einschließlich des Rechts, zum Schutze ihrer Interessen Gewerkschaften zu bilden und diesen beizutreten.

(2) Die Ausübung dieser Rechte darf keinen anderen Einschränkungen unterworfen werden als den vom Gesetz vorgesehen, die in einer demokratischen Gesellschaft im Interesse der äußeren und inneren Sicherheit, zur Aufrechterhaltung der Ordnung und zur Verbrechensverhütung, zum Schutze der Gesundheit und der Moral oder zum Schutze der Rechte und Freiheiten anderer notwendig sind. Dieser Artikel verbietet nicht, daß die Ausübung dieser Rechte für Mitglieder der Streitkräfte, der Polizei oder der Staatsverwaltung gesetzlichen Einschränkungen unterworfen sind.

Art. 12 Mit Erreichung des Heiratsalters haben Männer und Frauen das Recht, eine Ehe einzugehen und eine Familie nach den nationalen Gesetzen, die die Ausübung dieses Rechts regeln, zu gründen.

Art. 13 Sind die in der vorliegenden Konvention festgelegten Rechte und Freiheiten verletzt worden, so hat der Verletzte das Recht, eine wirksame Beschwerde bei einer nationalen Instanz einzulegen, selbst wenn die Verletzung von Personen begangen worden ist, die in amtlicher Eigenschaft gehandelt haben.

Art. 14 Der Genuß der in der vorliegenden Konvention festgelegten Rechte und Freiheiten muß ohne Unterschied des Geschlechts, der Rasse, Hautfarbe, Sprache, Religion, politischen oder sonstigen Anschauungen, nationaler oder sozialer Herkunft, Zugehörigkeit zu einer nationalen Minderheit, des Vermögens, der Geburt oder des sonstigen Status gewährleistet werden.

Art. 15 (1) Im Falle eines Krieges oder eines anderen öffentlichen Notstandes, der das Leben der Nation bedroht, kann jeder der Hohen Vertragschließenden Teile Maßnahmen ergreifen, welche die in dieser Konvention vorgesehenen Verpflichtungen in dem Umfang, den die Lage unbedingt erfordert, und unter der Bedingung außer Kraft setzen, daß diese Maßnahmen nicht in Widerspruch zu den sonstigen völkerrechtlichen Verpflichtungen stehen.

(2) Die vorstehende Bestimmung gestattet kein Außerkraftsetzen des Artikels 2 außer bei Todesfällen, die auf rechtmäßige Kriegshandlungen zurückzuführen sind, oder der Artikel 3, 4 (Absatz 1) und 7.

(3) Jeder Hohe Vertragschließende Teil, der dieses Recht der Außerkraftsetzung ausübt, hat den Generalsekretär des Europarats eingehend über die getroffenen Maßnahmen und deren Gründe zu unterrichten. Er muß den Generalsekretär des Europarats auch über den Zeitpunkt in Kenntnis setzen,

in dem diese Maßnahmen außer Kraft getreten sind und die Vorschriften der Konvention wieder volle Anwendung finden.

Art. 16 Keine der Bestimmungen der Artikel 10, 11 und 14 darf so ausgelegt werden, daß sie den Hohen Vertragschließenden Parteien verbietet, die politische Tätigkeit von Ausländern Beschränkungen zu unterwerfen.

Art. 17 Keine Bestimmung dieser Konvention darf dahin ausgelegt werden, daß sie für einen Staat, eine Gruppe oder eine Person das Recht begründet, eine Tätigkeit auszuüben oder eine Handlung zu begehen, die auf die Abschaffung der in der vorliegenden Konvention festgelegten Rechte und Freiheiten oder auf weitergehende Beschränkungen dieser Rechte und Freiheiten, als in der Konvention vorgesehen, hinzielt.

Art. 18 Die nach der vorliegenden Konvention gestatteten Einschränkungen dieser Rechte und Freiheiten dürfen nicht für andere Zwecke als die vorgesehenen angewandt werden.

Art. 19 Um die Einhaltung der Verpflichtungen, welche die Hohen Vertragschließenden Teile in dieser Konvention übernommen haben, sicherzustellen, werden errichtet:
a) eine Europäische Kommission für Menschenrechte, im folgenden „Kommission" genannt;
b) ein Europäischer Gerichtshof für Menschenrechte, im folgenden „Gerichtshof" genannt.

Art. 25 (1) Die Kommission kann durch ein an den Generalsekretär des Europarats gerichtetes Gesuch jeder natürlichen Person, nichtstaatlichen Organisation oder Personenvereinigung angegangen werden, die sich durch eine Verletzung der in dieser Konvention anerkannten Rechte durch einen der Hohen Vertragschließenden Teile beschwert fühlt, vorausgesetzt, daß der betreffende Hohe Vertragschließende Teil eine Erklärung abgegeben hat, wonach er die Zuständigkeit der Kommission auf diesem Gebiete anerkannt hat. Die Hohen Vertragschließenden Teile, die eine solche Erklärung abgegeben haben, verpflichten sich, die wirksame Ausübung dieses Rechts in keiner Weise zu behindern.
(2) Diese Erklärungen können auch für einen bestimmten Zeitabschnitt abgegeben werden.
(3) Sie sind dem Generalsekretär des Europarats zu übermitteln, der den Hohen Vertragschließenden Teilen Abschriften davon zuleitet und für die Veröffentlichung der Erklärungen sorgt.
(4) Die Kommission wird die ihr durch diesen Artikel übertragenen Befugnisse nur ausüben, wenn mindestens sechs Hohe Vertragschließende Teile durch die in den vorstehenden Absätzen vorgesehenen Erklärungen gebunden sind.

Art. 26 Die Kommission kann sich mit einer Angelegenheit erst nach Erschöpfung der innerstaatlichen Rechtsmittelverfahren in Übereinstimmung mit den allgemein anerkannten Grundsätzen des Völkerrechts und innerhalb einer Frist von sechs Monaten nach dem Ergehen der endgültigen innerstaatlichen Entscheidung befassen.

Art. 27 (1) Die Kommission befaßt sich nicht mit einem gemäß Artikel 25 eingereichten Gesuch, wenn es
a) anonym ist;
b) mit einem schon vorher von der Kommission geprüften Gesuch übereinstimmt oder einer anderen internationalen Untersuchungs- oder Ausgleichsinstanz unterbreitet worden ist, und wenn es keine neuen Tatsachen enthält.
(2) Die Kommission behandelt jedes gemäß Artikel 25 unterbreitete Gesuch als unzulässig, wenn sie es für unvereinbar mit den Bestimmungen dieser Konvention, für offensichtlich unbegründet oder für einen Mißbrauch des Beschwerderechts hält.
(3) Die Kommission weist jedes Gesuch zurück, das sie gemäß Artikel 26 für unzulässig hält.

Art. 28 Falls die Kommission das Gesuch annimmt,
a) hat sie zum Zwecke der Tatsachenfeststellung mit den Vertretern der Parteien eine kontradiktorische Prüfung und, falls erforderlich, eine Untersuchung der Angelegenheit vorzunehmen; die betreffenden Staaten haben, nachdem ein Meinungsaustausch mit der Kommission stattgefunden hat, alle Erleichterungen, die zur wirksamen Durchführung der Untersuchung erforderlich sind, zu gewähren;

b) hat sie sich zur Verfügung der beteiligten Parteien zu halten, damit ein freundschaftlicher Ausgleich der Angelegenheit auf der Grundlage der Achtung der Menschenrechte, wie sie in dieser Konvention niedergelegt sind, erreicht werden kann.

Art. 29 (1) Die Kommission führt die in Artikel 28 bezeichneten Aufgaben durch eine Unterkommission aus, die aus sieben Mitgliedern der Kommission besteht.

(2) Jede der beteiligten Parteien hat das Recht, eine Person ihrer Wahl in diese Unterkommission zu entsenden.

(3) Die übrigen Mitglieder werden nach dem in der Geschäftsordnung der Kommission festgelegten Verfahren durch das Los bestimmt.

Art. 30 Gelingt es der Unterkommission gemäß Artikel 28 ein Übereinkommen zu erzielen, so hat sie einen Bericht anzufertigen, der den beteiligten Staaten, dem Ministerausschuß und dem Generalsekretär des Europarats zur Veröffentlichung zu übersenden ist. Der Bericht hat sich auf eine kurze Angabe des Sachverhalts und der erzielten Lösung zu beschränken.

Art. 31 (1) Wird eine solche Lösung nicht herbeigeführt, so hat die Kommission einen Bericht über den Sachverhalt anzufertigen und zu der Frage Stellung zu nehmen, ob sich aus den festgestellten Tatsachen ergibt, daß der betreffende Staat seine Verpflichtungen aus der Konvention verletzt hat. In diesem Bericht können die Ansichten sämtlicher Mitglieder der Kommission über diesen Punkt aufgenommen werden.

(2) Der Bericht ist dem Ministerausschuß vorzulegen; er ist auch den beteiligten Staaten vorzulegen, die nicht das Recht haben, ihn zu veröffentlichen.

(3) Bei der Vorlage des Berichts an den Ministerausschuß hat die Kommission das Recht, von sich aus die ihr geeignet erscheinenden Vorschläge zu unterbreiten.

Art. 32 (1) Wird die Frage nicht innerhalb eines Zeitraums von drei Monaten, vom Datum der Vorlage des Berichts an den Ministerausschuß an gerechnet, gemäß Artikel 48 dieser Konvention, dem Gerichtshof vorgelegt, so entscheidet der Ministerausschuß mit Zweidrittelmehrheit der zur Teilnahme an den Sitzungen des Ausschusses berechtigten Mitglieder, ob die Konvention verletzt worden ist.

(2) Wird eine Verletzung der Konvention bejaht, so hat der Ministerausschuß einen Zeitraum festzusetzen, innerhalb dessen der betreffende Hohe Vertragschließende Teil die in der Entscheidung des Ministerausschusses vorgesehenen Maßnahmen durchzuführen hat.

(3) Trifft der betreffende Hohe Vertragschließende Teil innerhalb des vorgeschriebenen Zeitraums keine befriedigenden Maßnahmen, so beschließt der Ministerausschuß mit der in vorstehendem Absatz 1 vorgeschriebenen Mehrheit, auf welche Weise seine ursprüngliche Entscheidung vollstreckt werden soll, und veröffentlicht den Bericht.

(4) Die Hohen Vertragschließenden Teile verpflichten sich, jede Entscheidung des Ministerausschusses, die in Anwendung der vorstehenden Absätze ergeht, für sich als bindend anzuerkennen.

Art. 33 Die Sitzungen der Kommission finden unter Ausschluß der Öffentlichkeit statt.

Art. 34 Die Kommission trifft ihre Entscheidungen mit Stimmenmehrheit der anwesenden und an der Abstimmung teilnehmenden Mitglieder; die Unterkommission trifft ihre Entscheidungen mit Stimmenmehrheit ihrer Mitglieder.

Art. 38 Der Europäische Gerichtshof für Menschenrechte besteht aus ebensoviel Richtern, wie der Europarat Mitglieder zählt. Dem Gerichtshof darf jeweils nur ein Angehöriger jedes einzelnen Staates angehören.

Art. 43 Die Prüfung jedes dem Gericht vorgelegten Falles erfolgt durch eine Kammer, die aus sieben Richtern besteht. Der Richter, der Staatsangehöriger einer beteiligten Partei ist – oder, falls ein solcher nicht vorhanden ist, eine von diesem Staat benannte Person, die in der Eigenschaft eines Richters an den Sitzungen teilnimmt –, ist von Amts wegen Mitglied der Kammer; die Namen der anderen Richter werden vom Präsidenten vor Beginn des Verfahrens durch das Los bestimmt.

Art. 44 Das Recht, vor dem Gerichtshof als Parteien aufzutreten, haben nur die Hohen Vertragschließenden Teile und die Kommission.

Art. 45 Die Zuständigkeit des Gerichtshofs umfaßt alle die Auslegung und Anwendung dieser Konvention betreffenden Fälle, die ihm nach Artikel 48 von den Hohen Vertragschließenden Teilen oder der Kommission unterbreitet werden.

Art. 46 (1) Jeder der Hohen Vertragschließenden Teile kann jederzeit die Erklärung abgeben, daß er die Gerichtsbarkeit des Gerichtshofs ohne weiteres und ohne besonderes Abkommen für alle Angelegenheiten, die sich auf die Auslegung und die Anwendung dieser Konvention beziehen, als obligatorisch anerkennt.

(2) Die oben bezeichneten Erklärungen können bedingungslos oder unter der Bedingung der Gegenseitigkeit seitens mehrerer oder einzelner Vertragschließender Teile, oder unter Beschränkung auf einen bestimmten Zeitraum abgegeben werden.

(3) Diese Erklärungen sind beim Generalsekretär des Europarats zu hinterlegen; dieser übermittelt den Hohen Vertragschließenden Teilen Abschriften davon.

Art. 47 Der Gerichtshof darf sich mit einem Fall nur befassen, nachdem die Kommission anerkannt hat, daß die Versuche zur Erzielung eines Ausgleichs fehlgeschlagen sind, und nur vor Ablauf der in Artikel 32 vorgesehenen Dreimonatsfrist.

8.2. Protokoll Nr. 4 zur Konvention zum Schutze der Menschenrechte und Grundfreiheiten

Vom 16. September 1963, Gesetz vom 9. Mai 1968 (BGBl. II 422)

– Auszug –

Art. 1 Die Todesstrafe ist abgeschafft. Niemand darf zu dieser Strafe verurteilt oder hingerichtet werden.

Art. 2 Ein Staat kann in seinem Recht die Todesstrafe für Taten vorsehen, welche in Kriegszeiten oder bei unmittelbarer Kriegsgefahr begangen werden; diese Strafe darf nur in den Fällen, die im Recht vorgesehen sind, und in Übereinstimmung mit dessen Bestimmungen angewendet werden. Der Staat übermittelt dem Generalsekretär des Europarats die einschlägigen Rechtsvorschriften.

Art. 3 Die Bestimmungen dieses Protokolls dürfen nicht nach Artikel 15 der Konvention außer Kraft gesetzt werden.

Art. 4 Vorbehalte nach Artikel 64 der Konvention zu Bestimmungen dieses Protokolls sind nicht zulässig.

Art. 5 (1) Jeder Staat kann bei der Unterzeichnung oder bei der Hinterlegung seiner Ratifikations-, Annahme- oder Genehmigungsurkunde einzelne oder mehrere Hoheitsgebiete bezeichnen, auf die dieses Protokoll Anwendung findet.

(2) Jeder Staat kann jederzeit danach durch eine an den Generalsekretär des Europarats gerichtete Erklärung die Anwendung dieses Protokolls auf jedes weitere in der Erklärung bezeichnete Hoheitsgebiet erstrecken. Das Protokoll tritt für dieses Hoheitsgebiet am ersten Tag des Monats in Kraft, der auf den Eingang der Erklärung beim Generalsekretär folgt.

(3) Jede nach den Absätzen 1 und 2 abgegebene Erklärung kann in bezug auf jedes darin bezeichnete Hoheitsgebiet durch eine an den Generalsekretär gerichtete Notifikation zurückgenommen werden. Die Rücknahme wird am ersten Tag des Monats wirksam, der auf den Eingang der Notifikation beim Generalsekretär folgt.

Art. 6 Die Vertragsstaaten betrachten die Artikel 1 bis 5 dieses Protokolls als Zusatzartikel zur Konvention; alle Bestimmungen der Konvention sind dementsprechend anzuwenden.

8.3. Protokoll Nr. 6 zur Konvention zum Schutze der Menschenrechte und Grundfreiheiten

Vom 28. April 1983, Gesetz vom 23. Juli 1988 (BGBl. II 662)

– Auszug –

Art. 1 Niemand darf die Freiheit allein deshalb entzogen werden, weil er nicht in der Lage ist, eine vertragliche Verpflichtung zu erfüllen.

Art. 2 (1) Jedermann, der sich rechtmäßig im Hoheitsgebiet eines Staates aufhält, hat das Recht, sich dort frei zu bewegen und seinen Wohnsitz frei zu wählen.

(2) Jedermann steht es frei, jedes Land, einschließlich seines eigenen, zu verlassen.

(3) Die Ausübung dieser Rechte darf keinen anderen Einschränkungen unterworfen werden als denen, die gesetzlich vorgesehen und in einer demokratischen Gesellschaft im Interesse der nationalen oder der öffentlichen Sicherheit, der Aufrechterhaltung der öffentlichen Ordnung, der Verhütung von Straftaten, des Schutzes der Gesundheit oder der Moral oder des Schutzes der Rechte und Freiheiten anderer notwendig sind.

(4) Die in Absatz 1 anerkannten Rechte können ferner für bestimmte Gebiete Einschränkungen unterworfen werden, die gesetzlich vorgesehen und in einer demokratischen Gesellschaft durch das öffentliche Interesse gerechtfertigt sind.

Art. 3 (1) Niemand darf aus dem Hoheitsgebiet des Staates, dessen Staatsangehöriger er ist, durch eine Einzel- oder eine Kollektivmaßnahmen ausgewiesen werden.

(2) Niemand darf das Recht entzogen werden, in das Hoheitsgebiet des Staates einzureisen, dessen Staatsangehöriger er ist.

Art. 4 Kollektivausweisungen von Ausländern sind nicht zulässig.

8.4. Übereinkommen gegen Folter und andere grausame, unmenschliche oder erniedrigende Behandlung oder Strafe

Vom 10. Dezember 1984 (BGBl. 1990 II 246)

– Auszug –

Teil I

Art. 1 [Definition der Folter; gesetzlich zulässige Sanktionen] (1) Im Sinne dieses Übereinkommens bezeichnet der Ausdruck „Folter" jede Handlung, durch die einer Person vorsätzlich große körperliche oder seelische Schmerzen oder Leiden zugefügt werden, zum Beispiel um von ihr oder einem Dritten eine Aussage oder ein Geständnis zu erlangen, um sie für eine tatsächlich oder mutmaßlich von ihr oder einem Dritten begangene Tat zu bestrafen oder um sie oder einen Dritten einzuschüchtern oder zu nötigen, oder aus einem anderen, auf irgendeiner Art von Diskriminierung beruhenden Grund, wenn diese Schmerzen oder Leiden von einem Angehörigen des öffentlichen Dienstes oder einer anderen in amtlicher Eigenschaft handelnden Person, auf deren Veranlassung oder mit deren ausdrücklichem oder stillschweigendem Einverständnis verursacht werden. Der Ausdruck umfaßt nicht Schmerzen oder Leiden, die sich lediglich aus gesetzlich zulässigen Sanktionen ergeben, dazu gehören oder damit verbunden sind.

(2) Dieser Artikel läßt alle internationalen Übereinkünfte oder innerstaatlichen Rechtsvorschriften unberührt, die weitergehende Bestimmungen enthalten.

Übereinkommen gegen Folter   8.4. **Texte 5**

Art. 2 [Pflichten der Vertragsstaaten; keine Rechtfertigung durch Notstand oder Befehl]
(1) Jeder Vertragsstaat trifft wirksam gesetzgeberische, verwaltungsmäßige, gerichtliche oder sonstige Maßnahmen, um Folterungen in allen seiner Hoheitsgewalt unterstehenden Gebieten zu verhindern.

(2) Außergewöhnliche Umstände gleich welcher Art, sei es Krieg oder Kriegsgefahr, innenpolitische Instabilität oder ein sonstiger öffentlicher Notstand, dürfen nicht als Rechtfertigung für Folter geltend gemacht werden.

(3) Eine von einem Vorgesetzten oder einem Träger öffentlicher Gewalt erteilte Weisung darf nicht als Rechtfertigung für Folter geltend gemacht werden.

Art. 3 [Verbot der Abschiebung bei drohender Folter] (1) Ein Vertragsstaat darf eine Person nicht in einen anderen Staat ausweisen, abschieben oder an diesen ausliefern, wenn stichhaltige Gründe für die Annahmen bestehen, daß sie dort Gefahr liefe, gefoltert zu werden.

(2) Bei der Feststellung, ob solche Gründe vorliegen, berücksichtigen die zuständigen Behörden alle maßgeblichen Erwägungen einschließlich des Umstands, daß in dem betreffenden Staat eine ständige Praxis grober, offenkundiger oder massenhafter Verletzungen der Menschenrechte herrscht.

Art. 4 [Obligatorische Strafandrohung] (1) Jeder Vertragsstaat trägt dafür Sorge, daß nach seinem Strafrecht alle Folterhandlungen als Straftaten gelten. Das gleiche gilt für versuchte Folterung und für von irgendeiner Person begangene Handlungen, die eine Mittäterschaft oder Teilnahme an einer Folterung darstellen.

(2) Jeder Vertragsstaat bedroht diese Straftaten mit angemessenen Strafen, welche die Schwere der Tat berücksichtigen.

Art. 5 [Obligatorische Gerichtsbarkeit – no safe haven] (1) Jeder Vertragsstaat trifft die notwendigen Maßnahmen, um seine Gerichtsbarkeit über die in Artikel 4 genannten Straftaten in folgenden Fällen zu begründen:
a) wenn die Straftat in einem der Hoheitsgewalt des betreffenden Staates unterstehenden Gebiet oder an Bord eines in diesem Staat eingetragenen Schiffes oder Luftfahrzeugs begangen wird;
b) wenn der Verdächtige Angehöriger des betreffenden Staates ist;
c) wenn das Opfer Angehöriger des betreffenden Staates ist, sofern dieser Staat es für angebracht hält.

(2) Ebenso trifft jeder Vertragsstaat die notwendigen Maßnahmen, um seine Gerichtsbarkeit über diese Straftaten für den Fall zu begründen, daß der Verdächtige sich in einem der Hoheitsgewalt des betreffenden Staates unterstehenden Gebiet befindet und er ihn nicht nach Artikel 8 an einen der in Absatz 1 des vorliegenden Artikels bezeichneten Staaten ausliefert.

(3) Dieses Übereinkommen schließt eine Strafgerichtsbarkeit, die nach innerstaatlichem Recht ausgeübt wird, nicht aus.

Art. 6 [Verhaftung Verdächtiger, Ermittlungen, Mitteilungen] (1) Hält ein Vertragsstaat, in dessen Hoheitsgebiet sich ein der Begehung einer in Artikel 4 genannten Straftat Verdächtiger befindet, es nach Prüfung der ihm vorliegenden Informationen in Anbetracht der Umstände für gerechtfertigt, so nimmt er ihn in Haft oder trifft andere rechtliche Maßnahmen, um seine Anwesenheit sicherzustellen. Die Haft und die anderen rechtlichen Maßnahmen müssen mit dem Recht dieses Staates übereinstimmen; sie dürfen nur so lange aufrechterhalten werden, wie es notwendig ist, um die Einleitung eines Straf- oder Auslieferungsverfahrens zu ermöglichen.

(2) Dieser Staat führt unverzüglich eine vorläufige Untersuchung zur Feststellung des Sachverhalts durch.

(3) Eine auf Grund des Absatzes 1 in Haft befindlichen Person wird jede Erleichterung gewährt, damit sie mit dem nächsten zuständigen Vertreter des Staates, dessen Staatsangehörigkeit sie besitzt, oder, wenn sie staatenlos ist, mit dem Vertreter des Staates, in dem sie sich gewöhnlich aufhält, unmittelbar verkehren kann.

(4) Hat ein Staat eine Person auf Grund dieses Artikels in Haft genommen, so zeigt er unverzüglich den in Artikel 5 Absatz 1 genannten Staaten die Tatsache, daß diese Person in Haft ist, sowie die Umstände an, welche die Haft rechtfertigen. Der Staat, der die vorläufige Untersuchung nach Absatz 2 durchführt, unterrichtet die genannten Staaten unverzüglich über das Ergebnis der Untersuchung und teilt ihnen mit, ob er seine Gerichtsbarkeit auszuüben beabsichtigt.

Art. 7 [Strafverfolgung und Verurteilung] (1) Der Vertragsstaat, der die Hoheitsgewalt über das Gebiet ausübt, in dem der einer in Artikel 4 genannten Straftat Verdächtige aufgefunden wird, unterbreitet den Fall, wenn er den Betreffenden nicht ausliefert, in den in Artikel 5 genannten Fällen seinen zuständigen Behörden zum Zweck der Strafverfolgung.

(2) Diese Behörden treffen ihre Entscheidung in der gleichen Weise wie im Fall einer gemeinrechtlichen Straftat schwerer Art nach dem Recht dieses Staates. In den in Artikel 5 Absatz 2 genannten Fällen dürfen für die Strafverfolgung und Verurteilung keine weniger strengen Maßstäbe bei der Beweisführung angelegt werden als in den in Artikel 5 Absatz 1 genannten Fällen.

(3) Jedem, gegen den ein Verfahren wegen einer der in Artikel 4 genannten Straftaten durchgeführt wird, ist während des gesamten Verfahrens eine gerechte Behandlung zu gewährleisten.

Art. 8 [Auslieferung] (1) Die in Artikel 4 genannten Straftaten gelten als in jeden zwischen Vertragsstaaten bestehenden Auslieferungsvertrag einbezogene, der Auslieferung unterliegende Straftaten. Die Vertragsstaaten verpflichten sich, diese Straftaten als der Auslieferung unterliegende Straftaten in jeden zwischen ihnen zu schließenden Auslieferungsvertrag aufzunehmen.

(2) Erhält ein Vertragsstaat, der die Auslieferung vom Bestehen eines Vertrags abhängig macht, ein Auslieferungsersuchen von einem anderen Vertragsstaat, mit dem er keinen Auslieferungsvertrag hat, so kann er dieses Übereinkommen als Rechtsgrundlage für die Auslieferung in bezug auf solche Straftaten ansehen. Die Auslieferung unterliegt im übrigen den im Recht des ersuchten Staates vorgesehenen Bedingungen.

(3) Vertragsstaaten, welche die Auslieferung nicht vom Bestehen eines Vertrags abhängig machen, erkennen unter sich solche Straftaten als der Auslieferung unterliegende Straftaten vorbehaltlich der im Recht des ersuchten Staates vorgesehenen Bedingungen an.

(4) Solche Straftaten werden für die Zwecke der Auslieferung zwischen Vertragsstaaten so behandelt, als seien sie nicht nur an dem Ort, an dem sie sich ereignet haben, sondern auch in den Hoheitsgebieten der Staaten begangen worden, die verpflichtet sind, ihre Gerichtsbarkeit nach Artikel 5 Absatz 1 zu begründen.

Art. 9 [Amtshilfe, Rechtshilfe] (1) Die Vertragsstaaten gewähren einander die weitestgehende Hilfe im Zusammenhang mit Strafverfahren, die in bezug auf eine der in Artikel 4 genannten Straftaten eingeleitet werden, einschließlich der Überlassung aller ihnen zur Verfügung stehenden und für das Verfahren erforderlichen Beweismittel.

(2) Die Vertragsstaaten kommen ihren Verpflichtungen aus Absatz 1 im Einklang mit allen möglicherweise zwischen ihnen bestehenden Verträgen über gegenseitige Rechtshilfe nach.

Art. 10 [Unterrichtung des Vollzugspersonals] (1) Jeder Vertragsstaat trägt dafür Sorge, daß die Erteilung von Unterricht und die Aufklärung über das Verbot der Folter als vollgültiger Bestandteil in die Ausbildung des mit dem Gesetzesvollzug betrauten zivilen und militärischen Personals, des medizinischen Personals, der Angehörigen des öffentlichen Dienstes und anderer Personen aufgenommen wird, die mit dem Gewahrsam, der Vernehmung oder der Behandlung einer Person befaßt werden können, die der Festnahme, der Haft, dem Strafvollzug oder irgendeiner anderen Form der Freiheitsentziehung unterworfen ist.

(2) Jeder Vertragsstaat nimmt dieses Verbot in die Vorschriften oder Anwendungen über die Pflichten und Aufgaben aller dieser Personen auf.

Art. 11 [Regelmäßige Prüfung der Vorkehrungen gegen Folter] Jeder Vertragsstaat unterzieht die für Vernehmungen geltenden Vorschriften, Anweisungen, Methoden und Praktiken sowie die Vorkehrungen für den Gewahrsam und die Behandlung von Personen, die der Festnahme, der Haft, dem Strafvollzug oder irgendeiner anderen Form der Freiheitsentziehung unterworfen sind, in allen seiner Hoheitsgewalt unterstehenden Gebieten einer regelmäßigen systematischen Überprüfung, um jeden Fall von Folter zu verhüten.

Art. 12 [Ermittlungsgebot] Jeder Vertragsstaat trägt dafür Sorge, daß seine zuständigen Behörden umgehend eine unparteiische Untersuchung durchführen, sobald ein hinreichender Grund für die Annahme besteht, daß in einem seiner Hoheitsgewalt unterstehenden Gebiet eine Folterhandlung begangen wurde.

Übereinkommen über die Rechte des Kindes   8.5. **Texte 5**

Art. 13 [Ermöglichung von Anzeigen, Schutz der Betroffenen und Zeugen] Jeder Vertragsstaat trägt dafür Sorge, daß jeder, der behauptet, er sei in einem der Hoheitsgewalt des betreffenden Staates unterstehenden Gebiet gefoltert worden, das Recht auf Anrufung der zuständigen Behörden und auf umgehende unparteiische Prüfung seine Falles durch diese Behörde hat. Es sind Vorkehrungen zu treffen, um sicherzustellen, daß der Beschwerdeführer und die Zeugen vor jeder Mißhandlung oder Einschüchterung wegen ihrer Beschwerde oder ihrer Aussagen geschützt sind.

Art. 14 [Wiedergutmachung, Schadenersatz, Schmerzensgeld] (1) Jeder Vertragsstaat stellt in seiner Rechtsordnung sicher, daß das Opfer einer Folterung Wiedergutmachung erhält und ein einklagbares Recht auf gerechte und angemessene Entschädigung einschließlich der Mittel für eine möglichst vollständige Rehabilitation hat. Stirbt das Opfer infolge der Folterhandlung, so haben seine Hinterbliebenen Anspruch auf Entschädigung.

(2) Dieser Artikel berührt nicht einen nach innerstaatlichem Recht bestehenden Anspruch des Opfers oder anderen Personen auf Entschädigung.

Art. 15 [Verwertungsverbot] Jeder Vertragsstaat trägt dafür Sorge, daß Aussagen, die nachweislich durch Folter herbeigeführt worden sind, nicht als Beweis in einem Verfahren verwendet werden, es sei denn gegen eine der Folter angeklagte Person als Beweis dafür, daß die Aussage gemacht wurde.

Art. 16 [Grausame, unmenschliche oder erniedrigende Behandlung oder Strafe] (1) Jeder Vertragsstaat verpflichtet sich, in jedem seiner Hoheitsgewalt unterstehenden Gebiet andere Handlungen zu verhindern, die eine grausame, unmenschliche oder erniedrigende Behandlung oder Strafe darstellen, ohne der Folter im Sinne des Artikels 1 gleichzukommen, wenn diese Handlungen von einem Angehörigen des öffentlichen Dienstes oder einer anderen in amtlicher Eigenschaft handelnden Person, auf deren Veranlassung oder mit deren ausdrücklichem oder stillschweigendem Einverständnis begangen werden. Die in den Artikeln 10, 11, 12 und 13 aufgeführten Verpflichtungen bezüglich der Folter gelten auch entsprechend für andere Formen grausamer, unmenschlicher oder erniedrigender Behandlung oder Strafe.

(2) Diese Übereinkommen berührt nicht die Bestimmungen anderer internationaler Übereinkünfte oder innerstaatlicher Rechtsvorschriften, die grausame, unmenschliche oder erniedrigende Behandlung oder Strafe verbieten oder die sich auf die Auslieferung oder Ausweisung beziehen.

8.5. Übereinkommen über die Rechte des Kindes

Vom 20. November 1989 (BGBl. 1992 II 122), Gesetz vom 17. Februar 1992 (BGBl. II 121) samt Bekanntmachung vom 10. Juli 1992 (BGBl. II 990)

– Auszug –

Teil I

Art. 1 Im Sinne dieses Übereinkommens ist ein Kind jeder Mensch, der das achtzehnte Lebensjahr noch nicht vollendet hat, soweit die Volljährigkeit nach dem auf das Kind anzuwendenden Recht nicht früher eintritt.

Art. 2 (1) Die Vertragsstaaten achten die in diesem Übereinkommen festgelegten Rechte und gewährleisten sie jedem ihrer Hoheitsgewalt unterstehenden Kind ohne jede Diskriminierung unabhängig von der Rasse, der Hautfarbe, dem Geschlecht, der Sprache, der Religion, der politischen oder sonstigen Anschauung, der nationalen, ethnischen oder sozialen Herkunft, des Vermögens, einer Behinderung, der Geburt oder des sonstigen Status des Kindes, seiner Eltern oder seines Vormunds.

(2) Die Vertragsstaaten treffen alle geeigneten Maßnahmen, um sicherzustellen, daß das Kind vor allen Formen der Diskriminierung oder Bestrafung wegen des Status, der Tätigkeiten, der Meinungsäußerungen oder der Weltanschauung seiner Eltern, seines Vormunds oder seiner Familienangehörigen geschützt wird.

Art. 3 (1) Bei allen Maßnahmen, die Kinder betreffen, gleichviel ob sie von öffentlichen oder privaten Einrichtungen der sozialen Fürsorge, Gerichten, Verwaltungsbehörden oder Gesetzgebungsorganen getroffen werden, ist das Wohl des Kindes ein Gesichtspunkt, der vorrangig zu berücksichtigen ist.

(2) Die Vertragsstaaten verpflichten sich, dem Kind unter Berücksichtigung der Rechte und Pflichten seiner Eltern, seines Vormunds oder anderer für das Kind gesetzlich verantwortlicher Personen den Schutz und die Fürsorge zu gewährleisten, die zu seinem Wohlergehen notwendig sind; zu diesem Zweck treffen sie alle geeigneten Gesetzgebungs- und Verwaltungsmaßnahmen.

(3) Die Vertragsstaaten stellen sicher, daß die für die Fürsorge für das Kind oder dessen Schutz verantwortlichen Institutionen, Dienste und Einrichtungen den von den zuständigen Behörden festgelegten Normen entsprechen, insbesondere im Bereich der Sicherheit und der Gesundheit sowie hinsichtlich der Zahl und der fachlichen Eignung des Personals und des Bestehens einer ausreichenden Aufsicht.

Art. 4 Die Vertragsstaaten treffen alle geeigneten Gesetzgebungs-, Verwaltungs- und sonstigen Maßnahmen zur Verwirklichung der in diesem Übereinkommen anerkannten Rechte. Hinsichtlich der wirtschaftlichen, sozialen und kulturellen Rechte treffen die Vertragsstaaten derartige Maßnahmen unter Ausschöpfung ihrer verfügbaren Mittel und erforderlichenfalls im Rahmen der internationalen Zusammenarbeit.

Art. 5 Die Vertragsstaaten achten die Aufgaben, Rechte und Pflichten der Eltern oder gegebenenfalls, soweit nach Ortsbrauch vorgesehen, der Mitglieder der weiteren Familie oder der Gemeinschaft, des Vormunds oder anderer für das Kind gesetzlich verantwortlicher Personen, das Kind bei der Ausübung der in diesem Übereinkommen anerkannten Rechte in einer seiner Entwicklung entsprechenden Weise angemessen zu leiten und zu führen.

Art. 6 (1) Die Vertragsstaaten erkennen an, daß jedes Kind ein angeborenes Recht auf Leben hat.

(2) Die Vertragsstaaten gewährleisten in größtmöglichem Umfang das Überleben und die Entwicklung des Kindes.

Art. 7 (1) Das Kind ist unverzüglich nach seiner Geburt in ein Register einzutragen und hat das Recht auf einen Namen von Geburt an, das Recht, eine Staatsangehörigkeit zu erwerben, und soweit möglich das Recht, seine Eltern zu kennen und von ihnen betreut zu werden.

(2) Die Vertragsstaaten stellen die Verwirklichung dieser Rechte im Einklang mit ihrem innerstaatlichen Recht und mit ihren Verpflichtungen aufgrund der einschlägigen internationalen Übereinkünfte in diesem Bereich sicher, insbesondere für den Fall, daß das Kind sonst staatenlos wäre.

Art. 8 (1) Die Vertragsstaaten verpflichten sich, das Recht des Kindes zu achten, seine Identität, einschließlich seiner Staatsangehörigkeit, seines Namens und seiner gesetzlich anerkannten Familienbeziehungen, ohne rechtswidrige Eingriffe zu behalten.

(2) Werden einem Kind widerrechtlich einige oder alle Bestandteile seiner Identität genommen, so gewähren die Vertragsstaaten ihm angemessenen Beistand und Schutz mit dem Ziel, seine Identität so schnell wie möglich wiederherzustellen.

Art. 9 (1) Die Vertragsstaaten stellen sicher, daß ein Kind nicht gegen den Willen seiner Eltern von diesen getrennt wird, es sei denn, daß die zuständigen Behörden in einer gerichtlich nachprüfbaren Entscheidung nach den anzuwendenden Rechtsvorschriften und Verfahren bestimmen, daß diese Trennung zum Wohl des Kindes notwendig ist. Eine solche Entscheidung kann im Einzelfall notwendig werden, wie etwa wenn das Kind durch die Eltern mißhandelt oder vernachlässigt wird oder wenn bei getrennt lebenden Eltern eine Entscheidung über den Aufenthaltsort des Kindes zu treffen ist.

(2) In Verfahren nach Absatz 1 ist allen Beteiligten Gelegenheit zu geben, am Verfahren teilzunehmen und ihre Meinung zu äußern.

(3) Die Vertragsstaaten achten das Recht des Kindes, das von einem oder beiden Elternteilen getrennt ist, regelmäßige persönliche Beziehungen und unmittelbare Kontakte zu beiden Elternteilen zu pflegen, soweit dies nicht dem Wohl des Kindes widerspricht.

(4) Ist die Trennung Folge einer von einem Vertragsstaat eingeleiteten Maßnahme, wie etwa einer Freiheitsentziehung, Freiheitsstrafe, Landesverweisung oder Abschiebung oder des Todes eines oder beider Elternteile oder des Kindes (auch eines Todes, der aus irgendeinem Grund eintritt, während der Betreffende sich in staatlichem Gewahrsam befindet), so erteilt der Vertragsstaat auf Antrag den Eltern,

Übereinkommen über die Rechte des Kindes 8.5. **Texte 5**

dem Kind oder gegebenenfalls einem anderen Familienangehörigen die wesentlichen Auskünfte über den Verbleib des oder der abwesenden Familienangehörigen, sofern dies nicht dem Wohl des Kindes abträglich wäre. Die Vertragsstaaten stellen ferner sicher, daß allein die Stellung eines solchen Antrags keine nachteiligen Folgen für den oder die Betroffenen hat.

Art. 10 (1) Entsprechend der Verpflichtung der Vertragsstaaten nach Artikel 9 Absatz 1 werden von einem Kind oder seinen Eltern zwecks Familienzusammenführung gestellte Anträge auf Einreise in einen Vertragsstaat oder Ausreise aus einem Vertragsstaat von den Vertragsstaaten wohlwollend, human und beschleunigt bearbeitet. Die Vertragsstaaten stellen ferner sicher, daß die Stellung eines solchen Antrags keine nachteiligen Folgen für die Antragsteller und deren Familienangehörige hat.

(2) Ein Kind, dessen Eltern ihren Aufenthalt in verschiedenen Staaten haben, hat das Recht, regelmäßige persönliche Beziehungen und unmittelbare Kontakte zu beiden Elternteile zu pflegen, soweit nicht außergewöhnliche Umstände vorliegen. Zu diesem Zweck achten die Vertragsstaaten entsprechend ihrer Verpflichtung nach Artikel 9 Absatz 1 das Recht des Kindes und seiner Eltern, aus jedem Land einschließlich ihres eigenen auszureisen und in ihr eigenes Land einzureisen. Das Recht auf Ausreise aus einem Land unterliegt nur den gesetzlich vorgesehenen Beschränkungen, die zum Schutz der nationalen Sicherheit, der öffentlichen Ordnung (ordre public), der Volksgesundheit, der öffentlichen Sittlichkeit oder der Rechte und Freiheiten anderer notwendig und mit den anderen in diesem Übereinkommen anerkannten Rechten vereinbar sind.

Art. 11 (1) Die Vertragsstaaten treffen Maßnahmen, um das rechtswidrige Verbringen von Kindern ins Ausland und ihre rechtswidrige Nichtrückgabe zu bekämpfen.

(2) Zu diesem Zweck fördern die Vertragsstaaten den Abschluß zwei- oder mehrseitiger Übereinkünfte oder den Beitritt zu bestehenden Übereinkünften.

Art. 12 (1) Die Vertragsstaaten sichern dem Kind, das fähig ist, sich eine eigene Meinung zu bilden, das Recht zu, diese Meinung in allen das Kind berührenden Angelegenheiten frei zu äußern, und berücksichtigen die Meinung des Kindes angemessen und entsprechend seinem Alter und seiner Reife.

(2) Zu diesem Zweck wird dem Kind insbesondere Gelegenheit gegeben, in allen das Kind berührenden Gerichts- oder Verwaltungsverfahren entweder unmittelbar oder durch einen Vertreter oder eine geeignete Stelle im Einklang mit den innerstaatlichen Verfahrensvorschriften gehört zu werden.

Art. 16 (1) Kein Kind darf willkürlich oder rechtswidrigen Eingriffen in sein Privatleben, seine Familie, seine Wohnung oder seinen Schriftverkehr oder rechtswidrigen Beeinträchtigungen seiner Ehre und seines Rufes ausgesetzt werden.

(2) Das Kind hat Anspruch auf rechtlichen Schutz gegen solche Eingriffe oder Beeinträchtigungen.

Art. 18 (1) Die Vertragsstaaten bemühen sich nach besten Kräften, die Anerkennung des Grundsatzes sicherzustellen, daß beide Elternteile gemeinsam für die Erziehung und Entwicklung des Kindes verantwortlich sind. Für die Erziehung und Entwicklung des Kindes sind in erster Linie die Eltern oder gegebenenfalls der Vormund verantwortlich. Dabei ist das Wohl des Kindes ihr Grundanliegen.

(2) Zur Gewährleistung und Förderung der in diesem Übereinkommen festgelegten Rechte unterstützen die Vertragsstaaten die Eltern und den Vormund in angemessener Weise bei der Erfüllung ihrer Aufgabe, das Kind zu erziehen, und sorgen für den Ausbau von Institutionen, Einrichtungen und Diensten für die Betreuung von Kindern.

(3) Die Vertragsstaaten treffen alle geeigneten Maßnahmen, um sicherzustellen, daß Kinder berufstätiger Eltern das Recht haben, die für sie in Betracht kommenden Kinderbetreuungsdienste und -einrichtungen zu nutzen.

Art. 19 (1) Die Vertragsstaaten treffen alle geeigneten Gesetzgebungs-, Verwaltungs-, Sozial- und Bildungsmaßnahmen, um das Kind vor jeder Form körperlicher oder geistiger Gewaltanwendung, Schadenszufügung oder Mißhandlung, vor Verwahrlosung oder Vernachlässigung, vor schlechter Behandlung oder Ausbeutung einschließlich des sexuellen Mißbrauchs zu schützen, solange es sich in der Obhut der Eltern oder eines Elternteils, eines Vormunds oder anderen gesetzlichen Vertreters oder einer anderen Person befindet, die das Kind betreut.

(2) Diese Schutzmaßnahmen sollen je nach den Gegebenheiten wirksame Verfahren zur Aufstellung von Sozialprogrammen enthalten, die dem Kind und denen, die es betreuen, die erforderliche Unterstützung gewähren und andere Formen der Vorbeugung vorsehen sowie Maßnahmen zur Aufdeckung,

Meldung, Weiterverweisung, Untersuchung, Behandlung und Nachbetreuung in den in Absatz 1 beschriebenen Fällen schlechter Behandlung von Kindern und gegebenenfalls für das Einschreiten der Gerichte.

Art. 20 (1) Ein Kind, das vorübergehend oder dauernd aus seiner familiären Umgebung herausgelöst wird oder dem der Verbleib in dieser Umgebung im eigenen Interesse nicht gestattet werden kann, hat Anspruch auf den besonderen Schutz und Beistand des Staates.

(2) Die Vertragsstaaten stellen nach Maßgabe ihres innerstaatlichen Rechts andere Formen der Betreuung eines solchen Kindes sicher.

(3) Als andere Form der Betreuung kommt unter anderem die Aufnahme in eine Pflegefamilie, die Kafala nach islamischen Recht, die Adoption oder, falls erforderlich, die Unterbringung in einer geeigneten Kinderbetreuungseinrichtung in Betracht. Bei der Wahl zwischen diesen Lösungen sind die erwünschte Kontinuität in der Erziehung des Kindes sowie die ethnische, religiöse, kulturelle und sprachliche Herkunft des Kindes gebührend zu berücksichtigen.

Art. 21 Die Vertragsstaaten, die das System der Adoption anerkennen oder zulassen, gewährleisten, daß dem Wohl des Kindes bei der Adoption die höchste Bedeutung zugemessen wird; die Vertragsstaaten

a) stellen sicher, daß die Adoption eines Kindes nur durch die zuständigen Behörden bewilligt wird, die nach den anzuwendenden Rechtsvorschriften und Verfahren und auf der Grundlage aller verläßlichen einschlägigen Informationen entscheiden, daß die Adoption angesichts des Status des Kindes in bezug auf Eltern, Verwandte und einen Vormund zulässig ist und daß, soweit dies erforderlich ist, die betroffenen Personen in Kenntnis der Sachlage und auf der Grundlage einer gegebenenfalls erforderlichen Beratung der Adoption zugestimmt haben;
b) erkennen an, daß die internationale Adoption als andere Form der Betreuung angesehen werden kann, wenn das Kind nicht in seinem Heimatland in einer Pflege- oder Adoptionsfamilie untergebracht oder wenn es dort nicht in geeigneter Weise betreut werden kann;
c) stellen sicher, daß das Kind im Fall einer internationalen Adoption in den Genuß der für nationale Adoption geltenden Schutzvorschriften und Normen kommt;
d) treffen alle geeigneten Maßnahmen, um sicherzustellen, daß bei internationaler Adoption für die Beteiligten keine unstatthaften Vermögensvorteile entstehen;
e) fördern die Ziele dieses Artikels gegebenenfalls durch den Abschluß zwei- oder mehrseitiger Übereinkünfte und bemühen sich in diesem Rahmen sicherzustellen, daß die Unterbringung des Kindes in einem anderen Land durch die zuständigen Behörden oder Stellen durchgeführt wird.

Art. 22 (1) Die Vertragsstaaten treffen geeignete Maßnahmen, um sicherzustellen, daß ein Kind, das die Rechtsstellung eines Flüchtlings begehrt oder nach Maßgabe der anzuwendenden Regeln und Verfahren des Völkerrechts oder des innerstaatlichen Rechts als Flüchtling angesehen wird, angemessenen Schutz und humanitäre Hilfe bei der Wahrnehmung der Rechte erhält, die in diesem Übereinkommen oder in anderen internationalen Übereinkünften über Menschenrechte oder humanitäre Fragen, denen die genannten Staaten als Vertragsparteien angehören, festgelegt sind, und zwar unabhängig davon, ob es sich in Begleitung seiner Eltern oder einer anderen Person befindet oder nicht.

(2) Zu diesem Zweck wirken die Vertragsstaaten in der ihnen angemessen erscheinenden Weise bei allen Bemühungen mit, welche die Vereinten Nationen und andere zuständige zwischenstaatliche oder nichtstaatliche Organisationen, die mit den Vereinten Nationen zusammenarbeiten, unternehmen, um ein solches Kind zu schützen, um ihm zu helfen und um die Eltern oder andere Familienangehörige eines Flüchtlingskinds ausfindig zu machen mit dem Ziel, die für eine Familienzusammenführung notwendigen Informationen zu erlangen. Können die Eltern oder andere Familienangehörige nicht ausfindig gemacht werden, so ist dem Kind im Einklang mit den in diesem Übereinkommen enthaltenen Grundsätzen derselbe Schutz zu gewähren wie jedem anderen Kind, das aus irgendeinem Grund dauernd oder vorübergehend aus seiner familiären Umgebung herausgelöst ist.

Art. 25 Die Vertragsstaaten erkennen an, daß ein Kind, das von den zuständigen Behörden wegen einer körperlichen oder geistigen Erkrankung zur Betreuung, zum Schutz der Gesundheit oder zur Behandlung untergebracht worden ist, das Recht hat auf eine regelmäßige Überprüfung der dem Kind gewährten Behandlung sowie aller anderen Umstände, die für seine Unterbringung von Belang sind.

Übereinkommen über die Rechte des Kindes   8.5. **Texte 5**

Art. 26 (1) Die Vertragsstaaten erkennen das Recht jedes Kindes auf Leistungen der sozialen Sicherheit einschließlich der Sozialversicherung an und treffen die erforderlichen Maßnahmen, um die volle Verwirklichung dieses Rechts in Übereinstimmung mit dem innerstaatlichen Recht sicherzustellen.

(2) Die Leistungen sollen gegebenenfalls unter Berücksichtigung der wirtschaftlichen Verhältnisse und der sonstigen Umstände des Kindes und der Unterhaltspflichtigen sowie anderer für die Beantragung von Leistungen durch das Kind oder im Namen des Kindes maßgeblicher Gesichtspunkte gewährt werden.

Art. 27 (1) Die Vertragsstaaten erkennen das Recht jedes Kindes auf einen seiner körperlichen, geistigen, seelischen, sittlichen und sozialen Entwicklung angemessenen Lebensstandard an.

(2) Es ist in erster Linie Aufgabe der Eltern oder anderer für das Kind verantwortlicher Personen, im Rahmen ihrer Fähigkeiten und finanziellen Möglichkeiten die für die Entwicklung des Kindes notwendigen Lebensbedingungen sicherzustellen.

(3) Die Vertragsstaaten treffen gemäß ihren innerstaatlichen Verhältnissen und im Rahmen ihrer Mittel geeignete Maßnahmen, um den Eltern und anderen für das Kind verantwortlichen Personen bei der Verwirklichung dieses Rechts zu helfen, und sehen bei Bedürftigkeit materielle Hilfs- und Unterstützungsprogramme insbesondere im Hinblick auf Ernährung, Bekleidung und Wohnung vor.

(4) Die Vertragsstaaten treffen alle geeigneten Maßnahmen, um die Geltendmachung von Unterhaltsansprüchen des Kindes gegenüber den Eltern oder anderen finanziell für das Kind verantwortlichen Personen sowohl innerhalb des Vertragsstaats als auch im Ausland sicherzustellen. Insbesondere fördern die Vertragsstaaten, wenn die für das Kind finanziell verantwortliche Person in einem anderen Staat lebt als das Kind, den Beitritt zu internationalen Übereinkünften oder den Abschluß solcher Übereinkünfte sowie andere geeignete Regelungen.

Art. 37 Die Vertragsstaaten stellen sicher,
a) daß kein Kind der Folter oder einer anderen grausamen, unmenschlichen oder erniedrigenden Behandlung oder Strafe unterworfen wird. Für Straftaten, die von Personen vor Vollendung des achtzehnten Lebensjahrs begangen worden sind, darf weder die Todesstrafe noch lebenslange Freiheitsstrafe ohne die Möglichkeit vorzeitiger Entlassung verhängt werden;
b) daß keinem Kind die Freiheit rechtswidrig oder willkürlich entzogen wird. Festnahme, Freiheitsentziehung oder Freiheitsstrafe darf bei einem Kind im Einklang mit dem Gesetz nur als letztes Mittel und für die kürzeste angemessene Zeit angewendet werden;
c) daß jedes Kind, dem die Freiheit entzogen ist, menschlich und mit Achtung vor der dem Menschen innewohnenden Würde und unter Berücksichtigung der Bedürfnisse von Personen seines Alters behandelt wird. Insbesondere ist jedes Kind, dem die Freiheit entzogen ist, von Erwachsenen zu trennen, sofern nicht ein anderes Vorgehen als dem Wohl des Kindes dienlich erachtet wird; jedes Kind hat das Recht, mit seiner Familie durch Briefwechsel und Besuche in Verbindung zu bleiben, sofern nicht außergewöhnliche Umstände vorliegen;
d) daß jedes Kind, dem die Freiheit entzogen ist, das Recht auf umgehenden Zugang zu einem rechtskundigen oder anderen geeigneten Beistand und das Recht hat, die Rechtmäßigkeit der Freiheitsentziehung bei einem Gericht oder einer anderen zuständigen, unabhängigen und unparteiischen Behörde anzufechten, sowie das Recht auf alsbaldige Entscheidung in einem solchen Verfahren.

Art. 38 (1) Die Vertragsstaaten verpflichten sich, die für sie verbindlichen Regeln des in bewaffneten Konflikten anwendbaren humanitären Völkerrechts, die für das Kind Bedeutung haben, zu beachten und für deren Beachtung zu sorgen.

(2) Die Vertragsstaaten treffen alle durchführbaren Maßnahmen, um sicherzustellen, daß Personen, die das fünfzehnte Lebensjahr noch nicht vollendet haben, nicht unmittelbar an Feindseligkeiten teilnehmen.

(3) Die Vertragsstaaten nehmen davon Abstand, Personen, die das fünfzehnte Lebensjahr noch nicht vollendet haben, zu ihren Streitkräften einzuziehen. Werden Personen zu den Streitkräften eingezogen, die zwar das fünfzehnte, nicht aber das achtzehnte Lebensjahr vollendet haben, so bemühen sich die Vertragsstaaten, vorrangig die jeweils ältesten einzuziehen.

(4) Im Einklang mit ihren Verpflichtungen nach dem humanitären Völkerrecht, die Zivilbevölkerung in bewaffneten Konflikten zu schützen, treffen die Vertragsstaaten alle durchführbaren Maßnah-

men, um sicherzustellen, daß von einem bewaffneten Konflikt betroffene Kinder geschützt und betreut werden.

Art. 39 Die Vertragsstaaten treffen alle geeigneten Maßnahmen, um die physische und psychische Genesung und die soziale Wiedereingliederung eines Kindes zu fördern, das Opfer irgendeiner Form von Vernachlässigung, Ausbeutung oder Mißhandlung, der Folter oder einer anderen Form grausamer, unmenschlicher oder erniedrigender Behandlung oder Strafe oder aber bewaffneter Konflikte geworden ist. Die Genesung und Wiedereingliederung müssen in einer Umgebung stattfinden, die der Gesundheit, der Selbstachtung und der Würde des Kindes förderlich ist.

Art. 41 Dieses Übereinkommen läßt zur Verwirklichung der Rechte des Kindes besser geeignete Bestimmungen unberührt, die enthalten sind
a) im Recht eines Vertragsstaats oder
b) in dem für diesen Staat geltenden Völkerrecht.

Bekanntmachung über das Inkrafttreten des Übereinkommens über die Rechte des Kindes

– Auszug –

Bei Hinterlegung der Ratifikationsurkunde hat Deutschland folgendes erklärt:

I.

Die Regierung der Bundesrepublik Deutschland erklärt, daß sie das Übereinkommen über die Rechte des Kindes als einen Meilenstein der Entwicklung des internationalen Rechts begrüßt und die Ratifizierung des Übereinkommens zum Anlaß nehmen wird, Reformen des innerstaatlichen Rechts in die Wege zu leiten, die dem Geist des Übereinkommens entsprechen und die sie nach Artikel 3 Abs. 2 des Übereinkommens für geeignet hält, dem Wohlergehen des Kindes zu dienen. Zu den geplanten Maßnahmen gehört insbesondere eine Neuordnung des Rechts der elterlichen Sorge für Kinder, deren Eltern keine Ehe eingegangen sind, die als verheiratete Eltern dauernd getrennt leben oder geschieden sind. Hierbei wird es insbesondere darum gehen, auch in solchen Fällen die Voraussetzungen für die Ausübung der elterlichen Sorge durch beide Eltern zu verbessern. Die Bundesrepublik Deutschland erklärt zugleich, daß das Übereinkommen innerstaatlich keine unmittelbare Anwendung findet. Es begründet völkerrechtliche Staatenverpflichtungen, die die Bundesrepublik Deutschland nach näherer Bestimmung ihres mit dem Übereinkommen übereinstimmenden innerstaatlichen Rechts erfüllt.

II.

Die Regierung der Bundesrepublik Deutschland ist der Auffassung, daß aus Artikel 18 Abs. 1 des Übereinkommens nicht abgeleitet werden kann, mit dem Inkrafttreten dieser Bestimmung stehe das elterliche Sorgerecht auch bei Kindern, deren Eltern keine Ehe eingegangen sind, die als verheiratete Eltern dauernd getrennt leben oder geschieden sind, automatisch und ohne Berücksichtigung des Kindeswohls im Einzelfall beiden Eltern zu. Eine derartige Auslegung wäre unvereinbar mit Artikel 3 Abs. 1 des Übereinkommens. Besonders im Hinblick auf die Fälle, in denen die Eltern über die gemeinsame Ausübung des Sorgerechts nicht einig sind, sind Einzelfallprüfungen notwendig.

Die Bundesrepublik Deutschland erklärt darum, daß die Bestimmungen des Übereinkommens auch die Vorschriften des innerstaatlichen Rechts
a) über die gesetzliche Vertretung Minderjähriger bei der Wahrnehmung ihrer Rechte,
b) über das Sorge- und Umgangsrecht bei ehelichen Kindern und
c) über die familien- und erbrechtlichen Verhältnisse nichtehelicher Kinder

nicht berühren; dies gilt ungeachtet der geplanten Neuordnung des Rechts der elterlichen Sorge, deren Ausgestaltung in das Ermessen des innerstaatlichen Gesetzgebers gestellt bleibt.

III.

Entsprechend den Vorbehalten, welche die Bundesrepublik Deutschland zu den Parallelgarantien des Internationalen Paktes über bürgerliche und politische Rechte angebracht hat, erklärt sie zu Artikel 40 Abs. 2 Buchstabe b Ziffern ii und v des Übereinkommens, daß diese Bestimmungen derart angewandt werden, daß bei Straftaten von geringer Schwere nicht in allen Fällen

a) ein Anspruch darauf besteht, „einen rechtskundigen oder anderen geeigneten Beistand" zur Vorbereitung und Wahrnehmung der Verteidigung zu erhalten,
b) die Überprüfung eines nicht auf Freiheitsstrafe lautenden Urteils durch eine „zuständige übergeordnete Behörde oder durch ein zuständiges höheres Gericht" ermöglicht werden muß.

IV.

Die Bundesrepublik Deutschland bekräftigt ferner ihre am 23. Februar 1989 in Genf abgegebene Erklärung:

Nichts in dem Übereinkommen kann dahin ausgelegt werden, daß die widerrechtliche Einreise eines Ausländers in das Gebiet der Bundesrepublik Deutschland oder dessen widerrechtlicher Aufenthalt dort erlaubt ist; auch kann keine Bestimmung dahin ausgelegt werden, daß sie das Recht der Bundesrepublik Deutschland beschränkt, Gesetze und Verordnungen über die Einreise von Ausländern und die Bedingungen ihres Aufenthalts zu erlassen oder Unterschiede zwischen Inländern und Ausländern zu machen.

V.

Die Regierung der Bundesrepublik Deutschland bedauert, daß nach Artikel 38 Abs. 2 des Übereinkommens bereits Fünfzehnjährige als Soldaten an Feindseligkeiten teilnehmen dürfen, weil diese Altersgrenze mit dem Gesichtspunkt des Kindeswohls (Artikel 3 Abs. 1 des Übereinkommens) unvereinbar ist. Sie erklärt, daß sie von der durch das Übereinkommen eröffneten Möglichkeit, diese Altersgrenze auf fünfzehn Jahre festzusetzen, keinen Gebrauch machen wird.

8.6. Europäisches Auslieferungsübereinkommen

Vom 13. Dezember 1957 (BGBl. 1964 II 1369, 1976 II 1778, 1982 I 2071, 1994 II 299)

Art. 1 Auslieferungsverpflichtung. Die Vertragsparteien verpflichten sich, gemäß den nachstehenden Vorschriften und Bedingungen einander die Personen auszuliefern, die von den Justizbehörden des ersuchenden Staates wegen einer strafbaren Handlung verfolgt oder zur Vollstreckung einer Strafe oder einer Maßregel der Sicherung und Besserung gesucht werden.

Art. 2 Auslieferungsfähige strafbare Handlungen. (1) Ausgeliefert wird wegen Handlungen, die sowohl nach dem Recht des ersuchenden als auch nach dem des ersuchten Staates mit einer Freiheitsstrafe oder die Freiheit beschränkenden Maßregel der Sicherung und Besserung im Höchstmaß von mindestens einem Jahr oder mit einer schwereren Strafe bedroht sind. Ist im Hoheitsgebiet des ersuchenden Staates eine Verurteilung zu einer Strafe erfolgt oder eine Maßregel der Sicherung und Besserung angeordnet worden, so muß deren Maß mindestens vier Monate betragen.

(2) Betrifft das Auslieferungsersuchen mehrere verschiedene Handlungen, von denen jede sowohl nach dem Recht des ersuchenden als auch nach dem des ersuchten Staates mit einer Freiheitsstrafe oder die Freiheit beschränkenden Maßregel der Sicherung und Besserung bedroht ist, einige aber die Bedingung hinsichtlich des Strafmaßes nicht erfüllen, so ist der ersuchte Staat berechtigt, die Auslieferung auch wegen dieser Handlungen zu bewilligen.

(3) Jede Vertragspartei, deren Rechtsvorschriften die Auslieferung wegen bestimmter, in Absatz 1 erwähnter strafbarer Handlungen nicht zulassen, kann für sich selbst die Anwendung des Übereinkommens auf diese strafbaren Handlungen ausschließen.

(4) Jede Vertragspartei, die von dem in Absatz 3 vorgesehenen Recht Gebrauch machen will, notifiziert dem Generalsekretär des Europarats bei der Hinterlegung ihrer Ratifikations- oder Beitrittsurkunde entweder eine Liste der strafbaren Handlungen, derentwegen die Auslieferung zulässig ist, oder eine Liste der strafbaren Handlungen, derentwegen die Auslieferung ausgeschlossen ist; sie gibt hierbei die gesetzlichen Bestimmungen an, welche die Auslieferung zulassen oder ausschließen. Der Generalsekretär des Europarats übermittelt diese Listen den anderen Unterzeichnerstaaten.

(5) Wird in der Folge die Auslieferung wegen anderer strafbarer Handlungen durch die Rechtsvorschriften einer Vertragspartei ausgeschlossen, so notifiziert diese den Ausschluß dem Generalsekretär des Europarats, der die anderen Unterzeichnerstaaten davon in Kenntnis setzt. Diese Notifikation wird erst mit Ablauf von drei Monaten nach dem Zeitpunkt ihres Eingangs bei dem Generalsekretär wirksam.

(6) Jede Vertragspartei, die von dem in den Absätzen 4 und 5 vorgesehenen Recht Gebrauch gemacht hat, kann jederzeit die Anwendung dieses Übereinkommens auf strafbare Handlungen erstrecken, die davon ausgeschlossen waren. Sie notifiziert diese Änderungen dem Generalsekretär des Europarats, der sie den anderen Unterzeichnerstaaten mitteilt.

(7) Jede Vertragspartei kann hinsichtlich der auf Grund dieses Artikels von der Anwendung des Übereinkommens ausgeschlossenen strafbaren Handlungen den Grundsatz der Gegenseitigkeit anwenden.

Art. 3 Politische strafbare Handlungen. (1) Die Auslieferung wird nicht bewilligt, wenn die strafbare Handlung, derentwegen sie begehrt wird, vom ersuchten Staat als eine politische oder als eine mit einer solchen zusammenhängende strafbare Handlung angesehen wird.

(2) Das gleiche gilt, wenn der ersuchte Staat ernstliche Gründe hat anzunehmen, daß das Auslieferungsersuchen wegen einer nach gemeinem Recht strafbaren Handlung gestellt worden ist, um eine Person aus rassischen, religiösen, nationalen oder auf politischen Anschauungen beruhenden Erwägungen zu verfolgen oder zu bestrafen, oder daß die verfolgte Person der Gefahr einer Erschwerung ihrer Lage aus einem dieser Gründe ausgesetzt wäre.

(3) Im Rahmen dieses Übereinkommens wird der Angriff auf das Leben eines Staatsoberhaupts oder eines Mitglieds seiner Familie nicht als politische strafbare Handlung angesehen.

(4) Dieser Artikel läßt die Verpflichtungen unberührt, welche die Vertragsparteien auf Grund eines anderen mehrseitigen internationalen Übereinkommens übernommen haben oder übernehmen werden.

Art. 4 Militärische strafbare Handlungen. Auf die Auslieferung wegen militärischer strafbarer Handlungen, die keine nach gemeinem Recht strafbaren Handlungen darstellen, ist dieses Übereinkommen nicht anwendbar.

Art. 5 Fiskalische strafbare Handlungen. In Abgaben-, Steuer-, Zoll- und Devisenstrafsachen wird die Auslieferung unter den Bedingungen dieses Übereinkommens nur bewilligt, wenn dies zwischen Vertragsparteien für einzelne oder Gruppen von strafbaren Handlungen dieser Art vereinbart worden ist.

Art. 6 Auslieferung eigener Staatsangehöriger. (1) a) Jede Vertragspartei ist berechtigt, die Auslieferung ihrer Staatsangehörigen abzulehnen.

b) Jede Vertragspartei kann, was sie betrifft, bei der Unterzeichnung oder der Hinterlegung ihrer Ratifikations- oder Beitrittsurkunde durch eine Erklärung den Begriff „Staatsangehörige" im Sinne dieses Übereinkommens bestimmen.

c) Für die Beurteilung der Eigenschaft als Staatsangehöriger ist der Zeitpunkt der Entscheidung über die Auslieferung maßgebend. Wird diese Eigenschaft jedoch erst zwischen der Entscheidung und dem für die Übergabe in Aussicht genommenen Zeitpunkt festgestellt, so kann der ersuchte Staat sich ebenfalls auf die Bestimmung des Buchstaben a dieses Absatzes berufen.

(2) Liefert der ersuchte Staat seinen Staatsangehörigen nicht aus, so hat er auf Begehren des ersuchenden Staates die Angelegenheit den zuständigen Behörden zu unterbreiten, damit gegebenenfalls eine gerichtliche Verfolgung durchgeführt werden kann. Zu diesem Zweck sind die auf die strafbare Handlung bezüglichen Akten, Unterlagen und Gegenstände kostenlos auf dem in Artikel 12 Abs. 1 vorgesehenen Wege zu übermitteln. Dem ersuchenden Staat ist mitzuteilen, inwieweit seinem Begehren Folge gegeben worden ist.

Art. 7 Begehungsort. (1) Der ersuchte Staat kann die Auslieferung des Verfolgten wegen einer strafbaren Handlung ablehnen, die nach seinen Rechtsvorschriften ganz oder zum Teil auf seinem Hoheitsgebiet oder an einem diesem gleichgestellten Ort begangen worden ist.

Europäisches Auslieferungsübereinkommen   8.6. **Texte 5**

(2) Ist die strafbare Handlung, die dem Auslieferungsersuchen zugrunde liegt, außerhalb des Hoheitsgebiets des ersuchenden Staates begangen worden, so kann die Auslieferung nur abgelehnt werden, wenn die Rechtsvorschriften des ersuchten Staates die Verfolgung einer außerhalb seines Hoheitsgebiets begangenen strafbaren Handlung gleicher Art oder die Auslieferung wegen der strafbaren Handlung nicht zulassen, die Gegenstand des Ersuchens ist.

Art. 8 Anhängige Strafverfahren wegen derselben Handlungen. Der ersuchte Staat kann die Auslieferung eines Verfolgten ablehnen, der von ihm wegen Handlungen verfolgt wird, derentwegen um Auslieferung ersucht wird.

Art. 9 Non bis in idem. Die Auslieferung wird nicht bewilligt, wenn der Verfolgte wegen Handlungen, derentwegen um Auslieferung ersucht wird, von den zuständigen Behörden des ersuchten Staates rechtskräftig abgeurteilt worden ist. Die Auslieferung kann abgelehnt werden, wenn die zuständigen Behörden des ersuchten Staates entschieden haben, wegen derselben Handlungen kein Strafverfahren einzuleiten oder ein bereits eingeleitetes Strafverfahren einzustellen.

Art. 10 Verjährung. Die Auslieferung wird nicht bewilligt, wenn nach den Rechtsvorschriften des ersuchenden oder des ersuchten Staates die Strafverfolgung oder Strafvollstreckung verjährt ist.

Art. 11 Todesstrafe. Ist die Handlung, derentwegen um Auslieferung ersucht wird, nach dem Recht des ersuchenden Staates mit der Todesstrafe bedroht, und ist diese für solche Handlungen nach den Rechtsvorschriften des ersuchten Staates nicht vorgesehen oder wird sie von ihm in der Regel nicht vollstreckt, so kann die Auslieferung abgelehnt werden, sofern nicht der ersuchende Staat eine vom ersuchten Staat als ausreichend erachtete Zusicherung gibt, daß die Todesstrafe nicht vollstreckt wird.

Art. 12 Ersuchen und Unterlagen. Das Ersuchen wird schriftlich abgefaßt und auf dem diplomatischen Weg übermittelt. Ein anderer Weg kann unmittelbar zwischen zwei oder mehreren Vertragsparteien vereinbart werden. Dem Ersuchen sind beizufügen:
a) die Urschrift oder eine beglaubigte Abschrift eines vollstreckbaren verurteilenden Erkenntnisses, eines Haftbefehls oder jeder anderen, nach den Formvorschriften des ersuchenden Staates ausgestellten Urkunde mit gleicher Rechtswirkung;
b) eine Darstellung der Handlungen, derentwegen um Auslieferung ersucht wird. Zeit und Ort ihrer Begehung sowie ihre rechtliche Würdigung unter Bezugnahme auf die anwendbaren Gesetzesbestimmungen sind so genau wie möglich anzugeben;
c) eine Abschrift der anwendbaren Gesetzesbestimmungen oder, sofern dies nicht möglich ist, eine Erklärung über das anwendbare Recht sowie eine möglichst genaue Beschreibung des Verfolgten und alle anderen zur Feststellung seiner Identität und Staatsangehörigkeit geeigneten Angaben.

Art. 13 Ergänzung der Unterlagen. Erweisen sich die vom ersuchenden Staat übermittelten Unterlagen für eine Entscheidung des ersuchten Staates auf Grund dieses Übereinkommens als unzureichend, so ersucht dieser Staat um die notwendige Ergänzung der Unterlagen; er kann für deren Beibringung eine Frist setzen.

Art. 14 Grundsatz der Spezialität. (1) Der Ausgelieferte darf wegen einer anderen, vor der Übergabe begangenen Handlung als derjenigen, die der Auslieferung zugrunde liegt, nur in den folgenden Fällen verfolgt, abgeurteilt, zur Vollstreckung einer Strafe oder Maßregel der Sicherung und Besserung in Haft gehalten oder einer sonstigen Beschränkung seiner persönlichen Freiheit unterworfen werden:
a) wenn der Staat, der ihn ausgeliefert hat, zustimmt. Zu diesem Zweck ist ein Ersuchen unter Beifügung der in Artikel 12 erwähnten Unterlagen und eines gerichtlichen Protokolls über die Erklärungen des Ausgelieferten zu stellen. Die Zustimmung wird erteilt, wenn die strafbare Handlung, derentwegen um Zustimmung ersucht wird, an sich nach diesem Übereinkommen der Verpflichtung zur Auslieferung unterliegt;
b) wenn der Ausgelieferte, obwohl er dazu die Möglichkeit hatte, das Hoheitsgebiet des Staates, dem er ausgeliefert worden ist, innerhalb von 45 Tagen nach seiner endgültigen Freilassung nicht verlassen hat oder wenn er nach Verlassen dieses Gebiets dorthin zurückgekehrt ist.

(2) Der ersuchende Staat kann jedoch die erforderlichen Maßnahmen treffen, um einen Ausgelieferten außer Landes zu schaffen oder nach seinen Rechtsvorschriften die Verjährung zu unterbrechen, sowie ein Abwesenheitsverfahren durchführen.

(3) Wird die dem Ausgelieferten zur Last gelegte Handlung während des Verfahrens rechtlich anders gewürdigt, so darf er nur insoweit verfolgt oder abgeurteilt werden, als die Tatbestandsmerkmale der rechtlich neu gewürdigten strafbaren Handlung die Auslieferung gestatten würden.

Art. 15 Weiterlieferung an einen dritten Staat. Außer im Falle des Artikels 14 Abs. 1 b darf der ersuchende Staat den ihm Ausgelieferten, der von einer anderen Vertragspartei oder einem dritten Staat wegen vor der Übergabe begangener strafbarer Handlungen gesucht wird, nur mit Zustimmung des ersuchten Staates der anderen Vertragspartei oder dem dritten Staat ausliefern. Der ersuchte Staat kann die Vorlage der in Artikel 12 Abs. 2 erwähnten Unterlagen verlangen.

Art. 16 Vorläufige Auslieferungshaft. (1) In dringenden Fällen können die zuständigen Behörden des ersuchenden Staates um vorläufige Verhaftung des Verfolgten ersuchen; über dieses Ersuchen entscheiden die zuständigen Behörden des ersuchten Staates nach dessen Recht.

(2) In dem Ersuchen um vorläufige Verhaftung ist anzuführen, daß eine der in Artikel 12 Abs. 2 a erwähnten Urkunden vorhanden ist und die Absicht besteht, ein Auslieferungsersuchen zu stellen; ferner sind darin die strafbare Handlung, derentwegen um Auslieferung ersucht werden wird, Zeit und Ort ihrer Begehung und, soweit möglich, die Beschreibung der gesuchten Person anzugeben.

(3) Das Ersuchen um vorläufige Verhaftung wird den zuständigen Behörden des ersuchten Staates auf dem diplomatischen oder unmittelbar auf dem postalischen oder telegrafischen Weg oder über die Internationale Kriminalpolizeiliche Organisation (Interpol) oder durch jedes andere Nachrichtenmittel übersendet, das Schriftspuren hinterläßt oder vom ersuchten Staat zugelassen wird. Der ersuchenden Behörde ist unverzüglich mitzuteilen, inwieweit ihrem Ersuchen Folge gegeben worden ist.

(4) Die vorläufige Haft kann aufgehoben werden, wenn das Auslieferungsersuchen und die in Artikel 12 erwähnten Unterlagen dem ersuchten Staat nicht innerhalb von achtzehn Tagen nach der Verhaftung vorliegen; sie darf in keinem Falle vierzig Tage vom Zeitpunkt der Verhaftung an überschreiten. Die vorläufige Freilassung ist jedoch jederzeit möglich, sofern der ersuchte Staat alle Maßnahmen trifft, die er zur Verhinderung einer Flucht des Verfolgten für notwendig hält.

(5) Die Freilassung steht einer erneuten Verhaftung und der Auslieferung nicht entgegen, wenn das Auslieferungsersuchen später eingeht.

Art. 17 Mehrheit von Auslieferungsersuchen. Wird wegen derselben oder wegen verschiedener Handlungen von mehreren Staaten zugleich um Auslieferung ersucht, so entscheidet der ersuchte Staat unter Berücksichtigung aller Umstände, insbesondere der verhältnismäßigen Schwere der strafbaren Handlungen, des Ortes ihrer Begehung, des Zeitpunkts der Auslieferungsersuchen, der Staatsangehörigkeit des Verfolgten und der Möglichkeit einer späteren Auslieferung an einen anderen Staat.

Art. 18 Übergabe des Verfolgten. (1) Der ersuchte Staat setzt den ersuchenden Staat von seiner Entscheidung über die Auslieferung auf dem in Artikel 12 Abs. 1 vorgesehenen Weg in Kenntnis.

(2) Jede vollständige oder teilweise Ablehnung ist zu begründen.

(3) Im Falle der Bewilligung werden dem ersuchenden Staat Ort und Zeit der Übergabe sowie die Dauer der von dem Verfolgten erlittenen Auslieferungshaft mitgeteilt.

(4) Vorbehaltlich des in Absatz 5 vorgesehenen Falles kann der Verfolgte mit Ablauf von fünfzehn Tagen nach dem für die Übergabe festgesetzten Zeitpunkt freigelassen werden, wenn er bis dahin nicht übernommen worden ist; in jedem Fall ist er nach Ablauf von dreißig Tagen freizulassen. Der ersuchte Staat kann dann die Auslieferung wegen derselben Handlung ablehnen.

(5) Wird die Übergabe oder Übernahme der auszuliefernden Person durch höhere Gewalt behindert, so hat der betroffene Staat den anderen Staat davon in Kenntnis zu setzen. Beide Staaten vereinbaren einen neuen Zeitpunkt für die Übergabe; die Bestimmungen des Absatzes 4 finden Anwendung.

Art. 19 Aufgeschobene oder bedingte Übergabe. (1) Der ersuchte Staat kann, nachdem er über das Auslieferungsersuchen entschieden hat, die Übergabe des Verfolgten aufschieben, damit dieser von ihm gerichtlich verfolgt werden oder, falls er bereits verurteilt worden ist, in seinem Hoheitsgebiet eine Strafe verbüßen kann, die er wegen einer anderen Handlung als derjenigen verwirkt hat, derentwegen um Auslieferung ersucht worden ist.

(2) Statt die Übergabe aufzuschieben, kann der ersuchte Staat den Verfolgten dem ersuchenden Staat vorübergehend unter Bedingungen übergeben, die von beiden Staaten vereinbart werden.

Art. 20 Herausgabe von Gegenständen. (1) Auf Verlangen des ersuchenden Staates beschlagnahmt und übergibt der ersuchte Staat, soweit es seine Rechtsvorschriften zulassen, die Gegenstände, die als Beweisstücke dienen können oder die aus der strafbaren Handlung herrühren und im Zeitpunkt der Festnahme im Besitz des Verfolgten gefunden worden sind oder später entdeckt werden.

(2) Die in Absatz 1 erwähnten Gegenstände sind selbst dann herauszugeben, wenn die bereits bewilligte Auslieferung infolge des Todes oder der Flucht des Verfolgten nicht vollzogen werden kann.

(3) Unterliegen diese Gegenstände im Hoheitsgebiet des ersuchten Staates der Beschlagnahme oder Einziehung, so kann er sie im Hinblick auf ein anhängiges Strafverfahren vorübergehend zurückbehalten oder unter der Bedingung der Rückgabe herausgeben.

(4) Rechte des ersuchten Staates oder Dritter an diesen Gegenständen bleiben vorbehalten. Bestehen solche Rechte, so sind die Gegenstände nach Abschluß des Verfahrens sobald wie möglich und kostenlos dem ersuchten Staat zurückzugeben.

Art. 21 Durchlieferung. (1) Die Durchlieferung durch das Hoheitsgebiet einer der Vertragsparteien wird auf Grund eines Ersuchens, das auf dem in Artikel 12 Abs. 1 vorgesehenen Weg zu übermitteln ist, bewilligt, sofern die strafbare Handlung von dem um die Durchlieferung ersuchten Staat nicht als politische oder rein militärische strafbare Handlung im Sinne der Artikel 3 und 4 angesehen wird.

(2) Die Durchlieferung eines Staatsangehörigen – im Sinne des Artikels 6 – des um die Durchlieferung ersuchten Staates kann abgelehnt werden.

(3) Vorbehaltlich der Bestimmungen des Absatzes 4 sind die in Artikel 12 Abs. 2 erwähnten Unterlagen beizubringen.

(4) Wird der Luftweg benutzt, so finden folgende Bestimmungen Anwendung:
a) Wenn eine Zwischenlandung nicht vorgesehen ist, hat der ersuchende Staat die Vertragspartei, deren Hoheitsgebiet überflogen werden soll, zu verständigen und das Vorhandensein einer der in Artikel 12 Abs. 2a erwähnten Unterlagen zu bestätigen. Im Fall einer unvorhergesehenen Zwischenlandung hat diese Mitteilung die Wirkung eines Ersuchens um vorläufige Verhaftung im Sinne des Artikels 16; der ersuchende Staat hat dann ein formgerechtes Durchlieferungsersuchen zu stellen;
b) Wenn eine Zwischenlandung vorgesehen ist, hat der ersuchende Staat ein formgerechtes Durchlieferungsersuchen zu stellen.

(5) Eine Vertragspartei kann jedoch bei der Unterzeichnung dieses Übereinkommens oder der Hinterlegung ihrer Ratifikations- oder Beitrittsurkunde erklären, daß sie die Durchlieferung einer Person nur unter einigen oder unter allen für die Auslieferung maßgebenden Bedingungen bewilligt. In diesem Fall kann der Grundsatz der Gegenseitigkeit angewendet werden.

(6) Der Verfolgte darf nicht durch ein Gebiet durchgeliefert werden, wenn Grund zu der Annahme besteht, daß dort sein Leben oder seine Freiheit wegen seiner Rasse, Religion, Nationalität oder seiner politischen Anschauungen bedroht werden könnte.

Art. 22 Verfahren. Soweit in diesem Übereinkommen nichts anderes bestimmt ist, findet auf das Verfahren der Auslieferung und der vorläufigen Auslieferungshaft ausschließlich das Recht des ersuchten Staates Anwendung.

Art. 23 Anzuwendende Sprache. Die beizubringenden Unterlagen sind in der Sprache des ersuchenden Staates oder in der des ersuchten Staates abzufassen. Dieser kann eine Übersetzung in eine von ihm gewählte offizielle Sprache des Europarats verlangen.

Art. 24 Kosten. (1) Kosten, die durch die Auslieferung im Hoheitsgebiet des ersuchten Staates entstehen, gehen zu dessen Lasten.

(2) Kosten, die durch die Durchlieferung durch das Hoheitsgebiet des darum ersuchten Staates entstehen, gehen zu Lasten des ersuchenden Staates.

(3) Im Falle der Auslieferung aus einem nicht zum Mutterland des ersuchten Staates gehörenden Gebiet gehen Kosten, die durch die Beförderung zwischen diesem Gebiet und dem Mutterland des ersuchenden Staates entstehen, zu dessen Lasten. Das gleiche gilt für Kosten, die durch die Beförderung zwischen dem nicht zum Mutterland gehörenden Gebiet des ersuchten Staates und dessen Mutterland entstehen.

Art. 25 Bestimmung des Begriffs „Maßregeln der Sicherung und Besserung". Im Sinne dieses Übereinkommens bedeutet der Ausdruck „Maßregeln der Sicherung und Besserung" alle die Freiheit beschränkenden Maßregeln, die durch ein Strafgericht neben oder an Stelle einer Strafe angeordnet worden sind.

Art. 26 Vorbehalte. (1) Jede Vertragspartei kann bei der Unterzeichnung dieses Übereinkommens oder der Hinterlegung ihrer Ratifikations- oder Beitrittsurkunde zu einer oder mehreren genau bezeichneten Bestimmungen des Übereinkommens einen Vorbehalt machen.

(2) Jede Vertragspartei, die einen Vorbehalt gemacht hat, wird ihn zurückziehen, sobald die Umstände es gestatten. Die Zurückziehung von Vorbehalten erfolgt durch Notifikation an den Generalsekretär des Europarats.

(3) Eine Vertragspartei, die einen Vorbehalt zu einer Bestimmung des Übereinkommens gemacht hat, kann deren Anwendung durch eine andere Vertragspartei nur insoweit beanspruchen, als sie selbst diese Bestimmung angenommen hat.

Art. 27 Räumlicher Geltungsbereich. (1) Dieses Übereinkommen findet auf das Mutterland der Vertragsparteien Anwendung.

(2) Es findet hinsichtlich Frankreich auch auf Algerien und die überseeischen Departements und hinsichtlich des Vereinigten Königreichs Großbritannien und Nordirland auch auf die Kanalinseln und die Insel Man Anwendung.

(2) Die Bundesrepublik Deutschland kann die Anwendung dieses Übereinkommens durch eine an den Generalsekretär des Europarats gerichtete Erklärung auf das Land Berlin ausdehnen. Dieser notifiziert die Erklärung den anderen Vertragsparteien.

(3) Zwischen zwei oder mehreren Vertragsparteien kann die Anwendung dieses Übereinkommens durch unmittelbare Vereinbarung unter den darin festzusetzenden Bedingungen auf andere als die in den Absätzen 1, 2 und 3 erwähnten Gebiete ausgedehnt werden, für deren internationale Beziehungen eine dieser Vertragsparteien verantwortlich ist.

Art. 28 Verhältnis dieses Übereinkommens zu zweiseitigen Vereinbarungen. (1) Dieses Übereinkommen hebt hinsichtlich der Gebiete, auf die es Anwendung findet, diejenigen Bestimmungen zweiseitiger Verträge, Übereinkommen oder Vereinbarungen auf, die das Auslieferungswesen zwischen zwei Vertragsparteien regeln.

(2) Die Vertragsparteien können untereinander zwei- oder mehrseitige Vereinbarungen nur zur Ergänzung dieses Übereinkommens oder zur Erleichterung der Anwendung der darin enthaltenen Grundsätze schließen.

(3) Wenn die Auslieferung zwischen zwei oder mehreren Vertragsparteien auf der Grundlage einheitlicher Rechtsvorschriften stattfindet, sind diese Parteien berechtigt, ungeachtet der Bestimmungen dieses Übereinkommens ihre wechselseitigen Beziehungen auf dem Gebiet der Auslieferung ausschließlich nach diesem System zu regeln. Derselbe Grundsatz findet zwischen zwei oder mehreren Vertragsparteien Anwendung, wenn nach den Rechtsvorschriften jeder dieser Parteien in ihrem Hoheitsgebiet Haftbefehle zu vollstrecken sind, die im Hoheitsgebiet einer oder mehrerer der anderen Parteien erlassen worden sind. Die Vertragsparteien, die auf Grund dieses Absatzes in ihren wechselseitigen Beziehungen die Anwendung des Übereinkommens jetzt oder künftig ausschließen, haben dies dem Generalsekretär des Europarats zu notifizieren. Dieser übermittelt den anderen Vertragsparteien jede auf Grund dieses Absatzes erhaltene Notifikation.

Art. 29 Unterzeichnung, Ratifikation, Inkrafttreten. (1) Dieses Übereinkommen liegt zur Unterzeichnung durch die Mitglieder des Europarats auf. Es bedarf der Ratifikation; die Ratifikationsurkunden werden bei dem Generalsekretär des Europarats hinterlegt.

(2) Das Übereinkommen tritt neunzig Tage nach Hinterlegung der dritten Ratifikationsurkunde in Kraft.

(3) Für jeden Unterzeichnerstaat, der es später ratifiziert, tritt das Übereinkommen neunzig Tage nach Hinterlegung seiner Ratifikationsurkunde in Kraft.

Art. 30 Beitritt. (1) Das Ministerkomitee des Europarats kann jeden Staat, der nicht Mitglied des Europarats ist, einladen, diesem Übereinkommen beizutreten. Die Entschließung über diese Einladung bedarf der einstimmigen Billigung der Mitglieder des Europarats, die das Übereinkommen ratifiziert haben.

Internationale Rechtshilfe in Strafsachen (IRG)   9.1. **Texte 5**

(2) Der Beitritt erfolgt durch Hinterlegung einer Beitrittsurkunde bei dem Generalsekretär des Europarats und wird neunzig Tage nach deren Hinterlegung wirksam.

Art. 31 Kündigung. Jede Vertragspartei kann für sich selbst dieses Übereinkommen durch Notifikation an den Generalsekretär des Europarats kündigen. Diese Kündigung wird sechs Monate nach Eingang der Notifikation bei dem Generalsekretär des Europarats wirksam.

Art. 32 Notifikationen. Der Generalsekretär des Europarats notifiziert den Mitgliedern des Europarats und der Regierung jedes Staates, der diesem Übereinkommen beigetreten ist:
a) die Hinterlegung jeder Ratifikations- oder Beitrittsurkunde;
b) den Zeitpunkt des Inkrafttretens;
c) jede nach Artikel 6 Abs. 1 und nach Artikel 21 Abs. 5 abgegebene Erklärung;
d) jeden nach Artikel 26 Abs. 1 gemachten Vorbehalt;
e) jede nach Artikel 26 Abs. 2 vorgenommene Zurückziehung eines Vorbehalts;
f) jede nach Artikel 31 eingegangene Notifikation einer Kündigung und den Zeitpunkt, in dem diese wirksam wird.

9.1. Gesetz über die internationale Rechtshilfe in Strafsachen (IRG)

Vom 23. Dezember 1982 (BGBl. I 2071), in der Fassung der Bekanntmachung vom 27. Juni 1994 (BGBl. I 1537), zuletzt geändert durch Gesetz vom 24. August 2004 (BGBl. I 2198)

– Auszug –

Erster Teil. Anwendungsbereich

§ 1 Anwendungsbereich. (1) Der Rechtshilfeverkehr mit dem Ausland in strafrechtlichen Angelegenheiten richtet sich nach diesem Gesetz.

(2) Strafrechtliche Angelegenheiten im Sinne dieses Gesetzes sind auch Verfahren wegen einer Tat, die nach deutschem Recht als Ordnungswidrigkeit mit Geldbuße oder die nach ausländischem Recht mit einer vergleichbaren Sanktion bedroht ist, sofern über deren Festsetzung ein auch für Strafsachen zuständiges Gericht entscheiden kann.

(3) Regelungen in völkerrechtlichen Vereinbarungen gehen, soweit sie unmittelbar anwendbares innerstaatliches Recht geworden sind, den Vorschriften dieses Gesetzes vor.

(4) Die Unterstützung für ein verfahren in einer strafrechtlichen Angelegenheit mit einem Mitgliedstaat der Europäischen Union richtet sich nach diesem Gesetz. Absatz 3 wird mit der Maßgabe angewandt, dass der Achte Teil dieses Gesetzes den dort genannten völkerrechtlichen Vereinbarungen, welche jedoch ebenso wie die Regelungen über die vertragslose Rechtshilfe dieses Gesetzes hilfsweise anwendbar bleiben, vorgeht.

Zweiter Teil. Auslieferung an das Ausland

§ 2 Grundsatz. (1) Ein Ausländer, der in einem ausländischen Staat wegen einer Tat, die dort mit Strafe bedroht ist, verfolgt wird oder verurteilt worden ist, kann diesem Staat auf Ersuchen einer zuständigen Stelle zur Verfolgung oder zur Vollstreckung einer wegen der Tat verhängten Strafe oder sonstigen Sanktion ausgeliefert werden.

(2) Ein Ausländer, der in einem ausländischen Staat wegen einer Tat, die dort mit Strafe bedroht ist, verurteilt worden ist, kann einem anderen ausländischen Staat, der die Vollstreckung übernommen hat, auf Ersuchen einer zuständigen Stelle dieses Staates zur Vollstreckung einer wegen der Tat verhängten Strafe oder sonstigen Sanktion ausgeliefert werden.

(3) Ausländer im Sinne dieses Gesetzes sind Personen, die nicht Deutsche im Sinne des Artikels 116 Abs. 1 des Grundgesetzes sind.

§ 3 Auslieferung zur Verfolgung oder zur Vollstreckung. (1) Die Auslieferung ist nur zulässig, wenn die Tat auch nach deutschem Recht eine rechtswidrige Tat ist, die den Tatbestand eines Strafgesetzes verwirklicht, oder wenn sie bei sinngemäßer Umstellung des Sachverhalts auch nach deutschem Recht eine solche Tat wäre.

(2) Die Auslieferung zur Verfolgung ist nur zulässig, wenn die Tat nach deutschem Recht im Höchstmaß mit Freiheitsstrafe von mindestens einem Jahr bedroht ist oder wenn sie bei sinngemäßer Umstellung des Sachverhalts nach deutschem Recht mit einer solchen Strafe bedroht ist.

(3) Die Auslieferung zur Vollstreckung ist nur zulässig, wenn wegen der Tat die Auslieferung zur Verfolgung zulässig wäre und wenn eine freiheitsentziehende Sanktion zu vollstrecken ist. Sie ist ferner nur zulässig, wenn zu erwarten ist, daß die noch zu vollstreckende freiheitsentziehende Sanktion oder die Summe der noch zu vollstreckenden freiheitsentziehenden Sanktionen mindestens vier Monate beträgt.

§ 4 Akzessorische Auslieferung. Ist die Auslieferung zulässig, so ist sie wegen einer weiteren Tat auch dann zulässig, wenn für diese

1. die Voraussetzungen des § 3 Abs. 2 oder 3 nicht vorliegen oder
2. die Voraussetzungen des § 2 oder des § 3 Abs. 1 deshalb nicht vorliegen, weil die weitere Tat nur mit einer Sanktion im Sinne des § 1 Abs. 2 bedroht ist.

§ 5 Gegenseitigkeit. Die Auslieferung ist nur zulässig, wenn aufgrund der vom ersuchenden Staat gegebenen Zusicherungen erwartet werden kann, daß dieser einem vergleichbaren deutschen Ersuchen entsprechen würde.

§ 6 Politische Straftaten, politische Verfolgung. (1) Die Auslieferung ist nicht zulässig wegen einer politischen Tat oder wegen einer mit einer solchen zusammenhängenden Tat. Sie ist zulässig, wenn der Verfolgte wegen vollendeten oder versuchen Völkermordes, Mordes oder Totschlags oder wegen der Beteiligung hieran verfolgt wird oder verurteilt worden ist.

(2) Die Auslieferung ist nicht zulässig, wenn ernstliche Gründe für die Annahme bestehen, daß der Verfolgte im Fall seiner Auslieferung wegen seiner Rasse, seiner Religion, seiner Staatsangehörigkeit, seiner Zugehörigkeit zu einer bestimmten sozialen Gruppe oder seiner politischen Anschauungen verfolgt oder bestraft oder daß seine Lage aus einem dieser Gründe erschwert werden würde.

§ 7 Militärische Straftaten. Die Auslieferung ist nicht zulässig wegen einer Tat, die ausschließlich in der Verletzung militärischer Pflichten besteht.

§ 8 Todesstrafe. Ist die Tat nach dem Recht des ersuchenden Staates mit der Todesstrafe bedroht, so ist die Auslieferung nur zulässig, wenn der ersuchende Staat zusichert, daß die Todesstrafe nicht verhängt oder nicht vollstreckt werden wird.

§ 9 Konkurrierende Gerichtsbarkeit. Ist für die Tat auch die deutsche Gerichtsbarkeit begründet, so ist die Auslieferung nicht zulässig, wenn

1. ein Gericht oder eine Behörde im Geltungsbereich dieses Gesetzes gegen den Verfolgten wegen der Tat ein Urteil oder eine Entscheidung mit entsprechender Rechtswirkung erlassen, die Eröffnung des Hauptverfahrens abgelehnt (§ 204 der Strafprozeßordnung), einen Antrag auf Erhebung der öffentlichen Klage verworfen (§ 174 der Strafprozeßordnung), das Verfahren nach Erfüllung von Auflagen und Weisungen eingestellt (§ 153a der Strafprozeßordnung) oder nach Jugendstrafrecht von der Verfolgung abgesehen oder das Verfahren eingestellt hat (§ 45, 47 des Jugendgerichtsgesetzes) oder
2. die Verfolgung oder Vollstreckung nach deutschem Recht verjährt oder aufgrund eines deutschen Straffreiheitsgesetzes ausgeschlossen ist.

§ 9a Auslieferung und Verfahren vor internationalen Strafgerichtshöfen. (1) Die Auslieferung ist nicht zulässig, wenn ein internationaler Strafgerichtshof, der durch einen für die Bundesrepublik Deutschland verbindlichen Rechtsakt errichtet wurde, gegen den Verfolgten wegen der Tat ein rechtskräftiges Strafurteil oder eine Entscheidung mit entsprechender Rechtswirkung erlassen oder das Strafverfahren unanfechtbar eingestellt hat und nach dem Errichtungsakt in diesem Falle die Verfolgung durch andere Stellen untersagt ist. Führt der in Satz 1 bezeichnete Gerichtshof wegen der Tat ein Strafverfahren und liegt eine Entscheidung im Sinne des Satzes 1 des Gerichtshofes bei Eingang des Auslieferungsersuchens noch nicht vor, wird die Entscheidung über die Zulässigkeit der Auslieferung zurückgestellt. Eine vorübergehende Auslieferung (§ 37) scheidet aus.

(2) Ersuchen sowohl ein ausländischer Staat als auch ein Gerichtshof im Sinne des Absatzes 1 Satz 1 um Übergabe des Verfolgten zur Strafverfolgung oder Strafvollstreckung (konkurrierende Ersuchen) und erhält der Errichtungsakt des Gerichtshofes oder enthalten die zu seiner Ausführung erlassenen Rechtsvorschriften Bestimmungen, die die Behandlung mehrerer Ersuchen regeln, so richtet sich die Behandlung der Ersuchen nach diesen Bestimmungen. Enthalten weder der Errichtungsakt noch die zu seiner Ausführung erlassenen Rechtsvorschriften Bestimmungen zur Behandlung konkurrierender Ersuchen, räumt aber der Errichtungsakt dem Verfahren des Gerichtshofes Vorrang vor dem Verfahren des ausländischen Staates ein, wird dem Ersuchen des Gerichtshofes Vorrang gegeben.

§ 10 Auslieferungsunterlagen. (1) Die Auslieferung ist nur zulässig, wenn wegen der Tat ein Haftbefehl, eine Urkunde mit entsprechender Rechtswirkung oder ein vollstreckbares, eine Freiheitsentziehung anordnendes Erkenntnis einer zuständigen Stelle des ersuchenden Staates und eine Darstellung der anwendbaren gesetzlichen Bestimmungen vorgelegt worden sind. Wird um Auslieferung zur Verfolgung mehrerer Taten ersucht, so genügt hinsichtlich der weiteren Taten anstelle eines Haftbefehls oder einer Urkunde mit entsprechender Rechtswirkung die Urkunde einer zuständigen Stelle des ersuchenden Staates, aus der sich die dem Verfolgten zur Last gelegte Tat ergibt.

(2) Geben besondere Umstände des Falles Anlaß zu der Prüfung, ob der Verfolgte der ihm zur Last gelegten Tat hinreichend verdächtig erscheint, so ist die Auslieferung ferner nur zulässig, wenn eine Darstellung der Tatsachen vorgelegt worden ist, aus denen sich der hinreichende Tatverdacht ergibt.

(3) Die Auslieferung zur Vollstreckung einer Strafe oder einer sonstigen Sanktion, die in einem dritten Staat verhängt wurde, ist nur zulässig, wenn

1. das vollstreckbare, eine Freiheitsentziehung anordnende Erkenntnis und eine Urkunde des dritten Staates, aus der sich sein Einverständnis mit der Vollstreckung durch den Staat ergibt, der die Vollstreckung übernommen hat,
2. eine Urkunde einer zuständigen Stelle des Staates, der die Vollstreckung übernommen hat, nach der die Strafe oder sonstige Sanktion dort vollstreckbar ist,
3. eine Darstellung der anwendbaren gesetzlichen Bestimmungen sowie
4. im Fall des Absatzes 2 eine Darstellung im Sinne dieser Vorschrift

vorgelegt worden sind.

§ 11 Spezialität. (1) Die Auslieferung ist nur zulässig, wenn gewährleistet ist, daß der Verfolgte
1. in dem ersuchenden Staat ohne deutsche Zustimmung aus keinem vor seiner Überstellung eingetretenen Grund mit Ausnahme der Tat, derentwegen die Auslieferung bewilligt worden ist, bestraft, einer Beschränkung seiner persönlichen Freiheit unterworfen oder durch Maßnahmen, die nicht auch in seiner Abwesenheit getroffen werden können, verfolgt werden wird,
2. nicht ohne deutsche Zustimmung an einen dritten Staat weitergeliefert, überstellt oder in einen dritten Staat abgeschoben werden wird und
3. den ersuchenden Staat nach dem endgültigen Abschluß des Verfahrens, dessentwegen seine Auslieferung bewilligt worden ist, verlassen darf.

(2) Die Bindung des ersuchenden Staates an die Spezialität darf nur entfallen, wenn
1. die deutsche Zustimmung zur Verfolgung oder zur Vollstreckung einer Strafe oder einer sonstigen Sanktion hinsichtlich einer weiteren Tat (§ 35) oder zur Weiterlieferung, Überstellung oder Abschiebung an einen anderen ausländischen Staat (§ 36) erteilt worden ist,
2. der Verfolgte den ersuchenden Staat innerhalb eines Monats nach dem endgültigen Abschluß des Verfahrens, dessentwegen seine Auslieferung bewilligt worden ist, nicht verlassen hat, obwohl er dazu das Recht und die Möglichkeit hatte, oder
3. der Verfolgte, nachdem er den ersuchenden Staat verlassen hatte, dorthin zurückgekehrt ist oder von einem dritten Staat zurücküberstellt worden ist.

Das Recht des ersuchenden Staates, den Verfolgten zur Vorbereitung eines Ersuchens nach § 35 zu vernehmen, bleibt unberührt.

(3) Eine bedingte Freilassung ohne eine die Bewegungsfreiheit des Verfolgten einschränkende Anordnung steht dem endgültigen Abschluß des Verfahrens nach Absatz 1 Nr. 3, Abs. 2 Satz 1 Nr. 2 gleich.

§ 12 Bewilligung der Auslieferung. Die Auslieferung darf, außer im Fall des § 41, nur bewilligt werden, wenn das Gericht sie für zulässig erklärt hat.

5 Texte 9.1.

§ 13 Sachliche Zuständigkeit. (1) Die gerichtlichen Entscheidungen erläßt vorbehaltlich der §§ 21, 22 und 39 Abs. 2 das Oberlandesgericht. Die Entscheidungen des Oberlandesgerichts sind unanfechtbar.

(2) Die Staatsanwaltschaft bei dem Oberlandesgericht bereitet die Entscheidung über die Auslieferung vor und führt die bewilligte Auslieferung durch.

§ 14 Örtliche Zuständigkeit. (1) Örtlich zuständig sind das Oberlandesgericht und die Staatsanwaltschaft bei dem Oberlandesgericht, in deren Bezirk der Verfolgte zum Zweck der Auslieferung ergriffen oder, falls eine Ergreifung nicht erfolgt, zuerst ermittelt wird.

(2) Werden mehrere Verfolgte, die wegen Beteiligung an derselben Tat oder im Zusammenhang damit wegen Begünstigung, Strafvereitelung oder Hehlerei ausgeliefert werden sollen, in den Bezirken verschiedener Oberlandesgerichte zum Zweck der Auslieferung ergriffen oder ermittelt, so richtet sich die Zuständigkeit danach, welches Oberlandesgericht oder, solange noch kein Oberlandesgericht befaßt ist, welche Staatsanwaltschaft bei dem Oberlandesgericht zuerst mit der Sache befaßt wurde.

(3) Ist der Aufenthalt des Verfolgten nicht bekannt, so bestimmt der Bundesgerichtshof das zuständige Oberlandesgericht.

§ 15 Auslieferungshaft. (1) Nach dem Eingang des Auslieferungsersuchens kann gegen den Verfolgten die Auslieferungshaft angeordnet werden, wenn
1. die Gefahr besteht, daß er sich dem Auslieferungsverfahren oder der Durchführung der Auslieferung entziehen werde, oder
2. aufgrund bestimmter Tatsachen der dringende Verdacht begründet ist, daß der Verfolgte die Ermittlung der Wahrheit in dem ausländischen Verfahren oder im Auslieferungsverfahren erschweren werde.

(2) Absatz 1 gilt nicht, wenn die Auslieferung von vornherein unzulässig erscheint.

§ 16 Vorläufige Auslieferungshaft. (1) Die Auslieferungshaft kann unter den Voraussetzungen des § 15 schon vor dem Eingang des Auslieferungsersuchens angeordnet werden, wenn
1. eine zuständige Stelle des ersuchenden Staates darum ersucht oder
2. ein Ausländer einer Tat, die zu seiner Auslieferung Anlaß geben kann, aufgrund bestimmter Tatsachen dringend verdächtig ist.

(2) Der Auslieferungshaftbefehl ist aufzuheben, wenn der Verfolgte seit dem Tag der Ergreifung oder der vorläufigen Festnahme insgesamt zwei Monate zum Zweck der Auslieferung in Haft ist, ohne daß das Auslieferungsersuchen und die Auslieferungsunterlagen bei der in § 74 bezeichneten Behörde oder bei einer sonst zu ihrer Entgegennahme zuständigen Stelle eingegangen sind. Hat ein außereuropäischer Staat um Anordnung der vorläufigen Auslieferungshaft ersucht, so beträgt die Frist drei Monate.

(3) Nach dem Eingang des Auslieferungsersuchens und der Auslieferungsunterlagen entscheidet das Oberlandesgericht unverzüglich über die Fortdauer der Haft.

§ 17 Auslieferungshaftbefehl. (1) Die vorläufige Auslieferungshaft und die Auslieferungshaft werden durch schriftlichen Haftbefehl (Auslieferungshaftbefehl) des Oberlandesgerichts angeordnet.

(2) In dem Auslieferungshaftbefehl sind anzuführen
1. der Verfolgte,
2. der Staat, an den die Auslieferung nach den Umständen des Falles in Betracht kommt,
3. die dem Verfolgten zur Last gelegte Tat,
4. das Ersuchen oder im Fall des § 16 Abs. 1 Nr. 2 die Tatsachen, aus denen sich ergibt, daß der Verfolgte einer Tat, die zu seiner Auslieferung Anlaß geben kann, dringend verdächtig ist, sowie
5. der Haftgrund und die Tatsachen, aus denen er sich ergibt.

§ 18 Steckbrief. Liegt ein Auslieferungshaftbefehl vor und ist der Aufenthalt des Verfolgten nicht bekannt, so können die erforderlichen Maßnahmen zur Feststellung des Aufenthaltes und zur festnahme des Verfolgten ergriffen werden. Zur Anordnung einzelner Fahndungsmaßnahmen bedarf es keines gesonderten Ersuchens. Zuständig für die Ausschreibung zur Festnahme ist die Staatsanwaltschaft bei dem Oberlandesgericht. Die Vorschriften des Abschnitts 9 a der Strafprozessordnung sind entsprechend anwendbar.

§ 19 Vorläufige Festnahme. Liegen die Voraussetzungen eines Auslieferungshaftbefehls vor, so sind die Staatsanwaltschaft und die Beamten des Polizeidienstes zur vorläufigen Festnahme befugt. Unter den Voraussetzungen des § 127 Abs. 1 Satz 1 der Strafprozeßordnung ist jedermann zur vorläufigen Festnahme berechtigt.

§ 20 Bekanntgabe. (1) Wird der Verfolgte festgenommen, so ist ihm der Grund der Festnahme mitzuteilen.

(2) Liegt ein Auslieferungshaftbefehl vor, so ist er dem Verfolgten unverzüglich bekanntzugeben. Der Verfolgte erhält eine Abschrift.

§ 21 Verfahren nach Ergreifung aufgrund eines Auslieferungshaftbefehls. (1) Wird der Verfolgte aufgrund eines Auslieferungshaftbefehls ergriffen, so ist er unverzüglich, spätestens am Tag nach der Ergreifung, dem Richter des nächsten Amtsgerichts vorzuführen.

(2) Der Richter beim Amtsgericht vernimmt den Verfolgten unverzüglich nach der Vorführung, spätestens am nächsten Tag, über seine persönlichen Verhältnisse, insbesondere über seine Staatsangehörigkeit. Er weist ihn darauf hin, daß er sich in jeder Lage des Verfahrens eines Beistands (§ 40) bedienen kann und daß es ihm freisteht, sich zu der ihm zur Last gelegten Tat zu äußern oder dazu nicht auszusagen. Sodann befragt er ihn, ob und gegebenenfalls aus welchen Gründen er Einwendungen gegen die Auslieferung, gegen den Auslieferungshaftbefehl oder gegen dessen Vollzug erheben will. Im Fall des § 16 Abs. 1 Nr. 2 erstreckt sich die Vernehmung auch auf den Gegenstand der Beschuldigung; in den übrigen Fällen sind die Angaben, die der Verfolgte von sich aus hierzu macht, in das Protokoll aufzunehmen.

(3) Ergibt sich bei der Vernehmung, daß
1. der Ergriffene nicht die in dem Auslieferungshaftbefehl bezeichnete Person ist,
2. der Auslieferungshaftbefehl aufgehoben ist oder
3. der Vollzug des Auslieferungshaftbefehls ausgesetzt ist,
so ordnet der Richter beim Amtsgericht die Freilassung an.

(4) Ist der Auslieferungshaftbefehl aufgehoben oder der Vollzug ausgesetzt, so ordnet der Richter beim Amtsgericht an, daß der Verfolgte bis zur Entscheidung des Oberlandesgerichts festzuhalten ist, wenn
1. die Voraussetzungen eines neuen Auslieferungshaftbefehls wegen der Tat vorliegen oder
2. Gründe dafür vorliegen, den Vollzug des Auslieferungshaftbefehls anzuordnen.
Die Staatsanwaltschaft bei dem Oberlandesgericht führt unverzüglich die Entscheidung des Oberlandesgerichts herbei.

(5) Erhebt der Verfolgte gegen den Auslieferungshaftbefehl oder gegen dessen Vollzug sonstige Einwendungen, die nicht offensichtlich unbegründet sind, oder hat der Richter beim Amtsgericht Bedenken gegen die Aufrechterhaltung der Haft, so teilt er dies der Staatsanwaltschaft bei dem Oberlandesgericht unverzüglich und auf dem schnellsten Weg mit. Die Staatsanwaltschaft bei dem Oberlandesgericht führt unverzüglich die Entscheidung des Oberlandesgerichts herbei.

(6) Erhebt der Verfolgte gegen die Auslieferung keine Einwendungen, so belehrt ihn der Richter beim Amtsgericht über die Möglichkeit der vereinfachten Auslieferung und deren Rechtsfolgen (§ 41) und nimmt sodann dessen Erklärung zu Protokoll.

(7) Die Entscheidung des Richters beim Amtsgericht ist unanfechtbar. Die Staatsanwaltschaft bei dem Oberlandesgericht kann die Freilassung des Verfolgten anordnen.

§ 22 Verfahren nach vorläufiger Festnahme. (1) Wird der Verfolgte vorläufig festgenommen, so ist er unverzüglich, spätestens am Tag nach der Festnahme, dem Richter des nächsten Amtsgerichts vorzuführen.

(2) Der Richter beim Amtsgericht vernimmt den Verfolgten unverzüglich nach der Vorführung, spätestens am nächsten Tag, über seine persönlichen Verhältnisse, insbesondere über seine Staatsangehörigkeit. Er weist ihn darauf hin, daß er sich in jeder Lage des Verfahrens eines Beistands (§ 40) bedienen kann und daß es ihm freisteht, sich zu der ihm zur Last gelegten Tat zu äußern oder dazu nicht auszusagen. Sodann befragt er ihn, ob und gegebenenfalls aus welchen Gründen er Einwendungen gegen die Auslieferung oder gegen seine vorläufige Festnahme erheben will. § 21 Abs. 2 Satz 4 gilt entsprechend.

(3) Ergibt sich bei der Vernehmung, daß der Ergriffene nicht die Person ist, auf die sich das Ersuchen oder die Tatsachen im Sinne des § 17 Abs. 2 Nr. 4 beziehen, so ordnet der Richter beim Amtsgericht seine Freilassung an. Andernfalls ordnet der Richter beim Amtsgericht an, daß der Verfolgte bis zur

Entscheidung des Oberlandesgerichts festzuhalten ist. § 21 Abs. 4 Satz 2, Abs. 6 und 7 gilt entsprechend.

§ 23 Entscheidung über Einwendungen des Verfolgten. Über Einwendungen des Verfolgten gegen den Auslieferungshaftbefehl oder gegen dessen Vollzug entscheidet das Oberlandesgericht.

§ 24 Aufhebung des Auslieferungshaftbefehls. (1) Der Auslieferungshaftbefehl ist aufzuheben, sobald die Voraussetzungen der vorläufigen Auslieferungshaft nicht mehr vorliegen oder die Auslieferung für unzulässig erklärt wird.

(2) Der Auslieferungshaftbefehl ist auch aufzuheben, wenn die Staatsanwaltschaft bei dem Oberlandesgericht dies beantragt. Gleichzeitig mit dem Antrag ordnet sie die Freilassung des Verfolgten an.

§ 25 Aussetzung des Vollzugs des Auslieferungshaftbefehls. (1) Das Oberlandesgericht kann den Vollzug des Auslieferungshaftbefehls aussetzen, wenn weniger einschneidende Maßnahmen die Gewähr bieten, daß der Zweck der vorläufigen Auslieferungshaft oder der Auslieferungshaft auch durch sie erreicht wird.

(2) § 116 Abs. 1 Satz 2, Abs. 4, §§ 116a, 123 und 124 Abs. 1, Abs. 2 Satz 1, Abs. 3 der Strafprozeßordnung sowie § 72 Abs. 1, 4 Satz 1 des Jugendgerichtsgesetzes gelten entsprechend.

§ 26 Haftprüfung. (1) Befindet sich der Verfolgte in Auslieferungshaft, so entscheidet das Oberlandesgericht über deren Fortdauer, wenn der Verfolgte seit dem Tag der Ergreifung, der vorläufigen Festnahme oder der letzten Entscheidung über die Fortdauer der Haft insgesamt zwei Monate zum Zweck der Auslieferung in Haft ist. Die Haftprüfung wird jeweils nach zwei Monaten wiederholt. Das Oberlandesgericht kann anordnen, daß die Haftprüfung innerhalb einer kürzeren Frist vorgenommen wird.

(2) Befindet sich der Verfolgte in vorläufiger Auslieferungshaft oder in einstweiliger Unterbringung in einem Erziehungsheim (§ 71 Abs. 2 des Jugendgerichtsgesetzes), so gilt Absatz 1 entsprechend.

§ 27 Vollzug der Haft. (1) Für die vorläufige Auslieferungshaft, die Auslieferungshaft und die Haft aufgrund einer Anordnung des Richters beim Amtsgericht gelten die Vorschriften der Strafprozeßordnung und, soweit der Verfolgte ein Jugendlicher oder ein Heranwachsender ist, die des Jugendgerichtsgesetzes über den Vollzug der Untersuchungshaft entsprechend.

(2) Die Staatsanwaltschaft bei dem Oberlandesgericht bestimmt die Anstalt, in welcher der Verfolgte zu verwahren ist.

(3) Die richterlichen Verfügungen trifft der Vorsitzende des zuständigen Senats des Oberlandesgerichts.

§ 28 Vernehmung des Verfolgten. (1) Nach dem Eingang des Auslieferungsersuchens beantragt die Staatsanwaltschaft bei dem Oberlandesgericht die Vernehmung des Verfolgten bei dem Amtsgericht, in dessen Bezirk er sich befindet.

(2) Der Richter beim Amtsgericht vernimmt den Verfolgten über seine persönlichen Verhältnisse, insbesondere über seine Staatsangehörigkeit. Er weist ihn darauf hin, daß er sich in jeder Lage des Verfahrens eines Beistands (§ 40) bedienen kann und daß es ihm freisteht, sich zu der ihm zur Last gelegten Tat zu äußern oder dazu nicht auszusagen. Sodann befragt er ihn, ob und gegebenenfalls aus welchen Gründen er Einwendungen gegen die Auslieferung erheben will. Zu dem Gegenstand der Beschuldigung ist der Verfolgte nur zu vernehmen, wenn die Staatsanwaltschaft bei dem Oberlandesgericht dies beantragt; in den übrigen Fällen sind die Angaben, die der Verfolgte von sich aus hierzu macht, in das Protokoll aufzunehmen.

(3) Erhebt der Verfolgte gegen die Auslieferung keine Einwendungen, so belehrt ihn der Richter beim Amtsgericht über die Möglichkeit der vereinfachten Auslieferung und deren Rechtsfolgen (§ 41) und nimmt sodann dessen Erklärung zu Protokoll.

§ 29 Antrag auf Entscheidung über die Zulässigkeit der Auslieferung. (1) Hat sich der Verfolgte nicht mit der vereinfachten Auslieferung (§ 41) einverstanden erklärt, so beantragt die Staatsanwaltschaft bei dem Oberlandesgericht die Entscheidung des Oberlandesgerichts darüber, ob die Auslieferung zulässig ist.

(2) Die Staatsanwaltschaft bei dem Oberlandesgericht kann die Entscheidung des Oberlandesgerichts auch dann beantragen, wenn sich der Verfolgte mit der vereinfachten Auslieferung einverstanden erklärt hat.

§ 30 Vorbereitung der Entscheidung. (1) Reichen die Auslieferungsunterlagen zur Beurteilung der Zulässigkeit der Auslieferung nicht aus, so entscheidet das Oberlandesgericht erst, wenn dem ersuchenden Staat Gelegenheit gegeben worden ist, ergänzende Unterlagen beizubringen. Für ihre Beibringung kann eine Frist gesetzt werden.

(2) Das Oberlandesgericht kann den Verfolgten vernehmen. Es kann sonstige Beweise über die Zulässigkeit der Auslieferung erheben. Im Fall des § 10 Abs. 2 erstreckt sich die Beweiserhebung über die Zulässigkeit der Auslieferung auch darauf, ob der Verfolgte der ihm zur Last gelegten Tat hinreichend verdächtig erscheint. Art und Umfang der Beweisaufnahme bestimmt das Oberlandesgericht, ohne durch Anträge, Verzichte oder frühere Beschlüsse gebunden zu sein.

(3) Das Oberlandesgericht kann eine mündliche Verhandlung durchführen.

§ 31 Durchführung der mündlichen Verhandlung. (1) Von Ort und Zeit der mündlichen Verhandlung sind die Staatsanwaltschaft bei dem Oberlandesgericht, der Verfolgte und sein Beistand (§ 40) zu benachrichtigen. Bei der mündlichen Verhandlung muß ein Vertreter der Staatsanwaltschaft bei dem Oberlandesgericht anwesend sein.

(2) Befindet sich der Verfolgte in Haft, so ist er vorzuführen, es sei denn, daß er auf die Anwesenheit in der Verhandlung verzichtet hat oder daß der Vorführung weite Entfernung, Krankheit oder andere nicht zu beseitigende Hindernisse entgegenstehen. Wird der Verfolgte zur mündlichen Verhandlung nicht vorgeführt, so muß ein Beistand (§ 40) seine Rechte in der Verhandlung wahrnehmen. In diesem Fall ist für die mündliche Verhandlung ein Rechtsanwalt als Beistand zu bestellen, wenn er noch keinen Beistand hat.

(3) Befindet sich der Verfolgte auf freiem Fuß, so kann das Oberlandesgericht sein persönliches Erscheinen anordnen. Erscheint der ordnungsgemäß geladene Verfolgte nicht und ist sein Fernbleiben nicht genügend entschuldigt, so kann das Oberlandesgericht die Vorführung anordnen.

(4) In der mündlichen Verhandlung sind die anwesenden Beteiligten zu hören. Über die Verhandlung ist ein Protokoll aufzunehmen.

§ 32 Entscheidung über die Zulässigkeit. Der Beschluß über die Zulässigkeit der Auslieferung ist zu begründen. Er wird der Staatsanwaltschaft bei dem Oberlandesgericht, dem Verfolgten und seinem Beistand (§ 40) bekanntgemacht. Der Verfolgte erhält eine Abschrift.

§ 33 Erneute Entscheidung über die Zulässigkeit. (1) Treten nach der Entscheidung des Oberlandesgerichts über die Zulässigkeit der Auslieferung Umstände ein, die eine andere Entscheidung über die Zulässigkeit zu begründen geeignet sind, so entscheidet das Oberlandesgericht von Amts wegen, auf Antrag der Staatsanwaltschaft bei dem Oberlandesgericht oder auf Antrag des Verfolgten erneut über die Zulässigkeit der Auslieferung.

(2) Werden nach der Entscheidung des Oberlandesgerichts Umstände bekannt, die eine andere Entscheidung über die Zulässigkeit zu begründen geeignet sind, so kann das Oberlandesgericht erneut über die Zulässigkeit der Auslieferung entscheiden.

(3) § 30 Abs. 2 und 3, §§ 31, 32 gelten entsprechend.

(4) Das Oberlandesgericht kann den Aufschub der Auslieferung anordnen.

§ 34 Haft zur Durchführung der Auslieferung. (1) Befindet sich der Verfolgte nach der Bewilligung der Auslieferung auf freiem Fuß und ist die Durchführung der Auslieferung nicht auf andere Weise gewährleistet, so ordnet das Oberlandesgericht durch schriftlichen Haftbefehl die Haft zur Durchführung der Auslieferung an, sofern nicht der Vollzug eines bestehenden Auslieferungshaftbefehls (§ 17) angeordnet werden kann.

(2) In dem Haftbefehl sind anzuführen
1. der Verfolgte,
2. die Entscheidung, durch welche die Auslieferung bewilligt worden ist, sowie
3. der Haftgrund und die Tatsachen, aus denen er sich ergibt.

(3) Die §§ 18 bis 20 und 23 bis 27 gelten entsprechend.

§ 35 Erweiterung der Auslieferungbewilligung. (1) Ist die Auslieferung durchgeführt und ersucht der Staat, an den der Verfolgte ausgeliefert worden ist, wegen einer weiteren Tat um Zustimmung zur Verfolgung oder zur Vollstreckung einer Strafe oder einer sonstigen Sanktion, so kann die Zustimmung erteilt werden, wenn

1. nachgewiesen worden ist, daß der Ausgelieferte Gelegenheit hatte, sich zu dem Ersuchen zu äußern, und das Oberlandesgericht entschieden hat, daß wegen der Tat die Auslieferung zulässig wäre, oder
2. nachgewiesen worden ist, daß der Ausgelieferte sich zu Protokoll eines Richters des ersuchenden Staates mit der Verfolgung oder mit der Vollstreckung der Strafe oder der sonstigen Sanktion einverstanden erklärt hat, und wegen der Tat die Auslieferung zulässig wäre.

Wird um Zustimmung zur Verfolgung ersucht, so genügt anstelle eines Haftbefehls oder einer Urkunde mit entsprechender Rechtswirkung (§ 10 Abs. 1 Satz 1) die Urkunde einer zuständigen Stelle des ersuchenden Staates, aus der sich die dem Verfolgten zur Last gelegte Tat ergibt.

(2) Für das Verfahren gelten § 29 mit der Maßgabe, daß an die Stelle des Einverständnisses des Verfolgten mit der vereinfachten Auslieferung sein Einverständnis im Sinne des Absatzes 1 Satz 1 Nr. 2 tritt, sowie § 30 Abs. 1, Abs. 2 Satz 2 bis 4, Abs. 3, § 31 Abs. 1 und 4, §§ 32, 33 Abs. 1 und 2 entsprechend. Zuständig für die gerichtliche Entscheidung nach Absatz 1 Satz 1 Nr. 1 ist das Oberlandesgericht, das im Auslieferungsverfahren zur Entscheidung über die Zulässigkeit der Auslieferung zuständig war.

§ 36 Weiterlieferung. (1) Ist die Auslieferung durchgeführt und ersucht eine zuständige Stelle eines ausländischen Staates wegen der Tat, derentwegen die Auslieferung bewilligt worden ist, oder wegen einer weiteren Tat um Zustimmung zur Weiterlieferung, zur Überstellung des Ausgelieferten zum Zweck der Vollstreckung einer Strafe oder einer sonstigen Sanktion oder zur Abschiebung, so gilt § 35 Abs. 1 Satz 1, Abs. 2 entsprechend mit der Maßgabe, daß wegen der Tat die Auslieferung an den Staat, an den der Ausgelieferte weitergeliefert oder überstellt werden soll, zulässig sein müßte.

(2) Ist die Auslieferung noch nicht durchgeführt, so kann auf ein Ersuchen der in Absatz 1 bezeichneten Art die Zustimmung erteilt werden, wenn wegen der Tat die Auslieferung an den Staat, an den der Ausgelieferte weitergeliefert oder überstellt werden soll, zulässig wäre. Für das Verfahren gelten die §§ 28 bis 33 entsprechend.

§ 37 Vorübergehende Auslieferung. (1) Wird die bewilligte Auslieferung aufgeschoben, weil im Geltungsbereich dieses Gesetzes gegen den Verfolgten ein Strafverfahren geführt wird oder eine Freiheitsstrafe oder eine freiheitsentziehende Maßregel der Besserung und Sicherung zu vollstrecken ist, so kann der Verfolgte vorübergehend ausgeliefert werden, wenn eine zuständige Stelle des ersuchenden Staates hierum ersucht und zusichert, ihn bis zu einem bestimmten Zeitpunkt oder auf Anforderung zurückzuliefern.

(2) Auf die Rücklieferung des Verfolgten kann verzichtet werden.

(3) Wird in dem Verfahren, dessentwegen die Auslieferung aufgeschoben wurde, zeitige Freiheitsstrafe oder Geldstrafe verhängt, so wird die in dem ersuchenden Staat bis zur Rücklieferung oder bis zum Verzicht auf die Rücklieferung erlittene Freiheitsentziehung darauf angerechnet. Ist die Auslieferung aufgeschoben worden, weil gegen den Verfolgten zeitige Freiheitsstrafe zu vollstrecken ist, so gilt Satz 1 entsprechend.

(4) Die für die Anrechnung nach Absatz 3 zuständige Stelle bestimmt nach Anhörung der Staatsanwaltschaft bei dem Oberlandesgericht den Maßstab nach ihrem Ermessen. Sie kann anordnen, daß die Anrechnung ganz oder zum Teil unterbleibt, wenn

1. die in dem ersuchenden Staat erlittene Freiheitsentziehung ganz oder zum Teil auf eine dort verhängte oder zu vollstreckende Strafe oder sonstige Sanktion angerechnet worden ist oder
2. die Anrechnung im Hinblick auf das Verhalten des Verfolgten nach der Übergabe nicht gerechtfertigt ist.

§ 40 Beistand. (1) Der Verfolgte kann sich in jeder Lage des Verfahrens eines Beistands bedienen.

(2) Dem Verfolgten, der noch keinen Beistand gewählt hat, ist ein Rechtsanwalt als Beistand zu bestellen, wenn

1. wegen der Schwierigkeit der Sach- oder Rechtslage die Mitwirkung eines Beistands geboten erscheint, bei Verfahren nach Abschnitt 2 d es Achten teils insbesondere bei Zweifeln, ob die dem Ersuchen zugrunde liegende Tat nach dem Recht des ersuchendes Staates eine Strafbestimmung

verletzt, die den in Artikel 2 Abs. 2 des Rahmenbeschlusses des Rates vom 13. Juni 2002 über den Europäischen Haftbefehl und die Übergabeverfahren zwischen den Mitgliedstaaten (ABl. EG Nr. L 190 S. 1) in Bezug genommenen Deliktsgruppen zugehörig ist,
2. ersichtlich ist, daß der Verfolgte seine Rechte nicht selbst hinreichend wahrnehmen kann, oder
3. der Verfolgte noch nicht achtzehn Jahre alt ist.

(3) Die Vorschriften des 11. Abschnittes des I. Buches der Strafprozeßordnung mit Ausnahme der §§ 140, 141 Abs. 1 bis 3 und § 142 Abs. 2 gelten entsprechend.

§ 41 Vereinfachte Auslieferung. (1) Die Auslieferung eines Ausländers, gegen den ein Auslieferungshaftbefehl besteht, kann auf Ersuchen einer zuständigen Stelle eines ausländischen Staates um Auslieferung oder um vorläufiger Festnahme zum Zweck der Auslieferung ohne Durchführung des förmlichen Auslieferungsverfahrens bewilligt werden, wenn sich der Verfolgte nach Belehrung zu richterlichem Protokoll mit dieser vereinfachten Auslieferung einverstanden erklärt hat.

(2) Im Fall des Absatzes 1 kann auf die Beachtung der Voraussetzungen des § 11 verzichtet werden, wenn sich der Verfolgte nach Belehrung zu richterlichem Protokoll damit einverstanden erklärt hat.

(3) Das Einverständnis kann nicht widerrufen werden.

(4) Auf Antrag der Staatsanwaltschaft bei dem Oberlandesgericht belehrt der Richter beim Amtsgericht den Verfolgten über die Möglichkeit der vereinfachten Auslieferung und deren Rechtsfolgen (Absatz 1 bis 3) und nimmt sodann dessen Erklärung zu Protokoll. Zuständig ist der Richter bei dem Amtsgericht, in dessen Bezirk sich der Verfolgte befindet.

§ 42 Anrufung des Bundesgerichtshofes. (1) Hält das Oberlandesgericht eine Entscheidung des Bundesgerichtshofes für geboten, um eine Rechtsfrage von grundsätzlicher Bedeutung zu klären, oder will es von einer Entscheidung des Bundesgerichtshofes oder einer nach dem Inkrafttreten dieses Gesetzes ergangenen Entscheidung eines anderen Oberlandesgerichts über eine Rechtsfrage in Auslieferungssachen abweichen, so begründet es seine Auffassung und holt die Entscheidung des Bundesgerichtshofes über die Rechtsfrage ein.

(2) Die Entscheidung des Bundesgerichtshofes wird auch eingeholt, wenn der Generalbundesanwalt oder die Staatsanwaltschaft bei dem Oberlandesgericht dies zur Klärung einer Rechtsfrage beantragt.

(3) Der Bundesgerichtshof gibt dem Verfolgten Gelegenheit zur Äußerung. Die Entscheidung ergeht ohne mündliche Verhandlung.

Siebenter Teil. Gemeinsame Vorschriften

§ 73 Grenze der Rechtshilfe. Die Leistung von Rechtshilfe ist unzulässig, wenn sie wesentlichen Grundsätzen der deutschen Rechtsordnung widersprechen würde. Liegt dem Ersuchen ein Europäischer Haftbefehl zugrunde, so ist die Leistung von Rechtshilfe unzulässig, wenn die Erledigung zu den in Artikel 6 des Vertrages über die Europäische Union enthaltenen Grundsätzen im Widerspruch stünde.

§ 74 Zuständigkeit des Bundes. (1) Über ausländische Rechtshilfeersuchen und über die Stellung von Ersuchen an ausländische Staaten um Rechtshilfe entscheidet der Bundesminister der Justiz im Einvernehmen mit dem Auswärtigen Amt und mit anderen Bundesministern, deren Geschäftsbereich von der Rechtshilfe betroffen wird. Ist für die Leistung der Rechtshilfe eine Behörde zuständig, die dem Geschäftsbereich eines anderen Bundesministers angehört, so tritt dieser an die Stelle des Bundesministers der Justiz. Die nach den Sätzen 1 und 2 zuständigen Bundesminister können die Ausübung ihrer Befugnisse auf nachgeordnete Bundesbehörden übertragen.

(2) Die Bundesregierung kann die Ausübung der Befugnis, über ausländische Rechtshilfeersuchen zu entscheiden und ausländische Staaten um Rechtshilfe zu ersuchen, im Wege einer Vereinbarung auf die Landesregierungen übertragen. Die Landesregierungen haben das Recht zur weiteren Übertragung.

(3) Die Befugnisse des Bundeskriminalamtes zur Datenübermittlung, Ausschreibung und Identitätsfeststellung auf ausländisches Ersuchen richten sich nach § 14 Abs. 1 Satz 1 Nr. 2 und § 15 Abs. 1 bis 3 des Bundeskriminalamtgesetzes.

§ 74 a Internationale Strafgerichtshöfe. Für die Entscheidung über Ersuchen eines internationalen Strafgerichtshofes um sonstige Rechtshilfe in strafrechtlichen Angelegenheiten gilt § 74 entsprechend, soweit nicht spezialgesetzliche Vorschriften eine abschließende Regelung treffen.

§ 74 b Anfechtbarkeit der Bewilligungsentscheidung. Die Bewilligungsentscheidung ist nicht anfechtbar.

§ 75 Kosten. Auf die Erstattung von Kosten der Rechtshilfe kann gegenüber dem ersuchenden Staat verzichtet werden.

§ 76 Gegenseitigkeitszusicherung. Im Zusammenhang mit deutschen Ersuchen um Leistung von Rechtshilfe kann einem ausländischen Staat zugesichert werden, von ihm ausgehende Ersuchen zu erledigen, soweit dieses Gesetz dem nicht entgegensteht. § 74 Abs. 1 gilt entsprechend.

§ 77 Anwendung anderer Verfahrensvorschriften. (1) Soweit dieses Gesetz keine besonderen Verfahrensvorschriften enthält, gelten die Vorschriften des Gerichtsverfassungsgesetzes und seines Einführungsgesetzes, der Strafprozeßordnung, des Jugendgerichtsgesetzes, der Abgabenordnung und des Gesetzes über Ordnungswidrigkeiten sinngemäß.

(2) Bei eingehenden Ersuchen finden die Vorschriften zur Immunität, zur Indemnität und die Genehmigungsvorbehalte für Durchsuchungen und Beschlagnahmen in den Räumen eines Parlaments Anwendung, welche für deutsche Straf- und Bußgeldverfahren gelten.

Achter Teil. Unterstützung von Mitgliedstaaten der Europäischen Union

Abschnitt 1. Allgemeine Regelungen

§ 78 Vorrang des Achten Teils. Soweit dieser Teil keine besonderen Regelungen enthält, finden die übrigen Bestimmungen dieses Gesetzes auf die im Zweiten und Dritten Teil geregelten Ersuchen eines Mitgliedstaates Anwendung.

§ 79 Grundsätzliche Pflicht zur Erledigung. Zulässige Ersuchen eines Mitgliedstaates um Auslieferung oder um Durchlieferung können nur abgelehnt werden, soweit dies in diesem Teil vorgesehen ist. Die Bewilligungsentscheidung ist zu begründen

Abschnitt 2. Auslieferung an einen Mitgliedstaat der Europäischen Union

§ 80 Auslieferung deutscher Staatsangehöriger. (1) Die Auslieferung eines Deutschen zum Zwecke der Strafverfolgung ist nur zulässig, wenn gesichert ist, dass der ersuchende Mitgliedstaat nach Verhängung einer rechtskräftigen Freiheitsstrafe oder sonstigen Sanktion anbieten wird, den Verfolgten auf seinen Wunsch zur Vollstreckung in den Geltungsbereich dieses Gesetzes zurückzuüberstellen.

(2) Die Auslieferung eines Deutschen zum Zwecke der Strafvollstreckung ist zulässig, wenn der Verfolgte nach Belehrung zu richterlichem Protokoll zustimmt. § 41 Abs. 3 und 4 gilt entsprechend.

(3) Die Absätze 1 und 2 sind auf einen Ausländer entsprechend anwendbar, der im Inland seinen gewöhnlichen Aufenthalt hat und
1. im Inland aufgewachsen ist und hier bereits als Minderjähriger seinen rechtmäßigen gewöhnlichen Aufenthalt hatte,
2. eine Aufenthaltsberechtigung oder seit drei Jahren eine unbefristete Aufenthaltserlaubnis besitzt oder besessen hat,
3. eine unbefristete Aufenthaltserlaubnis besitzt oder besessen hat und mit einem der in Nummer 1 oder 2 bezeichneten Ausländer in familiärer Lebensgemeinschaft lebt oder
4. mit einem deutschen Staatsangehörigen in familiärer Lebensgemeinschaft lebt.

§ 81 Auslieferung zur Verfolgung oder zur Vollstreckung. § 3 findet mit den Maßgaben Anwendung, dass
1. die Auslieferung zur Verfolgung nur zulässig ist, wenn die Tat nach dem Recht des ersuchenden Mitgliedstaates mit einer Freiheitsstrafe oder sonstigen Sanktion im Höchstmaß von mindestens zwölf Monaten bedroht ist,

2. die Auslieferung zur Vollstreckung nur zulässig ist, wenn nach dem Recht des ersuchenden Mitgliedstaates eine freiheitsentziehende Sanktion zu vollstrecken ist, deren Maß mindestens vier Monate beträgt,
3. die Auslieferung in Steuer-, Zoll- und Währungsangelegenheiten auch zulässig ist, wenn das deutsche Recht keine gleichartigen Steuern vorschreibt oder keine gleichartigen Steuer-, Zoll- und Währungsbestimmungen enthält wie das Recht des ersuchenden Mitgliedstaates,
4. die beiderseitige Strafbarkeit nicht zu prüfen ist, wenn die dem Ersuchen zugrunde liegende Tat nach dem Recht des ersuchenden Staates eine Strafbestimmung verletzt, die den in Artikel 2 Abs. 2 des Rahmenbeschlusses des Rates vom 13. Juni 2002 über den Europäischen Haftbefehl und die Übergabeverfahren zwischen den Mitgliedstaaten in Bezug genommenen Deliktsgruppen zugehörig ist.

§ 82 Nichtanwendung von Vorschriften. Die §§ 5, 6 Abs. 1, § 7 und, soweit ein Europäischer Haftbefehl vorliegt, § 11 finden keine Anwendung.

§ 83 Ergänzende Zulässigkeitsvoraussetzungen. Die Auslieferung ist auch nicht zulässig, wenn
1. der Verfolgte wegen derselben Tat, die dem Ersuchen zugrunde liegt, bereits von einem anderen Mitgliedstaat rechtskräftig abgeurteilt worden ist, vorausgesetzt, dass im Fall der Verurteilung die Sanktion bereits vollstreckt worden ist, gerade vollstreckt wird oder nach dem Recht des Urteilsstaates nicht mehr vollstreckt werden kann,
2. der Verfolgte zur Tatzeit nach § 19 des Strafgesetzbuches schuldunfähig war oder
3. bei Ersuchen zur Vollstreckung das dem Ersuchen zugrunde liegende Urteil in Abwesenheit des Verfolgten ergangen ist und der Verfolgte zu dem Termin nicht persönlich geladen oder nicht auf andere Weise von dem Termin, der zu dem Abwesenheitsurteil geführt hat, unterrichtet worden war, es sei denn, dass dem Verfolgten nach seiner Überstellung das Recht auf ein neues Gerichtsverfahren, in dem der gegen ihn erhobene Vorwurf umfassend überprüft wird, und auf Anwesenheit bei der Gerichtsverhandlung eingeräumt wird.

§ 83 a Auslieferungsunterlagen. (1) Die Auslieferung ist nur zulässig, wenn die in § 10 genannten Unterlagen oder ein Europäischer Haftbefehl übermittelt wurden, der folgende Angaben enthalten soll:
1. die Identität, wie sie im Anhang zum Rahmenbeschluss des Rates vom 13. Juni 2002 über den Europäischen Haftbefehl und die Übergabeverfahren zwischen den Mitgliedstaaten näher beschrieben wird, und die Staatsangehörigkeit des Verfolgten,
2. die Bezeichnung und die Anschrift der ausstellenden Justizbehörde,
3. die Angabe, ob ein vollstreckbares Urteil, ein Haftbefehl oder eine andere vollstreckbare justizielle Entscheidung mit gleicher Rechtswirkung vorliegt,
4. die Art und rechtliche Würdigung der Straftat, einschließlich der gesetzlichen Bestimmungen,
5. die Beschreibung der Umstände, unter denen die Straftat begangen wurde, einschließlich der Tatzeit, des Tatortes und der Tatbeteiligung der gesuchten Person, und
6. die für die betreffende Straftat im Ausstellungsmitgliedstaat gesetzlich vorgesehene Höchststrafe oder im Fall des Vorliegens eines rechtskräftigen Urteils die verhängte Strafe.

(2) Die Ausschreibung zur Festnahme zwecks Auslieferung nach dem Schengener Durchführungsübereinkommen, die die unter Absatz 1 Nr. 1 bis 6 bezeichneten Angaben enthält, oder der diese Angaben nachgereicht wurden, gilt als Europäischer Haftbefehl.

§ 83 b Bewilligungshindernisse. Die Bewilligung der Auslieferung kann abgelehnt werden, wenn
1. gegen den Verfolgten wegen derselben Tat, die dem Auslieferungsersuchen zugrunde liegt, im Geltungsbereich dieses Gesetzes ein strafrechtliches Verfahren geführt wird,
2. die Einleitung eines strafrechtlichen Verfahrens wegen derselben Tat, die dem Auslieferungsersuchen zugrunde liegt, abgelehnt wurde oder ein bereits eingeleitetes Verfahren eingestellt wurde,
3. dem Auslieferungsersuchen eines dritten Staates Vorrang eingeräumt werden soll,
4. die dem Ersuchen zugrunde liegende Tat nach dem Recht des ersuchenden Mitgliedstaates mit lebenslanger Freiheitsstrafe oder einer sonstigen lebenslangen freiheitsentziehenden Sanktion bedroht ist oder der Verfolgte zu einer solchen Strafe verurteilt worden war und eine Überprüfung der Vollstreckung der verhängten Strafe oder Sanktion auf Antrag oder von Amts wegen nicht spätestens nach 20 Jahren erfolgt oder
5. nicht auf Grund einer Pflicht zur Auslieferung nach dem Rahmenbeschluss des Rates vom 13. Juni 2002 über den Europäischen Haftbefehl und die Übergabeverfahren zwischen den Mitgliedstaaten,

auf Grund einer vom ersuchenden Staat gegebenen Zusicherung oder aus sonstigen Gründen erwartet werden kann, dass dieser einem vergleichbaren deutschen Ersuchen entsprechen würde.

§ 83 c Fristen. (1) Über die Auslieferung soll spätestens innerhalb von 60 Tagen nach der Festnahme des Verfolgten entschieden werden.

(2) Erklärt sich der Verfolgte mit der vereinfachten Auslieferung einverstanden, soll eine Entscheidung über die Auslieferung spätestens innerhalb von zehn Tagen nach Erteilung der Zustimmung ergehen.

(3) Nach der Bewilligung der Auslieferung ist mit dem ersuchenden Mitgliedstaat ein Termin zur Übergabe des Verfolgten zu vereinbaren. Der Übergabetermin soll spätestens zehn Tage nach der Entscheidung über die Bewilligung liegen. Ist die Einhaltung des Termins auf Grund von Umständen unmöglich, die sich dem Einfluss des ersuchenden Mitgliedstaates entziehen, so ist ein neuer Übergabetermin innerhalb von zehn Tagen zu vereinbaren. Die Vereinbarung eines Übergabetermins kann im Hinblick auf eine strafrechtliche Verfolgung oder Vollstreckung des Verfolgten im Geltungsbereich dieses Gesetzes oder aus schwerwiegenden humanitären Gründen aufgeschoben werden.

(4) Können bei Vorliegen außergewöhnlicher Umstände die in dieser Vorschrift enthaltenen Fristen nicht eingehalten werden, so setzt die Bundesregierung Eurojust von diesem Umstand und von den Gründen der Verzögerung in Kenntnis; personenbezogene Daten dürfen nicht übermittelt werden.

(5) Über ein Ersuchen um Erweiterung der Auslieferungsbewilligung soll innerhalb von 30 Tagen nach Eingang des Ersuchens entschieden werden.

§ 83 d Entlassung des Verfolgten. Wurde der Verfolgte innerhalb von zehn Tagen nach Ablauf eines nach § 83 c Abs. 3 vereinbarten Übergabetermins nicht übernommen, so ist er aus der Auslieferungshaft zu entlassen, wenn kein neuer Übergabetermin vereinbart wurde.

§ 83 e Vernehmung des Verfolgten. (1) Solange eine Entscheidung über die Auslieferung noch nicht ergangen ist, ist ein Ersuchen des ersuchenden Mitgliedstaates um Vernehmung des Verfolgten als Beschuldigter zu bewilligen.

(2) Bei der Vernehmung ist auf Ersuchen Vertretern des ersuchenden Mitgliedstaates die Anwesenheit zu gestatten.

Abschnitt 3. Durchlieferung an einen Mitgliedstaat der Europäischen Union

§ 83 f Durchlieferung. (1) Die Durchlieferung durch den Geltungsbereich dieses Gesetzes aus einem Mitgliedstaat in einen anderen Mitgliedstaat ist zulässig, wenn sich aus den übermittelten Unterlagen
1. die Identität, wie sie im Anhang zum Rahmenbeschluss des Rates vom 13. Juni 2002 über den Europäischen Haftbefehl und die Übergabeverfahren zwischen den Mitgliedstaaten näher beschrieben wird, und die Staatsangehörigkeit des Verfolgten,
2. das Vorliegen eines Europäischen Haftbefehls oder einer in § 10 bezeichneten Urkunde,
3. die Art und die rechtliche Würdigung der Straftat und
4. die Umstände, unter denen die Straftat begangen wurde, einschließlich der Tatzeit und des Tatortes,

ergeben.

(2) Auf die Durchlieferung aus einem Drittstaat an einen Mitgliedstaat findet Absatz 1 mit der Maßgabe Anwendung, dass anstelle der in Absatz 1 Nr. 2 genannten Information die Information, dass ein Auslieferungsersuchen vorliegt, tritt.

(3) Die Durchlieferung Deutscher zur Strafverfolgung ist nur zulässig, wenn der Mitgliedstaat, an den die Auslieferung erfolgt, zusichert, den Verfolgten auf deutsches Verlangen nach Verhängung einer rechtskräftigen Freiheitsstrafe oder sonstigen Sanktion zur Vollstreckung in den Geltungsbereich dieses Gesetzes zurückzuüberstellen. Die Durchlieferung Deutscher zur Strafvollstreckung ist nur zulässig, wenn der Betroffene zustimmt. § 80 Abs. 2 gilt entsprechend.

(4) Über ein Ersuchen um Durchlieferung soll innerhalb von 30 Tagen nach Eingang des Ersuchens entschieden werden.

§ 83 g Beförderung auf dem Luftweg. § 83 f gilt auch bei der Beförderung auf dem Luftweg, bei der es zu einer außerplanmäßigen Landung im Hoheitsgebiet dieses Gesetzes kommt.

Abschnitt 4. Ausgehende Ersuchen um Auslieferung an einen Mitgliedstaat der Europäischen Union

§ 83 h Spezialität. (1) Von einem Mitgliedstaat übergebene Personen dürfen
1. wegen einer vor der Übergabe begangenen anderen Tat als derjenigen, die der Übergabe zugrunde liegt, weder verfolgt noch verurteilt noch einer freiheitsentziehenden Maßnahme unterworfen werden und
2. nicht an einen dritten Staat weitergeliefert, überstellt oder in einen dritten Staat abgeschoben werden.

(2) Absatz 1 findet keine Anwendung, wenn
1. die übergebene Person den räumlichen Geltungsbereich dieses Gesetzes innerhalb von 45 Tagen nach ihrer endgültigen Freilassung nicht verlassen hat, obwohl sie dazu die Möglichkeit hatte, oder nach Verlassen in ihn zurückgekehrt ist,
2. die Straftat nicht mit einer Freiheitsstrafe oder freiheitsentziehenden Maßregel der Besserung und Sicherung bedroht ist,
3. die Strafverfolgung nicht zur Anwendung einer die persönliche Freiheit beschränkenden Maßnahme führt,
4. die übergebene Person der Vollstreckung einer Strafe oder Maßregel der Besserung und Sicherung ohne Freiheitsentzug unterzogen wird, selbst wenn diese Strafe oder Maßnahme die persönliche Freiheit einschränken kann, oder
5. der ersuchte Mitgliedstaat oder die übergebene Person darauf verzichtet hat.

(3) Der nach Übergabe erfolgte Verzicht der übergebenen Person ist zu Protokoll eines Richters oder Staatsanwalts zu erklären. Die Verzichtserklärung ist unwiderruflich. Die übergebene Person ist hierüber zu belehren.

§ 83 i Unterrichtung über Fristverzögerungen. Die Bundesregierung unterrichtet den Rat der Europäischen Union, wenn es wiederholt zu Verzögerungen bei der Auslieferung durch einen anderen Mitgliedstaat gekommen ist. Soweit es im Einzelfall zur Feststellung der Gründe für eine Überschreitung der Fristen erforderlich ist, dürfen dabei dem Rat pseudonymisierte Daten des Verfolgten übermittelt werden. Die Bundesregierung darf den Personenbezug nur gegenüber dem Staat wiederherstellen, an den das Auslieferungsersuchen gerichtet worden ist, und nur, sofern es zur Beurteilung der Umsetzung des Rahmenbeschlusses des Rates vom 13. Juni 2002 über den Europäischen Haftbefehl und die Übergabeverfahren zwischen den Mitgliedstaaten erforderlich ist.

Neunter Teil. Schlußvorschriften

§ 86 Inkrafttreten, abgelöste Vorschriften und Übergangsregel. (1) Dieses Gesetz tritt am 1. Juli 1983 in Kraft. Gleichzeitig treten außer Kraft:
1. das Deutsche Auslieferungsgesetz in der im Bundesgesetzblatt Teil III, Gliederungsnummer 314-1, veröffentlichten bereinigten Fassung, das zuletzt durch Artikel 104 des Einführungsgesetzes zum Strafgesetzbuch vom 2. März 1974 (BGBl. I S. 469) geändert worden ist, und
2. die Verordnung über die örtliche Zuständigkeit der Gerichtsbehörden bei der Durchlieferung durch das Deutsche Reich in der im Bundesgesetzblatt Teil III, Gliederungsnummer 314-1-1, veröffentlichen bereinigten Fassung.

(2) In anhängigen Verfahren verbleibt es bei der nach dem bisherigen Recht begründeten Zuständigkeit.

9.2. Gesetz über das gerichtliche Verfahren bei Freiheitsentziehungen (FEVG)

Vom 29. Juni 1956 (BGBl. I 599), in der Fassung des Gesetzes vom 16. März 1976 (BGBl. I 581), zuletzt geändert durch Gesetz vom 30. Juli 2004 (BGBl. I 1950)

§ 1 Das gerichtliche Verfahren bei Freiheitsentziehungen, die aufgrund Bundesrechts angeordnet werden, bestimmt sich nach diesem Gesetz, soweit das Bundesrecht das Verfahren nicht abweichend regelt.

§ 2 (1) Freiheitsentziehung ist die Unterbringung einer Person gegen ihren Willen oder im Zustand der Willenlosigkeit in einer Justizvollzugsanstalt, einem Haftraum, einer abgeschlossenen Verwahranstalt, einer abgeschlossenen Anstalt der Fürsorge, einer abgeschlossenen Krankenanstalt oder einem abgeschlossenen Teil einer Krankenanstalt.

(2) Das Gesetz findet keine Anwendung, wenn eine Person auf Grund des Aufenthaltsbestimmungsrechts ihres gesetzlichen Vertreters untergebracht ist.

§ 3 Die Freiheitsentziehung kann nur das Amtsgericht auf Antrag der zuständigen Verwaltungsbehörde anordnen. Für das Verfahren gelten die Vorschriften des Reichsgesetzes über die Angelegenheiten der freiwilligen Gerichtsbarkeit, soweit sich aus den folgenden Vorschriften nichts anderes ergibt.

§ 4 (1) Örtlich zuständig ist das Amtsgericht, in dessen Bezirk die Person, der die Freiheit entzogen werden soll, ihren gewöhnlichen Aufenthalt hat; hat sie keinen gewöhnlichen Aufenthalt im Geltungsbereich dieses Gesetzes oder ist der gewöhnliche Aufenthalt nicht feststellbar, so ist das Amtsgericht zuständig, in dessen Bezirk das Bedürfnis für die Freiheitsentziehung entsteht. Befindet sich die Person bereits in Verwahrung einer Anstalt, so ist das Amtsgericht zuständig, in dessen Bezirk die Anstalt liegt.

(2) Für eilige aufgrund dieses Gesetzes zu treffende Anordnungen ist neben dem nach Absatz 1 zuständigen Gericht auch das Gericht einstweilen zuständig, in dessen Bezirk das Bedürfnis der Anordnung entsteht. Das Gericht hat dem nach Absatz 1 zuständigen Gericht die Anordnung mitzuteilen. Mit dem Eingang der Mitteilung geht die Zuständigkeit auf das nach Absatz 1 zuständige Gericht über.

(3) Die Landesregierungen werden ermächtigt, durch Rechtsverordnung einem Amtsgericht für die Bezirke mehrerer Amtsgerichte die Verfahren nach diesem Gesetz ganz oder teilweise zuzuweisen, sofern die Zusammenfassung für eine sachdienliche Förderung oder schnellere Erledigung der Verfahren zweckmäßig ist. Die Landesregierungen können die Ermächtigung durch Rechtsverordnung auf die Landesjustizverwaltungen übertragen.

§ 5 (1) Das Gericht hat die Person, der die Freiheit entzogen werden soll, mündlich zu hören. Erscheint sie auf Vorladung nicht, so kann ihre Vorführung angeordnet werden.

(2) Die Anhörung kann unterbleiben, wenn sie nach ärztlichem Gutachten nicht ohne Nachteile für den Gesundheitszustand des Anzuhörenden ausführbar ist oder wenn der Anzuhörende an einer übertragbaren Krankheit im Sinne des Infektionsschutzgesetzes vom 20. Juli 2000 (BGBl. I S. 1045) leidet. In diesen Fällen ist dem Anzuhörenden, wenn er keinen gesetzlichen Vertreter in den persönlichen Angelegenheiten hat und auch nicht durch einen Rechtsanwalt vertreten wird, durch das nach § 4 zuständige Gericht ein Pfleger für das Verfahren zu bestellen. Eine einstweilige Anordnung (§ 11) kann bereits ergehen, bevor dem Unterzubringenden ein Pfleger bestellt ist.

(3) Hat die Person, der die Freiheit entzogen werden soll, einen gesetzlichen Vertreter in den persönlichen Angelegenheiten, so ist auch dieser, bei Personen, die unter elterlicher Gewalt stehen, jeder Elternteil zu hören. Ist die Person, der die Freiheit entzogen werden soll, verheiratet, so ist, sofern die Ehegatten nicht dauernd getrennt leben, auch der Ehegatte zu hören. Gleiches gilt für den Lebenspartner. Die Anhörung kann unterbleiben, wenn sie nicht ohne erhebliche Verzögerung oder nicht ohne unverhältnismäßige Kosten möglich ist.

(4) Die Unterbringung in einer abgeschlossenen Krankenanstalt oder einer abgeschlossenen Krankenabteilung darf nur nach Anhörung eines ärztlichen Sachverständigen angeordnet werden. Die

Verwaltungsbehörde, die den Antrag auf Unterbringung stellt, soll ihrem Antrag ein ärztliches Gutachten beifügen.

§ 6 (1) Das Gericht entscheidet über die Freiheitsentziehung durch einen mit Gründen versehenen Beschluß.

(2) Die Entscheidung, durch welche die Freiheitsentziehung angeordnet wird, ist bekanntzumachen,
a) der Person, der die Freiheit entzogen werden soll;
b) den nach § 5 Abs. 3 Satz 1 bis 3 zu hörenden Personen;
c) einer Person, die das Vertrauen des Unterzubringenden genießt, sofern die Entscheidung nicht bereits nach Buchstabe b einem Angehörigen bekanntzumachen ist;
d) der Verwaltungsbehörde, die den Antrag auf Freiheitsentziehung gestellt hat.

(3) Die Entscheidung, durch welche der Antrag der Verwaltungsbehörde abgelehnt wird, ist der Verwaltungsbehörde und der Person, deren Unterbringung beantragt war, bekanntzumachen.

(4) Ist die Bekanntmachung an die Person, der die Freiheit entzogen werden soll, nach ärztlichem Gutachten nicht ohne Nachteile für ihren Gesundheitszustand ausführbar, so kann sie unterbleiben. Das Gericht entscheidet hierüber durch unanfechtbaren Beschluß. § 5 Abs. 2 Satz 2 gilt entsprechend.

§ 7 (1) Gegen die Entscheidung des Amtsgerichts findet die sofortige Beschwerde statt.

(2) Gegen eine Entscheidung, durch welche die Freiheitsentziehung angeordnet wird, steht die Beschwerde den in § 6 Abs. 2 genannten Beteiligten zu; gegen eine Entscheidung, durch welche der Antrag der Verwaltungsbehörde abgelehnt wird, steht nur dieser die Beschwerde zu.

(3) *(aufgehoben)*

(4) Befindet sich die Person, der die Freiheit entzogen werden soll, bereits in Verwahrung einer Anstalt, so kann die weitere Beschwerde auch bei dem Amtsgericht eingelegt werden, in dessen Bezirk die Anstalt liegt.

(5) Im Verfahren über die weitere Beschwerde ist eine Anhörung gemäß § 5 nicht erforderlich.

§ 8 (1) Die eine Freiheitsentziehung anordnende Entscheidung wird erst mit der Rechtskraft wirksam. Das Gericht kann jedoch die sofortige Wirksamkeit der Entscheidung anordnen; § 24 Abs. 3 des Reichsgesetzes über die Angelegenheiten der freiwilligen Gerichtsbarkeit gilt entsprechend. Die Entscheidung wird von der zuständigen Verwaltungsbehörde vollzogen.

(2) Wird Abschiebungshaft (§ 62 des Aufenthaltsgesetzes) im Wege der Amtshilfe in Justizvollzugsanstalten vollzogen, so gelten die §§ 171 und 173 bis 175 des Strafvollzugsgesetzes entsprechend.

§ 9 (1) In der Entscheidung, durch die eine Freiheitsentziehung angeordnet wird, ist eine Frist bis zur Höchstdauer eines Jahres zu bestimmen, vor deren Ablauf über die Fortdauer der Freiheitsentziehung von Amts wegen zu entscheiden ist.

(2) Wird nicht innerhalb der Frist die Fortdauer der Freiheitsentziehung durch richterliche Entscheidung angeordnet, so ist der Untergebrachte freizulassen. Das Gericht ist von der Freilassung zu benachrichtigen.

§ 10 (1) Die Entscheidung, durch die eine Freiheitsentziehung angeordnet wird, ist vor Ablauf der nach § 9 Abs. 1 festgesetzten Frist von Amts wegen aufzuheben, wenn der Grund für die Freiheitsentziehung weggefallen ist.

(2) Anträge der nach § 6 Abs. 2 am Verfahren Beteiligten auf Aufhebung der Freiheitsentziehung sind in jedem Fall zu prüfen und zu bescheiden.

(3) Das Gericht kann den Untergebrachten beurlauben; es soll die Verwaltungsbehörde und den Leiter der Anstalt (§ 2 Abs. 1) vorher hören. Für Beurlaubungen bis zu einer Woche bedarf es keiner Entscheidung des Gerichts. Die Beurlaubung kann von Auflagen abhängig gemacht werden; sie ist jederzeit widerruflich.

§ 11 (1) Ist ein Antrag auf Freiheitsentziehung gestellt, so kann das Gericht eine einstweilige Freiheitsentziehung anordnen, sofern dringende Gründe für die Annahme vorhanden sind, daß die Voraussetzungen für die Unterbringung vorliegen, und über die endgültige Unterbringung nicht rechtzeitig entschieden werden kann. Die einstweilige Freiheitsentziehung darf die Dauer von sechs Wochen nicht überschreiten.

(2) Für die einstweiligen Anordnungen gelten § 5 Abs. 1 bis 3, §§ 6 bis 8, § 9 Abs. 2 und § 10 entsprechend. Die Anhörung der Person, der die Freiheit entzogen werden soll, kann, außer im Fall des § 5 Abs. 2, auch bei Gefahr im Verzug unterbleiben; sie muß jedoch unverzüglich nachgeholt werden.

§ 12 Die §§ 3 und 5 bis 11 gelten entsprechend für das Verfahren, in dem über die Fortdauer einer Freiheitsentziehung entschieden wird.

§ 13 (1) Bei jeder nicht auf richterlicher Anordnung beruhenden Verwaltungsmaßnahme, die eine Freiheitsentziehung darstellt, hat die zuständige Verwaltungsbehörde die richterliche Entscheidung unverzüglich herbeizuführen. Ist die Freiheitsentziehung nicht bis zum Ablauf des ihr folgenden Tages durch richterliche Entscheidung nach § 6 oder § 11 angeordnet, so hat die Freilassung zu erfolgen.

(2) Wird eine Maßnahme der Verwaltungsbehörde im Sinne des Absatzes 1 angefochten, so wird auch hierüber im gerichtlichen Verfahren nach den Vorschriften dieses Gesetzes entschieden.

§ 14 (1) Für die Gerichtskosten gelten, soweit nichts anderes bestimmt ist, die Vorschriften der Kostenordnung. Gebühren werden nur für die in Absatz 2 genannten Entscheidungen und für das Beschwerdeverfahren (Absatz 3) erhoben.

(2) Für die Entscheidung, die eine Freiheitsentziehung (§ 6) oder ihre Fortdauer (§ 12) anordnet oder einen nicht vom Untergebrachten selbst gestellten Antrag, die Freiheitsentziehung aufzuheben (§ 10), zurückweist, wird eine Gebühr von 18 Euro erhoben. Das Gericht kann jedoch unter Berücksichtigung der wirtschaftlichen Verhältnisse des Zahlungspflichtigen und der Bedeutung und des Umfanges des Verfahrens die Gebühr bis auf die Mindestgebühr (§ 33 der Kostenordnung) ermäßigen oder bis auf 130 Euro erhöhen.

(3) Für das Beschwerdeverfahren wird bei Verwerfung oder Zurückweisung der Beschwerde eine Gebühr von 18 Euro, bei Zurücknahme der Beschwerde eine Gebühr in der Höhe der Mindestgebühr (§ 33 der Kostenordnung) erhoben.

(4) Kostenvorschüsse werden nicht erhoben.

§ 15 (1) Schuldner der Gebühren sind in den Fällen des § 14 Abs. 2 der Untergebrachte und im Rahmen ihrer gesetzlichen Unterhaltspflicht die zu seinem Unterhalt Verpflichteten, in den Fällen des § 14 Abs. 3 der Beschwerdeführer; sie haben, soweit sie gebührenpflichtig sind, auch die baren Auslagen des gerichtlichen Verfahrens zu tragen.

(2) Die Verwaltungsbehörden sind zur Zahlung von Gerichtsgebühren und zur Erstattung der Auslagen des gerichtlichen Verfahrens nicht verpflichtet.

§ 16 (1) Lehnt das Gericht den Antrag der Verwaltungsbehörde auf Freiheitsentziehung ab, so hat es zugleich die Auslagen des Betroffenen, soweit sie zur zweckentsprechenden Rechtsverfolgung notwendig waren, der Gebietskörperschaft, der die Verwaltungsbehörde angehört, aufzuerlegen, wenn das Verfahren ergeben hat, daß ein begründeter Anlaß zur Stellung des Antrages nicht vorlag. Die Höhe der Auslagen wird auf Antrag des Betroffenen durch den Urkundsbeamten der Geschäftsstelle festgesetzt. Für das Verfahren und die Vollstreckung der Entscheidung gelten die Vorschriften der Zivilprozeßordnung entsprechend.

(2) *(aufgehoben)*

§ 17 (1) *(aufgehoben)*

(2) Bis zu einer anderweitigen gesetzlichen Regelung gelten § 7 der Ausländerpolizeiverordnung vom 22. August 1938 (Reichsgesetzbl. I S. 1053), die Verordnung zur Bekämpfung übertragbarer Krankheiten vom 1. Dezember 1938 (Reichsgesetzbl. I S. 1721) und § 20 der Verordnung über die Fürsorgepflicht als förmliche Gesetze im Sinne des Artikels 104 Abs. 1 des Grundgesetzes.

(3) Das Grundrecht der Freiheit der Person nach Artikel 2 Abs. 2 Satz 2 des Grundgesetzes wird insoweit eingeschränkt.

§ 18 (1) Dieses Gesetz tritt am 1. Juli 1956 in Kraft.

(2) Mit dem Inkrafttreten dieses Gesetzes treten Vorschriften, die das gerichtliche Verfahren bei Freiheitsentziehungen regeln, insoweit außer Kraft, als sie die von diesem Gesetz erfaßten Fälle betreffen. Das gilt insbesondere für § 3 der Badischen Landesverordnung über den Aufbau der Verwaltungsgerichtsbarkeit in der Fassung vom 5. September 1951 (Badisches Gesetz- und Verordnungs-

Europäisches Fürsorgeabkommen (EFA)

blatt 1952 S. 14) und für das Badische Landesgesetz zur Bekämpfung übertragbarer Krankheiten vom 9. Januar 1952 (Badisches Gesetz- und Verordnungsblatt S. 17).

§ 19 *(aufgehoben)*

§ 20 *(gegenstandslos)*

10.1. Europäisches Fürsorgeabkommen (EFA)

Vom 11. Dezember 1953, Gesetz vom 15. Mai 1956 (BGBl. II 563),
in Kraft getreten am 1. September 1956 (Bek. vom 8. Januar 1958, BGBl. II 18)

Teil I. Allgemeine Bestimmungen

Art. 1 Jeder der Vertragschließenden verpflichtet sich, den Staatsangehörigen der anderen Vertragschließenden, die sich in irgendeinem Teil seines Gebietes, auf das dieses Abkommen Anwendung findet, erlaubt aufhalten und nicht über ausreichende Mittel verfügen, in gleicher Weise wie seinen eigenen Staatsangehörigen und unter den gleichen Bedingungen die Leistungen der sozialen und Gesundheitsfürsorge (im folgenden als „Fürsorge" bezeichnet) zu gewähren, die in der in diesem Teil seines Gebietes geltenden Gesetzgebung vorgesehen sind.

Art. 2 a) Im Sinne dieses Abkommens haben die Ausdrücke „Fürsorge", „Staatsangehörige", „Gebiet" und „Heimatstaat" folgende Bedeutung:
  (i) Als „Fürsorge" wird jede Fürsorge bezeichnet, die jeder der Vertragschließenden nach den in dem jeweiligen Teile seines Gebietes geltenden Rechtsvorschriften gewährt und wonach Personen ohne ausreichende Mittel die Mittel für ihren Lebensbedarf sowie die Betreuung erhalten, die ihre Lage erfordert. Ausgenommen sind beitragsfreie Renten und Leistungen zugunsten der Kriegsopfer und der Besatzungsgeschädigten.
  (ii) Die Ausdrücke „Staatsangehörige" und „Gebiet" eines Vertragschließenden haben die Bedeutung, die dieser Vertragschließende ihnen in einer Erklärung gibt, die an den Generalsekretär des Europarates zu richten ist. Dieser hat sie allen anderen Vertragschließenden bekanntzugeben. Es ist jedoch ausdrücklich festgelegt, daß ehemalige Staatsangehörige eines Staates, die ihre Staatsangehörigkeit verloren haben, ohne daß sie ihnen aberkannt wurde, und die dadurch staatenlos geworden sind, bis zum Erwerb einer neuen Staatsangehörigkeit weiterhin wie Staatsangehörige zu behandeln sind.
  (iii) Als „Heimatstaat" wird der Staat bezeichnet, dessen Staatsangehörigkeit einer Person, auf die sich die Bestimmungen dieses Abkommens beziehen, besitzt.
b) Die Rechtsvorschriften, die in den Gebieten der Vertragschließenden, auf die dieses Abkommen Anwendung findet, in Kraft sind, sowie die von den Vertragschließenden formulierten Vorbehalte sind in Anhang I und II aufgeführt.

Art. 3 Der Nachweis der Staatsangehörigkeit richtet sich nach den einschlägigen Bestimmungen der Gesetzgebung des Heimatstaates.

Art. 4 Die Kosten der Fürsorge für Staatsangehörige eines Vertragschließenden werden von dem Vertragschließenden getragen, der die Fürsorge gewährt.

Art. 5 Die Vertragschließenden verpflichten sich, sich gegenseitig die nach ihrer Gesetzgebung zulässige Hilfe zu gewähren, um den Ersatz der Fürsorgekosten durch Dritte, die dem Unterstützten gegenüber finanzielle Verpflichtungen haben, oder durch Personen, die dem Beteiligten gegenüber unterhaltspflichtig sind, so weit wie möglich zu erleichtern.

Teil II. Rückschaffung

Art. 6 a) Ein Vertragschließender darf einen Staatsangehörigen eines anderen Vertragschließenden, der in seinem Gebiet erlaubt seinen gewöhnlichen Aufenthalt hat, nicht allein aus dem Grunde der Hilfsbedürftigkeit rückschaffen.

b) Die Vorschriften dieses Abkommens stehen in keiner Weise dem Recht zur Ausweisung aus einem anderen als dem im vorstehenden Absatz erwähnten Grund entgegen.

Art. 7 a) Abweichend von den Bestimmungen des Artikels 6 Abs. a) kann ein Vertragschließender einen Staatsangehörigen eines anderen Vertragschließenden, der in seinem Gebiet seinen gewöhnlichen Aufenthalt hat, allein aus dem in Artikel 6 Abs. a) erwähnten Grunde rückschaffen, wenn die folgenden Bedingungen erfüllt sind:
  (i) Der Beteiligte hat seinen gewöhnlichen Aufenthalt im Gebiet dieses Vertragschließenden, falls er vor Vollendung des 55. Lebensjahres in dieses Gebiet gekommen ist, ununterbrochen seit weniger als fünf Jahren, oder, falls er nach Erreichung dieses Alters in das Gebiet gekommen ist, ununterbrochen seit weniger als zehn Jahren;
  (ii) er ist nach seinem Gesundheitszustand transportfähig;
  (iii) er hat keine engen Bindungen in dem Land seines gewöhnlichen Aufenthaltes.

b) Die Vertragschließenden vereinbaren, daß sie nur mit großer Zurückhaltung zur Rückschaffung schreiten und nur dann, wenn Gründe der Menschlichkeit dem nicht entgegenstehen.

c) In gleichem Geiste sind die Vertragschließenden darüber einig, daß bei der Rückschaffung eines Unterstützten seinem Ehegatten und seinen Kindern jede Möglichkeit gegeben werden soll, ihn zu begleiten.

Art. 8 a) Der Vertragschließende, der einen Staatsangehörigen aufgrund der Vorschriften des Artikels 7 rückschafft, hat die Kosten der Rückschaffung bis zur Grenze des Gebietes zu tragen, in das der Staatsangehörige rückgeschafft wird.

b) Jeder Vertragschließende verpflichtet sich, jeden seiner Staatsangehörigen zu übernehmen, der aufgrund der Vorschriften des Artikels 7 rückgeschafft wird.

c) Jeder Vertragschließende verpflichtet sich, allen gemäß Artikel 7 rückgeschafften Personen die Durchreise durch sein Gebiet zu gestatten.

Art. 9 Erkennt der Staat, dessen Staatsangehörigkeit der Unterstützte nach seinen Angaben besitzt, diesen nicht als seinen Staatsangehörigen an, so hat dieser Staat die notwendige Begründung dem Aufenthaltsstaat innerhalb von 30 Tagen oder innerhalb der kürzestmöglichen Frist mitzuteilen.

Art. 10 a) Ist die Rückschaffung beschlossen, so sind die diplomatischen oder konsularischen Behörden des Heimatstaates möglichst drei Wochen im voraus von der Rückschaffung ihres Staatsangehörigen in Kenntnis zu setzen.

b) Die Behörden des Heimatstaates haben hiervon die Behörden des Durchreiselandes oder der Durchreiseländer zu verständigen.

c) Die Orte für die Übergabe sind durch eine Vereinbarung zwischen den zuständigen Behörden des Aufenthaltsstaates und des Heimatstaates zu bestimmen.

Teil III. Aufenthalt

Art. 11 a) Der Aufenthalt eines Ausländers im Gebiet eines der Vertragschließenden gilt solange als erlaubt im Sinne dieses Abkommens, als der Beteiligte im Besitz einer gültigen Aufenthaltserlaubnis oder einer anderen in den Rechtsvorschriften des betreffenden Staates vorgesehenen Erlaubnis ist, aufgrund welcher ihm der Aufenthalt in diesem Gebiet gestattet ist. Die Fürsorge darf nicht deswegen versagt werden, weil die Verlängerung einer solchen Erlaubnis lediglich infolge einer Nachlässigkeit des Beteiligten unterblieben ist.

b) Der Aufenthalt gilt als nicht erlaubt von dem Tage an, mit dem eine gegen den Beteiligten erlassene Anordnung zum Verlassen des Landes wirksam wird, sofern nicht ihre Durchführung ausgesetzt ist.

Übernahmeabkommen Schweiz 7.11. **Texte 5**

Art. 12 Der Zeitpunkt des Beginns der in Artikel 7 festgelegten Dauer des gewöhnlichen Aufenthaltes wird in jedem Land, vorbehaltlich des Nachweises des Gegenteils, entweder aufgrund des Ergebnisses behördlicher Ermittlungen oder durch die im Anhang III aufgeführten Urkunden oder durch Urkunden, die nach den Rechtsvorschriften des Staates als Nachweis des gewöhnlichen Aufenthaltes anerkannt werden, bestimmt.

Art. 13 a) Der ununterbrochene gewöhnliche Aufenthalt wird durch alle im Aufenthaltsland üblichen Beweismittel nachgewiesen, insbesondere durch den Nachweis der beruflichen Tätigkeit oder die Vorlage von Mietquittungen.

b) (i) Der gewöhnliche Aufenthalt gilt auch bei Abwesenheit von weniger als drei Monaten als ununterbrochen, sofern die Abwesenheit nicht auf Rückschaffung oder Ausweisung beruht.

(ii) Bei Abwesenheit von mindestens sechs Monaten gilt der gewöhnliche Aufenthalt als unterbrochen.

(iii) Bei der Prüfung, ob die Abwesenheit von mindestens drei und weniger als sechs Monaten der gewöhnliche Aufenthalt als unterbrochen gilt, sind die Absicht des Beteiligten, in das Land des gewöhnlichen Aufenthaltes zurückzukehren, und das Maß, in dem er seine Bindungen zu diesem Lande während seiner Abwesenheit aufrechterhalten hat, zu berücksichtigen.

(iv) Durch den Dienst auf Schiffen, die im Schiffsregister des Landes des gewöhnlichen Aufenthaltes eingetragen sind, wird der gewöhnliche Aufenthalt nicht unterbrochen. Auf den Dienst auf anderen Schiffen finden die Vorschriften der vorstehenden Nummern (i) bis (iii) entsprechende Anwendung.

Art. 14 Bei der Berechnung der Dauer des gewöhnlichen Aufenthaltes werden solche Zeiten nicht berücksichtigt, für die der Beteiligte Fürsorgeleistungen aus öffentlichen Mitteln aufgrund der in Anhang I aufgeführten Bestimmungen erhalten hat, ausgenommen ärztliche Behandlung bei akuter Krankheit oder kurzfristige Behandlung.

Teil IV. Sonstige Bestimmungen

Art. 15 Die diplomatischen und konsularischen Verwaltungsstellen der Vertragschließenden gewähren sich gegenseitig bei der Durchführung dieses Abkommens jede mögliche Hilfe.

Art. 16 a) Die Vertragschließenden haben den Generalsekretär des Europarates über jede Änderung ihrer Gesetzgebung zu unterrichten, die den Inhalt von Anhang I und III berührt.

b) Jeder Vertragschließende hat dem Generalsekretär des Europarates alle neuen Rechtsvorschriften mitzuteilen, die in Anhang I noch nicht aufgeführt sind. Gleichzeitig mit dieser Mitteilung kann der Vertragschließende Vorbehalte hinsichtlich der Anwendung dieser neuen Rechtsvorschriften auf die Staatsangehörigen der anderen Vertragschließenden machen.

c) Der Generalsekretär des Europarates hat den übrigen Vertragschließenden alle Mitteilungen, die ihm nach den Bestimmungen der Absätze a) und b) zugehen, zur Kenntnis zu bringen.

Art. 17 Die Vertragschließenden können durch zweiseitige Vereinbarungen Übergangsregelungen für diejenigen Fälle treffen, in denen vor dem Inkrafttreten dieses Abkommens Fürsorgeleistungen gewährt worden sind.

Art. 18 Die Bestimmungen dieses Abkommens stehen in keiner Weise den Vorschriften der innerstaatlichen Gesetzgebung, der internationalen Übereinkommen oder der zwei- oder mehrseitigen Abkommen entgegen, die für den Beteiligten günstiger sind.

Art. 19 Die Anhänge I, II und III sind Bestandteil dieses Abkommens.

Art. 20 a) Alle Streitfragen, die sich bei der Auslegung oder Durchführung dieses Abkommens ergeben, sollen von den zuständigen Behörden der Vertragschließenden auf dem Verhandlungswege geregelt werden.

b) Wird eine Streitfrage nicht innerhalb von drei Monaten auf diesem Wege geregelt, so ist sie einer Schiedsstelle zu unterbreiten, deren Zusammensetzung und Verfahren von den beteiligten Vertragschließenden vereinbart werden. Kommt innerhalb einer weiteren Frist von drei Monaten hierüber keine Einigung zustande, so ist der Streitfall einem Schiedsrichter zu unterbreiten, der auf Antrag eines

5 Texte 10.2.

der beteiligten Vertragschließenden von dem Präsidenten des Internationalen Gerichtshofs bestellt wird. Besitzt dieser die Staatsangehörigkeit einer der am Streitfall beteiligten Parteien, so fällt diese Aufgabe dem Vizepräsidenten des Gerichtshofs oder dem nach dem Dienstalter nächstfolgenden Richter zu, der nicht Staatsangehöriger einer der am Streitfall beteiligten Parteien ist.

c) Die Entscheidung der Schiedsstelle oder des Schiedsrichters soll im Einklang mit den Grundsätzen und im Geiste dieses Abkommens ergehen; sie ist verbindlich und endgültig.

Art. 21 a) Dieses Abkommen wird zur Unterzeichnung durch die Mitglieder des Europarates aufgelegt. Es bedarf der Ratifizierung. Die Ratifikationsurkunden sind beim Generalsekretär des Europarates zu hinterlegen.

b) Dieses Abkommen tritt mit dem ersten Tage des Monats in Kraft, der auf die Hinterlegung der zweiten Ratifikationsurkunde folgt.

c) Für jeden Unterzeichner, der dieses Abkommen in der Folge ratifiziert, tritt es mit dem ersten Tage des Monats in Kraft, der auf die Hinterlegung seiner Ratifikationsurkunde folgt.

Art. 22 a) Das Ministerkomitee des Europarates kann jeden Staat, der nicht Mitglied des Rates ist, einladen, diesem Abkommen beizutreten.

b) Der Beitritt erfolgt durch Hinterlegung einer Beitrittserklärung beim Generalsekretär des Europarates, die mit dem ersten Tage des darauffolgenden Monats wirksam wird.

c) Zugleich mit der Hinterlegung einer Beitrittserklärung nach den Bestimmungen dieses Artikels sind die Angaben mitzuteilen, die in Anhang I und III dieses Abkommens enthalten sein würden, wenn die Regierung dieses Staates am Tage des Beitritts Unterzeichner dieses Abkommens gewesen wäre.

d) Jede Mitteilung gemäß Absatz c) gilt für die Anwendung dieses Abkommens als Bestandteil des Anhangs, in dem sie enthalten sein würde, wenn die Regierung dieses Staates Unterzeichner dieses Abkommens wäre.

Art. 23 Der Generalsekretär des Europarates bringt den Mitgliedern des Rates zur Kenntnis

a) den Zeitpunkt des Inkrafttretens dieses Abkommens und die Namen der Mitglieder, die es ratifiziert haben oder in der Folge ratifizieren;

b) die Hinterlegung jeder Beitrittserklärung gemäß Artikel 22 und den Eingang der gleichzeitig übermittelten Angaben;

c) jede gemäß Artikel 24 eingegangene Erklärung und den Zeitpunkt, mit dem sie wirksam wird.

Art. 24 Dieses Abkommen wird für die Dauer von 2 Jahren abgeschlossen, gerechnet vom Zeitpunkt seines Inkrafttretens gemäß Artikel 21 Abs. b). Seine Geltungsdauer verlängert sich sodann von Jahr zu Jahr für diejenigen Vertragschließenden, die es nicht wenigstens sechs Monate vor dem Ablauf der ursprünglichen Zweijahresfrist oder einer späteren Jahresfrist durch eine an den Generalsekretär des Europarates zu richtende Erklärung gekündigt haben. Diese Erklärung wird mit dem Ablauf dieser Frist wirksam.

10.2. Abkommen zwischen der Bundesrepublik Deutschland und der Republik Österreich über Fürsorge und Jugendwohlfahrtspflege

Vom 17. Januar 1966, Gesetz vom 28. Dezember 1968 (BGBl. 1969 II 2), in Kraft getreten am 1. Januar 1970 (BGBl. 1969 II 1550)

Teil I. Allgemeine Bestimmungen

Art. 1 In diesem Abkommen bedeuten die Ausdrücke

1. „Bundesrepublik"
   die Bundesrepublik Deutschland;
   „Österreich"
   die Republik Österreich;
2. „Hoheitsgebiet"
   in bezug auf die Bundesrepublik den Geltungsbereich des Grundgesetzes für die Bundesrepublik Deutschland,
   in bezug auf Österreich dessen Bundesgebiet;

3. „Staatsangehöriger"
   in bezug auf die Bundesrepublik einen Deutschen im Sinne des Grundgesetzes für die Bundesrepublik Deutschland,
   in bezug auf Österreich dessen Staatsbürger;
4. „Fürsorge"
   alle gesetzlich begründeten Geld-, Sach-, Beratungs-, Betreuungs- und sonstigen Hilfeleistungen aus öffentlichen Mitteln zur Deckung und Sicherung des Lebensbedarfes für Personen, die keine andere Voraussetzung als die der Hilfsbedürftigkeit zu erfüllen haben;
5. „Jugendwohlfahrtspflege"
   alle nicht unter Fürsorge (Punkt 4) fallenden gesetzlich begründeten Maßnahmen und Leistungen im Interesse Minderjähriger, die von den Trägern der öffentlichen Jugendwohlfahrtspflege gewährt, durchgeführt oder überwacht werden, ohne Rücksicht darauf, welche Stelle sie angeordnet hat;
6. „Rechtsvorschriften"
   die Gesetze, Verordnungen und Satzungen, welche die in den Punkten 4 und 5 umschriebenen Rechtsgebiete regeln und im Hoheitsgebiet oder im jeweiligen Teil des Hoheitsgebietes einer Vertragspartei in Kraft sind;
7. „zuständige Behörde"
   in bezug auf die Bundesrepublik den Bundesminister des Innern, hinsichtlich der Regelungen auf dem Gebiet der Jugendwohlfahrtspflege den Bundesminister für Familie und Jugend,
   in bezug auf Österreich das Bundesministerium für Inneres, hinsichtlich der Regelungen auf dem Gebiet der Jugendwohlfahrtspflege das Bundesministerium für soziale Verwaltung;
8. „Träger der öffentlichen Fürsorge"
   in bezug auf die Bundesrepublik die örtlichen und die überörtlichen Träger der Sozialhilfe,
   in bezug auf Österreich die Bezirks- und die Landesfürsorgeverbände;
9. „Träger der öffentlichen Jugendwohlfahrtspflege"
   in bezug auf die Bundesrepublik die Gemeinden, Gemeindeverbände und Länder als Träger der öffentlichen Jugendhilfe mit ihren Jugendämtern, Landesjugendämtern und obersten Landesjugendbehörden,
   in bezug auf Österreich die Bundesländer mit ihren Bezirksverwaltungsbehörden (Jugendämtern) und die Landesregierungen;
10. „Heimatstaat"
    den Vertragsstaat, dessen Staatsangehörigkeit im Sinne des Punktes 3 eine Person besitzt;
11. „Aufenthaltsstaat"
    den Vertragsstaat, in dessen Hoheitsgebiet sich eine Person, auf die sich dieses Abkommen bezieht, aufhält.

Teil II. Gewährung von Fürsorge und Jugendwohlfahrtspflege

Art. 2 (1) Staatsangehörigen der einen Vertragspartei, die sich im Hoheitsgebiet der anderen Vertragspartei aufhalten, wird Fürsorge und Jugendwohlfahrtspflege in gleicher Weise, in gleichem Umfang und unter den gleichen Bedingungen wie den Staatsangehörigen des Aufenthaltsstaates gewährt.

(2) Absatz 1 gilt auch für Flüchtlinge im Sinne des Artikels 1 des Abkommens über die Rechtsstellung der Flüchtlinge vom 28. Juli 1951, die ein von der anderen Vertragspartei gemäß Artikel 28 des genannten Abkommens ausgestelltes gültiges Reisedokument besitzen.

Art. 3 Gewährt eine Vertragspartei einem ihrer Staatsangehörigen, der sich im Hoheitsgebiet der anderen Vertragspartei aufhält, Fürsorge, so bleiben solche Zuwendungen im Aufenthaltsstaat bei der Festsetzung von Art und Maß der Fürsorge sowie bei der Gewährung von Leistungen aus der Sozialversicherung außer Betracht; dies gilt nicht, soweit die Zuwendungen die wirtschaftliche Lage des Hilfsbedürftigen so günstig beeinflussen, daß daneben Fürsorge des Aufenthaltsstaates ungerechtfertigt wäre.

Art. 4 Ein Ersatz der Kosten der Fürsorge und der Jugendwohlfahrtspflege für die in Artikel 2 bezeichneten Personen findet zwischen den Vertragsparteien nicht statt. Die Regelung des Artikels 10 Absatz 1 bleibt unberührt.

Teil III. Überleitung von Ansprüchen, Amtshilfe

Art. 5 (1) Kann ein Träger der öffentlichen Fürsorge oder der öffentlichen Jugendwohlfahrtspflege der einen Vertragspartei nach den für ihn maßgebenden Vorschriften Ersatz von Aufwendungen von dem Unterstützten oder einem Unterhaltspflichtigen (Kostenersatzpflichtige) verlangen, so ist, wenn der Kostenersatzpflichtige seinen gewöhnlichen Aufenthalt oder seinen Sitz im Hoheitsgebiet der anderen Vertragspartei hat, der für den gewöhnlichen Aufenthalt oder den Sitz zuständige Träger der öffentlichen Fürsorge oder der öffentlichen Jugendwohlfahrtspflege auf Ersuchen des Trägers der Leistung berechtigt und verpflichtet, im eigenen Namen für diesen die Ansprüche gegen den Kostenersatzpflichtigen nach den für den ersuchten Träger maßgebenden Vorschriften geltend zu machen.

(2) Ist ein Träger der öffentlichen Fürsorge oder der öffentlichen Jugendwohlfahrtspflege der einen Vertragspartei nach den für ihn maßgebenden Vorschriften berechtigt, Ansprüche des Unterstützten gegen einen Dritten, der dem Unterstützten gegenüber geldwerte Verpflichtungen hat, auf sich überzuleiten, so ist, wenn der Dritte seinen gewöhnlichen Aufenthalt oder seinen Sitz im Hoheitsgebiet der anderen Vertragspartei hat, der für den gewöhnlichen Aufenthalt oder den Sitz zuständige Träger der öffentlichen Fürsorge oder der öffentlichen Jugendwohlfahrtspflege auf Ersuchen des Trägers der Leistung berechtigt und verpflichtet, im eigenen Namen für diesen die Ansprüche gegen den Dritten nach den für ihn in bezug auf den Übergang von Ansprüchen maßgebenden Vorschriften geltend zu machen.

(3) Hat ein Unterstützter, der einen Anspruch auf Nachzahlung von Kriegsschadenrente nach dem Gesetz über den Lastenausgleich vom 14. August 1952 (Bundesgesetzblatt I S. 446) – LAG – in der jeweils geltenden Fassung hat, Leistungen von einem österreichischen Träger der öffentlichen Fürsorge erhalten, so kann dieser den für den Sitz des Ausgleichsamtes zuständigen örtlichen Träger der öffentlichen Fürsorge um Regelung des Kostenersatzes ersuchen. Das Ersuchen bewirkt den Übergang des Anspruchs auf Kriegsschadenrente auf den deutschen Träger der öffentlichen Fürsorge zugunsten des Trägers der Leistung insoweit, als der Anspruch auf den deutschen Träger der öffentlichen Fürsorge nach § 292 LAG übergehen würde, wenn dieser Fürsorge gewährt hätte. Gewährt der österreichische Träger der öffentlichen Fürsorge im vorbezeichneten Fall Unterbringung in Anstalts- oder Heimpflege, so zahlt er dem Unterstützten ein Taschengeld in Höhe des Betrages, den ein deutscher Träger der öffentlichen Fürsorge nach § 292 LAG zu gewähren hätte.

(4) Absatz 3 Satz 3 gilt entsprechend, wenn laufende Zahlungen von Kriegsschadenrente nach § 292 LAG auf Ersuchen des österreichischen Trägers der öffentlichen Fürsorge nach Absatz 2 übergeleitet werden.

(5) In den Fällen des Artikels 3 sind aus den Leistungen des Kostenersatzpflichtigen oder des Dritten zunächst die Ersatzansprüche des ersuchenden Trägers der öffentlichen Fürsorge oder der Sozialversicherung zu befriedigen.

Art. 6 (1) Die Träger der öffentlichen Fürsorge und der öffentlichen Jugendwohlfahrtspflege der Vertragsparteien leisten einander Amtshilfe bei der Durchführung ihrer Aufgaben, insbesondere bei der Heranziehung eines Unterstützten oder eines Unterhaltspflichtigen (Kostenersatzpflichtige) und anderer, die einem Unterstützten gegenüber geldwerte Verpflichtungen haben. Die Amtshilfe wird in gleicher Weise und im gleichen Umfang wie im innerstaatlichen Bereich geleistet.

(2) Die Träger der öffentlichen Fürsorge und der öffentlichen Jugendwohlfahrtspflege der Vertragsparteien vertreten einander vor Gericht bei der Geltendmachung von Ansprüchen der im Absatz 1 bezeichneten Art und von Unterhaltsansprüchen im Rahmen der gesetzlichen und der bestellten Amtsvormundschaft und der bestellten Amtskuratel.

(3) Vorschriften einer Vertragspartei, die Kosten-, Gebühren- oder Abgabenfreiheit für Rechtsgeschäfte und Amtshandlungen aus Anlaß der Beantragung, der Gewährung oder des Ersatzes von Leistungen der Fürsorge oder aus Anlaß von Maßnahmen der Jugendwohlfahrtspflege vorsehen, gelten auch zugunsten der Staatsangehörigen, der Träger der öffentlichen Fürsorge und der öffentlichen Jugendwohlfahrtspflege der anderen Vertragspartei. Dies gilt für das streitige Verfahren vor Gericht nur zugunsten der Träger der öffentlichen Fürsorge und der öffentlichen Jugendwohlfahrtspflege der anderen Vertragspartei und nur, wenn sie nach Absatz 2 vertreten werden. Vorschriften über die Gewährung von Armenrecht bleiben unberührt.

(4) Vorschriften, nach denen Verwaltungsbehörden, Träger von Sozialleistungen, Arbeitgeber, Unterhaltspflichtige oder sonstige Personen oder Stellen zur Erteilung von Auskünften verpflichtet sind,

Fürsorgeabkommen Österreich   10.2. **Texte 5**

gelten auch, wenn ein Träger der öffentlichen Fürsorge oder der öffentlichen Jugendwohlfahrtspflege nach Absatz 1 oder 2 tätig wird.

(5) Die Gerichte sowie die Träger der öffentlichen Fürsorge und der öffentlichen Jugendwohlfahrtspflege der beiden Vertragsparteien können bei der Anwendung dieses Abkommens in den Fällen des Artikels 7 Absatz 1 Buchstabe a nur über die zuständigen Behörden, im übrigen jedoch unmittelbar miteinander verkehren.

Teil IV. Rückkehr, Rückschaffung

Art. 7 (1) Äußert ein hilfsbedürftiger Staatsangehöriger der einen Vertragspartei, der im Hoheitsgebiet der anderen Vertragspartei seinen gewöhnlichen Aufenthalt hat, die Absicht, in seinen Heimatstaat zurückzukehren, so hat der Aufenthaltsstaat die Kosten der Reise und des Transportes des Hausrates bis zur Grenze des Heimatstaates zu tragen, wenn

a) die Rückkehr nach der übereinstimmenden Meinung beider Vertragsparteien in seinem wohlverstandenen Interesse liegt oder
b) der Aufenthaltsstaat nach mindestens dreimonatigem Aufenthalt den weiteren Aufenthalt nicht gestattet.

(2) Liegen die Voraussetzungen des Absatzes 1 vor, so hat der Aufenthaltsstaat auch die Kosten der Reise und des Transportes des Hausrates derjenigen hilfsbedürftigen Familienangehörigen zu tragen, die den Hilfsbedürftigen zu begleiten oder ihm zu folgen beabsichtigen, sofern sie dieselbe Staatsangehörigkeit wie der Hilfsbedürftige besitzen. Das gleiche gilt, wenn der Heimatstaat des Hilfsbedürftigen dem Ehegatten oder minderjährigen Kindern, die nicht dessen Staatsangehörigkeit besitzen, die Einreise und den Aufenthalt gestattet.

(3) Liegen die Voraussetzungen des Absatzes 1 Buchstabe b vor, so ist dem Hilfsbedürftigen zur Vorbereitung der Ausreise eine Frist von mindestens zwei Wochen zu gewähren, es sei denn, daß eine sofortige Abschiebung aus Gründen der öffentlichen Ruhe, Ordnung oder Sicherheit notwendig erscheint.

Art. 8 (1) Der Aufenthaltsstaat darf einem Staatsangehörigen der anderen Vertragspartei nicht allein aus dem Grunde der Hilfsbedürftigkeit den weiteren Aufenthalt versagen oder ihn rückschaffen, es sei denn, daß er sich noch nicht ein Jahr ununterbrochen erlaubt in seinem Hoheitsgebiet aufhält. Sprechen Gründe der Menschlichkeit gegen eine solche Maßnahme, so hat sie ohne Rücksicht auf die Dauer der Anwesenheit im Aufenthaltsstaat zu unterbleiben.

(2) Die Vorschriften dieses Abkommens stehen in keiner Weise dem Recht zur Ausweisung aus einem anderen als dem in vorstehendem Absatz erwähnten Grunde entgegen.

Art. 9 (1) Als Aufenthalt gilt auch der Dienst auf Schiffen, die im Schiffsregister des Aufenthaltsstaates eingetragen sind.

(2) Der Aufenthalt im Sinne des Artikels 8 Absatz 1 gilt bei Abwesenheit bis zur Dauer eines Monats nicht als unterbrochen.

(3) Bei Berechnung der Aufenthaltsdauer nach Artikel 8 Absatz 1 werden Zeiträume, in denen der Lebensunterhalt ganz oder teilweise aus Mitteln der Fürsorge des Aufenthaltsstaates gewährt worden ist, nicht berücksichtigt.

Teil V. Sonderregelung für Grenzgebiete

Art. 10 (1) Wird ein Staatsangehöriger einer Vertragspartei, der seinen gewöhnlichen Aufenthalt im Grenzgebiet seines Heimatstaates hat, mit Zustimmung oder nachträglicher Genehmigung des zuständigen Trägers der öffentlichen Fürsorge seines Heimatstaates hilfsbedürftig in eine Krankenanstalt, in eine Heil- und Pflegeanstalt oder in ein Altersheim im Grenzgebiet der anderen Vertragspartei aufgenommen, so ist der Heimatstaat abweichend von Artikel 4 verpflichtet, dem Aufenthaltsstaat die aus einer solchen Unterbringung erwachsenden Fürsorgekosten zu erstatten; die Kostenerstattung darf jedoch nur bis zur Höhe der Aufwendungen verlangt werden, die bei der Unterbringung eines Staatsangehörigen des Aufenthaltsstaates entstünden.

(2) Die Zustimmung oder nachträgliche Genehmigung nach Absatz 1 darf nur versagt werden, wenn eine Aufnahme in die Anstalt oder das Altersheim weder aus medizinischen Gründen noch aus Gründen der Menschlichkeit geboten ist; sie gilt als erteilt, wenn sie der Träger der öffentlichen

Fürsorge des Heimatstaates nicht innerhalb von 30 Tagen nach Empfang des Antrages auf Zustimmung oder nachträgliche Genehmigung versagt.

(3) Als Grenzgebiet gilt der entlang der gemeinsamen Grenze gelegene Teil des Hoheitsgebietes jeder Vertragspartei, der im allgemeinen eine Tiefe bis zu zehn Kilometern hat. Die Liste der in diesem Gebiet gelegenen deutschen und österreichischen Gemeinden ist im Anhang II zu diesem Abkommen enthalten. Die zuständigen Behörden teilen einander Änderungen der Bezeichnung der Gemeinden sowie Fälle einer Vereinigung oder Teilung von Gemeinden mit; sonstige Änderungen der Liste im Rahmen von Satz 1 nehmen sie gemeinsam vor.

Art. 11 Die erstattungspflichtigen Fürsorgeleistungen des Aufenthaltsstaates nach Artikel 10 Absatz 1 gelten hinsichtlich der Ansprüche auf Kostenersatz und des Übergangs von Ansprüchen gegen Dritte als Leistungen, die der Träger der öffentlichen Fürsorge des Heimatstaates nach den für ihn geltenden Rechtsvorschriften gewährt hat.

Teil VI. Schlußbestimmungen

Art. 12 (1) Die Bestimmungen des Vormundschaftsabkommens zwischen dem Deutschen Reich und der Republik Österreich vom 5. Februar 1927 werden durch dieses Abkommen nicht berührt.

(2) Die Vereinbarung zwischen dem Deutschen Reich und der Republik Österreich über Pflegekinderschutz (Ziehkinderschutz) und über den Geschäftsverkehr in Jugendsachen vom 4. Juni 1932 tritt mit dem Inkrafttreten dieses Abkommens außer Kraft.

Art. 13 (1) Dem Abkommen ist ein Verzeichnis der im Zeitpunkt seiner Unterzeichnung geltenden gesetzlichen Rechtsvorschriften als Anhang I beigefügt. Treten gesetzliche Rechtsvorschriften, die in Anhang I aufgeführt sind, außer Kraft oder werden gesetzliche Rechtsvorschriften erlassen, die im Anhang I aufgeführt wären, wenn sie beim Inkrafttreten des Abkommens bereits in Kraft gewesen wären, so hat die Vertragspartei, um deren Rechtsvorschriften es sich handelt, dies der anderen Vertragspartei unter Bezugnahme auf Anhang I mitzuteilen.

(2) Änderungen und Ergänzungen der Rechtsvorschriften einer Vertragspartei, die sich aus zwischenstaatlichen Abkommen oder aus einer von einer Europäischen Gemeinschaft erlassenen Vorschrift ergeben, sind im Verhältnis zwischen den beiden Vertragsparteien nur zu berücksichtigen, wenn diese es vereinbaren.

Art. 14 Die zuständigen Behörden werden sich über die technischen Fragen der Durchführung dieses Abkommens, insbesondere über die Art und Weise des gegenseitigen Verkehrs, verständigen.

Art. 15 (1) Streitigkeiten zwischen den beiden Vertragsparteien über die Auslegung oder Anwendung dieses Abkommens sollen, soweit möglich, durch die zuständigen Behörden der beiden Vertragsparteien einvernehmlich beigelegt werden.

(2) Kann eine Streitigkeit auf diese Weise nicht beigelegt werden, so ist sie auf Verlangen einer der beiden Vertragsparteien einem Schiedsgericht zu unterbreiten.

(3) Das Schiedsgericht wird von Fall zu Fall gebildet, indem jede Vertragspartei ein Mitglied bestellt und beide Mitglieder sich auf den Angehörigen eines dritten Staates als Obmann einigen. Dieser ist von den Regierungen der beiden Vertragsparteien zu bestellen. Die Mitglieder sind innerhalb von zwei Monaten, der Obmann innerhalb von drei Monaten zu bestellen, nachdem die eine Vertragspartei der anderen mitgeteilt hat, daß sie die Streitigkeit einem Schiedsgericht unterbreiten will.

(4) Werden die im Absatz 3 genannten Fristen nicht eingehalten, so kann in Ermangelung einer anderen Vereinbarung jede Vertragspartei den Präsidenten des Europäischen Gerichtshofes für Menschenrechte bitten, die erforderliche Ernennung vorzunehmen. Besitzt der Präsident die Staatsangehörigkeit einer der beiden Vertragsparteien oder ist er aus einem anderen Grund verhindert, so soll der Vizepräsident die Ernennung vornehmen. Besitzt auch der Vizepräsident die Staatsangehörigkeit einer der beiden Vertragsparteien oder ist auch er verhindert, so soll das im Rang nächstfolgende Mitglied des Gerichtshofes, das nicht die Staatsangehörigkeit einer der beiden Vertragsparteien besitzt, die Ernennung vornehmen.

(5) Das Schiedsgericht entscheidet mit Stimmenmehrheit. Seine Entscheidungen sind bindend. Jede Vertragspartei trägt die Kosten ihres Mitgliedes sowie ihrer Vertretung in dem Verfahren vor dem Schiedsgericht; die Kosten des Obmannes sowie die sonstigen Kosten werden von den beiden Vertrags-

Fürsorgeabkommen Schweiz   10.3. **Texte 5**

parteien zu gleichen Teilen getragen, es sei denn, daß das Schiedsgericht eine andere Kostenentscheidung trifft. Im übrigen regelt das Schiedsgericht sein Verfahren selbst.

Art. 16 Das diesem Abkommen beiliegende Schlußprotokoll ist Bestandteil des Abkommens.

Art. 17 Dieses Abkommen wird für die Dauer von fünf Jahren geschlossen. Seine Geltungsdauer verlängert sich jeweils für ein weiteres Jahr, sofern es nicht von einer der beiden Vertragsparteien spätestens drei Monate vor Ablauf des Jahres schriftlich gekündigt wird.

Art. 18 Dieses Abkommen gilt auch für das Land Berlin, sofern nicht die Regierung der Bundesrepublik Deutschland gegenüber der Bundesregierung der Republik Österreich innerhalb von drei Monaten nach Inkrafttreten des Abkommens eine gegenteilige Erklärung abgibt.

Art. 19 (1) Dieses Abkommen bedarf der Ratifikation; die Ratifikationsurkunden sollen so bald wie möglich in Wien ausgetauscht werden.

(2) Das Abkommen tritt am ersten Tag des auf den Austausch der Ratifikationsurkunden folgenden Kalenderjahres in Kraft.

10.3. Vereinbarung zwischen der Bundesrepublik Deutschland und der Schweizerischen Eidgenossenschaft über die Fürsorge für Hilfsbedürftige

Vom 14. Juli 1952, Gesetz vom 17. März 1953 (BGBl. II 31), in Kraft getreten am 1. Juli 1952
(BGBl. 1953 II 129)

Art. 1 (1) Jeder vertragschließende Teil verpflichtet sich, den in seinem Gebiet sich aufhaltenden hilfsbedürftigen Angehörigen des andern Teils in gleicher Weise und unter den gleichen Bedingungen wie den eigenen Angehörigen die nötige Fürsorge zu gewähren.

(2) Die Fürsorge richtet sich in der Schweiz nach der Armengesetzgebung der Kantone, in der Bundesrepublik Deutschland nach der Fürsorgegesetzgebung des Bundes.

(3) Danach umfassen die Leistungen insbesondere die am Wohnort üblichen Aufwendungen für den Lebensunterhalt, die ärztliche Behandlung sowie die Krankenhaus- und Anstaltspflege. Eingeschlossen ist nötigenfalls eine angemessene (schickliche) Bestattung.

Art. 2 (1) Der Aufenthaltstaat trägt die Kosten der Fürsorge, einschließlich besonderer Zuwendungen, während längstens 30 Tagen vom Zeitpunkt des Eintritts der Hilfsbedürftigkeit an.

(2) Muß im Einzelfall mit Unterbrechung mehrmals unterstützt werden und liegen zwischen zwei Unterstützungsperioden mehr als 12 Monate, so hat der Aufenthaltstaat erneut für die Unterstützung während 30 Tagen aufzukommen.

Art. 3 Der Heimatstaat trägt dafür Sorge, daß dem Aufenthaltstaat alle weiteren Fürsorgekosten bis zu einer etwaigen Heimschaffung erstattet werden, die dieser für den Hilfsbedürftigen aufgebracht hat. Artikel 5 Absatz 3 bleibt vorbehalten.

Art. 4 Für den Fall, daß der Hilfsbedürftige selbst oder daß andere privatrechtlich Verpflichtete zum Ersatz der Kosten imstande sind, bleiben die Ansprüche an diese vorbehalten. Auch sichern sich die vertragschließenden Teile die nach den Landesgesetzen zulässige Hilfe zur Geltendmachung dieser Ansprüche zu.

Art. 5 (1) Der Unterstützte kann im Aufenthaltstaat belassen oder heimgeschafft werden. Der Aufenthaltstaat und der Heimatstaat prüfen gemeinsam, ob im wohlverstandenen Interesse des Hilfsbedürftigen Unterstützung im Aufenthaltstaat oder Heimschaffung geboten ist.

(2) Auf die Heimschaffung wird verzichtet, wenn Menschlichkeitsgründe dagegen sprechen, so namentlich, wenn sie Familienbande zerreißen oder aus früherer Heimatzugehörigkeit oder einem Aufenthalt von sehr langer Dauer sich ergebende enge Beziehungen zum Lande zerstören würde. Ebenfalls wird nicht heimgeschafft bei vorübergehender Hilfsbedürftigkeit bis zu 90 Tagen.

1659

(3) Verweigert der Aufenthaltstaat die vom Heimatstaat verlangte Heimschaffung, obgleich solche Menschlichkeitsgründe nicht bestehen, so wird der Heimatstaat von der Pflicht zum Kostenersatz entbunden.

(4) Angehörige des einen Staates, die sich noch nicht seit mindestens einem Jahr ununterbrochen auf dem Gebiet des anderen Staates aufhalten, können jederzeit heimgeschafft werden.

(5) Die Heimschaffung erstreckt sich in der Regel auf den Ehegatten und die mit dem Hilfsbedürftigen in Hausgemeinschaft lebenden minderjährigen Kinder, sofern sie nicht Angehörige des Aufenthaltstaates oder eines anderen Staates sind.

(6) Die Heimschaffung ist ausgeschlossen, solange der Hilfsbedürftige oder einer seiner Familienangehörigen nicht transportfähig ist.

Art. 6 Die Kosten der Heimschaffung sowie des Transports des Hausrats bis an die Grenze trägt der Aufenthaltstaat.

Art. 7 Die vertragschließenden Teile regeln in einer Verwaltungsvereinbarung den Verkehr zwischen den beiderseitigen Stellen. Insbesondere können sie den direkten Verkehr zwischen den kantonalen Fürsorgedepartementen und den Landesfürsorgeverbänden vereinbaren.

Art. 8 Die Vereinbarung findet keine Anwendung auf Personen, die sich in das andere Land begeben haben, um sich dort wegen einer im Augenblick der Einreise bereits bestehenden Krankheit pflegen zu lassen.

Art. 9 (1) Bestehen unter den vertragschließenden Teilen Meinungsverschiedenheiten über die Auslegung einzelner Bestimmungen dieser Vereinbarung, so verständigen sich die Polizeiabteilung des Eidgenössischen Justiz- und Polizeidepartements und das Bundesministerium des Innern. Auch hierbei soll vor allem das Interesse der Hilfsbedürftigen berücksichtigt werden.

(2) Wird eine Einigung nicht erzielt, so bestimmen die vertragschließenden Teile eine Schiedsinstanz, die aus je einem ihrer Angehörigen und einem im gegenseitigen Einverständnis bezeichneten Vorsitzenden besteht. Die Schiedsinstanz entscheidet mit Stimmenmehrheit endgültig.

Art. 10 Artikel 1 des Vertrages zwischen dem Deutschen Reich und der Schweiz über die Regelung der Fürsorge für alleinstehende Frauen vom 19. März 1943 wird durch diese Vereinbarung nicht berührt.

Art. 11 (1) Diese Vereinbarung wird so bald als möglich ratifiziert. Sie tritt am Tage des Austausches der Ratifikationsurkunden, der in Bern stattfinden wird, rückwirkend auf den 1. Juli 1952 in Kraft und gilt bis zum 31. März 1954.

(2) Die vertragschließenden Teile werden rechtzeitig vor Ablauf dieser Vereinbarung in Verbindung miteinander treten, um die Voraussetzungen einer Verlängerung der Vereinbarung zu prüfen.

10.4. Beschluss Nr. 3/80 des Assoziationsrats EWG/Türkei über die Anwendung der Systeme der sozialen Sicherheit der Mitgliedstaaten der Europäischen Gemeinschaften auf die türkischen Arbeitnehmer und auf deren Familienangehörige

Vom 19. September 1980 (ABl. C 110 S. 60)

Titel I. Allgemeine Vorschriften

Art. 1 Begriffsbestimmungen. Für die Anwendung dieses Beschlusses:

a) haben die Ausdrücke „Grenzgänger", „Saisonarbeiter", „Familienangehörige", „Hinterbliebener", „Wohnort", „Aufenthalt", „zuständiger Staat", „Versicherungszeiten", „Beschäftigungszeiten", „Wohnzeiten", „Leistungen", „Renten", „Familienleistungen", „Familienbeihilfen" und „Sterbegeld" die Bedeutung, wie sie in Artikel 1 der Verordnung (EWG) Nr. 1408/71 des Rates vom

14. Juni 1971 zur Anwendung der Systeme der soziale Sicherheit auf Arbeitnehmer und deren Familien, die innerhalb der Gemeinschaft zu- und abwandern, nachstehend „Verordnung (EWG) Nr. 1408/71" genannt, definiert ist;
b) bezeichnet der Ausdruck „Arbeitnehmer" jede Person,
   i) die gegen ein Risiko oder gegen mehrere Risiken, die von den Zweigen eines Systems der sozialen Sicherheit für Arbeitnehmer erfaßt werden, pflichtversichert oder freiwillig weiterversichert ist, und zwar vorbehaltlich der Einschränkungen in Anhang V Punkt A. Belgien, Absatz 1 zur Verordnung (EWG) Nr. 1408/71;
   ii) die im Rahmen eines für alle Einwohner oder die gesamte erwerbstätige Bevölkerung geltenden Systems der sozialen Sicherheit gegen ein Risiko oder gegen mehrere Risiken pflichtversichert ist, die von den Zweigen erfaßt werden, auf die dieser Beschluß anzuwenden ist,
   – wenn diese Person aufgrund der Art der Verwaltung oder der Finanzierung dieses Systems als Arbeitnehmer unterschieden werden kann, oder
   – wenn sie bei Fehlen solcher Kriterien im Rahmen eines für die Arbeitnehmer errichteten Systems aufgrund einer Pflichtversicherung oder freiwilligen Weiterversicherung gegen ein anderes im Anhang näher bezeichnetes Risiko im Rahmen eines Systems für Arbeitnehmer versichert ist;
c) bezeichnet der Ausdruck „Rechtsvorschriften" in jedem Mitgliedstaat die bestehenden und künftigen Gesetze, Verordnungen, Satzungen und alle anderen Durchführungsvorschriften in bezug auf die in ABl. Nr. L 149 vom 5. 7. 1971, S. 2. Artikel 4 Absätze 1 und 2 genannten Zweige und Systeme der sozialen Sicherheit. Dieser Begriff umfaßt bestehende oder künftige tarifvertragliche Vereinbarungen nicht, selbst wenn eine behördliche Entscheidung sie für allgemein verbindlich erklärt oder ihren Geltungsbereich erweitert hat;
d) bezeichnet der Ausdruck „Abkommen über soziale Sicherheit" jede zwei- oder mehrseitige Vereinbarung, die auf dem Gebiet der sozialen Sicherheit für alle oder einen Teil der in Artikel 4 Absätze 1 und 2 bezeichneten Zweige und Systeme ausschließlich zwischen zwei oder mehreren Mitgliedstaaten oder aber zwischen einem Mitgliedstaat und der Türkei jetzt oder künftig in Kraft ist; ferner alle im Rahmen dieser Vereinbarung getroffenen weiteren Vereinbarungen jeder Art;
e) bezeichnet der Ausdruck „zuständige Behörde" in jedem Mitgliedstaat und in der Türkei den oder die Minister oder die entsprechende Behörde, die im gesamten Gebiet des betreffenden Staates oder in einem Teil davon für die Systeme der sozialen Sicherheit zuständig sind;
f) bezeichnet der Ausdruck „Träger" in jedem Mitgliedstaat und in der Türkei die Einrichtung oder Behörde, der die Anwendung aller Rechtsvorschriften oder eines Teiles hiervon obliegt;
g) bezeichnet der Ausdruck „zuständiger Träger"
   i) den Träger des Mitgliedstaats, bei dem die in Betracht kommende Person im Zeitpunkt des Antrags auf Leistungen versichert ist, oder
   ii) den Träger, gegen den eine Person einen Anspruch auf Leistungen hat oder hätte, wenn sie selbst oder ihr Familienangehöriger beziehungsweise die Familienangehörigen im Gebiet des Mitgliedstaats wohnten, in dem dieser Träger seinen Sitz hat, oder
   iii) den von der zuständigen Behörde des betreffenden Mitgliedstaats bezeichneten Träger, oder
   iv) den Arbeitgeber oder den an seine Stelle tretenden Versicherer, oder, falls es einen solchen nicht gibt, die von der zuständigen Behörde des betreffenden Mitgliedstaats bestimmte Einrichtung oder Behörde, wenn es sich um ein System handelt, das die Verpflichtungen des Arbeitgebers hinsichtlich der in Artikel 4 Absatz 1 genannten Leistungen betrifft;
h) bezeichnen die Ausdrücke „Träger des Wohnorts" und „Träger des Aufenthaltsorts" den Träger, der nach den Rechtsvorschriften, die für diesen Träger gelten, für die Gewährung der Leistungen an dem Ort zuständig ist, in dem der Betreffende wohnt oder sich aufhält, oder, wenn ein solcher Träger nicht vorhanden ist, den von der zuständigen Behörde des betreffenden Staates bezeichneten Träger.

Art. 2 Persönlicher Geltungsbereich. Dieser Beschluß gilt:
– für Arbeitnehmer, für welche die Rechtsvorschriften eines oder mehrerer Mitgliedstaaten gelten oder galten, und die türkische Staatsangehörige sind;
– für die Familienangehörigen dieser Arbeitnehmer, die im Gebiet eines Mitgliedstaats wohnen;
– für Hinterbliebene dieser Arbeitnehmer.

Art. 3 Gleichbehandlung. (1) Die Personen, die im Gebiet eines Mitgliedstaats wohnen und für die dieser Beschluß gilt, haben die gleichen Rechte und Pflichten aufgrund der Rechtsvorschriften eines Mitgliedstaats wie die Staatsangehörigen dieses Staates, soweit dieser Beschluß nichts anderes bestimmt.

(2) Absatz 1 gilt auch für das aktive Wahlrecht bei der Wahl der Mitglieder der Organe der Träger der sozialen Sicherheit und für das Recht, sich an ihrer Benennung zu beteiligen; die Rechtsvorschriften der Mitgliedstaaten über die Wählbarkeit und die Art der Benennung der genannten Personen für diese Organe werden jedoch davon nicht berührt.

Art. 4 Sachlicher Geltungsbereich. (1) Dieser Beschluß gilt für alle Rechtsvorschriften über Zweige der sozialen Sicherheit, die folgende Leistungsarten betreffen:

i) Leistungen bei Krankheit und Mutterschaft;
ii) Leistungen bei Invalidität einschließlich der Leistungen, die zur Erhaltung oder Besserung der Erwerbsfähigkeit bestimmt sind;
iii) Leistungen bei Alter;
iv) Leistungen an Hinterbliebene;
v) Leistungen bei Arbeitsunfällen und Berufskrankheiten;
vi) Sterbegeld;
vii) Leistungen bei Arbeitslosigkeit;
viii) Familienleistungen.

(2) Dieser Beschluß gilt für die allgemeinen und die besonderen, die auf Beiträgen beruhenden und die beitragsfreien Systeme der sozialen Sicherheit sowie für die Systeme, nach denen die Arbeitgeber, einschließlich der Reeder, zu Leistungen gemäß Absatz 1 verpflichtet sind.

(3) Titel III berührt jedoch nicht die Rechtsvorschriften der Mitgliedstaaten über die Verpflichtungen eines Reeders.

(4) Dieser Beschluß ist weder auf die Sozialhilfe noch auf Leistungssysteme für Opfer des Krieges und seiner Folgen anzuwenden.

Art. 5 Beziehungen zwischen diesem Beschluß und den Abkommen über soziale Sicherheit, die ausschließlich für zwei oder mehrere Mitgliedstaaten gelten. Dieser Beschluß tritt für den in ihm erfaßten Personenkreis und Sachbereich an die Stelle aller Abkommen über soziale Sicherheit, die ausschließlich für zwei oder mehrere Mitgliedstaaten gelten; ausgenommen davon sind die Bestimmungen des Anhangs II Teil A der Verordnung (EWG) Nr. 1408/71, die nicht in Teil B des betreffenden Anhangs enthalten sind.

Art. 6 Aufhebung der Wohnortklauseln – Auswirkung der Pflichtversicherung auf die Beitragserstattung. (1) Die Geldleistungen bei Invalidität, Alter oder für die Hinterbliebenen sowie die Renten bei Arbeitsunfällen oder Berufskrankheiten, auf die nach den Rechtsvorschriften eines oder mehrere Mitgliedstaaten Anspruch erworben worden ist, dürfen, sofern in diesem Beschluß nichts anderes bestimmt ist, nicht deshalb gekürzt, geändert, zum Ruhen gebracht, entzogen oder beschlagnahmt werden, weil der Berechtigte in der Türkei oder im Gebiet eines anderen Mitgliedstaats als des Staates wohnt, in dessen Gebiet der zur Zahlung verpflichtete Träger seinen Sitz hat.

Unterabsatz 1 gilt auch für Kapitalabfindungen, die im Falle der Wiederverheiratung an den überlebenden Ehegatten gewährt werden, der Anspruch auf Hinterbliebenenrente hatte.

(2) Ist nach den Rechtsvorschriften eines Mitgliedstaats die Beitragserstattung davon abhängig, daß der Versicherte aus der Pflichtversicherung ausgeschieden ist, so gilt diese Voraussetzung als nicht erfüllt, solange er aufgrund der Rechtsvorschriften eines anderen Mitgliedstaats als Arbeitnehmer pflichtversichert ist.

Art. 7 Anpassung von Leistungen. Die in den Rechtsvorschriften eines Mitgliedstaats enthaltenen Bestimmungen über die Anpassung von Leistungen gelten für Leistungen, die nach diesen Rechtsvorschriften unter Berücksichtigung dieses Beschlusses geschuldet werden.

Art. 8 Verbot des Zusammentreffens von Leistungen. (1) Ein Anspruch auf mehrere Leistungen gleicher Art aus derselben Pflichtversicherungszeit kann aufgrund dieses Beschlusses weder erworben noch aufrechterhalten werden. Dies gilt jedoch nicht für Leistungen bei Invalidität, Alter oder Tod (Renten), die von den Trägern von zwei oder mehr Mitgliedstaaten gemäß Titel III festgestellt werden.

(2) Ist in den Rechtsvorschriften eines Mitgliedstaats für den Fall des Zusammentreffens mehrerer Leistungen der sozialen Sicherheit oder des Zusammentreffens solcher Leistungen mit anderen Einkünften vorgesehen, dass die Leistungen gekürzt, zum Ruhen gebracht oder entzogen werden, so sind diese Vorschriften einem Berechtigten gegenüber auch dann anwendbar, wenn es sich um Leistungen

handelt, die nach den Rechtsvorschriften eines anderen Mitgliedstaats oder der Türkei erworben wurden, oder um Einkünfte, die im Hoheitsgebiet eines anderen Mitgliedstaats oder der Türkei erzielt wurden. Dies gilt jedoch nicht, wenn der Berechtigte Leistungen gleicher Art bei Invalidität, Alter oder Tod (Renten) erhält, die von den Trägern zweier oder mehrerer Mitgliedstaaten gemäß Titel III oder von einem türkischen Träger entsprechend den Bestimmungen eines zweiseitigen Abkommens über die soziale Sicherheit festgestellt werden.

(3) Ist in den Rechtsvorschriften eines Mitgliedstaats für den Fall der Ausübung einer beruflichen Tätigkeit durch den Empfänger von Leistungen bei Invalidität oder von vorgezogenen Leistungen bei Alter vorgesehen, daß diese Leistungen gekürzt, zum Ruhen gebracht oder entzogen werden, so sind diese Vorschriften dem Betreffenden gegenüber auch dann anwendbar, wenn er diese Tätigkeit im Gebiet eines anderen Mitgliedstaats oder der Türkei ausübt.

(4) Zur Anwendung der Absätze 2 und 3 teilen sich die betreffenden Träger gegenseitig auf Antrag alle geeigneten Auskünfte mit.

Titel II. Bestimmung der anzuwendenden Rechtsvorschriften

Art. 9 Welche Rechtsvorschriften auf die in der Gemeinschaft beschäftigten türkischen Arbeitnehmer anzuwenden sind, bestimmt sich nach Artikel 13 Absätze 1 und 2 Buchstaben a) und b), Artikel 14, 15 und 17 der Verordnung (EWG) Nr. 1408/71.

Titel III. Besondere Vorschriften für die einzelnen Leistungsarten

Kapitel 1. Krankheit und Mutterschaft

Art. 10 Für den Erwerb, die Aufrechterhaltung oder das Wiederaufleben des Leistungsanspruchs gilt Artikel 18 der Verordnung (EWG) Nr. 1408/71.

Art. 11 Für die Gewährung der Leistungen und die Erstattung zwischen Trägern der Mitgliedstaaten gelten die Artikel 19 bis 24, Artikel 25 Absatz 3 und die Artikel 26 bis 36 der Verordnung (EWG) Nr. 1408/71. Ferner gilt Artikel 19 der Verordnung (EWG) Nr. 1408/71 für den voll arbeitslosen türkischen Grenzgänger, der nach den Rechtsvorschriften des zuständigen Staates die Voraussetzungen für den Anspruch auf Leistungen aus der Krankenversicherung erfüllt.

Kapitel 2. Invalidität

Art. 12 Die Leistungsansprüche eines Arbeitnehmers, für den nacheinander oder abwechselnd die Rechtsvorschriften von zwei oder mehr Mitgliedstaaten galten, werden gemäß Artikel 37 Absatz 1 Satz 1 und Absatz 2, Artikel 38, 39 und 40, Artikel 41 Absatz 1 Buchstaben a), b), c) und e) und Absatz 2 und Artikel 42 und 43 der Verordnung (EWG) Nr. 1408/71 festgestellt.

Aber:
a) für die Anwendung von Artikel 39 Absatz 4 der Verordnung (EWG) Nr. 1408/71 werden alle in der Gemeinschaft oder in der Türkei wohnenden Familienangehörigen, einschließlich Kinder, berücksichtigt;
b) in Artikel 40 Absatz 1 der Verordnung (EWG) Nr. 1408/71 wird die Bezugnahme auf die Bestimmungen des Titels III, Kapitel 3 der genannten Verordnung durch die Bezugnahme auf die Bestimmungen des Titels III, Kapitel 3 dieses Beschlusses ersetzt.

Kapitel 3. Alter und Tod (Renten)

Art. 13 Die Leistungsansprüche eines Arbeitnehmers, für die Rechtsvorschriften von zwei oder mehr Mitgliedstaaten galten, und die Leistungsansprüche seiner Hinterbliebenen werden nach Artikel 44 Absatz 2 Satz 1, Artikel 45, Artikel 46 Absatz 2 und den Artikeln 47, 48, 49 und 51 der Verordnung (EWG) Nr. 1408/71 festgestellt.

Aber:
a) Artikel 46 Absatz 2 der Verordnung (EWG) Nr. 1408/71 gilt selbst dann, wenn die Voraussetzungen für den Leistungsanspruch erfüllt sind, ohne daß es notwendig wäre, auf Artikel 45 derselben Verordnung zurückzugreifen.
b) Bei der Anwendung des Artikels 47 Absatz 3 der Verordnung (EWG) Nr. 1408/71 werden alle in der Gemeinschaft oder in der Türkei wohnenden Familienangehörigen, einschließlich Kinder, berücksichtigt.
c) Bei der Anwendung des Artikels 49 Absatz 1 Buchstabe a) und Absatz 2 und des Artikels 51 der Verordnung (EWG) Nr. 1408/71 wird der Hinweis auf Artikel 46 durch den Hinweis auf Artikel 46 Absatz 2 ersetzt.

Art. 14 (1) Leistungen aufgrund der Rechtsvorschriften eines Mitgliedstaats, der mit der Türkei durch ein bilaterales Abkommen über soziale Sicherheit verbunden ist, werden gemäß den Bestimmungen dieses Abkommens gezahlt.

Diese Leistung wird gegebenenfalls, sofern für den Arbeitnehmer die Rechtsvorschriften von zwei oder mehr Mitgliedstaaten galten, um einen Zusatzbetrag erhöht, der dem Unterschied zwischen der Höhe der genannten Leistung und der Höhe der Leistung entspricht, die sich je nach Fall aus der Anwendung von Artikel 12 oder Artikel 13 ergibt.

(2) Ist gemäß Absatz 1 Unterabsatz 2 ein Zusatzbetrag zu zahlen, so gilt Artikel 51 der Verordnung (EWG) Nr. 1408/71 für den Gesamtbetrag der vom betreffenden Mitgliedstaat zu erbringenden Leistung.

Kapitel 4. Arbeitsunfälle und Berufskrankheiten

Art. 15 Für die Gewährung von Leistungen und die Erstattung zwischen Trägern der Mitgliedstaaten gelten die Artikel 52 bis 63 der Verordnung (EWG) Nr. 1408/71.

Kapitel 5. Sterbegeld

Art. 16 Für den Erwerb, die Aufrechterhaltung bzw. das Wiederaufleben des Leistungsanspruchs gilt Artikel 64 der Verordnung (EWG) Nr. 1408/71.

Art. 17 Tritt im Gebiet eines anderen als des zuständigen Mitgliedstaats ein Sterbefall ein oder wohnt der Berechtigte dort, so wird Sterbegeld nach Art. 65 und 66 der Verordnung (EWG) Nr. 1408/71 gewährt.

Kapitel 6. Familienleistungen und -beihilfen

Art. 18 Für den Erwerb des Leistungsanspruchs gilt Artikel 72 der Verordnung (EWG) Nr. 1408/71.

Art. 19 (l) Der Rentner, der mit seinen unterhaltsberechtigten Kindern im Hoheitsgebiet eines Mitgliedstaats wohnhaft ist, hat Anspruch auf Familienbeihilfen gemäß den Bestimmungen von Artikel 77 Absatz 2 und Artikel 79 Absatz 1 Buchstabe a) und Absätze 2 und 3 der Verordnung (EWG) Nr. 1408/71.

(2) Die natürliche oder juristische Person, die für eine Waise unterhaltspflichtig ist und die mit dieser Waise im Hoheitsgebiet eines Mitgliedstaats wohnhaft ist, hat Anspruch auf Familienbeihilfen und gegebenenfalls auf die für Waisen vorgesehenen zusätzlichen und besonderen Beihilfen gemäß den Bestimmungen von Artikel 78 Absatz 2 und Artikel 79 Absatz 1 Buchstabe a) und Absätze 2 und 3 der Verordnung (EWG) Nr. 1408/71.

Titel IV. Verschiedene Vorschriften

Art. 20 (1) Die zuständigen Behörden der Mitgliedstaaten und der Türkei unterrichten einander über alle zur Durchführung dieses Beschlusses getroffenen Maßnahmen.

(2) Bei der Anwendung dieses Beschlusses unterstützen sich die Behörden und Träger der Mitgliedstaaten und der Türkei, als handelte es sich um die Anwendung ihrer eigenen Rechtsvorschriften. Die

gegenseitige Amtshilfe der Behörden und Träger ist grundsätzlich kostenfrei. Die zuständigen Behörden dieser Staaten können jedoch die Erstattung bestimmter Kosten vereinbaren.

(3) Die Behörden und Träger der Mitgliedstaaten und der Türkei können zur Durchführung dieses Beschlusses miteinander sowie mit den beteiligten Personen oder deren Beauftragten unmittelbar in Verbindung treten.

(4) Die Behörden, Träger und Gerichte eines Mitgliedstaats dürfen die bei ihnen eingereichten Anträge und sonstigen Schriftstücke nicht deshalb zurückweisen, weil sie in einer Amtssprache eines anderen Mitgliedstaats oder in türkischer Sprache abgefaßt sind.

Art. 21 (1) Jede in den Rechtsvorschriften eines Mitgliedstaats oder der Türkei vorgesehene Befreiung oder Ermäßigung von Steuern, Stempel-, oder Eintragungsgebühren für Schriftstücke oder Urkunden, die gemäß diesen Rechtsvorschriften einzureichen sind, findet auch auf die entsprechenden Schriftstücke und Urkunden Anwendung, die gemäß den Rechtsvorschriften eines anderen Mitgliedstaats oder der Türkei oder gemäß diesem Beschluß einzureichen sind.

(2) Urkunden, Dokumente und Schriftstücke jeglicher Art, die im Rahmen der Durchführung dieses Beschlusses vorzulegen sind, brauchen nicht durch diplomatische oder konsularische Stellen legalisiert zu werden.

Art. 22 Anträge, Erklärungen oder Rechtsbehelfe, die gemäß den Rechtsvorschriften eines Mitgliedstaats innerhalb einer bestimmten Frist bei einer Behörde, einem Träger oder einem Gericht dieses Staates einzureichen sind, können innerhalb der gleichen Frist bei einer entsprechenden Behörde, einem entsprechenden Träger oder einem entsprechenden Gericht eines anderen Mitgliedstaats oder der Türkei eingereicht werden. In diesem Fall übermitteln die in Anspruch genommenen Behörden, Träger oder Gerichte diese Anträge, Erklärungen oder Rechtsbehelfe entweder unmittelbar oder durch Einschaltung der zuständigen Behörden der beteiligten Staaten unverzüglich der zuständigen Behörde, dem zuständigen Träger oder dem zuständigen Gericht des ersten Staates. Der Tag, an dem diese Anträge, Erklärungen oder Rechtsbehelfe bei einer Behörde, einem Träger oder einem Gericht eines anderen Mitgliedstaats oder der Türkei eingegangen sind, gilt der Tag des Eingangs bei der zuständigen Behörde, dem zuständigen Träger oder dem zuständigen Gericht.

Art. 23 (1) Die in den Rechtsvorschriften eines Mitgliedstaats vorgesehenen ärztlichen Gutachten können auf Antrag des zuständigen Trägers im Gebiet eines anderen Mitgliedstaats oder der Türkei vom Träger des Aufenthalts- oder Wohnorts des Leistungsberechtigten im Rahmen der Bedingungen angefertigt werden; die von den zuständigen Behörden der beteiligten Staaten vereinbart worden sind.

(2) Nach Absatz 1 angefertigte ärztliche Gutachten gelten als im Gebiet des zuständigen Staates angefertigt.

Art. 24 (1) Geldüberweisungen werden aufgrund dieses Beschlusses nach Maßgabe der Vereinbarungen vorgenommen, die in diesem Bereich zwischen den beteiligten Mitgliedstaaten zum Zeitpunkt der Überweisung gelten. Bestehen solche Vereinbarungen zwischen zwei Mitgliedstaaten nicht, so vereinbaren die zuständigen Behörden dieser Staaten oder die für den internationalen Zahlungsverkehr zuständigen Behörden die zur Durchführung dieser Überweisung erforderlichen Maßnahmen.

(2) Geldüberweisungen werden aufgrund dieses Beschlusses nach Maßgabe der Vereinbarungen vorgenommen, die in diesem Bereich zwischen dem beteiligten Mitgliedstaat und der Türkei zum Zeitpunkt der Überweisung gelten. Bestehen solche Vereinbarungen zwischen der Türkei und einem Mitgliedstaat nicht, so vereinbaren die zuständigen Behörden der beiden Staaten oder die für den internationalen Zahlungsverkehr zuständigen Behörden die zur Durchführung dieser Überweisungen erforderlichen Maßnahmen.

Art. 25 (1) Die Anhänge I, III und IV der Verordnung (EWG) Nr. 1408/71 gelten für die Durchführung dieses Beschlusses.

(2) Der Anhang II der Verordnung (EWG) Nr. 1408/71 gilt für die Durchführung dieses Beschlusses in dem in Artikel 5 vorgesehenen Umfang.

(3) Der Anhang V der Verordnung (EWG) Nr. 1408/71 gilt für die Durchführung dieses Beschlusses in dem im folgenden Anhang Teil I vorgesehenen Umfang.

Weitere besondere Durchführungsmodalitäten der Rechtsvorschriften einiger Mitgliedstaaten sind im folgenden Anhang Teil II genannt.

Art. 26 (1) Die zuständigen Behörden können Verbindungsstellen bezeichnen, die unmittelbar miteinander verkehren können.

(2) Jeder Träger eines Mitgliedstaats oder der Türkei sowie jede Person, die im Gebiet eines Mitgliedstaats oder der Türkei wohnt oder sich dort aufhält, kann sich unmittelbar oder durch Vermittlung der Verbindungsstellen an den Träger eines anderen Mitgliedstaats oder der Türkei wenden.

Art. 27 a) Die Anträge auf Leistungen bei Invalidität, Alter und Tod (einschließlich Waisenrenten) sind zu stellen gemäß den Bestimmungen des Artikels 35 Absätze 1 und 2, des Artikels 36, Absätze 1, 2 und 4 erster Teil des 1. Satzes, des Artikels 37 Buchstaben a), b) und c) und des Artikels 38 der Verordnung (EWG) Nr. 574/72 des Rates der Europäischen Gemeinschaften vom 21. März 1972 über die Durchführung der Verordnung (EWG) Nr. 1408/71 zur Anwendung der Systeme der sozialen Sicherheit auf Arbeitnehmer und deren Familien, die innerhalb der Gemeinschaft zu- und abwandern, nachstehend „Verordnung (EWG) Nr. 574/72" genannt.

b) Aber:
i) wohnt der Arbeitnehmer in der Türkei, muß er seinen Antrag, gegebenenfalls über den Träger des Wohnorts, an den zuständigen Träger des Mitgliedstaats richten, dessen Rechtsvorschriften zuletzt für ihn gegolten haben;
ii) Artikel 38 der Verordnung (EWG) Nr. 574/72 gilt für alle Familienangehörigen des Antragstellers, die innerhalb der Gemeinschaft oder in der Türkei wohnen.

Art. 28 Die verwaltungsmäßige und ärztliche Kontrolle wird nach Maßgabe der Artikel 51 und 52 der Verordnung (EWG) Nr. 574/72 durchgeführt. Diese Bestimmungen gelten auch dann, wenn der Leistungsempfänger in der Türkei wohnt.

Art. 29 (1) Ein Arbeitnehmer oder seine Hinterbliebenen mit Wohnsitz in der Türkei hat bzw. haben für den Bezug einer Rente oder einer Zulage zu einer Rente infolge eines Arbeitsunfalls oder einer Berufskrankheit nach den Rechtsvorschriften eines Mitgliedstaats einen Antrag bei dem zuständigen Träger oder bei dem Träger des Wohnorts zu stellen, der ihn dem zuständigen Träger übermittelt. Für die Einreichung des Antrags gilt folgendes:

a) Dem Antrag sind die erforderlichen Nachweise beizufügen; er ist unter Verwendung der Formblätter zu stellen, die nach den vom zuständigen Träger ‚anzuwendenden Rechtsvorschriften vorgeschrieben sind.
b) Die Richtigkeit der Angaben des Antragstellers ist durch amtliche Unterlagen, die dem Antrag beizufügen sind, oder durch die zuständigen türkischen Stellen zu bestätigen.

(2) Der zuständige Träger teilt dem Antragsteller seine Entscheidung unmittelbar oder über die Verbindungsstelle des zuständigen Staates mit; ein Doppel der Entscheidung übermittelt er der türkischen Verbindungsstelle.

(3) Die verwaltungsmäßige und ärztliche Kontrolle sowie die im Fall der Neufeststellung der Renten vorgesehenen ärztlichen Untersuchungen erfolgen auf Verlangen des zuständigen Trägers durch den türkischen Träger entsprechend den von diesem anzuwendenden Rechtsvorschriften. Der zuständige Träger behält jedoch die Möglichkeit, durch einen Arzt seiner Wahl den Berechtigten untersuchen zu lassen.

(4) Jede Person, die für sich selbst oder für eine Waise eine Rente bezieht, hat den leistungspflichtigen Träger von jeder Änderung in ihren Verhältnissen bzw. in den Verhältnissen der Waise zu unterrichten, die den Anspruch ändern kann.

(5) Renten, die der Träger eines Mitgliedstaats Rentnern schuldet, die ihren Wohnsitz in der Türkei haben, werden nach Artikel 30 gezahlt.

Art. 30 Die Zahlung der Leistungen erfolgt nach Maßgabe der Artikel 53 bis 59 der Verordnung (EWG) Nr. 574/72.

Wohnt der Leistungsempfänger in der Türkei, erfolgt die Zahlung unmittelbar an diesen, sofern das zwischen dem betreffenden Mitgliedstaat und der Türkei geschlossene Abkommen nichts anderes bestimmt.

Arbeitnehmer-Entsendegesetz (AEntG) 11.1. **Texte 5**

Titel V. Schlussbestimmungen

Art. 31 Zwei oder mehrere Mitgliedstaaten oder die Türkei und ein oder mehrere Mitgliedstaaten oder die zuständigen Behörden dieser Staaten können, soweit erforderlich, Vereinbarungen zur Ergänzung der verwaltungsmäßigen Durchführungsvorschriften dieses Beschlusses treffen.

Art. 32 Die Türkei und die Gemeinschaft treffen beiderseits die zur Durchführung dieses Beschlusses erforderlichen Maßnahmen.

11.1. Gesetz über zwingende Arbeitsbedingungen bei grenzüberschreitenden Dienstleistungen (Arbeitnehmer-Entsendegesetz – AEntG)

Vom 26. Februar 1996 (BGBl. I 227), zuletzt geändert durch Gesetz vom 23. Juli 2004 (BGBl. I 1842)

§ 1 (1) Die Rechtsnormen eines für allgemeinverbindlich erklärten Tarifvertrages des Baugewerbes im Sinne der §§ 1 und 2 der Baubetriebe-Verordnung vom 28. Oktober 1980 (BGBl. I S. 2033), geändert durch Verordnung vom 24. Oktober 1984 (BGBl. I S. 1318),

1. die Mindestentgeltsätze einschließlich Überstundensätze oder
2. die Dauer des Erholungsurlaubs, das Urlaubsentgelt oder ein zusätzliches Urlaubsgeld

zum Gegenstand haben, finden auch auf ein Arbeitsverhältnis zwischen einem Arbeitgeber mit Sitz im Ausland und seinem im räumlichen Geltungsbereich des Tarifvertrages beschäftigten Arbeitnehmer zwingend Anwendung, wenn der Betrieb oder die selbständige Betriebsabteilung im Sinne des fachlichen Geltungsbereichs des Tarifvertrages überwiegend Bauleistungen gemäß § 211 Abs. 1 des Dritten Buches Sozialgesetzbuch erbringt und auch inländische Arbeitgeber ihren im räumlichen Geltungsbereich des Tarifvertrages beschäftigten Arbeitnehmern mindestens die am Arbeitsort geltenden tarifvertraglichen Arbeitsbedingungen gewähren müssen. Ein Arbeitgeber im Sinne des Satzes 1 ist verpflichtet, seinem im räumlichen Geltungsbereich eines Tarifvertrages beschäftigten Arbeitnehmer mindestens die in dem Tarifvertrag vorgeschriebenen Arbeitsbedingungen zu gewähren. Dies gilt auch für einen unter den Geltungsbereich eines Tarifvertrages nach Satz 1 fallenden Arbeitgeber mit Sitz im Inland unabhängig davon, ob der Tarifvertrag kraft Tarifbindung nach § 3 des Tarifvertragsgesetzes oder aufgrund der Allgemeinverbindlicherklärung Anwendung findet. Tarifvertrag nach Satz 1 ist auch ein Tarifvertrag, der die Erbringung von Montageleistungen auf Baustellen außerhalb des Betriebssitzes zum Gegenstand hat.

(2) Absatz 1 gilt unter den dort genannten Voraussetzungen auch für allgemeinverbindlich erklärte Tarifverträge im Bereich der Seeschiffahrtsassistenz.

(2 a) Wird ein Leiharbeitnehmer von seinem Entleiher mit Tätigkeiten beschäftigt, die in den Geltungsbereich eines für allgemeinverbindlich erklärten Tarifvertrages nach Absatz 1 oder 2 oder Absatz 3 oder einer Rechtsverordnung nach Absatz 3 a fallen, so hat ihm der Verleiher zumindest den in diesem Tarifvertrag oder dieser Rechtsverordnung vorgeschriebenen Arbeitsbedingungen zu gewähren sowie die der gemeinsamen Einrichtung nach diesem Tarifvertrag zustehenden Boiträge zu leisten.

(3) Sind im Zusammenhang mit der Gewährung von Urlaubsansprüchen nach Absatz 1 die Einziehung von Beiträgen und die Gewährung von Leistungen durch allgemeinverbindliche Tarifverträge einer gemeinsamen Einrichtung der Tarifvertragsparteien übertragen, so finden die Rechtsnormen solcher Tarifverträge auch auf einen ausländischen Arbeitgeber und seinen im räumlichen Geltungsbereich des Tarifvertrages beschäftigten Arbeitnehmer zwingend Anwendung, wenn in den betreffenden Tarifverträgen oder auf sonstige Weise sichergestellt ist, daß

1. der ausländische Arbeitgeber nicht gleichzeitig zu Beiträgen nach dieser Vorschrift und Beiträgen zu einer vergleichbaren Einrichtung im Staat seines Sitzes herangezogen wird und
2. das Verfahren der gemeinsamen Einrichtung der Tarifvertragsparteien eine Anrechnung derjenigen Leistungen vorsieht, die der ausländische Arbeitgeber zur Erfüllung des gesetzlichen, tarifvertraglichen oder einzelvertraglichen Urlaubsanspruchs seines Arbeitnehmers bereits erbracht hat.

Ein Arbeitgeber im Sinne des Absatzes 1 Satz 1 ist verpflichtet, einer gemeinsamen Einrichtung der Tarifvertragsparteien die ihr nach Satz 1 zustehenden Beiträge zu leisten. Dies gilt auch für einen unter den Geltungsbereich eines Tarifvertrages nach Satz 1 fallenden Arbeitgeber mit Sitz im Inland unabhängig davon, ob der Tarifvertrag kraft Tarifbindung nach § 3 des Tarifvertragsgesetzes oder aufgrund der Allgemeinverbindlichkeit Anwendung findet.

(3 a) Ist ein Antrag auf Allgemeinverbindlicherklärung eines Tarifvertrages nach Absatz 1 Satz 1 oder Absatz 3 Satz 1 gestellt worden, kann das Bundesministerium für Wirtschaft und Arbeit unter den dort genannten Voraussetzungen durch Rechtsverordnung ohne Zustimmung des Bundesrates bestimmen, daß die Rechtsnormen dieses Tarifvertrages auf alle unter den Geltungsbereich dieses Tarifvertrages fallenden und nicht tarifgebundenen Arbeitgeber und Arbeitnehmer Anwendung finden. Vor Erlaß der Rechtsverordnung gibt das Bundesministerium für Wirtschaft und Arbeit den in den Geltungsbereich der Rechtsverordnung fallenden Arbeitgebern und Arbeitnehmern sowie den Parteien des Tarifvertrages Gelegenheit zur schriftlichen Stellungnahme. Die Rechtsverordnung findet auch auf ein Arbeitsverhältnis zwischen einem Arbeitgeber mit Sitz im Ausland und seinem im Geltungsbereich der Rechtsverordnung beschäftigten Arbeitnehmer zwingend Anwendung. Unter den Geltungsbereich eines Tarifvertrages nach Absatz 1 oder Absatz 3 fallende Arbeitgeber mit Sitz im Inland sind verpflichtet, ihren Arbeitnehmern mindestens die in der Rechtsverordnung vorgeschriebenen Arbeitsbedingungen zu gewähren sowie einer gemeinsamen Einrichtung der Tarifvertragsparteien die ihr nach Satz 1 zustehenden Beiträge zu leisten; dies gilt unabhängig davon, ob die entsprechende Verpflichtung kraft Tarifbindung nach § 3 des Tarifvertragsgesetzes oder aufgrund der Rechtsverordnung besteht. Satz 4 Halbsatz 1 gilt auch für Arbeitgeber mit Sitz im Ausland und ihre im Geltungsbereich der Rechtsverordnung beschäftigten Arbeitnehmer.

(4) und (5) *(weggefallen)*

§ 1 a Ein Unternehmer, der einen anderen Unternehmer mit der Erbringung von Bauleistungen im Sinne des § 211 Abs. 1 des Dritten Buches Sozialgesetzbuch beauftragt, haftet für die Verpflichtungen dieses Unternehmers, eines Nachunternehmers oder eines von dem Unternehmer oder einem Nachunternehmer beauftragten Verleihers zur Zahlung des Mindestentgelts an einen Arbeitnehmer oder zur Zahlung von Beiträgen an eine gemeinsame Einrichtung der Tarifvertragsparteien nach § 1 Abs. 1 Satz 2 und 3, Abs. 2 a, 3 Satz 2 und 3 oder Abs. 3 a Satz 4 und 5 wie ein Bürge, der auf die Einrede der Vorausklage verzichtet hat. Das Mindestentgelt im Sinne des Satzes 1 umfaßt nur den Betrag, der nach Abzug der Steuern und der Beiträge zur Sozialversicherung und zur Arbeitsförderung oder entsprechender Aufwendungen zur sozialen Sicherung an den Arbeitnehmer auszuzahlen ist (Nettoentgelt).

§ 2 (1) Für die Prüfung der Arbeitsbedingungen nach § 1 sind die Bundesanstalt für Arbeit und die Hauptzollämter zuständig.

(2) §§ 2 bis 6, 14, 15, 20, 22 und 23 des Schwarzarbeitsbekämpfungsgesetzes sind entsprechend anzuwenden mit der Maßgabe, daß die dort genannten Behörden auch Einsicht in Arbeitsverträge, Niederschriften nach § 2 des Nachweisgesetzes und andere Geschäftsunterlagen nehmen können, die mittelbar oder unmittelbar Auskunft über die Einhaltung des Arbeitsbedingungen nach § 1 geben, und die nach § 5 Abs. 1 des Schwarzarbeitsbekämpfungsgesetzes zur Mitwirkung Verpflichteten diese Unterlagen vorzulegen haben; §§ 16 bis 19 des Schwarzarbeitsbekämpfungsgesetzes finden Anwendung. § 6 Abs. 3 des Schwarzarbeitsbekämpfungsgesetzes findet entsprechende Anwendung. Die genannten Behörden dürfen nach Maßgabe der datenschutzrechtlichen Vorschriften auch mit Behörden anderer Mitgliedstaaten des Europäischen Wirtschaftsraums, die entsprechende Aufgaben wie nach diesem Gesetz durchführen oder für die Bekämpfung illegaler Beschäftigung zuständig sind oder Auskünfte geben können, ob ein Arbeitgeber die Arbeitsbedingungen nach § 1 einhält, zusammenarbeiten. Für die Datenverarbeitung, die dem in Absatz 1 genannten Zweck oder der Zusammenarbeit mit den Behörden des Europäischen Wirtschaftsraums dient, findet § 67 Abs. 2 Nr. 4 des Zehnten Buches Sozialgesetzbuch keine Anwendung.

(2 a) Soweit die Rechtsnormen eines für allgemeinverbindlich erklärten Tarifvertrages nach § 1 Satz 1 oder einer entsprechenden Rechtsverordnung nach § 1 Abs. 3 a auf das Arbeitsverhältnis Anwendung finden, ist der Arbeitgeber verpflichtet, Beginn, Ende und Dauer der täglichen Arbeitszeit des Arbeitnehmers aufzuzeichnen und diese Aufzeichnungen mindestens zwei Jahre aufzubewahren.

(3) Jeder Arbeitgeber mit Sitz im Ausland ist verpflichtet, die für die Kontrolle der Einhaltung der Rechtspflichten nach § 1 Abs. 1 Satz 3, Abs. 2 a, Abs. 3 Satz 2 und Abs. 3 a Satz 5 erforderlichen Unterlagen im Inland für die gesamte Dauer der tatsächlichen Beschäftigung des Arbeitnehmers im Geltungsbereich dieses Gesetzes, mindestens für die Dauer der gesamten Bauleistung, insgesamt jedoch

Arbeitnehmer-Entsendegesetz (AEntG) 11.1. **Texte 5**

nicht länger als zwei Jahre in deutscher Sprache, auf Verlangen der Prüfbehörde auch auf der Baustelle, bereitzuhalten.

(4) *(weggefallen)*

§ 3 (1) Soweit die Rechtsnormen eines für allgemein verbindlich erklärten Tarifvertrages nach § 1 Abs. 1, 2 a oder 3 oder einer Rechtsverordnung nach § 1 Abs. 3 a auf das Arbeitsverhältnis Anwendung finden, ist ein Arbeitgeber mit Sitz im Ausland, der einen oder mehrere Arbeitnehmer innerhalb des Geltungsbereichs dieses Gesetzes beschäftigt, verpflichtet. ist vor Beginn jeder Bauleistung eine schriftliche Anmeldung in deutscher Sprache bei der zuständigen Behörde der Zollverwaltung vorzulegen, die die für die Prüfung wesentlichen Angaben enthält. Wesentlich sind die Angaben über

1. Namen und Vornamen der von ihm im Geltungsbereich dieses Gesetzes beschäftigten Arbeitnehmer,
2. Beginn und voraussichtliche Dauer der Beschäftigung,
3. Ort der Beschäftigung (Baustelle),
4. den Ort im Inland, an dem die nach § 2 Abs. 3 erforderlichen Unterlagen bereitgehalten werden,
5. Name, Vorname, Geburtsdatum und Anschrift in Deutschland des verantwortlichen Handelnden,
6. Name, Vorname und Anschrift in Deutschland eines Zustellungsbevollmächtigten, soweit dieser nicht mit dem in Nummer 5 genannten verantwortlich Handelnden identisch ist.

(2) Überläßt ein Verleiher mit Sitz im Ausland einen oder mehrere Arbeitnehmer zur Arbeitsleistung einem Entleiher im Geltungsbereich dieses Gesetzes, so hat er unter den Voraussetzungen des Absatzes 1 Satz 1 vor Beginn jeder Bauleistung der zuständigen Behörde der Zollverwaltung schriftlich eine Anmeldung in deutscher Sprache mit folgenden Angaben zuzuleiten:

1. Namen und Vornamen der von ihm in den Geltungsbereich dieses Gesetzes überlassenen Arbeitnehmer,
2. Beginn und Dauer der Überlassung,
3. Ort der Beschäftigung (Baustelle),
4. den Ort im Inland, an dem die nach § 2 Abs. 3 erforderlichen Unterlagen bereitgehalten werden,
5. Name, Vorname und Anschrift in Deutschland eines Zustellungsbevollmächtigten,
6. Name und Anschrift des Entleihers.

In dem Vertrag zwischen Verleiher und Entleiher kann vorgesehen werden, dass nach der ersten Meldung des Verleihers eintretenden Änderungen bezüglich des Ortes der Beschäftigung von dem Entleiher zu melden sind.

(3) Der Arbeitgeber oder der Verleiher hat der Anmeldung eine Versicherung beizufügen, daß er die in § 1 vorgeschriebenen Arbeitsbedingungen einhält.

(4) Die zuständige Behörde der Zollverwaltung im Sinne der Absätze 1 und 2 unterrichtet die zuständigen Finanzämter.

§ 4 Für die Anwendung dieses Gesetzes gilt die im Inland gelegene Baustelle als Geschäftsraum und der mit der Ausübung des Weisungsrechts des Arbeitgebers Beauftragte als Gehilfe im Sinne des § 11 Abs. 3 des Verwaltungszustellungsgesetzes.

§ 5 (1) Ordnungswidrig handelt, wer vorsätzlich oder fahrlässig

1. entgegen § 1 Abs. 1 Satz 2, oder Abs. 3 a Satz 5 als Arbeitgeber mit Sitz im Ausland oder entgegen § 1 Abs. 1 Satz 3 oder Abs. 3 a Abs. 4 als Arbeitgeber mit Sitz im Inland einem Arbeitnehmer eine dort genannte Arbeitsbedingung nicht gewährt,
1 a. entgegen § 1 Abs. 2 a den vorgeschriebenen Mindestlohn nicht zahlt,
2. entgegen § 1 Abs. 3 Satz 2 oder Abs. 3 a Satz 5 als Arbeitgeber mit Sitz im Ausland oder entgegen § 1 Abs. 3 Satz 3 oder Abs. 3 a Satz 4 als Arbeitgeber mit Sitz im Inland einen Beitrag nicht leistet oder
3. entgegen § 2 Abs. 2 Satz 1 in Verbindung mit § 5 Abs. 1 Satz 1 des Schwarzarbeitsbekämpfungsgesetzes eine Prüfung nicht duldet oder bei einer Prüfung nicht mitwirkt,
4. entgegen § 2 Abs. 2 Satz 1 in Verbindung mit § 5 Abs. 1 Satz 2 des Schwarzarbeitsbekämpfungsgesetzes das Betreten eines Grundstücks oder Geschäftsraums nicht duldet,
5. entgegen § 2 Abs. 2 Satz 1 in Verbindung mit § 5 Abs. 3 Satz 1 des Schwarzarbeitsbekämpfungsgesetzes Daten nicht, nicht richtig, nicht vollständig, nicht in der vorgeschriebenen Weise oder nicht rechtzeitig übermittelt,

6. entgegen § 2 Abs. 2a eine Aufzeichnung nicht, nicht richtig oder nicht vollständig erstellt oder nicht oder nicht mindestens zwei Jahre aufbewahrt,
7. entgegen § 2 Abs. 3 eine Unterlage nicht, nicht richtig, nicht vollständig oder nicht in der vorgeschriebenen Weise bereithält,
8. entgegen § 3 Abs. 1 Satz 1 oder Abs. 2 eine Anmeldung nicht, nicht richtig, nicht vollständig, nicht in der vorgeschriebenen Weise oder nicht rechtzeitig vorlegt oder zuleitet oder
9. entgegen § 3 Abs. 3 eine Versicherung nicht beifügt.

(2) Ordnungswidrig handelt, wer Bauleistungen im Sinne des § 211 Abs. 1 des Dritten Buches Sozialgesetzbuch in erheblichem Umfang ausführen läßt, indem er als Unternehmer einen anderen Unternehmer beauftragt, von dem er weiß oder fahrlässig nicht weiß, daß dieser bei der Erfüllung dieses Auftrags
1. gegen § 1 verstößt oder
2. einen Nachunternehmer einsetzt oder zuläßt, daß ein Nachunternehmer tätig wird, der gegen § 1 verstößt.

(3) Die Ordnungswidrigkeit kann in den Fällen des Absatzes 1 Nr. 1, 1a und 2 sowie des Absatzes 2 mit einer Geldbuße bis zu fünfhunderttausend Euro, in den übrigen Fällen mit einer Geldbuße bis zu fünfundzwanzigtausend Euro geahndet werden.

(4) Verwaltungsbehörden im Sinne des § 36 Abs. 1 Nr. 1 des Gesetzes über Ordnungswidrigkeiten sind die in § 2 Abs. 1 genannten Behörden jeweils für ihren Geschäftsbereich.

(5) Die Geldbußen fließen in die Kasse der Verwaltungsbehörde, die den Bußgeldbescheid erlassen hat. Für die Vollstreckung zugunsten der Behörden des Bundes und der unmittelbaren Körperschaften und Anstalten des öffentlichen Rechts sowie für die Vollziehung des dinglichen Arrestes nach § 111d der Strafprozeßordnung in Verbindung mit § 46 des Gesetzes über Ordnungswidrigkeiten durch die in § 2 Abs. 1 genannten Behörden gilt das Verwaltungs-Vollstreckungsgesetz. Die nach Satz 1 zuständige Kasse trägt abweichend von § 105 Abs. 2 des Gesetzes über Ordnungswidrigkeiten die notwendigen Auslagen; sie ist auch ersatzpflichtig im Sinne des § 110 Abs. 4 des Gesetzes über Ordnungswidrigkeiten.

(6) Die Behörden der Zollverwaltung unterrichten das Gewerbezentralregister über rechtskräftige Bußgeldentscheidungen nach den Absätzen 1 bis 3, sofern die Geldbuße mehr als zweihundert Euro beträgt.

(7) Gerichte und Staatsanwaltschaften sollen den nach diesem Gesetz zuständigen Behörden Erkenntnisse übermitteln, die aus ihrer Sicht zur Verfolgung von Ordnungswidrigkeiten nach den Absätzen 1 und 2 erforderlich sind, soweit nicht für das Gericht oder die Staatsanwaltschaft erkennbar ist, daß schutzwürdige Interessen des Betroffenen oder anderer Verfahrensbeteiligter an dem Ausschluß der Übermittlung überwiegen. Dabei ist zu berücksichtigen, wie gesichert die zu übermittelnden Erkenntnisse sind.

§ 6 Von der Teilnahme an einem Wettbewerb um einen Liefer-, Bau- oder Dienstleistungsauftrag der in § 98 des Gesetzes gegen Wettbewerbsbeschränkungen genannten Auftraggeber sollen Bewerber für eine angemessene Zeit bis zur nachgewiesenen Wiederherstellung ihrer Zuverlässigkeit ausgeschlossen werden, die wegen eines Verstoßes nach § 5 mit einer Geldbuße von wenigstens zweitausendfünfhundert Euro belegt worden sind. Das gleiche gilt auch schon vor Durchführung eines Bußgeldverfahrens, wenn im Einzelfall angesichts der Beweislage kein vernünftiger Zweifel an einer schwerwiegenden Verfehlung nach Satz 1 besteht. Die für die Verfolgung oder Ahndung der Ordnungswidrigkeiten nach § 5 zuständigen Behörden dürfen den Vergabestellen auf Verlangen die erforderlichen Auskünfte geben. Die Vergabestelle fordert im Rahmen ihrer Tätigkeit beim Gewerbezentralregister Auskünfte über rechtskräftige Bußgeldentscheidungen wegen einer Ordnungswidrigkeit nach § 5 Abs. 1 oder 2 an oder verlangt von Bewerbern die Vorlage entsprechender Auskünfte aus dem Gewerbezentralregister, die nicht älter als drei Monate sein dürfen

§ 7 (1) Die in Rechts- oder Verwaltungsvorschriften enthaltenen Regelungen über
1. die Höchstarbeitszeiten und Mindestruhezeiten,
2. den bezahlten Mindestjahresurlaub,
3. die Mindestentgeltsätze einschließlich der Überstundensätze,
4. die Bedingungen für die Überlassung von Arbeitskräften, insbesondere durch Leiharbeitsunternehmen,
5. die Sicherheit, den Gesundheitsschutz und die Hygiene am Arbeitsplatz

Sozialgesetzbuch III (Arbeitsförderung)   11.2. **Texte 5**

6. die Schutzmaßnahmen im Zusammenhang mit den Arbeits- und Beschäftigungsbedingungen von Schwangeren und Wöchnerinnen, Kindern und Jugendlichen und
7. die Gleichbehandlung von Männern und Frauen sowie andere Nichtdiskriminierungsbestimmungen

finden auch auf ein Arbeitsverhältnis zwischen einem im Ausland ansässigen Arbeitgeber und seinem im Inland beschäftigten Arbeitnehmer zwingend Anwendung.

(2) Die Arbeitsbedingungen nach Absatz 1 Nr. 1 und 4 bis 7 betreffenden Rechtsnormen eines für allgemeinverbindlich erklärten Tarifvertrages nach § 1 Abs. 1 finden unter den dort genannten Voraussetzungen auch auf ein Arbeitsverhältnis zwischen einem Arbeitgeber mit Sitz im Ausland und seinem im räumlichen Geltungsbereich dieses Tarifvertrages beschäftigten Arbeitnehmer zwingend Anwendung.

§ 8 Ein Arbeitnehmer, der in den Geltungsbereich dieses Gesetzes entsandt ist oder war, kann eine auf den Zeitraum der Entsendung bezogene Klage auf Gewährung der Arbeitsbedingungen nach §§ 1, 1 a und 7 auch vor einem deutschen Gericht für Arbeitssachen erheben. Diese Klagemöglichkeit besteht auch für eine gemeinsame Einrichtung der Tarifvertragsparteien nach § 1 Abs. 3 in bezug auf die ihr zustehenden Beiträge.

§ 9 Dieses Gesetz tritt am 1. März 1996 in Kraft.

11.2. Sozialgesetzbuch (SGB) Drittes Buch (III) (Arbeitsförderung)

Vom 24. März 1997 (BGBl. I 594, 595), zuletzt geändert durch Gesetz vom 8. Juni 2005 (BGBl. I 1530)

– Auszug –

§ 284 Arbeitsgenehmigung-EU für Staatsangehörige der neuen EU-Mitgliedstaaten.
(1) Staatsangehörige der Staaten, die nach dem Vertrag vom 16. April 2003 über den Beitritt der Tschechischen Republik, der Republik Estland, der Republik Zypern, der Republik Lettland, der Republik Litauen, der Republik Ungarn, der Republik Malta, der Republik Polen, der Republik Slowenien und der Slowakischen Republik zur Europäischen Union (BGBl. 2003 II S. 1408) der Europäischen Union beigetreten sind, und deren freizügigkeitsberechtigte Familienangehörige dürfen eine Beschäftigung nur mit Genehmigung der Bundesagentur für Arbeit ausüben und von Arbeitgebern nur beschäftigt werden, wenn sie eine solche Genehmigung besitzen, soweit nach Maßgabe des EU-Beitrittsvertrages abweichende Regelungen als Übergangsregelungen der Arbeitnehmerfreizügigkeit Anwendung finden.

(2) Die Genehmigung wird befristet als Arbeitserlaubnis-EU erteilt, wenn nicht Anspruch auf eine unbefristete Erteilung als Arbeitsberechtigung-EU besteht. Die Genehmigung ist vor Aufnahme der Beschäftigung einzuholen.

(3) Die Arbeitserlaubnis-EU kann nach Maßgabe des § 39 Abs. 2 bis 4 und 6 des Aufenthaltsgesetzes erteilt werden.

(4) Ausländern nach Absatz 1, die ihren Wohnsitz oder gewöhnlichen Aufenthalt im Ausland haben und eine Beschäftigung im Bundesgebiet aufnehmen wollen, darf eine Arbeitserlaubnis-EU für eine Beschäftigung, die keine qualifizierte Berufsausbildung voraussetzt, nur erteilt werden, wenn dies durch zwischenstaatliche Vereinbarung bestimmt ist oder aufgrund einer Rechtsverordnung zulässig ist. Für die Beschäftigungen, die durch Rechtsverordnung zugelassen werden, ist Staatsangehörigen aus den Mitgliedstaaten der Europäischen Union nach Absatz 1 gegenüber Staatsangehörigen aus Drittstaaten vorrangig eine Arbeitserlaubnis-EU zu erteilen, soweit dies der EU-Beitrittsvertrag vorsieht.

(5) Die Erteilung der Arbeitsberechtigung-EU bestimmt sich nach § 12 a Arbeitsgenehmigungsverordnung.

(6) Das Aufenthaltsgesetz und die aufgrund des § 42 des Aufenthaltsgesetzes erlassenen Rechtsverordnungen zum Arbeitsmarktzugang gelten entsprechend, soweit sie für die Ausländer nach Absatz 1 günstigere Regelungen enthalten. Bei Anwendung der Vorschriften steht die Arbeitsgenehmigung-EU der Zustimmung zu einem Aufenthaltstitel nach § 4 Abs. 3 des Aufenthaltsgesetzes gleich.

§§ 285, 286 *(aufgehoben)*

§ 287 Gebühren für die Durchführung der Vereinbarungen über Werkvertragsarbeitnehmer.
(1) Für die Aufwendungen, die der Bundesagentur und den Behörden der Zollverwaltung bei der Durchführung der zwischenstaatlichen Vereinbarungen über die Beschäftigung von Arbeitnehmern auf der Grundlage von Werkverträgen entstehen, kann vom Arbeitgeber der ausländischen Arbeitnehmer eine Gebühr erhoben werden.

(2) Die Gebühr wird für die Aufwendungen der Bundesagentur und der Behörden der Zollverwaltung erhoben, die im Zusammenhang mit dem Antragsverfahren und der Überwachung der Einhaltung der Vereinbarungen stehen, insbesondere für die

1. Prüfung der werkvertraglichen Grundlagen,
2. Prüfung der Voraussetzungen für die Beschäftigung der ausländischen Arbeitnehmer,
3. Zusicherung, Erteilung und Aufhebung der Zustimmung zur Erteilung einer Aufenthaltserlaubnis zum Zwecke der Beschäftigung oder der Arbeitserlaubnis-EU,
4. Überwachung der Einhaltung der für die Ausführung eines Werkvertrages festgesetzten Zahl der Arbeitnehmer,
5. Überwachung der Einhaltung der für die Arbeitgeber nach den Vereinbarungen bei der Beschäftigung ihrer Arbeitnehmer bestehenden Pflichten einschließlich der Durchführung der dafür erforderlichen Prüfungen nach § 2 Abs. 1 Nr. 4 des Schwarzarbeitsbekämpfungsgesetzes durch die Behörden der Zollverwaltung sowie
6. Durchführung von Ausschlussverfahren nach den Vereinbarungen.

Die Bundesagentur wird ermächtigt, durch Anordnung die gebührenpflichtigen Tatbestände zu bestimmen, für die Gebühr feste Sätze vorzusehen und den auf die Behörden der Zollverwaltung entfallenden Teil der Gebühren festzulegen und zu erheben.

(3) Der Arbeitgeber darf sich die Gebühr nach den Absätzen 1 und 2 von dem ausländischen Arbeitnehmer oder einem Dritten weder ganz noch teilweise erstatten lassen.

(4) Im Übrigen sind die Vorschriften des Verwaltungskostengesetzes anzuwenden.

§ 288 Verordnungsermächtigung und Weisungsrecht. (1) Das Bundesministerium für Wirtschaft und Arbeit kann durch Rechtsverordnung

1. Ausnahmen für die Erteilung einer Arbeitserlaubnis an Ausländer, die keine Aufenthaltsgenehmigung besitzen,
2. Ausnahmen für die Erteilung einer Arbeitserlaubnis unabhängig von der Arbeitsmarktlage,
3. Ausnahmen für die Erteilung einer Arbeitserlaubnis an Ausländer mit Wohnsitz oder gewöhnlichem Aufenthalt im Ausland,
4. die Voraussetzungen für die Erteilung einer Arbeitserlaubnis sowie das Erfordernis einer ärztlichen Untersuchung von Ausländern mit Wohnsitz oder gewöhnlichem Aufenthalt im Ausland mit deren Einwilligung für eine erstmalige Beschäftigung,
5. das Nähere über Umfang und Geltungsdauer der Arbeitserlaubnis,
6. weitere Personengruppen, denen eine Arbeitsberechtigung erteilt wird, sowie die zeitliche, betriebliche, berufliche und regionale Beschränkung der Arbeitsberechtigung,
7. weitere Ausnahmen von der Genehmigungspflicht sowie
8. die Voraussetzungen für das Verfahren und die Aufhebung einer Genehmigung

näher bestimmen.

(2) Das Bundesministerium für Wirtschaft und Arbeit kann der Bundesagentur zur Durchführung der Bestimmungen dieses Unterabschnittes und der hierzu erlassenen Rechtsverordnungen sowie der von den Organen der Europäischen Gemeinschaften erlassenen Bestimmungen über den Zugang zum Arbeitsmarkt und der zwischenstaatlichen Vereinbarungen über die Beschäftigung von Arbeitnehmern Weisungen erteilen.

§ 292 Auslandsvermittlung, Anwerbung aus dem Ausland. Das Bundesministerium für Wirtschaft und Arbeit kann durch Rechtsverordnung bestimmen, dass die Vermittlung für eine Beschäftigung im Ausland außerhalb der Europäischen Gemeinschaft oder eines anderen Vertragsstaates des Abkommens über den Europäischen Wirtschaftsraum sowie die Vermittlung und die Anwerbung aus diesem Ausland für eine Beschäftigung im Inland (Auslandsvermittlung) für bestimmte Berufe und Tätigkeiten nur von der Bundesagentur durchgeführt werden dürfen.

§§ 293–295 *(aufgehoben)*

Sozialgesetzbuch III (Arbeitsförderung)

§ 296 Vermittlungsvertrag zwischen einem Vermittler und einem Arbeitsuchenden. (1) Ein Vertrag, nach dem sich ein Vermittler verpflichtet, einem Arbeitsuchenden eine Arbeitsstelle zu vermitteln, bedarf der schriftlichen Form. In dem Vertrag ist insbesondere die Vergütung des Vermittlers anzugeben. Zu den Leistungen der Vermittlung gehören auch alle Leistungen, die zur Vorbereitung und Durchführung der Vermittlung erforderlich sind, insbesondere die Feststellung der Kenntnisse des Arbeitsuchenden sowie die mit der Vermittlung verbundene Berufsberatung. Der Vermittler hat dem Arbeitsuchenden den Vertragsinhalt in Textform mitzuteilen.

(2) Der Arbeitsuchende ist zur Zahlung der Vergütung nach Absatz 3 nur verpflichtet, wenn infolge der Vermittlung des Vermittlers der Arbeitsvertrag zustande gekommen ist. Der Vermittler darf keine Vorschüsse auf die Vergütungen verlangen oder entgegennehmen.

(3) Die Vergütung einschließlich der auf sie entfallenden gesetzlichen Umsatzsteuer darf den in § 421 g Abs. 2 genannten Betrag nicht übersteigen, soweit nicht durch Rechtsverordnung für bestimmte Berufe oder Personengruppen etwas anderes bestimmt ist. Bei der Vermittlung von Personen in Au-pair-Verhältnisse darf die Vergütung 150 Euro nicht übersteigen.

(4) Ein Arbeitsuchender, der dem Vermittler einen Vermittlungsgutschein vorlegt, kann die Vergütung abweichend von § 266 des Bürgerlichen Gesetzbuchs in Teilbeträgen zahlen. Die Vergütung ist nach Vorlage des Vermittlungsgutscheins bis zu dem Zeitpunkt gestundet, in dem die Agentur für Arbeit nach Maßgabe von § 421 g gezahlt hat.

§ 404 Bußgeldvorschriften. (1) Ordnungswidrig handelt, wer als Unternehmer Dienst- oder Werkleistungen in erheblichem Umfang ausführen läßt, indem er einen anderen Unternehmer beauftragt, von dem er weiß oder fahrlässig nicht weiß, daß dieser zur Erfüllung dieses Auftrags

a) entgegen § 284 Abs. 1 oder § 4 Abs. 3 Satz 1 des Aufenthaltsgesetzes einen Ausländer beschäftigt oder

b) einen Nachunternehmer einsetzt oder zulässt, dass ein Nachunternehmer tätig wird, der entgegen § 284 Abs. 1 oder § 4 Abs. 3 Satz 1 des Aufenthaltsgesetzes einen Ausländer beschäftigt.

(2) Ordnungswidrig handelt, wer vorsätzlich oder fahrlässig

1. entgegen § 43 Abs. 4 oder § 287 Abs. 3 sich die dort genannte Gebühr oder den genannten Aufwendungsersatz erstatten lässt,
2. ...
3. entgegen § 284 Abs. 1 oder § 4 Abs. 3 Satz 1 des Aufenthaltsgesetzes einen Ausländer beschäftigt,
4. entgegen § 284 Abs. 1 oder § 4 Abs. 3 Satz 1 des Aufenthaltsgesetzes eine Beschäftigung ausübt,
5. entgegen § 39 Abs. 2 Satz 3 des Aufenthaltsgesetzes eine Auskunft nicht richtig erteilt,

...

(3) Die Ordnungswidrigkeit kann in den Fällen der Absätze 1 und 2 Nr. 3 mit einer Geldbuße bis zu fünfhunderttausend Euro, in den Fällen des Absatzes 2 Nr. 1, 5 bis 9 und 11 bis 13 mit einer Geldbuße bis zu dreißigtausend Euro, in den Fällen des Absatzes 2 Nr. 2, 4, 16 und 26 mit einer Geldbuße bis zu fünftausend Euro, in den übrigen Fällen mit einer Geldbuße bis zu zweitausend Euro geahndet werden.

§ 405 Zuständigkeit, Vollstreckung und Unterrichtung. (1) Verwaltungsbehörden im Sinne des § 36 Abs. 1 Nr. 1 des Gesetzes über Ordnungswidrigkeiten sind in den Fällen

1. des § 404 Abs. 1 sowie des § 404 Abs. 2 Nr. 3 und 4 die Behörden der Zollverwaltung,
2. des § 404 Abs. 2 Nr. 1, 2, 5 bis 16 und 19 bis 25 die Bundesagentur,
3. des § 404 Abs. 2 Nr. 26 die Behörden der Zollverwaltung und die Bundesagentur jeweils für ihren Geschäftsbereich.

(2) Die Geldbußen fließen in die Kasse der Verwaltungsbehörde, die den Bußgeldbescheid erlassen hat. § 66 des Dritten Buches gilt entsprechend.

(3) Die nach Absatz 2 Satz 1 zuständige Kasse trägt abweichend von § 105 Abs. 2 des Gesetzes über Ordnungswidrigkeiten die notwendigen Auslagen. Sie ist auch ersatzpflichtig im Sinne des § 110 Abs. 4 des Gesetzes über Ordnungswidrigkeiten.

(4) Bei der Verfolgung und Ahndung der Beschäftigung oder Tätigkeit von Ausländern ohne erforderlichen Aufenthaltstitel nach § 4 Abs. 3 des Aufenthaltsgesetzes oder ohne eine Aufenthaltsgestattung oder eine Duldung, die sie zur Ausübung ihrer Beschäftigung berechtigen, oder ohne Genehmigung nach § 284 Abs. 1 oder ohne Aufenthaltstitel nach § 4 Abs. 3 Satz 1 des Aufenthaltsgesetzes sowie der Verstöße gegen die Mitwirkungspflicht gegenüber der Bundesagentur nach § 60

Abs. 1 Satz 1 Nr. 2 des Ersten Buches arbeiten die Behörden nach Absatz 1 mit den in § 2 Abs. 2 des Schwarzarbeitsbekämpfungsgesetzes genannten Behörden.

(5) Die Bundesagentur unterrichtet das Gewerbezentralregister über rechtskräftige Bußgeldbescheide nach § 404 Abs. 2 Nr. 1, 5 bis 16, 19 und 20. Die Behörden der Zollverwaltung unterrichten das Gewerbezentralregister über rechtskräftige Bußgeldbescheide nach § 404 Abs. 1 und 2 Nr. 3.

(6) Gerichte, Strafverfolgungs- oder Strafvollstreckungsbehörden sollen den Behörden der Zollverwaltung Erkenntnisse aus sonstigen Verfahren, die aus ihrer Sicht zur Verfolgung von Ordnungswidrigkeiten nach § 404 Abs. 1 oder 2 Nr. 3 erforderlich sind, übermitteln, soweit nicht für die übermittelnde Stelle erkennbar ist, dass schutzwürdige Interessen des Betroffenen oder anderer Verfahrensbeteiligter an dem Ausschluss der Übermittlung überwiegen. Dabei ist zu berücksichtigen, wie gesichert die zu übermittelnden Erkenntnisse sind.

11.3. Verordnung über die Arbeitsgenehmigung für ausländische Arbeitnehmer (Arbeitsgenehmigungsverordnung – ArGV)

Vom 17. September 1998 (BGBl. I 2899), zuletzt geändert durch Gesetz vom 23. Juli 2004 (BGBl. I 1842)

§ 1 Arbeitserlaubnis. (1) Die Arbeitserlaubnis kann nach Lage und Entwicklung des Arbeitsmarktes (§ 285 Abs. 1 Satz 1 Nr. 1 und 2 des Dritten Buches Sozialgesetzbuch) erteilt werden
1. für eine bestimmte berufliche Tätigkeit in einem bestimmten Betrieb oder
2. ohne Beschränkung auf eine bestimmte berufliche Tätigkeit und ohne Beschränkung auf einen bestimmten Betrieb.

(2) Die Arbeitserlaubnis kann abweichend von § 285 Abs. 1 Satz 1 Nr. 1 und 2 des Dritten Buches Sozialgesetzbuch auch dann erteilt werden, wenn
1. die Versagung unter Berücksichtigung der besonderen Verhältnisse des einzelnen Falles eine besondere Härte bedeuten würde oder
2. der Ausländer nach einem Jahr rechtmäßiger Beschäftigung die Beschäftigung bei demselben Arbeitgeber fortsetzt.

§ 2 Arbeitsberechtigung. (1) Die Arbeitserlaubnis wird abweichend von § 286 Abs. 1 Satz 1 Nr. 1 des Dritten Buches Sozialgesetzbuch auch dann erteilt, wenn der Ausländer
1. mit einem deutschen Familienangehörigen oder als Lebenspartner mit einem Ausländer, dem nach den Rechtsvorschriften der Europäischen Gemeinschaften oder nach dem Abkommen über den Europäischen Wirtschaftsraum Freizügigkeit zu gewähren ist, in familiärer Lebensgemeinschaft lebt und eine nach § 23 Abs. 1 des Ausländergesetzes erteilte Aufenthaltserlaubnis besitzt,
2. einen von einer deutschen Behörde ausgestellten gültigen Reiseausweis für Flüchtlinge besitzt oder
3. nach § 23 des Ausländergesetzes übernommen worden ist und eine Aufenthaltsbefugnis besitzt.

(2) Dem Ehegatten oder eines Lebenspartner eines Deutschen oder eines Ausländers ist die Arbeitserlaubnis nach Absatz 1 zu erteilen, wenn die Voraussetzungen für die Verlängerung der Aufenthaltserlaubnis nach § 19 Abs. 1 Nr. 1 oder 3 und 4 des Ausländergesetzes vorliegen. Satz 1 gilt entsprechend, wenn die eheliche oder lebenspartnerschaftliche Lebensgemeinschaft fortbesteht.

(3) Einem Ausländer, der eine Aufenthaltserlaubnis oder Aufenthaltsbefugnis besitzt, ist die Arbeitsberechtigung zu erteilen, wenn er vor Vollendung des 18. Lebensjahres in das Inland eingereist ist und hier
1. einen Schulabschluß einer allgemeinbildenden Schule oder einen Abschluß in einer staatlich anerkannten oder vergleichbar geregelten Berufsausbildung erworben hat,
2. an einem beruflichen Vollzeitschuljahr oder einer außerschulischen berufsvorbereitenden Vollzeitmaßnahme von mindestens zehnmonatiger Dauer regelmäßig und unter angemessener Mitarbeit teilgenommen hat oder
3. einen Ausbildungsvertrag für eine Berufsausbildung in einem staatlich anerkannten oder vergleichbar geregelten Ausbildungsberuf abschließt.

Arbeitsgenehmigungsverordnung (ArGV) 11.3. **Texte 5**

(4) Einem Ausländer, der eine Aufenthaltserlaubnis oder Aufenthaltsbefugnis besitzt, ist bis zur Vollendung des 18. Lebensjahres die Arbeitsberechtigung zu erteilen, wenn er sich in den letzten fünf Jahren vor Beginn der Geltungsdauer der Arbeitsberechtigung ununterbrochen rechtmäßig im Inland aufgehalten hat. Sind bei Vollendung des 18. Lebensjahres die Voraussetzungen des Satzes 1 erfüllt, bleibt der Anspruch auf Erteilung einer Arbeitsberechtigung bestehen, solange sich der Ausländer fortgesetzt ununterbrochen rechtmäßig im Inland aufhält.

(5) Einem Ausländer, dem auf Grund des § 16 Abs. 1 oder 2 des Ausländergesetzes eine Aufenthaltserlaubnis erteilt worden ist, ist die Arbeitsberechtigung zu erteilen.

(6) Durch Zeiten eines Auslandsaufenthalts bis zur Dauer von jeweils sechs Monaten werden die Fristen in § 286 Abs. 1 Satz 1 Nr. 1 Buchstabe b des Dritten Buches Sozialgesetzbuch und nach Absatz 4 nicht unterbrochen. Satz 1 gilt für Zeiten eines Auslandsaufenthalts wegen Erfüllung der gesetzlichen Wehrpflicht entsprechend, wenn der Ausländer innerhalb von drei Monaten nach Entlassung aus dem Wehrdienst wieder einreist. Auf die Fristen werden Zeiten des Auslandsaufenthalts nach Satz 1 bis zur Dauer von drei Monaten und Zeiten des Wehrdienstes nach Satz 2 bis zur Dauer von sechs Monaten angerechnet.

§ 3 Wartezeit. Die Erteilung einer Arbeitserlaubnis für eine erstmalige Beschäftigung wird für Ausländer, die
1. eine Aufenthaltsgestattung oder eine Duldung besitzen,
2. als Ehegatten, Lebenspartner oder Kinder eines Ausländers eine befristete Aufenthaltserlaubnis oder Aufenthaltsbewilligung besitzen,

davon abhängig gemacht, daß sich der Antragsteller unmittelbar vor der Beantragung ein Jahr erlaubt oder geduldet im Inland aufgehalten hat (Wartezeit). Die Wartezeit gilt nicht für Ehegatten, Lebenspartner oder Kinder eines Ausländers, der eine unbefristete Aufenthaltserlaubnis oder eine Aufenthaltsberechtigung besitzt.

§ 4 Räumlicher Geltungsbereich und Geltungsdauer der Arbeitsgenehmigung. (1) Die Arbeitserlaubnis gilt für den Bezirk der Agentur für Arbeit, die sie erteilt hat. Sie kann regional erweitert oder beschränkt werden. Die Arbeitserlaubnis wird auf die Dauer der Beschäftigung, längstens auf drei Jahre befristet.

(2) Die Arbeitsberechtigung nach § 2 Abs. 3 Nr. 3 wird auf die Dauer der Ausbildung befristet.

§ 5 Verhältnis zum aufenthaltsrechtlichen Status. Die Arbeitsgenehmigung kann abweichend von § 284 Abs. 5 des Dritten Buches Sozialgesetzbuch auch Ausländern erteilt werden,
1. die vom Erfordernis der Aufenthaltsgenehmigung befreit sind, wenn die Befreiung nicht auf Aufenthalte bis zu drei Monaten oder auf Aufenthalte ohne Aufnahme einer genehmigungspflichtigen Beschäftigung beschränkt ist,
2. die eine Aufenthaltsgestattung (§ 55 des Asylverfahrensgesetzes) besitzen und nicht verpflichtet sind, in einer Aufnahmeeinrichtung zu wohnen (§§ 47 bis 50 des Asylverfahrensgesetzes),
3. deren Aufenthalt nach § 69 Abs. 3 des Ausländergesetzes als erlaubt gilt,
4. die ausreisepflichtig sind, solange die Ausreisepflicht nicht vollziehbar oder eine gesetzte Ausreisefrist noch nicht abgelaufen ist,
5. die eine Duldung (§ 55 des Ausländergesetzes) besitzen, es sei denn, diese Ausländer haben sich in das Inland begeben, um Leistungen nach dem Asylbewerberleistungsgesetz zu erlangen, oder bei diesen Ausländern können aus von ihnen zu vertretenden Gründen aufenthaltsbeendende Maßnahmen nicht vollzogen werden (§ 1 a des Asylbewerberleistungsgesetzes), oder
6. deren Abschiebung durch eine richterliche Anordnung ausgesetzt ist.

§ 6 Versagungsgründe. (1) Die Arbeitserlaubnis ist zu versagen, wenn
1. das Arbeitsverhältnis auf Grund einer unerlaubten Arbeitsvermittlung oder Anwerbung zustande gekommen ist,
2. der Arbeitnehmer als Leiharbeitnehmer (§ Abs. 1 des Arbeitnehmerüberlassungsgesetzes) tätig werden will.

(2) Die Arbeitsgenehmigung kann versagt werden, wenn

1. der Ausländer gegen § 404 Abs. 1 oder Abs. 2 Nr. 1 bis 13 des Dritten Buches Sozialgesetzbuch, gegen § 10 oder § 11 des Schwarzarbeitsbekämpfungsgesetzes oder gegen die §§ 15, 15 a oder 16 Abs. 1 Nr. 2 des Arbeitnehmerüberlassungsgesetzes schuldhaft verstoßen hat,
2. der Arbeitnehmer eine widerrufene oder erloschene Arbeitsgenehmigung trotz Aufforderung nicht dem Arbeitsamt zurückgibt oder
3. wichtige Gründe in der Person des Arbeitnehmers vorliegen.

§ 7 Widerruf. (1) Die Arbeitserlaubnis kann widerrufen werden, wenn der Ausländer zu ungünstigeren Arbeitsbedingungen als vergleichbare deutsche Arbeitnehmer beschäftigt wird (§ 285 Abs. 1 Satz 1 Nr. 3 des Dritten Buches Sozialgesetzbuch) oder der Tatbestand des § 6 Abs. 1 oder des § 6 Abs. 2 Nr. 1 oder 3 erfüllt ist. Der Widerruf ist nur innerhalb eines Monats nach dem Zeitpunkt zulässig, in dem die Behörde von den Tatsachen, die den Widerruf rechtfertigen, Kenntnis erlangt und eine Anhörung nach § 24 des Zehnten Buches Sozialgesetzbuch stattgefunden hat.

(2) Die nach § 4 Abs. 1 Satz 3 für eine längere Zeit als ein Jahr erteilte Arbeitserlaubnis kann unabhängig von Absatz 1 aus Gründen der Arbeitsmarktlage zum Ablauf des ersten oder zweiten Jahres ihrer Geltungsdauer widerrufen werden. Der Widerruf ist nur zulässig, wenn er bei der Erteilung der Arbeitserlaubnis vorbehalten worden ist und dem Arbeitnehmer spätestens einen Monat vor Ablauf des ersten oder zweiten Jahres ihrer Geltungsdauer zugeht.

(3) Wird die Arbeitserlaubnis widerrufen, so kann sie von der Behörde zurückgefordert werden.

§ 8 Erlöschen. (1) Die Arbeitserlaubnis erlischt, wenn
1. der Ausländer keine der in § 5 bezeichneten Voraussetzungen erfüllt,
2. der Ausländer ausreist und seine Aufenthaltsgenehmigung (§ 5 des Ausländergesetzes) infolge der Ausreise oder während seines Aufenthalts im Ausland erlischt oder
3. der Ausbildungsvertrag nach § 2 Abs. 3 Nr. 3 vorzeitig aufgelöst wird.

(2) In den Fällen des Absatzes 1 Nr. 1 gilt die Arbeitsgenehmigung nicht als erloschen, wenn während ihrer vorgesehenen Geltungsdauer die Voraussetzungen des § 5 wieder eintreten.

(3) In den Fällen des Absatzes 1 Nr. 2 gilt die Arbeitsgenehmigung nicht als erloschen, wenn
1. der Ausländer sich im Auftrag seines Arbeitgebers unter Fortsetzung seines Arbeitsverhältnisses oder zur Ableistung des Wehrdienstes im Ausland aufhält oder
2. die Ausländerin sich aus Anlaß der Geburt eines Kindes nicht länger als zwölf Monate im Ausland aufhält

und dem Ausländer oder der Ausländerin wieder eine Aufenthaltsgenehmigung erteilt wird. Endet die Geltungsdauer einer Arbeitsgenehmigung während des Auslandsaufenthalts nach Satz 1, ist dem Ausländer nach der Rückkehr in das Inland eine Arbeitsgenehmigung zu erteilen, die der Genehmigung entspricht, die er vor der Ausreise hatte.

(4) Erlischt die Arbeitsgenehmigung, so kann sie von der Behörde zurückgefordert werden.

§ 9 Arbeitsgenehmigungsfreie Beschäftigung. Keiner Arbeitserlaubnis bedürfen
1. die in § 5 Abs. 2 des Betriebsverfassungsgesetzes aufgeführten Personen sowie leitende Angestellte, denen Generalvollmacht oder Prokura erteilt ist;
2. leitende Angestellte eines international tätigen Konzerns oder Unternehmens für eine Beschäftigung in dem inländischen Konzern- oder Unternehmensteil auf der Vorstands-, Direktions- und Geschäftsleitungsebene oder für eine Tätigkeit in sonstiger leitender Position, die für die Entwicklung des Konzerns oder Unternehmens von entscheidender Bedeutung ist, wenn die Beschäftigung im Rahmen des Personalaustausches zur Internationalisierung des Führungskreises erfolgt und die Dauer der Beschäftigung im Inland fünf Jahre nicht erreicht;
3. das fahrende Personal im grenzüberschreitenden Personen- und Güterverkehr bei Arbeitgebern mit Sitz im Ausland, wenn
   a) das Fahrzeug im Sitzstaat des Arbeitgebers zugelassen ist oder
   b) das Fahrzeug im Inland zugelassen ist für einer Tätigkeit der Arbeitnehmer im Linienverkehr mit Omnibussen;
4. die Besatzungen von Seeschiffen, Binnenschiffen und Luftfahrzeugen mit Ausnahme der Luftfahrzeugführer, Flugingenieure und Flugnavigatoren für eine Tätigkeit bei Unternehmen mit Sitz im Inland;

5. Personen, die unter Beibehaltung ihres gewöhnlichen Aufenthaltes im Ausland von ihrem Arbeitgeber mit Sitz im Ausland in das Inland entsandt werden, um
    a) Montage- und Instandhaltungsarbeiten oder Reparaturen an gelieferten, verwendungsfertigen Anlagen oder Maschinen auszuführen, die gewerblichen Zwecken dienen,
    b) bestellte Anlagen, Maschinen und sonstige Sachen abzunehmen oder in ihre Bedienung eingewiesen zu werden,
    c) im Rahmen von Exportlieferungs- oder Lizenzverträgen einen Betriebslehrgang zu absolvieren,
    d) unternehmenseigene Messestände oder Messestände für ein ausländisches Unternehmen, das im Sitzstaat des Arbeitgebers ansässig ist, aufzubauen, abzubauen und zu betreuen oder vergleichbare Dienstleistungen zu erbringen, die für keinen Geschäftspartner im Inland entgeltliche Leistungen sind, wenn im Inland ansässigen Unternehmen in dem jeweils betroffenen Land die gleichen Rechte eingeräumt werden,

    wenn die Dauer der Beschäftigung drei Monate nicht übersteigt;
6. Personen, die unter Beibehaltung ihres gewöhnlichen Aufenthaltes im Ausland in Vorträgen oder Darbietungen von besonderem wissenschaftlichen oder künstlerischen Wert oder bei Darbietungen sportlichen Charakters im Inland tätig werden, wenn die Dauer der Tätigkeit drei Monate nicht übersteigt;
7. Personen, die nur gelegentlich mit Tagesdarbietungen auftreten;
8. Lehrpersonen, wissenschaftliche Mitarbeiter und Assistenten an Hochschulen oder wissenschaftliche Mitarbeiter an öffentlich-rechtlichen Forschungseinrichtungen oder an Forschungseinrichtungen, deren Finanzbedarf ausschließlich oder überwiegend von der öffentlichen Hand getragen wird oder an privaten Forschungseinrichtungen, wenn an der Beschäftigung des Ausländers wegen seiner besonderen fachlichen Kenntnisse auch ein öffentliches Interesse besteht, sowie Lehrpersonen an öffentlichen Schulen und an staatlich anerkannten privaten Ersatzschulen;
9. Studenten und Schüler an Hochschulen und Fachschulen im Inland für eine vorübergehende Beschäftigung, Studenten und Schüler ausländischer Hochschulen und Fachschulen für eine Ferienbeschäftigung im Rahmen eines internationalen Austauschprogramms studentischer oder vergleichbarer Einrichtungen im Einvernehmen mit der Zentralstelle für Arbeitsvermittlung der Bundesagentur für Arbeit sowie Studenten und Schüler für eine von einer Dienststelle der Bundesagentur für Arbeit vermittelte Ferienbeschäftigung, wenn die Beschäftigung insgesamt drei Monate im Jahr nicht übersteigt;
10. Personen für eine Tätigkeit in einer diplomatischen oder konsularischen Vertretung oder bei einer internationalen Organisation sowie private Hausangestellte von Mitgliedern diplomatischer und berufskonsularischer Vertretungen, wenn sie für den Aufenthalt zur Ausübung dieser Tätigkeit keiner Aufenthaltsgenehmigung bedürfen;
11. Journalisten, Korrespondenten und Berichterstatter, die für ihren Arbeitgeber mit Sitz im Ausland im Inland tätig werden und für die Ausübung dieser Tätigkeit vom Presse- und Informationsamt der Bundesregierung anerkannt sind;
12. Berufssportler und -trainer, deren Einsatz in inländischen Sportvereinen oder vergleichbaren sportlichen Einrichtungen, soweit sie am Wettkampfsport teilnehmen, vorgesehen ist, wenn der zuständige Sportfachverband ihre sportliche Qualifikation oder ihre fachliche Eignung als Trainer bestätigt und der Verein oder die Einrichtung ein für den Lebensunterhalt ausreichendes Gehalt zahlt;
13. Personen, die auf Grund des Artikels 6 Abs. 1 des Zusatzabkommens zum NATO-Truppenstatut in (BGBl. 1961 II S. 1183, 1218) als Mitglieder einer Truppe, eines zivilen Gefolges oder als Angehörige vom Erfordernis der Aufenthaltsgenehmigung befreit sind;
14. Personen, die von einem Arbeitgeber mit Sitz im Inland als Arbeitnehmer im kaufmännischen Bereich im Ausland beschäftigt werden und unter Beibehaltung ihres gewöhnlichen Aufenthalts im Ausland im Rahmen ihrer Beschäftigung vorübergehend im Inland tätig sind, wenn die Tätigkeit drei Monate nicht übersteigt;
15. Studenten ausländischer Hoch- und Fachhochschulen für ein Praktikum bis zu sechs Monaten, wenn die Beschäftigung in einem unmittelbaren sachlichen Zusammenhang mit dem Fachstudium des Praktikanten steht und im Rahmen eines internationalen Austauschprogramms studentischer oder vergleichbarer Einrichtungen im Einvernehmen mit der Zentralstelle für Arbeitsvermittlung der Bundesagentur für Arbeit erfolgt;
16. Ausländer, die das 16. und noch nicht das 27. Lebensjahr vollendet haben, für die Teilnahme an einem freiwilligen Jahr im Sinne des Gesetzes zur Förderung eines Freiwilligen Sozialen Jahres, im

Sinne des Gesetzes zur Förderung eines Freiwilligen Ökologischen Jahres oder im Rahmen eines vergleichbaren Programms der Europäischen Gemeinschaft;
17. Personen während eines vorübergehenden Praktikums im Rahmen eines von der Europäischen Union finanziell geförderten Programms, wenn die Beschäftigung im Einvernehmen mit der Zentralstelle für Arbeitsvermittlung der Bundesagentur für Arbeit erfolgt.

§ 10 Arbeitserlaubnisersatz. Die Arbeitserlaubnis wird durch die Zulassungsbescheinigungen für Gastarbeitnehmer ersetzt, die im Rahmen eines mit anderen Staaten vereinbarten Austauschs von Gastarbeitnehmern zum Zwecke der beruflichen und sprachlichen Fortbildung von einer Dienststelle der Bundesagentur für Arbeit ausgestellt sind.

§ 11 Zuständigkeit. (1) Die Arbeitsgenehmigung ist von dem Ausländer schriftlich bei der Agentur für Arbeit zu beantragen, in deren Bezirk der Beschäftigungsort des Arbeitnehmers liegt. Als Beschäftigungsort gilt der Ort, an dem sich der Sitz des Betriebs oder der Niederlassung befindet. Bei Beschäftigungen mit wechselnden Arbeitsstätten gilt der Sitz der für die Lohnabrechnung zuständigen Stelle als Beschäftigungsort.

(2) Der Antrag ist vor Aufnahme der Beschäftigung oder vor Ablauf der Geltungsdauer einer bereits erteilten Arbeitsgenehmigung zu stellen.

(3) In besonderen Fällen kann die Arbeitsgenehmigung von Amts wegen erteilt werden.

(4) Die nach Absatz 1 zuständige Agentur für Arbeit entscheidet über die Erteilung und den Widerruf, die Rücknahme und die Aufhebung der Arbeitsgenehmigung.

(5) Die Bundesagentur für Arbeit kann die Zuständigkeit für den Antrag, die Erteilung und den Widerruf, die Rücknahme und die Aufhebung für besondere Berufs- oder Personengruppen aus Zweckmäßigkeitsgründen anderen Dienststellen ihres Geschäftsbereichs übertragen.

§ 12 Form. (1) Die Arbeitsgenehmigung ist dem Arbeitnehmer schriftlich zu erteilen.

(2) Die Arbeitserlaubnis für Grenzarbeitnehmer ist als solche zu kennzeichnen.

(3) Der Widerruf, die Rücknahme und die Aufhebung der Arbeitsgenehmigung sind dem Arbeitnehmer schriftlich mitzuteilen.

§ 12 a Erweiterung der Europäischen Union. (1) Staatsangehörigen derjenigen Staaten, die nach dem Vertrag vom 16. April 2003 über den Beitritt der Tschechischen Republik, der Republik Estland, der Republik Zypern, der Republik Lettland, der Republik Litauen, der Republik Ungarn, der Republik Malta, der Republik Polen, der Republik Slowenien und der Slowakischen Republik zur Europäischen Union (BGBl. 2003 II S. 1408) (EU-Beitrittsvertrag) der Europäischen Union beitreten, wird, sofern sie am 1. Mai 2004 oder später für einen ununterbrochenen Zeitraum von mindestens zwölf Monaten im Bundesgebiet zum Arbeitsmarkt zugelassen waren, abweichend von § 286 Abs. 1 Satz 1 Nr. 1 des Dritten Buches Sozialgesetzbuch eine Arbeitsberechtigung erteilt. Dies gilt nicht für solche Staatsangehörige nach Satz 1, die von einem Arbeitgeber mit Sitz im Ausland in das Bundesgebiet entsandt sind.

(2) Haben Staatsangehörige nach Absatz 1 Familienangehörige, wird diesen eine Arbeitsberechtigung erteilt, wenn sie mit dem Arbeitnehmer einen gemeinsamen Wohnsitz im Bundesgebiet haben und sich am 1. Mai 2004 oder seit mindestens 18 Monaten rechtmäßig im Bundesgebiet aufgehalten haben. Ab dem 2. Mai 2006 wird diesen Familienangehörigen der Staatsangehörigen nach Absatz 1 eine Arbeitsberechtigung unabhängig von der Dauer des Aufenthaltes im Bundesgebiet erteilt, soweit nach den Maßgaben des EU-Beitrittsvertrages die Regelungen des Arbeitsgenehmigungsrechts weiter gelten. Familienangehörige sind der Ehegatte, der Lebenspartner sowie die Verwandten in absteigender Linie, die noch nicht das 21. Lebensjahr vollendet haben, oder denen der Staatsangehörige nach Absatz 1 Unterhalt gewährt.

(3) Eine nach den Absätzen 1 und 2 erteilte Arbeitsberechtigung erlischt, wenn der Ausländer aus einem seiner Natur nach nicht vorübergehenden Grunde ausreist oder eine erteilte Aufenthaltserlaubnis-EG erlischt oder aufgehoben wird.

§ 13 Assoziierungsabkommen EWG-Türkei. Günstigere Regelungen des Beschlusses Nr. 1/80 des Assoziationsrates EWG-Türkei (Amtliche Nachrichten der Bundesanstalt für Arbeit Nr. 1/1981

Beschäftigungsverordnung (BeschV) 11.4. **Texte 5**

S. 2) über den Zugang türkischer Arbeitnehmer und ihrer Familienangehörigen zum Arbeitsmarkt bleiben unberührt.

§ 14 Übergangsvorschriften. (1) Eine Arbeitsgenehmigung, die im Zeitraum vom 1. Januar 1998 bis zum Inkrafttreten dieser Verordnung erteilt worden ist, behält ihre Gültigkeit bis zum Ablauf ihrer Geltungsdauer.

(2) Die §§ 7 und 8 finden entsprechende Anwendung auf Arbeitserlaubnisse, die auf Grund der Übergangsregelung nach § 432 des Dritten Buches Sozialgesetzbuch ab 1. Januar 1998 weitergelten oder die in der Zeit vom 1. Januar 1998 bis zum Inkrafttreten dieser Verordnung erteilt worden sind.

(3) Flugzeugführer, Flugingenieure und Flugnavigatoren bei Luftfahrtunternehmen, deren Arbeitsverhältnis vor dem 1. Januar 1973 begründet worden ist, sowie Hubschrauberführer bei Luftfahrtunternehmen und Luftfahrzeugführer, Flugingenieure und Flugnavigatoren bei sonstigen Unternehmen, deren Arbeitsverhältnis vor dem 1. August 1976 begründet worden ist, bedürfen abweichend von § 284 Abs. 1 Satz 1 des Dritten Buches Sozialgesetzbuch in Verbindung mit § 9 Nr. 4 keiner Arbeitsgenehmigung.

§ 15 Inkrafttreten. Diese Verordnung tritt am Tage nach der Verkündung in Kraft.

11.4. Verordnung über die Zulassung von neueinreisenden Ausländern zur Ausübung einer Beschäftigung (Beschäftigungsverordnung – BeschV)

Vom 22. November 2004 (BGBl. I 2937)

Abschnitt 1. Zustimmungsfreie Beschäftigungen

§ 1 Grundsatz. Die Erteilung eines Aufenthaltstitels zum Zwecke der Beschäftigung (§ 17 Satz 1, § 18 Abs. 2 Satz 1, § 19 Abs. 1 Satz 1 des Aufenthaltsgesetzes) bedarf in den Fällen der §§ 2 bis 16 nicht der Zustimmung der Bundesagentur für Arbeit gemäß § 39 des Aufenthaltsgesetzes.

§ 2 Aus- und Weiterbildungen. Keiner Zustimmung bedarf die Erteilung eines Aufenthaltstitels für ein Praktikum

1. während eines Aufenthaltes zum Zwecke der schulischen Ausbildung oder des Studiums (§ 16 des Aufenthaltsgesetzes), das vorgeschriebener Bestandteil der Ausbildung oder zur Erreichung des Ausbildungszieles nachweislich erforderlich ist,
2. im Rahmen eines von der Europäischen Gemeinschaft finanziell geförderten Programms,
3. bis zu einem Jahr im Rahmen eines nachgewiesenen internationalen Austauschprogramms von Verbänden und öffentlich-rechtlichen Einrichtungen oder studentischen Organisationen im Einvernehmen mit der Bundesagentur für Arbeit oder
4. an Fach- und Führungskräfte, die ein Stipendium aus öffentlichen deutschen Mitteln, Mitteln der Europäischen Gemeinschaft oder Mitteln internationaler zwischenstaatlicher Organisationen erhalten (Regierungspraktikanten).

§ 3 Hochqualifizierte. Keiner Zustimmung bedarf die Erteilung einer Niederlassungserlaubnis an Hochqualifizierte nach § 19 Abs. 2 des Aufenthaltsgesetzes.

§ 4 Führungskräfte. Keiner Zustimmung bedarf die Erteilung eines Aufenthaltstitels an

1. leitende Angestellte mit Generalvollmacht oder Prokura,
2. Mitglieder des Organs einer juristischen Person, die zur gesetzlichen Vertretung berechtigt sind,
3. Gesellschafterinnen und Gesellschafter einer offenen Handelsgesellschaft oder Mitglieder einer anderen Personengesamtheit, soweit diese durch Gesetz, Satzung oder Gesellschaftsvertrag zur Vertretung der Personengesamtheit oder zur Geschäftsführung berufen sind, oder

4. leitende Angestellte eines auch außerhalb Deutschlands tätigen Unternehmens für eine Beschäftigung auf Vorstands-, Direktions- und Geschäftsleitungsebene oder für eine Tätigkeit in sonstiger leitender Position, die für die Entwicklung des Unternehmens von entscheidender Bedeutung ist.

§ 5 Wissenschaft, Forschung und Entwicklung. Keiner Zustimmung bedarf die Erteilung eines Aufenthaltstitels an

1. wissenschaftliches Personal von Hochschulen und Forschungseinrichtungen in Forschung und Lehre, von Forschungs- und Entwicklungseinrichtungen sowie an Lehrkräfte zur Sprachvermittlung an Hochschulen,
2. Gastwissenschaftlerinnen und Gastwissenschaftler an einer Hochschule oder an einer öffentlich-rechtlichen oder überwiegend aus öffentlichen Mitteln finanzierten oder als öffentliches Unternehmen in privater Rechtsform geführten Forschungseinrichtung,
3. Ingenieure und Techniker als technische Mitarbeiter im Forschungsteam einer Gastwissenschaftlerin oder eines Gastwissenschaftlers oder
4. Lehrkräfte öffentlicher Schulen oder staatlich anerkannter privater Ersatzschulen.

§ 6 Kaufmännische Tätigkeiten. Keiner Zustimmung bedarf die Erteilung eines Aufenthaltstitels an

1. Personen, die bei einem Arbeitgeber mit Sitz im Inland im kaufmännischen Bereich im Ausland beschäftigt werden, oder
2. Personen, die für einen Arbeitgeber mit Sitz im Ausland Besprechungen oder Verhandlungen im Inland führen, Verträge schließen oder Waren, die für die Ausfuhr bestimmt sind, ankaufen sollen

und sich im Rahmen ihrer Beschäftigung unter Beibehaltung ihres gewöhnlichen Aufenthaltes im Ausland insgesamt nicht länger als drei Monate innerhalb eines Zeitraumes von zwölf Monaten im Inland aufhalten.

§ 7 Besondere Berufsgruppen. Keiner Zustimmung bedarf die Erteilung eines Aufenthaltstitels an

1. Personen einschließlich ihres Hilfspersonals, die unter Beibehaltung ihres gewöhnlichen Wohnsitzes im Ausland in Vorträgen oder in Darbietungen von besonderem wissenschaftlichen oder künstlerischen Wert oder bei Darbietungen sportlichen Charakters im Inland tätig werden, wenn die Dauer der Tätigkeit drei Monate innerhalb von zwölf Monaten nicht übersteigt,
2. Personen, die im Rahmen von Festspielen oder Musik- und Kulturtagen beschäftigt oder im Rahmen von Gastspielen oder ausländischen Film- und Fernsehproduktionen entsandt werden, wenn die Dauer der Tätigkeit drei Monate innerhalb von zwölf Monaten nicht übersteigt,
3. Personen, die in Tagesdarbietungen bis zu fünfzehn Tage im Jahr auftreten, oder
4. Berufssportlerinnen und Berufssportler oder Berufstrainerinnen und Berufstrainer, deren Einsatz in deutschen Sportvereinen oder vergleichbaren am Wettkampfsport teilnehmenden sportlichen Einrichtungen vorgesehen ist, wenn sie das 16. Lebensjahr vollendet haben und der Verein oder die Einrichtung ein Bruttogehalt zahlt, das mindestens 50 Prozent der Beitragsbemessungsgrenze für die gesetzliche Rentenversicherung beträgt und der für die Sportart zuständige deutsche Spitzenverband im Einvernehmen mit dem Deutschen Sportbund die sportliche Qualifikation als Berufssportlerin oder Berufssportler oder die fachliche Eignung als Trainerin oder Trainer bestätigt, oder
5. Fotomodelle, Werbetypen, Mannequins oder Dressmen, wenn der Arbeitgeber der Bundesagentur für Arbeit die Beschäftigungen vor deren Aufnahme angezeigt hat.

§ 8 Journalistinnen und Journalisten. Keiner Zustimmung bedarf die Erteilung eines Aufenthaltstitels an Beschäftigte eines Arbeitgebers mit Sitz im Ausland, deren Tätigkeit vom Presse- und Informationsamt der Bundesregierung anerkannt ist.

§ 9 Beschäftigungen, die nicht in erster Linie dem Erwerb dienen. Keiner Zustimmung bedarf die Erteilung eines Aufenthaltstitels an

1. Personen, die im Rahmen eines gesetzlich geregelten oder auf einem Programm der Europäischen Gemeinschaft beruhenden Freiwilligendienstes beschäftigt werden, oder
2. vorwiegend aus karitativen oder religiösen Gründen Beschäftigte.

§ 10 Ferienbeschäftigungen. Keiner Zustimmung bedarf die Erteilung eines Aufenthaltstitels an Studierende sowie Schülerinnen und Schüler ausländischer Hochschulen und Fachschulen zur Ausübung einer Ferienbeschäftigung bis zu drei Monaten innerhalb eines Zeitraumes von zwölf Monaten, die von der Bundesagentur für Arbeit vermittelt worden ist.

Beschäftigungsverordnung (BeschV) 11.4. **Texte 5**

§ 11 Kurzfristig entsandte Arbeitnehmerinnen und Arbeitnehmer. Keiner Zustimmung bedarf die Erteilung eines Aufenthaltstitels an Personen, die von ihrem Arbeitgeber mit Sitz im Ausland für bis zu drei Monate innerhalb eines Zeitraums von zwölf Monaten in das Inland entsandt werden, um

1. gewerblichen Zwecken dienende Maschinen, Anlagen und Programme der elektronischen Datenverarbeitung, die bei dem Arbeitgeber bestellt worden sind, aufzustellen und zu montieren, in ihre Bedienung einzuweisen, zu warten oder zu reparieren,
2. erworbene Maschinen, Anlagen und sonstige Sachen abzunehmen oder in ihre Bedienung eingewiesen zu werden,
3. erworbene, gebrauchte Anlagen zum Zwecke des Wiederaufbaus im Sitzstaat des Arbeitgebers zu demontieren,
4. unternehmenseigene Messestände oder Messestände für ein ausländisches Unternehmen, das im Sitzstaat des Arbeitgebers ansässig ist, auf- und abzubauen und zu betreuen, oder
5. im Rahmen von Exportlieferungs- und Lizenzverträgen einen Betriebslehrgang zu absolvieren.

In den Fällen der Nummern 1 und 3 setzt die Befreiung von der Zustimmung voraus, dass der Arbeitgeber der Bundesagentur für Arbeit die Beschäftigungen vor deren Aufnahme angezeigt hat.

§ 12 Internationale Sportveranstaltungen. Keiner Zustimmung bedarf die Erteilung eines Aufenthaltstitels an Personen, die zur Vorbereitung, Teilnahme, Durchführung und Nachbereitung internationaler Sportveranstaltungen durch das jeweilige Organisationskomitee akkreditiert werden, soweit die Bundesregierung Durchführungsgarantien übernommen hat, insbesondere

1. die Repräsentanten, Mitarbeiter und Beauftragten von Verbänden oder Organisationen einschließlich Schiedsrichter und Schiedsrichterassistenten,
2. die Spieler und bezahltes Personal der teilnehmenden Mannschaften,
3. die Vertreter der offiziellen Verbandspartner und offizielle Lizenzpartner,
4. die Vertreter der Medien einschließlich des technischen Personals, die Mitarbeiter der Fernseh- und Medienpartner.

§ 13 Internationaler Straßen- und Schienenverkehr. (1) Keiner Zustimmung bedarf die Erteilung eines Aufenthaltstitels an das Fahrpersonal eines Arbeitgebers mit Sitz im Ausland im grenzüberschreitenden Straßenverkehr, soweit

1. das Unternehmen diesen Sitz im Hoheitsgebiet eines Mitgliedstaates der Europäischen Union oder eines anderen Vertragsstaates des Abkommens über den Europäischen Wirtschaftsraum hat und dem Arbeitgeber für seine drittstaatsangehörigen Fahrer eine Fahrerbescheinigung ausgestellt wurde nach der Verordnung (EWG) Nr. 881/92 des Rates vom 26. März 1992 über den Zugang zum Güterkraftverkehrsmarkt in der Gemeinschaft für Beförderung aus oder nach einem Mitgliedstaat oder durch einen oder mehrere Mitgliedstaaten (ABl. EG Nr. L 95 S. 1), zuletzt geändert durch die Akte über die Bedingungen des Beitritts der Tschechischen Republik, der Republik Estland, der Republik Zypern, der Republik Lettland, der Republik Litauen, der Republik Ungarn, der Republik Malta, der Republik Polen, der Republik Slowenien und der Slowakischen Republik und die Anpassungen der die Europäische Union begründenden Verträge – Anhang II: Liste nach Artikel 20 der Beitrittsakte – 8. Verkehrspolitik – C. Straßenverkehr (ABl. EG Nr. L 236 S. 449), oder
2. das Unternehmen diesen Sitz außerhalb des Hoheitsgebietes eines Mitgliedstaates der Europäischen Union oder eines anderen Vertragsstaates des Abkommens über den Europäischen Wirtschaftsraum hat und das Fahrzeug im Sitzstaat des Arbeitgebers zugelassen ist, für einen Aufenthalt von höchstens drei Monaten innerhalb von zwölf Monaten.

Satz 1 gilt im grenzüberschreitenden Linienverkehr mit Omnibussen ohne Fahrerbescheinigung auch dann, wenn das Fahrzeug im Inland zugelassen ist.

(2) Im grenzüberschreitenden Schienenverkehr gelten die Bestimmungen des Absatzes 1 Satz 1 ohne Fahrerbescheinigung auch ungeachtet der Zulassung des Fahrzeuges.

§ 14 Schifffahrt und Luftverkehr. Keiner Zustimmung bedarf die Erteilung eines Aufenthaltstitels an

1. die Mitglieder der Besatzungen von Seeschiffen im internationalen Verkehr,
2. die nach dem Seelotsgesetz für den Seelotsendienst zugelassenen Personen,
3. das technische Personal auf Binnenschiffen und im grenzüberschreitenden Verkehr das für die Gästebetreuung erforderliche Bedienungs- und Servicepersonal auf Personenfahrgastschiffen oder

4. die Besatzungen von Luftfahrzeugen mit Ausnahme der Luftfahrzeugführer, Flugingenieure und Flugnavigatoren bei Unternehmen mit Sitz im Inland.

§ 15 Dienstleistungserbringung. Keiner Zustimmung bedarf die Erteilung eines Aufenthaltstitels an Personen, die von ihren Arbeitgebern mit Sitz in einem Mitgliedstaat der Europäischen Union oder einem anderen Vertragsstaat des Abkommens über den Europäischen Wirtschaftsraum zur Erbringung einer Dienstleistung vorübergehend in das Bundesgebiet entsandt werden, wenn

1. der Aufenthaltstitel bis zu einer Höchstdauer von sechs Monaten erteilt wird und sie bei dem Arbeitgeber zuvor mindestens sechs Monate tatsächlich und ordnungsgemäß im Sitzstaat beschäftigt waren, oder
2. der Aufenthaltstitel bis zu einer Höchstdauer von zwölf Monaten erteilt wird und sie bei dem Arbeitgeber zuvor mindestens zwölf Monate tatsächlich und ordnungsgemäß im Sitzstaat beschäftigt waren.

Sollen die betreffenden Personen erneut in das Bundesgebiet entsandt werden, ist die Beschäftigung nur dann zustimmungsfrei, wenn zuvor die für die Befristung nach Nummer 1 oder Nummer 2 genannten Voraussetzungen erneut erfüllt sind.

§ 16 Beschäftigungsaufenthalte ohne Aufenthaltstitel. Tätigkeiten nach den §§ 2, 4 bis 13, die bis zu drei Monaten innerhalb eines Zeitraumes von zwölf Monaten im Inland ausgeübt werden, gelten nicht als Beschäftigung im Sinne des Aufenthaltsgesetzes. Gleiches gilt für Tätigkeiten von Personen, die nach den §§ 23 bis 30 der Aufenthaltsverordnung vom Erfordernis eines Aufenthaltstitels befreit sind.

Abschnitt 2. Zustimmungen zu Beschäftigungen, die keine qualifizierte Berufsausbildung voraussetzen

§ 17 Grundsatz. (1) Die Bundesagentur für Arbeit kann der Erteilung eines Aufenthaltstitels zum Zwecke der Beschäftigung, die keine qualifizierte Berufsausbildung voraussetzt (§ 18 Abs. 3 des Aufenthaltsgesetzes), nur nach den Vorschriften dieses Abschnitts gemäß § 39 des Aufenthaltsgesetzes zustimmen.

(2) Soweit nach Absatz 1 eine Zustimmung zur Aufnahme einer Beschäftigung erteilt worden ist, für die in diesem Abschnitt eine zeitliche Begrenzung bestimmt ist, kann der Aufnahme einer zeitlich begrenzten Beschäftigung nach einer anderen Bestimmung dieses Abschnittes vorbehaltlich besonderer Regelungen erst im folgenden Kalenderjahr zugestimmt werden.

§ 18 Saisonbeschäftigungen. Die Zustimmung kann zu einem Aufenthaltstitel zur Ausübung einer Beschäftigung in der Land- und Forstwirtschaft, im Hotel- und Gaststättengewerbe, in der Obst- und Gemüseverarbeitung sowie in Sägewerken von mindestens 30 Stunden wöchentlich bei durchschnittlich mindestens sechs Stunden arbeitstäglich bis zu insgesamt vier Monaten im Kalenderjahr erteilt werden, wenn die betreffenden Personen auf Grund einer Absprache der Bundesagentur für Arbeit mit der Arbeitsverwaltung des Herkunftslandes über das Verfahren und die Auswahl vermittelt worden sind. Der Zeitraum für die Beschäftigung von Arbeitnehmerinnen und Arbeitnehmern nach Satz 1 ist für einen Betrieb auf acht Monate im Kalenderjahr begrenzt. Satz 2 gilt nicht für Betriebe des Obst-, Gemüse-, Wein-, Hopfen- und Tabakanbaus.

§ 19 Schaustellergehilfen. Die Zustimmung zu einem Aufenthaltstitel zur Ausübung einer Beschäftigung im Schaustellergewerbe kann bis zu insgesamt neun Monaten im Kalenderjahr erteilt werden, wenn die betreffenden Personen auf Grund einer Absprache der Bundesagentur für Arbeit mit der Arbeitsverwaltung des Herkunftslandes über das Verfahren und die Auswahl vermittelt worden sind.

§ 20 Au-pair-Beschäftigung. Die Zustimmung kann zu einem Aufenthaltstitel für Personen mit Grundkenntnissen der deutschen Sprache erteilt werden, die unter 25 Jahre alt sind und in einer Familie, in der Deutsch als Muttersprache gesprochen wird, bis zu einem Jahr als Au pair beschäftigt werden.

§ 21 Haushaltshilfen. Die Zustimmung zu einem Aufenthaltstitel zur Ausübung einer Versicherungspflichtigen Vollzeitbeschäftigung bis zu drei Jahren für hauswirtschaftliche Arbeiten in Haushalten mit Pflegebedürftigen im Sinne des Elften Buches Sozialgesetzbuch kann erteilt werden, wenn die betreffenden Personen auf Grund einer Absprache der Bundesagentur für Arbeit mit der Arbeitsverwaltung des Herkunftslandes über das Verfahren und die Auswahl vermittelt worden sind. Innerhalb des Zulassungszeitraumes von drei Jahren kann die Zustimmung zum Wechsel des Arbeitgebers erteilt werden. Für eine erneute Beschäftigung nach der Ausreise darf die Zustimmung nach Satz 1 nur erteilt werden, wenn sich die betreffende Person nach der Ausreise mindestens so lange im Ausland aufgehalten hat, wie sie zuvor im Inland beschäftigt war.

§ 22 Hausangestellte von Entsandten. Die Zustimmung zu einem Aufenthaltstitel zur Ausübung einer Beschäftigung als Hausangestellte bei Personen, die für einen Zeitraum von bis zu zwei Jahren für ihren Arbeitgeber oder im Auftrag eines Unternehmens mit Sitz im Ausland im Inland tätig werden (Entsandte), kann für diesen Zeitraum erteilt werden, wenn die Entsandten vor ihrer Einreise die Hausangestellten seit mindestens einem Jahr in ihrem Haushalt zur Betreuung eines Kindes unter 16 Jahren oder eines pflegebedürftigen Haushaltsmitgliedes beschäftigt haben. Die Zustimmung kann höchstens um drei Jahre verlängert werden.

§ 23 Kultur und Unterhaltung. Die Zustimmung kann zu einem Aufenthaltstitel bei Personen erteilt werden, die

1. eine künstlerische oder artistische Beschäftigung oder Beschäftigung als Hilfspersonal, das für die Darbietung erforderlich ist, ausüben,
2. zu einer länger als drei Monate dauernden Beschäftigung im Rahmen von Gastspielen oder ausländischen Film- oder Fernsehproduktionen entsandt werden.

§ 24 Praktische Tätigkeiten als Voraussetzung für die Anerkennung ausländischer Abschlüsse. Ist für eine qualifizierte Beschäftigung, zu der eine Zustimmung erteilt werden soll, die inländische Anerkennung eines im Ausland erworbenen Berufsabschlusses notwendig und setzt diese Anerkennung eine befristete praktische Tätigkeit in Deutschland voraus, kann dem Aufenthaltstitel für die Ausübung dieser befristeten Tätigkeit zugestimmt werden.

Abschnitt 3. Zustimmungen zu Beschäftigungen, die eine qualifizierte Berufsausbildung voraussetzen

§ 25 Grundsatz. Die Bundesagentur für Arbeit kann der Erteilung eines Aufenthaltstitels zum Zwecke der Beschäftigung, die eine mindestens dreijährige Berufsausbildung voraussetzt (§ 18 Abs. 4 des Aufenthaltsgesetzes) und nicht nach Abschnitt 1 zustimmungsfrei ist, nach den Vorschriften dieses Abschnitts gemäß § 39 des Aufenthaltsgesetzes zustimmen.

§ 26 Zeitlich begrenzte Zulassungen von Sprachlehrern und Spezialitätenköchen. (1) Die Zustimmung zu einem Aufenthaltstitel zur Ausübung einer Beschäftigung kann Lehrkräften zur Erteilung muttersprachlichen Unterrichts in Schulen unter Aufsicht der jeweils zuständigen berufskonsularischen Vertretung bis zu einer Geltungsdauer von fünf Jahren erteilt werden.

(2) Die Zustimmung zu einem Aufenthaltstitel kann Spezialitätenköchen für die Beschäftigung in Spezialitätenrestaurants bis zu einer Geltungsdauer von vier Jahren erteilt werden.

(3) Eine erneute Zustimmung zu einem Aufenthaltstitel zur Ausübung einer Beschäftigung nach diesem Abschnitt darf den in den Absätzen 1 und 2 genannten Ausländern nicht vor Ablauf von drei Jahren nach Ablauf des früheren Aufenthaltstitels und der Ausreise erteilt werden.

§ 27 IT-Fachkräfte und akademische Berufe. Die Zustimmung zu einem Aufenthaltstitel zur Ausübung einer Beschäftigung kann erteilt werden

1. Fachkräften, die eine Hochschul- oder Fachhochschulausbildung oder eine vergleichbare Qualifikation mit Schwerpunkt auf dem Gebiet der Informations- und Kommunikationstechnologie besitzen,

2. Fachkräften, die eine Hochschul- oder Fachhochschulausbildung oder eine vergleichbare Qualifikation besitzen, wenn an ihrer Beschäftigung wegen ihrer fachlichen Kenntnisse ein öffentliches Interesse besteht, oder
3. Hochschulabsolventen nach § 16 des Aufenthaltsgesetzes für einen angemessenen Arbeitsplatz.

§ 28 Leitende Angestellte und Spezialisten. Die Zustimmung zu einem Aufenthaltstitel zur Ausübung einer Beschäftigung kann erteilt werden
1. leitenden Angestellten und anderen Personen, die zur Ausübung ihrer Beschäftigung über besondere, vor allem unternehmensspezifische Spezialkenntnisse verfügen (Spezialisten) eines im Inland ansässigen Unternehmens für eine qualifizierte Beschäftigung in diesem Unternehmen, oder
2. leitenden Angestellten für eine Beschäftigung in einem auf der Grundlage zwischenstaatlicher Vereinbarungen gegründeten deutsch-ausländischen Gemeinschaftsunternehmen.

§ 29 Sozialarbeit. Die Zustimmung zu einem Aufenthaltstitel zur Ausübung einer Beschäftigung kann Fachkräften erteilt werden, die von einem deutschen Träger in der Sozialarbeit für ausländische Arbeitnehmer und ihre Familien beschäftigt werden und über ausreichende Kenntnisse der deutschen Sprache verfügen.

§ 30 Pflegekräfte. Die Zustimmung zu einem Aufenthaltstitel zur Ausübung einer Beschäftigung als Gesundheits- und Krankenpflegerin oder Gesundheits- und Krankenpfleger oder Gesundheits- und Kinderkrankenpflegerin oder Gesundheits- und Kinderkrankenpfleger sowie Altenpflegerin oder Altenpfleger mit einem bezogen auf einschlägige deutsche berufsrechtliche Anforderungen gleichwertigen Ausbildungsstand und ausreichenden deutschen Sprachenkenntnissen kann erteilt werden, sofern die betreffenden Personen von der Bundesagentur für Arbeit auf Grund einer Absprache mit der Arbeitsverwaltung des Herkunftslandes über das Verfahren, die Auswahl und die Vermittlung vermittelt worden sind.

§ 31 Internationaler Personalaustausch, Auslandsprojekte. Die Zustimmung zu einem Aufenthaltstitel kann ohne Vorrangprüfung nach § 39 Abs. 2 Satz 1 Nr. 1 und 2 des Aufenthaltsgesetzes erteilt werden zur Ausübung einer Beschäftigung von bis zu drei Jahren
1. als qualifizierte Fachkraft, die eine Hochschul- oder Fachhochschulausbildung oder eine vergleichbare Qualifikation besitzt, im Rahmen des Personalaustausches innerhalb eines international tätigen Unternehmens oder Konzerns,
2. für im Ausland beschäftigte Fachkräfte eines international tätigen Konzerns oder Unternehmens im inländischen Konzern- oder Unternehmensteil, wenn die Tätigkeit zur Vorbereitung von Auslandsprojekten unabdingbar erforderlich ist, der Arbeitnehmer bei der Durchführung des Projektes im Ausland tätig wird und über eine mit deutschen Facharbeitern vergleichbare Qualifikation und darüber hinaus über besondere, vor allem unternehmensspezifische Spezialkenntnisse verfügt.

In den Fällen des Satzes 1 Nr. 2 kann die Zustimmung zum Aufenthaltstitel auch für Fachkräfte des Auftraggebers des Auslandsprojektes erteilt werden, wenn die Fachkräfte im Zusammenhang mit den vorbereitenden Arbeiten vorübergehend vom Auftragnehmer beschäftigt werden, der Auftrag eine entsprechende Verpflichtung für den Auftragnehmer enthält und die Beschäftigung für die spätere Tätigkeit im Rahmen des fertiggestellten Projektes notwendig ist. Satz 2 findet auch Anwendung, wenn der Auftragnehmer keine Zweigstelle oder Betriebe im Ausland hat.

Abschnitt 4. Zustimmungen zu weiteren Beschäftigungen

§ 32 Grundsatz. (1) Die Bundesagentur für Arbeit kann abweichend von den Regelungen in den Abschnitten 2 und 3 der Erteilung eines Aufenthaltstitels zum Zwecke der Beschäftigung, die keine (§ 18 Abs. 3 des Aufenthaltsgesetzes) oder eine mindestens dreijährige Berufsausbildung (§ 18 Abs. 4 des Aufenthaltsgesetzes) voraussetzt, nur nach den Vorschriften dieses Abschnitts gemäß § 39 des Aufenthaltsgesetzes zustimmen.

(2) Soweit eine Zustimmung nach Absatz 1 zur Aufnahme einer befristen Beschäftigung nach den §§ 33, 35 oder 36 dieser Verordnung erteilt worden ist, kann der Aufnahme einer zeitlich befristeten Beschäftigung nach einer anderen Bestimmung der Abschnitte 2 bis 5 vorbehaltlich besonderer Re-

gelungen erst in dem Kalenderjahr zugestimmt werden, das auf das Kalenderjahr folgt, in dem die befristete Beschäftigung nach §§ 33, 35 oder 36 endete.

§ 33 Deutsche Volkszugehörige. Die Zustimmung kann zu einem Aufenthaltstitel zur Ausübung einer vorübergehenden Beschäftigung von deutschen Volkszugehörigen erteilt werden, die einen Aufnahmebescheid nach dem Bundesvertriebenengesetz besitzen.

§ 34 Beschäftigungen bestimmter Staatsangehöriger. Staatsangehörigen von Andorra, Australien, Israel, Japan, Kanada, Monaco, Neuseeland, San Marino sowie den Vereinigten Staaten von Amerika kann die Zustimmung zu einem Aufenthaltstitel zur Ausübung einer Beschäftigung erteilt werden.

§ 35 Fertighausmontage. Die Zustimmung zu einem Aufenthaltstitel zur Ausübung einer Beschäftigung kann ohne Vorrangprüfung nach § 39 Abs. 2 Satz 1 Nr. 1 des Aufenthaltsgesetzes Personen erteilt werden, die von einem Fertighaushersteller mit Sitz im Ausland für bis zu insgesamt neun Monate im Kalenderjahr in das Inland entsandt werden, um bestellte, von ihrem Arbeitgeber im Ausland hergestellte Fertig- und Ausbauhäuser sowie Fertig- und Ausbauhallen aufzustellen und zu montieren. Satz 1 gilt auch für die im Zusammenhang mit der Montage der notwendigen Installationsarbeiten.

§ 36 Längerfristig entsandte Arbeitnehmerinnen und Arbeitnehmer. Die Zustimmung zu einem Aufenthaltstitel zur Ausübung einer Beschäftigung kann ohne Vorrangprüfung nach § 39 Abs. 2 Satz 1 Nr. 1 des Aufenthaltsgesetzes Personen erteilt werden, die von ihren Arbeitgebern mit Sitz im Ausland länger als drei Monate in das Inland entsandt werden, um

1. gewerblichen Zwecken dienende Maschinen, Anlagen und Programme der elektronischen Datenverarbeitung, die bei dem Arbeitgeber bestellt worden sind, aufzustellen und zu montieren, in ihre Bedienung einzuweisen, zu warten oder zu reparieren,
2. erworbene gebrauchte Anlagen zum Zwecke des Wiederaufbaus im Sitzstaat des Arbeitgebers zu demontieren.

Die Zustimmung ist auf die vorgesehene Beschäftigungsdauer zu befristen, die Frist darf drei Jahre nicht übersteigen.

§ 37 Grenzgängerbeschäftigung. Die Zustimmung kann zu einer Grenzgängerkarte nach § 12 Abs. 1 der Aufenthaltsverordnung zur Ausübung einer Beschäftigung erteilt werden.

Abschnitt 5. Zustimmungen zu Beschäftigungen auf der Grundlage zwischenstaatlicher Vereinbarungen

§ 38 Grundsatz. Besteht eine zwischenstaatliche Vereinbarung, die die Ausübung einer Beschäftigung regelt, bestimmt sich die Erteilung der Zustimmung gemäß § 39 des Aufenthaltsgesetzes nach dieser Vereinbarung. Im Übrigen finden die §§ 39 bis 41 Anwendung.

§ 39 Werkverträge. (1) Die Zustimmung zu einem Aufenthaltstitel zur Ausübung einer Beschäftigung auf der Grundlage einer zwischenstaatlichen Vereinbarung für die Beschäftigung im Rahmen von Werkverträgen bei demselben Arbeitgeber kann für längstens zwei Jahre erteilt werden. Steht von vornherein fest, dass die Ausführung des Werkvertrags länger als zwei Jahre dauert, kann die Zustimmung bis zur Höchstdauer von drei Jahren erteilt werden. erlässt der Beschäftigte das Inland und ist sein Aufenthaltstitel erloschen, so darf eine neue Zustimmung nur erteilt werden, wenn der Zeitraum zwischen Ausreise und erneuter Einreise als Beschäftigter im Rahmen von Werkverträgen nicht kürzer ist als die Gesamtgeltungsdauer der früheren Aufenthaltstitel. Der Zeitraum nach Satz 3, in dem eine Zustimmung nicht erteilt werden darf, beträgt höchstens zwei Jahre; er beträgt höchstens drei Monate, wenn die betreffende Person vor der Ausreise nicht länger als neun Monate im Inland beschäftigt war.

(2) Ausländern, die von einem Unternehmen mit Sitz im Ausland, das auf der Grundlage einer zwischenstaatlichen Vereinbarung über Werkvertragsarbeitnehmer tätig ist, vorübergehend in das Inland als leitende Mitarbeiter oder als Verwaltungspersonal mit betriebsspezifischen Kenntnissen für eine Beschäftigung bei der Niederlassung oder einer Zweigstelle des Unternehmens oder zur Durchführung von Revisionen entsandt werden, kann die Zustimmung zu einem Aufenthaltstitel zur Aus-

übung der Beschäftigung in dem für die Werkvertragstätigkeit erforderlichen Umfang für bis zu insgesamt vier Jahre erteilt werden. Absatz 1 Satz 3 und 4 ist entsprechend anzuwenden.

(3) Das Bundesministerium für Wirtschaft und Arbeit kann die Erteilung der Zustimmung durch die Bundesagentur für Arbeit an Beschäftigte der Bauwirtschaft im Rahmen von Werkverträgen im Verhältnis zu den beschäftigten gewerblichen Personen des im Inland ansässigen Unternehmens zahlenmäßig beschränken. Dabei ist darauf zu achten, dass auch kleine und mittelständische im Inland ansässige Unternehmen angemessen berücksichtigt werden.

§ 40 Gastarbeitnehmerinnen und Gastarbeitnehmer. Die Zustimmung zu einem Aufenthaltstitel zur Ausübung einer Beschäftigung von bis zu 18 Monaten kann erteilt werden, wenn die betreffenden Personen auf der Grundlage einer zwischenstaatlichen Vereinbarung über die Beschäftigung von Arbeitnehmerinnen und Arbeitnehmern zur beruflichen und sprachlichen Fortbildung (Gastarbeitnehmer-Vereinbarung) mit dem Staat, dessen Staatsangehörigkeit sie besitzen, beschäftigt werden.

§ 41 Sonstige zwischenstaatliche Vereinbarungen. (1) Keiner Zustimmung bedarf die Erteilung eines Aufenthaltstitels zur Ausübung einer Beschäftigung, soweit dies in zwischenstaatlichen Verträgen bestimmt ist.

(2) Die Zustimmung zu einem Aufenthaltstitel kann erteilt werden, wenn eine zwischenstaatliche Vereinbarung dies bestimmt (§ 18 Abs. 3 und 4 und § 39 Abs. 1 Satz 2 des Aufenthaltsgesetzes).

(3) Für zwischenstaatliche Vereinbarungen, in denen bestimmt ist, dass jemand für eine Beschäftigung keiner Arbeitsgenehmigung oder Arbeitserlaubnis bedarf, gilt Absatz 1, bei Vereinbarungen, in denen bestimmt ist, dass eine Arbeitsgenehmigung oder Arbeitserlaubnis erteilt werden kann, gilt Absatz 2 entsprechend.

(4) Für Fach- oder Weltausstellungen, die nach dem Pariser Übereinkommen über Internationale Ausstellungen vom 22. November 1928 (BGBl. 1974 II S. 276) registriert sind, kann für Angehörige der ausstellenden Staaten die Zustimmung zu einem Aufenthaltstitel zur Ausübung einer Beschäftigung erteilt werden, wenn sie für den ausstellenden Staat zur Vorbereitung, Durchführung oder Beendigung des nationalen Ausstellungsbeitrages tätig werden.

Abschnitt 6. Arbeitsvermittlung und Anwerbung aus dem Ausland

§ 42 Vermittlung. Die Arbeitsvermittlung von Ausländern aus dem Ausland und die Anwerbung im Ausland außerhalb der Europäischen Gemeinschaft oder eines anderen Vertragsstaates des Abkommens über den Europäischen Wirtschaftsraum für eine Beschäftigung im Inland darf für eine Beschäftigung nach den §§ 10, 18, 19, 21, 30 und 40 nur von der Bundesagentur für Arbeit durchgeführt werden.

Abschnitt 7. Ordnungswidrigkeiten

§ 43 Ordnungswidrigkeit. Ordnungswidrig im Sinne des § 404 Abs. 2 Nr. 9 des Dritten Buches Sozialgesetzbuch handelt, wer vorsätzlich oder fahrlässig entgegen § 42 eine dort genannte Arbeitsvermittlung oder Anwerbung durchführt.

Abschnitt 8. Schlussvorschriften

§ 44 Verfahren. Die §§ 6, 7, 9 und 12 bis 15 der Beschäftigungsverfahrensverordnung gelten für die Zulassung oder nach einer Zulassung aus dem Ausland entsprechend, soweit diese Verordnung nichts anderes regelt.

§ 45 Befristungen. (1) Bei Beschäftigungen, für die nach dieser Verordnung oder einer zwischenstaatlichen Vereinbarung eine zeitliche Begrenzung bestimmt ist, darf die Zustimmung längstens für die vorgesehene Dauer der Beschäftigung erteilt werden.

(2) Bei Beschäftigungen zur beruflichen Aus- und Weiterbildung nach § 17 des Aufenthaltsgesetzes ist die Zustimmung bei der Ausbildung für die nach der Ausbildungsordnung festgelegte Ausbildungsdauer und bei der Weiterbildung für die Dauer zu erteilen, die nachweislich eines von der Bundes-

Beschäftigungsverfahrensverordnung (BeschVerfV) 11.5. **Texte 5**

agentur für Arbeit geprüften Weiterbildungsplanes zur Erreichung des Weiterbildungszieles erforderlich ist.

§ 46 Übergangsregelungen. (1) Die einem Ausländer vor dem 1. Januar 2005 gegebene Zusicherung der Erteilung einer Arbeitsgenehmigung gilt als Zustimmung zur Erteilung eines Aufenthaltstitels fort.

(2) Die einer IT-Fachkraft nach § 6 Abs. 2 der Verordnung über die Arbeitsgenehmigung für hoch qualifizierte Fachkräfte der Informations- und Kommunikationstechnologie erteilte befristete Arbeitserlaubnis gilt als unbefristete Zustimmung zum Aufenthaltstitel zur Ausübung einer Beschäftigung fort.

(3) Eine bis zum 31. Dezember 2004 arbeitsgenehmigungsfrei aufgenommene Beschäftigung gilt ab dem 1. Januar 2005 als zustimmungsfrei.

(4) Die Regelung des § 7 Abs. 4 gilt auch für Berufssportlerinnen und Berufssportler bei der Verlängerung ihres Aufenthaltstitels, wenn sie ein am 7. Februar 2002 bestehendes Vertragsverhältnis unter den bis dahin geltenden aufenthaltsrechtlichen Regelungen bei demselben Arbeitgeber fortsetzen.

§ 47 Inkrafttreten, Außerkrafttreten. Diese Verordnung tritt am 1. Januar 2005 in Kraft. § 26 Abs. 1 tritt am 31. Dezember 2009 außer Kraft.

11.5. Verordnung über das Verfahren und die Zulassung von im Inland lebenden Ausländern zur Ausübung einer Beschäftigung (Beschäftigungsverfahrensverordnung – BeschVerfV)

Vom 22. November 2004 (BGBl. I 2934)

Teil 1. Zulassung von im Inland lebenden Ausländern zur Ausübung einer Beschäftigung

Abschnitt 1. Zustimmungsfreie Beschäftigungen

§ 1 Grundsatz. Die Erlaubnis zur Ausübung einer Beschäftigung für Ausländer,
1. die eine Aufenthaltserlaubnis besitzen, die kein Aufenthaltstitel zum Zwecke der Beschäftigung ist (§§ 17, 18 und 19 des Aufenthaltsgesetzes) oder die nicht schon aufgrund des Aufenthaltsgesetzes zur Beschäftigung berechtigt ist (§ 4 Abs. 2 Satz 3 des Aufenthaltsgesetzes),
2. denen der Aufenthalt im Bundesgebiet gestattet ist (§ 61 Abs. 2 des Asylverfahrensgesetzes) und
3. die eine Duldung nach § 60 a des Aufenthaltsgesetzes besitzen,

kann in den Fällen der §§ 2 bis 4 ohne Zustimmung der Bundesagentur für Arbeit erteilt werden.

§ 2 Zustimmungsfreie Beschäftigungen nach der Beschäftigungsverordnung. Die Ausübung von Beschäftigungen nach § 2 Nr. 1 und 2, §§ 3, 4 Nr. 1 bis 3, §§ 5, 7 Nr. 3 bis 5, §§ 9 und 12 der Beschäftigungsverordnung kann Ausländern ohne Zustimmung der Bundesagentur für Arbeit erlaubt werden.

§ 3 Beschäftigung von Familienangehörigen. Keiner Zustimmung bedarf die Ausübung einer Beschäftigung von Ehegatten, Lebenspartnern, Verwandten und Verschwägerten ersten Grades eines Arbeitgebers in dessen Betrieb, wenn der Arbeitgeber mit diesen in häuslicher Gemeinschaft lebt.

§ 4 Sonstige zustimmungsfreie Beschäftigungen. Keiner Zustimmung bedarf die Ausübung einer Beschäftigung von Ausländern, die vorwiegend zu ihrer Heilung, Wiedereingewöhnung, sittlichen Besserung oder Erziehung beschäftigt werden.

Abschnitt 2. Zustimmungen zu Erlaubnissen zur Ausübung einer Beschäftigung ohne Vorrangprüfung

§ 5 Grundsatz. Die Bundesagentur für Arbeit kann die Zustimmung zur Ausübung einer Beschäftigung abweichend von § 39 Abs. 2 Satz 1 Nr. 1 des Aufenthaltsgesetzes nach den Vorschriften dieses Abschnitts erteilen.

§ 6 Fortsetzung eines Arbeitsverhältnisses. Die Zustimmung zur Ausübung einer Beschäftigung kann ohne Prüfung nach § 39 Abs. 2 Satz 1 Nr. 1 des Aufenthaltsgesetzes erteilt werden, wenn der Ausländer seine Beschäftigung nach Ablauf der Geltungsdauer einer für mindestens ein Jahr erteilten Zustimmung bei demselben Arbeitgeber fortsetzt. Dies gilt nicht für Beschäftigungen, für die nach dieser Verordnung, der Beschäftigungsverordnung oder einer zwischenstaatlichen Vereinbarung eine zeitliche Begrenzung bestimmt ist.

§ 7 Härtefallregelung. Die Zustimmung zur Ausübung einer Beschäftigung kann ohne Prüfung nach § 39 Abs. 2 Satz 1 Nr. 1 des Aufenthaltsgesetzes erteilt werden, wenn deren Versagung unter Berücksichtigung der besonderen Verhältnisse des einzelnen Falles eine besondere Härte bedeuten würde.

§ 8 Ausbildung und Beschäftigung von im Jugendalter eingereisten Ausländern. Die Zustimmung zur Ausübung einer Beschäftigung kann bei Ausländern, die vor Vollendung des 18. Lebensjahres eingereist sind und eine Aufenthaltserlaubnis besitzen, ohne Prüfung nach § 39 Abs. 2 Satz 1 Nr. 1 des Aufenthaltsgesetzes erteilt werden für
1. eine Beschäftigung in einem Arbeitsverhältnis, wenn der Ausländer im Inland
   a) einen Schulabschluss einer allgemeinbildenden Schule erworben hat, oder
   b) an einer einjährigen schulischen Berufsvorbereitung,
   c) an einer berufsvorbereitenden Bildungsmaßnahme nach dem Dritten Buch Sozialgesetzbuch oder
   d) an einer Berufsausbildungsvorbereitung nach dem Berufsbildungsgesetz regelmäßig und unter angemessener Mitarbeit teilgenommen hat, oder
2. eine Berufsausbildung in einem staatlich anerkannten oder vergleichbar geregelten Ausbildungsberuf, wenn der Ausländer einen Ausbildungsvertrag abschließt.

Die Zustimmung wird ohne Beschränkungen nach § 13 erteilt.

§ 9 Beschäftigung bei Vorbeschäftigungszeiten oder längerfristigem Voraufenthalt. (1) Die Zustimmung zur Ausübung einer Beschäftigung kann ohne Prüfung nach § 39 Abs. 2 Satz 1 Nr. 1 des Aufenthaltsgesetzes Ausländern erteilt werden, die eine Aufenthaltserlaubnis besitzen und
1. drei Jahre rechtmäßig eine versicherungspflichtige Beschäftigung im Bundesgebiet ausgeübt haben oder
2. sich seit vier Jahren im Bundesgebiet ununterbrochen erlaubt oder geduldet aufhalten; Unterbrechungszeiten werden entsprechend § 51 Abs. 1 Nr. 7 des Aufenthaltsgesetzes berücksichtigt.

(2) Auf die Beschäftigungszeit nach Absatz 1 Nr. 1 werden nicht angerechnet Zeiten
1. von Beschäftigungen, die vor dem Zeitpunkt liegen, an dem der Ausländer aus dem Bundesgebiet unter Aufgabe seines gewöhnlichen Aufenthaltes ausgereist war,
2. einer nach dem Aufenthaltsgesetz oder der Beschäftigungsverordnung zeitlich begrenzten Beschäftigung oder
3. einer Beschäftigung, für die der Ausländer auf Grund dieser Verordnung, der Beschäftigungsverordnung oder auf Grund einer zwischenstaatlichen Vereinbarung von der Zustimmungspflicht für eine Beschäftigung befreit war.

(3) Auf die Aufenthaltszeit nach Absatz 1 Nr. 2 werden Zeiten eines Aufenthaltes nach § 16 des Aufenthaltsgesetzes nur zur Hälfte und nur bis zu zwei Jahren angerechnet.

(4) Die Zustimmung wird ohne Beschränkungen nach § 13 erteilt.

Beschäftigungsverfahrensverordnung (BeschVerfV)   11.5.   **Texte 5**

Abschnitt 3. Zulassung von geduldeten Ausländern zur Ausübung einer Beschäftigung

§ 10 Grundsatz. Geduldeten Ausländern (§ 60 a des Aufenthaltsgesetzes) kann mit Zustimmung der Bundesagentur für Arbeit die Ausübung einer Beschäftigung erlaubt werden, wenn sie sich seit einem Jahr erlaubt oder geduldet im Bundesgebiet aufgehalten haben. Die §§ 39 bis 41 des Aufenthaltsgesetzes gelten entsprechend.

§ 11 Versagung der Erlaubnis. Geduldeten Ausländern darf die Ausübung einer Beschäftigung nicht erlaubt werden, wenn sie sich in das Inland begeben haben, um Leistungen nach dem Asylbewerberleistungsgesetz zu erlangen, oder wenn bei diesen Ausländern aus von ihnen zu vertretenden Gründen aufenthaltsbeendende Maßnahmen nicht vollzogen werden können. Zu vertreten hat ein Ausländer die Gründe insbesondere, wenn er das Abschiebungshindernis durch Täuschung über seine Identität oder seine Staatsangehörigkeit oder durch falsche Angaben herbeiführt.

Teil 2. Zuständigkeits- und Verfahrensregelungen

§ 12 Zuständigkeit. Die Entscheidung über die Zustimmung zur Ausübung einer Beschäftigung trifft die Agentur für Arbeit, in deren Bezirk der Ort der Beschäftigung der betreffenden Person liegt. Als Beschäftigungsort gilt der Ort, an dem sich der Sitz des Betriebes oder der Niederlassung des Arbeitgebers befindet. Bei Beschäftigungen mit wechselnden Arbeitsstätten gilt der Sitz der für die Lohnabrechnung zuständigen Stelle des Arbeitgebers als Beschäftigungsort.

(2) Die Bundesagentur für Arbeit kann die Zuständigkeit für bestimmte Berufs- oder Personengruppen aus Zweckmäßigkeitsgründen anderen Dienststellen ihres Geschäftsbereichs übertragen.

§ 13 Beschränkung der Zustimmung. (1) Die Zustimmung zur Ausübung einer Beschäftigung kann hinsichtlich
1. der beruflichen Tätigkeit,
2. des Arbeitgebers,
3. des Bezirkes der Agentur für Arbeit und
4. der Lage und Verteilung der Arbeitszeit
   beschränkt werden.

(2) Die Zustimmung wird für die Dauer der Beschäftigung, längstens für drei Jahre erteilt.

§ 14 Reichweite der Zustimmung. Die Zustimmung zur Ausübung einer Beschäftigung wird jeweils zu einem bestimmten Aufenthaltstitel erteilt.

(2) Ist die Zustimmung zu einem Aufenthaltstitel erteilt worden, so gilt die Zustimmung im Rahmen ihrer zeitlichen Begrenzung auch für jeden weiteren Aufenthaltstitel fort. Ist der Aufenthaltstitel aus völkerrechtlichen, humanitären oder politischen Gründen erteilt worden, gilt die Zustimmung abweichend von Satz 1 für die Erteilung einer Aufenthaltserlaubnis nach § 18 des Aufenthaltsgesetzes nicht fort.

(3) Absatz 1 und 2 Satz 1 gelten entsprechend für die erteilte Zustimmung zur Ausübung einer Beschäftigung an Personen, die eine Aufenthaltsgestattung oder Duldung besitzen.

(4) Ist die Zustimmung für ein bestimmtes Beschäftigungsverhältnis erteilt worden, erlischt sie mit der Beendigung dieses Beschäftigungsverhältnisses.

Teil 3. Schlussvorschriften

§ 15 Assoziierungsabkommen EWG-Türkei. Günstigere Regelungen des Beschlusses Nr. 1/80 des Assoziationsrates EWG-Türkei (Amtliche Nachrichten der Bundesanstalt für Arbeit Nr. 1/1981 S. 2) über den Zugang türkischer Arbeitnehmerinnen und Arbeitnehmer und ihrer Familienangehörigen zum Arbeitsmarkt bleiben unberührt.

§ 16 Übergangsregelung. (1) Eine vor dem Inkrafttreten dieser Verordnung erteilte Zusicherung der Erteilung einer Arbeitsgenehmigung gilt als Zustimmung der Bundesagentur für Arbeit zu einer Erlaubnis zur Ausübung einer Beschäftigung.

(2) Eine bis zum 31. Dezember 2004 arbeitsgenehmigungsfrei aufgenommene Beschäftigung gilt ab dem 1. Januar 2005 als zustimmungsfrei.

§ 17 Inkrafttreten. Diese Verordnung tritt am 1. Januar 2005 in Kraft.

11.6. Sozialgesetzbuch (SGB) Zwölftes Buch (XII) – Sozialhilfe –

Vom 27. Dezember 2003 (BGBl. I 3022), zuletzt geändert durch Gesetz
vom 21. März 2005 (BGBl. I 818)

– Auszug –

§ 23 Sozialhilfe für Ausländerinnen und Ausländer. (1) Ausländern, die sich im Inland tatsächlich aufhalten, ist Hilfe zum Lebensunterhalt, Hilfe bei Krankheit, Hilfe bei Schwangerschaft und Mutterschaft sowie Hilfe zur Pflege nach diesem Buch zu leisten. Die Vorschriften des Vierten Kapitels bleiben unberührt. Im Übrigen kann Sozialhilfe geleistet werden, soweit dies im Einzelfall gerechtfertigt ist. Die Einschränkungen nach Satz 1 gelten nicht für Ausländer, die im Besitz einer Niederlassungserlaubnis oder eines befristeten Aufenthaltstitels sind und sich voraussichtlich dauerhaft im Bundesgebiet aufhalten. Rechtsvorschriften, nach denen außer den in Satz 1 genannten Leistungen auch sonstige Sozialhilfe zu leisten ist oder geleistet werden soll, bleiben unberührt.

(2) Leistungsberechtigte nach § 1 des Asylbewerberleistungsgesetzes erhalten keine Leistungen der Sozialhilfe.

(3) Ausländer, die eingereist sind, um Sozialhilfe zu erlangen, haben keinen Anspruch auf Sozialhilfe. Sind sie zum Zweck einer Behandlung oder Linderung einer Krankheit eingereist, soll Hilfe bei Krankheit insoweit nur zur Behebung eines akut lebensbedrohlichen Zustandes oder für eine unaufschiebbare und unabweisbar gebotene Behandlung einer schweren oder ansteckenden Erkrankung geleistet werden.

(4) Ausländer, denen Sozialhilfe geleistet wird, sind auf für sie zutreffende Rückführungs- und Weiterwanderungsprogramme hinzuweisen; in geeigneten Fällen ist auf eine Inanspruchnahme solcher Programme hinzuwirken.

(5) In den Teilen des Bundesgebiets, in denen sich Ausländer einer ausländerrechtlichen räumlichen Beschränkung zuwider aufhalten, darf der für den tatsächlichen Aufenthaltsort zuständige Träger der Sozialhilfe nur die nach den Umständen unabweisbar gebotene Leistung erbringen. Das Gleiche gilt für Ausländer, die einen räumlich nicht beschränkten Aufenthaltstitel nach den §§ 23, 23 a, 24 Abs. 1 oder § 25 Abs. 3 bis 5 des Aufenthaltsgesetzes besitzen, wenn sie sich außerhalb des Landes aufhalten, in dem der Aufenthaltstitel erstmals erteilt worden ist. Satz 2 findet keine Anwendung, wenn der Ausländer im Bundesgebiet die Rechtsstellung eines ausländischen Flüchtlings genießt oder der Wechsel in ein anderes Land zur Wahrnehmung der Rechte zum Schutz der Ehe und Familie nach Artikel 6 des Grundgesetzes oder aus vergleichbar wichtigen Gründen gerechtfertigt ist.

11.7. Asylbewerberleistungsgesetz (AsylbLG)

In der Fassung der Bekanntmachung vom 5. August 1997 (BGBl. I 2022),
zuletzt geändert durch Gesetz vom 21. Juni 2005 (BGBl. I 1666)

§ 1 Leistungsberechtigte. (1) Leistungsberechtigt nach diesem Gesetz sind Ausländer, die sich tatsächlich im Bundesgebiet aufhalten und die
1. eine Aufenthaltsgestattung nach dem Asylverfahrensgesetz besitzen,
2. über einen Flughafen einreisen wollen und denen die Einreise nicht oder noch nicht gestattet ist,

Asylbewerberleistungsgesetz (AsylbLG) 11.7. **Texte 5**

3. eine Aufenthaltserlaubnis nach § 23 Abs. 1 oder § 24 wegen des Krieges in ihrem Heimatland oder nach § 25 Abs. 4 Satz 1 oder Abs. 5 des Aufenthaltsgesetzes besitzen,
4. eine Duldung nach § 60a des Aufenthaltsgesetzes besitzen,
5. vollziehbar ausreisepflichtig sind, auch wenn eine Abschiebungsandrohung noch nicht oder nicht mehr vollziehbar ist,
6. Ehegatten, Lebenspartner oder minderjährige Kinder der in den Nummern 1 bis 5 genannten Personen sind, ohne daß sie selbst die dort genannten Voraussetzungen erfüllen, oder
7. einen Folgeantrag nach § 71 des Asylverfahrensgesetzes oder einen Zweitantrag nach § 71a des Asylverfahrensgesetzes stellen.

(2) Die in Absatz 1 bezeichneten Ausländer sind für die Zeit, für die ihnen ein anderer Aufenthaltstitel als die in Absatz 1 Nr. 3 bezeichnete Aufenthaltserlaubnis mit einer Gesamtgeltungsdauer von mehr als sechs Monaten erteilt worden ist, nicht nach diesem Gesetz leistungsberechtigt.

(3) Die Leistungsberechtigung endet mit der Ausreise oder mit Ablauf des Monats, in dem
1. die Leistungsvoraussetzung entfällt oder
2. das Bundesamt für Migration und Flüchtlinge den Ausländer als Asylberechtigten anerkannt oder ein Gericht das Bundesamt zur Anerkennung verpflichtet hat, auch wenn die Entscheidung noch nicht unanfechtbar ist

§ 1a Anspruchseinschränkung. Leistungsberechtigte nach § 1 Abs. 1 Nr. 4 und 5 und ihre Familienangehörigen nach § 1 Abs. 1 Nr. 6,
1. die sich in den Geltungsbereich dieses Gesetzes begeben haben, um Leistungen nach diesem Gesetz zu erlangen, oder
2. bei denen aus von ihnen zu vertretenden Gründen aufenthaltsbeendende Maßnahmen nicht vollzogen werden können,

erhalten Leistungen nach diesem Gesetz nur, soweit dies im Einzelfall nach den Umständen unabweisbar geboten ist.

§ 2 Leistungen in besonderen Fällen. (1) Abweichend von den §§ 3 bis 7 ist das Zwölfte Buch Sozialgesetzbuch auf diejenigen Leistungsberechtigten entsprechend anzuwenden, die über eine Dauer von insgesamt 36 Monaten Leistungen nach § 3 erhalten haben und die Dauer des Aufenthalts nicht rechtsmissbräuchlich selbst beeinflusst haben.

(2) Bei der Unterbringung von Leistungsberechtigten nach Absatz 1 in einer Gemeinschaftsunterkunft bestimmt die zuständige Behörde die Form der Leistung auf Grund der örtlichen Umstände.

(3) Minderjährige Kinder, die mit ihren Eltern oder einem Elternteil in einer Haushaltsgemeinschaft leben, erhalten Leistungen nach Absatz 1 nur, wenn mindestens ein Elternteil in der Haushaltsgemeinschaft Leistungen nach Absatz 1 erhält.

§ 3 Grundleistungen. (1) Der notwendige Bedarf an Ernährung, Unterkunft, Heizung, Kleidung, Gesundheits- und Körperpflege und Gebrauchs- und Verbrauchsgütern des Haushalts wird durch Sachleistungen gedeckt. Kann Kleidung nicht geleistet werden, so kann sie in Form von Wertgutscheinen oder anderen vergleichbaren unbaren Abrechnungen gewährt werden. Gebrauchsgüter des Haushalts können leihweise zur Verfügung gestellt werden. Zusätzlich erhalten Leistungsberechtigte
1. bis zur Vollendung des 14. Lebensjahres 40 Deutsche Mark,
2. von Beginn des 15. Lebensjahres an 80 Deutsche Mark

monatlich als Geldbetrag zur Deckung persönlicher Bedürfnisse des täglichen Lebens. Der Geldbetrag für in Abschiebungs- oder Untersuchungshaft genommene Leistungsberechtigte beträgt 70 vom Hundert des Geldbetrages nach Satz 4.

(2) Bei einer Unterbringung außerhalb von Aufnahmeeinrichtungen im Sinne des § 44 des Asylverfahrensgesetzes können, soweit es nach den Umständen erforderlich ist, anstelle von vorrangig zu gewährenden Sachleistungen nach Absatz 1 Satz 1 Leistungen in Form von Wertgutscheinen, von anderen vergleichbaren unbaren Abrechnungen oder von Geldleistungen im gleichen Wert gewährt werden. Der Wert beträgt
1. für den Haushaltsvorstand 360 Deutsche Mark,
2. für Haushaltsangehörige bis zur Vollendung des 7. Lebensjahres 220 Deutsche Mark,
3. für Haushaltsangehörige von Beginn des 8. Lebensjahres an 310 Deutsche Mark

monatlich zuzüglich der notwendigen Kosten für Unterkunft, Heizung und Hausrat. Absatz 1 Satz 3 und 4 findet Anwendung.

(3) Das Bundesministerium für Gesundheit und soziale Sicherung setzt im Einvernehmen mit dem Bundesministerium des Innern und dem Bundesministerium der Finanzen durch Rechtsverordnung mit Zustimmung des Bundesrates die Beträge nach Absatz 1 Satz 4 und Absatz 2 Satz 2 jeweils zum 1. Januar eines Jahres neu fest, wenn und soweit dies unter Berücksichtigung der tatsächlichen Lebenshaltungskosten zur Deckung des in Absatz 1 genannten Bedarfs erforderlich ist. Für die Jahre 1994 bis 1996 darf die Erhöhung der Beträge nicht den Vom-Hundert-Satz übersteigen, um den in diesem Zeitraum die Regelsätze gemäß § 22 Abs. 4 des Bundessozialhilfegesetzes erhöht werden.

(4) Leistungen in Geld oder Geldeswert sollen dem Leistungsberechtigten oder einem volljährigen berechtigten Mitglied des Haushalts persönlich ausgehändigt werden.

§ 4 Leistungen bei Krankheit, Schwangerschaft und Geburt. (1) Zur Behandlung akuter Erkrankungen und Schmerzzustände sind die erforderliche ärztliche und zahnärztliche Behandlung einschließlich der Versorgung mit Arznei- und Verbandmitteln sowie sonstiger zur Genesung, zur Besserung oder zur Linderung von Krankheiten oder Krankheitsfolgen erforderlichen Leistungen zu gewähren. Eine Versorgung mit Zahnersatz erfolgt nur, soweit dies im Einzelfall aus medizinischen Gründen unaufschiebbar ist.

(2) Werdenden Müttern und Wöchnerinnen sind ärztliche und pflegerische Hilfe und Betreuung, Hebammenhilfe, Arznei-, Verband- und Heilmittel zu gewähren.

(3) Die zuständige Behörde stellt die ärztliche und zahnärztliche Versorgung einschließlich der amtlich empfohlenen Schutzimpfungen und medizinisch gebotenen Vorsorgeuntersuchungen sicher. Soweit die Leistungen durch niedergelassene Ärzte oder Zahnärzte erfolgen, richtet sich die Vergütung nach den am Ort der Niederlassung des Arztes oder Zahnarztes geltenden Verträgen nach § 72 Abs. 2 des Fünften Buches Sozialgesetzbuch. Die zuständige Behörde bestimmt, welcher Vertrag Anwendung findet.

§ 5 Arbeitsgelegenheiten. (1) In Aufnahmeeinrichtungen im Sinne des § 44 des Asylverfahrensgesetzes und in vergleichbaren Einrichtungen sollen Arbeitsgelegenheiten insbesondere zur Aufrechterhaltung und Betreibung der Einrichtung zur Verfügung gestellt werden; von der Bereitstellung dieser Arbeitsgelegenheiten unberührt bleibt die Verpflichtung der Leistungsberechtigten, Tätigkeiten der Selbstversorgung zu erledigen. Im übrigen sollen soweit wie möglich Arbeitsgelegenheiten bei staatlichen, bei kommunalen und bei gemeinnützigen Trägern zur Verfügung gestellt werden, sofern die zu leistende Arbeit sonst nicht, nicht in diesem Umfang oder nicht zu diesem Zeitpunkt verrichtet werden würde.

(2) Für die zu leistende Arbeit nach Absatz 1 Satz 1 erster Halbsatz und Absatz 1 Satz 2 wird eine Aufwandsentschädigung von 1,05 Euro je Stunde ausgezahlt.

(3) Die Arbeitsgelegenheit ist zeitlich und räumlich so auszugestalten, daß sie auf zumutbare Weise und zumindest stundenweise ausgeübt werden kann.

(4) Arbeitsfähige, nicht erwerbstätige Leistungsberechtigte, die nicht mehr im schulpflichtigen Alter sind, sind zur Wahrnehmung einer zur Verfügung gestellten Arbeitsgelegenheit verpflichtet. Bei unbegründeter Ablehnung einer solchen Tätigkeit besteht kein Anspruch auf Leistungen nach diesem Gesetz. Der Leistungsberechtigte ist vorher entsprechend zu belehren.

(5) Ein Arbeitsverhältnis im Sinne des Arbeitsrechts und ein Beschäftigungsverhältnis im Sinne der gesetzlichen Kranken- und Rentenversicherung werden nicht begründet. § 61 Abs. 1 des Asylverfahrensgesetzes sowie asyl- und ausländerrechtliche Auflagen über das Verbot und die Beschränkung einer Erwerbstätigkeit stehen einer Tätigkeit nach den Absätzen 1 bis 4 nicht entgegen. Die Vorschriften über den Arbeitsschutz sowie die Grundsätze der Beschränkung der Arbeitnehmerhaftung finden entsprechende Anwendung.

§ 6 Sonstige Leistungen. (1) Sonstige Leistungen können insbesondere gewährt werden, wenn sie im Einzelfall zur Sicherung des Lebensunterhalts oder der Gesundheit unerläßlich, zur Deckung besonderer Bedürfnisse von Kindern geboten oder zur Erfüllung einer verwaltungsrechtlichen Mitwirkungspflicht erforderlich sind. Die Leistungen sind als Sachleistungen, bei Vorliegen besonderer Umstände als Geldleistung zu gewähren.

(2) Personen, die eine Aufenthaltserlaubnis gemäß § 24 Abs. 1 des Aufenthaltsgesetzes besitzen und die besondere Bedürfnisse haben, wie beispielsweise unbegleitete Minderjährige oder Personen, die Folter, Vergewaltigung oder sonstige schwere Formen psychischer, physischer oder sexueller Gewalt erlitten haben, soll die erforderliche medizinische oder sonstige Hilfe gewährt werden.

§ 7 Einkommen und Vermögen. (1) Einkommen und Vermögen, über das verfügt werden kann, sind von dem Leistungsberechtigten und seinen Familienangehörigen, die im selben Haushalt leben, vor Eintritt von Leistungen nach diesem Gesetz aufzubrauchen. § 20 des Zwölften Buches Sozialgesetzbuch findet entsprechende Anwendung. Bei der Unterbringung in einer Einrichtung, in der Sachleistungen gewährt werden, haben Leistungsberechtigte, soweit Einkommen und Vermögen im Sinne des Satzes 1 vorhanden sind, für erhaltene Leistungen dem Kostenträger für sich und ihre Familienangehörigen die Kosten in entsprechender Höhe der in § 3 Abs. 2 Satz 2 genannten Leistungen sowie die Kosten der Unterkunft und Heizung zu erstatten; für die Kosten der Unterkunft und Heizung können die Länder Pauschalbeträge festsetzen oder die zuständige Behörde dazu ermächtigen.

(2) Einkommen aus Erwerbstätigkeit bleiben bei Anwendung des Absatzes 1 in Höhe von 25 vom Hundert außer Betracht, höchstens jedoch in Höhe von 60 vom Hundert des maßgeblichen Betrages aus § 3 Abs. 1 und 2. Eine Aufwandsentschädigung nach § 5 Abs. 2 gilt nicht als Einkommen.

(3) Hat ein Leistungsberechtigter einen Anspruch gegen einen anderen, so kann die zuständige Behörde den Anspruch in entsprechender Anwendung des § 93 des Zwölften Buches Sozialgesetzbuch auf sich überleiten.

(4) Die §§ 60 bis 67 des Ersten Buches Sozialgesetzbuch über die Mitwirkung des Leistungsberechtigten sowie § 99 des Zehnten Buches Sozialgesetzbuch über die Auskunftspflicht von Angehörigen, Unterhaltspflichtigen oder sonstigen Personen sind entsprechend anzuwenden.

§ 7 a Sicherheitsleistung. Von Leistungsberechtigten kann wegen der ihnen und ihren Familienangehörigen zu gewährenden Leistungen nach diesem Gesetz Sicherheit verlangt werden, soweit Vermögen im Sinne von § 7 Abs. 1 Satz 1 vorhanden ist. Die Anordnung der Sicherheitsleistung kann ohne vorherige Vollstreckungsandrohung im Wege des unmittelbaren Zwangs erfolgen.

§ 7 b Erstattung. Abweichend von § 50 des Zehnten Buches Sozialgesetzbuch sind 56 vom Hundert der bei der Leistung nach den §§ 2 und 3 berücksichtigten Kosten für Unterkunft, mit Ausnahme der Kosten für Heizungs- und Warmwasserversorgung, nicht zu erstatten. Satz 1 gilt nicht im Fall des § 45 Abs. 2 Satz 3 des Zehnten Buches Sozialgesetzbuch oder wenn neben der Leistung nach den §§ 2 und 3 gleichzeitig Wohngeld nach dem Wohngeldgesetz geleistet worden ist oder wenn kein Wohnraum im Sinne des § 4 a des Wohngeldgesetzes bewohnt wird.

§ 8 Leistungen bei Verpflichtung Dritter. (1) Leistungen nach diesem Gesetz werden nicht gewährt, soweit der erforderliche Lebensunterhalt anderweitig, insbesondere auf Grund einer Verpflichtung nach § 68 Abs. 1 Satz 1 des Aufenthaltsgesetzes gedeckt wird. Besteht eine Verpflichtung nach § 68 Abs. 1 Satz 1 des Aufenthaltsgesetzes, übernimmt die zuständige Behörde die Kosten für Leistungen im Krankheitsfall, bei Behinderung und bei Pflegebedürftigkeit, soweit dies durch Landesrecht vorgesehen ist.

(2) Personen, die sechs Monate oder länger eine Verpflichtung nach § 68 Abs. 1 Satz 1 des Aufenthaltsgesetzes gegenüber einer in § 1 Abs. 1 genannten Person erfüllt haben, kann ein monatlicher Zuschuß bis zum Doppelten des Betrages nach § 3 Abs. 1 Satz 4 gewährt werden, wenn außergewöhnliche Umstände in der Person des Verpflichteten den Einsatz öffentlicher Mittel rechtfertigen.

§ 8 a Meldepflicht. Leistungsberechtigte, die eine unselbständige oder selbständige Erwerbstätigkeit aufnehmen, haben dies spätestens am dritten Tag nach Aufnahme der Erwerbstätigkeit der zuständigen Behörde zu melden.

§ 9 Verhältnis zu anderen Vorschriften. (1) Leistungsberechtigte erhalten keine Leistungen nach dem Zwölftes Buch Sozialgesetzbuch oder vergleichbaren Landesgesetzen.

(2) Leistungen anderer, besonders Unterhaltspflichtiger, der Träger von Sozialleistungen oder der Länder im Rahmen ihrer Pflicht nach § 44 Abs. 1 des Asylverfahrensgesetzes werden durch dieses Gesetz nicht berührt.

(3) Die §§ 44 bis 50 sowie §§ 102 bis 114 des Zehnten Buches Sozialgesetzbuch über Erstattungsansprüche der Leistungsträger untereinander sind entsprechend anzuwenden.

(4) § 118 des Zwölften Buches Sozialgesetzbuch sowie die auf Grund des § 120 Abs. 1 des Zwölften Buches Sozialgesetzbuch oder des § 117 des Bundessozialhilfegesetzes erlassenen Rechtsverordnungen sind entsprechend anzuwenden.

§ 10 Bestimmungen durch Landesregierungen. Die Landesregierungen oder die von ihnen beauftragten obersten Landesbehörden bestimmen die für die Durchführung dieses Gesetzes zuständigen Behörden und Kostenträger und können Näheres zum Verfahren festlegen, soweit dies nicht durch Landesgesetz geregelt ist. Die bestimmten zuständigen Behörden und Kostenträger können auf Grund näherer Bestimmung gemäß Satz 1 Aufgaben und Kostenträgerschaft auf andere Behörden übertragen.

§ 10 a Örtliche Zuständigkeit. (1) Für die Leistungen nach diesem Gesetz örtlich zuständig ist die nach § 10 bestimmte Behörde, in deren Bereich der Leistungsberechtigte auf Grund der Entscheidung der vom Bundesministerium des Innern bestimmten zentralen Verteilungsstelle verteilt oder von der im Land zuständigen Behörde zugewiesen worden ist. Im übrigen ist die Behörde zuständig, in deren Bereich sich der Leistungsberechtigte tatsächlich aufhält. Diese Zuständigkeit bleibt bis zur Beendigung der Leistung auch dann bestehen, wenn die Leistung von der zuständigen Behörde außerhalb ihres Bereichs sichergestellt wird.

(2) Für die Leistungen in Einrichtungen, die der Krankenbehandlung oder anderen Maßnahmen nach diesem Gesetz dienen, ist die Behörde örtlich zuständig, in deren Bereich der Leistungsberechtigte seinen gewöhnlichen Aufenthalt im Zeitpunkt der Aufnahme hat oder in den zwei Monaten vor der Aufnahme zuletzt gehabt hat. War bei Einsetzen der Leistung der Leistungsberechtigte aus einer Einrichtung im Sinne des Satzes 1 in eine andere Einrichtung oder von dort in weitere Einrichtungen übergetreten oder tritt nach Leistungsbeginn ein solcher Fall ein, ist der gewöhnliche Aufenthalt, der für die erste Einrichtung maßgebend war, entscheidend. Steht nicht spätestens innerhalb von vier Wochen fest, ob und wo der gewöhnliche Aufenthalt nach den Sätzen 1 und 2 begründet worden ist, oder liegt ein Eilfall vor, hat die nach Absatz 1 zuständige Behörde über die Leistung unverzüglich zu entscheiden und vorläufig einzutreten. Die Sätze 1 bis 3 gelten auch für Leistungen an Personen, die sich in Einrichtungen zum Vollzug richterlich angeordneter Freiheitsentziehung aufhalten oder aufgehalten haben.

(3) Als gewöhnlicher Aufenthalt im Sinne dieses Gesetzes gilt der Ort, an dem sich jemand unter Umständen aufhält, die erkennen lassen, daß er an diesem Ort oder in diesem Gebiet nicht nur vorübergehend verweilt. Als gewöhnlicher Aufenthalt ist auch von Beginn an ein zeitlich zusammenhängender Aufenthalt von mindestens sechs Monaten Dauer anzusehen; kurzfristige Unterbrechungen bleiben unberücksichtigt. Satz 2 gilt nicht, wenn der Aufenthalt ausschließlich zum Zweck des Besuchs, der Erholung, der Kur oder ähnlichen privaten Zwecken erfolgt und nicht länger als ein Jahr dauert. Ist jemand nach Absatz 1 Satz 1 verteilt oder zugewiesen worden, so gilt dieser Bereich als sein gewöhnlicher Aufenthalt. Für ein neugeborenes Kind ist der gewöhnliche Aufenthalt der Mutter maßgeblich.

§ 10 b Kostenerstattung zwischen den Leistungsträgern. (1) Die nach § 10 a Abs. 2 Satz 1 zuständige Behörde hat der Behörde, die nach § 10 a Abs. 2 Satz 3 die Leistung zu erbringen hat, die aufgewendeten Kosten zu erstatten.

(2) Verläßt in den Fällen des § 10 a Abs. 2 der Leistungsberechtigte die Einrichtung und bedarf er im Bereich der Behörde, in dem die Einrichtung liegt, innerhalb von einem Monat danach einer Leistung nach diesem Gesetz, sind dieser Behörde die aufgewendeten Kosten von der Behörde zu erstatten, in deren Bereich der Leistungsberechtigte seinen gewöhnlichen Aufenthalt im Sinne des § 10 a Abs. 2 Satz 1 hatte.

(3) *(aufgehoben)*

§ 11 Ergänzende Bestimmungen. (1) Im Rahmen von Leistungen nach diesem Gesetz ist auf die Leistungen bestehender Rückführungs- und Weiterwanderungsprogramme, die Leistungsberechtigten gewährt werden können, hinzuweisen; in geeigneten Fällen ist auf eine Inanspruchnahme solcher Programme hinzuwirken.

(2) Leistungsberechtigten darf in den Teilen der Bundesrepublik Deutschland, in denen sie sich einer asyl- oder ausländerrechtlichen räumlichen Beschränkung zuwider aufhalten, die für den tatsächlichen Aufenthaltsort zuständige Behörde nur die nach den Umständen unabweisbar gebotene Hilfe leisten.

(3) Die zuständige Behörde überprüft die Personen, die Leistungen nach diesem Gesetz beziehen, auf Übereinstimmung der ihr vorliegenden Daten mit den der Ausländerbehörde über diese Personen vorliegenden Daten. Sie darf für die Überprüfung nach Satz 1 Name, Vorname (Rufname), Geburtsdatum, Geburtsort, Staatsangehörigkeiten, Geschlecht, Familienstand, Anschrift, Aufenthaltsstatus und Aufenthaltszeiten dieser Personen sowie die für diese Personen eingegangenen Verpflichtungen nach § 68 des Aufenthaltsgesetzes der zuständigen Ausländerbehörde übermitteln. Die Ausländerbehörde

führt den Abgleich mit den nach Satz 2 übermittelten Daten durch und übermittelt der zuständigen Behörde die Ergebnisse des Abgleichs. Die Ausländerbehörde übermittelt der zuständigen Behörde ferner Änderungen der in Satz 2 genannten Daten. Die Überprüfungen können auch regelmäßig im Wege des automatisierten Datenabgleichs durchgeführt werden.

§ 12 Asylbewerberleistungsstatistik. (1) Zur Beurteilung der Auswirkungen dieses Gesetzes und zu seiner Fortentwicklung werden Erhebungen über

1. die Empfänger
   a) von Leistungen in besonderen Fällen (§ 2),
   b) von Grundleistungen (§ 3),
   c) von ausschließlich anderen Leistungen (§§ 4 bis 6),
2. die Ausgaben und Einnahmen nach diesem Gesetz
   als Bundesstatistik durchgeführt.

(2) Erhebungsmerkmale sind
1. bei den Erhebungen nach Absatz 1 Nr. 1 Buchstabe a und b
   a) für jeden Leistungsempfänger:
      Geschlecht; Geburtsmonat und -jahr; Staatsangehörigkeit; aufenthaltsrechtlicher Status; Stellung zum Haushaltsvorstand;
   b) für Leistungsempfänger nach § 2 zusätzlich:
      Art und Form der Leistungen;
   c) für Leistungsempfänger nach § 3 zusätzlich:
      Form der Grundleistung;
   d) für Haushalte und für einzelne Leistungsempfänger:
      Wohngemeinde und Gemeindeteil; Art des Trägers; Art der Unterbringung; Beginn der Leistungsgewährung nach Monat und Jahr; Art und Höhe des eingesetzten Einkommens und Vermögens;
   e) *(aufgehoben)*
   f) *(aufgehoben)*
   g) bei Erhebungen zum Jahresende zusätzlich zu den unter den Buchstaben a bis d genannten Merkmalen:
      Art und Form anderer Leistungen nach diesem Gesetz im Laufe und am Ende des Berichtsjahres; Beteiligung am Erwerbsleben;
2. bei den Erhebungen nach Absatz 1 Nr. 1 Buchstabe c für jeden Leistungsempfänger:
   Geschlecht; Geburtsmonat und -jahr; Staatsangehörigkeit; aufenthaltsrechtlicher Status; Art und Form der Leistung im Laufe und am Ende des Berichtsjahres; Stellung zum Haushaltsvorstand; Wohngemeinde und Gemeindeteil; Art des Trägers; Art der Unterbringung;
2 a. *(aufgehoben)*
3. bei der Erhebung nach Absatz 1 Nr. 2:
   Art des Trägers; Ausgaben nach Art und Form der Leistungen sowie Unterbringungsform; Einnahmen nach Einnahmearten und Unterbringungsform.

(3) Hilfsmerkmale sind
1. Name und Anschrift des Auskunftspflichtigen,
2. für die Erhebungen nach Absatz 2 Nr. 1 die Kenn-Nummern der Leistungsempfänger,
3. Name und Telefonnummer der für eventuelle Rückfragen zur Verfügung stehenden Person.

Die Kenn-Nummern nach Satz 1 Nr. 2 dienen der Prüfung der Richtigkeit der Statistik und der Fortschreibung der jeweils letzten Bestandserhebung. Sie enthalten keine Angaben über persönliche und sachliche Verhältnisse der Leistungsempfänger und sind zum frühestmöglichen Zeitpunkt, spätestens nach Abschluß der wiederkehrenden Bestandserhebung zu löschen.

(4) Die Erhebungen nach Absatz 2 sind jährlich, erstmalig für das Jahr 1994, durchzuführen. Die Angaben für die Erhebung
a) nach Absatz 2 Nr. 1 Buchstabe a bis d und g (Bestandserhebung) sind zum 31. Dezember, im Jahr 1994 zusätzlich zum 1. Januar,
b) *(aufgehoben)*
c) *(aufgehoben)*
d) nach Absatz 2 Nr. 2 und 3 sind für das abgelaufene Kalenderjahr
zu erteilen.

(5) Für die Erhebungen besteht Auskunftspflicht. Die Angaben nach Absatz 3 Satz 1 Nr. 3 sowie zum Gemeindeteil nach Absatz 2 Nr. 1 Buchstabe d und Absatz 2 Nr. 2 sind freiwillig. Auskunftspflichtig sind die für die Durchführung dieses Gesetzes zuständigen Stellen. § 13

(6) Die Ergebnisse der Asylbewerberleistungsstatistik dürfen auf die einzelne Gemeinde bezogen veröffentlicht werden.

§ 13 Bußgeldvorschrift. (1) Ordnungswidrig handelt, wer vorsätzlich oder fahrlässig entgegen § 8a eine Meldung nicht, nicht richtig, nicht vollständig oder nicht rechtzeitig erstattet.

(2) Die Ordnungswidrigkeit kann mit einer Geldbuße bis zu fünftausend Euro geahndet werden.

11.8. Einkommensteuergesetz

In der Fassung der Bekanntmachung vom 19. Oktober 2002 (BGBl. I 4210, 2003 I 179), zuletzt geändert durch Gesetz vom 21. Juni 2005 (BGBl. I 1818)

– Auszug –

X. Kindergeld

§ 62 Anspruchsberechtigte. (1) Für Kinder im Sinne des § 63 hat Anspruch auf Kindergeld nach diesem Gesetz, wer

1. im Inland einen Wohnsitz oder seinen gewöhnlichen Aufenthalt hat oder
2. ohne Wohnsitz oder gewöhnlichen Aufenthalt im Inland
    a) nach § 1 Abs. 2 unbeschränkt einkommensteuerpflichtig ist oder
    b) nach § 1 Abs. 3 als unbeschränkt einkommensteuerpflichtig behandelt wird

(2) Ein Ausländer erhält Kindergeld nur, wenn er im Besitz

1. einer Niederlassungserlaubnis,
2. einer Aufenthaltserlaubnis zum Zwecke der Erwerbstätigkeit,
3. einer Aufenthaltserlaubnis nach § 25 Abs. 1 und 2, den §§ 31, 37, 38 des Aufenthaltsgesetzes oder
4. einer Aufenthaltserlaubnis zum Zwecke des Familiennachzugs zu einem Deutschen oder zu einer von den Nummern 1 bis 3 erfassten Person ist.

Ein Saisonarbeitnehmer, ein Werkvertragsarbeitnehmer und ein Arbeitnehmer, der zur vorübergehenden Dienstleistung nach Deutschland entsandt ist, erhält kein Kindergeld.

§ 63 Kinder. (1) Als Kinder werden berücksichtigt

1. Kinder im Sinne des § 32 Abs. 1,
2. vom Berechtigten in seinen Haushalt aufgenommene Kinder seines Ehegatten,
3. vom Berechtigten in seinen Haushalt aufgenommene Enkel.

§ 32 Abs. 3 bis 5 gilt entsprechend. Kinder, die weder einen Wohnsitz noch ihren gewöhnlichen Aufenthalt im Inland, in einem Mitgliedstaat der Europäischen Union oder in einem Staat, auf den das Abkommen über den Europäischen Wirtschaftsraum Anwendung findet, haben, werden nicht berücksichtigt, es sei denn, sie leben im Haushalt eines Berechtigten im Sinne des § 62 Abs. 1 Nr. 2 Buchstabe a. Kinder im Sinne von § 2 Abs. 4 Satz 2 des Bundeskindergeldgesetzes werden nicht berücksichtigt.

(3) Die Bundesregierung wird ermächtigt, durch Rechtsverordnung, die nicht der Zustimmung des Bundesrates bedarf, zu bestimmen, dass einem Berechtigten, der im Inland erwerbstätig ist oder sonst seine hauptsächlichen Einkünfte erzielt, für seine in Absatz 1 Satz 3 erster Halbsatz bezeichneten Kinder Kindergeld ganz oder teilweise zu leisten ist, soweit dies mit Rücksicht auf die durchschnittlichen Lebenshaltungskosten für Kinder in deren Wohnsitzstaat und auf die dort gewährten dem Kindergeld vergleichbaren Leistungen geboten ist.

Einkommensteuergesetz (EStG) 11.8. **Texte 5**

§ 64 Zusammentreffen mehrerer Ansprüche. (1) Für jedes Kind wird nur einem Berechtigten Kindergeld gezahlt

(2) Bei mehreren Berechtigten wird das Kindergeld demjenigen gezahlt, der das Kind in seinen Haushalt aufgenommen hat. Ist ein Kind in den gemeinsamen Haushalt von Eltern, einem Elternteil und dessen Ehegatten, Pflegeeltern oder Großeltern aufgenommen worden, so bestimmen diese untereinander den Berechtigten. Wird eine Bestimmung nicht getroffen, so bestimmt das Vormundschaftsgericht auf Antrag den Berechtigten. Den Antrag kann stellen, wer ein berechtigtes Interesse an der Zahlung des Kindergeldes hat. Lebt ein Kind im gemeinsamen Haushalt von Eltern und Großeltern, so wird das Kindergeld vorrangig einem Elternteil gezahlt; es wird an einen Großelternteil gezahlt, wenn der Elternteil gegenüber der zuständigen Stelle auf seinen Vorrang schriftlich verzichtet hat.

(3) Ist das Kind nicht in den Haushalt eines Berechtigten aufgenommen, so erhält das Kindergeld derjenige, der dem Kind eine Unterhaltsrente zahlt. Zahlen mehrere Berechtigte dem Kind Unterhaltsrenten, so erhält das Kindergeld derjenige, der dem Kind die höchste Unterhaltsrente zahlt. Werden gleich hohe Unterhaltsrenten gezahlt oder zahlt keiner der Berechtigten dem Kind Unterhalt, so bestimmen die Berechtigten untereinander, wer das Kindergeld erhalten soll. Wird eine Bestimmung nicht getroffen, so gilt Absatz 2 Satz 3 und 4 entsprechend.

§ 65 Andere Leistungen für Kinder. (1) Kindergeld wird nicht für ein Kind gezahlt, für das eine der folgenden Leistungen zu zahlen ist oder bei entsprechender Antragstellung zu zahlen wäre:
1. Kinderzulagen aus der gesetzlichen Unfallversicherung oder Kinderzuschüsse aus den gesetzlichen Rentenversicherungen,
2. Leistungen für Kinder, die im Ausland gewährt werden und dem Kindergeld oder einer der unter Nummer 1 genannten Leistungen vergleichbar sind,
3. Leistungen für Kinder, die von einer zwischen- oder überstaatlichen Einrichtung gewährt werden und dem Kindergeld vergleichbar sind.

Soweit es für die Anwendung von Vorschriften dieses Gesetzes auf den Erhalt von Kindergeld ankommt, stehen die Leistungen nach Satz 1 dem Kindergeld gleich. Steht ein Berechtigter in einem Versicherungspflichtverhältnis zur Bundesagentur für Arbeit nach § 24 des Dritten Buches Sozialgesetzbuch oder ist er versicherungsfrei nach § 28 Nr. 1 des Dritten Buches Sozialgesetzbuch oder steht er im Inland in einem öffentlich-rechtlichen Dienst- oder Amtsverhältnis, so wird sein Anspruch auf Kindergeld für ein Kind nicht nach Satz 1 Nr. 3 mit Rücksicht darauf ausgeschlossen, dass sein Ehegatte als Beamter, Ruhestandsbeamter oder sonstiger Bediensteter der Europäischen Gemeinschaften für das Kind Anspruch auf Kinderzulage hat.

(3) Ist in den Fällen des Absatzes 1 Satz 1 Nr. 1 der Bruttobetrag der anderen Leistung niedriger als das Kindergeld nach § 66, wird Kindergeld in Höhe des Unterschiedsbetrags gezahlt, wenn er mindestens 5 Euro beträgt.

§ 66 Höhe des Kindergeldes, Zahlungszeitraum. (1) Das Kindergeld beträgt für erste, zweite und dritte Kinder jeweils 154 Euro monatlich und für das vierte und jedes weitere Kind jeweils 179 Euro monatlich.

(2) Das Kindergeld wird vom Beginn des Monats an gezahlt, in dem die Anspruchsvoraussetzungen erfüllt sind, bis zum Ende des Monats, in dem die Anspruchsvoraussetzungen wegfallen.

§ 67 Antrag. Das Kindergeld ist bei der zuständigen Familienkasse schriftlich zu beantragen. Den Antrag kann außer dem Berechtigten auch stellen, wer ein berechtigtes Interesse an der Leistung des Kindergeldes hat.

§ 68 Besondere Mitwirkungspflichten. (1) Wer Kindergeld beantragt oder erhält, hat Änderungen in den Verhältnissen, die für die Leistung erheblich sind oder über die im Zusammenhang mit der Leistung Erklärungen abgegeben worden sind, unverzüglich der zuständigen Familienkasse mitzuteilen. Ein Kind, das das 18. Lebensjahr vollendet hat, ist auf Verlangen der Familienkasse verpflichtet, an der Aufklärung des für die Kindergeldzahlung maßgebenden Sachverhalts mitzuwirken; § 101 der Abgabenordnung findet insoweit keine Anwendung.

(2) Soweit es zur Durchführung des § 63 erforderlich ist, hat der jeweilige Arbeitgeber der in dieser Vorschrift bezeichneten Personen der Familienkasse auf Verlangen eine Bescheinigung über den Arbeitslohn, einbehaltene Steuern und Sozialabgaben sowie den auf der Lohnsteuerkarte eingetragenen Freibetrag auszustellen.

(3) Auf Antrag des Berechtigten erteilt die das Kindergeld auszahlende Stelle eine Bescheinigung über das für das Kalenderjahr ausgezahlte Kindergeld.

(4) Die Familienkassen dürfen den die Bezüge im öffentlichen Dienst anweisenden Stellen Auskunft über den für die jeweilige Kindergeldzahlung maßgebenden Sachverhalt erteilen.

§ 69 Überprüfung des Fortbestehens von Anspruchsvoraussetzungen durch Meldedaten-Übermittlung. Die Meldebehörden übermitteln in regelmäßigen Abständen den Familienkassen nach Maßgabe einer auf Grund des § 20 Abs. 1 des Melderechtsrahmengesetzes zu erlassenden Rechtsverordnung die in § 18 Abs. 1 des Melderechtsrahmengesetzes genannten Daten aller Einwohner, zu deren Person im Melderegister Daten von minderjährigen Kindern gespeichert sind, und dieser Kinder, soweit die Daten nach ihrer Art für die Prüfung der Rechtmäßigkeit des Bezuges von Kindergeld geeignet sind.

§ 70 Festsetzung und Zahlung des Kindergeldes. (1) Das Kindergeld nach § 62 wird von den Familienkassen durch Bescheid festgesetzt und ausgezahlt. Von der Erteilung eines schriftlichen Bescheides kann abgesehen werden, wenn
1. dem Antrag entsprochen wird, oder
2. der Berechtigte anzeigt, dass die Voraussetzungen für die Berücksichtigung eines Kindes nicht mehr erfüllt sind, oder
3. ein Kind das 18. Lebensjahr vollendet, ohne dass der Berechtigte die Voraussetzungen für eine weitere Berücksichtigung des Kindes nachgewiesen hat.

(2) Soweit in den Verhältnissen, die für den Anspruch auf Kindergeld erheblich sind, Änderungen eintreten, ist die Festsetzung des Kindergeldes mit Wirkung vom Zeitpunkt der Änderung der Verhältnisse aufzuheben oder zu ändern.

(3) Materielle Fehler der letzten Festsetzung können durch Neufestsetzung oder durch Aufhebung der Festsetzung beseitigt werden. Neu festgesetzt oder aufgehoben wird mit Wirkung ab dem auf die Bekanntgabe der Neufestsetzung oder der Aufhebung der Festsetzung folgenden Monat. Bei der Neufestsetzung oder Aufhebung der Festsetzung nach Satz 1 ist § 176 der Abgabenordnung entsprechend anzuwenden; dies gilt nicht für Monate, die nach der Verkündung der maßgeblichen Entscheidung eines obersten Gerichtshofes des Bundes beginnen.

(4) Eine Kindergeldfestsetzung ist aufzuheben oder zu ändern, wenn nachträglich bekannt wird, dass die Einkünfte und Bezüge des Kindes den Grenzbetrag nach § 32 Abs. 4 über- oder unterschreiten.

§ 71 Zahlungszeitraum. Das Kindergeld wird monatlich gezahlt.

§ 72 Festsetzung und Zahlung des Kindergeldes an Angehörige des öffentlichen Dienstes.
(1) Steht Personen, die
1. in einem öffentlich-rechtlichen Dienst-, Amts- oder Ausbildungsverhältnis stehen, mit Ausnahme der Ehrenbeamten, oder
2. Versorgungsbezüge nach beamten- oder soldatenrechtlichen Vorschriften oder Grundsätzen erhalten oder
3. Arbeitnehmer des Bundes, eines Landes, einer Gemeinde, eines Gemeindeverbandes oder einer sonstigen Körperschaft, einer Anstalt oder einer Stiftung des öffentlichen Rechts sind, einschließlich der zu ihrer Berufsausbildung Beschäftigten,

Kindergeld nach Maßgabe dieses Gesetzes zu, wird es von den Körperschaften, Anstalten oder Stiftungen des öffentlichen Rechts festgesetzt und ausgezahlt. Die genannten juristischen Personen sind insoweit Familienkasse.

(2) Der Deutschen Post AG, der Deutschen Postbank AG und der Deutschen Telekom AG obliegt die Durchführung dieses Gesetzes für ihre jeweiligen Beamten und Versorgungsempfänger in Anwendung des Absatzes 1.

(3) Absatz 1 gilt nicht für Personen, die ihre Bezüge oder Arbeitsentgelt
1. von einem Dienstherrn oder Arbeitgeber im Bereich der Religionsgesellschaften des öffentlichen Rechts oder
2. von einem Spitzenverband der Freien Wohlfahrtspflege, einem diesem unmittelbar oder mittelbar angeschlossenen Mitgliedsverband oder einer einem solchen Verband angeschlossenen Einrichtung oder Anstalt erhalten.

(4) Die Absätze 1 und 2 gelten nicht für Personen, die voraussichtlich nicht länger als sechs Monate in den Kreis der in Absatz 1 Satz 1 Nr. 1 bis 3 und Absatz 2 Bezeichneten eintreten.

(5) Obliegt mehreren Rechtsträgern die Zahlung von Bezügen oder Arbeitsentgelt (Absatz 1 Satz 1) gegenüber einem Berechtigten, so ist für die Durchführung dieses Gesetzes zuständig:
1. bei Zusammentreffen von Versorgungsbezügen mit anderen Bezügen oder Arbeitsentgelt der Rechtsträger, dem die Zahlung der anderen Bezüge oder des Arbeitsentgelts obliegt;
2. bei Zusammentreffen mehrerer Versorgungsbezüge der Rechtsträger, dem die Zahlung der neuen Versorgungsbezüge im Sinne der beamtenrechtlichen Ruhensvorschriften obliegt;
3. bei Zusammentreffen von Arbeitsentgelt (Absatz 1 Satz 1 Nr. 3) mit Bezügen aus einem der in Absatz 1 Satz 1 Nr. 1 bezeichneten Rechtsverhältnisse der Rechtsträger, dem die Zahlung dieser Bezüge obliegt;
4. bei Zusammentreffen mehrerer Arbeitsentgelte (Absatz 1 Satz 1 Nr. 3) der Rechtsträger, dem die Zahlung des höheren Arbeitsentgelts obliegt oder – falls die Arbeitsentgelte gleich hoch sind – der Rechtsträger, zu dem das zuerst begründete Arbeitsverhältnis besteht.

(6) Scheidet ein Berechtigter im Laufe eines Monats aus dem Kreis der in Absatz 1 Satz 1 Nr. 1 bis 3 Bezeichneten aus oder tritt er im Laufe eines Monats in diesen Kreis ein, so wird das Kindergeld für diesen Monat von der Stelle gezahlt, die bis zum Ausscheiden oder Eintritt des Berechtigten zuständig war. Dies gilt nicht, soweit die Zahlung von Kindergeld für ein Kind in Betracht kommt, das erst nach dem Ausscheiden oder Eintritt bei dem Berechtigten nach § 63 zu berücksichtigen ist. Ist in einem Fall des Satzes 1 das Kindergeld bereits für einen folgenden Monat gezahlt worden, so muss der für diesen Monat Berechtigte die Zahlung gegen sich gelten lassen.

(7) In den Abrechnungen der Bezüge und des Arbeitsentgelts ist das Kindergeld gesondert auszuweisen. Der Rechtsträger hat die Summe des von ihm für alle Berechtigten ausgezahlten Kindergeldes dem Betrag, den er insgesamt an Lohnsteuer einzubehalten hat, zu entnehmen und bei der nächsten Lohnsteuer-Anmeldung gesondert abzusetzen. Übersteigt das insgesamt ausgezahlte Kindergeld den Betrag, der insgesamt an Lohnsteuer abzuführen ist, so wird der übersteigende Betrag dem Rechtsträger auf Antrag von dem Finanzamt, an das die Lohnsteuer abzuführen ist, aus den Einnahmen der Lohnsteuer ersetzt.

(8) Abweichend von Absatz 1 Satz 1 werden Kindergeldansprüche auf Grund über- oder zwischenstaatlicher Rechtsvorschriften durch die Familienkassen der Bundesagentur für Arbeit festgesetzt und ausgezahlt. Dies gilt auch für Fälle, in denen Kindergeldansprüche sowohl nach Maßgabe dieses Gesetzes als auch auf Grund über- oder zwischenstaatlicher Rechtsvorschriften bestehen.

§ 74 Zahlung des Kindergeldes in Sonderfällen. (1) Das für ein Kind festgesetzte Kindergeld nach § 66 Abs. 1 kann an das Kind ausgezahlt werden, wenn der Kindergeldberechtigte ihm gegenüber seiner gesetzlichen Unterhaltspflicht nicht nachkommt. Kindergeld kann an Kinder, die bei der Festsetzung des Kindergeldes berücksichtigt werden, bis zur Höhe des Betrages, der sich bei entsprechender Anwendung des § 76 ergibt, ausgezahlt werden. Dies gilt auch, wenn der Kindergeldberechtigte mangels Leistungsfähigkeit nicht unterhaltspflichtig ist oder nur Unterhalt in Höhe eines Betrages zu leisten braucht, der geringer ist als das für die Auszahlung in Betracht kommende Kindergeld. Die Auszahlung kann auch an die Person oder Stelle erfolgen, die dem Kind Unterhalt gewährt.

(2) Für Erstattungsansprüche der Träger von Sozialleistungen gegen die Familienkasse gelten die §§ 102 bis 109 und 111 bis 113 des Zehnten Buches Sozialgesetzbuch entsprechend.

§ 75 Aufrechnung. (1) Mit Ansprüchen auf Rückzahlung von Kindergeld kann die Familienkasse gegen Ansprüche auf laufendes Kindergeld bis zu deren Hälfte aufrechnen, soweit der Berechtigte nicht hilfebedürftig im Sinne der Vorschriften des Zwölften Buches Sozialgesetzbuch über die Hilfe zum Lebensunterhalt oder im Sinne der Vorschriften des Zweiten Buches Sozialgesetzbuch über die Leistungen zur Sicherung des Lebensunterhalts wird.

(2) Absatz 1 gilt für die Aufrechnung eines Anspruchs auf Erstattung von Kindergeld gegen einen späteren Kindergeldanspruch eines mit dem Erstattungspflichtigen in Haushaltsgemeinschaft lebenden Berechtigten entsprechend, soweit es sich um laufendes Kindergeld für ein Kind handelt, das bei beiden berücksichtigt werden kann oder konnte.

11.9. Bundeskindergeldgesetz (BKGG)

In der Fassung der Bekanntmachung vom 22. Februar 2005 (BGBl. I 458)

– Auszug –

§ 1 Anspruchsberechtigte. (1) Kindergeld nach diesem Gesetz für seine Kinder erhält, wer nach § 1 Abs. 1 und 2 des Einkommensteuergesetzes nicht unbeschränkt steuerpflichtig ist und auch nicht nach § 1 Abs. 3 des Einkommensteuergesetzes als unbeschränkt steuerpflichtig behandelt wird und
1. in einem Versicherungspflichtverhältnis zur Bundesagentur für Arbeit nach § 24 des Dritten Buches Sozialgesetzbuch steht oder versicherungsfrei nach § 28 Nr. 1 des Dritten Buches Sozialgesetzbuch ist oder
2. als Entwicklungshelfer Unterhaltsleistungen im Sinne des § 4 Abs. 1 Nr. 1 des Entwicklungshelfer-Gesetzes erhält oder als Missionar der Missionswerke und -gesellschaften, die Mitglieder oder Vereinbarungspartner des Evangelischen Missionswerkes Hamburg, der Arbeitsgemeinschaft Evangelikaler Missionen e. V., des Deutschen katholischen Missionsrates oder der Arbeitsgemeinschaft pfingstlich-charismatischer Missionen sind, tätig ist oder
3. eine nach § 123 a des Beamtenrechtsrahmengesetzes bei einer Einrichtung außerhalb Deutschlands zugewiesene Tätigkeit ausübt oder
4. als Ehegatte eines Mitglieds der Truppe oder des zivilen Gefolges eines NATO-Mitgliedstaates die Staatsangehörigkeit eines EU/EWR-Mitgliedstaates besitzt und in Deutschland seinen Wohnsitz oder gewöhnlichen Aufenthalt hat.

(2) Kindergeld für sich selbst erhält, wer
1. in Deutschland einen Wohnsitz oder seinen gewöhnlichen Aufenthalt hat,
2. Vollwaise ist oder den Aufenthalt seiner Eltern nicht kennt und
3. nicht bei einer anderen Person als Kind zu berücksichtigen ist.

§ 2 Abs. 2 und 3 sowie die §§ 4 und 5 sind entsprechend anzuwenden. Im Fall des § 2 Abs. 2 Satz 1 Nr. 3 wird Kindergeld längstens bis zur Vollendung des 27. Lebensjahres gewährt.

(3) Ein Ausländer erhält Kindergeld nur, wenn er im Besitz
1. einer Niederlassungserlaubnis,
2. einer Aufenthaltserlaubnis zum Zwecke der Erwerbstätigkeit,
3. einer Aufenthaltserlaubnis nach § 25 Abs. 1 und 2, den §§ 31, 37, 38 des Aufenthaltsgesetzes oder
4. einer Aufenthaltserlaubnis zum Zwecke des Familiennachzugs zu einem Deutschen oder zu einer von den Nummern 1 bis 3 erfassten Person ist.

Ein Saisonarbeitnehmer, ein Werkvertragsarbeitnehmer und ein Arbeitnehmer, der zur vorübergehenden Dienstleistung nach Deutschland entsandt ist, erhält kein Kindergeld.

11.10. Gesetz zum Erziehungsgeld und zur Elternzeit (Bundeserziehungsgeldgesetz – BErzGG)

In der Fassung der Bekanntmachung vom 9. Februar 2004 (BGBl. I 206), zuletzt geändert durch Gesetz vom 27. Dezember 2004 (BGBl. I 3852)

– Auszug –

§ 1 Berechtigte. (1) Anspruch auf Erziehungsgeld hat, wer
1. einen Wohnsitz oder seinen gewöhnlichen Aufenthalt in Deutschland hat,
2. mit einem Kind, für das ihm die Personensorge zusteht, in einem Haushalt lebt,
3. dieses Kind selbst betreut und erzieht und
4. keine oder keine volle Erwerbstätigkeit ausübt.

Die Anspruchsvoraussetzungen müssen bei Beginn des Leistungszeitraums vorliegen. Abweichend von Satz 2, § 1594, § 1600 d und §§ 1626 a bis 1626 e des Bürgerlichen Gesetzbuchs können im Einzelfall nach billigem Ermessen die Tatsachen der Vaterschaft und der elterlichen Sorgeerklärung des Anspruchsberechtigten auch schon vor dem Zeitpunkt ihrer Rechtswirksamkeit berücksichtigt werden.

(2) Anspruch auf Erziehungsgeld hat auch, wer, ohne eine der Voraussetzungen des Absatzes 1 Nr. 1 zu erfüllen,

1. im Rahmen seines in Deutschland bestehenden Beschäftigungsverhältnisses vorübergehend ins Ausland entsandt ist und aufgrund über- oder zwischenstaatlichen Rechts oder nach § 4 des Vierten Buches Sozialgesetzbuch dem deutschen Sozialversicherungsrecht unterliegt oder im Rahmen seines in Deutschland bestehenden öffentlich-rechtlichen Dienst- oder Amtsverhältnisses vorübergehend ins Ausland abgeordnet, versetzt oder kommandiert ist,
2. Versorgungsbezüge nach beamten- oder soldatenrechtlichen Vorschriften oder Grundsätzen oder eine Versorgungsrente von einer Zusatzversorgungsanstalt für Arbeitnehmer des öffentlichen Dienstes erhält oder
3. Entwicklungshelfer im Sinne des § 1 des Entwicklungshelfer-Gesetzes ist.

Dies gilt auch für den mit ihm in einem Haushalt lebenden Ehegatten oder Lebenspartner, wenn dieser im Ausland keine Erwerbstätigkeit ausübt, welche den dortigen Vorschriften der sozialen Sicherheit unterliegt.

(3) Einem in Absatz 1 Nr. 2 genannten Kind steht gleich

1. ein Kind, das mit dem Ziel der Annahme als Kind bei der berechtigten Person aufgenommen wurde,
2. ein Kind des Ehegatten oder Lebenspartners, das der Antragsteller in seinen Haushalt aufgenommen hat,
3. ein leibliches Kind des nicht sorgeberechtigten Antragstellers, mit dem dieser in einem Haushalt lebt.

(4) Der Anspruch auf Erziehungsgeld bleibt unberührt, wenn der Antragsteller aus einem wichtigen Grund die Betreuung und Erziehung des Kindes nicht sofort aufnehmen kann oder sie unterbrechen muss.

(5) In Fällen besonderer Härte, insbesondere bei schwerer Krankheit, Behinderung oder Tod eines Elternteils oder bei erheblich gefährdeter wirtschaftlicher Existenz, kann von dem Erfordernis der Personensorge oder den Voraussetzungen des Absatzes 1 Nr. 3 und 4 abgesehen werden. Das Erfordernis der Personensorge kann nur entfallen, wenn die sonstigen Voraussetzungen des Absatzes 1 erfüllt sind, das Kind mit einem Verwandten bis dritten Grades oder dessen Ehegatten oder Lebenspartner in einem Haushalt lebt und kein Erziehungsgeld für dieses Kind von einem Personensorgeberechtigten in Anspruch genommen wird.

(6) Ein Ausländer mit der Staatsangehörigkeit eines Mitgliedstaates der Europäischen Union oder eines der Vertragsstaaten des Europäischen Wirtschaftsraums (EU-/EWR-Bürger) erhält nach Maßgabe der Absätze 1 bis 5 Erziehungsgeld. Ein anderer Ausländer ist anspruchsberechtigt, wenn er im Besitz

1. einer Niederlassungserlaubnis,
2. einer Aufenthaltserlaubnis zum Zwecke der Erwerbstätigkeit,
3. einer Aufenthaltserlaubnis nach § 25 Abs. 1 und 2, den §§ 31, 37, 38 des Aufenthaltsgesetzes oder
4. einer Aufenthaltserlaubnis zum Zwecke des Familiennachzugs zu einem Deutschen oder zu einer von den Nummern 1 bis 3 erfassten Person ist.

Maßgebend ist der Monat, in dem die Voraussetzungen des Satzes 2 eintreten.

(7) Anspruchsberechtigt ist unter den Voraussetzungen des Absatzes 1 Nr. 2 bis 4 auch, wer als

1. EU-/EWR-Bürger mit dem Wohnsitz in einem anderen Mitgliedstaat der Europäischen Union oder des Europäischen Wirtschaftsraums (anderen EU-/EWR-Gebiet) oder
2. Grenzgänger aus einem sonstigen, unmittelbar an Deutschland angrenzenden Staat

in Deutschland in einem öffentlich-rechtlichen Dienst- oder Amtsverhältnis steht oder ein Arbeitsverhältnis mit einer mehr als geringfügigen Beschäftigung hat. Im Fall der Nummer 1 ist eine mehr als geringfügige selbständige Tätigkeit (§ 8 des Vierten Buches Sozialgesetzbuch) gleichgestellt. Der in einem anderen EU-/EWR-Gebiet wohnende Ehegatte des in Satz 1 genannten EU-/EWR-Bürgers ist anspruchsberechtigt, wenn er die Voraussetzungen des Absatzes 1 Nr. 2 bis 4 sowie die in den Verordnungen (EWG) Nr. 1408/71 und Nr. 574/72 niedergelegten Voraussetzungen erfüllt. Im Übrigen gelten § 3 und § 8 Abs. 3.

(8) Unter den Voraussetzungen des Absatzes 1 ist auch der Ehegatte oder Lebenspartner eines Mitglieds der Truppe oder des zivilen Gefolges eines NATO-Mitgliedstaates anspruchsberechtigt, soweit er EU-/EWR-Bürger ist oder bis zur Geburt des Kindes in einem öffentlich-rechtlichen Dienst- oder Amtsverhältnis steht oder eine mehr als geringfügige Beschäftigung (§ 8 des Vierten Buches Sozialgesetzbuch) ausgeübt hat oder Mutterschaftsgeld oder eine Entgeltersatzleistung nach § 6 Abs. 1 Satz 3 bezogen hat.

(9) Kein Erziehungsgeld erhält, wer Saisonarbeitnehmer oder Werkvertragsarbeitnehmer ist oder im Rahmen seines im Ausland bestehenden Beschäftigungsverhältnisses vorübergehend nach Deutschland entsandt ist und aufgrund über- oder zwischenstaatlichen Rechts oder nach § 5 des Vierten Buches Sozialgesetzbuch nicht dem deutschen Sozialversicherungsrecht unterliegt. Entsprechendes gilt für den ihn begleitenden Ehegatten oder Lebenspartner, wenn er in Deutschland keine mehr als geringfügige Beschäftigung (§ 8 des Vierten Buches Sozialgesetzbuch) ausübt.

11.11. Bundesgesetz über individuelle Förderung der Ausbildung (Bundesausbildungsförderungsgesetz – BAföG)

In der Fassung der Bekanntmachung vom 6. Juni 1983 (BGBl. I 645), zuletzt geändert durch Gesetz vom 2. Dezember 2004 (BGBl. I 3127)

– Auszug –

§ 8 Staatsangehörigkeit. (1) Ausbildungsförderung wird geleistet
1. Deutschen im Sinne des Grundgesetzes,
2. heimatlosen Ausländern im Sinne des Gesetzes über die Rechtsstellung heimatloser Ausländer im Bundesgebiet in der im Bundesgesetzblatt Teil III, Gliederungsnummer 243–1, veröffentlichten bereinigten Fassung, zuletzt geändert durch Artikel 4 des Gesetzes vom 9. Juli 1990 (BGBl. I S. 1354),
3. Ausländern, die ihren gewöhnlichen Aufenthalt im Inland haben und als Asylberechtigte nach dem Asylverfahrensgesetz anerkannt sind,
4. Ausländern, die ihren gewöhnlichen Aufenthalt im Inland haben und eine Niederlassungserlaubnis nach § 23 Abs. 2 des Aufenthaltsgesetzes besitzen,
5. Ausländern, die ihren gewöhnlichen Aufenthalt im Inland haben und auf Grund des Abkommens vom 28. Juli 1951 über die Rechtsstellung der Flüchtlinge (BGBl. 1953 II S. 559) oder nach dem Protokoll über die Rechtsstellung der Flüchtlinge vom 31. Januar 1967 (BGBl. 1969 II S. 1293) außerhalb der Bundesrepublik Deutschland als Flüchtlinge anerkannt und im Gebiet der Bundesrepublik Deutschland nicht nur vorübergehend zum Aufenthalt berechtigt sind,
6. Ausländern, die ihren gewöhnlichen Aufenthalt im Inland haben und bei denen festgestellt ist, dass Abschiebungsschutz nach § 60 Abs. 1 des Aufenthaltsgesetzes besteht,
7. Ausländern, die ihren ständigen Wohnsitz im Inland haben, wenn ein Elternteil oder der Ehegatte Deutscher im Sinne des Grundgesetzes ist,
8. Auszubildenden, die unter den Voraussetzungen des § 3 des Freizügigkeitsgesetzes/EU als Ehegatten oder Kinder ein Recht auf Einreise und Aufenthalt haben oder denen diese Rechte als Kind eines Unionsbürgers nur deshalb nicht zustehen, weil sie 21 Jahre alt oder älter sind und von ihren Eltern oder deren Ehegatten keinen Unterhalt erhalten,
9. Auszubildenden, die die Staatsangehörigkeit eines anderen Mitgliedstaates der Europäischen Union oder eines anderen Vertragsstaates des Abkommens über den Europäischen Wirtschaftsraum haben und im Inland vor Beginn der Ausbildung in einem Beschäftigungsverhältnis gestanden haben; zwischen der darin ausgeübten Tätigkeit und dem Gegenstand der Ausbildung muß grundsätzlich ein inhaltlicher Zusammenhang bestehen.

Ehegatten verlieren den Anspruch auf Ausbildungsförderung nach Nummer 7 oder 8 nicht dadurch, dass sie dauernd getrennt leben oder die Ehe aufgelöst worden ist, wenn sie sich weiterhin rechtmäßig in Deutschland aufhalten.

(2) Anderen Ausländern wird Ausbildungsförderung geleistet, wenn
1. sie selbst vor Beginn des förderungsfähigen Teils des Ausbildungsabschnitts insgesamt fünf Jahre sich im Inland aufgehalten haben und rechtmäßig erwerbstätig gewesen sind oder

2. zumindest ein Elternteil während der letzten sechs Jahre vor Beginn des förderungsfähigen Teils des Ausbildungsabschnitts sich insgesamt drei Jahre im Inland aufgehalten hat und rechtmäßig erwerbstätig gewesen ist, im übrigen von dem Zeitpunkt an, in dem im weiteren Verlauf des Ausbildungsabschnitts diese Voraussetzungen vorgelegen haben. Die Voraussetzungen gelten auch für einen einzigen weiteren Ausbildungsabschnitt als erfüllt, wenn der Auszubildende in dem vorhergehenden Ausbildungsabschnitt die Zugangsvoraussetzungen erworben hat und danach unverzüglich den Ausbildungsabschnitt beginnt. Von dem Erfordernis der Erwerbstätigkeit des Elternteils während der letzten sechs Jahre kann abgesehen werden, wenn sie aus einem von ihm nicht zu vertretenden Grunde nicht ausgeübt worden ist und er im Inland mindestens sechs Monate erwerbstätig gewesen ist.

(3) Rechts- und Verwaltungsvorschriften, nach denen anderen Ausländern Ausbildungsförderung zu leisten ist, bleiben unberührt.

11.12. Unterhaltsvorschussgesetz

In der Fassung der Bekanntmachung vom 2. Januar 2002 (BGBl. I 2, ber. 615), geändert durch Gesetz vom 30. Juli 2004 (BGBl. I 1950)

– Auszug –

§ 1 Berechtigte.

... (2 a) Ein Ausländer hat einen Anspruch nach diesem Gesetz nur, wenn er oder der in Absatz 1 Nr. 2 bezeichnete Elternteil im Besitz

1. einer Niederlassungserlaubnis,
2. einer Aufenthaltserlaubnis zum Zwecke der Erwerbstätigkeit,
3. einer Aufenthaltserlaubnis nach § 25 Abs. 1 und 2, den §§ 31, 37, 38 des Aufenthaltsgesetzes oder
4. einer Aufenthaltserlaubnis zum Zwecke des Familiennachzugs zu einem Deutschen oder zu einer von den Nummern 1 bis 3 erfassten Person ist.

Abweichend von Satz 1 besteht der Anspruch für Angehörige eines Mitgliedstaates der Europäischen Union oder eines anderen Vertragsstaates des Abkommens über den Europäischen Wirtschaftsraum mit Beginn des Aufenthaltsrechts. Auch bei Besitz einer Aufenthaltserlaubnis hat ein Ausländer keinen Anspruch auf Unterhaltsleistung nach diesem Gesetz, wenn der in Absatz 1 Nr. 2 bezeichnete Elternteil ein Saisonarbeitnehmer, ein Werkvertragsarbeitnehmer oder ein Arbeitnehmer ist, der zur vorübergehenden Dienstleistung nach Deutschland entsandt ist.

11.13. Verordnung über die Durchführung von Integrationskursen für Ausländer und Spätaussiedler (Integrationskursverordnung – IntV)

Vom 13. Dezember 2004 (BGBl. I 3370)

Abschnitt 1. Allgemeine Bestimmungen

§ 1 Durchführung der Integrationskurse. Das Bundesamt für Migration und Flüchtlinge (Bundesamt) führt die Integrationskurse in Zusammenarbeit mit Ausländerbehörden, dem Bundesverwaltungsamt, Kommunen, Migrationsdiensten und Trägern der Grundsicherung für Arbeitsuchende nach dem Zweiten Buch Sozialgesetzbuch durch und gewährleistet ein ausreichendes Kursangebot. Das Bundesamt lässt die Kurse in der Regel von privaten oder öffentlichen Trägern durchführen.

§ 2 Anwendungsbereich der Verordnung. Die Verordnung findet auch Anwendung auf Ausländer, deren Rechtsstellung sich nach dem Freizügigkeitsgesetz/EU bestimmt.

§ 3 Inhalt des Integrationskurses. (1) Der Kurs dient
1. dem Erwerb ausreichender Kenntnisse der deutschen Sprache nach § 43 Abs. 3 des Aufenthaltsgesetzes und § 9 Abs. 1 Satz 1 des Bundesvertriebenengesetzes und
2. der Vermittlung von Alltagswissen sowie von Kenntnissen der Rechtsordnung, der Kultur und der Geschichte in Deutschland, insbesondere auch der Werte des demokratischen Staatswesens der Bundesrepublik Deutschland und der Prinzipien der Rechtsstaatlichkeit, Gleichberechtigung, Toleranz und Religionsfreiheit.

(2) Das Kursziel, ausreichende Kenntnisse der deutschen Sprache nach Absatz 1 Nr. 1 zu erwerben, ist erreicht, wenn sich ein Kursteilnehmer im täglichen Leben in seiner Umgebung selbständig sprachlich zurechtfinden und entsprechend seinem Alter und Bildungsstand ein Gespräch führen und sich schriftlich ausdrücken kann.

Abschnitt 2. Rahmenbedingungen für die Teilnahme, Datenverarbeitung und Kursgebühren

§ 4 Teilnahmeberechtigung. (1) Teilnahmeberechtigte im Sinne dieser Verordnung sind
1. Ausländer, die einen gesetzlichen Teilnahmeanspruch nach § 44 des Aufenthaltsgesetzes haben,
2. Spätaussiedler nach § 4 Abs. 1 oder 2 des Bundesvertriebenengesetzes sowie deren Familienangehörige nach § 7 Abs. 2 Satz 1 des Bundesvertriebenengesetzes, die einen gesetzlichen Teilnahmeanspruch nach § 9 Abs. 1 Satz 1 des Bundesvertriebenengesetzes haben,
3. Ausländer, die nach § 44 Abs. 4 des Aufenthaltsgesetzes zur Teilnahme zugelassen worden sind, und
4. Ausländer, die nach § 44a Abs. 1 Satz 1 Nr. 2 des Aufenthaltsgesetzes zur Teilnahme verpflichtet worden sind.

Teilnahmeberechtigte sind zur einmaligen Teilnahme am Integrationskurs berechtigt. Ausländer nach Satz 1 Nr. 1, die über ausreichende Kenntnisse der deutschen Sprache verfügen, sind nur zur Teilnahme am Orientierungskurs und am Abschlusstest berechtigt. Kann sich der Ausländer bei der persönlichen Vorsprache nicht ohne die Hilfe Dritter verständlich machen, ist auch ohne Durchführung eines Sprachtests davon auszugehen, dass er nicht in der Lage ist, sich auf einfache Art mündlich in deutscher Sprache zu verständigen. Zur Feststellung der Sprachkenntnisse stellt das Bundesamt den Ausländerbehörden kostenlos einen Test zur Verfügung. Wenn die Ausländerbehörde einen Sprachtest durchführt und ausreichende Sprachkenntnisse feststellt, bescheinigt sie diese dem Ausländer.

(2) Ein Teilnahmeanspruch nach Absatz 1 Satz 1 Nr. 1 besteht nicht bei erkennbar geringem Integrationsbedarf. Ein solcher ist in der Regel anzunehmen, wenn
1. ein Ausländer
   a) einen Hochschul- oder Fachhochschulabschluss oder eine entsprechende Qualifikation besitzt, es sei denn, er kann wegen mangelnder Sprachkenntnisse innerhalb eines angemessenen Zeitraums nicht eine seiner Qualifikation entsprechende Erwerbstätigkeit im Bundesgebiet erlaubt aufnehmen, oder
   b) eine Erwerbstätigkeit ausübt, die regelmäßig eine Qualifikation nach Buchstabe a erfordert, und
2. die Annahme gerechtfertigt ist, dass sich der Ausländer ohne staatliche Hilfe in das wirtschaftliche, gesellschaftliche und kulturelle Leben der Bundesrepublik Deutschland integrieren wird.

(3) Ausländerbehörden dürfen eine Teilnahmeberechtigung nach Absatz 1 Satz 1 Nr. 4 nur begründen, wenn ein Kursplatz verfügbar und für den Ausländer zumutbar erreichbar ist. Das Bundesamt unterrichtet die Ausländerbehörden regelmäßig über verfügbare Kursplätze in ihrem Zuständigkeitsbereich. Ein Kurs ist in der Regel zumutbar erreichbar, wenn der Kurs am Wohnort des Ausländers oder in angemessener Entfernung von seinem Wohnort stattfindet. Die Angemessenheit bestimmt sich nach den örtlichen Gegebenheiten und den persönlichen Umständen des Ausländers. Eine Teilnahmeberechtigung kann bei einem fehlenden ortsnahen Kursangebot begründet werden, wenn durch einen Fahrtkostenzuschuss der Kurs zumutbar erreichbar wird. Ein Fahrtkostenzuschuss kann vom Bundesamt gewährt werden.

(4) Von einer besonderen Integrationsbedürftigkeit im Sinne von § 44a Abs. 1 Satz 1 Nr. 2 Buchstabe b des Aufenthaltsgesetzes kann insbesondere dann ausgegangen werden, wenn sich der Ausländer als Inhaber der Personensorge für ein in Deutschland lebendes minderjähriges Kind nicht auf einfache Art in deutscher Sprache mündlich verständigen kann. Dies gilt nicht, wenn die Integration des Kindes in sein deutsches Umfeld voraussichtlich auch ohne Teilnahme des Ausländers an einem Integrationskurs gewährleistet ist oder durch seine Teilnahme voraussichtlich nicht erheblich gefördert werden kann.

(5) Eine Teilnahmeberechtigung nach Absatz 3 darf nicht begründet werden oder ist zu widerrufen, wenn einem Ausländer neben seiner Erwerbstätigkeit eine Teilnahme auch an einem Teilzeitkurs nicht zugemutet werden kann.

§ 5 Zulassung zum Integrationskurs. (1) Das Bundesamt kann Ausländer zur Teilnahme am Integrationskurs zulassen, wenn Kursplätze verfügbar sind. Die Zulassung ist schriftlich zu beantragen. Der Antrag kann über einen zugelassenen Kursträger gestellt werden. Ein Antrag auf Kostenbefreiung nach § 9 Abs. 2 kann mit dem Antrag auf Zulassung gestellt werden.

(2) Die Zulassung ist auf ein Jahr zu befristen. Sie ergeht schriftlich und gilt als Bestätigung der Teilnahmeberechtigung.

(3) Bei der Entscheidung über die Zulassung ist die Integrationsbedürftigkeit des Ausländers zu berücksichtigen. Ausländer, die an einem Integrationskurs teilnehmen möchten, um die erforderlichen Sprachkenntnisse für die Erteilung einer Niederlassungserlaubnis oder für eine Einbürgerung zu erwerben, sowie Ausländer, die einen gesetzlichen Anspruch auf Teilnahme an einem Integrationskurs hatten, aber aus von ihnen nicht zu vertretenden Gründen an einer Teilnahme gehindert waren, sind bei der Zulassung vorrangig zu berücksichtigen.

§ 6 Bestätigung der Teilnahmeberechtigung. (1) Die Ausländerbehörde bestätigt Teilnahmeberechtigten nach § 4 Abs. 1 Satz 1 Nr. 1 und 4 das Recht auf Teilnahme. In der Bestätigung sind der Zeitpunkt des Erlöschens der Teilnahmeberechtigung sowie eine Verpflichtung nach § 44 a des Aufenthaltsgesetzes zu vermerken.

(2) Das Bundesverwaltungsamt bestätigt Spätaussiedlern und ihren Familienangehörigen nach § 4 Abs. 1 Satz 1 Nr. 2 die Teilnahmeberechtigung. Die Bestätigung soll bereits vor Ausstellung der Bescheinigung nach § 15 Abs. 1 oder Abs. 2 des Bundesvertriebenengesetzes zusammen mit dem Registrierschein erteilt werden. Soweit das Bundesverwaltungsamt nicht für die Bescheinigung nach § 15 Abs. 1 oder Abs. 2 des Bundesvertriebenengesetzes zuständig ist, darf die Bestätigung nur mit der Auflage erteilt werden, unverzüglich die Bescheinigung bei der zuständigen Behörde zu beantragen und dies dem Bundesamt nachzuweisen.

(3) Das Bundesamt legt einen einheitlichen Vordruck für die Bestätigung fest, in dem Angaben zu Namen, Vornamen, Geburtsdatum und Anschrift des Teilnahmeberechtigten sowie die Angaben nach Absatz 1 vorgesehen sind.

(4) Mit der Bestätigung sollen die Teilnahmeberechtigten in einem Merkblatt in einer für sie verständlichen Sprache über die Ziele und Inhalte des Integrationskurses, die sich aus der Teilnahmeberechtigung ergebenden Rechte und Pflichten sowie auf mögliche Folgen der Nichtteilnahme, das Kursangebot der zugelassenen Träger sowie die Modalitäten der Anmeldung und Teilnahme informiert werden. Das Bundesamt stellt das Merkblatt sowie weiteres Informationsmaterial bereit.

§ 7 Anmeldung zum Integrationskurs. (1) Teilnahmeberechtigte können sich bei jedem zugelassenen Kursträger zu einem Integrationskurs anmelden. Bei der Anmeldung haben sie ihre Bestätigung der Teilnahmeberechtigung vorzulegen. Mit der Anmeldung kann ein Antrag auf Kostenbefreiung nach § 9 Abs. 2 beim Bundesamt gestellt werden. Der Antrag auf Kostenbefreiung ist im Anmeldeformular zu vermerken. Das Anmeldeformular enthält darüber hinaus folgende Angaben zum Teilnahmeberechtigten: Namen, Vornamen, Geburtsdatum, Geburtsort, Anschrift, Staatsangehörigkeiten, Geschlecht, Angaben zur Schreibkundigkeit, zum Bildungsstand sowie zu den Kenntnissen der deutschen Sprache. Das Bundesamt legt einen einheitlichen Vordruck für das Anmeldeformular fest.

(2) Ausländer, die zur Teilnahme an einem Integrationskurs verpflichtet sind, haben sich unverzüglich zu einem Integrationskurs anzumelden.

§ 8 Datenverarbeitung. (1) Die Ausländerbehörden teilen eine Teilnahmeberechtigung nach § 4 Abs. 1 Satz 1 Nr. 4 der Stelle mit, die nach § 44 a Abs. 1 Satz 1 Nr. 2 Buchstabe a des Aufenthaltsgesetzes die Teilnahme eines Ausländers angeregt hat.

(2) Die Ausländerbehörden und das Bundesverwaltungsamt übermitteln dem Bundesamt zur Erfüllung seiner gesetzlichen Koordinierungs- und Durchführungsfunktion die Daten der nach § 6 Abs. 1 oder Abs. 2 ausgestellten Bestätigungen.

(3) Der Kursträger übermittelt dem Bundesamt zur Erfüllung seiner gesetzlichen Koordinierungs- und Durchführungsfunktion unverzüglich nach Anmeldung die im Anmeldeformular angegebenen

Daten. Zum Zweck der Abrechnung informiert der Kursträger das Bundesamt über den Beginn eines Kurses und übermittelt am Ende eines jeden Kursabschnitts Namen, Vornamen und Geburtsdatum der Teilnahmeberechtigten nach § 4 Abs. 1 Satz 1 sowie den Umfang ihrer Teilnahme. Vierteljährlich sind zusätzlich folgende Angaben ohne Personenbezug an das Bundesamt zu machen:
1. die Art und Anzahl der begonnenen Kurse einschließlich der Anzahl der Kursteilnehmer differenziert nach Kursabschnitten,
2. die Art und Anzahl der beendeten Kurse einschließlich der Anzahl der Kursteilnehmer differenziert nach Kursabschnitten,
3. die Anzahl der abgebrochenen Teilnahmen an Kursen und
4. die Ergebnisse der Testverfahren (§ 17).

(4) Für teilnahmeverpflichtete Ausländer teilt der Kursträger der zuständigen Ausländerbehörde den Beginn eines Kurses mit und unterrichtet sie am Ende eines jeden Kursabschnitts (§ 10 Abs. 1), welche Ausländer wann ihrer Teilnahmepflicht nicht nachgekommen sind. Die Ausländerbehörde teilt Verletzungen der Teilnahmepflicht nach § 44 a Abs. 1 Satz 1 Nr. 2 Buchstabe a des Aufenthaltsgesetzes den zuständigen Trägern der Grundsicherung für Arbeitsuchende nach dem Zweiten Buch Sozialgesetzbuch mit.

(5) Das Bundesamt darf die personenbezogenen Daten der Teilnahmeberechtigten nur für die Durchführung und Abrechnung der Kurse verarbeiten. Daten zu Namen und Geburtsdatum der Teilnahmeberechtigten sind nach spätestens zehn Jahren, die übrigen personenbezogenen Daten nach zwei Jahren zu löschen.

§ 9 Kostenbeitrag. (1) Für die Teilnahme am Integrationskurs haben Ausländer einen Kostenbeitrag in Höhe von 1 Euro pro Unterrichtsstunde an das Bundesamt zu leisten. Zur Zahlung ist nach § 43 Abs. 3 Satz 5 des Aufenthaltsgesetzes auch derjenige verpflichtet, der dem Ausländer zur Gewährung des Lebensunterhalts verpflichtet ist.

(2) Das Bundesamt befreit auf Antrag Ausländer, die Leistungen nach dem Zweiten Buch Sozialgesetzbuch oder Hilfe zum Lebensunterhalt nach dem Zwölften Buch Sozialgesetzbuch beziehen, gegen Vorlage eines aktuellen Nachweises von der Pflicht, einen Kostenbeitrag zu leisten. Ausländer, die von der Kostenbeitragspflicht befreit wurden, sind verpflichtet, dem Bundesamt unverzüglich mitzuteilen, wenn ihnen die Leistungen oder Hilfen nach Satz 1 nicht mehr gewährt werden.

(3) Der Kostenbeitrag für einen Kursabschnitt ist über die Träger des Integrationskurses zum Beginn des Kursabschnitts zu entrichten.

(4) Ausländer, die einen Kurs innerhalb eines Kursabschnitts abbrechen oder an Unterrichtsterminen nicht teilnehmen, bleiben zur Leistung des Kostenbeitrags für den gesamten Kursabschnitt verpflichtet. Dies gilt nicht, wenn Ausländer aus Gründen, die sie nicht zu vertreten haben, am Kurs nicht teilnehmen können oder den Kurs nach § 14 Abs. 2 Satz 2 wechseln.

(5) Eine Kostenbeitragspflicht besteht nicht für die ausländischen Familienangehörigen von Spätaussiedlern nach § 7 Abs. 2 Satz 1 des Bundesvertriebenengesetzes.

Abschnitt 3. Struktur, Dauer und Inhalt des Integrationskurses

§ 10 Grundstruktur des Integrationskurses. (1) Der Integrationskurs umfasst 630 Unterrichtsstunden und findet in Deutsch statt. Er ist in einen Basis- und Aufbausprachkurs (Sprachkurs) sowie einen Orientierungskurs unterteilt. Basis- und Aufbausprachkurs, die 600 Unterrichtsstunden umfassen, bestehen aus jeweils drei Kursabschnitten mit unterschiedlichen Leistungsstufen. Auf den Orientierungskurs, der im Anschluss an den Sprachkurs stattfindet, entfallen 30 Unterrichtsstunden.

(2) Das Bundesamt legt die Lerninhalte und Lernziele für die einzelnen Kursabschnitte des Sprachkurses und für den Orientierungskurs fest unter Berücksichtigung der methodisch-didaktischen Erkenntnisse und Erfahrungen bei der Vermittlung von Deutsch als Zweitsprache.

§ 11 Grundstruktur des Sprachkurses. (1) Der Sprachkurs wird als ganztägiger Unterricht mit höchstens 25 Wochenunterrichtsstunden oder als Teilzeitunterricht mit mindestens fünf Wochenunterrichtsstunden angeboten. Der Kurs soll bei ganztägigem Unterricht nicht länger als sechs Monate dauern.

(2) Die Teilnahme am Aufbausprachkurs setzt in der Regel eine Teilnahme am Basissprachkurs voraus. Das gilt nicht, wenn das Sprachniveau eines Teilnahmeberechtigten durch die Teilnahme am Basissprachkurs nicht mehr wesentlich gefördert werden kann. Teilnehmer können mit Zustimmung des Kursträgers die Leistungsstufen bei Neubeginn eines Kursabschnitts wechseln, überspringen oder wiederholen.

(3) Vor Beginn des Sprachkurses führt der Kursträger einen Test durch, um die Teilnehmer für den Sprachkurs einzustufen; die Kosten übernimmt das Bundesamt. Dies ist nicht erforderlich, wenn sich der Teilnehmer nicht auf einfache Art in deutscher Sprache mündlich verständigen kann. Hat der Teilnehmer bereits einen Test zum Nachweis der Sprachkenntnisse abgelegt, soll dieser den Einstufungstest ersetzen. Der Kursträger ermittelt am Ende des Basis- und des Aufbausprachkurses den erreichten Leistungsstand des Teilnehmers.

(4) Während des Aufbausprachkurses kann der Teilnehmer auf Anregung des Kursträgers und in Abstimmung mit dem Bundesamt an einem Praktikum zum interaktiven Sprachgebrauch teilnehmen. Hierzu kann der Sprachunterricht unterbrochen werden. Für den Zeitraum der Unterbrechung wird kein Kostenbeitrag erhoben.

§ 12 Grundstruktur des Orientierungskurses. (1) Der Orientierungskurs wird grundsätzlich vom für den Integrationskurs zugelassenen Kursträger durchgeführt. In Ausnahmefällen kann der Kursträger mit Zustimmung des Bundesamtes einen anderen zugelassenen Träger beauftragen, den Orientierungskurs durchzuführen.

(2) Für Teilnahmeberechtigte nach § 4 Abs. 1 Satz 3 können gesonderte Orientierungskurse vorgesehen werden.

§ 13 Integrationskurse für spezielle Zielgruppen. Bei Bedarf können Integrationskurse für spezielle Zielgruppen vorgesehen werden, wenn ein besonderer Unterricht oder ein erhöhter Betreuungsaufwand erforderlich ist. Integrationskurse für spezielle Zielgruppen können insbesondere eingerichtet werden für Teilnahmeberechtigte, die

1. nicht mehr schulpflichtig sind und das 27. Lebensjahr noch nicht vollendet haben, zur Vorbereitung auf den Besuch weiterführender Schulen oder Hochschulen oder auf eine andere Ausbildung (Jugendintegrationskurs),
2. aus familiären oder kulturellen Gründen keinen allgemeinen Integrationskurs besuchen können (Eltern- beziehungsweise Frauenintegrationskurse) und
3. nicht oder nicht ausreichend lesen oder schreiben können (Integrationskurs mit Alphabetisierung).

Das Bundesamt stellt in Abstimmung mit den Kommunen, dem Bundesverwaltungsamt, anderen nach Bundes- oder Landesrecht zuständigen Stellen, den Migrationsdiensten sowie mit den zugelassenen Kursträgern den örtlichen Bedarf für spezielle Integrationskurse fest.

§ 14 Organisation der Integrationskurse, Ordnungsmäßigkeit der Teilnahme. (1) Die Zahl der Kursteilnehmer darf in einer Kursgruppe 25 Personen nicht überschreiten. Das Bundesamt kann Ausnahmen von Satz 1 zulassen. Es ist eine den Lernerfolg fördernde Zusammensetzung der Kursgruppe anzustreben, die möglichst Teilnehmer mit unterschiedlichen Muttersprachen umfasst.

(2) Der Kursträger darf grundsätzlich nur nach Abschluss eines Kursabschnitts gewechselt werden. Das Bundesamt kann insbesondere im Falle des Umzugs, des Übergangs in Teilzeit- oder Vollzeitkurse, zur Ermöglichung der Kinderbetreuung und der Aufnahme einer Erwerbstätigkeit einen Wechsel vor Abschluss eines Kursabschnitts gestatten, ohne Anrechnung der nicht mehr besuchten Unterrichtsstunden des Kursabschnitts auf die Förderdauer.

(3) Der Teilnehmer kann einzelne Kursabschnitte des Sprachkurses auf eigene Kosten wiederholen oder den Kurs auf eigene Kosten fortsetzen, auch nachdem er die Höchstförderdauer von 600 Unterrichtsstunden erreicht hat.

(4) Der Kursträger hat jedem Teilnehmer eine Bescheinigung über die ordnungsmäßige Teilnahme am Ende eines Kursabschnitts auszustellen. Ordnungsmäßig ist die Teilnahme, wenn ein Teilnehmer so regelmäßig am Kurs teilnimmt, dass ein Kurserfolg möglich ist und der Lernerfolg insbesondere nicht durch Kursabbruch oder häufige Nichtteilnahme gefährdet ist.

§ 15 Lehrkräfte. (1) Lehrkräfte, die im Integrationskurs Deutsch als Zweitsprache unterrichten, müssen ein erfolgreich abgeschlossenes Studium Deutsch als Fremdsprache oder Deutsch als Zweitsprache vorweisen.

(2) Soweit diese fachlichen Qualifikationen nicht vorliegen, ist eine Zulassung zur Lehrtätigkeit nur möglich, wenn die Lehrkraft an einer vom Bundesamt vorgegebenen Qualifizierung teilgenommen hat.

(3) Bis zum 31. Dezember 2009 kann das Bundesamt auf Antrag des Kursträgers Lehrkräfte zulassen, die die Voraussetzungen der Absätze 1 und 2 nicht erfüllen.

§ 16 Zulassung der Lehr- und Lernmittel. Lehr- und Lernmittel für den Integrationskurs werden vom Bundesamt zugelassen.

§ 17 Abschlusstest. (1) Am Ende des Integrationskurses findet ein Abschlusstest statt. Der Abschlusstest besteht aus den Prüfteilen:
1. Sprachprüfung zum Zertifikat Deutsch (B 1), welche die Kenntnisse nach § 3 Abs. 2 nachweist, und
2. Test zum Orientierungskurs, der dem jeweiligen Kursinhalt angepasst ist.

(2) Das Ergebnis des Abschlusstests wird durch eine Bescheinigung bestätigt. Wurde in der Sprachprüfung nicht die Mindestpunktzahl für das Zertifikat Deutsch erreicht, ist das nachgewiesene Sprachniveau zu bescheinigen. Für die Bescheinigung des Abschlusstests ist ein vom Bundesamt zur Verfügung gestellter einheitlicher Vordruck zu verwenden.

(3) Das Bundesamt trägt die Kosten für die einmalige Teilnahme am Abschlusstest für Teilnahmeberechtigte nach § 4 Abs. 1 Satz 1 Nr. 1, 2 und 4. Das Bundesamt kann auf Antrag einmalig die Kosten eines Abschlusstests für Teilnahmeberechtigte nach § 4 Abs. 1 Satz 1 Nr. 3 übernehmen.

Abschnitt 4. Zulassung der Kursträger

§ 18 Zulassung der Kursträger. (1) Das Bundesamt kann auf Antrag zur Durchführung der Integrationskurse private oder öffentliche Kursträger zulassen, wenn sie
1. zuverlässig sind,
2. Integrationskurse ordnungsgemäß durchführen können (Leistungsfähigkeit) und
3. ein Verfahren zur Qualitätssicherung des Kursangebots anwenden.

(2) Ein Antrag auf Zulassung kann auch von Trägergemeinschaften eingereicht werden. Im Antrag ist anzugeben, ob eine Zulassung für einen Standort oder für mehrere Standorte beantragt wird. Die Angaben nach § 19 sind für jeden Standort zu machen. Die Zulassung als Träger für gesonderte Orientierungskurse (§ 12 Abs. 2) oder als Träger von Integrationskursen für spezielle Zielgruppen (§ 13) ist gesondert zu beantragen.

(3) Durch das Zulassungsverfahren ist vom Bundesamt ein flächendeckendes und am Bedarf orientiertes Angebot an Integrationskursen im gesamten Bundesgebiet sicherzustellen.

§ 19 Anforderungen an den Zulassungsantrag. (1) Zur Beurteilung der Zuverlässigkeit des Antragstellers oder den zur Führung seiner Geschäfte bestellten Personen muss der Antrag folgende Angaben enthalten:
1. bei natürlichen Personen Angaben zu Namen, Vornamen, Geburtsdatum, Geburtsort, zustellungsfähiger Anschrift, Anschrift des Geschäftssitzes und der Zweigstellen, von denen aus der Integrationskurs angeboten werden soll, sowie bei juristischen Personen und Personengesellschaften zu Namen, Vornamen, Geburtsdatum, Geburtsort der Vertreter nach Gesetz, Satzung oder Gesellschaftsvertrag, Anschrift des Geschäftssitzes und der Zweigstellen, von denen aus der Integrationskurs angeboten werden soll; soweit eine Eintragung in das Vereins- oder Handelsregister erfolgt ist, ist ein entsprechender Auszug vorzulegen,
2. eine Erklärung des Antragstellers oder des gesetzlichen Vertreters oder bei juristischen Personen oder nicht rechtsfähigen Personenvereinigungen der nach Gesetz, Satzung oder Gesellschaftsvertrag zur Vertretung der Geschäftsführung Berechtigten über Insolvenzverfahren, Vorstrafen, anhängige Strafverfahren, staatsanwaltschaftliche Ermittlungsverfahren, Gewerbeuntersagungen innerhalb der letzten fünf Jahre oder eine Erklärung dieser Personen zu entsprechenden ausländischen Verfahren und Strafen, wenn sie ihren Wohnsitz oder gewöhnlichen Aufenthalt während dieser Zeit überwiegend im Ausland hatten, und

3. eine Übersicht über das aktuelle Angebot an weiteren Aktivitäten.

(2) Zur Beurteilung der Leistungsfähigkeit des Antragstellers muss der Antrag insbesondere folgende Angaben enthalten:
1. zur Lehrorganisation sowie zu den Lehrkräften, ihrer allgemeinen fachlichen und pädagogischen Eignung sowie ihrer Berufserfahrung,
2. zur Einrichtung und Gestaltung der Unterrichtsräume sowie zur technischen Ausstattung,
3. zu Lehrplänen für die Durchführung des Sprach- und Orientierungskurses,
4. zur Zusammenarbeit mit anderen Integrationsträgern vor Ort,
5. zu den Methoden und den Materialien bei der Vermittlung von Kenntnissen,
6. zum Einsatz von für das Zertifikat Deutsch lizenzierten Prüfern sowie zur Entwicklung und Durchführung des Tests zum Orientierungskurs sowie
7. zu den Ergebnissen der Abschlusstests abgeschlossener Integrationskurse.

Der Antrag muss überdies Nachweise über die Ausbildung und den beruflichen Werdegang der Lehrkräfte enthalten.

(3) Zur Beurteilung der vom Antragsteller eingesetzten Instrumente zur Qualitätssicherung muss der Antrag insbesondere eine Dokumentation enthalten zu:
1. den Methoden zur Förderung der individuellen Lernprozesse,
2. zur regelmäßigen Evaluierung der angebotenen Maßnahmen mittels anerkannter Methoden,
3. zur Durchführung von eigenen Prüfungen im Hinblick auf die Teilnahme am Integrationskurs und
4. zur Zusammenarbeit mit externen Fachkräften.

(4) Für die Zulassung als Träger von Integrationskursen für spezielle Zielgruppen (§ 13) sind Angaben über die Erfüllung besonderer vom Bundesamt vorgegebener Qualitätsmerkmale und Rahmenbedingungen zu machen.

§ 20 Prüfung und Entscheidung des Bundesamtes. (1) Das Bundesamt entscheidet über den Antrag auf Zulassung nach Prüfung der eingereichten Unterlagen und im Regelfall nach örtlicher Prüfung. Bei der Entscheidung ist zu berücksichtigen, ob ein Träger bereits von staatlichen oder zertifizierten Stellen als Kursträger für vergleichbare Bildungsmaßnahmen zugelassen ist. Personen, die im Rahmen des Zulassungsverfahrens gutachterliche oder beratende Funktionen ausgeübt haben, dürfen nicht über den Antrag entscheiden.

(2) Die Zulassung wird durch ein Zertifikat „Zugelassener Träger zur Durchführung von Integrationskursen nach dem Zuwanderungsgesetz" bescheinigt.

(3) Die Zulassung als Träger für gesonderte Orientierungskurse (§ 12 Abs. 2) oder von Integrationskursen für spezielle Zielgruppen (§ 13) ist im Zertifikat für die Zulassung gesondert zu bescheinigen.

(4) Die Zulassung wird für längstens drei Jahre erteilt. Zur Erfüllung seiner Pflichten ist das Bundesamt berechtigt, vor Ort bei den Kursträgern Prüfungen durchzuführen, Unterlagen einzusehen und auch unangemeldet Kurse zu besuchen. Der Kursträger ist verpflichtet, dem Bundesamt auf Verlangen Auskünfte zu erteilen. Der Kursträger hat dem Bundesamt Änderungen, die Auswirkungen auf die Zulassung haben können, unverzüglich anzuzeigen. Bei Wegfall von Voraussetzungen ist das Bundesamt verpflichtet, die Zulassung zu widerrufen. Die Zulassung ist unverzüglich zu widerrufen, wenn der Träger die Tätigkeit auf Dauer einstellt.

§ 21 Bewertungskommission. Zur Bewertung von Lehrplänen, Lehr- und Lernmitteln und der Inhalte der Tests, zur Entwicklung von Verfahren der Qualitätskontrolle sowie zur Fortentwicklung des Integrationskurskonzepts wird eine Bewertungskommission beim Bundesamt eingerichtet.

Abschnitt 5. Übergangsregelung, Inkrafttreten, Außerkrafttreten

§ 22 Übergangsregelung. (1) Die vom Bundesamt bis zum 31. Dezember 2004 erteilten Zulassungen zur Durchführung von Integrationskursen auf der Grundlage des im Jahr 2002 durchgeführten Zulassungsverfahrens gelten bis zum 31. Dezember 2005 als Zulassung nach dieser Verordnung fort.

(2) Eine Kostenbeitragspflicht nach § 9 Abs. 1 besteht nicht für Ausländer, die nach § 104 Abs. 5 des Aufenthaltsgesetzes einen Anspruch auf Teilnahme am Integrationskurs haben.

§ 23 Inkrafttreten, Außerkrafttreten. Diese Verordnung tritt am 1. Januar 2005 in Kraft. § 15 Abs. 3 tritt am 31. Dezember 2009 außer Kraft.

12.1. Europäisches Niederlassungsabkommen (ENA)

Vom 13. Dezember 1955, Gesetz vom 30. September 1959 (BGBl. II 997), in Kraft getreten am 23. Februar 1965 (Bek. vom 30. Juli 1965, BGBl. II 1099), mit Protokoll

Kapitel I. Einreise, Aufenthalt und Ausweisung

Art. 1 Jeder Vertragsstaat wird den Staatsangehörigen der anderen Vertragsstaaten die Einreise in sein Gebiet zu vorübergehendem Aufenthalt erleichtern und ihnen in seinem Gebiet Freizügigkeit gewähren, sofern nicht Gründe der öffentlichen Ordnung, der Sicherheit, der Volksgesundheit oder der Sittlichkeit entgegenstehen.

Art. 2 Unter den in Artikel 1 genannten Voraussetzungen wird jeder Vertragsstaat in dem Umfang, in dem seine wirtschaftlichen und sozialen Verhältnisse es gestatten, den Staatsangehörigen der anderen Vertragsstaaten einen längeren oder dauernden Aufenthalt in seinem Gebiet erleichtern.

Art. 3 1. Die Staatsangehörigen eines Vertragsstaates, die ihren ordnungsmäßigen Aufenthalt im Gebiet eines anderen Vertragsstaates haben, dürfen nur ausgewiesen werden, wenn sie die Sicherheit des Staates gefährden oder gegen die öffentliche Ordnung oder die Sittlichkeit verstoßen.

2. Sofern nicht zwingende Gründe der Sicherheit des Staates es erfordern, dürfen die Staatsangehörigen eines Vertragsstaates, die seit mehr als zwei Jahren ihren ordnungsgemäßen Aufenthalt im Gebiet eines anderen Vertragsstaates haben, nur ausgewiesen werden, wenn ihnen Gelegenheit gegeben worden ist, Gegenvorstellungen zu erheben, ein Rechtsmittel einzulegen und sich zu diesem Zweck vor einer zuständigen Behörde oder vor einer Person oder mehreren Personen, die von der zuständigen Behörde besonders bestimmt sind, vertreten zu lassen.

3. Die Staatsangehörigen eines Vertragsstaates, die seit mehr als zehn Jahren ihren ordnungsmäßigen Aufenthalt im Gebiet eines anderen Vertragsstaates haben, dürfen nur aus Gründen der Sicherheit des Staates, oder wenn die übrigen in Absatz 1 aufgeführten Gründe besonders schwerwiegend sind, ausgewiesen werden.

Kapitel II. Ausübung der bürgerlichen Rechte

Art. 4 Die Staatsangehörigen eines Vertragsstaates erfahren im Gebiet der anderen Vertragsstaaten im Genuß und in der Ausübung sämtlicher bürgerlichen Rechte die gleiche Behandlung wie die eigenen Staatsangehörigen.

Art. 5 Abweichend von den Bestimmungen des Artikels 4 kann jeder Vertragsstaat aus Gründen der Sicherheit des Staates oder der Landesverteidigung den Erwerb, den Besitz oder die Nutzung von Gütern jeder Art seinen eigenen Staatsangehörigen vorbehalten oder die Staatsangehörigen der anderen Vertragsstaaten Sonderregelungen, die für Ausländer gelten, unterwerfen.

Art. 6 1. Abgesehen von den Fällen, die die Sicherheit des Staates oder die Landesverteidigung berühren,
a) übermittelt jeder Vertragsstaat, der den Erwerb, den Besitz oder die Nutzung bestimmter Arten von Gütern seinen eigenen Staatsangehörigen vorbehalten oder für Ausländer, einschließlich der Staatsangehörigen der anderen Vertragsstaaten, Sonderregelungen unterworfen hat, oder der den Erwerb, den Besitz oder die Nutzung dieser Güter von der Gegenseitigkeit abhängig gemacht hat, dem Generalsekretär des Europarates bei der Unterzeichnung dieses Abkommens ein Verzeichnis dieser Beschränkungen, unter Angabe der Vorschriften des innerstaatlichen Rechts, auf denen diese Beschränkungen beruhen; der Generalsekretär teilt dieses Verzeichnis den anderen Unterzeichnerstaaten mit;
b) darf jeder Vertragsstaat, nachdem dieses Abkommen für ihn in Kraft getreten ist, neue Beschränkungen für den Erwerb, den Besitz oder die Nutzung bestimmter Arten von Gütern durch Staats-

angehörige der anderen Vertragsstaaten nur einführen, wenn er sich aus zwingenden wirtschaftlichen oder sozialen Gründen oder zur Verhinderung des spekulativen Ankaufs lebenswichtiger Versorgungsquellen des Landes hierzu genötigt sieht. In diesem Fall hat er den Generalsekretär über die getroffenen Maßnahmen, die Vorschriften des innerstaatlichen Rechts und die Gründe für diese Maßnahmen vollständig unterrichtet zu halten; der Generalsekretär macht den anderen Vertragsstaaten hiervon Mitteilung.

2. Jeder Vertragsstaat wird bestrebt sein, zugunsten der Staatsangehörigen der anderen Vertragsstaaten sein Verzeichnis der Beschränkungen zu verkleinern. Er unterrichtet von diesen Änderungen den Generalsekretär, der sie den anderen Vertragsstaaten mitteilt.

Jeder Vertragsstaat wird ferner bestrebt sein, den Staatsangehörigen der anderen Vertragsstaaten die nach seinen Rechtsvorschriften zulässigen Ausnahmen von den allgemein für Ausländer geltenden Vorschriften zu gewähren.

Kapitel III. Rechts- und Verwaltungsschutz

Art. 7 Die Staatsangehörigen eines Vertragsstaates genießen im Gebiet der anderen Vertragsstaaten unter den gleichen Voraussetzungen wie deren eigene Staatsangehörige uneingeschränkten gesetzlichen oder gerichtlichen Schutz ihrer Person, ihres Vermögens, ihrer Rechte und Interessen. Sie haben daher in gleicher Weise wie die eigenen Staatsangehörigen das Recht auf Inanspruchnahme der zuständigen Gerichts- und Verwaltungsbehörden und auf Beistandsleistung durch jede Person ihrer Wahl, die nach den Gesetzen des Landes hierzu befugt ist.

Art. 8 1. Die Staatsangehörigen eines Vertragsstaates haben im Gebiet der anderen Vertragsstaaten unter den gleichen Voraussetzungen wie deren eigene Staatsangehörige Anspruch auf Bewilligung des Armenrechts.

2. Bedürftige Staatsangehörige eines Vertragsstaates haben im Gebiet der anderen Vertragsstaaten unter den gleichen Voraussetzungen wie deren eigene bedürftige Staatsangehörige Anspruch auf kostenlose Ausstellung von Personenstandsurkunden.

Art. 9 1. Staatsangehörigen eines Vertragsstaates, die ihren Wohnsitz oder gewöhnlichen Aufenthalt im Gebiet eines der anderen Vertragsstaaten haben und die vor den Gerichten eines der Vertragsstaaten als Kläger oder sonstige Verfahrensbeteiligte auftreten, darf keine Sicherheitsleistung oder Hinterlegung, wie auch immer sie bezeichnet sein mag, deshalb auferlegt werden, weil sie Ausländer sind oder keinen Wohnsitz oder Aufenthalt im Inlande haben.

2. Das gleiche gilt für von Klägern oder sonstigen Verfahrensbeteiligten etwa zu zahlende Gerichtskostenvorschüsse.

3. Kostenentscheidungen gegen einen Kläger oder sonstigen Verfahrensbeteiligten werden auf Antrag, der auf diplomatischem Wege zu stellen ist, im Gebiet jedes anderen Vertragsstaates von der zuständigen Behörde kostenlos für vollstreckbar erklärt, wenn der Kläger oder sonstige Verfahrensbeteiligte von Sicherheitsleistung, Hinterlegung oder Zahlung der Kosten entweder nach den Bestimmungen der vorstehenden Absätze oder nach den innerstaatlichen Rechtsvorschriften des Landes, in dem die Klage erhoben wurde, befreit ist.

Kapitel IV. Ausübung einer Erwerbstätigkeit

Art. 10 Jeder Vertragsstaat wird in seinem Gebiet den Staatsangehörigen der anderen Vertragsstaaten gestatten, jede auf Erwerb gerichtete Tätigkeit unter den gleichen Bedingungen wie die eigenen Staatsangehörigen auszuüben, wenn nicht wichtige Gründe wirtschaftlicher oder sozialer Art der Erteilung der Erlaubnis entgegenstehen. Diese Bestimmung gilt, ohne hierauf beschränkt zu sein, für Tätigkeiten in Industrie, Handel, Finanzwesen, Landwirtschaft, Handwerk und freien Berufen, ohne Rücksicht darauf, ob es sich um eine selbständige oder unselbständige Erwerbstätigkeit handelt.

Art. 11 Die Staatsangehörigen eines Vertragsstaates, denen von einem anderen Vertragsstaat für eine bestimmte Zeit die Ausübung einer Erwerbstätigkeit gestattet worden ist, dürfen während dieser Zeit keinen Beschränkungen unterworfen werden, die bei Erteilung der Erlaubnis nicht vorgesehen waren, wenn diese Beschränkungen nicht unter entsprechenden Voraussetzungen auf die eigenen Staatsangehörigen Anwendung finden.

5 Texte 12.1.

Art. 12 1. Die Staatsangehörigen eines Vertragsstaates, die ihren ordnungsmäßigen Aufenthalt im Gebiet eines anderen Vertragsstaates haben, sind in gleicher Weise wie dessen eigene Staatsangehörige zur Ausübung jeder Erwerbstätigkeit berechtigt, ohne den Beschränkungen des Artikels 10 zu unterliegen, wenn sie

a) fünf Jahre ununterbrochen eine Erwerbstätigkeit in diesem Gebiet befugt ausgeübt haben oder
b) zehn Jahre ununterbrochen ihren ordnungsmäßigen Aufenthalt in diesem Gebiet gehabt haben oder
c) die Erlaubnis zum dauernden Aufenthalt erhalten haben.

Jeder Vertragsstaat kann bei der Unterzeichnung dieses Abkommens oder bei der Hinterlegung der Ratifikationsurkunde erklären, daß er eine oder zwei der vorstehenden Bedingungen nicht annimmt.

2. Jeder Vertragsstaat kann ferner in gleicher Weise die in Absatz 1 a vorgesehene Frist bis zu einer Höchstdauer von zehn Jahren verlängern mit der Maßgabe, daß nach den ersten fünf Jahren die Erneuerung der Erlaubnis für die bis zu diesem Zeitpunkt ausgeübte Tätigkeit auf keinen Fall verweigert oder von einem Wechsel dieser Tätigkeit abhängig gemacht werden darf. Jeder Vertragsstaat kann ferner erklären, daß er nicht in allen Fällen den Wechsel von unselbständiger zu selbständiger Tätigkeit ohne weiteres zulassen wird.

Art. 13 Jeder Vertragsstaat kann die Ausübung öffentlicher Aufgaben und jeder mit der Sicherheit des Staates oder der Landesverteidigung in Zusammenhang stehenden Tätigkeit den eigenen Staatsangehörigen vorbehalten oder die Ausübung dieser Tätigkeiten durch Ausländer von besonderen Voraussetzungen abhängig machen.

Art. 14 1. Unbeschadet der Regelung in Artikel 13

a) übermittelt jeder Vertragsstaat, der bestimmte Tätigkeiten seinen eigenen Staatsangehörigen vorbehalten oder ihre Ausübung durch Ausländer, einschließlich der Staatsangehörigen der anderen Vertragsstaaten, besonders geregelt oder von der Gegenseitigkeit abhängig gemacht hat, bei der Unterzeichnung dieses Abkommens dem Generalsekretär des Europarates ein Verzeichnis dieser Beschränkungen, unter Angabe der innerstaatlichen Rechtsvorschriften, auf denen die Beschränkungen beruhen; der Generalsekretär übermittelt den anderen Unterzeichnerstaaten diese Verzeichnisse;
b) darf jeder Vertragsstaat, nachdem dieses Abkommen für ihn in Kraft getreten ist, neue Beschränkungen für die Ausübung einer Erwerbstätigkeit durch Staatsangehörige der anderen Vertragsstaaten nur einführen, wenn er sich aus zwingenden Gründen wirtschaftlicher oder sozialer Art hierzu genötigt sieht. In diesem Fall hält er den Generalsekretär über die getroffenen Maßnahmen, die einschlägigen innerstaatlichen Rechtsvorschriften und die Gründe, die zu diesen Maßnahmen geführt haben, vollständig unterrichtet; der Generalsekretär macht den anderen Vertragsstaaten hiervon Mitteilung.

2. Jeder Vertragsstaat wird bestrebt sein, zugunsten der Staatsangehörigen der anderen Vertragsstaaten das Verzeichnis der Tätigkeiten, die seinen eigenen Staatsangehörigen vorbehalten sind oder deren Ausübung durch Ausländer besonders geregelt oder von der Gegenseitigkeit abhängig gemacht ist, zu verkleinern; er unterrichtet von diesen Änderungen den Generalsekretär, der sie den anderen Parteien mitteilt; einzelne Ausnahmen von den geltenden Vorschriften in dem Umfang zuzulassen, in dem seine Gesetzgebung es gestattet.

Art. 15 Die Ausübung einer Tätigkeit im Gebiet eines Vertragsstaates, für die von den Staatsangehörigen dieses Vertragsstaates ein beruflicher oder fachlicher Befähigungsnachweis oder die Leistung einer Sicherheit verlangt wird, wird für Staatsangehörige eines der anderen Vertragsstaaten von der Leistung der gleichen Sicherheit oder den gleichen oder von der zuständigen staatlichen Behörde als gleichwertig anerkannten Befähigungsnachweisen abhängig gemacht.

Die Staatsangehörigen der Vertragsstaaten, die ihren Beruf im Gebiet eines der Vertragsstaaten befugt ausüben, können indessen durch einen Fachkollegen in das Gebiet eines der anderen Vertragsstaaten zur Unterstützung in einem besonderen Fall gerufen werden.

Art. 16 Die Staatsangehörigen eines Vertragsstaates, die als Handelsreisende für ein Unternehmen tätig sind, dessen Hauptniederlassung sich im Gebiet eines der Vertragsstaaten befindet, bedürfen keiner Erlaubnis zur Ausübung ihrer Tätigkeit im Gebiet eines der anderen Vertragsstaaten, sofern sie sich dort nicht länger als zwei Monate in jedem Halbjahr aufhalten.

Art. 17 1. Die Staatsangehörigen eines Vertragsstaates dürfen im Gebiet eines der anderen Vertragsstaaten hinsichtlich staatlicher Regelungen von Arbeitsentgelt und allgemeinen Arbeitsbedingungen nicht ungünstiger behandelt werden als die eigenen Staatsangehörigen.

2. Die Bestimmungen des Kapitels sind nicht so zu verstehen, daß die Vertragsstaaten verpflichtet sind, in ihrem Gebiet die Staatsangehörigen eines der anderen Vertragsstaaten hinsichtlich der Ausübung einer Erwerbstätigkeit günstiger zu behandeln als ihre eigenen Staatsangehörigen.

Kapitel V. Rechte auf besonderen Gebieten

Art. 18 Kein Vertragsstaat darf den Staatsangehörigen eines der anderen Vertragsstaaten untersagen, sich unter den gleichen Voraussetzungen wie die eigenen Staatsangehörigen als Wähler an Wahlen zu Körperschaften oder Organisationen wirtschaftlicher oder berufsständischer Art wie Handelskammern, Landwirtschaftskammern oder Handwerkskammern zu beteiligen, wenn sie seit mindestens fünf Jahren in seinem Gebiet befugt eine entsprechende Tätigkeit ausgeübt haben; vorbehalten bleiben die Entscheidungen, die diese Körperschaften oder Organisationen im Rahmen ihrer Zuständigkeit hierüber treffen können.

Art. 19 Die Staatsangehörigen eines Vertragsstaates sind berechtigt, ohne anderen als den für die eigenen Staatsangehörigen geltenden Beschränkungen unterworfen zu sein, im Gebiet jedes anderen Vertragsstaates eine Tätigkeit als Schiedsrichter in Schiedsverfahren auszuüben, in denen die Wahl der Schiedsrichter allein den Parteien überlassen ist.

Art. 20 Die im schulpflichtigen Alter stehenden Staatsangehörigen eines Vertragsstaates, die ihren ordnungsmäßigen Aufenthalt im Gebiet eines anderen Vertragsstaates haben, werden, soweit die Zulassung zum Schulunterricht zur Zuständigkeit des Staates gehört, in gleicher Weise wie die eigenen Staatsangehörigen zum Volksschul- und höheren Schulunterricht sowie zum Fach- und Berufsschulunterricht zugelassen. Die Erstreckung dieser Bestimmung auf die Gewährung von Stipendien bleibt dem Ermessen eines jeden Vertragsstaates vorbehalten. Die Staatsangehörigen im schulpflichtigen Alter, die sich im Gebiet eines anderen Vertragsstaates aufhalten, unterliegen der Schulpflicht, wenn nach dem innerstaatlichen Recht dieses Vertragsstaates Schulpflicht für die eigenen Staatsangehörigen besteht.

Kapitel VI. Steuerwesen, zivile Dienstpflicht, Enteignung, Verstaatlichung

Art. 21 1. Die Staatsangehörigen eines Vertragsstaates unterliegen, vorbehaltlich der in geltenden oder noch abzuschließenden Abkommen enthaltenen Bestimmungen über Doppelbesteuerung, im Gebiet eines anderen Vertragsstaates keinen anderen, höheren oder drückenderen Abgaben, Gebühren, Steuern oder Beiträgen, gleich welcher Art oder Bezeichnung, als sie von den eigenen Staatsangehörigen unter entsprechenden Voraussetzungen erhoben werden; so stehen ihnen insbesondere Nachlaß oder Befreiung von Steuern oder Gebühren und Ermäßigung des Steuergrundbetrages einschließlich der Steuerabzüge für Familienunterhaltskosten zu.

2. Ein Vertragsstaat wird von den Staatsangehörigen eines anderen Vertragsstaates keine Aufenthaltsgebühren erheben, die nicht auch von den eigenen Staatsangehörigen gefordert werden. Diese Bestimmung steht einer etwaigen Erhebung von Verwaltungsgebühren, wie Gebühren für die Ausstellung der für Ausländer vorgeschriebenen Erlaubnisse und Genehmigungen, nicht entgegen. Diese Gebühren dürfen jedoch nicht höher sein als die hierdurch entstehenden Kosten.

Art. 22 Die Staatsangehörigen eines Vertragsstaates dürfen im Gebiet eines anderen Vertragsstaates nicht zu zivilen persönlichen Dienstleistungen oder Sachleistungen herangezogen werden, die anders oder drückender sind, als sie unter gleichen Voraussetzungen den eigenen Staatsangehörigen auferlegt werden.

Art. 23 Die Staatsangehörigen eines Vertragsstaates haben, unbeschadet der Bestimmungen des Artikels 1 des Zusatzprotokolls zur Konvention zum Schutze der Menschenrechte und Grundfreiheiten, bei Enteignung oder bei Verstaatlichung ihrer Vermögenswerte durch einen der anderen Vertragsstaaten Anspruch auf eine mindestens ebenso günstige Behandlung wie die eigenen Staatsangehörigen.

Kapitel VII. Ständiger Ausschuß

Art. 24 1. Im Laufe des auf das Inkrafttreten dieses Abkommens folgenden Jahres ist ein Ständiger Ausschuß zu bilden. Der Ausschuß wird Vorschläge zur Verbesserung der Anwendung des Abkommens und, soweit erforderlich, zur praktischen Ausführung oder Ergänzung seiner Bestimmungen machen.

2. Der Ausschuß wird sich bei Meinungsverschiedenheiten über die Auslegung oder die Anwendung der Bestimmungen der Artikel 6 Abs. 1 b und Artikel 14 Abs. 1 b auf Ersuchen eines der beteiligten Vertragsstaaten um eine Einigung bemühen.

3. Der Ausschuß wird in regelmäßigen Zeitabständen einen Bericht vorlegen, der alle Angaben über die im Gebiet der Vertragsstaaten geltenden Gesetze und sonstigen Rechtsvorschriften für die in diesem Abkommen behandelten Sachgebiete enthält.

4. Jedes Mitglied des Europarates, das dieses Abkommen ratifiziert hat, entsendet einen Vertreter in den Ausschuß. Jedes andere Mitglied des Europarates kann sich durch einen Beobachter vertreten lassen, der an den Sitzungen mit beratender Stimme teilnimmt.

5. Der Ausschuß wird vom Generalsekretär des Europarates einberufen. Er tritt zu seiner ersten Tagung binnen drei Monaten nach seiner Bildung zusammen. Weitere Tagungen werden mindestens alle zwei Jahre abgehalten. Der Ausschuß kann ferner jederzeit einberufen werden, wenn das Ministerkomitee des Europarates es für notwendig hält. Die Zweijahresfrist beginnt mit dem letzten Sitzungstag der vorhergehenden Tagung.

6. Die Stellungnahmen oder Empfehlungen des Ständigen Ausschusses werden dem Ministerkomitee unterbreitet.

7. Der Ständige Ausschuß gibt sich seine Geschäftsordnung selbst.

Kapitel VIII. Allgemeine Bestimmungen

Art. 25 Die Bestimmungen dieses Abkommens berühren nicht die Bestimmungen der bereits in Kraft befindlichen oder später in Kraft tretenden innerstaatlichen Gesetze, zweiseitige oder mehrseitige Verträge, Abkommen oder Vereinbarungen, durch die Staatsangehörigen eines anderen Vertragsstaates oder mehrerer anderer Vertragsstaaten eine günstigere Behandlung gewährt wird.

Art. 26 1. Jedes Mitglied des Europarates kann bei Unterzeichnung dieses Abkommens oder bei Hinterlegung seiner Ratifikationsurkunde Vorbehalte zu einer bestimmten Vorschrift des Abkommens machen, soweit ein in seinem Gebiet zu dieser Zeit geltendes Gesetz mit dieser Vorschrift nicht übereinstimmt. Vorbehalte allgemeiner Art sind nach diesem Artikel nicht zulässig.

2. Jeder Vorbehalt nach diesem Artikel muß kurze Angaben über das in Betracht kommende Gesetz enthalten.

3. Jedes Mitglied des Europarates, das einen Vorbehalt nach diesem Artikel macht, wird den Vorbehalt zurückziehen, sobald die Umstände es gestatten. Vorbehalte werden durch eine Mitteilung an den Generalsekretär des Europarates zurückgezogen; sie werden mit dem Tag des Eingangs der Mitteilung wirksam. Der Generalsekretär wird den Wortlaut der Mitteilung allen Unterzeichnerstaaten übermitteln.

Art. 27 Ein Vertragsstaat, der nach Artikel 26 einen Vorbehalt zu einer bestimmten Vorschrift dieses Abkommens gemacht hat, kann ihre Anwendung durch einen anderen Vertragsstaat nur insoweit verlangen, als er selbst die Vorschrift angenommen hat.

Art. 28 1. Im Falle eines Krieges oder eines anderen öffentlichen Notstandes, der das Leben der Nation bedroht, kann jeder Vertragsstaat Maßnahmen ergreifen, die von den mit diesem Abkommen eingegangenen Verpflichtungen abweichen, soweit die Verhältnisse es erforderlich machen, und unter der Voraussetzung, daß diese Maßnahmen nicht zu sonstigen völkerrechtlichen Verpflichtungen in Widerspruch stehen.

2. Jeder Vertragsstaat, der von dem Recht Gebrauch macht, von den eingegangenen Verpflichtungen abzuweichen, wird den Generalsekretär des Europarates über die ergriffenen Maßnahmen und die hierfür maßgeblichen Gründe vollständig unterrichtet halten. Er wird den Generalsekretär des Europa-

rates auch über den Tag unterrichten, an dem diese Maßnahmen unwirksam werden und die Bestimmungen des Abkommens wieder uneingeschränkt Anwendung finden.

Kapitel IX. Geltungsbereich des Abkommens

Art. 29 1. Dieses Abkommen findet auf das Mutterland jedes der Vertragsstaaten Anwendung.

2. Jedes Mitglied des Europarates kann bei der Unterzeichnung oder der Ratifizierung dieses Abkommens oder zu einem späteren Zeitpunkt durch eine Mitteilung an den Generalsekretär des Europarates erklären, daß dieses Abkommen auf das Gebiet oder die Gebiete Anwendung findet, die in dieser Erklärung bezeichnet sind und für deren internationale Beziehungen es verantwortlich ist.

3. Jede nach Absatz 2 abgegebene Erklärung kann für jedes in der Erklärung bezeichnete Gebiet unter den Voraussetzungen des Artikels 33 zurückgezogen werden.

4. Der Generalsekretär wird den anderen Mitgliedern des Europarates jede ihm nach Absatz 2 oder 3 zugegangene Erklärung zur Kenntnis bringen.

Art. 30 1. Staatsangehörige im Sinne dieses Abkommens sind alle natürlichen Personen, die die Staatsangehörigkeit eines der Vertragsstaaten besitzen.

2. Keiner der Vertragsstaaten ist verpflichtet, die Vergünstigungen dieses Abkommens denjenigen Staatsangehörigen eines anderen Vertragsstaates zu gewähren, die ihren gewöhnlichen Aufenthalt in einem Gebiet haben, das nicht zum Mutterland dieses Vertragsstaates gehört und auf das dieses Abkommen keine Anwendung findet.

Kapitel X. Beilegung von Streitigkeiten

Art. 31 1. Streitigkeiten, die zwischen den Vertragsstaaten über die Auslegung oder die Anwendung dieses Abkommens entstehen, sind aufgrund besonderer Vereinbarung oder auf Antrag einer der Streitparteien dem Internationalen Gerichtshof zu unterbreiten, sofern die Parteien sich nicht über ein anderes Verfahren für eine gütliche Beilegung des Streites einigen.

2. Nach Inkrafttreten des Europäischen Übereinkommens zur friedlichen Beilegung von Streitigkeiten werden die diesem Abkommen beigetretenen Parteien die sie bindenden Bestimmungen des Übereinkommens auf alle auftretenden Streitigkeiten anwenden, die zwischen ihnen bezüglich des vorliegenden Abkommens entstehen.

3. Jede Streitigkeit, auf die ein in Absatz 1 und Absatz 2 vorgesehenes Verfahren Anwendung findet, ist von den beteiligten Parteien umgehend dem Generalsekretär des Europarates zur Kenntnis zu bringen, der die anderen Vertragsstaaten unverzüglich unterrichtet.

4. Kommt eine an einer Streitigkeit beteiligte Partei nicht den Verpflichtungen nach, die ihr aufgrund einer Entscheidung des Internationalen Gerichtshofs oder des Spruchs eines Schiedsgerichts obliegen, so kann die andere das Ministerkomitee des Europarates anrufen. Das Ministerkomitee kann, wenn es ihm notwendig erscheint, Empfehlungen im Hinblick auf die Ausführung der Entscheidung oder des Schiedsspruchs mit Zweidrittelmehrheit der stimmberechtigten Vertreter im Ministerkomitee erteilen.

Kapitel XI. Schlußbestimmungen

Art. 32 Das diesem Abkommen beigefügte Protokoll ist Bestandteil des Abkommens.

Art. 33 1. Ein Vertragsstaat kann dieses Abkommen frühestens nach Ablauf von fünf Jahren, gerechnet vom Tage seines Beitritts zu dem Abkommen, mit einer Frist von sechs Monaten durch eine Mitteilung an den Generalsekretär des Europarates kündigen; der Generalsekretär unterrichtet die anderen Vertragsstaaten. Jeder Vertragsstaat, der von dieser Kündigungsmöglichkeit keinen Gebrauch macht, bleibt für jeweils weitere zwei Jahre durch das Abkommen gebunden, bis er das Abkommen mit einer Frist von sechs Monaten zum Ablauf einer solchen Zweijahresfrist kündigt.

2. Die Kündigung enthebt den Vertragsstaat nicht seiner in dem Abkommen eingegangenen Verpflichtungen für Handlungen, die von ihm vor dem Wirksamwerden der Kündigung vorgenommen worden sind.

3. Ein Vertragsstaat, der aus dem Europarat ausscheidet, ist, vorbehaltlich der Bestimmung des Absatzes 2, nicht mehr Partei dieses Abkommens.

Art. 34 1. Dieses Abkommen wird zur Unterzeichnung durch die Mitglieder des Europarates aufgelegt. Es bedarf der Ratifizierung. Die Ratifizierungsurkunden werden bei dem Generalsekretär des Europarates hinterlegt.

2. Dieses Abkommen tritt mit dem Tage der Hinterlegung der fünften Ratifikationsurkunde in Kraft.

3. Für jeden Unterzeichnerstaat, der das Abkommen später ratifiziert, tritt es mit dem Tage der Hinterlegung seiner Ratifikationsurkunde in Kraft.

4. Der Generalsekretär unterrichtet die Mitglieder des Europarates von dem Inkrafttreten des Abkommens, den Namen der Vertragsstaaten, die es ratifiziert haben, den Vorbehalten und der Hinterlegung jeder weiteren Ratifikationsurkunde.

Protokoll

Abschnitt I

Zu den Artikeln 1, 2, 3, 5, 6 Abs. 1 b, den Artikeln 10, 13 und 14 Abs. 1 b

a) Jeder Vertragsstaat hat das Recht, nach seinen innerstaatlichen Grundsätzen zu beurteilen:
1. die „Gründe der öffentlichen Ordnung, der Sicherheit, der Volksgesundheit oder der Sittlichkeit", die der Einreise der Staatsangehörigen der anderen Vertragsstaaten in sein Gebiet etwa entgegenstehen,
2. die sich aus seinen „wirtschaftlichen und sozialen Verhältnissen" ergebenden Gründe, die der Erteilung einer Aufenthaltserlaubnis für einen längeren oder dauernden Aufenthalt oder der Genehmigung zur Ausübung einer Erwerbstätigkeit an die Staatsangehörigen der anderen Vertragsstaaten in seinem Gebiet etwa entgegenstehen,
3. die Tatbestände, in denen eine Gefährdung der Sicherheit des Staates oder eine Beeinträchtigung der öffentlichen Ordnung oder der Sittlichkeit zu erblicken ist,
4. die in dem Abkommen im einzelnen bezeichneten Gründe, die einem Vertragsstaat das Recht geben, den Erwerb, den Besitz oder die Nutzung bestimmter Arten von Gütern und die Ausübung bestimmter Rechte und Tätigkeiten seinen eigenen Staatsangehörigen vorzubehalten oder Staatsangehörige der anderen Vertragsstaaten von besonderen Voraussetzungen abhängig zu machen.

b) Jeder Vertragsstaat hat selbst zu beurteilen, ob die Gründe, die eine Ausweisung rechtfertigen können, „besonders schwerwiegend" sind. Hierbei ist das Verhalten des Betreffenden während der gesamten Dauer seines Aufenthalts zu berücksichtigen.

c) Von der Möglichkeit, die Rechte von Staatsangehörigen der anderen Vertragsstaaten zu beschränken, darf nur aus den in dem Abkommen aufgeführten Gründen Gebrauch gemacht werden, und nur insoweit, als dies mit den von den Vertragsstaaten eingegangenen Verpflichtungen vereinbar ist.

Abschnitt II

Zu den Artikeln 1, 2, 3, 10, 11, 12, 13, 14, 15, 16, 17 und 20

a) Die Vorschriften, die die Einreise, den Aufenthalt und die Freizügigkeit der Ausländer sowie die Ausübung einer Erwerbstätigkeit durch Ausländer regeln, werden von dem Abkommen nicht berührt, soweit sie nicht zu den Bestimmungen des Abkommens in Widerspruch stehen.

b) Der Aufenthalt von Staatsangehörigen eines Vertragsstaates gilt als ordnungsmäßig in dem Gebiet eines anderen Vertragsstaates, wenn den unter a) genannten Vorschriften entsprochen ist.

Abschnitt III

Zu den Artikeln 1, 2 und 3

a) Der Begriff „öffentliche Ordnung" ist in dem weiten Sinne auszulegen, in dem er im allgemeinen in den kontinentalen Ländern verstanden wird. Ein Vertragsstaat kann insbesondere einem Staatsangehörigen eines anderen Vertragsstaates die Einreise aus politischen Gründen verweigern oder wenn

Grund zu der Annahme besteht, daß er nicht über genügend Mittel für seinen Unterhalt verfügt oder eine Erwerbstätigkeit ohne eine etwa erforderliche Erlaubnis auszuüben beabsichtigt.

b) Die Vertragsstaaten verpflichten sich, bei Ausübung der ihnen zustehenden Rechte auf familiäre Bindungen Rücksicht zu nehmen.

c) Das Recht der Ausweisung darf nur im Einzelfall ausgeübt werden.

Die Vertragsstaaten werden von diesem Recht in Anbetracht der besonderen Beziehungen, die zwischen den Mitgliedern des Europarates bestehen, rücksichtsvoll Gebrauch machen. Sie werden insbesondere familiären Bindungen und der Dauer des Aufenthalts des Betreffenden in ihrem Gebiet Rechnung tragen.

Abschnitt IV

Zu den Artikeln 8 und 9

Die Bestimmungen der Artikel 8 und 9 des Abkommens berühren nicht die Verpflichtungen, die sich aus dem Haager Abkommen über den Zivilprozeß ergeben.

Abschnitt V

Zu den Artikeln 10, 11, 12, 13, 14, 15, 16 und 17

a) Die Bestimmungen der Artikel 10, 11, 12, 13, 14, 15, 16 und 17 des Abkommens finden unter den in den Artikeln 1 und 2 enthaltenen Voraussetzungen für die Einreise und den Aufenthalt Anwendung.

b) Dem Ehegatten und den unterhaltsberechtigten Kindern von Staatsangehörigen eines Vertragsstaates, die die Erlaubnis erhalten haben, ihren sich in dem Gebiet eines anderen Vertragsstaates ordnungsmäßig aufhaltenden Angehörigen zu begleiten oder sich mit ihm wieder zu vereinen, wird nach Möglichkeit erlaubt, unter den in diesem Abkommen vorgesehenen Bedingungen ein Arbeitsverhältnis einzugehen.

c) Die Bestimmungen des Artikels 12 des Abkommens finden keine Anwendung auf Staatsangehörige eines Vertragsstaates, die sich im Gebiet eines anderen Vertragsstaates aufgrund einer Sonderregelung aufhalten oder aufgrund besonderer Regelungen oder Vereinbarungen eine Erwerbstätigkeit ausüben, wie die Mitglieder oder die nicht am Ort eingestellten Bediensteten von diplomatischen und konsularischen Vertretungen, das Personal internationaler Organisationen, Gastarbeitnehmer, Lehrlinge, Studenten, zur Vervollständigung ihrer Berufsausbildung Beschäftigte und die Mitglieder von Schiffs- und Flugzeugbesatzungen.

d) Für die Zwecke des Artikels 16 des Abkommens dürfen die Vertragsstaaten den Beruf des Handelsreisenden in ihren innerstaatlichen Gesetzen und sonstigen Rechtsvorschriften nicht dem Wandergewerbe oder Hausierergewerbe gleichstellen.

e) Es besteht Übereinstimmung darüber, daß Artikel 16 nur auf diejenigen Handelsreisenden Anwendung findet, die im Dienst eines Unternehmens stehen, das seinen Sitz außerhalb des Aufnahmelandes hat, und die ausschließlich von diesem Unternehmen entlohnt werden.

f) Die Bestimmungen des Artikels 17 Abs. 1 des Abkommens finden in dem besonderen Fall der Gastarbeitnehmer hinsichtlich ihres Arbeitsentgelts keine Anwendung.

Abschnitt VI

Zu den Artikeln 2, 11, 12, 13, 14, 15, 16, 17 und 25

a) Es besteht Übereinstimmung darüber, daß das Abkommen auf gewerbliche Schutzrechte, die Rechte an Werken der Literatur und Kunst sowie die Rechte an neuen Pflanzenzüchtungen keine Anwendung findet, da diese Gebiete den geltenden oder künftig in Kraft tretenden einschlägigen internationalen Abkommen oder sonstigen internationalen Vereinbarungen vorbehalten bleiben.

b) Diejenigen Parteien des Abkommens, die durch die Beschlüsse des Rats der Organisation für Europäische Wirtschaftliche Zusammenarbeit zur Regelung der Beschäftigung von Staatsangehörigen der Mitgliedstaaten dieser Organisation gebunden sind oder gebunden sein werden, werden im Verhältnis zueinander hinsichtlich der Ausübung unselbständiger Tätigkeit die jeweils für den Arbeitnehmer günstigsten Bestimmungen anwenden. Bei der Anwendung der Bestimmungen der Artikel 2, 10, 11, 12, 13, 14, 15, 16 und 17 des Abkommens und bei der Beurteilung der in den Artikeln 10 und 14 erwähnten wirtschaftlichen und sozialen Gründe werden sie dem Geist und dem Buchstaben der oben genannten Ratsbeschlüsse entsprechen, insoweit diese für die Arbeitnehmer günstiger sind als die Bestimmungen des Abkommens.

Abschnitt VII

Zu Artikel 26 Abs. 1

Die Vertragsstaaten werden von ihrem Vorbehaltsrecht nur in dem Umfang Gebrauch machen, in dem nach ihrer Auffassung wesentliche Bestimmungen ihres innerstaatlichen Rechts es erfordern.

Abschnitt VIII

Zu Artikel 29 Abs. 1

a) Dieses Abkommen findet in bezug auf Frankreich auch auf Algerien und die überseeischen Departments Anwendung.
b) Die Bundesrepublik Deutschland kann die Anwendung des Abkommens durch eine an den Generalsekretär des Europarates zu richtende Erklärung auch auf das Land Berlin erstrecken. Der Generalsekretär wird die anderen Vertragsstaaten hiervon in Kenntnis setzen.

Zu Artikel 29 Abs. 2

Jedes Mitglied des Europarates, das eine Erklärung nach Artikel 29 Abs. 2 des Abkommens abgibt, wird gleichzeitig dem Generalsekretär des Europarates für alle Gebiete, die in dieser Erklärung genannt sind, die Verzeichnisse der in Artikel 6 Abs. 1 und Artikel 14 Abs. 1 vorgesehenen Beschränkungen sowie alle Erklärungen nach Artikel 12 und alle Vorbehalte nach Artikel 26 des Abkommens zur Kenntnis bringen.

Zu Artikel 30

Der „gewöhnliche Aufenthalt" bestimmt sich nach den Rechtsvorschriften des Landes, dessen Staatsangehörigkeit der Betreffende besitzt.

Abschnitt IX

Zu Artikel 31 Abs. 1

Vertragsstaaten, die dem Statut des Internationalen Gerichtshofs nicht angehören, werden die erforderlichen Maßnahmen treffen, um Zugang zu dem Gerichtshof zu erlangen.

12.2. Protokoll über den Handel zwischen der Bundesrepublik Deutschland und Ceylon betreffend allgemeine Fragen

Vom 22. November 1952 mit Ergänzungsprotokoll vom 29. Januar 1954, Gesetz vom 16. März 1955 (BGBl. II 189), in Kraft getreten am 8. August 1955 (BGBl. II 879)

– Auszug –

Art. 1 Einreise und Aufenthalt; Meistbegünstigung. Jede der beiden Regierungen wird den Staatsangehörigen des anderen Landes, die sich im Handel oder im Geschäftsleben betätigen wollen, bezüglich der Einreise, des Aufenthaltes und der Arbeitsgenehmigung im Rahmen der in jedem der beiden Länder geltenden diesbezüglichen Einwanderungsgesetze das Meistbegünstigungsrecht einräumen.

12.3. Freundschafts-, Handels- und Schiffahrtsvertrag zwischen der Bundesrepublik Deutschland und der Dominikanischen Republik

Vom 23. Dezember 1957, Gesetz vom 16. Dezember 1959 (BGBl. 1959 II 1468),
in Kraft seit 3. Juni 1960 (BGBl. II 1874), mit Protokoll

– Auszug –

Art. 1 (1) Jeder Vertragsstaat gewährt den Staatsangehörigen und Gesellschaften des anderen Vertragsstaates, ihrem Vermögen, ihren Unternehmen und ihren übrigen Belangen jederzeit gerechte und billige Behandlung.

(2) Zwischen den Gebieten der beiden Vertragsstaaten besteht im Rahmen der Bestimmungen dieses Vertrages Freiheit des Handels und der Schiffahrt.

Art. 2 (1) Die Staatsangehörigen eines Vertragsstaates werden im Gebiet des anderen Vertragsstaates hinsichtlich Einreise, Aufenthalt, Niederlassung, Ausreise und Ausweisung nach Maßgabe der gesetzlichen Vorschriften behandelt. Die Vertragsstaaten werden es sich angelegen sein lassen, alle Entscheidungen auf diesen Gebieten so wohlwollend wie möglich zu treffen.

(2) Im Falle der Einleitung eines Ausweisungsverfahrens gegen einen Staatsangehörigen des anderen Vertragsstaates ist auf dessen Verlangen sofort der nächste konsularische Vertreter seines Landes zu verständigen. Dieser ist berechtigt, ihn zu besuchen und mit ihm Verbindung zu halten.

Art. 3 (1) Die Staatsangehörigen des einen Vertragsstaates genießen im Gebiet des anderen Vertragsstaates Gewissensfreiheit und Freiheit der Religionsausübung. Sie dürfen sich entsprechend den verfassungsrechtlichen Bestimmungen dieses anderen Vertragsstaates auf religiösem, kulturellem und sozialem Gebiet in jeder Beziehung betätigen. Diese Bestimmung darf jedoch nicht dahin ausgelegt werden, daß sie ein Recht zu politischer Betätigung gewährt oder stillschweigend zugesteht.

(2) Beide Vertragsstaaten werden sich zur Förderung der kulturellen und wirtschaftlichen Beziehungen bemühen, wechselseitige Informationsmöglichkeiten nach besten Kräften zu entwickeln, um zu einer besseren Kenntnis des anderen Vertragsstaates und zu einer Vertiefung ihrer Beziehungen im allgemeinen zu gelangen.

(3) Die Bestimmungen dieses Artikels berühren nicht das Recht beider Vertragsstaaten, Maßnahmen zu treffen, die zur Erhaltung der öffentlichen Sicherheit und Ordnung sowie zum Schutz der guten Sitten und der Volksgesundheit notwendig sind.

Art. 4 (1) Die Staatsangehörigen des einen Vertragsstaates genießen im Gebiet des anderen Vertragsstaates für ihre Person Schutz und Sicherheit wie die Staatsangehörigen dieses anderen Vertragsstaates. Keinesfalls darf ihre Behandlung weniger günstig sein, als sie Staatsangehörigen irgendeines dritten Landes gewährt wird oder dem Völkerrecht entspricht.

(2) Wird ein Staatsangehöriger eines Vertragsstaates im Gebiet des anderen Vertragsstaates festgenommen, so ist auf sein Verlangen der nächste konsularische Vertreter seines Landes sobald wie möglich zu benachrichtigen. Dieser ist berechtigt, ihn zu besuchen und mit ihm Verbindung zu halten. Der festgenommene Staatsangehörige ist menschlich zu behandeln, unverzüglich nach Maßgabe der geltenden Gesetze von den gegen ihn erhobenen Beschuldigungen in Kenntnis zu setzen und so bald wie möglich vor ein Gericht zu stellen. Er kann alle für seine Verteidigung notwendigen und angemessenen Hilfsmittel, insbesondere die Dienste eines Anwalts seiner Wahl, in Anspruch nehmen.

Art. 5 (1) Die Staatsangehörigen des einen Vertragsstaates dürfen von dem anderen Vertragsstaat nicht zur Erfüllung einer gesetzlichen Wehrdienstpflicht herangezogen werden.

(2) Bei Sach- und Dienstleistungen und allgemeinen militärischen Lasten sowie anderen ähnlichen Lasten gilt für die Angehörigen und Gesellschaften des anderen Vertragsstaates Meistbegünstigung.

Art. 6 (1) Das Eigentum der Staatsangehörigen und Gesellschaften des einen Vertragsstaates genießt im Gebiet des anderen Vertragsstaates Schutz und Sicherheit.

(2) Grundstücke, die Staatsangehörigen oder Gesellschaften des einen Vertragsstaates gehören und im Gebiet des anderen Vertragsstaates gelegen sind, dürfen nur im Rahmen der geltenden Gesetze betreten, Eingriffen unterworfen, durchsucht oder überprüft werden. Bei derartigen Maßnahmen werden die Vertragsstaaten auf die auf den Grundstücken wohnenden oder beschäftigten Personen und den Geschäftsbetrieb jede mögliche Rücksicht nehmen.

(3) Keiner der beiden Vertragsstaaten darf unbillige oder diskriminierende Maßnahmen ergreifen, durch welche die in seinem Gebiet von den Staatsangehörigen und Gesellschaften des anderen Vertragsstaates rechtmäßig erworbenen Ansprüche oder Interessen an den von ihnen errichteten Unternehmen oder an dem von ihnen durch Kapital oder durch ihr technisches Können, Wissen oder Geschick hierzu geleisteten Beitrag beeinträchtigt würden.

(4) Die Staatsangehörigen und Gesellschaften des einen Vertragsstaates genießen im Gebiet des anderen Vertragsstaates nach dessen Verfassungsbestimmungen das Recht auf Eigentum. Das Eigentum kann jedoch nur aus gerechtfertigten Gründen des öffentlichen Wohls oder des sozialen Interesses und gegen gerechte Entschädigung entzogen werden. Die Rechtmäßigkeit der Maßnahme und die Höhe der Entschädigung müssen in einem ordentlichen Rechtsverfahren nachgeprüft werden können.

Art. 7 (1) Den Staatsangehörigen und Gesellschaften des einen Vertragsstaates wird im Gebiet des anderen Vertragsstaates hinsichtlich des Zutritts zu den Gerichten und Verwaltungsgerichten aller Instanzen zum Schutz ihrer Rechte dieselbe Behandlung wie den eigenen Staatsangehörigen und Gesellschaften gewährt. Dasselbe gilt für den Zutritt zu den Amtsstellen.

(2) Die Staatsangehörigen des einen Vertragsstaates können im Gebiet des anderen Vertragsstaates wie dessen eigene Staatsangehörige bei Schiedsverfahren in Handelssachen, bei denen die Wahl der Schiedsrichter ausschließlich den Beteiligten überlassen ist, schiedsrichterliche Aufgaben erfüllen.

Art. 8 (1) Die Staatsangehörigen des einen Vertragsstaates können im Gebiet des anderen Vertragsstaates jede selbständige oder unselbständige Tätigkeit aufnehmen und ausüben, sofern sie die dort verlangten gesetzlichen Voraussetzungen erfüllen. Dieses gilt auch für Gesellschaften, soweit sie entsprechenden Anforderungen genügen, wie sie an gleichartige inländische Gesellschaften nach den für diese geltenden Vorschriften gestellt werden können.

(2) Die Staatsangehörigen und Gesellschaften des einen Vertragsstaates können im Gebiet des anderen Vertragsstaates im Rahmen der geltenden Gesetze Gesellschaften errichten oder sich an ihrer Errichtung beteiligen und Beteiligungen an Gesellschaften des anderen Vertragsstaates erwerben.

(3) Jeder Vertragsstaat behält sich das Recht vor, den Umfang einzuschränken, in dem in seinem Gebiet die Staatsangehörigen und Gesellschaften des anderen Vertragsstaates Unternehmen errichten, Beteiligungen erwerben oder Unternehmen betreiben dürfen, die sich auf dem Gebiet der öffentlichen Versorgung, des öffentlichen Verkehrs, der Luft- oder Seetransporte, der Nutzung von Land oder der Ausbeutung von Boden- und Naturschätzen betätigen.

(4) Die Bestimmungen der Absätze (1) und (2) gelten nicht für
a) den Gewerbebetrieb im Umherziehen und das ambulante Gewerbe am Wohnort;
b) eine Tätigkeit im öffentlichen Dienst;
c) Tätigkeiten, deren Ausübung Ausländern nicht oder nur beschränkt zugänglich ist, gemäß Protokollziffer (4) Buchstabe b).

(5) Den Staatsangehörigen und Gesellschaften des einen Vertragsstaates sowie den Unternehmen, die in ihrem Eigentum oder unter ihrem bestimmenden Einfluß stehen, wird im Gebiet des anderen Vertragsstaates in allen in diesem Artikel behandelten Angelegenheiten Meistbegünstigung gewährt.

Art. 9 (1) Die Staatsangehörigen und Gesellschaften des einen Vertragsstaates, die in seinem Gebiet ein Gewerbe betreiben, sind berechtigt, im Gebiet des anderen Vertragsstaates unter Beachtung der bestehenden gesetzlichen Vorschriften selbst oder durch in ihren Diensten stehende Handelsreisende Waren aufzukaufen oder bei Kaufleuten oder bei Personen, in deren Geschäftsbetrieb Waren der angebotenen Art verwendet werden, Bestellungen auf Waren aufzusuchen. Sie dürfen Warenmuster, aber keine Waren mit sich führen.

(2) Für die in Absatz (1) angeführten Tätigkeiten wird Meistbegünstigung gewährt.

Art. 10 (1) Die Staatsangehörigen und Gesellschaften des einen Vertragsstaates dürfen im Gebiet des anderen Vertragsstaates wie die Staatsangehörigen und Gesellschaften dieses Vertragsstaates Dienste von Arbeitnehmern und selbständig Tätigen in Anspruch nehmen.

(2) Die Staatsangehörigen und Gesellschaften des einen Vertragsstaates dürfen im Gebiet des anderen Vertragsstaates ihre Sachverständigen und Fachleute für besondere Aufgaben zur Durchführung von innerbetrieblichen Untersuchungen im Zusammenhang mit der Planung und dem Betrieb eines Unternehmens, das ihnen gehört oder an dem sie wesentlich beteiligt sind, beschäftigen; die Sachverständigen und Fachleute dürfen diesen Staatsangehörigen und Gesellschaften Bericht erstatten.

Art. 20 (1) Durch diesen Vertrag bleibt das Recht eines jeden Vertragsstaates unberührt, Maßnahmen anzuwenden,
a) welche die Einfuhr und Ausfuhr von Gold, Platin, Silber und ihren Legierungen regeln;
b) welche spaltbare Stoffe oder Stoffe, die zu deren Herstellung dienen, sowie die bei der Verwendung oder Verarbeitung dieser Stoffe anfallenden radioaktiven Nebenprodukte betreffen;
c) welche die Erzeugung und den Handel mit Waffen, Munition und Kriegsmaterial und deren Beförderung betreffen sowie den Handel mit anderen Waren regeln, die unmittelbar oder mittelbar zur Versorgung von Streitkräften bestimmt sind;
d) welche notwendig sind, um seine Verpflichtungen zur Aufrechterhaltung oder Wiederherstellung des internationalen Friedens und der internationalen Sicherheit zu erfüllen, oder die zum wirksamen Schutz seiner eigenen wesentlichen Sicherheitsinteressen unerläßlich sind;
e) welche sich auf die Fischerei und Jagd auf See beziehen, deren Regelung im allgemeinen – einschließlich der Anlandung der Ergebnisse der Fischerei und Jagd seiner Fischer und der von ihnen daraus gewonnenen Erzeugnisse – den Gesetzen und Verwaltungsvorschriften der Vertragsstaaten unterliegt;
f) welche dem Schutz der einheimischen Kunst-, historischen oder archäologischen Schätze dienen;
g) welche die Vorschriften steuerlicher und polizeilicher Art, denen im Gebiet des betreffenden Vertragsstaates die einheimischen Waren unterworfen sind, auf die gleichartigen ausländischen Waren ausdehnen;
h) welche die Ein- und Ausfuhr aus gesundheitlichen oder anderen Gründen nicht rein handelsmäßiger Natur oder zur Verhinderung irreführender oder unlauterer Praktiken verbieten oder beschränken, sofern diese Verbote oder Beschränkungen keine willkürliche Diskriminierung des Handels des anderen Vertragsstaates darstellen.

(2) Die Meistbegünstigungsbestimmungen dieses Vertrages gelten nicht für
a) Vergünstigungen, die einer der beiden Vertragsstaaten einem anderen Land durch Abkommen zur Vermeidung einer unterschiedlichen Behandlung in steuerlichen Angelegenheiten und insbesondere zur Vermeidung der zwischenstaatlichen Doppelbesteuerung gewährt;
b) Vergünstigungen und Vorteile, die einer der beiden Vertragsstaaten aufgrund einer Zollunion oder Freihandelszone oder aufgrund seiner Zugehörigkeit zu einer Gemeinschaft gewährt, die zwischen mehreren Ländern errichtet worden ist, und gemeinschaftliche Regelungen auf einem oder mehreren Gebieten der Erzeugung, des Handels, der Dienstleistungen oder der Niederlassung einschließt oder die der Sicherheit dieser Länder dient;
c) Vergünstigungen, die einer der beiden Vertragsstaaten benachbarten Ländern zur Erleichterung des Grenzverkehrs gewährt;
d) Vergünstigungen, die sich aus dem Vertrage über die Beziehungen zwischen der Bundesrepublik Deutschland und den Drei Mächten und den Zusatzverträgen in der Fassung des in Paris am 23. Oktober 1954 unterzeichneten Protokolls über die Beendigung des Besatzungsregimes in der Bundesrepublik Deutschland ergeben;
e) Vergünstigungen, die einer der beiden Vertragsstaaten einem oder mehreren Ländern auf dem Gebiet der Zivilluftfahrt gewährt.

(3) Die Bestimmungen dieses Vertrages über die Behandlung von Waren schließen keine Handlung eines der Vertragsstaaten aus, die das Allgemeine Zoll- und Handelsabkommen (GATT) vorschreibt oder zuläßt, solange dieser Vertragsstaat Vertragspartner des Abkommens ist. Dementsprechend finden die Bestimmungen dieses Vertrages über die Meistbegünstigung keine Anwendung auf Sondervergünstigungen, die aufgrund des vorgenannten Abkommens eingeräumt werden.

Art. 21 (1) Der Ausdruck „gleiche Behandlung wie die der eigenen Staatsangehörigen und Gesellschaften" bedeutet eine nicht weniger günstige Behandlung als diejenige, die innerhalb des Gebietes eines Vertragsstaates unter gleichartigen Voraussetzungen den Staatsangehörigen, Gesellschaften, Erzeugnissen, Schiffen und sonstigen Objekten jeder Art dieses Vertragsstaates gewährt wird.

(2) Der Ausdruck „Meistbegünstigung" bedeutet die innerhalb des Gebietes eines Vertragsstaates gewährte Behandlung, die nicht weniger günstig ist als diejenige, die dort unter gleichartigen Voraus-

setzungen den Staatsangehörigen, Gesellschaften, Erzeugnissen, Schiffen und sonstigen Objekten jeder Art irgendeines dritten Landes gewährt wird.

(3) Der Ausdruck „Gesellschaften" in diesem Vertrag bedeutet Handelsgesellschaften sowie andere Gesellschaften, Vereinigungen und juristische Personen; dabei ist es unerheblich, ob die Haftung ihrer Gesellschafter beschränkt ist oder nicht.

(4) Unbeschadet anderer Verfahren zur Feststellung der Staatsangehörigkeit gilt als Staatsangehöriger eines Vertragsstaates jede Person, die einen von den zuständigen Behörden des betreffenden Vertragsstaates ausgestellten nationalen Reisepaß oder eines der im Protokoll Ziffer (12) genannten gültigen Ausweispapiere besitzt.

Protokoll
– Auszug –

BEI DER UNTERZEICHNUNG des Freundschafts-, Handels- und Schiffahrtsvertrages zwischen der Bundesrepublik Deutschland und der Dominikanischen Republik haben die unterzeichneten Bevollmächtigten außerdem folgende Bestimmungen vereinbart, die als Bestandteil des Vertrages betrachtet werden sollen:

(1) Die Ausdrücke „Volksgesundheit" in Artikel 3 Absatz (3) und „aus gesundheitlichen Gründen" in Artikel 20 Absatz (1) Buchstabe h) umfassen den Schutz des Lebens und der Gesundheit von Menschen, Tieren und Pflanzen.

(2) Personen, die die Staatsangehörigkeit beider Vertragsstaaten besitzen und ihren dauernden Aufenthalt sowie ihre Lebensgrundlage im Gebiet eines der Vertragsstaaten haben, dürfen nur von diesem Vertragsstaat zur Erfüllung einer gesetzlichen Wehrdienstpflicht herangezogen werden (zu Artikel 5 Absatz (1)).

(3) Die Behandlung gemäß Artikel 7 Absatz (1) umfaßt nicht die Bewilligung des Armenrechts und die Befreiung vom Erfordernis der Sicherheitsleistung für die Prozeßkosten.

(4)
a) Die Bestimmungen des Artikels 8 Absatz (1) und des Artikels 10 Absatz (1) hindern keinen der Vertragsstaaten, seine Vorschriften über die Beschäftigung ausländischer Arbeitnehmer anzuwenden. Artikel 8 Absatz (5) findet auf die Beschäftigung von Staatsangehörigen des einen Vertragsstaates als Arbeitnehmer im Gebiet des anderen Vertragsstaates keine Anwendung. Die Erteilung der nach den vorerwähnten Vorschriften erforderlichen Genehmigung zur Ausübung einer unselbständigen Beschäftigung durch Staatsangehörige des anderen Vertragsstaates wird jedoch großzügig gehandhabt werden.
b) Es besteht Einverständnis darüber, daß die Ausübung nachstehend aufgeführter Berufe oder Tätigkeiten ausländischen Staatsangehörigen oder ausländischen Gesellschaften nicht oder nur beschränkt zugänglich ist:

Ärzte, Zahnärzte, Tierärzte, Apotheker, Landmesser, Architekten, Rechtsanwälte, Rechtsbeistände, Notare, Patentanwälte, Wirtschaftsprüfer, Buchprüfer, Steuerberater, Helfer in Steuersachen, Auswanderungsunternehmer, Auswanderungsagenten, Kapitäne, Schiffsoffiziere, Lotsen, Bezirksschornsteinfeger, Buchmacher, Tätigkeiten auf dem Gebiet der gewerblichen Beförderung von Personen und Sachen durch Luftfahrzeuge, Tätigkeiten auf dem Gebiet der Erzeugung, des Handels oder der Verwendung von Sprengstoffen und der Erzeugung von Waffen oder des Handels damit.

(12) Ausweispapiere im Sinne des Artikels 21 Absatz (4) sind unter anderem:
a) für die Bundesrepublik Deutschland:
eine von Behörden der Bundesrepublik Deutschland ausgestellte, gültige Bescheinigung darüber, daß der Inhaber Deutscher im Sinne des Grundgesetzes für die Bundesrepublik Deutschland ist, oder ein von Behörden der Bundesrepublik Deutschland ausgestelltes Seefahrtbuch, vorausgesetzt, daß es die Eintragung enthält, daß der Inhaber Deutscher ist,
b) für die Dominikanische Republik:
der Personalausweis oder die Geburtsurkunde.

ZU URKUND DESSEN haben die beiderseitigen Bevollmächtigten dieses Protokoll unterzeichnet und mit ihrem Siegel versehen.

GESCHEHEN zu Bonn am 23. Dezember 1957 in doppelter Urschrift in deutscher und spanischer Sprache, wobei der Wortlaut beider Sprachen gleichermaßen verbindlich ist.

12.4. Handels- und Schiffahrtsvertrag zwischen dem Deutschen Reich und Japan

Vom 20. Juli 1927, Gesetz vom 5. November 1927 (RGBl. II 1087), erneut in Kraft nach Veröffentlichung vom 23. August 1951 (BAnz. Nr. 168)

– Auszug –

Art. I Einreise, Erwerbstätigkeit, Vermögenserwerb, Schutz. Die Angehörigen eines jeden vertragschließenden Staates sollen volle Freiheit genießen, überall die Gebiete des anderen Staates zu betreten und sich daselbst aufzuhalten.

Unter der Voraussetzung, daß sie sich nach den Landesgesetzen richten, werden sie die nachstehend aufgeführten Rechte genießen:

1. Sie sollen in bezug auf die Niederlassung, die Verfolgung ihrer Studien und Forschungen, auf die Ausübung ihrer Berufe und Beschäftigungen sowie auf dem Gebiet ihrer industriellen und gewerblichen Unternehmungen in jeder Beziehung wie die Angehörigen der meistbegünstigten Nation behandelt werden.

2. Sie sollen in gleicher Weise wie die Inländer befugt sein, innerhalb des ganzen Gebietes des anderen Staates zu reisen und mit allen Arten von erlaubten Handelswaren Handel zu treiben.

3. Sie dürfen Häuser, Fabrikgebäude, Warenhäuser, Läden und die dazu gehörigen Räumlichkeiten zu Eigentum besitzen, mieten oder innehaben. Ferner dürfen sie Land zu Wohn-, Handels-, gewerblichen, industriellen und anderen erlaubten Zwecken pachten.

4. Sie sollen in bezug auf den Besitz von beweglichem Vermögen aller Art, auf den sei es kraft letzten Willens oder in anderer Weise erfolgenden Erwerb von Todes wegen bei solchem Vermögen aller Art, das sie unter Lebenden gesetzmäßig erwerben dürfen, und in bezug auf alle wie immer beschaffenen Verfügungen über Vermögen jeder Art, das sie in gesetzmäßiger Weise erworben haben, die nämlichen Begünstigungen, Freiheiten und Rechte genießen wie die Inländer oder die Angehörigen der meistbegünstigten Nation.

5. Sie dürfen in der gleichen Weise wie die Angehörigen der meistbegünstigten Nation alle Arten von unbeweglichem Vermögen erwerben und besitzen. Sie sind indessen der Bedingung der Gegenseitigkeit unterworfen, wenn diese in den Landesgesetzen oder in besonderen Abmachungen vorgesehen ist.

6. Sie sollen von jedem zwangsweisen Militärdienst, sei es im Heere, in der Flotte oder Luftflotte, der Bürgerwehr oder der Miliz befreit sein, desgleichen von allen an Stelle persönlicher Dienstleistung auferlegten Abgaben sowie von allen Zwangsanleihen. Auch sollen sie zu militärischen Requisitionen und Kontributionen irgendwelcher Art nur unter denselben Bedingungen und auf denselben Grundlagen herangezogen werden wie die Inländer oder die Angehörigen der meistbegünstigten Nation.

7. Sie sollen für ihre Person und ihr Vermögen, ihre Rechte und ihre Interessen in bezug auf Steuern und ähnliche Lasten die gleiche Behandlung und den gleichen Schutz genießen wie die Inländer oder die Angehörigen der meistbegünstigten Nation.

8. Sie sollen vollen Schutz ihrer Person und ihres Vermögens erhalten; sie sollen wie die Inländer freien Zutritt zu den Gerichten und zu den anderen zuständigen Behörden haben, um ihre Rechte wahrzunehmen und zu verteidigen.

Art. XXII Meistbegünstigung. Die vertragschließenden Staaten kommen dahin überein, daß, soweit in diesem Vertrag nicht ausdrücklich Ausnahmen vorgesehen sind, in allen auf Handel, Schiffahrt und Gewerbe bezüglichen Angelegenheiten jede Art von Vorrecht, Begünstigung oder Befreiung, welche der eine vertragschließende Staat den Schiffen oder den Angehörigen irgendeines anderen Staates gegenwärtig eingeräumt hat oder in Zukunft einräumen wird, sofort bedingungslos und entschädigungslos auf die Schiffe oder die Angehörigen des anderen vertragschließenden Staates ausgedehnt werden soll, da es ihre Absicht ist, daß, abgesehen von den vorerwähnten Ausnahmefällen, Handel, Schiffahrt und Gewerbe eines jeden Landes von dem anderen in allen Beziehungen nach dem Grundsatz der Meistbegünstigung behandelt werden sollen.

Art. XXIII Grenzen der Meistbegünstigung. Soweit die Bestimmungen dieses Vertrages die gegenseitige Gewährung der Meistbegünstigung betreffen, sind sie nicht anwendbar:

1. auf die von einem der vertragschließenden Staaten angrenzenden Staaten jetzt oder künftig gewährten besonderen Begünstigungen zur Erleichterung des Grenzverkehrs;

2. auf die von einem der vertragschließenden Staaten der nationalen Fischerei und den ihr gleichgestellten Fischereien jetzt oder künftig gewährten Begünstigungen;

3. auf Begünstigungen, die einer der vertragschließenden Staaten durch ein Abkommen einem dritten Staate zum Ausgleich der inländischen und ausländischen Besteuerungen, insbesondere zur Verhütung der Doppelbesteuerung, und zur gegenseitigen Unterstützung in Verwaltungs- und Rechtsangelegenheiten, insbesondere in Steuersachen und Steuerstrafsachen, jetzt oder künftig einräumt.

Schlußprotokoll

– Auszug –

Bei der Unterzeichnung des heute zwischen dem Deutschen Reich und Japan abgeschlossenen Handels- und Schiffahrtsvertrages haben die unterzeichneten Bevollmächtigten folgende Vorbehalte und Erklärungen abgegeben, die einen wesentlichen Bestandteil des Vertrages bilden:

1. Die Bestimmungen des Artikels I lassen die paßrechtlichen Vorschriften unberührt.

12.5. Freundschaftsvertrag und Niederlassungsabkommen zwischen dem Deutschen Reich und dem Kaiserreich Persien

Vom 17. Februar 1929, Gesetz vom 26. Juli 1930 (RGBl. II 1002)

Freundschaftsvertrag

– Auszug –

Art. 1 Zwischen dem Deutschen Reich und dem Kaiserreich Persien und zwischen den Angehörigen beider Staaten soll unverletzlicher Friede und aufrichtige und dauernde Freundschaft bestehen.

Art. 2 Die vertragschließenden Staaten kommen überein, ihre diplomatischen und konsularischen Beziehungen gemäß den Grundsätzen und der Übung des allgemeinen Völkerrechts fortzusetzen. Sie vereinbaren, daß die diplomatischen und konsularischen Vertreter jedes von ihnen im Gebiete des anderen Staates die Behandlung erfahren sollen, die durch die Grundsätze und die Übung des allgemeinen Völkerrechts festgelegt ist, und die – in jedem Fall und gleichfalls unter der Bedingung der Gegenseitigkeit – nicht ungünstiger sein darf als die den diplomatischen und konsularischen Vertretern der meistbegünstigten Nation gewährte Behandlung.

Art. 3 Die vertragschließenden Staaten kommen überein, die konsularischen sowie die Handels-, Zoll- und Schiffahrtsbestimmungen zwischen ihren Ländern ebenso wie die Bedingungen der Niederlassung und des Aufenthalts ihrer Angehörigen im Gebiete des anderen Staates durch Vereinbarungen nach den Grundsätzen und der Übung des allgemeinen Völkerrechts und auf der Grundlage vollständiger Gleichberechtigung und Gegenseitigkeit zu regeln.

Niederlassungsabkommen

– Auszug –

Art. 1 Die Angehörigen des einen vertragschließenden Staates werden in dem Gebiete des anderen Staates hinsichtlich ihrer Person und ihrer Güter nach den Grundsätzen und der Übung des allgemeinen Völkerrechts aufgenommen und behandelt. Sie genießen dort den ständigen Schutz der Landesgesetze und -behörden für ihre Person und für ihre Güter, Rechte und Interessen. Sie können unter der Bedingung, daß und solange als sie die auf diesem Gebiet geltenden Gesetze und Verordnungen beobachten, das Gebiet des anderen vertragschließenden Staates betreten und verlassen, dort reisen, sich dort aufhalten und niederlassen.

Deutschland und Persien   12.5. **Texte 5**

In allen diesen Angelegenheiten genießen sie eine Behandlung, die nicht weniger günstig ist als die den Angehörigen des meistbegünstigten Staates gewährte Behandlung.

Die vorstehenden Vorschriften hindern jedoch keinen der vertragschließenden Staaten, jederzeit Bestimmungen zu treffen, um die Einwanderung in sein Gebiet zu regeln oder zu verbieten, sofern diese Bestimmungen nicht eine Maßnahme unterschiedlicher Behandlung darstellen, die besonders gegen alle Angehörigen des anderen vertragschließenden Staates gerichtet ist.

Art. 2 Die Bestimmungen dieses Vertrages beeinträchtigen nicht das Recht jedes der vertragschließenden Staaten, Angehörigen des anderen Staates im einzelnen Falle infolge gerichtlicher Verfügung oder aus Gründen der inneren oder äußeren Sicherheit des Staates oder auch aus Gründen der Armen-, Gesundheits- und Sittenpolizei den Aufenthalt zu versagen.

Die Ausweisung wird unter Bedingungen, die den Anforderungen der Hygiene und Menschlichkeit entsprechen, durchgeführt werden.

Art. 3 Die Angehörigen jedes vertragschließenden Staates haben im Gebiet des anderen Staates, sofern sie die Landesgesetze und -verordnungen beobachten, das Recht, in gleicher Weise wie die Inländer jede Art von Gewerbe und Handel zu betreiben und jedes Handwerk und jeden Beruf auszuüben, soweit es sich nicht um ein Staatsmonopol oder um die Ausbeutung eines vom Staate verliehenen Monopols handelt.

Diese Vorschrift findet auch insoweit keine Anwendung, als die Eigenschaft als Inländer nach den genannten Gesetzen und Verordnungen eine unerläßliche Bedingung für die Ausübung eines Berufs bildet.

Art. 4 Aktiengesellschaften und Handelsgesellschaften jeder Art einschließlich der Industrie-, Finanz-, Versicherungs-, Verkehrs- und Transportgesellschaften, die im Gebiet des einen vertragschließenden Staates ihren Sitz haben und gemäß den Gesetzen des Landes ihres Sitzes errichtet und anerkannt sind, werden auch in dem Gebiet des anderen Staates in ihrer Rechts-, Geschäfts- und Prozeßfähigkeit anerkannt.

Ihre Zulassung zur Ausübung einer geschäftlichen Tätigkeit im Gebiet des anderen Staates bestimmt sich nach den dort geltenden Gesetzen und Vorschriften.

Hinsichtlich der Voraussetzungen ihrer Zulassung, der Ausübung ihrer Tätigkeit und in jeder anderen Beziehung können die genannten Gesellschaften unter der Bedingung, daß sie die Gesetze und Vorschriften des Niederlassungsstaates beobachten, sich dort jeder Handels- und Gewerbetätigkeit widmen, der sich gemäß Artikel 3 die Angehörigen des Landes, wo sie errichtet worden sind, widmen können. Die genannten Gesellschaften müssen in jeder Beziehung wie die gleichartigen Unternehmungen der meistbegünstigten Nation behandelt werden.

Art. 5 Die Angehörigen und die in Artikel 4 aufgeführten Gesellschaften des einen vertragschließenden Staates genießen im Gebiet des anderen Staates sowohl für ihre Person wie für ihre Güter, Rechte und Interessen in bezug auf Steuern, Gebühren und Abgaben jeder Art sowie alle anderen Lasten fiskalischen Charakters in jeder Beziehung bei den Finanzbehörden und Finanzgerichten die gleiche Behandlung und den gleichen Schutz wie die Inländer.

Art. 6 Die Angehörigen jedes der vertragschließenden Staaten haben im Gebiet des anderen Staates, wenn sie die dort geltenden Gesetze und Verordnungen beobachten, das Recht, dort jede Art von Rechten und von beweglichem Vermögen zu erwerben, zu besitzen und zu veräußern. Sie werden in dieser Hinsicht wie die Angehörigen der meistbegünstigten Nation behandelt.

Hinsichtlich der Grundstücke und der Rechte an Grundstücken werden die Angehörigen jedes der vertragschließenden Staaten im Gebiet des anderen Staates in jedem Falle wie die Angehörigen der meistbegünstigten Nation behandelt. Bis zum Abschluß eines besonderen Abkommens besteht Einverständnis, daß die deutschen Staatsangehörigen in Persien nur berechtigt sind, Grundstücke, die sie als Wohnung und zur Ausübung ihres Berufes oder Gewerbes benötigen, zu erwerben, innezuhaben oder zu besitzen.

Art. 8 Die Angehörigen jedes vertragschließenden Staates genießen im Gebiet des anderen Staates in allem, was den gerichtlichen und behördlichen Schutz ihrer Person und ihrer Güter angeht, die gleiche Behandlung wie die Inländer.

Sie haben insbesondere freien und völlig unbehinderten Zutritt zu den Gerichten und können vor Gericht unter den gleichen Bedingungen wie die Inländer auftreten. Jedoch werden bis zum Abschluß eines besonderen Abkommens die Voraussetzungen für das Armenrecht und die Sicherheitsleistung für Prozeßkosten durch die örtliche Gesetzgebung geregelt.

In bezug auf das Personen-, Familien- und Erbrecht bleiben die Angehörigen jedes der vertragschließenden Staaten im Gebiet des anderen Staates jedoch den Vorschriften ihrer heimischen Gesetze unterworfen. Die Anwendung dieser Gesetze kann von dem anderen vertragschließenden Staat nur ausnahmsweise und nur insoweit ausgeschlossen werden, als ein solcher Ausschluß allgemein gegenüber jedem anderen fremden Staat erfolgt.Schlußprotokoll– Auszug – Bei der Unterzeichnung des heute zwischen dem Deutschen Reich und dem Kaiserreich Persien abgeschlossenen Niederlassungsabkommens haben die unterzeichneten Bevollmächtigten folgende Erklärung abgegeben, die einen wesentlichen Teil des Abkommens selbst bildet:

I.

Zu Art. 1 Es herrscht Einverständnis darüber, daß Artikel 1 die paßrechtlichen Vorschriften sowie die allgemeinen Vorschriften unberührt läßt, die von den vertragschließenden Staaten über die Voraussetzungen erlassen sind oder künftig erlassen werden, unter denen die ausländischen Arbeiter zur Berufsausübung auf ihrem Gebiet zugelassen werden können.

Zu Art. 4 Es herrscht Einverständnis darüber, daß weder die Bestimmungen des Artikels 4 noch irgendeine andere Bestimmung des Niederlassungsabkommens die Befugnis geben können, die besonderen Vorrechte zu beanspruchen, die Persien gewissen fremden Gesellschaften gewährt, für die die Bedingungen ihrer Tätigkeit durch besondere Konzessionen geregelt sind.

Bekanntmachung über deutsch-iranische Vorkriegsverträge

Vom 15. August 1955 (BGBl. II 829)

Zwischen der Regierung der Bundesrepublik Deutschland und der Regierung des Kaiserreichs Iran sind über

a) den Freundschaftsvertrag zwischen dem Deutschen Reich und dem Kaiserreich Persien (Iran) vom 17. Februar 1929 nebst Schlußprotokoll (RGBl. 1930 II S. 1002),

b) das Niederlassungsabkommen zwischen dem Deutschen Reich und dem Kaiserreich Persien (Iran) vom 17. Februar 1929 nebst Schlußprotokoll (RGBl. 1930 II S. 1002, 1006),

c) das Handels-, Zoll- und Schiffahrtsabkommen zwischen dem Deutschen Reich und dem Kaiserreich Persien (Iran) vom 17. Februar 1929 nebst Schlußprotokoll (RGBl. 1930 II S. 1002, 1013) und

d) das Abkommen zwischen dem Deutschen Reich und dem Kaiserreich Persien (Iran) über den Schutz von Erfindungspatenten, Fabrik- oder Handelsmarken, von Handelsnamen und Mustern sowie von Werken der Kunst und Literatur vom 24. Februar 1930 (RGBl. II S. 981)

Vereinbarungen getroffen worden, die in dem in Teheran am 4. November 1954 unterzeichneten Protokoll niedergelegt sind. Das Protokoll, das nachstehend in deutscher, französischer und persischer Sprache veröffentlicht wird, ist am 4. November 1954 in Kraft getreten.

Protokoll

– Auszug –

1. Die Regierung der Bundesrepublik Deutschland und die Regierung des Kaiserreiches Iran stellen fest, daß ihre Beziehungen sich angesichts des freundschaftlichen Verhältnisses zwischen den beiden Staaten so regeln, als ob die folgenden Vereinbarungen:

a) der Freundschaftsvertrag zwischen dem Deutschen Reich und dem Kaiserreich Persien (Iran) vom 17. Februar 1929 nebst Schlußprotokoll,

b) das Niederlassungsabkommen zwischen dem Deutschen Reich und dem Kaiserreich Persien (Iran) vom 17. Februar 1929 nebst Schlußprotokoll,

c) das Handels-, Zoll- und Schiffahrtsabkommen zwischen dem Deutschen Reich und dem Kaiserreich Persien (Iran) vom 17. Februar 1929 nebst Schlußprotokoll),

d) das Abkommen zwischen dem Deutschen Reich und dem Kaiserreich Persien (Iran) über den Schutz von Erfindungspatenten, Fabrik- oder Handelsmarken, von Handelsnamen und Mustern sowie von Werken der Kunst und Literatur vom 24. Februar 1930 in Geltung wären. Beide Regierungen legen jedoch Wert auf die Feststellung, daß die oben erwähnten Vereinbarungen nicht nur de facto Anwendung finden, sondern vom Zeitpunkt der Unterzeichnung dieses Protokolls auch de jure gelten.

2. Bezüglich des Artikels 4 des Freundschaftsvertrages zwischen dem Deutschen Reich und dem Kaiserreich Persien (Iran) vom 17. Februar 1929 ist die Kaiserlich Iranische Regierung der Auffassung, daß entsprechend der im Schlußprotokoll enthaltenen Erklärung dieser Artikel einer Prüfung unterzogen werden sollte. Die beiden Regierungen sind daher übereingekommen, so bald als möglich Verhandlungen über eine Revision der Bestimmungen des Artikels 4 in dem Sinne in Aussicht zu nehmen, daß die Streitigkeiten, die sich aus der Auslegung der zwischen den beiden Staaten in Kraft befindlichen Verträge ergeben, der Gerichtsbarkeit des Internationalen Gerichtshofs unterworfen werden.

3. Bezüglich des Artikels 5 des Niederlassungsabkommens zwischen dem Deutschen Reich und dem Kaiserreich Persien (Iran) vom 17. Februar 1929 haben die beiden Regierungen dem Wunsch Ausdruck gegeben, die Frage der Doppelbesteuerung, einschließlich der Doppelbesteuerung der Seeschiffahrt, durch besondere Vereinbarungen zu regeln. Bis zum Abschluß derartiger Abkommen werden beide Regierungen die sich aus den geltenden Vorschriften über die Doppelbesteuerung ergebenden Vergünstigungen uneingeschränkt den Staatsangehörigen des anderen Landes gewähren.

12.6. Übereinkunft zwischen der Regierung der Bundesrepublik Deutschland und der Regierung der Republik der Philippinen über Einwanderungs- und Visafragen

Vom 3. März 1964 (BAnz. Nr. 89 vom 15. Mai 1964)

1. Jede Vertragspartei erleichtert und fördert in Übereinstimmung mit ihren Gesetzen Einreise und Aufenthalt von Touristen und Geschäftsleuten der anderen Partei in ihrem Hoheitsgebiet und erleichtert Einreise und Aufenthalt von technischen Fachkräften der anderen Partei in ihrem Hoheitsgebiet.

2. Im Hinblick auf Nummer 1 wird jede Vertragspartei den Bedarf an technischen Fachkräften der Firma oder des Unternehmens berücksichtigen, die um solche Fachkräfte nachsucht. Es besteht Einverständnis darüber, daß die Visen für Deutsche mit vorher abgeschlossenem Arbeitsvertrag (prearranged employment) grundsätzlich für einen Aufenthaltszeitraum von drei Jahren mit der Möglichkeit der Verlängerung ausgestellt werden.

3. Bei Inkrafttreten des Handelsabkommens zwischen den beiden Vertragsparteien erklärt sich die philippinische Regierung bereit, die folgenden Personen für einen befristeten Aufenthalt (nonimmigrants) in das Hoheitsgebiet der Philippinen zuzulassen:

a) Deutsche Staatsangehörige, die in das Hoheitsgebiet der Philippinen lediglich zu dem Zweck einzureisen wünschen, in beträchtlichem Umfange Handel, vornehmlich zwischen den Hoheitsgebieten der beiden Länder, zu treiben;

b) Deutsche Staatsangehörige, die in den Philippinen lediglich in Zusammenhang mit Kapitalanlagen deutscher Staatsangehöriger oder Gesellschaften in den Philippinen einzureisen wünschen;

c) Ehegatten und unverheiratete minderjährige Kinder von Personen der Buchstaben a) und b), sofern sie solche Staatsangehörige begleiten oder ihnen später nachfolgen.

Der in dieser Übereinkunft in Zusammenhang mit Handel oder Kapitalanlagen verwendete Ausdruck „beträchtlicher Umfang" darf nicht so ausgelegt werden, daß dadurch bestimmte Arten von Kapitalanlagen verhindert oder kleinere Handelsgeschäfte oder Investoren notwendigerweise ausgeschlossen sind.

4. Die Regierung der Bundesrepublik Deutschland erleichtert Einreise und Aufenthalt von philippinischen Kaufleuten und Investoren in ihrem Hoheitsgebiet.

5. Personen, die in das Hoheitsgebiet einer der beiden Vertragsparteien in Übereinstimmung mit den Bestimmungen der Nummern 3 und 4 einreisen, dürfen dort so lange verbleiben, als sie den Status, unter dem sie zugelassen wurden, beibehalten.

6. Die Bestimmungen der vorstehenden Ziffern gelten vorbehaltlich der Befugnis jeder der beiden Regierungen, einzelne Personen aufgrund der in ihren Gesetzen niedergelegten Gründe zum Schutze

der öffentlichen Sicherheit und Ordnung, Volksgesundheit und Sittlichkeit auszuschließen oder auszuweisen.

7. Die Frage des Daueraufenthaltes von Staatsangehörigen der einen Partei im Hoheitsgebiet der anderen Partei wird durch diese Übereinkunft nicht berührt.

12.7. Niederlassungsabkommen zwischen dem Deutschen Reich und der Türkischen Republik

Vom 12. Januar 1927, Gesetz vom 25. Juni 1927 (RGBl. II 76), Bekanntmachung über Wiederanwendung mit Wirkung vom 1. März 1952 (BGBl. 1952 II 608)

– Auszug –

Kapitel I. Niederlassungsrecht

Art. 1 Die Anwendung jeder einzelnen Bestimmung dieses Kapitels auf die Staatsangehörigen und Gesellschaften des einen vertragschließenden Teils hängt von der ausdrücklichen Bedingung der Gewährung völliger Gegenseitigkeit hinsichtlich der Staatsangehörigen und Gesellschaften des anderen Teils ab.

Falls ein Teil sich aufgrund seiner Gesetze oder sonstwie weigern sollte, in Ansehung irgendeiner der in Frage stehenden Bestimmungen Gegenseitigkeit zu gewähren, so sollen auch seine Staatsangehörigen und Gesellschaften im Gebiet des anderen Teils die Vergünstigungen der gleichen Bestimmung nicht genießen.

Abschnitt 1. Einreise und Aufenthalt

Art. 2 Die Staatsangehörigen des einen vertragschließenden Teils sollen auf dem Gebiete des anderen Teils hinsichtlich ihrer Person und ihres Eigentums gemäß dem allgemeinen Völkerrecht aufgenommen und behandelt werden. Sie sollen sich des vollständigsten und dauerndsten Schutzes der Gesetze und der Landesbehörden für ihre Person, ihr Eigentum, ihre Rechte und Interessen erfreuen. Vorbehaltlich der Einwanderungsbestimmungen sollen sie völlige Freiheit zur Einreise und zur Niederlassung haben; sie werden demnach das Gebiet des anderen vertragschließenden Teils betreten, verlassen und sich dort aufhalten können, sofern sie die in diesem Lande geltenden Gesetze und Verordnungen beobachten.

Art. 3 Die Staatsangehörigen des einen vertragschließenden Teils haben im Gebiete des anderen Teils das Recht, unter Beobachtung der Landesgesetze und Verordnungen bewegliches und unbewegliches Vermögen jeder Art zu erwerben, zu besitzen und zu veräußern; sie können insbesondere durch Verkauf, Tausch, Schenkung, letztwillige Verfügung oder in jeder anderen Art darüber verfügen sowie aufgrund gesetzlicher Erbfolge oder Verfügung unter Lebenden oder testamentarischer Verfügung in seinen Besitz kommen.

Art. 4 Die Staatsangehörigen jedes vertragschließenden Teils haben auf dem Gebiete des anderen Teils das Recht, unter Beobachtung der Landesgesetze und Verordnungen jede Art von Industrie und Handel zu betreiben und jede Erwerbstätigkeit und jeden Beruf auszuüben, soweit diese nicht den eigenen Staatsangehörigen vorbehalten sind.

Art. 5 Handels-, Industrie- oder Finanzgesellschaften, einschließlich der Transport- oder Versicherungsgesellschaften, die im Gebiete des einen vertragschließenden Teils ordnungsmäßig errichtet sind, werden im Gebiete des anderen Teils anerkannt.

In allen Fragen hinsichtlich ihrer Verfassung, ihrer Geschäftsfähigkeit und des Rechts, vor Gericht aufzutreten, werden sie nach dem Gesetz ihres Heimatlandes behandelt.

Die Zulassung dieser Gesellschaften zur Ausübung ihres Handels oder Gewerbes im Gebiete des anderen vertragschließenden Teils hängt von ihrer Unterwerfung unter die Gesetze und Vorschriften, die in diesem Gebiete gelten oder gelten werden, ab.

Diese Gesellschaften können im Rahmen und gemäß den Bedingungen der Landesgesetze jede Art von beweglichem Vermögen erwerben, ebenso unbewegliches Vermögen, soweit es für den Betrieb der Gesellschaft erforderlich ist, wobei jedoch darüber Übereinstimmung herrscht, daß dieser Erwerb nicht den Zweck der Gesellschaft bilden darf.

Art. 6 Die Staatsangehörigen des einen vertragschließenden Teils sind im Gebiete des anderen Teils nicht den Gesetzen über den militärischen Dienst unterworfen. Sie sind von jedem Dienst und von jeder Verpflichtung oder Last befreit, die an Stelle des militärischen Dienstes tritt.

Sie können nicht enteignet oder auch nur vorübergehend im Genuß ihres Eigentums beschränkt werden, es sei denn aus einem Grunde, der gesetzlich als dem allgemeinen Nutzen dienlich anerkannt ist, und gegen angemessene Entschädigung. Es kann keine Enteignung ohne vorhergehende Veröffentlichung stattfinden.

Art. 7 Die vertragschließenden Teile behalten sich das Recht vor, die Staatsangehörigen des anderen Teils im Wege von Einzelmaßnahmen auszuweisen, entweder aufgrund eines Gerichtsurteils oder gemäß den Gesetzen oder den sitten-, gesundheits- oder armenpolizeilichen Verordnungen oder aus Gründen der inneren oder äußeren Sicherheit des Staates. Der andere Teil verpflichtet sich, seine Staatsangehörigen und ihre Familien, soweit ihre Staatsangehörigkeit durch den zuständigen Konsul bescheinigt ist, jederzeit aufzunehmen.

Die Ausweisung wird unter den Bedingungen durchgeführt werden, die den Anforderungen der Hygiene und Menschlichkeit entsprechen.

Kapitel II. Rechtsschutz

Art. 13 Die Staatsangehörigen jedes vertragschließenden Teils genießen im Gebiete des anderen Teils in allem, was den gesetzlichen und gerichtlichen Schutz ihrer Person und ihres Vermögens angeht, die gleiche Behandlung wie die eigenen Staatsangehörigen.

Demgemäß haben sie freien und ungehinderten Zutritt zu den Gerichten und können vor Gericht unter den gleichen Bedingungen auftreten wie die eigenen Staatsangehörigen.

Die Bestimmungen über Sicherheitsleistung für Prozeßkosten und über das Armenrecht werden bis zur Regelung dieser Fragen im Wege einer von den vertragschließenden Teilen zu schließenden besonderen Vereinbarung durch die örtliche Gesetzgebung geregelt.

Zeichnungsprotokoll

Im Augenblick der Unterzeichnung des Niederlassungsabkommens haben sich die unterzeichneten Bevollmächtigten auf folgende Erläuterungen geeinigt:

Zu Art. 2 1. Es besteht Einverständnis darüber, daß die Bestimmungen des Artikels 2 die Gesetze und Verordnungen über das Paßwesen nicht berühren.

2. Jeder vertragschließende Teil erklärt seine Bereitwilligkeit, unter der Bedingung der Gegenseitigkeit den Angehörigen des anderen Teils, die mittellos sein Gebiet zu verlassen wünschen, unentgeltlich das Visum zu erteilen, wenn ihre Bedürftigkeit durch den zuständigen diplomatischen oder konsularischen Vertreter bescheinigt ist.

Zu Art. 8 1. Die Türkische Regierung wird veranlassen, daß diejenigen Staatsangehörigen des anderen Teils, die, ohne die Absicht der Niederlassung, zu einem vorübergehenden Aufenthalt von nicht längerer Dauer als sechs Monaten in die Türkei kommen, von den für die im Lande ansässigen Personen zu entrichtenden Steuern, z. B. von den Wegeabgaben und den Schulsteuern, befreit werden. Es besteht Einverständnis darüber, daß die indirekten Steuern und die Steuern auf Geschäftsgewinne, die nach den betreffenden Gesetzen zu erheben sind, nicht unter diese Bestimmung fallen.

2. Die Türkische Regierung erklärt aus Gründen der Menschlichkeit ihre Bereitwilligkeit, die im Jahre 1918 unter Verlust ihres Vermögens vertriebenen Deutschen, die später in die Türkei zurückgekehrt sind, von der Zahlung der rückständigen Temettu-Steuer zu befreien.

3. Die vertragschließenden Teile sind darüber einig, in Verhandlungen über den Abschluß einer Vereinbarung zur Vermeidung der Doppelbesteuerung, d. h. der Erhebung von Steuern auf das gleiche Einkommen und das gleiche Vermögen in den beiden Ländern, einzutreten.

12.8. Freundschafts-, Handels- und Schiffahrtsvertrag zwischen der Bundesrepublik Deutschland und den Vereinigten Staaten von Amerika

Vom 29. Oktober 1954, Gesetz vom 7. Mai 1956 (BGBl. II 487), in Kraft seit 14. Juli 1956 (BGBl. II 763), mit Protokoll

– Auszug –

Art. I 1. Jeder Vertragsteil gewährt den Staatsangehörigen und Gesellschaften des anderen Vertragsteils, ihrem Vermögen, ihren Unternehmen und sonstigen Belangen jederzeit gerechte und billige Behandlung.

2. Zwischen den Gebieten der beiden Vertragsteile besteht gemäß den Bestimmungen dieses Vertrags Freiheit des Handels und der Schiffahrt.

Art. II 1. Die Staatsangehörigen eines Vertragsteils dürfen nach Maßgabe der Gesetze über die Einreise und den Aufenthalt von Ausländern das Gebiet des anderen Vertragsteils betreten, darin frei reisen und an Orten ihrer Wahl wohnen. Insbesondere dürfen Staatsangehörige des einen Vertragsteils das Gebiet des anderen Vertragsteils betreten und dort verbleiben,

a) um Handel zwischen den Gebieten der beiden Vertragsteile zu treiben oder im Zusammenhang damit einer kaufmännischen Betätigung nachzugehen,

b) um ein Unternehmen aufzubauen und zu betreiben, in dem sie beträchtliches Kapital angelegt haben oder tatsächlich anzulegen im Begriff stehen.

2. Beide Vertragsteile gewähren jede nur mögliche Erleichterung für den Reiseverkehr von Touristen und anderen Besuchern hinsichtlich der Einreise, des Aufenthalts und der Ausreise sowie für die Verteilung von Auskunftsmaterial für den Fremdenverkehr.

3. Die Staatsangehörigen eines Vertragsteils genießen im Gebiet des anderen Vertragsteils Gewissensfreiheit; es steht ihnen frei, an geeigneten Plätzen ihrer Wahl öffentlich oder nichtöffentlich Gottesdienst abzuhalten.

4. Die Staatsangehörigen eines Vertragsteils dürfen im Gebiet des anderen Vertragsteils Informationen zur öffentlichen Verbreitung sammeln, und es steht ihnen frei, solches Material, das im Ausland zur Veröffentlichung durch Presse, Rundfunk, Fernsehen, Film oder andere Mittel der Verbreitung bestimmt ist, unbehindert zu übermitteln. Sie dürfen ferner mit anderen Personen innerhalb und außerhalb dieses Gebiets durch die Post, den Telegrafen und andere der öffentlichen Benutzung dienende Einrichtungen unbehindert verkehren.

5. Die Bestimmungen dieses Artikels berühren nicht das Recht beider Vertragsteile, Maßnahmen zu treffen, die zur Erhaltung der öffentlichen Sicherheit und Ordnung und zum Schutz der guten Sitten und der öffentlichen Gesundheit notwendig sind.

Art. III 1. Die Staatsangehörigen eines Vertragsteils sollen in dem Gebiet des anderen Vertragsteils frei von Belästigungen jeglicher Art bleiben; sie genießen ständigen Schutz und Sicherheit. Für ihre Person und ihre Rechte dürfen sie nicht geringeren Schutz und Sicherheit erhalten als unter gleichen Voraussetzungen die Staatsangehörigen des anderen Vertragsteils. Keinesfalls darf ihre Behandlung weniger günstig sein, als es Staatsangehörigen irgendeines dritten Landes zusteht oder vom Völkerrecht vorgeschrieben ist.

2. Wird in dem Gebiet des einen Vertragsteils ein Staatsangehöriger des anderen Vertragsteils festgenommen, so ist auf sein Verlangen der nächste konsularische Vertreter seines Landes sofort zu benachrichtigen. Dieser hat das Recht, ihn zu besuchen und mit ihm Verbindung zu halten. Der festgenommene Staatsangehörige ist

a) angemessen und menschlich zu behandeln,

b) sofort und in gehöriger Form von den gegen ihn erhobenen Beschuldigungen in Kenntnis zu setzen,

c) vor Gericht zu stellen, sobald es die ordnungsgemäße Vorbereitung seiner Verteidigung zuläßt, und

d) berechtigt, alle für seine Verteidigung notwendigen und angemessenen Hilfsmittel, insbesondere die Dienste eines Anwalts seiner Wahl, in Anspruch zu nehmen.

Art. IV 1. Den Staatsangehörigen eines Vertragsteils wird hinsichtlich der Anwendung der im Gebiet des anderen Vertragsteils geltenden Gesetze und sonstigen Vorschriften, die bei Krankheit, Unfall oder Tod infolge oder während der Beschäftigung oder aufgrund der Beschäftigung eine Geldentschädigung oder eine andere Leistung oder einen anderen Vorteil vorsehen (Unfallversicherung), Inländerbehandlung gewährt.

2. Den Staatsangehörigen eines Vertragsteils wird ferner Inländerbehandlung hinsichtlich der Anwendung der im Gebiet des anderen Vertragsteils geltenden Gesetze und sonstigen Vorschriften über Soziale Sicherheit gewährt, die ohne Nachprüfung der Bedürftigkeit Leistungen vorsehen bei

a) Krankheit (einschließlich zeitweiliger Arbeitsunfähigkeit) und Mutterschaft,
b) Alter, Invalidität oder Berufsunfähigkeit,
c) Tod des Vaters, des Ehegatten oder einer anderen unterhaltspflichtigen Person,
d) Arbeitslosigkeit. Arbeitslosigkeit.

Art. VI 1. Den Staatsangehörigen und Gesellschaften des einen Vertragsteils wird im Gebiet des anderen Vertragsteils hinsichtlich des Zutritts zu den Gerichten und Verwaltungsgerichten sowie Amtsstellen aller Instanzen für die Verfolgung wie auch für die Verteidigung ihrer Rechte Inländerbehandlung gewährt. Es besteht Einvernehmen darüber, daß Gesellschaften des einen Vertragsteils, die sich nicht in dem Gebiet des anderen Vertragsteils betätigen, dort diesen Zutritt haben, ohne daß eine Registrierung oder Niederlassung erforderlich ist.

2. Verträgen zwischen Staatsangehörigen oder Gesellschaften des einen Vertragsteils und Staatsangehörigen oder Gesellschaften des anderen Vertragsteils, welche die Entscheidung von Streitigkeiten durch Schiedsrichter vorsehen, darf die Anerkennung in dem Gebiet eines jeden der Vertragsteile nicht lediglich deshalb versagt werden, weil sich der für die Durchführung des Schiedsgerichtsverfahrens bestimmte Ort außerhalb seines Gebiets befindet oder weil ein Schiedsrichter oder mehrere Schiedsrichter nicht seine Staatsangehörigen sind. In einem Verfahren zur Vollstreckbarerklärung, das vor den zuständigen Gerichten eines Vertragsteils anhängig gemacht wird, soll ein ordnungsmäßig aufgrund solcher Verträge ergangener und nach den Gesetzen des Orts, an dem er gefällt wurde, endgültiger und vollstreckbarer Schiedsspruch als bindend angesehen werden. Das Gericht muß ihn für vollstreckbar erklären, außer wenn die Anerkennung des Schiedsspruchs gegen die guten Sitten oder die öffentliche Ordnung verstoßen würde. Ist der Schiedsspruch für vollstreckbar erklärt, so steht er hinsichtlich der Wirkungen und der Vollstreckung einem inländischen Schiedsspruch gleich. Es besteht jedoch Einverständnis, daß ein außerhalb der Vereinigten Staaten von Amerika ergangener Schiedsspruch vor den Gerichten eines Staates der Vereinigten Staaten von Amerika nur im gleichen Maße Anerkennung genießt wie Schiedssprüche, die in einem anderen Staat der Vereinigten Staaten von Amerika erlassen worden sind.

Art. VII 1. Den Staatsangehörigen und Gesellschaften jedes Vertragsteils wird in dem Gebiet des anderen Vertragsteils Inländerbehandlung hinsichtlich der Ausübung jeder Art von geschäftlicher, industrieller, finanzieller oder sonstiger gegen Entgelt vorgenommener Tätigkeit gewährt. Dabei ist es unerheblich, ob sie diese selbständig oder unselbständig und ob sie sie unmittelbar oder durch einen Vertreter oder durch juristische Personen jeder Art ausüben. Dementsprechend dürfen diese Staatsangehörigen und Gesellschaften innerhalb des genannten Gebiets

a) Zweigstellen, Vertretungen, Büros, Fabriken und andere zur Führung ihrer Geschäfte geeignete Betriebe errichten und unterhalten,
b) nach dem Gesellschaftsrecht des anderen Vertragsteils Gesellschaften gründen und Mehrheitsbeteiligungen an Gesellschaften des anderen Vertragsteils erwerben,
c) von ihnen errichtete oder erworbene Unternehmen kontrollieren und leiten.

Auch wird den von ihnen kontrollierten Unternehmen, seien es solche von Einzelkaufleuten oder Gesellschaften oder sonstige Unternehmen, in allen mit ihrer Betätigung zusammenhängenden Angelegenheiten keine ungünstigere Behandlung gewährt als gleichartigen Unternehmen, die von Staatsangehörigen oder Gesellschaften des anderen Vertragsteils kontrolliert werden.

2. Jeder Vertragsteil behält sich das Recht vor, die Errichtung oder den Betrieb von Unternehmen durch Ausländer oder die Beteiligung von Ausländern an Unternehmen zu beschränken, sofern diese Unternehmen sich auf den folgenden Gebieten betätigen: Nachrichtenübermittlung, Verkehr zu Wasser und in der Luft, Nutzung von Land, Ausbeutung von Boden- und Naturschätzen, Übernahme

und Ausübung von treuhänderischen Funktionen, auch soweit sie bankmäßiger Art sind, und Bankgeschäfte, die mit der Annahme von Depositen verbunden sind. Erläßt jedoch ein Vertragsteil neue Bestimmungen, die in seinem Gebiet die Inländerbehandlung von Ausländern hinsichtlich derartiger Betätigungen einschränken, so finden diese Beschränkungen keine Anwendung auf die im Eigentum oder unter Kontrolle von Staatsangehörigen und Gesellschaften des anderen Vertragsteils stehenden Unternehmen, die sich dort im Zeitpunkt der Vornahme dieser Beschränkungen betätigt haben. Außerdem darf ein Vertragsteil einem Unternehmen des Verkehrsgewerbes, der Nachrichtenübermittlung oder des Bankgewerbes des anderen Vertragsteils das Recht nicht versagen, in Übereinstimmung mit den gesetzlichen Vorschriften und Bestimmungen Zweigstellen oder Vertretungen für die Tätigkeiten zu unterhalten, welche erforderlich sind, um ihre vorwiegend internationalen Aufgaben durchzuführen.

3. Die Bestimmungen des Absatzes 1 sollen einen Vertragsteil nicht daran hindern, besondere Formalitäten für die Errichtung eines von Ausländern kontrollierten Unternehmens in seinem Gebiet vorzuschreiben. Diese Formalitäten dürfen aber nicht den Wesensgehalt der in Absatz 1 aufgeführten Rechte beeinträchtigen.

4. Den Staatsangehörigen und Gesellschaften jedes Vertragsteils sowie den von ihnen kontrollierten Unternehmen wird für die in diesem Artikel behandelten Angelegenheiten mindestens Meistbegünstigung gewährt.

Art. VIII 1. Die Staatsangehörigen und Gesellschaften eines Vertragsteils dürfen in dem Gebiet des anderen Vertragsteils betriebswirtschaftliche und technische Sachverständige sowie leitende Angestellte, Anwälte, Vertreter oder sonstige Fachleute nach ihrer freien Wahl beschäftigen. Sie dürfen außerdem betriebswirtschaftliche und technische Sachverständige ohne Rücksicht darauf beschäftigen, wieweit diese den in dem Gebiet des anderen Vertragsteils für die Ausübung dieser Berufe vorgeschriebenen Anforderungen genügen, sofern dies für interne Zwecke dieser Staatsangehörigen und Gesellschaften geschieht, und zwar, um im Zusammenhang mit der Planung oder dem Betrieb eines ihnen gehörenden Unternehmens oder eines Unternehmens, an dem sie beteiligt sind, Untersuchungen, Buchprüfungen und technische Ermittlungen durchzuführen und ihnen darüber Bericht zu erstatten.

2. Den Staatsangehörigen und Gesellschaften eines Vertragsteils wird in dem Gebiet des anderen Vertragsteils Inländerbehandlung und Meistbegünstigung für die Betätigung auf den Gebieten der Wissenschaft, des Bildungswesens, der Religion und der Wohlfahrt gewährt. Sie haben das Recht, zu diesem Zweck Vereinigungen nach den Gesetzen des anderen Vertragsteils zu bilden. Jedoch darf kein Teil dieses Vertrags dahin ausgelegt werden, daß er ein Recht zu politischer Betätigung gewährt oder stillschweigend zugesteht.

Art. IX 1. Den Staatsangehörigen und Gesellschaften eines Vertragsteils werden im Gebiet des anderen Vertragsteils gewährt

a) Inländerbehandlung hinsichtlich der Miete und Pacht von Grundstücken, Gebäuden und sonstigen unbeweglichen Vermögenswerten für eine der ihnen gemäß Artikel VII und VIII erlaubten Betätigungen und für Wohnzwecke, sowie hinsichtlich des Besitzes und der Benutzung solcher unbeweglicher Vermögenswerte,

b) sonstige Rechte an unbeweglichen Vermögenswerten gemäß den Gesetzen des anderen Vertragsteils.

2. Den Staatsangehörigen und Gesellschaften jedes Vertragsteils wird im Gebiet des anderen Vertragsteils Inländerbehandlung und Meistbegünstigung hinsichtlich des Rechts gewährt, an beweglichem Vermögen jeder Art, einschließlich der Immaterialgüterrechte, durch Kauf, Miete, Pacht oder auf sonstige Weise Eigentum oder Besitz zu erwerben. Jedoch kann jeder Vertragsteil das Eigentum von Ausländern an Sachen, welche die öffentliche Sicherheit gefährden können, sowie das Eigentum und die Beteiligung von Ausländern an Unternehmen der in Artikel VII Absatz 2 Satz 1 genannten Art beschränken, aber nur, soweit dadurch die in Artikel VII oder sonstigen Bestimmungen dieses Vertrags zugesicherten Rechte und Vergünstigungen nicht beeinträchtigt werden.

3. Den Staatsangehörigen und Gesellschaften eines Vertragsteils wird in dem Gebiet des anderen Vertragsteils Inländerbehandlung hinsichtlich des Erwerbs von Vermögen jeder Art durch testamentarische oder gesetzliche Erbfolge oder in einem Rechtsverfahren zur Befriedigung von Forderungen gewährt. Können sie wegen ihrer Ausländereigenschaft nicht Eigentümer dieses Vermögens bleiben, so steht ihnen eine Frist von mindestens fünf Jahren zu, um sich dessen zu entäußern.

4. Den Staatsangehörigen und Gesellschaften eines Vertragsteils wird in dem Gebiet des anderen Vertragsteils Inländerbehandlung und Meistbegünstigung hinsichtlich des Rechts gewährt, Vermögen jeder Art zu veräußern und anderweitig darüber zu verfügen.

Art. X 1. Den Staatsangehörigen und Gesellschaften eines Vertragsteils wird in dem Gebiet des anderen Vertragsteils für die Erlangung und Aufrechterhaltung von Erfindungspatenten, Warenzeichen, Handelsnamen, Handelsetiketten und sonstigen gewerblichen Schutzrechten jeder Art Inländerbehandlung gewährt.

2. Die Vertragsteile verpflichten sich, zur Förderung des Austausches und der Anwendung wissenschaftlicher und technischer Kenntnisse zusammenzuarbeiten, insbesondere um in ihren Gebieten die Produktivität zu steigern und die Lebenshaltung zu verbessern.

Art. XI 1. Die Staatsangehörigen eines Vertragsteils, die in dem Gebiet des anderen Vertragsteils wohnhaft sind, und die Staatsangehörigen und Gesellschaften eines Vertragsteils, die in dem Gebiet des anderen Vertragsteils Handel treiben oder sich dort anderweitig geschäftlich betätigen oder im Bereich der Wissenschaft, des Bildungswesens, der Religion und der Wohlfahrt betätigen, unterliegen dort hinsichtlich der Zahlung von Steuern, Gebühren oder Abgaben, die auf Einkommen, Kapital, Umsatz, Betätigungen oder andere Steuergegenstände erhoben werden, oder hinsichtlich ihrer Erhebung und Einziehung innerhalb des Gebiets des anderen Vertragsteils keiner stärkeren Belastung, als unter gleichartigen Voraussetzungen die Staatsangehörigen und Gesellschaften des anderen Vertragsteils.

2. Jeder Vertragsteil wird anstreben, im allgemeinen auf die Staatsangehörigen des anderen Vertragsteils, die in seinem Gebiet weder wohnhaft sind noch dort Handel treiben oder sich dort anderweitig geschäftlich betätigen, und auf die Gesellschaften des anderen Vertragsteils, die in seinem Gebiet weder Handel treiben noch sich dort anderweitig geschäftlich betätigen, den in Absatz 1 niedergelegten Grundsatz anzuwenden.

3. Keinesfalls unterliegen die Staatsangehörigen und Gesellschaften eines Vertragsteils in dem Gebiet des anderen Vertragsteils hinsichtlich der Zahlung von Steuern, Gebühren oder Abgaben, die auf Einkommen, Kapital, Umsatz, Betätigungen oder andere Steuergegenstände erhoben werden, oder hinsichtlich ihrer Erhebung und Einziehung einer stärkeren Belastung als unter gleichartigen Voraussetzungen die Staatsangehörigen, Einwohner (residents) und Gesellschaften irgendeines dritten Landes.

4. Ein Vertragsteil darf, wenn in seinem Gebiet Gesellschaften oder darin nicht wohnhafte Staatsangehörige des anderen Vertragsteils Handel treiben oder sich dort anderweitig geschäftlich betätigen, keine Steuer, Gebühr oder Abgabe auf Einkommen, Kapital oder eine andere Berechnungsgrundlage erheben, die über das hinausgeht, was billigerweise seinem Gebiet zurechenbar oder zumeßbar ist; er darf für diese Staatsangehörigen und Gesellschaften keine geringeren Abzüge und Befreiungen gewähren, als seinem Gebiet billigerweise zurechenbar oder zumeßbar sind. Entsprechendes gilt auch für Gesellschaften, die sich ausschließlich auf den Gebieten der Wissenschaft, des Bildungswesens, der Religion und der Wohlfahrt betätigen.

5. Jeder Vertragsteil behält sich das Recht vor,
a) bestimmte Steuervorteile auf der Grundlage der Gegenseitigkeit einzuräumen,
b) besondere Steuervorteile aufgrund von Vereinbarungen zur Vermeidung der Doppelbesteuerung oder zum beiderseitigen Schutz des Steueraufkommens zu gewähren und
c) auf Personen, die nicht im Inland wohnhaft sind, besondere Vorschriften über persönliche Befreiungen auf dem Gebiet der Einkommen- und Erbschaftsteuern anzuwenden.

Art. XIII Staatsangehörige eines Vertragsteils, die innerhalb seines Gebiets einer geschäftlichen Tätigkeit nachgehen, sind berechtigt, sich in dem Gebiet des anderen Vertragsteils unter Beobachtung der maßgebenden Gesetze und Vorschriften entweder persönlich oder durch Vertreter oder Angestellte als Geschäftsreisende zu betätigen; dies gilt sinngemäß auch für Gesellschaften. Solche Geschäftsreisende genießen bei Einreise und Ausreise sowie während ihres Aufenthalts in dem Gebiet des anderen Vertragsteils Meistbegünstigung in Zoll- und anderen Angelegenheiten; hierzu gehören, unbeschadet der in Artikel XI Absatz 5 vorgesehenen Vorbehalte, auch die auf sie selbst, ihre Warenmuster, ihr Werbematerial und die Annahme von Aufträgen anwendbaren Steuern und Abgaben sowie die Vorschriften, welche die Ausübung ihrer Tätigkeit regeln.

Art. XXI Wenn ein Schiff eines Vertragsteils an den Küsten des anderen Vertragsteils strandet oder Schiffbruch erleidet oder wenn es in Not gerät und einen Hafen des anderen Vertragsteils anlaufen muß, wird dieser Vertragsteil dem Schiff sowie der Besatzung, den Fahrgästen, der persönlichen Habe der Besatzung und Fahrgäste und der Ladung des Schiffes den gleichen Schutz und Beistand gewähren, der in der gleichen Lage einem Schiff unter eigener Flagge gewährt würde. Er wird dem Schiff nach dessen Instandsetzung gemäß den für Schiffe der eigenen Flagge geltenden Rechtsvorschriften die Fortsetzung der Reise erlauben. Die von dem Schiff geborgenen Gegenstände sind von jedem Zoll befreit, sofern sie nicht dem inländischen Verbrauch zugeführt werden; jedoch können die nicht zum Verbrauch eingeführten Gegenstände bis zu ihrer Verbringung aus diesem Land Zollsicherungsmaßnahmen unterworfen werden.

Art. XXII 1. Die Kapitäne der Schiffe unter der Flagge des einen Vertragsteils, deren Besatzung infolge von Krankheit oder aus einem anderen Grunde nicht mehr vollzählig ist, dürfen in allen Häfen des anderen Vertragsteils die Seeleute anheuern, die zur Fortsetzung der Reise notwendig sind.

2. Seeleute, die Staatsangehörige eines der beiden Vertragsteile sind und ein an Stelle eines Reisepasses ausgestelltes Seefahrtspapier mit sich führen, dürfen einzeln oder in Gruppen in die Häfen des anderen Vertragsteils beordert werden, um unter der Obhut von Konsularbeamten zu den Schiffen ihrer Nationalität zu gelangen. In gleicher Weise können Seeleute, die Staatsangehörige eines der beiden Vertragsteile sind und ein an Stelle eines Reisepasses ausgestelltes Seefahrtspapier mit sich führen, durch das Gebiet des anderen Vertragsteils reisen, um zu ihren Schiffen zu gelangen oder sich in ihre Heimat zurückzubegeben.

Art. XXIII 1. Es besteht Freiheit der Durchfuhr durch das Gebiet jedes Vertragsteils auf den für den internationalen Transit geeigneten Wegen für
  a) Staatsangehörige des anderen Vertragsteils mit ihrem Gepäck,
  b) andere Personen mit ihrem Gepäck, die nach oder von dem Gebiet des anderen Vertragsteils unterwegs sind, und
  c) Erzeugnisse jeglichen Ursprungs, die nach oder von dem Gebiet des anderen Vertragsteils unterwegs sind, unabhängig davon, ob die Beförderung mit oder ohne Umladung, Einlagerung, Teilung der Ladung oder Wechsel der Beförderungsart erfolgt.

2. Die in Absatz 1 dieses Artikels aufgeführten Personen und Sachen sind keinen Zöllen, Durchfuhrabgaben und unangemessenen Abgaben und Anforderungen sowie unnötigen Verzögerungen und Beschränkungen unterworfen.

3. Unbeschadet der Bestimmungen dieses Artikels hat jeder Vertragsteil das Recht, gemäß Artikel II Absatz 5 Maßnahmen zu ergreifen sowie nichtdiskriminierende Vorschriften anzuwenden, die zur Vermeidung eines Mißbrauchs der Durchfuhrfreiheit erforderlich sind.

Art. XXIV 1. Durch diesen Vertrag bleibt das Recht jedes Vertragsteils unberührt, Maßnahmen anzuwenden,
  a) welche die Einfuhr und Ausfuhr von Gold, Silber, Platin und deren Legierungen regeln,
  b) welche sich auf spaltbare Stoffe, die aus ihrer Verwendung oder Verarbeitung anfallenden radioaktiven Nebenprodukte oder auf solche Materialien beziehen, aus denen spaltbare Stoffe erzeugt werden,
  c) welche die Erzeugung und den Handel mit Waffen, Munition und Kriegsmaterial betreffen sowie den Handel mit anderen Waren regeln, der unmittelbar oder mittelbar zur Versorgung von bewaffneten Streitkräften bestimmt ist,
  d) welche notwendig sind, um seine Verpflichtungen zur Aufrechterhaltung oder Wiederherstellung des internationalen Friedens und der internationalen Sicherheit zu erfüllen oder die zum Schutz seiner eigenen wesentlichen Sicherheitsinteressen notwendig sind,
  e) welche solche Gesellschaften, die im Eigentum oder unter der Leitung oder der unmittelbaren oder mittelbaren Kontrolle von Staatsangehörigen eines dritten Landes oder mehrerer dritter Länder stehen, von den Vergünstigungen dieses Vertrages ausschließen; jedoch darf die Anerkennung ihres rechtlichen Status und der Zugang zu den Gerichten nicht eingeschränkt werden,
  f) welche Rechte und Vergünstigungen vorbehalten für seine eigene Fischerei und die Jagd seiner Fischer sowie dafür, daß in seinen Häfen Fische und Fischprodukte sowie Ergebnisse und Erzeugnisse der Jagd seiner Fischer angelandet werden können mit Schiffen, die die vorgenannten Waren auf dem Meer an Bord genommen haben.

2. Die Bestimmungen dieses Vertrags über die Meistbegünstigung hinsichtlich der Behandlung von Waren finden keine Anwendung auf Vergünstigungen, welche die Vereinigten Staaten von Amerika oder deren Territorien und Besitzungen sich gegenseitig sowie der Republik Kuba, der Republik der Philippinen, dem Mandatgebiet der Pazifischen Inseln oder der Panamakanalzone gewähren.

3. Die Meistbegünstigungsbestimmungen dieses Vertrags gelten nicht für Vergünstigungen, die von einem der beiden Vertragsteile benachbarten Ländern zur Erleichterung des Grenzverkehrs gewährt werden.

4. Die Bestimmungen dieses Vertrags über die Behandlung von Waren schließen keine Handlung eines der Vertragsteile aus, die das Allgemeine Zoll- und Handelsabkommen vorschreibt oder zuläßt, solange dieser Vertragsteil Vertragspartner des Abkommens ist. Dementsprechend finden die Bestimmungen dieses Vertrags über die Meistbegünstigung keine Anwendung auf Sondervergünstigungen, die aufgrund des vorgenannten Abkommens eingeräumt werden.

5. Sollte zu irgendeinem Zeitpunkt die in Absatz 4 Satz 1 dieses Artikels vorgesehene Regelung nicht mehr Anwendung finden, so werden die in Artikel XIV Absatz 2 enthaltenen Bestimmungen während eines Zeitraums von zwölf Monaten auf die zu diesem Zeitpunkt geltenden Beschränkungen nicht angewandt. Innerhalb dieser Frist werden auf Verlangen eines Vertragsteils die beiden Vertragsteile in eine Konsultation eintreten, um festzustellen, ob unter den dann obwaltenden Verhältnissen eine anderweitige Regelung sich als notwendig erweist.

6. Die gesetzlichen Bestimmungen, nach denen Ausländern die Einreise in das Gebiet eines Vertragsteils unter ausdrücklichen Bedingungen hinsichtlich ihrer gegen Entgelt ausgeübten Tätigkeit in diesem Gebiet gestattet wird, bleiben von diesem Vertrag unberührt.

Art. XXV 1. Der Ausdruck „Inländerbehandlung" bedeutet die innerhalb des Gebiets eines Vertragsteils gewährte Behandlung, die nicht weniger günstig ist als diejenige, die dort unter gleichartigen Voraussetzungen den Staatsangehörigen, Gesellschaften, Erzeugnissen, Schiffen und sonstigen Objekten jeglicher Art dieses Vertragsteils gewährt wird.

2. Die Inländerbehandlung im Rahmen dieses Vertrags wird von der Bundesrepublik Deutschland aufgrund der Tatsache eingeräumt, daß den Staatsangehörigen, Gesellschaften, Erzeugnissen, Schiffen und sonstigen Objekten der Bundesrepublik Deutschland in den gleichen Angelegenheiten von den Vereinigten Staaten von Amerika die Inländerbehandlung gewährt wird.

3. Als Inländerbehandlung, wie sie gemäß den Bestimmungen dieses Vertrags den Gesellschaften der Bundesrepublik Deutschland in einem Staat, einem Territorium oder einer Besitzung der Vereinigten Staaten von Amerika gewährt wird, gilt die Behandlung, die dort den in anderen Staaten, Territorien und Besitzungen der Vereinigten Staaten von Amerika errichteten Gesellschaften gewährt wird.

4. Der Ausdruck „Meistbegünstigung" bedeutet die innerhalb des Gebiets eines Vertragsteils gewährte Behandlung, die nicht weniger günstig ist als diejenige, die dort unter gleichartigen Voraussetzungen den Staatsangehörigen, Gesellschaften, Erzeugnissen, Schiffen und sonstigen Objekten jeglicher Art irgendeines dritten Landes gewährt wird.

5. Der Ausdruck „Gesellschaften" in diesem Vertrag bedeutet Handelsgesellschaften, Teilhaberschaften sowie sonstige Gesellschaften, Vereinigungen und juristische Personen; dabei ist es unerheblich, ob ihre Haftung beschränkt oder nicht beschränkt und ob ihre Tätigkeit auf Gewinn oder nicht auf Gewinn gerichtet ist. Gesellschaften, die gemäß den Gesetzen und sonstigen Vorschriften des einen Vertragsteils in dessen Gebiet errichtet sind, gelten als Gesellschaften dieses Vertragsteils; ihr rechtlicher Status wird in dem Gebiet des anderen Vertragsteils anerkannt.

6. Unbeschadet anderer Methoden zur Feststellung der Staatsangehörigkeit gilt eine Person im Besitz eines von den zuständigen Behörden eines Vertragsteils ausgestellten Reisepasses oder eines im Protokoll genannten gültigen Ausweispapiers als Staatsangehöriger des betreffenden Vertragsteils.

Protokoll

Bei der Unterzeichnung des Freundschafts-, Handels- und Schiffahrtsvertrags zwischen der Bundesrepublik Deutschland und den Vereinigten Staaten von Amerika haben die unterzeichneten, mit ordnungsgemäßen Vollmachten ausgestatteten Bevollmächtigten außerdem die folgenden Bestimmungen vereinbart, die als integrierender Bestandteil des vorgenannten Vertrags betrachtet werden sollen:

1. Ehegatten und unverheiratete minderjährige Kinder von solchen Personen, denen die Einreise nach den Bestimmungen des Artikels II Absatz 1 Satz 2 gestattet ist, haben ebenfalls das Recht der Einreise, wenn sie diese begleiten oder ihnen nachfolgen.

2. Die Bestimmungen des Artikels II Absatz 1 b erstrecken sich auch auf Staatsangehörige eines der beiden Vertragsteile, die das Gebiet des anderen Vertragsteils nur dazu betreten wollen, um dort ein

Unternehmen aufzubauen und zu betreiben, in dem ihr Arbeitgeber beträchtliches Kapital angelegt hat oder tatsächlich anzulegen im Begriff ist. Voraussetzung ist, daß dieser Arbeitgeber ein Staatsangehöriger oder eine Gesellschaft des gleichen Vertragsteils ist wie der Antragsteller und daß der Antragsteller eine verantwortliche Stellung bei diesem Arbeitgeber hat.

3. Der Ausdruck „öffentliche Gesundheit" in Artikel II Absatz 5 und der Ausdruck „hygienische Gründe" in Artikel XIV Absatz 3 umfassen den Schutz des Lebens und der Gesundheit von Menschen, Tieren und Pflanzen.

4. Die Bestimmungen des Artikels IV Absatz 2 beziehen sich nur auf Rechts- und Verwaltungsvorschriften des Bundes sowie auf Rechts- und Verwaltungsvorschriften, die ganz oder zum Teil auf der Bundesgesetzgebung beruhen.

5. Die Bestimmungen des Artikels V Absatz 4 gelten auch für das im Gebiet eines Vertragsteils enteignete Eigentum, an dem Staatsangehörige oder Gesellschaften des anderen Vertragsteils unmittelbar oder mittelbar beteiligt sind.

6. Mit Bezug auf Artikel VI Absatz 1 darf Staatsangehörigen und Gesellschaften des einen Vertragsteils in der Eigenschaft als Kläger oder Intervenienten vor den Gerichten des anderen Vertragsteils eine Sicherheitsleistung für die Prozeßkosten in denjenigen Fällen nicht auferlegt werden, in denen ein Staatsangehöriger oder eine Gesellschaft des anderen Vertragsteils davon befreit ist; die Befreiung tritt jedoch nur ein,

a) wenn der Staatsangehörige oder die Gesellschaft den ständigen Aufenthalt bzw. die Niederlassung (Haupt- oder Zweigniederlassung) im Bezirk des Gerichts hat, vor dem das Verfahren anhängig ist, oder

b) wenn der Staatsangehörige oder die Gesellschaft in diesem Bezirk ausreichendes Immobiliarvermögen zur Deckung der Kosten besitzt.

7. Mit Bezug auf Artikel VI Absatz 1 genießen die Staatsangehörigen eines Vertragsteils in dem Gebiet des anderen Vertragsteils Inländerbehandlung

a) bezüglich der Durchführung von Klagesachen in forma pauperis vor den Bundesgerichten der Vereinigten Staaten von Amerika und

b) bezüglich des Armenrechts bei der Durchführung von Klagesachen vor den Gerichten der Bundesrepublik Deutschland, sofern es sich um Rechtsgegenstände handelt, die in den Vereinigten Staaten von Amerika unter die Bundesgerichtsbarkeit fallen oder vor Bundesgerichten verhandelt werden würden.

8. Die Bestimmungen des Artikels VII Absatz 1 lassen das Recht jedes Vertragsteils unberührt, für ausländische Arbeitnehmer innerhalb seines Gebiets das Erfordernis von Arbeitsgenehmigungen vorzusehen. Dabei sind die entsprechenden Vorschriften den Staatsangehörigen des anderen Vertragsteils gegenüber in Übereinstimmung mit dem Grundsatz des Absatzes 1 in liberaler Weise anzuwenden. Ferner besteht Einvernehmen darüber, daß Rechtsvorschriften, durch welche die Ausübung von staatlich lizenzierten Berufen Staatsangehörigen des jeweiligen Gebiets vorbehalten oder von der Ablegung eines Staatsexamens, einer Zulassung oder vom Wohnsitz abhängig gemacht werden, durch die Bestimmungen des genannten Absatzes nicht ausgeschlossen sind.

9. Die Bestimmungen des Artikels VII verpflichten die Vertragsteile nicht, Staatsangehörige und Gesellschaften des anderen Vertragsteils zur Ausübung eines Gewerbebetriebes im Inland zuzulassen, wenn diese nicht die nach den gesetzlichen Vorschriften allgemein anwendbaren Anforderungen erfüllen.

13. Die Bestimmungen der Artikel VII Absatz 1 und XIII finden auf Wandergewerbetreibende und auf ambulante Gewerbetreibende, die ihr Gewerbe am Wohnort ausüben, keine Anwendung bei der Ausübung ihrer Berufstätigkeit.

22. Ausweispapiere im Sinne von Artikel XXV Absatz 6 sind unter anderem

a) für die Bundesrepublik Deutschland:
der Heimatschein sowie das von Behörden der Bundesrepublik Deutschland ausgestellte Seefahrtsbuch, wenn darin die deutsche Staatsangehörigkeit des Inhabers eingetragen ist,

b) für die Vereinigten Staaten von Amerika:
ein Personalausweis, Registrierungsschein sowie das von Behörden der Vereinigten Staaten von Amerika ausgestellte Seefahrtsbuch (United States Merchant Mariner's Document), wenn darin die amerikanische Staatsangehörigkeit des Inhabers eingetragen ist.

12.9. Wiener Übereinkommen über diplomatische Beziehungen

Vom 18. April 1961 (BGBl. 1964 II 959), betr. Geltungsbereich Bekanntmachung
vom 25. Juli 1985 (BGBl. II 1004)

– Auszug –

Art. 1 Im Sinne dieses Übereinkommens haben die nachstehenden Ausdrücke folgende Bedeutung:
a) der Ausdruck „Missionschef" bezeichnet die Person, die vom Entsendestaat beauftragt ist, in dieser Eigenschaft tätig zu sein;
b) der Ausdruck „Mitglieder der Mission" bezeichnet den Missionschef und die Mitglieder des Personals der Mission;
c) der Ausdruck „Mitglieder des Personals der Mission" bezeichnet die Mitglieder des diplomatischen Personals, des Verwaltungs- und technischen Personals und des dienstlichen Hauspersonals der Mission;
d) der Ausdruck „Mitglieder des diplomatischen Personals" bezeichnet die in diplomatischem Rang stehenden Mitglieder des Personals der Mission;
e) der Ausdruck „Diplomat" bezeichnet den Missionschef und die Mitglieder des diplomatischen Personals der Mission;
f) der Ausdruck „Mitglieder des Verwaltungs- und technischen Personals" bezeichnet die im Verwaltungs- und technischen Dienst der Mission beschäftigten Mitglieder ihres Personals;
g) der Ausdruck „Mitglieder des dienstlichen Hauspersonals" bezeichnet die als Hausbedienstete bei der Mission beschäftigten Mitglieder ihres Personals;
h) der Ausdruck „privater Hausangestellter" bezeichnet eine im häuslichen Dienst eines Mitglieds der Mission beschäftigte Person, die nicht Bediensteter des Entsendestaats ist;
i) der Ausdruck „Räumlichkeiten der Mission" bezeichnet ungeachtet der Eigentumsverhältnisse die Gebäude oder Gebäudeteile und das dazugehörige Gelände, die für die Zwecke der Mission verwendet werden, einschließlich der Residenz des Missionschefs.

Art. 2 Die Aufnahme diplomatischer Beziehungen zwischen Staaten und die Errichtung ständiger diplomatischer Missionen erfolgen in gegenseitigem Einvernehmen.

Art. 3 (1) Aufgabe einer diplomatischen Mission ist es unter anderem,
a) den Entsendestaat im Empfangsstaat zu vertreten,
b) die Interessen des Entsendestaats und seiner Angehörigen im Empfangsstaat innerhalb der völkerrechtlich zulässigen Grenzen zu schützen,
c) mit der Regierung des Empfangsstaats zu verhandeln,
d) sich mit allen rechtmäßigen Mitteln über Verhältnisse und Entwicklungen im Empfangsstaat zu unterrichten und darüber an die Regierung des Entsendestaats zu berichten,
e) freundschaftliche Beziehungen zwischen Entsendestaat und Empfangsstaat zu fördern und ihre wirtschaftlichen, kulturellen und wissenschaftlichen Beziehungen auszubauen.

(2) Dieses Übereinkommen ist nicht so auszulegen, als schließe es die Wahrnehmung konsularischer Aufgaben durch eine diplomatische Mission aus.

Art. 9 (1) Der Empfangsstaat kann dem Entsendestaat jederzeit ohne Angabe von Gründen notifizieren, daß der Missionschef oder ein Mitglied des diplomatischen Personals der Mission persona non grata oder daß ein anderes Mitglied des Personals der Mission ihm nicht genehm ist. In diesen Fällen hat der Entsendestaat die betreffende Person entweder abzuberufen oder ihre Tätigkeit bei der Mission zu beenden. Eine Person kann als non grata oder nicht genehm erklärt werden, bevor sie im Hoheitsgebiet des Empfangsstaats eintrifft.

(2) Weigert sich der Entsendestaat oder unterläßt er es innerhalb einer angemessenen Frist, seinen Verpflichtungen aufgrund des Absatzes 1 nachzukommen, so kann der Empfangsstaat es ablehnen, die betreffende Person als Mitglied der Mission anzuerkennen.

Art. 10 (1) Dem Ministerium für Auswärtige Angelegenheiten oder einem anderen in gegenseitigem Einvernehmen bestimmten Ministerium des Empfangsstaats ist folgendes zu notifizieren:
a) die Ernennung von Mitgliedern der Mission, ihre Ankunft und ihre endgültige Abreise oder die Beendigung ihrer dienstlichen Tätigkeit bei der Mission;
b) die Ankunft und die endgültige Abreise eines Familienangehörigen eines Mitglieds der Mission und gegebenenfalls die Tatsache, daß eine Person Familienangehöriger eines Mitglieds der Mission wird oder diese Eigenschaft verliert;
c) die Ankunft und die endgültige Abreise von privaten Hausangestellten, die bei den unter Buchstabe a bezeichneten Personen beschäftigt sind, und gegebenenfalls ihr Ausscheiden aus deren Dienst;
d) die Anstellung und die Entlassung von im Empfangsstaat ansässigen Personen als Mitglied der Mission oder als private Hausangestellte mit Anspruch auf Vorrechte und Immunitäten.

(2) Die Ankunft und die endgültige Abreise sind nach Möglichkeit im voraus zu notifizieren.

Art. 13 (1) Als Zeitpunkt des Amtsantritts des Missionschefs im Empfangsstaat gilt der Tag, an welchem er nach der im Emnpfangsstaat geübten und einheitlich anzuwendenden Praxis entweder sein Beglaubigungsschreiben überreicht hat oder aber dem Ministerium für Auswärtige Angelegenheiten oder einem anderen in gegenseitigem Einvernehmen bestimmten Ministerium des Empfangsstaats seine Ankunft notifiziert hat und diesem eine formgetreue Abschrift seines Beglaubigungsschreibens überreicht worden ist.

(2) Die Reihenfolge der Überreichung von Beglaubigungsschreiben oder von deren formgetreuen Abschriften richtet sich nach Tag und Zeit der Ankunft des Missionschefs.

Art. 14 (1) Die Missionschefs sind in folgende drei Klassen eingeteilt:
a) die Klasse der Botschafter oder Nuntien, die bei Staatsoberhäuptern beglaubigt sind, und sonstiger in gleichem Rang stehender Missionschefs;
b) die Klasse der Gesandten, Minister und Internuntien, die bei Staatsoberhäuptern beglaubigt sind;
c) die Klasse der Geschäftsträger, die bei Außenministern beglaubigt sind.

(2) Abgesehen von Fragen der Rangfolge und der Etikette wird zwischen den Missionschefs kein Unterschied aufgrund ihrer Klasse gemacht.

Art. 17 Die Rangfolge der Mitglieder des diplomatischen Personals der Mission wird vom Missionschef dem Ministerium für Auswärtige Angelegenheiten oder dem anderen in gegenseitigem Einvernehmen bestimmten Ministerium notifiziert.

Art. 19 (1) Ist der Posten des Missionschefs unbesetzt oder ist der Missionschef außerstande, seine Aufgaben wahrzunehmen, so ist ein Geschäftsträger ad interim vorübergehend als Missionschef tätig. Den Namen des Geschäftsträgers ad interim notifiziert der Missionschef oder, wenn er dazu außerstande ist, das Ministerium für Auswärtige Angelegenheiten des Entsendestaats dem Ministerium für Auswärtige Angelegenheiten oder dem anderen in gegenseitigem Einvernehmen bestimmten Ministerium des Empfangsstaats.

(2) Ist kein Mitglied des diplomatischen Personals der Mission im Empfangsstaat anwesend, so kann der Entsendestaat mit Zustimmung des Empfangsstaats ein Mitglied des Verwaltungs- und technischen Personals mit der Leitung der laufenden Verwaltungsangelegenheiten der Mission beauftragen.

Art. 22 (1) Die Räumlichkeiten der Mission sind unverletzlich. Vertreter des Empfangsstaats dürfen sie nur mit Zustimmung des Missionschefs betreten.

(2) Der Empfangsstaat hat die besondere Pflicht, alle geeigneten Maßnahmen zu treffen, um die Räumlichkeiten der Mission vor jedem Eindringen und jeder Beschädigung zu schützen und um zu verhindern, daß der Friede der Mission gestört oder ihre Würde beeinträchtigt wird.

(3) Die Räumlichkeiten der Mission, ihre Einrichtung und die sonstigen darin befindlichen Gegenstände sowie die Beförderungsmittel der Mission genießen Immunität von jeder Durchsuchung, Beschlagnahme, Pfändung oder Vollstreckung.

Art. 24 Die Archive und Schriftstücke der Mission sind jederzeit unverletzlich, wo immer sie sich befinden.

Art. 25 Der Empfangsstaat gewährt der Mission jede Erleichterung zur Wahrnehmung ihrer Aufgaben.

Art. 26 Vorbehaltlich seiner Gesetze und anderen Rechtsvorschriften über Zonen, deren Betreten aus Gründen der nationalen Sicherheit verboten oder geregelt ist, gewährleistet der Empfangsstaat allen Mitgliedern der Mission volle Bewegungs- und Reisefreiheit in seinem Hoheitsgebiet.

Art. 27 (1) Der Empfangsstaat gestattet und schützt den freien Verkehr der Mission für alle amtlichen Zwecke. Die Mission kann sich im Verkehr mit der Regierung, den anderen Missionen und den Konsulaten des Entsendestaates, wo immer sie sich befinden, aller geeigneten Mittel einschließlich diplomatischer Kuriere und verschlüsselter Nachrichten bedienen. Das Errichten und Betreiben einer Funksendeanlage ist der Mission jedoch nur mit Zustimmung des Empfangsstaats gestattet.

(2) Die amtliche Korrespondenz der Mission ist unverletzlich. Als „amtliche Korrespondenz" gilt die gesamte Korrespondenz, welche die Mission und ihre Aufgaben betrifft.

(3) Das diplomatische Kuriergepäck darf weder geöffnet noch zurückgehalten werden.

(4) Gepäckstücke, die das diplomatische Kuriergepäck bilden, müssen äußerlich sichtbar als solches gekennzeichnet sein; sie dürfen nur diplomatische Schriftstücke oder für den amtlichen Gebrauch bestimmte Gegenstände enthalten.

(5) Der diplomatische Kurier muß ein amtliches Schriftstück mit sich führen, aus dem seine Stellung und die Anzahl der Gepäckstücke ersichtlich sind, die das diplomatische Kuriergepäck bilden; er wird vom Empfangsstaat bei der Wahrnehmung seiner Aufgaben geschützt. Er genießt persönliche Unverletzlichkeit und unterliegt keiner Festnahme oder Haft irgendwelcher Art.

(6) Der Entsendestaat oder die Mission kann diplomatische Kuriere ad hoc ernennen. Auch in diesen Fällen gilt Absatz 5; jedoch finden die darin erwähnten Immunitäten keine Anwendung mehr, sobald der Kurier das ihm anvertraute diplomatische Kuriergepäck dem Empfänger ausgehändigt hat.

(7) Diplomatisches Kuriergepäck kann dem Kommandanten eines gewerblichen Luftfahrzeugs anvertraut werden, dessen Bestimmungsort ein zugelassener Einreiseflugplatz ist. Der Kommandant muß ein amtliches Schriftstück mit sich führen, aus dem die Anzahl der Gepäckstücke ersichtlich ist, die das Kuriergepäck bilden; er gilt jedoch nicht als diplomatischer Kurier. Die Mission kann eines ihrer Mitglieder entsenden, um das diplomatische Kuriergepäck unmittelbar und ungehindert von dem Kommandanten des Luftfahrzeugs entgegenzunehmen.

Art. 29 Die Person des Diplomaten ist unverletzlich. Er unterliegt keiner Festnahme oder Haft irgendwelcher Art. Der Empfangsstaat behandelt ihn mit gebührender Achtung und trifft alle geeigneten Maßnahmen, um jeden Angriff auf seine Person, seine Freiheit oder seine Würde zu verhindern.

Art. 30 (1) Die Privatwohnung des Diplomaten genießt dieselbe Unverletzlichkeit und denselben Schutz wie die Räumlichkeiten der Mission.

(2) Seine Papiere, seine Korrespondenz und – vorbehaltlich des Artikels 31 Abs. 3 – sein Vermögen sind ebenfalls unverletzlich.

Art. 31 (1) Der Diplomat genießt Immunität von der Strafgerichtsbarkeit des Empfangsstaats. Ferner steht ihm Immunität von dessen Zivil- und Verwaltungsgerichtsbarkeit zu; ausgenommen hiervon sind folgende Fälle:
a) dingliche Klagen in bezug auf privates, im Hoheitsgebiet des Empfangsstaats gelegenes unbewegliches Vermögen, es sei denn, daß der Diplomat dieses im Auftrag des Entsendestaats für die Zwecke der Mission im Besitz hat;
b) Klagen in Nachlaßsachen, in denen der Diplomat als Testamentsvollstrecker, Verwalter, Erbe oder Vermächtnisnehmer in privater Eigenschaft und nicht als Vertreter des Entsendestaats beteiligt ist;
c) Klagen im Zusammenhang mit einem freien Beruf oder einer gewerblichen Tätigkeit, die der Diplomat im Empfangsstaat neben seiner amtlichen Tätigkeit ausübt.

(2) Der Diplomat ist nicht verpflichtet, als Zeuge auszusagen.

(3) Gegen einen Diplomaten dürfen Vollstreckungsmaßnahmen nur in den in Absatz 1 Buchstaben a, b und c vorgesehenen Fällen und nur unter der Voraussetzung getroffen werden, daß sie durchführbar sind, ohne die Unverletzlichkeit seiner Person oder seiner Wohnung zu beeinträchtigen.

(4) Die Immunität des Diplomaten von der Gerichtsbarkeit des Empfangsstaats befreit ihn nicht von der Gerichtsbarkeit des Entsendestaats.

Art. 32 (1) Auf die Immunität von der Gerichtsbarkeit, die einem Diplomaten oder nach Maßgabe des Artikels 37 einer anderen Person zusteht, kann der Entsendestaat verzichten.

(2) Der Verzicht muß stets ausdrücklich erklärt werden.

(3) Strengt ein Diplomat oder eine Person, die nach Maßgabe des Artikels 37 Immunität von der Gerichtsbarkeit genießt, ein Gerichtsverfahren an, so können sie sich in bezug auf eine Widerklage, die mit der Hauptklage in unmittelbarem Zusammenhang steht, nicht auf die Immunität von der Gerichtsbarkeit berufen.

(4) Der Verzicht auf die Immunität von der Gerichtsbarkeit in einem Zivil- oder Verwaltungsgerichtsverfahren gilt nicht als Verzicht auf die Immunität von der Urteilsvollstreckung; hierfür ist ein besonderer Verzicht erforderlich.

Art. 37 (1) Die zum Haushalt eines Diplomaten gehörenden Familienmitglieder genießen, wenn sie nicht Angehörige des Empfangsstaats sind, die in den Artikeln 29 bis 36 bezeichneten Vorrechte und Immunitäten.

(2) Mitglieder des Verwaltungs- und technischen Personals der Mission und die zu ihrem Haushalt gehörenden Familienmitglieder genießen, wenn sie weder Angehörige des Empfangsstaats noch in demselben ständig ansässig sind, die in den Artikeln 29 bis 35 bezeichneten Vorrechte und Immunitäten; jedoch sind ihre nicht in Ausübung ihrer dienstlichen Tätigkeit vorgenommenen Handlungen von der in Artikel 31 Abs. 1 bezeichneten Immunität von der Zivil- und Verwaltungsgerichtsbarkeit des Empfangsstaats ausgeschlossen. Sie genießen ferner die in Artikel 36 Abs. 1 bezeichneten Vorrechte in bezug auf Gegenstände, die anläßlich ihrer Ersteinrichtung eingeführt werden.

(3) Mitglieder des dienstlichen Hauspersonals der Mission, die weder Angehörige des Empfangsstaats noch in demselben ständig ansässig sind, genießen Immunität in bezug auf ihre in Ausübung ihrer dienstlichen Tätigkeit vorgenommenen Handlungen, Befreiung von Steuern und sonstigen Abgaben auf ihre Dienstbezüge sowie die in Artikel 33 vorgesehene Befreiung.

(4) Private Hausangestellte von Mitgliedern des Mission genießen, wenn sie weder Angehörige des Empfangsstaats noch in demselben ständig ansässig sind, Befreiung von Steuern und sonstigen Abgaben auf die Bezüge, die sie aufgrund ihres Arbeitsverhältnisses erhalten. Im übrigen stehen ihnen Vorrechte und Immunitäten nur in dem vom Empfangsstaat zugelassenen Umfang zu. Der Empfangsstaat darf jedoch seine Hoheitsgewalt über diese Personen nur so ausüben, daß er die Mission bei der Wahrnehmung ihrer Aufgaben nicht ungebührlich behindert.

Art. 39 (1) Die Vorrechte und Immunitäten stehen den Berechtigten von dem Zeitpunkt an zu, in dem sie in das Hoheitsgebiet des Empfangsstaats einreisen, um dort ihren Posten anzutreten, oder, wenn sie sich bereits in diesem Hoheitsgebiet befinden, von dem Zeitpunkt an, in dem ihre Ernennung dem Ministerium für Auswärtige Angelegenheiten oder dem anderen in gegenseitigem Einvernehmen bestimmten Ministerium notifiziert wird.

(2) Die Vorrechte und Immunitäten einer Person, deren dienstliche Tätigkeit beendet ist, werden normalerweise im Zeitpunkt der Ausreise oder aber des Ablaufs einer hierfür gewährten angemessenen Frist hinfällig; bis zu diesem Zeitpunkt bleiben sie bestehen, und zwar auch im Fall eines bewaffneten Konflikts. In bezug auf die von der betreffenden Person in Ausübung ihrer dienstlichen Tätigkeit als Mitglied der Mission vorgenommenen Handlungen bleibt jedoch die Immunität auch weiterhin bestehen.

(3) Stirbt ein Mitglied der Mission, so genießen seine Familienangehörigen bis zum Ablauf einer angemessenen Frist für ihre Ausreise weiterhin die ihnen zustehenden Vorrechte und Immunitäten.

(4) Stirbt ein Mitglied der Mission, das weder Angehöriger des Empfangsstaats noch in demselben ständig ansässig ist, oder stirbt ein zu seinem Haushalt gehörendes Familienmitglied, so gestattet der Empfangsstaat die Ausfuhr des beweglichen Vermögens des Verstorbenen mit Ausnahme von im Inland erworbenen Vermögensgegenständen, deren Ausfuhr im Zeitpunkt des Todesfalles verboten war. Von beweglichem Vermögen, das sich nur deshalb im Empfangsstaat befindet, weil sich der Verstorbene als Mitglied der Mission oder als Familienangehöriger eines solchen in diesem Staat aufhielt, dürfen keine Erbschaftssteuern erhoben werden.

Art. 40 (1) Reist ein Diplomat, um sein Amt anzutreten oder um auf seinen Posten oder in seinen Heimatstaat zurückzukehren, durch das Hoheitsgebiet eines dritten Staates oder befindet er sich im Hoheitsgebiet dieses Staates, der erforderlichenfalls seinen Paß mit einem Sichtvermerk versehen hat, so gewährt ihm dieser Staat Unverletzlichkeit und alle sonstigen für seine sichere Durchreise oder Rückkehr erforderlichen Immunitäten. Das gleiche gilt, wenn Familienangehörige des Diplomaten, denen Vorrechte und Immunitäten zustehen, ihn begleiten oder wenn sie getrennt von ihm reisen, um sich zu ihm zu begeben oder in ihren Heimatstaat zurückzukehren.

(2) Unter den Voraussetzungen des Absatzes 1 dürfen dritte Staaten auch die Reise von Mitgliedern des Verwaltungs- und technischen Personals und des dienstlichen Hauspersonals einer Mission sowie ihrer Familienangehörigen durch ihr Hoheitsgebiet nicht behindern.

(3) Dritte Staaten gewähren in bezug auf die amtliche Korrespondenz und sonstige amtliche Mitteilungen im Durchgangsverkehr, einschließlich verschlüsselter Nachrichten, die gleiche Freiheit und den gleichen Schutz wie der Empfangsstaat. Diplomatischen Kurieren, deren Paß erforderlichenfalls mit einem Sichtvermerk versehen wurde, und dem diplomatischen Kuriergepäck im Durchgangsverkehr gewähren sie die gleiche Unverletzlichkeit und den gleichen Schutz, die der Empfangsstaat zu gewähren verpflichtet ist.

(4) Die Verpflichtungen dritter Staaten aufgrund der Absätze 1, 2 und 3 gelten gegenüber den in jenen Absätzen bezeichneten Personen sowie in bezug auf amtliche Mitteilungen und das diplomatische Kuriergepäck auch dann, wenn diese sich infolge höherer Gewalt im Hoheitsgebiet des dritten Staates befinden.

Art. 42 Ein Diplomat darf im Empfangsstaat keinen freien Beruf und keine gewerbliche Tätigkeit ausüben, die auf persönlichen Gewinn gerichtet sind.

Art. 43 Die dienstliche Tätikeikt eines Diplomaten wird unter anderem dadurch beendet,
a) daß der Entsendestaat dem Empfangsstaat die Beendigung der dienstlichen Tätigkeit des Diplomaten notifiziert oder
b) daß der Empfangsstaat dem Entsendestaat notifiziert, er lehne es gemäß Artikel 9 Abs. 2 ab, den Diplomaten als Mitglied der Mission anzuerkennen.

Art. 47 (1) Bei der Anwendung dieses Übereinkommens unterläßt der Empfangsstaat jede diskriminierende Behandlung von Staaten.

(2) Es gilt jedoch nicht als Diskriminierung,
a) wenn der Empfangsstaat eine Bestimmung dieses Übereinkommens deshalb einschränkend anwendet, weil sie im Entsendestaat auf seine eigene Mission einschränkend angewandt wird;
b) wenn Staaten aufgrund von Gewohnheit oder Vereinbarung einander eine günstigere Behandlung gewähren, als es nach diesem Übereinkommen erforderlich ist.

12.10. Wiener Übereinkommen über konsularische Beziehungen

Vom 24. April 1963 (BGBl. 1969 II 1585)

– Auszug –

Art. 1 Begriffsbestimmungen. (1) Im Sinne dieses Übereinkommens haben die nachstehenden Ausdrücke folgende Bedeutung:
a) der Ausdruck „konsularischer Vertretungen" bezeichnet jedes Generalkonsulat, Konsulat, Vizekonsulat und jede Konsularagentur;
b) der Ausdruck „Konsularbezirk" bezeichnet das einem konsularischen Vertretungen für die Wahrnehmung konsularischer Aufgaben zugeteilte Gebiet;
c) der Ausdruck „Chef der konsularischen Vertretung" bezeichnet eine Person, die beauftragt ist, in dieser Eigenschaft tätig zu sein;
d) der Ausdruck „Konsularbeamter" bezeichnet jede in dieser Eigenschaft mit der Wahrnehmung konsularischer Aufgaben beauftragte Person einschließlich des Chefs der konsularischen Vertretung;
e) der Ausdruck „Konsularangestellter" bezeichnet jede in den Verwaltungs- oder technischen Diensten der konsularischen Vertretung beschäftigte Person;
f) der Ausdruck „Mitglied des dienstlichen Hauspersonals" bezeichnet jede als Hausbedienstete bei einer konsularischen Vertretung beschäftigte Person;

g) der Ausdruck „Mitglieder der konsularischen Vertretung" bezeichnet die Konsularbeamten, die Konsularangestellten und die Mitglieder des dienstlichen Hauspersonals;
h) der Ausdruck „Mitglieder des konsularischen Personals" bezeichnet die Konsularbeamten mit Ausnahme des Chefs der konsularischen Vertretung, die Konsularangestellten und die Mitglieder des dienstlichen Hauspersonals;
i) der Ausdruck „Mitglied des Privatpersonals" bezeichnet eine ausschließlich im privaten Dienst eines Mitglieds der konsularischen Vertretung beschäftigte Person;
j) der Ausdruck „konsularische Räumlichkeiten" bezeichnet ungeachtet der Eigentumsverhältnisse die Gebäude oder Gebäudeteile und das dazugehörende Gelände, die ausschließlich für die Zwecke der konsularischen Vertretung benutzt werden;
k) der Ausdruck „konsularische Archive" umfasst alle Papiere, Schriftstücke, Korrespondenzen, Bücher, Filme, Tonbänder und Register der konsularischen Vertretung sowie die Schlüsselmittel und Chiffriergeräte, die Karteien und die zum Schutz oder zur Aufbewahrung derselben bestimmten Einrichtungsgegenstände.

(2) Die Konsularbeamten sind in zwei Kategorien eingeteilt: Berufs-Konsularbeamte und Honorar-Konsularbeamte. Kapitel II gilt für die von Berufs-Konsularbeamten geleiteten und Kapitel III für die von Honorar-Konsularbeamten geleiteten konsularischen Vertretungen.

(3) Die Sonderstellung der Mitglieder konsularischer Vertretungen, die Angehörige des Empfangsstaats oder dort ständig ansässig sind, ist in Artikel 71 geregelt.

Kapitel I. Konsularische Beziehungen im allgemeinen

Abschnitt I. Aufnahme und Pflege konsularischer Beziehungen

Art. 2 Aufnahme konsularischer Beziehungen. (1) Die Aufnahme konsularischer Beziehungen zwischen Staaten erfolgt in gegenseitigem Einvernehmen.

(2) Die Zustimmung zur Aufnahme diplomatischer Beziehungen zwischen zwei Staaten schließt, sofern keine gegenteilige Feststellung getroffen wird, die Zustimmung zur Aufnahme konsularischer Beziehungen ein.

(3) Der Abbruch diplomatischer Beziehungen hat nicht ohne weiteres den Abbruch konsularischer Beziehungen zur Folge.

Art. 3 Wahrnehmung konsularischer Aufgaben. Die konsularischen Aufgaben werden von konsularischen Vertretungen wahrgenommen. Sie werden auch von diplomatischen Missionen nach Maßgabe dieses Übereinkommens wahrgenommen.

Art. 4 Errichtung einer konsularischen Vertretung. (1) Ein konsularischer Vertretungen kann im Hoheitsgebiet des Empfangsstaats nur mit dessen Zustimmung errichtet werden.

(2) Sitz, Klasse und Konsularbezirk der konsularischen Vertretung werden vom Entsendestaat bestimmt und bedürfen der Genehmigung des Empfangsstaats.

(3) Spätere Änderung des Sitzes, der Klasse oder des Konsularbezirks der konsularischen Vertretung kann der Entsendestaat nur mit Zustimmung des Empfangsstaats vornehmen.

(4) Die Zustimmung des Empfangsstaats ist ebenfalls erforderlich, wenn ein Generalkonsulat oder ein Konsulat an einem anderen Ort als demjenigen, wo es selbst errichtet ist, ein Vizekonsulat oder eine Konsularagentur zu eröffnen wünscht.

(5) Die ausdrückliche und vorherige Zustimmung des Empfangsstaats ist ferner erforderlich, wenn an einem anderen Ort als am Sitz einer bestehenden konsularischen Vertretung ein zu diesem gehörendes Büro eröffnet werden soll.

Art. 5 Konsularische Aufgaben. Die konsularischen Aufgaben bestehen darin,
a) die Interessen des Entsendestaates sowie seiner Angehörigen, und zwar sowohl natürlicher als auch juristischer Personen, im Empfangsstaat innerhalb der völkerrechtlich zulässigen Grenzen zu schützen;
b) die Entwicklung der kommerziellen sowie wirtschaftlicher, kultureller und wissenschaftlicher Beziehungen zwischen dem Entsendestaat und dem Empfangsstaat zu fördern und zwischen ihnen auch sonst nach Maßgabe dieses Übereinkommens freundschaftliche Beziehungen zu pflegen;

c) sich mit allen rechtmässigen Mitteln über Verhältnisse und Entwicklungen im kommerziellen, wirtschaftlichen, kulturellen und wissenschaftlichen Leben des Empfangsstaats zu unterrichten, an die Regierung des Entsendestaats darüber zu berichten und interessierten Personen Auskünfte zu erteilen;
d) den Angehörigen des Entsendestaats Pässe und Reiseausweise und den Personen, die sich in den Entsendestaat zu begeben wünschen, Sichtvermerke oder entsprechende Urkunden auszustellen;
e) den Angehörigen des Entsendestaats, und zwar sowohl natürlichen als auch juristischen Personen, Hilfe und Beistand zu leisten;
f) notarielle, zivilstandsamtliche und ähnliche Befugnisse auszuüben sowie bestimmte Verwaltungsaufgaben wahrzunehmen, soweit die Gesetze und sonstigen Rechtsvorschriften des Empfangsstaats dem nicht entgegenstehen;
g) bei Nachlasssachen im Hoheitsgebiet des Empfangsstaats die Interessen von Angehörigen des Entsendestaats, und zwar sowohl natürlicher als auch juristischer Personen, nach Maßgabe der Gesetze und sonstigen Rechtsvorschriften des Empfangsstaats zu wahren;
h) im Rahmen der Gesetze und sonstigen Rechtsvorschriften des Empfangsstaats die Interessen minderjähriger und anderer nicht voll handlungsfähiger Angehöriger des Entsendestaats zu wahren, insbesondere wenn für sie eine Vormundschaft oder Beistandschaft erforderlich ist;
i) vorbehaltlich der im Empfangsstaat geltenden Gepflogenheiten und Verfahren die Angehörigen des Entsendestaats vor den Gerichten und anderen Behörden des Empfangsstaats zu vertreten oder für ihre angemessene Vertretung zu sorgen, um entsprechend den Gesetzen und sonstigen Rechtsvorschriften des Empfangsstaats vorläufige Maßnahmen zur Wahrung der Rechte und Interessen dieser Staatsangehörigen zu erwirken, wenn diese wegen Abwesenheit oder aus irgendeinem andern Grund ihre Rechte und Interessen nicht selbst rechtzeitig verteidigen können;
j) gerichtliche und außergerichtliche Urkunden zu übermitteln und Rechtshilfeersuchen zu erledigen, soweit dies geltenden internationalen Übereinkünften entspricht oder, in Ermangelung solcher, mit den Gesetzen und sonstigen Rechtsvorschriften des Empfangsstaats vereinbar ist;
k) die in den Gesetzen und sonstigen Rechtsvorschriften des Entsendestaats vorgesehenen Rechte zur Kontrolle und Aufsicht über die See- und Binnenschiffe, welche die Staatszugehörigkeit des Entsendestaats besitzen, und über die in diesem Staat registrierten Luftfahrzeuge sowie über die Besatzungen dieser Schiffe und Luftfahrzeuge auszuüben;
l) den unter Buchstabe k genannten Schiffen und Luftfahrzeugen sowie ihren Besatzungen Hilfe zu leisten, Erklärungen über die Reise dieser Schiffe entgegenzunehmen, Schiffspapiere zu prüfen und zu visieren, unbeschadet der Befugnisse der Behörden des Empfangsstaats Erhebungen über Vorfälle während der Reise durchzuführen und, soweit dies nach den Gesetzen und sonstigen Rechtsvorschriften des Entsendestaats zulässig ist, Streitigkeiten jeder Art zwischen Kapitän, Offizieren und Mannschaften beizulegen;
m) alle anderen dem konsularischen Vertretungen vom Entsendestaat zugewiesenen Aufgaben wahrzunehmen, die nicht durch Gesetze und sonstige Rechtsvorschriften des Empfangsstaats verboten sind oder gegen die der Empfangsstaat keinen Einspruch erhebt oder die in den zwischen dem Entsendestaat und dem Empfangsstaat in Kraft befindlichen internationalen Übereinkünften erwähnt sind.

Art. 6 Wahrnehmung konsularischer Aufgaben außerhalb des Konsularbezirks. Unter besonderen Umständen kann ein Konsularbeamter mit Zustimmung des Empfangsstaats seine Aufgaben auch außerhalb seines Konsularbezirks wahrnehmen.

Art. 7 Wahrnehmung konsularischer Aufgaben in einem dritten Staat. Der Entsendestaat kann nach einer Notifikation an die beteiligten Staaten eine in einem Staat errichtete konsularische Vertretung auch mit der Wahrnehmung konsularischer Aufgaben in einem anderen Staat beauftragen, es sei denn, dass einer der beteiligten Staaten ausdrücklich Einspruch erhebt.

Art. 8 Wahrnehmung konsularischer Aufgaben für einen dritten Staat. Nach einer angemessenen Notifikation an den Empfangsstaat kann, sofern dieser keinen Einspruch erhebt, eine konsularische Vertretung des Entsendestaats im Empfangsstaat konsularische Aufgaben auch für einen dritten Staat wahrnehmen.

Art. 9 Klassen der Chefs konsularischer Vertretungen. (1) Die Chefs konsularischer Vertretungen sind in folgende vier Klassen eingeteilt:
a) Generalkonsuln,

b) Konsuln,
c) Vizekonsuln,
d) Konsularagenten.

(2) Absatz 1 schränkt das Recht einer Vertragspartei nicht ein, die Amtsbezeichnung derjenigen Konsularbeamten festzusetzen, die nicht Chefs einer konsularischen Vertretung sind.

Art. 10 Ernennung und Zulassung von Chefs konsularischer Vertretungen. (1) Die Chefs konsularischer Vertretungen werden vom Entsendestaat ernannt und vom Empfangsstaat zur Wahrnehmung ihrer Aufgaben zugelassen. Konsularische Beziehungen

(2) Vorbehaltlich dieses Übereinkommens bestimmen sich die Förmlichkeiten der Ernennung und der Zulassung der Chefs einer konsularischen Vertretung nach den Gesetzen und sonstigen Rechtsvorschriften sowie der Übung des Entsendestaats und des Empfangsstaats.

Art. 11 Bestallungsschreiben oder Notifikation der Ernennung. (1) Der Entsendestaat versieht den Chef einer konsularischen Vertretung mit einer Urkunde in Form eines Bestallungsschreibens oder eines entsprechenden Schriftstücks; die Urkunde wird für jede Ernennung ausgestellt; darin wird seine Eigenschaft bescheinigt und in der Regel sein Name und seine Vornamen, seine Kategorie und seine Klasse, der Konsularbezirk und der Sitz des konsularischen Vertretung angegeben.

(2) Der Entsendestaat übermittelt das Bestallungsschreiben oder das entsprechende Schriftstück auf diplomatischem oder einem anderen geeigneten Wege an die Regierung des Staates, in dessen Hoheitsgebiet der Chef des konsularischen Vertretung seine Aufgaben wahrnehmen soll.

(3) Mit Zustimmung des Empfangsstaats kann der Entsendestaat das Bestallungsschreiben oder das entsprechende Schriftstück durch eine Notifikation ersetzen, welche die in Absatz 1 vorgesehenen Angaben enthält.

Art. 12 Exequatur. (1) Der Chef einer konsularischen Vertretung wird zur Wahrnehmung seiner Aufgaben durch eine Ermächtigung des Empfangsstaats zugelassen, die unabhängig von ihrer Form als „Exequatur" bezeichnet wird.

(2) Lehnt ein Staat es ab, ein Exequatur zu erteilen, so ist er nicht verpflichtet, dem Entsendestaat die Gründe hierfür mitzuteilen.

(3) Vorbehaltlich der Artikel 13 und 15 kann der Chef einer konsularischen Vertretung sein Amt nicht antreten, bevor er das Exequatur erhalten hat.

Art. 13 Vorläufige Zulassung des Chefs einer konsularischen Vertretung. Bis zur Erteilung des Exequaturs kann der Chef einer konsularischen Vertretung zur Wahrnehmung seiner Aufgaben vorläufig zugelassen werden. In diesem Falle findet dieses Übereinkommen Anwendung.

Art. 14 Notifizierung an die Behörden des Konsularbezirks. Soald der Chef einer konsularischen Vertretung – wenn auch nur vorläufig – zur Wahrnehmung seiner Aufgaben zugelassen ist, hat der Empfangsstaat sofort die zuständigen Behörden des Konsularbezirks zu unterrichten. Er hat ferner dafür zu sorgen, dass die erforderlichen Maßnahmen getroffen werden, damit der Chef des konsularischen Vertretung seine dienstlichen Obliegenheiten wahrnehmen und die in diesem Übereinkommen vorgesehene Behandlung genießen kann.

Art. 15 Vorübergehende Wahrnehmung der Aufgaben des Chefs einer konsularischen Vertretung. (1) Ist der Chef einer konsularischen Vertretung außerstande, seine Aufgaben wahrzunehmen, oder ist sein Vertretungen unbesetzt, so kann ein Verweser vorübergehend als Chef des konsularischen Vertretung tätig sein.

(2) Namen und Vornamen des Verwesers des konsularischen Vertretung notifiziert die diplomatische Mission des Entsendestaats oder, wenn es eine solche im Empfangsstaat nicht gibt, der Chef des konsularischen Vertretung oder, wenn dieser verhindert ist, eine zuständige Behörde des Entsendestaats dem Ministerium für Auswärtige Angelegenheiten des Empfangsstaats oder der von diesem Ministerium bezeichneten Behörde. In der Regel hat diese Notifizierung im voraus zu erfolgen. Der Empfangsstaat kann es von seiner Zustimmung abhängig machen, ob er als Verweser eine Person zulassen will, die weder ein diplomatischer Vertreter noch ein Konsularbeamter des Entsendestaats im Empfangsstaat ist.

(3) Die zuständigen Behörden des Empfangsstaats haben dem Verweser des konsularischen Vertretung Beistand und Schutz zu gewähren. Während seiner Amtsführung wird dieses Übereinkommen auf

ihn in gleicher Weise wie auf den Chef des betreffenden konsularischen Vertretung angewendet. Jedoch braucht der Empfangsstaat dem Verweser diejenigen Erleichterungen, Vorrechte und Immunitäten nicht zu gewähren, die der Chef des konsularischen Vertretung nur auf Grund von Voraussetzungen genießt, die der Verweser nicht erfüllt.

(4) Bestellt unter den in Absatz 1 erwähnten Umständen der Entsendestaat ein Mitglied des diplomatischen Personals seiner diplomatischen Mission im Empfangsstaat zum Verweser des konsularischen Vertretung, so genießt dieser weiterhin die diplomatischen Vorrechte und Immunitäten, falls der Empfangsstaat keinen Einspruch erhebt.

Art. 16 Rangfolge der Chefs konsularischer Vertretungen. (1) Innerhalb jeder Klasse richtet sich die Rangfolge der Chefs konsularischer Vertretungen nach dem Tag, an dem ihnen das Exequatur erteilt worden ist.

(2) Ist jedoch der Chef einer konsularischen Vertretung vor der Erteilung des Exequaturs zur Wahrnehmung seiner Aufgaben vorläufig zugelassen worden, so richtet sich seine Rangfolge nach dem Tag der vorläufigen Zulassung; diese Rangfolge bleibt nach Erteilung des Exequaturs erhalten.

(3) Haben zwei oder mehrere Chefs konsularischer Vertretungen das Exequatur oder die vorläufige Zulassung am gleichen Tag erhalten, so richtet sich die Rangfolge zwischen ihnen nach dem Tag, an welchem dem Empfangsstaat ihr Bestallungsschreiben oder das entsprechende Schriftstück vorgelegt worden oder die in Artikel 11 Absatz 3 vorgesehene Notifikation bei ihm eingegangen ist.

(4) Verweser konsularischer Vertretungen sind allen Chefs konsularischer Vertretungen in der Rangfolge nachgeordnet. Zwischen ihnen richtet sich die Rangfolge nach dem Tag, an dem sie, wie in der Notifikation nach Artikel 15 Absatz 2 angegeben, ihre Stellung als Verweser angetreten haben. Konsularische Beziehungen

(5) Honorar-Konsularbeamte, die konsularische Vertretungen leiten, sind innerhalb jeder Klasse den Berufs-Konsularbeamten, die Chefs konsularischer Vertretungen sind, in der Rangfolge nachgeordnet; zwischen ihnen richtet sich die Rangfolge nach den vorstehenden Absätzen

(6) Chefs konsularischer Vertretungen stehen in der Rangfolge vor den Konsularbeamten, die nicht diese Stellung haben.

Art. 17 Vornahme diplomatischer Amtshandlungen durch Konsularbeamte. (1) In einem Staat, wo der Entsendestaat weder eine diplomatische Mission unterhält noch durch die diplomatische Mission eines dritten Staates vertreten ist, kann mit Zustimmung des Empfangsstats ein Konsularbeamter beauftragt werden, diplomatische Amtshandlungen vorzunehmen, ohne dass dies seine konsularische Stellung berührt. Die Vornahme solcher Amtshandlungen durch einen Konsularbeamten verleiht diesem keinen Anspruch auf diplomatische Vorrechte und Immunitäten.

(2) Ein Konsularbeamter kann nach einer Notifikation an den Empfangsstaat den Entsendestaat bei jeder zwischenstaatlichen Organisation vertreten. Handelt er in dieser Eigenschaft, so hat er Anspruch auf alle Vorrechte und Immunitäten, die einem Vertreter bei einer zwischenstaatlichen Organisation auf Grund des Völkergewohnheitsrechts oder internationaler Übereinkünfte zustehen; soweit er jedoch konsularische Aufgaben wahrnimmt, hat er keinen Anspruch auf eine weitergehende Immunität von der Gerichtsbarkeit, als einem Konsularbeamten auf Grund dieses Übereinkommens zusteht.

Art. 18 Ernennung derselben Person zum Konsularbeamten durch zwei oder mehrere Staaten. Zwei oder mehrere Staaten können mit Zustimmung des Empfangsstats dieselbe Person zum Konsularbeamten in diesem Staat ernennen.

Art. 19 Ernennung der Mitglieder des konsularischen Personals. (1) Vorbehaltlich der Artikel 20, 22 und 23 ernennt der Entsendestaat die Mitglieder des konsularischen Personals nach freiem Ermessen.

(2) Namen und Vornamen, Kategorie und Klasse aller Konsularbeamten, die nicht Chefs einer konsularischen Vertretung sind, notifiziert der Entsendestaat dem Empfangsstaat so rechtzeitig, dass dieser, falls er es wünscht, die ihm in Artikel 23 Absatz 3 gewährten Rechte ausüben kann.

(3) Der Entsendestaat kann, wenn es seine Gesetze und sonstigen Rechtsvorschriften erfordern, vom Empfangsstaat verlangen, einem Konsularbeamten, der nicht Chef einer konsularischen Vertretungen ist, ein Exequatur zu erteilen.

(4) Der Empfangsstaat kann, wenn es seine Gesetze und sonstigen Rechtsvorschriften erfordern, einem Konsularbeamten, der nicht Chef einer konsularischen Vertretung ist, ein Exequatur erteilen.

Art. 20 Personalbestand des konsularischen Vertretung. Ist keine ausdrückliche Vereinbarung über den Personalbestand des konsularischen Vertretung getroffen worden, so kann der Empfangsstaat verlangen, dass dieser Bestand in den Grenzen gehalten wird, die er in Anbetracht der im Konsularbezirk vorliegenden Umstände und Verhältnisse sowie der Bedürfnisse des betreffenden konsularischen Vertretung für angemessen und normal hält.

Art. 21 Rangfolge der Konsularbeamten einer konsularischen Vertretung. Die Rangfolge der Konsularbeamten einer konsularischen Vertretung und jede Änderung dieser Rangfolge notifiziert die diplomatische Mission des Entsendestaats oder, wenn es eine solche im Empfangsstaat nicht gibt, der Chef des konsularischen Vertretung dem Ministerium für Auswärtige Angelegenheiten des Empfangsstaats oder der von diesem Ministerium bezeichneten Behörde.

Art. 22 Staatsangehörigkeit der Konsularbeamten. (1) Die Konsularbeamten sollen grundsätzlich Angehörige des Entsendestaats sein.

(2) Angehörige des Empfangsstaats dürfen nur mit dessen ausdrücklicher Zustimmung zu Konsularbeamten ernannt werden; die Zustimmung kann jederzeit widerrufen werden.

(3) Der Empfangsstaat kann sich das gleiche Recht in bezug auf Angehörige eines dritten Staates vorbehalten, die nicht gleichzeitig Angehörige des Entsendestaats sind.

Art. 23 Erklärung zur persona non grata. (1) Der Empfangsstaat kann dem Entsendestaat jederzeit notifizieren, dass ein Konsularbeamter persona non grata oder dass ein anderes Mitglied des konsularischen Personals ihm nicht genehm ist. In diesen Fällen hat der Entsendestaat die betreffende Person entweder abzuberufen oder ihre dienstliche Tätigkeit beim konsularischen Vertretungen zu beenden.

(2) Weigert sich der Entsendestaat oder unterlässt er es innerhalb einer angemessenen Frist, seinen Verpflichtungen auf Grund der Absatz 1 nachzukommen, so kann der Empfangsstaat entweder der betreffenden Person das Exequatur entziehen oder sie nicht weiterhin als Mitglied des konsularischen Personals betrachten.

(3) Eine zum Mitglied einer konsularischen Vertretung ernannte Person kann als nicht genehm erklärt werden, bevor sie im Hoheitsgebiet des Empfangsstaats eintrifft oder, wenn sie sich bereits dort befindet, bevor sie ihr Amt auf der konsularischen Vertretungen antritt. In diesen Fällen hat der Entsendestaat die Ernennung rückgängig zu machen.

(4) In den Absätzen 1 und 3 genannten Fällen ist der Empfangsstaat nicht verpflichtet, dem Entsendestaat die Gründe für seine Entscheidung mitzuteilen. Konsularische Beziehungen

Art. 24 Notifizierung der Ernennungen, Ankünfte und Abreisen an den Empfangsstaat.
(1) Dem Ministerium für Auswärtige Angelegenheiten des Empfangsstaats oder der von diesem Ministerium bezeichneten Behörde ist folgendes zu notifizieren:
a) die Ernennung von Mitgliedern einer konsularischen Vertretung, ihre Ankunft nach dieser Ernennung, ihre endgültige Abreise oder die Beendigung ihrer dienstlichen Tätigkeit sowie alle sonstigen ihre Stellung betreffenden Änderungen, die während ihrer Dienstzeit auf dem konsularischen Vertretungen erfolgen;
b) die Ankunft und die endgültige Abreise eines im gemeinsamen Haushalt mit einem Mitglied einer konsularischen Vertretung lebenden Familienangehörigen und gegebenenfalls die Tatsache, dass eine Person Familienangehöriger wird oder diese Eigenschaft verliert;
c) die Ankunft und die endgültige Abreise von Mitgliedern des Privatpersonals und gegebenenfalls ihr Ausscheiden aus diesem Dienst; d) die Anstellung und die Entlassung von im Empfangsstaat ansässigen Personen als Mitglied des konsularischen Vertretung oder als Mitglied des Privatpersonals mit Anspruch auf Vorrechte und Immunitäten.

(2) Die Ankunft und die endgültige Abreise sind nach Möglichkeit im voraus zu notifizieren.

Abschnitt II. Beendigung der konsularischen Tätigkeit

Art. 25 Beendigung der dienstlichen Tätigkeit eines Mitglieds einer konsularischen Vertretung. Die dienstliche Tätigkeit eines Mitglieds einer konsularischen Vertretung wird unter anderem dadurch beendet,
a) dass der Entsendestaat dem Empfangsstaat die Beendigung seiner dienstlichen Tätigkeit notifiziert,
b) dass das Exequatur entzogen wird, oder

c) dass der Empfangsstaat dem Entsendestaat notifiziert, er betrachte die betreffende Person nicht mehr als Mitglied des konsularischen Personals.

Art. 26 Abreise aus dem Hoheitsgebiet des Empfangsstaats. Der Empfangsstaat gewährt, auch im Fall eines bewaffneten Konflikts, den Mitgliedern des konsularischen Vertretung und den Mitgliedern des Privatpersonals, die nicht seine Staatsangehörigen sind, sowie den mit ihnen im gemeinsamen Haushalt lebenden Familienmitgliedern, ungeachtet ihrer Staatsangehörigkeit, die Zeit und die Erleichterungen, die erforderlich sind, damit sie ihre Abreise vorbereiten und sein Hoheitsgebiet so bald wie möglich nach Beendigung ihrer dienstlichen Tätigkeit verlassen können. Insbesondere stellt er ihnen im Bedarfsfall die benötigten Beförderungsmittel für sie selbst und ihre Vermögensgegenstände mit Ausnahme derjenigen zur Verfügung, die im Empfangsstaat erworben worden sind und deren Ausfuhr im Zeitpunkt der Abreise verboten ist.

Art. 27 Schutz der konsularischen Räumlichkeiten und Archive sowie der Interessen des Entsendestaats unter außergewöhnlichen Umständen. (1) Werden die konsularischen Beziehungen zwischen zwei Staaten abgebrochen,

a) so hat der Empfangsstaat, auch im Fall eines bewaffneten Konflikts die konsularischen Räumlichkeiten, das Vermögen des konsularischen Vertretung und die konsularischen Archive zu achten und zu schützen;

b) so kann der Entsendestaat einem dem Empfangsstaat genehmen dritten Staat die Obhut der konsularischen Räumlichkeiten, des darin befindlichen Vermögens und der konsularischen Archive übertragen;

c) so kann der Entsendestaat einem dem Empfangsstaat genehmen dritten Staat den Schutz seiner Interessen und derjenigen seiner Angehörigen übertragen.

(2) Wird ein konsularischer Vertretungen vorübergehend oder endgültig geschlossen, so findet Absatz 1 Buchstabe a Anwendung. Ferner gilt folgendes:

a) Besitzt der Entsendestaat, obwohl er im Empfangsstaat nicht durch eine diplomatische Mission vertreten ist, in dessen Hoheitsgebiet noch einen anderen konsularischen Vertretungen, so kann diesem die Obhut der Räumlichkeiten des geschlossenen konsularischen Vertretung, des darin befindlichen Vermögens und der konsularischen Archive sowie mit Zustimmung des Empfangsstaats die Wahrnehmung der konsularischen Aufgaben im Amtsbezirk des geschlossenen konsularischen Vertretung übertragen werden;

b) besitzt der Entsendestaat im Empfangsstaat weder die diplomatische Mission noch einen anderen konsularischen Vertretungen, so findet Absatz 1 Buchstaben b und c Anwendung.

Kapitel II. Erleichterungen, Vorrechte und Immunitäten für konsularische Vertretungen, Berufs-Konsularbeamte und sonstige Mitglieder einer konsularischen Vertretung

Abschnitt I. Erleichterungen, Vorrechte und Immunitäten für den konsularischen Vertretungen

Art. 28 Erleichterungen für die Tätigkeit des konsularischen Vertretung. Der Empfangsstaat gewährt der konsularischen Vertretungen jede Erleichterung zur Wahrnehmung seiner Aufgaben.
Konsularische Beziehungen

Art. 29 Benützung der Nationalflagge und des Staatswappens. Der Entsendestaat ist berechtigt, seine Nationalflagge und sein Wappen nach Maßgabe dieses Artikels im Empfangsstaat zu benützen.

(2) Die Nationalflagge und das Wappen des Entsendestaats können an dem Gebäude, in welchem sich der konsularische Vertretungen befindet, und an dessen Eingangstür, an der Residenz des Chefs des konsularischen Vertretung sowie an seinen Beförderungsmitteln während deren dienstlichen Benützung geführt werden.

(3) Bei der Ausübung des in diesem Artikel gewährten Rechts sind die Gesetze und sonstigen Rechtsvorschriften sowie die Übung des Empfangsstaats zu berücksichtigen.

5 Texte 12.10.

Art. 30 Unterbringung. (1) Der Empfangsstaat erleichtert nach Maßgabe seiner Gesetze und sonstigen Rechtsvorschriften dem Entsendestaat den Erwerb der für dessen konsularische Vertretungen in seinem Hoheitsgebiet benötigten Räumlichkeiten oder hilft ihm, sich auf andere Weise Räumlichkeiten zu beschaffen.

(2) Erforderlichenfalls hilft der Empfangsstaat ferner dem konsularischen Vertretungen bei der Beschaffung geeigneten Wohnraum für seine Mitglieder.

Art. 31 Unverletzlichkeit der konsularischen Räumlichkeiten. (1) Die konsularischen Räumlichkeiten sind in dem in diesem Artikel vorgesehenen Umfang unverletzlich.

(2) Die Behörden des Empfangsstats dürfen den Teil der konsularischen Räumlichkeiten, den der konsularische Vertretungen ausschließlich für seine dienstlichen Zwecke benützt, nur mit Zustimmung des Chefs des konsularischen Vertretung oder einer von ihm bestimmten Person oder des Chefs der diplomatischen Mission des Entsendestaats betreten. Jedoch kann bei Feuer oder einem anderen Unglück, wenn sofortige Schutzmaßnahmen erforderlich sind, die Zustimmung des Chefs des konsularischen Vertretung vermutet werden.

(3) Vorbehaltlich der Absatz 2 hat der Empfangsstaat die besondere Pflicht, alle geeigneten Maßnahmen zu treffen, um die konsularischen Räumlichkeiten vor jedem Eindringen und jeder Beschädigung zu schützen und um zu verhindern, dass der Friede des konsularischen Vertretung gestört oder seine Würde beeinträchtigt wird.

(4) Die konsularischen Räumlichkeiten, ihre Einrichtung, das Vermögen des konsularischen Vertretung und dessen Beförderungsmittel genießen Immunität von jeder Beschlagnahme für Zwecke der Landesverteidigung oder des öffentlichen Wohls. Ist für solche Zwecke eine Enteignung notwendig, so werden alle geeigneten Maßnahmen getroffen, damit die Wahrnehmung der konsularischen Aufgaben nicht behindert wird; dem Entsendestaat wird unverzüglich eine angemessene und wirksame Entschädigung gezahlt.

Art. 32 Befreiung der konsularischen Räumlichkeiten von der Besteuerung. (1) Die konsularischen Räumlichkeiten und die Residenz des einen konsularischen Vertretungen leitenden Berufs-Konsularbeamten, die im Eigentum des Entsendestaats oder einer für diesen handelnden Person stehen oder von ihnen gemietet oder gepachtet sind, sind von allen staatlichen, regionalen und kommunalen Steuern oder sonstigen Abgaben befreit, soweit diese nicht als Vergütung für bestimmte Dienstleistungen erhoben werden.

(2) Die in Absatz 1 vorgesehene Steuerbefreiung gilt nicht für diese Steuern und sonstigen Abgaben, wenn sie nach den Gesetzen und sonstigen Rechtsvorschriften des Empfangsstaats von einer Person zu entrichten sind, die mit dem Entsendestaat oder der für diesen handelnden Person Verträge geschlossen hat.

Art. 33 Unverletzlichkeit der konsularischen Archive und Schriftstücke. Die konsularischen Archive und Schriftstücke sind jederzeit unverletzlich, wo immer sie sich befinden.

Art. 34 Bewegungsfreiheit. Vorbehaltlich seiner Gesetze und sonstigen Rechtsvorschriften über Zonen, deren Betreten aus Gründen der nationalen Sicherheit verboten oder geregelt ist, gewährleistet der Empfangsstaat allen Mitgliedern des konsularischen Vertretung volle Bewegungs- und Reisefreiheit in seinem Hoheitsgebiet.

Art. 35 Verkehrsfreiheit. (1) Der Empfangsstaat gestattet und schützt den freien Verkehr des konsularischen Vertretung für alle amtlichen Zwecke. Der konsularischen Vertretung kann sich im Verkehr mit der Regierung, den diplomatischen Missionen und den anderen konsularischen Vertretungen des Entsendestaats, wo immer sie sich befinden, aller geeigneten Mittel einschließlich diplomatischer oder konsularischer Kuriere, diplomatischen oder konsularischen Kuriergepäcks und verschlüsselter Nachrichten bedienen. Das Errichten und Betreiben einer Funksendeanlage ist der konsularischen Vertretungen jedoch nur mit Zustimmung des Empfangsstaats gestattet.

(2) Die amtliche Korrespondenz des konsularischen Vertretung ist unverletzlich. Als „amtliche Korrespondenz" gilt die gesamte Korrespondenz, welche den konsularischen Vertretungen und seine Aufgaben betrifft.

(3) Das konsularische Kuriergepäck darf weder geöffnet noch zurückgehalten werden. Haben jedoch die zuständigen Behörden des Empfangsstaats triftige Gründe für die Annahme, dass das Gepäck etwas anderes als Korrespondenz, Schriftstücke und Gegenstände im Sinne von Absatz 4 enthält, so können

sie verlangen, dass ein ermächtigter Vertreter des Entsendestaates es in ihrer Gegenwart öffnet. Lehnen die Behörden des Entsendestaats dieses Verlangen ab, so wird das Gepäck an seinen Ursprungsort zurückbefördert.

(4) Gepäckstücke, die das konsularische Kuriergepäck bilden, müssen äußerlich sichtbar als solches gekennzeichnet sein; sie dürfen nur die amtliche Korrespondenz Konsularische Beziehungen sowie ausschließlich für den amtlichen Gebrauch bestimmte Schriftstücke oder Gegenstände enthalten.

(5) Der konsularische Kurier muss ein amtliches Schriftstück mit sich führen, aus dem seine Stellung und die Anzahl der Gepäckstücke ersichtlich sind, die das konsularische Kuriergepäck bilden. Außer mit Zustimmung des Empfangsstaats darf er weder ein Angehöriger des Empfangsstaats noch, wenn er nicht des Entsendestaats ist, im Empfangsstaat ständig ansässig sein. Bei der Wahrnehmung seiner Aufgaben wird dieser Kurier vom Empfangsstaat geschützt. Er genießt persönliche Unverletzlichkeit und unterliegt keiner Festnahme oder Haft irgendwelcher Art.

(6) Der Entsendestaat, seine diplomatischen Missionen und seine konsularischen Vertretungen können konsularische Kuriere ad hoc nennen. Auch in diesen Fällen gilt Absatz 5; jedoch finden die darin erwähnten Immunitäten keine Anwendung mehr, sobald der Kurier das ihm anvertraute konsularische Kuriergepäck dem Empfänger ausgehändigt hat.

(7) Konsularisches Kuriergepäck kann dem Kommandanten eines Seeschiffes oder eines gewerblichen Luftfahrzeugs anvertraut werden, dessen Bestimmungsort ein zugelassener Einreisehafen oder -flugplatz ist. Der Kommandant muss ein amtliches Schriftstück mit sich führen, aus dem die Anzahl der Gepäckstücke ersichtlich ist, die das Kuriergepäck bilden; er gilt jedoch nicht als konsularischer Kurier. Auf Grund einer Abmachung mit den zuständigen Ortsbehörden kann der konsularische Vertretungen eines seiner Mitglieder entsenden, um das Kuriergepäck unmittelbar und ungehindert vom Kommandanten des Seeschiffes oder Luftfahrzeugs entgegenzunehmen.

Art. 36 Verkehr mit Angehörigen des Entsendestaats. (1) Um die Wahrnehmung konsularischer Aufgaben in bezug auf Angehörige des Entsendestaats zu erleichtern, gilt folgendes:
a) den Konsularbeamten steht es frei, mit Angehörigen des Entsendestaats zu verkehren und sie aufzusuchen. Angehörigen des Entsendestaats steht es in gleicher Weise frei, mit dessen Konsularbeamten zu verkehren und sie aufzusuchen;
b) die zuständigen Behörden des Empfangsstaats haben den konsularischen Vertretungen des Entsendestaats auf Verlangen des Betroffenen unverzüglich zu unterrichten, wenn in seinem Konsularbezirk ein Angehöriger dieses Staates festgenommen, inhaftiert oder in Untersuchungshaft genommen oder ihm anderweitig die Freiheit entzogen worden ist. Jede von einer Person, die festgenommen, inhaftiert oder in Untersuchungshaft genommen oder anderweitig die Freiheit entzogen ist, an den konsularischen Vertretungen gerichtete Mitteilung haben die genannten Behörden ebenfalls unverzüglich weiterzuleiten. Diese Behörden haben den Betroffenen unverzüglich über die ihm auf Grund dieses Buchstabens zustehenden Rechte zu unterrichten;
c) Konsularbeamte sind berechtigt, einen Angehörigen des Entsendestaats, der inhaftiert oder in Untersuchungshaft genommen oder dem anderweitig die Freiheit entzogen ist, aufzusuchen, mit ihm zu sprechen und zu korrespondieren sowie für seine Vertretung vor Gericht zu sorgen. Sie sind ferner berechtigt, einen Angehörigen des Entsendestaats aufzusuchen, der in ihrem Konsularbezirk auf Grund einer Verurteilung inhaftiert oder dem dort auf Grund einer Verurteilung anderweitig die Freiheit entzogen ist. Jedoch dürfen Konsularbeamte nicht für einen Staatsangehörigen, der inhaftiert oder in Untersuchungshaft genommen oder dem anderweitig die Freiheit entzogen ist, tätig werden, wenn der Betroffene ausdrücklich Einspruch dagegen erhebt.

(2) Die in Absatz 1 genannten Rechte sind nach Maßgabe der Gesetze und sonstigen Rechtsvorschriften des Empfangsstaats auszuüben; hierbei wird jedoch vorausgesetzt, dass diese Gesetze und sonstigen Rechtsvorschriften es ermöglichen, die Zwecke vollständig zu verwirklichen, für welche die in diesem Artikel vorgesehenen Rechte eingeräumt werden.

Art. 37 Benachrichtigung bei Todesfällen, Vormundschaften oder Beistandschaften, Schiffbruch und Flugunfällen. Verfügen die zuständigen Behörden des Empfangsstaats über die entsprechenden Auskünfte, so sind sie verpflichtet,
a) beim Tod eines Angehörigen des Entsendestaats unverzüglich den konsularischen Vertretungen zu benachrichtigen, in dessen Amtsbezirk der Todesfall eingetreten ist;
b) den zuständigen konsularischen Vertretungen unverzüglich von allen Fällen zu benachrichtigen, in denen die Bestellung eines Vormundes oder Beistandes im Interesse eines minderjährigen oder

anderen nicht voll handlungsfähigen Angehörigen des Entsendestaats angebracht erscheint. Die Anwendung der Gesetze und sonstigen Rechtsvorschriften des Empfangsstaats bleibt jedoch hinsichtlich der Bestellung dieses Vormundes oder Beistandes unberührt;

c) unverzüglich den dem Ort des Unfalles am nächsten gelegenen konsularischen Vertretungen zu benachrichtigen, wenn ein Schiff, das die Staatszugehörigkeit des Entsendestaats besitzt, im Küstenmeer oder in den Binnengewässern des Empfangsstaats Schiffbruch erleidet oder auf Grund läuft oder wenn ein im Entsendestaat registriertes Luftfahrzeug im Hoheitsgebiet des Empfangsstaats verunglückt.

Art. 38 Verkehr mit den Behörden des Empfangsstaats. Bei der Wahrnehmung ihrer Aufgaben können sich die Konsularbeamten

a) an die zuständigen örtlichen Behörden ihres Konsularbezirks sowie

b) an die zuständigen Zentralbehörden des Empfangsstaats wenden, wenn und soweit letzteres auf Grund der Gesetze und sonstigen Rechtsvorschriften sowie der Übung des Empfangsstaats oder auf Grund entsprechender internationaler Übereinkünfte zulässig ist.

Art. 39 Konsulargebühren und -kosten. (1) Der konsularische Vertretungen kann im Hoheitsgebiet des Empfangsstaats die in den Gesetzen und sonstigen Rechtsvorschriften des Entsendestaats für konsularische Amtshandlungen vorgesehenen Gebühren und Kosten erheben.

(2) Die vereinnahmten Beträge der in Absatz 1 genannten Gebühren und Kosten und die hierüber ausgestellten Quittungen sind im Empfangsstaat von allen Steuern und sonstigen Abgaben befreit.

Abschnitt II. Erleichterungen, Vorrechte und Immunitäten für Berufs-Konsularbeamte und andere Mitglieder des konsularischen Vertretung

Art. 40 Schutz der Konsularbeamten. Der Empfangsstaat behandelt die Konsularbeamten mit gebührender Achtung und trifft alle geeigneten Maßnahmen, um jeden Angriff auf ihre Person, ihre Freiheit oder ihre Würde zu verhindern.

Art. 41 Persönliche Unverletzlichkeit der Konsularbeamten. (1) Konsularbeamte unterliegen keiner Festnahme oder Untersuchungshaft, es sei denn wegen eines schweren Verbrechens und auf Grund einer Entscheidung der zuständigen Gerichtsbehörde.

(2) Außer in dem in Absatz 1 genannten Fall dürfen Konsularbeamten weder inhaftiert noch auf andere Weise in ihrer persönlichen Freiheit beschränkt werden, es sei denn in Vollstreckung einer rechtskräftigen gerichtlichen Entscheidung.

(3) Wird gegen einen Konsularbeamten ein Strafverfahren eingeleitet, so hat er vor den zuständigen Behörden zu erscheinen. Jedoch ist das Verfahren mit der ihm auf Grund seiner amtlichen Stellung gebührenden Rücksicht und, außer in dem in Absatz 1 vorgesehenen Fall, in einer Weise zu führen, welche die Wahrnehmung der konsularischen Aufgaben möglichst wenig behindert. Ist es unter den in Absatz 1 genannten Umständen notwendig geworden, einen Konsularbeamten in Untersuchungshaft zu nehmen, so ist das Verfahren gegen ihn in kürzester Frist einzuleiten.

Art. 42 Benachrichtigung über Festnahme, Untersuchungshaft oder Strafverfolgung. Wird ein Mitglied des konsularischen Personals festgenommen, in Untersuchungshaft genommen oder wird ein Strafverfahren gegen dieses Mitglied eingeleitet, so hat der Empfangsstaat sofort den Chef der konsularischen Vertretung zu benachrichtigen. Ist dieser selbst von einer der genannten Maßnahmen betroffen, so hat der Empfangsstaat den Entsendestaat auf diplomatischem Wege zu benachrichtigen.

Art. 43 Immunität von der Gerichtsbarkeit. (1) Konsularbeamte und Konsularangestellte sind für Handlungen, die sie in Wahrnehmung konsularischer Aufgaben vorgenommen haben, nicht der Gerichtsbarkeit der Gerichts- oder Verwaltungsbehörden des Empfangsstaates unterworfen.

(2) Absatz 1 findet jedoch keine Anwendung bei Zivilklagen,

a) wenn diese aus einem Vertrag entstehen, den ein Konsularbeamter oder ein Konsularangestellter geschlossen hat, ohne dabei ausdrücklich oder implizite im Auftrag des Entsendestaats zu handeln, oder

b) wenn diese von einem Dritten wegen eines Schadens angestrengt werden, der aus einem im Empfangsstaat durch ein Land-, Wasser- oder Luftfahrzeug verursachten Unfall entstanden ist.

Art. 44 Zeugnispflicht. (1) Mitglieder einer konsularischen Vertretung können in einem Gerichts- oder Verwaltungsverfahren als Zeugen geladen werden. Konsularangestellte und Mitglieder des dienstlichen Hauspersonals dürfen nur in den in Absatz 3 genannten Fällen das Zeugnis verweigern. Weigert sich ein Konsularbeamter auszusagen, so darf gegen ihn keine Zwangs- oder anderweitige Maßnahme getroffen werden.

(2) Die Behörde, welche die Zeugenaussage eines Konsularbeamten verlangt, darf ihn nicht bei der Wahrnehmung seiner konsularischen Aufgaben behindern. Sie kann, soweit möglich, seine Aussage in seiner Wohnung oder in den Räumlichkeiten des konsularischen Vertretung oder eine schriftliche Erklärung von ihm entgegennehmen.

(3) Mitglieder einer konsularischen Vertretung sind nicht verpflichtet, Zeugenaussagen über Angelegenheiten zu machen, die mit der Wahrnehmung ihrer Aufgaben zusammenhängen, oder die darauf bezüglichen amtlichen Korrespondenzen und Schriftstücke vorzulegen. Sie sind auch berechtigt, die Aussage als Sachverständige über das Recht des Entsendestaats zu verweigern.

Art. 45 Verzicht auf Vorrechte und Immunitäten. (1) Der Entsendestaat kann hinsichtlich eines Mitglieds des konsularischen Vertretung auf die in den Artikeln 41, 43 und 44 vorgesehenen Vorrechte und Immunitäten verzichten.

(2) Der Verzicht muss vorbehaltlich der Absatz 3 stets ausdrücklich erklärt und dem Empfangsstaat schriftlich mitgeteilt werden.

(3) Strengt ein Konsularbeamter oder ein Konsularangestellter in einer Sache, in der er nach Maßgabe des Artikels 43 Immunität von der Gerichtsbarkeit genießen würde, ein Gerichtsverfahren an, so kann er sich in bezug auf eine Widerklage, die mit der Hauptklage in unmittelbarem Zusammenhang steht, nicht auf die Immunität von der Gerichtsbarkeit berufen.

(4) Der Verzicht auf die Immunität von der Gerichtsbarkeit in einem Zivil- oder Verwaltungsgerichtsverfahren gilt nicht als Verzicht auf die Immunität von der Urteilsvollstreckung; hierfür ist ein besonderer Verzicht erforderlich.

Art. 46 Befreiung von der Anmeldepflicht für Ausländer und der Aufenthaltsbewilligung. (1) Konsularbeamte und Konsularangestellte sowie die mit ihnen im gemeinsamen Haushalt lebenden Familienmitglieder sind von allen in den Gesetzen und sonstigen Rechtsvorschriften des Empfangsstaates vorgesehenen Verpflichtungen in bezug auf die Anmeldepflicht für Ausländer und die Aufenthaltsbewilligung befreit.

(2) Absatz 1 gilt jedoch weder für Konsularangestellte, die nicht ständig Bedienstete des Entsendestaats sind oder die eine private Erwerbstätigkeit im Empfangsstaat ausüben, noch für ihre Familienmitglieder.

Art. 47 Befreiung von der Arbeitsbewilligung. (1) Mitglieder des konsularischen Vertretung sind in bezug auf ihre Dienste für den Entsendestaat von allen in den Gesetzen und sonstigen Rechtsvorschriften des Empfangsstaats vorgesehen Verpflichtungen hinsichtlich der Arbeitsbewilligung für ausländische Arbeitskräfte befreit.

(2) Mitglieder des Privatpersonals der Konsularbeamten und der Konsularangestellten sind, wenn sie im Empfangsstaat keine andere private Erwerbstätigkeit ausüben, von den in Absatz 1 erwähnten Verpflichtungen befreit.

Art. 48 Befreiung vom System der sozialen Sicherheit. (1) Vorbehaltlich der Absatz 3 sind die Mitglieder des konsularischen Vertretung in bezug auf ihre Dienste für den Entsendestaat und die mit ihnen im gemeinsamen Haushalt lebenden Familienangehörigen von den im Empfangsstaat geltenden Vorschriften über soziale Sicherheit befreit.

(2) Die in Absatz 1 vorgesehene Befreiung gilt auch für die Mitglieder des Privatpersonals, die ausschließlich bei Mitgliedern des konsularischen Vertretung beschäftigt sind, sofern sie
a) weder Angehörige des Empfangsstaats noch dort ständig ansässig sind und
b) den im Entsendestaat oder in einem dritten Staat geltenden Vorschriften über soziale Sicherheit unterstehen.

(3) Beschäftigen Mitglieder des konsularischen Vertretung Personen, auf welche die in Absatz 2 vorgesehene Befreiung keine Anwendung findet, so haben sie die Verpflichtungen zu beachten, welche die Vorschriften über soziale Sicherheit im Empfangsstaat den Arbeitgebern auferlegen.

(4) Die in den Absätzen 1 und 2 vorgesehene Befreiung schließt die freiwillige Beteiligung am System der sozialen Sicherheit des Empfangsstaates nicht aus, sofern dieser eine solche Beteiligung zulässt.

Art. 49 Befreiung von der Besteuerung. (1) Konsularbeamte und Konsularangestellte sowie die mit ihnen im gemeinsamen Haushalt lebenden Familienmitglieder sind von allen staatlichen, regionalen und kommunalen Personal- und Realsteuern oder -abgaben befreit; ausgenommen hiervon sind
 a) die normalerweise im Preis von Waren oder Dienstleistungen enthaltenen indirekten Steuern;
 b) Steuern und sonstige Abgaben von privatem, im Hoheitsgebiet des Empfangsstaats gelegenem unbeweglichem Vermögen, jedoch vorbehaltlich des Artikels 32;
 c) Erbschaftssteuern und Abgaben vom Vermögensübergang, die der Empfangsstaat erhebt, jedoch vorbehaltlich des Artikels 51 Buchstabe b;
 d) Steuern und sonstige Abgaben von privaten Einkünften einschließlich Kapitalgewinnen, deren Quelle sich im Empfangsstaat befindet, sowie Vermögenssteuern von Kapitalanlagen in gewerblichen oder Finanzunternehmen, die im Empfangsstaat gelegen sind;
 e) Steuern, Gebühren und sonstige Abgaben, die als Vergütung für bestimmte Dienstleistungen erhoben werden;
 f) Eintragungs-, Gerichts-, Beurkundungs-, Beglaubigungs- und Hypothekengebühren sowie Stempelabgaben, jedoch vorbehaltlich des Artikels 32.

(2) Die Mitglieder des dienstlichen Hauspersonals sind von Steuern und sonstigen Abgaben auf ihren Dienstbezügen befreit.

(3) Beschäftigen Mitglieder des konsularischen Vertretung Personen, deren Löhne oder Gehälter nicht von der Einkommensteuer im Empfangsstaat befreit sind, so haben sie die Gesetze und sonstigen Rechtsvorschriften über die Erhebung der Einkommensteuer zu beachten, die im Empfangsstaat für Arbeitgeber gelten.

Art. 50 Befreiung von Zöllen und Zollkontrollen. (1) Nach Maßgabe seiner geltenden Gesetze und sonstigen Rechtsvorschriften gestattet der Empfangsstaat die Einfuhr der nachstehend genannten Gegenstände und befreit sie von allen Zöllen, Steuern und ähnlichen Abgaben mit Ausnahme von Gebühren für Einlagerung, Beförderung und ähnliche Dienstleistungen:
 a) Gegenstände für den amtlichen Gebrauch des konsularischen Vertretung;
 b) Gegenstände für den persönlichen Gebrauch des Konsularbeamten und der mit ihm im gemeinsamen Haushalt lebenden Familienmitglieder, einschließlich der für seine Einrichtung vorgesehenen Gegenstände. Die zum Verbrauch bestimmten Gegenstände dürfen die für die unmittelbare Verwendung durch die Beteiligten erforderlichen Mengen nicht überschreiten.

(2) Konsularangestellte genießen die in Absatz 1 vorgesehenen Vorrechte und Befreiungen in bezug auf Gegenstände, die anlässlich ihrer Ersteinrichtung eingeführt werden.

(3) Konsularbeamte und die mit ihnen im gemeinsamen Haushalt lebenden Familienmitglieder genießen Befreiung von der Zollkontrolle ihres mitgeführten persönlichen Gepäcks. Es darf nur kontrolliert werden, wenn triftige Gründe für die Vermutung vorliegen, dass es Gegenstände enthält, die in Absatz 1 Buchstabe b nicht bezeichnet sind oder deren Ein- oder Ausfuhr nach den Gesetzen und sonstigen Rechtsvorschriften des Empfangsstaats verboten ist oder die dessen Gesetzen und sonstigen Rechtsvorschriften über Quarantäne unterliegen. In solchen Fällen darf die Kontrolle nur in Anwesenheit des Konsularbeamten oder seines betreffenden Familienmitgliedes stattfinden.

Art. 51 Nachlass eines Mitglieds des konsularischen Vertretung oder eines seiner Familienangehörigen. Stirbt ein Mitglied des konsularischen Vertretung oder ein mit ihm im gemeinsamen Haushalt lebender Familienangehöriger, so ist der Empfangsstaat verpflichtet,
 a) die Ausfuhr des beweglichen Vermögens des Verstorbenen mit Ausnahme von im Empfangsstaat erworbenen Vermögensgegenständen, deren Ausfuhr im Zeitpunkt des Todesfalles verboten war, zu gestatten,
 b) von dem beweglichen Vermögen, das sich nur deshalb im Empfangsstaat befindet, weil sich der Verstorbene als Mitglied des konsularischen Vertretung oder als Familienangehöriger eines solchen in diesem Staat aufhielt, keine staatlichen, regionalen oder kommunalen Erbschaftssteuern oder Abgaben vom Vermögensübergang zu erheben.

Art. 52 Befreiung von persönlichen Dienstleistungen und Auflagen. Der Empfangsstaat befreit die Mitglieder des konsularischen Vertretung und die mit ihnen im gemeinsamen Haushalt lebenden

Familienangehörigen von allen persönlichen Dienstleistungen, von allen öffentlichen Dienstleistungen jeder Art und von militärischen Auflagen wie zum Beispiel Beschlagnahmen, Kontributionen und Einquartierungen.

Art. 53 Beginn und Ende konsularischer Vorrechte und Immunitäten. (1) Die in diesem Übereinkommen vorgesehenen Vorrechte und Immunitäten stehen den Mitgliedern des konsularischen Vertretung von dem Zeitpunkt an zu, in dem sie in das Hoheitsgebiet des Empfangsstaats einreisen, um dort ihren Vertretungen anzutreten, oder, wenn sie sich bereits in seinem Hoheitsgebiet befinden von dem Zeitpunkt an, in dem sie ihren Dienst auf dem konsularischen Vertretungen antreten.

(2) Den im gemeinsamen Haushalt mit einem Mitglied des konsularischen Vertretung lebenden Familienangehörigen sowie den Mitgliedern seines Privatpersonals stehen die in diesem Übereinkommen vorgesehenen Vorrechte und Immunitäten von dem Zeitpunkt an zu, in dem das Mitglied des konsularischen Vertretung nach Absatz 1 in den Genuss der Vorrechte und Immunitäten kommt oder in dem die Mitglieder der Familie oder des Privatpersonals in das Hoheitsgebiet des Empfangsstaates einreisen oder in dem sie Mitglied der Familie oder Privatpersonals werden, je nachdem, welcher Zeitpunkt am spätestens liegt.

(3) Ist die dienstliche Tätigkeit eines Mitglieds einer konsularischen Vertretung beendet, so werden seine Vorrechte und Immunitäten sowie diejenigen der mit ihm im gemeinsamen Haushalt lebenden Familienangehörigen und der Mitglieder seines Privatpersonals normalerweise im Zeitpunkt der Ausreise des Betreffenden aus dem Empfangsstaat oder nach Ablauf einer hierfür gewährten angemessenen Frist hinfällig, je nachdem, welcher Zeitpunkt früher liegt; bis zu diesem Zeitpunkt bleiben sie bestehen, und zwar auch im Fall eines bewaffneten Konflikts. Die Vorrechte und Immunitäten der in Absatz 2 bezeichneten Personen werden beim Ausscheiden aus dem Haushalt oder dem Privatpersonal eines Mitglieds des konsularischen Vertretung hinfällig; beabsichtigen sie jedoch, innerhalb einer angemessenen Frist aus dem Empfangsstaat auszureisen, so bleiben ihre Vorrechte und Immunitäten bis zu ihrer Ausreise bestehen.

(4) In bezug auf die von einem Konsularbeamten oder einem Konsularangestellten in Ausübung seiner dienstlichen Tätigkeit vorgenommenen Handlungen bleibt jedoch die Immunität von der Gerichtsbarkeit auf unbegrenzte Zeit bestehen.

(5) Stirbt ein Mitglied des konsularischen Vertretung, so genießen die mit ihm im gemeinsamen Haushalt lebenden Familienangehörigen weiterhin die ihnen zustehenden Vorrechte und Immunitäten bis zu ihrer Ausreise aus dem Empfangsstaat oder bis zum Ablauf einer hierfür gewährten angemessenen Frist, je nachdem, welcher Zeitpunkt früher liegt.

Art. 54 Verpflichtungen dritter Staaten. (1) Reist ein Konsularbeamter, um sein Amt anzutreten oder um auf seinen Vertretungen oder in den Entsendestaat zurückzukehren, durch das Hoheitsgebiet eines dritten Staates oder befindet er sich aus einem der genannten Gründe im Hoheitsgebiet dieses Staates, der ihm erforderlichenfalls einen Sichtvermerk erteilt hat, so gewährt ihm dieser Staat alle in den anderen Artikeln dieses Übereinkommens vorgesehenen Immunitäten, soweit sie für eine sichere Durchreise oder Rückkehr erforderlich sind. Das gleiche gilt, wenn im gemeinsamen Haushalt mit dem Konsularbeamten lebende Familienmitglieder, denen Vorrechte und Immunitäten zustehen, ihn begleiten oder wenn sie getrennt von ihm reisen, um sich zu ihm zu begeben oder in den Entsendestaat zurückzukehren.

(2) Unter den Voraussetzungen der Absatz 1 dürfen dritte Staaten auch die Reise anderer Mitglieder des konsularischen Vertretung oder der mit ihnen im gemeinsamen Haushalt lebenden Familienangehörigen durch ihr Hoheitsgebiet nicht behindern.

(3) Dritte Staaten gewähren in bezug auf die amtliche Korrespondenz und sonstige amtliche Mitteilungen im Durchgangsverkehr, einschließlich verschlüsselter Nachrichten, die gleiche Freiheit und den gleichen Schutz, die der Empfangsstaat auf Grund dieses Übereinkommens zu gewähren verpflichtet ist. Konsularischen Kurieren, denen erforderlichenfalls ein Sichtvermerk erteilt worden ist, und konsularischem Kuriergepäck im Durchgangsverkehr gewähren sie die gleiche Unverletzlichkeit und den gleichen Schutz, die der Empfangsstaat auf Grund dieses Übereinkommens zu gewähren verpflichtet ist.

(4) Die Verpflichtungen dritter Staaten auf Grund der Absätze 1, 2 und 3 gelten gegenüber den in jenen Absätzen bezeichneten Personen sowie in bezug auf amtliche Konsularische Beziehungen, Mitteilungen und das konsularische Kuriergepäck auch dann, wenn sie sich infolge höherer Gewalt im Hoheitsgebiet des dritten Staates befinden.

Art. 55 Beachtung der Gesetze und sonstigen Rechtsvorschriften des Empfangsstaates.
(1) Alle Personen, die Vorrechte und Immunitäten genießen, sind unbeschadet derselben verpflichtet, die Gesetze und sonstigen Rechtsvorschriften des Empfangsstaates zu beachten. Sie sind ferner verpflichtet, sich nicht in dessen innere Angelegenheiten einzumischen.

(2) Die konsularischen Räumlichkeiten dürfen nicht in einer Weise benützt werden, die mit der Wahrnehmung der konsularischen Aufgaben unvereinbar ist.

(3) Absatz 2 schließt die Möglichkeit nicht aus, dass Büros anderer Institutionen oder Dienststellen in einem Teil des Gebäudes untergebracht werden, in dem sich die konsularischen Räumlichkeiten befinden; Voraussetzung hierfür ist, dass die Räumlichkeiten dieser Büros von den Räumlichkeiten getrennt sind, welche der konsularische Vertretungen benützt. In diesem Falle gelten diese Büros nicht als Teil der konsularischen Räumlichkeiten im Sinne dieses Übereinkommens.

Art. 56 Haftpflichtversicherung. Die Mitglieder der konsularischen Vertretung haben allen Verpflichtungen nachzukommen, die in den Gesetzen und sonstigen Rechtsvorschriften des Empfangsstaats in bezug auf die Haftpflichtversicherung für die von ihnen benützten Land-, Wasser- oder Luftfahrzeuge vorgesehen sind.

Art. 57 Sonderbestimmungen über private Erwerbstätigkeit. (1) Berufs-Konsularbeamte dürfen im Empfangsstaat keinen freien Beruf und keine gewerbliche Tätigkeit ausüben, die auf persönlichen Gewinn gerichtet sind.

(2) Die in diesem Kapitel vorgesehenen Vorrechte und Immunitäten werden folgenden Personen nicht gewährt:
a) Konsularangestellten oder Mitgliedern des dienstlichen Hauspersonals, die im Empfangsstaat eine private Erwerbstätigkeit ausüben;
b) Mitgliedern der Familie oder des Privatpersonals der unter Buchstabe a bezeichneten Personen;
c) Familienangehörigen eines Mitglieds einer konsularischen Vertretung, die im Empfangsstaat eine private Erwerbstätigkeit ausüben.

Kapitel III. Regelung für Honorar-Konsularbeamte und die von ihnen geleiteten konsularischen Vertretungen

Art. 58 Allgemeine Bestimmungen über Erleichterungen, Vorrechte und Immunitäten.
(1) Die Artikel 28, 29, 30, 34, 35, 36, 37, 38 und 39, Artikel 54 Absatz 3 und Artikel 55 Absätze 2 und 3 gelten für konsularische Vertretungen, die von Honorar-Konsularbeamten geleitet werden. Außerdem bestimmen sich die Erleichterungen, Vorrechte und Immunitäten dieser konsularischen Vertretungen nach den Artikeln 59, 60, 61 und 62.

(2) Die Artikel 42 und 43, Artikel 44 Absatz 3, die Artikel 45 und 53 und Artikel 55 Absatz 1 gelten für Honorar-Konsularbeamte. Außerdem bestimmen sich die Erleichterungen, Vorrechte und Immunitäten dieser Konsularbeamten nach den Artikeln 63, 64, 65, 66 und 67.

(3) Die in diesem Übereinkommen vorgesehenen Vorrechte und Immunitäten gelten nicht für Familienmitglieder eines Honorar-Konsularbeamten oder eines Konsularangestellten, der auf einem Honorar-Konsularbeamten geleiteten konsularischen Vertretungen beschäftigt ist.

(4) Der Austausch von konsularischem Kuriergepäck zwischen zwei von Honorar-Konsularbeamten geleiteten konsularischen Vertretungen in verschiedenen Staaten ist nur mit Zustimmung der beiden Empfangsstaaten zulässig.

Art. 59 Schutz der konsularischen Räumlichkeiten. Der Empfangsstaat trifft alle erforderlichen Maßnahmen, um die konsularischen Räumlichkeiten eines von einem Honorar-Konsularbeamten geleiteten konsularischen Vertretung vor jedem Eindringen und jeder Beschädigung zu schützen und um zu verhindern, dass der Friede des konsularischen Vertretung gestört oder seine Würde beeinträchtigt wird.

Art. 60 Befreiung der konsularischen Räumlichkeiten von der Besteuerung. (1) Die konsularischen Räumlichkeiten eines von einem Honorar-Konsularbeamten geleiteten konsularischen Vertretung, die im Eigentum des Entsendestaats stehen oder von diesem gemietet oder gepachtet sind, genießen Befreiung von allen staatlichen, regionalen und kommunalen Steuern oder sonstigen Abgaben, soweit diese nicht als Vergütung für bestimmte Dienstleistungen erhoben werden.

(2) Die in Absatz 1 vorgesehene Steuerbefreiung gilt nicht für diese Steuern und sonstigen Abgaben, wenn sie nach den Gesetzen und sonstigen Rechtsvorschriften des Empfangsstaats von einer Person zu entrichten sind, die mit dem Entsendestaat Verträge geschlossen hat.

Art. 61 Unverletzlichkeit der konsularischen Archive und Schriftstücke. Die konsularischen Archive und Schriftstücke eines von einem Honorar-Konsularbeamten geleiteten konsularischen Vertretung sind jederzeit unverletzlich, wo immer sie sich befinden, sofern sie von anderen Papieren und Schriftstücken getrennt gehalten werden, insbesondere von der Privatkorrespondenz des Chefs des konsularischen Vertretung und seiner Mitarbeiter sowie von den Gegenständen, Büchern oder Schriftstücken, die sich auf ihren Beruf oder ihr Gewerbe beziehen.

Art. 62 Befreiung von Zöllen. Nach Maßgabe seiner geltenden Gesetze und sonstigen Rechtsvorschriften gestattet der Empfangsstaat die Einfuhr der nachstehend genannten Gegenstände, sofern sie für den amtlichen Gebrauch eines von einem Honorar-Konsularbeamten geleiteten konsularischen Vertretung bestimmt sind, und befreit sie von allen Zöllen, Steuern und ähnlichen Abgaben mit Ausnahme von Gebühren für Einlagerung, Beförderung und ähnliche Dienstleistungen: Wappen, Flaggen, Schilder, Siegel und Stempel, Bücher, amtliche Drucksachen, Büromöbel, Büromaterial und ähnliche Gegenstände, die dem konsularischen Vertretungen vom Entsendestaat oder auf dessen Veranlassung geliefert werden.

Art. 63 Strafverfahren. Wird gegen einen Honorar-Konsularbeamten ein Strafverfahren eingeleitet, so hat er vor den zuständigen Behörden zu erscheinen. Jedoch ist das Verfahren mit der ihm auf Grund seiner amtlichen Stellung gebührenden Rücksicht und, außer wenn der Betroffene festgenommen oder inhaftiert ist, in einer Weise zu führen, welche die Wahrnehmung der konsularischen Aufgaben möglichst wenig behindert. Ist es notwendig geworden, einen Honorar-Konsularbeamten in Untersuchungshaft zu nehmen, so ist das Verfahren gegen ihn in kürzester Frist einzuleiten.

Art. 64 Schutz des Honorar-Konsularbeamten. Der Empfangsstaat ist verpflichtet, dem Honorar-Konsularbeamten den auf Grund seiner amtlichen Stellung allenfalls erforderlichen Schutz zu gewähren.

Art. 65 Befreiung von der Anmeldepflicht für Ausländer und der Aufenthaltsbewilligung. Honorar-Konsularbeamte mit Ausnahme jener, die im Empfangsstaat einen freien Beruf oder eine gewerbliche Tätigkeit ausüben, welche auf persönlichen Gewinn gerichtet sind, genießen Befreiung von allen in den Gesetzen und sonstigen Rechtsvorschriften des Empfangsstaats vorgesehenen Verpflichtungen in bezug auf die Anmeldepflicht für Ausländer und die Aufenthaltsbewilligung.

Art. 66 Befreiung von der Besteuerung. Ein Honorar-Konsularbeamter ist von allen Steuern und sonstigen Abgaben auf den Entschädigungen und Zulagen befreit, die er vom Entsendestaat für die Wahrnehmung konsularischer Aufgaben erhält.

Art. 67 Befreiung von persönlichen Dienstleistungen und Auflagen. Der Empfangsstaat befreit die Honorar-Konsularbeamten von allen persönlichen Dienstleistungen, von allen öffentlichen Dienstleistungen jeder Art und von militärischen Auflagen wie zum Beispiel Beschlagnahmen, Kontributionen und Einquartierungen.

Art. 68 Fakultativer Charakter der Institution des Honorar-Konsularbeamten. Jeder Staat kann nach freiem Ermessen entscheiden, ob er Honorar-Konsularbeamte ernennen oder empfangen will.

Kapitel IV. Allgemeine Bestimmungen

Art. 69 Konsularagenten, die nicht Chefs einer konsularischen Vertretung sind. (1) Jeder Staat kann nach freiem Ermessen entscheiden, ob er Konsularagenturen errichten oder zulassen will, denen Konsularagenten vorstehen, welche der Entsendestaat nicht zum Chef einer konsularischen Vertretung ernennt.

(2) Die Bedingungen, unter denen Konsularagenturen im Sinne von Absatz 1 ihre Tätigkeit ausüben können, und die Vorrechte und Immunitäten, welche die ihnen vorstehenden Konsularagenten genie-

ßen sollen, werden im gegenseitigen Einvernehmen zwischen dem Entsendestaat und dem Empfangsstaat festgesetzt.

Art. 70 Wahrnehmung konsularischer Aufgaben durch eine diplomatische Mission. Dieses Übereinkommen gilt, soweit der Zusammenhang es erlaubt, auch für die Wahrnehmung konsularischer Aufgaben durch eine diplomatische Mission.

(2) Die Namen der Mitglieder einer diplomatischen Mission, die der Konsularabteilung zugeordnet oder sonst mit der Wahrnehmung der konsularischen Aufgaben der Mission beauftragt sind, werden dem Ministerium für Auswärtige Angelegenheiten des Empfangsstaats oder der von diesem Ministerium bezeichneten Behörde notifiziert.

(3) Bei der Wahrnehmung konsularischer Aufgaben kann sich die diplomatische Mission
a) an die örtlichen Behörden des Konsularbezirks sowie
b) an die Zentralbehörden des Empfangsstaats wenden, sofern letzteres auf Grund des Gesetze und sonstigen Rechtsvorschriften sowie der Übung des Empfangsstaats oder auf Grund entsprechender internationaler Übereinkünfte zulässig ist.

(4) Die Vorrechte und Immunitäten der in Absatz 2 bezeichneten Mitglieder der diplomatischen Mission richten sich auch weiterhin nach den Regeln des Völkerrechts über diplomatische Beziehungen.

Art. 71 Angehörige des Empfangsstaats und Personen, die dort ständig ansässig sind.
(1) Soweit der Empfangsstaat nicht zusätzliche Erleichterungen, Vorrechte und Immunitäten gewährt, genießen Konsularbeamte, die Angehörige des Empfangsstaats oder dort ständig ansässig sind, lediglich Immunität von der Gerichtsbarkeit und persönliche Unverletzlichkeit in bezug auf ihre in Wahrnehmung ihrer Aufgaben vorgenommenen Amtshandlungen sowie das in Artikel 44 Absatz 3 vorgesehene Vorrecht. Hinsichtlich dieser Konsularbeamten ist der Empfangsstaat ferner durch die in Artikel 42 festgelegte Verpflichtung gebunden. Wird gegen einen solchen Konsularbeamten ein Strafverfahren eingeleitet, so ist dieses, außer wenn der Betroffene festgenommen oder inhaftiert ist, in einer Weise zu führen, welche die Wahrnehmung der konsularischen Aufgaben möglichst wenig behindert.

(2) Anderen Mitgliedern des konsularischen Vertretung, die Angehörige des Empfangsstaats oder dort ständig ansässig sind, und ihren Familienangehörigen sowie den Familienangehörigen der in Absatz 1 bezeichneten Konsularbeamten stehen Erleichterungen, Vorrechte und Immunitäten nur in dem vom Empfangsstaat zugestandenen Umfang zu. Denjenigen Familienangehörigen von Mitgliedern des konsularischen Vertretung und denjenigen Mitgliedern des Privatpersonals, die Angehörige des Empfangsstaats oder dort ständig ansässig sind, stehen ebenfalls Erleichterungen, Vorrechte und Immunitäten nur in dem vom Empfangsstaat zugestandenen Umfang zu. Der Empfangsstaat darf jedoch seine Hoheitsgewalt über diese Personen nur so ausüben, dass er die Wahrnehmung der Aufgaben des konsularischen Vertretung nicht ungebührlich behindert.

Art. 72 Nicht-Diskriminierung. (1) Bei der Anwendung dieses Übereinkommens unterlässt der Empfangsstaat jede diskriminierende Behandlung von Staaten.

(2) Es gilt jedoch nicht als Diskriminierung,
a) wenn der Empfangsstaat eine Bestimmung dieses Übereinkommens deshalb einschränkend anwendet, weil sie im Entsendestaat auf seine eigenen konsularischen Vertretungen einschränkend angewandt wird;
b) wenn Staaten auf Grund von Gewohnheit oder Vereinbarung einander eine günstigere Behandlung gewähren, als es nach diesem Übereinkommen erforderlich ist.

Art. 73 Verhältnis zwischen diesem Übereinkommen und anderen internationalen Übereinkünften. (1) Dieses Übereinkommen lässt andere internationale Übereinkünfte unberührt, die zwischen deren Vertragsstaaten in Kraft sind.

(2) Dieses Übereinkommen hindert in keiner Weise die Staaten daran, internationale Übereinkünfte zu schließen, die seine Bestimmungen bestätigen, ergänzen, vervollständigen oder deren Geltungsbereich erweitern.

Grundgesetz   13.1. **Texte 5**

Kapitel V. Schlussbestimmungen

Art. 79 Verbindliche Wortlaute. Die Urschrift dieses Übereinkommens, dessen chinesischer, englischer, französischer, russischer und spanischer Wortlaut gleichermaßen verbindlich ist, wird beim Generalsekretär der Vereinten Nationen hinterlegt; dieser übermittelt allen Staaten, die einer der in Artikel 74 bezeichneten vier Kategorien angehören, beglaubigte Abschriften.

13.1. Grundgesetz für die Bundesrepublik Deutschland

Vom 23. Mai 1949 (BGBl. S. 1), zuletzt geändert durch Gesetz vom 26. Juli 2002 (BGBl. I 2863)

– Auszug –

Art. 16 (1) Die deutsche Staatsangehörigkeit darf nicht entzogen werden. Der Verlust der Staatsangehörigkeit darf nur auf Grund eines Gesetzes und gegen den Willen des Betroffenen nur dann eintreten, wenn der Betroffene dadurch nicht staatenlos wird.

(2) Kein Deutscher darf an das Ausland ausgeliefert werden. Durch Gesetz kann eine abweichende Regelung für Auslieferungen an einen Mitgliedstaat der Europäischen Union oder an einen internationalen Gerichtshof getroffen werden, soweit rechtsstaatliche Grundsätze gewahrt sind.

Art. 16 a (1) Politisch Verfolgte genießen Asylrecht.

(2) Auf Absatz 1 kann sich nicht berufen, wer aus einem Mitgliedstaat der Europäischen Gemeinschaften oder aus einem anderen Drittstaat einreist, in dem die Anwendung des Abkommens über die Rechtsstellung der Flüchtlinge und der Konvention zum Schutze der Menschenrechte und Grundfreiheiten sichergestellt ist. Die Staaten außerhalb der Europäischen Gemeinschaften, auf die die Voraussetzungen des Satzes 1 zutreffen, werden durch Gesetz, das der Zustimmung des Bundesrates bedarf, bestimmt. In den Fällen des Satzes 1 können aufenthaltsbeendende Maßnahmen unabhängig von einem hiergegen eingelegten Rechtsbehelf vollzogen werden.

(3) Durch Gesetz, das der Zustimmung des Bundesrates bedarf, können Staaten bestimmt werden, bei denen auf Grund der Rechtslage, der Rechtsanwendung und der allgemeinen politischen Verhältnisse gewährleistet erscheint, daß dort weder politische Verfolgung noch unmenschliche oder erniedrigende Bestrafung oder Behandlung stattfindet. Es wird vermutet, daß ein Ausländer aus einem solchen Staat nicht verfolgt wird, solange er nicht Tatsachen vorträgt, die die Annahme begründen, daß er entgegen dieser Vermutung politisch verfolgt wird.

(4) Die Vollziehung aufenthaltsbeendender Maßnahmen wird in den Fällen des Absatzes 3 und in anderen Fällen, die offensichtlich unbegründet sind oder als offensichtlich unbegründet gelten, durch das Gericht nur ausgesetzt, wenn ernstliche Zweifel an der Rechtmäßigkeit der Maßnahme bestehen; der Prüfungsumfang kann eingeschränkt werden und verspätetes Vorbringen unberücksichtigt bleiben. Das Nähere ist durch Gesetz zu bestimmen.

(5) Die Absätze 1 bis 4 stehen völkerrechtlichen Verträgen von Mitgliedstaaten der Europäischen Gemeinschaften untereinander und mit dritten Staaten nicht entgegen, die unter Beachtung der Verpflichtungen aus dem Abkommen über die Rechtsstellung der Flüchtlinge und der Konvention zum Schutze der Menschenrechte und Grundfreiheiten, deren Anwendung in den Vertragsstaaten sichergestellt sein muß, Zuständigkeitsregelungen für die Prüfung von Asylbegehren einschließlich der gegenseitigen Anerkennung von Asylentscheidungen treffen.

Art. 116 (1) Deutscher im Sinne dieses Grundgesetzes ist vorbehaltlich anderweitiger gesetzlicher Regelung, wer die deutsche Staatsangehörigkeit besitzt oder als Flüchtling oder Vertriebener deutscher Volkszugehörigkeit oder als dessen Ehegatte oder Abkömmling in dem Gebiete des Deutschen Reiches nach dem Stande vom 31. Dezember 1937 Aufnahme gefunden hat.

(2) Frühere deutsche Staatsangehörige, denen zwischen dem 30. Januar 1933 und dem 8. Mai 1945 die Staatsangehörigkeit aus politischen, rassischen oder religiösen Gründen entzogen worden ist, und ihre Abkömmlinge sind auf Antrag wieder einzubürgern. Sie gelten als nicht ausgebürgert, sofern sie nach dem 8. Mai 1945 ihren Wohnsitz in Deutschland genommen haben und nicht einen entgegengesetzten Willen zum Ausdruck gebracht haben.

13.2. Staatsangehörigkeitsgesetz (StAG)

Vom 22. Juli 1913 (RGBl. S. 583), zuletzt geändert durch Gesetz vom 14. März 2005 (BGBl. I 721)

– Auszug –

§ 1 „Deutscher". Deutscher im Sinne dieses Gesetzes ist, wer die deutsche Staatsangehörigkeit besitzt.

§ 3 Erwerb der Staatsangehörigkeit. Die Staatsangehörigkeit ... wird erworben
1. durch Geburt (§ 4),
2. durch Erklärung nach § 5,
3. durch Annahme als Kind (§ 6),
4. durch Ausstellung der Bescheinigung gemäß § 15 Abs. 1 oder 2 des Bundesvertriebenengesetzes (§ 7),
4 a. durch Überleitung als Deutscher ohne deutsche Staatsangehörigkeit im Sinne des Artikels 116 Abs. 1 des Grundgesetzes (§ 40 a),
5. für einen Ausländer durch Einbürgerung (§§ 8 bis 16, 40 b und 40 c).

§ 4 Geburt. (1) Durch die Geburt erwirbt ein Kind die deutsche Staatsangehörigkeit, wenn ein Elternteil die deutsche Staatsangehörigkeit besitzt. Ist bei der Geburt des Kindes nur der Vater deutscher Staatsangehöriger und ist zur Begründung der Abstammung nach den deutschen Gesetzen die Anerkennung oder Feststellung der Vaterschaft erforderlich, so bedarf es zur Geltendmachung des Erwerbs einer nach den deutschen Gesetzen wirksamen Anerkennung oder Feststellung der Vaterschaft; die Anerkennungserklärung muß abgegeben oder das Feststellungsverfahren muß eingeleitet sein, bevor das Kind das 23. Lebensjahr vollendet hat.

(2) Ein Kind, das im Inland aufgefunden wird (Findelkind), gilt bis zum Beweis des Gegenteils als Kind eines Deutschen.

(3) Durch die Geburt im Inland erwirbt ein Kind ausländischer Eltern die deutsche Staatsangehörigkeit, wenn ein Elternteil
1. seit acht Jahren rechtmäßig seinen gewöhnlichen Aufenthalt im Inland hat und
2. freizügigkeitsberechtigter Unionsbürger oder gleichgestellter Staatsangehöriger eines EWR-Staates ist oder als Staatsangehöriger der Schweiz eine Aufenthaltserlaubnis auf Grund des Abkommens vom 21. Juni 1999 zwischen den Europäischen Gemeinschaft und ihren Mitgliedstaaten einerseits und der Schweizerischen Eidgenossenschaft andererseits über die Freizügigkeit (BGBl. 2001 II S. 810) besitzt oder eine Aufenthaltserlaubnis-EU oder eine Niederlassungserlaubnis besitzt.

Der Erwerb der deutschen Staatsangehörigkeit wird durch den für die Beurkundung der Geburt des Kindes zuständigen Standesbeamten eingetragen. Das Bundesministerium des Innern wird ermächtigt, mit Zustimmung des Bundesrates durch Rechtsverordnung Vorschriften über das Verfahren zur Eintragung des Erwerbs der Staatsangehörigkeit nach Satz 1 zu erlassen.

(4) Die deutsche Staatsangehörigkeit wird nicht nach Absatz 1 erworben bei Geburt im Ausland, wenn der deutsche Elternteil nach dem 31. Dezember 1999 im Ausland geboren wurde und dort seinen gewöhnlichen Aufenthalt hat, es sei denn, das Kind würde sonst staatenlos. Die Rechtsfolge nach Satz 1 tritt nicht ein, wenn der deutsche Elternteil die Geburt innerhalb eines Jahres der zuständigen Auslandsvertretung anzeigt. Sind beide Elternteile deutsche Staatsangehörige, so tritt die Rechtsfolge des Satzes 1 nur ein, wenn beide die dort genannten Voraussetzungen erfüllen.

§ 5 Erklärungsrecht für vor dem 1. Juli 1993 geborene Kinder. Durch die Erklärung, deutscher Staatsangehöriger werden zu wollen, erwirbt das vor dem 1. Juli 1993 geborene Kind eines deutschen Vaters und einer ausländischen Mutter die deutsche Staatsangehörigkeit, wenn
1. eine nach den deutschen Gesetzen wirksame Anerkennung oder Feststellung der Vaterschaft erfolgt ist,
2. das Kind seit drei Jahren rechtmäßig seinen gewöhnlichen Aufenthalt im Bundesgebiet hat und
3. die Erklärung vor der Vollendung des 23. Lebensjahres abgegeben wird.

Staatsgehörigkeitsgesetz   13.2. **Texte 5**

§ 6 Annahme als Kind. Mit der nach den deutschen Gesetzen wirksamen Annahme als Kind durch einen Deutschen erwirbt das Kind, das im Zeitpunkt des Annahmeantrags das achtzehnte Lebensjahr noch nicht vollendet hat, die Staatsangehörigkeit. Der Erwerb der Staatsangehörigkeit erstreckt sich auf die Abkömmlinge des Kindes.

§ 7 Erwerb durch Flüchtlinge oder Vertriebene. Ein Deutscher im Sinne des Artikels 116 Abs. 1 des Grundgesetzes, der nicht die deutsche Staatsangehörigkeit besitzt, erwirbt mit der Ausstellung der Bescheinigung gemäß § 15 Abs. 1 oder 2 des Bundesvertriebenengesetzes die deutsche Staatsangehörigkeit. Der Erwerb der deutschen Staatsangehörigkeit erstreckt sich auf diejenigen Kinder, die ihre Deutscheneigenschaft von dem nach Satz 1 Begünstigten ableiten.

§ 8 Einbürgerung eines Ausländers. (1) Ein Ausländer, der rechtmäßig seinen gewöhnlichen Aufenthalt im Inland hat, kann auf seinen Antrag eingebürgert werden, wenn er
1. handlungsfähig nach Maßgabe von § 80 Abs. 1 des Aufenthaltsgesetzes oder gesetzlich vertreten ist,
2. keinen Ausweisungsgrund nach §§ 53, 54 oder § 55 Abs. 2 Nr. 1 bis 4 des Aufenthaltsgesetzes erfüllt,
3. eine eigene Wohnung oder ein Unterkommen gefunden hat und
4. sich und seine Angehörigen zu ernähren imstande ist.

Satz 1 Nr. 2 gilt entsprechend für Ausländer im Sinne des § 1 Abs. 2 des Aufenthaltsgesetzes und auch für Staatsangehörige der Schweiz, die eine Aufenthaltserlaubnis aufgrund des Abkommens vom 21. Juni 1999 zwischen der Europäischen Gemeinschaft und ihren Mitgliedstaaten einerseits und der Schweizerischen Eidgenossenschaft andererseits über die Freizügigkeit (BGBl. 2001 II S. 810) besitzen.

(2) Von den Voraussetzungen des Absatzes 1 Satz 1 Nr. 4 kann aus Gründen des öffentlichen Interesses oder zur Vermeidung einer besonderen Härte abgesehen werden.

§ 9 Einbürgerung von Ehegatten. (1) Ehegatten oder Lebenspartner Deutscher sollen unter den Voraussetzungen des § 8 eingebürgert werden, wenn
1. sie ihre bisherige Staatsangehörigkeit verlieren oder aufgeben oder ein Grund für die Aufnahme von Mehrstaatigkeit nach Maßgabe von § 12 vorliegt und
2. gewährleistet ist, daß sie sich in die deutschen Lebensverhältnisse einordnen,

es sei denn, daß der Einbürgerung erhebliche Belange der Bundesrepublik Deutschland, insbesondere solche der äußeren oder inneren Sicherheit sowie der zwischenstaatlichen Beziehungen entgegenstehen.

(2) Die Regelung des Absatzes 1 gilt auch, wenn die Einbürgerung bis zum Ablauf eines Jahres nach dem Tode des deutschen Ehegatten oder nach Rechtskraft des die Ehe auflösenden Urteils beantragt wird und dem Antragsteller die Sorge für die Person eines Kindes aus der Ehe zusteht, das bereits die deutsche Staatsangehörigkeit besitzt.

(3) Minderjährige stehen Volljährigen gleich.

§ 10 Anspruch eines Ausländers auf Einbürgerung. (1) Ein Ausländer, der seit acht Jahren rechtmäßig seinen gewöhnlichen Aufenthalt im Inland hat, ist auf Antrag einzubürgern, wenn er
1. sich zur freiheitlichen demokratischen Grundordnung des Grundgesetzes für die Bundesrepublik Deutschland bekennt und erklärt, dass er keine Bestrebungen verfolgt oder unterstützt oder verfolgt oder unterstützt hat, die gegen die freiheitliche demokratische Grundordnung, den Bestand oder die Sicherheit des Bundes oder eines Landes gerichtet sind oder eine ungesetzliche Beeinträchtigung der Amtsführung der Verfassungsorgane des Bundes oder eines Landes oder ihrer Mitglieder zum Ziele haben oder die durch Anwendung von Gewalt oder darauf gerichtete Vorbereitungshandlungen auswärtige Belange der Bundesrepublik Deutschland gefährden, oder glaubhaft macht, dass er sich von der früheren Verfolgung oder Unterstützung derartiger Bestrebungen abgewandt hat,
2. freizügigkeitsberechtigter Unionsbürger oder gleichgestellter Staatsangehöriger eines EWR-Staates ist oder als Staatsangehöriger der Schweiz eine Aufenthaltserlaubnis auf Grund des Abkommens vom 21. Juni 1999 zwischen der Europäischen Gemeinschaft und ihren Mitgliedstaaten einerseits und der Schweizerischen Eidgenossenschaft andererseits über die Freizügigkeit (BGBl. 2001 II S. 810) besitzt oder eine Aufenthaltserlaubnis-EU oder eine Niederlassungserlaubnis oder eine

Aufenthaltserlaubnis für andere als die in den §§ 16, 17, 22, 23 Abs. 1, §§ 23a, 24 und 25 Abs. 3 und 4 des Aufenthaltsgesetzes aufgeführten Aufenthaltszwecke besitzt,
3. den Lebensunterhalt für sich und seine unterhaltsberechtigten Familienangehörigen ohne Inanspruchnahme von Leistungen nach dem Zweiten oder Zwölften Buch Sozialgesetzbuch bestreiten kann,
4. seine bisherige Staatsangehörigkeit aufgibt oder verliert und
5. nicht wegen einer Straftat verurteilt worden ist.

Satz 1 Nr. 1 findet keine Anwendung, wenn ein minderjähriges Kind im Zeitpunkt der Einbürgerung das 16. Lebensjahr noch nicht vollendet hat. Von der in Satz 1 Nr. 3 bezeichneten Voraussetzung wird abgesehen, wenn der Ausländer das 23. Lebensjahr noch nicht vollendet hat oder aus einem von ihm nicht zu vertretenden Grund den Lebensunterhalt nicht ohne Inanspruchnahme von Leistungen nach dem Zweiten oder Zwölften Buch Sozialgesetzbuch bestreiten kann.

(2) Der Ehegatte und die minderjährigen Kinder des Ausländers können nach Maßgabe des Absatzes 1 mit eingebürgert werden, auch wenn sie sich noch nicht seit acht Jahren rechtmäßig im Inland aufhalten.

(3) Weist ein Ausländer durch eine Bescheinigung nach § 43 Abs. 3 Satz 2 des Aufenthaltsgesetzes die erfolgreiche Teilnahme an einem Integrationskurs nach, wird die Frist nach Absatz 1 auf sieben Jahre verkürzt.

§ 11 Ausnahmen. Ein Anspruch auf Einbürgerung nach § 10 besteht nicht, wenn
1. der Ausländer nicht über ausreichende Kenntnisse der deutschen Sprache verfügt,
2. tatsächliche Anhaltspunkte die Annahme rechtfertigen, dass der Ausländer Bestrebungen verfolgt oder unterstützt oder verfolgt oder unterstützt hat, die gegen die freiheitliche demokratische Grundordnung, den Bestand oder die Sicherheit des Bundes oder eines Landes gerichtet sind oder eine ungesetzliche Beeinträchtigung der Amtsführung der Verfassungsorgane des Bundes oder eines Landes oder ihrer Mitglieder zum Ziele haben oder die durch Anwendung von Gewalt oder darauf gerichtete Vorbereitungshandlungen auswärtige Belange der Bundesrepublik Deutschland gefährden, es sei denn, der Ausländer macht glaubhaft, dass er sich von der früheren Verfolgung oder Unterstützung derartiger Bestrebungen abgewandt hat, oder
3. ein Ausweisungsgrund nach § 54 Nr. 5 und 5a des Aufenthaltsgesetzes vorliegt.

Satz 1 Nr. 3 gilt entsprechend für Ausländer im Sinne des § 1 Abs. 2 des Aufenthaltsgesetzes und auch für Staatsangehörige der Schweiz, die eine Aufenthaltserlaubnis auf Grund des Abkommens vom 21. Juni 1999 zwischen der Europäischen Gemeinschaft und ihren Mitgliedstaaten einerseits und der Schweizerischen Eidgenossenschaft andererseits über die Freizügigkeit (BGBl. 2001 II S. 810) besitzen.

§ 12 Bisherige Staatsangehörigkeit. (1) Von der Voraussetzung des § 10 Abs. 1 Satz 1 Nr. 4 wird abgesehen, wenn der Ausländer seine bisherige Staatsangehörigkeit nicht oder nur unter besonders schwierigen Bedingungen aufgeben kann. Das ist anzunehmen, wenn
1. das Recht des ausländischen Staates das Ausscheiden aus dessen Staatsangehörigkeit nicht vorsieht,
2. der ausländische Staat die Entlassung regelmäßig verweigert und der Ausländer der zuständigen Behörde einen Entlassungsantrag zur Weiterleitung an den ausländischen Staat übergeben hat,
3. der ausländische Staat die Entlassung aus der Staatsangehörigkeit aus Gründen versagt hat, die der Ausländer nicht zu vertreten hat, oder von unzumutbaren Bedingungen abhängig macht oder über den vollständigen und formgerechten Entlassungsantrag nicht in angemessener Zeit entschieden hat,
4. der Einbürgerung älterer Personen ausschließlich das Hindernis eintretender Mehrstaatigkeit entgegensteht, die Entlassung auf unverhältnismäßige Schwierigkeiten stößt und die Versagung der Einbürgerung eine besondere Härte darstellen würde,
5. dem Ausländer bei Aufgabe der ausländischen Staatsangehörigkeit erhebliche Nachteile insbesondere wirtschaftlicher oder vermögensrechtlicher Art entstehen würden, die über den Verlust der staatsbürgerlichen Rechte hinausgehen, oder
6. der Ausländer einen Reiseausweis nach Artikel 28 des Abkommens vom 28. Juli 1951 über die Rechtsstellung der Flüchtlinge (BGBl. 1953 II S. 559) oder eine nach Maßgabe des § 23 Abs. 2 des Aufenthaltsgesetzes erteilte Niederlassungserlaubnis besitzt.

Staatsgehörigkeitsgesetz 13.2. **Texte 5**

(2) Von der Voraussetzung des § 10 Abs. 1 Satz 1 Nr. 4 wird ferner abgesehen, wenn der Ausländer die Staatsangehörigkeit eines anderen Mitgliedstaates der Europäischen Union besitzt und Gegenseitigkeit besteht.

(3) Von der Voraussetzung des § 10 Abs. 1 Satz 1 Nr. 4 kann abgesehen werden, wenn der ausländische Staat die Entlassung aus der bisherigen Staatsangehörigkeit von der Leistung des Wehrdienstes abhängig macht und der Ausländer den überwiegenden Teil seiner Schulausbildung in deutschen Schulen erhalten hat und im Inland in deutsche Lebensverhältnisse und in das wehrpflichtige Alter hineingewachsen ist.

(4) Weitere Ausnahmen von der Voraussetzung des § 10 Abs. 1 Satz 1 Nr. 4 können nach Maßgabe völkerrechtlicher Verträge vorgesehen werden.

§ 12 a Außer Betracht bleibende Straftaten. (1) Nach § 10 Abs. 1 Satz 1 Nr. 5 bleiben außer Betracht
1. die Verhängung von Erziehungsmaßregeln oder Zuchtmitteln nach dem Jugendgerichtsgesetz,
2. Verurteilungen zu Geldstrafe bis zu 180 Tagessätzen und
3. Verurteilungen zu Freiheitsstrafe bis zu sechs Monaten, die zur Bewährung ausgesetzt und nach Ablauf der Bewährungszeit erlassen worden sind.

Ist der Ausländer zu einer höheren Strafe verurteilt worden, so wird im Einzelfall entschieden, ob die Straftat außer Betracht bleiben kann.

(2) Ausländische Verurteilungen zu Strafen sind zu berücksichtigen, wenn die Tat im Inland als strafbar anzusehen ist, die Verurteilung in einem rechtsstaatlichen Verfahren ausgesprochen worden ist und das Strafmaß verhältnismäßig ist. Eine solche Verurteilung kann nicht mehr berücksichtigt werden, wenn sie nach dem Bundeszentralregistergesetz zu tilgen wäre. Absatz 1 gilt entsprechend.

(3) Wird gegen einen Ausländer, der die Einbürgerung beantragt hat, wegen des Verdachts einer Straftat ermittelt, ist die Entscheidung über die Einbürgerung bis zum Abschluss des Verfahrens, im Falle der Verurteilung bis zum Eintritt der Rechtskraft des Urteils auszusetzen. Das Gleiche gilt, wenn die Verhängung der Jugendstrafe nach § 27 des Jugendgerichtsgesetzes ausgesetzt ist.

(4) Im Ausland erfolgte Verurteilungen und im Ausland anhängige Ermittlungs- und Strafverfahren sind im Einbürgerungsantrag aufzuführen.

§ 12 b Gewöhnlicher Aufenthalt im Inland. (1) Der gewöhnliche Aufenthalt im Inland wird durch Aufenthalte bis zu sechs Monaten im Ausland nicht unterbrochen. Bei längeren Auslandsaufenthalten besteht er fort, wenn der Ausländer innerhalb der von der Ausländerbehörde bestimmten Frist wieder eingereist ist. Gleiches gilt, wenn die Frist lediglich wegen Erfüllung der gesetzlichen Wehrpflicht im Herkunftsstaat überschritten wird und der Ausländer innerhalb von drei Monaten nach der Entlassung aus dem Wehr- oder Ersatzdienst wieder einreist.

(2) Hat der Ausländer sich aus einem seiner Natur nach nicht vorübergehenden Grund länger als sechs Monate im Ausland aufgehalten, kann die frühere Aufenthaltszeit im Inland bis zu fünf Jahren auf die für die Einbürgerung erforderliche Aufenthaltsdauer angerechnet werden.

(3) Unterbrechungen der Rechtmäßigkeit des Aufenthalts bleiben außer Betracht, wenn sie darauf beruhen, dass der Ausländer nicht rechtzeitig die erstmals erforderliche Erteilung oder die Verlängerung des Aufenthaltstitels beantragt hat.

§ 13 Einbürgerung eines ehemaligen Deutschen. Ein ehemaliger Deutscher, der seinen gewöhnlichen Aufenthalt im Ausland hat, kann auf seinen Antrag eingebürgert werden, wenn er den Erfordernissen des § 8 Abs. 1 Satz 1 Nr. 1 und 2 oder Satz 2 entspricht; dem ehemaligen Deutschen steht gleich, wer von einem solchen abstammt oder als Kind angenommen worden ist.

§ 14 Einbürgerung eines nicht im Inland niedergelassenen Ausländers. Ein Ausländer, der seinen gewöhnlichen Aufenthalt im Ausland hat, kann unter den sonstigen Voraussetzungen der §§ 8 und 9 eingebürgert werden, wenn Bindungen an Deutschland bestehen, die eine Einbürgerung rechtfertigen.

§ 16 Einbürgerungsurkunde. (1) Die ... Einbürgerung wird wirksam mit der Aushändigung der von der höheren Verwaltungsbehörde hierüber ausgefertigten Urkunde. Die Landesregierungen werden ermächtigt, durch Rechtsverordnung die zuständige Behörde abweichend von Satz 1 zu bestimmen. Sie können diese Ermächtigung auf oberste Landesbehörden übertragen.

(2) Die ... Einbürgerung erstreckt sich, insofern nicht in der Urkunde ein Vorbehalt gemacht wird, zugleich ... auf diejenigen Kinder, deren gesetzliche Vertretung dem ... Eingebürgerten kraft elterlicher Sorge zusteht. Ausgenommen sind Töchter, die verheiratet sind oder verheiratet gewesen sind.

§ 17 Verlust der Staatsangehörigkeit. Die Staatsangehörigkeit geht verloren
1. durch Entlassung (§§ 18 bis 24),
2. durch den Erwerb einer ausländischen Staatsangehörigkeit (§ 25),
3. durch Verzicht,
4. durch Annahme als Kind durch einen Ausländer (§ 27),
5. durch Eintritt in die Streitkräfte oder einen vergleichbaren bewaffneten Verband eines ausländischen Staates (§ 28) oder
6. durch Erklärung (§ 29).

§ 18 Entlassung aus der Staatsangehörigkeit. Ein Deutscher wird auf seinen Antrag aus der Staatsangehörigkeit entlassen, wenn er den Erwerb einer ausländischen Staatsangehörigkeit beantragt und ihm die zuständige Stelle die Verleihung zugesichert hat.

§ 19 Entlassung eines unter elterlicher Gewalt oder Vormundschaft Stehenden. (1) Die Entlassung einer Person, die unter elterlicher Sorge oder unter Vormundschaft steht, kann nur von dem gesetzlichen Vertreter und nur mit Genehmigung des deutschen Vormundschaftsgerichts beantragt werden. Gegen die Entscheidung des Vormundschaftsgerichts steht auch der Staatsanwaltschaft, der die Entscheidung bekanntzumachen ist, die Beschwerde zu; gegen den Beschluß des Beschwerdegerichts ist die weitere Beschwerde unbeschränkt zulässig.

(2) Die Genehmigung des Vormundschaftsgerichts ist nicht erforderlich, wenn der Vater oder die Mutter die Entlassung für sich und zugleich kraft elterlicher Sorge für ein Kind beantragt und dem Antragsteller die Sorge für die Person dieses Kindes zusteht.

§ 22 Versagung der Entlassung. (1) Die Entlassung darf nicht erteilt werden
1. Beamten, Richtern, Soldaten der Bundeswehr und sonstigen Personen, die in einem öffentlich-rechtlichen Dienst- oder Amtsverhältnis stehen, solange ihr Dienst- oder Amtsverhältnis nicht beendet ist, mit Ausnahme der ehrenamtlich tätigen Personen,
2. Wehrpflichtigen, solange nicht das Bundesministerium der Verteidigung oder die von ihm bezeichnete Stelle erklärt hat, daß gegen die Entlassung Bedenken nicht bestehen.

(2) (aufgehoben)

§ 23 Entlassungsurkunde. (1) Die Entlassung wird wirksam mit der Aushändigung einer von der höheren Verwaltungsbehörde ausgefertigten Entlassungsurkunde. Die Urkunde wird nicht ausgehändigt an Personen, die verhaftet sind oder deren Verhaftung oder Festnahme von einer Gerichts- oder Polizeibehörde angeordnet ist. Die Landesregierungen werden ermächtigt, durch Rechtsverordnung die zuständige Behörde abweichend von Satz 1 zu bestimmen. Sie können diese Ermächtigung auf oberste Landesbehörden übertragen.

(2) Soll sich die Entlassung zugleich auf ... die Kinder des Antragstellers beziehen, so müssen auch diese Personen in der Entlassungsurkunde mit Namen aufgeführt werden.

§ 24 Bestehenbleiben der deutschen Staatsangehörigkeit. Die Entlassung gilt als nicht erfolgt, wenn der Entlassene die ihm zugesicherte ausländische Staatsangehörigkeit nicht innerhalb eines Jahres nach der Aushändigung der Entlassungsurkunde erworben hat.

§ 25 Erwerb ausländischer Staatsangehörigkeit. (1) Ein Deutscher verliert seine Staatsangehörigkeit mit dem Erwerb einer ausländischen Staatsangehörigkeit, wenn dieser Erwerb auf seinen Antrag oder auf den Antrag ... des gesetzlichen Vertreters erfolgt, ... der Vertretene jedoch nur, wenn die Voraussetzungen vorliegen, unter denen nach § 19 die Entlassung beantragt werden könnte.

(2) Die Staatsangehörigkeit verliert nicht, wer vor dem Erwerbe der ausländischen Staatsangehörigkeit auf seinen Antrag die schriftliche Genehmigung der zuständigen Behörde zur Beibehaltung seiner Staatsangehörigkeit erhalten hat. Hat ein Antragsteller seinen gewöhnlichen Aufenthalt im Ausland, ist die deutsche Auslandsvertretung zu hören. Bei der Entscheidung über einen Antrag nach Satz 1 sind die öffentlichen und privaten Belange abzuwägen. Bei einem Antragsteller, der seinen gewöhnlichen Aufenthalt im Ausland hat, ist insbesondere zu berücksichtigen, ob er fortbestehende Bindungen an Deutschland glaubhaft machen kann.

§ 26 Verzicht auf Staatsangehörigkeit. (1) Ein Deutscher kann auf seine Staatsangehörigkeit verzichten, wenn er mehrere Staatsangehörigkeiten besitzt. Der Verzicht ist schriftlich zu erklären.

(2) Die Verzichtserklärung bedarf der Genehmigung der nach § 23 für die Ausfertigung der Entlassungsurkunde zuständigen Behörde. Die Genehmigung ist zu versagen, wenn eine Entlassung nach § 22 Abs. 1 nicht erteilt werden dürfte; dies gilt jedoch nicht, wenn der Verzichtende
1. seit mindestens zehn Jahren seinen dauernden Aufenthalt im Ausland hat oder
2. als Wehrpflichtiger im Sinne des § 22 Abs. 1 Nr. 2 in einem der Staaten, deren Staatsangehörigkeit er besitzt, Wehrdienst geleistet hat.

(3) Der Verlust der Staatsangehörigkeit tritt ein mit der Aushändigung der von der Genehmigungsbehörde ausgefertigten Verzichtsurkunde.

(4) Für Minderjährige gilt § 19 entsprechend.

§ 27 Annahme als Kind durch einen Ausländer. Ein Deutscher verliert mit der nach den deutschen Gesetzen wirksamen Annahme als Kind durch einen Ausländer die Staatsangehörigkeit, wenn er dadurch die Staatsangehörigkeit des Annehmenden erwirbt. Der Verlust tritt nicht ein, wenn er mit einem deutschen Elternteil verwandt bleibt. Der Verlust erstreckt sich auf die minderjährigen Abkömmlinge, für die dem Angenommenen die alleinige Sorge für die Person zusteht, wenn auch der Erwerb der Staatsangehörigkeit durch den Angenommenen nach Satz 1 sich auf die Abkömmlinge erstreckt.

§ 28 Verlust der Staatsangehörigkeit bei Wehrdienst in fremden Streitkräften. Ein Deutscher, der auf Grund freiwilliger Verpflichtung ohne eine Zustimmung des Bundesministeriums der Verteidigung oder der von ihm bezeichneten Stelle in die Streitkräfte oder einen vergleichbaren bewaffneten Verband eines ausländischen Staates, dessen Staatsangehörigkeit er besitzt, eintritt, verliert die deutsche Staatsangehörigkeit. Dies gilt nicht, wenn er auf Grund eines zwischenstaatlichen Vertrages dazu berechtigt ist.

§ 29 Wahl zwischen deutscher und ausländischer Staatsangehörigkeit bei Volljährigkeit.
(1) Ein Deutscher, der nach dem 31. Dezember 1999 die Staatsangehörigkeit nach § 4 Abs. 3 oder durch Einbürgerung nach § 40 b erworben hat und eine ausländische Staatsangehörigkeit besitzt, hat nach Erreichen der Volljährigkeit und nach Hinweis gemäß Absatz 5 zu erklären, ob er die deutsche oder die ausländische Staatsangehörigkeit behalten will. Die Erklärung bedarf der Schriftform.

(2) Erklärt der nach Absatz 1 Erklärungspflichtige, daß er die ausländische Staatsangehörigkeit behalten will, so geht die deutsche Staatsangehörigkeit mit dem Zugang der Erklärung bei der zuständigen Behörde verloren. Sie geht ferner verloren, wenn bis zur Vollendung des 23. Lebensjahres keine Erklärung abgegeben wird.

(3) Erklärt der nach Absatz 1 Erklärungspflichtige, daß er die deutsche Staatsangehörigkeit behalten will, so ist er verpflichtet, die Aufgabe oder den Verlust der ausländischen Staatsangehörigkeit nachzuweisen. Wird dieser Nachweis nicht bis zur Vollendung des 23. Lebensjahres geführt, so geht die deutsche Staatsangehörigkeit verloren, es sei denn, daß der Deutsche vorher auf Antrag die schriftliche Genehmigung der zuständigen Behörde zur Beibehaltung der deutschen Staatsangehörigkeit (Beibehaltungsgenehmigung) erhalten hat. Der Antrag auf Erteilung der Beibehaltungsgenehmigung kann, auch vorsorglich, nur bis zur Vollendung des 21. Lebensjahres gestellt werden (Ausschlußfrist). Der Verlust der deutschen Staatsangehörigkeit tritt erst ein, wenn der Antrag bestandskräftig abgelehnt wird. Einstweiliger Rechtsschutz nach § 123 der Verwaltungsgerichtsordnung bleibt unberührt.

(4) Die Beibehaltungsgenehmigung nach Absatz 3 ist zu erteilen, wenn die Aufgabe oder der Verlust der ausländischen Staatsangehörigkeit nicht möglich oder nicht zumutbar ist oder bei einer Einbürgerung nach Maßgabe von § 12 Mehrstaatigkeit hinzunehmen wäre oder hingenommen werden könnte.

(5) Die zuständige Behörde hat den nach Absatz 1 Erklärungspflichtigen auf seine Verpflichtungen und die nach den Absätzen 2 bis 4 möglichen Rechtsfolgen hinzuweisen. Der Hinweis ist zuzustellen. Die Zustellung hat unverzüglich nach Vollendung des 18. Lebensjahres des nach Absatz 1 Erklärungspflichtigen zu erfolgen. Die Vorschriften des Verwaltungszustellungsgesetzes finden Anwendung.

(6) Der Fortbestand oder Verlust der deutschen Staatsangehörigkeit nach dieser Vorschrift wird von Amts wegen festgestellt. Das Bundesministerium des Innern kann durch Rechtsverordnung mit Zustimmung des Bundesrates Vorschriften über das Verfahren zur Feststellung des Fortbestands oder Verlusts der deutschen Staatsangehörigkeit erlassen.

§ 36 Einbürgerungsstatistik. (1) Über die Einbürgerungen werden jährliche Erhebungen, jeweils für das vorausgegangene Kalenderjahr, beginnend 2000, als Bundesstatistik durchgeführt.

(2) Die Erhebungen erfassen für jede eingebürgerte Person folgende Erhebungsmerkmale:
1. Geburtsjahr,
2. Geschlecht,
3. Familienstand,
4. Wohnort zum Zeitpunkt der Einbürgerung,
5. Aufenthaltsdauer im Bundesgebiet nach Jahren,
6. Rechtsgrundlage der Einbürgerung,
7. bisherige Staatsangehörigkeiten und
8. Fortbestand der bisherigen Staatsangehörigkeiten.

(3) Hilfsmerkmale der Erhebungen sind:
1. Bezeichnung und Anschrift der nach Absatz 4 Auskunftspflichtigen,
2. Name und Telekommunikationsnummern der für Rückfragen zur Verfügung stehenden Person und
3. Registriernummer der eingebürgerten Person bei der Einbürgerungsbehörde.

(4) Für die Erhebungen besteht Auskunftspflicht. Auskunftspflichtig sind die Einbürgerungsbehörden. Die Einbürgerungsbehörden haben die Auskünfte den zuständigen statistischen Ämtern der Länder jeweils zum 1. März zu erteilen. Die Angaben zu Absatz 3 Nr. 2 sind freiwillig.

(5) An die fachlich zuständigen obersten Bundes- und Landesbehörden dürfen für die Verwendung gegenüber den gesetzgebenden Körperschaften und für Zwecke der Planung, nicht jedoch für die Regelung von Einzelfällen, vom Statistischen Bundesamt und den statistischen Ämtern der Länder Tabellen mit statistischen Ergebnissen übermittelt werden, auch soweit Tabellenfelder nur einen einzigen Fall ausweisen.

§ 37 Geltung des Aufenthaltsgesetzes; Datenübermittlung. (1) § 80 Abs. 1 und 3 sowie § 82 des Aufenthaltsgesetzes gelten entsprechend.

(2) Die Einbürgerungsbehörden übermitteln den Verfassungsschutzbehörden zur Ermittlung der Einbürgerungsvoraussetzungen nach § 8 Abs. 1 Satz 1 Nr. 2 und Satz 2 sowie § 11 Satz 1 Nr. 2 und 3 und Satz 2 die bei ihnen gespeicherten personenbezogenen Daten der Antragsteller, die das 16. Lebensjahr vollendet haben. Die Verfassungsschutzbehörden unterrichten die anfragende Stelle unverzüglich nach Maßgabe der insoweit bestehenden besonderen gesetzlichen Verwendungsregelungen.

§ 38 Gebührenvorschriften. (1) Für Amtshandlungen in Staatsangehörigkeitsangelegenheiten werden, soweit gesetzlich nichts anderes bestimmt ist, Kosten (Gebühren und Auslagen) erhoben.

(2) Die Gebühr für die Einbürgerung nach diesem Gesetz beträgt 255 Euro. Sie ermäßigt sich für ein minderjähriges Kind, das miteingebürgert wird und keine eigenen Einkünfte im Sinne des Einkommensteuergesetzes hat, auf 51 Euro. Der Erwerb der deutschen Staatsangehörigkeit nach § 5 und die Einbürgerung von ehemaligen Deutschen, die durch Eheschließung mit einem Ausländer die deutsche Staatsangehörigkeit verloren haben, ist gebührenfrei. Von der Gebühr nach Satz 1 kann aus Gründen der Billigkeit oder des öffentlichen Interesses Gebührenermäßigung oder -befreiung gewährt werden.

(3) Das Bundesministerium des Innern wird ermächtigt, durch Rechtsverordnung mit Zustimmung des Bundesrates die weiteren gebührenpflichtigen Tatbestände zu bestimmen und die Gebührensätze sowie die Auslagenerstattung zu regeln. Die Gebühr darf für die Entlassung 51 Euro, für die Beibehaltungsgenehmigung 255 Euro, für die Staatsangehörigkeitsurkunde und für sonstige Bescheinigungen 51 Euro nicht übersteigen.

§ 40a Überleitung zum 1. August 1999. Wer am 1. August 1999 Deutscher im Sinne des Artikels 116 Abs. 1 des Grundgesetzes ist, ohne die deutsche Staatsangehörigkeit zu besitzen, erwirbt an diesem Tag die deutsche Staatsangehörigkeit. Für einen Spätaussiedler, seinen nichtdeutschen Ehegatten und seine Abkömmlinge im Sinne von § 4 des Bundesvertriebenengesetzes gilt dies nur dann, wenn ihnen vor diesem Zeitpunkt eine Bescheinigung gemäß § 15 Abs. 1 oder 2 des Bundesvertriebenengesetzes erteilt worden ist.

§ 41 Inkrafttreten. Dieses Gesetz tritt am 1. Januar 1914 ... in Kraft.

13.3. Gesetz über die Angelegenheiten der Vertriebenen und Flüchtlinge (Bundesvertriebenengesetz – BVFG)

In der Fassung der Bekanntmachung vom 2. Juni 1993 (BGBl. I 829), zuletzt geändert durch Gesetz vom 30. Juli 2004 (BGBl. I 1950)

– Auszug –

Erster Abschnitt. Allgemeine Bestimmungen

§ 4 Spätaussiedler. (1) Spätaussiedler ist in der Regel ein deutscher Volkszugehöriger, der die Republiken der ehemaligen Sowjetunion, Estland, Lettland oder Litauen nach dem 31. Dezember 1992 im Wege des Aufnahmeverfahrens verlassen und innerhalb von sechs Monaten im Geltungsbereich des Gesetzes seinen ständigen Aufenthalt genommen hat, wenn er zuvor
1. seit dem 8. Mai 1945 oder
2. nach seiner Vertreibung oder der Vertreibung eines Elternteils seit dem 31. März 1952 oder
3. seit seiner Geburt, wenn er vor dem 1. Januar 1993 geboren ist und von einer Person abstammt, die die Stichtagsvoraussetzung des 8. Mai 1945 nach Nummer 1 oder des 31. März 1952 nach Nummer 2 erfüllt, es sei denn, daß Eltern oder Voreltern ihren Wohnsitz erst nach dem 31. März 1952 in die Aussiedlungsgebiete verlegt haben,

seinen Wohnsitz in den Aussiedlungsgebieten hatte.

(2) Spätaussiedler ist auch ein deutscher Volkszugehöriger aus den Aussiedlungsgebieten des § 1 Abs. 2 Nr. 3 außer den in Absatz 1 genannten Staaten, der die übrigen Voraussetzungen des Absatzes 1 erfüllt und glaubhaft macht, daß er am 31. Dezember 1992 oder danach Benachteiligungen oder Nachwirkungen früherer Benachteiligungen aufgrund deutscher Volkszugehörigkeit unterlag.

(3) Der Spätaussiedler ist Deutscher im Sinne des Artikels 116 Abs. 1 des Grundgesetzes. Nichtdeutsche Ehegatten oder Abkömmlinge von Spätaussiedlern, die nach § 27 Abs. 1 Satz 2 in den Aufnahmebescheid einbezogen worden sind, erwerben, sofern die Einbeziehung nicht unwirksam geworden ist, diese Rechtsstellung mit ihrer Aufnahme im Geltungsbereich des Gesetzes.

§ 5 Ausschluß. Die Rechtsstellung nach § 4 Abs. 1 oder 2 erwirbt nicht, wer
1. in den Aussiedlungsgebieten
    a) der nationalsozialistischen oder einer anderen Gewaltherrschaft erheblich Vorschub geleistet hat oder
    b) durch sein Verhalten gegen die Grundsätze der Menschlichkeit oder Rechtsstaatlichkeit verstoßen hat oder
    c) in schwerwiegendem Maße seine Stellung zum eigenen Vorteil oder zum Nachteil anderer mißbraucht hat oder
    d) (aufgehoben)
2. a) die Aussiedlungsgebiete wegen einer drohenden strafrechtlichen Verfolgung auf Grund eines kriminellen Delikts verlassen oder
    b) in den Aussiedlungsgebieten eine Funktion ausgeübt hat, die für die Aufrechterhaltung des kommunistischen Herrschaftssystems gewöhnlich als bedeutsam galt oder aufgrund der Umstände des Einzelfalles war, oder
    c) wer für mindestens drei Jahre mit dem Inhaber einer Funktion im Sinne von Nummer 2b in häuslicher Gemeinschaft gelebt hat.

§ 6 Volkszugehörigkeit. (1) Deutscher Volkszugehöriger im Sinne dieses Gesetzes ist, wer sich in seiner Heimat zum deutschen Volkstum bekannt hat, sofern dieses Bekenntnis durch bestimmte Merkmale wie Abstammung, Sprache, Erziehung, Kultur bestätigt wird.

(2) Wer nach dem 31. Dezember 1923 geboren worden ist, ist deutscher Volkszugehöriger, wenn er von einem deutschen Staatsangehörigen oder deutschen Volkszugehörigen abstammt und sich bis zum Verlassen der Aussiedlungsgebiete durch eine entsprechende Nationalitätenerklärung oder auf vergleichbare Weise nur zum deutschen Volkstum bekannt oder nach dem Recht des Herkunftsstaates zur

deutschen Nationalität gehört hat. Das Bekenntnis zum deutschen Volkstum oder die rechtliche Zuordnung zur deutschen Nationalität muss bestätigt werden durch die familiäre Vermittlung der deutschen Sprache. Diese ist nur festgestellt, wenn jemand im Zeitpunkt der Aussiedlung aufgrund dieser Vermittlung zumindest ein einfaches Gespräch auf Deutsch führen kann. Ihre Feststellung entfällt, wenn die familiäre Vermittlung wegen der Verhältnisse in dem jeweiligen Aussiedlungsgebiet nicht möglich oder nicht zumutbar war. Ein Bekenntnis mit Gefahr für Leib und Leben oder schwerwiegenden beruflichen oder wirtschaftlichen Nachteilen verbunden war, jedoch aufgrund der Gesamtumstände der Wille unzweifelhaft ist, der deutschen Volksgruppe und keiner anderen anzugehören.

Zweiter Abschnitt. Verteilung, Rechte und Vergünstigungen

§ 7 Grundsatz. (1) Spätaussiedlern ist die Eingliederung in das berufliche, kulturelle und soziale Leben in der Bundesrepublik Deutschland zu erleichtern. Durch die Spätaussiedlung bedingte Nachteile sind zu mildern.

(2) Die §§ 8, 10 und 11 sind auf den Ehegatten und die Abkömmlinge des Spätaussiedlers, die die Voraussetzungen des § 4 Abs. 1 oder 2 nicht erfüllen, aber die Aussiedlungsgebiete im Wege des Aufnahmeverfahrens verlassen haben, entsprechend anzuwenden. § 5 gilt sinngemäß.

§ 8 Verteilung. (1) Die Länder nehmen die Spätaussiedler und ihre Ehegatten und Abkömmlinge, soweit sie die Voraussetzungen des § 7 Abs. 2 erfüllen, auf. Das Bundesverwaltungsamt legt das aufnehmende Land fest (Verteilungsverfahren). Bis zu dieser Festlegung werden die Personen vom Bund untergebracht.

(2) Familienangehörige des Spätaussiedlers, die, ohne die Voraussetzungen des § 7 Abs. 2 zu erfüllen, gemeinsam mit dem Spätaussiedler eintreffen, können in das Verteilungsverfahren einbezogen werden.

(3) Die Länder können durch Vereinbarung einen Schlüssel zur Verteilung festlegen. Bis zum Zustandekommen dieser Vereinbarung oder bei deren Wegfall richten sich die Verteilungsquoten für das jeweilige Kalenderjahr nach dem von der Geschäftsstelle der Bund-Länder-Kommission für Bildungsplanung und Forschungsförderung im Bundesanzeiger veröffentlichten Schlüssel, der für das vorangegangene Kalenderjahr entsprechend Steuereinnahmen und Bevölkerungszahl der Länder errechnet worden ist (Königsteiner Schlüssel).

(4) Das Bundesverwaltungsamt hat den Schlüssel einzuhalten. Zu diesem Zweck kann ein von den Wünschen des Spätaussiedlers abweichendes Land zur Aufnahme verpflichtet werden. Personen mit einem Aufnahmebescheid im Sinne des § 26 sind dem Land zuzuweisen, das der Erteilung des Aufnahmebescheids zugestimmt hat, soweit nicht nach den Sätzen 1 und 2 eine abweichende Festlegung geboten ist. Näheres bestimmt der Bundesminister des Innern durch Richtlinien im Benehmen mit den Ländern.

(5) Wer abweichend von der Festlegung oder ohne Festlegung des Bundesverwaltungsamtes in einem Land ständigen Aufenthalt nimmt, muß dort nicht aufgenommen werden.

(6) Personen im Sinne des Absatzes 5 werden dem Land zugerechnet, in dem über die Ausstellung der Bescheinigung nach § 15 entschieden wird.

(7) § 45 des Achten Buches Sozialgesetzbuch (Artikel 1 des Gesetzes vom 26. Juni 1990, BGBl. I S. 1163) gilt nicht für Einrichtungen zur Aufnahme von Spätaussiedlern.

§ 9 Hilfen. (1) Spätaussiedler gemäß § 4 Abs. 1 oder 2 sowie deren Ehegatten oder Abkömmlinge, welche die Voraussetzungen des § 7 Abs. 2 Satz 1 erfüllen, haben Anspruch auf kostenlose Teilnahme an einem Integrationskurs, der einen Basis- und einen Aufbausprachkurs von gleicher Dauer zur Erlangung ausreichender Sprachkenntnisse sowie einen Orientierungskurs zur Vermittlung von Kenntnissen der Rechtsordnung, der Kultur und der Geschichte in Deutschland umfasst. Ausgenommen sind Kinder, Jugendliche und junge Erwachsene, die eine schulische Ausbildung aufnehmen oder ihre bisherige Schullaufbahn in der Bundesrepublik Deutschland fortsetzen. Der Sprachkurs dauert bei ganztägigem Unterricht (Regelfall) längstens sechs Monate. Soweit erforderlich soll der Integrationskurs durch eine sozialpädagogische Betreuung sowie durch Kinderbetreuungsangebote ergänzt werden. Das Bundesministerium des Innern wird ermächtigt, nähere Einzelheiten des Integrationskurses, insbesondere die Grundstruktur, die Dauer, die Lerninhalte und die Durchführung der Kurse, die Vorgaben bezüglich der Auswahl und Zulassung der Kursträger sowie die Rahmenbedingungen für die Teilnahme durch Rechtsverordnung, die nicht der Zustimmung des Bundesrates bedarf, zu regeln.

Bundesvertriebenengesetz 13.3. **Texte 5**

(2) Spätaussiedler können erhalten
1. eine einmalige Überbrückungshilfe des Bundes und
2. einen Ausgleich für Kosten der Aussiedlung.
Das Nähere bestimmt der Bundesminister des Innern durch Richtlinien.

(3) Spätaussiedler aus der ehemaligen UdSSR, die vor dem 1. April 1956 geboren sind, erhalten zum Ausgleich für den erlittenen Gewahrsam auf Antrag eine pauschale Eingliederungshilfe in Höhe von 4000 Deutsche Mark. Sie beträgt bei Personen im Sinne des Satzes 1, die vor dem 1. Januar 1946 geboren sind, 6000 Deutsche Mark.

(4) Weitere Integrationshilfen wie Ergänzungsförderung für Jugendliche und ergänzende Sprach- und sozialpädagogische Förderung können gewährt werden.

(5) Das Bundesamt für Migration und Flüchtlinge ist zuständig für
a) die Entwicklung von Grundstruktur und Lerninhalten des Basissprachkurses, des Aufbaukurses und des Orientierungskurses nach Absatz 1 und
b) die Durchführung der Maßnahmen nach den Absätzen 1 und 4.

§ 10 Prüfungen und Befähigungsnachweise. (1) Prüfungen oder Befähigungsnachweise, die Spätaussiedler bis zum 8. Mai 1945 im Gebiet des Deutschen Reiches nach dem Gebietsstande vom 31. Dezember 1937 abgelegt oder erworben haben, sind im Geltungsbereich des Gesetzes anzuerkennen.

(2) Prüfungen oder Befähigungsnachweise, die Spätaussiedler in den Aussiedlungsgebieten abgelegt oder erworben haben, sind anzuerkennen, wenn sie den entsprechenden Prüfungen oder Befähigungsnachweisen im Geltungsbereich des Gesetzes gleichwertig sind.

(3) Haben Spätaussiedler die zur Ausübung ihres Berufes notwendigen oder für den Nachweis ihrer Befähigung zweckdienlichen Urkunden (Prüfungs- oder Befähigungsnachweise) und die zur Ausstellung von Ersatzurkunden erforderlichen Unterlagen verloren, so ist ihnen auf Antrag durch die für die Ausstellung entsprechender Urkunden zuständigen Behörden und Stellen eine Bescheinigung auszustellen, wonach der Antragsteller die Ablegung der Prüfung oder den Erwerb des Befähigungsnachweises glaubhaft nachgewiesen hat.

(4) Voraussetzung für die Ausstellung der Bescheinigung gemäß Absatz 3 ist die glaubhafte Bestätigung
1. durch schriftliche, an Eides Statt abzugebende Erklärung einer Person, die auf Grund ihrer früheren dienstlichen Stellung im Bezirk des Antragstellers von der Ablegung der Prüfung oder dem Erwerb des Befähigungsnachweises Kenntnis hat, oder
2. durch schriftliche, an Eides Statt abzugebende Erklärungen von zwei Personen, die von der Ablegung der Prüfung oder dem Erwerb des Befähigungsnachweises eigene Kenntnisse haben.

(5) Die Bescheinigung gemäß Absatz 3 hat im Rechtsverkehr dieselbe Wirkung wie die Urkunde über die abgelegte Prüfung oder den erworbenen Befähigungsnachweis.

§ 11 Leistungen bei Krankheit. (1) Wer als Spätaussiedler aus den Aussiedlungsgebieten innerhalb von zwei Monaten nach dem Verlassen dieser Gebiete im Geltungsbereich dieses Gesetzes seinen ständigen Aufenthalt genommen hat, erhält einmalig Leistungen wie ein Versicherter der gesetzlichen Krankenversicherung, wenn der Leistungsgrund am Tag der Aufenthaltsnahme gegeben ist oder innerhalb von drei Monaten danach eintritt. Stirbt ein Berechtigter, während er Leistungen nach Satz 1 erhält, hat derjenige, der die Bestattungskosten trägt, Anspruch auf einen Zuschuß zu den Bestattungskosten (Sterbegeld) nach § 59 des Fünften Buches Sozialgesetzbuch.

(2) Die Leistungen bei Krankheit nach den §§ 27 bis 4a des Fünften Buches Sozialgesetzbuch und die im Zusammenhang mit diesen Leistungen notwendigen Fahrkosten (§ 60 des Fünften Buches Sozialgesetzbuch) werden längstens für die ersten 78 Wochen von dem Tag der Aufenthaltsnahme im Geltungsbereich dieses Gesetzes an gewährt, Krankengeld und Mutterschaftsgeld nach § 200 der Reichsversicherungsordnung längstens für 156 Tage, die anderen Leistungen bis zum Ablauf der Frist von drei Monaten nach Absatz 1 Satz 1. Leistungen zur Entbindung einschließlich Mutterschaftsgeld oder Entbindungsgeld werden gewährt, wenn die Entbindung in der Frist von drei Monaten nach Absatz 1 Satz 1 liegt.

(3) Krankengeld (§§ 44 bis 51 des Fünften Buches Sozialgesetzbuch) und Mutterschaftsgeld (§ 200 der Reichsversicherungsordnung) erhalten Berechtigte nur, wenn sie bis zum Verlassen der in Absatz 1 genannten Gebiete

1. in einem Arbeitsverhältnis gestanden haben,
2. in Gewahrsam gehalten wurden und Berechtigte im Sinne des § 1 Abs. 1 Nr. 1 des Häftlingshilfegesetzes sind,
3. eine Tätigkeit als Selbständiger oder mithelfender Familienangehöriger hauptberuflich ausgeübt haben,
4. eine gesetzliche Wehrpflicht erfüllt haben oder
5. wegen ihrer Volkszugehörigkeit, ihrer Aussiedlungs- oder Übersiedlungsabsicht oder wegen eines vergleichbaren nach freiheitlich-demokratischer Auffassung von ihnen nicht zu vertretenden Grundes gehindert waren, eine Beschäftigung nach Nummer 1 oder eine Tätigkeit nach Nummer 3 auszuüben.

Auf eine Leistung nach Absatz 1 besteht kein Anspruch, wenn die Berechtigten hierauf einen Anspruch nach anderen gesetzlichen Vorschriften haben, ausgenommen einen Anspruch auf Grund einer Krankenversicherung nach § 5 Abs. 1 Nr. 2 des Fünften Buches Sozialgesetzbuch, wenn festgestellt wurde, daß ein Bezieher von Eingliederungshilfe bereits bei Beginn des Leistungsbezugs arbeitsunfähig war.

(4) Krankengeld oder Mutterschaftsgeld erhält der Berechtigte in Höhe der Leistungen zur Sicherung des Lebensunterhalts nach dem Zweiten Buch Sozialgesetzbuch. Die Vorschriften des Zweiten Buches Sozialgesetzbuch über die Bedürftigkeit und das bei den Leistungen zur Sicherung des Lebensunterhalts zu berücksichtigende Einkommen sind nicht anzuwenden.

(5) Die Leistungen gewährt die für den Wohnort der Berechtigten zuständige Allgemeine Ortskrankenkasse. Haben die Berechtigten früher einer anderen Krankenkasse angehört, so haben sie das Recht, die Leistungen bei dieser zu beantragen.

(5 a) Berechtigte, die eine Leistung nach den Absätzen 1 bis 4 in Anspruch nehmen, haben dem Leistungserbringer vor Inspruchnahme der Leistung einen Berechtigungsschein der nach Absatz 5 zuständigen Krankenkasse auszuhändigen. In dringenden Fällen kann der Berechtigungsschein nachgereicht werden. Ärzte, Zahnärzte, Krankenhäuser, Apotheken und sonstige Leistungserbringer haben für Leistungen nach Absatz 1 nur Anspruch auf die Vergütung, die sie erhalten würden, wenn der Spätaussiedler Versicherter der gesetzlichen Krankenversicherung wäre.

(6) Der Aufwand, der den Krankenkassen entsteht, wird ihnen aus Mitteln des Bundes erstattet. Als Ersatz für Verwaltungskosten erhalten die Krankenkassen 8 vom Hundert ihres Aufwands für die nach den Absätzen 1 bis 5 gewährten Leistungen.

(7) Bei Gewährung der Leistungen gelten die §§ 61 und 62 des Fünften Buches Sozialgesetzbuch über die vollständige und teilweise Befreiung von der Zuzahlung und anderen Kosten entsprechend. Ferner sind hierbei und bei der Erstattung des Aufwands und der Verwaltungskosten an die Krankenkassen das Erste und Zehnte Buch Sozialgesetzbuch entsprechend anzuwenden. § 110 des Zehnten Buches Sozialgesetzbuch jedoch mit der Maßgabe, daß die Krankenkasse Erstattungen nach Absatz 6 auch unterhalb des in § 110 Satz 2 des Zehnten Buches Sozialgesetzbuch genannten Betrages verlangen kann, wenn dieser Betrag durch Zusammenrechnung der Erstattungsansprüche in mehreren Einzelfällen erreicht wird.

(7 a) Bei der Gewährung von Leistungen sind die Vorschriften anzuwenden, die in dem Land gelten, das nach § 8 für den Spätaussiedler als Aufnahmeland festgelegt ist oder festgelegt wird oder dem der Spätaussiedler ohne Festlegung zugerechnet wird.

(8) Für Rechtsstreitigkeiten auf Grund der Vorschriften der Absätze 1 bis 7 a ist der Rechtsweg zu den Gerichten der Sozialgerichtsbarkeit gegeben.

§ 13 Gesetzliche Rentenversicherung, gesetzliche Unfallversicherung. Die Rechtsstellung der Spätaussiedler in der gesetzlichen Rentenversicherung und der gesetzlichen Unfallversicherung richtet sich nach dem Fremdrentengesetz.

§ 14 Förderung einer selbständigen Erwerbstätigkeit. (1) Spätaussiedlern ist die Begründung und Festigung einer selbständigen Erwerbstätigkeit in der Landwirtschaft, im Gewerbe und in freien Berufen zu erleichtern. Zu diesem Zweck können die Gewährung von Krediten zu günstigen Zins-, Tilgungs- und Sicherungsbedingungen sowie Zinsverbilligungen und Bürgschaftsübernahmen vorgesehen werden.

(2) Bei der Vergabe von Aufträgen durch die öffentliche Hand sind Spätaussiedler in den ersten 10 Jahren nach Verlassen der Aussiedlungsgebiete bevorzugt zu berücksichtigen. Entsprechendes gilt für Unternehmen, an denen Spätaussiedler mit mindestens der Hälfte des Kapitals beteiligt sind, sofern

Bundesvertriebenengesetz

diese Beteiligung und eine Mitwirkung an der Geschäftsführung für mindestens sechs Jahre sichergestellt sind.

(3) Finanzierungshilfen der öffentlichen Hand sollen unter der Auflage gegeben werden, daß die Empfänger dieser Hilfen sich verpflichten, bei der Vergabe von Aufträgen entsprechend Absatz 2 zu verfahren.

(4) Rechte und Vergünstigungen als Spätaussiedler nach den Absätzen 1 und 2 kann nicht mehr in Anspruch nehmen, wer in das wirtschaftliche und soziale Leben im Geltungsbereich des Gesetzes in einem nach seinen früheren wirtschaftlichen und sozialen Verhältnissen zumutbaren Maße eingegliedert ist.

(5) Spätaussiedler, die glaubhaft machen, daß sie vor der Aussiedlung ein Handwerk als stehendes Gewerbe selbständig betrieben oder die Befugnis zur Anleitung von Lehrlingen besessen haben, sind auf Antrag bei der für den Ort ihres ständigen Aufenthaltes zuständigen Handwerkskammer in die Handwerksrolle einzutragen. Für die Glaubhaftmachung ist § 10 Abs. 3 und 4 entsprechend anzuwenden.

§ 15 Bescheinigungen. (1) Das Bundesverwaltungsamt stellt Spätaussiedlern zum Nachweis ihrer Spätaussiedlereigenschaft eine Bescheinigung aus. Eine Wiederholung des Gesprächs im Sinne von § 6 Abs. 2 Satz 3 findet hierbei nicht statt. In den Aufnahmebescheid einbezogene nichtdeutsche Ehegatten oder Abkömmlinge sind verpflichtet, sich unmittelbar nach ihrer Einreise in den Geltungsbereich des Gesetzes in einer Erstaufnahmeeinrichtung des Bundes registrieren zu lassen. Die Entscheidung über die Ausstellung dieser Bescheinigung ist für alle Behörden und Stellen verbindlich, die für die Gewährung von Rechten oder Vergünstigungen als Spätaussiedler nach diesem oder einem anderen Gesetz zuständig sind. Hält eine Behörde oder Stelle die Entscheidung des Bundesverwaltungsamtes über die Ausstellung der Bescheinigung nicht für gerechtfertigt, so kann sie nur ihre Änderung oder Aufhebung durch das Bundesverwaltungsamt beantragen.

(2) Das Bundesverwaltungsamt stellt dem in den Aufnahmebescheid eines Spätaussiedlers einbezogenen nichtdeutschen Ehegatten oder Abkömmling zum Nachweis des Vorliegens der Voraussetzungen des § 7 Abs. 2 eine Bescheinigung aus. Eine Bescheinigung nach Absatz 1 kann nur ausgestellt werden, wenn die Erteilung eines Aufnahmebescheides beantragt und nicht bestands- oder rechtskräftig abgelehnt worden ist. Im Übrigen gilt Absatz 1 entsprechend.

(3) Über Rücknahme und Widerruf und die Ausstellung einer Zweitschrift einer Bescheinigung entscheidet die Ausstellungsbehörde.

Vierter Abschnitt. Aufnahme

§ 26 Aufnahmebescheid. Personen, die die Aussiedlungsgebiete als Spätaussiedler verlassen wollen, um im Geltungsbereich dieses Gesetzes ihren ständigen Aufenthalt zu nehmen, wird nach Maßgabe der folgenden Vorschriften ein Aufnahmebescheid erteilt.

§ 27 Anspruch. (1) Der Aufnahmebescheid wird auf Antrag Personen mit Wohnsitz in den Aussiedlungsgebieten erteilt, die nach Begründung des ständigen Aufenthalts im Geltungsbereich des Gesetzes die Voraussetzungen als Spätaussiedler erfüllen. Der im Aussiedlungsgebiet lebende nichtdeutsche Ehegatte, sofern die Ehe seit mindestens drei Jahren besteht, oder nichtdeutsche Abkömmling einer Person im Sinne des Satzes 1 (Bezugsperson) werden zum Zweck der gemeinsamen Aussiedlung in den Aufnahmebescheid der Bezugsperson nur dann einbezogen, wenn die Bezugsperson dies ausdrücklich beantragt, sie Grundkenntnisse der deutschen Sprache besitzen und in ihrer Person keine Ausschlussgründe im Sinne des § 5 vorliegen; Absatz 2 bleibt unberührt. Die Einbeziehung von minderjährigen Abkömmlingen in den Aufnahmebescheid ist nur gemeinsam mit der Einbeziehung der Eltern oder des sorgeberechtigten Elternteils zulässig. Die Einbeziehung in den Aufnahmebescheid wird insbesondere dann unwirksam, wenn die Ehe aufgelöst wird, bevor beide Ehegatten die Aussiedlungsgebiete verlassen haben, oder die Bezugsperson verstirbt, bevor die einbezogenen Personen Aufnahme im Sinne von § 4 Abs. 3 Satz 2 gefunden haben. Der Wohnsitz im Aussiedlungsgebiet gilt als fortbestehend, wenn ein Antrag nach Absatz 2 abgelehnt wurde und der Antragsteller für den Folgeantrag nach Satz 1 erneut Wohnsitz in den Aussiedlungsgebieten begründet hat.

(2) Abweichend von Absatz 1 kann Personen, die sich ohne Aufnahmebescheid im Geltungsbereich des Gesetzes aufhalten, ein Aufnahmebescheid erteilt oder es kann die Eintragung nach Absatz 1 Satz 2

nachgeholt werden, wenn die Versagung eine besondere Härte bedeuten würde und die sonstigen Voraussetzungen vorliegen.

(3) Für jedes Kalenderjahr dürfen so viele Aufnahmebescheide erteilt werden, daß die Zahl der aufzunehmenden Spätaussiedler, Ehegatten und Abkömmlinge die Zahl der vom Bundesverwaltungsamt im Jahre 1998 verteilten Personen im Sinne der §§ 4, 7 nicht überschreitet. Das Bundesverwaltungsamt kann hiervon um bis zu 10 vom Hundert nach oben oder unten abweichen. Es kann in den Aufnahmebescheid nach Absatz 1 den Zeitpunkt eintragen, von dem an der Antragsteller und die im Aufnahmebescheid eingetragenen Personen frühestens einreisen dürfen.

(4) Der Zeitpunkt der frühesten Einreise richtet sich nach Maßgabe des Absatzes 3 nach den Wünschen des Antragstellers. Muß der gewünschte Zeitpunkt hinausgeschoben werden, ist insbesondere zu berücksichtigen, ob
1. der Antragsteller in einem Gebiet lebt, in dem er besonderen Gefährdungen für Leib, Leben oder persönliche Freiheit ausgesetzt ist,
2. Eltern, Kinder oder Geschwister des Antragstellers im Geltungsbereich des Gesetzes ihren gewöhnlichen Aufenthalt haben,
3. der Antragsteller zum Zeitpunkt des Beginns der allgemeinen Vertreibungsmaßnahmen schon gelebt hat.

§ 28 Verfahren. (1) Das Bundesverwaltungsamt führt das Aufnahmeverfahren durch und erteilt den Aufnahmebescheid.

(2) Der Aufnahmebescheid darf erst nach Zustimmung des aufnehmenden Landes erteilt werden. Das Land kann die Zustimmung verweigern, wenn die Voraussetzungen des § 27 Abs. 1 nicht erfüllt sind.

(3) Das Bundesverwaltungsamt bestimmt für das Aufnahmeverfahren das aufnehmende Land in entsprechender Anwendung des § 8.

13.4. Gesetz zur Regelung des öffentlichen Vereinsrechts (Vereinsgesetz – VereinsG)

Vom 5. August 1964 (BGBl. I 593), zuletzt geändert durch Gesetz vom
22. August 2002 (BGBl. I 3390)

– Auszug –

§ 1 Vereinsfreiheit. (1) Die Bildung von Vereinen ist frei (Vereinsfreiheit).

(2) Gegen Vereine, die die Vereinsfreiheit mißbrauchen, kann zur Wahrung der öffentlichen Sicherheit oder Ordnung nur nach Maßgabe dieses Gesetzes eingeschritten werden.

§ 2 Begriff des Vereins. (1) Verein im Sinne dieses Gesetzes ist ohne Rücksicht auf die Rechtsform jede Vereinigung, zu der sich eine Mehrheit natürlicher oder juristischer Personen für längere Zeit zu einem gemeinsamen Zweck freiwillig zusammengeschlossen und einer organisierten Willensbildung unterworfen hat.

(2) Vereine im Sinne dieses Gesetzes sind nicht
1. politische Parteien im Sinne des Artikels 21 des Grundgesetzes,
2. Fraktionen des Deutschen Bundestages und der Parlamente der Länder,
3. (aufgehoben)

§ 3 Verbot. (1) Ein Verein darf erst dann als verboten (Artikel 9 Abs. 2 des Grundgesetzes) behandelt werden, wenn durch Verfügung der Verbotsbehörde festgestellt ist, daß seine Zwecke oder seine Tätigkeit den Strafgesetzen zuwiderlaufen oder daß er sich gegen die verfassungsmäßige Ordnung oder den Gedanken der Völkerverständigung richtet; in der Verfügung ist die Auflösung des Vereins anzuordnen (Verbot). Mit dem Verbot ist in der Regel die Beschlagnahme und die Einziehung
1. des Vereinsvermögens,
2. von Forderungen Dritter, soweit die Einziehung in § 12 Abs. 1 vorgesehen ist, und

Vereinsgesetz 13.4. **Texte 5**

3. von Sachen Dritter, soweit der Berechtigte durch die Überlassung der Sachen an den Verein dessen verfassungswidrige Bestrebungen vorsätzlich gefördert hat oder die Sachen zur Förderung dieser Bestrebungen bestimmt sind,

zu verbinden.

(2) Verbotsbehörde ist
1. die oberste Landesbehörde oder die nach Landesrecht zuständige Behörde für Vereine und Teilvereine, deren erkennbare Organisation und Tätigkeit sich auf das Gebiet eines Landes beschränken;
2. der Bundesminister des Innern für Vereine und Teilvereine, deren Organisation oder Tätigkeit sich über das Gebiet eines Landes hinaus erstreckt.

Die oberste Landesbehörde oder die nach Landesrecht zuständige Behörde entscheidet im Benehmen mit dem Bundesminister des Innern, wenn sich das Verbot gegen den Teilverein eines Vereins richtet, für dessen Verbot nach Satz 1 Nr. 2 der Bundesminister des Innern zuständig ist. Der Bundesminister des Innern entscheidet im Benehmen mit den obersten Landesbehörden, die nach Satz 1 Nr. 1 für das Verbot von Teilvereinen zuständig gewesen wären.

(3) Das Verbot erstreckt sich, wenn es nicht ausdrücklich beschränkt wird, auf alle Organisationen, die dem Verein derart eingegliedert sind, daß sie nach dem Gesamtbild der tatsächlichen Verhältnisse als Gliederung dieses Vereins erscheinen (Teilorganisationen). Auf nichtgebietliche Teilorganisationen mit eigener Rechtspersönlichkeit erstreckt sich das Verbot nur, wenn sie in der Verbotsverfügung ausdrücklich benannt sind.

(4) Das Verbot ist schriftlich oder elektronisch mit einer dauerhaft überprüfbaren Signatur nach § 37 Abs. 4 des Verwaltungsverfahrensgesetzes abzufassen, zu begründen und dem Verein, im Falle des Absatzes 3 Satz 2 auch den Teilorganisationen, zuzustellen. Der verfügende Teil des Verbots ist im Bundesanzeiger und danach im amtlichen Mitteilungsblatt des Landes bekanntzumachen, in dem der Verein oder, sofern sich das Verbot hierauf erstreckt, der Teilverein seinen Sitz hat; Verbote nach § 15 werden nur im Bundesanzeiger bekanntgemacht. Das Verbot wird mit der Zustellung, spätestens mit der Bekanntmachung im Bundesanzeiger, wirksam und vollziehbar; § 80 der Verwaltungsgerichtsordnung bleibt unberührt.

(5) Die Verbotsbehörde kann das Verbot auch auf Handlungen von Mitgliedern des Vereins stützen, wenn
1. ein Zusammenhang zur Tätigkeit im Verein oder zu seiner Zielsetzung besteht,
2. die Handlungen auf einer organisierten Willensbildung beruhen und
3. nach den Umständen anzunehmen ist, daß sie vom Verein geduldet werden.

§ 8 Verbot der Bildung von Ersatzorganisationen. (1) Es ist verboten, Organisationen zu bilden, die verfassungswidrige Bestrebungen (Artikel 9 Abs. 2 des Grundgesetzes) eines nach § 3 dieses Gesetzes verbotenen Vereins an dessen Stelle weiterverfolgen (Ersatzorganisationen) oder bestehende Organisationen als Ersatzorganisationen fortzuführen.

(2) Gegen eine Ersatzorganisation, die Verein im Sinne dieses Gesetzes ist, kann zur verwaltungsmäßigen Durchführung des in Absatz 1 enthaltenen Verbots nur aufgrund einer besonderen Verfügung vorgegangen werden, in der festgestellt wird, daß sie Ersatzorganisation des verbotenen Vereins ist. Die §§ 3 bis 7 und 10 bis 13 gelten entsprechend. Widerspruch und Anfechtungsklage gegen die Verfügung haben keine aufschiebende Wirkung. Die für die Wahrung der öffentlichen Sicherheit oder Ordnung zuständigen Behörden und Dienststellen sind bei Gefahr im Verzug zu vorläufigen Maßnahmen berechtigt, die außer Kraft treten, wenn die Verbotsbehörde nicht binnen zweier Wochen die in Satz 1 bestimmte Verfügung trifft.

§ 14 Ausländervereine. (1) Vereine, deren Mitglieder oder Leiter sämtlich oder überwiegend Ausländer sind (Ausländervereine), können über die in Artikel 9 Abs. 2 des Grundgesetzes genannten Gründe hinaus unter den Voraussetzungen des Absatzes 2 verboten werden. Vereine, deren Mitglieder oder Leiter sämtlich oder überwiegend ausländische Staatsangehörige eines Mitgliedstaates der Europäischen Union sind, gelten nicht als Ausländervereine. § 3 Abs. 1 Satz 2 und § 12 Abs. 1 und 2 sind mit der Maßgabe anzuwenden, dass die Beschlagnahme und die Einziehung von Forderungen und Sachen Dritter auch im Falle des Absatzes 2 zulässig sind.

(2) Ausländervereine können verboten werden, soweit ihr Zweck oder ihre Tätigkeit
1. die politische Willensbildung in der Bundesrepublik Deutschland oder das friedliche Zusammenleben von Deutschen und Ausländern oder von verschiedenen Ausländergruppen im Bundesgebiet,

die öffentliche Sicherheit oder Ordnung oder sonstige erhebliche Interessen der Bundesrepublik Deutschland beeinträchtigt oder gefährdet,
2. den völkerrechtlichen Verpflichtungen der Bundesrepublik Deutschland zuwiderläuft,
3. Bestrebungen außerhalb des Bundesgebiets fördert, deren Ziele oder Mittel mit den Grundwerten einer die Würde des Menschen achtenden staatlichen Ordnung unvereinbar sind,
4. Gewaltanwendung als Mittel zur Durchsetzung politischer, religiöser oder sonstiger Belange unterstützt, befürwortet oder hervorrufen soll oder
5. Vereinigungen innerhalb oder außerhalb des Bundesgebiets unterstützt, die Anschläge gegen Personen oder Sachen veranlassen, befürworten oder androhen.

(2) Anstelle des Vereinsverbots kann die Verbotsbehörde gegenüber Ausländervereinen Betätigungsverbote erlassen, die sie auch auf bestimmte Handlungen oder bestimmte Personen beschränken kann. Im übrigen bleiben Ausländervereinen gegenüber die gesetzlichen Vorschriften zur Wahrung der öffentlichen Sicherheit oder Ordnung unberührt.

§ 15 Ausländische Vereine. (1) Für Vereine mit Sitz im Ausland (ausländische Vereine), deren Organisation oder Tätigkeit sich auf den räumlichen Geltungsbereich dieses Gesetzes erstreckt, gilt § 14 entsprechend. Zuständig für das Verbot ist der Bundesminister des Innern.

(2) Ausländische Vereine und die einem ausländischen Verein eingegliederten Teilvereine, deren Mitglieder und Leiter sämtlich oder überwiegend Deutsche oder ausländische Unionsbürger sind, können nur aus den in Artikel 9 Abs. 2 des Grundgesetzes genannten Gründen verboten oder in ein Verbot einbezogen werden.

Sachregister

Die fetten Zahlen verweisen auf die fünf Hauptteile des Werks. Die mageren Zahlen bezeichnen bei Teil 1 die Paragraphen des Aufenthaltsgesetzes, bei Teil 2 die Paragraphen des Freizügigkeitsgesetzes/EU, bei Teil 4 die Paragraphen des Asylverfahrensgesetzes und bei Teil 5 die Nummern der einzelnen Texte. Die in Klammern gesetzten Zahlen bezeichnen bei den Teilen 1 bis 4 die Randnummern.

Abkommen (Übereinkommen, Verträge) – Assoziation EWG/Türkei **5** 3.1; – Beschluß Nr. 1/80 **5** 3.3; – Beschluß Nr. 3/80 **5** 10.4; – Zusatzprotokoll **5** 3.3; – Assoziation EG/Bulgarien **5** 3.5; – Beitritt Tschechien, Estland, Zypern, Lettland, Litauen, Ungarn, Malta, Polen, Slowenien, und Slowakei **5** 1.3; Benelux-Staaten **5** 7.2, 7.1; – Bosnien und Herzegowina **5** 7.3; – Bulgarien **5** 3.5, 7.4; – Ceylon **5** 12.2; – Dänemark **5** 7.5; – Dominikanische Republik **5** 12.3; – EG/Schweiz **5** 1.5; – Europa-Abkommen EG/Bulgarien **5** 3.5; Europa-Mittelmeer-Abkommen EG/Jordanien **5** 3.4; – Europäische Konvention zum Schutz der Menschenrechte **5** 8.1-8.3; – Europäischer Wirtschaftsraum **5** 1.4; – Europäisches Auslieferungsübereinkommen **5** 8.6; – Europäisches Fürsorgeabkommen **5** 10.1; – Europäische Niederlassungsabkommen **5** 12.1; – Europäische Gemeinschaft **5** 1.2; – Europäische Union **5** 1.1; Flüchtlinge **5** 5.1, 5.4, 5.5, 5.6; – Flüchtlingsseeleute **5** 5.4; – gegen Folter u.a. **5** 8.4; – Frankreich **5** 7.1, 7.2, 7.6; – Fürsorge (Schweiz) **5** 10.3; Fürsorge und Jugendwohlfahrtspflege (Österreich) **5** 10.2; – Iran, s. Persien; – Japan **5** 12.4; – (Rechte des) Kindes **5** 8.5; – Kroatien **5** 7.7; – Österreich **5** 7.8; – Persien **5** 12.5; – Philippinen **5** 12.6; – Polen **5** 1.3; – Rumänien **5** 7.9; – Schengener Durchführungsübereinkommen **5** 3.8; – Schengener Übereinkommen **5** 3.7; – Schweden **5** 7.10; – Schweiz **5** 1.5, 7.11; – Sichtvermerkszwang für Flüchtlinge **5** 5.6; – Staatenlose **5** 5.2, 5.3; Tschechien **5** 1.3, 7.12; – Türkei **5** 3.1-3.3, 10.4, 12.7; – Vereinigte Staaten von Amerika **5** 12.8; – Vietnam **5** 7.13; – Übernahmeabkommen **5** 7.1-7.13; – Wiener Übereinkommen über diplomatische Beziehungen **5** 12.9; – Wiener Übereinkommen über konsularische Beziehungen **5** 12.10

Abschiebung 1 58; **3** (9, 27 ff); – Abschiebestopp **1** 60a; – Androhung **1** 59; **4** 34 (10 ff), 35 (4 ff), 39 (6), 67 (6), 71 (31), 71 a (7); – Anordnung **1** 58 (4), 58a (2 ff); **4** 34 a (2 f), 67 (8), 71 (33, 44); – Asylberechtigter **1** 60a; s. auch dort; – Asylbewerber, s. dort; – Aussetzung, s. Duldung; **4** 36 (17, 20 ff); – ausl Flüchtling **4** 70 (3 ff); – Zielstaat **1** 50 (14ff), 57 (4), 58 (16), 59 (16 ff); **4** 37 (5 ff); s. auch Duldung

Abschiebungshaft 1 62; **4** 71 (50 f), 71 a (6); – Sicherungshaft **1** 62 (12 ff); – Vorbereitungshaft **1** 62 (6 ff)

Abschiebungshindernis 1 59 (20), 60, 79 (7 ff); **4** 1 (3), 39 (8); – Allgemeines **1** 60 (32 f); – Anhörung **4** 25 (7); – Auslieferungsverfahren **1** 60 (57 f), 60 (12); – Bindungswirkung **4** 42 (2 ff); – Existenzgefährdung **1** 60 (51 ff); – Folter **1** 60 (34 ff); – Menschenrechtsverletzung **1** 60 (45 ff); – Mitwirkung **1** 80; – Rücknahme **4** 73 (25); – Strafverfahren **1** 60 (56); – Todesstrafe **1** 60 (39 ff); – Widerruf **4** 72 (20); s. auch Abschiebungsverbot

Abschiebungsverbot 1 60; – Ausnahme **1** 60 (26 ff); – Flüchtlingsanerkennung, s. dort; – politisch Verfolgter **1** 60 (3 ff, 13 ff); **3** (9, 17 f, 122, 126); **4** 2 (10); s. auch Abschiebungshindernis

Adoption 1 27 (18)

Alterssicherung 1 19 (22 ff), 21 (13); s. auch Lebensunterhalt

Altfallregelung 1 23a (10)

Amerika, s. USA

Amsterdamer Vertrag 1 Vorbem (25); **3** 131

Amtsaufklärung 1 82 (2 ff); **4** 15 (3), 24 (4 ff), 36 (24); s. auch Gerichtsverfahren u. Mitwirkung

Anfechtbarkeit 1 82

Anhörung, s. Abschiebungshindernis u. Asylantrag

Antragserfordernis 1 4 (188), 8 (11), 81 (2 ff); **4** 13 (2), 51 (8)

Anwendungsbereich 1 1 (15 ff, 19 ff)

Anwendungshinweise des BMI 1 Vorbem (22)

Anwerbestaaten 1 Vorbem (1), 4 (127)

Anwerbestopp 1 1 (5), 4 (5, 122)

Anwerbeverfahren 1 Vorbem (1)

Anzeigepflicht 1 50 (17)

Arbeitnehmer 1 4 (89 ff); s. auch Erwerbstätigkeit u. Freizügigkeit

Arbeitnehmerfreizügigkeit 1 2 (8, 10 ff, 14); **5** 1.7; s. auch Freizügigkeit

Arbeitsagentur, s. Bundesagentur für Arbeit

Arbeitsgenehmigung, s. Erwerbstätigkeit

Arbeitslosengeld, s. Sozialrecht

Arbeitslosenhilfe, s. Sozialrecht

Arbeitslosenversicherung, s. Sozialrecht

Arbeitsmarkt- und Sozialpolitik 1 4 (121 ff)

Arbeitsrecht 1 4 (128 ff); – Gleichbehandlung **1** 4 (136 ff); – Fürsorgepflicht **1** 4 (140); – Internationales Privatrecht **1** 4 (129 ff); – Kündigung **1** 4 (144 ff)

Arbeitsverbot 1 4 (46 f); **3** 61

Arbeitsverhältnis 1 4 (130 ff)

Arbeitsvertrag 1 4 (130 ff)

Arbeitnehmer, s. Arbeitnehmerfreizügigkeit u. Erwerbstätigkeit

Assoziation EWG/Türkei **1** 4 (82 ff), s. auch Aufenthaltstitel u. Ausweisung

Asyl – Beschränkungen **3** (15 ff); – Entstehungsgeschichte **3** (1 ff); – Europäische Harmonisierung **3** (24, 131 ff); **4** Vorbem (1 ff, 20 ff), 1 (4 ff); – Landesverfassung **3** (2); – Rechtsanspruch **3**

1773

Sachregister

fette Zahlen = Hauptteile des Werkes

(12 ff, 16); **4** 1 (3 ff); – Reform **3** (4); **4** Vorbem (11 ff); – Völkerrecht **3** (5); s. auch Asylabkommen, Asylantrag, Asylberechtigung, Asylberechtigter, Asylbewerber, Familienasyl u. Verfolgung

Asylabkommen 3 (6, 11, 127 ff); **4** 22 a (2); **5** 5.1, 5.4, 5.5

Asylanerkennung 1 51 (11 ff); **3** (9, 96); **4** 2 (6 ff), 55 (2 ff); – Aufhebung **4** 29 (2); – Bindungswirkung **4** 4 (2 ff); – Erlöschen **4** 72 (2 ff, 28 ff); – Rücknahme **4** 73 (21 ff); – Verzicht **4** 72 (26); – Widerruf **4** 73 (3 ff); – Zuständigkeit **4** 5 (5)

Asylantrag 1 10 (3 ff), 60 (59), **4** 13, 14, 55 (6); – Anhörung **4** 24 (8 f), 25; – vom Ausland her **4** 13 (16 ff); – Bevollmächtigter **4** 25 (14); – Dolmetscher **4** 25 (14); – Familienangehöriger **4** 13 (7), 14 a 26 (9 ff, 18); – Folgeantrag, s. dort; – Form **4** 13 (4 ff); – an der Grenze **4** 13 (19 f), 18 a (11, 15 ff); aus der Haft **4** 14 (18 f); – Inhalt **4** 13 (3, 10 ff); – missbräuchlicher **4** 84 (2 ff); – Nichtantrag **4** 30 (20); – offensichtlich unbegründeter **4** 30 (2 ff), 36 (2), 37 (4); – persönliches Erscheinen **4** 23 (2 ff); – Rücknahme **4** 13 (6), 15 (14 f), 32 (2 ff), 33 (4 ff), 38 (5), 67 (4), 71 (8 ff), 72 (27), 87 a (7); – Sachverhaltsaufklärung **4** 24 (4 ff); – unbeachtlicher **4** 29, 35 (2), 36 (2), 37 (3); – Zuständigkeit **4** 13 (8 ff), 14 (3 ff); s. auch Folgeantrag

Asylbegehren 4 13 (3); – Einreiseverweigerung **4** 18 (10 ff), 18 a (4, 11, 20 ff); – Weiterleitung **4** 18 (5 ff), 18 a (20 ff); – Zurückweisung **4** 18 (10 ff)

Asylberechtigter 4 2 (3, 6); – Abschiebung **1** 51; – Arbeitsgenehmigung **4** 2 (25); – Aufenthaltserlaubnis **4** 2 (17 ff), 8 (2 ff), 69 (3); – Ausbildung **4** 2 (38); – Auslandsreise **4** 2 (19); – DDR **4** 2 (9); – Erwerbstätigkeit **4** 2 (23); – Familienasyl, s. dort; – Kindergeld **4** 2 28; – Konventionsflüchtling **4** 2 (8); – Meistbegünstigung **4** 2 (16, 23); – politische Betätigung **4** 2 (19); – Rechtsstellung **4** 2 (6 ff, 10 ff); – Soziale Sicherheit **4** 2 (24, 26); – Sozialhilfe **4** 2 (27); – Wiederkehr **1** 51 (19 ff); s. auch Asylberechtigung, Ausweisungsschutz u. Verfolgung

Asylberechtigung 4 2 (2 ff); s. auch Asylanerkennung, Asylberechtigter u. Verfolgung

Asylbewerber – Abschiebungsandrohung **4** 34 (10 ff), 35 (3 ff), 39 (6); – Arbeitsgenehmigung **4** 55 (35); – Arbeitslosengeld **4** 55 (24); – Aufenthalt **4** 55, 56, 57; – Aufenthaltstitel **1** 10 (3 ff); **4** 55 (13); – Aufenthaltszeit **4** 55 (16 ff); – Ausbildungsförderung **4** 55 (36); – Auslandsreise **4** 57 (6); – Ausreisefrist **4** 36 (3 f), 38 (2), 39 (7); – Ausreisepflicht **4** 34 (5 ff); – Ausweisung **4** 56 (19 ff); **4** 30 (18), 55 (15); – Einreise **4** 13 (20 f); – Einreiseverweigerung, **4** 18 (10 ff), 18 a (4, 11, 20 ff); – Erwerbstätigkeit **4** 61; – Kindergeld **4** 55 (35); – Sozialhilfe, **4** 55 (26 ff); – Sozialversicherung **4** 55 (24); – Verlassen des Aufenthaltsbezirks oder -orts **4** 57, 58, 59; – Verteilung, s. dort; – Visumspflicht **1** 5 (50 ff); – Weiterleitung **4** 18 (3, 5 ff), 18 a (20 ff), 19 (2 ff), 20 (3 f); – Zurückschiebung, s. dort; – Zurückweisung, s. dort; – Zuweisung, s. dort

Asylverfahrensrecht – DDR **4** Vorbem (10); – Geltungsbereich **4** 1 (3 ff); – Reform **4** (4); **4** Vorbem (11 ff); **5** 6.1, 6.3

Asylverfahrensänderungsgesetz 1984 4 Vorbem (6)

Asylverfahrensänderungsgesetz 1987 4 Vorbem (7)

Asylverfahrensänderungsgesetz 1988 4 Vorbem (8)

Asylverfahrensänderungsgesetz 1992 4 Vorbem (12 ff)

Asylverfahrensänderungsgesetz 1993 4 Vorbem (14 f)

Asylverordnung 4 Vorbem (1)

Aufenthalt – gewöhnlicher **1** 4 (153, 173 ff), 28 (6), 38 (8 ff); **4** 56 (5); – rechtmäßiger **1** 85; – unerlaubter **1** 95 (6 ff)

Aufenthaltsanzeige 1 50 (17)

Aufenthaltsbeendigung, s. Abschiebung, Asylbewerber, Ausweisung u. Duldung

Aufenthaltsbefugnis 1 101, 102

Aufenthaltsberechtigung 1 101

Aufenthaltsbewilligung 1 101

Aufenthaltsentscheidung 1 79

Aufenthaltserlaubnis 1 7 (2 ff); – Allgemeines **1** 7 (2 ff); – Abschiebungsschutzberechtigter **1** 25 (21 ff); – Anspruch **1** 5 (59 ff); – Art **1** 4 (32 ff); – Asylberechtigter **1** 25 (7 ff), 29 (8 ff); – Aufenthaltszwecke **1** 7 (6 ff); – durch Aufnahme **1** 22, 23 (3 ff); – Ausbildung **1** 17; – Ausreisehindernisse **1** 25 (19 ff, 32 ff); – Beschränkung **1** 4 (29 ff); – Besitz **1** 9 (11 ff); – ehemaliger Deutscher **1** 38; – Elternteil **1** 28 (8 ff); – Erwerbstätigkeit, s. dort; – Familiennachzug **1** 27 bis 30; – fiktive **1** 1 81 (25 ff); – Flüchtling **1** 5 (63 ff); – Geburt **1** 33; – Härtefall **1** 23a; – Konventionsflüchtling **1** 25 (18 ff); – Nebenbestimmung **1** 4 (57 ff); – Regelversagung **1** 8 (13 ff); – Regelvoraussetzung **1** 5 (7 ff); – Schulbesuch **1** 16 (25 ff); – Sprachkurs **1** 16 (24); – Studium **1** 16 (11 ff); – Türken **1** Vorbem (16); **1** 4 (82 ff), 27 (9); – Verlängerung **1** 8 (2 ff), 26, 30 (13 ff), 31 (37f), 34; – vorübergehender Schutz **1** 24; – Wiederkehr **1** 37; – zwingende Voraussetzung **1** 5 (39 ff); s. auch Aufenthaltstitel

Aufenthaltsgesetz/EWG 2 Vorbem 4; s. auch Freizügigkeitsgesetz/EU

Aufenthaltsgestattung 1 4 (32 ff); **4** 34 (4), 55, 56, 63; – Allgemeines **4** 55 (2 ff), 56 (2 ff); – Asylantrag **4** 55 (6); – Auflage **4** 60 (4 ff); – Befristung **4** 63 (3); – Bescheinigung **4** 63; – Beschränkung **4** 56 (4 ff), 60 (4 ff), 85 (7 ff); – Erlöschen **4** 67; – Folgeantrag **4** 55 (9 ff); – Visum **4** 55 (13)

Aufenthaltsort (Asylbewerber) 4 55 (5), 56 (4 ff); – Allgemeines **4** 56 (4 ff); – Einzelfall **4** 57, 58; – Ermessen **4** 60 (2 ff); – Folgeantrag **4** 55 (9 ff), 71 (16)

Aufenthaltsrecht (eigenständiges) 1 28 (18), 31, 35

Aufenthaltstitel 1 5 (4 ff); – Allgemeines **1** 4 (2 ff), 5 (2 ff); – Anspruch **1** 5 (59 ff), 13 (13); – Antrag **1** 4 (188), 8 (11), 81 (2 ff); **4** 43 (4); – Asylbewerber **1** 10; – Auflage **1** 4 (29 ff), 12 (22 f); – Bedingung **1** 4 (29 ff), 12 (16 ff); – Befreiung **1** 4 (17 ff); – Besitz **1** 29 (5 f); **4** 26 a (11), 34 (8), 43 (2 f); ehemaliger Deutscher **1** 38; – nach der Einreise **1** 4 (38 ff); – vor der Einreise **1** 4 (37); – Erlöschen **1** 6 (48 ff), 51; – Erschleichen **1** 95 (24 ff); – Erwerbstätigkeit, s. dort; – Familiennachzug, s. dort; – Fiktion **1** 81 (14); – Geltungs-

magere Zahlen =§§ bzw. (in Teil 5) Texte

Sachregister

bereich **1** 12 (6 ff); Geltungsdauer **1** 12 (8 ff), 34; – Kaution **1** 12 (19); – Rücknahme **1** 6 (48 ff); – Seemann **1** 4 (27); – Verlängerung **1** 8; – Übergangsregelung **1** 101 bis 104; – Widerruf **1** 6 (48 ff), 52; s. auch Aufenthaltserlaubnis u. Visum
Aufenthaltsverbot 1 11 (2 ff), 95 (23)
Aufenthaltszweck 1 4 (2 ff)
Auflage, s. Aufenthaltstitel
Aufnahmebefugnis 1 22, 23
Aufnahmeeinrichtung 4 10 (19), 14 (6), 23 (3), 44 (2 ff), 46 (3 ff), 47 (2 ff), 48 (2 ff), 49 (2 ff)
Aufnahmepflicht 4 44 ff, 50 (9)
Aufnahmequote 1 15 a (5); **4** 45, 52
Aufschiebende Wirkung, s. Suspensiveffekt
Ausbildung, s. **1** 16, 17
Ausbildungsförderung, s. Sozialrecht
Ausführungsgesetz zu dem Übereinkommen zur Verminderung der Staatenlosigkeit vom 30. August 1961 und zu dem Übereinkommen zur Verringerung der Fälle von Staatenlosigkeit vom 13. September 1973 (Gesetz zur Verminderung der Staatenlosigkeit) **5** 5.3
Ausländer (Begriff) 1 2 (3 ff)
Ausländerbeauftragte, s. Integrationsbeauftragte
Ausländerbehörde 1 4 (54), 71 (10); **4** 58 (16)
Ausländergesetz 1990 1 Vorbem (10), 27 (4
Ausländergesetz 1965 1 Vorbem (2, 5), 27 (3); **4** 5 (1), 13 (11)
Ausländerpolizeiverordnung 1 Vorbem (1)
Ausländerverein 1 95 (22)
Ausländerzentralregister 1 Vorbem (1); **5** 4.3, 4.4
Auslandsaufenthalt 1 51 (16 ff)
Auslandsvertretung 1 71 (13)
Auslieferung 1 55 (72); **3** (7 f); **4** 4 (13 ff), 8 (4), 28 (20), 42 (6)
Ausnahme-Visum 1 14 (11 ff)
Ausreise – nicht nur vorübergehend **1** 51 (8 ff); – freiwillig **4** 38 (6 f)
Ausreiseeinrichtung 1 61 (6 f)
Ausreisefreiheit 1 46 (2)
Ausreisefrist 1 59 (11 ff); **4** 36 (3 f), 38 (2 ff), 39 (7)
Ausreiseförderung 1 46 (3 ff)
Ausreisepflicht 1 50 (2 ff), 58 (3 f), 61 (3 ff); **4** 34 (5 ff)
Ausreiseverbot 1 46 (7 ff), 95 (17)
Ausschreibung 1 50 (20 ff); **4** 67 (2)
Aussiedler 1 2 (5); **3** 1 (33); s. auch Deutscher, Spätaussiedler
Ausweis 1 3 (10)
Ausweispflicht 1 3 (15); **2** 8; **4** 64
ausweisrechtliche Pflichten 1 48
Ausweisung 1 53 bis 56; – Arten **1** 53 (2 ff), 55 (2 ff), – Auslieferungsverfahren **1** 55 (72); – Betäubungsmittel **1** 53 (9), 54 (10); – Doppelbestrafung **1** 55 (71); – EFA **1** 55 (81); – ENA **1** 55 (82 ff); – Ehe und Familie **1** 55 (65 ff, 78 ff); – EMRK **1** 55 (77 ff); – Ermessen **1** 55 (29, 59); **2** 6 (8); – Flüchtling **1** 55 (85 ff); – Gefahrenprognose **1** 55 (23 ff); – Generalprävention **1** 55 (26 f); – Grieche **1** 55 (87 ff); – Kinderrechtskonvention **1** 55 (75); – ILO-Abkommen Nr. 97 **1** 55 (76); – Ist-Ausweisung, s. zwingende Ausweisung; – Italiener **1** 5 (87 ff); – Österreicher **1** 55 (90); – Regel-Ausweisung **1** 54; – Spezialprävention **1** 54 (2), 55 (23 ff); – Türke **1** 55 (74); – Verlöbnis **1** 55 (69); – Unionsbürger **2** 6 (3 ff); – Wirkungen **1** 11 (2 ff); – zwingende **1** 53; s. auch Ausweisungsgrund
Ausweisungsermessen 1 55 (29, 59 ff)
Ausweisungsgrund 1 5 (20 ff), 15 (9), 27 (33 f), 54 (6 f); – Betäubungsmittel **1** 53 (9), 54 (10), 55 (35 ff); – Einschleusen **1** 53 (10), 54 (9); – Erwerbsunzucht **1** 55 (34); – Erziehungshilfe **1** 55 (53 ff); – (besondere) Gefährlichkeit **1** 53; – Gesundheitsgefährdung **1** 55 (40 f); – Gewaltanwendung **1** 54 (11); – Mitwirkungspflichtverletzung **1** 55 (15); – Obdachlosigkeit **1** 46 (36 ff); – Rechtsverstoß **1** 54 (8 ff), 55 (19 ff); – schwerwiegend **1** 56 (3 ff); – Sicherheitsgefährdung **1** 54 (14 ff), 55 (8 ff); – Sozialhilfebezug **1** 55 (44 ff); – Straftat **1** 53 (6 ff), 54 (8 ff), 55 (19 ff); – Versammlungsrechtsverstoß **1** 53 (9), 54 (12)
Ausweisungsschutz 1 56; – Abkommen **1** 55 (75 ff); – Asylberechtigter **1** 56 (10 ff); – Asylbewerber **1** 48 (20 ff); – Flüchtling **1** 56 (10 ff); – Heranwachsender **1** 56 (16 ff); – Minderjähriger **1** 56 (13 ff)
Ausweisungstatbestand, s. Ausweisungsgrund

Beauftragte der Bundesregierung für Migration, Flüchtlinge und Integration, s. Integrationsbeauftragte
Bedingung, s. Aufenthaltstitel
Beförderungsunternehmer 1 63, 64
Beförderungsverbot 1 63 (7 ff)
Befreiung, s. Aufenthaltstitel, Pass u. Visum
Befristung, s.Frist
Belehrung 4 10 (25 ff), 33 (5), 36 (12); s. auch Gerichtsverfahren – Rechtsmittelbelehrung
Benelux-Staaten 5 7.2
Berufsausbildung 1 17
Berufserlaubnis 1 9 (29)
Beschäftigungsverbot 1 4 (46 ff)
Beschluss (EG) – Reiseerleichterung **5** 3.6, – Schengen-Besitzstand **5** 3.9 – Schengen-Grundlagen **5** 3.10
Betäubungsmittel, s. Ausweisung
Beteiligung 1 72 (2 ff)
Beteiligungserfordernis 1 72 bis 74
Betretenserlaubnis 1 11 (14 ff)
Betreuungsperson 1 80 (10 ff)
Bevollmächtigter 4 25 (14)
Beweiserhebung 1 79 (2 ff); **4** 74 (32 ff)
Bindungswirkung 4 4 (2 ff), 42 (2 ff)
Bona-fide-Flüchtling 4 53 (20)
Bosnien und Herzegowina 5 7.3
Bürgerkrieg 1 24; **4** 1 (18); s. auch Verfolgung
Bürgerkriegsflüchtling, s. Bürgerkrieg
Bulgarien 3 3.5
Bundesagentur für Arbeit 1 4 (72 ff), 39, 105; s. auch Erwerbstätigkeit u. Zuständigkeit
Bundesamt für Migration und Flüchtlinge (früher: für die Anerkennung ausländischer Flüchtlinge) 4 5; – Außenstelle **4** 5 (11 ff), 14 (5), 23 (2 ff); – Entscheider, s. dort; – Entscheidung **4** 12 (18 f), 31 (2 ff); – Organisation **4** 5 (9 ff); – Verfahren **4** 24 (2 ff); – Weisungsfreiheit **4** 5 (19 f); – Zuständigkeit **4** 5 (4 ff), 14 (3 ff)
Bundesbeauftragter für Asylangelegenheiten 4 6

Sachregister

fette Zahlen = Hauptteile des Werkes

Bundespolizei, s. Grenzbehörde
Bußgeld, s. Ordnungswidrigkeit

Ceylon 5 12.2

Dänemark 5 7.5
Daten – Abgleich **1** 89a; – Erhebung **1** 86, 91a; **4** 7, 16 (8); – Löschung **1** 91; **4** 16 (12); – Schutz **1** 86 (2); – Speicherung **1** 91, 91a (3); – Übermittlung **1** 87, 88, 90, 91a (3), 91b; **4** 8, 9 (6 ff); – Übermittlungsverbot **1** 77; – Vernichtung **1** 89 (5)
Dauer-Visum, s. Visum
Daueraufenthaltsrecht 5 3.23; s. auch Freizügigkeit
DDR 1 Vorbem (6), **4** (125); **4** Vorbem (10), 2 (9)
De-facto-Flüchtling 1 25 (3)
Deutscher 1 2 (3 ff), 38; **3** (19), **3** 1 (23 f)
Dienstleistungsfreiheit, s. Freizügigkeit
Diplomat 1 1 (19 ff)
Diskriminierungsverbot 1 4 (119)
Dolmetscher 4 17 (5 ff), 74 (38, 48)
Dominikanische Republik 5 12.3
Drittstaat, s. Fluchtalternative – ausländische
Dubliner Übereinkommen, 3 (127 ff); **4** Vorbem (23), 5 (8), 18 (4); s. auch Asylabkommen
Duldung 1 60a (11 ff); **4** 34 (9), 38 (4), 43 (5 ff), 71 a (5); – fiktive **1** 81 (29 ff); **4** 4 (2 ff); – Verlängerung **1** 60a (30); – Widerruf **1** 60a (31); **4** 40 (9)
Durchführung des Aufenthaltsgesetzes, s. Aufenthaltsverordnung

EFTA-Staater, s. Europäischer Wirtschaftsraum
EG-Recht, 1 1 (16 f), 4 (11 f); s. Beschluss, Entscheidung, Richtlinie, Unionsbürger
EG-Staater, s. Unionsbürger; Arbeitnehmerfreizügigkeit, Assoziation EWG/Türkei, EG-Recht, Dienstleistungsfreiheit, Freizügigkeit, Niederlassungsfreiheit, Selbständiger u. Student
Ehe 1 27 (14 ff); s. auch Familie
Ehegattennachzug 1 28 (5 f), 30, 31
Einbürgerung 1 Vorbem (8)
Einreise 1 5 (42 ff), 13 (3 ff), 15a (3); **4** 13 (20 f), 26 a (5 ff); – Einschleusen **1** 96, 97; – Kontrolle, s. Grenzkontrolle; – unerlaubte **1** 5 (42 ff), 14 (3 ff), 15 (4 ff), 95 (14 f); **2** 10 (2); – Verbot **1** 11 (2 ff); – Verweigerung **4** 18 (10 ff), 18 a (20 ff); s. auch Fluchtalternative – ausländische u. Zurückweisung
Einstellung (des Verfahrens) 4 32 (5)
Einwanderung 1 Vorbem (3), 5 (30)
Einzelentscheider, s. Entscheider
Einzelrichter 4 76; – Allgemeines **4** 76 (2 ff); – Bestimmung **4** 76 (9 f); – Rückübertragung **4** 76 (20 ff, 26); – Übertragung **4** 76 (11 ff, 24 f, 26)
Entscheider 4 5 (17 ff)
Entscheidungsgrundlage 1 79 (2 ff); **4** 36 (23); s. auch Präklusion
Entscheidung (EG) 2004/904 **5** 5.12
Entwicklungshilfepolitik 1 5 (33)
erkennungsdienstliche Maßnahmen 1 49, 95 (19); **4** 15 (12), 16 (7), 19 (7 f), 22 (7)
Erlaubnisvorbehalt 1 4 (8)
Erlöschen, s. Aufenthaltstitel u. Asylanerkennung

Ermessen, s. Aufenthaltstitel, Ausweisung, Rücknahme u. Widerruf
Ermittlungsverfahren 1 79 (11)
Erwerbstätigkeit 1 2 (8 f), 4 (24), 16 (14 ff); **4** 61, 85 (12 f); – Allgemeines **1** 18, 19, 21; – Asylberechtigter **4** 2 (25); – Asylbewerber **4** 55 (23), 61 (2 ff); – Ausbildung **1** 16 (14 ff); – Hochqualifizierter **1** 19; – Selbständiger **1** 21; – Versagung **1** 40; – Zulassung **1** 4 (46 ff), 67 ff, 96), 9 (28 f), 18 (4 ff), 19 (4 ff), 29 (17 ff); **2** 13 (8); – Zustimmung (der Bundesanstalt) **1** 4 (72 ff), 8 (23), 39 (4 ff), 41; s. auch Arbeitsgenehmigung
Erwerbsunzucht, s. Ausweisungsgrund
Erziehungsgeld, s. Sozialrecht
Erziehungshilfe, s. Ausweisungsgrund
Estland 2 13; **5** 1.3
Europa-Abkommen, s. Abkommen
Europa-Mittelmeer-Abkommen, s. Abkommen
Europäische Gemeinschaft 5 1.2; s. auch EG-Recht
Europäische Konvention zum Schutze der Menschenrechte und Grundfreiheiten 1 55 (77 ff); **4** 18 a (5); **5** 8.1–8.3
Europäische Union 5 1.1; s. auch EG-Recht
Europäischer Wirtschaftsraum 1 1 (16); **2** 12; **5** 1.4
Europäisches Fürsorgeabkommen 1 55 (81); **4** 55 (33), **5** 10.1
Europäisches Niederlassungsabkommen 1 55 (82 ff); **5** 12.1
Europäisches Übereinkommen über die Aufhebung des Sichtvermerkszwangs für Flüchtlinge 5 5.6
Europäische Union 5 1.1; s. auch EG-Recht, Europäisierung u. Unionsbürger
Europäische Wirtschaftsgemeinschaft, s. Europäische Gemeinschaft
Europäisierung 1 Vorbem (23 ff); **3** (131 ff)
EWG-Recht, s. EG-Recht
Existenzgefährdung, s. Abschiebungshindernis
Exterritorialer 1 1 (19 ff); **4** 1 (25)

Fahndung 4 66 (2 ff)
Familie 1 4 (101 ff); **4** 10 (22)
Familienabschiebungsschutz 4 26 (3 ff); s. auch Familienasyl
Familienangehöriger 1 4 (12 ff, 101 ff); **2** 2 (19 f), 3 (5 ff); **4** 36 (4), 38 (3 f), 39 (4), 43 (5 ff), 50 (23 ff), 51 (3 f), 53 (29)
Familienasyl 4 2 (7, 15), 4 (5), 5 (5), 13 (15), 26 (2 ff), 30 (7), 31 (5), 72 (7), 73 (14 ff, 23)
Familiennachzug 1 27 bis 36
Festnahme 1 58 (17), 62 (3 f); **4** 50 (6)
Fluchtalternative – ausländische **3** (89 ff, 125); **4** 18 (16 ff), 26 (11), 26 a, 27, 29 (3 ff), 34 a (2 ff), 55 (8), 87 a (3 ff); – inländische **1** 60 (17); **3** (66 ff)
Fluchtbeendigung 4 27 (27 ff)
Flüchtling 1 25 (2 ff), 60 (3 ff); **3** (119 ff, 124); **4** 1 (14 f), 2 (8); **5** 5.1-5.6; s. auch Flüchtlingsanerkennung
Flüchtlingsanerkennung 1 25 (18 ff), 60 (3 ff, 13 ff); **3** (119 ff); **4** 1 (7 f), 3 (2 ff), 4 (2 ff), 5 (5), 55 (4), 72 (2 ff), 78 (48 ff)
Flüchtlingskommissar, s. UNHCR
Flüchtlingsseeleute 5 5.4

magere Zahlen =§§ bzw. (in Teil 5) Texte

Sachregister

Flughafen 1 65; 4 8 a (2 ff)
Folter 5 8.4; s. auch Abschiebungshindernis
Folgeantrag 4 55 (9 ff), 71, 87 a (7); − Aufenthalt 4 55 (9 ff); − Abschiebung 4 71 (32 f); − Abschiebungsandrohung 4 71 (31, 34); − Änderung der Sach- oder Rechtslage 4 71 (24 ff); − Allgemeines 4 71 (2 ff); − Anhörung 4 71 (41); − Antragsfrist 4 71 (20 f); − Aufenthaltsort 4 71 (16); − Ausweispflicht 4 64 (5); − neues Beweismittel 4 71 (26 ff); − Prüfung 4 71 (17 ff); − Rechtsstellung 4 71 (14 f); − Wiederaufnahme 4 71 (30); Zurückweisung 4 18 a (9); − Zweitbescheid 4 71 (35); s. auch Zweitantrag
Formerfordernis 1 77
Frankreich 5 7.1, 7.2, 7.6; s. auch Ausweisung
Freiheitlich demokratische Grundordnung 1 55 (15)
Freiheitsentziehung 1 62 (3 f); 4 18 a (14), 59 (10), 89 (4); 5 9.2
Freizügigkeit − Allgemeines 2 Vorbem (1 ff), 5 (2 ff), 7 (3 ff); − Anmeldung 2 5 (5 ff); − Arbeitnehmer 2 2 (7 ff), 13 (6); − Aufenthaltskarte 2 5 (8 f); − Ausreisepflicht 2 7 (2); − Ausweispflicht 2 8; − Beendigung 2 6; − Bescheinigung 2 5 (8 f); − Beschränkungen (für neue Mitgliedstaaten) 2 13 (5 ff); − Daueraufenthalt 2 3 (12), 6 (13), − Dienstleistungen 2 2 (14 f), 13 (5); − Einreise 2 5 (4), 7 (3 ff); − Familienangehöriger 2 2 (19 f), 3, 13 (7); − Nachweis 2 5 (7); Nichterwerbstätiger 2 2 (18), 4 (5 f); − Personenverkehrsfreiheit 2 Vorbem (2), 2 (2 ff); − Richtlinie 2 Vorbem (6); 5 1.18; − Unionsbürger 2 1 (6 ff); − Überprüfung 2 5 (10 ff), 6 (14); − Verbleibeberechtigter 2 2 (16 f) Verlust 2 6 (4 ff); s. auch Arbeitserlaubnis, Aufenthaltsgenehmigung, Ausweisung u. EG-Staater
Freundschafts-, Handels- und Schifffahrtsvertrag zwischen der Bundesrepublik Deutschland und der Dominikanischen Republik 5 12.3
Freundschaftsvertrag, Niederlassungsabkommen und Handels-, Zoll- und Schiffahrtsabkommen zwischen dem Deutschen Reich und dem Kaiserreich Persien 5 12.5
Freundschafts-, Handels- und Schifffahrtsvertrag zwischen der Bundesrepublik Deutschland und den Vereinigten Staaten von Amerika 5 12.8
Frist 1 7 (21 ff), 11 (5 ff); 4 36 (7 ff, 30 ff), 74 (17 ff), 53 (7); s. auch Ausreisefrist
Fundpapier 1 49a, 49b, 89a

Gebühren 1 69
Geburtszeitpunkt 4 12 (12)
Gefahrenprognose 2 5 (6); s. auch Ausweisung
Gemeinschaftsunterkunft 4 53 (4 ff)
Generalprävention, s. Ausweisung
Genfer Konvention 4 12; s. auch Flüchtling u. Flüchtlingsanerkennung
Gerichtsverfahren 4 74 bis 81; − Abweichung 4 78 (18 ff); − Akteneinsicht 4 82; − Allgemeines 4 74 (2 f); − Amtsaufklärung 4 74 (25 ff); − Asylspruchkörper 4 83; − Berufung 4 78 (7 ff, 36 ff), 79; − Beschwerde 4 80; − Beweisaufnahme 4 74 (32 ff); − Eilverfahren 1 55 (99 ff); 4 18 (38), 18 a (24, 29 ff), 34 (16), 34 a (6 ff), 36 (5 ff); − Einzelrichter 4 74 (39); − Entscheidungsbegründung 4 77 (8), 78 (33); − Entscheidungsgrundlage 4 77; − Frist 1 55 (96); 4 18 a (26 ff), 36 (7 ff, 30), 74 (14 ff); − Gegenstandswert 4 83 (5 ff); − rechtliches Gehör 4 78 (29 ff); − Gerichtsbescheid 4 78 (53); − Klagerücknahme 4 80 a (3), 81 (6 ff, 18 ff); − Kosten 4 74 (45 ff), 83 b; − Mitwirkungspflicht 4 74 (25 ff); − Nichtbetreiben des Verfahrens 4 81 (2 ff, 16 ff), 87 (15); − Präklusion 4 74 (28); − Proberichter 4 78 (27); − Prozesskostenhilfe 4 74 (49 ff), 78 (36); − Rechtsmittel 4 74 (41 ff), 78, 87 (13), 87 a (8); − Rechtsmittelbelehrung 1 77 (5); 4 31 (7), 50 (18); − gesetzlicher Richter 4 78 (28); − Ruhen des Verfahrens 4 80 a; − Streitwert 4 83 b (5); − Suspensiveffekt, s. dort; − Verbindung 4 74 (5 ff); − Verfahrensmangel 4 78 (24 ff); − vorläufiger Rechtsschutz, s. Eilverfahren; − Wiedereinsetzung 4 74 (20 ff); − Zeitpunkt 1 55 (97); 2 6 (15); 4 74 (23 f), 77; − Zurückverweisung 4 (79 (3); − Zuständigkeit 4 74 (10 ff); s. auch Rechtsschutz
Gerichtsverfassungsgesetz 1 1 (20)
Gesetz − über das gerichtliche Verfahren bei Freiheitsentziehungen 5 9.2; − über den Aufenthalt, die Erwerbstätigkeit und die Integration von Ausländern im Bundesgebiet 5 4.1; − über die allgemeine Freizügigkeit von Unionsbürgern 5 2.1; − über die internationale Rechtshilfe in Strafsachen 5 9.1; − über die Rechtsstellung heimatloser Ausländer im Bundesgebiet 6.2; − über die zwingenden Arbeitsbedingungen bei grenzüberschreitenden Dienstleistungen 5 11.1; − zur Regelung des öffentlichen Vereinsrechts 5 13.4; − zur Verminderung der Staatenlosigkeit 5 5.3; − Sozialgesetzbuch III 1 Vorbem (12)
Gesetzeszweck 1 1 (6 ff)
Gesundheit (öffentliche) 1 55 (34 f); 4 62 (2)
Gewaltanwendung, s. Ausweisungsgrund
Gewerkschaftsarbeit 1 4 (148)
Grenzbehörde 1 13 (3 ff), 71 (11 f); 4 18 a (20 ff)
Grenzgänger 1 4 (25, 48);
Grenzkontrolle 1 13 (3 ff)
Grenzübertritt 1 13 (6 ff); 4 64 (4); s. auch Einreise
Griechenland, s. Ausweisung
Grundrechte 1 106; 4 89
Gruppenverfolgung, s. Verfolgung

Härtefallkommission 1 23a (6)
Haft 1 15 (18), 57 (8), 58 (10 f), 62; 4 60 (6 ff); s. auch Abschiebungshaft
Handels- und Schiffahrtsvertrag zwischen dem Deutschen Reich und Japan 5 12.4
Handlungsfähigkeit 1 80; 4 12
Heimatloser Ausländer 1 1 (18); 4 1 (19 ff); 5 6.2
Heranwachsender, s. Ausweisungsschutz
Herkunftsstaat (sicherer), s. Verfolgung
Herzegowina, s. Bosnien und Herzegowina
Hoher Flüchtlingskommissar, s. UNHCR

Identitätsfeststellung 1 5 (16 ff), 49 (2 ff); 4 16 (2 ff), 18 a (8), 22 (7)
Inkrafttreten 1 Vorbem (17, 21); 4 Vorbem (19)
Inländerdiskriminierung 1 27 (25); 2 3 (4)
Integration 1 1 (8, 12), 1 45
Integrationsbeauftragte 1 1 92 bis 94

1777

Sachregister

fette Zahlen = Hauptteile des Werkes

Integrationskurs 1 8 (18 ff), 26 (10), 43, 44, 44a
Internationales Privatrecht 1 4 (128)
Interessen der BR Deutschland 1 5 (24 ff)
Iran, s. Persien
Ist-Ausweisung, s. Ausweisung
Italien, s. Ausweisung

Japan 5 12.4
Juden 1 23 (6 f)
Jugendhilfe, s. Ausweisungsgrund
Jugendstrafe 1 53 (7 f), 54 (8)
Jordanien 5 3.4

Kaution, s. Aufenthaltstitel, Visum
Kind 1 20, 21; s. auch Adoption, Aufenthaltsgenehmigung, Minderjähriger u. Handlungsfähigkeit
Kindergeld, s. Sozialrecht
Kinderrechtskonvention 1 1 (5), 45 (36); **5** 8.5
Kindernachzug 1 28 (7), 32 bis 34
Klagenhäufung 4 74 (5 ff)
„**Kleines Asyl**" **1** 60 (2); s. auch Flüchtlingsanerkennung
Königsteiner Schlüssel 1 15a (5); **4** 45 (2)
Kollektivverfolgung, s. Verfolgung – Gruppenverfolgung
Konsul 1 1 (21)
Kontingentflüchtling 1 1 (18); **4** 1 (27 ff)
Kosten 1 66 (3 ff), 67, 68; **4** 53 (17, 28), 74 (45 ff), 83 b; – Haftung **1** 66, 68; – Schuldner **1** 66 (3 ff); – Umfang **1** 67, 68
Krankheit 1 4 (143)
Krankenversicherung 1 2 (15), 4 (151 ff); **2** 4 (6)
Kriegsflüchtling 1 24; **4** 1 (18)
Kroatien 5 7.7
Kündigung 1 4 (144 ff)
Kurzaufenthalt, s. Aufenthaltstitel, Schengen-Visum u. Visum

Länderpolizei, s. Polizei
Lebensgemeinschaft, eheliche 1 27 (21 ff)
Lebensgemeinschaft, nichteheliche 1 7 (14), 27 (26 f)
Lebenspartnerschaft 1 27 (26 f); **2** 3 (13)
Lebensunterhalt 1 2 (13 ff), 5 (13 ff), 9 (20f), 27 (28 ff), 68 (2 ff); **2** 3 (11), 4 (6)
Lettland 2 13; **5** 1.3
Litauen 2 13; **5** 1.3
Lohn 1 4 (139)

Malta 2 13; **5** 1.3
Massenzustrom, s. vorübergehender Schutz
Marokko 1 3 (16), 8 (9); **4** 8.2
Mehrehe 1 27 (16)
Meldepflicht 1 54a (4 f); **2** 5 (5 ff); **4** 22 (2 ff)
Menschenrechte, s. Abschiebungshindernis
Minderjähriger 1 26 (13), 80; **4** 12 (3 ff), 26 (16)
Mitteilung 4 40, 46 (6), 50 (3, 19), 64, 62 (3), 71 (43, 45), 83 a
Mitwirkung 1 82, 95 (18); **4** 10 (4 ff), 15, 25 3 ff), 30 (10 ff), 39 (6), 47 (5 ff); s. auch Amtsaufklärung u. Gerichtsverfahren
Missbrauch 4 84 (2 ff)
MOE-Abkommen, s. Abkommen – Europa-Abkommen
MOE-Staaten 1 21 (2, 15 f), 4 (13, 15); **2** 13 (2); **5** 3.5
Nachfluchtgrund, s. Verfolgung

Negativstaater 1 5 (44 ff), 13 (8)
Nichtbetreiben 4 33, 81
nichtehelich, s. Lebensgemeinschaft
Niederlassungserlaubnis 1 9 (2 ff, 5 ff), 23 (3 ff, 12), 26 (6 ff), 28 (15 ff), 31 (39), 34 (6)
Niederlassungsfreiheit 1 2 (8)
Niederlassungsabkommen zwischen dem Deutschen Reich und der Türkischen Republik 5 12.7
Notreiseausweis 1 14 (15)

Obdachlosigkeit 1 55 (42 f)
Österreich 1 55 (90); **5** 7.8, 10.2
Ordnungswidrigkeit 1 98; **2** 10; **4** 86;

Pass 1 3 (2 ff); **2** 8; **4** 15 (9), 18 a (7 ff), 21 (2), 65, 72 (16 ff); – Passersatz **1** 3 (12 f), 14 (11 ff); **4** 21 (2), 63 (4); – Passhoheit **1** 3 (3); **4** 65 (2); – Passmitführungspflicht **1** 3 (11), 13 (15); **2** 8 (2); – Passpflicht **1** 3 (6 ff), 5 (9 f), 95 (5 f); **2** 8 (2); **4** 13 (20), 64 (2); **4** 1.1 (5 f); – Verwahrung **1** 3 (13 f).50 (18 f); **4** 21 (2 f)
Persien 5 12.5
personenbezogene Daten, s. Daten
Personenverkehrsfreiheit, s. Freizügigkeit
Pflegeversicherung 1 2 (16), 68
Philippinen 5 12.6
Polen 2 13; **5** 1.3
politische Betätigung 1 47; **4** 2 (21), 57 (22)
politische Verfolgung, s. Verfolgung
politisch Verfolgter, s. Asylberechtigter, Asylberechtigung, Asylbewerber u. Verfolgung
Polizei 1 71 (14)
Positivstaater 1 5 (52 ff), 13 (8)
Präklusion 1 59 (21 ff), 82 (7 ff); **4** 25 (9 ff), 36 (23 ff), 29 (2); s. auch Gerichtsverfahren
Protokoll über den Handel zwischen der Bundesrepublik Deutschland und Ceylon betreffende allgemeine Fragen 5 12.2
Prozesskostenhilfe, s. Gerichtsverfahren

Quittung 4 21 (7)
Quote, s. Aufnahmequote

Rechtshilfe 5 9.1
Rechtsmittel, s. Gerichtsverfahren
Rechtsmittelbelehrung, s. Gerichtsverfahren
Rechtsschutz 1 4 (195), 5 (76), 6 (51 ff, 8 (37 f), 9 (42), 11 (20), 12 (24), 14 (17), 15 (24), 15a (10), 16 (29), 22 (9), 46 (17), 55(95 ff), 58 (20 f), 58a (21 f), 59 (27 ff), 60a (35), 63 (13), 64 (15), 66 (12), 81 (33 ff); **2** 6 (15); **3** (85 ff, 111 ff); **4** 16 (26), 18 (37 f), 18 a (23 ff), 26 (23 ff), 29 (20 f), 29 a (17), 30 (22), 31 (11 f), 32 (7), 33 (10), 34 (14 ff), 34 a (6 ff), 35 (8), 36 (5 ff), 37 (3 ff), 38 (8), 39 (9), 43 (9), 46 (9 f), 50 (34 ff), 51 (9), 53 (33), 57 (26 f), 58 (15), 59 (11), 60 (13 f), 63 (8), 65 (10), 67 (10), 71 (46 ff), 72 (33 f), 73 (30), 74 bis 81; s. auch Gerichtsverfahren
Rechtsverletzung, s. Verfolgung
Rechtsverordnung 1 Vorbem (9, 19), 99; **4** 88; s. auch Verordnung
Rechtsverstoß, s. Ausweisungsgrund
Reform 1 Vorbem (4); 4 Vorbem (11 ff)
Refoulementverbot 1 60 (2 ff); s. auch Flüchtlingsanerkennung

magere Zahlen =§§ bzw. (in Teil 5) Texte

Sachregister

Regel-Ausweisung, s. Ausweisung
Regel-Versagungsgrund, s. Aufenthaltstitel
Reise in Herkunftsstaat 4 33 (7)
Reiseausweis 1 3 (14); 4 2 (18 ff), 13 (20), 18 (22), 72 (31)
Rentenversicherung 1 4 (157 ff); s. auch Sozialrecht
Republikflucht, s. Verfolgung
Richtlinie der EG/EWG – Nr. 64/221 **5** 1.6; – Nr. 68/360 **5** 1.8; – Nr. 72/194 **5** 1.10; – Nr. 73/148 **5** 1.11; – Nr. 75/34 **5** 1.12; – Nr. 75/35 **5** 1.13; – Nr. 90/364 **5** 1.14; – Nr. 90/365 **5** 1.15; – Nr. 93/96 **5** 1.16; – Nr. 96/71 **5** 1.17; – Nr. 2001/40 **5** 3.16; – Nr. 2001/51 **5** 3.17; – Nr. 2001/55 **5** 5.7; – Nr. 2003/9 **5** 5.8; – Nr. 2003/86 **5** 3.22; – Nr. 2003/109 **5** 3.23; – Nr. 2003/110 **5** 3.24; – Nr. 2004/38 **5** 1.18; – Nr. 2004/81 **5** 3.25; – Nr. 2004/83 **5** 5.11; – Nr. 2004/92 **5** 3.26; – Nr. 2004/114 **5** 3.28
Rückbeförderung 1 64
Rückkehr 1 5 (31); 4 73 (6 ff); – Rückkehrberechtigung 1 8 (14), 9 (6), 39 (7); – Rückkehrförderung 1 61 (6); – Rückkehrhilfe 1 5 (32); – Rückkehrmöglichkeit 4 27 (26)
Rücknahme, s. Gerichtsverfahren, Asylanerkennung, Asylantrag, Aufenthaltstitel u. Flüchtlingsanerkennung
Rumänien 5 7.9

Scheinehe 1 4 (92), 17 (6), 55 (13); 2 3 (9 f)
Schengener Informationssystem (SIS) 1 6 (9)
Schengener Übereinkommen und Durchführungsübereinkommen 1 6 (3 ff); 3 (127 ff); 4 9 (8); **5** 3.7, 3.8
Schengen-Visum 1 2 (27 ff), 4 (20 ff), 6 (8 ff); s. auch Visum
Schleuser 1 96, 97
Schriftform 1 77
Schüler 1 Vorbem (9, 24); **5** 3.6
Schulbesuch 1 16 (25 ff)
Schweden 5 7.10
Schweiz 1 4 (11, 69); 2 12 (3); **5** 1.5, 7.11
Seemann, s. Aufenthaltstitel
Selbständiger 1 4 (55), 21 (5 ff); s. auch Freizügigkeit
Sicherheit, s. Sozialrecht, Sozialversicherung u. Verfolgung – Fluchtalternative
Sicherheitsgefährdung 1 54 (16)
Sicherheitsleistung 1 66 (11)
Sicherungshaft, s. Abschiebungshaft
Sicherungsverwahrung, s. Haft
Sichtvermerk, s. Visum
Slowakei 2 13; **5** 1.3
Slowenien 2 13; **5** 1.3
Sofortvollzug, s. Gerichtsverfahren u. Vollzug
Sozialhilfe, s. Sozialrecht
Sozialhilfebezug, s. Ausweisungsgrund
Sozialrecht 1 4 (149 ff), 8 (24 ff); – Arbeitslosengeld 1 2 (21), 4 (160); 4 55 (25); – Arbeitslosenversicherung 1 4 (160); 4 2 (26); – Ausbildungsförderung 1 4 (183 ff), 8 (27); 4 2 (23), 55 (36); Berufsausbildung 4 2 (22 f, 26); – Erziehungsgeld 1 4 (171); 4 2 (28), 55 (35); – Kindergeld 1 4 (171 ff), 8 (27); 4 2 (28), 55 (35); – Krankenversicherung 1 4 (151 ff); 4 2 (26), 55 (24); – Rentenversicherung 1 4 (157); 4 2 (26), 55 (24); Sozialgesetzbuch III 2 13. (8); – Sozialhilfe 1 2 (21), 4 (162 ff), 8 (27); 4 2 (27), 55 (26 ff); – Sozialwohnung 1 4 (182); 4 55 (36); – Unfallversicherung 1 4 (154 ff); – Unionsbürger 1 4 (161); – Wohngeld 1 4 (180 f); 4 55 (36); s. auch Lebensunterhalt u. Wohnraum
Sozialversicherung, s. Sozialrecht
Spätaussiedler 1 2 (5 f); s. auch Aussiedler, Deutscher u. Vertriebener
Spezialprävention, s. Ausweisung
Spontanmitteilung 1 87 (7); 4 8 (2 ff)
Sprachkenntnisse 1 4 (132, 146), 9 (30 ff), 28 (17), 32 (16 ff), 43 (7); 4 2 (29), 31 (8), 55 (25); s. auch Gerichtsverfahren – Wiedereinsetzung
Sprachmittler 4 17
Staatenloser 1 1 (26 f); 3 (20); 4 1 (32); **5** 5.2
Staatsangehörigkeit 1 5 (16 ff), 49 (2 ff)
Staatssicherheit 1 54 (16)
Stadtstaatenklausel 1 107
Statusdeutscher 1 1 (9 ff); s. auch Deutscher
Strafhaft, s. Haft
Straftat 1 9 (25 ff), 95 bis 97; 2 9; 4 84, 84 a, 85
Strafverfahren 1 60 (50)
Strafverfolgung 1 60 (56); s. auch Verfolgung
Strafvorschriften 1 95 bis 97; 2 9; 4 84, 84 a, 85
Streitgegenstand 4 74 (5 ff)
Student 1 16 (16 ff), 2 2 (18)
Suspensiveffekt 1 84; 4 74, 87 (14)

Todesstrafe, s. Abschiebungshindernis
Tourist 1 6 (18 ff)
Transitraum 4 18 a (4 f)
Transitvisum 1 4 (26)
Transportverbot 1 63
Tschechische Republik 2 13; **5** 1.3, 7.12
Türkei 5 3.1-3.3, 10.4, 12.7; s. auch Abkommen, Aufenthaltserlaubnis u. Ausweisung

Übereinkommen zur Durchführung des Übereinkommens vom 14. Juni 1985 zwischen den Regierungen der Staaten der Benelux-Wirtschaftsunion, der Bundesrepublik Deutschland und der Französischen Republik betreffend den schrittweisen Abbau der Kontrolle an den gemeinsamen Grenzen 5 3.8
Übereinkommen über die Rechtsstellung der Staatenlosen 5 5.2
Übereinkommen zwischen den Regierungen der Staaten der Benelux-Wirtschaftsunion, der Bundesrepublik Deutschland und der Französischen Republik betreffend den schrittweisen Abbau der Kontrolle an den gemeinsamen Grenzen 5 3.7
Übereinkunft zwischen der Regierung der Bundesrepublik Deutschland und der Regierung der Philippinen über Einwanderungs- und Visafragen 5 12.6
Übergabe, s. Übernahme u. Überstellung
Übergangsvorschriften 1 101 ff; 4 87, 87 a, 87b; – Arbeitsgenehmigung 1 105; – Aufenthaltsbefugnis 1 102; Aufenthaltserlaubnis 1 101; – Aufenthaltsrecht 1 101; – ausländerrechtliche Maßnahmen 1 102; – Folgeantrag 4 87 (7)
Übernahme 1 49 (13); 4 22 a; **5** 7.1–7.13; s. auch Überstellung

1779

Sachregister

fette Zahlen = Hauptteile des Werkes

Übernahmebefugnis **1** 22
Überstellung **1** 49 (13), 51 (3), 60 (17); **4** 29 (9 ff)
Überwachung **1** 54a
Umzug **4** 50 (31 ff), 60 (8 f)
Unfallversicherung, s. Sozialrecht
Ungarn **2** 13; **5** 1.3
UNHCR **4** 9
Unionsbürger **1** 1 (16), 4 (161); **2** 1 ff; s. auch Freizügigkeit
Unterhalt, s. Lebensunterhalt
Unterkunft **1** 65 (2 ff); **4** 18 a (12 ff); s. auch Aufnahmeeinrichtung u. Gemeinschaftsunterkunft
Unterlagen **4** 15 (9 f), 21 (2 ff)
Unterrichtung, s. Mitteilung
Untersuchung **4** 62 (2)
Unterschutzstellung **4** 72 (11 ff)
Untersuchungshaft, s. Haft
Urlaub **1** 4 (141)
USA **5** 12.8

Verbleiberecht, s. Freizügigkeit
Verbundklage **4** 74 (2, 5 ff)
Vereinbarung über Flüchtlingsseeleute **5** 5.4
Vereinbarung zwischen der Bundesrepublik Deutschland und der Schweizerischen Eidgenossenschaft über die Fürsorge für Hilfsbedürftige **5** 10.3
Verfahren, Nichtbetreiben des – **4** 33, 81; s. auch Gerichtsverfahren, Rechtsschutz u. Verwaltungsverfahren
Verfolger, s. politisch Verfolger
Verfolgung **3** (21 ff); **4** 1 (13); – Bürgerkrieg **3** (38, 139); **4** 30 (8 f); – (sicherer) Drittstaat; – Fluchtalternative – ausländische; – Exilpolitik **3** (56 ff); **4** 28 (18); – Fluchtalternative, s. dort; – geschlechtsbezogene **1** 60 (19); **3** (41); Gruppenverfolgung **3** (44 ff); – (sicherer) Herkunftsstaat **3** (69 ff); **4** 18 a (6), 29 a (2 ff); – Nachfluchtgrund **3** (10, 49 ff, 123, 139, 142); **4** 28 (2 f); – nichtstaatliche **3** (140); – politische **1** 60 (3 ff); **3** (40 ff); – staatliche **3** (34 ff); – mittelbare **3** (36); – Rechtsverletzung **3** (27 ff); – religiöse **3** (30 ff); – Republikflucht **3** (60); **4** 28 (18); – Strafverfolgung **4** (61 ff); – Terrorismus **3** (64); – Vorfluchtgrund **3** (49 ff, 123); **4** 28 (2); – wirtschaftliche **3** (27, 29); **4** 30 (8 f)
Verfolgungssicherheit, s. Fluchtalternative – ausländische
Verjährung **1** 70
Verlassenspflicht, s. Ausreisepflicht
Verlöbnis **1** 7 (19), 27 (17), 55 (69)
Verschlechterungsverbot **1** 4 (120)
Verordnung – Aufenthaltsverordnung **5** 4.2; – über die Arbeitsgenehmigung für ausländische Arbeitnehmer **5** 11.3; – über die Durchführung von Integrationskursen für Ausländer und Spätaussiedler **5** 11.13; – über die Zulassung von neueinreisenden Ausländern zur Ausübung einer Beschäftigung **5** 11.4; – über die Zuständigkeit für die Ausführung des Dubliner Übereinkommens **5** 6.3; – zur Durchführung des Gesetzes über das Ausländerzentralregister **5** 4.4; s. auch Verordnung
Verordnung der EG/EWG – Nr. 1612/68 **5** 1.7; – Nr. 1251/70 **5** 61.9; – Nr. 96/71 **5** 1.17; – Nr. 1683/95 **5** 3.11; – Nr. 2724/2000 **5** 3.12; – Nr. 539/2001 **5** 3.13; – Nr. 790/2001 **5** 3 3.14; – Nr. 1091/2001 **5** 3.15; – Nr. 2424/2001 **5** 3.18; – Nr. 333/2002 **5** 3.19; – Nr. 407/2002 **5** 3.20; – Nr. 343/2003 **5** 5.9; – Nr. 415/2003 **5** 3.21; – Nr. 1560/2003 **5** 4.10; – Nr.2007/2004 **5** 3.27
Verordnungsermächtigung **1** 42, 99; **4** 88
Verteilung **1** 15a (3 ff), 23 (12), 24 (7); **4** 45 (3 f), 46 (2 ff), 50, 51, 87 (8)
Vertrag, s. Abkommen
Vertretung **1** 80 (8 ff); **4** 12 (7 ff)
Vertriebener **1** 2 (5 f); s. auch Aussiedler
Verwaltungsverfahren **1** 4 (189 ff), 5 (71 ff), 6 (38 ff), 9 (42), 11 (17 ff), 14 (16), 15 (23), 15a (8 f), 16 (29), 22 (6 ff), 46 (15 f), 55 (91 ff), 58 (16 ff), 58a (18 ff), 60 (59 ff), 60a (33 f), 63 (13), 64 (14), 66 (11), 81 (32 ff); **3** (79 ff, 108 ff, 115 ff); **4** 11, 16 (13), 18 (31 ff), 18 a (11), 26 (17 ff), 29 (17 ff), 29 a (15 f), 30 (21), 31 (10), 32 (7), 33, 35 (7), 36 (2 ff), 46 (7 f), 53 (30 ff), 57 (25), 58 (15), 59 (9 f), 60 (10 ff), 67 (8), 71 (36 ff), 71 a (2 f), 72 (32 ff), 73 (28 ff), 87 (4 ff), 87 a (7)
Verwaltungsvorschriften **1** Vorbem (22); **4** 90
Vietnam **5** 7.13
Visum **1** 2 (27 ff), 4 (20 ff), 5 (42 ff), 6 (2 ff, 8 ff, 32 ff), 14 (11 ff), 15 (42 ff); **4** 18 a (10); s. auch Schengen-Visum
Visummarke **1** 6 (16); **5** 3.11
Visumpflicht **1** 4 (8 ff, 35 ff), 5 (42 ff), 6 (17); **4** 13 (20), 18 (14)
Vollstreckung, s. Vollzug
Vollmacht **4** 10 (13)
Vollzug **1** 50 (5 ff), 58 (2); s. auch Suspensiveffekt
Vorbereitungshaft, s. Abschiebungshaft
Vordruck **1** 78
Vorfluchtgrund, s. Verfolgung
Vorübergehender Schutz **1** 2 (30), 24, 29 (13 ff), 91a

Wehrdienst **1** 4 (142), 51 (16)
Weisungen **4** 5 (19 ff)
Weisungsbefugnis **1** 74 (5 ff)
Weiterleitung, s. Asylbewerber
Weiterbildung, s. Aufenthaltstitel
Werkvertragsarbeitnehmer **1** 4 (77)
Widerruf, s. Asylanerkennung, Aufenthaltstitel u. Duldung
Widerspruch **1** 71 (12), 72; **4** 11
Wiederaufnahme **4** 71 (4, 30), 71 a (6)
Wiederkehr **1** 37, 51 (19 ff)
Wiener Übereinkommen über diplomatische Beziehungen **5** 12.9
Wiener Übereinkommen über konsularische Beziehungen **5** 12.10
Wohnauflage **1** 12 (9 ff); **4** 49 (6), 53 (21), 60 (7), 85 (14); s. auch Wohnverpflichtung
Wohngeld, s. Sozialrecht
Wohnraum **1** 2 (23 ff), 9 (41), 29 (7)
Wohnsitz, s. Aufenthalt – gewöhnlicher
Wohnungsbau **1** 10 (152)
Wohnungslosigkeit, s. Ausweisung – Obdachlosigkeit
Wohnungswechsel **1** 50 (17); s. auch Umzug
Wohnverpflichtung **4** 47 (2 ff), 48 (2 ff), 49 (2 ff), 53 (4); s. auch Aufnahmeeinrichtung, Gemeinschaftsunterkunft u. Wohnauflage
Zurückschiebung **1** 57; **4** 18 (26 f), 19 (5 f), 67 (3)

magere Zahlen =§§ bzw. (in Teil 5) Texte

Sachregister

Zurückweisung 1 15, 64 (3 ff); **4** 18 (10 ff), 18 a (20 ff), 67 (3)
Zuständigkeit 1 4 (54), 71; **3** (131 f); **4** Vorbem (16), 5 (4 ff), 34 (26), 40 (8), 60 (9), 63 (5 ff), 71 (38 ff), 74 (10 ff)
Zustellung 4 10, 31 (9), 36 (34), 50 (18), 87 a (7)
Zustimmung, – Ausländerbehörde **1** 6 (36, 43 ff), 14 (8); – Bundesagentur **1** 4 (72 ff)

Zuwanderungsbericht 1 Vorbem (14 f)
Zuwanderungskommission 1 Vorbem (14)
Zuwanderungsrecht 1 Vorbem (14 ff), 11 (6 ff)
Zuweisung 4 50 (15 ff), 51 (8), 85 (5 f)
Zwang (unmittelbarer) 1 58 (1, 4, 17); **4** 60 (2 f)
Zwangsgeld 1 63 (9 ff)
Zweitantrag 4 55 (12), 71 a (3 ff)
Zypern 2 13; **5** 1.3

Zum neuen Zuwanderungsgesetz

Das bewährte Standardwerk

Der Hailbronner/Renner erläutert eingehend alle wichtigen Themen des Staatsangehörigkeitsrechts:
- das Staatsangehörigkeitsgesetz
- die Staatsangehörigkeitsregelungsgesetze
- die völkerrechtlichen Abmachungen über Mehrstaatigkeit und Staatenlosigkeit
- die Grundgesetzbestimmungen zur deutschen Staatsangehörigkeit
- die Neuregelungen des Einbürgerungsrechts in den Jahren 1990, 1999 und 2004
- die Staatsangehörigkeits-Gebührenverordnung.

Auch die für das Verständnis wichtigen völkerrechtlichen und historischen Bezüge sind umfassend, aber kurz und präzise dargestellt.

Topaktuell

Die 4. Auflage berücksichtigt die **Änderungen aufgrund des Zuwanderungsgesetzes zum 1. Januar 2005.** Die Bestimmungen der Allgemeinen Verwaltungsvorschrift zum Staatsangehörigkeitsrecht sind bei der jeweiligen Gesetzesvorschrift den Erläuterungen vorangestellt. Die ergänzenden Erlassregelungen der Länder sind zum Teil in den Textanhang aufgenommen. Schrifttum und Rechtsprechung sind bis Sommer 2004 berücksichtigt.

Aus kompetenter Hand:

Von Prof. Dr. Kay Hailbronner, Konstanz, und Prof. Dr. Günter Renner †, Vors. Richter am Hess. Verwaltungsgerichtshof a. D., unter Mitarbeit von Marianne Wiedemann, Wissenschaftl. Mitarbeiterin, Universität Konstanz

Hailbronner/Renner,
Staatsangehörigkeitsrecht
4. Auflage. 2005. XXXVIII, 1447 Seiten.
In Leinen € 102,–
ISBN 3-406-51542-8

Handlich und aktuell

Textausgabe mit ausführlichem Sachverzeichnis und einer Einführung von Professor Dr. jur. Günter Renner †
20., überarbeitete Auflage. 2005
XXIII, 410 Seiten. Kartoniert € 9,–
(dtv-Band 5537)

Mit Stand 1. Juli 2005 enthält diese Textausgabe alle wichtigen Vorschriften zum Deutschen Ausländerrecht, u.a.:

- AufenthaltsG
- FreizügigkeitsG/EU
- EG-VisaVO
- Schengener Durchführungsübereinkommen
- AufenthaltsV
- BeschäftigungsV
- BeschäftigungsverfahrensV
- »Eurodac«VO (EG)
- Grundgesetz (Auszüge)
- Genfer Flüchtlingskonvention
- AsylverfahrensG
- AsylzuständigkeitsbestimmungsV
- StaatsangehörigkeitsG (Auszug)
- BundesvertriebenenG (Auszug)
- IntegrationskursV
- Sozialrechtliche Vorschriften (Auszüge)
- AsylbewerberleistungsG
- AusländerzentralregisterG
- AusländerzentralregisterDV

Die Einführung von **Professor Dr. jur. Günter Renner** macht mit System, Geschichte und Grundlagen dieses Rechtsgebiets vertraut.

Beck-Texte im dtv